CLT
ORGANIZADA
CONSOLIDAÇÃO DAS LEIS DO TRABALHO

O GEN | Grupo Editorial Nacional – maior plataforma editorial brasileira no segmento científico, técnico e profissional – publica conteúdos nas áreas de concursos, ciências jurídicas, humanas, exatas, da saúde e sociais aplicadas, além de prover serviços direcionados à educação continuada.

As editoras que integram o GEN, das mais respeitadas no mercado editorial, construíram catálogos inigualáveis, com obras decisivas para a formação acadêmica e o aperfeiçoamento de várias gerações de profissionais e estudantes, tendo se tornado sinônimo de qualidade e seriedade.

A missão do GEN e dos núcleos de conteúdo que o compõem é prover a melhor informação científica e distribuí-la de maneira flexível e conveniente, a preços justos, gerando benefícios e servindo a autores, docentes, livreiros, funcionários, colaboradores e acionistas.

Nosso comportamento ético incondicional e nossa responsabilidade social e ambiental são reforçados pela natureza educacional de nossa atividade e dão sustentabilidade ao crescimento contínuo e à rentabilidade do grupo.

2025

Organizadores
VÓLIA **BOMFIM**
IURI **PINHEIRO**
FABRÍCIO **LIMA**

CLT

14ª EDIÇÃO

ATUALIZADA ATÉ
17.01.2025

ORGANIZADA

CONSOLIDAÇÃO DAS LEIS DO TRABALHO

■ **Atendimento ao cliente: (11) 5080-0751 | faleconosco@grupogen.com.br**

■ Direitos exclusivos para a língua portuguesa
Copyright © 2025 by
Editora Forense Ltda.
Uma editora integrante do GEN | Grupo Editorial Nacional
Travessa do Ouvidor, 11 – Térreo e 6º andar
Rio de Janeiro – RJ – 20040-040
www.grupogen.com.br

■ Capa: Thaissa Fonseca e Aurélio Corrêa

■

CIP-BRASIL. CATALOGAÇÃO NA PUBLICAÇÃO
SINDICATO NACIONAL DOS EDITORES DE LIVROS, RJ

C578
14. ed.

CLT organizada : consolidação das leis do trabalho / Vólia Bomfim, Iuri Pinheiro, Fabrício Lima. - 14. ed. - Rio de Janeiro : Método, 2025.
 1.152 p. ; 28 cm.

 Inclui índice
 Inclui índice alfabético-remissivo
 ISBN 978-85-3099-624-6

 1. Direito do trabalho - Brasil. I. Bomfim, Vólia. II. Pinheiro, Iuri. III. Lima, Fabrício.

24-95582 CDU: 349.2(81)

Meri Gleice Rodrigues de Souza - Bibliotecária - CRB-7/6439

Respeite o direito autoral

Nota da Editora

A *CLT Organizada*, em sua 14ª edição, sob a coordenação dos professores Vólia Bomfim Cassar, Iuri Pinheiro e Fabrício Lima, oferece diversos facilitadores **de usabilidade, consulta e manuseio** para acompanhá-lo na sua **rotina de estudos, provas e prática profissional.**

MUITAS **VANTAGENS** PARA VOCÊ!

- Seleção e organização de **normas trabalhistas**
- **Notas remissivas** a artigos, diplomas legais e súmulas
- **Índice cronológico geral** com todos os diplomas legais da obra
- **A melhor experiência de consulta:** Índice Alfabético-Remissivo Unificado
- **Material suplementar *on-line*:** + normas e tabelas comparativas

Este amplo material apresenta a seguinte estrutura:

- Constituição Federal, ADCT e Emendas Constitucionais
- Lei de Introdução às Normas do Direito Brasileiro
- Consolidação das Leis do Trabalho
- Código de Processo Civil
- Código Civil – excertos
- Código de Defesa do Consumidor – excertos
- Código Penal – excertos
- Profissões Regulamentadas
- Convenções da Organização Internacional do Trabalho
- Servidores Públicos
- Legislação Complementar
- Normas Regulamentadoras de Segurança e Medicina
- Legislação Previdenciária
- Regimento Interno do Tribunal Superior do Trabalho e Consolidação dos Provimentos da Corregedoria-Geral da Justiça do Trabalho
- Súmulas dos Tribunais Superiores, Juizados Especiais Federais, OJs e Precedentes Normativos do TST

As convenções da OIT, as NRs, as principais normas previdenciárias e as profissões regulamentadas estão separadas do restante da legislação complementar, tornando sua localização mais fácil.

O índice alfabético-remissivo unificado é um diferencial desenvolvido para tornar mais rápida a consulta por termos, trazendo, de forma prática e organizada, toda a legislação relevante sobre o tema, além de permitir maior agilidade na pesquisa dos dispositivos legais pertinentes.

NOVO PROJETO GRÁFICO PRÁTICO E MODERNO para oferecer:

> **Mais remissões no texto da CLT:**

- **Notas com transcrição de artigos e súmulas relacionados**
- **Facilitadores** para **busca e localização** das normas:
 ➤ **Artigos e leis** nos cabeçalhos **em destaque**
 ➤ **Tarjas identificadoras** das seções da obra
 ➤ As mais recentes **atualizações legislativas destacadas em boxes**

A **CLT Organizada** da **Editora Método** é ideal para estudo e consulta em provas da OAB, graduação, Concursos Públicos e seu dia a dia como profissional da área.

SOBRE A ATUALIZAÇÃO

Este produto transcreve a publicação oficial dos textos legais. Quando expressamente disposto em norma alteradora, o texto legal foi atualizado; do contrário, foi mantida a redação oficial, indicando a alteração em notas remissivas informativas.

Importante destacar o procedimento de atualização em alguns pontos:

• Normas alteradoras Ⓐ

Por se tratar de normas que apenas alteram outros diplomas legais contidos na obra, serão elencadas somente no índice cronológico com a seguinte informação: "Meramente alteradora. Texto incorporado na referida norma".

Todas as alterações promovidas por tais normas estarão incorporadas no texto dos diplomas alterados.

Caso a norma, além de proceder alterações em outro diploma legal, traga conteúdo próprio relevante, será incluída na obra, com a informação de supressão do texto alterador.

• Medidas provisórias

Considerando a transitoriedade das medidas provisórias editadas pelo Presidente da República, todos os dispositivos legais alterados por estas que ainda não tenham sido apreciados pelo Congresso até o fechamento da edição constarão da obra como "Texto novo", mantendo-se também a redação anterior a sua publicação.

• *Vacatio legis*

Todos os dispositivos e/ou normas que possuírem período determinado para entrarem em vigor trarão em sua nota de atualização a informação "Passa a vigorar após decorridos X dias de sua publicação".

• Ministérios

Em todos os textos legais, foram preservadas as redações originais de publicação, com a denominação dos Ministérios vigentes à época da publicação da norma. A Lei 14.600/2023, em seus arts. 17 a 53, estabelece a estrutura e a organização dos Ministérios da Presidência da República.

- **Indicação de multas**
* Quando previstas no Código Penal, observar o seguinte dispositivo:

 Lei 7.209/1984, art. 2.º: "São canceladas, na Parte Especial do Código Penal e nas leis especiais alcançadas pelo art. 12 do Código Penal, quaisquer referências a valores de multas, substituindo-se a expressão *multa de* por *multa*".

* Quando previstas na CLT, como o valor de referência das multas é constantemente alterado, optamos por manter a redação original e indicar as alterações em notas remissivas. Consulte também a Nota de atualização da CLT desta *CLT Organizada*, encartada depois da *Exposição de motivos da CLT*.

- **Valores e unidades monetárias**
Todos os valores monetários foram mantidos conforme texto de publicação oficial. Dessa forma, alguns desses valores podem não corresponder àqueles adotados no mercado atual.

Cabe também enumerar algumas questões relevantes:

Poder Judiciário

* A Emenda Constitucional 24/1999 extinguiu a representação classista na Justiça do Trabalho, substituindo as Juntas de Conciliação e Julgamento pelas Varas da Justiça do Trabalho.
* A partir da promulgação da Constituição Federal de 1946, os Tribunais de Apelação passaram a ser denominados Tribunais de Justiça.
* A Constituição Federal de 1988 extinguiu o Tribunal Federal de Recursos – TFR, transferindo sua competência para o Superior Tribunal de Justiça – STJ.
* A Emenda Constitucional 45/2004:
– extinguiu os Tribunais de Alçada, passando os seus membros a compor os Tribunais de Justiça dos respectivos Estados;
– modificou a competência da Justiça do Trabalho (art. 114, CF);
– alterou a composição do Tribunal Superior do Trabalho (art. 111-A, CF);
– transferiu a jurisdição aos Juízes de Direito, com recurso para o respectivo Tribunal Regional do Trabalho, no caso das comarcas não abrangidas pelas varas da Justiça do Trabalho.
* A Emenda Constitucional 92/2016:
– modificou novamente a composição do Tribunal Superior do Trabalho (art. 111-A, CF);
– estabeleceu a competência originária do Tribunal Superior do Trabalho para julgar reclamação para a preservação de sua competência e garantia da autoridade de suas decisões.

Súmulas – A Resolução 129/2005 do TST modificou a denominação dos verbetes da jurisprudência predominante do Tribunal Superior do Trabalho de *Enunciado* para *Súmula*, alterando o conteúdo de várias Súmulas e Orientações Jurisprudenciais desse Tribunal.

Valores e fatores previdenciários – Alguns fatores previdenciários não são alterados expressamente por lei, mas atualizados por meio de Portaria do Ministério da Previdência Social – MPS. Nesses casos, mantivemos o texto original.

Textos parciais

Alguns diplomas legais constarão da obra de forma parcial, ou seja, publicados em excertos. O nosso objetivo é selecionar os trechos, de fato relevantes, de algumas normas e otimizar o espaço para a publicação de maior quantidade de normas, para compor o melhor e mais completo conteúdo.

SOBRE O ACOMPANHAMENTO LEGISLATIVO

O Grupo GEN disponibilizará aos leitores um acompanhamento legislativo, com informações sobre as normas de maior impacto nos principais ramos do Direito brasileiro, bem como aquelas que alterem os dispositivos legais contidos nesta obra, publicadas ao longo do ano. Para acessar esse conteúdo, basta entrar no *site*: <http://genjuridico.com.br/acompanhamentolegislativo>.

SOBRE O MATERIAL SUPLEMENTAR PARA *DOWNLOAD* ⚓

Aos adquirentes desta edição da *CLT Organizada*, é oferecido conteúdo *on-line* exclusivo e gratuito, que compreende:

- criteriosa **seleção de normas complementares** ao conteúdo da obra; e
- **tabelas comparativas.**

Todos esses recursos estarão disponíveis no Ambiente de Aprendizagem. Para acessá-los, basta seguir as instruções constantes na aba da capa desta *CLT Organizada*.

Índice Geral

Índice Cronológico

* Conteúdo parcial. ** Conteúdo parcial.

* Conteúdo parcial.

* Conteúdo parcial.

* Conteúdo parcial

* Conteúdo parcial.

** Conteúdo parcial.

* Conteúdo parcial.

DECRETOS-LEIS

MEDIDAS PROVISÓRIAS

* Conteúdo parcial.

* Conteúdo parcial. ** Conteúdo parcial.

* Conteúdo parcial.
** Conteúdo parcial.

Constituição da República Federativa do Brasil

Índice Sistemático

Constituição da República Federativa do Brasil

Preâmbulo

Nós, representantes do povo brasileiro, reunidos em Assembleia Nacional Constituinte para instituir um Estado Democrático, destinado a assegurar o exercício dos direitos sociais e individuais, a liberdade, a segurança, o bem-estar, o desenvolvimento, a igualdade e a justiça como valores supremos de uma sociedade fraterna, pluralista e sem preconceitos, fundada na harmonia social e comprometida, na ordem interna e internacional, com a solução pacífica das controvérsias, promulgamos, sob a proteção de Deus, a seguinte Constituição da República Federativa do Brasil.

▸ *DOU 191-A – 05.10.1988.*

TÍTULO I
DOS PRINCÍPIOS FUNDAMENTAIS

Art. 1º A República Federativa do Brasil, formada pela união indissolúvel dos Estados e Municípios e do Distrito Federal, constitui-se em Estado Democrático de Direito e tem como fundamentos:

▸ Arts. 18, *caput*, e 60, § 4º, I e II, desta Constituição.

I – a soberania;

▸ Arts. 20, VI, 21, I e III, 84, VII, VIII, XIX e XX, desta Constituição.
▸ Arts. 36, 236 e 237 do CPC.
▸ Arts. 780 a 790 do CPP.
▸ Arts. 215 a 229 do RISTF.

II – a cidadania;

▸ Arts. 5º, XXXIV, LIV, LXXI, LXXIII e LXXVII, e 60, § 4º, desta Constituição.
▸ Lei 9.265/1996 (Gratuidade dos atos necessários ao exercício da cidadania).
▸ Lei 10.835/2004 (Renda básica da cidadania).

III – a dignidade da pessoa humana;

▸ Arts. 5º, XLII, XLIII, XLVIII, XLIX, L, 34, VII, *b*, 226, § 7º, 227 e 230 desta Constituição.
▸ Art. 8º, III, da Lei 11.340/2006 (Lei Maria da Penha).
▸ Dec. 41.721/1957 (Convenção 29 da OIT – Trabalho Forçado ou Obrigatório).
▸ Dec. 58.822/1966 (Convenção 105 da OIT – Abolição do Trabalho Forçado).
▸ Dec. 8.858/2016 (Emprego de Algemas).
▸ Súmulas Vinculantes 6, 11, 14 e 56 do STF.

IV – os valores sociais do trabalho e da livre iniciativa;

▸ Arts. 6º a 11 e 170 desta Constituição.

V – o pluralismo político.

▸ Art. 17 desta Constituição.
▸ Lei 9.096/1995 (Partidos Políticos).

Parágrafo único. Todo o poder emana do povo, que o exerce por meio de representantes eleitos ou diretamente, nos termos desta Constituição.

▸ Arts. 14, 27, § 4º, 29, XIII, 60, § 4º, II, e 61, § 2º, desta Constituição.
▸ Art. 1º da Lei 9.709/1998 (Regulamenta incisos I, II e III do art. 14 desta Constituição).

Art. 2º São Poderes da União, independentes e harmônicos entre si, o Legislativo, o Executivo e o Judiciário.

▸ Art. 60, § 4º, III, desta Constituição.
▸ Súmula Vinculante 37 do STF.
▸ Súmula 649 do STF.

Art. 3º Constituem objetivos fundamentais da República Federativa do Brasil:

I – construir uma sociedade livre, justa e solidária;

▸ Art. 29, 1, *d*, do Dec. 99.710/1990 (Convenção sobre os direitos das crianças).
▸ Art. 10, item 1, do Dec. 591/1992 (Pacto Internacional Sobre Direitos Econômicos, Sociais e Culturais).

II – garantir o desenvolvimento nacional;

▸ Arts. 23, parágrafo único, e 174, § 1º, desta Constituição.

III – erradicar a pobreza e a marginalização e reduzir as desigualdades sociais e regionais;

▸ Arts. 23, X, e 214 desta Constituição.
▸ Arts. 79 a 82 do ADCT.

IV – promover o bem de todos, sem preconceitos de origem, raça, sexo, cor, idade e quaisquer outras formas de discriminação.

▸ Art. 4º, VIII, desta Constituição.
▸ Art. 1.723 do CC.

▸ Dec. 62.150/1968 (Convenção 111 da OIT – discriminação em matéria de emprego e profissão).
▸ Lei 7.716/1989 (Racismo).
▸ Lei 8.081/1990 (Crimes e penas aplicáveis aos atos discriminatórios ou de preconceito).
▸ Dec. 3.956/2001 (Convenção Interamericana para Eliminação de Todas as Formas de Discriminação contra as Pessoas Portadoras de Deficiência).
▸ Dec. 4.377/2002 (Convenção sobre a Eliminação de Todas as Formas de Discriminação contra a Mulher).
▸ Dec. 4.886/2003 (Política Nacional de Promoção de Igualdade Racial – PNPIR).
▸ Lei 11.340/2006 (Lei Maria da Penha).
▸ Lei 12.288/2010 (Estatuto da Igualdade Racial).
▸ Dec. 7.388/2010 (Conselho Nacional de Combate à Discriminação – CNCD).

Art. 4º A República Federativa do Brasil rege-se nas suas relações internacionais pelos seguintes princípios:

▸ Arts. 21, I, e 84, VII e VIII, desta Constituição.
▸ Art. 3º, *a*, da LC 75/1993 (Estatuto do Ministério Público da União).

I – independência nacional;

▸ Arts. 78, *caput*, e 91, § 1º, III e IV, desta Constituição.
▸ Lei 8.183/1991 (Conselho de Defesa Nacional).
▸ Dec. 893/1993 (Regulamento do Conselho de Defesa Nacional).

II – prevalência dos direitos humanos;

▸ Dec. 678/1992 (Pacto de São José da Costa Rica).

III – autodeterminação dos povos;

IV – não intervenção;

▸ Art. 2º do Dec. Leg. 44/1995 (Protocolo de Reforma – OEA).

V – igualdade entre os Estados;

VI – defesa da paz;

VII – solução pacífica dos conflitos;

VIII – repúdio ao terrorismo e ao racismo;

▸ Art. 5º, XLII e XLIII, desta Constituição.
▸ Lei 7.716/1989 (Racismo).
▸ Lei 8.072/1990 (Crimes Hediondos).
▸ Dec. 5.639/2005 (Convenção Interamericana contra o Terrorismo).
▸ Lei 12.288/2010 (Estatuto da Igualdade Racial).

IX – cooperação entre os povos para o progresso da humanidade;

X – concessão de asilo político.

▸ Dec. 55.929/1965 (Convenção sobre Asilo Territorial).
▸ Art. 98, II, do Dec. 99.244/1990 (Reorganização e funcionamento dos órgãos da Presidência da República).
▸ Lei 9.474/1997 (Estatuto dos Refugiados).

Parágrafo único. A República Federativa do Brasil buscará a integração econômica, política, social e cultural dos povos da América Latina, visando à formação de uma comunidade latino-americana de nações.

▸ Dec. 350/1991 (Tratado de Assunção).
▸ Dec. 922/1993 (Protocolo para Solução de Controvérsias no âmbito do MERCOSUL).

TÍTULO II
DOS DIREITOS E GARANTIAS FUNDAMENTAIS

CAPÍTULO I
DOS DIREITOS E DEVERES INDIVIDUAIS E COLETIVOS

Art. 5º Todos são iguais perante a lei, sem distinção de qualquer natureza, garantindo-se aos brasileiros e aos estrangeiros residentes no País a inviolabilidade do direito à vida, à liberdade, à igualdade, à segurança e à propriedade, nos termos seguintes:

▸ Arts. 5º, §§ 1º e 2º, 14, *caput*, e 60, § 4º, IV, desta Constituição.
▸ Lei 1.542/1952 (Casamento dos funcionários da carreira de diplomata com pessoa de nacionalidade estrangeira).
▸ Dec. 58.819/1966 (Convenção 97 da OIT – Trabalhadores Migrantes).
▸ Lei 5.709/1971 (Aquisição de imóvel rural por estrangeiro residente no país ou pessoa jurídica estrangeira).
▸ Dec. 74.965/1974 (Regulamenta a Lei 5.709/1971).
▸ Arts. 4º a 24 do Dec. 678/1992 (Pacto de São José da Costa Rica).
▸ Lei 12.288/2010 (Estatuto da Igualdade Racial).
▸ Dec. 9.199/2017 (Regulamenta a Lei 13.445/2017 – Lei de Migração).
▸ Súmulas Vinculantes 6 e 11 do STF.

▸ Súmula 683 do STF.

I – homens e mulheres são iguais em direitos e obrigações, nos termos desta Constituição;

▸ Arts. 143, § 2º, e 226, § 5º, desta Constituição.
▸ Art. 372 da CLT.
▸ Dec. 41.721/1957 (Convenção 100 da OIT – Igualdade de Remuneração de Homens e Mulheres).
▸ Art. 4º da Lei 8.159/1991 (Política nacional de arquivos públicos e privados).
▸ Dec. 678/1992 (Pacto de São José da Costa Rica).
▸ Lei 9.029/1995 (Proíbe a exigência de atestado de gravidez e esterilização, e outras práticas discriminatórias, para efeitos admissionais).
▸ Dec. 4.377/2002 (Convenção sobre a Eliminação de todas as Formas de Discriminação contra a Mulher, de 1979).
▸ Lei 12.318/2010 (Alienação Parental).
▸ Dec. 9.199/2017 (Regulamenta a Lei 13.445/2017 – Lei de Migração).

II – ninguém será obrigado a fazer ou deixar de fazer alguma coisa senão em virtude de lei;

▸ Arts. 14, § 1º, I, e 143 desta Constituição.
▸ Súmulas Vinculantes 37 e 44 do STF.
▸ Súmulas 636 e 686 do STF.

III – ninguém será submetido a tortura nem a tratamento desumano ou degradante;

▸ Incisos XLIII, XLVII, *e*, XLIX, LXII, LXIII, LXV e LXVI deste artigo.
▸ Art. 13 da Lei 13.869/2019 (Abuso de Autoridade).
▸ Art. 199 da Lei 7.210/1984 (Lei de Execução Penal).
▸ Arts. 2º e 8º da Lei 8.072/1990 (Crimes Hediondos).
▸ Dec. 40/1991 (Convenção contra a Tortura e outros Tratamentos ou Penas Cruéis, Desumanos ou Degradantes).
▸ Art. 5º, item 2, do Dec. 678/1992 (Pacto de São José da Costa Rica).
▸ Lei 9.455/1997 (Crimes de Tortura).
▸ Lei 12.847/2013 (Sistema de Prevenção e Combate à Tortura).
▸ Dec. 8.154/2013 (Regulamenta o Sistema de Prevenção e Combate à Tortura).
▸ Dec. 8.858/2016 (Emprego de Algemas).
▸ Súmula Vinculante 11 do STF.

IV – é livre a manifestação do pensamento, sendo vedado o anonimato;

▸ Art. 220, § 1º, desta Constituição.
▸ Art. 1º da Lei 7.524/1986 (Manifestação, por militar inativo, de pensamento e opinião políticos e filosóficos).
▸ Art. 2º, *a*, da Lei 8.389/1991 (Conselho Nacional de Comunicação Social).
▸ Art. 13 do Dec. 678/1992 (Pacto de São José da Costa Rica).
▸ Art. 6º, XIV, *e*, da LC 75/1993 (Lei Orgânica do Ministério Público da União).

V – é assegurado o direito de resposta, proporcional ao agravo, além da indenização por dano material, moral ou à imagem;

▸ Art. 220, § 1º, desta Constituição.
▸ Art. 6º da Lei 8.159/1981 (Política Nacional de Arquivos Públicos e Privados).
▸ Lei 7.524/1986 (Manifestação, por militar inativo, de pensamento e opinião políticos ou filosóficos).
▸ Art. 14 do Dec. 678/1992 (Pacto de São José da Costa Rica).
▸ Lei 13.188/2015 (Direito de Resposta).
▸ Súmulas 37, 227, 362, 387, 388 e 403 do STJ.

VI – é inviolável a liberdade de consciência e de crença, sendo assegurado o livre exercício dos cultos religiosos e garantida, na forma da lei, a proteção aos locais de culto e a suas liturgias;

▸ Arts. 208 a 212 do CP.
▸ Art. 24 da Lei 7.210/1984 (Execução Penal).
▸ Arts. 16, II, e 124, XIV, da Lei 8.069/1990 (Estatuto da Criança e do Adolescente – ECA).
▸ Art. 39 da Lei 8.313/1991 (Programa Nacional de Apoio a Cultura – PRONAC).
▸ Art. 12, I, do Anexo do Dec. 678/1992 (Pacto de São José da Costa Rica).
▸ Arts. 23 a 26 da Lei 12.288/2010 (Estatuto da Igualdade Racial).

VII – é assegurada, nos termos da lei, a prestação de assistência religiosa nas entidades civis e militares de internação coletiva;

▸ Lei 6.923/1981 (Serviço de assistência religiosa nas Forças Armadas).
▸ Art. 24 da Lei 7.210/1984 (Execução Penal).
▸ Art. 124, XIV, da Lei 8.069/1990 (Estatuto da Criança e do Adolescente – ECA).
▸ Lei 9.982/2000 (Prestação de assistência religiosa nas entidades hospitalares públicas e privadas e estabelecimentos prisionais civis e militares).

VIII – ninguém será privado de direitos por motivo de crença religiosa ou de convicção filosófica ou política, salvo se as invocar para eximir-se de obrigação legal a todos imposta e recusar-se a cumprir prestação alternativa, fixada em lei;

▸ Arts. 15, IV, e 143, §§ 1º e 2º, desta Constituição.
▸ Dec.-lei 1.002/1969 (Código de Processo Penal Militar).
▸ Lei 7.210/1984 (Execução Penal).
▸ Lei 8.239/1991 (Prestação de serviço alternativo ao serviço militar obrigatório).
▸ Art. 12 do Dec. 678/1992 (Pacto de São José da Costa Rica).

IX – é livre a expressão da atividade intelectual, artística, científica e de comunicação, independentemente de censura ou licença;

▸ Art. 220, § 2º, desta Constituição.
▸ Art. 39 da Lei 8.313/1991 (Programa Nacional de Apoio à Cultura – PRONAC).
▸ Art. 5º, d, da LC 75/1993 (Lei Orgânica do Ministério Público da União).
▸ Lei 9.456/1997 (Proteção de Cultivares).
▸ Lei 9.609/1998 (Propriedade intelectual de programa de computador e sua comercialização no país).
▸ Lei 9.610/1998 (Direitos Autorais).

X – são invioláveis a intimidade, a vida privada, a honra e a imagem das pessoas, assegurado o direito à indenização pelo dano material ou moral decorrente de sua violação;

▸ Arts. 37, § 3º, II, e 114, VI, desta Constituição.
▸ Arts. 4º e 6º da Lei 8.159/1981 (Política Nacional de Arquivos Públicos e Privados).
▸ Art. 11, item 2, do Dec. 678/1992 (Pacto de São José da Costa Rica).
▸ Art. 30, V, da Lei 8.935/1994 (Serviços notariais e de registro).
▸ Art. 101, § 1º, da Lei 11.101/2005 (Recuperação de Empresas e Falências).
▸ Súmula Vinculante 11 do STF.
▸ Súmula 714 do STF.
▸ Súmulas 227, 370, 387, 388, 403 e 420 do STJ.

XI – a casa é asilo inviolável do indivíduo, ninguém nela podendo penetrar sem consentimento do morador, salvo em caso de flagrante delito ou desastre, ou para prestar socorro, ou, durante o dia, por determinação judicial;

▸ Art. 150, §§ 1º a 5º, do CP.
▸ Arts. 283 e 301 do CPP.
▸ Arts. 212 a 217 do CPC.
▸ Art. 11 do Dec. 678/1992 (Pacto de São José da Costa Rica).
▸ Art. 7º, II, da Lei 8.906/1994 (Estatuto da Advocacia e da OAB).

XII – é inviolável o sigilo da correspondência e das comunicações telegráficas, de dados e das comunicações telefônicas, salvo, no último caso, por ordem judicial, nas hipóteses e na forma que a lei estabelecer para fins de investigação criminal ou instrução processual penal;

▸ Arts. 136, § 1º, I, b e c, e 139, III, desta Constituição.
▸ Arts. 151 a 152 do CP.
▸ Arts. 55 a 57 da Lei 4.117/1962 (Código Brasileiro de Telecomunicações).
▸ Lei 6.538/1978 (Serviços postais).
▸ Art. 11 do Dec. 678/1992 (Pacto de São José da Costa Rica).
▸ Art. 6º, XVIII, a, da LC 75/1993 (Lei Orgânica do Ministério Público da União).
▸ Art. 7º, II, da Lei 8.906/1994 (Estatuto da Advocacia e da OAB).
▸ Lei 9.296/1996 (Interceptações Telefônicas).
▸ Dec. 3.505/2000 (Política de Segurança da Informação nos órgãos e entidades da Administração Pública Federal).
▸ Resolução 59/2008, do Conselho Nacional de Justiça (Aperfeiçoa o procedimento de interceptação das comunicações telefônicas e de sistemas de informática nos órgãos jurisdicionais do Poder Judiciário).

XIII – é livre o exercício de qualquer trabalho, ofício ou profissão, atendidas as qualificações profissionais que a lei estabelecer;

▸ Arts. 170 e 220, § 1º, desta Constituição.
▸ Art. 6º do Dec. 678/1992 (Pacto de São José da Costa Rica).

XIV – é assegurado a todos o acesso à informação e resguardado o sigilo da fonte, quando necessário ao exercício profissional;

▸ Art. 220, § 1º, desta Constituição.
▸ Art. 154 do CP.
▸ Art. 207 do CPP.
▸ Art. 448, II, do CPC.
▸ Art. 8º, § 2º, da LC 75/1993 (Lei Orgânica do Ministério Público da União).
▸ Art. 7º, XIX, da Lei 8.906/1994 (Estatuto da Advocacia e da OAB).

XV – é livre a locomoção no território nacional em tempo de paz, podendo qualquer pessoa, nos termos da lei, nele entrar, permanecer ou dele sair com seus bens;

▸ Arts. 109, X, e 139 desta Constituição.
▸ Art. 22 do Dec. 678/1992 (Pacto de São José da Costa Rica).

XVI – todos podem reunir-se pacificamente, sem armas, em locais abertos ao público, independentemente de autorização, desde que não frustrem outra reunião anteriormente convocada para o mesmo local, sendo apenas exigido prévio aviso à autoridade competente;

▸ Arts. 109, X, 136, § 1º, I, a, e 139, IV, desta Constituição.
▸ Art. 2º, III, da Lei 7.685/1988 (Registro provisório para o estrangeiro em situação ilegal em território nacional)
▸ Art. 21 do Dec. 592/1992 (Pacto Internacional sobre Direitos Civis e Políticos).
▸ Art. 15 do Anexo do Dec. 678/1992 (Pacto de São José da Costa Rica).

XVII – é plena a liberdade de associação para fins lícitos, vedada a de caráter paramilitar;

▸ Arts. 8º, 17, § 4º, e 37, VI, desta Constituição.
▸ Art. 199 do CP.
▸ Art. 117, VII, da Lei 8.112/1990 (Estatuto dos Servidores Públicos Civis da União, Autarquias e Fundações Públicas Federais).
▸ Art. 16 do Dec. 678/1992 (Pacto de São José da Costa Rica).

XVIII – a criação de associações e, na forma da lei, a de cooperativas independem de autorização, sendo vedada a interferência estatal em seu funcionamento;

▸ Arts. 8º, I, e 37, VI, desta Constituição.
▸ Lei 5.764/1971 (Cooperativas).
▸ Lei 9.867/1999 (Criação e o funcionamento de Cooperativas Sociais).

XIX – as associações só poderão ser compulsoriamente dissolvidas ou ter suas atividades suspensas por decisão judicial, exigindo-se, no primeiro caso, o trânsito em julgado;

XX – ninguém poderá ser compelido a associar-se ou a permanecer associado;

▸ Art. 117, VII, da Lei 8.112/1990 (Estatuto dos Servidores Públicos Civis da União, Autarquias e Fundações Públicas Federais).
▸ Art. 16 do Dec. 678/1992 (Pacto de São José da Costa Rica).

XXI – as entidades associativas, quando expressamente autorizadas, têm legitimidade para representar seus filiados judicial ou extrajudicialmente;

▸ Art. 5º da Lei 7.347/1985 (Ação Civil Pública).
▸ Arts. 3º e 5º, I e III, da Lei 7.853/1989 (Apoio às Pessoas Portadoras de Deficiência).
▸ Art. 5º, I e III, da Lei 7.802/1989 (Agrotóxicos).
▸ Art. 82, VII, da Lei 8.078/1990 (Código de Defesa do Consumidor – CDC).
▸ Art. 210, III, da Lei 8.069/1991 (Estatuto da Criança e do Adolescente – ECA).
▸ Súmula 629 do STF.

XXII – é garantido o direito de propriedade;

▸ Art. 243 desta Constituição.
▸ Arts. 1.228 a 1.368 do CC.
▸ Lei 4.504/1964 (Estatuto da Terra).
▸ Arts. 1º a 5º da Lei 8.257/1991 (Expropriação das glebas nas quais se localizem culturas ilegais de plantas psicotrópicas).

XXIII – a propriedade atenderá a sua função social;

▸ Arts.156, § 1º, 170, III, 182, § 2º, e 186 desta Constituição.
▸ Art. 5º do Dec.-lei 4.657/1942 (Lei de Introdução às normas do Direito Brasileiro – LINDB).
▸ Arts. 2º, 12, 18, a, e 47, I, da Lei 4.504/1964 (Estatuto da Terra).
▸ Art. 2º, I, da Lei 8.171/1991 (Política Agrícola).
▸ Lei 10.257/2001 (Estatuto da Cidade).
▸ Arts. 27 a 37 da Lei 12.288/2010 (Estatuto da Igualdade Racial).
▸ Art. 1º da Lei 12.529/2011 (Sistema Brasileiro de Defesa da Concorrência).

XXIV – a lei estabelecerá o procedimento para desapropriação por necessidade ou utilidade pública, ou por interesse social, mediante justa e prévia indenização em dinheiro, ressalvados os casos previstos nesta Constituição;

▸ Arts. 22, II, 182, § 4º, 184, caput, e 185, I e II, desta Constituição.
▸ Arts. 1.228, § 3º e 1.275, V, do CC.
▸ Dec.-lei 3.365/1941 (Desapropriações).
▸ Lei 4.132/1962 (Desapropriação por Interesse Social).
▸ Arts. 17, a, 18, 19, §§ 1º a 4º, 31, IV, e 35, caput, da Lei 4.504/1964 (Estatuto da Terra).
▸ Dec.-lei 1.075/1970 (Imissão de Posse).
▸ LC 76/1993 (Desapropriação de Imóvel Rural para fins de Reforma Agrária).
▸ Arts. 3º, 4º, 19, 5º, § 2º, e 7º, IV, da Lei 8.629/1993 (Dispositivos constitucionais relativos à reforma agrária).
▸ Art. 10 da Lei 9.074/1995 (Normas para outorga e prorrogações das concessões e permissões de serviços públicos).
▸ Súmulas 23, 111, 157, 164, 218, 345, 378, 416, 475, 561, 617, 618 e 652 do STF.
▸ Súmulas 12, 56, 67, 69, 70, 102, 113, 114, 119, 131, 141, 354 e 408 do STJ.

XXV – no caso de iminente perigo público, a autoridade competente poderá usar de propriedade particular, assegurada ao proprietário indenização ulterior, se houver dano;

▸ Art. 185 desta Constituição.
▸ Lei 4.504/1964 (Estatuto da Terra).
▸ Art. 19, IX, da Lei 4.595/1964 (Sistema Financeiro Nacional).
▸ Art. 4º, § 2º, da Lei 8.009/1990 (Impenhorabilidade do Bem de Família).
▸ Art. 4º, I, da LC 76/1993 (Desapropriação de Imóvel Rural para fins de Reforma Agrária).
▸ Art. 4º, II, e parágrafo único, da Lei 8.629/1993 (Regula os dispositivos constitucionais relativos à reforma agrária).
▸ Súmula 364 do STJ.

XXVII – aos autores pertence o direito exclusivo de utilização, publicação ou reprodução de suas obras, transmissível aos herdeiros pelo tempo que a lei fixar;

▸ Art. 184 do CP.
▸ Art. 30 da Lei 8.977/1995 (Serviço de TV a cabo, regulamentado pelo Dec. 2.206/1997).
▸ Lei 9.456/1997 (Proteção de Cultivares).
▸ Dec. 2.366/1997 (Regulamento da Lei 9.456/1997).

XXVI – a pequena propriedade rural, assim definida em lei, desde que trabalhada pela família, não será objeto de penhora para pagamento de débitos decorrentes de sua atividade produtiva, dispondo a lei sobre os meios de financiar o seu desenvolvimento;

▸ Lei 9.609/1998 Propriedade intelectual de programa de computador e sua comercialização no país).
▸ Lei 9.610/1998 (Direitos Autorais).
▸ Súmula 386 do STF.
▸ Súmulas 63, 228 e 261 do STJ.

XXVIII – são assegurados, nos termos da lei:

a) a proteção às participações individuais em obras coletivas e à reprodução da imagem e voz humanas, inclusive nas atividades desportivas;

▸ Lei 6.533/1978 (Regulamentação das profissões de Artista e de Técnico em Espetáculos de Diversões).
▸ Lei 9.610/1998 (Direitos Autorais).
▸ Art. 42 da Lei 9.615/1998 (Normas gerais sobre desporto).

b) o direito de fiscalização do aproveitamento econômico das obras que criarem ou de que participarem aos criadores, aos intérpretes e às respectivas representações sindicais e associativas;

XXIX – a lei assegurará aos autores de inventos industriais privilégio temporário para sua utilização, bem como proteção às criações industriais, à propriedade das marcas, aos nomes de empresas e a outros signos distintivos, tendo em vista o interesse social e o desenvolvimento tecnológico e econômico do País;

▸ Art. 4º, VI, do CDC.
▸ Lei 9.279/1996 (Propriedade Industrial).
▸ Lei 9.456/1997 (Proteção de Cultivares).
▸ Dec. 2.553/1998 (Regulamenta os arts. 75 e 88 a 93 da Lei 9.279/1996)

XXX – é garantido o direito de herança;

▸ Arts. 1.784 a 2.027 do CC.
▸ Art. 743, § 2º do CPC.
▸ Lei 6.858/1980 (Pagamento aos dependentes ou sucessores, de valores não recebidos em vida pelos respectivos titulares).
▸ Lei 8.971/1994 (Direito dos companheiros a alimentos e sucessão).
▸ Lei 9.278/1996 (União Estável).

XXXI – a sucessão de bens de estrangeiros situados no País será regulada pela lei brasileira em benefício do cônjuge ou dos filhos brasileiros, sempre que não lhes seja mais favorável a lei pessoal do de cujus;

▸ Art. 10, §§ 1º e 2º, do Dec.-lei 4.657/1942 (Lei de Introdução às normas do Direito Brasileiro – LINDB).

XXXII – o Estado promoverá, na forma da lei, a defesa do consumidor;

▸ Art. 48 do ADCT.
▸ Lei 8.078/1990 (Código de Defesa do Consumidor).
▸ Art. 4º da Lei 8.137/1990 (Crimes Contra a Ordem Tributária, Econômica e Contra as Relações de Consumo).
▸ Lei 8.178/1991 (Preços e salários).
▸ Dec. 2.181/1997 (Organização do Sistema Nacional de Defesa do Consumidor – SNDC).
▸ Lei 12.529/2011 (Estruturação do Sistema Brasileiro de Defesa da Concorrência – SNDC).
▸ Dec. 8.573/2015 (Sistema Alternativo de Solução de Conflitos de Consumo).

XXXIII – todos têm direito a receber dos órgãos públicos informações de seu interesse particular, ou de interesse coletivo ou geral, que serão prestadas no prazo da lei, sob pena de responsabilidade, ressalvadas aquelas cujo sigilo seja imprescindível à segurança da sociedade e do Estado;

▸ Arts. 5º, LXXVII, e 37, § 3º, II, desta Constituição.
▸ Lei 12.527/2011 (Regula o acesso a informações previsto neste inciso).
▸ Dec. 7.845/2012 (Credenciamento de segurança e tratamento de informação classificada em qualquer grau de sigilo).
▸ Súmula Vinculante 14 do STF.
▸ Súmula 202 do STJ.

XXXIV – são a todos assegurados, independentemente do pagamento de taxas:

▸ Art. 41, XIV da Lei 7.210/1984 (Lei de Execução Penal – LEP).

a) o direito de petição aos Poderes Públicos em defesa de direitos ou contra ilegalidade ou abuso de poder;

▸ Súmula Vinculante 21 do STF.
▸ Súmula 373 do STJ.
▸ Súmula 424 do TST.

b) a obtenção de certidões em repartições públicas, para defesa de direitos e esclarecimento de situações de interesse pessoal;

▸ Art. 6º do Dec.-lei 4.657/1942 (Lei de Introdução às normas do Direito Brasileiro – LINDB).
▸ Lei 9.051/1995 (Expedição de certidões para defesa de direitos e esclarecimentos de situações).
▸ Lei 9.307/1996 (Arbitragem).

XXXV – a lei não excluirá da apreciação do Poder Judiciário lesão ou ameaça a direito;

▸ Lei 9.307/1996 (Arbitragem).
▸ Súmula Vinculante 28 do STF.
▸ Súmula 667 do STF.
▸ Súmula 533 do STJ.

XXXVI – a lei não prejudicará o direito adquirido, o ato jurídico perfeito e a coisa julgada;

▸ Art. 6º, caput, do Dec.-lei 4.657/1942 (Lei de Introdução às normas do Direito Brasileiro – LINDB).
▸ Súmulas Vinculantes 1, 9 e 35 do STF.
▸ Súmulas 654, 667, 678 e 684 do STF.
▸ Súmula 487 do STJ.
▸ Súmula 315 do TST.

XXXVII – não haverá juízo ou tribunal de exceção;

XXXVIII – é reconhecida a instituição do júri, com a organização que lhe der a lei, assegurados:

▸ Arts. 406 a 432 do CPP.
▸ Arts. 18 e 19 da Lei 11.697/2008 (Organização Judiciária do Distrito Federal e dos Territórios).

a) a plenitude de defesa;

▸ Súmulas 156 e 162 do STF.

b) o sigilo das votações;

c) a soberania dos veredictos;

d) a competência para o julgamento dos crimes dolosos contra a vida;

▸ Arts. 74, § 1º, e 406 a 502 do CPP.
▸ Súmula Vinculante 45 do STF.
▸ Súmulas 603, 713 e 721 do STF.

XXXIX – não há crime sem lei anterior que o defina, nem pena sem prévia cominação legal;

▸ Art. 1º do CP.
▸ Art. 9º do Dec. 678/1992 (Pacto de São José da Costa Rica).

XL – a lei penal não retroagirá, salvo para beneficiar o réu;

▸ Art. 2º, par. ún., do CP.
▸ Art. 66, I, da Lei 7.210/1984 (Execução Penal).
▸ Art. 9º do Dec. 678/1992 (Pacto de São José da Costa Rica).
▸ Súmulas Vinculantes 3, 5, 14, 21, 24, 26 e 28 do STF.
▸ Súmulas 611 e 711 do STF.

XLI – a lei punirá qualquer discriminação atentatória dos direitos e liberdades fundamentais;

▸ O STF, por maioria, julgou procedente a ADIN por omissão 26 para dar interpretação conforme a Constituição, em face dos mandados constitucionais de incriminação inscritos nos incisos XLI e XLII do art. 5º da CF, para enquadrar a homofobia e a transfobia, qualquer que seja a forma de sua manifestação, nos diversos tipos penais definidos na Lei 7.716/89, até que sobrevenha legislação autônoma, editada pelo Congresso Nacional.
▸ Lei 7.716/1989 (Racismo).
▸ Lei 8.081/1990 (Crimes e penas aplicáveis aos atos discriminatórios ou de preconceito de raça, cor, religião, etnia ou procedência de qualquer natureza).
▸ Lei 9.029/1995 (Proíbe a exigência de atestado de gravidez e esterilização, e outras práticas discriminatórias, para efeitos admissionais).
▸ Dec. 3.956/2001 (Convenção Interamericana para eliminação de todas as Formas de Discriminação contra as Pessoas Portadoras de Deficiência).
▸ Dec. 4.377/2002 (Convenção Sobre a Eliminação de Todas as Formas de Discriminação Contra a Mulher).
▸ Dec. 4.886/2003 (Política Nacional de Promoção da Igualdade Racial – PNPIR).
▸ Dec. 7.388/2010 (Conselho Nacional de Combate à Discriminação – CNCD).

XLII – a prática do racismo constitui crime inafiançável e imprescritível, sujeito à pena de reclusão, nos termos da lei;

▸ O STF, por maioria, julgou procedente a ADIN por omissão 26 para dar interpretação conforme a Constituição, em face dos mandados constitucionais de incriminação inscritos nos incisos XLI e XLII do art. 5º da CF, para enquadrar a homofobia e a transfobia, qualquer que seja a forma de sua manifestação, nos diversos tipos penais definidos na Lei 7.716/89, até que sobrevenha legislação autônoma, editada pelo Congresso Nacional.
▸ Art. 323, I, do CPP.
▸ Lei 7.716/1989 (Racismo).
▸ Lei 10.678/2003 (Secretaria Especial de Políticas de Promoção da Igualdade Racial, da Presidência da República).
▸ Lei 12.288/2010 (Estatuto da Igualdade Racial).

XLIII – a lei considerará crimes inafiançáveis e insuscetíveis de graça ou anistia a prática da tortura, o tráfico ilícito de entorpecentes e drogas afins, o terrorismo e os definidos como crimes hediondos, por eles respondendo os mandantes, os executores e os que, podendo evitá-los, se omitirem;

▸ Lei 8.072/1990 (Crimes Hediondos).
▸ Lei 9.455/1997 (Crimes de Tortura).
▸ Dec. 5.639/2005 (Convenção Interamericana contra o Terrorismo).
▸ Lei 11.343/2006 (Drogas).
▸ Lei 13.260/2016 (Lei do Terrorismo).
▸ Súmula Vinculante 26 do STF.
▸ Súmula 631 do STJ.

XLIV – constitui crime inafiançável e imprescritível a ação de grupos armados, civis ou militares, contra a ordem constitucional e o Estado Democrático;

▸ Dec. 5.015/2004 (Convenção das Nações Unidas contra o Crime Organizado Transnacional).
▸ Lei 12.850/2013 (Organização criminosa, investigação criminal, meios de obtenção da prova, infrações penais correlatas e o procedimento criminal).

XLV – nenhuma pena passará da pessoa do condenado, podendo a obrigação de reparar o dano e a decretação do perdimento de bens ser, nos termos da lei, estendidas aos sucessores e contra eles executadas, até o limite do valor do patrimônio transferido;

▸ Arts. 932 e 935 do CC.
▸ Arts. 32 a 52 do CP.
▸ Art. 9º, nº 3, do Dec. 678/1992 (Pacto de São José da Costa Rica).

XLVI – a lei regulará a individualização da pena e adotará, entre outras, as seguintes:

▸ Arts. 32 a 52 do CP.
▸ Súmulas Vinculantes 26 e 56 do STF.

a) privação ou restrição da liberdade;

▸ Arts. 33 a 42 do CP.

b) perda de bens;

▸ Arts. 43, II, e 45, § 3º, do CP.

c) multa;

▸ Art. 49 do CP.
▸ Arts. 164 a 170 da Lei 7.210/1984 (Lei de Execução Penal).
▸ Súmula 693 do STF.

d) prestação social alternativa;

▸ Art. 44 e 46 do CP.

e) suspensão ou interdição de direitos;

▸ Art. 47 do CP.

XLVII – não haverá penas:

▸ Art. 60, § 4º, IV, desta Constituição.
▸ Arts. 32 a 52 do CP.
▸ Súmula Vinculante 26 do STF.

a) de morte, salvo em caso de guerra declarada, nos termos do artigo 84, XIX;

▸ Arts. 55 a 57 do CPM.
▸ Art. 4º, ns. 2 a 6, do Dec. 678/1992 (Pacto de São José da Costa Rica).

b) de caráter perpétuo;

▸ Súmula 527 do STF.

c) de trabalhos forçados;

d) de banimento;

e) cruéis;

▸ Art. 7º, item 7, do Dec. 678/1992 (Pacto de São José da Costa Rica).
▸ Súmulas 280, 309 e 419 do STF.

XLVIII – a pena será cumprida em estabelecimentos distintos, de acordo com a natureza do delito, a idade e o sexo do apenado;

▸ Arts. 32 a 52 do CP.
▸ Arts. 5º a 9º e 82 a 104 da Lei 7.210/1984 (Lei de Execução Penal).
▸ Lei 10.792/2003 (Institui o Regime Disciplinar Diferenciado).

XLIX – é assegurado aos presos o respeito à integridade física e moral;

▸ Art. 5º, III, desta Constituição.
▸ Art. 38 do CP.
▸ Art. 40 da Lei 7.210/1984 (Execução Penal).
▸ Art. 5º, nº 1, do Dec. 678/1992 (Pacto de São José da Costa Rica).
▸ Lei 8.653/1993 (Transporte de presos).
▸ Súmula Vinculante 11 do STF.

L – às presidiárias serão asseguradas condições para que possam permanecer com seus filhos durante o período de amamentação;

▸ Art. 89 da Lei 7.210/1984 (Execução Penal).

LI – nenhum brasileiro será extraditado, salvo o naturalizado, em caso de crime comum, praticado antes da naturalização, ou de comprovado envolvimento em tráfico ilícito de entorpecentes e drogas afins, na forma da lei;

▸ Art. 12, II, desta Constituição.
▸ Dec. 98.961/1990 (Expulsão de estrangeiro condenado por tráfico de entorpecentes).
▸ Lei 11.343/2006 (Drogas).
▸ Arts. 81 a 99 da Lei 13.445/2017 (Lei de Migração).
▸ Art. 262 do Dec. 9.199/2017 (Regulamenta a Lei 13.445/2017 – Lei de Migração).
▸ Súmula 421 do STF.

LII – não será concedida extradição de estrangeiro por crime político ou de opinião;

▸ Dec. 98.961/1990 (Expulsão de estrangeiro condenado por tráfico de entorpecente e drogas afins).
▸ Art. 82, VII, da Lei 13.445/2017 (Lei de Migração).
▸ Art. 263 do Dec. 9.199/2017 (Regulamenta a Lei 13.445/2017 – Lei de Migração).

LIII – ninguém será processado nem sentenciado senão pela autoridade competente;

▸ Art. 8º, nº 1, do Dec. 678/1992 (Pacto de São José da Costa Rica).
▸ Súmula 704 do TR.

LIV – ninguém será privado da liberdade ou de seus bens sem o devido processo legal;

▸ Súmulas Vinculantes 3, 14 e 35 do STF.
▸ Súmula 704 do STF.
▸ Súmula 347 do STJ.

LV – aos litigantes, em processo judicial ou administrativo, e aos acusados em geral são assegurados o contraditório e ampla defesa, com os meios e recursos a ela inerentes;

▸ Lei 8.112/1990 (Estatuto dos Servidores Públicos Civis da União, Autarquias e Fundações Públicas Federais).
▸ Lei 9.784/1999 (Processo Administrativo Federal).
▸ Súmulas Vinculantes 3, 5, 14, 21, 24 e 28 do STF.
▸ Súmulas 523, 701, 704, 705, 707, 708 e 712 do STF.
▸ Súmulas 196, 255, 312, 347, 358 e 373 do STJ.

LVI – são inadmissíveis, no processo, as provas obtidas por meios ilícitos;

▸ Arts. 212 e ss. do CC.
▸ Arts. 369, 373 a 380 e 385 do CPC.
▸ Arts . 155 a 157 do CPP.
▸ Lei 9.296/1996 (Interceptações Telefônicas).

LVII – ninguém será considerado culpado até o trânsito em julgado de sentença penal condenatória;

▸ Art. 8º, item 2, do Dec. 678/1992 (Pacto de São José da Costa Rica).
▸ Súmula 9 do STJ.

LVIII – o civilmente identificado não será submetido a identificação criminal, salvo nas hipóteses previstas em lei;

▸ Inciso LVIII regulamentado pela Lei 12.037/2009.
▸ Art. 6º, VIII, do CPP.
▸ Lei 6.015/1973 (Registros Públicos).
▸ Art. 2º, *caput* da Lei 12.037/2009 (Identificação criminal do civilmente identificado).
▸ Súmula 568 do STF.

LIX – será admitida ação privada nos crimes de ação pública, se esta não for intentada no prazo legal;

▸ Art. 100, § 3º, do CP.
▸ Art. 29 do CPP.

LX – a lei só poderá restringir a publicidade dos atos processuais quando a defesa da intimidade ou o interesse social o exigirem;

▸ Art. 93, IX, desta Constituição.
▸ Arts. 11, 189 e 368 do CPC.
▸ Art. 20 do CPP.
▸ Art. 770 da CLT.
▸ Art. 8º, item 5, do Dec. 678/1992 (Pacto de São José da Costa Rica).

LXI – ninguém será preso senão em flagrante delito ou por ordem escrita e fundamentada de autoridade judiciária competente, salvo nos casos de transgressão militar ou crime propriamente militar, definidos em lei;

▸ Art. 5º, LVII, desta Constituição.
▸ Art. 301 e ss. do CPP.
▸ Dec.-lei 1.001/1969 (Código Penal Militar).
▸ Lei 6.880/1980 (Estatuto dos Militares).
▸ Art. 7º, item 2, do Dec. 678/1992 (Pacto de São José da Costa Rica).
▸ Súmulas 9 e 280 do STJ.

LXII – a prisão de qualquer pessoa e o local onde se encontre serão comunicados imediatamente ao juiz competente e à família do preso ou à pessoa por ele indicada;

▸ Art. 136, § 3º, IV, desta Constituição.
▸ Art. 306 do CPP.

LXIII – o preso será informado de seus direitos, entre os quais o de permanecer calado, sendo-lhe assegurada a assistência da família e de advogado;

▸ Art. 289-A, § 4º, do CPP.
▸ Art. 8º, item 2, g, do Dec. 678/1992 (Pacto de São José da Costa Rica).

LXIV – o preso tem direito à identificação dos responsáveis por sua prisão ou por seu interrogatório policial;

▸ Art. 306, § 2º, do CPP.

LXV – a prisão ilegal será imediatamente relaxada pela autoridade judiciária;

▸ Art. 310, I, do CPP.
▸ Art. 7º, item, do Dec. 678/1992 (Pacto de São José da Costa Rica).
▸ Súmula 697 do STF.

LXVI – ninguém será levado à prisão ou nela mantido, quando a lei admitir a liberdade provisória, com ou sem fiança;

▸ Arts. 321 a 350 do CPP.
▸ Arts. 270 e 271 do CPPM.

LXVII – não haverá prisão civil por dívida, salvo a do responsável pelo inadimplemento voluntário e inescusável de obrigação alimentícia e a do depositário infiel;

▸ Art. 652 do CC.
▸ Arts. 161, par. un., e 528, § 3º do CPC.
▸ Arts. 19 e 22 da Lei 5.478/1968 (Ação de Alimentos).
▸ Art. 11 do Dec. 592/1992 (Pacto Internacional de Direitos Civis e Políticos).
▸ Art. 7º, item 7, do Dec. 678/1992 (Pacto de São José da Costa Rica).
▸ Lei 9.514/1997 e Dec.-lei 911/1969 (Alienação Fiduciária).
▸ Súmula Vinculante 25 do STF.
▸ Súmulas 280, 309 e 419 do STJ.
▸ OJ 89 da SBDI-II do TST.

LXVIII – conceder-se-á *habeas corpus* sempre que alguém sofrer ou se achar ameaçado de sofrer violência ou coação em sua liberdade de locomoção, por ilegalidade ou abuso de poder;

▸ Art. 142, § 2º, desta Constituição.
▸ Arts. 647 a 667 do CPP.
▸ Art. 5º da Lei 9.289/1996 (Regimento de Custas da Justiça Federal).
▸ Súmulas 208, 299, 319, 344, 395, 431, 606, 690, 691, 692, 693, 694 e 695 do STF.
▸ OJ 156 da SBDI-II do TST.

LXIX – conceder-se-á mandado de segurança para proteger direito líquido e certo, não amparado por habeas corpus ou habeas data, quando o responsável pela ilegalidade ou abuso de poder for autoridade pública ou agente de pessoa jurídica no exercício de atribuições do Poder Público;

▸ Lei 9.507/1997 (*Habeas Data*).
▸ Lei 12.016/2009 (Mandado de Segurança Individual e Coletivo).
▸ Súmula 632 do STF.
▸ Súmulas 41, 105, 169, 177, 202, 213, 333, 376, 460 e 604 do STJ.
▸ Súmulas 33, 414, 415, 416, 417 e 418 do TST.

LXX – o mandado de segurança coletivo pode ser impetrado por:

▸ Art. 2º da Lei 8.437/1992.
▸ Arts. 21 e 22 da Lei 12.016/2009 (Mandado de Segurança).
▸ Súmulas 629 e 630 do STF.

a) partido político com representação no Congresso Nacional;

b) organização sindical, entidade de classe ou associação legalmente constituída e em funcionamento há pelo menos um ano, em defesa dos interesses de seus membros ou associados;
- Art. 5º da Lei 7.347/1985 (Ação Civil Pública).
- Súmulas 629 e 630 do STF.

LXXI – conceder-se-á mandado de injunção sempre que a falta de norma regulamentadora torne inviável o exercício dos direitos e liberdades constitucionais e das prerrogativas inerentes à nacionalidade, à soberania e à cidadania;
- Lei 9.265/1996 (Estabelece a gratuidade dos atos necessários ao exercício da cidadania).
- Lei 13.300/2016 (Mandado de Injunção Individual e Coletivo).

LXXII – conceder-se-á *habeas data*:
- Art. 5º, XXXIII e LXXVII, desta Constituição.
- Art. 5º da Lei 9.289/1996 (Regimento de Custas da Justiça Federal).
- Lei 9.507/1997 (*Habeas Data*).
- Súmula 368 do STJ.

a) para assegurar o conhecimento de informações relativas à pessoa do impetrante, constantes de registros ou bancos de dados de entidades governamentais ou de caráter público;
- Súmula 2 do STJ.

b) para a retificação de dados, quando não se prefira fazê-lo por processo sigiloso, judicial ou administrativo;
- Súmula 368 do STJ.

LXXIII – qualquer cidadão é parte legítima para propor ação popular que vise a anular ato lesivo ao patrimônio público ou de entidade de que o Estado participe, à moralidade administrativa, ao meio ambiente e ao patrimônio histórico e cultural, ficando o autor, salvo comprovada má-fé, isento de custas judiciais e do ônus da sucumbência;
- Lei 4.717/1965 (Ação Popular).
- Lei 6.938/1981 (Política Nacional do Meio Ambiente).
- Súmula 365 do STF.

LXXIV – o Estado prestará assistência jurídica integral e gratuita aos que comprovarem insuficiência de recursos;
- Art. 134 desta Constituição.
- Lei 1.060/1950 (Assistência Judiciária).
- Art. 8º, item 2, *e*, do Dec. 678/1992 (Pacto de São José da Costa Rica).
- LC 80/1994 (Defensoria Pública).

LXXV – o Estado indenizará o condenado por erro judiciário, assim como o que ficar preso além do tempo fixado na sentença;
- Art. 10 do Dec. 678/1992 (Pacto de São José da Costa Rica).
- Súmula 527 do STJ.

LXXVI – são gratuitos para os reconhecidamente pobres, na forma da lei:
- Inciso LXXVI regulamentado pela Lei 9.265/1996.
- Art. 30 da Lei 6.015/1973 (Registros Públicos).
- Art. 45 da Lei 8.935/1994 (Serviços Notariais e de Registro).
- Lei 9.265/1996 (Gratuidade dos atos necessários ao exercício da cidadania).

a) o registro civil de nascimento;
- Arts. 50 a 66 da Lei 6.015/1973 (Registros Públicos).

b) a certidão de óbito;
- Arts. 77 a 88 da Lei 6.015/1973 (Registros Públicos).

LXXVII – são gratuitas as ações de habeas corpus, habeas data e, na forma da lei, os atos necessários ao exercício da cidadania;
- Arts. 5º, XXXIII e LXXII desta Constituição.
- Lei 9.265/1996 (Gratuidade dos atos necessários ao exercício da cidadania)
- Lei 9.507/1997 (*Habeas Data*).

LXXVIII – a todos, no âmbito judicial e administrativo, são assegurados a razoável duração do processo e os meios que garantam a celeridade de sua tramitação.
- Inciso LXXVIII acrescido pela EC 45/2004.
- Art. 7º, item 5, do Dec. 678/1992 (Pacto de São José da Costa Rica).
- Art. 75, par. ún., da Lei 11.101/2005 (Recuperação de Empresas e Falências).

LXXIX – é assegurado, nos termos da lei, o direito à proteção dos dados pessoais, inclusive nos meios digitais.
- Inciso LXXIX acrescido pela EC 115/2022.

§ 1º As normas definidoras dos direitos e garantias fundamentais têm aplicação imediata.

§ 2º Os direitos e garantias expressos nesta Constituição não excluem outros decorrentes do regime e dos princípios por ela adotados, ou dos tratados internacionais em que a República Federativa do Brasil seja parte.

§ 3º Os tratados e convenções internacionais sobre direitos humanos que forem aprovados, em cada Casa do Congresso Nacional, em dois turnos, por três quintos dos votos dos respectivos membros, serão equivalentes às emendas constitucionais.
- § 3º acrescido pela EC 45/2004.
- Dec. 6.949/2009 (Convenção Internacional sobre os Direitos das Pessoas com Deficiência).

§ 4º O Brasil se submete à jurisdição de Tribunal Penal Internacional a cuja criação tenha manifestado adesão.
- § 4º acrescido pela EC 45/2004.

- Decreto 4.388/2002 (Estatuto de Roma do Tribunal Penal Internacional).

<center>CAPÍTULO II</center>
<center>DOS DIREITOS SOCIAIS</center>

Art. 6º São direitos sociais a educação, a saúde, a alimentação, o trabalho, a moradia, o transporte, o lazer, a segurança, a previdência social, a proteção à maternidade e à infância, a assistência aos desamparados, na forma desta Constituição.
- Artigo com redação pela EC 90/2015.
- Arts. 208, 212, § 4º, e 227 desta Constituição.
- Lei 10.216/2001 (Proteção e Direitos das Pessoas Portadoras de Transtornos Mentais).
- Lei 10.689/2003 (Programa Nacional de Acesso à Alimentação – PNAA).
- Lei 10.836/2004 (Programa "Bolsa-Família").
- Art. 6º da Lei 12.288/2010 (Estatuto da Igualdade Racial).

Parágrafo único. Todo brasileiro em situação de vulnerabilidade social terá direito a uma renda básica familiar, garantida pelo poder público em programa permanente de transferência de renda, cujas normas e requisitos de acesso serão determinados em lei, observada a legislação fiscal e orçamentária.
- Parágrafo único acrescido pela EC 114/2021.

Art. 7º São direitos dos trabalhadores urbanos e rurais, além de outros que visem à melhoria de sua condição social:
- Lei 9.799/1999 (Regras de acesso da mulher ao mercado de trabalho).
- Arts. 38 e 39 da Lei 12.288/2010 (Estatuto da Igualdade Racial).

I – relação de emprego protegida contra despedida arbitrária ou sem justa causa, nos termos de lei complementar, que preverá indenização compensatória, dentre outros direitos;
- Art. 10 do ADCT.

II – seguro-desemprego, em caso de desemprego involuntário;
- Lei 7.998/1990 (Fundo de Amparo ao Trabalhador).
- Lei 8.019/1990, Lei 8.178/1991 e 13.134/2015 (Seguro-desemprego).
- Lei 10.779/2003 (Benefício de seguro-desemprego, durante o período de defeso, ao pescador profissional que exerce a atividade pesqueira de forma artesanal).
- Lei Complementar 150/2015 (Empregado Doméstico)
- Súmula 389 do TST.

III – Fundo de Garantia do Tempo de Serviço;
- Arts. 7º, 477, 478 e 492 da CLT.
- Lei 8.036/1990 (FGTS).
- Lei Complementar 150/2015 (Empregado Doméstico)
- Súmulas 353 e 578 do STJ.
- Súmulas 63, 98, 206, 305, 362, 363 e 426 do TST.
- OJs 42, 125, 195, 232, 302, 341, 344, 362, 370 e 394 da SBDI-I do TST.

IV – salário mínimo, fixado em lei, nacionalmente unificado, capaz de atender a suas necessidades vitais básicas e às de sua família com moradia, alimentação, educação, saúde, lazer, vestuário, higiene, transporte e previdência social, com reajustes periódicos que lhe preservem o poder aquisitivo, sendo vedada sua vinculação para qualquer fim;
- Lei 6.205/1975 (Salário mínimo como fator de correção monetária).
- Dec. 12.342/2024 estabelece o valor do salário mínimo de R$ 1.518,00 (mil quinhentos e dezoito reais) a partir de 1º.01.2025 (DOU 31.12.2024).
- Súmulas Vinculantes 4, 6, 15 e 16 do STF.
- Súmula 201 do STJ.
- Súmula 356 do TST.
- OJs 272, 358 e 393 da SBDI-I do TST.
- OJs 2 e 71 da SBDI-II do TST.

V – piso salarial proporcional à extensão e à complexidade do trabalho;
- LC 103/2000 (Autoriza os Estados e o Distrito Federal a instituir o piso salarial a que se refere este inciso).
- OJ 358 da SBDI-I do TST.

VI – irredutibilidade do salário, salvo o disposto em convenção ou acordo coletivo;
- Súmula 391 do TST.
- OJ 358 da SBDI-I do TST.

VII – garantia de salário, nunca inferior ao mínimo, para os que percebem remuneração variável;
- Art. 39, § 3º, desta Constituição.
- Lei 8.716/1993 (Garantia do salário mínimo).
- Lei 9.032/1995 (Valor do salário mínimo).

VIII – décimo terceiro salário com base na remuneração integral ou no valor da aposentadoria;
- Arts. 39, § 3º, e 142, § 3º, VIII, desta Constituição.
- Lei 4.090/1962, Lei 4.749/1965; arts. 76 a 82 do Dec. 10.854/2021 (Gratificação de Natal).
- OJ 358 da SBDI-I do TST.

IX – remuneração do trabalho noturno superior à do diurno;
- Art. 39, § 3º, desta Constituição.
- Art. 73, §§ 1º a 5º, da CLT.
- Súmulas 60, 140, 265 e 354 do TST.
- OJ 97, 265 e 388 da SBDI-I do TST.

X – proteção do salário na forma da lei, constituindo crime sua retenção dolosa;

XI – participação nos lucros, ou resultados, desvinculada da remuneração, e, excepcionalmente, participação na gestão da empresa, conforme definido em lei;
- Arts. 543 e 621 da CLT.
- Lei 10.101/2000 (Participação nos Lucros e Resultados).
- Lei 13.353/2010 (Participação de empregados nos conselhos administrativos das empresas públicas e sociedades de economia mista, subsidiárias e controladas).
- Súmula 451 do TST.
- OJ 73 da SBDI-I Transitória do TST.

XII – salário-família pago em razão do dependente do trabalhador de baixa renda nos termos da lei;
- Inciso XII com redação pela EC 20/1998.
- Arts. 39, § 3º, e 142, § 3º, VIII, desta Constituição.
- Art. 12 da CLT.
- Lei 4.266/1963, Dec. 53.153/1963 e Lei 5.559/1968 (Salário-família).
- Arts. 18, 26, 28, 65 a 70 da Lei 8.213/1991 (Planos de Benefícios da Previdência Social).
- Arts. 5º, 25, 30 a 32, 42, 81 a 92, 173, 217, § 6º, 218, 225 e 255 do Dec. 3.048/1999 (Regulamento da Previdência Social).
- OJ 358 da SBDI-I do TST.

XIII – duração do trabalho normal não superior a oito horas diárias e quarenta e quatro semanais, facultada a compensação de horários e a redução da jornada, mediante acordo ou convenção coletiva de trabalho;
- Art. 39, § 3º, desta Constituição.
- Arts. 57 a 75 e 224 a 350 da CLT.
- Súmula 85 do TST.
- OJ 323 da SBDI-I TST.

XIV – jornada de seis horas para o trabalho realizado em turnos ininterruptos de revezamento, salvo negociação coletiva;
- Art. 58 da CLT.
- Súmula 675 do STF.
- Súmulas 360 e 423 do TST.
- OJs 360 e 395 da SBDI-I do TST.

XV – repouso semanal remunerado, preferencialmente aos domingos;
- Art. 39, §§ 2º e 3º, desta Constituição.
- Art. 67 da CLT.
- Lei 605/1949 (Repouso Semanal Remunerado).
- Arts 151 a 162 do Dec. 10.854/2021 (Regulamenta a Lei 605/1949 – Repouso Semanal Remunerado).
- Dec. 58.823/1966 (Convenção 106 da OIT – repouso semanal no comércio e nos escritórios).
- Súmula 27 do TST.
- OJs 394 e 410 da SBDI-I do TST.

XVI – remuneração do serviço extraordinário superior, no mínimo, em cinquenta por cento à do normal;
- Art. 39, §§ 2º e 3º, desta Constituição.
- Art. 59 da CLT.

XVII – gozo de férias anuais remuneradas com, pelo menos, um terço a mais do que o salário normal;
- Art. 39, §§ 2º e 3º, desta Constituição.
- Art. 10, II, *b*, do ADCT.
- Arts. 391 e 392 da CLT.
- Arts. 71 a 73 da Lei 8.213/1991 (Planos de Benefícios da Previdência Social).
- Lei 10.421/2002 (Estende à mãe adotiva o direito a licença-maternidade e ao salário-maternidade).
- Lei 11.770/2008 (Programa Empresa Cidadã).
- Súmula 386 do STJ.

XVIII – licença à gestante, sem prejuízo do emprego e do salário, com a duração de cento e vinte dias;
- O STF, no julgamento da ADIN 1.946-5 (DJU 16.05.2003 e DOU 03.06.2003), julgou parcialmente procedente o pedido para dar "ao art. 14 da EC 20/1998, sem redução de texto, interpretação conforme a CF, para excluir sua aplicação ao salário da licença à gestante a que se refere o art. 7º, inciso XVIII, da referida Carta".
- Art. 39, §§ 2º e 3º, desta Constituição.
- Art. 10, II, *b*, do ADCT.
- Arts. 391 e 392 da CLT.
- Arts. 71 a 73 da Lei 8.213/1991 (Planos de Benefícios da Previdência Social).
- Lei 10.421/2002 (Estende à mãe adotiva o direito a licença-maternidade e ao salário-maternidade).
- Art. 1º, I, da Lei 11.770/2008 (Programa Empresa Cidadã).
- Súmula 244 do TST.
- OJ 44 da SBDI-I do TST.

XIX – licença-paternidade, nos termos fixados em lei;
- Art. 39, §§ 2º e 3º, desta Constituição.
- Art. 10, § 1º, do ADCT.
- Art. 1º, II, da Lei 11.770/2008 (Programa Empresa Cidadã).
- O STF, na ADO 20, por maioria, julgou procedente o pedido, com o reconhecimento da existência de omissão inconstitucional na regulamentação da licença-paternidade prevista no art. 7º, XIX, da CF/1988, com fixação do prazo de dezoito meses para o Congresso Nacional legislar a respeito da matéria, e entendeu, ao final, que, não sobrevindo a lei regulamentadora no prazo acima estabelecido, caberá a este Tribunal fixar o período da licença-paternidade (DOU 11.04.2024).

XX – proteção do mercado de trabalho da mulher, mediante incentivos específicos, nos termos da lei;
- Art. 39, §§ 2º e 3º, desta Constituição.
- Arts. 372 a 401 da CLT.

XXI – aviso-prévio proporcional ao tempo de serviço, sendo no mínimo de trinta dias, nos termos da lei;

> ▸ Arts. 7º e 487 a 491 da CLT.
> ▸ Lei 12.506/2011 (Aviso-Prévio).
> ▸ Súmula 441 do TST.

XXII – redução dos riscos inerentes ao trabalho, por meio de normas de saúde, higiene e segurança;
> ▸ Art. 39, §§ 2º e 3º, desta Constituição.
> ▸ Arts. 154 a 159 e 192 da CLT.
> ▸ Súmula 736 do STF.

XXIII – adicional de remuneração para as atividades penosas, insalubres ou perigosas, na forma da lei;
> ▸ Art. 39, § 2º, desta Constituição.
> ▸ Arts. 189 a 197 da CLT.
> ▸ Súmula Vinculante 4 do STF.

XXIV – aposentadoria;
> ▸ Art. 154 da CLT.
> ▸ Arts. 42 a 58 da Lei 8.213/1991 (Planos de Benefícios da Previdência Social).
> ▸ Lei 9.477/1997 (Fundo de Aposentadoria Programa Individual – FAPI e Plano de Incentivo à Aposentadoria Programa Individual).
> ▸ Dec. 3.048/1999 (Regulamento da Previdência Social).

XXV – assistência gratuita aos filhos e dependentes desde o nascimento até 5 (cinco) anos de idade em creches e pré-escolas;
> ▸ Inciso XXV com redação pela EC 53/2006.
> ▸ Art. 208, IV, desta Constituição.

XXVI – reconhecimento das convenções e acordos coletivos de trabalho;
> ▸ Arts. 611 a 625 da CLT.
> ▸ Súmulas 277 e 374 do TST.
> ▸ OJs 61 e 73 da SBDI-I Transitória do TST.

XXVII – proteção em face da automação, na forma da lei;

XXVIII – seguro contra acidentes de trabalho, a cargo do empregador, sem excluir a indenização a que este está obrigado, quando incorrer em dolo ou culpa;
> ▸ Art. 114, VI, desta Constituição.
> ▸ Arts. 12 e 154 da CLT.
> ▸ Lei 6.338/1976 (Ações de indenização por acidentes do trabalho).
> ▸ Lei 8.212/1991 (Seguridade Social).
> ▸ Lei 8.213/1991 (Planos de Benefícios da Previdência Social).
> ▸ Dec. 3.048/1999 (Regulamento da Previdência Social).
> ▸ Arts. 40, 83, I, da Lei 11.101/2005 (Recuperação de Empresas e Falência).
> ▸ Súmula Vinculante 22 do STF.
> ▸ Súmula 378 do TST.

XXIX – ação, quanto aos créditos resultantes das relações de trabalho, com prazo prescricional de cinco anos para os trabalhadores urbanos e rurais, até o limite de dois anos após a extinção do contrato de trabalho;
> ▸ Inciso XXIX com redação pela EC 28/2000.
> ▸ Art. 11, I e II, da CLT.
> ▸ Art. 10 da Lei 5.889/1973 (Trabalho Rural).
> ▸ Súmulas 206, 294, 308, 362 e 409 do TST.
> ▸ OJS 271, 359, 399 e 417 da SBDI-I do TST.

a) Revogada pela EC 28/2000.

b) Revogada pela EC 28/2000.

XXX – proibição de diferença de salários, de exercício de funções e de critério de admissão por motivo de sexo, idade, cor ou estado civil;
> ▸ Art. 39, § 3º, desta Constituição.
> ▸ Lei 9.029/1995 (Proíbe a exigência de atestados de gravidez e esterilização e outras praticas discriminatórias, para efeitos admissionais).
> ▸ Decreto 4.377/2002 (Convenção sobre a Eliminação de todas as Formas de Discriminação Contra a Mulher).
> ▸ Súmula 683 do STF.
> ▸ Súmulas 6 e 443 do TST.
> ▸ OJ 383 da SBDI-I do TST.
> ▸ OJs 25 e 26 da SDC do TST.

XXXI – proibição de qualquer discriminação no tocante a salário e critérios de admissão do trabalhador portador de deficiência;
> ▸ Dec. 129/1991 (Convenção 159 da OIT – Reabilitação profissional e emprego de pessoas deficientes).
> ▸ Dec. 3.298/1999 (Política Nacional para Integração da Pessoa Portadora de Deficiência).

XXXII – proibição de distinção entre trabalho manual, técnico e intelectual ou entre os profissionais respectivos;
> ▸ Súmula 84 do TST.

XXXIII – proibição de trabalho noturno, perigoso ou insalubre a menores de dezoito e de qualquer trabalho a menores de dezesseis anos, salvo na condição de aprendiz, a partir de quatorze anos;
> ▸ Inciso XXXIII com redação pela EC 20/1998.
> ▸ Art. 227 desta Constituição.
> ▸ Arts. 192, 402 a 410 e 792 da CLT.
> ▸ Arts. 60 a 69 do ECA.
> ▸ Arts. 27, V, e 78, XVIII, da Lei 8.666/1993 (Licitações e Contratos Administrativos).
> ▸ Art. 13 da Lei 11.685/2008 (Estatuto do Garimpeiro).

XXXIV – igualdade de direitos entre o trabalhador com vínculo empregatício permanente e o trabalhador avulso.

Parágrafo único. São assegurados à categoria dos trabalhadores domésticos os direitos previstos nos incisos IV, VI, VII, VIII, X, XIII, XV, XVI, XVII, XVIII, XIX, XXI, XXII, XXIV, XXVI, XXX, XXXI e XXXIII e, atendidas as condições estabelecidas em lei e observada a simplificação do cumprimento das obrigações tributárias, principais e acessórias, decorrentes da relação de trabalho e suas peculiaridades, os previstos nos incisos I, II, III, IX, XII, XXV e XXVIII, bem como a sua integração à previdência social.
> ▸ Parágrafo único com redação pela EC 72/2013.
> ▸ Art. 7º da CLT.
> ▸ Arts. 93 a 103 do Dec. 3.048/1999 (Regulamento da Previdência Social).
> ▸ LC 150/2015 (Empregado Doméstico).

Art. 8º É livre a associação profissional ou sindical, observado o seguinte:
> ▸ Arts. 511 a 515, 524, 537, 543, 553, 558 e 570 da CLT.
> ▸ Lei 10.790/2003 (Anistia a Dirigentes ou Representantes Sindicais e Trabalhadores Punidos por Participação em Movimento Reivindicatório).
> ▸ Convenção 98 da OIT (Direito de Sindicalização).

I – a lei não poderá exigir autorização do Estado para a fundação de sindicato, ressalvado o registro no órgão competente, vedadas ao Poder Público a interferência e a intervenção na organização sindical;
> ▸ Súmula 677 do TST.
> ▸ OJ 15 da SDC do TST.

II – é vedada a criação de mais de uma organização sindical, em qualquer grau, representativa de categoria profissional ou econômica, na mesma base territorial, que será definida pelos trabalhadores ou empregadores interessados, não podendo ser inferior à área de um município;
> ▸ Súmula 677 do STF.

III – ao sindicato cabe a defesa dos direitos e interesses coletivos ou individuais da categoria, inclusive em questões judiciais ou administrativas;
> ▸ OJs 359 e 365 da SBDI-I do TST.
> ▸ OJ 22 da SDC do TST.

IV – a assembleia-geral fixará a contribuição que, em se tratando de categoria profissional, será descontada em folha, para custeio do sistema confederativo da representação sindical respectiva, independentemente da contribuição prevista em lei;
> ▸ Súmula Vinculante 40 do STF.
> ▸ Súmula 666 do STF.
> ▸ Súmula 396 do STJ.
> ▸ OJ 17 da SDC do TST.
> ▸ Precedente Normativo 119 da SDC do TST.

V – ninguém será obrigado a filiar-se ou a manter-se filiado a sindicato;
> ▸ Art. 199 do CP.
> ▸ OJ 20 da SDC do TST.

VI – é obrigatória a participação dos sindicatos nas negociações coletivas de trabalho;

VII – o aposentado filiado tem direito a votar e ser votado nas organizações sindicais;

VIII – é vedada a dispensa do empregado sindicalizado, a partir do registro da candidatura a cargo de direção ou representação sindical e, se eleito, ainda que suplente, até um ano após o final do mandato, salvo se cometer falta grave nos termos da lei.
> ▸ Art. 543 da CLT.
> ▸ Súmula 197 do STF.
> ▸ Súmulas 369 e 379 do TST.
> ▸ OJs 365 e 369 da SBDI-I do TST.

Parágrafo único. As disposições deste artigo aplicam-se à organização de sindicatos rurais e de colônias de pescadores, atendidas as condições que a lei estabelecer.
> ▸ Lei 11.699/2008 (Colônias, Federações e Confederação Nacional dos Pescadores).

Art. 9º É assegurado o direito de greve, competindo aos trabalhadores decidir sobre a oportunidade de exercê-lo e sobre os interesses que devam por meio dele defender.
> ▸ Arts. 37, VII, 114, II, e 142, § 3º, IV, desta Constituição.
> ▸ Lei 7.783/1999 (Greve).

§ 1º A lei definirá os serviços ou atividades essenciais e disporá sobre o atendimento das necessidades inadiáveis da comunidade.

§ 2º Os abusos cometidos sujeitam os responsáveis às penas da lei.
> ▸ Súmula 316 do STF.
> ▸ OJ 10 da SDC do TST.

Art. 10. É assegurada a participação dos trabalhadores e empregadores nos colegiados dos órgãos públicos em que seus interesses profissionais ou previdenciários sejam objeto de discussão e deliberação.

Art. 11. Nas empresas de mais de duzentos empregados, é assegurada a eleição de um representante destes com a finalidade exclusiva de promover-lhes o entendimento direto com os empregadores.
> ▸ Art. 543 da CLT.
> ▸ Precedente Normativo da SDC 86 do TST.

CAPÍTULO III
DA NACIONALIDADE
> ▸ Art. 5º, LXXI, desta Constituição.

> ▸ Decreto 4.246/2002 (Convenção sobre o Estatuto dos Apátridas).

Art. 12. São brasileiros:

I – natos:

a) os nascidos na República Federativa do Brasil, ainda que de pais estrangeiros, desde que estes não estejam a serviço de seu país;

b) os nascidos no estrangeiro, de pai brasileiro ou mãe brasileira, desde que qualquer deles esteja a serviço da República Federativa do Brasil;

c) os nascidos no estrangeiro de pai brasileiro ou de mãe brasileira, desde que sejam registrados em repartição brasileira competente ou venham a residir na República Federativa do Brasil e optem, em qualquer tempo, depois de atingida a maioridade, pela nacionalidade brasileira;
> ▸ Alínea c com redação pela EC 54/2007.
> ▸ Art. 95 do ADCT.

II – naturalizados:
> ▸ Dec. 3.453/2000 (Delega competência ao Ministro de Estado da Justiça para declarar a perda e a reaquisição da nacionalidade Brasileira).
> ▸ Arts. 63 a 76 da Lei 13.445/2017 (Lei de Migração).
> ▸ Arts. 218 e ss. do Dec. 9.199/2017 (Regulamenta a Lei 13.445/2017 – Lei de Migração).

a) os que, na forma da lei, adquiram a nacionalidade brasileira, exigidas aos originários de países de língua portuguesa apenas residência por um ano ininterrupto e idoneidade moral;

b) os estrangeiros de qualquer nacionalidade, residentes na República Federativa do Brasil há mais de quinze anos ininterruptos e sem condenação penal, desde que requeiram a nacionalidade brasileira.
> ▸ Alínea b com redação pela ECR 3/1994.

§ 1º Aos portugueses com residência permanente no País, se houver reciprocidade em favor de brasileiros, serão atribuídos os direitos inerentes ao brasileiro, salvo os casos previstos nesta Constituição.
> ▸ § 1º com redação pela ECR 3/1994.

§ 2º A lei não poderá estabelecer distinção entre brasileiros natos e naturalizados, salvo nos casos previstos nesta Constituição.

§ 3º São privativos de brasileiro nato os cargos:

I – de Presidente e Vice-Presidente da República;

II – de Presidente da Câmara dos Deputados;

III – de Presidente do Senado Federal;

IV – de Ministro do Supremo Tribunal Federal;

V – da carreira diplomática;

VI – de oficial das Forças Armadas;
> ▸ LC 97/1999 (Normas gerais para a organização, o preparo e o emprego das Forças Armadas).

VII – de Ministro de Estado da Defesa.
> ▸ Inciso VII acrescido pela EC 23/1999.
> ▸ LC 97/1999 (Normas gerais para a organização, o preparo e o emprego das Forças Armadas).

§ 4º Será declarada a perda da nacionalidade do brasileiro que:

I – tiver cancelada sua naturalização, por sentença judicial, em virtude de fraude relacionada ao processo de naturalização ou de atentado contra a ordem constitucional e o Estado Democrático;

II – fizer pedido expresso de perda da nacionalidade brasileira perante autoridade brasileira competente, ressalvadas situações que acarretem apatridia.
> ▸ Incisos I e II com redação pela EC 131/2023.

a) Revogada pela EC 131/2023;

b) Revogada pela EC 131/2023;

§ 5º A renúncia da nacionalidade, nos termos do inciso II do § 4º deste artigo, não impede o interessado de readquirir sua nacionalidade brasileira originária, nos termos da lei.
> ▸ § 5º acrescido pela EC 131/2023.

Art. 13. A língua portuguesa é o idioma oficial da República Federativa do Brasil.
> ▸ Dec. 5.002/2004 (Declaração Constitutiva e os Estatutos da Comunidade dos Países de Língua Portuguesa).
> ▸ Dec. 6.583/2008 (Acordo ortográfico da Língua Portuguesa).

§ 1º São símbolos da República Federativa do Brasil a bandeira, o hino, as armas e o selo nacionais.
> ▸ Lei 5.700/1971 (Forma e apresentação dos Símbolos Nacionais).
> ▸ Dec. 98.068/1989 (Hasteamento da bandeira nacional nas repartições públicas federais e nos estabelecimentos de ensino).

§ 2º Os Estados, o Distrito Federal e os Municípios poderão ter símbolos próprios.

CAPÍTULO IV
DOS DIREITOS POLÍTICOS
> ▸ Art. 5º, LXXI, desta Constituição.
> ▸ EC 91/2016 (Estabelece a possibilidade, excepcional e em período determinado, de desfiliação partidária, sem prejuízo do mandato).

Art. 14. A soberania popular será exercida pelo sufrágio universal e pelo voto direto e secreto, com valor igual para todos, e, nos termos da lei, mediante:

▶ Lei 4.737/1965 (Código Eleitoral).
▶ Lei 9.709/1998 (Regulamenta a execução do disposto nos incisos I, II e III do art. 14 da CF).

I – plebiscito;

▶ Arts. 18, §§ 3º e 4º, e 49, XV, desta Constituição.
▶ Arts. 1º, I, 2º, § 2º, 3º a 10 e 12, da Lei 9.709/1998 (Regulamenta a execução do disposto nos incisos I, II e III do art. 14 da CF).
▶ Art. 2º do ADCT.

II – referendo;

▶ Arts. 1º, II, 2º, § 2º, 3º, 6º, 8º e 10 a 12, da Lei 9.709/1998 (Regulamenta a execução do disposto nos incisos I, II e III do art. 14 da CF).

III – iniciativa popular.

▶ Art. 61, § 2º, desta Constituição.
▶ Arts.1º, III, 13 e 14 da Lei 9.709/1998 (Regulamenta a execução do disposto nos incisos I, II e III do art. 14 da CF).

§ 1º O alistamento eleitoral e o voto são:

▶ Arts. 42 a 81 e 133 a 157 do CE.

I – obrigatórios para os maiores de dezoito anos;

▶ Art. 5º, II, desta Constituição.

II – facultativos para:

a) os analfabetos;

b) os maiores de setenta anos;

c) os maiores de dezesseis e menores de dezoito anos.

§ 2º Não podem alistar-se como eleitores os estrangeiros e, durante o período do serviço militar obrigatório, os conscritos.

§ 3º São condições de elegibilidade, na forma da lei:

I – a nacionalidade brasileira;

II – o pleno exercício dos direitos políticos;

▶ Art. 47, I, do CP.

III – o alistamento eleitoral;

IV – o domicílio eleitoral na circunscrição;

V – a filiação partidária;

▶ Lei 9.096/1995 (Partidos Políticos).

VI – a idade mínima de:

a) trinta e cinco anos para Presidente e Vice-Presidente da República e Senador;

b) trinta anos para Governador e Vice-Governador de Estado e do Distrito Federal;

c) vinte e um anos para Deputado Federal, Deputado Estadual ou Distrital, Prefeito, Vice-Prefeito e juiz de paz;

▶ Dec.-lei 201/1967 (Responsabilidade dos Prefeitos e Vereadores).

d) dezoito anos para Vereador.

▶ Dec.-lei 201/1967 (Responsabilidade dos Prefeitos e Vereadores).

§ 4º São inelegíveis os inalistáveis e os analfabetos.

§ 5º O Presidente da República, os Governadores de Estado e do Distrito Federal, os Prefeitos e quem os houver sucedido ou substituído no curso dos mandatos poderão ser reeleitos para um único período subsequente.

▶ § 5º com redação pela EC 16/1997.

§ 6º Para concorrerem a outros cargos, o Presidente da República, os Governadores de Estado e do Distrito Federal e os Prefeitos devem renunciar aos respectivos mandatos até seis meses antes do pleito.

§ 7º São inelegíveis, no território de jurisdição do titular, o cônjuge e os parentes consanguíneos ou afins, até o segundo grau ou por adoção, do Presidente da República, de Governador de Estado ou Território, do Distrito Federal, de Prefeito ou de quem os haja substituído dentro dos seis meses anteriores ao pleito, salvo se já titular de mandato eletivo e candidato à reeleição.

▶ Súmula Vinculante 18 do STF.
▶ Súmulas 6 e 12 do TSE.

§ 8º O militar alistável é elegível, atendidas as seguintes condições:

I – se contar menos de dez anos de serviço, deverá afastar-se da atividade;

II – se contar mais de dez anos de serviço, será agregado pela autoridade superior e, se eleito, passará automaticamente, no ato da diplomação, para a inatividade.

▶ Art. 42, § 1º, desta Constituição.

§ 9º Lei complementar estabelecerá outros casos de inelegibilidade e os prazos de sua cessação, a fim de proteger a probidade administrativa, a moralidade para o exercício do mandato, considerada a vida pregressa do candidato, e a normalidade e legitimidade das eleições contra a influência do poder econômico ou o abuso do exercício de função, cargo ou emprego na administração direta ou indireta.

▶ § 9º com redação pela ECR 4/1994.
▶ Art. 37, § 4º, desta Constituição.
▶ LC 64/1990 (Casos de Inelegibilidade).
▶ LC 135/2010 (Lei da Ficha Limpa).
▶ Súmula 13 do TSE.

§ 10. O mandato eletivo poderá ser impugnado ante a Justiça Eleitoral no prazo de quinze dias contados da

diplomação, instruída a ação com provas de abuso do poder econômico, corrupção ou fraude.

§ 11. A ação de impugnação de mandato tramitará em segredo de justiça, respondendo o autor, na forma da lei, se temerária ou de manifesta má-fé.

§ 12. Serão realizadas concomitantemente às eleições municipais as consultas populares sobre questões locais aprovadas pelas Câmaras Municipais e encaminhadas à Justiça Eleitoral até 90 (noventa) dias antes da data das eleições, observados os limites operacionais relativos ao número de quesitos.

§ 13. As manifestações favoráveis e contrárias às questões submetidas às consultas populares nos termos do § 12 ocorrerão durante as campanhas eleitorais, sem a utilização de propaganda gratuita no rádio e na televisão.

▶ §§ 12 e 13 acrescidos pela EC 111/2021.

Art. 15. É vedada a cassação de direitos políticos, cuja perda ou suspensão só se dará nos casos de:

▶ Lei 9.096/1995 (Partidos Políticos).

I – cancelamento da naturalização por sentença transitada em julgado;

II – incapacidade civil absoluta;

III – condenação criminal transitada em julgado, enquanto durarem seus efeitos;

▶ Art. 92, I e parágrafo único, do CP.
▶ Súmula 9 do TSE.

IV – recusa de cumprir obrigação a todos imposta ou prestação alternativa, nos termos do artigo 5º, VIII;

▶ Art. 143 desta Constituição.
▶ Lei 8.239/1991 (Prestação de serviço alternativo ao Serviço Militar Obrigatório).

V – improbidade administrativa, nos termos do artigo 37, § 4º.

Art. 16. A lei que alterar o processo eleitoral entrará em vigor na data de sua publicação, não se aplicando à eleição que ocorra até um ano da data de sua vigência.

▶ Artigo com redação pela EC 4/1993.
▶ Lei 9.504/1997 (Eleições).

CAPÍTULO V
DOS PARTIDOS POLÍTICOS

Art. 17. É livre a criação, fusão, incorporação e extinção de partidos políticos, resguardados a soberania nacional, o regime democrático, o pluripartidarismo, os direitos fundamentais da pessoa humana e observados os seguintes preceitos:

▶ Lei 9.096/1995 (Partidos Políticos).
▶ Lei 9.504/1997 (Eleições).
▶ Res. do TSE 23.282/2010 (Disciplina a criação, organização, fusão, incorporação e extinção de partidos políticos).

I – caráter nacional;

II – proibição de recebimento de recursos financeiros de entidade ou governo estrangeiros ou de subordinação a estes;

III – prestação de contas à Justiça Eleitoral;

▶ Lei 9.096/1995 (Partidos Políticos).

IV – funcionamento parlamentar de acordo com a lei.

§ 1º É assegurada aos partidos políticos autonomia para definir sua estrutura interna e estabelecer regras sobre escolha, formação e duração de seus órgãos permanentes e provisórios e sobre sua organização e funcionamento e para adotar os critérios de escolha e o regime de suas coligações nas eleições majoritárias, vedada a sua celebração nas eleições proporcionais, sem obrigatoriedade de vinculação entre as candidaturas em âmbito nacional, estadual, distrital ou municipal, devendo seus estatutos estabelecer normas de disciplina e fidelidade partidária.

▶ § 1º com redação pela EC 97/2017.
▶ Art. 2º da EC 97/2017.

§ 2º Os partidos políticos, após adquirirem personalidade jurídica, na forma da lei civil, registrarão seus estatutos no Tribunal Superior Eleitoral.

§ 3º Somente terão direito a recursos do fundo partidário e acesso gratuito ao rádio e à televisão, na forma da lei, os partidos políticos que alternativamente:

▶ Caput do § 3º com redação pela EC 97/2017.
▶ Art. 3º da EC 97/2017.

I – obtiverem, nas eleições para a Câmara dos Deputados, no mínimo, 3% (três por cento) dos votos válidos, distribuídos em pelo menos um terço das unidades da Federação, com um mínimo de 2% (dois por cento) dos votos válidos em cada uma delas; ou

▶ Inciso I acrescido pela EC 97/2017.

II – tiverem elegido pelo menos quinze Deputados Federais distribuídos em pelo menos um terço das unidades da Federação.

▶ Inciso II acrescido pela EC 97/2017.
▶ Art. 241 da Lei 4.737/1965 (Código Eleitoral).

§ 4º É vedada a utilização pelos partidos políticos de organização paramilitar.

§ 5º Ao eleito por partido que não preencher os requisitos previstos no § 3º deste artigo é assegurado o mandato e facultada a filiação, sem perda do mandato, a outro partido que os tenha atingido, não sendo essa filiação considerada para fins de distribuição dos recursos do fundo partidário e de acesso gratuito ao tempo de rádio e de televisão.

▶ § 5º acrescido pela EC 97/2017.

§ 6º Os Deputados Federais, os Deputados Estaduais, os Deputados Distritais e os Vereadores que se desligarem do partido pelo qual tenham sido eleitos perderão o mandato, salvo nos casos de anuência do partido ou de outras hipóteses de justa causa estabelecidas em lei, não computada, em qualquer caso, a migração de partido para fins de distribuição de recursos do fundo partidário ou de outros fundos públicos e de acesso gratuito ao rádio e à televisão.

▶ § 6º acrescido pela EC 111/2021.

§ 7º Os partidos políticos devem aplicar no mínimo 5% (cinco por cento) dos recursos do fundo partidário na criação e na manutenção de programas de promoção e difusão da participação política das mulheres, de acordo com os interesses intrapartidários.

▶ § 7º acrescido pela EC 117/2022.

§ 8º O montante do Fundo Especial de Financiamento de Campanha e da parcela do fundo partidário destinada a campanhas eleitorais, bem como o tempo de propaganda gratuita no rádio e na televisão a ser distribuído pelos partidos às respectivas candidatas, deverão ser de no mínimo 30% (trinta por cento), proporcional ao número de candidatas, e a distribuição deverá ser realizada conforme critérios definidos pelos respectivos órgãos de direção e pelas normas estatutárias, considerados a autonomia e o interesse partidário.

▶ § 8º acrescido pela EC 117/2022.

§ 9º Dos recursos oriundos do Fundo Especial de Financiamento de Campanha e do fundo partidário destinados às campanhas eleitorais, os partidos políticos devem, obrigatoriamente, aplicar 30% (trinta por cento) em candidaturas de pessoas pretas e pardas, nas circunscrições que melhor atendam aos interesses e às estratégias partidárias.

▶ § 9º acrescido pela EC 133/2024.

TÍTULO III
DA ORGANIZAÇÃO DO ESTADO

CAPÍTULO I
DA ORGANIZAÇÃO POLÍTICO-ADMINISTRATIVA

Art. 18. A organização político-administrativa da República Federativa do Brasil compreende a União, os Estados, o Distrito Federal e os Municípios, todos autônomos, nos termos desta Constituição.

§ 1º Brasília é a Capital Federal.

§ 2º Os Territórios Federais integram a União, e sua criação, transformação em Estado ou reintegração ao Estado de origem serão reguladas em lei complementar.

§ 3º Os Estados podem incorporar-se entre si, subdividir-se ou desmembrar-se para se anexarem a outros, ou formarem novos Estados ou Territórios Federais, mediante aprovação da população diretamente interessada, através de plebiscito, e do Congresso Nacional, por lei complementar.

▶ Arts. 3º e 4º da Lei 9.709/1998 (Convocação do plebiscito e o referendo nas questões de relevância nacional, de competência do Poder Legislativo ou do Poder Executivo).

§ 4º A criação, a incorporação, a fusão e o desmembramento de Municípios, far-se-ão por lei estadual, dentro do período determinado por lei complementar federal, e dependerão de consulta prévia, mediante plebiscito, às populações dos Municípios envolvidos, após divulgação dos Estudos de Viabilidade Municipal, apresentados e publicados na forma da lei.

▶ § 4º com redação pela EC 15/1996.
▶ Art. 5º da Lei 9.709/1998 (Plebiscito destinado à criação, à incorporação, à fusão e ao desmembramento de Municípios).
▶ Lei 10.521/2002 (Instalação de Municípios criados por Lei Estadual).

Art. 19. É vedado à União, aos Estados, ao Distrito Federal e aos Municípios:

I – estabelecer cultos religiosos ou igrejas, subvencioná-los, embaraçar-lhes o funcionamento ou manter com eles ou seus representantes relações de dependência ou aliança, ressalvada, na forma da lei, a colaboração de interesse público;

II – recusar fé aos documentos públicos;

III – criar distinções entre brasileiros ou preferências entre si.

CAPÍTULO II
DA UNIÃO

Art. 20. São bens da União:
▶ Art. 176, §§ 1º a 4º, desta Constituição.
▶ Art. 99 do CC.
▶ Dec.-lei 9.760/1946 (Bens Imóveis da União).

I – os que atualmente lhe pertencem e os que lhe vierem a ser atribuídos;
▶ Súmula 650 do STF.

II – as terras devolutas indispensáveis à defesa das fronteiras, das fortificações e construções militares, das vias federais de comunicação e à preservação ambiental, definidas em lei;
▶ Lei 4.504/1964 (Estatuto da Terra).
▶ Dec.-lei 227/1967 (Código de Mineração).
▶ Dec.-lei 1.135/1970 (Organização, competência e funcionamento do Conselho de Segurança Nacional).
▶ Lei 6.383/1976 (Ações Discriminatórias).
▶ Lei 6.431/1977 (Autoriza a doação de porções de terras devolutas a Municípios incluídos na região da Amazônia Legal).
▶ Lei 6.634/1979 (Faixa de fronteira).
▶ Lei 6.938/1981 (Política Nacional do Meio Ambiente).
▶ Súmula 477 do STF.

III – os lagos, rios e quaisquer correntes de água em terrenos de seu domínio, ou que banhem mais de um Estado, sirvam de limites com outros países, ou se estendam a território estrangeiro ou dele provenham, bem como os terrenos marginais e as praias fluviais;
▶ Dec. 1.265/1994 (Política Marítima Nacional – PMN).

IV – as ilhas fluviais e lacustres nas zonas limítrofes com outros países; as praias marítimas; as ilhas oceânicas e as costeiras, excluídas, destas, as que contenham a sede de Municípios, exceto aquelas áreas afetadas ao serviço público e a unidade ambiental federal, e as referidas no art. 26, II;
▶ Inciso IV com redação pela EC 46/2005.
▶ Dec. 1.265/1994 (Política Marítima Nacional – PMN).

V – os recursos naturais da plataforma continental e da zona econômica exclusiva;
▶ Dec. 1.265/1994 (Política Marítima Nacional – PMN).

VI – o mar territorial;
▶ Lei 8.617/1993 (Mar territorial, zona contígua, zona econômica exclusiva e plataforma continental brasileiros).
▶ Dec. 1.265/1994 (Política Marítima Nacional – PMN).

VII – os terrenos de marinha e seus acrescidos;
▶ Súmula 496 do STJ.

VIII – os potenciais de energia hidráulica;

IX – os recursos minerais, inclusive os do subsolo;

X – as cavidades naturais subterrâneas e os sítios arqueológicos e pré-históricos;

XI – as terras tradicionalmente ocupadas pelos índios.
▶ Súmula 650 do STF.

§ 1º É assegurada, nos termos da lei, à União, aos Estados, ao Distrito Federal e aos Municípios a participação no resultado da exploração de petróleo ou gás natural, de recursos hídricos para fins de geração de energia elétrica e de outros recursos minerais no respectivo território, plataforma continental, mar territorial ou zona econômica exclusiva, ou compensação financeira por essa exploração.
▶ § 1º com redação pela EC 102/2019, em vigor na data de sua publicação e produzirá efeitos a partir da execução orçamentária do exercício financeiro subsequente.
▶ Art. 177 desta Constituição.
▶ Lei 7.990/1989 (Compensação financeira pelo resultado da exploração de petróleo ou gás natural, de recursos hídricos).
▶ Lei 8.001/1990 (Percentuais da distribuição da compensação financeira instituída pela Lei 7.990/1989).
▶ Lei 9.427/1996 (Agência Nacional de Energia Elétrica – ANEEL).
▶ Lei 9.478/1997 (Política Energética Nacional – Agência Nacional de Petróleo – ANP).
▶ Lei 9.984/2000 (Agência Nacional de Águas – ANA).
▶ Lei 12.734/2012 (Distribuição de royalties entre os entes da federação, em função da exploração de petróleo, gás natural e outros hidrocarbonetos fluidos).

§ 2º A faixa de até cento e cinquenta quilômetros de largura, ao longo das fronteiras terrestres, designada como faixa de fronteira, é considerada fundamental para defesa do território nacional, e sua ocupação e utilização serão reguladas em lei.
▶ Dec.-lei 1.135/1970 (Organização, competência e funcionamento do Conselho de Segurança Nacional).
▶ Lei 6.634/1979 (Faixa de fronteira).
▶ Art. 10, § 3º, da Lei 11.284/2006 (Gestão de Florestas Públicas).

Art. 21. Compete à União:

I – manter relações com Estados estrangeiros e participar de organizações internacionais;
▶ Art. 4º desta Constituição.

II – declarar a guerra e celebrar a paz;

III – assegurar a defesa nacional;

IV – permitir, nos casos previstos em lei complementar, que forças estrangeiras transitem pelo território nacional ou nele permaneçam temporariamente;
▶ LC 90/1997 (Determina os casos em que forças estrangeiras possam transitar pelo território nacional ou nele permanecer temporariamente).

V – decretar o estado de sítio, o estado de defesa e a intervenção federal;

VI – autorizar e fiscalizar a produção e o comércio de material bélico;

VII – emitir moeda;

VIII – administrar as reservas cambiais do País e fiscalizar as operações de natureza financeira, especialmente as de crédito, câmbio e capitalização, bem como as de seguros e de previdência privada;
▶ Lei 4.595/1964 (Sistema Financeiro Nacional).
▶ Lei 4.728/1965 (Mercado de Capitais).
▶ Dec.-lei 73/1966 (Sistema Nacional de Seguros Privados e operações de seguros e resseguros).
▶ LC 108/2001 (Relação entre União, os Estados o Distrito Federal e os Municípios, suas autarquias, fundações, sociedades de economia mista e outras entidades públicas e suas respectivas entidades fechadas de previdência complementar).
▶ LC 109/2001 (Regime de Previdência Complementar).

IX – elaborar e executar planos nacionais e regionais de ordenação do território e de desenvolvimento econômico e social;
▶ Lei 9.491/1997 (Programa nacional de desestatização).

X – manter o serviço postal e o correio aéreo nacional;
▶ Lei 6.538/1978 (Serviços postais).

XI – explorar, diretamente ou mediante autorização, concessão ou permissão, os serviços de telecomunicações, nos termos da lei, que disporá sobre a organização dos serviços, a criação de um órgão regulador e outros aspectos institucionais;
▶ Inciso XI com redação pela EC 8/1995.
▶ Art. 246 desta Constituição.
▶ Lei 8.987/1995 (Concessão e Permissão da Prestação de Serviços Públicos).
▶ Lei 9.295/1996 (Serviços de telecomunicações, organizações e órgão regulador).
▶ Lei 10.052/2000 (Fundo para o Desenvolvimento Tecnológico das Telecomunicações – FUNTTEL).
▶ Dec. 3.896/2001 (Serviços de telecomunicações).
▶ Súmula 606 do STJ.

XII – explorar, diretamente ou mediante autorização, concessão ou permissão:
▶ Lei 4.117/1962 (Código Brasileiro de Telecomunicações).
▶ Lei 9.612/1998 (Serviço de Radiodifusão Comunitária).

a) os serviços de radiodifusão sonora e de sons e imagens;
▶ Alínea a com redação pela EC 8/1995.
▶ Art. 246 desta Constituição.
▶ Lei 9.612/1998 (Serviço de Radiodifusão Comunitária – Regulamentada pelo Dec. 2.615/1998).
▶ Lei 10.052/2000 (Fundo para o Desenvolvimento Tecnológico das Telecomunicações – FUNTTEL).

b) os serviços e instalações de energia elétrica e o aproveitamento energético dos cursos de água, em articulação com os Estados onde se situam os potenciais hidroenergéticos;
▶ Lei 9.427/1996 (Agência Nacional de Energia Elétrica – ANEEL).
▶ Lei 9.648/1998 (Autoriza o Poder Executivo a promover a reestruturação da Centrais Elétricas Brasileiras – ELETROBRAS e de suas subsidiárias).
▶ Lei 12.111/2009 (Serviços de energia elétrica nos Sistemas Isolados).

c) a navegação aérea, aeroespacial e a infraestrutura aeroportuária;
▶ Lei 7.565/1986 (Código Brasileiro de Aeronáutica).
▶ Lei 9.994/2000 (Programa de Desenvolvimento Científico e Tecnológico do Setor Espacial).

d) os serviços de transporte ferroviário e aquaviário entre portos brasileiros e fronteiras nacionais, ou que transponham os limites de Estado ou Território;
▶ Lei 9.277/1996 (Autoriza a União a delegar aos Municípios, Estados da Federação e ao Distrito Federal a Administração e Exploração de Rodovias e Portos Federais).
▶ Lei 9.432/1997 (Dispõe sobre a Ordenação do Transporte Aquaviário).

e) os serviços de transporte rodoviário interestadual e internacional de passageiros;
▶ Lei 12.379/2011 (Sistema Nacional de Viação – SNV).

f) os portos marítimos, fluviais e lacustres;
▶ Dec. 1.265/1994 (Política Marítima Nacional – PMN).
▶ Lei 10.233/2001 (Agência Nacional de Transportes Terrestres e Agência Nacional de Transportes Aquaviários e o Departamento Nacional de Infraestrutura de Transportes – ANTT e ANTAQ).

XIII – organizar e manter o Poder Judiciário, o Ministério Público do Distrito Federal e dos Territórios e a Defensoria Pública dos Territórios;
▶ Inciso XIII com redação pela EC 69/2012.

XIV – organizar e manter a polícia civil, a polícia penal, a polícia militar e o corpo de bombeiros militar do Distrito Federal, bem como prestar assistência financeira ao Distrito Federal para a execução de serviços públicos, por meio de fundo próprio;
▶ Inciso XIV com redação pela EC 104/2019.
▶ Art. 4º da EC 104/2019.
▶ Art. 25 da EC 19/1998 (Reforma Administrativa).

▶ Dec. 3.169/1999 (Comissão de Estudo para criação do fundo de que trata este inciso).
▶ Lei 10.633/2002 (Fundo Constitucional do Distrito Federal – FCDF).
▶ Súmula Vinculante 39 do STF.
▶ Súmula 647 do STF.

XV – organizar e manter os serviços oficiais de estatística, geografia, geologia e cartografia de âmbito nacional;
▶ Dec. 243/1967 (Diretrizes e bases da Cartografia Brasileira).
▶ Art. 71, § 3º, da Lei 11.355/2006 (Carreiras e cargos do Instituto Brasileiro de Geografia e Estatística – IBGE).

XVI – exercer a classificação, para efeito indicativo, de diversões públicas e de programas de rádio e televisão;
▶ Art. 23 do ADCT.

XVII – conceder anistia;

XVIII – planejar e promover a defesa permanente contra as calamidades públicas, especialmente as secas e as inundações;
▶ Lei 12.787/2013 (Política Nacional de Irrigação).

XIX – instituir sistema nacional de gerenciamento de recursos hídricos e definir critérios de outorga de direitos de seu uso;
▶ Lei 9.433/1997 (Política Nacional de Recursos Hídricos).

XX – instituir diretrizes para o desenvolvimento urbano, inclusive habitação, saneamento básico e transportes urbanos;
▶ Lei 5.318/1967 (Política Nacional de Saneamento).
▶ Lei 7.196/1984 (Plano Nacional de Moradia – PLAMO).
▶ Lei 10.233/2001 (Agência Nacional de Transportes Terrestres e Agência Nacional de Transportes Aquaviários – ANTT e ANTAQ).
▶ Lei 11.445/2007 (Diretrizes nacionais para o saneamento básico, regulamentada pelo Dec. 7.217/2010).
▶ Lei 12.587/2012 (Lei da Política Nacional de Mobilidade Urbana).
▶ Lei 13.089/2015 (Estatuto da Metrópole).
▶ Lei 13.425/2017 (Diretrizes gerais sobre medidas de prevenção e combate a incêndio e a desastres em estabelecimentos, edificações e áreas de reunião de público).

XXI – estabelecer princípios e diretrizes para o sistema nacional de viação;
▶ Lei 10.233/2001 (Agência Nacional de Transportes Terrestres e Agência Nacional de Transportes Aquaviários e o Departamento Nacional de Infraestrutura de Transportes – ANTT e ANTAQ).
▶ Lei 12.379/2011 (Sistema Nacional de Viação – SNV).

XXII – executar os serviços de polícia marítima, aeroportuária e de fronteiras;
▶ Inciso XXII com redação pela EC 19/1998.
▶ Súmula Vinculante 36 do STF.

XXIII – explorar os serviços e instalações nucleares de qualquer natureza e exercer monopólio estatal sobre a pesquisa, a lavra, o enriquecimento e reprocessamento, a industrialização e o comércio de minérios nucleares e seus derivados, atendidos os seguintes princípios e condições:
▶ Dec.-lei 1.982/1982 (Atividades nucleares incluídas no monopólio da União e o controle de pesquisas no campo da energia nuclear).
▶ Dec. 911/1993 (Convenção de Viena sobre responsabilidade civil por danos nucleares).
▶ Lei 10.308/2001 (Normas para o destino final dos rejeitos radioativos produzidos em território nacional).

a) toda atividade nuclear em Território Nacional somente será admitida para fins pacíficos e mediante aprovação do Congresso Nacional;

b) sob regime de permissão, são autorizadas a comercialização e a utilização de radioisótopos para pesquisa e uso agrícolas e industriais;
▶ Alínea b com redação pela EC 118/2022.

c) sob regime de permissão, são autorizadas a produção, a comercialização e a utilização de radioisótopos para pesquisa e uso médicos;
▶ Alínea c acrescida pela EC 118/2022.

d) a responsabilidade civil por danos nucleares independe da existência de culpa;
▶ Primitiva alínea d renumerada pela EC 49/2006.
▶ Lei 6.453/1977 (Responsabilidade civil por danos nucleares e responsabilidade criminal por atos relacionados a atividades nucleares).

XXIV – organizar, manter e executar a inspeção do trabalho;
▶ Art. 174 desta Constituição.

XXV – estabelecer as áreas e as condições para o exercício da atividade de garimpagem, em forma associativa.
▶ Lei 7.805/1989 (Permissão de lavra garimpeira).
▶ Lei 11.685/2008 (Estatuto do Garimpeiro).

XXVI – organizar e fiscalizar a proteção e o tratamento de dados pessoais, nos termos da lei.
▶ Inciso XXVI acrescido pela EC 115/2022.

Art. 22. Compete privativamente à União legislar sobre:

I – direito civil, comercial, penal, processual, eleitoral, agrário, marítimo, aeronáutico, espacial e do trabalho;
▶ Lei 556/1850 (Código Comercial).
▶ Dec.-lei 2.848/1940 (Código Penal).
▶ Dec.-lei 3.689/1941 (Código de Processo Penal).
▶ Dec.-lei 5.452/1943 (Consolidação das Leis do Trabalho).
▶ Lei 4.504/1964 (Estatuto da Terra).
▶ Lei 4.737/1965 (Código Eleitoral).

- Lei 4.947/1966 (Normas de direito agrário e funcionamento do Instituto Brasileiro de Reforma Agrária – IBRA).
- Dec.-lei 1.001/1969 (Código Penal Militar).
- Dec.-lei 1.002/1969 (Código de Processo Penal Militar).
- Lei 7.565/1986 (Código Brasileiro de Aeronáutica).
- Dec. 1.265/1994 (Política Marítima Nacional – PMN).
- Lei 10.406/2002 (Código Civil).
- Lei 13.105/2015 (Código de Processo Civil).
- Súmula Vinculante 46 do STF.
- Súmula 722 do STF.

II – desapropriação;
- Arts. 184 e 185, I e II, desta Constituição.
- Arts. 1.228, § 3º, e 1.275, V, do CC.
- Dec.-lei 3.365/1941 (Desapropriações).
- Lei 4.132/1962 (Desapropriação por interesse social).
- Dec.-lei 1.075/1970 (Imissão de Posse).
- LC 76/1993 (Desapropriação de Imóvel Rural para fins de Reforma Agrária).

III – requisições civis e militares, em caso de iminente perigo e em tempo de guerra;

IV – águas, energia, informática, telecomunicações e radiodifusão;
- Lei 4.117/1962 (Código Brasileiro de Telecomunicações).
- Lei 9.295/1996 (Serviços de telecomunicações).
- Lei 9.472/1997 (Organização dos Serviços de Telecomunicações).
- Dec. 2.196/1997 (Regulamenta os Serviços Especiais).
- Dec. 2.197/1997 (Regulamenta os Serviços Limitados).
- Dec. 2.198/1997 (Regulamenta os Serviços Públicos Restritos).
- Lei 9.984/2000 (Agência Nacional de Águas – ANA).

V – serviço postal;
- Lei 6.538/1978 (Serviços postais).

VI – sistema monetário e de medidas, títulos e garantias dos metais;
- Lei 9.069/1995 (Plano Real).
- Lei 10.192/2001 (Medidas Complementares ao Plano Real).

VII – política de crédito, câmbio, seguros e transferência de valores;

VIII – comércio exterior e interestadual;

IX – diretrizes da política nacional de transportes;

X – regime dos portos, navegação lacustre, fluvial, marítima, aérea e aeroespacial;
- Dec. 1.265/1994 (Aprova a Política Marítima Nacional – PMN).
- Lei 9.277/1996 (Autoriza a União a delegar aos Municípios, Estados da Federação e ao Distrito Federal a Administração e Exploração de Rodovias e Portos Federais).
- Lei 9.994/2000 (Programa do Desenvolvimento Científico e Tecnológico do Setor Espacial).

XI – trânsito e transporte;
- Lei 9.503/1997 (Código de Trânsito Brasileiro).

XII – jazidas, minas, outros recursos minerais e metalurgia;
- Dec.-lei 227/1967 (Código de Mineração).

XIII – nacionalidade, cidadania e naturalização;
- Lei 13.445/2017 (Lei de Migração).
- Dec. 9.199/2017 (Regulamenta a Lei 13.445/2017 – Lei de Migração).

XIV – populações indígenas;
- Art. 231 desta Constituição.
- Lei 6.001/1973 (Estatuto do Índio).

XV – emigração e imigração, entrada, extradição e expulsão de estrangeiros;
- Lei 13.445/2017 (Lei de Migração).
- Dec. 9.873/2019 (Dispõe sobre o Conselho Nacional de Imigração)

XVI – organização do sistema nacional de emprego e condições para o exercício de profissões;

XVII – organização judiciária, do Ministério Público do Distrito Federal e dos Territórios e da Defensoria Pública dos Territórios, bem como organização administrativa destes;
- Inciso XVII com redação pela EC 69/2012.
- LC 75/1993 (Lei Orgânica do Ministério Público da União).
- LC 80/1994 (Defensoria Pública).

XVIII – sistema estatístico, sistema cartográfico e de geologia nacionais;

XIX – sistemas de poupança, captação e garantia da poupança popular;
- Lei 8.177/1991 (Regras para Desindexação da Economia).
- Dec.-lei 70/1966 (Execução de Cédula Hipotecária).

XX – sistemas de consórcios e sorteios;
- Lei 11.795/2008 (Sistema de Consórcio).
- Súmula Vinculante 2 do STF.

XXI – normas gerais de organização, efetivos, material bélico, garantias, convocação, mobilização, inatividades e pensões das polícias militares e dos corpos de bombeiros militares;
- Inciso XXI com redação pela EC 103/2019.

XXII – competência da Polícia Federal e das Polícias Rodoviária e Ferroviária Federais;
- Lei 9.654/1998 (Cria a Carreira de Policial Rodoviário Federal).

XXIII – seguridade social;
- Lei 8.212/1991 (Lei Orgânica da Seguridade Social).
- Decreto 3.048/1999 (Regulamento da Previdência Social).

XXIV – diretrizes e bases da educação nacional;
- Lei 9.394/1996 (Diretrizes e Bases da Educação).

XXV – registros públicos;
- Lei 6.015/1973 (Registros Públicos).

XXVI – atividades nucleares de qualquer natureza;
- Lei 12.731/2012 (Sistema de Proteção ao Programa Nuclear).

XXVII – normas gerais de licitação e contratação, em todas as modalidades, para as administrações públicas diretas, autárquicas e fundacionais da União, Estados, Distrito Federal e Municípios, obedecido o disposto no artigo 37, XXI, e para as empresas públicas e sociedades de economia mista, nos termos do artigo 173, § 1º, III;
- Inciso XXVII com redação pela EC 19/1998.
- Art. 37, XXI, desta Constituição.
- Lei 8.666/1993 (Licitações e Contratos Administrativos).
- Lei 10.520/2002 (Pregão).

XXVIII – defesa territorial, defesa aeroespacial, defesa marítima, defesa civil e mobilização nacional;
- Lei 12.340/2010 (Sistema Nacional de Defesa Civil – SINDEC).
- Dec. 7.257/2010 (Regulamenta o Sistema Nacional de Defesa Civil – SINDEC).
- Dec. 7.294/2010 (Política de Mobilização Nacional).

XXIX – propaganda comercial.
- Lei 8.078/1990 (Código de Defesa do Consumidor).

XXX – proteção e tratamento de dados pessoais.
- Inciso XXX acrescido pela EC 115/2022.

Parágrafo único. Lei complementar poderá autorizar os Estados a legislar sobre questões específicas das matérias relacionadas neste artigo.
- LC 103/2000 (Autoriza os Estados e o Distrito Federal a instituir o piso salarial a que se refere o inciso V do art. 7º da CF).

Art. 23. É competência comum da União, dos Estados, do Distrito Federal e dos Municípios:

I – zelar pela guarda da Constituição, das leis e das instituições democráticas e conservar o patrimônio público;

II – cuidar da saúde e assistência pública, da proteção e garantia das pessoas portadoras de deficiência;
- Art. 203, V, desta Constituição.
- Dec. 3.956/2001 (Convenção Interamericana para eliminação de todas as Formas de Discriminação contra as Pessoas Portadoras de Deficiência).
- Dec. 3.964/2001 (Fundo Nacional de Saúde).
- Lei 10.436/2002 (Língua Brasileira de Sinais – LIBRAS).
- Lei 12.319/2010 (Regulamenta a profissão de Tradutor e Intérprete da Língua Brasileira de Sinais – LIBRAS).

III – proteger os documentos, as obras e outros bens de valor histórico, artístico e cultural, os monumentos, as paisagens naturais notáveis e os sítios arqueológicos;
- Dec.-lei 25/1937 (Proteção do Patrimônio Histórico e Artístico Nacional).
- LC 140/2011 (Cooperação entre a União, os Estados, o Distrito Federal e os Municípios nas ações administrativas decorrentes do exercício da competência comum relativas à proteção do meio ambiente).

IV – impedir a evasão, a destruição e a descaracterização de obras de arte e de outros bens de valor histórico, artístico ou cultural;

V – proporcionar os meios de acesso à cultura, à educação, à ciência, à tecnologia, à pesquisa e à inovação;
- Inciso com redação pela EC 85/2015.

VI – proteger o meio ambiente e combater a poluição em qualquer de suas formas;
- Lei 6.938/1981 (Política Nacional do Meio Ambiente).
- Lei 9.605/1998 (Crimes Ambientais).
- Lei 11.284/2006 (Gestão de Florestas Públicas).
- Dec. 6.514/2008 (Infrações e sanções administrativas ao meio).
- Lei 12.305/2010 (Política Nacional de Resíduos Sólidos).
- LC 140/2011 (Cooperação entre a União, os Estados, o Distrito Federal e os Municípios nas ações administrativas decorrentes do exercício da competência comum relativas à proteção do meio ambiente).

VII – preservar as florestas, a fauna e a flora;
- Lei 5.197/1967 (Proteção à Fauna).
- Dec.-lei 221/1967 (Proteção e Estímulos à Pesca).
- Dec. 3.420/2000 (Programa Nacional de Florestas).
- Lei 11.284/2006 (Gestão de Florestas Públicas).
- Lei 11.959/2009 (Aquicultura e Pesca).
- LC 140/2011 (Cooperação entre a União, os Estados, o Distrito Federal e os Municípios nas ações administrativas decorrentes do exercício da competência comum relativas à proteção do meio ambiente).
- Lei 12.651/2012 (Código Florestal).

VIII – fomentar a produção agropecuária e organizar o abastecimento alimentar;
- Lei 10.836/2004 (Programa "Bolsa-Família").

IX – promover programas de construção de moradias e a melhoria das condições habitacionais e de saneamento básico;
- Lei 11.445/2007 (Diretrizes nacionais para o saneamento básico).

X – combater as causas da pobreza e os fatores de marginalização, promovendo a integração social dos setores desfavorecidos;
- Art. 3º, III, desta Constituição.
- EC 31/2000 (Cria o Fundo de Combate e Erradicação da Pobreza).
- LC 111/2001 (Fundo de Combate e Erradicação da Pobreza, conforme arts. 19, 80 e 81 do ADCT).

XI – registrar, acompanhar e fiscalizar as concessões de direitos de pesquisa e exploração de recursos hídricos e minerais em seus territórios;
- Lei 9.433/1997 (Política Nacional de Recursos Hídricos).

XII – estabelecer e implantar política de educação para a segurança do trânsito.

Parágrafo único. Leis complementares fixarão normas para a cooperação entre a União e os Estados, o Distrito Federal e os Municípios, tendo em vista o equilíbrio do desenvolvimento e do bem-estar em âmbito nacional.
- Parágrafo único com redação pela EC 53/2006.
- LC 140/2011 (Cooperação entre a União, os Estados, o Distrito Federal e os Municípios nas ações administrativas decorrentes do exercício da competência comum relativas à proteção do meio ambiente).

Art. 24. Compete à União, aos Estados e ao Distrito Federal legislar concorrentemente sobre:

I – direito tributário, financeiro, penitenciário, econômico e urbanístico;
- Lei 4.320/1964 (Normas gerais de direito).
- Lei 5.172/1966 (Código Tributário Nacional).
- Lei 6.830/1980 (Lei de Execução Fiscal).
- Lei 7.210/1984 (Execução Penal).
- Lei 12.529/2012 (Sistema Brasileiro de Defesa da Concorrência).
- Lei 13.425/2017 (Diretrizes gerais sobre medidas de prevenção e combate a incêndio e a desastres em estabelecimentos, edificações e áreas de reunião de público).

II – orçamento;

III – juntas comerciais;
- Lei 8.934/1994 (Registro Público de Empresas Mercantis).
- Dec. 1.800/1996 (Regulamenta a Lei 8.934/1994).

IV – custas dos serviços forenses;
- Lei 9.289/1996 (Regimento de Custas da Justiça Federal).
- Súmula 178 do STJ.

V – produção e consumo;

VI – florestas, caça, pesca, fauna, conservação da natureza, defesa do solo e dos recursos naturais, proteção do meio ambiente e controle da poluição;
- Lei 5.197/1967 (Proteção à Fauna).
- Dec.-lei 221/1967 (Lei de Proteção e Estímulos à Pesca).
- Lei 9.605/1998 (Crimes Ambientais).
- Lei 9.795/1999 (Educação ambiental e institui a Política Nacional de Educação Ambiental).
- Lei 9.966/2000 (Dispõe sobre a prevenção, o controle e a fiscalização da poluição causada por lançamentos de óleo e outras substâncias nocivas ou perigosas em águas sob jurisdição nacional).
- Dec. 3.420/2000 (Programa Nacional de Florestas).
- Dec. 6.514/2008 (Infrações e sanções administrativas ao meio ambiente).
- Lei 11.959/2009 (Aquicultura e Pesca).
- Lei 12.651/2012 (Código Florestal).

VII – proteção ao patrimônio histórico, cultural, artístico, turístico e paisagístico;
- Lei 5.197/1967 (Proteção à Fauna).
- Dec.-lei 221/1967 (Proteção e Estímulos à Pesca).

VIII – responsabilidade por dano ao meio ambiente, ao consumidor, a bens e direitos de valor artístico, estético, histórico, turístico e paisagístico;
- Lei 7.347/1985 (Ação Civil Pública).
- Arts. 6º, VII, b, e 37, II, da LC 75/1993 (Lei Orgânica do Ministério Público da União).
- Dec. 1.306/1994 (Regulamento do Fundo de Defesa de Direitos Difusos).
- Dec. 2.181/1997 (Organiza o Sistema Nacional de Defesa do Consumidor – SNDC).
- Lei 9.605/1998 (Crimes Ambientais).
- Dec. 6.514/2008 (Infrações e sanções administrativas ao meio ambiente).

IX – educação, cultura, ensino, desporto, ciência, tecnologia, pesquisa, desenvolvimento e inovação;
- Inciso com redação pela EC 85/2015.
- Lei 9.394/1996 (Diretrizes e Bases da Educação).
- Lei 9.615/1998 (Desporto).

X – criação, funcionamento e processo do juizado de pequenas causas;
- Art. 98, I, desta Constituição.
- Lei 9.099/1995 (Juizados Especiais).
- Lei 10.259/2001 (Juizados Especiais Federais).
- Lei 11.340/2006 (Juizados de Violência Doméstica e Familiar contra a Mulher).
- Lei 12.153/2009 (Juizados Especiais da Fazenda Pública).

XI – procedimentos em matéria processual;
- Art. 98, I, desta Constituição.
- Lei 9.099/1995 (Juizados Especiais).
- Lei 10.259/2001 (Juizados Especiais Federais).

XII – previdência social, proteção e defesa da saúde;
- Lei 8.080/1990 (Dispõe sobre as condições para a promoção, proteção e recuperação da saúde e a organização e o funcionamento dos serviços correspondentes).
- Lei 8.213/1991 (Planos de Benefícios da Previdência Social).
- Lei 9.273/1996 (Torna obrigatória a inclusão de dispositivo de segurança que impeça a reutilização das seringas descartáveis).
- Dec. 3.048/1999 (Regulamento da Previdência Social).

XIII – assistência jurídica e defensoria pública;
- Lei 1.060/1950 (Assistência Judiciária).
- LC 80/1994 (Defensoria Pública).

XIV – proteção e integração social das pessoas portadoras de deficiência;
> ▶ Art. 203, V, desta Constituição.
> ▶ Lei 7.853/1989 (Apoio às Pessoas Portadoras de Deficiência).
> ▶ Dec. 6.949/2009 (Convenção Internacional sobre os Direitos das Pessoas com Deficiência).
> ▶ Lei 13.146/2015 (Estatuto da Pessoa com Deficiência).

XV – proteção à infância e à juventude;
> ▶ Lei 8.069/1990 (Estatuto da Criança e do Adolescente – ECA).

XVI – organização, garantias, direitos e deveres das polícias civis.

§1º No âmbito da legislação concorrente, a competência da União limitar-se-á a estabelecer normas gerais.

§ 2º A competência da União para legislar sobre normas gerais não exclui a competência suplementar dos Estados.

§ 3º Inexistindo lei federal sobre normas gerais, os Estados exercerão a competência legislativa plena, para atender a suas peculiaridades.

§ 4º A superveniência de lei federal sobre normas gerais suspende a eficácia da lei estadual, no que lhe for contrário.

<div align="center">CAPÍTULO III
DOS ESTADOS FEDERADOS</div>

Art. 25. Os Estados organizam-se e regem-se pelas Constituições e leis que adotarem, observados os princípios desta Constituição.
> ▶ Súmula Vinculante 42 do STF.
> ▶ Súmula 681 do STF.

§ 1º São reservadas aos Estados as competências que não lhes sejam vedadas por esta Constituição.
> ▶ Art. 19 desta Constituição.

§ 2º Cabe aos Estados explorar diretamente, ou mediante concessão, os serviços locais de gás canalizado, na forma da lei, vedada a edição de medida provisória para a sua regulamentação.
> ▶ § 2º com redação pela EC 5/1995.
> ▶ Art. 246 desta Constituição.
> ▶ Lei 9.478/1997 (Política Nacional do Petróleo).

§ 3º Os Estados poderão, mediante lei complementar, instituir regiões metropolitanas, aglomerações urbanas e microrregiões, constituídas por agrupamentos de municípios limítrofes, para integrar a organização, o planejamento e a execução de funções públicas de interesse comum.

Art. 26. Incluem-se entre os bens dos Estados:

I – as águas superficiais ou subterrâneas, fluentes, emergentes e em depósito, ressalvadas, neste caso, na forma da lei, as decorrentes de obras da União;
> ▶ Art. 29 do Dec. 24.643/1934 (Código de Águas).
> ▶ Lei 9.984/2000 (Agência Nacional de Águas – ANA).

II – as áreas, nas ilhas oceânicas e costeiras, que estiverem no seu domínio, excluídas aquelas sob domínio da União, Municípios ou terceiros;
> ▶ Art. 20, IV, desta Constituição.

III – as ilhas fluviais e lacustres não pertencentes à União;

IV – as terras devolutas não compreendidas entre as da União.

Art. 27. O número de Deputados à Assembleia Legislativa corresponderá ao triplo da representação do Estado na Câmara dos Deputados e, atingido o número de trinta e seis, será acrescido de tantos quantos forem os Deputados Federais acima de doze.
> ▶ Art. 32 desta Constituição.

§ 1º Será de quatro anos o mandato dos Deputados Estaduais, aplicando-se-lhes as regras desta Constituição sobre sistema eleitoral, inviolabilidade, imunidades, remuneração, perda de mandato, licença, impedimentos e incorporação às Forças Armadas.

§ 2º O subsídio dos Deputados Estaduais será fixado por lei de iniciativa da Assembleia Legislativa, na razão de, no máximo, setenta e cinco por cento daquele estabelecido, em espécie, para os Deputados Federais, observado o que dispõem os artigos 39, § 4º, 57, § 7º, 150, II, 153, III, e 153, § 2º, I.
> ▶ § 2º com redação pela EC 19/1998.

§ 3º Compete às Assembleias Legislativas dispor sobre seu regimento interno, polícia e serviços administrativos de sua Secretaria, e prover os respectivos cargos.
> ▶ Art. 6º da Lei 9.709/1998 (Convocação de plebiscitos e referendos pelos Estados, Distrito Federal e Municípios).

§ 4º A lei disporá sobre a iniciativa popular no processo legislativo estadual.
> ▶ Art. 6º da Lei 9.709/1998 (Regulamenta a execução do disposto nos incisos I, II e III do art. 14 da CF).

Art. 28. A eleição do Governador e do Vice-Governador de Estado, para mandato de 4 (quatro) anos, realizar-se-á no primeiro domingo de outubro, em primeiro turno, e, no último domingo de outubro, em segundo turno, se houver, do ano anterior ao do término do mandato de seus antecessores, e a posse ocorrerá em 6 de janeiro do ano subsequente, observado, quanto ao mais, o disposto no art. 77 desta Constituição.
> ▶ *Caput* com redação pela EC 111/2021.
> ▶ Lei 9.504/1997 (Eleições).

§1º Perderá o mandato o Governador que assumir outro cargo ou função na administração pública direta ou indireta, ressalvada a posse em virtude de concurso público e observado o disposto no artigo 38, I, IV e V.
> ▶ Primitivo parágrafo único renumerado pela EC 19/1998.
> ▶ Art. 29, XIV, desta Constituição.

§2º Os subsídios do Governador, do Vice-Governador e dos Secretários de Estado serão fixados por lei de iniciativa da Assembleia Legislativa, observado o que dispõem os artigos 37, XI, 39, § 4º, 150, II, 153, III, e 153, § 2º, I.
> ▶ § 2º acrescido pela EC 19/1998.

<div align="center">CAPÍTULO IV
DOS MUNICÍPIOS</div>

Art. 29. O Município reger-se-á por lei orgânica, votada em dois turnos, com o interstício mínimo de dez dias, e aprovada por dois terços dos membros da Câmara Municipal, que a promulgará, atendidos os princípios estabelecidos nesta Constituição, na Constituição do respectivo Estado e os seguintes preceitos:
> ▶ Art. 96 do ADCT.
> ▶ Súmula Vinculante 42 do STF.

I – eleição do Prefeito, do Vice-Prefeito e dos Vereadores, para mandato de quatro anos, mediante pleito direto e simultâneo realizado em todo o País;
> ▶ Lei 9.504/1997 (Eleições).

II – eleição do Prefeito e do Vice-Prefeito realizada no primeiro domingo de outubro do ano anterior ao término do mandato dos que devam suceder, aplicadas as regras do artigo 77 no caso de Municípios com mais de duzentos mil eleitores;
> ▶ Inciso II com redação pela EC 16/1997.

III – posse do Prefeito e do Vice-Prefeito no dia 1º de janeiro do ano subsequente ao da eleição;

IV – para a composição das Câmaras Municipais, será observado o limite máximo de:
> ▶ Inciso IV com redação pela EC 58/2009.
> ▶ O STF, no julgamento final da ADIN 4.307-2 (*DOU 23.04.2013*), decidiu pela procedência da ação para declarar a inconstitucionalidade do inciso I do art. 3º da EC 58/2009.

a) 9 (nove) Vereadores, nos Municípios de até 15.000 (quinze mil) habitantes;

b) 11 (onze) Vereadores, nos Municípios de mais de 15.000 (quinze mil) habitantes e de até 30.000 (trinta mil) habitantes;

c) 13 (treze) Vereadores, nos Municípios com mais de 30.000 (trinta mil) habitantes e de até 50.000 (cinquenta mil) habitantes;

d) 15 (quinze) Vereadores, nos Municípios de mais de 50.000 (cinquenta mil) habitantes e de até 80.000 (oitenta mil) habitantes;

e) 17 (dezessete) Vereadores, nos Municípios de mais de 80.000 (oitenta mil) habitantes e de até 120.000 (cento e vinte mil) habitantes;

f) 19 (dezenove) Vereadores, nos Municípios de mais de 120.000 (cento e vinte mil) habitantes e de até 160.000 (cento e sessenta mil) habitantes;

g) 21 (vinte e um) Vereadores, nos Municípios de mais de 160.000 (cento e sessenta mil) habitantes e de até 300.000 (trezentos mil) habitantes;

h) 23 (vinte e três) Vereadores, nos Municípios de mais de 300.000 (trezentos mil) habitantes e de até 450.000 (quatrocentos e cinquenta mil) habitantes;

i) 25 (vinte e cinco) Vereadores, nos Municípios de mais de 450.000 (quatrocentos e cinquenta mil) habitantes e de até 600.000 (seiscentos mil) habitantes;

j) 27 (vinte e sete) Vereadores, nos Municípios de mais de 600.000 (seiscentos mil) habitantes e de até 750.000 (setecentos e cinquenta mil) habitantes;

k) 29 (vinte e nove) Vereadores, nos Municípios de mais de 750.000 (setecentos e cinquenta mil) habitantes e de até 900.000 (novecentos mil) habitantes;

l) 31 (trinta e um) Vereadores, nos Municípios de mais de 900.000 (novecentos mil) habitantes e de até 1.050.000 (um milhão e cinquenta mil) habitantes;

m) 33 (trinta e três) Vereadores, nos Municípios de mais de 1.050.000 (um milhão e cinquenta mil) habitantes e de até 1.200.000 (um milhão e duzentos mil) habitantes;

n) 35 (trinta e cinco) Vereadores, nos Municípios de mais de 1.200.000 (um milhão e duzentos mil) habitantes e de até 1.350.000 (um milhão e trezentos e cinquenta mil) habitantes;

o) 37 (trinta e sete) Vereadores, nos Municípios de 1.350.000 (um milhão e trezentos e cinquenta mil) habitantes e de até 1.500.000 (um milhão e quinhentos mil) habitantes;

p) 39 (trinta e nove) Vereadores, nos Municípios de mais de 1.500.000 (um milhão e quinhentos mil) habitantes e de até 1.800.000 (um milhão e oitocentos mil) habitantes;

q) 41 (quarenta e um) Vereadores, nos Municípios de mais de 1.800.000 (um milhão e oitocentos mil) habitantes e de até 2.400.000 (dois milhões e quatrocentos mil) habitantes;

r) 43 (quarenta e três) Vereadores, nos Municípios de mais de 2.400.000 (dois milhões e quatrocentos mil) habitantes e de até 3.000.000 (três milhões) de habitantes;

s) 45 (quarenta e cinco) Vereadores, nos Municípios de mais de 3.000.000 (três milhões) de habitantes e de até 4.000.000 (quatro milhões) de habitantes;

t) 47 (quarenta e sete) Vereadores, nos Municípios de mais de 4.000.000 (quatro milhões) de habitantes e de até 5.000.000 (cinco milhões) de habitantes;

u) 49 (quarenta e nove) Vereadores, nos Municípios de mais de 5.000.000 (cinco milhões) de habitantes e de até 6.000.000 (seis milhões) de habitantes;

v) 51 (cinquenta e um) Vereadores, nos Municípios de mais de 6.000.000 (seis milhões) de habitantes e de até 7.000.000 (sete milhões) de habitantes;

w) 53 (cinquenta e três) Vereadores, nos Municípios de mais de 7.000.000 (sete milhões) de habitantes e de até 8.000.000 (oito milhões) de habitantes; e

x) 55 (cinquenta e cinco) Vereadores, nos Municípios de mais de 8.000.000 (oito milhões) de habitantes;

V – subsídios do Prefeito, do Vice-Prefeito e dos Secretários municipais fixados por lei de iniciativa da Câmara Municipal, observado o que dispõem os artigos 37, XI, 39, § 4º, 150, II, 153, III, e 153, § 2º, I;
> ▶ Inciso V com redação pela EC 19/1998.

VI – o subsídio dos Vereadores será fixado pelas respectivas Câmaras Municipais em cada legislatura para a subsequente, observado o que dispõe esta Constituição, observados os critérios estabelecidos na respectiva Lei Orgânica e os seguintes limites máximos:
> ▶ Inciso VI com redação pela EC 25/2000.

a) em Municípios de até dez mil habitantes, o subsídio máximo dos Vereadores corresponderá a vinte por cento do subsídio dos Deputados Estaduais;

b) em Municípios de dez mil e um a cinquenta mil habitantes, o subsídio máximo dos Vereadores corresponderá a trinta por cento do subsídio dos Deputados Estaduais;

c) em Municípios de cinquenta mil e um a cem mil habitantes, o subsídio máximo dos Vereadores corresponderá a quarenta por cento do subsídio dos Deputados Estaduais;

d) em Municípios de cem mil e um a trezentos mil habitantes, o subsídio máximo dos Vereadores corresponderá a cinquenta por cento do subsídio dos Deputados Estaduais;

e) em Municípios de trezentos mil e um a quinhentos mil habitantes, o subsídio máximo dos Vereadores corresponderá a sessenta por cento do subsídio dos Deputados Estaduais;

f) em Municípios de mais de quinhentos mil habitantes, o subsídio máximo dos Vereadores corresponderá a setenta e cinco por cento do subsídio dos Deputados Estaduais;

VII – o total da despesa com a remuneração dos Vereadores não poderá ultrapassar o montante de cinco por cento da receita do Município;
> ▶ Inciso VII acrescido pela EC 1/1992.

VIII – inviolabilidade dos Vereadores por suas opiniões, palavras e votos no exercício do mandato e na circunscrição do Município;
> ▶ Primitivo inciso VI renumerado pela EC 1/1992.

IX – proibições e incompatibilidades, no exercício da vereança, similares, no que couber, ao disposto nesta Constituição para os membros do Congresso Nacional e, na Constituição do respectivo Estado, para os membros da Assembleia Legislativa;
> ▶ Primitivo inciso VII renumerado pela EC 1/1992.

X – julgamento do Prefeito perante o Tribunal de Justiça;
> ▶ Primitivo inciso VIII renumerado pela EC 1/1992.
> ▶ Dec.-Lei 201/1967 (Responsabilidade dos Prefeitos e Vereadores).
> ▶ Súmulas 702 e 703 do STF.
> ▶ Súmula 209 do STJ.

XI – organização das funções legislativas e fiscalizadoras da Câmara Municipal;
> ▶ Primitivo inciso IX renumerado pela EC 1/1992.

XII – cooperação das associações representativas no planejamento municipal;
> ▶ Primitivo inciso X renumerado pela EC 1/1992.

XIII – iniciativa popular de projetos de lei de interesse específico do Município, da cidade ou de bairros, através de manifestação de, pelo menos, cinco por cento do eleitorado;

▶ Primitivo inciso XI renumerado pela EC 1/1992.

XIV – perda do mandato do Prefeito, nos termos do artigo 28, parágrafo único.

▶ Primitivo inciso XII renumerado pela EC 1/1992.
▶ EC 19/1998, que modificou o parágrafo único do art. 28 para § 1º.

Art. 29-A. O total da despesa do Poder Legislativo Municipal, incluídos os subsídios dos Vereadores e os demais gastos com pessoal inativo e pensionistas, não poderá ultrapassar os seguintes percentuais, relativos ao somatório da receita tributária e das transferências previstas no § 5º do art. 153 e nos arts. 158 e 159 desta Constituição, efetivamente realizado no exercício anterior:

▶ Caput com redação pela EC 109/2021, em vigor a partir do início da primeira legislatura municipal após a data de sua publicação (DOU 16.03.2021).

I – 7% (sete por cento) para Municípios com população de até 100.000 (cem mil) habitantes;

▶ Inciso I com redação pela EC 58/2009.

II – 6% (seis por cento) para Municípios com população entre 100.000 (cem mil) e 300.000 (trezentos mil) habitantes;

▶ Inciso II com redação pela EC 58/2009.

III – 5% (cinco por cento) para Municípios com população entre 300.001 (trezentos mil e um) e 500.000 (quinhentos mil) habitantes;

▶ Inciso III com redação pela EC 58/2009.

IV – 4,5% (quatro inteiros e cinco décimos por cento) para Municípios com população entre 500.001 (quinhentos mil e um) e 3.000.000 (três milhões) de habitantes;

▶ Inciso IV com redação pela EC 58/2009.

V – 4% (quatro por cento) para Municípios com população entre 3.000.001 (três milhões e um) e 8.000.000 (oito milhões) de habitantes;

▶ Inciso V acrescido pela EC 58/2009.

VI – 3,5% (três inteiros e cinco décimos por cento) para Municípios com população acima de 8.000.001 (oito milhões e um) habitantes.

▶ Inciso VI acrescido pela EC 58/2009.

§ 1º A Câmara Municipal não gastará mais de setenta por cento de sua receita com folha de pagamento, incluído o gasto com o subsídio de seus Vereadores.

▶ § 1º com redação pela EC 25/2000.

§ 2º Constitui crime de responsabilidade do Prefeito Municipal:

▶ § 2º acrescido pela EC 25/2000.

I – efetuar repasse que supere os limites definidos neste artigo;

II – não enviar o repasse até o dia vinte de cada mês; ou

III – enviá-lo a menor em relação à proporção fixada na Lei Orçamentária.

▶ Lei 10.028/2000 (Crimes contra Finanças Públicas).
▶ LC 101/2000 (Lei de Responsabilidade Fiscal).

§ 3º Constitui crime de responsabilidade do Presidente da Câmara Municipal o desrespeito ao § 1º deste artigo.

▶ § 3º acrescido pela EC 25/2000.

Art. 30. Compete aos Municípios:

I – legislar sobre assuntos de interesse local;

▶ Súmulas Vinculantes 38 e 42 do STF.
▶ Súmula 645 do STF.

II – suplementar a legislação federal e a estadual no que couber;

III – instituir e arrecadar os tributos de sua competência, bem como aplicar suas rendas, sem prejuízo da obrigatoriedade de prestar contas e publicar balancetes nos prazos fixados em lei;

▶ Art. 156 desta Constituição.

IV – criar, organizar e suprimir distritos, observada a legislação estadual;

▶ Art. 96 do ADCT.

V – organizar e prestar, diretamente ou sob regime de concessão ou permissão, os serviços públicos de interesse local, incluído o de transporte coletivo, que tem caráter essencial;

▶ Art. 175 desta Constituição.

VI – manter, com a cooperação técnica e financeira da União e do Estado, programas de educação infantil e de ensino fundamental;

▶ Inciso VI com redação pela EC 53/2006.

VII – prestar, com a cooperação técnica e financeira da União e do Estado, serviços de atendimento à saúde da população;

▶ Dec. 3.964/2001 (Fundo Nacional de Saúde).

VIII – promover, no que couber, adequado ordenamento territorial, mediante planejamento e controle do uso, do parcelamento e da ocupação do solo urbano;

▶ Art. 182 desta Constituição.

IX – promover a proteção do patrimônio histórico-cultural local, observada a legislação e a ação fiscalizadora federal e estadual.

Art. 31. A fiscalização do Município será exercida pelo Poder Legislativo Municipal, mediante controle externo, e pelos sistemas de controle interno do Poder Executivo Municipal, na forma da lei.

§ 1º O controle externo da Câmara Municipal será exercido com o auxílio dos Tribunais de Contas dos Estados ou do Município ou dos Conselhos ou Tribunais de Contas dos Municípios, onde houver.

§ 2º O parecer prévio, emitido pelo órgão competente sobre as contas que o Prefeito deve anualmente prestar, só deixará de prevalecer por decisão de dois terços dos membros da Câmara Municipal.

§ 3º As contas dos Municípios ficarão, durante sessenta dias, anualmente, à disposição de qualquer contribuinte, para exame e apreciação, o qual poderá questionar-lhes a legitimidade, nos termos da lei.

§ 4º É vedada a criação de Tribunais, Conselhos ou órgãos de Contas Municipais.

CAPÍTULO V
DO DISTRITO FEDERAL E DOS TERRITÓRIOS

Seção I
Do Distrito Federal

Art. 32. O Distrito Federal, vedada sua divisão em Municípios, reger-se-á por lei orgânica, votada em dois turnos com interstício mínimo de dez dias, e aprovada por dois terços da Câmara Legislativa, que a promulgará, atendidos os princípios estabelecidos nesta Constituição.

▶ Lei Orgânica do DF: publicada na edição 87 do Diário da Câmara Legislativa de 08.06.1993.

§ 1º Ao Distrito Federal são atribuídas as competências legislativas reservadas aos Estados e Municípios.

▶ Súmula 642 do STF.

§ 2º A eleição do Governador e do Vice-Governador, observadas as regras do artigo 77, e dos Deputados Distritais coincidirá com a dos Governadores e Deputados Estaduais, para mandato de igual duração.

§ 3º Aos Deputados Distritais e à Câmara Legislativa aplica-se o disposto no artigo 27.

§ 4º Lei federal disporá sobre a utilização, pelo Governo do Distrito Federal, da polícia civil, da polícia penal, da polícia militar e do corpo de bombeiros militar.

▶ § 4º com redação pela EC 104/2019.
▶ Dec.-lei 667/1969 (Reorganiza as Polícias Militares e os Corpos de Bombeiros Militares dos Estados, dos Territórios e do Distrito Federal).
▶ Lei 6.450/1977 (Organização básica da Polícia Militar do Distrito Federal).
▶ Lei 7.289/1984 (Estatuto dos Policiais Militares da Polícia Militar do Distrito Federal).
▶ Lei 7.479/1986 (Estatuto dos Bombeiros Militares do Corpo de Bombeiros do Distrito Federal).
▶ Lei 12.086/2009 (Militares da Polícia Militar do Distrito Federal e do Corpo de Bombeiros Militar do Distrito Federal).

Seção II
Dos Territórios

Art. 33. A lei disporá sobre a organização administrativa e judiciária dos Territórios.

▶ Lei 11.697/2008 (Organização Judiciária do Distrito Federal).

§ 1º Os Territórios poderão ser divididos em Municípios, aos quais se aplicará, no que couber, o disposto no Capítulo IV deste título.

§ 2º As contas do Governo do Território serão submetidas ao Congresso Nacional, com parecer prévio do Tribunal de Contas da União.

§ 3º Nos Territórios Federais com mais de cem mil habitantes, além do Governador nomeado na forma desta Constituição, haverá órgãos judiciários de primeira e segunda instância, membros do Ministério Público e defensores públicos federais; a lei disporá sobre as eleições para a Câmara Territorial e sua competência deliberativa.

CAPÍTULO VI
DA INTERVENÇÃO

Art. 34. A União não intervirá nos Estados nem no Distrito Federal, exceto para:

I – manter a integridade nacional;

▶ Art. 1º desta Constituição.

II – repelir invasão estrangeira ou de uma Unidade da Federação em outra;

III – pôr termo a grave comprometimento da ordem pública;

IV – garantir o livre exercício de qualquer dos Poderes nas Unidades da Federação;

▶ Art. 36, I, desta Constituição.

V – reorganizar as finanças da Unidade da Federação que:

a) suspender o pagamento da dívida fundada por mais de dois anos consecutivos, salvo motivo de força maior;

b) deixar de entregar aos Municípios receitas tributárias fixadas nesta Constituição, dentro dos prazos estabelecidos em lei;

▶ Art. 10 da LC 63/1990 (Critérios e prazos de crédito das parcelas do produto da arrecadação de impostos de competência dos Estados e de transferências por estes recebidas, pertencentes aos Municípios).

VI – prover a execução de lei federal, ordem ou decisão judicial;

▶ Art. 36, § 3º, desta Constituição.
▶ Súmula 637 do STF.

VII – assegurar a observância dos seguintes princípios constitucionais:

▶ Art. 36, III, e § 3º, desta Constituição.

a) forma republicana, sistema representativo e regime democrático;

b) direitos da pessoa humana;

c) autonomia municipal;

d) prestação de contas da administração pública, direta e indireta;

e) aplicação do mínimo exigido da receita resultante de impostos estaduais, compreendida a proveniente de transferências, na manutenção e desenvolvimento do ensino e nas ações e serviços públicos de saúde.

▶ Alínea e com redação pela EC 29/2000.
▶ Art. 212 desta Constituição.

Art. 35. O Estado não intervirá em seus Municípios, nem a União nos Municípios localizados em Território Federal, exceto quando:

▶ Súmula 637 do STF.

I – deixar de ser paga, sem motivo de força maior, por dois anos consecutivos, a dívida fundada;

II – não forem prestadas contas devidas, na forma da lei;

III – não tiver sido aplicado o mínimo exigido da receita municipal na manutenção e desenvolvimento do ensino e nas ações e serviços públicos de saúde;

▶ Inciso III com redação pela EC 29/2000.
▶ Art. 212 desta Constituição.

IV – o Tribunal de Justiça der provimento a representação para assegurar a observância de princípios indicados na Constituição Estadual, ou para prover a execução de lei, de ordem ou de decisão judicial.

Art. 36. A decretação da intervenção dependerá:

I – no caso do artigo 34, IV, de solicitação do Poder Legislativo ou do Poder Executivo coacto ou impedido, ou de requisição do Supremo Tribunal Federal, se a coação for exercida contra o Poder Judiciário;

II – no caso de desobediência a ordem ou decisão judiciária, de requisição do Supremo Tribunal Federal, do Superior Tribunal de Justiça ou do Tribunal Superior Eleitoral;

▶ Arts. 19 a 22 da Lei 8.038/1990 (Normas procedimentais para os processos que especifica, perante o STJ e o STF).

III – de provimento, pelo Supremo Tribunal Federal, de representação do Procurador-Geral da República, na hipótese do art. 34, VII, e no caso de recusa à execução de lei federal.

▶ Inciso III com redação pela EC 45/2004.
▶ Lei 12.562/2011 (Processo e julgamento da representação interventiva perante o STF).

IV – Revogado pela EC 45/2004.

§ 1º O decreto de intervenção, que especificará a amplitude, o prazo e as condições de execução e que, se couber, nomeará o interventor, será submetido à apreciação do Congresso Nacional ou da Assembleia Legislativa do Estado, no prazo de vinte e quatro horas.

§ 2º Se não estiver funcionando o Congresso Nacional ou a Assembleia Legislativa, far-se-á convocação extraordinária, no mesmo prazo de vinte e quatro horas.

§ 3º Nos casos do artigo 34, VI e VII, ou do artigo 35, IV, dispensada a apreciação pelo Congresso Nacional ou pela Assembleia Legislativa, o decreto limitar-se-á a suspender a execução do ato impugnado, se essa medida bastar ao restabelecimento da normalidade.

§ 4º Cessados os motivos da intervenção, as autoridades afastadas de seus cargos a estes voltarão, salvo impedimento legal.

CAPÍTULO VII
DA ADMINISTRAÇÃO PÚBLICA

▶ Lei 8.112/1990 (Estatuto dos Servidores Públicos Civis da União, Autarquias e Fundações Públicas Federais).
▶ Lei 8.727/1993 (Reescalonamento pela União, de dívidas internas da administração direta e indireta dos Estados, do Distrito Federal e dos Municípios).
▶ Lei 9.784/1999 (Processo Administrativo Federal).

Seção I

Disposições Gerais

Art. 37. A Administração Pública direta e indireta de qualquer dos Poderes da União, dos Estados, do Distrito Federal e dos Municípios obedecerá aos princípios de legalidade, impessoalidade, moralidade, publicidade e eficiência e, também, ao seguinte:

▸ *Caput* com redação pela EC 19/1998.
▸ Art. 19 do ADCT.
▸ Arts. 3º e 5º, I a VI, §§ 1º e 2º, da Lei 8.112/1990 (Estatuto dos Servidores Públicos Civis da União, Autarquias e Fundações Públicas Federais).
▸ Lei 8.727/1993 (Reescalonamento pela União, de dívidas internas da administração direta e indireta dos Estados, do Distrito Federal e dos Municípios).
▸ Lei 8.730/1993 (Declaração de bens e rendas para o exercício de cargos, empregos, e funções nos Poderes Executivo, Legislativo e Judiciário).
▸ Lei 9.784/1999 (Processo Administrativo no Âmbito da Administração Pública Federal).
▸ Instrução Normativa INSS 77/2015 (Estabelece rotinas para agilizar e uniformizar o reconhecimento de direitos dos segurados e beneficiários da Previdência Social, com observância dos princípios estabelecidos no art. 37 da Constituição Federal de 1988).
▸ Súmula Vinculante 13 do STF.
▸ Súmulas 346 e 473 do STF.

I – os cargos, empregos e funções públicas são acessíveis aos brasileiros que preencham os requisitos estabelecidos em lei, assim como aos estrangeiros, na forma da lei;

▸ Inciso I com redação pela EC 19/1998.
▸ Art. 7º da CLT.
▸ Arts. 3º e 5º, I a VI, §§ 1º e 2º, da Lei 8.112/1990 (Estatuto dos Servidores Públicos Civis da União, Autarquias e Fundações Públicas Federais).
▸ Lei 8.730/1993 (Declaração de bens e rendas para o exercício de cargos, empregos, e funções nos Poderes Executivo, Legislativo e Judiciário).
▸ Súmula Vinculante 44 do STF.
▸ Súmulas 683, 684 e 686 do STF.
▸ Súmula 266 do STJ.

II – a investidura em cargo ou emprego público depende de aprovação prévia em concurso público de provas ou de provas e títulos, de acordo com a natureza e a complexidade do cargo ou emprego, na forma prevista em lei, ressalvadas as nomeações para cargo em comissão declarado em lei de livre nomeação e exoneração;

▸ Inciso II com redação pela EC 19/1998.
▸ Art. 7º da CLT.
▸ Arts. 11 e 12 da Lei 8.112/1990 (Estatuto dos Servidores Públicos Civis da União, Autarquias e Fundações Públicas Federais).
▸ Lei 9.962/2000 (Regime de emprego público do pessoal da administração federal direta, autárquica e fundacional).
▸ Dec. 7.203/2010 (Nepotismo no âmbito da administração pública federal).
▸ Súmula Vinculante 43 do STF.
▸ Súmula 685 do STF.
▸ Súmulas 331 e 363 do TST.
▸ OJs 321, 338 e 366 da SBDI-I do TST.

III – o prazo de validade do concurso público será de até dois anos, prorrogável uma vez, por igual período;

▸ Art. 12 da Lei 8.112/1990 (Estatuto dos Servidores Públicos Civis da União, Autarquias e Fundações Públicas Federais).

IV – durante o prazo improrrogável previsto no edital de convocação, aquele aprovado em concurso público de provas ou de provas e títulos será convocado com prioridade sobre novos concursados para assumir cargo ou emprego, na carreira;

▸ Art. 7º da CLT.

V – as funções de confiança, exercidas exclusivamente por servidores ocupantes de cargo efetivo, e os cargos em comissão, a serem preenchidos por servidores de carreira nos casos, condições e percentuais mínimos previstos em lei, destinam-se apenas às atribuições de direção, chefia e assessoramento;

▸ Inciso V com redação pela EC 19/1998.

VI – é garantido ao servidor público civil o direito à livre associação sindical;

VII – o direito de greve será exercido nos termos e nos limites definidos em lei específica;

▸ Inciso VII com redação pela EC 19/1998.
▸ Dec. 1.480/1995 (Procedimentos em casos de paralisações dos serviços públicos federais).

VIII – a lei reservará percentual dos cargos e empregos públicos para as pessoas portadoras de deficiência e definirá os critérios de sua admissão;

▸ Lei 7.853/1989 (Apoio às Pessoas Portadoras de Deficiência).
▸ Art. 5º, § 2º, da Lei 8.112/1990 (Estatuto dos Servidores Públicos Civis da União, Autarquias e Fundações Públicas Federais).
▸ Dec. 6.949/2009 (Convenção Internacional sobre os Direitos das Pessoas com Deficiência).
▸ Lei 13.146/2015 (Estatuto da Pessoa com Deficiência).
▸ Súmula 377 e 552 do STJ.

IX – a lei estabelecerá os casos de contratação por tempo determinado para atender a necessidade temporária de excepcional interesse público;

▸ Lei 8.745/1993 (Contratação de servidor público por tempo determinado, para atender a necessidade temporária de excepcional interesse público).

X – a remuneração dos servidores públicos e o subsídio de que trata o § 4º do artigo 39 somente poderão ser fixados ou alterados por lei específica, observada a iniciativa privativa em cada caso, assegurada revisão geral anual, sempre na mesma data e sem distinção de índices;

▸ Inciso X com redação pela EC 19/1998.
▸ Arts. 39, § 4º, 95, III, e 128, § 5º, I, c, desta Constituição.
▸ Lei 7.706/1988 (Revisão dos vencimentos, salários, soldos e proventos dos servidores, civis e militares).
▸ Súmula Vinculante 37 e 51 do STF.
▸ Súmulas 672 e 679 do STF.

XI – a remuneração e o subsídio dos ocupantes de cargos, funções e empregos públicos da administração direta, autárquica e fundacional, dos membros de qualquer dos Poderes da União, dos Estados, do Distrito Federal e dos Municípios, dos detentores de mandato eletivo e dos demais agentes políticos e os proventos, pensões ou outra espécie remuneratória, percebidos cumulativamente ou não, incluídas as vantagens pessoais ou de qualquer outra natureza, não poderão exceder o subsídio mensal, em espécie, dos Ministros do Supremo Tribunal Federal, aplicando-se como limite, nos Municípios, o subsídio do Prefeito, e nos Estados e no Distrito Federal, o subsídio mensal do Governador no âmbito do Poder Executivo, o subsídio dos Deputados Estaduais e Distritais no âmbito do Poder Legislativo e o subsídio dos Desembargadores do Tribunal de Justiça, limitado a noventa inteiros e vinte e cinco centésimos por cento do subsídio mensal, em espécie, dos Ministros do Supremo Tribunal Federal, no âmbito do Poder Judiciário, aplicável este limite aos membros do Ministério Público, aos Procuradores e aos Defensores Públicos;

▸ Inciso XI com redação pela EC 41/2003.
▸ O STF, por maioria, julgou procedente a ADIN 3.854, confirmando a medida cautelar anteriormente deferida, "dar interpretação conforme à Constituição ao artigo 37, inciso XI (com redação dada pela EC 41/2003) e § 12 (com redação dada pela EC 47/2005), da Constituição Federal, para afastar a submissão dos membros da magistratura estadual à regra do subteto remuneratório (...)" (*DOU* 22.02.2021).
▸ Arts. 27, § 2º, 28, § 2º, 29, V e VI, 39, §§ 4º e 5º, 49, VII, e VIII, 93, V, 95, III, 128, § 5º, I, c, e 142, § 3º, VIII, desta Constituição.
▸ Lei 8.112/1990 (Estatuto dos Servidores Públicos Civis da União, Autarquias e Fundações Públicas Federais).
▸ Art. 3º, § 3º, da EC 20/1998 (Reforma Previdenciária).
▸ Arts. 7º e 8º da EC 41/2003 (Fixação do subsídio de que trata este dispositivo).
▸ Art. 4º da EC 47/2005 (Previdência Social).
▸ Lei 12.770/2012 (Subsídio do Procurador-Geral da República).
▸ OJ 339 da SBDI-I do TST.

XII – os vencimentos dos cargos do Poder Legislativo e do Poder Judiciário não poderão ser superiores aos pagos pelo Poder Executivo;

▸ Art. 135 desta Constituição.
▸ Art. 42 da Lei 8.112/1990 (Estatuto dos Servidores Públicos Civis da União, Autarquias e Fundações Públicas Federais).

XIII – é vedada a vinculação ou equiparação de quaisquer espécies remuneratórias para o efeito de remuneração de pessoal do serviço público;

▸ Inciso XIII com redação pela EC 19/1998.
▸ Art. 142, § 3º, VIII, desta Constituição.
▸ Súmula Vinculante 42 do STF.
▸ Súmula 455 do TST.
▸ OJ 297 da SBDI-I do TST.

XIV – os acréscimos pecuniários percebidos por servidor público não serão computados nem acumulados para fins de concessão de acréscimos ulteriores;

▸ Inciso XIV com redação pela EC 19/1998.
▸ Art. 142, § 3º, VIII, desta Constituição.

XV – o subsídio e os vencimentos dos ocupantes de cargos e empregos públicos são irredutíveis, ressalvado o disposto nos incisos XI e XIV deste artigo e nos artigos 39, § 4º, 150, II, 153, III, e 153, § 2º, I;

▸ Inciso XV com redação pela EC 19/1998.
▸ Art. 142, § 3º, VIII, desta Constituição.

XVI – é vedada a acumulação remunerada de cargos públicos, exceto, quando houver compatibilidade de horários, observado em qualquer caso o disposto no inciso XI:

▸ *Caput* do Inciso XVI com redação pela EC 19/1998.

a) a de dois cargos de professor;

▸ Alínea *a* com redação pela EC 19/1998.

b) a de um cargo de professor com outro, técnico ou científico;

▸ Alínea *b* com redação pela EC 19/1998.

c) a de dois cargos ou empregos privativos de profissionais de saúde, com profissões regulamentadas;

▸ Alínea *c* com redação pela EC 34/2001.
▸ Arts. 118 a 120 da Lei 8.112/1990 (Estatuto dos Servidores Públicos Civis da União, Autarquias e Fundações Públicas Federais).
▸ Art. 2º-A da Lei 11.350/2006 (Regulamenta o § 5º do art. 198 da Constituição).

XVII – a proibição de acumular estende-se a empregos e funções e abrange autarquias, fundações, empresas públicas, sociedades de economia mista, suas subsidiárias, e sociedades controladas, direta ou indiretamente pelo Poder Público;

▸ Inciso XVII com redação pela EC 19/1998.
▸ Art. 118, § 1º, da Lei 8.112/1990 (Estatuto dos Servidores Públicos Civis da União, Autarquias e Fundações Públicas Federais).

XVIII – a administração fazendária e seus servidores fiscais terão, dentro de suas áreas de competência e jurisdição, precedência sobre os demais setores administrativos, na forma da lei;

XIX – somente por lei específica poderá ser criada autarquia e autorizada a instituição de empresa pública, de sociedade de economia mista e de fundação, cabendo à lei complementar, neste último caso, definir as áreas de sua atuação;

▸ Inciso XIX com redação pela EC 19/1998.

XX – depende de autorização legislativa, em cada caso, a criação de subsidiárias das entidades mencionadas no inciso anterior, assim como a participação de qualquer delas em empresa privada;

▸ Art. 2º, § 2º, da Lei 13.303/2016 (Lei de Responsabilidade das Estatais).

XXI – ressalvados os casos especificados na legislação, as obras, serviços, compras e alienações serão contratados mediante processo de licitação pública que assegure igualdade de condições a todos os concorrentes, com cláusulas que estabeleçam obrigações de pagamento, mantidas as condições efetivas da proposta, nos termos da lei, o qual somente permitirá as exigências de qualificação técnica e econômica indispensáveis à garantia do cumprimento das obrigações;

▸ Art. 22, XXVII, desta Constituição.
▸ Lei 8.666/1993 (Licitações e Contratos Administrativos).
▸ Dec. 3.555/2000 (Regulamenta o pregão).
▸ Lei 10.520/2002 (Pregão).
▸ Súmula 333 do STJ.
▸ Súmula 331 do TST.

XXII – as administrações tributárias da União, dos Estados, do Distrito Federal e dos Municípios, atividades essenciais ao funcionamento do Estado, exercidas por servidores de carreiras específicas, terão recursos prioritários para a realização de suas atividades e atuarão de forma integrada, inclusive com o compartilhamento de cadastros e de informações fiscais, na forma da lei ou convênio.

▸ Inciso XXII acrescido pela EC 42/2003.
▸ Art. 137, IV, desta Constituição.

§ 1º A publicidade dos atos, programas, obras, serviços e campanhas dos órgãos públicos deverá ter caráter educativo, informativo ou de orientação social, dela não podendo constar nomes, símbolos ou imagens que caracterizem promoção pessoal de autoridades ou servidores públicos.

▸ Lei 8.389/1991 (Conselho de Comunicação Social).
▸ Dec. 6.555/2008 (Comunicação do Poder Executivo Federal).

§ 2º A não observância do disposto nos incisos II e III implicará a nulidade do ato e a punição da autoridade responsável, nos termos da lei.

▸ Arts. 116 a 142 da Lei 8.112/1990 (Estatuto dos Servidores Públicos Civis da União, Autarquias e Fundações Públicas Federais).
▸ Lei 8.429/1992 (Improbidade Administrativa).
▸ Súmula 466 do STJ.
▸ Súmula 363 do TST.

§ 3º A lei disciplinará as formas de participação do usuário na administração pública direta e indireta, regulando especialmente:

▸ § 3º com redação pela EC 19/1998.

I – as reclamações relativas à prestação dos serviços públicos em geral, asseguradas a manutenção de serviços de atendimento ao usuário e a avaliação periódica, externa e interna, da qualidade dos serviços;

II – o acesso dos usuários a registros administrativos e a informações sobre atos de governo, observado o disposto no artigo 5º, X e XXXIII;

▸ Lei 12.527/2011 (Acesso a informações previsto neste inciso).

III – a disciplina da representação contra o exercício negligente ou abusivo de cargo, emprego ou função na administração pública.

§ 4º Os atos de improbidade administrativa importarão a suspensão dos direitos políticos, a perda da função pública, a indisponibilidade dos bens e o ressarcimento ao erário, na forma e gradação previstas em lei, sem prejuízo da ação penal cabível.

▸ Art. 15, V, desta Constituição.
▸ Arts. 312 a 327 do CP.
▸ Dec.-lei 3.240/1941 (Sequestro os bens de pessoas indiciadas por crimes de que resulte prejuízo para a Fazenda Pública).
▸ Lei 8.026/1990 (Pena de demissão a funcionário público).
▸ Lei 8.027/1990 (Conduta dos servidores públicos civis da União, das Autarquias e das Fundações Públicas).
▸ Lei 8.112/1990 (Estatuto dos Servidores Públicos Civis da União, Autarquias e Fundações Públicas Federais).
▸ Art. 3º da Lei 8.137/1990 (Crimes Contra a Ordem Tributária, Econômica e Contra as Relações de Consumo).
▸ Lei 8.429/1992 (Improbidade Administrativa).
▸ Arts. 81 a 99 da Lei 8.666/1993 (Licitações).
▸ Dec. 4.410/2002 (Convenção Interamericana contra a Corrupção).

§ 5º A lei estabelecerá os prazos de prescrição para ilícitos praticados por qualquer agente, servidor ou não, que

causem prejuízos ao erário, ressalvadas as respectivas ações de ressarcimento.
▶ Lei 8.112/1990 (Estatuto dos Servidores Públicos Civis da União, Autarquias e Fundações Públicas Federais).
▶ Lei 8.429/1992 (Improbidade Administrativa).

§ 6º As pessoas jurídicas de direito público e as de direito privado prestadoras de serviços públicos responderão pelos danos que seus agentes, nessa qualidade, causarem a terceiros, assegurado o direito de regresso contra o responsável nos casos de dolo ou culpa.
▶ Art. 43 do CC.
▶ Lei 6.453/1977 (Responsabilidade civil por danos nucleares e a responsabilidade criminal por atos relacionados com atividades nucleares).

§ 7º A lei disporá sobre os requisitos e as restrições ao ocupante de cargo ou emprego da administração direta e indireta que possibilite o acesso a informações privilegiadas.
▶ § 7º acrescido pela EC 19/1998.

§ 8º A autonomia gerencial, orçamentária e financeira dos órgãos e entidades da administração direta e indireta poderá ser ampliada mediante contrato, a ser firmado entre seus administradores e o poder público, que tenha por objeto a fixação de metas de desempenho para o órgão ou entidade, cabendo à lei dispor sobre:
▶ § 8º acrescido pela EC 19/1998.
▶ *Legislação infraconstitucional*: Lei 13.934/19 (Regulamenta o contrato referido no § 8º do art. 37 da Constituição Federal, denominado "contrato de desempenho", no âmbito da administração pública federal direta de qualquer dos Poderes da União e das autarquias e fundações públicas federais).
▶ Lei 13.934/2019 (Regulamenta o contrato referido no § 8º do art. 37 da Constituição Federal, denominado "contrato de desempenho", no âmbito da administração pública federal direta de qualquer dos Poderes da União e das autarquias e fundações públicas federais).

I – o prazo de duração do contrato;

II – os controles e critérios de avaliação de desempenho, direitos, obrigações e responsabilidade dos dirigentes;

III – a remuneração do pessoal.

§ 9º O disposto no inciso XI aplica-se às empresas públicas e às sociedades de economia mista, e suas subsidiárias, que receberem recursos da União, dos Estados, do Distrito Federal ou dos Municípios para pagamento de despesas de pessoal ou de custeio em geral.
▶ § 9º acrescido pela EC 19/1998.

§ 10. É vedada a percepção simultânea de proventos de aposentadoria decorrentes do artigo 40 ou dos artigos 42 e 142 com a remuneração de cargo, emprego ou função pública, ressalvados os cargos acumuláveis na forma desta Constituição, os cargos eletivos e os cargos em comissão declarados em lei de livre nomeação e exoneração.
▶ § 10 acrescido pela EC 20/1998.

§ 11. Não serão computadas, para efeito dos limites remuneratórios de que trata o inciso XI do caput deste artigo, as parcelas de caráter indenizatório expressamente previstas em lei ordinária, aprovada pelo Congresso Nacional, de caráter nacional, aplicada a todos os Poderes e órgãos constitucionalmente autônomos.
▶ § 11 com redação pela EC 135/2024.
▶ Art. 4º da EC 47/2005.

§ 12. Para os fins do disposto no inciso XI do caput deste artigo, fica facultado aos Estados e ao Distrito Federal fixar, em seu âmbito, mediante emenda às respectivas Constituições e Lei Orgânica, como limite único, o subsídio mensal dos Desembargadores do respectivo Tribunal de Justiça, limitado a noventa inteiros e vinte e cinco centésimos por cento do subsídio mensal dos Ministros do Supremo Tribunal Federal, não se aplicando o disposto neste parágrafo aos subsídios dos Deputados Estaduais e Distritais e dos Vereadores.
▶ § 12 acrescido pela EC 47/2005 (DOU 06.07.2005), em vigor na data de sua publicação, com efeitos retroativos à data de vigência da EC 41/2003.
▶ O STF, no julgamento da ADIN 3.854-1 (DOU 08.03.2007), deferiu liminar para "dando interpretação conforme à Constituição ao art. 37, inciso XI, e § 12, da CF, o primeiro dispositivo, na redação da EC 41/2003, e o segundo, introduzido pela EC n. 47/2005, excluir a submissão dos membros da magistratura estadual ao subteto de remuneração...".

§ 13. O servidor público titular de cargo efetivo poderá ser readaptado para exercício de cargo cujas atribuições e responsabilidades sejam compatíveis com a limitação que tenha sofrido em sua capacidade física ou mental, enquanto permanecer nesta condição, desde que possua a habilitação e o nível de escolaridade exigidos para o cargo de destino, mantida a remuneração do cargo de origem.
▶ § 13 acrescido pela EC 103/2019.

§ 14. A aposentadoria concedida com a utilização de tempo de contribuição decorrente de cargo, emprego ou função pública, inclusive do Regime Geral de Previdência Social, acarretará o rompimento do vínculo que gerou o referido tempo de contribuição.

▶ § 14 acrescido pela EC 103/2019.

§ 15. É vedada a complementação de aposentadorias de servidores públicos e de pensões por morte a seus dependentes que não seja decorrente do disposto nos §§ 14 a 16 do art. 40 ou que não seja prevista em lei que extinga regime próprio de previdência social.
▶ § 15 acrescido pela EC 103/2019.

§ 16. Os órgãos e entidades da administração pública, individual ou conjuntamente, devem realizar avaliação das políticas públicas, inclusive com divulgação do objeto a ser avaliado e dos resultados alcançados, na forma da lei.
▶ § 16 acrescido pela EC 109/2021.

§ 17. Lei complementar estabelecerá normas gerais aplicáveis às administrações tributárias da União, dos Estados, do Distrito Federal e dos Municípios, dispondo sobre deveres, direitos e garantias dos servidores das carreiras de que trata o inciso XXII do caput.

§ 18. Para os fins do disposto no inciso XI do caput deste artigo, os servidores de carreira das administrações tributárias dos Estados, do Distrito Federal e dos Municípios sujeitam-se ao limite aplicável aos servidores da União.
▶ §§ 17 e 18 acrescidos pela EC 132/2023, em vigor a partir de 2027.

Art. 38. Ao servidor público da administração direta, autárquica e fundacional, no exercício de mandato eletivo, aplicam-se as seguintes disposições:
▶ Caput com redação pela EC 19/1998.
▶ Art. 28 desta Constituição.
▶ Lei 8.112/1990 (Estatuto dos Servidores Públicos Civis da União, Autarquias e Fundações Públicas Federais).

I – tratando-se de mandato eletivo federal, estadual ou distrital, ficará afastado de seu cargo, emprego ou função;
▶ Art. 28, § 1º, desta Constituição.

II – investido no mandato de Prefeito será afastado do cargo, emprego ou função, sendo-lhe facultado optar pela sua remuneração;

III – investido no mandato de Vereador, havendo compatibilidade de horários, perceberá as vantagens de seu cargo, emprego ou função, sem prejuízo da remuneração do cargo eletivo, e, não havendo compatibilidade, será aplicada a norma do inciso anterior;

IV – em qualquer caso que exija o afastamento para o exercício de mandato eletivo, seu tempo de serviço será contado para todos os efeitos legais, exceto para promoção por merecimento;
▶ Art. 28, § 1º, desta Constituição.

V – na hipótese de ser segurado de regime próprio de previdência social, permanecerá filiado a esse regime, no ente federativo de origem.
▶ Inciso V com redação pela EC 103/2019.
▶ Art. 28, § 1º, desta Constituição.

Seção II
Dos Servidores Públicos
▶ Rubrica da Seção renomeada pela EC 18/1998.
▶ Lei 8.026/1990 (Aplicação de pena de demissão a funcionário público).
▶ Lei 8.027/1990 (Conduta dos servidores públicos civis da União, das autarquias e das fundações públicas).
▶ Lei 8.112/1990 (Estatuto dos Servidores Públicos Civis da União, Autarquias e Fundações Públicas Federais).
▶ Súmula 378 do STJ.

Art. 39. A União, os Estados, o Distrito Federal e os Municípios instituirão conselho de política de administração e remuneração de pessoal, integrado por servidores designados pelos respectivos Poderes.
▶ Caput com redação pela EC 19/1998.
▶ O STF, no julgamento da ADIN 2.135-4 (DOU 14.08.2007), deferiu parcialmente a medida cautelar, com efeitos ex nunc, para suspender a eficácia do art. 39, caput, da CF. Conforme decisão liminar, mantém-se a redação original do dispositivo: "Art. 39. A União, os Estados, o Distrito Federal e os Municípios instituirão, no âmbito de sua competência, regime jurídico único e planos de carreira para os servidores da administração pública direta, das autarquias e das fundações públicas".
▶ Art. 24 do ADCT.
▶ Lei 8.026/1990 (Aplicação de pena de demissão a funcionário público).
▶ Lei 8.027/1990 (Normas de conduta dos servidores públicos civis da União, das Autarquias e das Fundações Públicas).
▶ Lei 8.112/1990 (Estatuto dos Servidores Públicos Civis da União, Autarquias e Fundações Públicas Federais).
▶ Súmula Vinculante 4 do STF.
▶ Súmula 97 do STJ.

§ 1º A fixação dos padrões de vencimento e dos demais componentes do sistema remuneratório observará:
▶ § 1º com redação pela EC 19/1998.

I – a natureza, o grau de responsabilidade e a complexidade dos cargos componentes de cada carreira;

II – os requisitos para a investidura;

III – as peculiaridades dos cargos.
▶ Art. 41, § 4º, da Lei 8.112/1990 (Estatuto dos Servidores Públicos Civis da União, Autarquias e Fundações Públicas Federais).
▶ Lei 8.448/1992 (Regulamenta o art. 39, § 1º, CF).
▶ Lei 8.852/1994 (Aplicação dos arts. 37, XI e XII, e 39, § 1º, CF).

▶ Lei 9.367/1996 (Critérios para a progressiva unificação das tabelas de vencimentos dos servidores).
▶ Súmula Vinculante 4 do STF.
▶ Súmula 339 do STF.

§ 2º A União, os Estados e o Distrito Federal manterão escolas de governo para a formação e o aperfeiçoamento dos servidores públicos, constituindo-se a participação nos cursos um dos requisitos para a promoção na carreira, facultada, para isso, a celebração de convênios ou contratos entre os entes federados.
▶ § 2º com redação pela EC 19/1998.

§ 3º Aplica-se aos servidores ocupantes de cargo público o disposto no artigo 7º, IV, VII, VIII, IX, XII, XIII, XV, XVI, XVII, XVIII, XIX, XX, XXII e XXX, podendo a lei estabelecer requisitos diferenciados de admissão quando a natureza do cargo o exigir.
▶ § 3º acrescido pela EC 19/1998.
▶ Dec.-lei 5.452/1943 (Consolidação das Leis do Trabalho).
▶ Súmulas Vinculantes 4, 15 e 16 do STF.
▶ Súmulas 683 e 684 do STF.
▶ Súmula 243 do TST.

§ 4º O membro de Poder, o detentor de mandato eletivo, os Ministros de Estado e os Secretários Estaduais e Municipais serão remunerados exclusivamente por subsídio fixado em parcela única, vedado o acréscimo de qualquer gratificação, adicional, abono, prêmio, verba de representação ou outra espécie remuneratória, obedecido, em qualquer caso, o disposto no artigo 37, X e XI.
▶ § 4º acrescido pela EC 19/1998.
▶ Arts. 27, § 2º, 28, § 2º, 29, V, e VI, 37, XV, 48, XV, 49, VII e VIII, 93, V, 95, III, 128, § 5º, I, c, e 135 desta Constituição.
▶ Lei 11.144/2005 (Subsídio do Procurador-Geral da República).
▶ Lei 12.770/2012 (Subsídio do Procurador-Geral da República).

§ 5º Lei da União, dos Estados, do Distrito Federal e dos Municípios poderá estabelecer a relação entre a maior e a menor remuneração dos servidores públicos, obedecido, em qualquer caso, o disposto no artigo 37, XI.
▶ § 5º acrescido pela EC 19/1998.

§ 6º Os Poderes Executivo, Legislativo e Judiciário publicarão anualmente os valores do subsídio e da remuneração dos cargos e empregos públicos.
▶ § 6º acrescido pela EC 19/1998.

§ 7º Lei da União, dos Estados, do Distrito Federal e dos Municípios disciplinará a aplicação de recursos orçamentários provenientes da economia com despesas correntes em cada órgão, autarquia e fundação, para aplicação no desenvolvimento de programas de qualidade e produtividade, treinamento e desenvolvimento, modernização, reaparelhamento e racionalização do serviço público, inclusive sob a forma de adicional ou prêmio de produtividade.
▶ § 7º acrescido pela EC 19/1998.

§ 8º A remuneração dos servidores públicos organizados em carreira poderá ser fixada nos termos do § 4º.
▶ § 8º acrescido pela EC 19/1998.

§ 9º É vedada a incorporação de vantagens de caráter temporário ou vinculadas ao exercício de função de confiança ou de cargo em comissão à remuneração do cargo efetivo.
▶ § 9º acrescido pela EC 103/2019.

Art. 40. O regime próprio de previdência social dos servidores titulares de cargos efetivos terá caráter contributivo e solidário, mediante contribuição do respectivo ente federativo, de servidores ativos, de aposentados e de pensionistas, observados critérios que preservem o equilíbrio financeiro e atuarial.
▶ Caput com redação pela EC 103/2019.
▶ Arts. 37, § 10, 73, § 3º, e 93, VI, desta Constituição.
▶ Art. 4º da EC 41/2003.
▶ Art. 3º da EC 47/2005.

§ 1º O servidor abrangido por regime próprio de previdência social será aposentado:
▶ § 1º com redação pela EC 103/2019.
▶ Súmula 726 do STF.

I – por incapacidade permanente para o trabalho, no cargo em que estiver investido, quando insuscetível de readaptação, hipótese em que será obrigatória a realização de avaliações periódicas para verificação da continuidade das condições que ensejaram a concessão da aposentadoria, na forma de lei do respectivo ente federativo;
▶ Inciso I com redação pela EC 103/2019.

II – compulsoriamente, com proventos proporcionais ao tempo de contribuição, aos 70 (setenta) anos de idade, ou aos 75 (setenta e cinco) anos de idade, na forma de lei complementar;
▶ Inciso II com redação pela EC 88/2015.
▶ Arts. 2º, § 5º, e 3º, § 1º, da EC 41/2003.
▶ LC 152/2015.

III – no âmbito da União, aos 62 (sessenta e dois) anos de idade, se mulher, e aos 65 (sessenta e cinco) anos de idade, se homem, e, no âmbito dos Estados, do Distrito Federal e dos Municípios, na idade mínima estabelecida mediante emenda às respectivas Constituições e Leis

Orgânicas, observados o tempo de contribuição e os demais requisitos estabelecidos em lei complementar do respectivo ente federativo.

▶ Inciso III com redação pela EC 103/2019.

§ 2º Os proventos de aposentadoria não poderão ser inferiores ao valor mínimo a que se refere o § 2º do art. 201 ou superiores ao limite máximo estabelecido para o Regime Geral de Previdência Social, observado o disposto nos §§ 14 a 16.

▶ § 2º com redação pela EC 103/2019.

§ 3º As regras para cálculo de proventos de aposentadoria serão disciplinadas em lei do respectivo ente federativo.

▶ § 3º com redação pela EC 103/2019.

§4º É vedada a adoção de requisitos ou critérios diferenciados para concessão de benefícios em regime próprio de previdência social, ressalvado o disposto nos §§ 4º-A, 4º-B, 4º-C e 5º.

▶ § 4º com redação pela EC 103/2019.

§4º-A. Poderão ser estabelecidos por lei complementar do respectivo ente federativo idade e tempo de contribuição diferenciados para aposentadoria de servidores com deficiência, previamente submetidos a avaliação biopsicossocial realizada por equipe multiprofissional e interdisciplinar.

▶ § 4º-A acrescido pela EC 103/2019.

§4º-B. Poderão ser estabelecidos por lei complementar do respectivo ente federativo idade e tempo de contribuição diferenciados para aposentadoria de ocupantes do cargo de agente penitenciário, de agente socioeducativo ou de policial dos órgãos de que tratam o inciso IV do *caput* do art. 51, o inciso XIII do *caput* do art. 52 e os incisos I a IV do *caput* do art. 144.

▶ § 4º-B acrescido pela EC 103/2019.

§4º-C. Poderão ser estabelecidos por lei complementar do respectivo ente federativo idade e tempo de contribuição diferenciados para aposentadoria de servidores cujas atividades sejam exercidas com efetiva exposição a agentes químicos, físicos e biológicos prejudiciais à saúde, ou associação desses agentes, vedada a caracterização por categoria profissional ou ocupação.

▶ § 4º-C acrescido pela EC 103/2019.

§ 5º Os ocupantes do cargo de professor terão idade mínima reduzida em 5 (cinco) anos em relação às idades decorrentes da aplicação do disposto no inciso III do § 1º, desde que comprovem tempo de efetivo exercício das funções de magistério na educação infantil e no ensino fundamental e médio fixado em lei complementar do respectivo ente federativo.

▶ § 5º com redação pela EC 103/2019.
▶ Art. 67, § 2º, da Lei 9.394/1996 (Diretrizes e Bases da Educação).
▶ Súmula 726 do STF.

§ 6º Ressalvadas as aposentadorias decorrentes dos cargos acumuláveis na forma desta Constituição, é vedada a percepção de mais de uma aposentadoria à conta de regime próprio de previdência social, aplicando-se outras vedações, regras e condições para a acumulação de benefícios previdenciários estabelecidas no Regime Geral de Previdência Social.

▶ § 6º com redação pela EC 103/2019.

§ 7º Observado o disposto no § 2º do art. 201, quando se tratar da única fonte de renda formal auferida pelo dependente, o benefício de pensão por morte será concedido nos termos de lei do respectivo ente federativo, a qual tratará de forma diferenciada a hipótese de morte dos servidores de que trata o § 4º-B decorrente de agressão sofrida no exercício ou em razão da função.

▶ § 7º com redação pela EC 103/2019.
▶ Art. 42, § 2º, desta Constituição.

§ 8º É assegurado o reajustamento dos benefícios para preservar-lhes, em caráter permanente, o valor real, conforme critérios estabelecidos em lei.

▶ § 8º com redação pela EC 41/2003.
▶ Arts. 2º, § 6º, e 6º-A da EC 41/2003.
▶ Súmulas Vinculantes 20 e 34 do STF.

§ 9º O tempo de contribuição federal, estadual, distrital ou municipal será contado para fins de aposentadoria, observado o disposto nos §§ 9º e 9º-A do art. 201, e o tempo de serviço correspondente será contado para fins de disponibilidade.

▶ § 9º com redação pela EC 103/2019.
▶ Art. 42, § 1º, desta Constituição.

§ 10. A lei não poderá estabelecer qualquer forma de contagem de tempo de contribuição fictício.

▶ § 10 acrescido pela EC 20/1998.
▶ Art. 4º da EC 20/1998 (Reforma Previdenciária).

§11. Aplica-se o limite fixado no artigo 37, XI, à soma total dos proventos de inatividade, inclusive quando decorrentes da acumulação de cargos ou empregos públicos, bem como de outras atividades sujeitas a contribuição para o regime geral de previdência social, e ao montante resultante da adição de proventos de inatividade com

remuneração de cargo acumulável na forma desta Constituição, cargo em comissão declarado em lei de livre nomeação e exoneração, e de cargo eletivo.

▶ § 11 acrescido pela EC 20/1998.

§ 12. Além do disposto neste artigo, serão observados, em regime próprio de previdência social, no que couber, os requisitos e critérios fixados para o Regime Geral de Previdência Social.

▶ § 12 com redação pela EC 103/2019.

§ 13. Aplica-se ao agente público ocupante, exclusivamente, de cargo em comissão declarado em lei de livre nomeação e exoneração, de outro cargo temporário, inclusive mandato eletivo, ou de emprego público, o Regime Geral de Previdência Social.

▶ § 13 com redação pela EC 103/2019.

§ 14. A União, os Estados, o Distrito Federal e os Municípios instituirão, por lei de iniciativa do respectivo Poder Executivo, regime de previdência complementar para servidores públicos ocupantes de cargo efetivo, observado o limite máximo dos benefícios do Regime Geral de Previdência Social para o valor das aposentadorias e das pensões em regime próprio de previdência social, ressalvado o disposto no § 16.

▶ § 14 com redação pela EC 103/2019.
▶ Lei 12.618/2012 (Regime de previdência complementar para os servidores públicos federais).

§ 15. O regime de previdência complementar de que trata o § 14 oferecerá plano de benefícios somente na modalidade contribuição definida, observará o disposto no art. 202 e será efetivado por intermédio de entidade fechada de previdência complementar ou de entidade aberta de previdência complementar.

▶ § 15 com redação pela EC 103/2019.
▶ Lei 12.618/2012 (Regime de previdência complementar para os servidores públicos federais).

§ 16. Somente mediante a sua prévia e expressa opção, o disposto nos §§ 14 e 15 poderá ser aplicado ao servidor que tiver ingressado no serviço público até a data da publicação do ato de instituição do correspondente regime de previdência complementar.

▶ § 16 acrescido pela EC 20/1998.
▶ Lei 12.618/2012 (Regime de previdência complementar para os servidores públicos federais).

§ 17. Todos os valores de remuneração considerados para o cálculo do benefício previsto no § 3º serão devidamente atualizados, na forma da lei.

▶ § 17 acrescido pela EC 41/2003.
▶ Arts. 2º e 6º-A da EC 41/2003.

§18. Incidirá contribuição sobre os proventos de aposentadorias e pensões concedidas pelo regime de que trata este artigo que superem o limite máximo estabelecido para os benefícios do regime geral de previdência social de que trata o art. 201, com percentual igual ao estabelecido para os servidores titulares de cargos efetivos.

▶ § 18 acrescido pela EC 41/2003.
▶ Art. 4º, I e II, da EC 41/2003.

§ 19. Observados critérios a serem estabelecidos em lei do respectivo ente federativo, o servidor titular de cargo efetivo que tenha completado as exigências para a aposentadoria voluntária e que opte por permanecer em atividade poderá fazer jus a um abono de permanência equivalente, no máximo, ao valor da sua contribuição previdenciária, até completar a idade para aposentadoria compulsória.

▶ § 19 com redação pela EC 103/2019.

§ 20. É vedada a existência de mais de um regime próprio de previdência social e de mais de um órgão ou entidade gestora desse regime em cada ente federativo, abrangidos todos os poderes, órgãos e entidades autárquicas e fundacionais, que serão responsáveis pelo seu financiamento, observados os critérios, os parâmetros e a natureza jurídica definidos na lei complementar de que trata o § 22.

▶ § 20 com redação pela EC 103/2019.
▶ Art. 28 da EC 19/1998 (Reforma Administrativa).

§ 21. *Revogado pela EC 103/2019.*

▶ Esta revogação pela EC 103/2019 entrará em vigor, para os regimes próprios de previdência social dos Estados, do Distrito Federal e dos Municípios, na data de publicação de lei de iniciativa privativa do respectivo Poder Executivo que a referende integralmente (*DOU* 13.11.2019).

Redação do dispositivo revogado: "§ 21. A contribuição prevista no § 18 deste artigo incidirá apenas sobre as parcelas de proventos de aposentadoria e de pensão que superem o dobro do limite máximo estabelecido para os benefícios do regime geral de previdência social de que trata o artigo 201 desta Constituição, quando o beneficiário, na forma da lei, for portador de doença incapacitante." (§ 21 acrescido pela EC 47/2005, em vigor na data de sua publicação, com efeitos retroativos à data de vigência da EC 41/2003.)

§22. Vedada a instituição de novos regimes próprios de previdência social, lei complementar federal estabelece-

rá, para os que já existam, normas gerais de organização, de funcionamento e de responsabilidade em sua gestão, dispondo, entre outros aspectos, sobre:

▶ § 22 e incisos acrescidos pela EC 103/2019.

I – requisitos para sua extinção e consequente migração para o Regime Geral de Previdência Social;

II – modelo de arrecadação, de aplicação e de utilização dos recursos;

III – fiscalização pela União e controle externo e social;

IV – definição de equilíbrio financeiro e atuarial;

V – condições para instituição do fundo com finalidade previdenciária de que trata o art. 249 e para vinculação a ele dos recursos provenientes de contribuições e dos bens, direitos e ativos de qualquer natureza;

VI – mecanismos de equacionamento do *deficit* atuarial;

VII – estruturação do órgão ou entidade gestora do regime, observados os princípios relacionados com governança, controle interno e transparência;

VIII – condições e hipóteses para responsabilização daqueles que desempenhem atribuições relacionadas, direta ou indiretamente, com a gestão do regime;

IX – condições para adesão a consórcio público;

X – parâmetros para apuração da base de cálculo e definição de alíquota de contribuições ordinárias e extraordinárias.

Art. 41. São estáveis após três anos de efetivo exercício os servidores nomeados para cargo de provimento efetivo em virtude de concurso público.

▶ Artigo com redação pela EC 19/1998.
▶ Súmula 390 do TST.

§ 1º O servidor público estável só perderá o cargo:

I – em virtude de sentença judicial transitada em julgado;

II – mediante processo administrativo em que lhe seja assegurada ampla defesa;

▶ Súmulas 18, 19, 20 e 21 do STF.
▶ OJ 247 da SBDI-I do TST.

III – mediante procedimento de avaliação periódica de desempenho, na forma de lei complementar, assegurada ampla defesa.

▶ Art. 247 desta Constituição.

§2º Invalidada por sentença judicial a demissão do servidor estável, será ele reintegrado, e o eventual ocupante da vaga, se estável, reconduzido ao cargo de origem, sem direito a indenização, aproveitado em outro cargo ou posto em disponibilidade com remuneração proporcional ao tempo de serviço.

§3º Extinto o cargo ou declarada a sua desnecessidade, o servidor estável ficará em disponibilidade, com remuneração proporcional ao tempo de serviço, até seu adequado aproveitamento em outro cargo.

▶ Súmulas 11 e 39 do STF.

§4º Como condição para a aquisição da estabilidade, é obrigatória a avaliação especial de desempenho por comissão instituída para essa finalidade.

▶ Art. 28 da EC 19/1998.

Seção III
Dos Militares dos Estados, do Distrito Federal e dos Territórios

▶ Rubrica da Seção renomeada pela EC 18/1998.

Art. 42. Os membros das Polícias Militares e Corpos de Bombeiros Militares, instituições organizadas com base na hierarquia e disciplina, são militares dos Estados, do Distrito Federal e dos Territórios.

▶ *Caput* com redação pela EC 18/1998.
▶ Art. 89 do ADCT.
▶ Art. 37, § 10, desta Constituição.

§ 1º Aplicam-se aos militares dos Estados, do Distrito Federal e dos Territórios, além do que vier a ser fixado em lei, as disposições do artigo 14, § 8º; do artigo 40, § 9º; e do artigo 142, §§ 2º e 3º, cabendo a lei estadual específica dispor sobre as matérias do artigo 142, § 3º, X, sendo as patentes dos oficiais conferidas pelos respectivos governadores.

▶ § 1º com redação pela EC 20/1998.
▶ Súmula Vinculante 4 do STF.

§2º Aos pensionistas dos militares dos Estados, do Distrito Federal e dos Territórios aplica-se o que for fixado em lei específica do respectivo ente estatal.

▶ § 2º com redação pela EC 41/2003.

§3º Aplica-se aos militares dos Estados, do Distrito Federal e dos Territórios o disposto no art. 37, inciso XVI, com prevalência da atividade militar.

▶ § 3º acrescido pela EC 101/2019.

Seção IV
Das Regiões

Art. 43. Para efeitos administrativos, a União poderá articular sua ação em um mesmo complexo geoeconô-

mico e social, visando a seu desenvolvimento e à redução das desigualdades regionais.

§ 1º Lei complementar disporá sobre:

I – as condições para integração de regiões em desenvolvimento;

II – a composição dos organismos regionais que executarão, na forma da lei, os planos regionais, integrantes dos planos nacionais de desenvolvimento econômico e social, aprovados juntamente com estes.

> ▶ LC 124/2007 (Superintendência do Desenvolvimento da Amazônia – SUDAM).
> ▶ LC 125/2007 (Superintendência do Desenvolvimento do Nordeste – SUDENE).
> ▶ LC 129/2009 (Superintendência do Desenvolvimento do Centro-Oeste – SUDECO).
> ▶ LC 134/2010 (Conselho de Administração da Superintendência da Zona Franca de Manaus – SUFRAMA).
> ▶ Dec. 7.838/2012 (Regulamento do Fundo de Desenvolvimento do Nordeste – FDNE).
> ▶ Dec. 7.839/2012 (Regulamento do Fundo de Desenvolvimento da Amazônia – FDA).

§ 2º Os incentivos regionais compreenderão, além de outros, na forma da lei:

I – igualdade de tarifas, fretes, seguros e outros itens de custos e preços de responsabilidade do Poder Público;

II – juros favorecidos para financiamento de atividades prioritárias;

III – isenções, reduções ou diferimento temporário de tributos federais devidos por pessoas físicas ou jurídicas;

IV – prioridade para o aproveitamento econômico e social dos rios e das massas de água represadas ou represáveis nas regiões de baixa renda, sujeitas a secas periódicas.

§ 3º Nas áreas a que se refere o § 2º, IV, a União incentivará a recuperação de terras áridas e cooperará com os pequenos e médios proprietários rurais para o estabelecimento, em suas glebas, de fontes de água e de pequena irrigação

§ 4º Sempre que possível, a concessão dos incentivos regionais a que se refere o § 2º, III, considerará critérios de sustentabilidade ambiental e redução das emissões de carbono.

> ▶ § 4º acrescido pela LC 132/2023.

TÍTULO IV
DA ORGANIZAÇÃO DOS PODERES

CAPÍTULO I
DO PODER LEGISLATIVO

Seção I
Do Congresso Nacional

Art. 44. O Poder Legislativo é exercido pelo Congresso Nacional, que se compõe da Câmara dos Deputados e do Senado Federal.

Parágrafo único. Cada legislatura terá a duração de quatro anos.

Art. 45. A Câmara dos Deputados compõe-se de representantes do povo, eleitos, pelo sistema proporcional, em cada Estado, em cada Território e no Distrito Federal.

§ 1º O número total de Deputados, bem como a representação por Estado e pelo Distrito Federal, será estabelecido por lei complementar, proporcionalmente à população, procedendo-se aos ajustes necessários, no ano anterior às eleições, para que nenhuma daquelas Unidades da Federação tenha menos de oito ou mais de setenta Deputados.

> ▶ LC 78/1993 (Disciplina a fixação do número de Deputados).

§ 2º Cada Território elegerá quatro Deputados.

Art. 46. O Senado Federal compõe-se de representantes dos Estados e do Distrito Federal, eleitos segundo o princípio majoritário.

§ 1º Cada Estado e o Distrito Federal elegerão três Senadores, com mandato de oito anos.

§ 2º A representação de cada Estado e do Distrito Federal será renovada de quatro em quatro anos, alternadamente, por um e dois terços.

§ 3º Cada Senador será eleito com dois suplentes.

Art. 47. Salvo disposição constitucional em contrário, as deliberações de cada Casa e de suas Comissões serão tomadas por maioria dos votos, presente a maioria absoluta de seus membros.

Seção II
Das Atribuições
do Congresso Nacional

Art. 48. Cabe ao Congresso Nacional, com a sanção do Presidente da República, não exigida esta para o especificado nos artigos 49, 51 e 52, dispor sobre todas as matérias de competência da União, especialmente sobre:

I – sistema tributário, arrecadação e distribuição de rendas;

II – plano plurianual, diretrizes orçamentárias, orçamento anual, operações de crédito, dívida pública e emissões de curso forçado;

III – fixação e modificação do efetivo das Forças Armadas;

IV – planos e programas nacionais, regionais e setoriais de desenvolvimento;

V – limites do território nacional, espaço aéreo e marítimo e bens do domínio da União;

VI – incorporação, subdivisão ou desmembramento de áreas de Territórios ou Estados, ouvidas as respectivas Assembleias Legislativas;

> ▶ Art. 4º da Lei 9.709/1998 (Regulamenta o disposto nos incisos I, II e III do art. 14 da CF).

VII – transferência temporária da sede do Governo Federal;

VIII – concessão de anistia;

> ▶ Art. 187 da Lei 7.210/1984 (Execução Penal).

IX – organização administrativa, judiciária, do Ministério Público e da Defensoria Pública da União e dos Territórios e organização judiciária e do Ministério Público do Distrito Federal;

> ▶ Inciso IX com redação pela EC 69/2012.

X – criação, transformação e extinção de cargos, empregos e funções públicas, observado o que estabelece o art. 84, VI, b;

> ▶ Inciso X com redação pela EC 32/2001.

XI – criação e extinção de Ministérios e órgãos da administração pública;

> ▶ Inciso XI com redação pela EC 32/2001.

XII – telecomunicações e radiodifusão;

> ▶ Lei 4.117/1962 (Código Brasileiro de Telecomunicações).
> ▶ Lei 9.295/1996 (Serviços de telecomunicações, organizações e órgão regulador).
> ▶ Lei 9.472/1997 (Organização dos Serviços de Telecomunicações).
> ▶ Lei 9.612/1998 (Serviço de radiodifusão comunitária).

XIII – matéria financeira, cambial e monetária, instituições financeiras e suas operações;

XIV – moeda, seus limites de emissão, e montante da dívida mobiliária federal;

XV – fixação do subsídio dos Ministros do Supremo Tribunal Federal, observado o que dispõem os arts. 39, § 4º; 150, II; 153, III; e 153, § 2º, I.

> ▶ Inciso XV com redação pela EC 41/2003.
> ▶ Lei 10.474/2002 (Remuneração da Magistratura da União).
> ▶ Lei 12.771/2012 (Subsídio de Ministro do Supremo Tribunal Federal).
> ▶ Lei 13.091/2015 (Revisão do Subsídio de Ministro do Supremo Tribunal Federal).

Art. 49. É da competência exclusiva do Congresso Nacional:

> ▶ Art. 48 desta Constituição.

I – resolver definitivamente sobre tratados, acordos ou atos internacionais que acarretem encargos ou compromissos gravosos ao patrimônio nacional;

II – autorizar o Presidente da República a declarar guerra, a celebrar a paz, a permitir que forças estrangeiras transitem pelo território nacional ou nele permaneçam temporariamente, ressalvados os casos previstos em lei complementar;

III – autorizar o Presidente e o Vice-Presidente da República a se ausentarem do País, quando a ausência exceder a quinze dias;

IV – aprovar o estado de defesa e a intervenção federal, autorizar o estado de sítio, ou suspender qualquer uma dessas medidas;

V – sustar os atos normativos do Poder Executivo que exorbitem do poder regulamentar ou dos limites de delegação legislativa;

VI – mudar temporariamente sua sede;

VII – fixar idêntico subsídio para os Deputados Federais e os Senadores, observado o que dispõem os artigos 37, XI, 39, § 4º, 150, II, 153, III, e 153, § 2º, I;

> ▶ Inciso VII com redação pela EC 19/1998.

VIII – fixar os subsídios do Presidente e do Vice-Presidente da República e dos Ministros de Estado, observado o que dispõem os artigos 37, XI, 39, § 4º, 150, II, 153, III, e 153, § 2º, I;

> ▶ Inciso VIII com redação pela EC 19/1998.

IX – julgar anualmente as contas prestadas pelo Presidente da República e apreciar os relatórios sobre a execução dos planos de governo;

X – fiscalizar e controlar, diretamente, ou por qualquer de suas Casas, os atos do Poder Executivo, incluídos os da administração indireta;

XI – zelar pela preservação de sua competência legislativa em face da atribuição normativa dos outros Poderes;

XII – apreciar os atos de concessão e renovação de concessão de emissoras de rádio e televisão;

XIII – escolher dois terços dos membros do Tribunal de Contas da União;

> ▶ Dec. leg. 6/1993 (Regulamenta a escolha dos ministros do Tribunal de Contas da União pelo Congresso Nacional).

XIV – aprovar iniciativas do Poder Executivo referentes a atividades nucleares;

XV – autorizar referendo e convocar plebiscito;

> ▶ Arts. 1º a 12 da Lei 9.709/1998 (Regulamenta o disposto nos incisos I, II e III do art. 14 da CF).

XVI – autorizar, em terras indígenas, a exploração e o aproveitamento de recursos hídricos e a pesquisa e lavra de riquezas minerais;

XVII – aprovar, previamente, a alienação ou concessão de terras públicas com área superior a dois mil e quinhentos hectares;

XVIII – decretar o estado de calamidade pública de âmbito nacional previsto nos arts. 167-B, 167-C, 167-D, 167-E, 167-F e 167-G desta Constituição.

> ▶ Inciso XVIII acrescido pela EC 109/2021.

Art. 50. A Câmara dos Deputados e o Senado Federal, ou qualquer de suas Comissões, poderão convocar Ministro de Estado, quaisquer titulares de órgãos diretamente subordinados à Presidência da República ou o Presidente do Comitê Gestor do Imposto sobre Bens e Serviços para prestarem, pessoalmente, informações sobre assunto previamente determinado, importando crime de responsabilidade a ausência sem justificação adequada.

> ▶ Caput com redação pela EC 132/2023.

§ 1º Os Ministros de Estado poderão comparecer ao Senado Federal, à Câmara dos Deputados, ou a qualquer de suas Comissões, por sua iniciativa e mediante entendimentos com a Mesa respectiva, para expor assunto de relevância de seu Ministério.

§ 2º As Mesas da Câmara dos Deputados e do Senado Federal poderão encaminhar pedidos escritos de informação a Ministros de Estado ou a qualquer das pessoas referidas no caput deste artigo, importando em crime de responsabilidade a recusa, ou o não atendimento, no prazo de trinta dias, bem como a prestação de informações falsas.

> ▶ § 2º com redação pela ECR 2/1994.

Seção III
Da Câmara dos Deputados

Art. 51. Compete privativamente à Câmara dos Deputados:

> ▶ Art. 48 desta Constituição.

I – autorizar, por dois terços de seus membros, a instauração de processo contra o Presidente e o Vice-Presidente da República e os Ministros de Estado;

II – proceder à tomada de contas do Presidente da República, quando não apresentadas ao Congresso Nacional dentro de sessenta dias após a abertura da sessão legislativa;

III – elaborar seu regimento interno;

IV – dispor sobre sua organização, funcionamento, polícia, criação, transformação ou extinção dos cargos, empregos e funções de seus serviços, e a iniciativa de lei para fixação da respectiva remuneração, observados os parâmetros estabelecidos na lei de diretrizes orçamentárias;

> ▶ Inciso IV com redação pela EC 19/1998.

V – eleger membros do Conselho da República, nos termos do artigo 89, VII.

Seção IV
Do Senado Federal

Art. 52. Compete privativamente ao Senado Federal:

> ▶ Art. 48 desta Constituição.

I – processar e julgar o Presidente e o Vice-Presidente da República nos crimes de responsabilidade, bem como os Ministros de Estado e os Comandantes da Marinha, do Exército e da Aeronáutica nos crimes da mesma natureza conexos com aqueles;

> ▶ Inciso I com redação pela EC 23/1999.
> ▶ Art. 102, I, c, desta Constituição.
> ▶ Lei 1.079/1950 (Lei dos Crimes de Responsabilidade).

II – processar e julgar os Ministros do Supremo Tribunal Federal, os membros do Conselho Nacional de Justiça e do Conselho Nacional do Ministério Público, o Procurador-Geral da República e o Advogado-Geral da União nos crimes de responsabilidade;

> ▶ Inciso II com redação pela EC 45/2004.
> ▶ Arts. 103-B, 130-A, 131 e 132 desta Constituição.
> ▶ Art. 5º da EC 45/2004 (Reforma do Judiciário).

III – aprovar previamente, por voto secreto, após arguição pública, a escolha de:

a) magistrados, nos casos estabelecidos nesta Constituição;

b) Ministros do Tribunal de Contas da União indicados pelo Presidente da República;

c) Governador de Território;

d) presidente e diretores do Banco Central;

e) Procurador-Geral da República;

f) titulares de outros cargos que a lei determinar;

IV – aprovar previamente, por voto secreto, após arguição em sessão secreta, a escolha dos chefes de missão diplomática de caráter permanente;

V – autorizar operações externas de natureza financeira, de interesse da União, dos Estados, do Distrito Federal, dos Territórios e dos Municípios;

VI – fixar, por proposta do Presidente da República, limites globais para o montante da dívida consolidada da União, dos Estados, do Distrito Federal e dos Municípios;

VII – dispor sobre limites globais e condições para as operações de crédito externo e interno da União, dos Estados, do Distrito Federal e dos Municípios, de suas autarquias e demais entidades controladas pelo Poder Público Federal;

VIII – dispor sobre limites e condições para a concessão de garantia da União em operações de crédito externo e interno;

IX – estabelecer limites globais e condições para o montante da dívida mobiliária dos Estados, do Distrito Federal e dos Municípios;

X – suspender a execução, no todo ou em parte, de lei declarada inconstitucional por decisão definitiva do Supremo Tribunal Federal;

XI – aprovar, por maioria absoluta e por voto secreto, a exoneração, de ofício, do Procurador-Geral da República antes do término de seu mandato;

XII – elaborar seu regimento interno;

XIII – dispor sobre sua organização, funcionamento, polícia, criação, transformação ou extinção dos cargos, empregos e funções de seus serviços, e a iniciativa de lei para fixação da respectiva remuneração, observados os parâmetros estabelecidos na lei de diretrizes orçamentárias;

▸ Inciso XIII com redação pela EC 19/1998.

XIV – eleger membros do Conselho da República, nos termos do artigo 89, VII;

XV – avaliar periodicamente a funcionalidade do Sistema Tributário Nacional, em sua estrutura e seus componentes, e o desempenho das administrações tributárias da União, dos Estados e do Distrito Federal e dos Municípios.

▸ Inciso XV acrescido pela EC 42/2003.

Parágrafo único. Nos casos previstos nos incisos I e II, funcionará como Presidente o do Supremo Tribunal Federal, limitando-se a condenação, que somente será proferida por dois terços dos votos do Senado Federal, à perda do cargo, com inabilitação, por oito anos, para o exercício de função pública, sem prejuízo das demais sanções judiciais cabíveis.

<div align="center">Seção V</div>
<div align="center">**Dos Deputados e dos Senadores**</div>

▸ Lei 9.504/1997 (Eleições).

Art. 53. Os Deputados e Senadores são invioláveis, civil e penalmente, por quaisquer de suas opiniões, palavras e votos.

▸ Caput com redação pela EC 35/2001.
▸ Súmula 245 do STF.

§ 1º Os Deputados e Senadores, desde a expedição do diploma, serão submetidos a julgamento perante o Supremo Tribunal Federal.

▸ § 1º com redação pela EC 35/2001.
▸ Art. 102, I, b, desta Constituição.

§ 2º Desde a expedição do diploma, os membros do Congresso Nacional não poderão ser presos, salvo em flagrante de crime inafiançável. Nesse caso, os autos serão remetidos dentro de vinte e quatro horas à Casa respectiva, para que, pelo voto da maioria de seus membros, resolva sobre a prisão.

▸ § 2º com redação pela EC 35/2001.
▸ Art. 301 do CPP.

§ 3º Recebida a denúncia contra o Senador ou Deputado, por crime ocorrido após a diplomação, o Supremo Tribunal Federal dará ciência à Casa respectiva, que, por iniciativa de partido político nela representado e pelo voto da maioria de seus membros, poderá, até a decisão final, sustar o andamento da ação.

▸ § 3º com redação pela EC 35/2001.

§ 4º O pedido de sustação será apreciado pela Casa respectiva no prazo improrrogável de quarenta e cinco dias do seu recebimento pela Mesa Diretora.

▸ § 4º com redação pela EC 35/2001.

§ 5º A sustação do processo suspende a prescrição, enquanto durar o mandato.

▸ § 5º com redação pela EC 35/2001.

§ 6º Os Deputados e Senadores não serão obrigados a testemunhar sobre informações recebidas ou prestadas em razão do exercício do mandato, nem sobre as pessoas que lhes confiaram ou deles receberam informações.

▸ § 6º com redação pela EC 35/2001.

§ 7º A incorporação às Forças Armadas de Deputados e Senadores, embora militares e ainda que em tempo de guerra, dependerá de prévia licença da Casa respectiva.

▸ § 7º com redação pela EC 35/2001.

§ 8º As imunidades de Deputados ou Senadores subsistirão durante o estado de sítio, só podendo ser suspensas mediante o voto de dois terços dos membros da Casa respectiva, nos casos de atos praticados fora do recinto do Congresso Nacional, que sejam incompatíveis com a execução da medida.

▸ § 8º acrescido pela EC 35/2001.
▸ Arts. 137 a 141 desta Constituição.
▸ Arts. 138 a 145 do CP.

Art. 54. Os Deputados e Senadores não poderão:

I – desde a expedição do diploma:

a) firmar ou manter contrato com pessoa jurídica de direito público, autarquia, empresa pública, sociedade de economia mista ou empresa concessionária de serviço público, salvo quando o contrato obedecer a cláusulas uniformes;

b) aceitar ou exercer cargo, função ou emprego remunerado, inclusive os de que sejam demissíveis ad nutum, nas entidades constantes da alínea anterior;

II – desde a posse:

a) ser proprietários, controladores ou diretores de empresa que goze de favor decorrente de contrato com pessoa jurídica de direito público, ou nela exercer função remunerada;

b) ocupar cargo ou função de que sejam demissíveis ad nutum, nas entidades referidas no inciso I, a;

c) patrocinar causa em que seja interessada qualquer das entidades a que se refere o inciso I, a;

d) ser titulares de mais de um cargo ou mandato público eletivo.

Art. 55. Perderá o mandato o Deputado ou Senador:

I – que infringir qualquer das proibições estabelecidas no artigo anterior;

II – cujo procedimento for declarado incompatível com o decoro parlamentar;

III – que deixar de comparecer, em cada sessão legislativa, à terça parte das sessões ordinárias da Casa a que pertencer, salvo licença ou missão por esta autorizada;

IV – que perder ou tiver suspensos os direitos políticos;

V – quando o decretar a Justiça Eleitoral, nos casos previstos nesta Constituição;

VI – que sofrer condenação criminal em sentença transitada em julgado.

▸ Art. 92, I, do CP.

§ 1º É incompatível com o decoro parlamentar, além dos casos definidos no regimento interno, o abuso das prerrogativas asseguradas a membro do Congresso Nacional ou a percepção de vantagens indevidas.

§ 2º Nos casos dos incisos I, II e VI, a perda do mandato será decidida pela Câmara dos Deputados ou pelo Senado Federal, por maioria absoluta, mediante provocação da respectiva Mesa ou de partido político representado no Congresso Nacional, assegurada ampla defesa.

▸ § 2º com redação pela EC 76/2013.

§ 3º Nos casos previstos nos incisos III a V, a perda será declarada pela Mesa da Casa respectiva, de ofício ou mediante provocação de qualquer de seus membros, ou de partido político representado no Congresso Nacional, assegurada ampla defesa.

§ 4º A renúncia de parlamentar submetido a processo que vise ou possa levar à perda do mandato, nos termos deste artigo, terá seus efeitos suspensos até as deliberações finais de que tratam os §§ 2º e 3º.

▸ § 4º acrescido pela EC 6/1994.
▸ LC 64/1990 (Casos de Inelegibilidade).

Art. 56. Não perderá o mandato o Deputado ou Senador:

I – investido no cargo de Ministro de Estado, Governador de Território, Secretário de Estado, do Distrito Federal, de Território, de Prefeitura de Capital ou chefe de missão diplomática temporária;

II – licenciado pela respectiva Casa por motivo de doença, ou para tratar, sem remuneração, de interesse particu-

lar, desde que, neste caso, o afastamento não ultrapasse cento e vinte dias por sessão legislativa.

§ 1º O suplente será convocado nos casos de vaga, de investidura em funções previstas neste artigo ou de licença superior a cento e vinte dias.

§ 2º Ocorrendo vaga e não havendo suplente, far-se-á eleição para preenchê-la se faltarem mais de quinze meses para o término do mandato.

§ 3º Na hipótese do inciso I, o Deputado ou Senador poderá optar pela remuneração do mandato.

<div align="center">Seção VI</div>
<div align="center">**Das Reuniões**</div>

Art. 57. O Congresso Nacional reunir-se-á, anualmente, na Capital Federal, de 2 de fevereiro a 17 de julho e de 1º de agosto a 22 de dezembro.

▸ Caput com redação pela EC 50/2006.

§ 1º As reuniões marcadas para essas datas serão transferidas para o primeiro dia útil subsequente, quando recaírem em sábados, domingos ou feriados.

§ 2º A sessão legislativa não será interrompida sem a aprovação do projeto de lei de diretrizes orçamentárias.

§ 3º Além de outros casos previstos nesta Constituição, a Câmara dos Deputados e o Senado Federal reunir-se-ão em sessão conjunta para:

I – inaugurar a sessão legislativa;

II – elaborar o regimento comum e regular a criação de serviços comuns às duas Casas;

III – receber o compromisso do Presidente e do Vice-Presidente da República;

IV – conhecer do veto e sobre ele deliberar.

§ 4º Cada uma das Casas reunir-se-á em sessões preparatórias, a partir de 1º de fevereiro, no primeiro ano da legislatura, para a posse de seus membros e eleição das respectivas Mesas, para mandato de 2 (dois) anos, vedada a recondução para o mesmo cargo na eleição imediatamente subsequente.

▸ § 4º com redação pela EC 50/2006.

§ 5º A Mesa do Congresso Nacional será presidida pelo Presidente do Senado Federal, e os demais cargos serão exercidos, alternadamente, pelos ocupantes de cargos equivalentes na Câmara dos Deputados e no Senado Federal.

§ 6º A convocação extraordinária do Congresso Nacional far-se-á:

▸ Caput do § 6º com redação pela EC 50/2006.

I – pelo Presidente do Senado Federal, em caso de decretação de estado de defesa ou de intervenção federal, de pedido de autorização para a decretação de estado de sítio e para o compromisso e a posse do Presidente e do Vice-Presidente da República;

II – pelo Presidente da República, pelos Presidentes da Câmara dos Deputados e do Senado Federal ou a requerimento da maioria dos membros de ambas as Casas, em caso de urgência ou interesse público relevante, em todas as hipóteses deste inciso com a aprovação da maioria absoluta de cada uma das Casas do Congresso Nacional.

▸ Inciso II com redação pela EC 50/2006.

§ 7º Na sessão legislativa extraordinária, o Congresso Nacional somente deliberará sobre a matéria para a qual foi convocado, ressalvada a hipótese do § 8º deste artigo, vedado o pagamento de parcela indenizatória, em razão da convocação.

▸ § 7º com redação pela EC 50/2006.

§ 8º Havendo medidas provisórias em vigor na data de convocação extraordinária do Congresso Nacional, serão elas automaticamente incluídas na pauta da convocação.

▸ § 8º acrescido pela EC 32/2001.

<div align="center">Seção VII</div>
<div align="center">**Das Comissões**</div>

Art. 58. O Congresso Nacional e suas Casas terão comissões permanentes e temporárias, constituídas na forma e com as atribuições previstas no respectivo regimento ou no ato de que resultar sua criação.

§ 1º Na constituição das Mesas e de cada Comissão, é assegurada, tanto quanto possível, a representação proporcional dos partidos ou dos blocos parlamentares que participam da respectiva Casa.

§ 2º Às comissões, em razão da matéria de sua competência, cabe:

I – discutir e votar projeto de lei que dispensar, na forma do regimento, a competência do Plenário, salvo se houver recurso de um décimo dos membros da Casa;

II – realizar audiências públicas com entidades da sociedade civil;

III – convocar Ministros de Estado para prestar informações sobre assuntos inerentes a suas atribuições;

IV – receber petições, reclamações, representações ou queixas de qualquer pessoa contra atos ou omissões das autoridades ou entidades públicas;

V – solicitar depoimento de qualquer autoridade ou cidadão;

VI – apreciar programas de obras, planos nacionais, regionais e setoriais de desenvolvimento e sobre eles emitir parecer.

§ 3º As comissões parlamentares de inquérito, que terão poderes de investigação próprios das autoridades judiciais, além de outros previstos nos regimentos das respectivas Casas, serão criadas pela Câmara dos Deputados e pelo Senado Federal, em conjunto ou separadamente, mediante requerimento de um terço de seus membros, para a apuração de fato determinado e por prazo certo, sendo suas conclusões, se for o caso, encaminhadas ao Ministério Público, para que promova a responsabilidade civil ou criminal dos infratores.

▸ Lei 1.579/1952 (Comissões Parlamentares de Inquérito).
▸ Lei 10.001/2000 (Prioridades a serem adotadas nos procedimentos pelo Ministério Público a respeito das conclusões da Comissão Parlamentar de Inquérito).

§ 4º Durante o recesso, haverá uma Comissão Representativa do Congresso Nacional, eleita por suas Casas na última sessão ordinária do período legislativo, com atribuições definidas no regimento comum, cuja composição reproduzirá, quanto possível, a proporcionalidade da representação partidária.

Seção VIII
Do Processo Legislativo

Subseção I
Disposição Geral

Art. 59. O processo legislativo compreende a elaboração de:

I – emendas à Constituição;

II – leis complementares;

III – leis ordinárias;

IV – leis delegadas;

V – medidas provisórias;
▸ Arts. 70 e 73 do ADCT.

VI – decretos legislativos;
▸ Art. 3º da Lei 9.709/1998 (Convocação do plebiscito e o referendo nas questões de relevância nacional).

VII – resoluções.

Parágrafo único. Lei complementar disporá sobre a elaboração, redação, alteração e consolidação das leis.
▸ LC 95/1994 (Trata da elaboração das leis).
▸ Dec. 4.176/2002 (Estabelece normas e diretrizes para a elaboração, a redação, a alteração e a consolidação da lei).

Subseção II
Da Emenda à Constituição

Art. 60. A Constituição poderá ser emendada mediante proposta:

I – de um terço, no mínimo, dos membros da Câmara dos Deputados ou do Senado Federal;

II – do Presidente da República;

III – de mais da metade das Assembleias Legislativas das Unidades da Federação, manifestando-se, cada uma delas, pela maioria relativa de seus membros.

§ 1º A Constituição não poderá ser emendada na vigência de intervenção federal, de estado de defesa ou de estado de sítio. Arts. 34 a 36 e 136 a 141 desta Constituição.

§ 2º A proposta será discutida e votada em cada Casa do Congresso Nacional, em dois turnos, considerando-se aprovada se obtiver, em ambos, três quintos dos votos dos respectivos membros.

§ 3º A emenda à Constituição será promulgada pelas Mesas da Câmara dos Deputados e do Senado Federal, com o respectivo número de ordem.

§ 4º Não será objeto de deliberação a proposta de emenda tendente a abolir:

I – a forma federativa de Estado;
▸ Arts. 1º e 18 desta Constituição.

II – o voto direto, secreto, universal e periódico;
▸ Arts. 14 e 81, § 1º, desta Constituição.
▸ Lei 9.709/1998 (Regulamenta a execução do disposto nos incisos I, II e III do art. 14 da CF).

III – a separação dos Poderes;
▸ Art. 2º desta Constituição.

IV – os direitos e garantias individuais.
▸ Art. 5º desta Constituição.

§ 5º A matéria constante de proposta de emenda rejeitada ou havida por prejudicada não pode ser objeto de nova proposta na mesma sessão legislativa.

Subseção III
Das Leis

Art. 61. A iniciativa das leis complementares e ordinárias cabe a qualquer membro ou Comissão da Câmara dos Deputados, do Senado Federal ou do Congresso Nacional, ao Presidente da República, ao Supremo Tribunal Federal, aos Tribunais Superiores, ao Procurador-Geral da República e aos cidadãos, na forma e nos casos previstos nesta Constituição.

§ 1º São de iniciativa privativa do Presidente da República as leis que:

I – fixem ou modifiquem os efetivos das Forças Armadas;

II – disponham sobre:
▸ Súmulas 679 e 681 do STF.

a) criação de cargos, funções ou empregos públicos na administração direta e autárquica ou aumento de sua remuneração;
▸ Súmula 679 do STF.

b) organização administrativa e judiciária, matéria tributária e orçamentária, serviços públicos e pessoal da administração dos Territórios;

c) servidores públicos da União e Territórios, seu regime jurídico, provimento de cargos, estabilidade e aposentadoria;
▸ Alínea c com redação pela EC 18/1998.

d) organização do Ministério Público e da Defensoria Pública da União, bem como normas gerais para a organização do Ministério Público e da Defensoria Pública dos Estados, do Distrito Federal e dos Territórios;

e) criação e extinção de Ministérios e órgãos da administração pública, observado o disposto no artigo 84, VI;
▸ Alínea e com redação pela EC 32/2001.

f) militares das Forças Armadas, seu regime jurídico, provimento de cargos, promoções, estabilidade, remuneração, reforma e transferência para a reserva.
▸ Alínea f acrescida pela EC 18/1998.

§ 2º A iniciativa popular pode ser exercida pela apresentação à Câmara dos Deputados de projeto de lei subscrito por, no mínimo, um por cento do eleitorado nacional, distribuído pelo menos por cinco Estados, com não menos de três décimos por cento dos eleitores de cada um deles.
▸ Arts. 1º, III, 13 e 14 da Lei 9.709/1998 (Regulamenta a execução do disposto nos incisos I, II e III do art. 14 da CF).

Art. 62. Em caso de relevância e urgência, o Presidente da República poderá adotar medidas provisórias, com força de lei, devendo submetê-las de imediato ao Congresso Nacional.
▸ Caput com redação pela EC 32/2001.
▸ Arts. 167, § 3º, e 246 desta Constituição.
▸ Art. 2º da EC 32/2001.
▸ Res. 1/2002 do Congresso Nacional (Trata da apreciação, pelo Congresso Nacional, das Medidas Provisórias a que se refere o art. 62 da CF).
▸ Súmula Vinculante 54 do STF.
▸ Súmula 651 do STF.

§ 1º É vedada a edição de medidas provisórias sobre matéria:
▸ Caput do § 1º acrescido pela EC 32/2001.

I – relativa a:
▸ Caput do inciso I acrescido pela EC 32/2001.

a) nacionalidade, cidadania, direitos políticos, partidos políticos e direito eleitoral;
▸ Alínea a acrescida pela EC 32/2001.

b) direito penal, processual penal e processual civil;
▸ Alínea b acrescida pela EC 32/2001.

c) organização do Poder Judiciário e do Ministério Público, a carreira e a garantia de seus membros;
▸ Alínea c acrescida pela EC 32/2001.

d) planos plurianuais, diretrizes orçamentárias, orçamentos e créditos adicionais e suplementares, ressalvado o previsto no artigo 167, § 3º;
▸ Alínea d acrescida pela EC 32/2001.

II – que vise a detenção ou sequestro de bens, de poupança popular ou qualquer outro ativo financeiro;
▸ Inciso II acrescido pela EC 32/2001.

III – reservada a lei complementar;
▸ Inciso III acrescido pela EC 32/2001.

IV – já disciplinada em projeto de lei aprovado pelo Congresso Nacional e pendente de sanção ou veto do Presidente da República.
▸ Inciso IV acrescido pela EC 32/2001.

§ 2º Medida provisória que implique instituição ou majoração de impostos, exceto os previstos nos artigos 153, I, II, IV, V, e 154, II, só produzirá efeitos no exercício financeiro seguinte se houver sido convertida em lei até o último dia daquele em que foi editada.
▸ § 2º acrescido pela EC 32/2001.

§ 3º As medidas provisórias, ressalvado o disposto nos §§ 11 e 12 perderão eficácia, desde a edição, se não forem convertidas em lei no prazo de sessenta dias, prorro-

gável, nos termos do § 7º, uma vez por igual período, devendo o Congresso Nacional disciplinar, por decreto legislativo, as relações jurídicas delas decorrentes.
▸ § 3º acrescido pela EC 32/2001.

§ 4º O prazo a que se refere o § 3º contar-se-á da publicação da medida provisória, suspendendo-se durante os períodos de recesso do Congresso Nacional.
▸ § 4º acrescido pela EC 32/2001.

§ 5º A deliberação de cada uma das Casas do Congresso Nacional sobre o mérito das medidas provisórias dependerá de juízo prévio sobre o atendimento de seus pressupostos constitucionais.
▸ § 5º acrescido pela EC 32/2001.

§ 6º Se a medida provisória não for apreciada em até quarenta e cinco dias contados de sua publicação, entrará em regime de urgência, subsequentemente, em cada uma das Casas do Congresso Nacional, ficando sobrestadas, até que se ultime a votação, todas as demais deliberações legislativas da Casa em que estiver tramitando.
▸ § 6º acrescido pela EC 32/2001.

§ 7º Prorrogar-se-á uma única vez por igual período a vigência de medida provisória que, no prazo de sessenta dias, contado de sua publicação, não tiver a sua votação encerrada nas duas Casas do Congresso Nacional.
▸ § 7º acrescido pela EC 32/2001.

§ 8º As medidas provisórias terão sua votação iniciada na Câmara dos Deputados.
▸ § 8º acrescido pela EC 32/2001.

§ 9º Caberá à comissão mista de Deputados e Senadores examinar as medidas provisórias e sobre elas emitir parecer, antes de serem apreciadas, em sessão separada, pelo plenário de cada uma das Casas do Congresso Nacional.
▸ § 9º acrescido pela EC 32/2001.

§ 10. É vedada a reedição, na mesma sessão legislativa, de medida provisória que tenha sido rejeitada ou que tenha perdido sua eficácia por decurso de prazo.
▸ § 10 acrescido pela EC 32/2001.

§ 11. Não editado o decreto legislativo a que se refere o § 3º até sessenta dias após a rejeição ou perda de eficácia de medida provisória, as relações jurídicas constituídas e decorrentes de atos praticados durante sua vigência conservar-se-ão por ela regidas.
▸ § 11 acrescido pela EC 32/2001.

§ 12. Aprovado projeto de lei de conversão alterando o texto original da medida provisória, esta manter-se-á integralmente em vigor até que seja sancionado ou vetado o projeto.
▸ § 12 acrescido pela EC 32/2001.

Art. 63. Não será admitido aumento da despesa prevista:

I – nos projetos de iniciativa exclusiva do Presidente da República, ressalvado o disposto no artigo 166, §§ 3º e 4º;

II – nos projetos sobre organização dos serviços administrativos da Câmara dos Deputados, do Senado Federal, dos Tribunais Federais e do Ministério Público.

Art. 64. A discussão e votação dos projetos de lei de iniciativa do Presidente da República, do Supremo Tribunal Federal e dos Tribunais Superiores terão início na Câmara dos Deputados.

§ 1º O Presidente da República poderá solicitar urgência para apreciação de projetos de sua iniciativa.

§ 2º Se, no caso do § 1º, a Câmara dos Deputados e o Senado Federal não se manifestarem sobre a proposição, cada qual sucessivamente, em até quarenta e cinco dias, sobrestar-se-ão todas as demais deliberações legislativas da respectiva Casa, com exceção das que tenham prazo constitucional determinado, até que se ultime a votação.
▸ § 2º com redação pela EC 32/2001.

§ 3º A apreciação das emendas do Senado Federal pela Câmara dos Deputados far-se-á no prazo de dez dias, observado quanto ao mais o disposto no parágrafo anterior.

§ 4º Os prazos do § 2º não correm nos períodos de recesso do Congresso Nacional, nem se aplicam aos projetos de código.

Art. 65. O projeto de lei aprovado por uma Casa será revisto pela outra, em um só turno de discussão e votação, e enviado à sanção ou promulgação, se a Casa revisora o aprovar, ou arquivado, se o rejeitar.

Parágrafo único. Sendo o projeto emendado, voltará à Casa iniciadora.

Art. 66. A Casa na qual tenha sido concluída a votação enviará o projeto de lei ao Presidente da República, que, aquiescendo, o sancionará.

§ 1º Se o Presidente da República considerar o projeto, no todo ou em parte, inconstitucional ou contrário ao interesse público, vetá-lo-á total ou parcialmente, no

prazo de quinze dias úteis, contados da data do recebimento, e comunicará, dentro de quarenta e oito horas, ao Presidente do Senado Federal os motivos do veto.

§ 2º O veto parcial somente abrangerá texto integral de artigo, de parágrafo, de inciso ou de alínea.

§ 3º Decorrido o prazo de quinze dias, o silêncio do Presidente da República importará sanção.

§ 4º O veto será apreciado em sessão conjunta, dentro de 30 (trinta) dias a contar de seu recebimento, só podendo ser rejeitado pelo voto da maioria absoluta dos Deputados e Senadores.

▸ § 4º com redação pela EC 76/2013.

§ 5º Se o veto não for mantido, será o projeto enviado, para promulgação, ao Presidente da República.

§ 6º Esgotado sem deliberação o prazo estabelecido no § 4º, o veto será colocado na ordem do dia da sessão imediata, sobrestadas as demais proposições, até sua votação final.

▸ § 6º com redação pela EC 32/2001.

§ 7º Se a lei não for promulgada dentro de quarenta e oito horas pelo Presidente da República, nos casos dos §§ 3º e 5º, o Presidente do Senado a promulgará, e, se este não o fizer em igual prazo, caberá ao Vice-Presidente do Senado fazê-lo.

Art. 67. A matéria constante de projeto de lei rejeitado somente poderá constituir objeto de novo projeto, na mesma sessão legislativa, mediante proposta da maioria absoluta dos membros de qualquer das Casas do Congresso Nacional.

Art. 68. As leis delegadas serão elaboradas pelo Presidente da República, que deverá solicitar a delegação ao Congresso Nacional.

§ 1º Não serão objeto de delegação os atos de competência exclusiva do Congresso Nacional, os de competência privativa da Câmara dos Deputados ou do Senado Federal, a matéria reservada à lei complementar, nem a legislação sobre:

I – organização do Poder Judiciário e do Ministério Público, a carreira e a garantia de seus membros;

II – nacionalidade, cidadania, direitos individuais, políticos e eleitorais;

III – planos plurianuais, diretrizes orçamentárias e orçamentos.

§ 2º A delegação ao Presidente da República terá a forma de resolução do Congresso Nacional, que especificará seu conteúdo e os termos de seu exercício.

§ 3º Se a resolução determinar a apreciação do projeto pelo Congresso Nacional, este a fará em votação única, vedada qualquer emenda.

Art. 69. As leis complementares serão aprovadas por maioria absoluta.

Seção IX
Da Fiscalização Contábil, Financeira e Orçamentária

Art. 70. A fiscalização contábil, financeira, orçamentária, operacional e patrimonial da União e das entidades da administração direta e indireta, quanto à legalidade, legitimidade, economicidade, aplicação das subvenções e renúncia de receitas, será exercida pelo Congresso Nacional, mediante controle externo, e pelo sistema de controle interno de cada Poder.

Parágrafo único. Prestará contas qualquer pessoa física ou jurídica, pública ou privada, que utilize, arrecade, guarde, gerencie ou administre dinheiros, bens e valores públicos ou pelos quais a União responda, ou que, em nome desta, assuma obrigações de natureza pecuniária.

▸ Parágrafo único com redação pela EC 19/1998.

Art. 71. O controle externo, a cargo do Congresso Nacional, será exercido com o auxílio do Tribunal de Contas da União, ao qual compete:

▸ Lei 8.443/1992 (Lei Orgânica do Tribunal de Contas da União – TCU).
▸ Art. 56, *caput*, da LC 101/2000.

I – apreciar as contas prestadas anualmente pelo Presidente da República, mediante parecer prévio que deverá ser elaborado em sessenta dias a contar de seu recebimento;

II – julgar as contas dos administradores e demais responsáveis por dinheiros, bens e valores públicos da administração direta e indireta, incluídas as fundações e sociedades instituídas e mantidas pelo Poder Público federal, e as contas daqueles que derem causa a perda, extravio ou outra irregularidade de que resulte prejuízo ao erário público;

III – apreciar, para fins de registro, a legalidade dos atos de admissão de pessoal, a qualquer título, na administração direta e indireta, incluídas as fundações instituídas e mantidas pelo Poder Público, excetuadas as nomeações

para cargo de provimento em comissão, bem como a das concessões de aposentadorias, reformas e pensões, ressalvadas as melhorias posteriores que não alterem o fundamento legal do ato concessório;

▸ Súmula Vinculante 3 do STF.

IV – realizar, por iniciativa própria, da Câmara dos Deputados, do Senado Federal, de Comissão técnica ou de inquérito, inspeções e auditorias de natureza contábil, financeira, orçamentária, operacional e patrimonial, nas unidades administrativas dos Poderes Legislativo, Executivo e Judiciário, e demais entidades referidas no inciso II;

V – fiscalizar as contas nacionais das empresas supranacionais de cujo capital social a União participe, de forma direta ou indireta, nos termos do tratado constitutivo;

VI – fiscalizar a aplicação de quaisquer recursos repassados pela União mediante convênio, acordo, ajuste ou outros instrumentos congêneres, a Estado, ao Distrito Federal ou a Município;

VII – prestar as informações solicitadas pelo Congresso Nacional, por qualquer de suas Casas, ou por qualquer das respectivas Comissões, sobre a fiscalização contábil, financeira, orçamentária, operacional e patrimonial e sobre resultados de auditorias e inspeções realizadas;

VIII – aplicar aos responsáveis, em caso de ilegalidade de despesa ou irregularidade de contas, as sanções previstas em lei, que estabelecerá, entre outras cominações, multa proporcional ao dano causado ao erário;

IX – assinar prazo para que o órgão ou entidade adote as providências necessárias ao exato cumprimento da lei, se verificada ilegalidade;

X – sustar, se não atendido, a execução do ato impugnado, comunicando a decisão à Câmara dos Deputados e ao Senado Federal;

XI – representar ao Poder competente sobre irregularidades ou abusos apurados.

§ 1º No caso de contrato, o ato de sustação será adotado diretamente pelo Congresso Nacional, que solicitará, de imediato, ao Poder Executivo as medidas cabíveis.

§ 2º Se o Congresso Nacional ou o Poder Executivo, no prazo de noventa dias, não efetivar as medidas previstas no parágrafo anterior, o Tribunal decidirá a respeito.

§ 3º As decisões do Tribunal de que resulte imputação de débito ou multa terão eficácia de título executivo.

§ 4º O Tribunal encaminhará ao Congresso Nacional, trimestral e anualmente, relatório de suas atividades.

Art. 72. A Comissão mista permanente a que se refere o artigo 166, § 1º, diante de indícios de despesas não autorizadas, ainda que sob a forma de investimentos não programados ou de subsídios não aprovados, poderá solicitar à autoridade governamental responsável que, no prazo de cinco dias, preste os esclarecimentos necessários.

▸ Art. 16, § 2º, do ADCT.

§ 1º Não prestados os esclarecimentos, ou considerados estes insuficientes, a Comissão solicitará ao Tribunal pronunciamento conclusivo sobre a matéria, no prazo de trinta dias.

§ 2º Entendendo o Tribunal irregular a despesa, a Comissão, se julgar que o gasto possa causar dano irreparável ou grave lesão à economia pública, proporá ao Congresso Nacional sua sustação.

Art. 73. O Tribunal de Contas da União, integrado por nove Ministros, tem sede no Distrito Federal, quadro próprio de pessoal e jurisdição em todo o Território Nacional, exercendo, no que couber, as atribuições previstas no artigo 96.

▸ Art. 84, XV, desta Constituição.
▸ Lei 8.443/1992 (Lei Orgânica do Tribunal de Contas da União – TCU).

§ 1º Os Ministros do Tribunal de Contas da União serão nomeados dentre brasileiros que satisfaçam os seguintes requisitos:

I – mais de trinta e cinco e menos de setenta anos de idade;

▸ Inciso I com redação pela EC 122/2022.

II – idoneidade moral e reputação ilibada;

III – notórios conhecimentos jurídicos, contábeis, econômicos e financeiros ou de administração pública;

IV – mais de dez anos de exercício de função ou de efetiva atividade profissional que exija os conhecimentos mencionados no inciso anterior.

§ 2º Os Ministros do Tribunal de Contas da União serão escolhidos:

▸ Súmula 653 do STF.

I – um terço pelo Presidente da República, com aprovação do Senado Federal, sendo dois alternadamente dentre auditores e membros do Ministério Público jun-

to ao Tribunal, indicados em lista tríplice pelo Tribunal, segundo os critérios de antiguidade e merecimento;

II – dois terços pelo Congresso Nacional.

▸ Dec. leg. 6/1993 (Escolha de Ministros do Tribunal de Contas da União pelo Congresso Nacional).

§ 3º Os Ministros do Tribunal de Contas da União terão as mesmas garantias, prerrogativas, impedimentos, vencimentos e vantagens dos Ministros do Superior Tribunal de Justiça, aplicando-se-lhes, quanto à aposentadoria e pensão, as normas constantes do art. 40.

▸ § 3º com redação pela EC 20/1998.

§ 4º O auditor, quando em substituição a Ministro, terá as mesmas garantias e impedimentos do titular e, quando no exercício das demais atribuições da judicatura, as de juiz de Tribunal Regional Federal.

Art. 74. Os Poderes Legislativo, Executivo e Judiciário manterão, de forma integrada, sistema de controle interno com a finalidade de:

I – avaliar o cumprimento das metas previstas no plano plurianual, a execução dos programas de governo e dos orçamentos da União;

II – comprovar a legalidade e avaliar os resultados, quanto à eficácia e eficiência, da gestão orçamentária, financeira e patrimonial nos órgãos e entidades da administração federal, bem como da aplicação de recursos públicos por entidades de direito privado;

III – exercer o controle das operações de crédito, avais e garantias, bem como dos direitos e haveres da União;

IV – apoiar o controle externo no exercício de sua missão institucional.

§ 1º Os responsáveis pelo controle interno, ao tomarem conhecimento de qualquer irregularidade ou ilegalidade, dela darão ciência ao Tribunal de Contas da União, sob pena de responsabilidade solidária.

§ 2º Qualquer cidadão, partido político, associação ou sindicato é parte legítima para, na forma da lei, denunciar irregularidades ou ilegalidades perante o Tribunal de Contas da União.

▸ Arts. 1º, XVI, e 53, da Lei 8.443/1992 (Lei Orgânica do Tribunal de Contas da União – TCU).

Art. 75. As normas estabelecidas nesta seção aplicam-se, no que couber, à organização, composição e fiscalização dos Tribunais de Contas dos Estados e do Distrito Federal, bem como dos Tribunais e Conselhos de Contas dos Municípios.

▸ Súmula 653 do STF.

Parágrafo único. As Constituições estaduais disporão sobre os Tribunais de Contas respectivos, que serão integrados por sete Conselheiros.

CAPÍTULO II
DO PODER EXECUTIVO

Seção I
Do Presidente e do Vice-Presidente da República

▸ Lei 14.600/2023 (Organização da Presidência da República e dos Ministérios).

Art. 76. O Poder Executivo é exercido pelo Presidente da República, auxiliado pelos Ministros de Estado.

Art. 77. A eleição do Presidente e do Vice-Presidente da República realizar-se-á, simultaneamente, no primeiro domingo de outubro, em primeiro turno, e no último domingo de outubro, em segundo turno, se houver, do ano anterior ao do término do mandato presidencial vigente.

▸ *Caput* com redação pela EC 16/1997.
▸ Arts. 28, 29, II, 32, § 2º, desta Constituição.
▸ Lei 9.504/1997 (Eleições).

§ 1º A eleição do Presidente da República importará a do Vice-Presidente com ele registrado.

§ 2º Será considerado eleito Presidente o candidato que, registrado por partido político, obtiver a maioria absoluta de votos, não computados os em branco e os nulos.

§ 3º Se nenhum candidato alcançar maioria absoluta na primeira votação, far-se-á nova eleição em até vinte dias após a proclamação do resultado, concorrendo os dois candidatos mais votados e considerando-se eleito aquele que obtiver a maioria dos votos válidos.

§ 4º Se, antes de realizado o segundo turno, ocorrer morte, desistência ou impedimento legal de candidato, convocar-se-á, dentre os remanescentes, o de maior votação.

§ 5º Se, na hipótese dos parágrafos anteriores, remanescer, em segundo lugar, mais de um candidato com a mesma votação, qualificar-se-á o mais idoso.

Art. 78. O Presidente e o Vice-Presidente da República tomarão posse em sessão do Congresso Nacional, prestando o compromisso de manter, defender e cumprir a Constituição, observar as leis, promover o bem geral

do povo brasileiro, sustentar a união, a integridade e a independência do Brasil.

Parágrafo único. Se, decorridos dez dias da data fixada para a posse, o Presidente ou o Vice-Presidente, salvo motivo de força maior, não tiver assumido o cargo, este será declarado vago.

Art. 79. Substituirá o Presidente, no caso de impedimento, e suceder-lhe-á, no de vaga, o Vice-Presidente.

Parágrafo único. O Vice-Presidente da República, além de outras atribuições que lhe forem conferidas por lei complementar, auxiliará o Presidente, sempre que por ele convocado para missões especiais.

Art. 80. Em caso de impedimento do Presidente e do Vice-Presidente, ou vacância dos respectivos cargos, serão sucessivamente chamados ao exercício da Presidência o Presidente da Câmara dos Deputados, o do Senado Federal e o do Supremo Tribunal Federal.

Art. 81. Vagando os cargos de Presidente e Vice-Presidente da República, far-se-á eleição noventa dias depois de aberta a última vaga.

§ 1º Ocorrendo a vacância nos últimos dois anos do período presidencial, a eleição para ambos os cargos será feita trinta dias depois da última vaga, pelo Congresso Nacional, na forma da lei.

§ 2º Em qualquer dos casos, os eleitos deverão completar o período de seus antecessores.

Art. 82. O mandato do Presidente da República é de 4 (quatro) anos e terá início em 5 de janeiro do ano seguinte ao de sua eleição.
 ▸ Artigo com redação pela EC 111/2021.

Art. 83. O Presidente e o Vice-Presidente da República não poderão, sem licença do Congresso Nacional, ausentar-se do País por período superior a quinze dias, sob pena de perda do cargo.

Seção II
Das Atribuições
do Presidente da República

Art. 84. Compete privativamente ao Presidente da República:

I – nomear e exonerar os Ministros de Estado;

II – exercer, com o auxílio dos Ministros de Estado, a direção superior da administração federal;

III – iniciar o processo legislativo, na forma e nos casos previstos nesta Constituição;

IV – sancionar, promulgar e fazer publicar as leis, bem como expedir decretos e regulamentos para sua fiel execução;

V – vetar projetos de lei, total ou parcialmente;
 ▸ Art. 66, §§ 1º a 7º, desta Constituição.

VI – dispor, mediante decreto, sobre:
 ▸ Art. 61, § 1º, II, e, desta Constituição.

a) organização e funcionamento da administração federal, quando não implicar aumento de despesa nem criação ou extinção de órgãos públicos;

b) extinção de funções ou cargos públicos, quando vagos;
 ▸ Inciso VI com redação pela EC 32/2001.
 ▸ Art. 48, X, desta Constituição.

VII – manter relações com Estados estrangeiros e acreditar seus representantes diplomáticos;
 ▸ Art. 4º desta Constituição.

VIII – celebrar tratados, convenções e atos internacionais, sujeitos a referendo do Congresso Nacional;
 ▸ Art. 4º desta Constituição.

IX – decretar o estado de defesa e o estado de sítio;

X – decretar e executar a intervenção federal;

XI – remeter mensagem e plano de governo ao Congresso Nacional por ocasião da abertura da sessão legislativa, expondo a situação do País e solicitando as providências que julgar necessárias;

XII – conceder indulto e comutar penas, com audiência, se necessário, dos órgãos instituídos em lei;
 ▸ Dec. 1.860/1996 (Indulto especial e condicional).
 ▸ Dec. 2.002/1996 (Indulto e comuta penas).
 ▸ Súmula 631 do STJ.

XIII – exercer o comando supremo das Forças Armadas, nomear os Comandantes da Marinha, do Exército e da Aeronáutica, promover seus oficiais-generais e nomeá-los para os cargos que lhes são privativos;
 ▸ Inciso XIII com redação pela EC 23/1999.
 ▸ Art. 49, I, desta Constituição.
 ▸ LC 97/1999 (Normas gerais para a organização, o preparo e o emprego das Forças Armadas).

XIV – nomear, após aprovação pelo Senado Federal, os Ministros do Supremo Tribunal Federal e dos Tribunais Superiores, os Governadores de Territórios, o Procurador-Geral da República, o presidente e os

diretores do Banco Central e outros servidores, quando determinado em lei;

XV – nomear, observado o disposto no artigo 73, os Ministros do Tribunal de Contas da União;

XVI – nomear os magistrados, nos casos previstos nesta Constituição, e o Advogado-Geral da União;
 ▸ Arts. 131 e 132 desta Constituição.
 ▸ Súmula 627 do STF.

XVII – nomear membros do Conselho da República, nos termos do artigo 89, VII;

XVIII – convocar e presidir o Conselho da República e o Conselho de Defesa Nacional;

XIX – declarar guerra, no caso de agressão estrangeira, autorizado pelo Congresso Nacional ou referendado por ele, quando ocorrida no intervalo das sessões legislativas, e, nas mesmas condições, decretar, total ou parcialmente, a mobilização nacional;
 ▸ Art. 5º, XLVII, a, desta Constituição.
 ▸ Lei 11.631/2007 (Mobilização nacional e Sistema Nacional de Mobilização – Sinamob).
 ▸ Dec. 7.294/2010 (Política de Mobilização Nacional).

XX – celebrar a paz, autorizado ou com o referendo do Congresso Nacional;

XXI – conferir condecorações e distinções honoríficas;

XXII – permitir, nos casos previstos em lei complementar, que forças estrangeiras transitem pelo Território Nacional ou nele permaneçam temporariamente;
 ▸ LC 90/1997 (Determina em que casos as forças estrangeiras podem transitar pelo território nacional ou nele permanecer temporariamente).

XXIII – enviar ao Congresso Nacional o plano plurianual, o projeto de lei de diretrizes orçamentárias e as propostas de orçamento previstos nesta Constituição;

XXIV – prestar anualmente, ao Congresso Nacional, dentro de sessenta dias após a abertura da sessão legislativa, as contas referentes ao exercício anterior;

XXV – prover e extinguir os cargos públicos federais, na forma da lei;

XXVI – editar medidas provisórias com força de lei, nos termos do artigo 62;

XXVII – exercer outras atribuições previstas nesta Constituição;

XXVIII – propor ao Congresso Nacional a decretação do estado de calamidade pública de âmbito nacional previsto nos arts. 167-B, 167-C, 167-D, 167-E, 167-F e 167-G desta Constituição.
 ▸ Inciso XVIII acrescido pela EC 109/2021.

Parágrafo único. O Presidente da República poderá delegar as atribuições mencionadas nos incisos VI, XII e XXV, primeira parte, aos Ministros de Estado, ao Procurador-Geral da República ou ao Advogado-Geral da União, que observarão os limites traçados nas respectivas delegações.

Seção III
Da Responsabilidade
do Presidente da República

Art. 85. São crimes de responsabilidade os atos do Presidente da República que atentem contra a Constituição Federal e, especialmente, contra:
 ▸ Lei 1.079/1950 (Crimes de Responsabilidade).
 ▸ Lei 8.429/1992 (Improbidade Administrativa).

I – a existência da União;

II – o livre exercício do Poder Legislativo, do Poder Judiciário, do Ministério Público e dos Poderes Constitucionais das Unidades da Federação;

III – o exercício dos direitos políticos, individuais e sociais;

IV – a segurança interna do País;
 ▸ LC 90/1997 (Determina em que casos as forças estrangeiras podem transitar pelo território nacional ou nele permanecer temporariamente).

V – a probidade na administração;
 ▸ Art. 37, § 4º, desta Constituição.

VI – a lei orçamentária;

VII – o cumprimento das leis e das decisões judiciais.

Parágrafo único. Estes crimes serão definidos em lei especial, que estabelecerá as normas de processo e julgamento.
 ▸ Lei 1.079/1950 (Crimes de Responsabilidade).
 ▸ Súmula Vinculante 46 do STF.
 ▸ Súmula 722 do STF.

Art. 86. Admitida a acusação contra o Presidente da República, por dois terços da Câmara dos Deputados, será ele submetido a julgamento perante o Supremo Tribunal Federal, nas infrações penais comuns, ou perante o Senado Federal, nos crimes de responsabilidade.

§ 1º O Presidente ficará suspenso de suas funções:

I – nas infrações penais comuns, se recebida a denúncia ou queixa-crime pelo Supremo Tribunal Federal;

II – nos crimes de responsabilidade, após a instauração do processo pelo Senado Federal.

§ 2º Se, decorrido o prazo de cento e oitenta dias, o julgamento não estiver concluído, cessará o afastamento do Presidente, sem prejuízo do regular prosseguimento do processo.

§ 3º Enquanto não sobrevier sentença condenatória, nas infrações comuns, o Presidente da República não estará sujeito a prisão.

§ 4º O Presidente da República, na vigência de seu mandato, não pode ser responsabilizado por atos estranhos ao exercício de suas funções.

Seção IV
Dos Ministros de Estado
 ▸ Lei 14.600/2023 (Organiza a Presidência da República e Ministérios).

Art. 87. Os Ministros de Estado serão escolhidos dentre brasileiros maiores de vinte e um anos no exercício dos direitos políticos.

Parágrafo único. Compete ao Ministro de Estado, além de outras atribuições estabelecidas nesta Constituição e na lei:

I – exercer a orientação, coordenação e supervisão dos órgãos e entidades da administração federal na área de sua competência e referendar os atos e decretos assinados pelo Presidente da República;

II – expedir instruções para a execução das leis, decretos e regulamentos;

III – apresentar ao Presidente da República relatório anual de sua gestão no Ministério;

IV – praticar os atos pertinentes às atribuições que lhe forem outorgadas ou delegadas pelo Presidente da República.

Art. 88. A lei disporá sobre a criação e extinção de Ministérios e órgãos da administração pública.
 ▸ Artigo com redação pela EC 32/2001.

Seção V
Do Conselho da República
e do Conselho de Defesa Nacional

Subseção I
Do Conselho da República
 ▸ Lei 8.041/1990 (Organização e o funcionamento do Conselho da República).

Art. 89. O Conselho da República é órgão superior de consulta do Presidente da República, e dele participam:

I – o Vice-Presidente da República;

II – o Presidente da Câmara dos Deputados;

III – o Presidente do Senado Federal;

IV – os líderes da maioria e da minoria na Câmara dos Deputados;

V – os líderes da maioria e da minoria no Senado Federal;

VI – o Ministro da Justiça;

VII – seis cidadãos brasileiros natos, com mais de trinta e cinco anos de idade, sendo dois nomeados pelo Presidente da República, dois eleitos pelo Senado Federal e dois eleitos pela Câmara dos Deputados, todos com mandato de três anos, vedada a recondução.
 ▸ Arts. 51, V, 52, XIV, e 84, XVII, desta Constituição.

Art. 90. Compete ao Conselho da República pronunciar-se sobre:

I – intervenção federal, estado de defesa e estado de sítio;

II – as questões relevantes para a estabilidade das instituições democráticas.

§ 1º O Presidente da República poderá convocar Ministro de Estado para participar da reunião do Conselho, quando constar da pauta questão relacionada com o respectivo Ministério.

§ 2º A lei regulará a organização e o funcionamento do Conselho da República.
 ▸ Lei 8.041/1990 (Organização e o funcionamento do Conselho da República).

Subseção II
Do Conselho de Defesa Nacional
 ▸ Lei 8.183/1991 (Organização e o funcionamento do Conselho de Defesa Nacional).
 ▸ Dec. 893/1993 (Regulamento do Conselho de Defesa Nacional).
 ▸ Art. 15 do Dec. 4.118/2002 (Conselho de Defesa Nacional).

Art. 91. O Conselho de Defesa Nacional é órgão de consulta do Presidente da República nos assuntos relacionados com a soberania nacional e a defesa do Estado democrático, e dele participam como membros natos:
 ▸ Lei 8.183/1991 (Organização e funcionamento do Conselho de Defesa Nacional).
 ▸ Dec. 893/1993 (Conselho de Defesa Nacional).

I – o Vice-Presidente da República;

II – o Presidente da Câmara dos Deputados;

III – o Presidente do Senado Federal;

IV – o Ministro da Justiça;

V – o Ministro de Estado da Defesa;

 ▶ Inciso V com redação pela EC 23/1999.

VI – o Ministro das Relações Exteriores;

VII – o Ministro do Planejamento;

VIII – os Comandantes da Marinha, do Exército e da Aeronáutica.

 ▶ Inciso VIII acrescido pela EC 23/1999.

§ 1º Compete ao Conselho de Defesa Nacional:

I – opinar nas hipóteses de declaração de guerra e de celebração da paz, nos termos desta Constituição;

II – opinar sobre a decretação do estado de defesa, do estado de sítio e da intervenção federal;

III – propor os critérios e condições de utilização de áreas indispensáveis à segurança do território nacional e opinar sobre seu efetivo uso, especialmente na faixa de fronteira e nas relacionadas com a preservação e a exploração dos recursos naturais de qualquer tipo;

 ▶ Lei 13.178/2015 (Ratificação dos registros imobiliários decorrentes de alienações e concessões de terras públicas situadas nas faixas de fronteira).

IV – estudar, propor e acompanhar o desenvolvimento de iniciativas necessárias a garantir a independência nacional e a defesa do Estado democrático.

§ 2º A lei regulará a organização e o funcionamento do Conselho de Defesa Nacional.

 ▶ Lei 8.183/1991 (Organização e funcionamento do Conselho de Defesa Nacional).
 ▶ Dec. 893/1993 (Regulamento do Conselho de Defesa Nacional).

CAPÍTULO III
DO PODER JUDICIÁRIO

Seção I
Disposições Gerais

Art. 92. São órgãos do Poder Judiciário:

I – o Supremo Tribunal Federal;

I-A – o Conselho Nacional de Justiça;

 ▶ Inciso I-A acrescido pela EC 45/2004.
 ▶ Art. 103-B desta Constituição.
 ▶ Art. 5º da EC 45/2004 (Reforma do Judiciário).

II – o Superior Tribunal de Justiça;

II-A – o Tribunal Superior do Trabalho;

 ▶ Inciso II-A acrescido pela EC 92/2016.

III – os Tribunais Regionais Federais e Juízes Federais;

IV – os Tribunais e Juízes do Trabalho;

V – os Tribunais e Juízes Eleitorais;

VI – os Tribunais e Juízes Militares;

VII – os Tribunais e Juízes dos Estados e do Distrito Federal e Territórios.

§ 1º O Supremo Tribunal Federal, o Conselho Nacional de Justiça e os Tribunais Superiores têm sede na Capital Federal.

 ▶ § 1º acrescido pela EC 45/2004.
 ▶ Art. 103-B desta Constituição.

§ 2º O Supremo Tribunal Federal e os Tribunais Superiores têm jurisdição em todo o território nacional.

 ▶ § 2º acrescido pela EC 45/2004.

Art. 93. Lei complementar, de iniciativa do Supremo Tribunal Federal, disporá sobre o Estatuto da Magistratura, observados os seguintes princípios:

 ▶ LC 35/1979 (Lei Orgânica da Magistratura Nacional).

I – ingresso na carreira, cujo cargo inicial será o de juiz substituto, mediante concurso público de provas e títulos, com a participação da Ordem dos Advogados do Brasil em todas as fases, exigindo-se do bacharel em direito, no mínimo, três anos de atividade jurídica e obedecendo-se, nas nomeações, à ordem de classificação;

 ▶ Inciso I com redação pela EC 45/2004.

II – promoção de entrância para entrância, alternadamente, por antiguidade e merecimento, atendidas as seguintes normas:

a) é obrigatória a promoção do juiz que figure por três vezes consecutivas ou cinco alternadas em lista de merecimento;

b) a promoção por merecimento pressupõe dois anos de exercício na respectiva entrância e integrar o juiz a primeira quinta parte da lista de antiguidade desta, salvo se não houver com tais requisitos quem aceite o lugar vago;

c) aferição do merecimento conforme o desempenho e pelos critérios objetivos de produtividade e presteza no exercício da jurisdição e pela frequência e aproveitamento em cursos oficiais ou reconhecidos de aperfeiçoamento;

 ▶ Alínea c com redação pela EC 45/2004.

d) na apuração de antiguidade, o tribunal somente poderá recusar o juiz mais antigo pelo voto fundamentado de dois terços de seus membros, conforme procedimento próprio, e assegurada ampla defesa, repetindo-se a votação até fixar-se a indicação;

 ▶ Alínea d com redação pela EC 45/2004.

e) não será promovido o juiz que, injustificadamente, retiver autos em seu poder além do prazo legal, não podendo devolvê-los ao cartório sem o devido despacho ou decisão;

 ▶ Alínea e acrescida pela EC 45/2004.

III – o acesso aos tribunais de segundo grau far-se-á por antiguidade e merecimento, alternadamente, apurados na última ou única entrância;

 ▶ Inciso III com redação pela EC 45/2004.

IV – previsão de cursos oficiais de preparação, aperfeiçoamento e promoção de magistrados, constituindo etapa obrigatória do processo de vitaliciamento a participação em curso oficial ou reconhecido por escola nacional de formação e aperfeiçoamento de magistrados;

 ▶ Inciso IV com redação pela EC 45/2004.

V – o subsídio dos Ministros dos Tribunais Superiores corresponderá a noventa e cinco por cento do subsídio mensal fixado para os Ministros do Supremo Tribunal Federal e os subsídios dos demais magistrados serão fixados em lei e escalonados, em nível federal e estadual, conforme as respectivas categorias da estrutura judiciária nacional, não podendo a diferença entre uma e outra ser superior a dez por cento ou inferior a cinco por cento, nem exceder a noventa e cinco por cento do subsídio mensal dos Ministros dos Tribunais Superiores, obedecido, em qualquer caso, o disposto nos artigos 37, XI, e 39, § 4º;

 ▶ Inciso V com redação pela EC 19/1998.
 ▶ Lei 9.655/1998 (Altera o percentual de diferença entre a remuneração dos cargos de Ministros do STJ e dos Juízes da Justiça Federal de Primeiro e Segundo Graus).

VI – a aposentadoria dos magistrados e a pensão de seus dependentes observarão o disposto no artigo 40;

 ▶ Inciso VI com redação pela EC 20/1998.

VII – o juiz titular residirá na respectiva comarca, salvo autorização do tribunal;

 ▶ Inciso VII com redação pela EC 45/2004.

VIII – o ato de remoção ou de disponibilidade do magistrado, por interesse público, fundar-se-á em decisão por voto da maioria absoluta do respectivo tribunal ou do Conselho Nacional de Justiça, assegurada ampla defesa;

 ▶ Inciso VIII com redação pela EC 103/2019.
 ▶ Arts. 95, II, e 103-B desta Constituição.
 ▶ Art. 5º da EC 45/2004 (Reforma do Judiciário).

VIII-A – a remoção a pedido de magistrados de comarca de igual entrância atenderá, no que couber, ao disposto nas alíneas "a", "b", "c" e "e" do inciso II do caput deste artigo e no art. 94 desta Constituição;

 ▶ Inciso VIII-A com redação pela EC 130/2023.

VIII-B – a permuta de magistrados de comarca de igual entrância, quando for o caso, e dentro do mesmo segmento de justiça, inclusive entre os juízes de segundo grau, vinculados a diferentes tribunais, na esfera da justiça estadual, federal ou do trabalho, atenderá, no que couber, ao disposto nas alíneas "a", "b", "c" e "e" do inciso II do caput deste artigo e no art. 94 desta Constituição;

 ▶ Inciso VIII-B acrescido pela EC 130/2023.

IX – todos os julgamentos dos órgãos do Poder Judiciário serão públicos, e fundamentadas todas as decisões, sob pena de nulidade, podendo a lei limitar a presença, em determinados atos, às próprias partes e a seus advogados, ou somente a estes, em casos nos quais a preservação do direito à intimidade do interessado no sigilo não prejudique o interesse público à informação;

 ▶ Inciso IX com redação pela EC 45/2004.
 ▶ Art. 489 do CPC.
 ▶ Súmula 123 do STJ.
 ▶ Súmula 459 do TST.

X – as decisões administrativas dos tribunais serão motivadas e em sessão pública, sendo as disciplinares tomadas pelo voto da maioria absoluta de seus membros;

XI – nos tribunais com número superior a vinte e cinco julgadores, poderá ser constituído órgão especial, com o mínimo de onze e o máximo de vinte e cinco membros, para o exercício das atribuições administrativas e jurisdicionais delegadas da competência do tribunal pleno, provendo-se metade das vagas por antiguidade e a outra metade por eleição pelo tribunal pleno;

 ▶ Inciso XI com redação pela EC 45/2004.

XII – a atividade jurisdicional será ininterrupta, sendo vedado férias coletivas nos juízos e tribunais de segundo grau, funcionando, nos dias em que não houver expediente forense normal, juízes em plantão permanente;

 ▶ Inciso XII acrescido pela EC 45/2004.

XIII – o número de juízes na unidade jurisdicional será proporcional à efetiva demanda judicial e à respectiva população;

 ▶ Inciso XIII acrescido pela EC 45/2004.

XIV – os servidores receberão delegação para a prática de atos de administração e atos de mero expediente sem caráter decisório;

 ▶ Inciso XIV acrescido pela EC 45/2004.

XV – a distribuição de processos será imediata, em todos os graus de jurisdição.

 ▶ Inciso XV acrescido pela EC 45/2004.

Art. 94. Um quinto dos lugares dos Tribunais Regionais Federais, dos Tribunais dos Estados, e do Distrito Federal e Territórios será composto de membros, do Ministério Público, com mais de dez anos de carreira, e de advogados de notório saber jurídico e de reputação ilibada, com mais de dez anos de efetiva atividade profissional, indicados em lista sêxtupla pelos órgãos de representação das respectivas classes.

 ▶ Arts. 104, II, e 115, II, desta Constituição.
 ▶ Arts. 10, XIII, 15, I e 74 da Lei 8.625/1993 (Lei Orgânica Nacional do Ministério Público).
 ▶ Art. 53, I, da LC 75/1993 (Organização, atribuições e Estatuto do Ministério Público da União).

Parágrafo único. Recebidas as indicações, o Tribunal formará lista tríplice, enviando-a ao Poder Executivo, que, nos vinte dias subsequentes, escolherá um de seus integrantes para nomeação.

Art. 95. Os juízes gozam das seguintes garantias:

I – vitaliciedade, que, no primeiro grau, só será adquirida após dois anos de exercício, dependendo a perda do cargo, nesse período, de deliberação do Tribunal a que o juiz estiver vinculado, e, nos demais casos, de sentença judicial transitada em julgado;

 ▶ Súmula 36 do STF.

II – inamovibilidade, salvo por motivo de interesse público, na forma do artigo 93, VIII;

III – irredutibilidade de subsídio, ressalvado o disposto nos artigos 37, X e XI, 39, § 4º, 150, II, 153, III, e 153, § 2º, I.

 ▶ Inciso III com redação pela EC 19/1998.

Parágrafo único. Aos juízes é vedado:

 ▶ Caput do parágrafo único com redação pela EC 45/2004.

I – exercer, ainda que em disponibilidade, outro cargo ou função, salvo uma de magistério;

II – receber, a qualquer título ou pretexto, custas ou participação em processo;

III – dedicar-se a atividade político-partidária;

IV – receber, a qualquer título ou pretexto, auxílios ou contribuições de pessoas físicas, entidades públicas ou privadas, ressalvadas as exceções previstas em lei;

 ▶ Inciso IV acrescido pela EC 45/2004.

V – exercer a advocacia no juízo ou tribunal do qual se afastou, antes de decorridos três anos do afastamento do cargo por aposentadoria ou exoneração.

 ▶ Inciso V acrescido pela EC 45/2004.
 ▶ Art. 128, § 6º, desta Constituição.

Art. 96. Compete privativamente:

 ▶ Art. 4º da EC 45/2004.

I – aos Tribunais:

a) eleger seus órgãos diretivos e elaborar seus regimentos internos, com observância das normas de processo e das garantias processuais das partes, dispondo sobre a competência e o funcionamento dos respectivos órgãos jurisdicionais e administrativos;

b) organizar suas secretarias e serviços auxiliares e os dos juízos que lhes forem vinculados, velando pelo exercício da atividade correicional respectiva;

c) prover, na forma prevista nesta Constituição, os cargos de juiz de carreira da respectiva jurisdição;

d) propor a criação de novas varas judiciárias;

e) prover, por concurso público de provas, ou de provas e títulos, obedecido o disposto no artigo 169, parágrafo único, os cargos necessários à administração da Justiça, exceto os de confiança assim definidos em lei;

 ▶ Por conta da alteração promovida pela EC 19/1998, a referência passa a ser ao art. 169, § 1º.

f) conceder licença, férias e outros afastamentos a seus membros e aos juízes e servidores que lhes forem imediatamente vinculados;

II – ao Supremo Tribunal Federal, aos Tribunais Superiores e aos Tribunais de Justiça propor ao Poder Legislativo respectivo, observado o disposto no artigo 169:

a) a alteração do número de membros dos Tribunais inferiores;

b) a criação e a extinção de cargos e a remuneração dos seus serviços auxiliares e dos juízos que lhes forem vinculados, bem como a fixação do subsídio de seus membros e dos juízes, inclusive dos tribunais inferiores, onde houver;

 ▶ Alínea b com redação pela EC 41/2003.

▸ Lei 11.416/2006 (Carreiras dos servidores do Poder Judiciário da União).

c) a criação ou extinção dos Tribunais inferiores;

d) a alteração da organização e da divisão judiciárias;

III – aos Tribunais de Justiça julgar os juízes estaduais e do Distrito Federal e Territórios, bem como os membros do Ministério Público, nos crimes comuns e de responsabilidade, ressalvada a competência da Justiça Eleitoral.

Parágrafo único. Nos Tribunais de Justiça compostos de mais de 170 (cento e setenta) desembargadores em efetivo exercício, a eleição para os cargos diretivos, de que trata a alínea "a" do inciso I do caput deste artigo, será realizada entre os membros do tribunal pleno, por maioria absoluta e por voto direto e secreto, para um mandato de 2 (dois) anos, vedada mais de 1 (uma) recondução sucessiva.

▸ Parágrafo único acrescido pela EC 134/2024.

Art. 97. Somente pelo voto da maioria absoluta de seus membros ou dos membros do respectivo órgão especial poderão os Tribunais declarar a inconstitucionalidade de lei ou ato normativo do Poder Público.

▸ Súmula Vinculante 10 do STF.

Art. 98. A União, no Distrito Federal e nos Territórios, e os Estados criarão:

I – juizados especiais, providos por juízes togados, ou togados e leigos, competentes para a conciliação, o julgamento e a execução de causas cíveis de menor complexidade e infrações penais de menor potencial ofensivo, mediante os procedimentos oral e sumaríssimo, permitidos, nas hipóteses previstas em lei, a transação e o julgamento de recursos por turmas de juízes de primeiro grau;

▸ Lei 9.099/1995 (Juizados Especiais).
▸ Lei 10.259/2001 (Juizados Especiais Federais).
▸ Lei 11.340/2006 (Juizados de Violência Doméstica e Familiar contra a Mulher).
▸ Lei 12.153/2009 (Juizados Especiais da Fazenda Pública).
▸ Súmulas Vinculantes 27 e 35 do STF.
▸ Súmula 376 do STJ.

II – justiça de paz, remunerada, composta de cidadãos eleitos pelo voto direto, universal e secreto, com mandato de quatro anos e competência para, na forma da lei, celebrar casamentos, verificar, de ofício ou em face de impugnação apresentada, o processo de habilitação e exercer atribuições conciliatórias, sem caráter jurisdicional, além de outras previstas na legislação.

▸ Art. 30 do ADCT.

§ 1º Lei federal disporá sobre a criação de juizados especiais no âmbito da Justiça Federal.

▸ Parágrafo único renumerado pela EC 45/2004.
▸ Lei 10.259/2001 (Juizados Especiais Federais).
▸ Súmula 428 do STJ.

§ 2º As custas e emolumentos serão destinados exclusivamente ao custeio dos serviços afetos às atividades específicas da Justiça.

▸ § 2º acrescido pela EC 45/2004.

Art. 99. Ao Poder Judiciário é assegurada autonomia administrativa e financeira.

§ 1º Os Tribunais elaborarão suas propostas orçamentárias dentro dos limites estipulados conjuntamente com os demais Poderes na lei de diretrizes orçamentárias.

▸ Art. 134, § 2º, desta Constituição.

§ 2º O encaminhamento da proposta, ouvidos os outros Tribunais interessados, compete:

▸ Art. 134, § 2º, desta Constituição.

I – no âmbito da União, aos Presidentes do Supremo Tribunal Federal e dos Tribunais Superiores, com a aprovação dos respectivos Tribunais;

II – no âmbito dos Estados e no do Distrito Federal e Territórios, aos Presidentes dos Tribunais de Justiça, com a aprovação dos respectivos Tribunais.

§ 3º Se os órgãos referidos no § 2º não encaminharem as respectivas propostas orçamentárias dentro do prazo estabelecido na lei de diretrizes orçamentárias, o Poder Executivo considerará, para fins de consolidação da proposta orçamentária anual, os valores aprovados na lei orçamentária vigente, ajustados de acordo com os limites estipulados na forma do § 1º deste artigo.

▸ § 3º acrescido pela EC 45/2004.

§ 4º Se as propostas orçamentárias de que trata este artigo forem encaminhadas em desacordo com os limites estipulados na forma do § 1º, o Poder Executivo procederá aos ajustes necessários para fins de consolidação da proposta orçamentária anual.

▸ § 4º acrescido pela EC 45/2004.

§ 5º Durante a execução orçamentária do exercício, não poderá haver a realização de despesas ou a assunção de obrigações que extrapolem os limites estabelecidos na lei de diretrizes orçamentárias, exceto se previamente autorizadas, mediante a abertura de créditos suplementares ou especiais.

▸ § 5º acrescido pela EC 45/2004.

Art. 100. Os pagamentos devidos pelas Fazendas Públicas Federal, Estaduais, Distrital e Municipais, em virtude de sentença judiciária, far-se-ão exclusivamente na ordem cronológica de apresentação dos precatórios e à conta dos créditos respectivos, proibida a designação de casos ou de pessoas nas dotações orçamentárias e nos créditos adicionais abertos para este fim.

▸ Caput com redação pela EC 62/2009.
▸ Arts. 33, 78, 86, 87 e 97 do ADCT.
▸ Art. 4º da EC 62/2009.
▸ ADINs 4.357 e 4.425.
▸ Súmulas 655 e 729 do STF.
▸ Súmulas 144 e 339 do STJ.
▸ OJs 12 e 13 do Tribunal Pleno do TST.

§ 1º Os débitos de natureza alimentícia compreendem aqueles decorrentes de salários, vencimentos, proventos, pensões e suas complementações, benefícios previdenciários e indenizações por morte ou por invalidez, fundadas em responsabilidade civil, em virtude de sentença judicial transitada em julgado, e serão pagos com preferência sobre todos os demais débitos, exceto sobre aqueles referidos no § 2º deste artigo.

▸ § 1º com redação pela EC 62/2009.
▸ Súmula Vinculante 47 do STF.

§ 2º Os débitos de natureza alimentícia cujos titulares, originários ou por sucessão hereditária, tenham 60 (sessenta) anos de idade, ou sejam portadores de doença grave, ou pessoas com deficiência, assim definidos na forma da lei, serão pagos com preferência sobre todos os demais débitos, até o valor equivalente ao triplo fixado em lei para os fins do disposto no § 3º deste artigo, admitido o fracionamento para essa finalidade, sendo que o restante será pago na ordem cronológica de apresentação do precatório.

▸ § 2º com redação pela EC 94/2016.

§ 3º O disposto no caput deste artigo relativamente à expedição de precatórios não se aplica aos pagamentos de obrigações definidas em leis como de pequeno valor que as Fazendas referidas devam fazer em virtude de sentença judicial transitada em julgado.

▸ § 3º com redação pela EC 62/2009.
▸ Art. 87 do ADCT.
▸ Art. 17, § 1º, da Lei 10.259/2001 (Juizados Especiais Federais).
▸ Art. 13 da Lei 12.153/2009 (Juizados Especiais da Fazenda Pública).

§ 4º Para os fins do disposto no § 3º, poderão ser fixados, por leis próprias, valores distintos às entidades de direito público, segundo as diferentes capacidades econômicas, sendo o mínimo igual ao valor do maior benefício do regime geral de previdência social.

▸ § 4º com redação pela EC 62/2009.
▸ Art. 97, § 12º, do ADCT.
▸ OJs 1 e 9 do Tribunal Pleno do TST.

§ 5º É obrigatória a inclusão no orçamento das entidades de direito público de verba necessária ao pagamento de seus débitos oriundos de sentenças transitadas em julgado constantes de precatórios judiciários apresentados até 2 de abril, fazendo-se o pagamento até o final do exercício seguinte, quando terão seus valores atualizados monetariamente.

▸ § 5º com redação pela EC 114/2021.
▸ Súmula Vinculante 17 do STF.

§ 6º As dotações orçamentárias e os créditos abertos serão consignados diretamente ao Poder Judiciário, cabendo ao Presidente do Tribunal que proferir a decisão exequenda determinar o pagamento integral e autorizar, a requerimento do credor e exclusivamente para os casos de preterimento de seu direito de precedência ou de não alocação orçamentária do valor necessário à satisfação do seu débito, o sequestro da quantia respectiva.

▸ § 6º com redação pela EC 62/2009.
▸ Súmula 733 do STF.

§ 7º O Presidente do Tribunal competente que, por ato comissivo ou omissivo, retardar ou tentar frustrar a liquidação regular de precatórios incorrerá em crime de responsabilidade e responderá, também, perante o Conselho Nacional de Justiça.

▸ § 7º acrescido pela EC 62/2009.
▸ Lei 1.079/1950 (Crimes de Responsabilidade).

§ 8º É vedada a expedição de precatórios complementares ou suplementares de valor pago, bem como o fracionamento, repartição ou quebra do valor da execução para fins de enquadramento de parcela do total ao que dispõe o § 3º deste artigo.

▸ § 8º acrescido pela EC 62/2009.
▸ Art. 87 do ADCT.

§ 9º Sem que haja interrupção no pagamento do precatório e mediante comunicação da Fazenda Pública ao Tribunal, o valor correspondente aos eventuais débitos inscritos em dívida ativa contra o credor do requisitório e seus substituídos deverá ser depositado à conta do juízo responsável pela ação de cobrança, que decidirá pelo seu destino definitivo.

▸ § 9º com redação pela EC 113/2021.

§ 10. Antes da expedição dos precatórios, o Tribunal solicitará à Fazenda Pública devedora, para resposta em até 30 (trinta) dias, sob pena de perda do direito de abatimento, informação sobre os débitos que preencham as condições estabelecidas no § 9º, para os fins nele previstos.

▸ § 10 acrescido pela EC 62/2009.
▸ O STF, no julgamento da ADIN 4.425 (DJE 19.12.2013), julgou procedente a ação para declarar a inconstitucionalidade deste parágrafo.

§ 11. É facultada ao credor, conforme estabelecido em lei do ente federativo devedor, com autoaplicabilidade para a União, a oferta de créditos líquidos e certos que originalmente lhe são próprios ou adquiridos de terceiros reconhecidos pelo ente federativo ou por decisão judicial transitada em julgado para:

▸ § 11 com redação pela EC 113/2021.

I – quitação de débitos parcelados ou débitos inscritos em dívida ativa do ente federativo devedor, inclusive em transação resolutiva de litígio, e, subsidiariamente, débitos com a administração autárquica e fundacional do mesmo ente;

II – compra de imóveis públicos de propriedade do mesmo ente disponibilizados para venda;

III – pagamento de outorga de delegações de serviços públicos e demais espécies de concessão negocial promovidas pelo mesmo ente;

IV – aquisição, inclusive minoritária, de participação societária, disponibilizada para venda, do respectivo ente federativo; ou

V – compra de direitos, disponibilizados para cessão, do respectivo ente federativo, inclusive, no caso da União, da antecipação de valores a serem recebidos a título do excedente em óleo em contratos de partilha de petróleo.

§ 12. A partir da promulgação desta Emenda Constitucional, a atualização de valores de requisitórios, após sua expedição, até o efetivo pagamento, independentemente de sua natureza, será feita pelo índice oficial de remuneração básica da caderneta de poupança, e, para fins de compensação da mora, incidirão juros simples no mesmo percentual de juros incidentes sobre a caderneta de poupança, ficando excluída a incidência de juros compensatórios.

▸ § 12 acrescido pela EC 62/2009.
▸ O STF, no julgamento da ADIN 4.425 (DJE 19.12.2013), julgou procedente a ação para declarar a inconstitucionalidade das expressões "índice oficial de remuneração básica da caderneta de poupança", e "independentemente de sua natureza", contidas na redação deste parágrafo.

§ 13. O credor poderá ceder, total ou parcialmente, seus créditos em precatórios a terceiros, independentemente da concordância do devedor, não se aplicando ao cessionário o disposto nos §§ 2º e 3º.

▸ § 13 acrescido pela EC 62/2009.
▸ Arts. 286 a 298 do CC.

§ 14. A cessão de precatórios, observado o disposto no § 9º deste artigo, somente produzirá efeitos após comunicação, por meio de petição protocolizada, ao Tribunal de origem e ao ente federativo devedor.

▸ § 14 com redação pela EC 113/2021.

§ 15. Sem prejuízo do disposto neste artigo, lei complementar a esta Constituição Federal poderá estabelecer regime especial para pagamento de crédito de precatórios de Estados, Distrito Federal e Municípios, dispondo sobre vinculações à receita corrente líquida e forma e prazo de liquidação.

▸ § 15 acrescido pela EC 62/2009.
▸ O STF, no julgamento da ADIN 4.425 (DJE 19.12.2013), julgou procedente a ação para declarar a inconstitucionalidade deste parágrafo.
▸ Art. 97, caput, do ADCT.

§ 16. A seu critério exclusivo e na forma de lei, a União poderá assumir débitos, oriundos de precatórios, de Estados, Distrito Federal e Municípios, refinanciando-os diretamente.

▸ § 16 acrescido pela EC 62/2009.

§ 17. A União, os Estados, o Distrito Federal e os Municípios aferirão mensalmente, em base anual, o comprometimento de suas respectivas receitas correntes líquidas com o pagamento de precatórios e obrigações de pequeno valor.

▸ § 17 acrescido pela EC 94/2016.

§ 18. Entende-se como receita corrente líquida, para os fins de que trata o § 17, o somatório das receitas tributárias, patrimoniais, industriais, agropecuárias, de contribuições e serviços, de transferências correntes e outras receitas correntes, incluindo as oriundas do § 1º do art. 20 da Constituição Federal, verificado no período compreendido pelo segundo mês imediatamente anterior ao de referência e os 11 (onze) meses precedentes, excluídas as duplicidades, e deduzidas:

▸ § 18 acrescido pela EC 94/2016.

I – na União, as parcelas entregues aos Estados, ao Distrito Federal e aos Municípios por determinação constitucional;

II – nos Estados, as parcelas entregues aos Municípios por determinação constitucional;

III – na União, nos Estados, no Distrito Federal e nos Municípios, a contribuição dos servidores para custeio de seu sistema de previdência e assistência social e as receitas provenientes da compensação financeira referida no § 9º do art. 201 da Constituição Federal.

§ 19. Caso o montante total de débitos decorrentes de condenações judiciais em precatórios e obrigações de pequeno valor, em período de 12 (doze) meses, ultrapasse a média do comprometimento percentual da receita corrente líquida nos 5 (cinco) anos imediatamente anteriores, a parcela que exceder esse percentual poderá ser financiada, excetuada dos limites de endividamento de que tratam os incisos VI e VII do art. 52 da Constituição Federal e de quaisquer outros limites de endividamento previstos, não se aplicando a esse financiamento a vedação de vinculação de receita prevista no inciso IV do art. 167 da Constituição Federal.

▶ § 19 acrescido pela EC 94/2016.

§ 20. Caso haja precatório com valor superior a 15% (quinze por cento) do montante dos precatórios apresentados nos termos do § 5º deste artigo, 15% (quinze por cento) do valor deste precatório serão pagos até o final do exercício seguinte e o restante em parcelas iguais nos cinco exercícios subsequentes, acrescidas de juros de mora e correção monetária, ou mediante acordos diretos, perante Juízos Auxiliares de Conciliação de Precatórios, com redução máxima de 40% (quarenta por cento) do valor do crédito atualizado, desde que em relação ao crédito não penda recurso ou defesa judicial e que sejam observados os requisitos definidos na regulamentação editada pelo ente federado.

▶ § 20 acrescido pela EC 94/2016.

§ 21. Ficam a União e os demais entes federativos, nos montantes que lhes são próprios, desde que aceito por ambas as partes, autorizados a utilizar valores objeto de sentenças transitadas em julgado devidos a pessoa jurídica de direito público para amortizar dívidas, vencidas ou vincendas:

▶ § 21 acrescido pela EC 113/2021.

I – nos contratos de refinanciamento cujos créditos sejam detidos pelo ente federativo que figure como devedor na sentença de que trata o *caput* deste artigo;

II – nos contratos em que houve prestação de garantia a outro ente federativo;

III – nos parcelamentos de tributos ou de contribuições sociais; e

IV – nas obrigações decorrentes do descumprimento de prestação de contas ou de desvio de recursos.

§ 22. A amortização de que trata o § 21 deste artigo:

I – nas obrigações vencidas, será imputada primeiramente às parcelas mais antigas;

II – nas obrigações vincendas, reduzirá uniformemente o valor de cada parcela devida, mantida a duração original do respectivo contrato ou parcelamento.

▶ § 22 acrescido pela EC 113/2021.

Seção II
Do Supremo Tribunal Federal

Art. 101. O Supremo Tribunal Federal compõe-se de onze Ministros, escolhidos dentre cidadãos com mais de trinta e cinco e menos de setenta anos de idade, de notável saber jurídico e reputação ilibada.

▶ *Caput* com redação pela EC 122/2022.
▶ Arts. 1.027 a 1.044 do CPC.
▶ Lei 8.038/1990 (Normas procedimentais para os processos que especifica, perante o STJ e o STF).

Parágrafo único. Os Ministros do Supremo Tribunal Federal serão nomeados pelo Presidente da República, depois de aprovada a escolha pela maioria absoluta do Senado Federal.

Art. 102. Compete ao Supremo Tribunal Federal, precipuamente, a guarda da Constituição, cabendo-lhe:

I – processar e julgar, originariamente:

a) a ação direta de inconstitucionalidade de lei ou ato normativo federal ou estadual e a ação declaratória de constitucionalidade de lei ou ato normativo federal;

▶ Alínea *a* com redação pela EC 3/1993.
▶ Lei 9.868/1999 (Lei da ADIN e da ADECON).
▶ Dec. 2.346/1997 (Normas de procedimentos a serem observadas pela administração pública federal em razão de decisões judiciais).
▶ Súmulas 360, 642 e 735 do STF.

b) nas infrações penais comuns, o Presidente da República, o Vice-Presidente, os membros do Congresso Nacional, seus próprios Ministros e o Procurador-Geral da República;

c) nas infrações penais comuns e nos crimes de responsabilidade, os Ministros de Estado e os Comandantes da Marinha, do Exército e da Aeronáutica, ressalvado o disposto no artigo 52, I, os membros dos Tribunais Superiores, os do Tribunal de Contas da União e os chefes de missão diplomática de caráter permanente;

▶ Alínea *c* com redação pela EC 23/1997.
▶ Lei 1.079/1950 (Crimes de Responsabilidade).

d) o *habeas corpus*, sendo paciente qualquer das pessoas referidas nas alíneas anteriores; o mandado de segurança e o *habeas data* contra atos do Presidente da República, das Mesas da Câmara dos Deputados e do Senado Federal, do Tribunal de Contas da União, do Procurador-Geral da República e do próprio Supremo Tribunal Federal;

▶ Lei 9.507/1997 (*Habeas Data*).
▶ Lei 12.016/2009 (Mandado de Segurança Individual e Coletivo).
▶ Súmulas 624 e 692 do STF.

e) o litígio entre Estado estrangeiro ou organismo internacional e a União, o Estado, o Distrito Federal ou o Território;

f) as causas e os conflitos entre a União e os Estados, a União e o Distrito Federal, ou entre uns e outros, inclusive as respectivas entidades da administração indireta;

g) a extradição solicitada por Estado estrangeiro;

▶ Súmulas 367, 421 e 692 do STF.

h) Revogada pela EC 45/2004;

i) o *habeas corpus*, quando o coator for Tribunal Superior ou quando o coator ou o paciente for autoridade ou funcionário cujos atos estejam sujeitos diretamente à jurisdição do Supremo Tribunal Federal, ou se trate de crime sujeito à mesma jurisdição em uma única instância;

▶ Alínea *i* com redação pela EC 22/1999.
▶ Súmulas 606, 690, 691, 692 e 731 do STF.

j) a revisão criminal e a ação rescisória de seus julgados;

▶ Arts. 967 a 975 do CPC.
▶ Arts. 621 a 631 do CPP.

l) a reclamação para a preservação de sua competência e garantia da autoridade de suas decisões;

▶ Arts. 988 a 993 do CPC.
▶ Súmula 734 do STF.

m) a execução de sentença nas causas de sua competência originária, facultada a delegação de atribuições para a prática de atos processuais;

n) a ação em que todos os membros da magistratura sejam direta ou indiretamente interessados, e aquela em que mais da metade dos membros do Tribunal de origem estejam impedidos ou sejam direta ou indiretamente interessados;

▶ Súmulas 623 e 731 do STF.

o) os conflitos de competência entre o Superior Tribunal de Justiça e quaisquer Tribunais, entre Tribunais Superiores, ou entre estes e qualquer outro Tribunal;

▶ Arts. 105, I, *d*, 108, I, *e*, e 114, V, desta Constituição.

p) o pedido de medida cautelar das ações diretas de inconstitucionalidade;

q) o mandado de injunção, quando a elaboração da norma regulamentadora for atribuição do Presidente da República, do Congresso Nacional, da Câmara dos Deputados, do Senado Federal, das Mesas de uma dessas Casas Legislativas, do Tribunal de Contas da União, de um dos Tribunais Superiores, ou do próprio Supremo Tribunal Federal;

▶ Lei 13.300/2016 (Mandado de Injunção Individual e Coletivo).

r) as ações contra o Conselho Nacional de Justiça e contra o Conselho Nacional do Ministério Público;

▶ Alínea *r* acrescida pela EC 45/2004.
▶ Arts. 103-A e 130-B da Constituição.

II – julgar, em recurso ordinário:

a) o *habeas corpus*, o mandado de segurança, o *habeas data* e o mandado de injunção decididos em única instância pelos Tribunais Superiores, se denegatória a decisão;

▶ Lei 9.507/1997 (*Habeas Data*).
▶ Lei 12.016/2009 (Mandado de Segurança Individual e Coletivo).
▶ Lei 13.300/2016 (Mandado de Injunção Individual e Coletivo).

b) o crime político;

III – julgar, mediante recurso extraordinário, as causas decididas em única ou última instância, quando a decisão recorrida:

▶ Súmulas 279, 283, 634, 635, 637, 640, 727 e 733 do STF.

a) contrariar dispositivo desta Constituição;

▶ Súmulas 400 e 735 do STF.

b) declarar a inconstitucionalidade de tratado ou lei federal;

c) julgar válida lei ou ato de governo local contestado em face desta Constituição;

d) julgar válida lei local contestada em face de lei federal.

▶ Alínea *d* acrescida pela EC 45/2004.

§ 1º A arguição de descumprimento de preceito fundamental, decorrente desta Constituição, será apreciada pelo Supremo Tribunal Federal, na forma da lei.

▶ Primitivo parágrafo único renumerado pela EC 3/1993.
▶ Lei 9.882/1999 (Ação de Descumprimento de Preceito Fundamental).

§ 2º As decisões definitivas de mérito, proferidas pelo Supremo Tribunal Federal, nas ações diretas de inconstitucionalidade e nas ações declaratórias de constitucionalidade, produzirão eficácia contra todos e efeito vinculante, relativamente aos demais órgãos do Poder Judiciário e à administração pública direta e indireta, nas esferas federal, estadual e municipal.

▶ § 2º com redação pela EC 45/2004.
▶ Lei 9.868/1999 (Lei da ADIN e da ADECON).

§ 3º No recurso extraordinário o recorrente deverá demonstrar a repercussão geral das questões constitucionais discutidas no caso, nos termos da lei, a fim de que o Tribunal examine a admissão do recurso, somente podendo recusá-lo pela manifestação de dois terços de seus membros.

▶ § 3º acrescido pela EC 45/2004.
▶ Lei 11.418/2006 (Regulamenta o § 3º do art. 102 da CF). Arts. 1.035 e 1.036 do CPC.

Art. 103. Podem propor a ação direta de inconstitucionalidade e a ação declaratória de constitucionalidade:

▶ *Caput* com redação pela EC 45/2004.
▶ Arts. 2º, 12-A e 13 da Lei 9.868/1999 (Lei da ADIN e da ADECON).

I – o Presidente da República;

II – a Mesa do Senado Federal;

III – a Mesa da Câmara dos Deputados;

IV – a Mesa de Assembleia Legislativa ou da Câmara Legislativa do Distrito Federal;

▶ Inciso IV com redação pela EC 45/2004.

V – o Governador de Estado ou do Distrito Federal;

▶ Inciso V com redação pela EC 45/2004.

VI – o Procurador-Geral da República;

VII – o Conselho Federal da Ordem dos Advogados do Brasil;

VIII – partido político com representação no Congresso Nacional;

IX – confederação sindical ou entidade de classe de âmbito nacional.

§ 1º O Procurador-Geral da República deverá ser previamente ouvido nas ações de inconstitucionalidade e em todos os processos de competência do Supremo Tribunal Federal.

§ 2º Declarada a inconstitucionalidade por omissão de medida para tornar efetiva norma constitucional, será dada ciência ao Poder competente para a adoção das providências necessárias e, em se tratando de órgão administrativo, para fazê-lo em trinta dias.

▶ Art. 12-H da Lei 9.868/1999 (Lei da ADIN e ADECON).

§ 3º Quando o Supremo Tribunal Federal apreciar a inconstitucionalidade, em tese, de norma legal ou ato normativo, citará, previamente, o Advogado-Geral da União, que defenderá o ato ou texto impugnado.

§ 4º *Revogado pela EC 45/2004.*

Art. 103-A. O Supremo Tribunal Federal poderá, de ofício ou por provocação, mediante decisão de dois terços dos seus membros, após reiteradas decisões sobre matéria constitucional, aprovar súmula que, a partir de sua publicação na imprensa oficial, terá efeito vinculante em relação aos demais órgãos do Poder Judiciário e à administração pública direta e indireta, nas esferas federal, estadual e municipal, bem como proceder à sua revisão ou cancelamento, na forma estabelecida em lei.

▶ Art. 8º da EC 45/2004 (Reforma do Judiciário).
▶ Lei 11.417/2006 (Súmula Vinculante).

§ 1º A súmula terá por objetivo a validade, a interpretação e a eficácia de normas determinadas, acerca das quais haja controvérsia atual entre órgãos judiciários ou entre esses e a administração pública que acarrete grave insegurança jurídica e relevante multiplicação de processos sobre questão idêntica.

§ 2º Sem prejuízo do que vier a ser estabelecido em lei, a aprovação, revisão ou cancelamento de súmula poderá ser provocada por aqueles que podem propor a ação direta de inconstitucionalidade.

§ 3º Do ato administrativo ou decisão judicial que contrariar a súmula aplicável ou que indevidamente a aplicar, caberá reclamação ao Supremo Tribunal Federal que, julgando-a procedente, anulará o ato administrativo ou cassará a decisão judicial reclamada, e determinará que outra seja proferida com ou sem a aplicação da súmula, conforme o caso.

Art. 103-B. O Conselho Nacional de Justiça compõe-se de 15 (quinze) membros com mandato de 2 (dois) anos, admitida 1 (uma) recondução, sendo:

▶ *Caput* com redação pela EC 61/2009.

▸ Lei 11.364/2006 (Atividades de apoio ao Conselho Nacional de Justiça).

I – o Presidente do Supremo Tribunal Federal;
▸ Inciso I com redação pela EC 61/2009.

II – um Ministro do Superior Tribunal de Justiça, indicado pelo respectivo tribunal;
▸ Inciso II acrescido pela EC 45/2004.

III – um Ministro do Tribunal Superior do Trabalho, indicado pelo respectivo tribunal;
▸ Inciso III acrescido pela EC 45/2004.

IV – um desembargador de Tribunal de Justiça, indicado pelo Supremo Tribunal Federal;
▸ Inciso IV acrescido pela EC 45/2004.

V – um juiz estadual, indicado pelo Supremo Tribunal Federal;
▸ Inciso V acrescido pela EC 45/2004.

VI – um juiz de Tribunal Regional Federal, indicado pelo Superior Tribunal de Justiça;
▸ Inciso VI acrescido pela EC 45/2004.

VII – um juiz federal, indicado pelo Superior Tribunal de Justiça;
▸ Inciso VII acrescido pela EC 45/2004.

VIII – um juiz de Tribunal Regional do Trabalho, indicado pelo Tribunal Superior do Trabalho;
▸ Inciso VIII acrescido pela EC 45/2004.

IX – um juiz do trabalho, indicado pelo Tribunal Superior do Trabalho;
▸ Inciso IX acrescido pela EC 45/2004.

X – um membro do Ministério Público da União, indicado pelo Procurador-Geral da República;
▸ Inciso X acrescido pela EC 45/2004.

XI – um membro do Ministério Público estadual, escolhido pelo Procurador-Geral da República dentre os nomes indicados pelo órgão competente de cada instituição estadual;
▸ Inciso XI acrescido pela EC 45/2004.

XII – dois advogados, indicados pelo Conselho Federal da Ordem dos Advogados do Brasil;
▸ Inciso XII acrescido pela EC 45/2004.

XIII – dois cidadãos, de notável saber jurídico e reputação ilibada, indicados um pela Câmara dos Deputados e outro pelo Senado Federal.
▸ Inciso XIII acrescido pela EC 45/2004.

§ 1º O Conselho será presidido pelo Presidente do Supremo Tribunal Federal e, nas suas ausências e impedimentos, pelo Vice-Presidente do Supremo Tribunal Federal.
▸ § 1º com redação pela EC 61/2009.

§ 2º Os demais membros do Conselho serão nomeados pelo Presidente da República, depois de aprovada a escolha pela maioria absoluta do Senado Federal.
▸ § 2º com redação pela EC 61/2009.

§ 3º Não efetuadas, no prazo legal, as indicações previstas neste artigo, caberá a escolha ao Supremo Tribunal Federal.
▸ § 3º acrescido pela EC 45/2004.

§ 4º Compete ao Conselho o controle da atuação administrativa e financeira do Poder Judiciário e do cumprimento dos deveres funcionais dos juízes, cabendo-lhe, além de outras atribuições que lhe forem conferidas pelo Estatuto da Magistratura:
▸ § 4º acrescido pela EC 45/2004.

I – zelar pela autonomia do Poder Judiciário e pelo cumprimento do Estatuto da Magistratura, podendo expedir atos regulamentares, no âmbito de sua competência, ou recomendar providências;
▸ Inciso I acrescido pela EC 45/2004.

II – zelar pela observância do art. 37 e apreciar, de ofício ou mediante provocação, a legalidade dos atos administrativos praticados por membros ou órgãos do Poder Judiciário, podendo desconstituí-los, revê-los ou fixar prazo para que se adotem as providências necessárias ao exato cumprimento da lei, sem prejuízo da competência do Tribunal de Contas da União;
▸ Inciso II acrescido pela EC 45/2004.

III – receber e conhecer das reclamações contra membros ou órgãos do Poder Judiciário, inclusive contra seus serviços auxiliares, serventias e órgãos prestadores de serviços notariais e de registro que atuem por delegação do poder público ou oficializados, sem prejuízo da competência disciplinar e correicional dos tribunais, podendo avocar processos disciplinares em curso, determinar a remoção ou a disponibilidade e aplicar outras sanções administrativas, assegurada ampla defesa;
▸ Inciso III com redação pela EC 103/2019.

IV – representar ao Ministério Público, no caso de crime contra a administração pública ou de abuso de autoridade;
▸ Inciso IV acrescido pela EC 45/2004.

V – rever, de ofício ou mediante provocação, os processos disciplinares de juízes e membros de tribunais julgados há menos de um ano;
▸ Inciso V acrescido pela EC 45/2004.

VI – elaborar semestralmente relatório estatístico sobre processos e sentenças prolatadas, por unidade da Federação, nos diferentes órgãos do Poder Judiciário;
▸ Inciso VI acrescido pela EC 45/2004.

VII – elaborar relatório anual, propondo as providências que julgar necessárias, sobre a situação do Poder Judiciário no País e as atividades do Conselho, o qual deve integrar mensagem do Presidente do Supremo Tribunal Federal a ser remetida ao Congresso Nacional, por ocasião da abertura da sessão legislativa.
▸ Inciso VII acrescido pela EC 45/2004.

§ 5º O Ministro do Superior Tribunal de Justiça exercerá a função de Ministro Corregedor e ficará excluído da distribuição de processos no Tribunal, competindo-lhe, além das atribuições que lhe forem conferidas pelo Estatuto da Magistratura, as seguintes:
▸ § 5º acrescido pela EC 45/2004.

I – receber as reclamações e denúncias, de qualquer interessado, relativas aos magistrados e aos serviços judiciários;

II – exercer funções executivas do Conselho, de inspeção e de correição geral;

III – requisitar e designar magistrados, delegando-lhes atribuições, e requisitar servidores de juízos ou tribunais, inclusive nos Estados, Distrito Federal e Territórios.

§ 6º Junto ao Conselho oficiarão o Procurador-Geral da República e o Presidente do Conselho Federal da Ordem dos Advogados do Brasil.
▸ § 6º acrescido pela EC 45/2004.

§ 7º A União, inclusive no Distrito Federal e nos Territórios, criará ouvidorias de justiça, competentes para receber reclamações e denúncias de qualquer interessado contra membros ou órgãos do Poder Judiciário, ou contra seus serviços auxiliares, representando diretamente ao Conselho Nacional de Justiça.
▸ § 7º acrescido pela EC 45/2004.

Seção III
Do Superior Tribunal de Justiça
▸ Arts. 1.027 a 1.044 do CPC.
▸ Lei 8.038/1990 (Normas procedimentais para os processos que especifica, perante o STJ e o STF).

Art. 104. O Superior Tribunal de Justiça compõe-se de, no mínimo, trinta e três Ministros.

Parágrafo único. Os Ministros do Superior Tribunal de Justiça serão nomeados pelo Presidente da República, dentre brasileiros com mais de trinta e cinco e menos de setenta anos de idade, de notável saber jurídico e reputação ilibada, depois de aprovada a escolha pela maioria absoluta do Senado Federal, sendo:
▸ *Caput* do parágrafo único com redação pela EC 122/2022.

I – um terço dentre juízes dos Tribunais Regionais Federais e um terço dentre desembargadores dos Tribunais de Justiça, indicados em lista tríplice elaborada pelo próprio Tribunal;

II – um terço, em partes iguais, dentre advogados e membros do Ministério Público Federal, Estadual, do Distrito Federal e Territórios, alternadamente, indicados na forma do artigo 94.

Art. 105. Compete ao Superior Tribunal de Justiça:

I – processar e julgar, originariamente:

a) nos crimes comuns, os Governadores dos Estados e do Distrito Federal, e, nestes e nos de responsabilidade, os desembargadores dos Tribunais de Justiça dos Estados e do Distrito Federal, os membros dos Tribunais de Contas dos Estados e do Distrito Federal, os dos Tribunais Regionais Federais, dos Tribunais Regionais Eleitorais e do Trabalho, os membros dos Conselhos ou Tribunais de Contas dos Municípios e os do Ministério Público da União que oficiem perante tribunais;
▸ Súmula 568 do STJ.

b) os mandados de segurança e os *habeas data* contra ato de Ministro de Estado, dos Comandantes da Marinha, do Exército e da Aeronáutica ou do próprio Tribunal;
▸ Alínea *b* com redação pela EC 23/1999.
▸ Lei 9.507/1997 (*Habeas Data*).
▸ Lei 12.016/2009 (Mandado de Segurança Individual e Coletivo).
▸ Súmula 41 do STJ.

c) os *habeas corpus*, quando o coator ou paciente for qualquer das pessoas mencionadas na alínea *a*, ou quando o coator for tribunal sujeito à sua jurisdição, Ministro de Estado ou Comandante da Marinha, do Exército ou da Aeronáutica, ressalvada a competência da Justiça Eleitoral;
▸ Alínea *c* com redação pela EC 23/1999.
▸ Súmula 568 do STJ.

d) os conflitos de competência entre quaisquer tribunais, ressalvado o disposto no artigo 102, I, *o*, bem como entre Tribunal e juízes a ele não vinculados e entre juízes vinculados a Tribunais diversos;
▸ Súmula 22 do STJ.

e) as revisões criminais e as ações rescisórias de seus julgados;
▸ Arts. 966 a 975 do CPC.
▸ Arts. 621 a 631 do CP.

f) a reclamação para a preservação de sua competência e garantia da autoridade de suas decisões;
▸ Arts. 988 a 993 do CPC.

g) os conflitos de atribuições entre autoridades administrativas e judiciárias da União, ou entre autoridades judiciárias de um Estado e administrativas de outro ou do Distrito Federal, ou entre as deste e da União;

h) o mandado de injunção, quando a elaboração da norma regulamentadora for atribuição de órgão, entidade ou autoridade federal, da administração direta ou indireta, excetuados os casos de competência do Supremo Tribunal Federal e dos órgãos da Justiça Militar, da Justiça Eleitoral, da Justiça do Trabalho e da Justiça Federal;
▸ Art. 109 desta Constituição.
▸ Lei 13.300/2016 (Mandado de Injunção Individual e Coletivo).

i) a homologação de sentenças estrangeiras e a concessão de exequatur às cartas rogatórias;
▸ Alínea *i* acrescida pela EC 45/2004.
▸ Art. 109, X, desta Constituição.
▸ Arts. 960, § 2º, 961 e 965 do CPC.

j) os conflitos entre entes federativos, ou entre estes e o Comitê Gestor do Imposto sobre Bens e Serviços, relacionados aos tributos previstos nos arts. 156-A e 195, V;
▸ Alínea *j* acrescida pela EC 132/2023.

II – julgar, em recurso ordinário:

a) os *habeas corpus* decididos em única ou última instância pelos Tribunais Regionais Federais ou pelos Tribunais dos Estados, do Distrito Federal e Territórios, quando a decisão for denegatória;

b) os mandados de segurança decididos em única instância pelos Tribunais Regionais Federais ou pelos Tribunais dos Estados, do Distrito Federal e Territórios, quando denegatória a decisão;
▸ Lei 12.016/2009 (Mandado de Segurança Individual e Coletivo).

c) as causas em que forem partes Estado estrangeiro ou organismo internacional, de um lado, e, do outro, Município ou pessoa residente ou domiciliada no País;

III – julgar, em recurso especial, as causas decididas, em única ou última instância, pelos Tribunais Regionais Federais ou pelos Tribunais dos Estados, do Distrito Federal e Territórios, quando a decisão recorrida:
▸ Súmulas 5, 7, 86, 95, 203, 207, 320 e 579 do STJ.

a) contrariar tratado ou lei federal, ou negar-lhes vigência;

b) julgar válido ato de governo local contestado em face de lei federal;
▸ Alínea *b* com redação pela EC 45/2004.

c) der a lei federal interpretação divergente da que lhe haja atribuído outro Tribunal.
▸ Súmula 13 do STJ.

§ 1º Funcionarão junto ao Superior Tribunal de Justiça:
▸ Parágrafo único renumerado para § 1º pela EC 125/2022, e com redação pela EC 45/2004.

I – a escola nacional de formação e aperfeiçoamento de magistrados, cabendo-lhe, dentre outras funções, regulamentar os cursos oficiais para o ingresso e promoção na carreira;
▸ Inciso I acrescido pela EC 45/2004.

II – o Conselho da Justiça Federal, cabendo-lhe exercer, na forma da lei, a supervisão administrativa e orçamentária da Justiça Federal de primeiro e segundo graus, como órgão central do sistema e com poderes correicionais, cujas decisões terão caráter vinculante.
▸ Inciso II acrescido pela EC 45/2004.

§ 2º No recurso especial, o recorrente deve demonstrar a relevância das questões de direito federal infraconstitucional discutidas no caso, nos termos da lei, a fim de que a admissão do recurso seja examinada pelo Tribunal, o qual somente pode dele não conhecer com base nesse motivo pela manifestação de 2/3 (dois terços) dos membros do órgão competente para o julgamento.
▸ § 2º acrescido pela EC 125/2022.
▸ Art. 2º da EC 125/2022.

§ 3º Haverá a relevância de que trata o § 2º deste artigo nos seguintes casos:
▸ § 3º acrescido pela EC 125/2022.

I – ações penais;

II – ações de improbidade administrativa;

III – ações cujo valor da causa ultrapasse 500 (quinhentos) salários mínimos;
▸ Art. 2º da EC 125/2022.

IV – ações que possam gerar inelegibilidade;

V – hipóteses em que o acórdão recorrido contrariar jurisprudência dominante do Superior Tribunal de Justiça;

VI – outras hipóteses previstas em lei.

Seção IV
Dos Tribunais Regionais Federais e dos Juízes Federais

Art. 106. São órgãos da Justiça Federal:

I – os Tribunais Regionais Federais;

II – os Juízes Federais.

Art. 107. Os Tribunais Regionais Federais compõem-se de, no mínimo, sete juízes, recrutados, quando possível, na respectiva região e nomeados pelo Presidente da República dentre brasileiros com mais de trinta e menos de setenta anos de idade, sendo:

▶ *Caput* com redação pela EC 122/2022.

I – um quinto dentre advogados com mais de dez anos de efetiva atividade profissional e membros do Ministério Público Federal com mais de dez anos de carreira;

II – os demais, mediante promoção de juízes federais com mais de cinco anos de exercício, por antiguidade e merecimento, alternadamente.

▶ Art. 27, § 9º, do ADCT.

§ 1º A lei disciplinará a remoção ou a permuta de juízes dos Tribunais Regionais Federais e determinará sua jurisdição e sede.

▶ Primitivo parágrafo único renumerado pela EC 45/2004.

§ 2º Os Tribunais Regionais Federais instalarão a justiça itinerante, com a realização de audiências e demais funções da atividade jurisdicional, nos limites territoriais da respectiva jurisdição, servindo-se de equipamentos públicos e comunitários.

▶ § 2º acrescido pela EC 45/2004.

§ 3º Os Tribunais Regionais Federais poderão funcionar descentralizadamente, constituindo Câmaras regionais, a fim de assegurar o pleno acesso do jurisdicionado à justiça em todas as fases do processo.

▶ § 3º acrescido pela EC 45/2004.

Art. 108. Compete aos Tribunais Regionais Federais:

I – processar e julgar, originariamente:

a) os juízes federais da área de sua jurisdição, incluídos os da Justiça Militar e da Justiça do Trabalho, nos crimes comuns e de responsabilidade, e os membros do Ministério Público da União, ressalvada a competência da Justiça Eleitoral;

b) as revisões criminais e as ações rescisórias de julgados seus ou dos juízes federais da região;

▶ Arts. 966 a 975 do CPC.
▶ Arts. 621 a 631 do CPP.

c) os mandados de segurança e os *habeas data* contra ato do próprio Tribunal ou de juiz federal;

▶ Lei 9.507/1997 (*Habeas Data*).
▶ Lei 12.016/2009 (Mandado de Segurança Individual e Coletivo).

d) os *habeas corpus*, quando a autoridade coatora for juiz federal;

e) os conflitos de competência entre juízes federais vinculados ao Tribunal;

▶ Súmulas 3 e 428 do STJ.

II – julgar, em grau de recurso, as causas decididas pelos juízes federais e pelos juízes estaduais no exercício da competência federal da área de sua jurisdição.

▶ Súmula 55 do STJ.

Art. 109. Aos juízes federais compete processar e julgar:

▶ Lei 7.492/1986 (Crimes Contra o Sistema Financeiro Nacional).
▶ Lei 10.259/2001 (Juizados Especiais Federais).
▶ Art. 70 da Lei 11.343/2006 (Drogas).
▶ Súmulas 15, 32, 42, 66, 82, 150, 173, 324, 349 e 365 do STJ.

I – as causas em que a União, entidade autárquica ou empresa pública federal forem interessadas na condição de autoras, rés, assistentes ou oponentes, exceto as de falência, as de acidentes de trabalho e as sujeitas à Justiça Eleitoral e à Justiça do Trabalho;

▶ Súmulas Vinculantes 22 e 27 do STF.
▶ Súmulas 15, 32, 42, 66, 82, 150, 173, 324, 365, 374, 489 e 570 do STJ.

II – as causas entre Estado estrangeiro ou organismo internacional e Município ou pessoa domiciliada ou residente no País;

III – as causas fundadas em tratado ou contrato da União com Estado estrangeiro ou organismo internacional;

▶ Súmula 689 do STF.

IV – os crimes políticos e as infrações penais praticadas em detrimento de bens, serviços ou interesse da União ou de suas entidades autárquicas ou empresas públicas, excluídas as contravenções e ressalvada a competência da Justiça Militar e da Justiça Eleitoral;

▶ Art. 9º do CPM.
▶ Súmula Vinculante 36 do STF.
▶ Súmulas 38, 42, 62, 73, 104, 147, 165, 208 e 546 do STJ.

V – os crimes previstos em tratado ou convenção internacional, quando, iniciada a execução no País, o resultado tenha ou devesse ter ocorrido no estrangeiro, ou reciprocamente;

V-A – as causas relativas a direitos humanos a que se refere o § 5º deste artigo;

▶ Inciso V-A acrescido pela EC 45/2004.

VI – os crimes contra a organização do trabalho e, nos casos determinados por lei, contra o sistema financeiro e a ordem econômico-financeira;

▶ Arts. 197 a 207 do CP.
▶ Lei 7.492/1986 (Crimes contra o Sistema Financeiro Nacional).
▶ Lei 8.137/1990 (Crimes Contra a Ordem Tributária, Econômica e contra as Relações de Consumo).
▶ Lei 8.176/1991 (Crimes contra a Ordem Econômica).

VII – os *habeas corpus*, em matéria criminal de sua competência ou quando o constrangimento provier de autoridade cujos atos não estejam diretamente sujeitos a outra jurisdição;

VIII – os mandados de segurança e os *habeas data* contra ato de autoridade federal, excetuados os casos de competência dos Tribunais federais;

▶ Lei 9.507/1997 (*Habeas Data*).
▶ Lei 12.016/2009 (Mandado de Segurança Individual e Coletivo).

IX – os crimes cometidos a bordo de navios ou aeronaves, ressalvada a competência da Justiça Militar;

▶ Art. 125, § 4º, desta Constituição.

X – os crimes de ingresso ou permanência irregular de estrangeiro, a execução de carta rogatória, após o exequatur, e de sentença estrangeira, após a homologação, as causas referentes à nacionalidade, inclusive a respectiva opção, e a naturalização;

▶ Art. 105, I, *i*, desta Constituição.
▶ Arts. 960 a 965 do CPC.

XI – a disputa sobre direitos indígenas.

▶ Súmula 140 do STJ.

§ 1º As causas em que a União for autora serão aforadas na seção judiciária onde tiver domicílio a outra parte.

§ 2º As causas intentadas contra a União poderão ser aforadas na seção judiciária em que for domiciliado o autor, naquela onde houver ocorrido o ato ou fato que deu origem à demanda ou onde esteja situada a coisa, ou, ainda, no Distrito Federal.

§ 3º Lei poderá autorizar que as causas de competência da Justiça Federal em que forem parte instituição de previdência social e segurado possam ser processadas e julgadas na justiça estadual quando a comarca do domicílio do segurado não for sede de vara federal.

▶ § 3º com redação pela EC 103/2019.
▶ Lei 5.010/1966 (Organização da Justiça Federal).
▶ Súmulas 11, 15 e 32 do STJ.

§ 4º Na hipótese do parágrafo anterior, o recurso cabível será sempre para o Tribunal Regional Federal na área de jurisdição do juiz de primeiro grau.

▶ Súmula 32 do STJ.

§ 5º Nas hipóteses de grave violação de direitos humanos, o Procurador-Geral da República, com a finalidade de assegurar o cumprimento de obrigações decorrentes de tratados internacionais de direitos humanos dos quais o Brasil seja parte, poderá suscitar, perante o Superior Tribunal de Justiça, em qualquer fase do inquérito ou processo, incidente de deslocamento de competência para a Justiça Federal.

▶ § 5º acrescido pela EC 45/2004.

Art. 110. Cada Estado, bem como o Distrito Federal, constituirá uma seção judiciária que terá por sede a respectiva Capital, e varas localizadas segundo o estabelecido em lei.

▶ Lei 5.010/1966 (Organização da Justiça Federal).

Parágrafo único. Nos Territórios Federais, a jurisdição e as atribuições cometidas aos juízes federais caberão aos juízes da justiça local, na forma da lei.

▶ Lei 9.788/1999 (Reestruturação da Justiça Federal de Primeiro Grau, nas cinco regiões, com a criação de cem Varas Federais).

Seção V
Do Tribunal Superior do Trabalho, dos Tribunais Regionais do Trabalho e dos Juízes do Trabalho

▶ Seção V com redação pela EC 92/2016
▶ Art. 644 da CLT.

Art. 111. São órgãos da Justiça do Trabalho:

I – o Tribunal Superior do Trabalho;

II – os Tribunais Regionais do Trabalho;

III – Juízes do Trabalho.

▶ Inciso III com redação pela EC 24/1999.

§ 1º *Revogado pela EC 45/2004.*

§ 2º *Revogado pela EC 45/2004.*

§ 3º *Revogado pela EC 45/2004.*

Art. 111-A. O Tribunal Superior do Trabalho compõe-se de vinte e sete Ministros, escolhidos dentre brasileiros com mais de trinta e cinco e menos de setenta anos de idade, de notável saber jurídico e reputação ilibada, nomeados pelo Presidente da República após aprovação pela maioria absoluta do Senado Federal, sendo:

▶ *Caput* com redação pela EC 122/2022.

I – um quinto dentre advogados com mais de dez anos de efetiva atividade profissional e membros do Ministério Público do Trabalho com mais de dez anos de efetivo exercício, observado o disposto no art. 94;

▶ Inciso I acrescido pela EC 45/2004.

II – os demais dentre juízes do Trabalho dos Tribunais Regionais do Trabalho, oriundos da magistratura da carreira, indicados pelo próprio Tribunal Superior.

▶ Inciso II acrescido pela EC 45/2004.

§ 1º A lei disporá sobre a competência do Tribunal Superior do Trabalho.

▶ § 1º acrescido pela EC 45/2004.

§ 2º Funcionarão junto ao Tribunal Superior do Trabalho:

▶ § 2º acrescido pela EC 45/2004.

I – a Escola Nacional de Formação e Aperfeiçoamento de Magistrados do Trabalho, cabendo-lhe, dentre outras funções, regulamentar os cursos oficiais para o ingresso e promoção na carreira;

▶ Inciso I acrescido pela EC 45/2004.

II – o Conselho Superior da Justiça do Trabalho, cabendo-lhe exercer, na forma da lei, a supervisão administrativa, orçamentária, financeira e patrimonial da Justiça do Trabalho de primeiro e segundo graus, como órgão central do sistema, cujas decisões terão efeito vinculante.

▶ Inciso II acrescido pela EC 45/2004.
▶ Art. 6º da EC 45/2004 (Reforma do Judiciário).

§ 3º Compete ao Tribunal Superior do Trabalho processar e julgar, originariamente, a reclamação para a preservação de sua competência e garantia da autoridade de suas decisões.

▶ § 3º acrescido pela EC 92/2016.

Art. 112. A lei criará varas da Justiça do Trabalho, podendo, nas comarcas não abrangidas por sua jurisdição, atribuí-la aos juízes de direito, com recurso para o respectivo Tribunal Regional do Trabalho.

▶ Artigo com redação pela EC 45/2004.

Art. 113. A lei disporá sobre a constituição, investidura, jurisdição, competência, garantias e condições de exercício dos órgãos da Justiça do Trabalho.

▶ Artigo com redação pela EC 24/1999.
▶ Arts. 643 a 673 da CLT.
▶ LC 35/1979 (Lei Orgânica da Magistratura Nacional).

Art. 114. Compete à Justiça do Trabalho processar e julgar:

▶ *Caput* com redação pela EC 45/2004.
▶ Art. 651 da CLT.
▶ Art. 6º, § 2º, da Lei 11.101/2005 (Recuperação de Empresas e Falências).
▶ Súmulas Vinculantes 22 e 23 do STF.
▶ Súmulas 349 e 736 do STF.
▶ Súmulas 57, 97, 137, 180, 222, 349 e 363 do STJ.
▶ Súmulas 300, 389 e 392 do TST.

I – as ações oriundas da relação de trabalho, abrangidos os entes de direito público externo e da administração pública direta e indireta da União, dos Estados, do Distrito Federal e dos Municípios;

▶ Inciso I acrescido pela EC 45/2004.
▶ O STF, no julgamento da ADIN 3.684-0 (*DJU 03.08.2007*), deferiu a medida cautelar, com efeito *ex tunc*, para dar interpretação conforme a CF, decidindo que "o disposto no art. 114, incs. I, IV e IX, da Constituição da República, acrescidos pela Emenda Constitucional 45, não atribui à Justiça do Trabalho competência para processar e julgar ações penais".
▶ O STF julgou parcialmente procedente a ADIN 3.529 para dar interpretação conforme à Constituição deste inciso, para declarar que a "expressão 'relação do trabalho' deve excluir os vínculos de natureza jurídico-estatutária, em razão do que a competência da Justiça do Trabalho não alcança as ações judiciais entre o Poder Público e seus servidores." (DOU 01.09.2020).
▶ O STF, por maioria, julgou parcialmente procedente a ADIN 3.395, confirmando a decisão liminar concedida e fixando, com aplicação de interpretação conforme à Constituição, sem redução de texto, que "o disposto no inciso I do art. 114 da Constituição Federal não abrange causas ajuizadas para discussão de relação jurídico-estatutária entre o Poder Público dos Entes da Federação e seus Servidores" (DOU 21.10.2020)
▶ OJ 26 da SBDI-I do TST.

II – as ações que envolvam exercício do direito de greve;

▶ Inciso II acrescido pela EC 45/2004.
▶ Art. 9º desta Constituição.
▶ Lei 7.783/1989 (Greve).
▶ Súmula Vinculante 23 do STF.
▶ Súmula 189 do TST.

III – as ações sobre representação sindical, entre sindicatos, entre sindicatos e trabalhadores, e entre sindicatos e empregadores;

▶ Inciso III acrescido pela EC 45/2004.
▶ Lei 8.984/1995 (Estende a competência da Justiça do Trabalho).

IV – os mandados de segurança, habeas corpus e habeas data, quando o ato questionado envolver matéria sujeita à sua jurisdição;

▶ Inciso IV acrescido pela EC 45/2004.
▶ O STF, no julgamento da ADIN 3.684-0 (*DJU 03.08.2007*), deferiu a medida cautelar, com efeito *ex tunc*, para dar interpretação conforme a CF, decidindo que "o disposto no art. 114, incs. I, IV e IX, da Constituição da República, acrescidos pela Emenda

Constitucional 45, não atribui à Justiça do Trabalho competência para processar e julgar ações penais".
▸ Arts. 5º, LXVIII, LXIX, LXXII, 7º, XXVIII, desta Constituição.
▸ Lei 9.507/1997 (*Habeas Data*).
▸ Lei 12.016/2009 (Mandado de Segurança Individual e Coletivo).
▸ OJ 156 da SBDI-II do TST.

V – os conflitos de competência entre órgãos com jurisdição trabalhista, ressalvado o disposto no art. 102, I, o;
▸ Inciso V acrescido pela EC 45/2004.
▸ Arts. 803 a 811 da CLT.
▸ Súmula 420 do TST.
▸ OJ 149 da SBDI-II do TST.

VI – as ações de indenização por dano moral ou patrimonial, decorrentes da relação de trabalho;
▸ Inciso VI acrescido pela EC 45/2004.
▸ Arts. 186, 927, 949 a 951 do CC.
▸ Art. 8º da CLT.
▸ Súmulas 227, 362, 370 e 387 do STJ.
▸ Súmula 392 do TST.

VII – as ações relativas às penalidades administrativas impostas aos empregadores pelos órgãos de fiscalização das relações de trabalho;
▸ Inciso VII acrescido pela EC 45/2004.
▸ OJ 156 da SBDI-II do TST.

VIII – a execução, de ofício, das contribuições sociais previstas no art. 195, I, a, e II, e seus acréscimos legais, decorrentes das sentenças que proferir;
▸ Inciso VIII acrescido pela EC 45/2004.
▸ Súmula Vinculante 53 do STF.
▸ Súmulas 368 e 454 do TST.
▸ OJs 368, 398 e 400 da SDI-I do TST.

IX – outras controvérsias decorrentes da relação de trabalho, na forma da lei.
▸ Inciso IX acrescido pela EC 45/2004.
▸ O STF, no julgamento da ADIN 3.684-0 (*DJU 03.08.2007*), deferiu a medida cautelar, com efeito *ex tunc*, para dar interpretação conforme à CF, decidindo que "o disposto no art. 114, incs. I, IV e IX, da Constituição da República, acrescidos pela Emenda Constitucional 45, não atribui à Justiça do Trabalho competência para processar e julgar ações penais".
▸ Súmula 736 do STF.
▸ Súmula 389 do TST.

§ 1º Frustrada a negociação coletiva, as partes poderão eleger árbitros.

§ 2º Recusando-se qualquer das partes à negociação coletiva ou à arbitragem, é facultado às mesmas, de comum acordo, ajuizar dissídio coletivo de natureza econômica, podendo a Justiça do Trabalho decidir o conflito, respeitadas as disposições mínimas legais de proteção ao trabalho, bem como as convencionadas anteriormente.
▸ § 2º com redação pela EC 45/2004.

§ 3º Em caso de greve em atividade essencial, com possibilidade de lesão do interesse público, o Ministério Público do Trabalho poderá ajuizar dissídio coletivo, competindo à Justiça do Trabalho decidir o conflito.
▸ § 3º com redação pela EC 45/2004.
▸ Art. 9º, § 1º, desta Constituição.
▸ Lei 7.783/1989 (Greve).
▸ Súmula 190 do TST.

Art. 115. Os Tribunais Regionais do Trabalho compõem-se de, no mínimo, sete juízes, recrutados, quando possível, na respectiva região e nomeados pelo Presidente da República dentre brasileiros com mais de trinta e menos de setenta anos de idade, sendo:
▸ *Caput* com redação pela EC 122/2022.
▸ Súmula 628 do STF.

I – um quinto dentre advogados com mais de dez anos de efetiva atividade profissional e membros do Ministério Público do Trabalho com mais de dez anos de efetivo exercício, observado o disposto no art. 94;
▸ Inciso I acrescido pela EC 45/2004.

II – os demais, mediante promoção de juízes do trabalho por antiguidade e merecimento, alternadamente.
▸ Inciso II acrescido pela EC 45/2004.

§ 1º Os Tribunais Regionais do Trabalho instalarão a justiça itinerante, com a realização de audiências e demais funções de atividade jurisdicional, nos limites territoriais da respectiva jurisdição, servindo-se de equipamentos públicos e comunitários.
▸ § 1º acrescido pela EC 45/2004.

§ 2º Os Tribunais Regionais do Trabalho poderão funcionar descentralizadamente, constituindo Câmaras regionais, a fim de assegurar o pleno acesso do jurisdicionado à justiça em todas as fases do processo.
▸ § 2º acrescido pela EC 45/2004.

Art. 116. Nas Varas do Trabalho, a jurisdição será exercida por um juiz singular.
▸ *Caput* com redação pela EC 24/1999.

Parágrafo único. *Revogado pela EC 24/1999.*

Art. 117. *Revogado pela EC 24/1999.*

Seção VI
Dos Tribunais e Juízes Eleitorais
▸ Arts. 12 a 41 da Lei 4.737/1965 (Código Eleitoral – CE).

Art. 118. São órgãos da Justiça Eleitoral:

I – o Tribunal Superior Eleitoral;

II – os Tribunais Regionais Eleitorais;

III – os Juízes Eleitorais;

IV – as Juntas Eleitorais.

Art. 119. O Tribunal Superior Eleitoral compor-se-á, no mínimo, de sete membros, escolhidos:

I – mediante eleição, pelo voto secreto:

a) três juízes dentre os Ministros do Supremo Tribunal Federal;

b) dois juízes dentre os Ministros do Superior Tribunal de Justiça;

II – por nomeação do Presidente da República, dois juízes dentre seis advogados de notável saber jurídico e idoneidade moral, indicados pelo Supremo Tribunal Federal.

Parágrafo único. O Tribunal Superior Eleitoral elegerá seu Presidente e o Vice-Presidente dentre os Ministros do Supremo Tribunal Federal, e o Corregedor Eleitoral dentre os Ministros do Superior Tribunal de Justiça.

Art. 120. Haverá um Tribunal Regional Eleitoral na Capital de cada Estado e no Distrito Federal.

§ 1º Os Tribunais Regionais Eleitorais compor-se-ão:

I – mediante eleição, pelo voto secreto:

a) de dois juízes dentre os desembargadores do Tribunal de Justiça;

b) de dois juízes, dentre juízes de direito, escolhidos pelo Tribunal de Justiça;

II – de um juiz do Tribunal Regional Federal com sede na Capital do Estado ou no Distrito Federal, ou, não havendo, de juiz federal, escolhido, em qualquer caso, pelo Tribunal Regional Federal respectivo;

III – por nomeação, pelo Presidente da República, de dois juízes dentre seis advogados de notável saber jurídico e idoneidade moral, indicados pelo Tribunal de Justiça.

§ 2º O Tribunal Regional Eleitoral elegerá seu Presidente e o Vice-Presidente dentre os desembargadores.

Art. 121. Lei complementar disporá sobre a organização e competência dos Tribunais, dos juízes de direito e das juntas eleitorais.
▸ Arts. 22, 23, 29, 30, 34, 40 e 41 da Lei 4.373/1965 (Código Eleitoral – CE).

§ 1º Os membros dos Tribunais, os juízes de direito e os integrantes das juntas eleitorais, no exercício de suas funções, e no que lhes for aplicável, gozarão de plenas garantias e serão inamovíveis.

§ 2º Os juízes dos Tribunais eleitorais, salvo motivo justificado, servirão por dois anos, no mínimo, e nunca por mais de dois biênios consecutivos, sendo os substitutos escolhidos na mesma ocasião e pelo mesmo processo, em número igual para cada categoria.

§ 3º São irrecorríveis as decisões do Tribunal Superior Eleitoral, salvo as que contrariarem esta Constituição e as denegatórias de habeas corpus ou mandado de segurança.

§ 4º Das decisões dos Tribunais Regionais Eleitorais somente caberá recurso quando:

I – forem proferidas contra disposição expressa desta Constituição ou de lei;

II – ocorrer divergência na interpretação de lei entre dois ou mais Tribunais eleitorais;

III – versarem sobre inelegibilidade ou expedição de diplomas nas eleições federais ou estaduais;

IV – anularem diplomas ou decretarem a perda de mandatos eletivos federais ou estaduais;

V – denegarem *habeas corpus*, mandado de segurança, *habeas data* ou mandado de injunção.
▸ Lei 13.300/2016 (Mandado de Injunção Individual e Coletivo).

Seção VII
Dos Tribunais e Juízes Militares

Art. 122. São órgãos da Justiça Militar:
▸ Lei 8.457/1992 (Organiza a Justiça Militar da União e regula o funcionamento de seus Serviços Auxiliares.
▸ Art. 90-A da Lei 9.099/1995 (Juizados Especiais).

I – o Superior Tribunal Militar;

II – os Tribunais e Juízes Militares instituídos por lei.

Art. 123. O Superior Tribunal Militar compor-se-á de quinze Ministros vitalícios, nomeados pelo Presidente da República, depois de aprovada a indicação pelo Senado Federal, sendo três dentre oficiais-generais da Marinha, quatro dentre oficiais-generais do Exército, três dentre oficiais-generais da Aeronáutica, todos da ativa e do posto mais elevado da carreira, e cinco dentre civis.

Parágrafo único. Os Ministros civis serão escolhidos pelo Presidente da República dentre brasileiros com mais de trinta e cinco e menos de setenta anos de idade, sendo:
▸ *Caput* do parágrafo único com redação pela EC 122/2022.

I – três dentre advogados de notório saber jurídico e conduta ilibada, com mais de dez anos de efetiva atividade profissional;

II – dois, por escolha paritária, dentre juízes auditores e membros do Ministério Público da Justiça Militar.

Art. 124. À Justiça Militar compete processar e julgar os crimes militares definidos em lei.
▸ Dec.-lei 1.002/1969 (Código de Processo Penal Militar).
▸ Art. 90-A da Lei 9.099/1995 (Juizados Especiais).

Parágrafo único. A lei disporá sobre a organização, o funcionamento e a competência da Justiça Militar.
▸ Lei 8.457/1992 (Organiza a Justiça Militar da União e regula o funcionamento de seus Serviços Auxiliares).

Seção VIII
Dos Tribunais e Juízes dos Estados

Art. 125. Os Estados organizarão sua Justiça, observados os princípios estabelecidos nesta Constituição.
▸ Art. 70 do ADCT.
▸ Súmula 721 do STF.

§ 1º A competência dos Tribunais será definida na Constituição do Estado, sendo a lei de organização judiciária de iniciativa do Tribunal de Justiça.
▸ Súmula Vinculante 45 do STF.
▸ Súmula 721 do STF.
▸ Súmula 238 do STJ.

§ 2º Cabe aos Estados a instituição de representação de inconstitucionalidade de leis ou atos normativos estaduais ou municipais em face da Constituição Estadual, vedada a atribuição da legitimação para agir a um único órgão.

§ 3º A lei estadual poderá criar, mediante proposta do Tribunal de Justiça, a Justiça Militar estadual, constituída, em primeiro grau, pelos juízes de direito e pelos Conselhos de Justiça e, em segundo grau, pelo próprio Tribunal de Justiça, ou por Tribunal de Justiça Militar nos Estados em que o efetivo militar seja superior a vinte mil integrantes.
▸ § 3º com redação pela EC 45/2004.

§ 4º Compete à Justiça Militar estadual processar e julgar os militares dos Estados, nos crimes militares definidos em lei e as ações judiciais contra atos disciplinares militares, ressalvada a competência do júri quando a vítima for civil, cabendo ao tribunal competente decidir sobre a perda do posto e da patente dos oficiais e da graduação das praças.
▸ § 4º com redação pela EC 45/2004.
▸ Súmula 673 do STF.
▸ Súmulas 6, 53 e 90 do STJ.

§ 5º Compete aos juízes de direito do juízo militar processar e julgar, singularmente, os crimes militares cometidos contra civis e as ações judiciais contra atos disciplinares militares, cabendo ao Conselho de Justiça, sob a presidência de juiz de direito, processar e julgar os demais crimes militares.
▸ § 5º acrescido pela EC 45/2004.

§ 6º O Tribunal de Justiça poderá funcionar descentralizadamente, constituindo Câmaras regionais, a fim de assegurar o pleno acesso do jurisdicionado à justiça em todas as fases do processo.
▸ § 6º acrescido pela EC 45/2004.

§ 7º O Tribunal de Justiça instalará a justiça itinerante, com a realização de audiências e demais funções de atividade jurisdicional, nos limites territoriais da respectiva jurisdição, servindo-se de equipamentos públicos e comunitários.
▸ § 7º acrescido pela EC 45/2004.

Art. 126. Para dirimir conflitos fundiários, o Tribunal de Justiça proporá a criação de varas especializadas, com competência exclusiva para questões agrárias.
▸ *Caput* com redação pela EC 45/2004.

Parágrafo único. Sempre que necessário à eficiente prestação jurisdicional, o juiz far-se-á presente no local do litígio.

CAPÍTULO IV
DAS FUNÇÕES ESSENCIAIS À JUSTIÇA

Seção I
Do Ministério Público
▸ LC 75/1993 (Lei Orgânica do Ministério Público da União).
▸ Lei 8.625/1993 (Lei Orgânica Nacional do Ministério Público).
▸ Lei 10.053/2000 (Criação de Procuradorias da República em Municípios).

Art. 127. O Ministério Público é instituição permanente, essencial à função jurisdicional do Estado, incumbindo-lhe a defesa da ordem jurídica, do regime democrático e dos interesses sociais e individuais indisponíveis.
▸ Súmula 601 do STJ.

§ 1º São princípios institucionais do Ministério Público a unidade, a indivisibilidade e a independência funcional.

§ 2º Ao Ministério Público é assegurada autonomia funcional e administrativa, podendo, observado o disposto no artigo 169, propor ao Poder Legislativo a criação e extinção de seus cargos e serviços auxiliares, provendo-os por concurso público de provas ou de provas e títulos, a política remuneratória e os planos de carreira; a lei disporá sobre sua organização e funcionamento.

▶ § 2º com redação pela EC 19/1998.
▶ Lei 12.770/2012 (Subsídio do Procurador-Geral da República).

§ 3º O Ministério Público elaborará sua proposta orçamentária dentro dos limites estabelecidos na lei de diretrizes orçamentárias.

§ 4º Se o Ministério Público não encaminhar a respectiva proposta orçamentária dentro do prazo estabelecido na lei de diretrizes orçamentárias, o Poder Executivo considerará, para fins de consolidação da proposta orçamentária anual, os valores aprovados na lei orçamentária vigente, ajustados de acordo com os limites estipulados na forma do § 3º.

▶ § 4º acrescido pela EC 45/2004.

§ 5º Se a proposta orçamentária de que trata este artigo for encaminhada em desacordo com os limites estipulados na forma do § 3º, o Poder Executivo procederá aos ajustes necessários para fins de consolidação da proposta orçamentária anual.

▶ § 5º acrescido pela EC 45/2004.

§ 6º Durante a execução orçamentária do exercício, não poderá haver a realização de despesas ou a assunção de obrigações que extrapolem os limites estabelecidos na lei de diretrizes orçamentárias, exceto se previamente autorizadas, mediante a abertura de créditos suplementares ou especiais.

▶ § 6º acrescido pela EC 45/2004.

Art. 128. O Ministério Público abrange:

▶ LC 75/1993 (Lei Orgânica do Ministério Público da União).

I – o Ministério Público da União, que compreende:

a) o Ministério Público Federal;

b) o Ministério Público do Trabalho;

c) o Ministério Público Militar;

d) o Ministério Público do Distrito Federal e Territórios;

II – os Ministérios Públicos dos Estados.

§ 1º O Ministério Público da União tem por chefe o Procurador-Geral da República, nomeado pelo Presidente da República dentre integrantes da carreira, maiores de trinta e cinco anos, após a aprovação de seu nome pela maioria absoluta dos membros do Senado Federal, para mandato de dois anos, permitida a recondução.

§ 2º A destituição do Procurador-Geral da República, por iniciativa do Presidente da República, deverá ser precedida de autorização da maioria absoluta do Senado Federal.

§ 3º Os Ministérios Públicos dos Estados e o do Distrito Federal e Territórios formarão lista tríplice dentre integrantes da carreira, na forma da lei respectiva, para escolha de seu Procurador-Geral, que será nomeado pelo Chefe do Poder Executivo, para mandato de dois anos, permitida uma recondução.

§ 4º Os Procuradores-Gerais nos Estados e no Distrito Federal e Territórios poderão ser destituídos por deliberação da maioria absoluta do Poder Legislativo, na forma da lei complementar respectiva.

§ 5º Leis complementares da União e dos Estados, cuja iniciativa é facultada aos respectivos Procuradores-Gerais, estabelecerão a organização, as atribuições e o estatuto de cada Ministério Público, observadas, relativamente a seus membros:

I – as seguintes garantias:

a) vitaliciedade, após dois anos de exercício, não podendo perder o cargo senão por sentença judicial transitada em julgado;

b) inamovibilidade, salvo por motivo de interesse público, mediante decisão do órgão colegiado competente do Ministério Público, pelo voto da maioria absoluta de seus membros, assegurada ampla defesa;

▶ Alínea b com redação pela EC 45/2004.

c) irredutibilidade de subsídio, fixado na forma do artigo 39, § 4º, e ressalvado o disposto nos artigos 37, X e XI, 150, II, 153, III, 153, § 2º, I;

▶ Alínea c com redação pela EC 19/1998.

II – as seguintes vedações:

a) receber, a qualquer título e sob qualquer pretexto, honorários, percentagens ou custas processuais;

b) exercer a advocacia;

c) participar de sociedade comercial, na forma da lei;

d) exercer, ainda que em disponibilidade, qualquer outra função pública, salvo uma de magistério;

e) exercer atividade político-partidária;

▶ Alínea e com redação pela EC 45/2004.

f) receber, a qualquer título ou pretexto, auxílios ou contribuições de pessoas físicas, entidades públicas ou privadas, ressalvadas as exceções previstas em lei.

▶ Alínea f acrescida pela EC 45/2004.

§ 6º Aplica-se aos membros do Ministério Público o disposto no art. 95, parágrafo único, V.

▶ § 6º acrescido pela EC 45/2004.

Art. 129. São funções institucionais do Ministério Público:

I – promover, privativamente, a ação penal pública, na forma da lei;

▶ Art. 100, § 1º, do CP.
▶ Art. 24 do CPP.
▶ Súmula 234 do STJ.

II – zelar pelo efetivo respeito dos Poderes Públicos e dos serviços de relevância pública aos direitos assegurados nesta Constituição, promovendo as medidas necessárias a sua garantia;

III – promover o inquérito civil e a ação civil pública, para a proteção do patrimônio público e social, do meio ambiente e de outros interesses difusos e coletivos;

▶ Lei 7.347/1985 (Ação Civil Pública).
▶ Súmula 643 do STF.
▶ Súmulas 329 e 601 do STJ.

IV – promover a ação de inconstitucionalidade ou representação para fins de intervenção da União e dos Estados, nos casos previstos nesta Constituição;

▶ Arts. 34 a 36 desta Constituição.

V – defender judicialmente os direitos e interesses das populações indígenas;

▶ Arts. 231 e 232 desta Constituição.

VI – expedir notificações nos procedimentos administrativos de sua competência, requisitando informações e documentos para instruí-los, na forma da lei complementar respectiva;

▶ Súmula 234 do STJ.

VII – exercer o controle externo da atividade policial, na forma da lei complementar mencionada no artigo anterior;

▶ LC 75/1993 (Lei Orgânica do Ministério Público da União).

VIII – requisitar diligências investigatórias e a instauração de inquérito policial, indicados os fundamentos jurídicos de suas manifestações processuais;

IX – exercer outras funções que lhe forem conferidas, desde que compatíveis com sua finalidade, sendo-lhe vedada a representação judicial e a consultoria jurídica de entidades públicas.

§ 1º A legitimação do Ministério Público para as ações civis previstas neste artigo não impede a de terceiros, nas mesmas hipóteses, segundo o disposto nesta Constituição e na lei.

▶ Lei 7.347/1985 (Ação Civil Pública).

§ 2º As funções do Ministério Público só podem ser exercidas por integrantes da carreira, que deverão residir na comarca da respectiva lotação, salvo autorização do chefe da instituição.

▶ § 2º com redação pela EC 45/2004.

§ 3º O ingresso na carreira do Ministério Público far-se-á mediante concurso público de provas e títulos, assegurada a participação da Ordem dos Advogados do Brasil em sua realização, exigindo-se do bacharel em direito, no mínimo, três anos de atividade jurídica e observando-se, nas nomeações, a ordem de classificação.

▶ § 3º com redação pela EC 45/2004.

§ 4º Aplica-se ao Ministério Público, no que couber, o disposto no art. 93.

▶ § 4º com redação pela EC 45/2004.

§ 5º A distribuição de processos no Ministério Público será imediata.

▶ § 5º acrescido pela EC 45/2004.

Art. 130. Aos membros do Ministério Público junto aos Tribunais de Contas aplicam-se as disposições desta seção pertinentes a direitos, vedações e forma de investidura.

Art. 130-A. O Conselho Nacional do Ministério Público compõe-se de quatorze membros nomeados pelo Presidente da República, depois de aprovada a escolha pela maioria absoluta do Senado Federal, para um mandato de dois anos, admitida uma recondução, sendo:

▶ Artigo acrescido pela EC 45/2004.
▶ Art. 5º da EC 45/2004 (Reforma do Judiciário).

I – o Procurador-Geral da República, que o preside;

II – quatro membros do Ministério Público da União, assegurada a representação de cada uma de suas carreiras;

III – três membros do Ministério Público dos Estados;

IV – dois juízes, indicados um pelo Supremo Tribunal Federal e outro pelo Superior Tribunal de Justiça;

V – dois advogados, indicados pelo Conselho Federal da Ordem dos Advogados do Brasil;

VI – dois cidadãos de notável saber jurídico e reputação ilibada, indicados um pela Câmara dos Deputados e outro pelo Senado Federal.

§ 1º Os membros do Conselho oriundos do Ministério Público serão indicados pelos respectivos Ministérios Públicos, na forma da lei.

▶ Lei 11.372/2006 (Regulamenta este parágrafo).

§ 2º Compete ao Conselho Nacional do Ministério Público o controle da atuação administrativa e financeira do Ministério Público e do cumprimento dos deveres funcionais de seus membros, cabendo-lhe:

I – zelar pela autonomia funcional e administrativa do Ministério Público, podendo expedir atos regulamentares, no âmbito de sua competência, ou recomendar providências;

II – zelar pela observância do art. 37 e apreciar, de ofício ou mediante provocação, a legalidade dos atos administrativos praticados por membros ou órgãos do Ministério Público da União e dos Estados, podendo desconstituí-los, revê-los ou fixar prazo para que se adotem as providências necessárias ao exato cumprimento da lei, sem prejuízo da competência dos Tribunais de Contas;

III – receber e conhecer das reclamações contra membros ou órgãos do Ministério Público da União ou dos Estados, inclusive contra seus serviços auxiliares, sem prejuízo da competência disciplinar e correcional da instituição, podendo avocar processos disciplinares em curso, determinar a remoção ou a disponibilidade e aplicar outras sanções administrativas, assegurada ampla defesa;

▶ Inciso III com redação pela EC 103/2019.

IV – rever, de ofício ou mediante provocação, os processos disciplinares de membros do Ministério Público da União ou dos Estados julgados há menos de um ano;

V – elaborar relatório anual, propondo as providências que julgar necessárias sobre a situação do Ministério Público no País e as atividades do Conselho, o qual deve integrar a mensagem prevista no art. 84, XI.

§ 3º O Conselho escolherá, em votação secreta, um Corregedor nacional, dentre os membros do Ministério Público que o integram, vedada a recondução, competindo-lhe, além das atribuições que lhe forem conferidas pela lei, as seguintes:

I – receber reclamações e denúncias, de qualquer interessado, relativas aos membros do Ministério Público e dos seus serviços auxiliares;

II – exercer funções executivas do Conselho, de inspeção e correição geral;

III – requisitar e designar membros do Ministério Público, delegando-lhes atribuições, e requisitar servidores de órgãos do Ministério Público.

§ 4º O Presidente do Conselho Federal da Ordem dos Advogados do Brasil oficiará junto ao Conselho.

§ 5º Leis da União e dos Estados criarão ouvidorias do Ministério Público, competentes para receber reclamações e denúncias de qualquer interessado contra membros ou órgãos do Ministério Público, inclusive contra seus serviços auxiliares, representando diretamente ao Conselho Nacional do Ministério Público.

Seção II
Da Advocacia Pública

▶ Rubrica da Seção II renomeada pela EC 19/1998.
▶ LC 73/1993 (Lei Orgânica da Advocacia-Geral da União).
▶ Dec. 767/1993 (Atividades de controle interno da Advocacia-Geral da União).
▶ Lei 9.028/1995 (Exercício das atribuições institucionais da Advocacia-Geral da União, em caráter emergencial e provisório).

Art. 131. A Advocacia-Geral da União é a instituição que, diretamente ou através de órgão vinculado, representa a União, judicial e extrajudicialmente, cabendo-lhe, nos termos da lei complementar que dispuser sobre sua organização e funcionamento, as atividades de consultoria e assessoramento jurídico do Poder Executivo.

▶ LC 73/1993 (Lei Orgânica da Advocacia-Geral da União).
▶ Lei 9.028/1995 (Exercício das atribuições institucionais da Advocacia-Geral da União).
▶ Dec. 767/1993 (Atividades de controle interno da Advocacia-Geral da União).
▶ Portaria 13/2015 da CGU (Disciplina os procedimentos relativos à representação extrajudicial da União, nos termos do art. 131 da Constituição Federal e art. 1º da Lei Complementar 73, de 10 de fevereiro de 1993, e dos agentes públicos de que trata o art. 22 da Lei 9.028, de 12 de abril de 1995, pela Consultoria-Geral da União – CGU e seus órgãos de execução).
▶ Súmula 644 do STF.

§ 1º A Advocacia-Geral da União tem por chefe o Advogado-Geral da União, de livre nomeação pelo Presidente da República dentre cidadãos maiores de trinta e cinco anos, de notável saber jurídico e reputação ilibada.

§ 2º O ingresso nas classes iniciais das carreiras da instituição de que trata este artigo far-se-á mediante concurso público de provas e títulos.

§ 3º Na execução da dívida ativa de natureza tributária, a representação da União cabe à Procuradoria-Geral da Fazenda Nacional, observado o disposto em lei.

▸ Súmula 139 do STJ.

Art. 132. Os Procuradores dos Estados e do Distrito Federal, organizados em carreira, na qual o ingresso dependerá de concurso público de provas e títulos, com a participação da Ordem dos Advogados do Brasil em todas as suas fases, exercerão a representação judicial e a consultoria jurídica das respectivas unidades federadas.

▸ Artigo 132 com redação pela EC 19/1998.

Parágrafo único. Aos procuradores referidos neste artigo é assegurada estabilidade após três anos de efetivo exercício, mediante avaliação de desempenho perante os órgãos próprios, após relatório circunstanciado das corregedorias.

Seção III
Da Advocacia

▸ Seção III com redação pela EC 80/2014.

Art. 133. O advogado é indispensável à administração da justiça, sendo inviolável por seus atos e manifestações no exercício da profissão, nos limites da lei.

▸ Art. 791 da CLT.
▸ Lei 8.906/1994 (Estatuto da Advocacia e da OAB).
▸ Súmula Vinculante 14 do STF.
▸ Súmulas 219, 329 e 425 do TST.

Seção IV
Da Defensoria Pública

▸ Seção IV acrescida pela EC 80/2014.

Art. 134. A Defensoria Pública é instituição permanente, essencial à função jurisdicional do Estado, incumbindo-lhe, como expressão e instrumento do regime democrático, fundamentalmente, a orientação jurídica, a promoção dos direitos humanos e a defesa, em todos os graus, judicial e extrajudicial, dos direitos individuais e coletivos, de forma integral e gratuita, aos necessitados, na forma do inciso LXXIV do art. 5º desta Constituição Federal.

▸ *Caput* com redação pela EC 80/2014.
▸ LC 80/1994 (Defensoria Pública).
▸ Súmula Vinculante 14 do STF.

§ 1º Lei complementar organizará a Defensoria Pública da União e do Distrito Federal e dos Territórios e prescreverá normas gerais para sua organização nos Estados, em cargos de carreira, providos, na classe inicial, mediante concurso público de provas e títulos, assegurada a seus integrantes a garantia da inamovibilidade e vedado o exercício da advocacia fora das atribuições institucionais.

▸ Primitivo parágrafo único renumerado pela EC 45/2004.
▸ Súmula 421 do STJ.

§ 2º Às Defensorias Públicas Estaduais são asseguradas autonomia funcional e administrativa, e a iniciativa de sua proposta orçamentária dentro dos limites estabelecidos na lei de diretrizes orçamentárias e subordinação ao disposto no art. 99, § 2º.

▸ § 2º acrescido pela EC 45/2004.

§ 3º Aplica-se o disposto no § 2º às Defensorias Públicas da União e do Distrito Federal.

▸ § 3º acrescido pela EC 74/2013.

§ 4º São princípios institucionais da Defensoria Pública a unidade, a indivisibilidade e a independência funcional, aplicando-se também, no que couber, o disposto no art. 93 e no inciso II do art. 96 desta Constituição Federal.

▸ § 4º acrescido pela EC 80/2014.

Art. 135. Os servidores integrantes das carreiras disciplinadas nas Seções II e III deste Capítulo serão remunerados na forma do artigo 39, § 4º.

▸ Artigo com redação pela EC 19/1998.
▸ Art. 132 desta Constituição.

TÍTULO V
DA DEFESA DO ESTADO E DAS INSTITUIÇÕES DEMOCRÁTICAS

CAPÍTULO I
DO ESTADO DE DEFESA E DO ESTADO DE SÍTIO

Seção I
Do Estado de Defesa

Art. 136. O Presidente da República pode, ouvidos o Conselho da República e o Conselho de Defesa Nacional, decretar estado de defesa para preservar ou prontamente restabelecer, em locais restritos e determinados, a ordem pública ou a paz social ameaçadas por grave e iminente instabilidade institucional ou atingidas por calamidades de grandes proporções na natureza.

▸ Arts. 89 a 91 desta Constituição.
▸ Lei 8.041/1990 (Organização e o funcionamento do Conselho da República).
▸ Lei 8.183/1991 (Organização e o funcionamento do Conselho de Defesa Nacional).
▸ Dec. 893/1993 (Regulamento do Conselho de Defesa Nacional).

§ 1º O decreto que instituir o estado de defesa determinará o tempo de sua duração, especificará as áreas a serem abrangidas e indicará, nos termos e limites da lei, as medidas coercitivas a vigorarem, dentre as seguintes:

I – restrições aos direitos de:

a) reunião, ainda que exercida no seio das associações;

b) sigilo de correspondência;

c) sigilo de comunicação telegráfica e telefônica;

II – ocupação e uso temporário de bens e serviços públicos, na hipótese de calamidade pública, respondendo a União pelos danos e custos decorrentes.

§ 2º O tempo de duração do estado de defesa não será superior a trinta dias, podendo ser prorrogado uma vez, por igual período, se persistirem as razões que justificaram a sua decretação.

§ 3º Na vigência do estado de defesa:

I – a prisão por crime contra o Estado, determinada pelo executor da medida, será por este comunicada imediatamente ao juiz competente, que a relaxará, se não for legal, facultado ao preso requerer exame de corpo de delito à autoridade policial;

II – a comunicação será acompanhada de declaração, pela autoridade, do estado físico e mental do detido no momento de sua autuação;

III – a prisão ou detenção de qualquer pessoa não poderá ser superior a dez dias, salvo quando autorizada pelo Poder Judiciário;

IV – é vedada a incomunicabilidade do preso.

§ 4º Decretado o estado de defesa ou sua prorrogação, o Presidente da República, dentro de vinte e quatro horas, submeterá o ato com a respectiva justificação ao Congresso Nacional, que decidirá por maioria absoluta.

§ 5º Se o Congresso Nacional estiver em recesso, será convocado, extraordinariamente, no prazo de cinco dias.

§ 6º O Congresso Nacional apreciará o decreto dentro de dez dias contados de seu recebimento, devendo continuar funcionando enquanto vigorar o estado de defesa.

§ 7º Rejeitado o decreto, cessa imediatamente o estado de defesa.

Seção II
Do Estado de Sítio

Art. 137. O Presidente da República pode, ouvidos o Conselho da República e o Conselho de Defesa Nacional, solicitar ao Congresso Nacional autorização para decretar o estado de sítio nos casos de:

I – comoção grave de repercussão nacional ou ocorrência de fatos que comprovem a ineficácia de medida tomada durante o estado de defesa;

II – declaração de estado de guerra ou resposta a agressão armada estrangeira.

Parágrafo único. O Presidente da República, ao solicitar autorização para decretar o estado de sítio ou sua prorrogação, relatará os motivos determinantes do pedido, devendo o Congresso Nacional decidir por maioria absoluta.

Art. 138. O decreto do estado de sítio indicará sua duração, as normas necessárias a sua execução e as garantias constitucionais que ficarão suspensas, e, depois de publicado, o Presidente da República designará o executor das medidas específicas e as áreas abrangidas.

§ 1º O estado de sítio, no caso do artigo 137, I, não poderá ser decretado por mais de trinta dias, nem prorrogado, de cada vez, por prazo superior; no do inciso II, poderá ser decretado por todo o tempo que perdurar a guerra ou a agressão armada estrangeira.

§ 2º Solicitada autorização para decretar o estado de sítio durante o recesso parlamentar, o Presidente do Senado Federal, de imediato, convocará extraordinariamente o Congresso Nacional para se reunir dentro de cinco dias, a fim de apreciar o ato.

§ 3º O Congresso Nacional permanecerá em funcionamento até o término das medidas coercitivas.

Art. 139. Na vigência do estado de sítio decretado com fundamento no artigo 137, I, só poderão ser tomadas contra as pessoas as seguintes medidas:

I – obrigação de permanência em localidade determinada;

II – detenção em edifício não destinado a acusados ou condenados por crimes comuns;

III – restrições relativas à inviolabilidade da correspondência, ao sigilo das comunicações, à prestação de informações e à liberdade de imprensa, radiodifusão e televisão, na forma da lei;

▸ Lei 9.296/1996 (Interceptações Telefônicas).

IV – suspensão da liberdade de reunião;

▸ Lei 9.296/1996 (Interceptações Telefônicas).

V – busca e apreensão em domicílio;

VI – intervenção nas empresas de serviços públicos;

VII – requisição de bens.

Parágrafo único. Não se inclui nas restrições do inciso III a difusão de pronunciamentos de parlamentares efetuados em suas Casas Legislativas, desde que liberada pela respectiva Mesa.

Seção III
Disposições Gerais

Art. 140. A Mesa do Congresso Nacional, ouvidos os líderes partidários, designará Comissão composta de cinco de seus membros para acompanhar e fiscalizar a execução das medidas referentes ao estado de defesa e ao estado de sítio.

Art. 141. Cessado o estado de defesa ou o estado de sítio, cessarão também seus efeitos, sem prejuízo da responsabilidade pelos ilícitos cometidos por seus executores ou agentes.

Parágrafo único. Logo que cesse o estado de defesa ou o estado de sítio, as medidas aplicadas em sua vigência serão relatadas pelo Presidente da República, em mensagem ao Congresso Nacional, com especificação e justificação das providências adotadas, com relação nominal dos atingidos, e indicação das restrições aplicadas.

CAPÍTULO II
DAS FORÇAS ARMADAS

▸ Dec. 3.897/2001 (Diretrizes para o emprego das Forças Armadas na garantia da Lei e da Ordem).

Art. 142. As Forças Armadas, constituídas pela Marinha, pelo Exército e pela Aeronáutica, são instituições nacionais permanentes e regulares, organizadas com base na hierarquia e na disciplina, sob a autoridade suprema do Presidente da República, e destinam-se à defesa da Pátria, à garantia dos poderes constitucionais e, por iniciativa de qualquer destes, da lei e da ordem.

▸ Art. 37, X, desta Constituição.
▸ Art. 129, § 12 do CP.
▸ LC 69/1991 (Organização e emprego das Forças Armadas).
▸ Lei 8.071/1990 (Efetivos do Exército em tempo de paz).

§ 1º Lei complementar estabelecerá as normas gerais a serem adotadas na organização, no preparo e no emprego das Forças Armadas.

▸ LC 97/1999 (Normas gerais para a organização, o preparo e o emprego das Forças Armadas).

§ 2º Não caberá habeas corpus em relação a punições disciplinares militares.

▸ Art. 42, § 1º, desta Constituição.
▸ Dec-lei 1.001/1969 (Código Penal Militar).
▸ Dec. 76.322/1975 (Regulamento Disciplinar da Aeronáutica).
▸ Dec. 88.545/1983 (Regulamento Disciplinar para a Marinha).
▸ Dec. 4.346/2002 (Regulamento Disciplinar do Exército).

§ 3º Os membros das Forças Armadas são denominados militares, aplicando-se-lhes, além das que vierem a ser fixadas em lei, as seguintes disposições:

▸ *Caput* do § 3º acrescido pela EC 18/1998.
▸ Art. 42, § 1º, desta Constituição.

I – as patentes, com prerrogativas, direitos e deveres a elas inerentes, são conferidas pelo Presidente da República e asseguradas em plenitude aos oficiais da ativa, da reserva ou reformados, sendo-lhes privativos os títulos e postos militares e, juntamente com os demais membros, o uso dos uniformes das Forças Armadas;

▸ Inciso I acrescido pela EC 18/1998.

II – o militar em atividade que tomar posse em cargo ou emprego público civil permanente, ressalvada a hipótese prevista no art. 37, inciso XVI, alínea c, será transferido para a reserva, nos termos da lei;

▸ Inciso II com redação pela EC 77/2014.

III – o militar da ativa que, de acordo com a lei, tomar posse em cargo, emprego ou função pública civil temporária, não eletiva, ainda que da administração indireta, ressalvada a hipótese prevista no art. 37, inciso XVI, alínea c, ficará agregado ao respectivo quadro e somente poderá, enquanto permanecer nessa situação, ser promovido por antiguidade, contando-se-lhe o tempo de serviço apenas para aquela promoção e transferência para a reserva, sendo depois de 2 (dois) anos de afastamento, contínuos ou não, transferido para a reserva, nos termos da lei;

▸ Inciso III com redação pela EC 77/2014.

IV – ao militar são proibidas a sindicalização e a greve;

▸ Inciso IV acrescido pela EC 18/1998.

V – o militar, enquanto em serviço ativo, não pode estar filiado a partidos políticos;

▸ Inciso V acrescido pela EC 18/1998.

VI – o oficial só perderá o posto e a patente se for julgado indigno do oficialato ou com ele incompatível, por decisão de Tribunal militar de caráter permanente, em tempo de paz, ou de Tribunal especial, em tempo de guerra;
▸ Inciso VI acrescido pela EC 18/1998.

VII – o oficial condenado na justiça comum ou militar a pena privativa de liberdade superior a dois anos, por sentença transitada em julgado, será submetido ao julgamento previsto no inciso anterior;
▸ Inciso VII acrescido pela EC 18/1998.

VIII – aplica-se aos militares o disposto no art. 7°, incisos VIII, XII, XVII, XVIII, XIX e XXV, e no art. 37, incisos XI, XIII, XIV e XV, bem como, na forma da lei e com prevalência da atividade militar, no art. 37, inciso XVI, alínea c;
▸ Inciso VIII com redação pela EC 77/2014.
▸ Súmula Vinculante 6 do STF.

IX – *Revogado pela EC 41/2003;*

X – a lei disporá sobre o ingresso nas Forças Armadas, os limites de idade, a estabilidade e outras condições de transferência do militar para a inatividade, os direitos, os deveres, a remuneração, as prerrogativas e outras situações especiais dos militares, consideradas as peculiaridades de suas atividades, inclusive aquelas cumpridas por força de compromissos internacionais e de guerra.
▸ Inciso X acrescido pela EC 18/1998.
▸ Arts. 40, § 20, e 42, § 1°, desta Constituição.
▸ Súmula Vinculante n° 4 do STF.

Art. 143. O serviço militar é obrigatório nos termos da lei.
▸ Art. 5°, II, desta Constituição.
▸ Lei 4.375/1964 (Serviço Militar).

§ 1° Às Forças Armadas compete, na forma da lei, atribuir serviço alternativo aos que, em tempo de paz, após alistados, alegarem imperativo de consciência, entendendo-se como tal o decorrente de crença religiosa e de convicção filosófica ou política, para se eximirem de atividades de caráter essencialmente militar.
▸ Art. 5°, VIII, desta Constituição.

§ 2° As mulheres e os eclesiásticos ficam isentos do serviço militar obrigatório em tempo de paz, sujeitos, porém, a outros encargos que a lei lhes atribuir.
▸ Lei 8.239/1991 (Prestação de serviço alternativo ao serviço militar).

CAPÍTULO III
DA SEGURANÇA PÚBLICA

Art. 144. A segurança pública, dever do Estado, direito e responsabilidade de todos, é exercida para a preservação da ordem pública e da incolumidade das pessoas e do patrimônio, através dos seguintes órgãos:

I – polícia federal;

II – polícia rodoviária federal;
▸ Dec. 1.655/1995 (Competência da Polícia Rodoviária Federal).

III – polícia ferroviária federal;

IV – polícias civis;

V – polícias militares e corpos de bombeiros militares.

VI – polícias penais federal, estaduais e distrital.
▸ Inciso V acrescido pela EC 104/2019.
▸ Art. 4° da EC 104/2019.

§ 1° A polícia federal, instituída por lei como órgão permanente, organizado e mantido pela União e estruturado em carreira, destina-se a:
▸ *Caput* do § 1° com redação pela EC 19/1998.

I – apurar infrações penais contra a ordem política e social ou em detrimento de bens, serviços e interesses da União ou de suas entidades autárquicas e empresas públicas, assim como outras infrações cuja prática tenha repercussão interestadual ou internacional e exija repressão uniforme, segundo se dispuser em lei;
▸ Lei 8.137/1990 (Crimes contra a Ordem Tributária, Econômica e contra as Relações de Consumo).
▸ Lei 10.446/2002 (Infrações penais de repercussão interestadual ou internacional que exigem repressão uniforme).

II – prevenir e reprimir o tráfico ilícito de entorpecentes e drogas afins, o contrabando e o descaminho, sem prejuízo da ação fazendária e de outros órgãos públicos nas respectivas áreas de competência;
▸ Dec. 2.781/1998 (Programa Nacional de Combate ao Contrabando e o Descaminho).
▸ Lei 11.343/2006 (Drogas).

III – exercer as funções de polícia marítima, aeroportuária e de fronteiras;
▸ Inciso III com redação pela EC 19/1998.

IV – exercer, com exclusividade, as funções de polícia judiciária da União.

§ 2° A polícia rodoviária federal, órgão permanente, organizado e mantido pela União e estruturado em carreira, destina-se, na forma da lei, ao patrulhamento ostensivo das rodovias federais.
▸ § 2° com redação pela EC 19/1998.
▸ Lei 9.654/1998 (Policial Rodoviário Federal).

§ 3° A polícia ferroviária federal, órgão permanente, organizado e mantido pela União e estruturado em carreira, destina-se, na forma da lei, ao patrulhamento ostensivo das ferrovias federais.
▸ § 3° com redação pela EC 19/1998.

§ 4° Às polícias civis, dirigidas por delegados de polícia de carreira, incumbem, ressalvada a competência da União, as funções de polícia judiciária e a apuração de infrações penais, exceto as Militares.

§ 5° Às polícias militares cabem a polícia ostensiva e a preservação da ordem pública; aos corpos de bombeiros militares, além das atribuições definidas em lei, incumbe a execução de atividades de defesa civil.
▸ Dec.-lei 667/1969 (Reorganiza as Polícias Militares e os Corpos de Bombeiros Militares dos Estados, dos Territórios e do Distrito Federal).
▸ Lei 13.425/2017 (Diretrizes gerais sobre medidas de prevenção e combate a incêndio e a desastres em estabelecimentos, edificações e áreas de reunião de público).

§ 5°-A. Às polícias penais, vinculadas ao órgão administrador do sistema penal da unidade federativa a que pertencem, cabe a segurança dos estabelecimentos penais.
▸ § 5-A acrescido pela EC 104/2019.
▸ Art. 4° da EC 104/2019.

§ 6° As polícias militares e os corpos de bombeiros militares, forças auxiliares e reserva do Exército subordinam-se, juntamente com as polícias civis e as polícias penais estaduais e distrital, aos Governadores dos Estados, do Distrito Federal e dos Territórios.
▸ § 6° com redação pela EC 104/2019.
▸ Art. 4° da EC 104/2019.

§ 7° A lei disciplinará a organização e o funcionamento dos órgãos responsáveis pela segurança pública, de maneira a garantir a eficiência de suas atividades.
▸ Dec. 7.413/2010 (Conselho Nacional de Segurança Pública – CONASP).

§ 8° Os Municípios poderão constituir guardas municipais destinadas à proteção de seus bens, serviços e instalações, conforme dispuser a lei.
▸ Lei 13.022/2014 (Estatuto Geral das Guardas Municipais).

§ 9° A remuneração dos servidores policiais integrantes dos órgãos relacionados neste artigo será fixada na forma do § 4° do artigo 39.
▸ § 9° acrescido pela EC 19/1998.

§ 10. A segurança viária, exercida para a preservação da ordem pública e da incolumidade das pessoas e do seu patrimônio nas vias públicas:
▸ § 10 acrescido pela EC 82/2014.

I – compreende a educação, engenharia e fiscalização de trânsito, além de outras atividades previstas em lei, que assegurem ao cidadão o direito à mobilidade urbana eficiente; e

II – compete, no âmbito dos Estados, do Distrito Federal e dos Municípios, aos respectivos órgãos ou entidades executivos e seus agentes de trânsito, estruturados em Carreira, na forma da lei.

TÍTULO VI
DA TRIBUTAÇÃO E DO ORÇAMENTO
▸ Lei 5.172/1990 (Código Tributário Nacional).

CAPÍTULO I
DO SISTEMA TRIBUTÁRIO NACIONAL
▸ Lei 8.137/1990 (Crimes contra a Ordem Tributária, Econômica e contra as Relações de Consumo).
▸ Lei 8.176/1991 (Crimes Contra a Ordem Econômica).
▸ Dec. 2.730/1998 (Encaminhamento ao Ministério Público da representação fiscal para os crimes contra a ordem tributária).

Seção I
Dos Princípios Gerais

Art. 145. A União, os Estados, o Distrito Federal e os Municípios poderão instituir os seguintes tributos:
▸ Arts. 1° a 5° do CTN.
▸ Súmula 667 do STF.

I – impostos;
▸ Arts. 16 a 76 do CTN.

II – taxas, em razão do exercício do poder de polícia ou pela utilização, efetiva ou potencial, de serviços públicos específicos e divisíveis, prestados ao contribuinte ou postos a sua disposição;
▸ Arts. 77 a 80 do CTN.
▸ Lei 7.940/1989 (Taxa de Fiscalização dos mercados de títulos e valores mobiliários).
▸ Súmulas Vinculantes 19 e 41 do STF.
▸ Súmulas 665 e 670 do STF.

III – contribuição de melhoria, decorrente de obras públicas.
▸ Arts. 81 e 82 do CTN.
▸ Dec.-lei 195/1967 (Contribuição de Melhoria).

§ 1° Sempre que possível, os impostos terão caráter pessoal e serão graduados segundo a capacidade econômica do contribuinte, facultado à administração tributária, especialmente para conferir efetividade a esses objetivos, identificar, respeitados os direitos individuais e nos termos da lei, o patrimônio, os rendimentos e as atividades econômicas do contribuinte.
▸ Lei 8.021/1990 (Identificação dos contribuintes para fins fiscais).
▸ Súmulas 656 e 668 do STF.

§ 2° As taxas não poderão ter base de cálculo própria de impostos.
▸ Art. 77, parágrafo único, do CTN.
▸ Súmula Vinculante 29 do STF.
▸ Súmula 665 do STF.

§ 3° O Sistema Tributário Nacional deve observar os princípios da simplicidade, da transparência, da justiça tributária, da cooperação e da defesa do meio ambiente.

§ 4° As alterações na legislação tributária buscarão atenuar efeitos regressivos.
▸ §§ 3° e 4° acrescidos pela LC 132/2023.

Art. 146. Cabe à lei complementar:

I – dispor sobre conflitos de competência, em matéria tributária, entre a União, os Estados, o Distrito Federal e os Municípios;
▸ Arts. 6° a 8° do CTN.

II – regular as limitações constitucionais ao poder de tributar;
▸ Arts. 9° a 15 do CTN.

III – estabelecer normas gerais em matéria de legislação tributária, especialmente sobre:
▸ Art. 149 desta Constituição.

a) definição de tributos e de suas espécies, bem como, em relação aos impostos discriminados nesta Constituição, a dos respectivos fatos geradores, bases de cálculo e contribuintes;

b) obrigação, lançamento, crédito, prescrição e decadência tributários;

c) adequado tratamento tributário ao ato cooperativo praticado pelas sociedades cooperativas, inclusive em relação aos tributos previstos nos arts. 156-A e 195, V;

d) definição de tratamento diferenciado e favorecido para as microempresas e para as empresas de pequeno porte, inclusive regimes especiais ou simplificados no caso dos impostos previstos nos arts. 155, II, e 156-A, das contribuições sociais previstas no art. 195, I e V, e § 12 e da contribuição a que se refere o art. 239.
▸ Alíneas *c* e *d* com redação pela EC 132/2023.
▸ Art. 94 do ADCT.
▸ LC 123/2006 (Estatuto Nacional da Microempresa e da Empresa de Pequeno Porte).

Texto novo: **d)** definição de tratamento diferenciado e favorecido para as microempresas e para as empresas de pequeno porte, inclusive regimes especiais ou simplificados no caso do imposto previsto no art. 156-A e das contribuições sociais previstas no art. 195, I e V.
▸ Alínea *d* com redação pela EC 132/2023, em vigor a partir de 2033.

§ 1° A lei complementar de que trata o inciso III, d, também poderá instituir um regime único de arrecadação dos impostos e contribuições da União, dos Estados, do Distrito Federal e dos Municípios, observado que:
▸ Primitivo parágrafo único renumerado pela EC 132/2023.
▸ Art. 199 do CTN.

I – será opcional para o contribuinte;

II – poderão ser estabelecidas condições de enquadramento diferenciadas por Estado;

III – o recolhimento será unificado e centralizado e a distribuição da parcela de recursos pertencentes aos respectivos entes federados será imediata, vedada qualquer retenção ou condicionamento;

IV – a arrecadação, a fiscalização e a cobrança poderão ser compartilhadas pelos entes federados, adotado cadastro nacional único de contribuintes.

§ 2° É facultado ao optante pelo regime único de que trata o § 1° apurar e recolher os tributos previstos nos arts. 156-A e 195, V, nos termos estabelecidos nesses artigos, hipótese em que as parcelas a eles relativas não serão cobradas pelo regime único.

§ 3° Na hipótese de o recolhimento dos tributos previstos nos arts. 156-A e 195, V, ser realizado por meio do regime único de que trata o § 1°, enquanto perdurar a opção:

I – não será permitida a apropriação de créditos dos tributos previstos nos arts. 156-A e 195, V, pelo contribuinte optante pelo regime único; e

II – será permitida a apropriação de créditos dos tributos previstos nos arts. 156-A e 195, V, pelo adquirente não optante pelo regime único de que trata o § 1° de bens materiais ou imateriais, inclusive direitos, e de serviços do optante, em montante equivalente ao cobrado por meio do regime único.
▸ §§ 2° e 3° acrescidos pela EC 132/2023.

Art. 146-A. Lei complementar poderá estabelecer critérios especiais de tributação, com o objetivo de prevenir desequilíbrios da concorrência, sem prejuízo da

competência de a União, por lei, estabelecer normas de igual objetivo.

▸ Artigo acrescido pela EC 42/2003.

Art. 147. Competem à União, em Território Federal, os impostos estaduais e, se o Território não for dividido em Municípios, cumulativamente, os impostos municipais; ao Distrito Federal cabem os impostos municipais.

Art. 148. A União, mediante lei complementar, poderá instituir empréstimos compulsórios:

I – para atender a despesas extraordinárias, decorrentes de calamidade pública, de guerra externa ou sua iminência;

II – no caso de investimento público de caráter urgente e de relevante interesse nacional, observado o disposto no artigo 150, III, b.

▸ Art. 34, § 12, do ADCT.

Parágrafo único. A aplicação dos recursos provenientes de empréstimo compulsório será vinculada à despesa que fundamentou sua instituição.

Art. 149. Compete exclusivamente à União instituir contribuições sociais, de intervenção no domínio econômico e de interesse das categorias profissionais ou econômicas, como instrumento de sua atuação nas respectivas áreas, observado o disposto nos artigos 146, III, e 150, I e III, e sem prejuízo do previsto no artigo 195, § 6º, relativamente às contribuições a que alude o dispositivo.

▸ Lei 10.336/2001 (Contribuição de Intervenção no Domínio Econômico sobre importação e comercialização de petróleo e seus derivados – Cide).

§ 1º A União, os Estados, o Distrito Federal e os Municípios instituirão, por meio de lei, contribuições para custeio de regime próprio de previdência social, cobradas dos servidores ativos, dos aposentados e dos pensionistas, que poderão ter alíquotas progressivas de acordo com o valor da base de contribuição ou dos proventos de aposentadoria e de pensões.

▸ § 1º com redação pela EC 103/2019. Esta alteração entrará em vigor, para os regimes próprios de previdência social dos Estados, do Distrito Federal e dos Municípios, na data de publicação de lei de iniciativa privativa do respectivo Poder Executivo que a referende integralmente (DOU 13.11.2019).

▸ Art. 69 da LC 101/2000.

Redação anterior do dispositivo alterado: "§ 1º Os Estados, o Distrito Federal e os Municípios instituirão contribuição, cobrada de seus servidores, para o custeio, em benefício destes, do regime previdenciário de que trata o art. 40, cuja alíquota não será inferior à da contribuição dos servidores titulares de cargos efetivos da União." (§ 1º com redação pela EC 41/2003.)

§ 1º-A. Quando houver *deficit* atuarial, a contribuição ordinária dos aposentados e pensionistas poderá incidir sobre o valor dos proventos de aposentadoria e de pensões que supere o salário mínimo.

▸ § 1º-A acrescido pela EC 103/2019. Esta alteração entrará em vigor, para os regimes próprios de previdência social dos Estados, do Distrito Federal e dos Municípios, na data de publicação de lei de iniciativa privativa do respectivo Poder Executivo que a referende integralmente (DOU 13.11.2019).

§ 1º-B. Demonstrada a insuficiência da medida prevista no § 1º-A para equacionar o *deficit* atuarial, é facultada a instituição de contribuição extraordinária, no âmbito da União, dos servidores públicos ativos, dos aposentados e dos pensionistas.

▸ § 1º-B acrescido pela EC 103/2019. Esta alteração entrará em vigor, para os regimes próprios de previdência social dos Estados, do Distrito Federal e dos Municípios, na data de publicação de lei de iniciativa privativa do respectivo Poder Executivo que a referende integralmente (DOU 13.11.2019).

§ 1º-C. A contribuição extraordinária de que trata o § 1º-B deverá ser instituída simultaneamente com outras medidas para equacionamento do *deficit* e vigorará por período determinado, contado da data de sua instituição.

▸ § 1º-C acrescido pela EC 103/2019. Esta alteração entrará em vigor, para os regimes próprios de previdência social dos Estados, do Distrito Federal e dos Municípios, na data de publicação de lei de iniciativa privativa do respectivo Poder Executivo que a referende integralmente (DOU 13.11.2019).

§ 2º As contribuições sociais e de intervenção no domínio econômico de que trata o *caput* deste artigo:

▸ Caput do § 2º acrescido pela EC 33/2001.

I – não incidirão sobre as receitas decorrentes de exportação;

▸ Inciso I acrescido pela EC 33/2001.

II – incidirão também sobre a importação de produtos estrangeiros ou serviços;

▸ Inciso II com redação pela EC 42/2003.
▸ Lei 10.336/2001 (Contribuição de Intervenção no Domínio Econômico – CIDE).
▸ Lei 10.865/2004 (Dispõe sobre o PIS/PASEP – Importação e a COFINS-Importação).

III – poderão ter alíquotas:

▸ Inciso III acrescido pela EC 33/2001.

a) *ad valorem*, tendo por base o faturamento, a receita bruta ou o valor da operação e, no caso de importação, o valor aduaneiro;

b) específica, tendo por base a unidade de medida adotada.

§ 3º A pessoa natural destinatária das operações de importação poderá ser equiparada a pessoa jurídica, na forma da lei.

▸ § 3º acrescido pela EC 33/2001.

§ 4º A lei definirá as hipóteses em que as contribuições incidirão uma única vez.

▸ § 4º acrescido pela EC 33/2001.

Art. 149-A. Os Municípios e o Distrito Federal poderão instituir contribuição, na forma das respectivas leis, para o custeio, a expansão e a melhoria do serviço de iluminação pública e de sistemas de monitoramento para segurança e preservação de logradouros públicos, observado o disposto no art. 150, I e III.

▸ Caput com redação pela EC 132/2023.

Parágrafo único. É facultada a cobrança da contribuição a que se refere o *caput*, na fatura de consumo de energia elétrica.

▸ Parágrafo único acrescido pela EC 39/2002.

Art. 149-B. Os tributos previstos nos arts. 156-A e 195, V, observarão as mesmas regras em relação a:

I – fatos geradores, bases de cálculo, hipóteses de não incidência e sujeitos passivos;

II – imunidades;

III – regimes específicos, diferenciados ou favorecidos de tributação;

IV – regras de não cumulatividade e de creditamento.

Parágrafo único. Os tributos de que trata o *caput* observarão as imunidades previstas no art. 150, não se aplicando a ambos os tributos o disposto no art. 195, § 7º.

Art. 149-C. O produto da arrecadação do imposto previsto no art. 156-A e da contribuição prevista no art. 195, V, incidentes sobre operações contratadas pela administração pública direta, por autarquias e por fundações públicas, inclusive suas importações, será integralmente destinado ao ente federativo contratante, mediante redução a zero das alíquotas do imposto e da contribuição devidos aos demais entes e equivalente elevação da alíquota do tributo devido ao ente contratante.

§ 1º As operações de que trata o *caput* poderão ter alíquotas reduzidas de modo uniforme, nos termos de lei complementar.

§ 2º Lei complementar poderá prever hipóteses em que não se aplicará o disposto no *caput* e no § 1º.

§ 3º Nas importações efetuadas pela administração pública direta, por autarquias e por fundações públicas, o disposto no art. 150, VI, "a", será implementado na forma do disposto no *caput* e no § 1º, assegurada a igualdade de tratamento em relação às aquisições internas.

▸ Arts. 149-B e 149-C acrescidos pela EC 132/2023.

Seção II
Das Limitações do Poder de Tributar

Art. 150. Sem prejuízo de outras garantias asseguradas ao contribuinte, é vedado à União, aos Estados, ao Distrito Federal e aos Municípios:

▸ Lei 5.172/1966 (Código Tributário Nacional).

I – exigir ou aumentar tributo sem lei que o estabeleça;

▸ Arts. 3º e 97, I e II, do CTN.

II – instituir tratamento desigual entre contribuintes que se encontrem em situação equivalente, proibida qualquer distinção em razão de ocupação profissional ou função por eles exercida, independentemente da denominação jurídica dos rendimentos, títulos ou direitos;

▸ Art. 5º, caput, desta Constituição.
▸ Súmula 658 do STF.

III – cobrar tributos:

a) em relação a fatos geradores ocorridos antes do início da vigência da lei que os houver instituído ou aumentado;

▸ Art. 9º, II, do CTN.

b) no mesmo exercício financeiro em que haja sido publicada a lei que os instituiu ou aumentou;

▸ Arts. 148, II, 155, § 4º, IV, c, 177, § 4º, I, b, e 195, § 6º, desta Constituição.

c) antes de decorridos noventa dias da data em que haja sido publicada a lei que os instituiu ou aumentou, observado o disposto na alínea b;

▸ Alínea c acrescida pela EC 42/2003.

IV – utilizar tributo com efeito de confisco;

V – estabelecer limitações ao tráfego de pessoas ou bens, por meio de tributos interestaduais ou intermunicipais, ressalvada a cobrança de pedágio pela utilização de vias conservadas pelo Poder Público;

▸ Art. 9º, III, do CTN.

VI – instituir impostos sobre:

a) patrimônio, renda ou serviços, uns dos outros;

▸ Art. 9º, IV, a, do CTN.

b) entidades religiosas e templos de qualquer culto, inclusive suas organizações assistenciais e beneficentes;

▸ Alínea b com redação pela EC 132/2023.

c) patrimônio, renda ou serviços dos partidos políticos, inclusive suas fundações, das entidades sindicais dos trabalhadores, das instituições de educação e de assistência social, sem fins lucrativos, atendidos os requisitos da lei;

▸ Arts. 9º, IV, c, e 14 do CTN.
▸ Súmula Vinculante 52 do STF.
▸ Súmulas 724 e 730 do STF.

d) livros, jornais, periódicos e o papel destinado à sua impressão.

▸ Lei 10.753/2003 (Política Nacional do Livro).
▸ Súmula Vinculante 57 do STF.
▸ Súmula 657 do STF.

e) fonogramas e videofonogramas musicais produzidos no Brasil contendo obras musicais ou literomusicais de autores brasileiros e/ou obras em geral interpretadas por artistas brasileiros bem como os suportes materiais ou arquivos digitais que os contenham, salvo na etapa de replicação industrial de mídias ópticas de leitura a laser.

▸ Alínea e acrescida pela EC 75/2013.
▸ Art. 7º, III e V, da Lei 9.610/1998 (Direitos Autorais).

§ 1º A vedação do inciso III, b, não se aplica aos tributos previstos nos arts. 148, I, 153, I, II, IV e V; e 154, II; e a vedação do inciso III, c, não se aplica aos tributos previstos nos arts. 148, I, 153, I, II, III e V; e 154, II, nem à fixação da base de cálculo dos impostos previstos nos arts. 155, III, e 156, I.

▸ § 1º com redação pela EC 42/2003.

§ 2º A vedação do inciso VI, "a", é extensiva às autarquias e às fundações instituídas e mantidas pelo poder público e à empresa pública prestadora de serviço postal, no que se refere ao patrimônio, à renda e aos serviços vinculados a suas finalidades essenciais ou às delas decorrentes.

▸ § 2º com redação pela EC 132/2023.

§ 3º As vedações do inciso VI, a, e do parágrafo anterior não se aplicam ao patrimônio, à renda e aos serviços, relacionados com exploração de atividades econômicas regidas pelas normas aplicáveis a empreendimentos privados, ou em que haja contraprestação ou pagamento de preços ou tarifas pelo usuário, nem exonera o promitente comprador da obrigação de pagar imposto relativamente ao bem imóvel.

§ 4º As vedações expressas no inciso VI, alíneas b e c, compreendem somente o patrimônio, a renda e os serviços, relacionados com as finalidades essenciais das entidades nelas mencionadas.

§ 5º A lei determinará medidas para que os consumidores sejam esclarecidos acerca dos impostos que incidam sobre mercadorias e serviços.

▸ Lei 12.741/2012 (Medidas de esclarecimento ao consumidor nos termos deste parágrafo).

§ 6º Qualquer subsídio ou isenção, redução de base de cálculo, concessão de crédito presumido, anistia ou remissão, relativos a impostos, taxas ou contribuições, só poderá ser concedido mediante lei específica, federal, estadual ou municipal, que regule exclusivamente as matérias acima enumeradas ou o correspondente tributo ou contribuição, sem prejuízo do disposto no artigo 155, § 2º, XII, g.

▸ § 6º com redação pela EC 3/1993.
▸ Art. 175 do CTN.
▸ Art. 14, § 1º da LC 101/2000.

Texto novo: § 6º Qualquer subsídio ou isenção, redução de base de cálculo, concessão de crédito presumido, anistia ou remissão, relativos a impostos, taxas ou contribuições, só poderá ser concedido mediante lei específica, federal, estadual ou municipal, que regule exclusivamente as matérias acima enumeradas ou o correspondente tributo ou contribuição.

▸ § 6º com redação pela EC 132/2023, em vigor a partir de 2033.

§ 7º A lei poderá atribuir a sujeito passivo de obrigação tributária a condição de responsável pelo pagamento de imposto ou contribuição, cujo fato gerador deva ocorrer posteriormente, assegurada a imediata e preferencial restituição da quantia paga, caso não se realize o fato gerador presumido.

▸ § 7º acrescido pela EC 3/1993.
▸ Art. 128 do CTN.

Art. 151. É vedado à União:

I – instituir tributo que não seja uniforme em todo o Território Nacional ou que implique distinção ou preferência em relação a Estado, ao Distrito Federal ou a Município, em detrimento de outro, admitida a concessão de incentivos fiscais destinados a promover o equilíbrio do

desenvolvimento socioeconômico entre as diferentes regiões do País;
- ▸ Art. 10 do CTN.
- ▸ Lei 9.440/1997 (Incentivos fiscais para o desenvolvimento regional).
- ▸ Lei 11.508/2007 (Zonas de Processamento de Exportação).

II – tributar a renda das obrigações da dívida pública dos Estados, do Distrito Federal e dos Municípios, bem como a remuneração e os proventos dos respectivos agentes públicos, em níveis superiores aos que fixar para suas obrigações e para seus agentes;

III – instituir isenções de tributos da competência dos Estados, do Distrito Federal ou dos Municípios.
- ▸ Súmula 185 do STJ.

Art. 152. É vedado aos Estados, ao Distrito Federal e aos Municípios estabelecer diferença tributária entre bens e serviços, de qualquer natureza, em razão de sua procedência ou destino.
- ▸ Art. 11 do CTN.

Seção III
Dos Impostos da União

Art. 153. Compete à União instituir impostos sobre:

I – importação de produtos estrangeiros;
- ▸ Arts. 60, § 2º, e 154, I, desta Constituição.
- ▸ Lei 7.810/1989 (Redução de impostos na importação).
- ▸ Lei 8.032/1990 (Isenção ou redução de imposto de importação).
- ▸ Lei 9.449/1997 (Reduz o Imposto de Importação para os produtos que especifica).

II – exportação, para o exterior, de produtos nacionais ou nacionalizados;
- ▸ Art. 60, § 2º, desta Constituição.

III – renda e proventos de qualquer natureza;
- ▸ Arts. 27, § 2º, 28, § 2º, 29, V e VI, 37, XV, 48, XV, 49, VII e VIII, 95, III, 128, § 5º, I, c, desta Constituição.
- ▸ Art. 34, § 2º, I, do ADCT.
- ▸ Lei 8.166/1991 (Incidência do imposto de renda sobre lucros ou dividendos distribuídos a residentes ou domiciliados no exterior, doados a instituições sem fins lucrativos).
- ▸ Lei 9.430/1996 (Trata da legislação tributária federal, as contribuições para a Seguridade Social, o processo administrativo de consulta).
- ▸ Dec. 9.580/2018 (Regulamenta a tributação, a fiscalização, a arrecadação e a administração do Imposto sobre a Renda e proventos de qualquer natureza).
- ▸ Súmulas 125, 136 e 386 do STJ.

IV – produtos industrializados;
- ▸ Art. 60, § 2º, desta Constituição.
- ▸ Art. 34, § 2º, I, do ADCT.
- ▸ Lei 9.363/1996 (Crédito presumido do Imposto sobre Produtos Industrializados, para ressarcimento do valor do PIS/PASEP e COFINS nos casos que especifica).
- ▸ Lei 9.493/1997 (Concede isenção do Imposto sobre Produtos Industrializados – IPI).
- ▸ Dec. 7.212/2010 (Regulamenta a cobrança, fiscalização, arrecadação e administração do IPI).

V – operações de crédito, câmbio e seguro, ou relativas a títulos ou valores mobiliários;

Texto novo: V – operações de crédito e câmbio ou relativas a títulos ou valores mobiliários;
- ▸ Inciso V com redação pela EC 132/2023, em vigor a partir de 2027.
- ▸ Art. 60, § 2º, desta Constituição.
- ▸ Arts. 63 a 67 do CTN.
- ▸ Lei 8.894/1994 (Imposto sobre Operações de Crédito, Câmbio, ou relativas a Títulos e Valores Mobiliários).
- ▸ Dec. 6.306/2007 (Regulamenta o imposto sobre Operações de Crédito, Câmbio e Seguro, ou relativas a Títulos e Valores Mobiliários – IOF).
- ▸ Sumula Vinculante 32 do STF.
- ▸ Súmula 664 do STF.

VI – propriedade territorial rural;
- ▸ Lei 8.847/1994 (Imposto sobre a Propriedade Territorial Rural – ITR).
- ▸ Lei 9.321/1996 (Dispõe sobre o Programa de Fortalecimento Familiar – PRONAF).
- ▸ Lei 9.393/1996 (Propriedade Territorial Rural – ITR, e sobre o pagamento da dívida representada por Títulos da Dívida Agrária – TDA).
- ▸ Dec. 4.382/2002 (Regulamenta a tributação, fiscalização, arrecadação e administração do Imposto sobre a Propriedade Territorial Rural – ITR).
- ▸ Lei 11.326/2006 (Estabelece diretrizes para formulação da Política Nacional da Agricultura Familiar e Empreendimentos Familiares Rurais).
- ▸ Súmula 139 do STJ.

VII – grandes fortunas, nos termos de lei complementar.
- ▸ LC 111/2001 (Fundo de Combate e Erradicação da Pobreza).

VIII – produção, extração, comercialização ou importação de bens e serviços prejudiciais à saúde ou ao meio ambiente, nos termos de lei complementar.
- ▸ Inciso VIII acrescido pela EC 132/2023.

§ 1º É facultado ao Poder Executivo, atendidas as condições e os limites estabelecidos em lei, alterar as alíquotas dos impostos enumerados nos incisos I, II, IV e V.
- ▸ Art. 150, § 1º, desta Constituição.

§ 2º O imposto previsto no inciso III:

I – será informado pelos critérios da generalidade, da universalidade e da progressividade, na forma da lei;

- ▸ Arts. 27, § 2º, 28, § 2º, 29, V e VI, 37, XV, 48, XV, 49, VII e VIII, 95, III, e 128, § 5º, I, c, desta Constituição.

II – *Revogado pela EC 20/1998.*

§ 3º O imposto previsto no inciso IV:

I – será seletivo, em função da essencialidade do produto;

II – será não cumulativo, compensando-se o que for devido em cada operação com o montante cobrado nas anteriores;
- ▸ Súmula Vinculante 58 do STF
- ▸ Súmula 495 STJ.

III – não incidirá sobre produtos industrializados destinados ao exterior;

IV – terá reduzido seu impacto sobre a aquisição de bens de capital pelo contribuinte do imposto, na forma da lei.
- ▸ Inciso IV acrescido pela EC 42/2003.

§ 4º O imposto previsto no inciso VI do *caput*:
- ▸ *Caput* do § 4º com redação pela EC 42/2003.
- ▸ Lei 8.629/1993 (Regula os dispositivos constitucionais relativos à reforma agrária).

I – será progressivo e terá suas alíquotas fixadas de forma a desestimular a manutenção de propriedades improdutivas;
- ▸ Inciso I acrescido pela EC 42/2003.

II – não incidirá sobre pequenas glebas rurais, definidas em lei, quando as explore o proprietário que não possua outro imóvel;
- ▸ Inciso II acrescido pela EC 42/2003.

III – será fiscalizado e cobrado pelos Municípios que assim optarem, na forma da lei, desde que não implique redução do imposto ou qualquer outra forma de renúncia fiscal.
- ▸ Inciso III acrescido pela EC 42/2003.
- ▸ Lei 11.250/2005 (Regulamenta este inciso).

§ 5º O ouro, quando definido em lei como ativo financeiro ou instrumento cambial, sujeita-se exclusivamente à incidência do imposto de que trata o inciso V do *caput* deste artigo, devido na operação de origem; a alíquota mínima será de um por cento, assegurada a transferência do montante da arrecadação nos seguintes termos:
- ▸ Art. 74, § 2º, do ADCT.
- ▸ Lei 7.766/1989 (Ouro, ativo financeiro e sobre seu tratamento tributário).

I – trinta por cento para o Estado, o Distrito Federal ou o Território, conforme a origem;

II – setenta por cento para o Município de origem.
- ▸ Arts. 72, § 3º, 74, § 2º, 75 e 76, § 1º, do ADCT.
- ▸ Lei 7.766/1989 (Ouro, ativo financeiro e sobre seu tratamento tributário).

§ 6º O imposto previsto no inciso VIII do *caput* deste artigo:

I – não incidirá sobre as exportações nem sobre as operações com energia elétrica e com telecomunicações;

II – incidirá uma única vez sobre o bem ou serviço;

III – não integrará sua própria base de cálculo;

IV – integrará a base de cálculo dos tributos previstos nos arts. 155, II, 156, III, 156-A e 195, V;

Texto novo: IV – integrará a base de cálculo dos tributos previstos nos arts. 156-A e 195, V;
- ▸ Inciso IV com redação pela EC 132/2023, em vigor a partir de 2033.

V – poderá ter o mesmo fato gerador e base de cálculo de outros tributos;

VI – terá suas alíquotas fixadas em lei ordinária, podendo ser específicas, por unidade de medida adotada, ou *ad valorem*;

VII – na extração, o imposto será cobrado independentemente da destinação, caso em que a alíquota máxima corresponderá a 1% (um por cento) do valor de mercado do produto.
- ▸ § 6º acrescido pela EC 132/2023.

Art. 154. A União poderá instituir:

I – mediante lei complementar, impostos não previstos no artigo anterior, desde que sejam não cumulativos e não tenham fato gerador ou base de cálculo próprios dos discriminados nesta Constituição;
- ▸ Art. 195, § 4º, desta Constituição.
- ▸ Arts. 74, § 2º, e 75 do ADCT.

II – na iminência ou no caso de guerra externa, impostos extraordinários, compreendidos ou não em sua competência tributária, os quais serão suprimidos, gradativamente, cessadas as causas de sua criação.
- ▸ Arts. 62, § 2º, 150, § 1º, desta Constituição.
- ▸ Art. 76 do CTN.

Seção IV
Dos Impostos dos Estados e do Distrito Federal

Art. 155. Compete aos Estados e ao Distrito Federal instituir impostos sobre:
- ▸ *Caput* com redação pela EC 3/1993.

I – transmissão causa mortis e doação, de quaisquer bens ou direitos;
- ▸ Inciso I acrescido pela EC 3/1993.

II – operações relativas à circulação de mercadorias e sobre prestações de serviços de transporte interestadual e intermunicipal e de comunicação, ainda que as operações e as prestações se iniciem no exterior;
- ▸ Inciso II acrescido pela EC 3/1993.
- ▸ Art. 60, § 2º, do ADCT.
- ▸ LC 24/1975 (Convênios para a concessão de isenções do imposto sobre operações relativas à circulação de mercadorias).
- ▸ LC 87/1996 (Lei Kandir – ICMS).
- ▸ Súmula 662 do STF.
- ▸ Súmulas 334 e 457 do STJ.

Texto novo: II – *Revogado pela EC 132/2023, em vigor a partir de 2033.*

III – propriedade de veículos automotores.
- ▸ Inciso III acrescido pela EC 3/1993.

§ 1º O imposto previsto no inciso I:
- ▸ § 1º com redação pela EC 3/1993.

I – relativamente a bens imóveis e respectivos direitos, compete ao Estado da situação do bem, ou ao Distrito Federal;

II – relativamente a bens móveis, títulos e créditos, compete ao Estado onde era domiciliado de cujus, ou tiver domicílio o doador, ou ao Distrito Federal;
- ▸ Inciso II com a redação pela EC 132/2023.

III – terá a competência para sua instituição regulada por lei complementar:

a) se o doador tiver domicílio ou residência no exterior;

b) se o de cujus possuía bens, era residente ou domiciliado ou teve o seu inventário processado no exterior;

IV – terá suas alíquotas máximas fixadas pelo Senado Federal;

V – não incidirá sobre as doações destinadas, no âmbito do Poder Executivo da União, a projetos socioambientais ou destinados a mitigar os efeitos das mudanças climáticas e às instituições federais de ensino.
- ▸ Inciso V acrescido pela EC 126/2022.

VI – será progressivo em razão do valor do quinhão, do legado ou da doação;

VII – não incidirá sobre as transmissões e as doações para as instituições sem fins lucrativos com finalidade de relevância pública e social, inclusive as organizações assistenciais e beneficentes de entidades religiosas e institutos científicos e tecnológicos, e por elas realizada na consecução dos seus objetivos sociais, observadas as condições estabelecidas em lei complementar.
- ▸ Incisos VI e VII acrescidos pela EC 132/2023.

§ 2º O imposto previsto no inciso II atenderá ao seguinte:
- ▸ *Caput* do § 2º com redação pela EC 3/1993.
- ▸ Dec.-lei 406/1968 (Normas gerais de direito financeiro, aplicáveis ao ICMS e ISS).
- ▸ LC 24/1975 (Convênios para a concessão de isenções do imposto sobre operações relativas à circulação de mercadorias).
- ▸ LC 101/2000 (Responsabilidade Fiscal).

I – será não cumulativo, compensando-se o que for devido em cada operação relativa à circulação de mercadorias ou prestação de serviços com o montante cobrado nas anteriores pelo mesmo ou outro Estado ou pelo Distrito Federal;

II – a isenção ou não incidência, salvo determinação em contrário da legislação:
- ▸ LC 24/1975 (Concessão de isenções do Imposto sobre Obrigações Relativas a Circulação de Mercadorias).
- ▸ LC 87/1996 (Lei Kandir – ICMS).
- ▸ Súmula 662 do STF.

a) não implicará crédito para compensação com o montante devido nas operações ou prestações seguintes;

b) acarretará a anulação do crédito relativo às operações anteriores;

III – poderá ser seletivo, em função da essencialidade das mercadorias e dos serviços;

IV – resolução do Senado Federal, de iniciativa do Presidente da República ou de um terço dos Senadores, aprovada pela maioria absoluta de seus membros, estabelecerá as alíquotas aplicáveis às operações e prestações, interestaduais e de exportação;

V – é facultado ao Senado Federal:

a) estabelecer alíquotas mínimas nas operações internas, mediante resolução de iniciativa de um terço e aprovada pela maioria absoluta de seus membros;

b) fixar alíquotas máximas nas mesmas operações para resolver conflito específico que envolva interesse de Estados, mediante resolução de iniciativa da maioria absoluta e aprovada por dois terços de seus membros;

VI – salvo deliberação em contrário dos Estados e do Distrito Federal, nos termos do disposto no inciso XII, g, as alíquotas internas, nas operações relativas à circulação de mercadorias e nas prestações de serviços, não

poderão ser inferiores às previstas para as operações interestaduais;

VII – nas operações e prestações que destinem bens e serviços a consumidor final, contribuinte ou não do imposto, localizado em outro Estado, adotar-se-á a alíquota interestadual e caberá ao Estado de localização do destinatário o imposto correspondente à diferença entre a alíquota interna do Estado destinatário e a alíquota interestadual;
▶ Inciso VII com redação pela EC 87/2015, em vigor na data de sua publicação, produzindo efeitos no ano subsequente e após 90 (noventa) dias desta (DOU 17.04.2015).

a) Revogada pela EC 87/2015, em vigor na data de sua publicação, produzindo efeitos no ano subsequente e após 90 (noventa) dias desta (DOU 17.04.2015).

b) Revogada pela EC 87/2015, em vigor na data de sua publicação, produzindo efeitos no ano subsequente e após 90 (noventa) dias desta (DOU 17.04.2015).

VIII – a responsabilidade pelo recolhimento do imposto correspondente à diferença entre a alíquota interna e a interestadual de que trata o inciso VII será atribuída:
▶ Inciso VIII com redação pela EC 87/2015, em vigor na data de sua publicação, produzindo efeitos no ano subsequente e após 90 (noventa) dias desta (DOU 17.04.2015).

a) ao destinatário, quando este for contribuinte do imposto;
▶ Alínea a acrescida pela EC 87/2015, em vigor na data de sua publicação, produzindo efeitos no ano subsequente e após 90 (noventa) dias desta (DOU 17.04.2015).

b) ao remetente, quando o destinatário não for contribuinte do imposto;
▶ Alínea b acrescida pela EC 87/2015, em vigor na data de sua publicação, produzindo efeitos no ano subsequente e após 90 (noventa) dias desta (DOU 17.04.2015).

IX – incidirá também:
▶ Súmulas 660 e 661 do STF.
▶ Súmula 155 do STJ.

a) sobre a entrada de bem ou mercadoria importados do exterior por pessoa física ou jurídica, ainda que não seja contribuinte habitual do imposto, qualquer que seja a sua finalidade, assim como sobre o serviço prestado no exterior, cabendo o imposto ao Estado onde estiver situado o domicílio ou o estabelecimento do destinatário da mercadoria, bem ou serviço;
▶ Alínea a com redação pela EC 33/2001.
▶ Súmula Vinculante 48 do STF.
▶ Súmulas 660 e 661 do STF.
▶ Súmula 198 do STJ.

b) sobre o valor total da operação, quando mercadorias forem fornecidas com serviços não compreendidos na competência tributária dos Municípios;

X – não incidirá:

a) sobre operações que destinem mercadorias para o exterior, nem sobre serviços prestados a destinatários no exterior, assegurada a manutenção e o aproveitamento do montante do imposto cobrado nas operações e prestações anteriores;
▶ Alínea a com redação pela EC 42/2003.
▶ LC 65/1991 (Produtos semielaborados que podem ser tributados pelos Estados e Distrito Federal, quando de sua exportação para o exterior).
▶ Súmula 433 do STJ.

b) sobre operações que destinem a outros Estados petróleo, inclusive lubrificantes, combustíveis líquidos e gasosos dele derivados, e energia elétrica;

c) sobre o ouro, nas hipóteses definidas no artigo 153, § 5º;
▶ Lei 7.766/1989 (Ouro, ativo financeiro, e sobre seu tratamento tributário).

d) nas prestações de serviço de comunicação nas modalidades de radiodifusão sonora e de sons e imagens de recepção livre e gratuita;
▶ Alínea d acrescida pela EC 42/2003.

XI – não compreenderá, em sua base de cálculo, o montante do imposto sobre produtos industrializados, quando a operação, realizada entre contribuintes e relativa a produto destinado à industrialização ou à comercialização, configure fato gerador dos dois impostos;

XII – cabe à lei complementar:
▶ Art. 4º da EC 42/2003.

a) definir seus contribuintes;

b) dispor sobre substituição tributária;

c) disciplinar o regime de compensação do imposto;

d) fixar, para efeito de sua cobrança e definição do estabelecimento responsável, o local das operações relativas à circulação de mercadorias e das prestações de serviços;

e) excluir da incidência do imposto, nas exportações para o exterior, serviços e outros produtos além dos mencionados no inciso X, a;

f) prever casos de manutenção de crédito, relativamente à remessa para outro Estado e exportação para o exterior, de serviços e de mercadorias;

g) regular a forma como, mediante deliberação dos Estados e do Distrito Federal, isenções, incentivos e benefícios fiscais serão concedidos e revogados;
▶ Art. 22, par. ún., da LC 123/2006 (Estatuto Nacional da Microempresa e da Empresa de Pequeno Porte).

h) definir os combustíveis e lubrificantes sobre os quais o imposto incidirá uma única vez, qualquer que seja a sua finalidade, hipótese em que não se aplicará o disposto no inciso X, b;
▶ Alínea h acrescida pela EC 33/2001.

i) fixar a base de cálculo, de modo que o montante do imposto a integre, também na importação do exterior de bem, mercadoria ou serviço.
▶ Alínea i acrescida pela EC 33/2001.
▶ Súmula 457 do STJ.

§ 3º À exceção dos impostos de que tratam o inciso II do *caput* deste artigo e o artigo 153, I e II, nenhum outro imposto poderá incidir sobre operações relativas a energia elétrica, serviços de telecomunicações, derivados de petróleo, combustíveis e minerais do País.
▶ § 3º com redação pela EC 132/2023.

Súmula 659 do STF.

§ 4º Na hipótese do inciso XII, h, observar-se-á o seguinte:
▶ § 4º acrescido pela EC 33/2001.

I – nas operações com os lubrificantes e combustíveis derivados de petróleo, o imposto caberá ao Estado onde ocorrer o consumo;

II – nas operações interestaduais, entre contribuintes, com gás natural e seus derivados, e lubrificantes e combustíveis não incluídos no inciso I deste parágrafo, o imposto será repartido entre os Estados de origem e de destino, mantendo-se a mesma proporcionalidade que ocorre nas operações com as demais mercadorias;

III – nas operações interestaduais com gás natural e seus derivados, e lubrificantes e combustíveis não incluídos no inciso I deste parágrafo, destinadas a não contribuinte, o imposto caberá ao Estado de origem;

IV – as alíquotas do imposto serão definidas mediante deliberação dos Estados e Distrito Federal, nos termos do § 2º, XII, g, observando-se o seguinte:

a) serão uniformes em todo o território nacional, podendo ser diferenciadas por produto;

b) poderão ser específicas, por unidade de medida adotada, ou ad valorem, incidindo sobre o valor da operação ou sobre o preço que o produto ou seu similar alcançaria em uma venda em condições de livre concorrência;

c) poderão ser reduzidas e restabelecidas, não se lhes aplicando o disposto no artigo 150, III, b.

§ 5º As regras necessárias à aplicação do disposto no § 4º, inclusive as relativas à apuração e à destinação do imposto, serão estabelecidas mediante deliberação dos Estados e do Distrito Federal, nos termos do § 2º, XII, g.
▶ § 5º acrescido pela EC 33/2001.

Texto novo: **§§ 2º a 5º.** Revogados pela EC 132/2023, em vigor a partir de 2033.

§ 6º O imposto previsto no inciso III:
▶ Caput do § 6º acrescido pela EC 42/2003.

I – terá alíquotas mínimas fixadas pelo Senado Federal;
▶ Inciso I acrescido pela EC 42/2003.

II – poderá ter alíquotas diferenciadas em função do tipo, do valor, da utilização e do impacto ambiental;
▶ Inciso II com redação pela EC 132/2023.

III – incidirá sobre a propriedade de veículos automotores terrestres, aquáticos e aéreos, excetuados:

a) aeronaves agrícolas e de operador certificado para prestar serviços aéreos a terceiros;

b) embarcações de pessoa jurídica que detenha outorga para prestar serviços de transporte aquaviário ou de pessoa física ou jurídica que pratique pesca industrial, artesanal, científica ou de subsistência;

c) plataformas suscetíveis de se locomoverem na água por meios próprios, inclusive aquelas cuja finalidade principal seja a exploração de atividades econômicas em águas territoriais e na zona econômica exclusiva e embarcações que tenham essa mesma finalidade principal;

d) tratores e máquinas agrícolas.
▶ Inciso III acrescido pela EC 132/2023

.Seção V

Dos Impostos dos Municípios

Art. 156. Compete aos Municípios instituir impostos sobre:
▶ Art. 167, § 4º, desta Constituição.

I – propriedade predial e territorial urbana;
▶ Arts. 32 a 34 do CTN.
▶ Súmula 399 do STJ.

II – transmissão inter vivos, a qualquer título, por ato oneroso, de bens imóveis, por natureza ou acessão física, e de direitos reais sobre imóveis, exceto os de garantia, bem como cessão de direitos a sua aquisição;
▶ Arts. 34 a 42 do CTN.
▶ Súmula 656 do STF.

III – serviços de qualquer natureza, não compreendidos no artigo 155, II, definidos em lei complementar.
▶ Inciso III com redação pela EC 3/1993.
▶ LC 116/2003 (ISS).
▶ Súmula Vinculante 31 do STF.
▶ Súmula 424 do STJ.

Texto novo: **III –** Revogado pela EC 132/2023, em vigor a partir de 2033.

IV – Revogado pela EC 3/1993.

§ 1º Sem prejuízo da progressividade no tempo a que se refere o artigo 182, § 4º, inciso II, o imposto previsto no inciso I poderá:
▶ Arts. 182, §§ 2º e 4º, e 186 desta Constituição.
▶ Súmula 589 do STF.

I – ser progressivo em razão do valor do imóvel; e

II – ter alíquotas diferentes de acordo com a localização e o uso do imóvel.
▶ § 1º com a redação pela EC 29/2000.
▶ Lei 10.257/2001 (Estatuto da Cidade).

III – ter sua base de cálculo atualizada pelo Poder Executivo, conforme critérios estabelecidos em lei municipal.
▶ Inciso III acrescido pela EC 132/2023.

§ 1º-A. O imposto previsto no inciso I do *caput* deste artigo não incide sobre templos de qualquer culto, ainda que as entidades abrangidas pela imunidade de que trata a alínea b do inciso VI do *caput* do art. 150 desta Constituição sejam apenas locatárias do bem imóvel.
▶ § 1º-A acrescido pela EC 116/2022.

§ 2º O imposto previsto no inciso II:

I – não incide sobre a transmissão de bens ou direitos incorporados ao patrimônio de pessoa jurídica em realização de capital, nem sobre a transmissão de bens ou direitos decorrente de fusão, incorporação, cisão ou extinção de pessoa jurídica, salvo se, nesses casos, a atividade preponderante do adquirente for a compra e venda desses bens ou direitos, locação de bens imóveis ou arrendamento mercantil;
▶ Arts. 36 e 37 do CTN.

II – compete ao Município da situação do bem.

§ 3º Em relação ao imposto previsto no inciso III do *caput* deste artigo, cabe à lei complementar:
▶ Caput do § 3º com redação pela EC 37/2002.

Texto novo: **§ 3º.** Revogado pela EC 132/2023, em vigor a partir de 2033.

I – fixar as suas alíquotas máximas e mínimas;
▶ Inciso I com redação pela EC 37/2002.
▶ Art. 88 do ADCT.

II – excluir da sua incidência exportações de serviços para o exterior;
▶ Inciso II com redação pela EC 3/1993.

III – regular a forma e as condições como isenções, incentivos e benefícios fiscais serão concedidos e revogados.
▶ Inciso III acrescido pela EC 37/2002.
▶ Art. 88 do ADCT.

§ 4º Revogado pela EC 3/1993.

Seção V-A

Do Imposto de Competência Compartilhada entre Estados, Distrito Federal e Municípios
▶ Seção V-A acrescida pela EC 132/2023.

Art. 156-A. Lei complementar instituirá imposto sobre bens e serviços de competência compartilhada entre Estados, Distrito Federal e Municípios.

§ 1º O imposto previsto no *caput* será informado pelo princípio da neutralidade e atenderá ao seguinte:

I – incidirá sobre operações com bens materiais ou imateriais, inclusive direitos, ou com serviços;

II – incidirá também sobre a importação de bens materiais ou imateriais, inclusive direitos, ou de serviços realizada por pessoa física ou jurídica, ainda que não seja sujeito passivo habitual do imposto, qualquer que seja a sua finalidade;

III – não incidirá sobre as exportações, assegurados ao exportador a manutenção e o aproveitamento dos créditos relativos às operações nas quais seja adquirente de bem material ou imaterial, inclusive direitos, ou serviço, observado o disposto no § 5º, III;

IV – terá legislação única e uniforme em todo o território nacional, ressalvado o disposto no inciso V;

V – cada ente federativo fixará sua alíquota própria por lei específica;

VI – a alíquota fixada pelo ente federativo na forma do inciso V será a mesma para todas as operações com bens materiais ou imateriais, inclusive direitos, ou com

serviços, ressalvadas as hipóteses previstas nesta Constituição;

VII - será cobrado pelo somatório das alíquotas do Estado e do Município de destino da operação;

VIII - será não cumulativo, compensando-se o imposto devido pelo contribuinte com o montante cobrado sobre todas as operações nas quais seja adquirente de bem material ou imaterial, inclusive direito, ou de serviço, excetuadas exclusivamente as consideradas de uso ou consumo pessoal especificadas em lei complementar e as hipóteses previstas nesta Constituição;

IX - não integrará sua própria base de cálculo nem a dos tributos previstos nos arts. 153, VIII, e 195, I, "b", IV e V, e da contribuição para o Programa de Integração Social de que trata o art. 239;

Texto novo: IX - não integrará sua própria base de cálculo nem a dos tributos previstos nos arts. 153, VIII, e 195, V;
> ▸ Inciso IX com redação pela EC 132/2023, em vigor a partir de 2033.

X - não será objeto de concessão de incentivos e benefícios financeiros ou fiscais relativos ao imposto ou de regimes específicos, diferenciados ou favorecidos de tributação, excetuadas as hipóteses previstas nesta Constituição;

XI - não incidirá nas prestações de serviço de comunicação nas modalidades de radiodifusão sonora e de sons e imagens de recepção livre e gratuita;

XII - resolução do Senado Federal fixará alíquota de referência do imposto para cada esfera federativa, nos termos de lei complementar, que será aplicada se outra não houver sido estabelecida pelo próprio ente federativo;

XIII - sempre que possível, terá seu valor informado, de forma específica, no respectivo documento fiscal.

§ 2º Para fins do disposto no § 1º, V, o Distrito Federal exercerá as competências estadual e municipal na fixação de suas alíquotas.

§3º Lei complementar poderá definir como sujeito passivo do imposto a pessoa que concorrer para a realização, a execução ou o pagamento da operação, ainda que residente ou domiciliada no exterior.

§4º Para fins de distribuição do produto da arrecadação do imposto, o Comitê Gestor do Imposto sobre Bens e Serviços:

I - reterá montante equivalente ao saldo acumulado de créditos do imposto não compensados pelos contribuintes e não ressarcidos ao final de cada período de apuração e aos valores decorrentes do cumprimento do § 5º, VIII;

II - distribuirá o produto da arrecadação do imposto, deduzida a retenção de que trata o inciso I deste parágrafo, ao ente federativo de destino das operações que não tenham gerado creditamento.

§ 5º Lei complementar disporá sobre:

I - as regras para a distribuição do produto da arrecadação do imposto, disciplinando, entre outros aspectos:

a) a sua forma de cálculo;

b) o tratamento em relação às operações em que o imposto não seja recolhido tempestivamente;

c) as regras de distribuição aplicáveis aos regimes favorecidos, específicos e diferenciados de tributação previstos nesta Constituição;

II - o regime de compensação, podendo estabelecer hipóteses em que o aproveitamento do crédito ficará condicionado à verificação do efetivo recolhimento do imposto incidente sobre a operação com bens materiais ou imateriais, inclusive direitos, ou com serviços, desde que:

a) o adquirente possa efetuar o recolhimento do imposto incidente nas suas aquisições de bens ou serviços; ou

b) o recolhimento do imposto ocorra na liquidação financeira da operação;

III - a forma e o prazo para ressarcimento de créditos acumulados pelo contribuinte;

IV - os critérios para a definição do destino da operação, que poderá ser, inclusive, o local da entrega, da disponibilização ou da localização do bem, o da prestação ou da disponibilização do serviço ou o do domicílio ou da localização do adquirente ou destinatário do bem ou serviço, admitidas diferenciações em razão das características da operação;

V - a forma de desoneração da aquisição de bens de capital pelos contribuintes, que poderá ser implementada por meio de:

a) crédito integral e imediato do imposto;

b) diferimento; ou

c) redução em 100% (cem por cento) das alíquotas do imposto;

VI - as hipóteses de diferimento e desoneração do imposto aplicáveis aos regimes aduaneiros especiais e às zonas de processamento de exportação;

VII - o processo administrativo fiscal do imposto;

VIII - as hipóteses de devolução do imposto a pessoas físicas, inclusive os limites e os beneficiários, com o objetivo de reduzir as desigualdades de renda;

IX - os critérios para as obrigações tributárias acessórias, visando à sua simplificação.

§6º Lei complementar disporá sobre regimes específicos de tributação para:

I - combustíveis e lubrificantes sobre os quais o imposto incidirá uma única vez, qualquer que seja a sua finalidade, hipótese em que:

a) serão as alíquotas uniformes em todo o território nacional, específicas por unidade de medida e diferenciadas por produto, admitida a não aplicação do disposto no § 1º, V a VII;

b) será vedada a apropriação de créditos em relação às aquisições dos produtos de que trata este inciso destinados a distribuição, comercialização ou revenda;

c) será concedido crédito nas aquisições dos produtos de que trata este inciso por sujeito passivo do imposto, observado o disposto na alínea "b" e no § 1º, VIII;

II - serviços financeiros, operações com bens imóveis, planos de assistência à saúde e concursos de prognósticos, podendo prever:

a) alterações nas alíquotas, nas regras de creditamento e na base de cálculo, admitida, em relação aos adquirentes dos bens e serviços de que trata este inciso, a não aplicação do disposto no § 1º, VIII;

b) hipóteses em que o imposto incidirá sobre a receita ou o faturamento, com alíquota uniforme em todo o território nacional, admitida a não aplicação do disposto no § 1º, V a VII, e, em relação aos adquirentes dos bens e serviços de que trata este inciso, também do disposto no § 1º, VIII;

III - sociedades cooperativas, que será optativo, com vistas a assegurar sua competitividade, observados os princípios da livre concorrência e da isonomia tributária, definindo, inclusive:

a) as hipóteses em que o imposto não incidirá sobre as operações realizadas entre a sociedade cooperativa e seus associados, entre estes e aquela e pelas sociedades cooperativas entre si quando associadas para a consecução dos objetivos sociais;

b) o regime de aproveitamento do crédito das etapas anteriores;

IV - serviços de hotelaria, parques de diversão e parques temáticos, agências de viagens e de turismo, bares e restaurantes, atividade esportiva desenvolvida por Sociedade Anônima do Futebol e aviação regional, podendo prever hipóteses de alterações nas alíquotas, nas bases de cálculo e nas regras de creditamento, admitida a não aplicação do disposto no § 1º, V a VIII;

V - operações alcançadas por tratado ou convenção internacional, inclusive referentes a missões diplomáticas, repartições consulares, representações de organismos internacionais e respectivos funcionários acreditados;

VI - serviços de transporte coletivo de passageiros rodoviário intermunicipal e interestadual, ferroviário e hidroviário, podendo prever hipóteses de alterações nas alíquotas e nas regras de creditamento, admitida a não aplicação do disposto no § 1º, V a VIII.

§7º A isenção e a imunidade:

I - não implicarão crédito para compensação com o montante devido nas operações seguintes;

II - acarretarão a anulação do crédito relativo às operações anteriores, salvo, na hipótese da imunidade, inclusive em relação ao inciso XI do § 1º, quando determinado em contrário em lei complementar.

§8º Para fins do disposto neste artigo, a lei complementar de que trata o *caput* poderá estabelecer o conceito de operações com serviços, seu conteúdo e alcance, admitida essa definição para qualquer operação que não seja classificada como operação com bens materiais ou imateriais, inclusive direitos.

§9º Qualquer alteração na legislação federal que reduza ou eleve a arrecadação do imposto:

I - deverá ser compensada pela elevação ou redução, pelo Senado Federal, das alíquotas de referência de que trata o § 1º, XII, de modo a preservar a arrecadação das esferas federativas, nos termos de lei complementar;

II - somente entrará em vigor com o início da produção de efeitos do ajuste das alíquotas de referência de que trata o inciso I deste parágrafo.

§ 10. Os Estados, o Distrito Federal e os Municípios poderão optar por vincular suas alíquotas à alíquota de referência de que trata o § 1º, XII.

§ 11. Projeto de lei complementar em tramitação no Congresso Nacional que reduza ou aumente a arrecadação do imposto somente será apreciado se acompanhado de estimativa de impacto no valor das alíquotas de referência de que trata o § 1º, XII.

§ 12. A devolução de que trata o § 5º, VIII, não será considerada nas bases de cálculo de que tratam os arts. 29-A, 198, § 2º, 204, parágrafo único, 212, 212-A, II, e 216, § 6º, não se aplicando a ela, ainda, o disposto no art. 158, IV, "b".

§ 13. A devolução de que trata o § 5º, VIII, será obrigatória nas operações de fornecimento de energia elétrica e de gás liquefeito de petróleo ao consumidor de baixa renda, podendo a lei complementar determinar que seja calculada e concedida no momento da cobrança da operação.

Art. 156-B. Os Estados, o Distrito Federal e os Municípios exercerão de forma integrada, exclusivamente por meio do Comitê Gestor do Imposto sobre Bens e Serviços, nos termos e limites estabelecidos nesta Constituição e em lei complementar, as seguintes competências administrativas relativas ao imposto de que trata o art. 156-A:

I - editar regulamento único e uniformizar a interpretação e a aplicação da legislação do imposto;

II - arrecadar o imposto, efetuar as compensações e distribuir o produto da arrecadação entre Estados, Distrito Federal e Municípios;

III - decidir o contencioso administrativo.

§ 1º O Comitê Gestor do Imposto sobre Bens e Serviços, entidade pública sob regime especial, terá independência técnica, administrativa, orçamentária e financeira.

§ 2º Na forma da lei complementar:

I - os Estados, o Distrito Federal e os Municípios serão representados, de forma paritária, na instância máxima de deliberação do Comitê Gestor do Imposto sobre Bens e Serviços;

II - será assegurada a alternância na presidência do Comitê Gestor entre o conjunto dos Estados e o Distrito Federal e o conjunto dos Municípios e o Distrito Federal;

III - o Comitê Gestor será financiado por percentual do produto da arrecadação do imposto destinado a cada ente federativo;

IV - o controle externo do Comitê Gestor será exercido pelos Estados, pelo Distrito Federal e pelos Municípios;

V - a fiscalização, o lançamento, a cobrança, a representação administrativa e a representação judicial relativos ao imposto serão realizados, no âmbito de suas respectivas competências, pelas administrações tributárias e procuradorias dos Estados, do Distrito Federal e dos Municípios, que poderão definir hipóteses de delegação ou de compartilhamento de competências, cabendo ao Comitê Gestor a coordenação dessas atividades administrativas com vistas à integração entre os entes federativos;

VI - as competências exclusivas das carreiras da administração tributária e das procuradorias dos Estados, do Distrito Federal e dos Municípios serão exercidas, no Comitê Gestor e na representação deste, por servidores das referidas carreiras;

VII - serão estabelecidas a estrutura e a gestão do Comitê Gestor, cabendo ao regimento interno dispor sobre sua organização e funcionamento.

§ 3º A participação dos entes federativos na instância máxima de deliberação do Comitê Gestor do Imposto sobre Bens e Serviços observará a seguinte composição:

I - 27 (vinte e sete) membros, representando cada Estado e o Distrito Federal;

II - 27 (vinte e sete) membros, representando o conjunto dos Municípios e do Distrito Federal, que serão eleitos nos seguintes termos:

a) 14 (quatorze) representantes, com base nos votos de cada Município, com valor igual para todos; e

b) 13 (treze) representantes, com base nos votos de cada Município ponderados pelas respectivas populações.

§ 4º As deliberações no âmbito do Comitê Gestor do Imposto sobre Bens e Serviços serão consideradas aprovadas se obtiverem, cumulativamente, os votos:

I - em relação ao conjunto dos Estados e do Distrito Federal:

a) da maioria absoluta de seus representantes; e

b) de representantes dos Estados e do Distrito Federal que correspondam a mais de 50% (cinquenta por cento) da população do País; e

II – em relação ao conjunto dos Municípios e do Distrito Federal, da maioria absoluta de seus representantes.

§ 5º O Presidente do Comitê Gestor do Imposto sobre Bens e Serviços deverá ter notórios conhecimentos de administração tributária.

§ 6º O Comitê Gestor do Imposto sobre Bens e Serviços, a administração tributária da União e a Procuradoria-Geral da Fazenda Nacional compartilharão informações fiscais relacionadas aos tributos previstos nos arts. 156-A e 195, V, e atuarão com vistas a harmonizar normas, interpretações, obrigações acessórias e procedimentos a eles relativos.

§ 7º O Comitê Gestor do Imposto sobre Bens e Serviços e a administração tributária da União poderão implementar soluções integradas para a administração e cobrança dos tributos previstos nos arts. 156-A e 195, V.

§ 8º Lei complementar poderá prever a integração do contencioso administrativo relativo aos tributos previstos nos arts. 156-A e 195, V."

Seção VI
Da Repartição das Receitas Tributárias

Art. 157. Pertencem aos Estados e ao Distrito Federal:
▸ Art. 167, § 4º, desta Constituição.
▸ Art. 6º, parágrafo único, do CTN.

I – o produto da arrecadação do imposto da União sobre renda e proventos de qualquer natureza, incidente na fonte, sobre rendimentos pagos, a qualquer título, por eles, suas autarquias e pelas fundações que instituírem e mantiverem;
▸ Art. 159, § 1º, desta Constituição.
▸ Art. 76, § 1º, do ADCT.
▸ Dec. 9.580/2018 (Regulamenta a tributação, a fiscalização, a arrecadação e a administração do Imposto sobre a Renda e proventos de qualquer natureza).
▸ Súmula 447 do STJ.

II – vinte por cento do produto da arrecadação do imposto que a União instituir no exercício da competência que lhe é atribuída pelo artigo 154, I.
▸ Art. 72, § 3º, do ADCT.

Art. 158. Pertencem aos Municípios:
▸ Art. 167, IV, desta Constituição.
▸ LC 63/1990 (Critérios e prazos de crédito das parcelas do produto da arrecadação de impostos de competência dos Estados e de transferências por estes recebidas, pertencentes aos Municípios).

I – o produto da arrecadação do imposto da União sobre renda e proventos de qualquer natureza, incidente na fonte, sobre rendimentos pagos, a qualquer título, por eles, suas autarquias e pelas fundações que instituírem e mantiverem;
▸ Art. 159, § 1º, desta Constituição.
▸ Art. 76, § 1º, do ADCT.

II – cinquenta por cento do produto da arrecadação do imposto da União sobre a propriedade territorial rural, relativamente aos imóveis neles situados, cabendo a totalidade na hipótese da opção a que se refere o art. 153, § 4º, III;
▸ Inciso II com redação pela EC 42/2003.
▸ Arts. 72, § 4º, e 76, § 1º, do ADCT.
▸ Súmula 139 do STJ.

III – 50% (cinquenta por cento) do produto da arrecadação do imposto do Estado sobre a propriedade de veículos automotores licenciados em seus territórios e, em relação a veículos aquáticos e aéreos, cujos proprietários sejam domiciliados em seus territórios;
▸ Inciso III com redação pela EC 132/2023.
▸ Art. 1º da LC 63/1990 (Critérios e prazos de crédito das parcelas do produto da arrecadação de impostos de competência dos Estados e de transferências por estes recebidas, pertencentes aos Municípios).

IV – 25% (vinte e cinco por cento):
▸ Inciso IV com redação pela EC 132/2023.
▸ Arts. 60, § 2º, e 82, § 1º, do ADCT.
▸ Art. 1º da LC 63/1990 (Critérios e prazos de crédito das parcelas do produto da arrecadação de impostos de competência dos Estados e de transferências por estes recebidas, pertencentes aos Municípios).

a) do produto da arrecadação do imposto do Estado sobre operações relativas à circulação de mercadorias e sobre prestações de serviços de transporte interestadual e intermunicipal e de comunicação;
▸ Alínea *a* acrescida pela EC 132/2023.

Texto novo: **a)** *Revogada pela EC 132/2023*, em vigor a partir de 2033.

b) do produto da arrecadação do imposto previsto no art. 156-A distribuída aos Estados.
▸ Alínea *b* acrescida pela EC 132/2023.

§ 1º As parcelas de receita pertencentes aos Municípios mencionadas no inciso IV, "a", serão creditadas conforme os seguintes critérios:
▸ Primitivo parágrafo único renumerado pela EC 132/2023.

I – 65% (sessenta e cinco por cento), no mínimo, na proporção do valor adicionado nas operações relativas à circulação de mercadorias e nas prestações de serviços, realizadas em seus territórios;
▸ Inciso I com redação pela EC 108/2020.

II – até 35% (trinta e cinco por cento), de acordo com o que dispuser lei estadual, observada, obrigatoriamente, a distribuição de, no mínimo, 10 (dez) pontos percentuais com base em indicadores de melhoria nos resultados de aprendizagem e de aumento da equidade, considerado o nível socioeconômico dos educandos.
▸ Inciso II com redação pela EC 108/2020.

Texto novo: **§ 1º** *Revogado pela EC 132/2023*, em vigor a partir de 2033.

§ 2º As parcelas de receita pertencentes aos Municípios mencionadas no inciso IV, "b", serão creditadas conforme os seguintes critérios:
▸ § 2º acrescido pela EC 132/2023.

I – 80% (oitenta por cento) na proporção da população;

II – 10% (dez por cento) com base em indicadores de melhoria nos resultados de aprendizagem e de aumento da equidade, considerado o nível socioeconômico dos educandos, de acordo com o que dispuser lei estadual;

III – 5% (cinco por cento) com base em indicadores de preservação ambiental, de acordo com o que dispuser lei estadual;

IV – 5% (cinco por cento) em montantes iguais para todos os Municípios do Estado.

Art. 159. A União entregará:
▸ Art. 167, IV, desta Constituição.
▸ Arts. 72, §§ 2º e 4º, e 80, § 1º, do ADCT.
▸ LC 62/1989 (Cálculo, entrega e controle de liberações de recursos dos Fundos de Participação).

I – do produto da arrecadação dos impostos sobre renda e proventos de qualquer natureza e sobre produtos industrializados e do imposto previsto no art. 153, VIII, 50% (cinquenta por cento), da seguinte forma:
▸ *Caput* com redação pela EC 132/2023.

a) vinte e um inteiros e cinco décimos por cento ao Fundo de Participação dos Estados e do Distrito Federal;
▸ Arts. 34, § 2º, II e 60, § 2º, 76, § 1º do ADCT.
▸ LC 62/1989 (Cálculo, entrega e controle das liberações dos recursos dos fundos de participação dos Estados, do Distrito Federal e dos Municípios).

b) vinte e dois inteiros e cinco décimos por cento ao Fundo de Participação dos Municípios;
▸ Art. 76, § 1º, do ADCT.
▸ LC 62/1989 (Cálculo, entrega e controle das liberações dos recursos dos fundos de participação dos Estados, do Distrito Federal e dos Municípios).
▸ LC 91/1997 (Dispõe sobre a fixação dos coeficientes do Fundo de Participação dos Municípios).

c) três por cento, para aplicação em programas de financiamento ao setor produtivo das Regiões Norte, Nordeste e Centro-Oeste, através de suas instituições financeiras de caráter regional, de acordo com os planos regionais de desenvolvimento, ficando assegurada ao semiárido do Nordeste a metade dos recursos destinados à Região, na forma que a lei estabelecer;
▸ Lei 7.827/1989 (Fundos Constitucionais de Financiamento).
▸ Lei 13.153/2015 (Política Nacional de Combate à Desertificação e Mitigação dos Efeitos da Seca e seus instrumentos).

d) um por cento ao Fundo de Participação dos Municípios, que será entregue no primeiro decêndio do mês de dezembro de cada ano;
▸ Alínea *d* acrescida pela EC 55/2007.
▸ Art. 2º da EC 55/2007 (Determina que as alterações inseridas neste artigo somente se aplicam sobre a arrecadação dos impostos sobre renda e proventos de qualquer natureza e sobre produtos industrializados realizada a partir de 1º-9-2007).

e) 1% (um por cento) ao Fundo de Participação dos Municípios, que será entregue no primeiro decêndio do mês de julho de cada ano;
▸ Alínea *e* acrescida pela EC 84/2014.
▸ O art. 2º da EC 84/2014 dispõe: Para os fins do disposto na alínea *e* do inciso I do *caput* do art. 159 da Constituição Federal, a União entregará ao Fundo de Participação dos Municípios o percentual de 0,5% (cinco décimos por cento) do produto da arrecadação dos impostos sobre renda e proventos de qualquer natureza e sobre produtos industrializados no primeiro exercício em que esta Emenda Constitucional gerar efeitos financeiros, acrescentando-se 0,5% (cinco décimos por cento) a cada exercício, até que se alcance o percentual de 1% (um por cento).

f) 1% (um por cento) ao Fundo de Participação dos Municípios, que será entregue no primeiro decêndio do mês de setembro de cada ano;
▸ Alínea *f* acrescida pela EC 112/2021.

II – do produto da arrecadação do imposto sobre produtos industrializados e do imposto previsto no art. 153, VIII, 10% (dez por cento) aos Estados e ao Distrito Federal, proporcionalmente ao valor das respectivas exportações de produtos industrializados;
▸ Inciso II com redação pela EC 132/2023.
▸ Arts. 60, § 2º, e 76, § 1º, do ADCT.
▸ Lei 8.016/1990 (Entrega das cotas de participação dos Estados e do DF na arrecadação do imposto de que trata este inciso).

▸ Art. 1º da LC 63/1990 (Critérios e prazos de crédito das parcelas do produto da arrecadação de impostos de competência dos Estados e de transferências por estes recebidas, pertencentes aos Municípios).

III – do produto da arrecadação da contribuição de intervenção no domínio econômico prevista no art. 177, § 4º, 29% (vinte e nove por cento) para os Estados e o Distrito Federal, distribuídos na forma da lei, observadas as destinações a que se referem as alíneas "c" e "d" do inciso II do referido parágrafo.
▸ Inciso III com redação pela EC 132/2023.
▸ Art. 93 do ADCT.

§ 1º Para efeito de cálculo da entrega a ser efetuada de acordo com o previsto no inciso I, excluir-se-á a parcela da arrecadação do imposto de renda e proventos de qualquer natureza pertencente aos Estados, ao Distrito Federal e aos Municípios, nos termos do disposto nos artigos 157, I, e 158, I.

§ 2º A nenhuma unidade federada poderá ser destinada parcela superior a vinte por cento do montante a que se refere o inciso II, devendo o eventual excedente ser distribuído entre os demais participantes, mantido, em relação a esses, o critério de partilha nele estabelecido.
▸ LC 61/1989 (Normas para participação dos Estados e do Distrito Federal no produto de arrecadação do Imposto sobre Produtos Industrializados – IPI, relativamente às exportações).

§ 3º Os Estados entregarão aos respectivos Municípios 25% (vinte e cinco por cento) dos recursos que receberem nos termos do inciso II do *caput* deste artigo, observados os critérios estabelecidos no art. 158, § 1º, para a parcela relativa ao imposto sobre produtos industrializados, e no art. 158, § 2º, para a parcela relativa ao imposto previsto no art. 153, VIII.
▸ § 3º com redação pela EC 132/2023.
▸ LC 63/1990 (Critérios e prazos de crédito das parcelas do produto da arrecadação de impostos de competência dos Estados e de transferências por estes recebidas, pertencentes aos Municípios).

Texto novo: **§ 3º** Os Estados entregarão aos respectivos Municípios 25% (vinte e cinco por cento) dos recursos que receberem nos termos do inciso II do *caput* deste artigo, observados os critérios estabelecidos no art. 158, § 2º.
▸ § 3º com redação pela EC 132/2023, em vigor a partir de 2033.

§ 4º Do montante de recursos de que trata o inciso III que cabe a cada Estado, vinte e cinco por cento serão destinados aos seus Municípios, na forma da lei a que se refere o mencionado inciso.
▸ § 4º acrescido pela EC 42/2003.
▸ Art. 93 do ADCT.

Art. 159-A. Fica instituído o Fundo Nacional de Desenvolvimento Regional, com o objetivo de reduzir as desigualdades regionais e sociais, nos termos do art. 3º, III, mediante a entrega de recursos da União aos Estados e ao Distrito Federal para:
▸ Art. 159-A acrescido pela EC 132/2023.

I – realização de estudos, projetos e obras de infraestrutura;

II – fomento a atividades produtivas com elevado potencial de geração de emprego e renda, incluindo a concessão de subvenções econômicas e financeiras; e

III – promoção de ações com vistas ao desenvolvimento científico e tecnológico e à inovação.

§ 1º É vedada a retenção ou qualquer restrição ao recebimento dos recursos de que trata o *caput*.

§ 2º Na aplicação dos recursos de que trata o *caput*, os Estados e o Distrito Federal priorizarão projetos que prevejam ações de sustentabilidade ambiental e redução das emissões de carbono.

§ 3º Observado o disposto neste artigo, caberá aos Estados e ao Distrito Federal a decisão quanto à aplicação dos recursos de que trata o *caput*.

§ 4º Os recursos de que trata o *caput* serão entregues aos Estados e ao Distrito Federal de acordo com coeficientes individuais de participação, calculados com base nos seguintes indicadores e com os seguintes pesos:

I – população do Estado ou do Distrito Federal, com peso de 30% (trinta por cento);

II – coeficiente individual de participação do Estado ou do Distrito Federal nos recursos de que trata o art. 159, I, "a", da Constituição Federal, com peso de 70% (setenta por cento).

§ 5º O Tribunal de Contas da União será o órgão responsável por regulamentar e calcular os coeficientes individuais de participação de que trata o § 4º.

Art. 160. É vedada a retenção ou qualquer restrição à entrega e ao emprego dos recursos atribuídos, nesta seção, aos Estados, ao Distrito Federal e aos Municípios, neles compreendidos adicionais e acréscimos relativos a impostos.
▸ Art. 3º da EC 17/1997.

§ 1º A vedação prevista neste artigo não impede a União e os Estados de condicionarem a entrega de recursos:

▸ *Caput* do parágrafo único com redação pela EC 29/2000.; e renumerado para § 1º pela EC 113/2021.

I – ao pagamento de seus créditos, inclusive de suas autarquias;

▸ Inciso I acrescido pela EC 29/2000.

II – ao cumprimento do disposto no artigo 198, § 2º, incisos II e III.

▸ Inciso II acrescido pela EC 29/2000.

§ 2º Os contratos, os acordos, os ajustes, os convênios, os parcelamentos ou as renegociações de débitos de qualquer espécie, inclusive tributários, firmados pela União com os entes federativos conterão cláusulas para autorizar a dedução dos valores devidos dos montantes a serem repassados relacionados às respectivas cotas nos Fundos de Participação ou aos precatórios federais.

▸ § 2º acrescido pela EC 113/2021.

Art. 161. Cabe à lei complementar:

I – definir valor adicionado para fins do disposto no art. 158, § 1º, I;

▸ Inciso I com redação pela EC 132/2023.
▸ LC 63/1990 (Critérios e prazos de crédito das parcelas do produto da arrecadação de impostos de competência dos Estados e de transferências por estes recebidas, pertencentes aos Municípios).

Texto novo: **I –** *Revogado pela EC 132/2023*, em vigor a partir de 2033.

II – estabelecer normas sobre a entrega dos recursos de que trata o artigo 159, especialmente sobre os critérios de rateio dos fundos previstos em seu inciso I, objetivando promover o equilíbrio socioeconômico entre Estados e entre Municípios;

▸ Art. 34, § 2º, do ADCT.
▸ LC 62/1989 (Normas sobre o cálculo, a entrega e o controle das liberações dos recursos dos fundos de participação dos Estados, do Distrito Federal e dos Municípios).

III – dispor sobre o acompanhamento, pelos beneficiários, do cálculo das quotas e da liberação das participações previstas nos artigos 157, 158 e 159.

▸ LC 62/1989 (Normas sobre o cálculo, a entrega e o controle das liberações dos recursos dos fundos de participação dos Estados, do Distrito Federal e dos Municípios).

Parágrafo único. O Tribunal de Contas da União efetuará o cálculo das quotas referentes aos fundos de participação a que alude o inciso II.

Art. 162. A União, os Estados, o Distrito Federal e os Municípios divulgarão, até o último dia do mês subsequente ao da arrecadação, os montantes de cada um dos tributos arrecadados, os recursos recebidos, os valores de origem tributária entregues e a entregar e a expressão numérica dos critérios de rateio.

Parágrafo único. Os dados divulgados pela União serão discriminados por Estado e por Município; os dos Estados, por Município.

<div align="center">

CAPÍTULO II

DAS FINANÇAS PÚBLICAS

Seção I

Normas Gerais

</div>

Art. 163. Lei complementar disporá sobre:

▸ Art. 30 da EC 19/1998.
▸ Lei 4.320/1964 (Normas gerais de direito financeiro para elaboração e controle dos orçamentos e balanços da União, dos Estados, dos Municípios e do Distrito Federal).
▸ Lei 6.830/1980 (Execuções Fiscais).

I – finanças públicas;

▸ LC 101/2000 (Responsabilidade Fiscal).

II – dívida pública externa e interna, incluída a das autarquias, fundações e demais entidades controladas pelo Poder Público;

▸ Lei 8.388/1991 (Diretrizes para que a União possa realizar a consolidação e o reescalonamento de dívidas das administrações direta e indireta dos Estados, do Distrito Federal e dos Municípios).

III – concessão de garantias pelas entidades públicas;

IV – emissão e resgate de títulos da dívida pública;

▸ Art. 34, § 2º, I, do ADCT.

V – fiscalização financeira da administração pública direta e indireta;

▸ Inciso V com redação pela EC 40/2003.
▸ Lei 4.595/1964 (Sistema Financeiro Nacional).

VI – operações de câmbio realizadas por órgãos e entidades da União, dos Estados, do Distrito Federal e dos Municípios;

▸ Dec.-lei 9.602/1946 (Operações de crédito).
▸ Dec.-lei 9.025/1946 (Operações de câmbio e regulamenta o retorno de capitais estrangeiros).
▸ Lei 1.807/1953 (Operações de câmbio).
▸ Lei 4.131/1962 (Aplicação do capital estrangeiro e as remessas de valores para o exterior).

VII – compatibilização das funções das instituições oficiais de crédito da União, resguardadas as características

e condições operacionais plenas das voltadas ao desenvolvimento regional.

▸ Lei 4.595/1964 (Sistema Financeiro Nacional).
▸ Art. 30 da EC 19/1998 (Reforma Administrativa).
▸ LC 101/2000 (Responsabilidade Fiscal).

VIII – sustentabilidade da dívida, especificando:

▸ Inciso VIII acrescido pela EC 109/2021.

a) indicadores de sua apuração;

b) níveis de compatibilidade dos resultados fiscais com a trajetória da dívida;

c) trajetória de convergência do montante da dívida com os limites definidos em legislação;

d) medidas de ajuste, suspensões e vedações;

e) planejamento de alienação de ativos com vistas à redução do montante da dívida.

Parágrafo único. A lei complementar de que trata o inciso VIII do *caput* deste artigo pode autorizar a aplicação das vedações previstas no art. 167-A desta Constituição.

IX – condições e limites para concessão, ampliação ou prorrogação de incentivo ou benefício de natureza tributária.

▸ Inciso IX acrescido pela EC 135/2024.

Art. 163-A. A União, os Estados, o Distrito Federal e os Municípios disponibilizarão suas informações e dados contábeis, orçamentários e fiscais, conforme periodicidade, formato e sistema estabelecidos pelo órgão central de contabilidade da União, de forma a garantir a rastreabilidade, a comparabilidade e a publicidade dos dados coletados, os quais deverão ser divulgados em meio eletrônico de amplo acesso público.

▸ Artigo acrescido pela EC 108/2020.

Art. 164. A competência da União para emitir moeda será exercida exclusivamente pelo Banco Central.

§ 1º É vedado ao Banco Central conceder, direta ou indiretamente, empréstimos ao Tesouro Nacional e a qualquer órgão ou entidade que não seja instituição financeira.

§ 2º O Banco Central poderá comprar e vender títulos de emissão do Tesouro Nacional, com o objetivo de regular a oferta de moeda ou a taxa de juros.

§ 3º As disponibilidades de caixa da União serão depositadas no Banco Central; as dos Estados, do Distrito Federal, dos Municípios e dos órgãos ou entidades do Poder Público e das empresas por ele controladas, em instituições financeiras oficiais, ressalvados os casos previstos em lei.

Art. 164-A. A União, os Estados, o Distrito Federal e os Municípios devem conduzir suas políticas fiscais de forma a manter a dívida pública em níveis sustentáveis, na forma da lei complementar referida no inciso VIII do *caput* do art. 163 desta Constituição.

▸ Artigo acrescido pela EC 109/2021.

Parágrafo único. A elaboração e a execução de planos e orçamentos devem refletir a compatibilidade dos indicadores fiscais com a sustentabilidade da dívida.

<div align="center">

Seção II

Dos Orçamentos

</div>

Art. 165. Leis de iniciativa do Poder Executivo estabelecerão:

I – o plano plurianual;

II – as diretrizes orçamentárias;

III – os orçamentos anuais.

§ 1º A lei que instituir o plano plurianual estabelecerá, de forma regionalizada, as diretrizes, os objetivos e metas da administração pública federal para as despesas de capital e outras delas decorrentes e para as relativas aos programas de duração continuada.

§ 2º A lei de diretrizes orçamentárias compreenderá as metas e prioridades da administração pública federal, estabelecerá as diretrizes de política fiscal e respectivas metas, em consonância com trajetória sustentável da dívida pública, orientará a elaboração da lei orçamentária anual, disporá sobre as alterações na legislação tributária e estabelecerá a política de aplicação das agências financeiras oficiais de fomento.

▸ § 2º com redação pela EC 109/2021.
▸ Art. 4º da LC 101/2000 (Responsabilidade Fiscal).

§ 3º O Poder Executivo publicará, até trinta dias após o encerramento de cada bimestre, relatório resumido da execução orçamentária.

§ 4º Os planos e programas nacionais, regionais e setoriais previstos nesta Constituição serão elaborados em consonância com o plano plurianual e apreciados pelo Congresso Nacional.

▸ Lei 9.491/1997 (Programa Nacional de Desestatização).

§ 5º A lei orçamentária anual compreenderá:

I – o orçamento fiscal referente aos Poderes da União, seus fundos, órgãos e entidades da administração direta

e indireta, inclusive fundações instituídas e mantidas pelo Poder Público;

II – o orçamento de investimento das empresas em que a União, direta ou indiretamente, detenha a maioria do capital social com direito a voto;

III – o orçamento da seguridade social, abrangendo todas as entidades e órgãos a ela vinculados, da administração direta ou indireta, bem como os fundos e fundações instituídos e mantidos pelo Poder Público.

§ 6º O projeto de lei orçamentária será acompanhado de demonstrativo regionalizado do efeito, sobre as receitas e despesas, decorrente de isenções, anistias, remissões, subsídios e benefícios de natureza financeira, tributária e creditícia.

§ 7º Os orçamentos previstos no § 5º, I e II, deste artigo, compatibilizados com o plano plurianual, terão entre suas funções a de reduzir desigualdades inter-regionais, segundo critério populacional.

▸ Art. 35 do ADCT.

§ 8º A lei orçamentária anual não conterá dispositivo estranho à previsão da receita e à fixação da despesa, não se incluindo na proibição a autorização para abertura de créditos suplementares e contratação de operações de crédito, ainda que por antecipação de receita, nos termos da lei.

▸ Art. 167, IV, desta Constituição.

§ 9º Cabe à lei complementar:

▸ Art. 168 desta Constituição.
▸ Art. 35, § 2º, do ADCT.
▸ Lei 4.320/1964 (Normas gerais de direito financeiro para elaboração e controle dos orçamentos e balanços da União, dos Estados, dos Municípios e do Distrito Federal).
▸ Dec.-lei 200/1967 (Dispõe sobre a organização da Administração Federal, estabelece diretrizes para a Reforma Administrativa).

I – dispor sobre o exercício financeiro, a vigência, os prazos, a elaboração e a organização do plano plurianual, da lei de diretrizes orçamentárias e da lei orçamentária anual;

II – estabelecer normas de gestão financeira e patrimonial da administração direta e indireta, bem como condições para a instituição e funcionamento de fundos.

▸ Arts. 35, § 2º, 71, § 1º, e 81, § 3º, do ADCT.
▸ LC 89/1997 (Fundo para Aparelhamento e Operacionalização das Atividades-fim da Polícia Federal – FUNAPOL).
▸ LC 101/2000 (Responsabilidade Fiscal).

III – dispor sobre critérios para a execução equitativa, além de procedimentos que serão adotados quando houver impedimentos legais e técnicos, cumprimento de restos a pagar e limitação das programações de caráter obrigatório, para a realização do disposto nos §§ 11 e 12 do art. 166.

▸ Inciso III com redação pela EC 100/2019, em vigor na data de sua publicação e produzirá efeitos a partir da execução orçamentária do exercício financeiro subsequente.

§ 10. A administração tem o dever de executar as programações orçamentárias, adotando os meios e as medidas necessários, com o propósito de garantir a efetiva entrega de bens e serviços à sociedade.

▸ § 10 acrescido pela EC 100/2019, em vigor na data de sua publicação e produzirá efeitos a partir da execução orçamentária do exercício financeiro subsequente.

§ 11. O disposto no § 10 deste artigo, nos termos da lei de diretrizes orçamentárias:

I – subordina-se ao cumprimento de dispositivos constitucionais e legais que estabeleçam metas fiscais ou limites de despesas e não impede o cancelamento necessário à abertura de créditos adicionais;

II – não se aplica nos casos de impedimentos de ordem técnica devidamente justificados;

III – aplica-se exclusivamente às despesas primárias discricionárias.

▸ § 11 acrescido pela EC 102/2019, em vigor na data de sua publicação e produzirá efeitos a partir da execução orçamentária do exercício financeiro subsequente.

§ 12. Integrará a lei de diretrizes orçamentárias, para o exercício a que se refere e, pelo menos, para os 2 (dois) exercícios subsequentes, anexo com previsão de agregados fiscais e a proporção dos recursos para investimentos que serão alocados na lei orçamentária anual para a continuidade daqueles em andamento.

▸ § 12 acrescido pela EC 102/2019, em vigor na data de sua publicação e produzirá efeitos a partir da execução orçamentária do exercício financeiro subsequente.

§ 13. O disposto no inciso III do § 92 e nos §§ 10, 11 e 12 deste artigo aplica-se exclusivamente aos orçamentos fiscal e da seguridade social da União.

▸ § 13 acrescido pela EC 102/2019, em vigor na data de sua publicação e produzirá efeitos a partir da execução orçamentária do exercício financeiro subsequente.

§ 14. A lei orçamentária anual poderá conter previsões de despesas para exercícios seguintes, com a especificação dos investimentos plurianuais e daqueles em andamento.

▸ § 14 acrescido pela EC 102/2019, em vigor na data de sua publicação e produzirá efeitos a partir da execução orçamentária do exercício financeiro subsequente.

§ 15. A União organizará e manterá registro centralizado de projetos de investimento contendo, por Estado ou Distrito Federal, pelo menos, análises de viabilidade, estimativas de custos e informações sobre a execução física e financeira.

▸ § 15 acrescido pela EC 102/2019, em vigor na data de sua publicação e produzirá efeitos a partir da execução orçamentária do exercício financeiro subsequente.

§ 16. As leis de que trata este artigo devem observar, no que couber, os resultados do monitoramento e da avaliação das políticas públicas previstos no § 16 do art. 37 desta Constituição.

▸ § 16 acrescido pela EC 109/2021.

§ 17. Para o cumprimento do disposto no inciso I do § 11 deste artigo, o Poder Executivo poderá reduzir ou limitar, na elaboração e na execução das leis orçamentárias, as despesas com a concessão de subsídios, subvenções e benefícios de natureza financeira, inclusive os relativos a indenizações e restituições por perdas econômicas, observado o ato jurídico perfeito.

▸ § 17 acrescido pela EC 135/2024.

Art. 166. Os projetos de lei relativos ao plano plurianual, às diretrizes orçamentárias, ao orçamento anual e aos créditos adicionais serão apreciados pelas duas Casas do Congresso Nacional, na forma do regimento comum.

§ 1º Caberá a uma Comissão mista permanente de Senadores e Deputados:

I – examinar e emitir parecer sobre os projetos referidos neste artigo e sobre as contas apresentadas anualmente pelo Presidente da República;

II – examinar e emitir parecer sobre os planos e programas nacionais, regionais e setoriais previstos nesta Constituição e exercer o acompanhamento e a fiscalização orçamentária, sem prejuízo da atuação das demais comissões do Congresso Nacional e de suas Casas, criadas de acordo com o artigo 58.

§ 2º As emendas serão apresentadas na Comissão mista, que sobre elas emitirá parecer, e apreciadas, na forma regimental, pelo Plenário das duas Casas do Congresso Nacional.

§ 3º As emendas ao projeto de lei do orçamento anual ou aos projetos que o modifiquem somente podem ser aprovadas caso:

I – sejam compatíveis com o plano plurianual e com a lei de diretrizes orçamentárias;

II – indiquem os recursos necessários, admitidos apenas os provenientes de anulação de despesa, excluídas as que incidam sobre:

a) dotações para pessoal e seus encargos;

b) serviço da dívida;

c) transferências tributárias constitucionais para Estados, Municípios e Distrito Federal; ou

III – sejam relacionadas:

a) com a correção de erros ou omissões; ou

b) com os dispositivos do texto do projeto de lei.

§ 4º As emendas ao projeto de lei de diretrizes orçamentárias não poderão ser aprovadas quando incompatíveis com o plano plurianual.

▸ Art. 63, I, desta Constituição.

§ 5º O Presidente da República poderá enviar mensagem ao Congresso Nacional para propor modificação nos projetos a que se refere este artigo enquanto não iniciada a votação, na Comissão mista, da parte cuja alteração é proposta.

§ 6º Os projetos de lei do plano plurianual, das diretrizes orçamentárias e do orçamento anual serão enviados pelo Presidente da República ao Congresso Nacional, nos termos da lei complementar a que se refere o artigo 165, § 9º.

§ 7º Aplicam-se aos projetos mencionados neste artigo, no que não contrariar o disposto nesta seção, as demais normas relativas ao processo legislativo.

§ 8º Os recursos que, em decorrência de veto, emenda ou rejeição do projeto de lei orçamentária anual, ficarem sem despesas correspondentes poderão ser utilizados, conforme o caso, mediante créditos especiais ou suplementares, com prévia e específica autorização legislativa.

§ 9º As emendas individuais ao projeto de lei orçamentária serão aprovadas no limite de 2% (dois por cento) da receita corrente líquida do exercício anterior ao do encaminhamento do projeto, observado que a metade desse percentual será destinada a ações e serviços públicos de saúde.

▸ § 9º com redação pela EC 126/2022.

§ 9º-A. Do limite a que se refere o § 9º deste artigo, 1,55% (um inteiro e cinquenta e cinco centésimos por cento) caberá às emendas de Deputados e 0,45% (quarenta e cinco centésimos por cento) às de Senadores.

▸ § 9º-A acrescido pela EC 126/2022.

§ 10. A execução do montante destinado a ações e serviços públicos de saúde previsto no § 9º, inclusive custeio, será computada para fins do cumprimento do inciso I do § 2º do art. 198, vedada a destinação para pagamento de pessoal ou encargos sociais.

▸ § 10 acrescido pela EC 86/2015.

§ 11. É obrigatória a execução orçamentária e financeira das programações oriundas de emendas individuais, em montante correspondente ao limite a que se refere o § 9º deste artigo, conforme os critérios para a execução equitativa da programação definidos na lei complementar prevista no § 9º do art. 165 desta Constituição, observado o disposto no § 9º-A deste artigo.

▸ § 11 com redação pela EC 126/2022.

§ 12. A garantia de execução de que trata o § 11 deste artigo aplica-se também às programações incluídas por todas as emendas de iniciativa de bancada de parlamentares de Estado ou do Distrito Federal, no montante de até 1% (um por cento) da receita corrente líquida realizada no exercício anterior.

▸ § 12 com redação pela EC 100/2019, em vigor na data de sua publicação e produzirá efeitos a partir da execução orçamentária do exercício financeiro subsequente.

§ 13. As programações orçamentárias previstas nos §§ 11 e 12 deste artigo não serão de execução obrigatória nos casos dos impedimentos de ordem técnica.

▸ § 13 com redação pela EC 100/2019, em vigor na data de sua publicação e produzirá efeitos a partir da execução orçamentária do exercício financeiro subsequente.

§ 14. Para fins de cumprimento do disposto nos §§ 11 e 12 deste artigo, os órgãos de execução deverão observar, nos termos da lei de diretrizes orçamentárias, cronograma para análise e verificação de eventuais impedimentos das programações e demais procedimentos necessários à viabilização da execução dos respectivos montantes.

▸ § 14 com redação pela EC 100/2019, em vigor na data de sua publicação e produzirá efeitos a partir da execução orçamentária do exercício financeiro subsequente.

I – *Revogado pela EC 100/2019;*

II – *Revogado pela EC 100/2019;*

III – *Revogado pela EC 100/2019;*

IV – *Revogado pela EC 100/2019.*

§ 15. *Revogado pela EC 100/2019.*

§ 16. Quando a transferência obrigatória da União para a execução da programação prevista nos §§ 11 e 12 deste artigo for destinada a Estados, ao Distrito Federal e a Municípios, independerá da adimplência do ente federativo destinatário e não integrará a base de cálculo da receita corrente líquida para fins de aplicação dos limites de despesa de pessoal de que trata o *caput* do art. 169.

▸ § 16 com redação pela EC 100/2019, em vigor na data de sua publicação e produzirá efeitos a partir da execução orçamentária do exercício financeiro subsequente.

§ 17. Os restos a pagar provenientes das programações orçamentárias previstas nos §§ 11 e 12 deste artigo poderão ser considerados para fins de cumprimento da execução financeira até o limite de 1% (um por cento) da receita corrente líquida do exercício anterior ao do encaminhamento do projeto de lei orçamentária, para as programações das emendas individuais, e até o limite de 0,5% (cinco décimos por cento), para as programações das emendas de iniciativa de bancada de parlamentares de Estado ou do Distrito Federal.

▸ § 17 com redação pela EC 126/2022.

§ 18. Se for verificado que a reestimativa da receita e da despesa poderá resultar no não cumprimento da meta de resultado fiscal estabelecida na lei de diretrizes orçamentárias, os montantes previstos nos §§ 11 e 12 deste artigo poderão ser reduzidos em até a mesma proporção da limitação incidente sobre o conjunto das demais despesas discricionárias.

▸ § 18 com redação pela EC 100/2019, em vigor na data de sua publicação e produzirá efeitos a partir da execução orçamentária do exercício financeiro subsequente.

§ 19. Considera-se equitativa a execução das programações de caráter obrigatório que observe critérios objetivos e imparciais e que atenda de forma igualitária e impessoal às emendas apresentadas, independentemente da autoria, observado o disposto no § 9º-A deste artigo.

▸ § 19 com redação pela EC 126/2022.

§ 20. As programações de que trata o § 12 deste artigo, quando versarem sobre o início de investimentos com duração de mais de 1 (um) exercício financeiro ou cuja execução já tenha sido iniciada, deverão ser objeto de

emenda pela mesma bancada estadual, a cada exercício, até a conclusão da obra ou do empreendimento.

▸ § 20 acrescido pela EC 100/2019, em vigor na data de sua publicação e produzirá efeitos a partir da execução orçamentária do exercício financeiro subsequente.

Art. 166-A. As emendas individuais impositivas apresentadas ao projeto de lei orçamentária anual poderão alocar recursos a Estados, ao Distrito Federal e a Municípios por meio de:

▸ *Caput* acrescido pela EC 105/2019.

I – transferência especial; ou

▸ Art. 2º da EC 105/2019.

II – transferência com finalidade definida.

§ 1º Os recursos transferidos na forma do *caput* deste artigo não integrarão a receita do Estado, do Distrito Federal e dos Municípios para fins de repartição e para o cálculo dos limites da despesa com pessoal ativo e inativo, nos termos do § 16 do art. 166, e de endividamento do ente federado, vedada, em qualquer caso, a aplicação dos recursos a que se refere o *caput* deste artigo no pagamento de:

▸ § 1º acrescido pela EC 105/2019.

I – despesas com pessoal e encargos sociais relativas a ativos e inativos, e com pensionistas; e

II – encargos referentes ao serviço da dívida.

§ 2º Na transferência especial a que se refere o inciso I do *caput* deste artigo, os recursos:

▸ § 2º acrescido pela EC 105/2019.

I – serão repassados diretamente ao ente federado beneficiado, independentemente de celebração de convênio ou de instrumento congênere;

II – pertencerão ao ente federado no ato da efetiva transferência financeira; e

III – serão aplicados em programações finalísticas das áreas de competência do Poder Executivo do ente federado beneficiado, observado o disposto no § 5º deste artigo.

§ 3º O ente federado beneficiado da transferência especial a que se refere o inciso I do *caput* deste artigo poderá firmar contratos de cooperação técnica para fins de subsidiar o acompanhamento da execução orçamentária na aplicação dos recursos.

▸ § 3º acrescido pela EC 105/2019.

§ 4º Na transferência com finalidade definida a que se refere o inciso II do *caput* deste artigo, os recursos serão:

▸ § 4º acrescido pela EC 105/2019.

I – vinculados à programação estabelecida na emenda parlamentar; e

II – aplicados nas áreas de competência constitucional da União.

§ 5º Pelo menos 70% (setenta por cento) das transferências especiais de que trata o inciso I do *caput* deste artigo deverão ser aplicadas em despesas de capital, observada a restrição a que se refere o inciso II do § 1º deste artigo.

▸ § 5º acrescido pela EC 105/2019.

Art. 167. São vedados:

I – o início de programas ou projetos não incluídos na lei orçamentária anual;

II – a realização de despesas ou a assunção de obrigações diretas que excedam os créditos orçamentários ou adicionais;

III – a realização de operações de créditos que excedam o montante das despesas de capital, ressalvadas as autorizadas mediante créditos suplementares ou especiais com finalidade precisa, aprovados pelo Poder Legislativo por maioria absoluta;

▸ Art. 37 do ADCT.

▸ Art. 38, § 1º, da LC 101/2000 (Responsabilidade Fiscal).

IV – a vinculação de receita de impostos a órgão, fundo ou despesa, ressalvadas a repartição do produto da arrecadação dos impostos a que se referem os arts. 158 e 159, a destinação de recursos para as ações e serviços públicos de saúde, para manutenção e desenvolvimento do ensino e para realização de atividades da administração tributária, como determinado, respectivamente, pelos arts. 198, § 2º, 212 e 37, XXII, e a prestação de garantias às operações de crédito por antecipação de receita, previstas no art. 165, § 8º, bem como o disposto no § 4º deste artigo;

▸ Inciso IV com redação pela EC 42/2003.

▸ Art. 80, § 1º, do ADCT.

▸ Art. 2º, par. ún., da LC 111/2001 (Fundo de Combate e Erradicação da Pobreza, na forma prevista nos arts. 79 a 81 do ADCT).

V – a abertura de crédito suplementar ou especial sem prévia autorização legislativa e sem indicação dos recursos correspondentes;

VI – a transposição, o remanejamento ou a transferência de recursos de uma categoria de programação para

outra ou de um órgão para outro, sem prévia autorização legislativa;

VII – a concessão ou utilização de créditos ilimitados;

VIII – a utilização, sem autorização legislativa específica, de recursos dos orçamentos fiscal e da seguridade social para suprir necessidade ou cobrir déficit de empresas, fundações e fundos, inclusive dos mencionados no artigo 165, § 5º;

IX – a instituição de fundos de qualquer natureza, sem prévia autorização legislativa;

X – a transferência voluntária de recursos e a concessão de empréstimos, inclusive por antecipação de receita, pelos Governos Federal e Estaduais e suas instituições financeiras, para pagamento de despesas com pessoal ativo, inativo e pensionista, dos Estados, do Distrito Federal e dos Municípios;

▶ Inciso X acrescido pela EC 19/1998.

XI – a utilização dos recursos provenientes das contribuições sociais de que trata o artigo 195, I, a, e II, para a realização de despesas distintas do pagamento de benefícios do regime geral de previdência social de que trata o artigo 201.

▶ Inciso XI acrescido pela EC 20/1998.

XII – na forma estabelecida na lei complementar de que trata o § 22 do art. 40, a utilização de recursos de regime próprio de previdência social, incluídos os valores integrantes dos fundos previstos no art. 249, para a realização de despesas distintas do pagamento dos benefícios previdenciários do respectivo fundo vinculado àquele regime e das despesas necessárias à sua organização e ao seu funcionamento;

▶ Inciso XII com redação pela EC 103/2019.

XIII – a transferência voluntária de recursos, a concessão de avais, as garantias e as subvenções pela União e a concessão de empréstimos e de financiamentos por instituições financeiras federais aos Estados, ao Distrito Federal e aos Municípios na hipótese de descumprimento das regras gerais de organização e de funcionamento de regime próprio de previdência social.

▶ Inciso XIII com redação pela EC 103/2019.

XIV – a criação de fundo público, quando seus objetivos puderem ser alcançados mediante a vinculação de receitas orçamentárias específicas ou mediante a execução direta por programação orçamentária e financeira de órgão ou entidade da administração pública.

▶ Inciso XIV acrescido pela EC 109/2021.

§ 1º Nenhum investimento cuja execução ultrapasse um exercício financeiro poderá ser iniciado sem prévia inclusão no plano plurianual, ou sem lei que autorize a inclusão, sob pena de crime de responsabilidade.

§ 2º Os créditos especiais e extraordinários terão vigência no exercício financeiro em que forem autorizados, salvo se o ato de autorização for promulgado nos últimos quatro meses daquele exercício, caso em que, reabertos nos limites de seus saldos, serão incorporados ao orçamento do exercício financeiro subsequente.

§ 3º A abertura de crédito extraordinário somente será admitida para atender a despesas imprevisíveis e urgentes, como as decorrentes de guerra, comoção interna ou calamidade pública, observado o disposto no artigo 62.

§ 4º É permitida a vinculação das receitas a que se referem os arts. 155, 156, 156-A, 157, 158 e as alíneas "a", "b", "d", "e" e "f" do inciso I e o inciso II do *caput* do art. 159 desta Constituição para pagamento de débitos com a União e para prestar-lhe garantia ou contragarantia.

▶ § 4º com redação pela EC 132/2023.

§ 5º A transposição, o remanejamento ou a transferência de recursos de uma categoria de programação para outra poderão ser admitidos, no âmbito das atividades de ciência, tecnologia e inovação, com o objetivo de viabilizar os resultados de projetos restritos a essas funções, mediante ato do Poder Executivo, sem necessidade da prévia autorização legislativa prevista no inciso VI deste artigo.

▶ § 5º acrescido pela EC 85/2015.

§ 6º Para fins da apuração ao término do exercício financeiro do cumprimento do limite de que trata o inciso III do *caput* deste artigo, as receitas das operações de crédito efetuadas no contexto da gestão da dívida pública mobiliária federal somente serão consideradas no exercício financeiro em que for realizada a respectiva despesa.

▶ § 6º acrescido pela EC 109/2021.

§ 7º A lei não imporá nem transferirá qualquer encargo financeiro decorrente da prestação de serviço público, inclusive despesas de pessoal e seus encargos, para a União, os Estados, o Distrito Federal ou os Municípios, sem a previsão de fonte orçamentária e financeira necessária à realização da despesa ou sem a previsão da correspondente transferência de recursos financeiros necessários ao seu custeio, ressalvadas as

obrigações assumidas espontaneamente pelos entes federados e aquelas decorrentes da fixação do salário mínimo, na forma do inciso IV do *caput* do art. 7º desta Constituição.

▶ § 7º acrescido pela EC 128/2022.

Art. 167-A. Apurado que, no período de 12 (doze) meses, a relação entre despesas correntes e receitas correntes supera 95% (noventa e cinco por cento), no âmbito dos Estados, do Distrito Federal e dos Municípios, é facultado aos Poderes Executivo, Legislativo e Judiciário, ao Ministério Público, ao Tribunal de Contas e à Defensoria Pública do ente, enquanto permanecer a situação, aplicar o mecanismo de ajuste fiscal de vedação da:

▶ Artigo acrescido pela EC 109/2021.

I – concessão, a qualquer título, de vantagem, aumento, reajuste ou adequação de remuneração de membros de Poder ou de órgão, de servidores e empregados públicos e de militares, exceto dos derivados de sentença judicial transitada em julgado ou de determinação legal anterior ao início da aplicação das medidas de que trata este artigo;

II – criação de cargo, emprego ou função que implique aumento de despesa;

III – alteração de estrutura de carreira que implique aumento de despesa;

IV – admissão ou contratação de pessoal, a qualquer título, ressalvadas:

a) as reposições de cargos de chefia e de direção que não acarretem aumento de despesa;

b) as reposições decorrentes de vacâncias de cargos efetivos ou vitalícios;

c) as contratações temporárias de que trata o inciso IX do *caput* do art. 37 desta Constituição; e

d) as reposições de temporários para prestação de serviço militar e de alunos de órgãos de formação de militares;

V – realização de concurso público, exceto para as reposições de vacâncias previstas no inciso IV deste *caput*;

VI – criação ou majoração de auxílios, vantagens, bônus, abonos, verbas de representação ou benefícios de qualquer natureza, inclusive os de cunho indenizatório, em favor de membros de Poder, do Ministério Público ou da Defensoria Pública e de servidores e empregados públicos e de militares, ou ainda de seus dependentes, exceto quando derivados de sentença judicial transitada em julgado ou de determinação legal anterior ao início da aplicação das medidas de que trata este artigo;

VII – criação de despesa obrigatória;

VIII – adoção de medida que implique reajuste de despesa obrigatória acima da variação da inflação, observada a preservação do poder aquisitivo referida no inciso IV do *caput* do art. 7º desta Constituição;

IX – criação ou expansão de programas e linhas de financiamento, bem como remissão, renegociação ou refinanciamento de dívidas que impliquem ampliação das despesas com subsídios e subvenções;

X – concessão ou ampliação de incentivo ou benefício de natureza tributária.

§ 1º Apurado que a despesa corrente supera 85% (oitenta e cinco por cento) da receita corrente, sem exceder o percentual mencionado no *caput* deste artigo, as medidas nele indicadas podem ser, no todo ou em parte, implementadas por atos do Chefe do Poder Executivo com vigência imediata, facultado aos demais Poderes e órgãos autônomos implementá-las em seus respectivos âmbitos.

§ 2º O ato de que trata o § 1º deste artigo deve ser submetido, em regime de urgência, à apreciação do Poder Legislativo.

§ 3º O ato perde a eficácia, reconhecida a validade dos atos praticados na sua vigência, quando:

I – rejeitado pelo Poder Legislativo;

II – transcorrido o prazo de 180 (cento e oitenta) dias sem que se ultime a sua apreciação; ou

III – apurado que não mais se verifica a hipótese prevista no § 1º deste artigo, mesmo após a sua aprovação pelo Poder Legislativo.

§ 4º A apuração referida neste artigo deve ser realizada bimestralmente.

§ 5º As disposições de que trata este artigo:

I – não constituem obrigação de pagamento futuro pelo ente da Federação ou direitos de outrem sobre o erário;

II – não revogam, dispensam ou suspendem o cumprimento de dispositivos constitucionais e legais que disponham sobre metas fiscais ou limites máximos de despesas.

§ 6º Ocorrendo a hipótese de que trata o *caput* deste artigo, até que todas as medidas nele previstas tenham sido adotadas por todos os Poderes e órgãos nele mencionados, de acordo com declaração do respectivo Tribunal de Contas, é vedada:

I – a concessão, por qualquer outro ente da Federação, de garantias ao ente envolvido;

II – a tomada de operação de crédito por parte do ente envolvido com outro ente da Federação, diretamente ou por intermédio de seus fundos, autarquias, fundações ou empresas estatais dependentes, ainda que sob a forma de novação, refinanciamento ou postergação de dívida contraída anteriormente, ressalvados os financiamentos destinados a projetos específicos celebrados na forma de operações típicas das agências financeiras oficiais de fomento.

Art. 167-B. Durante a vigência de estado de calamidade pública de âmbito nacional, decretado pelo Congresso Nacional por iniciativa privativa do Presidente da República, a União deve adotar regime extraordinário fiscal, financeiro e de contratações para atender às necessidades dele decorrentes, somente naquilo em que a urgência for incompatível com o regime regular, nos termos definidos nos arts. 167-C, 167-D, 167-E, 167-F e 167-G desta Constituição.

▶ Artigo acrescido pela EC 109/2021.

Art. 167-C. Com o propósito exclusivo de enfrentamento da calamidade pública e de seus efeitos sociais e econômicos, no seu período de duração, o Poder Executivo federal pode adotar processos simplificados de contratação de pessoal, em caráter temporário e emergencial, e de obras, serviços e compras que assegurem, quando possível, competição e igualdade de condições a todos os concorrentes, dispensada a observância do § 1º do art. 169 na contratação de que trata o inciso IX do *caput* do art. 37 desta Constituição, limitada a dispensa às situações de que trata o referido inciso, sem prejuízo do controle dos órgãos competentes.

▶ Artigo acrescido pela EC 109/2021.

Art. 167-D. As proposições legislativas e os atos do Poder Executivo com propósito exclusivo de enfrentar a calamidade e suas consequências sociais e econômicas, com vigência e efeitos restritos à sua duração, desde que não impliquem despesa obrigatória de caráter continuado, ficam dispensados da observância das limitações legais quanto à criação, à expansão ou ao aperfeiçoamento de ação governamental que acarrete aumento de despesa e à criação ou à ampliação de incentivo ou benefício de natureza tributária da qual decorra renúncia de receita.

▶ Artigo acrescido pela EC 109/2021.

Parágrafo único. Durante a vigência da calamidade pública de âmbito nacional de que trata o art. 167-B, não se aplica o disposto no § 3º do art. 195 desta Constituição.

Art. 167-E. Fica dispensada, durante a integralidade do exercício financeiro em que vigore a calamidade pública de âmbito nacional, a observância do inciso III do *caput* do art. 167 desta Constituição.

▶ Artigo acrescido pela EC 109/2021.

Art. 167-F. Durante a vigência da calamidade pública de âmbito nacional de que trata o art. 167-B desta Constituição:

▶ Artigo acrescido pela EC 109/2021.

I – são dispensados, durante a integralidade do exercício financeiro em que vigore a calamidade pública, os limites, as condições e demais restrições aplicáveis à União para a contratação de operações de crédito, bem como sua verificação;

II – o superávit financeiro apurado em 31 de dezembro do ano imediatamente anterior ao reconhecimento pode ser destinado à cobertura de despesas oriundas das medidas de combate à calamidade pública de âmbito nacional e ao pagamento da dívida pública.

§ 1º Lei complementar pode definir outras suspensões, dispensas e afastamentos aplicáveis durante a vigência do estado de calamidade pública de âmbito nacional.

§ 2º O disposto no inciso II do *caput* deste artigo não se aplica às fontes de recursos:

I – decorrentes de repartição de receitas a Estados, ao Distrito Federal e a Municípios;

II – decorrentes das vinculações estabelecidas pelos arts. 195, 198, 201, 212, 212-A e 239 desta Constituição;

III – destinadas ao registro de receitas oriundas da arrecadação de doações ou de empréstimos compulsórios, de transferências recebidas para o atendimento de finalidades determinadas ou das receitas de capital produto de operações de financiamento celebradas com finalidades contratualmente determinadas.

Art. 167-G. Na hipótese de que trata o art. 167-B, aplicam-se à União, até o término da calamidade pública, as vedações previstas no art. 167-A desta Constituição.

▸ Artigo acrescido pela EC 109/2021.

§ 1º Na hipótese de medidas de combate à calamidade pública cuja vigência e efeitos não ultrapassem a sua duração, não se aplicam as vedações referidas nos incisos II, IV, VII, IX e X do *caput* do art. 167-A desta Constituição.

§ 2º Na hipótese de que trata o art. 167-B, não se aplica a alínea "c" do inciso I do *caput* do art. 159 desta Constituição, devendo a transferência a que se refere aquele dispositivo ser efetuada nos mesmos montantes transferidos no exercício anterior à decretação da calamidade.

§ 3º É facultada aos Estados, ao Distrito Federal e aos Municípios a aplicação das vedações referidas no *caput*, nos termos deste artigo, e, até que as tenham adotado na integralidade, estarão submetidos às restrições do § 6º do art. 167-A desta Constituição, enquanto perdurarem seus efeitos para a União.

Art. 168. Os recursos correspondentes às dotações orçamentárias, compreendidos os créditos suplementares e especiais, destinados aos órgãos dos Poderes Legislativo e Judiciário, do Ministério Público e da Defensoria Pública, ser-lhes-ão entregues até o dia 20 de cada mês, em duodécimos, na forma da lei complementar a que se refere o art. 165, § 9º.

▸ Artigo com redação pela EC 45/2004.

§ 1º É vedada a transferência a fundos de recursos financeiros oriundos de repasses duodecimais.

§ 2º O saldo financeiro decorrente dos recursos entregues na forma do *caput* deste artigo deve ser restituído ao caixa único do Tesouro do ente federativo, ou terá seu valor deduzido das primeiras parcelas duodecimais do exercício seguinte.

▸ §§ 1º e 2º acrescidos pela EC 109/2021.

Art. 169. A despesa com pessoal ativo e inativo e pensionistas da União, dos Estados, do Distrito Federal e dos Municípios não pode exceder os limites estabelecidos em lei complementar.

▸ Artigo com redação pela EC 109/2021.
▸ Arts. 96, II, e 127, § 2º, desta Constituição.
▸ Lei 9.801/1999 (Normas gerais para a perda de cargo público por excesso de despesa).
▸ Arts. 19 a 23 da LC 101/2000 (Responsabilidade Fiscal).

§ 1º A concessão de qualquer vantagem ou aumento de remuneração, a criação de cargos, empregos e funções ou alteração de estrutura de carreiras, bem como a admissão ou contratação de pessoal, a qualquer título, pelos órgãos e entidades da administração direta ou indireta, inclusive fundações instituídas e mantidas pelo poder público, só poderão ser feitas:

▸ Art. 96, I, e, desta Constituição.

I - se houver prévia dotação orçamentária suficiente para atender às projeções de despesa de pessoal e aos acréscimos dela decorrentes;

II - se houver autorização específica na lei de diretrizes orçamentárias, ressalvadas as empresas públicas e as sociedades de economia mista.

▸ § 1º com redação pela EC 19/1998.

§ 2º Decorrido o prazo estabelecido na lei complementar referida neste artigo para a adaptação dos parâmetros ali previstos, serão imediatamente suspensos todos os repasses de verbas federais ou estaduais aos Estados, ao Distrito Federal e aos Municípios que não observarem os referidos limites.

▸ § 2º acrescido pela EC 19/1998.

§ 3º Para o cumprimento dos limites estabelecidos com base neste artigo, durante o prazo fixado na lei complementar referida no *caput*, a União, os Estados, o Distrito Federal e os Municípios adotarão as seguintes providências:

▸ § 3º acrescido pela EC 19/1998.

I - redução em pelo menos vinte por cento das despesas com cargos em comissão e funções de confiança;

II - exoneração dos servidores não estáveis.

▸ Art. 33 da EC 19/1998 (Reforma Administrativa).

§ 4º Se as medidas adotadas com base no parágrafo anterior não forem suficientes para assegurar o cumprimento da determinação da lei complementar referida neste artigo, o servidor estável poderá perder o cargo, desde que ato normativo motivado de cada um dos Poderes especifique a atividade funcional, o órgão ou unidade administrativa objeto da redução de pessoal.

▸ § 4º acrescido pela EC 19/1998.
▸ Art. 198, § 6º, desta Constituição.

§ 5º O servidor que perder o cargo na forma do parágrafo anterior fará jus a indenização correspondente a um mês de remuneração por ano de serviço.

▸ § 5º acrescido pela EC 19/1998.

§ 6º O cargo objeto da redução prevista nos parágrafos anteriores será considerado extinto, vedada a criação de cargo, emprego ou função com atribuições iguais ou assemelhadas pelo prazo de quatro anos.

▸ § 6º acrescido pela EC 19/1998.

§ 7º Lei federal disporá sobre as normas gerais a serem obedecidas na efetivação do disposto no § 4º.

▸ § 7º acrescido pela EC 19/1998.
▸ Art. 247 desta Constituição.
▸ Lei 9.801/1999 (Normas gerais para a perda de cargo público por excesso de despesa).

TÍTULO VII
DA ORDEM ECONÔMICA E FINANCEIRA

CAPÍTULO I
DOS PRINCÍPIOS GERAIS DA ATIVIDADE ECONÔMICA

▸ Lei 8.137/1990 (Crimes contra a Ordem Tributária, Econômica e contra as Relações de Consumo).
▸ Lei 8.176/1991 (Crimes Contra a Ordem Econômica).
▸ Lei 12.529/2011 (Sistema Brasileiro de Defesa da Concorrência).

Art. 170. A ordem econômica, fundada na valorização do trabalho humano e na livre iniciativa, tem por fim assegurar a todos existência digna, conforme os ditames da justiça social, observados os seguintes princípios:

I - soberania nacional;

▸ Art. 1º, I, desta Constituição.

II - propriedade privada;

▸ Art. 5º, XXII, desta Constituição.
▸ Arts. 1.228 a 1.368 do CC.

III - função social da propriedade;

▸ Lei 12.529/2011 (Sistema Brasileiro de Defesa da Concorrência).

IV - livre concorrência;

▸ Lei 12.529/2011 (Sistema Brasileiro de Defesa da Concorrência).
▸ Art. 52 do Dec. 2.594/1998 (Defesa da concorrência na desestatização).
▸ Súmula Vinculante 49 do STF.
▸ Súmula 646 do STF.

V - defesa do consumidor;

▸ Lei 8.078/1990 (Código de Defesa do Consumidor).
▸ Dec. 2.181/1997 (Sistema Nacional de Defesa do Consumidor – SNDC).
▸ Dec. 8.573/2015 (Sistema alternativo de solução de conflitos de consumo).
▸ Súmula Vinculante 49 do STF.
▸ Súmula 646 do STF.

VI - defesa do meio ambiente, inclusive mediante tratamento diferenciado conforme o impacto ambiental dos produtos e serviços e de seus processos de elaboração e prestação;

▸ Inciso VI com redação pela EC 42/2003.
▸ Art. 5º, LXXIII, desta Constituição.
▸ Lei 7.347/1985 (Ação Civil Pública).
▸ Lei 9.605/1998 (Crimes Ambientais).
▸ Dec. 6.514/2008 (Sanções administrativas ao meio ambiente).

VII - redução das desigualdades regionais e sociais;

▸ Art. 3º, III, desta Constituição.

VIII - busca do pleno emprego;

▸ Arts. 6º e 7º desta Constituição.
▸ Arts. 47 da Lei 11.101/2005 (Recuperação de Empresas e Falências).

IX - tratamento favorecido para as empresas de pequeno porte constituídas sob as leis brasileiras e que tenham sua sede e administração no País.

▸ Inciso IX com redação pela EC 6/1995.
▸ Art. 246 desta Constituição.
▸ LC 123/2006 (Estatuto Nacional da Microempresa e da Empresa de Pequeno Porte).
▸ Lei 12.529/2011 (Sistema Brasileiro de Defesa da Concorrência; dispõe sobre a prevenção e repressão às infrações contra a ordem econômica).

Parágrafo único. É assegurado a todos o livre exercício de qualquer atividade econômica, independentemente de autorização de órgãos públicos, salvo nos casos previstos em lei.

▸ Súmula Vinculante 49 do STF.
▸ Súmula 646 do STF.

Art. 171. *Revogado pela EC 6/1995.*

Art. 172. A lei disciplinará, com base no interesse nacional, os investimentos de capital estrangeiro, incentivará os reinvestimentos e regulará a remessa de lucros.

▸ Lei 4.131/1962 (Capital estrangeiro e as remessas de valores para o exterior).
▸ Dec.-lei 37/1966 (Imposto de Importação).

Art. 173. Ressalvados os casos previstos nesta Constituição, a exploração direta de atividade econômica pelo Estado só será permitida quando necessária aos imperativos da segurança nacional ou a relevante interesse coletivo, conforme definidos em lei.

▸ OJ 364 da SBDI-I do TST.

§ 1º A lei estabelecerá o estatuto jurídico da empresa pública, da sociedade de economia mista e de suas subsidiárias que explorem atividade econômica de produção ou comercialização de bens ou de prestação de serviços, dispondo sobre:

▸ *Caput* do §1º com redação pela EC 19/1998.

I - sua função social e formas de fiscalização pelo Estado e pela sociedade;

▸ Inciso I acrescido pela EC 19/1998.

II - a sujeição ao regime jurídico próprio das empresas privadas, inclusive quanto aos direitos e obrigações civis, comerciais, trabalhistas e tributários;

▸ Inciso II acrescido pela EC 19/1998.
▸ Súmula 455 do TST.

III - licitação e contratação de obras, serviços, compras e alienações, observados os princípios da administração pública;

▸ Inciso III acrescido pela EC 19/1998.
▸ Art. 22, XXVII, desta Constituição.
▸ Súmula 333 do TST.

IV - a constituição e o funcionamento dos conselhos de administração e fiscal, com a participação de acionistas minoritários;

▸ Inciso IV acrescido pela EC 19/1998.

V - os mandatos, a avaliação de desempenho e a responsabilidade dos administradores.

▸ Inciso V acrescido pela EC 19/1998.

§ 2º As empresas públicas e as sociedades de economia mista não poderão gozar de privilégios fiscais não extensivos às do setor privado.

§ 3º A lei regulamentará as relações da empresa pública com o Estado e a sociedade.

§ 4º A lei reprimirá o abuso do poder econômico que vise à dominação dos mercados, à eliminação da concorrência e ao aumento arbitrário dos lucros.

▸ Lei 8.137/1990 (Crimes Contra a Ordem Tributária, Econômica e Contra as Relações de Consumo).
▸ Lei 8.176/1991 (Crimes Contra a Ordem Econômica).
▸ Lei 9.069/1995 (Plano Real).
▸ Lei 12.529/2011 (Sistema Brasileiro de Defesa da Concorrência).
▸ Súmula Vinculante 49 do STF.
▸ Súmula 646 do STF.

§ 5º A lei, sem prejuízo da responsabilidade individual dos dirigentes da pessoa jurídica, estabelecerá a responsabilidade desta, sujeitando-a às punições compatíveis com sua natureza, nos atos praticados contra a ordem econômica e financeira e contra a economia popular.

▸ Lei Del. 4/1962 (Intervenção no domínio econômico para assegurar a livre distribuição de produto necessário ao consumo do povo).

Art. 174. Como agente normativo e regulador da atividade econômica, o Estado exercerá, na forma da lei, as funções de fiscalização, incentivo e planejamento, sendo este determinante para o setor público e indicativo para o setor privado.

§ 1º A lei estabelecerá as diretrizes e bases do planejamento do desenvolvimento nacional equilibrado, o qual incorporará e compatibilizará os planos nacionais e regionais de desenvolvimento.

§ 2º A lei apoiará e estimulará o cooperativismo e outras formas de associativismo.

▸ Lei 5.764/1971 (Cooperativas).
▸ Lei 9.867/1999 (Criação e funcionamento de Cooperativas Sociais).

§ 3º O Estado favorecerá a organização da atividade garimpeira em cooperativas, levando em conta a proteção do meio ambiente e a promoção econômico-social dos garimpeiros.

▸ Dec.-lei 227/1967 (Código de Mineração).
▸ Lei 11.685/2008 (Estatuto do Garimpeiro).

§ 4º As cooperativas a que se refere o parágrafo anterior terão prioridade na autorização ou concessão para pesquisa e lavra dos recursos e jazidas de minerais garimpáveis, nas áreas onde estejam atuando, e naquelas fixadas de acordo com o artigo 21, XXV, na forma da lei.

Art. 175. Incumbe ao Poder Público, na forma da lei, diretamente ou sob regime de concessão ou permissão, sempre através de licitação, a prestação de serviços públicos.

▸ Lei 8.987/1995 (Concessão e Permissão da Prestação de Serviços Públicos).
▸ Lei 9.074/1995 (Outorga e prorrogações das concessões e permissões de serviços públicos).
▸ Lei 9.427/1996 (Agência Nacional de Energia Elétrica – ANEEL).
▸ Dec. 2.196/1997 (Regulamento de Serviços Especiais).
▸ Lei 9.791/1999 (Obrigatoriedade de as concessionárias de serviços públicos estabelecerem ao consumidor e ao usuário datas opcionais para o vencimento de seus débitos).

Parágrafo único. A lei disporá sobre:

I - o regime das empresas concessionárias e permissionárias de serviços públicos, o caráter especial de seu contrato e de sua prorrogação, bem como as condições de caducidade, fiscalização e rescisão da concessão ou permissão;

II - os direitos dos usuários;

III - política tarifária;

▸ Súmula 407 do STJ.

IV - a obrigação de manter serviço adequado.

Art. 176. As jazidas, em lavra ou não, e demais recursos minerais e os potenciais de energia hidráulica constituem propriedade distinta da do solo, para efeito de exploração ou aproveitamento, e pertencem à União, garantida ao concessionário a propriedade do produto da lavra.

§ 1º A pesquisa e a lavra de recursos minerais e o aproveitamento dos potenciais a que se refere o *caput* deste artigo somente poderão ser efetuados mediante autorização ou concessão da União, no interesse nacional, por brasileiros ou empresa constituída sob as leis brasileiras e que tenha sua sede e administração no País, na forma da lei, que estabelecerá as condições específicas quando essas atividades se desenvolverem em faixa de fronteira ou terras indígenas.

▶ § 1º com redação pela EC 6/1995.
▶ Art. 246 desta Constituição.
▶ Dec.-lei 227/1967 (Código de Mineração).

§ 2º É assegurada participação ao proprietário do solo nos resultados da lavra, na forma e no valor que dispuser a lei.

▶ Dec.-lei 227/1967 (Código de Mineração).

§ 3º A autorização de pesquisa será sempre por prazo determinado, e as autorizações e concessões previstas neste artigo não poderão ser cedidas ou transferidas, total ou parcialmente, sem prévia anuência do poder concedente.

§ 4º Não dependerá de autorização ou concessão o aproveitamento do potencial de energia renovável de capacidade reduzida.

Art. 177. Constituem monopólio da União:

▶ Lei 9.478/1997 (Política energética nacional).
▶ Lei 11.909/2009 (Atividades relativas ao transporte de gás natural, de que trata este artigo).

I – a pesquisa e a lavra das jazidas de petróleo e gás natural e outros hidrocarbonetos fluidos;

II – a refinação do petróleo nacional ou estrangeiro;

▶ Art. 45 do ADCT.

III – a importação e exportação dos produtos e derivados básicos resultantes das atividades previstas nos incisos anteriores;

IV – o transporte marítimo do petróleo bruto de origem nacional ou de derivados básicos de petróleo produzidos no País, bem assim o transporte, por meio de conduto, de petróleo bruto, seus derivados e gás natural de qualquer origem;

V – a pesquisa, a lavra, o enriquecimento, o reprocessamento, a industrialização e o comércio de minérios e minerais nucleares e seus derivados, com exceção dos radioisótopos cuja produção, comercialização e utilização poderão ser autorizadas sob regime de permissão, conforme as alíneas b e c do inciso XXIII do *caput* do art. 21 desta Constituição Federal.

▶ Inciso V com redação pela EC 49/2006.

§ 1º A União poderá contratar com empresas estatais ou privadas a realização das atividades previstas nos incisos I a IV deste artigo, observadas as condições estabelecidas em Lei.

▶ § 1º com redação pela EC 9/1995.
▶ Lei 13.303/2016 (Lei de Responsabilidade das Estatais).

§ 2º A lei a que se refere o § 1º disporá sobre:

I – a garantia do fornecimento dos derivados de petróleo em todo o Território Nacional;

II – as condições de contratação;

III – a estrutura e atribuições do órgão regulador do monopólio da União.

▶ § 2º acrescido pela EC 9/1995.

§ 3º A lei disporá sobre o transporte e a utilização de materiais radioativos no Território Nacional.

▶ Primitivo § 2º renumerado pela EC 9/1995.
▶ Art. 3º da EC 9/1995.

§ 4º A lei que instituir contribuição de intervenção no domínio econômico relativa às atividades de importação ou comercialização de petróleo e seus derivados, gás natural e seus derivados e álcool combustível deverá atender aos seguintes requisitos:

▶ § 4º acrescido pela EC 33/2001.

I – a alíquota da contribuição poderá ser:

a) diferenciada por produto ou uso;

b) reduzida e restabelecida por ato do Poder Executivo, não se lhe aplicando o disposto no artigo 150, III, b;

II – os recursos arrecadados serão destinados:

a) ao pagamento de subsídios a preços ou transporte de álcool combustível, gás natural e seus derivados e derivados de petróleo;

b) ao financiamento de projetos ambientais relacionados com a indústria do petróleo e do gás;

c) ao financiamento de programas de infraestrutura de transportes.

▶ Lei 10.336/2001 (Contribuição de Intervenção no Domínio Econômico – CIDE).

d) ao pagamento de subsídios a tarifas de transporte público coletivo de passageiros.

▶ Alínea d acrescida pela EC 132/2023.

Art. 178. A lei disporá sobre a ordenação dos transportes aéreo, aquático e terrestre, devendo, quanto à ordenação do transporte internacional, observar os acordos firmados pela União, atendido o princípio da reciprocidade.

▶ Artigo com redação pela EC 7/1995.
▶ Art. 246 desta Constituição.
▶ Dec.-lei 116/1967 (Operações inerentes ao transporte de mercadorias por via d'água nos portos brasileiros, delimitando suas responsabilidades e tratando das faltas e avarias).
▶ Lei 7.565/1986 (Código Brasileiro de Aeronáutica).
▶ Lei 9.611/1998 (Transporte multimodal de cargas).
▶ Lei 10.233/2001 (Reestruturação dos transportes aquaviário e terrestre).
▶ Dec. 5.910/2006 (Convenção para unificação de regras relativas ao transporte aéreo internacional).
▶ Lei 11.442/2007 (Transporte rodoviário de cargas por conta de terceiros e mediante remuneração).

Parágrafo único. Na ordenação do transporte aquático, a lei estabelecerá as condições em que o transporte de mercadorias na cabotagem e a navegação interior poderão ser feitos por embarcações estrangeiras.

▶ Art. 246 desta Constituição.

Art. 179. A União, os Estados, o Distrito Federal e os Municípios dispensarão às microempresas e às empresas de pequeno porte, assim definidas em lei, tratamento jurídico diferenciado, visando a incentivá-las pela simplificação de suas obrigações administrativas, tributárias, previdenciárias e creditícias, ou pela eliminação ou redução destas por meio de lei.

▶ Art. 47, § 1º, do ADCT.
▶ LC 123/2006 (Estatuto Nacional da Microempresa e da Empresa de Pequeno Porte).

Art. 180. A União, os Estados, o Distrito Federal e os Municípios promoverão e incentivarão o turismo como fator de desenvolvimento social e econômico.

Art. 181. O atendimento de requisição de documento ou informação de natureza comercial, feita por autoridade administrativa ou judiciária estrangeira, à pessoa física ou jurídica residente ou domiciliada no País dependerá de autorização do Poder competente.

<p style="text-align:center">CAPÍTULO II
DA POLÍTICA URBANA</p>

▶ Lei 10.257/2001 (Estatuto da Cidade).
▶ Lei 13.089/2015 (Estatuto da Metrópole).

Art. 182. A política de desenvolvimento urbano, executada pelo Poder Público municipal, conforme diretrizes gerais fixadas em lei, tem por objetivo ordenar o pleno desenvolvimento das funções sociais da cidade e garantir o bem-estar de seus habitantes.

▶ Lei 10.257/2001 (Estatuto da Cidade).
▶ Lei 12.587/2012 (Política Nacional de Mobilidade Urbana).
▶ Lei 13.311/2016 (Normas gerais para a ocupação e utilização de área pública urbana por equipamentos urbanos).
▶ Lei 13.425/2017 (Diretrizes gerais sobre medidas de prevenção e combate a incêndio e a desastres em estabelecimentos, edificações e áreas de reunião de público).

§ 1º O plano diretor, aprovado pela Câmara Municipal, obrigatório para cidades com mais de vinte mil habitantes, é o instrumento básico da política de desenvolvimento e de expansão urbana.

§ 2º A propriedade urbana cumpre sua função social quando atende às exigências fundamentais de ordenação da cidade expressas no plano diretor.

▶ Art. 186 desta Constituição.
▶ Súmula 668 do STF.

§ 3º As desapropriações de imóveis urbanos serão feitas com prévia e justa indenização em dinheiro.

▶ Dec.-lei 3.365/1941 (Desapropriações).
▶ Art. 46 da LC 101/2000 (Responsabilidade Fiscal).
▶ Súmulas 113 e 114 do STJ.

§ 4º É facultado ao Poder Público municipal, mediante lei específica para área incluída no plano diretor, exigir, nos termos da lei federal, do proprietário do solo urbano não edificado, subutilizado ou não utilizado, que promova seu adequado aproveitamento, sob pena, sucessivamente, de:

I – parcelamento ou edificação compulsórios;

II – imposto sobre a propriedade predial e territorial urbana progressivo no tempo;

▶ Art. 156, § 1º, desta Constituição.
▶ Súmula 668 do STF.

III – desapropriação com pagamento mediante títulos da dívida pública de emissão previamente aprovada pelo Senado Federal, com prazo de resgate de até dez anos, em parcelas anuais, iguais e sucessivas, assegurados o valor real da indenização e os juros legais.

▶ Dec.-lei 3.365/1941 (Desapropriações).
▶ Lei 10.257/2001 (Estatuto da Cidade).

Art. 183. Aquele que possuir como sua área urbana de até duzentos e cinquenta metros quadrados, por cinco anos, ininterruptamente e sem oposição, utilizando-a para sua moradia ou de sua família, adquirir-lhe-á o domínio, desde que não seja proprietário de outro imóvel urbano ou rural.

▶ Arts. 1.238 e 1.240 do CC.
▶ Lei 10.257/2001 (Estatuto da Cidade).

§ 1º O título de domínio e a concessão de uso serão conferidos ao homem ou à mulher, ou a ambos, independentemente do estado civil.

▶ MP 2.220/2001 (Concessão de uso especial, de que trata este parágrafo. Cria o Conselho Nacional de Desenvolvimento Urbano – CNDU).

§ 2º Esse direito não será reconhecido ao mesmo possuidor mais de uma vez.

§ 3º Os imóveis públicos não serão adquiridos por usucapião.

▶ Lei 10.257/2001 (Estatuto da Cidade).

<p style="text-align:center">CAPÍTULO III
DA POLÍTICA AGRÍCOLA E FUNDIÁRIA E DA REFORMA AGRÁRIA</p>

▶ Lei 4.504/1964 (Estatuto da Terra).
▶ Lei 8.174/1991 (Política agrícola).
▶ Lei 8.629/1993 (Regulamenta os dispositivos constitucionais relativos à reforma agrária).
▶ Lei 9.138/1995 (Crédito rural).
▶ Lei 9.393/1996 (ITR).

Art. 184. Compete à União desapropriar por interesse social, para fins de reforma agrária, o imóvel rural que não esteja cumprindo sua função social, mediante prévia e justa indenização em títulos da dívida agrária, com cláusula de preservação do valor real, resgatáveis no prazo de até vinte anos, a partir do segundo ano de sua emissão, e cuja utilização será definida em lei.

§ 1º As benfeitorias úteis e necessárias serão indenizadas em dinheiro.

§ 2º O decreto que declarar o imóvel como de interesse social, para fins de reforma agrária, autoriza a União a propor a ação de desapropriação.

§ 3º Cabe à lei complementar estabelecer procedimento contraditório especial, de rito sumário, para o processo judicial de desapropriação.

▶ LC 76/1993 (Desapropriação de Imóvel Rural para fins de Reforma Agrária).

§ 4º O orçamento fixará anualmente o volume total de títulos da dívida agrária, assim como o montante de recursos para atender ao programa de reforma agrária no exercício.

§ 5º São isentas de impostos federais, estaduais e municipais as operações de transferência de imóveis desapropriados para fins de reforma agrária.

Art. 185. São insuscetíveis de desapropriação para fins de reforma agrária:

▶ Lei 8.629/1993 (Regulamenta os dispositivos constitucionais relativos à reforma agrária).

I – a pequena e média propriedade rural, assim definida em lei, desde que seu proprietário não possua outra;

II – a propriedade produtiva.

Parágrafo único. A lei garantirá tratamento especial à propriedade produtiva e fixará normas para o cumprimento dos requisitos relativos a sua função social.

Art. 186. A função social é cumprida quando a propriedade rural atende, simultaneamente, segundo critérios e graus de exigência estabelecidos em lei, aos seguintes requisitos:

▶ Lei 8.629/1993 (Regulamenta os dispositivos constitucionais relativos à reforma agrária).

I – aproveitamento racional e adequado;

II – utilização adequada dos recursos naturais disponíveis e preservação do meio ambiente;

III – observância das disposições que regulam as relações de trabalho;

IV – exploração que favoreça o bem-estar dos proprietários e dos trabalhadores.

Art. 187. A política agrícola será planejada e executada na forma da lei, com a participação efetiva do setor de produção, envolvendo produtores e trabalhadores rurais, bem como dos setores de comercialização, de armazenamento e de transportes, levando em conta, especialmente:

▶ Lei 8.171/1991 (Política Agrícola).
▶ Súmula 298 do STJ.

I – os instrumentos creditícios e fiscais;

II – os preços compatíveis com os custos de produção e a garantia de comercialização;

III – o incentivo à pesquisa e à tecnologia;

IV – a assistência técnica e extensão rural;

V – o seguro agrícola;

VI – o cooperativismo;

VII – a eletrificação rural e irrigação;

VIII – a habitação para o trabalhador rural.

§ 1º Incluem-se no planejamento agrícola as atividades agroindustriais, agropecuárias, pesqueiras e florestais.

§ 2º Serão compatibilizadas as ações de política agrícola e de reforma agrária.

Art. 188. A destinação de terras públicas e devolutas será compatibilizada com a política agrícola e com o plano nacional de reforma agrária.

§ 1º A alienação ou a concessão, a qualquer título, de terras públicas com área superior a dois mil e quinhentos hectares a pessoa física ou jurídica, ainda que por interposta pessoa, dependerá de prévia aprovação do Congresso Nacional.

§ 2º Exceptuam-se do disposto no parágrafo anterior as alienações ou as concessões de terras públicas para fins de reforma agrária.

Art. 189. Os beneficiários da distribuição de imóveis rurais pela reforma agrária receberão títulos de domínio ou de concessão de uso, inegociáveis pelo prazo de dez anos.

▸ Lei 8.629/1993 (Regulamenta os dispositivos constitucionais relativos à reforma agrária).
▸ Art. 6º, II, da Lei 11.284/2006 (Gestão de Florestas Públicas).

Parágrafo único. O título de domínio e a concessão de uso serão conferidos ao homem ou à mulher, ou a ambos, independentemente do estado civil, nos termos e condições previstos em lei.

Art. 190. A lei regulará e limitará a aquisição ou o arrendamento de propriedade rural por pessoa física ou jurídica estrangeira e estabelecerá os casos que dependerão de autorização do Congresso Nacional.

▸ Lei 8.629/1993 (Regulamenta os dispositivos constitucionais relativos à reforma agrária).

Art. 191. Aquele que, não sendo proprietário de imóvel rural ou urbano, possua como seu, por cinco anos ininterruptos, sem oposição, área de terra, em zona rural, não superior a cinquenta hectares, tornando-a produtiva por seu trabalho ou de sua família, tendo nela sua moradia, adquirir-lhe-á a propriedade.

▸ Art. 1.239 do CC.
▸ Lei 6.969/1981 (Usucapião Especial).

Parágrafo único. Os imóveis públicos não serão adquiridos por usucapião.

CAPÍTULO IV
DO SISTEMA FINANCEIRO NACIONAL

▸ Lei 7.492/1986 (Crimes contra o sistema financeiro).
▸ Lei 9.613/1998 (Lavagem ou ocultação de bens, direitos e valores).

Art. 192. O sistema financeiro nacional, estruturado de forma a promover o desenvolvimento equilibrado do País e a servir aos interesses da coletividade, em todas as partes que o compõem, abrangendo as cooperativas de crédito, será regulado por leis complementares que disporão, inclusive, sobre a participação do capital estrangeiro nas instituições que o integram.

▸ *Caput* com redação pela EC 40/2003.
▸ Dec. 8.652/2016 (Dispõe sobre a organização e o funcionamento do Conselho de Recursos do Sistema Financeiro Nacional).

I a VIII – *Revogados pela EC 40/2003.*

§§ 1º a 3º *Revogados pela EC 40/2003.*

TÍTULO VIII
DA ORDEM SOCIAL

CAPÍTULO I
DISPOSIÇÃO GERAL

Art. 193. A ordem social tem como base o primado do trabalho, e como objetivo o bem-estar e a justiça sociais.

▸ Lei 7.689/1988 (Contribuição Social sobre o lucro das pessoas jurídicas).
▸ Lei 7.894/1989 (Contribuição para FINSOCIAL e PIS/PASEP).

CAPÍTULO II
DA SEGURIDADE SOCIAL

▸ LC 70/1991 (Institui contribuição para financiamento da Seguridade Social e eleva alíquota da contribuição social sobre o lucro das instituições financeiras).
▸ Lei 8.212/1991 (Seguridade Social).
▸ Lei 8.213/1991 (Planos de Benefícios da Previdência Social).
▸ Lei 8.742/1993 (Lei Orgânica da Assistência Social).
▸ Lei 9.876/1999 (Contribuição previdenciária do contribuinte individual e o cálculo do benefício).
▸ Dec. 3.048/1999 (Regulamento da Previdência Social).

Parágrafo único. O Estado exercerá a função de planejamento das políticas sociais, assegurada, na forma da lei, a participação da sociedade nos processos de formulação, de monitoramento, de controle e de avaliação dessas políticas.

▸ Parágrafo único acrescido pela EC 108/2020.

Seção I
Disposições Gerais

Art. 194. A seguridade social compreende um conjunto integrado de ações de iniciativa dos Poderes Públicos e da sociedade, destinadas a assegurar os direitos relativos à saúde, à previdência e à assistência social.

▸ Lei 8.212/1991 (Seguridade Social).
▸ Lei 8.213/1991 (Planos de Benefícios da Previdência Social).

Parágrafo único. Compete ao Poder Público, nos termos da lei, organizar a seguridade social, com base nos seguintes objetivos:

I – universalidade da cobertura e do atendimento;

II – uniformidade e equivalência dos benefícios e serviços às populações urbanas e rurais;

III – seletividade e distributividade na prestação dos benefícios e serviços;

IV – irredutibilidade do valor dos benefícios;

V – equidade na forma de participação no custeio;

VI – diversidade da base de financiamento, identificando-se, em rubricas contábeis específicas para cada área, as receitas e as despesas vinculadas a ações de saúde, previdência e assistência social, preservado o caráter contributivo da previdência social;

▸ Inciso VI com redação pela EC 103/2019.

VII – caráter democrático e descentralizado da administração, mediante gestão quadripartite, com participação dos trabalhadores, dos empregadores, dos aposentados e do Governo nos órgãos colegiados.

▸ Inciso VII com redação pela EC 20/1998.

Art. 195. A seguridade social será financiada por toda a sociedade, de forma direta e indireta, nos termos da lei, mediante recursos provenientes dos orçamentos da União, dos Estados, do Distrito Federal e dos Municípios, e das seguintes contribuições sociais:

▸ Lei 7.689/1988 (Contribuição Social Sobre o Lucro das Pessoas Jurídicas).
▸ Lei 7.894/1989 (Contribuições para o Finsocial e PIS/PASEP).
▸ LC 70/1991 (Contribuição para financiamento da Seguridade Social).
▸ Lei 9.363/1996 (Crédito presumido do Imposto sobre Produtos Industrializados).
▸ Lei 9.477/1997 (Fundo de Aposentadoria Programada Individual – FAP).
▸ Súmulas 658, 659 e 688 do STF.
▸ Súmula 423 do STJ.

I – do empregador, da empresa e da entidade a ela equiparada na forma da lei, incidentes sobre:

▸ Súmula 688 do STF.
▸ Inciso I com redação pela EC 20/1998.

a) a folha de salários e demais rendimentos do trabalho pagos ou creditados, a qualquer título, à pessoa física que lhe preste serviço, mesmo sem vínculo empregatício;

▸ Alínea *a* acrescida pela EC 20/1998.
▸ Art. 114, VIII, desta Constituição.
▸ Súmula 454 do TST.

b) a receita ou o faturamento;

▸ Alínea *b* acrescida pela EC 20/1998.

Texto novo: **b)** *Revogado pela EC 132/2023, em vigor a partir de 2027.*

c) o lucro;

▸ Alínea *c* acrescida pela EC 20/1998.
▸ Art. 195, § 9º, desta Constituição.
▸ LC 70/1991 (Contribuição para o funcionamento da Seguridade Social).

II – do trabalhador e dos demais segurados da previdência social, podendo ser adotadas alíquotas progressivas de acordo com o valor do salário de contribuição, não incidindo contribuição sobre aposentadoria e pensão concedidas pelo Regime Geral de Previdência Social;

▸ Inciso II com redação pela EC 103/2019.
▸ Arts. 114, VIII, e 167, IX, desta Constituição.
▸ Lei 9.477/1997 (Fundo de Aposentadoria Programada Individual – FAPI).

III – sobre a receita de concursos de prognósticos;

▸ Art. 4º da Lei 7.856/1989 (Destinação da renda de concursos de prognósticos).

IV – do importador de bens ou serviços do exterior, ou de quem a lei a ele equiparar.

▸ inciso IV acrescido pela EC 42/2003.
▸ Lei 10.865/2004 (Dispõe sobre o PIS/PASEP – Importação e a COFINS – Importação).

Texto novo: **IV** – *Revogado pela EC 132/2023, em vigor a partir de 2027.*

▸ Lei 10.865/2004 (Dispõe sobre o PIS/PASEP – Importação e a COFINS – Importação).

V – sobre bens e serviços, nos termos de lei complementar.

▸ Inciso V acrescido pela EC 132/2023.

§ 1º As receitas dos Estados, do Distrito Federal e dos Municípios destinadas à seguridade social constarão dos respectivos orçamentos, não integrando o orçamento da União.

§ 2º A proposta de orçamento da seguridade social será elaborada de forma integrada pelos órgãos responsáveis pela saúde, previdência social e assistência social, tendo em vista as metas e prioridades estabelecidas na lei de diretrizes orçamentárias, assegurada a cada área a gestão de seus recursos.

§ 3º A pessoa jurídica em débito com o sistema da seguridade social, como estabelecido em lei, não poderá contratar com o Poder Público nem dele receber benefícios ou incentivos fiscais ou creditícios.

▸ Lei 8.212/1991 (Seguridade Social).

§ 4º A lei poderá instituir outras fontes destinadas a garantir a manutenção ou expansão da seguridade social, obedecido o disposto no artigo 154, I.

▸ Lei 9.876/1999 (Contribuição previdenciária do contribuinte individual e o cálculo do benefício).

§ 5º Nenhum benefício ou serviço da seguridade social poderá ser criado, majorado ou estendido sem a correspondente fonte de custeio total.

▸ Art. 24 da LC 101/2000 (Responsabilidade Fiscal).

§ 6º As contribuições sociais de que trata este artigo só poderão ser exigidas após decorridos noventa dias da data da publicação da lei que as houver instituído ou modificado, não se lhes aplicando o disposto no artigo 150, III, b.

▸ Art. 74, § 4º, do ADCT.
▸ Súmula Vinculante 50 do STF.
▸ Súmula 669 do STF.

§ 7º São isentas de contribuição para a seguridade social as entidades beneficentes de assistência social que atendam às exigências estabelecidas em lei.

▸ Súmula 659 do STF.
▸ Súmula 352 do STJ.

§ 8º O produtor, o parceiro, o meeiro e o arrendatário rurais e o pescador artesanal, bem como os respectivos cônjuges, que exerçam suas atividades em regime de economia familiar, sem empregados permanentes, contribuirão para a seguridade social mediante a aplicação de uma alíquota sobre o resultado da comercialização da produção e farão jus aos benefícios nos termos da lei.

▸ § 8º com redação pela EC 20/1998.
▸ Súmula 272 do STJ.

§ 9º As contribuições sociais previstas no inciso I do *caput* deste artigo poderão ter alíquotas diferenciadas em razão da atividade econômica, da utilização intensiva de mão de obra, do porte da empresa ou da condição estrutural do mercado de trabalho, sendo também autorizada a adoção de bases de cálculo diferenciadas apenas no caso das alíneas "b" e "c" do inciso I do *caput*.

▸ § 9º com redação pela EC 103/2019.

Texto novo: **§ 9º** As contribuições sociais previstas no inciso I do *caput* deste artigo poderão ter alíquotas diferenciadas em razão da atividade econômica, da utilização intensiva de mão de obra, do porte da empresa ou da condição estrutural do mercado de trabalho, sendo também autorizada a adoção de bases de cálculo diferenciadas no caso da alínea "c" do inciso I do *caput*.

▸ § 9º com redação pela EC 132/2023, em vigor a partir de 2027.

§ 10. A lei definirá os critérios de transferência de recursos para o sistema único de saúde e ações de assistência social da União para os Estados, o Distrito Federal e os Municípios, e dos Estados para os Municípios, observada a respectiva contrapartida de recursos.

▸ § 10 acrescido pela EC 20/1998.

§ 11. São vedados a moratória e o parcelamento em prazo superior a 60 (sessenta) meses e, na forma de lei complementar, a remissão e a anistia das contribuições sociais de que tratam a alínea "a" do inciso I e o inciso II do *caput*.

▸ § 11 com redação pela EC 103/2019.

§ 12. A lei definirá os setores de atividade econômica para os quais as contribuições incidentes na forma dos incisos I, b; e IV do *caput*, serão não cumulativas.

▸ § 12 acrescido pela EC 42/2003.

Texto novo: **§12.** *Revogado pela EC 132/2023, em vigor a partir de 2027.*

§ 13. *Revogado pela EC 103/2019.*

§ 14. O segurado somente terá reconhecida como tempo de contribuição ao Regime Geral de Previdência Social a competência cuja contribuição seja igual ou superior à contribuição mínima mensal exigida para sua categoria, assegurado o agrupamento de contribuições.

▸ § 14 acrescido pela EC 103/2019.

§ 15. A contribuição prevista no inciso V do *caput* poderá ter sua alíquota fixada em lei ordinária.

§ 16. Aplica-se à contribuição prevista no inciso V do *caput* o disposto no art. 156-A, § 1º, I a VI, VIII, X a XIII, § 3º, § 5º, II a VI e IX, e §§ 6º a 11 e 13.

§ 17. A contribuição prevista no inciso V do *caput* não integrará sua própria base de cálculo nem a dos tributos previstos nos arts. 153, VIII, 156-A e 195, I, "b", e IV, e da

contribuição para o Programa de Integração Social de que trata o art. 239.

Texto novo: **§ 17.** A contribuição prevista no inciso V do *caput* não integrará sua própria base de cálculo nem a dos impostos previstos nos arts. 153, VIII, e 156-A.

▶ § 17 com redação pela EC 132/2023, em vigor a partir de 2033.

§ 18. Lei estabelecerá as hipóteses de devolução da contribuição prevista no inciso V do *caput* a pessoas físicas, inclusive em relação a limites e beneficiários, com o objetivo de reduzir as desigualdades de renda.

§ 19. A devolução de que trata o § 18 não será computada na receita corrente líquida da União para os fins do disposto nos arts. 100, § 15, 166, §§ 9º, 12 e 17, e 198, § 2º.

▶ §§ 15 a 19 acrescidos pela EC 132/2023.

Texto novo: **§ 19.** A devolução de que trata o § 18:

I – não será computada na receita corrente líquida da União para os fins do disposto nos arts. 100, § 15, 166, §§ 9º, 12 e 17, e 198, § 2º;

II – não integrará a base de cálculo para fins do disposto no art. 239.

▶ § 19 com redação pela EC 132/2023, em vigor a partir de 2027.

Seção II
Da Saúde

▶ Lei 8.147/1990 (Alíquota do Finsocial).
▶ Lei 9.313/1996 (Distribuição gratuita de medicamentos aos portadores e doentes de AIDS).
▶ Lei 9.431/1997 (Programa de controle de infecções hospitalares).
▶ Lei 9.434/1997 (Transplantes).
▶ Lei 9.961/2000 (Agência Nacional de Saúde Suplementar – ANS).
▶ Lei 10.216/2001 (Proteção e direitos das pessoas portadoras de transtornos mentais e redireciona o modelo de assistência em saúde mental).
▶ Dec. 3.964/2001 (Fundo Nacional de Saúde).
▶ Lei 12.732/2012 (Tratamento de paciente com neoplasia maligna comprovada e estabelece prazo para seu início).

Art. 196. A saúde é direito de todos e dever do Estado, garantido mediante políticas sociais e econômicas que visem à redução do risco de doença e de outros agravos e ao acesso universal e igualitário às ações e serviços para sua promoção, proteção e recuperação.

▶ Lei 9.273/1996 (Inclusão de dispositivo de segurança que impeça a reutilização das seringas descartáveis).
▶ Lei 9.313/1996 (Distribuição gratuita de medicamentos aos portadores do HIV e doentes de AIDS).
▶ Lei 9.797/1999 (Obrigatoriedade da cirurgia plástica reparadora da mama pelo SUS, nos casos de mutilação decorrentes de tratamento de câncer).
▶ Lei 10.516/2002 (Institui a Carteira Nacional de Saúde da Mulher).

Art. 197. São de relevância pública as ações e serviços de saúde, cabendo ao Poder Público dispor, nos termos da lei, sobre sua regulamentação, fiscalização e controle, devendo sua execução ser feita diretamente ou através de terceiros e, também, por pessoa física ou jurídica de direito privado.

▶ Lei 8.080/1990 (Condições para a promoção, proteção e recuperação da saúde).
▶ Lei 9.273/1996 (Inclusão de dispositivo de segurança que impeça a reutilização das seringas descartáveis).

Art. 198. As ações e serviços públicos de saúde integram uma rede regionalizada e hierarquizada e constituem um sistema único, organizado de acordo com as seguintes diretrizes:

I – descentralização, com direção única em cada esfera de governo;

II – atendimento integral, com prioridade para as atividades preventivas, sem prejuízo dos serviços assistenciais;

III – participação da comunidade.

§ 1º O sistema único de saúde será financiado, nos termos do artigo 195, com recursos do orçamento da seguridade social, da União, dos Estados, do Distrito Federal e dos Municípios, além de outras fontes.

▶ Primitivo parágrafo único renumerado pela EC 29/2000.

§ 2º União, os Estados, o Distrito Federal e os Municípios aplicarão, anualmente, em ações e serviços públicos de saúde recursos mínimos derivados da aplicação de percentuais calculados sobre:

▶ § 2º acrescido pela EC 29/2000.
▶ Art. 167, IV, desta Constituição.

I – no caso da União, a receita corrente líquida do respectivo exercício financeiro, não podendo ser inferior a 15% (quinze por cento);

▶ Inciso I com redação pela EC 86/2015.
▶ Os arts. 2º e 3º da Emenda Constitucional 86/2015, dispõem sobre este inciso.

II – no caso dos Estados e do Distrito Federal, o produto da arrecadação dos impostos a que se referem os arts. 155 e 156-A e dos recursos de que tratam os arts. 157 e 159, I, "a", e II, deduzidas as parcelas que forem transferidas aos respectivos Municípios;

III – no caso dos Municípios e do Distrito Federal, o produto da arrecadação dos impostos a que se referem os arts. 156 e 156-A e dos recursos de que tratam os arts. 158 e 159, I, "b", e § 3º.

▶ Incisos II e III com redação pela EC 132/2023.

§ 3º Lei complementar, que será reavaliada pelo menos a cada cinco anos, estabelecerá:

▶ § 3º acrescido pela EC 29/2000.

I – os percentuais de que tratam os incisos II e III do § 2º;

▶ Inciso I com redação pela EC 86/2015.

II – os critérios de rateio dos recursos da União vinculados à saúde destinados aos Estados, ao Distrito Federal e aos Municípios, e dos Estados destinados a seus respectivos Municípios, objetivando a progressiva redução das disparidades regionais;

III – as normas de fiscalização, avaliação e controle das despesas com saúde nas esferas federal, estadual, distrital e municipal;

IV – *Revogado pela EC 86/2015.*

§ 4º Os gestores locais do sistema único de saúde poderão admitir agentes comunitários de saúde e agentes de combate às endemias por meio de processo seletivo público, de acordo com a natureza e complexidade de suas atribuições e requisitos específicos para sua atuação.

▶ § 4º acrescido pela EC 51/2006.
▶ Art. 2º da EC 51/2006 (Contratação dos agentes comunitários de saúde e de combate às endemias).

§ 5º Lei federal disporá sobre o regime jurídico, o piso salarial profissional nacional, as diretrizes para os Planos de Carreira e a regulamentação das atividades de agente comunitário de saúde e agente de combate às endemias, competindo à União, nos termos da lei, prestar assistência financeira complementar aos Estados, ao Distrito Federal e aos Municípios, para o cumprimento do referido piso salarial.

▶ § 5º com redação pela EC 63/2010.

§ 6º Além das hipóteses previstas no § 1º do art. 41 e no § 4º do art. 169 da Constituição Federal, o servidor que exerça funções equivalentes às de agente comunitário de saúde ou de agente de combate às endemias poderá perder o cargo em caso de descumprimento dos requisitos específicos, fixados em lei, para o seu exercício.

▶ § 6º acrescido pela EC 51/2006.

§ 7º O vencimento dos agentes comunitários de saúde e dos agentes de combate às endemias fica sob responsabilidade da União, e cabe aos Estados, ao Distrito Federal e aos Municípios estabelecer, além de outros consectários e vantagens, incentivos, auxílios, gratificações e indenizações, a fim de valorizar o trabalho desses profissionais.

§ 8º Os recursos destinados ao pagamento do vencimento dos agentes comunitários de saúde e dos agentes de combate às endemias serão consignados no orçamento geral da União com dotação própria e exclusiva.

§ 9º O vencimento dos agentes comunitários de saúde e dos agentes de combate às endemias não será inferior a 2 (dois) salários mínimos, repassados pela União aos Municípios, aos Estados e ao Distrito Federal.

§ 10. Os agentes comunitários de saúde e os agentes de combate às endemias terão também, em razão dos riscos inerentes às funções desempenhadas, aposentadoria especial e, somado aos seus vencimentos, adicional de insalubridade.

§ 11. Os recursos financeiros repassados pela União aos Estados, ao Distrito Federal e aos Municípios para pagamento do vencimento ou de qualquer outra vantagem dos agentes comunitários de saúde e agentes de combate às endemias não serão objeto de inclusão no cálculo para fins do limite de despesa com pessoal.

▶ §§ 7º a 11 acrescidos pela EC 120/2022.

§ 12. Lei federal instituirá pisos salariais profissionais nacionais para o enfermeiro, o técnico de enfermagem, o auxiliar de enfermagem e a parteira, a serem observados por pessoas jurídicas de direito público e de direito privado.

§ 13. A União, os Estados, o Distrito Federal e os Municípios, até o final do exercício financeiro em que for publicada a lei de que trata o § 12 deste artigo, adequarão a remuneração dos cargos ou dos respectivos planos de carreiras, quando devida, de modo a atender aos pisos estabelecidos para cada categoria profissional.

▶ §§ 12 e 13 acrescidos pela EC 124/2022.

§ 14. Compete à União, nos termos da lei, prestar assistência financeira complementar aos Estados, ao Distrito Federal e aos Municípios e às entidades filantrópicas, bem como aos prestadores de serviços contratualizados que atendam, no mínimo, 60% (sessenta por cento) de seus pacientes pelo sistema único de saúde, para o cumprimento dos pisos salariais de que trata o § 12 deste artigo.

§ 15. Os recursos federais destinados aos pagamentos da assistência financeira complementar aos Estados, ao Distrito Federal e aos Municípios e às entidades filantrópicas, bem como aos prestadores de serviços contratualizados que atendam, no mínimo, 60% (sessenta por cento) de seus pacientes pelo sistema único de saúde, para o cumprimento dos pisos salariais de que trata o § 12 deste artigo serão consignados no orçamento geral da União com dotação própria e exclusiva.

▶ §§ 14 e 15 acrescidos pela EC 127/2022.
▶ Art. 4º da EC 127/2022.

Art. 199. A assistência à saúde é livre à iniciativa privada.

▶ Lei 9.656/1998 (Planos e Seguros Privados de Saúde).

§ 1º As instituições privadas poderão participar de forma complementar do sistema único de saúde, segundo diretrizes deste, mediante contrato de direito público ou convênio, tendo preferência as entidades filantrópicas e as sem fins lucrativos.

▶ Lei 10.185/2001 (Especialização das sociedades seguradoras em planos privados de assistência à saúde).

§ 2º É vedada a destinação de recursos públicos para auxílios ou subvenções às instituições privadas com fins lucrativos.

§ 3º É vedada a participação direta ou indireta de empresas ou capitais estrangeiros na assistência à saúde no País, salvo nos casos previstos em lei.

§ 4º A lei disporá sobre as condições e os requisitos que facilitem a remoção de órgãos, tecidos ou substâncias humanas para fins de transplante, pesquisa e tratamento, bem como a coleta, processamento e transfusão de sangue e seus derivados, sendo vedado todo tipo de comercialização.

▶ Lei 8.501/1992 (Utilização de cadáver não reclamado, para fins de estudos ou pesquisas científicas).
▶ Lei 9.434/1997 (Lei de Transplantes – regulamentada pelo Dec. 2.268/1997).
▶ Lei 10.205/2001 (Coleta, processamento, estocagem, distribuição e aplicação do sangue, seus componentes e derivados).
▶ Lei 10.972/2004 (Empresa Brasileira de Hemoderivados e Biotecnologia – HEMOBRÁS).

Art. 200. Ao sistema único de saúde compete, além de outras atribuições, nos termos da lei:

▶ Lei 8.080/1990 (Proteção e recuperação da saúde e a organização e o funcionamento dos serviços correspondentes).
▶ Lei 8.142/1990 (Participação da comunidade na gestão do Sistema Único de Saúde – SUS).

I – controlar e fiscalizar procedimentos, produtos e substâncias de interesse para a saúde e participar da produção de medicamentos, equipamentos, imunobiológicos, hemoderivados e outros insumos;

▶ Lei 9.434/1997 (Lei de Transplantes).
▶ Lei 9.677/1998 (Obrigatoriedade da cirurgia plástica reparadora da mama pelo SUS).
▶ Lei 9.656/1998 (Planos e Seguros Privados de Saúde).
▶ Lei 10.742/2003 (Normas de regulação para o setor farmacêutico).

II – executar as ações de vigilância sanitária e epidemiológica, bem como as de saúde do trabalhador;

▶ Lei 6.360/1976 (Vigilância a que ficam sujeitos medicamentos, drogas, insumos farmacêuticos e correlatos, cosméticos saneantes e outros produtos).
▶ Lei 6.437/1997 (Infrações relativas à legislação sanitária federal).
▶ Lei 9.782/1999 (Sistema Nacional de Vigilância Sanitária – cria a Agência Nacional de Vigilância Sanitária).
▶ Lei 9.787/1999 (Estabelece o medicamento genérico).

III – ordenar a formação de recursos humanos na área de saúde;

IV – participar da formulação da política e da execução das ações de saneamento básico;

V – incrementar, em sua área de atuação, o desenvolvimento científico e tecnológico e a inovação;

▶ Inciso V com redação pela EC 85/2015.

VI – fiscalizar e inspecionar alimentos, compreendido o controle de seu teor nutricional, bem como bebidas e águas para consumo humano;

VII – participar do controle e fiscalização da produção, transporte, guarda e utilização de substâncias e produtos psicoativos, tóxicos e radioativos;

VIII – colaborar na proteção do meio ambiente, nele compreendido o do trabalho.

Seção III
Da Previdência Social

▶ Lei 7.998/1990 (Fundo de Amparo ao Trabalhador – FAT).
▶ Lei 8.147/1990 (Finsocial). Lei 8.213/1991 (Planos de Benefícios da Previdência Social).
▶ Lei 8.742/1993 (Lei Orgânica da Assistência Social – LOAS).
▶ Lei 9.876/1999 (Contribuição previdenciária do contribuinte individual e o cálculo do benefício).
▶ Dec. 3.048/1999 (Regulamento da Previdência Social).

Art. 201. A previdência social será organizada sob a forma do Regime Geral de Previdência Social, de caráter contributivo e de filiação obrigatória, observados critérios que preservem o equilíbrio financeiro e atuarial, e atenderá, na forma da lei, a:

▶ *Caput* com redação pela EC 103/2019.
▶ Arts. 40, 167, XI e 195, II, desta Constituição.
▶ Art. 14 da EC 20/1998 (Reforma Previdenciária).

▶ Arts. 4º, parágrafo único, I e II, e 5º, da EC 41/2003.
▶ Lei 8.212/1991 (Lei Orgânica da Seguridade Social).
▶ Lei 8.213/1991 (Planos de Benefícios da Previdência Social).
▶ Dec. 3.048/1999 (Regulamento da Previdência Social).

I – cobertura dos eventos de incapacidade temporária ou permanente para o trabalho e idade avançada;
▶ Inciso I com redação pela EC 103/2019.

II – proteção à maternidade, especialmente à gestante;
▶ Inciso II com redação pela EC 20/1998.

III – proteção ao trabalhador em situação de desemprego involuntário;
▶ Inciso III com redação pela EC 20/1998.
▶ Lei 7.998/1990 (Seguro-Desemprego).
▶ Lei 10.779/2003 (Benefício do Seguro-Desemprego durante o período de defeso ao pescador profissional).

IV – salário-família e auxílio-reclusão para os dependentes dos segurados de baixa renda;
▶ Inciso IV com redação pela EC 20/1998.

V – pensão por morte do segurado, homem ou mulher, ao cônjuge ou companheiro e dependentes, observado o disposto no § 2º.
▶ Inciso V com redação pela EC 20/1998.

§ 1º É vedada a adoção de requisitos ou critérios diferenciados para concessão de benefícios, ressalvada, nos termos de lei complementar, a possibilidade de previsão de idade e tempo de contribuição distintos da regra geral para concessão de aposentadoria exclusivamente em favor dos segurados:
▶ § 1º com redação pela EC 103/2019.
▶ LC 142/2013 (Regulamenta o § 1º do art. 201 da CF – aposentadoria da pessoa com deficiência segurada do Regime Geral de Previdência Social).
▶ Lei 13.146/2015 (Estatuto da Pessoa com Deficiência).

I – com deficiência, previamente submetidos a avaliação biopsicossocial realizada por equipe multiprofissional e interdisciplinar;
▶ Inciso I acrescido pela EC 103/2019.

II – cujas atividades sejam exercidas com efetiva exposição a agentes químicos, físicos e biológicos prejudiciais à saúde, ou associação desses agentes, vedada a caracterização por categoria profissional ou ocupação.
▶ Inciso II acrescido pela EC 103/2019.

§ 2º Nenhum benefício que substitua o salário de contribuição ou o rendimento do trabalho do segurado terá valor mensal inferior ao salário mínimo.
▶ § 2º com redação pela EC 20/1998.

§ 3º Todos os salários de contribuição considerados para o cálculo de benefício serão devidamente atualizados, na forma da lei.
▶ § 3º com redação pela EC 20/1998.
▶ Súmula 456 do STJ.

§ 4º É assegurado o reajustamento dos benefícios para preservar-lhes, em caráter permanente, o valor real, conforme critérios definidos em lei.
▶ § 4º com redação pela EC 20/1998.

§ 5º É vedada a filiação ao regime geral de previdência social, na qualidade de segurado facultativo, de pessoa participante de regime próprio de previdência.
▶ § 5º com redação pela EC 20/1998.

§ 6º A gratificação natalina dos aposentados e pensionistas terá por base o valor dos proventos do mês de dezembro de cada ano.
▶ § 6º com redação pela EC 20/1998.
▶ Súmula 688 do STF.

§ 7º É assegurada aposentadoria no regime geral de previdência social, nos termos da lei, obedecidas as seguintes condições:
▶ Caput com redação pela EC 20/1998.

I – 65 (sessenta e cinco) anos de idade, se homem, e 62 (sessenta e dois) anos de idade, se mulher, observado tempo mínimo de contribuição;
▶ Inciso I com redação pela EC 103/2019.

II – 60 (sessenta) anos de idade, se homem, e 55 (cinquenta e cinco) anos de idade, se mulher, para os trabalhadores rurais e para os que exerçam suas atividades em regime de economia familiar, nestes incluídos o produtor rural, o garimpeiro e o pescador artesanal.
▶ Inciso II com redação pela EC 103/2019.

§ 8º O requisito de idade a que se refere o inciso I do § 7º será reduzido em 5 (cinco) anos, para o professor que comprove tempo de efetivo exercício das funções de magistério na educação infantil e no ensino fundamental e médio fixado em lei complementar.
▶ § 8º com redação pela EC 103/2019.
▶ Art. 67, § 2º, da Lei 9.394/1996 (Diretrizes e Bases da Educação).

§ 9º Para fins de aposentadoria, será assegurada a contagem recíproca do tempo de contribuição entre o Regime Geral de Previdência Social e os regimes próprios de previdência social, e destes entre si, observada a compensação financeira, de acordo com os critérios estabelecidos em lei.
▶ § 9º com redação pela EC 103/2019.

▶ Lei 9.796/1999 (Compensação financeira entre o Regime Geral de Previdência Social e os Regimes de Previdência dos Servidores da União).

§ 9º-A. O tempo de serviço militar exercido nas atividades de que tratam os arts. 42, 142 e 143 e o tempo de contribuição ao Regime Geral de Previdência Social ou a regime próprio de previdência social terão contagem recíproca para fins de inativação militar ou aposentadoria, e a compensação financeira será devida entre as receitas de contribuição referentes aos militares e as receitas de contribuição aos demais regimes.
▶ § 9º-A acrescido pela EC 103/2019.

§ 10. Lei complementar poderá disciplinar a cobertura de benefícios não programados, inclusive os decorrentes de acidente do trabalho, a ser atendida concorrentemente pelo Regime Geral de Previdência Social e pelo setor privado.
▶ § 10 com redação pela EC 103/2019.

§ 11. Os ganhos habituais do empregado, a qualquer título, serão incorporados ao salário para efeito de contribuição previdenciária e consequente repercussão em benefícios, nos casos e na forma da lei.
▶ § 11 acrescido pela EC 20/1998.
▶ Art. 3º da EC 20/1998 (Reforma Previdenciária).
▶ Lei 8.213/1991 (Planos de Benefícios da Previdência Social).
▶ Dec. 3.048/1999 (Regulamento da Previdência Social).

§ 12. Lei instituirá sistema especial de inclusão previdenciária, com alíquotas diferenciadas, para atender aos trabalhadores de baixa renda, inclusive os que se encontram em situação de informalidade, e àqueles sem renda própria que se dediquem exclusivamente ao trabalho doméstico no âmbito de sua residência, desde que pertencentes a famílias de baixa renda.
▶ § 12 com redação pela EC 103/2019.

§ 13. A aposentadoria concedida ao segurado de que trata o § 12 terá valor de 1 (um) salário mínimo.
▶ § 13 com redação pela EC 103/2019.

§ 14. É vedada a contagem de tempo de contribuição fictício para efeito de concessão dos benefícios previdenciários e de contagem recíproca.
▶ § 14 acrescido pela EC 103/2019.

§ 15. Lei complementar estabelecerá vedações, regras e condições para a acumulação de benefícios previdenciários.
▶ § 15 acrescido pela EC 103/2019.

§ 16. Os empregados dos consórcios públicos, das empresas públicas, das sociedades de economia mista e das suas subsidiárias serão aposentados compulsoriamente, observado o cumprimento do tempo mínimo de contribuição, ao atingir a idade máxima de que trata o inciso II do § 1º do art. 40, na forma estabelecida em lei.
▶ § 16 acrescido pela EC 103/2019.

Art. 202. O regime de previdência privada, de caráter complementar e organizado de forma autônoma em relação ao regime geral de previdência social, será facultativo, baseado na constituição de reservas que garantam o benefício contratado, e regulado por lei complementar.
▶ Caput com redação pela EC 20/1998.
▶ Art. 40, § 15, desta Constituição.
▶ Art. 7º da EC 20/1998 (Reforma Previdenciária).
▶ Lei 9.656/1998 (Planos e Seguros Privados de Saúde).
▶ LC 109/2001 (Regime de Previdência Complementar), regulamentada pelo Dec. 4.206/2002.
▶ Dec. 3.745/2001 (Programa de Interiorização do Trabalho em Saúde).
▶ Dec. 7.123/2010 (Conselho Nacional de Previdência Complementar – CNPC).
▶ Súmula 149 do STJ.

§ 1º A lei complementar de que trata este artigo assegurará ao participante de planos de benefícios de entidades de previdência privada o pleno acesso às informações relativas à gestão de seus respectivos planos.
▶ § 1º com redação pela EC 20/1998.

§ 2º As contribuições do empregador, os benefícios e as condições contratuais previstas nos estatutos, regulamentos e planos de benefícios das entidades de previdência privada não integram o contrato de trabalho dos participantes, assim como, à exceção dos benefícios concedidos, não integram a remuneração dos participantes, nos termos da lei.
▶ § 2º com redação pela EC 20/1998.

§ 3º É vedado o aporte de recursos a entidade de previdência privada pela União, Estados, Distrito Federal e Municípios, suas autarquias, fundações, empresas públicas, sociedades de economia mista e outras entidades públicas, salvo na qualidade de patrocinador, situação na qual, em hipótese alguma, sua contribuição normal poderá exceder a do segurado.
▶ § 3º acrescido pela EC 20/1998.
▶ Art. 5º da EC 20/1998 (Reforma Previdenciária).
▶ LC 108/2001 (Regulamenta este parágrafo).

§ 4º Lei complementar disciplinará a relação entre a União, Estados, Distrito Federal ou Municípios, inclusive

suas autarquias, fundações, sociedades de economia mista e empresas controladas direta ou indiretamente, enquanto patrocinadores de planos de benefícios previdenciários, e as entidades de previdência complementar.
▶ § 4º com redação pela EC 103/2019.
▶ Art. 40, § 14, desta Constituição.
▶ LC 108/2001 (Regulamenta este parágrafo).

§ 5º A lei complementar de que trata o § 4º aplicar-se-á, no que couber, às empresas privadas permissionárias ou concessionárias de prestação de serviços públicos, quando patrocinadoras de planos de benefícios em entidades de previdência complementar.
▶ § 5º com redação pela EC 103/2019.
▶ LC 108/2001 (Regulamenta este parágrafo).

§ 6º Lei complementar estabelecerá os requisitos para a designação dos membros das diretorias das entidades fechadas de previdência complementar instituídas pelos patrocinadores de que trata o § 4º e disciplinará a inserção dos participantes nos colegiados e instâncias de decisão em que seus interesses sejam objeto de discussão e deliberação.
▶ § 6º com redação pela EC 103/2019.
▶ LC 108/2001 (Regulamenta este parágrafo).
▶ LC 109/2001 (Regime de Previdência Complementar).

Seção IV
Da Assistência Social
▶ Lei 8.147/1990 (Alíquota do Finsocial).
▶ Lei 8.742/1993 (Lei Orgânica da Assistência Social).
▶ Lei 8.909/1994 (Prestação de serviços por entidades de assistência social, entidades beneficentes de assistência social e entidades de fins filantrópicos e estabelece prazos e procedimentos para o recadastramento de entidades junto ao Conselho Nacional de Assistência Social).
▶ Lei 9.790/1999 (Promoção da assistência social por meio de organizações da sociedade civil de interesse público).

Art. 203. A assistência social será prestada a quem dela necessitar, independentemente da contribuição à seguridade social, e tem por objetivos:
▶ Lei 8.213/1991 (Planos de Benefícios da Previdência Social).
▶ Lei 8.742/1993 (Lei Orgânica da Assistência Social).
▶ Lei 8.909/1994 (Prestação de serviços por entidades de assistência social, entidades beneficentes de assistência social e entidades de fins filantrópicos e estabelece prazos e procedimentos para o recadastramento de entidades junto ao Conselho Nacional de Assistência Social).
▶ Lei 9.429/1996 (Prorrogação de prazo para renovação de Certificado de Entidades de Fins Filantrópicos e de recadastramento junto ao Conselho Nacional de Assistência Social – CNAS).

I – a proteção à família, à maternidade, à infância, à adolescência e à velhice;

II – o amparo às crianças e adolescentes carentes;

III – a promoção da integração ao mercado de trabalho;

IV – a habilitação e reabilitação das pessoas portadoras de deficiência e a promoção de sua integração à vida comunitária;
▶ Dec. 6.949/2009 (Convenção Internacional sobre os Direitos das Pessoas com Deficiência).

V – a garantia de um salário mínimo de benefício mensal à pessoa portadora de deficiência e ao idoso que comprovem não possuir meios de prover à própria manutenção ou de tê-la provida por sua família, conforme dispuser a lei.
▶ Lei 10.741/2003 (Estatuto do Idoso).
▶ Lei 13.146/2015 (Estatuto da Pessoa com Deficiência).

VI – a redução da vulnerabilidade socioeconômica de famílias em situação de pobreza ou de extrema pobreza.
▶ Inciso VI acrescido pela EC 114/2021.

Art. 204. As ações governamentais na área da assistência social serão realizadas com recursos do orçamento da seguridade social, previstos no artigo 195, além de outras fontes, e organizadas com base nas seguintes diretrizes:

I – descentralização político-administrativa, cabendo a coordenação e as normas gerais à esfera federal e a coordenação e a execução dos respectivos programas às esferas estadual e municipal, bem como a entidades beneficentes e de assistência social;

II – participação da população, por meio de organizações representativas, na formulação das políticas e no controle das ações em todos os níveis.

Parágrafo único. É facultado aos Estados e ao Distrito Federal vincular a programa de apoio à inclusão e promoção social até cinco décimos por cento de sua receita tributária líquida, vedada a aplicação desses recursos no pagamento de:
▶ Parágrafo único acrescido pela EC 42/2003.

I – despesas com pessoal e encargos sociais;

II – serviço da dívida;

III – qualquer outra despesa corrente não vinculada diretamente aos investimentos ou ações apoiados.

CAPÍTULO III
DA EDUCAÇÃO, DA CULTURA E DO DESPORTO

Seção I
Da Educação

▶ Lei 8.436/1992 (Programa de crédito educativo para estudantes carentes).
▶ Lei 9.394/1996 (Diretrizes e Bases da Educação).
▶ Lei 9.424/1996 (Fundo de manutenção e desenvolvimento e de valorização do magistério).
▶ Lei 9.766/1998 (Salário-educação).
▶ Lei 10.172/2001 (Plano Nacional de Educação).
▶ Lei 10.219/2001 (Programa Nacional de Renda Mínima vinculado à educação – "Bolsa-Escola").
▶ Lei 10.260/2001 (Fundo de financiamento ao estudante do Ensino Superior).
▶ Lei 10.558/2002 (Programa Diversidade na Universidade).
▶ Lei 11.096/2005 (Programa Universidade para Todos – PROUNI).
▶ Lei 11.788/2008 (Lei do Estágio).
▶ Lei 12.089/2009 (Proíbe que uma mesma pessoa ocupe 2 (duas) vagas simultaneamente em instituições públicas de ensino superior).

Art. 205. A educação, direito de todos e dever do Estado e da família, será promovida e incentivada com a colaboração da sociedade, visando ao pleno desenvolvimento da pessoa, seu preparo para o exercício da cidadania e sua qualificação para o trabalho.

▶ Lei 8.147/1990 (Alíquota do Finsocial).
▶ Lei 9.394/1996 (Diretrizes e Bases da Educação).
▶ Arts. 9º a 20 da Lei 12.288/2010 (Estatuto da Igualdade Racial).

Art. 206. O ensino será ministrado com base nos seguintes princípios:

I – igualdade de condições para o acesso e permanência na escola;

II – liberdade de aprender, ensinar, pesquisar e divulgar o pensamento, a arte e o saber;

III – pluralismo de ideias e de concepções pedagógicas, e coexistência de instituições públicas e privadas de ensino;

IV – gratuidade do ensino público em estabelecimentos oficiais;

▶ Art. 242 desta Constituição.
▶ Súmula Vinculante 12 do STF.

V – valorização dos profissionais da educação escolar, garantidos, na forma da lei, planos de carreira, com ingresso exclusivamente por concurso público de provas e títulos, aos das redes públicas;

▶ Inciso V com redação pela EC 53/2006.
▶ Lei 9.424/1996 (Fundo de Manutenção e Desenvolvimento do Ensino Fundamental e de Valorização do Magistério).

VI – gestão democrática do ensino público, na forma da lei;

▶ Lei 9.394/1996 (Diretrizes e Bases da Educação).

VII – garantia de padrão de qualidade;

VIII – piso salarial profissional nacional para os profissionais da educação escolar pública, nos termos de lei federal.

▶ Inciso VIII acrescido pela EC 53/2006.

IX – garantia do direito à educação e à aprendizagem ao longo da vida.

▶ Inciso IX acrescido pela EC 108/2020.

Parágrafo único. A lei disporá sobre as categorias de trabalhadores considerados profissionais da educação básica e sobre a fixação de prazo para a elaboração ou adequação de seus planos de carreira, no âmbito da União, dos Estados, do Distrito Federal e dos Municípios.

▶ Parágrafo único acrescido pela EC 53/2006.

Art. 207. As universidades gozam de autonomia didático-científica, administrativa e de gestão financeira e patrimonial, e obedecerão ao princípio de indissociabilidade entre ensino, pesquisa e extensão.

§ 1º É facultado às universidades admitir professores, técnicos e cientistas estrangeiros, na forma da lei.

▶ § 1º acrescido pela EC 11/1996.

§ 2º O disposto neste artigo aplica-se às instituições de pesquisa científica e tecnológica.

▶ § 2º acrescido pela EC 11/1996.

Art. 208. O dever do Estado com a educação será efetivado mediante a garantia de:

I – educação básica obrigatória e gratuita dos 4 (quatro) aos 17 (dezessete) anos de idade, assegurada inclusive sua oferta gratuita para todos os que a ela não tiveram acesso na idade própria;

▶ Inciso I com redação pela EC 59/2009.
▶ Art. 6º da EC 59/2009 (Determina que o disposto neste inciso deverá ser implementado progressivamente, até 2016, nos termos do Plano Nacional de Educação, com apoio técnico e financeiro da União).

II – progressiva universalização do ensino médio gratuito;

▶ Inciso II com redação pela EC 14/1996.
▶ Art. 6º da EC 14/1996.

III – atendimento educacional especializado aos portadores de deficiência, preferencialmente na rede regular de ensino;

▶ Lei 7.853/1989 (Lei de Apoio às Pessoas Portadoras de Deficiência), regulamentada pelo Dec. 3.298/1999.
▶ Dec. 3.956/2001 (Convenção Interamericana para a Eliminação de todas as Formas de Discriminação contra as Pessoas Portadoras de Deficiências).
▶ Lei 10.436/2002 (Língua Brasileira de Sinais – LIBRAS).
▶ Lei 10.845/2004 (Complementação ao Atendimento Educacional Especializado às Pessoas Portadoras de Deficiência – PAED).
▶ Dec. 6.949/2009 (Convenção Internacional sobre os Direitos das Pessoas com Deficiência).
▶ Lei 13.146/2015 (Estatuto da Pessoa com Deficiência).

IV – educação infantil, em creche e pré-escola, às crianças até 5 (cinco) anos de idade;

▶ Inciso IV com redação pela EC 53/2006.
▶ Art. 7º, XXV, desta Constituição.

V – acesso aos níveis mais elevados do ensino, da pesquisa e da criação artística, segundo a capacidade de cada um;

▶ Lei 10.260/2001 (Fundo de Financiamento ao Estudante do Ensino Superior).

VI – oferta de ensino noturno regular, adequado às condições do educando;

VII – atendimento ao educando, em todas as etapas da educação básica, por meio de programas suplementares de material didático-escolar, transporte, alimentação e assistência à saúde.

▶ Inciso VII com redação pela EC 59/2009.
▶ Arts. 6º e 212, § 4º, desta Constituição.

§ 1º O acesso ao ensino obrigatório e gratuito é direito público subjetivo.

§ 2º O não oferecimento do ensino obrigatório pelo Poder Público, ou sua oferta irregular, importa responsabilidade da autoridade competente.

§ 3º Compete ao Poder Público recensear os educandos no ensino fundamental, fazer-lhes a chamada e zelar, junto aos pais ou responsáveis, pela frequência à escola.

Art. 209. O ensino é livre à iniciativa privada, atendidas as seguintes condições:

I – cumprimento das normas gerais da educação nacional;

II – autorização e avaliação de qualidade pelo Poder Público.

Art. 210. Serão fixados conteúdos mínimos para o ensino fundamental, de maneira a assegurar formação básica comum e respeito aos valores culturais e artísticos, nacionais e regionais.

§ 1º O ensino religioso, de matrícula facultativa, constituirá disciplina dos horários normais das escolas públicas de ensino fundamental.

§ 2º O ensino fundamental regular será ministrado em língua portuguesa, assegurada às comunidades indígenas também a utilização de suas línguas maternas e processos próprios de aprendizagem.

Art. 211. A União, os Estados, o Distrito Federal e os Municípios organizarão em regime de colaboração seus sistemas de ensino.

▶ Art. 60 do ADCT.
▶ Art. 60 da EC 14/1996.

§ 1º A União organizará o sistema federal de ensino e o dos Territórios, financiará as instituições de ensino públicas federais e exercerá, em matéria educacional, função redistributiva e supletiva, de forma a garantir equalização de oportunidades educacionais e padrão mínimo de qualidade do ensino mediante assistência técnica e financeira aos Estados, ao Distrito Federal e aos Municípios.

▶ § 1º com redação pela EC 14/1996.

§ 2º Os Municípios atuarão prioritariamente no ensino fundamental e na educação infantil.

▶ § 2º com redação pela EC 14/1996.

§ 3º Os Estados e o Distrito Federal atuarão prioritariamente no ensino fundamental e médio.

▶ § 3º acrescido pela EC 14/1996.

§ 4º Na organização de seus sistemas de ensino, a União, os Estados, o Distrito Federal e os Municípios definirão formas de colaboração, de forma a assegurar a universalização, a qualidade e a equidade do ensino obrigatório.

▶ § 4º com redação pela EC 108/2020.

§ 5º A educação básica pública atenderá prioritariamente ao ensino regular.

▶ § 5º acrescido pela EC 53/2006.

§ 6º A União, os Estados, o Distrito Federal e os Municípios exercerão ação redistributiva em relação a suas escolas.

§ 7º O padrão mínimo de qualidade de que trata o § 1º deste artigo considerará as condições adequadas de oferta e terá como referência o Custo Aluno Qualidade (CAQ), pactuado em regime de colaboração na forma disposta em lei complementar, conforme o parágrafo único do art. 23 desta Constituição.

▶ §§ 6º e 7º acrescidos pela EC 108/2020.

Art. 212. A União aplicará, anualmente, nunca menos de dezoito, e os Estados, o Distrito Federal e os Municípios vinte e cinco por cento, no mínimo, da receita resultante de impostos, compreendida a proveniente de transferências, na manutenção e desenvolvimento do ensino.

▶ Arts. 34, VII, *e*, 35, III, e 167, IV, desta Constituição.
▶ Arts. 60, *caput*, § 6º, 72, §§ 2º e 3º, e 76, § 3º, do ADCT.

§ 1º A parcela da arrecadação de impostos transferida pela União aos Estados, ao Distrito Federal e aos Municípios, ou pelos Estados aos respectivos Municípios, não é considerada, para efeito do cálculo previsto neste artigo, receita do governo que a transferir.

§ 2º Para efeito do cumprimento do disposto no *caput* deste artigo, serão considerados os sistemas de ensino federal, estadual e municipal e os recursos aplicados na forma do artigo 213.

§ 3º A distribuição dos recursos públicos assegurará prioridade ao atendimento das necessidades do ensino obrigatório, no que se refere à universalização, garantia de padrão de qualidade e equidade, nos termos do plano nacional de educação.

▶ § 3º com redação pela EC 59/2009.

§ 4º Os programas suplementares de alimentação e assistência à saúde previstos no artigo 208, VII, serão financiados com recursos provenientes de contribuições sociais e outros recursos orçamentários.

§ 5º A educação básica pública terá como fonte adicional de financiamento a contribuição social do salário-educação, recolhida pelas empresas na forma da lei.

▶ § 5º com redação pela EC 53/2006.
▶ Art. 76, § 2º, do ADCT.
▶ Lei 9.424/1996 (Fundo de Manutenção e Desenvolvimento do Ensino Fundamental e de Valorização do Magistério).
▶ Lei 9.766/1998 (Salário-educação).
▶ Dec. 6.003/2006 (Regulamenta este parágrafo).
▶ Súmula 732 do STF.

§ 6º As cotas estaduais e municipais da arrecadação da contribuição social do salário-educação serão distribuídas proporcionalmente ao número de alunos matriculados na educação básica nas respectivas redes públicas de ensino.

▶ § 6º acrescido pela EC 53/2006.

§ 7º É vedado o uso dos recursos referidos no *caput* e nos §§ 5º e 6º deste artigo para pagamento de aposentadorias e de pensões.

§ 8º Na hipótese de extinção ou de substituição de impostos, serão redefinidos os percentuais referidos no *caput* deste artigo e no inciso II do *caput* do art. 212-A, de modo que resultem recursos vinculados à manutenção e ao desenvolvimento do ensino, bem como os recursos subvinculados aos fundos de que trata o art. 212-A desta Constituição, em aplicações equivalentes às anteriormente praticadas.

§ 9º A lei disporá sobre normas de fiscalização, de avaliação e de controle das despesas com educação nas esferas estadual, distrital e municipal.

▶ §§ 7º a 9º acrescidos pela EC 108/2020.

Art. 212-A. Os Estados, o Distrito Federal e os Municípios destinarão parte dos recursos a que se refere o *caput* do art. 212 desta Constituição à manutenção e ao desenvolvimento do ensino na educação básica e à remuneração condigna de seus profissionais, respeitadas as seguintes disposições:

▶ Artigo acrescido pela EC 108/2020.

I – a distribuição dos recursos e de responsabilidades entre o Distrito Federal, os Estados e seus Municípios é assegurada mediante a instituição, no âmbito de cada Estado e do Distrito Federal, de um Fundo de Manutenção e Desenvolvimento da Educação Básica e de Valorização dos Profissionais da Educação (Fundeb), de natureza contábil;

II – os fundos referidos no inciso I do *caput* deste artigo serão constituídos por 20% (vinte por cento):

▶ Inciso II com redação pela EC 132/2023.

a) das parcelas dos Estados no imposto de que trata o art. 156-A;

b) da parcela do Distrito Federal no imposto de que trata o art. 156-A, relativa ao exercício de sua competência estadual, nos termos do art. 156-A, § 2º; e

c) dos recursos a que se referem os incisos I, II e III do *caput* do art. 155, o inciso II do *caput* do art. 157, os incisos II, III e IV do *caput* do art. 158 e as alíneas "a" e "b" do inciso I e o inciso II do *caput* do art. 159 desta Constituição;

Texto novo: **c)** dos recursos a que se referem os incisos I e III do *caput* do art. 155, o inciso II do *caput* do art. 157, os incisos II, III e IV do *caput* do art. 158 e as alíneas "a"

e "b" do inciso I e o inciso II do *caput* do art. 159 desta Constituição;

▸ Alínea *c* com redação pela EC 132/2023., em vigor a partir de 2033.

III – os recursos referidos no inciso II do *caput* deste artigo serão distribuídos entre cada Estado e seus Municípios, proporcionalmente ao número de alunos das diversas etapas e modalidades da educação básica presencial matriculados nas respectivas redes, nos âmbitos de atuação prioritária, conforme estabelecido nos §§ 2º e 3º do art. 211 desta Constituição, observadas as ponderações referidas na alínea "a" do inciso X do *caput* e no § 2º deste artigo;

IV – a União complementará os recursos dos fundos a que se refere o inciso II do *caput* deste artigo;

V – a complementação da União será equivalente a, no mínimo, 23% (vinte e três por cento) do total de recursos a que se refere o inciso II do *caput* deste artigo, distribuída da seguinte forma:

a) 10 (dez) pontos percentuais no âmbito de cada Estado e do Distrito Federal, sempre que o valor anual por aluno (VAAF), nos termos do inciso III do *caput* deste artigo, não alcançar o mínimo definido nacionalmente;

b) no mínimo, 10,5 (dez inteiros e cinco décimos) pontos percentuais em cada rede pública de ensino municipal, estadual ou distrital, sempre que o valor anual total por aluno (VAAT), referido no inciso VI do *caput* deste artigo, não alcançar o mínimo definido nacionalmente;

c) 2,5 (dois inteiros e cinco décimos) pontos percentuais nas redes públicas que, cumpridas condicionalidades de melhoria de gestão previstas em lei, alcançarem evolução de indicadores a serem definidos, de atendimento e melhoria da aprendizagem com redução das desigualdades, nos termos do sistema nacional de avaliação da educação básica;

VI – o VAAT será calculado, na forma da lei de que trata o inciso X do *caput* deste artigo, com base nos recursos a que se refere o inciso II do *caput* deste artigo, acrescido de outras receitas e de transferências vinculadas à educação, observado o disposto no § 1º e consideradas as matrículas nos termos do inciso III do *caput* deste artigo;

VII – os recursos de que tratam os incisos II e IV do *caput* deste artigo serão aplicados pelos Estados e pelos Municípios exclusivamente nos respectivos âmbitos de atuação prioritária, conforme estabelecido nos §§ 2º e 3º do art. 211 desta Constituição;

VIII – a vinculação de recursos à manutenção e ao desenvolvimento do ensino estabelecida no art. 212 desta Constituição suportará, no máximo, 30% (trinta por cento) da complementação da União, considerados para os fins deste inciso os valores previstos no inciso V do *caput* deste artigo;

IX – o disposto no *caput* do art. 160 desta Constituição aplica-se aos recursos referidos nos incisos II e IV do *caput* deste artigo, e seu descumprimento pela autoridade competente importará em crime de responsabilidade;

X – a lei disporá, observadas as garantias estabelecidas nos incisos I, II, III e IV do *caput* e no § 1º do art. 208 e as metas pertinentes do plano nacional de educação, nos termos previstos no art. 214 desta Constituição, sobre:

a) a organização dos fundos referidos no inciso I do *caput* deste artigo e a distribuição proporcional de seus recursos, as diferenças e as ponderações quanto ao valor anual por aluno entre etapas, modalidades, duração da jornada e tipos de estabelecimento de ensino, observadas as respectivas especificidades e os insumos necessários para a garantia de sua qualidade;

b) a forma de cálculo do VAAF decorrente do inciso III do *caput* deste artigo e do VAAT referido no inciso VI do *caput* deste artigo;

c) a forma de cálculo para distribuição prevista na alínea "c" do inciso V do *caput* deste artigo;

d) a transparência, o monitoramento, a fiscalização e o controle interno, externo e social dos fundos referidos no inciso I do *caput* deste artigo, assegurada a criação, a autonomia, a manutenção e a consolidação de conselhos de acompanhamento e controle social, admitida sua integração aos conselhos de educação;

e) o conteúdo e a periodicidade da avaliação, por parte do órgão responsável, dos efeitos redistributivos, da melhoria dos indicadores educacionais e da ampliação do atendimento;

XI – proporção não inferior a 70% (setenta por cento) de cada fundo referido no inciso I do *caput* deste artigo, excluídos os recursos de que trata a alínea "c" do inciso V do *caput* deste artigo, será destinada ao pagamento dos profissionais da educação básica em efetivo exercício, observado, em relação aos recursos previstos na alínea

"b" do inciso V do *caput* deste artigo, o percentual mínimo de 15% (quinze por cento) para despesas de capital;

XII – lei específica disporá sobre o piso salarial profissional nacional para os profissionais do magistério da educação básica pública;

XIII – a utilização dos recursos a que se refere o § 5º do art. 212 desta Constituição para a complementação da União ao Fundeb, referida no inciso V do *caput* deste artigo, é vedada.

XIV – no exercício de 2025, da complementação de que trata o inciso V do *caput*, até 10% (dez por cento) dos valores de cada uma das modalidades referidas nesse dispositivo poderão ser repassados pela União para ações de fomento à criação de matrículas em tempo integral na educação básica pública, considerados indicadores de atendimento, melhoria da qualidade e redução de desigualdades, mantida a classificação orçamentária do repasse como Fundeb, não se aplicando, para fins deste inciso, os critérios de que tratam as alíneas a, b e c do inciso V deste artigo;

XV – a partir do exercício de 2026, no mínimo 4% (quatro por cento) dos recursos dos fundos referidos no inciso I do *caput* deste artigo serão destinados pelos Estados, pelo Distrito Federal e pelos Municípios à criação de matrículas em tempo integral na educação básica, conforme diretrizes pactuadas entre a União e demais entes da Federação, até o atingimento das metas de educação em tempo integral estabelecidas pelo Plano Nacional de Educação.

▸ Incisos XIV e XV acrescidos pela EC 135/2024.

§ 1º O cálculo do VAAT, referido no inciso VI do *caput* deste artigo, deverá considerar, além dos recursos previstos no inciso II do *caput* deste artigo, pelo menos, as seguintes disponibilidades:

I – receitas de Estados, do Distrito Federal e de Municípios vinculadas à manutenção e ao desenvolvimento do ensino não integrantes dos fundos referidos no inciso I do *caput* deste artigo;

II – cotas estaduais e municipais da arrecadação do salário-educação de que trata o § 6º do art. 212 desta Constituição;

III – complementação da União transferida a Estados, ao Distrito Federal e a Municípios nos termos da alínea "a" do inciso V do *caput* deste artigo.

§ 2º Além das ponderações previstas na alínea "a" do inciso X do *caput* deste artigo, a lei definirá outras relativas ao nível socioeconômico dos educandos e aos indicadores de disponibilidade de recursos vinculados à educação e de potencial de arrecadação tributária de cada ente federado, bem como seus prazos de implementação.

§ 3º Será destinada à educação infantil a proporção de 50% (cinquenta por cento) dos recursos globais a que se refere a alínea "b" do inciso V do *caput* deste artigo, nos termos da lei.

Art. 213. Os recursos públicos serão destinados às escolas públicas, podendo ser dirigidos a escolas comunitárias, confessionais ou filantrópicas, definidas em lei, que:

▸ Art. 212 desta Constituição.
▸ Art. 61 do ADCT.
▸ Lei 9.394/1996 (Diretrizes e Bases da Educação).

I – comprovem finalidade não lucrativa e apliquem seus excedentes financeiros em educação;

II – assegurem a destinação de seu patrimônio a outra escola comunitária, filantrópica ou confessional, ou ao Poder Público, no caso de encerramento de suas atividades;

▸ Art. 61 do ADCT.

§ 1º Os recursos de que trata este artigo poderão ser destinados a bolsas de estudo para o ensino fundamental e médio, na forma da lei, para os que demonstrarem insuficiência de recursos, quando houver falta de vagas e cursos regulares da rede pública na localidade da residência do educando, ficando o Poder Público obrigado a investir prioritariamente na expansão de sua rede na localidade.

▸ Lei 9.394/1996 (Diretrizes e Bases da Educação).

§ 2º As atividades de pesquisa, de extensão e de estímulo e fomento à inovação realizadas por universidades e/ou por instituições de educação profissional e tecnológica poderão receber apoio financeiro do Poder Público.

▸ § 2º com redação pela EC 85/2015.
▸ Lei 8.436/1992 (Programa de Crédito Educativo para estudantes carentes).

Art. 214. A lei estabelecerá o plano nacional de educação, de duração decenal, com o objetivo de articular o sistema nacional de educação em regime de colaboração e definir diretrizes, objetivos, metas e estratégias de implementação para assegurar a manutenção e desenvolvimento do ensino em seus diversos níveis,

etapas e modalidades por meio de ações integradas dos poderes públicos das diferentes esferas federativas que conduzam a:

▸ *Caput* com redação pela EC 59/2009.

I – erradicação do analfabetismo;

II – universalização do atendimento escolar;

III – melhoria da qualidade do ensino;

IV – formação para o trabalho;

V – promoção humanística, científica e tecnológica do País;

▸ Art. 3º, III, CF.
▸ Lei 10.172/2001 (Plano Nacional de Educação).

VI – estabelecimento de meta de aplicação de recursos públicos em educação como proporção do produto interno bruto.

▸ Inciso VI acrescido pela EC 59/2009.
▸ Lei 9.394/1996 (Diretrizes e Bases da Educação).
▸ Lei 10.172/2001 (Plano Nacional de Educação).

Seção II
Da Cultura

Art. 215. O Estado garantirá a todos o pleno exercício dos direitos culturais e acesso às fontes da cultura nacional, e apoiará e incentivará a valorização e a difusão das manifestações culturais.

▸ Lei 8.313/1991 (Programa Nacional de Apoio à Cultura – PRONAC, regulamentada pelo Dec. 5.761/2002).
▸ Lei 8.685/1993 (Fomento à atividade audiovisual).
▸ MP 2.228-1/2001 (Agência Nacional do Cinema – ANCINE).
▸ Lei 10.454/2002 (Remissão da Contribuição para o Desenvolvimento da Indústria Cinematográfica – CONDECINE).
▸ Arts. 17 a 20 da Lei 12.288/2010 (Estatuto da Igualdade Racial).
▸ Lei 12.761/2012 (Programa de Cultura do Trabalhador – Vale-Cultura).

§ 1º O Estado protegerá as manifestações das culturas populares, indígenas e afro-brasileiras, e das de outros grupos participantes do processo civilizatório nacional.

§ 2º A lei disporá sobre a fixação de datas comemorativas de alta significação para os diferentes segmentos étnicos nacionais.

§ 3º A lei estabelecerá o Plano Nacional de Cultura, de duração plurianual, visando ao desenvolvimento cultural do País e à integração das ações do poder público que conduzem à:

▸ Lei 12.343/2010 (Plano Nacional de Cultura – PNC e cria o Sistema Nacional de Informações e Indicadores Culturais – SNIIC).

I – defesa e valorização do patrimônio cultural brasileiro;

II – produção, promoção e difusão de bens culturais;

III – formação de pessoal qualificado para a gestão da cultura em suas múltiplas dimensões;

IV – democratização do acesso aos bens de cultura;

V – valorização da diversidade étnica e regional.

▸ § 3º acrescido pela EC 48/2005.

Art. 216. Constituem patrimônio cultural brasileiro os bens de natureza material e imaterial, tomados individualmente ou em conjunto, portadores de referência à identidade, à ação, à memória dos diferentes grupos formadores da sociedade brasileira, nos quais se incluem:

I – as formas de expressão;

II – os modos de criar, fazer e viver;

III – as criações científicas, artísticas e tecnológicas;

▸ Lei 9.610/1998 (Direitos Autorais).

IV – as obras, objetos, documentos, edificações e demais espaços destinados às manifestações artístico-culturais;

V – os conjuntos urbanos e sítios de valor histórico, paisagístico, artístico, arqueológico, paleontológico, ecológico e científico.

▸ Lei 3.924/1961 (Monumentos Arqueológicos e Pré-Históricos).

§ 1º O Poder Público, com a colaboração da comunidade, promoverá e protegerá o patrimônio cultural brasileiro, por meio de inventários, registros, vigilância, tombamento e desapropriação, e de outras formas de acautelamento e preservação.

▸ Lei 7.347/1985 (Ação Civil Pública).
▸ Lei 8.394/1991 (Preservação, organização e proteção dos acervos documentais privados dos presidentes da República).
▸ Dec. 3.551/2000 (Registro de bens culturais de natureza imaterial que constituem Patrimônio Cultural Brasileiro e cria o Programa Nacional do Patrimônio Imaterial).

§ 2º Cabem à administração pública, na forma da lei, a gestão da documentação governamental e as providências para franquear sua consulta a quantos dela necessitem.

▸ Lei 8.159/1991 (Política Nacional de arquivos públicos e privados).
▸ Lei 12.527/2011 (Acesso a informações previsto neste parágrafo).
▸ Dec. 7.845/2012 (Regulamenta procedimentos para credenciamento de segurança e tratamento de informação classificada em qualquer grau de sigilo).

§ 3º A lei estabelecerá incentivos para a produção e o conhecimento de bens e valores culturais.

▸ Lei 7.505/1986 (Benefícios fiscais na área do imposto de renda concedidos a operações de caráter cultural ou artístico).

▶ Lei 8.313/1991 (Benefícios fiscais concedidos a operações de caráter cultural ou artístico e cria o Programa Nacional de Apoio a Cultura – PRONAC).
▶ Lei 8.685/1993 (Mecanismos de fomento à atividade audiovisual).
▶ MP 2.228-1/2001 (Agência Nacional do Cinema – ANCINE).
▶ Lei 10.454/2002 (Remissão da Contribuição para o Desenvolvimento da Indústria Cinematográfica – CONDECINE).

§ 4º Os danos e ameaças ao patrimônio cultural serão punidos, na forma da lei.

▶ Lei 3.924/1961 (Monumentos Arqueológicos e Pré-Históricos).
▶ Lei 4.717/1965 (Ação Popular).
▶ Lei 7.347/1985 (Ação Civil Pública).

§ 5º Ficam tombados todos os documentos e os sítios detentores de reminiscências históricas dos antigos quilombos.

▶ Art. 18, par. ún., da Lei 12.288/2010 (Estatuto da Igualdade Racial).

§ 6º É facultado aos Estados e ao Distrito Federal vincular a fundo estadual de fomento à cultura até cinco décimos por cento de sua receita tributária líquida, para o financiamento de programas e projetos culturais, vedada a aplicação desses recursos no pagamento de:

▶ § 6º acrescido pela EC 42/2003.

I – despesas com pessoal e encargos sociais;

II – serviço da dívida;

III – qualquer outra despesa corrente não vinculada diretamente aos investimentos ou ações apoiados.

Art. 216-A. O Sistema Nacional de Cultura, organizado em regime de colaboração, de forma descentralizada e participativa, institui um processo de gestão e promoção conjunta de políticas públicas de cultura, democráticas e permanentes, pactuadas entre os entes da Federação e a sociedade, tendo por objetivo promover o desenvolvimento humano, social e econômico com pleno exercício dos direitos culturais.

▶ Artigo acrescido pela EC 71/2012.

§ 1º O Sistema Nacional de Cultura fundamenta-se na política nacional de cultura e nas suas diretrizes, estabelecidas no Plano Nacional de Cultura, e rege-se pelos seguintes princípios:

I – diversidade das expressões culturais;

II – universalização do acesso aos bens e serviços culturais;

III – fomento à produção, difusão e circulação de conhecimento e bens culturais;

IV – cooperação entre os entes federados, os agentes públicos e privados atuantes na área cultural;

V – integração e interação na execução das políticas, programas, projetos e ações desenvolvidas;

VI – complementaridade nos papéis dos agentes culturais;

VII – transversalidade das políticas culturais;

VIII – autonomia dos entes federados e das instituições da sociedade civil;

IX – transparência e compartilhamento das informações;

X – democratização dos processos decisórios com participação e controle social;

XI – descentralização articulada e pactuada da gestão, dos recursos e das ações;

XII – ampliação progressiva dos recursos contidos nos orçamentos públicos para a cultura.

§ 2º Constitui a estrutura do Sistema Nacional de Cultura, nas respectivas esferas da Federação:

I – órgãos gestores da cultura;

II – conselhos de política cultural;

III – conferências de cultura;

IV – comissões intergestores;

V – planos de cultura;

VI – sistemas de financiamento à cultura;

VII – sistemas de informações e indicadores culturais;

VIII – programas de formação na área da cultura; e

IX – sistemas setoriais de cultura.

§ 3º Lei federal disporá sobre a regulamentação do Sistema Nacional de Cultura, bem como de sua articulação com os demais sistemas nacionais ou políticas setoriais de governo.

§ 4º Os Estados, o Distrito Federal e os Municípios organizarão seus respectivos sistemas de cultura em leis próprias.

Seção III
Do Desporto

▶ Lei 9.615/1998 (Normas gerais sobre desportos).
▶ Lei 11.438/2006 (Incentivos e benefícios para fomentar atividades de caráter desportivo).
▶ Lei 14.597/2023 (Lei Geral do Esporte).

Art. 217. É dever do Estado fomentar práticas desportivas formais e não formais, como direito de cada um, observados:

I – a autonomia das entidades desportivas dirigentes e associações, quanto a sua organização e funcionamento;

II – a destinação de recursos públicos para a promoção prioritária do desporto educacional e, em casos específicos, para a do desporto de alto rendimento;

III – o tratamento diferenciado para o desporto profissional e o não profissional;

IV – a proteção e o incentivo às manifestações desportivas de criação nacional.

▶ Arts. 21 e 22 da Lei 12.288/2010 (Estatuto da Igualdade Racial).

§ 1º O Poder Judiciário só admitirá ações relativas à disciplina e às competições desportivas após esgotarem-se as instâncias da justiça desportiva, regulada em lei.

§ 2º A justiça desportiva terá o prazo máximo de sessenta dias, contados da instauração do processo, para proferir decisão final.

§ 3º O Poder Público incentivará o lazer, como forma de promoção social.

CAPÍTULO IV
DA CIÊNCIA, TECNOLOGIA E INOVAÇÃO

▶ Rubrica do Capítulo renomeada pela EC 85/2015.
▶ Lei 9.257/1996 (Conselho Nacional de Ciência e Tecnologia).
▶ Lei 10.168/2000 (Contribuição de Intervenção de Domínio Econômico destinado a financiar o Programa de Estímulo à Interação Universidade-Empresa para o apoio à inovação).

Art. 218. O Estado promoverá e incentivará o desenvolvimento científico, a pesquisa, a capacitação científica e tecnológica e a inovação.

▶ Caput com redação pela EC 85/2015.
▶ Lei 10.973/2004 (Estabelece medidas de incentivo à inovação e à pesquisa científica e tecnológica no ambiente produtivo).

§ 1º A pesquisa científica básica e tecnológica receberá tratamento prioritário do Estado, tendo em vista o bem público e o progresso da ciência, tecnologia e inovação.

▶ § 1º com redação pela EC 85/2015.

§ 2º A pesquisa tecnológica voltar-se-á preponderantemente para a solução dos problemas brasileiros e para o desenvolvimento do sistema produtivo nacional e regional.

§ 3º O Estado apoiará a formação de recursos humanos nas áreas de ciência, pesquisa, tecnologia e inovação, inclusive por meio do apoio às atividades de extensão tecnológica, e concederá aos que delas se ocupem meios e condições especiais de trabalho.

▶ § 3º com redação pela EC 85/2015.

§ 4º A lei apoiará e estimulará as empresas que invistam em pesquisa, criação de tecnologia adequada ao País, formação e aperfeiçoamento de seus recursos humanos e que pratiquem sistemas de remuneração que assegurem ao empregado, desvinculada do salário, participação nos ganhos econômicos resultantes da produtividade de seu trabalho.

▶ Lei 9.257/1996 (Conselho Nacional de Ciência e Tecnologia).

§ 5º É facultado aos Estados e ao Distrito Federal vincular parcela de sua receita orçamentária a entidades públicas de fomento ao ensino e à pesquisa científica e tecnológica.

▶ Lei 8.248/1991 (Capacitação e competitividade do setor de informática e automação).

§ 6º O Estado, na execução das atividades previstas no *caput*, estimulará a articulação entre entes, tanto públicos quanto privados, nas diversas esferas de governo.

▶ § 6º acrescido pela EC 85/2015.

§ 7º O Estado promoverá e incentivará a atuação no exterior das instituições públicas de ciência, tecnologia e inovação, com vistas à execução das atividades previstas no *caput*.

▶ § 7º acrescido pela EC 85/2015.

Art. 219. O mercado interno integra o patrimônio nacional e será incentivado de modo a viabilizar o desenvolvimento cultural e socioeconômico, o bem-estar da população e a autonomia tecnológica do País, nos termos de lei federal.

▶ Lei 10.973/2004 (Estabelece medidas de incentivo à inovação e à pesquisa científica e tecnológica no ambiente produtivo).

Parágrafo único. O Estado estimulará a formação e o fortalecimento da inovação nas empresas, bem como nos demais entes, públicos ou privados, a constituição e a manutenção de parques e polos tecnológicos e de demais ambientes promotores da inovação, a atuação dos inventores independentes e a criação, absorção, difusão e transferência de tecnologia.

▶ Parágrafo único acrescido pela EC 85/2015.

Art. 219-A. A União, os Estados, o Distrito Federal e os Municípios poderão firmar instrumentos de cooperação com órgãos e entidades públicos e com entidades

privadas, inclusive para o compartilhamento de recursos humanos especializados e capacidade instalada, para a execução de projetos de pesquisa, de desenvolvimento científico e tecnológico e de inovação, mediante contrapartida financeira ou não financeira assumida pelo ente beneficiário, na forma da lei.

▶ Artigo acrescido pela EC 85/2015.

Art. 219-B. O Sistema Nacional de Ciência, Tecnologia e Inovação será organizado em regime de colaboração entre entes, tanto públicos quanto privados, com vistas a promover o desenvolvimento científico e tecnológico e a inovação.

▶ Caput acrescido pela EC 85/2015; republicado no DOU de 03.03.2015.

§ 1º Lei federal disporá sobre as normas gerais do Sistema Nacional de Ciência, Tecnologia e Inovação.

▶ § 1º acrescido pela EC 85/2015, republicado no DOU de 03.03.2015.

§ 2º Os Estados, o Distrito Federal e os Municípios legislarão concorrentemente sobre suas peculiaridades.

▶ § 2º acrescido pela EC 85/2015.

CAPÍTULO V
DA COMUNICAÇÃO SOCIAL

Art. 220. A manifestação do pensamento, a criação, a expressão e a informação, sob qualquer forma, processo ou veículo não sofrerão qualquer restrição, observado o disposto nesta Constituição.

▶ Arts. 1º, III e IV, 4º, II, 5º, IX, XII, XIV, XXVII, XXVIII e XXIX, desta Constituição.
▶ Arts. 36, 37, 43 e 44 do CDC.
▶ Lei 4.117/1962 (Código Brasileiro de Telecomunicações).
▶ Art. 1º da Lei 7.524/1986 (Manifestação, por militar inativo, de pensamento e opinião políticos ou filosóficos).
▶ Art. 2º da Lei 8.389/1991 (Conselho de Comunicação Social).
▶ Art. 7º da Lei 9.610/1998 (Direitos Autorais).
▶ Lei 13.188/2015 (Direito de Resposta).

§ 1º Nenhuma lei conterá dispositivo que possa constituir embaraço à plena liberdade de informação jornalística em qualquer veículo de comunicação social, observado o disposto no artigo 5º, IV, V, X, XIII e XIV.

▶ Art. 45 da Lei 9.504/1997 (Eleições).

§ 2º É vedada toda e qualquer censura de natureza política, ideológica e artística.

§ 3º Compete à lei federal:

I – regular as diversões e espetáculos públicos, cabendo ao Poder Público informar sobre a natureza deles, as faixas etárias a que não se recomendem, locais e horários em que sua apresentação se mostre inadequada;

▶ Art. 21, XVI, desta Constituição.
▶ Arts. 74, 80, 247 e 258 da Lei 8.069/1990 (Estatuto da Criança e do Adolescente – ECA).
▶ Lei 10.359/2001 (Obrigatoriedade de novos aparelhos de televisão conterem dispositivo que possibilite bloqueio temporário da recepção de programação inadequada).

II – estabelecer os meios legais que garantam à pessoa e à família a possibilidade de se defenderem de programas ou programações de rádio e televisão que contrariem o disposto no artigo 221, bem como da propaganda de produtos, práticas e serviços que possam ser nocivos à saúde e ao meio ambiente.

▶ Arts. 9º e 10 da Lei 8.078/1990 (Código de Defesa do Consumidor).
▶ Art. 5º da Lei 8.389/1991 (Conselho de Comunicação Social).

§ 4º A propaganda comercial de tabaco, bebidas alcoólicas, agrotóxicos, medicamentos e terapias estará sujeita a restrições legais, nos termos do inciso II do parágrafo anterior, e conterá, sempre que necessário, advertência sobre os malefícios decorrentes de seu uso.

▶ Lei 9.294/1996 (Restrição ao uso e à propaganda de produtos fumígeros, bebidas alcoólicas, medicamentos, terapias e defensivos agrícolas).

§ 5º Os meios de comunicação social não podem, direta ou indiretamente, ser objeto de monopólio ou oligopólio.

▶ Art. 36 da Lei 12.529/2011 (Sistema Brasileiro de Defesa da Concorrência).

§ 6º A publicação de veículo impresso de comunicação independe de licença de autoridade.

▶ Art. 114, par. ún., da Lei 6.015/1973 (Registros Públicos).

Art. 221. A produção e a programação das emissoras de rádio e televisão atenderão aos seguintes princípios:

I – preferência a finalidades educativas, artísticas, culturais e informativas;

▶ Dec. 4.901/2003 (Sistema Brasileiro de Televisão Digital – SBTVD).

II – promoção da cultura nacional e regional e estímulo à produção independente que objetive sua divulgação;

▶ Art. 2º da MP 2.228-1/2001 (Agência Nacional do Cinema – ANCINE).
▶ Lei 10.454/2002 (Contribuição para o Desenvolvimento da Indústria Cinematográfica – CONDECINE).

III – regionalização da produção cultural, artística e jornalística, conforme percentuais estabelecidos em lei;

▶ Art. 3º, III, desta Constituição.

IV – respeito aos valores éticos e sociais da pessoa e da família.

▶ Arts. 1º, III, 5º, XLII, XLIII, XLVIII, XLIX, L, 34, VII, *b*, 225 a 227 e 230 desta Constituição.
▶ Art. 8º, III, da Lei 11.340/2006 (Lei Maria da Penha).

Art. 222.
A propriedade de empresa jornalística e de radiodifusão sonora e de sons e imagens é privativa de brasileiros natos ou naturalizados há mais de dez anos, ou de pessoas jurídicas constituídas sob as leis brasileiras e que tenham sede no País.

▶ *Caput* com redação pela EC 36/2002.

§ 1º Em qualquer caso, pelo menos setenta por cento do capital total e do capital votante das empresas jornalísticas e de radiodifusão sonora e de sons e imagens deverá pertencer, direta ou indiretamente, a brasileiros natos ou naturalizados há mais de dez anos, que exercerão obrigatoriamente a gestão das atividades e estabelecerão o conteúdo da programação.

▶ § 1º com redação pela EC 36/2002.

§ 2º A responsabilidade editorial e as atividades de seleção e direção da programação veiculada são privativas de brasileiros natos ou naturalizados há mais de dez anos, em qualquer meio de comunicação social.

▶ § 2º com redação pela EC 36/2002.

§ 3º Os meios de comunicação social eletrônica, independentemente da tecnologia utilizada para a prestação do serviço, deverão observar os princípios enunciados no art. 221, na forma de lei específica, que também garantirá a prioridade de profissionais brasileiros na execução de produções nacionais.

▶ § 3º acrescido pela EC 36/2002.

§ 4º Lei disciplinará a participação de capital estrangeiro nas empresas de que trata o § 1º.

▶ § 4º acrescido pela EC 36/2002.
▶ Lei 10.610/2002 (Participação de capital estrangeiro nas empresas jornalísticas e de radiodifusão sonora e de sons e imagens).

§ 5º As alterações de controle societário das empresas de que trata o § 1º serão comunicadas ao Congresso Nacional.

▶ § 5º acrescido pela EC 36/2002.

Art. 223.
Compete ao Poder Executivo outorgar e renovar concessão, permissão e autorização para o serviço de radiodifusão sonora e de sons e imagens, observado o princípio da complementaridade dos sistemas privado, público e estatal.

▶ Arts. 2º, 10 e 32 do Dec. 52.795/1963 (Regulamenta os serviços de radiodifusão).
▶ Lei 9.612/1998 (Serviço de radiodifusão comunitária).

§ 1º O Congresso Nacional apreciará o ato no prazo do artigo 64, §§ 2º e 4º, a contar do recebimento da mensagem.

§ 2º A não renovação da concessão ou permissão dependerá de aprovação de, no mínimo, dois quintos do Congresso Nacional, em votação nominal.

§ 3º O ato de outorga ou renovação somente produzirá efeitos legais após deliberação do Congresso Nacional, na forma dos parágrafos anteriores.

§ 4º O cancelamento da concessão ou permissão, antes de vencido o prazo, depende de decisão judicial.

§ 5º O prazo da concessão ou permissão será de dez anos para as emissoras de rádio e de quinze para as de televisão.

Art. 224.
Para os efeitos do disposto neste Capítulo, o Congresso Nacional instituirá, como seu órgão auxiliar, o Conselho de Comunicação Social, na forma da lei.

▶ Lei 6.650/1979 (Criação da Secretaria de Comunicação Social).
▶ Lei 8.389/1991 (Conselho de Comunicação Social).

CAPÍTULO VI
DO MEIO AMBIENTE

▶ Lei 9.605/1998 (Crimes Ambientais).
▶ Lei 7.802/1989 (Danos ao meio ambiente).
▶ Dec. 4.339/2002 (Princípios e diretrizes para a implementação Política Nacional da Biodiversidade).
▶ Dec. 4.411/2002 (Atuação das Forças Armadas e da Polícia Federal nas unidades de conservação).

Art. 225.
Todos têm direito ao meio ambiente ecologicamente equilibrado, bem de uso comum do povo e essencial à sadia qualidade de vida, impondo-se ao Poder Público e à coletividade o dever de defendê-lo e preservá-lo para as presentes e futuras gerações.

▶ Lei 7.735/1989 (Cria o Instituto Brasileiro do Meio Ambiente e dos Recursos Naturais Renováveis).
▶ Lei 7.797/1989 (Fundo Nacional de Meio Ambiente).
▶ Dec. 4.339/2002 (Princípios e diretrizes para a implementação Política Nacional da Biodiversidade).
▶ Lei 11.284/2006 (Gestão de Florestas Públicas).
▶ Súmula 613 do STJ.

§ 1º Para assegurar a efetividade desse direito, incumbe ao Poder Público:

▶ Lei 9.985/2000 (Sistema Nacional de Unidades de Conservação da Natureza), que regulamenta este parágrafo.

I – preservar e restaurar os processos ecológicos essenciais e prover o manejo ecológico das espécies e ecossistemas;

▶ Lei 9.985/2000 (Sistema Nacional de Unidades de Conservação da Natureza).

II – preservar a diversidade e a integridade do patrimônio genético do País e fiscalizar as entidades dedicadas à pesquisa e manipulação de material genético;

▶ Lei 9.985/2000 (Sistema Nacional de Unidades de Conservação da Natureza).
▶ Lei 11.105/2005 (Biossegurança).
▶ Dec. 5.705/2006 (Protocolo de Cartagena sobre Biossegurança da Convenção sobre Diversidade Biológica).
▶ Lei 13.123/2015 (Regulamenta o inciso II do § 1º e o § 4º do art. 225 da Constituição Federal, o Artigo 1, a alínea *j* do Artigo 8, a alínea *c* do Artigo 10, o Artigo 15 e os §§ 3º e 4º do Artigo 16 da Convenção sobre Diversidade Biológica, promulgada pelo Decreto 2.519, de 16 de março de 1998; dispõe sobre o acesso ao patrimônio genético, sobre a proteção e o acesso ao conhecimento tradicional associado e sobre a repartição de benefícios para conservação e uso sustentável da biodiversidade; revoga a Medida Provisória 2.186-16, de 23 de agosto de 2001; e dá outras providências).

III – definir, em todas as Unidades da Federação, espaços territoriais e seus componentes a serem especialmente protegidos, sendo a alteração e a supressão permitidas somente através de lei, vedada qualquer utilização que comprometa a integridade dos atributos que justifiquem sua proteção;

▶ Lei 9.985/2000 (Sistema Nacional de Unidades de Conservação da Natureza).

IV – exigir, na forma da lei, para instalação de obra ou atividade potencialmente causadora de significativa degradação do meio ambiente, estudo prévio de impacto ambiental, a que se dará publicidade;

▶ Lei 11.105/2005 (Biossegurança).

V – controlar a produção, a comercialização e o emprego de técnicas, métodos e substâncias que comportem risco para a vida, a qualidade de vida e o meio ambiente;

▶ Lei 7.802/1989 (Agrotóxicos).
▶ Lei 9.985/2000 (Sistema Nacional de Unidades de Conservação da Natureza).
▶ Lei 11.105/2005 (Biossegurança).

VI – promover a educação ambiental em todos os níveis de ensino e a conscientização pública para a preservação do meio ambiente;

▶ Lei 9.795/1999 (Educação ambiental e Política Nacional de Educação Ambiental).

VII – proteger a fauna e a flora, vedadas, na forma da lei, as práticas que coloquem em risco sua função ecológica, provoquem a extinção de espécies ou submetam os animais a crueldade.

▶ Lei 5.197/1967 (Proteção à Fauna).
▶ Lei 9.605/1998 (Crimes Ambientais).
▶ Lei 9.985/2000 (Sistema Nacional de Unidades de Conservação da Natureza).
▶ Lei 11.794/2008 (Procedimentos para o uso científico de animais).
▶ Lei 11.959/2009 (Aquicultura e pesca).
▶ Lei 12.651/2012 (Novo Código Florestal).

VIII – manter regime fiscal favorecido para os biocombustíveis destinados ao consumo final, na forma de lei complementar, a fim de assegurar-lhes tributação inferior à incidente sobre os combustíveis fósseis, capaz de garantir diferencial competitivo em relação a estes, especialmente em relação às contribuições de que tratam a alínea "b" do inciso I e o inciso IV do *caput* do art. 195 e o art. 239 e ao imposto a que se refere o inciso II do *caput* do art. 155 desta Constituição.

▶ Inciso VIII acrescido pela EC 123/2022.
▶ Art. 4º da EC 123/2022.

Texto novo: **VIII –** manter regime fiscal favorecido para os biocombustíveis e para o hidrogênio de baixa emissão de carbono, na forma de lei complementar, a fim de assegurar-lhes tributação inferior à incidente sobre os combustíveis fósseis, capaz de garantir diferencial competitivo em relação a estes, especialmente em relação à contribuição de que trata o art. 195, V, e ao imposto a que se refere o art. 156-A.

▶ Inciso VIII com redação pela EC 132/2023, em vigor a partir de 2033.

§ 2º Aquele que explorar recursos minerais fica obrigado a recuperar, o meio ambiente degradado, de acordo com solução técnica exigida pelo órgão público competente, na forma da lei.

▶ Dec-lei 227/1967 (Código de Mineração).

§ 3º As condutas e atividades consideradas lesivas ao meio ambiente sujeitarão os infratores, pessoas físicas ou jurídicas, a sanções penais e administrativas, independentemente da obrigação de reparar os danos causados.

▶ Art. 3º, *caput*, e par. ún., da Lei 9.605/1998 (Crimes Ambientais).
▶ Dec. 6.514/2008 (Infrações e sanções administrativas ao meio ambiente).

§ 4º A Floresta Amazônica brasileira, a Mata Atlântica, a Serra do Mar, o Pantanal Mato-Grossense e a Zona Costeira são patrimônio nacional, e sua utilização far-se-á, na forma da lei, dentro de condições que assegurem a preservação do meio ambiente, inclusive quanto ao uso dos recursos naturais.

▶ Lei 6.902/1981 (Estações Ecológicas e das Áreas de Proteção Ambiental).

▶ Lei 6.938/1981 (Política Nacional do Meio Ambiente).
▶ Lei 7.347/1985 (Ação Civil Pública).
▶ Dec. 4.297/2002 (Política Nacional do Meio Ambiente).
▶ Lei 11.428/2006 (Utilização e proteção da vegetação nativa do Bioma Mata Atlântica).
▶ Lei 13.123/2015 (Regulamenta o inciso II do § 1º e o § 4º do art. 225 da Constituição Federal, o Artigo 1, a alínea *j* do Artigo 8, a alínea *c* do Artigo 10, o Artigo 15 e os §§ 3º e 4º do Artigo 16 da Convenção sobre Diversidade Biológica, promulgada pelo Decreto 2.519, de 16 de março de 1998; dispõe sobre o acesso ao patrimônio genético, sobre a proteção e o acesso ao conhecimento tradicional associado e sobre a repartição de benefícios para conservação e uso sustentável da biodiversidade; revoga a Medida Provisória 2.186-16, de 23 de agosto de 2001; e dá outras providências).

§ 5º São indisponíveis as terras devolutas ou arrecadadas pelos Estados, por ações discriminatórias, necessárias à proteção dos ecossistemas naturais.

▶ Dec.-lei 9.760/1946 (Terras devolutas).
▶ Lei 6.383/1976 (Ações Discriminatórias).
▶ Arts. 1º, 5º e 164 do Dec. 87.620/1982 (Procedimento administrativo para o reconhecimento da aquisição, por usucapião especial, de imóveis rurais compreendidos em terras devolutas).
▶ Lei 13.178/2015 (Ratificação dos registros imobiliários decorrentes de alienações e concessões de terras públicas situadas nas faixas de fronteira).

§ 6º As usinas que operem com reator nuclear deverão ter sua localização definida em lei federal, sem o que não poderão ser instaladas.

§ 7º Para fins do disposto na parte final do inciso VII do § 1º deste artigo, não se consideram cruéis as práticas desportivas que utilizem animais, desde que sejam manifestações culturais, conforme o § 1º do art. 215 desta Constituição Federal, registradas como bem de natureza imaterial integrante do patrimônio cultural brasileiro, devendo ser regulamentadas por lei específica que assegure o bem-estar dos animais envolvidos.

▶ § 7º acrescido pela EC 96/2017.

CAPÍTULO VII
DA FAMÍLIA, DA CRIANÇA, DO ADOLESCENTE, DO JOVEM E DO IDOSO

▶ Rubrica do Capítulo renomeado pela EC 65/2010.
▶ Lei 8.069/1990 (Estatuto da Criança e do Adolescente – ECA).
▶ Lei 8.560/1992 (Regula a investigação de paternidade dos filhos havidos fora do casamento).
▶ Lei 8.842/1994 (Composição, estruturação, competência e funcionamento do Conselho Nacional dos Direitos do Idoso – CNDI).
▶ Lei 8.971/1994 (Direito dos companheiros a alimentos e à sucessão).
▶ Lei 10.741/2003 (Estatuto do Idoso).
▶ Lei 12.010/2009 (Adoção).

Art. 226.
A família, base da sociedade, tem especial proteção do Estado.

▶ Arts. 1.533 a 1.542 do CC.
▶ Lei 6.015/1973 (Registros Públicos).
▶ Lei 8.069/1990 (Estatuto da Criança e do Adolescente – ECA).

§ 1º O casamento é civil e gratuita a celebração.

▶ Arts. 1.511 a 1.570 do CC.
▶ Arts. 67 a 76 da Lei 6.015/1973 (Registros Públicos).

§ 2º O casamento religioso tem efeito civil, nos termos da lei.

▶ Art. 5º do Dec.-lei 3.200/1941 (Organização e proteção da família).
▶ Lei 1.110/1950 (Efeitos civis ao casamento religioso).
▶ Arts. 71 a 75 da Lei 6.015/1973 (Registros Públicos).
▶ Lei 9.278/1996 (União Estável).

§ 3º Para efeito da proteção do Estado, é reconhecida a união estável entre o homem e a mulher como entidade familiar, devendo a lei facilitar sua conversão em casamento.

▶ Arts. 1.723 a 1.727 do CC.
▶ Lei 8.971/1994 (Direito dos companheiros a alimentos e sucessão).
▶ Lei 9.278/1996 (União Estável).
▶ ADPF 132 e ADIN 4.277, julgadas procedentes pelo STF, com eficácia *erga omnes* e efeito vinculante, dando ao art. 1.723 do CC interpretação conforme à CF, reconhecendo a união contínua, pública e duradoura entre pessoas do mesmo sexo como entidade familiar (DOU 13.05.2011).

§ 4º Entende-se, também, como entidade familiar a comunidade formada por qualquer dos pais e seus descendentes.

§ 5º Os direitos e deveres referentes à sociedade conjugal são exercidos igualmente pelo homem e pela mulher.

▶ Arts. 1.511 a 1.570 do CC.
▶ Arts. 2º a 8º da Lei 6.515/1977 (Divórcio).

§ 6º O casamento civil pode ser dissolvido pelo divórcio.

▶ § 6º com redação pela EC 66/2010.
▶ Lei 6.515/1977 (Divórcio).

§ 7º Fundado nos princípios da dignidade da pessoa humana e da paternidade responsável, o planejamento familiar é livre decisão do casal, competindo ao Estado propiciar recursos educacionais e científicos para o exercício desse direito, vedada qualquer forma coercitiva por parte de instituições oficiais ou privadas.

▶ Lei 9.263/1996 (Planejamento Familiar).

§ 8º O Estado assegurará a assistência à família na pessoa de cada um dos que a integram, criando mecanismos para coibir a violência no âmbito de suas relações.

▸ Lei 11.340/2006 (Maria da Penha).
▸ Súmulas 536 e 600 do STJ.

Art. 227. É dever da família, da sociedade e do Estado assegurar à criança, ao adolescente e ao jovem, com absoluta prioridade, o direito à vida, à saúde, à alimentação, à educação, ao lazer, à profissionalização, à cultura, à dignidade, ao respeito, à liberdade e à convivência familiar e comunitária, além de colocá-los a salvo de toda forma de negligência, discriminação, exploração, violência, crueldade e opressão.

▸ *Caput* com redação pela EC 65/2010.
▸ Arts. 6º, 208 e 212, § 4º, desta Constituição.
▸ Lei 8.069/1990 (Estatuto da Criança e do Adolescente) – ECA.
▸ Lei 12.318/2010 (Alienação Parental).
▸ Lei 12.852/2013 (Estatuto da Juventude).
▸ Lei 13.431/2017 (Sistema de garantia de direitos da criança e do adolescente vítima ou testemunha de violência).
▸ Dec. 9.579/2018 (Consolida atos normativos dos programas federais da criança e do adolescente).

§ 1º O Estado promoverá programas de assistência integral à saúde da criança, do adolescente e do jovem, admitida a participação de entidades não governamentais, mediante políticas específicas e obedecendo aos seguintes preceitos:

▸ *Caput* do § 1º com redação pela EC 65/2010.
▸ Lei 8.642/1993 (Programa Nacional de Atenção à Criança e ao Adolescente – PRONAICA).

I – aplicação de percentual dos recursos públicos destinados à saúde na assistência materno-infantil;

II – criação de programas de prevenção e atendimento especializado para as pessoas portadoras de deficiência física, sensorial ou mental, bem como de integração social do adolescente e do jovem portador de deficiência, mediante o treinamento para o trabalho e a convivência, e a facilitação do acesso aos bens e serviços coletivos, com a eliminação de obstáculos arquitetônicos e de todas as formas de discriminação.

▸ Inciso II com redação pela EC 65/2010.
▸ Lei 7.853/1989 (Apoio às Pessoas Portadoras de Deficiência).
▸ Lei 8.069/1990 (Estatuto da Criança e do Adolescente – ECA).

§ 2º A lei disporá sobre normas de construção dos logradouros e dos edifícios de uso público e de fabricação de veículos de transporte coletivo, a fim de garantir acesso adequado às pessoas portadoras de deficiência.

▸ Art. 244 desta Constituição.
▸ Art. 3º da Lei 7.853/1989 (Apoio às Pessoas Portadoras de Deficiência).

§ 3º O direito a proteção especial abrangerá os seguintes aspectos:

I – idade mínima de quatorze anos para admissão ao trabalho, observado o disposto no artigo 7º, XXXIII;

▸ O art. 7º, XXXIII, da CF, alterado pela EC 20/1998, passou a fixar em dezesseis anos a idade mínima para admissão ao trabalho.

II – garantia de direitos previdenciários e trabalhistas;

III – garantia de acesso do trabalhador adolescente e jovem à escola;

▸ Inciso III com redação pela EC 65/2010.

IV – garantia de pleno e formal conhecimento da atribuição de ato infracional, igualdade na relação processual e defesa técnica por profissional habilitado, segundo dispuser a legislação tutelar específica;

V – obediência aos princípios de brevidade, excepcionalidade e respeito à condição peculiar de pessoa em desenvolvimento, quando da aplicação de qualquer medida privativa de liberdade;

VI – estímulo do Poder Público, através de assistência jurídica, incentivos fiscais e subsídios, nos termos da lei, ao acolhimento, sob a forma de guarda, de criança ou adolescente órfão ou abandonado;

▸ Arts. 33 a 35 da Lei 8.069/1990 (Estatuto da Criança e do Adolescente – ECA).

VII – programas de prevenção e atendimento especializado à criança, ao adolescente e ao jovem dependente de entorpecentes e drogas afins.

▸ Inciso VII com redação pela EC 65/2010.
▸ Lei 11.343/2006 (Drogas).

§ 4º A lei punirá severamente o abuso, a violência e a exploração sexual da criança e do adolescente.

▸ Arts. 217-A a 218-B e 224 do CP.
▸ Arts. 225 a 258 da Lei 8.069/1990 (Estatuto da Criança e do Adolescente – ECA).
▸ Dec. 7.958/2013 (Diretrizes para atendimento às vítimas de violência sexual pelos profissionais de segurança pública e da rede de atendimento do SUS).

§ 5º A adoção será assistida pelo Poder Público, na forma da lei, que estabelecerá casos e condições de sua efetivação por parte de estrangeiros.

▸ Arts. 1.618 e 1.619 do CC.
▸ Arts. 39 a 52 da Lei 8.069/1990 (Estatuto da Criança e do Adolescente – ECA).
▸ Dec. 3.087/1999 (Convenção Relativa a Proteção das Crianças e a Cooperação em Matéria de Adoção Internacional).

▸ Lei 12.010/2009 (Adoção).

§ 6º Os filhos, havidos ou não da relação do casamento, ou por adoção, terão os mesmos direitos e qualificações, proibidas quaisquer designações discriminatórias relativas à filiação.

▸ Art. 41 e §§ 1º e 2º, da Lei 8.069/1990 (Estatuto da Criança e do Adolescente – ECA).
▸ Lei 8.560/1992 (Investigação de Paternidade).
▸ Lei 10.317/2001 (Gratuidade no exame de DNA nos casos que especifica).
▸ Lei 10.421/2002 (Estende à mãe adotiva o direito à licença-maternidade e ao salário-maternidade).
▸ Lei 11.804/2008 (Direito a alimentos gravídicos e a forma como ele será exercido).
▸ Lei 12.010/2009 (Adoção).

§ 7º No atendimento dos direitos da criança e do adolescente levar-se-á em consideração o disposto no artigo 204.

§ 8º A lei estabelecerá:

I – o estatuto da juventude, destinado a regular os direitos dos jovens;

II – o plano nacional de juventude, de duração decenal, visando à articulação das várias esferas do poder público para a execução de políticas públicas.

▸ § 8º acrescido pela EC 65/2010.

Art. 228. São penalmente inimputáveis os menores de dezoito anos, sujeitos às normas da legislação especial.

▸ Art. 27 do CP.
▸ Arts. 101, 104 e 112 da Lei 8.069/1990 (Estatuto da Criança e do Adolescente – ECA).

Art. 229. Os pais têm o dever de assistir, criar e educar os filhos menores, e os filhos maiores têm o dever de ajudar e amparar os pais na velhice, carência ou enfermidade.

▸ Art. 22 da Lei 8.069/1990 (Estatuto da Criança e do Adolescente – ECA).

Art. 230. A família, a sociedade e o Estado têm o dever de amparar as pessoas idosas, assegurando sua participação na comunidade, defendendo sua dignidade e bem-estar e garantindo-lhes o direito à vida.

▸ Lei 8.842/1994 (Política Nacional do Idoso).
▸ Lei 10.741/2003 (Estatuto do Idoso).

§ 1º Os programas de amparo aos idosos serão executados preferencialmente em seus lares.

§ 2º Aos maiores de sessenta e cinco anos é garantida a gratuidade dos transportes coletivos urbanos.

▸ Lei 10.173/2001 (Concede prioridade de tramitação aos procedimentos judiciais em que figure como parte pessoa com idade igual ou superior a sessenta e cinco anos de idade).

CAPÍTULO VIII
DOS ÍNDIOS

Art. 231. São reconhecidos aos índios sua organização social, costumes, línguas, crenças e tradições, e os direitos originários sobre as terras que tradicionalmente ocupam, competindo à União demarcá-las, proteger e fazer respeitar todos os seus bens.

▸ Lei 6.001/1973 (Estatuto do Índio).
▸ Dec. 1.141/1994 (Ações de proteção ambiental, saúde e apoio às atividades produtivas para as comunidades indígenas).
▸ Dec. 1.775/1996 (Procedimento administrativo de demarcação de terras indígenas).
▸ Dec. 3.156/1999 (Prestação de assistência à saúde dos povos indígenas, no âmbito do Sistema Único de Saúde).
▸ Dec. 6.040/2007 (Política Nacional de Desenvolvimento Sustentável dos Povos e Comunidades Tradicionais).
▸ Dec. 6.861/2009 (Educação escolar indígena, define sua organização em territórios etnoeducacionais e dá outras providências).
▸ Dec. 7.747/2012 (Política Nacional de Gestão Territorial e Ambiental dos Povos e Comunidades Tradicionais).

§ 1º São terras tradicionalmente ocupadas pelos índios as por eles habitadas em caráter permanente, as utilizadas para suas atividades produtivas, as imprescindíveis à preservação dos recursos ambientais necessários a seu bem-estar e as necessárias a sua reprodução física e cultural, segundo seus usos, costumes e tradições.

§ 2º As terras tradicionalmente ocupadas pelos índios destinam-se a sua posse permanente, cabendo-lhes o usufruto exclusivo das riquezas do solo, dos rios e dos lagos nelas existentes.

§ 3º O aproveitamento dos recursos hídricos, incluídos os potenciais energéticos, a pesquisa e a lavra das riquezas minerais em terras indígenas só podem ser efetivados com autorização do Congresso Nacional, ouvidas as comunidades afetadas, ficando-lhes assegurada participação nos resultados da lavra, na forma da lei.

§ 4º As terras de que trata este artigo são inalienáveis e indisponíveis, e os direitos sobre elas, imprescritíveis.

§ 5º É vedada a remoção dos grupos indígenas de suas terras, salvo, ad referendum do Congresso Nacional, em caso de catástrofe ou epidemia que ponha em risco sua população, ou no interesse da soberania do País, após

deliberação do Congresso Nacional, garantido, em qualquer hipótese, o retorno imediato logo que cesse o risco.

§ 6º São nulos e extintos, não produzindo efeitos jurídicos, os atos que tenham por objeto a ocupação, o domínio e a posse das terras a que se refere este artigo, ou a exploração das riquezas naturais do solo, dos rios e dos lagos nelas existentes, ressalvado relevante interesse público da União, segundo o que dispuser lei complementar, não gerando a nulidade e a extinção direito a indenização ou a ações contra a União, salvo, na forma da lei, quanto às benfeitorias derivadas da ocupação de boa-fé.

▸ Art. 62 da Lei 6.001/1973 (Estatuto do Índio).

§ 7º Não se aplica às terras indígenas o disposto no artigo 174, §§ 3º e 4º.

Art. 232. Os índios, suas comunidades e organizações são partes legítimas para ingressar em juízo em defesa de seus direitos e interesses, intervindo o Ministério Público em todos os atos do processo.

▸ Lei 6.001/1973 (Estatuto do Índio).

TÍTULO IX
**DAS DISPOSIÇÕES
CONSTITUCIONAIS GERAIS**

Art. 233. *Revogado pela EC 28/2000.*

Art. 234. É vedado à União, direta ou indiretamente, assumir, em decorrência da criação de Estado, encargos referentes a despesas com pessoal inativo e com encargos e amortizações da dívida interna ou externa da administração pública, inclusive da indireta.

▸ Art. 13, § 6º, do ADCT.

Art. 235. Nos dez primeiros anos da criação de Estado, serão observadas as seguintes normas básicas:

I – a Assembleia Legislativa será composta de dezessete Deputados se a população do Estado for inferior a seiscentos mil habitantes, e de vinte e quatro, se igual ou superior a esse número, até um milhão e quinhentos mil;

II – o Governo terá no máximo dez Secretarias;

III – o Tribunal de Contas terá três membros, nomeados, pelo Governador eleito, dentre brasileiros de comprovada idoneidade e notório saber;

IV – o Tribunal de Justiça terá sete Desembargadores;

V – os primeiros Desembargadores serão nomeados pelo Governador eleito, escolhidos da seguinte forma:

a) cinco dentre os magistrados com mais de trinta e cinco anos de idade, em exercício na área do novo Estado ou do Estado originário;

b) dois dentre promotores, nas mesmas condições, e advogados de comprovada idoneidade e saber jurídico, com dez anos, no mínimo, de exercício profissional, obedecido o procedimento fixado na Constituição;

VI – no caso de Estado proveniente de Território Federal, os cinco primeiros Desembargadores poderão ser escolhidos dentre juízes de direito de qualquer parte do País;

VII – em cada Comarca, o primeiro Juiz de Direito, o primeiro Promotor de Justiça e o primeiro Defensor Público serão nomeados pelo Governador eleito após concurso público de provas e títulos;

VIII – até a promulgação da Constituição Estadual, responderão pela Procuradoria-Geral, pela Advocacia-Geral e pela Defensoria-Geral do Estado advogados de notório saber, com trinta e cinco anos de idade, no mínimo, nomeados pelo Governador eleito e demissíveis ad nutum;

IX – se o novo Estado for resultado de transformação de Território Federal, a transferência de encargos financeiros da União para pagamento dos servidores optantes que pertenciam à Administração Federal ocorrerá da seguinte forma:

a) no sexto ano de instalação, o Estado assumirá vinte por cento dos encargos financeiros para fazer face ao pagamento dos servidores públicos, ficando ainda o restante sob a responsabilidade da União;

b) no sétimo ano, os encargos do Estado serão acrescidos de trinta por cento e, no oitavo, dos restantes cinquenta por cento;

X – as nomeações que se seguirem às primeiras, para os cargos mencionados neste artigo, serão disciplinadas na Constituição Estadual;

XI – as despesas orçamentárias com pessoal não poderão ultrapassar cinquenta por cento da receita do Estado.

Art. 236. Os serviços notariais e de registro são exercidos em caráter privado, por delegação do Poder Público.

▸ Art. 32 do ADCT.
▸ Lei 8.935/1994 (Serviços notariais e de registro).
▸ Lei 13.286/2016 (Responsabilidade civil de notários e registradores).

§ 1º Lei regulará as atividades, disciplinará a responsabilidade civil e criminal dos notários, dos oficiais de registro e de seus prepostos, e definirá a fiscalização de seus atos pelo Poder Judiciário.

§ 2º Lei federal estabelecerá normas gerais para fixação de emolumentos relativos aos atos praticados pelos serviços notariais e de registro.

▸ Lei 10.169/2000 (Regulamenta este parágrafo).

§ 3º O ingresso na atividade notarial e de registro depende de concurso público de provas e títulos, não se permitindo que qualquer serventia fique vaga, sem abertura de concurso de provimento ou de remoção, por mais de seis meses.

Art. 237. A fiscalização e o controle sobre o comércio exterior, essenciais à defesa dos interesses fazendários nacionais, serão exercidos pelo Ministério da Fazenda.

▸ Dec. 2.781/1998 (Programa Nacional de Combate ao Contrabando e ao Descaminho).

Art. 238. A lei ordenará a venda e revenda de combustíveis de petróleo, álcool carburante e outros combustíveis derivados de matérias-primas renováveis, respeitados os princípios desta Constituição.

▸ Lei 9.478/1997 (Política Energética Nacional e Agência Nacional de Petróleo – ANP).
▸ Lei 9.847/1999 (Fiscalização das atividades relativas ao abastecimento nacional de combustíveis, de que trata a Lei 9.478/1997, e estabelece sanções).

Art. 239. A arrecadação decorrente das contribuições para o Programa de Integração Social, criado pela Lei Complementar 7, de 7 de setembro de 1970, e para o Programa de Formação do Patrimônio do Servidor Público, criado pela Lei Complementar 8, de 3 de dezembro de 1970, passa, a partir da promulgação desta Constituição, a financiar, nos termos que a lei dispuser, o programa do seguro-desemprego, outras ações da previdência social e o abono de que trata o § 3º deste artigo.

▸ Caput com redação pela EC 103/2019.
▸ Art. 72, §§ 2º e 3º, do ADCT.
▸ Lei 7.998/1990 (Seguro-Desemprego).
▸ Lei 9.715/1998 (Contribuições para os Programas de Integração Social e de Formação do Patrimônio do Servidor Público – PIS/PASEP).

Texto novo: **Art. 239.** A arrecadação correspondente a 18% (dezoito por cento) da contribuição prevista no art. 195, V, e a decorrente da contribuição para o Programa de Formação do Patrimônio do Servidor Público, criado pela Lei Complementar nº 8, de 3 de dezembro de 1970, financiarão, nos termos em que a lei dispuser, o programa do seguro-desemprego, outras ações da previdência social e o abono de que trata o § 3º deste artigo.

▸ Caput com redação pela EC 132/2023, em vigor a partir de 2027.

§ 1º Dos recursos mencionados no *caput*, no mínimo 28% (vinte e oito por cento) serão destinados para o financiamento de programas de desenvolvimento econômico, por meio do Banco Nacional de Desenvolvimento Econômico e Social, com critérios de remuneração que preservem o seu valor.

▸ § 1º com redação pela EC 103/2019.
▸ Dec. 4.418/2002 (Estatuto Social da empresa pública Banco Nacional de Desenvolvimento Econômico e Social – BNDES).

§ 2º Os patrimônios acumulados do Programa de Integração Social e do Programa de Formação do Patrimônio do Servidor Público são preservados, mantendo-se os critérios de saque nas situações previstas nas leis específicas, com exceção da retirada por motivo de casamento, ficando vedada a distribuição da arrecadação de que trata o *caput* deste artigo, para depósito nas contas individuais dos participantes.

§ 3º Aos empregados que percebam de empregadores que contribuem para o Programa de Integração Social ou para o Programa de Formação do Patrimônio do Servidor Público remuneração mensal de até 2 (duas) vezes o salário mínimo do ano-base para pagamento em 2025, corrigida, a partir de 2026, pela variação anual do Índice Nacional de Preços ao Consumidor (INPC), calculado e divulgado pela Fundação Instituto Brasileiro de Geografia e Estatística (IBGE), ou de outro índice que

vier a substituí-lo, acumulada no segundo exercício anterior ao de pagamento do benefício, é assegurado o pagamento de um salário mínimo anual, computado nesse valor o rendimento das contas individuais, no caso daqueles que já participavam dos referidos Programas, até à data de promulgação desta Constituição.

▸ § 3º com redação pela EC 135/2024.

Texto novo: **§ 3º** Aos empregados que percebam de empregadores que recolhem a contribuição prevista no art. 195, V, ou a contribuição para o Programa de Formação do Patrimônio do Servidor Público até 2 (dois) salários mínimos de remuneração mensal é assegurado o pagamento de 1 (um) salário mínimo anual, computado neste valor o rendimento das contas individuais, no caso daqueles que já participavam dos referidos programas, até a data de promulgação desta Constituição.

▸ § 3º com redação pela EC 132/2023, em vigor a partir de 2027.

§ 3º-A O limite para elegibilidade do benefício de que trata o § 3º deste artigo não será inferior ao valor equivalente ao salário mínimo do período trabalhado multiplicado pelo índice de 1,5 (um inteiro e cinco décimos).

▸ § 3º-A acrescido pela EC 135/2024.

§ 4º O financiamento do seguro-desemprego receberá uma contribuição adicional da empresa cujo índice de rotatividade da força de trabalho superar o índice médio da rotatividade do setor, na forma estabelecida por lei.

▸ Lei 7.998/1990 (Seguro-Desemprego).
▸ Lei 8.352/1991 (Disponibilidades financeiras do Fundo de Amparo ao Trabalhador – FAT).

§ 5º Os programas de desenvolvimento econômico financiados na forma do § 1º e seus resultados serão anualmente avaliados e divulgados em meio de comunicação social eletrônico e apresentados em reunião da comissão mista permanente de que trata o § 1º do art. 166.

▸ § 5º acrescido pela EC 103/2019.

Art. 240. Ficam ressalvadas do disposto no artigo 195 as atuais contribuições compulsórias dos empregadores sobre a folha de salários, destinadas às entidades privadas de serviço social e de formação profissional vinculadas ao sistema sindical.

▸ Art. 13, § 3º, da LC 123/2006 (Estatuto Nacional da Microempresa e da Empresa de Pequeno Porte).

Art. 241. A União, os Estados, o Distrito Federal e os Municípios disciplinarão por meio de lei os consórcios públicos e os convênios de cooperação entre os entes federados, autorizando a gestão associada de serviços públicos, bem como a transferência total ou parcial de encargos, serviços, pessoal e bens essenciais à continuidade dos serviços transferidos.

▸ Artigo com redação pela EC 19/1998.
▸ Lei 11.107/2005 (Consórcios Públicos).

Art. 242. O princípio do artigo 206, IV, não se aplica às instituições educacionais oficiais criadas por lei estadual ou municipal e existentes na data da promulgação desta Constituição, que não sejam total ou preponderantemente mantidas com recursos públicos.

§ 1º O ensino da História do Brasil levará em conta as contribuições das diferentes culturas e etnias para a formação do povo brasileiro.

§ 2º O Colégio Pedro II, localizado na cidade do Rio de Janeiro, será mantido na órbita federal.

Art. 243. As propriedades rurais e urbanas de qualquer região do País onde forem localizadas culturas ilegais de plantas psicotrópicas ou a exploração de trabalho escravo na forma da lei serão expropriadas e destinadas à reforma agrária e a programas de habitação popular, sem qualquer indenização ao proprietário e sem prejuízo de outras sanções previstas em lei, observado, no que couber, o disposto no art. 5º.

▸ Artigo com redação pela EC 81/2014.
▸ Lei 8.257/1991 (Expropriação das glebas nas quais se localizem culturas ilegais de plantas psicotrópicas).

Parágrafo único. Todo e qualquer bem de valor econômico apreendido em decorrência do tráfico ilícito de entorpecentes e drogas afins e da exploração de

trabalho escravo será confiscado e reverterá a fundo especial com destinação específica, na forma da lei.

▸ Lei 11.343/2006 (Drogas).

Art. 244. A lei disporá sobre a adaptação dos logradouros, dos edifícios de uso público e dos veículos de transporte coletivo atualmente existentes a fim de garantir acesso adequado às pessoas portadoras de deficiência, conforme o disposto no artigo 227, § 2º.

▸ Lei 7.853/1989 (Apoio às Pessoas Portadoras de Deficiência).
▸ Lei 8.899/1994 (Concede passe livre às pessoas portadoras de deficiência no sistema de transporte coletivo interestadual).
▸ Lei 10.098/2000 (Normas gerais para a promoção da acessibilidade das pessoas portadoras de deficiência ou com mobilidade reduzida).
▸ Dec. 6.949/2009 (Convenção Internacional sobre os Direitos das Pessoas com Deficiência).
▸ Lei 13.146/2015 (Estatuto da Pessoa com Deficiência).

Art. 245. A lei disporá sobre as hipóteses e condições em que o Poder Público dará assistência aos herdeiros e dependentes carentes de pessoas vitimadas por crime doloso, sem prejuízo da responsabilidade civil do autor do ilícito.

▸ LC 79/1994 (Fundo Penitenciário Nacional – FUNPEN).

Art. 246. É vedada a adoção de medida provisória na regulamentação de artigo da Constituição cuja redação tenha sido alterada por meio de emenda promulgada entre 1º de janeiro de 1995 até a promulgação desta emenda, inclusive.

▸ Artigo com redação pela EC 32/2001.
▸ Art. 62 desta Constituição.

Art. 247. As leis previstas no inciso III do § 1º do artigo 41 e no § 7º do artigo 169 estabelecerão critérios e garantias especiais para a perda do cargo pelo servidor público estável que, em decorrência das atribuições de seu cargo efetivo, desenvolva atividades exclusivas de Estado.

Parágrafo único. Na hipótese de insuficiência de desempenho, a perda do cargo somente ocorrerá mediante processo administrativo em que lhe sejam assegurados o contraditório e a ampla defesa.

▸ Artigo acrescido pela EC 19/1998.

Art. 248. Os benefícios pagos, a qualquer título, pelo órgão responsável pelo regime geral de previdência social, ainda que à conta do Tesouro Nacional, e os não sujeitos ao limite máximo de valor fixado para os benefícios concedidos por esse regime observarão os limites fixados no artigo 37, XI.

▸ Artigo acrescido pela EC 20/1998.

Art. 249. Com o objetivo de assegurar recursos para o pagamento de proventos de aposentadoria e pensões concedidas aos respectivos servidores e seus dependentes, em adição aos recursos dos respectivos tesouros, a União, os Estados, o Distrito Federal e os Municípios poderão constituir fundos integrados pelos recursos provenientes de contribuições e por bens, direitos e ativos de qualquer natureza, mediante lei que disporá sobre a natureza e administração desses fundos.

▸ Artigo acrescido pela EC 20/1998.

Art. 250. Com o objetivo de assegurar recursos para o pagamento dos benefícios concedidos pelo regime geral de previdência social, em adição aos recursos de sua arrecadação, a União poderá constituir fundo integrado por bens, direitos e ativos de qualquer natureza, mediante lei que disporá sobre a natureza e administração desse fundo.

▸ Artigo acrescido pela EC 20/1998.

Brasília, 5 de outubro de 1988.

Ulysses Guimarães

Presidente

Ato das Disposições Constitucionais Transitórias

Art. 1º O Presidente da República, o Presidente do Supremo Tribunal Federal e os membros do Congresso Nacional prestarão o compromisso de manter, defender e cumprir a Constituição, no ato e na data de sua promulgação.

Art. 2º No dia 7 de setembro de 1993 o eleitorado definirá, através de plebiscito, a forma (república ou monarquia constitucional) e o sistema de governo (parlamentarismo ou presidencialismo) que devem vigorar no País.

▶ EC 2/1992.
▶ Lei 8.624/1993 (Plebiscito que defini a Forma e o Sistema de Governo).

§ 1º Será assegurada gratuidade na livre divulgação dessas formas e sistemas, através dos meios de comunicação de massa cessionários de serviço público.

§ 2º O Tribunal Superior Eleitoral, promulgada a Constituição, expedirá as normas regulamentadoras deste artigo.

Art. 3º A revisão constitucional será realizada após cinco anos, contados da promulgação da Constituição, pelo voto da maioria absoluta dos membros do Congresso Nacional, em sessão unicameral.

▶ ECR 1 a 6/1994.

Art. 4º O mandato do atual Presidente da República terminará em 15 de março de 1990.

§ 1º A primeira eleição para Presidente da República após a promulgação da Constituição será realizada no dia 15 de novembro de 1989, não se lhe aplicando o disposto no artigo 16 da Constituição.

§ 2º É assegurada a irredutibilidade da atual representação dos Estados e do Distrito Federal na Câmara dos Deputados.

§ 3º Os mandatos dos Governadores e dos Vice-Governadores eleitos em 15 de novembro de 1986 terminarão em 15 de março de 1991.

§ 4º Os mandatos dos atuais Prefeitos, Vice-Prefeitos e Vereadores terminarão no dia 1º de janeiro de 1989, com a posse dos eleitos.

Art. 5º Não se aplicam às eleições previstas para 15 de novembro de 1988 o disposto no artigo 16 e as regras do artigo 77 da Constituição.

§ 1º Para as eleições de 15 de novembro de 1988 será exigido domicílio eleitoral na circunscrição pelo menos durante os quatro meses anteriores ao pleito, podendo os candidatos que preencham este requisito, atendidas as demais exigências da lei, ter seu registro efetivado pela Justiça Eleitoral após a promulgação da Constituição.

§ 2º Na ausência de norma legal específica, caberá ao Tribunal Superior Eleitoral editar as normas necessárias à realização das eleições de 1988, respeitada a legislação vigente.

§ 3º Os atuais parlamentares federais e estaduais eleitos Vice-Prefeitos, se convocados a exercer a função de Prefeito, não perderão o mandato parlamentar.

§ 4º O número de vereadores por município será fixado, para a representação a ser eleita em 1988, pelo respectivo Tribunal Regional Eleitoral, respeitados os limites estipulados no artigo 29, IV, da Constituição.

§ 5º Para as eleições de 15 de novembro de 1988, ressalvados os que já exercem mandato eletivo, são inelegíveis para qualquer cargo, no território de jurisdição do titular, o cônjuge e os parentes por consanguinidade ou afinidade, até o segundo grau, ou por adoção, do Presidente da República, do Governador de Estado, do Governador do Distrito Federal e do Prefeito que tenham exercido mais da metade do mandato.

Art. 6º Nos seis meses posteriores à promulgação da Constituição, parlamentares federais, reunidos em número não inferior a trinta, poderão requerer ao Tribunal Superior Eleitoral o registro de novo partido político,

juntando ao requerimento o manifesto, o estatuto e o programa devidamente assinados pelos requerentes.

§ 1º O registro provisório, que será concedido de plano pelo Tribunal Superior Eleitoral, nos termos deste artigo, defere ao novo partido todos os direitos, deveres e prerrogativas dos atuais, entre eles o de participar, sob legenda própria, das eleições que vierem a ser realizadas nos doze meses seguintes à sua formação.

§ 2º O novo partido perderá automaticamente seu registro provisório se, no prazo de vinte e quatro meses, contados de sua formação, não obtiver registro definitivo no Tribunal Superior Eleitoral, na forma que a lei dispuser.

Art. 7º O Brasil propugnará pela formação de um Tribunal Internacional dos Direitos Humanos.

▶ Dec. 4.463/2002 (Declaração de Reconhecimento da Competência Obrigatória da Corte Interamericana em todos os casos relativos à interpretação ou aplicação da Convenção Americana sobre Direitos Humanos).

Art. 8º É concedida anistia aos que, no período de 18 de setembro de 1946 até a data da promulgação da Constituição, foram atingidos, em decorrência de motivação exclusivamente política, por atos de exceção, institucionais ou complementares, aos que foram abrangidos pelo Decreto Legislativo 18, de 15 de dezembro de 1961, e aos atingidos pelo Decreto-Lei 864, de 12 de setembro de 1969, asseguradas as promoções, na inatividade, ao cargo, emprego, posto ou graduação a que teriam direito se estivessem em serviço ativo, obedecidos os prazos de permanência em atividade previstos nas leis e regulamentos vigentes, respeitadas as características e peculiaridades das carreiras dos servidores públicos civis e militares e observados os respectivos regimes jurídicos.

▶ Lei 10.559/2002 (Regulamenta este artigo).
▶ Lei 12.520/2011 (Comissão Nacional da Verdade no âmbito da Casa Civil da Presidência da República).
▶ Súmula 674 do STF.

§ 1º O disposto neste artigo somente gerará efeitos financeiros a partir da promulgação da Constituição, vedada a remuneração de qualquer espécie em caráter retroativo.

§ 2º Ficam assegurados os benefícios estabelecidos neste artigo aos trabalhadores do setor privado, dirigentes e representantes sindicais que, por motivos exclusivamente políticos, tenham sido punidos, demitidos ou compelidos ao afastamento das atividades remuneradas que exerciam, bem como aos que foram impedidos de exercer atividades profissionais em virtude de pressões ostensivas ou expedientes oficiais sigilosos.

§ 3º Aos cidadãos que foram impedidos de exercer, na vida civil, atividade profissional específica, em decorrência das Portarias Reservadas do Ministério da Aeronáutica n. S-50-GM5, de 19 de junho de 1964, e n. S-285-GM5 será concedida reparação de natureza econômica, na forma que dispuser lei de iniciativa do Congresso Nacional e a entrar em vigor no prazo de doze meses a contar da promulgação da Constituição.

§ 4º Aos que, por força de atos institucionais, tenham exercido gratuitamente mandato eletivo de vereador serão computados, para efeito de aposentadoria no serviço público e Previdência Social, os respectivos períodos.

§ 5º A anistia concedida nos termos deste artigo aplica-se aos servidores públicos civis e aos empregados em todos os níveis de governo ou em suas funções, empresas públicas ou empresas mistas sob controle estatal, exceto nos Ministérios militares, que tenham sidos punidos ou demitidos por atividades profissionais interrompidas em virtude de decisão de seus trabalhadores, bem como em decorrência do Decreto-lei 1.632, de 4 de agosto de 1978, ou por motivos exclusivamente políticos, assegurada a readmissão dos que foram atingidos a partir de 1979, observado o disposto no § 1º.

▶ O mencionado Dec.-lei 1.632/1978 foi revogado pela Lei 7.783/1989.

Art. 9º Os que, por motivos exclusivamente políticos, foram cassados ou tiveram seus direitos políticos sus-

pensos no período de 15 de julho a 31 de dezembro de 1969, por ato do então Presidente da República, poderão requerer ao Supremo Tribunal Federal o reconhecimento dos direitos e vantagens interrompidos pelos atos punitivos, desde que comprovem terem sido estes eivados de vício grave.

Parágrafo único. O Supremo Tribunal Federal proferirá a decisão no prazo de cento e vinte dias, a contar do pedido do interessado.

Art. 10. Até que seja promulgada a lei complementar a que se refere o artigo 7º, I, da Constituição:

I – fica limitada a proteção nele referida ao aumento, para quatro vezes, da porcentagem prevista no artigo 6º, *caput* e § 1º, da Lei 5.107, de 13 de setembro de 1966;

▶ A mencionada Lei 5.107/1966 foi revogada pela Lei 7.839/1989.
▶ Art. 18 da Lei 8.036/1990 (FGTS).

II – fica vedada a dispensa arbitrária ou sem justa causa:

a) do empregado eleito para cargo de direção de comissões internas de prevenção de acidentes, desde o registro de sua candidatura até um ano após o final de seu mandato;

▶ Súmula 676 do STF.
▶ Súmula 339 do TST.

b) da empregada gestante, desde a confirmação da gravidez até cinco meses após o parto.

▶ Súmula 244 do TST.
▶ OJ 30 da SDC do TST.
▶ LC 146/2014 (Estende a estabilidade provisória prevista na alínea *b* do inciso II do art. 10 do ADCT à trabalhadora gestante, nos casos de morte desta, a quem detiver a guarda de seu filho).
▶ Art. 25, parágrafo único da LC 150/2015 (Lei dos Domésticos).

§ 1º Até que a lei venha a disciplinar o disposto no artigo 7º, XIX, da Constituição, o prazo da licença-paternidade a que se refere o inciso é de cinco dias.

▶ Art. 1º, II, da Lei 11.770/2008 (Programa Empresa Cidadã).

§ 2º Até ulterior disposição legal, a cobrança das contribuições para o custeio das atividades dos sindicatos rurais será feita juntamente com a do imposto territorial rural, pelo mesmo órgão arrecadador.

§ 3º Na primeira comprovação do cumprimento das obrigações trabalhistas pelo empregador rural, na forma do artigo 233, após a promulgação da Constituição, será certificada perante a Justiça do Trabalho a regularidade do contrato e das atualizações das obrigações trabalhistas de todo o período.

▶ O mencionado art. 233 foi revogado pela EC 28/2000.

Art. 11. Cada Assembleia Legislativa, com poderes constituintes, elaborará a Constituição do Estado, no prazo de um ano, contado da promulgação da Constituição Federal, obedecidos os princípios desta.

Parágrafo único. Promulgada a Constituição do Estado, caberá à Câmara Municipal, no prazo de seis meses, votar a Lei Orgânica respectiva, em dois turnos de discussão e votação, respeitado o disposto na Constituição Federal e na Constituição Estadual.

Art. 12. Será criada, dentro de noventa dias da promulgação da Constituição, Comissão de Estudos Territoriais, com dez membros indicados pelo Congresso Nacional e cinco pelo Poder Executivo, com a finalidade de apresentar estudos sobre o território nacional e anteprojetos relativos a novas unidades territoriais, notadamente na Amazônia Legal e em áreas pendentes de solução.

§ 1º No prazo de um ano, a Comissão submeterá ao Congresso Nacional os resultados de seus estudos para, nos termos da Constituição, serem apreciados nos doze meses subsequentes, extinguindo-se logo após.

§ 2º Os Estados e os Municípios deverão, no prazo de três anos, a contar da promulgação da Constituição, promover, mediante acordo ou arbitramento, a demarcação de suas linhas divisórias atualmente litigiosas, podendo para isso fazer alterações e compensações de área que atendam aos acidentes naturais, critérios históricos, conveniências administrativas e comodidade das populações limítrofes.

§ 3º Havendo solicitação dos Estados e Municípios interessados, a União poderá encarregar-se dos trabalhos demarcatórios.

§ 4º Se, decorrido o prazo de três anos, a contar da promulgação da Constituição, os trabalhos demarcatórios não tiverem sido concluídos, caberá à União determinar os limites das áreas litigiosas.

§ 5º Ficam reconhecidos e homologados os atuais limites do Estado do Acre com os Estados do Amazonas e de Rondônia, conforme levantamentos cartográficos e geodésicos realizados pela Comissão Tripartite integrada por representantes dos Estados e dos serviços técnico-especializados do Instituto Brasileiro de Geografia e Estatística.

Art. 13. É criado o Estado do Tocantins, pelo desmembramento da área descrita neste artigo, dando-se sua instalação no quadragésimo sexto dia após a eleição prevista no § 3º, mas não antes de 1º de janeiro de 1989.

§ 1º O Estado do Tocantins integra a Região Norte e limita-se com o Estado de Goiás pelas divisas norte dos Municípios de São Miguel do Araguaia, Porangatu, Formoso, Minaçu, Cavalcante, Monte Alegre de Goiás e Campos Belos, conservando a leste, norte e oeste as divisas atuais de Goiás com os Estados da Bahia, Piauí, Maranhão, Pará e Mato Grosso.

§ 2º O Poder Executivo designará uma das cidades do Estado para sua Capital provisória até a aprovação da sede definitiva do governo pela Assembleia Constituinte.

§ 3º O Governador, o Vice-Governador, os Senadores, os Deputados Federais e os Deputados Estaduais serão eleitos, em um único turno, até setenta e cinco dias após a promulgação da Constituição, mas não antes de 15 de novembro de 1988, a critério do Tribunal Superior Eleitoral, obedecidas, entre outras, as seguintes normas:

I – o prazo de filiação partidária dos candidatos será encerrado setenta e cinco dias antes da data das eleições;

II – as datas das convenções regionais partidárias destinadas a deliberar sobre coligações e escolha de candidatos, de apresentação de requerimento de registro dos candidatos escolhidos e dos demais procedimentos legais serão fixadas em calendário especial, pela Justiça Eleitoral;

III – são inelegíveis os ocupantes de cargos estaduais ou municipais que não se tenham deles afastado, em caráter definitivo, setenta e cinco dias antes da data das eleições previstas neste parágrafo;

IV – ficam mantidos os atuais diretórios regionais dos partidos políticos do Estado de Goiás, cabendo às Comissões Executivas Nacionais designar comissões provisórias no Estado do Tocantins, nos termos e para os fins previstos na lei.

§ 4º Os mandatos do Governador, do Vice-Governador, dos Deputados Federais e Estaduais eleitos na forma do parágrafo anterior extinguir-se-ão concomitantemente aos das demais Unidades da Federação; o mandato do Senador eleito menos votado extinguir-se-á nessa mesma oportunidade, e os dos outros dois, juntamente com os dos Senadores eleitos em 1986 nos demais Estados.

§ 5º A Assembleia Estadual Constituinte será instalada no quadragésimo sexto dia da eleição de seus integrantes, mas não antes de 1º de janeiro de 1989, sob a presidência do Presidente do Tribunal Regional Eleitoral do Estado de Goiás, e dará posse, na mesma data, ao Governador e ao Vice-Governador eleitos.

§ 6º Aplicam-se à criação e instalação do Estado do Tocantins, no que couber, as normas legais disciplinadoras da divisão do Estado de Mato Grosso, observado o disposto no artigo 234 da Constituição.

§ 7º Fica o Estado de Goiás liberado dos débitos e encargos decorrentes de empreendimentos no território do novo Estado, e autorizada a União, a seu critério, a assumir os referidos débitos.

Art. 14. Os Territórios Federais de Roraima e do Amapá são transformados em Estados Federados, mantidos seus atuais limites geográficos.

§ 1º A instalação dos Estados dar-se-á com a posse dos Governadores eleitos em 1990.

§ 2º Aplicam-se à transformação e instalação dos Estados de Roraima e Amapá as normas e critérios seguidos na criação do Estado de Rondônia, respeitado o disposto na Constituição e neste Ato.

§ 3º O Presidente da República, até quarenta e cinco dias após a promulgação da Constituição, encaminhará à apreciação do Senado Federal os nomes dos Governadores dos Estados de Roraima e do Amapá que exercerão o Poder Executivo até a instalação dos novos Estados com a posse dos Governadores eleitos.

§ 4º Enquanto não concretizada a transformação em Estados, nos termos deste artigo, os Territórios Fede-

rais de Roraima e do Amapá serão beneficiados pela transferência de recursos prevista nos artigos 159, I, *a*, da Constituição, e 34, § 2º, II, deste Ato.

Art. 15. Fica extinto o Território Federal de Fernando de Noronha, sendo sua área reincorporada ao Estado de Pernambuco.

Art. 16. Até que se efetive o disposto no artigo 32, § 2º, da Constituição, caberá ao Presidente da República, com a aprovação do Senado Federal, indicar o Governador e o Vice-Governador do Distrito Federal.

§ 1º A competência da Câmara Legislativa do Distrito Federal, até que se instale, será exercida pelo Senado Federal.

§ 2º A fiscalização contábil, financeira, orçamentária, operacional e patrimonial do Distrito Federal, enquanto não for instalada a Câmara Legislativa, será exercida pelo Senado Federal, mediante controle externo, com o auxílio do Tribunal de Contas do Distrito Federal, observado o disposto no artigo 72 da Constituição.

§ 3º Incluem-se entre os bens do Distrito Federal aqueles que lhe vierem a ser atribuídos pela União na forma da lei.

Art. 17. Os vencimentos, a remuneração, as vantagens e os adicionais, bem como os proventos de aposentadoria que estejam sendo percebidos em desacordo com a Constituição serão imediatamente reduzidos aos limites dela decorrentes, não se admitindo, neste caso, invocação de direito adquirido ou percepção de excesso a qualquer título.

▸ Art. 9º da EC 41/2003.

§ 1º É assegurado o exercício cumulativo de dois cargos ou empregos privativos de médico que estejam sendo exercidos por médico militar na administração pública direta ou indireta.

§ 2º É assegurado o exercício cumulativo de dois cargos ou empregos privativos de profissionais de saúde que estejam sendo exercidos na administração pública direta ou indireta.

Art. 18. Ficam extintos os efeitos jurídicos de qualquer ato legislativo ou administrativo, lavrado a partir da instalação da Assembleia Nacional Constituinte, que tenha por objeto a concessão de estabilidade a servidor admitido sem concurso público, da administração direta ou indireta, inclusive das fundações instituídas e mantidas pelo Poder Público.

Art. 18-A. Os atos administrativos praticados no Estado do Tocantins, decorrentes de sua instalação, entre 1º de janeiro de 1989 e 31 de dezembro de 1994, eivados de qualquer vício jurídico e dos quais decorram efeitos favoráveis para os destinatários ficam convalidados após 5 (cinco) anos, contados da data em que foram praticados, salvo comprovada má-fé.

▸ Artigo acrescido pela EC 110/2021.

Art. 19. Os servidores públicos civis da União, dos Estados, do Distrito Federal e dos Municípios, da administração direta, autárquica e das fundações públicas, em exercício na data da promulgação da Constituição, há pelo menos cinco anos continuados, e que não tenham sido admitidos na forma regulada no artigo 37, da Constituição, são considerados estáveis no serviço público.

▸ OJ 364 da SBDI-I do TST.

§ 1º O tempo de serviço dos servidores referidos neste artigo será contado como título quando se submeterem a concurso para fins de efetivação, na forma da lei.

§ 2º O disposto neste artigo não se aplica aos ocupantes de cargos, funções e empregos de confiança ou em comissão, nem aos que a lei declare de livre exoneração, cujo tempo de serviço não será computado para os fins do *caput* deste artigo, exceto se se tratar de servidor.

§ 3º O disposto neste artigo não se aplica aos professores de nível superior, nos termos da lei.

Art. 20. Dentro de cento e oitenta dias, proceder-se-á à revisão dos direitos dos servidores públicos inativos e pensionistas e à atualização dos proventos e pensões a eles devidos, a fim de ajustá-los ao disposto na Constituição.

▸ Lei 8.112/1990 (Estatuto dos Servidores Públicos Civis da União, Autarquias e Fundações Públicas Federais).
▸ EC 41/2003 (Reforma Previdenciária).

Art. 21. Os juízes togados de investidura limitada no tempo, admitidos mediante concurso público de provas e títulos e que estejam em exercício na data da promulgação da Constituição, adquirem estabilidade, observado o estágio probatório, e passam a compor quadro em extinção, mantidas as competências, prerrogativas e restrições da legislação a que se achavam submetidos, salvo as inerentes à transitoriedade da investidura.

Parágrafo único. A aposentadoria dos juízes de que trata este artigo regular-se-á pelas normas fixadas para os demais juízes estaduais.

Art. 22. É assegurado aos defensores públicos investidos na função até a data de instalação da Assembleia Nacional Constituinte o direito de opção pela carreira, com a observância das garantias e vedações previstas no artigo 134, parágrafo único, da Constituição.

▸ O mencionado parágrafo único foi renumerado para § 1º, pela EC 45/2004.

Art. 23. Até que se edite a regulamentação do artigo 21, XVI, da Constituição, os atuais ocupantes do cargo de Censor Federal continuarão exercendo funções com este compatíveis, no Departamento de Polícia Federal, observadas as disposições constitucionais.

Parágrafo único. A lei referida disporá sobre o aproveitamento dos Censores Federais, nos termos deste artigo.

Art. 24. A União, os Estados, o Distrito Federal e os Municípios editarão leis que estabeleçam critérios para a compatibilização de seus quadros de pessoal ao disposto no artigo 39 da Constituição e à reforma administrativa dela decorrente, no prazo de dezoito meses, contados da sua promulgação.

Art. 25. Ficam revogados, a partir de cento e oitenta dias da promulgação da Constituição, sujeito este prazo a prorrogação por lei, todos os dispositivos legais que atribuam ou deleguem a órgão do Poder Executivo competência assinalada pela Constituição ao Congresso Nacional, especialmente no que tange a:

▸ Lei 7.763/1989 (Altera a Lei 7.150/1983 – Fixa os efetivos do Exército em tempo de paz).

I – ação normativa;

II – alocação ou transferência de recursos de qualquer espécie.

§ 1º Os decretos-leis em tramitação no Congresso Nacional e por este não apreciados até a promulgação da Constituição terão seus efeitos regulados da seguinte forma:

I – se editados até 2 de setembro de 1988, serão apreciados pelo Congresso Nacional no prazo de até cento e oitenta dias a contar da promulgação da Constituição, não computado o recesso parlamentar;

II – decorrido o prazo definido no inciso anterior, e não havendo apreciação, os decretos-leis ali mencionados serão considerados rejeitados;

III – nas hipóteses definidas nos incisos I e II, terão plena validade os atos praticados na vigência dos respectivos decretos-leis, podendo o Congresso Nacional, se necessário, legislar sobre os efeitos deles remanescentes.

§ 2º Os decretos-leis editados entre 3 de setembro de 1988 e a promulgação da Constituição serão convertidos, nesta data, em medidas provisórias, aplicando-se-lhes as regras estabelecidas no artigo 62, parágrafo único.

▸ Art. 62, § 3º, da CF.

Art. 26. No prazo de um ano a contar da promulgação da Constituição, o Congresso Nacional promoverá, através de Comissão Mista, exame analítico e pericial dos atos e fatos geradores do endividamento externo brasileiro.

§ 1º A Comissão terá a força legal de Comissão Parlamentar de Inquérito para os fins de requisição e convocação, e atuará com o auxílio do Tribunal de Contas da União.

§ 2º Apurada irregularidade, o Congresso Nacional proporá ao Poder Executivo a declaração de nulidade do ato e encaminhará o processo ao Ministério Público Federal, que formalizará, no prazo de sessenta dias, a ação cabível.

Art. 27. O Superior Tribunal de Justiça será instalado sob a Presidência do Supremo Tribunal Federal.

§ 1º Até que se instale o Superior Tribunal de Justiça, o Supremo Tribunal Federal exercerá as atribuições e competências definidas na ordem constitucional precedente.

§ 2º A composição inicial do Superior Tribunal de Justiça far-se-á:

I – pelo aproveitamento dos Ministros do Tribunal Federal de Recursos;

II – pela nomeação dos Ministros que sejam necessários para completar o número estabelecido na Constituição.

§ 3º Para os efeitos do disposto na Constituição, os atuais Ministros do Tribunal Federal de Recursos serão considerados pertencentes à classe de que provieram, quando de sua nomeação.

§ 4º Instalado o Tribunal, os Ministros aposentados do Tribunal Federal de Recursos tornar-se-ão, automaticamente, Ministros aposentados do Superior Tribunal de Justiça.

§ 5º Os Ministros a que se refere o § 2º, II, serão indicados em lista tríplice pelo Tribunal Federal de Recursos, observado o disposto no artigo 104, parágrafo único, da Constituição.

§ 6º Ficam criados cinco Tribunais Regionais Federais, a serem instalados no prazo de seis meses a contar da promulgação da Constituição, com a jurisdição e sede que lhes fixar o Tribunal Federal de Recursos, tendo em conta o número de processos e sua localização geográfica.

▸ Lei 7.727/1989 (Composição inicial dos Tribunais Regionais Federais e sua instalação).

§ 7º Até que se instalem os Tribunais Regionais Federais, o Tribunal Federal de Recursos exercerá a competência a eles atribuída em todo o território nacional, cabendo-lhe promover sua instalação e indicar os candidatos a todos os cargos da composição inicial, mediante lista tríplice, podendo desta constar juízes federais de qualquer região, observado o disposto no § 9º.

§ 8º É vedado, a partir da promulgação da Constituição, o provimento de vagas de Ministros do Tribunal Federal de Recursos.

§ 9º Quando não houver juiz federal que conte o tempo mínimo previsto no artigo 107, II, da Constituição, a promoção poderá contemplar juiz com menos de cinco anos no exercício do cargo.

§ 10. Compete à Justiça Federal julgar as ações nela propostas até a data da promulgação da Constituição, e aos Tribunais Regionais Federais bem como ao Superior Tribunal de Justiça julgar as ações rescisórias das decisões até então proferidas pela Justiça Federal, inclusive daquelas cuja matéria tenha passado à competência de outro ramo do Judiciário.

▸ Súmulas 38, 104, 147 e 165 do STJ.

§ 11. São criados, ainda, os seguintes Tribunais Regionais Federais: o da 6ª Região, com sede em Curitiba, Estado do Paraná, e jurisdição nos Estados do Paraná, Santa Catarina e Mato Grosso do Sul; o da 7ª Região, com sede em Belo Horizonte, Estado de Minas Gerais, e jurisdição no Estado de Minas Gerais; o da 8ª Região, com sede em Salvador, Estado da Bahia, e jurisdição nos Estados da Bahia e Sergipe; e o da 9ª Região, com sede em Manaus, Estado do Amazonas, e jurisdição nos Estados do Amazonas, Acre, Rondônia e Roraima.

▸ Parágrafo acrescido pela EC 73/2013.
▸ O STF, no julgamento da Medida Cautelar em ADIN 5.017 *(Divulgação DJE-STF 31.07.2013)* deferiu a medida cautelar, *ad referendum*, para suspender os efeitos da EC 73/2013.

Art. 28. Os juízes federais de que trata o artigo 123, § 2º, da Constituição de 1967, com a redação dada pela Emenda Constitucional 7, de 1977, ficam investidos na titularidade de varas na Seção Judiciária para a qual tenham sido nomeados ou designados; na inexistência de vagas, proceder-se-á ao desdobramento das varas existentes.

Parágrafo único. Para efeito de promoção por antiguidade, o tempo de serviço desses juízes será computado a partir do dia de sua posse.

Art. 29. Enquanto não aprovadas as leis complementares relativas ao Ministério Público e à Advocacia-Geral da União, o Ministério Público Federal, a Procuradoria-Geral da Fazenda Nacional, as Consultorias Jurídicas dos Ministérios, as Procuradorias e Departamentos Jurídicos de autarquias federais com representação própria e os membros das Procuradorias das Universidades fundacionais públicas continuarão a exercer suas atividades na área das respectivas atribuições.

▸ LC 73/1993 (Lei Orgânica da Advocacia-Geral da União).
▸ LC 75/1993 (Lei Orgânica do Ministério Público da União).
▸ Dec. 767/1993 (Atividades de controle interno da Advocacia-Geral da União).

§ 1º O Presidente da República, no prazo de cento e vinte dias, encaminhará ao Congresso Nacional projeto de lei complementar dispondo sobre a organização e o funcionamento da Advocacia-Geral da União.

§ 2º Aos atuais Procuradores da República, nos termos da lei complementar, será facultada a opção, de forma irretratável, entre as carreiras do Ministério Público Federal e da Advocacia-Geral da União.

§ 3º Poderá optar pelo regime anterior, no que respeita às garantias e vantagens, o membro do Ministério Público admitido antes da promulgação da Constituição, observando-se, quanto às vedações, a situação jurídica na data desta.

§ 4º Os atuais integrantes do quadro suplementar dos Ministérios Públicos do Trabalho e Militar que tenham adquirido estabilidade nessas funções passam a integrar o quadro da respectiva carreira.

§ 5º Cabe à atual Procuradoria-Geral da Fazenda Nacional, diretamente ou por delegação, que pode ser ao Ministério Público Estadual, representar judicialmente a União nas causas de natureza fiscal, na área da respectiva competência, até a promulgação das leis complementares previstas neste artigo.

Art. 30. A legislação que criar a Justiça de Paz manterá os atuais juízes de paz até a posse dos novos titulares,

assegurando-lhes os direitos e atribuições conferidos a estes, e designará o dia para a eleição prevista no artigo 98, II, da Constituição.

Art. 31. Serão estatizadas as serventias do foro judicial, assim definidas em lei, respeitados os direitos dos atuais titulares.

▸ Lei 8.935/1994 (Serviços Notariais e de Registro).

Art. 32. O disposto no artigo 236 não se aplica aos serviços notariais e de registro que já tenham sido oficializados pelo Poder Público, respeitando-se o direito de seus servidores.

Art. 33. Ressalvados os créditos de natureza alimentar, o valor dos precatórios judiciais pendentes de pagamento na data da promulgação da Constituição, incluído o remanescente de juros e correção monetária, poderá ser pago em moeda corrente, com atualização, em prestações anuais, iguais e sucessivas, no prazo máximo de oito anos, a partir de 1º de julho de 1989, por decisão editada pelo Poder Executivo até cento e oitenta dias da promulgação da Constituição.

▸ Art. 97, § 15, deste Ato.

Parágrafo único. Poderão as entidades devedoras, para o cumprimento do disposto neste artigo, emitir, em cada ano, no exato montante do dispêndio, títulos de dívida pública não computáveis para efeito do limite global de endividamento.

▸ Súmula 144 do STJ.

Art. 34. O sistema tributário nacional entrará em vigor a partir do primeiro dia do quinto mês seguinte ao da promulgação da Constituição, mantido, até então, o da Constituição de 1967, com a redação dada pela Emenda 1, de 1969, e pelas posteriores.

§ 1º Entrarão em vigor com a promulgação da Constituição os artigos 148, 149, 150, 154, I, 156, III, e 159, I, *c,* revogadas as disposições em contrário da Constituição de 1967 e das Emendas que a modificaram, especialmente seu artigo 25, III.

§ 2º O Fundo de Participação dos Estados e do Distrito Federal e o Fundo de Participação dos Municípios obedecerão às seguintes determinações:

I – a partir da promulgação da Constituição, os percentuais serão, respectivamente, de dezoito por cento e de vinte por cento, calculados sobre o produto da arrecadação dos impostos referidos no artigo 153, III e IV, mantidos os atuais critérios de rateio até a entrada em vigor da lei complementar a que se refere o artigo 161, II;

II – o percentual relativo ao Fundo de Participação dos Estados e do Distrito Federal será acrescido de um ponto percentual no exercício financeiro de 1989 e, a partir de 1990, inclusive, à razão de meio ponto por exercício, até 1992, inclusive, atingindo em 1993 o percentual estabelecido no artigo 159, I, *a;*

III – o percentual relativo ao Fundo de Participação dos Municípios, a partir de 1989, inclusive, será elevado à razão de meio ponto percentual por exercício financeiro, até atingir o estabelecido no artigo 159, I, *b.*

§ 3º Promulgada a Constituição, a União, os Estados, o Distrito Federal e os Municípios poderão editar as leis necessárias à aplicação do sistema tributário nacional nela previsto.

§ 4º As leis editadas nos termos do parágrafo anterior produzirão efeitos a partir da entrada em vigor do sistema tributário nacional previsto na Constituição.

§ 5º Vigente o novo sistema tributário nacional, fica assegurada a aplicação da legislação anterior, no que não seja incompatível com ele e com a legislação referida nos §§ 3º e 4º.

▸ Súmula 663 do STF.
▸ Súmula 198 do STJ.

§ 6º Até 31 de dezembro de 1989, o disposto no artigo 150, III, *b,* não se aplica aos impostos de que tratam os artigos 155, I, *a* e *b,* e 156, II e III, que podem ser cobrados trinta dias após a publicação da lei que os tenha instituído ou aumentado.

▸ Em função da alteração promovida pela EC 3/1993, a referência ao art. 155, I, *a* e *b,* passou a ser art. 155, I e II.

§ 7º Até que sejam fixadas em lei complementar, as alíquotas máximas do imposto municipal sobre vendas a varejo de combustíveis líquidos e gasosos não excederão a três por cento.

§ 8º Se, no prazo de sessenta dias contados da promulgação da Constituição, não for editada a lei complementar necessária à instituição do imposto de que trata o artigo 155, I, *b,* os Estados e o Distrito Federal, mediante convênio celebrado nos termos da Lei Complementar 24, de 7 de janeiro de 1975, fixarão normas para regular provisoriamente a matéria.

▸ Em função da alteração promovida pela EC 3/1993, a referência ao art. 155, I, *b* passou a ser art. 155, II.
▸ LC 24/1975 (Convênios para a concessão de isenções de imposto sobre operações relativas à circulação de mercadorias).

▸ LC 87/1996 (Lei Kandir – ICMS).
▸ Súmula 198 do STJ.

§ 9º Até que lei complementar disponha sobre a matéria, as empresas distribuidoras de energia elétrica, na condição de contribuintes ou de substitutos tributários, serão as responsáveis, por ocasião da saída do produto de seus estabelecimentos, ainda que destinado a outra Unidade da Federação, pelo pagamento do Imposto sobre Operações Relativas à Circulação de mercadorias incidente sobre energia elétrica, desde a produção ou importação até a última operação, calculado o imposto sobre o preço então praticado na operação final e assegurado seu recolhimento ao Estado ou ao Distrito Federal, conforme o local onde deva ocorrer essa operação.

§ 10. Enquanto não entrar em vigor a lei prevista no artigo 159, I, *c,* cuja promulgação se fará até 31 de dezembro de 1989, é assegurada a aplicação dos recursos previstos naquele dispositivo da seguinte maneira:

I – seis décimos por cento na Região Norte, através do Banco da Amazônia S/A;

II – um inteiro e oito décimos por cento na Região Nordeste, através do Banco do Nordeste do Brasil S/A;

III – seis décimos por cento na Região Centro-Oeste, através do Banco do Brasil S/A.

§ 11. Fica criado, nos termos da lei, o Banco de Desenvolvimento do Centro-Oeste, para dar cumprimento, na referida região, ao que determinam os artigos 159, I, *c,* e 192, § 2º, da Constituição.

▸ O mencionado § 2º do art. 192, foi revogado pela EC 40/2003.

§ 12. A urgência prevista no artigo 148, II, não prejudica a cobrança do empréstimo compulsório instituído, em benefício das Centrais Elétricas Brasileiras S/A (ELETROBRÁS), pela Lei 4.156, de 28 de novembro de 1962, com as alterações posteriores.

Art. 35. O disposto no artigo 165, § 7º, será cumprido de forma progressiva, no prazo de até dez anos, distribuin-do-se os recursos entre as regiões macroeconômicas em razão proporcional à população, a partir da situação verificada no biênio 1986/1987.

§ 1º Para aplicação dos critérios de que trata este artigo, excluem-se das despesas totais as relativas:

I – aos projetos considerados prioritários no plano plurianual;

II – à segurança e defesa nacional;

III – à manutenção dos órgãos federais no Distrito Federal;

IV – ao Congresso Nacional, ao Tribunal de Contas da União e ao Poder Judiciário;

V – ao serviço da dívida da administração direta e indireta da União, inclusive fundações instituídas e mantidas pelo Poder Público Federal.

§ 2º Até a entrada em vigor da lei complementar a que se refere o artigo 165, § 9º, I e II, serão obedecidas as seguintes normas:

I – o projeto do plano plurianual, para vigência até o final do primeiro exercício financeiro do mandato presidencial subsequente, será encaminhado até quatro meses antes do encerramento do primeiro exercício financeiro e devolvido para sanção até o encerramento da sessão legislativa;

II – o projeto de lei de diretrizes orçamentárias será encaminhado até oito meses e meio antes do encerramento do exercício financeiro e devolvido para sanção até o encerramento do primeiro período da sessão legislativa;

III – o projeto de lei orçamentária da União será encaminhado até quatro meses antes do encerramento do exercício financeiro e devolvido para sanção até o encerramento da sessão legislativa.

Art. 36. Os fundos existentes na data da promulgação da Constituição, excetuados os resultantes de isenções fiscais que passem a integrar patrimônio privado e os que interessem à defesa nacional, extinguir-se-ão, se não forem ratificados pelo Congresso Nacional no prazo de dois anos.

Art. 37. A adaptação ao que estabelece o artigo 167, III, deverá processar-se no prazo de cinco anos, reduzindo-se o excesso à base de, pelo menos, um quinto por ano.

Art. 38. Até a promulgação da lei complementar referida no artigo 169, a União, os Estados, o Distrito Federal e os Municípios não poderão despender com pessoal mais do que sessenta e cinco por cento do valor das respectivas receitas correntes.

§ 1º A União, os Estados, o Distrito Federal e os Municípios, quando a respectiva despesa de pessoal exceder o limite previsto neste artigo, deverão retornar àquele limite, reduzindo o percentual excedente à razão de um quinto por ano.

▸ Anterior parágrafo único renumerado para § 1º pela EC 127/2022.

§ 2º As despesas com pessoal resultantes do cumprimento do disposto nos §§ 12, 13, 14 e 15 do art. 198 da Constituição Federal serão contabilizadas, para fins dos limites de que trata o art. 169 da Constituição Federal, da seguinte forma:

▶ § 2º acrescido pela EC 127/2022.

I – até o fim do exercício financeiro subsequente ao da publicação deste dispositivo, não serão contabilizadas para esses limites;

II – no segundo exercício financeiro subsequente ao da publicação deste dispositivo, serão deduzidas em 90% (noventa por cento) do seu valor;

III – entre o terceiro e o décimo segundo exercício financeiro subsequente ao da publicação deste dispositivo, a dedução de que trata o inciso II deste parágrafo será reduzida anualmente na proporção de 10% (dez por cento) de seu valor.

Art. 39. Para efeito do cumprimento das disposições constitucionais que impliquem variações de despesas e receitas da União, após a promulgação da Constituição, o Poder Executivo deverá elaborar e o Poder Legislativo apreciar projeto de revisão da lei orçamentária referente ao exercício financeiro de 1989.

Parágrafo único. O Congresso Nacional deverá votar no prazo de doze meses a lei complementar prevista no artigo 161, II.

Art. 40. É mantida a Zona Franca de Manaus, com suas características de área livre de comércio, de exportação e importação, e de incentivos fiscais, pelo prazo de vinte e cinco anos, a partir da promulgação da Constituição.

▶ Art. 92 deste ADCT.

Parágrafo único. Somente por lei federal podem ser modificados os critérios que disciplinaram ou venham a disciplinar a aprovação dos projetos na Zona Franca de Manaus.

Art. 41. Os Poderes Executivos da União, dos Estados, do Distrito Federal e dos Municípios reavaliarão todos os incentivos fiscais de natureza setorial ora em vigor, propondo aos Poderes Legislativos respectivos as medidas cabíveis.

▶ Arts. 151, I, 155, XII, g, 195, § 3º, e 227, § 3º, VI, desta Constituição.
▶ Lei 8.402/1992 (Restabelece os incentivos fiscais que menciona).

§ 1º Considerar-se-ão revogados após dois anos, a partir da data da promulgação da Constituição, os incentivos que não forem confirmados por lei.

§ 2º A revogação não prejudicará os direitos que já tiverem sido adquiridos, àquela data, em relação a incentivos concedidos sob condição e com prazo certo.

§ 3º Os incentivos concedidos por convênio entre Estados, celebrados nos termos do artigo 23, § 6º, da Constituição de 1967, com a redação da Emenda 1, de 17 de outubro de 1969, também deverão ser reavaliados e reconfirmados nos prazos deste artigo.

Art. 42. Durante 40 (quarenta) anos, a União aplicará dos recursos destinados à irrigação:

▶ Caput com redação pela EC 89/2015.

I – 20% (vinte por cento) na Região Centro-Oeste;

▶ Inciso I com redação pela EC 89/2015.

II – 50% (cinquenta por cento) na Região Nordeste, preferencialmente no Semiárido.

▶ Inciso II com redação pela EC 89/2015.

Parágrafo único. Dos percentuais previstos nos incisos I e II do caput, no mínimo 50% (cinquenta por cento) serão destinados a projetos de irrigação que beneficiem agricultores familiares que atendam aos requisitos previstos em legislação específica.

▶ Parágrafo único acrescido pela EC 89/2015.

Art. 43. Na data da promulgação da lei que disciplinar a pesquisa e a lavra de recursos e jazidas minerais, ou no prazo de um ano, a contar da promulgação da Constituição, tornar-se-ão sem efeito as autorizações, concessões e demais títulos atributivos de direitos minerários, caso os trabalhos de pesquisa ou de lavra não hajam sido comprovadamente iniciados nos prazos legais ou estejam inativos.

▶ Lei 7.886/1989 (Regulamenta este artigo).

Art. 44. As atuais empresas brasileiras titulares de autorização de pesquisa, concessão de lavra de recursos minerais e de aproveitamento dos potenciais de energia hidráulica em vigor terão quatro anos, a partir da promulgação da Constituição, para cumprir os requisitos do artigo 176, § 1º.

§ 1º Ressalvadas as disposições de interesse nacional previstas no texto constitucional, as empresas brasileiras ficarão dispensadas do cumprimento do disposto no artigo 176, § 1º, desde que, no prazo de até quatro anos da data da promulgação da Constituição, tenham o produto de sua lavra e beneficiamento destinado a industrialização no território nacional, em seus próprios

estabelecimentos ou em empresa industrial controladora ou controlada.

§ 2º Ficarão também dispensadas do cumprimento do disposto no artigo 176, § 1º, as empresas brasileiras titulares de concessão de energia hidráulica para uso em seu processo de industrialização.

§ 3º As empresas brasileiras referidas no § 1º somente poderão ter autorizações de pesquisa e concessões de lavra ou potenciais de energia hidráulica, desde que a energia e o produto da lavra sejam utilizados nos respectivos processos industriais.

Art. 45. Ficam excluídas do monopólio estabelecido pelo artigo 177, II, da Constituição as refinarias em funcionamento no País amparadas pelo artigo 43 e nas condições do artigo 45 da Lei 2.004, de 3 de outubro de 1953.

▶ A mencionada Lei 2.004/1953 foi revogada pela Lei 9.478/1997.

Parágrafo único. Ficam ressalvados da vedação do artigo 177, § 1º, os contratos de risco feitos com a Petróleo Brasileiro S/A (PETROBRAS), para pesquisa de petróleo, que estejam em vigor na data da promulgação da Constituição.

Art. 46. São sujeitos à correção monetária desde o vencimento, até seu efetivo pagamento, sem interrupção ou suspensão, os créditos junto a entidades submetidas aos regimes de intervenção ou liquidação extrajudicial, mesmo quando esses regimes sejam convertidos em falência.

▶ Súmula 304 do TST.

Parágrafo único. O disposto neste artigo aplica-se também:

I – às operações realizadas posteriormente à decretação dos regimes referidos no caput deste artigo;

II – às operações de empréstimo, financiamento, refinanciamento, assistência financeira de liquidez, cessão ou sub-rogação de créditos ou cédulas hipotecárias, efetivação de garantia de depósitos do público ou de compra de obrigações passivas, inclusive as realizadas com recursos de fundos que tenham essas destinações;

III – aos créditos anteriores à promulgação da Constituição;

IV – aos créditos das entidades da administração pública anteriores à promulgação da Constituição, não liquidados até 1º de janeiro de 1988.

Art. 47. Na liquidação dos débitos, inclusive suas renegociações e composições posteriores, ainda que ajuizados, decorrentes de quaisquer empréstimos concedidos por bancos e por instituições financeiras, não existirá correção monetária desde que o empréstimo tenha sido concedido:

I – aos micro e pequenos empresários ou seus estabelecimentos no período de 28 de fevereiro de 1986 a 28 de fevereiro de 1987;

II – aos mini, pequenos e médios produtores rurais no período de 28 de fevereiro de 1986 a 31 de dezembro de 1987, desde que relativos a crédito rural.

§ 1º Consideram-se, para efeito deste artigo, microempresas as pessoas jurídicas e as firmas individuais com receitas anuais de até dez mil Obrigações do Tesouro Nacional, e pequenas empresas as pessoas jurídicas e as firmas individuais com receita anual de até vinte e cinco mil Obrigações do Tesouro Nacional.

▶ Art. 179 desta Constituição.

§ 2º A classificação de mini, pequeno e médio produtor rural será feita obedecendo-se às normas de crédito rural vigentes à época do contrato.

§ 3º A isenção da correção monetária a que se refere este artigo só será concedida nos seguintes casos:

I – se a liquidação do débito inicial, acrescido de juros legais e taxas judiciais, vier a ser efetivada no prazo de noventa dias, a contar da data da promulgação da Constituição;

II – se a aplicação dos recursos não contrariar a finalidade do financiamento, cabendo o ônus da prova à instituição credora;

III – se não for demonstrado pela instituição credora que o mutuário dispõe de meios para o pagamento de seu débito, excluído desta demonstração seu estabelecimento, a casa de moradia e os instrumentos de trabalho e produção;

IV – se o financiamento inicial não ultrapassar o limite de cinco mil Obrigações do Tesouro Nacional;

V – se o beneficiário não for proprietário de mais de cinco módulos rurais.

§ 4º Os benefícios de que trata este artigo não se estendem aos débitos já quitados e aos devedores que sejam constituintes.

§ 5º No caso de operações com prazos de vencimento posteriores à data limite de liquidação da dívida, haven-

do interesse do mutuário, os bancos e as instituições financeiras promoverão, por instrumento próprio, alteração nas condições contratuais originais de forma a ajustá-las ao presente benefício.

§ 6º A concessão do presente benefício por bancos comerciais privados em nenhuma hipótese acarretará ônus para o Poder Público, ainda que através de refinanciamento e repasse de recursos pelo Banco Central.

§ 7º No caso de repasse a agentes financeiros oficiais ou cooperativas de crédito, o ônus recairá sobre a fonte de recursos originária.

Art. 48. O Congresso Nacional, dentro de cento e vinte dias da promulgação da Constituição, elaborará Código de Defesa do Consumidor.

▶ Lei 8.078/1990 (Código de Defesa do Consumidor).

Art. 49. A lei disporá sobre o instituto da enfiteuse em imóveis urbanos, sendo facultada aos foreiros, no caso de sua extinção, a remição dos aforamentos mediante aquisição do domínio direto, na conformidade do que dispuserem os respectivos contratos.

§ 1º Quando não existir cláusula contratual, serão adotados os critérios e bases hoje vigentes na legislação especial dos imóveis da União.

§ 2º Os direitos dos atuais ocupantes inscritos ficam assegurados pela aplicação de outra modalidade de contrato.

▶ Lei 9.636/1998 (Regulamenta este parágrafo).

§ 3º A enfiteuse continuará sendo aplicada aos terrenos de marinha e seus acrescidos, situados na faixa de segurança, a partir da orla marítima.

▶ Art. 2.038, § 2º, do CC.

§ 4º Remido o foro, o antigo titular do domínio direto deverá, no prazo de noventa dias, sob pena de responsabilidade, confiar à guarda do registro de imóveis competente toda a documentação a ele relativa.

Art. 50. Lei agrícola a ser promulgada no prazo de um ano disporá, nos termos da Constituição, sobre os objetivos e instrumentos de política agrícola, prioridades, planejamento de safras, comercialização, abastecimento interno, mercado externo e instituição de crédito fundiário.

▶ Lei 8.171/1991 (Política Agrícola).

Art. 51. Serão revistos pelo Congresso Nacional, através de Comissão Mista, nos três anos a contar da data da promulgação da Constituição, todas as doações, vendas e concessões de terras públicas com área superior a três mil hectares, realizadas no período de 1º de janeiro de 1962 a 31 de dezembro de 1987.

§ 1º No tocante às vendas, a revisão será feita com base exclusivamente no critério de legalidade da operação.

§ 2º No caso de concessões e doações, a revisão obedecerá aos critérios de legalidade e de conveniência do interesse público.

§ 3º Nas hipóteses previstas nos parágrafos anteriores, comprovada a ilegalidade, ou havendo interesse público, as terras reverterão ao patrimônio da União, dos Estados, do Distrito Federal ou dos Municípios.

Art. 52. Até que sejam fixadas as condições do art. 192, são vedados:

▶ Caput com redação pela EC 40/2003.

I – a instalação, no País, de novas agências de instituições financeiras domiciliadas no exterior;

II – o aumento do percentual de participação, no capital de instituições financeiras com sede no País, de pessoas físicas ou jurídicas residentes ou domiciliadas no exterior.

Parágrafo único. A vedação a que se refere este artigo não se aplica às autorizações resultantes de acordos internacionais, de reciprocidade, ou de interesse do Governo brasileiro.

Art. 53. Ao ex-combatente que tenha efetivamente participado de operações bélicas durante a Segunda Guerra Mundial, nos termos da Lei 5.315, de 12 de setembro de 1967, serão assegurados os seguintes direitos:

▶ Lei 8.059/1990 (Pensão especial devida aos ex-combatentes da Segunda Guerra Mundial e a seus dependentes).

I – aproveitamento no serviço público, sem a exigência de concurso, com estabilidade;

II – pensão especial correspondente à deixada por segundo-tenente das Forças Armadas, que poderá ser requerida a qualquer tempo, sendo inacumulável com quaisquer rendimentos recebidos dos cofres públicos, exceto os benefícios previdenciários, ressalvado o direito de opção;

III – em caso de morte, pensão à viúva ou companheira ou dependente, de forma proporcional, de valor igual à do inciso anterior;

IV – assistência médica, hospitalar e educacional gratuita, extensiva aos dependentes;

V – aposentadoria com proventos integrais aos vinte e cinco anos de serviço efetivo, em qualquer regime jurídico;

VI – prioridade na aquisição da casa própria, para os que não a possuam ou para suas viúvas ou companheiras.

Parágrafo único. A concessão da pensão especial do inciso II substitui, para todos os efeitos legais, qualquer outra pensão já concedida ao ex-combatente.

Art. 54. Os seringueiros recrutados nos termos do Decreto-Lei 5.813, de 14 de setembro de 1943, e amparados pelo Decreto-Lei 9.882, de 16 de setembro de 1946, receberão, quando carentes, pensão mensal vitalícia no valor de dois salários mínimos.

> ▶ Lei 7.986/1989 (Concessão do benefício previsto neste artigo).
> ▶ Lei 9.882/1999 (Ação de Descumprimento de Preceito Fundamental).

§ 1º O benefício é estendido aos seringueiros que, atendendo a apelo do Governo brasileiro, contribuíram para o esforço de guerra, trabalhando na produção de borracha, na Região Amazônica, durante a Segunda Guerra Mundial.

§ 2º Os benefícios estabelecidos neste artigo são transferíveis aos dependentes reconhecidamente carentes.

§ 3º A concessão do benefício far-se-á conforme lei a ser proposta pelo Poder Executivo dentro de cento e cinquenta dias da promulgação da Constituição.

Art. 54-A. Os seringueiros de que trata o art. 54 deste Ato das Disposições Constitucionais Transitórias receberão indenização, em parcela única, no valor de R$ 25.000,00 (vinte e cinco mil reais).

> ▶ Artigo acrescido pela EC 78/2014.
> ▶ O art. 2º da EC 78/2014, em vigor no exercício financeiro seguinte ao de sua publicação (DOU 15.05.2014), determina que a indenização de que trata este artigo somente se estende aos dependentes dos seringueiros que, na data de entrada em vigor desta Emenda Constitucional, detenham a condição de dependentes na forma do § 2º do art. 54 do Ato das Disposições Constitucionais Transitórias, devendo o valor de R$ 25.000,00 (vinte e cinco mil reais) ser rateado entre os pensionistas na proporção de sua cota-parte na pensão.

Art. 55. Até que seja aprovada a lei de diretrizes orçamentárias, trinta por cento, no mínimo, do orçamento da seguridade social, excluído o seguro-desemprego, serão destinados ao setor de saúde.

Art. 56. Até que a lei disponha sobre o artigo 195, I, a arrecadação decorrente de, no mínimo, cinco dos seis décimos percentuais correspondentes à alíquota da contribuição de que trata o Decreto-Lei 1.940, de 25 de maio de 1982, alterada pelo Decreto-Lei 2.049, de 1º de agosto de 1983, pelo Decreto 91.236, de 8 de maio de 1985, e pela Lei 7.611, de 8 de julho de 1987, passa a integrar a receita da seguridade social, ressalvados, exclusivamente no exercício de 1988, os compromissos assumidos com programas e projetos em andamento.

> ▶ Dec.-lei 1.940/1982 (Contribuição social para financiamento da Seguridade Social e cria o Fundo de Investimento Social – FINSOCIAL).
> ▶ LC 70/1991 (Contribuição para financiamento da Seguridade Social).
> ▶ Súmula 658 do STF.

Art. 57. Os débitos dos Estados e dos Municípios relativos às contribuições previdenciárias até 30 de junho de 1988 serão liquidados, com correção monetária, em cento e vinte parcelas mensais, dispensados os juros e multas sobre eles incidentes, desde que os devedores requeiram o parcelamento e iniciem seu pagamento no prazo de cento e oitenta dias a contar da promulgação da Constituição.

§ 1º O montante a ser pago em cada um dos dois primeiros anos não será inferior a cinco por cento do total do débito consolidado e atualizado, sendo o restante dividido em parcelas mensais de igual valor.

§ 2º A liquidação poderá incluir pagamentos na forma de cessão de bens e prestação de serviços, nos termos da Lei 7.578, de 23 de dezembro de 1986.

§ 3º Em garantia do cumprimento do parcelamento, os Estados e os Municípios consignarão, anualmente, nos respectivos orçamentos as dotações necessárias ao pagamento de seus débitos.

§ 4º Descumprida qualquer das condições estabelecidas para concessão do parcelamento, o débito será considerado vencido em sua totalidade, sobre ele incidindo juros de mora; nesta hipótese, parcela dos recursos correspondentes aos Fundos de Participação, destinada aos Estados e Municípios devedores, será bloqueada e repassada à Previdência Social para pagamento de seus débitos.

Art. 58. Os benefícios de prestação continuada, mantidos pela Previdência Social na data da promulgação da Constituição, terão seus valores revistos, a fim de que seja restabelecido o poder aquisitivo, expresso em número de salários mínimos, que tinham na data de sua

concessão, obedecendo-se a esse critério de atualização até a implantação do plano de custeio e benefícios referidos no artigo seguinte.

> ▶ Súmula 687 do STF.

Parágrafo único. As prestações mensais dos benefícios atualizadas de acordo com este artigo serão devidas e pagas a partir do sétimo mês a contar da promulgação da Constituição.

Art. 59. Os projetos de lei relativos à organização da seguridade social e aos planos de custeio e de benefício serão apresentados no prazo máximo de seis meses da promulgação da Constituição ao Congresso Nacional, que terá seis meses para apreciá-los.

Parágrafo único. Aprovados pelo Congresso Nacional, os planos serão implantados progressivamente nos dezoito meses seguintes.

> ▶ Lei 8.212/1991 (Seguridade Social).
> ▶ Lei 8.213/1991 (Planos de Benefícios da Previdência Social).

Art. 60. A complementação da União referida no inciso IV do *caput* do art. 212-A da Constituição Federal será implementada progressivamente até alcançar a proporção estabelecida no inciso V do *caput* do mesmo artigo, a partir de 1º de janeiro de 2021, nos seguintes valores mínimos:

> ▶ Artigo com redação pela EC 108/2020.
> ▶ EC 14/1996 mantém os efeitos do art. 60 do ADCT até o início da vigência dos Fundos, de acordo com a EC 53/2006.
> ▶ Lei 11.494/2007 (Fundo de Manutenção e Desenvolvimento da Educação Básica e de Valorização dos Profissionais da Educação – FUNDEB).

I – 12% (doze por cento), no primeiro ano;

II – 15% (quinze por cento), no segundo ano;

III – 17% (dezessete por cento), no terceiro ano;

IV – 19% (dezenove por cento), no quarto ano;

V – 21% (vinte e um por cento), no quinto ano;

VI – 23% (vinte e três por cento), no sexto ano.

> ▶ Incisos I a VI com redação pela EC 106/2020.

VII – *(Suprimido pela EC 108, de 26 de agosto de 2020).*

VIII – *(Suprimido pela EC 108, de 26 de agosto de 2020).*

IX – *(Suprimido pela EC 108, de 26 de agosto de 2020).*

X – *(Suprimido pela EC 108, de 26 de agosto de 2020).*

XI – *(Suprimido pela EC 108, de 26 de agosto de 2020).*

XII – *(Suprimido pela EC 108, de 26 de agosto de 2020).*

§ 1º A parcela da complementação de que trata a alínea "b" do inciso V do *caput* do art. 212-A da Constituição Federal observará, no mínimo, os seguintes valores:

> ▶ § 1º com redação pela EC 108/2020.

I – 5 (cinco) pontos percentuais, no segundo ano;

III – 6,25 (seis inteiros e vinte e cinco centésimos) pontos percentuais, no terceiro ano;

IV – 7,5 (sete inteiros e cinco décimos) pontos percentuais, no quarto ano;

V – 9 (nove) pontos percentuais, no quinto ano;

VI – 10,5 (dez inteiros e cinco décimos) pontos percentuais, no sexto ano.

§ 2º A parcela da complementação de que trata a alínea "c" do inciso V do *caput* do art. 212-A da Constituição Federal observará os seguintes valores:

> ▶ § 2º com redação pela EC 108/2020.

I – 0,75 (setenta e cinco centésimos) ponto percentual, no terceiro ano;

II – 1,5 (um inteiro e cinco décimos) ponto percentual, no quarto ano;

III – 2 (dois) pontos percentuais, no quinto ano;

IV – 2,5 (dois inteiros e cinco décimos) pontos percentuais, no sexto ano.

§ 3º *(Suprimido pela EC 108, de 26 de agosto de 2020).*

§ 4º *(Suprimido pela EC 108, de 26 de agosto de 2020).*

§ 5º *(Suprimido pela EC 108, de 26 de agosto de 2020).*

§§ 6º e 7º *Revogados pela EC 53/2006.*

Art. 60-A. Os critérios de distribuição da complementação da União e dos fundos a que se refere o inciso I do *caput* do art. 212-A da Constituição Federal serão revistos em seu sexto ano de vigência e, a partir dessa primeira revisão, periodicamente, a cada 10 (dez) anos.

> ▶ Artigo acrescido pela EC 108/2020.

Art. 61. As entidades educacionais a que se refere o artigo 213, bem como as fundações de ensino e pesquisa cuja criação tenha sido autorizada por lei, que preencham os requisitos dos incisos I e II do referido artigo e que, nos últimos três anos, tenham recebido recursos públicos, poderão continuar a recebê-los, salvo disposição legal em contrário.

Art. 62. A lei criará o Serviço Nacional de Aprendizagem Rural (SENAR) nos moldes da legislação relativa ao Serviço Nacional de Aprendizagem Industrial (SENAI) e

ao Serviço Nacional de Aprendizagem do Comércio (SENAC), sem prejuízo das atribuições dos órgãos públicos que atuam na área.

> ▶ Lei 8.315/1991 (Serviço Nacional de Aprendizagem Rural – SENAR).

Art. 63. É criada uma Comissão composta de nove membros, sendo três do Poder Legislativo, três do Poder Judiciário e três do Poder Executivo, para promover as comemorações do centenário da proclamação da República e da promulgação da primeira Constituição republicana do País, podendo, a seu critério, desdobrar-se em tantas subcomissões quantas forem necessárias.

Parágrafo único. No desenvolvimento de suas atribuições, a Comissão promoverá estudos, debates e avaliações sobre a evolução política, social, econômica e cultural do País, podendo articular-se com os governos estaduais e municipais e com instituições públicas e privadas que desejem participar dos eventos.

Art. 64. A Imprensa Nacional e demais gráficas da União, dos Estados, do Distrito Federal e dos Municípios, da administração direta ou indireta, inclusive fundações instituídas e mantidas pelo Poder Público, promoverão edição popular do texto integral da Constituição, que será posta à disposição das escolas e dos cartórios, dos sindicatos, dos quartéis, das igrejas e de outras instituições representativas da comunidade, gratuitamente, de modo que cada cidadão brasileiro possa receber do Estado um exemplar da Constituição do Brasil.

Art. 65. O Poder Legislativo regulamentará, no prazo de doze meses, o artigo 220, § 4º.

Art. 66. São mantidas as concessões de serviços públicos de telecomunicações atualmente em vigor, nos termos da lei.

Art. 67. A União concluirá a demarcação das terras indígenas no prazo de cinco anos a partir da promulgação da Constituição.

Art. 68. Aos remanescentes das comunidades dos quilombos que estejam ocupando suas terras é reconhecida a propriedade definitiva, devendo o Estado emitir-lhes os títulos respectivos.

> ▶ Dec. 4.887/2003 (Procedimento para identificação, reconhecimento, delimitação, demarcação e titulação das terras ocupadas por remanescentes das comunidades dos quilombos de que trata este artigo).
> ▶ Dec. 6.040/2007 (Política Nacional de Desenvolvimento Sustentável dos Povos e Comunidades Tradicionais).

Art. 69. Será permitido aos Estados manter consultorias jurídicas separadas de suas Procuradorias-Gerais ou Advocacias-Gerais, desde que, na data da promulgação da Constituição, tenham órgãos distintos para as respectivas funções.

Art. 70. Fica mantida a atual competência dos tribunais estaduais até que a mesma seja definida na Constituição do Estado, nos termos do artigo 125, § 1º, da Constituição.

> ▶ Art. 4º da EC 45/2004 (Reforma do Judiciário).

Art. 71. É instituído, nos exercícios financeiros de 1994 e 1995, bem assim nos períodos de 1º de janeiro de 1996 a 30 de junho de 1997 e 1º de julho de 1997 a 31 de dezembro de 1999, o Fundo Social de Emergência, com o objetivo de saneamento financeiro da Fazenda Pública Federal e de estabilização econômica, cujos recursos serão aplicados prioritariamente no custeio das ações dos sistemas de saúde e educação, incluindo a complementação de recursos de que trata o § 3º do artigo 60 do Ato das Disposições Constitucionais Transitórias, benefícios previdenciários e auxílios assistenciais de prestação continuada, inclusive liquidação de passivo previdenciário, e despesas orçamentárias associadas a programas de relevante interesse econômico e social.

> ▶ *Caput* com redação dada EC 17/1997.

§ 1º Ao Fundo criado por este artigo não se aplica o disposto na parte final do inciso II do § 9º do artigo 165 da Constituição.

> ▶ § 1º acrescido pela EC 10/1996.

§ 2º O Fundo criado por este artigo passa a ser denominado Fundo de Estabilização Fiscal a partir do início do exercício financeiro de 1996.

> ▶ § 2º acrescido pela EC 10/1996.

§ 3º O Poder Executivo publicará demonstrativo da execução orçamentária, de periodicidade bimestral, no qual se discriminarão as fontes e usos do Fundo criado por este artigo.

> ▶ § 3º acrescido pela EC 10/1996.

Art. 72. Integram o Fundo Social de Emergência:

> ▶ Artigo acrescido pela ECR 1/1994.

I – o produto da arrecadação do imposto sobre renda e proventos de qualquer natureza incidente na fonte sobre pagamentos efetuados, a qualquer título, pela União, inclusive suas autarquias e fundações;

> ▶ Inciso I com redação pela EC 10/1996.

II – a parcela do produto da arrecadação do imposto sobre renda e proventos de qualquer natureza e do imposto sobre operações de crédito, câmbio e seguro, ou relativas a títulos e valores mobiliários, decorrente das alterações produzidas pela Lei 8.894, de 21 de junho de 1994, e pelas Leis 8.849 e 8.848, ambas de 28 de janeiro de 1994, e modificações posteriores;

▶ Inciso II com redação pela EC 10/1996.

III – a parcela do produto da arrecadação resultante da elevação da alíquota da contribuição social sobre o lucro dos contribuintes a que se refere o § 1º do artigo 22 da Lei 8.212, de 24 de julho de 1991, a qual, nos exercícios financeiros de 1994 e 1995, bem assim no período de 1º de janeiro de 1996 a 30 de junho de 1997, passa a ser de trinta por cento, sujeita a alteração por lei ordinária, mantidas as demais normas da Lei 7.689, de 15 de dezembro de 1988;

▶ Inciso III com redação pela EC 10/1996.

IV – vinte por cento do produto da arrecadação de todos os impostos e contribuições da União, já instituídos ou a serem criados, excetuado o previsto nos incisos I, II e III, observado o disposto nos §§ 3º e 4º;

▶ Inciso IV com redação pela EC 10/1996.

V – a parcela do produto da arrecadação da contribuição de que trata a Lei Complementar 7, de 7 de setembro de 1970, devida pelas pessoas jurídicas a que se refere o inciso III deste artigo, a qual será calculada, nos exercícios financeiros de 1994 a 1995, bem assim nos períodos de 1º de janeiro de 1996 a 30 de junho de 1997 e de 1º de julho de 1997 a 31 de dezembro de 1999, mediante a aplicação da alíquota de setenta e cinco centésimos por cento, sujeita a alteração por lei ordinária posterior, sobre a receita bruta operacional, como definida na legislação do imposto sobre renda e proventos de qualquer natureza;

▶ Inciso V com redação pela EC 17/1997.

VI – outras receitas previstas em lei específica.

§ 1º As alíquotas e a base de cálculo previstas nos incisos III e IV aplicar-se-ão a partir do primeiro dia do mês seguinte aos noventa dias posteriores à promulgação desta Emenda.

▶ § 1º acrescido pela EC 1/1994.

§ 2º As parcelas de que tratam os incisos I, II, III e V serão previamente deduzidas da base de cálculo de qualquer vinculação ou participação constitucional ou legal, não se lhes aplicando o disposto nos artigos 159, 212 e 239 da Constituição.

▶ § 2º acrescido pela EC 10/1996.

§ 3º A parcela de que trata o inciso IV será previamente deduzida da base de cálculo das vinculações ou participações constitucionais previstas nos artigos 153, § 5º, 157, II, 212 e 239 da Constituição.

▶ § 3º acrescido pela EC 10/1996.

§ 4º O disposto no parágrafo anterior não se aplica aos recursos previstos nos artigos 158, II, e 159 da Constituição.

▶ § 4º acrescido pela EC 10/1996.

§ 5º A parcela dos recursos provenientes do imposto sobre renda e proventos de qualquer natureza, destinada ao Fundo Social de Emergência, nos termos do inciso II deste artigo, não poderá exceder a cinco inteiros e seis décimos por cento do total do produto da sua arrecadação.

▶ § 5º acrescido pela EC 10/1996.

Art. 73. Na regulação do Fundo Social de Emergência não poderá ser utilizado o instrumento previsto no inciso V do artigo 59 da Constituição.

▶ Artigo acrescido pela ECR 1/1994.
▶ Art. 71 deste ADCT.

Art. 74. A União poderá instituir contribuição provisória sobre movimentação ou transmissão de valores e de créditos e direitos de natureza financeira.

▶ Art. 84 deste ADCT.

§ 1º A alíquota da contribuição de que trata este artigo não excederá a vinte e cinco centésimos por cento, facultado ao Poder Executivo reduzi-la ou restabelecê-la, total ou parcialmente, nas condições e limites fixados em lei.

▶ Alíquota alterada pela EC 21/1999.

§ 2º À contribuição de que trata este artigo não se aplica o disposto nos artigos 153, § 5º, e 154, I, da Constituição.

§ 3º O produto da arrecadação da contribuição de que trata este artigo será destinado integralmente ao Fundo Nacional de Saúde, para financiamento das ações e serviços de saúde.

§ 4º A contribuição de que trata este artigo terá sua exigibilidade subordinada ao disposto no artigo 195, § 6º, da Constituição, e não poderá ser cobrada por prazo superior a dois anos.

▶ Lei 9.311/1996 (Contribuição Provisória sobre Movimentação Financeira – CPMF).

Art. 75. É prorrogada, por trinta e seis meses, a cobrança da contribuição provisória sobre movimentação ou transmissão de valores e de créditos e direitos de natureza financeira de que trata o artigo 74, instituída pela Lei 9.311, de 24 de outubro de 1996, modificada pela Lei 9.539, de 12 de dezembro de 1997, cuja vigência é também prorrogada por idêntico prazo.

▶ Arts. 80, I, e 84 deste ADCT.

§ 1º Observado o disposto no § 6º do artigo 195 da Constituição Federal, a alíquota da contribuição será de trinta e oito centésimos por cento, nos primeiros doze meses, e de trinta centésimos, nos meses subsequentes, facultado ao Poder Executivo reduzi-la total ou parcialmente, nos limites aqui definidos.

§ 2º O resultado do aumento da arrecadação, decorrente da alteração da alíquota, nos exercícios financeiros de 1999, 2000 e 2001, será destinado ao custeio da Previdência Social.

§ 3º É a União autorizada a emitir títulos da dívida pública interna, cujos recursos serão destinados ao custeio da saúde e da Previdência Social, em montante equivalente ao produto da arrecadação da contribuição, prevista e não realizada em 1999.

▶ Artigo acrescido pela EC 21/1999.
▶ LC 111/2001 (Fundo de Combate e Erradicação da Pobreza).
▶ O STF, no julgamento da ADIN 2.031-5 (DOU e DJU 05.11.2003), julgou parcialmente procedente o pedido, para declarar a inconstitucionalidade do § 3º do art. 75 do ADCT, acrescido pela EC 21/1999.

Art. 76. São desvinculados de órgão, fundo ou despesa, até 31 de dezembro de 2032, 30% (trinta por cento) da arrecadação da União relativa às contribuições sociais, sem prejuízo do pagamento das despesas do Regime Geral de Previdência Social, às contribuições de intervenção no domínio econômico, às taxas e às receitas patrimoniais, já instituídas ou que vierem a ser criadas até a referida data.

▶ Caput com redação pela EC 135/2024.

§ 1º Revogado pela EC 93/2016.

§ 2º Excetua-se da desvinculação de que trata o caput a arrecadação da contribuição social do salário-educação a que se refere o § 5º do art. 212 da Constituição Federal.

▶ § 2º com redação pela EC 68/2011.

§ 3º Revogado pela EC 93/2016.

§ 4º A desvinculação de que trata o caput não se aplica às receitas das contribuições sociais destinadas ao custeio da seguridade social.

▶ § 4º acrescido pela EC 103/2019.

§ 5º A desvinculação de que trata o caput deste artigo não opera efeitos sobre recursos que, por expressa disposição em norma constitucional ou legal, devam ser transferidos a Estados, ao Distrito Federal e a Municípios.

§ 6º A desvinculação de que trata o caput deste artigo não se aplica às receitas destinadas ao fundo criado pelo art. 47 da Lei nº 12.351, de 22 de dezembro de 2010, e aos recursos a que se refere o art. 2º da Lei nº 12.858, de 9 de setembro de 2013.

▶ §§ 5º e 6º acrescidos pela EC 135/2024.

Art. 76-A. São desvinculados de órgão, fundo ou despesa, até 31 de dezembro de 2032, 30% (trinta por cento) das receitas dos Estados e do Distrito Federal relativas a impostos, taxas e multas já instituídos ou que vierem a ser criados até a referida data, seus adicionais e respectivos acréscimos legais, e outras receitas correntes.

▶ Caput com redação pela EC 132/2023.

Parágrafo único. Excetuam-se da desvinculação de que trata o caput:

I – recursos destinados ao financiamento das ações e serviços públicos de saúde e à manutenção e desenvolvimento do ensino de que tratam, respectivamente, os incisos II e III do § 2º do art. 198 e o art. 212 da Constituição Federal;

II – receitas que pertencem aos Municípios decorrentes de transferências previstas na Constituição Federal;

III – receitas de contribuições previdenciárias e de assistência à saúde dos servidores;

IV – demais transferências obrigatórias e voluntárias entre entes da Federação com destinação especificada em lei;

V – fundos instituídos pelo Poder Judiciário, pelos Tribunais de Contas, pelo Ministério Público, pelas Defensorias Públicas e pelas Procuradorias-Gerais dos Estados e do Distrito Federal.

Art. 76-B. São desvinculados de órgão, fundo ou despesa, até 31 de dezembro de 2032, 30% (trinta por cento) das receitas dos Municípios relativas a impostos, taxas e multas, já instituídos ou que vierem a ser criados até a referida data, seus adicionais e respectivos acréscimos legais, e outras receitas correntes.

▶ Caput com redação pela EC 132/2023.

Parágrafo único. Excetuam-se da desvinculação de que trata o caput:

I – recursos destinados ao financiamento das ações e serviços públicos de saúde e à manutenção e desenvolvimento do ensino de que tratam, respectivamente, os incisos II e III do § 2º do art. 198 e o art. 212 da Constituição Federal;

II – receitas de contribuições previdenciárias e de assistência à saúde dos servidores;

III – transferências obrigatórias e voluntárias entre entes da Federação com destinação especificada em lei;

IV – fundos instituídos pelo Tribunal de Contas do Município.

Art. 77. Até o exercício financeiro de 2004, os recursos mínimos aplicados nas ações e serviços públicos de saúde serão equivalentes:

I – no caso da União:

a) no ano 2000, o montante empenhado em ações e serviços públicos de saúde no exercício financeiro de 1999 acrescido de, no mínimo, cinco por cento;

b) do ano de 2001 ao ano de 2004, o valor apurado no ano anterior, corrigido pela variação nominal do Produto Interno Bruto – PIB;

II – no caso dos Estados e do Distrito Federal, doze por cento do produto da arrecadação dos impostos a que se refere o artigo 155 e dos recursos de que tratam os artigos 157 e 159, inciso I, alínea a e inciso II, deduzidas as parcelas que forem transferidas aos respectivos Municípios; e

III – no caso dos Municípios e do Distrito Federal, quinze por cento do produto da arrecadação dos impostos a que se refere o artigo 156 e dos recursos de que tratam os artigos 158 e 159, inciso I, alínea b e § 3º.

§ 1º Os Estados, o Distrito Federal e os municípios que apliquem percentuais inferiores aos fixados nos incisos II e III deverão elevá-los gradualmente, até o exercício financeiro de 2004, reduzida a diferença à razão de, pelo menos, um quinto por ano, sendo que, a partir de 2000, a aplicação será de pelo menos sete por cento.

§ 2º Dos recursos da União apurados nos termos deste artigo, quinze por cento, no mínimo, serão aplicados nos Municípios, segundo o critério populacional, em ações e serviços básicos de saúde, na forma da lei.

§ 3º Os recursos dos Estados, do Distrito Federal e dos Municípios destinados às ações e serviços públicos de saúde e os transferidos pela União para a mesma finalidade serão aplicados por meio de Fundo de Saúde que será acompanhado e fiscalizado por Conselho de Saúde, sem prejuízo do disposto no artigo 74 da Constituição Federal.

§ 4º Na ausência da lei complementar a que se refere o artigo 198, § 3º, a partir do exercício financeiro de 2005, aplicar-se-á à União, aos Estados, ao Distrito Federal e aos Municípios o disposto neste artigo.

▶ Artigo acrescido pela EC 29/2000.

Art. 78. Ressalvados os créditos definidos em lei como de pequeno valor, os de natureza alimentícia, os de que trata o artigo 33 deste Ato das Disposições Constitucionais Transitórias e suas complementações e os que já tiverem os seus respectivos recursos liberados ou depositados em juízo, os precatórios pendentes na data da publicação desta Emenda e os que decorram de ações iniciais ajuizadas até 31 de dezembro de 1999 serão liquidados pelo seu valor real, em moeda corrente, acrescido de juros legais, em prestações anuais, iguais e sucessivas, no prazo máximo de dez anos, permitida a cessão dos créditos.

▶ Artigo acrescido pela EC 30/2000.
▶ O STF, no julgamento das Ações Diretas de Inconstitucionalidade 2.356 e 2.362 (DOU 07.12.2010), deferiu as cautelares para suspender a eficácia do art. 2º da EC 30/2000, que inseriu o art. 78 ao ADCT.
▶ Arts. 86, 87 e 97, § 15, deste ADCT.

§ 1º É permitida a decomposição de parcelas, a critério do credor.

§ 2º As prestações anuais a que se refere o caput deste artigo terão, se não liquidadas até o final do exercício a que se referem, poder liberatório do pagamento de tributos da entidade devedora.

§ 3º O prazo referido no caput deste artigo fica reduzido para dois anos, nos casos de precatórios judiciais originários de desapropriação de imóvel residencial do credor, desde que comprovadamente único à época da imissão na posse.

§ 4º O Presidente do Tribunal competente deverá, vencido o prazo ou em caso de omissão no orçamento, ou preterição ao direito de precedência, a requerimento do credor, requisitar ou determinar o sequestro de recursos financeiros da entidade executada, suficientes à satisfação da prestação.

Art. 79. É instituído, para vigorar até o ano de 2010, no âmbito do Poder Executivo Federal, o Fundo de Combate

e Erradicação da Pobreza, a ser regulado por lei complementar com o objetivo de viabilizar a todos os brasileiros acesso a níveis dignos de subsistência, cujos recursos serão aplicados em ações suplementares de nutrição, habitação, educação, saúde, reforço de renda familiar e outros programas de relevante interesse social voltados para melhoria da qualidade de vida.

▶ Art. 4º da EC 42/2003.
▶ EC 67/2010 (Prorroga, por tempo indeterminado, o prazo de vigência do Fundo de Combate e Erradicação da Pobreza).

Parágrafo único. O Fundo previsto neste artigo terá Conselho Consultivo e de Acompanhamento que conte com a participação de representantes da sociedade civil, nos termos da lei.

▶ Artigo acrescido pela EC 31/2000.
▶ LC 111/2001 (Fundo de Combate e Erradicação da Pobreza).

Art. 80. Compõem o Fundo de Combate e Erradicação da Pobreza:

▶ Art. 31, III, do Dec. 6.140/2007 (Regulamenta a Contribuição Provisória sobre Movimentação Financeira – CPMF).
▶ LC 111/2001 (Regulamento).

I – a parcela do produto da arrecadação correspondente a um adicional de oito centésimos por cento, aplicável de 18 de junho de 2000 a 17 de junho de 2002, na alíquota da contribuição social de que trata o art. 75 do Ato das Disposições Constitucionais Transitórias;

▶ Art. 84 deste Ato.
▶ Art. 4º da EC 42/2003.

II – a parcela do produto da arrecadação correspondente a um adicional de cinco pontos percentuais na alíquota do Imposto sobre Produtos Industrializados – IPI, ou do imposto que vier a substituí-lo, incidente sobre produtos supérfluos e aplicável até a extinção do Fundo;

▶ Art. 83 deste ADCT.

Texto novo: **II –** *Revogado pela EC 132/2023*;

▶ Inciso II revogado pela EC 132/2023, em vigor a partir de 2033..

III – o produto da arrecadação do imposto de que trata o artigo 153, inciso VII, da Constituição;

IV – dotações orçamentárias;

V – doações, de qualquer natureza, de pessoas físicas ou jurídicas do País ou do exterior;

VI – outras receitas, a serem definidas na regulamentação do referido Fundo.

§ 1º Aos recursos integrantes do Fundo de que trata este artigo não se aplica o disposto nos artigos 159 e 167, inciso IV, da Constituição, assim como qualquer desvinculação de recursos orçamentários.

§ 2º A arrecadação decorrente do disposto no inciso I deste artigo, no período compreendido entre 18 de junho de 2000 e o início da vigência da lei complementar a que se refere o artigo 79, será integralmente repassada ao Fundo, preservando o seu valor real, em títulos públicos federais, progressivamente resgatáveis após 18 de junho de 2002, na forma da lei.

▶ Artigo acrescido pela EC 31/2000.
▶ LC 111/2001 (Fundo de Combate e Erradicação da Pobreza).

Art. 81. É instituído Fundo constituído pelos recursos recebidos pela União em decorrência da desestatização de sociedades de economia mista ou empresas públicas por ela controladas, direta ou indiretamente, quando a operação envolver a alienação do respectivo controle acionário a pessoa ou entidade não integrante da Administração Pública, ou de participação societária remanescente após a alienação, cujos rendimentos, gerados a partir de 18 de junho de 2002, reverterão ao Fundo de Combate e Erradicação da Pobreza.

▶ Art. 31, III, do Dec. 6.140/2007 (Regulamenta a Contribuição Provisória sobre Movimentação Financeira – CPMF).

§ 1º Caso o montante anual previsto nos rendimentos transferidos ao Fundo de Combate e Erradicação da Pobreza, na forma deste artigo, não alcance o valor de quatro bilhões de reais, far-se-á complementação na forma do artigo 80, inciso IV, do Ato das Disposições Constitucionais Transitórias.

§ 2º Sem prejuízo do disposto no § 1º, o Poder Executivo poderá destinar ao Fundo a que se refere este artigo outras receitas decorrentes da alienação de bens da União.

§ 3º A constituição do Fundo a que se refere o *caput*, a transferência de recursos ao Fundo de Combate e Erradicação da Pobreza e as demais disposições referentes ao § 1º deste artigo serão disciplinadas em lei, não se aplicando o disposto no artigo 165, § 9º, inciso II, da Constituição.

▶ Artigo acrescido pela EC 31/2000.
▶ LC 111/2001 (Fundo de Combate e Erradicação da Pobreza).

Art. 82. Os Estados, o Distrito Federal e os Municípios devem instituir Fundos de Combate à Pobreza, com os recursos de que trata este artigo e outros que vierem a destinar, devendo os referidos Fundos ser geridos por entidades que contém com a participação da sociedade civil.

▶ *Caput* acrescido pela EC 31/2000.

▶ Art. 4º da EC 42/2003.

Texto novo: **Art. 82.** Os Estados, o Distrito Federal e os Municípios devem instituir Fundos de Combate à Pobreza, devendo os referidos Fundos ser geridos por entidades que contem com a participação da sociedade civil.

▶ *Caput* com redação pela EC 132/2023, em vigor a partir de 2033.

§ 1º Para o financiamento dos Fundos Estaduais e Distrital, poderá ser criado adicional de até dois pontos percentuais na alíquota do Imposto sobre Circulação de Mercadorias e Serviços – ICMS, sobre os produtos e serviços supérfluos e nas condições definidas na lei complementar de que trata o art. 155, § 2º, XII, da Constituição, não se aplicando, sobre este percentual, o disposto no art. 158, IV, da Constituição.

▶ § 1º com redação pela EC 42/2003.

Texto novo: **§ 1º** Para o financiamento dos Fundos Estaduais, Distrital e Municipais, poderá ser destinado percentual do imposto previsto no art. 156-A da Constituição Federal e dos recursos distribuídos nos termos dos arts. 131 e 132 deste Ato das Disposições Constitucionais Transitórias, nos limites definidos em lei complementar, não se aplicando, sobre estes valores, o disposto no art. 158, IV, da Constituição Federal.

▶ § 1º com redação pela EC 132/2023, em vigor a partir de 2033

§ 2º Para o financiamento dos Fundos Municipais, poderá ser criado adicional de até meio ponto percentual na alíquota do Imposto sobre serviços ou do imposto que vier a substituí-lo, sobre os serviços supérfluos.

▶ § 2º acrescido pela EC 31/2000.

Texto novo: **§ 2º** *Revogado pela EC 132/2023*;

▶ § 2º revogado pela EC 132/2023, em vigor a partir de 2033..

Art. 83. Lei federal definirá os produtos e serviços supérfluos a que se referem os arts. 80, II, e 82, § 2º.

▶ Artigo com redação pela EC 42/2003.

Texto novo: **Art. 83.** *Revogado pela EC 132/2023*;

▶ § 2º revogado pela EC 132/2023, em vigor a partir de 2033..

Art. 84. A contribuição provisória sobre movimentação ou transmissão de valores e de créditos e direitos de natureza financeira, prevista nos arts. 74, 75 e 80, I, deste Ato das Disposições Constitucionais Transitórias, será cobrada até 31 de dezembro de 2004.

▶ Artigo acrescido pela EC 37/2002.
▶ Art. 90 deste Ato.
▶ Dec. 6.140/2007 (Regulamenta a Contribuição Provisória sobre Movimentação Financeira – CPMF).

§ 1º Fica prorrogada, até a data referida no *caput* deste artigo, a vigência da Lei 9.311, de 24 de outubro de 1996, e suas alterações.

§ 2º Do produto da arrecadação da contribuição social de que trata este artigo será destinada a parcela correspondente à alíquota de:

▶ Art. 31 do Dec. 6.140/2007 (Regulamenta a Contribuição Provisória sobre Movimentação Financeira – CPMF).

I – vinte centésimos por cento ao Fundo Nacional de Saúde, para financiamento das ações e serviços de saúde;

II – dez centésimos por cento ao custeio da previdência social;

III – oito centésimos por cento ao Fundo de Combate e Erradicação da Pobreza, de que tratam os arts. 80 e 81 deste Ato das Disposições Constitucionais Transitórias.

§ 3º A alíquota da contribuição de que trata este artigo será de:

I – trinta e oito centésimos por cento, nos exercícios financeiros de 2002 e 2003;

▶ Art. 90, § 2º, deste ADCT.

II – *Revogado pela EC 42/2003*.

Art. 85. A contribuição a que se refere o art. 84 deste Ato das Disposições Constitucionais Transitórias não incidirá, a partir do trigésimo dia da data de publicação desta Emenda Constitucional, nos lançamentos:

▶ Art. 3º do Dec. 6.140/2007 (Regulamenta a Contribuição Provisória sobre Movimentação Financeira – CPMF).

I – em contas-correntes de depósito especialmente abertas e exclusivamente utilizadas para operações de:

▶ Art. 2º da Lei 10.892/2004 (Institui a Contribuição Provisória sobre Movimentação Financeira – CPMF).

a) câmaras e prestadoras de serviços de compensação e de liquidação de que trata o parágrafo único do art. 2º da Lei 10.214, de 27 de março de 2001;

b) companhias securitizadoras de que trata a Lei 9.514, de 20 de novembro de 1997;

c) sociedades anônimas que tenham por objeto exclusivo a aquisição de créditos oriundos de operações praticadas no mercado financeiro;

▶ Art. 2º, § 3º, da Lei 10.892/2004 (Institui a Contribuição Provisória sobre Movimentação Financeira – CPMF).

II – em contas-correntes de depósito, relativos a:

a) operações de compra e venda de ações, realizadas em recintos ou sistemas de negociação de bolsas de valores e no mercado de balcão organizado;

b) contratos referenciados em ações ou índices de ações, em suas diversas modalidades, negociados em bolsas de valores, de mercadorias e de futuros;

III – em contas de investidores estrangeiros, relativos a entradas no País e a remessas para o exterior de recursos financeiros empregados, exclusivamente, em operações e contratos referidos no inciso II deste artigo.

§ 1º O Poder Executivo disciplinará o disposto neste artigo no prazo de trinta dias da data de publicação desta Emenda Constitucional.

§ 2º O disposto no inciso I deste artigo aplica-se somente às operações relacionadas em ato do Poder Executivo, dentre aquelas que constituam o objeto social das referidas entidades.

§ 3º O disposto no inciso II deste artigo aplica-se somente a operações e contratos efetuados por intermédio de instituições financeiras, sociedades corretoras de títulos e valores mobiliários, sociedades distribuidoras de títulos e valores mobiliários e sociedades corretoras de mercadorias.

▶ Artigo acrescido pela EC 37/2002.

Art. 86. Serão pagos conforme disposto no art. 100 da Constituição Federal, não se lhes aplicando a regra do parcelamento estabelecida no *caput* do art. 78 deste Ato das Disposições Constitucionais Transitórias, os débitos da Fazenda Federal, Estadual, Distrital ou Municipal oriundos de sentenças transitadas em julgado, que preencham, cumulativamente, as seguintes condições:

I – ter sido objeto de emissão de precatórios judiciários;

II – ter sido definidos como de pequeno valor pela lei de que trata o § 3º do art. 100 da Constituição Federal ou pelo art. 87 deste Ato das Disposições Constitucionais Transitórias;

III – estar, total ou parcialmente, pendentes de pagamento na data da publicação desta Emenda Constitucional.

§ 1º Os débitos a que se refere o *caput* deste artigo, ou os respectivos saldos, serão pagos na ordem cronológica de apresentação dos respectivos precatórios, com precedência sobre os de maior valor.

§ 2º Os débitos a que se refere o *caput* deste artigo, se ainda não tiverem sido objeto de pagamento parcial, nos termos do art. 78 deste Ato das Disposições Constitucionais Transitórias, poderão ser pagos em duas parcelas anuais, se assim dispuser a lei.

§ 3º Observada a ordem cronológica de sua apresentação, os débitos de natureza alimentícia previstos neste artigo terão precedência para pagamento sobre todos os demais.

▶ Artigo acrescido pela EC 37/2002.

Art. 87. Para efeito do que dispõem o § 3º do art. 100 da Constituição Federal e o art. 78 deste Ato das Disposições Constitucionais Transitórias serão considerados de pequeno valor, até que se dê a publicação oficial das respectivas leis definidoras pelos entes da Federação, observado o disposto no § 4º do art. 100 da Constituição Federal, os débitos ou obrigações consignados em precatório judiciário, que tenham valor igual ou inferior a:

I – quarenta salários mínimos, perante a Fazenda dos Estados e do Distrito Federal;

II – trinta salários mínimos, perante a Fazenda dos Municípios.

Parágrafo único. Se o valor da execução ultrapassar o estabelecido neste artigo, o pagamento far-se-á, sempre, por meio de precatório, sendo facultada à parte exequente a renúncia ao crédito do valor excedente, para que possa optar pelo pagamento do saldo sem o precatório, da forma prevista no § 3º do art. 100.

▶ Artigo acrescido pela EC 37/2002.

Art. 88. Enquanto lei complementar não disciplinar o disposto nos incisos I e III do § 3º do art. 156 da Constituição Federal, o imposto a que se refere o inciso III do *caput* do mesmo artigo:

I – terá alíquota mínima de dois por cento, exceto para os serviços a que se referem os itens 32, 33 e 34 da Lista de Serviços anexa ao Decreto-Lei 406, de 31 de dezembro de 1968;

II – não será objeto de concessão de isenções, incentivos e benefícios fiscais, que resulte, direta ou indiretamente, na redução da alíquota mínima estabelecida no inciso I.

▶ Artigo acrescido pela EC 37/2002.

Art. 89. Os integrantes da carreira policial militar e os servidores municipais do ex-Território Federal de Rondônia que, comprovadamente, se encontravam no exercício regular de suas funções prestando serviço àquele ex-Território na data em que foi transformado em Estado, bem como os servidores e os policiais militares alcançados pelo disposto no art. 36 da Lei Complementar 41, de 22 de dezembro de 1981, e aqueles admitidos regularmente nos quadros do Estado de Rondônia até a data de posse

do primeiro Governador eleito, em 15 de março de 1987, constituirão, mediante opção, quadro em extinção da administração federal, assegurados os direitos e as vantagens a eles inerentes, vedado o pagamento, a qualquer título, de diferenças remuneratórias.

▸ *Caput* com redação pela EC 60/2009.
▸ Art. 1º da EC 60/2009 (Altera o art. 89 do ADCT sobre o quadro de servidores civis e militares do ex-Território Federal de Rondônia).
▸ Arts. 2º, 4º e 5º da EC 79/2014 (Altera o art. 31 da EC 19/1998, para prever a inclusão, em quadro em extinção da Administração Federal, de servidores e policiais militares admitidos pelos Estados do Amapá e de Roraima, na fase de instalação dessas unidades federadas).

§ 1º Os membros da Polícia Militar continuarão prestando serviços ao Estado de Rondônia, na condição de cedidos, submetidos às corporações da Polícia Militar, observadas as atribuições de função compatíveis com o grau hierárquico.

▸ § 1º acrescido pela EC 60/2009.

§ 2º Os servidores a que se refere o *caput* continuarão prestando serviços ao Estado de Rondônia na condição de cedidos, até seu aproveitamento em órgão ou entidade da administração federal direta, autárquica ou fundacional.

▸ § 2º acrescido pela EC 60/2009.

Art. 90. O prazo previsto no *caput* do art. 84 deste Ato das Disposições Constitucionais Transitórias fica prorrogado até 31 de dezembro de 2007.

§ 1º Fica prorrogada, até a data referida no *caput* deste artigo, a vigência da Lei 9.311, de 24 de outubro de 1996, e suas alterações.

§ 2º Até a data referida no *caput* deste artigo, a alíquota da contribuição de que trata o art. 84 deste Ato das Disposições Constitucionais Transitórias será de trinta e oito centésimos por cento.

▸ Artigo acrescido pela EC 42/2003.

Art. 91. *Revogado pela EC 109/2021.*

Art. 92. São acrescidos dez anos ao prazo fixado no art. 40 deste Ato das Disposições Constitucionais Transitórias.

▸ Artigo acrescido pela EC 42/2003.
▸ Art. 92-A deste ADCT.

Art. 92-A. São acrescidos 50 (cinquenta) anos ao prazo fixado pelo art. 92 deste Ato das Disposições Constitucionais Transitórias.

▸ Artigo acrescido pela EC 83/2014.

Art. 92-B. As leis instituidoras dos tributos previstos nos arts. 156-A e 195, V, da Constituição Federal estabelecerão os mecanismos necessários, com ou sem contrapartidas, para manter, em caráter geral, o diferencial competitivo assegurado à Zona Franca de Manaus pelos arts. 40 e 92-A e às áreas de livre comércio existentes em 31 de maio de 2023, nos níveis estabelecidos pela legislação relativa aos tributos extintos a que se referem os arts. 126 a 129, todos deste Ato das Disposições Constitucionais Transitórias.

▸ Artigo acrescido pela EC 132/2023.

§ 1º Para assegurar o disposto no *caput*, serão utilizados, isolada ou cumulativamente, instrumentos fiscais, econômicos ou financeiros.

§ 2º Lei complementar instituirá Fundo de Sustentabilidade e Diversificação Econômica do Estado do Amazonas, que será constituído com recursos da União e por ela gerido, com a efetiva participação do Estado do Amazonas na definição das políticas, com o objetivo de fomentar o desenvolvimento e a diversificação das atividades econômicas no Estado.

§ 3º A lei complementar de que trata o § 2º:

I – estabelecerá o montante mínimo de aporte anual de recursos ao Fundo, bem como os critérios para sua correção;

II – preverá a possibilidade de utilização dos recursos do Fundo para compensar eventual perda de receita do Estado do Amazonas em função das alterações no sistema tributário decorrentes da instituição dos tributos previstos nos arts. 156-A e 195, V, da Constituição Federal.

§ 4º A União, mediante acordo com o Estado do Amazonas, poderá reduzir o alcance dos instrumentos previstos no § 1º, condicionado ao aporte de recursos adicionais ao Fundo de que trata o § 2º, asseguradas a diversificação das atividades econômicas e a antecedência mínima de 3 (três) anos.

§ 5º Não se aplica aos mecanismos previstos no *caput* o disposto nos incisos III e IV do *caput* do art. 149-B da Constituição Federal.

§ 6º Lei complementar instituirá Fundo de Desenvolvimento Sustentável dos Estados da Amazônia Ocidental e do Amapá, que será constituído com recursos da União e por ela gerido, com a efetiva participação desses Estados na definição das políticas, com o objetivo de fomentar o desenvolvimento e a diversificação de suas atividades econômicas.

§ 7º O Fundo de que trata o § 6º será integrado pelos Estados onde estão localizadas as áreas de livre comércio de que trata o *caput* observará, no que couber, o disposto no § 3º, I e II, sendo, quanto a este inciso, considerados os respectivos Estados, e no § 4º.

Art. 93. A vigência do disposto no art. 159, III, e § 4º, iniciará somente após a edição da lei de que trata o referido inciso III.

▸ Artigo acrescido pela EC 42/2003.

Art. 94. Os regimes especiais de tributação para microempresas e empresas de pequeno porte próprios da União, dos Estados, do Distrito Federal e dos Municípios cessarão a partir da entrada em vigor do regime previsto no art. 146, III, *d*, da Constituição.

▸ Artigo acrescido pela EC 42/2003.
▸ LC 126/2006 (Estatuto Nacional da Microempresa e da Empresa de Pequeno Porte).

Art. 95. Os nascidos no estrangeiro entre 7 de junho de 1994 e a data da promulgação desta Emenda Constitucional, filhos de pai brasileiro ou mãe brasileira, poderão ser registrados em repartição diplomática ou consular brasileira competente ou em ofício de registro, se vierem a residir na República Federativa do Brasil.

▸ Artigo acrescido pela EC 54/2007.
▸ Art. 12 desta Constituição.

Art. 96. Ficam convalidados os atos de criação, fusão, incorporação e desmembramento de Municípios, cuja lei tenha sido publicada até 31 de dezembro de 2006, atendidos os requisitos estabelecidos na legislação do respectivo Estado à época de sua criação.

▸ Artigo acrescido pela EC 57/2008.

Art. 97. Até que seja editada a Lei Complementar de que trata o § 15 do art. 100 da Constituição Federal, os Estados, o Distrito Federal e os Municípios que, na data de publicação desta Emenda Constitucional, estejam em mora na quitação de precatórios vencidos, relativos às suas administrações direta e indireta, inclusive os emitidos durante o período de vigência do regime especial instituído por este artigo, farão esses pagamentos de acordo com as normas a seguir estabelecidas, sendo inaplicável o disposto no art. 100 desta Constituição Federal, exceto em seus §§ 2º, 3º, 9º, 10, 11, 12, 13 e 14, e sem prejuízo dos acordos de juízos conciliatórios já formalizados na data de promulgação desta Emenda Constitucional.

▸ Art. 3º da EC 62/2009 (estabelece que a implantação do regime de pagamento criado por este artigo deverá ocorrer no prazo de até 90 dias, contados da data de sua publicação – DOU 10.12.2009).
▸ Art. 100 da CF.

§ 1º Os Estados, o Distrito Federal e os Municípios sujeitos ao regime especial de que trata este artigo optarão, por meio de ato do Poder Executivo:

▸ Art. 4º da EC 62/2009 (Estabelece os casos em que a entidade federativa voltará a observar somente o disposto no art. 100 da CF).

I – pelo depósito em conta especial do valor referido pelo § 2º deste artigo; ou

II – pela adoção do regime especial pelo prazo de até 15 (quinze) anos, caso em que o percentual a ser depositado na conta especial a que se refere o § 2º deste artigo corresponderá, anualmente, ao saldo total dos precatórios devidos, acrescido do índice oficial de remuneração básica da caderneta de poupança e de juros simples no mesmo percentual de juros incidentes sobre a caderneta de poupança para fins de compensação da mora, excluída a incidência de juros compensatórios, diminuído das amortizações e dividido pelo número de anos restantes no regime especial de pagamento.

§ 2º Para saldar os precatórios, vencidos e a vencer, pelo regime especial, os Estados, o Distrito Federal e os Municípios devedores depositarão mensalmente, em conta especial criada para tal fim, 1/12 (um doze avos) do valor calculado percentualmente sobre as respectivas receitas correntes líquidas, apuradas no segundo mês anterior ao mês de pagamento, sendo que esse percentual, calculado no momento de opção pelo regime e mantido fixo até o final do prazo a que se refere o § 14 deste artigo, será:

I – para os Estados e para o Distrito Federal:

a) de, no mínimo, 1,5% (um inteiro e cinco décimos por cento), para os Estados das regiões Norte, Nordeste e Centro-Oeste, além do Distrito Federal, ou cujo estoque de precatórios pendentes das suas administrações direta e indireta corresponder a até 35% (trinta e cinco por cento) do total da receita corrente líquida;

b) de, no mínimo, 2% (dois por cento), para os Estados das regiões Sul e Sudeste, cujo estoque de precatórios pendentes das suas administrações direta e indireta corresponder a mais de 35% (trinta e cinco por cento) da receita corrente líquida;

II – para Municípios:

a) de, no mínimo, 1% (um por cento), para os Municípios das regiões Norte, Nordeste e Centro-Oeste, ou cujo esto-

que de precatórios pendentes das suas administrações direta e indireta corresponder a até 35% (trinta e cinco por cento) da receita corrente líquida;

b) de, no mínimo, 1,5% (um inteiro e cinco décimos por cento), para Municípios das regiões Sul e Sudeste, cujo estoque de precatórios pendentes das suas administrações direta e indireta corresponder a mais de 35% (trinta e cinco por cento) da receita corrente líquida.

§ 3º Entende-se como receita corrente líquida, para os fins de que trata este artigo, o somatório das receitas tributárias, patrimoniais, industriais, agropecuárias, de contribuições e de serviços, transferências correntes e outras receitas correntes, incluindo as oriundas do § 1º do art. 20 da Constituição Federal, verificado no período compreendido pelo mês de referência e os 11 (onze) meses anteriores, excluídas as duplicidades, e deduzidas:

I – nos Estados, as parcelas entregues aos Municípios por determinação constitucional;

II – nos Estados, no Distrito Federal e nos Municípios, a contribuição dos servidores para custeio do seu sistema de previdência e assistência social e as receitas provenientes da compensação financeira referida no § 9º do art. 201 da Constituição Federal.

§ 4º As contas especiais de que tratam os §§ 1º e 2º serão administradas pelo Tribunal de Justiça local, para pagamento de precatórios expedidos pelos tribunais.

§ 5º Os recursos depositados nas contas especiais de que tratam os §§ 1º e 2º deste artigo não poderão retornar para Estados, Distrito Federal e Municípios devedores.

§ 6º Pelo menos 50% (cinquenta por cento) dos recursos de que tratam os §§ 1º e 2º deste artigo serão utilizados para pagamento de precatórios em ordem cronológica de apresentação, respeitadas as preferências definidas no § 1º, para os requisitórios do mesmo ano e no § 2º do art. 100, para requisitórios de todos os anos.

§ 7º Nos casos em que não se possa estabelecer a precedência cronológica entre 2 (dois) precatórios, pagar-se-á primeiramente o precatório de menor valor.

§ 8º A aplicação dos recursos restantes dependerá de opção a ser exercida por Estados, Distrito Federal e Municípios devedores, por ato do Poder Executivo, obedecendo à seguinte forma, que poderá ser aplicada isoladamente ou simultaneamente:

I – destinados ao pagamento dos precatórios por meio do leilão;

II – destinados a pagamento a vista de precatórios não quitados na forma do § 6º e do inciso I, em ordem única e crescente de valor por precatório;

III – destinados a pagamento por acordo direto com os credores, na forma estabelecida por lei própria da entidade devedora, que poderá prever criação e forma de funcionamento de câmara de conciliação.

§ 9º Os leilões de que trata o inciso I do § 8º deste artigo:

I – serão realizados por meio de sistema eletrônico administrado por entidade autorizada pela Comissão de Valores Mobiliários ou pelo Banco Central do Brasil;

II – admitirão a habilitação de precatórios, ou parcela de cada precatório indicada pelo seu detentor, em relação aos quais não esteja pendente, no âmbito do Poder Judiciário, recurso ou impugnação de qualquer natureza, permitida por iniciativa do Poder Executivo a compensação com débitos líquidos e certos, inscritos ou não em dívida ativa e constituídos contra devedor originário pela Fazenda Pública devedora até a data da expedição do precatório, ressalvados aqueles cuja exigibilidade esteja suspensa nos termos da legislação, ou que já tenham sido objeto de abatimento nos termos do § 9º do art. 100 da Constituição Federal;

III – ocorrerá por meio de oferta pública a todos os credores habilitados pelo respectivo ente federativo devedor;

IV – considerarão automaticamente habilitado o credor que satisfaça o que consta no inciso II;

V – serão realizados tantas vezes quanto necessário em função do valor disponível;

VI – a competição por parcela do valor total ocorrerá a critério do credor, com deságio sobre o valor desta;

VII – ocorrerá na modalidade deságio, associado ao maior volume ofertado cumulado ou não com o maior percentual de deságio, pelo maior percentual de deságio, podendo ser fixado valor máximo por credor, ou por outro critério a ser definido em edital;

VIII – o mecanismo de formação de preço constará nos editais publicados para cada leilão;

IX – a quitação parcial dos precatórios será homologada pelo respectivo Tribunal que o expediu.

§ 10. No caso de não liberação tempestiva dos recursos de que tratam o inciso II do § 1º e os §§ 2º e 6º deste artigo:

I – haverá o sequestro de quantia nas contas de Estados, Distrito Federal e Municípios devedores, por ordem do Presidente do Tribunal referido no § 4º, até o limite do valor não liberado;

II – constituir-se-á, alternativamente, por ordem do Presidente do Tribunal requerido, em favor dos credores de precatórios, contra Estados, Distrito Federal e Municípios devedores, direito líquido e certo, autoaplicável e independentemente de regulamentação, à compensação automática com débitos líquidos lançados por esta contra aqueles, e, havendo saldo em favor do credor, o valor terá automaticamente poder liberatório do pagamento de tributos de Estados, Distrito Federal e Municípios devedores, até onde se compensarem;

III – o chefe do Poder Executivo responderá na forma da legislação de responsabilidade fiscal e de improbidade administrativa;

IV – enquanto perdurar a omissão, a entidade devedora:
a) não poderá contrair empréstimo externo ou interno;
b) ficará impedida de receber transferências voluntárias;

V – a União reterá os repasses relativos ao Fundo de Participação dos Estados e do Distrito Federal e ao Fundo de Participação dos Municípios, e os depositará nas contas especiais referidas no § 1º, devendo sua utilização obedecer ao que prescreve o § 5º, ambos deste artigo.

§ 11. No caso de precatórios relativos a diversos credores, em litisconsórcio, admite-se o desmembramento do valor, realizado pelo Tribunal de origem do precatório, por credor, e, por este, a habilitação do valor total a que tem direito, não se aplicando, neste caso, a regra do § 3º do art. 100 da Constituição Federal.

§ 12. Se a lei a que se refere o § 4º do art. 100 não estiver publicada em até 180 (cento e oitenta) dias, contados da data de publicação desta Emenda Constitucional, será considerado, para os fins referidos, em relação a Estados, Distrito Federal e Municípios devedores, omissos na regulamentação, o valor de:
I – 40 (quarenta) salários mínimos para Estados e para o Distrito Federal;
II – 30 (trinta) salários mínimos para Municípios.

§ 13. Enquanto Estados, Distrito Federal e Municípios devedores estiverem realizando pagamentos de precatórios pelo regime especial, não poderão sofrer sequestro de valores, exceto no caso de não liberação tempestiva dos recursos de que tratam o inciso II do § 1º e o § 2º deste artigo.

§ 14. O regime especial de pagamento de precatório previsto no inciso I do § 1º vigorará enquanto o valor dos precatórios devidos for superior ao valor dos recursos vinculados, nos termos do § 2º, ambos deste artigo, ou pelo prazo fixo de até 15 (quinze) anos, no caso da opção prevista no inciso II do § 1º.

§ 15. Os precatórios parcelados na forma do art. 33 ou do art. 78 deste Ato das Disposições Constitucionais Transitórias e ainda pendentes de pagamento ingressarão no regime especial com o valor atualizado das parcelas não pagas relativas a cada precatório, bem como o saldo dos acordos judiciais e extrajudiciais.

§ 16. A partir da promulgação desta Emenda Constitucional, a atualização de valores de requisitórios, até o efetivo pagamento, independentemente de sua natureza, será feita pelo índice oficial de remuneração básica da caderneta de poupança, e, para fins de compensação da mora, incidirão juros simples no mesmo percentual de juros incidentes sobre a caderneta de poupança, ficando excluída a incidência de juros compensatórios.

§ 17. O valor que exceder o limite previsto no § 2º do art. 100 da Constituição Federal durante a vigência do regime especial, na forma prevista nos §§ 6º e 7º ou nos incisos I, II e III do § 8º deste artigo, devendo os valores dispendidos para o atendimento do disposto no § 2º do art. 100 da Constituição Federal serem computados para efeito do § 6º deste artigo.

§ 18. Durante a vigência do regime especial a que se refere este artigo, gozarão também da preferência a que se refere o § 6º os titulares originais de precatórios que tenham completado 60 (sessenta) anos de idade até a data da promulgação desta Emenda Constitucional.
▶ Artigo acrescido pela EC 62/2009.

Art. 98.
O número de defensores públicos na unidade jurisdicional será proporcional à efetiva demanda pelo serviço da Defensoria Pública e à respectiva população.
▶ Artigo acrescido pela EC 80/2014.

§ 1º No prazo de 8 (oito) anos, a União, os Estados e o Distrito Federal deverão contar com defensores públicos em todas as unidades jurisdicionais, observado o disposto no *caput* deste artigo.

§ 2º Durante o decurso do prazo previsto no § 1º deste artigo, a lotação dos defensores públicos ocorrerá,

prioritariamente, atendendo as regiões com maiores índices de exclusão social e adensamento populacional.

Art. 99.
Para efeito do disposto no inciso VII do § 2º do art. 155, no caso de operações e prestações que destinem bens e serviços a consumidor final não contribuinte localizado em outro Estado, o imposto correspondente à diferença entre a alíquota interna e a interestadual será partilhado entre os Estados de origem e de destino, na seguinte proporção:
▶ Artigo acrescido pela EC 87/2015.

I – para o ano de 2015: 20% (vinte por cento) para o Estado de destino e 80% (oitenta por cento) para o Estado de origem;

II – para o ano de 2016: 40% (quarenta por cento) para o Estado de destino e 60% (sessenta por cento) para o Estado de origem;

III – para o ano de 2017: 60% (sessenta por cento) para o Estado de destino e 40% (quarenta por cento) para o Estado de origem;

IV – para o ano de 2018: 80% (oitenta por cento) para o Estado de destino e 20% (vinte por cento) para o Estado de origem;

V – a partir do ano de 2019: 100% (cem por cento) para o Estado de destino.

Art. 100.
Até que entre em vigor a lei complementar de que trata o inciso II do § 1º do art. 40 da Constituição Federal, os Ministros do Supremo Tribunal Federal, dos Tribunais Superiores e do Tribunal de Contas da União aposentar-se-ão, compulsoriamente, aos 75 (setenta e cinco) anos de idade, nas condições do art. 52 da Constituição Federal.
▶ Artigo acrescido pela EC 88/2015.

Art. 101.
Os Estados, o Distrito Federal e os Municípios que, em 25 de março de 2015, se encontravam em mora no pagamento de seus precatórios quitarão, até 31 de dezembro de 2029, seus débitos vencidos e os que vencerão dentro desse período, atualizados pelo Índice Nacional de Preços ao Consumidor Amplo Especial (IPCA-E), ou por outro índice que venha a substituí-lo, depositando mensalmente em conta especial do Tribunal de Justiça local, sob única e exclusiva administração deste, 1/12 (um doze avos) do valor calculado percentualmente sobre suas receitas correntes líquidas apuradas no segundo mês anterior ao mês de pagamento, em percentual suficiente para a quitação de seus débitos e, ainda que variável, nunca inferior, em cada exercício, ao percentual praticado na data da entrada em vigor do regime especial a que se refere este artigo, em conformidade com plano de pagamento a ser anualmente apresentado ao Tribunal de Justiça local.
▶ *Caput* com redação pela EC 109/2021.

§ 1º Entende-se como receita corrente líquida, para os fins de que trata este artigo, o somatório das receitas tributárias, patrimoniais, industriais, agropecuárias, de contribuições e de serviços, de transferências correntes e outras receitas correntes, incluindo as oriundas do § 1º do art. 20 da Constituição Federal, verificado no período compreendido pelo segundo mês imediatamente anterior ao de referência e os 11 (onze) meses precedentes, excluídas as duplicidades, e deduzidas:
▶ § 1º acrescido pela EC 94/2016.

I – nos Estados, as parcelas entregues aos Municípios por determinação constitucional;

II – nos Estados, no Distrito Federal e nos Municípios, a contribuição dos servidores para custeio de seu sistema de previdência e assistência social e as receitas provenientes da compensação financeira referida no § 9º do art. 201 da Constituição Federal.

§ 2º O débito de precatórios será pago com recursos orçamentários próprios provenientes das fontes de receita corrente líquida referidas no § 1º deste artigo e, adicionalmente, poderão ser utilizados recursos dos seguintes instrumentos:
▶ § 2º com redação pela EC 99/2017.

I – até 75% (setenta e cinco por cento) dos depósitos judiciais e dos depósitos administrativos em dinheiro referentes a processos judiciais ou administrativos, tributários ou não tributários, nos quais sejam parte os Estados, o Distrito Federal ou os Municípios, e as respectivas autarquias, fundações e empresas estatais dependentes, mediante a instituição de fundo garantidor em montante equivalente a 1/3 (um terço) dos recursos levantados, constituído pela parcela restante dos depósitos judiciais e remunerado pela taxa referencial do Sistema Especial de Liquidação e de Custódia (Selic) para títulos federais, nunca inferior aos índices e critérios aplicados aos depósitos levantados;
▶ Inciso I com redação pela EC 99/2017.

II – até 30% (trinta por cento) dos demais depósitos judiciais da localidade sob jurisdição do respectivo Tribunal de Justiça, mediante a instituição de fundo garantidor

em montante equivalente aos recursos levantados, constituído pela parcela restante dos depósitos judiciais e remunerado pela taxa referencial do Sistema Especial de Liquidação e de Custódia (Selic) para títulos federais, nunca inferior aos índices e critérios aplicados aos depósitos levantados, destinando-se:
▶ Inciso II com redação pela EC 99/2017.

a) no caso do Distrito Federal, 100% (cem por cento) desses recursos ao próprio Distrito Federal;
▶ Alínea *a* acrescida pela EC 94/2016.

b) no caso dos Estados, 50% (cinquenta por cento) desses recursos ao próprio Estado e 50% (cinquenta por cento) aos respectivos Municípios, conforme a circunscrição judiciária onde estão depositados os recursos, e, se houver mais de um Município na mesma circunscrição judiciária, os recursos serão rateados entre os Municípios concorrentes, proporcionalmente às respectivas populações, utilizado como referência o último levantamento censitário ou a mais recente estimativa populacional da Fundação Instituto Brasileiro de Geografia e Estatística (IBGE);
▶ Alínea *b* com redação pela EC 99/2017.

III – empréstimos, excetuados para esse fim os limites de endividamento de que tratam os incisos VI e VII do *caput* do art. 52 da Constituição Federal e quaisquer outros limites de endividamento previstos em lei, não se aplicando a esses empréstimos a vedação de vinculação de receita prevista no inciso IV do *caput* do art. 167 da Constituição Federal;
▶ Inciso III com redação pela EC 99/2017.

IV – a totalidade dos depósitos em precatórios e requisições diretas de pagamento de obrigações de pequeno valor efetuado até 31 de dezembro de 2009 e ainda não levantados, com o cancelamento dos respectivos requisitórios e a baixa das obrigações, assegurada a revalidação dos requisitórios pelos juízos dos processos perante os Tribunais, a requerimento dos credores e após a oitiva da entidade devedora, mantidas a posição de ordem cronológica original e a remuneração de todo o período.
▶ Inciso IV acrescido pela EC 99/2017.

§ 3º Os recursos adicionais previstos nos incisos I, II e IV do § 2º deste artigo serão transferidos diretamente pela instituição financeira depositária para a conta especial referida no *caput* deste artigo, sob única e exclusiva administração do Tribunal de Justiça local, e essa transferência deverá ser realizada em até sessenta dias contados a partir da entrada em vigor deste parágrafo, sob pena de responsabilização pessoal do dirigente da instituição financeira por improbidade.
▶ § 3º acrescido pela EC 94/2016.

§ 4º *Revogado pela EC 109/2021.*

§ 5º Os empréstimos de que trata o inciso III do § 2º deste artigo poderão ser destinados, por meio de ato do Poder Executivo, exclusivamente ao pagamento de precatórios por acordo direto com os credores, na forma do disposto no inciso III do § 8º do art. 97 deste Ato das Disposições Constitucionais Transitórias.
▶ § 5º acrescido pela EC 113/2021.
○ O STF, na ADI 7.047, por maioria, converteu o julgamento da medida cautelar em julgamento de mérito e conheceu da ação direta para julgá-la parcialmente procedente e declarar a inconstitucionalidade dos arts. 100, § 9º, da CF e 101, § 5º, do ADCT, com redação estabelecida pelo art. 1º da EC 113/2021 (*DOU* 09.02.2024).

Art. 102.
Enquanto viger o regime especial previsto nesta Emenda Constitucional, pelo menos 50% (cinquenta por cento) dos recursos que, nos termos do art. 101 deste Ato das Disposições Constitucionais Transitórias, forem destinados ao pagamento dos precatórios em mora serão utilizados no pagamento segundo a ordem cronológica de apresentação, respeitadas as preferências dos créditos alimentares, e, nessas, as relativas à idade, ao estado de saúde e à deficiência, nos termos do § 2º do art. 100 da Constituição Federal, sobre todos os demais créditos de todos os anos.
▶ Artigo acrescido pela EC 94/2016.

§ 1º A aplicação dos recursos remanescentes, por opção a ser exercida por Estados, Distrito Federal e Municípios, por ato do respectivo Poder Executivo, observada a ordem de preferência dos credores, poderá ser destinada ao pagamento mediante acordos diretos, perante Juízos Auxiliares de Conciliação de Precatórios, com redução máxima de 40% (quarenta por cento) do valor do crédito atualizado, desde que em relação ao crédito não penda recurso ou defesa judicial e que sejam observados os requisitos definidos na regulamentação editada pelo ente federado.
▶ Primitivo parágrafo único renumerado pela EC 99/2017.

§ 2º Na vigência do regime especial previsto no art. 101 deste Ato das Disposições Constitucionais Transitórias, as preferências relativas à idade, ao estado de saúde e à deficiência serão atendidas até o valor equivalente ao

quíntuplo fixado em lei para os fins do disposto no § 3º do art. 100 da Constituição Federal, admitido o fracionamento para essa finalidade, e o restante será pago em ordem cronológica de apresentação do precatório.

▶ § 2º acrescido pela EC 99/2017.

Art. 103. Enquanto os Estados, o Distrito Federal e os Municípios estiverem efetuando o pagamento da parcela mensal devida como previsto no *caput* do art. 101 deste Ato das Disposições Constitucionais Transitórias, nem eles, nem as respectivas autarquias, fundações e empresas estatais dependentes poderão sofrer sequestro de valores, exceto no caso de não liberação tempestiva dos recursos.

▶ *Caput* acrescido pela EC 94/2016.

Parágrafo único. Na vigência do regime especial previsto no art. 101 deste Ato das Disposições Constitucionais Transitórias, ficam vedadas desapropriações pelos Estados, pelo Distrito Federal e pelos Municípios, cujos estoques de precatórios ainda pendentes de pagamento, incluídos os precatórios a pagar de suas entidades da administração indireta, sejam superiores a 70% (setenta por cento) das respectivas receitas correntes líquidas, excetuadas as desapropriações para fins de necessidade pública nas áreas de saúde, educação, segurança pública, transporte público, saneamento básico e habitação de interesse social.

▶ Parágrafo único acrescido pela EC 99/2017.

Art. 104. Se os recursos referidos no art. 101 deste Ato das Disposições Constitucionais Transitórias para o pagamento de precatórios não forem tempestivamente liberados, no todo ou em parte:

▶ Artigo acrescido pela EC 94/2016.

I – o Presidente do Tribunal de Justiça local determinará o sequestro, até o limite do valor não liberado, das contas do ente federado inadimplente;

II – o chefe do Poder Executivo do ente federado inadimplente responderá, na forma da legislação de responsabilidade fiscal e de improbidade administrativa;

III – a União reterá os recursos referentes aos repasses ao Fundo de Participação dos Estados e do Distrito Federal e ao Fundo de Participação dos Municípios e os depositará na conta especial referida no art. 101 deste Ato das Disposições Constitucionais Transitórias, para utilização como nele previsto;

IV – os Estados e o Comitê Gestor do Imposto sobre Bens e Serviços reterão os repasses previstos, respectivamente, nos §§ 1º e 2º do art. 158 da Constituição Federal e os depositarão na conta especial referida no art. 101 deste Ato das Disposições Constitucionais Transitórias, para utilização como nele previsto.

▶ Inciso IV com redação pela EC 132/2023.

Texto novo: **IV** – o Comitê Gestor do Imposto sobre Bens e Serviços reterá os repasses previstos no § 2º do art. 158 da Constituição Federal e os depositará na conta especial referida no art. 101 deste Ato das Disposições Constitucionais Transitórias, para utilização como nele previsto.

▶ Inciso IV com redação pela EC 132/2023, em vigor a partir de 2033.

Parágrafo único. Enquanto perdurar a omissão, o ente federado não poderá contrair empréstimo externo ou interno, exceto para os fins previstos no § 2º do art. 101 deste Ato das Disposições Constitucionais Transitórias, e ficará impedido de receber transferências voluntárias.

Art. 105. Enquanto viger o regime de pagamento de precatórios previsto no art. 101 deste Ato das Disposições Constitucionais Transitórias, é facultada aos credores de precatórios, próprios ou de terceiros, a compensação com débitos de natureza tributária ou de outra natureza que até 25 de março de 2015 tenham sido inscritos na dívida ativa dos Estados, do Distrito Federal ou dos Municípios, observados os requisitos definidos em lei própria do ente federado.

▶ Artigo acrescido pela EC 94/2016.

§ 1º Não se aplica às compensações referidas no *caput* deste artigo qualquer tipo de vinculação, como as transferências a outros entes e as destinadas à educação, à saúde e a outras finalidades.

▶ Primitivo parágrafo único renumerado pela EC 99/2017.

§ 2º Os Estados, o Distrito Federal e os Municípios regulamentarão nas respectivas leis o disposto no *caput* deste artigo em até cento e vinte dias a partir de 1º de janeiro de 2018.

▶ § 2º acrescido pela EC 99/2017.

§ 3º Decorrido o prazo estabelecido no § 2º deste artigo sem a regulamentação nele prevista, ficam os credores de precatórios autorizados a exercer a faculdade a que se refere o *caput* deste artigo.

▶ § 3º acrescido pela EC 99/2017.

Art. 106. Fica instituído o Novo Regime Fiscal no âmbito dos Orçamentos Fiscal e da Seguridade Social da União, que vigorará por vinte exercícios financeiros, nos

termos dos arts. 107 a 114 deste Ato das Disposições Constitucionais Transitórias.

▶ Artigo acrescido pela EC 95/2016.
▶ Art. 9º da EC 126/2022.

Art. 107. Ficam estabelecidos, para cada exercício, limites individualizados para as despesas primárias:

▶ Artigo acrescido pela EC 95/2016.
▶ Art. 9º da EC 126/2022.

I – do Poder Executivo;

II – do Supremo Tribunal Federal, do Superior Tribunal de Justiça, do Conselho Nacional de Justiça, da Justiça do Trabalho, da Justiça Federal, da Justiça Militar da União, da Justiça Eleitoral e da Justiça do Distrito Federal e Territórios, no âmbito do Poder Judiciário;

III – do Senado Federal, da Câmara dos Deputados e do Tribunal de Contas da União, no âmbito do Poder Legislativo;

IV – do Ministério Público da União e do Conselho Nacional do Ministério Público; e

V – da Defensoria Pública da União.

§ 1º Cada um dos limites a que se refere o *caput* deste artigo equivalerá:

I – para o exercício de 2017, à despesa primária paga no exercício de 2016, incluídos os restos a pagar pagos e demais operações que afetam o resultado primário, corrigida em 7,2% (sete inteiros e dois décimos por cento); e

II – para os exercícios posteriores, ao valor do limite referente ao exercício imediatamente anterior, corrigido pela variação do Índice Nacional de Preços ao Consumidor Amplo (IPCA), publicado pela Fundação Instituto Brasileiro de Geografia e Estatística, ou de outro índice que vier a substituí-lo, apurado no exercício anterior a que se refere a lei orçamentária.

▶ Inciso II com redação pela EC 113/2021.

§ 2º Os limites estabelecidos na forma do inciso IV do *caput* do art. 51, do inciso XIII do *caput* do art. 52, do § 1º do art. 99, do § 3º do art. 127 e do § 3º do art. 134 da Constituição Federal não poderão ser superiores aos estabelecidos nos termos deste artigo.

§ 3º A mensagem que encaminhar o projeto de lei orçamentária demonstrará os valores máximos de programação compatíveis com os limites individualizados calculados na forma do § 1º deste artigo, observados os §§ 7º a 9º deste artigo.

§ 4º As despesas primárias autorizadas na lei orçamentária anual sujeitas aos limites de que trata este artigo não poderão exceder os valores máximos demonstrados nos termos do § 3º deste artigo.

§ 5º É vedada a abertura de crédito suplementar ou especial que amplie o montante total autorizado de despesa primária sujeita aos limites de que trata este artigo.

§ 6º Não se incluem na base de cálculo e nos limites estabelecidos neste artigo:

I – transferências constitucionais estabelecidas no § 1º do art. 20, no inciso III do parágrafo único do art. 146, no § 5º do art. 153, no art. 157, nos incisos I e II do *caput* do art. 158, no art. 159 e no § 6º do art. 212, as despesas referentes ao inciso XIV do *caput* do art. 21 e as complementações de que tratam os incisos IV e V do *caput* do art. 212-A, todos da Constituição Federal;

▶ Inciso I com redação pela EC 108/2020.

II – créditos extraordinários a que se refere o § 3º do art. 167 da Constituição Federal;

III – despesas não recorrentes da Justiça Eleitoral com a realização de eleições;

IV – despesas com aumento de capital de empresas estatais não dependentes;

V – transferências a Estados, Distrito Federal e Municípios dos valores arrecadados com os leilões dos volumes excedentes ao limite a que se refere o § 2º do art. 12 da Lei 12.276, de 30 de junho de 2010, e a despesa decorrente da revisão do contrato de cessão onerosa de que trata a mesma Lei; e

▶ Inciso V acrescido pela EC 102/2019.

VI – despesas correntes ou transferências aos fundos de saúde dos Estados, do Distrito Federal e dos Municípios, destinadas ao pagamento de despesas com pessoal para cumprimento dos pisos nacionais salariais para o enfermeiro, o técnico de enfermagem, o auxiliar de enfermagem e a parteira, de acordo com os §§ 12, 13, 14 e 15 do art. 198 da Constituição Federal.

▶ Inciso VI acrescido pela EC 127/2022.

§ 6º-A. Não se incluem no limite estabelecido no inciso I do *caput* deste artigo, a partir do exercício financeiro de 2023:

▶ § 6º-A acrescido pela EC 126/2022.

I – despesas com projetos socioambientais ou relativos às mudanças climáticas custeadas com recursos de doações, bem como despesas com projetos custea-

dos com recursos decorrentes de acordos judiciais ou extrajudiciais firmados em função de desastres ambientais;

II – despesas das instituições federais de ensino e das Instituições Científicas, Tecnológicas e de Inovação (ICTs) custeadas com receitas próprias, de doações ou de convênios, contratos ou outras fontes, celebrados com os demais entes da Federação ou entidades privadas;

III – despesas custeadas com recursos oriundos de transferências dos demais entes da Federação para a União destinados à execução direta de obras e serviços de engenharia.

§ 6º-B. Não se incluem no limite estabelecido no inciso I do *caput* deste artigo as despesas com investimentos em montante que corresponda ao excesso de arrecadação de receitas correntes do exercício anterior ao que se refere a lei orçamentária, limitadas a 6,5% (seis inteiros e cinco décimos por cento) do excesso de arrecadação de receitas correntes do exercício de 2021.

▶ § 6º-B acrescido pela EC 126/2022.

§ 6º-C. As despesas previstas no § 6º-B deste artigo não serão consideradas para fins de verificação do cumprimento da meta de resultado primário estabelecida no *caput* do art. 2º da Lei nº 14.436, de 9 de agosto de 2022.

▶ § 6º-C acrescido pela EC 126/2022.

§ 7º Nos três primeiros exercícios financeiros da vigência do Novo Regime Fiscal, o Poder Executivo poderá compensar com redução equivalente na sua despesa primária, consoante os valores estabelecidos no projeto de lei orçamentária encaminhado pelo Poder Executivo no respectivo exercício, o excesso de despesas primárias em relação aos limites de que tratam os incisos II a V do *caput* deste artigo.

§ 8º A compensação de que trata o § 7º deste artigo não excederá a 0,25% (vinte e cinco centésimos por cento) do limite do Poder Executivo.

§ 9º Respeitado o somatório em cada um dos incisos de II a IV do *caput* deste artigo, a lei de diretrizes orçamentárias poderá dispor sobre a compensação entre os limites individualizados dos órgãos elencados em cada inciso.

§ 10. Para fins de verificação do cumprimento dos limites de que trata este artigo, serão consideradas as despesas primárias pagas, incluídos os restos a pagar pagos e demais operações que afetam o resultado primário no exercício.

§ 11. O pagamento de restos a pagar inscritos até 31 de dezembro de 2015 poderá ser excluído da verificação do cumprimento dos limites de que trata este artigo, até o excesso de resultado primário dos Orçamentos Fiscal e da Seguridade Social do exercício em relação à meta fixada na lei de diretrizes orçamentárias.

§ 12. Para fins da elaboração do projeto de lei orçamentária anual, o Poder Executivo considerará o valor realizado até junho do índice previsto no inciso II do § 1º deste artigo, relativo ao ano de encaminhamento do projeto, e o valor estimado até dezembro desse mesmo ano.

§ 13. A estimativa do índice a que se refere o § 12 deste artigo, juntamente com os demais parâmetros macroeconômicos, serão elaborados mensalmente pelo Poder Executivo e enviados à comissão mista de que trata o § 1º do art. 166 da Constituição Federal.

§ 14. O resultado da diferença aferida entre as projeções referidas nos §§ 12 e 13 deste artigo e a efetiva apuração do índice previsto no inciso II do § 1º deste artigo será calculado pelo Poder Executivo, para fins de definição da base de cálculo dos respectivos limites do exercício seguinte, a qual será comunicada aos demais Poderes por ocasião da elaboração do projeto de lei orçamentária.

▶ §§ 12 a 14 acrescidos pela EC 113/2021.

Art. 107-A. Até o fim de 2026, fica estabelecido, para cada exercício financeiro, limite para alocação na proposta orçamentária das despesas com pagamentos em virtude de sentença judiciária de que trata o art. 100 da Constituição Federal, equivalente ao valor da despesa paga no exercício de 2016, incluídos os restos a pagar pagos, corrigido, para o exercício de 2017, em 7,2% (sete inteiros e dois décimos por cento) e, para os exercícios posteriores, pela variação do Índice Nacional de Preços ao Consumidor Amplo (IPCA), publicado pela Fundação Instituto Brasileiro de Geografia e Estatística, ou de outro índice que vier a substituí-lo, apurado no exercício anterior a que se refere a lei orçamentária, devendo o espaço fiscal decorrente da diferença entre o valor dos precatórios expedidos e o respectivo limite ser destinado ao programa previsto no parágrafo único do art. 6º e à seguridade social, nos termos do art. 194, ambos da Constituição Federal, a ser calculado da seguinte forma:

▸ *Caput* com redação pela EC 126/2022.
▸ O STF, na ADI 7.064, por maioria, converteu o julgamento da medida cautelar em julgamento de mérito e conheceu da ação direta para julgá-la parcialmente procedente para dar interpretação conforme a Constituição ao *caput* do art. 107-A do ADCT, incluído pela Emenda Constitucional 114/2021, para que seus efeitos somente operem para o exercício de 2022 (*DOU* 09.02.2024).

I – no exercício de 2022, o espaço fiscal decorrente da diferença entre o valor dos precatórios expedidos e o limite estabelecido no *caput* deste artigo deverá ser destinado ao programa previsto no parágrafo único do art. 6º e à seguridade social, nos termos do art. 194, ambos da Constituição Federal;

II – no exercício de 2023, pela diferença entre o total de precatórios expedidos entre 2 de julho de 2021 e 2 de abril de 2022 e o limite de que trata o *caput* deste artigo válido para o exercício de 2023; e

▸ O STF, na ADI 7.064, por maioria, converteu o julgamento da medida cautelar em julgamento de mérito e conheceu da ação direta para julgá-la parcialmente procedente para declarar a inconstitucionalidade, com supressão de texto, dos incisos II e III do art. 107-A do ADCT (*DOU* 09.02.2024).

III – nos exercícios de 2024 a 2026, pela diferença entre o total de precatórios expedidos entre 3 de abril de dois anos anteriores e 2 de abril do ano anterior ao exercício e o limite de que trata o *caput* deste artigo válido para o mesmo exercício.

▸ Incisos I a III acrescidos pela EC 114/2021.
▸ O STF, na ADI 7.064, por maioria, converteu o julgamento da medida cautelar em julgamento de mérito e conheceu da ação direta para julgá-la parcialmente procedente para declarar a inconstitucionalidade, com supressão de texto, dos incisos II e III do art. 107-A do ADCT (*DOU* 09.02.2024).

§ 1º O limite para o pagamento de precatórios corresponderá, em cada exercício, ao limite previsto no *caput* deste artigo, reduzido da projeção para a data do pagamento de requisições de pequeno valor para o mesmo exercício, que terão prioridade no pagamento.

§ 2º Os precatórios que não forem pagos em razão do previsto neste artigo terão prioridade para pagamento em exercícios seguintes, observada a ordem cronológica e o disposto no § 8º deste artigo.

§ 3º É facultado ao credor de precatório que não tenha sido pago em razão do disposto neste artigo, além das hipóteses previstas no § 11 do art. 100 da Constituição Federal e sem prejuízo dos procedimentos previstos nos §§ 9º e 21 do referido artigo, optar pelo recebimento, mediante acordos diretos perante Juízos Auxiliares de Conciliação de Pagamento de Condenações Judiciais contra a Fazenda Pública Federal, em parcela única, até o final do exercício seguinte, com renúncia de 40% (quarenta por cento) do valor desse crédito.

▸ O STF, na ADI 7.064, por maioria, converteu o julgamento da medida cautelar em julgamento de mérito e conheceu da ação direta para julgá-la parcialmente procedente para declarar a inconstitucionalidade por arrastamento dos §§ 3º, 5º e 6º do mesmo art. 107-A (*DOU* 09.02.2024).

§ 4º O Conselho Nacional de Justiça regulamentará a atuação dos Presidentes dos Tribunais competentes para o cumprimento deste artigo.

§ 5º Não se incluem no limite estabelecido neste artigo as despesas para fins de cumprimento do disposto nos §§ 11, 20 e 21 do art. 100 da Constituição Federal e no § 3º deste artigo, bem como a atualização monetária dos precatórios inscritos no exercício.

▸ O STF, na ADI 7.064, por maioria, converteu o julgamento da medida cautelar em julgamento de mérito e conheceu da ação direta para julgá-la parcialmente procedente para declarar a inconstitucionalidade por arrastamento dos §§ 3º, 5º e 6º do mesmo art. 107-A (*DOU* 09.02.2024).

§ 6º Não se incluem nos limites estabelecidos no art. 107 deste Ato das Disposições Constitucionais Transitórias o previsto nos §§ 11, 20 e 21 do art. 100 da Constituição Federal e no § 3º deste artigo.

▸ O STF, na ADI 7.064, por maioria, converteu o julgamento da medida cautelar em julgamento de mérito e conheceu da ação direta para julgá-la parcialmente procedente para declarar a inconstitucionalidade por arrastamento dos §§ 3º, 5º e 6º do mesmo art. 107-A (*DOU* 09.02.2024).

§ 7º Na situação prevista no § 3º deste artigo, para os precatórios não incluídos na proposta orçamentária de 2022, os valores necessários à sua quitação serão providenciados pela abertura de créditos adicionais durante o exercício de 2022.

§ 8º Os pagamentos em virtude de sentença judiciária de que trata o art. 100 da Constituição Federal serão realizados na seguinte ordem:

I – obrigações definidas em lei como de pequeno valor, previstas no § 3º do art. 100 da Constituição Federal;

II – precatórios de natureza alimentícia cujos titulares, originários ou por sucessão hereditária, tenham no mínimo 60 (sessenta) anos de idade, ou sejam portadores de doença grave ou pessoas com deficiência, assim definidos na forma da lei, até o valor equivalente

ao triplo do montante fixado em lei como obrigação de pequeno valor;

III – demais precatórios de natureza alimentícia até o valor equivalente ao triplo do montante fixado em lei como obrigação de pequeno valor;

IV – demais precatórios de natureza alimentícia além do valor previsto no inciso III deste parágrafo;

V – demais precatórios.

▸ §§ 1º a 8º acrescidos pela EC 114/2021.

Art. 108. *Revogado pela EC 113/2021.*

Art. 109. Se verificado, na aprovação da lei orçamentária, que, no âmbito das despesas sujeitas aos limites do art. 107 deste Ato das Disposições Constitucionais Transitórias, a proporção da despesa obrigatória primária em relação à despesa primária total foi superior a 95% (noventa e cinco por cento), aplicam-se ao respectivo Poder ou órgão, até o final do exercício a que se refere a lei orçamentária, sem prejuízo de outras medidas, as seguintes vedações:

▸ Artigo com redação pela EC 109/2021.
▸ Art. 9º da EC 126/2022.

I – concessão, a qualquer título, de vantagem, aumento, reajuste ou adequação de remuneração de membros de Poder ou de órgão, de servidores e empregados públicos e de militares, exceto dos derivados de sentença judicial transitada em julgado ou de determinação legal anterior ao início da aplicação das medidas de que trata este artigo;

▸ Inciso I com redação pela EC 109/2021.

II – criação de cargo, emprego ou função que implique aumento de despesa;

III – alteração de estrutura de carreira que implique aumento de despesa;

IV – admissão ou contratação de pessoal, a qualquer título, ressalvadas:

▸ Inciso IV com redação pela EC 109/2021.

a) as reposições de cargos de chefia e de direção que não acarretem aumento de despesa;

b) as reposições decorrentes de vacâncias de cargos efetivos ou vitalícios;

c) as contratações temporárias de que trata o inciso IX do *caput* do art. 37 da Constituição Federal; e

d) as reposições de temporários para prestação de serviço militar e de alunos de órgãos de formação de militares;

▸ Alíneas *a* a *d* acrescidas pela EC 109/2021.

V – realização de concurso público, exceto para as reposições de vacâncias previstas no inciso IV;

VI – criação ou majoração de auxílios, vantagens, bônus, abonos, verbas de representação ou benefícios de qualquer natureza, inclusive os de cunho indenizatório, em favor de membros de Poder, do Ministério Público ou da Defensoria Pública, de servidores e empregados públicos e de militares, ou ainda de seus dependentes, exceto quando derivados de sentença judicial transitada em julgado ou de determinação legal anterior ao início da aplicação das medidas de que trata este artigo;

▸ Inciso VI acrescido pela EC 109/2021.

VII – criação de despesa obrigatória; e

VIII – adoção de medida que implique reajuste de despesa obrigatória acima da variação da inflação, observada a preservação do poder aquisitivo referida no inciso IV do *caput* do art. 7º da Constituição Federal.

IX – aumento do valor de benefícios de cunho indenizatório destinados a qualquer membro de Poder, servidor ou empregado da administração pública e a seus dependentes, exceto quando derivado de sentença judicial transitada em julgado ou de determinação legal anterior ao início da aplicação das medidas de que trata este artigo.

▸ Inciso IX acrescido pela EC 109/2021.

§ 1º As vedações previstas nos incisos I, III e VI do *caput* deste artigo, quando acionadas as vedações para qualquer dos órgãos elencados nos incisos II, III e IV do *caput* do art. 107 deste Ato das Disposições Constitucionais Transitórias, aplicam-se ao conjunto dos órgãos referidos em cada inciso.

▸ § 1º acrescido pela EC 109/2021.

§ 2º Caso as vedações de que trata o *caput* deste artigo sejam acionadas para o Poder Executivo, ficam vedadas:

▸ § 2º acrescido pela EC 109/2021.

I – a criação ou expansão de programas e linhas de financiamento, bem como a remissão, renegociação ou refinanciamento de dívidas que impliquem ampliação das despesas com subsídios e subvenções; e

II – a concessão ou a ampliação de incentivo ou benefício de natureza tributária.

§ 3º Caso as vedações de que trata o *caput* deste artigo sejam acionadas, fica vedada a concessão da revisão geral prevista no inciso X do *caput* do art. 37 da Constituição Federal.

▸ § 3º com redção pela EC 109/2021.

§ 4º As disposições deste artigo:

▸ § 4º com redação pela EC 109/2021.

I – não constituem obrigação de pagamento futuro pela União ou direitos de outrem sobre o erário;

II – não revogam, dispensam ou suspendem o cumprimento de dispositivos constitucionais e legais que disponham sobre metas fiscais ou limites máximos de despesas; e

III – aplicam-se também a proposições legislativas.

▸ Incisos I a III acrescidos pela EC 109/2021.

§ 5º O disposto nos incisos II, IV, VII e VIII do *caput* e no § 2º deste artigo não se aplica a medidas de combate à calamidade pública nacional cuja vigência e efeitos não ultrapassem a sua duração.

▸ § 5º acrescido pela EC 109/2021.

Art. 110. Na vigência do Novo Regime Fiscal, as aplicações mínimas em ações e serviços públicos de saúde e em manutenção e desenvolvimento do ensino equivalerão:

▸ Artigo acrescido pela EC 95/2016.
▸ Art. 9º da EC 126/2022.

I – no exercício de 2017, às aplicações mínimas calculadas nos termos do inciso I do § 2º do art. 198 e do *caput* do art. 212, da Constituição Federal; e

II – nos exercícios posteriores, aos valores calculados para as aplicações mínimas do exercício imediatamente anterior, corrigidos na forma estabelecida pelo inciso II do § 1º do art. 107 deste Ato das Disposições Constitucionais Transitórias.

Art. 111. A partir do exercício financeiro de 2018, até o exercício financeiro de 2022, a aprovação e a execução previstas nos §§ 9º e 11 do art. 166 da Constituição Federal corresponderão ao montante de execução obrigatória para o exercício de 2017, corrigido na forma estabelecida no inciso II do § 1º do art. 107 deste Ato das Disposições Constitucionais Transitórias.

▸ Artigo com redação pela EC 126/2022.
▸ Art. 9º da EC 126/2022.

Art. 111-A. A partir do exercício financeiro de 2024, até o último exercício de vigência do Novo Regime Fiscal, a aprovação e a execução previstas nos §§ 9º e 11 do art. 166 da Constituição Federal corresponderão ao montante de execução obrigatória para o exercício de 2023, corrigido na forma estabelecida no inciso II do § 1º do art. 107 deste Ato das Disposições Constitucionais Transitórias.

▸ Artigo acrescido pela EC 126/2022.
▸ Art. 9º da EC 126/2022.

Art. 112. As disposições introduzidas pelo Novo Regime Fiscal:

▸ Artigo acrescido pela EC 95/2016.
▸ Art. 9º da EC 126/2022.

I – não constituirão obrigação de pagamento futuro pela União ou direitos de outrem sobre o erário; e

II – não revogam, dispensam ou suspendem o cumprimento de dispositivos constitucionais e legais que disponham sobre metas fiscais ou limites máximos de despesas.

Art. 113. A proposição legislativa que crie ou altere despesa obrigatória ou renúncia de receita deverá ser acompanhada da estimativa do seu impacto orçamentário e financeiro.

▸ Artigo acrescido pela EC 95/2016.

Art. 114. A tramitação de proposição elencada no *caput* do art. 59 da Constituição Federal, ressalvada a referida no seu inciso V, quando acarretar aumento de despesa ou renúncia de receita, será suspensa por até vinte dias, a requerimento de um quinto dos membros da Casa, nos termos regimentais, para análise de sua compatibilidade com o Novo Regime Fiscal.

▸ Artigo acrescido pela EC 95/2016.
▸ Art. 9º da EC 126/2022.

Art. 115. Fica excepcionalmente autorizado o parcelamento das contribuições previdenciárias e dos demais débitos dos Municípios, incluídas suas autarquias e fundações, com os respectivos regimes próprios de previdência social, com vencimento até 31 de outubro de 2021, inclusive os parcelados anteriormente, no prazo máximo de 240 (duzentos e quarenta) prestações mensais, mediante autorização em lei municipal específica, desde que comprovem ter alterado a legislação do regime próprio de previdência social para atendimento das seguintes condições, cumulativamente:

▸ Artigo acrescido pela EC 113/2021.

I – adoção de regras de elegibilidade, de cálculo e de reajustamento dos benefícios que contemplem, nos

termos previstos nos incisos I e III do § 1º e nos §§ 3º a 5º, 7º e 8º do art. 40 da Constituição Federal, regras assemelhadas às aplicáveis aos servidores públicos do regime próprio de previdência social da União e que contribuam efetivamente para o atingimento e a manutenção do equilíbrio financeiro e atuarial;

II – adequação do rol de benefícios ao disposto nos §§ 2º e 3º do art. 9º da Emenda Constitucional nº 103, de 12 de novembro de 2019;

III – adequação da alíquota de contribuição devida pelos servidores, nos termos do § 4º do art. 9º da Emenda Constitucional nº 103, de 12 de novembro de 2019; e

IV – instituição do regime de previdência complementar e adequação do órgão ou entidade gestora do regime próprio de previdência social, nos termos do § 6º do art. 9º da Emenda Constitucional nº 103, de 12 de novembro de 2019.

Parágrafo único. Ato do Ministério do Trabalho e Previdência, no âmbito de suas competências, definirá os critérios para o parcelamento previsto neste artigo, inclusive quanto ao cumprimento do disposto nos incisos I, II, III e IV do *caput* deste artigo, bem como disponibilizará as informações aos Municípios sobre o montante das dívidas, as formas de parcelamento, os juros e os encargos incidentes, de modo a possibilitar o acompanhamento da evolução desses débitos.

Art. 116. Fica excepcionalmente autorizado o parcelamento dos débitos decorrentes de contribuições previdenciárias dos Municípios, incluídas suas autarquias e fundações, com o Regime Geral de Previdência Social, com vencimento até 31 de outubro de 2021, ainda que em fase de execução fiscal ajuizada, inclusive os decorrentes do descumprimento de obrigações acessórias e os parcelados anteriormente, no prazo máximo de 240 (duzentos e quarenta) prestações mensais.

▸ Artigo acrescido pela EC 113/2021.

§ 1º Os Municípios que possuam regime próprio de previdência social deverão comprovar, para fins de formalização do parcelamento com o Regime Geral de Previdência Social, de que trata este artigo, terem atendido as condições estabelecidas nos incisos I, II, III e IV do *caput* do art. 115 deste Ato das Disposições Constitucionais Transitórias.

§ 2º Os débitos parcelados terão redução de 40% (quarenta por cento) das multas de mora, de ofício e isoladas, de 80% (oitenta por cento) dos juros de mora, de 40% (quarenta por cento) dos encargos legais e de 25% (vinte e cinco por cento) dos honorários advocatícios.

§ 3º O valor de cada parcela será acrescido de juros equivalentes à taxa referencial do Sistema Especial de Liquidação e de Custódia (Selic), acumulada mensalmente, calculados a partir do mês subsequente ao da consolidação até o mês anterior ao do pagamento.

§ 4º Não constituem débitos dos Municípios aqueles considerados prescritos ou atingidos pela decadência.

§ 5º A Secretaria Especial da Receita Federal do Brasil e a Procuradoria-Geral da Fazenda Nacional, no âmbito de suas competências, deverão fixar os critérios para o parcelamento previsto neste artigo, bem como disponibilizar as informações aos Municípios sobre o montante das dívidas, as formas de parcelamento, os juros e os encargos incidentes, de modo a possibilitar o acompanhamento da evolução desses débitos.

Art. 117. A formalização dos parcelamentos de que tratam os arts. 115 e 116 deste Ato das Disposições Constitucionais Transitórias deverá ocorrer até 30 de junho de 2022 e ficará condicionada à autorização de vinculação do Fundo de Participação dos Municípios para fins de pagamento das prestações acordadas nos termos de parcelamento, observada a seguinte ordem de preferência:

▸ Artigo acrescido pela EC 113/2021.

I – a prestação de garantia ou de contragarantia à União ou os pagamentos de débitos em favor da União, na forma do § 4º do art. 167 da Constituição Federal;

II – as contribuições parceladas devidas ao Regime Geral de Previdência Social;

III – as contribuições parceladas devidas ao respectivo regime próprio de previdência social.

Art. 118. Os limites, as condições, as normas de acesso e os demais requisitos para o atendimento do disposto no parágrafo único do art. 6º e no inciso VI do *caput* do art. 203 da Constituição Federal serão determinados, na forma da lei e respectivo regulamento, até 31 de dezembro de 2022, dispensada, no exercício financeiro de 2022, a observância das limitações legais quanto à criação, à expansão ou ao aperfeiçoamento de ação governamental que acarrete aumento de despesa no referido exercício.

▸ Artigo acrescido pela EC 114/2021.

Art. 119. Em decorrência do estado de calamidade pública provocado pela pandemia da Covid-19, os Estados, o Distrito Federal, os Municípios e os agentes públicos desses entes federados não poderão ser responsabilizados administrativa, civil ou criminalmente pelo descumprimento, exclusivamente nos exercícios financeiros de 2020 e 2021, do disposto no *caput* do art. 212 da Constituição Federal.

▸ Artigo acrescido pela EC 119/2022.

Parágrafo único. Para efeitos do disposto no *caput* deste artigo, o ente deverá complementar na aplicação da manutenção e desenvolvimento do ensino, até o exercício financeiro de 2023, a diferença a menor entre o valor aplicado, conforme informação registrada no sistema integrado de planejamento e orçamento, e o valor mínimo exigível constitucionalmente para os exercícios de 2020 e 2021.

Art. 120. Fica reconhecido, no ano de 2022, o estado de emergência decorrente da elevação extraordinária e imprevisível dos preços do petróleo, combustíveis e seus derivados e dos impactos sociais dela decorrentes.

▸ Artigo acrescido pela EC 123/2022.
▸ Art. 5º da EC 123/2022.

Parágrafo único. Para enfrentamento ou mitigação dos impactos decorrentes do estado de emergência reconhecido, as medidas implementadas, até os limites de despesas previstos em uma única e exclusiva norma constitucional observarão o seguinte:

I – quanto às despesas:

a) serão atendidas por meio de crédito extraordinário;

b) não serão consideradas para fins de apuração da meta de resultado primário estabelecida no *caput* do art. 2º da Lei nº 14.194, de 20 de agosto de 2021, e do limite estabelecido para as despesas primárias, conforme disposto no inciso I do *caput* do art. 107 do Ato das Disposições Constitucionais Transitórias; e

c) ficarão ressalvadas do disposto no inciso III do *caput* do art. 167 da Constituição Federal;

II – a abertura do crédito extraordinário para seu atendimento dar-se-á independentemente da observância dos requisitos exigidos no § 3º do art. 167 da Constituição Federal; e

III – a dispensa das limitações legais, inclusive quanto à necessidade de compensação:

a) à criação, à expansão ou ao aperfeiçoamento de ação governamental que acarrete aumento de despesa; e

b) à renúncia de receita que possa ocorrer.

Art. 121. As contas referentes aos patrimônios acumulados de que trata o § 2º do art. 239 da Constituição Federal cujos recursos não tenham sido reclamados por prazo superior a 20 (vinte) anos serão encerradas após o prazo de 60 (sessenta) dias da publicação de aviso no *Diário Oficial da União*, ressalvada reivindicação por eventual interessado legítimo dentro do referido prazo.

▸ Artigo acrescido pela EC 126/2022.

Parágrafo único. Os valores referidos no *caput* deste artigo serão tidos por abandonados, nos termos do inciso III do *caput* do art. 1.275 da Lei nº 10.406, de 10 de janeiro de 2002 (Código Civil), e serão apropriados pelo Tesouro Nacional como receita primária para realização de despesas de investimento de que trata o § 6º-B do art. 107, que não serão computadas nos limites previstos no art. 107, ambos deste Ato das Disposições Constitucionais Transitórias, podendo o interessado reclamar ressarcimento à União no prazo de até 5 (cinco) anos do encerramento das contas.

Art. 122. As transferências financeiras realizadas pelo Fundo Nacional de Saúde e pelo Fundo Nacional de Assistência Social diretamente aos fundos de saúde e assistência social estaduais, municipais e distritais, para enfrentamento da pandemia da Covid-19, poderão ser executadas pelos entes federativos até 31 de dezembro de 2023.

▸ Artigo acrescido pela EC 126/2022.

Art. 123. Todos os termos de credenciamentos, contratos, aditivos e outras formas de ajuste de permissão lotérica, em vigor, indistintamente, na data de publicação deste dispositivo, destinados a viabilizar a venda de serviços lotéricos, disciplinados em lei ou em outros instrumentos de alcance específico, terão assegurado prazo de vigência adicional, contado do término do prazo do instrumento vigente, independentemente da data de seu termo inicial.

▸ Artigo acrescido pela EC 129/2023.

Art. 124. A transição para os tributos previstos no art. 156-A e no art. 195, V, todos da Constituição Federal, atenderá aos critérios estabelecidos nos arts. 125 a 133 deste Ato das Disposições Constitucionais Transitórias.

Parágrafo único. A contribuição prevista no art. 195, V, será instituída pela mesma lei complementar de que trata o art. 156-A, ambos da Constituição Federal.

Art. 125. Em 2026, o imposto previsto no art. 156-A será cobrado à alíquota estadual de 0,1% (um décimo por cento), e a contribuição prevista no art. 195, V, ambos da Constituição Federal, será cobrada à alíquota de 0,9% (nove décimos por cento).

§ 1º O montante recolhido na forma do *caput* será compensado com o valor devido das contribuições previstas no art. 195, I, "b", e IV, e da contribuição para o Programa de Integração Social a que se refere o art. 239, ambos da Constituição Federal.

§ 2º Caso o contribuinte não possua débitos suficientes para efetuar a compensação de que trata o § 1º, o valor recolhido poderá ser compensado com qualquer outro tributo federal ou ser ressarcido em até 60 (sessenta) dias, mediante requerimento.

§ 3º A arrecadação do imposto previsto no art. 156-A da Constituição Federal decorrente do disposto no *caput* deste artigo não observará as vinculações, repartições e destinações previstas na Constituição Federal, devendo ser aplicada, integral e sucessivamente, para:

I – o financiamento do Comitê Gestor do Imposto sobre Bens e Serviços, nos termos do art. 156-B, § 2º, III, da Constituição Federal;

II – compor o Fundo de Compensação de Benefícios Fiscais ou Financeiro-Fiscais do imposto de que trata o art. 155, II, da Constituição Federal.

§ 4º Durante o período de que trata o *caput*, os sujeitos passivos que cumprirem as obrigações acessórias relativas aos tributos referidos no *caput* poderão ser dispensados do seu recolhimento, nos termos de lei complementar.

Art. 126. A partir de 2027:

I – serão cobrados:

a) a contribuição prevista no art. 195, V, da Constituição Federal;

b) o imposto previsto no art. 153, VIII, da Constituição Federal;

II – serão extintas as contribuições previstas no art. 195, I, "b", e IV, e a contribuição para o Programa de Integração Social de que trata o art. 239, todos da Constituição Federal, desde que instituída a contribuição referida na alínea "a" do inciso I;

III – o imposto previsto no art. 153, IV, da Constituição Federal:

a) terá suas alíquotas reduzidas a zero, exceto em relação aos produtos que tenham industrialização incentivada na Zona Franca de Manaus, conforme critérios estabelecidos em lei complementar; e

b) não incidirá de forma cumulativa com o imposto previsto no art. 153, VIII, da Constituição Federal.

Art. 127. Em 2027 e 2028, o imposto previsto no art. 156-A da Constituição Federal será cobrado à alíquota estadual de 0,05% (cinco centésimos por cento) e à alíquota municipal de 0,05% (cinco centésimos por cento).

Parágrafo único. No período referido no *caput*, a alíquota da contribuição prevista no art. 195, V, da Constituição Federal, será reduzida em 0,1 (um décimo) ponto percentual.

Art. 128. De 2029 a 2032, as alíquotas dos impostos previstos nos arts. 155, II, e 156, III, da Constituição Federal, serão fixadas nas seguintes proporções das alíquotas fixadas nas respectivas legislações:

I – 9/10 (nove décimos), em 2029;

II – 8/10 (oito décimos), em 2030;

III – 7/10 (sete décimos), em 2031;

IV – 6/10 (seis décimos), em 2032.

§ 1º Os benefícios ou os incentivos fiscais ou financeiros relativos aos impostos previstos nos arts. 155, II, e 156, III, da Constituição Federal não alcançados pelo disposto no *caput* deste artigo serão reduzidos na mesma proporção.

§ 2º Os benefícios e incentivos fiscais ou financeiros referidos no art. 3º da Lei Complementar nº 160, de 7 de agosto de 2017, serão reduzidos na forma deste artigo, não se aplicando a redução prevista no § 2º-A do art. 3º da referida Lei Complementar.

§ 3º Ficam mantidos em sua integralidade, até 31 de dezembro de 2032, os percentuais utilizados para calcular os benefícios ou incentivos fiscais ou financeiros já reduzidos por força da redução das alíquotas, em decorrência do disposto no *caput*.

Art. 129. Ficam extintos, a partir de 2033, os impostos previstos nos arts. 155, II, e 156, III, da Constituição Federal.

Art. 130. Resolução do Senado Federal fixará, para todas as esferas federativas, as alíquotas de referência dos tributos previstos nos arts. 156-A e 195, V, da Constituição Federal, observados a forma de cálculo e os limites previstos em lei complementar, de forma a assegurar:

I – de 2027 a 2033, que a receita da União com a contribuição prevista no art. 195, V, e com o imposto previsto no art. 153, VIII, todos da Constituição Federal, seja equivalente à redução da receita:

a) das contribuições previstas no art. 195, I, "b", e IV, da contribuição para o Programa de Integração Social de que trata o art. 239, todos da Constituição Federal;

b) do imposto previsto no art. 153, IV; e

c) do imposto previsto no art. 153, V, da Constituição Federal, sobre operações de seguros;

II – de 2029 a 2033, que a receita dos Estados e do Distrito Federal com o imposto previsto no art. 156-A da Constituição Federal seja equivalente à redução:

a) da receita do imposto previsto no art. 155, II, da Constituição Federal; e

b) das receitas destinadas a fundos estaduais financiados por contribuições estabelecidas como condição à aplicação de diferimento, regime especial ou outro tratamento diferenciado, relativos ao imposto de que trata o art. 155, II, da Constituição Federal, em funcionamento em 30 de abril de 2023, excetuadas as receitas dos fundos mantidas na forma do art. 136 deste Ato das Disposições Constitucionais Transitórias;

III – de 2029 a 2033, que a receita dos Municípios e do Distrito Federal com o imposto previsto no art. 156-A seja equivalente à redução da receita do imposto previsto no art. 156, III, ambos da Constituição Federal.

§ 1º As alíquotas de referência serão fixadas no ano anterior ao de sua vigência, não se aplicando o disposto no art. 150, III, "c", da Constituição Federal, com base em cálculo realizado pelo Tribunal de Contas da União.

§ 2º Na fixação das alíquotas de referência, deverão ser considerados os efeitos sobre a arrecadação dos regimes específicos, diferenciados ou favorecidos e de qualquer outro regime que resulte em arrecadação menor do que a que seria obtida com a aplicação da alíquota padrão.

§ 3º Para fins do disposto nos §§ 4º a 6º, entende-se por:

I – Teto de Referência da União: a média da receita no período de 2012 a 2021, apurada como proporção do PIB, do imposto previsto no art. 153, IV, das contribuições previstas no art. 195, I, "b", e IV, da contribuição para o Programa de Integração Social de que trata o art. 239 e do imposto previsto no art. 153, V, sobre operações de seguro, todos da Constituição Federal;

II – Teto de Referência Total: a média da receita no período de 2012 a 2021, apurada como proporção do PIB, dos impostos previstos nos arts. 153, IV, 155, II e 156, III, das contribuições previstas no art. 195, I, "b", e IV, da contribuição para o Programa de Integração Social de que trata o art. 239 e do imposto previsto no art. 153, V, sobre operações de seguro, todos da Constituição Federal;

III – Receita-Base da União: a receita da União com a contribuição prevista no art. 195, V, e com o imposto previsto no art. 153, VIII, ambos da Constituição Federal, apurada como proporção do PIB;

IV – Receita-Base dos Entes Subnacionais: a receita dos Estados, do Distrito Federal e dos Municípios com o imposto previsto no art. 156-A da Constituição Federal, deduzida da parcela a que se refere a alínea "b" do inciso II do *caput*, apurada como proporção do PIB;

V – Receita-Base Total: a soma da Receita-Base da União com a Receita-Base dos Entes Subnacionais, sendo essa última:

a) multiplicada por 10 (dez) em 2029;

b) multiplicada por 5 (cinco) em 2030;

c) multiplicada por 10 (dez) e dividida por 3 (três) em 2031;

d) multiplicada por 10 (dez) e dividida por 4 (quatro) em 2032;

e) multiplicada por 1 (um) em 2033.

§ 4º A alíquota de referência da contribuição a que se refere o art. 195, V, da Constituição Federal será reduzida em 2030 caso a média da Receita-Base da União em 2027 e 2028 exceda o Teto de Referência da União.

§ 5º As alíquotas de referência da contribuição a que se refere o art. 195, V, e do imposto a que se refere o art. 156-A, ambos da Constituição Federal, serão reduzidas

em 2035 caso a média da Receita-Base Total entre 2029 e 2033 exceda o Teto de Referência Total.

§ 6º As reduções de que tratam os §§ 4º e 5º serão:

I – definidas de forma a que a Receita-Base seja igual ao respectivo Teto de Referência;

II – no caso do § 5º, proporcionais para as alíquotas de referência federal, estadual e municipal.

§ 7º A revisão das alíquotas de referência em função do disposto nos §§ 4º, 5º e 6º não implicará cobrança ou restituição de tributo relativo a anos anteriores ou transferência de recursos entre os entes federativos.

§ 8º Os entes federativos e o Comitê Gestor do Imposto sobre Bens e Serviços fornecerão ao Tribunal de Contas da União as informações necessárias para o cálculo a que se referem os §§ 1º, 4º e 5º.

§ 9º Nos cálculos das alíquotas de que trata o *caput*, deverá ser considerada a arrecadação dos tributos previstos nos arts. 156-A e 195, V, da Constituição Federal, cuja cobrança tenha sido iniciada antes dos períodos de que tratam os incisos I, II e III do *caput*.

§ 10. O cálculo das alíquotas a que se refere este artigo será realizado com base em propostas encaminhadas pelo Poder Executivo da União e pelo Comitê Gestor do Imposto sobre Bens e Serviços, que deverão fornecer ao Tribunal de Contas da União todos os subsídios necessários, mediante o compartilhamento de dados e informações, nos termos de lei complementar.

Art. 131. De 2029 a 2077, o produto da arrecadação dos Estados, do Distrito Federal e dos Municípios com o imposto de que trata o art. 156-A da Constituição Federal será distribuído a esses entes federativos conforme o disposto neste artigo.

§ 1º Serão retidos do produto da arrecadação do imposto de cada Estado, do Distrito Federal e de cada Município apurada com base nas alíquotas de referência de que trata o art. 130 deste Ato das Disposições Constitucionais Transitórias, nos termos dos arts. 149-C e 156-A, § 4º, II, e § 5º, I e IV, antes da aplicação do disposto no art. 158, IV, "b", todos da Constituição Federal:

I – de 2029 a 2032, 80% (oitenta por cento);

II – em 2033, 90% (noventa por cento);

III – de 2034 a 2077, percentual correspondente ao aplicado em 2033, reduzido à razão de 1/45 (um quarenta e cinco avos) por ano.

§ 2º Na forma estabelecida em lei complementar, o montante retido nos termos do § 1º será distribuído entre os Estados, o Distrito Federal e os Municípios proporcionalmente à receita média de cada ente federativo, devendo ser consideradas:

I – no caso dos Estados:

a) a arrecadação do imposto previsto no art. 155, II, após aplicação do disposto no art. 158, IV, "a", todos da Constituição Federal; e

b) as receitas destinadas aos fundos estaduais de que trata o art. 130, II, "b", deste Ato das Disposições Constitucionais Transitórias;

II – no caso do Distrito Federal:

a) a arrecadação do imposto previsto no art. 155, II, da Constituição Federal; e

b) a arrecadação do imposto previsto no art. 156, III, da Constituição Federal;

III – no caso dos Municípios:

a) a arrecadação do imposto previsto no art. 156, III, da Constituição Federal; e

b) a parcela creditada na forma do art. 158, IV, "a", da Constituição Federal.

§ 3º Não se aplica o disposto no art. 158, IV, "b", da Constituição Federal aos recursos distribuídos na forma do § 2º, I, deste artigo.

§ 4º A parcela do produto da arrecadação do imposto não retida nos termos do § 1º, após a retenção de que trata o art. 132 deste Ato das Disposições Constitucionais Transitórias, será distribuída a cada Estado, ao Distrito Federal e a cada Município de acordo com os critérios da lei complementar de que trata o art. 156-A, § 5º, I, da Constituição Federal, nela computada a variação de alíquota fixada pelo ente em relação à de referência.

§ 5º Os recursos de que trata este artigo serão distribuídos nos termos estabelecidos em lei complementar, aplicando-se o seguinte:

I – constituirão a base de cálculo dos fundos de que trata o art. 212-A, II, da Constituição Federal, observado o seguinte:

a) para os Estados, o percentual de que trata o art. 212-A, II, será aplicado proporcionalmente à razão entre a soma dos valores distribuídos a cada ente nos termos do § 2º, I, "a", e do § 4º, e a soma dos valores distribuídos nos termos do § 2º, I e do § 4º;

b) para o Distrito Federal, o percentual de que trata o art. 212-A, II, será aplicado proporcionalmente à razão entre a soma dos valores distribuídos nos termos do § 2º, II, "a", e do § 4º, e a soma dos valores distribuídos nos termos do § 2º, II, e do § 4º, considerada, em ambas as somas, somente a parcela estadual nos valores distribuídos nos termos do § 4º;

c) para os Municípios, o percentual de que trata o art. 212-A, II, será aplicado proporcionalmente à razão entre a soma dos valores distribuídos nos termos do § 2º, III, "b", e a soma dos valores distribuídos nos termos do § 2º, III;

II – constituirão as bases de cálculo de que tratam os arts. 29-A, 198, § 2º, 204, parágrafo único, 212 e 216, § 6º, da Constituição Federal, excetuados os valores distribuídos nos termos do § 2º, I, "b";

III – poderão ser vinculados para prestação de garantias às operações de crédito por antecipação de receita previstas no art. 165, § 8º, para pagamento de débitos com a União e para prestar-lhe garantia ou contragarantia, nos termos do art. 167, § 4º, todos da Constituição Federal.

§ 6º Durante o período de que trata o *caput* deste artigo, é vedado aos Estados, ao Distrito Federal e aos Municípios fixar alíquotas próprias do imposto de que trata o art. 156-A da Constituição Federal inferiores às necessárias para garantir as retenções de que tratam o § 1º deste artigo e o art. 132 deste Ato das Disposições Constitucionais Transitórias.

Art. 132. Do imposto dos Estados, do Distrito Federal e dos Municípios apurado com base nas alíquotas de referência de que trata o art. 130 deste Ato das Disposições Constitucionais Transitórias, deduzida a retenção de que trata o art. 131, § 1º, será retido montante correspondente a 5% (cinco por cento) para distribuição aos entes com as menores razões entre:

I – o valor apurado nos termos dos arts. 149-C e 156-A, § 4º, II, e § 5º, I e IV, com base nas alíquotas de referência, após a aplicação do disposto no art. 158, IV, "b", todos da Constituição Federal; e

II – a respectiva receita média, apurada nos termos do art. 131, § 2º, I, II e III, deste Ato das Disposições Constitucionais Transitórias, limitada a 3 (três) vezes a média nacional por habitante da respectiva esfera federativa.

§ 1º Os recursos serão distribuídos, sequencial e sucessivamente, aos entes com as menores razões de que trata o *caput*, de maneira que, ao final da distribuição, para todos os entes que receberem recursos, seja observada a mesma a razão entre:

I – a soma do valor apurado nos termos do inciso I do *caput* com o valor recebido nos termos deste artigo; e

II – a receita média apurada na forma do inciso II do *caput*.

§ 2º Aplica-se aos recursos distribuídos na forma deste artigo o disposto no art. 131, § 5º deste Ato das Disposições Constitucionais Transitórias.

§ 3º Lei complementar estabelecerá os critérios para a redução gradativa, entre 2078 e 2097, do percentual de que trata o *caput*, até a sua extinção.

Art. 133. Os tributos de que tratam os arts. 153, IV, 155, II, 156, III, e 195, I, "b", e IV, e a contribuição para o Programa de Integração Social a que se refere o art. 239 não integrarão a base de cálculo do imposto de que trata o art. 156-A e da contribuição de que trata o art. 195, V, todos da Constituição Federal.

Art. 134. Os saldos credores relativos ao imposto previsto no art. 155, II, da Constituição Federal, existentes ao final de 2032 serão aproveitados pelos contribuintes na forma deste artigo e nos termos de lei complementar.

§ 1º O disposto neste artigo alcança os saldos credores cujos aproveitamento ou ressarcimento sejam admitidos pela legislação em vigor em 31 de dezembro de 2032 e que tenham sido homologados pelos respectivos entes federativos, observadas as seguintes diretrizes:

I – apresentado o pedido de homologação, o ente federativo deverá se pronunciar no prazo estabelecido na lei complementar a que se refere o *caput*;

II – na ausência de resposta ao pedido de homologação no prazo a que se refere o inciso I deste parágrafo, os respectivos saldos credores serão considerados homologados.

§ 2º Aplica-se o disposto neste artigo também aos créditos reconhecidos após o prazo previsto no *caput*.

§ 3º O saldo dos créditos homologados será informado pelos Estados e pelo Distrito Federal ao Comitê Gestor do Imposto sobre Bens e Serviços para que seja compensado com o imposto de que trata o art. 156-A da Constituição Federal:

I – pelo prazo remanescente, apurado nos termos do art. 20, § 5º, da Lei Complementar nº 87, de 13 de setembro

ADCT

de 1996, para os créditos relativos à entrada de mercadorias destinadas ao ativo permanente;

II – em 240 (duzentos e quarenta) parcelas mensais, iguais e sucessivas, nos demais casos.

§ 4º O Comitê Gestor do Imposto sobre Bens e Serviços deduzirá do produto da arrecadação do imposto previsto no art. 156-A devido ao respectivo ente federativo o valor compensado na forma do § 3º, o qual não comporá base de cálculo para fins do disposto nos arts. 158, IV, 198, § 2º, 204, parágrafo único, 212, 212-A, II, e 216, § 6º, todos da Constituição Federal.

§5º A partir de 2033, os saldos credores serão atualizados pelo IPCA ou por outro índice que venha a substituí-lo.

§ 6º Lei complementar disporá sobre:

I – as regras gerais de implementação do parcelamento previsto no § 3º;

II – a forma pela qual os titulares dos créditos de que trata este artigo poderão transferi-los a terceiros;

III – a forma pela qual o crédito de que trata este artigo poderá ser ressarcido ao contribuinte pelo Comitê Gestor do Imposto sobre Bens e Serviços, caso não seja possível compensar ou valor da parcela nos termos do § 3º.”

Art. 135. Lei complementar disciplinará a forma de utilização dos créditos, inclusive presumidos, do imposto de que trata o art. 153, IV, e das contribuições de que tratam o art. 195, I, “b”, e IV, e da contribuição para o Programa de Integração Social a que se refere o art. 239, todos da Constituição Federal, não apropriados

ou não utilizados até a extinção, mantendo-se, apenas para os créditos que cumpram os requisitos estabelecidos na legislação vigente na data da extinção de tais tributos, a permissão para compensação com outros tributos federais, inclusive com a contribuição prevista no inciso V do *caput* do art. 195 da Constituição Federal, ou ressarcimento em dinheiro.”

Art. 136. Os Estados que possuíam, em 30 de abril de 2023, fundos destinados a investimentos em obras de infraestrutura e habitação e financiados por contribuições sobre produtos primários e semielaborados estabelecidas como condição à aplicação de diferimento, regime especial ou outro tratamento diferenciado, relativos ao imposto de que trata o art. 155, II, da Constituição Federal, poderão instituir contribuições semelhantes, não vinculadas ao referido imposto, observado que:

I – a alíquota ou o percentual de contribuição não poderão ser superiores e a base de incidência não poderá ser mais ampla que os das respectivas contribuições vigentes em 30 de abril de 2023;

II – a instituição de contribuição nos termos deste artigo implicará a extinção da contribuição correspondente, vinculada ao imposto de que trata o art. 155, II, da Constituição Federal, vigente em 30 de abril de 2023;

III – a destinação de sua receita deverá ser a mesma das contribuições vigentes em 30 de abril de 2023;

IV – a contribuição instituída nos termos do *caput* será extinta em 31 de dezembro de 2043.

Parágrafo único. As receitas das contribuições mantidas nos termos deste artigo não serão consideradas como receita do respectivo Estado para fins do disposto nos arts. 130, II, “b”, e 131, § 2º, I, “b”, deste Ato das Disposições Constitucionais Transitórias.”

Art. 137. Os saldos financeiros dos recursos transferidos pelo Fundo Nacional de Saúde e pelo Fundo Nacional de Assistência Social, para enfrentamento da pandemia de Covid-19 no período de 2020 a 2022, aos fundos de saúde e assistência social estaduais, municipais e do Distrito Federal poderão ser aplicados, até 31 de dezembro de 2024, para o custeio de ações e serviços públicos de saúde e de assistência social, observadas, respectivamente, as diretrizes emanadas do Sistema Único de Saúde e do Sistema Único de Assistência Social.

▶ Arts. 124 a 137 acrescidos pela EC 132/2023.

Art. 138. Até 2032, qualquer criação, alteração ou prorrogação de vinculação legal ou constitucional de receitas a despesas, inclusive na hipótese de aplicação mínima de montante de recursos, não poderá resultar em crescimento anual da respectiva despesa primária superior à variação do limite de despesas primárias, na forma prevista na lei complementar de que trata o art. 6º da Emenda Constitucional nº 126, de 21 de dezembro de 2022.

▶ Artigo acrescido pela EC 135/2024.

Brasília, 5 de outubro de 1988.

Ulysses Guimarães
Presidente

Emendas à Constituição da República Federativa do Brasil

EMENDA CONSTITUCIONAL 19, DE 4 DE JUNHO DE 1998

Modifica o regime e dispõe sobre princípios e normas da Administração Pública, servidores e agentes políticos, controle de despesas e finanças públicas e custeio de atividades a cargo do Distrito Federal, e dá outras providências.

DOU 05.06.1998

As Mesas da Câmara dos Deputados e do Senado Federal, nos termos do § 3º do artigo 60 da Constituição Federal, promulgam esta Emenda ao texto constitucional:

Art. 1º Os incisos XIV e XXII do artigo 21 e XXVII do artigo 22 da Constituição Federal passam a vigorar com a seguinte redação:

▸ Alterações incorporadas ao texto da referida Constituição.

Art. 2º O § 2º do artigo 27 e os incisos V e VI do artigo 29 da Constituição Federal passam a vigorar com a seguinte redação, inserindo-se § 2º no artigo 28 e renumerando-se para § 1º o atual parágrafo único:

▸ Alterações incorporadas ao texto da referida Constituição.

Art. 3º O *caput*, os incisos I, II, V, VII, X, XI, XIII, XIV, XV, XVI, XVII e XIX e o § 3º do artigo 37 da Constituição Federal passam a vigorar com a seguinte redação, acrescendo-se ao artigo os §§ 7º a 9º:

▸ Alterações incorporadas ao texto da referida Constituição.

Art. 4º O *caput* do artigo 38 da Constituição Federal passa a vigorar com a seguinte redação:

▸ Alteração incorporada ao texto da referida Constituição.

Art. 5º O artigo 39 da Constituição Federal passa a vigorar com a seguinte redação:

▸ Alteração incorporada ao texto da referida Constituição.

Art. 6º O artigo 41 da Constituição Federal passa a vigorar com a seguinte redação:

▸ Alteração incorporada ao texto da referida Constituição.

Art. 7º O artigo 48 da Constituição Federal passa a vigorar acrescido do seguinte inciso XV:

▸ Alteração incorporada ao texto da referida Constituição.

Art. 8º Os incisos VII e VIII do artigo 49 da Constituição Federal passam a vigorar com a seguinte redação:

▸ Alterações incorporadas ao texto da referida Constituição.

Art. 9º O inciso IV do artigo 51 da Constituição Federal passa a vigorar com a seguinte redação:

▸ Alteração incorporada ao texto da referida Constituição.

Art. 10. O inciso XIII do artigo 52 da Constituição Federal passa a vigorar com a seguinte redação:

▸ Alteração incorporada ao texto da referida Constituição.

Art. 11. O § 7º do artigo 57 da Constituição Federal passa a vigorar com a seguinte redação:

▸ Alteração incorporada ao texto da referida Constituição.

Art. 12. O parágrafo único do artigo 70 da Constituição Federal passa a vigorar com a seguinte redação:

▸ Alteração incorporada ao texto da referida Constituição.

Art. 13. O inciso V do artigo 93, o inciso III do artigo 95 e a alínea *b* do inciso II do artigo 96 da Constituição Federal passam a vigorar com a seguinte redação:

▸ Alterações incorporadas ao texto da referida Constituição.

Art. 14. O § 2º do artigo 127 da Constituição Federal passa a vigorar com a seguinte redação:

▸ Alteração incorporada ao texto da referida Constituição.

Art. 15. A alínea *c* do inciso I do § 5º do artigo 128 da Constituição Federal passa a vigorar com a seguinte redação:

▸ Alteração incorporada ao texto da referida Constituição.

Art. 16. A Seção II do Capítulo IV do Título IV da Constituição Federal passa a denominar-se "DA ADVOCACIA PÚBLICA".

▸ Alteração incorporada ao texto da referida Constituição.

Art. 17. O artigo 132 da Constituição Federal passa a vigorar com a seguinte redação:

▸ Alteração incorporada ao texto da referida Constituição.

Art. 18. O artigo 135 da Constituição Federal passa a vigorar com a seguinte redação:

▸ Alteração incorporada ao texto da referida Constituição.

Art. 19. O § 1º e seu inciso III e os §§ 2º e 3º do artigo 144 da Constituição Federal passam a vigorar com a seguinte redação, inserindo-se no artigo § 9º:

▸ Alterações incorporadas ao texto da referida Constituição.

Art. 20. O *caput* do artigo 167 da Constituição Federal passa a vigorar acrescido de inciso X, com a seguinte redação:

▸ Alteração incorporada ao texto da referida Constituição.

Art. 21. O artigo 169 da Constituição Federal passa a vigorar com a seguinte redação:

▸ Alteração incorporada ao texto da referida Constituição.

Art. 22. O § 1º do artigo 173 da Constituição Federal passa a vigorar com a seguinte redação:

▸ Alteração incorporada ao texto da referida Constituição.

Art. 23. O inciso V do artigo 206 da Constituição Federal passa a vigorar com a seguinte redação:

▸ Alteração incorporada ao texto da referida Constituição.

Art. 24. O artigo 241 da Constituição Federal passa a vigorar com a seguinte redação:

▸ Alteração incorporada ao texto da referida Constituição.

Art. 25. Até a instituição do fundo a que se refere o inciso XIV do artigo 21 da Constituição Federal, compete à União manter os atuais compromissos financeiros com a prestação de serviços públicos do Distrito Federal.

Art. 26. No prazo de 2 (dois) anos da promulgação desta Emenda, as entidades da administração indireta terão seus estatutos revistos quanto à respectiva natureza jurídica, tendo em conta a finalidade e as competências efetivamente executadas.

Art. 27. O Congresso Nacional, dentro de 120 (cento e vinte) dias da promulgação desta Emenda, elaborará lei de defesa do usuário de serviços públicos.

Art. 28. É assegurado o prazo de 2 (dois) anos de efetivo exercício para aquisição da estabilidade aos atuais servidores em estágio probatório, sem prejuízo da avaliação a que se refere o § 4º do artigo 41 da Constituição Federal.

Art. 29. Os subsídios, vencimentos, remuneração, proventos da aposentadoria e pensões e quaisquer outras espécies remuneratórias adequar-se-ão, a partir da promulgação desta Emenda, aos limites decorrentes da Constituição Federal, não se admitindo a percepção de excesso a qualquer título.

Art. 30. O projeto de lei complementar a que se refere o artigo 163 da Constituição Federal será apresentado pelo Poder Executivo ao Congresso Nacional no prazo máximo de 180 (cento e oitenta) dias da promulgação desta Emenda.

Art. 31. A pessoa que revestiu a condição de servidor público federal da administração direta, autárquica ou fundacional, de servidor municipal ou de integrante da carreira de policial, civil ou militar, dos ex-Territórios Federais do Amapá e de Roraima e que, comprovadamente, encontrava-se no exercício de suas funções, prestando serviço à administração pública dos ex-Territórios ou de prefeituras neles localizadas, na data em que foram transformados em Estado, ou a condição de servidor ou de policial, civil ou militar, admitido pelos Estados do Amapá e de Roraima, entre a data de sua transformação em Estado e outubro de 1993, bem como a pessoa que comprove ter mantido, nesse período, relação ou vínculo funcional, de caráter efetivo ou não, ou relação ou vínculo empregatício, estatutário ou de trabalho com a administração pública dos ex-Territórios, dos Estados ou das prefeituras neles localizadas ou com empresa pública ou sociedade de economia mista que haja sido constituída pelo ex-Território ou pela União para atuar no âmbito do ex-Território Federal, inclusive as extintas, poderão integrar, mediante opção, quadro em extinção da administração pública federal.

▸ *Caput* com redação pela EC 98/2017.

§ 1º O enquadramento referido no *caput* deste artigo, para os servidores, para os policiais, civis ou militares, e para as pessoas que tenham revestido essa condição, entre a transformação e a instalação dos Estados em outubro de 1993, dar-se-á no cargo em que foram originariamente admitidos ou em cargo equivalente.

▸ § 1º com redação pela EC 98/2017.

§ 2º Os integrantes da carreira policial militar a que se refere o *caput* continuarão prestando serviços aos respectivos Estados, na condição de cedidos, submetidos às disposições estatutárias a que estão sujeitas as corporações das respectivas Polícias Militares, observados as atribuições de função compatíveis com seu grau hierárquico e o direito às devidas promoções.

▸ § 2º com redação pela EC 79/2014.

§ 3º As pessoas a que se referem este artigo prestarão serviços aos respectivos Estados ou a seus Municípios, na condição de servidores cedidos, sem ônus para o cessionário, até o seu aproveitamento em órgão ou entidade da administração federal direta, autárquica ou fundacional, podendo os Estados, por conta e delegação da União, adotar os procedimentos necessários à cessão de servidores a seus Municípios.

▸ § 3º com redação pela EC 98/2017.

§ 4º Para fins do disposto no *caput* deste artigo, são meios probatórios de relação ou vínculo funcional, empregatício, estatutário ou de trabalho, independentemente da existência de vínculo atual, além dos admitidos em lei:

▸ § 4º acrescido pela EC 98/2017.

I – o contrato, o convênio, o ajuste ou o ato administrativo por meio do qual a pessoa tenha revestido a condição de profissional, empregado, servidor público, prestador de serviço ou trabalhador e tenha atuado ou desenvolvido atividade laboral diretamente com o ex-Território, o Estado ou a prefeitura neles localizada, inclusive mediante a interveniência de cooperativa;

II – a retribuição, a remuneração ou o pagamento documentado ou formalizado, à época, mediante depósito em conta-corrente bancária ou emissão de ordem de pagamento, de recibo, de nota de empenho ou de ordem bancária em que se identifique a administração pública do ex-Território, do Estado ou de prefeitura neles localizada como fonte pagadora ou origem direta dos recursos, assim como aquele realizado à conta de recursos oriundos de fundo de participação ou de fundo especial, inclusive em proveito do pessoal integrante das tabelas especiais.

§ 5º Além dos meios probatórios de que trata o § 4º deste artigo, sem prejuízo daqueles admitidos em lei, o enquadramento referido no *caput* deste artigo dependerá de a pessoa ter mantido relação ou vínculo funcional, empregatício, estatutário ou de trabalho com o ex-Território ou o Estado que o tenha sucedido por, pelo menos, noventa dias.

▸ § 5º acrescido pela EC 98/2017.

§ 6º As pessoas a que se referem este artigo, para efeito de exercício em órgão ou entidade da administração pública estadual ou municipal dos Estados do Amapá e de Roraima, farão jus à percepção de todas as gratificações e dos demais valores que componham a estrutura remuneratória dos cargos em que tenham sido enquadradas, vedando-se reduzi-los ou suprimi-los por motivo de cessão ao Estado ou a seu Município.

▸ § 6º acrescido pela EC 98/2017.

Art. 32. A Constituição Federal passa a vigorar acrescida do seguinte artigo:

▸ Alteração incorporada ao texto da referida Constituição.

Art. 33. Consideram-se servidores não estáveis, para os fins do artigo 169, § 3º, II, da Constituição Federal aqueles admitidos na administração direta, autárquica e fundacional sem concurso público de provas ou de provas e títulos após o dia 5 de outubro de 1983.

Art. 34. Esta Emenda Constitucional entra em vigor na data de sua promulgação.

Brasília, 4 de junho de 1998.

Mesa da Câmara dos Deputados

Deputado Michel Temer

Presidente

Mesa do Senado Federal

Senador Antonio Carlos Magalhães

Presidente

EMENDA CONSTITUCIONAL 20, DE 15 DE DEZEMBRO DE 1998

Modifica o sistema de previdência social, estabelece normas de transição e dá outras providências.

DOU 16.12.1998

▸ EC 41/2003 (Modifica e revoga artigos da Constituição e desta Emenda).
▸ Súmula Vinculante 34 do STF.

As Mesas da Câmara dos Deputados e do Senado Federal, nos termos do § 3º do artigo 60 da Constituição Federal, promulgam a seguinte Emenda ao texto constitucional:

Art. 1º A Constituição Federal passa a vigorar com as seguintes alterações:

▸ Alterações incorporadas ao texto da referida Constituição.

Art. 2º A Constituição Federal, nas Disposições Constitucionais Gerais, é acrescida dos seguintes artigos:

▸ Alterações incorporadas ao texto da referida Constituição.

Art. 3º É assegurada a concessão de aposentadoria e pensão, a qualquer tempo, aos servidores públicos e aos segurados do regime geral de Previdência Social, bem como aos seus dependentes, que, até a data da publicação desta Emenda, tenham cumprido os requisitos para a obtenção destes benefícios, com base nos critérios da legislação então vigente.

§ 1º O servidor de que trata este artigo, que tenha completado as exigências para aposentadoria integral e que opte por permanecer em atividade fará jus à isenção da contribuição previdenciária até completar as exigências para aposentadoria contidas no artigo 40, § 1º, III, *a*, da Constituição Federal.

§ 2º Os proventos da aposentadoria a ser concedida aos servidores públicos referidos no *caput*, em termos integrais ou proporcionais ao tempo de serviço já exercido até a data de publicação desta Emenda, bem como as pensões de seus dependentes, serão calculados de acordo com a legislação em vigor à época em que foram atendidas as prescrições nela estabelecidas para a concessão destes benefícios ou nas condições da legislação vigente.

§ 3º São mantidos todos os direitos e garantias assegurados nas disposições constitucionais vigentes à data de publicação desta Emenda aos servidores e militares, inativos e pensionistas, aos anistiados e aos ex-combatentes, assim como àqueles que já cumpriram, até aquela data, os requisitos para usufruírem tais direitos, observado o disposto no artigo 37, XI, da Constituição Federal.

Art. 4º Observado o disposto no artigo 40, § 10, da Constituição Federal, o tempo de serviço considerado pela legislação vigente para efeito de aposentadoria, cumprido até que a lei discipline a matéria, será contado como tempo de contribuição.

▸ Art. 2º da EC 41/2003.

Art. 5º O disposto no artigo 202, § 3º, da Constituição Federal, quanto à exigência de paridade entre a contribuição da patrocinadora e a contribuição do segurado, terá vigência no prazo de 2 (dois) anos a partir da publicação desta Emenda, ou, caso ocorra antes, na data de publicação da lei complementar a que se refere o § 4º do mesmo artigo.

Art. 6º As entidades fechadas de previdência privada patrocinadas por entidades públicas, inclusive empresas públicas e sociedades de economia mista, deverão rever, no prazo de 2 (dois) anos, a contar da publicação desta Emenda, seus planos de benefícios e serviços, de modo a ajustá-los atuarialmente a seus ativos, sob pena de intervenção, sendo seus dirigentes e os de suas respectivas patrocinadoras responsáveis civil e criminalmente pelo descumprimento do disposto neste artigo.

Art. 7º Os projetos das leis complementares previstas no artigo 202 da Constituição Federal deverão ser apresentados ao Congresso Nacional no prazo máximo de 90 (noventa) dias após a publicação desta Emenda.

Art. 8º *Revogado pela EC 41/2003.*

Art. 9º *Revogado pela EC 103/2019.*

Art. 10. *Revogado pela EC 41/2003.*

Art. 11. A vedação prevista no artigo 37, § 10, da Constituição Federal, não se aplica aos membros de poder e aos inativos, servidores e militares, que, até a publicação desta Emenda, tenham ingressado novamente no serviço público por concurso público de provas ou de provas e títulos, e pelas demais formas previstas na Constituição Federal, sendo-lhes proibida a percepção de mais de uma aposentadoria pelo regime de previdência a que se refere o artigo 40 da Constituição Federal, aplicando-se-lhes, em qualquer hipótese, o limite de que trata o § 11 deste mesmo artigo.

Art. 12. Até que produzam efeitos as leis que irão dispor sobre as contribuições de que trata o artigo 195 da Constituição Federal, são exigíveis as estabelecidas em lei, destinadas ao custeio da seguridade social e dos diversos regimes previdenciários.

Art. 13. *Revogado pela EC 103/2019.*

Art. 14. O limite máximo para o valor dos benefícios do regime geral de Previdência Social de que trata o artigo 201 da Constituição Federal é fixado em R$ 1.200,00 (um mil e duzentos reais), devendo, a partir da data da publicação desta Emenda, ser reajustado de forma a preservar, em caráter permanente, seu valor real, atualizado pelos mesmos índices aplicados aos benefícios do regime geral de Previdência Social.

○ O STF, no julgamento da ADIN 1.946-5 (DJU 16.05.2003 e DOU 03.06.2003), "por unanimidade, julgou parcialmente procedente o pedido formulado na inicial da ação para dar ao art. 14 da EC 20/1998, sem redução de texto, interpretação conforme a Constituição Federal, para excluir sua aplicação ao salário da licença à gestante a que se refere o artigo 7º, inciso XVIII da referida Carta".

Art. 15. *Revogado pela EC 103/2019.*

Art. 16. Esta Emenda Constitucional entra em vigor na data de sua publicação.

Art. 17. Revoga-se o inciso II do § 2º do artigo 153 da Constituição Federal.

Brasília, 15 de dezembro de 1998.

Mesa da Câmara dos Deputados

Deputado Michel Temer

Presidente

Mesa do Senado Federal

Senador Antonio Carlos Magalhães

Presidente

EMENDA CONSTITUCIONAL 21, DE 18 DE MARÇO DE 1999

Prorroga, alterando a alíquota, a contribuição provisória sobre movimentação ou transmissão de valores e de créditos e de direitos de natureza financeira, a que se refere o artigo 74 do Ato das Disposições Constitucionais Transitórias.

DOU 19.03.1999

As Mesas da Câmara dos Deputados e do Senado Federal, nos termos do § 3º do artigo 60 da Constituição Federal, promulgam a seguinte Emenda ao texto constitucional:

Art. 1º Fica incluído o artigo 75 no Ato das Disposições Constitucionais Transitórias, com a seguinte redação:

▸ Alteração incorporada ao texto do referido ADCT.

Art. 2º Esta Emenda entra em vigor na data de sua publicação.

Brasília, 18 de março de 1999.

Mesa da Câmara dos Deputados

Deputado Michel Temer

Presidente

Mesa do Senado Federal

Senador Antonio Carlos Magalhães

Presidente

EMENDA CONSTITUCIONAL 24, DE 9 DE DEZEMBRO DE 1999

Altera dispositivos da Constituição Federal pertinentes à representação classista na Justiça do Trabalho.

DOU 10.12.1999

As Mesas da Câmara dos Deputados e do Senado Federal, nos termos do § 3º do art. 60 da Constituição Federal, promulgam a seguinte Emenda ao texto constitucional:

Art. 1º Os arts. 111, 112, 113, 115 e 116 da Constituição Federal passam a vigorar com a seguinte redação:

▸ Alterações incorporadas ao texto da referida Constituição.

Art. 2º É assegurado o cumprimento dos mandatos dos atuais ministros classistas temporários do Tribunal Superior do Trabalho e dos atuais juízes classistas temporários dos Tribunais Regionais do Trabalho e das Juntas de Conciliação e Julgamento.

Art. 3º Esta Emenda Constitucional entra em vigor na data de sua publicação.

Art. 4º Revoga-se o art. 117 da Constituição Federal.

Brasília, em 9 de dezembro de 1999.

Mesa da Câmara dos Deputados

Deputado Michel Temer

Presidente

Mesa do Senado Federal

Senador Antônio Carlos Magalhães

Presidente

EMENDA CONSTITUCIONAL 26, DE 14 DE FEVEREIRO DE 2000

Altera a redação do art. 6º da Constituição Federal.

DOU 15.02.2000

As Mesas da Câmara dos Deputados e do Senado Federal, nos termos do § 3º do art. 60 da Constituição Federal, promulgam a seguinte Emenda ao texto constitucional:

Art. 1º O art. 6º da Constituição Federal passa a vigorar com a seguinte redação:

▸ Alteração incorporada ao texto da referida Constituição.

Art. 2º Esta Emenda Constitucional entra em vigor na data de sua publicação.

Brasília, 14 de fevereiro de 2000.

Mesa da Câmara dos Deputados

Deputado Michel Temer

Presidente

Mesa do Senado Federal

Senador Antônio Carlos Magalhães

Presidente

EMENDA CONSTITUCIONAL 27, DE 21 DE MARÇO DE 2000

Acrescenta o artigo 76 ao Ato das Disposições Constitucionais Transitórias, instituindo a desvinculação de arrecadação de impostos e contribuições sociais da União.

DOU 22.03.2000

As Mesas da Câmara dos Deputados e do Senado Federal, nos termos do § 3º do artigo 60 da Constituição Federal, promulgam a seguinte Emenda ao texto constitucional:

Art. 1º É incluído o art. 76 ao Ato das Disposições Constitucionais Transitórias, com a seguinte redação:

▸ Alteração incorporada ao texto do referido ADCT.

Art. 2º Esta Emenda Constitucional entra em vigor na data de sua publicação.

Brasília, 21 de março de 2000.

Mesa da Câmara dos Deputados

Deputado Michel Temer

Presidente

Mesa do Senado Federal

Senador Antonio Carlos Magalhães

Presidente

EMENDA CONSTITUCIONAL 28, DE 25 DE MAIO DE 2000

Dá nova redação ao inciso XXIX do art. 7º e revoga o art. 233 da Constituição Federal.

DOU 29.05.2000

As Mesas da Câmara dos Deputados e do Senado Federal, nos termos do § 3º do art. 60 da Constituição Federal, promulgam a seguinte Emenda ao texto constitucional:

Art. 1º O inciso XXIX do art. 7º da Constituição Federal passa a vigorar com a seguinte redação:

▸ Alteração incorporada ao texto da referida Constituição.

Art. 2º Revoga-se o art. 233 da Constituição Federal.

Art. 3º Esta Emenda Constitucional entra em vigor na data de sua publicação.

Brasília, em 25 de maio de 2000.

Mesa da Câmara dos Deputados

Deputado Michel Temer

Presidente

Mesa do Senado Federal

Senador Antônio Carlos Magalhães

Presidente

EMENDA CONSTITUCIONAL 31, DE 14 DE DEZEMBRO DE 2000

Altera o Ato das Disposições Constitucionais Transitórias, introduzindo artigos que criam o Fundo de Combate e Erradicação da Pobreza.

DOU 18.12.2000

As Mesas da Câmara dos Deputados e do Senado Federal, nos termos do § 3º do artigo 60 da Constituição Federal, promulgam a seguinte Emenda ao texto constitucional:

Art. 1º A Constituição Federal, no Ato das Disposições Constitucionais Transitórias, é acrescida dos seguintes artigos:

▶ Alterações incorporadas ao texto do referido ADCT.

Art. 2º Esta Emenda Constitucional entra em vigor na data de sua publicação.

Brasília, 14 de dezembro de 2000.

Mesa da Câmara dos Deputados

Deputado Michel Temer

Presidente

Mesa do Senado Federal

Senador Antonio Carlos Magalhães

Presidente

EMENDA CONSTITUCIONAL 32, DE 11 DE SETEMBRO DE 2001

Altera dispositivos dos arts. 48, 57, 61, 62, 64, 66, 84, 88 e 246 da Constituição Federal, e dá outras providências.

DOU 12.09.2001

As Mesas da Câmara dos Deputados e do Senado Federal, nos termos do § 3º do art. 60 da Constituição Federal, promulgam a seguinte Emenda ao texto constitucional:

Art. 1º Os arts. 48, 57, 61, 62, 64, 66, 84, 88 e 246 da Constituição Federal passam a vigorar com as seguintes alterações:

▶ Alterações incorporadas ao texto da referida Constituição.

Art. 2º As medidas provisórias editadas em data anterior à publicação desta emenda continuam em vigor até que medida provisória ulterior as revogue explicitamente ou até deliberação definitiva do Congresso Nacional.

Art. 3º Esta Emenda Constitucional entra em vigor na data de sua publicação.

Brasília, 11 de setembro de 2001.

Mesa da Câmara dos Deputados

Deputado Aécio Neves

Presidente

Mesa do Senado Federal

Senador Edison Lobão

Presidente, Interino

EMENDA CONSTITUCIONAL 41, DE 19 DE DEZEMBRO DE 2003

Modifica os arts. 37, 40, 42, 48, 96, 149 e 201 da Constituição Federal, revoga o inciso IX do § 3º do art. 142 da Constituição Federal e dispositivos da Emenda Constitucional 20, de 15 de dezembro de 1998, e dá outras providências.

DOU 31.12.2003

▶ Súmula Vinculante 34 do STF.

As Mesas da Câmara dos Deputados e do Senado Federal, nos termos do § 3º do art. 60 da Constitui-

ção Federal, promulgam a seguinte Emenda ao texto constitucional:

Art. 1º A Constituição Federal passa a vigorar com as seguintes alterações:

▶ Alterações incorporadas no texto da referida Constituição.

▶ O STF, no julgamento da ADIN 3.854-1 *(DOU 08.03.2007)*, deferiu liminar para: "dando interpretação conforme à Constituição ao art. 37, inciso XI e § 12, da CF, o primeiro dispositivo, na redação da EC 41/2003, e o segundo, introduzido pela EC 47/2005, excluir a submissão dos membros da magistratura estadual ao subteto de remuneração...".

Art. 2º *Revogado pela EC 103/2019.*

▶ Esta revogação pela EC 103/2019 entrará em vigor, para os regimes próprios de previdência social dos Estados, do Distrito Federal e dos Municípios, na data de publicação de lei de iniciativa privativa do respectivo Poder Executivo que a referende integralmente *(DOU 13.11.2019)*.

Texto do dispositivo revogado: "Art. 2º Observado o disposto no art. 4º da Emenda Constitucional 20, de 15 de dezembro de 1998, é assegurado o direito de opção pela aposentadoria voluntária com proventos calculados de acordo com o art. 40, §§ 3º e 17, da Constituição Federal, àquele que tenha ingressado regularmente em cargo efetivo na Administração Pública direta, autárquica e fundacional, até a data de publicação daquela Emenda, quando o servidor, cumulativamente:

I – tiver cinquenta e três anos de idade, se homem, e quarenta e oito anos de idade, se mulher;

II – tiver cinco anos de efetivo exercício no cargo em que se der a aposentadoria;

III – contar tempo de contribuição igual, no mínimo, à soma de:

a) trinta e cinco anos, se homem, e trinta anos, se mulher; e

b) um período adicional de contribuição equivalente a vinte por cento do tempo que, na data de publicação daquela Emenda, faltaria para atingir o limite de tempo constante da alínea *a* deste inciso.

§ 1º O servidor de que trata este artigo que cumprir as exigências para aposentadoria na forma do *caput* terá os seus proventos de inatividade reduzidos para cada ano antecipado em relação aos limites de idade estabelecidos pelo art. 40, § 1º, III, *a*, e § 5º da Constituição Federal, na seguinte proporção:

I – três inteiros e cinco décimos por cento, para aquele que completar as exigências para aposentadoria na forma do *caput* até 31 de dezembro de 2005;

II – cinco por cento, para aquele que completar as exigências para aposentadoria na forma do *caput* a partir de 1º de janeiro de 2006.

§ 2º Aplica-se ao magistrado e ao membro do Ministério Público e de Tribunal de Contas o disposto neste artigo.

§ 3º Na aplicação do disposto no § 2º deste artigo, o magistrado ou o membro do Ministério Público ou de Tribunal de Contas, se homem, terá o tempo de serviço exercido até a data de publicação da Emenda Constitucional 20, de 15 de dezembro de 1998, contado com acréscimo de dezessete por cento, observado o disposto no § 1º deste artigo.

§ 4º O professor, servidor da União, dos Estados, do Distrito Federal e dos Municípios, incluídas suas autarquias e fundações, que, até a data de publicação da Emenda Constitucional 20, de 15 de dezembro de 1998, tenha ingressado, regularmente, em cargo efetivo de magistério e que opte por aposentar-se na forma do disposto no *caput*, terá o tempo de serviço exercido até a publicação daquela Emenda contado com o acréscimo de dezessete por cento, se homem, e de vinte por cento, se mulher, desde que se aposente, exclusivamente, com tempo de efetivo exercício nas funções de magistério, observado o disposto no § 1º.

§ 5º O servidor de que trata este artigo, que tenha completado as exigências para aposentadoria voluntária estabelecidas no *caput*, e que opte por permanecer em atividade, fará jus a um abono de permanência equivalente ao valor da sua contribuição previdenciária até completar as exigências para aposentadoria compulsória contidas no art. 40, § 1º, II, da Constituição Federal.

§ 6º Às aposentadorias concedidas de acordo com este artigo aplica-se o disposto no art. 40, § 8º da Constituição Federal."

Art. 3º É assegurada a concessão, a qualquer tempo, de aposentadoria aos servidores públicos, bem como pensão aos seus dependentes, que, até a data de publicação desta Emenda, tenham cumprido todos os requisitos para obtenção desses benefícios, com base nos critérios da legislação então vigente.

§ 1º O servidor de que trata este artigo que opte por permanecer em atividade tendo completado as exigências para aposentadoria voluntária e que conte com, no mínimo, vinte e cinco anos de contribuição, se

mulher, ou trinta anos de contribuição, se homem, fará jus a um abono de permanência equivalente ao valor da sua contribuição previdenciária até completar as exigências para aposentadoria compulsória contidas no art. 40, § 1º, II, da Constituição Federal.

§ 2º Os proventos da aposentadoria a ser concedida aos servidores públicos referidos no *caput*, em termos integrais ou proporcionais ao tempo de contribuição já exercido até a data de publicação desta Emenda, bem como as pensões de seus dependentes, serão calculados de acordo com a legislação em vigor à época em que foram atendidos os requisitos nela estabelecidos para a concessão desses benefícios ou nas condições da legislação vigente.

Art. 4º Os servidores inativos e os pensionistas da União, dos Estados, do Distrito Federal e dos Municípios, incluídas suas autarquias e fundações, em gozo de benefícios na data de publicação desta Emenda, bem como os alcançados pelo disposto no seu art. 3º, contribuirão para o custeio do regime de que trata o art. 40 da Constituição Federal com percentual igual ao estabelecido para os servidores titulares de cargos efetivos.

Parágrafo único. A contribuição previdenciária a que se refere o *caput* incidirá apenas sobre a parcela dos proventos e das pensões que supere:

I – cinquenta por cento do limite máximo estabelecido para os benefícios do regime geral de previdência social de que trata o art. 201 da Constituição Federal, para os servidores inativos e os pensionistas dos Estados, do Distrito Federal e dos Municípios;

▶ O STF, no julgamento das ADIN's 3.105-8 e 3.128-7 *(DOU e DJU 27.08.2004)*, julgou inconstitucional a expressão "cinquenta por cento do" contida neste inciso, pelo que aplica-se, então, a hipótese do art. 4º da EC 41/2003 e o § 18 do art. 40 do texto permanente da Constituição, introduzido pela mesma EC.

II – sessenta por cento do limite máximo estabelecido para os benefícios do regime geral de previdência social de que trata o art. 201 da Constituição Federal, para os servidores inativos e os pensionistas da União.

▶ O STF, no julgamento das ADIN's 3.105-8 e 3.128-7 *(DOU e DJU 27.08.2004)*, julgou inconstitucional a expressão "sessenta por cento do", contida neste inciso, pelo que aplica-se, então, a hipótese do art. 4º da EC 41/2003 e o § 18 do art. 40 do texto permanente da Constituição, introduzido pela mesma EC.

Art. 5º O limite máximo para o valor dos benefícios do regime geral de previdência social de que trata o art. 201 da Constituição Federal é fixado em R$ 2.400,00 (dois mil e quatrocentos reais), devendo, a partir da data de publicação desta Emenda, ser reajustado de forma a preservar, em caráter permanente, seu valor real, atualizado pelos mesmos índices aplicados aos benefícios do regime geral de previdência social.

Art. 6º *Revogado pela EC 103/2019.*

▶ Esta revogação pela EC 103/2019 entrará em vigor, para os regimes próprios de previdência social dos Estados, do Distrito Federal e dos Municípios, na data de publicação de lei de iniciativa privativa do respectivo Poder Executivo que a referende integralmente *(DOU 13.11.2019)*.

Redação do dispositivo revogado: "Art. 6º Ressalvado o direito de opção à aposentadoria pelas normas estabelecidas pelo art. 40 da Constituição Federal ou pelas regras estabelecidas pelo art. 2º desta Emenda, o servidor da União, dos Estados, do Distrito Federal e dos Municípios, incluídas suas autarquias e fundações, que tenha ingressado no serviço público até a data de publicação desta Emenda poderá aposentar-se com proventos integrais, que corresponderão à totalidade da remuneração do servidor no cargo efetivo em que se der a aposentadoria, na forma da lei, quando, observadas as reduções de idade e tempo de contribuição contidas no § 5º do art. 40 da Constituição Federal, vier a preencher, cumulativamente, as seguintes condições:

I – sessenta anos de idade, se homem, e cinquenta e cinco anos de idade, se mulher;

II – trinta e cinco anos de contribuição, se homem, e trinta anos de contribuição, se mulher;

III – vinte anos de efetivo exercício no serviço público; e

IV – dez anos de carreira e cinco anos de efetivo exercício no cargo em que se der a aposentadoria.

Parágrafo único. *Revogado pela EC 47/2005, em vigor na data de sua publicação, com efeitos retroativos à data de vigência da EC 41/2003 (DOU 06.07.2005)."*

Art. 6º-A. *Revogado pela EC 103/2019.*

▶ Esta revogação pela EC 103/2019 entrará em vigor, para os regimes próprios de previdência social dos Estados, do Distrito Federal e dos Municípios, na data de publicação de lei de iniciativa privativa do respectivo Poder Executivo que a referende integralmente *(DOU 13.11.2019)*.

Texto do dispositivo revogado: "Art. 6º-A. O servidor da União, dos Estados, do Distrito Federal e dos Municípios, incluídas suas autarquias e fundações, que tenha ingressado no serviço público até a data de publicação

desta Emenda Constitucional e que tenha se aposentado ou venha a se aposentar por invalidez permanente, com fundamento no inciso I do § 1º do art. 40 da Constituição Federal, tem direito a proventos de aposentadoria calculados com base na remuneração do cargo efetivo em que se der a aposentadoria, na forma da lei, não sendo aplicáveis as disposições constantes dos §§ 3º, 8º e 17 do art. 40 da Constituição Federal.

Parágrafo único. Aplica-se ao valor dos proventos de aposentadorias concedidas com base no *caput* ou disposto no art. 7º desta Emenda Constitucional, observando-se igual critério de revisão às pensões derivadas dos proventos desses servidores." (Artigo acrescido pela EC 70/2012.)

Art. 7º Observado o disposto no art. 37, XI, da Constituição Federal, os proventos de aposentadoria dos servidores públicos titulares de cargo efetivo e as pensões dos seus dependentes pagos pela União, Estados, Distrito Federal e Municípios, incluídas suas autarquias e fundações, em fruição na data de publicação desta Emenda, bem como os proventos de aposentadoria dos servidores e as pensões dos dependentes abrangidos pelo art. 3º desta Emenda, serão revistos na mesma proporção e na mesma data, sempre que se modificar a remuneração dos servidores em atividade, sendo também estendidos aos aposentados e pensionistas quaisquer benefícios ou vantagens posteriormente concedidos aos servidores em atividade, inclusive quando decorrentes da transformação ou reclassificação do cargo ou função em que se deu a aposentadoria ou que serviu de referência para a concessão da pensão, na forma da lei.

▸ Art. 3º, par. ún., da EC 47/2005 (Altera os arts. 37, 40, 195 e 201 da CF).

Art. 8º Até que seja fixado o valor do subsídio de que trata o art. 37, XI, da Constituição Federal, será considerado, para os fins do limite fixado naquele inciso, o valor da maior remuneração atribuída por lei na data de publicação desta Emenda a Ministro do Supremo Tribunal Federal, a título de vencimento, de representação mensal e da parcela recebida em razão de tempo de serviço, aplicando-se como limite, nos Municípios, o subsídio do Prefeito, e nos Estados e no Distrito Federal, o subsídio mensal do Governador no âmbito do Poder Executivo, o subsídio dos Deputados Estaduais e Distritais no âmbito do Poder Legislativo e o subsídio dos Desembargadores do Tribunal de Justiça, limitado a noventa inteiros e vinte e cinco centésimos por cento da maior remuneração mensal de Ministro do Supremo Tribunal Federal a que se refere este artigo, no âmbito do Poder Judiciário, aplicável este limite aos membros do Ministério Público, aos Procuradores e aos Defensores Públicos.

Art. 9º Aplica-se o disposto no art. 17 do Ato das Disposições Constitucionais Transitórias aos vencimentos, remunerações e subsídios dos ocupantes de cargos, funções e empregos públicos da administração direta, autárquica e fundacional, dos membros de qualquer dos Poderes da União, dos Estados, do Distrito Federal e dos Municípios, dos detentores de mandato eletivo e dos demais agentes políticos e os proventos, pensões ou outra espécie remuneratória percebidos cumulativamente ou não, incluídas as vantagens pessoais ou de qualquer outra natureza.

Art. 10. Revogam-se o inciso IX do § 3º do art. 142 da Constituição Federal, bem como os arts. 8º e 10 da Emenda Constitucional 20, de 15 de dezembro de 1998.

Art. 11. Esta Emenda Constitucional entra em vigor na data de sua publicação.

Brasília, 19 de dezembro de 2003.

Mesa da Câmara dos Deputados

Deputado João Paulo Cunha

Presidente

Mesa do Senado Federal

Senador José Sarney

Presidente

EMENDA CONSTITUCIONAL 45, DE 8 DE DEZEMBRO DE 2004

Altera dispositivos dos arts. 5º, 36, 52, 92, 93, 95, 98, 99, 102, 103, 104, 105, 107, 109, 111, 112, 114, 115, 125, 126, 127, 128, 129, 134 e 168 da Constituição Federal, e acrescenta os arts. 103-A, 103-B, 111-A e 130-A, e dá outras providências.

DOU 31.12.2004

As Mesas da Câmara dos Deputados e do Senado Federal, nos termos do § 3º do art. 60 da Constituição Federal, promulgam a seguinte Emenda ao texto constitucional:

▸ Súmula 367 do STJ.

Art. 1º Os arts. 5º, 36, 52, 92, 93, 95, 98, 99, 102, 103, 104, 105, 107, 109, 111, 112, 114, 115, 125, 126, 127, 128, 129, 134 e 168 da Constituição Federal passam a vigorar com a seguinte redação:

▸ Alterações incorporadas no texto da referida Constituição.

Art. 2º A Constituição Federal passa a vigorar acrescida dos seguintes arts. 103-A, 103-B, 111-A e 130-A:

▸ Alterações incorporadas no texto da referida Constituição.

Art. 3º A lei criará o Fundo de Garantia das Execuções Trabalhistas, integrado pelas multas decorrentes de condenações trabalhistas e administrativas oriundas da fiscalização do trabalho, além de outras receitas.

○ O STF na ADIn por Omissão 27, por maioria, a) declarou a mora do Congresso Nacional em editar a lei pela qual se institui o Fundo de Garantia das Execuções Trabalhistas, nos termos determinados pelo art. 3º da EC 45/2004; b) fixou o prazo de vinte e quatro meses, a contar da data da publicação do acórdão, para que a omissão inconstitucional seja sanada. (*DOU 12.07.2023*)

Art. 4º Ficam extintos os tribunais de Alçada, onde houver, passando os seus membros a integrar os Tribunais de Justiça dos respectivos Estados, respeitadas a antiguidade e classe de origem.

Parágrafo único. No prazo de 180 (cento e oitenta) dias, contado da promulgação desta Emenda, os Tribunais de Justiça, por ato administrativo, promoverão a integração dos membros dos tribunais extintos em seus quadros, fixando-lhes a competência e remetendo, em igual prazo, ao Poder Legislativo, proposta de alteração da organização e da divisão judiciária correspondentes, assegurados os direitos dos inativos e pensionistas e o aproveitamento dos servidores no Poder Judiciário estadual.

Art. 5º O Conselho Nacional de Justiça e o Conselho Nacional do Ministério Público serão instalados no prazo de 180 (cento e oitenta) dias a contar da promulgação desta Emenda, devendo a indicação ou escolha de seus membros ser efetuada até 30 (trinta) dias antes do termo final.

§ 1º Não efetuadas as indicações e escolha dos nomes para os Conselhos Nacional de Justiça e do Ministério Público dentro do prazo fixado no *caput* deste artigo, caberá, respectivamente, ao Supremo Tribunal Federal e ao Ministério Público da União realizá-las.

§ 2º Até que entre em vigor o Estatuto da Magistratura, o Conselho Nacional de Justiça, mediante resolução, disciplinará seu funcionamento e definirá as atribuições do Ministro-Corregedor.

Art. 6º O Conselho Superior da Justiça do Trabalho será instalado no prazo de 180 (cento e oitenta) dias, cabendo ao Tribunal Superior do Trabalho regulamentar seu funcionamento por resolução, enquanto não promulgada a lei a que se refere o art. 111-A, § 2º, II.

Art. 7º O Congresso Nacional instalará, imediatamente após a promulgação desta Emenda Constitucional, comissão especial mista, destinada a elaborar, em 180 (cento e oitenta) dias, os projetos de lei necessários à regulamentação da matéria nela tratada, bem como promover alterações na legislação federal objetivando tornar mais amplo o acesso à Justiça e mais célere a prestação jurisdicional.

Art. 8º As atuais súmulas do Supremo Tribunal Federal somente produzirão efeito vinculante após sua confirmação por 2/3 (dois terços) de seus integrantes e publicação na imprensa oficial.

Art. 9º São revogados o inciso IV do art. 36; a alínea *h* do inciso I do art. 102; o § 4º do art. 103; e os §§ 1º e 3º do art. 111.

Art. 10. Esta Emenda Constitucional entra em vigor na data de sua publicação.

Brasília, 08 de dezembro de 2004.

Mesa da Câmara dos Deputados

Deputado João Paulo Cunha

Presidente

Mesa do Senado Federal

Senador José Sarney

Presidente

EMENDA CONSTITUCIONAL 47, DE 5 DE JULHO DE 2005

Altera os arts. 37, 40, 195 e 201 da Constituição Federal, para dispor sobre a previdência social, e dá outras providências.

DOU 06.07.2005

▸ Súmula Vinculante 34 do STF.

As Mesas da Câmara dos Deputados e do Senado Federal, nos termos do § 3º do art. 60 da Constituição Federal, promulgam a seguinte Emenda ao texto constitucional:

Art. 1º Os arts. 37, 40, 195 e 201 da Constituição Federal passam a vigorar com a seguinte redação:

▸ Alterações incorporadas ao texto da referida Constituição.

Art. 2º Aplica-se aos proventos de aposentadorias dos servidores públicos que se aposentarem na forma do *caput* do art. 6º da Emenda Constitucional 41, de 2003, o disposto no art. 7º da mesma Emenda.

Art. 3º *Revogado pela EC 103/2019.*

▸ Esta revogação pela EC 103/2019 entrará em vigor, para os regimes próprios de previdência social dos Estados, do Distrito Federal e dos Municípios, na data de publicação de lei de iniciativa privativa do respectivo Poder Executivo que a referende integralmente (*DOU 13.11.2019*).

Redação do dispositivo revogado: "**Art. 3º** Ressalvado o direito de opção à aposentadoria pelas normas estabelecidas pelo art. 40 da Constituição Federal ou pelas regras estabelecidas pelos arts. 2º e 6º da Emenda Constitucional 41, de 2003, o servidor da União, dos Estados, do Distrito Federal e dos Municípios, incluídas suas autarquias e fundações, que tenha ingressado no serviço público até 16 de dezembro de 1998 poderá aposentar-se com proventos integrais, desde que preencha, cumulativamente, as seguintes condições:

I – 35 (trinta e cinco) anos de contribuição, se homem, e 30 (trinta) anos de contribuição, se mulher;

II – 25 (vinte e cinco) anos de efetivo exercício no serviço público, 15 (quinze) anos de carreira e 5 (cinco) anos no cargo em que se der a aposentadoria;

III – idade mínima resultante da redução, relativamente aos limites do art. 40, § 1º, inciso III, alínea *a*, da Constituição Federal, de 1 (um) ano de idade para cada ano de contribuição que exceder a condição prevista no inciso I do *caput* deste artigo.

Parágrafo único. Aplica-se ao valor dos proventos de aposentadorias concedidas com base neste artigo o disposto no art. 7º da Emenda Constitucional 41, de 2003, observando-se igual critério de revisão às pensões derivadas dos proventos de servidores falecidos que tenham se aposentado em conformidade com este artigo."

Art. 4º Enquanto não editada a lei a que se refere o § 11 do art. 37 da Constituição Federal, não será computada, para efeito dos limites remuneratórios de que trata o inciso XI do *caput* do mesmo artigo, qualquer parcela de caráter indenizatório, assim definida pela legislação em vigor na data de publicação da Emenda Constitucional 41, de 2003.

Art. 5º Revoga-se o parágrafo único do art. 6º da Emenda Constitucional 41, de 19 de dezembro de 2003.

Art. 6º Esta Emenda Constitucional entra em vigor na data de sua publicação, com efeitos retroativos à data de vigência da Emenda Constitucional 41, de 2003.

Brasília, em 5 de julho de 2005.

Mesa da Câmara dos Deputados

Deputado Severino Cavalcanti

Presidente

Mesa do Senado Federal

Senador Renan Calheiros

Presidente

EMENDA CONSTITUCIONAL 48, DE 10 DE AGOSTO DE 2005

Acrescenta o § 3º ao art. 215 da Constituição Federal, instituindo o Plano Nacional de Cultura.

DOU 11.08.2005

As Mesas da Câmara dos Deputados e do Senado Federal, nos termos do art. 60 da Constituição Federal, promulgam a seguinte Emenda ao texto constitucional:

Art. 1º O art. 215 da Constituição Federal passa a vigorar acrescido do seguinte § 3º:

▸ Alteração incorporada no texto da referida Constituição.

Art. 2º Esta Emenda Constitucional entra em vigor na data de sua publicação.

Brasília, em 10 de agosto de 2005.

Mesa da Câmara dos Deputados

Deputado Severino Cavalcanti

Presidente

Mesa do Senado Federal

Senador Renan Calheiros

Presidente

EMENDA CONSTITUCIONAL 51, DE 14 DE FEVEREIRO DE 2006

Acrescenta os §§ 4º, 5º e 6º ao art. 198 da Constituição Federal.

DOU 15.02.2006

As Mesas da Câmara dos Deputados e do Senado Federal, nos termos do art. 60 da Constituição Federal, promulgam a seguinte Emenda ao texto constitucional:

Art. 1º O art. 198 da Constituição Federal passa a vigorar acrescido dos seguintes §§ 4º, 5º e 6º:

▸ Alterações incorporadas ao texto da referida Constituição.

Art. 2º Após a promulgação da presente Emenda Constitucional, os agentes comunitários de saúde e os agentes de combate às endemias somente poderão ser contratados diretamente pelos Estados, pelo Distrito Federal ou pelos Municípios na forma do § 4º do art. 198 da Constituição Federal, observado o limite de gasto estabelecido na Lei Complementar de que trata o art. 169 da Constituição Federal.

Parágrafo único. Os profissionais que, na data de promulgação desta Emenda e a qualquer título, desempenharem as atividades de agente comunitário de saúde ou de agente de combate às endemias, na forma da lei, ficam dispensados de se submeter ao processo seletivo público a que se refere o § 4º do art. 198 da Constituição Federal, desde que tenham sido contratados a partir de anterior processo de Seleção Pública efetuado por órgãos ou entes da administração direta ou indireta de Estado, Distrito Federal ou Município ou por outras instituições com a efetiva supervisão e autorização da administração direta dos entes da federação.

▸ Art. 9º, par. ún., da Lei 11.350/2006 (Regulamenta o § 5º do art. 198 da Constituição).

Art. 3º Esta Emenda Constitucional entra em vigor na data da sua publicação.

Brasília, em 14 de fevereiro de 2006.

Mesa da Câmara dos Deputados

Deputado Aldo Rebelo

Presidente

Mesa do Senado Federal

Senador Renan Calheiros

Presidente

EMENDA CONSTITUCIONAL 53, DE 19 DE DEZEMBRO DE 2006

Dá nova redação aos arts. 7º, 23, 30, 206, 208, 211 e 212 da Constituição Federal e ao art. 60 do Ato das Disposições Constitucionais Transitórias.

DOU 20.12.2006

As Mesas da Câmara dos Deputados e do Senado Federal, nos termos do § 3º do art. 60 da Constituição Federal, promulgam a seguinte Emenda ao texto constitucional:

Art. 1º A Constituição Federal passa a vigorar com as seguintes alterações:

▸ Alterações incorporadas ao texto do art. 7º, XXV; art. 23, par. ún.; art. 30, VI; art. 206, V e VIII, par. ún.; art. 208, IV; art. 211, § 5º; e art. 212, §§ 5º e 6º, da referida Constituição.

Art. 2º O art. 60 do Ato das Disposições Constitucionais Transitórias passa a vigorar com a seguinte redação:

▸ Alteração incorporada ao texto da referida Constituição.

Art. 3º Esta Emenda Constitucional entra em vigor na data de sua publicação, mantidos os efeitos do art. 60 do Ato das Disposições Constitucionais Transitórias, conforme estabelecido pela Emenda Constitucional 14, de 12 de setembro de 1996, até o início da vigência dos Fundos, nos termos desta Emenda Constitucional.

Brasília, em 19 de dezembro de 2006.

Mesa da Câmara dos Deputados

Deputado Aldo Rebelo

Presidente

Mesa do Senado Federal

Senador Renan Calheiros

Presidente

EMENDA CONSTITUCIONAL 63, DE 4 DE FEVEREIRO DE 2010

Altera o § 5º do art. 198 da Constituição Federal para dispor sobre piso salarial profissional nacional e diretrizes

para os Planos de Carreira de agentes comunitários de saúde e de agentes de combate às endemias.

DOU 05.02.2010

As Mesas da Câmara dos Deputados e do Senado Federal, nos termos do art. 60 da Constituição Federal, promulgam a seguinte Emenda ao texto constitucional:

Art. 1º O § 5º do art. 198 da Constituição Federal passa a vigorar com a seguinte redação:

▸ Alteração incorporada ao texto da referida Constituição.

Art. 2º Esta Emenda Constitucional entra em vigor na data de sua publicação.

Brasília, em 4 de fevereiro de 2010.

Mesa da Câmara dos Deputados

Deputado Michel Temer

Presidente

Mesa do Senado Federal

Senador José Sarney

Presidente

EMENDA CONSTITUCIONAL 64, DE 4 DE FEVEREIRO DE 2010

Altera o art. 6º da Constituição Federal, para introduzir a alimentação como direito social.

DOU 05.02.2010

As Mesas da Câmara dos Deputados e do Senado Federal, nos termos do art. 60 da Constituição Federal, promulgam a seguinte Emenda ao texto constitucional:

Art. 1º O art. 6º da Constituição Federal passa a vigorar com a seguinte redação:

▸ Alteração incorporada ao texto da referida Constituição.

Art. 2º Esta Emenda Constitucional entra em vigor na data de sua publicação.

Brasília, em 4 de fevereiro de 2010.

Mesa da Câmara dos Deputados

Deputado Michel Temer

Presidente

Mesa do Senado Federal

Senador José Sarney

Presidente

EMENDA CONSTITUCIONAL 65, DE 13 DE JULHO DE 2010

Altera a denominação do Capítulo VII do Título VIII da Constituição Federal e modifica o seu art. 227, para cuidar dos interesses da juventude.

DOU 14.07.2010

As Mesas da Câmara dos Deputados e do Senado Federal, nos termos do art. 60 da Constituição Federal, promulgam a seguinte Emenda ao texto constitucional:

Art. 1º O Capítulo VII do Título VIII da Constituição Federal passa a denominar-se "Da Família, da Criança, do Adolescente, do Jovem e do Idoso".

▸ Alterações incorporadas no texto da referida Constituição.

Art. 2º O art. 227 da Constituição Federal passa a vigorar com a seguinte redação:

▸ Alteração incorporada no texto da referida Constituição.

Art. 3º Esta Emenda Constitucional entra em vigor na data de sua publicação.

Brasília, 13 de julho de 2010.

Mesa da Câmara dos Deputados

Deputado Michel Temer

Presidente

Mesa do Senado Federal

Senador José Sarney

Presidente

EMENDA CONSTITUCIONAL 69, DE 29 DE MARÇO DE 2012

Altera os arts. 21, 22 e 48 da Constituição Federal, para transferir da União para o Distrito Federal as atribuições de organizar e manter a Defensoria Pública do Distrito Federal.

DOU 30.03.2012

As Mesas da Câmara dos Deputados e do Senado Federal, nos termos do art. 60 da Constituição Federal, promulgam a seguinte Emenda ao texto constitucional:

Art. 1º Os arts. 21, 22 e 48 da Constituição Federal passam a vigorar com a seguinte redação:

▸ Alterações incorporadas no texto da referida Constituição.

Art. 2º Sem prejuízo dos preceitos estabelecidos na Lei Orgânica do Distrito Federal, aplicam-se à Defensoria Pública do Distrito Federal os mesmos princípios e regras que, nos termos da Constituição Federal, regem as Defensorias Públicas dos Estados.

Art. 3º O Congresso Nacional e a Câmara Legislativa do Distrito Federal, imediatamente após a promulgação desta Emenda Constitucional e de acordo com suas competências, instalarão comissões especiais destinadas a elaborar, em 60 (sessenta) dias, os projetos de lei necessários à adequação da legislação infraconstitucional à matéria nela tratada.

Art. 4º Esta Emenda Constitucional entra em vigor na data de sua publicação, produzindo efeitos quanto ao disposto no art. 1º após decorridos 120 (cento e vinte) dias de sua publicação oficial.

Brasília, 29 de março de 2012.

Mesa da Câmara dos Deputados

Deputado Marco Maia

Presidente

Mesa do Senado Federal

Senador José Sarney

Presidente

EMENDA CONSTITUCIONAL 70, DE 29 DE MARÇO DE 2012

Acrescenta art. 6º-A à Emenda Constitucional 41, de 2003, para estabelecer critérios para o cálculo e a correção dos proventos da aposentadoria por invalidez dos servidores públicos que ingressaram no serviço público até a data da publicação daquela Emenda Constitucional.

DOU 30.03.2012

As Mesas da Câmara dos Deputados e do Senado Federal, nos termos do § 3º do art. 60 da Constituição Federal, promulgam a seguinte Emenda ao texto constitucional:

Art. 1º A Emenda Constitucional 41, de 19 de dezembro de 2003, passa a vigorar acrescida do seguinte art. 6º-A:

▸ Alteração incorporada no texto da referida EC.

Art. 2º A União, os Estados, o Distrito Federal e os Municípios, assim como as respectivas autarquias e fundações, procederão, no prazo de 180 (cento e oitenta) dias da entrada em vigor desta Emenda Constitucional, à revisão das aposentadorias, e das pensões delas decorrentes, concedidas a partir de 1º de janeiro de 2004, com base na redação dada ao § 1º do art. 40 da Constituição Federal pela Emenda Constitucional 20, de 15 de dezembro de 1998, com efeitos financeiros a partir da data de promulgação desta Emenda Constitucional.

Art. 3º Esta Emenda Constitucional entra em vigor na data de sua publicação.

Brasília, 29 de março de 2012.

Mesa da Câmara dos Deputados

Deputado Marco Maia

Presidente

Mesa do Senado Federal

Senador José Sarney

Presidente

EMENDA CONSTITUCIONAL 71, DE 29 DE NOVEMBRO DE 2012

Acrescenta o art. 216-A à Constituição Federal para instituir o Sistema Nacional de Cultura.

DOU 30.11.2012

As Mesas da Câmara dos Deputados e do Senado Federal, nos termos do § 3º do art. 60 da Constituição Federal, promulgam a seguinte Emenda ao texto constitucional:

Art. 1º A Constituição Federal passa a vigorar acrescida do seguinte art. 216-A:

▸ Alteração incorporada ao texto da referida Constituição.

Art. 2º Esta Emenda Constitucional entra em vigor na data de sua publicação.

Brasília, em 29 de novembro de 2012.

Mesa da Câmara dos Deputados

Deputado Marco Maia

Presidente

Mesa do Senado Federal

Senador José Sarney

Presidente

EMENDA CONSTITUCIONAL 72, DE 02 DE ABRIL DE 2013

Altera a redação do parágrafo único do art. 7º da Constituição Federal para estabelecer a igualdade de direitos trabalhistas entre os trabalhadores domésticos e os demais trabalhadores urbanos e rurais.

DOU 03.04.2013

As Mesas da Câmara dos Deputados e do Senado Federal, nos termos do § 3º do art. 60 da Constituição Federal, promulgam a seguinte Emenda ao texto constitucional:

Artigo único. O parágrafo único do art. 7º da Constituição Federal passa a vigorar com a seguinte redação:

Brasília, em 2 de abril de 2013.

Mesa da Câmara dos Deputados

Deputado Henrique Eduardo Alves

Presidente

Mesa do Senado Federal

Senador Renan Calheiros

Presidente

EMENDA CONSTITUCIONAL 80, DE 04 DE JUNHO DE 2014

Altera o Capítulo IV – Das Funções Essenciais à Justiça, do Título IV – Da Organização dos Poderes, e acrescenta artigo ao Ato das Disposições Constitucionais Transitórias da Constituição Federal.

DOU 05.06.2014

As Mesas da Câmara dos Deputados e do Senado Federal, nos termos do § 3º do art. 60 da Constituição Federal, promulgam a seguinte Emenda ao texto constitucional:

Art. 1º O Capítulo IV – Das Funções Essenciais à Justiça, do Título IV – Da Organização dos Poderes, passa a vigorar com as seguintes alterações:

▸ Alterações incorporadas no texto da referida Constituição Federal.

Art. 2º O Ato das Disposições Constitucionais Transitórias passa a vigorar acrescido do seguinte art. 98:

▸ Alterações incorporadas no texto do referido ADCT.

Art. 3º Esta Emenda Constitucional entra em vigor na data de sua publicação.

Brasília, em 4 de junho de 2014.

Mesa da Câmara dos Deputados

Deputado Henrique Eduardo Alves

Presidente

Mesa do Senado Federal

Senador Renan Calheiros

Presidente

EMENDA CONSTITUCIONAL 81, DE 5 DE JUNHO DE 2014

Dá nova redação ao art. 243 da Constituição Federal.

DOU 06.06.2014

As Mesas da Câmara dos Deputados e do Senado Federal, nos termos do § 3º do art. 60 da Constituição Federal, promulgam a seguinte Emenda ao texto constitucional:

Art. 1º O art. 243 da Constituição Federal passa a vigorar com a seguinte redação:

▸ Alterações incorporadas no texto da referida Constituição Federal.

Art. 2º Esta Emenda Constitucional entra em vigor na data de sua publicação.

Brasília, em 5 de junho de 2014.

Mesa da Câmara dos Deputados

Deputado Henrique Eduardo Alves

Presidente

Mesa do Senado Federal

Senador Renan Calheiros

Presidente

EMENDA CONSTITUCIONAL 83, DE 5 DE AGOSTO DE 2014

Acrescenta o art. 92-A ao Ato das Disposições Constitucionais Transitórias – ADCT.

DOU 06.08.2014

As Mesas da Câmara dos Deputados e do Senado Federal, nos termos do § 3º do art. 60 da Constituição Federal, promulgam a seguinte Emenda ao texto constitucional:

Art. 1º O Ato das Disposições Constitucionais Transitórias passa a vigorar acrescido do seguinte art. 92-A:

▸ Alteração incorporada no texto do referido ADCT.

Art. 2º Esta Emenda Constitucional entra em vigor na data de sua publicação.

Brasília, em 5 de agosto de 2014.

Mesa da Câmara dos Deputados

Deputado Henrique Eduardo Alves

Presidente

Mesa do Senado Federal

Senador Renan Calheiros

Presidente

EMENDA CONSTITUCIONAL 85, DE 26 DE FEVEREIRO DE 2015

Altera e adiciona dispositivos na Constituição Federal para atualizar o tratamento das atividades de ciência, tecnologia e inovação.

DOU 27.02.2015

As Mesas da Câmara dos Deputados e do Senado Federal, nos termos do § 3º do art. 60 da Constituição Federal, promulgam a seguinte Emenda ao texto constitucional:

Art. 1º A Constituição Federal passa a vigorar com as seguintes alterações:

▸ Alterações incorporadas no texto da referida Lei.

Art. 2º O Capítulo IV do Título VIII da Constituição Federal passa a vigorar acrescido dos seguintes arts. 219-A e 219-B:

▸ Alterações incorporadas no texto da referida Lei.

Art. 3º Esta Emenda Constitucional entra em vigor na data de sua publicação.

Brasília, em 26 de fevereiro de 2015.

Mesa da Câmara dos Deputados

Deputado Eduardo Cunha

Presidente

Mesa do Senado Federal

Senador Renan Calheiros

Presidente

EMENDA CONSTITUCIONAL 88, DE 7 DE MAIO DE 2015

Altera o art. 40 da Constituição Federal, relativamente ao limite de idade para a aposentadoria compulsória do servidor público em geral, e acrescenta dispositivo ao Ato das Disposições Constitucionais Transitórias.

DOU 08.05.2015

As Mesas da Câmara dos Deputados e do Senado Federal, nos termos do § 3º do art. 60 da Constituição Federal, promulgam a seguinte Emenda ao texto constitucional:

Art. 1º O art. 40 da Constituição Federal passa a vigorar com a seguinte alteração:

▸ Alterações incorporadas no texto da referida Lei.

Art. 2º O Ato das Disposições Constitucionais Transitórias passa a vigorar acrescido do seguinte art. 100:

▸ Alterações incorporadas no texto da referida Lei.

Art. 3º Esta Emenda Constitucional entra em vigor na data de sua publicação.

Mesa da Câmara dos Deputados Mesa do Senado Federal

Deputado Eduardo Cunha

Presidente

Senador Renan Calheiros

Presidente

EMENDA CONSTITUCIONAL 90, DE 15 DE SETEMBRO DE 2015

Dá nova redação ao art. 6º da Constituição Federal, para introduzir o transporte como direito social.

DOU 16.09.2015

As Mesas da Câmara dos Deputados e do Senado Federal, nos termos do art. 60 da Constituição Federal, promulgam a seguinte Emenda ao texto constitucional:

Artigo único. O art. 6º da Constituição Federal de 1988 passa a vigorar com a seguinte redação:

▸ Alterações incorporadas no texto da Constituição Federal.

Brasília, em 15 de setembro de 2015.

Mesa da Câmara dos Deputados

Deputado Eduardo Cunha

Presidente

Mesa do Senado Federal

Senador Renan Calheiros

Presidente

EMENDA CONSTITUCIONAL 92, DE 12 DE JULHO DE 2016

Altera os arts. 92 e 111-A da Constituição Federal, para explicitar o Tribunal Superior do Trabalho como órgão do Poder Judiciário, alterar os requisitos para o provimento dos cargos de Ministros daquele Tribunal e modificar-lhe a competência.

DOU 13.07.2016

As Mesas da Câmara dos Deputados e do Senado Federal, nos termos do § 3º do art. 60 da Constituição Federal, promulgam a seguinte Emenda ao texto constitucional:

Art. 1º Os arts. 92 e 111-A da Constituição Federal passam a vigorar com as seguintes alterações:

▸ Alterações incorporadas no texto da Constituição Federal.

Art. 2º Esta Emenda Constitucional entra em vigor na data de sua publicação.

Brasília, em 12 de julho de 2016.

Mesa da Câmara dos Deputados

Deputado Waldir Maranhão

1º Vice-Presidente, no exercício da Presidência

Mesa do Senado Federal

Senador Renan Calheiros

Presidente

EMENDA CONSTITUCIONAL 93, DE 08 DE SETEMBRO DE 2016

Altera o Ato das Disposições Constitucionais Transitórias para prorrogar a desvinculação de receitas da União e estabelecer a desvinculação de receitas dos Estados, Distrito Federal e Municípios.

DOU 09.09.2016 – Ed. Extra

As Mesas da Câmara dos Deputados e do Senado Federal, nos termos do § 3º do art. 60 da Constituição Federal, promulgam a seguinte Emenda ao texto constitucional:

Art. 1º O art. 76 do Ato das Disposições Constitucionais Transitórias passa a vigorar com a seguinte redação:

▸ Alterações incorporadas no texto do referido Ato.

Art. 2º O Ato das Disposições Constitucionais Transitórias passa a vigorar acrescido dos seguintes arts. 76-A e 76-B:

▸ Alterações incorporadas no texto do referido Ato.

Art. 3º Esta Emenda Constitucional entra em vigor na data de sua publicação, produzindo efeitos a partir de 1º de janeiro de 2016.

Brasília, em 8 de setembro de 2016.

Mesa da Câmara dos Deputados

Deputado Rodrigo Maia

Presidente

Mesa do Senado Federal

Senador Renan Calheiros

Presidente

EMENDA CONSTITUCIONAL 94, DE 15 DE DEZEMBRO DE 2016

Altera o art. 100 da Constituição Federal, para dispor sobre o regime de pagamento de débitos públicos decorrentes de condenações judiciais; e acrescenta dispositivos ao Ato das Disposições Constitucionais Transitórias, para instituir regime especial de pagamento para os casos em mora.

DOU 16.12.2016

As Mesas da Câmara dos Deputados e do Senado Federal, nos termos do § 3º do art. 60 da Constituição Federal, promulgam a seguinte Emenda ao texto constitucional:

Art. 1º O art. 100 da Constituição Federal passa a vigorar com a seguinte redação:

▸ Alterações incorporadas no texto da Constituição Federal.

Art. 2º O Ato das Disposições Constitucionais Transitórias passa a vigorar acrescido dos seguintes arts. 101 a 105:

▸ Alterações incorporadas no texto do referido ADCT.

Art. 3º Esta Emenda Constitucional entra em vigor na data de sua publicação.

Brasília, em 15 de dezembro de 2016.

Mesa da Câmara dos Deputados

Deputado Rodrigo Maia

Presidente

Mesa do Senado Federal

Senador Renan Calheiros

Presidente

EMENDA CONSTITUCIONAL 95, DE 15 DE DEZEMBRO DE 2016

Altera o Ato das Disposições Constitucionais Transitórias, para instituir o Novo Regime Fiscal, e dá outras providências.

DOU 16.12.2016

As Mesas da Câmara dos Deputados e do Senado Federal, nos termos do § 3º do art. 60 da Constituição Federal, promulgam a seguinte Emenda ao texto constitucional:

Art. 1º O Ato das Disposições Constitucionais Transitórias passa a vigorar acrescido dos seguintes arts. 106, 107, 108, 109, 110, 111, 112, 113 e 114:

Alterações incorporadas no texto do referido ADCT.

Art. 2º Esta Emenda Constitucional entra em vigor na data de sua promulgação.

Art. 3º Fica revogado o art. 2º da Emenda Constitucional 86, de 17 de março de 2015.

Brasília, em 15 de dezembro de 2016.

Mesa da Câmara dos Deputados

Deputado Rodrigo Maia

Presidente

Mesa do Senado Federal

Senador Renan Calheiros

Presidente

EMENDA CONSTITUCIONAL 98, DE 6 DE DEZEMBRO DE 2017

Altera o art. 31 da Emenda Constitucional 19, de 4 de junho de 1998, para prever a inclusão, em quadro em extinção da administração pública federal, de servidor público, de integrante da carreira de policial, civil ou militar, e de pessoa que haja mantido relação ou vínculo funcional, empregatício, estatutário ou de trabalho com a administração pública dos ex-Territórios ou dos Estados do Amapá ou de Roraima, inclusive suas prefeituras, na fase de instalação dessas unidades federadas, e dá outras providências.

DOU 11.12.2017

As Mesas da Câmara dos Deputados e do Senado Federal, nos termos do § 3º do art. 60 da Constituição Federal, promulgam a seguinte Emenda ao texto constitucional:

Art. 1º O art. 31 da Emenda Constitucional 19, de 4 de junho de 1998, passa a vigorar com as seguintes alterações:

▸ Alterações incorporadas ao texto da referida Emenda Constitucional.

Art. 2º Cabe à União, no prazo máximo de noventa dias, contado a partir da data de publicação desta Emenda Constitucional, regulamentar o disposto no art. 31

da Emenda Constitucional 19, de 4 de junho de 1998, a fim de que se exerça o direito de opção nele previsto.

§ 1º Descumprido o prazo de que trata o *caput* deste artigo, a pessoa a quem assista o direito de opção fará jus ao pagamento de eventuais acréscimos remuneratórios, desde a data de encerramento desse prazo, caso se confirme o seu enquadramento.

§ 2º É vedado o pagamento, a qualquer título, de acréscimo remuneratório, ressarcimento, auxílio, salário, retribuição ou valor em virtude de ato ou fato anterior à data de enquadramento da pessoa optante, ressalvado o pagamento de que trata o § 1º deste artigo.

Art. 3º O direito à opção, nos termos previstos no art. 31 da Emenda Constitucional 19, de 4 de junho de 1998, deverá ser exercido no prazo de até trinta dias, contado a partir da data de regulamentação desta Emenda Constitucional.

§ 1º São convalidados todos os direitos já exercidos até a data de regulamentação desta Emenda Constitucional, inclusive nos casos em que, feita a opção, o enquadramento ainda não houver sido efetivado, aplicando-se-lhes, para todos os fins, inclusive o de enquadramento, a legislação vigente à época em que houver sido feita a opção ou, sendo mais benéficas ou favoráveis ao optante, as normas previstas nesta Emenda Constitucional e em seu regulamento.

§ 2º Entre a data de promulgação desta Emenda Constitucional e a de publicação de seu regulamento, o exercício do direito de opção será feito com base nas disposições contidas na Emenda Constitucional 79, de 27 de maio de 2014, e em suas normas regulamentares, sem prejuízo do disposto no § 1º deste artigo.

Art. 4º É reconhecido o vínculo funcional com a União dos servidores do ex-Território do Amapá, a que se refere a Portaria 4.481, de 19 de dezembro de 1995, do Ministério da Administração Federal e Reforma do Estado, publicada no Diário Oficial da União de 21 de dezembro de 1995, convalidando-se os atos de gestão, de admissão, aposentadoria, pensão, progressão, movimentação e redistribuição relativos a esses servidores, desde que não tenham sido excluídos dos quadros da União por decisão do Tribunal de Contas da União, da qual não caiba mais recurso judicial.

Art. 5º O disposto no art. 7º da Emenda Constitucional 79, de 27 de maio de 2014, aplica-se aos servidores que, em iguais condições, hajam sido admitidos pelos Estados de Rondônia até 1987, e do Amapá e de Roraima até outubro de 1993.

Art. 6º O disposto no art. 6º da Emenda Constitucional 79, de 27 de maio de 2014, aplica-se aos servidores que, admitidos e lotados pelas Secretarias de Segurança Pública dos Estados de Rondônia até 1987, e do Amapá e de Roraima até outubro de 1993, exerciam função policial.

Art. 7º As disposições desta Emenda Constitucional aplicam-se aos aposentados e pensionistas, civis e militares, vinculados aos respectivos regimes próprios de previdência, vedado o pagamento, a qualquer título, de valores referentes a períodos anteriores à sua publicação.

Parágrafo único. Haverá compensação financeira entre os regimes próprios de previdência por ocasião da aposentação ou da inclusão de aposentados e pensionistas em quadro em extinção da União, observado o disposto no § 9º do art. 201 da Constituição Federal.

Art. 8º Esta Emenda Constitucional entra em vigor na data de sua publicação.

Brasília, em 6 de dezembro de 2017

Mesa da Câmara dos Deputados

Deputado Rodrigo Maia

Presidente

Mesa do Senado Federal

Senador Eunício Oliveira

Presidente

EMENDA CONSTITUCIONAL 100, DE 26 DE JUNHO DE 2019

Altera os arts. 165 e 166 da Constituição Federal para tornar obrigatória a execução da programação orçamentária proveniente de emendas de bancada de parlamentares de Estado ou do Distrito Federal.

DOU 27.06.2019

As Mesas da Câmara dos Deputados e do Senado Federal, nos termos do § 3º do art. 60 da Constituição Federal, promulgam a seguinte Emenda ao texto constitucional:

Art. 1º Os arts. 165 e 166 da Constituição Federal passam a vigorar com as seguintes alterações:

▸ Alterações incorporadas no texto da Constituição Federal.

Art. 2º O montante previsto no § 12 do art. 166 da Constituição Federal será de 0,8% (oito décimos por cento) no exercício subsequente ao da promulgação desta Emenda Constitucional.

Art. 3º A partir do 3º (terceiro) ano posterior à promulgação desta Emenda Constitucional até o último exercício de vigência do regime previsto na Emenda Constitucional nº 95, de 15 de dezembro de 2016, a execução prevista no § 12 do art. 166 da Constituição Federal corresponderá ao montante de execução obrigatória para o exercício anterior, corrigido na forma estabelecida no inciso II do § 1º do art. 107 do Ato das Disposições Constitucionais Transitórias.

Art. 4º Esta Emenda Constitucional entra em vigor na data de sua publicação e produzirá efeitos a partir da execução orçamentária do exercício financeiro subsequente.

Brasília, em 26 de junho de 2019

Mesa da Câmara dos Deputados

Deputado Rodrigo Maia

Presidente

Mesa do Senado Federal

Senador Davi Alcolumbre

Presidente

EMENDA CONSTITUCIONAL 101, DE 3 DE JULHO DE 2019

Acrescenta § 3º ao art. 42 da Constituição Federal para estender aos militares dos Estados, do Distrito Federal e dos Territórios o direito à acumulação de cargos públicos prevista no art. 37, inciso XVI.

DOU 04.07.2019

As Mesas da Câmara dos Deputados e do Senado Federal, nos termos do § 3º do art. 60 da Constituição Federal, promulgam a seguinte Emenda ao texto constitucional:

Art. 1º O art. 42 da Constituição Federal passa a vigorar acrescido do seguinte § 3º:

▸ Alterações incorporadas no texto da Constituição Federal.

Art. 2º Esta Emenda Constitucional entra em vigor na data de sua publicação.

Brasília, em 3 de julho de 2019

Mesa da Câmara dos Deputados

Deputado Rodrigo Maia

Presidente

Mesa do Senado Federal

Senador Davi Alcolumbre

Presidente

EMENDA CONSTITUCIONAL 103, DE 12 DE NOVEMBRO DE 2019

Altera o sistema de previdência social e estabelece regras de transição e disposições transitórias.

DOU 13.11.2019

As Mesas da Câmara dos Deputados e do Senado Federal, nos termos do § 3º do art. 60 da Constituição Federal, promulgam a seguinte Emenda ao texto constitucional:

Art. 1º A Constituição Federal passa a vigorar com as seguintes alterações:

▸ Alteração incorporada no texto da Constituição.

Art. 2º O art. 76 do Ato das Disposições Constitucionais Transitórias passa a vigorar com a seguinte redação:

▸ Alterações incorporadas no texto do ADCT.

Art. 3º A concessão de aposentadoria ao servidor público federal vinculado a regime próprio de previdência social e ao segurado do Regime Geral de Previdência Social e de pensão por morte aos respectivos dependentes será assegurada, a qualquer tempo, desde que tenham sido cumpridos os requisitos para obtenção desses benefícios até a data de entrada em vigor desta Emenda Constitucional, observados os critérios da legislação vigente na data em que foram atendidos os requisitos para a concessão da aposentadoria ou da pensão por morte.

§ 1º Os proventos de aposentadoria devidos ao servidor público a que se refere o *caput* e as pensões por morte devidas aos seus dependentes serão calculados e reajustados de acordo com a legislação em vigor à época em que foram atendidos os requisitos nela estabelecidos para a concessão desses benefícios.

§2º Os proventos de aposentadoria devidos ao segurado a que se refere o *caput* e as pensões por morte devidas aos seus dependentes serão apurados de acordo com a legislação em vigor à época em que foram atendidos os requisitos nela estabelecidos para a concessão desses benefícios.

§3º Até que entre em vigor lei federal de que trata o § 19 do art. 40 da Constituição Federal, o servidor de que trata o *caput* que tenha cumprido os requisitos para aposentadoria voluntária com base no disposto na alínea "a" do inciso III do § 1º do art. 40 da Constituição Federal, na redação vigente até a data de entrada em vigor desta Emenda Constitucional, no art. 2º, no § 1º do art. 3º ou no art. 6º da Emenda Constitucional 41, de 19 de dezembro de 2003, ou no art. 3º da Emenda Constitucional 47, de 5 de julho de 2005, que optar por permanecer em atividade fará jus a um abono de permanência equivalente ao valor da sua contribuição previdenciária, até completar a idade para aposentadoria compulsória.

Art. 4º O servidor público federal que tenha ingressado no serviço público em cargo efetivo até a data de entrada em vigor desta Emenda Constitucional poderá aposentar-se voluntariamente quando preencher, cumulativamente, os seguintes requisitos:

I – 56 (cinquenta e seis) anos de idade, se mulher, e 61 (sessenta e um) anos de idade, se homem, observado o disposto no § 1º;

II – 30 (trinta) anos de contribuição, se mulher, e 35 (trinta e cinco) anos de contribuição, se homem;

III – 20 (vinte) anos de efetivo exercício no serviço público;

IV – 5 (cinco) anos no cargo efetivo em que se der a aposentadoria; e

V – somatório da idade e do tempo de contribuição, incluídas as frações, equivalente a 86 (oitenta e seis) pontos, se mulher, e 96 (noventa e seis) pontos, se homem, observado o disposto nos §§ 2º e 3º.

§1º A partir de 1º de janeiro de 2022, a idade mínima a que se refere o inciso I do *caput* será de 57 (cinquenta e sete) anos de idade, se mulher, e 62 (sessenta e dois) anos de idade, se homem.

§ 2º A partir de 1º de janeiro de 2020, a pontuação a que se refere o inciso V do *caput* será acrescida a cada ano de 1 (um) ponto, até atingir o limite de 100 (cem) pontos, se mulher, e de 105 (cento e cinco) pontos, se homem.

§3º A idade e o tempo de contribuição serão apurados em dias para o cálculo do somatório de pontos a que se referem o inciso V do *caput* e o § 2º.

§ 4º Para o titular do cargo de professor que comprovar exclusivamente tempo de efetivo exercício das funções de magistério na educação infantil e no ensino fundamental e médio, os requisitos de idade e de tempo de contribuição de que tratam os incisos I e II do *caput* serão:

I – 51 (cinquenta e um) anos de idade, se mulher, e 56 (cinquenta e seis) anos de idade, se homem;

II – 25 (vinte e cinco) anos de contribuição, se mulher, e 30 (trinta) anos de contribuição, se homem; e

III – 52 (cinquenta e dois) anos de idade, se mulher, e 57 (cinquenta e sete) anos de idade, se homem, a partir de 1º de janeiro de 2022.

§5º O somatório da idade e do tempo de contribuição de que trata o inciso V do *caput* para as pessoas a que se refere o § 4º, incluídas as frações, será de 81 (oitenta e um) pontos, se mulher, e 91 (noventa e um) pontos, se homem, aos quais serão acrescidos, a partir de 1º de janeiro de 2020, 1 (um) ponto a cada ano, até atingir o limite de 92 (noventa e dois) pontos, se mulher, e 100 (cem) pontos, se homem.

§ 6º Os proventos das aposentadorias concedidas nos termos do disposto neste artigo corresponderão:

I – à totalidade da remuneração do servidor público no cargo efetivo em que se der a aposentadoria, observado o disposto no §8º, para o servidor público que tenha ingressado no serviço público em cargo efetivo até 31 de dezembro de 2003 e que não tenha feito a opção de que trata o § 16 do art. 40 da Constituição Federal, desde que tenha, no mínimo, 62 (sessenta e dois) anos de idade, se mulher, e 65 (sessenta e cinco) anos de idade, se homem, ou, para os titulares do cargo de professor de que trata o § 4º, 57 (cinquenta e sete) anos de idade, se mulher, e 60 (sessenta) anos de idade, se homem;

II – ao valor apurado na forma da lei, para o servidor público não contemplado no inciso I.

§7º Os proventos das aposentadorias concedidas nos termos do disposto neste artigo não serão inferiores ao

valor a que se refere o § 2º do art. 201 da Constituição Federal e serão reajustados:

I – de acordo com o disposto no art. 7º da Emenda Constitucional 41, de 19 de dezembro de 2003, se cumpridos os requisitos previstos no inciso I do § 6º; ou

II – nos termos estabelecidos para o Regime Geral de Previdência Social, na hipótese prevista no inciso II do § 6º.

§ 8º Considera-se remuneração do servidor público no cargo efetivo, para fins de cálculo dos proventos de aposentadoria com fundamento no disposto no inciso I do § 6º ou no inciso II do § 2º do art. 20, o valor constituído pelo subsídio, pelo vencimento e pelas vantagens pecuniárias permanentes do cargo, estabelecidos em lei, acrescidos dos adicionais de caráter individual e das vantagens pessoais permanentes, observados os seguintes critérios:

I – se o cargo estiver sujeito a variações na carga horária, o valor das rubricas que refletem essa variação integrará o cálculo do valor da remuneração do servidor público no cargo efetivo em que se deu a aposentadoria, considerando-se a média aritmética simples dessa carga horária proporcional ao número de anos completos de recebimento e contribuição, contínuos ou intercalados, em relação ao tempo total exigido para a aposentadoria;

II – se as vantagens pecuniárias permanentes forem variáveis por estarem vinculadas a indicadores de desempenho, produtividade ou situação similar, o valor dessas vantagens integrará o cálculo da remuneração do servidor público no cargo efetivo mediante a aplicação, sobre o valor atual de referência das vantagens pecuniárias permanentes variáveis, da média aritmética simples do indicador, proporcional ao número de anos completos de recebimento e de respectiva contribuição, contínuos ou intercalados, em relação ao tempo total exigido para a aposentadoria ou, se inferior, ao tempo total de percepção da vantagem.

§9º Aplicam-se às aposentadorias dos servidores dos Estados, do Distrito Federal e dos Municípios as normas constitucionais e infraconstitucionais anteriores à data de entrada em vigor desta Emenda Constitucional, enquanto não promovidas alterações na legislação interna relacionada ao respectivo regime próprio de previdência social.

§ 10. Estende-se o disposto no § 9º às normas sobre aposentadoria de servidores públicos incompatíveis com a redação atribuída por esta Emenda Constitucional aos §§ 4º, 4º-A, 4º-B e 4º-C do art. 40 da Constituição Federal.

Art. 5º O policial civil do órgão a que se refere o inciso XIV do *caput* do art. 21 da Constituição Federal, o policial dos órgãos a que se referem o inciso IV do *caput* do art. 51, o inciso XIII do *caput* do art. 52 e os incisos I a III do *caput* do art. 144 da Constituição Federal e o ocupante de cargo de agente federal penitenciário ou socioeducativo que tenham ingressado na respectiva carreira até a data de entrada em vigor desta Emenda Constitucional poderão aposentar-se, na forma da Lei Complementar 51, de 20 de dezembro de 1985, observada a idade mínima de 55 (cinquenta e cinco) anos para ambos os sexos ou o disposto no § 3º.

§ 1º Serão considerados tempo de exercício em cargo de natureza estritamente policial, para os fins do inciso II do art. 1º da Lei Complementar 51, de 20 de dezembro de 1985, o tempo de atividade militar nas Forças Armadas, nas polícias militares e nos corpos de bombeiros militares e o tempo de atividade como agente penitenciário ou socioeducativo.

§2º Aplicam-se às aposentadorias dos servidores dos Estados de que trata o § 4º-B do art. 40 da Constituição Federal as normas constitucionais e infraconstitucionais anteriores à data de entrada em vigor desta Emenda Constitucional, enquanto não promovidas alterações na legislação interna relacionada ao respectivo regime próprio de previdência social.

§ 3º Os servidores de que trata o *caput* poderão aposentar-se aos 52 (cinquenta e dois) anos de idade, se mulher, e aos 53 (cinquenta e três) anos de idade, se homem, desde que cumprido período adicional de contribuição correspondente ao tempo que, na data de entrada em vigor desta Emenda Constitucional, faltaria para atingir o tempo de contribuição previsto na Lei Complementar 51, de 20 de dezembro de 1985.

Art. 6º O disposto no § 14 do art. 37 da Constituição Federal não se aplica a aposentadorias concedidas pelo Regime Geral de Previdência Social até a data de entrada em vigor desta Emenda Constitucional.

Art. 7º O disposto no § 15 do art. 37 da Constituição Federal não se aplica a complementações de aposen-

tadorias e pensões concedidas até a data de entrada em vigor desta Emenda Constitucional.

Art. 8º Até que entre em vigor lei federal de que trata o § 19 do art. 40 da Constituição Federal, o servidor público federal que cumprir as exigências para a concessão da aposentadoria voluntária nos termos do disposto nos arts. 4º, 5º, 20, 21 e 22 e que optar por permanecer em atividade fará jus a um abono de permanência equivalente ao valor da sua contribuição previdenciária, até completar a idade para aposentadoria compulsória.

Art. 9º Até que entre em vigor lei complementar que discipline o § 22 do art. 40 da Constituição Federal, aplicam-se aos regimes próprios de previdência social o disposto na Lei 9.717, de 27 de novembro de 1998, e o disposto neste artigo.

§ 1º O equilíbrio financeiro e atuarial do regime próprio de previdência social deverá ser comprovado por meio de garantia de equivalência, a valor presente, entre o fluxo das receitas estimadas e das despesas projetadas, apuradas atuarialmente, que, juntamente com os bens, direitos e ativos vinculados, comparados às obrigações assumidas, evidenciem a solvência e a liquidez do plano de benefícios.

§ 2º O rol de benefícios dos regimes próprios de previdência social fica limitado às aposentadorias e à pensão por morte.

§ 3º Os afastamentos por incapacidade temporária para o trabalho e o salário-maternidade serão pagos diretamente pelo ente federativo e não correrão à conta do regime próprio de previdência social ao qual o servidor se vincula.

§ 4º Os Estados, o Distrito Federal e os Municípios não poderão estabelecer alíquota inferior à da contribuição dos servidores da União, exceto se demonstrado que o respectivo regime próprio de previdência social não possui *déficit* atuarial a ser equacionado, hipótese em que a alíquota não poderá ser inferior às alíquotas aplicáveis ao Regime Geral de Previdência Social.

§ 5º Para fins do disposto no § 4º, não será considerada como ausência de *déficit* a implementação de segregação da massa de segurados ou a previsão em lei de plano de equacionamento de *déficit*.

§ 6º A instituição do regime de previdência complementar na forma dos §§ 14 a 16 do art. 40 da Constituição Federal e a adequação do órgão ou entidade gestora do regime próprio de previdência social ao § 20 do art. 40 da Constituição Federal deverão ocorrer no prazo máximo de 2 (dois) anos da data de entrada em vigor desta Emenda Constitucional.

§ 7º Os recursos de regime próprio de previdência social poderão ser aplicados na concessão de empréstimos a seus segurados, na modalidade de consignados, observada regulamentação específica estabelecida pelo Conselho Monetário Nacional.

§ 8º Por meio de lei, poderá ser instituída contribuição extraordinária pelo prazo máximo de 20 (vinte) anos, nos termos dos §§ 1º-B e 1º-C do art. 149 da Constituição Federal.

§ 9º O parcelamento ou a moratória de débitos dos entes federativos com seus regimes próprios de previdência social fica limitado ao prazo a que se refere o § 11 do art. 195 da Constituição.

Art. 10. Até que entre em vigor lei federal que discipline os benefícios do regime próprio de previdência social dos servidores da União, aplica-se o disposto neste artigo.

§ 1º Os servidores públicos federais serão aposentados:

I – voluntariamente, observados, cumulativamente, os seguintes requisitos:

a) 62 (sessenta e dois) anos de idade, se mulher, e 65 (sessenta e cinco) anos de idade, se homem; e

b) 25 (vinte e cinco) anos de contribuição, desde que cumprido o tempo mínimo de 10 (dez) anos de efetivo exercício no serviço público e de 5 (cinco) anos no cargo efetivo em que for concedida a aposentadoria;

II – por incapacidade permanente para o trabalho, no cargo em que estiverem investidos, quando insuscetíveis de readaptação, hipótese em que será obrigatória a realização de avaliações periódicas para verificação da continuidade das condições que ensejaram a concessão da aposentadoria; ou

III – compulsoriamente, na forma do disposto no inciso II do § 1º do art. 40 da Constituição Federal.

§ 2º Os servidores públicos federais com direito a idade mínima ou tempo de contribuição distintos da regra geral para concessão de aposentadoria na forma dos §§ 4º-B, 4º-C e 5º do art. 40 da Constituição Federal

poderão aposentar-se, observados os seguintes requisitos:

I – o policial civil do órgão a que se refere o inciso XIV do *caput* do art. 21 da Constituição Federal, o policial dos órgãos a que se referem o inciso IV do *caput* do art. 51, o inciso XIII do *caput* do art. 52 e os incisos I a III do *caput* do art. 144 da Constituição Federal e o ocupante de cargo de agente federal penitenciário ou socioeducativo, aos 55 (cinquenta e cinco) anos de idade, com 30 (trinta) anos de contribuição e 25 (vinte e cinco) anos de efetivo exercício em cargo dessas carreiras, para ambos os sexos;

II – o servidor público federal cujas atividades sejam exercidas com efetiva exposição a agentes químicos, físicos e biológicos prejudiciais à saúde, ou associação desses agentes, vedada a caracterização por categoria profissional ou ocupação, aos 60 (sessenta) anos de idade, com 25 (vinte e cinco) anos de efetiva exposição e contribuição, 10 (dez) anos de efetivo exercício de serviço público e 5 (cinco) anos no cargo efetivo em que for concedida a aposentadoria;

III – o titular do cargo federal de professor, aos 60 (sessenta) anos de idade, se homem, aos 57 (cinquenta e sete) anos, se mulher, com 25 (vinte e cinco) anos de contribuição exclusivamente em efetivo exercício das funções de magistério na educação infantil e no ensino fundamental e médio, 10 (dez) anos de efetivo exercício de serviço público e 5 (cinco) anos no cargo efetivo em que for concedida a aposentadoria, para ambos os sexos.

§ 3º A aposentadoria a que se refere o § 4º-C do art. 40 da Constituição Federal observará adicionalmente as condições e os requisitos estabelecidos para o Regime Geral de Previdência Social, naquilo em que não conflitarem com as regras específicas aplicáveis ao regime próprio de previdência social da União, vedada a conversão de tempo especial em comum.

§ 4º Os proventos das aposentadorias concedidas nos termos do disposto neste artigo serão apurados na forma da lei.

§ 5º Até que entre em vigor lei federal de que trata o § 19 do art. 40 da Constituição Federal, o servidor federal que cumprir as exigências para a concessão da aposentadoria voluntária nos termos do disposto neste artigo e que optar por permanecer em atividade fará jus a um abono de permanência equivalente ao valor da sua contribuição previdenciária, até completar a idade para aposentadoria compulsória.

§ 6º A pensão por morte devida aos dependentes do policial civil do órgão a que se refere o inciso XIV do *caput* do art. 21 da Constituição Federal, do policial dos órgãos a que se referem o inciso IV do *caput* do art. 51, o inciso XIII do *caput* do art. 52 e os incisos I a III do *caput* do art. 144 da Constituição Federal e dos ocupantes dos cargos de agente federal penitenciário ou socioeducativo decorrente de agressão sofrida no exercício ou em razão da função será vitalícia para o cônjuge ou companheiro e equivalente à remuneração do cargo.

§ 7º Aplicam-se às aposentadorias dos servidores dos Estados, do Distrito Federal e dos Municípios as normas constitucionais e infraconstitucionais anteriores à data de entrada em vigor desta Emenda Constitucional, enquanto não promovidas alterações na legislação interna relacionada ao respectivo regime próprio de previdência social.

Art. 11. Até que entre em vigor lei que altere a alíquota da contribuição previdenciária de que tratam os arts. 4º, 5º e 6º da Lei 10.887, de 18 de junho de 2004, esta será de 14% (quatorze por cento).

▶ Art. 36, I desta Emenda Constitucional.

§ 1º A alíquota prevista no *caput* será reduzida ou majorada, considerado o valor da base de contribuição ou do benefício recebido, de acordo com os seguintes parâmetros:

I – até 1 (um) salário mínimo, redução de seis inteiros e cinco décimos pontos percentuais;

II – acima de 1 (um) salário mínimo até R$ 2.000,00 (dois mil reais), redução de cinco pontos percentuais;

III – de R$ 2.000,01 (dois mil reais e um centavo) até R$ 3.000,00 (três mil reais), redução de dois pontos percentuais;

IV – de R$ 3.000,01 (três mil reais e um centavo) até R$ 5.839,45 (cinco mil, oitocentos e trinta e nove reais e quarenta e cinco centavos), sem redução ou acréscimo;

V – de R$ 5.839,46 (cinco mil, oitocentos e trinta e nove reais e quarenta e seis centavos) até R$ 10.000,00 (dez mil reais), acréscimo de meio ponto percentual;

VI – de R$ 10.000,01 (dez mil reais e um centavo) até R$ 20.000,00 (vinte mil reais), acréscimo de dois inteiros e cinco décimos pontos percentuais;

VII – de R$ 20.000,01 (vinte mil reais e um centavo) até R$ 39.000,00 (trinta e nove mil reais), acréscimo de cinco pontos percentuais;

VIII – acima de R$ 39.000,00 (trinta e nove mil reais), acréscimo de oito pontos percentuais.

§ 2º A alíquota, reduzida ou majorada nos termos do disposto no § 1º, será aplicada de forma progressiva sobre a base de contribuição do servidor ativo, incidindo cada alíquota sobre a faixa de valores compreendida nos respectivos limites.

§ 3º Os valores previstos no § 1º serão reajustados, a partir da data de entrada em vigor desta Emenda Constitucional, na mesma data e com o mesmo índice em que se der o reajuste dos benefícios do Regime Geral de Previdência Social, ressalvados aqueles vinculados ao salário mínimo, aos quais se aplica a legislação específica.

§ 4º A alíquota de contribuição de que trata o *caput*, com a redução ou a majoração decorrentes do disposto no § 1º, será devida pelos aposentados e pensionistas de quaisquer dos Poderes da União, incluídas suas entidades autárquicas e suas fundações, e incidirá sobre o valor da parcela dos proventos de aposentadoria e de pensões que supere o limite máximo estabelecido para os benefícios do Regime Geral de Previdência Social, hipótese em que será considerada a totalidade do valor do benefício para fins de definição das alíquotas aplicáveis.

Art. 12. A União instituirá sistema integrado de dados relativos às remunerações, proventos e pensões dos segurados dos regimes de previdência de que tratam os arts. 40, 201 e 202 da Constituição Federal, aos benefícios dos programas de assistência social de que trata o art. 203 da Constituição Federal e às remunerações, proventos de inatividade e pensão por morte decorrentes das atividades militares de que tratam os arts. 42 e 142 da Constituição Federal, em interação com outras bases de dados, ferramentas e plataformas, para o fortalecimento de sua gestão, governança e transparência e o cumprimento das disposições estabelecidas nos incisos XI e XVI do art. 37 da Constituição Federal.

§ 1º A União, os Estados, o Distrito Federal e os Municípios e os órgãos e entidades gestoras dos regimes, dos sistemas e dos programas a que se refere o *caput* disponibilizarão as informações necessárias para a estruturação do sistema integrado de dados e terão acesso ao compartilhamento das referidas informações, na forma da legislação.

§ 2º É vedada a transmissão das informações de que trata este artigo a qualquer pessoa física ou jurídica para a prática de atividade não relacionada à fiscalização dos regimes, dos sistemas e dos programas a que se refere o *caput*.

Art. 13. Não se aplica o disposto no § 9º do art. 39 da Constituição Federal a parcelas remuneratórias decorrentes de incorporação de vantagens de caráter temporário ou vinculadas ao exercício de função de confiança ou de cargo em comissão efetivada até a data de entrada em vigor desta Emenda Constitucional.

Art. 14. Vedadas a adesão de novos segurados e a instituição de novos regimes dessa natureza, os atuais segurados de regime de previdência aplicável a titulares de mandato eletivo da União, dos Estados, do Distrito Federal e dos Municípios poderão, por meio de opção expressa formalizada no prazo de 180 (cento e oitenta) dias, contado da data de entrada em vigor desta Emenda Constitucional, retirar-se dos regimes previdenciários aos quais se encontrem vinculados.

§ 1º Os segurados, atuais e anteriores, do regime de previdência de que trata a Lei 9.506, de 30 de outubro de 1997, que fizerem a opção de permanecer nesse regime previdenciário deverão cumprir período adicional correspondente a 30% (trinta por cento) do tempo de contribuição que faltaria para aquisição do direito à aposentadoria na data de entrada em vigor desta Emenda Constitucional e somente poderão aposentar-se a partir dos 62 (sessenta e dois) anos de idade, se mulher, e 65 (sessenta e cinco) anos de idade, se homem.

§ 2º Se for exercida a opção prevista no *caput*, será assegurada a contagem do tempo de contribuição vertido para o regime de previdência ao qual o segurado se encontrava vinculado, nos termos do disposto no § 9º do art. 201 da Constituição Federal.

§ 3º A concessão de aposentadoria aos titulares de mandato eletivo e de pensão por morte aos dependentes de titular de mandato eletivo falecido será assegurada, a qualquer tempo, desde que cumpridos os requisitos para obtenção desses benefícios até a data de entrada em vigor desta Emenda Constitucional, observados os critérios da legislação vigente

na data em que foram atendidos os requisitos para a concessão da aposentadoria ou da pensão por morte.

§ 4º Observado o disposto nos §§ 9º e 9º-A do art. 201 da Constituição Federal, o tempo de contribuição a regime próprio de previdência social e ao Regime Geral de Previdência Social, assim como o tempo de contribuição decorrente das atividades militares de que tratam os arts. 42 e 142 da Constituição Federal, que tenha sido considerado para a concessão de benefício pelos regimes a que se refere o *caput* não poderá ser utilizado para obtenção de benefício naqueles regimes.

§ 5º Lei específica do Estado, do Distrito Federal ou do Município deverá disciplinar a regra de transição a ser aplicada aos segurados que, na forma do *caput*, fizerem a opção de permanecer no regime previdenciário de que trata este artigo.

Art. 15. Ao segurado filiado ao Regime Geral de Previdência Social até a data de entrada em vigor desta Emenda Constitucional, fica assegurado o direito à aposentadoria quando forem preenchidos, cumulativamente, os seguintes requisitos:

I – 30 (trinta) anos de contribuição, se mulher, e 35 (trinta e cinco) anos de contribuição, se homem; e

II – somatório da idade e do tempo de contribuição, incluídas as frações, equivalente a 86 (oitenta e seis) pontos, se mulher, e 96 (noventa e seis) pontos, se homem, observado o disposto nos §§ 1º e 2º.

§ 1º A partir de 1º de janeiro de 2020, a pontuação a que se refere o inciso II do *caput* será acrescida a cada ano de 1 (um) ponto, até atingir o limite de 100 (cem) pontos, se mulher, e de 105 (cento e cinco) pontos, se homem.

§ 2º A idade e o tempo de contribuição serão apurados em dias para o cálculo do somatório de pontos a que se referem o inciso II do *caput* e o § 1º.

§ 3º Para o professor que comprovar exclusivamente 25 (vinte e cinco) anos de contribuição, se mulher, e 30 (trinta) anos de contribuição, se homem, em efetivo exercício das funções de magistério na educação infantil e no ensino fundamental e médio, o somatório de idade e do tempo de contribuição, incluídas as frações, será equivalente a 81 (oitenta e um) pontos, se mulher, e 91 (noventa e um) pontos, se homem, aos quais serão acrescidos, a partir de 1º de janeiro de 2020, 1 (um) ponto a cada ano para o homem e para a mulher, até atingir o limite de 92 (noventa e dois) pontos, se mulher, e 100 (cem) pontos, se homem.

§ 4º O valor da aposentadoria concedida nos termos do disposto neste artigo será apurado na forma da lei.

Art. 16. Ao segurado filiado ao Regime Geral de Previdência Social até a data de entrada em vigor desta Emenda Constitucional fica assegurado o direito à aposentadoria quando preencher, cumulativamente, os seguintes requisitos:

I – 30 (trinta) anos de contribuição, se mulher, e 35 (trinta e cinco) anos de contribuição, se homem; e

II – idade de 56 (cinquenta e seis) anos, se mulher, e 61 (sessenta e um) anos, se homem.

§ 1º A partir de 1º de janeiro de 2020, a idade a que se refere o inciso I do *caput* será acrescida de 6 (seis) meses a cada ano, até atingir 62 (sessenta e dois) anos de idade, se mulher, e 65 (sessenta e cinco) anos de idade, se homem.

§ 2º Para o professor que comprovar exclusivamente tempo de efetivo exercício das funções de magistério na educação infantil e no ensino fundamental e médio, o tempo de contribuição e a idade de que tratam os incisos I e II do *caput* deste artigo serão reduzidos em 5 (cinco) anos, sendo, a partir de 1º de janeiro de 2020, acrescidos 6 (seis) meses, a cada ano, às idades previstas no inciso II do *caput*, até atingirem 57 (cinquenta e sete) anos, se mulher, e 60 (sessenta) anos, se homem.

§ 3º O valor da aposentadoria concedida nos termos do disposto neste artigo será apurado na forma da lei.

Art. 17. Ao segurado filiado ao Regime Geral de Previdência Social até a data de entrada em vigor desta Emenda Constitucional e que na referida data contar com mais de 28 (vinte e oito) anos de contribuição, se mulher, e 33 (trinta e três) anos de contribuição, se homem, fica assegurado o direito à aposentadoria quando preencher, cumulativamente, os seguintes requisitos:

I – 30 (trinta) anos de contribuição, se mulher, e 35 (trinta e cinco) anos de contribuição, se homem; e

II – cumprimento de período adicional correspondente a 50% (cinquenta por cento) do tempo que, na data de entrada em vigor desta Emenda Constitucional, faltaria para atingir 30 (trinta) anos de contribuição, se mulher, e 35 (trinta e cinco) anos de contribuição, se homem.

Parágrafo único. O benefício concedido nos termos deste artigo terá seu valor apurado de acordo com a média aritmética simples dos salários de contribuição e das remunerações calculada na forma da lei, multiplicada pelo fator previdenciário, calculado na forma do disposto nos §§ 7º a 9º do art. 29 da Lei 8.213, de 24 de julho de 1991.

Art. 18. O segurado de que trata o inciso I do § 7º do art. 201 da Constituição Federal filiado ao Regime Geral de Previdência Social até a data de entrada em vigor desta Emenda Constitucional poderá aposentar-se quando preencher, cumulativamente, os seguintes requisitos:

I – 60 (sessenta) anos de idade, se mulher, e 65 (sessenta e cinco) anos de idade, se homem; e

II – 15 (quinze) anos de contribuição, para ambos os sexos.

§ 1º A partir de 1º de janeiro de 2020, a idade de 60 (sessenta) anos da mulher, prevista no inciso I do *caput*, será acrescida em 6 (seis) meses a cada ano, até atingir 62 (sessenta e dois) anos de idade.

§ 2º O valor da aposentadoria de que trata este artigo será apurado na forma da lei.

Art. 19. Até que lei disponha sobre o tempo de contribuição a que se refere o inciso I do § 7º do art. 201 da Constituição Federal, o segurado filiado ao Regime Geral de Previdência Social após a data de entrada em vigor desta Emenda Constitucional será aposentado aos 62 (sessenta e dois) anos de idade, se mulher, 65 (sessenta e cinco) anos de idade, se homem, com 15 (quinze) anos de tempo de contribuição, se mulher, e 20 (vinte) anos de tempo de contribuição, se homem.

§ 1º Até que lei complementar disponha sobre a redução de idade mínima ou tempo de contribuição prevista nos §§ 1º e 8º do art. 201 da Constituição Federal, será concedida aposentadoria:

I – aos segurados que comprovem o exercício de atividades com efetiva exposição a agentes químicos, físicos e biológicos prejudiciais à saúde, ou associação desses agentes, vedada a caracterização por categoria profissional ou ocupação, durante, no mínimo, 15 (quinze), 20 (vinte) ou 25 (vinte e cinco) anos, nos termos do disposto nos arts. 57 e 58 da Lei 8.213, de 24 de julho de 1991, quando cumpridos:

a) 55 (cinquenta e cinco) anos de idade, quando se tratar de atividade especial de 15 (quinze) anos de contribuição;

b) 58 (cinquenta e oito) anos de idade, quando se tratar de atividade especial de 20 (vinte) anos de contribuição; ou

c) 60 (sessenta) anos de idade, quando se tratar de atividade especial de 25 (vinte e cinco) anos de contribuição;

II – ao professor que comprove 25 (vinte e cinco) anos de contribuição exclusivamente em efetivo exercício das funções de magistério na educação infantil e no ensino fundamental e médio e tenha 57 (cinquenta e sete) anos de idade, se mulher, e 60 (sessenta) anos de idade, se homem.

§ 2º O valor das aposentadorias de que trata este artigo será apurado na forma da lei.

Art. 20. O segurado ou o servidor público federal que se tenha filiado ao Regime Geral de Previdência Social ou ingressado no serviço público em cargo efetivo até a data de entrada em vigor desta Emenda Constitucional poderá aposentar-se voluntariamente quando preencher, cumulativamente, os seguintes requisitos:

I – 57 (cinquenta e sete) anos de idade, se mulher, e 60 (sessenta) anos de idade, se homem;

II – 30 (trinta) anos de contribuição, se mulher, e 35 (trinta e cinco) anos de contribuição, se homem;

III – para os servidores públicos, 20 (vinte) anos de efetivo exercício no serviço público e 5 (cinco) anos no cargo efetivo em que se der a aposentadoria;

IV – período adicional de contribuição correspondente ao tempo que, na data de entrada em vigor desta Emenda Constitucional, faltaria para atingir o tempo mínimo de contribuição referido no inciso II.

§ 1º Para o professor que comprovar exclusivamente tempo de efetivo exercício das funções de magistério na educação infantil e no ensino fundamental e médio serão reduzidos, para ambos os sexos, os requisitos de idade e de tempo de contribuição em 5 (cinco) anos.

§ 2º O valor das aposentadorias concedidas nos termos do disposto neste artigo corresponderá:

I – em relação ao servidor público que tenha ingressado no serviço público em cargo efetivo até 31 de dezembro de 2003 e que não tenha feito a opção de que trata o § 16 do art. 40 da Constituição Federal, à totalidade da remu-

neração no cargo efetivo em que se der a aposentadoria, observado o disposto no § 8º do art. 4º; e

II – em relação aos demais servidores públicos e aos segurados do Regime Geral de Previdência Social, ao valor apurado na forma da lei.

§ 3º O valor das aposentadorias concedidas nos termos do disposto neste artigo não será inferior ao valor a que se refere o § 2º do art. 201 da Constituição Federal e será reajustado:

I – de acordo com o disposto no art. 7º da Emenda Constitucional 41, de 19 de dezembro de 2003, se cumpridos os requisitos previstos no inciso I do § 2º;

II – nos termos estabelecidos para o Regime Geral de Previdência Social, na hipótese prevista no inciso II do § 2º.

§ 4º Aplicam-se às aposentadorias dos servidores dos Estados, do Distrito Federal e dos Municípios as normas constitucionais e infraconstitucionais anteriores à data de entrada em vigor desta Emenda Constitucional, enquanto não promovidas alterações na legislação interna relacionada ao respectivo regime próprio de previdência social.

Art. 21. O segurado ou o servidor público federal que se tenha filiado ao Regime Geral de Previdência Social ou ingressado no serviço público em cargo efetivo até a data de entrada em vigor desta Emenda Constitucional cujas atividades tenham sido exercidas com efetiva exposição a agentes químicos, físicos e biológicos prejudiciais à saúde, ou associação desses agentes, vedada a caracterização por categoria profissional ou ocupação, desde que cumpridos, no caso do servidor, o tempo mínimo de 20 (vinte) anos de efetivo exercício no serviço público e de 5 (cinco) anos no cargo efetivo em que for concedida a aposentadoria, na forma dos arts. 57 e 58 da Lei 8.213, de 24 de julho de 1991, poderão aposentar-se quando o total da soma resultante da sua idade e do tempo de contribuição e o tempo de efetiva exposição forem, respectivamente, de:

I – 66 (sessenta e seis) pontos e 15 (quinze) anos de efetiva exposição;

II – 76 (setenta e seis) pontos e 20 (vinte) anos de efetiva exposição; e

III – 86 (oitenta e seis) pontos e 25 (vinte e cinco) anos de efetiva exposição.

§ 1º A idade e o tempo de contribuição serão apurados em dias para o cálculo do somatório de pontos a que se refere o *caput.*

§ 2º O valor da aposentadoria de que trata este artigo será apurado na forma da lei.

§ 3º Aplicam-se às aposentadorias dos servidores dos Estados, do Distrito Federal e dos Municípios cujas atividades sejam exercidas com efetiva exposição a agentes químicos, físicos e biológicos prejudiciais à saúde, ou associação desses agentes, vedada a caracterização por categoria profissional ou ocupação, na forma do § 4º-C do art. 40 da Constituição Federal, as normas constitucionais e infraconstitucionais anteriores à data de entrada em vigor desta Emenda Constitucional, enquanto não promovidas alterações na legislação interna relacionada ao respectivo regime próprio de previdência social.

Art. 22. Até que lei discipline o § 4º-A do art. 40 e o inciso I do § 1º do art. 201 da Constituição Federal, a aposentadoria da pessoa com deficiência segurada do Regime Geral de Previdência Social ou do servidor público federal com deficiência vinculado a regime próprio de previdência social, desde que cumpridos, no caso do servidor, o tempo mínimo de 10 (dez) anos de efetivo exercício no serviço público e de 5 (cinco) anos no cargo efetivo em que for concedida a aposentadoria, será concedida na forma da Lei Complementar 142, de 8 de maio de 2013, inclusive quanto aos critérios de cálculo dos benefícios.

Parágrafo único. Aplicam-se às aposentadorias dos servidores com deficiência dos Estados, do Distrito Federal e dos Municípios as normas constitucionais e infraconstitucionais anteriores à data de entrada em vigor desta Emenda Constitucional, enquanto não promovidas alterações na legislação interna relacionada ao respectivo regime próprio de previdência social.

Art. 23. A pensão por morte concedida a dependente de segurado do Regime Geral de Previdência Social ou de servidor público federal será equivalente a uma cota familiar de 50% (cinquenta por cento) do valor da aposentadoria recebida pelo segurado ou servidor ou daquela a que teria direito se fosse aposentado por incapacidade permanente na data do óbito, acrescida de cotas de 10 (dez) pontos percentuais por dependente, até o máximo de 100% (cem por cento).

§ 1º As cotas por dependente cessarão com a perda dessa qualidade e não serão reversíveis aos demais dependentes, preservado o valor de 100% (cem por cento) da pensão por morte quando o número de dependentes remanescente for igual ou superior a 5 (cinco).

§ 2º Na hipótese de existir dependente inválido ou com deficiência intelectual, mental ou grave, a pensão por morte de que trata o *caput* será equivalente a:

I – 100% (cem por cento) da aposentadoria recebida pelo segurado ou servidor ou daquela a que teria direito se fosse aposentado por incapacidade permanente na data do óbito, até o limite máximo de benefícios do Regime Geral de Previdência Social; e

II – uma cota familiar de 50% (cinquenta por cento) acrescida de cotas de 10 (dez) pontos percentuais por dependente, até o máximo de 100% (cem por cento), para o valor que supere o limite máximo de benefícios do Regime Geral de Previdência Social.

§ 3º Quando não houver mais dependente inválido ou com deficiência intelectual, mental ou grave, o valor da pensão será recalculado na forma do disposto no *caput* e no § 1º.

§ 4º O tempo de duração da pensão por morte e das cotas individuais por dependente até a perda dessa qualidade, o rol de dependentes e sua qualificação e as condições necessárias para enquadramento serão aqueles estabelecidos na Lei 8.213, de 24 de julho de 1991.

§ 5º Para o dependente inválido ou com deficiência intelectual, mental ou grave, sua condição pode ser reconhecida previamente ao óbito do segurado, por meio de avaliação biopsicossocial realizada por equipe multiprofissional e interdisciplinar, observada revisão periódica na forma da legislação.

§ 6º Equiparam-se a filho, para fins de recebimento da pensão por morte, exclusivamente o enteado e o menor tutelado, desde que comprovada a dependência econômica.

§ 7º As regras sobre pensão previstas neste artigo e na legislação vigente na data de entrada em vigor desta Emenda Constitucional poderão ser alteradas na forma da lei para o Regime Geral de Previdência Social e para o regime próprio de previdência social da União.

§ 8º Aplicam-se às pensões concedidas aos dependentes de servidores dos Estados, do Distrito Federal e dos Municípios as normas constitucionais e infraconstitucionais anteriores à data de entrada em vigor desta Emenda Constitucional, enquanto não promovidas alterações na legislação interna relacionada ao respectivo regime próprio de previdência social.

Art. 24. É vedada a acumulação de mais de uma pensão por morte deixada por cônjuge ou companheiro, no âmbito do mesmo regime de previdência social, ressalvadas as pensões do mesmo instituidor decorrentes do exercício de cargos acumuláveis na forma do art. 37 da Constituição Federal.

§ 1º Será admitida, nos termos do § 2º, a acumulação de:

I – pensão por morte deixada por cônjuge ou companheiro de um regime de previdência social com pensão por morte concedida por outro regime de previdência social ou com pensões decorrentes das atividades militares de que tratam os arts. 42 e 142 da Constituição Federal;

II – pensão por morte deixada por cônjuge ou companheiro de um regime de previdência social com aposentadoria concedida no âmbito do Regime Geral de Previdência Social ou de regime próprio de previdência social ou com proventos de inatividade decorrentes das atividades militares de que tratam os arts. 42 e 142 da Constituição Federal; ou

III – pensões decorrentes das atividades militares de que tratam os arts. 42 e 142 da Constituição Federal com aposentadoria concedida no âmbito do Regime Geral de Previdência Social ou de regime próprio de previdência social.

§ 2º Nas hipóteses das acumulações previstas no § 1º, é assegurada a percepção do valor integral do benefício mais vantajoso e de uma parte de cada um dos demais benefícios, apurada cumulativamente de acordo com as seguintes faixas:

I – 60% (sessenta por cento) do valor que exceder 1 (um) salário mínimo, até o limite de 2 (dois) salários mínimos;

II – 40% (quarenta por cento) do valor que exceder 2 (dois) salários mínimos, até o limite de 3 (três) salários mínimos;

III – 20% (vinte por cento) do valor que exceder 3 (três) salários mínimos, até o limite de 4 (quatro) salários mínimos; e

IV – 10% (dez por cento) do valor que exceder 4 (quatro) salários mínimos.

§ 3º A aplicação do disposto no § 2º poderá ser revista a qualquer tempo, a pedido do interessado, em razão de alteração de algum dos benefícios.

§ 4º As restrições previstas neste artigo não serão aplicadas se o direito aos benefícios houver sido adquirido antes da data de entrada em vigor desta Emenda Constitucional.

§ 5º As regras sobre acumulação previstas neste artigo e na legislação vigente na data de entrada em vigor desta Emenda Constitucional poderão ser alteradas na forma do § 6º do art. 40 e do § 15 do art. 201 da Constituição Federal.

Art. 25. Será assegurada a contagem de tempo de contribuição fictício no Regime Geral de Previdência Social decorrente de hipóteses descritas na legislação vigente até a data de entrada em vigor desta Emenda Constitucional para fins de concessão de aposentadoria, observando-se, a partir da sua entrada em vigor, o disposto no § 14 do art. 201 da Constituição Federal.

§ 1º Para fins de comprovação de atividade rural exercida até a data de entrada em vigor desta Emenda Constitucional, o prazo de que tratam os §§ 1º e 2º do art. 38-B da Lei 8.213, de 24 de julho de 1991, será prorrogado até a data em que o Cadastro Nacional de Informações Sociais (CNIS) atingir a cobertura mínima de 50% (cinquenta por cento) dos trabalhadores de que trata o § 8º do art. 195 da Constituição Federal, apurada conforme quantitativo da Pesquisa Nacional por Amostra de Domicílios Contínua (Pnad).

§ 2º Será reconhecida a conversão de tempo especial em comum, na forma prevista na Lei 8.213, de 24 de julho de 1991, ao segurado do Regime Geral de Previdência Social que comprovar tempo de efetivo exercício de atividade sujeita a condições especiais que efetivamente prejudiquem a saúde, cumprido até a data de entrada em vigor desta Emenda Constitucional, vedada a conversão para o tempo cumprido após esta data.

§ 3º Considera-se nula a aposentadoria que tenha sido concedida ou que venha a ser concedida por regime próprio de previdência social com contagem recíproca do Regime Geral de Previdência Social mediante o cômputo de tempo de serviço sem o recolhimento da respectiva contribuição ou da correspondente indenização pelo segurado obrigatório responsável, à época do exercício da atividade, pelo recolhimento de suas próprias contribuições previdenciárias.

Art. 26. Até que lei discipline o cálculo dos benefícios do regime próprio de previdência social da União e do Regime Geral de Previdência Social, será utilizada a média aritmética simples dos salários de contribuição e das remunerações adotados como base para contribuições a regime próprio de previdência social e ao Regime Geral de Previdência Social, ou como base para contribuições decorrentes das atividades militares de que tratam os arts. 42 e 142 da Constituição Federal, atualizados monetariamente, correspondentes a 100% (cem por cento) do período contributivo desde a competência julho de 1994 ou desde o início da contribuição, se posterior àquela competência.

§ 1º A média a que se refere o *caput* será limitada ao valor máximo do salário de contribuição do Regime Geral de Previdência Social para os segurados desse regime e para o servidor que ingressou no serviço público em cargo efetivo após a implantação do regime de previdência complementar ou que tenha exercido a opção correspondente, nos termos do disposto nos §§ 14 a 16 do art. 40 da Constituição Federal.

§ 2º O valor do benefício de aposentadoria corresponderá a 60% (sessenta por cento) da média aritmética definida na forma prevista no *caput* e no § 1º, com acréscimo de 2 (dois) pontos percentuais para cada ano de contribuição que exceder o tempo de 20 (vinte) anos de contribuição nos casos:

I – do inciso II do § 6º do art. 4º, do § 4º do art. 15, do § 3º do art. 16 e do § 2º do art. 18;

II – do § 4º do art. 10, ressalvado o disposto no inciso II do § 3º e no § 4º deste artigo;

III – de aposentadoria por incapacidade permanente aos segurados do Regime Geral de Previdência Social, ressalvado o disposto no inciso II do § 3º deste artigo; e

IV – do § 2º do art. 19 e do § 2º do art. 21, ressalvado o disposto no § 5º deste artigo.

§ 3º O valor do benefício de aposentadoria corresponderá a 100% (cem por cento) da média aritmética definida na forma prevista no *caput* e no § 1º:

I – no caso do inciso II do § 2º do art. 20;

II – no caso de aposentadoria por incapacidade permanente, quando decorrer de acidente de trabalho, de doença profissional e de doença do trabalho.

§ 4º O valor do benefício da aposentadoria de que trata o inciso III do § 1º do art. 10 corresponderá ao resultado do tempo de contribuição dividido por 20 (vinte) anos, limitado a um inteiro, multiplicado pelo valor apurado na forma do *caput* do § 2º deste artigo, ressalvado o caso de cumprimento de critérios de acesso para aposentadoria voluntária que resulte em situação mais favorável.

§ 5º O acréscimo a que se refere o *caput* do § 2º será aplicado para cada ano que exceder 15 (quinze) anos de tempo de contribuição para os segurados de que tratam a alínea "a" do inciso I do § 1º do art. 19 e o inciso I do art. 21 e para as mulheres filiadas ao Regime Geral de Previdência Social.

§ 6º Poderão ser excluídas da média as contribuições que resultem em redução do valor do benefício, desde que mantido o tempo mínimo de contribuição exigido, vedada a utilização do tempo excluído para qualquer finalidade, inclusive para o acréscimo a que se referem os §§ 2º e 5º, para a averbação em outro regime previdenciário ou para a obtenção dos proventos de inatividade das atividades de que tratam os arts. 42 e 142 da Constituição Federal.

§ 7º Os benefícios calculados nos termos do disposto neste artigo serão reajustados nos termos estabelecidos para o Regime Geral de Previdência Social.

Art. 27. Até que lei discipline o acesso ao salário-família e ao auxílio-reclusão de que trata o inciso IV do art. 201 da Constituição Federal, esses benefícios serão concedidos apenas àqueles que tenham renda bruta mensal igual ou inferior a R$ 1.364,43 (mil, trezentos e sessenta e quatro reais e quarenta e três centavos), que serão corrigidos pelos mesmos índices aplicados aos benefícios do Regime Geral de Previdência Social.

§ 1º Até que lei discipline o valor do auxílio-reclusão, de que trata o inciso IV do art. 201 da Constituição Federal, seu cálculo será realizado na forma daquele aplicável à pensão por morte, não podendo exceder o valor de 1 (um) salário mínimo.

§ 2º Até que lei discipline o valor do salário-família, de que trata o inciso IV do art. 201 da Constituição Federal, seu valor será de R$ 46,54 (quarenta e seis reais e cinquenta e quatro centavos).

Art. 28. Até que lei altere as alíquotas da contribuição de que trata a Lei 8.212, de 24 de julho de 1991, devidas pelo segurado empregado, inclusive o doméstico, e pelo trabalhador avulso, estas serão de:

▶ Art. 36, I desta Emenda Constitucional.

I – até 1 (um) salário mínimo, 7,5% (sete inteiros e cinco décimos por cento);

II – acima de 1 (um) salário mínimo até R$ 2.000,00 (dois mil reais), 9% (nove por cento);

III – de R$ 2.000,01 (dois mil reais e um centavo) até R$ 3.000,00 (três mil reais), 12% (doze por cento); e

IV – de R$ 3.000,01 (três mil reais e um centavo) até o limite do salário de contribuição, 14% (quatorze por cento).

§ 1º As alíquotas previstas no *caput* serão aplicadas de forma progressiva sobre o salário de contribuição do segurado, incidindo cada alíquota sobre a faixa de valores compreendida nos respectivos limites.

§ 2º Os valores previstos no *caput* serão reajustados, a partir da data de entrada em vigor desta Emenda Constitucional, na mesma data e com o mesmo índice em que se der o reajuste dos benefícios do Regime Geral de Previdência Social, ressalvados aqueles vinculados ao salário mínimo, aos quais se aplica a legislação específica.

Art. 29. Até que entre em vigor lei que disponha sobre o § 14 do art. 195 da Constituição Federal, o segurado que, no somatório de remunerações auferidas no período de 1 (um) mês, receber remuneração inferior ao limite mínimo mensal do salário de contribuição poderá:

I – complementar a sua contribuição, de forma a alcançar o limite mínimo exigido;

II – utilizar o valor da contribuição que exceder o limite mínimo de contribuição de uma competência em outra; ou

III – agrupar contribuições inferiores ao limite mínimo de diferentes competências, para aproveitamento em contribuições mínimas mensais.

Parágrafo único. Os ajustes de complementação ou agrupamento de contribuições previstos nos incisos I, II e III do *caput* somente poderão ser feitos ao longo do mesmo ano civil.

Art. 30. A vedação de diferenciação ou substituição de base de cálculo decorrente do disposto no § 9º do art. 195 da Constituição Federal não se aplica a contri-

buições que substituam a contribuição de que trata a alínea "a" do inciso I do *caput* do art. 195 da Constituição Federal instituídas antes da data de entrada em vigor desta Emenda Constitucional.

Art. 31. O disposto no § 11 do art. 195 da Constituição Federal não se aplica aos parcelamentos previstos na legislação vigente até a data de entrada em vigor desta Emenda Constitucional, sendo vedadas a reabertura ou a prorrogação de prazo para adesão.

Art. 32. Até que entre em vigor lei que disponha sobre a alíquota da contribuição de que trata a Lei 7.689, de 15 de dezembro de 1988, esta será de 20% (vinte por cento) no caso das pessoas jurídicas referidas no inciso I do § 1º do art. 1º da Lei Complementar 105, de 10 de janeiro de 2001.

▶ Art. 36, I desta Emenda Constitucional.

Art. 33. Até que seja disciplinada a relação entre a União, os Estados, o Distrito Federal e os Municípios e entidades abertas de previdência complementar na forma do disposto nos §§ 4º e 5º do art. 202 da Constituição Federal, somente entidades fechadas de previdência complementar estão autorizadas a administrar planos de benefícios patrocinados pela União, Estados, Distrito Federal ou Municípios, inclusive suas autarquias, fundações, sociedades de economia mista e empresas controladas direta ou indiretamente.

Art. 34. Na hipótese de extinção por lei de regime previdenciário e migração dos respectivos segurados para o Regime Geral de Previdência Social, serão observados, até que lei federal disponha sobre a matéria, os seguintes requisitos pelo ente federativo:

I – assunção integral da responsabilidade pelo pagamento dos benefícios concedidos durante a vigência do regime extinto, bem como daqueles cujos requisitos já tenham sido implementados antes da sua extinção;

II – previsão de mecanismo de ressarcimento ou de complementação de benefícios aos que tenham contribuído acima do limite máximo do Regime Geral de Previdência Social;

III – vinculação das reservas existentes no momento da extinção, exclusivamente:

a) ao pagamento dos benefícios concedidos e a conceder, ao ressarcimento de contribuições ou à complementação de benefícios, na forma dos incisos I e II; e

b) à compensação financeira com o Regime Geral de Previdência Social.

Parágrafo único. A existência de *superavit* atuarial não constitui óbice à extinção de regime próprio de previdência social e à consequente migração para o Regime Geral de Previdência Social.

Art. 35. Revogam-se:

I – os seguintes dispositivos da Constituição Federal:

a) o § 21 do art. 40;

b) o § 13 do art. 195;

II – os arts. 9º, 13 e 15 da Emenda Constitucional 20, de 15 de dezembro de 1998;

III – os arts. 2º, 6º e 6º-A da Emenda Constitucional 41, de 19 de dezembro de 2003;

IV – o art. 3º da Emenda Constitucional 47, de 5 de julho de 2005.

Art. 36. Esta Emenda Constitucional entra em vigor:

I – no primeiro dia do quarto mês subsequente ao da data de publicação desta Emenda Constitucional, quanto ao disposto nos arts. 11, 28 e 32;

II – para os regimes próprios de previdência social dos Estados, do Distrito Federal e dos Municípios, quanto à alteração promovida pelo art. 1º desta Emenda Constitucional ao art. 149 da Constituição Federal e às revogações previstas na alínea "a" do inciso I e nos incisos III e IV do art. 35, na data de publicação de lei de iniciativa privativa do respectivo Poder Executivo que as referende integralmente;

III – nos demais casos, na data de sua publicação.

Parágrafo único. A lei de que trata o inciso II do *caput* não produzirá efeitos anteriores à data de sua publicação.

Brasília, em 12 de novembro de 2019

Mesa da Câmara dos Deputados

Deputado Rodrigo Maia

Presidente

Mesa do Senado Federal

Senador Davi Alcolumbre

Presidente

EMENDA CONSTITUCIONAL 104, DE 4 DE DEZEMBRO DE 2019

Altera o inciso XIV do caput do art. 21, o § 4º do art. 32 e o art. 144 da Constituição Federal, para criar as polícias penais federal, estaduais e distrital.

DOU 05.12.2019

As Mesas da Câmara dos Deputados e do Senado Federal, nos termos do § 3º do art. 60 da Constituição Federal, promulgam a seguinte Emenda ao texto constitucional:

Art. 1º O inciso XIV do *caput* do art. 21 da Constituição Federal passa a vigorar com a seguinte redação:
▸ Alterações incorporadas no texto da Constituição Federal.

Art. 2º O § 4º do art. 32 da Constituição Federal passa a vigorar com a seguinte redação:
▸ Alterações incorporadas no texto da Constituição Federal.

Art. 3º O art. 144 da Constituição Federal passa a vigorar com as seguintes alterações:
▸ Alterações incorporadas no texto da Constituição Federal.

Art. 4º O preenchimento do quadro de servidores das polícias penais será feito, exclusivamente, por meio de concurso público e por meio da transformação dos cargos isolados, dos cargos de carreira dos atuais agentes penitenciários e dos cargos públicos equivalentes.

Art. 5º Esta Emenda Constitucional entra em vigor na data de sua publicação.

Brasília, em 4 de dezembro de 2019

Mesa da Câmara dos Deputados

Deputado Rodrigo Maia
Presidente

Mesa do Senado Federal

Senador Davi Alcolumbre
Presidente

EMENDA CONSTITUCIONAL 105, DE 12 DE DEZEMBRO DE 2019

Acrescenta o art. 166-A à Constituição Federal, para autorizar a transferência de recursos federais a Estados, ao Distrito Federal e a Municípios mediante emendas ao projeto de lei orçamentária anual.

DOU 13.12.2019

As Mesas da Câmara dos Deputados e do Senado Federal, nos termos do § 3º do art. 60 da Constituição Federal, promulgam a seguinte Emenda ao texto constitucional:

Art. 1º A Constituição Federal passa a vigorar acrescida do seguinte art. 166-A:
Alterações inseridas na Constituição Federal.

Art. 2º No primeiro semestre do exercício financeiro subsequente ao da publicação desta Emenda Constitucional, fica assegurada a transferência financeira em montante mínimo equivalente a 60% (sessenta por cento) dos recursos de que trata o inciso I do *caput* do art. 166-A da Constituição Federal.

Art. 3º Esta Emenda Constitucional entra em vigor em 1º de janeiro do ano subsequente ao de sua publicação.

Brasília, em 12 de dezembro de 2019

Mesa da Câmara dos Deputados

Deputado Rodrigo Maia
Presidente

Mesa do Senado Federal

Senador Davi Alcolumbre
Presidente

EMENDA CONSTITUCIONAL 106, DE 7 DE MAIO DE 2020

Institui regime extraordinário fiscal, financeiro e de contratações para enfrentamento de calamidade pública nacional decorrente de pandemia.

DOU 8.5.2020

As Mesas da Câmara dos Deputados e do Senado Federal, nos termos do § 3º do art. 60 da Constituição Federal, promulgam a seguinte Emenda ao texto constitucional:

Art. 1º Durante a vigência de estado de calamidade pública nacional reconhecido pelo Congresso Nacional em razão de emergência de saúde pública de importância internacional decorrente de pandemia, a União adotará regime extraordinário fiscal, financeiro e de contratações para atender às necessidades dele decorrentes, somente naquilo em que a urgência for incompatível com o regime regular, nos termos definidos nesta Emenda Constitucional.

Art. 2º Com o propósito exclusivo de enfrentamento do contexto da calamidade e de seus efeitos sociais e econômicos, no seu período de duração, o Poder Executivo federal, no âmbito de suas competências, poderá adotar processos simplificados de contratação de pessoal, em caráter temporário e emergencial, e de obras, serviços e compras que assegurem, quando possível, competição e igualdade de condições a todos os concorrentes, dispensada a observância do § 1º do art. 169 da Constituição Federal na contratação de que trata o inciso IX do *caput* do art. 37 da Constituição Federal, limitada às situações de que trata o referido inciso, sem prejuízo da tutela dos órgãos de controle.

Parágrafo único. Nas hipóteses de distribuição de equipamentos e insumos de saúde imprescindíveis ao enfrentamento da calamidade, a União adotará critérios objetivos, devidamente publicados, para a respectiva destinação a Estados e a Municípios.

Art. 3º Desde que não impliquem despesa permanente, as proposições legislativas e os atos do Poder Executivo com propósito exclusivo de enfrentar a calamidade e suas consequências sociais e econômicas, com vigência e efeitos restritos à sua duração, ficam dispensados da observância das limitações legais quanto à criação, à expansão ou ao aperfeiçoamento de ação governamental que acarrete aumento de despesa e à concessão ou à ampliação de incentivo ou benefício de natureza tributária da qual decorra renúncia de receita.

Parágrafo único. Durante a vigência da calamidade pública nacional de que trata o art. 1º desta Emenda Constitucional, não se aplica o disposto no § 3º do art. 195 da Constituição Federal.

Art. 4º Será dispensada, durante a integralidade do exercício financeiro em que vigore a calamidade pública nacional de que trata o art. 1º desta Emenda Constitucional, a observância do inciso III do *caput* do art. 167 da Constituição Federal.

Parágrafo único. O Ministério da Economia publicará, a cada 30 (trinta) dias, relatório com os valores e o custo das operações de crédito realizadas no período de vigência do estado de calamidade pública nacional de que trata o art. 1º desta Emenda Constitucional.

Art. 5º As autorizações de despesas relacionadas ao enfrentamento da calamidade pública nacional de que trata o art. 1º desta Emenda Constitucional e de seus efeitos sociais e econômicos deverão:

I – constar de programações orçamentárias específicas ou contar com marcadores que as identifiquem; e

II – ser separadamente avaliadas na prestação de contas do Presidente da República e evidenciadas, até 30 (trinta) dias após o encerramento de cada bimestre, no relatório a que se refere o § 3º do art. 165 da Constituição Federal.

Parágrafo único. Decreto do Presidente da República, editado até 15 (quinze) dias após a entrada em vigor desta Emenda Constitucional, disporá sobre a forma de identificação das autorizações de que trata o *caput* deste artigo, incluídas as anteriores à vigência desta Emenda Constitucional.

Art. 6º Durante a vigência da calamidade pública nacional de que trata o art. 1º desta Emenda Constitucional, os recursos decorrentes de operações de crédito realizadas para o refinanciamento da dívida mobiliária poderão ser utilizados também para o pagamento de seus juros e encargos.

Art. 7º O Banco Central do Brasil, limitado ao enfrentamento da calamidade pública nacional de que trata o art. 1º desta Emenda Constitucional, e com vigência e efeitos restritos ao período de sua duração, fica autorizado a comprar e a vender:

I – títulos de emissão do Tesouro Nacional, nos mercados secundários local e internacional; e

II – os ativos, em mercados secundários nacionais no âmbito de mercados financeiros, de capitais e de pagamentos, desde que, no momento da compra, tenham classificação em categoria de risco de crédito no mercado local equivalente a BB- ou superior, conferida por pelo menos 1 (uma) das 3 (três) maiores agências internacionais de classificação de risco, e preço de refe-

rência publicado por entidade do mercado financeiro acreditada pelo Banco Central do Brasil.

§ 1º Respeitadas as condições previstas no inciso II do *caput* deste artigo, será dada preferência à aquisição de títulos emitidos por microempresas e por pequenas e médias empresas.

§ 2º O Banco Central do Brasil fará publicar diariamente as operações realizadas, de forma individualizada, com todas as respectivas informações, inclusive as condições financeiras e econômicas das operações, como taxas de juros pactuadas, valores envolvidos e prazos.

§ 3º O Presidente do Banco Central do Brasil prestará contas ao Congresso Nacional, a cada 30 (trinta) dias, do conjunto das operações previstas neste artigo, sem prejuízo do previsto no § 2º deste artigo.

§ 4º A alienação de ativos adquiridos pelo Banco Central do Brasil, na forma deste artigo, poderá dar-se em data posterior à vigência do estado de calamidade pública nacional de que trata o art. 1º desta Emenda Constitucional, se assim justificar o interesse público.

Art. 8º Durante a vigência desta Emenda Constitucional, o Banco Central do Brasil editará regulamentação sobre exigências de contrapartidas ao comprar ativos de instituições financeiras em conformidade com a previsão do inciso II do *caput* do art. 7º desta Emenda Constitucional, em especial a vedação de:

I – pagar juros sobre o capital próprio e dividendos acima do mínimo obrigatório estabelecido em lei ou no estatuto social vigente na data de entrada em vigor desta Emenda Constitucional;

II – aumentar a remuneração, fixa ou variável, de diretores e membros do conselho de administração, no caso das sociedades anônimas, e dos administradores, no caso de sociedades limitadas.

Parágrafo único. A remuneração variável referida no inciso II do *caput* deste artigo inclui bônus, participação nos lucros e quaisquer parcelas de remuneração diferidas e outros incentivos remuneratórios associados ao desempenho.

Art. 9º Em caso de irregularidade ou de descumprimento dos limites desta Emenda Constitucional, o Congresso Nacional poderá sustar, por decreto legislativo, qualquer decisão de órgão ou entidade do Poder Executivo relacionada às medidas autorizadas por esta Emenda Constitucional.

Art. 10. Ficam convalidados os atos de gestão praticados a partir de 20 de março de 2020, desde que compatíveis com o teor desta Emenda Constitucional.

Art. 11. Esta Emenda Constitucional entra em vigor na data de sua publicação e ficará automaticamente revogada na data do encerramento do estado de calamidade pública reconhecido pelo Congresso Nacional.

Brasília, em 7 de maio de 2020

Mesa da Câmara dos Deputados

Deputado Rodrigo Maia
Presidente

Mesa do Senado Federal

Senador Davi Alcolumbre
Presidente

EMENDA CONSTITUCIONAL 107, DE 2 DE JULHO DE 2020

Adia, em razão da pandemia da Covid-19, as eleições municipais de outubro de 2020 e os prazos eleitorais respectivos

DOU 03.06.2020

As Mesas da Câmara dos Deputados e do Senado Federal, nos termos do § 3º do art. 60 da Constituição Federal, promulgam a seguinte Emenda ao texto constitucional:

Art. 1º As eleições municipais previstas para outubro de 2020 realizar-se-ão no dia 15 de novembro, em primeiro turno, e no dia 29 de novembro de 2020, em segundo turno, onde houver, observado o disposto no § 4º deste artigo.

§ 1º Ficam estabelecidas, para as eleições de que trata o *caput* deste artigo, as seguintes datas:

I – a partir de 11 de agosto, para a vedação às emissoras para transmitir programa apresentado ou comentado por pré-candidato, conforme previsto no § 1º do art. 45 da Lei nº 9.504, de 30 de setembro de 1997;

II – entre 31 de agosto e 16 de setembro, para a realização das convenções para escolha dos candidatos pelos partidos e a deliberação sobre coligações, a que

se refere o *caput* do art. 8º da Lei nº 9.504, de 30 de setembro de 1997;

III – até 26 de setembro, para que os partidos e coligações solicitem à Justiça Eleitoral o registro de seus candidatos, conforme disposto no *caput* do art. 11 da Lei nº 9.504, de 30 de setembro de 1997, e no *caput* do art. 93 da Lei nº 4.737, de 15 de julho de 1965;

IV – após 26 de setembro, para o início da propaganda eleitoral, inclusive na internet, conforme disposto nos arts. 36 e 57-A da Lei nº 9.504, de 30 de setembro de 1997, e no *caput* do art. 240 da Lei nº 4.737, de 15 de julho de 1965;

V – a partir de 26 de setembro, para que a Justiça Eleitoral convoque os partidos e a representação das emissoras de rádio e de televisão para elaborarem plano de mídia, conforme disposto no art. 52 da Lei nº 9.504, de 30 de setembro de 1997;

VI – 27 de outubro, para que os partidos políticos, as coligações e os candidatos, obrigatoriamente, divulguem o relatório que discrimina as transferências do Fundo Partidário e do Fundo Especial de Financiamento de Campanha, os recursos em dinheiro e os estimáveis em dinheiro recebidos, bem como os gastos realizados, conforme disposto no inciso II do § 4º do art. 28 da Lei nº 9.504, de 30 de setembro de 1997;

VII – até 15 de dezembro, para o encaminhamento à Justiça Eleitoral do conjunto das prestações de contas de campanha dos candidatos e dos partidos políticos, relativamente ao primeiro e, onde houver, ao segundo turno das eleições, conforme disposto nos incisos III e IV do *caput* do art. 29 da Lei nº 9.504, de 30 de setembro de 1997.

§ 2º Os demais prazos fixados na Lei nº 9.504, de 30 de setembro de 1997, e na Lei nº 4.737, de 15 de julho de 1965, que não tenham transcorrido na data da publicação desta Emenda Constitucional e tenham como referência a data do pleito serão computados considerando-se a nova data das eleições de 2020.

§ 3º Nas eleições de que trata este artigo serão observadas as seguintes disposições:

I – o prazo previsto no § 1º do art. 30 da Lei nº 9.504, de 30 de setembro de 1997, não será aplicado, e a decisão que julgar as contas dos candidatos eleitos deverá ser publicada até o dia 12 de fevereiro de 2021;

II – o prazo para a proposição da representação de que trata o art. 30-A da Lei nº 9.504, de 30 de setembro de 1997, será até o dia 1º de março de 2021;

III – os partidos políticos ficarão autorizados a realizar, por meio virtual, independentemente de qualquer disposição estatutária, convenções ou reuniões para a escolha de candidatos e a formalização de coligações, bem como para a definição dos critérios de distribuição dos recursos do Fundo Especial de Financiamento de Campanha, de que trata o art. 16-C da Lei nº 9.504, de 30 de setembro de 1997;

IV – os prazos para desincompatibilização que, na data da publicação desta Emenda Constitucional, estiverem:

a) a vencer: serão computados considerando-se a nova data de realização das eleições de 2020;

b) vencidos: serão considerados preclusos, vedada a sua reabertura;

V – a diplomação dos candidatos eleitos ocorrerá em todo o País até o dia 18 de dezembro, salvo a situação prevista no § 4º deste artigo;

VI – os atos de propaganda eleitoral não poderão ser limitados pela legislação municipal ou pela Justiça Eleitoral, salvo se a decisão estiver fundamentada em prévio parecer técnico emitido por autoridade sanitária estadual ou nacional;

VII – em relação à conduta vedada prevista no inciso VII do *caput* do art. 73 da Lei nº 9.504, de 30 de setembro de 1997, os gastos liquidados com publicidade institucional realizada até 15 de agosto de 2020 não poderão exceder a média dos gastos dos 2 (dois) primeiros quadrimestres dos 3 (três) últimos anos que antecedem ao pleito, salvo em caso de grave e urgente necessidade pública, assim reconhecida pela Justiça Eleitoral;

VIII – no segundo semestre de 2020, poderá ser realizada a publicidade institucional de atos e campanhas dos órgãos públicos municipais e de suas respectivas entidades da administração indireta destinados ao enfrentamento à pandemia da Covid-19 e à orientação da população quanto a serviços públicos e a outros temas afetados pela pandemia, resguardada a possibilidade de apuração de eventual conduta abusiva nos termos do art. 22 da Lei Complementar nº 64, de 18 de maio de 1990.

§ 4º No caso de as condições sanitárias de um Estado ou Município não permitirem a realização das eleições nas datas previstas no *caput* deste artigo, o Congresso Nacional, por provocação do Tribunal Superior Eleitoral, instruída com manifestação da autoridade sanitária nacional, e após parecer da Comissão Mista de que trata o art. 2º do Decreto Legislativo nº 6, de 20 de março de 2020, poderá editar decreto legislativo a fim de designar novas datas para a realização do pleito, observada como data-limite o dia 27 de dezembro de 2020, e caberá ao Tribunal Superior Eleitoral dispor sobre as medidas necessárias à conclusão do processo eleitoral.

§ 5º O Tribunal Superior Eleitoral fica autorizado a promover ajustes nas normas referentes a:

I – prazos para fiscalização e acompanhamento dos programas de computador utilizados nas urnas eletrônicas para os processos de votação, apuração e totalização, bem como de todas as fases do processo de votação, apuração das eleições e processamento eletrônico da totalização dos resultados, para adequá-los ao novo calendário eleitoral;

II – recepção de votos, justificativas, auditoria e fiscalização no dia da eleição, inclusive no tocante ao horário de funcionamento das seções eleitorais e à distribuição dos eleitores no período, de forma a propiciar a melhor segurança sanitária possível a todos os participantes do processo eleitoral.

Art. 2º Não se aplica o art. 16 da Constituição Federal ao disposto nesta Emenda Constitucional.

Art. 3º Esta Emenda Constitucional entra em vigor na data de sua publicação.

Brasília, em 2 de julho de 2020

Mesa da Câmara dos Deputados

Deputado Rodrigo Maia

Presidente

Mesa do Senado Federal

Senador Davi Alcolumbre

Presidente

EMENDA CONSTITUCIONAL 108, DE 26 DE AGOSTO DE 2020

Altera a Constituição Federal para estabelecer critérios de distribuição da cota municipal do Imposto sobre Operações Relativas à Circulação de Mercadorias e sobre Prestações de Serviços de Transporte Interestadual e Intermunicipal e de Comunicação (ICMS), para disciplinar a disponibilização de dados contábeis pelos entes federados, para tratar do planejamento na ordem social e para dispor sobre o Fundo de Manutenção e Desenvolvimento da Educação Básica e de Valorização dos Profissionais da Educação (Fundeb); altera o Ato das Disposições Constitucionais Transitórias; e dá outras providências.

DOU 27.8.2020

As Mesas da Câmara dos Deputados e do Senado Federal, nos termos do § 3º do art. 60 da Constituição Federal, promulgam a seguinte Emenda ao texto constitucional:

Art. 1º A Constituição Federal passa a vigorar com as seguintes alterações:

▸ Alterações já realizadas no texto.

Art. 2º O Ato das Disposições Constitucionais Transitórias passa a vigorar com as seguintes alterações:

▸ Alterações já realizadas no texto.

Art. 3º Os Estados terão prazo de 2 (dois) anos, contado da data da promulgação desta Emenda Constitucional, para aprovar lei estadual prevista no inciso II do parágrafo único do art. 158 da Constituição Federal.

Art. 4º Esta Emenda Constitucional entra em vigor na data de sua publicação e produzirá efeitos financeiros a partir de 1º de janeiro de 2021.

Parágrafo único. Ficam mantidos os efeitos do art. 60 do Ato das Disposições Constitucionais Transitórias, conforme estabelecido pela Emenda Constitucional nº 53, de 19 de dezembro de 2006, até o início dos efeitos financeiros desta Emenda Constitucional.

Brasília, em 26 de agosto de 2020

Mesa da Câmara dos Deputados

Deputado Rodrigo Maia

Presidente

Mesa do Senado Federal

Senador Davi Alcolumbre

Presidente

EMENDA CONSTITUCIONAL 109, DE 15 DE MARÇO DE 2021

Altera os arts. 29-A, 37, 49, 84, 163, 165, 167, 168 e 169 da Constituição Federal e os arts. 101 e 109 do Ato das Disposições Constitucionais Transitórias; acrescenta à Constituição Federal os arts. 164-A, 167-A, 167-B, 167-C, 167-D, 167-E, 167-F e 167-G; revoga dispositivos do Ato das Disposições Constitucionais Transitórias e institui regras transitórias sobre redução de benefícios tributários; desvincula parcialmente o superávit financeiro de fundos públicos; e suspende condicionalidades para realização de despesas com concessão de auxílio emergencial residual para enfrentar as consequências sociais e econômicas da pandemia da Covid-19.

DOU 16.03.2021

As Mesas da Câmara dos Deputados e do Senado Federal, nos termos do § 3º do art. 60 da Constituição Federal, promulgam a seguinte Emenda ao texto constitucional:

Art. 1º A Constituição Federal passa a vigorar com as seguintes alterações:

▸ Alterações incorporadas no texto da CF.

Art. 2º O Ato das Disposições Constitucionais Transitórias passa a vigorar com as seguintes alterações:

▸ Alterações incorporadas no texto do ADCT.

Art. 3º Durante o exercício financeiro de 2021, a proposição legislativa com o propósito exclusivo de conceder auxílio emergencial residual para enfrentar as consequências sociais e econômicas da pandemia da Covid-19 fica dispensada da observância das limitações legais quanto à criação, à expansão ou ao aperfeiçoamento de ação governamental que acarrete aumento de despesa.

§ 1º As despesas decorrentes da concessão do auxílio referido no *caput* deste artigo realizadas no exercício financeiro de 2021 não são consideradas, até o limite de R$ 44.000.000.000,00 (quarenta e quatro bilhões de reais), para fins de:

I – apuração da meta de resultado primário estabelecida no *caput* do art. 2º da Lei nº 14.116, de 31 de dezembro de 2020;

II – limite para despesas primárias estabelecido no inciso I do *caput* do art. 107 do Ato das Disposições Constitucionais Transitórias.

§ 2º As operações de crédito realizadas para custear a concessão do auxílio referido no *caput* deste artigo ficam ressalvadas do limite estabelecido no inciso III do *caput* do art. 167 da Constituição Federal.

§ 3º A despesa de que trata este artigo deve ser atendida por meio de crédito extraordinário.

§ 4º A abertura do crédito extraordinário referido no § 3º deste artigo dar-se-á independentemente da observância dos requisitos exigidos no § 3º do art. 167 da Constituição Federal.

§ 5º O disposto neste artigo aplica-se apenas à União, vedada sua adoção pelos Estados, pelo Distrito Federal e pelos Municípios.

Art. 4º O Presidente da República deve encaminhar ao Congresso Nacional, em até 6 (seis) meses após a promulgação desta Emenda Constitucional, plano de redução gradual de incentivos e benefícios federais de natureza tributária, acompanhado das correspondentes proposições legislativas e das estimativas dos respectivos impactos orçamentários e financeiros.

§ 1º As proposições legislativas a que se refere o *caput* devem propiciar, em conjunto, redução do montante total dos incentivos e benefícios referidos no *caput* deste artigo:

I – para o exercício em que forem encaminhadas, de pelo menos 10% (dez por cento), em termos anualizados, em relação aos incentivos e benefícios vigentes por ocasião da promulgação desta Emenda Constitucional;

II – de modo que esse montante, no prazo de até 8 (oito) anos, não ultrapasse 2% (dois por cento) do produto interno bruto.

§ 2º O disposto no *caput* deste artigo, bem como o atingimento das metas estabelecidas no § 1º deste artigo, não se aplica aos incentivos e benefícios:

I – estabelecidos com fundamento na alínea "d" do inciso III do *caput* e no parágrafo único do art. 146 da Constituição Federal;

II – concedidos a entidades sem fins lucrativos com fundamento na alínea "c" do inciso VI do *caput* do art. 150 e no § 7º do art. 195 da Constituição Federal;

III – concedidos aos programas de que trata a alínea "c" do inciso I do *caput* do art. 159 da Constituição Federal;

IV – relativos ao regime especial estabelecido nos termos do art. 40 do Ato das Disposições Constitucionais Transitórias, às áreas de livre comércio e zonas francas e à política industrial para o setor de tecnologias da informação e comunicação e para o setor de semicondutores, na forma da lei;

▶ Inciso com redação pela EC 121/2022.

V – relacionados aos produtos que compõem a cesta básica; e

VI – concedidos aos programas estabelecidos em lei destinados à concessão de bolsas de estudo integrais e parciais para estudantes de cursos superiores em instituições privadas de ensino superior, com ou sem fins lucrativos.

§ 3º Para efeitos deste artigo, considera-se incentivo ou benefício de natureza tributária aquele assim definido na mais recente publicação do demonstrativo a que se refere o § 6º do art. 165 da Constituição Federal.

§ 4º Lei complementar tratará de:

I – critérios objetivos, metas de desempenho e procedimentos para a concessão e a alteração de incentivo ou benefício de natureza tributária, financeira ou creditícia para pessoas jurídicas do qual decorra diminuição de receita ou aumento de despesa;

II – regras para a avaliação periódica obrigatória dos impactos econômico-sociais dos incentivos ou benefícios de que trata o inciso I deste parágrafo, com divulgação irrestrita dos respectivos resultados;

III – redução gradual de incentivos fiscais federais de natureza tributária, sem prejuízo do plano emergencial de que trata o *caput* deste artigo.

Art. 5º O superávit financeiro das fontes de recursos dos fundos públicos do Poder Executivo, exceto os saldos decorrentes do esforço de arrecadação dos servidores civis e militares da União, apurado ao final de cada exercício, poderá ser destinado:

▶ *Caput* com redação pela EC 127/2022.

I – à amortização da dívida pública do respectivo ente, nos exercícios de 2021 e de 2022; e

II – ao pagamento de que trata o § 12 do art. 198 da Constituição Federal, nos exercícios de 2023 a 2027.

§ 1º No período de que trata o inciso I do *caput* deste artigo, se o ente não tiver dívida pública a amortizar, o superávit financeiro das fontes de recursos dos fundos públicos do Poder Executivo será de livre aplicação.

▶ § 1º com redação pela EC 127/2022.

§ 2º Não se aplica o disposto no *caput* deste artigo:

I – aos fundos públicos de fomento e desenvolvimento regionais, operados por instituição financeira de caráter regional;

II – aos fundos ressalvados no inciso IV do art. 167 da Constituição Federal.

Art. 6º Ficam revogados:

I – o art. 91 do Ato das Disposições Constitucionais Transitórias; e

II – o § 4º do art. 101 do Ato das Disposições Constitucionais Transitórias.

Art. 7º Esta Emenda Constitucional entra em vigor na data de sua publicação, exceto quanto à alteração do art. 29-A da Constituição Federal, a qual entra em vigor a partir do início da primeira legislatura municipal após a data de publicação desta Emenda Constitucional.

Brasília, em 15 de março de 2021

Mesa da Câmara dos Deputados

Deputado Arthur Lira
Presidente

Mesa do Senado Federal

Senador Rodrigo Pacheco
Presidente

EMENDA CONSTITUCIONAL 110, DE 12 DE JULHO DE 2021

Acrescenta o art. 18-A ao Ato das Disposições Constitucionais Transitórias, para dispor sobre a convalidação de atos administrativos praticados no Estado do Tocantins entre 1º de janeiro de 1989 e 31 de dezembro de 1994.

DOU 13.07.2021

As Mesas da Câmara dos Deputados e do Senado Federal, nos termos do § 3º do art. 60 da Constituição Federal, promulgam a seguinte Emenda ao texto constitucional:

Art. 1º O Ato das Disposições Constitucionais Transitórias passa a vigorar acrescido do seguinte art. 18-A:

▶ Alteração incorporada no texto do ADCT.

Art. 2º Esta Emenda Constitucional entra em vigor na data de sua publicação.

Brasília, em 12 de julho de 2021

Mesa da Câmara dos Deputados

Deputado Arthur Lira
Presidente

Mesa do Senado Federal

Senador Rodrigo Pacheco
Presidente

EMENDA CONSTITUCIONAL 111, DE 28 DE SETEMBRO DE 2021

Altera a Constituição Federal para disciplinar a realização de consultas populares concomitantes às eleições municipais, dispor sobre o instituto da fidelidade partidária, alterar a data de posse de Governadores e do Presidente da República e estabelecer regras transitórias para distribuição entre os partidos políticos dos recursos do fundo partidário e do Fundo Especial de Financiamento de Campanha (FEFC) e para o funcionamento dos partidos políticos.

DOU 29.09.2021

As Mesas da Câmara dos Deputados e do Senado Federal, nos termos do § 3º do art. 60 da Constituição Federal, promulgam a seguinte Emenda ao texto constitucional:

Art. 1º A Constituição Federal passa a vigorar com as seguintes alterações:

▶ Alterações inseridas na CF.

Art. 2º Para fins de distribuição entre os partidos políticos dos recursos do fundo partidário e do Fundo Especial de Financiamento de Campanha (FEFC), os votos dados a candidatas mulheres ou a candidatos negros para a Câmara dos Deputados nas eleições realizadas de 2022 a 2030 serão contados em dobro.

Parágrafo único. A contagem em dobro de votos a que se refere o *caput* somente se aplica uma única vez.

Art. 3º Até que entre em vigor lei que discipline cada uma das seguintes matérias, observar-se-ão os seguintes procedimentos:

I – nos processos de incorporação de partidos políticos, as sanções eventualmente aplicadas aos órgãos partidários regionais e municipais do partido incorporado, inclusive as decorrentes de prestações de contas, bem como as de responsabilização de seus antigos dirigentes, não serão aplicadas ao partido incorporador nem aos seus novos dirigentes, exceto aos que já integravam o partido incorporado;

II – nas anotações relativas às alterações dos estatutos dos partidos políticos, serão objeto de análise pelo Tribunal Superior Eleitoral apenas os dispositivos objeto de alteração.

Art. 4º O Presidente da República e os Governadores de Estado e do Distrito Federal eleitos em 2022 tomarão posse em 1º de janeiro de 2023, e seus mandatos durarão até a posse de seus sucessores, em 5 e 6 de janeiro de 2027, respectivamente.

Art. 5º As alterações efetuadas nos arts. 28 e 82 da Constituição Federal constantes do art. 1º desta Emenda Constitucional, relativas às datas de posse de Governadores, de Vice-Governadores, do Presidente e do Vice-Presidente da República, serão aplicadas somente a partir das eleições de 2026.

Art. 6º Esta Emenda Constitucional entra em vigor na data de sua publicação.

Brasília, em 28 de setembro de 2021

Mesa da Câmara dos Deputados

Deputado Arthur Lira
Presidente

Mesa do Senado Federal

Senador Rodrigo Pacheco
Presidente

EMENDA CONSTITUCIONAL 112, DE 27 DE OUTUBRO DE 2021

Altera o art. 159 da Constituição Federal para disciplinar a distribuição de recursos pela União ao Fundo de Participação dos Municípios.

DOU 28.10.2021

As Mesas da Câmara dos Deputados e do Senado Federal, nos termos do § 3º do art. 60 da Constituição Federal, promulgam a seguinte Emenda ao texto constitucional:

Art. 1º O art. 159 da Constituição Federal passa a vigorar com a seguinte redação:

▶ Alterações inseridas na CF.

Art. 2º Para os fins do disposto na alínea "f" do inciso I do *caput* do art. 159 da Constituição Federal, a União entregará ao Fundo de Participação dos Municípios, do produto da arrecadação dos impostos sobre renda e proventos de qualquer natureza e sobre produtos industrializados, 0,25% (vinte e cinco centésimos por cento), 0,5% (cinco décimos por cento) e 1% (um por cento), respectivamente, em cada um dos 2 (dois) primeiros exercícios, no terceiro exercício e a partir do quarto exercício em que esta Emenda Constitucional gerar efeitos financeiros.

Art. 3º Esta Emenda Constitucional entra em vigor na data de sua publicação e produzirá efeitos financeiros a partir de 1º de janeiro do exercício subsequente.

Brasília, em 27 de outubro de 2021

Mesa da Câmara dos Deputados

Deputado Arthur Lira
Presidente

Mesa do Senado Federal

Senador Rodrigo Pacheco
Presidente

EMENDA CONSTITUCIONAL 113, DE 08 DE DEZEMBRO DE 2021

Altera a Constituição Federal e o Ato das Disposições Constitucionais Transitórias para estabelecer o novo regime de pagamentos de precatórios, modificar normas relativas ao Novo Regime Fiscal e autorizar o parcelamento de débitos previdenciários dos Municípios; e dá outras providências.

DOU 09.12.2021

As Mesas da Câmara dos Deputados e do Senado Federal, nos termos do § 3º do art. 60 da Constituição Federal, promulgam a seguinte Emenda ao texto constitucional:

Art. 1º Os arts. 100 e 160 da Constituição Federal passam a vigorar com as seguintes alterações:

▶ Alterações inseridas na CF.

Art. 2º O Ato das Disposições Constitucionais Transitórias passa a vigorar com as seguintes alterações:

▶ Alterações inseridas no ADCT.

Art. 3º Nas discussões e nas condenações que envolvam a Fazenda Pública, independentemente de sua natureza e para fins de atualização monetária, de remuneração do capital e de compensação da mora, inclusive do precatório, haverá a incidência, uma única vez, até o efetivo pagamento, do índice da taxa referencial do Sistema Especial de Liquidação e de Custódia (Selic), acumulado mensalmente.

Art. 4º Os limites resultantes da aplicação do disposto no inciso II do § 1º do art. 107 do Ato das Disposições Constitucionais Transitórias serão aplicáveis a partir do exercício de 2021, observado o disposto neste artigo.

§ 1º No exercício de 2021, o eventual aumento dos limites de que trata o *caput* deste artigo fica restrito ao montante de até R$ 15.000.000.000,00 (quinze bilhões de reais), a ser destinado exclusivamente ao atendimento de despesas de vacinação contra a covid-19 ou relacionadas a ações emergenciais e temporárias de caráter socioeconômico.

§ 2º As operações de crédito realizadas para custear o aumento de limite referido no § 1º deste artigo ficam ressalvadas do estabelecido no inciso III do *caput* do art. 167 da Constituição Federal.

§ 3º As despesas de que trata o § 1º deste artigo deverão ser atendidas por meio de créditos extraordinários e ter como fonte de recurso o produto de operações de crédito.

§ 4º A abertura dos créditos extraordinários referidos no § 3º deste artigo dar-se-á independentemente da observância dos requisitos exigidos no § 3º do art. 167 da Constituição Federal.

§ 5º O aumento do limite previsto no § 1º deste artigo será destinado, ainda, ao atendimento de despesas de programa de transferência de renda.

§ 6º O aumento do limite decorrente da aplicação do disposto no inciso II do § 1º do art. 107 do Ato das Disposições Constitucionais Transitórias deverá, no exercício de 2022, ser destinado somente ao atendimento das despesas de ampliação de programas sociais de

combate à pobreza e à extrema pobreza, nos termos do parágrafo único do art. 6º e do inciso VI do *caput* do art. 203 da Constituição Federal, à saúde, à previdência e à assistência social.

▶ §§ 5º e 6º acrescidos pela EC 114/2021.

Art. 5º As alterações relativas ao regime de pagamento dos precatórios aplicam-se a todos os requisitórios já expedidos, inclusive no orçamento fiscal e da seguridade social do exercício de 2022.

Art. 6º Revoga-se o art. 108 do Ato das Disposições Constitucionais Transitórias.

Art. 7º Esta Emenda Constitucional entra em vigor na data de sua publicação.

Brasília, em 8 de dezembro de 2021.

Mesa da Câmara dos Deputados

Deputado Arthur Lira

Presidente

Mesa do Senado Federal

Senador Rodrigo Pacheco

Presidente

EMENDA CONSTITUCIONAL 114, DE 16 DE DEZEMBRO DE 2021

Altera a Constituição Federal e o Ato das Disposições Constitucionais Transitórias para estabelecer o novo regime de pagamentos de precatórios, modificar normas relativas ao Novo Regime Fiscal e autorizar o parcelamento de débitos previdenciários dos Municípios; e dá outras providências.

DOU 17.12.2021

As Mesas da Câmara dos Deputados e do Senado Federal, nos termos do § 3º do art. 60 da Constituição Federal, promulgam a seguinte Emenda ao texto constitucional:

Art. 1º Os arts. 6º, 100 e 203 da Constituição Federal passam a vigorar com as seguintes alterações:

▶ Alterações inseridas na CF.

Art. 2º O Ato das Disposições Constitucionais Transitórias passa a vigorar acrescido dos seguintes arts. 107-A e 118:

▶ Alterações inseridas no ADCT.

Art. 3º O art. 4º da Emenda Constitucional 113, de 8 de dezembro de 2021, passa a vigorar acrescido dos seguintes §§ 5º e 6º:

▶ Alterações inseridas na referida EC.

Art. 4º Os precatórios decorrentes de demandas relativas à complementação da União aos Estados e aos Municípios por conta do Fundo de Manutenção e Desenvolvimento do Ensino Fundamental e de Valorização do Magistério (Fundef) serão pagos em 3 (três) parcelas anuais e sucessivas, da seguinte forma:

I – 40% (quarenta por cento) no primeiro ano;

II – 30% (trinta por cento) no segundo ano;

III – 30% (trinta por cento) no terceiro ano.

Parágrafo único. Não se incluem nos limites estabelecidos nos arts. 107 e 107-A do Ato das Disposições Constitucionais Transitórias, a partir de 2022, as despesas para os fins de que trata este artigo.

Art. 5º As receitas que os Estados e os Municípios receberem a título de pagamentos da União por força de ações judiciais que tenham por objeto a complementação de parcela desta no Fundo de Manutenção e Desenvolvimento do Ensino Fundamental e de Valorização do Magistério (Fundef) deverão ser aplicadas na manutenção e desenvolvimento do ensino fundamental público e na valorização de seu magistério, conforme destinação originária do Fundo.

Parágrafo único. Da aplicação de que trata o *caput* deste artigo, no mínimo 60% (sessenta por cento) deverão ser repassados aos profissionais do magistério, inclusive aposentados e pensionistas, na forma de abono, vedada a incorporação na remuneração, na aposentadoria ou na pensão.

Art. 6º No prazo de 1 (um) ano a contar da promulgação desta Emenda Constitucional, o Congresso Nacional promoverá, por meio de comissão mista, exame analítico dos atos, dos fatos e das políticas públicas com maior potencial gerador de precatórios e de sentenças judiciais contrárias à Fazenda Pública da União.

○ O STF, na ADI 7.064, por maioria, converteu o julgamento da medida cautelar em julgamento de mérito e conheceu da ação direta para julgá-la parcialmente procedente para declarar a inconstitucionalidade do art. 6º da Emenda Constitucional 114/2021 (*DOU* 09.02.2024).

§ 1º A comissão atuará em cooperação com o Conselho Nacional de Justiça e com o auxílio do Tribunal de Contas da União e poderá requisitar informações e documentos de órgãos e entidades da administração pública direta e indireta de qualquer dos Poderes da União, dos Estados, do Distrito Federal e dos Municípios, buscando identificar medidas legislativas a serem adotadas com vistas a trazer maior segurança jurídica no âmbito federal.

§ 2º O exame de que trata o *caput* deste artigo analisará os mecanismos de aferição de risco fiscal e de prognóstico de efetivo pagamento de valores decorrentes de decisão judicial, segregando esses pagamentos por tipo de risco e priorizando os temas que possuam maior impacto financeiro.

§ 3º Apurados os resultados, o Congresso Nacional encaminhará suas conclusões aos presidentes do Supremo Tribunal Federal e do Superior Tribunal de Justiça, para a adoção de medidas de sua competência.

Art. 7º Os entes da Federação que tiverem descumprido a medida prevista no art. 4º da Lei Complementar nº 156, de 28 de dezembro de 2016, e que optarem por não firmar termo aditivo na forma prevista no art. 4º-A da referida Lei Complementar poderão restituir à União os valores diferidos por força do prazo adicional proporcionalmente à quantidade de prestações remanescentes dos respectivos contratos, aplicados os encargos contratuais de adimplência e desde que adotem, durante o prazo de restituição dos valores para a União, as medidas previstas no art. 167-A da Constituição Federal.

Art. 8º Esta Emenda Constitucional entra em vigor:

I – a partir de 2022, para a alteração do § 5º do art. 100 da Constituição Federal, constante do art. 1º desta Emenda Constitucional;

II – na data de sua publicação, para os demais dispositivos.

Brasília, em 16 de dezembro de 2021

Mesa da Câmara dos Deputados

Deputado Arthur Lira

Presidente

Mesa do Senado Federal

Senador Rodrigo Pacheco

Presidente

EMENDA CONSTITUCIONAL 115, DE 10 DE FEVEREIRO DE 2022

Altera a Constituição Federal para incluir a proteção de dados pessoais entre os direitos e garantias fundamentais e para fixar a competência privativa da União para legislar sobre proteção e tratamento de dados pessoais.

DOU 11.02.2022

As Mesas da Câmara dos Deputados e do Senado Federal, nos termos do § 3º do art. 60 da Constituição Federal, promulgam a seguinte Emenda ao texto constitucional:

Art. 1º O *caput* do art. 5º da Constituição Federal passa a vigorar acrescido do seguinte inciso LXXIX:

▶ Alterações inseridas na CF.

Art. 2º O *caput* do art. 21 da Constituição Federal passa a vigorar acrescido do seguinte inciso XXVI:

▶ Alterações inseridas na CF.

Art. 3º O *caput* do art. 22 da Constituição Federal passa a vigorar acrescido do seguinte inciso XXX:

▶ Alterações inseridas na CF.

Art. 4º Esta Emenda Constitucional entra em vigor na data de sua publicação.

Brasília, em 10 de fevereiro de 2022.

Mesa da Câmara dos Deputados

Deputado Arthur Lira

Presidente

Mesa do Senado Federal

Senador Rodrigo Pacheco

Presidente

EMENDA CONSTITUCIONAL 116, DE 17 DE FEVEREIRO DE 2022

Acrescenta § 1º-A ao art. 156 da Constituição Federal para prever a não incidência sobre templos de qualquer culto do Imposto sobre a Propriedade Predial e Territorial Urbana (IPTU), ainda que as entidades abrangidas pela imunidade tributária sejam apenas locatárias do bem imóvel.

DOU 18.02.2022

As Mesas da Câmara dos Deputados e do Senado Federal, nos termos do § 3º do art. 60 da Constituição Federal, promulgam a seguinte Emenda ao texto constitucional:

Art. 1º O art. 156 da Constituição Federal passa a vigorar acrescido do seguinte § 1º-A:

▶ Alteração inserida na CF.

Art. 2º Esta Emenda Constitucional entra em vigor na data de sua publicação.

Brasília, em 17 de fevereiro de 2022.

Mesa da Câmara dos Deputados

Deputado Arthur Lira

Presidente

Mesa do Senado Federal

Senador Rodrigo Pacheco

Presidente

EMENDA CONSTITUCIONAL 117, DE 5 DE ABRIL DE 2022

Altera o art. 17 da Constituição Federal para impor aos partidos políticos a aplicação de recursos do fundo partidário na promoção e difusão da participação política das mulheres, bem como a aplicação de recursos desse fundo e do Fundo Especial de Financiamento de Campanha e a divisão do tempo de propaganda gratuita no rádio e na televisão no percentual mínimo de 30% (trinta por cento) para candidaturas femininas.

DOU 06.04.2022

As Mesas da Câmara dos Deputados e do Senado Federal, nos termos do § 3º do art. 60 da Constituição Federal, promulgam a seguinte Emenda ao texto constitucional:

Art. 1º O art. 17 da Constituição Federal passa a vigorar acrescido dos seguintes §§ 7º e 8º:

▶ Alterações inseridas na CF.

Art. 2º Aos partidos políticos que não tenham utilizado os recursos destinados aos programas de promoção e difusão da participação política das mulheres ou cujos valores destinados a essa finalidade não tenham sido reconhecidos pela Justiça Eleitoral é assegurada a utilização desses valores nas eleições subsequentes, vedada a condenação pela Justiça Eleitoral nos processos de prestação de contas de exercícios financeiros anteriores que ainda não tenham transitado em julgado até a data de promulgação desta Emenda Constitucional.

Art. 3º Não serão aplicadas sanções de qualquer natureza, inclusive de devolução de valores, multa ou suspensão do fundo partidário, aos partidos que não preencheram a cota mínima de recursos ou que não destinaram os valores mínimos em razão de sexo ou raça em eleições ocorridas antes da promulgação desta Emenda Constitucional.

Art. 4º Esta Emenda Constitucional entra em vigor na data de sua publicação.

Brasília, em 5 de abril de 2022.

Mesa da Câmara dos Deputados

Deputado Arthur Lira

Presidente

Mesa do Senado Federal

Senador Rodrigo Pacheco

Presidente

EMENDA CONSTITUCIONAL 118, DE 26 DE ABRIL DE 2022

Dá nova redação às alíneas "b" e "c" do inciso XXIII do caput do art. 21 da Constituição Federal, para autorizar a produção, a comercialização e a utilização de radioisótopos para pesquisa e uso médicos.

DOU 27.04.2022

As Mesas da Câmara dos Deputados e do Senado Federal, nos termos do § 3º do art. 60 da Constituição Federal, promulgam a seguinte Emenda ao texto constitucional:

Art. 1º As alíneas "b" e "c" do inciso XXIII do *caput* do art. 21 da Constituição Federal passam a vigorar com a seguinte redação:

▶ Alterações inseridas na CF.

Art. 2º Esta Emenda Constitucional entra em vigor na data de sua publicação.

Brasília, em 26 de abril de 2022.

Mesa da Câmara dos Deputados

Deputado Arthur Lira

Presidente

Mesa do Senado Federal

Senador Rodrigo Pacheco

Presidente

EMENDA CONSTITUCIONAL 119, DE 27 DE ABRIL DE 2022

Altera o Ato das Disposições Constitucionais Transitórias para determinar a impossibilidade de responsabilização dos Estados, do Distrito Federal, dos Municípios e dos agentes públicos desses entes federados pelo descumprimento, nos exercícios financeiros de 2020 e 2021, do disposto no caput do art. 212 da Constituição Federal; e dá outras providências.

DOU 06.04.2022

As Mesas da Câmara dos Deputados e do Senado Federal, nos termos do § 3º do art. 60 da Constituição Federal, promulgam a seguinte Emenda ao texto constitucional:

Art. 1º O Ato das Disposições Constitucionais Transitórias passa a vigorar acrescido do seguinte art. 119:

▶ Alterações inseridas no ADCT.

Art. 2º O disposto no *caput* do art. 119 do Ato das Disposições Constitucionais Transitórias impede a aplicação de quaisquer penalidades, sanções ou restrições aos entes subnacionais para fins cadastrais, de aprovação e de celebração de ajustes onerosos ou não, incluídas a contratação, a renovação ou a celebração de aditivos de quaisquer tipos, de ajustes e de convênios, entre outros, inclusive em relação à possibilidade de execução financeira desses ajustes e de recebimento de recursos do orçamento geral da União por meio de transferências voluntárias.

Parágrafo único. O disposto no *caput* do art. 119 do Ato das Disposições Constitucionais Transitórias também obsta a ocorrência dos efeitos do inciso III do *caput* do art. 35 da Constituição Federal.

Art. 3º Esta Emenda Constitucional entra em vigor na data de sua publicação.

Brasília, em 27 de abril de 2022.

Mesa da Câmara dos Deputados

Deputado Arthur Lira

Presidente

Mesa do Senado Federal

Senador Rodrigo Pacheco

Presidente

EMENDA CONSTITUCIONAL 120, DE 5 DE MAIO DE 2022

Acrescenta §§ 7º, 8º, 9º, 10 e 11 ao art. 198 da Constituição Federal, para dispor sobre a responsabilidade financeira da União, corresponsável pelo Sistema Único de Saúde (SUS), na política remuneratória e na valorização dos profissionais que exercem atividades de agente comunitário de saúde e de agente de combate às endemias.

DOU 06.05.2022

As Mesas da Câmara dos Deputados e do Senado Federal, nos termos do § 3º do art. 60 da Constituição Federal, promulgam a seguinte Emenda ao texto constitucional:

Art. 1º O art. 198 da Constituição Federal passa a vigorar acrescido dos seguintes §§ 7º, 8º, 9º, 10 e 11:

▶ Alterações inseridas na CF.

Art. 2º Esta Emenda Constitucional entra em vigor na data de sua publicação.

Brasília, em 5 de maio de 2022.

Mesa da Câmara dos Deputados

Deputado Arthur Lira

Presidente

Mesa do Senado Federal

Senador Rodrigo Pacheco

Presidente

EMENDA CONSTITUCIONAL 121, DE 10 DE MAIO DE 2022

Altera o inciso IV do § 2º do art. 4º da Emenda Constitucional 109, de 15 de março de 2021.

DOU 06.04.2022

As Mesas da Câmara dos Deputados e do Senado Federal, nos termos do § 3º do art. 60 da Constituição Federal, promulgam a seguinte Emenda ao texto constitucional:

Art. 1º O inciso IV do § 2º do art. 4º da Emenda Constitucional nº 109, de 15 de março de 2021, passa a vigorar com a seguinte redação:

▶ Alterações inseridas na EC 109/2022.

Art. 2º Esta Emenda Constitucional entra em vigor na data de sua publicação.

Brasília, em 10 de maio de 2022.

Mesa da Câmara dos Deputados

Deputado Arthur Lira

Presidente

Mesa do Senado Federal

Senador Rodrigo Pacheco

Presidente

EMENDA CONSTITUCIONAL 122, DE 17 DE MAIO DE 2022

Altera a Constituição Federal para elevar para setenta anos a idade máxima para a escolha e nomeação de membros do Supremo Tribunal Federal, do Superior Tribunal de Justiça, dos Tribunais Regionais Federais, do Tribunal Superior do Trabalho, dos Tribunais Regionais do Trabalho, do Tribunal de Contas da União e dos Ministros civis do Superior Tribunal Militar.

DOU 18.05.2022

As Mesas da Câmara dos Deputados e do Senado Federal, nos termos do § 3º do art. 60 da Constituição Federal, promulgam a seguinte Emenda ao texto constitucional:

Art. 1º Os arts. 73, 101, 104, 107, 111-A, 115 e 123 da Constituição Federal passam a vigorar com as seguintes alterações:

▶ Alterações inseridas na CF.

Art. 2º Esta Emenda Constitucional entra em vigor na data de sua publicação.

Brasília, em 17 de maio de 2022.

Mesa da Câmara dos Deputados

Deputado Arthur Lira

Presidente

Mesa do Senado Federal

Senador Rodrigo Pacheco

Presidente

EMENDA CONSTITUCIONAL 123, DE 14 DE JULHO DE 2022

Altera o art. 225 da Constituição Federal para estabelecer diferencial de competitividade para os biocombustíveis; inclui o art. 120 no Ato das Disposições Constitucionais Transitórias para reconhecer o estado de emergência decorrente da elevação extraordinária e imprevisível dos preços do petróleo, combustíveis e seus derivados e dos impactos sociais dela decorrentes; autoriza a União a entregar auxílio financeiro aos Estados e ao Distrito Federal que outorgarem créditos tributários do Imposto sobre Operações relativas à Circulação de Mercadorias e sobre Prestações de Serviços de Transporte Interestadual e Intermunicipal e de Comunicação (ICMS) aos produtores e distribuidores de etanol hidratado; expande o auxílio Gás dos Brasileiros, de que trata a Lei 14.237, de 19 de novembro de 2021; institui auxílio para caminhoneiros autônomos; expande o Programa Auxílio Brasil, de que trata a Lei 14.284, de 29 de dezembro de 2021; e institui auxílio para entes da Federação financiarem a gratuidade do transporte público.

DOU 15.07.2022

As Mesas da Câmara dos Deputados e do Senado Federal, nos termos do § 3º do art. 60 da Constituição Federal, promulgam a seguinte Emenda ao texto constitucional:

Art. 1º Esta Emenda Constitucional dispõe sobre o estabelecimento de diferencial de competitividade para os biocombustíveis e sobre medidas para atenuar os efeitos do estado de emergência decorrente da elevação extraordinária e imprevisível dos preços do petróleo, combustíveis e seus derivados e dos impactos sociais dela decorrentes.

Art. 2º O § 1º do art. 225 da Constituição Federal passa a vigorar acrescido do seguinte inciso VIII:

▶ Alteração inserida na CF.

Art. 3º O Ato das Disposições Constitucionais Transitórias passa a vigorar acrescido do seguinte art. 120:

▶ Alteração inserida no ADCT.

Art. 4º Enquanto não entrar em vigor a lei complementar a que se refere o inciso VIII do § 1º do art. 225 da Constituição Federal, o diferencial competitivo dos biocombustíveis destinados ao consumo final em relação aos combustíveis fósseis será garantido pela manutenção, em termos percentuais, da diferença entre as alíquotas aplicáveis a cada combustível fóssil e aos biocombustíveis que lhe sejam substitutos em patamar igual ou superior ao vigente em 15 de maio de 2022.

§ 1º Alternativamente ao disposto no *caput* deste artigo, quando o diferencial competitivo não for determinado pelas alíquotas, ele será garantido pela manutenção do diferencial da carga tributária efetiva entre os combustíveis.

§ 2º No período de 20 (vinte) anos após a promulgação desta Emenda Constitucional, a lei complementar federal não poderá estabelecer diferencial competitivo em patamar inferior ao referido no *caput* deste artigo.

§ 3º A modificação, por proposição legislativa estadual ou federal ou por decisão judicial com efeito erga omnes, das alíquotas aplicáveis a um combustível fóssil implicará automática alteração das alíquotas aplicáveis aos biocombustíveis destinados ao consumo final que lhe sejam substitutos, a fim de, no mínimo, manter a diferença de alíquotas existente anteriormente.

§ 4º A lei complementar a que se refere o inciso VIII do § 1º do art. 225 da Constituição Federal disporá sobre critérios ou mecanismos para assegurar o diferencial competitivo dos biocombustíveis destinados ao consumo final na hipótese de ser implantada, para o combustível fóssil de que são substitutos, a sistemática de recolhimento de que trata a alínea "h" do inciso XII do § 2º do art. 155 da Constituição Federal.

§ 5º Na aplicação deste artigo, é dispensada a observância do disposto no inciso VI do § 2º do art. 155 da Constituição Federal.

Art. 5º Observado o disposto no art. 120 do Ato das Disposições Constitucionais Transitórias, a União, como únicas e exclusivas medidas a que se refere o parágrafo único do referido dispositivo, excluída a possibilidade de adoção de quaisquer outras:

I – assegurará a extensão do Programa Auxílio Brasil, de que trata a Lei nº 14.284, de 29 de dezembro de 2021, às famílias elegíveis na data de promulgação desta Emenda Constitucional, e concederá às famílias beneficiárias desse programa acréscimo mensal extraordinário, durante 5 (cinco) meses, de R$ 200,00 (duzentos reais), no período de 1º de agosto a 31 de dezembro de 2022, até o limite de R$ 26.000.000.000,00 (vinte e seis bilhões de reais), incluídos os valores essenciais necessários para a implementação do benefício, vedado o uso para qualquer tipo de publicidade institucional;

II – assegurará às famílias beneficiadas pelo auxílio Gás dos Brasileiros, de que trata a Lei nº 14.237, de 19 de novembro de 2021, a cada bimestre, entre 1º de julho e 31 de dezembro de 2022, valor monetário correspondente a 1 (uma) parcela extraordinária adicional de 50% (cinquenta por cento) da média do preço nacional de referência do botijão de 13 kg (treze quilogramas) de gás liquefeito de petróleo (GLP), estabelecido pelo Sistema de Levantamento de Preços (SLP) da Agência Nacional do Petróleo, Gás Natural e Biocombustíveis (ANP), nos 6 (seis) meses anteriores, até o limite de R$ 1.050.000.000,00 (um bilhão e cinquenta milhões de reais), incluídos os valores essenciais necessários para a implementação do benefício, vedado o uso para qualquer tipo de publicidade institucional;

III – concederá, entre 1º de julho e 31 de dezembro de 2022, aos Transportadores Autônomos de Cargas devidamente cadastrados no Registro Nacional de Transportadores Rodoviários de Cargas (RNTRC) até a data de 31 de maio de 2022, auxílio de R$ 1.000,00 (mil reais) mensais, até o limite de R$ 5.400.000.000,00 (cinco bilhões e quatrocentos milhões de reais);

IV – aportará à União, aos Estados, ao Distrito Federal e aos Municípios que dispõem de serviços regulares em operação de transporte público coletivo urbano, semiurbano ou metropolitano assistência financeira em caráter emergencial no valor de R$ 2.500.000.000,00 (dois bilhões e quinhentos milhões de reais), a serem utilizados para auxílio no custeio ao direito previsto no § 2º do art. 230 da Constituição Federal, regulamentado no art. 39 da Lei nº 10.741, de 1º de outubro de 2003 (Estatuto do Idoso), até 31 de dezembro de 2022;

V – entregará na forma de auxílio financeiro o valor de até R$ 3.800.000.000,00 (três bilhões e oitocentos milhões de reais), em 5 (cinco) parcelas mensais no valor de

até R$ 760.000.000,00 (setecentos e sessenta milhões de reais) cada uma, de agosto a dezembro de 2022, exclusivamente para os Estados e o Distrito Federal que outorgarem créditos tributários do Imposto sobre Operações relativas à Circulação de Mercadorias e sobre Prestações de Serviços de Transporte Interestadual e Intermunicipal e de Comunicação (ICMS) aos produtores ou distribuidores de etanol hidratado em seu território, em montante equivalente ao valor recebido;

VI – concederá, entre 1º de julho e 31 de dezembro de 2022, aos motoristas de táxi devidamente registrados até 31 de maio de 2022, auxílio até o limite de R$ 2.000.000.000,00 (dois bilhões de reais);

VII – assegurará ao Programa Alimenta Brasil, de que trata a Lei nº 14.284, de 29 de dezembro de 2021, a suplementação orçamentária de R$ 500.000.000,00 (quinhentos milhões de reais).

§ 1º O acréscimo mensal extraordinário de que trata o inciso I do *caput* deste artigo será complementar à soma dos benefícios previstos nos incisos I, II, III e IV do *caput* do art. 4º da Lei nº 14.284, de 29 de dezembro de 2021, e não será considerado para fins de cálculo do benefício previsto na Lei nº 14.342, de 18 de maio de 2022.

§ 2º A parcela extraordinária de que trata o inciso II do *caput* deste artigo será complementar ao previsto no art. 3º da Lei nº 14.237, de 19 de novembro de 2021.

§ 3º O auxílio de que trata o inciso III do *caput* deste artigo observará o seguinte:

I – terá por objetivo auxiliar os Transportadores Autônomos de Cargas em decorrência do estado de emergência de que trata o *caput* do art. 120 do Ato das Disposições Constitucionais Transitórias;

II – será concedido para cada Transportador Autônomo de Cargas, independentemente do número de veículos que possuir;

III – será recebido independentemente de comprovação da aquisição de óleo diesel;

IV – será disponibilizada pelo Poder Executivo solução tecnológica em suporte à operacionalização dos pagamentos do auxílio; e

V – para fins de pagamento do auxílio, será definido pelo Ministério do Trabalho e Previdência o operador bancário responsável, entre as instituições financeiras federais, pela operacionalização dos pagamentos.

§ 4º O aporte de recursos da União para os Estados, para o Distrito Federal e para os Municípios de que trata o inciso IV do *caput* deste artigo observará o seguinte:

I – terá função de complementariedade aos subsídios tarifários, subsídios orçamentários e aportes de recursos de todos os gêneros concedidos pelos Estados, pelo Distrito Federal e pelos Municípios, bem como às gratuidades e aos demais custeios do sistema de transporte público coletivo suportados por esses entes;

II – será concedido em observância à premissa de equilíbrio econômico-financeiro dos contratos de concessão do transporte público coletivo e às diretrizes da modicidade tarifária;

III – será repassado a qualquer fundo apto a recebê-lo, inclusive aos que já recebem recursos federais, ou a qualquer conta bancária aberta especificamente para esse fim, ressalvada a necessidade de que o aporte se vincule estritamente à assistência financeira para a qual foi instituído;

IV – será distribuído em proporção à população maior de 65 (sessenta e cinco) anos residente no Distrito Federal e nos Municípios que dispõem de serviços de transporte público coletivo urbano intramunicipal regular em operação;

V – serão retidos 30% (trinta por cento) pela União e repassados aos respectivos entes estaduais ou ao órgão da União responsáveis pela gestão do serviço, nos casos de Municípios atendidos por redes de transporte público coletivo intermunicipal ou interestadual de caráter urbano ou semiurbano;

VI – será integralmente entregue ao Município responsável pela gestão, nos casos de Municípios responsáveis pela gestão do sistema de transporte público integrado metropolitano, considerado o somatório da população maior de 65 (sessenta e cinco) anos residente nos Municípios que compõem a região metropolitana administrada;

VII – será distribuído com base na estimativa populacional mais atualizada publicada pelo Departamento de Informática do Sistema Único de Saúde (DataSUS) a partir de dados da Fundação Instituto Brasileiro de Geografia e Estatística (IBGE); e

VIII – será entregue somente aos entes federados que comprovarem possuir, em funcionamento, sistema de transporte público coletivo de caráter urbano, semiurbano ou metropolitano, na forma do regulamento.

§ 5º Os créditos de que trata o inciso V do *caput* deste artigo observarão o seguinte:

I – deverão ser outorgados até 31 de dezembro de 2022, podendo ser aproveitados nos exercícios posteriores;

II – terão por objetivo reduzir a carga tributária da cadeia produtiva do etanol hidratado, de modo a manter diferencial competitivo em relação à gasolina;

III – serão proporcionais à participação dos Estados e do Distrito Federal em relação ao consumo total do etanol hidratado em todos os Estados e no Distrito Federal no ano de 2021;

IV – seu recebimento pelos Estados ou pelo Distrito Federal importará na renúncia ao direito sobre o qual se funda eventual ação que tenha como causa de pedir, direta ou indiretamente, qualquer tipo de indenização relativa a eventual perda de arrecadação decorrente da adoção do crédito presumido de que trata o inciso V do *caput* deste artigo nas operações com etanol hidratado em seu território;

V – o auxílio financeiro será entregue pela Secretaria do Tesouro Nacional da Secretaria Especial do Tesouro e Orçamento do Ministério da Economia, mediante depósito, no Banco do Brasil S.A., na mesma conta bancária em que são depositados os repasses regulares do Fundo de Participação dos Estados e do Distrito Federal (FPE), da seguinte forma:

a) primeira parcela até o dia 31 de agosto de 2022;

b) segunda parcela até o dia 30 de setembro de 2022;

c) terceira parcela até o dia 31 de outubro de 2022;

d) quarta parcela até o dia 30 de novembro de 2022;

e) quinta parcela até o dia 27 de dezembro de 2022;

VI – serão livres de vinculações a atividades ou a setores específicos, observadas:

a) a repartição com os Municípios na proporção a que se refere o inciso IV do *caput* do art. 158 da Constituição Federal;

b) a inclusão na base de cálculo para efeitos de aplicação do art. 212 e do inciso II do *caput* do art. 212-A da Constituição Federal;

VII – serão entregues após a aprovação de norma específica, independentemente da deliberação de que trata a alínea "g" do inciso XII do § 2º do art. 155 da Constituição Federal; e

VIII – serão incluídos, como receita, no orçamento do ente beneficiário do auxílio e, como despesa, no orçamento da União e deverão ser deduzidos da receita corrente líquida da União.

§ 6º O auxílio de que trata o inciso VI do *caput* deste artigo:

I – considerará taxistas os profissionais que residam e trabalhem no Brasil, comprovado mediante apresentação do documento de permissão para prestação do serviço emitido pelo poder público municipal ou distrital;

II – será regulamentado pelo Poder Executivo quanto à formação do cadastro para sua operacionalização, à sistemática de seu pagamento e ao seu valor.

§ 7º Compete aos ministérios setoriais, no âmbito de suas competências, a edição de atos complementares à implementação dos benefícios previstos nos incisos I, II, III e IV do *caput* deste artigo.

Art. 6º Até 31 de dezembro de 2022, a alíquota de tributos incidentes sobre a gasolina poderá ser fixada em zero, desde que a alíquota do mesmo tributo incidente sobre o etanol hidratado também seja fixada em zero.

Art. 7º Esta Emenda Constitucional entra em vigor na data de sua publicação.

Brasília, em 14 de julho de 2022.

Mesa da Câmara dos Deputados

Deputado Arthur Lira
Presidente

Mesa do Senado Federal

Senador Rodrigo Pacheco
Presidente

EMENDA CONSTITUCIONAL 124, DE 14 DE JULHO DE 2022

Institui o piso salarial nacional do enfermeiro, do técnico de enfermagem, do auxiliar de enfermagem e da parteira.

DOU 15.07.2022

As Mesas da Câmara dos Deputados e do Senado Federal, nos termos do § 3º do art. 60 da Constituição Federal, promulgam a seguinte Emenda ao texto constitucional:

Art. 1º O art. 198 da Constituição Federal passa a vigorar acrescido dos seguintes §§ 12 e 13:

▶ Alterações inseridas na CF.

Art. 2º Esta Emenda Constitucional entra em vigor na data de sua publicação.

Brasília, em 14 de julho de 2022.

Mesa da Câmara dos Deputados

Deputado Arthur Lira
Presidente

Mesa do Senado Federal

Senador Rodrigo Pacheco
Presidente

EMENDA CONSTITUCIONAL 125, DE 14 DE JULHO DE 2022

Altera o art. 105 da Constituição Federal para instituir no recurso especial o requisito da relevância das questões de direito federal infraconstitucional.

DOU 15.07.2022

As Mesas da Câmara dos Deputados e do Senado Federal, nos termos do § 3º do art. 60 da Constituição Federal, promulgam a seguinte Emenda ao texto constitucional:

Art. 1º O art. 105 da Constituição Federal passa a vigorar com as seguintes alterações:

▶ Alterações inseridas na CF.

Art. 2º A relevância de que trata o § 2º do art. 105 da Constituição Federal será exigida nos recursos especiais interpostos após a entrada em vigor desta Emenda Constitucional, ocasião em que a parte poderá atualizar o valor da causa para os fins de que trata o inciso III do § 3º do referido artigo.

Art. 3º Esta Emenda Constitucional entra em vigor na data de sua publicação.

Brasília, em 14 de julho de 2022.

Mesa da Câmara dos Deputados

Deputado Arthur Lira
Presidente

Mesa do Senado Federal

Senador Rodrigo Pacheco
Presidente

EMENDA CONSTITUCIONAL 126, DE 21 DE DEZEMBRO DE 2022

Altera a Constituição Federal, para dispor sobre as emendas individuais ao projeto de lei orçamentária, e o Ato das Disposições Constitucionais Transitórias para excluir despesas dos limites previstos no art. 107; define regras para a transição da Presidência da República aplicáveis à Lei Orçamentária de 2023; e dá outras providências.

DOU 22.12.2022

As Mesas da Câmara dos Deputados e do Senado Federal, nos termos do § 3º do art. 60 da Constituição Federal, promulgam a seguinte Emenda ao texto constitucional:

Art. 1º A Constituição Federal passa a vigorar com as seguintes alterações:

▶ Alterações inseridas na CF.

Art. 2º O Ato das Disposições Constitucionais Transitórias passa a vigorar com as seguintes alterações:

▶ Alterações inseridas no ADCT.

Art. 3º O limite estabelecido no inciso I do *caput* do art. 107 do Ato das Disposições Constitucionais Transitórias fica acrescido em R$ 145.000.000.000,00 (cento e quarenta e cinco bilhões de reais) para o exercício financeiro de 2023.

Parágrafo único. As despesas decorrentes do aumento de limite previsto no *caput* deste artigo não serão consideradas para fins de verificação do cumprimento da meta de resultado primário estabelecida no *caput* do art. 2º da Lei nº 14.436, de 9 de agosto de 2022, e ficam ressalvadas, no exercício financeiro de 2023, o disposto no inciso III do *caput* do art. 167 da Constituição Federal.

Art. 4º Os atos editados em 2023 relativos ao programa de que trata o art. 2º da Lei nº 14.284, de 29 de dezembro de 2021, ou ao programa que vier a substituí-lo, e ao programa auxílio Gás dos Brasileiros, de que

trata a Lei nº 14.237, de 19 de novembro de 2021, ficam dispensados da observância das limitações legais quanto à criação, à expansão ou ao aperfeiçoamento de ação governamental, inclusive quanto à necessidade de compensação.

Parágrafo único. O disposto no caput deste artigo não se aplica a atos cujos efeitos financeiros tenham início a partir do exercício de 2024.

Art. 5º Para o exercício financeiro de 2023, a ampliação de dotações orçamentárias sujeitas ao limite previsto no inciso I do caput do art. 107 do Ato das Disposições Constitucionais Transitórias prevista nesta Emenda Constitucional poderá ser destinada ao atendimento de solicitações das comissões permanentes do Congresso Nacional ou de suas Casas.

§ 1º Fica o relator-geral do Projeto de Lei Orçamentária de 2023 autorizado a apresentar emendas para a ampliação de dotações orçamentárias referida no caput deste artigo.

§ 2º As emendas referidas no § 1º deste artigo:

I – não se sujeitam aos limites aplicáveis às emendas ao projeto de lei orçamentária;

II – devem ser classificadas de acordo com as alíneas a ou b do inciso II do § 4º do art. 7º da Lei nº 14.436, de 9 de agosto de 2022.

§ 3º O disposto no caput deste artigo não impede os cancelamentos necessários à abertura de créditos adicionais.

§ 4º As ações diretamente destinadas a políticas públicas para mulheres deverão constar entre as diretrizes sobre como a margem aberta será empregada.

Art. 6º O Presidente da República deverá encaminhar ao Congresso Nacional, até 31 de agosto de 2023, projeto de lei complementar com o objetivo de instituir regime fiscal sustentável para garantir a estabilidade macroeconômica do País e criar as condições adequadas ao crescimento socioeconômico, inclusive quanto à regra estabelecida no inciso III do caput do art. 167 da Constituição Federal.

Art. 7º O disposto nesta Emenda Constitucional não altera a base de cálculo estabelecida no § 1º do art. 107 do Ato das Disposições Constitucionais Transitórias.

Art. 8º Fica o relator-geral do Projeto de Lei Orçamentária de 2023 autorizado a apresentar emendas para ações direcionadas à execução de políticas públicas até o valor de R$ 9.850.000.000,00 (nove bilhões oitocentos e cinquenta milhões de reais), classificadas de acordo com a alínea b do inciso II do § 4º do art. 7º da Lei nº 14.436, de 9 de agosto de 2022.

Art. 9º Ficam revogados os arts. 106, 107, 109, 110, 111, 111-A, 112 e 114 do Ato das Disposições Constitucionais Transitórias após a sanção da lei complementar prevista no art. 6º desta Emenda Constitucional.

Art. 10. Esta Emenda Constitucional entra em vigor na data de sua publicação.

Brasília, em 21 de dezembro de 2022.

Mesa da Câmara dos Deputados

Deputado Arthur Lira

Presidente

Mesa do Senado Federal

Senador Rodrigo Pacheco

Presidente

EMENDA CONSTITUCIONAL 127, DE 22 DE DEZEMBRO DE 2022

Altera a Constituição Federal e o Ato das Disposições Constitucionais Transitórias para estabelecer que compete à União prestar assistência financeira complementar aos Estados, ao Distrito Federal e aos Municípios e às entidades filantrópicas, para o cumprimento dos pisos salariais profissionais nacionais para o enfermeiro, o técnico de enfermagem, o auxiliar de enfermagem e a parteira; altera a Emenda Constitucional nº 109, de 15 de março de 2021, para estabelecer o superávit financeiro dos fundos públicos do Poder Executivo como fonte de recursos para o cumprimento dos pisos salariais profissionais nacionais para o enfermeiro, o técnico de enfermagem, o auxiliar de enfermagem e a parteira; e dá outras providências.

DOU 23.12.2022

As Mesas da Câmara dos Deputados e do Senado Federal, nos termos do § 3º do art. 60 da Constituição Federal, promulgam a seguinte Emenda ao texto constitucional:

Art. 1º O art. 198 da Constituição Federal passa a vigorar acrescido dos seguintes §§ 14 e 15:

▸ Alterações inseridas na CF.

Art. 2º O Ato das Disposições Constitucionais Transitórias passa a vigorar com as seguintes alterações:

▸ Alterações inseridas no ADCT.

Art. 3º O art. 5º da Emenda Constitucional nº 109, de 15 de março de 2021, passa a vigorar com as seguintes alterações:

▸ Alterações inseridas na EC 109/2021.

Art. 4º Poderão ser utilizados como fonte para o pagamento da assistência financeira complementar de que trata o § 15 do art. 198 da Constituição Federal os recursos vinculados ao Fundo Social (FS) de que trata o art. 49 da Lei nº 12.351, de 22 de dezembro de 2010, ou de lei que venha a substituí-la, sem prejuízo à parcela que estiver destinada à área de educação.

Parágrafo único. Os recursos previstos no caput deste artigo serão acrescidos ao montante aplicado nas ações e serviços públicos de saúde, nos termos da Lei Complementar nº 141, de 13 de janeiro de 2012, ou de lei complementar que venha a substituí-la, e não serão computados para fins dos recursos mínimos de que trata o § 2º do art. 198 da Constituição Federal.

Art. 5º Esta Emenda Constitucional entra em vigor na data de sua publicação.

Brasília, em 22 de dezembro de 2022.

Mesa da Câmara dos Deputados

Deputado Arthur Lira

Presidente

Mesa do Senado Federal

Senador Rodrigo Pacheco

Presidente

EMENDA CONSTITUCIONAL 128, DE 22 DE DEZEMBRO DE 2022

Acrescenta § 7º ao art. 167 da Constituição Federal, para proibir a imposição e a transferência, por lei, de qualquer encargo financeiro decorrente da prestação de serviço público para a União, os Estados, o Distrito Federal e os Municípios.

DOU 23.12.2022

As Mesas da Câmara dos Deputados e do Senado Federal, nos termos do § 3º do art. 60 da Constituição Federal, promulgam a seguinte Emenda ao texto constitucional:

Art. 1º O art. 167 da Constituição Federal passa a vigorar acrescido do seguinte § 7º:

▸ Alteração inserida na CF.

Art. 2º Esta Emenda Constitucional entra em vigor na data de sua publicação.

Brasília, em 22 de dezembro de 2022.

Mesa da Câmara dos Deputados

Deputado Arthur Lira

Presidente

Mesa do Senado Federal

Senador Rodrigo Pacheco

Presidente

EMENDA CONSTITUCIONAL 129, DE 5 DE JULHO DE 2023

Acrescenta o art. 123 ao Ato das Disposições Constitucionais Transitórias, para assegurar prazo de vigência adicional aos instrumentos de permissão lotérica.

DOU 06.07.2023

As Mesas da Câmara dos Deputados e do Senado Federal, nos termos do § 3º do art. 60 da Constituição Federal, promulgam a seguinte Emenda ao texto constitucional:

Art. 1º O Ato das Disposições Constitucionais Transitórias passa a vigorar acrescido do seguinte art. 123:

▸ Alteração inserida no ADCT.

Art. 2º Esta Emenda Constitucional entra em vigor na data de sua publicação.

Brasília, em 5 de julho de 2023.

Mesa da Câmara dos Deputados

Deputado Arthur Lira

Presidente

Mesa do Senado Federal

Senador Rodrigo Pacheco

Presidente

EMENDA CONSTITUCIONAL 130, DE 3 DE OUTUBRO DE 2023

Altera o art. 93 da Constituição Federal para permitir a permuta entre juízes de direito vinculados a diferentes tribunais.

DOU 04.10.2023

As Mesas da Câmara dos Deputados e do Senado Federal, nos termos do § 3º do art. 60 da Constituição Federal, promulgam a seguinte Emenda ao texto constitucional:

Art. 1º O art. 93 da Constituição Federal passa a vigorar com a seguinte redação:

▸ Alterações inseridas na CF.

Art. 2º Esta Emenda Constitucional entra em vigor na data de sua publicação.

Brasília, em 3 de outubro de 2023.

Mesa da Câmara dos Deputados

Deputado Arthur Lira

Presidente

Mesa do Senado Federal

Senador Rodrigo Pacheco

Presidente

EMENDA CONSTITUCIONAL 131, DE 3 DE OUTUBRO DE 2023

Altera o art. 12 da Constituição Federal para suprimir a perda da nacionalidade brasileira em razão da mera aquisição de outra nacionalidade, incluir a exceção para situações de apatridia e acrescentar a possibilidade de a pessoa requerer a perda da própria nacionalidade.

DOU 04.10.2023

As Mesas da Câmara dos Deputados e do Senado Federal, nos termos do § 3º do art. 60 da Constituição Federal, promulgam a seguinte Emenda ao texto constitucional:

Art. 1º O art. 12 da Constituição Federal passa a vigorar com as seguintes alterações:

▸ Alterações inseridas na CF.

Art. 2º Esta Emenda Constitucional entra em vigor na data de sua publicação.

Brasília, em 3 de outubro de 2023.

Mesa da Câmara dos Deputados

Deputado Arthur Lira

Presidente

Mesa do Senado Federal

Senador Rodrigo Pacheco

Presidente

EMENDA CONSTITUCIONAL 132, DE 20 DE DEZEMBRO DE 2023

Altera o Sistema Tributário Nacional.

DOU 21.12.2023

As Mesas da Câmara dos Deputados e do Senado Federal, nos termos do § 3º do art. 60 da Constituição Federal, promulgam a seguinte Emenda ao texto constitucional:

Art. 1º A Constituição Federal passa a vigorar com as seguintes alterações:

▸ Alterações inseridas na CF.

Art. 2º O Ato das Disposições Constitucionais Transitórias passa a vigorar com as seguintes alterações:

▸ Alterações inseridas no ADCT.

Art. 3º A Constituição Federal passa a vigorar com as seguintes alterações:

▸ Alterações inseridas na CF.

Art. 4º A Constituição Federal passa a vigorar com as seguintes alterações:

▸ Alterações inseridas na CF.

Art. 5º O Ato das Disposições Constitucionais Transitórias passa a vigorar com as seguintes alterações:

▸ Alterações inseridas no ADCT.

Art. 6º Até que lei complementar disponha sobre a matéria:

I – o crédito das parcelas de que trata o art. 158, IV, "b", da Constituição Federal, obedecido o § 2º do referido artigo, com redação dada pelo art. 1º desta Emenda Constitucional, observará, no que couber, os critérios e os prazos aplicáveis ao Imposto sobre Operações relativas à Circulação de Mercadorias e sobre Prestação de Serviços de Transporte Interestadual e Intermunicipal

e de Comunicação a que se refere a Lei Complementar nº 63, de 11 de janeiro de 1990, e respectivas alterações;

II – a entrega dos recursos do art. 153, VIII, nos termos do art. 159, I, ambos da Constituição Federal, com redação dada pelo art. 1º desta Emenda Constitucional, observará os critérios e as condições da Lei Complementar nº 62, de 28 de dezembro de 1989, e respectivas alterações;

III – a entrega dos recursos do imposto de que trata o art. 153, VIII, nos termos do art. 159, II, ambos da Constituição Federal, com redação dada pelo art. 1º desta Emenda Constitucional, observará a Lei Complementar nº 61, de 26 de dezembro de 1989, e respectivas alterações;

IV – as bases de cálculo dos percentuais dos Estados, do Distrito Federal e dos Municípios de que trata a Lei Complementar nº 141, de 13 de janeiro de 2012, compreenderão também:

a) as respectivas parcelas do imposto de que trata o art. 156-A, com os acréscimos e as deduções decorrentes do crédito das parcelas de que trata o art. 158, IV, "b", ambos da Constituição Federal, com redação dada pelo art. 1º desta Emenda Constitucional;

b) os valores recebidos nos termos dos arts. 131 e 132 do Ato das Disposições Constitucionais Transitórias, com redação dada pelo art. 2º desta Emenda Constitucional.

§ 1º As vinculações de receita dos impostos previstos nos arts. 155, II, e 156, III, estabelecidas em legislação de Estados, Distrito Federal ou Municípios até a data de promulgação desta Emenda Constitucional serão aplicadas, em mesmo percentual, sobre a receita do imposto previsto no art. 156-A do ente federativo competente.

§ 2º Aplica-se o disposto no § 1º deste artigo enquanto não houver alteração na legislação dos Estados, Distrito Federal ou Municípios que trata das referidas vinculações.

Art. 7º A partir de 2027, a União compensará eventual redução no montante dos valores entregues nos termos do art. 159, I e II, em razão da substituição da arrecadação do imposto previsto no art. 153, IV, pela arrecadação do imposto previsto no art. 153, VIII, todos da Constituição Federal, nos termos de lei complementar.

Art. 8º Fica criada a Cesta Básica Nacional de Alimentos, que considerará a diversidade regional e cultural da alimentação do País e garantirá a alimentação saudável e nutricionalmente adequada, em observância ao direito social à alimentação previsto no art. 6º da Constituição Federal.

Parágrafo único. Lei complementar definirá os produtos destinados à alimentação humana que comporão a Cesta Básica Nacional de Alimentos, sobre os quais as alíquotas dos tributos previstos nos arts. 156-A e 195, V, da Constituição Federal serão reduzidas a zero.

Art. 9º A lei complementar que instituir o imposto de que trata o art. 156-A e a contribuição de que trata o art. 195, V, ambos da Constituição Federal, poderá prever os regimes diferenciados de tributação de que trata este artigo, desde que sejam uniformes em todo o território nacional e sejam realizados os respectivos ajustes nas alíquotas de referência com vistas a reequilibrar a arrecadação da esfera federativa.

§ 1º A lei complementar definirá as operações beneficiadas com redução de 60% (sessenta por cento) das alíquotas dos tributos de que trata o caput entre as relativas aos seguintes bens e serviços:

I – serviços de educação;

II – serviços de saúde;

III – dispositivos médicos;

IV – dispositivos de acessibilidade para pessoas com deficiência;

V – medicamentos;

VI – produtos de cuidados básicos à saúde menstrual;

VII – serviços de transporte público coletivo de passageiros rodoviário e metroviário de caráter urbano, semiurbano e metropolitano;

VIII – alimentos destinados ao consumo humano;

IX – produtos de higiene pessoal e limpeza majoritariamente consumidos por famílias de baixa renda;

X – produtos agropecuários, aquícolas, pesqueiros, florestais e extrativistas vegetais in natura;

XI – insumos agropecuários e aquícolas;

XII – produções artísticas, culturais, de eventos, jornalísticas e audiovisuais nacionais, atividades desportivas e comunicação institucional;

XIII – bens e serviços relacionados à soberania e segurança nacional, segurança da informação e segurança cibernética.

§ 2º É vedada a fixação de percentual de redução distinto do previsto no § 1º em relação às hipóteses nele previstas.

§ 3º A lei complementar a que se refere o caput preverá hipóteses de:

I – isenção, em relação aos serviços de que trata o § 1º, VII;

II – redução em 100% (cem por cento) das alíquotas dos tributos referidos no caput para:

a) bens de que trata o § 1º, III a VI;

b) produtos hortícolas, frutas e ovos;

c) serviços prestados por Instituição Científica, Tecnológica e de Inovação (ICT) sem fins lucrativos;

d) automóveis de passageiros, conforme critérios e requisitos estabelecidos em lei complementar, quando adquiridos por pessoas com deficiência e pessoas com transtorno do espectro autista, diretamente ou por intermédio de seu representante legal ou por motoristas profissionais, nos termos de lei complementar, que destinem o automóvel à utilização na categoria de aluguel (táxi);

III – redução em 100% (cem por cento) da alíquota da contribuição de que trata o art. 195, V, da Constituição Federal, para serviços de educação de ensino superior nos termos do Programa Universidade para Todos (Prouni), instituído pela Lei nº 11.096, de 13 de janeiro de 2005;

IV – isenção ou redução em até 100% (cem por cento) das alíquotas dos tributos referidos no caput para atividades de reabilitação urbana de zonas históricas e de áreas críticas de recuperação e reconversão urbanística.

§ 4º O produtor rural pessoa física ou jurídica que obtiver receita anual inferior a R$ 3.600.000,00 (três milhões e seiscentos mil reais), atualizada anualmente pelo Índice Nacional de Preços ao Consumidor Amplo (IPCA), e o produtor integrado de que trata o art. 2º, II, da Lei nº 13.288, de 16 de maio de 2016, com a redação vigente em 31 de maio de 2023, poderá optar por ser contribuintes dos tributos de que trata o caput.

§ 5º É autorizada a concessão de crédito ao contribuinte adquirente de bens e serviços de produtor rural pessoa física ou jurídica que não opte por ser contribuinte na hipótese de que trata o § 4º, nos termos da lei complementar, observado o seguinte:

I – o Poder Executivo da União e o Comitê Gestor do Imposto de Bens e Serviços poderão revisar, anualmente, de acordo com critérios estabelecidos em lei complementar, o valor do crédito presumido concedido, não se aplicando o disposto no art. 150, I, da Constituição Federal; e

II – o crédito presumido de que trata este parágrafo terá como objetivo permitir a apropriação de créditos não aproveitados por não contribuinte do imposto em razão do disposto no caput deste parágrafo.

§ 6º Observado o disposto no § 5º, I, é autorizada a concessão de crédito ao contribuinte adquirente de:

I – serviços de transportador autônomo de carga pessoa física que não seja contribuinte do imposto, nos termos da lei complementar;

II – resíduos e demais materiais destinados à reciclagem, reutilização ou logística reversa, de pessoa física, cooperativa ou outra forma de organização popular.

§ 7º Lei complementar poderá prever a concessão de crédito ao contribuinte que adquira bens móveis usados de pessoa física não contribuinte para revenda, desde que esta seja tributada e o crédito seja vinculado ao respectivo bem, vedado o ressarcimento.

§ 8º Os benefícios especiais de que trata este artigo serão concedidos observando-se o disposto no art. 149-B, III, da Constituição Federal, exceto em relação ao § 3º, III, deste artigo.

§ 9º O imposto previsto no art. 153, VIII, da Constituição Federal não incidirá sobre os bens ou serviços cujas alíquotas sejam reduzidas nos termos do § 1º deste artigo.

§ 10. Os regimes diferenciados de que trata este artigo serão submetidos a avaliação quinquenal de custo-benefício, podendo a lei fixar regime de transição para a alíquota padrão, não observado o disposto no § 2º, garantidos os respectivos ajustes nas alíquotas de referência.

§ 11. A avaliação de que trata o § 10 deverá examinar o impacto da legislação dos tributos a que se refere o caput deste artigo na promoção da igualdade entre homens e mulheres.

§ 12. A lei complementar estabelecerá as operações beneficiadas com redução de 30% (trinta por cento) das alíquotas dos tributos de que trata o caput relativas à prestação de serviços de profissão intelectual, de natureza científica, literária ou artística, desde que sejam submetidas a fiscalização por conselho profissional.

§ 13. Para fins deste artigo, incluem-se:

I – entre os medicamentos de que trata o inciso V do § 1º, as composições para nutrição enteral ou parenteral e as composições especiais e fórmulas nutricionais destinadas às pessoas com erros inatos do metabolismo; e

II – entre os alimentos de que trata o inciso VIII do § 1º, os sucos naturais sem adição de açúcares e conservantes.

Art. 10. Para fins do disposto no inciso II do § 6º do art. 156-A da Constituição Federal, consideram-se:

I – serviços financeiros:

a) operações de crédito, câmbio, seguro, resseguro, consórcio, arrendamento mercantil, faturização, securitização, previdência privada, capitalização, arranjos de pagamento, operações com títulos e valores mobiliários, inclusive negociação e corretagem, e outras que impliquem captação, repasse, intermediação, gestão ou administração de recursos;

b) outros serviços prestados por entidades administradoras de mercados organizados, infraestruturas de mercado e depositárias centrais e por instituições autorizadas a funcionar pelo Banco Central do Brasil, na forma de lei complementar;

II – operações com bens imóveis:

a) construção e incorporação imobiliária;

b) parcelamento do solo e alienação de bem imóvel;

c) locação e arrendamento de bem imóvel;

d) administração e intermediação de bem imóvel.

§ 1º Em relação às instituições financeiras bancárias:

I – não se aplica o regime específico de que trata o art. 156-A, § 6º, II, da Constituição Federal aos serviços remunerados por tarifas e comissões, observado o disposto nas normas expedidas pelas entidades reguladoras;

II – os demais serviços financeiros sujeitam-se ao regime específico de que trata o art. 156-A, § 6º, II, da Constituição Federal, devendo as alíquotas e as bases de cálculo ser definidas de modo a manter, em caráter geral, até o final do quinto ano da entrada em vigor do regime, a carga tributária decorrente dos tributos extintos por esta Emenda Constitucional incidente sobre as operações de crédito na data de sua promulgação, e a manter, em caráter específico, aquela incidente sobre as operações relacionadas ao fundo de garantia por tempo de serviço, podendo, neste caso, definir alíquota e base de cálculo diferenciadas e abranger os serviços de que trata o inciso I deste parágrafo, não se lhes aplicando o prazo previsto neste inciso.

§ 2º O disposto no § 1º, II, em relação ao fundo de garantia do tempo de serviço, poderá, nos termos da lei complementar, ser estendido para outros fundos garantidores ou executores de políticas públicas previstos em lei.

Art. 11. A revogação do art. 195, I, "b", não produzirá efeitos sobre as contribuições incidentes sobre a receita ou o faturamento vigentes na data de publicação desta Emenda Constitucional que substituam a contribuição de que trata o art. 195, I, "a", ambos da Constituição Federal, e sejam cobradas com base naquele dispositivo, observado o disposto no art. 30 da Emenda Constitucional nº 103, de 12 de novembro de 2019.

Art. 12. Fica instituído o Fundo de Compensação de Benefícios Fiscais ou Financeiro-Fiscais do imposto de que trata o art. 155, II, da Constituição Federal, com vistas a compensar, entre 1º de janeiro de 2029 e 31 de dezembro de 2032, pessoas físicas ou jurídicas beneficiárias de isenções, incentivos e benefícios fiscais ou financeiro-fiscais relativos àquele imposto, concedidos por prazo certo e sob condição.

§ 1º De 2025 a 2032, a União entregará ao Fundo recursos que corresponderão aos seguintes valores, atualizados, de 2023 até o ano anterior ao da entrega, pela variação acumulada do IPCA ou de outro índice que vier a substituí-lo:

I – em 2025, a R$ 8.000.000.000,00 (oito bilhões de reais);

II – em 2026, a R$ 16.000.000.000,00 (dezesseis bilhões de reais);

III – em 2027, a R$ 24.000.000.000,00 (vinte e quatro bilhões de reais);

IV – em 2028, a R$ 32.000.000.000,00 (trinta e dois bilhões de reais);

V – em 2029, a R$ 32.000.000.000,00 (trinta e dois bilhões de reais);

VI – em 2030, a R$ 24.000.000.000,00 (vinte e quatro bilhões de reais);

VII – em 2031, a R$ 16.000.000.000,00 (dezesseis bilhões de reais);

VIII – em 2032, a R$ 8.000.000.000,00 (oito bilhões de reais).

§ 2º Os recursos do Fundo de que trata o *caput* serão utilizados para compensar a redução do nível de benefícios onerosos do imposto previsto no art. 155, II, da Constituição Federal, na forma do § 1º do art. 128 do Ato das Disposições Constitucionais Transitórias, suportada pelas pessoas físicas ou jurídicas em razão da substituição do referido imposto por aquele previsto no art. 156-A da Constituição Federal, nos termos deste artigo.

§ 3º Para efeitos deste artigo, consideram-se benefícios onerosos as isenções, os incentivos e os benefícios fiscais ou financeiro-fiscais vinculados ao imposto referido no *caput* deste artigo concedidos por prazo certo e sob condição, na forma do art. 178 da Lei nº 5.172, de 25 de outubro de 1966 (Código Tributário Nacional).

§ 4º A compensação de que trata o § 1º:

I – aplica-se aos titulares de benefícios onerosos referentes ao imposto previsto no art. 155, II, da Constituição Federal regularmente concedidos até 31 de maio de 2023, sem prejuízo de ulteriores prorrogações ou renovações, observados o prazo estabelecido no *caput* e, se aplicável, a exigência de registro e depósito estabelecida pelo art. 3º, II, da Lei Complementar nº 160, de 7 de agosto de 2017, que tenham cumprido tempestivamente as condições exigidas pela norma concessiva do benefício, bem como aos titulares de projetos abrangidos pelos benefícios a que se refere o art. 19 desta Emenda Constitucional;

II – não se aplica aos titulares de benefícios decorrentes do disposto no art. 3º, § 2º-A, da Lei Complementar nº 160, de 7 de agosto de 2017.

§ 5º A pessoa física ou jurídica perderá o direito à compensação de que trata o § 2º caso deixe de cumprir tempestivamente as condições exigidas pela norma concessiva do benefício.

§ 6º Lei complementar estabelecerá:

I – critérios e limites para apuração do nível de benefícios e de sua redução;

II – procedimentos de análise, pela União, dos requisitos para habilitação do requerente à compensação de que trata o § 2º.

§ 7º É vedada a prorrogação dos prazos de que trata o art. 3º, §§ 2º e 2º-A, da Lei Complementar nº 160, de 7 de agosto de 2017.

§ 8º A União deverá complementar os recursos de que trata o § 1º em caso de insuficiência de recursos para a compensação de que trata o § 2º.

§ 9º Eventual saldo financeiro existente em 31 de dezembro de 2032 será transferido ao Fundo de que trata o art. 159-A da Constituição Federal, com a redação dada pelo art. 1º desta Emenda Constitucional, sem redução ou compensação dos valores consignados no art. 13 desta Emenda Constitucional.

§ 10. O disposto no § 4º, I, aplica-se também aos titulares de benefícios onerosos que, por força de mudanças na legislação estadual, tenham migrado para outros programas ou benefícios entre 31 de maio de 2023 e a data de promulgação desta Emenda Constitucional, ou estejam em processo de migração na data de promulgação desta Emenda Constitucional.

Art. 13. Os recursos de que trata o art. 159-A da Constituição Federal, com a redação dada pelo art. 1º desta Emenda Constitucional, corresponderão aos seguintes valores, atualizados, de 2023 até o ano anterior ao da entrega, pela variação acumulada do IPCA ou de outro índice que vier a substituí-lo:

I – em 2029, a R$ 8.000.000.000,00 (oito bilhões de reais);

II – em 2030, a R$ 16.000.000.000,00 (dezesseis bilhões de reais);

III – em 2031, a R$ 24.000.000.000,00 (vinte e quatro bilhões de reais);

IV – em 2032, a R$ 32.000.000.000,00 (trinta e dois bilhões de reais);

V – em 2033, a R$ 40.000.000.000,00 (quarenta bilhões de reais);

VI – em 2034, a R$ 42.000.000.000,00 (quarenta e dois bilhões de reais);

VII – em 2035, a R$ 44.000.000.000,00 (quarenta e quatro bilhões de reais);

VIII – em 2036, a R$ 46.000.000.000,00 (quarenta e seis bilhões de reais);

IX – em 2037, a R$ 48.000.000.000,00 (quarenta e oito bilhões de reais);

X – em 2038, a R$ 50.000.000.000,00 (cinquenta bilhões de reais);

XI – em 2039, a R$ 52.000.000.000,00 (cinquenta e dois bilhões de reais);

XII – em 2040, a R$ 54.000.000.000,00 (cinquenta e quatro bilhões de reais);

XIII – em 2041, a R$ 56.000.000.000,00 (cinquenta e seis bilhões de reais);

XIV – em 2042, a R$ 58.000.000.000,00 (cinquenta e oito bilhões de reais);

XV – a partir de 2043, a R$ 60.000.000.000,00 (sessenta bilhões de reais), por ano.

Art. 14. A União custeará, com posterior ressarcimento pelo Comitê Gestor do Imposto sobre Bens e Serviços de que trata o art. 156-B da Constituição Federal, as despesas necessárias para sua instalação.

Art. 15. Os recursos entregues na forma do art. 159-A da Constituição Federal, com a redação dada pelo art. 1º desta Emenda Constitucional, os recursos de que trata o art. 12 e as compensações de que trata o art. 7º não se incluem em bases de cálculo ou em limites de despesas estabelecidos pela lei complementar de que trata o art. 6º da Emenda Constitucional nº 126, de 21 de dezembro de 2022.

Art. 16. Até que lei complementar regule o disposto no art. 155, § 1º, III, da Constituição Federal, o imposto incidente nas hipóteses de que trata o referido dispositivo competirá:

I – relativamente a bens imóveis e respectivos direitos, ao Estado da situação do bem, ou ao Distrito Federal;

II – se o doador tiver domicílio ou residência no exterior:

a) ao Estado onde tiver domicílio o donatário ou ao Distrito Federal;

b) se o donatário tiver domicílio ou residir no exterior, ao Estado em que se encontrar o bem ou ao Distrito Federal;

III – relativamente aos bens do de cujus, ainda que situados no exterior, ao Estado onde era domiciliado, ou, se domiciliado ou residente no exterior, onde tiver domicílio o sucessor ou legatário, ou ao Distrito Federal.

Art. 17. A alteração do art. 155, § 1º, III, da Constituição Federal, promovida pelo art. 1º desta Emenda Constitucional, aplica-se às sucessões abertas a partir da data de publicação desta Emenda Constitucional.

Art. 18. O Poder Executivo deverá encaminhar ao Congresso Nacional:

I – em até 90 (noventa) dias após a promulgação desta Emenda Constitucional, projeto de lei que reforme a tributação da renda, acompanhado das correspondentes estimativas e estudos de impactos orçamentários e financeiros;

II – em até 180 (cento e oitenta) dias após a promulgação desta Emenda Constitucional, os projetos de lei referidos nesta Emenda Constitucional;

III – em até 90 (noventa) dias após a promulgação desta Emenda Constitucional, projeto de lei que reforme a tributação da folha de salários.

Parágrafo único. Eventual arrecadação adicional da União decorrente da aprovação da medida de que trata o inciso I do *caput* deste artigo poderá ser considerada como fonte de compensação para redução da tributação incidente sobre a folha de pagamentos e sobre o consumo de bens e serviços.

Art. 19. Os projetos habilitados à fruição dos benefícios estabelecidos pelo art. 11-C da Lei nº 9.440, de 14 de março de 1997, e pelos arts. 1º a 4º da Lei nº 9.826, de 23 de agosto de 1999, farão jus, até 31 de dezembro de 2032, a crédito presumido da contribuição prevista no art. 195, V, da Constituição Federal.

§ 1º O crédito presumido de que trata este artigo:

I – incentivará exclusivamente a produção de veículos equipados com motor elétrico que tenha capacidade de tracionar o veículo somente com energia elétrica, permitida a associação com motor de combustão interna que utilize biocombustíveis isolada ou simultaneamente com combustíveis derivados de petróleo;

II – será concedido exclusivamente:

a) a projetos aprovados até 31 de dezembro de 2024 de pessoas jurídicas habilitadas à fruição dos benefícios estabelecidos pelo art. 11-C da Lei nº 9.440, de 14 de março de 1997, e pelos arts. 1º a 4º da Lei nº 9.826, de 23 de agosto de 1999, na data de promulgação desta Emenda Constitucional;

b) a novos projetos, aprovados até 31 de dezembro de 2025, que ampliem ou reiniciem a produção em planta industrial utilizada em projetos ativos ou inativos habilitados à fruição dos benefícios de que trata a alínea "a" deste inciso;

III – poderá ter sua manutenção condicionada à realização de investimentos produtivos e em pesquisa e desenvolvimento de inovação tecnológica;

IV – equivalerá ao nível de benefício estabelecido, para o ano de 2025, pelo art. 11-C da Lei nº 9.440, de 14 de março de 1997, e pelos arts. 1º a 4º da Lei nº 9.826, de 23 de agosto de 1999; e

V – será reduzido à razão de 20% (vinte por cento) ao ano entre 2029 e 2032.

§ 2º Os créditos apurados em decorrência dos benefícios de que trata o *caput* poderão ser compensados com débitos próprios relativos a tributos administrados pela Secretaria Especial da Receita Federal do Brasil, nos termos da lei, e não poderão ser transferidos a outro estabelecimento da pessoa jurídica, devendo ser utilizados somente pelo estabelecimento habilitado e localizado na região incentivada.

§ 3º O benefício de que trata este artigo será estendido a projetos de pessoas jurídicas de que trata o § 1º, II, "a", relacionados à produção de veículos tracionados por motor de combustão interna que utilize biocombustíveis isolada ou cumulativamente com combustíveis derivados de petróleo, desde que a pessoa jurídica habilitada:

I – no caso de montadoras de veículos, inicie a produção de veículos que atendam ao disposto no § 1º, I, até 1º de janeiro de 2028; e

II – assuma, nos termos do ato concessório do benefício, compromissos relativos:

a) ao volume mínimo de investimentos;

b) ao volume mínimo de produção; e

c) à manutenção da produção por prazo mínimo, inclusive após o encerramento do benefício.

§ 4º A lei complementar estabelecerá as penalidades aplicáveis em razão do descumprimento das condições exigidas para fruição do crédito presumido de que trata este artigo.

Art. 20. Até que lei disponha sobre a matéria, a contribuição para o Programa de Formação do Patrimônio do Servidor Público, criado pela Lei Complementar nº 8, de 3 de dezembro de 1970, de que trata o art. 239 da Constituição Federal, permanecerá sendo cobrada na forma do art. 2º, III, da Lei nº 9.715, de 25 de novembro de 1998, e dos demais dispositivos legais a ele referentes em vigor na data de publicação desta Emenda Constitucional.

Art. 21. Lei complementar poderá estabelecer instrumentos de ajustes nos contratos firmados anteriormente à entrada em vigor das leis instituidoras dos tributos de que tratam o art. 156-A e o art. 195, V, da Constituição Federal, inclusive concessões públicas.

Art. 22. Revogam-se:

I – em 2027, o art. 195, I, "b", e IV, e § 12, da Constituição Federal;

II – em 2033:

a) os arts. 155, II, e §§ 2º a 5º, 156, III, e § 3º, 158, IV, "a", e § 1º, e 161, I, da Constituição Federal; e

b) os arts. 80, II, 82, § 2º, e 83 do Ato das Disposições Constitucionais Transitórias.

Art. 23. Esta Emenda Constitucional entra em vigor:

I – em 2027, em relação aos arts. 3º e 11;

II – em 2033, em relação aos arts. 4º e 5º; e

III – na data de sua publicação, em relação aos demais dispositivos.

Brasília, em 20 de dezembro de 2023.

Mesa da Câmara dos Deputados

Deputado Arthur Lira

Presidente

Mesa do Senado Federal

Senador Rodrigo Pacheco

Presidente

EMENDA CONSTITUCIONAL 133, DE 22 DE AGOSTO DE 2024

Impõe aos partidos políticos a obrigatoriedade da aplicação de recursos financeiros para candidaturas de pessoas pretas e pardas; estabelece parâmetros e condições para regularização e refinanciamento de débitos de partidos políticos; e reforça a imunidade tributária dos partidos políticos conforme prevista na Constituição Federal.

DOU 23.08.2024

As Mesas da Câmara dos Deputados e do Senado Federal, nos termos do § 3º do art. 60 da Constituição Federal, promulgam a seguinte Emenda ao texto constitucional:

Art. 1º Esta Emenda Constitucional impõe aos partidos políticos a obrigatoriedade da aplicação de recursos fi-

nanceiros para candidaturas de pessoas pretas e pardas, estabelece parâmetros e condições para regularização e refinanciamento de débitos de partidos políticos e reforça a imunidade tributária dos partidos políticos conforme prevista na Constituição Federal.

Art. 2º O art. 17 da Constituição Federal passa a vigorar acrescido do seguinte § 9º:

▸ Alterações inseridas na CF.

Art. 3º A aplicação de recursos de qualquer valor em candidaturas de pessoas pretas e pardas realizadas pelos partidos políticos nas eleições ocorridas até a promulgação desta Emenda Constitucional, com base em lei, em qualquer outro ato normativo ou em decisão judicial, deve ser considerada como cumprida.

Parágrafo único. A eficácia do disposto no caput deste artigo está condicionada à aplicação, nas 4 (quatro) eleições subsequentes à promulgação desta Emenda Constitucional, a partir de 2026, do montante correspondente àquele que deixou de ser aplicado para fins de cumprimento da cota racial nas eleições anteriores, sem prejuízo do cumprimento da cota estabelecida nesta Emenda Constitucional.

Art. 4º É assegurada a imunidade tributária aos partidos políticos e a seus institutos ou fundações, conforme estabelecido na alínea "c" do inciso VI do caput do art. 150 da Constituição Federal.

§ 1º A imunidade tributária estende-se a todas as sanções de natureza tributária, exceto as previdenciárias, abrangidos a devolução e o recolhimento de valores, inclusive os determinados nos processos de prestação de contas eleitorais e anuais, bem como os juros incidentes, as multas ou as condenações aplicadas por órgãos da administração pública direta e indireta em processos administrativos ou judiciais em trâmite, em execução ou transitados em julgado, e resulta no cancelamento das sanções, na extinção dos processos e no levantamento de inscrições em cadastros de dívida ou inadimplência.

§ 2º O disposto no § 1º deste artigo aplica-se aos processos administrativos ou judiciais nos quais a decisão administrativa, a ação de execução, a inscrição em cadastros de dívida ativa ou a inadimplência tenham ocorrido em prazo superior a 5 (cinco) anos.

Art. 5º É instituído o Programa de Recuperação Fiscal (Refis) específico para partidos políticos e seus institutos ou fundações, para que regularizem seus débitos com isenção dos juros e das multas acumulados, aplicada apenas a correção monetária sobre os montantes originais, que poderá ocorrer a qualquer tempo, com o pagamento das obrigações apuradas em até 60 (sessenta) meses para as obrigações previdenciárias e em até 180 (cento e oitenta) meses para as demais obrigações, a critério do partido.

Art. 6º É garantido aos partidos políticos e seus institutos ou fundações o uso de recursos do fundo partidário para o parcelamento de sanções e penalidades de multas eleitorais, de outras sanções e de débitos de natureza não eleitoral e para devolução de recursos ao erário e devolução de recursos públicos ou privados a eles imputados pela Justiça Eleitoral, inclusive os de origem não identificada, excetuados os recursos de fontes vedadas.

Parágrafo único. Os órgãos partidários de esfera hierarquicamente superior poderão utilizar os recursos do fundo partidário para a quitação de débitos, ainda que parcial, das obrigações referidas no caput deste artigo dos órgãos partidários de esferas inferiores, inclusive se o órgão originalmente responsável estiver impedido de receber esse tipo de recurso.

Art. 7º O disposto nesta Emenda Constitucional aplica-se aos órgãos partidários nacionais, estaduais, municipais e zonais e abrange os processos de prestação de contas de exercícios financeiros e eleitorais, independentemente de terem sido julgados ou de estarem em execução, mesmo que transitados em julgado.

Art. 8º É dispensada a emissão do recibo eleitoral nas seguintes hipóteses:

I – doação do Fundo Especial de Financiamento de Campanha e do fundo partidário por meio de transferência bancária feita pelo partido aos candidatos e às candidatas;

II – doações recebidas por meio de Pix por partidos, candidatos e candidatas.

Art. 9º Esta Emenda Constitucional entra em vigor na data de sua publicação, aplicando-se a partir das eleições de 2024:

I – o § 9º do art. 17 da Constituição Federal; e

II – o art. 8º desta Emenda Constitucional.

Brasília, em 22 de agosto de 2024.

Mesa da Câmara dos Deputados

Deputado Arthur Lira

Presidente

Mesa do Senado Federal

Senador Rodrigo Pacheco

Presidente

EMENDA CONSTITUCIONAL 134, DE 24 DE SETEMBRO DE 2024

Altera o art. 96 da Constituição Federal, para dispor sobre a eleição dos órgãos diretivos de Tribunais de Justiça.

DOU 25.09.2024

As Mesas da Câmara dos Deputados e do Senado Federal, nos termos do § 3º do art. 60 da Constituição Federal, promulgam a seguinte Emenda ao texto constitucional:

Art. 1º O art. 96 da Constituição Federal passa a vigorar acrescido do seguinte parágrafo único:

▸ Alterações inseridas na CF.

Art. 2º Esta Emenda Constitucional entra em vigor na data de sua publicação.

Brasília, em 24 de setembro de 2024.

Mesa da Câmara dos Deputados

Deputado Arthur Lira

Presidente

Mesa do Senado Federal

Senador Rodrigo Pacheco

Presidente

EMENDA CONSTITUCIONAL 135, DE 20 DE DEZEMBRO DE 2024

Altera os arts. 37, 163, 165, 212-A e 239 da Constituição Federal e do Ato das Disposições Constitucionais Transitórias (ADCT).

DOU 20.12.2024 extra

As Mesas da Câmara dos Deputados e do Senado Federal, nos termos do § 3º do art. 60 da Constituição Federal, promulgam a seguinte Emenda ao texto constitucional:

Art. 1º A Constituição Federal passa a vigorar com as seguintes alterações:

▸ Alterações incorporadas ao texto da referida Constituição.

Art. 2º O Ato das Disposições Constitucionais Transitórias (ADCT) passa a vigorar com as seguintes alterações:

▸ Alterações incorporadas ao texto do ADCT.

Art. 3º Enquanto não editada a lei ordinária de caráter nacional, aprovada pelo Congresso Nacional, a que se refere o § 11 do art. 37 da Constituição Federal, não serão computadas, para efeito dos limites remuneratórios de que trata o inciso XI do caput do referido artigo, as parcelas de caráter indenizatório previstas na legislação.

Art. 4º Esta Emenda Constitucional entra em vigor na data de sua publicação.

Brasília, em 20 de dezembro de 2024.

Mesa da Câmara dos Deputados

Deputado Arthur Lira

Presidente

Mesa do Senado Federal

Senador Rodrigo Pacheco

Presidente

Lei de Introdução
às Normas do Direito Brasileiro

DECRETO-LEI 4.657, DE 4 DE SETEMBRO DE 1942

Lei de Introdução às Normas do Direito Brasileiro – LINDB
▸ Ementa com redação pela Lei 12.376/2010.

DOU 09.09.1942; Retificado no DOU de 08.10.1942 e no DOU de 17.06.1943.

O Presidente da República, usando da atribuição que lhe confere o artigo 180 da Constituição, decreta:

Art. 1º Salvo disposição contrária, a lei começa a vigorar em todo o País quarenta e cinco dias depois de oficialmente publicada.
▸ Art. 62, §§ 3º, 4º, 6º e 7º da CF.
▸ Art. 8º da LC 95/1998 (Elaboração, a redação, a alteração e a consolidação das leis).

§ 1º Nos Estados estrangeiros, a obrigatoriedade da lei brasileira, quando admitida, se inicia três meses depois de oficialmente publicada.
▸ Art. 16 da Lei 2.145/1953 (Carteira de Comércio Exterior).

§ 2º *Revogado pela Lei 12.036/2009.*

§ 3º Se, antes de entrar a lei em vigor, ocorrer nova publicação de seu texto, destinada à correção, o prazo deste artigo e dos parágrafos anteriores começará a correr da nova publicação.

§ 4º As correções a texto de lei já em vigor consideram-se lei nova.

Art. 2º Não se destinando à vigência temporária, a lei terá vigor até que outra a modifique ou revogue.
▸ LC 95/1998 (Elaboração, a redação, a alteração e a consolidação das leis).

§ 1º A lei posterior revoga a anterior quando expressamente o declare, quando seja com ela incompatível ou quando regule inteiramente a matéria de que tratava a lei anterior.

§ 2º A lei nova, que estabeleça disposições gerais ou especiais a par das já existentes, não revoga nem modifica a lei anterior.

§ 3º Salvo disposição em contrário, a lei revogada não se restaura por ter a lei revogadora perdido a vigência.

Art. 3º Ninguém se escusa de cumprir a lei, alegando que não a conhece.

Art. 4º Quando a lei for omissa, o juiz decidirá o caso de acordo com a analogia, os costumes e os princípios gerais de direito.
▸ Arts. 140, 375 e 723 do CPC/2015.
▸ Art. 2º da Lei 9.307/1996 (Arbitragem).

Art. 5º Na aplicação da lei, o juiz atenderá aos fins sociais a que ela se dirige e às exigências do bem comum.
▸ Art. 5º, LIV, da CF.
▸ Art. 6º da Lei 9.099/1995 (Juizados Especiais).

Art. 6º A Lei em vigor terá efeito imediato e geral, respeitados o ato jurídico perfeito, o direito adquirido e a coisa julgada.
▸ Artigo com redação pela Lei 3.238/1957.
▸ Art. 5º, XXXVI, da CF.
▸ Súmula Vinculante 1 do STF.

§ 1º Reputa-se ato jurídico perfeito o já consumado segundo a lei vigente ao tempo em que se efetuou.

§ 2º Consideram-se adquiridos assim os direitos que o seu titular, ou alguém por ele, possa exercer, como aqueles cujo começo do exercício tenha termo prefixo, ou condição preestabelecida inalterável, a arbítrio de outrem.
▸ Arts. 121, 126, 130, 131 e 135 do CC.

§ 3º Chama-se coisa julgada ou caso julgado a decisão judicial de que já não caiba recurso.
▸ Art. 5º, XXXVI, da CF.
▸ Arts. 121, 126 a 128, 131 e 135 do CC.
▸ Arts. 337, § 1º, e 502 do CPC/2015.

Art. 7º A lei do país em que for domiciliada a pessoa determina as regras sobre o começo e o fim da personalidade, o nome, a capacidade e os direitos de família.
▸ Arts. 1º a 10, 22 a 39, 70 a 78 e 1.511 a 1.783 do CC.
▸ Dec. 66.605/1970 (Convenção sobre Consentimento para Casamento).
▸ Arts. 55 a 58 da Lei 6.015/1973 (Registros Públicos).

§ 1º Realizando-se o casamento no Brasil, será aplicada a lei brasileira quanto aos impedimentos dirimentes e às formalidades da celebração.
▸ Arts. 1.511 e ss., 1.517, 1.521, 1.523 e 1.533 a 1542 do CC.
▸ Arts. 8º e 9º, da Lei 1.110/1950 (Reconhecimento dos efeitos civis do casamento religioso).
▸ Lei 6.015/1973 (Registros Públicos).

§ 2º O casamento de estrangeiros poderá celebrar-se perante autoridades diplomáticas ou consulares do país de ambos os nubentes.
▸ § 2º com redação pela Lei 3.238/1957.
▸ Art. 1.544 do CC.

§ 3º Tendo os nubentes domicílio diverso, regerá os casos de invalidade do matrimônio a lei do primeiro domicílio conjugal.
▸ Arts. 1.548 a 1.564 do CC.

§ 4º O regime de bens, legal ou convencional, obedece à lei do país em que tiverem os nubentes domicílio, e, se este for diverso, à do primeiro domicílio conjugal.
▸ Arts. 1.639 a 1.666 do CC.

§ 5º O estrangeiro casado, que se naturalizar brasileiro, pode, mediante expressa anuência de seu cônjuge, requerer ao juiz, no ato de entrega do decreto de naturalização, se apostile ao mesmo a adoção do regime de comunhão parcial de bens, respeitados os direitos de terceiros e dada esta adoção ao competente registro.
▸ § 5º com redação pela Lei 6.515/1977 (Divórcio).

§ 6º O divórcio realizado no estrangeiro, se um ou ambos os cônjuges forem brasileiros, só será reconhecido no Brasil depois de 1 (um) ano da data da sentença, salvo se houver sido antecedida de separação judicial por igual prazo, caso em que a homologação produzirá efeito imediato, obedecidas as condições estabelecidas para a eficácia das sentenças estrangeiras no país. O Superior Tribunal de Justiça, na forma de seu regimento interno, poderá reexaminar, a requerimento do interessado, decisões já proferidas em pedidos de homologação de sentenças estrangeiras de divórcio de brasileiros, a fim de que passem a produzir todos os efeitos legais.
▸ § 6º com redação pela Lei 12.036/2009.
▸ Arts. 105, I, i, 226, § 6º, e 227, § 6º, da CF.
▸ Art. 1.571 do CC.

§ 7º Salvo o caso de abandono, o domicílio do chefe da família estende-se ao outro cônjuge e aos filhos não emancipados, e o do tutor ou curador aos incapazes sob sua guarda.
▸ Arts. 226, § 5º, e 227, § 6º, da CF.
▸ Arts. 3º, 4º e 76, par. ún., do CC.

§ 8º Quando a pessoa não tiver domicílio, considerar-se-á domiciliada no lugar de sua residência ou naquele em que se encontre.
▸ Arts. 70, 71 e 73 do CC.
▸ Art. 46, § 3º, do CPC/2015.

Art. 8º Para qualificar os bens e regular as relações a eles concernentes, aplicar-se-á a lei do país em que estiverem situados.
▸ Lei 8.617/1993 (Mar territorial).

§ 1º Aplicar-se-á a lei do país em que for domiciliado o proprietário, quanto aos bens móveis que ele trouxer ou se destinarem a transporte para outros lugares.

§ 2º O penhor regula-se pela lei do domicílio que tiver a pessoa, em cuja posse se encontre a coisa apenhada.
▸ Arts. 1.431 a 1.435, 1.438 a 1.440, 1.442, 1.445, 1.446, 1.451 a 1.460 e 1.467 a 1.471 do CC.

Art. 9º Para qualificar e reger as obrigações, aplicar-se-á a lei do país em que se constituírem.

§ 1º Destinando-se a obrigação a ser executada no Brasil e dependendo de forma essencial, será esta observada, admitidas as peculiaridades da lei estrangeira quanto aos requisitos extrínsecos do ato.

§ 2º A obrigação resultante do contrato reputa-se constituída no lugar em que residir o proponente.
▸ Art. 435 do CC.

Art. 10. A sucessão por morte ou por ausência obedece à lei do país em que era domiciliado o defunto ou o desaparecido, qualquer que seja a natureza e a situação dos bens.
▸ Arts. 26 a 39, 1.784 do CC.

§ 1º A sucessão de bens de estrangeiros, situados no País, será regulada pela lei brasileira em benefício do cônjuge ou dos filhos brasileiros, ou de quem os represente, sempre que não lhes seja mais favorável a lei pessoal do *de cujus*.
▸ § 1º com redação dada Lei 9.047/1995.
▸ Art. 5º, XXXI, da CF.
▸ Arts. 1.851 a 1.856 do CC.

§ 2º A lei do domicílio do herdeiro ou legatário regula a capacidade para suceder.
▸ Art. 5º, XXX e XXXI, CF.
▸ Arts. 23, II, 48 e 610 do CPC/2015.

Art. 11. As organizações destinadas a fins de interesse coletivo, como as sociedades e as fundações, obedecem à lei do Estado em que se constituírem.
▸ Arts. 40 a 69, 681 e ss., e 981 a 1.141 do CC.
▸ Art. 75, § 3º, do CPC/2015.

§ 1º Não poderão, entretanto, ter no Brasil filiais, agências ou estabelecimentos antes de serem os atos constitutivos aprovados pelo Governo brasileiro, ficando sujeitas à lei brasileira.
▸ Art. 170, par. ún., da CF.
▸ Arts. 1.134 a 1.141 e 1.150 a 1.154 do CC.
▸ Arts. 21, par. ún., e 75, IX, § 3º, do CPC/2015.
▸ Dec. 24.643/1934 (Código de Águas).

§ 2º Os Governos estrangeiros, bem como as organizações de qualquer natureza, que eles tenham constituído, dirijam ou hajam investido de funções públicas, não poderão adquirir no Brasil bens imóveis ou suscetíveis de desapropriação.

§ 3º Os Governos estrangeiros podem adquirir a propriedade dos prédios necessários à sede dos representantes diplomáticos ou dos agentes consulares.

Art. 12. É competente a autoridade judiciária brasileira, quando for o réu domiciliado no Brasil ou aqui tiver de ser cumprida a obrigação.
▸ Arts. 21, 23 e 24 do CPC/2015.

§ 1º Só à autoridade judiciária brasileira compete conhecer das ações relativas a imóveis situados no Brasil.
▸ Art. 23, I, do CPC/2015.

§ 2º A autoridade judiciária brasileira cumprirá, concedido o *exequatur* e segundo a forma estabelecida pela lei brasileira, as diligências deprecadas por autoridade estrangeira competente, observando a lei desta, quanto ao objeto das diligências.
▸ Art. 105, I, i, da CF, com redação pela EC 45/2004, determina que a concessão de *exequatur* às cartas rogatórias passou a ser da competência do STJ.
▸ Art. 109, X, da CF.

Art. 13. A prova dos fatos ocorridos em país estrangeiro rege-se pela lei que nele vigorar, quanto ao ônus e aos meios de produzir-se, não admitindo os tribunais brasileiros provas que a lei brasileira desconheça.
▸ Arts. 109 e 212 a 232 do CC.
▸ Arts. 369, 373, 374 e 376 do CPC/2015.
▸ Art. 32, *caput*, da Lei 6.015/1973 (Registros Públicos).

Art. 14. Não conhecendo a lei estrangeira, poderá o juiz exigir de quem a invoca prova do texto e da vigência.
▸ Art. 376 do CPC/2015.

Art. 15. Será executada no Brasil a sentença proferida no estrangeiro, que reúna os seguintes requisitos:
▸ Art. 12, § 2º desta Dec.-lei.
▸ Arts. 36, 268, 961, 960, § 2º, e 965 do CPC/2015.

a) haver sido proferida por juiz competente;
▸ Súmula 381 do STF.

b) terem sido as partes citadas ou haver-se legalmente verificado à revelia;

▸ Súmula 420 do STF.

c) ter passado em julgado e estar revestida das formalidades necessárias para a execução no lugar em que foi proferida;

d) estar traduzida por intérprete autorizado;

e) ter sido homologada pelo Supremo Tribunal Federal.

▸ Art. 105, I, i, da CF, com redação pela EC 45/2004, determina que a concessão de *exequatur* às cartas rogatórias passou a ser da competência do STJ.
▸ Arts. 960, § 2º, e 961 do CPC/2015.
▸ Art. 35 da Lei 9.307/1996 (Arbitragem).

Parágrafo único. *Revogado pela Lei 12.036/2009.*

Art. 16. Quando, nos termos dos artigos precedentes, se houver de aplicar a lei estrangeira, ter-se-á em vista a disposição desta, sem considerar-se qualquer remissão por ela feita a outra lei.

Art. 17. As leis, atos e sentenças de outro país, bem como quaisquer declarações de vontade, não terão eficácia no Brasil, quando ofenderem a soberania nacional, a ordem pública e os bons costumes.

▸ Art. 781 do CPP.

Art. 18. Tratando-se de brasileiros, são competentes as autoridades consulares brasileiras para lhes celebrar o casamento e os mais atos de registro civil e de tabelionato, inclusive o registro de nascimento e de óbito dos filhos de brasileiro ou brasileira nascidos no país da sede do consulado.

▸ *Caput* com redação pela Lei 3.238/1957.
▸ Art. 12, I, c, da CF.
▸ Dec. 360/1935 (Funções consulares).
▸ Art. 32, § 3º, da Lei 6.015/1973 (Registros Públicos).

§ 1º As autoridades consulares brasileiras também poderão celebrar a separação consensual e o divórcio consensual de brasileiros, não havendo filhos menores ou incapazes do casal e observados os requisitos legais quanto aos prazos, devendo constar da respectiva escritura pública as disposições relativas à descrição e à partilha dos bens comuns e à pensão alimentícia e, ainda, ao acordo quanto à retomada pelo cônjuge de seu nome de solteiro ou à manutenção do nome adotado quando se deu o casamento.

▸ § 1º com redação pela Lei 12.874/2013.

§ 2º É indispensável a assistência de advogado, devidamente constituído, que se dará mediante a subscrição de petição, juntamente com ambas as partes, ou com apenas uma delas, caso a outra constitua advogado próprio, não se fazendo necessário que a assinatura do advogado conste da escritura pública.

▸ § 2º com redação pela Lei 12.874/2013.

Art. 19. Reputam-se válidos todos os atos indicados no artigo anterior e celebrados pelos cônsules brasileiros na vigência do Decreto-Lei 4.657, de 4 de setembro de 1942, desde que satisfaçam todos os requisitos legais.

▸ Artigo acrescido pela Lei 3.238/1957.

Parágrafo único. No caso em que a celebração desses atos tiver sido recusada pelas autoridades consulares, com fundamento no artigo 18 do mesmo Decreto-Lei, ao interessado é facultado renovar o pedido dentro de noventa dias contados da data da publicação desta Lei.

Art. 20. Nas esferas administrativa, controladora e judicial, não se decidirá com base em valores jurídicos abstratos sem que sejam considerados as consequências práticas da decisão.

▸ Artigo acrescido pela Lei 13.655/2018.
▸ Dec. 9.830/2019 regulamenta este artigo.

Parágrafo único. A motivação demonstrará a necessidade e a adequação da medida imposta ou da invalidação de ato, contrato, ajuste, processo ou norma administrativa, inclusive em face das possíveis alternativas.

Art. 21. A decisão que, nas esferas administrativa, controladora ou judicial, decretar a invalidação de ato, contrato, ajuste, processo ou norma administrativa deverá indicar de modo expresso suas consequências jurídicas e administrativas.

▸ Artigo acrescido pela Lei 13.655/2018.
▸ Dec. 9.830/2019 regulamenta este artigo.

Parágrafo único. A decisão a que se refere o *caput* deste artigo deverá, quando for o caso, indicar as condições para que a regularização ocorra de modo proporcional e equânime e sem prejuízo aos interesses gerais, não se podendo impor aos sujeitos atingidos ônus ou perdas que, em função das peculiaridades do caso, sejam anormais ou excessivos.

Art. 22. Na interpretação de normas sobre gestão pública, serão considerados os obstáculos e as dificuldades reais do gestor e as exigências das políticas públicas a seu cargo, sem prejuízo dos direitos dos administrados.

▸ Artigo acrescido pela Lei 13.655/2018.
▸ Dec. 9.830/2019 regulamenta este artigo.

§ 1º Em decisão sobre regularidade de conduta ou validade de ato, contrato, ajuste, processo ou norma administrativa, serão consideradas as circunstâncias práticas que houverem imposto, limitado ou condicionado a ação do agente.

§ 2º Na aplicação de sanções, serão consideradas a natureza e a gravidade da infração cometida, os danos que dela provierem para a administração pública, as circunstâncias agravantes ou atenuantes e os antecedentes do agente.

§ 3º As sanções aplicadas ao agente serão levadas em conta na dosimetria das demais sanções de mesma natureza e relativas ao mesmo fato.

Art. 23. A decisão administrativa, controladora ou judicial que estabelecer interpretação ou orientação nova sobre norma de conteúdo indeterminado, impondo novo dever ou novo condicionamento de direito, deverá prever regime de transição quando indispensável para que o novo dever ou condicionamento de direito seja cumprido de modo proporcional, equânime e eficiente e sem prejuízo aos interesses gerais.

▸ Artigo acrescido pela Lei 13.655/2018.
▸ Dec. 9.830/2019 regulamenta este artigo.

Parágrafo único. *Vetado.*

Art. 24. A revisão, nas esferas administrativa, controladora ou judicial, quanto à validade de ato, contrato, ajuste, processo ou norma administrativa cuja produção já se houver completado levará em conta as orientações gerais da época, sendo vedado que, com base em mudança posterior de orientação geral, se declarem inválidas situações plenamente constituídas.

▸ Artigo acrescido pela Lei 13.655/2018.
▸ Dec. 9.830/2019 regulamenta este artigo.

Parágrafo único. Consideram-se orientações gerais as interpretações e especificações contidas em atos públicos de caráter geral ou em jurisprudência judicial ou administrativa majoritária, e ainda as adotadas por prática administrativa reiterada e de amplo conhecimento público.

Art. 25. *Vetado.*

▸ Artigo acrescido pela Lei 13.655/2018.

Art. 26. Para eliminar irregularidade, incerteza jurídica ou situação contenciosa na aplicação do direito público, inclusive no caso de expedição de licença, a autoridade administrativa poderá, após oitiva do órgão jurídico e, quando for o caso, após realização de consulta pública, e presentes razões de relevante interesse geral, celebrar compromisso com os interessados, observada a legislação aplicável, o qual só produzirá efeitos a partir de sua publicação oficial.

▸ Artigo acrescido pela Lei 13.655/2018.
▸ Dec. 9.830/2019 regulamenta este artigo.

§ 1º O compromisso referido no *caput* deste artigo:

I – buscará solução jurídica proporcional, equânime, eficiente e compatível com os interesses gerais;

II – *Vetado;*

III – não poderá conferir desoneração permanente de dever ou condicionamento de direito reconhecidos por orientação geral;

IV – deverá prever com clareza as obrigações das partes, o prazo para seu cumprimento e as sanções aplicáveis em caso de descumprimento.

§ 2º *Vetado.*

Art. 27. A decisão do processo, nas esferas administrativa, controladora ou judicial, poderá impor compensação por benefícios indevidos ou prejuízos anormais ou injustos resultantes do processo ou da conduta dos envolvidos.

▸ Artigo acrescido pela Lei 13.655/2018.
▸ Dec. 9.830/2019 regulamenta este artigo.

§ 1º A decisão sobre a compensação será motivada, ouvidas previamente as partes sobre seu cabimento, sua forma e, se for o caso, seu valor.

§ 2º Para prevenir ou regular a compensação, poderá ser celebrado compromisso processual entre os envolvidos.

Art. 28. O agente público responderá pessoalmente por suas decisões ou opiniões técnicas em caso de dolo ou erro grosseiro.

▸ Artigo acrescido pela Lei 13.655/2018.
▸ Dec. 9.830/2019 regulamenta este artigo.

§§ 1º a 3º *Vetados.*

Art. 29. Em qualquer órgão ou Poder, a edição de atos normativos por autoridade administrativa, salvo os de mera organização interna, poderá ser precedida de consulta pública para manifestação de interessados, preferencialmente por meio eletrônico, a qual será considerada na decisão.

▸ Artigo acrescido pela Lei 13.655/2018.

§ 1º A convocação conterá a minuta do ato normativo e fixará o prazo e demais condições da consulta pública, observadas as normas legais e regulamentares específicas, se houver.

§ 2º *Vetado.*

Art. 30. As autoridades públicas devem atuar para aumentar a segurança jurídica na aplicação das normas, inclusive por meio de regulamentos, súmulas administrativas e respostas a consultas.

▸ Artigo acrescido pela Lei 13.655/2018.
▸ Dec. 9.830/2019 regulamenta este artigo.

Parágrafo único. Os instrumentos previstos no *caput* deste artigo terão caráter vinculante em relação ao órgão ou entidade a que se destinam, até ulterior revisão.

Rio de Janeiro, 4 de setembro de 1942; 121º da Independência e 54º da República.

Getulio Vargas

Exposição de Motivos da CLT

DECRETO-LEI 5.452, DE 1º DE MAIO DE 1943

Senhor Presidente da República:

Tenho grande honra de apresentar a Vossa Excelência o projeto definitivo de Consolidação das Leis de Proteção ao Trabalho, relevante cometimento jurídico e social, cuja redação última foi procedida, havendo sido escrupulosamente apreciadas as sugestões e emendas propostas ao anteprojeto, após uma verdadeira autocrítica, que a própria Comissão efetuou, do texto original divulgado pelo *Diário Oficial* de 5 de janeiro do corrente ano.

2. A Comissão cotejou e julgou cerca de dois mil reparos, observações ou comentários feitos à Consolidação.

3. Peço vênia a Vossa Excelência, preliminarmente, para ressaltar o esforço, a cultura, a inteligência com que, no desempenho da difícil incumbência, se houveram os signatários do Relatório incluso no aprofundado exame da matéria.

4. Durante quase um ano, em longas reuniões diárias, entregaram-se à tarefa complexa e ilustre, com uma dedicação e um espírito público que bem demonstram o patriotismo que os inspirou. Desejo, por isso, antes de mais nada, e perante V. Exª, patentear o meu reconhecimento e a minha admiração por esses notáveis colaboradores da obra ministerial.

5. É da mais alta significação social e merece uma referência especial o interesse suscitado pela divulgação do anteprojeto.

6. Juristas e magistrados, entidades públicas, empresas privadas e associações culturais concorreram com a judiciosa reflexão de sua experiência para sugerir um ou outro retoque.

7. Revelando, não só a repercussão alcançada pelo monumento legal projetado, mas, principalmente, uma vigorosa consciência sindical – prova plena de um regime social já radicado –, manifestaram-se as classes de empregadores e de empregados, através das respectivas instituições representativas. Esta foi, na realidade, a contribuição mais palpitante trazida à Comissão, quer pelo teor original da discussão das teses, quer pela eficiência patente do sistema paritário de equilíbrio social, evidenciando-se, do contraste de interesse, sob a luz de um pensamento público de bem comum, a fórmula de composição harmônica das forças do capital e do trabalho.

8. A Consolidação corresponde a um estágio no desenvolvimento do progresso jurídico.

9. Entre a compilação ou coleção de leis e um código – que são, respectivamente, os momentos extremos de um processo de corporificação do direito – existe a consolidação, que é a fase própria da concatenação dos textos e da coordenação dos princípios, quando já se denuncia primeiro o pensamento do sistema depois de haverem sido reguladas, de modo amplo, relações sociais em determinado plano da vida política.

10. Projetada a ação do Estado em várias direções, para atender ao tratamento de situações especiais e constantes em uma mesma órbita jurídica, impõe-se, desde o instante em que se surpreende a unidade interna desses problemas, perscrutar a sua inteligência ordenadora, que será então a *ratio legis* do sistema normativo necessário.

11. Esse o significado da Consolidação, que não é uma coleção de leis, mas a sua coordenação sistematizada. Não é apenas um engenho de arquitetura legislativa, mas uma recapitulação de valores coerentes, que re-

sultaram de uma grande expansão legislativa anterior, em um dado ramo do direito.

12. É o diploma do idealismo excepcional do Brasil, orientado pela clarividência genial de V. Exa., reajustando o imenso e fundamental processo de sua dinâmica econômica, nas suas relações com o trabalho, aos padrões mais altos de dignidade e de humanidade da justiça social. É incontestavelmente a síntese das instituições políticas estabelecidas por V. Exa., desde o início de seu governo.

13. Empenhou-se, por isso, a Comissão na articulação dos textos legais vigentes, na exata dedução dos princípios, na concordância essencial das regras, na unidade interna do sistema. As lacunas preenchidas propuseram-se a tornar explícitas verdades inerentes às leis anteriores. Algumas inovações aparentes não passam de necessárias consequências da Constituição. As omissões intencionalmente ocorridas restringiram-se a excluir do conjunto as leis tipicamente transitórias e que, para atender a situações de emergência decorrentes do estado de guerra, ficaram à margem dos postulados do nosso direito social.

14. O que importa salientar é ter havido a preocupação dominante de subordinação às leis preexistentes e não como se procedesse à organização de um código, para o qual se permite modernamente a originalidade inicial e onde é mesmo espontânea e essencial a livre criação do direito, sem qualquer dependência do regime vigente.

15. A Consolidação representa, portanto, em sua substância normativa e em seu título, neste ano de 1943, não um ponto de partida, nem uma adesão recente a uma doutrina, mas a maturidade de uma ordem social há mais de um decênio instituída, que já se consagrou pelos benefícios distribuídos, como também pelo julgamento da opinião pública consciente, e sob cujo espírito de equidade confraternizaram as classes na vida econômica, instaurando nesse ambiente, antes instável e incerto, os mesmos sentimentos de humanismo cristão que encheram de generosidade e de nobreza os anais da nossa vida pública e social.

16. No relatório elaborado pela Comissão respectiva, que corresponde a um prefácio admirável da obra monumental, e no qual se filia a presente exposição de motivos, encontrará V. Exª minucioso e brilhante estudo das doutrinas, dos sistemas, das leis, dos regulamentos e das emendas sugeridas, comprovando que a Consolidação representa um documento resultante da instituição do gênio com que Vossa Excelência vem preparando o Brasil para uma missão universal.

17. A estrutura da Consolidação e a ordenada distribuição das matérias que lhe compõem o texto evidenciam claramente não só um plano lógico como também um pensamento doutrinário.

18. A sucessiva disposição das matérias, nos Títulos e Capítulos, corresponde a uma racional precedência.

19. Assim, sem fazer injúria ao bom-senso geral, exemplificarei, entretanto; o contrato individual do trabalho pressupõe a regulamentação legal de tutela do empregado, não lhe podendo ser adversa; a organização sindical pressupõe igualmente a condição de emprego ou o exercício de profissão e a constituição da empresa; o contrato coletivo de trabalho seria, por sua vez, inviável sem a prévia formação sindical das classes.

20. Essa distribuição em que os institutos jurídico-políticos são alinhados, não ao sabor de classificações subjetivas ou sob a sugestão irrefletida de padrões quaisquer, mas sim, e verdadeiramente, de acordo com dados racionais derivados do próprio valor e da função social que lhes é essencial.

21. Para melhor compreensão, dividiu a Comissão o Título II do anteprojeto em dois Títulos, visando a tornar ainda mais intuitivo o esquema da consolidação: ocupando-se essas duas divisões, respectivamente,

"Das Normas Gerais de Tutela do Trabalho" e "Das Normas Especiais de Tutela do Trabalho", que constituem exatamente os princípios institucionais e básicos da proteção do trabalho.

22. Mais uma vez nota-se nessa concepção um ânimo de ordem que resultou de uma meditação exclusiva sobre os institutos concatenados.

23. O pormenorizado exame, nesta exposição, de todos os temas ali discutidos, importaria reproduzir, quase na íntegra, o referido relatório, com prejuízo talvez de sua harmonia e da lógica irretorquível com que se apresenta.

24. Peço licença, entretanto, para assinalar alguns aspectos principais do trabalho da Comissão.

25. No concernente à identificação profissional, há quem incorra em absoluto equívoco, ignorando o sentido exato dessa instituição jurídica.

26. Houve quem lhe apontasse apenas a utilidade de mero instrumento de contrato do trabalho, quando, na verdade, é este, embora de grande alcance, apenas um aspecto da carteira profissional, cujo caráter fundamental é o de documento de qualificação profissional, constituindo mesmo a primeira manifestação de tutela do Estado ao trabalhador, antes formalmente "desqualificado" sob o ponto de vista profissional e a seguir, com a emissão daquele título, habilitado à ocupação de um emprego ou ao exercício de uma profissão. Não há como subordinar essa criação típica do Direito Social ao papel acessório de prova do contrato de trabalho, quando, como se vê, a sua emissão antecede livremente o ajuste do emprego e agora, pela Consolidação, passará até a constituir uma condição obrigatória para o trabalho.

27. Foi, aliás, considerando a importância da carteira profissional como elemento primacial para manutenção do cadastro profissional dos trabalhadores, como título de qualificação profissional, como documento indispensável à colocação e à inscrição sindical e, finalmente, por servir de instrumento prático do contrato individual do trabalho – que a Comissão encontrou razões bastantes para a reputar uma instituição fundamental de proteção do trabalhador e não admitir fosse relegada à inoperância da franquia liberal, tornando-a, então, obrigatória.

28. Em relação aos contratos de trabalho, cumpre esclarecer que a precedência das "normas" de tutela sobre os "contratos" acentuou que a ordem institucional ou estatutária prevalece sobre a concepção contratualista.

29. A análise do conteúdo da nossa legislação social provava exuberantemente a primazia do caráter institucional sobre o efeito do contrato, restrito este à objetivação do ajuste, à determinação do salário e à estipulação da natureza dos serviços e isso mesmo dentro de *standards* e sob condições preestabelecidas na lei.

30. Ressaltar essa expressão peculiar constituiria certamente uma conformação com a realidade e com a filosofia do novo Direito, justificando-se assim a ênfase inicial atribuída à enumeração das normas de proteção ao trabalho, para somente em seguida ser referido o contrato individual.

31. Nem há como contestar semelhante método, desde que o Direito Social é, por definição, um complexo de normas e de instituições voltadas à proteção do trabalho dependente na atividade privada.

32. Entre as inúmeras sugestões trazidas, uma houve que suscitou singular estranheza, dada a sua procedência de uma entidade representativa de empregados.

33. Objetava contra a exclusão da permissão contida no inciso final do parágrafo único do art. 4º da Lei 264, de 5 de outubro de 1936, e reclamava a sua incorporação à Consolidação.

34. Esse texto propositadamente omitido colidia rigorosamente com um dispositivo legal posterior – art. 12 do Decreto-lei 2.308, de 13 de junho de 1942 – em que se anunciava uma regra irrecusável de proteção ao trabalhador.

35. Como se tolerar, efetivamente, que possa um empregado realizar os encargos de sua função, por mais rudimentar que esta seja, durante oito horas sucessivas, sem um intervalo para repouso ou alimentação?

36. Talvez uma incompreensão tivesse surgido na consideração desse preceito legal vigente: há, na realidade, determinadas funções de supervisão e de controle, tais como as exercidas por encarregados de estações ou usinas elétricas, cujo trabalho é intermitente, não exigindo uma atenção constante e um esforço continuado, sendo benéfica, então, para esses empregados a exclusão da hora de repouso pela redução que se dá no tempo de permanência no serviço, facilitada, por outro lado, a organização das tabelas de rodízio dos ocupantes desses cargos pelas empresas.

37. Essa hipótese, constituindo tipicamente o caso do trabalho descontínuo, segundo a conhecida definição de Barassi, não se enquadra, entretanto, na determinação do citado art. 12 do Decreto-lei 2.308, que apenas abrange o "trabalho contínuo", conforme foi incluído à Consolidação no Capítulo "Da Duração do Trabalho", parecendo, portanto, resolvida a dúvida.

38. O trabalho dos menores, entre quatorze e dezoito anos, ou tem como finalidade a preparação dos mesmos para um ofício, uma profissão, ou, então, constitui uma exploração e um aniquilamento da juventude.

39. Esse pensamento fez com que o Decreto-lei 3.616, de 13 de setembro de 1941, salvo nos casos excepcionais de força maior ou de interesse público, proibisse para os menores a prorrogação da duração normal de trabalho. Tal a fonte do dispositivo idêntico que se encontra na Consolidação, sem incorrer em inovação.

40. Atentando, também, nos deveres impostos aos empregadores de menores, ver-se-á que são eles obrigados a permitir a esses seus empregados a frequência às aulas, quer as de instrução primária, conforme sempre foi estabelecido, como também as de formação profissional a cargo do Serviço Nacional de Aprendizagem dos Industriários, de acordo com o estatuído pelo Decreto-lei 4.481, de 16 de julho de 1942.

41. Acreditamos que não se levantará mais qualquer argumento contra a razoabilíssima disposição legal de proibição da prorrogação do horário normal de trabalho dos menores, justificada não só por óbvias considerações biológicas de preservação da saúde dos adolescentes, como também por motivos educacionais irrefutáveis.

42. A clara e total definição que do contrato individual do trabalho foi dada pelo anteprojeto da Consolidação, provocou algumas divergências de mero gosto polêmico.

43. A emenda então apresentada não pôde ser aceita. Revelava, primeiramente, incompreensão do espírito institucional tantas vezes salientado nesses empreendimentos. Repetia ainda um conceito prévio e básico já formulado, qual seja o de empregado.

44. O que os objetantes não alcançaram foi o deliberado propósito de se reconhecer a correspondência e equivalência entre a "relação de emprego" e o "contrato individual do trabalho", para os efeitos da legislação social, correspondência essa que a escola contratualista italiana nega, exigindo a expressa pactuação.

45. Na concepção do projeto, admitido, como fundamento de contrato, o acordo tácito, é lógico que a "relação de emprego" constitui o ato jurídico suficiente para provocar a objetivação das medidas tutelares que se contêm no direito do trabalho em vigor.

46. O conceito firmado na Consolidação é tanto mais justo e relevante quanto é o que se evidencia em face de contratos formalmente nulos ou substancialmente contrários à ordem pública dos preceitos da legislação de proteção ao trabalho.

47. Embora seja plenamente positivo o texto da Consolidação, diante de dúvidas propostas, urge repetir que o projeto não feriu nenhum direito, garantindo até simples expectativas de direito, uma vez que todos os empregados bancários admitidos até a data da vigência do decreto-lei que aprovar a Consolidação terão assegurada a estabilidade em dois anos, nos termos do art. 15 do mesmo Decreto 24.615, de 9 de julho de 1934.

48. O que não poderia ser admitido, em uma Consolidação que se propõe a sistematizar os princípios do nosso Direito Social, era a persistência de um singular privilégio para uma categoria de trabalhadores, quando o prestígio das instituições públicas exige exatamente uma igualdade de tratamento para situações sociais idênticas.

49. Fosse uma medida de proteção especial correlata de peculiares condições de trabalho, e não teria havido a menor dúvida em se manter tal regime, conforme aliás procedeu a Comissão, conservando do estatuto profis-

sional dos bancários todos os preceitos que lhes fossem favoráveis e suprimindo os que não se equiparassem às disposições gerais de proteção à duração de trabalho, tais como os que legitimavam a prorrogação a horas suplementares independentemente de pagamento extraordinário.

50. Houve, portanto, estrita justiça.

51. Conforme ficou esclarecido inicialmente, a redação final que tenho a subida honra de apresentar a Vossa Excelência foi precedida de um meticuloso exame de todas as sugestões apresentadas, não constituindo menor contribuição a que cada um dos membros da Comissão procurou trazer, corrigindo e completando o anteprojeto.

52. Na revisão realizada, a Comissão assumiu uma posição censora de sua própria obra, promovendo consequentemente o aprimoramento do respectivo teor.

53. Na introdução aperfeiçoou a redação dos artigos; inseriu a definição de empregador, que integra o conceito definitivo da relação de emprego, acompanhando-a da noção legal de empregadora única dada pela Lei 435, de 17 de maio de 1937; removeu, outrossim, para o Capítulo pertinente, a declaração da igualdade de salário por trabalho do mesmo valor sem distinção de sexo. Foi, por outro lado, suprimida a afirmação concernente à proibição da renúncia de direitos, que entendeu a Comissão ser elementar do princípio de ordem pública, mediante o qual são nulos os atos praticados no intuito de excluir a eficácia da legislação social.

54. O Título das normas institucionais foi reconstituído em dois outros, para mais fácil apresentação dos preceitos nele contidos.

55. O Capítulo sobre a identificação profissional e os registros de empregados foi melhorado na nomenclatura, na redação e na disposição das Seções.

56. Sofreu alteração o texto que reproduziu o parágrafo único do art. 18 do Decreto 22.035, de 29 de outubro de 1932, eliminando-se agora da carteira profissional a averbação de notas desabonadoras, as quais, somente quando resultarem de sentença transitada em julgado, serão inscritas no prontuário do portador da carteira.

57. Ligeiros retoques foram dados ao Capítulo sobre a duração geral do trabalho.

58. Considerou-se de justiça equiparar o regime de trabalho dos operadores das empresas de serviços telefônicos aos das que exploram serviços de telegrafia, radiotelegrafia e radiotelefonia, cujas condições de fadiga são idênticas.

59. A duração do trabalho nos serviços ferroviários foi reexaminada de acordo com sugestões do Sindicato dos Empregados Ferroviários do Rio de Janeiro, e das empresas responsáveis por esses serviços, principalmente a Companhia Paulista de Estradas de Ferro, cuja cooperação inteligente favoreceu a racionalização imprimida ao projeto, com a supressão, pela qual se batia a Comissão, do confuso e prejudicial sistema de ciclos de 96 horas em 14 dias, com duração máxima diária de 16 horas, do citado Decreto 279, de graves consequências para a saúde dos ferroviários.

60. As disposições destinadas à regulamentação das condições de trabalho nos serviços de estiva mereceram igual reexame, atendidas, em harmonia, as sugestões da Comissão de Marinha Mercante, do Sindicato dos Estivadores do Rio de Janeiro e do Sindicato dos Trabalhadores em Estiva de Minérios desta Capital.

61. Houve também a preocupação de atender tanto quanto possível à equiparação, pleiteada pelo Sindicato dos Operários nos Serviços Portuários de Santos, entre os serviços de estiva e os de capatazias, que realmente funcionam em necessária coordenação.

62. Uma lacuna estava a exigir, há longa data, fosse coberta na nossa legislação. Recomendado, reiteradas vezes, pelo Presidente da República, diante da insuficiência da lei geral, não se ultima, entretanto, até o presente, o projetado decreto-lei especial amparando as condições de trabalho em minas de subsolo. Coligindo os dados apurados pelo Departamento Nacional do Trabalho, depois de sucessivas e conclusivas investigações locais, foi constituída uma Seção prevendo as reduções do horário nos trabalhos em minas subterrâneas, trabalhos esses árduos e particularmente ruinosos para a vida dos respectivos operários.

63. Na Seção em que se regula o exercício da profissão de químico, foi adotada a indicação da Federação das Indústrias do Estado de São Paulo, no sentido de ficarem declinados os tipos de indústrias em que se torna obrigatória a admissão de um químico. De acordo com a sugestão e segundo o critério do Instituto Nacional de Tecnologia deste Ministério, ficou resolvida essa

questão e homologada a orientação prática deste Ministério.

64. O Capítulo da Nacionalização do Trabalho recebeu pequenas emendas de redação, tendo sido suprimido o dispositivo do anteprojeto relativo aos cargos de chefia. Reconsiderando a matéria, verificou a Comissão que o problema, que suscitava a emenda aditiva ao anteprojeto, encontrava solução no próprio texto legal quando este disciplina que os ocupantes de funções técnicas somente ficarão à margem da proporcionalidade na falta de trabalhadores nacionais especializados. Sem gerar confusões que não haviam sido, aliás, pretendidas pelo preceito ora suprimido, o qual não continha qualquer restrição à desejada colaboração de iniciativas e de capitais estrangeiros, restará sempre no dispositivo acima referido o remédio para o Governo proporcionar garantias às elites de técnicos nacionais.

65. O regime de Higiene e Segurança do Trabalho, pela revisão efetuada, adquiriu maior eficácia, por força da explícita declaração, que constitui formalidade longamente seguida, da exigência de prévia verificação e aprovação das instalações dos estabelecimentos industriais para o respectivo funcionamento.

66. Estabeleceu-se, igualmente, a obrigatoriedade do uso, pelos empregados, dos equipamentos de defesa pessoal fornecidos pelos empregadores e aprovados pelas autoridades de Higiene do Trabalho.

67. Quanto aos Capítulos da proteção ao trabalho das mulheres e dos menores, as correções limitaram-se a erros de impressão, tendo sido, por outro lado, restabelecido o preceito inscrito no parágrafo único do art. 16 do antigo Decreto 22.042, de 3 de novembro de 1932, que, pela referência feita no § 3º do art. 16 do Decreto-lei 3.616, de 13 de setembro de 1941, é intuitivo concluir fora omitido, involuntariamente, neste último diploma legal.

68. Os deveres impostos aos empregadores para o efeito da habilitação profissional dos respectivos empregados menores e consubstanciados no Decreto-lei 4.481, de 16 de julho de 1942, corporificando normas de tutela dessa classe de empregados, cujo trabalho tem de ser orientado pelo alto escopo da educação técnica, passaram a integrar a Seção correspondente do Capítulo versando esse regime especial.

69. É oportuno salientar que a legislação social, universalmente, vem atribuindo um remarcado desvelo pelas condições de trabalho dos menores.

70. Em consonância com as convenções internacionais e as recomendações de congressos, e mesmo a estas se antecipando, o Brasil, pela pessoal inspiração de Vossa Excelência, vem realizando, através deste Ministério, uma salutar ação pública de preservação da juventude que trabalha.

71. O prosseguimento dessa política especializada é um imperativo e pareceu à Comissão dever ser assim ponderado na revisão, a que se procede, do Código de Menores, pois os seus preceitos atinentes ao trabalho foram totalmente melhorados e anexados à nossa legislação trabalhista, cujo Decreto-lei 3.616, consolidado agora, consagra a melhor solução de articulação e distinção entre a competência dos magistrados de menores e a das autoridades de trabalho, conferindo àqueles a plenitude das funções morais, jurisdicionais e supletivas do pátrio poder, que lhes são eminentemente reservadas, e atribuindo às autoridades deste Ministério a efetivação do regime de proteção ao trabalho.

72. O Título em que se compendiam as regras constitutivas do contrato individual de trabalho careceu apenas de pequenas especificações do pensamento já expresso, acrescentando-se-lhe, entretanto, as normas pertinentes aos contratos de autores teatrais e congêneres, oriundos da celebrada Lei Getúlio Vargas, cuja atualização vinha sendo ultimamente promovida por uma Comissão interministerial, da qual provieram os artigos de lei aditados ao presente projeto.

73. Estatuiu a Consolidação que aos trabalhadores rurais se aplicam as regras básicas do contrato individual do trabalho, inclusive o aviso prévio, não lhes atingindo, porém, o regime de garantias em caso de rescisão, a que não tenham dado motivo, nem o instituto da estabilidade. A essa conclusão chegou a Comissão, em voto preponderante, sob a alegação de serem imprescindíveis maiores esclarecimentos das exatas condições das classes rurais, inibidas, no momento, por falta de lei, da representação sindical dos respectivos interesses.

74. Em seu relatório, manifesta a Comissão, consequentemente e em princípio, a sua restrição quanto ao projeto do Código Rural, publicado no *Diário Oficial* de 16 de janeiro último, na parte referente ao Contrato de Trabalho, objeto preciso desta Consolidação e não de um Código

em que, com exclusividade, deveriam ser tratados os problemas relativos à produção na agricultura e em atividades conexas.

75. A revisão dos artigos compreendidos no Título da Organização Sindical ofereceu oportunidade para pequenas adaptações, sem afetar o sistema.

76. Procedeu-se à Consolidação do Decreto-lei 5.242, de 11 de fevereiro de 1943, que dispôs sobre a exigência da sindicalização para o exercício da função de representação social em órgão oficial, bem como para o gozo de favores ou isenções tributárias.

77. Suprimiu-se a emenda constante do anteprojeto tendente à instituição do regime de tomada de contas dos sindicatos. A eficiência do sistema de controle contábil do patrimônio das entidades sindicais e o regime de recolhimento dos sindicatos. A eficiência do sistema de controle contábil do patrimônio das entidades sindicais e o regime de recolhimento do imposto sindical, posteriormente criados pela Portaria Ministerial 884, de 5 de dezembro de 1942, veio indicar ser prescindível esse processo de tomada de contas, que poderia determinar a burocratização desses órgãos de classe, por todos os títulos evitável, a fim de se conservar a espontaneidade e originalidade do regime sindical.

78. A Federação das Indústrias do Estado de São Paulo propôs e foram aceitos os aumentos, de um para sete, do número máximo de membros da diretoria das entidades de grau superior, e de Cr$ 20,00 para Cr$ 30,00, da importância mínima correspondente ao imposto sindical de empregadores.

79. A Comissão de Enquadramento Sindical, dado o crescente desenvolvimento de sua atividade, teve a respectiva composição ampliada, incluindo um representante do Ministério da Agricultura na previsão da próxima sindicalização das classes rurais.

80. Ligeiros reparos foram feitos ao Capítulo do Imposto Sindical, na base do regime estabelecido pelo Decreto-lei 4.298, de 14 de maio de 1942, introduzindo-se apenas um artigo destinado a facultar a ação executiva, com os privilégios da Fazenda Pública, excluído o foro próprio, para a cobrança do imposto sindical, quando houver débito certificado pela autoridade competente deste Ministério.

81. Finalmente, quanto à Justiça do Trabalho, deliberou-se a exclusão de toda a parte consistente em regimento de órgãos e serviços, bem como dos assuntos referentes à administração dos seguros sociais.

82. O julgamento dos agravos foi elevado ao seu verdadeiro nível, que é o da instância superior, necessário

à adequada conceituação desses recursos e à jurídica apreciação da respectiva substância. Apurou-se, outrossim, a definição do prejulgado, estabelecendo-se a forma do seu processamento e os efeitos que gera.

83. Tais, em rápida resenha, as principais modificações operadas no anteprojeto publicado. De todas essas alterações deflui um único pensamento – o de ajustar, mais e mais, a obra constituída às diretrizes da Política Social do Governo, fixadas de maneira tão ampla e coerente no magnífico quadro das disposições legais que acabam de ser recapituladas.

84. Ao pedir a atenção de Vossa Excelência para essa notável obra da construção jurídica, afirmo, com profunda convicção e de um modo geral, que, nesta hora dramática que o mundo sofre, a Consolidação constitui um marco venerável na história de nossa civilização, demonstra a vocação brasileira pelo direito e, na escureza que envolve a humanidade, representa a expressão de uma luz que não se apagou.

Apresento a vossa Excelência os protestos do meu mais profundo respeito.

Rio de Janeiro, 19 de abril de 1943.

Alexandre Marcondes Filho

Nota de Atualização à CLT

Este produto transcreve a publicação oficial dos textos legais. Quando expressamente disposto em norma alteradora, o texto legal foi atualizado; do contrário, mantivemos a redação oficial indicando a alteração em notas remissivas informativas.

Importante destacar o procedimento de atualização em alguns pontos:

• Ministérios

Em todos os textos legais foram preservadas as redações originais de publicação, com a denominação dos Ministérios vigentes à época da publicação da norma. A Lei 14.600/2023, em seus arts. 17 a 53, estabelece a estrutura e a organização dos Ministérios da Presidência da República.

• Indicação de Multas

As multas previstas na CLT passaram por diversas alterações no decorrer do tempo. O texto original vinha expresso em cruzeiros, mas, com a publicação do Dec.-lei 229/1967, algumas multas foram modificadas para salário mínimo regional.

Deste momento em diante, novas modificações foram introduzidas alterando esses valores, conforme histórico abaixo:

- Dec.-lei 229/1967: alterou o valor de referência das multas de *cruzeiro* para *salário mínimo regional*;
- Lei 6.205/1975: dispõe sobre valores monetários fixados com base no salário mínimo não considerados para quaisquer fins;
- Lei 6.986/1982: dispõe sobre a infração aos preceitos da CLT, que teriam os valores das multas decuplicados;
- Art. 7º, IV, da CF/1988: unificou o valor do salário mínimo para todo o País, vedando sua vinculação para outros fins, exceto no caso de benefícios previdenciários;
- Lei 7.855/1989: triplicou o valor das multas administrativas por violação às normas da CLT e à legislação trabalhista, determinando que fossem expressas em BTNs;
- Lei 8.177/1991: extinguiu o BTN fiscal;
- Lei 8.383/1991: instituiu a UFIR;
- Lei 9.069/1995: extinguiu a UFIR diária;
- MP 1.750-48/1999: instituiu a UFIR para o ano de 1996. Foi convertida na Lei 10.192/2001;
- Lei 9.872/1999: concedeu anistia de multas aplicadas, por infração às normas trabalhistas, de valor igual ou inferior a R$ 1.000,00;
- Lei 10.522/2002: extinguiu a UFIR;
- Portaria 667/2021 do MTb: rege, **atualmente**, a aplicação e a imposição das multas administrativas, previstas na legislação trabalhista.

Cabe também enumerar algumas questões relevantes sobre:

• Judiciário – Emenda Constitucional 45/2004

- extinguiu os Tribunais de Alçada, passando os seus membros a compor os Tribunais de Justiça dos respectivos Estados;
- modificou a competência da Justiça do Trabalho (art. 114, CF);
- modificou a composição do Tribunal Superior do Trabalho (art. 111-A, CF).

• Valores e Fatores Previdenciários

Alguns fatores previdenciários não são alterados expressamente por lei, mas atualizados por meio de Portaria do Ministério da Previdência Social – MPS. Nesses casos, mantivemos o texto original.

• Valores e Unidades Monetárias

Todos os valores monetários foram mantidos conforme texto de publicação oficial. Dessa forma, alguns desses valores podem não corresponder àqueles adotados no mercado atual.

Índice Sistemático da CLT

Consolidação das Leis do Trabalho

DECRETO-LEI 5.452,
DE 1º DE MAIO DE 1943

Aprova a Consolidação das Leis do Trabalho.

DOU 09.08.1943

O Presidente da República, usando da atribuição que lhe confere o artigo 180 da Constituição, decreta:

▸ O art. 180 citado refere-se à CF/1937.

Art. 1º Fica aprovada a Consolidação das Leis do Trabalho, que a este Decreto-Lei acompanha, com as alterações por ela introduzidas na legislação vigente.

Parágrafo único. Continuam em vigor as disposições legais transitórias ou de emergência, bem como as que não tenham aplicação em todo o território nacional.

Art. 2º O presente Decreto-Lei entrará em vigor em 10 de novembro de 1943.

Rio de Janeiro, 1º de maio de 1943; 122º da Independência e 55º da República.

Getúlio Vargas

CONSOLIDAÇÃO DAS
LEIS DO TRABALHO

TÍTULO I
INTRODUÇÃO

▸ Arts. 5º, XIII, 6º e 193, da CF.

Art. 1º Esta Consolidação estatui as normas que regulam as relações individuais e coletivas de trabalho, nela previstas.

▸ Arts. 7º e 22, I, da CF.
▸ Lei 7.064/1982 (Situação dos trabalhadores contratados ou transferidos para prestar serviços no exterior)
▸ Art. 4º, XI, da Lei 13.445/2017 (Lei de Migração)

Art. 2º Considera-se empregador a empresa, individual ou coletiva, que, assumindo os riscos da atividade econômica, admite, assalaria e dirige a prestação pessoal de serviços.

▸ Arts. 50 a 52, e 54 da LC 123/2006 (Estatuto da Microempresa)
▸ LC 150/2015 (Lei dos Domésticos)
▸ Arts. 3º e 4º da Lei 5.889/1973 (Trabalho Rural)
▸ Art. 15, § 1º, da Lei 8.036/1990 (FGTS)
▸ Súmula 75 do JEF.

Lei 8.036/1990

Art. 15. (...) § 1º Entende-se por empregador a pessoa física ou a pessoa jurídica de direito privado ou de direito público, da administração pública direta, indireta ou fundacional de qualquer dos Poderes, da União, dos Estados, do Distrito Federal e dos Municípios, que admitir trabalhadores a seu serviço, bem assim aquele que, regido por legislação especial, encontrar-se nessa condição ou figurar como fornecedor ou tomador de mão-de-obra, independente da responsabilidade solidária e/ou subsidiária a que eventualmente venha obrigar-se.

Lei 5.889/1973

Art. 3º Considera-se empregador, rural, para os efeitos desta Lei, a pessoa física ou jurídica, proprietário ou não, que explore atividade agroeconômica, em caráter permanente ou temporário, diretamente ou através de prepostos e com auxílio de empregados.

§ 1º Inclui-se na atividade econômica referida no *caput* deste artigo, além da exploração industrial em estabelecimento agrário não compreendido na Consolidação das Leis do Trabalho – CLT, aprovada pelo Decreto-Lei 5.452, de 1º de maio de 1943, a exploração do turismo rural ancilar à exploração agroeconômica.

§ 2º Sempre que uma ou mais empresas, embora tendo cada uma delas personalidade jurídica própria, estiverem sob direção, controle ou administração de outra, ou ainda quando, mesmo guardando cada uma sua autonomia, integrem grupo econômico ou financeiro rural, serão responsáveis solidariamente nas obrigações decorrentes da relação de emprego.

Art. 4º Equipara-se ao empregador rural, a pessoa física ou jurídica que, habitualmente, em caráter profissional, e por conta de terceiros, execute serviços de natureza agrária, mediante utilização do trabalho de outrem.

§ 1º Equiparam-se ao empregador, para os efeitos exclusivos da relação de emprego, os profissionais liberais, as instituições de beneficência, as associações recreativas ou outras instituições sem fins lucrativos, que admitirem trabalhadores como empregados.

▸ Art. 442, par. ún., desta Consolidação.
▸ Art. 4º da Lei 5.889/1973 (Trabalho Rural)
▸ Art. 1º da Lei 12.101/2009 (Certificação das entidades beneficentes de assistência social)
▸ OJ 191 da SDI-I do TST.

CLT

Art. 442. Contrato individual de trabalho é o acordo tácito ou expresso, correspondente à relação de emprego.

Parágrafo único. Qualquer que seja o ramo de atividade da sociedade cooperativa, não existe vínculo empregatício entre ela e seus associados, nem entre estes e os tomadores de serviços daquela.

Lei 5.889/1973

Art. 4º Equipara-se ao empregador rural, a pessoa física ou jurídica que, habitualmente, em caráter profissional, e por conta de terceiros, execute serviços de natureza agrária, mediante utilização do trabalho de outrem.

§ 2º Sempre que uma ou mais empresas, tendo, embora, cada uma delas, personalidade jurídica própria, estiverem sob a direção, controle ou administração de outra, ou ainda quando, mesmo guardando cada uma sua autonomia, integrem grupo econômico, serão responsáveis solidariamente pelas obrigações decorrentes da relação de emprego. *(§ 2º com redação pela Lei 13.467/2017)*

§ 3º Não caracteriza grupo econômico a mera identidade de sócios, sendo necessárias, para a configuração do grupo, a demonstração do interesse integrado, a efetiva comunhão de interesses e a atuação conjunta das empresas dele integrantes. *(§ 3º acrescido pela Lei 13.467/2017)*

▸ Art. 173, § 1º, II, da CF.
▸ Art. 3º, § 2º, da Lei 5.889/1973 (Trabalho Rural)
▸ Art. 265 da Lei 6.404/1976 (Sociedade por Ações)
▸ Súmulas 93, 129, 239 e 331 do TST.
▸ OJ 30 da SDI-I Transitória do TST.

Lei 6.404/1976

Art. 265. A sociedade controladora e suas controladas podem constituir, nos termos deste Capítulo, grupo de sociedades, mediante convenção pela qual se obriguem a combinar recursos ou esforços para a realização dos respectivos objetos, ou a participar de atividades ou empreendimentos comuns.

§ 1º A sociedade controladora, ou de comando do grupo, deve ser brasileira, e exercer, direta ou indiretamente, e de modo permanente, o controle das sociedades filiadas, como titular de direitos de sócio ou acionista, ou mediante acordo com outros sócios ou acionistas.

§ 2º A participação recíproca das sociedades do grupo obedecerá ao disposto no artigo 244.

Lei 5.889/1973

Art. 3º (...) § 2º Sempre que uma ou mais empresas, embora tendo cada uma delas personalidade jurídica própria, estiverem sob direção, controle ou administração de outra, ou ainda quando, mesmo guardando cada uma sua autonomia, integrem grupo econômico ou financeiro rural, serão responsáveis solidariamente nas obrigações decorrentes da relação de emprego.

Súmulas

TST 93. Bancário. Integra a remuneração do bancário a vantagem pecuniária por ele auferida na colocação ou na venda de papéis ou valores mobiliários de empresas pertencentes ao mesmo grupo econômico, se exercida essa atividade no horário e no local de trabalho e com o consentimento, tácito ou expresso, do banco empregador.

TST 129. Contrato de trabalho. Grupo econômico. A prestação de serviços a mais de uma empresa do mesmo grupo econômico, durante a mesma jornada de trabalho, não caracteriza a coexistência de mais de um contrato de trabalho, salvo ajuste em contrário.

TST 239. Bancário. Empregado de empresa de processamento de dados. É bancário o empregado de empresa de processamento de dados que presta serviço a banco integrante do mesmo grupo econômico, exceto quando a empresa de processamento de dados presta serviços a banco e a empresas não bancárias do mesmo grupo econômico ou a terceiros.

TST 331. Contrato de prestação de serviços. Legalidade. I – A contratação de trabalhadores por empresa interposta é ilegal, formando-se o vínculo diretamente com o tomador dos serviços, salvo no caso de trabalho temporário (Lei 6.019, de 03.01.1974) II – A contratação irregular de trabalhador, mediante empresa interposta, não gera vínculo de emprego com os órgãos da Administração Pública direta, indireta ou fundacional (art. 37, II, da CF/1988) III – Não forma vínculo de emprego com o tomador a contratação de serviços de vigilância (Lei 7.102, de 20.06.1983) e de conservação e limpeza, bem como a de serviços especializados ligados à atividade-meio do tomador, desde que inexistente a pessoalidade e a subordinação direta. IV – O inadimplemento das obrigações trabalhistas, por parte do empregador, implica a responsabilidade subsidiária do tomador dos serviços quanto àquelas obrigações, desde que haja participado da relação processual e conste também do título executivo judicial. V – Os entes integrantes da Administração Pública direta e indireta respondem subsidiariamente, nas mesmas condições do item IV, caso evidenciada a sua conduta culposa no cumprimento das obrigações da Lei 8.666, de 21.06.1993, especialmente na fiscalização do cumprimento das obrigações contratuais e legais da prestadora de serviço como empregadora. A aludida responsabilidade não decorre de mero inadimplemento das obrigações trabalhistas assumidas pela empresa regularmente contratada. VI – A responsabilidade subsidiária do tomador de serviços abrange todas as verbas decorrentes da condenação referentes ao período da prestação laboral.

Orientação Jurisprudencial

SDI-I Transitória. 30. Cisão parcial de empresa. Responsabilidade solidária. Proforte. É solidária a responsabilidade entre a empresa cindida subsistente e aquelas que absorverem parte do seu patrimônio, quando constatada fraude na cisão parcial.

Art. 3º Considera-se empregado toda pessoa física que prestar serviços de natureza não eventual a empregador, sob a dependência deste e mediante salário.

▸ Arts. 2º, 6º, 442 e 442-B desta Consolidação.
▸ Art.1º da LC 150/2015 (Lei dos Domésticos)
▸ Art. 100 da Lei 9.504/1997 (Eleições)
▸ Art. 1º da Lei 9.608/1998 (Serviço voluntário)
▸ Art. 1º da Port. 349/2018 do MTE (Regras voltadas à execução da Lei 13.467/2017)
▸ Súmula 386 do TST.
▸ OJs 199 e 366 da SDI-I do TST.

CLT

Art. 442. Contrato individual de trabalho é o acordo tácito ou expresso, correspondente à relação de emprego.

Parágrafo único. Qualquer que seja o ramo de atividade da sociedade cooperativa, não existe vínculo empregatício entre ela e seus associados, nem entre estes e os tomadores de serviços daquela.

Art. 442-B. A contratação do autônomo, cumpridas por este todas as formalidades legais, com ou sem exclusividade, de forma contínua

ou não, afasta a qualidade de empregado prevista no art. 3º desta Consolidação.

Lei 5.889/1973

Art. 2º Empregado rural é toda pessoa física que, em propriedade rural ou prédio rústico, presta serviços de natureza não eventual a empregador rural, sob a dependência deste e mediante salário.

Lei 9.504/1997

Art. 100. A contratação de pessoal para prestação de serviços nas campanhas eleitorais não gera vínculo empregatício com o candidato ou partido contratantes, aplicando-se à pessoa física contratada o disposto na alínea *h* do inciso V do art. 12 da Lei 8.212, de 24 de julho de 1991.

Parágrafo único. Não se aplica aos partidos políticos, para fins da contratação de que trata o *caput*, o disposto no parágrafo único do art. 15 da Lei 8.212, de 24 de julho de 1991.

Lei 9.608/1998

Art. 1º Considera-se serviço voluntário, para os fins desta Lei, a atividade não remunerada prestada por pessoa física a entidade pública ou qualquer natureza ou a instituição privada de fins não lucrativos que tenha objetivos cívicos, culturais, educacionais, científicos, recreativos ou de assistência à pessoa.

Parágrafo único. O serviço voluntário não gera vínculo empregatício, nem obrigação de natureza trabalhista previdenciária ou afim.

Súmulas

TST 386. Policial militar. Reconhecimento de vínculo empregatício com empresa privada. Preenchidos os requisitos do art. 3º da CLT, é legítimo o reconhecimento de relação de emprego entre policial militar e empresa privada, independentemente do eventual cabimento de penalidade disciplinar prevista no Estatuto do Policial Militar.

TST 430. Administração pública indireta. Contratação. Ausência de concurso público. Nulidade. Ulterior privatização. Convalidação. Insubsistência do vício Convalidam-se os efeitos do contrato de trabalho que, considerado nulo por ausência de concurso público, quando celebrado originalmente com ente da Administração Pública Indireta, continua a existir após a sua privatização.

Orientações Jurisprudenciais

SDI-I 199. Jogo do bicho. Contrato de trabalho. Nulidade. Objeto ilícito. É nulo o contrato de trabalho celebrado para o desempenho de atividade inerente à prática do jogo do bicho, ante a ilicitude de seu objeto, o que subtrai o requisito de validade para a formação do ato jurídico.

SDI-I 366. Estagiário. Desvirtuamento do contrato de estágio. Reconhecimento do vínculo empregatício com a Administração Pública Direta ou Indireta. Período posterior à Constituição Federal de 1988. Impossibilidade. Ainda que desvirtuada a finalidade do contrato de estágio celebrado na vigência da Constituição Federal de 1988, é inviável o reconhecimento do vínculo empregatício com ente da Administração Pública direta ou indireta, por força do art. 37, II, da CF/1988, bem como o deferimento de indenização pecuniária, exceto em relação às parcelas previstas na Súmula 363 do TST, se requeridas.

Parágrafo único. Não haverá distinções relativas à espécie de emprego e à condição de trabalhador, nem entre o trabalho intelectual, técnico e manual.

▸ Art. 7º, XXX a XXXII, XXXIV, da CF.

Constituição Federal

Art. 7º São direitos dos trabalhadores urbanos e rurais, além de outros que visem à melhoria de sua condição social: (...)

XXX – proibição de diferença de salários, de exercício de funções e de critério de admissão por motivo de sexo, idade, cor ou estado civil;

XXXI – proibição de qualquer discriminação no tocante a salário e critérios de admissão do trabalhador portador de deficiência;

XXXII – proibição de distinção entre trabalho manual, técnico e intelectual ou entre os profissionais respectivos;

Art. 4º Considera-se como de serviço efetivo o período em que o empregado esteja à disposição do empregador, aguardando ou executando ordens, salvo disposição especial expressamente consignada.

▸ Arts. 58, §§ 1º e 2º, e 294 desta Consolidação.
▸ Súmulas 118, 229 e 428 do TST.
▸ PN 31 do TST.

CLT

Art. 58. A duração normal do trabalho, para os empregados em qualquer atividade privada, não excederá de 8 (oito) horas diárias, desde que não seja fixado expressamente outro limite.

§ 1º Não serão descontadas nem computadas como jornada extraordinária as variações de horário no registro de ponto não excedentes de cinco minutos, observado o limite máximo de dez minutos diários.

§ 2º O tempo despendido pelo empregado desde a sua residência até a efetiva ocupação do posto de trabalho e para o seu retorno, caminhando ou por qualquer meio de transporte, inclusive o fornecido pelo empregador, não será computado na jornada de trabalho, por não ser tempo à disposição do empregador.

Art. 294. O tempo despendido pelo empregado da boca da mina ao local do trabalho e vice-versa será computado para o efeito de pagamento do salário.

Súmulas

TST 118. Jornada de trabalho. Horas extras. Os intervalos concedidos pelo empregador, na jornada de trabalho, não previstos em lei, representam tempo à disposição da empresa, remunerados como serviço extraordinário, se acrescidos ao final da jornada.

TST 229. Sobreaviso. Eletricitários. Por aplicação analógica do art. 244, § 2º, da CLT, as horas de sobreaviso dos eletricitários são remuneradas à base de 1/3 sobre a totalidade das parcelas de natureza salarial.

TST 428. Sobreaviso. Aplicação analógica do art. 244, § 2º da CLT. I – O uso de instrumentos telemáticos ou informatizados fornecidos pela empresa ao empregado, por si só, não caracteriza o regime de sobreaviso. II – Considera-se em sobreaviso o empregado que, à distância e submetido a controle patronal por instrumentos telemáticos ou informatizados, permanecer em regime de plantão ou equivalente, aguardando a qualquer momento o chamado para o serviço durante o período de descanso.

Precedente Normativo

TST 31. Professor ("Janelas") Os tempos vagos (janelas) em que o professor ficar à disposição do curso serão remunerados como aula, no limite de 1 (uma) hora diária por unidade.

§ 1º Computar-se-ão, na contagem de tempo de serviço, para efeito de indenização e estabilidade, os períodos em que o empregado estiver afastado do trabalho prestando serviço militar e por motivo de acidente do trabalho. *(Primitivo parágrafo único renumerado pela Lei 13.467/2017)*

▶ Art. 15, § 5º, da Lei 8.036/1990 (FGTS)
▶ Súmula 463 do STF.
▶ Súmulas 46 e 378 do TST.
▶ OJ 399 da SDI-I do TST.

Súmulas

STF 463. Para efeito de indenização e estabilidade, conta-se o tempo em que o empregado esteve afastado, em serviço militar obrigatório, mesmo anteriormente à Lei 4.072, de 1º.06.1962.

TST 378. Estabilidade provisória. Acidente de trabalho. Art. 118 da Lei 8.213/1991. I – É constitucional o artigo 118 da Lei 8.213/1991 que assegura o direito à estabilidade provisória por período de 12 (doze) meses após a cessação do auxílio-doença ao empregado acidentado. II – São pressupostos para a concessão da estabilidade o afastamento superior a 15 (quinze) dias e a consequente percepção do auxílio-doença acidentário, salvo se constatada, após a despedida, doença profissional que guarde relação de causalidade com a execução do contrato de emprego. III – O empregado submetido a contrato de trabalho por tempo determinado goza da garantia provisória de emprego, decorrente de acidente de trabalho, prevista no art. 118 da Lei 8.213/1991.

Orientação Jurisprudencial

SDI-I 399. Estabilidade Provisória. Ação trabalhista ajuizada após o término do período de garantia no emprego. Abuso do exercício do direito de ação. Não configuração. Indenização devida. O ajuizamento de ação trabalhista após decorrido o período de garantia de emprego não configura abuso do exercício do direito de ação, pois este está submetido apenas ao prazo prescricional inscrito no art. 7º, XXIX, da CF/1988, sendo devida a indenização desde a dispensa até a data do término do período estabilitário.

§ 2º Por não se considerar tempo à disposição do empregador, não será computado como período extraordinário o que exceder a jornada normal, ainda que ultrapasse o limite de cinco minutos previsto no § 1º do art. 58 desta Consolidação, quando o empregado, por escolha própria, buscar proteção pessoal, em caso de insegurança nas vias públicas ou más condições climáticas, bem como

adentrar ou permanecer nas dependências da empresa para exercer atividades particulares, entre outras: *(§ 2º acrescido pela Lei 13.467/2017)*

I – práticas religiosas;

II – descanso;

III – lazer;

IV – estudo;

V – alimentação;

VI – atividades de relacionamento social;

VII – higiene pessoal;

VIII – troca de roupa ou uniforme, quando não houver obrigatoriedade de realizar a troca na empresa.

Art. 5º A todo trabalho de igual valor corresponderá salário igual, sem distinção de sexo.

▶ Art. 7º, XXX a XXXII, XXXIV, da CF.
▶ Arts. 373-A, III e 461 desta Consolidação.
▶ Súmula 202 do STF.
▶ Súmula 378 do STJ.

Constituição Federal

Art. 7º São direitos dos trabalhadores urbanos e rurais, além de outros que visem à melhoria de sua condição social: (...)

XXX – proibição de diferença de salários, de exercício de funções e de critério de admissão por motivo de sexo, idade, cor ou estado civil;

CLT

Art. 373-A. Ressalvadas as disposições legais destinadas a corrigir as distorções que afetam o acesso da mulher ao mercado de trabalho e certas especificidades estabelecidas nos acordos trabalhistas, é vedado: (...)

III – considerar o sexo, a idade, a cor ou situação familiar como variável determinante para fins de remuneração, formação profissional e oportunidades de ascensão profissional;

Art. 461. Sendo idêntica a função, a todo trabalho de igual valor, prestado ao mesmo empregador, no mesmo estabelecimento empresarial, corresponderá igual salário, sem distinção de sexo, etnia, nacionalidade ou idade.

§ 1º Trabalho de igual valor, para os fins deste Capítulo, será o que for feito com igual produtividade e com a mesma perfeição técnica, entre pessoas cuja diferença de tempo de serviço para o mesmo empregador não seja superior a quatro anos e a diferença de tempo na função não seja superior a dois anos.

§ 2º Os dispositivos deste artigo não prevalecerão quando o empregador tiver pessoal organizado em quadro de carreira ou adotar, por meio de norma interna da empresa ou de negociação coletiva, plano de cargos e salários, dispensada qualquer forma de homologação ou registro em órgão público.

§ 3º No caso do § 2º deste artigo, as promoções poderão ser feitas por merecimento e por antiguidade, ou por apenas um destes critérios, dentro de cada categoria profissional.

§ 4º O trabalhador readaptado em nova função por motivo de deficiência física ou mental atestada pelo órgão competente da Previdência Social não servirá de paradigma para fins de equiparação salarial.

§ 5º A equiparação salarial só será possível entre empregados contemporâneos no cargo ou na função, ficando vedada a indicação de paradigmas remotos, ainda que o paradigma contemporâneo tenha obtido a vantagem em ação judicial própria.

§ 6º Na hipótese de discriminação por motivo de sexo, raça, etnia, origem ou idade, o pagamento das diferenças salariais devidas ao empregado discriminado não afasta seu direito de ação de indenização por danos morais, consideradas as especificidades do caso concreto.

§ 7º Sem prejuízo do disposto no § 6º, no caso de infração ao previsto neste artigo, a multa de que trata o art. 510 desta Consolidação corresponderá a 10 (dez) vezes o valor do novo salário devido pelo empregador ao empregado discriminado, elevada ao dobro, no caso de reincidência, sem prejuízo das demais cominações legais.

Súmulas

STF 202. Na equiparação de salário, em caso de trabalho igual, toma-se em conta o tempo de serviço na função, e não no emprego.

STJ 378. Reconhecido o desvio de função, o servidor faz jus às diferenças salariais decorrentes.

Art. 6º Não se distingue entre o trabalho realizado no estabelecimento do empregador, o executado no domicílio do empregado e o realizado a distância, desde que estejam caracterizados os pressupostos da relação de emprego. *(Artigo com redação pela Lei 12.551/2011)*

Parágrafo único. Os meios telemáticos e informatizados de comando, controle e supervisão se equiparam, para fins de subordinação jurídica, aos meios pessoais e diretos de comando, controle e supervisão do trabalho alheio.

▸ Arts. 75-A a 75-F e 83 desta Consolidação.
▸ Súmula 202 do STF.
▸ Súmula 428 do TST.

CLT

Art. 75-B. Considera-se teletrabalho ou trabalho remoto a prestação de serviços fora das dependências do empregador, de maneira preponderante ou não, com a utilização de tecnologias de informação e de comunicação, que, por sua natureza, não configure trabalho externo.

§ 1º O comparecimento, ainda que de modo habitual, às dependências do empregador para a realização de atividades específicas que exijam a presença do empregado no estabelecimento não descaracteriza o regime de teletrabalho ou trabalho remoto.

§ 2º O empregado submetido ao regime de teletrabalho ou trabalho remoto poderá prestar serviços por jornada ou por produção ou tarefa.

§ 3º Na hipótese da prestação de serviços em regime de teletrabalho ou trabalho remoto por produção ou tarefa, não se aplicará o disposto no Capítulo II do Título II desta Consolidação.

§ 4º O regime de teletrabalho ou trabalho remoto não se confunde nem se equipara à ocupação de operador de telemarketing ou de teleatendimento.

§ 5º O tempo de uso de equipamentos tecnológicos e de infraestrutura necessária, bem como de softwares, de ferramentas digitais ou de aplicações de internet utilizados para o teletrabalho, fora da jornada de trabalho normal do empregado não constitui tempo à disposição ou regime de prontidão ou de sobreaviso, exceto se houver previsão em acordo individual ou em acordo ou convenção coletiva de trabalho.

§ 6º Fica permitida a adoção do regime de teletrabalho ou trabalho remoto para estagiários e aprendizes.

§ 7º Aos empregados em regime de teletrabalho aplicam-se as disposições previstas na legislação local e nas convenções e nos acordos coletivos de trabalho relativas à base territorial do estabelecimento de lotação do empregado.

§ 8º Ao contrato de trabalho do empregado admitido no Brasil que optar pela realização de teletrabalho fora do território nacional aplica-se a legislação brasileira, excetuadas as disposições constantes da Lei nº 7.064, de 6 de dezembro de 1982, salvo disposição em contrário estipulada entre as partes.

§ 9º Acordo individual poderá dispor sobre os horários e os meios de comunicação entre empregado e empregador, desde que assegurados os repousos legais.

Art. 83. É devido o salário mínimo ao trabalhador em domicílio, considerado este como o executado na habitação do empregado ou em oficina de família, por conta de empregador que o remunere.

Súmulas

STF 202. Na equiparação de salário, em caso de trabalho igual, toma-se em conta o tempo de serviço na função, e não no emprego.

TST 428. Sobreaviso. Aplicação analógica do art. 244, § 2º da CLT. I – O uso de instrumentos telemáticos ou informatizados fornecidos pela empresa ao empregado, por si só, não caracteriza o regime de sobreaviso. II – Considera-se em sobreaviso o empregado que, à distância e submetido a controle patronal por instrumentos telemáticos ou informatizados, permanecer em regime de plantão ou equivalente, aguardando a qualquer momento o chamado para o serviço durante o período de descanso.

Art. 7º Os preceitos constantes da presente Consolidação, salvo quando for, em cada caso, expressamente determinado em contrário, não se aplicam: *(Caput com redação pelo Dec.-lei 8.079/1945)*

a) aos empregados domésticos, assim considerados, de um modo geral, os que prestam serviços de natureza não econômica à pessoa ou à família, no âmbito residencial destas;

▸ Art. 7º, par. ún., da CF.
▸ Art. 19 da LC 150/2015 (Lei dos Domésticos)

Constituição Federal

Art. 7º. (...) Parágrafo único. São assegurados à categoria dos trabalhadores domésticos os direitos previstos nos incisos IV, VI, VII, VIII, X, XIII, XV, XVI, XVII, XVIII, XIX, XXI, XXII, XXIV, XXVI, XXX, XXXI e XXXIII e, atendidas as condições estabelecidas em lei e observada a simplificação do cumprimento das obrigações tributárias, principais e acessórias, decorrentes da relação de trabalho e suas peculiaridades, os previstos nos incisos I, II, III, IX, XII, XXV e XXVIII, bem como a sua integração à previdência social.

LC 150/2015

Art. 19. Observadas as peculiaridades do trabalho doméstico, a ele também se aplicam as Leis 605, de 5 de janeiro de 1949, 4.090, de 13 de julho de 1962, 4.749, de 12 de agosto de 1965, e 7.418, de 16 de dezembro de 1985, e, subsidiariamente, a Consolidação das Leis do trabalho (CLT), aprovada pelo decreto-Lei 5.452, de 1º de maio de 1943. (...)

b) aos trabalhadores rurais, assim considerados aqueles que, exercendo funções diretamente ligadas à agricultura e à pecuária, não sejam empregados em atividades que, pelos métodos de execução dos respectivos trabalhos ou pela finalidade de suas operações, se classifiquem como industriais ou comerciais;

▸ Art. 7º da CF.
▸ Lei 5.889/1973 (Trabalho Rural)
▸ Arts. 83 a 105 do Dec. 10.854/2021 (Regulamento da Lei 5.889/1973)
▹ Dec. 7.943/2013 (Política Nacional para os Trabalhadores Rurais Empregados)
▸ Súmula 196 do STF.

Súmula

STF 196. Ainda que exerça atividade rural, o empregado de empresa industrial ou comercial é classificado de acordo com a categoria do empregador.

c) aos funcionários públicos da União, dos Estados e dos Municípios e aos respectivos extranumerários em serviço nas próprias repartições; *(Alínea c com redação pelo Dec.-lei 8.079/1945)*

▸ Arts. 37 e 39 da CF.
▸ Lei 8.112/1990 (Estatuto dos Servidores Civis da União, Autarquias e Fundações Públicas Federais)
▸ Súmulas 58 e 243 do TST.

Súmula

TST 243. Opção pelo regime trabalhista. Supressão das vantagens estatutárias. Exceto na hipótese de previsão contratual ou legal expressa, a opção do funcionário público pelo regime trabalhista implica a renúncia dos direitos inerentes ao regime estatutário.

d) aos servidores de autarquias paraestatais, desde que sujeitos a regime próprio de proteção ao trabalho, que lhes assegure situação análoga à dos funcionários públicos. *(Alínea d com redação pelo Dec.-lei 8.079/1945)*

▸ Art. 39 da CF.
▸ Lei 8.112/1990 (Estatuto dos Servidores Civis da União, Autarquias e Fundações Públicas Federais)
▸ Súmula 679 do STF.
▸ Súmula 97 do STJ.
▸ Súmulas 58, 243, 319 do TST.
▸ OJs 297 e 308 da SDI-I do TST.
▸ OJ 5 da SDC do TST.

e) *Alínea suprimida pela redação do Dec.-lei 8.079/1945.*

f) às atividades de direção e assessoramento nos órgãos, institutos e fundações dos partidos, assim definidas em normas internas de organização partidária. *(Alínea f acrescida pela Lei 13.877/2019)*

Parágrafo único. *Revogado pelo Dec.-Lei 8.249/1945.*

Art. 8º As autoridades administrativas e a Justiça do Trabalho, na falta de disposições legais ou contratuais, decidirão, conforme o caso, pela jurisprudência, por analogia, por equidade e outros princípios e normas gerais de direito, principalmente do direito do trabalho, e, ainda, de acordo com os usos e costumes, o direito compara-

do, mas sempre de maneira que nenhum interesse de classe ou particular prevaleça sobre o interesse público.

▸ Art. 140 do CPC.
▸ Arts. 4º e 5º do Dec.-lei 4.657/1942 (Lei de Introdução às normas do Direito Brasileiro – LINDB)
▸ Dec. 2.518/1998 (Promulga a Convenção 144 da OIT sobre Consultas Tripartites para Promover a Aplicação das Normas Internacionais do Trabalho)
▸ Súmula 612 do STF.
▸ Súmulas 212, 229, 258, 291 301 e 346 do TST.
▸ OJ 130 da SDI-II do TST.
▸ OJ 34 Transitória do SDI-I do TST.

CPC

Art. 140. O juiz não se exime de decidir sob a alegação de lacuna ou obscuridade do ordenamento jurídico.
Parágrafo único. O juiz só decidirá por equidade nos casos previstos em lei.

Súmula

TST 212. Despedimento. Ônus da prova. O ônus de provar o término do contrato de trabalho, quando negados a prestação de serviço e o despedimento, é do empregador, pois o princípio da continuidade da relação de emprego constitui presunção favorável ao empregado.

TST 346. Digitador. Intervalos intrajornada. Aplicação analógica do art. 72 da CLT. Os digitadores, por aplicação analógica do art. 72 da CLT, equiparam-se aos trabalhadores nos serviços de mecanografia (datilografia, escrituração ou cálculo), razão pela qual têm direito a intervalos de descanso de 10 (dez) minutos a cada 90 (noventa) de trabalho consecutivo.

§ 1º O direito comum será fonte subsidiária do direito do trabalho. *(Primitivo parágrafo único renumerado e com redação pela Lei 13.467/2017,*

▸ Art. 769 desta Consolidação.

CLT

Art. 769. Nos casos omissos, o direito processual comum será fonte subsidiária do direito processual do trabalho, exceto naquilo em que for incompatível com as normas deste Título.

§ 2º Súmulas e outros enunciados de jurisprudência editados pelo Tribunal Superior do Trabalho e pelos Tribunais Regionais do Trabalho não poderão restringir direitos legalmente previstos nem criar obrigações que não estejam previstas em lei. *(§ 2º acrescido pela Lei 13.467/2017,*

§ 3º No exame de convenção coletiva ou acordo coletivo de trabalho, a Justiça do Trabalho analisará exclusivamente a conformidade dos elementos essenciais do negócio jurídico, respeitado o disposto no art. 104 da Lei 10.406, de 10 de janeiro de 2002 (Código Civil), e balizará sua atuação pelo princípio da intervenção mínima na autonomia da vontade coletiva. *(§ 3º acrescido pela Lei 13.467/2017)*

▸ Art. 611-A e ss., desta Consolidação.
▸ Art. 104 e ss. do CC.

CLT

Art. 611-A. A convenção coletiva e o acordo coletivo de trabalho têm prevalência sobre a lei quando, entre outros, dispuserem sobre:
I – pacto quanto à jornada de trabalho, observados os limites constitucionais;
II – banco de horas anual;
III – intervalo intrajornada, respeitado o limite mínimo de trinta minutos para jornadas superiores a seis horas;
IV – adesão ao Programa Seguro-Emprego (PSE), de que trata a Lei 13.189, de 19 de novembro de 2015;
V – plano de cargos, salários e funções compatíveis com a condição pessoal do empregado, bem como identificação dos cargos que se enquadram como funções de confiança;
VI – regulamento empresarial;
VII – representante dos trabalhadores no local de trabalho;
VIII – teletrabalho, regime de sobreaviso, e trabalho intermitente;
IX – remuneração por produtividade, incluídas as gorjetas percebidas pelo empregado, e remuneração por desempenho individual;
X – modalidade de registro de jornada de trabalho;
XI – troca do dia de feriado;
XII – enquadramento do grau de insalubridade;

XIII – prorrogação de jornada em ambientes insalubres, sem licença prévia das autoridades competentes do Ministério do Trabalho;
XIV – prêmios de incentivo em bens ou serviços, eventualmente concedidos em programas de incentivo;
XV – participação nos lucros ou resultados da empresa.
§ 1º No exame da convenção coletiva ou do acordo coletivo de trabalho, a Justiça do Trabalho observará o disposto no § 3º do art. 8º desta Consolidação.
§ 2º A inexistência de expressa indicação de contrapartidas recíprocas em convenção coletiva ou acordo coletivo de trabalho não ensejará sua nulidade por não caracterizar um vício do negócio jurídico.
§ 3º Se for pactuada cláusula que reduza o salário ou a jornada, a convenção coletiva ou o acordo coletivo de trabalho deverão prever a proteção dos empregados contra dispensa imotivada durante o prazo de vigência do instrumento coletivo.
§ 4º Na hipótese de procedência de ação anulatória de cláusula de convenção coletiva ou de acordo coletivo de trabalho, quando houver a cláusula compensatória, esta deverá ser igualmente anulada, sem repetição do indébito.
§ 5º Os sindicatos subscritores de convenção coletiva ou de acordo coletivo de trabalho deverão participar, como litisconsortes necessários, em ação individual ou coletiva, que tenha como objeto a anulação de cláusulas desses instrumentos.

CC

Art. 104. A validade do negócio jurídico requer:
I – agente capaz;
II – objeto lícito, possível, determinado ou determinável;
III – forma prescrita ou não defesa em lei.

Art. 9º Serão nulos de pleno direito os atos praticados com o objetivo de desvirtuar, impedir ou fraudar a aplicação dos preceitos contidos na presente Consolidação.

▸ Arts. 197 a 207 do CP.
▸ Súmulas 91, 152, 199, 230, 301, 331, 363 e 430 do TST.
▸ OJs 199, 362 e 363 da SDI-I do TST.
▸ OJ 30 da SDC do TST.

Súmulas

TST 91. Salário complessivo. Nula é a cláusula contratual que fixa determinada importância ou percentagem para atender englobadamente vários direitos legais ou contratuais do trabalhador.

TST 152. Gratificação. Ajuste tácito. O fato de constar do recibo de pagamento de gratificação o caráter de liberalidade não basta, por si só, para excluir a existência de ajuste tácito.

TST 230. Aviso-prévio. Substituição pelo pagamento das horas reduzidas da jornada de trabalho É ilegal substituir o período que se reduz da jornada de trabalho, no aviso-prévio, pelo pagamento das horas correspondentes.

TST 363. Contrato Nulo. Efeitos. A contratação de servidor público, após a CF/1988, sem prévia aprovação em concurso público, encontra óbice no respectivo art. 37, II e § 2º, somente lhe conferindo direito ao pagamento da contraprestação pactuada, em relação ao número de horas trabalhadas, respeitado o valor da hora do salário mínimo, e dos valores referentes aos depósitos do FGTS.

Orientações Jurisprudenciais

SDI-I 199. Jogo do bicho. Contrato de Trabalho. Nulidade. Objeto Ilícito. É nulo o contrato de trabalho celebrado para o desempenho de atividade inerente à prática do jogo do bicho, ante a ilicitude de seu objeto, o que subtrai o requisito de validade para a formação do ato jurídico.

SDC 30. Estabilidade da Gestante. Renúncia ou Transação de Direitos Constitucionais. Impossibilidade Nos termos do art. 10, II, "b", do ADCT, a proteção à maternidade foi erigida à hierarquia constitucional, pois retirou do âmbito do direito potestativo do empregador a possibilidade de despedir arbitrariamente a empregada em estado gravídico. Portanto, a teor do artigo 9º da CLT, torna-se nula de pleno direito a cláusula que estabelece a possibilidade de renúncia ou transação, pela gestante, das garantias referentes à manutenção do emprego e salário.

Art. 10. Qualquer alteração na estrutura jurídica da empresa não afetará os direitos adquiridos por seus empregados.

▸ Art. 5º, XXXVI, da CF.
▸ Arts. 448 e 448-A desta Consolidação.
▸ Art. 6º, *caput*, e § 2º, do Dec.-lei 4.657/1942 (Lei de Introdução às normas do Direito Brasileiro – LINDB)

▸ Súmula 227 do STF.
▸ Súmula 304 do TST.
▸ OJs 92,143, 225, 261, 343, 408 e 411 da SDI-I do TST.
▸ OJ 53 da SDI-II do TST.
▸ OJs 48 e 59 da SDI-I Transitória do TST.

CLT

Art. 448. A mudança na propriedade ou na estrutura jurídica da empresa não afetará os contratos de trabalho dos respectivos empregados.

Art. 448-A. Caracterizada a sucessão empresarial ou de empregadores prevista nos arts. 10 e 448 desta Consolidação, as obrigações trabalhistas, inclusive as contraídas à época em que os empregados trabalhavam para a empresa sucedida, são de responsabilidade do sucessor.

Parágrafo único. A empresa sucedida responderá solidariamente com a sucessora quando ficar comprovada fraude na transferência.

Orientações Jurisprudenciais

SDI-I 261. Bancos. Sucessão trabalhista. As obrigações trabalhistas, inclusive as contraídas à época em que os empregados trabalhavam para o banco sucedido, são de responsabilidade do sucessor, uma vez que a este foram transferidos os ativos, as agências, os direitos e deveres contratuais, caracterizando típica sucessão trabalhista.

SDI-I 408. Juros de mora. Empresa em liquidação extrajudicial. Sucessão trabalhista. É devida a incidência de juros de mora em relação aos débitos trabalhistas de empresa em liquidação extrajudicial sucedida nos moldes dos arts. 10 e 448 da CLT. O sucessor responde pela obrigação do sucedido, não se beneficiando de qualquer privilégio a este destinado.

SDI-I 411. Sucessão trabalhista. Aquisição de empresa pertencente a grupo econômico. Responsabilidade solidária do sucessor por débitos trabalhistas de empresa não adquirida. Inexistência. O sucessor não responde solidariamente por débitos trabalhistas de empresa não adquirida, integrante do mesmo grupo econômico da empresa sucedida, quando, à época, a empresa devedora direta era solvente ou idônea economicamente, ressalvada a hipótese de má-fé ou fraude na sucessão.

Art. 10-A. O sócio retirante responde subsidiariamente pelas obrigações trabalhistas da sociedade relativas ao período em que figurou como sócio, somente em ações ajuizadas até dois anos depois de averbada a modificação do contrato, observada a seguinte ordem de preferência: *(Artigo acrescido pela Lei 13.467/2017)*

▸ Arts. 855-A e ss. desta Consolidação.
▸ Art. 1.032 do CC.

I – a empresa devedora;

II – os sócios atuais; e

III – os sócios retirantes.

Parágrafo único. O sócio retirante responderá solidariamente com os demais quando ficar comprovada fraude na alteração societária decorrente da modificação do contrato.

CLT

Art. 855-A. Aplica-se ao processo do trabalho o incidente de desconsideração da personalidade jurídica previsto nos arts. 133 a 137 da Lei 13.105, de 16 de março de 2015 – Código de Processo Civil. (...)

CC

Art. 1.032. A retirada, exclusão ou morte do sócio, não o exime, ou a seus herdeiros, da responsabilidade pelas obrigações sociais anteriores, até dois anos após averbada a resolução da sociedade; nem nos dois primeiros casos, pelas posteriores e em igual prazo, enquanto não se requerer a averbação.

Art. 11. A pretensão quanto a créditos resultantes das relações de trabalho prescreve em cinco anos para os trabalhadores urbanos e rurais, até o limite de dois anos após a extinção do contrato de trabalho. *(Caput com redação pela Lei 13.467/2017)*

▸ Art. 7º, XXIX, da CF, determina que prescreve em 5 (cinco) anos, até o limite de 2 (dois) anos, após a extinção do contrato de trabalho, o direito de ação para os trabalhadores urbanos e rurais.
▸ Arts. 149, 440 e 625-G desta Consolidação.
▸ Arts. 198 e 199 do CC.
▸ Súmulas 327, 349 e 403 do STF.

▸ Súmulas 210, 242 e 427 do STJ.
▸ Súmulas 6, 153,156, 206, 268, 308, 326, 327, 350, 362 e 409 do TST.
▸ OJs 83, 129, 370, 375, 392, 401 da SDI-I do TST.

Constituição Federal

Art. 7º São direitos dos trabalhadores urbanos e rurais, além de outros que visem à melhoria de sua condição social: (...) XXIX – ação, quanto aos créditos resultantes das relações de trabalho, com prazo prescricional de cinco anos para os trabalhadores urbanos e rurais, até o limite de dois anos após a extinção do contrato de trabalho;

I e II – *Revogados pela Lei 13.467/2017.*;

§ 1º O disposto neste artigo não se aplica às ações que tenham por objeto anotações para fins de prova junto à Previdência Social. *(§ 1º acrescido pela Lei 9.658/1998)*

§ 2º Tratando-se de pretensão que envolva pedido de prestações sucessivas decorrente de alteração ou descumprimento do pactuado, a prescrição é total, exceto quando o direito à parcela esteja também assegurado por preceito de lei. *(§ 2º com redação pela Lei 13.467/2017)*

▸ Súmula 294 do TST

Súmula

TST 294. Prescrição. Alteração contratual. Trabalhador urbano

Tratando-se de ação que envolva pedido de prestações sucessivas decorrente de alteração do pactuado, a prescrição é total, exceto quando o direito à parcela esteja também assegurado por preceito de lei.

§ 3º A interrupção da prescrição somente ocorrerá pelo ajuizamento de reclamação trabalhista, mesmo que em juízo incompetente, ainda que venha a ser extinta sem resolução do mérito, produzindo efeitos apenas em relação aos pedidos idênticos. *(§ 3º com redação pela Lei 13.467/2017)*

CLT

Art. 149. A prescrição do direito de reclamar a concessão das férias ou o pagamento da respectiva remuneração é contada do término do prazo mencionado no art. 134 ou, se for o caso, da cessação do contrato de trabalho.

Art. 440. Contra os menores de 18 (dezoito) anos não corre nenhum prazo de prescrição.

Art. 625-G. O prazo prescricional será suspenso a partir da provocação da Comissão de Conciliação Prévia, recomeçando a fluir, pelo que lhe resta, a partir da tentativa frustrada de conciliação ou do esgotamento do prazo previsto no art. 625-F.

Código Civil

Art. 197. Não corre a prescrição:

I – entre os cônjuges, na constância da sociedade conjugal;

II – entre ascendentes e descendentes, durante o poder familiar;

III – entre tutelados ou curatelados e seus tutores ou curadores, durante a tutela ou curatela.

Art. 199. Não corre igualmente a prescrição:

I – pendendo condição suspensiva;

II – não estando vencido o prazo;

III – pendendo ação de evicção.

Súmulas

STF 327. O direito trabalhista admite a prescrição intercorrente.

STF 349. A prescrição atinge somente as prestações de mais de dois anos, reclamadas com fundamento em decisão normativa da justiça do trabalho, ou em convenção coletiva de trabalho, quando não estiver em causa a própria validade de tais atos.

STF 403. É de decadência o prazo de trinta dias para instauração do inquérito judicial, a contar da suspensão, por falta grave, de empregado estável.

STJ 242. Cabe ação declaratória para reconhecimento de tempo de serviço para fins previdenciários.

TST 6. (...) IX. Na ação de equiparação salarial, a prescrição é parcial e só alcança as diferenças salariais vencidas no período de 5 (cinco) anos que precedeu o ajuizamento.

TST 153. Prescrição. Não se conhece de prescrição não arguida na instância ordinária.

TST 156. Prescrição. Prazo. Da extinção do último contrato começa a fluir o prazo prescricional do direito de ação em que se objetiva a soma de períodos descontínuos de trabalho.

TST 206. FGTS. Incidência sobre parcelas prescritas. A prescrição da pretensão relativa às parcelas remuneratórias alcança o respectivo recolhimento da contribuição para o FGTS.

TST 268. Prescrição. Interrupção. Ação trabalhista arquivada. A ação trabalhista, ainda que arquivada, interrompe a prescrição somente em relação aos pedidos idênticos.

TST 350. Prescrição. Termo inicial. Ação de cumprimento. Sentença normativa. O prazo de prescrição com relação à ação de cumprimento de decisão normativa flui apenas da data de seu trânsito em julgado.

TST 362. FGTS. Prescrição. I – Para os casos em que a ciência da lesão ocorreu a partir de 13.11.2014, é quinquenal a prescrição do direito de reclamar contra o não recolhimento de contribuição para o FGTS, observado o prazo de dois anos após o término do contrato; II – Para os casos em que o prazo prescricional já estava em curso em 13.11.2014, aplica-se o prazo prescricional que se consumar primeiro: trinta anos, contados do termo inicial, ou cinco anos, a partir de 13.11.2014.

TST 382. Mudança de regime celetista para estatutário. Extinção do contrato. Prescrição bienal. A transferência do regime jurídico de celetista para estatutário implica extinção do contrato de trabalho, fluindo o prazo da prescrição bienal a partir da mudança de regime.

Orientações Jurisprudenciais

SDI-I 83. Aviso prévio. Indenizado. Prescrição. A prescrição começa a fluir no final da data do término do aviso prévio. Art. 487, § 1º, da CLT.

SDI-I 130. Prescrição. Ministério Público. Arguição. *Custos Legis*. Ilegitimidade. Ao exarar o parecer na remessa de ofício, na qualidade de *custos legis*, o Ministério Público não tem legitimidade para arguir a prescrição em favor de entidade de direito público, em matéria de direito patrimonial.

SDI-I 361. Aposentadoria espontânea. Unicidade do contrato de trabalho. Multa de 40% do FGTS sobre todo o período. A aposentadoria espontânea não é causa de extinção do contrato de trabalho se o empregado permanece prestando serviços ao empregador após a jubilação. Assim, por ocasião da sua dispensa imotivada, o empregado tem direito à multa de 40% do FGTS sobre a totalidade dos depósitos efetuados no curso do pacto laboral.

SDI-I 375. Auxílio-doença. Aposentadoria por invalidez. Suspensão do contrato de trabalho. Prescrição. Contagem. A suspensão do contrato de trabalho, em virtude da percepção do auxílio-doença ou da aposentadoria por invalidez, não impede a fluência da prescrição quinquenal, ressalvada a hipótese de absoluta impossibilidade de acesso ao Judiciário.

SDI-I 392. Prescrição. Interrupção. Ajuizamento de protesto judicial. Marco Inicial. O protesto judicial é medida aplicável no processo do trabalho, por força do art. 769 da CLT e do art. 15 do CPC de 2015. O ajuizamento da ação, por si só, interrompe o prazo prescricional, em razão da inaplicabilidade do § 2º do art. 240 do CPC de 2015 (§ 2º do art. 219 do CPC de 1973), incompatível com o disposto no art. 841 da CLT.

SDI-I 401. Prescrição. Marco inicial. Ação condenatória. Trânsito em julgado da ação declaratória com mesma causa de pedir remota ajuizada antes da extinção do contrato de trabalho. O marco inicial da contagem do prazo prescricional para o ajuizamento de ação condenatória, quando advém a dispensa do empregado no curso de ação declaratória que possua a mesma causa de pedir remota, é o trânsito em julgado da decisão proferida na ação declaratória e não a data da extinção do contrato de trabalho.

Art. 11-A. Ocorre a prescrição intercorrente no processo do trabalho no prazo de dois anos. *(Artigo acrescido pela Lei 13.467/2017)*

§ 1º A fluência do prazo prescricional intercorrente inicia-se quando o exequente deixa de cumprir determinação judicial no curso da execução.

▸ Art. 2º da IN 41/2018 do TST (Dispõe sobre a aplicação das normas processuais da CLT alteradas pela Lei 13.467/2017).

§ 2º A declaração da prescrição intercorrente pode ser requerida ou declarada de ofício em qualquer grau de jurisdição.

Art. 12. Os preceitos concernentes ao regime de seguro social são objeto de lei especial.

▸ Arts. 194 a 204 da CF.

▸ Lei 8.212/1991 (Seguridade Social)
▸ Lei 8.213/1991 (Planos de Benefícios da Previdência Social)
▸ Lei 8.742/1993 (Lei Orgânica da Assistência Social)

TÍTULO II
DAS NORMAS GERAIS DE TUTELA DO TRABALHO

CAPÍTULO I
DA IDENTIFICAÇÃO PROFISSIONAL

Seção I
Da Carteira de Trabalho e Previdência Social

Art. 13. A Carteira de Trabalho e Previdência Social é obrigatória para o exercício de qualquer emprego, inclusive de natureza rural, ainda que em caráter temporário, e para o exercício por conta própria de atividade profissional remunerada. (Caput *com redação pelo Dec.-lei 926/1969*)

▸ Art. 55 desta Consolidação.
▸ Lei 6.019/1974 (Trabalho Temporário)
▸ Art. 29 do Dec.-lei 229/1967 (Altera dispositivos da CLT)
▸ Inst. Normativa 18/2014 da SRT/MTE (Registro de empresas de trabalho temporário)
▸ Súmula 225 do STF.
▸ Súmula 12 do TST.
▸ Súmula 75 do JEF.
▸ PNs 5 e 105 do TST.

CLT
Art. 55. Incorrerá na multa de valor igual a 1 (um) salário-mínimo regional a emprêsa que infringir o art. 13 e seus parágrafos.

Súmulas

STF 225. Não é absoluto o valor probatório das anotações da carteira profissional.

TST 12. Carteira profissional. As anotações apostas pelo empregador na carteira profissional do empregado não geram presunção *juris et de jure*, mas apenas *juris tantum*.

Precedentes Normativos

TST 5. Anotações de comissões. O empregador é obrigado a anotar, na CTPS, o percentual das comissões a que faz jus o empregado.

TST 105. Anotação na carteira profissional. As empresas ficam obrigadas a anotar na carteira de trabalho a função efetivamente exercida pelo empregado, observada a Classificação Brasileira de Ocupações (CBO)

§ 1º O disposto neste artigo aplica-se, igualmente, a quem: *(§ 1º e incisos com redação pelo Dec.-lei 926/1969)*

I – proprietário rural ou não, trabalhe individualmente ou em regime de economia familiar, assim entendido o trabalho dos membros da mesma família, indispensável à própria subsistência, e exercido em condições de mútua dependência e colaboração;

II – em regime de economia familiar e sem empregado, explore área não excedente do módulo rural ou de outro limite que venha a ser fixado, para cada região, pelo Ministério do Trabalho e Previdência Social.

▸ Art. 4º, I a III, da Lei 4.504/1964 (Estatuto da Terra)

Lei 4.504/1964

Art. 4º Para os efeitos desta Lei, definem-se: (...)

II – "Propriedade Familiar", o imóvel rural que, direta e pessoalmente explorado pelo agricultor e sua família, lhes absorva toda a força de trabalho, garantindo-lhes a subsistência e o progresso social e econômico, com área máxima fixada para cada região e tipo de exploração, e eventualmente trabalho com a ajuda de terceiros;

III – "Módulo Rural", a área fixada nos termos do inciso anterior.

Decreto-lei 229/1967

Art. 29. Aplicam-se ao trabalhador rural as disposições do Capítulo I do Título II da CLT, com as alterações determinadas neste Decreto-lei.

§ 2º A Carteira de Trabalho e Previdência Social (CTPS) obedecerá aos modelos que o Ministério da Economia adotar. (*§ 2º com redação pela Lei 13.874/2019*)

▸ Arts. 13 e ss. da Port 671/2021 do MTP (Registro de empregados, anotações na Carteira de Trabalho e registro do horário de trabalho)
▸ Portaria 210/2008 do MTE (Carteira de Trabalho e Previdência Social informatizada)

§ 3º *Revogado pela Lei 13.874/2019.*

§ 4º *Revogado pela Lei 13.874/2019.*

Seção II
Da emissão da Carteira de Trabalho
e Previdência Social

Art. 14. A CTPS será emitida pelo Ministério da Economia preferencialmente em meio eletrônico. (*Caput com redação pela Lei 13.874/2019*)

▸ Dec.-lei 926/1969 (Carteira de Trabalho e Previdência Social – CTPS)
▸ Portaria 3/2015 da SPPE (Procedimentos para emissão de CTPS para brasileiros)
▸ Portaria 4/2015 da SPPE (Procedimentos para emissão de CTPS para estrangeiros)

Parágrafo único. Excepcionalmente, a CTPS poderá ser emitida em meio físico, desde que: (*Parágrafo único com redação pela Lei 13.874/2019*)

I – nas unidades descentralizadas do Ministério da Economia que forem habilitadas para a emissão; (*Inciso I acrescido pela Lei 13.874/2019*)

II – mediante convênio, por órgãos federais, estaduais e municipais da administração direta ou indireta; (*Inciso II acrescido pela Lei 13.874/2019*)

III – mediante convênio com serviços notariais e de registro, sem custos para a administração, garantidas as condições de segurança das informações. (*Inciso III acrescido pela Lei 13.874/2019*)

Art. 15. Os procedimentos para emissão da CTPS ao interessado serão estabelecidos pelo Ministério da Economia em regulamento próprio, privilegiada a emissão em formato eletrônico. (*Artigo com redação pela Lei 13.874/2019*)

Art. 16. A CTPS terá como identificação única do empregado o número de inscrição no Cadastro de Pessoas Físicas (CPF). (*Caput com redação dada pela Lei 13.874/2019*).

I a IV – *Revogados pela Lei 13.874/2019.*

Parágrafo único. *Revogado pela Lei 13.874/2019.*

▸ Art. 1º da Lei 9.465/1997 (Fornecimento gratuito de registro extemporâneo de nascimento)

Lei 9.465/1997
Art. 1º Não haverá incidência de emolumentos ou multas no registro de nascimento efetuado fora de prazo, quando destinado à obtenção de Carteira do Trabalho e Previdência Social.

Art. 17. *Revogado pela Lei 13.874/2019.*

Arts. 18 e 19. *Revogados pela Lei 7.855/1989.*

Art. 20. *Revogado pela Lei 13.874/2019.*

Art. 21. *Revogado pela Lei 13.874/2019.*

Arts. 22 a 24. *Revogados pelo Dec.-lei 926/1969.*

Seção III
Da entrega das Carteiras de Trabalho
e Previdência Social

Art. 25. *Revogado pela Lei 13.874/2019.*

Art. 26. *Revogado pela Lei 13.874/2019.*

Arts. 27 e 28. *Revogados pela Lei 7.855/1989.*

Seção IV
Das anotações

Art. 29. O empregador terá o prazo de 5 (cinco) dias úteis para anotar na CTPS, em relação aos trabalhadores que admitir, a data de admissão, a remuneração e as condições especiais, se houver, facultada a adoção de sistema manual, mecânico ou eletrônico, conforme instruções a serem expedidas pelo Ministério da Economia. (*Caput com redação pela Lei 13.874/2019*)

▸ Arts. 36 e 443 desta Consolidação.
▸ Art. 203, § 1º, II, do CP.
▸ Art. 52, I, da LC 123/2006 (Estatuto da Microempresa)
▸ Art. 9º da LC 150/2015 (Lei dos Domésticos)
▸ Art. 1º da Lei 2.959/1956 (Contratos por obra ou serviço certo)
▸ Arts. 13 e ss. da Portaria 671/2021 do MTP (Registro e anotação de Carteira de Trabalho e Previdência Social de empregados)
▸ Súmula 225 do STF.
▸ Súmula 12 do TST.
▸ PN 105 do TST.

CLT
Art. 53. A empresa que receber Carteira de Trabalho e Previdência Social para anotar e a retiver por mais de 48 (quarenta e oito) horas ficará sujeita à multa de valor igual à metade do salário mínimo regional.

LC 123/2006
Art. 52. O disposto no art. 51 desta Lei Complementar não dispensa as microempresas e as empresas de pequeno porte dos seguintes procedimentos:
I – anotações na Carteira de Trabalho e Previdência Social – CTPS; (...)

Súmulas
STF 225. Não é absoluto o valor probatório das anotações da carteira profissional.

TST 12. Carteira profissional. As anotações apostas pelo empregador na carteira profissional do empregado não geram presunção *juris et de jure*, mas apenas *juris tantum*.

Precedente Normativo
TST 105. Anotação na carteira profissional. As empresas ficam obrigadas a anotar na carteira de trabalho a função efetivamente exercida pelo empregado, observada a Classificação Brasileira de Ocupações (CBO)

§ 1º As anotações concernentes à remuneração devem especificar o salário, qualquer que seja sua forma e pagamento, seja ele em dinheiro ou em utilidades, bem como a estimativa da gorjeta. (*§ 1º com redação pelo Dec.-lei 229/1967*)

▸ Arts. 457, 458 e 582, § 2º, desta Consolidação.
▸ PN 5 do TST.

CLT
Art. 457. Compreendem-se na remuneração do empregado, para todos os efeitos legais, além do salário devido e pago diretamente pelo empregador, como contraprestação do serviço, as gorjetas que receber.
§ 1º Integram o salário a importância fixa estipulada, as gratificações legais e as comissões pagas pelo empregador.
§ 2º As importâncias, ainda que habituais, pagas a título de ajuda de custo, auxílio-alimentação, vedado seu pagamento em dinheiro, diárias para viagem, prêmios e abonos não integram a remuneração do empregado, não se incorporam ao contrato de trabalho e não constituem base de incidência de qualquer encargo trabalhista e previdenciário.
§ 3º Considera-se gorjeta não só a importância espontaneamente dada pelo cliente ao empregado, como também o valor cobrado pela empresa, como serviço ou adicional, a qualquer título, e destinado à distribuição aos empregados.
§ 4º Consideram-se prêmios as liberalidades concedidas pelo empregador em forma de bens, serviços ou valor em dinheiro a empregado ou a grupo de empregados, em razão de desempenho superior ao ordinariamente esperado no exercício de suas atividades.

Precedente Normativo
TST 5. Anotações de comissões. O empregador é obrigado a anotar, na CTPS, o percentual das comissões a que faz jus o empregado.

§ 2º As anotações na Carteira de Trabalho e Previdência Social serão feitas: (*§ 2º e alíneas com redação pela Lei 7.855/1989*)

a) na data-base;

b) a qualquer tempo, por solicitação do trabalhador;

c) no caso de rescisão contratual; ou

▸ OJ 82 da SDI-I do TST.

Orientação Jurisprudencial

SDI-I 82. Aviso-prévio. Baixa na CTPS. A data de saída a ser anotada na CTPS deve corresponder à do término do prazo do aviso-prévio, ainda que indenizado.

d) necessidade de comprovação perante a Previdência Social.

§ 3º A falta de cumprimento pelo empregador do disposto neste artigo acarretará a lavratura do auto de infração, pelo Fiscal do Trabalho, que deverá, de ofício, comunicar a falta de anotação ao órgão competente, para o fim de instaurar o processo de anotação. *(§ 3º com redação pela Lei 7.855/1989)*

§ 4º É vedado ao empregador efetuar anotações desabonadoras à conduta do empregado em sua Carteira de Trabalho e Previdência Social. *(§ 4º acrescido pela Lei 10.270/2001)*

§ 5º O descumprimento do disposto no § 4º deste artigo submeterá o empregador ao pagamento de multa prevista no artigo 52 deste Capítulo. *(§ 5º acrescido pela Lei 10.270/2001)*

▸ Súmula 12 do TST.

§ 6º A comunicação pelo trabalhador do número de inscrição no CPF ao empregador equivale à apresentação da CTPS em meio digital, dispensado o empregador da emissão de recibo. *(§ 6º acrescido pela Lei 13.874/2019)*

§ 7º Os registros eletrônicos gerados pelo empregador nos sistemas informatizados da CTPS em meio digital equivalem às anotações a que se refere esta Lei. *(§ 7º acrescido pela Lei 13.874/2019)*

§ 8º O trabalhador deverá ter acesso às informações da sua CTPS no prazo de até 48 (quarenta e oito) horas a partir de sua anotação. *(§ 8º acrescido pela Lei 13.874/2019)*

Art. 29-A. O empregador que infringir o disposto no *caput* e no § 1º do art. 29 desta Consolidação ficará sujeito a multa no valor de R$ 3.000,00 (três mil reais) por empregado prejudicado, acrescido de igual valor em cada reincidência. (Artigo acrescido pela Lei 14.438/2022)

§ 1º No caso de microempresa ou de empresa de pequeno porte, o valor final da multa aplicada será de R$ 800,00 (oitocentos reais) por empregado prejudicado.

§ 2º A infração de que trata o *caput* deste artigo constitui exceção ao critério da dupla visita.

Art. 29-B. Na hipótese de não serem realizadas as anotações a que se refere o § 2º do art. 29 desta Consolidação, o empregador ficará sujeito a multa no valor de R$ 600,00 (seiscentos reais) por empregado prejudicado. (Artigo acrescido pela Lei 14.438/2022)

Arts. 30 a 34. *Revogados pela Lei 13.874/2019.*

Art. 35. *Revogado pela Lei 6.533/1978.*

<div align="center">

Seção V
Das reclamações por falta ou recusa de anotação
</div>

Art. 36. Recusando-se a empresa a fazer as anotações a que se refere o artigo 29 ou a devolver a Carteira de Trabalho e Previdência Social recebida, poderá o empregado comparecer, pessoalmente ou por intermédio de seu sindicato, perante a Delegacia Regional ou órgão autorizado, para apresentar reclamação. *(Artigo com redação pelo Dec.-lei 229/1967)*

Art. 37. No caso do artigo 36, lavrado o termo de reclamação, determinar-se-á a realização de diligência para instrução do feito, observado, se for o caso, o disposto no § 2º do artigo 29, notificando-se posteriormente o reclamado por carta registrada, caso persista a recusa, para que, em dia e hora previamente designados, venha prestar esclarecimentos ou efetuar as devidas anotações na Carteira de Trabalho e Previdência Social ou sua entrega. *(Artigo com redação pelo Dec.-lei 229/1967)*

CLT

Art. 54. A empresa que, tendo sido intimada, não comparecer para anotar a Carteira de Trabalho e Previdência Social de seu empregado, ou cujas alegações para recusa tenham sido julgadas improcedentes, ficará sujeita à multa de valor igual a 1 (um) salário-mínimo regional.

Parágrafo único. Não comparecendo o reclamado, lavrar-se-á termo de ausência, sendo considerado revel e confesso sobre os termos da reclamação feita, devendo as anotações ser efetuadas por despacho da autoridade que tenha processado a reclamação. *(Parágrafo único com redação pelo Dec.-lei 229/1967)*

Art. 38. Comparecendo o empregador e recusando-se a fazer as anotações reclamadas, será lavrado um termo de comparecimento, que deverá conter, entre outras indicações, o lugar, o dia e hora de sua lavratura, o nome e a residência do empregador, assegurando-se-lhe o prazo de quarenta e oito horas, a contar do termo, para apresentar defesa.

Parágrafo único. Findo o prazo para a defesa, subirá o processo à autoridade administrativa de primeira instância, para se ordenarem diligências, que completem a instrução do feito, ou para julgamento, se o caso estiver suficientemente esclarecido.

Art. 39. Verificando-se que as alegações feitas pelo reclamado versam sobre a não existência de relação de emprego, ou sendo impossível verificar essa condição pelos meios administrativos, será o processo encaminhado à Justiça do Trabalho, ficando, nesse caso, sobrestado o julgamento do auto de infração que houver sido lavrado. *(Artigo com redação pelo Dec.-lei 229/1967)*

§ 1º Se não houver acordo, a Junta de Conciliação e Julgamento, em sua sentença, ordenará que a Secretaria efetue as devidas anotações, uma vez transitada em julgado, e faça a comunicação à autoridade competente para o fim de aplicar a multa cabível. *(§ 1º acrescido pelo Dec.-lei 229/1967)*

▸ A EC 24/1999 extinguiu a representação classista na Justiça do Trabalho, substituindo as Juntas de Conciliação e Julgamento pelas Varas da Justiça do Trabalho.

§ 2º Igual procedimento observar-se-á no caso de processo trabalhista de qualquer natureza, quando for verificada a falta de anotações na Carteira de Trabalho e Previdência Social, devendo o Juiz, nesta hipótese, mandar proceder, desde logo, àquelas sobre as quais não houver controvérsia. *(§ 2º acrescido pelo Dec.-lei 229/1967)*

<div align="center">

Seção VI
Do valor das anotações
</div>

Art. 40. A CTPS regularmente emitida e anotada servirá de prova: (Caput *com redação pela Lei 13.874/2019)*

▸ Súmula 225 do STF.
▸ Súmula 12 do TST.

Súmulas

STF 225. Não é absoluto o valor probatório das anotações da carteira profissional.

TST 12. Carteira profissional. As anotações apostas pelo empregador na carteira profissional do empregado não geram presunção *juris et de jure*, mas apenas *juris tantum*.

I – nos casos de dissídio na Justiça do Trabalho entre a empresa e o empregado por motivo de salário, férias ou tempo de serviço;

II – *Revogado pela Lei 13.874/2019.*

III – para cálculo de indenização por acidente do trabalho ou moléstia profissional.

Seção VII
Dos livros de registro de empregados

Art. 41. Em todas as atividades será obrigatório para o empregador o registro dos respectivos trabalhadores, podendo ser adotados livros, fichas ou sistema eletrônico, conforme instruções a serem expedidas pelo Ministério do Trabalho. *(Artigo com redação pela Lei 7.855/1989)*

▶ Arts. 51 e 52 da LC 123/2006 (Estatuto da Microempresa)
▶ Dec. 8.373/2014 (Institui o Sistema de Escrituração Digital das Obrigações Fiscais, Previdenciárias e Trabalhistas – eSocial)
▶ Res. 1/2015 do MTE (Sistema de Escrituração Digital das Obrigações Fiscais, Previdenciárias e Trabalhistas – eSocial)
▶ Arts. 13 e ss da Portaria 671/2021 do MTP (Registro de empregados, anotações na Carteira de Trabalho e registro do horário de trabalho)

LC 123/2006

Art. 51. As microempresas e as empresas de pequeno porte são dispensadas:

I – da afixação de Quadro de Trabalho em suas dependências;

II – da anotação das férias dos empregados nos respectivos livros ou fichas de registro;

III – de empregar e matricular seus aprendizes nos cursos dos Serviços Nacionais de Aprendizagem;

IV – da posse do livro intitulado "Inspeção do Trabalho"; e

V – de comunicar ao Ministério do Trabalho e Emprego a concessão de férias coletivas.

Art. 52. O disposto no art. 51 desta Lei Complementar não dispensa as microempresas e as empresas de pequeno porte dos seguintes procedimentos:

I – anotações na Carteira de Trabalho e Previdência Social – CTPS;

II – arquivamento dos documentos comprobatórios de cumprimento das obrigações trabalhistas e previdenciárias, enquanto não prescreverem essas obrigações;

III – apresentação da Guia de Recolhimento do Fundo de Garantia do Tempo de Serviço e Informações à Previdência Social – GFIP;

IV – apresentação das Relações Anuais de Empregados e da Relação Anual de Informações Sociais – RAIS e do Cadastro Geral de Empregados e Desempregados – CAGED.

Parágrafo único. Além da qualificação civil ou profissional de cada trabalhador, deverão ser anotados todos os dados relativos à sua admissão no emprego, duração e efetividade do trabalho, a férias, acidentes e demais circunstâncias que interessem à proteção do trabalhador. *(Parágrafo único com redação pela Lei 7.855/1989)*

Art. 42. *Revogado pela Lei 10.243/2001.*

Arts. 43 e 44. *Revogados pela Lei 7.855/1989.*

Arts. 45 e 46. *Revogados pelo Dec.-lei 229/1967.*

Art. 47. O empregador que mantiver empregado não registrado nos termos do art. 41 desta Consolidação ficará sujeito a multa no valor de R$ 3.000,00 (três mil reais) por empregado não registrado, acrescido de igual valor em cada reincidência. (Caput *com redação pela Lei 13.467/2017)*

§ 1º Especificamente quanto à infração a que se refere o *caput* deste artigo, o valor final da multa aplicada será de R$ 800,00 (oitocentos reais) por empregado não registrado, quando se tratar de microempresa ou empresa de pequeno porte. *(Primitivo parágrafo único renumerado e com redação pela Lei 13.467/2017)*

§ 2º A infração de que trata o *caput* deste artigo constitui exceção ao critério da dupla visita. *(§ 2º acrescido pela Lei 13.467/2017)*

Art. 47-A. Na hipótese de não serem informados os dados a que se refere o parágrafo único do art. 41 desta Consolidação, o empregador ficará sujeito à multa de R$ 600,00 (seiscentos reais) por empregado prejudicado. *(Artigo acrescido pela Lei 13.467/2017)*

Art. 48. As multas previstas nesta Seção serão aplicadas pelas Delegacias Regionais do Trabalho.

▶ O Dec.-lei 229/1967 substituiu as autoridades regionais de primeira instância do Ministério do Trabalho, Indústria e Comércio por Delegacias Regionais do Trabalho.
▶ O Dec. 6.341/2008 substituiu a designação "Delegacias Regionais do Trabalho" por "Superintendências Regionais do Trabalho e Emprego".
▶ Arts. 74 e ss da Port. 667/2021 do MTE (Multas administrativas)

Seção VIII
Das penalidades

Art. 49. Para os efeitos da emissão, substituição ou anotação de Carteiras de Trabalho e Previdência Social, considerar-se-á crime de falsidade, com as penalidades previstas no artigo 299 do Código Penal: *(Artigo e incisos com redação pelo Dec.-lei 229/1967)*

▶ Art. 299 do CP.
▶ Súmula 62 do STJ.

Código Penal

Art. 299. Omitir, em documento público ou particular, declaração que dele devia constar, ou nele inserir ou fazer inserir declaração falsa ou diversa da que devia ser escrita, com o fim de prejudicar direito, criar obrigação ou alterar a verdade sobre fato juridicamente relevante:
Pena – reclusão, de um a cinco anos, e multa, se o documento é público, e reclusão de um a três anos, e multa, se o documento é particular.
Parágrafo único. Se o agente é funcionário público, e comete o crime prevalecendo-se do cargo, ou se a falsificação ou alteração é de assentamento de registro civil, aumenta-se a pena de sexta parte.

I – fazer, no todo ou em parte, qualquer documento falso ou alterar o verdadeiro;

II – afirmar falsamente a sua própria identidade, filiação, lugar de nascimento, residência, profissão ou estado civil e beneficiários, ou atestar os de outra pessoa;

III – servir-se de documentos, por qualquer forma falsificados;

IV – falsificar, fabricando ou alterando, ou vender, usar ou possuir Carteiras de Trabalho e Previdência Social assim alteradas;

V – anotar dolosamente em Carteira de Trabalho e Previdência Social ou registro de empregado, ou confessar ou declarar, em juízo ou fora dele, data de admissão em emprego diversa da verdadeira.

Art. 50. Comprovando-se falsidade, quer nas declarações para emissão de Carteira de Trabalho e Previdência Social, quer nas respectivas anotações, o fato será levado ao conhecimento da autoridade que houver emitido a carteira, para fins de direito.

Art. 51. Incorrerá em multa de valor igual a três vezes o salário mínimo regional aquele que, comerciante ou não, vender ou expuser à venda qualquer tipo de carteira igual ou semelhante ao tipo oficialmente adotado. *(Artigo com redação pelo Dec.-lei 229/1967)*

▶ Art. 7º, IV, da CF.
▶ Arts. 74 e ss. da Portaria 667/2021 do MTE (Multas administrativas)

Art. 52. O extravio ou inutilização da Carteira de Trabalho e Previdência Social por culpa da empresa sujeitará

esta à multa de valor igual à metade do salário mínimo regional. *(Artigo com redação pelo Dec.-lei 926/1969)*

▶ Art. 7º, IV, da CF.
▶ Art. 29, §§ 4º e 5º, desta Consolidação.
▶ Arts. 74 e ss. da Portaria 667/2021 do MTE (Multas administrativas)

CLT
Art. 29. A Carteira de Trabalho e Previdência Social será obrigatoriamente apresentada, contra recibo, pelo trabalhador ao empregador que o admitir, o qual terá o prazo de quarenta e oito horas para nela anotar, especificamente, a data de admissão, a remuneração e as condições especiais, se houver, sendo facultada a adoção de sistema manual, mecânico ou eletrônico, conforme instruções a serem expedidas pelo Ministério do Trabalho. (...)

§ 4º É vedado ao empregador efetuar anotações desabonadoras à conduta do empregado em sua Carteira de Trabalho e Previdência Social.

§ 5º O descumprimento do disposto no § 4º deste artigo submeterá o empregador ao pagamento de multa prevista no art. 52 deste Capítulo.

Art. 53. *Revogado pela Lei 13.874/2019.*

Art. 54. *Revogado pela Lei 13.874/2019.*

Art. 55. Incorrerá na multa de valor igual a um salário mínimo regional a empresa que infringir o artigo 13 e seus parágrafos. *(Artigo com redação pelo Dec.-lei 229/1967)*

▶ Art. 7º, IV, da CF.
▶ Arts. 74 e ss. da Portaria 667/2021 do MTE (Multas administrativas)

Art. 56. *Revogado pela Lei 13.874/2019.*

CAPÍTULO II
DA DURAÇÃO DO TRABALHO

Seção I
Disposição preliminar

Art. 57. Os preceitos deste Capítulo aplicam-se a todas as atividades, salvo as expressamente excluídas, constituindo exceções as disposições especiais, concernentes estritamente a peculiaridades profissionais constantes do Capítulo I do Título III.

▶ Arts. 7º e 62 desta Consolidação.
▶ Súmulas 55, 61, 96,102, 109, 112, 113, 119, 124, 143, 287, 346, 351, 370, 391 do TST.
▶ OJs 60, 178, 332 e 403 da SDI-I do TST.
▶ PN 31 do TST.

CLT
Art. 62. Não são abrangidos pelo regime previsto neste capítulo:
I – os empregados que exercem atividade externa incompatível com a fixação de horário de trabalho, devendo tal condição ser anotada na Carteira de Trabalho e Previdência Social e no registro de empregados;
II – os gerentes, assim considerados os exercentes de cargos de gestão, aos quais se equiparam, para efeito do disposto neste artigo, os diretores e chefes de departamento ou filial;
III – os empregados em regime de teletrabalho que prestam serviço por produção ou tarefa.
Parágrafo único. O regime previsto neste capítulo será aplicável aos empregados mencionados no inciso II deste artigo, quando o salário do cargo de confiança, compreendendo a gratificação de função, se houver, for inferior ao valor do respectivo salário efetivo acrescido de 40% (quarenta por cento)

Súmulas
TST 55. Financeiras As empresas de crédito, financiamento ou investimento, também denominadas financeiras, equiparam-se aos estabelecimentos bancários para os efeitos do art. 224 da CLT.

TST 119. Jornada de trabalho. Os empregados de empresas distribuidoras e corretoras de títulos e valores mobiliários não têm direito à jornada especial dos bancários.

TST 143. Salário profissional O salário profissional dos médicos e dentistas guarda proporcionalidade com as horas efetivamente trabalhadas, respeitado o mínimo de 50 (cinquenta) horas mensais.

TST 351. Professor. Repouso semanal remunerado. Art. 7º, § 2º, da Lei 605, de 05.01.1949 e art. 320 da CLT O professor que recebe salário mensal à base de hora-aula tem direito ao acréscimo de 1/6 (um sexto)

a título de repouso semanal remunerado, considerando-se para esse fim o mês de quatro semanas e meia.

Orientações Jurisprudenciais
SDI-I 403. Advogado empregado. Contratação anterior a Lei 8.906, de 04.07.1994. Jornada de trabalho mantida com o advento da Lei. Dedicação exclusiva. Caracterização. O advogado empregado contratado para jornada de 40 (quarenta) horas semanais, antes da edição da Lei 8.906, de 04.07.1994, está sujeito ao regime de dedicação exclusiva disposto no art. 20 da referida lei, pelo que não tem direito à jornada de 20 (vinte) horas semanais ou 4 diárias.

Seção II
Da jornada de trabalho

Art. 58. A duração normal do trabalho, para os empregados em qualquer atividade privada, não excederá de oito horas diárias, desde que não seja fixado expressamente outro limite.

▶ Art. 7º, XIII e XIV, da CF.
▶ Arts. 4º e 414 desta Consolidação.
▶ Art. 60, § 1º, do Dec. 9.579/2018 (Regulamenta a contratação de aprendizes).
▶ Súmula 675 do STF.
▶ Súmulas 24, 110, 360, 370, 423, 428, 431 e 444 do TST.
▶ OJs 274, 275, 360 e 396 da SDI-I do TST.

Constituição Federal
Art. 7º São direitos dos trabalhadores urbanos e rurais, além de outros que visem à melhoria de sua condição social: (...)
XIII – duração do trabalho normal não superior a oito horas diárias e quarenta e quatro semanais, facultada a compensação de horários e a redução da jornada, mediante acordo ou convenção coletiva de trabalho;
XIV – jornada de seis horas para o trabalho realizado em turnos ininterruptos de revezamento, salvo negociação coletiva;

CLT
Art. 4º Considera-se como de serviço efetivo o período em que o empregado esteja à disposição do empregador, aguardando ou executando ordens, salvo disposição especial expressamente consignada.
§ 1º Computar-se-ão, na contagem de tempo de serviço, para efeito de indenização e estabilidade, os períodos em que o empregado estiver afastado do trabalho prestando serviço militar e por motivo de acidente do trabalho.
§ 2º Por não se considerar tempo à disposição do empregador, não será computado como período extraordinário o que exceder a jornada normal, ainda que ultrapasse o limite de cinco minutos previsto no § 1º do art. 58 desta Consolidação, quando o empregado, por escolha própria, buscar proteção pessoal, em caso de insegurança nas vias públicas ou más condições climáticas, bem como adentrar ou permanecer nas dependências da empresa para exercer atividades particulares, entre outras:
I – práticas religiosas;
II – descanso;
III – lazer;
IV – estudo;
V – alimentação;
VI – atividades de relacionamento social;
VII – higiene pessoal;
VIII – troca de roupa ou uniforme, quando não houver obrigatoriedade de realizar a troca na empresa.

Art. 414. Quando o menor de 18 (dezoito) anos for empregado em mais de um estabelecimento, as horas de trabalho em cada um serão totalizadas.

Dec. 9.579/2018
Art. 60. A jornada de trabalho do aprendiz não excederá seis horas diárias.
§ 1º Para os aprendizes que já tenham concluído o ensino fundamental, a jornada de trabalho poderá ser de até oito horas diárias, desde que nessa carga horária sejam computadas as horas destinadas à aprendizagem teórica.

Súmulas
STF 675. Intervalos fixados para descanso e alimentação durante a jornada de seis horas não descaracterizam o sistema de turnos ininterruptos de revezamento para o efeito do art. 7º, XIV, da Constituição.

TST 360. Turnos ininterruptos de revezamento. Intervalos intrajornada e semanal. A interrupção do trabalho destinada a repouso e alimentação, dentro de cada turno, ou o intervalo para repouso semanal, não

descaracteriza o turno de revezamento com jornada de 6 (seis) horas previsto no art. 7º, XIV, da CF/1988.

TST 370. Médico e engenheiro. Jornada de Trabalho. Leis 3.999/1961 e 4.950-A/1966. Tendo em vista que as Leis 3.999/1961 e 4.950-A/1966 não estipulam a jornada reduzida, mas apenas estabelecem o salário mínimo da categoria para uma jornada de 4 horas para os médicos e de 6 horas para os engenheiros, não há que se falar em horas extras, salvo as excedentes à oitava, desde que seja respeitado o salário mínimo/horário das categorias.

TST 423. Turno ininterrupto de revezamento. Fixação de jornada de trabalho mediante negociação coletiva. Validade. Estabelecida jornada superior a seis horas e limitada a oito horas por meio de regular negociação coletiva, os empregados submetidos a turnos ininterruptos de revezamento não tem direito ao pagamento da 7ª e 8ª horas como extras.

Orientações Jurisprudenciais

SDI-I 274. Turno ininterrupto de revezamento. Ferroviário. Horas extras. Devidas. O ferroviário submetido a escalas variadas, com alternância de turnos, faz *jus* à jornada especial prevista no art. 7º, XIV, da CF/1988.

SDI-I 275. Turno ininterrupto de revezamento. Horista. Horas extras e adicional. Devidos. Inexistindo instrumento coletivo fixando jornada diversa, o empregado horista submetido a turno ininterrupto de revezamento faz *jus* ao pagamento das horas extraordinárias laboradas além da 6ª, bem como ao respectivo adicional.

§ 1º Não serão descontadas nem computadas como jornada extraordinária as variações de horário no registro de ponto não excedentes de cinco minutos, observado o limite máximo de dez minutos diários. *(§ 1º acrescido pela Lei 10.243/2001)*

▸ Art. 74, § 2º, desta Consolidação.
▸ Súmula 449 do TST.
▸ OJ 358 da SDI-I do TST.

CLT

Art. 74. (...) § 2º Para os estabelecimentos de mais de dez trabalhadores será obrigatória a anotação da hora de entrada e de saída, em registro manual, mecânico ou eletrônico, conforme instruções a serem expedidas pelo Ministério do Trabalho, devendo haver pré-assinalação do período de repouso.

Súmulas

TST 449 Minutos que antecedem e sucedem a jornada de trabalho. Lei 10.243, de 19.06.2001. Norma coletiva. Flexibilização. Impossibilidade. A partir da vigência da Lei 10.243, de 19.06.2001, que acrescentou o § 1º ao art. 58 da CLT, não mais prevalece cláusula prevista em convenção ou acordo coletivo que elastece o limite de 5 minutos que antecedem e sucedem a jornada de trabalho para fins de apuração das horas extras.

§ 2º O tempo despendido pelo empregado desde a sua residência até a efetiva ocupação do posto de trabalho e para o seu retorno, caminhando ou por qualquer meio de transporte, inclusive o fornecido pelo empregador, não será computado na jornada de trabalho, por não ser tempo à disposição do empregador. *(§ 2º com redação pela Lei 13.467/2017)*

▸ OJ 36 da SDI-I Transitória do TST.

Orientação Jurisprudencial

SDI-I Transitória 36. Hora *in itinere*. Tempo gasto entre a portaria da empresa e o local do serviço. Devida. Açominas. Configura-se como hora *in itinere* o tempo gasto pelo obreiro para alcançar seu local de trabalho a partir da portaria da Açominas.

§ 3º *Revogado pela Lei 13.467/2017.*

Art. 58-A. Considera-se trabalho em regime de tempo parcial aquele cuja duração não exceda a trinta horas semanais, sem a possibilidade de horas suplementares semanais, ou, ainda, aquele cuja duração não exceda a vinte e seis horas semanais, com a possibilidade de acréscimo de até seis horas suplementares semanais. *(Caput com redação pela Lei 13.467/2017)*

▸ Art. 7º, VI, da CF
▸ Art. 3º da LC 150/2015 (Lei dos Domésticos)
▸ Art. 60, § 2º, do Dec. 9.579/2018 (Regulamenta a contratação de aprendizes).

CF

Art. 7º São direitos dos trabalhadores urbanos e rurais, além de outros que visem à melhoria de sua condição social (...)
VI – irredutibilidade do salário, salvo o disposto em convenção ou acordo coletivo;

Dec. 9.579/2018

Art. 60. A jornada de trabalho do aprendiz não excederá seis horas diárias. (...) § 2º A jornada semanal do aprendiz inferior a vinte e cinco horas não caracterizará trabalho em regime de tempo parcial, de que trata o art. 58-A da CLT, aprovada pelo Decreto-Lei nº 5.452, de 1943.

§ 1º O salário a ser pago aos empregados sob o regime de tempo parcial será proporcional à sua jornada, em relação aos empregados que cumprem, nas mesmas funções, tempo integral. *(§ 1º acrescido pela MP 2.164-41/2001)*

§ 2º Para os atuais empregados, a adoção do regime de tempo parcial será feita mediante opção manifestada perante a empresa, na forma prevista em instrumento decorrente de negociação coletiva. *(§ 2º acrescido pela MP 2.164-41/2001)*

▸ Art. 7º, XIII e XIV,, da CF.
▸ Art. 14 da Lei 7.394/1985 (Profissão de Técnico em Radiologia)
▸ Súmulas 291 e 360 do TST.
▸ OJ 358 da SDI-I do TST.

Orientação Jurisprudencial

SDI-I 358. Salário mínimo e piso salarial proporcional à jornada reduzida. Empregado. Servidor público. I – Havendo contratação para cumprimento de jornada reduzida, inferior à previsão constitucional de oito horas diárias ou quarenta e quatro semanais, é lícito o pagamento do piso salarial ou do salário mínimo proporcional ao tempo trabalhado. II – Na Administração Pública direta, autárquica e fundacional não é válida remuneração de empregado público inferior ao salário mínimo, ainda que cumpra jornada de trabalho reduzida. Precedentes do Supremo Tribunal Federal.

§ 3º As horas suplementares à duração do trabalho semanal normal serão pagas com o acréscimo de 50% (cinquenta por cento) sobre o salário-hora normal. *(§ 3º acrescido pela Lei 13.467/2017)*

§ 4º Na hipótese de o contrato de trabalho em regime de tempo parcial ser estabelecido em número inferior a vinte e seis horas semanais, as horas suplementares a este quantitativo serão consideradas horas extras para fins do pagamento estipulado no § 3º, estando também limitadas a seis horas suplementares semanais. *(§ 4º acrescido pela Lei 13.467/2017)*

§ 5º As horas suplementares da jornada de trabalho normal poderão ser compensadas diretamente até a semana imediatamente posterior à da sua execução, devendo ser feita a sua quitação na folha de pagamento do mês subsequente, caso não sejam compensadas. *(§ 5º acrescido pela Lei 13.467/2017)*

§ 6º É facultado ao empregado contratado sob regime de tempo parcial converter um terço do período de férias a que tiver direito em abono pecuniário. *(§ 6º acrescido pela Lei 13.467/2017)*

§ 7º As férias do regime de tempo parcial são regidas pelo disposto no art. 130 desta Consolidação. *(§ 7º acrescido pela Lei 13.467/2017)*

▸ Art. 130 desta Consolidação.

CLT

Art. 130. Após cada período de 12 (doze) meses de vigência do contrato de trabalho, o empregado terá direito a férias, na seguinte proporção:
I – 30 (trinta) dias corridos, quando não houver faltado ao serviço mais de 5 (cinco) vezes;
II – 24 (vinte e quatro) dias corridos, quando houver tido de 6 (seis) a 14 (quatorze) faltas;
III – 18 (dezoito) dias corridos, quando houver tido de 15 (quinze) a 23 (vinte e três) faltas;

IV – 12 (doze) dias corridos, quando houver tido de 24 (vinte e quatro) a 32 (trinta e duas) faltas.

§ 1º É vedado descontar, do período de férias, as faltas do empregado ao serviço.

§ 2º O período das férias será computado, para todos os efeitos, como tempo de serviço.

Art. 59. A duração diária do trabalho poderá ser acrescida de horas extras, em número não excedente de duas, por acordo individual, convenção coletiva ou acordo coletivo de trabalho. *(Caput com redação pela Lei 13.467/2017)*

▸ Art. 7º, XIII e XIV, da CF.
▸ Art. 61 do Dec. 9.579/2018 (Regulamenta a contratação de aprendizes).
▸ Súmulas 24, 45, 63, 85, 102, 109, 110, 113, 115, 118, 172, 253, 291, 347, 354, 370, 376 e 444 do TST.
▸ OJs 47, 233, 235, 242, 275, 332, 397 e 415 da SDI-I do TST.
▸ PN 32 do TST.

Dec. 9.579/2018

Art. 61. São vedadas a prorrogação e a compensação de jornada de trabalho.

Súmulas

TST 24. Serviço extraordinário Insere-se no cálculo da indenização por antiguidade o salário relativo a serviço extraordinário, desde que habitualmente prestado.

TST 45. Serviço suplementar. A remuneração do serviço suplementar, habitualmente prestado, integra o cálculo da gratificação natalina prevista na Lei 4.090, de 13.07.1962.

TST 63. Fundo de garantia. A contribuição para o Fundo de Garantia do Tempo de Serviço incide sobre a remuneração mensal devida ao empregado, inclusive horas extras e adicionais eventuais.

TST 110. Jornada de trabalho. Intervalo. No regime de revezamento, as horas trabalhadas em seguida ao repouso semanal de 24 (vinte e quatro) horas, com prejuízo do intervalo mínimo de 11 (onze) horas consecutivas para descanso entre jornadas, devem ser remuneradas como extraordinárias, inclusive com o respectivo adicional.

TST 115. Horas extras. Gratificações semestrais. O valor das horas extras habituais integra a remuneração do trabalhador para o cálculo das gratificações semestrais.

TST 118. Jornada de trabalho. Horas extras. Os intervalos concedidos pelo empregador, na jornada de trabalho, não previstos em lei, representam tempo à disposição da empresa, remunerados como serviço extraordinário, se acrescidos ao final da jornada.

TST 291. Horas extras. Habitualidade. Supressão. Indenização. A supressão total ou parcial, pelo empregador, de serviço suplementar prestado com habitualidade, durante pelo menos 1 (um) ano, assegura ao empregado o direito à indenização correspondente ao valor de 1 (um) mês das horas suprimidas, total ou parcialmente, para cada ano ou fração igual ou superior a seis meses de prestação de serviço acima da jornada normal. O cálculo observará a média das horas suplementares nos últimos 12 (doze) meses anteriores à mudança, multiplicada pelo valor da hora extra do dia da supressão.

TST 347. Horas extras habituais. Apuração. Média física. O cálculo do valor das horas extras habituais, para efeito de reflexos em verbas trabalhistas, observará o número de horas efetivamente prestadas e a ele aplica-se o valor do salário-hora da época do pagamento daquelas verbas.

TST 354. Gorjetas. Natureza jurídica. Repercussões. As gorjetas, cobradas pelo empregador na nota de serviço ou oferecidas espontaneamente pelos clientes, integram a remuneração do empregado, não servindo de base de cálculo para as parcelas de aviso-prévio, adicional noturno, horas extras e repouso semanal remunerado.

TST 376. Horas Extras. Limitação. Art. 59 da CLT. Reflexos. I – A limitação legal da jornada suplementar a duas horas diárias não exime o empregador de pagar todas as horas trabalhadas. II – O valor das horas extras habitualmente prestadas integra o cálculo dos haveres trabalhistas, independentemente da limitação prevista no *caput* do art. 59 da CLT.

Orientações Jurisprudenciais

SDI-I 47. Hora extra. Adicional de insalubridade. Base de cálculo. A base de cálculo da hora extra é o resultado da soma do salário contratual mais o adicional de insalubridade.

SDI-I 233. Horas extras. Comprovação de parte do período alegado. A decisão que defere horas extras com base em prova oral ou documental não ficará limitada ao tempo por ela abrangido, desde que o julgador fique convencido de que o procedimento questionado superou aquele período.

SDI-I 235. Horas extras. Salário por produção. O empregado que recebe salário por produção e trabalha em sobrejornada tem direito à percepção apenas do adicional de horas extras, exceto no caso do empregado cortador de cana, a quem é devido o pagamento das horas extras e do adicional respectivo.

SDI-I 332. Motorista. Horas extras. Atividade externa. Controle de jornada por tacógrafo. Resolução 816/1986 do Contran. O tacógrafo, por si só, sem a existência de outros elementos, não serve para controlar a jornada de trabalho de empregado que exerce atividade externa.

Precedente Normativo

TST 32. Jornada do estudante. Proíbe-se a prorrogação da jornada de trabalho do empregado estudante, ressalvadas as hipóteses dos arts. 59 e 61 da CLT.

§ 1º A remuneração da hora extra será, pelo menos, 50% (cinquenta por cento) superior à da hora normal. *(§ 1º com redação pela Lei 13.467/2017)*

▸ Art. 61 do Dec. 9.579/2018 (Regulamenta a contratação de aprendizes).
▸ Art. 20, § 2º, da Lei 8.906/1994 (Estatuto da Advocacia e da OAB)
▸ Súmulas 199, 226, 264 e 340 do TST.

Constituição Federal

Art. 7º São direitos dos trabalhadores urbanos e rurais, além de outros que visem à melhoria de sua condição social: (...) XVI – remuneração do serviço extraordinário superior, no mínimo, em cinquenta por cento à do normal;

Lei 8.906/1994

Art. 20 (...) § 2º As horas trabalhadas que excederem a jornada normal são remuneradas por um adicional não inferior a cem por cento sobre o valor da hora normal, mesmo havendo contrato escrito.

§ 2º Poderá ser dispensado o acréscimo de salário se, por força de acordo ou convenção coletiva de trabalho, o excesso de horas em um dia for compensado pela correspondente diminuição em outro dia, de maneira que não exceda, no período máximo de um ano, à soma das jornadas semanais de trabalho previstas, nem seja ultrapassado o limite máximo de dez horas diárias. *(§ 2º com redação pela MP 2.164-41/2001)*

▸ Art. 61 do Dec. 9.579/2018 (Regulamenta a contratação de aprendizes).
▸ Súmula 146 do TST.
▸ OJ 323 da SDI-I do TST.
▸ PN 87 do TST.

Orientações Jurisprudenciais

SDI-I 323. Acordo de compensação de jornada. "Semana espanhola". Validade. É válido o sistema de compensação de horário quando a jornada adotada é a denominada "semana espanhola", que alterna a prestação de 48 horas em uma semana e 40 horas em outra, não violando os arts. 59, § 2º, da CLT e 7º, XIII, da CF/1988 o seu ajuste mediante acordo ou convenção coletiva de trabalho.

§ 3º Na hipótese de rescisão do contrato de trabalho sem que tenha havido a compensação integral da jornada extraordinária, na forma dos §§ 2º e 5º deste artigo, o trabalhador terá direito ao pagamento das horas extras não compensadas, calculadas sobre o valor da remuneração na data da rescisão. *(§ 3º com redação pela Lei 13.467/2017)*

§ 4º *Revogado pela Lei 13.467/2017.*

§ 5º O banco de horas de que trata o § 2º deste artigo poderá ser pactuado por acordo individual escrito, desde que a compensação ocorra no período máximo de seis meses. *(§ 5º acrescido pela Lei 13.467/2017)*

§ 6º É lícito o regime de compensação de jornada estabelecido por acordo individual, tácito ou escrito, para a compensação no mesmo mês. *(§ 6º acrescido pela Lei 13.467/2017)*

Art. 59-A. Em exceção ao disposto no art. 59 desta Consolidação, é facultado às partes, mediante acordo individual escrito, convenção coletiva ou acordo coletivo

de trabalho, estabelecer horário de trabalho de doze horas seguidas por trinta e seis horas ininterruptas de descanso, observados ou indenizados os intervalos para repouso e alimentação. *(Artigo acrescido pela Lei 13.467/2017)*

Parágrafo único. A remuneração mensal pactuada pelo horário previsto no *caput* deste artigo abrange os pagamentos devidos pelo descanso semanal remunerado e pelo descanso em feriados, e serão considerados compensados os feriados e as prorrogações de trabalho noturno, quando houver, de que tratam o art. 70 e o § 5º do art. 73 desta Consolidação.

▶ Arts. 70 e 73 desta Consolidação.

CLT
Art. 70. Salvo o disposto nos artigos 68 e 69, é vedado o trabalho em dias feriados nacionais e feriados religiosos, nos termos da legislação própria.

Art. 73. Salvo nos casos de revezamento semanal ou quinzenal, o trabalho noturno terá remuneração superior a do diurno e, para esse efeito, sua remuneração terá um acréscimo de 20 % (vinte por cento), pelo menos, sobre a hora diurna. (...)
§ 5º Às prorrogações do trabalho noturno aplica-se o disposto neste capítulo.

Art. 59-B. O não atendimento das exigências legais para compensação de jornada, inclusive quando estabelecida mediante acordo tácito, não implica a repetição do pagamento das horas excedentes à jornada normal diária se não ultrapassada a duração máxima semanal, sendo devido apenas o respectivo adicional. *(Artigo acrescido pela Lei 13.467/2017)*

Parágrafo único. A prestação de horas extras habituais não descaracteriza o acordo de compensação de jornada e o banco de horas.

Art. 60. Nas atividades insalubres, assim consideradas as constantes dos quadros mencionados no Capítulo "Da Higiene e Segurança do Trabalho", ou que neles venham a ser incluídas por ato do Ministro do Trabalho, Indústria e Comércio, quaisquer prorrogações só poderão ser acordadas mediante licença prévia das autoridades competentes em matéria de higiene do trabalho, as quais, para esse efeito, procederão aos necessários exames locais e à verificação dos métodos e processos de trabalho, quer diretamente, quer por intermédio de autoridades sanitárias federais, estaduais e municipais, com quem entrarão em entendimento para tal fim.

▶ Vide nota sobre a atualização da CLT relativa aos Ministérios.
▶ A Lei 6.514/1977 alterou a denominação do Capítulo "Da Higiene e Segurança do Trabalho" para "Da Segurança e da Medicina do Trabalho".
▶ Art. 7º, XIII, e XXXIII, da CF.
▶ Art. 189 desta Consolidação.
▶ Arts. 64 e ss. da Portaria 671/2021 do MTP (prorrogação de jornada em atividade insalubre)

Parágrafo único. Excetuam-se da exigência de licença prévia as jornadas de doze horas de trabalho por trinta e seis horas ininterruptas de descanso. *(Parágrafo único acrescido pela Lei 13.467/2017)*

Art. 61. Ocorrendo necessidade imperiosa, poderá a duração do trabalho exceder do limite legal ou convencionado, seja para fazer face a motivo de força maior, seja para atender à realização ou conclusão de serviços inadiáveis ou cuja inexecução possa acarretar prejuízo manifesto.

▶ Art. 7º, XVI, da CF
▶ Arts. 413, II, e 501 desta Consolidação.
▶ Súmula 291 do TST.

CLT
Art. 413. É vedado prorrogar a duração normal diária do trabalho do menor, salvo: (...)
II – excepcionalmente, por motivo de força maior, até o máximo de 12 (doze) horas, com acréscimo salarial de, pelo menos, 25% (vinte e cinco por cento) sobre a hora normal e desde que o trabalho do menor seja imprescindível ao funcionamento do estabelecimento.

Art. 501. Entende-se como força maior todo acontecimento inevitável, em relação à vontade do empregador, e para a realização do qual este não concorreu, direta ou indiretamente.
§ 1º A imprevidência do empregador exclui a razão de força maior.
§ 2º À ocorrência do motivo de força maior que não afetar substancialmente, nem for suscetível de afetar, em tais condições, a situação econômica e financeira da empresa não se aplicam as restrições desta Lei referentes ao disposto neste Capítulo.

Súmulas
TST 291. Horas extras. Habitualidade. Supressão. Indenização. A supressão total ou parcial, pelo empregador, de serviço suplementar prestado com habitualidade, durante pelo menos 1 (um) ano, assegura ao empregado o direito à indenização correspondente ao valor de 1 (um) mês das horas suprimidas, total ou parcialmente, para cada ano ou fração igual ou superior a 6 (seis) meses de prestação de serviço acima da jornada normal. O cálculo observará a média das horas suplementares nos últimos 12 (doze) meses anteriores à mudança, multiplicada pelo valor da hora extra do dia da supressão.

§ 1º O excesso, nos casos deste artigo, pode ser exigido independentemente de convenção coletiva ou acordo coletivo de trabalho. *(§ 1º com redação pela Lei 13.467/2017)*

§ 2º Nos casos de excesso de horário por motivo de força maior, a remuneração da hora excedente não será inferior à da hora normal. Nos demais casos de excesso previstos neste artigo, a remuneração será, pelo menos, vinte e cinco por cento superior à da hora normal, e o trabalho não poderá exceder de doze horas, desde que a lei não fixe expressamente outro limite.

§ 3º Sempre que ocorrer interrupção do trabalho, resultante de causas acidentais, ou de força maior, que determinem a impossibilidade de sua realização, a duração do trabalho poderá ser prorrogada pelo tempo necessário até o máximo de duas horas, durante o número de dias indispensáveis à recuperação do tempo perdido, desde que não exceda de 10 (dez) horas diárias, em período não superior a 45 (quarenta e cinco) dias por ano, sujeita essa recuperação à prévia autorização da autoridade competente.

Art. 62. Não são abrangidos pelo regime previsto neste Capítulo: *(Caput com redação pela Lei 8.966/1994)*
▶ Art. 7º, a, desta Consolidação.

CLT
Art. 7º Os preceitos constantes da presente Consolidação salvo quando for em cada caso, expressamente determinado em contrário, não se aplicam: a) aos empregados domésticos, assim considerados, de um modo geral, os que prestam serviços de natureza não econômica à pessoa ou à família, no âmbito residencial destas.

I – os empregados que exercem atividade externa incompatível com a fixação de horário de trabalho, devendo tal condição ser anotada na Carteira de Trabalho e Previdência Social e no registro de empregados; *(Inciso I com redação pela Lei 8.966/1994)*

II – os gerentes, assim considerados os exercentes de cargos de gestão, aos quais se equiparam, para efeito do disposto neste artigo, os diretores e chefes de departamento ou filial. *(Inciso II com redação pela Lei 8.966/1994)*

▶ Art. 52, par. ún., II, do Dec. 9.579/2018 (Regulamenta a contratação de aprendizes).
▶ Súmula 287 do TST.

Súmula

TST 287. Jornada de trabalho. Gerente bancário A jornada de trabalho do empregado de banco gerente de agência é regida pelo art. 224, § 2°, da CLT. Quanto ao gerente geral de agência bancária, presume-se o exercício de encargo de gestão, aplicando-se lhe o art. 62 da CLT.

III – os empregados em regime de teletrabalho que prestam serviço por produção ou tarefa. *(Inciso III com redação pela Lei 14.442/2022)*

Parágrafo único. O regime previsto neste Capítulo será aplicável aos empregados mencionados no inciso II deste artigo, quando o salário do cargo de confiança, compreendendo a gratificação de função, se houver, for inferior ao valor do respectivo salário efetivo acrescido de quarenta por cento. *(Parágrafo único com redação pela Lei 8.966/1994)*

▸ Art. 52, par. ún., II, do Dec. 9.579/2018 (Regulamenta a contratação de aprendizes).
▸ Súmula 102 do TST.

Art. 63. Não haverá distinção entre empregados e interessados, e a participação em lucros e comissões, salvo em lucros de caráter social, não exclui o participante do regime deste Capítulo.

▸ Art. 7°, XI, da CF.
▸ Súmula 451 do TST.

Constituição Federal

Art. 7° São direitos dos trabalhadores urbanos e rurais, além de outros que visem à melhoria de sua condição social: (...) XI – participação nos lucros, ou resultados, desvinculada da remuneração, e, excepcionalmente, participação na gestão da empresa, conforme definido em lei;

Súmula

TST 451. Participação nos lucros e resultados. Rescisão contratual anterior à data da distribuição dos lucros. Pagamento proporcional aos meses trabalhados. Princípio da isonomia. Fere o princípio da isonomia instituir vantagem mediante acordo coletivo ou norma regulamentar que condiciona a percepção da parcela participação nos lucros e resultados ao fato de estar o contrato de trabalho em vigor na data prevista para a distribuição dos lucros. Assim, inclusive na rescisão contratual antecipada, é devido o pagamento da parcela de forma proporcional aos meses trabalhados, pois o ex-empregado concorreu para os resultados positivos da empresa.

Art. 64. O salário hora normal, no caso do empregado mensalista, será obtido dividindo-se o salário mensal correspondente à duração do trabalho, a que se refere o artigo 58, por trinta vezes o número de horas dessa duração.

Parágrafo único. Sendo o número de dias inferior a trinta, adotar-se-á para o cálculo, em lugar desse número, o de dias de trabalho por mês.

▸ Art. 7°, § 2°, da Lei 605/1949 (Repouso Semanal Remunerado)
▸ Súmulas 124, 264, 318, 347 e 431 do TST.
▸ OJ 396 da SDI-I do TST.

Lei 605/1949

Art. 7° (...) § 2° Consideram-se já remunerados os dias de repouso semanal do empregado mensalista ou quinzenalista cujo cálculo de salário mensal ou quinzenal, ou cujos descontos por falta sejam efetuados na base do número de dias do mês ou de 30 (trinta) e 15 (quinze) diárias, respectivamente.

Súmulas

TST 264. Hora suplementar. Cálculo. A remuneração do serviço suplementar é composta do valor da hora normal, integrado por parcelas de natureza salarial e acrescido do adicional previsto em lei, contrato, acordo, convenção coletiva ou sentença normativa.

TST 318. Diárias. Base de cálculo para sua integração no salário. Tratando-se de empregado mensalista, a integração das diárias no salário deve ser feita tomando-se por base o salário mensal por ele percebido e não o valor do dia de salário, somente sendo devida a referida integração quando o valor das diárias, no mês, for superior à metade do salário mensal.

TST 347. Horas extras habituais. Apuração. Média física. O cálculo do valor das horas extras habituais, para efeito de reflexos em verbas trabalhistas, observará o número de horas efetivamente prestadas e a ele aplica-se o valor do salário-hora da época do pagamento daquelas verbas.

Orientação Jurisprudencial

SDI-I 396. Turnos ininterruptos de revezamento. Alteração da jornada de 8 para 6 horas diárias. Empregado horista. Aplicação do divisor 180. Para o cálculo do salário hora do empregado horista, submetido a turnos ininterruptos de revezamento, considerando a alteração da jornada de 8 para 6 horas diárias, aplica-se o divisor 180, em observância ao disposto no art. 7°, VI, da Constituição Federal, que assegura a irredutibilidade salarial.

Art. 65. No caso do empregado diarista, o salário hora normal será obtido dividindo-se o salário diário correspondente à duração do trabalho, estabelecido no artigo 58, pelo número de horas de efetivo trabalho.

Seção III
Dos períodos de descanso

Art. 66. Entre duas jornadas de trabalho haverá um período mínimo de onze horas consecutivas para descanso.

▸ Arts. 229, 235, § 2°, 235-C, § 3°, 239, § 1°, 245, 308 e 382 desta Consolidação.
▸ Art. 5° da Lei 5.889/1973 (Trabalho Rural)
▸ Súmulas 96 e 110 do TST.
▸ OJ 355 da SDI-I do TST.

CLT

Art. 308. Em seguida a cada período diário de trabalho haverá um intervalo mínimo de 10 (dez) horas, destinado ao repouso.

Art. 382. Entre 2 (duas) jornadas de trabalho, haverá um intervalo de 11(onze) horas consecutivas, no mínimo, destinado ao repouso.

Súmulas

TST 96. Marítimo. A permanência do tripulante a bordo do navio, no período de repouso, além da jornada, não importa em presunção de que esteja à disposição do empregador ou em regime de prorrogação de horário, circunstâncias que devem resultar provadas, dada a natureza do serviço.

TST 110. Jornada de trabalho. Intervalo. No regime de revezamento, as horas trabalhadas em seguida ao repouso semanal de 24 horas, com prejuízo do intervalo mínimo de 11 horas consecutivas para descanso entre jornadas, devem ser remuneradas como extraordinárias, inclusive com o respectivo adicional.

Orientação Jurisprudencial

SDI-I 355. Intervalo interjornadas. Inobservância. Horas extras. Período pago como sobrejornada. Art. 66 da CLT. Aplicação analógica do § 4° do art. 71 da CLT. O desrespeito ao intervalo mínimo interjornadas previsto no art. 66 da CLT acarreta, por analogia, os mesmos efeitos previstos no § 4° do art. 71 da CLT e na Súmula 110 do TST, devendo-se pagar a integralidade das horas que foram subtraídas do intervalo, acrescidas do respectivo adicional.

Art. 67. Será assegurado a todo empregado um descanso semanal de vinte e quatro horas consecutivas, o qual, salvo motivo de conveniência pública ou necessidade imperiosa do serviço, deverá coincidir com o domingo, no todo ou em parte.

▸ Art. 7°, XV, da CF.
▸ Lei 605/1949 (Repouso Semanal Remunerado)
▸ Arts. 151 a 162 do Dec. 10.854/2021 (Regulamenta a Lei 605/1949)
▸ Art. 6°, par. ún., da Lei 10.101/2000 (Participação nos Lucros ou Resultados)
▸ Súmulas 201 e 461 do STF.
▸ Súmulas 15, 27, 113,146, 172, 225, 351, 354 e 360 do TST.
▸ OJs 394 e 410 da SDI-I do TST.
▸ PNs 68, 79, 87, 92 do TST.

Constituição Federal

Art. 7°. São direitos dos trabalhadores urbanos e rurais, além de outros que visem à melhoria de sua condição social: (...) XV – repouso semanal remunerado, preferencialmente aos domingos.

Lei 10.101/2000

Art. 6° Fica autorizado o trabalho aos domingos nas atividades do comércio em geral, observada a legislação municipal, nos termos do art. 30, inciso I, da Constituição.

Parágrafo único. O repouso semanal remunerado deverá coincidir, pelo menos uma vez no período máximo de três semanas, com o domingo, respeitadas as demais normas de proteção ao trabalho e outras a serem estipuladas em negociação coletiva.

Súmulas

STF 201. O vendedor pracista, remunerado mediante comissão, não tem direito ao repouso semanal remunerado.

STF 461. É duplo, e não triplo, o pagamento do salário nos dias destinados a descanso.

TST 146. Trabalho em domingos e feriados, não compensado. O trabalho prestado em domingos e feriados, não compensado, deve ser pago em dobro, sem prejuízo da remuneração relativa ao repouso semanal.

Orientação Jurisprudencial

SDI-I 394. Repouso semanal remunerado – RSR. Integração das horas extras. Não repercussão no cálculo das férias, do décimo terceiro salário, do aviso-prévio e dos depósitos do FGTS. A majoração do valor do repouso semanal remunerado, em razão da integração das horas extras habitualmente prestadas, não repercute no cálculo das férias, da gratificação natalina, do aviso-prévio e do FGTS, sob pena de caracterização de *bis in idem*.

SDI-I 410. Repouso semanal remunerado. Concessão após o sétimo dia consecutivo de trabalho. Art. 7º, XV, da CF. Violação. Viola o art. 7º, XV, da CF a concessão de repouso semanal remunerado após o sétimo dia consecutivo de trabalho, importando no seu pagamento em dobro.

Parágrafo único. Nos serviços que exijam trabalho aos domingos, com exceção quanto aos elencos teatrais, será estabelecida escala de revezamento, mensalmente organizada e constando de quadro sujeito à fiscalização.

▸ OJ 72 da SBDI-I Transitória do TST.

Orientação Jurisprudencial

SDI-I Transitória 72. Petrobras. Domingos e feriados trabalhados. Regime de turnos ininterruptos de revezamento. Pagamento em dobro concedido por liberalidade do empregador. Incorporação ao contrato de trabalho. Supressão unilateral. Acordo coletivo posterior que valida a supressão. Retroação da norma coletiva. Impossibilidade. O pagamento em dobro, concedido por liberalidade da empresa, dos domingos e feriados trabalhados de forma habitual pelo empregado da Petrobras submetido ao regime de turnos ininterruptos de revezamento não pode ser suprimido unilateralmente, pois é vantagem incorporada ao contrato de trabalho, nos termos do art. 468 da CLT. Assim, o acordo coletivo, posteriormente firmado, somente opera efeitos a partir da data de sua entrada em vigor, sendo incabível a utilização da norma coletiva para regular situação pretérita.

Art. 68. O trabalho em domingo, seja total ou parcial, na forma do artigo 67, será sempre subordinado à permissão prévia da autoridade competente em matéria de trabalho.

▸ Arts. 6º, 6º-A e 6º-B da Lei 10.101/2000 (Participação nos Lucros ou Resultados)

Lei 10.101/2000

Art. 6º Fica autorizado o trabalho aos domingos nas atividades do comércio em geral, observada a legislação municipal, nos termos do art. 30, inciso I, da Constituição.

Parágrafo único. O repouso semanal remunerado deverá coincidir, pelo menos uma vez no período máximo de três semanas, com o domingo, respeitadas as demais normas de proteção ao trabalho e outras a serem estipuladas em negociação coletiva.

Art. 6º-A. É permitido o trabalho em feriados nas atividades do comércio em geral, desde que autorizado em convenção coletiva de trabalho e observada a legislação municipal, nos termos do art. 30, inciso I, da Constituição.

Art. 6º-B. As infrações ao disposto nos arts. 6º e 6º-A desta Lei serão punidas com a multa prevista no art. 75 da Consolidação das Leis do Trabalho, aprovada pelo Decreto-Lei 5.452, de 1º de maio de 1943.

Parágrafo único. O processo de fiscalização, de autuação e de imposição de multas reger-se-á pelo disposto no Título VII da Consolidação das Leis do Trabalho.

Parágrafo único. A permissão será concedida a título permanente nas atividades que, por sua natureza ou pela conveniência pública, devem ser exercidas aos domingos, cabendo ao Ministro do Trabalho, Indústria e Comércio expedir instruções em que sejam especificadas tais

atividades. Nos demais casos, ela será dada sob forma transitória, com discriminação do período autorizado, o qual, de cada vez, não excederá de sessenta dias.

▸ Vide nota sobre a atualização da CLT relativa aos Ministérios.
▸ Arts. 56 e ss. da Portaria 671/2021 do MTP (Autorizações transitória e permanente para trabalho aos domingos e feriados civis e religiosos)

Art. 69. Na regulamentação do funcionamento de atividades sujeitas ao regime deste Capítulo, os municípios atenderão aos preceitos nele estabelecidos, e as regras que venham a fixar não poderão contrariar tais preceitos nem as instruções que, para seu cumprimento, forem expedidas pelas autoridades competentes em matéria de trabalho.

Art. 70. Salvo o disposto nos artigos 68 e 69, é vedado o trabalho em dias feriados nacionais e feriados religiosos, nos termos da legislação própria. *(Artigo com redação pelo Dec.-lei 229/1967)*

▸ Arts. 227, § 2º, 229, § 2º, 249, §1º, 385, par. ún., e 770, par. ún., desta Consolidação.
▸ Art. 10, § 1º, da LC 150/2015 (Lei dos Domésticos)
▸ Lei 605/1949 (Repouso Semanal Remunerado)
▸ Arts. 1º e 3º da Lei 662/1949 (Declara Feriados Nacionais)
▸ Art. 5º da Lei 1.408/1951 (Prorroga vencimento de prazos judiciais)
▸ Art. 1º da Lei 6.802/1980 (Declara feriado nacional o dia 12 de outubro, Nossa Senhora Aparecida, Padroeira do Brasil)
▸ Art. 6º-A da Lei 10.101/2000 (Participação nos Lucros ou Resultados)
▸ Súmulas 146 e 444 do TST.
▸ OJ 72 Transitória da SDI-I do TST.
▸ PN 87 do TST.

LC 150/2015

Art. 10. É facultado às partes, mediante acordo escrito entre essas, estabelecer horário de trabalho de 12 (doze) horas seguidas por 36 (trinta e seis) horas ininterruptas de descanso, observados ou indenizados os intervalos para repouso e alimentação.

§ 1º A remuneração mensal pactuada pelo horário previsto no *caput* deste artigo abrange os pagamentos devidos pelo descanso semanal remunerado e pelo descanso em feriados, e serão considerados compensados os feriados e as prorrogações de trabalho noturno, quando houver, de que tratam o art. 70 e o § 5º do art. 73 da Consolidação das Leis do Trabalho (CLT), aprovada pelo Decreto-lei 5.452, de 1º de maio de 1943, e o art. 9º da Lei 605, de 5 de janeiro de 1949.

Súmulas

TST 146. Trabalho em domingos e feriados, não compensado. O trabalho prestado em domingos e feriados, não compensado, deve ser pago em dobro, sem prejuízo da remuneração relativa ao repouso semanal.

TST 444. Jornada de trabalho. Norma coletiva. Lei. Escala de 12 (doze) por 36 (trinta e seis) Validade. É valida, em caráter excepcional, a jornada de 12 (doze) horas de trabalho por 36 (trinta e seis) de descanso, prevista em lei ou ajustada exclusivamente mediante acordo coletivo de trabalho ou convenção coletiva de trabalho, assegurada a remuneração em dobro dos feriados trabalhados. O empregado não tem direito ao pagamento de adicional referente ao labor prestado na décima primeira e décima segunda horas.

Precedente Normativo

TST 87. Trabalho em domingos e feriados. Pagamento dos salários. É devida a remuneração em dobro do trabalho em domingos e feriados não compensados, sem prejuízo do pagamento do repouso remunerado, desde que, para este, não seja estabelecido outro dia pelo empregador.

Art. 71. Em qualquer trabalho contínuo, cuja duração exceda de seis horas, é obrigatória a concessão de um intervalo para repouso ou alimentação, o qual será, no mínimo, de uma hora e, salvo acordo escrito ou contrato coletivo em contrário, não poderá exceder de duas horas.

▸ Art. 5º da Lei 5.889/1973 (Trabalho Rural)
▸ Súmula 675 do STF.
▸ Súmulas 118 e 360 do TST.

Lei 5.889/1973

Art. 5º Em qualquer trabalho contínuo de duração superior a seis horas, será obrigatória a concessão de um intervalo para repouso ou alimentação observados os usos e costumes da região, não se computando

este intervalo na duração do trabalho. Entre duas jornadas de trabalho haverá um período mínimo de onze horas consecutivas para descanso.

Súmulas

STF 675. Os intervalos fixados para descanso e alimentação durante a jornada de seis horas não descaracterizam o sistema de turnos ininterruptos de revezamento para o efeito do art. 7°, xiv, da Constituição.

TST 118. Jornada de trabalho. Horas extras. Os intervalos concedidos pelo empregador, na jornada de trabalho, não previstos em lei, representam tempo à disposição da empresa, remunerados como serviço extraordinário, se acrescidos ao final da jornada.

TST 360. Turnos ininterruptos de revezamento. Intervalos intrajornada e semanal. A interrupção do trabalho destinada a repouso e alimentação, dentro de cada turno, ou o intervalo para repouso semanal, não descaracteriza o turno de revezamento com jornada de 6 (seis) horas previsto no art. 7°, XIV, da CF/1988.

§ 1° Não excedendo de seis horas o trabalho, será, entretanto, obrigatório um intervalo de quinze minutos quando a duração ultrapassar quatro horas.

▸ Súmula 675 do STF.

§ 2° Os intervalos de descanso não serão computados na duração do trabalho.

▸ Arts. 72, 253 e 298 desta Consolidação.
▸ Art. 6° da Lei 5.889/1973 (Trabalho Rural)
▸ OJ 178 da SDI-I do TST.

Lei 5.889/1973

Art. 6° Nos serviços, caracteristicamente intermitentes, não serão computados, como de efeito exercício, os intervalos entre uma e outra parte da execução da tarefa diária, desde que tal hipótese seja expressamente ressalvada na Carteira de Trabalho e Previdência Social.

Orientação Jurisprudencial

SDI-I 178. Bancário. Intervalo de 15 minutos. Não computável na jornada de trabalho. Não se computa, na jornada do bancário sujeito a seis horas diárias de trabalho, o intervalo de quinze minutos para lanche ou descanso.

§ 3° O limite mínimo de uma hora para repouso ou refeição poderá ser reduzido por ato do Ministro do Trabalho, Indústria e Comércio quando, ouvido o Serviço de Alimentação de Previdência Social, se verificar que o estabelecimento atende integralmente às exigências concernentes à organização dos refeitórios e quando os respectivos empregados não estiverem sob regime de trabalho prorrogado a horas suplementares.

▸ Vide nota sobre a atualização da CLT relativa aos Ministérios.
▸ Art. 383 desta Consolidação.

CLT

Art. 383. Durante a jornada de trabalho, será concedido à empregada um período para refeição e repouso não inferior a 1 (uma) hora nem superior a 2 (duas) horas salvo a hipótese prevista no art. 71, § 3°.

§ 4° A não concessão ou a concessão parcial do intervalo intrajornada mínimo, para repouso e alimentação, a empregados urbanos e rurais, implica o pagamento, de natureza indenizatória, apenas do período suprimido, com acréscimo de 50% (cinquenta por cento) sobre o valor da remuneração da hora normal de trabalho. (§ 4° com redação pela Lei 13.467/2017)

▸ Súmula 446 do TST.

Súmulas

TST 446. Maquinista ferroviário. Intervalo intrajornada. Supressão parcial ou total. Horas extras devidas. Compatibilidade entre os arts. 71, § 4°, e 238, § 5°, da CLT. A garantia ao intervalo intrajornada, prevista no art. 71 da CLT, por constituir-se em medida de higiene, saúde e segurança do empregado, é aplicável também ao ferroviário maquinista integrante da categoria c (equipagem de trem em geral), não havendo incompatibilidade entre as regras inscritas nos arts. 71, § 4°, e 238, § 5°, da CLT.

§ 5° O intervalo expresso no *caput* poderá ser reduzido e/ou fracionado, e aquele estabelecido no § 1° poderá ser fracionado, quando compreendidos entre o término da primeira hora trabalhada e o início da última hora

trabalhada, desde que previsto em convenção ou acordo coletivo de trabalho, ante a natureza do serviço e em virtude das condições especiais de trabalho a que são submetidos estritamente os motoristas, cobradores, fiscalização de campo e afins nos serviços de operação de veículos rodoviários, empregados no setor de transporte coletivo de passageiros, mantida a remuneração e concedidos intervalos para descanso menores ao final de cada viagem. (§ 5° com redação pela Lei 13.103/2015)

Art. 72. Nos serviços permanentes de mecanografia (datilografia, escrituração ou cálculo), a cada período de noventa minutos de trabalho consecutivo corresponderá um repouso de dez minutos não deduzidos da duração normal do trabalho.

▸ Súmula 346 do TST.

Súmula

TST 346. Digitador. Intervalos intrajornada. Aplicação analógica do art. 72 da CLT. Os digitadores, por aplicação analógica do art. 72 da CLT, equiparam-se aos trabalhadores nos serviços de mecanografia (datilografia, escrituração ou cálculo), razão pela qual têm direito a intervalos de descanso de 10 (dez) minutos a cada 90 (noventa) de trabalho consecutivo.

Seção IV
Do trabalho noturno

Art. 73. Salvo nos casos de revezamento semanal ou quinzenal, o trabalho noturno terá remuneração superior à do diurno e, para esse efeito, sua remuneração terá um acréscimo de vinte por cento, pelo menos, sobre a hora diurna. (*Caput com redação pelo Dec.-lei 9.666/1946*)

▸ Art. 7°, IX, da CF.
▸ Art. 7°, par. ún., da Lei 5.889/1973 (Trabalho Rural)
▸ Dec.-lei 546/1969 (Trabalho noturno em estabelecimentos bancários)
▸ Súmulas 213, 313 e 402 do STF.
▸ Súmulas 60, 140 e 265 do TST.
▸ OJs 97, 259 e 388 da SDI-I do TST.

Constituição Federal

Art. 7° São direitos dos trabalhadores urbanos e rurais, além de outros que visem à melhoria de sua condição social: (...) IX – remuneração do trabalho noturno superior à do diurno;

Súmulas

STF 213. É devido o adicional de serviço noturno, ainda que sujeito o empregado ao regime de revezamento.

TST 140. Vigia. É assegurado ao vigia sujeito ao trabalho noturno o direito ao respectivo adicional.

TST 265. Adicional noturno. Alteração de turno de trabalho. Possibilidade de supressão. A transferência para o período diurno de trabalho implica a perda do direito ao adicional noturno.

§ 1° A hora do trabalho noturno será computada como de cinquenta e dois minutos e trinta segundos. (*§ 1° com redação pelo Dec.-lei 9.666/1946*)

▸ Súmula 214 do STF.
▸ Súmulas 65 e 112 do TST.
▸ OJs 60, 127 e 395 da SDI-I do TST.

Orientação Jurisprudencial

SDI-I 127. Hora noturna reduzida. Subsistência após a CF/1988. O art. 73, § 1°, da CLT, que prevê a redução da hora noturna, não foi revogado pelo inciso IX do art. 7° da CF/1988.

SDI-I 395. Turno ininterrupto de revezamento. Hora noturna reduzida. Incidência. O trabalho em regime de turnos ininterruptos de revezamento não retira o direito à hora noturna reduzida, não havendo incompatibilidade entre as disposições contidas nos arts. 73, § 1°, da CLT e 7°, XIV, da Constituição Federal.

§ 2° Considera-se noturno, para os efeitos deste artigo, o trabalho executado entre as vinte e duas horas de um dia e as 5 (cinco) horas do dia seguinte. (*§ 2° com redação pelo Dec.-lei 9.666/1946*)

▸ Art. 20, § 3°, da Lei 8.906/1994 (Estatuto da Advocacia e da OAB).
▸ Art. 7°, caput, da Lei 5.889/1973 (Trabalho Rural).

Lei 8.906/1994

Art. 20. (...) § 3º As horas trabalhadas no período das vinte horas de um dia até as cinco horas do dia seguinte são remuneradas como noturnas, acrescidas do adicional de vinte e cinco por cento.

§ 3º O acréscimo a que se refere o presente artigo, em se tratando de empresas que não mantêm, pela natureza de suas atividades, trabalho noturno habitual, será feito tendo em vista os quantitativos pagos por trabalhos diurnos de natureza semelhante. Em relação às empresas cujo trabalho noturno decorra da natureza de suas atividades, o aumento será calculado sobre o salário mínimo, não sendo devido quando exceder desse limite, já acrescido da percentagem. *(§ 3º com redação pelo Dec.-lei 9.666/1946)*

▸ Súmula 313 do STF.

§ 4º Nos horários mistos, assim entendidos os que abrangem períodos diurnos e noturnos, aplica-se às horas de trabalho noturno o disposto neste artigo e seus parágrafos. *(§ 4º com redação pelo Dec.-lei 9.666/1946)*

▸ OJ 388 da SDI-I do TST.

Orientação Jurisprudencial

SDI-I 388. Jornada 12x36. Jornada mista que compreenda a totalidade do período noturno. Adicional noturno. Devido. O empregado submetido à jornada de 12 horas de trabalho por 36 de descanso, que compreenda a totalidade do período noturno, tem direito ao adicional noturno, relativo às horas trabalhadas após as 5 horas da manhã.

§ 5º Às prorrogações do trabalho noturno aplica-se o disposto neste Capítulo. *(§ 5º com redação pelo Dec.-lei 9.666/1946)*

▸ Art. 10, § 1º, da LC 150/2015 (Lei dos Domésticos)
▸ Súmulas 60 e 354 do TST.

Súmula

TST 60. Adicional noturno. Integração no salário e prorrogação em horário diurno. I – O adicional noturno, pago com habitualidade, integra o salário do empregado para todos os efeitos II – Cumprida integralmente a jornada no período noturno e prorrogada esta, devido é também o adicional quanto às horas prorrogadas. Exegese do art. 73, § 5º, da CLT.

Seção V
Do quadro de horário

Art. 74. O horário de trabalho será anotado em registro de empregados. *(Caput com redação pela Lei 13.874/2019.)*

▸ Vide nota sobre a atualização da CLT relativa aos Ministérios.
▸ Art. 51, I, da LC 123/2006 (Estatuto da Microempresa)
▸ Art. 13 e ss. da Portaria 671/2021 do MTP (Registro de empregados, anotações na Carteira de Trabalho e registro do horário de trabalho)

LC 123/2006

Art. 51. As microempresas e as empresas de pequeno porte são dispensadas:

I – da afixação de Quadro de Trabalho em suas dependências;

II – da anotação das férias dos empregados nos respectivos livros ou fichas de registro;

III – de empregar e matricular seus aprendizes nos cursos dos Serviços Nacionais de Aprendizagem;

IV – da posse do livro intitulado "Inspeção do Trabalho"; e

V – de comunicar ao Ministério do Trabalho e Emprego a concessão de férias coletivas.

§ 1º *Revogado pela Lei 13.874/2019.*

§ 2º Para os estabelecimentos com mais de 20 (vinte) trabalhadores será obrigatória a anotação da hora de entrada e de saída, em registro manual, mecânico ou eletrônico, conforme instruções expedidas pela Secretaria Especial de Previdência e Trabalho do Ministério da Economia, permitida a pré-assinalação do período de repouso *(§ 2º com redação pela Lei 13.874/2019)*

▸ Art. 58, § 1º, desta Consolidação.
▸ Arts. 72 e ss. da Port 671/2021 do MTP (anotação da hora de entrada e de saída em registro manual, mecânico ou eletrônico)

▸ Inst. Normativa 85/2010 do MTE (Fiscalização do Sistema de Registro Eletrônico de Ponto – SREP)
▸ Súmulas 338, 366 e 449 do TST.

CLT

Art. 58. (...) § 1º Não serão descontadas nem computadas como jornada extraordinária as variações de horário no registro de ponto não excedentes de cinco minutos, observado o limite máximo de dez minutos diários.

Súmulas

TST 338. Jornada de trabalho. Registro. Ônus da prova. I – É ônus do empregador que conta com mais de 10 (dez) empregados o registro da jornada de trabalho na forma do art. 74, § 2º, da CLT. A não apresentação injustificada dos controles de frequência gera presunção relativa de veracidade da jornada de trabalho, a qual pode ser elidida por prova em contrário. II – A presunção de veracidade da jornada de trabalho, ainda que prevista em instrumento normativo, pode ser elidida por prova em contrário. III – Os cartões de ponto que demonstram horários de entrada e saída uniformes são inválidos como meio de prova, invertendo-se o ônus da prova, relativo às horas extras, que passa a ser do empregador, prevalecendo a jornada da inicial se dele não se desincumbir.

TST 449. Minutos que antecedem e sucedem a jornada de trabalho. Lei 10.243, de 19.06.2001. Norma coletiva. Flexibilização. Impossibilidade. A partir da vigência da Lei 10.243, de 19.06.2001, que acrescentou o § 1º ao art. 58 da CLT, não mais prevalece cláusula prevista em convenção ou acordo coletivo que elastece o limite de 5 minutos que antecedem e sucedem a jornada de trabalho para fins de apuração das horas extras.

§ 3º Se o trabalho for executado fora do estabelecimento, o horário dos empregados constará do registro manual, mecânico ou eletrônico em seu poder, sem prejuízo do que dispõe o *caput* deste artigo. *(§ 3º com redação pela Lei 13.874/2019)*

▸ OJ 332 da SDI-I do TST.

Orientação Jurisprudencial

SDI-I 332. Motorista. Horas extras. Atividade externa. Controle de jornada por tacógrafo. Resolução 816/1986 do CONTRAN. O tacógrafo, por si só, sem a existência de outros elementos, não serve para controlar a jornada de trabalho de empregado que exerce atividade externa.

§ 4º Fica permitida a utilização de registro de ponto por exceção à jornada regular de trabalho, mediante acordo individual escrito, convenção coletiva ou acordo coletivo de trabalho. *(§ 4º acrescido pela Lei 13.874/2019)*

Seção VI
Das penalidades

Art. 75. Os infratores dos dispositivos do presente Capítulo incorrerão na multa de três a trezentos valores de referência regionais, segundo a natureza da infração, sua extensão e a intenção de quem a praticou, aplicada em dobro no caso de reincidência e oposição à fiscalização ou desacato à autoridade.

▸ Arts. 74 e ss. da Portaria 667/2021 do MTE (Multas administrativas)

Parágrafo único. São competentes para impor penalidades, no Distrito Federal, a autoridade de 1ª instância do Departamento Nacional do Trabalho e, nos Estados e no Território do Acre, as autoridades regionais do Ministério do Trabalho, Indústria e Comércio.

▸ Vide nota sobre a atualização da CLT relativa aos Ministérios.
▸ O Dec.-lei 229/1967 substituiu "as autoridades regionais do Ministério do Trabalho, Indústria e Comércio" por "Delegacias Regionais do Trabalho".
▸ O Dec. 6.341/2008 substituiu a designação "Delegacias Regionais do Trabalho" por "Superintendências Regionais do Trabalho e Emprego".

CAPÍTULO II-A
DO TELETRABALHO

(Capítulo II-A acrescido pela Lei 13.467/2017)

▸ Arts. 3º a 5º da Lei 14.437/2022 (Programa Emergencial de Manutenção do Emprego e da Renda).

Art. 75-A. A prestação de serviços pelo empregado em regime de teletrabalho observará o disposto neste Capítulo. *(Artigo acrescido pela Lei 13.467/2017)*

Art. 75-B. Considera-se teletrabalho ou trabalho remoto a prestação de serviços fora das dependências do empregador, de maneira preponderante ou não, com a utilização de tecnologias de informação e de comunicação, que, por sua natureza, não configure trabalho externo. (Caput *com redação pela Lei 14.442/2022*)

§ 1º O comparecimento, ainda que de modo habitual, às dependências do empregador para a realização de atividades específicas que exijam a presença do empregado no estabelecimento não descaracteriza o regime de teletrabalho ou trabalho remoto.

§ 2º O empregado submetido ao regime de teletrabalho ou trabalho remoto poderá prestar serviços por jornada ou por produção ou tarefa.

§ 3º Na hipótese da prestação de serviços em regime de teletrabalho ou trabalho remoto por produção ou tarefa, não se aplicará o disposto no Capítulo II do Título II desta Consolidação.

§ 4º O regime de teletrabalho ou trabalho remoto não se confunde nem se equipara à ocupação de operador de *telemarketing* ou de teleatendimento.

§ 5º O tempo de uso de equipamentos tecnológicos e de infraestrutura necessária, bem como de *softwares*, de ferramentas digitais ou de aplicações de internet utilizados para o teletrabalho, fora da jornada de trabalho normal do empregado não constitui tempo à disposição ou regime de prontidão ou de sobreaviso, exceto se houver previsão em acordo individual ou em acordo ou convenção coletiva de trabalho.

§ 6º Fica permitida a adoção do regime de teletrabalho ou trabalho remoto para estagiários e aprendizes.

§ 7º Aos empregados em regime de teletrabalho aplicam-se as disposições previstas na legislação local e nas convenções e nos acordos coletivos de trabalho relativas à base territorial do estabelecimento de lotação do empregado.

§ 8º Ao contrato de trabalho do empregado admitido no Brasil que optar pela realização de teletrabalho fora do território nacional aplica-se a legislação brasileira, excetuadas as disposições constantes da Lei nº 7.064, de 6 de dezembro de 1982, salvo disposição em contrário estipulada entre as partes.

§ 9º Acordo individual poderá dispor sobre os horários e os meios de comunicação entre empregado e empregador, desde que assegurados os repousos legais. (§§ *1º a 9º acrescidos pela Lei 14.442/2022*)

Art. 75-C. A prestação de serviços na modalidade de teletrabalho deverá constar expressamente do instrumento de contrato individual de trabalho. (Caput *com redação pela Lei 14.442/2022*)

§ 1º Poderá ser realizada a alteração entre regime presencial e de teletrabalho desde que haja mútuo acordo entre as partes, registrado em aditivo contratual. (§ *1º acrescido pela Lei 13.467/2017*)

§ 2º Poderá ser realizada a alteração do regime de teletrabalho para o presencial por determinação do empregador, garantido prazo de transição mínimo de quinze dias, com correspondente registro em aditivo contratual. (§ *2º acrescido pela Lei 13.467/2017*)

§ 3º O empregador não será responsável pelas despesas resultantes do retorno ao trabalho presencial, na hipótese de o empregado optar pela realização do teletrabalho ou trabalho remoto fora da localidade prevista no contrato, salvo disposição em contrário estipulada entre as partes. (§ *3º acrescido pela Lei 14.442/2022*)

Art. 75-D. As disposições relativas à responsabilidade pela aquisição, manutenção ou fornecimento dos equipamentos tecnológicos e da infraestrutura necessária e adequada à prestação do trabalho remoto, bem como ao reembolso de despesas arcadas pelo empregado, serão previstas em contrato escrito. (*Artigo acrescido pela Lei 13.467/2017*)

Parágrafo único. As utilidades mencionadas no *caput* deste artigo não integram a remuneração do empregado.

Art. 75-E. O empregador deverá instruir os empregados, de maneira expressa e ostensiva, quanto às precauções a tomar a fim de evitar doenças e acidentes de trabalho. (*Artigo acrescido pela Lei 13.467/2017*)

Parágrafo único. O empregado deverá assinar termo de responsabilidade comprometendo-se a seguir as instruções fornecidas pelo empregador.

Art. 75-F. Os empregadores deverão dar prioridade aos empregados com deficiência e aos empregados com filhos ou criança sob guarda judicial até 4 (quatro) anos de idade na alocação em vagas para atividades que possam ser efetuadas por meio do teletrabalho ou trabalho remoto. (*Artigo acrescido pela Lei 14.442/2022*)

CAPÍTULO III
DO SALÁRIO MÍNIMO

Seção I
Do conceito

Art. 76. Salário mínimo é a contraprestação mínima devida e paga diretamente pelo empregador a todo trabalhador, inclusive ao trabalhador rural, sem distinção de sexo, por dia normal de serviço, e capaz de satisfazer, em determinada época e região do País, as suas necessidades normais de alimentação, habitação, vestuário, higiene e transporte.

▸ Art. 7º, IV, da CF, alterou o conceito de salário mínimo nacional, unificando seu valor.
▸ Art. 6º da Lei 8.542/1992 (Política Nacional de Salários)
▸ Súmulas Vinculantes 4 e 6 do STF.
▸ Súmulas 204, 307 e 467 do STF.
▸ OJs 272, 358 e 393 da SDI-I do TST.
▸ OJs 2 e 71 da SDI-II do TST.

Constituição Federal
Art. 7º São direitos dos trabalhadores urbanos e rurais, além de outros que visem à melhoria de sua condição social: (...) IV - salário mínimo, fixado em lei, nacionalmente unificado, capaz de atender a suas necessidades vitais básicas e às de sua família com moradia, alimentação, educação, saúde, lazer, vestuário, higiene, transporte e previdência social, com reajustes periódicos que lhe preservem o poder aquisitivo, sendo vedada sua vinculação para qualquer fim;

Súmulas
STF Vinculante 4. Salvo nos casos previstos na Constituição, o salário mínimo não pode ser usado como indexador de base de cálculo de vantagem de servidor público ou de empregado, nem ser substituído por decisão judicial.

STF Vinculante 6. Não viola a Constituição o estabelecimento de remuneração inferior ao salário mínimo para as praças prestadoras de serviço militar inicial.

STF 204. Tem direito o trabalhador substituto, ou de reserva, ao salário mínimo no dia em que fica à disposição do empregador sem ser aproveitado na função específica; se aproveitado, recebe o salário-contratual.

Orientações Jurisprudenciais
SDI-II 71. Ação rescisória. Salário profissional. Fixação. Múltiplo de salário mínimo. Art. 7º, IV, da CF/88. A estipulação do salário profissional em múltiplos do salário mínimo não afronta o art. 7º, inciso

IV, da Constituição Federal de 1988, só incorrendo em vulneração do referido preceito constitucional a fixação de correção automática do salário pelo reajuste do salário mínimo.

SDI-I 272. Salário mínimo. Servidor. Salário-base inferior. Diferenças. Indevidas. A verificação do respeito ao direito ao salário mínimo não se apura pelo confronto isolado do salário-base com o mínimo legal, mas deste com a soma de todas as parcelas de natureza salarial recebidas pelo empregado diretamente do empregador.

SDI-I 358. Salário mínimo e piso salarial proporcional à jornada reduzida. Empregado. Servidor público. I – Havendo contratação para cumprimento de jornada reduzida, inferior à previsão constitucional de oito horas diárias ou quarenta e quatro semanais, é lícito o pagamento do piso salarial ou do salário mínimo proporcional ao tempo trabalhado. II – Na Administração Pública direta, autárquica e fundacional não é válida remuneração de empregado público inferior ao salário mínimo, ainda que cumpra jornada de trabalho reduzida. Precedentes do Supremo Tribunal Federal.

Art. 77. *Revogado pela Lei 4.589/1964.*

Art. 78. Quando o salário for ajustado por empreitada, ou convencionado por tarefa ou peça, será garantida ao trabalhador uma remuneração diária nunca inferior à do salário mínimo por dia normal da região, zona ou subzona.

▶ Art. 7º, IV, da CF, alterou o conceito de salário mínimo nacional, unificando seu valor.
▶ Lei 8.716/1993 (Garantia do salário mínimo)
▶ Súmula 199 do STF.

Parágrafo único. Quando o salário mínimo mensal do empregado a comissão ou que tenha direito a percentagem for integrado por parte fixa e parte variável, ser-lhe-á sempre garantido o salário mínimo, vedado qualquer desconto em mês subsequente a título de compensação. *(Parágrafo único acrescido pelo Dec.-lei 229/1967)*

Art. 79. Quando se tratar da fixação do salário mínimo dos trabalhadores ocupados em serviços insalubres, poderão as Comissões de Salário Mínimo aumenta-lo até de metade do salário mínimo normal.

▶ Artigo prejudicado pelo art. 23 da Lei 4.589/1964.

Art. 80. *Revogado pela Lei 10.097/2000.*

Art. 81. O salário mínimo será determinado pela fórmula Sm = a + b + c + d + e, em que a, b, c, d e e representam, respectivamente, o valor das despesas diárias com alimentação, habitação, vestuário, higiene e transporte necessários à vida de um trabalhador adulto.

▶ Art. 7º, IV, da CF.
▶ Art. 6º da Lei 8.542/1992 (Política Nacional de Salários)

Lei 8.542/1992:

Art. 6º Salário mínimo é a contraprestação mínima devida e paga diretamente pelo empregador a todo trabalhador, por jornada normal de trabalho, capaz de satisfazer, em qualquer região do País, às suas necessidades vitais básicas e às de sua família com moradia, alimentação, educação, saúde, lazer, vestuário, higiene, transporte e previdência social.

§ 1º O salário mínimo diário corresponderá a um trinta avos do salário mínimo mensal, e o salário mínimo horário a um duzentos e vinte avos do salário mínimo.

§ 2º Para os trabalhadores que tenham por disposição legal a jornada máxima diária de trabalho inferior a oito horas, o salário mínimo será igual ao definido no parágrafo anterior multiplicado por oito e dividido pelo máximo legal.

§ 1º A parcela correspondente à alimentação terá um valor mínimo igual aos valores da lista de provisões, constantes dos quadros devidamente aprovados e necessários à alimentação diária do trabalhador adulto.

§ 2º Poderão ser substituídos pelos equivalentes de cada grupo, também mencionados nos quadros a que alude o parágrafo anterior, os alimentos, respeitados os valores nutritivos determinados nos mesmos quadros.

▶ Art. 7º, IV, da CF, alterou o conceito de salário mínimo nacional, unificando seu valor.

§ 3º O Ministério do Trabalho, Indústria e Comércio fará, periodicamente, a revisão dos quadros a que se refere o § 1º deste artigo.

▶ Vide nota sobre a atualização da CLT relativa aos Ministérios.

Art. 82. Quando o empregador fornecer, *in natura*, uma ou mais das parcelas do salário mínimo, o salário em dinheiro será determinado pela fórmula Sd = Sm P, em que Sd representa o salário em dinheiro, Sm o salário mínimo e P a soma dos valores daquelas parcelas na região.

▶ Art. 458 desta Consolidação.
▶ Arts. 1º e 2º da Lei 3.030/1956 (Determina que não poderão exceder a 25% do salário mínimo os descontos por fornecimento de alimentação, quando preparada pelo próprio empregador)
▶ Súmulas 241, 258 e 367 do TST.

CLT

Art. 458. Além do pagamento em dinheiro, compreende-se no salário, para todos os efeitos legais, a alimentação, habitação, vestuário ou outras prestações "in natura" que a empresa, por força do contrato ou do costume, fornecer habitualmente ao empregado. Em caso algum será permitido o pagamento com bebidas alcoólicas ou drogas nocivas.

§ 1º Os valores atribuídos às prestações "in natura" deverão ser justos e razoáveis, não podendo exceder, em cada caso, os dos percentuais das parcelas componentes do salário mínimo (arts. 81 e 82)

§ 2º Para os efeitos previstos neste artigo, não serão consideradas como salário as seguintes utilidades concedidas pelo empregador:

I – vestuários, equipamentos e outros acessórios fornecidos aos empregados e utilizados no local de trabalho, para a prestação do serviço;

II – educação, em estabelecimento de ensino próprio ou de terceiros, compreendendo os valores relativos a matrícula, mensalidade, anuidade, livros e material didático;

III – transporte destinado ao deslocamento para o trabalho e retorno, em percurso servido ou não por transporte público; (...)

§ 3º A habitação e a alimentação fornecidas como salário-utilidade deverão atender aos fins a que se destinam e não poderão exceder, respectivamente, a 25% (vinte e cinco por cento) e 20% (vinte por cento) do salário-contratual.

§ 4º Tratando-se de habitação coletiva, o valor do salário-utilidade a ela correspondente será obtido mediante a divisão do justo valor da habitação pelo número de coabitantes, vedada, em qualquer hipótese, a utilização da mesma unidade residencial por mais de uma família.

§ 5º O valor relativo à assistência prestada por serviço médico ou odontológico, próprio ou não, inclusive o reembolso de despesas com medicamentos, óculos, aparelhos ortopédicos, próteses, órteses, despesas médico-hospitalares e outras similares, mesmo quando concedido em diferentes modalidades de planos e coberturas, não integram o salário do empregado para qualquer efeito nem o salário de contribuição, para efeitos do previsto na alínea q do § 9º do art. 28 da Lei 8.212, de 24 de julho de 1991.

Lei 3.030/1956

Art. 1º Para efeitos do art. 82 do Decreto-lei. 5.452, de 1º de maio de 1943 (Consolidação das Leis do Trabalho), os descontos por fornecimento de alimentação, quando preparada pelo próprio empregador, não poderão exceder a 25% (vinte e cinco por cento) do salário mínimo.

Art. 2º A disposição do art. 1º será aplicada aos trabalhadores em geral, desde que as refeições sejam preparadas e fornecidas no próprio estabelecimento empregador.

Súmulas

TST 241. Salário-utilidade. Alimentação O vale para refeição, fornecido por força do contrato de trabalho, tem caráter salarial, integrando a remuneração do empregado, para todos os efeitos legais.

TST 258. Salário-utilidade. Percentuais. Os percentuais fixados em lei relativos ao salário *in natura* apenas se referem às hipóteses em que o empregado percebe salário mínimo, apurando- se, nas demais, o real valor da utilidade.

TST 367. Utilidades *in natura*. Habitação. Energia elétrica. Veículo. Cigarro. Não integração ao salário. I – A habitação, a energia elétrica e veículo fornecidos pelo empregador ao empregado, quando indispensáveis para a realização do trabalho, não têm natureza salarial, ainda que, no caso de veículo, seja ele utilizado pelo empregado também em atividades

particulares. II – O cigarro não se considera salário-utilidade em face de sua nocividade à saúde.

Parágrafo único. O salário mínimo pago em dinheiro não será inferior a trinta por cento do salário mínimo fixado para a região.

▸ Art. 7º, IV, da CF.
▸ Art. 9º da Lei 5.889/1973 (Trabalho Rural)
▸ OJ 18 da SDC do TST.

Lei 5.889/1973

Art. 9º Salvo as hipóteses de autorização legal ou decisão judiciária, só poderão ser descontadas do empregado rural as seguintes parcelas, calculadas sobre o salário mínimo:

a) até o limite de 20% (vinte por cento) pela ocupação da morada;
b) até o limite de 25% (vinte e cinco por cento) pelo fornecimento de alimentação sadia e farta, atendidos os preços vigentes na região;
c) adiantamentos em dinheiro.

§ 1º As deduções acima especificadas deverão ser previamente autorizadas, sem o que serão nulas de pleno direito.

§ 2º Sempre que mais de um empregado residir na mesma morada, o desconto, previsto na letra a deste artigo, será dividido proporcionalmente ao número de empregados, vedada, em qualquer hipótese, a moradia coletiva de famílias.

§ 3º Rescindido ou findo o contrato de trabalho, o empregado será obrigado a desocupar a casa dentro de trinta dias.

§ 4º O Regulamento desta Lei especificará os tipos de morada para fins de dedução.

§ 5º A cessão pelo empregador, de moradia e de sua infraestrutura básica, assim, como, bens destinados à produção para sua subsistência e de sua família, não integram o salário do trabalhador rural, desde que caracterizados como tais, em contrato escrito celebrado entre as partes, com testemunhas e notificação obrigatória ao respectivo sindicato de trabalhadores rurais.

Orientação Jurisprudencial

SDC 18. Descontos autorizados no salário pelo trabalhador. Limitação máxima de 70% do salário base. Os descontos efetuados com base em cláusula de acordo firmado entre as partes não podem ser superiores a 70% do salário base percebido pelo empregado, pois deve-se assegurar um mínimo de salário em espécie ao trabalhador.

Art. 83. É devido o salário mínimo ao trabalhador em domicílio, considerado este como o executado na habitação do empregado ou em oficina de família, por conta de empregador que o remunere.

CLT

Art. 6º Não se distingue entre o trabalho realizado no estabelecimento do empregador, o executado no domicílio do empregado e o realizado a distância, desde que estejam caracterizados os pressupostos da relação de emprego.

Parágrafo único. Os meios telemáticos e informatizados de comando, controle e supervisão se equiparam, para fins de subordinação jurídica, aos meios pessoais e diretos de comando, controle e supervisão do trabalho alheio.

Seção II
Das regiões, zonas e subzonas

Art. 84. *Revogado pela Lei 13.467/2017.*
Parágrafo único. *Revogado pela Lei 13.467/2017.*

Art. 85. *Revogado pela Lei 4.589/1964.*

Art. 86. *Revogado pela Lei 13.467/2017.*
§§ 1º a 3º *Revogados pela Lei 13.467/2017.*

Seção III
Da constituição das comissões

Arts. 87 a 100. *Revogados pela Lei 4.589/1964.*

Seção IV
Das atribuições das comissões de salário mínimo

Arts. 101 a 111. *Revogados pela Lei 4.589/1964.*

Seção V
Da fixação do salário mínimo

Arts. 112 a 115. *Revogados pela Lei 4.589/1964.*

Art. 116. O decreto fixando o salário mínimo, decorridos sessenta dias de sua publicação no Diário Oficial, obrigará a todos que utilizem o trabalho de outrem mediante remuneração.

▸ Artigo prejudicado pelo art. 7º, IV, da CF.
▸ Súmula 203 do STF.

Súmula

STF 203. Não está sujeita à vacância de sessenta dias a vigência de novos níveis de salário mínimo.

§ 1º O salário mínimo, uma vez fixado, vigorará pelo prazo de 3 (três) anos, podendo ser modificado ou confirmado por novo período de 3 (três) anos, e assim seguidamente, por decisão da respectiva Comissão de Salário Mínimo, aprovada pelo Ministro do Trabalho, Indústria e Comércio.

▸ § 1º prejudicado pela Lei 4.589/1964.
▸ Lei 13.152/2015 (Política de Valorização do Salário-mínimo e dos Benefícios pagos pelo Regime Geral de Previdência Social)
▸ Art. 23 da Lei 4.589/1964.

Lei 4.589/1964

Art. 23. São revogados os artigos da Consolidação das Leis do Trabalho referentes às Comissões de Salário-mínimo, passando as respectivas atribuições ao D. N. E. S. e às D. R. T. na forma da presente Lei.

§ 2º Excepcionalmente, poderá o salário mínimo ser modificado, antes de decorridos 3 (três) anos de sua vigência, sempre que a respectiva Comissão de Salário Mínimo, pelo voto de 3/4 (três quartos) de seus componentes, reconhecer que fatores de ordem econômica tenham alterado de maneira profunda a situação econômica e financeira da região interessada.

▸ § 2º prejudicado pelo art. 23 da Lei 4.589/1964.

Seção VI
Disposições gerais

Art. 117. Será nulo de pleno direito, sujeitando o empregador às sanções do artigo 120, qualquer contrato ou convenção que estipule remuneração inferior ao salário mínimo estabelecido na região em que tiver de ser cumprido.

▸ Art. 7º, IV, da CF.
▸ Art. 120 desta Consolidação.
▸ Súmula 199 do STF.
▸ OJs 272 e 358 da SBDI-I do TST.

Súmula

STF 199. O salário das férias do empregado horista corresponde à média do período aquisitivo, não podendo ser inferior ao mínimo.

Orientação Jurisprudencial

SDI-I 358. Salário mínimo e piso salarial proporcional à jornada reduzida. Empregado. Servidor público. I – Havendo contratação para cumprimento de jornada reduzida, inferior à previsão constitucional de oito horas diárias ou quarenta e quatro semanais, é lícito o pagamento do piso salarial ou do salário mínimo proporcional ao tempo trabalhado. II – Na Administração Pública direta, autárquica e fundacional não é válida remuneração de empregado público inferior ao salário mínimo, ainda que cumpra jornada de trabalho reduzida. Precedentes do Supremo Tribunal Federal.

Art. 118. O trabalhador a quem for pago salário inferior ao mínimo terá direito, não obstante qualquer contrato, ou convenção em contrário, a reclamar do empregador o complemento de seu salário mínimo estabelecido na região em que tiver de ser cumprido.

▸ Art. 7º, IV, da CF.
▸ Art. 444 desta Consolidação.
▸ LC 103/2000 (Piso Salarial referente ao art. 7º, V da CF)

LC 103/2000

Art. 1º Os Estados e o Distrito Federal ficam autorizados a instituir, mediante lei de iniciativa do Poder Executivo, o piso salarial de que trata o inciso V do art. 7º da Constituição Federal para os empregados que não tenham piso salarial definido em lei federal, convenção ou acordo coletivo de trabalho.

§ 1º A autorização de que trata este artigo não poderá ser exercida:

I – no segundo semestre do ano em que se verificar eleição para os cargos de Governador dos Estados e do Distrito Federal e de Deputados Estaduais e Distritais;

II – em relação à remuneração de servidores públicos municipais.

§ 2º O piso salarial a que se refere o *caput* poderá ser estendido aos empregados domésticos.

Art. 119. Prescreve em dois anos a ação para reaver a diferença, contados, para cada pagamento, da data em que o mesmo tenha sido efetuado.

▸ Art. 7º, XXIX, da CF.
▸ Arts. 11 e 440 desta Consolidação.
▸ Súmula 294 do TST.

Constituição Federal

Art. 7º São direitos dos trabalhadores urbanos e rurais, além de outros que visem à melhoria de sua condição social: (...) XXIX – ação, quanto aos créditos resultantes das relações de trabalho, com prazo prescricional de cinco anos para os trabalhadores urbanos e rurais, até o limite de dois anos após a extinção do contrato de trabalho;

CLT

Art. 440. Contra os menores de 18 (dezoito) anos não corre nenhum prazo de prescrição.

Súmula

TST 294. Prescrição. Alteração contratual. Trabalhador urbano. Tratando-se de ação que envolva pedido de prestações sucessivas decorrente de alteração do pactuado, a prescrição é total, exceto quando o direito à parcela esteja também assegurado por preceito de lei.

Art. 120. Aquele que infringir qualquer dispositivo concernente ao salário mínimo será passível de multa de três a cento e vinte valores de referência regionais, elevada ao dobro na reincidência.

▸ Arts. 74 e ss. da Portaria 667/2021 do MTE (Multas administrativas)

Art. 121. *Revogado pelo Dec.-lei 229/1967.*

Arts. 122 e 123. *Revogados pela Lei 4.589/1964.*

Art. 124. A aplicação dos preceitos deste Capítulo não poderá, em caso algum, ser causa determinante da redução do salário.

▸ Art. 7º, VI, da CF.
▸ OJ 358 da SDI-I do TST.

Art. 125. *Revogado pela Lei 4.589/1964.*

Art. 126. O Ministro do Trabalho, Indústria e Comércio expedirá as instruções necessárias à fiscalização do salário mínimo, podendo cometer essa fiscalização a qualquer dos órgãos componentes do respectivo Ministério, e, bem assim, aos fiscais dos Institutos de Aposentadoria e Pensões, na forma da legislação em vigor.

▸ Vide nota sobre a atualização da CLT relativa aos Ministérios.
▸ Art. 17 da Lei 8.029/1990 que institui o Instituto Nacional do Seguro Social – INSS.

Arts. 127 e 128. *Revogados pelo Dec.-lei 229/1967.*

CAPÍTULO IV
DAS FÉRIAS ANUAIS

(Rubrica do Capítulo IV com redação pelo Dec.-lei 1.535/1977)

▸ Dec. 3.197/1999 (Promulga a Convenção 132 da OIT sobre férias anuais remuneradas)

Seção I
Do direito a férias e da sua duração

(Rubrica da Seção I com redação pelo Dec.-lei 1.535/1977)

Art. 129. Todo empregado terá direito anualmente ao gozo de um período de férias, sem prejuízo da remuneração. *(Artigo com redação pelo Dec.-lei 1.535/1977)*

▸ Art. 7º, XVII, da CF.
▸ Art.17 da LC 150/2015 (Lei dos Domésticos)
▸ Lei 5.085/1966 (Reconhece aos trabalhadores avulsos o direito a férias)
▸ Dec. 80.271/1977 (Regulamenta a concessão de férias anuais remuneradas aos trabalhadores avulsos)
▸ Súmulas 198, 199 e 200 do STF.
▸ Súmula 125 do STJ.
▸ Súmulas 7, 10, 14, 81, 89, 149, 171, 253, 261 e 328 do TST.

Constituição Federal

Art. 7º São direitos dos trabalhadores urbanos e rurais, além de outros que visem à melhoria de sua condição social: (...) XVII – gozo de férias anuais remuneradas com, pelo menos, um terço a mais do que o salário normal;

Súmulas

STF 198. As ausências motivadas por acidente do trabalho não são descontáveis do período aquisitivo das férias.

STF 199. O salário das férias do empregado horista corresponde à média do período aquisitivo, não podendo ser inferior ao mínimo.

STJ 125. O pagamento de ferias não gozadas por necessidade do serviço não esta sujeito a incidencia do imposto de renda.

TST 7. Férias. A indenização pelo não deferimento das férias no tempo oportuno será calculada com base na remuneração devida ao empregado na época da reclamação ou, se for o caso, na da extinção do contrato.

TST 14. Culpa recíproca. Reconhecida a culpa recíproca na rescisão do contrato de trabalho (art. 484 da CLT), o empregado tem direito a 50% (cinquenta por cento) do valor do aviso prévio, do décimo terceiro salário e das férias proporcionais.

TST 81. Férias. Os dias de férias gozados após o período legal de concessão deverão ser remunerados em dobro.

TST 171. Férias Proporcionais. Contrato de Trabalho. Extinção. Salvo na hipótese de dispensa do empregado por justa causa, a extinção do contrato de trabalho sujeita o empregador ao pagamento da remuneração das férias proporcionais, ainda que incompleto o período aquisitivo de 12 (doze) meses (art. 147 da CLT).

TST 261. Férias proporcionais. Pedido de demissão. Contrato vigente há menos de 1 (um) ano. O empregado que se demite antes de completar 12 (doze) meses de serviço tem direito a férias proporcionais.

TST 328. Férias. Terço constitucional. O pagamento das férias, integrais ou proporcionais, gozadas ou não, na vigência da CF/1988, sujeita-se ao acréscimo do terço previsto no respectivo art. 7º, XVII.

Art. 130. Após cada período de 12 (doze) meses de vigência do contrato de trabalho, o empregado terá direito a férias, na seguinte proporção: *(Caput, incisos e §§ com redação pelo Dec.-lei 1.535/1977)*

I – 30 (trinta) dias corridos, quando não houver faltado ao serviço mais de 5 (cinco) vezes;

II – 24 (vinte e quatro) dias corridos, quando houver tido de 6 (seis) a 14 (quatorze) faltas;

III – 18 (dezoito) dias corridos, quando houver tido de 15 (quinze) a 23 (vinte e três) faltas;

IV – 12 (doze) dias corridos, quando houver tido de 24 (vinte e quatro) a 32 (trinta e duas) faltas.

§ 1º É vedado descontar, do período de férias, as faltas do empregado ao serviço.

§ 2º O período das férias será computado, para todos os efeitos, como tempo de serviço.

▸ Art.17 da LC 150/2015 (Lei dos Domésticos)
▸ Súmulas 7, 46, 89, 155 do TST.

LC 150/2015

Art. 17. O empregado doméstico terá direito a férias anuais remuneradas de 30 (trinta) dias, salvo o disposto no § 3º do art. 3º, com acréscimo de, pelo menos, um terço do salário normal, após cada período de 12 (doze) meses de trabalho prestado à mesma pessoa ou família.

§ 1º Na cessação do contrato de trabalho, o empregado, desde que não tenha sido demitido por justa causa, terá direito à remuneração relativa ao período incompleto de férias, na proporção de um doze avos por mês de serviço ou fração superior a 14 (quatorze) dias.

§ 2º O período de férias poderá, a critério do empregador, ser fracionado em até 2 (dois) períodos, sendo 1 (um) deles de, no mínimo, 14 (quatorze) dias corridos.

§ 3º É facultado ao empregado doméstico converter um terço do período de férias a que tiver direito em abono pecuniário, no valor da remuneração que lhe seria devida nos dias correspondentes.

§ 4º O abono de férias deverá ser requerido até 30 (trinta) dias antes do término do período aquisitivo.

§ 5º É lícito ao empregado que reside no local de trabalho nele permanecer durante as férias.

§ 6º As férias serão concedidas pelo empregador nos 12 (doze) meses subsequentes à data em que o empregado tiver adquirido o direito.

Súmulas

TST 7. Férias. A indenização pelo não deferimento das férias no tempo oportuno será calculada com base na remuneração devida ao empregado na época da reclamação ou, se for o caso, na da extinção do contrato.

TST 46. Acidente de trabalho. As faltas ou ausências decorrentes de acidente do trabalho não são consideradas para os efeitos de duração de férias e cálculo da gratificação natalina.

TST 89. Falta ao serviço. Se as faltas já são justificadas pela lei, consideram-se como ausências legais e não serão descontadas para o cálculo do período de férias.

Art. 130-A. *Revogado pela Lei 13.467/2017.*

I a VI – *Revogados pela Lei 13.467/2017.*

Parágrafo único. *Revogado pela Lei 13.467/2017.*

Art. 131. Não será considerada falta ao serviço, para os efeitos do artigo anterior, a ausência do empregado: *(Caput com redação pelo Dec.-lei 1.535/1977)*

▸ Súmula 89 do TST.

Súmula

TST 89. Falta ao Serviço. Se as faltas já são justificadas pela lei, consideram-se como ausências legais e não serão descontadas para o cálculo do período de férias.

I – nos casos referidos no artigo 473; *(Inciso I com redação pelo Dec.-lei 1.535/1977)*

II – durante o licenciamento compulsório da empregada por motivo de maternidade ou aborto, observados os requisitos para percepção do salário-maternidade custeado pela Previdência Social; *(Inciso II com redação pela Lei 8.921/1994)*

▸ Art. 395 desta Consolidação.
▸ Súmula 244 do TST.
▸ OJ 44 da SDI-I.
▸ OJ 30 da SDC.

CLT

Art. 395. Em caso de aborto não criminoso, comprovado por atestado médico oficial, a mulher terá um repouso remunerado de 2 (duas) semanas, ficando-lhe assegurado o direito de retornar à função que ocupava antes de seu afastamento.

Súmula

TST 244. Gestante. Estabilidade provisória. I – O desconhecimento do estado gravídico pelo empregador não afasta o direito ao pagamento da indenização decorrente da estabilidade (art. 10, II, *b* do ADCT) II – A garantia de emprego à gestante só autoriza a reintegração se esta se der durante o período de estabilidade. Do contrário, a garantia restringe-se aos salários e demais direitos correspondentes ao período de estabilidade. III – A empregada gestante tem direito à estabilidade provisória prevista no art. 10, inciso II, alínea *b*, do Ato das Disposições Constitucionais Transitórias, mesmo na hipótese de admissão mediante contrato por tempo determinado.

Orientações Jurisprudenciais

SDI-I 44. Gestante. Salário-maternidade. É devido o salário-maternidade, de 120 (cento e vinte) dias, desde a promulgação da CF/1988, ficando a cargo do empregador o pagamento do período acrescido pela Carta.

SDC 30. Estabilidade da gestante. Renúncia ou transação de direitos constitucionais. Impossibilidade. Nos termos do art. 10, II, *b*, do ADCT, a proteção à maternidade foi erigida à hierarquia constitucional, pois retirou do âmbito do direito potestativo do empregador a possibilidade de despedir arbitrariamente a empregada em estado gravídico. Portanto, a teor do artigo 9º, da CLT, torna-se nula de pleno direito a cláusula que estabelece a possibilidade de renúncia ou transação, pela gestante, das garantias referentes à manutenção do emprego e salário.

III – por motivo de acidente do trabalho ou enfermidade atestada pelo Instituto Nacional do Seguro Social INSS, excetuada a hipótese do inciso IV do artigo 133; *(Inciso III com redação pela Lei 8.726/1993)*

▸ Súmula 198 do STF.
▸ Súmula 46 do TST.

Súmula

STF 198. As ausências motivadas por acidente do trabalho não são descontáveis do período aquisitivo das férias.

TST 46. Acidente de trabalho. As faltas ou ausências decorrentes de acidente do trabalho não são consideradas para os efeitos de duração de férias e cálculo da gratificação natalina.

IV – justificada pela empresa, entendendo-se como tal a que não tiver determinado o desconto do correspondente salário; *(Inciso IV com redação pelo Dec.-lei 1.535/1977)*

V – durante a suspensão preventiva para responder a inquérito administrativo ou de prisão preventiva, quando for impronunciado ou absolvido; e *(Inciso V com redação pelo Dec.-lei 1.535/1977)*

VI – nos dias em que não tenha havido serviço, salvo na hipótese do inciso III do artigo 133. *(Inciso VI com redação pelo Dec.-lei 1.535/1977)*

Art. 132. O tempo de trabalho anterior à apresentação do empregado para serviço militar obrigatório será computado no período aquisitivo, desde que ele compareça ao estabelecimento dentro de noventa dias da data em que se verificar a respectiva baixa. *(Artigo com redação pelo Dec.-lei 1.535/1977)*

▸ Art. 472, § 1º, desta Consolidação.

CLT

Art. 472. (...) § 1º Para que o empregado tenha direito a voltar a exercer o cargo do qual se afastou em virtude de exigências do serviço militar ou de encargo público, é indispensável que notifique o empregador dessa intenção, por telegrama ou carta registrada, dentro do prazo máximo de 30 (trinta) dias, contados da data em que se verificar a respectiva baixa ou a terminação do encargo a que estava obrigado.

Art. 133. Não terá direito a férias o empregado que, no curso do período aquisitivo: *(Caput com redação pelo Dec.-lei 1.535/1977)*

I – deixar o emprego e não for readmitido dentro dos 60 (sessenta) dias subsequentes à sua saída;

▸ Art. 453 desta Consolidação.

II – permanecer em gozo de licença, com percepção de salários, por mais de 30 (trinta) dias;

III – deixar de trabalhar, com percepção do salário, por mais de 30 (trinta) dias em virtude de paralisação parcial ou total dos serviços da empresa; e

IV – tiver percebido da Previdência Social prestações de acidente de trabalho ou de auxílio-doença por mais de 6 (seis) meses, embora descontínuos. *(Incisos acrescidos pelo Dec.-lei 1.535/1977)*

▸ Art. 131, III, desta Consolidação.

§ 1º A interrupção da prestação de serviços deverá ser anotada na Carteira de Trabalho e Previdência Social. *(§ 1º com redação pelo Dec.-lei 1.535/1977)*

§ 2º Iniciar-se-á o decurso de novo período aquisitivo quando o empregado, após o implemento de qualquer

das condições previstas neste artigo, retornar ao serviço. *(§ 2º acrescido pelo Dec.-lei 1.535/1977)*

§ 3º Para os fins previstos no inciso III deste artigo a empresa comunicará ao órgão local do Ministério do Trabalho, com antecedência mínima de 15 (quinze) dias, as datas de início e fim da paralisação total ou parcial dos serviços da empresa, e, em igual prazo, comunicará, nos mesmos termos, ao sindicato representativo da categoria profissional, bem como afixará avisos nos respectivos locais de trabalho. *(§ 3º acrescido pela Lei 9.016/1995)*

§ 4º *Vetado. (§ 4º acrescido pela Lei 9.016/1995)*

Seção II
Da concessão e da época das férias

(Rubrica da Seção II com redação pelo Dec.-lei 1.535/1977)

Art. 134. As férias serão concedidas por ato do empregador, em um só período, nos 12 (doze) meses subsequentes à data em que o empregado tiver adquirido o direito. *(Caput com redação pelo Dec.-lei 1.535/1977)*

▸ Art. 137 desta Consolidação.
▸ Súmula 198 do STF.
▸ Súmulas 7 e 261 do TST.
▸ PN 100 do TST.

§ 1º Desde que haja concordância do empregado, as férias poderão ser usufruídas em até três períodos, sendo que um deles não poderá ser inferior a quatorze dias corridos e os demais não poderão ser inferiores a cinco dias corridos, cada um. *(§ 1º com redação pela Lei 13.467/2017)*

▸ Art. 2º, § 1º, da Port. 349/2018 do MTE (Regras voltadas à execução da Lei 13.467/2017)

§ 2º *Revogado pela Lei 13.467/2017.;*

§ 3º É vedado o início das férias no período de dois dias que antecede feriado ou dia de repouso semanal remunerado. *(§ 3º acrescido pela Lei 13.467/2017)*

▸ Art. 13 da Inst. Normativa 97/2012 da SIT/MTE (Fiscalização das condições de trabalho no âmbito dos programas de aprendizagem)
▸ Art. 2º, § 1º, da Port. 349/2018 do MTE (Regras voltadas à execução da Lei 13.467/2017)

Art. 135. A concessão das férias será participada, por escrito, ao empregado, com antecedência de, no mínimo, 30 (trinta) dias. Dessa participação o interessado dará recibo. *(Caput com redação pela Lei 7.414/1985)*

▸ PN 116 do TST.

Precedente Normativo

TST 116. Férias. Cancelamento ou adiamento. Comunicado ao empregado o período do gozo de férias individuais ou coletivas, o empregador somente poderá cancelar ou modificar o início previsto se ocorrer necessidade imperiosa e, ainda assim, mediante o ressarcimento, ao empregado, dos prejuízos financeiros por este comprovados.

§ 1º O empregado não poderá entrar no gozo das férias sem que apresente ao empregador sua Carteira de Trabalho e Previdência Social, para que nela seja anotada a respectiva concessão. *(§ 1º acrescido pelo Dec.-lei 1.535/1977)*

§ 2º A concessão das férias será, igualmente, anotada no livro ou nas fichas de registro dos empregados. *(§ 2º acrescido pelo Dec.-lei 1.535/1977)*

▸ Arts. 51, II, e 52, I, da LC 123/2006 (Estatuto da Microempresa)

§ 3º Nos casos em que o empregado possua a CTPS em meio digital, a anotação será feita nos sistemas a que se refere o § 7º do art. 29 desta Consolidação, na forma do regulamento, dispensadas as anotações de que tratam os §§ 1º e 2º deste artigo. *(§ 3º acrescido pela Lei 13.874/2019)*

LC 123/2006:

Art. 51. As microempresas e as empresas de pequeno porte são dispensadas: (...)

II – da anotação das férias dos empregados nos respectivos livros ou fichas de registro.

Art. 52. O disposto no art. 51 desta Lei Complementar não dispensa as microempresas e as empresas de pequeno porte dos seguintes procedimentos:

I – anotações na Carteira de Trabalho e Previdência Social – CTPS;

Art. 136. A época da concessão das férias será a que melhor consulte os interesses do empregador. *(Caput e §§ com redação pelo Dec.-lei 1.535/1977)*

§ 1º Os membros de uma família, que trabalharem no mesmo estabelecimento ou empresa, terão direito a gozar férias no mesmo período, se assim o desejarem e se disto não resultar prejuízo para o serviço.

§ 2º O empregado estudante, menor de 18 (dezoito) anos, terá direito a fazer coincidir suas férias com as férias escolares.

▸ Art. 13 da Inst. Normativa 97/2012 da SIT/MTE (Fiscalização das condições de trabalho no âmbito dos programas de aprendizagem)

Art. 137. Sempre que as férias forem concedidas após o prazo de que trata o artigo 134, o empregador pagará em dobro a respectiva remuneração. *(Artigo com redação pelo Dec.-lei 1.535/1977)*

▸ Art. 145 desta Consolidação.
▸ Súmulas 7, 81 e 450 do TST.

Súmulas

TST 7. Férias. A indenização pelo não deferimento das férias no tempo oportuno será calculada com base na remuneração devida ao empregado na época da reclamação ou, se for o caso, na da extinção do contrato.

TST 81. Férias. Os dias de férias gozados após o período legal de concessão deverão ser remunerados em dobro.

§ 1º Vencido o mencionado prazo sem que o empregador tenha concedido as férias, o empregado poderá ajuizar reclamação pedindo a fixação, por sentença, da época de gozo das mesmas. *(§ 1º acrescido pelo Dec.-lei 1.535/1977)*

§ 2º A sentença cominará pena diária de 5% (cinco por cento) do salário mínimo, devida ao empregado até que seja cumprida. *(§ 2º acrescido pelo Dec.-lei 1.535/1977)*

§ 3º Cópia da decisão judicial transitada em julgado será remetida ao órgão local do Ministério do Trabalho, para fins de aplicação da multa de caráter administrativo. *(§ 3º acrescido pelo Dec.-lei 1.535/1977)*

Art. 138. Durante as férias, o empregado não poderá prestar serviços a outro empregador, salvo se estiver obrigado a fazê-lo em virtude de contrato de trabalho regularmente mantido com aquele. *(Artigo com redação pelo Dec.-lei 1.535/1977)*

Seção III
Das férias coletivas

(Rubrica da Seção III com redação pelo Dec.-lei 1.535/1977)

▸ Arts. 12 a 14 da Lei 14.437/2022 (Programa Emergencial de Manutenção do Emprego e da Renda).

Art. 139. Poderão ser concedidas férias coletivas a todos os empregados de uma empresa ou de determinados estabelecimentos ou setores da empresa. *(Caput com redação pelo Dec.-lei 1.535/1977)*

§ 1º As férias poderão ser gozadas em dois períodos anuais, desde que nenhum deles seja inferior a dez dias corridos. *(§ 1º com redação pelo Dec.-lei 1.535/1977)*

▸ Art. 134, § 1º, desta Consolidação.
▸ PN 100 do TST.

Precedente Normativo

TST 100. Férias. Início do período de gozo. O início das férias, coletivas ou individuais, não poderá coincidir com sábado, domingo, feriado ou dia de compensação de repouso semanal.

§ 2º Para os fins previstos neste artigo, o empregador comunicará ao órgão local do Ministério do Trabalho, com a antecedência mínima de 15 (quinze) dias, as datas de início e fim das férias, precisando quais os estabelecimentos ou setores abrangidos pela medida. *(§ 2º com redação pelo Dec.-lei 1.535/1977)*

▸ Art. 51, V, da LC 123/2006 (Estatuto da Microempresa)
▸ PN 116 do TST.

LC 123/2006:
Art. 51. As microempresas e as empresas de pequeno porte são dispensadas: (...)
V – de comunicar ao Ministério do Trabalho e Emprego a concessão de férias coletivas.

§ 3º Em igual prazo o empregador enviará cópia da aludida comunicação aos sindicatos representativos da respectiva categoria profissional, e providenciará a afixação de aviso nos locais de trabalho. *(§ 3º acrescido pelo Dec.-lei 1.535/1977)*

Art. 140. Os empregados contratados há menos de 12 (doze) meses gozarão, na oportunidade, férias proporcionais, iniciando-se, então, novo período aquisitivo. *(Artigo com redação pelo Dec.-lei 1.535/1977)*

Art. 141. *Revogado pela Lei 13.874/2019.*

Seção IV
Da remuneração e do abono de férias

(Rubrica da Seção IV com redação pelo Dec.-lei 1.535/1977)

Art. 142. O empregado perceberá, durante as férias, a remuneração que lhe for devida na data da sua concessão. *(Caput com redação pelo Dec.-lei 1.535/1977)*

▸ Art. 7º, XVII, da CF.
▸ Súmulas 7, 159, e 328 do TST.
▸ OJ 50 da SDI-I Transitória do TST.

Súmula
TST 7. Férias. A indenização pelo não deferimento das férias no tempo oportuno será calculada com base na remuneração devida ao empregado na época da reclamação ou, se for o caso, na da extinção do contrato.

Orientação Jurisprudencial
SDI-I Transitória 50. Férias. Abono instituído por instrumento normativo e terço constitucional. Simultaneidade inviável. O abono de férias decorrente de instrumento normativo e o abono de 1/ 3 (um terço) previsto no art. 7º, XVII, da CF/1988 têm idêntica natureza jurídica, destinação e finalidade,constituindo-se *bis in idem* seu pagamento simultâneo, sendo legítimo o direito do empregador de obter compensação de valores porventura pagos.

§ 1º Quando o salário for pago por hora, com jornadas variáveis, apurar-se-á a média do período aquisitivo, aplicando-se o valor do salário na data da concessão das férias. *(§ 1º acrescido pelo Dec.-lei 1.535/1977)*

▸ Súmula 199 do STF.
Súmula STF 199. O salário das férias do empregado horista corresponde à média do período aquisitivo, não podendo ser inferior ao mínimo.

§ 2º Quando o salário for pago por tarefa, tomar-se-á por base a média da produção no período aquisitivo do direito a férias, aplicando-se o valor da remuneração da tarefa na data da concessão das férias. *(§ 2º acrescido pelo Dec.-lei 1.535/1977)*

▸ Art. 7º, VII, da CF.
▸ Súmula 149 do TST.

Súmula
TST 149. Tarefeiro. Férias. A remuneração das férias do tarefeiro deve ser calculada com base na média da produção do período aquisitivo, aplicando-se-lhe a tarifa da data da concessão.

§ 3º Quando o salário for pago por percentagem, comissão ou viagem, apurar-se-á a média percebida pelo empregado nos doze meses que precederem a concessão das férias. *(§ 3º acrescido pelo Dec.-lei 1.535/1977)*

▸ OJ 181 da SDI-I do TST.

Orientação Jurisprudencial
SDI-I 181. Comissões. Correção monetária. Cálculo. O valor das comissões deve ser corrigido monetariamente para em seguida obter-se a média para efeito de cálculo de férias, 13º salário e verbas rescisórias.

§ 4º A parte do salário paga em utilidades será computada de acordo com a anotação na Carteira de Trabalho e Previdência Social. *(§ 4º acrescido pelo Dec.-lei 1.535/1977)*

§ 5º Os adicionais por trabalho extraordinário, noturno, insalubre ou perigoso serão computados no salário que servirá de base ao cálculo da remuneração das férias. *(§ 5º acrescido pelo Dec.-lei 1.535/1977)*

▸ Art. 7º, XVI, da CF.
▸ Súmula 347 do TST.

Súmula
TST 347. Horas extras habituais. Apuração. Média física. O cálculo do valor das horas extras habituais, para efeito de reflexos em verbas trabalhistas, observará o número de horas efetivamente prestadas e a ele aplica-se o valor do salário-hora da época do pagamento daquelas verbas.

§ 6º Se, no momento das férias, o empregado não estiver percebendo o mesmo adicional do período aquisitivo, ou quando o valor deste não tiver sido uniforme, será computada a média duodecimal recebida naquele período, após a atualização das importâncias pagas, mediante incidência dos percentuais dos reajustamentos salariais supervenientes. *(§ 6º acrescido pelo Dec.-lei 1.535/1977)*

▸ Súmula 253 do TST.

Súmula
TST 253. Gratificação semestral. Repercussões. A gratificação semestral não repercute no cálculo das horas extras, das férias e do aviso prévio, ainda que indenizados. Repercute, contudo, pelo seu duodécimo na indenização por antiguidade e na gratificação natalina.

Art. 143. É facultado ao empregado converter 1/3 (um terço) do período de férias a que tiver direito em abono pecuniário, no valor da remuneração que lhe seria devida nos dias correspondentes. *(Caput com redação pelo Dec.-lei 1.535/1977)*

▸ Inst. Normativa 936/2009 da RFB (Tratamento tributário relativo a valores pagos a título de abono pecuniário de férias)

§ 1º O abono de férias deverá ser requerido até 15 (quinze) dias antes do término do período aquisitivo. *(§ 1º acrescido pelo Dec.-lei 1.535/1977)*

§ 2º Tratando-se de férias coletivas, a conversão a que se refere este artigo deverá ser objeto de acordo coletivo entre o empregador e o sindicato representativo da respectiva categoria profissional, independendo de requerimento individual a concessão do abono. *(§ 2º acrescido pelo Dec.-lei 1.535/1977)*

§ 3º *Revogado pela Lei 13.467/2017.*

Art. 144. O abono de férias de que trata o artigo anterior, bem como o concedido em virtude de cláusula do contrato de trabalho, do regulamento da empresa, de convenção ou acordo coletivo, desde que não excedente de vinte dias de salário, não integrarão a remuneração do empregado para os efeitos da legislação do trabalho. *(Artigo com redação pela Lei 9.528/1997)*

Art. 145. O pagamento da remuneração das férias e, se for o caso, o do abono referido no artigo 143 serão efetuados até dois dias antes do início do respectivo período. *(Caput com redação pelo Dec.-lei 1.535/1977)*

▸ Art. 10 da Lei 14.437/2022 (Programa Emergencial de Manutenção do Emprego e da Renda).
▸ Súmula 450 do TST.

Parágrafo único. O empregado dará quitação do pagamento, com indicação do início e do termo das férias. *(Parágrafo único acrescido pelo Dec.-lei 1.535/1977)*

Seção V
Dos efeitos da cessação
do contrato de trabalho

(Rubrica da Seção V com redação pelo Dec.-lei 1.535/1977)

Art. 146. Na cessação do contrato de trabalho, qualquer que seja a sua causa, será devida ao empregado a remuneração simples ou em dobro, conforme o caso, correspondente ao período de férias cujo direito tenha adquirido. *(Caput com redação pelo Dec.-lei 1.535/1977)*

▸ Art. 7º, XVII, da CF.
▸ Art. 484 desta Consolidação.
▸ Súmulas 125 e 386 do STJ.
▸ Súmulas 7, 14, 171 e 161 do TST.
▸ OJ 195 da SDI-I do TST.

CLT
Art. 484. Havendo culpa recíproca no ato que determinou a rescisão do contrato de trabalho, o tribunal de trabalho reduzirá a indenização à que seria devida em caso de culpa exclusiva do empregador, por metade.

Art. 484-A. O contrato de trabalho poderá ser extinto por acordo entre empregado e empregador, caso em que serão devidas as seguintes verbas trabalhistas:

I – por metade:

a) o aviso prévio, se indenizado; e

b) a indenização sobre o saldo do Fundo de Garantia do Tempo de Serviço, prevista no § 1º do art. 18 da Lei 8.036, de 11 de maio de 1990;

II – na integralidade, as demais verbas trabalhistas.

§ 1º A extinção do contrato prevista no *caput* deste artigo permite a movimentação da conta vinculada do trabalhador no Fundo de Garantia do Tempo de Serviço na forma do inciso I-A do art. 20 da Lei 8.036, de 11 de maio de 1990, limitada até 80% (oitenta por cento) do valor dos depósitos.

§ 2º A extinção do contrato por acordo prevista no *caput* deste artigo não autoriza o ingresso no Programa de Seguro-Desemprego.

Súmulas
TST 14. Culpa recíproca Reconhecida a culpa recíproca na rescisão do contrato de trabalho (art. 484 da CLT), o empregado tem direito a 50% (cinquenta por cento) do valor do aviso-prévio, do décimo terceiro salário e das férias proporcionais.

Orientação Jurisprudencial
SDI-I 195. Férias indenizadas. FGTS. Não incidência. Não incide a contribuição para o FGTS sobre as férias indenizadas.

Parágrafo único. Na cessação do contrato de trabalho, após doze meses de serviço, o empregado, desde que não haja sido demitido por justa causa, terá direito à remuneração relativa ao período incompleto de férias, de acordo com o artigo 130, na proporção de um doze avos por mês de serviço ou fração superior a 14 (quatorze) dias. *(Parágrafo único com redação pelo Dec.-lei 1.535/1977)*

▸ Súmulas 171 e 261 do TST.

Súmulas
TST 171. Férias proporcionais. Contrato de trabalho. Extinção. Salvo na hipótese de dispensa do empregado por justa causa, a extinção do contrato de trabalho sujeita o empregador ao pagamento da remuneração das férias proporcionais, ainda que incompleto o período aquisitivo de 12 (doze) meses (art. 147 da CLT)

TST 261. Férias proporcionais. Pedido de demissão. Contrato vigente há menos de um ano. O empregado que se demite antes de complementar 12 (doze) meses de serviço tem direito a férias proporcionais.

Art. 147. O empregado que for despedido sem justa causa, ou cujo contrato de trabalho se extinguir em prazo pré-determinado, antes de completar 12 (doze) meses de serviço, terá direito à remuneração relativa ao período incompleto de férias, de conformidade com o disposto no artigo anterior. *(Artigo com redação pelo Dec.-lei 1.535/1977)*

▸ Art. 7º, XVII, da CF.
▸ Súmula 200 do STF.
▸ Súmulas 171, 261 e 328 do TST.

Súmula
TST 328. Férias. Terço constitucional. O pagamento das férias, integrais ou proporcionais, gozadas ou não, na vigência da CF/1988, sujeita-se ao acréscimo do terço previsto no respectivo art. 7º, XVII.

Art. 148. A remuneração das férias, ainda quando devida após a cessação do contrato de trabalho, terá natureza salarial, para os efeitos do artigo 449. *(Artigo com redação pelo Dec.-lei 1.535/1977)*

▸ Art. 449 desta Consolidação.
▸ Arts. 83, I, VI, *c*, e 151 da Lei 11.101/2005 (Recuperação de Empresas e Falência)

CLT
Art. 449. Os direitos oriundos da existência do contrato de trabalho subsistirão em caso de falência, concordata ou dissolução da empresa.

§ 1º Na falência constituirão créditos privilegiados a totalidade dos salários devidos ao empregado e a totalidade das indenizações a que tiver direito.

§ 2º Havendo concordata na falência, será facultado aos contratantes tornar sem efeito a rescisão do contrato de trabalho e consequente indenização, desde que o empregador pague, no mínimo, a metade dos salários que seriam devidos ao empregado durante o interregno.

Lei 11.101/2005:
Art. 83. A classificação dos créditos na falência obedece à seguinte ordem:

I – os créditos derivados da legislação do trabalho, limitados a 150 (cento e cinquenta) salários mínimos por credor, e os decorrentes de acidentes de trabalho; (...)

VI – créditos quirografários, a saber: (...)

c) os saldos dos créditos derivados da legislação do trabalho que excederem o limite estabelecido no inciso I do *caput* deste artigo;

Art. 151. Os créditos trabalhistas de natureza estritamente salarial vencidos nos 3 (três) meses anteriores à decretação da falência, até o limite de 5 (cinco) salários mínimos por trabalhador, serão pagos tão logo haja disponibilidade em caixa.

Seção VI
Do início da prescrição

(Rubrica da Seção VI com redação pelo Dec.-lei 1.535/1977)

Art. 149. A prescrição do direito de reclamar a concessão das férias ou o pagamento da respectiva remuneração é contada do término do prazo mencionado no artigo 134 ou, se for o caso, da cessação do contrato de trabalho. *(Artigo com redação pelo Dec.-lei 1.535/1977)*

▸ Art. 7º, XXIX, da CF.
▸ Arts. 11 e 440 desta Consolidação.
▸ Súmula 308 do TST.

Constituição Federal
Art. 7º São direitos dos trabalhadores urbanos e rurais, além de outros que visem à melhoria de sua condição social: (...) XXIX – ação, quanto aos créditos resultantes das relações de trabalho, com prazo prescricional de cinco anos para os trabalhadores urbanos e rurais, até o limite de dois anos após a extinção do contrato de trabalho;

CLT
Art. 440. Contra os menores de 18 (dezoito) anos não corre nenhum prazo de prescrição.

Súmula
TST 308. Prescrição quinquenal. I – Respeitado o biênio subsequente à cessação contratual, a prescrição da ação trabalhista concerne às pretensões imediatamente anteriores a cinco anos, contados da data do ajuizamento da reclamação e, não, às anteriores ao quinquênio da data da extinção do contrato. II – A norma constitucional que ampliou o prazo de prescrição da ação trabalhista para 5 (cinco) anos é de aplicação imediata e não atinge pretensões já alcançadas pela prescrição bienal quando da promulgação da CF/1988.

Seção VII
Disposições especiais

(Rubrica da Seção VII com redação pelo Dec.-lei 1.535/1977)

Art. 150. O tripulante que, por determinação do armador, for transferido para o serviço de outro, terá computado, para o efeito de gozo de férias, o tempo de serviço prestado ao primeiro, ficando obrigado a concedê-las o armador em cujo serviço ele se encontra na época de gozá-las. *(Caput e §§ com redação pelo Dec.-lei 1.535/1977)*

▸ Dec. 3.168/1999 (Promulga a Convenção 146 da OIT sobre Férias Remuneradas Anuais da Gente do Mar)

§ 1º As férias poderão ser concedidas, a pedido dos interessados e com aquiescência do armador, parceladamente, nos portos de escala de grande estadia do navio, aos tripulantes ali residentes.

§ 2º Será considerada grande estadia a permanência no porto por prazo excedente de seis dias.

§ 3º Os embarcadiços, para gozarem férias nas condições deste artigo, deverão pedi-las, por escrito, ao armador, antes do início da viagem, no porto de registro ou armação.

§ 4º O tripulante, ao terminar as férias, apresentar-se-á ao armador, que deverá designá-lo para qualquer de suas embarcações ou o adir a algum dos seus serviços terrestres, respeitadas a condição pessoal e a remuneração.

§ 5º Em caso de necessidade, determinada pelo interesse público, e comprovada pela autoridade competente, poderá o armador ordenar a suspensão das férias já iniciadas ou a iniciar-se, ressalvado ao tripulante o direito ao respectivo gozo posteriormente.

§ 6º O Delegado do Trabalho Marítimo poderá autorizar a acumulação de dois períodos de férias do marítimo, mediante requerimento justificado:

I – do sindicato, quando se tratar de sindicalizado; e

II – da empresa, quando o empregado não for sindicalizado.

▸ A Lei 7.731/1989 extinguiu a Delegacia do Trabalho Marítimo.

Art. 151. Enquanto não se criar um tipo especial de caderneta profissional para os marítimos, as férias serão anotadas pela Capitania do Porto na caderneta-matrícula do tripulante, na página das observações. *(Artigo com redação pelo Dec.-lei 1.535/1977)*

Art. 152. A remuneração do tripulante, no gozo de férias, será acrescida da importância correspondente à etapa que estiver vencendo. *(Artigo com redação pelo Dec.-lei 1.535/1977)*

Seção VIII
Das penalidades

(Seção VIII acrescida pelo Dec.-lei 1.535/1977)

Art. 153. As infrações ao disposto neste Capítulo serão punidas com multas de valor igual a 160 BTN por empregado em situação irregular. *(Caput com redação pela Lei 7.855/1989)*

▸ Arts. 74 e ss. da Portaria 667/2021 do MTE (Multas administrativas)

Parágrafo único. Em caso de reincidência, embaraço ou resistência à fiscalização, emprego de artifício ou simulação com o objetivo de fraudar a lei, a multa será aplicada em dobro. *(Parágrafo único com redação pela Lei 7.855/1989)*

CAPÍTULO V
DA SEGURANÇA E DA MEDICINA DO TRABALHO

(Capítulo V com redação pela Lei 6.514/1977)

▸ Art. 7º, XXII, da CF.
▸ Art. 50 da LC 123/2006 (Estatuto da Microempresa)
▸ Dec. 127/1991 (Promulga a Convenção 161 da OIT relativa aos Serviços de Saúde do Trabalho)
▸ Dec. 1.254/1994 (Promulga a Convenção 155 da OIT sobre Segurança e Saúde dos Trabalhadores e o Meio Ambiente do Trabalho)

▸ Portaria 3.214/1978 do MTE (Aprova as Normas Regulamentadoras – NR relativas a Segurança e Medicina do Trabalho)

Constituição Federal

Art. 7º São direitos dos trabalhadores urbanos e rurais, além de outros que visem à melhoria de sua condição social: (...) XXII – redução dos riscos inerentes ao trabalho, por meio de normas de saúde, higiene e segurança;

Seção I
Disposições gerais

▸ NR-1 (Disposições Gerais)

Art. 154. A observância, em todos os locais de trabalho, do disposto neste Capítulo, não desobriga as empresas do cumprimento de outras disposições que, com relação à matéria, sejam incluídas em códigos de obras ou regulamentos sanitários dos Estados ou Municípios em que se situem os respectivos estabelecimentos, bem como daquelas oriundas de convenções coletivas de trabalho. *(Artigo com redação pela Lei 6.514/1977)*

▸ Súmulas 460 e 736 do STF.
▸ Súmulas 39 e 47 do TST.

Súmulas:

STF 460. Para efeito do adicional de insalubridade, a perícia judicial, em reclamação trabalhista, não dispensa o enquadramento da atividade entre as insalubres, que é ato da competência do Ministro do Trabalho e Previdência Social.

STF 736. Compete à Justiça do Trabalho julgar as ações que tenham como causa de pedir o descumprimento de normas trabalhistas relativas à segurança, higiene e saúde dos trabalhadores.

Art. 155. Incumbe ao órgão de âmbito nacional competente em matéria de segurança e medicina do trabalho: *(Caput com redação pela Lei 6.514/1977)*

I – estabelecer, nos limites de sua competência, normas sobre a aplicação dos preceitos deste Capítulo, especialmente os referidos no artigo 200; *(Inciso acrescido pela Lei 6.514/1977)*

Portaria 3.214/1978 do MTE (Aprova as Normas Regulamentadoras – NR relativas a Segurança e Medicina do Trabalho) II – coordenar, orientar, controlar e supervisionar a fiscalização e as demais atividades relacionadas com a segurança e a medicina do trabalho em todo o território nacional, inclusive a Campanha Nacional de Prevenção de Acidentes do Trabalho; *(Inciso acrescido pela Lei 6.514/1977)*

▸ Art. 4º da Lei 6.514/1977 (Altera Capítulo V do Título II da CLT relativo a segurança e medicina do trabalho)
▸ Dec. 4.552/2002 (Regulamento da Inspeção do Trabalho)
▸ Inst. Normativa 98/2003 do INSS (Norma técnica sobre LER ou DORT)

III – conhecer, em última instância, dos recursos, voluntários ou de ofício, das decisões proferidas pelos Delegados Regionais do Trabalho em matéria de segurança e medicina do trabalho. *(Inciso acrescido pela Lei 6.514/1977)*

▸ Art. 7º, XXII e XXIII, da CF.

Art. 156. Compete especialmente às Delegacias Regionais do Trabalho, nos limites de sua jurisdição: *(Caput com redação pela Lei 6.514/1977)*

I – promover a fiscalização do cumprimento das normas de segurança e medicina do trabalho; *(Inciso acrescido pela Lei 6.514/1977)*

II – adotar as medidas que se tornem exigíveis, em virtude das disposições deste Capítulo, determinando as obras e reparos que, em qualquer local de trabalho, se façam necessárias; *(Inciso acrescido pela Lei 6.514/1977)*

III – impor as penalidades cabíveis por descumprimento das normas constantes deste Capítulo, nos termos do artigo 201. *(Inciso acrescido pela Lei 6.514/1977)*

▸ Dec. 4.552/2002 (Regulamento da Inspeção do Trabalho)

CLT

▸ NR-28 (Fiscalização e penalidades)

Art. 157. Cabe às empresas: *(Caput com redação pela Lei 6.514/1977)*

I – cumprir e fazer cumprir as normas de segurança e medicina do trabalho; *(Inciso acrescido pela Lei 6.514/1977)*

II – instruir os empregados, através de ordens de serviço, quanto às precauções a tomar no sentido de evitar acidentes do trabalho ou doenças ocupacionais; *(Inciso acrescido pela Lei 6.514/1977)*

III – adotar as medidas que lhes sejam determinadas pelo órgão regional competente; *(Inciso acrescido pela Lei 6.514/1977)*

IV – facilitar o exercício da fiscalização pela autoridade competente. *(Inciso acrescido pela Lei 6.514/1977)*

▸ Súmula Vinculante 22 do STF.
▸ Súmula 289 do TST.

Súmulas

STF Vinculante 22. A Justiça do Trabalho é competente para processar e julgar as ações de indenização por danos morais e patrimoniais decorrentes de acidente de trabalho propostas por empregado contra empregador, inclusive aquelas que ainda não possuíam sentença de mérito em primeiro grau quando da promulgação da Emenda Constitucional 45/2004.

TST 289. Insalubridade. Adicional. Fornecimento do aparelho de proteção. Efeito. O simples fornecimento do aparelho de proteção pelo empregador não o exime do pagamento do adicional de insalubridade. Cabe-lhe tomar as medidas que conduzam à diminuição ou eliminação da nocividade, entre as quais as relativas ao uso efetivo do equipamento pelo empregado.

Art. 158. Cabe aos empregados: *(Caput com redação pela Lei 6.514/1977)*

I – observar as normas de segurança e medicina do trabalho, inclusive as instruções de que trata o item II do artigo anterior;

II – colaborar com a empresa na aplicação dos dispositivos deste Capítulo.

Parágrafo único. Constitui ato faltoso do empregado a recusa injustificada: *(Parágrafo único e alíneas acrescidos pela Lei 6.514/1977)*

a) à observância das instruções expedidas pelo empregador na forma do item II do artigo anterior;

b) ao uso dos equipamentos de proteção individual fornecidos pela empresa.

▸ Art. 482, *b*, *h*, desta Consolidação.
▸ Súmula 289 do TST.

CLT

Art. 482. Constituem justa causa para rescisão do contrato de trabalho pelo empregador: (...)
b) incontinência de conduta ou mau procedimento; (...)
h) ato de indisciplina ou de insubordinação;

Art. 159. Mediante convênio autorizado pelo Ministério do Trabalho, poderão ser delegadas a outros órgãos federais, estaduais ou municipais atribuições de fiscalização ou orientação às empresas quanto ao cumprimento das disposições constantes deste Capítulo. *(Artigo com redação pela Lei 6.514/1977)*

Seção II
Da inspeção prévia e do embargo ou interdição

▸ NR-3 (Embargo ou Interdição)

Art. 160. Nenhum estabelecimento poderá iniciar suas atividades sem prévia inspeção e aprovação das respectivas instalações pela autoridade regional competente

em matéria de segurança e medicina do trabalho. *(Caput com redação pela Lei 6.514/1977)*

▸ Art. 21, XXIV, da CF.

§ 1º Nova inspeção deverá ser feita quando ocorrer modificação substancial nas instalações, inclusive equipamentos, que a empresa fica obrigada a comunicar, prontamente, à Delegacia Regional do Trabalho. *(Inciso acrescido pela Lei 6.514/1977)*

§ 2º É facultado às empresas solicitar prévia aprovação, pela Delegacia Regional do Trabalho, dos projetos de construção e respectivas instalações. *(Inciso acrescido pela Lei 6.514/1977)*

Art. 161. O Delegado Regional do Trabalho, à vista do laudo técnico do serviço competente que demonstre grave e iminente risco para o trabalhador, poderá interditar estabelecimento, setor de serviço, máquina ou equipamento, ou embargar obra, indicando na decisão, tomada com a brevidade que a ocorrência exigir, as providências que deverão ser adotadas para prevenção de infortúnios de trabalho. *(Caput com redação pela Lei 6.514/1977)*

▸ Portaria 40/2011 do MTE (Disciplina os procedimentos relativos aos embargos e interdições)

§ 1º As autoridades federais, estaduais e municipais darão imediato apoio às medidas determinadas pelo Delegado Regional do Trabalho. *(§ 1º acrescido pela Lei 6.514/1977)*

§ 2º A interdição ou embargo poderão ser requeridos pelo serviço competente da Delegacia Regional do Trabalho e, ainda, por agente da inspeção do trabalho ou por entidade sindical. *(§ 2º acrescido pela Lei 6.514/1977)*

▸ Portaria 1.719/2014 (Disciplina os procedimentos relativos aos embargos e interdições)

§ 3º Da decisão do Delegado Regional do Trabalho poderão os interessados recorrer, no prazo de 10 (dez) dias, para o órgão de âmbito nacional competente em matéria de segurança e medicina do trabalho, ao qual será facultado dar efeito suspensivo ao recurso. *(§ 3º acrescido pela Lei 6.514/1977)*

§ 4º Responderá por desobediência, além das medidas penais cabíveis, quem, após determinada a interdição ou embargo, ordenar ou permitir o funcionamento do estabelecimento ou de um dos seus setores, a utilização de máquina ou equipamento, ou o prosseguimento de obra, se, em consequência, resultarem danos a terceiros. *(§ 4º acrescido pela Lei 6.514/1977)*

§ 5º O Delegado Regional do Trabalho, independente de recurso, e após laudo técnico do serviço competente, poderá levantar a interdição. *(§ 5º acrescido pela Lei 6.514/1977)*

§ 6º Durante a paralisação dos serviços, em decorrência da interdição ou embargo, os empregados receberão os salários como se estivessem em efetivo exercício. *(§ 6º acrescido pela Lei 6.514/1977)*

Seção III
Dos órgãos de segurança e de medicina do trabalho nas empresas

▸ NR-4 (Serviços Especializados em Engenharia de Segurança e em Medicina do Trabalho – SESMT)
▸ NR-5 (Comissão Interna de Prevenção de Acidentes – CIPA)

Art. 162. As empresas, de acordo com normas a serem expedidas pelo Ministério do Trabalho, estarão obrigadas a manter serviços especializados em segurança e em medicina do trabalho. *(Caput com redação pela Lei 6.514/1977)*

▸ Lei 7.410/1985 (Especialização de Engenheiros e Arquitetos em Engenharia de Segurança do Trabalho e a Profissão de Técnico de Segurança do Trabalho)
▸ Dec. 92.530/1986 (Regulamenta a Lei 7.410/1985)
▸ Portaria 3.275/1989 do MTE (Atividades do Técnico de Segurança do Trabalho)

Parágrafo único. As normas a que se refere este artigo estabelecerão: *(Parágrafo único com redação pela Lei 6.514/1977)*

a) a classificação das empresas segundo o número mínimo de empregados e a natureza do risco de suas atividades; *(Alínea acrescida pela Lei 6.514/1977)*

b) o número mínimo de profissionais especializados exigido de cada empresa, segundo o grupo em que se classifique, na forma da alínea anterior; *(Alínea acrescida pela Lei 6.514/1977)*

c) a qualificação exigida para os profissionais em questão e o seu regime de trabalho; *(Alínea acrescida pela Lei 6.514/1977)*

d) as demais características e atribuições dos serviços especializados em segurança e em medicina do trabalho, nas empresas. *(Alínea acrescida pela Lei 6.514/1977)*

Art. 163. Será obrigatória a constituição de Comissão Interna de Prevenção de Acidentes e de Assédio (Cipa), em conformidade com instruções expedidas pelo Ministério do Trabalho e Previdência, nos estabelecimentos ou nos locais de obra nelas especificadas. *(Caput com redação pela Lei 14.457/2022)*

Parágrafo único. O Ministério do Trabalho regulamentará as atribuições, a composição e o funcionamento das CIPAs. *(Parágrafo único com redação pela Lei 6.514/1977)*

▸ Portaria 3.214/1978 (institui as Normas Regulamentadoras e a NR-4 CIPA)

Art. 164. Cada CIPA será composta de representantes da empresa e dos empregados, de acordo com os critérios que vierem a ser adotados na regulamentação de que trata o parágrafo único do artigo anterior. *(Caput com redação pela Lei 6.514/1977)*

▸ Súmula 676 do STF.

Súmula

STF 676. A garantia da estabilidade provisória prevista no art. 10, II, *a*, do ADCT, também se aplica ao suplente do cargo de direção de Comissões Internas de Prevenção de Acidentes (CIPA)

§ 1º Os representantes dos empregadores, titulares e suplentes, serão por eles designados. *(§ 1º com redação pela Lei 6.514/1977)*

§ 2º Os representantes dos empregados, titulares e suplentes, serão eleitos em escrutínio secreto, do qual participem, independentemente de filiação sindical, exclusivamente os empregados interessados. *(§ 2º com redação pela Lei 6.514/1977)*

▸ Art. 543 desta Consolidação
▸ PN 86 do TST.

Precedente Normativo

TST 86. Representante dos trabalhadores. Estabilidade no emprego. Nas empresas com mais de 200 (duzentos) empregados é assegurada a eleição direta de um representante, com as garantias do art. 543, e seus parágrafos, da CLT.

§ 3º O mandato dos membros eleitos da CIPA terá a duração de um ano, permitida uma reeleição. *(§ 3º acrescido pela Lei 6.514/1977)*

§ 4º O disposto no parágrafo anterior não se aplicará ao membro suplente que, durante o seu mandato, tenha participado de menos da metade do número de reuniões da CIPA. *(§ 4º acrescido pela Lei 6.514/1977)*

§ 5º O empregador designará, anualmente, dentre os seus representantes, o Presidente da CIPA, e os empregados elegerão, dentre eles, o Vice-Presidente. *(§ 5º acrescido pela Lei 6.514/1977)*

Art. 165. Os titulares da representação dos empregados nas CIPAs não poderão sofrer despedida arbitrária, entendendo-se como tal a que não se fundar em motivo disciplinar, técnico, econômico ou financeiro. *(Artigo com redação pela Lei 6.514/1977)*

▸ Art. 10, II, *a*, do ADCT.
▸ Súmula 676 do STF.
▸ Súmula 339 do TST.
▸ OJ 399 da SDI-I do TST.
▸ OJ 6 da SDI-II do TST.

ADCT

Art. 10. Até que seja promulgada a lei complementar a que se refere o art. 7º, I, da Constituição: II – fica vedada a dispensa arbitrária ou sem justa causa: a) do empregado eleito para cargo de direção de comissões internas de prevenção de acidentes, desde o registro de sua candidatura até um ano após o final de seu mandato;

Súmula

STF 676. A garantia da estabilidade provisória prevista no art. 10, II, *a*, do Ato das Disposições Constitucionais Transitórias, também se aplica ao suplente do cargo de direção de Comissões Internas de Prevenção de Acidentes (CIPA)

TST 339. CIPA. Suplente. Garantia de emprego. CF/1988. I – O suplente da CIPA goza da garantia de emprego prevista no art. 10, II, *a*, do ADCT a partir da promulgação da Constituição Federal de 1988. II – A estabilidade provisória do cipeiro não constitui vantagem pessoal, mas garantia para as atividades dos membros da CIPA, que somente tem razão de ser quando em atividade a empresa. Extinto o estabelecimento, não se verifica a despedida arbitrária, sendo impossível a reintegração e indevida a indenização do período estabilitário.

Orientação Jurisprudencial

SDI-II 6. Ação rescisória. Cipeiro suplente. Estabilidade. ADCT da CF/88, Art. 10, II, *a*. Súmula 83 do TST. Rescinde-se o julgado que nega estabilidade a membro suplente de CIPA, representante de empregado, por ofensa ao art. 10, II, *a*, do ADCT da CF/88, ainda que se cuide de decisão anterior à Súmula 339 do TST. Incidência da Súmula 83 do TST.

Parágrafo único. Ocorrendo a despedida, caberá ao empregador, em caso de reclamação à Justiça do Trabalho, comprovar a existência de qualquer dos motivos mencionados neste artigo, sob pena de ser condenado a reintegrar o empregado. *(Paragrafo único com redação pela Lei 6.514/1977)*

Seção IV
Do equipamento de proteção individual

▸ NR-6 (Equipamento de Proteção Individual EPI)

Art. 166. A empresa é obrigada a fornecer aos empregados, gratuitamente, equipamento de proteção individual adequado ao risco e em perfeito estado de conservação e funcionamento, sempre que as medidas de ordem geral não ofereçam completa proteção contra os riscos de acidentes e danos à saúde dos empregados. *(Artigo com redação pela Lei 6.514/1977)*

▸ Súmulas 80 e 289 do TST.

Súmulas

TST 80. Insalubridade. A eliminação da insalubridade mediante fornecimento de aparelhos protetores aprovados pelo órgão competente do Poder Executivo exclui a percepção do respectivo adicional.

TST 289. Insalubridade. Adicional. Fornecimento do aparelho de proteção. Efeito. O simples fornecimento do aparelho de proteção pelo empregador não o exime do pagamento do adicional de insalubridade. Cabe-lhe tomar as medidas que conduzam à diminuição ou eliminação da nocividade, entre as quais as relativas ao uso efetivo do equipamento pelo empregado.

Art. 167. O equipamento de proteção só poderá ser posto à venda ou utilizado com a indicação do Certificado de Aprovação do Ministério do Trabalho. *(Artigo com redação pela Lei 6.514/1977)*

▸ Portaria 32/2009 do MTE (Disciplina a avaliação de conformidade dos EPIs)
▸ Portaria 125/2009 da SIT/MTE (Processo administrativo para suspensão e cancelamento de Certificado de Aprovação de EPI)
▸ Portaria 451/2014 da SIT/MTE (Procedimentos para o acesso ao sistema CAEPI – Certificado de Aprovação de Equipamento de Proteção Individual, para o cadastro de empresas

fabricantes e/ou importadoras de EPIs e para a emissão e renovação do Certificado de Aprovação – CA de Equipamentos de Proteção Individual – EPI)

Seção V
Das medidas preventivas de medicina do trabalho

▸ NR-7 (Programa de Controle Médico de Saúde Ocupacional – PCMSO)

Art. 168. Será obrigatório exame médico, por conta do empregador, nas condições estabelecidas neste artigo e nas instruções complementares a serem expedidas pelo Ministério do Trabalho: *(Caput com redação pela Lei 7.855/1989)*

I – na admissão;

II – na demissão;

III – periodicamente.

§ 1º O Ministério do Trabalho baixará instruções relativas aos casos em que serão exigíveis exames: *(§ 1º com redação pela Lei 7.855/1989)*

a) por ocasião da demissão;

b) complementares.

§ 2º Outros exames complementares poderão ser exigidos, a critério médico, para apuração da capacidade ou aptidão física e mental do empregado para a função que deva exercer. *(§ 2º com redação pela Lei 7.855/1989)*

▸ Lei 9.029/1995 (Proíbe a exigência de atestados de gravidez e esterilização, e outras práticas discriminatórias, para efeitos admissionais ou de permanência da relação jurídica de trabalho)

§ 3º O Ministério do Trabalho estabelecerá, de acordo com o risco da atividade e o tempo de exposição, a periodicidade dos exames médicos. *(§ 3º com redação pela Lei 7.855/1989)*

§ 4º O empregador manterá, no estabelecimento, o material necessário à prestação de primeiros socorros médicos, de acordo com o risco da atividade. *(§ 4º com redação pela Lei 7.855/1989)*

▸ PN 107 do TST.

Precedente Normativo
TST 107. Empregado rural. Caixa de medicamentos. Nos locais de trabalho no campo serão mantidos pelo empregador medicamentos e materiais de primeiros socorros.

§ 5º O resultado dos exames médicos, inclusive o exame complementar, será comunicado ao trabalhador, observados os preceitos da ética médica. *(§ 5º com redação pela Lei 7.855/1989)*

§ 6º Serão exigidos exames toxicológicos, previamente à admissão e por ocasião do desligamento, quando se tratar de motorista profissional, assegurados o direito à contraprova em caso de resultado positivo e a confidencialidade dos resultados dos respectivos exames. *(§ 6º acrescido pela Lei 13.103/2015)*

▸ O art. 13 da Lei 13.103/2015 estabelece prazos para a exigência do exame toxicológico.
▸ Arts. 60 e ss. da Portaria 672/2021 do MTP (exames toxicológicos para motoristas profissionais)

§ 7º Para os fins do disposto no § 6º, será obrigatório exame toxicológico com janela de detecção mínima de 90 (noventa) dias, específico para substâncias psicoativas que causem dependência ou, comprovadamente, comprometam a capacidade de direção, podendo ser utilizado para essa finalidade o exame toxicológico previsto na Lei 9.503, de 23 de setembro de 1997 – Código de Trânsito Brasileiro, desde que realizado nos últimos 60 (sessenta) dias. *(§ 7º acrescido pela Lei 13.103/2015)*

▸ O art. 13 da Lei 13.103/2015 estabelece prazos para a exigência do exame toxicológico.
▸ Arts. 60 e ss. da Portaria 672/2021 do MTP (exames toxicológicos para motoristas profissionais)

Art. 169. Será obrigatória a notificação das doenças profissionais e das produzidas em virtude de condições especiais de trabalho, comprovadas ou objeto de suspeita, de conformidade com as instruções expedidas pelo Ministério do Trabalho. *(Artigo com redação pela Lei 6.514/1977)*

▸ Art. 20 da Lei 8.213/1991 (Planos de Benefícios da Previdência Social)
▸ Portaria 1.339/1999 do MS (Lista de doenças relacionadas ao trabalho)

Lei 8.213/1991

Art. 20. Consideram-se acidente do trabalho, nos termos do artigo anterior, as seguintes entidades mórbidas:

I – doença profissional, assim entendida a produzida ou desencadeada pelo exercício do trabalho peculiar a determinada atividade e constante da respectiva relação elaborada pelo Ministério do Trabalho e da Previdência Social;

II – doença do trabalho, assim entendida a adquirida ou desencadeada em função de condições especiais em que o trabalho é realizado e com ele se relacione diretamente, constante da relação mencionada no inciso I.

§ 1º Não são consideradas como doença do trabalho:

a) a doença degenerativa;

b) a inerente a grupo etário;

c) a que não produza incapacidade laborativa;

d) a doença endêmica adquirida por segurado habitante de região em que ela se desenvolva, salvo comprovação de que é resultante de exposição ou contato direto determinado pela natureza do trabalho.

§ 2º Em caso excepcional, constatando-se que a doença não incluída na relação prevista nos incisos I e II deste artigo resultou das condições especiais em que o trabalho é executado e com ele se relaciona diretamente, a Previdência Social deve considerá-la acidente do trabalho.

Seção VI
Das edificações

▸ NR-8 (Edificações)
▸ OJ 385 da SDI-I do TST.

Art. 170. As edificações deverão obedecer aos requisitos técnicos que garantam perfeita segurança aos que nelas trabalhem. *(Artigo com redação pela Lei 6.514/1977)*

Art. 171. Os locais de trabalho deverão ter, no mínimo, três metros de pé-direito, assim considerada a altura livre do piso ao teto. *(Caput com redação pela Lei 6.514/1977)*

Parágrafo único. Poderá ser reduzido esse mínimo desde que atendidas as condições de iluminação e conforto térmico compatíveis com a natureza do trabalho, sujeitando-se tal redução ao controle do órgão competente em matéria de segurança e medicina do trabalho. *(Parágrafo único com redação pela Lei 6.514/1977)*

Art. 172. Os pisos dos locais de trabalho não deverão apresentar saliências nem depressões que prejudiquem a circulação de pessoas ou a movimentação de materiais. *(Artigo com redação pela Lei 6.514/1977)*

Art. 173. As aberturas nos pisos e paredes serão protegidas de forma que impeçam a queda de pessoas ou de objetos. *(Artigo com redação pela Lei 6.514/1977)*

Art. 174. As paredes, escadas, rampas de acesso, passarelas, pisos, corredores, coberturas e passagens dos locais de trabalho deverão obedecer às condições de segurança e de higiene do trabalho estabelecidas pelo Ministério do Trabalho e manter-se em perfeito estado de conservação e limpeza. *(Artigo com redação pela Lei 6.514/1977)*

Seção VII
Da iluminação

Art. 175. Em todos os locais de trabalho deverá haver iluminação adequada, natural ou artificial, apropriada à natureza da atividade. *(Caput com redação pela Lei 6.514/1977)*

§ 1º A iluminação deverá ser uniformemente distribuída, geral e difusa, a fim de evitar ofuscamento, reflexos incô-

modos, sombras e contrastes excessivos. *(§ 1º acrescido pela Lei 6.514/1977)*

§ 2º O Ministério do Trabalho, Indústria e Comércio estabelecerá os níveis mínimos de iluminamento a serem observados. *(§ 2º acrescido pela Lei 6.514/1977)*

▸ Vide nota sobre a atualização da CLT relativa aos Ministérios.

Seção VIII
Do conforto térmico

▸ NR-9 (Riscos Ambientais)
▸ Anexo 3 da NR-15 que dispõe sobre os limites de tolerância para exposição ao calor.
▸ Portaria 3.523/1998 do MS (Qualidade do ar de interiores em ambientes climatizados)

Art. 176. Os locais de trabalho deverão ter ventilação natural, compatível com o serviço realizado. *(Caput com redação pela Lei 6.514/1977)*

Parágrafo único. A ventilação artificial será obrigatória sempre que a natural não preencha as condições de conforto térmico. *(Parágrafo único acrescido pela Lei 6.514/1977)*

Art. 177. Se as condições de ambiente se tornarem desconfortáveis, em virtude de instalações geradoras de frio ou de calor, será obrigatório o uso de vestimenta adequada para o trabalho em tais condições ou de capelas, anteparos, paredes duplas, isolamento térmico e recursos similares, de forma que os empregados fiquem protegidos contra as radiações térmicas. *(Artigo com redação pela Lei 6.514/1977)*

Art. 178. As condições de conforto térmico dos locais de trabalho devem ser mantidas dentro dos limites fixados pelo Ministério do Trabalho. *(Artigo com redação pela Lei 6.514/1977)*

Seção IX
Das instalações elétricas

▸ NR-10 (Instalações e Serviços de Eletricidade)

Art. 179. O Ministério do Trabalho disporá sobre as condições de segurança e as medidas especiais a serem observadas relativamente a instalações elétricas, em qualquer das fases de produção, transmissão, distribuição ou consumo de energia. *(Artigo com redação pela Lei 6.514/1977)*

Art. 180. Somente profissional qualificado poderá instalar, operar, inspecionar ou reparar instalações elétricas. *(Artigo com redação pela Lei 6.514/1977)*

▸ Anexo 4 da NR-16 que dispõe sobre atividades e operações perigosas com energia elétrica.
▸ OJs 324 e 347 da SDI-I do TST.

Orientações Jurisprudenciais

SDI-I 324. Adicional de periculosidade. Sistema elétrico de potência. Decreto 93.412/1986, art. 2º, § 1º. É assegurado o adicional de periculosidade apenas aos empregados que trabalham em sistema elétrico de potência em condições de risco, ou que o façam com equipamentos e instalações elétricas similares, que ofereçam risco equivalente, ainda que em unidade consumidora de energia elétrica.

SDI-I 347. Adicional de periculosidade. Sistema elétrico de potência. Lei 7.369, de 20.09.1985, regulamentada pelo Decreto 93.412, de 14.10.1986. Extensão do direito aos cabistas, instaladores e reparadores de linhas e aparelhos em empresa de telefonia. É devido o adicional de periculosidade aos empregados cabistas, instaladores e reparadores de linhas e aparelhos de empresas de telefonia, desde que, no exercício de suas funções, fiquem expostos a condições de risco equivalente ao do trabalho exercido em contato com sistema elétrico de potência.

Art. 181. Os que trabalharem em serviços de eletricidade ou instalações elétricas devem estar familiarizados com os métodos de socorro a acidentados por choque elétrico. *(Artigo com redação pela Lei 6.514/1977)*

Seção X
Da movimentação, armazenagem e manuseio de materiais

▸ NR-11 (Transporte, Movimentação, Armazenagem e Manuseio de Materiais)

Art. 182. O Ministério do Trabalho estabelecerá normas sobre: *(Caput com redação pela Lei 6.514/1977)*

I – as precauções de segurança na movimentação de materiais nos locais de trabalho, os equipamentos a serem obrigatoriamente utilizados e as condições especiais a que estão sujeitas a operação e a manutenção desses equipamentos, inclusive exigências de pessoal habilitado; *(Inciso acrescido pela Lei 6.514/1977)*

II – as exigências similares relativas ao manuseio e à armazenagem de materiais, inclusive quanto às condições de segurança e higiene relativas aos recipientes e locais de armazenagem e os equipamentos de proteção individual; *(Inciso acrescido pela Lei 6.514/1977)*

III – a obrigatoriedade de indicação de carga máxima permitida nos equipamentos de transporte, dos avisos de proibição de fumar e de advertência quanto à natureza perigosa ou nociva à saúde das substâncias em movimentação ou em depósito, bem como das recomendações de primeiros socorros e de atendimento médico e símbolo de perigo, segundo padronização internacional, nos rótulos dos materiais ou substâncias armazenados ou transportados. *(Inciso acrescido pela Lei 6.514/1977)*

Parágrafo único. As disposições relativas ao transporte de materiais aplicam-se, também, no que couber, ao transporte de pessoas nos locais de trabalho. *(Parágrafo único acrescido pela Lei 6.514/1977)*

▸ PN 71 do TST.

Precedente Normativo

TST 71. Empregado rural. Transporte. Condições de segurança. Quando fornecidos pelo empregador, os veículos destinados a transportar trabalhadores rurais deverão satisfazer as condições de segurança e comodidade, sendo proibido o carregamento de ferramentas soltas junto às pessoas conduzidas.

Art. 183. As pessoas que trabalharem na movimentação de materiais deverão estar familiarizadas com os métodos racionais de levantamento de cargas. *(Artigo com redação pela Lei 6.514/1977)*

Seção XI
Das máquinas e equipamentos

▸ NR-12 (Máquinas e Equipamentos)

Art. 184. As máquinas e os equipamentos deverão ser dotados de dispositivos de partida e parada e outros que se fizerem necessários para a prevenção de acidentes do trabalho, especialmente quanto ao risco de acionamento acidental. *(Caput com redação pela Lei 6.514/1977)*

▸ Dec. 1.255/1994(Promulga a Convenção 119 da OIT sobre Proteção das Máquinas)

Parágrafo único. É proibida a fabricação, a importação, a venda, a locação e o uso de máquinas e equipamentos que não atendam ao disposto neste artigo. *(Parágrafo único acrescido pela Lei 6.514/1977)*

▸ Lei 5.280/1967 (Proíbe a entrada no País de máquinas sem os dispositivos de proteção e segurança do trabalho exigidos pela CLT)

Art. 185. Os reparos, limpeza e ajustes somente poderão ser executados com as máquinas paradas, salvo se o movimento for indispensável à realização do ajuste. *(Artigo com redação pela Lei 6.514/1977)*

Art. 186. O Ministério do Trabalho estabelecerá normas adicionais sobre proteção e medidas de segurança na operação de máquinas e equipamentos, especialmente quanto à proteção das partes móveis, distância entre estas, vias de acesso às máquinas e equipamentos de grandes dimensões, emprego de ferramentas, sua adequação e medidas de proteção exigidas quando motorizadas ou elétricas. *(Artigo com redação pela Lei 6.514/1977)*

Seção XII
Das caldeiras, fornos e recipientes sob pressão
▸ NR-13 (Caldeiras, Vasos de Pressão e Tubulações)
▸ NR-14 (Fornos)

Art. 187. As caldeiras, equipamentos e recipientes em geral que operam sob pressão deverão dispor de válvulas e outros dispositivos de segurança, que evitem seja ultrapassada a pressão interna de trabalho compatível com a sua resistência. *(Caput com redação pela Lei 6.514/1977)*

Parágrafo único. O Ministério do Trabalho expedirá normas complementares quanto à segurança das caldeiras, fornos e recipientes sob pressão, especialmente quanto ao revestimento interno, à localização, à ventilação dos locais e outros meios de eliminação de gases ou vapores prejudiciais à saúde, e demais instalações ou equipamentos necessários à execução segura das tarefas de cada empregado. *(Parágrafo único acrescido pela Lei 6.514/1977)*

▸ Súmula 194 do STF.

Art. 188. As caldeiras serão periodicamente submetidas a inspeções de segurança, por engenheiro ou empresa especializada, inscritos no Ministério do Trabalho, de conformidade com as instruções que, para esse fim, forem expedidas. *(Caput com redação pela Lei 6.514/1977)*

§ 1º Toda caldeira será acompanhada de "Prontuário", com documentação original do fabricante, abrangendo, no mínimo: especificação técnica, desenhos, detalhes, provas e testes realizados durante a fabricação e a montagem, características funcionais e a pressão máxima de trabalho permitida (PMTP), esta última indicada, em local visível, na própria caldeira. *(§ 1º acrescido pela Lei 6.514/1977)*

§ 2º O proprietário da caldeira deverá organizar, manter atualizado e apresentar, quando exigido pela autoridade competente, o Registro de Segurança, no qual serão anotadas, sistematicamente, as indicações das provas efetuadas, inspeções, reparos e quaisquer outras ocorrências. *(§ 2º acrescido pela Lei 6.514/1977)*

§ 3º Os projetos de instalação de caldeiras, fornos e recipientes sob pressão deverão ser submetidos à aprovação prévia do órgão regional competente em matéria de segurança do trabalho. *(§ 3º acrescido pela Lei 6.514/1977)*

Seção XIII
Das atividades insalubres ou perigosas
▸ Art. 7º, XXII e XXIII, da CF.
▸ Dec. 2.657/1998 (Promulga a Convenção 170 da OIT sobre a Segurança na Utilização de Produtos Químicos no Trabalho)
▸ Dec. 4.085/2002 (Promulga a Convenção 174 da OIT e a Recomendação 181 sobre a Prevenção de Acidentes Industriais Maiores)
▸ NR-15 (Atividades e Operações Insalubres)
▸ NR-16 (Atividades e Operações Perigosas)

Art. 189. Serão consideradas atividades ou operações insalubres aquelas que, por sua natureza, condições ou métodos de trabalho, exponham os empregados a agentes nocivos à saúde, acima dos limites de tolerância fixados em razão da natureza e da intensidade do agente e do tempo de exposição aos seus efeitos. *(Artigo com redação pela Lei 6.514/1977)*

▸ Art. 7º, XXIII, da CF.
▸ Súmula 448 do TST.
▸ OJs 171 e 172 da SDI-I do TST.

Súmula

TST 448. Atividade insalubre. Caracterização. Previsão na Norma Regulamentadora 15 da Portaria do Ministério do Trabalho 3.214/78. Instalações Sanitárias. I – Não basta a constatação da insalubridade por meio de laudo pericial para que o empregado tenha direito ao respectivo adicional, sendo necessária a classificação da atividade insalubre na relação oficial elaborada pelo Ministério do Trabalho. II – A higienização de instalações sanitárias de uso público ou coletivo de grande circulação, e a respectiva coleta de lixo, por não se equi-

parar à limpeza em residências e escritórios, enseja o pagamento de adicional de insalubridade em grau máximo, incidindo o disposto no Anexo 14 da NR-15 da Portaria do MTE 3.214/78 quanto à coleta e industrialização de lixo urbano.

Orientação Jurisprudencial

SDI-I 172. Adicional de insalubridade ou periculosidade. Condenação. Inserção em folha de pagamento. Condenada ao pagamento do adicional de insalubridade ou periculosidade, a empresa deverá inserir, mês a mês e enquanto o trabalho for executado sob essas condições, o valor correspondente em folha de pagamento.

Art. 190. O Ministério do Trabalho aprovará o quadro das atividades e operações insalubres e adotará normas sobre os critérios de caracterização da insalubridade, os limites de tolerância aos agentes agressivos, meios de proteção e o tempo máximo de exposição do empregado a esses agentes. *(Caput com redação pela Lei 6.514/1977)*

▸ Súmulas 194 e 460 do STF.
▸ Súmula 448 do TST.
▸ OJ 57 da SDI-I Transitória do TST.

Parágrafo único. As normas referidas neste artigo incluirão medidas de proteção do organismo do trabalhador nas operações que produzem aerodispersoides tóxicos, irritantes, alergênicos ou incômodos. *(Parágrafo único com redação pela Lei 6.514/1977)*

Art. 191. A eliminação ou a neutralização da insalubridade ocorrerá: *(Caput com redação pela Lei 6.514/1977)*

I – com a adoção de medidas que conservem o ambiente de trabalho dentro dos limites de tolerância; *(Inciso acrescido pela Lei 6.514/1977)*

II – com a utilização de equipamentos de proteção individual ao trabalhador, que diminuam a intensidade do agente agressivo a limites de tolerância. *(Inciso acrescido pela Lei 6.514/1977)*

▸ Súmulas 80 e 289 do TST.

Parágrafo único. Caberá às Delegacias Regionais do Trabalho, comprovada a insalubridade, notificar as empresas, estipulando prazos para sua eliminação ou neutralização, na forma deste artigo. *(Parágrafo único acrescido pela Lei 6.514/1977)*

Art. 192. O exercício de trabalho em condições insalubres, acima dos limites de tolerância estabelecidos pelo Ministério do Trabalho, assegura a percepção de adicional respectivamente de 40 % (quarenta por cento), 20 % (vinte por cento) e 10 (dez por cento) do salário mínimo da região, segundo se classifiquem nos graus máximo, médio e mínimo. *(Artigo com redação pela Lei 6.514/1977)*

▸ Art. 7º, IV e XXIII, da CF.
▸ Súmula Vinculante 4 do STF.
▸ Súmulas 194, 307 e 460 do STF.
▸ Súmulas 47, 80, 139, 228, 248, 289, 293 e 448 do TST.
▸ OJs 47, 103, 121, 165, 173, 278 e 345 da SDI-I do TST.
▸ OJ 2 da SDI-II do TST.
▸ OJs 12, 33 e 57 da SDI-I Transitória do TST.
▸ PN 106 do TST.

Súmula Vinculante

STF Vinculante 4. Salvo nos casos previstos na Constituição, o salário mínimo não pode ser usado como indexador de base de cálculo de vantagem de servidor público ou de empregado, nem ser substituído por decisão judicial.

Súmula

STF 194. É competente o Ministro do Trabalho para a especificação das atividades insalubres.

STF 307. É devido o adicional de serviço insalubre, calculado à base do salário mínimo da região, ainda que a remuneração contratual seja superior ao salário mínimo acrescido da taxa de insalubridade.

STF 460. Para efeito do adicional de insalubridade, a perícia judicial, em reclamação trabalhista, não dispensa o enquadramento da atividade

entre as insalubres, que é ato da competência do Ministro do Trabalho e Previdência Social.

TST 47. Insalubridade. O trabalho executado em condições insalubres, em caráter intermitente, não afasta, só por essa circunstância, o direito à percepção do respectivo adicional.

TST 80. Insalubridade. A eliminação da insalubridade mediante fornecimento de aparelhos protetores aprovados pelo órgão competente do Poder Executivo exclui a percepção do respectivo adicional.

TST 139. Adicional de insalubridade. Enquanto percebido, o adicional de insalubridade integra a remuneração para todos os efeitos legais.

TST 248. Adicional de insalubridade. Direito adquirido. A reclassificação ou a descaracterização da insalubridade, por ato da autoridade competente, repercute na satisfação do respectivo adicional, sem ofensa a direito adquirido ou ao princípio da irredutibilidade salarial.

TST 289. Insalubridade. Adicional. Fornecimento do aparelho de proteção. Efeito. O simples fornecimento do aparelho de proteção pelo empregador não o exime do pagamento do adicional de insalubridade. Cabe-lhe tomar as medidas que conduzam à diminuição ou eliminação da nocividade, entre as quais as relativas ao uso efetivo do equipamento pelo empregado.

TST 293. Adicional de insalubridade. Causa de pedir. Agente nocivo diverso do apontado na inicial. A verificação mediante perícia de prestação de serviços em condições nocivas, considerado agente insalubre diverso do apontado na inicial, não prejudica o pedido de adicional de insalubridade.

Orientações Jurisprudenciais

SDI-I 47. Hora extra. Adicional de insalubridade. Base de cálculo. A base de cálculo da hora extra é o resultado da soma do salário contratual mais o adicional de insalubridade.

SDI-I 103. Adicional de insalubridade. Repouso semanal e feriados. O adicional de insalubridade já remunera os dias de repouso semanal e feriados.

SDI-I 121. Substituição processual. Diferença do adicional de insalubridade. Legitimidade. O sindicato tem legitimidade para atuar na qualidade de substituto processual para pleitear diferença de adicional de insalubridade.

SDI-I 165. Perícia. Engenheiro ou médico. Adicional de insalubridade e periculosidade. Válido. Art. 195 da CLT. O art. 195 da CLT não faz qualquer distinção entre o médico e o engenheiro para efeito de caracterização e classificação da insalubridade e periculosidade, bastando para a elaboração do laudo seja o profissional devidamente qualificado.

SDI-I 173. Adicional de insalubridade. Atividade a céu aberto. Exposição ao sol e ao calor. I – Ausente previsão legal, indevido o adicional de insalubridade ao trabalhador em atividade a céu aberto, por sujeição à radiação solar (art. 195 da CLT e Anexo 7 da NR 15 da Portaria 3214/78 do MTE) II – Tem direito ao adicional de insalubridade o trabalhador que exerce atividade exposto ao calor acima dos limites de tolerância, inclusive em ambiente externo com carga solar, nas condições previstas no Anexo 3 da NR 15 da Portaria 3214/78 do MTE.

SDI-I 278. Adicional de insalubridade. Perícia. Local de trabalho desativado. A realização de perícia é obrigatória para a verificação de insalubridade. Quando não for possível sua realização, como em caso de fechamento da empresa, poderá o julgador utilizar-se de outros meios de prova.

SDI-II 2. Ação rescisória. Adicional de insalubridade. Base de cálculo. Salário mínimo. Cabível. Viola o art. 192 da CLT decisão que acolhe pedido de adicional de insalubridade com base na remuneração do empregado.

Art. 193. São consideradas atividades ou operações perigosas, na forma da regulamentação aprovada pelo Ministério do Trabalho e Emprego, aquelas que, por sua natureza ou métodos de trabalho, impliquem risco acentuado em virtude de exposição permanente do trabalhador a: *(Caput com redação pela Lei 12.740/2012)*

▸ Súmula 447 do TST.

I – inflamáveis, explosivos ou energia elétrica;

▸ Anexos 1, 2 e 4 da NR-16 (Atividades e Operações Perigosas)

II – roubos ou outras espécies de violência física nas atividades profissionais de segurança pessoal ou patrimonial.

▸ Anexo 3 da NR-16 (Atividades e Operações Perigosas)
▸ Súmula 212 do STF.
▸ Súmulas 39, 191, 364 e 453 do TST.

▸ OJs 165 e 172 da SDI-I do TST.

Súmulas

STF 212. Tem direito ao adicional de serviço perigoso o empregado de posto de revenda de combustível líquido.

TST 39. Periculosidade. Os empregados que operam em bomba de gasolina têm direito ao adicional de periculosidade (Lei 2.573, de 15.08.1955)

TST 191. Adicional de Periculosidade. Incidência. Base de Cálculo

I – O adicional de periculosidade incide apenas sobre o salário básico e não sobre este acrescido de outros adicionais.

II – O adicional de periculosidade do empregado eletricitário, contratado sob a égide da Lei 7.369/1985, deve ser calculado sobre a totalidade das parcelas de natureza salarial. Não é válida norma coletiva mediante a qual se determina a incidência do referido adicional sobre o salário básico.

III – A alteração da base de cálculo do adicional de periculosidade do eletricitário promovida pela Lei 12.740/2012 atinge somente contrato de trabalho firmado a partir de sua vigência, de modo que, nesse caso, o cálculo será realizado exclusivamente sobre o salário básico, conforme determina o § 1º do art. 193 da CLT.

TST 364. Adicional de periculosidade. Exposição eventual, permanente e intermitente. I – Tem direito ao adicional de periculosidade o empregado exposto permanentemente ou que, de forma intermitente, sujeita-se a condições de risco. Indevido, apenas, quando o contato dá-se de forma eventual, assim considerado o fortuito, ou o que, sendo habitual, dá-se por tempo extremamente reduzido. II – Não é válida a cláusula de acordo ou convenção coletiva de trabalho fixando o adicional de periculosidade em percentual inferior ao estabelecido em lei e proporcional ao tempo de exposição ao risco, pois tal parcela constitui medida de higiene, saúde e segurança do trabalho, garantida por norma de ordem pública (arts. 7º, XXII e XXIII, da CF e 193, §1º, da CLT)

TST 453 do TST. Adicional de periculosidade. Pagamento espontâneo. Caracterização de fato incontroverso. Desnecessária a perícia de que trata o art. 195 da CLT. O pagamento de adicional de periculosidade efetuado por mera liberalidade da empresa, ainda que de forma proporcional ao tempo de exposição ao risco ou em percentual inferior ao máximo legalmente previsto, dispensa a realização da prova técnica exigida pelo art. 195 da CLT, pois torna incontroversa a existência do trabalho em condições perigosas.

Orientações Jurisprudenciais

SDI-I 165. Perícia. Engenheiro ou médico. Adicional de insalubridade e periculosidade. Válido. art. 195 da CLT. O art. 195 da CLT não faz qualquer distinção entre o médico e o engenheiro para efeito de caracterização e classificação da insalubridade e periculosidade, bastando para a elaboração do laudo seja o profissional devidamente qualificado.

SDI-I 172. Adicional de insalubridade ou periculosidade. Condenação. Inserção em folha de pagamento. Condenada ao pagamento do adicional de insalubridade ou periculosidade, a empresa deverá inserir, mês a mês e enquanto o trabalho for executado sob essas condições, o valor correspondente em folha de pagamento.

III – colisões, atropelamentos ou outras espécies de acidentes ou violências nas atividades profissionais dos agentes das autoridades de trânsito.

▸ Inciso III acrescido pela Lei 14.684/2023.

§ 1º O trabalho em condições de periculosidade assegura ao empregado um adicional de trinta por cento sobre o salário sem os acréscimos resultantes de gratificações, prêmios ou participações nos lucros da empresa. *(§ 1º com redação pela Lei 6.514/1977)*

▸ Art. 7º, XXIII, da CF.
▸ Art. 6º, III, da Lei 11.901/2009 (Bombeiro Civil)
▸ Súmula 212 do STF.
▸ Súmulas 39, 70, 132, 191, 361, 364 e 453 do TST.
▸ OJs 259, 324, 345, 347 385 e 402 da SDI-I do TST.

Súmula

TST 132. Adicional de periculosidade. Integração. I – O adicional de periculosidade, pago em caráter permanente, integra o cálculo de indenização e de horas extras. II – Durante as horas de sobreaviso, o empregado não se encontra em condições de risco, razão pela qual é incabível a integração do adicional de periculosidade sobre as mencionadas horas.

Orientação Jurisprudencial

SDI-I 259. Adicional noturno. Base de cálculo. Adicional de periculosidade. Integração. O adicional de periculosidade deve compor a

base de cálculo do adicional noturno, já que também neste horário o trabalhador permanece sob as condições de risco.

§ 2º O empregado poderá optar pelo adicional de insalubridade que porventura lhe seja devido. *(§ 2º com redação pela Lei 6.514/1977)*

▸ Art. 7º, *caput* e XXIII, da CF.
▸ Súmulas 39, 70 e 191 do TST.

§ 3º Serão descontados ou compensados do adicional outros da mesma natureza eventualmente já concedidos ao vigilante por meio de acordo coletivo. *(§ 3º acrescido pela Lei 12.740/2012)*

§ 4º São também consideradas perigosas as atividades de trabalhador em motocicleta. *(§ 4º acrescido pela Lei 12.997/2014)*

▸ Anexo 5 da NR-16 (Atividades e Operações Perigosas)

§ 5º O disposto no inciso I do *caput* deste artigo não se aplica às quantidades de inflamáveis contidas nos tanques de combustíveis originais de fábrica e suplementares, para consumo próprio de veículos de carga e de transporte coletivo de passageiros, de máquinas e de equipamentos, certificados pelo órgão competente, e nos equipamentos de refrigeração de carga. *(§ 5º com redação pela Lei 14.766/2023)*

Art. 194. O direito do empregado ao adicional de insalubridade ou de periculosidade cessará com a eliminação do risco à sua saúde ou integridade física, nos termos desta Seção e das normas expedidas pelo Ministério do Trabalho. *(Artigo com redação pela Lei 6.514/1977)*

▸ Súmulas 248 e 289 do TST.

Art. 195. A caracterização e a classificação da insalubridade e da periculosidade, segundo as normas do Ministério do Trabalho, far-se-ão através de perícia a cargo de Médico do Trabalho ou Engenheiro do Trabalho, registrados no Ministério do Trabalho. *(Caput com redação pela Lei 6.514/1977)*

▸ Súmula 453 do TST.
▸ OJs 165 e 173 da SDI-I do TST.

§ 1º É facultado às empresas e aos sindicatos das categorias profissionais interessadas requererem ao Ministério do Trabalho a realização de perícia em estabelecimento ou setor deste, com o objetivo de caracterizar e classificar ou delimitar as atividades insalubres ou perigosas. *(§ 1º com redação pela Lei 6.514/1977)*

§ 2º Arguida em juízo insalubridade ou periculosidade, seja por empregado, seja por sindicato em favor de grupo de associados, o juiz designará perito habilitado na forma deste artigo, e, onde não houver, requisitará perícia ao órgão competente do Ministério do Trabalho. *(§ 2º com redação pela Lei 6.514/1977)*

▸ Súmula 460 do STF.
▸ Súmula 293 do TST.
▸ OJs 121, 172 e 278 da SDI-I do TST.

§ 3º O disposto nos parágrafos anteriores não prejudica a ação fiscalizadora do Ministério do Trabalho, nem a realização *ex officio* da perícia. *(§ 3º com redação pela Lei 6.514/1977)*

Art. 196. Os efeitos pecuniários decorrentes do trabalho em condições de insalubridade ou periculosidade serão devidos a contar da data da inclusão da respectiva atividade nos quadros aprovados pelo Ministério do Trabalho, respeitadas as normas do artigo 11. *(Artigo com redação pela Lei 6.514/1977)*

▸ Art. 7º, XXIX, da CF.

Art. 197. Os materiais e substâncias empregados, manipulados ou transportados nos locais de trabalho, quando perigosos ou nocivos à saúde, devem conter, no rótulo, sua composição, recomendações de socorro imediato e o símbolo de perigo correspondente, segundo a padronização internacional. *(Caput com redação pela Lei 6.514/1977)*

▸ PN 50 do TST.

Parágrafo único. Os estabelecimentos que mantenham as atividades previstas neste artigo afixarão, nos setores de trabalho atingidos, avisos ou cartazes, com advertência quanto aos materiais e substâncias perigosos ou nocivos à saúde. *(Parágrafo único com redação pela Lei 6.514/1977)*

Seção XIV
Da prevenção da fadiga

▸ NR-17 (Ergonomia)

Art. 198. É de sessenta quilogramas o peso máximo que um empregado pode remover individualmente, ressalvadas as disposições especiais relativas ao trabalho do menor e da mulher. *(Caput com redação pela Lei 6.514/1977)*

Parágrafo único. Não está compreendida na proibição deste artigo a remoção de material feita por impulsão ou tração de vagonetes sobre trilhos, carros de mão ou quaisquer outros aparelhos mecânicos, podendo o Ministério do Trabalho, em tais casos, fixar limites diversos, que evitem sejam exigidos do empregado serviços superiores às suas forças. *(Parágrafo único com redação pela Lei 6.514/1977)*

▸ Arts. 390, 405, § 5º, e 483, *a*, desta Consolidação.
▸ Dec. 67.339/1970 (Promulga a Convenção 127 da OIT relativa ao peso máximo das cargas)

CLT

Art. 390. Ao empregador é vedado empregar a mulher em serviço que demande o emprego de força muscular superior a 20 (vinte) quilos para o trabalho continuo, ou 25 (vinte e cinco) quilos para o trabalho ocasional. Parágrafo único. Não está compreendida na determinação deste artigo a remoção de material feita por impulsão ou tração de vagonetes sobre trilhos, de carros de mão ou quaisquer aparelhos mecânicos.

Art. 405. (...) § 5º Aplica-se ao menor o disposto no art. 390 e seu parágrafo único.

Art. 483. O empregado poderá considerar rescindido o contrato e pleitear a devida indenização quando: a) forem exigidos serviços superiores às suas forças, defesos por lei, contrários aos bons costumes, ou alheios ao contrato;

Art. 199. Será obrigatória a colocação de assentos que assegurem postura correta ao trabalhador, capazes de evitar posições incômodas ou forçadas, sempre que a execução da tarefa exija que trabalhe sentado. *(Caput com redação pela Lei 6.514/1977)*

Parágrafo único. Quando o trabalho deva ser executado de pé, os empregados terão à sua disposição assentos para serem utilizados nas pausas que o serviço permitir. *(Parágrafo único com redação pela Lei 6.514/1977)*

Seção XV
Das outras medidas especiais de proteção

▸ NR-18 (Condições e meio ambiente do trabalho na indústria da construção)
▸ NR-19 (Explosivos)
▸ NR-20 (Líquidos inflamáveis e combustíveis)
▸ NR-21 (Trabalho a céu aberto)
▸ NR-22 (Mineração)
▸ NR-23 (Proteção contra incêndios)
▸ NR-24 (Condições sanitárias e de conforto nos locais de trabalho)
▸ NR-25 (Resíduos industriais)
▸ NR-26 (Sinalização de segurança)
▸ NR-29 (Trabalho portuário)
▸ NR-30 (Trabalho aquaviário)
▸ NR-31 (Trabalho na agricultura, pecuária silvicultura, exploração florestal e aquicultura)
▸ NR-32 (Trabalho em estabelecimentos de saúde)
▸ NR-33 (Trabalho em espaços confinados)
▸ NR-34 (Trabalho na indústria da construção e reparação naval)
▸ NR-35 (Trabalho em altura)
▸ NR-36 (Trabalho em empresas de abate e processamento de carnes)

▶ NR-37 (Plataformas de petróleo)

Art. 200. Cabe ao Ministério do Trabalho estabelecer disposições complementares às normas de que trata este Capítulo, tendo em vista as peculiaridades de cada atividade ou setor de trabalho, especialmente sobre: *(Caput com redação pela Lei 6.514/1977)*

I – medidas de prevenção de acidentes e os equipamentos de proteção individual em obras de construção, demolição ou reparos; *(Inciso I acrescido pela Lei 6.514/1977)*

II – depósitos, armazenagem e manuseio de combustíveis, inflamáveis e explosivos, bem como trânsito e permanência nas áreas respectivas; *(Inciso II acrescido pela Lei 6.514/1977)*

III – trabalho em escavações, túneis, galerias, minas e pedreiras, sobretudo quanto à prevenção de explosões, incêndios, desmoronamentos e soterramentos, eliminação de poeiras, gases etc., e facilidades de rápida saída dos empregados; *(Inciso III acrescido pela Lei 6.514/1977)*

IV – proteção contra incêndio em geral e as medidas preventivas adequadas, com exigências ao especial revestimento de portas e paredes, construção de paredes contra fogo, diques e outros anteparos, assim como garantia geral de fácil circulação, corredores de acesso e saídas amplas e protegidas, com suficiente sinalização; *(Inciso IV acrescido pela Lei 6.514/1977)*

V – proteção contra insolação, calor, frio, umidade e ventos, sobretudo no trabalho a céu aberto, com provisão, quanto a este, de água potável, alojamento e profilaxia de endemias; *(Inciso V acrescido pela Lei 6.514/1977)*

▶ OJ 173 da SDI-I do TST.

Orientação Jurisprudencial

SDI-I 173. Adicional de insalubridade. Atividade a céu aberto. Exposição ao sol e ao calor. I – Ausente previsão legal, indevido o adicional de insalubridade ao trabalhador em atividade a céu aberto, por sujeição à radiação solar (art. 195 da CLT e Anexo 7 da NR 15 da Portaria 3214/78 do MTE) II – Tem direito ao adicional de insalubridade o trabalhador que exerce atividade exposto ao calor acima dos limites de tolerância, inclusive em ambiente externo com carga solar, nas condições previstas no Anexo 3 da NR 15 da Portaria 3214/78 do MTE.

VI – proteção do trabalhador exposto a substâncias químicas nocivas, radiações ionizantes e não ionizantes, ruídos, vibrações e trepidações ou pressões anormais ao ambiente de trabalho, com especificação das medidas cabíveis para eliminação ou atenuação desses efeitos, limites máximos quanto ao tempo de exposição, à intensidade da ação ou de seus efeitos sobre o organismo do trabalhador, exames médicos obrigatórios, limites de idade, controle permanente dos locais de trabalho e das demais exigências que se façam necessárias; *(Inciso VI acrescido pela Lei 6.514/1977)*

▶ Anexo da NR 16 que dispõe sobre atividades e operações perigosas com radiações ionizantes ou substâncias radioativas.
▶ OJ 345 da SDI-I do TST.

Orientação Jurisprudencial

SDI-I 345. Adicional de periculosidade. Radiação ionizante ou substância radioativa. Devido. A exposição do empregado à radiação ionizante ou à substância radioativa enseja a percepção do adicional de periculosidade, pois a regulamentação ministerial (Portarias do Ministério do Trabalho 3.393, de 17.12.1987, e 518, de 07.04.2003), ao reputar perigosa a atividade, reveste-se de plena eficácia, porquanto expedida por força de delegação legislativa contida no art. 200, *caput*, e inciso VI, da CLT. No período de 12.12.2002 a 06.04.2003, enquanto vigeu a Portaria 496 do Ministério do Trabalho, o empregado faz jus ao adicional de insalubridade.

VII – higiene nos locais de trabalho, com discriminação das exigências, instalações sanitárias, com separação de sexos, chuveiros, lavatórios, vestiários e armários individuais, refeitórios ou condições de conforto por ocasião das refeições, fornecimento de água potável, condições de limpeza dos locais de trabalho e modo de sua execução, tratamento de resíduos industriais; *(Inciso VII acrescido pela Lei 6.514/1977)*

VIII – emprego das cores nos locais de trabalho, inclusive nas sinalizações de perigo. *(Inciso VIII acrescido pela Lei 6.514/1977)*

IX – trabalho realizado em arquivos, em bibliotecas, em museus e em centros de documentação e memória, exposto a agentes patogênicos.

▶ Inciso IX acrescido pela Lei 14.846/2024.

Parágrafo único. Tratando-se de radiações ionizantes e explosivos, as normas a que se refere este artigo serão expedidas de acordo com as resoluções a respeito adotadas pelo órgão técnico. *(Parágrafo único acrescido pela Lei 6.514/1977)*

Seção XVI
Das penalidades

▶ NR-28 (Fiscalização e Penalidades)

Art. 201. As infrações ao disposto neste Capítulo relativas à medicina do trabalho serão punidas com multa de 3 (três) a 30 (trinta) vezes o valor de referência previsto no artigo 2º, parágrafo único, da Lei 6.205, de 29 de abril de 1975, e as concernentes à segurança do trabalho com multa de 5 (cinco) a 50 (cinquenta) vezes o mesmo valor. *(Caput com redação pela Lei 6.514/1977)*

Parágrafo único. Em caso de reincidência, embaraço ou resistência à fiscalização, emprego de artifício ou simulação com o objetivo de fraudar a lei, a multa será aplicada em seu valor máximo. *(Parágrafo único acrescido pela Lei 6.514/1977)*

▶ Arts. 74 e ss. da Portaria 667/2021 do MTE (Multas administrativas)

Arts. 202 a 223. *Revogados pela Lei 6.514/1977.*

TÍTULO II-A
DO DANO EXTRAPATRIMONIAL
(Título II-A acrescido pela Lei 13.467/2017)

Art. 223-A. Aplicam-se à reparação de danos de natureza extrapatrimonial decorrentes da relação de trabalho apenas os dispositivos deste Título. *(Artigo acrescido pela Lei 13.467/2017)*

▶ O STF nas ADIs 6.050, 6.069 e 6.082, por maioria, julgou parcialmente procedentes os pedidos para conferir interpretação conforme a Constituição, de modo a estabelecer que: "As redações conferidas aos arts. 223-A e 223-B, da CLT, não excluem o direito à reparação por dano moral indireto ou dano em ricochete no âmbito das relações de trabalho, a ser apreciado nos termos da legislação civil." (DOU 07.07.2023)

Art. 223-B. Causa dano de natureza extrapatrimonial a ação ou omissão que ofenda a esfera moral ou existencial da pessoa física ou jurídica, as quais são as titulares exclusivas do direito à reparação. *(Artigo acrescido pela Lei 13.467/2017)*

▶ O STF nas ADIs 6.050, 6.069 e 6.082, por maioria, julgou parcialmente procedentes os pedidos para conferir interpretação conforme a Constituição, de modo a estabelecer que: "As redações conferidas aos arts. 223-A e 223-B, da CLT, não excluem o direito à reparação por dano moral indireto ou dano em ricochete no âmbito das relações de trabalho, a ser apreciado nos termos da legislação civil." (DOU 07.07.2023)

Art. 223-C. A honra, a imagem, a intimidade, a liberdade de ação, a autoestima, a sexualidade, a saúde, o lazer e a integridade física são os bens juridicamente tutelados inerentes à pessoa física. *(Artigo acrescido pela Lei 13.467/2017)*

Art. 223-D. A imagem, a marca, o nome, o segredo empresarial e o sigilo da correspondência são bens juridicamente tutelados inerentes à pessoa jurídica. *(Artigo acrescido pela Lei 13.467/2017)*

Art. 223-E. São responsáveis pelo dano extrapatrimonial todos os que tenham colaborado para a ofensa ao bem

jurídico tutelado, na proporção da ação ou da omissão. *(Artigo acrescido pela Lei 13.467/2017)*

Art. 223-F. A reparação por danos extrapatrimoniais pode ser pedida cumulativamente com a indenização por danos materiais decorrentes do mesmo ato lesivo. *(Artigo acrescido pela Lei 13.467/2017)*

§ 1º Se houver cumulação de pedidos, o juízo, ao proferir a decisão, discriminará os valores das indenizações a título de danos patrimoniais e das reparações por danos de natureza extrapatrimonial.

§ 2º A composição das perdas e danos, assim compreendidos os lucros cessantes e os danos emergentes, não interfere na avaliação dos danos extrapatrimoniais.

Art. 223-G. Ao apreciar o pedido, o juízo considerará: *(Artigo acrescido pela Lei 13.467/2017)*

▶ O STF nas ADIs 6.050, 6.069 e 6.082, por maioria, julgou parcialmente procedentes os pedidos para conferir interpretação conforme a Constituição, de modo a estabelecer que: "Os critérios de quantificação de reparação por dano extrapatrimonial previstos no art. 223-G, caput e § 1º, da CLT deverão ser observados pelo julgador como critérios orientativos de fundamentação da decisão judicial. É constitucional, porém, o arbitramento judicial do dano em valores superiores aos limites máximos dispostos nos incisos I a IV do § 1º do art. 223-G, quando consideradas as circunstâncias do caso concreto e os princípios da razoabilidade, da proporcionalidade e da igualdade." *(DOU 07.07.2023)*

I – a natureza do bem jurídico tutelado;

II – a intensidade do sofrimento ou da humilhação;

III – a possibilidade de superação física ou psicológica;

IV – os reflexos pessoais e sociais da ação ou da omissão;

V – a extensão e a duração dos efeitos da ofensa;

VI – as condições em que ocorreu a ofensa ou o prejuízo moral;

VII – o grau de dolo ou culpa;

VIII – a ocorrência de retratação espontânea;

IX – o esforço efetivo para minimizar a ofensa;

X – o perdão, tácito ou expresso;

XI – a situação social e econômica das partes envolvidas;

XII – o grau de publicidade da ofensa.

§ 1º Se julgar procedente o pedido, o juízo fixará a indenização a ser paga, a cada um dos ofendidos, em um dos seguintes parâmetros, vedada a acumulação:

I – ofensa de natureza leve, até três vezes o último salário contratual do ofendido;

II – ofensa de natureza média, até cinco vezes o último salário contratual do ofendido;

III – ofensa de natureza grave, até vinte vezes o último salário contratual do ofendido;

IV – ofensa de natureza gravíssima, até cinquenta vezes o último salário contratual do ofendido.

§ 2º Se o ofendido for pessoa jurídica, a indenização será fixada com observância dos mesmos parâmetros estabelecidos no § 1o deste artigo, mas em relação ao salário contratual do ofensor.

§ 3º Na reincidência entre partes idênticas, o juízo poderá elevar ao dobro o valor da indenização.

TÍTULO III
DAS NORMAS ESPECIAIS DE TUTELA DO TRABALHO

▶ Lei 7.853/1989 (Apoio às pessoas portadoras de deficiência)
▶ Lei 13.146/2015 (Estatuto da Pessoa com Deficiência)
▶ Dec. 3.298/1999 (Regulamenta a Lei 7.853/1989)

CAPÍTULO I
DAS DISPOSIÇÕES ESPECIAIS SOBRE
DURAÇÃO E CONDIÇÕES DE TRABALHO

Seção I
Dos bancários

▶ Art. 8º da Lei 10.556/2002 (Dispõe sobre a inclusão dos cargos que especifica no Plano de Classificação de Cargos)
▶ Súmulas 93, 117, 124, 199, 226, 247 e 257 do TST.
▶ OJ 123 da SDI-I do TST.
▶ OJ 77 da SDI-I Transitória do TST.
▶ PN 103 do TST.

Art. 224. A duração normal do trabalho dos empregados em bancos, casas bancárias e Caixa Econômica Federal será de seis horas contínuas nos dias úteis, com exceção dos sábados, perfazendo um total de trinta horas de trabalho por semana. (Caput *com redação pela Lei 7.430/1985*)

▶ Art. 4º-A da Lei 5.662/1971 (Enquadra o Banco Nacional do Desenvolvimento Econômico – BNDE na categoria na categoria de empresa pública)
▶ Dec.-lei 546/1969 (Trabalho noturno em estabelecimentos bancários)
▶ Súmulas 55, 93, 113, 119, 226, 239 e 247 do TST.
▶ OJs 178 e 379 da SDI-I do TST.
▶ OJ 34 da SDI-I Transitória do TST.

Súmulas

TST 55. Financeiras. As empresas de crédito, financiamento ou investimento, também denominadas financeiras, equiparam-se aos estabelecimentos bancários para os efeitos do art. 224 da CLT.

TST 93. Bancário. Integra a remuneração do bancário a vantagem pecuniária por ele auferida na colocação ou na venda de papéis ou valores mobiliários de empresas pertencentes ao mesmo grupo econômico, se exercida essa atividade no horário e no local de trabalho e com o consentimento, tácito ou expresso, do banco empregador.

TST 113. Bancário. Sábado. Dia útil. O sábado do bancário é dia útil não trabalhado, não dia de repouso remunerado. Não cabe a repercussão do pagamento de horas extras habituais em sua remuneração.

TST 119. Jornada de trabalho. Os empregados de empresas distribuidoras e corretoras de títulos e valores mobiliários não têm direito à jornada especial dos bancários.

TST 226. Bancário. Gratificação por tempo de serviço. Integração no cálculo das horas extras. A gratificação por tempo de serviço integra o cálculo das horas extras.

TST 239. Bancário. Empregado de empresa de processamento de dados. É bancário o empregado de empresa de processamento de dados que presta serviço a banco integrante do mesmo grupo econômico, exceto quando a empresa de processamento de dados presta serviços a banco e a empresas não bancárias do mesmo grupo econômico ou a terceiros.

TST 247. Quebra de caixa. Natureza jurídica. A parcela paga aos bancários sob a denominação "quebra de caixa" possui natureza salarial, integrando o salário do prestador de serviços, para todos os efeitos legais.

Orientações Jurisprudenciais

SDI-I 178. Bancário. Intervalo de 15 minutos. Não computável na jornada de trabalho. Não se computa, na jornada do bancário sujeito a seis horas diárias de trabalho, o intervalo de quinze minutos para lanche ou descanso.

SDI-I 379. Empregado de Cooperativa de Crédito. Bancário. Equiparação. Impossibilidade. Os empregados de cooperativas de crédito não se equiparam a bancário, para efeito de aplicação do art. 224 da CLT, em razão da inexistência de expressa previsão legal, considerando, ainda, as diferenças estruturais e operacionais entre as instituições financeiras e as cooperativas de crédito. Inteligência das Leis 4.595, de 31.12.1964, e 5.764, de 16.12.1971.

SDI-I Transitória 34. BRDE. Entidade autárquica de natureza bancária. Lei 4.595/1964, art. 17. Res. BACEN 469/1970, art. 8º. CLT, art. 224, § 2º. CF, art. 173, § 1º. O Banco Regional de Desenvolvimento do Extremo Sul – BRDE é uma entidade autárquica de natureza bancária, e, como tal, submete-se ao art. 173, § 1º, da Constituição Federal de 1988. Desta forma, sendo a natureza das atividades por ele exercidas similares às de qualquer instituição financeira, seus empregados são bancários, regendo-se pelas normas especiais a eles referentes, inclusive o art. 224 da CLT.

§ 1º A duração normal do trabalho estabelecida neste artigo ficará compreendida entre sete e vinte e duas horas, assegurando-se ao empregado, no horário diário, um intervalo de quinze minutos para alimentação. *(§ 1º com redação pelo Dec.-lei 229/1967)*

▶ OJ 178 da SDI-I do TST.

§ 2º As disposições deste artigo não se aplicam aos que exercem funções de direção, gerência, fiscalização, chefia e equivalentes, ou que desempenhem outros cargos de confiança, desde que o valor da gratificação não seja

inferior a 1/3 (um terço) do salário do cargo efetivo. *(§ 2° com redação pelo Dec.-lei 754/1969)*

▸ Art. 62, II, desta Consolidação.
▸ Art. 52, par. ún., II, do Dec.9.579/2018 (Regulamenta a contratação de aprendizes).
▸ Súmulas 102, 109, 124, 226, 229, 240 e 287 do TST.
▸ OJ 17 da SDI-I do TST.
▸ OJ 5 da SDI-II do TST.
▸ OJ 70 da SDI-I Transitória do TST.

Súmulas

TST 102. Bancário. Cargo de confiança. I – A configuração, ou não, do exercício da função de confiança a que se refere o art. 224, § 2°, da CLT, dependente da prova das reais atribuições do empregado, é insuscetível de exame mediante recurso de revista ou de embargos. II – O bancário que exerce a função a que se refere o § 2° do art. 224 da CLT e recebe gratificação não inferior a um terço de seu salário já tem remuneradas as duas horas extraordinárias excedentes de seis. III – Ao bancário exercente de cargo de confiança previsto no artigo 224, § 2°, da CLT são devidas as 7ª e 8ª horas, como extras, no período em que se verificar o pagamento a menor da gratificação de 1/3. IV – O bancário sujeito à regra do art. 224, § 2°, da CLT cumpre jornada de trabalho de 8 (oito) horas, sendo extra-ordinárias as trabalhadas além da oitava. V – O advogado empregado de banco, pelo simples exercício da advocacia, não exerce cargo de confiança, não se enquadrando, portanto, na hipótese do § 2° do art. 224 da CLT. VI – O caixa bancário, ainda que caixa executivo, não exerce cargo de confiança. Se perceber gratificação igual ou superior a um terço do salário do posto efetivo, essa remunera apenas a maior responsabilidade do cargo e não as duas horas extraordinárias além da sexta. VII – O bancário exercente de função de confiança, que percebe a gratificação não inferior ao terço legal, ainda que norma coletiva contemple percentual superior, não tem direito às sétima e oitava horas como extras, mas tão somente às diferenças de gratificação de função, se postuladas.

TST 240. Bancário. Gratificação de função e adicional por tempo de serviço. O adicional por tempo de serviço integra o cálculo da gratifi-cação prevista no art. 224, § 2°, da CLT.

TST 287. Jornada de trabalho. Gerente bancário. A jornada de trabalho do empregado de banco gerente de agência é regida pelo art. 224, § 2°, da CLT. Quanto ao gerente-geral de agência bancária, presume-se o exercício de encargo de gestão, aplicando-se-lhe o art. 62 da CLT.

Orientação Jurisprudencial

SDI-I 17. Banco do Brasil. AP e ADI. Os adicionais AP, ADI ou AFR, somados ou considerados isoladamente, sendo equivalentes a 1/3 (um terço) do salário do cargo efetivo (art. 224, § 2°, da CLT), excluem o empregado ocupante de cargo de confiança do Banco do Brasil da jornada de 6 (seis) horas.

Art. 225. A duração normal de trabalho dos bancários poderá ser excepcionalmente prorrogada até 8 (oito) horas diárias, não excedendo de 40 (quarenta) horas semanais, observados os preceitos gerais sobre a dura-ção do trabalho. *(Artigo com redação pela Lei 6.637/1979)*

▸ Súmulas 113, 124, e 199 do TST.
▸ Súmula 226 do TFR.
▸ OJ 70 da SDI-I Transitória do TST.

Súmula

TST 199. Bancário. Pré-contratação de horas extras. I – A contratação do serviço suplementar, quando da admissão do trabalhador bancário, é nula. Os valores assim ajustados apenas remuneram a jornada normal, sendo devidas as horas extras com o adicional de, no mínimo, 50% (cinquenta por cento), as quais não configuram pré-contratação, se pac-tuadas após a admissão do bancário. II – Em se tratando de horas extras pré-contratadas, opera-se a prescrição total se a ação não for ajuizada no prazo de cinco anos, a partir da data em que foram suprimidas.

Art. 226. O regime especial de seis horas de trabalho também se aplica aos empregados de portaria e de lim-peza, tais como porteiros, telefonistas de mesa, contínuos e serventes, empregados em bancos e casas bancárias. *(Caput com redação pela Lei 3.488/1958)*

Parágrafo único. A direção de cada banco organizará a escala de serviço do estabelecimento de maneira a haver empregados do quadro da portaria em função, meia hora antes e até meia hora após o encerramento dos trabalhos, respeitado o limite de 6 (seis) horas diárias. *(Parágrafo único acrescido pela Lei 3.488/1958)*

▸ Súmulas 117 e 257 do TST.

Súmulas

TST 117. Bancário. Categoria diferenciada. Não se beneficiam do regime legal relativo aos bancários os empregados de estabelecimento de crédito pertencentes a categorias profissionais diferenciadas.

TST 257. Vigilante. O vigilante, contratado diretamente por banco ou por intermédio de empresas especializadas, não é bancário.

Seção II
Dos empregados nos serviços de telefonia, de telegrafia submarina e subfluvial, de radiotelegrafia e radiotelefonia

Art. 227. Nas empresas que explorem o serviço de telefonia, telegrafia submarina ou subfluvial, de radio-telegrafia ou de radiotelefonia, fica estabelecida para os respectivos operadores a duração máxima de 6 (seis) horas contínuas de trabalho por dia ou 36 (trinta e seis) horas semanais. *(Caput retificado pelo Dec.-lei 6.353/1944)*

▸ Súmula 178 do TST.
▸ OJ 213 da SDI-I do TST.

Súmula

TST 178. Telefonista. Art. 227, e parágrafos, da CLT. Aplicabilidade. É aplicável à telefonista de mesa de empresa que não explora o serviço de telefonia o disposto no art. 227, e seus parágrafos, da CLT.

Orientação Jurisprudencial

SDI-I 213. Telex. operadores. Art. 227 da CLT. Inaplicável. O operador de telex de empresa, cuja atividade econômica não se identifica com qualquer uma das previstas no art. 227 da CLT, não se beneficia de jornada reduzida.

§ 1° Quando, em caso de indeclinável necessidade, fo-rem os operadores obrigados a permanecer em serviço além do período normal fixado neste artigo, a empresa pagar-lhes-á extraordinariamente o tempo excedente com acréscimo de 50 % (cinquenta por cento) sobre o seu salário hora normal.

§ 2° O trabalho aos domingos, feriados e dias santos de guarda será considerado extraordinário e obedecerá, quanto à sua execução e remuneração, ao que dispu-serem empregadores e empregados em acordo, ou os respectivos sindicatos em contrato coletivo de trabalho. *(§ 2° retificado pelo Dec.-lei 6.353/1944)*

▸ Lei 605/1949 (Repouso Semanal Remunerado)

Art. 228. Os operadores não poderão trabalhar, de modo ininterrupto, na transmissão manual, bem como na recepção visual, auditiva, com escrita manual ou datilográfica, quando a velocidade for superior a vinte e cinco palavras por minuto.

Art. 229. Para os empregados sujeitos a horários va-riáveis, fica estabelecida a duração máxima de 7 (sete) horas diárias de trabalho e 17 (dezessete) horas de fol-ga, deduzindo-se desse tempo 20 (vinte) minutos para descanso, de cada um dos empregados, sempre que se verificar um esforço contínuo de mais de 3 (três) horas.

§ 1° São considerados empregados sujeitos a horários variáveis, além dos operadores, cujas funções exijam classificação distinta, os que pertençam a seções de técnica, telefones, revisão, expedição, entrega e balcão. *(§ 1° retificado pelo Dec.-lei 6.353/1944)*

§ 2° Quanto à execução e remuneração aos domingos, feriados e dias santos de guarda e às prorrogações de expediente, o trabalho dos empregados a que se refere o parágrafo anterior será regido pelo que se contém no § 1° do artigo 227 desta Seção. *(§ 2° retificado pelo Dec.-lei 6.353/1944)*

Art. 230. A direção das empresas deverá organizar as turmas de empregados, para a execução dos seus ser-viços, de maneira que prevaleça, sempre o revezamento

entre os que exercem a mesma função, quer em escalas diurnas, quer em noturnas.

▸ Art. 7º, XIV, da CF.

§ 1º Aos empregados que exerçam a mesma função será permitida, entre si, a troca de turmas, desde que isso não importe em prejuízo dos serviços, cujo chefe ou encarregado resolverá sobre a oportunidade ou possibilidade dessa medida, dentro das prescrições desta Seção.

§ 2º As empresas não poderão organizar horários que obriguem os empregados a fazer a refeição do almoço antes das dez e depois das treze horas e a de jantar antes das dezesseis e depois das dezenove horas e trinta minutos.

Art. 231. As disposições desta Seção não abrangem o trabalho dos operadores de radiotelegrafia embarcados em navios ou aeronaves.

Seção III
Dos músicos profissionais

▸ Lei 3.857/1960 (Regulamenta a profissão de músico)

Art. 232. Será de seis horas a duração de trabalho dos músicos em teatro e congêneres.

▸ Artigo prejudicado pelo artigo 41 da Lei 3.857/1960 (Regulamenta a profissão de músico)
▸ Súmula 312 do STF.

Lei 3.857/1960

Art. 41. A duração normal do trabalho dos músicos não poderá exceder de 5 (cinco) horas, excetuados os casos previstos nesta lei. (...)

Súmula

STF 312. Músico integrante de orquestra da empresa, com atuação permanente e vínculo de subordinação, está sujeito a legislação geral do trabalho, e não à especial dos artistas.

Parágrafo único. Toda vez que o trabalho contínuo em espetáculo ultrapassar de seis horas, o tempo de duração excedente será pago um acréscimo de 25 % sobre o salário da hora normal.

▸ Parágrafo único prejudicado pela Lei 3.857/1960 (Regulamenta a profissão de músico)

Art. 233. A duração normal de trabalho dos músicos profissionais poderá ser elevada até oito horas diárias, observados os preceitos gerais sobre duração do trabalho.

▸ Artigo prejudicado pelo artigo 42 da Lei 3.857/1960 (Regulamenta a profissão de músico)

Lei 3.857/1960

Art. 42. A duração normal do trabalho poderá ser elevada:

I – a 6 (seis) horas, nos estabelecimentos de diversões públicas, tais como – cabarés, boates, dancings, táxi-dancings, salões de danças e congêneres, onde atuem 2 (dois) ou mais conjuntos.

II – excepcionalmente, a 7 (sete) horas, nos casos de força maior, ou festejos populares e serviço reclamado pelo interesse nacional.

§ 1º A hora de prorrogação, nos casos previstos do item II deste artigo, será remunerada com o dobro do valor do salário normal.

§ 2º Em todos os casos de prorrogação do período normal de trabalho, haverá obrigatoriamente, um intervalo para repouso de 30 (trinta) minutos, no mínimo.

§ 3º As prorrogações de caráter permanente deverão ser precedidas de homologação da autoridade competente.

Seção IV
Dos operadores cinematográficos

Art. 234. A duração normal do trabalho dos operadores cinematográficos e seus ajudantes não excederá de seis horas diárias, assim distribuídas: (Caput *retificado pelo Dec.-lei 6.353/1944)*

a) 5 (cinco) horas consecutivas de trabalho em cabina, durante o funcionamento cinematográfico;

b) 1 (um) período suplementar, até o máximo de uma hora para limpeza, lubrificação dos aparelhos de projeção, ou revisão de filmes.

Parágrafo único. Mediante remuneração adicional de 25% (vinte e cinco por cento) sobre o salário da hora normal e observado um intervalo de (2) duas horas para folga, entre o período a que se refere *a* alínea *b* deste artigo e o trabalho em cabina de que trata a alínea *a*, poderá o trabalho dos operadores cinematográficos e seus ajudantes ter a duração prorrogada por (2) duas horas diárias, para exibições extraordinárias.

▸ Art. 7º, XVI, da CF estabelece percentual de remuneração de no mínimo 50% (cinquenta por cento) sobre a hora normal.

Art. 235. Nos estabelecimentos cujo funcionamento normal seja noturno, será facultado aos operadores cinematográficos e seus ajudantes, mediante acordo ou contrato coletivo de trabalho e com um acréscimo de 25 % (vinte e cinco por cento) sobre o salário da hora normal, executar o trabalho em sessões diurnas extraordinárias e, cumulativamente, nas noturnas, desde que isso se verifique até 3 (três) vezes por semana e entre as sessões diurnas e as noturnas haja o intervalo de (1) uma hora, no mínimo, de descanso.

▸ Art. 7º, XVI, da CF estabelece percentual de remuneração de no mínimo 50% (cinquenta por cento) sobre a hora normal.

§ 1º A duração de trabalho cumulativo a que alude o presente artigo não poderá exceder de 10 (dez) horas.

§ 2º Em seguida a cada período de trabalho haverá um intervalo de repouso no mínimo de 12 (doze) horas.

Seção IV-A
Do serviço do motorista profissional empregado

(Rubrica da Seção IV-A com redação pela Lei 13.103/2015)

▸ Lei 13.103/2015 (Nova Lei do Motorista Profissional)
▸ Dec. 8.433/2015 (Regulamenta os arts. 9º a 12, 17 e 22 da Lei 13.103/2015)

Art. 235-A. Os preceitos especiais desta Seção aplicam-se ao motorista profissional empregado: (Caput *com redação pela Lei 13.103/2015)*

I – de transporte rodoviário coletivo de passageiros; *(Inciso I acrescido pela Lei 13.103/2015)*

II – de transporte rodoviário de cargas. *(Inciso II acrescido pela Lei 13.103/2015)*

▸ Art. 9º da Lei 13.103/2015 (Nova Lei do Motorista Profissional)

Lei 13.103/2015

Art. 9º As condições de segurança, sanitárias e de conforto nos locais de espera, de repouso e de descanso dos motoristas profissionais de transporte rodoviário de passageiros e rodoviário de cargas terão que obedecer ao disposto em normas regulamentadoras pelo ente competente.

§ 1º É vedada a cobrança ao motorista ou ao seu empregador pelo uso ou permanência em locais de espera sob a responsabilidade de:

I – transportador, embarcador ou consignatário de cargas;

II – operador de terminais de cargas;

III – aduanas;

IV – portos marítimos, lacustres, fluviais e secos;

V – terminais ferroviários, hidroviários e aeroportuários.

§ 2º Os locais de repouso e descanso dos motoristas profissionais serão, entre outros, em:

I – estações rodoviárias;

II – pontos de parada e de apoio;

III – alojamentos, hotéis ou pousadas;

IV – refeitórios das empresas ou de terceiros;

V – postos de combustíveis.

§ 3º Será de livre iniciativa a implantação de locais de repouso e descanso de que trata este artigo.

§ 4º A estrita observância às Normas Regulamentadoras do Ministério do Trabalho e Emprego, no que se refere aos incisos II, III, IV e V do § 2º, será considerada apenas quando o local for de propriedade do transportador, do embarcador ou do consignatário de cargas, bem como nos casos em que esses mantiverem com os proprietários destes locais contratos que os obriguem a disponibilizar locais de espera e repouso aos motoristas profissionais.

Art. 235-B. São deveres do motorista profissional empregado: (Caput *com redação pela Lei 13.103/2015)*

I – estar atento às condições de segurança do veículo; *(Inciso I acrescido pela Lei 12.619/2012)*

II – conduzir o veículo com perícia, prudência, zelo e com observância aos princípios de direção defensiva; *(Inciso II acrescido pela Lei 12.619/2012)*

III – respeitar a legislação de trânsito e, em especial, as normas relativas ao tempo de direção e de descanso controlado e registrado na forma do previsto no art. 67-E da Lei 9.503, de 23 de setembro de 1997 – Código de Trânsito Brasileiro; *(Inciso III com redação pela Lei 13.103/2015)*

IV – zelar pela carga transportada e pelo veículo; *(Inciso IV acrescido pela Lei 12.619/2012)*

V – colocar-se à disposição dos órgãos públicos de fiscalização na via pública; *(Inciso V acrescido pela Lei 12.619/2012)*

VI – *Vetado*;

VII – submeter-se a exames toxicológicos com janela de detecção mínima de 90 (noventa) dias e a programa de controle de uso de droga e de bebida alcoólica, instituído pelo empregador, com sua ampla ciência, pelo menos uma vez a cada 2 (dois) anos e 6 (seis) meses, podendo ser utilizado para esse fim o exame obrigatório previsto na Lei 9.503, de 23 de setembro de 1997 – Código de Trânsito Brasileiro, desde que realizado nos últimos 60 (sessenta) dias. *(Inciso VII com redação pela Lei 13.103/2015)*

▸ O art. 13 da Lei 13.103/2015 estabelece prazos para a exigência do exame toxicológico.
▸ Art. 5º da Lei 14.599/2023 estabelece que o Ministério do Trabalho e Emprego deverá editar, em 180 dias contados da data de entrada em vigor da referida lei, norma para regulamentar a aplicação do exame toxicológico previsto nesse artigo.

Parágrafo único. A recusa do empregado em submeter-se ao teste ou ao programa de controle de uso de droga e de bebida alcoólica previstos no inciso VII será considerada infração disciplinar, passível de penalização nos termos da lei. *(Parágrafo único com redação pela Lei 13.103/2015)*

Art. 235-C. A jornada diária de trabalho do motorista profissional será de 8 (oito) horas, admitindo-se a sua prorrogação por até 2 (duas) horas extraordinárias ou, mediante previsão em convenção ou acordo coletivo, por até 4 (quatro) horas extraordinárias. *(Caput com redação pela Lei 13.103/2015)*

▸ Art. 235-D, § 6º, desta Consolidação.

§ 1º Será considerado como trabalho efetivo o tempo em que o motorista empregado estiver à disposição do empregador, excluídos os intervalos para refeição, repouso e descanso e o tempo de espera. *(§ 1º com redação pela Lei 13.103/2015)*

▸ O STF na ADI 5.322, julgou parcialmente procedente o pedido, declarando inconstitucional, por unanimidade, a expressão "e o tempo de espera", disposta na parte final do § 1º do art. 235-C da CLT, por arrastamento. *(DOU 12.07.2023)*

§ 2º Será assegurado ao motorista profissional empregado intervalo mínimo de 1 (uma) hora para refeição, podendo esse período coincidir com o tempo de parada obrigatória na condução do veículo estabelecido pela Lei 9.503, de 23 de setembro de 1997 – Código de Trânsito Brasileiro, exceto quando se tratar do motorista profissional enquadrado no § 5º do art. 71 desta Consolidação. *(§ 2º com redação pela Lei 13.103/2015)*

▸ O art. 12 da Lei 13.103/2015 dispõe sobre a produção de efeitos deste parágrafo.

§ 3º Dentro do período de 24 (vinte e quatro) horas, são asseguradas 11 (onze) horas de descanso, sendo facultados o seu fracionamento e a coincidência com os períodos de parada obrigatória na condução do veículo estabelecida pela Lei 9.503, de 23 de setembro de 1997 – Código de Trânsito Brasileiro, garantidos o mínimo de 8 (oito) horas ininterruptas no primeiro período e o

gozo do remanescente dentro das 16 (dezesseis) horas seguintes ao fim do primeiro período. *(§ 3º com redação pela Lei 13.103/2015)*

▸ O STF na ADI 5.322, julgou parcialmente procedente o pedido, declarando inconstitucional, por maioria, a expressão "sendo facultados o seu fracionamento e a coincidência com os períodos de parada obrigatória na condução do veículo estabelecida pela Lei nº 9.503, de 23 de setembro de 1997 - Código de Trânsito Brasileiro, garantidos o mínimo de 8 (oito) horas ininterruptas no primeiro período e o gozo do remanescente dentro das 16 (dezesseis) horas seguintes ao fim do primeiro período", prevista na parte final do § 3º do art. 235-C da CLT. *(DOU 12.07.2023)*
▸ O art. 12 da Lei 13.103/2015 dispõe sobre a produção de efeitos deste parágrafo.

§ 4º Nas viagens de longa distância, assim consideradas aquelas em que o motorista profissional empregado permanece fora da base da empresa, matriz ou filial e de sua residência por mais de 24 (vinte e quatro) horas, o repouso diário pode ser feito no veículo ou em alojamento do empregador, do contratante do transporte, do embarcador ou do destinatário ou em outro local que ofereça condições adequadas. *(§ 4º com redação pela Lei 13.103/2015)*

§ 5º As horas consideradas extraordinárias serão pagas com o acréscimo estabelecido na Constituição Federal ou compensadas na forma do § 2º do art. 59 desta Consolidação. *(§ 5º com redação pela Lei 13.103/2015)*

▸ Art. 7º, XVI, da CF.

§ 6º À hora de trabalho noturno aplica-se o disposto no art. 73 desta Consolidação. *(§ 6º com redação pela Lei 13.103/2015)*

§ 7º *Vetado.*

§ 8º São considerados tempo de espera as horas em que o motorista profissional empregado ficar aguardando carga ou descarga do veículo nas dependências do embarcador ou do destinatário e o período gasto com a fiscalização da mercadoria transportada em barreiras fiscais ou alfandegárias, não sendo computados como jornada de trabalho e nem como horas extraordinárias. *(§ 8º com redação pela Lei 13.103/2015)*

▸ O STF na ADI 5.322, julgou parcialmente procedente o pedido, declarando inconstitucional, por maioria, a expressão "não sendo computadas como jornada de trabalho e nem como horas extraordinárias", prevista na parte final do § 8º do art. 235-C da CLT. *(DOU 12.07.2023)*

§ 9º As horas relativas ao tempo de espera serão indenizadas na proporção de 30% (trinta por cento) do salário-hora normal. *(§ 9º com redação pela Lei 13.103/2015)*

▸ O STF na ADI 5.322, julgou parcialmente procedente o pedido, declarando inconstitucional, por unanimidade, o § 9º do art. 235-C da CLT, sem efeito repristinatório. *(DOU 12.07.2023)*

§ 10. Em nenhuma hipótese, o tempo de espera do motorista empregado prejudicará o direito ao recebimento da remuneração correspondente ao salário-base diário. *(§ 10 acrescido pela Lei 13.103/2015)*

§ 11. Quando a espera de que trata o § 8º for superior a 2 (duas) horas ininterruptas e for exigida a permanência do motorista empregado junto ao veículo, caso o local ofereça condições adequadas, o tempo será considerado como de repouso para os fins do intervalo de que tratam os §§ 2º e 3º, sem prejuízo do disposto no § 9º. *(§ 11 acrescido pela Lei 13.103/2015)*

§ 12. Durante o tempo de espera, o motorista poderá realizar movimentações necessárias do veículo, as quais não serão consideradas como parte da jornada de trabalho, ficando garantido, porém, o gozo do descanso de 8 (oito) horas ininterruptas aludido no § 3º. *(§ 12 acrescido pela Lei 13.103/2015)*

▸ O STF na ADI 5.322, julgou parcialmente procedente o pedido, declarando inconstitucional, por maioria, a expressão "as quais não serão consideradas como parte da jornada de trabalho, ficando garantido, porém, o gozo do descanso de 8 (oito) horas ininterruptas aludido no § 3º" do § 12 do art. 235-C da CLT. *(DOU 12.07.2023)*

§ 13. Salvo previsão contratual, a jornada de trabalho do motorista empregado não tem horário fixo de início, de final ou de intervalos. *(§ 13 acrescido pela Lei 13.103/2015)*

§ 14. O empregado é responsável pela guarda, preservação e exatidão das informações contidas nas anotações em diário de bordo, papeleta ou ficha de trabalho externo, ou no registrador instantâneo inalterável de velocidade e tempo, ou nos rastreadores ou sistemas e meios eletrônicos, instalados nos veículos, normatizados pelo Contran, até que o veículo seja entregue à empresa. *(§ 14 acrescido pela Lei 13.103/2015)*

§ 15. Os dados referidos no § 14 poderão ser enviados a distância, a critério do empregador, facultando-se a anexação do documento original posteriormente. *(§ 15 acrescido pela Lei 13.103/2015)*

§ 16. Aplicam-se as disposições deste artigo ao ajudante empregado nas operações em que acompanhe o motorista. *(§ 16 acrescido pela Lei 13.103/2015)*

§ 17. O disposto no *caput* deste artigo aplica-se também aos operadores de automotores destinados a puxar ou a arrastar maquinaria de qualquer natureza ou a executar trabalhos de construção ou pavimentação e aos operadores de tratores, colheitadeiras, autopropelidos e demais aparelhos automotores destinados a puxar ou a arrastar maquinaria agrícola ou a executar trabalhos agrícolas. *(§ 17 acrescido pela Lei 13.154/2015)*

Art. 235-D. Nas viagens de longa distância com duração superior a 7 (sete) dias, o repouso semanal será de 24 (vinte e quatro) horas por semana ou fração trabalhada, sem prejuízo do intervalo de repouso diário de 11 (onze) horas, totalizando 35 (trinta e cinco) horas, usufruído no retorno do motorista à base (matriz ou filial) ou ao seu domicílio, salvo se a empresa oferecer condições adequadas para o efetivo gozo do referido repouso. *(Caput com redação pela Lei 13.103/2015)*

▶ O STF na ADI 5.322, julgou parcialmente procedente o pedido, declarando inconstitucional, por maioria, a expressão "usufruído no retorno do motorista à base (matriz ou filial) ou ao seu domicílio, salvo se a empresa oferecer condições adequadas para o efetivo gozo do referido repouso", constante do caput do art. 235-D da CLT. (*DOU 12.07.2023*)

I – *Revogado pela Lei 13.103/2015.*

II – *Revogado pela Lei 13.103/2015.*

III – *Revogado pela Lei 13.103/2015.*

§ 1º É permitido o fracionamento do repouso semanal em 2 (dois) períodos, sendo um destes de, no mínimo, 30 (trinta) horas ininterruptas, a serem cumpridos na mesma semana e em continuidade a um período de repouso diário, que deverão ser usufruídos no retorno da viagem. *(§ 1º acrescido pela Lei 13.103/2015)*

▶ O STF na ADI 5.322, julgou parcialmente procedente o pedido, declarando inconstitucional, por unanimidade, o § 1º do art. 235-D da CLT. (*DOU 12.07.2023*)

§ 2º A cumulatividade de descansos semanais em viagens de longa distância de que trata o *caput* fica limitada ao número de 3 (três) descansos consecutivos. *(§ 2º acrescido pela Lei 13.103/2015)*

▶ O STF na ADI 5.322, julgou parcialmente procedente o pedido, declarando inconstitucional, por unanimidade, o § 2º do art. 235-D da CLT. (*DOU 12.07.2023*)

§ 3º O motorista empregado, em viagem de longa distância, que ficar com o veículo parado após o cumprimento da jornada normal ou das horas extraordinárias fica dispensado do serviço, exceto se for expressamente autorizada a sua permanência junto ao veículo pelo empregador, hipótese em que o tempo será considerado de espera. *(§ 3º acrescido pela Lei 13.103/2015)*

§ 4º Não será considerado como jornada de trabalho, nem ensejará o pagamento de qualquer remuneração, o período em que o motorista empregado ou o ajudante ficarem espontaneamente no veículo usufruindo dos intervalos de repouso. *(§ 4º acrescido pela Lei 13.103/2015)*

§ 5º Nos casos em que o empregador adotar 2 (dois) motoristas trabalhando no mesmo veículo, o tempo de repouso poderá ser feito com o veículo em movimento, assegurado o repouso mínimo de 6 (seis) horas consecutivas fora do veículo em alojamento externo ou, se na cabine leito, com o veículo estacionado, a cada 72 (setenta e duas) horas. *(§ 5º acrescido pela Lei 13.103/2015)*

▶ O STF na ADI 5.322, julgou parcialmente procedente o pedido, declarando inconstitucional, por unanimidade, o § 5º do art. 235-D da CLT. (*DOU 12.07.2023*)

§ 6º Em situações excepcionais de inobservância justificada do limite de jornada de que trata o art. 235-C, devidamente registradas, e desde que não se comprometa a segurança rodoviária, a duração da jornada de trabalho do motorista profissional empregado poderá ser elevada pelo tempo necessário até o veículo chegar a um local seguro ou ao seu destino. *(§ 6º acrescido pela Lei 13.103/2015)*

§ 7º Nos casos em que o motorista tenha que acompanhar o veículo transportado por qualquer meio onde ele siga embarcado e em que o veículo disponha de cabine leito ou a embarcação disponha de alojamento para gozo do intervalo de repouso diário previsto no § 3º do art. 235-C, esse tempo será considerado como tempo de descanso. *(§ 7º acrescido pela Lei 13.103/2015)*

§ 8º Para o transporte de cargas vivas, perecíveis e especiais em longa distância ou em território estrangeiro poderão ser aplicadas regras conforme a especificidade da operação de transporte realizada, cujas condições de trabalho serão fixadas em convenção ou acordo coletivo de modo a assegurar as adequadas condições de viagem e entrega ao destino final. *(§ 8º acrescido pela Lei 13.103/2015)*

Art. 235-E. Para o transporte de passageiros, serão observados os seguintes dispositivos: *(Caput com redação pela Lei 13.103/2015)*

I – é facultado o fracionamento do intervalo de condução do veículo previsto na Lei 9.503, de 23 de setembro de 1997 – Código de Trânsito Brasileiro, em períodos de no mínimo 5 (cinco) minutos; *(Inciso I acrescido pela Lei 13.103/2015)*

II – será assegurado ao motorista intervalo mínimo de 1 (uma) hora para refeição, podendo ser fracionado em 2 (dois) períodos e coincidir com o tempo de parada obrigatória na condução do veículo estabelecido pela Lei 9.503, de 23 de setembro de 1997 – Código de Trânsito Brasileiro, exceto quando se tratar do motorista profissional enquadrado no § 5º do art. 71 desta Consolidação; *(Inciso II acrescido pela Lei 13.103/2015)*

III – nos casos em que o empregador adotar 2 (dois) motoristas no curso da mesma viagem, o descanso poderá ser feito com o veículo em movimento, respeitando-se os horários de jornada de trabalho, assegurado, após 72 (setenta e duas) horas, o repouso em alojamento externo ou, se em poltrona correspondente ao serviço de leito, com o veículo estacionado. *(Inciso III acrescido pela Lei 13.103/2015)*

▶ O STF na ADI 5.322, julgou parcialmente procedente o pedido, declarando inconstitucional, por unanimidade, o inciso III do art. 235-E da CLT. (DOU 12.07.2023)

§ 1º *Revogado pela Lei 13.103/2015.*

§ 2º *Vetado.*

§§ 3º a 7º. *Revogados pela Lei 13.103/2015.*

§ 8º *Vetado.*

§§ 9º a 12. *Revogados pela Lei 13.103/2015.*

Art. 235-F. Convenção e acordo coletivo poderão prever jornada especial de 12 (doze) horas de trabalho por 36 (trinta e seis) horas de descanso para o trabalho do motorista profissional empregado em regime de compensação. *(Artigo com redação pela Lei 13.103/2015)*

Art. 235-G. É permitida a remuneração do motorista em função da distância percorrida, do tempo de viagem ou da natureza e quantidade de produtos transportados, inclusive mediante oferta de comissão ou qualquer outro tipo de vantagem, desde que essa remuneração ou comissionamento não comprometa a segurança da rodovia e da coletividade ou possibilite a violação das normas previstas nesta Lei. *(Artigo com redação pela Lei 13.103/2015)*

Art. 235-H. *Revogado pela Lei 13.103/2015.*

Seção V
Do serviço ferroviário

▸ Súmula 371 do STF.
▸ Súmulas 52, 61 e 67 do TST.

Súmulas

STF 371. Ferroviário, que foi admitido como servidor autárquico, não tem direito a dupla aposentadoria.

TST 61. Ferroviário Aos ferroviários que trabalham em estação do interior, assim classificada por autoridade competente, não são devidas horas extras (art. 243, CLT)

TST 67. Gratificação. Ferroviário. Chefe de trem, regido pelo estatuto dos ferroviários (Decreto 35.530, de 19.09.1959), não tem direito à gratificação prevista no respectivo art. 110.

Art. 236. No serviço ferroviário considerado este o de transporte em estradas de ferro abertas ao tráfego público, compreendendo a administração, construção, conservação e remoção das vias férreas e seus edifícios, obras de arte, material rodante, instalações complementares e acessórias, bem como o serviço de tráfego, de telegrafia, telefonia e funcionamento de todas as instalações ferroviárias aplicam-se os preceitos especiais constantes desta Seção.

Art. 237. O pessoal a que se refere o artigo antecedente fica dividido nas seguintes categorias:

a) funcionários de alta administração, chefes e ajudantes de departamentos e seções, engenheiros residentes, chefes de depósitos, inspetores e demais empregados que exercem funções administrativas ou fiscalizadoras;

b) pessoal que trabalhe em lugares ou trechos determinados e cujas tarefas requeiram atenção constante; pessoal de escritório, turmas de conservação e construção da via permanente, oficinas e estações principais, inclusive os respectivos telegrafistas; pessoal de tração, lastro e revistadores;

c) das equipagens de trens em geral;

▸ OJ 274 da SDI-I do TST.

d) pessoal cujo serviço é de natureza intermitente ou de pouca intensidade, embora com permanência prolongada nos locais de trabalho; vigias e pessoal das estações do interior, inclusive os respectivos telegrafistas.

Art. 238. Será computado como de trabalho efetivo todo o tempo em que o empregado estiver à disposição da Estrada. *(Artigo com redação primitiva restabelecida pelo art. 36 do Dec.-lei 5/1966)*

▸ Art. 4º desta Consolidação.

CLT

Art. 4º Considera-se como de serviço efetivo o período em que o empregado esteja à disposição do empregador, aguardando ou executando ordens, salvo disposição especial expressamente consignada.

§ 1º Computar-se-ão, na contagem de tempo de serviço, para efeito de indenização e estabilidade, os períodos em que o empregado estiver afastado do trabalho prestando serviço militar e por motivo de acidente do trabalho.

§ 2º Por não se considerar tempo à disposição do empregador, não será computado como período extraordinário o que exceder a jornada normal, ainda que ultrapasse o limite de cinco minutos previsto no § 1º do art. 58 desta Consolidação, quando o empregado, por escolha própria, buscar proteção pessoal, em caso de insegurança nas vias públicas ou más condições climáticas, bem como adentrar ou permanecer nas dependências da empresa para exercer atividades particulares, entre outras:

I – práticas religiosas;

II – descanso;

III – lazer;

IV – estudo;

V – alimentação;

VI – atividades de relacionamento social;

VII – higiene pessoal;

VIII – troca de roupa ou uniforme, quando não houver obrigatoriedade de realizar a troca na empresa.

§ 1º Nos serviços efetuados pelo pessoal da categoria c, não será considerado como de trabalho efetivo o tempo gasto em viagens do local ou para o local de terminação e início dos mesmos serviços.

§ 2º Ao pessoal removido ou comissionado fora da sede será contado como de trabalho normal e efetivo o tempo gasto em viagens, sem direito à percepção de horas extraordinárias.

§ 3º No caso das turmas de conservação da via permanente, o tempo efetivo do trabalho será contado desde a hora da saída da casa da turma até a hora em que cessar o serviço em qualquer ponto compreendido dentro dos limites da respectiva turma. Quando o empregado trabalhar fora dos limites da sua turma, ser-lhe-á também computado como de trabalho efetivo o tempo gasto no percurso da volta a esses limites.

§ 4º Para o pessoal da equipagem de trens, só será considerado esse trabalho efetivo, depois de chegado ao destino, o tempo em que o ferroviário estiver ocupado ou retido à disposição da Estrada. Quando, entre dois períodos de trabalho, não mediar intervalo superior a uma hora, será esse intervalo computado como de trabalho efetivo.

§ 5º O tempo concedido para refeição não se computa como de trabalho efetivo, senão para o pessoal da categoria c, quando as refeições forem tomadas em viagem ou nas estações durante as paradas. Esse tempo não será inferior a uma hora, exceto para o pessoal da referida categoria em serviço de trens.

▸ Súmula 446 do TST.

Súmula

TST 446 Maquinista ferroviário. Intervalo intrajornada. Supressão parcial ou total. Horas extras devidas. Compatibilidade entre os arts. 71, § 4º, e 238, § 5º, da CLT. A garantia ao intervalo intrajornada, prevista no art. 71 da CLT, por constituir-se em medida de higiene, saúde e segurança do empregado, é aplicável também ao ferroviário maquinista integrante da categoria "c" (equipagem de trem em geral), não havendo incompatibilidade entre as regras inscritas nos arts. 71, § 4º, e 238, § 5º, da CLT.

§ 6º No trabalho das turmas encarregadas da conservação de obras-de-arte, linhas telegráficas ou telefônicas e edifícios, não será contado como de trabalho efetivo o tempo de viagem para o local do serviço, sempre que não exceder de uma hora, seja para ida ou para volta, e a Estrada fornecer os meios de locomoção, computando-se sempre o tempo excedente a esse limite.

Art. 239. Para o pessoal da categoria c, a prorrogação do trabalho independe de acordo ou contrato coletivo, não podendo, entretanto, exceder de doze horas, pelo que as empresas organizarão, sempre que possível, os serviços de equipagens de trens com destacamentos nos

trechos das linhas de modo a ser observada a duração normal de oito horas de trabalho.

▸ Portaria 556/2003 do MTE (Faculta a adoção de sistema eletrônico para o controle de jornada do pessoal pertencente à categoria "C")

§ 1º Para o pessoal sujeito ao regime do presente artigo, depois de cada jornada de trabalho haverá um repouso de dez horas contínuas, no mínimo, observando-se, outrossim, o descanso semanal.

▸ Lei 605/1949 (Repouso Semanal Remunerado)

§ 2º Para o pessoal da equipagem de trens, a que se refere o presente artigo, quando a empresa não fornecer alimentação, em viagem, e hospedagem, no destino, concederá uma ajuda de custo para atender a tais despesas.

▸ Art. 457, § 2º, desta Consolidação.

CLT
Art. 457. (...) § 2º As importâncias, ainda que habituais, pagas a título de ajuda de custo, auxílio-alimentação, vedado seu pagamento em dinheiro, diárias para viagem, prêmios e abonos não integram a remuneração do empregado, não se incorporam ao contrato de trabalho e não constituem base de incidência de qualquer encargo trabalhista e previdenciário.

§ 3º As escalas do pessoal abrangido pelo presente artigo serão organizadas de modo que não caiba a qualquer empregado, quinzenalmente, um total de horas de serviço noturno superior às de serviço diurno.

§ 4º Os períodos de trabalho do pessoal a que alude o presente artigo serão registrados em cadernetas especiais, que ficarão sempre em poder do empregado, de acordo com o modelo aprovado pelo Ministro do Trabalho, Indústria e Comércio.

Art. 240. Nos casos de urgência ou de acidente, capazes de afetar a segurança ou regularidade do serviço, poderá a duração do trabalho ser excepcionalmente elevada a qualquer número de horas, incumbindo à Estrada zelar pela incolumidade dos seus empregados e pela possibilidade de revezamento de turmas, assegurando ao pessoal um repouso correspondente e comunicando a ocorrência ao Ministério do Trabalho, dentro de dez dias da sua verificação.

Parágrafo único. Nos casos previstos neste artigo, a recusa, sem causa justificada, por parte de qualquer empregado, à execução de serviço extraordinário será considerada falta grave.

▸ Vide nota sobre a atualização da CLT relativa aos Ministérios.

Art. 241. As horas excedentes das do horário normal de oito horas serão pagas como serviço extraordinário na seguinte base: as duas primeiras com o acréscimo de vinte e cinco por cento sobre o salário-hora normal; as duas subsequentes com um adicional de cinquenta por cento e as restantes com um adicional de setenta e cinco por cento.

Parágrafo único. Para o pessoal da categoria c, a primeira hora será majorada de vinte e cinco por cento, a segunda hora será paga com o acréscimo de cinquenta por cento e as duas subsequentes com o de sessenta por cento, salvo caso de negligência comprovada.

▸ Art. 7º, XVI, da CF estabelece percentual de remuneração de no mínimo 50% (cinquenta por cento) sobre a hora normal.
▸ OJ 274 da SDI-I do TST.

Constituição Federal
Art. 7º São direitos dos trabalhadores urbanos e rurais, além de outros que visem à melhoria de sua condição social: [...] XVI – remuneração do serviço extraordinário superior, no mínimo, em cinquenta por cento à do normal.

Orientação Jurisprudencial
SDI-I 274. Turno ininterrupto de revezamento. Ferroviário. Horas extras. Devidas. O ferroviário submetido a escalas variadas, com alternância de turnos, faz jus à jornada especial prevista no art. 7º, XIV, da CF/1988.

Art. 242. As frações de meia hora superiores a dez minutos serão computadas como meia hora.

Art. 243. Para os empregados de estações do interior, cujo serviço for de natureza intermitente ou de pouca intensidade, não se aplicam os preceitos gerais sobre duração do trabalho, sendo-lhes, entretanto, assegurado o repouso contínuo de dez horas, no mínimo, entre dois períodos de trabalho e descanso semanal.

▸ Lei 605/1949 (Repouso Semanal Remunerado)
▸ Súmulas 61 e 67 do TST.

Súmula
TST 61. Ferroviário Aos ferroviários que trabalham em estação do interior, assim classificada por autoridade competente, não são devidas horas extras (art. 243, CLT)

Art. 244. As estradas de ferro poderão ter empregados extranumerários, de sobreaviso e de prontidão, para executarem serviços imprevistos ou para substituições de outros empregados que faltem à escala organizada. *(Artigo com redação restaurada pelo Dec.-lei 5/1966)*

§ 1º Considera-se "extranumerário" o empregado não efetivo, candidato à efetivação, que se apresentar normalmente ao serviço, embora só trabalhe quando for necessário. O extranumerário só receberá os dias de trabalho efetivo.

§ 2º Considera-se de "sobreaviso" o empregado efetivo, que permanecer em sua própria casa, aguardando a qualquer momento o chamado para o serviço. Cada escala de "sobreaviso" será, no máximo, de 24 (vinte e quatro) horas. As horas de "sobreaviso", para todos os efeitos, serão contadas à razão de um terço do salário normal.

▸ Súmulas 229 e 428 do TST.
▸ Art. 43, *caput*, da Lei 13.475/2017 (Profissão de Aeronauta)

Súmulas
TST 229. Sobreaviso. Eletricitários. Por aplicação analógica do art. 244, § 2º, da CLT, as horas de sobreaviso dos eletricitários são remuneradas à base de 1/3 sobre a totalidade das parcelas de natureza salarial.

TST 428. Sobreaviso. Aplicação analógica do art. 244, § 2º da CLT. I – O uso de instrumentos telemáticos ou informatizados fornecidos pela empresa ao empregado, por si só, não caracteriza o regime de sobreaviso. II – Considera-se em sobreaviso o empregado que, à distância e submetido a controle patronal por instrumentos telemáticos ou informatizados, permanecer em regime de plantão ou equivalente, aguardando a qualquer momento o chamado para o serviço durante o período de descanso.

Lei 13.475/2017
Art. 43. Sobreaviso é o período não inferior a 3 (três) horas e não excedente a 12 (doze) horas em que o tripulante permanece em local de sua escolha à disposição do empregador, devendo apresentar-se no aeroporto ou em outro local determinado, no prazo de até 90 (noventa) minutos, após receber comunicação para o início de nova tarefa.

§ 3º Considera-se de "prontidão" o empregado que ficar nas dependências da Estrada, aguardando ordens. A escala de prontidão será, no máximo, de doze horas. As horas de prontidão serão, para todos os efeitos, contadas à razão de dois terços do salário hora normal.

§ 4º Quando, no estabelecimento ou dependência em que se achar o empregado, houver facilidade de alimentação, as doze horas de prontidão, a que se refere o parágrafo anterior, poderão ser contínuas. Quando não existir essa facilidade, depois de seis horas de prontidão, haverá sempre um intervalo de uma hora para cada refeição, que não será, nesse caso, computada como de serviço.

Art. 245. O horário normal de trabalho dos cabineiros nas estações de tráfego intenso não excederá de oito horas e deverá ser dividido em dois turnos com intervalo não inferior a uma hora de repouso, não podendo nenhum turno ter duração superior a cinco horas, com um período de descanso entre duas jornadas de trabalho de quatorze horas consecutivas.

Art. 246. O horário de trabalho dos operadores telegrafistas nas estações de tráfego intenso não excederá de seis horas diárias.

Art. 247. As estações principais, estações de tráfego intenso e estações do interior serão classificadas para cada empresa pelo Departamento Nacional de Estradas de Ferro.

Seção VI
Das equipagens das embarcações da marinha mercante nacional, de navegação fluvial e lacustre, do tráfego nos portos e da pesca

Art. 248. Entre as horas zero e vinte e quatro de cada dia civil, o tripulante poderá ser conservado em seu posto durante oito horas, quer de modo contínuo, quer de modo intermitente.

▸ Súmula 531 do STF.

Súmula
STF 531. É inconstitucional o Decreto 51.668, de 17.01.1963, que estabeleceu salário profissional para trabalhadores de transportes marítimos, fluviais e lacustres.

§ 1º A exigência do serviço contínuo ou intermitente ficará a critério do comandante e, neste último caso, nunca por período menor que uma hora.

§ 2º Os serviços de quarto nas máquinas, passadiço, vigilância e outros que, consoante parecer médico, possam prejudicar a saúde do tripulante serão executados por períodos não maiores e com intervalos não menores de quatro horas.

Art. 249. Todo o tempo de serviço efetivo, excedente de oito horas, ocupado na forma do artigo anterior, será considerado de trabalho extraordinário, sujeito à compensação a que se refere o artigo 250, exceto se se tratar de trabalho executado:

▸ Art. 7º, XVI, da CF.
▸ Súmula 96 do TST.

Súmula
TST 96. Marítimo. A permanência do tripulante a bordo do navio, no período de repouso, além da jornada, não importa presunção de que esteja à disposição do empregador ou em regime de prorrogação de horário, circunstâncias que devem resultar provadas, dada a natureza do serviço.

a) em virtude de responsabilidade pessoal do tripulante e no desempenho de funções de direção, sendo consideradas como tais todas aquelas que a bordo se achem constituídas em um único indivíduo com responsabilidade exclusiva e pessoal;

b) na iminência de perigo, para salvaguarda ou defesa da embarcação, dos passageiros, ou da carga, a juízo exclusivo do comandante ou do responsável pela segurança a bordo;

c) por motivo de manobras ou fainas gerais que reclamem a presença, em seus postos, de todo o pessoal de bordo;

d) na navegação lacustre e fluvial, quando se destina ao abastecimento do navio ou embarcação de combustível e rancho, ou por efeito das contingências da natureza da navegação, na transposição de passos ou pontos difíceis, inclusive operações de alívio ou transbordo de carga, para obtenção de calado menor para essa transposição.

§ 1º O trabalho executado aos domingos e feriados será considerado extraordinário, salvo se se destinar:

▸ Lei 605/1949 (Repouso Semanal Remunerado)

a) ao serviço de quartos e vigilância, movimentação das máquinas e aparelhos de bordo, limpeza e higiene da embarcação, preparo de alimentação da equipagem e dos passageiros, serviço pessoal destes e, bem assim, aos socorros de urgência ao navio ou ao pessoal;

b) ao fim da navegação ou das manobras para a entrada ou saída de portos, atracação, desatracação, embarque ou desembarque de carga e passageiros.

§ 2º Não excederá de 30 (trinta) horas semanais o serviço extraordinário prestado para o tráfego nos portos.

Art. 250. As horas de trabalho extraordinário serão compensadas, segundo a conveniência do serviço, por descanso em período equivalente, no dia seguinte ou no subsequente, dentro das do trabalho normal, ou no fim da viagem, ou pelo pagamento do salário correspondente.

▸ Art. 7º, XV, da CF.
▸ Art. 66 desta Consolidação
▸ Súmula 96 do TST.

CLT
Art. 66. Entre 2 (duas) jornadas de trabalho haverá um período mínimo de 11 (onze) horas consecutivas para descanso.

Parágrafo único. As horas extraordinárias de trabalho são indivisíveis, computando-se a fração de hora como hora inteira.

Art. 251. Em cada embarcação haverá um livro em que serão anotadas as horas extraordinárias de trabalho de cada tripulante, e outro, do qual constarão, devidamente circunstanciadas, as transgressões dos mesmos tripulantes.

Parágrafo único. Os livros de que trata este artigo obedecerão a modelos organizados pelo Ministério do Trabalho, serão escriturados em dia pelo comandante da embarcação e ficam sujeitos às formalidades instituídas para os livros de registro de empregados em geral.

▸ Vide nota sobre a atualização da CLT relativa aos Ministérios.
▸ Arts. 41 a 48 desta Consolidação.

Art. 252. Qualquer tripulante que se julgue prejudicado por ordem emanada de superior hierárquico poderá interpor recurso, em termos, perante a Delegacia do Trabalho Marítimo, por intermédio do respectivo comandante, o qual deverá encaminhá-lo com a respectiva informação dentro de cinco dias, contados de sua chegada ao porto.

▸ A Lei 7.731/1989 extinguiu a Delegacia do Trabalho Marítimo.

Seção VII
Dos serviços frigoríficos

▸ NR-36 (Segurança e Saúde no Trabalho em Empresas de Abate e Processamento de Carnes e Derivados)

Art. 253. Para os empregados que trabalham no interior das câmaras frigoríficas e para os que movimentam mercadorias do ambiente quente ou normal para o frio e vice-versa, depois de uma hora e quarenta minutos de trabalho contínuo, será assegurado um período de vinte minutos de repouso, computado esse intervalo como de trabalho efetivo.

▸ Súmula 438 do TST.

Súmula
TST 438. Intervalo para recuperação térmica do empregado. Ambiente artificialmente frio. Horas extras. Art. 253 da CLT. Aplicação analógica. O

empregado submetido a trabalho contínuo em ambiente artificialmente frio, nos termos do parágrafo único do art. 253 da CLT, ainda que não labore em câmara frigorífica, tem direito ao intervalo intrajornada previsto no *caput* do art. 253 da CLT.

Parágrafo único. Considera-se artificialmente frio, para os fins do presente artigo, o que for inferior, nas primeira, segunda e terceira zonas climáticas do mapa oficial do Ministério do Trabalho, a quinze graus, na quarta zona a doze graus, e nas quinta, sexta e sétima zonas a dez graus.

▸ Súmula 438 do TST.
▸ Vide nota sobre a atualização da CLT relativa aos Ministérios.
▸ Portaria 21/1994 da SSST/MTE (Define o mapa oficial do Ministério do Trabalho para atender o disposto no art. 253 da CLT)

Seção VIII
Dos serviços de estiva

Arts. 254 a 284. *Revogados pela Lei 8.630/1993.*

▸ Lei 12.815/2013 (Nova Lei dos Portos)
▸ Súmula 309 do TST.
▸ OJs 60, 316 e 402 da SDI-I do TST.

Seção IX
Dos serviços de capatazias nos portos

Arts. 285 a 292. *Revogados pela Lei 8.630/1993.*

▸ Lei 12.815/2013 (Nova Lei dos Portos)

Seção X
Do trabalho em minas de subsolo

▸ NR-22 (Segurança e Saúde Ocupacional na Mineração)
▸ Anexos 12 e 13 da NR-15 que tratam respectivamente de poeiras minerais e carvão.

Art. 293. A duração normal do trabalho efetivo para os empregados em minas do subsolo não excederá de 6 (seis) horas diárias ou de 36 (trinta e seis) semanais.

Art. 294. O tempo despendido pelo empregado da boca da mina ao local do trabalho e vice-versa será computado para o efeito de pagamento do salário.

▸ Art. 4º, § 1º, desta Consolidação.

CLT
Art. 4º Considera-se como de serviço efetivo o período em que o empregado esteja à disposição do empregador, aguardando ou executando ordens, salvo disposição especial expressamente consignada. § 1º Computar-se-ão, na contagem de tempo de serviço, para efeito de indenização e estabilidade, os períodos em que o empregado estiver afastado do trabalho prestando serviço militar e por motivo de acidente do trabalho.

Art. 295. A duração normal do trabalho efetivo no subsolo poderá ser elevada até 8 (oito) horas diárias ou 48 (quarenta e oito) semanais, mediante acordo escrito entre empregado e empregador ou convenção coletiva de trabalho, sujeita essa prorrogação à prévia licença da autoridade competente em matéria de higiene do trabalho.

▸ Artigo prejudicado pelo artigo 7º, XIII, da CF.

Constituição Federal
Art. 7º São direitos dos trabalhadores urbanos e rurais, além de outros que visem à melhoria de sua condição social: (...) XIII – duração do trabalho normal não superior a oito horas diárias e quarenta e quatro semanais, facultada a compensação de horários e a redução da jornada, mediante acordo ou convenção coletiva de trabalho;

Parágrafo único. A duração normal do trabalho efetivo no subsolo poderá ser inferior a 6 (seis) horas diárias, por determinação da autoridade de que trata este artigo, tendo em vista condições locais de insalubridade e os métodos e processos do trabalho adotado.

Art. 296. A remuneração da hora prorrogada será no mínimo de 25% (vinte e cinco por cento) superior à da

hora normal e deverá constar do acordo ou contrato coletivo de trabalho.

▸ Art. 7º, XVI, da CF.

Constituição Federal
Art. 7º São direitos dos trabalhadores urbanos e rurais, além de outros que visem à melhoria de sua condição social: (...) XVI – remuneração do serviço extraordinário superior, no mínimo, em cinquenta por cento à do normal;

Art. 297. Ao empregado no subsolo será fornecida, pelas empresas exploradoras de minas, alimentação adequada à natureza do trabalho, de acordo com as instruções estabelecidas pelo Serviço de Alimentação da Previdência Social, e aprovadas pelo Ministério do Trabalho, Indústria e Comércio.

▸ Vide nota sobre a atualização da CLT relativa aos Ministérios.

Art. 298. Em cada período de 3 (três) horas consecutivas de trabalho, será obrigatória uma pausa de quinze minutos para repouso, a qual será computada na duração normal de trabalho efetivo.

▸ Vide nota sobre a atualização da CLT relativa aos Ministérios.

Art. 299. Quando nos trabalhos de subsolo ocorrerem acontecimentos que possam comprometer a vida ou saúde do empregado, deverá a empresa comunicar o fato imediatamente à autoridade regional do trabalho, do Ministério do Trabalho.

Art. 300. Sempre que, por motivo de saúde, for necessária a transferência do empregado, a juízo da autoridade competente em matéria de segurança e medicina do trabalho, dos serviços no subsolo para os de superfície, é a empresa obrigada a realizar essa transferência, assegurando ao transferido a remuneração atribuída ao trabalhador de superfície em serviço equivalente, respeitada a capacidade profissional do interessado. *(Caput com redação pela Lei 2.924/1956)*

Parágrafo único. No caso de recusa do empregado em atender a essa transferência, será ouvida a autoridade competente em matéria de higiene e segurança do trabalho, que decidirá a respeito. *(Parágrafo único com redação pela Lei 2.924/1956)*

Art. 301. O trabalho no subsolo somente será permitido a homens, com idade compreendida entre 21 (vinte e um) e 50 (cinquenta anos), assegurada a transferência para a superfície nos termos previstos no artigo anterior.

▸ Art. 7º, XXX, da CF.
▸ Art. 922 desta Consolidação.
▸ Dec. 67.342/1970 (Promulga a Convenção 124 da OIT relativa ao exame médico dos adolescentes para os trabalhos subterrâneos nas minas)

Seção XI
Dos jornalistas profissionais

▸ Dec.-lei 972/1969 (Exercício da profissão de jornalista)
▸ Dec. 83.284/1979 (Regulamenta o Dec.-lei 972/1969)

Art. 302. Os dispositivos da presente Seção se aplicam aos que nas empresas jornalísticas prestem serviços como jornalistas, revisores, fotógrafos, ou na ilustração, com as exceções nela previstas.

▸ PN 112 do TST.

§ 1º Entende-se como jornalista o trabalhador intelectual cuja função se estende desde a busca de informações até a redação de notícias e artigos e a organização, orientação e direção desse trabalho.

§ 2º Consideram-se empresas jornalísticas, para os fins desta Seção, aquelas que têm a seu cargo a edição de jornais, revistas, boletins e periódicos, ou a distribuição

de noticiário, e, ainda, a radiodifusão em suas seções destinadas à transmissão de notícias e comentários.

▸ Arts. 5º, IX, XIV, e 220 a 224 da CF.
▸ PN 55 do TST.

Precedente Normativo

TST 55. Jornalista. Contrato de trabalho. O empregador é obrigado a mencionar no contrato de trabalho o órgão de imprensa no qual o jornalista vai trabalhar.

Art. 303. A duração normal do trabalho dos empregados compreendidos nesta Seção não deverá exceder de cinco horas, tanto de dia como à noite.

▸ OJ 407 da SDI-I do TST.

Orientação Jurisprudencial

SDI-I 407. Jornalista. Empresa não jornalística. Jornada de trabalho reduzida. Arts. 302 e 303 da CLT. O jornalista que exerce funções típicas de sua profissão, independentemente do ramo de atividade do empregador, tem direito à jornada reduzida prevista no artigo 303 da CLT.

Art. 304. Poderá a duração normal do trabalho ser elevada a sete horas, mediante acordo escrito, em que se estipule aumento de ordenado, correspondente ao excesso do tempo de trabalho, em que se fixe um intervalo destinado a repouso ou a refeição.

Parágrafo único. Para atender a motivos de força maior, poderá o empregado prestar serviços por mais tempo do que aquele permitido nesta Seção. Em tais casos, porém, o excesso deve ser comunicado à Divisão de Fiscalização do Departamento Nacional do Trabalho ou às Delegacias Regionais, do Ministério do Trabalho, Indústria e Comércio, dentro de cinco dias, com a indicação expressa dos seus motivos.

▸ Vide nota sobre a atualização da CLT relativa aos Ministérios.
▸ Art. 501 desta Consolidação.

CLT

Art. 501. Entende-se como força maior todo acontecimento inevitável, em relação à vontade do empregador, e para a realização do qual este não concorreu, direta ou indiretamente.

§ 1º A imprevidência do empregador exclui a razão de força maior.

§ 2º À ocorrência do motivo de força maior que não afetar substancialmente, nem for suscetível de afetar, em tais condições, a situação econômica e financeira da empresa não se aplicam as restrições desta Lei referentes ao disposto neste Capítulo.

Art. 305. As horas de serviço extraordinário, quer as prestadas em virtude de acordo, quer as que derivam das causas previstas no parágrafo único do artigo anterior, não poderão ser remuneradas com quantia inferior à que resulta do quociente da divisão da importância do salário mensal por cento e cinquenta para os mensalistas, e do salário diário por cinco para os diaristas, acrescido de, pelo menos, vinte e cinco por cento.

▸ Art. 7º, XVI, da CF.

Constituição Federal

Art. 7º São direitos dos trabalhadores urbanos e rurais, além de outros que visem à melhoria de sua condição social: (...) XVI – remuneração do serviço extraordinário superior, no mínimo, em cinquenta por cento à do normal;

Art. 306. Os dispositivos dos artigos 303, 304 e 305 não se aplicam àqueles que exercem as funções de redator-chefe, secretário, subsecretário, chefe e subchefe de revisão, chefe de oficina, de ilustração e chefe de portaria.

Parágrafo único. Não se aplicam, do mesmo modo, os artigos acima referidos aos que se ocuparem unicamente em serviços externos.

▸ Art. 62, I, desta Consolidação.

CLT

Art. 62. Não são abrangidos pelo regime previsto neste capítulo: (...)

I – os empregados que exercem atividade externa incompatível com a fixação de horário de trabalho, devendo tal condição ser anotada na Carteira de Trabalho e Previdência Social e no registro de empregados;

Art. 307. A cada seis dias de trabalho efetivo corresponderá um dia de descanso obrigatório, que coincidirá com o domingo, salvo acordo escrito em contrário, no qual será expressamente estipulado o dia em que se deve verificar o descanso.

▸ Art. 7º, XV, da CF.
▸ Art. 67 desta Consolidação.

Constituição Federal

Art. 7º São direitos dos trabalhadores urbanos e rurais, além de outros que visem à melhoria de sua condição social: (...) XV – repouso semanal remunerado, preferencialmente aos domingos;

CLT

Art. 67. Será assegurado a todo empregado um descanso semanal de 24 (vinte e quatro) horas consecutivas, o qual, salvo motivo de conveniência pública ou necessidade imperiosa do serviço, deverá coincidir com o domingo, no todo ou em parte.

Parágrafo único. Nos serviços que exijam trabalho aos domingos, com exceção quanto aos elencos teatrais, será estabelecida escala de revezamento, mensalmente organizada e constando de quadro sujeito à fiscalização.

Art. 308. Em seguida a cada período diário de trabalho haverá um intervalo mínimo de dez horas, destinado ao repouso.

▸ Art. 66 desta Consolidação.

CLT

Art. 66. Entre 2 (duas) jornadas de trabalho haverá um período mínimo de 11 (onze) horas consecutivas para descanso.

Art. 309. Será computado como de trabalho efetivo o tempo em que o empregado estiver à disposição do empregador.

▸ Art. 4º, *caput*, desta Consolidação.

CLT

Art. 4º Considera-se como de serviço efetivo o período em que o empregado esteja à disposição do empregador, aguardando ou executando ordens, salvo disposição especial expressamente consignada.

Art. 310. *Revogado pelo Dec.-lei 972/1969.*

Art. 311. Para o registro de que trata o artigo anterior, deve o requerente exibir os seguintes documentos:

▸ Artigo prejudicado por força do art. 4º do Dec.-lei 972/1969.

Dec.-lei 972/1969

Art 4º O exercício da profissão de jornalista requer prévio registro no órgão regional competente do Ministério do Trabalho e Previdência Social que se fará mediante a apresentação de:

I – prova de nacionalidade brasileira;

II – folha corrida;

III – carteira profissional;

IV – Revogado.

V – diploma de curso superior de jornalismo, oficial ou reconhecido registrado no Ministério da Educação e Cultura ou em instituição por este credenciada, para as funções relacionadas de *a* a *g* no artigo 6º. (...)

a) prova de nacionalidade brasileira;

b) folha corrida;

c) prova de que não responde a processo ou não sofreu condenação por crime contra a segurança nacional;

▸ A exigência contida na alínea *c* foi suprimida por força do art. 1º do Dec.-lei 8.305/1945.

d) carteira de trabalho e previdência social.

§ 1º Aos profissionais devidamente registrados será feita a necessária declaração na carteira de trabalho e previdência social.

§ 2º Aos novos empregados será concedido o prazo de 60 dias para a apresentação da carteira de trabalho e previdência social, fazendo-se o registro condicionado a essa apresentação e expedindo-se um certificado provisório para aquele período.

Art. 312. O registro dos diretores-proprietários de jornais será feito, no Distrito Federal e nos Estados, e independentemente da exigência constante do art. 311, letra *d*, da presente seção.

▸ Artigo prejudicado por força do art. 5º do Dec.-lei 972/1969.

Dec.-lei 972/1969
Art. 4º O exercício da profissão de jornalista requer prévio registro no órgão regional competente do Ministério do Trabalho e Previdência Social que se fará mediante a apresentação de: (...)

Art. 5º Haverá, ainda, no mesmo órgão, a que se refere o artigo anterior, o registro dos diretores de empresas jornalísticas que, não sendo jornalistas, respondam pelas respectivas publicações. (...)

§ 1º A prova de profissão, apresentada pelo diretor--proprietário juntamente com os demais documentos exigidos, consistirá em uma certidão, fornecida nos Estados e Território do Acre, pelas Juntas Comerciais ou Cartórios, e, no Distrito Federal, pela seção competente do Departamento Nacional de Indústria e Comércio, do Ministério do Trabalho, Indústria e Comércio.

§ 2º Aos diretores-proprietários regularmente inscritos será fornecido um certificado do qual deverão constar o livro e a folha em que houver sido feito o registro.

Art. 313. Aqueles que, sem caráter profissional, exercerem atividades jornalísticas, visando fins culturais, científicos ou religiosos, poderão promover sua inscrição como jornalistas, na forma desta seção.

§ 1º As repartições competentes do Ministério do Trabalho, Indústria e Comércio manterão, para os fins do artigo anterior, um registro especial, anexo ao dos jornalistas profissionais, nele inscrevendo os que satisfaçam os requisitos das alíneas *a, b* e *c* do artigo 311 e apresentem prova do exercício de atividade jornalística não profissional, o que poderá ser feito por meio de atestado de associação cultural, científica ou religiosa idônea.

§ 2º O pedido de registro será submetido a despacho do ministro que, em cada caso, apreciará o valor da prova oferecida.

§ 3º O registro de que trata o presente artigo tem caráter puramente declaratório e não implica no reconhecimento de direitos que decorrem do exercício remunerado e profissional do jornalismo.

Art. 314. *Revogado pelo Dec.-lei 972/1969.*

Art. 315. O Governo Federal, de acordo com os governos estaduais, promoverá a criação de escolas de preparação ao jornalismo, destinadas à formação dos profissionais da imprensa.

Art. 316. A empresa jornalística que deixar de pagar pontualmente, e na forma acordada, os salários devidos a seus empregados, terá suspenso o seu funcionamento, até que se efetue o pagamento devido.

▸ Art. 7º do Dec.-lei 368/1968 (Efeitos de débitos salariais)

Dec.-lei 368/1968:
Art. 7º As infrações descritas no art. 1º, incisos I e II, e seu parágrafo único, sujeitam a empresa infratora a multa variável de 10 (dez) a 50% (cinquenta por cento) do débito salarial, a ser aplicada pelo Delegado Regional do Trabalho, mediante o processo previsto nos artigos 626 e seguintes da Consolidação das Leis do Trabalho, sem prejuízo da responsabilidade criminal das pessoas implicadas.

Parágrafo único. Para os efeitos do cumprimento deste artigo deverão os prejudicados reclamar contra a falta de pagamento perante a autoridade competente e, proferida a condenação, desde que a empresa não a cumpra, ou, em caso de recurso, não deposite o valor da indenização, a autoridade que proferir a condenação oficiará à autoridade competente, para a suspensão da circulação do jornal. Em igual pena de suspensão incorrerá a empresa que deixar de recolher as contribuições devidas às instituições de previdência social.

▸ Dec.-lei 368/1968 (Efeitos de débitos salariais)

Seção XII
Dos professores

▸ Arts. 37, XVI e XVII, 40, § 5º, 201, § 8º, e 207, § 1º, da CF.

Art. 317. O exercício remunerado do magistério, em estabelecimentos particulares de ensino, exigirá apenas habilitação legal e registro no Ministério da Educação. *(Artigo com redação pela Lei 7.855/1989)*

▸ Arts. 62 e 67, § 2º, da Lei 9.394/1996 (Lei de Diretrizes e Bases da Educação Nacional)
▸ Súmula 726 do STF.
▸ OJ 65 da SDI-I do TST.
▸ OJ 38 da SDI-II do TST.

Orientação Jurisprudencial:
SDI-I 65. Professor adjunto. Ingresso no cargo de professor titular. Exigência de concurso público não afastada pela Constituição Federal de 1988. O acesso de professor adjunto ao cargo de professor titular só pode ser efetivado por meio de concurso público, conforme dispõem os arts. 37, inciso II, e 206, inciso V, da CF/1988.

SDI-II 38. Ação rescisória. Professor-adjunto. Ingresso no cargo de professor-titular. Exigência de concurso público. A assunção do professor-adjunto ao cargo de professor titular de universidade pública, sem prévia aprovação em concurso público, viola o art. 206, inciso V, da Constituição Federal. Procedência do pedido de rescisão do julgado.

Art. 318. O professor poderá lecionar em um mesmo estabelecimento por mais de um turno, desde que não ultrapasse a jornada de trabalho semanal estabelecida legalmente, assegurado e não computado o intervalo para refeição. *(Artigo com redação pela Lei 13.415/2017)*

▸ OJs 206 e 393 da SDI-I do TST.

Orientação Jurisprudencial:
SDI-I 206. Professor. Horas extras. Adicional de 50%. Excedida a jornada máxima (art. 318 da CLT), as horas excedentes devem ser remuneradas com o adicional de, no mínimo, 50% (art. 7º, XVI, CF/1988)

SDI-I 393. Professor. Jornada de trabalho especial. Art. 318 da CLT. Salário mínimo. Proporcionalidade. A contraprestação mensal devida ao professor, que trabalha no limite máximo da jornada prevista no art. 318 da CLT, é de um salário mínimo integral, não se cogitando do pagamento proporcional em relação a jornada prevista no art. 7º, XIII, da Constituição Federal.

Art. 319. Aos professores é vedado, aos domingos, a regência de aulas e o trabalho em exames.

▸ Art. 7º, XV, da CF.

Constituição Federal
Art. 7º São direitos dos trabalhadores urbanos e rurais, além de outros que visem à melhoria de sua condição social: (...) XV – repouso semanal remunerado, preferencialmente aos domingos;

Art. 320. A remuneração dos professores será fixada pelo número de aulas semanais, na conformidade dos horários.

▸ OJ 244 da SDI-I do TST.
▸ PN 31 do TST.

Orientação Jurisprudencial:
SDI-I 244. Professor. Redução da carga horária. Possibilidade. A redução da carga horária do professor, em virtude da diminuição do número de alunos, não constitui alteração contratual, uma vez que não implica redução do valor da hora-aula.

Precedente Normativo
TST 31. Professor (janelas) Os tempos vagos (janelas) em que o professor ficar à disposição do curso serão remunerados como aula, no limite de 1 (uma) hora diária por unidade.

§ 1º O pagamento far-se-á mensalmente, considerando-se para este efeito cada mês constituído de quatro semanas e meia.

▸ Súmula 351 do TST.

Súmula
TST 351. Professor. Repouso semanal remunerado. Art. 7º, § 2º, da Lei 605, de 05.01.1949 e art. 320 da CLT. O professor que recebe salário mensal à base de hora-aula tem direito ao acréscimo de 1/6 a título de repouso semanal remunerado, considerando-se para esse fim o mês de quatro semanas e meia.

§ 2º Vencido cada mês, será descontada, na remuneração dos professores, a importância correspondente ao número de aulas a que tiverem faltado.

§ 3º Não serão descontadas, no decurso de nove dias, as faltas verificadas por motivo de gala ou de luto em consequência de falecimento do cônjuge, do pai ou mãe, ou de filho.

▸ Art. 473, I desta Consolidação.

CLT
Art. 473. O empregado poderá deixar de comparecer ao serviço sem prejuízo do salário:
I – até 2 (dois) dias consecutivos, em caso de falecimento do cônjuge, ascendente, descendente, irmão ou pessoa que, declarada em sua carteira de trabalho e previdência social, viva sob sua dependência econômica;

Art. 321. Sempre que o estabelecimento de ensino tiver necessidade de aumentar o número de aulas marcado nos horários, remunerará o professor, findo cada mês, com uma importância correspondente ao número de aulas excedentes.

Art. 322. No período de exames e no de férias escolares, é assegurado aos professores o pagamento, na mesma periodicidade contratual, da remuneração por eles percebida, na conformidade dos horários, durante o período de aulas.*(Caput com redação pela Lei 9.013/1995)*

§ 1º Não se exigirá dos professores, no período de exames, a prestação de mais de oito horas de trabalho diário, salvo mediante o pagamento complementar de cada hora excedente pelo preço correspondente ao de uma aula.

§ 2º No período de férias, não se poderá exigir dos professores outro serviço senão o relacionado com a realização de exames.

§ 3º Na hipótese de dispensa sem justa causa, ao término do ano letivo ou no curso das férias escolares, é assegurado ao professor o pagamento a que se refere o *caput* deste artigo. *(§ 3º acrescido pela Lei 9.013/1995)*

▸ Súmula 10 do TST.

Súmula
TST 10. Professor. Dispensa sem justa causa. Término do ano letivo ou no curso de férias escolares. Aviso prévio. O direito aos salários do período de férias escolares assegurado aos professores (art. 322, *caput* e § 3º, da CLT) não exclui o direito ao aviso prévio, na hipótese de dispensa sem justa causa ao término do ano letivo ou no curso das férias escolares.

Art. 323. Não será permitido o funcionamento do estabelecimento particular de ensino que não remunere

condignamente os seus professores, ou não lhes pague pontualmente a remuneração de cada mês.

Parágrafo único. Compete ao Ministério da Educação e do Desporto fixar os critérios para a determinação da condigna remuneração devida aos professores bem como assegurar a execução do preceito estabelecido no presente artigo.

Art. 324. *Revogado pela Lei 7.855/1989.*

Seção XIII
Dos químicos
▸ Lei 2.800/1956 (Exercício profissional dos químicos)
▸ Dec. 85.877/1981 (Regulamenta a Lei 2800/1956)

Art. 325. É livre o exercício da profissão de químico em todo o território da República, observadas as condições de capacidade técnica e outras exigências previstas na presente Seção:

a) aos possuidores de diploma de químico, químico industrial, químico industrial agrícola ou engenheiro químico, concedido, no Brasil, por escola oficial ou oficialmente reconhecida;

b) aos diplomados em química por instituto estrangeiro de ensino superior, que tenham, de acordo com a lei e a partir de 14 de julho de 1934, revalidado os seus diplomas;

c) aos que, ao tempo da publicação do Decreto 24.693, de 12 de julho de 1934, se achavam no exercício efetivo de função pública ou particular, para a qual seja exigida a qualidade de químico, e que tenham requerido o respectivo registro até a extinção do prazo fixado pelo Decreto-Lei 2.298, de 10 de junho de 1940.

§ 1º Aos profissionais incluídos na alínea *c* deste artigo, se dará, para os efeitos da presente Seção, a denominação de "licenciados".

§ 2º O livre exercício da profissão de que trata o presente artigo só é permitido a estrangeiros, quando compreendidos:

a) nas alíneas *a* e *b*, independentemente de revalidação do diploma, se exerciam, legitimamente, na República, a profissão de químico na data da promulgação da Constituição de 1934;

b) na alínea *b*, se a seu favor militar a existência de reciprocidade internacional, admitida em lei, para o reconhecimento dos respectivos diplomas;

c) na alínea *c*, satisfeitas as condições nela estabelecidas.

§ 3º O livre exercício da profissão a brasileiros naturalizados está subordinado à prévia prestação do Serviço Militar, no Brasil.

§ 4º Só aos brasileiros natos é permitida a revalidação dos diplomas de químicos, expedidos por institutos estrangeiros de ensino superior.

▸ Art. 12, § 2º, da CF.
▸ Lei 6.192/1974 (Veda qualquer distinção entre brasileiros natos e naturalizados)

Constituição Federal
Art. 12. São brasileiros: (...) § 2º A lei não poderá estabelecer distinção entre brasileiros natos e naturalizados, salvo nos casos previstos nesta Constituição.

Art. 326. Todo aquele que exercer ou pretender exercer as funções de químico é obrigado ao uso de Carteira de Trabalho e Previdência Social, devendo os profissionais que se encontrarem nas condições das alíneas *a* e *b* do artigo 325, registrar os seus diplomas de acordo com a legislação vigente.

▸ Dec.-lei 926/1969 (Institui a Carteira de Trabalho e Previdência Social)

§ 1º A requisição de Carteiras de Trabalho e Previdência Social para uso dos químicos, além do disposto no Capítulo "Da Identificação Profissional", somente será

processada mediante apresentação dos seguintes documentos que provem:

▸ Dec.-lei 926/1969 (Institui a Carteira de Trabalho e Previdência Social)

a) ser o requerente brasileiro, nato ou naturalizado, ou estrangeiro;

▸ Alínea *a* prejudicada por força da Lei 6.192/1974.
▸ Art. 12, § 2º, da CF.

b) estar, se for brasileiro, de posse dos direitos civis e políticos;

c) ter diploma de químico, químico industrial, químico industrial agrícola ou engenheiro químico, expedido por escola superior oficial ou oficializada;

d) ter, se diplomado no estrangeiro, o respectivo diploma revalidado nos termos da lei;

e) haver, o que for brasileiro naturalizado, prestado serviço militar no Brasil;

▸ Alínea *e* prejudicada por força da Lei 6.192/1974.
▸ Art. 12, § 2º, da CF.

f) achar-se o estrangeiro, ao ser promulgada a Constituição de 1934, exercendo legitimamente, na República, a profissão de químico, ou concorrer a seu favor a existência de reciprocidade internacional, admitida em lei, para o reconhecimento dos diplomas dessa especialidade.

▸ Art. 12, § 2º, da CF.

§ 2º A requisição de que trata o parágrafo anterior deve ser acompanhada:

a) do diploma devidamente autenticado, no caso da alínea *b* do artigo precedente, e com as firmas reconhecidas no país de origem e na Secretaria de Estado das Relações Exteriores, ou da respectiva certidão, bem como do título de revalidação, ou certidão respectiva, de acordo com a legislação em vigor;

b) do certificado ou atestado comprobatório de se achar o requerente, na hipótese da alínea *c* do referido artigo, ao tempo da publicação do Decreto 24.693, de 12 de julho de 1934, no exercício efetivo de função pública, ou particular, para a qual seja exigida a qualidade de químico, devendo esses documentos ser autenticados pelo Delegado Regional do Trabalho, quando se referirem a requerentes moradores nas capitais dos Estados, ou coletor federal, no caso de residirem os interessados nos municípios do interior;

c) de três exemplares de fotografia exigida pelo artigo 329 e de uma folha com as declarações que devem ser lançadas na Carteira de Trabalho e Previdência Social, de conformidade com o disposto nas alíneas do mesmo artigo e seu parágrafo único.

§ 3º Reconhecida a validade dos documentos apresentados, o Serviço de Identificação Profissional do Departamento Nacional do Trabalho, no Distrito Federal, ou os órgãos regionais do Ministério do Trabalho, Indústria e Comércio, nos Estados e no Território do Acre, registrarão, em livros próprios, os documentos a que se refere a alínea *c* do § 1º e, juntamente com a Carteira de Trabalho e Previdência Social emitida, os devolverão ao interessado.

▸ § 3º prejudicado por força do art. 15 da Lei 2.800/1956.

Lei 2.800/1956
Art. 15. Todas as atribuições estabelecidas no decreto-lei 5.452, de 1 de maio de 1943 – Consolidação das Leis do Trabalho – referentes ao registro, à fiscalização e à imposição de penalidades, quanto ao exercício da profissão de químico, passam a ser de competência dos Conselhos Regionais de Química.

Art. 327. Além dos emolumentos fixados no Capítulo "Da Identificação Profissional", o registro do diploma fica sujeito à taxa de Cr$ 30,00 (trinta cruzeiros)

▸ Artigo prejudicado por força do art. 26 da Lei 2.800/1956.

Lei 2.800/1956
Art. 26. Os Conselhos Regionais de Química cobrarão taxas pela expedição ou substituição de carteira profissional e pela certidão referente à anotação de função técnica ou de registro de firma.

Art. 328. Só poderão ser admitidos a registro os diplomas, certificados de diplomas, cartas e outros títulos, bem como atestados e certificados que estiverem na devida forma e cujas firmas hajam sido regularmente reconhecidas por tabelião público e, sendo estrangeiros, pela Secretaria do Estado das Relações Exteriores, acompanhados estes últimos da respectiva tradução, feita por intérprete comercial brasileiro.

Parágrafo único. O Departamento Nacional do Trabalho e as Delegacias Regionais do Ministério do Trabalho, Indústria e Comércio, nos Estados, publicarão, periodicamente, a lista dos químicos registrados na forma desta Seção.

▸ Parágrafo único prejudicado por força da alínea *d* do art. 13 da Lei 2.800/1956.

Lei 2.800/1956:
Art. 13: As atribuições dos Conselhos Regionais de Química são as seguintes: (...)
d) publicar relatórios anuais dos seus trabalhos, e, periodicamente, a relação dos profissionais registrados;

Art. 329. A cada inscrito, e como documento comprobatório do registro, será fornecida pelos Conselhos Regionais de Química, uma Carteira de Trabalho e Previdência Social numerada, que, além da fotografia, medindo três por quatro centímetros, tirada de frente, com a cabeça descoberta, e das impressões do polegar, conterá as declarações seguintes:

▸ Artigo prejudicado pela Lei 2.800/1956, que regulamentou a profissão e criou o Conselho Federal de Química.

a) o nome por extenso;

b) a nacionalidade e, se estrangeiro, a circunstância de ser ou não naturalizado;

▸ Art. 12, § 2º, da CF.

c) a data e lugar do nascimento;

d) a denominação da escola em que houver feito o curso;

e) a data da expedição do diploma e o número do registro no Ministério do Trabalho, Industria e Comercio;

▸ Artigo prejudicado pela Lei 2.800/1956, que regulamentou a profissão e criou o Conselho Federal de Química.

f) a data da revalidação do diploma, se de instituto estrangeiro;

g) a especificação, inclusive data, de outro título ou títulos de habilitação;

h) a assinatura do inscrito.

Parágrafo único. A carteira destinada aos profissionais a que se refere o § 1º do art. 325 deverá, em vez das declarações indicadas nas alíneas *d*, *e* e *f* deste artigo, e além do título licenciado posto em destaque, conter a menção do título de nomeação ou admissão e respectiva data, se funcionário público, ou do atestado relativo ao exercício, na qualidade de químico, de um cargo em empresa particular, com designação desta e da data inicial do exercício.

▸ Parágrafo único prejudicado pelos arts. 13, *a*, e 15 da Lei 2.800/1956.

Lei 2.800/1956

Art. 13. As atribuições dos Conselhos Regionais de Química são as seguintes:

a) registrar os profissionais de acordo com a presente lei e expedir a carteira profissional;

Art. 15. Todas as atribuições estabelecidas no decreto-lei 5.452, de 1 de maio de 1943 – Consolidação das Leis do Trabalho – referentes ao registro, à fiscalização e à imposição de penalidades, quanto ao exercício da profissão de químico, passam a ser de competência dos Conselhos Regionais de Química.

Art. 330. A Carteira de Trabalho e Previdência Social, expedida nos termos desta Seção, é obrigatória para o exercício da profissão, substitui em todos os casos o diploma ou título e servirá de carteira de identidade. *(Artigo com redação pelo Dec. 5.922/1943)*

▶ Arts. 21 a 24 da Lei 2.800/1956 (Exercício profissional dos químicos)

Art. 331. Nenhuma autoridade poderá receber impostos relativos ao exercício profissional de químico, senão à vista da prova de que o interessado se acha registrado de acordo com a presente Seção, e essa prova será também exigida para a realização de concursos periciais e todos os outros atos oficiais que exijam capacidade técnica de químico.

▶ Arts. 25 a 31 da Lei 2.800/1956 (Exercício profissional dos químicos)

Art. 332. Quem, mediante anúncio, placas, cartões comerciais ou outros meios capazes de ser identificados, se propuser ao exercício da química, em qualquer dos seus ramos, sem que esteja devidamente registrado, fica sujeito às penalidades aplicáveis ao exercício ilegal da profissão.

Art. 333. Os profissionais a que se referem os dispositivos anteriores só poderão exercer legalmente as funções de químicos depois de satisfazerem as obrigações constantes do artigo 330 desta Seção.

Art. 334. O exercício da profissão de químico compreende:

a) a fabricação de produtos e subprodutos químicos em seus diversos graus de pureza;

b) a análise química, a elaboração de pareceres, atestados e projetos da especialidade e sua execução, perícia civil ou judiciária sobre essa matéria, a direção e a responsabilidade de laboratórios ou departamentos químicos, de indústria e empresas comerciais;

c) o magistério nas cadeiras de química dos cursos superiores especializados em química;

d) a engenharia química.

§ 1º Aos químicos, químicos industriais e químicos industriais agrícolas que estejam nas condições estabelecidas no artigo 325, alíneas *a* e *b*, compete o exercício das atividades definidas nos itens *a*, *b* e *c* deste artigo, sendo privativa dos engenheiros químicos a do item *d*.

§ 2º Aos que estiverem nas condições do artigo 325, alíneas *a* e *b*, compete, como aos diplomados em medicina ou farmácia, as atividades definidas no artigo 2º, alíneas *d*, *e* e *f* do Decreto 20.377, de 8 de setembro de 1931, cabendo aos agrônomos e engenheiros agrônomos as que se acham especificadas no artigo 6º, alínea *h*, do Decreto 23.196, de 12 de outubro de 1933.

▶ Resolução Normativa 179/2002 do CFQ (Autoriza o Cadastramento das categorias mencionadas no § 2º, do art. 334, da CLT, para o exercício profissional nas atividades que menciona)

Art. 335. É obrigatória a admissão de químicos nos seguintes tipos de indústria:

a) de fabricação de produtos químicos;

b) que mantenham laboratório de controle químico;

c) de fabricação de produtos industriais que são obtidos por meio de reações químicas dirigidas, tais como: cimento, açúcar e álcool, vidro, curtume, massas plásticas artificiais, explosivos, derivados de carvão ou de petróleo, refinação de óleos vegetais ou minerais, sabão, celulose e derivados.

Art. 336. No preenchimento de cargos públicos, para os quais se faz mister a qualidade de químico, ressalvadas as especificações referidas no § 2º do artigo 334, a partir da data da publicação do Decreto 24.693, de 12 de julho de 1934, requer-se, como condição essencial, que os candidatos previamente hajam satisfeito as exigências do artigo 333 desta Seção.

Art. 337. Fazem fé pública os certificados de análises químicas, pareceres, atestados, laudos de perícias e projetos relativos a essa especialidade, assinados por profissionais que satisfaçam as condições estabelecidas nas alíneas *a* e *b* do artigo 325.

▶ Resolução Normativa 195/2004 do CFQ (Regulamenta em caráter de exclusividade este artigo)

Resolução normativa 195/2004

Art. 1º São considerados uma atividade da área da Química, os testes de pressão e outros, com qualquer tipo de material, em tubulações, válvulas, reatores e vasos de pressão em geral, presentes nas operações unitárias da área da Química, podendo somente ser executados sob a responsabilidade de Profissional da Química legalmente habilitado e registrado em Conselho Regional de Química;

Art. 338. É facultado aos químicos que satisfizerem as condições constantes do artigo 325, alíneas *a* e *b*, o ensino da especialidade a que se dedicarem, nas escolas superiores, oficiais ou oficializadas.

Parágrafo único. Na hipótese de concurso para o provimento de cargo ou emprego público, os químicos a que este artigo se refere terão preferência, em igualdade de condições.

Art. 339. O nome do químico responsável pela fabricação dos produtos de uma fábrica, usina ou laboratório deverá figurar nos respectivos rótulos, faturas e anúncios, compreendida entre estes últimos a legenda impressa em cartas e sobrecartas.

▶ Resolução Normativa 35/1973 do CFQ (Regulamenta a aplicação deste artigo)

Resolução Normativa 35/1973

Art. 1º Os Conselhos Regionais de Química exigirão das firmas ou entidades neles registradas, que o nome do profissional da Química responsável pelos seus produtos conste nos rótulos, faturas e anúncios, compreendida entre estes últimos a legenda impressa em cartas e sobrecartas.

Art. 340. Somente os químicos habilitados, nos termos do artigo 325, alíneas *a* e *b*, poderão ser nomeados *ex officio* para os exames periciais de fábricas, laboratórios e usinas e de produtos aí fabricados.

Parágrafo único. Não se acham compreendidos no artigo anterior os produtos farmacêuticos e os laboratórios de produtos farmacêuticos.

Art. 341. Cabe aos químicos habilitados, conforme estabelece o artigo 325, alíneas *a* e *b*, a execução de todos os

serviços que, não especificados no presente regulamento, exijam por sua natureza o conhecimento de química.

▸ Resolução Normativa 195/2004 do CFQ (Regulamenta em caráter de exclusividade este artigo)

Resolução normativa 195/2004

Art. 1º. São considerados uma atividade da área da Química, os testes de pressão e outros, com qualquer tipo de material, em tubulações, válvulas, reatores e vasos de pressão em geral, presentes nas operações unitárias da área da Química, podendo somente ser executados sob a responsabilidade de Profissional da Química legalmente habilitado e registrado em Conselho Regional de Química;

Art. 342. A fiscalização do exercício da profissão de químico incumbe ao Departamento Nacional do Trabalho no Distrito Federal e às autoridades regionais do Ministério do Trabalho, Indústria e Comércio, nos Estados e Território do Acre.

▸ Artigo prejudicado pelos arts. 1º e 15 da Lei 2.800/1956.

Lei 2.800/1956

Art. 1º A fiscalização do exercício da profissão de químico, regulada no decreto-lei 5.452, de 1 de maio de 1943 – Consolidação das Leis do Trabalho, Título III, Capítulo I, Seção XIII – será exercida pelo Conselho Federal de Química e pelos Conselhos Regionais de Química, criados por esta lei.

Art. 15. Todas as atribuições estabelecidas no decreto-lei 5.452, de 1 de maio de 1943 – Consolidação das Leis do Trabalho – referentes ao registro, à fiscalização e à imposição de penalidades, quanto ao exercício da profissão de químico, passam a ser de competência dos Conselhos Regionais de Química.

Art. 343. São atribuições dos órgãos de fiscalização:

▸ O art. 15 da Lei 2.800/1956 estabelece que tais atribuições passam a ser de competência dos Conselhos Regionais de Química.

a) examinar os documentos exigidos para o registro profissional de que trata o artigo 326 e seus §§ 1º e 2º e o artigo 327, proceder à respectiva inscrição e indeferir o pedido dos interessados que não satisfizerem as exigências desta Seção;

▸ O mencionado art. 327 está prejudicado pelo artigo 26 da Lei 2.800/1956.

b) registrar as comunicações e contratos, a que aludem o artigo 350 e seus parágrafos, e dar as respectivas baixas;

c) verificar o exato cumprimento das disposições desta Seção, realizando as investigações que forem necessárias, bem como o exame dos arquivos, livros de escrituração, folhas de pagamento, contratos e outros documentos de uso de firmas ou empresas industriais ou comerciais, em cujos serviços tome parte um ou mais profissionais que desempenhem função para a qual se deva exigir a qualidade de químico.

Art. 344. Aos sindicatos de químicos devidamente reconhecidos é facultado auxiliar a fiscalização, no tocante à observação da alínea *c* do artigo anterior.

▸ Artigo prejudicado pelo art. 15 da Lei 2.800/1956.
▸ Art. 13, *g*, da Lei 2.800/1956 (Exercício profissional dos químicos)

Lei 2.800/1956

Art. 13. As atribuições dos Conselhos Regionais de Química são as seguintes: (...)
g) admitir a colaboração dos sindicatos e associações profissionais nos casos das matérias das letras anteriores;

Art. 15. Todas as atribuições estabelecidas no decreto-lei 5.452, de 1 de maio de 1943 – Consolidação das Leis do Trabalho – referentes ao registro, à fiscalização e à imposição de penalidades, quanto ao exercício da profissão de químico, passam a ser de competência dos Conselhos Regionais de Química.

Art. 345. Verificando-se, pelo Ministério do Trabalho, Indústria e Comércio, serem falsos os diplomas ou outros títulos dessa natureza, atestados, certificados e quaisquer documentos exibidos para os fins de que trata esta Seção,

incorrerão os seus autores e cúmplices nas penalidades estabelecidas em lei.

▸ Art. 297 do CP.
▸ Art. 15 da Lei 2.800/1956 (Exercício profissional dos químicos)

Código Penal

Art. 297. Falsificar, no todo ou em parte, documento público, ou alterar documento público verdadeiro:

Pena – reclusão, de dois a seis anos, e multa.

§ 1º Se o agente é funcionário público, e comete o crime prevalecendo--se do cargo, aumenta-se a pena de sexta parte.

§ 2º Para os efeitos penais, equiparam-se a documento público o emanado de entidade paraestatal, o título ao portador ou transmissível por endosso, as ações de sociedade comercial, os livros mercantis e o testamento particular.

§ 3º Nas mesmas penas incorre quem insere ou faz inserir:

I – na folha de pagamento ou em documento de informações que seja destinado a fazer prova perante a previdência social, pessoa que não possua a qualidade de segurado obrigatório;

II – na Carteira de Trabalho e Previdência Social do empregado ou em documento que deva produzir efeito perante a previdência social, declaração falsa ou diversa da que deveria ter sido escrita;

III – em documento contábil ou em qualquer outro documento relacionado com as obrigações da empresa perante a previdência social, declaração falsa ou diversa da que deveria ter constado.

§ 4º Nas mesmas penas incorre quem omite, nos documentos mencionados no § 3º, nome do segurado e seus dados pessoais, a remuneração, a vigência do contrato de trabalho ou de prestação de serviços.

Lei 2.800/1956

Art. 15. Todas as atribuições estabelecidas no Decreto-lei 5.452, de 1 de maio de 1943 – Consolidação das Leis do Trabalho – referentes ao registro, à fiscalização e à imposição de penalidades, quanto ao exercício da profissão de químico, passam a ser de competência dos Conselhos Regionais de Química.

Parágrafo único. A falsificação de diploma ou outros quaisquer títulos, uma vez verificada, será imediatamente comunicada ao Serviço de Identificação Profissional, do Departamento Nacional do Trabalho, remetendo-se-lhe os documentos falsificados, para instauração do processo que no caso couber.

▸ Súmula 104 do STJ.

Súmula

STJ 104. Compete a justiça estadual o processo e julgamento dos crimes de falsificação e uso de documento falso relativo a estabelecimento particular de ensino.

Art. 346. Será suspenso do exercício de suas funções, independentemente de outras penas em que possa incorrer, o químico, inclusive o licenciado, que incidir em alguma das seguintes faltas:

▸ Artigo atualizado pela Lei 2.800/1956 (Exercício profissional dos químicos)
▸ Resolução Normativa 241/2011 do CFQ (Regulamenta este artigo)

a) revelar improbidade profissional, dar falso testemunho, quebrar o sigilo profissional e promover falsificações referentes à prática de atos de que trata esta Seção;

b) concorrer com seus conhecimentos científicos para a prática de crime ou atentado contra a pátria, a ordem social ou a saúde pública;

c) deixar, no prazo marcado nesta Seção, de requerer a revalidação e registro do diploma estrangeiro, ou o seu registro profissional no Conselho Regional de Química.

▸ Lei 2.800/1956, regulamentou a profissão e criou o Conselho Federal de Química.

Parágrafo único. O tempo de suspensão a que alude este artigo variará entre 1 (um) mês e 1 (um) ano, a critério do Conselho Regional de Química, após processo regular, ressalvada a ação da justiça pública.

Art. 347. Aqueles que exercerem a profissão de químico sem ter preenchido as condições do artigo 325 e suas

alíneas, nem promovido o seu registro, nos termos do artigo 326, incorrerão na multa de 2/5 (dois quintos) do salário mínimo a 10 (dez) salários mínimos regionais, que será elevada ao dobro, no caso de reincidência.

▸ Arts. 74 e ss. da Portaria 667/2021 do MTE (Multas administrativas)

Art. 348. Aos licenciados a que alude o § 1º do artigo 325 poderão, por ato do respectivo Conselho Regional de Química, sujeito à aprovação do Conselho Federal de Química, ser cassadas as garantias asseguradas por esta Seção, desde que interrompam, por motivo de falta prevista no artigo 346, a função pública ou particular em que se encontravam por ocasião da publicação do Decreto 24.693, de 12 de julho de 1934.

▸ Artigo atualizado pela Lei 2.800/1956 (Exercício profissional dos químicos)

Art. 349. O número de químicos estrangeiros a serviço de particulares, empresas ou companhias não poderá exceder de um terço aos dos profissionais brasileiros compreendidos nos respectivos quadros.

▸ Artigo prejudicado por força da Lei 6.192/1974 (Veda qualquer distinção entre brasileiros natos e naturalizados)
▸ Art. 5º, XIII, da CF.
▸ Dec. 62.150/1968 (Promulga a Convenção 111 da OIT sobre discriminação em matéria de emprego e profissão)

Constituição Federal

Art. 5º Todos são iguais perante a lei, sem distinção de qualquer natureza, garantindo-se aos brasileiros e aos estrangeiros residentes no País a inviolabilidade do direito à vida, à liberdade, à igualdade, à segurança e à propriedade, nos termos seguintes: (...) XIII – é livre o exercício de qualquer trabalho, ofício ou profissão, atendidas as qualificações profissionais que a lei estabelecer;

Convenção 111 da OIT

Art. 1º. 1. Para fins da presente convenção, o termo "discriminação" compreende:

a) Toda distinção, exclusão ou preferência fundada na raça, cor, sexo, religião, opinião política, ascendência nacional ou origem social, que tenha por efeito destruir ou alterar a igualdade de oportunidades ou de tratamento em matéria de emprego ou profissão;

b) Qualquer outra distinção, exclusão ou preferência que tenha por efeito destruir ou alterar a igualdade de oportunidades ou tratamento em matéria de emprego ou profissão, que poderá ser especificada pelo Membro Interessado depois de consultadas as organizações representativas de empregadores e trabalhadores, quando estas existam, e outros organismos adequados.

2. As distinção, exclusões ou preferências fundadas em qualificações exigidas para um determinado emprego não são consideradas como discriminação.

3. Para os fins da presente convenção as palavras "emprego" e "profissão" incluem o acesso à formação profissional, ao emprego e às diferentes profissões, bem como as condições de emprego.

Art. 350. O químico que assumir a direção técnica ou cargo de químico de qualquer usina, fábrica, ou laboratório industrial ou de análise deverá, dentro de vinte e quatro horas e por escrito, comunicar essa ocorrência ao órgão fiscalizador, contraindo, desde essa data, a responsabilidade da parte técnica referente à sua profissão, assim como a responsabilidade técnica dos produtos manufaturados.

§ 1º Firmando-se contrato entre o químico e o proprietário da usina, fábrica ou laboratório, será esse documento apresentado, dentro do prazo de trinta dias, para registro, ao órgão fiscalizador.

§ 2º Comunicação idêntica à de que trata a primeira parte deste artigo fará o químico quando deixar a direção técnica ou o cargo de químico, em cujo exercício se encontrava, a fim de ressalvar a sua responsabilidade e fazer-se o cancelamento do contrato. Em caso de falência do estabelecimento, a comunicação será feita pela firma proprietária.

Seção XIV
Das penalidades

Art. 351. Os infratores dos dispositivos do presente Capítulo incorrerão na multa de 3 (três) a 300 (trezentos) valores de referência, segundo a natureza da infração, sua extensão e a intenção de quem a praticou, aplicada em dobro no caso de reincidência, oposição à fiscalização ou desacato à autoridade.

▸ Arts. 74 e ss. da Portaria 667/2021 do MTE (Multas administrativas)

Parágrafo único. São competentes para impor penalidades as autoridades de primeira instância incumbidas da fiscalização dos preceitos constantes do presente Capítulo.

CAPÍTULO II
DA NACIONALIZAÇÃO DO TRABALHO

Seção I
Da proporcionalidade
de empregados brasileiros

▸ Arts. 5º, XIII, e 12 da CF.
▸ Lei 6.192/1974 (Veda qualquer distinção entre brasileiros natos e naturalizados)
▸ Lei 13.445/2017 (Lei de Migração)
▸ Dec. 62.150/1968 (Promulga a Convenção 111 da OIT sobre discriminação em matéria de emprego e profissão)

Constituição Federal

Art. 5º Todos são iguais perante a lei, sem distinção de qualquer natureza, garantindo-se aos brasileiros e aos estrangeiros residentes no País a inviolabilidade do direito à vida, à liberdade, à igualdade, à segurança e à propriedade, nos termos seguintes: (...)

XIII – é livre o exercício de qualquer trabalho, ofício ou profissão, atendidas as qualificações profissionais que a lei estabelecer;

Convenção 111 da OIT

Art. 1º. 1. Para fins da presente convenção, o termo "discriminação" compreende:

a) Toda distinção, exclusão ou preferência fundada na raça, cor, sexo, religião, opinião política, ascendência nacional ou origem social, que tenha por efeito destruir ou alterar a igualdade de oportunidades ou de tratamento em matéria de emprego ou profissão;

b) Qualquer outra distinção, exclusão ou preferência que tenha por efeito destruir ou alterar a igualdade de oportunidades ou tratamento em matéria de emprego ou profissão, que poderá ser especificada pelo Membro Interessado depois de consultadas as organizações representativas de empregadores e trabalhadores, quando estas existam, e outros organismos adequados.

2. As distinção, exclusões ou preferências fundadas em qualificações exigidas para um determinado emprego não são consideradas como discriminação.

3. Para os fins da presente convenção as palavras "emprego" e "profissão" incluem o acesso à formação profissional, ao emprego e às diferentes profissões, bem como as condições de emprego.

Lei 6.192/1974

Art. 1º É vedada qualquer distinção entre brasileiros natos e naturalizados.

Art. 352. As empresas, individuais ou coletivas, que explorem serviços públicos dados em concessão, ou que exerçam atividades industriais ou comerciais, são obrigadas a manter, no quadro do seu pessoal, quando composto de três ou mais empregados, uma proporção de brasileiros não inferior à estabelecida no presente Capítulo.

§ 1º Sob a denominação geral de atividades industriais e comerciais compreendem-se, além de outras que venham a ser determinadas em portaria do Ministro do Trabalho, Indústria e Comércio, as exercidas:

▸ Vide nota sobre a atualização da CLT relativa aos Ministérios.

a) nos estabelecimentos industriais em geral;

b) nos serviços de comunicações, de transportes terrestres, marítimos, fluviais, lacustres e aéreos;

c) nas garagens, oficinas de reparos e postos de abastecimento de automóveis e nas cocheiras;

d) na indústria da pesca;

e) nos estabelecimentos comerciais em geral;

f) nos escritórios comerciais em geral;

g) nos estabelecimentos bancários, ou de economia coletiva, nas empresas de seguros e nas de capitalização;

h) nos estabelecimentos jornalísticos, de publicidade e de radiodifusão;

i) nos estabelecimentos de ensino remunerado, excluídos os que neles trabalhem por força de voto religioso;

j) nas drogarias e farmácias;

k) nos salões de barbeiro ou cabeleireiro e de beleza;

l) nos estabelecimentos de diversões públicas, excluídos os elencos teatrais, e nos clubes esportivos;

m) nos hotéis, restaurantes, bares e estabelecimentos congêneres;

n) nos estabelecimentos hospitalares e fisioterápicos cujos serviços sejam remunerados, excluídos os que neles trabalhem por força de voto religioso;

o) nas empresas de mineração;

p) nas autarquias, empresas públicas, sociedades de economia mista e demais órgãos da Administração Pública, direta ou indireta, que tenham em seus quadros de pessoal empregados regidos pela CLT. *(Alínea p acrescida pela Portaria 3.151/1969)*

§ 2º Não se acham sujeitas às obrigações da proporcionalidade as indústrias rurais, as que, em zona agrícola, se destinem ao beneficiamento ou transformação de produtos da região e as atividades industriais de natureza extrativa, salvo a mineração.

Art. 353. Equiparam-se aos brasileiros, para os fins deste Capítulo, ressalvado o exercício de profissões reservadas aos brasileiros natos ou aos brasileiros em geral, os estrangeiros que, residindo no País há mais de dez anos, tenham cônjuge ou filho brasileiro, e os portugueses. *(Artigo com redação pela Lei 6.651/1979)*

▸ Arts. 12, §§ 1º e 3º, e 19, III, da CF.
▸ Lei 6.192/1974 (Veda qualquer distinção entre brasileiros natos e naturalizados)
▸ Lei 13.445/2017 (Lei de Migração)
▸ Súmula 1 do STF.

Constituição Federal

Art. 12. São brasileiros:

§ 1º Aos portugueses com residência permanente no País, se houver reciprocidade em favor de brasileiros, serão atribuídos os direitos inerentes ao brasileiro, salvo os casos previstos nesta Constituição. (...)

§ 3º São privativos de brasileiro nato os cargos:

I – de Presidente e Vice-Presidente da República;

II – de Presidente da Câmara dos Deputados;

III – de Presidente do Senado Federal;

IV – de Ministro do Supremo Tribunal Federal;

V – da carreira diplomática;

VI – de oficial das Forças Armadas.

VII – de Ministro de Estado da Defesa.

Art. 19. É vedado à União, aos Estados, ao Distrito Federal e aos Municípios: (...)

III – criar distinções entre brasileiros ou preferências entre si.

Súmula

STF 1. É vedada a expulsão de estrangeiro casado com brasileira, ou que tenha filho brasileiro, dependente da economia paterna.

Art. 354. A proporcionalidade será de 2/3 (dois terços) de empregados brasileiros, podendo, entretanto, ser fixada proporcionalidade inferior, em atenção às circunstâncias especiais de cada atividade, mediante ato do Poder Executivo, e depois de devidamente apurada

pelo Departamento Nacional do Trabalho e pelo Serviço de Estatística de Previdência e Trabalho a insuficiência do número de brasileiros na atividade de que se tratar.

▸ Art. 12, § 2º, da CF.
▸ Art. 461, *caput*, desta Consolidação.
▸ Dec. 62.150/1968 (Promulga a Convenção 111 da OIT sobre discriminação em matéria de emprego e profissão)
▸ O Dec. 69.014/1971 extinguiu o Serviço de Estatística da Previdência e Trabalho.
▸ Dec. 5.063/2004 (Estrutura Regimental do Ministério do Trabalho e Emprego)

Constituição Federal

Art. 12. São brasileiros: (...)

§ 2º A lei não poderá estabelecer distinção entre brasileiros natos e naturalizados, salvo nos casos previstos nesta Constituição.

CLT

Art. 461. Sendo idêntica a função, a todo trabalho de igual valor, prestado ao mesmo empregador, no mesmo estabelecimento empresarial, corresponderá igual salário, sem distinção de sexo, etnia, nacionalidade ou idade.

Parágrafo único. A proporcionalidade é obrigatória não só em relação à totalidade do quadro de empregados, com as exceções desta Lei, como ainda em relação à correspondente folha de salários.

▸ Art. 204 do CP.

Código Penal

Frustração de lei sobre a nacionalização do trabalho

Art. 204. Frustrar, mediante fraude ou violência, obrigação legal relativa à nacionalização do trabalho:

Pena – detenção, de um mês a um ano, e multa, além da pena correspondente à violência.

Art. 355. Consideram-se como estabelecimentos autônomos, para os efeitos da proporcionalidade a ser observada, as sucursais, filiais e agências em que trabalhem três ou mais empregados.

Art. 356. Sempre que uma empresa ou indivíduo explore atividades sujeitas a proporcionalidades diferentes, observar-se-á, em relação a cada uma delas, a que lhe corresponder.

Art. 357. Não se compreendem na proporcionalidade os empregados que exerçam funções técnicas especializadas, desde que, a juízo do Ministério do Trabalho, Indústria e Comércio, haja falta de trabalhadores nacionais.

▸ Vide nota sobre a atualização da CLT relativa aos Ministérios.

Art. 358. Nenhuma empresa, ainda que não sujeita à proporcionalidade, poderá pagar a brasileiro que exerça função análoga, a juízo do Ministério do Trabalho, Indústria e Comércio, à que é exercida por estrangeiro a seu serviço, salário inferior ao deste, excetuando-se os casos seguintes:

▸ Vide nota sobre a atualização da CLT relativa aos Ministérios.

a) quando, nos estabelecimentos que não tenham quadros de empregados organizados em carreira, o brasileiro contar menos de dois anos de serviço, e o estrangeiro mais de dois anos;

b) quando, mediante aprovação do Ministério do Trabalho, Indústria e Comércio, houver quadro organizado em carreira em que seja garantido o acesso por antiguidade;

c) quando o brasileiro for aprendiz, ajudante ou servente, e não o for o estrangeiro;

d) quando a remuneração resultar de maior produção, para os que trabalham à comissão ou por tarefa.

Parágrafo único. Nos casos de falta ou cessação de serviço, a dispensa do empregado estrangeiro deve preceder à de brasileiro que exerça função análoga.

Seção II
Das relações anuais de empregados

Art. 359. Nenhuma empresa poderá admitir a seu serviço empregado estrangeiro sem que este exiba a carteira de identidade de estrangeiro devidamente anotada.

Parágrafo único. A empresa é obrigada a assentar no registro de empregados os dados referentes à nacionalidade de qualquer empregado estrangeiro e o número da respectiva carteira de identidade.

Art. 360. Toda empresa compreendida na enumeração do artigo 352, § 1º, deste Capítulo, qualquer que seja o número de seus empregados, deve apresentar anualmente às repartições competentes do Ministério do Trabalho, Indústria e Comércio, de 2 de maio a 30 de junho, uma relação, em três vias, de todos os seus empregados, segundo o modelo que for expedido. *(Artigo com redação retificada pelo Dec.-lei 6.353/1944)*

▶ Vide nota sobre a atualização da CLT relativa aos Ministérios.
▶ Art. 52, IV, da LC 123/2006 (Estatuto da Microempresa)
▶ Arts. 163 a 165 do Dec. 10.854/2021 (Relação Anual de Informações Sociais – RAIS)
▶ Dec. 97.936/1989 (Cadastro Nacional do Trabalhador)

Dec. 10.854/2021
Art. 163. A RAIS conterá elementos destinados a suprir as necessidades de controle, de estatística e de informações das entidades governamentais da área social, e subsidiar o pagamento do abono salarial, nos termos do disposto na Lei nº 7.998, de 11 de janeiro de 1990. (...)

LC 123/2006
Art. 52. O disposto no art. 51 desta Lei Complementar não dispensa as microempresas e as empresas de pequeno porte dos seguintes procedimentos: (...) IV – apresentação das Relações Anuais de Empregados e da Relação Anual de Informações Sociais – RAIS e do Cadastro Geral de Empregados e Desempregados – CAGED.

§ 1º As relações terão, na primeira via, o selo de três cruzeiros pela folha inicial e dois cruzeiros por folha excedente, além do selo do Fundo de Educação, e nelas será assinalada, em tinta vermelha, a modificação havida com referência à última relação apresentada. Se se tratar de nova empresa, a relação, encimada pelos dizeres Primeira Relação deverá ser feita dentro de trinta dias de seu registro no Departamento Nacional da Indústria e Comércio ou repartições competentes.

▶ A Lei 5.143/1966 extinguiu o selo.

§ 2º A entrega das relações far-se-á diretamente às repartições competentes do Ministério do Trabalho, Indústria e Comércio, ou, onde não as houver, às Coletorias Federais, que as remeterão desde logo àquelas repartições. A entrega operar-se-á contra recibo especial, cuja exibição é obrigatória, em caso de fiscalização, enquanto não for devolvida ao empregador a via autenticada da declaração.

▶ O Dec. 63.659/1968 extinguiu as Coletorias Federais.

§ 3º Quando não houver empregado far-se-á declaração negativa.

Art. 361. Apurando-se, das relações apresentadas, qualquer infração, será concedido ao infrator o prazo de dez dias para defesa, seguindo-se o despacho pela autoridade competente.

▶ Dec. 97.936/1989 (Cadastro Nacional do Trabalhador)

Art. 362. As repartições às quais competir a fiscalização do disposto no presente Capítulo manterão fichário especial de empresas, do qual constem as anotações referentes ao respectivo cumprimento, e fornecerão aos interessados as certidões de quitação que se tornarem necessárias, no prazo de trinta dias, contados da data do pedido. *(Artigo com redação pelo Dec.-lei 229/1967)*

▶ Dec. 97.936/1989 (Cadastro Nacional do Trabalhador)

§ 1º As certidões de quitação farão prova até 30 de setembro do ano seguinte àquele a que se referirem e estarão sujeitas à taxa correspondente a um décimo do valor de referência regional. Sem elas nenhum fornecimento ou contrato poderá ser feito com o Governo da União, dos Estados ou Municípios, ou com as instituições paraestatais a eles subordinadas, nem será renovada autorização à empresa estrangeira para funcionar no País.

▶ A Lei 8.522/1992 extinguiu a taxa referida neste dispositivo.

§ 2º A primeira via da relação, depois de considerada pela repartição fiscalizadora, será remetida anualmente ao Departamento Nacional de Mão de Obra (DNMO), como subsídio ao estudo das condições de mercado de trabalho, de um modo geral, e, em particular, no que se refere à mão de obra qualificada.

§ 3º A segunda via da relação será remetida pela repartição competente ao Serviço de Estatística da Previdência e Trabalho e a terceira via devolvida à empresa, devidamente autenticada.

§ 4º O disposto no § 1º deste artigo não se aplica às contratações de operações de crédito realizadas com instituições financeiras criadas por lei própria ou autorizadas a funcionar pelo Banco Central do Brasil

▶ § 4º acrescido pela Lei 14.690/2023.

Seção III
Das penalidades

Art. 363. O processo das infrações do presente Capítulo obedecerá ao disposto no título "Do Processo de Multas Administrativas", no que lhe for aplicável, com observância dos modelos de auto a serem expedidos.

▶ Arts. 626 a 642 desta Consolidação.

Art. 364. As infrações do presente Capítulo serão punidas com a multa de cem a dez mil cruzeiros.

▶ Arts. 74 e ss. da Portaria 667/2021 do MTE (Multas administrativas)

Parágrafo único. Em se tratando de empresa concessionária de serviço público, ou de sociedade estrangeira autorizada a funcionar no País, se a infratora, depois de multada, não atender afinal ao cumprimento do texto infringido, poderá ser-lhe cassada a concessão ou autorização.

Seção IV
Disposições gerais

Art. 365. O presente Capítulo não derroga as restrições vigentes quanto às exigências de nacionalidade brasileira para o exercício de determinadas profissões nem as que vigoram para as faixas de fronteiras, na conformidade da respectiva legislação.

Art. 366. Enquanto não for expedida a carteira a que se refere o artigo 359 deste Capítulo, valerá, a título precatório, como documento hábil, uma certidão, passada pelo serviço competente do Registro de Estrangeiros, provando que o empregado requereu sua permanência no País.

Art. 367. A redução a que se refere o artigo 354, enquanto o Serviço de Estatística da Previdência e Trabalho não dispuser dos dados estatísticos necessários à fixação da proporcionalidade conveniente para cada atividade, poderá ser feita por ato do Ministro do Trabalho, Indústria e Comércio mediante representação fundamentada da associação sindical.

▶ Vide nota sobre a atualização da CLT relativa aos Ministérios.

Parágrafo único. O Serviço de Estatística da Previdência e Trabalho deverá promover, e manter em dia, estudos necessários aos fins do presente Capítulo.

▸ O Dec. 69.014/1971 extinguiu o Serviço de Estatística da Previdência e Trabalho.

Seção V
Das disposições especiais sobre
a nacionalização da marinha mercante

Art. 368. O comando de navio mercante nacional só poderá ser exercido por brasileiro nato.

▸ Art. 12, § 2º, da CF.
▸ Lei 6.192/1974 (Veda qualquer distinção entre brasileiros natos e naturalizados)

Constituição Federal

Art. 12. São brasileiros: (...) § 2º A lei não poderá estabelecer distinção entre brasileiros natos e naturalizados, salvo nos casos previstos nesta Constituição.

Lei 6.192/1974

Art. 1º É vedada qualquer distinção entre brasileiros natos e naturalizados.

Art. 369. A tripulação de navio ou embarcação nacional será constituída, pelo menos, de 2/3 (dois terços) de brasileiros natos. *(Artigo com redação pela Lei 5.683/1971)*

▸ Art. 12, § 2º, da CF.
▸ Art. 1º da Convenção 111 da OIT (Discriminação em matéria de emprego e profissão)
▸ Lei 6.192/1974 (Veda qualquer distinção entre brasileiros natos e naturalizados)

Constituição Federal

Art. 12. São brasileiros: (...)

§ 2º A lei não poderá estabelecer distinção entre brasileiros natos e naturalizados, salvo nos casos previstos nesta Constituição.

Lei 6.192/1974

Art. 1º É vedada qualquer distinção entre brasileiros natos e naturalizados.

Parágrafo único. O disposto neste artigo não se aplica aos navios nacionais de pesca, sujeitos a legislação específica.

Art. 370. As empresas de navegação organizarão as relações dos tripulantes das respectivas embarcações, enviando-as no prazo a que se refere a Seção II deste Capítulo à Delegacia do Trabalho Marítimo onde as mesmas tiverem sede.

▸ Arts. 163 a 165 do Dec. 10.854/2021 (Relação Anual de Informações Sociais – RAIS)
▸ Dec. 97.936/1989 (Cadastro Nacional do Trabalhador)
▸ A Lei 7.731/1989 extinguiu a Delegacia do Trabalho Marítimo.

Parágrafo único. As relações a que alude o presente artigo obedecerão, na discriminação hierárquica e funcional do pessoal embarcadiço, ao quadro aprovado pelo regulamento das Capitanias dos Portos.

Art. 371. A presente Seção é também aplicável aos serviços de navegação fluvial e lacustre e à praticagem nas barras, portos, rios, lagos e canais.

CAPÍTULO III
DA PROTEÇÃO DO TRABALHO DA MULHER

Seção I
Da duração, condições do trabalho
e da discriminação contra a mulher

(Rubrica da Seção I com redação pela Lei 9.799/1999)

▸ Arts. 5º, I, e 7º, XVIII, XX, XXX, da CF.
▸ Convenção OIT 100 (Convenção concernente a igualdade de remuneração para a mão de obra masculina e a mão de obra feminina por um trabalho de igual valor)
▸ Convenção OIT 111 (Discriminação em Matéria de Emprego e Profissão)
▸ Dec. 4.377/2002 (Promulga a Convenção sobre a Eliminação de Todas as Formas de Discriminação contra a Mulher)
▸ Lei 13.271/2016 (Dispõe sobre a proibição de revista íntima de funcionárias nos locais de trabalho e trata da revista íntima em ambientes prisionais)

Constituição Federal

Art. 5º Todos são iguais perante a lei, sem distinção de qualquer natureza, garantindo-se aos brasileiros e aos estrangeiros residentes no País a inviolabilidade do direito à vida, à liberdade, à igualdade, à segurança e à propriedade, nos termos seguintes: (...) I – homens e mulheres são iguais em direitos e obrigações, nos termos desta Constituição;

Art. 7º São direitos dos trabalhadores urbanos e rurais, além de outros que visem à melhoria de sua condição social: (...) XVIII – licença à gestante, sem prejuízo do emprego e do salário, com a duração de cento e vinte dias; (...) XX – proteção do mercado de trabalho da mulher, mediante incentivos específicos, nos termos da lei; (...) XXX – proibição de diferença de salários, de exercício de funções e de critério de admissão por motivo de sexo, idade, cor ou estado civil;

Convenções da OIT

OIT 100 1. Para os fins da presente convenção:

a) o termo 'remuneração' compreende o salário ou o tratamento ordinário, de base, ou mínimo, e todas as outras vantagens, pagas direta ou indiretamente, em espécie ou *in natura* pelo empregador ou trabalhador em razão do emprego deste último;

b) a expressão 'igualdade de remuneração para a mão-de-obra masculina e a mão de obra feminina por um trabalho de igual valor', se refere às taxas de remuneração fixas sem discriminação fundada no sexo.

OIT 111. Art. 1º. 1. Para os fins da presente convenção o termo "discriminação" compreende:

a) toda distinção, exclusão ou preferência fundada na raça, cor, sexo, religião, opinião política, ascendência nacional ou origem social, que tenha por efeito destruir ou alterar a igualdade de oportunidade ou de tratamento em matéria de emprego ou profissão;

b) qualquer outra distinção, exclusão ou preferência que tenha por efeito destruir ou alterar a igualdade de oportunidades ou tratamento em matéria de emprego ou profissão que poderá ser especificada pelo Membro interessado depois de consultadas as organizações representativas de empregadores e trabalhadores, quando estas existam, e outros organismos adequados.

2. As distinções, exclusões ou preferências fundadas em qualificações exigidas para um determinado emprego não são consideradas como discriminação.

3. Para os fins da presente convenção as palavras 'emprego' e 'profissão' incluem o acesso à formação profissional, ao emprego e às diferentes profissões, bem como às condições de emprego.

Dec. 4.377/2002

Art. 1º Para os fins da presente Convenção, a expressão "discriminação contra a mulher" significará toda a distinção, exclusão ou restrição baseada no sexo e que tenha por objeto ou resultado prejudicar ou anular o reconhecimento, gozo ou exercício pela mulher, independentemente de seu estado civil, com base na igualdade do homem e da mulher, dos direitos humanos e liberdades fundamentais nos campos político, econômico, social, cultural e civil ou em qualquer outro campo.

Art. 372. Os preceitos que regulam o trabalho masculino são aplicáveis ao trabalho feminino, naquilo em que não colidirem com a proteção especial instituída por este Capítulo.

▸ Arts. 5º, I, e 7º, XVIII, XX, XXX, da CF.
▸ Art. 10, II, *b*, do ADCT.
▸ Art. 25, *caput* da LC 150/2015 (Lei dos Domésticos)
▸ Súmula 244 do TST.
▸ OJ 30 da SDC do TST.

Constituição Federal

Art. 5º Todos são iguais perante a lei, sem distinção de qualquer natureza, garantindo-se aos brasileiros e aos estrangeiros residentes no País a inviolabilidade do direito à vida, à liberdade, à igualdade, à segurança e à propriedade, nos termos seguintes: (...) I – homens e mulheres são iguais em direitos e obrigações, nos termos desta Constituição;

Art. 7º São direitos dos trabalhadores urbanos e rurais, além de outros que visem à melhoria de sua condição social: (...) XVIII – licença à gestante, sem prejuízo do emprego e do salário, com a duração de cento e vinte dias; (...) XX – proteção do mercado de trabalho da mulher, mediante incentivos específicos, nos termos da lei; (...) XXX – proibição de diferença de salários, de exercício de funções e de critério de admissão por motivo de sexo, idade, cor ou estado civil;

Parágrafo único. *Revogado pela Lei 13.467/2017.*

Art. 373. A duração normal de trabalho da mulher será de oito horas diárias, exceto nos casos para os quais for fixada duração inferior.

▸ Art. 7º, XIII, da CF.

▶ Arts. 386 e 396 desta Consolidação.
▶ Súmula 85 do TST.

Constituição Federal

Art. 7º São direitos dos trabalhadores urbanos e rurais, além de outros que visem à melhoria de sua condição social: (...) XIII – duração do trabalho normal não superior a oito horas diárias e quarenta e quatro semanais, facultada a compensação de horários e a redução da jornada, mediante acordo ou convenção coletiva de trabalho;

CLT

Art. 386. Havendo trabalho aos domingos, será organizada uma escala de revezamento quinzenal, que favoreça o repouso dominical.

Art. 396. Para amamentar seu filho, inclusive se advindo de adoção, até que este complete 6 (seis) meses de idade, a mulher terá direito, durante a jornada de trabalho, a 2 (dois) descansos especiais de meia hora cada um..

§ 1º Quando o exigir a saúde do filho, o período de seis meses poderá ser dilatado, a critério da autoridade competente.

§ 2º Os horários dos descansos previstos no *caput* deste artigo deverão ser definidos em acordo individual entre a mulher e o empregador.

Art. 373-A.

Ressalvadas as disposições legais destinadas a corrigir as distorções que afetam o acesso da mulher ao mercado de trabalho e certas especificidades estabelecidas nos acordos trabalhistas, é vedado: *(Artigo acrescido pela Lei 9.799/1999)*

▶ Convenção OIT 100 (Convenção concernente a igualdade de remuneração para a mão de obra masculina e a mão de obra feminina por um trabalho de igual valor)
▶ Convenção OIT 111 (Discriminação em Matéria de Emprego e Profissão)
▶ Lei 9.029/1995 (Proíbe a exigência de atestados de gravidez e esterilização, e outras práticas discriminatórias, para efeitos admissionais ou de permanência da relação jurídica de trabalho)

I – publicar ou fazer publicar anúncio de emprego no qual haja referência ao sexo, à idade, à cor ou situação familiar, salvo quando a natureza da atividade a ser exercida, pública e notoriamente assim o exigir;

▶ Arts. 5º, V e X e 114, VI, da CF.
▶ Arts. 390 e 442-A desta Consolidação.
▶ Súmula 392 do TST.

CLT

Art. 390. Ao empregador é vedado empregar a mulher em serviço que demande o emprego de força muscular superior a 20 (vinte) quilos para o trabalho continuo, ou 25 (vinte e cinco) quilos para o trabalho ocasional.

Parágrafo único. Não está compreendida na determinação deste artigo a remoção de material feita por impulsão ou tração de vagonetes sobre trilhos, de carros de mão ou quaisquer aparelhos mecânicos.

Art. 442-A. Para fins de contratação, o empregador não exigirá do candidato a emprego comprovação de experiência prévia por tempo superior a 6 (seis) meses no mesmo tipo de atividade.

II – recusar emprego, promoção ou motivar a dispensa do trabalho em razão de sexo, idade, cor, situação familiar ou estado de gravidez, salvo quando a natureza da atividade seja notória e publicamente incompatível;

▶ Arts. 5º, V e X e 114, VI, da CF.
▶ Art. 391 desta Consolidação.
▶ Lei 9.029/1995 (Proíbe a exigência de atestados de gravidez e esterilização, e outras práticas discriminatórias, para efeitos admissionais ou de permanência da relação jurídica de trabalho)
▶ Súmula 443 do TST.

Constituição Federal

Art. 5º Todos são iguais perante a lei, sem distinção de qualquer natureza, garantindo-se aos brasileiros e aos estrangeiros residentes no País a inviolabilidade do direito à vida, à liberdade, à igualdade, à segurança e à propriedade, nos termos seguintes: (...) V – é assegurado o direito de resposta, proporcional ao agravo, além da indenização por dano material, moral ou à imagem; (...) X – são invioláveis a intimidade, a vida privada, a honra e a imagem das pessoas, assegurado o direito a indenização pelo dano material ou moral decorrente de sua violação;

CLT

Art. 391. Não constitui justo motivo para a rescisão do contrato de trabalho da mulher o fato de haver contraído matrimônio ou de encontrar-se em estado de gravidez.

Parágrafo único. Não serão permitidos em regulamentos de qualquer natureza contratos coletivos ou individuais de trabalho, restrições ao direito da mulher ao seu emprego, por motivo de casamento ou de gravidez.

III – considerar o sexo, a idade, a cor ou situação familiar como variável determinante para fins de remuneração, formação profissional e oportunidades de ascensão profissional;

▶ Art. 7º, XXX, da CF.
▶ Art. 461 desta Consolidação.

Constituição Federal

Art. 7º São direitos dos trabalhadores urbanos e rurais, além de outros que visem à melhoria de sua condição social: (...) XXX – proibição de diferença de salários, de exercício de funções e de critério de admissão por motivo de sexo, idade, cor ou estado civil;

CLT

Art. 461. Sendo idêntica a função, a todo trabalho de igual valor, prestado ao mesmo empregador, no mesmo estabelecimento empresarial, corresponderá igual salário, sem distinção de sexo, etnia, nacionalidade ou idade. (...)

IV – exigir atestado ou exame, de qualquer natureza, para comprovação de esterilidade ou gravidez, na admissão ou permanência no emprego;

▶ Arts. 5º, V e X e 114, VI, da CF.
▶ Arts. 186 e 927, *caput*, do CC.
▶ Lei 9.029/1995 (Proíbe a exigência de atestados de gravidez e esterilização, e outras práticas discriminatórias, para efeitos admissionais ou de permanência da relação jurídica de trabalho)
▶ Súmula 392 do TST.

Constituição Federal

Art. 5º Todos são iguais perante a lei, sem distinção de qualquer natureza, garantindo-se aos brasileiros e aos estrangeiros residentes no País a inviolabilidade do direito à vida, à liberdade, à igualdade, à segurança e à propriedade, nos termos seguintes: (...) V – é assegurado o direito de resposta, proporcional ao agravo, além da indenização por dano material, moral ou à imagem; (...) X – são invioláveis a intimidade, a vida privada, a honra e a imagem das pessoas, assegurado o direito a indenização pelo dano material ou moral decorrente de sua violação;

Código Civil

Art. 186. Aquele que, por ação ou omissão voluntária, negligência ou imprudência, violar direito e causar dano a outrem, ainda que exclusivamente moral, comete ato ilícito.

Art. 927. Aquele que, por ato ilícito (arts. 186 e 187), causar dano a outrem, fica obrigado a repará-lo. (...)

Lei 9.029/1995

Art. 2º Constituem crime as seguintes práticas discriminatórias:

I – a exigência de teste, exame, perícia, laudo, atestado, declaração ou qualquer outro procedimento relativo à esterilização ou a estado de gravidez;

II – a adoção de quaisquer medidas, de iniciativa do empregador, que configurem:

a) indução ou instigamento à esterilização genética;

b) promoção do controle de natalidade, assim não considerado o oferecimento de serviços e de aconselhamento ou planejamento familiar, realizados através de instituições públicas ou privadas, submetidas às normas do Sistema Único de Saúde (SUS)

Pena: detenção de um a dois anos e multa.

Parágrafo único. São sujeitos ativos dos crimes a que se refere este artigo:

I – a pessoa física empregadora;

II – o representante legal do empregador, como definido na legislação trabalhista;

III – o dirigente, direto ou por delegação, de órgãos públicos e entidades das administrações públicas direta, indireta e fundacional de qualquer dos Poderes da União, dos Estados, do Distrito Federal e dos Municípios.

V – impedir o acesso ou adotar critérios subjetivos para deferimento de inscrição ou aprovação em concursos, em empresas privadas, em razão de sexo, idade, cor, situação familiar ou estado de gravidez;

▶ Súmula 684 do STF.

Súmula

STF 684. É inconstitucional o veto não motivado à participação de candidato a concurso público.

VI – proceder o empregador ou preposto a revistas íntimas nas empregadas ou funcionárias.

▸ Arts. 5º, V e X e 114, VI, da CF.
▸ Arts. 186 e 927, *caput*, do CC.
▸ Lei 13.271/2016 (Dispõe sobre a proibição de revista íntima de funcionárias nos locais de trabalho e trata da revista íntima em ambientes prisionais)
▸ Súmula 392 do TST.

Lei 13.271/2016

Art. 1º As empresas privadas, os órgãos e entidades da administração pública, direta e indireta, ficam proibidos de adotar qualquer prática de revista íntima de suas funcionárias e de clientes do sexo feminino.

Art. 2º Pelo não cumprimento do art. 1º, ficam os infratores sujeitos a: I – multa de R$ 20.000,00 (vinte mil reais) ao empregador, revertidos aos órgãos de proteção dos direitos da mulher; II – multa em dobro do valor estipulado no inciso I, em caso de reincidência, independentemente da indenização por danos morais e materiais e sanções de ordem penal.

Súmula

TST 392. Dano moral e material. Relação de trabalho. Competência da Justiça do Trabalho. Nos termos do art. 114, VI, da Constituição da República, a Justiça do Trabalho é competente para processar e julgar ações de indenização por dano moral e material, decorrentes da relação de trabalho, inclusive as oriundas de acidente de trabalho e doenças a ele equiparadas, ainda que propostas pelos dependentes ou sucessores do trabalhador falecido.

Parágrafo único. O disposto neste artigo não obsta a adoção de medidas temporárias que visem ao estabelecimento das políticas de igualdade entre homens e mulheres, em particular as que se destinam a corrigir as distorções que afetam a formação profissional, o acesso ao emprego e as condições gerais de trabalho da mulher.

Arts. 374 e 375. *Revogados pela Lei 7.855/1989.*

Art. 376. *Revogado pela Lei 10.244/2001.*

Art. 377. A adoção de medidas de proteção ao trabalho das mulheres é considerada de ordem pública, não justificando, em hipótese alguma, a redução de salário.

▸ Art. 7º, VI e XX, da CF.
▸ Convenção OIT 100 (Convenção concernente a igualdade de remuneração para a mão de obra masculina e a mão de obra feminina por um trabalho de igual valor)
▸ Arts. 5º e 124 desta Consolidação.

Constituição Federal

Art. 7º São direitos dos trabalhadores urbanos e rurais, além de outros que visem à melhoria de sua condição social: (...) VI – irredutibilidade do salário, salvo o disposto em convenção ou acordo coletivo; (...) XX – proteção do mercado de trabalho da mulher, mediante incentivos específicos, nos termos da lei;

CLT

Art. 5º A todo trabalho de igual valor corresponderá salário igual, sem distinção de sexo.

Art. 378. *Revogado pela Lei 7.855/1989.*

Seção II
Do trabalho noturno

Arts. 379 e 380. *Revogados pela Lei 7.855/1989.*

Art. 381. O trabalho noturno das mulheres terá salário superior ao diurno.

▸ Art. 7º, IX, da CF.
▸ Art. 73 desta Consolidação.
▸ Dec. 41.721/1957 (Promulga a Convenção 89 da OIT relativa ao trabalho noturno das mulheres ocupadas na indústria)
▸ Súmulas 60 e 265 do TST.

Constituição Federal

Art. 7º São direitos dos trabalhadores urbanos e rurais, além de outros que visem à melhoria de sua condição social: (...) IX – remuneração do trabalho noturno superior à do diurno;

CLT

Art. 73. Salvo nos casos de revezamento semanal ou quinzenal, o trabalho noturno terá remuneração superior à do diurno e, para esse efeito, sua remuneração terá um acréscimo de 20 % (vinte por cento), pelo menos, sobre a hora diurna.

§ 1º A hora do trabalho noturno será computada como de 52 minutos e 30 segundos.

§ 2º Considera-se noturno, para os efeitos deste artigo, o trabalho executado entre as 22 horas de um dia e as 5 horas do dia seguinte.

§ 3º O acréscimo, a que se refere o presente artigo, em se tratando de empresas que não mantêm, pela natureza de suas atividades, trabalho noturno habitual, será feito, tendo em vista os quantitativos pagos por trabalhos diurnos de natureza semelhante. Em relação às empresas cujo trabalho noturno decorra da natureza de suas atividades, o aumento será calculado sobre o salário mínimo geral vigente na região, não sendo devido quando exceder desse limite, já acrescido da percentagem.

§ 4º Nos horários mistos, assim entendidos os que abrangem períodos diurnos e noturnos, aplica-se às horas de trabalho noturno o disposto neste artigo e seus parágrafos.

§ 5º Às prorrogações do trabalho noturno aplica-se o disposto neste capítulo.

Súmulas TST

TST 60. Adicional noturno. Integração no salário e prorrogação em horário diurno. I – O adicional noturno, pago com habitualidade, integra o salário do empregado para todos os efeitos. II – Cumprida integralmente a jornada no período noturno e prorrogada esta, devido é também o adicional quanto às horas prorrogadas. Exegese do art. 73, § 5º, da CLT.

TST 265. Adicional noturno. Alteração de turno de trabalho. Possibilidade de supressão. A transferência para o período diurno de trabalho implica perda do direito ao adicional noturno.

§ 1º Para os fins desse artigo, os salários serão acrescidos duma percentagem adicional de vinte por cento no mínimo.

▸ Art. 73 desta Consolidação.

§ 2º Cada hora do período noturno de trabalho das mulheres terá cinquenta e dois minutos e trinta segundos.

▸ Art. 73, § 1º, desta Consolidação.

Seção III
Dos períodos de descanso

Art. 382. Entre duas jornadas de trabalho, haverá um intervalo de onze horas consecutivas, no mínimo, destinado ao repouso.

▸ Art. 66 desta Consolidação.

CLT

Art. 66. Entre 2 (duas) jornadas de trabalho haverá um período mínimo de 11 (onze) horas consecutivas para descanso.

Art. 383. Durante a jornada de trabalho, será concedido à empregada um período para refeição e repouso não inferior a uma hora nem superior a duas horas, salvo a hipótese prevista no artigo 71, § 3º.

▸ Art. 71, § 3º, desta Consolidação.

CLT

Art. 71. (...) § 3º O limite mínimo de uma hora para repouso ou refeição poderá ser reduzido por ato do Ministro do Trabalho, Indústria e Comércio, quando ouvido o Serviço de Alimentação de Previdência Social, se verificar que o estabelecimento atende integralmente às exigências concernentes à organização dos refeitórios, e quando os respectivos empregados não estiverem sob regime de trabalho prorrogado a horas suplementares.

Art. 384. *Revogado pela Lei 13.467/2017.*

Art. 385. O descanso semanal será de vinte e quatro horas consecutivas e coincidirá no todo ou em parte com o domingo, salvo motivo de conveniência pública ou necessidade imperiosa de serviço, a juízo da autoridade competente, na forma das disposições gerais, caso em que recairá em outro dia.

▸ Art. 7º, XV, da CF.
▸ Art. 67 desta Consolidação.
▸ Lei 605/1949 (Repouso semanal remunerado)
▸ Arts. 151 a 162 do Dec. 10.854/2021 (Regulamenta a Lei 605/1949)

Constituição Federal

Art. 7º São direitos dos trabalhadores urbanos e rurais, além de outros que visem à melhoria de sua condição social: (...) XV – repouso semanal remunerado, preferencialmente aos domingos;

CLT

Art. 67. Será assegurado a todo empregado um descanso semanal de 24 (vinte e quatro) horas consecutivas, o qual, salvo motivo de conveniência pública ou necessidade imperiosa do serviço, deverá coincidir com o domingo, no todo ou em parte. Parágrafo único. Nos serviços que exijam trabalho aos domingos, com exceção quanto aos elencos teatrais, será estabelecida escala de revezamento, mensalmente organizada e constando de quadro sujeito à fiscalização.

Parágrafo único. Observar-se-ão, igualmente, os preceitos da legislação geral sobre a proibição de trabalho nos feriados civis e religiosos.

▸ Art. 8º da Lei 605/1949 (Repouso semanal remunerado)
▸ Art. 154, § 3º, do Dec. 10.854/2021 (Regulamenta a Lei 605/1949)

Lei 605/1949

Art. 8º Excetuados os casos em que a execução do serviço for imposta pelas exigências técnicas das empresas, é vedado o trabalho em dias feriados, civis e religiosos, garantida, entretanto, aos empregados a remuneração respectiva, observados os dispositivos dos artigos 6º e 7º desta lei.

Dec. 10.854/2021

Art. 6º (...) § 3º Nos serviços em que for permitido o trabalho nos dias de repouso, a remuneração dos empregados que trabalharem nesses dias será paga em dobro, exceto se a empresa determinar outro dia de folga.

Art. 386. Havendo trabalho aos domingos, será organizada uma escala de revezamento quinzenal, que favoreça o repouso dominical.

▸ Art. 7º, XV, da CF.
▸ Art. 67 desta Consolidação.
▸ Lei 605/1949 (Repouso semanal remunerado)
▸ Art. 6º, par. ún., da Lei 10.101/2000 (Participação nos Lucros ou Resultados)

Constituição Federal

Art. 7º São direitos dos trabalhadores urbanos e rurais, além de outros que visem à melhoria de sua condição social: (...) XV – repouso semanal remunerado, preferencialmente aos domingos;

CLT

Art. 67. Será assegurado a todo empregado um descanso semanal de 24 (vinte e quatro) horas consecutivas, o qual, salvo motivo de conveniência pública ou necessidade imperiosa do serviço, deverá coincidir com o domingo, no todo ou em parte. Parágrafo único. Nos serviços que exijam trabalho aos domingos, com exceção quanto aos elencos teatrais, será estabelecida escala de revezamento, mensalmente organizada e constando de quadro sujeito à fiscalização.

Lei 10.101/2000

Art. 6º Fica autorizado o trabalho aos domingos nas atividades do comércio em geral, observada a legislação municipal, nos termos do art. 30, inciso I, da Constituição. Parágrafo único. O repouso semanal remunerado deverá coincidir, pelo menos uma vez no período máximo de três semanas, com o domingo, respeitadas as demais normas de proteção ao trabalho e outras a serem estipuladas em negociação coletiva.

Seção IV
Dos métodos e locais de trabalho

Art. 387. *Revogado pela Lei 7.855/1989.*

Art. 388. Em virtude de exame e parecer da autoridade competente, o Ministro do Trabalho, Indústria e Comércio poderá estabelecer derrogações totais ou parciais às proibições a que alude o artigo anterior, quando tiver desaparecido, nos serviços considerados perigosos ou insalubres, todo e qualquer caráter perigoso ou prejudicial mediante a aplicação de novos métodos de trabalho ou pelo emprego de medidas de ordem preventiva.

▸ Artigo prejudicado em virtude da revogação do artigo anterior.
▸ Vide nota sobre a atualização da CLT relativa aos Ministérios.

Art. 389. Toda empresa é obrigada: *(Caput com redação pelo Dec.-lei 229/1967)*

I – a prover os estabelecimentos de medidas concernentes à higienização dos métodos e locais de trabalho, tais como ventilação e iluminação e outros que se fizerem necessários à segurança e ao conforto das mulheres, a critério da autoridade competente; *(Inciso I com redação pelo Dec.-lei 229/1967)*

II – a instalar bebedouros, lavatórios, aparelhos sanitários; dispor de cadeiras ou bancos, em número suficiente, que permitam às mulheres trabalhar sem grande esgotamento físico; *(Inciso II com redação pelo Dec.-lei 229/1967)*

III – a instalar vestiários com armários individuais privativos das mulheres, exceto os estabelecimentos comerciais, escritórios, bancos e atividades afins, em que não seja exigida a troca de roupa, e outros, a critério da autoridade competente em matéria de segurança e higiene do trabalho, admitindo-se como suficientes as gavetas ou escaninhos, onde possam as empregadas guardar seus pertences; *(Inciso III com redação pelo Dec.-lei 229/1967)*

IV – a fornecer, gratuitamente, a juízo da autoridade competente, os recursos de proteção individual, tais como óculos, máscaras, luvas e roupas especiais, para a defesa dos olhos, do aparelho respiratório e da pele, de acordo com a natureza do trabalho. *Inciso IV com redação pelo Dec.-lei 229/1967.*

§ 1º Os estabelecimentos em que trabalharem pelo menos trinta mulheres com mais de dezesseis anos de idade terão local apropriado onde seja permitido às empregadas guardar sob vigilância e assistência os seus filhos no período da amamentação. *(§ 1º com redação pelo Dec.-lei 229/1967)*

▸ Art. 7º, XXV, da CF.
▸ Arts. 121 e ss. da Portaria 671/2021 do MTP (reembolso-creche)
▸ Súmula 310 do STJ.
▸ PNs 6 e 22 do TST.

Constituição Federal

Art. 7º São direitos dos trabalhadores urbanos e rurais, além de outros que visem à melhoria de sua condição social: (...) XXV – assistência gratuita aos filhos e dependentes desde o nascimento até 5 (cinco) anos de idade em creches e pré-escolas;

Portaria MTP 671/2021:

Art. 121. Ficam as empresas e empregadores autorizados a adotar o sistema de reembolso-creche, em substituição à exigência contida no § 1º do art. 389 do Decreto-Lei nº 5.452, de 1943 – CLT, desde que obedeçam às seguintes exigências:

I – o reembolso-creche deverá cobrir, integralmente, as despesas efetuadas com o pagamento da creche de livre escolha da empregada-mãe, ou outra modalidade de prestação de serviços desta natureza, pelo menos até seis meses de idade da criança, nas condições, prazos e valor estipulados em acordo ou convenção coletiva, sem prejuízo do cumprimento dos demais preceitos de prestação à maternidade;

II – o benefício deverá ser concedido a toda empregada-mãe, independentemente do número de mulheres do estabelecimento, e sem prejuízo do cumprimento dos demais preceitos de proteção à maternidade; (...)

Súmula

STJ 310. O auxílio-creche não integra o salário de contribuição.

Precedentes Normativos

TST 6. Garantia de salário no período de amamentação. É garantido às mulheres, no período de amamentação, o recebimento do salário, sem prestação de serviços, quando o empregador não cumprir as determinações dos §§ 1º e 2º do art. 389 da CLT.

TST 22. Creche. Determina-se a instalação de local destinado à guarda de crianças em idade de amamentação, quando existentes na empresa mais de 30 (trinta) mulheres maiores de 16 (dezesseis) anos, facultado o convênio com creches.

§ 2º A exigência do § 1º poderá ser suprida por meio de creches distritais mantidas, diretamente ou mediante convênios, com outras entidades públicas ou privadas, pelas próprias empresas, em regime comunitário, ou a cargo do SESI, do SESC, da LBA ou de entidades sindicais. *(§ 2º com redação pelo Dec.-lei 229/1967)*

Art. 390. Ao empregador é vedado empregar a mulher em serviço que demande o emprego de força muscular superior a 20 (vinte) quilos para o trabalho contínuo, ou vinte e cinco quilos para o trabalho ocasional.

▸ Art. 7º, XXX, da CF.
▸ Arts. 198, 405, § 5º, e 483, *a*, desta Consolidação.

Constituição Federal

Art. 7º São direitos dos trabalhadores urbanos e rurais, além de outros que visem à melhoria de sua condição social: (...) XXX – proibição de diferença de salários, de exercício de funções e de critério de admissão por motivo de sexo, idade, cor ou estado civil;

CLT

Art. 198. É de 60 kg (sessenta quilogramas) o peso máximo que um empregado pode remover individualmente, ressalvadas as disposições especiais relativas ao trabalho do menor e da mulher.

Parágrafo único. Não está compreendida na proibição deste artigo a remoção de material feita por impulsão ou tração de vagonetes sobre trilhos, carros de mão ou quaisquer outros aparelhos mecânicos, podendo o Ministério do Trabalho, em tais casos, fixar limites diversos, que evitem sejam exigidos do empregado serviços superiores às suas forças.

Art. 483. O empregado poderá considerar rescindido o contrato e pleitear a devida indenização quando:

a) forem exigidos serviços superiores às suas forças, defesos por lei, contrários aos bons costumes, ou alheios ao contrato;

Parágrafo único. Não está compreendida na determinação deste artigo a remoção de material feita por impulsão ou tração de vagonetes sobre trilhos, de carros de mão ou quaisquer aparelhos mecânicos.

Art. 390-A. *Vetado.*

Art. 390-B. As vagas dos cursos de formação de mão de obra, ministrados pelas instituições governamentais, pelos próprios empregadores ou por qualquer órgão de ensino profissionalizante, serão oferecidas aos empregados de ambos os sexos. *(Artigo acrescido pela Lei 9.799/1999)*

Art. 390-C. As empresas com mais de cem empregados, de ambos os sexos, deverão manter programas especiais de incentivos e aperfeiçoamento profissional da mão de obra. *(Artigo acrescido pela Lei 9.799/1999)*

Art. 390-D. *Vetado.*

Art. 390-E. A pessoa jurídica poderá associar-se a entidade de formação profissional, sociedades civis, sociedades cooperativas, órgãos e entidades públicas ou entidades sindicais, bem como firmar convênios para o desenvolvimento de ações conjuntas, visando à execução de projetos relativos ao incentivo ao trabalho da mulher. *(Artigo acrescido pela Lei 9.799/1999)*

Seção V
Da proteção à maternidade

Art. 391. Não constitui justo motivo para a rescisão do contrato de trabalho da mulher o fato de haver contraído matrimônio ou de encontrar-se em estado de gravidez.

Parágrafo único. Não serão permitidos em regulamentos de qualquer natureza contratos coletivos ou individuais de trabalho, restrições ao direito da mulher ao seu emprego, por motivo de casamento ou de gravidez.

▸ Art. 7º, XXV e XXX, da CF.
▸ Art. 10, II, *b*, do ADCT.
▸ Art. 373-A, II, desta Consolidação.
▸ Lei 9.029/1995 (Proíbe a exigência de atestados de gravidez e esterilização, e outras práticas discriminatórias, para efeitos admissionais ou de permanência da relação jurídica de trabalho)
▸ OJ 30 da SDC do TST.

ADCT

Art. 10. Até que seja promulgada a lei complementar a que se refere o art. 7º, I, da Constituição:

II – fica vedada a dispensa arbitrária ou sem justa causa:

b) da empregada gestante, desde a confirmação da gravidez até cinco meses após o parto.

CLT

Art. 373-A. Ressalvadas as disposições legais destinadas a corrigir as distorções que afetam o acesso da mulher ao mercado de trabalho e certas especificidades estabelecidas nos acordos trabalhistas, é vedado:

II – recusar emprego, promoção ou motivar a dispensa do trabalho em razão de sexo, idade, cor, situação familiar ou estado de gravidez, salvo quando a natureza da atividade seja notória e publicamente incompatível;

Lei 9.029/1995

Art. 2º Constituem crime as seguintes práticas discriminatórias:

I – a exigência de teste, exame, perícia, laudo, atestado, declaração ou qualquer outro procedimento relativo à esterilização ou a estado de gravidez;

II – a adoção de quaisquer medidas, de iniciativa do empregador, que configurem;

a) indução ou instigamento à esterilização genética;

b) promoção do controle de natalidade, assim não considerado o oferecimento de serviços e de aconselhamento ou planejamento familiar, realizados através de instituições públicas ou privadas, submetidas às normas do Sistema Único de Saúde (SUS)

Pena: detenção de um a dois anos e multa.

Parágrafo único. São sujeitos ativos dos crimes a que se refere este artigo:

I – a pessoa física empregadora;

II – o representante legal do empregador, como definido na legislação trabalhista;

III – o dirigente, direto ou por delegação, de órgãos públicos e entidades das administrações públicas direta, indireta e fundacional de qualquer dos Poderes da União, dos Estados, do Distrito Federal e dos Municípios.

Orientação Jurisprudencial

SDC 30. Estabilidade da gestante. Renúncia ou transação de direitos constitucionais. Impossibilidade. Nos termos do art. 10, II, *b*, do ADCT, a proteção à maternidade foi erigida à hierarquia constitucional, pois retirou do âmbito do direito potestativo do empregador a possibilidade de despedir arbitrariamente a empregada em estado gravídico. Portanto, a teor do artigo 9º, da CLT, torna-se nula de pleno direito a cláusula que estabelece a possibilidade de renúncia ou transação, pela gestante, das garantias referentes à manutenção do emprego e salário.

Art. 391-A. A confirmação do estado de gravidez advindo no curso do contrato de trabalho, ainda que durante o prazo do aviso prévio trabalhado ou indenizado, garante à empregada gestante a estabilidade provisória prevista na alínea *b* do inciso II do art. 10 do Ato das Disposições Constitucionais Transitórias. *(Caput acrescido pela Lei 12.812/2013)*

▸ Art. 487 desta Consolidação.

▸ LC 146/2014 (Estende a estabilidade provisória prevista na alínea *b* do inciso II do art. 10 do ADCT à trabalhadora gestante, nos casos de morte desta, a quem detiver a guarda de seu filho)

Parágrafo único. O disposto no *caput* deste artigo aplica-se ao empregado adotante ao qual tenha sido concedida guarda provisória para fins de adoção. *(Parágrafo único acrescido pela Lei 13.509/2017).*

LC 146/2014

Art. 1º O direito prescrito na alínea *b* do inciso II do art. 10 do Ato das Disposições Constitucionais Transitórias, nos casos em que ocorrer o falecimento da genitora, será assegurado a quem detiver a guarda do seu filho.

Art. 392. A empregada gestante tem direito à licença-maternidade de 120 (cento e vinte) dias, sem prejuízo do emprego e do salário. *(Caput com redação pela Lei 10.421/2002)*

▸ Art. 7º, XVIII, da CF.
▸ Arts. 395 e 473, X, desta Consolidação.
▸ Art. 25 da LC 150/2015 (Lei dos Domésticos)
▸ Art. 71 da Lei 8.213/1991 (Planos de Benefícios da Previdência Social)
▸ Lei 11.770/2008 (Programa Empresa Cidadã, destinado à prorrogação da licença-maternidade, mediante concessão de incentivo fiscal)
▸ Art. 18, § 3º, da Lei 13.301/2016 (Adoção de medidas de vigilância em saúde em situação de iminente perigo à saúde pública pela presença do mosquito transmissor do vírus da dengue, chikungunya e zika)
▸ Arts. 137 a 142 do Dec. 10.854/2021 (Regulamenta a Lei 11.770/2008)
▸ Súmula 244 do TST.
▸ OJ 44 da SDI-I do TST.
▸ PN 6 do TST.

Constituição Federal

Art. 7º São direitos dos trabalhadores urbanos e rurais, além de outros que visem à melhoria de sua condição social: (...) XVIII – licença à gestante, sem prejuízo do emprego e do salário, com a duração de cento e vinte dias;

CLT

Art. 473. O empregado poderá deixar de comparecer ao serviço sem prejuízo do salário: (...) X – pelo tempo necessário para acompanhar sua esposa ou companheira em até 6 (seis) consultas médicas, ou em exames complementares, durante o período de gravidez;

LC 150/2015

Art. 25. A empregada doméstica gestante tem direito a licença-maternidade de 120 (cento e vinte) dias, sem prejuízo do emprego e do salário, nos termos da Seção V do Capítulo III do Título III da Consolidação das Leis do Trabalho (CLT), aprovada pelo Decreto-Lei 5.452, de 1º de maio de 1943.

Parágrafo único. A confirmação do estado de gravidez durante o curso do contrato de trabalho, ainda que durante o prazo do aviso prévio trabalhado ou indenizado, garante à empregada gestante a estabilidade provisória prevista na alínea *b* do inciso II do art. 10 do Ato das Disposições Constitucionais Transitórias.

Lei 11.770/2008

Art. 1º É instituído o Programa Empresa Cidadã, destinado a prorrogar:
I – por 60 (sessenta) dias a duração da licença-maternidade prevista no inciso XVIII do *caput* do art. 7º da Constituição Federal; II – por 15 (quinze) dias a duração da licença-paternidade, nos termos desta Lei, além dos 5 (cinco) dias estabelecidos no § 1º do art. 10 do Ato das Disposições Constitucionais Transitórias.

§ 1º A prorrogação de que trata este artigo:

I – será garantida à empregada da pessoa jurídica que aderir ao Programa, desde que a empregada a requeira até o final do primeiro mês após o parto, e será concedida imediatamente após a fruição da licença-maternidade de que trata o inciso XVIII do *caput* do art. 7º da Constituição Federal;

II – será garantida ao empregado da pessoa jurídica que aderir ao Programa, desde que o empregado a requeira no prazo de 2 (dois) dias úteis após o parto e comprove participação em programa ou atividade de orientação sobre paternidade responsável.

§ 2º A prorrogação será garantida, na mesma proporção, à empregada e ao empregado que adotar ou obtiver guarda judicial para fins de adoção de criança.

Súmula

TST 244. Gestante. Estabilidade provisória. I – O desconhecimento do estado gravídico pelo empregador não afasta o direito ao pagamento da indenização decorrente da estabilidade (art. 10, II, *b*, do ADCT) II –

A garantia de emprego à gestante só autoriza a reintegração se esta se der durante o período de estabilidade. Do contrário, a garantia restringe-se aos salários e demais direitos correspondentes ao período de estabilidade. III – A empregada gestante tem direito à estabilidade provisória prevista no art. 10, inciso II, alínea *b*, do Ato das Disposições Constitucionais Transitórias, mesmo na hipótese de admissão mediante contrato por tempo determinado.

Orientação Jurisprudencial

SDI-I 44. Gestante. Salário-maternidade. É devido o salário maternidade, de 120 dias, desde a promulgação da CF/1988, ficando a cargo do empregador o pagamento do período acrescido pela Carta.

Precedente Normativo

TST 6. Garantia de salário no período de amamentação. É garantido às mulheres, no período de amamentação, o recebimento do salário, sem prestação de serviços, quando o empregador não cumprir as determinações dos §§ 1º e 2º do art. 389 da CLT.

§ 1º A empregada deve, mediante atestado médico, notificar o seu empregador da data do início do afastamento do emprego, que poderá ocorrer entre o 28º (vigésimo oitavo) dia antes do parto e ocorrência deste. *(§ 1º com redação pela Lei 10.421/2002)*

▸ O STF na ADIn 6.327, por unanimidade, conheceu a ação como arguição de descumprimento de preceito fundamental e, ratificando a medida cautelar, julgou procedente o pedido para "conferir interpretação conforme à Constituição ao artigo 392, § 1º, da CLT, assim como ao artigo 71 da Lei n. 8.213/91 e, por arrastamento, ao artigo 93 do seu Regulamento (Decreto n. 3.048/99), de modo a se considerar como termo inicial da licença-maternidade e do respectivo salário-maternidade a alta hospitalar do recém-nascido e/ou de sua mãe, o que ocorrer por último, prorrogando-se em todo o período o benefício, quando o período de internação exceder as duas semanas previstas no art. 392, § 2º, da CLT, e no art. 93, § 3º, do Decreto n. 3.048/99". (DOU 26.10.2022)

§ 2º Os períodos de repouso, antes e depois do parto, poderão ser aumentados de 2 (duas) semanas cada um, mediante atestado médico. *(§ 2º com redação pela Lei 10.421/2002)*

▸ Art. 93, § 3º, do Dec. 3.048/1999 (Regulamento da Previdência Social)

§ 3º Em caso de parto antecipado, a mulher terá direito aos 120 (cento e vinte) dias previstos neste artigo. *(§ 3º com redação pela Lei 10.421/2002)*

§ 4º É garantido à empregada, durante a gravidez, sem prejuízo do salário e demais direitos: *(§ 4º com redação pela Lei 9.799/1999)*

▸ Art. 473, X e XI, desta Consolidação.

I – transferência de função, quando as condições de saúde o exigirem, assegurada a retomada da função anteriormente exercida, logo após o retorno ao trabalho;

II – dispensa do horário de trabalho pelo tempo necessário para a realização de, no mínimo, seis consultas médicas e demais exames complementares.

§ 5º *Vetado.*

Art. 392-A. À empregada que adotar ou obtiver guarda judicial para fins de adoção de criança ou adolescente será concedida licença-maternidade nos termos do art. 392 desta Lei. *(Caput com redação pela Lei 13.509/2017).*

▸ Art. 71-A da Lei 8.213/1991 (Planos de Benefícios da Previdência Social)
▸ Art. 1º, § 2º, da Lei 11.770/2008 (Programa Empresa Cidadã, destinado à prorrogação da licença-maternidade, mediante concessão de incentivo fiscal)
▸ Art. 93-A do Dec. 3.048/1999 (Regulamento da Previdência Social)
▸ Art. 137, § 2º do Dec. 10.854/2021 (Regulamenta a Lei 11.770/2008)

Lei 8.213/1991

Art. 71-A. Ao segurado ou segurada da Previdência Social que adotar ou obtiver guarda judicial para fins de adoção de criança é devido salário-maternidade pelo período de 120 (cento e vinte) dias.

§ 1º O salário-maternidade de que trata este artigo será pago diretamente pela Previdência Social.

§ 2º Ressalvado o pagamento do salário-maternidade à mãe biológica e o disposto no art. 71-B, não poderá ser concedido o benefício a mais de um segurado, decorrente do mesmo processo de adoção ou guarda, ainda que os cônjuges ou companheiros estejam submetidos a Regime Próprio de Previdência Social.

Lei 11.770/2008

Art. 1º É instituído o Programa Empresa Cidadã, destinado a prorrogar: (...)

§ 2º A prorrogação será garantida, na mesma proporção, à empregada e ao empregado que adotar ou obtiver guarda judicial para fins de adoção de criança.

Dec. 10.854/2021

Art. 137. O Programa Empresa Cidadã, instituído pela Lei 11.770, de 2008, é destinado a prorrogar: (...)

§ 2º O disposto neste artigo aplica-se à empregada ou ao empregado de pessoa jurídica que adotar ou obtiver guarda judicial para fins de adoção de criança.

§§ 1º a 3º *Revogados pela Lei 12.010/2009.*

§ 4º A licença-maternidade só será concedida mediante apresentação do termo judicial de guarda à adotante ou guardiã. *(§ 4º acrescido pela Lei 10.421/2002)*

§ 5º A adoção ou guarda judicial conjunta ensejará a concessão de licença-maternidade a apenas um dos adotantes ou guardiães empregado ou empregada. *(§ 5º acrescido pela Lei 12.873/2013)*

Art. 392-B. Em caso de morte da genitora, é assegurado ao cônjuge ou companheiro empregado o gozo de licença por todo o período da licença-maternidade ou pelo tempo restante a que teria direito a mãe, exceto no caso de falecimento do filho ou de seu abandono. *(Artigo acrescido pela Lei 12.873/2013)*

▸ Art. 71-B da Lei 8.213/1991 (Planos de Benefícios da Previdência Social)
▸ LC 146/2014 (Estende a estabilidade provisória prevista na alínea *b* do inciso II do art. 10 do ADCT à trabalhadora gestante, nos casos de morte desta, a quem detiver a guarda de seu filho)

Lei Complementar 146/2014

Art. 1º O direito prescrito na alínea *b* do inciso II do art. 10 do Ato das Disposições Constitucionais Transitórias, nos casos em que ocorrer o falecimento da genitora, será assegurado a quem detiver a guarda do seu filho.

Lei 8.213/1991

Art. 71-B. No caso de falecimento da segurada ou segurado que fizer jus ao recebimento do salário-maternidade, o benefício será pago, por todo o período ou pelo tempo restante a que teria direito, ao cônjuge ou companheiro sobrevivente que tenha a qualidade de segurado, exceto no caso do falecimento do filho ou de seu abandono, observadas as normas aplicáveis ao salário-maternidade. (...)

Art. 392-C. Aplica-se, no que couber, o disposto no art. 392-A e 392-B ao empregado que adotar ou obtiver guarda judicial para fins de adoção. *(Artigo acrescido pela Lei 12.873/2013)*

Art. 393. Durante o período a que se refere o artigo 392, a mulher terá direito ao salário integral e, quando variável, calculado de acordo com a média dos seis últimos meses de trabalho, bem como aos direitos e vantagens adquiridos, sendo-lhe ainda facultado reverter à função, que anteriormente ocupava. *(Artigo com redação pelo Dec.-lei 229/1967)*

▸ Art. 72 da Lei 8.213/1991 (Planos de Benefícios da Previdência Social)
▸ Art. 93 do Dec. 3.048/1999 (Regulamento da Previdência Social)
▸ Súmula 244 do TST.
▸ OJs 44 e 399 da SDI-I do TST.

Lei 8.213/1991

Art. 72. O salário-maternidade para a segurada empregada ou trabalhadora avulsa consistirá numa renda mensal igual a sua remuneração integral. (...)

Dec. 3.048/1999

Art. 93. O salário-maternidade é devido à segurada da previdência social, durante cento e vinte dias, com início vinte e oito dias antes e término noventa e um dias depois do parto, podendo ser prorrogado na forma prevista no § 3º. (...)

Orientações Jurisprudenciais

SDI-I 44. Gestante. Salário-maternidade. É devido o salário maternidade, de 120 dias, desde a promulgação da CF/1988, ficando a cargo do empregador o pagamento do período acrescido pela Carta.

SDI-I 399. Estabilidade provisória. Ação trabalhista ajuizada após o término do período de garantia no emprego. Abuso do exercício do direito de ação. Não configuração. Indenização devida. O ajuizamento de ação trabalhista após decorrido o período de garantia de emprego não configura abuso do exercício do direito de ação, pois este está submetido apenas ao prazo prescricional inscrito no art. 7º, XXIX, da CF/1988, sendo devida a indenização desde a dispensa até a data do término do período estabilitário.

Art. 394. Mediante atestado médico, à mulher grávida é facultado romper o compromisso resultante de qualquer contrato de trabalho, desde que este seja prejudicial à gestação.

Art. 394-A. Sem prejuízo de sua remuneração, nesta incluído o valor do adicional de insalubridade, a empregada deverá ser afastada de: *(Caput com redação pela Lei 13.467/2017)*

I – atividades consideradas insalubres em grau máximo, enquanto durar a gestação; *(Inciso I acrescido pela Lei 13.467/2017)*

II – atividades consideradas insalubres em grau médio ou mínimo, quando apresentar atestado de saúde, emitido por médico de confiança da mulher, que recomende o afastamento durante a gestação; *(Inciso II acrescido pela Lei 13.467/2017)*

▸ O STF, por unanimidade, julgou procedente a ADIN 5938 para declarar a inconstitucionalidade da expressão "quando apresentar atestado de saúde, emitido por medico de confiança da mulher, que recomende o afastamento", contida neste inciso *(DJe 03.06.2019).*

III – atividades consideradas insalubres em qualquer grau, quando apresentar atestado de saúde, emitido por médico de confiança da mulher, que recomende o afastamento durante a lactação. *(Inciso III acrescido pela Lei 13.467/2017)*

▸ O STF, por unanimidade, julgou procedente a ADIN 5938 para declarar a inconstitucionalidade da expressão "quando apresentar atestado de saúde, emitido por medico de confiança da mulher, que recomende o afastamento", contida neste inciso *(DJe 03.06.2019).*

§ 1º *Vetado. (Primitivo parágrafo único renumerado pela Lei 13.467/2017)*

§ 2º Cabe à empresa pagar o adicional de insalubridade à gestante ou à lactante, efetivando-se a compensação, observado o disposto no art. 248 da Constituição Federal, por ocasião do recolhimento das contribuições incidentes sobre a folha de salários e demais rendimentos pagos ou creditados, a qualquer título, à pessoa física que lhe preste serviço. *(§ 2º acrescido pela Lei 13.467/2017)*

▸ Art. 248 da CF.

CF

Art. 248. Os benefícios pagos, a qualquer título, pelo órgão responsável pelo regime geral de previdência social, ainda que à conta do Tesouro Nacional, e os não sujeitos ao limite máximo de valor fixado para os benefícios concedidos por esse regime observarão os limites fixados no art. 37, XI.

§ 3º Quando não for possível que a gestante ou a lactante afastada nos termos do *caput* deste artigo exerça suas atividades em local salubre na empresa, a hipótese será considerada como gravidez de risco e ensejará a percepção de salário-maternidade, nos termos da Lei 8.213, de 24 de julho de 1991, durante todo o período de afastamento. *(§ 3º acrescido pela Lei 13.467/2017)*

Art. 395. Em caso de aborto não criminoso, comprovado por atestado médico oficial, a mulher terá um repouso remunerado de duas semanas, ficando-lhe assegurado o direito de retornar à função que ocupava antes de seu afastamento.

▸ Art. 93, § 5º, do Dec. 3.048/1999 (Regulamento da Previdência Social)

Dec. 3.048/1999
Art. 93. (...) § 5º. Em caso de aborto não criminoso, comprovado mediante atestado médico, a segurada terá direito ao salário-maternidade correspondente a duas semanas.

Art. 396. Para amamentar seu filho, inclusive se advindo de adoção, até que este complete 6 (seis) meses de idade, a mulher terá direito, durante a jornada de trabalho, a 2 (dois) descansos especiais de meia hora cada um. *(Caput com redação pela Lei 13.509/2017).*

▸ PN 6 do TST.

Precedente Normativo
TST 6. Garantia de salário no período de amamentação. É garantido às mulheres, no período de amamentação, o recebimento do salário, sem prestação de serviços, quando o empregador não cumprir as determinações dos §§ 1º e 2º do art. 389 da CLT.

§ 1º Quando o exigir a saúde do filho, o período de seis meses poderá ser dilatado, a critério da autoridade competente. *(Primitivo parágrafo único renumerado pela Lei 13.467/2017)*

§ 2º Os horários dos descansos previstos no *caput* deste artigo deverão ser definidos em acordo individual entre a mulher e o empregador. *(§ 2º acrescido pela Lei 13.467/2017)*

Art. 397. O SESI, o SESC, a LBA e outras entidades públicas destinadas à assistência à infância manterão ou subvencionarão, de acordo com suas possibilidades financeiras, escolas maternais e jardins de infância, distribuídos nas zonas de maior densidade de trabalhadores, destinados especialmente aos filhos das mulheres empregadas. *(Artigo com redação pelo Dec.-lei 229/1967)*

▸ Art. 7º, XXV, da CF.

Art. 398. *Revogado pelo Dec.-lei 229/1967.*

Art. 399. O Ministro do Trabalho, Indústria e Comércio conferirá diploma de benemerência aos empregadores que se distinguirem pela organização e manutenção de creches e de instituições de proteção aos menores em idade pré-escolar, desde que tais serviços se recomendem por sua generosidade e pela eficiência das respectivas instalações.

▸ Vide nota sobre a atualização da CLT relativa aos Ministérios.
▸ Art. 7º, XXV, da CF.

Constituição Federal
Art. 7º São direitos dos trabalhadores urbanos e rurais, além de outros que visem à melhoria de sua condição social: (...) XXV – assistência gratuita aos filhos e dependentes desde o nascimento até 5 (cinco) anos de idade em creches e pré-escolas;

Art. 400. Os locais destinados à guarda dos filhos das operárias durante o período da amamentação deverão possuir, no mínimo, um berçário, uma saleta de amamentação, uma cozinha dietética e uma instalação sanitária.

▸ Art. 7º, XXV, da CF.

Seção VI
Das penalidades

Art. 401. Pela infração de qualquer dispositivo deste Capítulo, será imposta ao empregador a multa de dois a vinte valores de referência regionais, aplicada pelas Delegacias Regionais do Ministério do Trabalho, Indústria e Comércio, ou por autoridades que exerçam funções delegadas.

▸ Vide nota sobre a atualização da CLT relativa aos Ministérios.
▸ Arts. 74 e ss. da Portaria 667/2021 do MTE (Multas administrativas)

§ 1º A penalidade será sempre aplicada no grau máximo:

a) se ficar apurado o emprego de artifício ou simulação para fraudar a aplicação dos dispositivos deste Capítulo;

b) nos casos de reincidência.

§ 2º O processo na, verificação das infrações, bem como na aplicação e cobrança das multas, será o previsto no título "Do Processo de Multas Administrativas", observadas as disposições deste artigo.

▸ Arts. 626 a 642 desta Consolidação.

CLT
Art. 626. Incumbe às autoridades competentes do Ministério do Trabalho, ou àquelas que exerçam funções delegadas, a fiscalização do fiel cumprimento das normas de proteção ao trabalho.

Arts. 401-A e 401-B. *Vetados.*

CAPÍTULO IV
DA PROTEÇÃO DO TRABALHO DO MENOR

▸ Dec. 3.597/2000 (Promulga Convenção 182 da OIT sobre a Proibição das Piores Formas de Trabalho Infantil e a Ação Imediata para sua Eliminação)
▸ Dec. 6.481/2008 (Aprova a Lista das Piores Formas de Trabalho Infantil)
▪ Inst. Normativa 77/2009 da SIT (Atuação da inspeção do trabalho no combate ao trabalho infantil e proteção ao trabalhador adolescente)

Seção I
Disposições gerais

Art. 402. Considera-se menor para os efeitos desta Consolidação o trabalhador de quatorze até dezoito anos. *(Caput com redação pela Lei 10.097/2000)*

▸ Arts. 7º, XXXIII, e 227, § 3º, I a III, da CF.
▸ Arts. 439 e 440 desta Consolidação.
▸ Dec. 9.579/2018 (Regulamenta a contratação de aprendizes).

Constituição Federal
Art. 7º São direitos dos trabalhadores urbanos e rurais, além de outros que visem à melhoria de sua condição social: (...) XXXIII – proibição de trabalho noturno, perigoso ou insalubre a menores de dezoito e de qualquer trabalho a menores de dezesseis anos, salvo na condição de aprendiz, a partir de quatorze anos;

Art. 227. É dever da família, da sociedade e do Estado assegurar à criança, ao adolescente e ao jovem, com absoluta prioridade, o direito à vida, à saúde, à alimentação, à educação, ao lazer, à profissionalização, à cultura, à dignidade, ao respeito, à liberdade e à convivência familiar e comunitária, além de colocá-los a salvo de toda forma de negligência, discriminação, exploração, violência, crueldade e opressão. (...)
§ 3º O direito a proteção especial abrangerá os seguintes aspectos:
I – idade mínima de quatorze anos para admissão ao trabalho, observado o disposto no art. 7º, XXXIII;
II – garantia de direitos previdenciários e trabalhistas;
III – garantia de acesso do trabalhador adolescente e jovem à escola;

Parágrafo único. O trabalho do menor reger-se-á pelas disposições do presente Capítulo, exceto no serviço em oficinas em que trabalhem exclusivamente pessoas da família do menor e esteja sob a direção do pai, mãe ou tutor, observado, entretanto, o disposto nos artigos 404, 405 e na Seção II. *(Parágrafo único com redação pelo Dec.-lei 229/1967)*

Art. 403. É proibido qualquer trabalho a menores de 16 (dezesseis) anos de idade, salvo na condição de aprendiz, a partir de quatorze anos. *(Caput com redação pela Lei 10.097/2000)*

▸ Art. 7º, XXXIII, da CF.
▸ Art. 5º, parágrafo único, V, do CC.
▸ Arts. 198 e 483 desta Consolidação.
▸ Arts. 60 e 68 da Lei 8.069/1990 (Estatuto da Criança e do Adolescente – ECA)

▸ Dec. 4.134/2002 (Promulga a Convenção 138 da OIT sobre Idade Mínima de Admissão ao Emprego)

Constituição Federal

Art. 7º São direitos dos trabalhadores urbanos e rurais, além de outros que visem à melhoria de sua condição social: (...) XXXIII – proibição de trabalho noturno, perigoso ou insalubre a menores de dezoito e de qualquer trabalho a menores de dezesseis anos, salvo na condição de aprendiz, a partir de quatorze anos;

Código Civil

Art. 5º A menoridade cessa aos dezoito anos completos, quando a pessoa fica habilitada à prática de todos os atos da vida civil.

Parágrafo único. Cessará, para os menores, a incapacidade: (...)

V – pelo estabelecimento civil ou comercial, ou pela existência de relação de emprego, desde que, em função deles, o menor com dezesseis anos completos tenha economia própria.

CLT

Art. 198. É de 60 kg (sessenta quilogramas) o peso máximo que um empregado pode remover individualmente, ressalvadas as disposições especiais relativas ao trabalho do menor e da mulher. (...)

Lei 8.069/1990

Art. 60. É proibido qualquer trabalho a menores de quatorze anos de idade, salvo na condição de aprendiz.

Art. 68. O programa social que tenha por base o trabalho educativo, sob responsabilidade de entidade governamental ou não-governamental sem fins lucrativos, deverá assegurar ao adolescente que dele participe condições de capacitação para o exercício de atividade regular remunerada.

§ 1º Entende-se por trabalho educativo a atividade laboral em que as exigências pedagógicas relativas ao desenvolvimento pessoal e social do educando prevalecem sobre o aspecto produtivo.

§ 2º A remuneração que o adolescente recebe pelo trabalho efetuado ou a participação na venda dos produtos de seu trabalho não desfigura o caráter educativo.

Parágrafo único. O trabalho do menor não poderá ser realizado em locais prejudiciais à sua formação, ao seu desenvolvimento físico, psíquico, moral e social e em horários e locais que não permitam a frequência à escola. *(Parágrafo único com redação pela Lei 10.097/2000)*

a) e b) Revogadas pela Lei 10.097/2000.

Art. 404. Ao menor de dezoito anos é vedado o trabalho noturno, considerado este o que for executado no período compreendido entre as vinte e duas e as cinco horas.

▸ Art. 7º, XXXIII, da CF.

Art. 405. Ao menor não será permitido o trabalho: *(Caput com redação pelo Dec.-lei 229/1967)*

▸ Dec. 3.597/2000 (Promulga Convenção 182 da OIT sobre a Proibição das Piores Formas de Trabalho Infantil e a Ação Imediata para sua Eliminação)

Dec. 3.597/2000

Art. 3º Para efeitos da presente Convenção, a expressão "as piores formas de trabalho infantil" abrange:

a) todas as formas de escravidão ou práticas análogas à escravidão, tais como a venda e tráfico de crianças, a servidão por dívidas e a condição de servo, e o trabalho forçado ou obrigatório, inclusive o recrutamento forçado ou obrigatório de crianças para serem utilizadas em conflitos armados;

b) a utilização, o recrutamento ou a oferta de crianças para a prostituição, a produção de pornografia ou atuações pornográficas;

c) a utilização, recrutamento ou a oferta de crianças para a realização para a realização de atividades ilícitas, em particular a produção e o tráfico de entorpecentes, tais com definidos nos tratados internacionais pertinentes; e,

d) o trabalho que, por sua natureza ou pelas condições em que é realizado, é suscetível de prejudicar a saúde, a segurança ou a moral das crianças.

I – nos locais e serviços perigosos ou insalubres, constantes de quadro para esse fim aprovado pelo Diretor Geral do Departamento de Segurança e Higiene do Trabalho; *(Inciso I com redação pelo Dec.-lei 229/1967)*

▸ Art. 7º, XXXIII, da CF.
▸ Arts. 189 a 195 e 441 desta Consolidação.
▸ Art. 67, II, da Lei 8.069/1990 (Estatuto da Criança e do Adolescente – ECA)
▸ Dec. 6.481/2008 (Aprova a Lista das Piores Formas de Trabalho Infantil)

Constituição Federal

Art. 7º São direitos dos trabalhadores urbanos e rurais, além de outros que visem à melhoria de sua condição social: (...) XXXIII – proibição de trabalho noturno, perigoso ou insalubre a menores de dezoito e de qualquer trabalho a menores de dezesseis anos, salvo na condição de aprendiz, a partir de quatorze anos;

Lei 8.069/1990

Art. 67. Ao adolescente empregado, aprendiz, em regime familiar de trabalho, aluno de escola técnica, assistido em entidade governamental ou não-governamental, é vedado trabalho: (...) II – perigoso, insalubre ou penoso;

II – em locais ou serviços prejudiciais à sua moralidade. *(Inciso II com redação pelo Dec.-lei 229/1967)*

▸ Arts. 405, § 3º, 406 e 407 desta Consolidação.
▸ Dec. 6.481/2008 (Aprova a Lista das Piores Formas de Trabalho Infantil)

Dec. 6.481/2008

Art. 4º Para fins de aplicação das alíneas *a*, *b* e *c* do artigo 3º da Convenção 182, da OIT, integram as piores formas de trabalho infantil:

I – todas as formas de escravidão ou práticas análogas, tais como venda ou tráfico, cativeiro ou sujeição por dívida, servidão, trabalho forçado ou obrigatório;

II – a utilização, demanda, oferta, tráfico ou aliciamento para fins de exploração sexual comercial, produção de pornografia ou atuações pornográficas;

III – a utilização, recrutamento e oferta de adolescente para outras atividades ilícitas, particularmente para a produção e tráfico de drogas; e

IV – o recrutamento forçado ou compulsório de adolescente para ser utilizado em conflitos armados.

§ 1º *Revogado pela Lei 10.097/2000.*

§ 2º O trabalho exercido nas ruas, praças e outros logradouros dependerá de prévia autorização do Juiz da Infância e da Juventude, ao qual cabe verificar se a ocupação é indispensável à sua própria subsistência ou à de seus pais, avós ou irmãos e se dessa ocupação não poderá advir prejuízo à sua formação moral. *(§ 2º com redação pelo Dec.-lei 229/1967)*

▸ Art. 146 da Lei 8.069/1990 (Estatuto da Criança e do Adolescente – ECA)

§ 3º Considera-se prejudicial à moralidade do menor o trabalho: *(§ 3º com redação pelo Dec.-lei 229/1967)*

a) prestado de qualquer modo em teatros de revista, cinemas, boates, cassinos, cabarés, "dancings" e estabelecimentos análogos;

b) em empresas circenses, em funções de acrobata, saltimbanco, ginasta e outras semelhantes;

c) de produção, composição, entrega ou venda de escritos, impressos, cartazes, desenhos, gravuras, pinturas, emblemas, imagens e quaisquer outros objetos que possam, a juízo da autoridade competente, prejudicar sua formação moral;

d) consistente na venda, a varejo, de bebidas alcoólicas.

§ 4º Nas localidades em que existirem, oficialmente reconhecidas, instituições destinadas ao amparo dos menores jornaleiros, só aos que se encontrem sob o patrocínio dessas entidades será outorgada a autorização do trabalho a que alude o § 2º. *(§ 4º com redação pelo Dec.-lei 229/1967)*

§ 5º Aplica-se ao menor o disposto no artigo 390 e seu parágrafo único. *(§ 5º com redação pelo Dec.-lei 229/1967)*

▸ Arts. 198 a 483, alínea *a*, desta Consolidação.

Art. 406. O Juiz da Infância e da Juventude poderá autorizar ao menor o trabalho a que se referem as letras

a e *b* do § 3º do artigo 405: *(Caput com redação pelo Dec.-lei 229/1967)*

I – desde que a representação tenha fim educativo ou a peça de que participe não possa ser prejudicial à sua formação moral; *(Inciso I com redação pelo Dec.-lei 229/1967)*

II – desde que se certifique ser a ocupação do menor indispensável à própria subsistência ou à de seus pais, avós ou irmãos e não advir nenhum prejuízo à sua formação moral. *(Inciso II com redação pelo Dec.-lei 229/1967)*

Art. 407. Verificado pela autoridade competente que o trabalho executado pelo menor é prejudicial à sua saúde, ao seu desenvolvimento físico ou à sua moralidade, poderá ela obrigá-lo a abandonar o serviço, devendo a respectiva empresa, quando for o caso, proporcionar ao menor todas as facilidades para mudar de funções. *(Caput com redação pelo Dec.-lei 229/1967)*

▸ Art. 426 desta Consolidação.

Parágrafo único. Quando a empresa não tomar as medidas possíveis e recomendadas pela autoridade competente para que o menor mude de função, configurar-se-á a rescisão do contrato de trabalho, na forma do artigo 483. *(Parágrafo único com redação pelo Dec.-Lei 229/1967)*

Art. 408. Ao responsável legal do menor é facultado pleitear a extinção do contrato de trabalho, desde que o serviço possa acarretar para ele prejuízos de ordem física ou moral. *(Artigo com redação pelo Dec.-lei 229/1967)*

Art. 409. Para maior segurança do trabalho e garantia da saúde dos menores, a autoridade fiscalizadora poderá proibir-lhes o gozo dos períodos de repouso nos locais de trabalho.

Art. 410. O Ministro do Trabalho, Indústria e Comércio poderá derrogar qualquer proibição decorrente do quadro a que se refere o inciso I do artigo 405 quando se certificar haver desaparecido, parcial ou totalmente, o caráter perigoso ou insalubre, que determinou a proibição.

▸ Vide nota sobre atualização da CLT relativa aos Ministérios.
▸ Art. 194 desta Consolidação..

CLT
Art. 194. O direito do empregado ao adicional de insalubridade ou de periculosidade cessará com a eliminação do risco à sua saúde ou integridade física, nos termos desta Seção e das normas expedidas pelo Ministério do Trabalho.

Seção II
Da duração do trabalho

Art. 411. A duração do trabalho do menor regular-se-á pelas disposições legais relativas à duração do trabalho em geral, com as restrições estabelecidas neste Capítulo.

▸ Art. 7º, XIII, da CF.
▸ Arts. 58, *caput* e 432 desta Consolidação.

CLT
Art. 58. A duração normal do trabalho, para os empregados em qualquer atividade privada, não excederá de 8 (oito) horas diárias, desde que não seja fixado expressamente outro limite. (...)

Art. 412. Após cada período de trabalho efetivo, quer contínuo, quer dividido em 2 (dois) turnos, haverá um intervalo de repouso, não inferior a onze horas.

▸ Art. 66 desta Consolidação.

CLT
Art. 66. Entre 2 (duas) jornadas de trabalho haverá um período mínimo de 11 (onze) horas consecutivas para descanso.

Art. 413. É vedado prorrogar a duração normal diária do trabalho do menor, salvo: *(Caput com redação pelo Dec.-lei 229/1967.)*

I – até mais duas horas, independentemente de acréscimo salarial, mediante convenção ou acordo coletivo nos termos do Título VI desta Consolidação, desde que o excesso de horas em 1 (um) dia seja compensado pela diminuição em outro, de modo a ser observado o limite máximo de 48 (quarenta e oito) horas semanais ou outro inferior legalmente fixado; *(Inciso I acrescido pelo Dec.-lei 229/1967)*

▸ Art. 7º, XIII, da CF.
▸ Arts. 58 e 432 desta Consolidação.

Constituição Federal
Art. 7º São direitos dos trabalhadores urbanos e rurais, além de outros que visem à melhoria de sua condição social: (...) XIII – duração do trabalho normal não superior a oito horas diárias e quarenta e quatro semanais, facultada a compensação de horários e a redução da jornada, mediante acordo ou convenção coletiva de trabalho;

CLT
Art. 58. A duração normal do trabalho, para os empregados em qualquer atividade privada, não excederá de 8 (oito) horas diárias, desde que não seja fixado expressamente outro limite.

II – excepcionalmente, por motivo de força maior, até o máximo de 12 (doze) horas, com acréscimo salarial de pelo menos (vinte e cinco) sobre a hora normal e desde que o trabalho do menor seja imprescindível ao funcionamento do estabelecimento. *(Inciso II acrescido pelo Dec.-lei 229/1967)*

▸ Art. 7º, XVI, da CF.
▸ Arts. 61 e 501 da CLT.

Constituição Federal
Art. 7º São direitos dos trabalhadores urbanos e rurais, além de outros que visem à melhoria de sua condição social: (...) XIII – duração do trabalho normal não superior a oito horas diárias e quarenta e quatro semanais, facultada a compensação de horários e a redução da jornada, mediante acordo ou convenção coletiva de trabalho;

CLT
Art. 501. Entende-se como força maior todo acontecimento inevitável, em relação à vontade do empregador, e para a realização do qual este não concorreu, direta ou indiretamente.
§ 1º A imprevidência do empregador exclui a razão de força maior.
§ 2º À ocorrência do motivo de força maior que não afetar substancialmente, nem for suscetível de afetar, em tais condições, a situação econômica e financeira da empresa não se aplicam as restrições desta Lei referentes ao disposto neste Capítulo.

Parágrafo único. Aplica-se à prorrogação do trabalho do menor o disposto no artigo 375, no parágrafo único do artigo 376, no artigo 378 e no artigo 384 desta Consolidação. *(Parágrafo único acrescido pelo Dec.-lei 229/1967)*

▸ Os mencionados arts. 375 e 378 foram revogados pela Lei 7.855/1989.
▸ O mencionado art. 376 foi revogado pela Lei 10.244/2001.

Art. 414. Quando o menor de dezoito anos for empregado em mais de um estabelecimento, as horas de trabalho em cada um serão totalizadas.

Seção III
Da admissão em emprego e da Carteira
de Trabalho e Previdência Social

▸ O Dec.-lei 926/1969 instituiu a Carteira de Trabalho e Previdência Social em substituição a Carteira de Trabalho do Menor.

Art. 415. Haverá a Carteira de Trabalho e Previdência Social para todos os menores de 18 anos, sem distinção de sexo, empregados em empresas ou estabelecimentos de fins econômicos e daqueles que lhes forem equiparados.

▸ Expressão "carteira de trabalho do menor" alterada pelo Decreto-Lei 926/1969.

Parágrafo único. *Revogado pela Lei 13.874/2019.*

Art. 416. Os menores de 18 anos só poderão ser admitidos, como empregados, nas empresas ou estabelecimentos de fins econômicos e naqueles que lhes forem equiparados, quando possuidores da carteira a que se refere o artigo anterior, salvo a hipótese do art. 422.

Art. 417. *Revogado pela Lei 13.874/2019.*

Art. 418. *Revogado pela Lei 7.855/1989.*

Arts. 419 a 422. *Revogados pela Lei 13.874/2019.*

Art. 423. O empregador não poderá fazer outras anotações na Carteira de Trabalho e Previdência Social além das referentes ao salário, data da admissão, férias e saída.

▸ Expressão "carteira de trabalho do menor" alterada pelo Decreto-Lei 926/1969.

Seção IV
Dos deveres dos responsáveis legais de menores e dos empregadores. Da aprendizagem

▸ Dec. 9.579/2018 (Regulamenta a contratação de aprendizes).

Art. 424. É dever dos responsáveis legais de menores, pais, mães, ou tutores, afastá-los de empregos que diminuam consideravelmente o seu tempo de estudo, reduzam o tempo de repouso necessário à sua saúde e constituição física, ou prejudiquem a sua educação moral.

▸ Art. 208, § 3º, da CF.
▸ Lei 8.069/1990 (Estatuto da Criança e do Adolescente – ECA)

Constituição Federal

Art. 208. O dever do Estado com a educação será efetivado mediante a garantia de: (...)

§ 3º Compete ao Poder Público recensear os educandos no ensino fundamental, fazer-lhes a chamada e zelar, junto aos pais ou responsáveis, pela frequência à escola.

Art. 425. Os empregadores de menores de dezoito anos são obrigados a velar pela observância, nos seus estabelecimentos ou empresas, dos bons costumes e da decência pública, bem como das regras de higiene e segurança do trabalho.

▸ Arts. 154 a 201 desta Consolidação.

Art. 426. É dever do empregador, na hipótese do artigo 407, proporcionar ao menor todas as facilidades para mudar de serviço.

Art. 427. O empregador, cuja empresa ou estabelecimento ocupar menores, será obrigado a conceder-lhes o tempo que for necessário para frequência às aulas.

▸ Art. 227, § 3º, III, da CF.
▸ Art. 63, I, da Lei 8.069/1990 (Estatuto da Criança e do Adolescente – ECA)
▸ Art. 46 do Dec. 9.579/2018 (Regulamenta a contratação de aprendizes).

Constituição Federal

Art. 227. É dever da família, da sociedade e do Estado assegurar à criança, ao adolescente e ao jovem, com absoluta prioridade, o direito à vida, à saúde, à alimentação, à educação, ao lazer, à profissionalização, à cultura, à dignidade, ao respeito, à liberdade e à convivência familiar e comunitária, além de colocá-los a salvo de toda forma de negligência, discriminação, exploração, violência, crueldade e opressão.

§ 3º O direito a proteção especial abrangerá os seguintes aspectos:

III – garantia de acesso do trabalhador adolescente e jovem à escola;

Lei 8.069/1990

Art. 63. A formação técnico-profissional obedecerá aos seguintes princípios:

I – garantia de acesso e frequência obrigatória ao ensino regular;

Dec. 9.579/2018

Art. 46. A validade do contrato de aprendizagem profissional pressupõe:

I – a anotação na Carteira de Trabalho e Previdência Social;

II – a matrícula e a frequência do aprendiz à escola, na hipótese de este não ter concluído o ensino médio; e

II – a inscrição em programa de aprendizagem profissional desenvolvido sob a orientação de entidade qualificada em formação técnico-profissional metódica.

Parágrafo único. A comprovação da escolaridade de aprendiz com deficiência psicossocial considerará, sobretudo, as habilidades e as competências relacionadas com a profissionalização.

Parágrafo único. Os estabelecimentos situados em lugar onde a escola estiver a maior distância que dois quilômetros, e que ocuparem, permanentemente, mais de trinta menores analfabetos, de quatorze a dezoito anos, serão obrigados a manter local apropriado em que lhes seja ministrada a instrução primária.

Art. 428. Contrato de aprendizagem é o contrato de trabalho especial, ajustado por escrito e por prazo determinado, em que o empregador se compromete a assegurar ao maior de quatorze e menor de vinte e quatro anos inscrito em programa de aprendizagem formação técnico-profissional metódica, compatível com o seu desenvolvimento físico, moral e psicológico, e o aprendiz, a executar com zelo e diligência, as tarefas necessárias a essa formação. *(Caput com redação pela Lei 11.180/2005)*

▸ Art. 15, § 7º, da Lei 8.036/1990 (FGTS)
▸ Arts. 46 e 47 do Dec. 9.579/2018 (Regulamenta a contratação de aprendizes).
▸ Inst. Normativa 97/2012 da SIT (Fiscalização das condições de trabalho no âmbito dos programas de aprendizagem)

Lei 8.036/1990

Art. 15. Para os fins previstos nesta Lei, todos os empregadores ficam obrigados a depositar, até o vigésimo dia de cada mês, em conta vinculada, a importância correspondente a 8% (oito por cento) da remuneração paga ou devida, no mês anterior, a cada trabalhador, incluídas na remuneração as parcelas de que tratam os arts. 457 e 458 da Consolidação das Leis do Trabalho (CLT), aprovada pelo Decreto-Lei nº 5.452, de 1º de maio de 1943, e a Gratificação de Natal de que trata a Lei nº 4.090, de 13 de julho de 1962. (...)

§ 7º Os contratos de aprendizagem terão a alíquota a que se refere o *caput* deste artigo reduzida para dois por cento.

Dec. 9.579/2018

Art. 46. A validade do contrato de aprendizagem profissional pressupõe:

I – a anotação na Carteira de Trabalho e Previdência Social;

II – a matrícula e a frequência do aprendiz à escola, na hipótese de este não ter concluído o ensino médio; e

II – a inscrição em programa de aprendizagem profissional desenvolvido sob a orientação de entidade qualificada em formação técnico-profissional metódica.

Parágrafo único. A comprovação da escolaridade de aprendiz com deficiência psicossocial considerará, sobretudo, as habilidades e as competências relacionadas com a profissionalização.

Art. 47. O descumprimento das disposições legais e regulamentares importará a nulidade do contrato de aprendizagem, nos termos do disposto no art. 9º da CLT, aprovada pelo Decreto-Lei nº 5.452, de 1943, situação em que fica estabelecido o vínculo empregatício diretamente com o empregador responsável pelo cumprimento da cota de aprendizagem.

§ 1º A validade do contrato de aprendizagem pressupõe anotação na Carteira de Trabalho e Previdência Social, matrícula e frequência do aprendiz na escola, caso não haja concluído o ensino médio, e inscrição em programa de aprendizagem desenvolvido sob orientação de entidade qualificada em formação técnico-profissional metódica. *(§ 1º com redação pela Lei 11.788/2008)*

§ 2º Ao aprendiz, salvo condição mais favorável, será garantido o salário mínimo hora. *(§ 2º com redação pela Lei 13.420/2017)*

▸ Súmula 205 do STF.
▸ OJ 26 da SDC do TST.

Súmula

STF 205. Tem direito a salário integral o menor não sujeito à aprendizagem metódica.

Orientação Jurisprudencial

SDC 26. Salário normativo. Menor empregado. Art. 7º, XXX, da CF/88. Violação. Os empregados menores não podem ser discriminados em cláusula que fixa salário mínimo profissional para a categoria.

§ 3º O contrato de aprendizagem não poderá ser estipulado por mais de 2 (dois) anos, exceto quando se tratar de aprendiz portador de deficiência. *(§ 3º com redação pela Lei 11.788/2008)*

§ 4º A formação técnico-profissional a que se refere o *Caput* deste artigo caracteriza-se por atividades teóricas e práticas, metodicamente organizadas em tarefas de complexidade progressiva desenvolvidas no ambiente de trabalho. *(§ 4º acrescido pela Lei 10.097/2000)*

§ 5º A idade máxima prevista no *caput* deste artigo não se aplica a aprendizes portadores de deficiência. *(§ 5º acrescido pela Lei 11.180/2005)*

§ 6º Para os fins do contrato de aprendizagem, a comprovação da escolaridade de aprendiz com deficiência deve considerar, sobretudo, as habilidades e competências relacionadas com a profissionalização. *(§ 6º com redação pela Lei 13.146/2015)*

§ 7º Nas localidades onde não houver oferta de ensino médio para o cumprimento do disposto no § 1º deste artigo, a contratação do aprendiz poderá ocorrer sem a frequência à escola, desde que ele já tenha concluído o ensino fundamental. *(§ 7º acrescido pela Lei 11.788/2008)*

§ 8º Para o aprendiz com deficiência com 18 (dezoito) anos ou mais, a validade do contrato de aprendizagem pressupõe anotação na CTPS e matrícula e frequência em programa de aprendizagem desenvolvido sob orientação de entidade qualificada em formação técnico-profissional metódica. *(§ 8º acrescido pela Lei 13.146/2015)*

Art. 429. Os estabelecimentos de qualquer natureza são obrigados a empregar e matricular nos cursos dos Serviços Nacionais de Aprendizagem número de aprendizes equivalente a cinco por cento, no mínimo, e quinze por cento, no máximo, dos trabalhadores existentes em cada estabelecimento, cujas funções demandem formação profissional. *(Caput com redação pela Lei 10.097/2000)*

▸ Art. 62 do ADCT.
▸ Art. 51, III, da LC 123/2006 (Estatuto da Microempresa)
▸ Art. 51 do Dec. 9.579/2018 (Regulamenta a contratação de aprendizes).
▸ Inst. Normativa 97/2012 da SIT (Fiscalização das condições de trabalho no âmbito dos programas de aprendizagem)

ADCT

Art. 62. A lei criará o Serviço Nacional de Aprendizagem Rural (SENAR) nos moldes da legislação relativa ao Serviço Nacional de Aprendizagem Industrial (SENAI) e ao Serviço Nacional de Aprendizagem do Comércio (SENAC), sem prejuízo das atribuições dos órgãos públicos que atuam na área.

LC 123/2006:

Art. 51. As microempresas e as empresas de pequeno porte são dispensadas: (...) III – de empregar e matricular seus aprendizes nos cursos dos Serviços Nacionais de Aprendizagem;

Dec. 9.579/2018

Art. 51. Estabelecimentos de qualquer natureza são obrigados a empregar e matricular nos cursos oferecidos pelos serviços nacionais de aprendizagem o número de aprendizes equivalente a cinco por cento, no mínimo, e quinze por cento, no máximo, dos trabalhadores existentes em cada estabelecimento cujas funções demandem formação profissional.

a) e b) Revogadas pela Lei 10.097/2000.

§ 1º-A. O limite fixado neste artigo não se aplica quando o empregador for entidade sem fins lucrativos, que tenha por objetivo a educação profissional. *(§ 1º-A acrescido pela Lei 10.097/2000)*

▸ Mantivemos o texto conforme publicação oficial.

§ 1º-B. Os estabelecimentos a que se refere o *caput* poderão destinar o equivalente a até 10% (dez por cento) de sua cota de aprendizes à formação técnico-profissional metódica em áreas relacionadas a práticas de atividades desportivas, à prestação de serviços relacionados à infraestrutura, incluindo as atividades de construção, ampliação, recuperação e manutenção de instalações esportivas e à organização e promoção de eventos esportivos. *(§ 1º-B acrescido pela Lei 13.420/2017, vetado pelo Presidente da República e rejeitado o veto pelo Congresso Nacional)*

§ 1º As frações de unidade, no cálculo da percentagem de que trata o *caput*, darão lugar à admissão de um aprendiz. *(§ 1º acrescido pela Lei 10.097/2000)*

§ 2º Os estabelecimentos de que trata o *caput* ofertarão vagas de aprendizes a adolescentes usuários do Sistema Nacional de Atendimento Socioeducativo (SINASE) nas condições a serem dispostas em instrumentos de cooperação celebrados entre os estabelecimentos e os gestores dos Sistemas de Atendimento Socioeducativo locais. *(§ 2º acrescido pela Lei 12.594/2012)*

§ 3º Os estabelecimentos de que trata o *caput* poderão ofertar vagas de aprendizes a adolescentes usuários do Sistema Nacional de Políticas Públicas sobre Drogas – SISNAD nas condições a serem dispostas em instrumentos de cooperação celebrados entre os estabelecimentos e os gestores locais responsáveis pela prevenção do uso indevido, atenção e reinserção social de usuários e dependentes de drogas. *(§ 3º acrescido pela Lei 13.840/2019)*

Art. 430. Na hipótese de os Serviços Nacionais de Aprendizagem não oferecerem cursos ou vagas suficientes para atender à demanda dos estabelecimentos, esta poderá ser suprida por outras entidades qualificadas em formação técnico-profissional metódica, a saber: *(Caput com redação pela Lei 10.097/2000)*

▸ Portaria 723/2012 do MTE (Cria o Cadastro Nacional de Aprendizagem Profissional – CNAP)

I – Escolas Técnicas de Educação; *(Inciso I com redação pela Lei 10.097/2000)*

II – entidades sem fins lucrativos, que tenham por objetivo a assistência ao adolescente e à educação profissional, registradas no Conselho Municipal dos Direitos da Criança e do Adolescente; *(Inciso II com redação pela Lei 10.097/2000)*

III – entidades de prática desportiva das diversas modalidades filiadas ao Sistema Nacional do Desporto e aos Sistemas de Desporto dos Estados, do Distrito Federal e dos Municípios. *(Inciso III acrescido pela Lei 13.420/2017)*

§ 1º As entidades mencionadas neste artigo deverão contar com estrutura adequada ao desenvolvimento dos programas de aprendizagem, de forma a manter a qualidade do processo de ensino, bem como acompanhar e avaliar os resultados. *(§ 1º com redação pela Lei 10.097/2000)*

§ 2º Aos aprendizes que concluírem os cursos de aprendizagem, com aproveitamento, será concedido certificado de qualificação profissional. *(§ 2º com redação pela Lei 10.097/2000)*

§ 3º O Ministério do Trabalho fixará normas para avaliação da competência das entidades mencionadas nos incisos II e III deste artigo. *(§ 3º com redação pela Lei 13.420/2017)*

§ 4º As entidades mencionadas nos incisos II e III deste artigo deverão cadastrar seus cursos, turmas e aprendizes

matriculados no Ministério do Trabalho. *(§ 4º acrescido pela Lei 13.420/2017)*

§ 5º As entidades mencionadas neste artigo poderão firmar parcerias entre si para o desenvolvimento dos programas de aprendizagem, conforme regulamento. *(§ 5º acrescido pela Lei 13.420/2017)*

Art. 431. A contratação do aprendiz poderá ser efetivada pela empresa onde se realizará a aprendizagem ou pelas entidades mencionadas nos incisos II e III do art. 430, caso em que não gera vínculo de emprego com a empresa tomadora dos serviços. *(Caput com redação pela Lei 13.420/2017)*

Parágrafo único. Aos candidatos rejeitados pela seleção profissional deverá ser dada, tanto quanto possível, orientação profissional para ingresso em atividade mais adequada às qualidades e aptidões que tiverem demonstrado. *(Parágrafo único prejudicado por força da Lei 10.097/2000)*

Art. 432. A duração do trabalho do aprendiz não excederá de 6 (seis) horas diárias, sendo vedadas a prorrogação e a compensação de jornada. *(Caput com redação pela Lei 10.097/2000)*

▸ Arts. 411 e 413 desta Consolidação.
▸ Arts. 60 e 61 do Dec. 9.579/2018 (Regulamenta a contratação de aprendizes).

Dec. 9.579/2018

Art. 60. A jornada de trabalho do aprendiz não excederá seis horas diárias.

§ 1º Para os aprendizes que já tenham concluído o ensino fundamental, a jornada de trabalho poderá ser de até oito horas diárias, desde que nessa carga horária sejam computadas as horas destinadas à aprendizagem teórica.

§ 2º A jornada semanal do aprendiz inferior a vinte e cinco horas não caracterizará trabalho em regime de tempo parcial, de que trata o art. 58-A da CLT, aprovada pelo Decreto-Lei nº 5.452, de 1943.

Art. 61. São vedadas a prorrogação e a compensação de jornada de trabalho.

§ 1º O limite previsto neste artigo poderá ser de até 8 (oito) horas diárias para os aprendizes que Já tiverem completado o ensino fundamental, se nelas forem computadas as horas destinadas à aprendizagem teórica. *(§ 1º com redação pela Lei 10.097/2000)*

§ 2º *Revogado pela Lei 10.097/2000.*

Art. 433. O contrato de aprendizagem extinguir-se-á no seu termo ou quando o aprendiz completar 24 (vinte e quatro) anos, ressalvada a hipótese prevista no § 5º do art. 428 desta Consolidação, ou ainda antecipadamente nas seguintes hipóteses: *(Caput com redação pela Lei 11.180/2005)*

▸ Arts. 71 e 73 do Dec. 9.579/2018 (Regulamenta a contratação de aprendizes).

a) e b) Revogadas pela Lei 10.097/2000.

I – desempenho insuficiente ou inadaptação do aprendiz, salvo para o aprendiz com deficiência quando desprovido de recursos de acessibilidade, de tecnologias assistivas e de apoio necessário ao desempenho de suas atividades; *(Inciso I com redação pela Lei 13.146/2015)*

▸ Art. 71, III, a, e § 2º, do Dec. 9.579/2018.

Dec. 9.579/2018

Art. 71. O contrato de aprendizagem será extinto:

I – no seu termo;

II – quando o aprendiz completar vinte e quatro anos, exceto se for aprendiz com deficiência; ou

III – antecipadamente, nas seguintes hipóteses:

a) desempenho insuficiente ou inadaptação do aprendiz;

(...) § 2º O desempenho insuficiente ou a inadaptação do aprendiz referente às atividades do programa de aprendizagem de que trata a

alínea "a" do inciso III do *caput* será caracterizado por meio de laudo de avaliação elaborado pela entidade qualificada em formação técnico-profissional metódica.

II – falta disciplinar grave; *(Inciso II acrescido pela Lei 10.097/2000)*

▸ Art. 71, III, b, e § 3º, do Dec. 9.579/2018.

Dec. 9.579/2018

Art. 71. (...) III – antecipadamente, nas seguintes hipóteses:

(...) *b)* falta disciplinar grave;

(...) § 3º A falta disciplinar grave de que trata a alínea "b" do inciso III do *caput* será caracterizada por quaisquer das hipóteses previstas no art. 482 da Consolidação das Leis do Trabalho, aprovada pelo Decreto-Lei nº 5.452, de 1943.

III – ausência injustificada à escola que implique perda do ano letivo; ou *(Inciso III acrescido pela Lei 10.097/2000)*

▸ Art. 71, III, c, e § 4º, do Dec. 9.579/2018.

Dec. 9.579/2018

Art. 71. (...) III – antecipadamente, nas seguintes hipóteses:

(...) *c)* ausência injustificada à escola que implique perda do ano letivo; e

(...) § 4º A ausência injustificada às aulas que implique perda do ano letivo, de que trata a alínea "c" do inciso III do *caput*, será caracterizada por meio de declaração da instituição de ensino.

IV – a pedido do aprendiz. *(Inciso IV acrescido pela Lei 10.097/2000)*

▸ Art. 71, III, d, do Dec. 9.579/2018.

Dec. 9.579/2018

Art. 71. (...) III – antecipadamente, nas seguintes hipóteses:

(...) *d)* a pedido do aprendiz.

Parágrafo único. *Revogado pela Lei 3.519/1958.*

§ 2º Não se aplica o disposto nos artigos 479 e 480 desta Consolidação às hipóteses de extinção do contrato mencionadas neste artigo. *(§ 2º acrescido pela Lei 10.097/2000)*

▸ Mantivemos o § 2º conforme publicação oficial.
▸ Art. 71, § 1º, do Dec. 9.579/2018.

Dec. 9.579/2018

Art. 71. (...). § 1º Nas hipóteses de extinção e rescisão do contrato de aprendizagem, o empregador deverá contratar novo aprendiz, nos termos do disposto neste Decreto, sob pena de infração ao disposto no art. 429 da Consolidação das Leis do Trabalho, aprovada pelo Decreto-Lei nº 5.452, de 1943.

Seção V
Das penalidades

Art. 434. Os infratores das disposições deste Capítulo ficam sujeitos à multa de valor igual a um salário mínimo regional, aplicada tantas vezes quantos forem os menores empregados em desacordo com a lei, não podendo, todavia, a soma das multas exceder a cinco vezes o salário mínimo regional, salvo no caso de reincidência, em que esse total poderá ser elevado ao dobro. *(Artigo com redação pelo Dec.-lei 229/1967)*

▸ Arts. 74 e ss. da Portaria 667/2021 do MTE (Multas administrativas)

Art. 435. Fica sujeita à multa de valor igual a um salário mínimo regional e ao pagamento da emissão de nova via a empresa que fizer na Carteira de Trabalho e Previdência Social do menor anotação não prevista em lei. *(Artigo com redação pelo Dec.-lei 229/1967)*

Arts. 436 e 437. *Revogados pela Lei 10.097/2000.*

Art. 438. São competentes para impor as penalidades previstas neste Capítulo:

▸ Art. 35, IV, do Dec.-lei 229/1967.

a) no Distrito Federal, a autoridade de 1ª instância do Departamento Nacional do Trabalho;

b) nos Estados e Território do Acre, os delegados regionais do Ministério do Trabalho, Industria e Comercio ou os funcionários por eles designados para tal fim.

▸ Vide nota sobre a atualização da CLT relativa aos Ministérios.
▸ A Lei 4.070/1962 eleva o Território do Acre à categoria de Estado.

Parágrafo único. O processo, na verificação das infrações, bem como na aplicação e cobrança das multas, será o previsto no título "Do Processo de Multas Administrativas", observadas as disposições deste artigo.

▸ Arts. 626 a 642 desta Consolidação.

Seção VI
Disposições finais

Art. 439. É lícito ao menor firmar recibo pelo pagamento dos salários. Tratando-se, porém, de rescisão do contrato de trabalho, é vedado ao menor de 18 (dezoito) anos dar, sem assistência dos seus responsáveis legais, quitação ao empregador pelo recebimento da indenização que lhe for devida.

▸ Arts. 402 e 477,§ 6º, desta Consolidação.

CLT

Art. 402. Considera-se menor para os efeitos desta Consolidação o trabalhador de quatorze até dezoito anos.

Parágrafo único. O trabalho do menor reger-se-á pelas disposições do presente Capítulo, exceto no serviço em oficinas em que trabalhem exclusivamente pessoas da família do menor e esteja este sob a direção do pai, mãe ou tutor, observado, entretanto, o disposto nos arts. 404, 405 e na Seção II.

Art. 477. Na extinção do contrato de trabalho, o empregador deverá proceder à anotação na Carteira de Trabalho e Previdência Social, comunicar a dispensa aos órgãos competentes e realizar o pagamento das verbas rescisórias no prazo e na forma estabelecidos neste artigo. (...)
§ 6º A entrega ao empregado de documentos que comprovem a comunicação da extinção contratual aos órgãos competentes bem como o pagamento dos valores constantes do instrumento de rescisão ou recibo de quitação deverão ser efetuados até dez dias contados a partir do término do contrato.

Art. 440. Contra os menores de dezoito anos não corre nenhum prazo de prescrição.

▸ Art. 7º, XXIX, da CF.
▸ Art. 198, I, do CC.
▸ Art. 10, *caput* e par. ún., da Lei 5.889/1973 (Trabalho Rural)
▸ Súmula 308 do TST.

Constituição Federal

Art. 7º São direitos dos trabalhadores urbanos e rurais, além de outros que visem à melhoria de sua condição social: (...) XXIX – ação, quanto aos créditos resultantes das relações de trabalho, com prazo prescricional de cinco anos para os trabalhadores urbanos e rurais, até o limite de dois anos após a extinção do contrato de trabalho;

Código Civil

Art. 198. Também não corre a prescrição:
I – contra os incapazes de que trata o art. 3º;

Lei 5.889/1973

Art. 10. A prescrição dos direitos assegurados por esta Lei aos trabalhadores rurais só ocorrerá após dois anos de cessação do contrato de trabalho.
Parágrafo único. Contra o menor de dezoito anos não corre qualquer prescrição.

Súmula

TST 308. Prescrição quinquenal. I – Respeitado o biênio subsequente à cessação contratual, a prescrição da ação trabalhista concerne às pretensões imediatamente anteriores a cinco anos, contados da data do ajuizamento da reclamação e, não, às anteriores ao quinquênio da data da extinção do contrato. II – A norma constitucional que ampliou o prazo de prescrição da ação trabalhista para 5 (cinco) anos é de aplicação imediata e não atinge pretensões já alcançadas pela prescrição bienal quando da promulgação da CF/1988.

Art. 441. O quadro a que se refere o item I do artigo 405 será revisto bienalmente. (*Artigo com redação pelo Dec.-lei 229/1967*)

TÍTULO IV
DO CONTRATO INDIVIDUAL DO TRABALHO

CAPÍTULO I
DISPOSIÇÕES GERAIS

Art. 442. Contrato individual de trabalho é o acordo tácito ou expresso, correspondente à relação de emprego.

▸ Súmulas 129, 363, 386 e 430 do TST.
▸ OJs 185, 191 e 199 da SDI-I do TST.

Súmulas

TST 129. Contrato de trabalho. Grupo econômico. A prestação de serviços a mais de uma empresa do mesmo grupo econômico, durante a mesma jornada de trabalho, não caracteriza a coexistência de mais de um contrato de trabalho, salvo ajuste em contrário.

TST 363. Contrato nulo. Efeitos. A contratação de servidor público, após a CF/1988, sem prévia aprovação em concurso público, encontra óbice no respectivo art. 37, II e § 2º, somente lhe conferindo direito ao pagamento da contraprestação pactuada, em relação ao número de horas trabalhadas, respeitado o valor da hora do salário-mínimo, e dos valores referentes aos depósitos do FGTS.

TST 386. Policial militar. Reconhecimento de vínculo empregatício com empresa privada. Preenchidos os requisitos do art. 3º da CLT, é legítimo o reconhecimento de relação de emprego entre policial militar e empresa privada, independentemente do eventual cabimento de penalidade disciplinar prevista no Estatuto do Policial Militar.

TST 430. Administração pública indireta. Contratação. Ausência de concurso público. Nulidade. Ulterior privatização. Convalidação. Insubsistência do vício. Convalidam-se os efeitos do contrato de trabalho que, considerado nulo por ausência de concurso público, quando celebrado originalmente com ente da Administração Pública Indireta, continua a existir após a sua privatização.

Orientações Jurisprudenciais

SDI-I 185. Contrato de trabalho com a Associação de Pais e Mestres – APM. Inexistência de responsabilidade solidária ou subsidiária do estado. O Estado-Membro não é responsável subsidiária ou solidariamente com a Associação de Pais e Mestres pelos encargos trabalhistas dos empregados contratados por esta última, que deverão ser suportados integral e exclusivamente pelo real empregador.

SDI-I 191. Contrato de empreitada. Dono da obra de construção civil. Responsabilidade. Diante da inexistência de previsão legal específica, o contrato de empreitada de construção civil entre o dono da obra e o empreiteiro não enseja responsabilidade solidária ou subsidiária nas obrigações trabalhistas contraídas pelo empreiteiro, salvo sendo o dono da obra uma empresa construtora ou incorporadora.

SDI-I 199. Jogo do bicho. Contrato de trabalho. Nulidade. Objeto ilícito. É nulo o contrato de trabalho celebrado para o desempenho de atividade inerente à prática do jogo do bicho, ante a ilicitude de seu objeto, o que subtrai o requisito de validade para a formação do ato jurídico.

§ 1º. Qualquer que seja o ramo de atividade da sociedade cooperativa, não existe vínculo empregatício entre ela e seus associados, nem entre estes e os tomadores de serviços daquela.

▸ § 1º renumerado e com redação pela Lei 14.647/2023.
▸ Arts. 1.093 a 1.096 do CC.
▸ Lei 5.764/1971 (Lei das Cooperativas)
▸ Lei 12.690/2012 (Organização e funcionamento das cooperativas de trabalho)
▸ OJ 253 da SDI-I do TST.

Orientação Jurisprudencial

253. Estabilidade provisória. Cooperativa. Lei 5.764/71. Conselho fiscal. Suplente. Não assegurada. O art. 55 da Lei 5.764/71 assegura a garantia de emprego apenas aos empregados eleitos diretores de Cooperativas, não abrangendo os membros suplentes.

§ 2º. Não existe vínculo empregatício entre entidades religiosas de qualquer denominação ou natureza ou instituições de ensino vocacional e ministros de confissão religiosa, membros de instituto de vida consagrada, de

congregação ou de ordem religiosa, ou quaisquer outros que a eles se equiparem, ainda que se dediquem parcial ou integralmente a atividades ligadas à administração da entidade ou instituição a que estejam vinculados ou estejam em formação ou treinamento.

§ 3º. O disposto no § 2º não se aplica em caso de desvirtuamento da finalidade religiosa e voluntária.

▸ §§ 2º e 3º acrescidos pela Lei 14.647/2023.

Art. 442-A. Para fins de contratação, o empregador não exigirá do candidato a emprego comprovação de experiência prévia por tempo superior a 6 (seis) meses no mesmo tipo de atividade. *(Artigo acrescido pela Lei 11.644/2008)*

▸ Art. 373-A, I, da CLT.

CLT

Art. 373-A. Ressalvadas as disposições legais destinadas a corrigir as distorções que afetam o acesso da mulher ao mercado de trabalho e certas especificidades estabelecidas nos acordos trabalhistas, é vedado:

I – publicar ou fazer publicar anúncio de emprego no qual haja referência ao sexo, à idade, à cor ou situação familiar, salvo quando a natureza da atividade a ser exercida, pública e notoriamente, assim o exigir;

Art. 442-B. A contratação do autônomo, cumpridas por este todas as formalidades legais, com ou sem exclusividade, de forma contínua ou não, afasta a qualidade de empregado prevista no art. 3º desta Consolidação. *(Artigo acrescido pela Lei 13.467/2017)*

▸ Art. 11, V, da Lei 8.213/1991.

Art. 443. O contrato individual de trabalho poderá ser acordado tácita ou expressamente, verbalmente ou por escrito, por prazo determinado ou indeterminado, ou para prestação de trabalho intermitente. *(Caput com redação pela Lei 13.467/2017)*

▸ Art. 11 da Lei 6.019/1974 (Trabalho Temporário)
▸ Lei 9.601/1998 (Contrato de trabalho por prazo determinado)
▸ Art. 70 do Dec. 10.854/2021.
▸ PN 20 do TST.

Lei 6.019/1974

Art. 11. O contrato de trabalho celebrado entre empresa de trabalho temporário e cada um dos assalariados colocados à disposição de uma empresa tomadora ou cliente será, obrigatoriamente, escrito e dele deverão constar, expressamente, os direitos conferidos aos trabalhadores por esta Lei.

Precedente Normativo

TST 20 Empregado rural. Contrato escrito (positivo) Sendo celebrado contrato por tarefa, parceria ou meação, por escrito, obriga-se o empregador a fornecer uma via deste ao empregado, devidamente datada e assinada pelas partes.

§ 1º Considera-se como de prazo determinado o contrato de trabalho cuja vigência dependa de termo prefixado ou da execução de serviços especificados ou ainda da realização de certo acontecimento suscetível de previsão aproximada. *(Primitivo parágrafo único renumerado pelo Dec.-lei 229/1967)*

Precedente Normativo

TST 20 Empregado rural. Contrato escrito. Sendo celebrado contrato por tarefa, parceria ou meação, por escrito, obriga-se o empregador a fornecer uma via deste ao empregado, devidamente datada e assinada pelas partes.

§ 2º O contrato por prazo determinado só será válido em se tratando: *(§ 2º acrescido pelo Dec.-lei 229/1967)*

a) de serviço cuja natureza ou transitoriedade justifique a predeterminação do prazo;

b) de atividades empresariais de caráter transitório;

c) de contrato de experiência.

▸ Súmulas 163, 188, 212 e 378, III do TST.

Súmulas

TST 163. Aviso-prévio. Contrato de experiência. Cabe aviso-prévio nas rescisões antecipadas dos contratos de experiência, na forma do art. 481 da CLT.

TST 188. Contrato de trabalho. Experiência. Prorrogação. O contrato de experiência pode ser prorrogado, respeitado o limite máximo de 90 (noventa) dias.

TST 212. Despedimento. Ônus da prova. O ônus de provar o término do contrato de trabalho, quando negados a prestação de serviço e o despedimento, é do empregador, pois o princípio da continuidade da relação de emprego constitui presunção favorável ao empregado.

TST 378. Estabilidade provisória. Acidente de trabalho. Art. 118 da Lei 8.213/1991. (...) III. O empregado submetido a contrato de trabalho por tempo determinado goza da garantia provisória de emprego, decorrente de acidente de trabalho, prevista no art. 118 da Lei 8.213/1991.

§ 3º Considera-se como intermitente o contrato de trabalho no qual a prestação de serviços, com subordinação, não é contínua, ocorrendo com alternância de períodos de prestação de serviços e de inatividade, determinados em horas, dias ou meses, independentemente do tipo de atividade do empregado e do empregador, exceto para os aeronautas, regidos por legislação própria. *(§ 3º acrescido pela Lei 13.467/2017)*

▸ Art. 4º da Port. 349/2018 do MTE (Regras voltadas à execução da Lei 13.467/2017)

Art. 444. As relações contratuais de trabalho podem ser objeto de livre estipulação das partes interessadas em tudo quanto não contravenha às disposições de proteção ao trabalho, aos contratos coletivos que lhes sejam aplicáveis e às decisões das autoridades competentes.

▸ Art. 7º, XXVI, da CF.
▸ Súmulas 51, 91, 92, 190, 202, 288, 374, 375, 423 e 451 do TST.
▸ OJs 72 e 73 da SDI-I Transitória do TST.

Constituição Federal

Art. 7º São direitos dos trabalhadores urbanos e rurais, além de outros que visem à melhoria de sua condição social: (...) XXVI – reconhecimento das convenções e acordos coletivos de trabalho;

Súmulas

TST 51. Norma regulamentar. Vantagens e opção pelo novo regulamento. Art. 468 da CLT. I – As cláusulas regulamentares, que revoguem ou alterem vantagens deferidas anteriormente, só atingirão os trabalhadores admitidos após a revogação ou alteração do regulamento. II – Havendo a coexistência de dois regulamentos da empresa, a opção do empregado por um deles tem efeito jurídico de renúncia às regras do sistema do outro.

TST 91. Salário complessivo. Nula é a cláusula contratual que fixa determinada importância ou percentagem para atender englobadamente vários direitos legais ou contratuais do trabalhador.

TST 92. Aposentadoria. O direito à complementação de aposentadoria, criado pela empresa, com requisitos próprios, não se altera pela instituição de benefício previdenciário por órgão oficial.

TST 190. Poder normativo do TST. Condições de trabalho. Inconstitucionalidade. Decisões contrárias ao STF. Ao julgar ou homologar ação coletiva ou acordo nela havido, o Tribunal Superior do Trabalho exerce o poder normativo constitucional, não podendo criar ou homologar condições de trabalho que o Supremo Tribunal Federal julgue iterativamente inconstitucionais.

TST 202. Gratificação por tempo de serviço. Compensação. Existindo, ao mesmo tempo, gratificação por tempo de serviço outorgada pelo empregador e outra da mesma natureza prevista em acordo coletivo, convenção coletiva ou sentença normativa, o empregado tem direito a receber, exclusivamente, a que lhe seja mais benéfica.

TST 375. Reajustes salariais previstos em norma coletiva. Prevalência da legislação de política salarial. Os reajustes salariais previstos em norma coletiva de trabalho não prevalecem frente à legislação superveniente de política salarial.

TST 423. Turno ininterrupto de revezamento. Fixação de jornada de trabalho mediante negociação Coletiva. Validade. Estabelecida jornada superior a 6 (seis) horas e limitada a 8 (oito) horas por meio de regular negociação coletiva, os empregados submetidos a turnos ininterruptos de revezamento não têm direito ao pagamento da 7ª e 8ª horas como extras.

Parágrafo único. A livre estipulação a que se refere o *caput* deste artigo aplica-se às hipóteses previstas no art. 611-A desta Consolidação, com a mesma eficácia legal e preponderância sobre os instrumentos coletivos, no caso de empregado portador de diploma de nível superior e que perceba salário mensal igual ou superior a duas vezes o limite máximo dos benefícios do Regime Geral de Previdência Social. *(Parágrafo único acrescido pela Lei 13.467/2017)*

Art. 445. O contrato de trabalho por prazo determinado não poderá ser estipulado por mais de 2 (dois) anos, observada a regra do artigo 451. *(Caput com redação pelo Dec.-lei 229/1967)*

▸ Art. 451 da CLT.
▸ Art. 30, par. ún., da Lei 9.615/1998 (Lei Pelé)
▸ Súmula 195 do STF.

CLT
Art. 451. O contrato de trabalho por prazo determinado que, tácita ou expressamente, for prorrogado mais de uma vez passará a vigorar sem determinação de prazo.

Súmula
STF 195. Contrato de trabalho para obra certa, ou de prazo determinado, transforma-se em contrato de prazo indeterminado, quando prorrogado por mais de quatro anos.

Parágrafo único. O contrato de experiência não poderá exceder de 90 (noventa) dias. *(Parágrafo único acrescido pelo Dec.-lei 229/1967)*

▸ Art. 10, § 4º, da Lei 6.019/1974 (Trabalho Temporário)
▸ Súmulas 163 e 188 do TST.

Lei 6.019/1974
Art. 10. (...) § 4º Não se aplica ao trabalhador temporário, contratado pela tomadora de serviços, o contrato de experiência previsto no parágrafo único do art. 445 da Consolidação das Leis do Trabalho (CLT), aprovada pelo Decreto-Lei 5.452, de 1º de maio de 1943.

Súmulas
TST 163. Aviso-prévio. Contrato de experiência. Cabe aviso-prévio nas rescisões antecipadas dos contratos de experiência, na forma do art. 481 da CLT.

TST 188. Contrato de trabalho. Experiência. Prorrogação. O contrato de experiência pode ser prorrogado, respeitado o limite máximo de 90 (noventa) dias.

Art. 446. *Revogado pela Lei 7.855/1989.*

Art. 447. Na falta de acordo ou prova sobre condição essencial ao contrato verbal, esta se presume existente, como se a tivessem estatuído os interessados, na conformidade dos preceitos jurídicos adequados à sua legitimidade.

▸ Súmula 12 do TST.

Súmula
TST 12. Carteira profissional. As anotações apostas pelo empregador na carteira profissional do empregado não geram presunção *juris et de jure*, mas apenas *juris tantum*.

Art. 448. A mudança na propriedade ou na estrutura jurídica da empresa não afetará os contratos de trabalho dos respectivos empregados.

▸ Art. 10 desta Consolidação.
▸ Arts. 48 e 83, I, da Lei 11.101/2005.
▸ Súmula 227 do STF.
▸ OJs 92, 143, 261, 343, 408 e 411 da SDI-I do TST.
▸ OJs 28 e 48 da SDI-I Transitória do TST.
▸ OJ 53 da SDI-II do TST.

Lei 11.101/2005
Art. 83. A classificação dos créditos na falência obedece à seguinte ordem:

I – os créditos derivados da legislação trabalhista, limitados a 150 (cento e cinquenta) salários-mínimos por credor, e aqueles decorrentes de acidentes de trabalho;

Súmula
STF 227. A concordata do empregador não impede a execução de crédito nem a reclamação de empregado na Justiça do Trabalho.

Orientações Jurisprudenciais
SDI-I 92. Desmembramento de municípios. Responsabilidade trabalhista. Em caso de criação de novo município, por desmembramento, cada uma das novas entidades responsabiliza-se pelos direitos trabalhistas do empregado no período em que figurarem como real empregador.

SDI-I 143. Empresa em liquidação extrajudicial. Execução. Créditos trabalhistas. Lei 6.024/74. A execução trabalhista deve prosseguir diretamente na Justiça do Trabalho mesmo após a decretação da liquidação extrajudicial. Lei 6.830/80, arts. 5º e 29, aplicados supletivamente (CLT art. 889 e CF/1988, art. 114)

SDI-I 261. Bancos. Sucessão trabalhista. As obrigações trabalhistas, inclusive as contraídas à época em que os empregados trabalhavam para o banco sucedido, são de responsabilidade do sucessor, uma vez que a este foram transferidos os ativos, as agências, os direitos e deveres contratuais, caracterizando típica sucessão trabalhista.

SDI-I 408. Juros de mora. Empresa em liquidação extrajudicial. Sucessão trabalhista. É devida a incidência de juros de mora em relação aos débitos trabalhistas de empresa em liquidação extrajudicial sucedida nos moldes dos arts. 10 e 448 da CLT. O sucessor responde pela obrigação do sucedido, não se beneficiando de qualquer privilégio a este destinado.

SDI-I 411. Sucessão trabalhista. Aquisição de empresa pertencente a grupo econômico. Responsabilidade solidária do sucessor por débitos trabalhistas de empresa não adquirida. Inexistência. O sucessor não responde solidariamente por débitos trabalhistas de empresa não adquirida, integrante do mesmo grupo econômico da empresa sucedida, quando, à época, a empresa devedora direta era solvente ou idônea economicamente, ressalvada a hipótese de má-fé ou fraude na sucessão.

SDI-I Transitória 28. CDHU. Sucessão trabalhista. Considerando a moldura fática delineada pelo Regional, conduz-se à ilação de que a CDHU foi a sucessora da CONESP, uma vez que ocupou os imóveis e assumiu os contratos anteriores, dando sequência às obras com o mesmo pessoal.

SDI-II 53. Mandado de segurança. Cooperativa em liquidação extrajudicial. Lei 5.764/71, art. 76. Inaplicável. Não suspende a execução. A liquidação extrajudicial de sociedade cooperativa não suspende a execução dos créditos trabalhistas existentes contra ela.

Art. 448-A. Caracterizada a sucessão empresarial ou de empregadores prevista nos arts. 10 e 448 desta Consolidação, as obrigações trabalhistas, inclusive as contraídas à época em que os empregados trabalhavam para a empresa sucedida, são de responsabilidade do sucessor. *(Artigo acrescido pela Lei 13.467/2017)*

▸ Arts. 10 e 448 desta Consolidação.
▸ OJ 261 da SDI-I do TST.

Parágrafo único. A empresa sucedida responderá solidariamente com a sucessora quando ficar comprovada fraude na transferência.

CLT
Art. 10. Qualquer alteração na estrutura jurídica da empresa não afetará os direitos adquiridos por seus empregados.

Art. 448. A mudança na propriedade ou na estrutura jurídica da empresa não afetará os contratos de trabalho dos respectivos empregados.

Orientação Jurisprudencial
SDI-I 261. Bancos. Sucessão trabalhista. As obrigações trabalhistas, inclusive as contraídas à época em que os empregados trabalhavam para o banco sucedido, são de responsabilidade do sucessor, uma vez que a este foram transferidos os ativos, as agências, os direitos e deveres contratuais, caracterizando típica sucessão trabalhista.

Art. 449. Os direitos oriundos da existência do contrato de trabalho subsistirão em caso de falência, concordata ou dissolução da empresa.

▸ Art. 148 desta Consolidação.
▸ Arts. 60, par. ún., e 141 da Lei 11.101/2005 (Recuperação de Empresas e Falências)

▸ Súmula 227 do STF.
▸ Súmula 219 do STJ.
▸ Súmulas 173 e 304 do TST.
▸ OJ 143 da SDI-I do TST.
▸ OJ 53 da SDI-II do TST.

CLT

Art. 148. A remuneração das férias, ainda quando devida após a cessação do contrato de trabalho, terá natureza salarial, para os efeitos do art. 449.

Súmulas

STF 227. A concordata do empregador não impede a execução de crédito nem a reclamação de empregado na Justiça do Trabalho.

STJ 219. Os créditos decorrentes de serviços prestados à massa falida, inclusive a remuneração do síndico, gozam dos privilégios próprios dos trabalhistas.

TST 173. Salário. Empresa. Cessação de atividades. Extinto, automaticamente, o vínculo empregatício com a cessação das atividades da empresa, os salários só são devidos até a data da extinção.

TST 304. Correção monetária. Empresas em liquidação. Art. 46 do ADCT/CF. Os débitos trabalhistas das entidades submetidas aos regimes de intervenção ou liquidação extrajudicial estão sujeitos a correção monetária desde o respectivo vencimento até seu efetivo pagamento, sem interrupção ou suspensão, não incidindo, entretanto, sobre tais débitos, juros de mora.

Orientações Jurisprudenciais

SDI-I 143. Empresa em liquidação extrajudicial. Execução. Créditos trabalhistas. Lei 6.024/74. A execução trabalhista deve prosseguir diretamente na Justiça do Trabalho mesmo após a decretação da liquidação extrajudicial. Lei 6.830/80, arts. 5º e 29, aplicados supletivamente (CLT art. 889 e CF/1988, art. 114)

SDI-II 53. Mandado de segurança. Cooperativa em liquidação extrajudicial. Lei 5.764/71, art. 76. Inaplicável. Não suspende a execução. A liquidação extrajudicial de sociedade cooperativa não suspende a execução dos créditos trabalhistas existentes contra ela.

§ 1º Na falência, constituirão créditos privilegiados a totalidade dos salários devidos ao empregado e a totalidade das indenizações a que tiver direito. *(§ 1º com redação pela Lei 6.449/1977)*

▸ Art. 768 desta Consolidação.
▸ Art. 186 do CTN.
▸ Arts. 83, 151 e 158 da Lei 11.101/2005 (Recuperação de Empresas e Falências)

CLT

Art. 768. Terá preferência em todas as fases processuais o dissídio cuja decisão tiver de ser executada perante o Juízo da falência.

CTN

Art. 186. O crédito tributário prefere a qualquer outro, seja qual for sua natureza ou o tempo de sua constituição, ressalvados os créditos decorrentes da legislação do trabalho ou do acidente de trabalho.

Lei 11.101/2005

Art. 83. A classificação dos créditos na falência obedece à seguinte ordem: I – os créditos derivados da legislação trabalhista, limitados a 150 (cento e cinquenta) salários-mínimos por credor, e aqueles decorrentes de acidentes de trabalho;

Art. 151. Os créditos trabalhistas de natureza estritamente salarial vencidos nos 3 (três) meses anteriores à decretação da falência, até o limite de 5 (cinco) salários-mínimos por trabalhador, serão pagos tão logo haja disponibilidade em caixa.

§ 2º Havendo concordata na falência, será facultado aos contratantes tornar sem efeito a rescisão do contrato de trabalho e consequente indenização, desde que o empregador pague, no mínimo, a metade dos salários que seriam devidos ao empregado durante o interregno.

▸ Súmula 227 do STF.
▸ Súmulas 173 do TST.

Súmulas

STF 227. A concordata do empregador não impede a execução de crédito nem a reclamação de empregado na Justiça do Trabalho.

TST 173. Salário. Empresa. Cessação de atividades. Extinto, automaticamente, o vínculo empregatício com a cessação das atividades da empresa, os salários só são devidos até a data da extinção.

Art. 450. Ao empregado chamado a ocupar, em comissão, interinamente, ou em substituição eventual ou temporária, cargo diverso do que exerce na empresa, serão garantidas a contagem do tempo naquele serviço, bem como a volta ao cargo anterior.

▸ Súmulas 24 e 204 do STF.
▸ Súmulas 159 e 269 do TST.

Súmulas

STF 24. Funcionário interino substituto é demissível, mesmo antes de cessar a causa da substituição.

STF 204. Tem direito o trabalhador substituto, ou de reserva, ao salário mínimo no dia em que fica à disposição do empregador sem ser aproveitado na função específica; se aproveitado, recebe o salário-contratual.

TST 159. Substituição de caráter não eventual e vacância do cargo. I – Enquanto perdurar a substituição que não tenha caráter meramente eventual, inclusive nas férias, o empregado substituto fará jus ao salário contratual do substituído. II – Vago o cargo em definitivo, o empregado que passa a ocupá-lo não tem direito a salário igual ao do antecessor.

TST 269. Diretor eleito. Cômputo do período como tempo de serviço. O empregado eleito para ocupar cargo de diretor tem o respectivo contrato de trabalho suspenso, não se computando o tempo de serviço deste período, salvo se permanecer a subordinação jurídica inerente à relação de emprego.

Art. 451. O contrato de trabalho por prazo determinado que, tácita ou expressamente, for prorrogado mais de uma vez passará a vigorar sem determinação de prazo.

▸ Súmula 195 do STF.
▸ Súmula 188 do TST.

Súmulas

STF 195. Contrato de trabalho para obra certa, ou de prazo determinado, transforma-se em contrato de prazo indeterminado, quando prorrogado por mais de quatro anos.

TST 188. Contrato de trabalho. Experiência. Prorrogação. O contrato de experiência pode ser prorrogado, respeitado o limite máximo de 90 (noventa) dias.

Art. 452. Considera-se por prazo indeterminado todo contrato que suceder, dentro de seis meses, a outro contrato por prazo determinado, salvo se a expiração deste dependeu da execução de serviços especializados ou da realização de certos acontecimentos.

▸ Súmula 195 do STF.

Art. 452-A. O contrato de trabalho intermitente deve ser celebrado por escrito e deve conter especificamente o valor da hora de trabalho, que não pode ser inferior ao valor horário do salário mínimo ou àquele devido aos demais empregados do estabelecimento que exerçam a mesma função em contrato intermitente ou não. *(Artigo acrescido pela Lei 13.467/2017)*

▸ Art. 2º da Port. 349/2018 do MTE (Regras voltadas à execução da Lei 13.467/2017)

§ 1º O empregador convocará, por qualquer meio de comunicação eficaz, para a prestação de serviços, informando qual será a jornada, com, pelo menos, três dias corridos de antecedência.

§ 2º Recebida a convocação, o empregado terá o prazo de um dia útil para responder ao chamado, presumindo-se, no silêncio, a recusa.

§ 3º A recusa da oferta não descaracteriza a subordinação para fins do contrato de trabalho intermitente.

§ 4º Aceita a oferta para o comparecimento ao trabalho, a parte que descumprir, sem justo motivo, pagará à outra parte, no prazo de trinta dias, multa de 50% (cinquenta por cento) da remuneração que seria devida, permitida a compensação em igual prazo.

§ 5º O período de inatividade não será considerado tempo à disposição do empregador, podendo o trabalhador prestar serviços a outros contratantes.

§ 6º Ao final de cada período de prestação de serviço, o empregado receberá o pagamento imediato das seguintes parcelas:

I – remuneração;

II – férias proporcionais com acréscimo de um terço;

III – décimo terceiro salário proporcional;

IV – repouso semanal remunerado; e

V – adicionais legais.

§ 7º O recibo de pagamento deverá conter a discriminação dos valores pagos relativos a cada uma das parcelas referidas no § 6º deste artigo.

§ 8º O empregador efetuará o recolhimento da contribuição previdenciária e o depósito do Fundo de Garantia do Tempo de Serviço, na forma da lei, com base nos valores pagos no período mensal e fornecerá ao empregado comprovante do cumprimento dessas obrigações.

§ 9º A cada doze meses, o empregado adquire direito a usufruir, nos doze meses subsequentes, um mês de férias, período no qual não poderá ser convocado para prestar serviços pelo mesmo empregador.

Art. 453. No tempo de serviço do empregado, quando readmitido, serão computados os períodos, ainda que não contínuos, em que tiver trabalhado anteriormente na empresa, salvo se houver sido despedido por falta grave, recebido indenização legal ou se aposentado espontaneamente. *(Caput com redação pela Lei 6.204/1975)*

▸ Súmula 215 do STF.
▸ Súmulas 138 e 156 do TST.
▸ OJ 361 da SDI-I do TST.

Súmulas

STF 215. Conta-se a favor de empregado readmitido o tempo de serviço anterior, salvo se houver sido despedido por falta grave ou tiver recebido a indenização legal.

TST 138. Readmissão. Em caso de readmissão, conta-se a favor do empregado o período de serviço anterior, encerrado com a saída espontânea.

TST 156. Prescrição. Prazo. Da extinção do último contrato começa a fluir o prazo prescricional do direito de ação em que se objetiva a soma de períodos descontínuos de trabalho.

Orientação Jurisprudencial

SDI-I 361. Aposentadoria espontânea. Unicidade do contrato de trabalho. multa de 40% do FGTS sobre todo o período. A aposentadoria espontânea não é causa de extinção do contrato de trabalho se o empregado permanece prestando serviços ao empregador após a jubilação. Assim, por ocasião da sua dispensa imotivada, o empregado tem direito à multa de 40% do FGTS sobre a totalidade dos depósitos efetuados no curso do pacto laboral.

§ 1º Na aposentadoria espontânea de empregados de empresas públicas e sociedades de economia mista é permitida sua readmissão desde que atendidos aos requisitos constantes do artigo 37, inciso XVI, da Constituição, e condicionada à prestação de concurso público. *(§ 1º acrescido pela Lei 9.528/1997)*

▸ O STF, no julgamento da ADIN 1.770-4 (*DOU* e *DJU* 20.10.2006), julgou parcialmente procedente a ação, para declarar a inconstitucionalidade deste parágrafo.

§ 2º O ato de concessão de benefício de aposentadoria a empregado que não tiver completado trinta e cinco anos de serviço, se homem, ou trinta, se mulher, importa em extinção de vínculo empregatício. *(§ 2º acrescido pela Lei 9.528, de 10.12.1997)*

▸ O STF, no julgamento da ADIN 1.721-3 (*DOU* 20.10.2006), por maioria de votos, julgou procedente a ação, para declarar a inconstitucionalidade deste parágrafo.

Art. 454. Na vigência do contrato de trabalho, as invenções do empregado, quando decorrentes de sua contribuição pessoal e da instalação ou equipamento fornecidos pelo empregador, serão de propriedade comum, em partes iguais, salvo se o contrato de trabalho tiver por objeto, implícita ou explicitamente, pesquisa científica.

▸ Artigo prejudicado por força da Lei 5.772/1971, que foi revogada expressamente pela Lei 9.279/1996.
▸ Art. 5º, XXVII, XXVIII e XXIX, da CF.
▸ Art. 91 da Lei 9.279/1996 (Propriedade Industrial)

Constituição Federal

Art. 5º Todos são iguais perante a lei, sem distinção de qualquer natureza, garantindo-se aos brasileiros e aos estrangeiros residentes no País a inviolabilidade do direito à vida, à liberdade, à igualdade, à segurança e à propriedade, nos termos seguintes: (...)

XXVII – aos autores pertence o direito exclusivo de utilização, publicação ou reprodução de suas obras, transmissível aos herdeiros pelo tempo que a lei fixar;

XXVIII – são assegurados, nos termos da lei:

a) a proteção às participações individuais em obras coletivas e à reprodução da imagem e voz humanas, inclusive nas atividades desportivas;

b) o direito de fiscalização do aproveitamento econômico das obras que criarem ou de que participarem aos criadores, aos intérpretes e às respectivas representações sindicais e associativas;

XXIX – a lei assegurará aos autores de inventos industriais privilégio temporário para sua utilização, bem como proteção às criações industriais, à propriedade das marcas, aos nomes de empresas e a outros signos distintivos, tendo em vista o interesse social e o desenvolvimento tecnológico e econômico do País;

Lei 9.279/1996

Art. 91. A propriedade de invenção ou de modelo de utilidade será comum, em partes iguais, quando resultar da contribuição pessoal do empregado e de recursos, dados, meios, materiais, instalações ou equipamentos do empregador, ressalvada expressa disposição contratual em contrário.

§ 1º Sendo mais de um empregado, a parte que lhes couber será dividida igualmente entre todos, salvo ajuste em contrário.

§ 2º É garantido ao empregador o direito exclusivo de licença de exploração e assegurada ao empregado a justa remuneração.

§ 3º A exploração do objeto da patente, na falta de acordo, deverá ser iniciada pelo empregador dentro do prazo de 1 (um) ano, contado da data de sua concessão, sob pena de passar à exclusiva propriedade do empregado a titularidade da patente, ressalvadas as hipóteses de falta de exploração por razões legítimas.

§ 4º No caso de cessão, qualquer dos co-titulares, em igualdade de condições, poderá exercer o direito de preferência.

Parágrafo único. Ao empregador caberá a exploração do invento, ficando obrigado a promovê-la no prazo de um ano da data da concessão da patente, sob pena de reverter em favor do empregado da plena propriedade desse invento.

▸ Art. 91, § 3º, da Lei 9.279/1996 (Propriedade Industrial)

Lei 9.279/1996

Art. 91. A propriedade de invenção ou de modelo de utilidade será comum, em partes iguais, quando resultar da contribuição pessoal do empregado e de recursos, dados, meios, materiais, instalações ou equipamentos do empregador, ressalvada expressa disposição contratual em contrário. (...)

§ 3º A exploração do objeto da patente, na falta de acordo, deverá ser iniciada pelo empregador dentro do prazo de 1 (um) ano, contado da data de sua concessão, sob pena de passar à exclusiva propriedade do empregado a titularidade da patente, ressalvadas as hipóteses de falta de exploração por razões legítimas.

Art. 455. Nos contratos de subempreitada responderá o subempreiteiro pelas obrigações derivadas do contrato de trabalho que celebrar, cabendo, todavia, aos empregados, o direito de reclamação contra o empreiteiro principal pelo inadimplemento daquelas obrigações por parte do primeiro.

▸ Arts. 610 a 626 do CC.
▸ Súmula 331 do TST.

▸ OJs 191 e 383 da SDI-I do TST.
▸ OJ 66 da SDI-I Transitória do TST.

Súmulas

TST 331 Contrato de prestação de serviços. Legalidade. I – A contratação de trabalhadores por empresa interposta é ilegal, formando-se o vínculo diretamente com o tomador dos serviços, salvo no caso de trabalho temporário (Lei 6.019, de 03.01.1974) II – A contratação irregular de trabalhador, mediante empresa interposta, não gera vínculo de emprego com os órgãos da Administração Pública direta, indireta ou fundacional (art. 37, II, da CF/1988) III – Não forma vínculo de emprego com o tomador a contratação de serviços de vigilância (Lei 7.102, de 20.06.1983) e de conservação e limpeza, bem como a de serviços especializados ligados à atividade-meio do tomador, desde que inexistente a pessoalidade e a subordinação direta. IV – O inadimplemento das obrigações trabalhistas, por parte do empregador, implica a responsabilidade subsidiária do tomador dos serviços quanto àquelas obrigações, desde que haja participado da relação processual e conste também do título executivo judicial. V – Os entes integrantes da Administração Pública direta e indireta respondem subsidiariamente, nas mesmas condições do item IV, caso evidenciada a sua conduta culposa no cumprimento das obrigações da Lei 8.666, de 21.06.1993, especialmente na fiscalização do cumprimento das obrigações contratuais e legais da prestadora de serviço como empregadora. A aludida responsabilidade não decorre de mero inadimplemento das obrigações trabalhistas assumidas pela empresa regularmente contratada. VI – A responsabilidade subsidiária do tomador de serviços abrange todas as verbas decorrentes da condenação referentes ao período da prestação laboral.

Orientação Jurisprudencial

SDI-I 191. Contrato de empreitada. Dono da obra de construção civil. Responsabilidade. Diante da inexistência de previsão legal específica, o contrato de empreitada de construção civil entre o dono da obra e o empreiteiro não enseja responsabilidade solidária ou subsidiária nas obrigações trabalhistas contraídas pelo empreiteiro, salvo sendo o dono da obra uma empresa construtora ou incorporadora.

SDI-I 383. Terceirização. Empregados da empresa prestadora de serviços e da tomadora. Isonomia. Art. 12, *a*, da Lei 6.019, de 03.01.1974. A contratação irregular de trabalhador, mediante empresa interposta, não gera vínculo de emprego com ente da Administração Pública, não afastando, contudo, pelo princípio da isonomia, o direito dos empregados terceirizados às mesmas verbas trabalhistas legais e normativas asseguradas àqueles contratados pelo tomador dos serviços, desde que presente a igualdade de funções. Aplicação analógica do art. 12, *a*, da Lei 6.019, de 03.01.1974.

Parágrafo único. Ao empreiteiro principal fica ressalvada, nos termos da lei civil, ação regressiva contra o subempreiteiro e a retenção de importâncias a este devidas, para a garantia das obrigações previstas neste artigo.

Art. 456. A prova do contrato individual do trabalho será feita pelas anotações constantes da Carteira de Trabalho e Previdência Social ou por instrumento escrito e suprida por todos os meios permitidos em direito.

▸ Art. 40 desta Consolidação.
▸ Art. 212 do CC.
▸ Art. 369 do CPC.
▸ Súmula 225 do STF.
▸ Súmula 62 do STJ.
▸ Súmula 12 do TST.
▸ Súmula 75 do JEF.
▸ PNs 5 e 105 do TST.

CLT

Art. 40. As Carteiras de Trabalho e Previdência Social regularmente emitidas e anotadas servirão de prova nos atos em que sejam exigidas carteiras de identidade e especialmente:

I – Nos casos de dissídio na Justiça do Trabalho entre a empresa e o empregado por motivo de salário, férias ou tempo de serviço;

II – Perante a Previdência Social, para o efeito de declaração de dependentes;

III – Para cálculo de indenização por acidente do trabalho ou moléstia profissional.

Código Civil

Art. 212. Salvo o negócio a que se impõe forma especial, o fato jurídico pode ser provado mediante:

I – confissão;

II – documento;

III – testemunha;

IV – presunção;

V – perícia.

CPC 2015

Art. 369. As partes têm o direito de empregar todos os meios legais, bem como os moralmente legítimos, ainda que não especificados neste Código, para provar a verdade dos fatos em que se funda o pedido ou a defesa e influir eficazmente na convicção do juiz.

Súmulas

STF 225. Não é absoluto o valor probatório das anotações da Carteira Profissional.

TST 12. Carteira profissional. As anotações apostas pelo empregador na carteira profissional do empregado não geram presunção *juris et de jure*, mas apenas *juris tantum*.

JEF 75. CTPS em relação à qual não se aponta defeito formal que lhe comprometa a fidedignidade goza de presunção relativa de veracidade, formando prova suficiente de tempo de serviço para fins previdenciários, ainda que a anotação de vínculo de emprego não conste do CNIS.

Precedente Normativo

TST 5. Anotações de comissões (positivo) O empregador é obrigado a anotar, na CTPS, o percentual das comissões a que faz jus o empregado.

TST 105. Anotação na carteira profissional (positivo) As empresas ficam obrigadas a anotar na carteira de trabalho a função efetivamente exercida pelo empregado, observada a Classificação Brasileira de Ocupações (CBO) ed.

Parágrafo único. À falta de prova ou inexistindo cláusula expressa a tal respeito, entender-se-á que o empregado se obrigou a todo e qualquer serviço compatível com a sua condição pessoal.

▸ Súmula 12 do TST.

Art. 456-A. Cabe ao empregador definir o padrão de vestimenta no meio ambiente laboral, sendo lícita a inclusão no uniforme de logomarcas da própria empresa ou de empresas parceiras e de outros itens de identificação relacionados à atividade desempenhada. *(Artigo acrescido pela Lei 13.467/2017)*

Parágrafo único. A higienização do uniforme é de responsabilidade do trabalhador, salvo nas hipóteses em que forem necessários procedimentos ou produtos diferentes dos utilizados para a higienização das vestimentas de uso comum.

CAPÍTULO II
DA REMUNERAÇÃO

Art. 457. Compreendem-se na remuneração do empregado, para todos os efeitos legais, além do salário devido e pago diretamente pelo empregador, como contraprestação do serviço, as gorjetas que receber. *(Caput com redação pela Lei 1.999/1953)*

▸ Arts. 7º, VII e VIII, X e XI, 201, § 6º, e 218, § 4º, da CF.
▸ Art. 29, §1º, desta Consolidação.
▸ Lei 8.716/1993 (Garantia do salário mínimo)
▸ Lei 9.766/1998 (Salário-Educação)
▸ Súmulas 45, 63, 148, 157, 242, 247, 318 e 375 do TST.

Constituição Federal

Art. 7º São direitos dos trabalhadores urbanos e rurais, além de outros que visem à melhoria de sua condição social: (...)

VII – garantia de salário, nunca inferior ao mínimo, para os que percebem remuneração variável;

VIII – décimo terceiro salário com base na remuneração integral ou no valor da aposentadoria; (...)

X – proteção do salário na forma da lei, constituindo crime sua retenção dolosa;

XI – participação nos lucros, ou resultados, desvinculada da remuneração, e, excepcionalmente, participação na gestão da empresa, conforme definido em lei;

Art. 201. A previdência social será organizada sob a forma de regime geral, de caráter contributivo e de filiação obrigatória, observados

critérios que preservem o equilíbrio financeiro e atuarial, e atenderá, nos termos da lei, a:

§ 6º A gratificação natalina dos aposentados e pensionistas terá por base o valor dos proventos do mês de dezembro de cada ano.

CLT

Art. 29, § 1º As anotações concernentes à remuneração devem especificar o salário, qualquer que seja sua forma de pagamento, seja ele em dinheiro ou em utilidades, bem como a estimativa da gorjeta.

Lei 8.716/1993

Art. 1º Aos trabalhadores que perceberem remuneração variável, fixada por comissão, peça, tarefa ou outras modalidades, será garantido um salário mensal nunca inferior ao salário mínimo.

Súmulas

TST 45. Serviço suplementar. A remuneração do serviço suplementar, habitualmente prestado, integra o cálculo da gratificação natalina prevista na Lei 4.090, de 13.07.1962.

TST 63. Fundo de garantia. A contribuição para o Fundo de Garantia do Tempo de Serviço incide sobre a remuneração mensal devida ao empregado, inclusive horas extras e adicionais eventuais.

TST 148. Gratificação natalina. É computável a gratificação de Natal para efeito do cálculo da indenização.

TST 157. Gratificação. A gratificação instituída pela Lei 4.090, de 13.07.1962 é devida na resilição contratual de iniciativa do empregado.

TST 242. Indenização adicional. Valor. A indenização adicional, prevista no art. 9º da Lei 6.708, de 30.10.1979 e no art. 9º da Lei 7.238, de 28.10.1984, corresponde ao salário mensal, no valor devido na data da comunicação do despedimento, integrado pelos adicionais legais ou convencionados, ligados à unidade de tempo mês, não sendo computável a gratificação natalina.

TST 247. Quebra de caixa. Natureza jurídica. A parcela paga aos bancários sob a denominação "quebra de caixa" possui natureza salarial, integrando o salário do prestador de serviços, para todos os efeitos legais.

TST 318. Diárias. Base de Cálculo para sua integração no salário. Tratando-se de empregado mensalista, a integração das diárias no salário deve ser feita tomando-se por base o salário mensal por ele percebido e não o valor do dia de salário, somente sendo devida a referida integração quando o valor das diárias, no mês, for superior à metade do salário mensal.

TST 375. Reajustes salariais previstos em norma coletiva. Prevalência da legislação de política salarial. Os reajustes salariais previstos em norma coletiva de trabalho não prevalecem frente à legislação superveniente de política salarial.

§ 1º Integram o salário a importância fixa estipulada, as gratificações legais e as comissões pagas pelo empregador. *(§ 1º com redação pela Lei 13.467/2017)*

▸ Súmulas 115, 139, 152, 203, 225, 226, 240 e 253 do TST.
▸ OJs 181, 272 e 346 da SDI-I do TST.
▸ OJ 43 da SDI-I Transitória do TST.

Súmulas

STF 207. As gratificações habituais, inclusive a de Natal, consideram-se tacitamente convencionadas, integrando o salário.

STF 209. O salário produção, como outras modalidades de salário prêmio, é devido, desde que verificada a condição a que estiver subordinado, e não pode ser suprimido unilateralmente pelo empregador, quando pago com habitualidade.

STF 241. A contribuição previdenciária incide sobre o abono incorporado ao salário.

STF 459. No cálculo da indenização por despedida injusta, incluem-se os adicionais, ou gratificações que, pela habitualidade, se tenham incorporado ao salário.

TST 115. Horas extras. Gratificações semestrais. O valor das horas extras 'habituais integra a remuneração do trabalhador para o cálculo das gratificações semestrais.

TST 139. Adicional de insalubridade. Enquanto percebido, o adicional de insalubridade integra a remuneração para todos os efeitos legais.

TST 152. Gratificação. Ajuste tácito. O fato de constar do recibo de pagamento de gratificação o caráter de liberalidade não basta, por si só, para excluir a existência de ajuste tácito.

TST 203. Gratificação por tempo de serviço. Natureza salarial. A gratificação por tempo de serviço integra o salário para todos os efeitos legais.

TST 225. Repouso semanal. Cálculo. Gratificações por tempo de serviço e produtividade. As gratificações por tempo de serviço e produtividade, pagas mensalmente, não repercutem no cálculo do repouso semanal remunerado.

TST 226. Bancário. Gratificação por tempo de serviço. Integração no cálculo das horas extras. A gratificação por tempo de serviço integra o cálculo das horas extras.

TST 240. Bancário. Gratificação de função e adicional por tempo de serviço. O adicional por tempo de serviço integra o cálculo da gratificação prevista no art. 224, § 2º, da CLT

TST 253. Gratificação semestral. Repercussões. A gratificação semestral não repercute no cálculo das horas extras, das férias e do aviso-prévio, ainda que indenizados. Repercute, contudo, pelo seu duodécimo na indenização por antiguidade e na gratificação natalina.

Orientação Jurisprudencial

SDI-I 181. Comissões. Correção monetária. Cálculo. O valor das comissões deve ser corrigido monetariamente para em seguida obter-se a média para efeito de cálculo de férias, 13º salário e verbas rescisórias.

SDI-I 272. Salário mínimo. servidor. Salário-base inferior. diferenças. indevidas. A verificação do respeito ao direito ao salário mínimo não se apura pelo confronto isolado do salário-base com o mínimo legal, mas deste com a soma de todas as parcelas de natureza salarial recebidas pelo empregado diretamente do empregador.

SDI-I 346. Abono previsto em norma coletiva. Natureza indenizatória. Concessão apenas aos empregados em atividade. Extensão aos inativos. Impossibilidade. A decisão que estende aos inativos a concessão de abono de natureza jurídica indenizatória, previsto em norma coletiva apenas para os empregados em atividade, a ser pago de uma única vez, e confere natureza salarial à parcela, afronta o art. 7º, XXVI, da CF/1988.

§ 2º As importâncias, ainda que habituais, pagas a título de ajuda de custo, auxílio-alimentação, vedado seu pagamento em dinheiro, diárias para viagem, prêmios e abonos não integram a remuneração do empregado, não se incorporam ao contrato de trabalho e não constituem base de incidência de qualquer encargo trabalhista e previdenciário. *(§ 2º com redação pela Lei 13.467/2017)*

▸ Lei 14.442/2022 (Pagamento de auxílio-alimentação).
▸ Súmula 318 do TST.

Súmulas

TST 318. Diárias. Base de cálculo para sua integração no salário. Tratando-se de empregado mensalista, a integração das diárias no salário deve ser feita tomando-se por base o salário mensal por ele percebido, e não o valor do dia de salário, somente sendo devida a referida integração quando o valor das diárias, no mês, for superior à metade do salário mensal.

§ 3º Considera-se gorjeta não só a importância espontaneamente dada pelo cliente ao empregado, como também o valor cobrado pela empresa, como serviço ou adicional, a qualquer título, e destinado à distribuição aos empregados. *(§ 3º com redação pela Lei 13.419/2017, em vigor 60 (sessenta) dias após a sua publicação – DOU 14.03.2017)*

▸ Arts. 29, § 1º e 582, § 2º, desta Consolidação.
▸ Súmula 354 do TST.

Súmula

TST 354. Gorjetas. Natureza jurídica. Repercussões. As gorjetas, cobradas pelo empregador na nota de serviço ou oferecidas espontaneamente pelos clientes, integram a remuneração do empregado, não servindo de base de cálculo para as parcelas de aviso-prévio, adicional noturno, horas extras e repouso semanal remunerado.

§ 4º Consideram-se prêmios as liberalidades concedidas pelo empregador em forma de bens, serviços ou valor em dinheiro a empregado ou a grupo de empregados, em razão de desempenho superior ao ordinariamente esperado no exercício de suas atividades. *(§ 4º acrescido pela Lei 13.467/2017)*

§§ 5º a 11 *acrescidos pela Lei 13.419/2017 e suprimidos pela Lei 13.467/2017.*

▸ Art. 12, III, d, da LC 95/1998.

Texto suprimido: "§ 5º Inexistindo previsão em convenção ou acordo coletivo de trabalho, os critérios de rateio e distribuição da gorjeta e os percentuais de retenção

previstos nos §§ 6º e 7º deste artigo serão definidos em assembleia geral dos trabalhadores, na forma do art. 612 desta Consolidação.

§ 6º As empresas que cobrarem a gorjeta de que trata o § 3º deverão:

I – para as empresas inscritas em regime de tributação federal diferenciado, lançá-la na respectiva nota de consumo, facultada a retenção de até 20% (vinte por cento) da arrecadação correspondente, mediante previsão em convenção ou acordo coletivo de trabalho, para custear os encargos sociais, previdenciários e trabalhistas derivados da sua integração à remuneração dos empregados, devendo o valor remanescente ser revertido integralmente em favor do trabalhador;

II – para as empresas não inscritas em regime de tributação federal diferenciado, lançá-la na respectiva nota de consumo, facultada a retenção de até 33% (trinta e três por cento) da arrecadação correspondente, mediante previsão em convenção ou acordo coletivo de trabalho, para custear os encargos sociais, previdenciários e trabalhistas derivados da sua integração à remuneração dos empregados, devendo o valor remanescente ser revertido integralmente em favor do trabalhador;

III – anotar na Carteira de Trabalho e Previdência Social e no contracheque de seus empregados o salário contratual fixo e o percentual percebido a título de gorjeta.

§ 7º A gorjeta, quando entregue pelo consumidor diretamente ao empregado, terá seus critérios definidos em convenção ou acordo coletivo de trabalho, facultada a retenção nos parâmetros do § 6º deste artigo.

§ 8º As empresas deverão anotar na Carteira de Trabalho e Previdência Social de seus empregados o salário fixo e a média dos valores das gorjetas referente aos últimos doze meses.

§ 9º Cessada pela empresa a cobrança da gorjeta de que trata o § 3º deste artigo, desde que cobrada por mais de doze meses, essa se incorporará ao salário do empregado, tendo como base a média dos últimos doze meses, salvo o estabelecido em convenção ou acordo coletivo de trabalho.

§ 10. Para empresas com mais de sessenta empregados, será constituída comissão de empregados, mediante previsão em convenção ou acordo coletivo de trabalho, para acompanhamento e fiscalização da regularidade da cobrança e distribuição da gorjeta de que trata o § 3º deste artigo, cujos representantes serão eleitos em assembleia geral convocada para esse fim pelo sindicato laboral e gozarão de garantia de emprego vinculada ao desempenho das funções para que foram eleitos, e, para as demais empresas, será constituída comissão intersindical para o referido fim.

§ 11. Comprovado o descumprimento do disposto nos §§ 4º, 6º, 7º e 9º deste artigo, o empregador pagará ao trabalhador prejudicado, a título de multa, o valor correspondente a 1/30 (um trinta avos) da média da gorjeta por dia de atraso, limitada ao piso da categoria, assegurados em qualquer hipótese o contraditório e a ampla defesa, observadas as seguintes regras:

I – a limitação prevista neste parágrafo será triplicada caso o empregador seja reincidente;

II – considera-se reincidente o empregador que, durante o período de doze meses, descumpre o disposto nos §§ 4º, 6º, 7º e 9º deste artigo por mais de sessenta dias."

Art. 458. Além do pagamento em dinheiro, compreende-se no salário, para todos os efeitos legais, a alimenta-ção, habitação, vestuário ou outras prestações *in natura* que a empresa, por força do contrato ou do costume, fornecer habitualmente ao empregado. Em caso algum será permitido o pagamento com bebidas alcoólicas ou drogas nocivas. *(Caput com redação pelo Dec.-lei 229/1967)*

▸ Súmulas 241, 258 e 367 do TST.
▸ OJs 123, 133, 413 da SDI-I do TST.
▸ OJ 18 da SDC do TST.

Súmulas

TST 241. Salário-utilidade. Alimentação. O vale para refeição, fornecido por força do contrato de trabalho, tem caráter salarial, integrando a remuneração do empregado, para todos os efeitos legais.

TST 258. Salário-utilidade. Percentuais. Os percentuais fixados em lei relativos ao salário in natura apenas se referem às hipóteses em que o empregado percebe salário mínimo, apurando-se, nas demais, o real valor da utilidade.

TST 367. Utilidades *in natura*. Habitação. Energia elétrica. Veículo. Cigarro. Não integração ao salário. I – A habitação, a energia elétrica e veículo fornecidos pelo empregador ao empregado, quando indispensáveis para a realização do trabalho, não têm natureza salarial, ainda que, no caso de veículo, seja ele utilizado pelo empregado também em atividades particulares. II – O cigarro não se considera salário-utilidade em face de sua nocividade à saúde.

Orientação Jurisprudencial

SDI-I 123. Bancários. Ajuda alimentação. A ajuda alimentação prevista em norma coletiva em decorrência de prestação de horas extras tem natureza indenizatória e, por isso, não integra o salário do empregado bancário.

SDI-I 133. Ajuda alimentação. PAT. Lei 6.321/76. Não integração ao salário. A ajuda alimentação fornecida por empresa participante do programa de alimentação ao trabalhador, instituído pela Lei 6.321/76, não tem caráter salarial. Portanto, não integra o salário para nenhum efeito legal.

SDI-1 413. Auxílio-alimentação. Alteração da natureza jurídica. Norma coletiva ou adesão ao PAT. A pactuação em norma coletiva conferindo caráter indenizatório à verba "auxílio-alimentação" ou a adesão posterior do empregado ao Programa de Alimentação do Trabalhador — PAT — não altera a natureza salarial da parcela, instituída anteriormente, para aqueles empregados que, habitualmente, já percebiam o benefício, a teor das Súmulas 51, I, e 241 do TST.

SDC 18. Descontos autorizados no salário pelo trabalhador. Limitação máxima de 70% do salário base. Os descontos efetuados com base em cláusula de acordo firmado entre as partes não podem ser superiores a 70% do salário base percebido pelo empregado, pois deve-se assegurar um mínimo de salário em espécie ao trabalhador.

§ 1º Os valores atribuídos às prestações *in natura* deverão ser justos e razoáveis, não podendo exceder, em cada caso, os dos percentuais das parcelas componentes do salário mínimo (artigos 81 e 82) *(§ 1º acrescido pelo Dec.-lei 229/1967)*

§ 2º Para os efeitos previstos neste artigo, não serão consideradas como salário as seguintes utilidades concedidas pelo empregador: *(Caput do § 2º com redação pela Lei 10.243/2001)*

I – vestuários, equipamentos e outros acessórios fornecidos aos empregados e utilizados no local de trabalho, para a prestação do serviço; *(Inciso I acrescido pela Lei 10.243/2001)*

▸ PNs 110 e 115 do TST.

Precedentes Normativos

TST 110. Empregado rural. Ferramentas. Fornecimento pelo empregador. Serão fornecidas gratuitamente, pelo empregador, as ferramentas necessárias à execução do trabalho.

TST 115. Uniformes. Determina-se o fornecimento gratuito de uniformes, desde que exigido seu uso pelo empregador.

II – educação, em estabelecimento de ensino próprio ou de terceiros, compreendendo os valores relativos a matrícula, mensalidade, anuidade, livros e material didático; *(Inciso II acrescido pela Lei 10.243/2001)*

III – transporte destinado ao deslocamento para o trabalho e retorno, em percurso servido ou não por transporte público; *(Inciso III acrescido pela Lei 10.243/2001)*

▸ Lei 7.418/1985 (Vale-Transporte)
▸ Súmula 460 do TST.
▸ PN 64 do TST.

Súmulas

TST 460. Vale-transporte. Ônus da prova. É do empregador o ônus de comprovar que o empregado não satisfez os requisitos indispensáveis para a concessão do vale-transporte ou não pretenda fazer uso do benefício.

Precedente Normativo

TST 64. Empregado rural. Horário e local de condução. Fornecendo o empregador condução para o trabalho, informará ele aos empregados, previamente, os locais e horários do transporte.

IV – assistência médica, hospitalar e odontológica, prestada diretamente ou mediante seguro-saúde; *(Inciso IV acrescido pela Lei 10.243/2001)*

▸ Súmula 440 do TST.

Súmula

TST 440 Auxílio-doença acidentário. Aposentadoria por invalidez. Suspensão do contrato de trabalho. Reconhecimento do direito à manutenção de plano de saúde ou de assistência médica. Assegura-se o direito à manutenção de plano de saúde ou de assistência médica oferecido pela empresa ao empregado, não obstante suspenso o contrato de trabalho em virtude de auxílio-doença acidentário ou de aposentadoria por invalidez.

V – seguros de vida e de acidentes pessoais; *(Inciso V acrescido pela Lei 10.243/2001)*

▸ PNs 42, 84 e 112 do TST.

Precedentes Normativos

TST 42. Seguro obrigatório (positivo) Institui-se a obrigação do seguro, por acidente ou morte, para empregados que transportem valores ou exerçam as atividades de vigia ou vigilante.

TST 84. Seguro de vida. Assalto (positivo) Institui-se a obrigação do seguro de vida, em favor do empregado e seus dependentes previdenciários, para garantir a indenização nos casos de morte ou invalidez permanente, decorrentes de assalto, consumado ou não, desde que o empregado se encontre no exercício das suas funções.

TST 112. Jornalista. Seguro de vida (positivo) Institui-se a obrigação do seguro de vida em favor de jornalista designado para prestar serviço em área de risco.

VI – previdência privada; *(Inciso VI acrescido pela Lei 10.243/2001)*

▸ Art. 202, § 2º, da CF.
▸ Art. 68 da LC 109/2001 (Regime de Previdência Complementar)

Constituição Federal

Art. 202. (...) § 2º As contribuições do empregador, os benefícios e as condições contratuais previstas nos estatutos, regulamentos e planos de benefícios das entidades de previdência privada não integram o contrato de trabalho dos participantes, assim como, à exceção dos benefícios concedidos, não integram a remuneração dos participantes, nos termos da lei.

Lei Complementar 109/2001

Art. 68. As contribuições do empregador, os benefícios e as condições contratuais previstos nos estatutos, regulamentos e planos de benefícios das entidades de previdência complementar não integram o contrato de trabalho dos participantes, assim como, à exceção dos benefícios concedidos, não integram a remuneração dos participantes.

VII – *Vetado*; *(Inciso VII acrescido pela Lei 10.243/2001)*

VIII – o valor correspondente ao vale-cultura. *(Inciso VIII acrescido pela Lei 12.761/2012)*

▸ Lei 12.761/2012 (Programa de Cultura do Trabalhador)

Lei 12.761/2012

Art. 1º Fica instituído, sob a gestão do Ministério da Cultura, o Programa de Cultura do Trabalhador, destinado a fornecer aos trabalhadores meios para o exercício dos direitos culturais e acesso às fontes da cultura.

§ 3º A habitação e a alimentação fornecidas como salário-utilidade deverão atender aos fins a que se destinam e não poderão exceder, respectivamente, a vinte e cinco por cento e vinte por cento do salário-contratual. *(§ 3º acrescido pela Lei 8.860/1994)*

▸ OJ 61 da SDI-I Transitória do TST.
▸ PNs 34 e 109 do TST.

Orientações Jurisprudenciais

SDI-I Transitória 61. Auxílio cesta-alimentação previsto em norma coletiva. CEF. Cláusula que estabelece natureza indenizatória à parcela. Extensão aos aposentados e pensionistas. Impossibilidade. Havendo previsão em cláusula de norma coletiva de trabalho de pagamento mensal de auxílio cesta-alimentação somente a empregados em atividade, dando-lhe caráter indenizatório, é indevida a extensão desse benefício aos aposentados e pensionistas. Exegese do art. 7º, XXVI, da Constituição Federal.

Precedentes Normativos

TST 34. Empregado rural. Moradia (positivo) Ao empregado que residir no local de trabalho fica assegurada a moradia em condições de habitabilidade, conforme exigências da autoridade local.

TST 109. Gratificação de função. O bancário não enquadrado no § 2º do art. 224 da CLT, que receba gratificação de função, não pode ter o salário relativo a horas extraordinárias compensado com o valor daquela vantagem.

§ 4º Tratando-se de habitação coletiva, o valor do salário-utilidade a ela correspondente será obtido mediante a divisão do justo valor da habitação pelo número de coocupantes, vedada, em qualquer hipótese, a utilização da mesma unidade residencial por mais de uma família. *(§ 4º acrescido pela Lei 8.860/1994)*

§ 5º O valor relativo à assistência prestada por serviço médico ou odontológico, próprio ou não, inclusive o reembolso de despesas com medicamentos, óculos, aparelhos ortopédicos, próteses, órteses, despesas médico-hospitalares e outras similares, mesmo quando concedido em diferentes modalidades de planos e coberturas, não integram o salário do empregado para qualquer efeito nem o salário de contribuição, para efeitos do previsto na alínea *q* do § 9º do art. 28 da Lei 8.212, de 24 de julho de 1991. *(§ 5º acrescido pela Lei 13.467/2017)*

▸ Art. 28, § 9º, *q*, da Lei 8.212/1991.

Lei 8.212/1991

Art. 28. Entende-se por salário de contribuição (...)
§ 9º Não integram o salário de contribuição para os fins desta Lei, exclusivamente: (...)
q) o valor relativo à assistência prestada por serviço médico ou odontológico, próprio da empresa ou por ela conveniado, inclusive o reembolso de despesas com medicamentos, óculos, aparelhos ortopédicos, próteses, órteses, despesas médico-hospitalares e outras similares;

Art. 459. O pagamento do salário, qualquer que seja a modalidade do trabalho, não deve ser estipulado por período superior a um mês, salvo no que concerne a comissões, percentagens e gratificações.

▸ Art. 7º, X, da CF.
▸ Súmula 381 do TST.
▸ OJs 172 e 181 da SDI-I do TST.

Constituição Federal

Art. 7º, X: Art. 7º São direitos dos trabalhadores urbanos e rurais, além de outros que visem à melhoria de sua condição social: (...) X – proteção do salário na forma da lei, constituindo crime sua retenção dolosa;

Súmulas

TST 381. Correção monetária. Salário. Art. 459 da CLT. O pagamento dos salários até o 5º (quinto) dia útil do mês subsequente ao vencido não está sujeito à correção monetária. Se essa data limite for ultrapassada, incidirá o índice da correção monetária do mês subsequente ao da prestação dos serviços, a partir do dia 1º.

Orientação Jurisprudencial

SDI-I 172. Adicional de insalubridade ou periculosidade. Condenação. Inserção em folha de pagamento. Condenada ao pagamento do adicional de insalubridade ou periculosidade, a empresa deverá inserir, mês a mês e enquanto o trabalho for executado sob essas condições, o valor correspondente em folha de pagamento.

SDI-I 181. Comissões. Correção monetária. Cálculo. O valor das comissões deve ser corrigido monetariamente para em seguida obter-se a média para efeito de cálculo de férias, 13º salário e verbas rescisórias.

§ 1º Quando o pagamento houver sido estipulado por mês, deverá ser efetuado, o mais tardar, até o 5º (quinto) dia útil do mês subsequente ao vencido.

- ▸ Mantivemos o § 1º conforme publicação oficial determinada pela Lei 7.855/1989.
- ▸ Inst. Normativa 1/1989 da SRT (Prazo para o pagamento do salário)
- ▸ OJ 159 da SDI-I do TST.
- ▸ PNs 65 e 117 do TST.

Orientação Jurisprudencial

SDI-I 159. Data de pagamento. Salários. Alteração. Diante da inexistência de previsão expressa em contrato ou em instrumento normativo, a alteração de data de pagamento pelo empregador não viola o art. 468, desde que observado o parágrafo único, do art. 459, ambos da CLT.

Precedentes Normativos

TST 65. Professor adjunto. Ingresso no cargo de professor titular. Exigência de concurso público não afastada pela Constituição Federal de 1988 (CF/1988, art. 37, II e 206, V) O acesso de professor adjunto ao cargo de professor titular só pode ser efetivado por meio de concurso público, conforme dispõem os arts. 37, inciso II, e 206, inciso V, da CF/1988.

TST 117. Horas extras. Limitação. Art. 59 da CLT. A limitação legal da jornada suplementar a duas horas diárias não exime o empregador de pagar todas as horas trabalhadas.

Art. 460. Na falta de estipulação do salário ou não havendo prova sobre a importância ajustada, o empregado terá direito a perceber salário igual ao daquele que, na mesma empresa, fizer serviço equivalente, ou do que for habitualmente pago para serviço semelhante.

Art. 461. Sendo idêntica a função, a todo trabalho de igual valor, prestado ao mesmo empregador, no mesmo estabelecimento empresarial, corresponderá igual salário, sem distinção de sexo, etnia, nacionalidade ou idade. *(Caput com redação pela Lei 13.467/2017)*

- ▸ Art. 7º, XXX e XXXI, da CF.
- ▸ Art. 5º desta Consolidação.
- ▸ Súmulas 6, 159, 275 e 455 do TST.
- ▸ OJs 296, 297 e 383 da SDI-I do TST.

Constituição Federal

Art. 7º São direitos dos trabalhadores urbanos e rurais, além de outros que visem à melhoria de sua condição social: (...) XXX – proibição de diferença de salários, de exercício de funções e de critério de admissão por motivo de sexo, idade, cor ou estado civil; XXXI – proibição de qualquer discriminação no tocante a salário e critérios de admissão do trabalhador portador de deficiência;

CLT

Art. 5º A todo trabalho de igual valor corresponderá salário igual, sem distinção de sexo.

Súmulas

TST 159. Substituição de caráter não eventual e vacância do cargo. I – Enquanto perdurar a substituição que não tenha caráter meramente eventual, inclusive nas férias, o empregado substituto fará jus ao salário contratual do substituído. II – Vago o cargo em definitivo, o empregado que passa a ocupá-lo não tem direito a salário igual ao do antecessor.

TST 275. Prescrição. Desvio de função e reenquadramento. I – Na ação que objetive corrigir desvio funcional, a prescrição só alcança as diferenças salariais vencidas no período de 5 (cinco) anos que precedeu o ajuizamento. II – Em se tratando de pedido de reenquadramento, a prescrição é total, contada da data do enquadramento do empregado.

TST 455. Equiparação salarial. Sociedade de economia mista. Art. 37, XIII, DA CF/1988. Possibilidade. À sociedade de economia mista não se aplica a vedação à equiparação prevista no art. 37, XIII, da CF/1988, pois, ao admitir empregados sob o regime da CLT, equipara-se a empregador privado, conforme disposto no art. 173, § 1º, II, da CF/1988.

Orientação Jurisprudencial

SDI-I 296. Equiparação salarial. Atendente e auxiliar de enfermagem. Impossibilidade. Sendo regulamentada a profissão de auxiliar de enfermagem, cujo exercício pressupõe habilitação técnica, realizada pelo Conselho Regional de Enfermagem, impossível a equiparação salarial do simples atendente com o auxiliar de enfermagem.

SDI-I 297. Equiparação salarial. Servidor público da administração direta, autárquica e fundacional. Art. 37, XIII, da CF/1988. O art. 37, inciso XIII, da CF/1988, veda a equiparação de qualquer natureza para o efeito de remuneração do pessoal do serviço público, sendo juridicamente impossível a aplicação da norma infraconstitucional prevista no art. 461 da CLT quando se pleiteia equiparação salarial entre servidores públicos, independentemente de terem sido contratados pela CLT.

SDI-I 383. Terceirização. empregados da empresa prestadora de serviços e da tomadora. Isonomia. Art. 12, a, da Lei 6.019, de 03.01.1974. A contratação irregular de trabalhador, mediante empresa interposta, não gera vínculo de emprego com ente da Administração Pública, não afastando, contudo, pelo princípio da isonomia, o direito dos empregados terceirizados às mesmas verbas trabalhistas legais e normativas asseguradas àqueles contratados pelo tomador dos serviços, desde que presente a igualdade de funções. Aplicação analógica do art. 12, a, da Lei 6.019, de 03.01.1974.

§ 1º Trabalho de igual valor, para os fins deste Capítulo, será o que for feito com igual produtividade e com a mesma perfeição técnica, entre pessoas cuja diferença de tempo de serviço para o mesmo empregador não seja superior a quatro anos e a diferença de tempo na função não seja superior a dois anos. *(§ 1º com redação pela Lei 13.467/2017)*

- ▸ Súmula 202 do STF.

Súmula

STF 202. Na equiparação de salário, em caso de trabalho igual, toma-se em conta o tempo de serviço na função, e não no emprego.

§ 2º Os dispositivos deste artigo não prevalecerão quando o empregador tiver pessoal organizado em quadro de carreira ou adotar, por meio de norma interna da empresa ou de negociação coletiva, plano de cargos e salários, dispensada qualquer forma de homologação ou registro em órgão público. *(§ 2º com redação pela Lei 13.467/2017)*

- ▸ Súmulas 19, 127 e 452 do TST.
- ▸ OJ 125 da SDI-I do TST.
- ▸ OJs 29 e 71 da SDI-I Transitória do TST.

Súmulas

TST 19. Quadro de carreira. A Justiça do Trabalho é competente para apreciar reclamação de empregado que tenha por objeto direito fundado em quadro de carreira.

TST 127. Quadro de carreira. Quadro de pessoal organizado em carreira, aprovado pelo órgão competente, excluída a hipótese de equiparação salarial, não obsta reclamação fundada em preterição, enquadramento ou reclassificação.

TST 452. Diferenças salariais. Plano de cargos e salários. Descumprimento. critérios de promoção não observados. Prescrição parcial. Tratando-se de pedido de pagamento de diferenças salariais decorrentes da inobservância dos critérios de promoção estabelecidos em Plano de Cargos e Salários criado pela empresa, a prescrição aplicável é a parcial, pois a lesão é sucessiva e se renova mês a mês.

Orientações Jurisprudenciais

SDI-I 125. Contrato de trabalho. Art. 479 da CLT. O art. 479 da CLT aplica-se ao trabalhador optante pelo FGTS admitido mediante contrato por prazo determinado, nos termos do art. 30, § 3º, do Decreto 59.820, de 20.12.1966.

§ 3º No caso do § 2º deste artigo, as promoções poderão ser feitas por merecimento e por antiguidade, ou por apenas um destes critérios, dentro de cada categoria profissional. *(§ 3º com redação pela Lei 13.467/2017)*

§ 4º O trabalhador readaptado em nova função por motivo de deficiência física ou mental atestada pelo órgão competente da Previdência Social não servirá de paradigma para fins de equiparação salarial. *(§ 4º acrescido pela Lei 5.798/1972)*

§ 5º A equiparação salarial só será possível entre empregados contemporâneos no cargo ou na função, ficando vedada a indicação de paradigmas remotos, ainda que o paradigma contemporâneo tenha obtido a vantagem em ação judicial própria. *(§ 5º acrescido pela Lei 13.467/2017)*

§ 6º Na hipótese de discriminação por motivo de sexo, raça, etnia, origem ou idade, o pagamento das diferenças salariais devidas ao empregado discriminado não afasta seu direito de ação de indenização por danos morais, consideradas as especificidades do caso concreto. *(§ 6º com redação pela Lei 14.611/2023)*

§ 7º Sem prejuízo do disposto no § 6º, no caso de infração ao previsto neste artigo, a multa de que trata o art. 510 desta Consolidação corresponderá a 10 (dez) vezes o valor do novo salário devido pelo empregador ao empregado discriminado, elevada ao dobro, no caso de reincidência, sem prejuízo das demais cominações legais. *(§ 7º acrescido pela Lei 14.611/2023)*

Art. 462. Ao empregador é vedado efetuar qualquer desconto nos salários do empregado, salvo quando este resultar de adiantamentos, de dispositivos de lei ou de contrato coletivo.

▸ Art. 7º, X, da CF.
▸ Lei 10.820/2003 (Autorização para desconto de prestações em folha de pagamento)
▸ Súmulas 155 e 342 do TST.
▸ OJ 160 da SDI-I do TST.
▸ OJ 18 da SDC do TST.

Constituição Federal

Art. 7º São direitos dos trabalhadores urbanos e rurais, além de outros que visem à melhoria de sua condição social: (...) X – proteção do salário na forma da lei, constituindo crime sua retenção dolosa;

Lei 10.820/2003

Art. 1º. Os empregados regidos pela Consolidação das Leis do Trabalho – CLT, aprovada pelo Decreto-Lei 5.452, de 1º de maio de 1943, poderão autorizar, de forma irrevogável e irretratável, o desconto em folha de pagamento ou na sua remuneração disponível dos valores referentes ao pagamento de empréstimos, financiamentos, cartões de crédito e operações de arrendamento mercantil concedidos por instituições financeiras e sociedades de arrendamento mercantil, quando previsto nos respectivos contratos.

Súmulas

TST 155. Ausência ao serviço. As horas em que o empregado falta ao serviço para comparecimento necessário, como parte, à Justiça do Trabalho não serão descontadas de seus salários.

TST 342. Descontos salariais. Art. 462, CLT. Descontos salariais efetuados pelo empregador, com a autorização prévia e por escrito do empregado, para ser integrado em planos de assistência odontológica, médico-hospitalar, de seguro, de previdência privada, ou de entidade cooperativa, cultural ou recreativa associativa dos seus trabalhadores, em seu benefício e dos seus dependentes, não afrontam o disposto no art. 462 da CLT, salvo se ficar demonstrada a existência de coação ou de outro defeito que vicie o ato jurídico.

Orientações Jurisprudenciais

SDI-I 160. Descontos salariais. Autorização no ato da admissão. Validade. É inválida a presunção de vício de consentimento resultante do fato de ter o empregado anuído expressamente com descontos salariais na oportunidade da admissão. É de se exigir demonstração concreta do vício de vontade.

SDC 18. Descontos autorizados no salário pelo trabalhador. Limitação máxima de 70% do salário base. Os descontos efetuados com base em cláusula de acordo firmado entre as partes não podem ser superiores a 70% do salário base percebido pelo empregado, pois deve-se assegurar um mínimo de salário em espécie ao trabalhador.

§ 1º Em caso de dano causado pelo empregado, o desconto será lícito, desde que esta possibilidade tenha sido acordada ou na ocorrência de dolo do empregado. *(Primitivo parágrafo único renumerado pelo Dec.-lei 229/1967)*

▸ OJ 251 da SDI-I do TST.
▸ PNs 14 e 118 do TST.

Orientação Jurisprudencial

SDI-I 251. Descontos. Frentista. Cheques sem fundos. É lícito o desconto salarial referente à devolução de cheques sem fundos, quando o frentista não observar as recomendações previstas em instrumento coletivo.

Precedentes Normativos

TST 14. Desconto no salário. Proíbe-se o desconto no salário do empregado dos valores de cheques não compensados ou sem fundos, salvo se não cumprir as resoluções da empresa.

TST 118 Quebra de material. Não se permite o desconto salarial por quebra de material, salvo nas hipóteses de dolo ou recusa de apresentação dos objetos danificados, ou ainda, havendo previsão contratual, de culpa comprovada do empregado.

§ 2º É vedado à empresa que mantiver armazém para venda de mercadoria aos empregados ou serviços destinados a proporcionar-lhes prestações *in natura* exercer qualquer coação ou induzimento ao sentido de que os empregados se utilizem do armazém ou dos serviços.*(§ 2º acrescido pelo Dec.-lei 229/1967)*

▸ Art. 9º da Lei 5.889/1973 (Trabalho Rural)

Lei 5.889/1973

Art. 9º Salvo as hipóteses de autorização legal ou decisão judiciária, só poderão ser descontadas do empregado rural as seguintes parcelas, calculadas sobre o salário mínimo:

a) até o limite de 20% (vinte por cento) pela ocupação da morada;

b) até o limite de 25% (vinte por cento) pelo fornecimento de alimentação sadia e farta, atendidos os preços vigentes na região;

c) adiantamentos em dinheiro.

§ 1º As deduções acima especificadas deverão ser previamente autorizadas, sem o que serão nulas de pleno direito.

§ 2º Sempre que mais de um empregado residir na mesma morada, o desconto, previsto na letra *a* deste artigo, será dividido proporcionalmente ao número de empregados, vedada, em qualquer hipótese, a moradia coletiva de famílias.

§ 3º Rescindido ou findo o contrato de trabalho, o empregado será obrigado a desocupar a casa dentro de trinta dias.

§ 4º O Regulamento desta Lei especificará os tipos de morada para fins de dedução.

§ 5º A cessão pelo empregador, de moradia e de sua infra estrutura básica, assim como, bens destinados à produção para sua subsistência e de sua família, não integram o salário do trabalhador rural, desde que caracterizados como tais, em contrato escrito celebrado entre as partes, com testemunhas e notificação obrigatória ao respectivo sindicato de trabalhadores rurais.

§ 3º Sempre que não for possível o acesso dos empregados a armazéns ou serviços não mantidos pela empresa, é lícito à autoridade competente determinar a adoção de medidas adequadas, visando a que as mercadorias sejam vendidas e os serviços prestados a preços razoáveis, sem intuito de lucro e sempre em benefício dos empregados. *(§ 3º acrescido pelo Dec.-lei 229/1967)*

▸ PN 68 do TST.

Precedente Normativo

TST 68. Empregado rural. Faltas ao serviço. compras. Autoriza-se o chefe de família, se empregado rural, a faltar ao serviço um dia por mês ou meio dia por quinzena, para efetuar compras, sem remuneração ou mediante compensação de horário, mas sem prejuízo do repouso remunerado, desde que não tenha falta injustificada durante o mês.

§ 4º Observado o disposto neste Capítulo, é vedado às empresas limitar, por qualquer forma, a liberdade dos empregados de dispor do seu salário. *(§ 4º acrescido pelo Dec.-lei 229/1967)*

Art. 463. A prestação, em espécie, do salário será paga em moeda corrente do País.

Parágrafo único. O pagamento do salário realizado com inobservância deste artigo considera-se como não feito.

▸ Art. 318 do CC.
▸ PNs 65 e 117 do TST.

Código Civil

Art. 318. São nulas as convenções de pagamento em ouro ou em moeda estrangeira, bem como para compensar a diferença entre o valor desta e o da moeda nacional, excetuados os casos previstos na legislação especial.

Precedentes Normativos

TST 65. Empregado rural. Pagamento de salário (positivo) O pagamento do salário será efetuado em moeda corrente e no horário de serviço, para isso permitido o seu prolongamento até duas horas após o término da jornada de trabalho.

TST 117. Pagamento do salário com cheque (positivo) Se o pagamento do salário for feito em cheque, a empresa dará ao trabalhador o tempo necessário para descontá-lo, no mesmo dia.

Art. 464. O pagamento do salário deverá ser efetuado contra recibo, assinado pelo empregado; em se tratando de analfabeto, mediante sua impressão digital, ou, não sendo esta possível, a seu rogo.

Parágrafo único. Terá força de recibo o comprovante de depósito em conta bancária, aberta para esse fim em nome de cada empregado, com o consentimento deste, em estabelecimento de crédito próximo ao local de trabalho. *(Parágrafo único acrescido pela Lei 9.528/1997)*

‣ Súmula 330 do TST.
‣ PNs 58 e 93 do TST.

Súmula

TST 330. Quitação. Validade. A quitação passada pelo empregado, com assistência de entidade sindical de sua categoria, ao empregador, com observância dos requisitos exigidos nos parágrafos do art. 477 da CLT, tem eficácia liberatória em relação às parcelas expressamente consignadas no recibo, salvo se oposta ressalva expressa e especificada ao valor dado à parcela ou parcelas impugnadas. I – A quitação não abrange parcelas não consignadas no recibo de quitação e, consequentemente, seus reflexos em outras parcelas, ainda que essas constem desse recibo. II – Quanto a direitos que deveriam ter sido satisfeitos durante a vigência do contrato de trabalho, a quitação é válida em relação ao período expressamente consignado no recibo de quitação.

Precedentes Normativos

TST 58. Salário. Pagamento ao analfabeto. O pagamento de salário ao empregado analfabeto deverá ser efetuado na presença de 2 (duas) testemunhas.

TST 93. Comprovante de pagamento (positivo) O pagamento do salário será feito mediante recibo, fornecendo-se cópia ao empregado, com a identificação da empresa, e do qual constarão a remuneração, com a discriminação das parcelas, a quantia líquida paga, os dias trabalhados ou o total da produção, as horas extras e os descontos efetuados, inclusive para a Previdência Social, e o valor correspondente ao FGTS.

Art. 465. O pagamento dos salários será efetuado em dia útil e no local do trabalho, dentro do horário do serviço ou imediatamente após o encerramento deste, salvo quando efetuado por depósito em conta bancária, observado o disposto no artigo anterior. *(Artigo com redação pela Lei 9.528/1997)*

‣ Inst. Normativa 1/1989 da SRT (Prazo para o pagamento do salário)
‣ Súmula 381 do TST.
‣ PNs 65, 72 e 117 do TST.

Súmula

TST 381. Correção monetária. Salário. Art. 459 da CLT. O pagamento dos salários até o 5º (quinto) dia útil do mês subsequente ao vencido não está sujeito à correção monetária. Se essa data limite for ultrapassada, incidirá o índice da correção monetária do mês subsequente ao da prestação dos serviços, a partir do dia 1º.

Precedentes Normativos

TST 65. Empregado rural. Pagamento de salário. O pagamento do salário será efetuado em moeda corrente e no horário de serviço, para isso permitido o seu prolongamento até duas horas após o término da jornada de trabalho.

TST 72. Multa. Atraso no pagamento de salário. Estabelece-se multa de 10% sobre o saldo salarial, na hipótese de atraso no pagamento de salário até 20 dias, e de 5% por dia no período subsequente.

TST 117. Pagamento do salário com cheque. Se o pagamento do salário for feito em cheque, a empresa dará ao trabalhador o tempo necessário para descontá-lo, no mesmo dia.

Art. 466. O pagamento de comissões e percentagens só é exigível depois de ultimada a transação a que se referem.

‣ Lei 3.207/1957 (Regulamenta as atividades dos empregados vendedores, viajantes ou pracistas)
‣ Súmulas 27 e 340 do TST.
‣ OJ 175 da SDI-I do TST.
‣ PN 97 do TST.

Súmulas

TST 27. Comissionista. É devida a remuneração do repouso semanal e dos dias feriados ao empregado comissionista, ainda que pracista.

TST 340. Comissionista. Horas extras. O empregado, sujeito a controle de horário, remunerado à base de comissões, tem direito ao adicional de, no mínimo, 50% (cinquenta por cento) pelo trabalho em horas extras, calculado sobre o valor-hora das comissões recebidas no mês, considerando-se como divisor o número de horas efetivamente trabalhadas.

Orientações Jurisprudenciais

SDI-I 175. Comissões. Alteração ou supressão. Prescrição total. a supressão das comissões, ou a alteração quanto à forma ou ao percentual, em prejuízo do empregado, é suscetível de operar a prescrição total da ação, nos termos da Súmula 294 do TST, em virtude de cuidar-se de parcela não assegurada por preceito de lei.

Precedente Normativo

TST 97. Proibição de estorno de comissões (positivo) Ressalvada a hipótese prevista no art. 7º da Lei 3.207/1957, fica vedado às empresas o desconto ou estorno das comissões do empregado, incidentes sobre mercadorias devolvidas pelo cliente, após a efetivação de venda.

§ 1º Nas transações realizadas por prestações sucessivas, é exigível o pagamento das percentagens e comissões que lhes disserem respeito proporcionalmente à respectiva liquidação.

§ 2º A cessação das relações de trabalho não prejudica a percepção das comissões e percentagens devidas na forma estabelecida por este artigo.

‣ Súmula 13 do TST.

Súmula

TST 13. Mora. O só pagamento dos salários atrasados em audiência não elide a mora capaz de determinar a rescisão do contrato de trabalho.

Art. 467. Em caso de rescisão do contrato de trabalho, havendo controvérsia sobre o montante das verbas rescisórias, o empregador é obrigado a pagar ao trabalhador, à data do comparecimento à Justiça do Trabalho, a parte incontroversa dessas verbas, sob pena de pagá-las acrescidas de 50% (cinquenta por cento) *(Caput com redação pela Lei 10.272/2001)*

‣ Súmulas 13, 69, 173 e 388 do TST.

Súmulas

TST 13. Mora. O só pagamento dos salários atrasados em audiência não elide a mora capaz de determinar a rescisão do contrato de trabalho.

TST 69. Rescisão do contrato. A partir da Lei 10.272, de 05.09. 2001, havendo rescisão do contrato de trabalho e sendo revel e confesso quanto à matéria de fato, deve ser o empregador condenado ao pagamento das verbas rescisórias, não quitadas na primeira audiência, com acréscimo de 50% (cinquenta por cento)

TST 173. Salário. Empresa. Cessação de atividades. Extinto, automaticamente, o vínculo empregatício com a cessação das atividades da empresa, os salários só são devidos até a data da extinção.

TST 388. Massa falida. Arts. 467 e 477 da CLT. Inaplicabilidade. A Massa Falida não se sujeita à penalidade do art. 467 e nem à multa do § 8º do art. 477, ambos da CLT.

Parágrafo único. O disposto no *caput* não se aplica à União, aos Estados, ao Distrito Federal, aos Municípios e as suas autarquias e fundações públicas. *(Parágrafo único acrescido pela MP 2.180-35/2001)*

▶ Mantivemos o texto deste dispositivo, embora a Lei 10.272/2001 (*DOU 06.09.2001*), ao alterar o art. 467, não tenha reproduzido seu parágrafo único nem mencionado sua permanência.
▶ OJ 350 da SDI-I do TST.
▶ OJs 6 e 7 do Tribunal Pleno do TST.

Orientações Jurisprudenciais

SDI-I 350. Ministério público do trabalho. Nulidade do contrato de trabalho não suscitada pelo ente público no momento da defesa. Arguição em parecer. Possibilidade. O Ministério Público do Trabalho pode arguir, em parecer, na primeira vez que tenha de se manifestar no processo, a nulidade do contrato de trabalho em favor de ente público, ainda que a parte não a tenha suscitado, a qual será apreciada, sendo vedada, no entanto, qualquer dilação probatória.

Tribunal Pleno 6. Precatório. Execução. Limitação da condenação imposta pelo título judicial exequendo à data do advento da Lei 8.112, de 11.12.1990. Em sede de precatório, não configura ofensa à coisa julgada a limitação dos efeitos pecuniários da sentença condenatória ao período anterior ao advento da Lei 8.112, de 11.12.1990, em que o exequente submetia-se à legislação trabalhista, salvo disposição expressa em contrário na decisão exequenda.

Tribunal Pleno 7. Juros de mora. Condenação da fazenda pública. I – nas condenações impostas à Fazenda Pública, incidem juros de mora segundo os seguintes critérios: a) 1% (um por cento) ao mês, até agosto de 2001, nos termos do § 1º do art. 39 da Lei 8.177, de 1.03.1991; b) 0,5% (meio por cento) ao mês, de setembro de 2001 a junho de 2009, conforme determina o art. 1º-F da Lei 9.494, de 10.09.1997, introduzido pela Medida Provisória 2.180-35, de 24.08.2001. II – a partir de 30 de junho de 2009, atualizam-se os débitos trabalhistas da Fazenda Pública, mediante a incidência dos índices oficiais de remuneração básica e juros aplicados à caderneta de poupança, por força do art. 5º da Lei 11.960, de 29.06.2009. III – a adequação do montante da condenação deve observar essa limitação legal, ainda que em sede de precatório.

CAPÍTULO III
DA ALTERAÇÃO

Art. 468. Nos contratos individuais de trabalho só é lícita a alteração das respectivas condições por mútuo consentimento, e ainda assim, desde que não resultem, direta ou indiretamente, prejuízos ao empregado, sob pena de nulidade da cláusula infringente desta garantia.

▶ Arts. 7º, VI, XXVII, e 37, XV, da CF.
▶ Art. 17 do ADCT.
▶ Súmula 209 do STF.
▶ Súmulas 51, 87, 92, 97,152, 159, 265, 288, 313, 326, 327 e 391 do TST.
▶ OJs 159, 175, 244, 308, 325 e 413 da SDI-I do TST.
▶ OJ 72 da SDI-I Transitória do TST.

Constituição

Art. 7º São direitos dos trabalhadores urbanos e rurais, além de outros que visem à melhoria de sua condição social: (...) VI – irredutibilidade do salário, salvo o disposto em convenção ou acordo coletivo; (...)XXVII – proteção em face da automação, na forma da lei;

Art. 37. A administração pública direta e indireta de qualquer dos Poderes da União, dos Estados, do Distrito Federal e dos Municípios obedecerá aos princípios de legalidade, impessoalidade, moralidade, publicidade e eficiência e, também, ao seguinte: (...) XV – o subsídio e os vencimentos dos ocupantes de cargos e empregos públicos são irredutíveis, ressalvado o disposto nos incisos XI e XIV deste artigo e nos arts. 39, § 4º, 150, II, 153, III, e 153, § 2º, I;

ADCT

Art. 17. Os vencimentos, a remuneração, as vantagens e os adicionais, bem como os proventos de aposentadoria que estejam sendo percebidos em desacordo com a Constituição serão imediatamente reduzidos aos limites dela decorrentes, não se admitindo, neste caso, invocação de direito adquirido ou percepção de excesso a qualquer título. § 1º É assegurado o exercício cumulativo de dois cargos ou empregos privativos de médico que estejam sendo exercidos por médico militar na administração pública direta ou indireta. § 2º É assegurado o exercício cumulativo de dois cargos ou empregos privativos de profissionais de saúde que estejam sendo exercidos na administração pública direta ou indireta.

Súmulas

STF 209. O salário produção, como outras modalidades de salário prêmio, é devido, desde que verificada a condição a que estiver subordinado, e não pode ser suprimido unilateralmente pelo empregador, quando pago com habitualidade.

TST 51. Norma regulamentar. vantagens e opção pelo novo regulamento. Art. 468 da CLT. I – As cláusulas regulamentares, que revoguem ou alterem vantagens deferidas anteriormente, só atingirão os traba-

lhadores admitidos após a revogação ou alteração do regulamento. II – Havendo a coexistência de dois regulamentos da empresa, a opção do empregado por um deles tem efeito jurídico de renúncia às regras do sistema do outro.

TST 87. Previdência privada. Se o empregado, ou seu beneficiário, já recebeu da instituição previdenciária privada, criada pela empresa, vantagem equivalente, é cabível a dedução do seu valor do benefício a que faz jus por norma regulamentar anterior.

TST 92. Aposentadoria. O direito à complementação de aposentadoria, criado pela empresa, com requisitos próprios, não se altera pela instituição de benefício previdenciário por órgão oficial.

TST 97. Aposentadoria. Complementação. Instituída complementação de aposentadoria por ato da empresa, expressamente dependente de regulamentação, as condições desta devem ser observadas como parte integrante da norma.

TST 152. Gratificação. Ajuste tácito. O fato de constar do recibo de pagamento de gratificação o caráter de liberalidade não basta, por si só, para excluir a existência de ajuste tácito.

TST 159. Substituição de caráter não eventual e vacância do cargo. I – Enquanto perdurar a substituição que não tenha caráter meramente eventual, inclusive nas férias, o empregado substituto fará jus ao salário contratual do substituído. II – Vago o cargo em definitivo, o empregado que passa a ocupá-lo não tem direito a salário igual ao do antecessor.

TST 265. Adicional noturno. Alteração de turno de trabalho. Possibilidade de supressão. A transferência para o período diurno de trabalho implica na perda do direito ao adicional noturno.

TST 288. Complementação dos proventos da aposentadoria. I – A complementação dos proventos de aposentadoria, instituída, regulamentada e paga diretamente pelo empregador, sem vínculo com as entidades de previdência privada fechada, é regida pelas normas em vigor na data de admissão do empregado, ressalvadas as alterações que forem mais benéficas (art. 468 da CLT) II – Na hipótese de coexistência de dois regulamentos de planos de previdência complementar, instituídos pelo empregador ou por entidade de previdência privada, a opção do beneficiário por um deles tem efeito jurídico de renúncia às regras do outro. III – Após a entrada em vigor das Leis Complementares 108 e 109, de 29/05/2001, reger-se-á a complementação dos proventos de aposentadoria pelas normas vigentes na data da implementação dos requisitos para obtenção do benefício, ressalvados o direito adquirido do participante que anteriormente implementara os requisitos para o benefício e o direito acumulado do empregado que até então não preenchera tais requisitos. IV – O entendimento da primeira parte do item III aplica-se aos processos em curso no Tribunal Superior do Trabalho em que, em 12/04/2016, ainda não haja sido proferida decisão de mérito por suas Turmas e Seções.

TST 313. Complementação de aposentadoria. Proporcionalidade. Banespa. A complementação de aposentadoria, prevista no art. 106, e seus parágrafos, do regulamento de pessoal editado em 1965, só é integral para os empregados que tenham 30 (trinta) ou mais anos de serviços prestados exclusivamente ao banco.

TST 326. Complementação de aposentadoria. Prescrição total. A pretensão à complementação de aposentadoria jamais recebida prescreve em 2 (dois) anos contados da cessação do contrato de trabalho.

TST 327. Complementação de aposentadoria. Diferenças. Prescrição parcial. A pretensão a diferenças de complementação de aposentadoria sujeita-se à prescrição parcial e quinquenal, salvo se o pretenso direito decorrer de verbas não recebidas no curso da relação de emprego e já alcançadas pela prescrição, à época da propositura da ação.

Orientações Jurisprudenciais

SDI-I 159. Data de pagamento. Salários. Alteração. Diante da inexistência de previsão expressa em contrato ou em instrumento normativo, a alteração de data de pagamento pelo empregador não viola o art. 468, desde que observado o parágrafo único do art. 459, ambos da CLT.

SDI-I 175. Comissões. Alteração ou supressão. Prescrição total. A supressão das comissões, ou a alteração quanto à forma ou ao percentual, em prejuízo do empregado, é suscetível de operar a prescrição total da ação, nos termos da Súmula 294 do TST, em virtude de cuidar-se de parcela não assegurada por preceito de lei.

SDI-I 244. Professor. Redução da carga horária. Possibilidade. A redução da carga horária do professor, em virtude da diminuição do número de alunos, não constitui alteração contratual, uma vez que não implica redução do valor da hora-aula.

SDI-I 308. Jornada de trabalho. Alteração. Retorno à jornada inicialmente contratada. Servidor público. O retorno do servidor público (administração direta, autárquica e fundacional) à jornada inicialmente contratada não se insere nas vedações do art. 468 da CLT, sendo a sua jornada definida em lei e no contrato de trabalho firmado entre as partes.

SDI-I 325. Aumento salarial concedido pela empresa. Compensação no ano seguinte em antecipação sem a participação do sindicato profissional. Impossibilidade. O aumento real, concedido pela empresa a todos os seus empregados, somente pode ser reduzido mediante a participação efetiva do sindicato profissional no ajuste, nos termos do art. 7º, VI, da CF/1988.

SDI-I 413. Auxílio-alimentação. Alteração da natureza jurídica. Norma coletiva ou adesão ao PAT. A pactuação em norma coletiva conferindo caráter indenizatório à verba "auxílio-alimentação" ou a adesão posterior do empregador ao Programa de Alimentação do Trabalhador – PAT – não altera a natureza salarial da parcela, instituída anteriormente, para aqueles empregados que, habitualmente, já percebiam o benefício, a teor das Súmulas 51, I, e 241 do TST.

§ 1º Não se considera alteração unilateral a determinação do empregador para que o respectivo empregado reverta ao cargo efetivo, anteriormente ocupado, deixando o exercício de função de confiança. *(Primitivo parágrafo único renumerado pela Lei 13.467/2017)*

§ 2º A alteração de que trata o § 1º deste artigo, com ou sem justo motivo, não assegura ao empregado o direito à manutenção do pagamento da gratificação correspondente, que não será incorporada, independentemente do tempo de exercício da respectiva função. *(§ 2º acrescido pela Lei 13.467/2017)*

Art. 469. Ao empregador é vedado transferir o empregado, sem a sua anuência, para localidade diversa da que resultar do contrato, não se considerando transferência a que não acarretar necessariamente a mudança do seu domicílio.

▸ Art. 659, IX, desta Consolidação.
▸ Lei 7.064/1982 (Situação de trabalhadores contratados ou transferidos para prestar serviços no exterior)
▸ Súmula 29 do TST.

CLT

Art. 659. Competem privativamente aos Presidentes das Juntas, além das que lhes forem conferidas neste Título e das decorrentes de seu cargo, as seguintes atribuições: (...) IX – conceder medida liminar, até decisão final do processo, em reclamações trabalhistas que visem a tornar sem efeito transferência disciplinada pelos parágrafos do artigo 469 desta Consolidação.

Súmula

TST 29. Transferência. Empregado transferido, por ato unilateral do empregador, para local mais distante de sua residência, tem direito a suplemento salarial correspondente ao acréscimo da despesa de transporte.

§ 1º Não estão compreendidos na proibição deste artigo os empregados que exerçam cargos de confiança e aqueles cujos contratos tenham como condição, implícita ou explícita, a transferência, quando esta decorra de real necessidade de serviço. *(§ 1º com redação pela Lei 6.203/1975)*

▸ Súmula 43 do TST.
▸ OJ 113 da SDI-I do TST.

Súmula

TST 43. Transferência. Presume-se abusiva a transferência de que trata o § 1º do art. 469 da CLT, sem comprovação da necessidade do serviço.

Orientação Jurisprudencial

SDI-I 113. Adicional de transferência. Cargo de confiança ou previsão contratual de transferência. Devido. Desde que a transferência seja provisória. O fato de o empregado exercer cargo de confiança ou a existência de previsão de transferência no contrato de trabalho não exclui o direito ao adicional. O pressuposto legal apto a legitimar a percepção do mencionado adicional é a transferência provisória.

§ 2º É lícita a transferência quando ocorrer extinção do estabelecimento em que trabalhar o empregado.

▸ Súmula 221 do STF.

Súmula

STF 221. A transferência de estabelecimento, ou a sua extinção parcial, por motivo que não seja de força maior, não justifica a transferência de empregado estável.

§ 3º Em caso de necessidade de serviço o empregador poderá transferir o empregado para localidade diversa da que resultar do contrato, não obstante as restrições do artigo anterior, mas, nesse caso, ficará obrigado a um pagamento suplementar, nunca inferior a vinte e cinco por cento dos salários que o empregado percebia naquela localidade, enquanto durar essa situação. *(§ 3º acrescido pela Lei 6.203/1975)*

▸ OJ 113 da SDI-I do TST.

Orientação Jurisprudencial

SDI-I 113. Adicional de transferência. Cargo de confiança ou previsão contratual de transferência. Devido. Desde que a transferência seja provisória. O fato de o empregado exercer cargo de confiança ou a existência de previsão de transferência no contrato de trabalho não exclui o direito ao adicional. O pressuposto legal apto a legitimar a percepção do mencionado adicional é a transferência provisória.

Art. 470. As despesas resultantes da transferência correrão por conta do empregador. *(Artigo com redação pela Lei 6.203/1975)*

▸ Súmula 29 do TST.

Súmula

TST 29. Transferência. Empregado transferido, por ato unilateral do empregador, para local mais distante de sua residência, tem direito a suplemento salarial correspondente ao acréscimo da despesa de transporte.

CAPÍTULO IV
DA SUSPENSÃO E DA INTERRUPÇÃO

▸ Arts. 9º e 142, § 3º, IV, da CF.
▸ Lei 7.783/1989 (Exercício do direito de greve)

Constituição Federal

Art. 9º É assegurado o direito de greve, competindo aos trabalhadores decidir sobre a oportunidade de exercê-lo e sobre os interesses que devam por meio dele defender.

Art. 142, § 3º, (...) IV – ao militar são proibidas a sindicalização e a greve;

Art. 471. Ao empregado afastado do emprego, são asseguradas, por ocasião de sua volta, todas as vantagens que, em sua ausência, tenham sido atribuídas à categoria a que pertencia na empresa.

▸ Súmulas 15 e 282 do TST.

Súmulas

TST 15. Atestado médico. A justificação da ausência do empregado motivada por doença, para a percepção do salário-enfermidade e da remuneração do repouso semanal, deve observar a ordem preferencial dos atestados médicos estabelecida em lei.

TST 282. Abono de faltas. Serviço médico da empresa. Ao serviço médico da empresa ou ao mantido por esta última mediante convênio compete abonar os primeiros 15 (quinze) dias de ausência ao trabalho.

Art. 472. O afastamento do empregado em virtude das exigências do serviço militar, ou de outro encargo público, não constituirá motivo para alteração ou rescisão do contrato de trabalho por parte do empregador.

▸ Art. 38 da CF.
▸ Lei 4.375/1964 (Lei do Serviço Militar)
▸ Art. 15, § 5º, da Lei 8.036/1990 (FGTS)
▸ Súmulas 10 e 463 do STF.
▸ Súmula 269 do TST.
▸ PN 80 do TST.

Súmulas

STF 10. O tempo de serviço militar conta-se para efeito de disponibilidade e aposentadoria do servidor público estadual.

STF 463. Para efeito de indenização e estabilidade, conta-se o tempo em que o empregado esteve afastado, em serviço militar obrigatório, mesmo anteriormente à Lei 4.072, de 1º-6-1962.

TST 269. Diretor eleito. Cômputo do período como tempo de serviço. O empregado eleito para ocupar cargo de diretor tem o respectivo contrato de trabalho suspenso, não se computando o tempo de serviço deste período, salvo se permanecer a subordinação jurídica inerente à relação de emprego.

Precedente Normativo

TST 80. Serviço militar. Garantia de emprego ao alistando. Garante-se o emprego do alistando, desde a data da incorporação no serviço militar até 30 (trinta) dias após a baixa.

§ 1º Para que o empregado tenha direito a voltar a exercer o cargo do qual se afastou em virtude de exigências do serviço militar ou de encargo público, é indispensável que notifique o empregador dessa intenção, por telegrama ou carta registrada, dentro do prazo máximo de trinta dias, contados da data em que se verificar a respectiva baixa ou a terminação do encargo a que estava obrigado.

§ 2º Nos contratos por prazo determinado, o tempo de afastamento, se assim acordarem as partes interessadas, não será computado na contagem do prazo para a respectiva terminação.

§ 3º Ocorrendo motivo relevante de interesse para a segurança nacional, poderá a autoridade competente solicitar o afastamento do empregado do serviço ou do local de trabalho, sem que se configure a suspensão do contrato de trabalho. *(§ 3º acrescido pelo Dec.-lei 3/1966)*

§ 4º O afastamento a que se refere o parágrafo anterior será solicitado pela autoridade competente diretamente ao empregador, em representação fundamentada com audiência da Procuradoria Regional do Trabalho, que providenciará desde logo a instauração do competente inquérito administrativo. *(§ 4º acrescido pelo Dec.-lei 3/1966)*

§ 5º Durante os primeiros noventa dias desse afastamento, o empregado continuará percebendo sua remuneração. *(§ 5º acrescido pelo Dec.-lei 3/1966)*

▸ Art. 38 da CF.

Art. 473. O empregado poderá deixar de comparecer ao serviço sem prejuízo do salário: (Caput *com redação pelo Dec.-lei 229/1967)*

▸ Art. 2º da Lei 4.090/1962 (Gratificação de Natal)
▸ Súmulas 15, 89 e 282 do TST.
▸ PN 68 do TST.

Súmulas

TST 15. Atestado médico. A justificação da ausência do empregado motivada por doença, para a percepção do salário-enfermidade e da remuneração do repouso semanal, deve observar a ordem preferencial dos atestados médicos estabelecida em lei.

TST 89. Falta ao serviço. Se as faltas já são justificadas pela lei, consideram-se como ausências legais e não serão descontadas para o cálculo do período de férias.

TST 282. Abono de faltas. serviço médico da empresa. Ao serviço médico da empresa ou ao mantido por esta última mediante convênio compete abonar os primeiros 15 (quinze) dias de ausência ao trabalho.

Precedente Normativo

TST 68. Empregado rural. Faltas ao serviço. Compras. Autoriza-se o chefe de família, se empregado rural, a faltar ao serviço um dia por mês ou meio dia por quinzena, para efetuar compras, sem remuneração ou mediante compensação de horário, mas sem prejuízo do repouso remunerado, desde que não tenha falta injustificada durante o mês.

I – até 2 (dois) dias consecutivos, em caso de falecimento do cônjuge, ascendente, descendente, irmão ou pessoa que, declarada em sua Carteira de Trabalho e Previdência Social, viva sob sua dependência econômica; *(Inciso I com redação pelo Dec.-lei 229/1967)*

▸ Art. 320, § 3º, desta Consolidação.

CLT

Art. 320. (...) § 3º Não serão descontadas, no decurso de 9 (nove) dias, as faltas verificadas por motivo de gala ou de luto em consequência de falecimento do cônjuge, do pai ou mãe, ou de filho.

II – até 3 (três) dias consecutivos, em virtude de casamento; *(Inciso II com redação pelo Dec.-lei 229/1967)*

▸ Art. 320, § 3º, desta Consolidação.

III – por 5 (cinco) dias consecutivos, em caso de nascimento de filho, de adoção ou de guarda compartilhada; *(Inciso III com redação pela Lei 14.457/2022)*

▸ Art. 7º, XIX, da CF.
▸ Art. 10, § 1º, do ADCT, que estabelece licença-paternidade de 5 (cinco) dias.
▸ Arts. 392, § 4º, II, e 395 desta Consolidação.
▸ Arts. 1º, II e § 2º, e 3º, II, da Lei 11.770/2008 (Programa Empresa Cidadã, destinado à prorrogação da licença-maternidade e paternidade, mediante concessão de incentivo fiscal)

Constituição Federal

Art. 7º São direitos dos trabalhadores urbanos e rurais, além de outros que visem à melhoria de sua condição social: (...) XIX – licença-paternidade, nos termos fixados em lei;

ADCT

Art. 10. Até que seja promulgada a lei complementar a que se refere o art. 7º, I, da Constituição: (...)§ 1º Até que a lei venha a disciplinar o disposto no art. 7º, XIX, da Constituição, o prazo da licença-paternidade a que se refere o inciso é de cinco dias.

Lei 11.770/2008

Art. 1º É instituído o Programa Empresa Cidadã, destinado a prorrogar: (...) II – por 15 (quinze) dias a duração da licença-paternidade, nos termos desta Lei, além dos 5 (cinco) dias estabelecidos no § 1º do art. 10 do Ato das Disposições Constitucionais Transitórias. (...) § 2º A prorrogação será garantida, na mesma proporção, à empregada e ao empregado que adotar ou obtiver guarda judicial para fins de adoção de criança.

Art. 3º Durante o período de prorrogação da licença-maternidade e da licença-paternidade: (...) II – o empregado terá direito à remuneração integral.

IV – por 1 (um) dia, em cada 12 (doze) meses de trabalho, em caso de doação voluntária de sangue devidamente comprovada; *(Inciso IV com redação pelo Dec.-lei 229/1967)*

V – até 2 (dois) dias consecutivos ou não, para o fim de se alistar eleitor, nos termos da lei respectiva; *(Inciso V com redação pelo Dec.-lei 229/1967)*

VI – no período de tempo em que tiver de cumprir as exigências do Serviço Militar referidas na letra *c* do artigo 65 da Lei 4.375, de 17 de agosto de 1964 (Lei do Serviço Militar); *(Inciso VI acrescido pelo Dec.-lei 757/1969)*

VII – nos dias em que estiver comprovadamente realizando provas de exame vestibular para ingresso em estabelecimento de ensino superior; *(Inciso VII acrescido pela Lei 9.471/1997)*

▸ PN 70 do TST.

Precedente Normativo

TST 70. Licença para estudante. Concede-se licença não remunerada nos dias de prova ao empregado estudante, desde que avisado o patrão com 72 (setenta e duas) horas "de antecedência e mediante comprovação.

VIII – pelo tempo que se fizer necessário, quando tiver que comparecer a juízo; *(Inciso VIII acrescido pela Lei 9.853/1999)*

▸ Art. 822 desta Consolidação.
▸ Art. 441 do CPP.
▸ Súmula 155 do TST.

CLT

Art. 822. As testemunhas não poderão sofrer qualquer desconto pelas faltas ao serviço, ocasionadas pelo seu comparecimento para depor, quando devidamente arroladas ou convocadas.

Código de Processo Penal

Art. 441. Nenhum desconto será feito nos vencimentos ou salário do jurado sorteado que comparecer à sessão do júri.

Súmula

TST 155. Ausência ao serviço. As horas em que o empregado falta ao serviço para comparecimento necessário, como parte, à Justiça do Trabalho não serão descontadas de seus salários.

IX – pelo tempo que se fizer necessário, quando, na qualidade de representante de entidade sindical, estiver

participando de reunião oficial de organismo internacional do qual o Brasil seja membro. *(Inciso IX acrescido pela Lei 11.304/2006)*

X – pelo tempo necessário para acompanhar sua esposa ou companheira em até 6 (seis) consultas médicas, ou em exames complementares, durante o período de gravidez; *(Inciso X acrescido pela Lei 14.457/2022)*

XI – por 1 (um) dia por ano para acompanhar filho de até 6 (seis) anos em consulta médica; *(Inciso XI acrescido pela Lei 13.257/2016)*

XII – até 3 (três) dias, em cada 12 (doze) meses de trabalho, em caso de realização de exames preventivos de câncer devidamente comprovada. *(Inciso XII acrescido pela Lei 13.767/2018)*

Art. 474. A suspensão do empregado por mais de 30 (trinta) dias consecutivos importa na rescisão injusta do contrato de trabalho.

▸ Súmula 77 do TST.

Súmula

TST 77. Punição. Nula é a punição de empregado se não precedida de inquérito ou sindicância internos a que se obrigou a empresa, por norma regulamentar.

Art. 475. O empregado que for aposentado por invalidez terá suspenso o seu contrato de trabalho durante o prazo fixado pelas leis de previdência social para a efetivação do benefício.

▸ Art. 47 da Lei 8.213/1991 (Planos de Benefícios da Previdência Social)
▸ Súmula 217 do STF.
▸ Súmula 440 do TST.
▸ OJ 375 da SDI-I do TST.

Súmula

STF 217. Tem direito de retornar ao emprego, ou ser indenizado em caso de recusa do empregador, o aposentado que recupera a capacidade de trabalho dentro de cinco anos, a contar da aposentadoria, que se torna definitiva após esse prazo.

TST 440. Auxílio-doença acidentário. Aposentadoria por invalidez. Suspensão do contrato de trabalho. Reconhecimento do direito à manutenção de plano de saúde ou de assistência médica. Assegura-se o direito à manutenção de plano de saúde ou de assistência médica oferecido pela empresa ao empregado, não obstante suspenso o contrato de trabalho em virtude de auxílio-doença acidentário ou de aposentadoria por invalidez.

Orientação Jurisprudencial

SDI-I 375. Auxílio-doença. Aposentadoria por invalidez. Suspensão do contrato de trabalho. Prescrição. Contagem. A suspensão do contrato de trabalho, em virtude da percepção do auxílio-doença ou da aposentadoria por invalidez, não impede a fluência da prescrição quinquenal, ressalvada a hipótese de absoluta impossibilidade de acesso ao Judiciário.

§ 1º Recuperando o empregado a capacidade de trabalho e sendo a aposentadoria cancelada, ser-lhe-á assegurado o direito à função que ocupava ao tempo da aposentadoria, facultado, porém, ao empregador, o direito de indenizá-lo por rescisão do contrato de trabalho, nos termos dos artigos 477 e 478, salvo na hipótese de ser ele portador de estabilidade, quando a indenização deverá ser paga na forma do artigo 497. *(§ 1º com redação pela Lei 4.824/1965)*

▸ Súmulas 219 e 220 do STF.
▸ Súmulas 72, 97 e 160 do TST.

Súmulas

STF 219. Para a indenização devida a empregado que tinha direito a ser readmitido, e não foi, levam-se em conta as vantagens advindas à sua categoria no período do afastamento.

STF 220. A indenização devida a empregado estável, que não é readmitido ao cessar sua aposentadoria, deve ser paga em dobro.

TST 72. Aposentadoria. O prêmio-aposentadoria instituído por norma regulamentar da empresa não está condicionado ao disposto no § 2º do art. 14 da Lei 8.036, de 11.05.1990.

TST 97. Aposentadoria. Complementação. Instituída complementação de aposentadoria por ato da empresa, expressamente dependente de regulamentação, as condições desta devem ser observadas como parte integrante da norma.

TST 160. Aposentadoria por invalidez. Cancelada a aposentadoria por invalidez, mesmo após 5 (cinco) anos, o trabalhador terá direito de retornar ao emprego, facultado, porém, ao empregador, indenizá-lo na forma da lei.

§ 2º Se o empregador houver admitido substituto para o aposentado, poderá rescindir, com este, o respectivo contrato de trabalho sem indenização, desde que tenha havido ciência inequívoca da interinidade ao ser celebrado o contrato.

▸ Súmula 24 do STF.

Súmula

STF 24. Funcionário interino substituto é demissível, mesmo antes de cessar a causa da substituição.

Art. 476. Em caso de seguro-doença ou auxílio-enfermidade, o empregado é considerado em licença não remunerada, durante o prazo desse benefício.

▸ Art. 7º, I, da CF.
▸ Arts. 59 a 63 da Lei 8.213/1991 (Planos de Benefícios da Previdência Social)
▸ Súmulas 15, 371 e 440 do TST.
▸ OJ 375 da SDI-I do TST.

Súmulas

TST 15. Atestado médico. A justificação da ausência do empregado motivada por doença, para a percepção do salário-enfermidade e da remuneração do repouso semanal, deve observar a ordem preferencial dos atestados médicos estabelecida em lei.

TST 371. Aviso-prévio indenizado. Efeitos. Superveniência de auxílio-doença no curso deste. A projeção do contrato de trabalho para o futuro, pela concessão do aviso-prévio indenizado, tem efeitos limitados às vantagens econômicas obtidas no período de pré-aviso, ou seja, salários, reflexos e verbas rescisórias. No caso de concessão de auxílio-doença no curso do aviso-prévio, todavia, só se concretizam os efeitos da dispensa depois de expirado o benefício previdenciário.

TST 440. Auxílio-doença acidentário. Aposentadoria por invalidez. Suspensão do contrato de trabalho. Reconhecimento do direito à manutenção de plano de saúde ou de assistência médica. Assegura-se o direito à manutenção de plano de saúde ou de assistência médica oferecido pela empresa ao empregado, não obstante suspenso o contrato de trabalho em virtude de auxílio-doença acidentário ou de aposentadoria por invalidez.

Orientação Jurisprudencial

SDI-I 375. Auxílio-doença. Aposentadoria por invalidez. Suspensão do contrato de trabalho. Prescrição. Contagem. A suspensão do contrato de trabalho, em virtude da percepção do auxílio-doença ou da aposentadoria por invalidez, não impede a fluência da prescrição quinquenal, ressalvada a hipótese de absoluta impossibilidade de acesso ao Judiciário.

Art. 476-A. O contrato de trabalho poderá ser suspenso, por um período de dois a cinco meses, para participação do empregado em curso ou programa de qualificação profissional oferecido pelo empregador, com duração equivalente à suspensão contratual, mediante previsão em convenção ou acordo coletivo de trabalho e aquiescência formal do empregado, observado o disposto no artigo 471 desta Consolidação. *(Artigo acrescido pela MP 2.164-41/2001)*

▸ Art. 15, II, da Lei 8.213/1991 (Planos de Benefícios da Previdência Social)
▸ Art. 11 da MP 2.164-41/2001 (Altera a CLT)
▸ Art. 43 da Lei 14.437/2022 (Programa Emergencial de Manutenção do Emprego e da Renda).

§ 1º Após a autorização concedida por intermédio de convenção ou acordo coletivo, o empregador deverá notificar o respectivo sindicato, com antecedência mínima de quinze dias da suspensão contratual.

§ 2º O contrato de trabalho não poderá ser suspenso em conformidade com o disposto no *caput* deste artigo mais de uma vez no período de dezesseis meses.

§ 3º O empregador poderá conceder ao empregado ajuda compensatória mensal, sem natureza salarial, durante o período de suspensão contratual nos termos do *caput* deste artigo, com valor a ser definido em convenção ou acordo coletivo.

§ 4º Durante o período de suspensão contratual para participação em curso ou programa de qualificação profissional, o empregado fará jus aos benefícios voluntariamente concedidos pelo empregador.

§ 5º Se ocorrer a dispensa do empregado no transcurso do período de suspensão contratual ou nos três meses subsequentes ao seu retorno ao trabalho, o empregador pagará ao empregado, além das parcelas indenizatórias previstas na legislação em vigor, multa a ser estabelecida em convenção ou acordo coletivo, sendo de, no mínimo, cem por cento sobre o valor da última remuneração mensal anterior à suspensão do contrato.

§ 6º Se durante a suspensão do contrato não for ministrado o curso ou programa de qualificação profissional, ou o empregado permanecer trabalhando para o empregador, ficará descaracterizada a suspensão, sujeitando o empregador ao pagamento imediato dos salários e dos encargos sociais referentes ao período, às penalidades cabíveis previstas na legislação em vigor, bem como às sanções previstas em convenção ou acordo coletivo.

§ 7º O prazo limite fixado no *caput* poderá ser prorrogado mediante convenção ou acordo coletivo de trabalho e aquiescência formal do empregado, desde que o empregador arque com o ônus correspondente ao valor da bolsa de qualificação profissional, no respectivo período.

<div align="center">

CAPÍTULO V
DA RESCISÃO
</div>

Art. 477. Na extinção do contrato de trabalho, o empregador deverá proceder à anotação na Carteira de Trabalho e Previdência Social, comunicar a dispensa aos órgãos competentes e realizar o pagamento das verbas rescisórias no prazo e na forma estabelecidos neste artigo. *(Caput com redação pela Lei 13.467/2017)*

▸ Art. 7º, I, da CF.
▸ Art. 10, II, do ADCT.
▸ Arts. 485 e 499 desta Consolidação.
▸ Arts. 14, §1º, e 18 da Lei 8.036/1990 (FGTS)
▸ Súmulas 200, 459, 462 e 593 do STF.
▸ Súmulas 82 e 215 do STJ.
▸ Súmulas 50, 54, 60, 63, 98,132, 139, 148, 157, 173, 305 e 314 do TST.
▸ OJs 42, 148, 195, 341, 344 e 370 da SDI-I do TST.

Súmulas

STF 200. Não é inconstitucional a Lei 1.530, de 26-12-1951, que manda incluir na indenização por despedida injusta parcela correspondente à férias proporcionais.

STF 459. No cálculo da indenização por despedida injusta, incluem-se os adicionais, ou gratificações que, pela habitualidade, se tenham incorporado ao salário.

STF 462. No cálculo da indenização por despedida injusta inclui-se, quando devido, o repouso semanal remunerado.

STF 593. Incide o percentual do Fundo de Garantia do Tempo de Serviço (FGTS) sobre a parcela da remuneração correspondente a horas extraordinárias de trabalho.

STJ 82. Compete à Justiça Federal, excluídas as reclamações trabalhistas, processar e julgar os feitos relativos a movimentação do FGTS.

STJ 215. A indenização recebida pela adesão a programa de incentivo à demissão voluntária não está sujeita à incidência do Imposto de Renda.

TST 50. Gratificação natalina. A gratificação natalina, instituída pela Lei 4.090, de 13.07.1962, é devida pela empresa cessionária ao servidor público cedido enquanto durar a cessão.

TST 54. Optante. Rescindindo por acordo seu contrato de trabalho, o empregado estável optante tem direito ao mínimo de 60% (sessenta por cento) do total da indenização em dobro, calculada sobre o maior salário percebido no emprego. Se houver recebido menos do que esse total, qualquer tenha sido a forma de transação, assegura-se-lhe a complementação até aquele limite.

TST 60. Adicional noturno. Integração no salário e prorrogação em horário diurno. I – O adicional noturno, pago com habitualidade, integra o salário do empregado para todos os efeitos. II – Cumprida integralmente a jornada no período noturno e prorrogada esta, devido é também o adicional quanto às horas prorrogadas. Exegese do art. 73, § 5º, da CLT.

TST 63. Fundo de garantia. A contribuição para o Fundo de Garantia do Tempo de Serviço incide sobre a remuneração mensal devida ao empregado, inclusive horas extras e adicionais eventuais.

TST 98. FGTS. Indenização. Equivalência. Compatibilidade. I – A equivalência entre os regimes do Fundo de Garantia do Tempo de Serviço e da estabilidade prevista na CLT é meramente jurídica e não econômica, sendo indevidos valores a título de reposição de diferenças. II – A estabilidade contratual ou a derivada de regulamento de empresa são compatíveis com o regime do FGTS. Diversamente ocorre com a estabilidade legal (decenal, art. 492 da CLT), que é renunciada com a opção pelo FGTS.

TST 132. Adicional de periculosidade. Integração. I – O adicional de periculosidade, pago em caráter permanente, integra o cálculo de indenização e de horas extras. II – Durante as horas de sobreaviso, o empregado não se encontra em condições de risco, razão pela qual é incabível a integração do adicional de periculosidade sobre as mencionadas horas.

TST 139. Adicional de insalubridade. Enquanto percebido, o adicional de insalubridade integra a remuneração para todos os efeitos legais.

TST 148. Gratificação natalina. É computável a gratificação de Natal para efeito do cálculo da indenização.

TST 157. Gratificação. A gratificação instituída pela Lei 4.090, de 13.07.1962 é devida na resilição contratual de iniciativa do empregado.

TST 173. Salário. Empresa. Cessação de atividades. Extinto, automaticamente, o vínculo empregatício com a cessação das atividades da empresa, os salários só são devidos até a data da extinção.

TST 305. Fundo de garantia do tempo de serviço. Incidência sobre o aviso-prévio. O pagamento relativo ao período de aviso-prévio, trabalhado ou não, está sujeito a contribuição para o FGTS.

TST 314. Indenização adicional. Verbas rescisórias. Salário corrigido. Se ocorrer a rescisão contratual no período de 30 (trinta) dias que antecede à data base, observado o Enunciado 182 do TST, o pagamento das verbas rescisórias com o salário já corrigido não afasta o direito à indenização adicional prevista nas Leis 6.708, de 30.10.1979 e 7.238, de 28.10.1984.

Orientações Jurisprudenciais:

SDI-I 42. FGTS. Multa de 40%. Inserida em 25.11.96. I – É devida a multa do FGTS sobre os saques corrigidos monetariamente ocorridos na vigência do contrato de trabalho. Art. 18, § 1º, da Lei 8.036/1990 e art. 9º, § 1º, do Decreto 99.684/1990. II – O cálculo da multa de 40% (quarenta por cento) do FGTS deverá ser feito com base no saldo da conta vinculada na data do efetivo pagamento das verbas rescisórias, desconsiderada a projeção do aviso-prévio indenizado, por ausência de previsão legal.

SDI-I 148. Lei 8.880/1994, ART. 31. Constitucionalidade. É constitucional o art. 31 da Lei 8.880/1994 que prevê a indenização por demissão sem justa causa.

SDI-I 195. Férias indenizadas. FGTS. não incidência. Não incide a contribuição para o FGTS sobre as férias indenizadas.

SDI-I 341. FGTS. Multa de 40%. Diferenças decorrentes dos expurgos inflacionários. Responsabilidade pelo pagamento. É de responsabilidade do empregador o pagamento da diferença da multa de 40% (quarenta por cento) sobre os depósitos do FGTS, decorrente da atualização monetária em face dos expurgos inflacionários.

SDI-I 344. FGTS. Multa de 40%. Diferenças decorrentes dos expurgos inflacionários. Prescrição. Termo inicial. O termo inicial do prazo prescricional para o empregado pleitear em juízo diferenças da multa do FGTS, decorrentes dos expurgos inflacionários, deu-se com a vigência da Lei Complementar 110, em 30.06.2001, salvo comprovado trânsito em julgado de decisão proferida em ação proposta anteriormente na Justiça Federal, que reconheça o direito à atualização do saldo da conta vinculada.

SDI-I 370. FGTS. Multa de 40% (quarenta por cento) Diferenças dos expurgos inflacionários. Prescrição. Interrupção decorrente de protestos judiciais. O ajuizamento de protesto judicial dentro do biênio posterior à Lei Complementar 110, de 29.06.2001, interrompe a prescrição, sendo irrelevante o transcurso de mais de 2 (dois) anos da propositura de outra medida acautelatória, com o mesmo objetivo, ocorrida antes da vigência da referida lei, pois ainda não iniciado o prazo prescricional, conforme disposto na Orientação Jurisprudencial 344 da SDI-I.

§ 1º Revogado pela Lei 13.467/2017.

§ 2º O instrumento de rescisão ou recibo de quitação, qualquer que seja a causa ou forma de dissolução do contrato, deve ter especificada a natureza de cada parcela paga ao empregado e discriminado o seu valor, sendo válida a quitação, apenas, relativamente às mesmas parcelas. (§ 2º com redação pela Lei 5.584/1970)

▸ Súmula 330 do TST.
▸ OJ 270 da SDI-I do TST.
▸ OJs 132 e 154 da SDI-II do TST.

Orientações Jurisprudenciais

SDI-I 270. Programa de incentivo à demissão voluntária. Transação extrajudicial. Parcelas oriundas do extinto contrato de trabalho. Efeitos. A transação extrajudicial que importa rescisão do contrato de trabalho ante a adesão do empregado a plano de demissão voluntária implica quitação exclusivamente das parcelas e valores constantes do recibo.

SDI-II 132. Ação rescisória. Acordo homologado. Alcance. Ofensa à coisa julgada. Acordo celebrado – homologado judicialmente – em que o empregado dá plena e ampla quitação, sem qualquer ressalva, alcança não só o objeto da inicial, como também todas as demais parcelas referentes ao extinto contrato de trabalho, violando a coisa julgada, a propositura de nova reclamação trabalhista.

SDI-II 154. Ação rescisória. Acordo prévio ao ajuizamento da reclamação. Quitação geral. lide simulada. Possibilidade de rescisão da sentença homologatória de acordo apenas se verificada a existência de vício de consentimento. A sentença homologatória de acordo prévio ao ajuizamento de reclamação trabalhista, no qual foi conferida quitação geral do extinto contrato, sujeita-se ao corte rescisório tão somente se verificada a existência de fraude ou vício de consentimento.

§ 3º Revogado pela Lei 13.467/2017.

§ 4º O pagamento a que fizer jus o empregado será efetuado: (§ 4º com redação pela Lei 13.467/2017)

I – em dinheiro, depósito bancário ou cheque visado, conforme acordem as partes; ou (Inciso I acrescido pela Lei 13.467/2017)

II – em dinheiro ou depósito bancário quando o empregado for analfabeto. (Inciso II acrescido pela Lei 13.467/2017)

§ 5º Qualquer compensação no pagamento de que trata o parágrafo anterior não poderá exceder o equivalente a um mês de remuneração do empregado. (§ 5º com redação pela Lei 5.584/1970)

▸ Súmula 18 do TST.
▸ OJ 356 da SDI-I do TST.

Súmula

TST 18. Compensação. A compensação, na Justiça do Trabalho, está restrita a dívidas de natureza trabalhista.

Orientação Jurisprudencial

SDI-I 356. Programa de incentivo à Demissão Voluntária (PDV) Créditos trabalhistas reconhecidos em juízo. Compensação. Impossibilidade. Os créditos tipicamente trabalhistas reconhecidos em juízo não são suscetíveis de compensação com a indenização paga em decorrência de adesão do trabalhador a Programa de Incentivo à Demissão Voluntária (PDV)

§ 6º A entrega ao empregado de documentos que comprovem a comunicação da extinção contratual aos órgãos competentes bem como o pagamento dos valores constantes do instrumento de rescisão ou recibo de quitação deverão ser efetuados até dez dias contados a partir do término do contrato. (§ 6º com redação pela Lei 13.467/2017)

▸ Art. 23, § 1º, I, da Lei 8.036/1990 (FGTS)

a) Revogada pela Lei 13.467/2017.

b) Revogada pela Lei 13.467/2017.

§ 7º Revogado pela Lei 13.467/2017.

§ 8º A inobservância do disposto no § 6º deste artigo sujeitará o infrator à multa de 160 BTN, por trabalhador, bem assim ao pagamento da multa a favor do empregado, em valor equivalente ao seu salário, devidamente corrigido pelo índice de variação do BTN, salvo quando, comprovadamente, o trabalhador der causa à mora. (§ 8º acrescido pela Lei 7.855/1989)

▸ Vide nota sobre a atualização da CLT relativa à multa.
▸ Súmula 388 do TST.
▸ OJs 162 e 238 da SDI-I do TST.

Súmulas

TST 388. Massa falida. Arts. 467 e 477 da CLT. Inaplicabilidade. A Massa Falida não se sujeita à penalidade do art. 467 e nem à multa do § 8º do art. 477, ambos da CLT.

TST 462. Multa do art. 477, § 8º, da CLT. Incidência. Reconhecimento judicial da relação de emprego. A circunstância de a relação de emprego ter sido reconhecida apenas em juízo não tem o condão de afastar a incidência da multa prevista no art. 477, §8º, da CLT. A referida multa não será devida apenas quando, comprovadamente, o empregado der causa à mora no pagamento das verbas rescisórias.

Orientações Jurisprudenciais

SDI-I 162. Multa. Art. 477 da CLT. Contagem do prazo. Aplicável o art. 132 do Código Civil de 2002. A contagem do prazo para quitação das verbas decorrentes da rescisão contratual prevista no artigo 477 da CLT exclui necessariamente o dia da notificação da demissão e inclui o dia do vencimento, em obediência ao disposto no artigo 132 do Código Civil de 2002 (artigo 125 do Código Civil de 1916)

SDI-I 238. Multa. Art. 477 da CLT. Pessoa Jurídica de Direito Público. Aplicável. Submete-se à multa do artigo 477 da CLT a pessoa jurídica de direito público que não observa o prazo para pagamento das verbas rescisórias, pois nivela-se a qualquer particular, em direitos e obrigações, despojando-se do jus imperi ao celebrar um contrato de emprego.

§ 9º Vetado.

§ 10. A anotação da extinção do contrato na Carteira de Trabalho e Previdência Social é documento hábil para requerer o benefício do seguro-desemprego e a movimentação da conta vinculada no Fundo de Garantia do Tempo de Serviço, nas hipóteses legais, desde que a comunicação prevista no caput deste artigo tenha sido realizada. (§ 10 acrescido pela Lei 13.467/2017)

Art. 477-A. As dispensas imotivadas individuais, plúrimas ou coletivas equiparam-se para todos os fins, não havendo necessidade de autorização prévia de entidade sindical ou de celebração de convenção coletiva ou acordo coletivo de trabalho para sua efetivação. (Artigo acrescido pela Lei 13.467/2017)

Art. 477-B. Plano de Demissão Voluntária ou Incentivada, para dispensa individual, plúrima ou coletiva, previsto em convenção coletiva ou acordo coletivo de trabalho, enseja quitação plena e irrevogável dos direitos decorrentes da relação empregatícia, salvo disposição em contrário estipulada entre as partes. (Artigo acrescido pela Lei 13.467/2017)

Art. 478. A indenização devida pela rescisão de contrato por prazo indeterminado será de 1 (um) mês de remuneração por ano de serviço efetivo, ou por ano e fração igual ou superior a seis meses.

▸ Art. 7º, I, III e XIII, da CF.
▸ Súmulas 24, 54, 60, 98, 132, 138, 139 e 148 do TST.
▸ OJs 42 e 148 da SDI-I do TST.

Constituição Federal

Art. 7º São direitos dos trabalhadores urbanos e rurais, além de outros que visem à melhoria de sua condição social: I – relação de emprego protegida contra despedida arbitrária ou sem justa causa, nos termos de lei complementar, que preverá indenização compensatória, dentre outros direitos; (...) III – fundo de garantia do tempo de serviço (...); XIII – duração do trabalho normal não superior a oito horas diárias e quarenta e quatro semanais, facultada a compensação de horários e a redução da jornada, mediante acordo ou convenção coletiva de trabalho (...);

Súmulas

TST 24. Serviço extraordinário. Insere-se no cálculo da indenização por antiguidade o salário relativo a serviço extraordinário, desde que habitualmente prestado.

TST 54. Optante. Rescindindo por acordo seu contrato de trabalho, o empregado estável optante tem direito ao mínimo de 60% (sessenta por cento) do total da indenização em dobro, calculada sobre o maior salário percebido no emprego. Se houver recebido menos do que esse total, qualquer tenha sido a forma de transação, assegura-se-lhe a complementação até aquele limite.

TST 98. FGTS. Indenização. Equivalência. Compatibilidade. I – A equivalência entre os regimes do Fundo de Garantia do Tempo de Serviço e da estabilidade prevista na CLT é meramente jurídica e não econômica, sendo indevidos valores a título de reposição de diferenças. II – A estabilidade contratual ou a derivada de regulamento de empresa são compatíveis com o regime do FGTS. Diversamente ocorre com a estabilidade legal (decenal, art. 492 da CLT), que é renunciada com a opção pelo FGTS.

TST 138. Readmissão. Em caso de readmissão, conta-se a favor do empregado o período de serviço anterior, encerrado com a saída espontânea.

TST 148. Gratificação natalina. É computável a gratificação de Natal para efeito do cálculo da indenização.

§ 1º O primeiro ano de duração do contrato por prazo indeterminado é considerado como período de experiência, e, antes que se complete, nenhuma indenização será devida.

§ 2º Se o salário for pago por dia, o cálculo da indenização terá por base 30 (trinta) dias.

§ 3º Se pago por hora, a indenização apurar-se-á na base de 220 (duzentas e vinte) horas por mês.

▸ Art. 7º, XIII, da CF, indenização apurada com base em 220 horas por mês.
▸ Art. 6º, § 1º, da Lei 8.542/1990 (Política Nacional de Salários)

Lei 8.542/1990

Art. 6º (...) § 1º O salário mínimo diário corresponderá a um trinta avos do salário mínimo mensal, e o salário mínimo horário a um duzentos e vinte avos do salário mínimo.

§ 4º Para os empregados que trabalhem à comissão ou que tenham direito a percentagens, a indenização será calculada pela média das comissões ou percentagens percebidas nos últimos 12 (doze) meses de serviço. *(§ 4º com redação pelo Dec.-lei 229/1967)*

§ 5º Para os empregados que trabalhem por tarefa ou serviço feito, a indenização será calculada na base média do tempo costumeiramente gasto pelo interessado para realização de seu serviço, calculando-se o valor do que seria feito durante trinta dias.

Art. 479. Nos contratos que tenham termo estipulado, o empregador que, sem justa causa, despedir o empregado será obrigado a pagar-lhe, a título de indenização, e por metade, a remuneração a que teria direito até o termo do contrato.

▸ Súmula 125 do TST.

Súmula

TST 125. Contrato de trabalho. Art. 479 da CLT. O art. 479 da CLT aplica-se ao trabalhador optante pelo FGTS admitido mediante contrato por prazo determinado, nos termos do art. 30, § 3º, do Decreto 59.820, de 20.12.1966.

Parágrafo único. Para a execução do que dispõe o presente artigo, o cálculo da parte variável ou incerta dos salários será feito de acordo com o prescrito para o cálculo da indenização referente à rescisão dos contratos por prazo indeterminado.

Art. 480. Havendo termo estipulado, o empregado não se poderá desligar do contrato, sem justa causa, sob pena de ser obrigado a indenizar o empregador dos prejuízos que desse fato lhe resultarem.

§ 1º A indenização, porém, não poderá exceder àquela a que teria direito o empregado em idênticas condições.

§ 2º *Revogado pela Lei 6.533/1978.*

Art. 481. Aos contratos por prazo determinado, que contiverem cláusula assecuratória do direito recíproco de rescisão, antes de expirado o termo ajustado, aplicam-se, caso seja exercido tal direito por qualquer das partes, os princípios que regem a rescisão dos contratos por prazo indeterminado.

▸ Súmula 163 do TST.

Súmula

TST 163. Aviso-prévio. Contrato de experiência. Cabe aviso-prévio nas rescisões antecipadas dos contratos de experiência, na forma do art. 481 da CLT.

Art. 482. Constituem justa causa para rescisão do contrato de trabalho pelo empregador:

▸ Art. 13 da Lei 6.019/1974 (Trabalho Temporário)
▸ Art. 27 da LC 150/2015 (Lei dos Domésticos)
▸ Súmula 316 do STF.
▸ Súmulas 73 e 77 do TST.

Lei 6.019/1974

Art. 13. Constituem justa causa para rescisão do contrato do trabalhador temporário os atos e circunstâncias mencionados nos artigos 482 e 483, da Consolidação das Leis do Trabalho, ocorrentes entre o trabalhador e a empresa de trabalho temporário ou entre aquele e a empresa cliente onde estiver prestando serviço.

LC 150/2015

Art. 27: Considera-se justa causa para os efeitos desta Lei: I – submissão a maus tratos de idoso, de enfermo, de pessoa com deficiência ou de criança sob cuidado direto ou indireto do empregado; II – prática de ato de improbidade; III – incontinência de conduta ou mau procedimento; IV – condenação criminal do empregado transitada em julgado, caso não tenha havido suspensão da execução da pena; V – desídia no desempenho das respectivas funções; VI – embriaguez habitual ou em serviço; VII – *Vetado*; VIII – ato de indisciplina ou de insubordinação; IX – abandono de emprego, assim considerada a ausência injustificada ao serviço por, pelo menos, 30 (trinta) dias corridos; X – ato lesivo à honra ou à boa fama ou ofensas físicas praticadas em serviço contra qualquer pessoa, salvo em caso de legítima defesa, própria ou de outrem; XI – ato lesivo à honra ou à boa fama ou ofensas físicas praticadas contra o empregador doméstico ou sua família, salvo em caso de legítima defesa, própria ou de outrem; XII – prática constante de jogos de azar.

Súmulas

STF 316. A simples adesão à greve não constitui falta grave.

TST 73. Despedida. Justa causa. A ocorrência de justa causa, salvo a de abandono de emprego, no decurso do prazo do aviso-prévio dado pelo empregador, retira do empregado qualquer direito às verbas rescisórias de natureza indenizatória.

TST 77. Punição. Nula é a punição de empregado se não precedida de inquérito ou sindicância internos a que se obrigou a empresa, por norma regulamentar.

a) ato de improbidade;

b) incontinência de conduta ou mau procedimento;

c) negociação habitual por conta própria ou alheia sem permissão do empregador, e quando constituir ato de

concorrência à empresa para a qual trabalha o empregado, ou for prejudicial ao serviço;

d) condenação criminal do empregado, passada em julgado, caso não tenha havido suspensão da execução da pena;

e) desídia no desempenho das respectivas funções;

f) embriaguez habitual ou em serviço;

g) violação de segredo da empresa;

h) ato de indisciplina ou de insubordinação;

i) abandono de emprego;

j) ato lesivo da honra ou da boa fama praticado no serviço contra qualquer pessoa, ou ofensas físicas, nas mesmas condições, salvo em caso de legítima defesa, própria ou de outrem;

k) ato lesivo da honra ou da boa fama ou ofensas físicas praticadas contra o empregador e superiores hierárquicos, salvo em caso de legítima defesa, própria ou de outrem;

l) prática constante de jogos de azar.

m) perda da habilitação ou dos requisitos estabelecidos em lei para o exercício da profissão, em decorrência de conduta dolosa do empregado. *(Alínea m acrescida pela Lei 13.467/2017)*

▸ Art. 47 do Dec. 3.688/1941.

Dec. 3.688/1941

Art. 47. Exercer profissão ou atividade econômica ou anunciar que a exerce, sem preencher as condições a que por lei está subordinado o seu exercício:

Pena – prisão simples, de quinze dias a três meses, ou multa, de quinhentos mil réis a cinco contos de réis.

Parágrafo único. Constitui igualmente justa causa para dispensa de empregado a prática, devidamente comprovada em inquérito administrativo, de atos atentatórios contra a segurança nacional. *(Parágrafo único acrescido pelo Dec.-lei 3/1966)*

Art. 483. O empregado poderá considerar rescindido o contrato e pleitear a devida indenização quando:

▸ Arts. 407, par. ún., e 487, § 4º, desta Consolidação.
▸ Art. 216-A do CP.

CLT

Art. 407. par. ún. Quando a empresa não tomar as medidas possíveis e recomendadas pela autoridade competente para que o menor mude de função, configurar-se-á a rescisão do contrato de trabalho, na forma do art. 483.

Art. 487, § 4º. É devido o aviso prévio na despedida indireta.

Código Penal

Art. 216-A. Constranger alguém com o intuito de obter vantagem ou favorecimento sexual, prevalecendo-se o agente da sua condição de superior hierárquico ou ascendência inerentes ao exercício de emprego, cargo ou função.

a) forem exigidos serviços superiores às suas forças, defesos por lei, contrários aos bons costumes, ou alheios ao contrato;

▸ Arts. 198, 390 e 405, § 5º, desta Consolidação.

CLT

Art. 198. É de 60 kg (sessenta quilogramas) o peso máximo que um empregado pode remover individualmente, ressalvadas as disposições especiais relativas ao trabalho do menor e da mulher.

Parágrafo único. Não está compreendida na proibição deste artigo a remoção de material feita por impulsão ou tração de vagonetes sobre trilhos, carros de mão ou quaisquer outros aparelhos mecânicos, podendo o Ministério do Trabalho, em tais casos, fixar limites diversos, que evitem sejam exigidos do empregado serviços superiores às suas forças

Art. 390. Ao empregador é vedado empregar a mulher em serviço que demande o emprego de força muscular superior a 20 (vinte) quilos

para o trabalho continuo, ou 25 (vinte e cinco) quilos para o trabalho ocasional.

Parágrafo único. Não está compreendida na determinação deste artigo a remoção de material feita por impulsão ou tração de vagonetes sobre trilhos, de carros de mão ou quaisquer aparelhos mecânicos.

b) for tratado pelo empregador ou por seus superiores hierárquicos com rigor excessivo;

c) correr perigo manifesto de mal considerável;

d) não cumprir o empregador as obrigações do contrato;

▸ Art. 2º, § 1º, do Dec.-lei 368/1968 (Efeitos de débitos salariais)
▸ Súmula 13 do TST.

Súmula

TST 13. Mora. O só pagamento dos salários atrasados em audiência não elide a mora capaz de determinar a rescisão do contrato de trabalho.

e) praticar o empregador ou seus prepostos, contra ele ou pessoas de sua família, ato lesivo da honra e boa fama;

f) o empregador ou seus prepostos ofenderem-no fisicamente, salvo em caso de legítima defesa, própria ou de outrem;

g) o empregador reduzir o seu trabalho, sendo este por peça ou tarefa, de forma a afetar sensivelmente a importância dos salários.

§ 1º O empregado poderá suspender a prestação dos serviços ou rescindir o contrato, quando tiver de desempenhar obrigações legais, incompatíveis com a continuação do serviço.

§ 2º No caso de morte do empregador constituído em empresa individual, é facultado ao empregado rescindir o contrato de trabalho.

§ 3º Nas hipóteses das letras d e g, poderá o empregado pleitear a rescisão de seu contrato de trabalho e o pagamento das respectivas indenizações, permanecendo ou não no serviço até final decisão do processo. *(§ 3º acrescido pela Lei 4.825/1965)*

Art. 484. Havendo culpa recíproca no ato que determinou a rescisão do contrato de trabalho, o tribunal de trabalho reduzirá a indenização à que seria devida em caso de culpa exclusiva do empregador, por metade.

▸ Arts. 18, § 2º, e 20, I, da Lei 8.036/1990 (FGTS)
▸ Súmula 14 do TST.

Súmula

TST 14. Culpa recíproca. Reconhecida a culpa recíproca na rescisão do contrato de trabalho (art. 484 da CLT), o empregado tem direito a 50% (cinquenta por cento) do valor do aviso-prévio, do décimo terceiro salário e das férias proporcionais.

Art. 484-A. O contrato de trabalho poderá ser extinto por acordo entre empregado e empregador, caso em que serão devidas as seguintes verbas trabalhistas: *(Artigo acrescido pela Lei 13.467/2017)*

I – por metade:

a) o aviso prévio, se indenizado; e

b) a indenização sobre o saldo do Fundo de Garantia do Tempo de Serviço, prevista no § 1º do art. 18 da Lei 8.036, de 11 de maio de 1990;

▸ Art. 18, § 1º, da Lei 8.036/1990.

Lei 8.036/1990

Art. 18. Ocorrendo rescisão do contrato de trabalho, por parte do empregador, ficará este obrigado a depositar na conta vinculada do trabalhador no FGTS os valores relativos aos depósitos referentes ao mês da rescisão e ao imediatamente anterior, que ainda não houver sido recolhido, sem prejuízo das cominações legais.

§ 1º Na hipótese de despedida pelo empregador sem justa causa, depositará este, na conta vinculada do trabalhador no FGTS, importância igual a quarenta por cento do montante de todos os depósitos reali-

zados na conta vinculada durante a vigência do contrato de trabalho, atualizados monetariamente e acrescidos dos respectivos juros.

II – na integralidade, as demais verbas trabalhistas.

§ 1º A extinção do contrato prevista no *caput* deste artigo permite a movimentação da conta vinculada do trabalhador no Fundo de Garantia do Tempo de Serviço na forma do inciso I-A do art. 20 da Lei 8.036, de 11 de maio de 1990, limitada até 80% (oitenta por cento) do valor dos depósitos.

▸ Art. 20, I-A, da Lei 8.036/1990.

Lei 8.036/1990

Art. 20. A conta vinculada do trabalhador no FGTS poderá ser movimentada nas seguintes situações: (...)

I-A – extinção do contrato de trabalho prevista no art. 484-A da Consolidação das Leis do Trabalho (CLT), aprovada pelo Decreto- Lei 5.452, de 1º de maio de 1943;

§ 2º A extinção do contrato por acordo prevista no *caput* deste artigo não autoriza o ingresso no Programa de Seguro-Desemprego.

Art. 485. Quando cessar a atividade da empresa, por morte do empregador, os empregados terão direito, conforme o caso, à indenização a que se referem os artigos 477 e 497.

▸ Súmula 44 do TST.

Súmula

TST 44. Aviso-prévio. A cessação da atividade da empresa, com o pagamento da indenização, simples ou em dobro, não exclui, por si só, o direito do empregado ao aviso-prévio.

Art. 486. No caso de paralisação temporária ou definitiva do trabalho, motivada por ato de autoridade municipal, estadual ou federal, ou pela promulgação de lei ou resolução que impossibilite a continuação da atividade, prevalecerá o pagamento da indenização, que ficará a cargo do Governo responsável. *(Caput com redação pela Lei 1.530/1951)*

§ 1º Sempre que o empregador invocar em sua defesa o preceito do presente artigo, o tribunal do trabalho competente notificará a pessoa de direito público apontada como responsável pela paralisação do trabalho, para que, no prazo de trinta dias, alegue o que entender devido, passando a figurar no processo como chamada à autoria. *(§ 1º com redação pelo Dec.-lei 6.110/1963)*

§ 2º Sempre que a parte interessada, firmada em documento hábil, invocar defesa baseada na disposição deste artigo e indicar qual o juiz competente, será ouvida a parte contrária, para, dentro de três dias, falar sobre essa alegação. *(§ 2º com redação pela Lei 1.530/1951)*

§ 3º Verificada qual a autoridade responsável, a Junta de Conciliação ou Juiz dar-se-á por incompetente, remetendo os autos ao Juiz Privativo da Fazenda, perante o qual correrá o feito nos termos previstos no processo comum. *(§ 3º com redação pela Lei 1.530/1951)*

▸ A EC 24/1999 extinguiu a representação classista na Justiça do Trabalho, substituindo as Juntas de Conciliação e Julgamento pelas Varas da Justiça do Trabalho.
▸ Art. 109, I, da CF.

Constituição Federal

Art. 109. Aos juízes federais compete processar e julgar:

I – as causas em que a União, entidade autárquica ou empresa pública federal forem interessadas na condição de autoras, rés, assistentes ou oponentes, exceto as de falência, as de acidentes de trabalho e as sujeitas à Justiça Eleitoral e à Justiça do Trabalho;

CAPÍTULO VI
DO AVISO PRÉVIO

▸ Art. 7º, XXI e par. ún., da CF.

▸ Art. 391-A desta Consolidação.
▸ Lei 12.506/2011 (Aviso Prévio)

Constituição Federal

Art. 7º São direitos dos trabalhadores urbanos e rurais, além de outros que visem à melhoria de sua condição social: (...) XXI – aviso prévio proporcional ao tempo de serviço, sendo no mínimo de trinta dias, nos termos da lei;

Lei 12.506/2011

Art. 1º O aviso prévio, de que trata o Capítulo VI do Título IV da Consolidação das Leis do Trabalho – CLT, aprovada pelo Decreto-Lei 5.452, de 1º de maio de 1943, será concedido na proporção de 30 (trinta) dias aos empregados que contem até 1 (um) ano de serviço na mesma empresa.

Art. 487. Não havendo prazo estipulado, a parte que, sem justo motivo, quiser rescindir o contrato deverá avisar a outra da sua resolução com a antecedência mínima de:

▸ Súmulas 10, 14, 44, 73, 163, 182, 230, 253, 276, 305, 348, 354, 369, 371, 380 e 441 do TST.
▸ OJs 42, 82, 83, 268, 367 e 394 da SDI-I do TST.
▸ PN 24 do TST.

Súmulas

TST 10. Professor. Dispensa sem justa causa. Término do ano letivo ou no curso de férias escolares. Aviso. O direito aos salários do período de férias escolares assegurado aos professores (art. 322, *caput* e § 3º, da CLT) não exclui o direito ao aviso prévio, na hipótese de dispensa sem justa causa ao término do ano letivo ou no curso das férias escolares.

TST 14. Culpa recíproca. Reconhecida a culpa recíproca na rescisão do contrato de trabalho (art. 484 da CLT), o empregado tem direito a 50% (cinquenta por cento) do valor do aviso-prévio, do décimo terceiro salário e das férias proporcionais.

TST 44. Aviso-prévio. A cessação da atividade da empresa, com o pagamento da indenização, simples ou em dobro, não exclui, por si só, o direito do empregado ao aviso-prévio.

TST 73. Despedida. Justa causa. A ocorrência de justa causa, salvo a de abandono de emprego, no decurso do prazo do aviso-prévio dado pelo empregador, retira do empregado qualquer direito às verbas rescisórias de natureza indenizatória.

TST 163. Aviso-prévio. Contrato de experiência. Cabe aviso-prévio nas rescisões antecipadas dos contratos de experiência, na forma do art. 481 da CLT.

TST 182. Aviso-prévio. Indenização compensatória. Lei 6.708, de 30.10.1979. O tempo do aviso-prévio, mesmo indenizado, conta-se para efeito da indenização adicional prevista no art. 9º da Lei 6.708, de 30.10.1979.

TST 230. Aviso-prévio. Substituição pelo pagamento das horas reduzidas da jornada de trabalho. É ilegal substituir o período que se reduz da jornada de trabalho, no aviso-prévio, pelo pagamento das horas correspondentes.

TST 253. Gratificação semestral. Repercussões. A gratificação semestral não repercute no cálculo das horas extras, das férias e do aviso-prévio, ainda que indenizados. Repercute, contudo, pelo seu duodécimo na indenização por antiguidade e na gratificação natalina.

TST 276. Aviso-prévio. Renúncia pelo empregado. O direito ao aviso-prévio é irrenunciável pelo empregado. O pedido de dispensa de cumprimento não exime o empregador de pagar o valor respectivo, salvo comprovação de haver o prestador dos serviços obtido novo emprego.

TST 305. Fundo de garantia do tempo de serviço. Incidência sobre o aviso-prévio. O pagamento relativo ao período de aviso-prévio, trabalhado ou não, está sujeito a contribuição para o FGTS.

TST 348. Aviso-prévio. Concessão na fluência da garantia de emprego. Invalidade. É inválida a concessão do aviso-prévio na fluência da garantia de emprego, ante a incompatibilidade dos dois institutos.

TST 354. Gorjetas. Natureza jurídica. Repercussões. As gorjetas, cobradas pelo empregador na nota de serviço ou oferecidas espontaneamente pelos clientes, integram a remuneração do empregado, não servindo de base de cálculo para as parcelas de aviso-prévio, adicional noturno, horas extras e repouso semanal remunerado.

TST 371. Aviso-prévio indenizado. Efeitos. Superveniência de auxílio-doença no curso deste. A projeção do contrato de trabalho para o futuro, pela concessão do aviso-prévio indenizado, tem efeitos limitados às vantagens econômicas obtidas no período de pré-aviso, ou seja, salários, reflexos e verbas rescisórias. No caso de concessão de auxílio-doença no curso do aviso-prévio, todavia, só se concretizam os efeitos da dispensa depois de expirado o benefício previdenciário.

TST 380. Aviso-prévio. Início da contagem. Art. 132 do Código Civil de 2002. Aplica-se a regra prevista no *caput* do art. 132 do Código Civil

de 2002 à contagem do prazo do aviso-prévio, excluindo-se o dia do começo e incluindo o do vencimento.

TST 441. Aviso-prévio. Proporcionalidade. O direito ao aviso-prévio proporcional ao tempo de serviço somente é assegurado nas rescisões de contrato de trabalho ocorridas a partir da publicação da Lei 12.506, em 13 de outubro de 2011.

Orientações Jurisprudenciais

SDI-I 42. FGTS. Multa de 40%. Inserida em 25.11.96 I – É devida a multa do FGTS sobre os saques corrigidos monetariamente ocorridos na vigência do contrato de trabalho. Art. 18, § 1º, da Lei 8.036/ 1990 e art. 9º, § 1º, do Decreto 99.684/1990. II – O cálculo da multa de 40% (quarenta por cento) do FGTS deverá ser feito com base no saldo da conta vinculada na data do efetivo pagamento das verbas rescisórias, desconsiderada a projeção do aviso-prévio indenizado, por ausência de previsão legal.

SDI-I 82. Aviso-prévio. baixa na CTPS. A data de saída a ser anotada na CTPS deve corresponder à do término do prazo do aviso-prévio, ainda que indenizado.

SDI-I 83. Aviso-prévio. Indenizado. Prescrição. A prescrição começa a fluir no final da data do término do aviso-prévio. Art. 487, § 1º, CLT.

SDI-I 268. Indenização adicional. Leis 6.708/1979 e 7.238/1984. Aviso-prévio. Projeção. Estabilidade provisória. Somente após o término do período estabilitário é que se inicia a contagem do prazo do aviso-prévio para efeito das indenizações previstas nos artigos 9º da Lei 6.708/1979 e 9º da Lei 7.238/1984.

SDI-I 367. Aviso-prévio de 60 (sessenta) dias. Elastecimento por norma coletiva. projeção. Reflexos nas parcelas trabalhistas. O prazo de aviso-prévio de 60 (sessenta) dias, concedido por meio de norma coletiva que silencia sobre alcance de seus efeitos jurídicos, computa-se integralmente como tempo de serviço, nos termos do § 1º do art. 487 da CLT, repercutindo nas verbas rescisórias.

SDI-I 394. Repouso Semanal Remunerado – RSR. Integração das horas extras. Não repercussão no cálculo das férias, do décimo terceiro salário, do aviso-prévio e dos depósitos do FGTS. A majoração do valor do repouso semanal remunerado, em razão da integração das horas extras habitualmente prestadas, não repercute no cálculo das férias, da gratificação natalina, do aviso-prévio e do FGTS, sob pena de caracterização de *bis in idem*.

Precedente Normativo

TST 24. Dispensa do aviso prévio (positivo) O empregado despedido fica dispensado do cumprimento do aviso prévio quando comprovar a obtenção de novo emprego, desonerando a empresa do pagamento dos dias não trabalhados.

I – 8 (oito) dias, se o pagamento for efetuado por semana ou tempo inferior; *(Inciso I com redação pela Lei 1.530/1951)*

▶ Inciso prejudicado por força do art. 7º, XXI, da CF.

II – 30 (trinta) dias aos que perceberem por quinzena ou mês, ou que tenham mais de 12 (doze) meses de serviço na empresa. *(Inciso II com redação pela Lei 1.530/1951)*

§ 1º A falta do aviso prévio por parte do empregador dá ao empregado o direito aos salários correspondentes ao prazo do aviso, garantida sempre a integração desse período no seu tempo de serviço.

§ 2º A falta de aviso prévio por parte do empregado dá ao empregador o direito de descontar os salários correspondentes ao prazo respectivo.

§ 3º Em se tratando de salário pago na base de tarefa, o cálculo, para os efeitos dos parágrafos anteriores, será feito de acordo com a média dos últimos doze meses de serviço.

§ 4º É devido o aviso prévio na despedida indireta. *(§ 4º acrescido pela Lei 7.108/1983)*

§ 5º O valor das horas extraordinárias habituais integra o aviso prévio indenizado. *(§ 5º acrescido pela Lei 10.218/2001)*

§ 6º O reajustamento salarial coletivo determinado no curso do aviso prévio, beneficia o empregado pré-avisado da despedida, mesmo que tenha recebido antecipadamente os salários correspondentes ao período do aviso,

que integra seu tempo de serviço para todos os efeitos legais. *(§ 6º acrescido pela Lei 10.218/2001)*

Art. 488. O horário normal de trabalho do empregado, durante o prazo do aviso, e se a rescisão tiver sido promovida pelo empregador, será reduzido de duas horas diárias, sem prejuízo do salário integral.

▶ Art. 15 da Lei 5.889/1973 (Trabalho Rural)
▶ Súmula 230 do TST.

Lei 5.889/1973

Art. 15. Durante o prazo do aviso prévio, se a rescisão tiver sido promovida pelo empregador, o empregado rural terá direito a um dia por semana, sem prejuízo do salário integral, para procurar outro trabalho.

Súmula

TST 230. Aviso-prévio. Substituição pelo pagamento das horas reduzidas da jornada de trabalho. É ilegal substituir o período que se reduz da jornada de trabalho, no aviso-prévio, pelo pagamento das horas correspondentes.

Parágrafo único. É facultado ao empregado trabalhar sem a redução das duas horas diárias previstas neste artigo, caso em que poderá faltar ao serviço, sem prejuízo do salário integral, por um dia, na hipótese do inciso I, e por sete dias corridos, na hipótese do inciso II do artigo 487 desta Consolidação. *(Parágrafo único acrescido pela Lei 7.093/1983)*

Art. 489. Dado o aviso prévio, a rescisão torna-se efetiva depois de expirado o respectivo prazo, mas, se a parte notificante reconsiderar o ato, antes de seu termo, à outra parte é facultado aceitar ou não a reconsideração.

Parágrafo único. Caso seja aceita a reconsideração ou continuando a prestação depois de expirado o prazo, o contrato continuará a vigorar, como se o aviso não tivesse sido dado.

Art. 490. O empregador que, durante o prazo do aviso prévio dado ao empregado, praticar ato que justifique a rescisão imediata do contrato, sujeita-se ao pagamento da remuneração correspondente ao prazo do referido aviso, sem prejuízo da indenização que for devida.

Art. 491. O empregado que, durante o prazo do aviso prévio, cometer qualquer das faltas consideradas pela lei como justas para a rescisão, perde o direito ao restante do respectivo prazo.

▶ Súmula 73 do TST.

Súmula

TST 73. Despedida. Justa causa. A ocorrência de justa causa, salvo a de abandono de emprego, no decurso do prazo do aviso-prévio dado pelo empregador, retira do empregado qualquer direito às verbas rescisórias de natureza indenizatória.

CAPÍTULO VII
DA ESTABILIDADE

Art. 492. O empregado que contar mais de dez anos de serviço na mesma empresa não poderá ser despedido senão por motivo de falta grave ou circunstância de força maior, devidamente comprovadas.

▶ Arts. 7º, I a III, e 8º, VIII, da CF.
▶ Art. 10, I e II, do ADCT.
▶ Arts. 543, § 3º, e 625-B, § 1º, desta Consolidação.
▶ Art. 55 da Lei 5.764/1971 (Lei das Cooperativas)
▶ Lei 8.036/1990 (FGTS), regulamentada pelo Dec. 99.684/1990.
▶ Arts. 3º, § 7º, e 118 da Lei 8.213/1991 (Planos de Benefícios da Previdência Social)
▶ Súmulas 463 e 676 do STF.
▶ Súmulas 54, 98 e 345 do TST.
▶ OJs 9 e 42 da SDI-I Transitória do TST.

Súmulas

STF 463. Para efeito de indenização e estabilidade, conta-se o tempo em que o empregado esteve afastado, em serviço militar obrigatório, mesmo anteriormente à Lei 4.072, de 1º-6-1962.

STF 676. A garantia da estabilidade provisória prevista no art. 10, II, a, do ADCT, também se aplica ao suplente do cargo de direção de Comissões Internas de Prevenção de Acidentes (CIPA)

TST 98. FGTS. Indenização. Equivalência. Compatibilidade. I – A equivalência entre os regimes do Fundo de Garantia do Tempo de Serviço e da estabilidade prevista na CLT é meramente jurídica e não econômica, sendo indevidos valores a título de reposição de diferenças. II – A estabilidade contratual ou a derivada de regulamento de empresa são compatíveis com o regime do FGTS. Diversamente ocorre com a estabilidade legal (decenal, art. 492 da CLT), que é renunciada com a opção pelo FGTS.

Orientação Jurisprudencial

SDI-I Transitória 42. Petrobras. Pensão por morte do empregado assegurada no manual de pessoal. Estabilidade decenal. Opção pelo regime do FGTS. I – Tendo o empregado adquirido a estabilidade decenal, antes de optar pelo regime do FGTS, não há como negar-se o direito à pensão, eis que preenchido o requisito exigido pelo Manual de Pessoal. II – O benefício previsto no manual de pessoal da Petrobras, referente ao pagamento de pensão e auxílio-funeral aos dependentes do empregado que vier a falecer no curso do contrato de trabalho, não se estende à hipótese em que sobrevém o óbito do trabalhador quando já extinto o contrato de trabalho.

Parágrafo único. Considera-se como de serviço todo o tempo em que o empregado esteja à disposição do empregador.

▶ Art. 4º desta Consolidação.

CLT

Art. 4º Considera-se como de serviço efetivo o período em que o empregado esteja à disposição do empregador, aguardando ou executando ordens, salvo disposição especial expressamente consignada.

Art. 493. Constitui falta grave a prática de qualquer dos fatos a que se refere o artigo 482, quando por sua repetição ou natureza representem séria violação dos deveres e obrigações do empregado.

Art. 494. O empregado acusado de falta grave poderá ser suspenso de suas funções, mas a sua despedida só se tornará efetiva após o inquérito em que se verifique a procedência da acusação.

▶ Art. 853 desta Consolidação.
▶ Súmulas 197 e 403 do STF.
▶ Súmulas 62, 77 e 379 do TST.
▶ OJs 65 e 137 da SDI-II do TST.

CLT

Art. 853. Para a instauração do inquérito para apuração de falta grave contra empregado garantido com estabilidade, o empregador apresentará reclamação por escrito à Junta ou Juízo de Direito, dentro de 30 (trinta) dias, contados da data da suspensão do empregado.

Súmulas

STF 197. O empregado com representação sindical só pode ser despedido mediante inquérito em que se apure falta grave.

STF 403. É de decadência o prazo de trinta dias para instauração do inquérito judicial, a contar da suspensão, por falta grave, de empregado estável.

TST 62. Abandono de emprego. O prazo de decadência do direito do empregador de ajuizar inquérito em face do empregado que incorre em abandono de emprego é contado a partir do momento em que o empregado pretendeu seu retorno ao serviço.

TST 77. Punição. Nula é a punição de empregado se não precedida de inquérito ou sindicância internos a que se obrigou a empresa, por norma regulamentar.

TST 379. Dirigente sindical. Despedida. Falta grave. Inquérito judicial. Necessidade. O dirigente sindical somente poderá ser dispensado por falta grave mediante a apuração em inquérito judicial, inteligência dos arts. 494 e 543, § 3º, da CLT.

Orientações Jurisprudenciais

SDI-II 65. Mandado de segurança. Reintegração liminarmente concedida. Dirigente sindical. Ressalvada a hipótese do art. 494 da CLT, não fere direito líquido e certo a determinação liminar de reintegração no emprego de dirigente sindical, em face da previsão do inciso X do art. 659 da CLT.

SDI-II 137. Mandado de segurança. Dirigente sindical. Art. 494 da CLT. Aplicável. Constitui direito líquido e certo do empregador a suspensão do empregado, ainda que detentor de estabilidade sindical, até a decisão final do inquérito em que se apure a falta grave a ele imputada, na forma do art. 494, *caput* e parágrafo único, da CLT.

Parágrafo único. A suspensão, no caso deste artigo, perdurará até a decisão final do processo.

Art. 495. Reconhecida a inexistência de falta grave praticada pelo empregado, fica o empregador obrigado a readmiti-lo no serviço e a pagar-lhe os salários a que teria direito no período da suspensão.

Art. 496. Quando a reintegração do empregado estável for desaconselhável, dado o grau de incompatibilidade resultante do dissídio, especialmente quando for o empregador pessoa física, o tribunal do trabalho poderá converter aquela obrigação em indenização devida nos termos do artigo seguinte.

▶ Art. 214, § 12, do Dec. 3.048/1999 (Regulamento da Previdência Social)
▶ Súmulas 219 e 220 do STF.
▶ Súmulas 28, 244, II e 396 do TST.
▶ OJ 64 da SDI-II do TST.

Súmulas

STF 219. Para a indenização devida a empregado que tinha direito a ser readmitido, e não foi, levam-se em conta as vantagens advindas à sua categoria no período do afastamento.

STF 220. A indenização devida a empregado estável, que não é readmitido ao cessar sua aposentadoria, deve ser paga em dobro.

TST 28. Indenização. No caso de se converter a reintegração em indenização dobrada, o direito aos salários é assegurado até a data da primeira decisão que determinou essa conversão.

TST 244. Gestante. Estabilidade provisória. (...) II – A garantia de emprego à gestante só autoriza a reintegração se esta se der durante o período de estabilidade. Do contrário, a garantia restringe-se aos salários e demais direitos correspondentes ao período de estabilidade.

TST 396. Estabilidade provisória. Pedido de reintegração. Concessão do salário relativo ao período de estabilidade já exaurido. Inexistência de julgamento "extra petita". I – Exaurido o período de estabilidade, são devidos ao empregado apenas os salários do período compreendido entre a data da despedida e o final do período de estabilidade, não lhe sendo assegurada a reintegração no emprego. II – Não há nulidade por julgamento extra petita da decisão que deferir salário quando o pedido for de reintegração, dados os termos do art. 496 da CLT

Orientação Jurisprudencial

SDI-II 64. Mandado de segurança. Reintegração liminarmente concedida. Não fere direito líquido e certo a concessão de tutela antecipada para reintegração de empregado protegido por estabilidade provisória decorrente de lei ou norma coletiva.

Art. 497. Extinguindo-se a empresa, sem a ocorrência de motivo de força maior, ao empregado estável despedido é garantida a indenização por rescisão do contrato por prazo indeterminado, paga em dobro.

▶ Art. 485 desta Consolidação.
▶ Súmula 221 do STF.
▶ Súmulas 339 e 369 do TST.

CLT

Art. 485. Quando cessar a atividade da empresa, por morte do empregador, os empregados terão direito, conforme o caso, à indenização a que se referem os art. 477 e 497.

Súmulas

TST 339. CIPA. Suplente. Garantia de emprego. CF/1988. I – O suplente da CIPA goza da garantia de emprego prevista no art. 10, II, a, do ADCT a partir da promulgação da Constituição Federal de 1988.) II – A

estabilidade provisória do cipeiro não constitui vantagem pessoal, mas garantia para as atividades dos membros da CIPA, que somente tem razão de ser quando em atividade a empresa. Extinto o estabelecimento, não se verifica a despedida arbitrária, sendo impossível a reintegração e indevida a indenização do período estabilitário.

TST 369. Dirigente Sindical. Estabilidade Provisória. I – É assegurada a estabilidade provisória ao empregado dirigente sindical, ainda que a comunicação do registro da candidatura ou da eleição e da posse seja realizada fora do prazo previsto no art. 543, § 5º, da CLT, desde que a ciência ao empregador, por qualquer meio, ocorra na vigência do contrato de trabalho. II – O art. 522 da CLT foi recepcionado pela Constituição Federal de 1988. Fica limitada, assim, a estabilidade a que alude o art. 543, § 3º, da CLT a 7 (sete) dirigentes sindicais e igual número de suplentes. III – O empregado de categoria diferenciada eleito dirigente sindical só goza de estabilidade se exercer na empresa atividade pertinente à categoria profissional do sindicato para o qual foi eleito dirigente. IV – Havendo extinção da atividade empresarial no âmbito da base territorial do sindicato, não há razão para subsistir a estabilidade. V – O registro da candidatura do empregado a cargo de dirigente sindical durante o período de aviso-prévio, ainda que indenizado, não lhe assegura a estabilidade, visto que inaplicável a regra do § 3º do art. 543 da Consolidação das Leis do Trabalho.

Art. 498. Em caso de fechamento do estabelecimento, filial ou agência, ou supressão necessária de atividade, sem ocorrência de motivo de força maior, é assegurado aos empregados estáveis, que ali exerçam suas funções, direito à indenização, na forma do artigo anterior.

▸ Súmula 221 do STF.
▸ Súmulas 173 e 339 do TST.

Súmulas

STF 221. A transferência de estabelecimento, ou a sua extinção parcial, por motivo que não seja de força maior, não justifica a transferência de empregado estável.

TST 173. Salário. Empresa. Cessação de atividades. Extinto, automaticamente, o vínculo empregatício com a cessação das atividades da empresa, os salários só são devidos até a data da extinção.

Art. 499. Não haverá estabilidade no exercício dos cargos de diretoria, gerência ou outros de confiança imediata do empregador, ressalvado o cômputo do tempo de serviço para todos os efeitos legais.

▸ Súmula 269 do TST.

Súmula

TST 269. Diretor eleito. Cômputo do período como tempo de serviço. O empregado eleito para ocupar cargo de diretor tem o respectivo contrato de trabalho suspenso, não se computando o tempo de serviço deste período, salvo se permanecer a subordinação jurídica inerente à relação de emprego.

§ 1º Ao empregado garantido pela estabilidade que deixar de exercer cargo de confiança, é assegurada, salvo no caso de falta grave, a reversão ao cargo efetivo que haja anteriormente ocupado.

§ 2º Ao empregado despedido sem justa causa, que só tenha exercido cargo de confiança e que contar mais de dez anos de serviço na mesma empresa, é garantida a indenização proporcional ao tempo de serviço nos termos dos artigos 477 e 478.

§ 3º A despedida que se verificar com o fim de obstar ao empregado a aquisição de estabilidade sujeitará o empregador a pagamento em dobro da indenização prescrita nos artigos 477 e 478.

Art. 500. O pedido de demissão do empregado estável só será válido quando feito com a assistência do respectivo Sindicato e, se não o houver, perante autoridade local competente do Ministério do Trabalho e Previdência Social ou da Justiça do Trabalho. *(Artigo com redação pela Lei 5.584/1970)*

▸ Art. 11 da Lei 4.725/1965 (Normas para o processo dos dissídios coletivos)

Lei 4.725/1965

Art. 11. A assistência aos trabalhadores prevista no art. 500 da Consolidação das Leis do Trabalho aprovada pelo Decreto-lei 5.452, de 1º de maio de 1943, e na Lei 4.066, de 28 de maio de 1962, será gratuita, vedada aos órgãos e autoridades a quem fôr solicitada a cobrança de qualquer importância para o atendimento de custas, taxas, emolumentos, remuneração ou a qualquer título.

<div align="center">CAPÍTULO VIII
DA FORÇA MAIOR</div>

Art. 501. Entende-se como força maior todo acontecimento inevitável, em relação à vontade do empregador, e para a realização do qual este não concorreu, direta ou indiretamente.

§ 1º A imprevidência do empregador exclui a razão de força maior.

§ 2º À ocorrência do motivo de força maior que não afetar substancialmente, nem for suscetível de afetar, em tais condições, a situação econômica e financeira da empresa não se aplicam as restrições desta Lei referentes ao disposto neste Capítulo.

Art. 502. Ocorrendo motivo de força maior que determine a extinção da empresa, ou de um dos estabelecimentos em que trabalhe o empregado, é assegurada a este, quando despedido, uma indenização na forma seguinte:

I – sendo estável, nos termos dos artigos 477 e 478;

II – não tendo direito à estabilidade, metade da que seria devida em caso de rescisão sem justa causa;

III – havendo contrato por prazo determinado, aquela a que se refere o artigo 479 desta Lei, reduzida igualmente à metade.

Art. 503. É lícita, em caso de força maior ou prejuízos devidamente comprovados, a redução geral dos salários dos empregados da empresa, proporcionalmente aos salários de cada um, não podendo, entretanto, ser superior a vinte e cinco por cento, respeitado, em qualquer caso, o salário mínimo da região.

▸ Art. 7º, IV e VI, da CF.

Constituição Federal

Art. 7º São direitos dos trabalhadores urbanos e rurais, além de outros que visem à melhoria de sua condição social: (...) IV – salário mínimo , fixado em lei, nacionalmente unificado, capaz de atender a suas necessidades vitais básicas e às de sua família com moradia, alimentação, educação, saúde, lazer, vestuário, higiene, transporte e previdência social, com reajustes periódicos que lhe preservem o poder aquisitivo, sendo vedada sua vinculação para qualquer fim; (...) VI – irredutibilidade do salário, salvo o disposto em convenção ou acordo coletivo;

Parágrafo único. Cessados os efeitos decorrentes do motivo de força maior, é garantido o restabelecimento dos salários reduzidos.

Art. 504. Comprovada a falsa alegação do motivo de força maior, é garantida a reintegração aos empregados estáveis, e aos não estáveis o complemento da indenização já percebida, assegurado a ambos o pagamento da remuneração atrasada.

<div align="center">CAPÍTULO IX
DISPOSIÇÕES ESPECIAIS</div>

Art. 505. São aplicáveis aos trabalhadores rurais os dispositivos constantes dos Capítulos I, II e VI do presente Título.

▸ Lei 5.889/1973 (Trabalho Rural)
▸ Art. 86 do Dec. 10.854/2021 (Regulamento da Lei 5.889/1973)
▸ Súmula 196 do STF.
▸ Súmula 344 do TST.
▸ PNs 20, 34, 53, 64, 65, 68, 69, 71, 107 e 110 do TST.

Súmulas

STF 196. Ainda que exerça atividade rural, o empregado de empresa industrial ou comercial é classificado de acordo com a categoria do empregador.

TST 344. Salário-família. Trabalhador rural. O salário-família é devido aos trabalhadores rurais, somente após a vigência da Lei 8.213, de 24.07.1991.

Precedentes Normativos

TST 20. Empregado rural. Contrato escrito. Sendo celebrado contrato por tarefa, parceria ou meação, por escrito, obriga-se o empregador a fornecer uma via deste ao empregado, devidamente datada e assinada pelas partes.

TST 34. Empregado rural. Moradia. Ao empregado que residir no local de trabalho fica assegurada a moradia em condições de habitabilidade, conforme exigências da autoridade local.

TST 53. Empregado rural. Rescisão do contrato de trabalho do chefe de família. A rescisão do contrato de trabalho rural, sem justa causa, do chefe da unidade familiar é extensiva à esposa, às filhas solteiras e aos filhos até 20 anos de idade, que exerçam atividades na propriedade, mediante opção destes.

TST 64. Empregado rural. Horário e local de condução. Fornecendo o empregador condução para o trabalho, informará ele aos empregados, previamente, os locais e horários do transporte.

TST 65. Empregado rural. Pagamento de salário. O pagamento do salário será efetuado em moeda corrente e no horário de serviço, para isso permitido o seu prolongamento até duas horas após o término da jornada de trabalho.

TST 68. Empregado rural. Faltas ao serviço. Compras. Autoriza-se o chefe de família, se empregado rural, a faltar ao serviço um dia por mês ou meio dia por quinzena, para efetuar compras, sem remuneração ou mediante compensação de horário, mas sem prejuízo do repouso remunerado, desde que não tenha falta injustificada durante o mês.

TST 69. Empregado rural. Pagamento de dia não trabalhado. O empregado rural fará jus ao salário do dia, quando comparecer ao local de prestação de serviço ou ponto de embarque, se fornecida condução pelo empregador, e não puder trabalhar em consequência de chuva ou de outro motivo alheio à sua vontade.

TST 71. Empregado rural. Transporte. Condições de segurança. Quando fornecidos pelo empregador, os veículos destinados a transportar trabalhadores rurais deverão satisfazer as condições de segurança e comodidade, sendo proibido o carregamento de ferramentas soltas junto às pessoas conduzidas.

TST 107. Empregado rural. Caixa de medicamentos. Nos locais de trabalho no campo serão mantidos pelo empregador medicamentos e materiais de primeiros socorros.

TST 110. Empregado rural. Ferramentas. Fornecimento pelo empregador. Serão fornecidas gratuitamente, pelo empregador, as ferramentas necessárias à execução do trabalho.

Art. 506. No contrato de trabalho agrícola é lícito o acordo que estabelecer a remuneração in natura, contanto que seja de produtos obtidos pela exploração do negócio e não exceda de 1/3 (um terço) do salário total do empregado.

▸ Artigo prejudicado pela Lei 5.889/1973 (Trabalho Rural)

Art. 507. As disposições do Capítulo VII do presente Título não serão aplicáveis aos empregados em consultórios ou escritórios de profissionais liberais.

Parágrafo único. *Revogado pela Lei 6.533/1978.*

Art. 507-A. Nos contratos individuais de trabalho cuja remuneração seja superior a duas vezes o limite máximo estabelecido para os benefícios do Regime Geral de Previdência Social, poderá ser pactuada cláusula compromissória de arbitragem, desde que por iniciativa do empregado ou mediante a sua concordância expressa, nos termos previstos na Lei 9.307, de 23 de setembro de 1996. *(Artigo acrescido pela Lei 13.467/2017)*

Art. 507-B. É facultado a empregados e empregadores, na vigência ou não do contrato de emprego, firmar o termo de quitação anual de obrigações trabalhistas, perante o sindicato dos empregados da categoria. *(Artigo acrescido pela Lei 13.467/2017)*

Parágrafo único. O termo discriminará as obrigações de dar e fazer cumpridas mensalmente e dele constará a quitação anual dada pelo empregado, com eficácia liberatória das parcelas nele especificadas.

Art. 508. *Revogado pela Lei 12.347/2010.*

Art. 509. *Revogado pela Lei 6.533/1978.*

Art. 510. Pela infração das proibições constantes deste Título, será imposta à empresa a multa de valor igual a 30 (trinta) vezes o valor de referência regional, elevada ao dobro, no caso de reincidência, sem prejuízo das demais cominações legais. *(Artigo com redação pela Lei 5.562/1968)*

▸ Arts. 74 e ss. da Portaria 667/2021 do MTE (Multas administrativas)

TÍTULO IV-A
DA REPRESENTAÇÃO DOS EMPREGADOS

(Título IV-A acrescido pela Lei 13.467/2017)

Art. 510-A. Nas empresas com mais de duzentos empregados, é assegurada a eleição de uma comissão para representá-los, com a finalidade de promover-lhes o entendimento direto com os empregadores. *(Artigo acrescido pela Lei 13.467/2017)*

§ 1º A comissão será composta:

I – nas empresas com mais de duzentos e até três mil empregados, por três membros;

II – nas empresas com mais de três mil e até cinco mil empregados, por cinco membros;

III – nas empresas com mais de cinco mil empregados, por sete membros.

§ 2º No caso de a empresa possuir empregados em vários Estados da Federação e no Distrito Federal, será assegurada a eleição de uma comissão de representantes dos empregados por Estado ou no Distrito Federal, na mesma forma estabelecida no § 1º deste artigo.

▸ Art. 8º da Port. 349/2018 do MTE (Regras voltadas à execução da Lei 13.467/2017)

Art. 510-B. A comissão de representantes dos empregados terá as seguintes atribuições: *(Artigo acrescido pela Lei 13.467/2017)*

I – representar os empregados perante a administração da empresa;

II – aprimorar o relacionamento entre a empresa e seus empregados com base nos princípios da boa-fé e do respeito mútuo;

III – promover o diálogo e o entendimento no ambiente de trabalho com o fim de prevenir conflitos;

IV – buscar soluções para os conflitos decorrentes da relação de trabalho, de forma rápida e eficaz, visando à efetiva aplicação das normas legais e contratuais;

V – assegurar tratamento justo e imparcial aos empregados, impedindo qualquer forma de discriminação por motivo de sexo, idade, religião, opinião política ou atuação sindical;

VI – encaminhar reivindicações específicas dos empregados de seu âmbito de representação;

VII – acompanhar o cumprimento das leis trabalhistas, previdenciárias e das convenções coletivas e acordos coletivos de trabalho.

§ 1º As decisões da comissão de representantes dos empregados serão sempre colegiadas, observada a maioria simples.

§ 2º A comissão organizará sua atuação de forma independente.

Art. 510-C. A eleição será convocada, com antecedência mínima de trinta dias, contados do término do mandato anterior, por meio de edital que deverá ser fixado na empresa, com ampla publicidade, para inscrição de candidatura. *(Artigo acrescido pela Lei 13.467/2017)*

§ 1º Será formada comissão eleitoral, integrada por cinco empregados, não candidatos, para a organização e o acompanhamento do processo eleitoral, vedada a interferência da empresa e do sindicato da categoria.

§ 2º Os empregados da empresa poderão candidatar--se, exceto aqueles com contrato de trabalho por prazo determinado, com contrato suspenso ou que estejam em período de aviso prévio, ainda que indenizado.

§ 3º Serão eleitos membros da comissão de representantes dos empregados os candidatos mais votados, em votação secreta, vedado o voto por representação.

§ 4º A comissão tomará posse no primeiro dia útil seguinte à eleição ou ao término do mandato anterior.

§ 5º Se não houver candidatos suficientes, a comissão de representantes dos empregados poderá ser formada com número de membros inferior ao previsto no art. 510-A desta Consolidação.

§ 6º Se não houver registro de candidatura, será lavrada ata e convocada nova eleição no prazo de um ano.

Art. 510-D. O mandato dos membros da comissão de representantes dos empregados será de um ano. *(Artigo acrescido pela Lei 13.467/2017)*

§ 1º O membro que houver exercido a função de representante dos empregados na comissão não poderá ser candidato nos dois períodos subsequentes.

§ 2º O mandato de membro de comissão de representantes dos empregados não implica suspensão ou interrupção do contrato de trabalho, devendo o empregado permanecer no exercício de suas funções.

§ 3º Desde o registro da candidatura até um ano após o fim do mandato, o membro da comissão de representantes dos empregados não poderá sofrer despedida arbitrária, entendendo-se como tal a que não se fundar em motivo disciplinar, técnico, econômico ou financeiro.

§ 4º Os documentos referentes ao processo eleitoral devem ser emitidos em duas vias, as quais permanecerão sob a guarda dos empregados e da empresa pelo prazo de cinco anos, à disposição para consulta de qualquer trabalhador interessado, do Ministério Público do Trabalho e do Ministério do Trabalho.

TÍTULO V
DA ORGANIZAÇÃO SINDICAL

▸ Título V parcialmente prejudicado por força do art. 8º da CF.
▸ Art. 114, III, da CF.

Constituição Federal

Art. 114. Compete à Justiça do Trabalho processar e julgar: (...) III – as ações sobre representação sindical, entre sindicatos, entre sindicatos e trabalhadores, e entre sindicatos e empregadores;

CAPÍTULO I
DA INSTITUIÇÃO SINDICAL

▸ Lei 11.648/2008 (Centrais Sindicais)

Lei 11.648/2008

Art. 1º A central sindical, entidade de representação geral dos trabalhadores, constituída em âmbito nacional, terá as seguintes atribuições e prerrogativas:

I – coordenar a representação dos trabalhadores por meio das organizações sindicais a ela filiadas; e

II – participar de negociações em fóruns, colegiados de órgãos públicos e demais espaços de diálogo social que possuam composição tripartite, nos quais estejam em discussão assuntos de interesse geral dos trabalhadores.

Parágrafo único. Considera-se central sindical, para os efeitos do disposto nesta Lei, a entidade associativa de direito privado composta por organizações sindicais de trabalhadores.

Seção I
Da associação em sindicato

▸ Arts. 8º e 37, VI, da CF.
▸ Art. 3º da Lei 8.073/1990 (Política Nacional de Salários)

Constituição Federal

Art. 8º É livre a associação profissional ou sindical, observado o seguinte:

I – a lei não poderá exigir autorização do Estado para a fundação de sindicato, ressalvado o registro no órgão competente, vedadas ao Poder Público a interferência e a intervenção na organização sindical;

II – é vedada a criação de mais de uma organização sindical, em qualquer grau, representativa de categoria profissional ou econômica, na mesma base territorial, que será definida pelos trabalhadores ou empregadores interessados, não podendo ser inferior à área de um Município;

III – ao sindicato cabe a defesa dos direitos e interesses coletivos ou individuais da categoria, inclusive em questões judiciais ou administrativas;

IV – a assembleia geral fixará a contribuição que, em se tratando de categoria profissional, será descontada em folha, para custeio do sistema confederativo da representação sindical respectiva, independentemente da contribuição prevista em lei;

V – ninguém será obrigado a filiar-se ou a manter-se filiado a sindicato;

VI – é obrigatória a participação dos sindicatos nas negociações coletivas de trabalho;

VII – o aposentado filiado tem direito a votar e ser votado nas organizações sindicais;

VIII – é vedada a dispensa do empregado sindicalizado a partir do registro da candidatura a cargo de direção ou representação sindical e, se eleito, ainda que suplente, até um ano após o final do mandato, salvo se cometer falta grave nos termos da lei.

Parágrafo único. As disposições deste artigo aplicam-se à organização de sindicatos rurais e de colônias de pescadores, atendidas as condições que a lei estabelecer.

Art. 37. A administração pública direta e indireta de qualquer dos Poderes da União, dos Estados, do Distrito Federal e dos Municípios obedecerá aos princípios de legalidade, impessoalidade, moralidade, publicidade e eficiência e, também, ao seguinte: (...) VI – é garantido ao servidor público civil o direito à livre associação sindical;

Lei 8.073/1990

Art. 3º As entidades sindicais poderão atuar como substitutos processuais dos integrantes da categoria.

Art. 511. É lícita a associação para fins de estudo, defesa e coordenação dos seus interesses econômicos ou profissionais de todos os que, como empregadores, empregados, agentes ou trabalhadores autônomos, ou profissionais liberais, exerçam, respectivamente, a mesma atividade ou profissão ou atividades ou profissões similares ou conexas.

§ 1º A solidariedade de interesses econômicos dos que empreendem atividades idênticas, similares ou conexas, constitui o vínculo social básico que se denomina categoria econômica.

§ 2º A similitude de condições de vida oriunda da profissão ou trabalho em comum, em situação de emprego na mesma atividade econômica ou em atividades econômicas similares ou conexas, compõe a expressão social elementar compreendida como categoria profissional.

§ 3º Categoria profissional diferenciada é a que se forma dos empregados que exerçam profissões ou funções diferenciadas por força de estatuto profissional especial ou em consequência de condições de vida singulares.

▸ Art. 28 da Lei 12.998/2014 (Condutores de ambulância – associação sindical)
▸ Súmulas 117, 369, III, e 374 do TST.
▸ OJ 9 e 36 da SDC do TST.

Súmulas

TST 117. Bancário. Categoria diferenciada. Não se beneficiam do regime legal relativo aos bancários os empregados de estabelecimento de crédito pertencentes a categorias profissionais diferenciadas.

TST 369, III. Dirigente sindical. Estabilidade provisória. (...) III – O empregado de categoria diferenciada eleito dirigente sindical só goza de estabilidade se exercer na empresa atividade pertinente à categoria profissional do sindicato para o qual foi eleito dirigente.

TST 374. Norma coletiva. Categoria diferenciada. Abrangência. Empregado integrante de categoria profissional diferenciada não tem o direito de haver de seu empregador vantagens previstas em instrumento coletivo no qual a empresa não foi representada por órgão de classe de sua categoria.

Orientações Jurisprudenciais

SDC 9. Enquadramento sindical. Incompetência material da justiça do trabalho. O dissídio coletivo não é meio próprio para o Sindicato vir a obter o reconhecimento de que a categoria que representa é diferenciada, pois esta matéria – enquadramento sindical – envolve a interpretação de norma genérica, notadamente do art. 577 da CLT.

SDC 36. Empregados de empresa de processamento de dados. Reconhecimento como categoria diferenciada. Impossibilidade. É por lei e não por decisão judicial, que as categorias diferenciadas são reconhecidas como tais. De outra parte, no que tange aos profissionais da informática, o trabalho que desempenham sofre alterações, de acordo com a atividade econômica exercida pelo empregador.

§ 4º Os limites de identidade, similaridade ou conexidade fixam as dimensões dentro das quais a categoria econômica ou profissional é homogênea e a associação é natural.

Art. 512. Somente as associações profissionais constituídas para os fins e na forma do artigo anterior e registradas de acordo com o art. 558 poderão ser reconhecidas como sindicatos e investidas nas prerrogativas definidas nesta Lei.

▸ Art. 8º da CF.
▸ Portaria 186/2008 do MTE (Registro Sindical)
▸ Súmula 677 do STF.
▸ OJ 15 da SDC do TST.

Súmula

STF 677. Até que lei venha a dispor a respeito, incumbe ao Ministério do Trabalho proceder ao registro das entidades sindicais e zelar pela observância do princípio da unicidade.

Orientação Jurisprudencial

SDC 15. Sindicato. Legitimidade *ad processum*. Imprescindibilidade do registro no Ministério do Trabalho. A comprovação da legitimidade *ad processum* da entidade sindical se faz por seu registro no órgão competente do Ministério do Trabalho, mesmo após a promulgação da Constituição Federal de 1988.

Art. 513. São prerrogativas dos Sindicatos:

a) representar, perante as autoridades administrativas e judiciárias, os interesses gerais da respectiva categoria ou profissão liberal ou os interesses individuais dos associados relativos à atividade ou profissão exercida;

▸ Arts. 5º, LXX, 8º, III e 103, IX, da CF.
▸ Lei 8.632/1993 (Concede anistia a dirigentes ou representantes sindicais punidos por motivação política)
▸ Art. 12, III, da Lei 13.300/2016 (Mandado de Injunção Individual e Coletivo)
▸ Súmulas 629 e 630 do STF.
▸ Súmulas 286 e 406 do TST.
▸ OJs 121 e 325 da SDI-I do TST.
▸ OJ 23 da SDC do TST.

Constituição Federal

Art. 5º Todos são iguais perante a lei, sem distinção de qualquer natureza, garantindo-se aos brasileiros e aos estrangeiros residentes no País a inviolabilidade do direito à vida, à liberdade, à igualdade, à segurança e à propriedade, nos termos seguintes: (...) LXX – o mandado de segurança coletivo pode ser impetrado por: a) partido político com representação no Congresso Nacional; b) organização sindical, entidade de classe ou associação legalmente constituída e em funcionamento há pelo menos um ano, em defesa dos interesses de seus membros ou associados;

Súmulas

STF 629. A impetração de mandado de segurança coletivo por entidade de classe em favor dos associados independe da autorização destes.

STF 630. A entidade de classe tem legitimação para o mandado de segurança ainda quando a pretensão veiculada interesse apenas a uma parte da respectiva categoria.

TST 286. Sindicato. Substituição processual. Convenção e acordos coletivos. A legitimidade do sindicato para propor ação de cumprimento estende-se também à observância de acordo ou de convenção coletivos.

TST 406. Ação rescisória. Litisconsórcio. Necessário no polo passivo e facultativo no ativo. Inexistente quanto aos substituídos pelo sindicato. I – O litisconsórcio, na ação rescisória, é necessário em relação ao polo passivo da demanda, porque supõe uma comunidade de direitos ou de obrigações que não admite solução díspar para os litisconsortes, em face da indivisibilidade do objeto. Já em relação ao polo ativo, o litisconsórcio é facultativo, uma vez que a aglutinação de autores se faz por conveniência e não, pela necessidade decorrente da natureza do litígio, pois não se pode condicionar o exercício do direito individual de um dos litigantes no processo originário à anuência dos demais para retomar a lide. II – O Sindicato, substituto processual e autor da reclamação trabalhista, em cujos autos fora proferida a decisão rescindenda, possui legitimidade para figurar como réu na ação rescisória, sendo descabida a exigência de citação de todos os empregados substituídos, porquanto inexistente litisconsórcio passivo necessário.

Orientação Jurisprudencial

SDI-I 121. Substituição processual. Diferença do adicional de insalubridade. Legitimidade. O sindicato tem legitimidade para atuar na qualidade de substituto processual para pleitear diferença de adicional de insalubridade.

SDI-I 325. Aumento salarial concedido pela empresa. Compensação no ano seguinte em antecipação sem a participação do sindicato profissional. impossibilidade. O aumento real, concedido pela empresa a todos os seus empregados, somente pode ser reduzido mediante a participação efetiva do sindicato profissional no ajuste, nos termos do art. 7º, VI, da CF/1988.

SDC 23. Legitimidade *ad causam*. Sindicato representativo de segmento profissional ou patronal. Impossibilidade. A representação sindical abrange toda a categoria, não comportando separação fundada na maior ou menor dimensão de cada ramo ou empresa.

b) celebrar convenções coletivas de trabalho; *(Alínea b com redação pelo Dec.-lei 229/1967)*

▸ O art. 20 do Dec.-lei 229/1967, substituiu a expressão "Contratos coletivos de trabalho" por "Convenções coletivas de trabalho".
▸ Arts. 7º, XXVI, e 8º, VI, da CF.
▸ Súmula 286 do TST.

Constituição Federal

Art. 7º São direitos dos trabalhadores urbanos e rurais, além de outros que visem à melhoria de sua condição social: (...)XXVI – reconhecimento das convenções e acordos coletivos de trabalho;

Súmulas

TST 286. Sindicato. Substituição processual. Convenção e acordos coletivos. A legitimidade do sindicato para propor ação de cumprimento estende-se também à observância de acordo ou de convenção coletivos.

c) eleger ou designar os representantes da respectiva categoria ou profissão liberal;

▸ PN 86 do TST.

Precedente Normativo

TST 86. Representantes dos trabalhadores. Estabilidade no emprego. Nas empresas com mais de 200 empregados é assegurada a eleição direta de um representante, com as garantias do art. 543, e seus parágrafos, da CLT.

d) colaborar com o Estado, como órgãos técnicos e consultivos, no estudo e solução dos problemas que se relacionam com a respectiva categoria ou profissão liberal;

e) impor contribuições a todos aqueles que participam das categorias econômicas ou profissionais ou das profissões liberais representadas.

▸ Art. 8º, IV, da CF.
▸ Súmula Vinculante 40 do STF.
▸ Súmula 666 do STF.
▸ OJs 16 e 17 da SDC do TST.
▸ PN 119 do TST.

Constituição Federal

Art. 8º É livre a associação profissional ou sindical, observado o seguinte: (...) IV – a assembleia geral fixará a contribuição que, em se tratando de categoria profissional, será descont ada em folha, para custeio do sistema confederativo da representação sindical respectiva, independentemente da contribuição prevista em lei;

Súmulas

STF Vinculante 40. A contribuição confederativa de que trata o art. 8º, IV, da Constituição Federal, só é exigível dos filiados ao sindicato respectivo.

STF 666. A contribuição confederativa de que trata o art. 8o, IV, da Constituição, só é exigível dos filiados ao sindicato respectivo.

Orientação Jurisprudencial

SDC 16. Taxa de homologação de rescisão contratual. Ilegalidade. É contrária ao espírito da lei (art. 477, § 7º, da CLT) e da função precípua do sindicato a cláusula coletiva que estabelece taxa para homologação de rescisão contratual.

SDC 17. Contribuições para entidades sindicais. Inconstitucionalidade de sua extensão a não associados. As cláusulas coletivas que estabeleçam contribuição em favor de entidade sindical, a qualquer título, obrigando trabalhadores não sindicalizados, são ofensivas ao direito de livre associação e sindicalização, constitucionalmente assegurado, e, portanto, nulas, sendo passíveis de devolução, por via própria, os respectivos valores eventualmente descontados.

Precedente Normativo

TST 119. Contribuições sindicais – inobservância de preceitos constitucionais. "A Constituição da República, em seus arts. 5º, XX e 8º, V, assegura o direito de livre associação e sindicalização. É ofensiva a essa modalidade de liberdade cláusula constante de acordo, convenção coletiva ou sentença normativa estabelecendo contribuição em favor de entidade sindical a título de taxa para custeio do sistema confederativo, assistencial, revigoramento ou fortalecimento sindical e outras da mesma espécie, obrigando trabalhadores não sindicalizados. Sendo nulas as estipulações que inobservem tal restrição, tornam-se passíveis de devolução os valores irregularmente descontados."

Parágrafo único. Os Sindicatos de empregados terão, outrossim, a prerrogativa de fundar e manter agências de colocação.

Art. 514. São deveres dos Sindicatos:

a) colaborar com os poderes públicos no desenvolvimento da solidariedade social;

b) manter serviços de assistência judiciária para os associados;

▸ Arts. 14 e 18 da Lei 5.584/1970 (Disciplina a concessão e prestação de assistência judiciária na Justiça do Trabalho)

c) promover a conciliação nos dissídios de trabalho;

d) sempre que possível, e de acordo com as suas possibilidades, manter no seu Quadro de Pessoal, em convênio com entidades assistenciais ou por conta própria, um assistente social com as atribuições específicas de promover a cooperação operacional na empresa e a integração profissional na Classe. *(Alínea d acrescida pela Lei 6.200/1975)*

Parágrafo único. Os Sindicatos de empregados terão, outrossim, o dever de:

a) promover a fundação de cooperativas de consumo e de crédito;

b) fundar e manter escolas de alfabetização e pré-vocacionais.

Seção II
Do reconhecimento e investidura sindical

▸ Portaria 186/2008 do MTE (Registro Sindical)
▸ Súmula 677 do STF.

Súmula

STF 677. Até que lei venha a dispor a respeito, incumbe ao Ministério do Trabalho proceder ao registro das entidades sindicais e zelar pela observância do princípio da unicidade.

Art. 515. As associações profissionais deverão satisfazer os seguintes requisitos para serem reconhecidas como sindicatos:

▸ Art. 8º, I, da CF.

Constituição Federal

Art. 8º É livre a associação profissional ou sindical, observado o seguinte: I – a lei não poderá exigir autorização do Estado para a fundação de sindicato, ressalvado o registro no órgão competente, vedadas ao Poder Público a interferência e a intervenção na organização sindical; (...)

a) reunião de 1/3 (um terço), no mínimo, de empresas legalmente constituídas, sob a forma individual ou de sociedade, se se tratar de associação de empregadores; ou de um terço dos que integrem a mesma categoria ou exerçam a mesma profissão liberal se se tratar de associação de empregados ou de trabalhadores ou agentes autônomos ou de profissão liberal;

b) duração de 3 (três) anos para o mandato da diretoria; *(Parágrafo com redação pelo Dec.-lei 771/1969)*

c) exercício do cargo de presidente por brasileiro nato, e dos demais cargos de administração e representação por brasileiros.

▸ Art. 12, § 2º, da CF.
▸ Lei 6.192/1974 (Restrições a brasileiros naturalizados)

Constituição Federal

Art. 12, § 2º A lei não poderá estabelecer distinção entre brasileiros natos e naturalizados, salvo nos casos previstos nesta Constituição.

Parágrafo único. O Ministro do Trabalho, Indústria e Comércio poderá, excepcionalmente, reconhecer como sindicato a associação cujo número de associados seja inferior ao terço a que se refere a alínea *a*.

▸ Vide nota sobre a atualização da CLT relativa aos Ministérios.

Art. 516. Não será reconhecido mais de um Sindicato representativo da mesma categoria econômica ou profissional, ou profissão liberal, em uma dada base territorial.

▸ Art. 8º, I e II, da CF.

Constituição Federal

Art. 8º É livre a associação profissional ou sindical, observado o seguinte: I – a lei não poderá exigir autorização do Estado para a fundação de sindicato, ressalvado o registro no órgão competente, vedadas ao Poder Público a interferência e a intervenção na organização sindical; II – é vedada a criação de mais de uma organização sindical, em qualquer grau, representativa de categoria profissional ou econômica, na mesma base territorial, que será definida pelos trabalhadores ou empregadores interessados, não podendo ser inferior à área de um Município; (...)

Art. 517. Os sindicatos poderão ser distritais, municipais, intermunicipais, estaduais e interestaduais. Excepcionalmente, e atendendo às peculiaridades de determinadas categorias ou profissões, o Ministro do Trabalho, Indústria e Comércio poderá autorizar o reconhecimento de sindicatos nacionais.

▸ Art. 8º, I, da CF.
▸ Vide nota sobre a atualização da CLT relativa aos Ministérios.

§ 1º O Ministro do Trabalho, Indústria e Comércio outorgará e delimitará a base territorial do sindicato.

§ 2º Dentro da base territorial que lhe for determinada é facultado ao sindicato instituir delegacias ou seções para melhor proteção dos associados e da categoria econômica ou profissional ou profissão liberal representada.

Art. 518. O pedido de reconhecimento será dirigido ao Ministro do Trabalho, Indústria e Comércio instruído com exemplar ou cópia autenticada dos estatutos da associação.

▸ Art. 8º, I, da CF.
▸ Vide nota sobre a atualização da CLT relativa aos Ministérios.

§ 1º Os estatutos deverão conter:

a) a denominação e a sede da associação;

b) a categoria econômica ou profissional ou a profissão liberal cuja representação é requerida;

c) a afirmação de que a associação agirá como órgão de colaboração com os poderes públicos e as demais associações no sentido da solidariedade social e da subordinação dos interesses econômicos ou profissionais ao interesse nacional;

d) as atribuições, o processo eleitoral e das votações, os casos de perda de mandato e de substituição dos administradores;

e) o modo de constituição e administração do patrimônio social e o destino que lhe será dado no caso de dissolução;

f) as condições em que se dissolverá a associação.

§ 2º O processo de reconhecimento será regulado em instruções baixadas pelo Ministro do Trabalho, Indústria e Comércio.

Art. 519. A investidura sindical será conferida sempre à associação profissional mais representativa, a juízo do Ministro do Trabalho, constituindo elementos para essa apreciação, entre outros:

▸ Art. 8º, I, da CF.

a) o número de associados;

b) os serviços sociais fundados e mantidos;

c) o valor do patrimônio.

Art. 520. Reconhecida como sindicato a associação profissional, ser-lhe-á expedida carta de reconhecimento, assinada pelo Ministro do Trabalho, Indústria e Comércio, na qual será especificada a representação econômica ou profissional conferida e mencionada a base territorial outorgada.

▸ Art. 8º, I, da CF.
▸ Vide nota sobre a atualização da CLT relativa aos Ministérios.

Parágrafo único. O reconhecimento investe a associação nas prerrogativas do art. 513 e a obriga aos deveres do art. 514, cujo inadimplemento a sujeitará às sanções desta Lei.

Art. 521. São condições para o funcionamento do Sindicato:

▸ Art. 8º, I, da CF.

a) proibição de qualquer propaganda de doutrinas incompatíveis com as instituições e os interesses da Nação, bem como de candidaturas a cargos eletivos estranhos ao sindicato; *(Alínea a com redação pelo Dec.-lei 9.502/1946)*

b) proibição de exercício de cargo eletivo cumulativamente com o de emprego remunerado pelo sindicato ou por entidade sindical de grau superior;

c) gratuidade do exercício dos cargos eletivos;

d) proibição de quaisquer atividades não compreendidas nas finalidades mencionadas no art. 511, inclusive as de caráter político-partidário; *(Alínea d acrescida pelo Dec.-lei 9.502/1946)*

▸ PN 104 do TST.

Precedente Normativo

TST 104. Quadro de avisos (positivo) Defere-se a afixação, na empresa, de quadro de avisos do sindicato, para comunicados de interesse dos empregados, vedados os de conteúdo político-partidário ou ofensivo.

e) proibição de cessão gratuita ou remunerada da respectiva sede a entidade de índole político-partidária. *(Alínea e acrescida pelo Dec.-lei 9.502/1946)*

Parágrafo único. Quando, para o exercício de mandato, tiver o associado de sindicato de empregados, de trabalhadores autônomos ou de profissionais liberais de se afastar do seu trabalho, poderá ser-lhe arbitrada pela assembleia-geral uma gratificação nunca excedente da importância de sua remuneração na profissão respectiva.

Seção III
Da administração do sindicato

▸ Art. 114, III, da CF.

Constituição Federal

Art. 114. Compete à Justiça do Trabalho processar e julgar: (...) III as ações sobre representação sindical, entre sindicatos, entre sindicatos e trabalhadores, e entre sindicatos e empregadores;

Art. 522. A administração do sindicato será exercida por uma diretoria constituída, no máximo, de sete e, no mínimo, de 3 (três) membros e de um Conselho Fiscal composto de três membros, eleitos esses órgãos pela Assembleia-Geral.

▸ Art. 8º, I, da CF.
▸ Súmula 369 do TST.

Súmula

TST 369. Dirigente sindical. Estabilidade provisória. I – É assegurada a estabilidade provisória ao empregado dirigente sindical, ainda que a comunicação do registro da candidatura ou da eleição e da posse seja realizada fora do prazo previsto no art. 543, § 5º, da CLT, desde que a ciência ao empregador, por qualquer meio, ocorra na vigência do contrato de trabalho.
II – O art. 522 da CLT foi recepcionado pela Constituição Federal de 1988. Fica limitada, assim, a estabilidade a que alude o art. 543, § 3º, da CLT a 7 (sete) dirigentes sindicais e igual número de suplentes.
III – O empregado de categoria diferenciada eleito dirigente sindical só goza de estabilidade se exercer na empresa atividade pertinente à categoria profissional do sindicato para o qual foi eleito dirigente.
IV – Havendo extinção da atividade empresarial no âmbito da base territorial do sindicato, não há razão para subsistir a estabilidade.
V – O registro da candidatura do empregado a cargo de dirigente sindical durante o período de aviso-prévio, ainda que indenizado, não lhe assegura a estabilidade, visto que inaplicável a regra do § 3º do art. 543 da Consolidação das Leis do Trabalho.

§ 1º A diretoria elegerá, dentre os seus membros, o presidente do sindicato.

§ 2º A competência do Conselho Fiscal é limitada à fiscalização da gestão financeira do sindicato.

▸ OJ 365 da SDI-I do TST.

Orientação Jurisprudencial

SDI-I 365. Estabilidade provisória. membro de conselho fiscal de sindicato. Inexistência. Membro de conselho fiscal de sindicato não tem direito à estabilidade prevista nos arts. 543, § 3º, da CLT e 8º, VIII, da CF/1988, porquanto não representa ou atua na defesa de direitos da categoria respectiva, tendo sua competência limitada à fiscalização da gestão financeira do sindicato (art. 522, § 2º, da CLT)

§ 3º Constituirá atribuição exclusiva da Diretoria do Sindicato e dos Delegados Sindicais, a que se refere o art. 523, a representação e a defesa dos interesses da entidade perante os poderes públicos e as empresas, salvo mandatário com poderes outorgados por procuração

da Diretoria, ou associado investido em representação prevista em lei. *(§ 3º acrescido pelo Dec.-lei 9.502/1946)*

Art. 523. Os Delegados Sindicais destinados à direção das delegacias ou seções instituídas na forma estabelecida no § 2º do art. 517 serão designados pela diretoria dentre os associados radicados no território da correspondente delegacia.

▸ Art. 8º, I, da CF.
▸ OJ 369 da SDI-I do TST.

Orientação Jurisprudencial

SDI-I 369. Estabilidade provisória. Delegado sindical. Inaplicável. O delegado sindical não é beneficiário da estabilidade provisória prevista no art. 8º, VIII, da CF/1988, a qual é dirigida, exclusivamente, àqueles que exerçam ou ocupem cargos de direção nos sindicatos, submetidos a processo eletivo.

Art. 524. Serão sempre tomadas por escrutínio secreto, na forma estatutária, as deliberações da assembleia-geral concernentes aos seguintes assuntos: *(Caput com redação pela Lei 2.693/1955)*

▸ Art. 8º, I, da CF.
▸ OJs 8, 28, 29 e 35 da SDC do TST.

Orientações Jurisprudenciais

SDC 8. Dissídio coletivo. Pauta reivindicatória não registrada em ata. Causa de extinção. A ata da assembleia de trabalhadores que legitima a atuação da entidade sindical respectiva em favor de seus interesses deve registrar, obrigatoriamente, a pauta reivindicatória, produto da vontade expressa da categoria.

SDC 28. Edital de convocação da AGT. publicação. Base territorial. Validade. O edital de convocação para a AGT deve ser publicado em jornal que circule em cada um dos municípios componentes da base territorial.

SDC 29. Edital de convocação e ata da assembleia geral. Requisitos essenciais para instauração de dissídio coletivo.

O edital de convocação da categoria e a respectiva ata da AGT constituem peças essenciais à instauração do processo de dissídio coletivo.

SDC 35. Edital de convocação da AGT. Disposição estatutária específica. Prazo mínimo entre a publicação e a realização da assembleia. observância obrigatória. Se os estatutos da entidade sindical contam com norma específica que estabeleça prazo mínimo entre a data de publicação do edital convocatório e a realização da assembleia correspondente, então a validade desta última depende da observância desse interregno.

a) eleição de associado para representação da respectiva categoria prevista em lei; *(Alínea a com redação pelo Dec.-lei 9.502/1946)*

b) tomada e aprovação de contas da diretoria; *(Alínea b com redação pelo Dec.-lei 9.502/1946)*

c) aplicação do patrimônio; *(Alínea c com redação pelo Dec.-lei 9.502/1946)*

d) julgamento dos atos da diretoria, relativos a penalidades impostas a associados; *(Alínea d com redação pelo Dec.-lei 9.502/1946)*

e) pronunciamento sobre relações ou dissídios de trabalho. Neste caso, as deliberações da assembleia-geral só serão consideradas válidas quando ela tiver sido especialmente convocada para esse fim, de acordo com as disposições dos estatutos da entidade sindical. O *quorum* para validade da assembleia será de metade mais um dos associados quites; não obtido esse *quorum* em primeira convocação, reunir-se-á a assembleia em segunda convocação, com os presentes, considerando-se aprovadas as deliberações que obtiverem 2/3 (dois terços) dos votos. *(Alínea e com redação pela Lei 2.693/1955)*

▸ Art. 859 desta Consolidação.

§ 1º A eleição para cargos de diretoria e conselho fiscal será realizada por escrutínio secreto, durante 6 (seis) horas contínuas, pelo menos, na sede do sindicato, na de suas delegacias e seções e nos principais locais de trabalho, onde funcionarão as mesas coletoras designadas pelos Delegados Regionais do Trabalho. *(§ 1º acrescido pelo Dec.-lei 9.502/1946)*

§ 2º Concomitantemente ao término do prazo estipulado para a votação, instalar-se-á, em assembleia eleitoral pública e permanente, na sede do sindicato, a mesa apuradora para a qual serão enviadas, imediatamente, pelos presidentes das mesas coletoras, as urnas receptoras e as atas respectivas. Será facultada a designação de mesa apuradora supletiva sempre que as peculiaridades ou conveniências do pleito a exigirem. *(§ 2º acrescido pelo Dec.-lei 9.502/1946)*

§ 3º A mesa apuradora será presidida por membro do Ministério Público do Trabalho ou pessoa de notória idoneidade, designada pelo Procurador-Geral da Justiça do Trabalho ou procuradores regionais. *(§ 3º com acrescido pelo Dec.-lei 9.502/1946)*

§ 4º O pleito só será válido na hipótese de participarem da votação mais de 2/3 (dois terços) dos associados com capacidade para votar. Não obtido esse coeficiente, será realizada nova eleição dentro de 15 (quinze) dias a qual terá validade se nela tomarem parte mais de 50 % (cinquenta por cento) dos referidos associados. Na hipótese de não ter sido alcançado, na segunda votação, o coeficiente exigido, será realizado o terceiro e último pleito, cuja validade dependerá do voto de mais de quarenta por cento dos aludidos associados, proclamando o presidente da mesa apuradora em qualquer dessas hipóteses os eleitos, os quais serão empossados automaticamente na data do término do mandato expirante, não tendo efeito suspensivo os protestos ou recursos oferecidos na conformidade da lei. *(§ 4º com redação pela Lei 2.693/1955)*

§ 5º Não sendo atingido o coeficiente legal para a eleição, o Ministério do Trabalho, Indústria e Comércio declarará a vacância da administração, a partir do término do mandato dos membros em exercício, e designará administrador para o sindicato, realizando-se novas eleições dentro de 6 (seis) meses. *(§ 5º acrescido pelo Dec.-lei 9.502/1946)*

▸ Vide nota sobre a atualização da CLT relativa aos Ministérios.

Art. 525. É vedada a pessoas físicas ou jurídicas, estranhas ao sindicato, qualquer interferência na sua administração ou nos seus serviços. *(Caput com redação pelo Dec.-lei 9.502/1946)*

Parágrafo único. Estão excluídos dessa proibição:

a) os Delegados do Ministério do Trabalho, Indústria e Comércio especialmente designados pelo Ministro ou por quem o represente;

▸ Art. 8º, I, da CF.
▸ Vide nota sobre a atualização da CLT relativa aos Ministérios.

b) os que, como empregados, exerçam cargos no sindicato mediante autorização da assembleia-geral.

Art. 526. Os empregados do Sindicato serão nomeados pela diretoria respectiva *ad referendum* da Assembleia-Geral, não podendo recair tal nomeação nos que estiverem nas condições previstas nos itens II, IV, V, VI, VII e VIII do artigo 530 e, na hipótese de o nomeado haver sido dirigente sindical, também nas do item I do mesmo artigo. *(Caput com redação pelo Dec.-lei 925/1969)*

Parágrafo único. *Revogado pela Lei 11.295/2006.*

§ 2º Aplicam-se ao empregado de entidade sindical os preceitos das leis de proteção do trabalho e de previdência

social, inclusive o direito de associação em sindicato. *(§ 2º acrescido pela Lei 11.295/2006)*

▶ Mantivemos o § 2º conforme publicação oficial.
▶ Art. 8º, *caput*, da CF.

Art. 527. Na sede de cada sindicato haverá um livro de registro, autenticado pelo funcionário competente do Ministério do Trabalho, Indústria e Comércio, e do qual deverão constar:

▶ Art. 8º, I, da CF.
▶ Vide nota sobre a atualização da CLT relativa aos Ministérios.

a) tratando-se de sindicato de empregadores, a firma, individual ou coletiva, ou a denominação das empresas e sua sede, o nome, idade, estado civil, nacionalidade e residência dos respectivos sócios, ou, em se tratando de sociedade por ações, dos diretores, bem como a indicação desses dados quanto ao sócio ou diretor que representar a empresa no sindicato;

b) tratando-se de sindicato de empregados, ou de agentes ou trabalhadores autônomos ou de profissionais liberais, além do nome, idade, estado civil, nacionalidade, profissão ou função e residência de cada associado, o estabelecimento ou lugar onde exerce a sua profissão ou função, o número e a série da respectiva Carteira de Trabalho e Previdência Social e o número da inscrição na instituição de previdência a que pertencer.

Art. 528. Ocorrendo dissídio ou circunstâncias que perturbem o funcionamento de entidade sindical ou motivos relevantes de segurança nacional, o Ministro do Trabalho e Previdência Social poderá nela intervir, por intermédio de Delegado ou de Junta Interventora, com atribuições para administrá-la e executar ou propor as medidas necessárias para normalizar-lhe o funcionamento. *(Artigo com redação pelo Dec.-lei 3/1966)*

▶ Artigo prejudicado pelo art. 8º, I, da CF.

Constituição Federal

Art. 8º É livre a associação profissional ou sindical, observado o seguinte: I – a lei não poderá exigir autorização do Estado para a fundação de sindicato, ressalvado o registro no órgão competente, vedadas ao Poder Público a interferência e a intervenção na organização sindical;

Seção IV
Das eleições sindicais

Art. 529. São condições para o exercício do direito do voto como para a investidura em cargo de administração ou representação econômica ou profissional:

a) ter o associado mais de 6 (seis) meses de inscrição no quadro social e mais de dois anos de exercício da atividade ou da profissão; *(Alínea a com redação pelo Dec.-lei 8.080/1945)*

▶ Art. 5º, XX, da CF.

Constituição Federal

Art. 5º Todos são iguais perante a lei, sem distinção de qualquer natureza, garantindo-se aos brasileiros e aos estrangeiros residentes no País a inviolabilidade do direito à vida, à liberdade, à igualdade, à segurança e à propriedade, nos termos seguintes: (...) XX – ninguém poderá ser compelido a associar-se ou a permanecer associado;

b) ser maior de 18 (dezoito) anos;

c) estar no gozo dos direitos sindicais.

Parágrafo único. É obrigatório aos associados o voto nas eleições sindicais. *(Parágrafo único acrescido pelo Dec.-lei 229/1967)*

Art. 530. Não podem ser eleitos para cargos administrativos ou de representação econômica ou profissional, nem permanecer no exercício desses cargos: *(Caput com redação pelo Dec.-lei 229/1967)*

I – os que não tiverem definitivamente aprovadas as suas contas de exercício em cargos de administração; *(Inciso I acrescido pelo Dec.-lei 229/1967)*

II – os que houverem lesado o patrimônio de qualquer entidade sindical; *(Inciso II acrescido pelo Dec.-lei 229/1967)*

III – os que não estiverem, desde 2 (dois) anos antes, pelo menos, no exercício efetivo da atividade ou da profissão dentro da base territorial do Sindicato, ou no desempenho de representação econômica ou profissional; *(Inciso III acrescido pelo Dec.-lei 229/1967)*

IV – os que tiverem sido condenados por crime doloso enquanto persistirem os efeitos da pena; *(Inciso IV acrescido pelo Dec.-lei 229/1967)*

V – os que não estiverem no gozo de seus direitos políticos; *(Inciso V acrescido pelo Dec.-lei 229/1967)*

VI – *Revogado pela Lei 8.865/1994;*

VII – má conduta, devidamente comprovada; *(Inciso VII acrescido pelo Dec.-lei 507/1969)*

VIII – *Revogado pela Lei 8.865/1994.*

Parágrafo único. *Revogado pela Lei 2.693/1955.*

Art. 531. Nas eleições para cargos de diretoria e do conselho fiscal serão considerados eleitos os candidatos que obtiverem maioria absoluta de votos em relação ao total dos associados eleitores.

§ 1º Não ocorrendo à primeira convocação maioria absoluta de eleitores, ou não obtendo nenhum dos candidatos essa maioria, proceder-se-á à nova convocação para dia posterior, sendo então considerados eleitos os candidatos que obtiverem maioria dos eleitores presentes.

§ 2º Havendo somente uma chapa registrada para as eleições, poderá a assembleia, em última convocação, ser realizada duas horas após a primeira convocação, desde que do edital respectivo conste essa advertência.

§ 3º Concorrendo mais de uma chapa, poderá o Ministro do Trabalho, Indústria e Comércio designar o presidente da sessão eleitoral, desde que o requeiram os associados que encabeçarem as respectivas chapas. *(§ 3º com redação pelo Dec.-lei 8.080/1945)*

▶ Art. 8º, I, da CF.

§ 4º O Ministro do Trabalho, Indústria e Comércio expedirá instruções regulando o processo das eleições.

▶ Art. 8º, I, da CF.
▶ Vide nota sobre a atualização da CLT relativa aos Ministérios.

Art. 532. As eleições para a renovação da diretoria e do conselho fiscal deverão ser procedidas dentro do prazo máximo de sessenta dias e mínimo de 30 (trinta) dias, antes do término do mandato dos dirigentes em exercício. *(Caput com redação pelo Dec.-lei 8.080/1945)*

▶ Art. 8º, I, da CF.
▶ Súmula 4 do STJ.

Súmula

STJ 4. Compete à Justiça Estadual julgar causa decorrente do processo eleitoral sindical.

§ 1º Não havendo protesto na ata da assembleia eleitoral ou recurso interposto por algum dos candidatos, dentro de quinze dias, a contar da data das eleições, a posse da diretoria eleita independerá da aprovação das eleições pelo Ministério do Trabalho, Indústria e Comércio. *(§ 1º com redação pelo Dec.-lei 8.080/1945)*

▶ Vide nota sobre a atualização da CLT relativa aos Ministérios.

§ 2º Competirá à diretoria em exercício, dentro de trinta dias da realização das eleições e não tendo havido re-

curso, dar publicidade ao resultado do pleito, fazendo comunicação ao órgão local do Ministério do Trabalho, Indústria e Comércio da relação dos eleitos, com os dados pessoais de cada um e a designação da função que vai exercer. *(§ 2º com redação pelo Dec.-lei 8.080/1945)*

▶ Vide nota sobre a atualização da CLT relativa aos Ministérios.

§ 3º Havendo protesto na ata da assembleia eleitoral ou recurso interposto dentro de quinze dias da realização das eleições, competirá à diretoria em exercício encaminhar, devidamente instruído, o processo eleitoral ao órgão local do Ministério do Trabalho, Indústria e Comércio, que o encaminhará para decisão do Ministro de Estado. Nesta hipótese, permanecerão na administração, até despacho final do processo, a diretoria e o conselho fiscal que se encontrarem em exercício. *(§ 3º com redação pelo Dec.-lei 8.080/1945)*

▶ Vide nota sobre a atualização da CLT relativa aos Ministérios.

§ 4º Não se verificando as hipóteses previstas no parágrafo anterior, a posse da nova diretoria deverá se verificar dentro de trinta dias subsequentes ao término do mandato da anterior. *(§ 4º acrescido pelo Dec.-lei 8.080/1945)*

§ 5º Ao assumir o cargo, o eleito prestará, por escrito e solenemente, o compromisso de respeitar, no exercício do mandato, a Constituição, as leis vigentes e os estatutos da entidade. *(§ 5º acrescido pelo Dec.-lei 229/1967)*

Seção V
Das associações sindicais
de grau superior

Art. 533. Constituem associações sindicais de grau superior as federações e confederações organizadas nos termos desta Lei.

Art. 534. É facultado aos Sindicatos, quando em número não inferior a 5 (cinco), desde que representem a maioria absoluta de um grupo de atividades ou profissões idênticas, similares ou conexas, organizarem-se em federação. *(Caput com redação pela Lei 3.265/1957)*

▶ Instrução Normativa 19/2014 da SRT/MTE (Estabelece os procedimentos administrativos a ser cumpridos em sede de verificação periódica a ser realizada por esta Secretaria de Relações do Trabalho no que tange à manutenção, pelas entidades sindicais de grau superior, do número mínimo de entes filiados)

§ 1º Se já existir federação no grupo de atividades ou profissões em que deva ser constituída a nova entidade, a criação desta não poderá reduzir a menos de 5 (cinco) o número de Sindicatos que àquela devam continuar filiados. *(§ 1º acrescido pela Lei 3.265/1957)*

§ 2º As federações serão constituídas por Estados, podendo o Ministro do Trabalho, Indústria e Comércio autorizar a constituição de federações interestaduais ou nacionais. (Primitivo § 1º renumerado pela Lei 3.265/1957)

▶ Vide nota sobre a atualização da CLT relativa aos Ministérios.
▶ Art. 8º, I, da CF.

§ 3º É permitido a qualquer federação, para o fim de lhes coordenar os interesses, agrupar os Sindicatos de determinado município ou região a ela filiados, mas a União não terá direito de representação das atividades ou profissões agrupadas. *(Primitivo § 2º renumerado pela Lei 3.265/1957)*

Art. 535. As confederações organizar-se-ão com o mínimo de três federações e terão sede na Capital da República.

▶ Instrução Normativa 19/2014 da SRT/MTE (Estabelece os procedimentos administrativos a ser cumpridos em sede de verificação periódica a ser realizada por esta Secretaria de Relações do Trabalho no que tange à manutenção, pelas entidades sindicais de grau superior, do número mínimo de entes filiados)

§ 1º As Confederações formadas por Federações de Sindicatos de empregadores denominar-se-ão: Confe-

deração Nacional da Indústria, Confederação Nacional do Comércio, Confederação Nacional de Transportes Marítimos, Fluviais e Aéreos, Confederação Nacional de Transportes Terrestres, Confederação Nacional de Comunicações e Publicidade, Confederação Nacional das Empresas de Crédito e Confederação Nacional de Educação e Cultura.

§ 2º As Confederações formadas por Federações de Sindicatos de empregados terão a denominação de: Confederação Nacional dos Trabalhadores na Indústria, Confederação Nacional dos Trabalhadores no Comércio, Confederação Nacional dos Trabalhadores em Transportes Marítimos, Fluviais e Aéreos, Confederação Nacional dos Trabalhadores em Transportes Terrestres, Confederação Nacional dos Trabalhadores em Comunicações e Publicidade, Confederação Nacional dos Trabalhadores nas Empresas de Crédito e Confederação Nacional dos Trabalhadores em Estabelecimentos de Educação e Cultura.

§ 3º Denominar-se-á Confederação Nacional das Profissões Liberais a reunião das respectivas Federações.

§ 4º As associações sindicais de grau superior da Agricultura e Pecuária serão organizadas na conformidade do que dispuser a lei que regular a sindicalização dessas atividades ou profissões.

Art. 536. *Revogado pelo Dec.-lei 229/1967.*

Parágrafo único. *Revogado pelo Dec.-lei 229/1967.*

Art. 537. O pedido de reconhecimento de uma federação será dirigido ao Ministro do Trabalho, Indústria e Comércio acompanhado de um exemplar dos respectivos estatutos e das cópias autenticadas das atas da assembleia de cada sindicato ou federação que autorizar a filiação.

▶ Vide nota sobre a atualização da CLT relativa aos Ministérios.
▶ Art. 8º, I, da CF.
▶ Portaria 186/2008 do MTE (Registro Sindical)
▶ Súmula 677 do STF.

Súmula

STF 677. Até que lei venha a dispor a respeito, incumbe ao Ministério do Trabalho proceder ao registro das entidades sindicais e zelar pela observância do princípio da unicidade.

§ 1º A organização das federações e confederações obedecerá às exigências contidas nas alíneas *b* e *c* do artigo 515.

§ 2º A carta de reconhecimento das federações será expedida pelo Ministro do Trabalho, Indústria e Comércio, na qual será especificada a coordenação econômica ou profissional conferida e mencionada a base territorial outorgada.

§ 3º O reconhecimento das confederações será feito por decreto do Presidente da República.

Art. 538. A administração das federações e confederações será exercida pelos seguintes órgãos: *(Caput com redação pela Lei 2.693/1955)*

a) diretoria; *(Alínea a com redação pela Lei 2.693/1955)*

b) conselho de representantes; *(Alínea b com redação pela Lei 2.693/1955)*

c) conselho fiscal. *(Alínea c com redação pela Lei 2.693/1955)*

§ 1º A diretoria será constituída no mínimo de três membros e de três membros se comporá o conselho fiscal, os quais serão eleitos pelo conselho de representantes com mandato por três anos. *(§ 1º com redação pelo Dec.-lei 771/1969)*

§ 2º Só poderão ser eleitos os integrantes dos grupos das federações ou dos planos das confederações, respectivamente. *(§ 2º com redação pela Lei 2.693/1955)*

§ 3º O presidente da federação ou confederação será escolhido dentre os seus membros, pela diretoria. *(Primitivo § 2º renumerado pela Lei 2.693/1955)*

§ 4º O conselho de representantes será formado pelas delegações dos sindicatos ou das federações filiadas, constituída cada delegação de dois membros, com mandato por três anos, cabendo um voto a cada delegação. *(Primitivo § 3º renumerado e com redação pelo Dec.-lei 771/1969)*

§ 5º A competência do conselho fiscal é limitada à fiscalização da gestão financeira. *(§ 5º acrescido pela Lei 2.693/1955)*

Art. 539. Para a constituição e administração das federações serão observadas, no que for aplicável, as disposições das Seções II e III do presente Capítulo.

▸ Art. 8º, I, da CF.

Seção VI
Dos direitos dos exercentes
de atividades ou profissões e dos sindicalizados

Art. 540. A toda empresa ou indivíduo que exerçam, respectivamente, atividade ou profissão, desde que satisfaçam as exigências desta Lei, assiste o direito de ser admitido no Sindicato da respectiva categoria, salvo o caso de falta de idoneidade, devidamente comprovada, com recurso para o Ministério do Trabalho, Indústria e Comércio.

▸ Vide nota sobre a atualização da CLT relativa aos Ministérios.
▸ Art. 8º, I e V, da CF.
▸ PN 119 do TST.

Constituição Federal

Art. 8º É livre a associação profissional ou sindical, observado o seguinte: (...) I – a lei não poderá exigir autorização do Estado para a fundação de sindicato, ressalvado o registro no órgão competente, vedadas ao Poder Público a interferência e a intervenção na organização sindical; (...) V – ninguém será obrigado a filiar-se ou a manter-se filiado a sindicato;

Precedente Normativo

TST 119. Contribuições Sindicais – Inobservância de Preceitos Constitucionais – A Constituição da República, em seus arts. 5º, XX e 8º, V, assegura o direito de livre associação e sindicalização. É ofensiva a essa modalidade de liberdade cláusula constante de acordo, convenção coletiva ou sentença normativa estabelecendo contribuição em favor de entidade sindical a título de taxa para custeio do sistema confederativo, assistencial, revigoramento ou fortalecimento sindical e outras da mesma espécie, obrigando trabalhadores não sindicalizados. Sendo nulas as estipulações que inobservem tal restrição, tornam-se passíveis de devolução os valores irregularmente descontados.

§ 1º Perderá os direitos de associado o sindicalizado que, por qualquer motivo, deixar o exercício de atividade ou de profissão.

§ 2º Os associados de Sindicatos de empregados, de agentes ou trabalhadores autônomos e de profissões liberais que forem aposentados, estiverem em desemprego ou falta de trabalho ou tiverem sido convocados para prestação de serviço militar não perderão os respectivos direitos sindicais e ficarão isentos de qualquer contribuição, não podendo, entretanto, exercer cargo de administração sindical ou de representação econômica ou profissional.

▸ Art. 8º, VII, da CF.

Art. 541. Os que exercerem determinada atividade ou profissão onde não haja Sindicato da respectiva categoria, ou de atividade ou profissão similar ou conexa, poderão filiar-se a Sindicato de profissão idêntica, similar ou conexa, existente na localidade mais próxima.

Parágrafo único. O disposto neste artigo se aplica aos Sindicatos em relação às respectivas Federações, na conformidade do Quadro de Atividades e Profissões a que se refere o artigo 577.

Art. 542. De todo ato lesivo de direitos ou contrário a esta Lei, emanado da Diretoria, do Conselho ou da Assembleia-Geral da entidade sindical, poderá qualquer exercente de atividade ou profissão recorrer, dentro de trinta dias, para a autoridade competente do Ministério do Trabalho, Indústria e Comércio.

▸ Vide nota sobre a atualização da CLT relativa aos Ministérios.
▸ Arts. 8º, I, e 114, III, da CF.

Constituição Federal

Art. 114. Compete à Justiça do Trabalho processar e julgar: (...)III – as ações sobre representação sindical, entre sindicatos, entre sindicatos e trabalhadores, e entre sindicatos e empregadores;

Art. 543. O empregado eleito para cargo de administração sindical ou representação profissional, inclusive junto a órgão de deliberação coletiva, não poderá ser impedido do exercício de suas funções, nem transferido para lugar ou mister que lhe dificulte ou torne impossível o desempenho das suas atribuições sindicais. *(Caput com redação pelo Dec.-lei 229/1967)*

▸ Art. 11 da CF.
▸ Art. 55 da Lei 5.764/1971 (Lei das Cooperativas)
▸ Súmula 369 do TST.
▸ PNs 86 e 91 do TST.

Constituição Federal

Art. 11. Nas empresas de mais de duzentos empregados, é assegurada a eleição de um representante destes com a finalidade exclusiva de promover-lhes o entendimento direto com os empregadores.

Súmula

TST 369. Dirigente sindical. Estabilidade provisória. I – É assegurada a estabilidade provisória ao empregado dirigente sindical, ainda que a comunicação do registro da candidatura ou da eleição e da posse seja realizada fora do prazo previsto no art. 543, § 5º, da CLT, desde que a ciência ao empregador, por qualquer meio, ocorra na vigência do contrato de trabalho.

II – O art. 522 da CLT foi recepcionado pela Constituição Federal de 1988. Fica limitada, assim, a estabilidade a que alude o art. 543, § 3º, da CLT a 7 (sete) dirigentes sindicais e igual número de suplentes.

III – O empregado de categoria diferenciada eleito dirigente sindical só goza de estabilidade se exercer na empresa atividade pertinente à categoria profissional do sindicato para a qual foi eleito dirigente.

IV – Havendo extinção da atividade empresarial no âmbito da base territorial do sindicato, não há razão para subsistir a estabilidade.

V – O registro da candidatura do empregado a cargo de dirigente sindical durante o período de aviso-prévio, ainda que indenizado, não lhe assegura a estabilidade, visto que inaplicável a regra do § 3º do art. 543 da Consolidação das Leis do Trabalho.

Precedentes Normativos

TST 86. Representantes dos trabalhadores. Estabilidade no emprego (positivo) Nas empresas com mais de 200 empregados é assegurada a eleição direta de um representante, com as garantias do art. 543, e seus parágrafos, da CLT.

TST 91. Acesso de dirigente sindical à empresa (positivo) Assegura-se o acesso dos dirigentes sindicais às empresas, nos intervalos destinados a alimentação e descanso, para desempenho de suas funções, vedada a divulgação de matéria político-partidária ou ofensiva.

§ 1º O empregado perderá o mandato se a transferência for por ele solicitada ou voluntariamente aceita. *(§ 1º com redação pelo Dec.-lei 229/1967)*

§ 2º Considera-se de licença não remunerada, salvo assentimento da empresa ou cláusula contratual, o tempo em que o empregado se ausentar do trabalho no de-

sempenho das funções a que se refere este artigo. *(§ 2°
com redação pelo Dec.-lei 229/1967)*

▸ PN 83 do TST.

Precedente Normativo

TST 83. Dirigentes sindicais. Frequência livre. Assegura-se a frequên-
cia livre dos dirigentes sindicais para participarem de assembleias e
reuniões sindicais devidamente convocadas e comprovadas, sem ônus
para o empregador.

**§ 3° Fica vedada a dispensa do empregado sindicaliza-
do ou associado, a partir do momento do registro de
sua candidatura a cargo de direção ou representação
de entidade sindical ou de associação profissional, até
um ano após o final do seu mandato, caso seja eleito,
inclusive como suplente, salvo se cometer falta grave
devidamente apurada nos termos desta Consolidação.**
(§ 3° com redação pela Lei 7.543/1986)

▸ Art. 8°, VIII, da CF.
▸ Art. 494 desta Consolidação.
▸ Súmula 197 do STF.
▸ Súmulas 369 e 379 do TST.
▸ OJs 365, 369 e 399 da SDI-I do TST.
▸ OJs 65, 137 e 142 da SDI-II do TST.

CLT

Art. 494. O empregado acusado de falta grave poderá ser suspenso
de suas funções, mas a sua despedida só se tornará efetiva após o
inquérito e que se verifique a procedência da acusação.

Súmulas

STF 197. O empregado com representação sindical só pode ser despe-
dido mediante inquérito em que se apure falta grave.

TST 369. Dirigente sindical. Estabilidade provisória. I – É assegurada
a estabilidade provisória ao empregado dirigente sindical, ainda que
a comunicação do registro da candidatura ou da eleição e da posse
seja realizada fora do prazo previsto no art. 543, § 5°, da CLT, desde
que a ciência ao empregador, por qualquer meio, ocorra na vigência
do contrato de trabalho.

II – O art. 522 da CLT foi recepcionado pela Constituição Federal de
1988. Fica limitada, assim, a estabilidade a que alude o art. 543, § 3°,
da CLT a 7 (sete) dirigentes sindicais e igual número de suplentes.

III – O empregado de categoria diferenciada eleito dirigente sindical
só goza de estabilidade se exercer na empresa atividade pertinente
à categoria profissional do sindicato para o qual foi eleito dirigente.

IV – Havendo extinção da atividade empresarial no âmbito da base
territorial do sindicato, não há razão para subsistir a estabilidade.

V – O registro da candidatura do empregado a cargo de dirigente
sindical durante o período de aviso-prévio, ainda que indenizado, não
lhe assegura a estabilidade, visto que inaplicável a regra do § 3° do
art. 543 da Consolidação das Leis do Trabalho.

TST 379. Dirigente sindical. Despedida. Falta grave. Inquérito judicial.
Necessidade. O dirigente sindical somente poderá ser dispensado por
falta grave mediante a apuração em inquérito judicial, inteligência dos
arts. 494 e 543, § 3°, da CLT.

Orientações Jurisprudenciais

SDI-I 365. Estabilidade provisória. Membro de conselho fiscal de sin-
dicato. Inexistência. Membro de conselho fiscal de sindicato não tem
direito à estabilidade prevista nos arts. 543, § 3°, da CLT e 8°, VIII, da
CF/1988, porquanto não representa ou atua na defesa de direitos da
categoria respectiva, tendo sua competência limitada à fiscalização
da gestão financeira do sindicato (art. 522, § 2°, da CLT).

SDI-I 369. Estabilidade provisória. Delegado sindical. Inaplicável. O
delegado sindical não é beneficiário da estabilidade provisória pre-
vista no art. 8°, VIII, da CF/1988, a qual é dirigida, exclusivamente,
àqueles que exerçam ou ocupem cargos de direção nos sindicatos,
submetidos a processo eletivo.

SDI-I 399. Estabilidade provisória. Ação trabalhista ajuizada após o
término do período de garantia no emprego. Abuso do exercício do
direito de ação. Não configuração. Indenização devida. O ajuizamento
de ação trabalhista após decorrido o período de garantia de emprego
não configura abuso do exercício do direito de ação, pois este está
submetido apenas ao prazo prescricional inscrito no art. 7°, XXIX, da
CF/1988, sendo devida a indenização desde a dispensa até a data do
término do período estabilitário.

SDI-II 65. Mandado de segurança. Reintegração Liminarmente conce-
dida. Dirigente sindical. Ressalvada a hipótese do art. 494 da CLT, não

fere direito líquido e certo a determinação liminar de reintegração
no emprego de dirigente sindical, em face da previsão do inciso X
do art. 659 da CLT.

SDI-II 137. Mandado de segurança. Dirigente sindical. Art. 494 da CLT.
Aplicável. Constitui direito líquido e certo do empregador a suspensão
do empregado, ainda que detentor de estabilidade sindical, até a de-
cisão final do inquérito em que se apure a falta grave a ele imputada,
na forma do art. 494, *caput* e parágrafo único, da CLT.

SDI-II 142. Mandado de segurança. Reintegração liminarmente con-
cedida. Inexiste direito líquido e certo a ser oposto contra ato de Juiz
que, antecipando a tutela jurisdicional, determina a reintegração do
empregado até a decisão final do processo, quando demonstrada a
razoabilidade do direito subjetivo material, como nos casos de anistiado
pela Lei 8.878/1994, aposentado, integrante de comissão de fábrica,
dirigente sindical, portador de doença profissional, portador de vírus
HIV ou detentor de estabilidade provisória prevista em norma coletiva.

**§ 4° Considera-se cargo de direção ou de representação
sindical aquele cujo exercício ou indicação decorre de elei-
ção prevista em lei.** *(§ 4° com redação pela Lei 7.223/1984)*

**§ 5° Para os fins deste artigo, a entidade sindical comu-
nicará por escrito à empresa, dentro de vinte e quatro
horas, o dia e a hora do registro da candidatura do
seu empregado e, em igual prazo, sua eleição e posse,
fornecendo, outrossim, a este, comprovante no mesmo
sentido. O Ministério do Trabalho do Trabalho e Previdên-
cia Social fará no mesmo prazo a comunicação no caso
da designação referida no final do § 4°.** *(§ 5° acrescido
pelo Dec.-lei 229/1967)*

▸ Súmula 369, I, do TST.

Súmula

TST 369. Dirigente sindical. Estabilidade provisória. I – É assegurada
a estabilidade provisória ao empregado dirigente sindical, ainda que
a comunicação do registro da candidatura ou da eleição e da posse
seja realizada fora do prazo previsto no art. 543, § 5°, da CLT, desde
que a ciência ao empregador, por qualquer meio, ocorra na vigência
do contrato de trabalho.
(...)

**§ 6° A empresa que, por qualquer modo, procurar im-
pedir que o empregado se associe a Sindicato, organize
associação profissional ou sindical ou exerça os direitos
inerentes à condição de sindicalizado fica sujeita à pena-
lidade prevista na letra a do artigo 553, sem prejuízo da
reparação a que tiver direito o empregado.** *(§ 6° acrescido
pelo Dec.-lei 229/1967)*

▸ Lei 8.632/1993 (Concede anistia a dirigentes ou representantes sindicais punidos por
motivação política)

Art. 544. É livre a associação profissional ou sindical, mas
ao empregado sindicalizado é assegurada, em igualda-
de de condições, preferência: *(Caput com redação pelo
Dec.-lei 229/1967.*

▸ Artigo prejudicado pelo art. 8° da CF.
▸ Arts. 5°, XX, e 8°, V, da CF.
▸ OJ 20 da SDC do TST.

Constituição Federal

Art. 5° Todos são iguais perante a lei, sem distinção de qualquer
natureza, garantindo-se aos brasileiros e aos estrangeiros residentes
no País a inviolabilidade do direito à vida, à liberdade, à igualdade, à
segurança e à propriedade, nos termos seguintes: (...)

XX – ninguém poderá ser compelido a associar-se ou a permanecer
associado;

Art. 8° É livre a associação profissional ou sindical, observado o se-
guinte: (...) V – ninguém será obrigado a filiar-se ou a manter-se filiado
a sindicato;

Orientação Jurisprudencial

SDC 20. Empregados sindicalizados. Admissão preferencial. Condição
violadora do art. 8°, V, da CF/1988. Viola o art. 8°, V, da CF/1988 cláusula
de instrumento normativo que estabelece a preferência, na contratação
de mão de obra, do trabalhador sindicalizado sobre os demais.

I – para a admissão nos trabalhos de empresa que explore serviços públicos ou mantenha contrato com os poderes públicos; *(Inciso I acrescido pelo Dec.-lei 229/1967)*

II – para ingresso em funções públicas ou assemelhadas, em caso de cessação coletiva de trabalho, por motivo de fechamento de estabelecimento; *(Inciso II acrescido pelo Dec.-lei 229/1967)*

III – nas concorrências para aquisição de casa própria, pelo Plano Nacional de Habitação ou por intermédio de quaisquer instituições públicas; *(Inciso III acrescido pelo Dec.-lei 229/1967)*

IV – nos loteamentos urbanos ou rurais, promovidos pela União, por seus órgãos de administração direta ou indireta ou sociedades de economia mista; *(Inciso IV acrescido pelo Dec.-lei 229/1967)*

V – na locação ou compra de imóveis, de propriedade de pessoa de direito público ou sociedade de economia mista, quando sob ação de despejo em tramitação judicial; *(Inciso V acrescido pelo Dec.-lei 229/1967)*

VI – na concessão de empréstimos simples concedidos pelas agências financeiras do Governo ou a ele vinculadas; *(Inciso VI acrescido pelo Dec.-lei 229/1967)*

VII – na aquisição de automóveis, outros veículos e instrumentos relativos ao exercício da profissão, quando financiados pelas autarquias, sociedades de economia mista ou agências financeiras do Governo; *(Inciso VIII acrescido pelo Dec.-lei 229/1967)*

VIII – *Revogado pela Lei 8.630/1993;*

IX – na concessão de bolsas de estudo para si ou para seus filhos, obedecida a legislação que regule a matéria. *(Inciso IX acrescido pelo Dec.-lei 229/1967)*

Art. 545. Os empregadores ficam obrigados a descontar da folha de pagamento dos seus empregados, desde que por eles devidamente autorizados, as contribuições devidas ao sindicato, quando por este notificados. *(Caput com redação pela Lei 13.467/2017)*

▸ Art. 8º, IV, da CF.
▸ Súmula Vinculante 40 do STF.
▸ Súmula 666 do STF.
▸ OJ 17 da SDC do TST.
▸ PN 119 do TST.

Súmula Vinculante

STF 40. A contribuição confederativa de que trata o art. 8º, IV, da Constituição Federal, só é exigível dos filiados ao sindicato respectivo.

Orientação Jurisprudencial

SDC 17. Contribuições para entidades sindicais. Inconstitucionalidade de sua extensão a não associados. As cláusulas coletivas que estabeleçam contribuição em favor de entidade sindical, a qualquer título, obrigando trabalhadores não sindicalizados, são ofensivas ao direito de livre associação e sindicalização, constitucionalmente assegurado e, portanto, nulas, sendo passíveis de devolução, por via própria, os respectivos valores eventualmente descontados.

Precedente Normativo

TST 119. Contribuições sindicais – inobservância de preceitos constitucionais. "A Constituição da República, em seus arts. 5º, XX e 8º, V, assegura o direito de livre associação e sindicalização. É ofensiva a essa modalidade de liberdade cláusula constante de acordo, convenção coletiva ou sentença normativa estabelecendo contribuição em favor de entidade sindical a título de taxa para custeio do sistema confederativo, assistencial, revigoramento ou fortalecimento sindical e outras da mesma espécie, obrigando trabalhadores não sindicalizados. Sendo nulas as estipulações que inobservem tal restrição, tornam-se passíveis de devolução os valores irregularmente descontados."

Parágrafo único. O recolhimento à entidade sindical beneficiária do importe descontado deverá ser feito até o décimo dia subsequente ao do desconto, sob pena de juros de mora no valor de dez por cento sobre o montante retido, sem prejuízo da multa prevista no artigo

553 e das cominações penais relativas à apropriação indébita. *(Parágrafo único acrescido pelo Dec.-lei 925/1969)*

▸ PN 41 do TST.

Precedente Normativo

TST 41. Relação nominal de empregados (positivo) As empresas encaminharão à entidade profissional cópia das guias de contribuição sindical e assistencial, com a relação nominal dos respectivos salários, no prazo máximo de 30 dias após o desconto.

Art. 546. Às empresas sindicalizadas é assegurada preferência, em igualdade de condições, nas concorrências para exploração de serviços públicos, bem como nas concorrências para fornecimento às repartições federais, estaduais e municipais e às entidades paraestatais.

Art. 547. É exigida a qualidade de sindicalizado para o exercício de qualquer função representativa de categoria econômica ou profissional, em órgão oficial de deliberação coletiva, bem como para o gozo de favores ou isenções tributárias, salvo em se tratando de atividades não econômicas.

▸ Arts. 5º, XX, 8º, V, e 150, VI, c, da CF.

Constituição Federal

Art. 5º Todos são iguais perante a lei, sem distinção de qualquer natureza, garantindo-se aos brasileiros e aos estrangeiros residentes no País a inviolabilidade do direito à vida, à liberdade, à igualdade, à segurança e à propriedade, nos termos seguintes: (...) XX – ninguém poderá ser compelido a associar-se ou a permanecer associado;

Art. 8º É livre a associação profissional ou sindical, observado o seguinte: (...) V – ninguém será obrigado a filiar-se ou a manter-se filiado a sindicato;

Art. 150. Sem prejuízo de outras garantias asseguradas ao contribuinte, é vedado à União, aos Estados, ao Distrito Federal e aos Municípios: (...)VI – instituir impostos sobre: (...) c) patrimônio, renda ou serviços dos partidos políticos, inclusive suas fundações, das entidades sindicais dos trabalhadores, das instituições de educação e de assistência social, sem fins lucrativos, atendidos os requisitos da lei;

Parágrafo único. Antes da posse ou exercício das funções a que alude o artigo anterior ou de concessão dos favores, será indispensável comprovar a sindicalização, ou oferecer prova, mediante certidão negativa, da autoridade regional do Ministério do Trabalho, Indústria e Comércio, de que não existe sindicato no local onde o interessado exerce a respectiva atividade ou profissão.

▸ Vide nota sobre a atualização da CLT relativa aos Ministérios.

Seção VII
Da gestão financeira do
sindicato e sua fiscalização

Art. 548. Constituem o patrimônio das associações sindicais:

a) as contribuições devidas aos Sindicatos pelos que participem das categorias econômicas ou profissionais ou das profissões liberais representadas pelas referidas entidades, sob a denominação de contribuição sindical, pagas e arrecadadas na forma do Capítulo III deste Título;

▸ O art. 35, V, do Dec.-lei 229/1967, determina que as referências feitas na CLT a Imposto Sindical entendem-se como Contribuição Sindical.

b) as contribuições dos associados, na forma estabelecida nos estatutos ou pelas Assembleias-Gerais;

c) os bens e valores adquiridos e as rendas produzidas pelos mesmos;

d) as doações e legados;

e) as multas e outras rendas eventuais.

Art. 549. A receita dos Sindicatos, Federações e Confederações só poderá ter aplicação na forma prevista nos respectivos orçamentos anuais, obedecidas as disposições

estabelecidas na lei e nos seus estatutos. *(Caput com redação pela Lei 6.386/1976)*

§ 1º Para alienação, locação ou aquisição de bens imóveis, ficam as entidades sindicais obrigadas a realizar avaliação prévia pela Caixa Econômica Federal ou pelo Banco Nacional da Habitação ou, ainda, por qualquer outra organização legalmente habilitada a tal fim. *(§ 1º acrescido pela Lei 6.386/1976)*

§ 2º Os bens imóveis das entidades sindicais não serão alienados sem a prévia autorização das respectivas Assembleias-Gerais, reunidas com a presença da maioria absoluta dos associados com direito a voto ou dos Conselhos de Representantes com a maioria absoluta dos seus membros. *(§ 2º acrescido pela Lei 6.386/1976)*

§ 3º Caso não seja obtido o quórum estabelecido no parágrafo anterior, a matéria poderá ser decidida em nova Assembleia-Geral, reunida com qualquer número de associados com direito a voto, após o transcurso de dez dias da primeira convocação. *(§ 3º acrescido pela Lei 6.386/1976)*

§ 4º Nas hipóteses previstas nos §§ 2º e 3º a decisão somente terá validade se adotada pelo mínimo de dois terços dos presentes, em escrutínio secreto. *(§ 4º acrescido pela Lei 6.386/1976)*

§ 5º Da deliberação da assembleia-geral, concernente à alienação de bens imóveis, caberá recurso voluntário, dentro do prazo de quinze dias, ao Ministro do Trabalho, com efeito suspensivo. *(§ 5º acrescido pela Lei 6.386/1976)*

▸ Art. 8º, I, da CF.

§ 6º A venda do imóvel será efetuada pela diretoria da entidade, após a decisão da Assembleia-Geral ou do Conselho de Representantes, mediante concorrência pública, com edital publicado no Diário Oficial da União e na imprensa diária, com antecedência mínima de trinta dias da data de sua realização. *(§ 6º acrescido pela Lei 6.386/1976)*

§ 7º Os recursos destinados ao pagamento total ou parcelado dos bens imóveis adquiridos serão consignados, obrigatoriamente, nos orçamentos anuais das entidades sindicais. *(§ 7º acrescido pela Lei 6.386/1976)*

Art. 550. Os orçamentos das entidades sindicais serão aprovados, em escrutínio secreto, pelas respectivas Assembleias-Gerais ou Conselho de Representantes, até trinta dias antes do início do exercício financeiro a que se referem, e conterão a discriminação da receita e da despesa, na forma das instruções e modelos expedidos pelo Ministério do Trabalho. *(Caput com redação pela Lei 6.386/1976)*

▸ Art. 8º, I, da CF.

§ 1º Os orçamentos, após a aprovação prevista no presente artigo, serão publicados, em resumo, no prazo de trinta dias, contados da data da realização da respectiva Assembleia-Geral ou da reunião do Conselho de Representantes, que os aprovou, observada a seguinte sistemática: *(§ 1º com redação pela Lei 6.386/1976)*

a) no *Diário Oficial da União* Seção I Parte II, os orçamentos das Confederações, Federações e Sindicatos de base interestadual ou nacional;

b) no órgão de Imprensa Oficial do Estado ou Território ou jornal de grande circulação local, os orçamentos das Federações estaduais e Sindicatos distritais municipais, intermunicipais e estaduais.

§ 2º As dotações orçamentárias que se apresentarem insuficientes para o atendimento das despesas, ou não incluídas nos orçamentos correntes, poderão ser ajustadas ao fluxo dos gastos, mediante a abertura de cré-

ditos adicionais solicitados pela diretoria da entidade às respectivas Assembleias-Gerais ou Conselhos de Representantes, cujos atos concessórios serão publicados até o último dia do exercício correspondente, obedecida a mesma sistemática prevista no parágrafo anterior. *(§ 2º com redação pela Lei 6.386/1976)*

§ 3º Os créditos adicionais classificam-se em: *(Caput com redação pela Lei 6.386/1976)*

a) suplementares, os destinados a reforçar dotações alocadas no orçamento; e *(Alínea a acrescida pela Lei 6.386/1976)*

b) especiais, os destinados a incluir dotações no orçamento, a fim de fazer face às despesas para as quais não se tenha consignado crédito específico. *(Alínea b acrescida pela Lei 6.386/1976)*

§ 4º A abertura dos créditos adicionais depende da existência de receita para sua compensação, considerando-se, para esse efeito, desde que não comprometidos: *(§ 4º acrescido pela Lei 6.386/1976)*

a) o superávit financeiro apurado em balanço do exercício anterior;

b) o excesso de arrecadação, assim entendido o saldo positivo de diferença entre a renda prevista e a realizada, tendo-se em conta, ainda, a tendência do exercício; e

c) a resultante da anulação parcial ou total de dotações alocadas no orçamento ou de créditos adicionais abertos no exercício.

§ 5º Para efeito orçamentário e contábil sindical, o exercício financeiro coincidirá com o ano civil, a ele pertencendo todas as receitas arrecadadas e as despesas comprometidas. *(§ 5º acrescido pela Lei 6.386/1976)*

Art. 551. Todas as operações de ordem financeira e patrimonial serão evidenciadas pelos registros contábeis das entidades sindicais, executados sob a responsabilidade de contabilista legalmente habilitado, em conformidade com o plano de contas e as instruções baixadas pelo Ministério do Trabalho. *(Caput com redação pela Lei 6.386/1976)*

▸ Art. 8º, I, da CF.

§ 1º A escrituração contábil a que se refere este artigo será baseada em documentos de receita e despesa, que ficarão arquivados nos serviços de contabilidade, à disposição dos órgãos responsáveis pelo acompanhamento administrativo e da fiscalização financeira da própria entidade, ou do controle que poderá ser exercido pelos órgãos da União, em face da legislação específica. *(§ 1º com redação pela Lei 6.386/1976)*

§ 2º Os documentos comprobatórios dos atos de receita e despesa, a que se refere o parágrafo anterior, poderão ser incinerados, após decorridos cinco anos da data da quitação das contas, pelo órgão competente. *(§ 2º com redação pela Lei 6.386/1976)*

§ 3º É obrigatório o uso do livro Diário, encadernado, com folhas seguida e tipograficamente numeradas, para a escrituração, pelo método das partidas dobradas, diretamente ou por reprodução, dos atos ou operações que modifiquem ou venham a modificar a situação patrimonial da entidade, o qual conterá, respectivamente, na primeira e na última páginas, os termos de abertura e de encerramento. *(§ 3º com redação pela Lei 6.386/1976)*

§ 4º A entidade sindical que se utilizar de sistema mecânico ou eletrônico para sua escrituração contábil poderá substituir o Diário e os livros facultativos ou auxiliares por fichas ou formulários contínuos, cujos lançamentos deverão satisfazer a todos os requisitos e normas de escrituração exigidos com relação aos livros mercantis,

inclusive no que respeita a termos de abertura e de encerramento e numeração sequencial e tipográfica. *(§ 4º com redação pela Lei 6.386/1976)*

§ 5º Na escrituração por processos de fichas ou formulários contínuos, a entidade adotará livro próprio para inscrição do balanço patrimonial e da demonstração do resultado do exercício, o qual conterá os mesmos requisitos exigidos para os livros de escrituração. *(§ 5º com redação pela Lei 6.386/1976)*

§ 6º Os livros e fichas ou formulários contínuos serão obrigatoriamente submetidos a registro e autenticação das Delegacias Regionais do Trabalho localizadas na base territorial da entidade. *(§ 6º com redação pela Lei 6.386/1976)*

§ 7º As entidades sindicais manterão registro específico dos bens de qualquer natureza, de sua propriedade, em livros ou fichas próprias, que atenderão às mesmas formalidades exigidas para o livro Diário, inclusive no que se refere ao registro e autenticação da Delegacia Regional do Trabalho local. *(§ 7º acrescido pela Lei 6.386/1976)*

§ 8º As contas dos administradores das entidades sindicais serão aprovadas, em escrutínio secreto, pelas respectivas Assembleias-Gerais ou Conselhos de Representantes, com prévio parecer do Conselho Fiscal, cabendo ao Ministro do Trabalho estabelecer prazos e procedimentos para a sua elaboração e destinação. *(§ 8º acrescido pela Lei 6.386/1976)*

▸ Art. 8º, I, da CF.

Art. 552. Os atos que importem em malversação ou dilapidação do patrimônio das associações ou entidades sindicais ficam equiparados ao crime de peculato, julgado e punido na conformidade da legislação penal. *(Artigo com redação pelo Dec.-lei 925/1969)*

Seção VIII
Das penalidades

Art. 553. As infrações ao disposto neste Capítulo serão punidas, segundo o seu caráter e a sua gravidade, com as seguintes penalidades:

▸ Artigo prejudicado pelo art. 8º da CF.
▸ Art. 8º, I, da CF.

a) multa de Cr$ 100 (cem cruzeiros) e 5.000 (cinco mil cruzeiros), dobrada na reincidência;

▸ Vide nota sobre a atualização da CLT relativa à multa.
▸ Art. 19 da Lei 5.584/1970 (Disciplina a concessão e prestação de assistência judiciária na Justiça do Trabalho)

Lei 5.584/1970
Art. 19. Os diretores de Sindicatos que, sem comprovado motivo de ordem financeira, deixarem de dar cumprimento às disposições desta lei ficarão sujeitos à penalidade prevista no art. 553, alínea *a* da Consolidação das Leis do Trabalho.

b) suspensão de diretores por prazo não superior a 30 (trinta) dias;

c) destituição de diretores ou de membros de conselho;

d) fechamento de Sindicato, Federação ou Confederação por prazo nunca superior a 6 (seis) meses;

e) cassação da carta de reconhecimento;

f) multa de 1/30 (um trinta avos) do salário mínimo regional, aplicável ao associado que deixar de cumprir, sem causa justificada, o disposto no parágrafo único do artigo 529. *(Alínea f acrescida pelo Dec.-lei 229/1967)*

▸ Vide nota sobre a atualização da CLT relativa à multa.
▸ Art. 3º da Lei 6.512/1977 (Obrigatoriedade do voto nas eleições sindicais)

Lei 6.512/1977
Art. 3º Compete à diretoria da entidade sindical aplicar, ao associado que deixar de votar, sem causa justificada, permitido recurso para a

Assembleia Geral do sindicato, a penalidade prevista no art. 533, f, da Consolidação das Leis do Trabalho (Decreto-lei 5.452, de 1º de maio de 1943), nos seguintes termos:
a) se associado-trabalhador: multa correspondente a 1/30 (um trinta avos) do valor de referência vigente na região;
b) se associado-empregador, profissional liberal ou trabalhador autônomo: multa de 1/10 (um décimo) do valor de referência vigente na região.
Parágrafo único. Em caso de reincidência, as multas ora previstas serão aplicadas em dobro.

§ 1º A imposição de penalidades aos administradores não exclui a aplicação das que este artigo prevê para a associação. *(Primitivo parágrafo único renumerado pelo Dec.-lei 925/1969)*

§ 2º Poderá o Ministro do Trabalho e Previdência Social determinar o afastamento preventivo de cargo ou representação sindicais de seus exercentes, com fundamento em elementos constantes de denúncia formalizada que constituam indício veemente ou início de prova bastante do fato e da autoria denunciados. *(§ 2º acrescido pelo Dec.-lei 925/1969)*

Art. 554. Destituída a administração, na hipótese da alínea *c* do artigo anterior, o Ministro do Trabalho, Indústria e Comércio nomeará um delegado para dirigir a associação e proceder, dentro do prazo de 90 (dias), em assembleia-geral por ele convocada e presidida, à eleição dos novos diretores e membros do Conselho Fiscal.

▸ Vide nota sobre a atualização da CLT relativa aos Ministérios.
▸ Artigo prejudicado pelo art. 8º da CF.
▸ Art. 8º, I, da CF.

Art. 555. A pena de cassação da carta de reconhecimento será imposta à entidade sindical:

▸ Artigo prejudicado pelo art. 8º da CF.
▸ Art. 8º, I, da CF.

a) que deixar de satisfazer as condições de constituição e funcionamento estabelecidas nesta Lei;

b) que se recusar ao cumprimento de ato do Presidente da República, no uso da faculdade conferida pelo art. 536;

c) que criar obstáculos à execução da política econômica adotada pelo Governo. *(Alínea c com redação pela Lei 8.080/1945)*

Art. 556. A cassação da carta de reconhecimento da entidade sindical não importará no cancelamento de seu registro, nem, consequentemente, a sua dissolução, que se processará de acordo com as disposições da lei que regulam a dissolução das associações civis.

▸ Artigo prejudicado pelo art. 8º da CF.
▸ Art. 8º, I, da CF.

Parágrafo único. No caso de dissolução, por se achar a associação incursa nas leis que definem crimes contra a personalidade internacional, a estrutura e a segurança do Estado e a ordem política e social, os seus bens, pagas as dívidas decorrentes das suas responsabilidades, serão incorporados ao patrimônio da União e aplicados em obras de assistência social.

Art. 557. As penalidades de que trata o art. 553 serão impostas:

▸ Artigo prejudicado pelo art. 8º da CF.
▸ Art. 8º, I, da CF.

a) as das alíneas *a* e *b*, pelo diretor geral do Departamento Nacional do Trabalho, com recurso para o Ministro de Estado;

▸ O art. 35, IV, do Dec.-lei 229/1967, determina que as referências feitas na CLT ao Departamento Nacional do Trabalho, como autoridade julgadora de infração em primeira instância, entendem-se como Delegacias Regionais do Trabalho.

b) as demais, pelo Ministro de Estado.

§ 1º Quando se trata de associações de grau superior, as penalidades serão impostas pelo Ministro de Estado, salvo se a pena for de cassação da carta de reconhecimento de confederação, caso em que a pena será imposta pelo Presidente da República.

§ 2º Nenhuma pena será imposta sem que seja assegurada defesa ao acusado.

<div align="center">

Seção IX
Disposições gerais

</div>

Art. 558. São obrigadas ao registro todas as associações profissionais constituídas por atividades ou profissões idênticas, similares ou conexas, de acordo com o art. 511 e na conformidade do Quadro de Atividades e Profissões a que alude o Capítulo II deste Título. As associações profissionais registradas nos termos deste artigo poderão representar, perante as autoridades administrativas e judiciárias, os interesses individuais dos associados relativos à sua atividade ou profissão, sendo-lhes também extensivas as prerrogativas contidas na alínea *d* e no parágrafo único do art. 513.

▶ Artigo prejudicado pelo art. 8º da CF.
▶ Art. 8º, I, da CF.
▶ Portaria 186/2008 do MTE (Registro Sindical)
▶ Súmula 677 do STF.

Súmula
STF 677. Até que lei venha a dispor a respeito, incumbe ao Ministério do Trabalho proceder ao registro das entidades sindicais e zelar pela observância do princípio da unicidade.

§ 1º O registro a que se refere o presente artigo competirá às Delegacias Regionais do Ministério do Trabalho e Previdência Social ou às repartições autorizadas em virtude da lei. *(§ 1º com redação pelo Dec.-lei 925/1969)*

§ 2º O registro das associações far-se-á mediante requerimento, acompanhado da cópia autêntica dos estatutos e da declaração do número de associados, do patrimônio e dos serviços sociais organizados.

§ 3º As alterações dos estatutos das associações profissionais não entrarão em vigor sem aprovação da autoridade que houver concedido o respectivo registro.

Art. 559. O Presidente da República, excepcionalmente e mediante proposta do Ministro do Trabalho, Indústria e Comércio, fundada em razões de utilidade pública, poderá conceder, por decreto, às associações civis constituídas para a defesa e coordenação de interesses econômicos e profissionais e não obrigadas ao registro previsto no artigo anterior, a prerrogativa da alínea *d* do art. 513 deste Capítulo.

▶ Vide nota sobre a atualização da CLT relativa aos Ministérios.
▶ Artigo prejudicado pelo art. 8º da CF.
▶ Art. 8º, I, da CF.

Art. 560. Não se reputará transmissão de bens, para efeitos fiscais, a incorporação do patrimônio de uma associação profissional ao da entidade sindical, ou das entidades aludidas entre si.

Art. 561. A denominação "Sindicato" é privativa das associações profissionais de primeiro grau, reconhecidas na forma desta Lei.

Art. 562. As expressões "Federação" e "Confederação", seguidas da designação de uma atividade econômica ou profissional, constituem denominações privativas das entidades sindicais de grau superior.

Art. 563. *Revogado pelo Dec.-lei 925/1969.*

Art. 564. Às entidades sindicais, sendo-lhes peculiar e essencial a atribuição representativa e coordenadora das correspondentes categorias ou profissões, é vedado, direta ou indiretamente, o exercício de atividade econômica.

▶ Artigo prejudicado pelo art. 8º da CF.

Art. 565. As entidades sindicais reconhecidas nos termos desta Lei não poderão filiar-se a organizações internacionais, nem com elas manter relações, sem prévia licença concedida por decreto do Presidente da República. *(Artigo com redação pela Lei 2.802/1956)*

▶ Artigo prejudicado pelo art. 8º da CF.
▶ Art. 8º, I, da CF.

Art. 566. Não podem sindicalizar-se os servidores do Estado e os das instituições paraestatais.

▶ Artigo prejudicado pelo art. 8º da CF.
▶ Arts. 8º, 37, VI, e 173, §1º, II, da CF.

Constituição Federal
Art. 37. A administração pública direta e indireta de qualquer dos Poderes da União, dos Estados, do Distrito Federal e dos Municípios obedecerá aos princípios de legalidade, impessoalidade, moralidade, publicidade e eficiência e, também, ao seguinte: (...)VI – é garantido ao servidor público civil o direito à livre associação sindical;

Art. 173. Ressalvados os casos previstos nesta Constituição, a exploração direta de atividade econômica pelo Estado só será permitida quando necessária aos imperativos da segurança nacional ou a relevante interesse coletivo, conforme definidos em lei.

§ 1º A lei estabelecerá o estatuto jurídico da empresa pública, da sociedade de economia mista e de suas subsidiárias que explorem atividade econômica de produção ou comercialização de bens ou de prestação de serviços, dispondo sobre: (...) II – a sujeição ao regime jurídico próprio das empresas privadas, inclusive quanto aos direitos e obrigações civis, comerciais, trabalhistas e tributários;

Parágrafo único. Excluem-se da proibição constante deste artigo os empregados das sociedades de economia mista, da Caixa Econômica Federal e das fundações criadas ou mantidas pelo Poder Público da União, dos Estados e Municípios. *(Parágrafo único com redação pela Lei 7.449/1985)*

Arts. 567 a 569. *Revogados pelo Dec.-lei 229/1967.*

<div align="center">

CAPÍTULO II
DO ENQUADRAMENTO SINDICAL

</div>

Art. 570. Os Sindicatos constituir-se-ão, normalmente, por categorias econômicas ou profissionais específicas, na conformidade da discriminação do Quadro de Atividades e Profissões a que se refere o artigo 577, ou segundo as subdivisões que, sob proposta da Comissão do Enquadramento Sindical, de que trata o artigo 576, forem criadas pelo Ministro do Trabalho, Indústria e Comércio.

▶ Artigo prejudicado pelo art. 8º da CF.
▶ Vide nota sobre a atualização da CLT relativa aos Ministérios.
▶ Art. 8º, I e II, da CF.
▶ Súmula 374 do TST.
▶ OJs 9 e 23 da SDC do TST.

Súmula
TST 374. Norma coletiva. Categoria diferenciada. Abrangência. Empregado integrante de categoria profissional diferenciada não tem o direito de haver de seu empregador vantagens previstas em instrumento coletivo no qual a empresa não foi representada por órgão de classe de sua categoria.

Orientações Jurisprudenciais
SDC 9. Enquadramento sindical. Incompetência material da Justiça do Trabalho. O dissídio coletivo não é meio próprio para o Sindicato vir a obter o reconhecimento de que a categoria que representa é diferenciada, pois esta matéria – enquadramento sindical – envolve a interpretação de norma genérica, notadamente do art. 577 da CLT.

SDC 23. Legitimidade *ad causam*. Sindicato representativo de segmento profissional ou patronal. Impossibilidade. A representação sindical abrange toda a categoria, não comportando separação fundada na maior ou menor dimensão de cada ramo ou empresa.

Parágrafo único. Quando os exercentes de quaisquer atividades ou profissões se constituírem, seja pelo número reduzido, seja pela natureza mesma dessas atividades ou profissões, seja pelas afinidades existentes entre elas, em condições tais que não se possam sindicalizar eficientemente pelo critério de especificidade de categoria, é-lhes permitido sindicalizar-se pelo critério de categorias similares ou conexas, entendendo-se como tais as que se acham compreendidas nos limites de cada grupo constante do Quadro de Atividades e Profissões.

Art. 571. Qualquer das atividades ou profissões concentradas na forma do parágrafo único do artigo anterior poderá dissociar-se do Sindicato principal, formando um Sindicato específico, desde que o novo Sindicato, a juízo da Comissão do Enquadramento Sindical, ofereça possibilidade de vida associativa regular e de ação sindical eficiente.

▶ Artigo prejudicado pelo art. 8º da CF.
▶ Art. 8º, I e II, da CF.

Art. 572. Os sindicatos que se constituírem por categorias similares ou conexas, nos termos do parágrafo único do artigo 570, adotarão denominação em que fiquem, tanto quanto possível, explicitamente mencionadas as atividades ou profissões concentradas, de conformidade com o Quadro de Atividades e Profissões, ou se se tratar de subdivisões, de acordo com o que determinar a Comissão do Enquadramento Sindical.

▶ Artigo prejudicado pelo art. 8º da CF.
▶ Art. 8º, I, da CF.

Parágrafo único. Ocorrendo a hipótese do artigo anterior, o Sindicato principal terá a denominação alterada, eliminando-se-lhe a designação relativa à atividade ou profissão dissociada.

Art. 573. O agrupamento dos Sindicatos em Federações obedecerá às mesmas regras que as estabelecidas neste Capítulo para o agrupamento das atividades e profissões em Sindicatos.

▶ Artigo prejudicado pelo art. 8º da CF.

Parágrafo único. As Federações de Sindicatos de profissões liberais poderão ser organizadas independentemente do grupo básico da Confederação, sempre que as respectivas profissões se acharem submetidas, por disposições de lei, a um único regulamento. *(Primitivo § 1º renumerado pelo Dec.-lei 229/1967)*

Art. 574. Dentro da mesma base territorial, as empresas industriais do tipo artesanal poderão constituir entidades sindicais, de primeiro e segundo graus, distintas das associações sindicais das empresas congêneres, de tipo diferente.

▶ Artigo prejudicado pelo art. 8º da CF.

Parágrafo único. Compete à Comissão do Enquadramento Sindical definir, de modo genérico, com a aprovação do Ministro do Trabalho, Indústria e Comércio, a dimensão e os demais característicos das empresas industriais de tipo artesanal.

▶ Art. 8º, I, da CF.
▶ Vide nota sobre a atualização da CLT relativa aos Ministérios.

Art. 575. O Quadro de Atividades e Profissões será revisto de dois em dois anos, por proposta da Comissão do Enquadramento Sindical, para o fim de ajustá-lo às condições da estrutura econômica e profissional do País.

▶ Artigo prejudicado pelo art. 8º da CF.
▶ Art. 8º, I, da CF.

§ 1º Antes de proceder à revisão do Quadro, a Comissão deverá solicitar sugestões às entidades sindicais e às associações profissionais.

§ 2º A proposta de revisão será submetida à aprovação do Ministro do Trabalho, Indústria e Comércio.

▶ Vide nota sobre a atualização da CLT relativa aos Ministérios.

Art. 576. A Comissão do Enquadramento Sindical será constituída pelo Diretor-Geral do Departamento Nacional do Trabalho, que a presidirá, e pelos seguintes membros: (Caput *com redação pela Lei 5.819/1972*)

▶ Artigo prejudicado pelo art. 8º da CF.
▶ Art. 8º, I, da CF.

I – 2 (dois) representantes do Departamento Nacional do Trabalho; *(Inciso I com redação pela Lei 5.819/1972)*

II – 1 (um) representante do Departamento Nacional de Mão de Obra; *(Inciso II com redação pela Lei 5.819/1972)*

III – 1 (um) representante do Instituto Nacional de Tecnologia, do Ministério da Indústria e do Comércio; *(Inciso III com redação pela Lei 5.819/1972)*

IV – 1 (um) representante do Instituto Nacional de Colonização e Reforma Agrária, do Ministério da Agricultura; *(Inciso IV com redação pela Lei 5.819/1972)*

V – 1 (um) representante do Ministério dos Transportes; *(Inciso V com redação pela Lei 5.819/1972)*

VI – 2 (dois) representantes das categorias econômicas; e *(Inciso VI com redação pela Lei 5.819/1972)*

VII – 2 (dois) representantes das categorias profissionais. *(Inciso VII com redação pela Lei 5.819/1972)*

§ 1º Os membros da CES serão designados pelo Ministro do Trabalho do Trabalho e Previdência Social, mediante: *(§ 1º acrescido pelo Dec.-lei 229/1967)*

a) indicação dos titulares das Pastas, quanto aos representantes dos outros Ministérios; *(Alínea a acrescida pelo Dec.-lei 229/1967)*

b) indicação do respectivo Diretor-Geral, quanto ao do DNMO; *(Alínea b acrescida pelo Dec.-lei 229/1967)*

c) eleição pelas respectivas Confederações, em conjunto, quanto aos representantes das categorias econômicas e profissionais, de acordo com as instruções que forem expedidas pelo Ministro do Trabalho e Previdência Social. *(Alínea c acrescida pelo Dec.-lei 229/1967)*

§ 2º Cada Membro terá um suplente designado juntamente com o titular. *(§ 2º acrescido pelo Dec.-lei 229/1967)*

§ 3º Será de 3 (três) anos o mandato dos representantes das categorias econômica e profissional. *(§ 3º com redação pelo Dec.-lei 925/1969)*

§ 4º Os integrantes da Comissão perceberão a gratificação de presença que for estabelecida por decreto executivo. *(§ 4º com redação pelo Dec.-lei 229/1967)*

§ 5º Em suas faltas ou impedimentos o Diretor-Geral do DNT será substituído na presidência pelo Diretor substituto do Departamento ou pelo representante deste na Comissão, nesta ordem. *(§ 5º com redação pelo Dec.-lei 506/1969)*

§ 6º Além das atribuições fixadas no presente Capítulo e concernentes ao enquadramento sindical, individual ou coletivo, e à classificação das atividades e profissões,

competirá também à CES resolver, com recurso para o Ministro do Trabalho e Previdência Social, todas as dúvidas e controvérsias concernentes à organização sindical. *(§ 6º acrescido pelo Dec.-lei 229/1967)*

Art. 577. O Quadro de Atividades e Profissões em vigor fixará o plano básico do enquadramento sindical.

▸ Artigo prejudicado pelo art. 8º da CF.
▸ Art. 8º, I e II, da CF.
▸ OJs 9 e 23 da SDC do TST.

Orientações Jurisprudenciais

SDC 9. Enquadramento sindical. Incompetência material da Justiça do Trabalho. O dissídio coletivo não é meio próprio para o Sindicato vir a obter o reconhecimento de que a categoria que representa é diferenciada, pois esta matéria – enquadramento sindical – envolve a interpretação de norma genérica, notadamente do art. 577 da CLT.

SDC 23. Legitimidade *ad causam*. Sindicato representativo de segmento profissional ou patronal. Impossibilidade. A representação sindical abrange toda a categoria, não comportando separação fundada na maior ou menor dimensão de cada ramo ou empresa.

CAPÍTULO III
DA CONTRIBUIÇÃO SINDICAL

▸ O art. 35, V, do Dec.-lei 229/1967, determina que as referências feitas na CLT à Imposto Sindical entendem-se como Contribuição Sindical.
▸ Art. 217 do CTN.
▸ Art. 7º da Lei 11.648/2008 (Centrais Sindicais)

Lei 11.648/2008

Art. 7º Os arts. 578 a 610 da Consolidação das Leis do Trabalho – CLT, aprovada pelo Decreto-Lei 5.452, de 1º de maio de 1943, vigorarão até que a lei venha a disciplinar a contribuição negocial, vinculada ao exercício efetivo da negociação coletiva e à aprovação em assembleia geral da categoria.

Seção I
Da fixação e do recolhimento da contribuição sindical

Art. 578. As contribuições devidas aos sindicatos pelos participantes das categorias econômicas ou profissionais ou das profissões liberais representadas pelas referidas entidades serão, sob a denominação de contribuição sindical, pagas, recolhidas e aplicadas na forma estabelecida neste Capítulo, desde que prévia e expressamente autorizadas. *(Artigo com redação pela Lei 13.467/2017)*

▸ Arts. 8º, IV, e 114, III, da CF.
▸ Súmula 396 do STJ.
▸ OJ 17 da SDC do TST.
▸ PN 119 do TST.

Constituição Federal

Art. 8º É livre a associação profissional ou sindical, observado o seguinte: (...) IV – a assembleia geral fixará a contribuição que, em se tratando de categoria profissional, será descontada em folha, para custeio do sistema confederativo da representação sindical respectiva, independentemente da contribuição prevista em lei;

Art. 114. Compete à Justiça do Trabalho processar e julgar: (...) III – as ações sobre representação sindical, entre sindicatos, entre sindicatos e trabalhadores, e entre sindicatos e empregadores

Súmula

STJ 396. A Confederação Nacional da Agricultura tem legitimidade ativa para a cobrança da contribuição sindical rural.

Orientação Jurisprudencial

SDC 17. Contribuições para entidades sindicais. Inconstitucionalidade de sua extensão a não associados. As cláusulas coletivas que estabeleçam contribuição em favor de entidade sindical, a qualquer título, obrigando trabalhadores não sindicalizados, são ofensivas ao direito de livre associação e sindicalização, constitucionalmente assegurado, e, portanto, nulas, sendo passíveis de devolução, por via própria, os respectivos valores eventualmente descontados.

Precedente Normativo

TST 119. Contribuições sindicais – inobservância de preceitos constitucionais. "A Constituição da República, em seus arts. 5º, XX e 8º, V, assegura o direito de livre associação e sindicalização. É ofensiva a essa modalidade de liberdade cláusula constante de acordo, con-

venção coletiva ou sentença normativa estabelecendo contribuição em favor de entidade sindical a título de taxa para custeio do sistema confederativo, assistencial, revigoramento ou fortalecimento sindical e outras da mesma espécie, obrigando trabalhadores não sindicalizados. Sendo nulas as estipulações que inobservem tal restrição, tornam-se passíveis de devolução os valores irregularmente descontados."

Art. 579. O desconto da contribuição sindical está condicionado à autorização prévia e expressa dos que participarem de uma determinada categoria econômica ou profissional, ou de uma profissão liberal, em favor do sindicato representativo da mesma categoria ou profissão ou, inexistindo este, na conformidade do disposto no art. 591 desta Consolidação. *(Artigo com redação pela Lei 13.467/2017)*

▸ Art. 591 desta Consolidação.

CLT

Art. 591. Inexistindo sindicato, os percentuais previstos na alínea *c* do inciso I e na alínea *d* do inciso II do *caput* do art. 589 desta Consolidação serão creditados à federação correspondente à mesma categoria econômica ou profissional.

Parágrafo único. Na hipótese do *caput* deste artigo, os percentuais previstos nas alíneas *a* e *b* do inciso I e nas alíneas *a* e *c* do inciso II do *caput* do art. 589 desta Consolidação caberão à confederação.

Art. 580. A contribuição sindical será recolhida, de uma só vez, anualmente, e consistirá:

I – na importância correspondente à remuneração de um dia de trabalho, para os empregados, qualquer que seja a forma da referida remuneração; *(Inciso I com redação pela Lei 6.386/1976)*

II – para os agentes ou trabalhadores autônomos e para os profissionais liberais, numa importância correspondente a trinta por cento do maior valor de referência fixado pelo Poder Executivo, vigente à época em que é devida a contribuição sindical, arredondada para Cr$ 1,00 (hum cruzeiro) a fração porventura existente; *(Inciso II com redação pela Lei 7.047/1982)*

▸ Arts. 74 e ss. da Portaria 667/2021 do MTE (Multas administrativas)

III – para os empregadores, numa importância proporcional ao capital social da firma ou empresa, registrado nas respectivas Juntas Comerciais ou órgãos equivalentes, mediante a aplicação de alíquotas, conforme a seguinte tabela progressiva: *(Inciso III com redação pela Lei 7.047/1982)*

CLASSES DE CAPITAL	ALÍQUOTA%
1 – Até 150 vezes o maior valor de referência	0,8
2 – Acima de 150 até 1.500 vezes o maior valor de referência	0,2
3 – Acima de 1.500 até 150.000 vezes o maior valor de referência	0,1
4 – Acima de 150.000 até 800.000 vezes o maior valor de referência	0,02

▸ Arts. 74 e ss. da Portaria 667/2021 do MTE (Multas administrativas)

§ 1º A contribuição sindical prevista na Tabela constante do item III deste artigo corresponderá à soma da aplicação das alíquotas sobre a porção do capital distribuído em cada classe, observados os respectivos limites. *(§ 1º com redação pela Lei 6.386/1976)*

§ 2º Para efeito do cálculo de que trata a Tabela progressiva inserta no item III deste artigo, considerar-se-á o valor de referência fixado pelo Poder Executivo, vigente à data de competência da contribuição, arredondando-se para Cr$ 1,00 (um cruzeiro) a fração porventura existente. *(§ 2º com redação pela Lei 6.386/1976)*

§ 3º É fixada em sessenta por cento do maior valor de referência, a que alude o parágrafo anterior, a contribuição mínima devida pelos empregadores, independentemente do capital social da firma ou empresa, ficando, do mesmo modo, estabelecido o capital equivalente a oitocentas mil vezes o maior valor de referência, para efeito do cálculo da contribuição máxima, respeitada a Tabela progressiva constante do item III. *(§ 3º com redação pela Lei 7.047/1982)*

§ 4º Os agentes ou trabalhadores autônomos e os profissionais liberais, organizados em firma ou empresa, com capital social registrado, recolherão a contribuição sindical de acordo com a Tabela progressiva a que se refere o item III. *(§ 4º com redação pela Lei 6.386/1976)*

§ 5º As entidades ou instituições que não estejam obrigadas ao registro de capital social considerarão, como capital, para efeito do cálculo de que trata a Tabela progressiva constante do item III deste artigo, o valor resultante da aplicação do percentual de quarenta por cento sobre o movimento econômico registrado no exercício imediatamente anterior, do que darão conhecimento à respectiva entidade sindical ou à Delegacia Regional do Trabalho, observados os limites estabelecidos no § 3º deste artigo. *(§ 5º com redação pela Lei 6.386/1976)*

§ 6º Excluem-se da regra do § 5º as entidades ou instituições que comprovarem, através de requerimento dirigido ao Ministério do Trabalho, que não exercem atividade econômica com fins lucrativos. *(§ 6º com redação pela Lei 6.386/1976)*

▶ Art. 8º, I, da CF.

Art. 581. Para os fins do item III do artigo anterior, as empresas atribuirão parte do respectivo capital às suas sucursais, filiais ou agências, desde que localizadas fora da base territorial da entidade sindical representativa da atividade econômica do estabelecimento principal, na proporção das correspondentes operações econômicas, fazendo a devida comunicação às Delegacias Regionais do Trabalho, conforme a localidade da sede da empresa, sucursais, filiais ou agências. *(Artigo com redação pela Lei 6.386/1976)*

§ 1º Quando a empresa realizar diversas atividades econômicas, sem que nenhuma delas seja preponderante, cada uma dessas atividades será incorporada à respectiva categoria econômica, sendo a contribuição sindical devida à entidade sindical representativa da mesma categoria, procedendo-se, em relação às correspondentes sucursais, agências ou filiais, na forma do presente artigo.

§ 2º Entende-se por atividade preponderante a que caracterizar a unidade de produto, operação ou objetivo final, para cuja obtenção todas as demais atividades convirjam, exclusivamente, em regime de conexão funcional.

Art. 582. Os empregadores são obrigados a descontar da folha de pagamento de seus empregados relativa ao mês de março de cada ano a contribuição sindical dos empregados que autorizaram prévia e expressamente o seu recolhimento aos respectivos sindicatos. *(Caput com redação pela Lei 13.467/2017)*

§ 1º Considera-se um dia de trabalho para efeito de determinação da importância a que alude o item I do artigo 580, o equivalente:

a) a uma jornada normal de trabalho, se o pagamento ao empregado for feito por unidade de tempo;

b) a um trinta avos da quantia percebida no mês anterior, se a remuneração for paga por tarefa, empreitada ou comissão.

§ 2º Quando o salário for pago em utilidades, ou nos casos em que o empregado receba, habitualmente, gorjetas, a contribuição sindical corresponderá a um trinta avos da importância que tiver servido de base, no mês de janeiro, para a contribuição do empregado à Previdência Social.

▶ Arts. 29, § 1º, e 457, § 3º, desta Consolidação.

Art. 583. O recolhimento da contribuição sindical referente aos empregados e trabalhadores avulsos será efetuado no mês de abril de cada ano, e o relativo aos agentes ou trabalhadores autônomos e profissionais liberais realizar-se-á no mês de fevereiro, observada a exigência de autorização prévia e expressa prevista no art. 579 desta Consolidação. *(Caput com redação pela Lei 13.467/2017)*

▶ Portaria 3.109/1979 do MT (Aprova prorrogação para o primeiro dia útil subsequente, o vencimento dos prazos fixados na CLT para o recolhimento da Contribuição Sindical)
▶ Portaria 488/2005 do MTE (Aprova o modelo de guia de recolhimento de Contribuição Sindical Urbana)

§ 1º O recolhimento obedecerá ao sistema de guias, de acordo com as instruções expedidas pelo Ministro do Trabalho. *(§ 1º acrescido pela Lei 6.386/1976)*

§ 2º O comprovante de depósito da contribuição sindical será remetido ao respectivo Sindicato; na falta deste, à correspondente entidade sindical de grau superior, e, se for o caso, ao Ministério do Trabalho. *(§ 2º acrescido pela Lei 6.386/1976)*

▶ PN 41 do TST.

Precedente Normativo
TST 41. Relação Nominal de Empregados. As empresas encaminharão à entidade profissional cópia das guias de contribuição sindical e assistencial, com a relação nominal dos respectivos salários, no prazo máximo de 30 dias após o desconto.

Art. 584. Servirá de base para o pagamento da contribuição sindical, pelos agentes ou trabalhadores autônomos e profissionais liberais, a lista de contribuintes organizada pelos respectivos Sindicatos e, na falta destes, pelas Federações ou Confederações coordenadoras da categoria. *(Artigo com redação pela Lei 6.386/1976)*

▶ PN 111 do TST.

Precedente Normativo
TST 111. Relação de empregados. Obriga-se a empresa a remeter ao sindicato profissional, uma vez por ano, a relação dos empregados pertencentes à categoria.

Art. 585. Os profissionais liberais poderão optar pelo pagamento da contribuição sindical unicamente à entidade sindical representativa da respectiva profissão, desde que a exerça, efetivamente, na firma ou empresa e como tal sejam nelas registrados. *(Artigo com redação pela Lei 6.386/1976)*

▶ Art. 47 da Lei 8.906/1994 (EOAB)

Lei 8.906/1994
Art. 47. O pagamento da contribuição anual à OAB isenta os inscritos nos seus quadros do pagamento obrigatório da contribuição sindical.

Parágrafo único. Na hipótese referida neste artigo, à vista da manifestação do contribuinte e da exibição da prova de quitação da contribuição, dada por Sindicato de profissionais liberais, o empregador deixará de efetuar, no salário do contribuinte, o desconto a que se refere o artigo 582.

Art. 586. A contribuição sindical será recolhida, nos meses fixados no presente Capítulo, à Caixa Econômica Federal, ao Banco do Brasil S/A, ou aos estabelecimentos bancários nacionais integrantes do sistema de arrecadação dos tributos federais, os quais, de acordo com instruções expedidas pelo Conselho Monetário Nacional, repassarão à Caixa Econômica Federal as importâncias arrecadadas. *(Artigo com redação pela Lei 6.386/1976)*

§ 1º Integrarão a rede arrecadadora as Caixas Econômicas Estaduais, nas localidades onde inexistam os estabelecimentos previstos no *caput* deste artigo.

§ 2º Tratando-se de empregador, agentes ou trabalhadores autônomos ou profissionais liberais, o recolhimento será efetuado pelos próprios, diretamente ao estabelecimento arrecadador.

§ 3º A contribuição sindical devida pelos empregados e trabalhadores avulsos será recolhida pelo empregador e pelo Sindicato, respectivamente.

Art. 587. Os empregadores que optarem pelo recolhimento da contribuição sindical deverão fazê-lo no mês de janeiro de cada ano, ou, para os que venham a se estabelecer após o referido mês, na ocasião em que requererem às repartições o registro ou a licença para o exercício da respectiva atividade. *(Artigo com redação pela Lei 13.467/2017)*

Art. 588. A Caixa Econômica Federal manterá conta corrente intitulada "Depósitos da Arrecadação da Contribuição Sindical", em nome de cada uma das entidades sindicais beneficiadas, cabendo ao Ministério do Trabalho cientificá-la das ocorrências pertinentes à vida administrativa dessas entidades. *(Artigo com redação pela Lei 6.386/1976)*

▸ Art. 4º da Lei 6.386/1976 (Altera dispositivos da CLT)

Lei 6.386/1976

Art. 4º A Caixa Econômica Federal abrirá uma conta corrente especial denominada "Conta Emprego e Salário", na qual será creditada a cota-parte da contribuição sindical prevista na Consolidação das Leis do Trabalho.

§ 1º Os saldos existentes no Banco do Brasil S. A., em contas da origem referida neste artigo, serão transferidos para contas idênticas a serem movimentadas na Caixa Econômica Federal.

§ 2º A Caixa Econômica Federal comunicará ao Tesouro Nacional, para efeito de registro e contabilização, os créditos efetuados na conta especial a que alude o *"caput"* deste artigo.

§ 1º Os saques na conta corrente referida no *Caput* deste artigo far-se-ão mediante ordem bancária ou cheque com as assinaturas conjuntas do presidente e do tesoureiro da entidade sindical.

§ 2º A Caixa Econômica Federal remeterá, mensalmente, a cada entidade sindical, um extrato da respectiva conta corrente, e, quando solicitado, aos órgãos do Ministério do Trabalho.

Art. 589. Da importância da arrecadação da contribuição sindical serão feitos os seguintes créditos pela Caixa Econômica Federal, na forma das instruções que forem expedidas pelo Ministro do Trabalho: *(Caput com redação pela Lei 6.386/1976)*

I – para os empregadores: *(Inciso I com redação pela Lei 11.648/2008)*

a) 5% (cinco por cento) para a confederação correspondente; *(Alínea a acrescida pela Lei 11.648/2008)*

b) 15% (quinze por cento) para a federação; *(Alínea b acrescida pela Lei 11.648/2008)*

c) 60% (sessenta por cento) para o sindicato respectivo; e *(Alínea c acrescida pela Lei 11.648/2008)*

d) 20% (vinte por cento) para a "Conta Especial Emprego e Salário"; *(Alínea d acrescida pela Lei 11.648/2008)*

II – para os trabalhadores: *(Inciso II com redação pela Lei 11.648/2008)*

a) 5% (cinco por cento) para a confederação correspondente; *(Alínea a acrescida pela Lei 11.648/2008)*

b) 10% (dez por cento) para a central sindical; *(Alínea b acrescida pela Lei 11.648/2008)*

c) 15% (quinze por cento) para a federação; *(Alínea c acrescida pela Lei 11.648/2008)*

d) 60% (sessenta por cento) para o sindicato respectivo; e *(Alínea d acrescida pela Lei 11.648/2008)*

e) 10% (dez por cento) para a "Conta Especial Emprego e Salário"; *(Alínea e acrescida pela Lei 11.648/2008)*

III e IV – *Revogados pela Lei 11.648/2008.*

§ 1º O sindicato de trabalhadores indicará ao Ministério do Trabalho e Emprego a central sindical a que estiver filiado como beneficiária da respectiva contribuição sindical, para fins de destinação dos créditos previstos neste artigo. *(§ 1º acrescido pela Lei 11.648/2008)*

§ 2º A central sindical a que se refere a alínea *b* do inciso II do *caput* deste artigo deverá atender aos requisitos de representatividade previstos na legislação específica sobre a matéria. *(§ 2º acrescido pela Lei 11.648/2008)*

▸ Lei 11.648/2008 (Centrais Sindicais)

Art. 590. Inexistindo confederação, o percentual previsto no art. 589 desta Consolidação caberá à federação representativa do grupo. *(Caput com redação pela Lei 11.648/2008)*

§§ 1º e 2º *Revogados pela Lei 11.648/2008.*

§ 3º Não havendo sindicato, nem entidade sindical de grau superior ou central sindical, a contribuição sindical será creditada, integralmente, à "Conta Especial Emprego e Salário". *(§ 3º com redação pela Lei 11.648/2008)*

§ 4º Não havendo indicação de central sindical, na forma do § 1º do art. 589 desta Consolidação, os percentuais que lhe caberiam serão destinados à "Conta Especial Emprego e Salário". *(§ 4º acrescido pela Lei 11.648/2008)*

Art. 591. Inexistindo sindicato, os percentuais previstos na alínea *c* do inciso I e na alínea *d* do inciso II do *caput* do art. 589 desta Consolidação serão creditados à federação correspondente à mesma categoria econômica ou profissional. *(Artigo com redação pela Lei 11.648/2008)*

Parágrafo único. Na hipótese do *caput* deste artigo, os percentuais previstos nas alíneas *a* e *b* do inciso I e nas alíneas *a* e *c* do inciso II do *caput* do art. 589 desta Consolidação caberão à confederação.

Seção II
Da aplicação da contribuição sindical
▸ O art. 35, V, do Dec.-lei 229/1967.

Dec.-lei 229/1967

Art. 35. As referências feitas na CLT: (...)V – a "Imposto Sindical", inclusive na denominação do Capítulo III do Título V, entendem-se como "Contribuição Sindical".

Art. 592. A contribuição sindical, além das despesas vinculadas à sua arrecadação, recolhimento e controle, será aplicada pelos Sindicatos, na conformidade dos respectivos estatutos, visando aos seguintes objetivos: *(Caput com redação pela Lei 6.386/1976)*

▸ Art. 8º, I, da CF.

I – Sindicatos de Empregadores e de Agentes Autônomos: *(Inciso I com redação pela Lei 6.386/1976)*

a) assistência técnica e jurídica; *(Alínea a com redação pela Lei 6.386/1976)*

b) assistência médica, dentária, hospitalar e farmacêutica; *(Alínea b com redação pela Lei 6.386/1976)*

c) realização de estudos econômicos e financeiros; *(Alínea c com redação pela Lei 6.386/1976)*

d) agências de colocação; *(Alínea d com redação pela Lei 6.386/1976)*

e) cooperativas; *(Alínea e com redação pela Lei 6.386/1976)*

f) bibliotecas; *(Alínea f acrescida pela Lei 6.386/1976)*

g) creches; *(Alínea g acrescida pela Lei 6.386/1976)*

h) congressos e conferências; *(Alínea h acrescida pela Lei 6.386/1976)*

i) medidas de divulgação comercial e industrial do País, e no estrangeiro, bem como em outras tendentes a incentivar e aperfeiçoar a produção nacional; *(Alínea i acrescida pela Lei 6.386/1976)*

j) feiras e exposições; *(Alínea j acrescida pela Lei 6.386/1976)*

l) prevenção de acidentes do trabalho; *(Alínea l acrescida pela Lei 6.386/1976)*

m) finalidades desportivas. *(Alínea m acrescida pela Lei 6.386/1976)*

II – Sindicatos de Empregados: *(Inciso II com redação pela Lei 6.386/1976)*

a) assistência jurídica; *(Alínea a com redação pela Lei 6.386/1976)*

b) assistência médica, dentária, hospitalar e farmacêutica; *(Alínea b com redação pela Lei 6.386/1976)*

c) assistência à maternidade; *(Alínea c com redação pela Lei 6.386/1976)*

d) agências de colocação; *(Alínea d com redação pela Lei 6.386/1976)*

e) cooperativas; *(Alínea e com redação pela Lei 6.386/1976)*

f) bibliotecas; *(Alínea f com redação pela Lei 6.386/1976)*

g) creches; *(Alínea g com redação pela Lei 6.386/1976)*

h) congressos e conferências; *(Alínea h com redação pela Lei 6.386/1976)*

i) auxílio-funeral; *(Alínea i com redação pela Lei 6.386/1976)*

j) colônias de férias e centros de recreação; *(Alínea j com redação pela Lei 6.386/1976)*

l) prevenção de acidentes do trabalho; *(Alínea l acrescida pela Lei 6.386/1976)*

m) finalidades desportivas e sociais; *(Alínea m acrescida pela Lei 6.386/1976)*

n) educação e formação profissional; *(Alínea n acrescida pela Lei 6.386/1976)*

o) bolsas de estudo. *(Alínea o acrescida pela Lei 6.386/1976)*

III – Sindicatos de Profissionais Liberais: *(Caput com redação pela Lei 6.386/1976)*

a) assistência jurídica; *(Alínea a com redação pela Lei 6.386/1976)*

b) assistência médica, dentária, hospitalar e farmacêutica; *(Alínea b com redação pela Lei 6.386/1976)*

c) assistência à maternidade; *(Alínea c com redação pela Lei 6.386/1976)*

d) bolsas de estudo; *(Alínea d com redação pela Lei 6.386/1976)*

e) cooperativas; *(Alínea e com redação pela Lei 6.386/1976)*

f) bibliotecas; *(Alínea f com redação pela Lei 6.386/1976)*

g) creches; *(Alínea g com redação pela Lei 6.386/1976)*

h) congressos e conferências; *(Alínea h com redação pela Lei 6.386/1976)*

i) auxílio-funeral; *(Alínea i com redação pela Lei 6.386/1976)*

j) colônias de férias e centros de recreação; *(Alínea j com redação pela Lei 6.386/1976)*

l) estudos técnicos e científicos; *(Alínea l acrescida pela Lei 6.386/1976)*

m) finalidades desportivas e sociais; *(Alínea m acrescida pela Lei 6.386/1976)*

n) educação e formação profissional; *(Alínea n acrescida pela Lei 6.386/1976)*

o) prêmios por trabalhos técnicos e científicos. *(Alínea o acrescida pela Lei 6.386/1976)*

IV – Sindicatos de Trabalhadores Autônomos: *(Inciso IV com redação pela Lei 6.386/1976)*

a) assistência técnica e jurídica; *(Alínea a com redação pela Lei 6.386/1976)*

b) assistência médica, dentária, hospitalar e farmacêutica; *(Alínea b com redação pela Lei 6.386/1976)*

c) assistência à maternidade; *(Alínea c com redação pela Lei 6.386/1976)*

d) bolsas de estudo; *(Alínea d com redação pela Lei 6.386/1976)*

e) cooperativas; *(Alínea e com redação pela Lei 6.386/1976)*

f) bibliotecas; *(Alínea f com redação pela Lei 6.386/1976)*

g) creches; *(Alínea g com redação pela Lei 6.386/1976)*

h) congressos e conferências; *(Alínea h acrescida pela Lei 6.386/1976)*

i) auxílio-funeral; *(Alínea i com redação pela Lei 6.386/1976)*

j) colônias de férias e centros de recreação; *(Alínea j acrescida pela Lei 6.386/1976)*

l) educação e formação profissional; *(Alínea l acrescida pela Lei 6.386/1976)*

m) finalidades desportivas e sociais. *(Alínea m acrescida pela Lei 6.386/1976)*

§ 1º A aplicação prevista neste artigo ficará a critério de cada entidade, que, para tal fim, obedecerá, sempre, às peculiaridades do respectivo grupo ou categoria, facultado ao Ministro do Trabalho permitir a inclusão de novos programas, desde que assegurados os serviços assistenciais fundamentais da entidade. *(§ 1º com redação pela Lei 6.386/1976)*

▸ Art. 8º, I, da CF.

§ 2º Os Sindicatos poderão destacar, em seus orçamentos anuais, até vinte por cento dos recursos da contribuição sindical para o custeio das suas atividades administrativas, independentemente de autorização ministerial. *(§ 2º acrescido pela Lei 6.386/1976)*

§ 3º O uso da contribuição sindical prevista no § 2º não poderá exceder do valor total das mensalidades sociais consignadas nos orçamentos dos Sindicatos, salvo autorização expressa do Ministro do Trabalho. *(§ 3º acrescido pela Lei 6.386/1976)*

▸ Art. 8º, I, da CF.

Art. 593. As percentagens atribuídas às entidades sindicais de grau superior e às centrais sindicais serão aplicadas de conformidade com o que dispuserem os

respectivos conselhos de representantes ou estatutos. *(Caput com redação pela Lei 11.648/2008)*

Parágrafo único. Os recursos destinados às centrais sindicais deverão ser utilizados no custeio das atividades de representação geral dos trabalhadores decorrentes de suas atribuições legais. *(Parágrafo único acrescido pela Lei 11.648/2008)*

Art. 594. O "Fundo Social Sindical" será gerido e aplicado pela Comissão do Imposto Sindical em objetivos que atendam aos interesses gerais da organização sindical nacional ou à assistência social aos trabalhadores. *(Artigo com redação pelo Dec.-lei 9.615/1946)*

Seção III
Da comissão da contribuição sindical
Arts. 595 a 597. *Revogados pela Lei 4.589/1964.*

Seção IV
Das penalidades
Art. 598. Sem prejuízo da ação criminal e das penalidades previstas no art. 553 serão aplicadas multas de Cr$ 10,00 (dez cruzeiros) a Cr$ 10.000,00 (dez mil cruzeiros) pelas infrações deste capítulo impostas no Distrito Federal pela autoridade competente de 1ª instância do Departamento Nacional do Trabalho e nos Estados e no Território do Acre pelas autoridades regionais do Ministério do Trabalho, Indústria e Comércio.

▸ Vide nota sobre a atualização da CLT relativa aos Ministérios.

▸ O art. 35, IV, do Dec.-lei 229/1967, determina que as referências feitas na CLT ao Departamento Nacional do Trabalho, como autoridade julgadora de infração em primeira instância, entendem-se como Delegacias Regionais do Trabalho.

▸ Art. 8º, I, da CF.

▸ Arts. 74 e ss. da Portaria 667/2021 do MTE (Multas administrativas)

▸ A Lei 4.070/1962 eleva o Território do Acre à categoria de Estado.

Parágrafo único. A gradação da multa atenderá à natureza da infração e às condições sociais e econômicas do infrator.

Art. 599. Para os profissionais liberais, a penalidade consistirá na suspensão do exercício profissional, até a necessária quitação, e será aplicada pelos órgãos públicos ou autárquicos disciplinadores das respectivas profissões mediante comunicação das autoridades fiscalizadoras.

Art. 600. O recolhimento da contribuição sindical efetuado fora do prazo referido neste Capítulo, quando espontâneo, será acrescido da multa de dez por cento, nos trinta primeiros dias, com o adicional de dois por cento por mês subsequente de atraso, além de juros de mora de um por cento ao mês e correção monetária, ficando, nesse caso, o infrator, isento de outra penalidade. *(Artigo com redação pela Lei 6.181/1974)*

▸ Súmula 432 do TST.

Súmula

TST 432. Contribuição sindical rural. Ação de cobrança. Penalidade por atraso no recolhimento. Inaplicabilidade do art. 600 da CLT. Incidência do art. 2º da Lei 8.022/1990. O recolhimento a destempo da contribuição sindical rural não acarreta a aplicação da multa progressiva prevista no art. 600 da CLT, em decorrência da sua revogação tácita pela Lei 8.022, de 12 de abril de 1990.

§ 1º O montante das cominações previstas neste artigo reverterá sucessivamente:

a) ao Sindicato respectivo;

b) à Federação respectiva, na ausência de Sindicato;

c) à Confederação respectiva, inexistindo Federação.

§ 2º Na falta de Sindicato ou entidade de grau superior, o montante a que alude o parágrafo precedente reverterá à conta "Emprego e Salário".

Seção V
Disposições gerais
▸ O art. 35, V, do Dec.-lei 229/1967, determina que as referências feitas na CLT a Imposto Sindical entendem-se como Contribuição Sindical.

Art. 601. *Revogado pela Lei 13.467/2017.*

Art. 602. Os empregados que não estiverem trabalhando no mês destinado ao desconto da contribuição sindical e que venham a autorizar prévia e expressamente o recolhimento serão descontados no primeiro mês subsequente ao do reinício do trabalho. *(Caput com redação pela Lei 13.467/2017)*

Parágrafo único. De igual forma se procederá com os empregados que forem admitidos depois daquela data e que não tenham trabalhado anteriormente nem apresentado a respectiva quitação.

Art. 603. Os empregadores são obrigados a prestar aos encarregados da fiscalização os esclarecimentos necessários ao desempenho de sua missão e a exibir-lhes, quando exigidos, na parte relativa ao pagamento de empregados, os seus livros, folhas de pagamento e outros documentos comprobatórios desses pagamentos, sob pena da multa cabível.

▸ PN 41 do TST.

Precedente Normativo

TST 41. Relação nominal de empregados. As empresas encaminharão à entidade profissional cópia das guias de contribuição sindical e assistencial, com a relação nominal dos respectivos salários, no prazo máximo de 30 dias após o desconto.

Art. 604. *Revogado pela Lei 13.467/2017.*

Art. 605. As entidades sindicais são obrigadas a promover a publicação de editais concernentes ao recolhimento da contribuição sindical, durante três dias, nos jornais de maior circulação local e até dez dias da data fixada para depósito bancário.

Art. 606. Às entidades sindicais cabe, em caso de falta de pagamento da contribuição sindical, promover a respectiva cobrança judicial, mediante ação executiva, valendo como título de dívida a certidão expedida pelas autoridades regionais do Ministério do Trabalho e Previdência Social. *(Caput com redação pelo Dec.-lei 925/1969)*

§ 1º O Ministério do Trabalho, Indústria e Comércio baixará as instruções regulando a expedição das certidões a que se refere o presente artigo, das quais deverá constar a individualização do contribuinte, a indicação do débito e a designação da entidade a favor da qual é recolhida a importância da contribuição sindical, de acordo com o respectivo enquadramento sindical.

▸ Vide nota sobre a atualização da CLT relativa aos Ministérios.

§ 2º Para os fins da cobrança judicial da contribuição sindical são extensivos às entidades sindicais, com exceção do foro especial, os privilégios da Fazenda Pública, para cobrança da dívida ativa.

▸ Art. 114, III, da CF.

Constituição Federal

Art. 114. Compete à Justiça do Trabalho processar e julgar: (...) III – as ações sobre representação sindical, entre sindicatos, entre sindicatos e trabalhadores, e entre sindicatos e empregadores;

Art. 607. São consideradas como documento essencial ao comparecimento às concorrências públicas ou administrativas e para o fornecimento às repartições paraestatais ou autárquicas a prova da quitação da respectiva contribuição sindical e a de recolhimento da contribuição sindical, descontada dos respectivos empregados.

▸ Art. 29 da Lei 8.666/1993 (Lei de Licitações)

Lei 8.666/1993

Art. 29. A documentação relativa à regularidade fiscal e trabalhista, conforme o caso, consistirá em

I – prova de inscrição no Cadastro de Pessoas Físicas (CPF) ou no Cadastro Geral de Contribuintes (CGC);

II – prova de inscrição no cadastro de contribuintes estadual ou municipal, se houver, relativo ao domicílio ou sede do licitante, pertinente ao seu ramo de atividade e compatível com o objeto contratual;

III – prova de regularidade para com a Fazenda Federal, Estadual e Municipal do domicílio ou sede do licitante, ou outra equivalente, na forma da lei;

IV – prova de regularidade relativa à Seguridade Social e ao Fundo de Garantia por Tempo de Serviço (FGTS), demonstrando situação regular no cumprimento dos encargos sociais instituídos por lei.

V – prova de inexistência de débitos inadimplidos perante a Justiça do Trabalho, mediante a apresentação de certidão negativa, nos termos do Título VII-A da Consolidação das Leis do Trabalho, aprovada pelo Decreto-Lei 5.452, de 1º de maio de 1943.

Art. 608. As repartições federais, estaduais ou municipais não concederão registro ou licenças para funcionamento ou renovação de atividades aos estabelecimentos de empregadores e aos escritórios ou congêneres dos agentes ou trabalhadores autônomos e profissionais liberais, nem concederão alvarás de licença ou localização, sem que sejam exibidas as provas de quitação da contribuição sindical, na forma do artigo anterior.

Parágrafo único. A não observância do disposto neste artigo acarretará, de pleno direito, a nulidade dos atos nele referidos, bem como dos mencionados no artigo 607. *(Parágrafo único acrescido pela Lei 6.386/1976)*

Art. 609. O recolhimento da contribuição sindical e todos os lançamentos e movimentos nas contas respectivas são isentos de selos e taxas federais, estaduais ou municipais.

▸ A Lei 5.143/1966 extinguiu o selo.

Art. 610. As dúvidas no cumprimento deste Capítulo serão resolvidas pelo Diretor-Geral do Departamento Nacional do Trabalho, que expedirá as instruções que se tornarem necessárias à sua execução. *(Artigo com redação pela Lei 4.589/1964)*

▸ Art. 8º, I, da CF.

TÍTULO VI
DAS CONVENÇÕES COLETIVAS DE TRABALHO

▸ Arts. 7º, XXVI, 8º, VI, e 114, II, da CF.
▸ Art. 45 da Lei 14.437/2022 (Programa Emergencial de Manutenção do Emprego e da Renda).

CF

Art. 7º São direitos dos trabalhadores urbanos e rurais, além de outros que visem à melhoria de sua condição social: (...)

XXVI – reconhecimento das convenções e acordos coletivos de trabalho;

Art. 8º É livre a associação profissional ou sindical, observado o seguinte: (...)

VI – é obrigatória a participação dos sindicatos nas negociações coletivas de trabalho;

Art. 114 (...) II – as ações que envolvam exercício do direito de greve;

Art. 611. Convenção Coletiva de Trabalho é o acordo de caráter normativo, pelo qual dois ou mais Sindicatos representativos de categorias econômicas e profissionais estipulam condições de trabalho aplicáveis, no âmbito das respectivas representações, às relações individuais de trabalho. *(Caput com redação pelo Dec.-lei 229/1967)*

▸ Súmula 349 do STF.
▸ Súmulas 85 e 286 do TST.
▸ OJs 22 e 23 da SDC do TST.
▸ PN 119 do TST.

Súmulas

STF 349. A prescrição atinge somente as prestações de mais de dois anos, reclamadas com fundamento em decisão normativa da Justiça do Trabalho, ou em convenção coletiva de trabalho, quando não estiver em causa a própria validade de tais atos.

TST 286. Sindicato. Substituição Processual. Convenção e Acordo Coletivos. A legitimidade do sindicato para propor ação de cumprimento estende-se também à observância de acordo ou de convenção coletivos.

Orientações Jurisprudenciais

SDC 22. Legitimidade "ad causam" do Sindicato. Correspondência entre as atividades exercidas pelos setores profissional e econômico envolvidos no conflito. Necessidade. É necessária a correspondência entre as atividades exercidas pelos setores profissional e econômico, a fim de legitimar os envolvidos no conflito a ser solucionado pela via do dissídio coletivo.

SDC 23. Legitimidade "ad causam". Sindicato representativo de segmento profissional ou patronal. impossibilidade. A representação sindical abrange toda a categoria, não comportando separação fundada na maior ou menor dimensão de cada ramo ou empresa.

§ 1º É facultado aos Sindicatos representativos de categorias profissionais celebrar Acordos Coletivos com uma ou mais empresas da correspondente categoria econômica, que estipulem condições de trabalho, aplicáveis no âmbito da empresa ou das empresas acordantes às respectivas relações de trabalho. *(§ 1º com redação pelo Dec.-lei 229/1967)*

▸ Art. 6º da Lei 12.790/2013
▸ OJ 323 da SDI-I do TST.
▸ OJs 31 e 64 da SDI-I Transitória do TST.

Lei 12.790/2013

Art. 6º As entidades representativas das categorias econômica e profissional poderão, no âmbito da negociação coletiva, negociar a inclusão, no instrumento normativo, de cláusulas que instituam programas e ações de educação, formação e qualificação profissional.

Orientação Jurisprudencial

SDI-I 323. Acordo de compensação de jornada. "Semana espanhola". Validade. É válido o sistema de compensação de horário quando a jornada adotada é a denominada "semana espanhola", que alterna a prestação de 48 horas em uma semana e 40 horas em outra, não violando os arts. 59, § 2º, da CLT e 7º, XIII, da CF/88 o seu ajuste mediante acordo ou convenção coletiva de trabalho.

§ 2º As Federações e, na falta destas, as Confederações representativas de categorias econômicas ou profissionais poderão celebrar Convenções Coletivas de Trabalho para reger as relações das categorias a elas vinculadas, inorganizadas em Sindicatos, no âmbito de suas representações. *(§ 2º com redação pelo Dec.-lei 229/1967)*

Art. 611-A. A convenção coletiva e o acordo coletivo de trabalho têm prevalência sobre a lei quando, entre outros, dispuserem sobre: *(Artigo acrescido pela Lei 13.467/2017)*

I – pacto quanto à jornada de trabalho, observados os limites constitucionais;

II – banco de horas anual;

III – intervalo intrajornada, respeitado o limite mínimo de trinta minutos para jornadas superiores a seis horas;

IV – adesão ao Programa Seguro-Emprego (PSE), de que trata a Lei 13.189, de 19 de novembro de 2015;

V – plano de cargos, salários e funções compatíveis com a condição pessoal do empregado, bem como identificação dos cargos que se enquadram como funções de confiança;

VI – regulamento empresarial;

VII – representante dos trabalhadores no local de trabalho;

VIII – teletrabalho, regime de sobreaviso, e trabalho intermitente;

IX – remuneração por produtividade, incluídas as gorjetas percebidas pelo empregado, e remuneração por desempenho individual;

X – modalidade de registro de jornada de trabalho;

XI – troca do dia de feriado;

XII – enquadramento do grau de insalubridade;

XIII – prorrogação de jornada em ambientes insalubres, sem licença prévia das autoridades competentes do Ministério do Trabalho;

XIV – prêmios de incentivo em bens ou serviços, eventualmente concedidos em programas de incentivo;

XV – participação nos lucros ou resultados da empresa.

§ 1º No exame da convenção coletiva ou do acordo coletivo de trabalho, a Justiça do Trabalho observará o disposto no § 3º do art. 8º desta Consolidação.

§ 2º A inexistência de expressa indicação de contrapartidas recíprocas em convenção coletiva ou acordo coletivo de trabalho não ensejará sua nulidade por não caracterizar um vício do negócio jurídico.

§ 3º Se for pactuada cláusula que reduza o salário ou a jornada, a convenção coletiva ou o acordo coletivo de trabalho deverão prever a proteção dos empregados contra dispensa imotivada durante o prazo de vigência do instrumento coletivo.

§ 4º Na hipótese de procedência de ação anulatória de cláusula de convenção coletiva ou de acordo coletivo de trabalho, quando houver a cláusula compensatória, esta deverá ser igualmente anulada, sem repetição do indébito.

§ 5º Os sindicatos subscritores de convenção coletiva ou de acordo coletivo de trabalho deverão participar, como litisconsortes necessários, em ação individual ou coletiva, que tenha como objeto a anulação de cláusulas desses instrumentos.

▶ Art. 3º da IN 41/2018 do TST (Dispõe sobre a aplicação das normas processuais da CLT alteradas pela Lei 13.467/2017).

Art. 611-B. Constituem objeto ilícito de convenção coletiva ou de acordo coletivo de trabalho, exclusivamente, a supressão ou a redução dos seguintes direitos: *(Artigo acrescido pela Lei 13.467/2017)*

I – normas de identificação profissional, inclusive as anotações na Carteira de Trabalho e Previdência Social;

II – seguro-desemprego, em caso de desemprego involuntário;

III – valor dos depósitos mensais e da indenização rescisória do Fundo de Garantia do Tempo de Serviço (FGTS);

IV – salário mínimo;

V – valor nominal do décimo terceiro salário;

VI – remuneração do trabalho noturno superior à do diurno;

VII – proteção do salário na forma da lei, constituindo crime sua retenção dolosa;

VIII – salário-família;

IX – repouso semanal remunerado;

X – remuneração do serviço extraordinário superior, no mínimo, em 50% (cinquenta por cento) à do normal;

XI – número de dias de férias devidas ao empregado;

XII – gozo de férias anuais remuneradas com, pelo menos, um terço a mais do que o salário normal;

XIII – licença-maternidade com a duração mínima de cento e vinte dias;

XIV – licença-paternidade nos termos fixados em lei;

XV – proteção do mercado de trabalho da mulher, mediante incentivos específicos, nos termos da lei;

XVI – aviso prévio proporcional ao tempo de serviço, sendo no mínimo de trinta dias, nos termos da lei;

XVII – normas de saúde, higiene e segurança do trabalho previstas em lei ou em normas regulamentadoras do Ministério do Trabalho;

XVIII – adicional de remuneração para as atividades penosas, insalubres ou perigosas;

XIX – aposentadoria;

XX – seguro contra acidentes de trabalho, a cargo do empregador;

XXI – ação, quanto aos créditos resultantes das relações de trabalho, com prazo prescricional de cinco anos para os trabalhadores urbanos e rurais, até o limite de dois anos após a extinção do contrato de trabalho;

XXII – proibição de qualquer discriminação no tocante a salário e critérios de admissão do trabalhador com deficiência;

XXIII – proibição de trabalho noturno, perigoso ou insalubre a menores de dezoito anos e de qualquer trabalho a menores de dezesseis anos, salvo na condição de aprendiz, a partir de quatorze anos;

XXIV – medidas de proteção legal de crianças e adolescentes;

XXV – igualdade de direitos entre o trabalhador com vínculo empregatício permanente e o trabalhador avulso;

XXVI – liberdade de associação profissional ou sindical do trabalhador, inclusive o direito de não sofrer, sem sua expressa e prévia anuência, qualquer cobrança ou desconto salarial estabelecidos em convenção coletiva ou acordo coletivo de trabalho;

XXVII – direito de greve, competindo aos trabalhadores decidir sobre a oportunidade de exercê-lo e sobre os interesses que devam por meio dele defender;

XXVIII – definição legal sobre os serviços ou atividades essenciais e disposições legais sobre o atendimento das necessidades inadiáveis da comunidade em caso de greve;

XXIX – tributos e outros créditos de terceiros;

XXX – as disposições previstas nos arts. 373-A, 390, 392, 392-A, 394, 394-A, 395, 396 e 400 desta Consolidação.

Parágrafo único. Regras sobre duração do trabalho e intervalos não são consideradas como normas de saúde, higiene e segurança do trabalho para os fins do disposto neste artigo.

Art. 612. Os Sindicatos só poderão celebrar Convenções ou Acordos Coletivos de Trabalho, por deliberação de Assembleia-Geral especialmente convocada para esse fim, consoante o disposto nos respectivos Estatutos, dependendo a validade da mesma do comparecimento e votação, em primeira convocação, de 2/3 (dois terços) dos associados da entidade, se se tratar de Convenção, e dos interessados, no caso de Acordo e, em segunda, de 1/3 (um terço) dos membros. *(Caput com redação pelo Dec.-lei 229/1967)*

▶ OJs 8, 29 e 35 da SDC do TST.

Orientações Jurisprudenciais

SDC 8 Dissídio coletivo. Pauta reivindicatória não registrada em ata. Causa de extinção. A ata da assembleia de trabalhadores que legitima a atuação da entidade sindical respectiva em favor de seus interesses

deve registrar, obrigatoriamente, a pauta reivindicatória, produto da vontade expressa da categoria.

SDC 29. Edital de convocação e ata da Assembleia Geral. Requisitos essenciais para instauração de dissídio coletivo. O edital de convocação da categoria e a respectiva ata da AGT constituem peças essenciais à instauração do processo de dissídio coletivo.

SDC 35. Edital de convocação da AGT. Disposição estatutária específica. prazo mínimo entre a publicação e a realização da Assembleia. Observância obrigatória. Se os estatutos da entidade sindical contam com norma específica que estabeleça prazo mínimo entre a data de publicação do edital convocatório e a realização da assembleia correspondente, então a validade desta última depende da observância desse interregno.

Parágrafo único. O *quorum* de comparecimento e votação será de um oitavo dos associados em segunda convocação, nas entidades sindicais que tenham mais de cinco mil associados. *(Parágrafo único acrescido pelo Dec.-lei 229/1967)*

▸ Artigo 524 desta Consolidação.

Art. 613. As Convenções e os Acordos deverão conter obrigatoriamente: *(Caput com redação pelo Dec.-lei 229/1967)*

I – designação dos Sindicatos convenentes ou dos Sindicatos e empresas acordantes; *(Inciso I acrescido pelo Dec.-lei 229/1967)*

▸ Súmula 286 do TST.

Súmula
TST 286 Sindicato. Substituição processual. Convenção e Acordo Coletivos. A legitimidade do sindicato para propor ação de cumprimento estende-se também à observância de acordo ou de convenção coletivos.

II – prazo de vigência; *(Inciso II acrescido pelo Dec.-lei 229/1967)*

▸ OJs 6 e 49 da SDI-I Transitória do TST.

III – categorias ou classes de trabalhadores abrangidas pelos respectivos dispositivos; *(Inciso III acrescido pelo Dec.-lei 229/1967)*

▸ OJ 2 da SDI-I do TST.

Orientação Jurisprudencial
SDI-I 2. CSN. Licença Remunerada. É devido o valor das horas extras até então habitualmente prestadas.

IV – condições ajustadas para reger as relações individuais de trabalho durante sua vigência; *(Inciso IV acrescido pelo Dec.-lei 229/1967)*

▸ OJ 32 da SDC do TST.

Orientação Jurisprudencial
SDC 32. Reivindicações da categoria. Fundamentação das Cláusulas. Necessidade. Aplicação do Precedente Normativo 37 do TST. É pressuposto indispensável à constituição válida e regular da ação coletiva a apresentação em forma clausulada e fundamentada das reivindicações da categoria, conforme orientação do item VI, letra *e*, da Instrução Normativa 4/93.

V – normas para a conciliação das divergências surgidas entre os convenentes por motivos da aplicação de seus dispositivos; *(Inciso V acrescido pelo Dec.-lei 229/1967)*

VI – disposições sobre o processo de sua prorrogação e de revisão total ou parcial de seus dispositivos; *(Inciso VI acrescido pelo Dec.-lei 229/1967)*

VII – direitos e deveres dos empregados e empresas; *(Inciso VII acrescido pelo Dec.-lei 229/1967)*

VIII – penalidades para os Sindicatos convenentes, os empregados e as empresas em caso de violação de seus dispositivos. *(Inciso VIII acrescido pelo Dec.-lei 229/1967)*

▸ Art. 8º desta Consolidação.
▸ Art. 412 da Lei 10.406/2002 (Código Civil)
▸ Súmula 384 do TST.
▸ OJ 54 da SDI-I do TST.

CLT
Art. 8º As autoridades administrativas e a Justiça do Trabalho, na falta de disposições legais ou contratuais, decidirão, conforme o caso, pela jurisprudência, por analogia, por equidade e outros princípios e normas gerais de direito, principalmente do direito do trabalho, e, ainda, de acordo com os usos e costumes, o direito comparado, mas sempre de maneira que nenhum interesse de classe ou particular prevaleça sobre o interesse público.

§ 1º O direito comum será fonte subsidiária do direito do trabalho.

§ 2º Súmulas e outros enunciados de jurisprudência editados pelo Tribunal Superior do Trabalho e pelos Tribunais Regionais do Trabalho não poderão restringir direitos legalmente previstos nem criar obrigações que não estejam previstas em lei.

§ 3º No exame de convenção coletiva ou acordo coletivo de trabalho, a Justiça do Trabalho analisará exclusivamente a conformidade dos elementos essenciais do negócio jurídico, respeitado o disposto no art. 104 da Lei 10.406, de 10 de janeiro de 2002 (Código Civil), e balizará sua atuação pelo princípio da intervenção mínima na autonomia da vontade coletiva.

Código Civil
Art. 412. O valor da cominação imposta na cláusula penal não pode exceder o da obrigação principal.

Súmula
TST 384 Multa Convencional. Cobrança. I – O descumprimento de qualquer cláusula constante de instrumentos normativos diversos não submete o empregado a ajuizar várias ações, pleiteando em cada uma o pagamento da multa referente ao descumprimento de obrigações previstas nas cláusulas respectivas. II – É aplicável multa prevista em instrumento normativo (sentença normativa, convenção ou acordo coletivo) em caso de descumprimento de obrigação prevista em lei, mesmo que a norma coletiva seja mera repetição de texto legal.

Orientação Jurisprudencial
SDI-I 54. Multa. Cláusula Penal. Valor Superior ao Principal. O valor da multa estipulada em cláusula penal, ainda que diária, não poderá ser superior à obrigação principal corrigida, em virtude da aplicação do artigo 412 do Código Civil de 2002 (art. 920 do Código Civil de 1916)

Parágrafo único. As Convenções e os Acordos serão celebrados por escrito, sem emendas nem rasuras, em tantas vias quantos forem os Sindicatos convenentes ou as empresas acordantes, além de uma destinada a registro. *(Parágrafo único acrescido pelo Dec.-lei 229/1967)*

▸ OJ 36 da SDI-I do TST.

Orientações Jurisprudenciais
SDI-I 36. Instrumento Normativo. Cópia não autenticada. Documento comum às Partes. Validade. O instrumento normativo em cópia não autenticada possui valor probante, desde que não haja impugnação ao seu conteúdo, eis que se trata de documento comum às partes.

Art. 614. Os Sindicatos convenentes ou as empresas acordantes promoverão, conjunta ou separadamente, dentro de oito dias da assinatura da Convenção ou Acordo, o depósito de uma via do mesmo, para fins de registro e arquivo, no Departamento Nacional do Trabalho, em se tratando de instrumento de caráter nacional ou interestadual, ou nos órgãos regionais do Ministério do Trabalho e Previdência Social, nos demais casos. *(Caput com redação pelo Dec.-lei 229/1967)*

▸ Inst. Normativa 11/2009 da SRT (Depósito, registro e arquivo de convenções e acordos coletivos de trabalho nos órgãos do MTE)
▸ OJs 8 e 34 da SDC do TST.

Orientações Jurisprudenciais
SDC 08. Dissídio coletivo. Pauta reivindicatória não registrada em ata. Causa de extinção. A ata da assembleia de trabalhadores que legitima a atuação da entidade sindical respectiva em favor de seus interesses deve registrar, obrigatoriamente, a pauta reivindicatória, produto da vontade expressa da categoria.

SDC 34. Acordo Extrajudicial. Homologação. Justiça do Trabalho. Prescindibilidade. É desnecessária a homologação, por Tribunal Trabalhista, do acordo extrajudicialmente celebrado, sendo suficiente, para que surta efeitos, sua formalização perante o Ministério do Trabalho (art. 614 da CLT e art. 7º, inciso XXVI, da Constituição Federal)

§ 1º As Convenções e os Acordos entrarão em vigor 3 (três) dias após a data da entrega dos mesmos no órgão referido neste artigo. (§ 1º *acrescido pelo Dec.-lei 229/1967*)

§ 2º Cópias autênticas das Convenções e dos Acordos deverão ser afixadas de modo visível, pelos Sindicatos convenentes, nas respectivas sedes e nos estabelecimentos das empresas compreendidas no seu campo de aplicação, dentro de cinco dias da data do depósito previsto neste artigo. (§ 2º *acrescido pelo Dec.-lei 229/1967*)

▸ OJ 36 da SDI-I do TST.

Orientação Jurisprudencial

SDI-I 36. Instrumento Normativo. Cópia não autenticada. Documento comum às partes. Validade. O instrumento normativo em cópia não autenticada possui valor probante, desde que não haja impugnação ao seu conteúdo, eis que se trata de documento comum às partes.

§ 3º Não será permitido estipular duração de convenção coletiva ou acordo coletivo de trabalho superior a dois anos, sendo vedada a ultratividade. (*§ 3º com redação pela Lei 13.467/2017*)

▸ OJ 322 da SDI-I do TST.

Orientação Jurisprudencial

SDI-I 322. Acordo Coletivo de Trabalho. Cláusula de Termo Aditivo Prorrogando o Acordo para prazo indeterminado. Inválida. Nos termos do art. 614, § 3º, da CLT, é de 2 anos o prazo máximo de vigência dos acordos e das convenções coletivas. Assim sendo, é inválida, naquilo que ultrapassa o prazo total de 2 anos, a cláusula de termo aditivo que prorroga a vigência do instrumento coletivo originário por prazo indeterminado.

Art. 615. O processo de prorrogação, revisão, denúncia ou revogação total ou parcial de Convenção ou Acordo ficará subordinado, em qualquer caso, à aprovação de Assembleia-Geral dos Sindicatos convenentes ou partes acordantes, com observância do disposto no artigo 612. (*Caput com redação pelo Dec.-lei 229/1967*)

▸ Art. 14, par. ún., da Lei 7.783/1989 (Lei de Greve)

Lei 7.783/1989

Art.14 (...)

Parágrafo único. Na vigência de acordo, convenção ou sentença normativa não constitui abuso do exercício do direito de greve a paralisação que:

I – tenha por objetivo exigir o cumprimento de cláusula ou condição;

II – seja motivada pela superveniência de fatos novo ou acontecimento imprevisto que modifique substancialmente a relação de trabalho.

§ 1º O instrumento de prorrogação, revisão, denúncia ou revogação de Convenção ou Acordo será depositado, para fins de registro e arquivamento, na repartição em que o mesmo originariamente foi depositado, observado o disposto no artigo 614. (§ 1º *com redação pelo Dec.-lei 229/1967*)

§ 2º As modificações introduzidas em Convenção ou Acordo, por força de revisão ou de revogação parcial de suas cláusulas, passarão a vigorar três dias após a realização do depósito previsto no § 1º. (*§ 2º acrescido pelo Dec.-lei 229/1967*)

Art. 616. Os Sindicatos representativos de categorias econômicas ou profissionais e as empresas, inclusive as que não tenham representação sindical, quando provocados, não podem recusar-se à negociação coletiva. (*Caput com redação pelo Dec.-lei 229/1967*)

▸ Art. 8º, VI, da CF.

Constituição Federal

Art. 8º É livre a associação profissional ou sindical, observado o seguinte: (...)

VI – é obrigatória a participação dos sindicatos nas negociações coletivas de trabalho; (...)

§ 1º Verificando-se recusa à negociação coletiva, cabe aos Sindicatos ou empresas interessadas dar ciência do fato,

conforme o caso, ao Departamento Nacional do Trabalho ou aos órgãos regionais do Ministério do Trabalho e Previdência Social para convocação compulsória dos Sindicatos ou empresas recalcitrantes. *(§ 1º acrescido pelo Dec.-lei 229/1967)*

§ 2º No caso de persistir a recusa à negociação coletiva, pelo desatendimento às convocações feitas pelo ao Departamento Nacional do Trabalho ou órgãos regionais do Ministério do Trabalho e Previdência Social, ou se malograr a negociação entabulada, é facultada aos Sindicatos ou empresas interessadas a instauração de dissídio coletivo. *(§ 2º acrescido pelo Dec.-lei 229/1967)*

▸ Art. 114, §§ 1º e 2º, da CF.
▸ Art. 3º da Lei 7.783/1989;
▸ OJs 5, 7 e 29 da SDC do TST.

Constituição Federal

Art. 114 (...)

§ 1º Frustrada a negociação coletiva, as partes poderão eleger árbitros.

§ 2º Recusando-se qualquer das partes à negociação coletiva ou à arbitragem, é facultado às mesmas, de comum acordo, ajuizar dissídio coletivo de natureza econômica, podendo a Justiça do Trabalho decidir o conflito, respeitadas as disposições mínimas legais de proteção ao trabalho, bem como as convencionadas anteriormente. (...)

Lei 7.783/1989

Art. 3º Frustrada a negociação ou verificada a impossibilidade de recursos via arbitral, é facultada a cessação coletiva do trabalho.

Parágrafo único. A entidade patronal correspondente ou os empregadores diretamente interessados serão notificados, com antecedência mínima de 48 (quarenta e oito) horas, da paralisação.

Orientações Jurisprudenciais

SDC 05. Dissídio Coletivo. Pessoa Jurídica de Direito Público. Possibilidade Jurídica. Cláusula de natureza social. Em face de pessoa jurídica de direito público que mantenha empregados, cabe dissídio coletivo exclusivamente para apreciação de cláusulas de natureza social. Inteligência da Convenção 151 da Organização Internacional do Trabalho, ratificada pelo Decreto Legislativo 206/2010.

SDC 07. Dissídio coletivo. Natureza jurídica. Interpretação de norma de caráter genérico. Inviabilidade. Não se presta o dissídio coletivo de natureza jurídica à interpretação de normas de caráter genérico, a teor do disposto no art. 313, II, do RITST.

SDC 29. Edital de convocação e ata da assembleia geral. Requisitos essenciais para instauração de Dissídio Coletivo. O edital de convocação da categoria e a respectiva ata da AGT constituem peças essenciais à instauração do processo de dissídio coletivo.

§ 3º Havendo Convenção, Acordo ou sentença normativa em vigor, o dissídio coletivo deverá ser instaurado dentro dos sessenta dias anteriores ao respectivo termo final, para que o novo instrumento possa ter vigência no dia imediato a esse termo. *(§ 3º com redação pelo Dec.-lei 424/1969)*

▸ Art. 867 desta Consolidação.
▸ PN 120 do TST.

CLT

Art. 867. Da decisão do Tribunal serão notificadas as partes, ou seus representantes, em registrado postal, com franquia, fazendo-se, outrossim, a sua publicação no jornal oficial, para ciência dos demais interessados.

Parágrafo único. A sentença normativa vigorará:

a) a partir da data de sua publicação, quando ajuizado o dissídio após o prazo do art. 616, § 3º, ou, quando não existir acordo, convenção ou sentença normativa em vigor, da data do ajuizamento; (...)

Precedente Normativo

TST 120. Sentença Normativa. Duração. Possibilidade e limites (positivo) A sentença normativa vigora, desde seu termo inicial até que sentença normativa, convenção coletiva de trabalho ou acordo coletivo de trabalho superveniente produza sua revogação, expressa ou tácita, respeitado, porém, o prazo máximo legal de quatro anos de vigência.

§ 4º Nenhum processo de dissídio coletivo de natureza econômica será admitido sem antes se esgotarem as

medidas relativas à formalização da Convenção ou Acordo correspondente. *(§ 4º acrescido pelo Dec.-lei 229/1967)*

Art. 617. Os empregados de uma ou mais empresas que decidirem celebrar Acordo Coletivo de Trabalho com as respectivas empresas darão ciência de sua resolução, por escrito, ao Sindicato representativo da categoria profissional, que terá o prazo de oito dias para assumir a direção dos entendimentos entre os interessados, devendo igual procedimento ser observado pelas empresas interessadas com relação ao Sindicato da respectiva categoria econômica. *(Caput com redação pelo Dec.-lei 229/1967)*

§ 1º Expirado o prazo de 8 (oito) dias sem que o Sindicato tenha se desincumbido do encargo recebido, poderão os interessados dar conhecimento do fato à Federação a que estiver vinculado o Sindicato e, em falta dessa, à correspondente Confederação, para que, no mesmo prazo, assuma a direção dos entendimentos. Esgotado esse prazo, poderão os interessados prosseguir diretamente na negociação coletiva até final. *(§ 1º acrescido pelo Dec.-lei 229/1967)*

▸ Art. 8º, VI, da CF.

Constituição Federal

Art. 8º É livre a associação profissional ou sindical, observado o seguinte (...)
VI – é obrigatória a participação dos sindicatos nas negociações coletivas de trabalho; (...)

§ 2º Para o fim de deliberar sobre o Acordo, a entidade sindical convocará Assembleia-Geral dos diretamente interessados, sindicalizados ou não, nos termos do artigo 612. *(§ 2º acrescido pelo Dec.-lei 229/1967)*

Art. 618. As empresas e instituições que não estiverem incluídas no enquadramento sindical a que se refere o artigo 577 desta Consolidação poderão celebrar Acordos Coletivos de Trabalho com os Sindicatos representativos dos respectivos empregados, nos termos deste Título. *(Artigo com redação pelo Dec.-lei 229/1967)*

Art. 619. Nenhuma disposição de contrato individual de trabalho que contrarie normas de Convenção ou Acordo Coletivo de Trabalho poderá prevalecer na execução do mesmo, sendo considerada nula de pleno direito. *(Artigo com redação pelo Dec.-lei 229/1967)*

▸ Art. 444 desta Consolidação.

CLT

Art. 444. As relações contratuais de trabalho podem ser objeto de livre estipulação das partes interessadas em tudo quanto não contravenha às disposições de proteção ao trabalho, aos contratos coletivos que lhes sejam aplicáveis e às decisões das autoridades competentes.

Parágrafo único. A livre estipulação a que se refere o *caput* deste artigo aplica-se às hipóteses previstas no art. 611-A desta Consolidação, com a mesma eficácia legal e preponderância sobre os instrumentos coletivos, no caso de empregado portador de diploma de nível superior e que perceba salário mensal igual ou superior a duas vezes o limite máximo dos benefícios do Regime Geral de Previdência Social.

Art. 620. As condições estabelecidas em acordo coletivo de trabalho sempre prevalecerão sobre as estipuladas em convenção coletiva de trabalho. *(Artigo com redação pela Lei 13.467/2017)*

Art. 621. As Convenções e os Acordos poderão incluir, entre suas cláusulas, disposição sobre a constituição e funcionamento de comissões mistas de consulta e colaboração, no plano da empresa e sobre participação nos lucros. Estas disposições mencionarão a forma de constituição, o modo de funcionamento e as atribuições das comissões, assim como o plano de participação, quando for o caso. *(Artigo com redação pelo Dec.-lei 229/1967)*

▸ Arts. 7º, XI, 11 e 218, § 4º, da CF.
▸ Lei 10.101/2000 (Participação nos Lucros ou Resultados)
▸ Súmula 451 do TST.
▸ OJ 73 da SDI-I Transitória do TST.

Constituição Federal

Art. 7º São direitos dos trabalhadores urbanos e rurais, além de outros que visem à melhoria de sua condição social:
XI – participação nos lucros, ou resultados, desvinculada da remuneração, e, excepcionalmente, participação na gestão da empresa, conforme definido em lei;

Lei 10.101/2000

Art. 2º A participação nos lucros ou resultados será objeto de negociação entre a empresa e seus empregados, mediante um dos procedimentos a seguir descritos, escolhidos pelas partes de comum acordo:
§ 1º Dos instrumentos decorrentes da negociação deverão constar regras claras e objetivas quanto à fixação dos direitos substantivos da participação e das regras adjetivas, inclusive mecanismos de aferição das informações pertinentes ao cumprimento do acordado, periodicidade da distribuição, período de vigência e prazos para revisão do acordo, podendo ser considerados, entre outros, os seguintes critérios e condições:
I – índices de produtividade, qualidade ou lucratividade da empresa;
II – programas de metas, resultados e prazos, pactuados previamente.
§ 2º O instrumento de acordo celebrado será arquivado na entidade sindical dos trabalhadores. (...)

Súmula

TST 451. Participação nos lucros e resultados. Rescisão contratual anterior à data da distribuição dos lucros. Pagamento proporcional aos meses trabalhados. Princípio da isonomia. Fere o princípio da isonomia instituir vantagem mediante acordo coletivo ou norma regulamentar que condiciona a percepção da parcela participação nos lucros e resultados ao fato de estar o contrato de trabalho em vigor na data prevista para a distribuição dos lucros. Assim, inclusive na rescisão contratual antecipada, é devido o pagamento da parcela de forma proporcional aos meses trabalhados, pois o ex-empregado concorreu para os resultados positivos da empresa.

Art. 622. Os empregados e as empresas que celebrarem contratos individuais de trabalho, estabelecendo condições contrárias ao que tiver sido ajustado em Convenção ou Acordo que lhes for aplicável, serão passíveis da multa neles fixada. *(Caput com redação pelo Dec.-lei 229/1967)*

▸ Súmula 384 do TST.

Súmula

TST 384. Multa convencional. Cobrança. I – O descumprimento de qualquer cláusula constante de instrumentos normativos diversos não submete o empregado a ajuizar várias ações, pleiteando em cada uma o pagamento da multa referente ao descumprimento de obrigações previstas nas cláusulas respectivas. II – É aplicável multa prevista em instrumento normativo (sentença normativa, convenção ou acordo coletivo) em caso de descumprimento de obrigação prevista em lei, mesmo que a norma coletiva seja mera repetição de texto legal.

Parágrafo único. A multa a ser imposta ao empregado não poderá exceder da metade daquela que, nas mesmas condições, seja estipulada para a empresa. *(Parágrafo único acrescido pelo Dec.-lei 229/1967)*

Art. 623. Será nula de pleno direito disposição de Convenção ou Acordo que, direta ou indiretamente, contrarie proibição ou norma disciplinadora da política econômico-financeira do Governo ou concernente à política salarial vigente, não produzindo quaisquer efeitos perante autoridades e repartições públicas, inclusive para fins de revisão de preços e tarifas de mercadorias e serviços. *(Caput com redação pelo Dec.-lei 229/1967)*

▸ OJs 16 e 17 da SDC do TST.

▸ PN 119 do TST.

Orientações Jurisprudenciais

SDC 16. Taxa de homologação de rescisão contratual. Ilegalidade. É contrária ao espírito da lei (art. 477, § 7º, da CLT) e da função precípua do Sindicato a cláusula coletiva que estabelece taxa para homologação de rescisão contratual, a ser paga pela empresa a favor do sindicato profissional.

SDC 17. Contribuições para entidades sindicais. Inconstitucionalidade de sua extensão a não associados. As cláusulas coletivas que estabeleçam contribuição em favor de entidade sindical, a qualquer título, obrigando trabalhadores não sindicalizados, são ofensivas ao direito de livre associação e sindicalização, constitucionalmente assegurado, e, portanto, nulas, sendo passíveis de devolução, por via própria, os respectivos valores eventualmente descontados.

Parágrafo único. Na hipótese deste artigo, a nulidade será declarada, de ofício ou mediante representação, pelo Ministro do Trabalho e Previdência Social, ou pela Justiça do Trabalho, em processo submetido ao seu julgamento. *(Parágrafo único acrescido pelo Dec.-lei 229/1967)*

Art. 624. A vigência de cláusula de aumento ou reajuste salarial, que implique elevação de tarifas ou de preços sujeitos à fixação por autoridade pública ou repartição governamental, dependerá de prévia audiência dessa autoridade ou repartição e sua expressa declaração no tocante à possibilidade de elevação da tarifa ou do preço e quanto ao valor dessa elevação. *(Artigo com redação pelo Dec.-lei 229/1967)*

Art. 625. As controvérsias resultantes da aplicação de Convenção ou de Acordo celebrado nos termos deste Título serão dirimidas pela Justiça do Trabalho. *(Artigo com redação pelo Dec.-lei 229/1967)*

▸ Art. 114, III, da CF.
▸ Art. 1º da Lei 8.984/1995
▸ Súmula 57 do STJ

Constituição Federal

Art. 114. Compete à Justiça do Trabalho processar e julgar: (...)
III – as ações sobre representação sindical, entre sindicatos, entre sindicatos e trabalhadores, e entre sindicatos e empregadores; (...)

Lei 8.984/1995

Art. 1º Compete à Justiça do Trabalho conciliar e julgar os dissídios que tenham origem no cumprimento de convenções coletivas de trabalho ou acordos coletivos de trabalho, mesmo quando ocorram entre sindicatos ou entre sindicato de trabalhadores e empregador. (...)

Súmula

STJ 57. Compete à Justiça Comum Estadual processar e julgar ação de cumprimento fundada em acordo ou convenção coletiva não homologados pela Justiça do Trabalho.

TÍTULO VI-A
DAS COMISSÕES DE CONCILIAÇÃO PRÉVIA

(Título VI-A acrescido pela Lei 9.958/2000)

▸ Portaria 329/2002 do MTE (Estabelece procedimentos para a instalação e o funcionamento das Comissões de Conciliação Prévia e Núcleos Intersindicais de Conciliação Trabalhista)

Art. 625-A. As empresas e os sindicatos podem instituir Comissões de Conciliação Prévia, de composição paritária, com representantes dos empregados e dos empregadores, com a atribuição de tentar conciliar os conflitos individuais do trabalho. *(Caput acrescido pela Lei 9.958/2000)*

Parágrafo único. As Comissões referidas no *caput* deste artigo poderão ser constituídas por grupos de empresas ou ter caráter intersindical. *(Parágrafo único acrescido pela Lei 9.958/2000)*

Art. 625-B. A Comissão instituída no âmbito da empresa será composta de, no mínimo, dois e, no máximo, dez membros, e observará as seguintes normas: *(Caput acrescido pela Lei 9.958/2000)*

I – a metade de seus membros será indicada pelo empregador e a outra metade eleita pelos empregados, em escrutínio secreto, fiscalizado pelo sindicato da categoria profissional; *(Inciso I acrescido pela Lei 9.958/2000)*

II – haverá na Comissão tantos suplentes quantos forem os representantes titulares; *(Inciso II acrescido pela Lei 9.958/2000)*

III – o mandato dos seus membros, titulares e suplentes, é de um ano, permitida uma recondução. *(Inciso III acrescido pela Lei 9.958/2000)*

§ 1º É vedada a dispensa dos representantes dos empregados membros da Comissão de Conciliação Prévia, titulares e suplentes, até um ano após o final do mandato, salvo se cometerem falta grave, nos termos da lei. *(§ 1º acrescido pela Lei 9.958/2000)*

▸ Arts. 7º, I, da CF.
▸ Art. 482 desta Consolidação.

Constituição Federal

Art. 7º São direitos dos trabalhadores urbanos e rurais, além de outros que visem à melhoria de sua condição social:
I – relação de emprego protegida contra despedida arbitrária ou sem justa causa, nos termos de lei complementar, que preverá indenização compensatória, dentre outros direitos; (...)

CLT

Art. 482. Constituem justa causa para rescisão do contrato de trabalho pelo empregador:
a) ato de improbidade;
b) incontinência de conduta ou mau procedimento;
c) negociação habitual por conta própria ou alheia sem permissão do empregador, e quando constituir ato de concorrência à empresa para a qual trabalha o empregado, ou for prejudicial ao serviço;
d) condenação criminal do empregado, passada em julgado, caso não tenha havido suspensão da execução da pena;
e) desídia no desempenho das respectivas funções;
f) embriaguez habitual ou em serviço;
g) violação de segredo da empresa;
h) ato de indisciplina ou de insubordinação;
i) abandono de emprego;
j) ato lesivo da honra ou da boa fama praticado no serviço contra qualquer pessoa, ou ofensas físicas, nas mesmas condições, salvo em caso de legítima defesa, própria ou de outrem;
k) ato lesivo da honra ou da boa fama ou ofensas físicas praticadas contra o empregador e superiores hierárquicos, salvo em caso de legítima defesa, própria ou de outrem;
l) prática constante de jogos de azar.
m) perda da habilitação ou dos requisitos estabelecidos em lei para o exercício da profissão, em decorrência de conduta dolosa do empregado.
Parágrafo único. Constitui igualmente justa causa para dispensa de empregado a prática, devidamente comprovada em inquérito administrativo, de atos atentatórios à segurança nacional.

§ 2º O representante dos empregados desenvolverá seu trabalho normal na empresa, afastando-se de suas atividades apenas quando convocado para atuar como conciliador, sendo computado como tempo de trabalho efetivo o despendido nessa atividade. *(§ 2º acrescido pela Lei 9.958/2000)*

Art. 625-C. A Comissão instituída no âmbito do sindicato terá sua constituição e normas de funcionamento definidas em convenção ou acordo coletivo. *(Artigo acrescido pela Lei 9.958/2000)*

▸ Art. 8º, I e VI, da CF.

Constituição Federal

Art. 8º É livre a associação profissional ou sindical, observado o seguinte:

I – a lei não poderá exigir autorização do Estado para a fundação de sindicato, ressalvado o registro no órgão competente, vedadas ao Poder Público a interferência e a intervenção na organização sindical; (...)

VI – é obrigatória a participação dos sindicatos nas negociações coletivas de trabalho;

Art. 625-D. Qualquer demanda de natureza trabalhista será submetida à Comissão de Conciliação Prévia se, na localidade da prestação de serviços, houver sido instituída a Comissão no âmbito da empresa ou do sindicato da categoria. *(Caput acrescido pela Lei 9.958/2000)*

▸ O STF, no julgamento da medida cautelar nas ADINs 2.139-7 e 2.160-5 (*DOU* 22.05.2009), deferiu, por maioria de votos, pela parcialidade das ações, para dar a este artigo, interpretação conforme a CF, no sentido de afastar a obrigatoriedade da submissão das demandas trabalhistas à comissão de conciliação prévia.

§ 1º A demanda será formulada por escrito ou reduzida a termo por qualquer dos membros da Comissão, sendo entregue cópia datada e assinada pelo membro aos interessados. *(§ 1º acrescido pela Lei 9.958/2000)*

▸ Vide ADIs 2.139, 2.160 e 2.237.

§ 2º Não prosperando a conciliação, será fornecida ao empregado e ao empregador declaração da tentativa conciliatória frustrada com a descrição de seu objeto, firmada pelos membros da Comissão, que deverá ser juntada à eventual reclamação trabalhista. *(§ 2º acrescido pela Lei 9.958/2000)*

▸ Vide ADIs 2.139, 2.160 e 2.237.

§ 3º Em caso de motivo relevante que impossibilite a observância do procedimento previsto no *caput* deste artigo, será a circunstância declarada na petição inicial da ação intentada perante a Justiça do Trabalho. *(§ 3º acrescido pela Lei 9.958/2000)*

▸ Vide ADIs 2.139, 2.160 e 2.237.

§ 4º Caso exista, na mesma localidade e para a mesma categoria, Comissão de empresa e Comissão sindical, o interessado optará por uma delas para submeter a sua demanda, sendo competente aquela que primeiro conhecer do pedido. *(§ 4º acrescido pela Lei 9.958/2000)*

▸ Vide ADIs 2.139, 2.160 e 2.237.

Art. 625-E. Aceita a conciliação, será lavrado termo assinado pelo empregado, pelo empregador ou seu preposto e pelos membros da Comissão, fornecendo-se cópia às partes. *(Caput acrescido pela Lei 9.958/2000)*

Parágrafo único. O termo de conciliação é título executivo extrajudicial e terá eficácia liberatória geral, exceto quanto às parcelas expressamente ressalvadas. *(Parágrafo único acrescido pela Lei 9.958/2000)*

▸ Arts. 876, 877-A e 878 desta Consolidação.
▸ Arts. 114, 320 e 842 do CC.
▸ Súmula 330 do TST
▸ OJ 270 SDI-I

CLT

Art. 877. É competente para a execução das decisões o Juiz ou Presidente do Tribunal que tiver conciliado ou julgado originariamente o dissídio.

Art. 877-A. É competente para a execução de título executivo extrajudicial o Juiz que teria competência para o processo de conhecimento relativo à matéria.

Art. 878. A execução será promovida pelas partes, permitida a execução de ofício pelo juiz ou pelo Presidente do Tribunal apenas nos casos em que as partes não estiverem representadas por advogado.

Código Civil

Art. 114. Os negócios jurídicos benéficos e a renúncia interpretam-se estritamente.

Art. 320. A quitação, que sempre poderá ser dada por instrumento particular, designará o valor e a espécie da dívida quitada, o nome do devedor, ou quem por este pagou, o tempo e o lugar do pagamento, com a assinatura do credor, ou do seu representante.

Parágrafo único. Ainda sem os requisitos estabelecidos neste artigo valerá a quitação, se de seus termos ou das circunstâncias resultar haver sido paga a dívida.

Art. 842. A transação far-se-á por escritura pública, nas obrigações em que a lei o exige, ou por instrumento particular, nas em que ela o admite; se recair sobre direitos contestados em juízo, será feita por escritura pública, ou por termo nos autos, assinado pelos transigentes e homologado pelo Juiz.

Súmula

TST 330. Quitação. Validade. A quitação passada pelo empregado, com assistência de entidade sindical de sua categoria, ao empregador, com observância dos requisitos exigidos nos parágrafos do art. 477 da CLT, tem eficácia liberatória em relação às parcelas expressamente consignadas no recibo, salvo se oposta ressalva expressa e especificada ao valor dado à parcela ou parcelas impugnadas. I – A quitação não abrange parcelas não consignadas no recibo de quitação e, consequentemente, seus reflexos em outras parcelas, ainda que estas constem desse recibo. II – Quanto a direitos que deveriam ter sido satisfeitos durante a vigência do contrato de trabalho, a quitação é válida em relação ao período expressamente consignado no recibo de quitação.

Orientação Jurisprudencial

SDI-I 270. Programa de incentivo à demissão voluntária. Transação extrajudicial. Parcelas oriundas do extinto contrato de trabalho. Efeitos. A transação extrajudicial que importa rescisão do contrato de trabalho ante a adesão do empregado a plano de demissão voluntária implica quitação exclusivamente das parcelas e valores constantes do recibo.

Art. 625-F. As Comissões de Conciliação Prévia têm prazo de dez dias para a realização da sessão de tentativa de conciliação a partir da provocação do interessado. *(Caput acrescido pela Lei 9.958/2000)*

Parágrafo único. Esgotado o prazo sem a realização da sessão, será fornecida, no último dia do prazo, a declaração a que se refere o § 2º do artigo 625-D. *(Parágrafo único acrescido pela Lei 9.958/2000)*

Art. 625-G. O prazo prescricional será suspenso a partir da provocação da Comissão de Conciliação Prévia, recomeçando a fluir, pelo que lhe resta, a partir da tentativa frustrada de conciliação ou do esgotamento do prazo previsto no artigo 625-F. *(Artigo acrescido pela Lei 9.958/2000)*

▸ Art. 7º, XXIX da CF
▸ Arts. 11 e 440 desta Consolidação

Constituição Federal

Art. 7º (...) XXIX – ação, quanto aos créditos resultantes das relações de trabalho, com prazo prescricional de cinco anos para os trabalhadores urbanos e rurais, até o limite de dois anos após a extinção do contrato de trabalho;

CLT

Art. 11. A pretensão quanto a créditos resultantes das relações de trabalho prescreve em cinco anos para os trabalhadores urbanos e rurais, até o limite de dois anos após a extinção do contrato de trabalho.

I e II – *Revogados pela Lei 13.467/2017.*

§ 1º O disposto neste artigo não se aplica às ações que tenham por objeto anotações para fins de prova junto à Previdência Social.

§ 2º Tratando-se de pretensão que envolva pedido de prestações sucessivas decorrente de alteração ou descumprimento do pactuado, a prescrição é total, exceto quando o direito à parcela esteja também assegurado por preceito de lei.

§ 3º A interrupção da prescrição somente ocorrerá pelo ajuizamento de reclamação trabalhista, mesmo que em juízo incompetente, ainda que venha a ser extinta sem resolução do mérito, produzindo efeitos apenas em relação aos pedidos idênticos.

Art. 11-A. Ocorre a prescrição intercorrente no processo do trabalho no prazo de dois anos.

§ 1º A fluência do prazo prescricional intercorrente inicia-se quando o exequente deixa de cumprir determinação judicial no curso da execução.

§ 2º A declaração da prescrição intercorrente pode ser requerida ou declarada de ofício em qualquer grau de jurisdição.

Art. 440. Contra os menores de 18 (dezoito) anos não corre nenhum prazo de prescrição.

Art. 625-H. Aplicam-se aos Núcleos Intersindicais de Conciliação Trabalhista em funcionamento ou que vierem a ser criados, no que couber, as disposições previstas neste Título, desde que observados os princípios da paridade e da negociação coletiva na sua constituição. *(Artigo acrescido pela Lei 9.958/2000)*

▸ Arts. 21, XXIV, e 114, VII, da CF.
▸ Art. 3º da EC 45/2004.
▸ Art. 19-A da Lei 6.019/1974 (Trabalho Temporário)
▸ Dec. 41.721/1957 (Promulga a Convenção 81 da OIT relativa à Inspeção do Trabalho na Indústria e no Comércio)
▸ Dec. 4.552/2002 (Regulamento da Inspeção do Trabalho)
▸ Arts. 74 e ss. da Portaria 667/2021 do MTE (Multas administrativas)

Constituição Federal
Art. 21. Compete à União: (...) XXIV – organizar, manter e executar a inspeção do trabalho;

Art. 114. Compete à Justiça do Trabalho processar e julgar: (...) VII – as ações relativas às penalidades administrativas impostas aos empregadores pelos órgãos de fiscalização das relações de trabalho; (...)

EC 45/2004
Art. 3º A lei criará o Fundo de Garantia das Execuções Trabalhistas, integrado pelas multas decorrentes de condenações trabalhistas e administrativas oriundas da fiscalização do tr"abalho, além de outras receitas.

Art. 626. Incumbe às autoridades competentes do Ministério do Trabalho, ou àquelas que exerçam funções delegadas, a fiscalização do fiel cumprimento das normas de proteção ao trabalho.

▸ Vide nota sobre a atualização da CLT relativa aos Ministérios.
▸ Art. 21, XXIV, da CF.
▸ Art. 11 da Lei 10.593/2002 (Dispõe sobre as atribuições do Auditor-Fiscal do Trabalho)
▸ Arts. 74 e ss. da Portaria 667/2021 do MTE (Multas administrativas)

Constituição Federal
Art. 21. Compete à União: (...) XXIV – organizar, manter e executar a Inspeção do trabalho;

Lei 10.593/2002
Art. 11. Os ocupantes do cargo de Auditor-Fiscal do Trabalho têm por atribuições assegurar, em todo o território nacional:
I – o cumprimento de disposições legais e regulamentares, inclusive as relacionadas à segurança e à medicina do trabalho, no âmbito das relações de trabalho e de emprego;
II – a verificação dos registros em Carteira de Trabalho e Previdência Social – CTPS, visando a redução dos índices de informalidade;
III – a verificação do recolhimento do Fundo de Garantia do Tempo de Serviço – FGTS, objetivando maximizar os índices de arrecadação;
IV – o cumprimento de acordos, convenções e contratos coletivos de trabalho celebrados entre empregados e empregadores;
V – o respeito aos acordos, tratados e convenções internacionais dos quais o Brasil seja signatário;
VI – a lavratura de auto de apreensão e guarda de documentos, materiais, livros e assemelhados, para verificação da existência de fraude e irregularidades, bem como o exame da contabilidade das empresas, não se lhes aplicando o disposto nos arts. 17 e 18 do Código Comercial.
Parágrafo único. O Poder Executivo regulamentará as atribuições privativas previstas neste artigo, podendo cometer aos ocupantes do cargo de Auditor-Fiscal do Trabalho outras atribuições, desde que compatíveis com atividades de auditoria e fiscalização.

Parágrafo único. Os fiscais dos Institutos de Seguro Social e das entidades paraestatais em geral, dependentes do Ministério do Trabalho serão competentes para a fiscalização a que se refere o presente artigo, na forma das instruções que forem expedidas pelo Ministro do Trabalho.

▸ Vide nota sobre a atualização da CLT relativa aos Ministérios.
▸ O art. 35 do Dec.-lei 229/1967 indica que as referências a institutos de seguro social entendem-se como concernentes ao Instituto Nacional da Previdência Social.

▸ Art. 83 da LC 75/1993
▸ Art. 17 da Lei 8.029/1990 (Institui o Instituto Nacional do Seguro Social – INSS)

Lei 8.029/1990
Art. 17. É o Poder Executivo autorizado a instituir o Instituto Nacional do Seguro Social – INSS, como autarquia federal, mediante fusão do Instituto de Administração da Previdência e Assistência Social – IAPAS, com o Instituto Nacional de Previdência Social – INPS, observado o disposto nos §§ 2º e 4º do art. 2º desta lei.

LC 75/1993
Art. 83. Compete ao Ministério Público do Trabalho o exercício das seguintes atribuições junto aos órgãos da Justiça do Trabalho:
I – promover as ações que lhe sejam atribuídas pela Constituição Federal e pelas leis trabalhistas;
II – manifestar-se em qualquer fase do processo trabalhista, acolhendo solicitação do Juiz ou por sua iniciativa, quando entender existente interesse público que justifique a intervenção; (...)
IV – propor as ações cabíveis para declaração de nulidade de cláusula de contrato, acordo coletivo ou convenção coletiva que viole as liberdades individuais ou coletivas ou os direitos individuais indisponíveis dos trabalhadores;

Art. 627. A fim de promover a instrução dos responsáveis no cumprimento das leis de proteção do trabalho, a fiscalização deverá observar o critério de dupla visita nos seguintes casos:

▸ Art. 55 da LC 123/2006 (Estatuto da Microempresa)
▸ Art. 6º, §§ 3º e 4º, da Lei 7.855/1989 (Atualiza os valores das multas trabalhistas e institui o Programa de Desenvolvimento do Sistema Federal de Inspeção do Trabalho)
▸ Art. 11-A da Lei 10.593/2002 que dispõe sobre a verificação pelo Auditor-Fiscal do Trabalho do cumprimento das normas que regem o trabalho do empregado doméstico.

LC 123/2006
Art. 55. A fiscalização, no que se refere aos aspectos trabalhista, metrológico, sanitário, ambiental, de segurança e de uso e ocupação do solo das microempresas e empresas de pequeno porte deverá ter natureza prioritariamente orientadora, quando a atividade ou situação, por sua natureza, comportar grau de risco compatível com esse procedimento.

Lei 7.855/1989
Art. 6º (...)
§ 3º Será observado o critério de dupla visita nas empresas com até dez empregados, salvo quando for constatada infração por falta de registro de empregado, anotação de sua Carteira de Trabalho e Previdência Social e na ocorrência de fraude, resistência ou embaraço à fiscalização.
§ 4º Na empresa que for autuada, após obedecido o disposto no parágrafo anterior, não será mais observado o critério da dupla visita em relação ao dispositivo infringido. (...)

Lei 10.593/2002
Art. 11-A. A verificação, pelo Auditor-Fiscal do Trabalho, do cumprimento das normas que regem o trabalho do empregado doméstico, no âmbito do domicílio do empregador, dependerá de agendamento e de entendimento prévios entre a fiscalização e o empregador.
§ 1º A fiscalização deverá ter natureza prioritariamente orientadora.
§ 2º Será observado o critério de dupla visita para lavratura de auto de infração, salvo quando for constatada infração por falta de anotação na Carteira de Trabalho e Previdência Social ou, ainda, na ocorrência de reincidência, fraude, resistência ou embaraço à fiscalização.
§ 3º Durante a inspeção do trabalho referida no *caput*, o Auditor-Fiscal do Trabalho far-se-á acompanhar pelo empregador ou por alguém de sua família por este designado.

a) quando ocorrer a promulgação ou expedição de novas leis, regulamentos ou instruções ministeriais, sendo que, com relação exclusivamente a esses atos, será feita apenas a instrução dos responsáveis;

b) em se realizando a primeira inspeção dos estabelecimentos ou dos locais de trabalho, recentemente inaugurados ou empreendidos.

Art. 627-A. Poderá ser instaurado procedimento especial para a ação fiscal, objetivando a orientação sobre o cumprimento das leis de proteção ao trabalho, bem como a prevenção e o saneamento de infrações à legislação mediante Termo de Compromisso, na forma a ser disciplinada

no Regulamento da Inspeção do Trabalho. *(Artigo acrescido pela MP 2.164-41/2001)*

▶ Dec. 4.552/2002 (Aprova o Regulamento da Inspeção do Trabalho)

Art. 628. Salvo o disposto nos artigos 627 e 627-A, a toda verificação em que o Auditor-Fiscal do Trabalho concluir pela existência de violação de preceito legal deve corresponder, sob pena de responsabilidade administrativa, a lavratura de auto de infração. *(Caput com redação pela MP 2.164-41/2001)*

§ 1º Ficam as empresas obrigadas a possuir o livro intitulado "Inspeção do Trabalho", cujo modelo será aprovado por Portaria Ministerial. *(§ 1º acrescido pelo Dec.-lei 229/1967)*

▶ Art. 51, IV, da LC 123/2006 (Estatuto da Microempresa)
▶ Portaria 3.158/1971 do MTPS (Obrigatoriedade do livro de Inspeção do Trabalho)

LC 123/2006

Art. 51. As microempresas e as empresas de pequeno porte são dispensadas: (...)
IV – da posse do livro intitulado "Inspeção do Trabalho";

§ 2º Nesse livro, registrará o agente da inspeção sua visita ao estabelecimento, declarando a data e a hora do início e término da mesma, bem como o resultado da inspeção, nele consignando, se for o caso, todas as irregularidades verificadas e as exigências feitas, com os respectivos prazos para seu atendimento, e, ainda, de modo legível, os elementos de sua identificação funcional. *(§ 2º acrescido pelo Dec.-lei 229/1967)*

§ 3º Comprovada a má-fé do agente da inspeção, quanto à omissão ou lançamento de qualquer elemento no livro, responderá ele por falta grave no cumprimento do dever, ficando passível, desde logo, da pena de suspensão até trinta dias, instaurando-se, obrigatoriamente, em caso de reincidência, inquérito administrativo. *(§ 3º acrescido pelo Dec.-lei 229/1967)*

§ 4º A lavratura de autos contra empresas fictícias e de endereços inexistentes, assim como a apresentação de falsos relatórios, constitui falta grave, punível na forma do § 3º. *(§ 4º acrescido pelo Dec.-lei 229/1967)*

Art. 628-A. Fica instituído o Domicílio Eletrônico Trabalhista, regulamentado pelo Ministério do Trabalho e Previdência, destinado a: *(Artigo acrescido pela Lei 14.261/2021)*

I – cientificar o empregador de quaisquer atos administrativos, ações fiscais, intimações e avisos em geral; e

II – receber, por parte do empregador, documentação eletrônica exigida no curso das ações fiscais ou apresentação de defesa e recurso no âmbito de processos administrativos.

§ 1º As comunicações eletrônicas realizadas pelo Domicílio Eletrônico Trabalhista dispensam a sua publicação no Diário Oficial da União e o envio por via postal e são consideradas pessoais para todos os efeitos legais.

§ 2º A ciência por meio do sistema de comunicação eletrônica, com utilização de certificação digital ou de código de acesso, possuirá os requisitos de validade.

Art. 629. O auto de infração será lavrado em duplicata, nos termos dos modelos e instruções expedidos, sendo uma via entregue ao infrator, contra recibo, ou ao mesmo enviada, dentro de dez dias da lavratura, sob pena de responsabilidade, em registro postal, com franquia e recibo de volta. *(Caput com redação pelo Dec.-lei 229/1967)*

§ 1º O auto não terá o seu valor probante condicionado à assinatura do infrator ou de testemunhas, e será lavrado no local da inspeção, salvo havendo motivo justificado que será declarado no próprio auto, quando então deverá ser lavrado no prazo de vinte e quatro horas, sob pena de responsabilidade. *(§ 1º com redação pelo Dec.-lei 229/1967)*

§ 2º Lavrado o auto de infração, não poderá ele ser inutilizado, nem sustado o curso do respectivo processo, devendo o agente da inspeção apresentá-lo à autoridade competente, mesmo se incidir em erro. *(§ 2º com redação pelo Dec.-lei 229/1967)*

§ 3º O infrator terá, para apresentar defesa, o prazo de dez dias contados do recebimento do auto. *(§ 3º com redação pelo Dec.-lei 229/1967)*

§ 4º O auto de infração será registrado com a indicação sumária de seus elementos característicos, em livro próprio que deverá existir em cada órgão fiscalizador, de modo a assegurar o controle do seu processamento. *(§ 4º acrescido pelo Dec.-lei 229/1967)*

Art. 630. Nenhum agente da inspeção poderá exercer as atribuições do seu cargo sem exibir a carteira de identidade fiscal, devidamente autenticada, fornecida pela autoridade competente. *(Caput com redação pelo Dec.-lei 229/1967)*

▶ Lei 10.593/2002 (Dispõe sobre a organização da Carreira Auditoria-Fiscal da Previdência Social e da Carreira Auditoria-Fiscal do Trabalho)
▶ Portaria 448/2014 da SIT (Aprova o modelo de Carteira de Identidade Fiscal – CIF, dos Auditores-Fiscais do Trabalho)

§ 1º É proibida a outorga de identidade fiscal a quem não esteja autorizado, em razão do cargo ou função, a exercer ou praticar, no âmbito da legislação trabalhista, atos de fiscalização. *(§ 1º acrescido pelo Dec.-lei 229/1967)*

§ 2º A credencial a que se refere este artigo deverá ser devolvida para inutilização, sob as penas da lei, em casos de provimento em outro cargo público, exoneração ou demissão, bem como nos de licenciamento por prazo superior a sessenta dias e de suspensão do exercício do cargo. *(§ 2º acrescido pelo Dec.-lei 229/1967)*

§ 3º O agente da inspeção terá livre acesso a todas as dependências dos estabelecimentos sujeitos ao regime da legislação trabalhista, sendo as empresas, por seus dirigentes, ou prepostos, obrigadas a prestar-lhe os esclarecimentos necessários ao desempenho de suas atribuições legais e a exigir-lhe, quando exigidos, quaisquer documentos que digam respeito ao fiel cumprimento das normas de proteção ao trabalho. *(§ 3º acrescido pelo Dec.-lei 229/1967)*

▶ Inst. Normativa 84/2010 da SIT (Fiscalização do FGTS e das Contribuições Sociais instituídas pela LC 110/2001)

§ 4º Os documentos sujeitos à inspeção deverão permanecer, sob as penas da lei, nos locais de trabalho, somente se admitindo, por exceção, a critério da autoridade competente, sejam os mesmos apresentados em dia e hora previamente fixados pelo agente da inspeção. *(§ 4º acrescido pelo Dec.-lei 229/1967)*

▶ Inst. Normativa 84/2010 da SIT (Fiscalização do FGTS e das Contribuições Sociais instituídas pela LC 110/2001)

§ 5º No território do exercício de sua função, o agente da inspeção gozará de passe livre nas empresas de transporte, públicas ou privadas, mediante a apresentação da carteira de identidade fiscal. *(§ 5º acrescido pelo Dec.-lei 229/1967)*

§ 6º A inobservância do disposto nos §§ 3º, 4º e 5º configurará resistência ou embaraço à fiscalização e justificará a lavratura do respectivo auto de infração, cominada a multa de valor igual a meio salário mínimo regional, até cinco vezes esse valor, levando-se em conta, além das circunstâncias atenuantes ou agravantes, a situação

econômico-financeira do infrator e os meios a seu alcance para cumprir a lei. *(§ 6º acrescido Dec.-lei 229/1967)*

▸ Art. 5º da Lei 7.855/1989 (Atualiza os valores das multas trabalhistas e institui o Programa de Desenvolvimento do Sistema Federal de Inspeção do Trabalho)

▸ Arts. 74 e ss. da Portaria 667/2021 do MTE (Multas administrativas)

Lei 7.855/1989

Art. 5º As multas previstas na legislação trabalhista serão, quando for o caso, e sem prejuízo das demais cominações legais, agravadas até o grau máximo, nos casos de artifício, ardil, simulação, desacato, embaraço ou resistência a ação fiscal, levando-se em conta, além das circunstâncias atenuantes ou agravantes, a situação econômico-financeira do infrator e os meios a seu alcance para cumprir a lei.

§ 7º Para o efeito do disposto no § 5º, a autoridade competente divulgará, em janeiro e julho de cada ano, a relação dos agentes de inspeção titulares da carteira de identidade fiscal. *(§ 7º acrescido pelo Dec.-lei 229/1967)*

§ 8º As autoridades policiais, quando solicitadas, deverão prestar aos agentes da inspeção a assistência de que necessitarem para o fiel cumprimento de suas atribuições legais. *(§ 8º acrescido pelo Dec.-lei 229/1967)*

Art. 631. Qualquer funcionário público federal, estadual ou municipal, ou representante legal de associação sindical, poderá comunicar à autoridade competente do Ministério do Trabalho, as infrações que verificar.

▸ Vide nota sobre a atualização da CLT relativa aos Ministérios.

Parágrafo único. De posse dessa comunicação, a autoridade competente procederá desde logo às necessárias diligências, lavrando os autos de que haja mister.

Art. 632. Poderá o autuado requerer a audiência de testemunhas e as diligências que lhe parecerem necessárias à elucidação do processo, cabendo, porém, à autoridade julgar da necessidade de tais provas.

▸ Art. 5º, LV, da CF.

Constituição Federal

Art. 5º Todos são iguais perante a lei, sem distinção de qualquer natureza, garantindo-se aos brasileiros e aos estrangeiros residentes no País a inviolabilidade do direito à vida, à liberdade, à igualdade, à segurança e à propriedade, nos termos seguintes:

(...) LV – aos litigantes, em processo judicial ou administrativo, e aos acusados em geral são assegurados o contraditório e ampla defesa, com os meios e recursos a ela inerentes;

Art. 633. *Revogado pela Lei 13.874/2019.*

Art. 634. Na falta de disposição especial, a imposição das multas incumbe às autoridades regionais competentes em matéria de trabalho, na forma estabelecida por este Título.

§ 1º A aplicação da multa não eximirá o infrator da responsabilidade em que incorrer por infração das leis penais. *(Primitivo parágrafo único renumerado pela Lei 13.467/2017)*

▸ Arts. 197 a 207 do CP.

Código Penal

Art. 197. Constranger alguém, mediante violência ou grave ameaça:

I – a exercer ou não exercer arte, ofício, profissão ou indústria, ou a trabalhar ou não trabalhar durante certo período ou em determinados dias:

Pena – detenção, de um mês a um ano, e multa, além da pena correspondente à violência.

II – a abrir ou fechar o seu estabelecimento de trabalho, ou a participar de parede ou paralisação de atividade econômica:

Pena – detenção, de três meses a um ano, e multa, além da pena correspondente à violência.

Atentado contra a liberdade de contrato de trabalho e boicotagem violenta

Art. 198. Constranger alguém, mediante violência ou grave ameaça, a celebrar contrato de trabalho, ou a não fornecer a outrem ou não adquirir de outrem matéria-prima ou produto industrial ou agrícola:

Pena – detenção, de um mês a um ano, e multa, além da pena correspondente à violência.

Atentado contra a liberdade de associação

Art. 199. Constranger alguém, mediante violência ou grave ameaça, a participar ou deixar de participar de determinado sindicato ou associação profissional:

Pena – detenção, de um mês a um ano, e multa, além da pena correspondente à violência.

Paralisação de trabalho, seguida de violência ou perturbação da ordem

Art. 200. Participar de suspensão ou abandono coletivo de trabalho, praticando violência contra pessoa ou contra coisa:

Pena – detenção, de um mês a um ano, e multa, além da pena correspondente à violência.

Parágrafo único – Para que se considere coletivo o abandono de trabalho é indispensável o concurso de, pelo menos, três empregados.

Paralisação de trabalho de interesse coletivo

Art. 201. Participar de suspensão ou abandono coletivo de trabalho, provocando a interrupção de obra pública ou serviço de interesse coletivo:

Pena – detenção, de seis meses a dois anos, e multa.

Invasão de estabelecimento industrial, comercial ou agrícola. Sabotagem

Art. 202. Invadir ou ocupar estabelecimento industrial, comercial ou agrícola, com o intuito de impedir ou embaraçar o curso normal do trabalho, ou com o mesmo fim danificar o estabelecimento ou as coisas nele existentes ou delas dispor:

Pena – reclusão, de um a três anos, e multa.

Frustração de direito assegurado por lei trabalhista

Art. 203. Frustrar, mediante fraude ou violência, direito assegurado pela legislação do trabalho:

Pena – detenção de um ano a dois anos, e multa, além da pena correspondente à violência.

§ 1º Na mesma pena incorre quem:

I – obriga ou coage alguém a usar mercadorias de determinado estabelecimento, para impossibilitar o desligamento do serviço em virtude de dívida;

II – impede alguém de se desligar de serviços de qualquer natureza, mediante coação ou por meio da retenção de seus documentos pessoais ou contratuais

§ 2º A pena é aumentada de um sexto a um terço se a vítima é menor de dezoito anos, idosa, gestante, indígena ou portadora de deficiência física ou mental.

Frustração de lei sobre a nacionalização do trabalho

Art. 204. Frustrar, mediante fraude ou violência, obrigação legal relativa à nacionalização do trabalho:

Pena – detenção, de um mês a um ano, e multa, além da pena correspondente à violência.

Exercício de atividade com infração de decisão administrativa

Art. 205. Exercer atividade, de que está impedido por decisão administrativa:

Pena – detenção, de três meses a dois anos, ou multa.

Aliciamento para o fim de emigração

Art. 206. Recrutar trabalhadores, mediante fraude, com o fim de levá-los para território estrangeiro.

Pena – detenção, de 1 (um) a 3 (três) anos e multa.

Aliciamento de trabalhadores de um local para outro do território nacional

Art. 207. Aliciar trabalhadores, com o fim de levá-los de uma para outra localidade do território nacional:

Pena – detenção de um a três anos, e multa.

§ 1º Incorre na mesma pena quem recrutar trabalhadores fora da localidade de execução do trabalho, dentro do território nacional, mediante fraude ou cobrança de qualquer quantia do trabalhador, ou, ainda, não assegurar condições do seu retorno ao local de origem

§ 2º A pena é aumentada de um sexto a um terço se a vítima é menor de dezoito anos, idosa, gestante, indígena ou portadora de deficiência física ou mental.

§ 2º Os valores das multas administrativas expressos em moeda corrente serão reajustados anualmente pela Taxa Referencial (TR), divulgada pelo Banco Central do Brasil, ou pelo índice que vier a substituí-lo. *(§ 2º acrescido pela Lei 13.467/2017)*

<div align="center">CAPÍTULO II
DOS RECURSOS</div>

Art. 635. De toda decisão que impuser multa por infração das leis e disposições reguladoras do trabalho, e não havendo forma especial de processos, caberá recurso para o Diretor-Geral do Departamento ou Serviço do Ministério do Trabalho e Previdência Social que for competente na matéria. *(Caput com redação pelo Dec.-lei 229/1967)*

Parágrafo único. As decisões serão sempre fundamentadas. *(Parágrafo único com redação pelo Dec.-lei 229/1967)*

Art. 636. Os recursos devem ser interpostos no prazo de dez dias, contados do recebimento da notificação, perante a autoridade que houver imposto a multa, a qual, depois de os informar, encaminhá-los-á à autoridade de instância superior. *(Caput com redação pelo Dec.-lei 229/1967)*

§ 1º O recurso só terá seguimento se o interessado o instruir com a prova do depósito da multa. *(§ 1º acrescido pelo Dec.-lei 229/1967)*

▶ O STF, no julgamento da ADPF 156 *(DOU 26.08.2011)* por unanimidade de votos, julgou procedente a ação, para declarar a não recepção deste parágrafo pela CF de 1988.
▶ Art. 5º, XXXIV, *a*, e LV, da CF.
▶ Súmula Vinculante 21 do STF.
▶ Súmula 373 do STJ.
▶ Súmula 424 do TST.

Constituição Federal

Art. 5º Todos são iguais perante a lei, sem distinção de qualquer natureza, garantindo-se aos brasileiros e aos estrangeiros residentes no País a inviolabilidade do direito à vida, à liberdade, à igualdade, à segurança e à propriedade, nos termos seguintes: (...)
XXXIV – são a todos assegurados, independentemente do pagamento de taxas:
a) o direito de petição aos Poderes Públicos em defesa de direitos ou contra ilegalidade ou abuso de poder; (...)
LV – aos litigantes, em processo judicial ou administrativo, e aos acusados em geral são assegurados o contraditório e ampla defesa, com os meios e recursos a ela inerentes; (...)

Súmula Vinculante

STF 21. É inconstitucional a exigência de depósito ou arrolamento prévios de dinheiro ou bens para admissibilidade de recurso administrativo.

Súmulas

STJ 373. É ilegítima a exigência de depósito prévio para admissibilidade de recurso administrativo.

TST 424. Recurso administrativo. Pressuposto de admissibilidade. Depósito prévio da multa administrativa. Não recepção pela Constituição Federal do § 1º do art. 636 da CLT. O § 1º do art. 636 da CLT, que estabelece a exigência de prova do depósito prévio do valor da multa cominada em razão de autuação administrativa como pressuposto de admissibilidade de recurso administrativo, não foi recepcionado pela Constituição Federal de 1988, ante a sua incompatibilidade com o inciso LV do art. 5º.

§ 2º A notificação somente será realizada por meio de edital, publicado no órgão oficial, quando o infrator estiver em lugar incerto e não sabido. *(§ 2º acrescido pelo Dec.-lei 229/1967)*

§ 3º A notificação de que trata este artigo fixará igualmente o prazo de dez dias para que o infrator recolha o valor da multa, sob pena de cobrança executiva. *(§ 3º acrescido pelo Dec.-lei 229/1967)*

§ 4º As guias de depósito ou recolhimento serão emitidas em três vias e o recolhimento da multa deverá proceder-se dentro de cinco dias às repartições federais competentes, que escriturarão a receita a crédito do Ministério do Trabalho e Previdência Social. *(§ 4º acrescido pelo Dec.-lei 229/1967)*

§ 5º A segunda via da guia de recolhimento será devolvida pelo infrator à repartição que a emitiu, até o sexto dia depois de sua expedição, para a averbação no processo. *(§ 5º acrescido pelo Dec.-lei 229/1967)*

§ 6º A multa será reduzida de cinquenta por cento se o infrator, renunciando ao recurso, a recolher ao Tesouro Nacional dentro do prazo de dez dias contados do recebimento da notificação ou da publicação do edital. *(§ 6º acrescido pelo Dec.-lei 229/1967)*

§ 7º Para a expedição da guia, no caso do § 6º, deverá o infrator juntar a notificação com a prova da data do seu recebimento, ou a folha do órgão oficial que publicou o edital. *(§ 7º acrescido pelo Dec.-lei 229/1967)*

Art. 637. De todas as decisões que proferirem em processos de infração das leis de proteção ao trabalho e que impliquem arquivamento destes, observado o disposto no parágrafo único do artigo 635, deverão as autoridades prolatoras recorrer de ofício para a autoridade competente de instância superior. *(Artigo com redação pelo Dec.-lei 229/1967)*

Art. 638. Ao Ministro do Trabalho, é facultado avocar ao seu exame e decisão, dentro de noventa dias do despacho final do assunto, ou no curso do processo, as questões referentes à fiscalização dos preceitos estabelecidos nesta Consolidação.

▶ Vide nota sobre a atualização da CLT relativa aos Ministérios.

<div align="center">CAPÍTULO III
DO DEPÓSITO, DA INSCRIÇÃO E DA COBRANÇA</div>

Art. 639. Não sendo provido o recurso, o depósito se converterá em pagamento.

Art. 640. É facultado às Delegacias Regionais do Trabalho, na conformidade de instruções expedidas pelo Ministro de Estado, promover a cobrança amigável das multas antes do encaminhamento dos processos à cobrança executiva. *(Artigo com redação pelo Dec.-lei 229/1967)*

Art. 641. Não comparecendo o infrator, ou não depositando a importância da multa ou penalidade, far-se-á a competente inscrição em livro especial, existente nas repartições das quais se tiver originado a multa ou penalidade, ou de onde tenha provindo a reclamação que a determinou, sendo extraída cópia autêntica dessa inscrição e enviada às autoridades competentes para a respectiva cobrança judicial, valendo tal instrumento como título de dívida líquida e certa.

Art. 642. A cobrança judicial das multas impostas pelas autoridades administrativas do trabalho obedecerá ao disposto na legislação aplicável à cobrança da dívida ativa da União, sendo promovida, no Distrito Federal e nas capitais dos Estados em que funcionarem Tribunais Regionais do Trabalho, pela Procuradoria da Justiça do Trabalho, e, nas demais localidades, pelo Ministério Público Estadual, nos termos do Decreto-Lei 960, de 17 de dezembro de 1938.

▶ O Dec.-lei 9.797/1946, substitui os termos "Conselho Regional" e "Conselho Nacional" por "Tribunal Regional" e "Tribunal Superior".
▶ Arts. 114, V, VII, e 131, § 3º, da CF.
▶ Art. 29, § 5º, do ADCT.
▶ Art. 201, *caput*, da Lei 5.172/1966 (Código Tributário Nacional)
▶ Lei 6.830/1980 (Lei de Execução Fiscal)

Constituição Federal

Art. 114. Compete à Justiça do Trabalho processar e julgar: (...)

V – os mandados de segurança, *habeas corpus* e *habeas data* , quando o ato questionado envolver matéria sujeita à sua jurisdição; (...)

VII – as ações relativas às penalidades administrativas impostas aos empregadores pelos órgãos de fiscalização das relações de trabalho;

Art. 131. A Advocacia-Geral da União é a instituição que, diretamente ou através de órgão vinculado, representa a União, judicial e extrajudicialmente, cabendo-lhe, nos termos da lei complementar que dispuser sobre sua organização e funcionamento, as atividades de consultoria e assessoramento jurídico do Poder Executivo. (...)

§ 3º Na execução da dívida ativa de natureza tributária, a representação da União cabe à Procuradoria-Geral da Fazenda Nacional, observado o disposto em lei.

Código Tributário Nacional

Art. 201. Constitui dívida ativa tributária a proveniente de crédito dessa natureza, regularmente inscrita na repartição administrativa competente, depois de esgotado o prazo fixado, para pagamento, pela lei ou por decisão final proferida em processo regular. (...)

Parágrafo único. No Estado de São Paulo a cobrança continuará a cargo da Procuradoria do Departamento Estadual do Trabalho, na forma do convênio em vigor.

▶ Artigo prejudicado pelos arts. 9º e 10º do Dec.-lei 9.509/1946.

Dec.-lei 9.509/1946

Art. 9º A cobrança das multas impostas pelo Diretor Geral do Departamento Estadual do Trabalho por infração da legislação trabalhista, ficará exclusivamente a cargo da Procuradoria do Trabalho daquele órgão, que será restabelecida com as suas anteriores atribuições e que observará, para o fim ao disposto no presente artigo, os preceitos da legislação federal relativos à cobrança da dívida ativa da União.

Art. 10. A renda relativa ao registro de livros e à expedição das carteiras profissionais e das de trabalho, bem assim a referentes aos registros profissionais, será atribuída ao Tesouro Nacional e paga na forma da legislação em vigor.

TÍTULO VII-A
DA PROVA DE INEXISTÊNCIA
DE DÉBITOS TRABALHISTAS

(Título acrescido pela Lei 12.440/2011)

Art. 642-A. É instituída a Certidão Negativa de Débitos Trabalhistas (CNDT), expedida gratuita e eletronicamente, para comprovar a inexistência de débitos inadimplidos perante a Justiça do Trabalho. *(Caput acrescido pela Lei 12.440/2011)*

▶ Resolução Administrativa 1.470/2011 do TST (Regulamenta a expedição da Certidão Negativa de Débitos Trabalhistas – CNDT)
▶ Art. 27, IV, da Lei 8.666/1993.

Lei 8.666/1993

Art. 27. Para a habilitação nas licitações exigir-se-á dos interessados, exclusivamente, documentação relativa a: (...) IV – regularidade fiscal e trabalhista;

§ 1º O interessado não obterá a certidão quando em seu nome constar: *(§ 1º acrescido pela Lei 12.440/2011)*

I – o inadimplemento de obrigações estabelecidas em sentença condenatória transitada em julgado proferida pela Justiça do Trabalho ou em acordos judiciais trabalhistas, inclusive no concernente aos recolhimentos previdenciários, a honorários, a custas, a emolumentos ou a recolhimentos determinados em lei; ou *(Inciso I acrescido pela Lei 12.440/2011)*

II – o inadimplemento de obrigações decorrentes de execução de acordos firmados perante o Ministério Público do Trabalho ou Comissão de Conciliação Prévia. *(Inciso II acrescido pela Lei 12.440/2011)*

§ 2º Verificada a existência de débitos garantidos por penhora suficiente ou com exigibilidade suspensa, será expedida Certidão Positiva de Débitos Trabalhistas em nome do interessado com os mesmos efeitos da CNDT. *(§ 2º acrescido pela Lei 12.440/2011)*

§ 3º A CNDT certificará a empresa em relação a todos os seus estabelecimentos, agências e filiais. *(§ 3º acrescido pela Lei 12.440/2011)*

§ 4º O prazo de validade da CNDT é de 180 (cento e oitenta) dias, contado da data de sua emissão. *(§ 4º acrescido pela Lei 12.440/2011)*

TÍTULO VIII
DA JUSTIÇA DO TRABALHO

▶ Arts. 109, I, II, VI, e 111 a 116 da CF.
▶ Lei 8.984/1995 (Estende a competência da Justiça do Trabalho)

Constituição Federal

Art. 109. Aos juízes federais compete processar e julgar:

I – as causas em que a União, entidade autárquica ou empresa pública federal forem interessadas na condição de autoras, rés, assistentes ou oponentes, exceto as de falência, as de acidentes de trabalho e as sujeitas à Justiça Eleitoral e à Justiça do Trabalho;

II – as causas entre Estado estrangeiro ou organismo internacional e Município ou pessoa domiciliada ou residente no País; (...)

VI – os crimes contra a organização do trabalho e, nos casos determinados por lei, contra o sistema financeiro e a ordem econômico-financeira; (...)

Art. 111. São órgãos da Justiça do Trabalho:

I – o Tribunal Superior do Trabalho;

II – os Tribunais Regionais do Trabalho;

III – Juízes do Trabalho. (...)

Art. 111-A. O Tribunal Superior do Trabalho compor-se-á de vinte e sete Ministros, escolhidos dentre brasileiros com mais de trinta e cinco anos e menos de sessenta e cinco anos, de notável saber jurídico e reputação ilibada, nomeados pelo Presidente da República após aprovação pela maioria absoluta do Senado Federal, sendo:

I – um quinto dentre advogados com mais de dez anos de efetiva atividade profissional e membros do Ministério Público do Trabalho com mais de dez anos de efetivo exercício, observado o disposto no art. 94;

II – os demais dentre juízes dos Tribunais Regionais do Trabalho, oriundos da magistratura da carreira, indicados pelo próprio Tribunal Superior.

§ 1º A lei disporá sobre a competência do Tribunal Superior do Trabalho.

§ 2º Funcionarão junto ao Tribunal Superior do Trabalho:

I – a Escola Nacional de Formação e Aperfeiçoamento de Magistrados do Trabalho, cabendo-lhe, dentre outras funções, regulamentar os cursos oficiais para o ingresso e promoção na carreira;

II – o Conselho Superior da Justiça do Trabalho, cabendo-lhe exercer, na forma da lei, a supervisão administrativa, orçamentária, financeira e patrimonial da Justiça do Trabalho de primeiro e segundo graus, como órgão central do sistema, cujas decisões terão efeito vinculante.

§ 3º Compete ao Tribunal Superior do Trabalho processar e julgar, originariamente, a reclamação para a preservação de sua competência e garantia da autoridade de suas decisões.

Art. 112. A lei criará varas da Justiça do Trabalho, podendo, nas comarcas não abrangidas por sua jurisdição, atribuí-la aos juízes de direito, com recurso para o respectivo Tribunal Regional do Trabalho.

Art. 113. A lei disporá sobre a constituição, investidura, jurisdição, competência, garantias e condições de exercício dos órgãos da Justiça do Trabalho.

Art. 114. Compete à Justiça do Trabalho processar e julgar:

I – as ações oriundas da relação de trabalho, abrangidos os entes de direito público externo e da administração pública direta e indireta da União, dos Estados, do Distrito Federal e dos Municípios;

II – as ações que envolvam exercício do direito de greve;

III – as ações sobre representação sindical, entre sindicatos, entre sindicatos e trabalhadores, e entre sindicatos e empregadores;

IV – os mandados de segurança, *habeas corpus* e *habeas data* , quando o ato questionado envolver matéria sujeita à sua jurisdição;

V – os conflitos de competência entre órgãos com jurisdição trabalhista, ressalvado o disposto no art. 102, I, *o*;

VI – as ações de indenização por dano moral ou patrimonial, decorrentes da relação de trabalho;

VII – as ações relativas às penalidades administrativas impostas aos empregadores pelos órgãos de fiscalização das relações de trabalho;

VIII – a execução, de ofício, das contribuições sociais previstas no art. 195, I, *a*, e II, e seus acréscimos legais, decorrentes das sentenças que proferir;

IX – outras controvérsias decorrentes da relação de trabalho, na forma da lei.

§ 1º Frustrada a negociação coletiva, as partes poderão eleger árbitros.

§ 2º Recusando-se qualquer das partes à negociação coletiva ou à arbitragem, é facultado às mesmas, de comum acordo, ajuizar dissídio coletivo de natureza econômica, podendo a Justiça do Trabalho decidir o conflito, respeitadas as disposições mínimas legais de proteção ao trabalho, bem como as convencionadas anteriormente.

§ 3º Em caso de greve em atividade essencial, com possibilidade de lesão do interesse público, o Ministério Público do Trabalho poderá ajuizar dissídio coletivo, competindo à Justiça do Trabalho decidir o conflito.

Art. 115. Os Tribunais Regionais do Trabalho compõem-se de, no mínimo, sete juízes, recrutados, quando possível, na respectiva região, e nomeados pelo Presidente da República dentre brasileiros com mais de trinta e menos de sessenta e cinco anos, sendo:

I – um quinto dentre advogados com mais de dez anos de efetiva atividade profissional e membros do Ministério Público do Trabalho com mais de dez anos de efetivo exercício, observado o disposto no art. 94;

II – os demais, mediante promoção de juízes do trabalho por antiguidade e merecimento, alternadamente.

§ 1º Os Tribunais Regionais do Trabalho instalarão a justiça itinerante, com a realização de audiências e demais funções de atividade jurisdicional, nos limites territoriais da respectiva jurisdição, servindo-se de equipamentos públicos e comunitários.

§ 2º Os Tribunais Regionais do Trabalho poderão funcionar descentralizadamente, constituindo Câmaras regionais, a fim de assegurar o pleno acesso do jurisdicionado à justiça em todas as fases do processo.

Art. 116. Nas Varas do Trabalho, a jurisdição será exercida por um Juiz singular.

CAPÍTULO I
INTRODUÇÃO

▸ Art. 46, I, II e IV, do ADCT.

Art. 643. Os dissídios, oriundos das relações entre empregados e empregadores, bem como de trabalhadores avulsos e seus tomadores de serviços, em atividades reguladas na legislação social, serão dirimidos pela Justiça do Trabalho, de acordo com o presente Título e na forma estabelecida pelo processo judiciário do trabalho. *(Caput com redação pela Lei 7.494/1986)*

▸ Arts. 7º, XXXIV, e 114 da CF.
▸ Súmula Vinculante 23 do STF.
▸ Súmula 736 do STF.
▸ Súmulas 82, 97, 137, 170 e 173 do STJ.
▸ Súmulas 19, 189, 300, 368, 389 e 392 do TST.
▸ OJs 26 e 138 da SDI-I do TST.
▸ OJ 9 da SDC do TST.

Constituição Federal

Art. 7º São direitos dos trabalhadores urbanos e rurais, além de outros que visem à melhoria de sua condição social: (...)

XXXIV – igualdade de direitos entre o trabalhador com vínculo empregatício permanente e o trabalhador avulso.

Art. 114. Compete à Justiça do Trabalho processar e julgar:

I – as ações oriundas da relação de trabalho, abrangidos os entes de direito público externo e da administração pública direta e indireta da União, dos Estados, do Distrito Federal e dos Municípios;

II – as ações que envolvam exercício do direito de greve;

III – as ações sobre representação sindical, entre sindicatos, entre sindicatos e trabalhadores, e entre sindicatos e empregadores;

IV – os mandados de segurança, *habeas corpus* e *habeas data*, quando o ato questionado envolver matéria sujeita à sua jurisdição;

V – os conflitos de competência entre órgãos com jurisdição trabalhista, ressalvado o disposto no art. 102, I, *o*;

VI – as ações de indenização por dano moral ou patrimonial, decorrentes da relação de trabalho;

VII – as ações relativas às penalidades administrativas impostas aos empregadores pelos órgãos de fiscalização das relações de trabalho;

VIII – a execução, de ofício, das contribuições sociais previstas no art. 195, I, *a*, e II, e seus acréscimos legais, decorrentes das sentenças que proferir;

IX – outras controvérsias decorrentes da relação de trabalho, na forma da lei.

§ 1º Frustrada a negociação coletiva, as partes poderão eleger árbitros.

§ 2º Recusando-se qualquer das partes à negociação coletiva ou à arbitragem, é facultado às mesmas, de comum acordo, ajuizar dissídio coletivo de natureza econômica, podendo a Justiça do Trabalho decidir o conflito, respeitadas as disposições mínimas legais de proteção ao trabalho, bem como as convencionadas anteriormente.

§ 3º Em caso de greve em atividade essencial, com possibilidade de lesão do interesse público, o Ministério Público do Trabalho poderá ajuizar dissídio coletivo, competindo à Justiça do Trabalho decidir o conflito.

Súmula Vinculante

STF 23. A Justiça do Trabalho é competente para processar e julgar ação possessória ajuizada em decorrência do exercício do direito de greve pelos trabalhadores da iniciativa privada.

Súmulas

STF 736. Compete à Justiça do Trabalho julgar as ações que tenham como causa de pedir o descumprimento de normas trabalhistas relativas à segurança, higiene e saúde dos trabalhadores.

STJ 82. Compete a Justiça Federal, excluídas as Reclamações Trabalhistas, processar e julgar os feitos relativos a movimentação do FGTS.

STJ 97. Compete à Justiça do Trabalho processar e julgar reclamação de servidor público relativamente a vantagens trabalhistas anteriores a instituição do regime jurídico único.

STJ 137. Compete à justiça comum estadual processar e julgar ação de servidor público municipal, pleiteando direitos relativos ao vínculo estatutário.

STJ 170. Compete ao juízo onde primeiro for intentada a ação envolvendo acumulação de pedidos, trabalhista e estatutário, decidi-la nos limites da sua jurisdição, sem prejuízo do ajuizamento de nova causa, com o pedido remanescente, no juízo próprio.

STJ 173. Compete à justiça federal processar e julgar o pedido de reintegração em cargo público federal, ainda que o servidor tenha sido dispensado antes da instituição do regime jurídico único.

TST 19. Quadro de carreira. A Justiça do Trabalho é competente para apreciar reclamação de empregado que tenha por objeto direito fundado em quadro de carreira.

TST 189. Greve. Competência da justiça do trabalho. Abusividade. A Justiça do Trabalho é competente para declarar a abusividade, ou não, da greve.

TST 300. Competência da justiça do trabalho. Cadastramento no PIS. Compete à Justiça do Trabalho processar e julgar ações ajuizadas por empregados em face de empregadores relativas ao cadastramento no Programa de Integração Social (PIS)

TST 368. Descontos previdenciários. Imposto de renda. Competência. Responsabilidade pelo recolhimento. Forma de cálculo. Fato gerador. I – A Justiça do Trabalho é competente para determinar o recolhimento das contribuições fiscais. A competência da Justiça do Trabalho, quanto à execução das contribuições previdenciárias, limita-se às sentenças condenatórias em pecúnia que proferir e aos valores, objeto de acordo homologado, que integrem o salário de contribuição. (ex-OJ 141 da SBDI-1 – inserida em 27.11.1998) (...)

TST 389. Seguro-desemprego. Competência da justiça do trabalho. Direito à indenização por não liberação de guias. I – Inscreve-se na competência material da Justiça do Trabalho a lide entre empregado e empregador tendo por objeto indenização pelo não fornecimento das guias do seguro-desemprego. II – O não fornecimento pelo empregador da guia necessária para o recebimento do seguro-desemprego dá origem ao direito à indenização.

TST 392. Dano moral e material. Relação de trabalho. Competência da justiça do trabalho. Nos termos do art. 114, inc. VI, da Constituição da República, a Justiça do Trabalho é competente para processar e julgar ações de indenização por dano moral e material, decorrentes da relação de trabalho, inclusive as oriundas de acidente de trabalho e doenças a ele equiparadas, ainda que propostas pelos dependentes ou sucessores do trabalhador falecido.

Orientações Jurisprudenciais

SDI-I 26. Competência da justiça do trabalho. Complementação de pensão requerida por viúva de ex-empregado. A Justiça do Trabalho é competente para apreciar pedido de complementação de pensão postulada por viúva de ex-empregado, por se tratar de pedido que deriva do contrato de trabalho.

SDI-I 138. Competência residual. Regime jurídico único. Limitação da execução. Compete à Justiça do Trabalho julgar pedidos de direitos e vantagens previstos na legislação trabalhista referente a período anterior à Lei 8.112/90, mesmo que a ação tenha sido ajuizada após a edição da referida lei. A superveniência de regime estatutário em substituição ao celetista, mesmo após a sentença, limita a execução ao período celetista.

§ 1º As questões concernentes à Previdência Social serão decididas pelos órgãos e autoridades previstas no Capítulo V deste Título e na legislação sobre seguro social.

- § 1º prejudicado pela Lei 3.807/1960.
- Arts. 109, I, e 114, VIII, da CF.
- Lei 8.212/1991 (Lei Orgânica da Seguridade Social)
- Lei 8.213/1991 (Lei dos Planos de Benefícios da Previdência Social)

Constituição Federal

Art. 109. Aos juízes federais compete processar e julgar:

I – as causas em que a União, entidade autárquica ou empresa pública federal forem interessadas na condição de autoras, rés, assistentes ou oponentes, exceto as de falência, as de acidentes de trabalho e as sujeitas à Justiça Eleitoral e à Justiça do Trabalho; (...)

Art. 114. Compete à Justiça do Trabalho processar e julgar: (...)
VIII – a execução, de ofício, das contribuições sociais previstas no art. 195, I, a, e II, e seus acréscimos legais, decorrentes das sentenças que proferir; (...)

§ 2º As questões referentes a acidentes do trabalho continuam sujeitas à justiça ordinária, na forma do Decreto 24.637, de 10 de julho de 1934, e legislação subsequente.

- Art. 109, I e § 3º, da CF.
- Arts. 19 a 23 e 129 da Lei 8.213/1991 (Lei dos Planos de Benefícios da Previdência Social)
- Súmula Vinculante 22 do STF.
- Súmulas 235 e 501 do STF.
- Súmula 15 do STJ.
- Súmula 454 do TST.

Constituição Federal

Art. 109. Aos juízes federais compete processar e julgar:

I – as causas em que a União, entidade autárquica ou empresa pública federal forem interessadas na condição de autoras, rés, assistentes ou oponentes, exceto as de falência, as de acidentes de trabalho e as sujeitas à Justiça Eleitoral e à Justiça do Trabalho;
(...)
§ 3º Serão processadas e julgadas na justiça estadual, no foro do domicílio dos segurados ou beneficiários, as causas em que forem parte instituição de previdência social e segurado, sempre que a comarca não seja sede de vara do juízo federal, e, se verificada essa condição, a lei poderá permitir que outras causas sejam também processadas e julgadas pela justiça estadual. (...)

Lei 8.213/1991

Art. 19. Acidente do trabalho é o que ocorre pelo exercício do trabalho a serviço de empresa ou de empregador doméstico ou pelo exercício do trabalho dos segurados referidos no inciso VII do art. 11 desta Lei, provocando lesão corporal ou perturbação funcional que cause a morte ou a perda ou redução, permanente ou temporária, da capacidade para o trabalho. (...)

Art. 129. Os litígios e medidas cautelares relativos a acidentes do trabalho serão apreciados:

I – na esfera administrativa, pelos órgãos da Previdência Social, segundo as regras e prazos aplicáveis às demais prestações, com prioridade para conclusão; e

II – na via judicial, pela Justiça dos Estados e do Distrito Federal, segundo o rito sumaríssimo, inclusive durante as férias forenses, mediante petição instruída pela prova de efetiva notificação do evento à Previdência Social, através de Comunicação de Acidente do Trabalho – CAT.
Parágrafo único. O procedimento judicial de que trata o inciso II deste artigo é isento do pagamento de quaisquer custas e de verbas relativas à sucumbência.

Súmulas

STF 235 É competente para a ação de acidente do trabalho a Justiça cível comum, inclusive em segunda instância, ainda que seja parte autarquia seguradora.

STF 501 Compete à Justiça ordinária estadual o processo e o julgamento, em ambas as instâncias, das causas de acidente do trabalho, ainda que promovidas contra a União, suas autarquias, empresas públicas ou sociedades de economia mista.

STJ 15. Compete a justiça estadual processar e julgar os litígios decorrentes de acidente do trabalho.

TST 454. Competência da justiça do trabalho. Execução de ofício. Contribuição social referente ao seguro de acidente de trabalho (SAT) Compete à Justiça do Trabalho a execução, de ofício, da contribuição referente ao Seguro de Acidente de Trabalho (SAT), que tem natureza de contribuição para a seguridade social (arts. 114, VIII, e 195, I, a, da CF), pois se destina ao financiamento de benefícios relativos à incapacidade do empregado decorrente de infortúnio no trabalho (arts. 11 e 22 da Lei 8.212/1991)

§ 3º A Justiça do Trabalho é competente, ainda, para processar e julgar as ações entre trabalhadores portuários e os operadores portuários ou o Órgão Gestor de Mão de Obra – OGMO decorrentes da relação de trabalho. (§ 3º acrescido pela MP 2.164-41/2001)

Art. 644. São órgãos da Justiça do Trabalho: (Artigo com redação pelo Dec.-lei 9.797/1946)

- Art. 111 da CF.

a) o Tribunal Superior do Trabalho; (Alínea a com redação pelo Dec.-lei 9.797/1946)

- Art. 111-A da CF.

Constituição Federal

Art. 111-A. O Tribunal Superior do Trabalho compor-se-á de vinte e sete Ministros, escolhidos dentre brasileiros com mais de trinta e cinco anos e menos de sessenta e cinco anos, de notável saber jurídico e reputação ilibada, nomeados pelo Presidente da República após aprovação pela maioria absoluta do Senado Federal, sendo:

- Caput com redação pela EC 92/2016.

I – um quinto dentre advogados com mais de dez anos de efetiva atividade profissional e membros do Ministério Público do Trabalho com mais de dez anos de efetivo exercício, observado o disposto no art. 94;
II – os demais dentre juízes dos Tribunais Regionais do Trabalho, oriundos da magistratura da carreira, indicados pelo próprio Tribunal Superior.
§ 1º A lei disporá sobre a competência do Tribunal Superior do Trabalho.
§ 2º Funcionarão junto ao Tribunal Superior do Trabalho:
I – a Escola Nacional de Formação e Aperfeiçoamento de Magistrados do Trabalho, cabendo-lhe, dentre outras funções, regulamentar os cursos oficiais para o ingresso e promoção na carreira;
II – o Conselho Superior da Justiça do Trabalho, cabendo-lhe exercer, na forma da lei, a supervisão administrativa, orçamentária, financeira e patrimonial da Justiça do Trabalho de primeiro e segundo graus, como órgão central do sistema, cujas decisões terão efeito vinculante.

b) os Tribunais Regionais do Trabalho; (Alínea b com redação pelo Dec.-lei 9.797/1946)

c) as Juntas de Conciliação e Julgamento ou os Juízos de Direito. (Alínea c com redação pelo Dec.-lei 9.797/1946)

- A EC 24/1999 extinguiu a figura do Juiz Classista e as Juntas de Conciliação e Julgamento, substituindo pelas Varas do Trabalho, onde a jurisdição será exercida por um Juiz Singular.
- Arts. 111, III e 112 da CF.

Constituição Federal

Art. 111. São órgãos da Justiça do Trabalho:
I – o Tribunal Superior do Trabalho;
II – os Tribunais Regionais do Trabalho;
III – Juízes do Trabalho.

Art. 112. A lei criará varas da Justiça do Trabalho, podendo, nas comarcas não abrangidas por sua jurisdição, atribuí-la aos juízes de direito, com recurso para o respectivo Tribunal Regional do Trabalho.

Art. 645. O serviço da Justiça do Trabalho é relevante e obrigatório, ninguém dele podendo eximir-se, salvo motivo justificado.

Art. 646. Os órgãos da Justiça do Trabalho funcionarão perfeitamente coordenados, em regime de mútua colaboração, sob a orientação do Presidente do Tribunal Superior do Trabalho.

- O Dec.-lei 9.797/1946, substitui os termos "Conselho Regional" e "Conselho Nacional" por "Tribunal Regional" e "Tribunal Superior".
- Arts. 10, 111 e 113 da CF.

Constituição Federal

Art. 10. É assegurada a participação dos trabalhadores e empregadores nos colegiados dos órgãos públicos em que seus interesses profissionais ou previdenciários sejam objeto de discussão e deliberação.

Art. 113. A lei disporá sobre a constituição, investidura, jurisdição, competência, garantias e condições de exercício dos órgãos da Justiça do Trabalho.

CAPÍTULO II
DAS JUNTAS DE CONCILIAÇÃO E JULGAMENTO

▸ A EC 24/1999 extinguiu a figura do Juiz Classista e as Juntas de Conciliação e Julgamento, substituindo pelas Varas do Trabalho, onde a jurisdição será exercida por um Juiz Singular.
▸ Art. 116, *caput* da CF.

Constituição Federal
Art. 116. Nas Varas do Trabalho, a jurisdição será exercida por um Juiz singular.

Seção I
Da composição e funcionamento

Art. 647. Cada Junta de Conciliação e Julgamento terá a seguinte composição: *(Caput com redação pelo Dec.-lei 9.797/1946)*

▸ A redação da CF/1988 dispunha que as Juntas de Conciliação e Julgamento eram compostas por um Juiz do Trabalho e dois Juízes Classistas temporários. A EC 24/1999 extinguiu a figura do Juiz Classista e as Juntas de Conciliação e Julgamento, substituindo pelas Varas do Trabalho, onde a jurisdição será exercida por um Juiz Singular.
▸ Art. 116 da CF.

a) um Juiz do trabalho, que será seu Presidente; *(Alínea a com redação pelo Dec.-lei 9.797/1946)*

b) dois vogais, sendo um representante dos empregadores e outro dos empregados. *(Alínea b com redação pelo Dec.-lei 9.797/1946)*

Parágrafo único. Haverá um suplente para cada Juiz vogal. *(Parágrafo único com redação pelo Dec.-lei 9.797/1946)*

Art. 648. São incompatíveis entre si, para os trabalhos da mesma Junta, os parentes consanguíneos e afins até o terceiro grau civil.

▸ A redação da CF/1988 dispunha que as Juntas de Conciliação e Julgamento eram compostas por um Juiz do Trabalho e dois Juízes Classistas temporários. A EC 24/1999 extinguiu a figura do Juiz Classista e as Juntas de Conciliação e Julgamento, substituindo pelas Varas do Trabalho, onde a jurisdição será exercida por um Juiz Singular.
▸ Art. 116, *caput* da CF.

Parágrafo único. A incompatibilidade resolve-se a favor do primeiro Juiz classista designado ou empossado, ou por sorteio, se a designação ou posse for da mesma data.

Art. 649. As Juntas poderão conciliar, instruir ou julgar com qualquer número, sendo, porém, indispensável a presença do Presidente, cujo voto prevalecerá em caso de empate. *(Caput com redação pelo Dec.-lei 8.737/1946)*

▸ A EC 24/1999 extinguiu a figura do Juiz Classista e as Juntas de Conciliação e Julgamento, substituindo pelas Varas do Trabalho, onde a jurisdição será exercida por um Juiz Singular.

§ 1º No julgamento de embargos deverão estar presentes todos os membros da Junta. *(§ 1º com redação pelo Dec.-lei 8.737/1946)*

§ 2º Na execução e na liquidação das decisões funciona apenas o Presidente. *(§ 2º com redação pelo Dec.-lei 8.737/1946)*

Seção II
Da jurisdição e competência das Juntas

▸ A EC 24/1999 extinguiu a figura do Juiz Classista e as Juntas de Conciliação e Julgamento, substituindo pelas Varas do Trabalho, onde a jurisdição será exercida por um Juiz Singular.

Art. 650. A jurisdição de cada Junta de Conciliação e Julgamento abrange todo o território da Comarca em que tem sede, só podendo ser estendida ou restringida por lei federal. *(Caput com redação pela Lei 5.442/1968)*

▸ A EC 24/1999 extinguiu a figura do Juiz Classista e as Juntas de Conciliação e Julgamento, substituindo pelas Varas do Trabalho, onde a jurisdição será exercida por um Juiz Singular.
▸ Art. 112 da CF.

Constituição Federal
Art. 112. A lei criará varas da Justiça do Trabalho, podendo, nas comarcas não abrangidas por sua jurisdição, atribuí-la aos juízes de direito, com recurso para o respectivo Tribunal Regional do Trabalho.

Parágrafo único. As leis locais de Organização Judiciária não influirão sobre a competência de Juntas de Conciliação e Julgamento já criadas, até que lei federal assim determine. *(Parágrafo único acrescido pela Lei 5.442/1968)*

Art. 651. A competência das Juntas de Conciliação e Julgamento é determinada pela localidade onde o empregado, reclamante ou reclamado, prestar serviços ao empregador, ainda que tenha sido contratado noutro local ou no estrangeiro.

▸ A EC 24/1999 extinguiu a figura do Juiz Classista e as Juntas de Conciliação e Julgamento, substituindo pelas Varas do Trabalho, onde a jurisdição será exercida por um Juiz Singular.
▸ Arts. 62, 63, *caput*, e 64 do CPC.
▸ Súmula 33 do STJ.
▸ OJs 129 e 130 da SDI-II do TST.

CPC
Art. 62. A competência determinada em razão da matéria, da pessoa ou da função é inderrogável por convenção das partes.

Art. 63. As partes podem modificar a competência em razão do valor e do território, elegendo foro onde será proposta ação oriunda de direitos e obrigações.

Art. 64. A incompetência, absoluta ou relativa, será alegada como questão preliminar de contestação.

§ 1º A incompetência absoluta pode ser alegada em qualquer tempo e grau de jurisdição e deve ser declarada de ofício.

§ 2º Após manifestação da parte contrária, o Juiz decidirá imediatamente a alegação de incompetência.

§ 3º Caso a alegação de incompetência seja acolhida, os autos serão remetidos ao juízo competente.

§ 4º Salvo decisão judicial em sentido contrário, conservar-se-ão os efeitos de decisão proferida pelo juízo incompetente até que outra seja proferida, se for o caso, pelo juízo competente.

Súmula
STJ 33. A incompetência relativa não pode ser declarada de ofício.

Orientações Jurisprudenciais
SDI-II 129. Ação anulatória. Competência originária. Em se tratando de ação anulatória, a competência originária se dá no mesmo juízo em que praticado o ato supostamente eivado de vício.

SDI-II 130. Ação Civil Pública. Competência. Local do dano. Lei 7.347/1985, Art. 2º. Código de Defesa do Consumidor, art. 93 I – A competência para a Ação Civil Pública fixa-se pela extensão do dano. II – Em caso de dano de abrangência regional, que atinja cidades sujeitas à jurisdição de mais de uma Vara do Trabalho, a competência será de qualquer das varas das localidades atingidas, ainda que vinculadas a Tribunais Regionais do Trabalho distintos. III – Em caso de dano de abrangência suprarregional ou nacional, há competência concorrente para a Ação Civil Pública das varas do trabalho das sedes dos Tribunais Regionais do Trabalho. IV – Estará prevento o juízo a que a primeira ação houver sido distribuída.

§ 1º Quando for parte no dissídio agente ou viajante comercial, a competência será da Junta da localidade em que a empresa tenha agência ou filial e a esta o empregado esteja subordinado e, na falta, será competente a Junta da localização em que o empregado tenha domicílio ou a localidade mais próxima. *(§ 1º com redação pela Lei 9.851/1999)*

▸ A EC 24/1999 extinguiu a figura do Juiz Classista e as Juntas de Conciliação e Julgamento, substituindo pelas Varas do Trabalho, onde a jurisdição será exercida por um Juiz Singular.

§ 2º A competência das Juntas de Conciliação e Julgamento, estabelecida neste artigo, estende-se aos dissídios ocorridos em agência ou filial no estrangeiro, desde que o empregado seja brasileiro e não haja convenção internacional dispondo em contrário.

▸ A EC 24/1999 extinguiu a figura do Juiz Classista e as Juntas de Conciliação e Julgamento, substituindo pelas Varas do Trabalho, onde a jurisdição será exercida por um Juiz Singular.
▸ Arts. 2º e 3º, Lei 7.064/1982 (Situação de trabalhadores contratados ou transferidos para prestar serviços no exterior)
▸ OJs 232 e 416 da SDI-I do TST.

Lei 7.064/1982
Art. 2º Para os efeitos desta Lei, considera-se transferido:

I – o empregado removido para o exterior, cujo contrato estava sendo executado no território brasileiro;

II – o empregado cedido à empresa sediada no estrangeiro, para trabalhar no exterior, desde que mantido o vínculo trabalhista com o empregador brasileiro;

III – o empregado contratado por empresa sediada no Brasil para trabalhar a seu serviço no exterior.

Art. 3º A empresa responsável pelo contrato de trabalho do empregado transferido assegurar-lhe-á, independentemente da observância da legislação do local da execução dos serviços:

I – os direitos previstos nesta Lei;

II – a aplicação da legislação brasileira de proteção ao trabalho, naquilo que não for incompatível com o disposto nesta Lei, quando mais favorável do que a legislação territorial, no conjunto de normas e em relação a cada matéria.

Parágrafo único. Respeitadas as disposições especiais desta Lei, aplicar-se-á a legislação brasileira sobre Previdência Social, Fundo de Garantia por Tempo de Serviço – FGTS e Programa de Integração Social – PIS/PASEP.

Orientações Jurisprudenciais

SDI-I 232. FGTS. Incidência. Empregado transferido para o exterior. Remuneração. O FGTS incide sobre todas as parcelas de natureza salarial pagas ao empregado em virtude de prestação de serviços no exterior.

SDI-I 416. Imunidade de jurisdição. Organização ou organismo internacional. As organizações ou organismos internacionais gozam de imunidade absoluta de jurisdição quando amparados por norma internacional incorporada ao ordenamento jurídico brasileiro, não se lhes aplicando a regra do Direito Consuetudinário relativa à natureza dos atos praticados. Excepcionalmente, prevalecerá a jurisdição brasileira na hipótese de renúncia expressa à cláusula de imunidade jurisdicional.

§ 3º Em se tratando de empregador que promova realização de atividades fora do lugar do contrato de trabalho, é assegurado ao empregado apresentar reclamação no foro da celebração do contrato ou no da prestação dos respectivos serviços.

▸ OJ 149 da SDI-II do TST.

Orientação Jurisprudencial

SDI-II 149. Conflito de competência. Incompetência territorial. Hipótese do art. 651, § 3º, da CLT. Impossibilidade de declaração de ofício de incompetência relativa. Não cabe declaração de ofício de incompetência territorial no caso do uso, pelo trabalhador, da faculdade prevista no art. 651, § 3º, da CLT. Nessa hipótese, resolve-se o conflito pelo reconhecimento da competência do juízo do local onde a ação foi proposta.

Art. 652. Compete às Varas do Trabalho: *(Caput com redação pela Lei 13.467/2017)*

a) conciliar e julgar:

I – os dissídios em que se pretenda o reconhecimento da estabilidade de empregado;

▸ OJ 399 da SDI-I do TST.

Orientação Jurisprudencial

SDI-I 399. Estabilidade provisória. Ação trabalhista ajuizada após o término do período de garantia no emprego. Abuso do exercício do direito de ação. Não configuração. Indenização devida. O ajuizamento de ação trabalhista após decorrido o período de garantia de emprego não configura abuso do exercício do direito de ação, pois este está submetido apenas ao prazo prescricional inscrito no art. 7º, XXIX, da CF/1988, sendo devida a indenização desde a dispensa até a data do término do período estabilitário.

II – os dissídios concernentes a remuneração, férias e indenizações por motivo de rescisão do contrato individual de trabalho;

▸ Súmula 19 do TST.

Súmula

TST 19. Quadro de carreira. A Justiça do Trabalho é competente para apreciar reclamação de empregado que tenha por objeto direito fundado em quadro de carreira.

III – os dissídios resultantes de contratos de empreitadas em que o empreiteiro seja operário ou artífice;

IV – os demais dissídios concernentes ao contrato individual de trabalho;

▸ Súmula 736 do STF.
▸ Súmulas 82, 97, 137, 170, 173, e 218 do STJ.
▸ Súmulas 300, 368, 389, 392, 451, 452 e 454 do TST.
▸ OJs 26 e 138 da SDI-I do TST.

Súmulas

STF 736. Compete à Justiça do Trabalho julgar as ações que tenham como causa de pedir o descumprimento de normas trabalhistas relativas à segurança, higiene e saúde dos trabalhadores.

TST 300. Competência da justiça do trabalho. Cadastramento no PIS. Compete à Justiça do Trabalho processar e julgar ações ajuizadas por empregados em face de empregadores relativas ao cadastramento no Programa de Integração Social (PIS)

TST 368. Descontos previdenciários. Imposto de renda. Competência. Responsabilidade pelo recolhimento. Forma de cálculo. Fato gerador. I – A Justiça do Trabalho é competente para determinar o recolhimento das contribuições fiscais. A competência da Justiça do Trabalho, quanto à execução das contribuições previdenciárias, limita-se às sentenças condenatórias em pecúnia que proferir e aos valores, objeto de acordo homologado, que integrem o salário de contribuição. (ex-OJ 141 da SBDI-1 – inserida em 27.11.1998) (...)

TST 389. Seguro-desemprego. Competência da Justiça do Trabalho. Direito à indenização por não liberação de guias I – Inscreve-se na competência material da Justiça do Trabalho a lide entre empregado e empregador tendo por objeto indenização pelo não-fornecimento das guias do seguro-desemprego. II – O não-fornecimento pelo empregador da guia necessária para o recebimento do seguro-desemprego dá origem ao direito à indenização.

TST 392. Dano moral e material. Relação de trabalho. Competência da Justiça do Trabalho. Nos termos do art. 114, inc. VI, da Constituição da República, a Justiça do Trabalho é competente para processar e julgar ações de indenização por dano moral e material, decorrentes da relação de trabalho, inclusive as oriundas de acidente de trabalho e doenças a ele equiparadas, ainda que propostas pelos dependentes ou sucessores do trabalhador falecido.

TST 454. Competência da Justiça do Trabalho. Execução de ofício. Contribuição social referente ao seguro de acidente de trabalho (SAT) Arts. 114, VIII, e 195, I, *a*, da constituição da república. Compete à Justiça do Trabalho a execução, de ofício, da contribuição referente ao Seguro de Acidente de Trabalho (SAT), que tem natureza de contribuição para a seguridade social (arts. 114, VIII, e 195, I, *a*, da CF), pois se destina ao financiamento de benefícios relativos à incapacidade do empregado decorrente de infortúnio no trabalho (arts. 11 e 22 da Lei 8.212/1991)

Orientações Jurisprudenciais

SDI-I 26. Competência da Justiça do Trabalho. Complementação de pensão requerida por viúva de ex-empregado. A Justiça do Trabalho é competente para apreciar pedido de complementação de pensão postulada por viúva de ex-empregado, por se tratar de pedido que deriva do contrato de trabalho.

SDI-I 138. Competência residual. Regime jurídico único. Limitação da execução. Compete à Justiça do Trabalho julgar pedidos de direitos e vantagens previstos na legislação trabalhista referente a período anterior à Lei 8.112/90, mesmo que a ação tenha sido ajuizada após a edição da referida lei. A superveniência de regime estatutário em substituição ao celetista, mesmo após a sentença, limita a execução ao período celetista.

V – as ações entre trabalhadores portuários e os operadores portuários ou o Órgão Gestor de Mão de Obra OGMO decorrentes da relação de trabalho. *(Inciso V acrescido pela MP 2.164-41/2001)*

▸ OJ 391 da SDI-I do TST.

Orientação Jurisprudencial

SDI-I 391. Portuários. Submissão prévia de demanda a comissão paritária. Lei 8.630, de 25.02.1993. Inexigibilidade. A submissão prévia de demanda a comissão paritária, constituída nos termos do art. 23 da Lei 8.630, de 25.02.1993 (Lei dos Portos), não é pressuposto de constituição e desenvolvimento válido e regular do processo, ante a ausência de previsão em lei.

b) processar e julgar os inquéritos para apuração de falta grave; *(Alínea b acrescida pela MP 2.164-41/2001)*

c) julgar os embargos opostos às suas próprias decisões; *(Alínea c acrescida pela MP 2.164-41/2001)*

d) impor multas e demais penalidades relativas aos atos de sua competência; *(Alínea d com redação pelo Dec.-lei 6.353/1944)*

e) *Suprimida pelo Dec.-lei 6.353/1944:*

f) decidir quanto à homologação de acordo extrajudicial em matéria de competência da Justiça do Trabalho. *(Alínea f acrescida pela Lei 13.467/2017)*

▸ Arts. 855-B e ss., desta Consolidação.

Parágrafo único. Terão preferência para julgamento os dissídios sobre pagamento de salário e aqueles que derivarem da falência do empregador, podendo o Presidente da Junta, a pedido do interessado, constituir processo em separado, sempre que a reclamação também versar sobre outros assuntos.

▸ A EC 24/1999 extinguiu a figura do Juiz Classista e as Juntas de Conciliação e Julgamento, substituindo pelas Varas do Trabalho, onde a jurisdição será exercida por um Juiz Singular.

Art. 653. Compete, ainda, às Juntas de Conciliação e Julgamento:

▸ A EC 24/1999 extinguiu a figura do Juiz Classista e as Juntas de Conciliação e Julgamento, substituindo pelas Varas do Trabalho, onde a jurisdição será exercida por um Juiz Singular.

a) requisitar às autoridades competentes a realização das diligências necessárias ao esclarecimento dos feitos sob sua apreciação, representando contra aquelas que não atenderem a tais requisições;

▸ Art. 236, *caput*, do CPC.

CPC

Art. 236. Os atos processuais serão cumpridos por ordem judicial.

b) realizar as diligências e praticar os atos processuais ordenados pelos Tribunais Regionais do Trabalho ou pelo Tribunal Superior do Trabalho; *(Alínea b retificada pelo Dec.-lei 6.353/1944)*

▸ O Dec.-lei 9.797/1946, substitui os termos "Conselho Regional" e "Conselho Nacional" por "Tribunal Regional" e "Tribunal Superior".

c) julgar as suspeições arguidas contra os seus membros;

d) julgar as exceções de incompetência que lhes forem opostas;

e) expedir precatórias e cumprir as que lhes forem deprecadas;

▸ Súmula 46 do STJ.
▸ Súmula 419 do TST.

Súmulas

STJ 46. Na execução por carta, os Embargos do devedor serão decididos no Juízo deprecante, salvo se versarem unicamente vícios ou defeitos da penhora, avaliação ou alienação dos bens.

TST 419. Competência. Embargos de Terceiro. Execução por carta precatória. Juízo deprecado. Na execução por carta precatória, os embargos de terceiro serão oferecidos no juízo deprecado, salvo se indicado pelo juízo deprecante o bem constrito ou se já devolvida a carta (art. 676, parágrafo único, do CPC de 2015).

f) exercer, em geral, no interesse da Justiça do Trabalho, quaisquer outras atribuições que decorram da sua jurisdição.

Seção III
Dos presidentes das Juntas

▸ A EC 24/1999 extinguiu a figura do Juiz Classista e as Juntas de Conciliação e Julgamento, substituindo pelas Varas do Trabalho, onde a jurisdição será exercida por um Juiz Singular.
▸ Art. 116, *caput*, da CF.

Constituição Federal

Art. 116. Nas Varas do Trabalho, a jurisdição será exercida por um Juiz singular.

Art. 654. O ingresso na magistratura do trabalho far-se-á para o cargo de Juiz do Trabalho Substituto. As nomeações subsequentes por promoção, alternadamente, por antiguidade e merecimento. *(Caput com redação pelo Dec.-lei 229/1967)*

▸ Arts. 93, II e III, e 95 da CF.
▸ Art. 92 da LC 35/1979 (Lei Orgânica da Magistratura Nacional)
▸ Súmula 478 do STF.

Constituição Federal

Art. 93. Lei complementar, de iniciativa do Supremo Tribunal Federal, disporá sobre o Estatuto da Magistratura, observados os seguintes princípios: (...)

II – promoção de entrância para entrância, alternadamente, por antiguidade e merecimento, atendidas as seguintes normas:

a) é obrigatória a promoção do Juiz que figure por três vezes consecutivas ou cinco alternadas em lista de merecimento;

b) a promoção por merecimento pressupõe dois anos de exercício na respectiva entrância e integrar o Juiz a primeira quinta parte da lista de antiguidade desta, salvo se não houver com tais requisitos quem aceite o lugar vago;

c) aferição do merecimento conforme o desempenho e pelos critérios objetivos de produtividade e presteza no exercício da jurisdição e pela frequência e aproveitamento em cursos oficiais ou reconhecidos de aperfeiçoamento;

d) na apuração de antiguidade, o tribunal somente poderá recusar o Juiz mais antigo pelo voto fundamentado de dois terços de seus membros, conforme procedimento próprio, e assegurada ampla defesa, repetindo-se a votação até fixar-se a indicação;

e) não será promovido o Juiz que, injustificadamente, retiver autos em seu poder além do prazo legal, não podendo devolvê-los ao cartório sem o devido despacho ou decisão;

III – o acesso aos tribunais de segundo grau far-se-á por antiguidade e merecimento, alternadamente, apurados na última ou única entrância; (...)

LC 35/1979

Art. 92. O ingresso na Magistratura do Trabalho dar-se-á no cargo de Juiz do Trabalho Substituto.

Súmula

STF 478. O provimento em cargos de juízes substitutos do trabalho deve ser feito independentemente de lista tríplice, na ordem de classificação dos candidatos.

§ 1º Nas 7ª e 8ª Regiões da Justiça do Trabalho, nas localidades fora das respectivas sedes, haverá suplentes de Juiz do trabalho presidente de Junta, sem direito a acesso, nomeados pelo Presidente da República, dentre brasileiros, bacharéis em direito, de reconhecida idoneidade moral, especializados em direito do trabalho, pelo período de 2 (dois) anos, podendo ser reconduzidos. *(§ 1º com redação pelo Dec.-lei 229/1967)*

▸ § 1º prejudicado pela Lei 7.221/1984 (Cargos de Suplente de Juiz do Trabalho)
▸ A EC 24/1999 extinguiu a figura do Juiz Classista e as Juntas de Conciliação e Julgamento, substituindo pelas Varas do Trabalho, onde a jurisdição será exercida por um Juiz Singular.

§ 2º Os suplentes de Juiz do trabalho receberão, quando em exercício, vencimentos iguais aos dos juízes que substituírem. *(§ 2º com redação pelo Dec.-lei 229/1967)*

▸ § 2º prejudicado pela Lei 7.221/1984 (Cargos de Suplente de Juiz do Trabalho)

§ 3º Os Juízes Substitutos serão nomeados após aprovação em concurso público de provas e títulos realizado perante o Tribunal Regional do Trabalho da Região, válido por dois anos e prorrogável, a critério do mesmo órgão, por igual período, uma só vez, e organizado de acordo com as instruções expedidas pelo Tribunal Superior do Trabalho. *(§ 3º com redação pela Lei 6.087/1974)*

▸ Arts. 37, I a III, e 93, I, da CF.
▸ Resolução Administrativa 907/2002 do TST (Regulamenta o concurso de Juiz do Trabalho Substituto para ingresso na magistratura do Trabalho)

Constituição Federal

Art. 37. A administração pública direta e indireta de qualquer dos Poderes da União, dos Estados, do Distrito Federal e dos Municípios obedecerá aos princípios de legalidade, impessoalidade, moralidade, publicidade e eficiência e, também, ao seguinte:

I – os cargos, empregos e funções públicas são acessíveis aos brasileiros que preencham os requisitos estabelecidos em lei, assim como aos estrangeiros, na forma da lei;

II – a investidura em cargo ou emprego público depende de aprovação prévia em concurso público de provas ou de provas e títulos, de acordo com a natureza e a complexidade do cargo ou emprego, na forma prevista em lei, ressalvadas as nomeações para cargo em comissão declarado em lei de livre nomeação e exoneração;

III – o prazo de validade do concurso público será de até dois anos, prorrogável uma vez, por igual período; (...)

Art. 93. Lei complementar, de iniciativa do Supremo Tribunal Federal, disporá sobre o Estatuto da Magistratura, observados os seguintes princípios:

I – ingresso na carreira, cujo cargo inicial será o de Juiz substituto, mediante concurso público de provas e títulos, com a participação da Ordem dos Advogados do Brasil em todas as fases, exigindo-se do bacharel em direito, no mínimo, três anos de atividade jurídica e obedecendo-se, nas nomeações, à ordem de classificação;

§ 4º Os candidatos inscritos só serão admitidos ao concurso após apreciação prévia, pelo Tribunal Regional do Trabalho da respectiva Região, dos seguintes requisitos:

a) idade maior de vinte e cinco anos e menor de quarenta e cinco anos;

▸ Arts. 7º, XXX, e 39, § 3º, da CF.

Constituição Federal

Art. 7º São direitos dos trabalhadores urbanos e rurais, além de outros que visem à melhoria de sua condição social: (...)

XXX – proibição de diferença de salários, de exercício de funções e de critério de admissão por motivo de sexo, idade, cor ou estado civil; (...)

Art. 39. A União, os Estados, o Distrito Federal e os Municípios instituirão conselho de política de administração e remuneração de pessoal, integrado por servidores designados pelos respectivos Poderes. (...)

§ 3º Aplica-se aos servidores ocupantes de cargo público o disposto no art. 7º, IV, VII, VIII, IX, XII, XIII, XV, XVI, XVII, XVIII, XIX, XX, XXII e XXX, podendo a lei estabelecer requisitos diferenciados de admissão quando a natureza do cargo o exigir.

b) idoneidade para o exercício das funções. *(§ 4º com redação pelo Dec.-lei 229/1967)*

§ 5º O preenchimento dos cargos de Presidente de Junta, vagos ou criados por lei, será feito dentro de cada Região: *(§ 5º com redação pelo Dec.-lei 229/1967)*

▸ A EC 24/1999 extinguiu a figura do Juiz Classista e as Juntas de Conciliação e Julgamento, substituindo pelas Varas do Trabalho, onde a jurisdição será exercida por um Juiz Singular.

▸ Art. 93, II e III, da CF.

Constituição Federal

Art. 93. Lei complementar, de iniciativa do Supremo Tribunal Federal, disporá sobre o Estatuto da Magistratura, observados os seguintes princípios: (...)

II – promoção de entrância para entrância, alternadamente, por antiguidade e merecimento, atendidas as seguintes normas:

a) é obrigatória a promoção do Juiz que figure por três vezes consecutivas ou cinco alternadas em lista de merecimento;

b) a promoção por merecimento pressupõe dois anos de exercício na respectiva entrância e integrar o Juiz a primeira quinta parte da lista de antiguidade desta, salvo se não houver com tais requisitos quem aceite o lugar vago;

c) aferição do merecimento conforme o desempenho e pelos critérios objetivos de produtividade e presteza no exercício da jurisdição e pela frequência e aproveitamento em cursos oficiais ou reconhecidos de aperfeiçoamento;

d) na apuração de antiguidade, o tribunal somente poderá recusar o Juiz mais antigo pelo voto fundamentado de dois terços de seus membros, conforme procedimento próprio, e assegurada ampla defesa, repetindo-se a votação até fixar-se a indicação;

e) não será promovido o Juiz que, injustificadamente, retiver autos em seu poder além do prazo legal, não podendo devolvê-los ao cartório sem o devido despacho ou decisão;

III – o acesso aos tribunais de segundo grau far-se-á por antiguidade e merecimento, alternadamente, apurados na última ou única entrância;

a) pela remoção de outro Presidente, prevalecendo a antiguidade no cargo, caso haja mais de um pedido, desde que a remoção tenha sido requerida, dentro de quinze dias, contados da abertura da vaga, ao Presidente do Tribunal Regional, a quem caberá expedir o respectivo ato; *(Alínea a com redação pela Lei 6.090/1974)*

▸ Art. 1º da Resolução 26 do CSJT (Validade do art. 654, § 5º, alínea a)

Resolução 26/2006 do CSJT

Art. 1º Afirmar que está em pleno vigor, e deve ser observado por toda a Justiça do Trabalho, o Art. 654, § 5º, alínea a, da CLT, para efeito de remoção de Juiz titular de Vara do Trabalho.

b) pela promoção do substituto, cuja aceitação será facultativa, obedecido o critério alternado de antiguidade e merecimento. *(Alínea b com redação pelo Dec.-lei 229/1967)*

§ 6º Os Juízes do Trabalho, Presidentes de Junta, Juízes Substitutos e suplentes de Juiz tomarão posse perante o Presidente do Tribunal da respectiva Região. Nos Estados que não forem sede de Tribunal Regional do Trabalho, a posse dar-se-á perante o Presidente do Tribunal de Justiça, que remeterá o termo ao Presidente do Tribunal Regional da jurisdição do empossado. Nos Territórios, a posse dar-se-á perante o Presidente do Tribunal Regional do Trabalho da respectiva Região. *(§ 6º com redação pelo Dec.-lei 229/1967)*

▸ A EC 24/1999 extinguiu a figura do Juiz Classista e as Juntas de Conciliação e Julgamento, substituindo pelas Varas do Trabalho, onde a jurisdição será exercida por um Juiz Singular.

Art. 655. Os Presidentes e os Presidentes substitutos tomarão posse do cargo perante o presidente do Tribunal Regional da respectiva jurisdição. *(Caput com redação pelo Dec.-lei 8.737, de 1946)*

▸ Artigo prejudicado pelo Dec.-lei 229/1967, que reproduziu a redação no §6º, do art. 654.

§ 1º Nos Estados em que não houver sede de Tribunais a posse dar-se-á perante o presidente do Tribunal de Apelação, que remeterá o respectivo termo ao presidente do Tribunal Regional da Jurisdição do empossado. *(§ 1º com redação pelo Dec.-lei 8.737, de 1946)*

§ 2º Nos Territórios a posse dar-se-á perante a Juiz de Direito da capital, que procederá na forma prevista no § 1º. *(Artigo com redação pelo Dec.-lei 8.737/1946)*

Art. 656. O Juiz do Trabalho Substituto, sempre que não estiver substituindo o Juiz-Presidente de Junta, poderá ser designado para atuar nas Juntas de Conciliação e Julgamento. *(Caput com redação pela Lei 8.432/1992)*

▸ A EC 24/1999 extinguiu a figura do Juiz Classista e as Juntas de Conciliação e Julgamento, substituindo pelas Varas do Trabalho, onde a jurisdição será exercida por um Juiz Singular.

§ 1º Para o fim mencionado no *caput* deste artigo, o território da Região poderá ser dividido em zonas, compreendendo a jurisdição de uma ou mais Juntas, a juízo do Tribunal Regional do Trabalho respectivo. *(§ 1º acrescido pela Lei 8.432/1992)*

▸ A EC 24/1999 extinguiu a figura do Juiz Classista e as Juntas de Conciliação e Julgamento, substituindo pelas Varas do Trabalho, onde a jurisdição será exercida por um Juiz Singular.

§ 2º A designação referida no *caput* deste artigo será de atribuição do Juiz-Presidente do Tribunal Regional do Trabalho ou, não havendo disposição regimental específica, de quem este indicar. *(§ 2º acrescido pela Lei 8.432/1992)*

§ 3º Os Juízes do Trabalho Substitutos, quando designados ou estiverem substituindo os Juízes-Presidentes de Juntas, perceberão os vencimentos destes. *(§ 3º acrescido pela Lei 8.432/1992)*

▸ A EC 24/1999 extinguiu a figura do Juiz Classista e as Juntas de Conciliação e Julgamento, substituindo pelas Varas do Trabalho, onde a jurisdição será exercida por um Juiz Singular.

§ 4º O Juiz-Presidente do Tribunal Regional do Trabalho ou, não havendo disposição regimental específica, que este indicar, fará a lotação e a movimentação dos Juízes Substitutos entre as diferentes zonas da Região na hipótese de terem sido criadas na forma do § 1º deste artigo. *(§ 4º acrescido pela Lei 8.432/1992)*

Art. 657. Os Presidentes de Juntas e os Presidentes Substitutos perceberão a remuneração ou os vencimentos fixados em lei. *(Artigo com redação pelo Dec.-lei 8.737/1946)*

▸ A EC 24/1999 extinguiu a figura do Juiz Classista e as Juntas de Conciliação e Julgamento, substituindo pelas Varas do Trabalho, onde a jurisdição será exercida por um Juiz Singular.
▸ Art. 93, V, da CF.

Constituição Federal

Art. 93. (...) V – o subsídio dos Ministros dos Tribunais Superiores corresponderá a noventa e cinco por cento do subsídio mensal fixado para os Ministros do Supremo Tribunal Federal e os subsídios dos demais magistrados serão fixados em lei e escalonados, em nível federal e estadual, conforme as respectivas categorias da estrutura judiciária nacional, não podendo a diferença entre uma e outra ser superior a dez por cento ou inferior a cinco por cento, nem exceder a noventa e cinco por cento do subsídio mensal dos Ministros dos Tribunais Superiores, obedecido, em qualquer caso, o disposto nos arts. 37, XI, e 39, § 4º;

Art. 658. São deveres precípuos dos Presidentes das Juntas, além dos que decorram do exercício de sua função: *(Caput com redação pelo Dec.-lei 8.737/1946)*

▸ A EC 24/1999 extinguiu a figura do Juiz Classista e as Juntas de Conciliação e Julgamento, substituindo pelas Varas do Trabalho, onde a jurisdição será exercida por um Juiz Singular.

a) manter perfeita conduta pública e privada; *(Alínea a com redação pelo Dec.-lei 8.737/1946)*

b) abster-se de atender a solicitações ou recomendações relativamente aos feitos que hajam sido ou tenham de ser submetidos à sua apreciação; *(Alínea b com redação pelo Dec.-lei 8.737/1946)*

c) residir dentro dos limites de sua jurisdição, não podendo ausentar-se sem licença do Presidente do Tribunal Regional; *(Alínea c com redação pelo Dec.-lei 8.737/1946)*

▸ O Dec.-lei 9.797/1946 substituiu o termo "Conselho Regional" por "Tribunal Regional".
▸ Art. 93, V, da CF.

d) despachar e praticar todos os atos decorrentes de suas funções, dentro dos prazos estabelecidos, sujeitando-se ao desconto correspondente a um dia de vencimento para cada dia de retardamento. *(Alínea d acrescida pelo Dec.-lei 8.737/1946)*

▸ Art. 95, III, da CF.

Constituição Federal

Art. 95. Os juízes gozam das seguintes garantias: (...)
III – irredutibilidade de subsídio, ressalvado o disposto nos arts. 37, X e XI, 39, § 4º, 150, II, 153, III, e 153, § 2º, I.

Art. 659. Competem privativamente aos Presidentes das Juntas, além das que lhes forem conferidas neste Título e das decorrentes de seu cargo, as seguintes atribuições:

▸ A EC 24/1999 extinguiu a figura do Juiz Classista e as Juntas de Conciliação e Julgamento, substituindo pelas Varas do Trabalho, onde a jurisdição será exercida por um Juiz Singular.
▸ Súmula 418 do TST.

Súmula

TST 418. Mandado de Segurança visando à homologação de acordo. (nova redação em decorrência do CPC de 2015) A homologação de acordo constitui faculdade do juiz, inexistindo direito líquido e certo tutelável pela via do mandado de segurança.

I – presidir as audiências das Juntas;

II – executar as suas próprias decisões, as proferidas pela Junta e aquelas cuja execução lhes for deprecada;

III – dar posse aos vogais nomeados para a Junta, ao chefe de Secretaria e aos demais funcionários da Secretaria;

▸ A EC 24/1999 extinguiu a figura do Juiz Classista e as Juntas de Conciliação e Julgamento, substituindo pelas Varas do Trabalho, onde a jurisdição será exercida por um Juiz Singular.

IV – convocar os suplentes dos vogais, no impedimento destes;

V – representar ao Presidente do Tribunal Regional da respectiva jurisdição, no caso de falta de qualquer vogal a três reuniões consecutivas, sem motivo justificado, para os fins do artigo 727;

▸ O Dec.-lei 9.797/1946, substitui o termo "Conselho Regional" por "Tribunal Regional".

VI – despachar os recursos interpostos pelas partes, fundamentando a decisão recorrida antes da remessa ao Tribunal Regional, ou submetendo-os à decisão da Junta, no caso do artigo 894;

▸ O Dec.-lei 9.797/1946, substitui o termo "Conselho Regional" por "Tribunal Regional".

VII – assinar as folhas de pagamento dos membros e funcionários da Junta;

VIII – apresentar ao Presidente do Tribunal Regional, até 15 de fevereiro de cada ano, o relatório dos trabalhos do ano anterior;

▸ O Dec.-lei 9.797/1946, substitui o termo "Conselho Regional" por "Tribunal Regional".

IX – conceder medida liminar, até decisão final do processo, em reclamações trabalhistas que visem a tornar sem efeito transferência disciplinada pelos parágrafos do artigo 469 desta Consolidação; *(Inciso IX acrescido pela Lei 6.203/1975)*

▸ OJ 67 da SDI-II do TST.

X – conceder medida liminar, até decisão final do processo, em reclamações trabalhistas que visem reintegrar no emprego dirigente sindical afastado, suspenso ou dispensado pelo empregador. *(Inciso X acrescido pela Lei 9.270/1996)*

Orientação Jurisprudencial

SDI-II 67. Mandado de Segurança. Transferência. Art. 659, IX, da CLT. Não fere direito líquido e certo a concessão de liminar obstativa de transferência de empregado, em face da previsão do inciso IX do art. 659 da CLT.

▸ X – conceder medida liminar, até decisão final do processo, em reclamações trabalhistas que visem reintegrar no emprego dirigente sindical afastado, suspenso ou dispensado pelo empregador. *(Inciso X acrescido pela Lei 9.270/1996)*
▸ Art. 8º, VIII, e par. un., da CF.
▸ Art. 543, *caput*, desta Consolidação.
▸ Súmulas 28, 379 e 414 do TST.
▸ OJs 63 a 65 e 142 da SDI-II do TST.

Constituição Federal

Art. 8º É livre a associação profissional ou sindical, observado o seguinte: (...)
VIII – é vedada a dispensa do empregado sindicalizado a partir do registro da candidatura a cargo de direção ou representação sindical e, se eleito, ainda que suplente, até um ano após o final do mandato, salvo se cometer falta grave nos termos da lei.

Parágrafo único. As disposições deste artigo aplicam-se à organização de sindicatos rurais e de colônias de pescadores, atendidas as condições que a lei estabelecer.

Súmulas

TST 28. Indenização. No caso de se converter a reintegração em indenização dobrada, o direito aos salários é assegurado até a data da primeira decisão que determinou essa conversão.

TST 379. Dirigente sindical. Despedida. Falta grave. Inquérito judicial. Necessidade. O dirigente sindical somente poderá ser dispensado por falta grave mediante a apuração em inquérito judicial, inteligência dos arts. 494 e 543, §3º, da CLT.

TST 414. Mandado de Segurança. Tutela Provisória concedida antes ou na sentença. (nova redação em decorrência do CPC de 2015)
I – A tutela provisória concedida na sentença não comporta impugnação pela via do mandado de segurança, por ser impugnável mediante recurso ordinário. É admissível a obtenção de efeito suspensivo ao recurso ordinário mediante requerimento dirigido ao tribunal, ao relator ou ao presidente ou ao vice-presidente do tribunal recorrido, por aplicação subsidiária ao processo do trabalho do artigo 1.029, § 5º, do CPC de 2015.
II – No caso de a tutela provisória haver sido concedida ou indeferida antes da sentença, cabe mandado de segurança, em face da inexistência de recurso próprio.
III – A superveniência da sentença, nos autos originários, faz perder o objeto do mandado de segurança que impugnava a concessão ou o indeferimento da tutela provisória.

Orientações Jurisprudenciais

SDI-II 65. Mandado de Segurança. Reintegração liminarmente concedida. Dirigente sindical. Ressalvada a hipótese do art. 494 da CLT, não fere direito líquido e certo a determinação liminar de reintegração no emprego de dirigente sindical, em face da previsão do inciso X do art. 659 da CLT.

SDI-II 142. Mandado de Segurança. Reintegração liminarmente concedida. Inexiste direito líquido e certo a ser oposto contra ato de Juiz que, antecipando a tutela jurisdicional, determina a reintegração do empregado até a decisão final do processo, quando demonstrada a razoabilidade do direito subjetivo material, como nos casos de anistiado pela Lei 8.878/94, aposentado, integrante de comissão de fábrica, dirigente sindical, portador de doença profissional, portador de vírus HIV ou detentor de estabilidade provisória prevista em norma coletiva.

Seção IV
Dos vogais das Juntas

Art. 660. O vogais das Juntas são designados pelo Presidente do Tribunal Regional da respectiva jurisdição.

▸ A EC 24/1999 extinguiu a figura do Juiz Classista e as Juntas de Conciliação e Julgamento, substituindo pelas Varas do Trabalho, onde a jurisdição será exercida por um Juiz Singular.
▸ O Dec.-lei 9.797/1946, substitui o termo "Conselho Regional" por "Tribunal Regional".

Art. 661. Para o exercício da função de vogal da Junta ou suplente deste são exigidos os seguintes requisitos:

▸ A EC 24/1999 extinguiu a figura do Juiz Classista e as Juntas de Conciliação e Julgamento, substituindo pelas Varas do Trabalho, onde a jurisdição será exercida por um Juiz Singular.

a) ser brasileiro; *(Alínea a com redação pelo Dec.-lei 229/1967)*

b) ter reconhecida idoneidade moral;

c) ser maior de 25 (vinte e cinco) anos e ter menos de 70 (setenta) anos; *(Alínea c com redação pelo Dec.-lei 229/1967)*

d) estar no gozo dos direitos civis e políticos;

e) estar quite com o serviço militar;

f) contar mais de 2 (dois) anos de efetivo exercício na profissão e ser sindicalizado.

Parágrafo único. A prova da qualidade profissional a que se refere a alínea *f* deste artigo é feita mediante declaração do respectivo Sindicato.

Art. 662. A escolha dos vogais das Juntas e seus suplentes far-se-á dentre os nomes constantes das listas que, para esse efeito, forem encaminhadas pelas associações sindicais de primeiro grau ao presidente do Tribunal Regional.

▸ A EC 24/1999 extinguiu a figura do Juiz Classista e as Juntas de Conciliação e Julgamento, substituindo pelas Varas do Trabalho, onde a jurisdição será exercida por um Juiz Singular.
▸ O Dec.-lei 9.797/1946, substitui o termo "Conselho Regional" por "Tribunal Regional".

§ 1º Para esse fim, cada Sindicato de empregadores e de empregados, com base territorial extensiva à área de jurisdição da Junta, no todo ou em parte, procederá, na ocasião determinada pelo Presidente do Tribunal Regional, à escolha de 3 (três) nomes que comporão a lista, aplicando-se à eleição o disposto no art. 524 e seus §§ 1º a 3º. *(§ 1º com redação pela Lei 5.657/1971)*

§ 2º Recebidas as listas pelo presidente do Tribunal Regional, designará este, dentro de cinco dias, os nomes dos vogais e dos respectivos suplentes, expedindo para cada um deles um título, mediante a apresentação do qual será empossado.

▸ A EC 24/1999 extinguiu a figura do Juiz Classista e as Juntas de Conciliação e Julgamento, substituindo pelas Varas do Trabalho, onde a jurisdição será exercida por um Juiz Singular.
▸ O Dec.-lei 9.797/1946, substitui o termo "Conselho Regional" por "Tribunal Regional".

§ 3º Dentro de 15 (quinze) dias, contados da data da posse, pode ser contestada a investidura do vogal ou do suplente, por qualquer interessado, sem efeito suspensivo, por meio de representação escrita, dirigida ao presidente do Tribunal Regional.

▸ O Dec.-lei 9.797/1946, substitui o termo "Conselho Regional" por "Tribunal Regional".

§ 4º Recebida a contestação, o Presidente do Tribunal designará imediatamente relator, o qual, se houver necessidade de ouvir testemunhas ou de proceder a quaisquer diligências, providenciará para que tudo se realize com a maior brevidade, submetendo, por fim, a contestação ao parecer do Tribunal, na primeira sessão. *(§ 4º com redação pela Lei 2.244/1954)*

§ 5º Se o Tribunal julgar procedente a contestação, o Presidente providenciará a designação de novo vogal ou suplente. *(§ 5º com redação pelo Dec.-lei 229/1967)*

§ 6º Em falta de indicação pelos Sindicatos, de nomes para representantes das respectivas categorias profissionais e econômicas nas Juntas de Conciliação e Julgamento, ou nas localidades onde não existirem Sindicatos, serão esses representantes livremente designados pelo Presidente do Tribunal Regional do Trabalho, observados os requisitos exigidos para o exercício da função. *(§ 6º acrescido pelo Dec.-lei 229/1967)*

▸ A EC 24/1999 extinguiu a figura do Juiz Classista e as Juntas de Conciliação e Julgamento, substituindo pelas Varas do Trabalho, onde a jurisdição será exercida por um Juiz Singular.

Art. 663. A investidura dos vogais das Juntas e seus suplentes é de 3 (três) anos, podendo, entretanto, ser dispensado, a pedido, aquele que tiver servido, sem interrupção, durante metade desse período. *(Caput com redação pela Lei 2.244/1954)*

▸ A EC 24/1999 extinguiu a figura do Juiz Classista e as Juntas de Conciliação e Julgamento, substituindo pelas Varas do Trabalho, onde a jurisdição será exercida por um Juiz Singular.

§ 1º Na hipótese da dispensa do vogal a que alude este artigo, assim como nos casos de impedimento, morte ou renúncia, sua substituição far-se-á pelo suplente, mediante convocação do Presidente da Junta. *(§ 1º com redação pela Lei 2.244/1954)*

▸ A EC 24/1999 extinguiu a figura do Juiz Classista e as Juntas de Conciliação e Julgamento, substituindo pelas Varas do Trabalho, onde a jurisdição será exercida por um Juiz Singular.

§ 2º Na falta do suplente, por impedimento, morte ou renúncia serão designados novo vogal e o respectivo suplente, dentre os nomes constantes das listas a que se refere o art. 662, servindo os designados até o fim do período.

Art. 664. Os vogais das Juntas e seus suplentes tomam posse perante o Presidente da Junta em que têm de funcionar.

▸ A EC 24/1999 extinguiu a figura do Juiz Classista e as Juntas de Conciliação e Julgamento, substituindo pelas Varas do Trabalho, onde a jurisdição será exercida por um Juiz Singular.

Art. 665. Enquanto durar sua investidura, gozam os vogais das Juntas e seus suplentes das prerrogativas asseguradas aos jurados.

▸ A EC 24/1999 extinguiu a figura do Juiz Classista e as Juntas de Conciliação e Julgamento, substituindo pelas Varas do Trabalho, onde a jurisdição será exercida por um Juiz Singular.

Art. 666. Por audiência a que comparecerem, até o máximo de 20 (vinte) por mês, os vogais das Juntas e seus suplentes perceberão a gratificação fixada em lei.

▸ A EC 24/1999 extinguiu a figura do Juiz Classista e as Juntas de Conciliação e Julgamento, substituindo pelas Varas do Trabalho, onde a jurisdição será exercida por um Juiz Singular.

Art. 667. São prerrogativas dos vogais das Juntas, além das referidas no art. 665:

▸ A EC 24/1999 extinguiu a figura do Juiz Classista e as Juntas de Conciliação e Julgamento, substituindo pelas Varas do Trabalho, onde a jurisdição será exercida por um Juiz Singular.

a) tomar parte nas reuniões do Tribunal a que pertençam;

b) aconselhar às partes a conciliação;

c) votar no julgamento dos feitos e nas matérias de ordem interna do Tribunal, submetidas às suas deliberações;

d) pedir vista dos processos pelo prazo de 24 (vinte e quatro) horas;

e) formular, por intermédio do Presidente, aos litigantes, testemunhas e peritos, as perguntas que quiserem fazer, para esclarecimento do caso.

CAPÍTULO III
DOS JUÍZES DE DIREITO

Art. 668. Nas localidades não compreendidas na jurisdição das Juntas de Conciliação e Julgamento, os Juízos de Direito são os órgãos de administração da Justiça do Trabalho, com a jurisdição que lhes for determinada pela lei de organização judiciária local.

▸ A EC 24/1999 extinguiu a figura do Juiz Classista e as Juntas de Conciliação e Julgamento, substituindo pelas Varas do Trabalho, onde a jurisdição será exercida por um Juiz Singular.
▸ Arts. 112 e 114, V, da CF.
▸ Súmulas 10 e 180 do STJ.

Constituição Federal

Art. 112. A lei criará varas da Justiça do Trabalho, podendo, nas comarcas não abrangidas por sua jurisdição, atribuí-la aos juízes de direito, com recurso para o respectivo Tribunal Regional do Trabalho.

Art. 114. Compete à Justiça do Trabalho processar e julgar: (...)
V – os conflitos de competência entre órgãos com jurisdição trabalhista, ressalvado o disposto no art. 102, I, o;

Súmulas

STJ 10. Instalada a Junta de Conciliação e Julgamento, cessa a competência do Juiz de direito em matéria trabalhista, inclusive para a execução das sentenças por ele proferidas.

STJ 180. Na lide trabalhista, compete ao Tribunal Regional do Trabalho dirimir conflito de competência verificado, na respectiva região, entre Juiz estadual e junta de conciliação e julgamento.

Art. 669. A competência dos Juízos de Direito, quando investidos na administração da Justiça do Trabalho, é a mesma das Juntas de Conciliação e Julgamento, na forma da Seção II do Capítulo II.

▸ A EC 24/1999 extinguiu a figura do Juiz Classista e as Juntas de Conciliação e Julgamento, substituindo pelas Varas do Trabalho, onde a jurisdição será exercida por um Juiz Singular.
▸ Art. 112 da CF.

Constituição Federal

Art. 112. A lei criará varas da Justiça do Trabalho, podendo, nas comarcas não abrangidas por sua jurisdição, atribuí-la aos juízes de direito, com recurso para o respectivo Tribunal Regional do Trabalho.

§ 1º Nas localidades onde houver mais de um Juízo de Direito a competência é determinada, entre os Juízes do Cível, por distribuição ou pela divisão judiciária local, na conformidade da lei de organização respectiva.

§ 2º Quando o critério de competência da lei de organização judiciária for diverso do previsto no parágrafo anterior, será competente o Juiz do Cível mais antigo.

CAPÍTULO IV
DOS TRIBUNAIS REGIONAIS DO TRABALHO

▸ O Dec.-lei 9.797/1946 substituiu o termo "Conselho Regional" por "Tribunal Regional".
▸ Arts. 112 e 115 da CF.

Constituição Federal

Art. 112. A lei criará varas da Justiça do Trabalho, podendo, nas comarcas não abrangidas por sua jurisdição, atribuí-la aos juízes de direito, com recurso para o respectivo Tribunal Regional do Trabalho.

Art. 115. Os Tribunais Regionais do Trabalho compõem-se de, no mínimo, sete juízes, recrutados, quando possível, na respectiva região, e nomeados pelo Presidente da República dentre brasileiros com mais de trinta e menos de sessenta e cinco anos, sendo:
I – um quinto dentre advogados com mais de dez anos de efetiva atividade profissional e membros do Ministério Público do Trabalho com mais de dez anos de efetivo exercício, observado o disposto no art. 94;
II – os demais, mediante promoção de juízes do trabalho por antiguidade e merecimento, alternadamente.
§ 1º Os Tribunais Regionais do Trabalho instalarão a justiça itinerante, com a realização de audiências e demais funções de atividade jurisdi-

cional, nos limites territoriais da respectiva jurisdição, servindo-se de equipamentos públicos e comunitários.
§ 2º Os Tribunais Regionais do Trabalho poderão funcionar descentralizadamente, constituindo Câmaras regionais, a fim de assegurar o pleno acesso do jurisdicionado à justiça em todas as fases do processo.

Seção I
Da composição e do funcionamento

▸ A EC 24/1999 extinguiu a figura do Juiz Classista e as Juntas de Conciliação e Julgamento, substituindo pelas Varas do Trabalho, onde a jurisdição será exercida por um Juiz Singular.

Art. 670. Os Tribunais Regionais das 1ª e 2ª Regiões compor-se-ão de onze juízes togados, vitalícios, e de seis juízes classistas, temporários; os da 3ª e 4ª Regiões, de oito juízes togados, vitalícios, e de quatro classistas, temporários; os da 5ª e 6ª Regiões, de sete juízes togados, vitalícios e de dois classistas, temporários; os da 7ª e 8ª Regiões, de seis juízes togados, vitalícios, e de dois classistas, temporários, todos nomeados pelo Presidente da República. *(Caput com redação pela Lei 5.442/1968)*

▸ A EC 24/1999 extinguiu a figura do Juiz Classista e as Juntas de Conciliação e Julgamento, substituindo pelas Varas do Trabalho, onde a jurisdição será exercida por um Juiz Singular.

§ 1º Haverá um suplente para cada Juiz representante classista. *(§1º com redação pelo Dec.-lei 9.797/1946)*

▸ A Lei 5.442/1968 indicou nova redação para este parágrafo, porém o texto foi vetado.

§ 2º Nos Tribunais Regionais constituídos por 6 (seis) ou mais Juízes togados, e menos de 11 (onze), um deles será escolhido dentre advogados, um dentre membros do Ministério Público da União junto à Justiça do Trabalho e os demais dentre Juízes do Trabalho, Presidentes de Junta da respectiva Região, na forma prevista no parágrafo anterior. *(§ 2º com redação pela Lei 5.442/1968)*

▸ A Lei 5.442/1968 indicou nova redação para este parágrafo, porém o texto foi vetado.
▸ Arts. 93, III, 94 e 115 da CF.

Constituição Federal

Art. 93. Lei complementar, de iniciativa do Supremo Tribunal Federal, disporá sobre o Estatuto da Magistratura, observados os seguintes princípios: (...)
III – o acesso aos tribunais de segundo grau far-se-á por antiguidade e merecimento, alternadamente, apurados na última ou única entrância;

Art. 94. Um quinto dos lugares dos Tribunais Regionais Federais, dos Tribunais dos Estados, e do Distrito Federal e Territórios será composto de membros, do Ministério Público, com mais de dez anos de carreira, e de advogados de notório saber jurídico e de reputação ilibada, com mais de dez anos de efetiva atividade profissional, indicados em lista sêxtupla pelos órgãos de representação das respectivas classes.
Parágrafo único. Recebidas as indicações, o tribunal formará lista tríplice, enviando-a ao Poder Executivo, que, nos vinte dias subsequentes, escolherá um de seus integrantes para nomeação.

Art. 115. Os Tribunais Regionais do Trabalho compõem-se de, no mínimo, sete juízes, recrutados, quando possível, na respectiva região, e nomeados pelo Presidente da República dentre brasileiros com mais de trinta e menos de sessenta e cinco anos, sendo:
I – um quinto dentre advogados com mais de dez anos de efetiva atividade profissional e membros do Ministério Público do Trabalho com mais de dez anos de efetivo exercício, observado o disposto no art. 94;
II – os demais, mediante promoção de juízes do trabalho por antiguidade e merecimento, alternadamente.
§ 1º Os Tribunais Regionais do Trabalho instalarão a justiça itinerante, com a realização de audiências e demais funções de atividade jurisdicional, nos limites territoriais da respectiva jurisdição, servindo-se de equipamentos públicos e comunitários.
§ 2º Os Tribunais Regionais do Trabalho poderão funcionar descentralizadamente, constituindo Câmaras regionais, a fim de assegurar o pleno acesso do jurisdicionado à justiça em todas as fases do processo.

§ 3º Nos Tribunais do Trabalho das demais Regiões, terão assento três juízes alheios aos interesses profissionais. *(§ 3º com redação pelo Dec.-lei 9.797/1946)*

▸ A Lei 5.442/1968 indicou nova redação para este parágrafo, porém o texto foi vetado.

§ 4º Os Juízes classistas referidos neste artigo representarão, paritariamente, empregadores e empregados. *(§ 4º acrescido pela Lei 5.442/1968)*

▸ Art. 116 da CF.

Constituição Federal

Art. 116. Nas Varas do Trabalho, a jurisdição será exercida por um Juiz singular.

§ 5º Haverá um suplente para cada Juiz classista. *(§ 5º acrescido pela Lei 5.442/1968)*

§ 6º Os Tribunais Regionais, no respectivo regimento interno, disporão sobre a substituição de seus Juízes, observados, na convocação de Juízes inferiores, os critérios de livre escolha e antiguidade, alternadamente. *(§ 6º acrescido pela Lei 5.442/1968)*

▸ Arts. 93 e 118 da LC 35/1979 (Lei Orgânica da Magistratura Nacional)

LC 35/1979

Art. 118. Em caso de vaga ou afastamento, por prazo superior a 30 (trinta) dias, de membro dos Tribunais Superiores, dos Tribunais Regionais, dos Tribunais de Justiça e dos Tribunais de Alçada, (Vetado) poderão ser convocados Juízes, em Substituição (Vetado) escolhidos (Vetado) por decisão da maioria absoluta do Tribunal respectivo, ou, se houver, de seu Órgão Especial:

§ 1º A convocação far-se-á mediante sorteio público dentre:

I – os Juízes Federais, para o Tribunal Federal de Recursos;

II – o Corregedor e Juízes Auditores para a substituição de Ministro togado do Superior Tribunal Militar;

III – Os Juízes da Comarca da Capital para os Tribunais de Justiça dos Estados onde não houver Tribunal de Alçada e, onde houver, dentre os membros deste para os Tribunais de Justiça e dentre os Juízes da Comarca da sede do Tribunal de Alçada para o mesmo;

IV – os Juízes de Direito do Distrito Federal, para o Tribunal de Justiça do Distrito Federal e dos Territórios;

V – os Juízes Presidentes de Junta de Conciliação o Julgamento da sede da Região para os Tribunais Regionais do Trabalho.

§ 2º Não poderão ser convocados Juízes punidos com as penas previstas no art. 42, I, II, III e IV, nem os que estejam respondendo ao procedimento previsto no art. 27.

§ 3º A convocação de Juiz de Tribunal do Trabalho, para substituir Ministro do Tribunal Superior do Trabalho, obedecerá o disposto neste artigo.

§ 4º Em nenhuma hipótese, salvo vacância do cargo, haverá redistribuição de processos aos Juízes convocados.

§ 7º Dentre os seus Juízes togados, os Tribunais Regionais elegerão os respectivos Presidente e Vice-Presidente, assim como os Presidentes de Turmas, onde as houver. *(§ 7º acrescido pela Lei 5.442/1968)*

§ 8º Os Tribunais Regionais da 1ª e 2ª Regiões dividir-se-ão em Turmas, facultada essa divisão aos constituídos de, pelo menos, doze Juízes. Cada Turma se comporá de três Juízes togados e dois classistas, um representante dos empregados e outro dos empregadores. *(§ 8º acrescido pela Lei 5.442/1968)*

▸ Arts. 112 a 115 da CF.

Constituição Federal

Art. 113. A lei disporá sobre a constituição, investidura, jurisdição, competência, garantias e condições de exercício dos órgãos da Justiça do Trabalho.

Art. 115. Os Tribunais Regionais do Trabalho compõem-se de, no mínimo, sete juízes, recrutados, quando possível, na respectiva região, e nomeados pelo Presidente da República dentre brasileiros com mais de trinta e menos de sessenta e cinco anos, sendo:

I – um quinto dentre advogados com mais de dez anos de efetiva atividade profissional e membros do Ministério Público do Trabalho com mais de dez anos de efetivo exercício, observado o disposto no art. 94;

II – os demais, mediante promoção de juízes do trabalho por antiguidade e merecimento, alternadamente. (...)

Art. 671. Para os trabalhos dos Tribunais Regionais existe a mesma incompatibilidade prevista no artigo 648, sendo idêntica a forma de sua resolução.

▸ O Dec.-lei 9.797/1946, substitui o termo "Conselho Regional" por "Tribunal Regional".
▸ Art. 128 da LC 35/1979 (Lei Orgânica da Magistratura Nacional)

LC 35/1979

Art. 128. Nos Tribunais, não poderão ter assento na mesma Turma, Câmara ou Seção, cônjuges e parentes consanguíneos ou afins em linha reta, bem como em linha colateral até o terceiro grau.

Parágrafo único. Nas sessões do Tribunal Pleno ou órgão que o substituir, onde houver, o primeiro dos membros mutuamente impedidos, que votar, excluirá a participação do outro no julgamento.

Art. 672. Os Tribunais Regionais, em sua composição plena, deliberarão com a presença, além do Presidente, da metade e mais um do número de seus Juízes, dos quais, no mínimo, um representante dos empregados e outro dos empregadores. *(Caput com redação pela Lei 5.442/1968)*

§ 1º As Turmas somente poderão deliberar presentes, pelo menos, três dos seus Juízes, entre eles os dois classistas. Para a integração desse *quorum*, poderá o Presidente de uma Turma convocar Juízes de outra, da classe a que pertencer o ausente ou impedido. *(§ 1º com redação pela Lei 5.442/1968)*

§ 2º Nos Tribunais Regionais, as decisões tomar-se-ão pelo voto da maioria dos Juízes presentes, ressalvada, no Tribunal Pleno, a hipótese de declaração de inconstitucionalidade de lei ou ato do poder público (artigo 111 da Constituição) *(§ 2º com redação pela Lei 5.442/1968)*

▸ O parágrafo acima faz referência à Constituição Federal de 1967, em seu artigo 111. Atualmente, na Constituição Federal de 1988, o artigo correspondente é o 97.

Constituição Federal

Art. 97. Somente pelo voto da maioria absoluta de seus membros ou dos membros do respectivo órgão especial poderão os tribunais declarar a inconstitucionalidade de lei ou ato normativo do Poder Público.

§ 3º O Presidente do Tribunal Regional, excetuada a hipótese de declaração de inconstitucionalidade de lei ou ato do poder público, somente terá voto de desempate. Nas sessões administrativas, o Presidente votará como os demais Juízes, cabendo-lhe, ainda, o voto de qualidade. *(§ 3º acrescido pela Lei 5.442/1968)*

§ 4º No julgamento de recursos contra decisão ou despacho do Presidente, do Vice-Presidente ou do Relator, ocorrendo empate, prevalecerá a decisão ou despacho recorrido. *(§ 4º acrescido pela Lei 5.442/1968)*

Art. 673. A ordem das sessões dos Tribunais Regionais será estabelecida no respectivo Regimento Interno.

▸ O Dec.-lei 9.797/1946, substitui o termo "Conselho Regional" por "Tribunal Regional".
▸ Art. 96, I, *a*, da CF.

Constituição Federal

Art. 96. Compete privativamente:

I – aos tribunais:

a) eleger seus órgãos diretivos e elaborar seus regimentos internos, com observância das normas de processo e das garantias processuais das partes, dispondo sobre a competência e o funcionamento dos respectivos órgãos jurisdicionais e administrativos;

Seção II
Da jurisdição e competência

Art. 674. Para efeito da jurisdição dos Tribunais Regionais, o território nacional é dividido nas vinte e quatro Regiões seguintes:

▸ *Caput* atualizado de acordo com a Lei 8.431/1992.
▸ Art. 115, § 2º, da CF.
▸ Art. 670 desta Consolidação.
▸ Lei 10.770/2003 (Criação de Varas do Trabalho nas Regiões da Justiça do Trabalho e definição de jurisdições)

Constituição Federal

Art. 115. Os Tribunais Regionais do Trabalho compõem-se de, no mínimo, sete juízes, recrutados, quando possível, na respectiva região, e nomeados pelo Presidente da República dentre brasileiros com mais de trinta e menos de sessenta e cinco anos, sendo: (...)

§ 2º Os Tribunais Regionais do Trabalho poderão funcionar descentralizadamente, constituindo Câmaras regionais, a fim de assegurar o pleno acesso do jurisdicionado à justiça em todas as fases do processo.

1ª Região – Estado do Rio de Janeiro;

2ª Região – Estado de São Paulo;

▸ Art. 1º, § 1º, da Lei 7.520/1986, instituiu a 15ª Região da Justiça do Trabalho e a Procuradoria Regional do Ministério Público da União junto à Justiça do Trabalho.

3ª Região – Estado de Minas Gerais;

4ª Região – Estado do Rio Grande do Sul;

5ª Região – Estado da Bahia;

6ª Região – Estado de Pernambuco;

7ª Região – Estado do Ceará;

8ª Região – Estados do Pará e do Amapá;

▸ A partir da 9ª região, acrescentamos ao *caput* as novas regiões de acordo com as leis que as criaram.

9ª Região – Estado do Paraná; *(Criada pela Lei 6.241/1975)*

10ª Região – Distrito Federal e Tocantins; *(Criada pela Lei 6.927/1981)*

11ª Região – Estados do Amazonas e de Roraima; *(Criada pela Lei 6.915/1981)*

12ª Região – Estado de Santa Catarina; *(Criada pela Lei 6.928/1981)*

13ª Região – Estado da Paraíba; *(Criada pela Lei 7.324/1985)*

14ª Região – Estados de Rondônia e Acre; *(Criada pela Lei 7.523/1986)*

15ª Região – Estado de São Paulo (área não abrangida pela jurisdição estabelecida na 2ª Região);

▸ Art. 1º, § 1º, da Lei 7.520/1986, instituiu a 15ª Região da Justiça do Trabalho e a Procuradoria Regional do Ministério Público da União junto à Justiça do Trabalho.

16ª Região – Estado do Maranhão; *(Criada pela Lei 7.671/1988)*

17ª Região – Estado do Espírito Santo; *(Criada pela Lei 7.872/1989)*

18ª Região – Estado de Goiás; *(Criada pela Lei 7.873/1989)*

19ª Região – Estado de Alagoas; *(Criada pela Lei 8.219/1991)*

20ª Região – Estado de Sergipe; *(Criada pela Lei 8.233/1991)*

21ª Região – Estado do Rio Grande do Norte; *(Criada pela Lei 8.215/1991)*

22ª Região – Estado do Piauí; *(Criada pela Lei 8.221/1991)*

23ª Região – Estado de Mato Grosso; *(Criada pela Lei 8.430/1992)*

24ª Região – Estado do Mato Grosso do Sul. *(Criada pela Lei 8.431/1992)*

Parágrafo único. Os tribunais têm sede nas cidades: Rio de Janeiro (1ª Região), São Paulo (2ª Região), Belo Horizonte (3ª Região), Porto Alegre (4ª Região), Salvador (5ª Região), Recife (6ª Região), Fortaleza (7ª Região) e Belém (8ª Região) *(Parágrafo único com redação pela Lei 5.839/1972)*

▸ As sedes dos Tribunais criados pelas Leis posteriores são: Curitiba (9ª Região), Brasília (10ª Região), Manaus (11ª Região), Florianópolis (12ª Região), João Pessoa (13ª Região), Porto Velho (14ª Região), Campinas (15ª Região), São Luís (16ª Região), Vitória (17ª Região), Goiânia (18ª Região), Maceió (19ª Região), Aracaju (20ª Região), Natal (21ª Região), Teresina (22ª Região), Cuiabá (23ª Região) e Campo Grande (24ª Região)

Art. 675. *Revogado pela Lei 5.442/1968.*

Art. 676. O número de regiões, a jurisdição e a categoria dos Tribunais Regionais, estabelecidos nos artigos anteriores, somente podem ser alterados pelo Presidente da República.

▸ Artigo prejudicado pelos arts. 96, II, e 113 da CF.

▸ O Dec.-lei 9.797/1946 substituiu o termo "Conselho Regional" por "Tribunal Regional".

Constituição Federal

Art. 96. Compete privativamente: (...)

II – ao Supremo Tribunal Federal, aos Tribunais Superiores e aos Tribunais de Justiça propor ao Poder Legislativo respectivo, observado o disposto no art. 169:

a) a alteração do número de membros dos tribunais inferiores;

b) a criação e a extinção de cargos e a remuneração dos seus serviços auxiliares e dos juízos que lhes forem vinculados, bem como a fixação do subsídio de seus membros e dos juízes, inclusive dos tribunais inferiores, onde houver;

c) a criação ou extinção dos tribunais inferiores;

d) a alteração da organização e da divisão judiciárias;

Art. 113. A lei disporá sobre a constituição, investidura, jurisdição, competência, garantias e condições de exercício dos órgãos da Justiça do Trabalho.

Art. 677. A competência dos Tribunais Regionais determina-se pela forma indicada no artigo 651 e seus parágrafos e, nos casos de dissídio coletivo, pelo local onde este ocorrer.

▸ O Dec.-lei 9.797/1946, substitui o termo "Conselho Regional" por "Tribunal Regional".
▸ Súmulas 180, 225 e 236 do STJ.
▸ Súmula 420 do TST.
▸ PN 10 do TST.

Súmulas

STJ 180. Na lide trabalhista, compete ao Tribunal Regional do Trabalho dirimir conflito de competência verificado, na respectiva região, entre Juiz Estadual e Junta de Conciliação e Julgamento.

STJ 225. Compete ao Tribunal Regional do Trabalho apreciar recursos contra sentença proferida por órgão de primeiro grau da Justiça Trabalhista, ainda que para declarar-lhe a nulidade em virtude de incompetência.

STJ 236. Não compete ao Superior Tribunal de Justiça dirimir conflitos de competência entre juízes trabalhistas vinculados a Tribunais Regionais do Trabalho diversos.

TST 420. Competência funcional. Conflito negativo. TRT e vara do trabalho de idêntica região. Não configuração. Não se configura conflito de competência entre Tribunal Regional do Trabalho e Vara do Trabalho a ele vinculada.

Precedente Normativo

TST 10. Banco do Brasil como parte em dissídio coletivo no TRT. Os Tribunais Regionais do Trabalho são incompetentes para processar e julgar Dissídios Coletivos em que sejam partes o Banco do Brasil S.A. e entidades sindicais dos bancários.

Art. 678. Aos Tribunais Regionais, quando divididos em Turmas, compete: *(Caput com redação pela Lei 5.442/1968)*

▸ Súmula 433 do STF.

Súmula

STF 433. É competente o Tribunal Regional do Trabalho para julgar mandado de segurança contra ato de seu presidente em execução de sentença trabalhista.

I – ao Tribunal Pleno, especialmente: *(Inciso I acrescido pela Lei 5.442/1968)*

▸ Art. 93, XI, da CF.

Constituição Federal

Art. 93. Lei complementar, de iniciativa do Supremo Tribunal Federal, disporá sobre o Estatuto da Magistratura, observados os seguintes princípios: (...)

XI – nos tribunais com número superior a vinte e cinco julgadores, poderá ser constituído órgão especial, com o mínimo de onze e o máximo de vinte e cinco membros, para o exercício das atribuições administrativas e jurisdicionais delegadas da competência do tribunal pleno, provendo-se metade das vagas por antiguidade e a outra metade por eleição pelo tribunal pleno;

a) processar, conciliar e julgar originariamente os dissídios coletivos;

b) processar e julgar originariamente:

1) as revisões de sentenças normativas;

2) a extensão das decisões proferidas em dissídios coletivos;

3) os mandados de segurança;

▸ Art. 114, IV, da CF.
▸ Súmula 433 do STF.
▸ Súmulas 397, 414 e 425 do TST.

Constituição Federal

Art. 114. Compete à Justiça do Trabalho processar e julgar: (...)
IV – os mandados de segurança, *habeas corpus* e *habeas data*, quando o ato questionado envolver matéria sujeita à sua jurisdição;

Súmulas

STF 433. É competente o Tribunal Regional do Trabalho para julgar mandado de segurança contra ato de seu presidente em execução de sentença trabalhista.

TST 397. Ação rescisória. Art. 966, IV, do CPC de 2015 . Art. 485, IV, do CPC de 1973. Ação de cumprimento. Ofensa à coisa julgada emanada de sentença normativa modificada em grau de recurso. Inviabilidade. Cabimento de mandado de segurança. Não procede ação rescisória calcada em ofensa à coisa julgada perpetrada por decisão proferida em ação de cumprimento, em face de a sentença normativa, na qual se louvava, ter sido modificada em grau de recurso, porque em dissídio coletivo somente se consubstancia coisa julgada formal. Assim, os meios processuais aptos a atacarem a execução da cláusula reformada são a exceção de pré-executividade e o mandado de segurança, no caso de descumprimento do art. 514 do CPC de 2015 (art. 572 do CPC de 1973)

TST 414. Mandado de Segurança. Tutela Provisória concedida antes ou na sentença. (nova redação em decorrência do CPC de 2015)
I – A tutela provisória concedida na sentença não comporta impugnação pela via do mandado de segurança, por ser impugnável mediante recurso ordinário. É admissível a obtenção de efeito suspensivo ao recurso ordinário mediante requerimento dirigido ao tribunal, ao relator ou ao presidente ou ao vice-presidente do tribunal recorrido, por aplicação subsidiária ao processo do trabalho do artigo 1.029, § 5º, do CPC de 2015.
II – No caso de a tutela provisória haver sido concedida ou indeferida antes da sentença, cabe mandado de segurança, em face da inexistência de recurso próprio.
III – A superveniência da sentença, nos autos originários, faz perder o objeto do mandado de segurança que impugnava a concessão ou o indeferimento da tutela provisória.

TST 425. *Jus postulandi* na Justiça do Trabalho. Alcance. O *jus postulandi* das partes, estabelecido no art. 791 da CLT, limita-se às Varas do Trabalho e aos Tribunais Regionais do Trabalho, não alcançando a ação rescisória, a ação cautelar, o mandado de segurança e os recursos de competência do Tribunal Superior do Trabalho.

4) as impugnações à investidura de Juízes classistas e seus suplentes nas Juntas de Conciliação e Julgamento;

▸ A EC 24/1999 extinguiu a figura do Juiz Classista e as Juntas de Conciliação e Julgamento, substituindo pelas Varas do Trabalho, onde a jurisdição será exercida por um Juiz Singular.

c) processar e julgar em última instância:

1) os recursos das multas impostas pelas Turmas;

2) as ações rescisórias das decisões das Juntas de Conciliação e Julgamento, dos Juízes de Direito investidos na jurisdição trabalhista, das Turmas e de seus próprios acórdãos;

▸ A EC 24/1999 extinguiu a figura do Juiz Classista e as Juntas de Conciliação e Julgamento, substituindo pelas Varas do Trabalho, onde a jurisdição será exercida por um Juiz Singular.
▸ Súmulas 343 e 514 do STF.
▸ Súmula 192 do TST.
▸ OJ 7 da SDI-II do TST.

Súmulas

STF 343. Não cabe ação rescisória por ofensa a literal disposição de lei, quando a decisão rescindenda se tiver baseado em texto legal de interpretação controvertida nos tribunais.

STF 514. Admite-se ação rescisória contra sentença transitada em julgado, ainda que contra ela não se tenha esgotado todos os recursos.

TST 192. Ação rescisória. Competência (atualizada em decorrência do CPC de 2015)

I – Se não houver o conhecimento de recurso de revista ou de embargos, a competência para julgar ação que vise a rescindir a decisão de mérito é do Tribunal Regional do Trabalho, ressalvado o disposto no item II.
II – Acórdão rescindendo do Tribunal Superior do Trabalho que não conhece de recurso de embargos ou de revista, analisando arguição de violação de dispositivo de lei material ou decidindo em consonância com súmula de direito material ou com iterativa, notória e atual jurisprudência de direito material da Seção de Dissídios Individuais (Súmula nº 333), examina o mérito da causa, cabendo ação rescisória da competência do Tribunal Superior do Trabalho.
III – Sob a égide do art. 512 do CPC de 1973, é juridicamente impossível o pedido explícito de desconstituição de sentença quando substituída por acórdão do Tribunal Regional ou superveniente sentença homologatória de acordo que puser fim ao litígio.
IV – Na vigência do CPC de 1973, é manifesta a impossibilidade jurídica do pedido de rescisão de julgado proferido em agravo de instrumento que, limitando-se a aferir o eventual desacerto do juízo negativo de admissibilidade do recurso de revista, não substitui o acórdão regional, na forma do art. 512 do CPC.
V – A decisão proferida pela SBDI, em agravo regimental, calcada na Súmula 333, substitui acórdão de Turma do TST, porque emite juízo de mérito, comportando, em tese, o corte rescisório.

Orientação Jurisprudencial

SDI-II 7. Ação rescisória. Competência. Criação de Tribunal Regional do Trabalho. Na omissão da lei, é fixada pelo art. 678, inc. I, *c*, item 2, da CLT. A Lei 7.872/89 que criou o Tribunal Regional do Trabalho da 17ª Região não fixou a sua competência para apreciar as ações rescisórias de decisões oriundas da 1ª Região, o que decorreu do art. 678, I, *c*, item 2, da CLT.

3) os conflitos de jurisdição entre as suas Turmas, os Juízes de Direito investidos na jurisdição trabalhista, as Juntas de Conciliação e Julgamento, ou entre aqueles e estas;

▸ A EC 24/1999 extinguiu a figura do Juiz Classista e as Juntas de Conciliação e Julgamento, substituindo pelas Varas do Trabalho, onde a jurisdição será exercida por um Juiz Singular.

d) julgar em única ou última instância:

1) os processos e os recursos de natureza administrativa atinentes aos seus serviços auxiliares e respectivos servidores;

▸ Súmula 20 do STF

Súmula

STF 20. É necessário processo administrativo com ampla defesa, para demissão de funcionário admitido por concurso.

2) as reclamações contra atos administrativos de seu Presidente ou de qualquer de seus membros, assim como dos Juízes de primeira instância e de seus funcionários;

II – às Turmas: *(Inciso II acrescido pela Lei 5.442/1968)*

a) julgar os recursos ordinários previstos no artigo 895, *a*;

▸ A Lei 11.925/2009 deu nova redação ao artigo 895, alterando as alíneas para incisos.
▸ Súmula 225 do STJ.

Súmula

STJ 225. Compete ao Tribunal Regional do Trabalho apreciar recurso contra sentença proferida por órgão de primeiro grau da Justiça Trabalhista, ainda que para declarar-lhe a nulidade em virtude de incompetência.

b) julgar os agravos de petição e de instrumento, estes de decisões denegatórias de recursos de sua alçada;

▸ Súmula 435 do TST.

Súmula

TST 435. Decisão monocrática. Relator. Art. 932 do CPC de 2015. Art. 557 do CPC de 1973. Aplicação subsidiária ao processo do trabalho. Aplica-se subsidiariamente ao processo do trabalho o art. 932 do CPC de 2015 (art. 557 do CPC de 1973)

c) impor multas e demais penalidades relativas a atos de sua competência jurisdicional, e julgar os recursos interpostos das decisões das Juntas e dos Juízes de Direito que as impuserem.

CLT

▸ A EC 24/1999 extinguiu a figura do Juiz Classista e as Juntas de Conciliação e Julgamento, substituindo pelas Varas do Trabalho, onde a jurisdição será exercida por um Juiz Singular.

Parágrafo único. Das decisões das Turmas não caberá recurso para o Tribunal Pleno, exceto no caso do item I, c, 1, deste artigo. *(Parágrafo único acrescido pela Lei 5.442/1968)*

Art. 679. Aos Tribunais Regionais não divididos em Turmas compete o julgamento das matérias a que se refere o artigo anterior, exceto a de que trata o inciso I da alínea c do item I, como os conflitos de jurisdição entre Turmas. *(Artigo com redação pela Lei 5.442/1968)*

Art. 680. Compete, ainda, aos Tribunais Regionais, ou suas Turmas: *(Artigo restabelecido e com redação pela Lei 5.442/1968)*

a) determinar às Juntas e aos Juízes de Direito a realização dos atos processuais e diligências necessárias ao julgamento dos feitos sob sua apreciação;

▸ A EC 24/1999 extinguiu a figura do Juiz Classista e as Juntas de Conciliação e Julgamento, substituindo pelas Varas do Trabalho, onde a jurisdição será exercida por um Juiz Singular.

b) fiscalizar o cumprimento de suas próprias decisões;

c) declarar a nulidade dos atos praticados com infração de suas decisões;

d) julgar as suspeições arguidas contra seus membros;

e) julgar as exceções de incompetência que lhes forem opostas;

f) requisitar às autoridades competentes as diligências necessárias ao esclarecimento dos feitos sob apreciação, representando contra aquelas que não atenderem a tais requisições;

g) exercer, em geral, no interesse da Justiça do Trabalho, as demais atribuições que decorram de sua jurisdição.

Seção III
Dos Presidentes
dos Tribunais Regionais

▸ O Dec.-lei 9.797/1946 substitui o termo "Conselho Regional" por "Tribunal Regional".

Art. 681. Os Presidentes e Vice-Presidentes dos Tribunais Regionais do Trabalho tomarão posse perante os respectivos Tribunais. *(Caput com redação pela Lei 6.320/1976)*

Parágrafo único. *Revogado pela Lei 6.320/1976.*

Art. 682. Competem privativamente aos Presidentes dos Tribunais Regionais, além das que forem conferidas neste e no título e das decorrentes do seu cargo, as seguintes atribuições: *(Caput com redação pelo Dec.-lei 8.737/1946)*

▸ O Dec.-lei 9.797/1946 substitui o termo "Conselho Regional" por "Tribunal Regional".
▸ OJ 10 do Tribunal Pleno do TST.

Orientação Jurisprudencial

Tribunal Pleno 10. Precatório. Processamento e pagamento. Natureza administrativa. Mandado de Segurança. Cabimento. É cabível mandado de segurança contra atos praticados pela Presidência dos Tribunais Regionais em precatório em razão de sua natureza administrativa, não se aplicando o disposto no inciso II do art. 5º da Lei 1.533, de 31.12.1951.

I – *Revogado pela Lei 5.442/1968;*

II – designar os vogais das Juntas e seus suplentes; *(Inciso II com redação pelo Dec.-lei 8.737/1946)*

▸ A EC 24/1999 extinguiu a figura do Juiz Classista e as Juntas de Conciliação e Julgamento, substituindo pelas Varas do Trabalho, onde a jurisdição será exercida por um Juiz Singular.

III – dar posse aos Presidentes de Juntas e Presidentes Substitutos, aos vogais e suplentes e funcionários do próprio Tribunal e conceder férias e licenças aos mes-

mos e aos vogais e suplentes das Juntas; *(Inciso III com redação pelo Dec.-lei 8.737/1946)*

▸ A EC 24/1999 extinguiu a figura do Juiz Classista e as Juntas de Conciliação e Julgamento, substituindo pelas Varas do Trabalho, onde a jurisdição será exercida por um Juiz Singular.

IV – presidir às sessões do Tribunal; *(Inciso IV com redação pelo Dec.-lei 8.737/1946)*

V – presidir às audiências de conciliação nos dissídios coletivos; *(Inciso V com redação pelo Dec.-lei 8.737/1946)*

VI – executar suas próprias decisões e as proferidas pelo Tribunal; *(Inciso VI com redação pelo Dec.-lei 8.737/1946)*

VII – convocar suplentes dos juízes do Tribunal, nos impedimentos destes; *(Inciso VII com redação pelo Dec.-lei 8.737/1946)*

▸ O Dec.-lei 9.797/1946 substitui o termo "Conselho Regional" por "Tribunal Regional".

VIII – representar ao Presidente do Tribunal Superior do Trabalho contra os Presidentes e os vogais e nos casos previstos no artigo 727 e seu parágrafo único; *(Inciso VIII com redação pelo Dec.-lei 8.737/1946)*

▸ O Dec.-lei 9.797/1946, substitui os termos "Conselho Nacional" por "Tribunal Superior".

IX – despachar os recursos interpostos pelas partes; *(Inciso IX com redação pelo Dec.-lei 8.737/1946)*

X – requisitar às autoridades competentes, nos casos de dissídio coletivo, a força necessária, sempre que houver ameaça de perturbação da ordem; *(Inciso X com redação pelo Dec.-lei 8.737/1946)*

XI – exercer correição, pelo menos uma vez por ano, sobre as Juntas, ou parcialmente, sempre que se fizer necessário, e solicitá-la, quando julgar conveniente, ao Presidente do Tribunal de Justiça, relativamente aos Juízes de Direito investidos na administração da Justiça do Trabalho; *(Inciso XI com redação pelo Dec.-lei 8.737/1946)*

▸ A EC 24/1999 extinguiu a figura do Juiz Classista e as Juntas de Conciliação e Julgamento, substituindo pelas Varas do Trabalho, onde a jurisdição será exercida por um Juiz Singular.

XII – distribuir os feitos, designando os Juízes que os devem relatar; *(Inciso XII com redação pelo Dec.-lei 8.737/1946)*

XIII – designar, dentre os funcionários do Tribunal e das Juntas existentes em uma mesma localidade, o que deve exercer a função de distribuidor; *(Inciso XIII com redação pelo Dec.-lei 8.737/1946)*

▸ A EC 24/1999 extinguiu a figura do Juiz Classista e as Juntas de Conciliação e Julgamento, substituindo pelas Varas do Trabalho, onde a jurisdição será exercida por um Juiz Singular.

XIV – assinar as folhas de pagamento dos vogais e servidores do Tribunal. *(Inciso XIV com redação pelo Dec.-lei 8.737/1946)*

▸ A EC 24/1999 extinguiu a figura do Juiz Classista e as Juntas de Conciliação e Julgamento, substituindo pelas Varas do Trabalho, onde a jurisdição será exercida por um Juiz Singular.

§ 1º Na falta ou impedimento do Presidente da Junta e do substituto da mesma localidade, é facultado ao Presidente do Tribunal Regional designar substituto de outra localidade, observada a ordem de antiguidade entre os substitutos desimpedidos. *(§ 1º com redação pelo Dec.-lei 8.737/1946)*

▸ A EC 24/1999 extinguiu a figura do Juiz Classista e as Juntas de Conciliação e Julgamento, substituindo pelas Varas do Trabalho, onde a jurisdição será exercida por um Juiz Singular.
▸ O Dec.-lei 9.797/1946 substitui o termo "Conselho Regional" por "Tribunal Regional".

§ 2º Na falta ou impedimento do vogal da Junta e do respectivo suplente, é facultado ao Presidente do Tribunal Regional designar suplente de outra Junta, respeitada a categoria profissional ou econômica do representante e a ordem de antiguidade dos suplentes desimpedidos. *(§ 2º com redação pelo Dec.-lei 8.737/1946)*

▸ A EC 24/1999 extinguiu a figura do Juiz Classista e as Juntas de Conciliação e Julgamento, substituindo pelas Varas do Trabalho, onde a jurisdição será exercida por um Juiz Singular.
▸ O Dec.-lei 9.797/1946 substitui o termo "Conselho Regional" por "Tribunal Regional".

§ 3º Na falta ou impedimento de qualquer Juiz representante classista e seu respectivo suplente, é facultado ao

Presidente do Tribunal Regional designar um dos vogais de Junta de Conciliação e Julgamento para funcionar nas sessões do Tribunal, respeitada a categoria profissional ou econômica do representante. *(§ 3º acrescido pela Lei 3.440/1958)*

▸ A EC 24/1999 extinguiu a figura do Juiz Classista e as Juntas de Conciliação e Julgamento, substituindo pelas Varas do Trabalho, onde a jurisdição será exercida por um Juiz Singular.

Art. 683. Na falta ou impedimento dos Presidentes dos Tribunais Regionais, e como auxiliares destes, sempre que necessário, funcionarão seus substitutos. *(Caput com redação pelo Dec.-lei 8.737/1946)*

▸ O Dec.-lei 9.797/1946 substitui o termo "Conselho Regional" por "Tribunal Regional".

§ 1º Nos casos de férias, por trinta dias, licença, morte ou renúncia, a convocação competirá diretamente ao Presidente do Tribunal Superior do Trabalho. *(§ 1º com redação pelo Dec.-lei 8.737/1946)*

§ 2º Nos demais casos, mediante convocação do próprio Presidente do Tribunal ou comunicação do secretário deste, o Presidente Substituto assumirá imediatamente o exercício, ciente o Presidente do Tribunal Superior do Trabalho. *(§ 2º com redação pelo Dec.-lei 8.737/1946)*

Seção IV
Dos juízes representantes classistas dos Tribunais Regionais

▸ A EC 24/1999 extinguiu a figura do Juiz Classista e as Juntas de Conciliação e Julgamento, substituindo pelas Varas do Trabalho, onde a jurisdição será exercida por um Juiz Singular.
▸ O Dec.-lei 9.797/1946 substitui o termo "Conselho Regional" por "Tribunal Regional".
▸ Art. 115 da CF.

Constituição Federal

Art. 115. Os Tribunais Regionais do Trabalho compõem-se de, no mínimo, sete juízes, recrutados, quando possível, na respectiva região, e nomeados pelo Presidente da República dentre brasileiros com mais de trinta e menos de sessenta e cinco anos, sendo:

I – um quinto dentre advogados com mais de dez anos de efetiva atividade profissional e membros do Ministério Público do Trabalho com mais de dez anos de efetivo exercício, observado o disposto no art. 94;

II – os demais, mediante promoção de juízes do trabalho por antiguidade e merecimento, alternadamente.

§ 1º Os Tribunais Regionais do Trabalho instalarão a justiça itinerante, com a realização de audiências e demais funções de atividade jurisdicional, nos limites territoriais da respectiva jurisdição, servindo-se de equipamentos públicos e comunitários.

§ 2º Os Tribunais Regionais do Trabalho poderão funcionar descentralizadamente, constituindo Câmaras regionais, a fim de assegurar o pleno acesso do jurisdicionado à justiça em todas as fases do processo.

Art. 684. Os Juízes representantes classistas dos Tribunais Regionais são designados pelo Presidente da República.

▸ A EC 24/1999 extinguiu a figura do Juiz Classista e as Juntas de Conciliação e Julgamento, substituindo pelas Varas do Trabalho, onde a jurisdição será exercida por um Juiz Singular.
▸ O Dec.-lei 9.797/1946 substitui o termo "Conselho Regional" por "Tribunal Regional"

Parágrafo único. Aos Juízes representantes classistas dos empregados e dos empregadores, nos Tribunais Regionais, aplicam-se as disposições do art. 661. *(Primitivo § 1º transformado em parágrafo único pela Lei 5.442/1968)*

▸ A EC 24/1999 extinguiu a figura do Juiz Classista e as Juntas de Conciliação e Julgamento, substituindo pelas Varas do Trabalho, onde a jurisdição será exercida por um Juiz Singular.

Art. 685. A escolha dos vogais e suplentes dos Tribunais Regionais, representantes dos empregadores e empregados, é feita dentre os nomes constantes das listas para esse fim encaminhadas ao Presidente do Tribunal Superior do Trabalho pelas associações sindicais de grau superior com sede nas respectivas Regiões.

▸ O Dec.-lei 9.797/1946, substitui os termos "Conselho Regional" e "Conselho Nacional" por "Tribunal Regional" e "Tribunal Superior".

§ 1º Para o efeito deste artigo, o Conselho de Representantes de cada associação sindical de grau superior,

na ocasião determinada pelo Presidente do Tribunal Superior do Trabalho, organizará, por maioria de votos, uma lista de 3 (três) nomes.

§ 2º O Presidente do Tribunal Superior do Trabalho submeterá os nomes constantes das listas ao Presidente da República, por intermédio do Ministro da Justiça. *(Parágrafo com redação pela Lei 2.244/1954)*

Art. 686. *Suprimido pelo Dec.-lei 9.797/1946.*

Art. 687. Os juízes representantes classistas dos Tribunais Regionais tomam posse perante o respectivo Presidente.

▸ O Dec.-lei 9.797/1946, substitui os termos "vogais dos Conselhos Regionais" por "juízes representantes classistas dos Tribunais Regionais".
▸ A EC 24/1999 extinguiu a figura do Juiz Classista e as Juntas de Conciliação e Julgamento, substituindo pelas Varas do Trabalho, onde a jurisdição será exercida por um Juiz Singular.

Art. 688. Aos juízes representantes classistas dos Tribunais Regionais aplicam-se as disposições do art. 663, sendo a nova escolha feita dentre os nomes constantes das listas a que se refere o art. 685, ou na forma indicada no art. 686 e, bem assim, as dos arts. 665 e 667.

▸ A EC 24/1999 extinguiu a figura do Juiz Classista e as Juntas de Conciliação e Julgamento, substituindo pelas Varas do Trabalho, onde a jurisdição será exercida por um Juiz Singular.

Art. 689. Por sessão a que comparecerem, até o máximo de quinze por mês, perceberão os Juízes representantes classistas e suplentes dos Tribunais Regionais a gratificação fixada em lei. *(Caput acrescido pelo Dec.-lei 8.737/1946)*

▸ A EC 24/1999 extinguiu a figura do Juiz Classista e as Juntas de Conciliação e Julgamento, substituindo pelas Varas do Trabalho, onde a jurisdição será exercida por um Juiz Singular.
▸ O Dec.-lei 9.797/1946, substitui os termos "vogais dos Conselhos Regionais" por "juízes representantes classistas dos Tribunais Regionais".

Parágrafo único. Os Juízes representantes classistas que retiverem processos além dos prazos estabelecidos no Regimento Interno dos Tribunais Regionais sofrerão automaticamente, na gratificação mensal a que teriam direito, desconto equivalente a 1/30 (um trinta avos) por processo retido. *(Parágrafo único acrescido pelo Dec.-lei 8.737/1946)*

▸ O Dec.-lei 9.797/1946, substitui os termos "vogais dos Conselhos Regionais" por "juízes representantes classistas dos Tribunais Regionais".

CAPÍTULO V
DO TRIBUNAL SUPERIOR DO TRABALHO

▸ O Dec.-lei 9.797/1946, substitui os termos "Conselho Nacional" por "Tribunal Superior".
▸ Arts. 111 e 111-A da CF.
▸ Resolução Administrativa 1.937/2017 do TST (Regimento Interno do TST)
▸ Súmula 190 do TST.

Constituição Federal

Art. 111. São órgãos da Justiça do Trabalho:

I – o Tribunal Superior do Trabalho;

II – os Tribunais Regionais do Trabalho;

III – Juízes do Trabalho. (...)

Art. 111-A. O Tribunal Superior do Trabalho compor-se-á de vinte e sete Ministros, escolhidos dentre brasileiros com mais de trinta e cinco e menos de sessenta e cinco anos, nomeados pelo Presidente da República após aprovação pela maioria absoluta do Senado Federal, sendo:

I – um quinto dentre advogados com mais de dez anos de efetiva atividade profissional e membros do Ministério Público do Trabalho com mais de dez anos de efetivo exercício, observado o disposto no art. 94;

II – os demais dentre juízes dos Tribunais Regionais do Trabalho, oriundos da magistratura da carreira, indicados pelo próprio Tribunal Superior.

§ 1º A lei disporá sobre a competência do Tribunal Superior do Trabalho.

§ 2º Funcionarão junto ao Tribunal Superior do Trabalho:

I – a Escola Nacional de Formação e Aperfeiçoamento de Magistrados do Trabalho, cabendo-lhe, dentre outras funções, regulamentar os cursos oficiais para o ingresso e promoção na carreira;

II – o Conselho Superior da Justiça do Trabalho, cabendo-lhe exercer, na forma da lei, a supervisão administrativa, orçamentária, financeira e patrimonial da Justiça do Trabalho de primeiro e segundo graus, como órgão central do sistema, cujas decisões terão efeito vinculante.

Súmula

TST 190. Poder normativo do TST. Condições de trabalho. Inconstitucionalidade. Decisões contrárias ao STF. Ao julgar ou homologar ação coletiva ou acordo nela havido, o Tribunal Superior do Trabalho exerce o poder normativo constitucional, não podendo criar ou homologar condições de trabalho que o Supremo Tribunal Federal julgue iterativamente inconstitucionais.

Seção I
Disposições preliminares

Art. 690. O Tribunal Superior do Trabalho, com sede na Capital da República e jurisdição em todo o Território Nacional, é a instância superior da Justiça do Trabalho. (Caput *com redação pela Lei 2.244/1954*)

▸ O Dec.-lei 9.797/1946, substituiu os termos "Conselho Nacional" por "Tribunal Superior".

Parágrafo único. O Tribunal funciona na plenitude de sua composição ou dividido em Turmas, com observância da paridade de representação de empregados e empregadores. (Parágrafo único *com redação pela Lei 2.244/1954*)

▸ Lei 7.701/1988 (Especialização de Turmas dos Tribunais do Trabalho)

Arts. 691 e 692. *Suprimidos pelo Dec.-lei 8.737/1946.*

Seção II
Da composição e funcionamento
do Tribunal Superior do Trabalho

▸ O Dec.-lei 9.797/1946, substituiu o termo "Conselho Nacional" por "Tribunal Superior".

Art. 693. O Tribunal Superior do Trabalho compõe-se de dezessete juízes com a denominação de Ministros, sendo: (Caput *com redação pela Lei 5.442/1968*)

▸ Artigo prejudicado pelo art. 111-A da CF
▸ O Dec.-lei 9.797/1946 determinou a substituição do termo "Conselho Nacional" para "Tribunal Superior".
▸ Arts. 52, III, 84, XIV, e 111-A da CF.

Constituição Federal

Art. 84. Compete privativamente ao Presidente da República: (...)

XIV - nomear, após aprovação pelo Senado Federal, os Ministros do Supremo Tribunal Federal e dos Tribunais Superiores, os Governadores de Territórios, o Procurador-Geral da República, o presidente e os diretores do banco central e outros servidores, quando determinado em lei;

Art. 111-A: O Tribunal Superior do Trabalho compor-se-á de vinte e sete Ministros, escolhidos dentre brasileiros com mais de trinta e cinco e menos de sessenta e cinco anos, nomeados pelo Presidente da República após aprovação pela maioria absoluta do Senado Federal, sendo:
I – um quinto dentre advogados com mais de dez anos de efetiva atividade profissional e membros do Ministério Público do Trabalho com mais de dez anos de efetivo exercício, observado o disposto no art. 94;
II – os demais dentre juízes dos Tribunais Regionais do Trabalho, oriundos da magistratura da carreira, indicados pelo próprio Tribunal Superior.
§ 1º A lei disporá sobre a competência do Tribunal Superior do Trabalho.
§ 2º Funcionarão junto ao Tribunal Superior do Trabalho:
I – a Escola Nacional de Formação e Aperfeiçoamento de Magistrados do Trabalho, cabendo-lhe, dentre outras funções, regulamentar os cursos oficiais para o ingresso e promoção na carreira;
II – o Conselho Superior da Justiça do Trabalho, cabendo-lhe exercer, na forma da lei, a supervisão administrativa, orçamentária, financeira e patrimonial da Justiça do Trabalho de primeiro e segundo graus, como órgão central do sistema, cujas decisões terão efeito vinculante.

a) onze togados e vitalícios, nomeados pelo Presidente da República, depois de aprovada a escolha pelo Senado Federal, dentre brasileiros natos, maiores de trinta e cinco anos, de notável saber jurídico e reputação ilibada;

b) seis classistas, com mandato de três anos em representação paritária dos empregadores e dos empregados nomeados pelo Presidente da República de conformidade com o disposto nos §§ 2º e 3º deste artigo.

▸ A EC 24/1999 extinguiu a figura do Juiz Classista e as Juntas de Conciliação e Julgamento, substituindo pelas Varas do Trabalho, onde a jurisdição será exercida por um Juiz Singular.
▸ Arts. 52, III, 84, XIV, e 111-A da CF.

§ 1º Dentre os juízes togados do Tribunal Superior do Trabalho, alheios aos interesses profissionais, serão eleitos o presidente, o vice-presidente e o corregedor, além dos presidentes das turmas na forma estabelecida em seu regimento interno. (§ 1º *com redação pela Lei 2.244/1954*)

§ 2º Para nomeação trienal dos juízes classistas, o Presidente do Tribunal Superior do Trabalho publicará edital, com antecedência mínima de 15 (quinze) dias, convocando as associações sindicais de grau superior, para que cada uma, mediante maioria de votos do respectivo Conselho de Representantes, organize uma lista de 3 (três) nomes, que será encaminhada, por intermédio daquele Tribunal, ao Ministro da Justiça dentro do prazo que for fixado no edital. (§ 2º *com redação pela Lei 2.244/1954*)

▸ O Dec.-lei 9.797/1946, altera "Conselho Regional" e "Conselho Nacional" para "Tribunal Regional" e "Tribunal Superior".

§ 3º Na lista de que trata o parágrafo anterior figurarão somente brasileiros natos, de reconhecida idoneidade, maiores de 25 anos, quites com o serviço militar, que estejam no gozo de seus direitos civis e políticos e contém mais de dois anos de efetivo exercício da profissão ou se encontrem no desempenho de representação profissional prevista em lei. (§ 3º *acrescido pelo Dec.-lei 9.797/1946*)

§ 4º *Vetado.*

Art. 694. Os juízes togados escolher-se-ão: sete, dentre magistrados da Justiça do Trabalho, dois, dentre advogados no efetivo exercício da profissão, e dois, dentre membros do Ministério Público da União junto à Justiça do Trabalho. (Artigo *restabelecido e com redação pela Lei 5.442/1968*)

▸ Artigo prejudicado pelo art. 111-A da CF.

Art. 695. *Suprimido pelo Dec.-lei 9.797/1946.*

Art. 696. Importará em renúncia o não comparecimento do membro do Tribunal, sem motivo justificado, a mais de três sessões ordinárias consecutivas. (Caput *com redação pelo Dec.-lei 8.737/1946*)

▸ Artigo prejudicado pela LC 35/1979 (Lei Orgânica da Magistratura)
▸ O Dec.-lei 9.797/1946 substitui os termos "Conselho Regional" e "Conselho Nacional" por "Tribunal Regional" e "Tribunal Superior". Neste artigo, o termo "Tribunais", era originariamente "Conselhos".
▸ Art. 95, I, da CF.

Constituição Federal

Art. 95. Os juízes gozam das seguintes garantias:
I – vitaliciedade, que, no primeiro grau, só será adquirida após dois anos de exercício, dependendo a perda do cargo, nesse período, de deliberação do tribunal a que o Juiz estiver vinculado, e, nos demais casos, de sentença judicial transitada em julgado;

§ 1º Ocorrendo a hipótese prevista neste artigo, o Presidente do Tribunal comunicará, imediatamente, o fato ao Ministro da Justiça, a fim de que seja feita a substituição do Juiz renunciante, sem prejuízo das sanções cabíveis. (§ 1º *com redação pela Lei 2.244/1954*)

§ 2º Para os efeitos do parágrafo anterior, a designação do substituto será feita dentre os nomes constantes das listas de que trata o § 2º do artigo 693. (§ 2º *com redação pela Lei 2.244/1954*)

Art. 697. Em caso de licença superior a trinta dias, ou de vacância, enquanto não for preenchido o cargo, os Ministros do Tribunal poderão ser substituídos mediante convocação de Juízes, de igual categoria, de qualquer dos Tribunais Regionais do Trabalho, na forma que dispuser o Regimento do Tribunal Superior do Trabalho. (Artigo *com redação pela Lei 6.289/1975*)

▸ Art. 118 da LC 35/1979 (Lei Orgânica da Magistratura Nacional)

LC 35/1979

Art. 118. Em caso de vaga ou afastamento, por prazo superior a 30 (trinta) dias, de membro dos Tribunais Superiores, dos Tribunais Regionais, dos Tribunais de Justiça e dos Tribunais de Alçada, (Vetado) poderão ser convocados Juízes, em Substituição (Vetado) escolhidos (Vetado) por decisão da maioria absoluta do Tribunal respectivo, ou, se houver, de seu Órgão Especial:

§ 1º A convocação far-se-á mediante sorteio público dentre:

I – os Juízes Federais, para o Tribunal Federal de Recursos;

II – o Corregedor e Juízes Auditores para a substituição de Ministro togado do Superior Tribunal Militar;

III – Os Juízes da Comarca da Capital para os Tribunais de Justiça dos Estados onde não houver Tribunal de Alçada e, onde houver, dentre os membros deste para os Tribunais de Justiça e dentre os Juízes da Comarca da sede do Tribunal de Alçada para o mesmo;

IV – os Juízes de Direito do Distrito Federal, para o Tribunal de Justiça do Distrito Federal e dos Territórios;

V – os Juízes Presidentes de Junta de Conciliação o Julgamento da sede da Região para os Tribunais Regionais do Trabalho.

§ 2º Não poderão ser convocados Juízes punidos com as penas previstas no art. 42, I, II, III e IV, nem os que estejam respondendo ao procedimento previsto no art. 27.

§ 3º A convocação de Juiz de Tribunal do Trabalho, para substituir Ministro do Tribunal Superior do Trabalho, obedecerá o disposto neste artigo.

§ 4º Em nenhuma hipótese, salvo vacância do cargo, haverá redistribuição de processos aos Juízes convocados.

Art. 698. *Suprimido pelo Dec.-lei 8.737/1946.*

Art. 699. O Tribunal Superior do Trabalho não poderá deliberar, na plenitude de sua composição senão com a presença de pelo menos nove de seus juízes, além do Presidente. *(Caput com redação pela Lei 2.244/1954)*

▸ Artigo prejudicado pela Lei 7.701/1988 (Especialização de Turmas dos Tribunais do Trabalho)
▸ O Dec.-lei 9.797/1946 altera "Conselho Nacional" para "Tribunal Superior".
▸ Resolução Administrativa 1.937/2017 do TST (Regimento Interno do TST)

Parágrafo único. As turmas do Tribunal, compostas de 5 (cinco) juízes, só poderão deliberar com a presença de pelo menos, três de seus membros, além do respectivo presidente, cabendo também a este funcionar como relator ou revisor nos feitos que lhe forem distribuídos conforme estabelecer o regimento interno. *(Parágrafo único acrescido pela Lei 2.244/1954)*

Art. 700. O Tribunal reunir-se-á em dias previamente fixados pelo Presidente, o qual poderá, sempre que for necessário, convocar sessões extraordinárias. *(Artigo com redação pelo Dec.-lei 8.737/1946)*

▸ Art. 96, I, *a*, da CF.

Constituição Federal

Art. 96. Compete privativamente:

I – aos tribunais:

a) eleger seus órgãos diretivos e elaborar seus regimentos internos, com observância das normas de processo e das garantias processuais das partes, dispondo sobre a competência e o funcionamento dos respectivos órgãos jurisdicionais e administrativos; (...)

Art. 701. As sessões do Tribunal serão públicas e começarão às 14 (quatorze) horas, terminando às dezessete horas, mas poderão ser prorrogadas pelo Presidente em caso de manifesta necessidade. *(Caput com redação pelo Dec.-lei 8.737/1946)*

▸ Art. 96, I, *a*, da CF.

§ 1º As sessões extraordinárias do Tribunal só se realizarão quando forem comunicadas aos seus membros com vinte e quatro horas, no mínimo, de antecedência. *(§ 1º com redação pelo Dec.-lei 8.737/1946)*

§ 2º Nas sessões do Tribunal, os debates poderão tornar--se secretos, desde que, por motivo de interesse público,

assim resolver a maioria de seus membros. *(§ 2º com redação pelo Dec.-lei 8.737/1946)*

▸ Art. 93, IX, da CF.

Constituição Federal

Art. 93. Lei complementar, de iniciativa do Supremo Tribunal Federal, disporá sobre o Estatuto da Magistratura, observados os seguintes princípios: (...)

IX – todos os julgamentos dos órgãos do Poder Judiciário serão públicos, e fundamentadas todas as decisões, sob pena de nulidade, podendo a lei limitar a presença, em determinados atos, às próprias partes e a seus advogados, ou somente a estes, em casos nos quais a preservação do direito à intimidade do interessado no sigilo não prejudique o interesse público à informação;

Seção III
Da competência do Tribunal Pleno

▸ Seção III prejudicada pela Lei 7.701/1988 (Especialização de Turmas dos Tribunais do Trabalho)

Art. 702. Ao Tribunal Pleno compete: *(Caput com redação pela Lei 2.244/1954)*

▸ Artigo prejudicado pela Lei 7.701/1988. (Especialização de Turmas dos Tribunais do Trabalho)

I – em única instância:

a) decidir sobre matéria constitucional, quando arguido, para invalidar lei ou ato do poder público; *(Alínea a com redação pela Lei 2.244/1954)*

b) conciliar e julgar os dissídios coletivos que excedam a jurisdição dos Tribunais Regionais do Trabalho, bem como estender ou rever suas próprias decisões normativas, nos casos previstos em lei; *(Alínea b com redação pela Lei 2.244/1954)*

c) homologar os acordos celebrados em dissídios de que trata a alínea anterior; *(Alínea c com redação pela Lei 2.244/1954)*

d) julgar os agravos dos despachos do presidente, nos casos previstos em lei; *(Alínea d com redação pela Lei 2.244/1954)*

e) julgar as suspeições arguidas contra o presidente e demais juízes do Tribunal, nos feitos pendentes de sua decisão; *(Alínea e com redação pela Lei 2.244/1954)*

f) estabelecer ou alterar súmulas e outros enunciados de jurisprudência uniforme, pelo voto de pelo menos dois terços de seus membros, caso a mesma matéria já tenha sido decidida de forma idêntica por unanimidade em, no mínimo, dois terços das turmas em pelo menos dez sessões diferentes em cada uma delas, podendo, ainda, por maioria de dois terços de seus membros, restringir os efeitos daquela declaração ou decidir que ela só tenha eficácia a partir de sua publicação no Diário Oficial; *(Alínea f com redação pela Lei 13.467/2017)*

▸ O STF, na ADIN 6.188, por maioria, julgou procedente a ação, para declarar a inconstitucionalidade do art. 702, I, f, §§ 3º e 4º, da CLT, na redação que lhe deu a Lei 13.467/2017 (DOU 01.09.2023).

g) aprovar tabelas de custas emolumentos, nos termos da lei; *(Alínea g com redação pela Lei 2.244/1954)*

h) elaborar o Regimento Interno do Tribunal e exercer as atribuições administrativas previstas em lei, ou decorrentes da Constituição Federal. *(Alínea h com redação pela Lei 2.244/1954)*

II – em última instância: *(Inciso II com redação pela Lei 2.244/1954)*

a) julgar os recursos ordinários das decisões proferidas pelos Tribunais Regionais em processos de sua competência originária; *(Alínea a com redação pela Lei 2.244/1954)*

b) julgar os embargos opostos às decisões de que tratam as alíneas *b* e *c* do inciso I deste artigo; *(Alínea b com redação pela Lei 2.244/1954)*

c) julgar embargos das decisões das Turmas, quando esta divirjam entre si ou de decisão proferida pelo pró-

prio Tribunal Pleno, ou que forem contrárias à letra de lei federal; *(Alínea c com redação pelo Dec.-lei 229/1967)*

d) julgar os agravos de despachos denegatórios dos presidentes de turmas, em matéria de embargos na forma estabelecida no regimento interno; *(Alínea d com redação pela Lei 2.244/1954)*

e) julgar os embargos de declaração opostos aos seus acórdãos. *(Alínea e com redação pela Lei 2.244/1954)*

§ 1º Quando adotada pela maioria de dois terços dos juízes do Tribunal Pleno, a decisão proferida nos embargos de que trata o inciso II, alínea *c*, deste artigo, terá força de prejulgado, nos termos dos §§ 2º e 3º do art. 902. *(§ 1º com redação pela Lei 2.244/1954)*

▸ O art. 902 da CLT foi revogado pela Lei 7.033/1982.

§ 2º É da competência de cada uma das turmas do Tribunal: *(§ 2º com redação pela Lei 2.244/1954)*

a) julgar, em única instância, os conflitos de jurisdição entre Tribunais Regionais do Trabalho e os que se suscitarem entre juízes de direito ou juntas de conciliação e julgamento de regiões diferentes; *(Alínea a com redação pela Lei 2.244/1954)*

▸ A EC 24/1999 extinguiu a figura do Juiz Classista e as Juntas de Conciliação e Julgamento, substituindo pelas Varas do Trabalho, onde a jurisdição será exercida por um Juiz Singular.

b) julgar, em última instância, os recursos de revista interpostos de decisões dos Tribunais Regionais e das Juntas de Conciliação e julgamento ou juízes de direito, nos casos previstos em lei; *(Alínea b com redação pela Lei 2.244/1954)*

▸ A EC 24/1999 extinguiu a figura do Juiz Classista e as Juntas de Conciliação e Julgamento, substituindo pelas Varas do Trabalho, onde a jurisdição será exercida por um Juiz Singular.

c) julgar os agravos de instrumento dos despachos que denegarem a interposição de recursos ordinários ou de revista; *(Alínea c com redação pela Lei 2.244/1954)*

d) julgar os embargos de declaração opostos aos seus acórdãos; *(Alínea d com redação pela Lei 2.244/1954)*

e) julgar as habilitações incidentes e arguições de falsidade, suspeição e outras nos casos pendentes de sua decisão. *(Alínea e com redação pela Lei 2.244/1954)*

§ 3º As sessões de julgamento sobre estabelecimento ou alteração de súmulas e outros enunciados de jurisprudência deverão ser públicas, divulgadas com, no mínimo, trinta dias de antecedência, e deverão possibilitar a sustentação oral pelo Procurador-Geral do Trabalho, pelo Conselho Federal da Ordem dos Advogados do Brasil, pelo Advogado-Geral da União e por confederações sindicais ou entidades de classe de âmbito nacional. *(§ 3º acrescido pela Lei 13.467/2017)*

§ 4º O estabelecimento ou a alteração de súmulas e outros enunciados de jurisprudência pelos Tribunais Regionais do Trabalho deverão observar o disposto na alínea *f* do inciso I e no § 3º deste artigo, com rol equivalente de legitimados para sustentação oral, observada a abrangência de sua circunscrição judiciária. *(§ 4º acrescido pela Lei 13.467/2017)*

▸ O STF, na ADIN 6.188, por maioria, julgou procedente a ação, para declarar a inconstitucionalidade do art. 702, I, f, §§ 3º e 4º, da CLT, na redação que lhe deu a Lei 13.467/2017 *(DOU 01.09.2023).*

Seção IV
Da competência da Câmara de Justiça do Trabalho

Arts. 703 a 705. *Suprimidos pelo Dec.-lei 8.737/1946.*

Seção V
Da competência da Câmara de Previdência Social

Art. 706. *Suprimido pelo Dec.-lei 8.737/1946.*

Seção VI
Das atribuições do presidente
do Tribunal Superior do Trabalho

▸ A EC 24/1999 extinguiu a figura do Juiz Classista e as Juntas de Conciliação e Julgamento, substituindo pelas Varas do Trabalho, onde a jurisdição será exercida por um Juiz Singular.
▸ O Dec.-lei 9.797/1946 altera "Conselho Nacional" para "Tribunal Superior".
▸ Arts. 96, I, *a*, e 113 da CF.

Constituição Federal

Art. 96. Compete privativamente:

I – aos tribunais:

a) eleger seus órgãos diretivos e elaborar seus regimentos internos, com observância das normas de processo e das garantias processuais das partes, dispondo sobre a competência e o funcionamento dos respectivos órgãos jurisdicionais e administrativos;

Art. 113. A lei disporá sobre a constituição, investidura, jurisdição, competência, garantias e condições de exercício dos órgãos da Justiça do Trabalho.

Art. 707. Compete ao Presidente do Tribunal: *(Caput e alíneas com redação pelo Dec.-lei 8.737/1946)*

▸ Resolução Administrativa 1.937/2017 do TST (Regimento Interno do TST)

a) presidir às sessões do Tribunal, fixando os dias para a realização das sessões ordinárias e convocando as extraordinárias;

b) superintender todos os serviços do Tribunal;

c) expedir instruções e adotar as providências necessárias para o bom funcionamento do Tribunal e dos demais órgãos da Justiça do Trabalho;

d) fazer cumprir as decisões originárias do Tribunal, determinando aos Tribunais Regionais e aos demais órgãos da Justiça do Trabalho a realização dos atos processuais e das diligências necessárias;

e) submeter ao Tribunal os processos em que tenha de deliberar e designar, na forma do Regimento Interno, os respectivos relatores;

f) despachar os recursos interpostos pelas partes e os demais papéis em que deva deliberar;

g) determinar as alterações que se fizerem necessárias na lotação do pessoal da Justiça do Trabalho, fazendo remoções *ex officio* de servidores entre os Tribunais Regionais, Juntas de Conciliação e Julgamento e outros órgãos, bem como conceder as requeridas que julgar convenientes ao serviço, respeitada a lotação de cada órgão;

▸ A EC 24/1999 extinguiu a figura do Juiz Classista e as Juntas de Conciliação e Julgamento, substituindo pelas Varas do Trabalho, onde a jurisdição será exercida por um Juiz Singular.

h) conceder licenças e férias aos servidores do Tribunal, bem como impor-lhes as penas disciplinares que excederem da alçada das demais autoridades;

i) dar posse e conceder licença aos membros do Tribunal, bem como conceder licenças e férias aos Presidentes dos Tribunais Regionais;

j) apresentar ao Ministro do Trabalho, até 31 de março de cada ano, o relatório das atividades do Tribunal e dos demais órgãos da Justiça do Trabalho. *(Alínea j com redação pelo Dec.-lei 8.737/1946)*

▸ Alínea *j* prejudicada em virtude da incorporação da Justiça do Trabalho ao Poder Judiciário.

Parágrafo único. O Presidente terá um Secretário por ele designado dentre os funcionários lotados no Tribunal, e será auxiliado por servidores designados nas mesmas condições.

Seção VII
Das atribuições do Vice-presidente

Art. 708. Compete ao Vice-Presidente do Tribunal substituir o Presidente em suas faltas e impedimentos: *(Caput com redação pela Lei 14.824/2024)*

▸ Art. 96, I, *a*, da CF.
▸ Art. 1º, par. ún, da Lei 7.701/1988 (Especialização de Turmas dos Tribunais do Trabalho)
▸ Resolução Administrativa 1.937/2017 do TST (Regimento Interno do TST)

Constituição Federal

Art. 96. Compete privativamente:

I – aos tribunais:

a) eleger seus órgãos diretivos e elaborar seus regimentos internos, com observância das normas de processo e das garantias processuais das partes, dispondo sobre a competência e o funcionamento dos respectivos órgãos jurisdicionais e administrativos;

Lei 7.701/1988

Art. 1º O Tribunal Superior do Trabalho, nos processos de sua competência, será dividido em turmas e seções especializadas para a conciliação e julgamento de dissídios coletivos de natureza econômica ou jurídica e de dissídios individuais, respeitada a paridade da representação classista.

Parágrafo único. O Regimento Interno do Tribunal disporá sobre a constituição e o funcionamento de cada uma das seções especializadas do Tribunal Superior do Trabalho, bem como sobre o número, composição e funcionamento das respectivas Turmas do Tribunal. Caberá ao Presidente do Tribunal Superior do Trabalho presidir os atos de julgamento das seções especializadas, delas participando o Vice- Presidente e o Corregedor-Geral, este quando não estiver ausente em função corregedora.

a) *Revogada pela Lei 14.824/2024.*

b) *Suprimida pela Lei 2.244/1954.*

Parágrafo único. Na ausência do Presidente e do Vice--Presidente, será o Tribunal presidido pelo Juiz togado mais antigo, ou pelo mais idoso quando igual a antiguidade. *(Parágrafo único com redação pela Lei 2.244/1954)*

Seção VIII
Das atribuições do Corregedor

▸ Seção VIII revogada pela Lei 14.824/2024.

Art. 709. Revogado pela Lei 14.824/2024.

CAPÍTULO VI
DOS SERVIÇOS AUXILIARES DA JUSTIÇA DO TRABALHO

Seção I
Da Secretaria das Juntas de Conciliação e Julgamento

▸ A EC 24/1999 extinguiu a figura do Juiz Classista e as Juntas de Conciliação e Julgamento, substituindo pelas Varas do Trabalho, onde a jurisdição será exercida por um Juiz Singular.
▸ Art. 96, I, *b*, da CF.

Constituição Federal

Art. 96. Compete privativamente:

I – aos tribunais: (...)

b) organizar suas secretarias e serviços auxiliares e os dos juízos que lhes forem vinculados, velando pelo exercício da atividade correicional respectiva;

Art. 710. Cada junta terá uma secretaria, sob a direção de funcionário que o Presidente designar, para exercer a função secretário, e que receberá, além dos vencimentos correspondentes ao seu padrão, a gratificação de função fixada em lei. *(Artigo com redação pelo Dec.-lei 8.737/1946)*

▸ A Lei 409/1948 criou os quadros de pessoal da Justiça do Trabalho, estabelecendo a função de chefe de secretaria, no lugar de secretário. Atualmente, a denominação é diretor de secretaria.

Art. 711. Compete à secretaria das Juntas:

▸ A EC 24/1999 extinguiu a figura do Juiz Classista e as Juntas de Conciliação e Julgamento, substituindo pelas Varas do Trabalho, onde a jurisdição será exercida por um Juiz Singular.

a) o recebimento, a autuação, o andamento, a guarda e a conservação dos processos e outros papéis que lhe forem encaminhados;

b) a manutenção do protocolo de entrada e saída dos processos e demais papéis;

c) o registro das decisões;

d) a informação, às partes interessadas e seus procuradores, do andamento dos respectivos processos, cuja consulta lhes facilitará;

e) a abertura de vista dos processos às partes, na própria secretaria;

f) a contagem das custas devidas pelas partes, nos respectivos processos;

g) o fornecimento de certidões sobre o que constar dos livros ou do arquivamento da secretaria;

h) a realização das penhoras e demais diligências processuais;

i) o desempenho dos demais trabalhos que lhe forem cometidos pelo Presidente da Junta, para melhor execução dos serviços que lhe estão afetos.

▸ A EC 24/1999 extinguiu a figura do Juiz Classista e as Juntas de Conciliação e Julgamento, substituindo pelas Varas do Trabalho, onde a jurisdição será exercida por um Juiz Singular.

Art. 712. Compete especialmente aos secretários das Juntas de Conciliação e Julgamento: *(Caput com redação pelo Dec.-lei 8.737/1946)*

▸ A EC 24/1999 extinguiu a figura do Juiz Classista e as Juntas de Conciliação e Julgamento, substituindo pelas Varas do Trabalho, onde a jurisdição será exercida por um Juiz Singular.
▸ A Lei 409/1948 criou os quadros de pessoal da Justiça do Trabalho, estabelecendo a função de chefe de secretaria, no lugar do secretário. Atualmente a função é de diretor de secretaria.

a) superintender os trabalhos da Secretaria, velando pela boa ordem do serviço; *(Alínea a com redação pelo Dec.-lei 8.737/1946)*

b) cumprir e fazer cumprir as ordens emanadas do Presidente e das autoridades superiores; *(Alínea b com redação pelo Dec.-lei 8.737/1946)*

c) submeter a despacho e assinatura do Presidente o expediente e os papéis que devam ser por ele despachados e assinados; *(Alínea c com redação pelo Dec.-lei 8.737/1946)*

d) abrir a correspondência oficial dirigida à Junta e ao seu Presidente, a cuja deliberação será submetida; *(Alínea d com redação pelo Dec.-lei 8.737/1946)*

▸ A EC 24/1999 extinguiu a figura do Juiz Classista e as Juntas de Conciliação e Julgamento, substituindo pelas Varas do Trabalho, onde a jurisdição será exercida por um Juiz Singular.

e) tomar por termo as reclamações verbais nos casos de dissídios individuais; *(Alínea e com redação pelo Dec.--lei 8.737/1946)*

f) promover o rápido andamento dos processos, especialmente na fase de execução, e a pronta realização dos atos e diligências deprecadas pelas autoridades superiores; *(Alínea f com redação pelo Dec.-lei 8.737/1946)*

g) secretariar as audiências da Junta, lavrando as respectivas atas; *(Alínea g com redação pelo Dec.-lei 8.737/1946)*

▸ A EC 24/1999 extinguiu a figura do Juiz Classista e as Juntas de Conciliação e Julgamento, substituindo pelas Varas do Trabalho, onde a jurisdição será exercida por um Juiz Singular.

Súmula

TST 30. Intimação da Sentença. Quando não juntada a ata ao processo em 48 horas, contadas da audiência de julgamento (art. 851, § 2º, da CLT), o prazo para recurso será contado da data em que a parte receber a intimação da sentença.

h) subscrever as certidões e os termos processuais; *(Alínea h com redação pelo Dec.-lei 8.737/1946)*

i) dar aos litigantes ciência das reclamações e demais atos processuais de que devam ter conhecimento, assinando as respectivas notificações; *(Alínea i com redação pelo Dec.-lei 8.737/1946)*

j) executar os demais trabalhos que lhe forem atribuídos pelo Presidente da Junta. *(Alínea j com redação pelo Dec.-lei 8.737/1946)*

▸ A EC 24/1999 extinguiu a figura do Juiz Classista e as Juntas de Conciliação e Julgamento, substituindo pelas Varas do Trabalho, onde a jurisdição será exercida por um Juiz Singular.

Parágrafo único. Os serventuários que, sem motivo justificado, não realizarem os atos, dentro dos prazos fixados, serão descontados em seus vencimentos, em tantos dias quanto os do excesso. *(Parágrafo único acrescido pelo Dec.-lei 8.737/1946)*

Seção II
Dos distribuidores

Art. 713. Nas localidades em que existir mais de uma Junta de Conciliação e Julgamento haverá um distribuidor.

▸ A EC 24/1999 extinguiu a figura do Juiz Classista e as Juntas de Conciliação e Julgamento, substituindo pelas Varas do Trabalho, onde a jurisdição será exercida por um Juiz Singular.

Art. 714. Compete ao distribuidor:

▸ A EC 24/1999 extinguiu a figura do Juiz Classista e as Juntas de Conciliação e Julgamento, substituindo pelas Varas do Trabalho, onde a jurisdição será exercida por um Juiz Singular.

a) a distribuição, pela ordem rigorosa de entrada, e sucessivamente a cada Junta, dos feitos que, para esse fim, lhe forem apresentados pelos interessados;

b) o fornecimento, aos interessados, do recibo correspondente a cada feito distribuído;

c) a manutenção de dois fichários dos feitos distribuídos, sendo um organizado pelos nomes dos reclamantes e o outro dos reclamados, ambos por ordem alfabética;

d) o fornecimento a qualquer pessoa que o solicite, verbalmente ou por certidão, de informações sobre os feitos distribuídos;

▸ Art. 781 desta Consolidação.

CLT
Art. 781. As partes poderão requerer certidões dos processos em curso ou arquivados, as quais serão lavradas pelos escrivães ou secretários.

e) a baixa na distribuição dos feitos, quando isto lhe for determinado pelos Presidentes das Juntas, formando, com as fichas correspondentes, fichários à parte, cujos dados poderão ser consultados pelos interessados, mas não serão mencionados em certidões.

▸ A EC 24/1999 extinguiu a figura do Juiz Classista e as Juntas de Conciliação e Julgamento, substituindo pelas Varas do Trabalho, onde a jurisdição será exercida por um Juiz Singular.

Art. 715. Os distribuidores são designados pelo Presidente do Tribunal Regional, dentre os funcionários das Juntas e do Tribunal Regional, existentes na mesma localidade, e ao mesmo Presidente diretamente subordinados.

▸ A EC 24/1999 extinguiu a figura do Juiz Classista e as Juntas de Conciliação e Julgamento, substituindo pelas Varas do Trabalho, onde a jurisdição será exercida por um Juiz Singular.
▸ O Dec.-lei 9.797/1946 substituiu o termo "Conselho Regional" por "Tribunal Regional".

Seção III
Do Cartório
dos Juízos de Direito

▸ Art. 112 da CF.

Constituição Federal
Art. 112. A lei criará varas da Justiça do Trabalho, podendo, nas comarcas não abrangidas por sua jurisdição, atribuí-la aos juízes de direito, com recurso para o respectivo Tribunal Regional do Trabalho.

Art. 716. Os cartórios dos Juízos de Direito, investidos na administração da Justiça do Trabalho, têm, para esse fim, as mesmas atribuições e obrigações conferidas na Seção I às secretarias das Juntas de Conciliação e Julgamento.

▸ A EC 24/1999 extinguiu a figura do Juiz Classista e as Juntas de Conciliação e Julgamento, substituindo pelas Varas do Trabalho, onde a jurisdição será exercida por um Juiz Singular.

Parágrafo único. Nos Juízos em que houver mais de um cartório, far-se-á entre eles a distribuição alternada e sucessiva das reclamações.

Art. 717. Aos escrivães dos Juízos de Direito, investidos na administração da Justiça do Trabalho, competem especialmente as atribuições e obrigações dos secretários das Juntas; e aos demais funcionários dos cartórios, as que couberem nas respectivas funções, dentre as que competem às secretarias das Juntas, enumeradas no artigo 711.

▸ A EC 24/1999 extinguiu a figura do Juiz Classista e as Juntas de Conciliação e Julgamento, substituindo pelas Varas do Trabalho, onde a jurisdição será exercida por um Juiz Singular.

Seção IV
Das Secretarias dos Tribunais Regionais

▸ O Dec.-lei 9.797/1946 substituiu o termo "Conselho Regional" por "Tribunal Regional".
▸ Art. 96, I, b, da CF.

Constituição Federal
Art. 96. Compete privativamente:
I – aos tribunais: (...)
b) organizar suas secretarias e serviços auxiliares e os dos juízos que lhes forem vinculados, velando pelo exercício da atividade correicional respectiva;

Art. 718. Cada Tribunal Regional tem uma secretaria, sob a direção do funcionário designado para exercer a função de secretário, com a gratificação de função fixada em lei. *(Artigo com redação pelo Dec.-lei 8.737/1946)*

▸ O Dec.-lei 9.797/1946 substituiu o termo "Conselho Regional" por "Tribunal Regional".

Art. 719. Competem à secretaria dos Tribunais, além das atribuições estabelecidas no artigo 711, para a secretaria das Juntas, mais as seguintes:

▸ O Dec.-lei 9.797/1946 substituiu o termo "Conselho Regional" por "Tribunal Regional".
▸ A EC 24/1999 extinguiu a figura do Juiz Classista e as Juntas de Conciliação e Julgamento, substituindo pelas Varas do Trabalho, onde a jurisdição será exercida por um Juiz Singular.

a) a conclusão dos processos ao Presidente e sua remessa, depois de despachados, aos respectivos relatores;

b) a organização e a manutenção de um fichário de jurisprudência do Tribunal para consulta dos interessados.

Parágrafo único. No regimento interno dos Tribunais Regionais serão estabelecidas as demais atribuições, o funcionamento e a ordem dos trabalhos de suas secretarias.

▸ O Dec.-lei 9.797/1946 substituiu o termo "Conselho Regional" por "Tribunal Regional".

Art. 720. Competem aos secretários dos Tribunais Regionais as mesmas atribuições conferidas no artigo 712 aos secretários das Juntas, além das que lhes forem fixadas no regimento interno dos Tribunais.

▸ A EC 24/1999 extinguiu a figura do Juiz Classista e as Juntas de Conciliação e Julgamento, substituindo pelas Varas do Trabalho, onde a jurisdição será exercida por um Juiz Singular.
▸ O Dec.-lei 9.797/1946 substituiu os termos "Conselho Regional" e "Conselho Nacional" por "Tribunal Regional" e "Tribunal Superior". Neste artigo, o termo "Tribunais", era originariamente "Conselhos".
▸ A Lei 409/1948 criou os quadros de pessoal da Justiça do Trabalho, estabelecendo a função de chefe de secretaria, no lugar do secretário. Atualmente a função é de diretor de secretaria.

Seção V
Dos Oficiais de Justiça e Oficiais de Justiça avaliadores

(Seção V com redação pela Lei 5.442/1968)

Art. 721. Incumbe aos Oficiais de Justiça e Oficiais de Justiça Avaliadores da Justiça do Trabalho a realização dos atos decorrentes da execução dos julgados das Juntas de Conciliação e Julgamento e dos Tribunais Regionais do Trabalho, que lhes forem cometidos pelos respectivos Presidentes. *(Caput com redação pela Lei 5.442/1968)*

▸ A EC 24/1999 extinguiu a figura do Juiz Classista e as Juntas de Conciliação e Julgamento, substituindo pelas Varas do Trabalho, onde a jurisdição será exercida por um Juiz Singular.

§ 1º Para efeito de distribuição dos referidos atos, cada Oficial de Justiça ou Oficial de Justiça Avaliador funcionará perante uma Junta de Conciliação e Julgamento, salvo quando da existência, nos Tribunais Regionais do Trabalho, de órgão específico, destinado à distribuição de mandados judiciais. *(§ 1º com redação pela Lei 5.442/1968)*

▸ A EC 24/1999 extinguiu a figura do Juiz Classista e as Juntas de Conciliação e Julgamento, substituindo pelas Varas do Trabalho, onde a jurisdição será exercida por um Juiz Singular.

§ 2º Nas localidades onde houver mais de uma Junta, respeitado o disposto no parágrafo anterior, a atribuição para o cumprimento do ato deprecado ao Oficial de Justiça ou Oficial de Justiça Avaliador será transferida a outro Oficial, sempre que, após o decurso de nove dias, sem razões que o justifiquem, não tiver sido cumprido o

ato, sujeitando-se o serventuário às penalidades da lei. *(§ 2° com redação pela Lei 5.442/1968)*

▶ A EC 24/1999 extinguiu a figura do Juiz Classista e as Juntas de Conciliação e Julgamento, substituindo pelas Varas do Trabalho, onde a jurisdição será exercida por um Juiz Singular.

§ 3° No caso de avaliação, terá o Oficial de Justiça Avaliador, para cumprimento do ato, o prazo previsto no artigo 888. *(§ 3° com redação pela Lei 5.442/1968)*

§ 4° É facultado aos Presidentes dos Tribunais Regionais do Trabalho cometer a qualquer Oficial de Justiça ou Oficial de Justiça Avaliador a realização dos atos de execução das decisões desses Tribunais. *(§ 4° com redação pela Lei 5.442/1968)*

▶ O Dec.-lei 9.797/1946, substitui o termo "Conselho Regional" por "Tribunal Regional".

§ 5° Na falta ou impedimento do Oficial de Justiça ou Oficial de Justiça Avaliador, o Presidente da Junta poderá atribuir a realização do ato a qualquer serventuário. *(§ 5° com redação pela Lei 5.442/1968)*

CAPÍTULO VII
DAS PENALIDADES

Seção I
Do lockout e da greve

▶ Arts. 9°, 37, VII, 114, II, e 142, § 3°, IV, da CF.
▶ Lei 7.783/1989 (Lei de Greve)
▶ Súmula 316 do STF.
▶ Súmula 189 do TST.
▶ OJs 10, 11 e 38 da SDC do TST.
▶ PN 29 do TST.

Constituição Federal

Art. 9° É assegurado o direito de greve, competindo aos trabalhadores decidir sobre a oportunidade de exercê-lo e sobre os interesses que devam por meio dele defender.

§ 1° A lei definirá os serviços ou atividades essenciais e disporá sobre o atendimento das necessidades inadiáveis da comunidade.

§ 2° Os abusos cometidos sujeitam os responsáveis às penas da lei.

Art. 37. A administração pública direta e indireta de qualquer dos Poderes da União, dos Estados, do Distrito Federal e dos Municípios obedecerá aos princípios de legalidade, impessoalidade, moralidade, publicidade e eficiência e, também, ao seguinte: (...)

VII – o direito de greve será exercido nos termos e nos limites definidos em lei específica;

Art. 114. Compete à Justiça do Trabalho processar e julgar: (...)

II – as ações que envolvam exercício do direito de greve;

Art. 142. As Forças Armadas, constituídas pela Marinha, pelo Exército e pela Aeronáutica, são instituições nacionais permanentes e regulares, organizadas com base na hierarquia e na disciplina, sob a autoridade suprema do Presidente da República, e destinam-se à defesa da Pátria, à garantia dos poderes constitucionais e, por iniciativa de qualquer destes, da lei e da ordem. (...)

§ 3° Os membros das Forças Armadas são denominados militares, aplicando-se-lhes, além das que vierem a ser fixadas em lei, as seguintes disposições: (...)

IV – ao militar são proibidas a sindicalização e a greve;

Súmulas

STF 316. A simples adesão a greve não constitui falta grave.

TST 189. Greve. Competência da Justiça do Trabalho. Abusividade. A Justiça do Trabalho é competente para declarar a abusividade, ou não, da greve.

Orientações Jurisprudenciais

SDC 10. Greve abusiva não gera efeitos. É incompatível com a declaração de abusividade de movimento grevista o estabelecimento de quaisquer vantagens ou garantias a seus partícipes, que assumiram os riscos inerentes à utilização do instrumento de pressão máximo.

SDC 11. Greve. Imprescindibilidade de tentativa direta e pacífica da solução do conflito. Etapa negocial prévia. É abusiva a greve levada a efeito sem que as partes hajam tentado, direta e pacificamente, solucionar o conflito que lhe constitui o objeto.

SDC 38. Greve. Serviços essenciais. Garantia das necessidades inadiáveis da população usuária. Fator determinante da qualificação jurídica do movimento. É abusiva a greve que se realiza em setores que a lei define como sendo essenciais à comunidade, se não é assegurado

o atendimento básico das necessidades inadiáveis dos usuários do serviço, na forma prevista na Lei 7.783/89.

Art. 722. Os empregadores que, individual ou coletivamente, suspenderem os trabalhos dos seus estabelecimentos, sem prévia autorização do Tribunal competente, ou que violarem, ou se recusarem a cumprir decisão proferida em dissídio coletivo, incorrerão nas seguintes penalidades:

▶ Art. 17 da Lei 7.783/1989 (Lei de Greve)

a) multa de 5.000 (cinco mil) a 50.000 (cinquenta mil) cruzeiros;

▶ Vide nota sobre a atualização da CLT relativa à multa

b) perda do cargo de representação profissional em cujo desempenho estiverem;

c) suspensão, pelo prazo de 2 (dois) a 5 (cinco) anos, do direito de serem eleitos para cargos de representação profissional.

§ 1° Se o empregador for pessoa jurídica, as penas previstas nas alíneas *b* e *c* incidirão sobre os administradores responsáveis.

§ 2° Se o empregador for concessionário de serviço público, as penas serão aplicadas em dobro. Nesse caso, se o concessionário for pessoa jurídica, o Presidente do Tribunal que houver proferido a decisão poderá, sem prejuízo do cumprimento desta e da aplicação das penalidades cabíveis, ordenar o afastamento dos administradores responsáveis, sob pena de ser cassada a concessão.

§ 3° Sem prejuízo das sanções cominadas neste artigo, os empregadores ficarão obrigados a pagar os salários devidos aos seus empregados, durante o tempo de suspensão do trabalho.

Arts. 723 a 725. *Revogados pela Lei 9.842/1999.*

Seção II
Das penalidades contra os membros
da Justiça do Trabalho

Art. 726. Aquele que recusar o exercício da função de vogal de Junta de Conciliação e Julgamento ou de Tribunal Regional, sem motivo justificado, incorrerá nas seguintes penas:

▶ A EC 24/1999 extinguiu a figura do Juiz Classista e as Juntas de Conciliação e Julgamento, substituindo pelas Varas do Trabalho, onde a jurisdição será exercida por um Juiz Singular.
▶ O Dec.-lei 9.797/1946 substitui os termos "Conselho Regional" e "Conselho Nacional" por "Tribunal Regional" e "Tribunal Superior".
▶ Arts. 40 a 48 da LC 35/1979 (Lei Orgânica da Magistratura Nacional)

LC 35/1979

Art. 40. A atividade censória de Tribunais e Conselhos é exercida com o resguardo devido à dignidade e à independência do magistrado.

Art. 41. Salvo os casos de impropriedade ou excesso de linguagem o magistrado não pode ser punido ou prejudicado pelas opiniões que manifestar ou pelo teor das decisões que proferir.

Art. 42. São penas disciplinares:

I – advertência;

II – censura;

III – remoção compulsória;

IV – disponibilidade com vencimentos proporcionais ao tempo de serviço;

V – aposentadoria compulsória com vencimentos proporcionais ao tempo de serviço;

VI – demissão.

Parágrafo único – As penas de advertência e de censura somente são aplicáveis aos Juízes de primeira instância.

Art. 43. A pena de advertência aplicar-se-á reservadamente, por escrito, no caso de negligência no cumprimento dos deveres do cargo.

Art. 44. A pena de censura será aplicada reservadamente, por escrito, no caso de reiterada negligência no cumprimento dos deveres do cargo, ou no de procedimento incorreto, se a infração não justificar punição mais grave.

Parágrafo único – O Juiz punido com a pena de censura não poderá figurar em lista de promoção por merecimento pelo prazo de um ano, contado da imposição da pena.

Art. 45. O Tribunal ou seu órgão especial poderá determinar, por motivo de interesse público, em escrutínio secreto e pelo voto de dois terços de seus membros efetivos:

I – a remoção de Juiz de instância inferior;

II – a disponibilidade de membro do próprio Tribunal ou de Juiz de instância inferior, com vencimentos proporcionais ao tempo de serviço.(...)

Art. 46. O procedimento para a decretação da remoção ou disponibilidade de magistrado obedecerá ao prescrito no art. 27 desta Lei.

Art. 47. A pena de demissão será aplicada:

I – aos magistrados vitalícios, nos casos previstos no art. 26, I e II;

II – aos Juízes nomeados mediante concurso de provas e títulos, enquanto não adquirirem a vitaliciedade, e aos Juízes togados temporários, em caso de falta grave, inclusive nas hipóteses previstas no art. 56.

Art. 48. Os Regimentos Internos dos Tribunais estabelecerão o procedimento para a apuração de faltas puníveis com advertência ou censura.

a) sendo representante de empregadores, multa de Cr$ 100,00 (cem cruzeiros) a Cr$ 1.000,00 (mil cruzeiros) e suspensão do direito de representação profissional por 2 (dois) a 5 (cinco) anos;

b) sendo representante de empregados, multa de Cr$ 100,00 (cem cruzeiros) e suspensão do direito de representação profissional por 2 (dois) a 5 (cinco) anos.

▸ Vide nota sobre a atualização da CLT relativa à multa.

Art. 727. Os vogais das Juntas de Conciliação e Julgamento, ou juízes representantes classistas dos Tribunais Regionais, que faltarem a 3 (três) reuniões ou sessões consecutivas, sem motivo justificado, perderão o cargo, além de incorrerem nas penas do artigo anterior.

▸ O Dec.-lei 9.797/1946 substitui os termos "vogais dos Conselhos Regionais" por "juízes representantes classistas dos Tribunais Regionais".
▸ A EC 24/1999 extinguiu a figura do Juiz Classista e as Juntas de Conciliação e Julgamento, substituindo pelas Varas do Trabalho, onde a jurisdição será exercida por um Juiz Singular.
▸ Arts. 40 a 48 da LC 35/1979 (Lei Orgânica da Magistratura Nacional)

Parágrafo único. Se a falta for de presidente, incorrerá ele na pena de perda do cargo, além da perda dos vencimentos correspondentes aos dias em que tiver faltado às audiências ou sessões consecutivas.

Art. 728. Aos presidentes, membros, Juízes, vogais e funcionários auxiliares da Justiça do Trabalho, aplica-se o disposto no Título XI do Código Penal.

▸ A EC 24/1999 extinguiu a figura do Juiz Classista e as Juntas de Conciliação e Julgamento, substituindo pelas Varas do Trabalho, onde a jurisdição será exercida por um Juiz Singular.
▸ Arts. 312 a 359-H do CP (Dos Crimes contra a Administração Pública)
▸ Arts. 40 a 48 da LC 35/1979 (Lei Orgânica da Magistratura Nacional)

Seção III
De outras penalidades

Art. 729. O empregador que deixar de cumprir decisão passada em julgado sobre readmissão ou reintegração de empregado, além do pagamento dos salários deste, incorrerá na multa de Cr$ 10,00 (dez cruzeiros) a Cr$ 50,00 (cinquenta cruzeiros), por dia, até que seja cumprida a decisão.

▸ Vide nota sobre a atualização da CLT relativa à multa

§ 1º O empregador que impedir ou tentar impedir que empregado seu sirva como vogal em Tribunal de Trabalho, ou que perante este preste depoimento, incorrerá na multa de Cr$ 500,00 (quinhentos cruzeiros), a Cr$ 5.000,00 (cinco mil cruzeiros)

▸ A EC 24/1999 extinguiu a figura do Juiz Classista e as Juntas de Conciliação e Julgamento, substituindo pelas Varas do Trabalho, onde a jurisdição será exercida por um Juiz Singular.
▸ Vide nota sobre a atualização da CLT relativa à multa

§ 2º Na mesma pena do parágrafo anterior incorrerá o empregador que dispensar seu empregado pelo fato de haver servido como vogal ou prestado depoimento

como testemunha, sem prejuízo da indenização que a lei estabeleça.

Art. 730. Aqueles que se recusarem a depor como testemunhas, sem motivo justificado, incorrerão na multa de Cr$ 50,00 (cinquenta cruzeiros) a Cr$ 500,00 (quinhentos cruzeiros)

▸ Vide nota sobre a atualização da CLT relativa à multa

Art. 731. Aquele que, tendo apresentado ao distribuidor reclamação verbal, não se apresentar, no prazo estabelecido no parágrafo único do artigo 786, à Junta ou Juízo para fazê-lo tomar por termo, incorrerá na pena de perda, pelo prazo de seis meses, do direito de reclamar perante a Justiça do Trabalho.

▸ A EC 24/1999 extinguiu a figura do Juiz Classista e as Juntas de Conciliação e Julgamento, substituindo pelas Varas do Trabalho, onde a jurisdição será exercida por um Juiz Singular.

Art. 732. Na mesma pena do artigo anterior incorrerá o reclamante que, por duas vezes seguidas, der causa ao arquivamento de que trata o art. 844.

▸ Súmula 268 do TST.

Súmula

TST 268. Prescrição. Interrupção. Ação trabalhista arquivada. A ação trabalhista, ainda que arquivada, interrompe a prescrição somente em relação aos pedidos idênticos.

Art. 733. As infrações de disposições deste título, para as quais não haja penalidades cominadas, serão punidas com a multa de Cr$ 50,00 (cinquenta cruzeiros) a Cr$ 5.000,00 (cinco mil cruzeiros), elevada ao dobro na reincidência.

▸ Vide nota sobre a atualização da CLT relativa à multa

CAPÍTULO VIII
DISPOSIÇÕES GERAIS

Art. 734. O Ministro do Trabalho, poderá rever, *ex officio*, dentro do prazo de 30 (trinta) dias, contados de sua publicação no órgão oficial, ou mediante representação apresentada dentro de igual prazo:

▸ Artigo prejudicado pelo Dec.-lei 72/1966.
▸ Vide nota sobre a atualização da CLT relativa aos Ministérios.

a) as decisões da Câmara da Previdência Social, quando proferidas pelo voto de desempate, ou que violarem disposições expressas de direito ou modificarem jurisprudência até então observada;

b) as decisões do presidente do Tribunal Nacional do Trabalho em matéria de previdência social.

Parágrafo único. O Ministro do Trabalho, poderá avocar ao seu conhecimento os assuntos de natureza administrativa referentes às instituições de previdência social, sempre que houver interesse público.

Art. 735. As repartições públicas e as associações sindicais são obrigadas a fornecer aos Juízes e Tribunais do Trabalho e à Procuradoria da Justiça do Trabalho as informações e os dados necessários à instrução e ao julgamento dos feitos submetidos à sua apreciação.

▸ Art. 370 do CPC
▸ Lei 8.112/1990 (Estatuto dos Servidores Públicos Civis da União)

CPC

Art. 370 Caberá ao Juiz, de ofício ou a requerimento da parte, determinar as provas necessárias ao julgamento do mérito.

Parágrafo único. O Juiz indeferirá, em decisão fundamentada, as diligências inúteis ou meramente protelatórias.

Parágrafo único. A recusa de informações ou dados a que se refere este artigo, por parte de funcionários públi-

cos, importa na aplicação das penalidades previstas pelo Estatuto dos Funcionários Públicos por desobediência.

TÍTULO IX
DO MINISTÉRIO PÚBLICO DO TRABALHO

▶ Arts. 127 a 130-A da CF.
▶ Art. 29, § 4º, do ADCT.
▶ Arts. 83 a 115 da LC 75/1993 (Lei Orgânica do Ministério Público da União)

Constituição Federal

Art. 127. O Ministério Público é instituição permanente, essencial à função jurisdicional do Estado, incumbindo-lhe a defesa da ordem jurídica, do regime democrático e dos interesses sociais e individuais indisponíveis.

§ 1º São princípios institucionais do Ministério Público a unidade, a indivisibilidade e a independência funcional.

§ 2º Ao Ministério Público é assegurada autonomia funcional e administrativa, podendo, observado o disposto no art. 169, propor ao Poder Legislativo a criação e extinção de seus cargos e serviços auxiliares, provendo-os por concurso público de provas ou de provas e títulos, a política remuneratória e os planos de carreira; a lei disporá sobre sua organização e funcionamento.

§ 3º O Ministério Público elaborará sua proposta orçamentária dentro dos limites estabelecidos na lei de diretrizes orçamentárias.

§ 4º Se o Ministério Público não encaminhar a respectiva proposta orçamentária dentro do prazo estabelecido na lei de diretrizes orçamentárias, o Poder Executivo considerará, para fins de consolidação da proposta orçamentária anual, os valores aprovados na lei orçamentária vigente, ajustados de acordo com os limites estipulados na forma do § 3º.

§ 5º Se a proposta orçamentária de que trata este artigo for encaminhada em desacordo com os limites estipulados na forma do § 3º, o Poder Executivo procederá aos ajustes necessários para fins de consolidação da proposta orçamentária anual.

§ 6º Durante a execução orçamentária do exercício, não poderá haver a realização de despesas ou a assunção de obrigações que extrapolem os limites estabelecidos na lei de diretrizes orçamentárias, exceto se previamente autorizadas, mediante a abertura de créditos suplementares ou especiais.

Art. 128. O Ministério Público abrange:

I – o Ministério Público da União, que compreende: (...)

b) o Ministério Público do Trabalho;

LC 75/1993

Art. 83. Compete ao Ministério Público do Trabalho o exercício das seguintes atribuições junto aos órgãos da Justiça do Trabalho:

I – promover as ações que lhe sejam atribuídas pela Constituição Federal e pelas leis trabalhistas;

II – manifestar-se em qualquer fase do processo trabalhista, acolhendo solicitação do Juiz ou por sua iniciativa, quando entender existente interesse público que justifique a intervenção;

III – promover a ação civil pública no âmbito da Justiça do Trabalho, para defesa de interesses coletivos, quando desrespeitados os direitos sociais constitucionalmente garantidos;

IV – propor as ações cabíveis para declaração de nulidade de cláusula de contrato, acordo coletivo ou convenção coletiva que viole as liberdades individuais ou coletivas ou os direitos individuais indisponíveis dos trabalhadores;

V – propor as ações necessárias à defesa dos direitos e interesses dos menores, incapazes e índios, decorrentes das relações de trabalho;

VI – recorrer das decisões da Justiça do Trabalho, quando entender necessário, tanto nos processos em que for parte, como naqueles em que oficiar como fiscal da lei, bem como pedir revisão dos Enunciados da Súmula de Jurisprudência do Tribunal Superior do Trabalho;

VII – funcionar nas sessões dos Tribunais Trabalhistas, manifestando-se verbalmente sobre a matéria em debate, sempre que entender necessário, sendo-lhe assegurado o direito de vista dos processos em julgamento, podendo solicitar as requisições e diligências que julgar convenientes;

VIII – instaurar instância em caso de greve, quando a defesa da ordem jurídica ou o interesse público assim o exigir;

IX – promover ou participar da instrução e conciliação em dissídios decorrentes da paralisação de serviços de qualquer natureza, oficiando obrigatoriamente nos processos, manifestando sua concordância ou discordância, em eventuais acordos firmados antes da homologação, resguardado o direito de recorrer em caso de violação à lei e à Constituição Federal;

X – promover mandado de injunção, quando a competência for da Justiça do Trabalho;

XI – atuar como árbitro, se assim for solicitado pelas partes, nos dissídios de competência da Justiça do Trabalho;

XII – requerer as diligências que julgar convenientes para o correto andamento dos processos e para a melhor solução das lides trabalhistas;

XIII – intervir obrigatoriamente em todos os feitos nos segundo e terceiro graus de jurisdição da Justiça do Trabalho, quando a parte for pessoa jurídica de Direito Público, Estado estrangeiro ou organismo internacional.

CAPÍTULO I
DISPOSIÇÕES GERAIS

Art. 736. O Ministério Público do Trabalho é constituído por agentes diretos do Poder Executivo, tendo por função zelar pela exata observância da Constituição Federal, das leis e demais atos emanados dos poderes públicos, na esfera de suas atribuições.

▶ Arts. 127, §2º, e 128, I, da CF.
▶ LC 75/1993 (Lei Orgânica do Ministério Público da União)

Constituição Federal

Art. 127. O Ministério Público é instituição permanente, essencial à função jurisdicional do Estado, incumbindo-lhe a defesa da ordem jurídica, do regime democrático e dos interesses sociais e individuais indisponíveis. (...)

§ 2º Ao Ministério Público é assegurada autonomia funcional e administrativa, podendo, observado o disposto no art. 169, propor ao Poder Legislativo a criação e extinção de seus cargos e serviços auxiliares, provendo-os por concurso público de provas ou de provas e títulos, a política remuneratória e os planos de carreira; a lei disporá sobre sua organização e funcionamento.

Parágrafo único. Para o exercício de suas funções, o Ministério Público do Trabalho reger-se-á pelo que estatui esta Consolidação e, na falta de disposição expressa, pelas normas que regem o Ministério Público Federal.

▶ Súmula 407 do TST
▶ OJs 130, 237 e 350 da SDI-I do TST

Súmula

TST 407. Ação Rescisória. Ministério Público. Legitimidade "ad causam" prevista no art. 967, III, *a*, *b* e *c* do CPC de 2015. Art. 487, III, *a* e *b*, do CPC de 1973. Hipóteses Meramente Exemplificativas (nova redação em decorrência do CPC de 2015) A legitimidade "ad causam" do Ministério Público para propor ação rescisória, ainda que não tenha sido parte no processo que deu origem à decisão rescindenda, não está limitada às alíneas *a*, *b* e *c* do inciso III do art. 967 do CPC de 2015 (art. 487, III, *a* e *b*, do CPC de 1973), uma vez que traduzem hipóteses meramente exemplificativas.

Orientações Jurisprudenciais

SDI-I 130. Prescrição. Ministério Público. Arguição. *Custos Legis*. Ilegitimidade. (atualizada em decorrência do CPC de 2015) Ao exarar o parecer na remessa de ofício, na qualidade de *custos legis*, o Ministério Público não tem legitimidade para arguir a prescrição em favor de entidade de direito público, em matéria de direito patrimonial.

SDI-I 237. Ministério Público do Trabalho. Legitimidade para recorrer. Sociedade de economia mista. Empresa Pública.

I – O Ministério Público do Trabalho não tem legitimidade para recorrer na defesa de interesse patrimonial privado, ainda que de empresas públicas e sociedades de economia mista.

II – Há legitimidade do Ministério Público do Trabalho para recorrer de decisão que declara a existência de vínculo empregatício com sociedade de economia mista ou empresa pública, após a Constituição Federal de 1988, sem a prévia aprovação em concurso público, pois é matéria de ordem pública.

SDI-I 350. Ministério Público do Trabalho. Nulidade do contrato de trabalho não suscitada pelo ente público no momento da defesa. Arguição em parecer. Possibilidade. O Ministério Público do Trabalho pode arguir, em parecer, na primeira vez que tenha de se manifestar no processo, a nulidade do contrato de trabalho em favor de ente público, ainda que a parte não a tenha suscitado, a qual será apreciada, sendo vedada, no entanto, qualquer dilação probatória.

Art. 737. O Ministério Público do Trabalho compõe-se da Procuradoria da Justiça do Trabalho e da Procuradoria da Previdência Social, aquela funcionando como órgão de coordenação entre a Justiça do Trabalho e o Ministério do

Trabalho, ambas diretamente subordinadas ao Ministro de Estado. *(Artigo com redação pelo Dec.-lei 8.737/1946)*

▸ Arts. 4º e 85 da LC 75/1993 (Lei Orgânica do Ministério Público da União)

LC 75/1993

Art. 4º São princípios institucionais do Ministério Público da União a unidade, a indivisibilidade e a independência funcional.

Art. 85. São órgãos do Ministério Público do Trabalho:

I – o Procurador-Geral do Trabalho;

II – o Colégio de Procuradores do Trabalho;

III – o Conselho Superior do Ministério Público do Trabalho;

IV – a Câmara de Coordenação e Revisão do Ministério Público do Trabalho;

V – a Corregedoria do Ministério Público do Trabalho;

VI – os Subprocuradores-Gerais do Trabalho;

VII – os Procuradores Regionais do Trabalho;

VIII – os Procuradores do Trabalho.

Art. 738. Os procuradores além dos vencimentos fixados na tabela constante do decreto-lei 2.874, de 16 de dezembro de 1940, continuarão a perceber a percentagem de 8%, por motivo de cobrança da dívida ativa da União ou de multas impostas pelas autoridades administrativas e judiciárias do trabalho e da previdência social.

▸ Artigo prejudicado pelo artigo 196 da EC 1/1969.

EC 1/1969

Art. 196. É vedada a participação de servidores públicos no produto da arrecadação de tributos e multas, inclusive da dívida ativa.

Parágrafo único. Essa percentagem será calculada sobre as somas efetivamente arrecadadas e rateada de acordo com as instruções expedidas pelos respectivos procuradores gerais.

Art. 739. Não estão sujeitos a ponto os procuradores-gerais e os procuradores.

▸ Arts. 224 a 230 da LC 75/1993 (Lei Orgânica do Ministério Público da União)

CAPÍTULO II
DA PROCURADORIA DA JUSTIÇA DO TRABALHO

Seção I
Da organização

Art. 740. A Procuradoria da Justiça do Trabalho compreende:

a) uma Procuradoria-Geral, que funcionará junto ao Tribunal Superior do Trabalho;

b) 24 (vinte e quatro) Procuradorias Regionais, que funcionarão junto aos Tribunais Regionais do Trabalho. *(Alínea b atualizada de acordo com a Lei 8.470/1992 que criou a 24ª Região)*

▸ Procuradoria da 9ª Região – Lei 6.241, de 1975;
▸ Procuradoria da 11ª Região – Lei 6.915, de 1981;
▸ Procuradoria da 10ª Região – Lei 6.927, de 1981;
▸ Procuradoria da 12ª Região – Lei 6.928, de 1981;
▸ Procuradoria da 13ª Região – Lei 7.324, de 1985;
▸ Procuradoria da 15ª Região – Lei 7.520, de 1986;
▸ Procuradoria da 14ª Região da Justiça do Trabalho e o Respectivo; Tribunal Regional do Trabalho – Lei 7.523, de 1986;
▸ Procuradoria da 16ª Região – Lei 7.671, de 1988;
▸ Procuradoria da 17ª Região – Lei 7.872, de 1989;
▸ Procuradoria da 18ª Região – Lei 7.873, de 1989;
▸ Procuradoria da 19ª Região – Lei 8.219, de 1991;
▸ Procuradoria da 20ª Região – Lei 8.233, de 1991;
▸ Procuradoria da 21ª Região – Lei 8.215, de 1991;
▸ Procuradoria Regional do Trabalho da 22ª Região – Lei 8.466, de 1992;
▸ Procuradoria Regional do Trabalho da 23ª Região – Lei 8.469, de 1992;
▸ Procuradoria Regional do Trabalho da 24ª Região – Lei 8.470, de 1992.

Art. 741. As Procuradorias Regionais são subordinadas diretamente ao procurador-geral.

Art. 742. A Procuradoria-Geral é constituída de um procurador-geral e de procuradores.

Parágrafo único. As Procuradorias Regionais compõem-se de um procurador regional, auxiliado, quando necessário, por procuradores adjuntos.

▸ Art. 127, § 2º, da CF.
▸ A Lei 6.788/1980 extinguiu o cargo de procurador adjunto.
▸ LC 75/1993 (Lei Orgânica do Ministério Público da União)

Art. 743. Haverá, nas Procuradorias Regionais, substitutos de procurador adjunto ou, quando não houver este cargo, de procurador regional, designados previamente por decreto do Presidente da República, sem ônus para os cofres públicos.

▸ A Lei 6.787/1980 extinguiu o cargo de procurador adjunto.
▸ Art. 127, § 2º, da CF.

Constituição Federal

Art. 127. O Ministério Público é instituição permanente, essencial à função jurisdicional do Estado, incumbindo-lhe a defesa da ordem jurídica, do regime democrático e dos interesses sociais e individuais indisponíveis.

§ 1º São princípios institucionais do Ministério Público a unidade, a indivisibilidade e a independência funcional.

§ 2º Ao Ministério Público é assegurada autonomia funcional e administrativa, podendo, observado o disposto no art. 169, propor ao Poder Legislativo a criação e extinção de seus cargos e serviços auxiliares, provendo-os por concurso público de provas ou de provas e títulos, a política remuneratória e os planos de carreira; a lei disporá sobre sua organização e funcionamento.

Lei 6.787/1980

Art. 5º Os cargos de Procurador do Trabalho de 2º Categoria passam a ser os iniciais da carreira do Ministério Público da União junto à Justiça do Trabalho.

Art. 6º Os atuais cargos de Procurador do Trabalho Adjunto passam a integrar o grau inicial da carreira a que alude o artigo anterior, respeitada a ordem de antiguidade na classe, para efeito de promoção.

Art. 7º Os atuais Substitutos de Procurador do Trabalho Adjunto passam a denominar-se Substitutos de Procurador do Trabalho de 2ª Categoria, constituindo um Quadro Suplementar. Essas funções serão extintas à medida em que se vagarem, vedadas novas nomeações a partir da vigência desta Lei. (...)

§ 1º O substituto tomará posse perante o respectivo procurador regional, que será a autoridade competente para convocá-lo.

§ 2º O procurador regional será substituído em suas faltas e impedimentos pelo procurador adjunto, quando houver, e, havendo mais de um, pelo que for por ele designado.

§ 3º O procurador adjunto será substituído, em suas faltas e impedimentos, pelo respectivo procurador substituto.

§ 4º Será dispensado, automaticamente, o substituto que não atender à convocação, salvo motivo de doença, devidamente comprovada.

§ 5º Nenhum direito ou vantagem terá o substituto além do vencimento do cargo do substituído e somente durante o seu impedimento legal.

Art. 744. A nomeação do procurador-geral deverá recair em bacharel em ciências jurídicas e sociais, que tenha exercido, por cinco ou mais anos, cargo de magistratura ou de Ministério Público, ou a advocacia.

▸ Arts. 26, IV, e 88 da LC 75/1993 (Lei Orgânica do Ministério Público da União)

LC 75/1993

Art. 26. São atribuições do Procurador-Geral da República, como Chefe do Ministério Público da União: (...)

IV – nomear e dar posse ao Vice-Procurador-Geral da República, ao Procurador-Geral do Trabalho, ao Procurador-Geral da Justiça Militar, bem como dar posse ao Procurador-Geral de Justiça do Distrito Federal e Territórios;

Art. 88. O Procurador-Geral do Trabalho será nomeado pelo Procurador--Geral da República, dentre integrantes da instituição, com mais de trinta e cinco anos de idade e de cinco anos na carreira, integrante de lista tríplice escolhida mediante voto plurinominal, facultativo e secreto, pelo Colégio de Procuradores para um mandato de dois anos, permitida uma recondução, observado o mesmo processo. Caso não haja número suficiente de candidatos com mais de cinco anos na carreira, poderá concorrer à lista tríplice quem contar mais de dois anos na carreira.

Parágrafo único. A exoneração do Procurador-Geral do Trabalho, antes do término do mandato, será proposta ao Procurador-Geral da República pelo Conselho Superior, mediante deliberação obtida com base em voto secreto de dois terços de seus integrantes.

Art. 745. Para a nomeação dos demais procuradores, atender-se-á aos mesmos requisitos estabelecidos no artigo anterior, reduzido a dois anos, no mínimo, o tempo de exercício.

Seção II
Da competência da Procuradoria-Geral

Art. 746. Compete à Procuradoria-Geral da Justiça do Trabalho: *(Caput com redação pelo Dec.-lei 8.737/1946)*

▸ Art. 128, I, da CF.
▸ Arts 87 e 90 da LC 75/1993 (Lei Orgânica do Ministério Público da União)
▸ Art. 5º da Lei 5.584/1970 (Normas de Direito Processual do Trabalho)
▸ Súmulas 99 e 226 do STJ.
▸ Súmula 407 do TST.
▸ Ojs 130, 237 e 350 da SDI-I do TST.
▸ OJ 20 da SDI-I Transitória do TST.

LC 75/1993

Art. 87. O Procurador-Geral do Trabalho é o Chefe do Ministério Público do Trabalho.

Art. 90. Compete ao Procurador-Geral do Trabalho exercer as funções atribuídas ao Ministério Público do Trabalho junto ao Plenário do Tribunal Superior do Trabalho, propondo as ações cabíveis e manifestando-se nos processos de sua competência.

Lei 5.584/1970

Art. 5º Para exarar parecer, terá o órgão do Ministério Público da União, junto à Justiça do Trabalho, o prazo de 8 (oito) dias, contados da data em que lhe for distribuído o processo.

Súmulas

STJ 99. O Ministério Público tem legitimidade para recorrer no processo em que oficiou como fiscal da lei, ainda que não haja recurso da parte.

STJ 226. O Ministério Público tem legitimidade para recorrer na ação de acidente do trabalho, ainda que o segurado esteja assistido por advogado.

Orientações Jurisprudenciais

SDI-I 130. Prescrição. Ministério Público. Arguição. *Custos Legis*. Ilegitimidade. (atualizada em decorrência do CPC de 2015) Ao exarar o parecer na remessa de ofício, na qualidade de *custos legis*, o Ministério Público não tem legitimidade para arguir a prescrição em favor de entidade de direito público, em matéria de direito patrimonial.

SDI-I 237. Ministério Público do Trabalho. Legitimidade para recorrer. Sociedade de economia mista. Empresa Pública.

I – O Ministério Público do Trabalho não tem legitimidade para recorrer na defesa de interesse patrimonial privado, ainda que de empresas públicas e sociedades de economia mista.

II – Há legitimidade do Ministério Público do Trabalho para recorrer de decisão que declara a existência de vínculo empregatício com sociedade de economia mista ou empresa pública, após a Constituição Federal de 1988, sem a prévia aprovação em concurso público, pois é matéria de ordem pública.

SDI-I 350. Ministério Público do Trabalho. Nulidade do contrato de trabalho não suscitada pelo ente público no momento da defesa. Arguição em parecer. Possibilidade. O Ministério Público do Trabalho pode arguir, em parecer, na primeira vez que tenha de se manifestar no processo, a nulidade do contrato de trabalho em favor de ente público, ainda que a parte não a tenha suscitado, a qual será apreciada, sendo vedada, no entanto, qualquer dilação probatória.

a) oficiar, por escrito, em todos os processos e questões de trabalho de competência do Tribunal Superior do Trabalho; *(Alínea a com redação pelo Dec.-lei 8.737/1946)*

b) funcionar nas sessões do mesmo Tribunal, opinando verbalmente sobre a matéria em debate e solicitando as requisições e diligências que julgar convenientes, sendo-lhe assegurado o direito de vista do processo em julgamento sempre que for suscitada questão nova, não examinada no parecer exarado; *(Alínea b com redação pelo Dec.-lei 8.737/1946)*

c) requerer prorrogação das sessões do Tribunal, quando essa medida for necessária para que se ultime o julgamento; *(Alínea c com redação pelo Dec.-lei 8.737/1946)*

d) exarar, por intermédio do procurador-geral, o seu "ciente" nos acórdãos do Tribunal; *(Alínea d com redação pelo Dec.-lei 8.737/1946)*

e) proceder às diligências e inquéritos solicitados pelo Tribunal; *(Alínea e com redação pelo Dec.-lei 8.737/1946)*

f) recorrer das decisões do Tribunal, nos casos previstos em lei; *(Alínea f com redação pelo Dec.-lei 8.737/1946)*

g) promover, perante o Juízo competente, a cobrança executiva das multas impostas pelas autoridades administrativas e judiciárias do trabalho; *(Alínea g com redação pelo Dec.-lei 8.737/1946)*

h) representar às autoridades competentes contra os que não cumprirem as decisões do Tribunal; *(Alínea h com redação pelo Dec.-lei 8.737/1946)*

i) prestar às autoridades do Ministério do Trabalho, as informações que lhe forem solicitadas sobre os dissídios submetidos à apreciação do Tribunal e encaminhar aos órgãos competentes cópia autenticada das decisões que por eles devam ser atendidas ou cumpridas; *(Alínea i com redação pelo Dec.-lei 8.737/1946)*

▸ Vide nota sobre a atualização da CLT relativa aos Ministérios.

j) requisitar, de quaisquer autoridades, inquéritos, exames periciais, diligências, certidões e esclarecimentos que se tornem necessários no desempenho de suas atribuições; *(Alínea j com redação pelo Dec.-lei 8.737/1946)*

l) defender a jurisdição dos órgãos da Justiça do Trabalho; *(Alínea l acrescida pelo Dec.-lei 8.737/1946)*

m) suscitar conflitos de jurisdição. *(Alínea m acrescida pelo Dec.-lei 8.737/1946)*

Seção III
Da competência
das Procuradorias Regionais

Art. 747. Compete às Procuradorias Regionais exercer, dentro da jurisdição do Tribunal Regional respectivo, as atribuições indicadas na Seção anterior.

▸ O Dec.-lei 9.797/1946 substitui o termo "Conselho Regional" por "Tribunal Regional".
▸ Art. 110 da LC 75/1993 (Lei Orgânica do Ministério Público da União)
▸ Súmulas 99 e 226 do STJ.
▸ Súmula 407 do TST.
▸ Ojs 130, 237 e 350 da SDI-I do TST.
▸ OJ 20 da SDI-I Transitória do TST.

LC 75/1993

Art. 110. Os Procuradores Regionais do Trabalho serão designados para oficiar junto aos Tribunais Regionais do Trabalho.

Parágrafo único. Em caso de vaga ou de afastamento de Subprocurador-Geral do Trabalho por prazo superior a trinta dias, poderá ser convocado pelo Procurador-Geral, mediante aprovação do Conselho Superior, Procurador Regional do Trabalho para substituição.

Súmulas

STJ 99. O Ministério Público tem legitimidade para recorrer no processo em que oficiou como fiscal da lei, ainda que não haja recurso da parte.

STJ 226. O Ministério Público tem legitimidade para recorrer na ação de acidente do trabalho, ainda que o segurado esteja assistido por advogado.

TST 407. Ação Rescisória. Ministério Público. Legitimidade "ad causam" prevista no art. 967, III, *a, b* e *c* do CPC de 2015. Art. 487, III, *a* e *b*, do CPC de 1973. Hipóteses Meramente Exemplificativas (nova redação em decorrência do CPC de 2015) A legitimidade "ad causam" do Ministério

Público para propor ação rescisória, ainda que não tenha sido parte no processo que deu origem à decisão rescindenda, não está limitada às alíneas *a*, *b* e *c* do inciso III do art. 967 do CPC de 2015 (art. 487, III, *a* e *b*, do CPC de 1973), uma vez que traduzem hipóteses meramente exemplificativas.

Orientações Jurisprudenciais

SDI-I 130. Prescrição. Ministério Público. Arguição. *Custos Legis*. Ilegitimidade. (atualizada em decorrência do CPC de 2015) Ao exarar o parecer na remessa de ofício, na qualidade de *custos legis*, o Ministério Público não tem legitimidade para arguir a prescrição em favor de entidade de direito público, em matéria de direito patrimonial.

SDI-I 237. Ministério Público do trabalho. Legitimidade para recorrer. Sociedade de economia mista. Empresa pública.
I – O Ministério Público do Trabalho não tem legitimidade para recorrer na defesa de interesse patrimonial privado, ainda que de empresas públicas e sociedades de economia mista.
II – Há legitimidade do Ministério Público do Trabalho para recorrer de decisão que declara a existência de vínculo empregatício com sociedade de economia mista ou empresa pública, após a Constituição Federal de 1988, sem a prévia aprovação em concurso público, pois é matéria de ordem pública.

SDI-I 350. Ministério Público do Trabalho. Nulidade do contrato de trabalho não suscitada pelo ente público no momento da defesa. Arguição em parecer. Possibilidade. O Ministério Público do Trabalho pode arguir, em parecer, na primeira vez que tenha de se manifestar no processo, a nulidade do contrato de trabalho em favor de ente público, ainda que a parte não a tenha suscitado, a qual será apreciada, sendo vedada, no entanto, qualquer dilação probatória.

Seção IV
Das atribuições do Procurador-Geral

Art. 748. Como chefe da Procuradoria-Geral da Justiça do Trabalho, incumbe ao procurador-geral: *(Artigo com redação pelo Dec.-lei 8.737/1946)*

▸ Art. 91 da LC 75/1993 (Lei Orgânica do Ministério Público da União)

LC 75/1993

Art. 91. São atribuições do Procurador-Geral do Trabalho:
I – representar o Ministério Público do Trabalho;
II – integrar, como membro nato, e presidir o Colégio de Procuradores do Trabalho, o Conselho Superior do Ministério Público do Trabalho e a Comissão de Concurso;
III – nomear o Corregedor-Geral do Ministério Público do Trabalho, segundo lista tríplice formada pelo Conselho Superior;
IV – designar um dos membros e o Coordenador da Câmara de Coordenação e Revisão do Ministério Público do Trabalho;
V – designar, observados os critérios da lei e os estabelecidos pelo Conselho Superior, os ofícios em que exercerão suas funções os membros do Ministério Público do Trabalho;
VI – designar o Chefe da Procuradoria Regional do Trabalho dentre os Procuradores Regionais do Trabalho lotados na respectiva Procuradoria Regional;
VII – decidir, em grau de recurso, os conflitos de atribuição entre os órgãos do Ministério Público do Trabalho;
VIII – determinar a abertura de correição, sindicância ou inquérito administrativo;
IX – determinar a instauração de inquérito ou processo administrativo contra servidores dos serviços auxiliares;
X – decidir processo disciplinar contra membro da carreira ou servidor dos serviços auxiliares, aplicando as sanções que sejam de sua competência;
XI – decidir, atendendo a necessidade do serviço, sobre:
a) remoção a pedido ou por permuta;
b) alteração parcial da lista bienal de designações;
XII – autorizar o afastamento de membros do Ministério Público do Trabalho, ouvido o Conselho Superior, nos casos previstos em lei;
XIII – dar posse aos membros do Ministério Público do Trabalho;
XIV – designar membro do Ministério Público do Trabalho para:
a) funcionar nos órgãos em que a participação da Instituição seja legalmente prevista, ouvido o Conselho Superior;
b) integrar comissões técnicas ou científicas, relacionadas às funções da Instituição, ouvido o Conselho Superior;
c) assegurar a continuidade dos serviços, em caso de vacância, afastamento temporário, ausência, impedimento ou suspeição do titular, na inexistência ou falta do substituto designado;

XV – homologar, ouvido o Conselho Superior, o resultado do concurso para ingresso na carreira;
XVI – fazer publicar aviso de existência de vaga, na lotação e na relação bienal de designações;
XVII – propor ao Procurador-Geral da República, ouvido o Conselho Superior, a criação e extinção de cargos da carreira e dos ofícios em que devam ser exercidas suas funções;
XVIII – elaborar a proposta orçamentária do Ministério Público do Trabalho, submetendo-a, para aprovação, ao Conselho Superior;
XIX – encaminhar ao Procurador-Geral da República a proposta orçamentária do Ministério Público do Trabalho, após sua aprovação pelo Conselho Superior;
XX – organizar a prestação de contas do exercício anterior, encaminhando-a ao Procurador-Geral da República;
XXI – praticar atos de gestão administrativa, financeira e de pessoal;
XXII – elaborar o relatório de atividades do Ministério Público do Trabalho;
XXIII – coordenar as atividades do Ministério Público do Trabalho;
XXIV – exercer outras atribuições previstas em lei.

a) dirigir os serviços da Procuradoria-Geral, orientar e fiscalizar as Procuradorias Regionais, expedindo as necessárias instruções;

b) funcionar nas sessões do Tribunal Superior do Trabalho, pessoalmente ou por intermédio do procurador que designar;

c) exarar o seu "ciente" nos acórdãos do Tribunal;

d) designar o procurador que o substitua nas faltas e impedimentos e o chefe da secretaria da Procuradoria;

e) apresentar até o dia 31 de março, ao Ministro do Trabalho, relatório dos trabalhos da Procuradoria-Geral no ano anterior, com as observações e sugestões que julgar convenientes;

▸ Vide nota sobre a atualização da CLT relativa aos Ministérios.

f) conceder férias aos procuradores e demais funcionários que sirvam na Procuradoria e impor-lhes penas disciplinares, observada, quanto aos procuradores, a legislação em vigor para o Ministério Público Federal;

g) funcionar em juízo, em primeira instância, ou designar os procuradores que o devam fazer;

h) admitir e dispensar o pessoal extranumerário da secretaria e prorrogar o expediente remunerado dos funcionários e extranumerários.

Seção V
Das atribuições dos Procuradores

Art. 749. Incumbe aos procuradores com exercício na Procuradoria-Geral: *(Artigo com redação pelo Dec.-lei 8.737/1946)*

▸ Art. 85, VI, da LC 75/1993 (Lei Orgânica do Ministério Público da União)

LC 75/1993

Art. 85. São órgãos do Ministério Público do Trabalho: (...)
VI – os Subprocuradores-Gerais do Trabalho;

a) funcionar, por designação do procurador-geral, nas sessões do Tribunal Superior do Trabalho;

▸ O Dec.-lei 9.797/1946 determinou a substituição do termo "Conselho Nacional" para "Tribunal Superior".

b) desempenhar os demais encargos que lhes forem atribuídos pelo procurador-geral.

Parágrafo único. Aos procuradores é facultado, nos processos em que oficiarem, requerer ao procurador-geral as diligências e investigações necessárias.

Seção VI
Das atribuições dos Procuradores Regionais

Art. 750. Incumbe aos procuradores regionais: *(Artigo com redação pelo Dec.-lei 8.737/1946)*

▸ Art. 5º da Lei 5.584/1970 (Normas de Direito Processual do Trabalho)

Lei 5.584/1970

Art. 5º Para exarar parecer, terá o órgão do Ministério Público da União, junto à Justiça do Trabalho, o prazo de 8 (oito) dias, contados da data em que lhe for distribuído o processo.

a) dirigir os serviços da respectiva Procuradoria;

b) funcionar nas sessões do Tribunal Regional, pessoalmente ou por intermédio do procurador adjunto que designar;

▶ O Dec.-lei 9.797/1946 substitui o termo "Conselho Regional" por "Tribunal Regional".
▶ A Lei 6.787/1980 extinguiu o cargo de procurador adjunto.
▶ Art. 85, VIII, da LC 75/1993 (Lei Orgânica do Ministério Público da União)

LC 75/1993

Art. 85. São órgãos do Ministério Público do Trabalho: (...)
VIII – os Procuradores do Trabalho.

c) apresentar, semestralmente, ao procurador-geral, um relatório das atividades da respectiva Procuradoria, bem como dados e informações sobre a administração da Justiça do Trabalho na respectiva região;

d) requerer e acompanhar perante as autoridades administrativas ou judiciárias as diligências necessárias à execução das medidas e providências ordenadas pelo procurador-geral;

e) prestar ao procurador-geral as informações necessárias sobre os feitos em andamento e consultá-lo nos casos de dúvidas;

f) funcionar em juízo, na sede do respectivo Tribunal Regional;

▶ O Dec.-lei 9.797/1946 substitui o termo "Conselho Regional" por "Tribunal Regional".

g) exarar o seu "ciente" nos acórdãos do Tribunal;

h) designar o procurador que o substitua nas faltas e impedimentos e o secretário da Procuradoria.

Art. 751. Incumbe aos procuradores adjuntos das Procuradorias Regionais: *(Artigo com redação pelo Dec.-lei 8.737/1946)*

▶ A Lei 6.787/1980 extinguiu o cargo de procurador adjunto.
▶ Art. 85, VIII, da LC 75/1993 (Lei Orgânica do Ministério Público da União)

LC 75/1993

Art. 85. São órgãos do Ministério Público do Trabalho: (...)
VIII – os Procuradores do Trabalho.

a) funcionar, por designação do procurador regional, nas sessões do Tribunal Regional;

▶ O Dec.-lei 9.797/1946 substitui o termo "Conselho Regional" por "Tribunal Regional".

b) desempenhar os demais encargos que lhes forem atribuídos pelo procurador regional.

Seção VII
Da secretaria

Art. 752. A secretaria da Procuradoria-Geral funcionará sob a direção de um chefe designado pelo procurador-geral e terá o pessoal designado pelo Ministro do Trabalho. *(Artigo com redação pelo Dec.-lei 8.737/1946)*

▶ Vide nota sobre a atualização da CLT relativa aos Ministérios.
▶ Art. 127, § 2º, da CF.

Constituição Federal

Art. 127. O Ministério Público é instituição permanente, essencial à função jurisdicional do Estado, incumbindo-lhe a defesa da ordem jurídica, do regime democrático e dos interesses sociais e individuais indisponíveis.

§ 2º Ao Ministério Público é assegurada autonomia funcional e administrativa, podendo, observado o disposto no art. 169, propor ao Poder Legislativo a criação e extinção de seus cargos e serviços auxiliares, provendo-os por concurso público de provas ou de provas e títulos, a política remuneratória e os planos de carreira; a lei disporá sobre sua organização e funcionamento.

Art. 753. Compete à secretaria:

a) receber, registrar e encaminhar os processos ou papéis entrados;

b) classificar e arquivar os pareceres e outros papéis;

c) prestar informações sobre os processos ou papéis sujeitos à apreciação da Procuradoria;

d) executar o expediente da Procuradoria;

e) providenciar sobre o suprimento do material necessário;

f) desempenhar os demais trabalhos que lhes forem cometidos pelo procurador-geral, para melhor execução dos serviços a seu cargo.

Art. 754. Nas Procuradorias Regionais, os trabalhos a que se refere o artigo anterior serão executados pelos funcionários para esse fim designados.

CAPÍTULO III
DA PROCURADORIA DE PREVIDÊNCIA SOCIAL

▶ Capítulo prejudicado pelo Dec.-lei 72/1966.

Seção I
Da organização

▶ Art. 37 do Dec.-lei 72/1966 (Transformou o Conselho Superior de Previdência Social em Conselho de Recursos da Previdência Social)

Art. 755. A Procuradoria de Previdência Social compõe-se de um procurador geral e de procuradores.

▶ Artigo prejudicado pelo Dec.-lei 72/1966.

Art. 756. Para a nomeação do procurador geral e dos demais procuradores atender-se-á ao disposto nos arts. 744 e 745.

▶ Artigo prejudicado pelo Dec.-lei 72/1966 e da LC 75/1993.

Seção II
Da competência da Procuradoria

▶ Art. 37 do Dec.-lei 72/1966 (Transformou o Conselho Superior de Previdência Social em Conselho de Recursos da Previdência Social)

Art. 757. Compete à Procuradoria da Previdência Social: *(Caput com redação pelo Dec.-lei 8.737/1946)*

▶ *Caput* e alíneas prejudicados pelo Dec.-lei 72/1966.

a) oficiar, por escrito, nos processos que tenham de ser sujeitos à decisão do Conselho Superior de Previdência Social; *(Alínea a com redação pelo Dec.-lei 8.737/1946)*

▶ O art. 37 do Dec.-lei 72/1966 transformou o Conselho Superior de Previdência Social no Conselho de Recursos da Previdência Social.

b) oficiar, por escrito, nos pedidos de revisão das decisões do mesmo Conselho; *(Alínea b com redação pelo Dec.-lei 8.737/1946)*

c) funcionar nas sessões do mesmo Conselho, opinando verbalmente sobre a matéria em debate e solicitando as requisições e diligências que julgar convenientes, sendo-lhe assegurado o direito de vista do processo em julgamento, sempre que for suscitada questão nova, não examinada no parecer exarado; *(Alínea c com redação pelo Dec.-lei 8.737/1946)*

d) opinar, quando solicitada, nos processos sujeitos à deliberação do Ministro de Estado, do Conselho Técnico do Departamento Nacional de Previdência Social ou do Diretor do mesmo Departamento, em que houver matéria jurídica a examinar; *(Alínea d com redação pelo Dec.-lei 8.737/1946)*

e) funcionar, em primeira instância, nas ações propostas contra a União, no Distrito Federal, para anulação de atos e decisões do Conselho Superior de Previdência Social ou do Departamento Nacional de Previdência Social, bem como do Ministro do Trabalho, em matéria de previdência social; *(Alínea e com redação pelo Dec.-lei 8.737/1946)*

f) fornecer ao Ministério Público as informações por este solicitadas em virtude de ações propostas nos Estados e Territórios para execução ou anulação de atos e decisões dos órgãos ou da autoridade a que se refere a alínea anterior; *(Alínea f com redação pelo Dec.-lei 8.737/1946)*

g) promover em juízo, no Distrito Federal, qualquer procedimento necessário ao cumprimento das decisões do Conselho Superior de Previdência Social e do Departamento Nacional de Previdência Social, bem como do Ministro do Trabalho, em matéria de previdência social; *(Alínea g com redação pelo Dec.-lei 8.737/1946)*

h) recorrer das decisões dos órgãos e autoridades competentes em matéria de previdência social e requerer revisão das decisões do Conselho Superior de Previdência Social, que lhe pareçam contrárias à lei. *(Alínea h acrescida pelo Dec.-lei 8.737/1946)*

▶ O art. 37, do Dec.-lei 72/1966, transformou o Conselho Superior de Previdência Social no Conselho de Recursos da Previdência Social.
▶ Arts 13, *caput* e 37, *caput* do Dec.-lei 72/1966.

Dec.-lei 72/1966

Art. 13. Ao Conselho de Recursos da Previdência Social compete julgar os recursos interpostos das decisões das Juntas de Recursos da Previdência Social, assim como rever tais decisões, na forma prevista no § 1º ao artigo 14.

Art. 37. O atual Conselho Superior da Previdência Social fica transformado, a partir da vigência deste Decreto-Lei, no CRPS.

Seção III
Das atribuições
do Procurador-Geral

Art. 758. Como chefe da Procuradoria da Previdência Social, incumbe ao Procurador-Geral: *(Artigo com redação pelo Dec.-lei 8.737/1946)*

▶ *Caput* e alíneas prejudicados pelo Dec.-lei 72/1966.

a) dirigir os serviços da Procuradoria, expedindo as necessárias instruções;

b) funcionar nas sessões do Conselho Superior de Previdência Social, pessoalmente ou por intermédio do procurador que designar;

▶ O art. 37 do Dec.-lei 72/1966 transformou o Conselho Superior de Previdência Social no Conselho de Recursos da Previdência Social.
▶ Arts. 13, *caput* e 37, *caput* do Dec.-lei 72/1966.

Dec.-lei 72/1966

Art. 13. Ao Conselho de Recursos da Previdência Social compete julgar os recursos interpostos das decisões das Juntas de Recursos da Previdência Social, assim como rever tais decisões, na forma prevista no § 1º ao artigo 14.

Art. 37. O atual Conselho Superior da Previdência Social fica transformado, a partir da vigência deste Decreto-Lei, no CRPS.

c) designar o procurador que o substitua nas faltas e impedimentos e o chefe da Secretaria da Procuradoria;

d) conceder férias aos procuradores e demais funcionários lotados na Procuradoria e impor-lhes penas disciplinares, observada, quanto aos procuradores, a legislação em vigor para o Ministério Público Federal;

e) funcionar em juízo, em primeira instância, ou designar os procuradores que devam fazê-lo;

f) admitir e dispensar o pessoal extranumerário da Secretária e prorrogar o expediente renumerado dos funcionários e extranumerários;

g) apresentar, até 31 de março de cada ano, ao Ministro do Trabalho, o relatório dos trabalhos da Procuradoria no ano anterior, com as observações e sugestões que julgar convenientes.

Seção IV
Das atribuições dos Procuradores

Art. 759. Aos procuradores e demais funcionários incumbe desempenhar os encargos que lhes forem cometidos pelo procurador geral.

▶ Artigo prejudicado pelo Dec.-lei 72/1966.

Parágrafo único. Aos procuradores é facultado, nos processos em que oficiarem, requerer ao procurador geral as diligências e investigações necessárias.

Seção V
Da secretaria

Art. 760. A Procuradoria da Previdência Social terá uma Secretaria dirigida por um chefe designado pelo Procurador Geral. *(Artigo com redação pelo Dec.-lei 8.737/1946)*

▶ Artigo prejudicado pelo Dec.-lei 72/1966.

Art. 761. A Secretaria terá o pessoal designado pelo Ministro do Trabalho. *(Artigo com redação pelo Dec.-lei 8.737/1946)*

▶ Artigo prejudicado pelo Dec.-lei 72/1966.

Art. 762. À Secretaria da Procuradoria de Previdência Social compete executar serviços idênticos aos referidos no art. 753.

▶ Artigo prejudicado pelo Dec.-lei 72/1966.

TÍTULO X
DO PROCESSO JUDICIÁRIO
DO TRABALHO

▶ Lei 5.584/1970 (Normas de Direito Processual do Trabalho)
▶ Inst. Normativa 39/2016 do TST (Normas do Código de Processo Civil de 2015 aplicáveis e inaplicáveis ao Processo do Trabalho, de forma não exaustiva)

CAPÍTULO I
DISPOSIÇÕES PRELIMINARES

Art. 763. O processo da Justiça do Trabalho, no que concerne aos dissídios individuais e coletivos e à aplicação de penalidades, reger-se-á, em todo o território nacional, pelas normas estabelecidas neste Título.

▶ Arts. 5º, XXXV, XXXVI, 22, I, e 24, XI, §§ 1º a 4º, da CF.

Constituição Federal

Art. 5º Todos são iguais perante a lei, sem distinção de qualquer natureza, garantindo-se aos brasileiros e aos estrangeiros residentes no País a inviolabilidade do direito à vida, à liberdade, à igualdade, à segurança e à propriedade, nos termos seguintes: (...)
XXXV – a lei não excluirá da apreciação do Poder Judiciário lesão ou ameaça a direito;
XXXVI – a lei não prejudicará o direito adquirido, o ato jurídico perfeito e a coisa julgada;

Art. 22. Compete privativamente à União legislar sobre:
I – direito civil, comercial, penal, processual, eleitoral, agrário, marítimo, aeronáutico, espacial e do trabalho;

Art. 24. Compete à União, aos Estados e ao Distrito Federal legislar concorrentemente sobre: (...)
XI – procedimentos em matéria processual; (...)
§ 1º No âmbito da legislação concorrente, a competência da União limitar-se-á a estabelecer normas gerais.
§ 2º A competência da União para legislar sobre normas gerais não exclui a competência suplementar dos Estados.
§ 3º Inexistindo lei federal sobre normas gerais, os Estados exercerão a competência legislativa plena, para atender a suas peculiaridades.
§ 4º A superveniência de lei federal sobre normas gerais suspende a eficácia da lei estadual, no que lhe for contrário.

Art. 764. Os dissídios individuais ou coletivos submetidos à apreciação da Justiça do Trabalho serão sempre sujeitos à conciliação.

▶ Súmulas 190 e 418 do TST.
▶ OJ 34 da SDC do TST.

Súmulas

TST 190. Poder normativo do TST. Condições de trabalho. Inconstitucionalidade. Decisões contrárias ao STF. Ao julgar ou homologar ação coletiva ou acordo nela havido, o Tribunal Superior do Trabalho exerce o poder normativo constitucional, não podendo criar ou homologar condições de trabalho que o Supremo Tribunal Federal julgue iterativamente inconstitucionais.

TST 418. Mandado de Segurança visando à homologação de acordo. (nova redação em decorrência do CPC de 2015) A homologação de acordo constitui faculdade do juiz, inexistindo direito líquido e certo tutelável pela via do mandado de segurança.

Orientação Jurisprudencial

SDC 34. Acordo Extrajudicial. Homologação. Justiça do Trabalho. Prescindibilidade. É desnecessária a homologação, por Tribunal Trabalhista, do acordo extrajudicialmente celebrado, sendo suficiente, para que surta efeitos, sua formalização perante o Ministério do Trabalho (art. 614 da CLT e art. 7º, inciso XXXV (*), da Constituição Federal) (*) Errata: onde se lê "inciso XXXV", leia-se "inciso XXVI".

§ 1º Para os efeitos deste artigo, os juízes e Tribunais do Trabalho empregarão sempre os seus bons ofícios e persuasão no sentido de uma solução conciliatória dos conflitos.

§ 2º Não havendo acordo, o juízo conciliatório converter-se-á obrigatoriamente em arbitral, proferindo decisão na forma prescrita neste Título.

§ 3º É lícito às partes celebrar acordo que ponha termo ao processo, ainda mesmo depois de encerrado o juízo conciliatório.

▸ Art. 831, par. ún., desta Consolidação.
▸ Súmulas 100, V, e 259 do TST.
▸ OJ 376 da SDI-I do TST.
▸ OJs 94 e 132 da SDI-II do TST.
▸ OJs 2 e 31 da SDC do TST.

CLT

Art. 831. A decisão será proferida depois de rejeitada pelas partes a proposta de conciliação.

Parágrafo único. No caso de conciliação, o termo que for lavrado valerá como decisão irrecorrível, salvo para a Previdência Social quanto às contribuições que lhe forem devidas.

Súmulas

TST 100. Ação rescisória. Decadência. (...) V – O acordo homologado judicialmente tem força de decisão irrecorrível, na forma do art. 831 da CLT. Assim sendo, o termo conciliatório transita em julgado na data da sua homologação judicial.

TST 259. Termo de conciliação. Ação rescisória. Só por ação rescisória é impugnável o termo de conciliação previsto no parágrafo único do art. 831 da CLT.

Orientações Jurisprudenciais

SDI-I 376. Contribuição previdenciária. Acordo homologado em juízo após o trânsito em julgado da sentença condenatória. Incidência sobre o valor homologado. É devida a contribuição previdenciária sobre o valor do acordo celebrado e homologado após o trânsito em julgado de decisão judicial, respeitada a proporcionalidade de valores entre as parcelas de natureza salarial e indenizatória deferidas na decisão condenatória e as parcelas objeto do acordo.

SDI-II 132. Ação rescisória. Acordo homologado. Alcance. Ofensa à coisa julgada. Acordo celebrado – homologado judicialmente – em que o empregado dá plena e ampla quitação, sem qualquer ressalva, alcança não só o objeto da inicial, como também todas as demais parcelas referentes ao extinto contrato de trabalho, violando a coisa julgada, a propositura de nova reclamação trabalhista.

SDC 31. Estabilidade do acidentado. Acordo homologado. Prevalência. Impossibilidade. Violação do art. 118 da lei 8.213/91. Não é possível a prevalência de acordo sobre legislação vigente, quando ele é menos benéfico do que a própria lei, porquanto o caráter imperativo dessa última restringe o campo de atuação da vontade das partes.

Art. 765. Os Juízos e Tribunais do Trabalho terão ampla liberdade na direção do processo e velarão pelo andamento rápido das causas, podendo determinar qualquer diligência necessária ao esclarecimento delas.

▸ Arts. 370 e 481 do CPC.

CPC 2015

Art. 370. Caberá ao Juiz, de ofício ou a requerimento da parte, determinar as provas necessárias ao julgamento do mérito.

Parágrafo único. O Juiz indeferirá, em decisão fundamentada, as diligências inúteis ou meramente protelatórias.

Art. 481. O Juiz, de ofício ou a requerimento da parte, pode, em qualquer fase do processo, inspecionar pessoas ou coisas, a fim de se esclarecer sobre fato que interesse à decisão da causa.

Art. 766. Nos dissídios sobre estipulação de salários, serão estabelecidas condições que, assegurando justos salários aos trabalhadores, permitam também justa retribuição às empresas interessadas.

Art. 767. A compensação, ou retenção, só poderá ser arguida como matéria de defesa. *(Artigo com redação pelo Dec.-lei 6.353/1944)*

▸ Súmulas 18, 48 e 109 do TST.
▸ OJs 325 e 356 da SDI-I do TST.
▸ OJ 50 da SDI-I Transitória do TST.

Súmulas

TST 18. Compensação. A compensação, na Justiça do Trabalho, está restrita a dívidas de natureza trabalhista.

TST 48. Compensação. A compensação só poderá ser arguida com a contestação.

TST 109. Gratificação de função. O bancário não enquadrado no § 2º do art. 224 da CLT, que receba gratificação de função, não pode ter o salário relativo a horas extraordinárias compensado com o valor daquela vantagem.

Orientações Jurisprudenciais

SDI-I 325. Aumento salarial concedido pela empresa. Compensação no ano seguinte em antecipação sem a participação do sindicato profissional. Impossibilidade. O aumento real, concedido pela empresa a todos os seus empregados, somente pode ser reduzido mediante a participação efetiva do sindicato profissional no ajuste, nos termos do art. 7º, VI, da CF/88.

SDI-I 356. Programa de incentivo à demissão voluntária (pdv) Créditos trabalhistas reconhecidos em juízo. Compensação. Impossibilidade Os créditos tipicamente trabalhistas reconhecidos em juízo não são suscetíveis de compensação com a indenização paga em decorrência de adesão do trabalhador a Programa de Incentivo à Demissão Voluntária (PDV)

SDI-I Transitória 50. Férias. Abono instituído por instrumento normativo e terço constitucional. Simultaneidade inviável. O abono de férias decorrente de instrumento normativo e o abono de 1/3 (um terço) previsto no art. 7º, XVII, da CF/88 têm idêntica natureza jurídica, destinação e finalidade, constituindo-se "bis in idem" seu pagamento simultâneo, sendo legítimo o direito do empregador de obter compensação de valores porventura pagos.

Art. 768. Terá preferência em todas as fases processuais o dissídio cuja decisão tiver de ser executada perante o Juízo da falência.

▸ Arts. 449, § 1º, e 652, par. ún., desta Consolidação.
▸ Súmulas 86 e 388 do TST.

CLT

Art. 449. Os direitos oriundos da existência do contrato de trabalho subsistirão em caso de falência, concordata ou dissolução da empresa.

§ 1º Na falência constituirão créditos privilegiados a totalidade dos salários devidos ao empregado e a totalidade das indenizações a que tiver direito.

Art. 652. Compete às Varas do Trabalho: (...)

Parágrafo único. Terão preferência para julgamento os dissídios sobre pagamento de salário e aqueles que derivarem da falência do empregador, podendo o Presidente da Junta, a pedido do interessado, constituir processo em separado, sempre que a reclamação também versar sobre outros assuntos.

Súmulas

TST 86. Deserção. Massa falida. Empresa em liquidação extrajudicial. Não ocorre deserção de recurso da massa falida por falta de pagamento de

custas ou de depósito do valor da condenação. Esse privilégio, todavia, não se aplica à empresa em liquidação extrajudicial.

TST 388. Massa falida. Arts. 467 e 477 da CLT. Inaplicabilidade. A Massa Falida não se sujeita à penalidade do art. 467 e nem à multa do § 8º do art. 477, ambos da CLT.

Art. 769. Nos casos omissos, o direito processual comum será fonte subsidiária do direito processual do trabalho, exceto naquilo em que for incompatível com as normas deste Título.

▸ Art. 889 desta Consolidação.
▸ Arts. 15 e 1.046, § 2º, do CPC.
▸ Inst. Normativa 39/2016 do TST (Normas do Código de Processo Civil de 2015 aplicáveis e inaplicáveis ao Processo do Trabalho, de forma não exaustiva)
▸ Súmula 10 do STJ.
▸ Súmulas 74, 192, 263, 383, 393, 394, 397, 400, 405, 407, 408, 417, 421, 422 do TST.
▸ OJs 255 e 392 da SDI-I do TST.
▸ OJs 41, 54, 78, 107, 124, 140 e 153 da SDI-II do TST.

CLT
Art. 889. Aos trâmites e incidentes do processo da execução são aplicáveis, naquilo em que não contravierem ao presente Título, os preceitos que regem o processo dos executivos fiscais para a cobrança judicial da dívida ativa da Fazenda Pública Federal.

CPC 2015
Art. 15. Na ausência de normas que regulem processos eleitorais, trabalhistas ou administrativos, as disposições deste Código lhes serão aplicadas supletiva e subsidiariamente.

Súmulas
STJ 10. Instalada a junta de conciliação e julgamento, cessa a competência do Juiz de direito em matéria trabalhista, inclusive para a execução das sentenças por ele proferidas.

TST 192. Ação Rescisória. Competência. (atualizada em decorrência do CPC de 2015)

I – Se não houver o conhecimento de recurso de revista ou de embargos, a competência para julgar ação que vise a rescindir a decisão de mérito é do Tribunal Regional do Trabalho, ressalvado o disposto no item II. II – Acórdão rescindindo do Tribunal Superior do Trabalho que não conhece de recurso de embargos ou de revista, analisando arguição de violação de dispositivo de lei material ou decidindo em consonância com súmula de direito material ou com iterativa, notória e atual jurisprudência de direito material da Seção de Dissídios Individuais (Súmula 333), examina o mérito da causa, cabendo ação rescisória da competência do Tribunal Superior do Trabalho. III – Sob a égide do art. 512 do CPC de 1973, é juridicamente impossível o pedido explícito de desconstituição de sentença quando substituída por acórdão do Tribunal Regional ou superveniente sentença homologatória de acordo que puser fim ao litígio. IV – Na vigência do CPC de 1973, é manifesta a impossibilidade jurídica do pedido de rescisão de julgado proferido em agravo de instrumento que, limitando-se a aferir o eventual desacerto do juízo negativo de admissibilidade do recurso de revista, não substitui o acórdão regional, na forma do art. 512 do CPC. V – A decisão proferida pela SBDI, em agravo regimental, calcada na Súmula 333, substitui acórdão de Turma do TST, porque emite juízo de mérito, comportando, em tese, o corte rescisório.

TST 263. Petição Inicial. Indeferimento. Instrução obrigatória deficiente Salvo nas hipóteses do art. 330 do CPC de 2015 (art. 295 do CPC de 1973), o indeferimento da petição inicial, por encontrar-se desacompanhada de documento indispensável à propositura da ação ou não preencher outro requisito legal, somente é cabível se, após intimada para suprir a irregularidade em 15 (quinze) dias, mediante indicação precisa do que deve ser corrigido ou completado, a parte não o fizer (art. 321 do CPC de 2015)

TST 383. Recurso. Mandato. Irregularidade de representação. CPC de 2015, arts. 104 e 76, § 2º.

I – É inadmissível recurso firmado por advogado sem procuração juntada aos autos até o momento da sua interposição, salvo mandato tácito. Em caráter excepcional (art. 104 do CPC de 2015), admite-se que o advogado, independentemente de intimação, exiba a procuração no prazo de 5 (cinco) dias após a interposição do recurso, prorrogável por igual período mediante despacho do juiz. Caso não a exiba, considera-se ineficaz o ato praticado e não se conhece do recurso.

II – Verificada a irregularidade de representação da parte em fase recursal, em procuração ou substabelecimento já constante dos autos, o relator ou o órgão competente para julgamento do recurso designará prazo de 5 (cinco) dias para que seja sanado o vício. Descumprida a determinação, o relator não conhecerá do recurso, se a providência couber

ao recorrente, ou determinará o desentranhamento das contrarrazões, se a providência couber ao recorrido (art. 76, § 2º, do CPC de 2015)

TST 393. Recurso Ordinário. Efeito devolutivo em profundidade. Art. 1.013, § 1º, do CPC de 2015. Art. 515, § 1º, do CPC de 1973.

I – O efeito devolutivo em profundidade do recurso ordinário, que se extrai do § 1º do art. 1.013 do CPC de 2015 (art. 515, §1º, do CPC de 1973), transfere ao Tribunal a apreciação dos fundamentos da inicial ou da defesa, não examinados pela sentença, ainda que não renovados em contrarrazões, desde que relativos ao capítulo impugnado.

II – Se o processo estiver em condições, o tribunal, ao julgar o recurso ordinário, deverá decidir desde logo o mérito da causa, nos termos do § 3º do art. 1.013 do CPC de 2015, inclusive quando constatar a omissão da sentença no exame de um dos pedidos.

TST 394. Fato Superveniente. Art. 493 do CPC de 2015. Art. 462 do CPC de 1973. O art. 493 do CPC de 2015 (art. 462 do CPC de 1973), que admite a invocação de fato constitutivo, modificativo ou extintivo do direito, superveniente à propositura da ação, é aplicável de ofício aos processos em curso em qualquer instância trabalhista. Cumpre ao Juiz ou tribunal ouvir as partes sobre o fato novo antes de decidir.

TST 397. Ação rescisória. Art. 966, IV, do CPC de 2015 . Art. 485, iv, do cpc de 1973. Ação de cumprimento. Ofensa à coisa julgada emanada de sentença normativa modificada em grau de recurso. Inviabilidade. Cabimento de mandado de segurança. Não procede ação rescisória calcada em ofensa à coisa julgada perpetrada por decisão proferida em ação de cumprimento, em face de a sentença normativa, na qual se louvava, ter sido modificada em grau de recurso, porque em dissídio coletivo somente se consubstancia coisa julgada formal. Assim, os meios processuais aptos a atacarem a execução da cláusula reformada são a exceção de pré-executividade e o mandado de segurança, no caso de descumprimento do art. 514 do CPC de 2015 (art. 572 do CPC de 1973)

TST 405. Ação Rescisória. Tutela provisória. Em face do que dispõem a MP 1.984-22/2000 e o art. 969 do CPC de 2015, é cabível o pedido de tutela provisória formulado na petição inicial de ação rescisória ou na fase recursal, visando a suspender a execução da decisão rescindenda.

TST 407. Ação Rescisória. Ministério Público. Legitimidade "ad causam" prevista no art. 967, III, a, b e c do CPC de 2015. Art. 487, III, a e b, do CPC de 1973. Hipóteses Meramente Exemplificativas (nova redação em decorrência do CPC de 2015) A legitimidade "ad causam" do Ministério Público para propor ação rescisória, ainda que não tenha sido parte no processo que deu origem à decisão rescindenda, não está limitada às alíneas a, b e c do inciso III do art. 967 do CPC de 2015 (art. 487, III, a e b, do CPC de 1973), uma vez que traduzem hipóteses meramente exemplificativas.

TST 417. Mandado de Segurança. Penhora em Dinheiro. (alterado o item I, atualizado o item II e cancelado o item III, modulando-se os efeitos da presente redação de forma a atingir unicamente as penhoras em dinheiro em execução provisória efetivadas a partir de 18.03.2016, data de vigência do CPC de 2015) I – Não fere direito líquido e certo do impetrante o ato judicial que determina penhora em dinheiro do executado para garantir crédito exequendo, pois é prioritária e obedece à gradação prevista no art. 835 do CPC de 2015 (art. 655 do CPC de 1973) II – Havendo discordância do credor, em execução definitiva, não tem o executado direito líquido e certo a que os valores penhorados em dinheiro fiquem depositados no próprio banco, ainda que atenda aos requisitos do art. 840, I, do CPC de 2015 (art. 666, I, do CPC de 1973)

TST 421. Embargos de Declaração. Cabimento. Decisão monocrática do relator calcada no art. 932 do CPC de 2015. Art. 557 do CPC de 1973. I – Cabem embargos de declaração da decisão monocrática do relator prevista no art. 932 do CPC de 2015 (art. 557 do CPC de 1973), se a parte pretende tão somente juízo integrativo retificador da decisão e, não, modificação do julgado. II – Se a parte postular a revisão no mérito da decisão monocrática, cumpre ao relator converter os embargos de declaração em agravo, em face dos princípios da fungibilidade e celeridade processual, submetendo-o ao pronunciamento do Colegiado, após a intimação do recorrente para, no prazo de 5 (cinco) dias, complementar as razões recursais, de modo a ajustá-las às exigências do art. 1.021, § 1º, do CPC de 2015.

Orientações Jurisprudenciais
SDI-I 255. Mandato. Contrato social. Desnecessária a juntada. O art. 75, inciso VIII, do CPC de 2015 (art. 12, VI, do CPC de 1973) não determina a exibição dos estatutos da empresa em juízo como condição de validade do instrumento de mandato outorgado ao seu procurador, salvo se houver impugnação da parte contrária.

SDI-I 392. Prescrição. Interrupção. Ajuizamento de protesto judicial. Marco Inicial. (atualizada em decorrência do CPC de 2015) (republicada em razão de erro material) O protesto judicial é medida aplicável no processo do trabalho, por força do art. 769 da CLT e do art. 15 do CPC de 2015. O ajuizamento da ação, por si só, interrompe o prazo

prescricional, em razão da inaplicabilidade do § 2º do art. 240 do CPC de 2015 (§ 2º do art. 219 do CPC de 1973), incompatível com o disposto no art. 841 da CLT.

SDI-II 41. Ação rescisória. Sentença "citra petita". Cabimento. Revelando-se a sentença "citra petita", o vício processual vulnera os arts. 141 e 492 do CPC de 2015 (arts. 128 e 460 do CPC de 1973), tornando-a passível de desconstituição, ainda que não interpostos embargos de declaração.

SDI-II 54. Mandado de segurança. Embargos de terceiro. Cumulação. Penhora. Incabível Ajuizados embargos de terceiro (art. 674 do CPC de 2015 – art. 1.046 do CPC de 1973) para pleitear a desconstituição da penhora, é incabível mandado de segurança com a mesma finalidade.

SDI-II 78. Ação rescisória. Cumulação sucessiva de pedidos. Rescisão da sentença e do acórdão. Ação única. Art. 326 do CPC de 2015. Art. 289 do CPC de 1973. É admissível o ajuizamento de uma única ação rescisória contendo mais de um pedido, em ordem sucessiva, de rescisão da sentença e do acórdão. Sendo inviável a tutela jurisdicional de um deles, o julgador está obrigado a apreciar os demais, sob pena de negativa de prestação jurisdicional.

CAPÍTULO II
DO PROCESSO EM GERAL

Seção I
Dos atos, termos e prazos processuais

Art. 770. Os atos processuais serão públicos, salvo quando o contrário determinar o interesse social, e realizar-se-ão nos dias úteis, das seis às vinte horas.

▸ Arts. 5º, LX, e 93, IX, da CF.
▸ Arts. 11, 189 e 212 do CPC
▸ Art. 3º, par. ún., da Lei 11.419/2006 (Informatização do processo judicial)
▸ Súmula 262, II, do TST.

Constituição Federal

Art. 93. Lei complementar, de iniciativa do Supremo Tribunal Federal, disporá sobre o Estatuto da Magistratura, observados os seguintes princípios: (...)

IX – todos os julgamentos dos órgãos do Poder Judiciário serão públicos, e fundamentadas todas as decisões, sob pena de nulidade, podendo a lei limitar a presença, em determinados atos, às próprias partes e a seus advogados, ou somente a estes, em casos nos quais a preservação do direito à intimidade do interessado no sigilo não prejudique o interesse público à informação; (...)

CPC 2015

Art. 11. Todos os julgamentos dos órgãos do Poder Judiciário serão públicos, e fundamentadas todas as decisões, sob pena de nulidade.

Parágrafo único. Nos casos de segredo de justiça, pode ser autorizada a presença somente das partes, de seus advogados, de defensores públicos ou do Ministério Público.

Art. 189. Os atos processuais são públicos, todavia tramitam em segredo de justiça os processos:

I – em que o exija o interesse público ou social;

II – que versem sobre casamento, separação de corpos, divórcio, separação, união estável, filiação, alimentos e guarda de crianças e adolescentes;

III – em que constem dados protegidos pelo direito constitucional à intimidade;

IV – que versem sobre arbitragem, inclusive sobre cumprimento de carta arbitral, desde que a confidencialidade estipulada na arbitragem seja comprovada perante o juízo.

§ 1º O direito de consultar os autos de processo que tramite em segredo de justiça e de pedir certidões de seus atos é restrito às partes e aos seus procuradores.

§ 2º O terceiro que demonstrar interesse jurídico pode requerer ao Juiz certidão do dispositivo da sentença, bem como de inventário e de partilha resultantes de divórcio ou separação.

Art. 212. Os atos processuais serão realizados em dias úteis, das 6 (seis) às 20 (vinte) horas.

§ 1º Serão concluídos após as 20 (vinte) horas os atos iniciados antes, quando o adiamento prejudicar a diligência ou causar grave dano.

§ 2º Independentemente de autorização judicial, as citações, intimações e penhoras poderão realizar-se no período de férias forenses, onde as houver, e nos feriados ou dias úteis fora do horário estabelecido neste artigo, observado o disposto no art. 5º, inciso XI, da Constituição Federal.

§ 3º Quando o ato tiver de ser praticado por meio de petição em autos não eletrônicos, essa deverá ser protocolada no horário de funcionamento do fórum ou tribunal, conforme o disposto na lei de organização judiciária local.

Lei 11.419/2006

Art. 3º Consideram-se realizados os atos processuais por meio eletrônico no dia e hora do seu envio ao sistema do Poder Judiciário, do que deverá ser fornecido protocolo eletrônico.

Parágrafo único. Quando a petição eletrônica for enviada para atender prazo processual, serão consideradas tempestivas as transmitidas até as 24 (vinte e quatro) horas do seu último dia.

Súmula

TST 262. Prazo Judicial. Notificação ou Intimação em Sábado. Recesso forense. I – Intimada ou notificada a parte no sábado, o início do prazo se dará no primeiro dia útil imediato e a contagem, no subsequente. II – O recesso forense e as férias coletivas dos Ministros do Tribunal Superior do Trabalho suspendem os prazos recursais.

Parágrafo único. A penhora poderá realizar-se em domingo ou dia feriado, mediante autorização expressa do Juiz ou presidente.

▸ Art. 212, § 2º, do CPC.
▸ Súmula 486 do STJ.

CPC 2015

Art. 212. Os atos processuais serão realizados em dias úteis, das 6 (seis) às 20 (vinte) horas. (...)

§ 2º Independentemente de autorização judicial, as citações, intimações e penhoras poderão realizar-se no período de férias forenses, onde as houver, e nos feriados ou dias úteis fora do horário estabelecido neste artigo, observado o disposto no art. 5º, inciso XI, da Constituição Federal.

Súmula

STJ 486. É impenhorável o único imóvel residencial do devedor que esteja locado a terceiros, desde que a renda obtida com a locação seja revertida para a subsistência ou a moradia da sua família.

Art. 771. Os atos e termos processuais poderão ser escritos a tinta, datilografados ou a carimbo.

▸ Arts. 188, 192, 210 e 460 do CPC.

CPC 2015

Art. 188. Os atos e os termos processuais independem de forma determinada, salvo quando a lei expressamente a exigir, considerando-se válidos os que, realizados de outro modo, lhe preencham a finalidade essencial.

Art. 192. Em todos os atos e termos do processo é obrigatório o uso da língua portuguesa.

Parágrafo único. O documento redigido em língua estrangeira somente poderá ser juntado aos autos quando acompanhado de versão para a língua portuguesa tramitada por via diplomática ou pela autoridade central, ou firmada por tradutor juramentado.

Art. 210. É lícito o uso da taquigrafia, da estenotipia ou de outro método idôneo em qualquer juízo ou tribunal.

Art. 460. O depoimento poderá ser documentado por meio de gravação. (...)

Art. 772. Os atos e termos processuais, que devam ser assinados pelas partes interessadas, quando estas, por motivo justificado, não possam fazê-lo, serão firmados a rogo, na presença de duas testemunhas, sempre que não houver procurador legalmente constituído.

Art. 773. Os termos relativos ao movimento dos processos constarão de simples notas, datadas e rubricadas pelos secretários ou escrivães.

▸ A Lei 409/1948 criou os quadros de pessoal da Justiça do Trabalho, estabelecendo a função de chefe de secretaria, no lugar de secretário. Atualmente, a denominação é diretor de secretaria.

Art. 774. Salvo disposição em contrário, os prazos previstos neste Título contam-se, conforme o caso, a partir da data em que for feita pessoalmente, ou recebida a notificação, daquela em que for publicado o edital no jornal oficial ou no que publicar o expediente da Justiça do Trabalho, ou, ainda, daquela em que for afixado o edital na sede da Junta, Juízo ou Tribunal. *(Caput com redação pela Lei 2.244/1954)*

▶ A EC 24/1999 extinguiu a figura do Juiz Classista e as Juntas de Conciliação e Julgamento, substituindo pelas Varas do Trabalho, onde a jurisdição será exercida por um Juiz Singular.
▶ Arts. 3º e 11, § 5º, da Lei 11.419/2006 (Informatização do processo judicial)
▶ Súmula 310 do STF.
▶ Súmulas 1, 30, 53, 62, 100, 197, 262 e 427 do TST.
▶ OJ 146 da SDI-II do TST.

Lei 11.419/2006

Art. 3º Consideram-se realizados os atos processuais por meio eletrônico no dia e hora do seu envio ao sistema do Poder Judiciário, do que deverá ser fornecido protocolo eletrônico.

Parágrafo único. Quando a petição eletrônica for enviada para atender prazo processual, serão consideradas tempestivas as transmitidas até as 24 (vinte e quatro) horas do seu último dia.

Art. 11. Os documentos produzidos eletronicamente e juntados aos processos eletrônicos com garantia da origem e de seu signatário, na forma estabelecida nesta Lei, serão considerados originais para todos os efeitos legais.

§ 5º Os documentos cuja digitalização seja tecnicamente inviável devido ao grande volume ou por motivo de ilegibilidade deverão ser apresentados ao cartório ou secretaria no prazo de 10 (dez) dias contados do envio de petição eletrônica comunicando o fato, os quais serão devolvidos à parte após o trânsito em julgado.

Súmulas

TST 1. Prazo judicial. Quando a intimação tiver lugar na sexta-feira, ou a publicação com efeito de intimação for feita nesse dia, o prazo judicial será contado da segunda-feira imediata, inclusive, salvo se não houver expediente, caso em que fluirá no dia útil que se seguir.

TST 30. Intimação da sentença. Quando não juntada a ata ao processo em 48 horas, contadas da audiência de julgamento (art. 851, § 2º, da CLT), o prazo para recurso será contado da data em que a parte receber a intimação da sentença.

TST 53. Custas. O prazo para pagamento das custas, no caso de recurso, é contado da intimação do cálculo.

TST 197. Prazo. O prazo para recurso da parte que, intimada, não comparecer à audiência em prosseguimento para a prolação da sentença conta-se de sua publicação.

TST 262. Prazo judicial. Notificação ou intimação em sábado. Recesso forense.
I – Intimada ou notificada a parte no sábado, o início do prazo se dará no primeiro dia útil imediato e a contagem, no subsequente.
II – O recesso forense e as férias coletivas dos Ministros do Tribunal Superior do Trabalho suspendem os prazos recursais.

TST 427. Intimação. Pluralidade de advogados. Publicação em nome de advogado diverso daquele expressamente indicado. Nulidade. Havendo pedido expresso de que as intimações e publicações sejam realizadas exclusivamente em nome de determinado advogado, a comunicação em nome de outro profissional constituído nos autos é nula, salvo se constatada a inexistência de prejuízo.

Orientação Jurisprudencial

SDI-II 146. Ação rescisória. Início do prazo para apresentação da contestação. Art. 774 da CLT. A contestação apresentada em ação rescisória obedece à regra relativa à contagem de prazo constante do art. 774 da CLT, sendo inaplicável o art. 231 do CPC de 2015 (art. 241 do CPC de 1973)

Parágrafo único. Tratando-se de notificação postal, no caso de não ser encontrado o destinatário ou no de recusa de recebimento, o Correio ficará obrigado, sob pena de responsabilidade do servidor, a devolvê-la, no prazo de quarenta e oito horas, ao Tribunal de origem. *(Parágrafo único acrescido pelo Dec.-lei 8.737/1946)*

▶ Súmula 16 do TST.

Súmula

TST 16. Notificação. Presume-se recebida a notificação 48 (quarenta e oito) horas depois de sua postagem. O seu não recebimento ou a entrega após o decurso desse prazo constitui ônus de prova do destinatário.

Art. 775. Os prazos estabelecidos neste Título serão contados em dias úteis, com exclusão do dia do começo e inclusão do dia do vencimento. *(Caput com redação pela Lei 13.467/2017)*

▶ Art. 224 do CPC.
▶ Súmula 310 do STF.

▶ Súmulas 1, 100 e 262 do TST.
▶ OJ 162 da SDI-I do TST.

CPC 2015

Art. 224. Salvo disposição em contrário, os prazos serão contados excluindo o dia do começo e incluindo o dia do vencimento.

§ 1º Os dias do começo e do vencimento do prazo serão protraídos para o primeiro dia útil seguinte, se coincidirem com dia em que o expediente forense for encerrado antes ou iniciado depois da hora normal ou houver indisponibilidade da comunicação eletrônica.

§ 2º Considera-se como data de publicação o primeiro dia útil seguinte ao da disponibilização da informação no Diário da Justiça eletrônico.

§ 3º A contagem do prazo terá início no primeiro dia útil que seguir ao da publicação.

Súmulas

STF 310. Quando a intimação tiver lugar na sexta-feira, ou a publicação com efeito de intimação for feita nesse dia, o prazo judicial terá início na segunda-feira imediata, salvo se não houver expediente, caso em que começará no primeiro dia útil que se seguir.

TST 100. Ação rescisória. Decadência.(...) IX – Prorroga-se até o primeiro dia útil, imediatamente subsequente, o prazo decadencial para ajuizamento de ação rescisória quando expira em férias forenses, feriados, finais de semana ou em dia em que não houver expediente forense. Aplicação do art. 775 da CLT.

§ 1º Os prazos podem ser prorrogados, pelo tempo estritamente necessário, nas seguintes hipóteses: *(Primitivo parágrafo único renumerado e com redação pela Lei 13.467/2017)*

I – quando o juízo entender necessário; *(Inciso I acrescido pela Lei 13.467/2017)*

II – em virtude de força maior, devidamente comprovada. *(Inciso II acrescido pela Lei 13.467/2017)*

§ 2º Ao juízo incumbe dilatar os prazos processuais e alterar a ordem de produção dos meios de prova, adequando-os às necessidades do conflito de modo a conferir maior efetividade à tutela do direito. *(§ 2º acrescido pela Lei 13.467/2017)*

Art. 775-A. Suspende-se o curso do prazo processual nos dias compreendidos entre 20 de dezembro e 20 de janeiro, inclusive.

▶ Artigo acrescido pela Lei 13.545/2017.

§ 1º Ressalvadas as férias individuais e os feriados instituídos por lei, os juízes, os membros do Ministério Público, da Defensoria Pública e da Advocacia Pública e os auxiliares da Justiça exercerão suas atribuições durante o período previsto no *caput* deste artigo.

§ 2º Durante a suspensão do prazo, não se realizarão audiências nem sessões de julgamento.

Art. 776. O vencimento dos prazos será certificado nos processos pelos escrivães ou secretários.

▶ A Lei 409/1948 criou os quadros de pessoal da Justiça do Trabalho, estabelecendo a função de chefe de secretaria, no lugar do secretário. Atualmente a função é de diretor de secretaria.

Art. 777. Os requerimentos e documentos apresentados, os atos e termos processuais, as petições ou razões de recursos e quaisquer outros papéis referentes aos feitos formarão os autos dos processos, os quais ficarão sob a responsabilidade dos escrivães ou secretários.

▶ A Lei 409/1948 criou os quadros de pessoal da Justiça do Trabalho, estabelecendo a função de chefe de secretaria, no lugar do secretário. Atualmente a função é de diretor de secretaria.
▶ Art. 203, § 4º, do CPC.
▶ Lei 11.419/2006 (Informatização do processo judicial)

CPC 2015

Art. 203. Os pronunciamentos do Juiz consistirão em sentenças, decisões interlocutórias e despachos. (...)

§ 4º Os atos meramente ordinatórios, como a juntada e a vista obrigatória, independem de despacho, devendo ser praticados de ofício pelo servidor e revistos pelo Juiz quando necessário.

Art. 778. Os autos dos processos da Justiça do Trabalho não poderão sair dos cartórios ou secretarias, salvo se solicitados por advogado regularmente constituído por qualquer das partes, ou quando tiverem de ser remetidos aos órgãos competentes, em caso de recurso ou requisição. *(Artigo com redação pela Lei 6.598/1978)*

▸ Art. 901, par. ún., desta Consolidação.
▸ Arts. 104, § 1º, e 107, II, §§ 2º e 3º, do CPC.
▸ Arts. 3º, § 2º, e 7º, XIII, XV e XVI, da Lei 8.906/1994 (EOAB)

CPC 2015

Art. 104. O advogado não será admitido a postular em juízo sem procuração, salvo para evitar preclusão, decadência ou prescrição, ou para praticar ato considerado urgente.

§ 1º Nas hipóteses previstas no *caput*, o advogado deverá, independentemente de caução, exibir a procuração no prazo de 15 (quinze) dias, prorrogável por igual período por despacho do Juiz. (...)

Art. 107. O advogado tem direito a:

I – examinar, em cartório de fórum e secretaria de tribunal, mesmo sem procuração, autos de qualquer processo, independentemente da fase de tramitação, assegurados a obtenção de cópias e o registro de anotações, salvo na hipótese de segredo de justiça, nas quais apenas o advogado constituído terá acesso aos autos;

II – requerer, como procurador, vista dos autos de qualquer processo, pelo prazo de 5 (cinco) dias; (...)

§ 2º Sendo o prazo comum às partes, os procuradores poderão retirar os autos somente em conjunto ou mediante prévio ajuste, por petição nos autos.

§ 3º Na hipótese do § 2º, é lícito ao procurador retirar os autos para obtenção de cópias, pelo prazo de 2 (duas) a 6 (seis) horas, independentemente de ajuste e sem prejuízo da continuidade do prazo.

Lei 8.906/1994

Art. 3º O exercício da atividade de advocacia no território brasileiro e a denominação de advogado são privativos dos inscritos na Ordem dos Advogados do Brasil (OAB). (...)

§ 2º O estagiário de advocacia, regularmente inscrito, pode praticar os atos previstos no art. 1º, na forma do regimento geral, em conjunto com advogado e sob responsabilidade deste.

Art. 7º São direitos do advogado: (...)

XVI – retirar autos de processos findos, mesmo sem procuração, pelo prazo de dez dias;

Art. 779. As partes, ou seus procuradores, poderão consultar, com ampla liberdade, os processos nos cartórios ou secretarias.

▸ Art. 5º, LX, da CF.

Constituição Federal

Art. 5º Todos são iguais perante a lei, sem distinção de qualquer natureza, garantindo-se aos brasileiros e aos estrangeiros residentes no País a inviolabilidade do direito à vida, à liberdade, à igualdade, à segurança e à propriedade, nos termos seguintes: (...) LX – a lei só poderá restringir a publicidade dos atos processuais quando a defesa da intimidade ou o interesse social o exigirem;

Art. 780. Os documentos juntos aos autos poderão ser desentranhados somente depois de findo o processo, ficando traslado.

Art. 781. As partes poderão requerer certidões dos processos em curso ou arquivados, as quais serão lavradas pelos escrivães ou secretários.

▸ A Lei 409/1948 criou os quadros de pessoal da Justiça do Trabalho, estabelecendo a função de chefe de secretaria, no lugar do secretário. Atualmente a função é de diretor de secretaria.

Parágrafo único. As certidões dos processos que correrem em segredo de justiça dependerão de despacho do Juiz ou presidente.

Art. 782. São isentos de selo as reclamações, representações, requerimentos, atos e processos relativos à Justiça do Trabalho.

▸ A Lei 5.143/1966 extinguiu o imposto do selo.
▸ Art. 5º, XXXIV, *a*, da CF.

Seção II
Da distribuição

Art. 783. A distribuição das reclamações será feita entre as Juntas de Conciliação e Julgamento, ou os Juízes de Direito do Cível, nos casos previstos no artigo 669, § 1º, pela ordem rigorosa de sua apresentação ao distribuidor, quando o houver.

▸ A EC 24/1999 extinguiu a figura do Juiz Classista e as Juntas de Conciliação e Julgamento, substituindo pelas Varas do Trabalho, onde a jurisdição será exercida por um Juiz Singular.
▸ Arts. 714, *a*, e 716, par. ún., desta Consolidação.

CLT

Art. 714. Compete ao distribuidor:

a) a distribuição, pela ordem rigorosa de entrada, e sucessivamente a cada Junta, dos feitos que, para esse fim, lhe forem apresentados pelos interessados;

b) o fornecimento, aos interessados, do recibo correspondente a cada feito distribuído;

c) a manutenção de 2 (dois) fichários dos feitos distribuídos, sendo um organizado pelos nomes dos reclamantes e o outro dos reclamados, ambos por ordem alfabética;

d) o fornecimento a qualquer pessoa que o solicite, verbalmente ou por certidão, de informações sobre os feitos distribuídos;

e) a baixa na distribuição dos feitos, quando isto lhe for determinado pelos Presidentes das Juntas, formando, com as fichas correspondentes, fichários à parte, cujos dados poderão ser consultados pelos interessados, mas não serão mencionados em certidões.

Art. 716 (...) Parágrafo único. Nos Juízos em que houver mais de um cartório, far-se-á entre eles a distribuição alternada e sucessiva das reclamações.

Art. 784. As reclamações serão registradas em livro próprio, rubricado em todas as folhas pela autoridade a que estiver subordinado o distribuidor.

Art. 785. O distribuidor fornecerá ao interessado um recibo, do qual constarão, essencialmente, o nome do reclamante e do reclamado, a data da distribuição, o objeto da reclamação e a Junta ou o Juízo a que coube a distribuição.

▸ A EC 24/1999 extinguiu a figura do Juiz Classista e as Juntas de Conciliação e Julgamento, substituindo pelas Varas do Trabalho, onde a jurisdição será exercida por um Juiz Singular.

Art. 786. A reclamação verbal será distribuída antes de sua redução a termo.

Parágrafo único. Distribuída a reclamação verbal, o reclamante deverá, salvo motivo de força maior, apresentar-se no prazo de cinco dias, ao cartório ou à secretaria, para reduzi-la a termo, sob a pena estabelecida no artigo 731.

▸ Arts. 731, 732 e 840, § 2.º, desta Consolidação.
▸ Súmulas 25 e 36 do TST.

CLT

Art. 731. Aquele que, tendo apresentado ao distribuidor reclamação verbal, não se apresentar, no prazo estabelecido no parágrafo único do art. 786, à Junta ou Juízo para fazê-lo tomar por termo, incorrerá na pena de perda, pelo prazo de 6 (seis) meses, do direito de reclamar perante a Justiça do Trabalho.

Art. 732. Na mesma pena do artigo anterior incorrerá o reclamante que, por 2 (duas) vezes seguidas, der causa ao arquivamento de que trata o art. 844.

Art. 787. A reclamação escrita deverá ser formulada em duas vias e desde logo acompanhada dos documentos em que se fundar.

▸ Art. 830 desta Consolidação.
▸ Art. 320 do CPC.
▸ Súmulas 8 e 263 do TST.

CLT

Art. 830. O documento em cópia oferecido para prova poderá ser declarado autêntico pelo próprio advogado, sob sua responsabilidade pessoal.

Parágrafo único. Impugnada a autenticidade da cópia, a parte que a produziu será intimada para apresentar cópias devidamente autenticadas ou o original, cabendo ao serventuário competente proceder à conferência e certificar a conformidade entre esses documentos.

Súmulas

TST 8. Juntada de documento. A juntada de documentos na fase recursal só se justifica quando provado o justo impedimento para sua oportuna apresentação ou se referir a fato posterior à sentença.

TST 263. Petição inicial. Indeferimento. Instrução obrigatória deficiente. Salvo nas hipóteses do art. 330 do CPC de 2015 (art. 295 do CPC de 1973), o indeferimento da petição inicial, por encontrar-se desacompanhada de documento indispensável à propositura da ação ou não preencher outro requisito legal, somente é cabível se, após intimada para suprir a irregularidade em 15 (quinze) dias, mediante indicação precisa do que deve ser corrigido ou completado, a parte não o fizer (art. 321 do CPC de 2015)

Art. 788. Feita a distribuição, a reclamação será remetida pelo distribuidor à Junta ou Juízo competente, acompanhada do bilhete de distribuição.

▸ A EC 24/1999 extinguiu a figura do Juiz Classista e as Juntas de Conciliação e Julgamento, substituindo pelas Varas do Trabalho, onde a jurisdição será exercida por um Juiz Singular.

Seção III
Das custas e emolumentos

(Rubrica da Seção III com redação pela Lei 10.537/2002)

▸ Arts. 24, IV, e 95, par. ún., II, da CF.
▸ Inst. Normativa 20/2002 do TST (Procedimentos para o recolhimento de custas e emolumentos devidos à União no âmbito da Justiça do Trabalho)
▸ Inst. Normativa 27/2005 do TST (Normas procedimentais aplicáveis ao processo do trabalho em decorrência da ampliação da competência da Justiça do Trabalho pela EC 45/2004)

Constituição Federal

Art. 24. Compete à União, aos Estados e ao Distrito Federal legislar concorrentemente sobre: (...)
IV – custas dos serviços forenses;

Art. 95. Os juízes gozam das seguintes garantias:
Parágrafo único. Aos juízes é vedado: (...)
II – receber, a qualquer título ou pretexto, custas ou participação em processo;

Art. 789. Nos dissídios individuais e nos dissídios coletivos do trabalho, nas ações e procedimentos de competência da Justiça do Trabalho, bem como nas demandas propostas perante a Justiça Estadual, no exercício da jurisdição trabalhista, as custas relativas ao processo de conhecimento incidirão à base de 2% (dois por cento), observado o mínimo de R$ 10,64 (dez reais e sessenta e quatro centavos) e o máximo de quatro vezes o limite máximo dos benefícios do Regime Geral de Previdência Social, e serão calculadas: *(Caput com redação pela Lei 13.467/2017)*

▸ Art. 4º da IN 41/2018 do TST (Dispõe sobre a aplicação das normas processuais da CLT alteradas pela Lei 13.467/2017).
▸ Súmulas 25, 36 e 170 do TST.
▸ OJs 33, 158 e 409 da SDI-I do TST.
▸ OJ 88 da SDI-II do TST.

Súmulas

TST 25. Custas processuais. Inversão do ônus da sucumbência. I – A parte vencedora na primeira instância, se vencida na segunda, está obrigada, independentemente de intimação, a pagar as custas fixadas na sentença originária, das quais ficara isenta a parte então vencida; II – No caso de inversão do ônus da sucumbência em segundo grau, sem acréscimo ou atualização do valor das custas e se estas já foram devidamente recolhidas, descabe um novo pagamento pela parte vencida, ao recorrer. Deverá ao final, se sucumbente, reembolsar a quantia; III – Não caracteriza deserção a hipótese em que, acrescido o valor da condenação, não houve fixação ou cálculo do valor devido a título de custas e tampouco intimação da parte para o preparo do recurso, devendo ser as custas pagas ao final; IV – O reembolso das custas à parte vencedora faz-se necessário mesmo na hipótese em que a parte vencida for pessoa isenta do seu pagamento, nos termos do art. 790-A, parágrafo único, da CLT.

TST 36. Custas. Nas ações plúrimas, as custas incidem sobre o respectivo valor global.

TST 170. Sociedade de economia mista. CUSTAS. Os privilégios e isenções no foro da Justiça do Trabalho não abrangem as sociedades de economia mista, ainda que gozassem desses benefícios anteriormente ao Decreto-lei 779, de 21.08.1969.

Orientações Jurisprudenciais

SDI-I 33. Deserção. Custas. Carimbo do banco. Validade. O carimbo do banco recebedor na guia de comprovação do recolhimento das custas supre a ausência de autenticação mecânica.

SDI-I 158. custas. comprovação de recolhimento. Darf eletrônico. validade. O denominado "DARF eletrônico" é válido para comprovar o recolhimento de custas por entidades da administração pública federal, emitido conforme a IN-SRF 162, de 04.11.88.

SDI-I 409. Multa por Litigância de Má-Fé. Recolhimento. Pressuposto Recursal. Inexigibilidade. (nova redação em decorrência do CPC de 2015) O recolhimento do valor da multa imposta como sanção por litigância de má-fé (art. 81 do CPC de 2015 – art. 18 do CPC de 1973) não é pressuposto objetivo para interposição dos recursos de natureza trabalhista.

SDI-II 88. Mandado de segurança. Valor da causa. Custas processuais. Cabimento. Incabível a impetração de mandado de segurança contra ato judicial que, de ofício, arbitrou novo valor à causa, acarretando a majoração das custas processuais, uma vez que cabia à parte, após recolher as custas, calculadas com base no valor dado à causa na inicial, interpor recurso ordinário e, posteriormente, agravo de instrumento no caso de o recurso ser considerado deserto.

I – quando houver acordo ou condenação, sobre o respectivo valor; *(Inciso I com redação pela Lei 10.537/2002)*

II – quando houver extinção do processo, sem julgamento do mérito, ou julgado totalmente improcedente o pedido, sobre o valor da causa; *(Inciso II com redação pela Lei 10.537/2002)*

III – no caso de procedência do pedido formulado em ação declaratória e em ação constitutiva, sobre o valor da causa; *(Inciso III com redação pela Lei 10.537/2002)*

IV – quando o valor for indeterminado, sobre o que o Juiz fixar. *(Inciso IV com redação pela Lei 10.537/2002)*

§ 1º As custas serão pagas pelo vencido, após o trânsito em julgado da decisão. No caso de recurso, as custas serão pagas e comprovado o recolhimento dentro do prazo recursal. *(§ 1º com redação pela Lei 10.537/2002)*

▸ Art. 897, § 5º, I, desta Consolidação.
▸ Súmulas 25, 53 e 86 do TST.
▸ OJs 140 e 217 da SDI-I do TST.
▸ OJ 148 da SDI-II do TST.
▸ OJ 27 da SDC do TST.

CLT

Art. 897. Cabe agravo, no prazo de 8 (oito) dias: (...)
§ 5º Sob pena de não conhecimento, as partes promoverão a formação do instrumento do agravo de modo a possibilitar, caso provido, o imediato julgamento do recurso denegado, instruindo a petição de interposição:
I – obrigatoriamente, com cópias da decisão agravada, da certidão da respectiva intimação, das procurações outorgadas aos advogados do agravante e do agravado, da petição inicial, da contestação, da decisão originária, do depósito recursal referente ao recurso que se pretende destrancar, da comprovação do recolhimento das custas e do depósito recursal a que se refere o § 7º do art. 899 desta Consolidação;

Súmulas

TST 53. Custas. O prazo para pagamento das custas, no caso de recurso, é contado da intimação do cálculo.

TST 86. Deserção. Massa falida. Empresa em liquidação extrajudicial. Não ocorre deserção de recurso da massa falida por falta de pagamento de custas ou de depósito do valor da condenação. Esse privilégio, todavia, não se aplica à empresa em liquidação extrajudicial.

Orientações Jurisprudenciais

SDI-I 140. Depósito recursal e custas processuais. Recolhimento insuficiente. Deserção (nova redação em decorrência do CPC de 2015) Em caso de recolhimento insuficiente das custas processuais ou do depósito recursal, somente haverá deserção do recurso se, concedido o prazo de 5 (cinco) dias previsto no § 2º do art. 1.007 do CPC de 2015, o recorrente não complementar e comprovar o valor devido.

SDI-II 148. Custas. Mandado de segurança. Recurso ordinário. Exigência do pagamento. É responsabilidade da parte, para interpor recurso ordinário em mandado de segurança, a comprovação do recolhimento das custas processuais no prazo recursal, sob pena de deserção.

SDC 27. Custas. Ausência de intimação. Deserção. Caracterização. A deserção se impõe mesmo não tendo havido intimação, pois incumbe à parte, na defesa do próprio interesse, obter os cálculos necessários para efetivar o preparo.

§ 2º Não sendo líquida a condenação, o juízo arbitrar-lhe-á o valor e fixará o montante das custas processuais. *(§ 2º com redação pela Lei 10.537/2002)*

§ 3º Sempre que houver acordo, se de outra forma não for convencionado, o pagamento das custas caberá em partes iguais aos litigantes. *(§ 3º com redação pela Lei 10.537/2002)*

§ 4º Nos dissídios coletivos, as partes vencidas responderão solidariamente pelo pagamento das custas, calculadas sobre o valor arbitrado na decisão, ou pelo Presidente do Tribunal. *(§ 4º com redação pela Lei 10.537/2002)*

Art. 789-A. No processo de execução são devidas custas, sempre de responsabilidade do executado e pagas ao final, de conformidade com a seguinte tabela: *(Caput acrescido pela Lei 10.537/2002)*

I – autos de arrematação, de adjudicação e de remição: 5% (cinco por cento) sobre o respectivo valor, até o máximo de R$ 1.915,38 (um mil, novecentos e quinze reais e trinta e oito centavos); *(Inciso I acrescido pela Lei 10.537/2002)*

II – atos dos oficiais de justiça, por diligência certificada: *(Inciso II acrescido pela Lei 10.537/2002)*

a) em zona urbana: R$ 11,06 (onze reais e seis centavos); *(Alínea a acrescida pela Lei 10.537/2002)*

b) em zona rural: R$ 22,13 (vinte e dois reais e treze centavos); *(Alínea b acrescida pela Lei 10.537/2002)*

III – agravo de instrumento: R$ 44,26 (quarenta e quatro reais e vinte e seis centavos); *(Inciso III acrescido pela Lei 10.537/2002)*

IV – agravo de petição: R$ 44,26 (quarenta e quatro reais e vinte e seis centavos); *(Inciso IV acrescido pela Lei 10.537/2002)*

▸ OJ 53 da SDI-I Transitória do TST.

Orientação Jurisprudencial
SDI-I Transitória 53. Custas. Embargos de terceiro. Interpostos anteriormente à lei 10.537/02. Inexigência de recolhimento para a interposição de agravo de petição. Tratando-se de embargos de terceiro, incidentes em execução, ajuizados anteriormente à Lei 10.537/02, incabível a exigência do recolhimento de custas para a interposição de agravo de petição por falta de previsão legal.

V – embargos à execução, embargos de terceiro e embargos à arrematação: R$ 44,26 (quarenta e quatro reais e vinte e seis centavos); *(Inciso V acrescido pela Lei 10.537/2002)*

VI – recurso de revista: R$ 55,35 (cinquenta e cinco reais e trinta e cinco centavos); *(Inciso VI acrescido pela Lei 10.537/2002)*

VII – impugnação à sentença de liquidação: R$ 55,35 (cinquenta e cinco reais e trinta e cinco centavos); *(Inciso VII acrescido pela Lei 10.537/2002)*

VIII – despesa de armazenagem em depósito judicial por dia: 0,1 % (um décimo por cento) do valor da avaliação; *(Inciso VIII acrescido pela Lei 10.537/2002)*

IX – cálculos de liquidação realizados pelo contador do juízo sobre o valor liquidado: 0,5% (cinco décimos por cento) até o limite de R$ 638,46 (seiscentos e trinta e oito reais e quarenta e seis centavos) *(Inciso IX acrescido pela Lei 10.537/2002)*

Art. 789-B. Os emolumentos serão suportados pelo Requerente, nos valores fixados na seguinte tabela: *(Caput acrescido pela Lei 10.537/2002)*

I – autenticação de traslado de peças mediante cópia reprográfica apresentada pelas partes por folha: R$ 0,55 (cinquenta e cinco centavos de real); *(Inciso I acrescido pela Lei 10.537/2002)*

▸ OJ 91 da SDI-II do TST.

Orientação Jurisprudencial
SDI-II 91. Mandado de Segurança. Autenticação de cópias pelas secretarias dos Tribunais Regionais do Trabalho. Requerimento indeferido. Art. 789, § 9º, da CLT. Não sendo a parte beneficiária da assistência judiciária gratuita, inexiste direito líquido e certo à autenticação, pelas Secretarias dos Tribunais, de peças extraídas do processo principal, para formação do agravo de instrumento.

II – fotocópia de peças – por folha: R$ 0,28 (vinte e oito centavos de real); *(Inciso II acrescido pela Lei 10.537/2002)*

III – autenticação de peças – por folha: R$ 0,55 (cinquenta e cinco centavos de real); *(Inciso III acrescido pela Lei 10.537/2002)*

IV – cartas de sentença, de adjudicação, de remição e de arrematação – por folha: R$ 0,55 (cinquenta e cinco centavos de real); *(Inciso IV acrescido pela Lei 10.537/2002)*

V – certidões por folha: R$ 5,53 (cinco reais e cinquenta e três centavos) *(Inciso V acrescido pela Lei 10.537/2002)*

Art. 790. Nas Varas do Trabalho, nos Juízos de Direito, nos Tribunais e no Tribunal Superior do Trabalho, a forma de pagamento das custas e emolumentos obedecerá às instruções que serão expedidas pelo Tribunal Superior do Trabalho. *(Caput com redação pela Lei 10.537/2002)*

§ 1º Tratando-se de empregado que não tenha obtido o benefício da justiça gratuita, ou isenção de custas, o sindicato que houver intervindo no processo responderá solidariamente pelo pagamento das custas devidas. *(§ 1º acrescido pela Lei 10.537/2002)*

▸ Súmula 223 do STF.

Súmula
STF 223. Concedida isenção de custas ao empregado, por elas não responde o sindicato que o representa em juízo.

§ 2º No caso de não pagamento das custas, far-se-á execução da respectiva importância, segundo o procedimento estabelecido no Capítulo V deste Título. *(§ 2º acrescido pela Lei 10.537/2002)*

§3º É facultado aos juízes, órgãos julgadores e presidentes dos tribunais do trabalho de qualquer instância conceder, a requerimento ou de ofício, o benefício da justiça gratuita, inclusive quanto a traslados e instrumentos, àqueles que perceberem salário igual ou inferior a 40% (quarenta por cento) do limite máximo dos benefícios do Regime Geral de Previdência Social. *(§ 3º com redação pela Lei 13.467/2017)*

§ 4º O benefício da justiça gratuita será concedido à parte que comprovar insuficiência de recursos para o pagamento das custas do processo. *(§ 4º acrescido pela Lei 13.467/2017)*

▸ Arts. 5º, LXXIV, e 134 da CF.
▸ Lei 1.060/1950 (Assistência Judiciária)
▸ Art. 14, *caput*, da Lei 5.584/1970 (Normas de Direito Processual do Trabalho)
▸ Súmula 481 do STJ.
▸ OJ 269 da SDI-I do TST.

Lei 5.584/1970

Art. 14. Na Justiça do Trabalho, a assistência judiciária a que se refere a Lei 1.060, de 5 de fevereiro de 1950, será prestada pelo Sindicato da categoria profissional a que pertencer o trabalhador.

§ 1º A assistência é devida a todo aquele que perceber salário igual ou inferior ao dobro do mínimo legal, ficando assegurado igual benefício ao trabalhador de maior salário, uma vez provado que sua situação econômica não lhe permite demandar, sem prejuízo do sustento próprio ou da família.

§ 2º A situação econômica do trabalhador será comprovada em atestado fornecido pela autoridade local do Ministério do Trabalho e Previdência Social, mediante diligência sumária, que não poderá exceder de 48 (quarenta e oito) horas.

§ 3º Não havendo no local a autoridade referida no parágrafo anterior, o atestado deverá ser expedido pelo Delegado de Polícia da circunscrição onde resida o empregado.

Súmula

STJ 481. Faz jus ao benefício da justiça gratuita a pessoa jurídica com ou sem fins lucrativos que demonstrar sua impossibilidade de arcar com os encargos processuais.

Orientação Jurisprudencial

SDI-I 269. Justiça gratuita. Requerimento de isenção de despesas processuais. Momento oportuno (inserido item II em decorrência do CPC de 2015) I – O benefício da justiça gratuita pode ser requerido em qualquer tempo ou grau de jurisdição, desde que, na fase recursal, seja o requerimento formulado no prazo alusivo ao recurso; II – Indeferido o requerimento de justiça gratuita formulado na fase recursal, cumpre ao relator fixar prazo para que o recorrente efetue o preparo (art. 99, § 7º, do CPC de 2015)

Art. 790-A. São isentos do pagamento de custas, além dos beneficiários de justiça gratuita: *(Caput acrescido pela Lei 10.537/2002)*

▸ Súmulas 86 e 170 do TST.
▸ OJ 13 da SDI-I do TST.

Súmulas

TST 86. Deserção. Massa falida. Empresa em liquidação extrajudicial. Não ocorre deserção de recurso da massa falida por falta de pagamento de custas ou de depósito do valor da condenação. Esse privilégio, todavia, não se aplica à empresa em liquidação extrajudicial.

TST 170. Sociedade de economia mista. Custas. Os privilégios e isenções no foro da Justiça do Trabalho não abrangem as sociedades de economia mista, ainda que gozassem desses benefícios anteriormente ao Decreto-lei 779, de 21.08.1969.

I – a União, os Estados, o Distrito Federal, os Municípios e respectivas autarquias e fundações públicas federais, estaduais ou municipais que não explorem atividade econômica; *(Inciso I acrescido pela Lei 10.537/2002)*

II – o Ministério Público do Trabalho. *(Inciso II acrescido pela Lei 10.537/2002)*

Parágrafo único. A isenção prevista neste artigo não alcança as entidades fiscalizadoras do exercício profissional, nem exime as pessoas jurídicas referidas no inciso I da obrigação de reembolsar as despesas judiciais realizadas pela parte vencedora.

Art. 790-B. A responsabilidade pelo pagamento dos honorários periciais é da parte sucumbente na pretensão objeto da perícia, ainda que beneficiária da justiça gratuita. *(Caput com redação pela Lei 13.467/2017)*

▸ O STF, por maioria, julgou parcialmente procedente a ADIN 5.766 para declarar a inconstitucionalidade deste *caput* (DOU 05.11.2021).
▸ Art. 5º da IN 41/2018 do TST (Dispõe sobre a aplicação das normas processuais da CLT alteradas pela Lei 13.467/2017).
▸ Súmula 341 do TST
▸ OJ 198 da SDI-I do TST.

Súmulas

TST 341. Honorários do assistente técnico. A indicação do perito assistente é faculdade da parte, a qual deve responder pelos respectivos honorários, ainda que vencedora no objeto da perícia.

Orientação Jurisprudencial

SDI-I 198. Honorários periciais. Atualização monetária. Diferentemente da correção aplicada aos débitos trabalhistas, que têm caráter alimentar, a atualização monetária dos honorários periciais é fixada pelo art. 1º da Lei 6.899/1981, aplicável a débitos resultantes de decisões judiciais.

§ 1º Ao fixar o valor dos honorários periciais, o juízo deverá respeitar o limite máximo estabelecido pelo Conselho Superior da Justiça do Trabalho. *(§ 1º acrescido pela Lei 13.467/2017)*

▸ Art. 5º da IN 41/2018 do TST (Dispõe sobre a aplicação das normas processuais da CLT alteradas pela Lei 13.467/2017).

§ 2º O juízo poderá deferir parcelamento dos honorários periciais. *(§ 2º acrescido pela Lei 13.467/2017)*

▸ Art. 5º da IN 41/2018 do TST (Dispõe sobre a aplicação das normas processuais da CLT alteradas pela Lei 13.467/2017).

§ 3º O juízo não poderá exigir adiantamento de valores para realização de perícias. *(§ 3º acrescido pela Lei 13.467/2017)*

▸ Art. 5º da IN 41/2018 do TST (Dispõe sobre a aplicação das normas processuais da CLT alteradas pela Lei 13.467/2017).

Orientação Jurisprudencial

SDI-II 98. Mandado de Segurança. Cabível para atacar exigência de depósito prévio de honorários periciais. É ilegal a exigência de depósito prévio para custeio dos honorários periciais, dada a incompatibilidade com o processo do trabalho, sendo cabível o mandado de segurança visando à realização da perícia, independentemente do depósito.

§ 4º Somente no caso em que o beneficiário da justiça gratuita não tenha obtido em juízo créditos capazes de suportar a despesa referida no *caput*, ainda que em outro processo, a União responderá pelo encargo. *(§ 4º acrescido pela Lei 13.467/2017)*

▸ O STF, por maioria, julgou parcialmente procedente a ADIN 5.766 para declarar a inconstitucionalidade deste parágrafo (DOU 05.11.2021).
▸ Art. 5º da IN 41/2018 do TST (Dispõe sobre a aplicação das normas processuais da CLT alteradas pela Lei 13.467/2017).

Seção IV
Das partes e dos Procuradores

Art. 791. Os empregados e os empregadores poderão reclamar pessoalmente perante a Justiça do Trabalho e acompanhar as suas reclamações até o final.

▸ Arts. 133 e 134, *caput* da CF.
▸ Arts. 839, *a*, e 843 desta Consolidação.
▸ Arts. 75, I a III, 76, 105 e 112 do .
▸ Súmulas 425 e 436 do TST.

Constituição Federal

Art. 133. O advogado é indispensável à administração da justiça, sendo inviolável por seus atos e manifestações no exercício da profissão, nos limites da lei.

Art. 134. A Defensoria Pública é instituição permanente, essencial à função jurisdicional do Estado, incumbindo-lhe, como expressão e instrumento do regime democrático, fundamentalmente, a orientação jurídica, a promoção dos direitos humanos e a defesa, em todos os graus, judicial e extrajudicial, dos direitos individuais e coletivos, de forma integral e gratuita, aos necessitados, na forma do inciso LXXIV do art. 5º desta Constituição Federal.

CLT

Art. 839. (...) A reclamação poderá ser apresentada: a) pelos empregados e empregadores, pessoalmente, ou por seus representantes, e pelos sindicatos de classe;

Art. 843. Na audiência de julgamento deverão estar presentes o reclamante e o reclamado, independentemente do comparecimento de seus representantes salvo, nos casos de Reclamatórias Plúrimas ou Ações de Cumprimento, quando os empregados poderão fazer-se representar pelo Sindicato de sua categoria.

CPC 2015

Art. 75. Serão representados em juízo, ativa e passivamente:

I – a União, pela Advocacia-Geral da União, diretamente ou mediante órgão vinculado;

II – o Estado e o Distrito Federal, por seus procuradores;

III – o Município, por seu prefeito ou procurador;

Art. 105. A procuração geral para o foro, outorgada por instrumento público ou particular assinado pela parte, habilita o advogado a praticar todos os atos do processo, exceto receber citação, confessar, reconhecer a procedência do pedido, transigir, desistir, renunciar ao direito sobre o qual se funda a ação, receber, dar quitação, firmar compromisso e assinar declaração de hipossuficiência econômica, que devem constar de cláusula específica.

§ 1º A procuração pode ser assinada digitalmente, na forma da lei.

§ 2º A procuração deverá conter o nome do advogado, seu número de inscrição na Ordem dos Advogados do Brasil e endereço completo.

§ 3º Se o outorgado integrar sociedade de advogados, a procuração também deverá conter o nome dessa, seu número de registro na Ordem dos Advogados do Brasil e endereço completo.

§ 4º Salvo disposição expressa em sentido contrário constante do próprio instrumento, a procuração outorgada na fase de conhecimento é eficaz para todas as fases do processo, inclusive para o cumprimento de sentença.

Art. 112. O advogado poderá renunciar ao mandato a qualquer tempo, provando, na forma prevista neste Código, que comunicou a renúncia ao mandante, a fim de que este nomeie sucessor.

§ 1º Durante os 10 (dez) dias seguintes, o advogado continuará a representar o mandante, desde que necessário para lhe evitar prejuízo.

§ 2º Dispensa-se a comunicação referida no *caput* quando a procuração tiver sido outorgada a vários advogados e a parte continuar representada por outro, apesar da renúncia.

Súmulas

TST 425. *Jus Postulandi* na Justiça Do Trabalho. Alcance. O *jus postulandi* das partes, estabelecido no art. 791 da CLT, limita-se às Varas do Trabalho e aos Tribunais Regionais do Trabalho, não alcançando a ação rescisória, a ação cautelar, o mandado de segurança e os recursos de competência do Tribunal Superior do Trabalho.

TST 436. Representação processual. Procurador da União, Estados, Municípios e Distrito Federal, suas autarquias e fundações públicas. Juntada de instrumento de mandato. I – A União, Estados, Municípios e Distrito Federal, suas autarquias e fundações públicas, quando representadas em juízo, ativa e passivamente, por seus procuradores, estão dispensadas da juntada de instrumento de mandato e de comprovação do ato de nomeação. II – Para os efeitos do item anterior, é essencial que o signatário ao menos declare-se exercente do cargo de procurador, não bastando a indicação do número de inscrição na Ordem dos Advogados do Brasil.

§ 1º Nos dissídios individuais os empregados e empregadores poderão fazer-se representar por intermédio do sindicato, advogado, solicitador, ou provisionado, inscrito na Ordem dos Advogados do Brasil.

▸ Súmulas 122, 329, 383, 395 e 456 do TST.
▸ OJs 7, 75, 120, 200, 255, 286, 318, 319, 348, 349, 371 e 374 da SDI-I do TST.
▸ OJ 65 da SDI-I Transitória do TST.
▸ OJ 151 da SDI-II do TST.

Súmulas

TST 329. Honorários advocatícios. Art. 133 da CF/1988. Mesmo após a promulgação da CF/1988, permanece válido o entendimento consubstanciado na Súmula 219 do Tribunal Superior do Trabalho.

TST 383. Recurso. Mandato. Irregularidade de representação. CPC de 2015, arts. 104 e 76, § 2º.

I – É inadmissível recurso firmado por advogado sem procuração juntada aos autos até o momento da sua interposição, salvo mandato tácito. Em caráter excepcional (art. 104 do CPC de 2015), admite-se que o advogado, independentemente de intimação, exiba a procuração no prazo de 5 (cinco) dias após a interposição do recurso, prorrogável por igual período mediante despacho do juiz. Caso não a exiba, considera-se ineficaz o ato praticado e não se conhece do recurso.

II – Verificada a irregularidade de representação da parte em fase recursal, em procuração ou substabelecimento já constante dos autos, o relator ou o órgão competente para julgamento do recurso designará prazo de 5 (cinco) dias para que seja sanado o vício. Descumprida a determinação, o relator não conhecerá do recurso, se a providência couber ao recorrente, ou determinará o desentranhamento das contrarrazões, se a providência couber ao recorrido (art. 76, § 2º, do CPC de 2015)

TST 395. Mandato e substabelecimento. Condições de validade.

I – Válido é o instrumento de mandato com prazo determinado que contém cláusula estabelecendo a prevalência dos poderes para atuar até o final da demanda (§ 4º do art. 105 do CPC de 2015)

II – Se há previsão, no instrumento de mandato, de prazo para sua juntada, o mandato só tem validade se anexado ao processo o respectivo instrumento no aludido prazo.

III – São válidos os atos praticados pelo substabelecido, ainda que não haja, no mandato, poderes expressos para substabelecer (art. 667, e parágrafos, do Código Civil de 2002)

IV – Configura-se a irregularidade de representação se o substabelecimento é anterior à outorga passada ao substabelecente.

V – Verificada a irregularidade de representação nas hipóteses dos itens II e IV, deve o juiz suspender o processo e designar prazo razoável para que seja sanado o vício, ainda que em instância recursal (art. 76 do CPC de 2015)

TST 456. Representação. Pessoa jurídica. Procuração. Invalidade. Identificação do outorgante e de seu representante.

I – É inválido o instrumento de mandato firmado em nome de pessoa jurídica que não contenha, pelo menos, o nome do outorgante e do signatário da procuração, pois estes dados constituem elementos que os individualizam.

II – Verificada a irregularidade de representação da parte na instância originária, o juiz designará prazo de 5 (cinco) dias para que seja sanado o vício. Descumprida a determinação, extinguirá o processo, sem resolução de mérito, se a providência couber ao reclamante, ou considerará revel o reclamado, se a providência lhe couber (art. 76, § 1º, do CPC de 2015)

III – Caso a irregularidade de representação da parte seja constatada em fase recursal, o relator designará prazo de 5 (cinco) dias para que seja sanado o vício. Descumprida a determinação, o relator não conhecerá do recurso, se a providência couber ao recorrente, ou determinará o desentranhamento das contrarrazões, se a providência couber ao recorrido (art. 76, § 2º, do CPC de 2015)

Orientações Jurisprudenciais

SDI-I 7. Advogado. Atuação fora da seção da OAB onde o advogado está inscrito. Ausência de comunicação. (Lei 4.215/1963, § 2º, art. 56) Infração disciplinar. Não importa nulidade. A despeito da norma então prevista no artigo 56, § 2º, da Lei 4.215/63, a falta de comunicação do advogado à OAB para o exercício profissional em seção diversa daquela na qual tem inscrição não importa nulidade dos atos praticados, constituindo apenas infração disciplinar, que cabe àquela instituição analisar.

SDI-I 75. Substabelecimento sem o reconhecimento de firma do substabelecente. Inválido (anterior à Lei 8.952/94) Não produz efeitos jurídicos recurso subscrito por advogado com poderes conferidos em substabelecimento em que não consta o reconhecimento de firma do outorgante. Entendimento aplicável antes do advento da Lei 8.952/94.

SDI-I 200. Mandato tácito. Substabelecimento inválido. É inválido o substabelecimento de advogado investido de mandato tácito.

SDI-I 255. Mandato. Contrato social. Desnecessária a juntada. O art. 75, inciso VIII, do CPC de 2015 (art. 12, VI, do CPC de 1973) não determina a exibição dos estatutos da empresa em juízo como condição de validade do instrumento de mandato outorgado ao seu procurador, salvo se houver impugnação da parte contrária.

SDI-I 318. Autarquia. Fundação Pública. Legitimidade para Recorrer. Representação Processual. (incluído o item II e alterada em decorrência do CPC de 2015)

I – Os Estados e os Municípios não têm legitimidade para recorrer em nome das autarquias e das fundações públicas.

II – Os procuradores estaduais e municipais podem representar as respectivas autarquias e fundações públicas em juízo somente se designados pela lei da respectiva unidade da federação (art. 75, IV, do CPC de 2015) ou se investidos de instrumento de mandato válido.

SDI-I 319. Representação regular. Estagiário. Habilitação posterior. Válidos são os atos praticados por estagiário se, entre o substabelecimento e a interposição do recurso, sobreveio a habilitação, do então estagiário, para atuar como advogado.

SDI-I 349. Mandato. Juntada de nova procuração. Ausência de ressalva. Efeitos. A juntada de nova procuração aos autos, sem ressalva de poderes conferidos ao antigo patrono, implica revogação tácita do mandato anterior.

SDI-I 371. Irregularidade de representação. Substabelecimento não datado. Inaplicabilidade do art. 654, § 1º, do Código Civil Não caracteriza a irregularidade de representação a ausência da data da outorga de poderes, pois, no mandato judicial, ao contrário do mandato civil, não é condição de validade do negócio jurídico. Assim, a data a ser considerada é aquela em que o instrumento for juntado aos autos, conforme preceitua o art. 409, IV, do CPC de 2015 (art. 370, IV, do CPC de 1973) Inaplicável o art. 654, § 1º, do Código Civil.

SDI-II 151. Ação Rescisória e Mandado de Segurança. Procuração. Poderes específicos para ajuizamento de reclamação trabalhista. Irregularidade de representação processual. Fase recursal. Vício processual sanável.

A procuração outorgada com poderes específicos para ajuizamento de reclamação trabalhista não autoriza a propositura de ação rescisória e mandado de segurança. Constatado, todavia, o defeito de representação processual na fase recursal, cumpre ao relator ou ao tribunal conceder prazo de 5 (cinco) dias para a regularização, nos termos da Súmula 383, item II, do TST.

§ 2º Nos dissídios coletivos é facultada aos interessados a assistência por advogado.

§ 3º A constituição de procurador com poderes para o foro em geral poderá ser efetivada, mediante simples registro em ata de audiência, a requerimento verbal do advogado interessado, com anuência da parte representada. *(§ 3º acrescido pela Lei 12.437/2011)*

Art. 791-A. Ao advogado, ainda que atue em causa própria, serão devidos honorários de sucumbência, fixados entre o mínimo de 5% (cinco por cento) e o máximo de 15% (quinze por cento) sobre o valor que resultar da liquidação da sentença, do proveito econômico obtido ou, não sendo possível mensurá-lo, sobre o valor atualizado da causa. *(Artigo acrescido pela Lei 13.467/2017)*

▸ Art. 6º da IN 41/2018 do TST (Dispõe sobre a aplicação das normas processuais da CLT alteradas pela Lei 13.467/2017).

§ 1º Os honorários são devidos também nas ações contra a Fazenda Pública e nas ações em que a parte estiver assistida ou substituída pelo sindicato de sua categoria.

§ 2º Ao fixar os honorários, o juízo observará:

I – o grau de zelo do profissional;

II – o lugar de prestação do serviço;

III – a natureza e a importância da causa;

IV – o trabalho realizado pelo advogado e o tempo exigido para o seu serviço.

§ 3º Na hipótese de procedência parcial, o juízo arbitrará honorários de sucumbência recíproca, vedada a compensação entre os honorários.

§ 4º Vencido o beneficiário da justiça gratuita, desde que não tenha obtido em juízo, ainda que em outro processo, créditos capazes de suportar a despesa, as obrigações decorrentes de sua sucumbência ficarão sob condição suspensiva de exigibilidade e somente poderão ser executadas se, nos dois anos subsequentes ao trânsito em julgado da decisão que as certificou, o credor demonstrar que deixou de existir a situação de insuficiência de recursos que justificou a concessão de gratuidade, extinguindo-se, passado esse prazo, tais obrigações do beneficiário.

▸ O STF, por maioria, julgou parcialmente procedente a ADIN 5.766 para declarar a inconstitucionalidade deste parágrafo *(DOU 05.11.2021).*

§ 5º São devidos honorários de sucumbência na reconvenção.

Art. 792. *Revogado pela Lei 13.467/2017.*

Art. 793. A reclamação trabalhista do menor de 18 anos será feita por seus representantes legais e, na falta destes, pela Procuradoria da Justiça do Trabalho, pelo sindicato, pelo Ministério Público estadual ou curador nomeado em juízo. *(Artigo com redação pela Lei 10.288/2001)*

▸ Art. 7º, XXXIII, da CF.

Constituição Federal

Art. 7º São direitos dos trabalhadores urbanos e rurais, além de outros que visem à melhoria de sua condição social: (...)

XXXIII – proibição de trabalho noturno, perigoso ou insalubre a menores de dezoito e de qualquer trabalho a menores de dezesseis anos, salvo na condição de aprendiz, a partir de quatorze anos;

Seção IV-A
Da responsabilidade por dano processual

(Seção IV-A acrescida pela Lei 13.467/2017)

Art. 793-A. Responde por perdas e danos aquele que litigar de má-fé como reclamante, reclamado ou interveniente. *(Artigo acrescido pela Lei 13.467/2017)*

▸ Art. 7º da IN 41/2018 do TST (Dispõe sobre a aplicação das normas processuais da CLT alteradas pela Lei 13.467/2017).

Art. 793-B. Considera-se litigante de má-fé aquele que: *(Artigo acrescido pela Lei 13.467/2017)*

I – deduzir pretensão ou defesa contra texto expresso de lei ou fato incontroverso;

II – alterar a verdade dos fatos;

III – usar do processo para conseguir objetivo ilegal;

IV – opuser resistência injustificada ao andamento do processo;

V – proceder de modo temerário em qualquer incidente ou ato do processo;

VI – provocar incidente manifestamente infundado;

VII – interpuser recurso com intuito manifestamente protelatório.

▸ Art. 7º da IN 41/2018 do TST (Dispõe sobre a aplicação das normas processuais da CLT alteradas pela Lei 13.467/2017).

Art. 793-C. De ofício ou a requerimento, o juízo condenará o litigante de má-fé a pagar multa, que deverá ser superior a 1% (um por cento) e inferior a 10% (dez por cento) do valor corrigido da causa, a indenizar a parte contrária pelos prejuízos que esta sofreu e a arcar com os honorários advocatícios e com todas as despesas que efetuou. *(Artigo acrescido pela Lei 13.467/2017)*

▸ Art. 8º da IN 41/2018 do TST (Dispõe sobre a aplicação das normas processuais da CLT alteradas pela Lei 13.467/2017).

§ 1º Quando forem dois ou mais os litigantes de má-fé, o juízo condenará cada um na proporção de seu respectivo interesse na causa ou solidariamente aqueles que se coligaram para lesar a parte contrária.

▸ Art. 7º da IN 41/2018 do TST (Dispõe sobre a aplicação das normas processuais da CLT alteradas pela Lei 13.467/2017).

§ 2º Quando o valor da causa for irrisório ou inestimável, a multa poderá ser fixada em até duas vezes o limite máximo dos benefícios do Regime Geral de Previdência Social.

▸ Art. 9º da IN 41/2018 do TST (Dispõe sobre a aplicação das normas processuais da CLT alteradas pela Lei 13.467/2017).

§ 3º O valor da indenização será fixado pelo juízo ou, caso não seja possível mensurá-lo, liquidado por arbitramento ou pelo procedimento comum, nos próprios autos.

▸ Art. 9º da IN 41/2018 do TST (Dispõe sobre a aplicação das normas processuais da CLT alteradas pela Lei 13.467/2017).

Art. 793-D. Aplica-se a multa prevista no art. 793-C desta Consolidação à testemunha que intencionalmente alterar a verdade dos fatos ou omitir fatos essenciais ao julgamento da causa. *(Artigo acrescido pela Lei 13.467/2017)*

Parágrafo único. A execução da multa prevista neste artigo dar-se-á nos mesmos autos.

▸ Art. 342 do CP.
▸ Art. 10 da IN 41/2018 do TST (Dispõe sobre a aplicação das normas processuais da CLT alteradas pela Lei 13.467/2017).

CP

Falso Testemunho ou Falsa Perícia

Art. 342. Fazer afirmação falsa, ou negar ou calar a verdade como testemunha, perito, contador, tradutor ou intérprete em processo judicial, ou administrativo, inquérito policial, ou em juízo arbitral:

Pena – reclusão, de 2 (dois) a 4 (quatro) anos, e multa.

§ 1º As penas aumentam-se de um sexto a um terço, se o crime é praticado mediante suborno ou se cometido com o fim de obter prova destinada a produzir efeito em processo penal, ou em processo civil em que for parte entidade da administração pública direta ou indireta.

§ 2º O fato deixa de ser punível se, antes da sentença no processo em que ocorreu o ilícito, o agente se retrata ou declara a verdade.

Seção V
Das nulidades

Art. 794. Nos processos sujeitos à apreciação da Justiça do Trabalho só haverá nulidade quando resultar dos atos inquinados manifesto prejuízo às partes litigantes.

▸ Art. 276 do CPC.
▸ Súmulas 396, 427 e 459 do TST.
▸ OJs 7 e 142 da SDI-I do TST.

CPC 2015

Art. 276. Quando a lei prescrever determinada forma sob pena de nulidade, a decretação desta não pode ser requerida pela parte que lhe deu causa.

Súmulas

TST 396. Estabilidade provisória. Pedido de reintegração. Concessão do salário relativo ao período de estabilidade já exaurido. Inexistência de julgamento "extra petita" I – Exaurido o período de estabilidade, são devidos ao empregado apenas os salários do período compreendido entre a data da despedida e o final do período de estabilidade, não lhe sendo assegurada a reintegração no emprego. II – Não há nulidade por julgamento "extra petita" da decisão que deferir salário quando o pedido for de reintegração, dados os termos do art. 496 da CLT.

TST 427. Intimação. Pluralidade de advogados. Publicação em nome de advogado diverso daquele expressamente indicado. Nulidade Havendo pedido expresso de que as intimações e publicações sejam realizadas exclusivamente em nome de determinado advogado, a comunicação em nome de outro profissional constituído nos autos é nula, salvo se constatada a inexistência de prejuízo.

Orientações Jurisprudenciais

SDI-I 7. Advogado. Atuação fora da seção da OAB onde o advogado está inscrito. Ausência de comunicação. (lei 4.215/63, § 2º, art. 56) Infração disciplinar. Não importa nulidade. A despeito da norma então prevista no artigo 56, § 2º, da Lei 4.215/63, a falta de comunicação do advogado à OAB para o exercício profissional em seção diversa daquela na qual tem inscrição não importa nulidade dos atos praticados, constituindo apenas infração disciplinar, que cabe àquela instituição analisar.

SDI-I 142. Embargos de Declaração. Efeito Modificativo. Vista Prévia à Parte Contrária É passível de nulidade decisão que acolhe embargos de declaração com efeito modificativo sem que seja concedida oportunidade de manifestação prévia à parte contrária.

Art. 795. As nulidades não serão declaradas senão mediante provocação das partes, as quais deverão argui-las à primeira vez em que tiverem de falar em audiência ou nos autos.

▸ OJs 335, 338 e 350 da SDI-I do TST.
▸ OJ 10 da SDI-II do TST.

Orientações Jurisprudenciais

SDI-I 335. Contrato nulo. Administração pública. Efeitos. Conhecimento do recurso por violação do art. 37, ii e § 2º, da CF/88 A nulidade da contratação sem concurso público, após a CF/88, bem como a limitação de seus efeitos, somente poderá ser declarada por ofensa ao art. 37, II, se invocado concomitantemente o seu § 2º, todos da CF/88.

SDI-I 350. Ministério Público do Trabalho. Nulidade do contrato de trabalho não suscitada pelo ente público no momento da defesa. Arguição em parecer. Possibilidade. O Ministério Público do Trabalho pode arguir, em parecer, na primeira vez que tenha de se manifestar no processo, a nulidade do contrato de trabalho em favor de ente público, ainda que a parte não a tenha suscitado, a qual será apreciada, sendo vedada, no entanto, qualquer dilação probatória.

§ 1º Deverá, entretanto, ser declarada *ex officio* a nulidade fundada em incompetência de foro. Nesse caso, serão considerados nulos os atos decisórios.

▸ Art. 64, § 4º, do CPC.
▸ Súmulas 33 e 225 do STJ.

CPC 2015

Arts. 64, § 4º (...) Salvo decisão judicial em sentido contrário, conservar-se-ão os efeitos de decisão proferida pelo juízo incompetente até que outra seja proferida, se for o caso, pelo juízo competente.

Súmulas

STJ 33. A incompetência relativa não pode ser declarada de ofício.

STJ 225. Compete ao Tribunal Regional do Trabalho apreciar recurso contra sentença proferida por órgão de primeiro grau da Justiça Trabalhista, ainda que para declarar-lhe a nulidade em virtude de incompetência.

§ 2º O Juiz ou Tribunal que se julgar incompetente determinará, na mesma ocasião, que se faça remessa do processo, com urgência, à autoridade competente, fundamentando sua decisão.

Art. 796. A nulidade não será pronunciada:

▸ Art. 282 do CPC.

a) quando for possível suprir-se a falta ou repetir-se o ato;

▸ Art. 282 do CPC.

CPC 2015

Art. 282. Ao pronunciar a nulidade, o Juiz declarará que atos são atingidos e ordenará as providências necessárias a fim de que sejam repetidos ou retificados.

§ 1º O ato não será repetido nem sua falta será suprida quando não prejudicar a parte.

§ 2º Quando puder decidir o mérito a favor da parte a quem aproveite a decretação da nulidade, o Juiz não a pronunciará nem mandará repetir o ato ou suprir-lhe a falta.

b) quando arguida por quem lhe tiver dado causa.

▸ Art. 276 do CPC.

CPC 2015

Art. 276. Quando a lei prescrever determinada forma sob pena de nulidade, a decretação desta não pode ser requerida pela parte que lhe deu causa.

Art. 797. O Juiz ou Tribunal que pronunciar a nulidade declarará os atos a que ela se estende.

Art. 798. A nulidade do ato não prejudicará senão os posteriores que dele dependam ou sejam consequência.

Seção VI
Das exceções

Art. 799. Nas causas da jurisdição da Justiça do Trabalho, somente podem ser opostas, com suspensão do feito, as exceções de suspeição ou incompetência. *(Artigo com redação pelo Dec.-lei 8.737/1946)*

▸ Arts. 144 e 145 do CPC.
▸ Súmula 100 do TST.

CPC 2015

Art. 144. Há impedimento do Juiz, sendo-lhe vedado exercer suas funções no processo:

I – em que interveio como mandatário da parte, oficiou como perito, funcionou como membro do Ministério Público ou prestou depoimento como testemunha;

II – de que conheceu em outro grau de jurisdição, tendo proferido decisão;

III – quando nele estiver postulando, como defensor público, advogado ou membro do Ministério Público, seu cônjuge ou companheiro, ou qualquer parente, consanguíneo ou afim, em linha reta ou colateral, até o terceiro grau, inclusive;

IV – quando for parte no processo ele próprio, seu cônjuge ou companheiro, ou parente, consanguíneo ou afim, em linha reta ou colateral, até o terceiro grau, inclusive;

V – quando for sócio ou membro de direção ou de administração de pessoa jurídica parte no processo;

VI – quando for herdeiro presuntivo, donatário ou empregador de qualquer das partes;

VII – em que figure como parte instituição de ensino com a qual tenha relação de emprego ou decorrente de contrato de prestação de serviços;

VIII – em que figure como parte cliente do escritório de advocacia de seu cônjuge, companheiro ou parente, consanguíneo ou afim, em linha reta ou colateral, até o terceiro grau, inclusive, mesmo que patrocinado por advogado de outro escritório;

IX – quando promover ação contra a parte ou seu advogado.

§ 1º Na hipótese do inciso III, o impedimento só se verifica quando o defensor público, o advogado ou o membro do Ministério Público já integrava o processo antes do início da atividade judicante do Juiz.

§ 2º É vedada a criação de fato superveniente a fim de caracterizar impedimento do Juiz.

§ 3º O impedimento previsto no inciso III também se verifica no caso de mandato conferido a membro de escritório de advocacia que tenha em seus quadros advogado que individualmente ostente a condição nele prevista, mesmo que não intervenha diretamente no processo.

Art. 145. Há suspeição do Juiz:

I – amigo íntimo ou inimigo de qualquer das partes ou de seus advogados;

II – que receber presentes de pessoas que tiverem interesse na causa antes ou depois de iniciado o processo, que aconselhar alguma das partes acerca do objeto da causa ou que subministrar meios para atender às despesas do litígio;

III – quando qualquer das partes for sua credora ou devedora, de seu cônjuge ou companheiro ou de parentes destes, em linha reta até o terceiro grau, inclusive;

IV – interessado no julgamento do processo em favor de qualquer das partes.

§ 1º Poderá o Juiz declarar-se suspeito por motivo de foro íntimo, sem necessidade de declarar suas razões.

§ 2º Será ilegítima a alegação de suspeição quando:

I – houver sido provocada por quem a alega;

II – a parte que a alega houver praticado ato que signifique manifesta aceitação do arguido.

Súmula

TST 100. Ação rescisória. Decadência. I – O prazo de decadência, na ação rescisória, conta-se do dia imediatamente subsequente ao trânsito em julgado da última decisão proferida na causa, seja de mérito ou não. II – Havendo recurso parcial no processo principal, o trânsito em julgado dá-se em momentos e em tribunais diferentes, contando-se o prazo decadencial para a ação rescisória do trânsito em julgado de cada decisão, salvo se o recurso tratar de preliminar ou prejudicial que possa tornar insubsistente a decisão recorrida, hipótese em que flui a decadência a partir do trânsito em julgado da decisão que julgar o recurso parcial. III – Salvo se houver dúvida razoável, a interposição de recurso intempestivo ou a interposição de recurso incabível não protrai o termo inicial do prazo decadencial. IV – O juízo rescindente não está adstrito à certidão de trânsito em julgado juntada com a ação rescisória, podendo formar sua convicção através de outros elementos dos autos quanto à antecipação ou postergação do *dies a quo* do prazo decadencial. V – O acordo homologado judicialmente tem força de decisão irrecorrível, na forma do art. 831 da CLT. Assim sendo, o termo conciliatório transita em julgado na data da sua homologação judicial. VI – Na hipótese de colusão das partes, o prazo decadencial da ação rescisória somente começa a fluir para o Ministério Público, que não interveio no processo principal, a partir do momento em que tem ciência da fraude. VII – Não ofende o princípio do duplo grau de jurisdição a decisão do TST que, após afastar a decadência em sede de recurso ordinário, aprecia desde logo a lide, se a causa versar questão exclusivamente de direito e estiver em condições de imediato julgamento. VIII – A exceção de incompetência, ainda que oposta no prazo recursal, sem ter sido aviado o recurso próprio, não tem o condão de afastar a consumação da coisa julgada e, assim, postergar o termo inicial do prazo decadencial para a ação rescisória. IX – Prorroga-se até o primeiro dia útil, imediatamente subseqüente, o prazo decadencial para ajuizamento de ação rescisória quando expira em férias forenses, feriados, finais de semana ou em dia em que não houver expediente forense. Aplicação do art. 775 da CLT. X – Conta-se o prazo decadencial da ação rescisória, após o decurso do prazo legal previsto para a interposição do recurso extraordinário, apenas quando esgotadas todas as vias recursais ordinárias.

§ 1º As demais exceções serão alegadas como matéria de defesa.

▸ Art. 337 do CPC.

CPC 2015

Art. 337. Incumbe ao réu, antes de discutir o mérito, alegar:

I – inexistência ou nulidade da citação;

II – incompetência absoluta e relativa;

III – incorreção do valor da causa;

IV – inépcia da petição inicial;

V – perempção;

VI – litispendência;

VII – coisa julgada;

VIII – conexão;

IX – incapacidade da parte, defeito de representação ou falta de autorização;

X – convenção de arbitragem;

XI – ausência de legitimidade ou de interesse processual;

XII – falta de caução ou de outra prestação que a lei exige como preliminar;

XIII – indevida concessão do benefício de gratuidade de justiça.

§ 2º Das decisões sobre exceções de suspeição e incompetência, salvo, quanto a estas, se terminativas do feito, não caberá recurso, podendo, no entanto, as partes alegá-las novamente no recurso que couber da decisão final.

▸ Art. 893, § 1º, desta Consolidação.
▸ Súmula 214 do TST.

CLT

Art. 893 Das decisões são admissíveis os seguintes recursos: (...)

§ 1º Os incidentes do processo são resolvidos pelo próprio Juízo ou Tribunal, admitindo-se a apreciação do merecimento das decisões interlocutórias somente em recursos da decisão definitiva.

Súmula

TST 214. Decisão interlocutória. Irrecorribilidade. Na Justiça do Trabalho, nos termos do art. 893, § 1º, da CLT, as decisões interlocutórias não ensejam recurso imediato, salvo nas hipóteses de decisão: a) de Tribunal Regional do Trabalho contrária à Súmula ou Orientação Jurisprudencial do Tribunal Superior do Trabalho; b) suscetível de impugnação mediante recurso para o mesmo Tribunal; c) que acolhe exceção de incompetência territorial, com a remessa dos autos para Tribunal Regional distinto daquele a que se vincula o juízo excepcionado, consoante o disposto no art. 799, § 2º, da CLT.

Art. 800. Apresentada exceção de incompetência territorial no prazo de cinco dias a contar da notificação, antes da audiência e em peça que sinalize a existência desta exceção, seguir-se-á o procedimento estabelecido neste artigo. *(Caput com redação pela Lei 13.467/2017)*

§ 1º Protocolada a petição, será suspenso o processo e não se realizará a audiência a que se refere o art. 843 desta Consolidação até que se decida a exceção. *(§ 1º acrescido pela Lei 13.467/2017)*

▸ Art. 843 desta Consolidação.
▸ Art. 11 da IN 41/2018 do TST (Dispõe sobre a aplicação das normas processuais da CLT alteradas pela Lei 13.467/2017).

CLT

Art. 843. Na audiência de julgamento deverão estar presentes o reclamante e o reclamado, independentemente do comparecimento de seus representantes salvo, nos casos de Reclamatórias Plúrimas ou Ações de Cumprimento, quando os empregados poderão fazer-se representar pelo Sindicato de sua categoria.

§ 1º É facultado ao empregador fazer-se substituir pelo gerente, ou qualquer outro preposto que tenha conhecimento do fato, e cujas declarações obrigarão o proponente.

§ 2º Se por doença ou qualquer outro motivo poderoso, devidamente comprovado, não for possível ao empregado comparecer pessoalmente, poderá fazer-se representar por outro empregado que pertença à mesma profissão, ou pelo seu sindicato.

§ 3º O preposto a que se refere o § 1º deste artigo não precisa ser empregado da parte reclamada.

§ 2º Os autos serão imediatamente conclusos ao juiz, que intimará o reclamante e, se existentes, os litisconsortes, para manifestação no prazo comum de cinco dias. *(§ 2º acrescido pela Lei 13.467/2017)*

§ 3º Se entender necessária a produção de prova oral, o juízo designará audiência, garantindo o direito de o excipiente e de suas testemunhas serem ouvidos, por carta precatória, no juízo que este houver indicado como competente. *(§ 3º acrescido pela Lei 13.467/2017)*

§ 4º Decidida a exceção de incompetência territorial, o processo retomará seu curso, com a designação de audiência, a apresentação de defesa e a instrução processual perante o juízo competente. *(§ 4º acrescido pela Lei 13.467/2017)*

Art. 801. O Juiz, presidente ou Juiz classista, é obrigado a dar-se por suspeito, e pode ser recusado, por algum dos seguintes motivos, em relação à pessoa dos litigantes:

▶ A EC 24/1999 extinguiu a figura do Juiz Classista e as Juntas de Conciliação e Julgamento, substituindo pelas Varas do Trabalho, onde a jurisdição será exercida por um Juiz Singular.
▶ Arts. 144, 145 e 148 do .

CPC 2015

Art. 145. Há suspeição do Juiz:

I – amigo íntimo ou inimigo de qualquer das partes ou de seus advogados;

II – que receber presentes de pessoas que tiverem interesse na causa antes ou depois de iniciado o processo, que aconselhar alguma das partes acerca do objeto da causa ou que subministrar meios para atender às despesas do litígio;

III – quando qualquer das partes for sua credora ou devedora, de seu cônjuge ou companheiro ou de parentes destes, em linha reta até o terceiro grau, inclusive;

IV – interessado no julgamento do processo em favor de qualquer das partes.

§ 1º Poderá o Juiz declarar-se suspeito por motivo de foro íntimo, sem necessidade de declarar suas razões.

§ 2º Será ilegítima a alegação de suspeição quando:

I – houver sido provocada por quem a alega;

II – a parte que a alega houver praticado ato que signifique manifesta aceitação do arguido.

Art. 148. Aplicam-se os motivos de impedimento e de suspeição:

I – ao membro do Ministério Público;

II – aos auxiliares da justiça;

III – aos demais sujeitos imparciais do processo. (...)

a) inimizade pessoal;

b) amizade íntima;

c) parentesco por consanguinidade ou afinidade até o terceiro grau civil;

d) interesse particular na causa.

▶ Dec.-lei 8.737/1946.

Parágrafo único. Se o recusante houver praticado algum ato pelo qual haja consentido na pessoa do Juiz, não mais poderá alegar exceção de suspeição, salvo sobrevindo novo motivo. A suspeição não será também admitida, se do processo constar que o recusante deixou de alegá-la anteriormente, quando já a conhecia, ou que, depois de conhecida, aceitou o Juiz recusado ou, finalmente, se procurou de propósito o motivo de que ela se originou.

Art. 802. Apresentada a exceção de suspeição, o Juiz ou Tribunal designará audiência dentro de quarenta e oito horas, para instrução e julgamento da exceção.

▶ Arts. 146 e 966, II, do CPC.

CPC 2015

Art. 966. A decisão de mérito, transitada em julgado, pode ser rescindida quando: (...)

II – for proferida por Juiz impedido ou por juízo absolutamente incompetente;

§ 1º Nas Juntas de Conciliação e Julgamento e nos Tribunais Regionais, julgada procedente a exceção de suspeição, será logo convocado para a mesma audiência ou sessão, ou para a seguinte, o suplente do membro suspeito, o qual continuará a funcionar no feito até decisão final. Proceder-se-á da mesma maneira quando algum dos membros se declarar suspeito.

▶ A EC 24/1999 extinguiu a figura do Juiz Classista e as Juntas de Conciliação e Julgamento, substituindo pelas Varas do Trabalho, onde a jurisdição será exercida por um Juiz Singular.
▶ O Dec.-lei 9.797/1946 substitui o termo "Conselho Regional" por "Tribunal Regional".

§ 2º Se se tratar de suspeição de Juiz de Direito, será este substituído na forma da organização judiciária local.

Seção VII
Dos conflitos de jurisdição

Art. 803. Os conflitos de jurisdição podem ocorrer entre:

▶ Súmula 420 do TST.

Súmula

TST 420. Competência funcional. Conflito negativo. TRT e Vara do Trabalho de idêntica região. Não configuração. Não se configura conflito de competência entre Tribunal Regional do Trabalho e Vara do Trabalho a ele vinculada.

a) Juntas de Conciliação e Julgamento e Juízes de Direito investidos na administração da Justiça do Trabalho;

▶ A EC 24/1999 extinguiu a figura do Juiz Classista e as Juntas de Conciliação e Julgamento, substituindo pelas Varas do Trabalho, onde a jurisdição será exercida por um Juiz Singular.
▶ Súmula 180 do STJ.

Súmula

STJ 180. Na lide trabalhista, compete ao Tribunal Regional do Trabalho dirimir conflito de competência verificado, na respectiva região, entre Juiz estadual e Junta de Conciliação e Julgamento.

b) Tribunais Regionais do Trabalho;

▶ O Dec.-lei 9.797/1946 substitui o termo "Conselho Regional" por "Tribunal Regional".

c) Juízos e Tribunais do Trabalho e órgãos da Justiça Ordinária;

▶ Súmula 170 do STJ.

Súmula

STJ 170. Compete ao Juízo onde primeiro for intentada a ação envolvendo acumulação de pedidos, trabalhista e estatutário, decidi-la nos limites da sua jurisdição, sem prejuízo do ajuizamento de nova causa, com o pedido remanescente, no juízo próprio.

d) Câmaras do Tribunal Superior do Trabalho.

▶ Alínea *d* prejudicada pelo Dec.-lei 8.737/1946.

Art. 804. Dar-se-á conflito de jurisdição:

▶ Súmula 59 do STJ.

Súmula

STJ 59. Não há conflito de competência se já existe sentença com trânsito em julgado, proferida por um dos juízos conflitantes.

a) quando ambas as autoridades se considerarem competentes;

b) quando ambas as autoridades se considerarem incompetentes.

▶ Art. 66 do CPC.

CPC 2015

Art. 66. Há conflito de competência quando:

I – 2 (dois) ou mais juízes se declaram competentes;

II – 2 (dois) ou mais juízes se consideram incompetentes, atribuindo um ao outro a competência;

III – entre 2 (dois) ou mais juízes surge controvérsia acerca da reunião ou separação de processos.

Parágrafo único. O Juiz que não acolher a competência declinada deverá suscitar o conflito, salvo se a atribuir a outro juízo.

Art. 805. Os conflitos de jurisdição podem ser suscitados:

a) pelos juízes e Tribunais do Trabalho;

b) pelo procurador-geral e pelos procuradores regionais da Justiça do Trabalho;

c) pela parte interessada, ou o seu representante.

Art. 806. É vedado à parte interessada suscitar conflitos de jurisdição quando já houver oposto na causa exceção de incompetência.

Art. 807. No ato de suscitar o conflito deverá a parte interessada produzir a prova de existência dele.

Art. 808. Os conflitos de jurisdição de que trata o artigo 803 serão resolvidos: *(Artigo retificado pelo Dec.-lei 6.353/1944)*

▸ Art. 114, V, da CF.
▸ Súmula 420 do TST.

Súmula

TST 420. Competência funcional. Conflito negativo. TRT e Vara do Trabalho de idêntica região. Não configuração. Não se configura conflito de competência entre Tribunal Regional do Trabalho e Vara do Trabalho a ele vinculada.

a) pelos Tribunais Regionais, os suscitados entre Juntas e entre Juízos de Direito, ou entre uma e outras, nas respectivas regiões;

▸ O Dec.-lei 9.797/1946 determinou a substituição do termo "Conselho Regional" para "Tribunal Regional".
▸ A EC 24/1999 extinguiu a figura do Juiz Classista e as Juntas de Conciliação e Julgamento, substituindo pelas Varas do Trabalho, onde a jurisdição será exercida por um Juiz Singular.
▸ Art. 114, V, da CF.

Constituição Federal

Art. 114. Compete à Justiça do Trabalho processar e julgar: (...)
V – os conflitos de competência entre órgãos com jurisdição trabalhista, ressalvado o disposto no art. 102, I, *o*;

b) pelo Tribunal Superior do Trabalho, os suscitados entre Tribunais Regionais, ou entre Juntas e Juízos de Direito sujeitos à jurisdição de Tribunais Regionais diferentes;

▸ O Dec.-lei 9.797/1946, substitui os termos "Conselho Regional" e "Conselho Nacional" por "Tribunal Regional" e "Tribunal Superior".
▸ A EC 24/1999 extinguiu a figura do Juiz Classista e as Juntas de Conciliação e Julgamento, substituindo pelas Varas do Trabalho, onde a jurisdição será exercida por um Juiz Singular.
▸ Súmula 236 do STJ.

Súmula

STJ 236. Não compete ao Superior Tribunal de Justiça dirimir conflitos de competência entre juízes trabalhistas vinculados a Tribunais Regionais do Trabalho diversos.

c) pelo Conselho Pleno, os suscitados entre as Câmaras de Justiça do Trabalho e de Previdência Social;

▸ Alínea *c* prejudicada pelo Dec.-lei 9.797/1946.

d) pelo Supremo Tribunal Federal, os suscitados entre as autoridades da Justiça do Trabalho e as da Justiça Ordinária.

▸ Arts. 102, I, *o*, e 105, I, *d*, da CF.

Constituição Federal

Art. 102. Compete ao Supremo Tribunal Federal, precipuamente, a guarda da Constituição, cabendo-lhe:
I – processar e julgar, originariamente: (...)
o) os conflitos de competência entre o Superior Tribunal de Justiça e quaisquer tribunais, entre Tribunais Superiores, ou entre estes e qualquer outro tribunal;
Art. 105. Compete ao Superior Tribunal de Justiça:
I – processar e julgar, originariamente: (...)
d) os conflitos de competência entre quaisquer tribunais, ressalvado o disposto no art. 102, I, *o*, bem como entre tribunal e juízes a ele não vinculados e entre juízes vinculados a tribunais diversos;

Art. 809. Nos conflitos de jurisdição entre as Juntas e os Juízos de Direito observar-se-á o seguinte:

▸ A EC 24/1999 extinguiu a figura do Juiz Classista e as Juntas de Conciliação e Julgamento, substituindo pelas Varas do Trabalho, onde a jurisdição será exercida por um Juiz Singular.
▸ Art. 114, V, da CF.

Constituição Federal

Art. 114. Compete à Justiça do Trabalho processar e julgar: (...)
V – os conflitos de competência entre órgãos com jurisdição trabalhista, ressalvado o disposto no art. 102, I, *o*;

I – o Juiz ou presidente mandará extrair dos autos as provas do conflito e, com a sua informação, remeterá o processo assim formado, no mais breve prazo possível, ao Presidente do Tribunal Regional competente;

▸ O Dec.-lei 9.797/1946 substitui o termo "Conselho Regional" por "Tribunal Regional".

II – no Tribunal Regional, logo que der entrada o processo, o presidente determinará a distribuição do feito, podendo o relator ordenar imediatamente às Juntas e aos Juízos, nos casos de conflito positivo, que sobrestejam o andamento dos respectivos processos, e solicitar, ao mesmo tempo, quaisquer informações que julgue convenientes. Seguidamente, será ouvida a Procuradoria, após o que o relator submeterá o feito a julgamento na primeira sessão;

▸ A EC 24/1999 extinguiu a figura do Juiz Classista e as Juntas de Conciliação e Julgamento, substituindo pelas Varas do Trabalho, onde a jurisdição será exercida por um Juiz Singular.
▸ O Dec.-lei 9.797/1946 substitui o termo "Conselho Regional" por "Tribunal Regional".

III – proferida a decisão, será a mesma comunicada, imediatamente, às autoridades em conflito, prosseguindo no foro julgado competente.

Art. 810. Aos conflitos de jurisdição entre os Tribunais Regionais aplicar-se-ão as normas estabelecidas no artigo anterior.

▸ O Dec.-lei 9.797/1946, substitui o termo "Conselho Regional" por "Tribunal Regional".

Art. 811. Nos conflitos suscitados na Justiça do Trabalho entre as autoridades desta e os órgãos da Justiça Ordinária, o processo do conflito, formado de acordo com o inciso I do artigo 809, será remetido diretamente ao presidente do Supremo Tribunal Federal.

▸ Arts. 102, I, *o*, e 105, I, *d*, e 114, V, da CF.
▸ Súmula 180 do STJ.

Súmula

STJ 180. Na lide trabalhista, compete ao Tribunal Regional do Trabalho dirimir conflito de competência verificado, na respectiva região, entre juiz estadual e junta de conciliação e julgamento.

Art. 812. A ordem processual dos conflitos de jurisdição entre as Câmaras do Tribunal Superior do Trabalho será a estabelecida no seu regimento interno.

▸ Artigo prejudicado pelo Dec.-lei 9.797/1946.
▸ O Dec.-lei 9.797/1946 substitui o termo "Conselho Nacional" por "Tribunal Superior".

Seção VIII
Das audiências

Art. 813. As audiências dos órgãos da Justiça do Trabalho serão públicas e realizar-se-ão na sede do Juízo ou Tribunal em dias úteis previamente fixados, entre oito e dezoito horas, não podendo ultrapassar cinco horas seguidas, salvo quando houver matéria urgente.

▸ Arts. 5º, LX, e 93, IX, da CF.
▸ Arts.11, 189 e 368 do CPC.

Constituição Federal

Art. 5º Todos são iguais perante a lei, sem distinção de qualquer natureza, garantindo-se aos brasileiros e aos estrangeiros residentes no País a inviolabilidade do direito à vida, à liberdade, à igualdade, à segurança e à propriedade, nos termos seguintes: (...)
LX – a lei só poderá restringir a publicidade dos atos processuais quando a defesa da intimidade ou o interesse social o exigirem; (...)
Art. 93. Lei complementar, de iniciativa do Supremo Tribunal Federal, disporá sobre o Estatuto da Magistratura, observados os seguintes princípios: (...)
IX – todos os julgamentos dos órgãos do Poder Judiciário serão públicos, e fundamentadas todas as decisões, sob pena de nulidade, podendo a lei limitar a presença, em determinados atos, às próprias partes e a seus advogados, ou somente a estes, em casos nos quais a preservação do direito à intimidade do interessado no sigilo não prejudique o interesse público à informação;

CPC 2015

Art. 11. Todos os julgamentos dos órgãos do Poder Judiciário serão públicos, e fundamentadas todas as decisões, sob pena de nulidade.
Parágrafo único. Nos casos de segredo de justiça, pode ser autorizada a presença somente das partes, de seus advogados, de defensores públicos ou do Ministério Público.

Art. 189. Os atos processuais são públicos, todavia tramitam em segredo de justiça os processos:

I – em que o exija o interesse público ou social;

II – que versem sobre casamento, separação de corpos, divórcio, separação, união estável, filiação, alimentos e guarda de crianças e adolescentes;

III – em que constem dados protegidos pelo direito constitucional à intimidade;

IV – que versem sobre arbitragem, inclusive sobre cumprimento de carta arbitral, desde que a confidencialidade estipulada na arbitragem seja comprovada perante o juízo.

§ 1º O direito de consultar os autos de processo que tramite em segredo de justiça e de pedir certidões de seus atos é restrito às partes e aos seus procuradores.

§ 2º O terceiro que demonstrar interesse jurídico pode requerer ao Juiz certidão do dispositivo da sentença, bem como de inventário e de partilha resultantes de divórcio ou separação.

Art. 368. A audiência será pública, ressalvadas as exceções legais.

§ 1º Em casos especiais, poderá ser designado outro local para a realização das audiências, mediante edital afixado na sede do Juízo ou Tribunal, com a antecedência mínima de vinte e quatro horas.

§ 2º Sempre que for necessário, poderão ser convocadas audiências extraordinárias, observado o prazo do parágrafo anterior.

Art. 814. Às audiências deverão estar presentes, comparecendo com a necessária antecedência, os escrivães ou secretários.

▸ A Lei 409/1948 criou os quadros de pessoal da Justiça do Trabalho, estabelecendo a função de chefe de secretaria, no lugar do secretário. Atualmente a função é de diretor de secretaria.

Art. 815. À hora marcada, o Juiz ou presidente declarará aberta a audiência, sendo feita pelo secretário ou escrivão a chamada das partes, testemunhas e demais pessoas que devam comparecer.

▸ A Lei 409/1948 criou os quadros de pessoal da Justiça do Trabalho, estabelecendo a função de chefe de secretaria, no lugar do secretário. Atualmente a função é de diretor de secretaria.
▸ Súmulas 9, 74, 122 e 197 do TST.

Súmulas

TST 9. Ausência do reclamante. A ausência do reclamante, quando adiada a instrução após contestada a ação em audiência, não importa arquivamento do processo.

TST 74. Confissão. I – Aplica-se a confissão à parte que, expressamente intimada com aquela cominação, não comparecer à audiência em prosseguimento, na qual deveria depor. II – A prova pré-constituída nos autos pode ser levada em conta para confronto com a confissão ficta (arts. 442 e 443, do CPC de 2015 – art. 400, I, do CPC de 1973), não implicando cerceamento de defesa o indeferimento de provas posteriores. III – A vedação à produção de prova posterior pela parte confessa somente a ela se aplica, não afetando o exercício, pelo magistrado, do poder/dever de conduzir o processo.

TST 122. Revelia. Atestado médico. A reclamada, ausente à audiência em que deveria apresentar defesa, é revel, ainda que presente seu advogado munido de procuração, podendo ser ilidida a revelia mediante a apresentação de atestado médico, que deverá declarar, expressamente, a impossibilidade de locomoção do empregador ou do seu preposto no dia da audiência.

TST 197. Prazo. O prazo para recurso da parte que, intimada, não comparecer à audiência em prosseguimento para a prolação da sentença conta-se de sua publicação.

§ 1º Se, até 15 (quinze) minutos após a hora marcada, o juiz ou presidente não houver comparecido, os presentes poderão retirar-se, devendo o ocorrido constar do livro de registro das audiências. (*§ 1º renumerado e com redação pela Lei 14.657/2023*)

▸ Lei 409/1948 (Cria os quadros do pessoal da Justiça do Trabalho e dá outras providências)
▸ Art. 7º, XX, da Lei 8.906/1994 (EOAB)
▸ OJ 245 da SDI-I do TST.

Lei 8.906/1994

Art. 7º São direitos do advogado: (...)

XX – retirar-se do recinto onde se encontre aguardando pregão para ato judicial, após trinta minutos do horário designado e ao qual ainda não tenha comparecido a autoridade que deva presidir a ele, mediante comunicação protocolizada em juízo.

Orientação Jurisprudencial

SDI-I 245. Revelia. Atraso. Audiência. Inexiste previsão legal tolerando atraso no horário de comparecimento da parte na audiência.

§ 2º Se, até 30 (trinta) minutos após a hora marcada, a audiência, injustificadamente, não houver sido iniciada, as partes e os advogados poderão retirar-se, consignando seus nomes, devendo o ocorrido constar do livro de registro das audiências. (*§ 2º acrescido pela Lei 14.657/2023*)

§ 3º Na hipótese do § 2º deste artigo, a audiência deverá ser remarcada pelo juiz ou presidente para a data mais próxima possível, vedada a aplicação de qualquer penalidade às partes. (*§ 3º acrescido pela Lei 14.657/2023*)

Art. 816. O Juiz ou presidente manterá a ordem nas audiências, podendo mandar retirar do recinto os assistentes que a perturbarem.

▸ Art. 360 do CPC.

CPC 2015

Art. 360. O Juiz exerce o poder de polícia, incumbindo-lhe:

I – manter a ordem e o decoro na audiência;

II – ordenar que se retirem da sala de audiência os que se comportarem inconvenientemente;

III – requisitar, quando necessário, força policial;

IV – tratar com urbanidade as partes, os advogados, os membros do Ministério Público e da Defensoria Pública e qualquer pessoa que participe do processo;

V – registrar em ata, com exatidão, todos os requerimentos apresentados em audiência.

Art. 817. O registro das audiências será feito em livro próprio, constando de cada registro os processos apreciados e a respectiva solução, bem como as ocorrências eventuais.

Parágrafo único. Do registro das audiências poderão ser fornecidas certidões às pessoas que o requererem.

Seção IX
Das provas

Art. 818. O ônus da prova incumbe: (*Caput com redação pela Lei 13.467/2017*)

I – ao reclamante, quanto ao fato constitutivo de seu direito; (*Inciso I acrescido pela Lei 13.467/2017*)

II – ao reclamado, quanto à existência de fato impeditivo, modificativo ou extintivo do direito do reclamante. (*Inciso II acrescido pela Lei 13.467/2017*)

§ 1º Nos casos previstos em lei ou diante de peculiaridades da causa relacionadas à impossibilidade ou à excessiva dificuldade de cumprir o encargo nos termos deste artigo ou à maior facilidade de obtenção da prova do fato contrário, poderá o juízo atribuir o ônus da prova de modo diverso, desde que o faça por decisão fundamentada, caso em que deverá dar à parte a oportunidade de se desincumbir do ônus que lhe foi atribuído. (*§ 1º acrescido pela Lei 13.467/2017*)

§ 2º A decisão referida no § 1º deste artigo deverá ser proferida antes da abertura da instrução e, a requerimento da parte, implicará o adiamento da audiência e possibilitará provar os fatos por qualquer meio em direito admitido. (*§ 2º acrescido pela Lei 13.467/2017*)

§ 3º A decisão referida no § 1º deste artigo não pode gerar situação em que a desincumbência do encargo

pela parte seja impossível ou excessivamente difícil. *(§ 3º acrescido pela Lei 13.467/2017)*

▸ Art. 5º, LVI, da CF.
▸ Art. 765 desta Consolidação.
▸ Arts. 369, 373, §§ 1º e 2º, 374 a 376, 400, 429 e 493 do CPC.
▸ Súmula 225 do STF.
▸ Súmulas 16, 74, 212, 217, 254, 299, 338, 385 e 461 do TST.
▸ OJ 233 da SDI-I do TST.

Constituição Federal

Art. 5º Todos são iguais perante a lei, sem distinção de qualquer natureza, garantindo-se aos brasileiros e aos estrangeiros residentes no País a inviolabilidade do direito à vida, à liberdade, à igualdade, à segurança e à propriedade, nos termos seguintes: (...)

LVI – são inadmissíveis, no processo, as provas obtidas por meios ilícitos;

CLT

Art. 765. Os Juízos e Tribunais do Trabalho terão ampla liberdade na direção do processo e velarão pelo andamento rápido das causas, podendo determinar qualquer diligência necessária ao esclarecimento delas.

CPC 2015

Art. 369. As partes têm o direito de empregar todos os meios legais, bem como os moralmente legítimos, ainda que não especificados neste Código, para provar a verdade dos fatos em que se funda o pedido ou a defesa e influir eficazmente na convicção do Juiz.

Art. 373. O ônus da prova incumbe:

I – ao autor, quanto ao fato constitutivo de seu direito;

II – ao réu, quanto à existência de fato impeditivo, modificativo ou extintivo do direito do autor.

§ 1º Nos casos previstos em lei ou diante de peculiaridades da causa relacionadas à impossibilidade ou à excessiva dificuldade de cumprir o encargo nos termos do *caput* ou à maior facilidade de obtenção da prova do fato contrário, poderá o Juiz atribuir o ônus da prova de modo diverso, desde que o faça por decisão fundamentada, caso em que deverá dar à parte a oportunidade de se desincumbir do ônus que lhe foi atribuído.

§ 2º A decisão prevista no § 1º deste artigo não pode gerar situação em que a desincumbência do encargo pela parte seja impossível ou excessivamente difícil.

Súmulas

STF 225. Não é absoluto o valor probatório das anotações da carteira profissional.

TST 16. Notificação. Presume-se recebida a notificação 48 (quarenta e oito) horas depois de sua postagem. O seu não recebimento ou a entrega após o decurso desse prazo constitui ônus de prova do destinatário.

TST 212. Despedimento. Ônus da prova. O ônus de provar o término do contrato de trabalho, quando negados a prestação de serviço e o despedimento, é do empregador, pois o princípio da continuidade da relação de emprego constitui presunção favorável ao empregado.

TST 254. Salário-família. Termo inicial da obrigação. O termo inicial do direito ao salário-família coincide com a prova da filiação. Se feita em juízo, corresponde à data de ajuizamento do pedido, salvo se comprovado que anteriormente o empregador se recusara a receber a respectiva certidão.

TST 338. Jornada de trabalho. Registro. Ônus da prova. I – É ônus do empregador que conta com mais de 10 (dez) empregados o registro da jornada de trabalho na forma do art. 74, § 2º, da CLT. A não apresentação injustificada dos controles de frequência gera presunção relativa de veracidade da jornada de trabalho, a qual pode ser elidida por prova em contrário. II – A presunção de veracidade da jornada de trabalho, ainda que prevista em instrumento normativo, pode ser elidida por prova em contrário. III – Os cartões de ponto que demonstram horários de entrada e saída uniformes são inválidos como meio de prova, invertendo-se o ônus da prova, relativo às horas extras, que passa a ser do empregador, prevalecendo a jornada da inicial se dele não se desincumbir.

TST 385. Feriado Local ou Forense. Ausência de Expediente. Prazo Recursal. Prorrogação. Comprovação. Necessidade. (alterada em decorrência do CPC de 2015)

I – Incumbe à parte o ônus de provar, quando da interposição do recurso, a existência de feriado local que autorize a prorrogação do prazo recursal (art. 1.003, § 6º, do CPC de 2015) No caso de o recorrente alegar a existência de feriado local e não o comprovar no momento da interposição do recurso, cumpre ao relator conceder o prazo de 5 (cinco) dias para que seja sanado o vício (art. 932, parágrafo único,

do CPC de 2015), sob pena de não conhecimento se da comprovação depender a tempestividade recursal.

II – Na hipótese de feriado forense, incumbirá à autoridade que proferir a decisão de admissibilidade certificar o expediente nos autos.

III – Admite-se a reconsideração da análise da tempestividade do recurso, mediante prova documental superveniente, em agravo de instrumento, agravo interno, agravo regimental, ou embargos de declaração, desde que, em momento anterior, não tenha havido a concessão de prazo para a comprovação da ausência de expediente forense.

TST 461. FGTS. Diferenças. Recolhimento. Ônus Da Prova. É do empregador o ônus da prova em relação à regularidade dos depósitos do FGTS, pois o pagamento é fato extintivo do direito do autor (art. 373, II, do CPC de 2015)

Orientação Jurisprudencial

SDI-I 233. Horas extras. Comprovação de parte do período alegado. A decisão que defere horas extras com base em prova oral ou documental não ficará limitada ao tempo por ela abrangido, desde que o julgador fique convencido de que o procedimento questionado superou aquele período.

Art. 819. O depoimento das partes e testemunhas que não souberem falar a língua nacional será feito por meio de intérprete nomeado pelo Juiz ou presidente.

▸ Art. 163 do CPC.

CPC 2015

Art. 163. Não pode ser intérprete ou tradutor quem:

I – não tiver a livre administração de seus bens;

II – for arrolado como testemunha ou atuar como perito no processo;

III – estiver inabilitado para o exercício da profissão por sentença penal condenatória, enquanto durarem seus efeitos.

§ 1º Proceder-se-á da forma indicada neste artigo, quando se tratar de surdo-mudo, ou de mudo que não saiba escrever.

§ 2º As despesas decorrentes do disposto neste artigo correrão por conta da parte sucumbente, salvo se beneficiária de justiça gratuita.

▸ § 2º com redação pela Lei 13.660/2018.

Art. 820. As partes e testemunhas serão inquiridas pelo Juiz ou presidente, podendo ser reinquiridas, por seu intermédio, a requerimento dos vogais, das partes, seus representantes ou advogados.

▸ A EC 24/1999 extinguiu a figura do Juiz Classista e as Juntas de Conciliação e Julgamento, substituindo pelas Varas do Trabalho, onde a jurisdição será exercida por um Juiz Singular.

Art. 821. Cada uma das partes não poderá indicar mais de três testemunhas, salvo quando se tratar de inquérito, caso em que esse número poderá ser elevado a seis. *(Artigo com redação pelo Dec.-lei 8.737/1946)*

▸ Súmula 357 do TST.

Súmula

TST 357. Testemunha. Ação contra a mesma reclamada. Suspeição Não torna suspeita a testemunha o simples fato de estar litigando ou de ter litigado contra o mesmo empregador.

Art. 822. As testemunhas não poderão sofrer qualquer desconto pelas faltas ao serviço, ocasionadas pelo seu comparecimento para depor, quando devidamente arroladas ou convocadas.

▸ Art. 473, VIII, desta Consolidação.
▸ Art. 463 do CPC.
▸ Súmula 155 do TST.

CLT

Art. 473. O empregado poderá deixar de comparecer ao serviço sem prejuízo do salário: (...)

VIII – pelo tempo que se fizer necessário, quando tiver que comparecer a juízo.

CPC 2015

Art. 463. O depoimento prestado em juízo é considerado serviço público. Parágrafo único. A testemunha, quando sujeita ao regime da legislação trabalhista, não sofre, por comparecer à audiência, perda de salário nem desconto no tempo de serviço.

Súmula

TST 155. Ausência ao serviço. As horas em que o empregado falta ao serviço para comparecimento necessário, como parte, à Justiça do Trabalho não serão descontadas de seus salários.

Art. 823. Se a testemunha for funcionário civil ou militar, e tiver de depor em hora de serviço, será requisitada ao chefe da repartição para comparecer à audiência marcada.

▸ Art. 454 do CPC.

CPC 2015

Art. 454. São inquiridos em sua residência ou onde exercem sua função:
I – o presidente e o vice-presidente da República;
II – os ministros de Estado;
III – os ministros do Supremo Tribunal Federal, os conselheiros do Conselho Nacional de Justiça e os ministros do Superior Tribunal de Justiça, do Superior Tribunal Militar, do Tribunal Superior Eleitoral, do Tribunal Superior do Trabalho e do Tribunal de Contas da União;
IV – o procurador-geral da República e os conselheiros do Conselho Nacional do Ministério Público;
V – o advogado-geral da União, o procurador-geral do Estado, o procurador-geral do Município, o defensor público-geral federal e o defensor público-geral do Estado;
VI – os senadores e os deputados federais;
VII – os governadores dos Estados e do Distrito Federal;
VIII – o prefeito;
IX – os deputados estaduais e distritais;
X – os desembargadores dos Tribunais de Justiça, dos Tribunais Regionais Federais, dos Tribunais Regionais do Trabalho e dos Tribunais Regionais Eleitorais e os conselheiros dos Tribunais de Contas dos Estados e do Distrito Federal;
XI – o procurador-geral de justiça;
XII – o embaixador de país que, por lei ou tratado, concede idêntica prerrogativa a agente diplomático do Brasil.
§ 1º O Juiz solicitará à autoridade que indique dia, hora e local a fim de ser inquirida, remetendo-lhe cópia da petição inicial ou da defesa oferecida pela parte que a arrolou como testemunha.
§ 2º Passado 1 (um) mês sem manifestação da autoridade, o Juiz designará dia, hora e local para o depoimento, preferencialmente na sede do juízo.
§ 3º O Juiz também designará dia, hora e local para o depoimento, quando a autoridade não comparecer, injustificadamente, à sessão agendada para a colheita de seu testemunho no dia, hora e local por ela mesma indicados.

Art. 824. O Juiz ou presidente providenciará para que o depoimento de uma testemunha não seja ouvido pelas demais que tenham de depor no processo.

▸ Art. 456 do CPC.

CPC 2015

Art. 456. O Juiz inquirirá as testemunhas separada e sucessivamente, primeiro as do autor e depois as do réu, e providenciará para que uma não ouça o depoimento das outras.
Parágrafo único. O Juiz poderá alterar a ordem estabelecida no *caput* se as partes concordarem.

Art. 825. As testemunhas comparecerão à audiência independentemente de notificação ou intimação.

▸ Art. 845 desta Consolidação.
▸ Art. 455 do CPC.

CPC 2015

Art. 455. Cabe ao advogado da parte informar ou intimar a testemunha por ele arrolada do dia, da hora e do local da audiência designada, dispensando-se a intimação do juízo.

§ 2º A parte pode comprometer-se a levar a testemunha à audiência, independentemente da intimação de que trata o § 1º, presumindo-se, caso a testemunha não compareça, que a parte desistiu de sua inquirição.

Parágrafo único. As que não comparecerem serão intimadas, *ex officio* ou a requerimento da parte, ficando sujeitas a condução coercitiva, além das penalidades do artigo 730, caso, sem motivo justificado, não atendam à intimação.

▸ Art. 448 do CPC.

CPC 2015

Art. 448. A testemunha não é obrigada a depor sobre fatos:
I – que lhe acarretem grave dano, bem como ao seu cônjuge ou companheiro e aos seus parentes consanguíneos ou afins, em linha reta ou colateral, até o terceiro grau;
II – a cujo respeito, por estado ou profissão, deva guardar sigilo.

Art. 826. É facultado a cada uma das partes apresentar um perito ou técnico.

▸ Artigo prejudicado pelo art. 3º da Lei 5.584/1970.
▸ Art. 466, § 1º, do CPC.
▸ Súmula 341 do TST.

CPC 2015

Art. 466. O perito cumprirá escrupulosamente o encargo que lhe foi cometido, independentemente de termo de compromisso.
§ 1º Os assistentes técnicos são de confiança da parte e não estão sujeitos a impedimento ou suspeição. (...)

Art. 827. O Juiz ou presidente poderá arguir os peritos compromissados ou os técnicos, e rubricará, para ser junto ao processo, o laudo que os primeiros tiverem apresentado.

▸ Art. 148, III, do CPC.
▸ OJs 165 e 278 da SDI-I do TST.

CPC 2015

Art. 148. Aplicam-se os motivos de impedimento e de suspeição: (...)
III – aos demais sujeitos imparciais do processo.

Orientação Jurisprudencial

SDI-I 165. Perícia. Engenheiro ou Médico. Adicional de insalubridade e periculosidade. Válido. Art. 195 da CLT.
O art. 195 da CLT não faz qualquer distinção entre o médico e o engenheiro para efeito de caracterização e classificação da insalubridade e periculosidade, bastando para a elaboração do laudo seja o profissional devidamente qualificado.

SDI-I 278. Adicional de insalubridade. Perícia. Local de trabalho desativado A realização de perícia é obrigatória para a verificação de insalubridade. Quando não for possível sua realização, como em caso de fechamento da empresa, poderá o julgador utilizar-se de outros meios de prova.

Art. 828. Toda testemunha, antes de prestar o compromisso legal, será qualificada, indicando o nome, nacionalidade, profissão, idade, residência e, quando empregada, o tempo de serviço prestado ao empregador, ficando sujeita, em caso de falsidade, às leis penais.

▸ Art. 228 da CF.
▸ Art. 342 do CP.
▸ Súmula 165 do STJ.

Constituição Federal

Art. 228. São penalmente inimputáveis os menores de dezoito anos, sujeitos às normas da legislação especial.

Código Penal

Art. 342. Fazer afirmação falsa, ou negar ou calar a verdade como testemunha, perito, contador, tradutor ou intérprete em processo judicial, ou administrativo, inquérito policial, ou em juízo arbitral:
Pena – reclusão, de um a três anos, e multa.
§ 1º As penas aumentam-se de um sexto a um terço, se o crime é praticado mediante suborno ou se cometido com o fim de obter prova destinada a produzir efeito em processo penal, ou em processo civil em que for parte entidade da administração pública direta ou indireta.

§ 2º O fato deixa de ser punível se, antes da sentença no processo em que ocorreu o ilícito, o agente se retrata ou declara a verdade.

Súmula

STJ 165. Compete à justiça federal processar e julgar crime de falso testemunho cometido no processo trabalhista.

Parágrafo único. Os depoimentos das testemunhas serão resumidos, por ocasião da audiência, pelo secretário da Junta ou funcionário para esse fim designado, devendo a súmula ser assinada pelo Presidente do Tribunal e pelos depoentes.

▸ A Lei 409/1948 criou os quadros de pessoal da Justiça do Trabalho, estabelecendo a função de chefe de secretaria, no lugar do secretário. Atualmente a função é de diretor de secretaria.
▸ A EC 24/1999 extinguiu a figura do Juiz Classista e as Juntas de Conciliação e Julgamento, substituindo pelas Varas do Trabalho, onde a jurisdição será exercida por um Juiz Singular.
▸ Art. 2º, § 3º, da Lei 5.584/1970 (Normas de Direito Processual do Trabalho)

Lei 5.584/1970

Art. 2º Nos dissídios individuais, proposta a conciliação, e não havendo acôrdo, o Presidente, da Junta ou o Juiz, antes de passar à instrução da causa, fixar-lhe-á o valor para a determinação da alçada, se êste fôr indeterminado no pedido. (...)
§ 3º Quando o valor fixado para a causa, na forma dêste artigo, não exceder de 2 (duas) vêzes o salário-mínimo vigente na sede do Juízo, será dispensável o resumo dos depoimentos, devendo constar da Ata a conclusão da Junta quanto à matéria de fato.

Art. 829. A testemunha que for parente até o terceiro grau civil, amigo íntimo ou inimigo de qualquer das partes, não prestará compromisso, e seu depoimento valerá como simples informação.

▸ Art. 447 do CPC.
▸ Art. 1.594 do CC.
▸ Súmula 357 do TST.

CPC 2015

Art. 447. Podem depor como testemunhas todas as pessoas, exceto as incapazes, impedidas ou suspeitas. (...)
§ 2º São impedidos:
I – o cônjuge, o companheiro, o ascendente e o descendente em qualquer grau e o colateral, até o terceiro grau, de alguma das partes, por consanguinidade ou afinidade, salvo se o exigir o interesse público ou, tratando-se de causa relativa ao estado da pessoa, não se puder obter de outro modo a prova que o Juiz repute necessária ao julgamento do mérito;
II – o que é parte na causa;
III – o que intervém em nome de uma parte, como o tutor, o representante legal da pessoa jurídica, o Juiz, o advogado e outros que assistam ou tenham assistido as partes;
§ 3º São suspeitos:
I – o inimigo da parte ou o seu amigo íntimo;
II – o que tiver interesse no litígio.
§ 4º Sendo necessário, pode o Juiz admitir o depoimento das testemunhas menores, impedidas ou suspeitas.
§ 5º Os depoimentos referidos no § 4º serão prestados independentemente de compromisso, e o Juiz lhes atribuirá o valor que possam merecer.

Código Civil

Art. 1.594. Contam-se, na linha reta, os graus de parentesco pelo número de gerações, e, na colateral, também pelo número delas, subindo de um dos parentes até ao ascendente comum, e descendo até encontrar o outro parente.

Súmula

TST 357. Testemunha. Ação contra a mesma reclamada. Suspeição. Não torna suspeita a testemunha o simples fato de estar litigando ou de ter litigado contra o mesmo empregador.

Art. 830. O documento em cópia oferecido para prova poderá ser declarado autêntico pelo próprio advogado, sob sua responsabilidade pessoal. *(Caput com redação pela Lei 11.925/2009)*

▸ Art. 425, IV, do CPC.
▸ Súmulas 8, 337 e 415 do TST.
▸ OJs 33, 36, 134 e 158 da SDI-I do TST.

▸ OJs 21 e 23 da SDI-I Transitória do TST.
▸ OJ 84 da SDI-II do TST.

CPC 2015

Art. 425. Fazem a mesma prova que os originais (...)
IV – as cópias reprográficas de peças do próprio processo judicial declaradas autênticas pelo advogado, sob sua responsabilidade pessoal, se não lhes for impugnada a autenticidade.

Súmulas

TST 8. Juntada de documento. A juntada de documentos na fase recursal só se justifica quando provado o justo impedimento para sua oportuna apresentação ou se referir a fato posterior à sentença.

TST 415. Mandado de segurança. Petição inicial. Art. 321 do CPC de 2015. Art. 284 do cpc de 1973. Inaplicabilidade. Exigindo o mandado de segurança prova documental pré-constituída, inaplicável o art. 321 do CPC de 2015 (art. 284 do CPC de 1973) quando verificada, na petição inicial do "mandamus", a ausência de documento indispensável ou de sua autenticação.

Orientações Jurisprudenciais

SDI-I 33. Deserção. Custas. Carimbo do banco. Validade. O carimbo do banco recebedor na guia de comprovação do recolhimento das custas supre a ausência de autenticação mecânica.

SDI-I 36. Instrumento normativo. Cópia não autenticada. Documento comum às partes. Validade. O instrumento normativo em cópia não autenticada possui valor probante, desde que não haja impugnação ao seu conteúdo, eis que se trata de documento comum às partes.

SDI-I 134. Autenticação. Pessoa jurídica de direito público. Dispensada. Medida Provisória 1.360, de 12.03.96. São válidos os documentos apresentados, por pessoa jurídica de direito público, em fotocópia não autenticada, posteriormente à edição da Medida Provisória 1.360/96 e suas reedições.

SDI-I Transitória 23. Autenticação. Documento Único. Cópia. Verso E Anverso Inexistindo impugnação da parte contrária, bem como o disposto no art. 795 da CLT, é válida a autenticação aposta em uma face da folha que contenha documento que continua no verso, por constituir documento único.

SDI-II 84. Ação rescisória. Ausência da decisão rescindenda e/ou da certidão de seu trânsito em julgado devidamente autenticadas. Concessão de prazo para complementação da documentação. (alterada em decorrência do CPC de 2015)
São peças essenciais para o julgamento da ação rescisória a decisão rescindenda e/ou a certidão do seu trânsito em julgado, devidamente autenticadas, à exceção de cópias reprográficas apresentadas por pessoa jurídica de direito público, a teor do art. 24 da Lei 10.522/2002, ou declaradas autênticas pelo advogado na forma do artigo 830 da CLT com a redação dada pela Lei 11.925/2009. Em fase recursal, verificada a ausência de qualquer delas, cumpre ao Relator do recurso ordinário conceder o prazo de 5 (cinco) dias ao recorrente para que seja complementada a documentação exigível, nos termos do art. 932, parágrafo único, do CPC de 2015.

Parágrafo único. Impugnada a autenticidade da cópia, a parte que a produziu será intimada para apresentar cópias devidamente autenticadas ou o original, cabendo ao serventuário competente proceder à conferência e certificar a conformidade entre esses documentos. *(Parágrafo único acrescido pela Lei 11.925/2009)*

▸ Art. 411 do CPC.
▸ Art. 223, *caput*, do CC.
▸ Art. 24 da Lei 10.522/2002 (Lei do Cadin)

CPC 2015

Art. 411. Considera-se autêntico o documento quando:
I – o tabelião reconhecer a firma do signatário;
II – a autoria estiver identificada por qualquer outro meio legal de certificação, inclusive eletrônico, nos termos da lei;
III – não houver impugnação da parte contra quem foi produzido o documento.

Código Civil

Art. 223. A cópia fotográfica de documento, conferida por tabelião de notas, valerá como prova de declaração da vontade, mas, impugnada sua autenticidade, deverá ser exibido o original.

Lei 10.522/2002

Art. 24. As pessoas jurídicas de direito público são dispensadas de autenticar as cópias reprográficas de quaisquer documentos que apresentem em juízo.

Seção X
Da decisão e sua eficácia

Art. 831. A decisão será proferida depois de rejeitada pelas partes a proposta de conciliação.

Parágrafo único. No caso de conciliação, o termo que for lavrado valerá como decisão irrecorrível, salvo para a Previdência Social quanto às contribuições que lhe forem devidas. *(Parágrafo único com redação pela Lei 10.035/2000)*

▸ Arts. 764, § 3º, 846 e 850 desta Consolidação.
▸ Arts. 203, 492,502 e 504 do CPC.
▸ Súmulas 100, 259, 403 e 418 do TST.
▸ OJs 94, 132 e 154 da SDI-II do TST.

Súmulas

TST 259. Termo de Conciliação. Ação Rescisória. Só por ação rescisória é impugnável o termo de conciliação previsto no parágrafo único do art. 831 da CLT.

TST 418. Mandado de Segurança visando à homologação de acordo. (nova redação em decorrência do CPC de 2015) A homologação de acordo constitui faculdade do juiz, inexistindo direito líquido e certo tutelável pela via do mandado de segurança.

Orientações Jurisprudenciais

SDI-II 94. Ação rescisória. Colusão. Fraude à lei. Reclamatória simulada extinta. A decisão ou acordo judicial subjacente à reclamação trabalhista, cuja tramitação deixa nítida a simulação do litígio para fraudar a lei e prejudicar terceiros, enseja ação rescisória, com lastro em colusão. No juízo rescisório, o processo simulado deve ser extinto.

SDI-II 132. Ação rescisória. Acordo homologado. Alcance. Ofensa à coisa julgada. Acordo celebrado – homologado judicialmente – em que o empregado dá plena e ampla quitação, sem qualquer ressalva, alcança não só o objeto da inicial, como também todas as demais parcelas referentes ao extinto contrato de trabalho, violando a coisa julgada, a propositura de nova reclamação trabalhista.

SDI-II 154. Ação rescisória. Acordo prévio ao ajuizamento da reclamação. Quitação geral. Lide simulada. Possibilidade de rescisão da sentença homologatória de acordo apenas se verificada a existência de vício de consentimento. A sentença homologatória de acordo prévio ao ajuizamento de reclamação trabalhista, no qual foi conferida quitação geral do extinto contrato, sujeita-se ao corte rescisório tão somente se verificada a existência de fraude ou vício de consentimento.

Art. 832. Da decisão deverão constar o nome das partes, o resumo do pedido e da defesa, a apreciação das provas, os fundamentos da decisão e a respectiva conclusão.

▸ Art. 93, IX, da CF.
▸ Arts. 371 e 490 do CPC.
▸ Súmulas 187, 200, 211, 298, 304, 311 e 459 do TST.
▸ OJs 103 e 144 da SDI-II do TST.

CPC 2015

Art. 371. O Juiz apreciará a prova constante dos autos, independentemente do sujeito que a tiver promovido, e indicará na decisão as razões da formação de seu convencimento.

Art. 490. O Juiz resolverá o mérito acolhendo ou rejeitando, no todo ou em parte, os pedidos formulados pelas partes.

Súmulas

TST 187. Correção monetária. Incidência. A correção monetária não incide sobre o débito do trabalhador reclamante.

TST 200. Juros De Mora. Incidência. Os juros de mora incidem sobre a importância da condenação já corrigida monetariamente.

TST 211. Juros de mora e correção monetária. Independência do pedido inicial e do título executivo judicial Os juros de mora e a correção monetária incluem-se na liquidação, ainda que omisso o pedido inicial ou a condenação.

TST 304. Correção monetária. Empresas em liquidação. Art. 46 do ADCT/CF. Os débitos trabalhistas das entidades submetidas aos regimes de intervenção ou liquidação extrajudicial estão sujeitos a correção monetária desde o respectivo vencimento até seu efetivo pagamento,

sem interrupção ou suspensão, não incidindo, entretanto, sobre tais débitos, juros de mora.

TST 311. Benefício previdenciário a dependente de ex-empregado. Correção monetária. Legislação aplicável. O cálculo da correção monetária incidente sobre débitos relativos a benefícios previdenciários devidos a dependentes de ex-empregado pelo empregador, ou por entidade de previdência privada a ele vinculada, será o previsto na Lei 6.899, de 08.04.1981.

TST 459. Recurso de revista. Nulidade por negativa de prestação jurisdicional. (atualizada em decorrência do CPC de 2015) O conhecimento do recurso de revista, quanto à preliminar de nulidade, por negativa de prestação jurisdicional, supõe indicação de violação do art. 832 da CLT, do art. 489 do CPC de 2015 (art. 458 do CPC de 1973) ou do art. 93, IX, da CF/1988.

Orientações Jurisprudenciais

SDI-II 103. Ação rescisória. Contradição entre fundamentação e parte dispositiva do julgado. Cabimento. Erro de fato. É cabível a rescisória para corrigir contradição entre a parte dispositiva do acórdão rescindendo e a sua fundamentação, por erro de fato na retratação do que foi decidido.

SDI-II 144. Mandado de Segurança. Proibição de prática de atos futuros. Sentença genérica. Evento futuro. Incabível O mandado de segurança não se presta à obtenção de uma sentença genérica, aplicável a eventos futuros, cuja ocorrência é incerta.

§ 1º Quando a decisão concluir pela procedência do pedido, determinará o prazo e as condições para o seu cumprimento.

▸ OJ 262 da SDI-I do TST.
▸ OJ 35 da SDI-II do TST.

Orientações Jurisprudenciais

SDI-I 262. Coisa julgada. Planos econômicos. Limitação à data-base na fase de execução

Não ofende a coisa julgada a limitação à data-base da categoria, na fase executória, da condenação ao pagamento de diferenças salariais decorrentes de planos econômicos, quando a decisão exequenda silenciar sobre a limitação, uma vez que a limitação decorre de norma cogente. Apenas quando a sentença exequenda houver expressamente afastado a limitação à data-base é que poderá ocorrer ofensa à coisa julgada.

SDI-II 35. Ação rescisória. Planos econômicos. Coisa julgada. Limitação à data-base na fase de execução

Não ofende a coisa julgada a limitação à data-base da categoria, na fase executória, da condenação ao pagamento de diferenças salariais decorrentes de planos econômicos, quando a decisão exequenda silenciar sobre a limitação, uma vez que a limitação decorre de norma cogente. Apenas quando a sentença exequenda houver expressamente afastado a limitação à data-base é que poderá ocorrer ofensa à coisa julgada.

§ 2º A decisão mencionará sempre as custas que devam ser pagas pela parte vencida.

▸ Art. 789 desta Consolidação.
▸ Súmulas 25, 36 e 53 do TST.

Súmulas

TST 25. Custas processuais. Inversão do ônus da sucumbência. I – A parte vencedora na primeira instância, se vencida na segunda, está obrigada, independentemente de intimação, a pagar as custas fixadas na sentença originária, das quais ficara isenta a parte então vencida; II – No caso de inversão do ônus da sucumbência em segundo grau, sem acréscimo ou atualização do valor das custas e se estas já foram devidamente recolhidas, descabe um novo pagamento pela parte vencida, ao recorrer. Deverá ao final, se sucumbente, reembolsar a quantia; III – Não caracteriza deserção a hipótese em que, acrescido o valor da condenação, não houve fixação ou cálculo do valor devido a título de custas e tampouco intimação da parte para o preparo do recurso, devendo ser as custas pagas ao final; IV – O reembolso das custas à parte vencedora faz-se necessário mesmo na hipótese em que a parte vencida for pessoa isenta do seu pagamento, nos termos do art. 790-A, parágrafo único, da CLT.

TST 36. Custas. Nas ações plúrimas, as custas incidem sobre o respectivo valor global.

TST 53. Custas. O prazo para pagamento das custas, no caso de recurso, é contado da intimação do cálculo.

§ 3º As decisões cognitivas ou homologatórias deverão sempre indicar a natureza jurídica das parcelas constantes da condenação ou do acordo homologado, inclusive o

limite de responsabilidade de cada parte pelo recolhimento da contribuição previdenciária, se for o caso. *(§ 3º acrescido pela Lei 10.035/2000)*

▸ Súmula 688 do STF.
▸ OJ 368 da SDI-I do TST.

Súmula

STF 688. É legítima a incidência da contribuição previdenciária sobre o 13º salário.

Orientações Jurisprudenciais

SDI-I 368. Descontos previdenciários. Acordo homologado em juízo. Inexistência de vínculo empregatício. Parcelas indenizatórias. Ausência de discriminação. Incidência sobre o valor total. É devida a incidência das contribuições para a Previdência Social sobre o valor total do acordo homologado em juízo, independentemente do reconhecimento de vínculo de emprego, desde que não haja discriminação das parcelas sujeitas à incidência da contribuição previdenciária, conforme parágrafo único do art. 43 da Lei 8.212, de 24.07.1991, e do art. 195, I, *a*, da CF/1988.

§ 3º-A. Para os fins do § 3º deste artigo, salvo na hipótese de o pedido da ação limitar-se expressamente ao reconhecimento de verbas de natureza exclusivamente indenizatória, a parcela referente às verbas de natureza remuneratória não poderá ter como base de cálculo valor inferior: *(§ 3º-A acrescido pela Lei 13.876/2019)*

I – ao salário mínimo, para as competências que integram o vínculo empregatício reconhecido na decisão cognitiva ou homologatória; ou

II – à diferença entre a remuneração reconhecida como devida na decisão cognitiva ou homologatória e a efetivamente paga pelo empregador, cujo valor total referente a cada competência não será inferior ao salário mínimo.

§ 3º-B. Caso haja piso salarial da categoria definido por acordo ou convenção coletiva de trabalho, o seu valor deverá ser utilizado como base de cálculo para os fins do § 3º-A deste artigo. *(§ 3º-B acrescido pela Lei 13.876/2019)*

§ 4º A União será intimada das decisões homologatórias de acordos que contenham parcela indenizatória, na forma do art. 20 da Lei 11.033, de 21 de dezembro de 2004, facultada a interposição de recurso relativo aos tributos que lhe forem devidos. *(§ 4º com redação pela Lei 11.457/2007)*

▸ Arts. 114, VIII, e 195 da CF.
▸ Súmula 368 do TST.

Constituição Federal

Art. 114. Compete à Justiça do Trabalho processar e julgar: (...)

VIII – a execução, de ofício, das contribuições sociais previstas no art. 195, I, a , e II, e seus acréscimos legais, decorrentes das sentenças que proferir;

Art. 195. A seguridade social será financiada por toda a sociedade, de forma direta e indireta, nos termos da lei, mediante recursos provenientes dos orçamentos da União, dos Estados, do Distrito Federal e dos Municípios, e das seguintes contribuições sociais:

I – do empregador, da empresa e da entidade a ela equiparada na forma da lei, incidentes sobre:

a) a folha de salários e demais rendimentos do trabalho pagos ou creditados, a qualquer título, à pessoa física que lhe preste serviço, mesmo sem vínculo empregatício;

b) a receita ou o faturamento;

c) o lucro;

II – do trabalhador e dos demais segurados da previdência social, não incidindo contribuição sobre aposentadoria e pensão concedidas pelo regime geral de previdência social de que trata o art. 201; (...)

Súmula

TST 368. Descontos previdenciários. Imposto de renda. Competência. Responsabilidade pelo recolhimento. Forma de cálculo. Fato gerador. I – A Justiça do Trabalho é competente para determinar o recolhimento das contribuições fiscais. A competência da Justiça do Trabalho, quanto à execução das contribuições previdenciárias, limita-se às sentenças condenatórias em pecúnia que proferir e aos valores, objeto de acordo

homologado, que integrem o salário de contribuição. (ex-OJ 141 da SBDI-1 – inserida em 27.11.1998) (...)

§ 5º Intimada da sentença, a União poderá interpor recurso relativo à discriminação de que trata o § 3º deste artigo. *(§ 5º acrescido pela Lei 11.457/2007)*

§ 6º O acordo celebrado após o trânsito em julgado da sentença ou após a elaboração dos cálculos de liquidação de sentença não prejudicará os créditos da União. *(§ 6º acrescido pela Lei 11.457/2007)*

▸ Art. 764 desta Consolidação.
▸ OJ 376 da SDI-I do TST.

CLT

Art. 764. Os dissídios individuais ou coletivos submetidos à apreciação da Justiça do Trabalho serão sempre sujeitos à conciliação.

§ 1º Para os efeitos deste artigo, os juízes e Tribunais do Trabalho empregarão sempre os seus bons ofícios e persuasão no sentido de uma solução conciliatória dos conflitos.

§ 2º Não havendo acordo, o juízo conciliatório converter-se-á obrigatoriamente em arbitral, proferindo decisão na forma prescrita neste Título.

§ 3º É lícito às partes celebrar acordo que ponha termo ao processo, ainda mesmo depois de encerrado o juízo conciliatório.

Orientação Jurisprudencial

SDI-I 376. Contribuição previdenciária. Acordo homologado em juízo após o trânsito em julgado da sentença condenatória. Incidência sobre o valor homologado. É devida a contribuição previdenciária sobre o valor do acordo celebrado e homologado após o trânsito em julgado de decisão judicial, respeitada a proporcionalidade de valores entre as parcelas de natureza salarial e indenizatória deferidas na decisão condenatória e as parcelas objeto do acordo.

§ 7º O Ministro de Estado da Fazenda poderá, mediante ato fundamentado, dispensar a manifestação da União nas decisões homologatórias de acordos em que o montante da parcela indenizatória envolvida ocasionar perda de escala decorrente da atuação do órgão jurídico. *(§ 7º acrescido pela Lei 11.457/2007)*

Art. 833. Existindo na decisão evidentes erros ou enganos de escrita, de datilografia ou de cálculo, poderão os mesmos, antes da execução, ser corrigidos *ex officio*, ou a requerimento dos interessados ou da Procuradoria da Justiça do Trabalho.

▸ Art. 897-A, § 1º, desta Consolidação.
▸ OJs 103 e 136 da SDI-II do TST.

CLT

Art. 897-A Caberão embargos de declaração da sentença ou acórdão, no prazo de cinco dias, devendo seu julgamento ocorrer na primeira audiência ou sessão subsequente a sua apresentação, registrado na certidão, admitido efeito modificativo da decisão nos casos de omissão e contradição no julgado e manifesto equívoco no exame dos pressupostos extrínsecos do recurso.

§ 1º Os erros materiais poderão ser corrigidos de ofício ou a requerimento de qualquer das partes. (...)

Orientações Jurisprudenciais

SDI-II 103. Ação rescisória. Contradição entre fundamentação e parte dispositiva do julgado. Cabimento. Erro de fato. É cabível a rescisória para corrigir contradição entre a parte dispositiva do acórdão rescindendo e a sua fundamentação, por erro de fato na retratação do que foi decidido.

SDI-II 136. Ação rescisória. Erro de fato. Caracterização A caracterização do erro de fato como causa de rescindibilidade de decisão judicial transitada em julgado supõe a afirmação categórica e indiscutida de um fato, na decisão rescindenda, que não corresponde à realidade dos autos. O fato afirmado pelo julgador, que pode ensejar ação rescisória calcada no inciso VIII do art. 966 do CPC de 2015 (inciso IX do art. 485 do CPC de 1973), é apenas aquele que se coloca como premissa fática indiscutida de um silogismo argumentativo, não aquele que se apresenta ao final desse mesmo silogismo, como conclusão decorrente das premissas que especificaram as provas oferecidas, para se concluir pela existência do fato. Esta última hipótese é afastada pelo § 1º do art. 966 do CPC de 2015 (§ 2º do art. 485 do CPC de 1973), ao exigir

que não tenha havido controvérsia sobre o fato e pronunciamento judicial esmiuçando as provas.

Art. 834. Salvo nos casos previstos nesta Consolidação, a publicação das decisões e sua notificação aos litigantes, ou seus patronos, consideram-se realizadas nas próprias audiências em que forem as mesmas proferidas.

▸ Súmulas 30 e 197 do TST.

Súmulas

TST 30. Intimação da sentença. Quando não juntada a ata ao processo em 48 horas, contadas da audiência de julgamento (art. 851, § 2º, da CLT), o prazo para recurso será contado da data em que a parte receber a intimação da sentença.

TST 197. Prazo. O prazo para recurso da parte que, intimada, não comparecer à audiência em prosseguimento para a prolação da sentença conta-se de sua publicação.

Art. 835. O cumprimento do acordo ou da decisão far-se-á no prazo e condições estabelecidas.

▸ Art. 891 desta Consolidação.
▸ Art. 514 do CPC.

CLT

Art. 891. Nas prestações sucessivas por tempo determinado, a execução pelo não-pagamento de uma prestação compreenderá as que lhe sucederem.

CPC 2015

Art. 514. Quando o Juiz decidir relação jurídica sujeita a condição ou termo, o cumprimento da sentença dependerá de demonstração de que se realizou a condição ou de que ocorreu o termo.

Art. 836. É vedado aos órgãos da Justiça do Trabalho conhecer de questões já decididas, exceutados os casos expressamente previstos neste Título e a ação rescisória, que será admitida na forma do disposto no Capítulo IV do Título IX da Lei 5.869, de 11 de janeiro de 1973 Código de Processo Civil, sujeita ao depósito prévio de 20% (vinte por cento) do valor da causa, salvo prova de miserabilidade jurídica do autor. *(Caput com redação pela Lei 11.495/2007)*

▸ Arts. 966 a 975 do CPC.
▸ Inst. Normativa 31/2007 do TST (Regulamenta a forma de realização do depósito prévio em ação rescisória de que trata o art. 836 da CLT)
▸ Súmulas, 268, 304 e 514 do STF.
▸ Súmula 401 do STJ.
▸ Súmulas 33, 83, 99, 100, 158, 192, 259, 298, 299, 365, 397 a 413 e 425 do TST.
▸ OJs 21, 23 a 25, 30, 34, 35, 41, 70, 78, 80, 94, 97, 101, 103, 107, 112, 123, 124, 131,132, 134 a 136, 146, 150, 151, 154, 157 e 158 da SDI-II do TST.

CPC 2015

Art. 966. A decisão de mérito, transitada em julgado, pode ser rescindida quando:

I – se verificar que foi proferida por força de prevaricação, concussão ou corrupção do Juiz;

II – for proferida por Juiz impedido ou por juízo absolutamente incompetente;

III – resultar de dolo ou coação da parte vencedora em detrimento da parte vencida ou, ainda, de simulação ou colusão entre as partes, a fim de fraudar a lei;

IV – ofender a coisa julgada;

V – violar manifestamente norma jurídica;

VI – for fundada em prova cuja falsidade tenha sido apurada em processo criminal ou venha a ser demonstrada na própria ação rescisória;

VII – obtiver o autor, posteriormente ao trânsito em julgado, prova nova cuja existência ignorava ou de que não pôde fazer uso, capaz, por si só, de lhe assegurar pronunciamento favorável;

VIII – for fundada em erro de fato verificável do exame dos autos.

§ 1º Há erro de fato quando a decisão rescindenda admitir fato inexistente ou quando considerar inexistente fato efetivamente ocorrido, sendo indispensável, em ambos os casos, que o fato não represente ponto controvertido sobre o qual o Juiz deveria ter se pronunciado.

§ 2º Nas hipóteses previstas nos incisos do *caput*, será rescindível a decisão transitada em julgado que, embora não seja de mérito, impeça:

I – nova propositura da demanda; ou

II – admissibilidade do recurso correspondente.

§ 3º A ação rescisória pode ter por objeto apenas 1 (um) capítulo da decisão.

§ 4º Os atos de disposição de direitos, praticados pelas partes ou por outros participantes do processo e homologados pelo juízo, bem como os atos homologatórios praticados no curso da execução, estão sujeitos à anulação, nos termos da lei.

§ 5º Cabe ação rescisória, com fundamento no inciso V do *caput* deste artigo, contra decisão baseada em enunciado de súmula ou acórdão proferido em julgamento de casos repetitivos que não tenha considerado a existência de distinção entre a questão discutida no processo e o padrão decisório que lhe deu fundamento.

§ 6º Quando a ação rescisória fundar-se na hipótese do § 5º deste artigo, caberá ao autor, sob pena de inépcia, demonstrar, fundamentadamente, tratar-se de situação particularizada por hipótese fática distinta ou de questão jurídica não examinada, a impor outra solução jurídica.

Art. 969. A propositura da ação rescisória não impede o cumprimento da decisão rescindenda, ressalvada a concessão de tutela provisória.

Art. 975. O direito à rescisão se extingue em 2 (dois) anos contados do trânsito em julgado da última decisão proferida no processo.

§ 1º Prorroga-se até o primeiro dia útil imediatamente subsequente o prazo a que se refere o *caput*, quando expirar durante férias forenses, recesso, feriados ou em dia em que não houver expediente forense.

§ 2º Se fundada a ação no inciso VII do art. 966, o termo inicial do prazo será a data de descoberta da prova nova, observado o prazo máximo de 5 (cinco) anos, contado do trânsito em julgado da última decisão proferida no processo.

§ 3º Nas hipóteses de simulação ou de colusão das partes, o prazo começa a contar, para o terceiro prejudicado e para o Ministério Público, que não interveio no processo, a partir do momento em que têm ciência da simulação ou da colusão.

Súmulas

STF 268. Não cabe mandado de segurança contra decisão judicial com trânsito em julgado.

STF 514. Admite-se ação rescisória contra sentença transitada em julgado, ainda que contra ela não se tenha esgotado todos os recursos.

STJ 401. O prazo decadencial da ação rescisória só se inicia quando não for cabível qualquer recurso do último pronunciamento judicial.

Parágrafo único. A execução da decisão proferida em ação rescisória far-se-á nos próprios autos da ação que lhe deu origem, e será instruída com o acórdão da rescisória e a respectiva certidão de trânsito em julgado. *(Parágrafo único acrescido pela MP 2.180-35/2001)*

CAPÍTULO III
DOS DISSÍDIOS INDIVIDUAIS

Seção I
Da forma de reclamação e da notificação

▸ A EC 24/1999 extinguiu a figura do Juiz Classista e as Juntas de Conciliação e Julgamento, substituindo pelas Varas do Trabalho, onde a jurisdição será exercida por um Juiz Singular.

Art. 837. Nas localidades em que houver apenas uma Junta de Conciliação e Julgamento, ou um escrivão do cível, a reclamação será apresentada diretamente à secretaria da Junta, ou ao cartório do Juízo.

▸ A EC 24/1999 extinguiu a figura do Juiz Classista e as Juntas de Conciliação e Julgamento, substituindo pelas Varas do Trabalho, onde a jurisdição será exercida por um Juiz Singular.

Art. 838. Nas localidades em que houver mais de uma Junta ou mais de um Juízo, ou escrivão do cível, a reclamação será, preliminarmente, sujeita a distribuição, na forma do disposto no Capítulo II, Seção II, deste Título.

▸ A EC 24/1999 extinguiu a figura do Juiz Classista e as Juntas de Conciliação e Julgamento, substituindo pelas Varas do Trabalho, onde a jurisdição será exercida por um Juiz Singular.
▸ Arts. 783 a 788 desta Consolidação.

Art. 839. A reclamação poderá ser apresentada:

▸ Arts. 5º, XXI, LXXIV, 8º, III, 133 e 134 da CF.

Constituição Federal

Art. 5º Todos são iguais perante a lei, sem distinção de qualquer natureza, garantindo-se aos brasileiros e aos estrangeiros residentes no País a inviolabilidade do direito à vida, à liberdade, à igualdade, à segurança e à propriedade, nos termos seguintes:

XXI – as entidades associativas, quando expressamente autorizadas, têm legitimidade para representar seus filiados judicial ou extrajudicialmente;

LXXIV – o Estado prestará assistência jurídica integral e gratuita aos que comprovarem insuficiência de recursos;

Art. 8º É livre a associação profissional ou sindical, observado o seguinte:

III – ao sindicato cabe a defesa dos direitos e interesses coletivos ou individuais da categoria, inclusive em questões judiciais ou administrativas;

a) pelos empregados e empregadores, pessoalmente, ou por seus representantes, e pelos sindicatos de classe;

▸ Súmulas 122, 286, 395 e 406 do TST.
▸ OJs 7, 75, 121, 200, 255, 286, 318, 319, 348 da SDI-I
▸ OJ 19 da SDC do TST.

Súmulas

TST 122. Revelia. Atestado médico A reclamada, ausente à audiência em que deveria apresentar defesa, é revel, ainda que presente seu advogado munido de procuração, podendo ser ilidida a revelia mediante a apresentação de atestado médico, que deverá declarar, expressamente, a impossibilidade de locomoção do empregador ou do seu preposto no dia da audiência.

TST 395. Mandato e substabelecimento. Condições de validade.

I – Válido é o instrumento de mandato com prazo determinado que contém cláusula estabelecendo a prevalência dos poderes para atuar até o final da demanda (§ 4º do art. 105 do CPC de 2015)

II – Se há previsão, no instrumento de mandato, de prazo para sua juntada, o mandato só tem validade se anexado ao processo o respectivo instrumento no aludido prazo.

III – São válidos os atos praticados pelo substabelecido, ainda que não haja, no mandato, poderes expressos para substabelecer (art. 667, e parágrafos, do Código Civil de 2002)

IV – Configura-se a irregularidade de representação se o substabelecimento é anterior à outorga passada ao substabelecente.

V – Verificada a irregularidade de representação nas hipóteses dos itens II e IV, deve o juiz suspender o processo e designar prazo razoável para que seja sanado o vício, ainda que em instância recursal (art. 76 do CPC de 2015)

Orientações Jurisprudenciais

SDI-I 121. Substituição processual. Diferença do adicional de insalubridade. Legitimidade. O sindicato tem legitimidade para atuar na qualidade de substituto processual para pleitear diferença de adicional de insalubridade.

SDI-I 318. Autarquia. Fundação Pública. Legitimidade para Recorrer. Representação Processual. (incluído o item II e alterada em decorrência do CPC de 2015)

I – Os Estados e os Municípios não têm legitimidade para recorrer em nome das autarquias e das fundações públicas.

II – Os procuradores estaduais e municipais podem representar as respectivas autarquias e fundações públicas em juízo somente se designados pela lei da respectiva unidade da federação (art. 75, IV, do CPC de 2015) ou se investidos de instrumento de mandato válido.

SDI-I 319. Representação regular. Estagiário. Habilitação posterior. Válidos são os atos praticados por estagiário se, entre o substabelecimento e a interposição do recurso, sobreveio a habilitação, do então estagiário, para atuar como advogado.

SDC 19. Dissídio coletivo contra empresa. Legitimação da entidade sindical. Autorização dos trabalhadores diretamente envolvidos no conflito. A legitimidade da entidade sindical para a instauração da instância contra determinada empresa está condicionada à prévia autorização dos trabalhadores da suscitada diretamente envolvidos no conflito.

b) por intermédio das Procuradorias Regionais da Justiça do Trabalho.

Art. 840. A reclamação poderá ser escrita ou verbal.

▸ Arts. 5º, LV, LXVIII a LXXI, 93, IX, e 114, IV, da CF.
▸ Art. 12 da IN 41/2018 do TST (Dispõe sobre a aplicação das normas processuais da CLT alteradas pela Lei 13.467/2017).

Constituição Federal

Art. 5º Todos são iguais perante a lei, sem distinção de qualquer natureza, garantindo-se aos brasileiros e aos estrangeiros residentes no País a inviolabilidade do direito à vida, à liberdade, à igualdade, à segurança e à propriedade, nos termos seguintes: (...)

LV – aos litigantes, em processo judicial ou administrativo, e aos acusados em geral são assegurados o contraditório e ampla defesa, com os meios e recursos a ela inerentes;

(...)

LXVIII – conceder-se-á *habeas corpus* sempre que alguém sofrer ou se achar ameaçado de sofrer violência ou coação em sua liberdade de locomoção, por ilegalidade ou abuso de poder;

LXIX – conceder-se-á mandado de segurança para proteger direito líquido e certo, não amparado por *habeas corpus* ou *habeas data*, quando o responsável pela ilegalidade ou abuso de poder for autoridade pública ou agente de pessoa jurídica no exercício de atribuições do Poder Público; (...)

LXXII – conceder-se-á *habeas data*:

a) para assegurar o conhecimento de informações relativas à pessoa do impetrante, constantes de registros ou bancos de dados de entidades governamentais ou de caráter público;

b) para a retificação de dados, quando não se prefira fazê-lo por processo sigiloso, judicial ou administrativo; (...)

Art. 114. Compete à Justiça do Trabalho processar e julgar: (...)

IV – os mandados de segurança, *habeas corpus* e *habeas data* , quando o ato questionado envolver matéria sujeita à sua jurisdição;

§ 1º Sendo escrita, a reclamação deverá conter a designação do juízo, a qualificação das partes, a breve exposição dos fatos de que resulte o dissídio, o pedido, que deverá ser certo, determinado e com indicação de seu valor, a data e a assinatura do reclamante ou de seu representante. *(§ 1º com redação pela Lei 13.467/2017)*

▸ A EC 24/1999 extinguiu a representação classista na Justiça do Trabalho, substituindo as Juntas de Conciliação e Julgamento pelas Varas do Trabalho.
▸ Arts. 651 e 787 desta Consolidação.
▸ Arts. 291, 292, I, VI a VIII, e §§ 1º e 2º, do CPC.
▸ Art. 2º da Lei 5.584/1970 (Normas de Direito Processual do Trabalho)
▸ Art. 12, § 2º da IN 41/2018 do TST (Dispõe sobre a aplicação das normas processuais da CLT alteradas pela Lei 13.467/2017).
▸ Súmula 254 do STF.
▸ Súmula 318 do STJ.
▸ Súmulas 71, 211, 219, 263 e 463 do TST.

CPC 2015

Art. 291. A toda causa será atribuído valor certo, ainda que não tenha conteúdo econômico imediatamente aferível.

Art. 292. O valor da causa constará da petição inicial ou da reconvenção e será:

VI – na ação em que há cumulação de pedidos, a quantia correspondente à soma dos valores de todos eles;

VII – na ação em que os pedidos são alternativos, o de maior valor;

VIII – na ação em que houver pedido subsidiário, o valor do pedido principal.

§ 1º Quando se pedirem prestações vencidas e vincendas, considerar-se-á o valor de umas e outras.

§ 2º O valor das prestações vincendas será igual a uma prestação anual, se a obrigação for por tempo indeterminado ou por tempo superior a 1 (um) ano, e, se por tempo inferior, será igual à soma das prestações.

§ 3º O Juiz corrigirá, de ofício e por arbitramento, o valor da causa quando verificar que não corresponde ao conteúdo patrimonial em discussão ou ao proveito econômico perseguido pelo autor, caso em que se procederá ao recolhimento das custas correspondentes.

Lei 5.584/1970

Art. 2º Nos dissídios individuais, proposta a conciliação, e não havendo acordo, o Presidente, da Junta ou o Juiz, antes de passar à instrução da causa, fixar-lhe-á o valor para a determinação da alçada, se este for indeterminado no pedido.

§ 1º Em audiência, ao aduzir razões finais, poderá qualquer das partes, impugnar o valor fixado e, se o Juiz o mantiver, pedir revisão da decisão, no prazo de 48 (quarenta e oito) horas, ao Presidente do Tribunal Regional.

§ 2º O pedido de revisão, que não terá efeito suspensivo deverá ser instruído com a petição inicial e a Ata da Audiência, em cópia autenticada pela Secretaria da Junta, e será julgado em 48 (quarenta e oito) horas, a partir do seu recebimento pelo Presidente do Tribunal Regional.

§ 3º Quando o valor fixado para a causa, na forma deste artigo, não exceder de 2 (duas) vezes o salário-mínimo vigente na sede do Juízo, será dispensável o resumo dos depoimentos, devendo constar da Ata a conclusão da Junta quanto à matéria de fato.

§ 4º Salvo se versarem sobre matéria constitucional, nenhum recurso caberá das sentenças proferidas nos dissídios da alçada a que se refere

o parágrafo anterior, considerado, para esse fim, o valor do salário mínimo à data do ajuizamento da ação.

Súmulas

STJ 318 Formulado pedido certo e determinado, somente o autor tem interesse recursal em arguir o vício da sentença ilíquida.

TST 71. Alçada. A alçada é fixada pelo valor dado à causa na data de seu ajuizamento, desde que não impugnado, sendo inalterável no curso do processo.

TST 211. Juros de mora e correção monetária. Independência do pedido inicial e do título executivo judicial. Os juros de mora e a correção monetária incluem-se na liquidação, ainda que omisso o pedido inicial ou a condenação.

TST 263. Petição inicial. Indeferimento. Instrução obrigatória deficiente. Salvo nas hipóteses do art. 330 do CPC de 2015 (art. 295 do CPC de 1973), o indeferimento da petição inicial, por encontrar-se desacompanhada de documento indispensável à propositura da ação ou não preencher outro requisito legal, somente é cabível se, após intimada para suprir a irregularidade em 15 (quinze) dias, mediante indicação precisa do que deve ser corrigido ou completado, a parte não o fizer (art. 321 do CPC de 2015)

TST 463. Assistência judiciária gratuita. Comprovação (conversão da Orientação Jurisprudencial 304 da SBDI-I, com alterações decorrentes do CPC de 2015) I – A partir de 26.06.2017, para a concessão da assistência judiciária gratuita à pessoa natural, basta a declaração de hipossuficiência econômica firmada pela parte ou por seu advogado, desde que munido de procuração com poderes específicos para esse fim (art. 105 do CPC de 2015); II – No caso de pessoa jurídica, não basta a mera declaração: é necessária a demonstração cabal de impossibilidade de a parte arcar com as despesas do processo.

§ 2º Se verbal, a reclamação será reduzida a termo, em duas vias datadas e assinadas pelo escrivão ou secretário, observado, no que couber, o disposto no § 1º deste artigo. *(§ 2º com redação pela Lei 13.467/2017)*

▸ Arts. 291 a 293 do CPC.
▸ Art. 12, § 2º da IN 41/2018 do TST (Dispõe sobre a aplicação das normas processuais da CLT alteradas pela Lei 13.467/2017).

CLT

Art. 786. A reclamação verbal será distribuída antes de sua redução a termo.

Parágrafo único. Distribuída a reclamação verbal, o reclamante deverá, salvo motivo de força maior, apresentar-se no prazo de 5 (cinco) dias, ao cartório ou à secretaria, para reduzi-la a termo, sob a pena estabelecida no art. 731.

Art. 791. Os empregados e os empregadores poderão reclamar pessoalmente perante a Justiça do Trabalho e acompanhar as suas reclamações até o final.

§ 1º Nos dissídios individuais os empregados e empregadores poderão fazer-se representar por intermédio do sindicato, advogado, solicitador, ou provisionado, inscrito na Ordem dos Advogados do Brasil.

§ 2º Nos dissídios coletivos é facultada aos interessados a assistência por advogado.

§ 3º A constituição de procurador com poderes para o foro em geral poderá ser efetivada, mediante simples registro em ata de audiência, a requerimento verbal do advogado interessado, com anuência da parte representada.

§ 3º Os pedidos que não atendam ao disposto no § 1º deste artigo serão julgados extintos sem resolução do mérito. *(§ 3º acrescido pela Lei 13.467/2017)*

Art. 841. Recebida e protocolada a reclamação, o escrivão ou secretário, dentro de quarenta e oito horas, remeterá a segunda via da petição, ou do termo, ao reclamado, notificando-o ao mesmo tempo, para comparecer à audiência de julgamento, que será a primeira desimpedida, depois de cinco dias.

▸ A Lei 409/1948 criou os quadros de pessoal da Justiça do Trabalho, estabelecendo a função de chefe de secretaria, no lugar do secretário. Atualmente a função é de diretor de secretaria.
▸ Art. 5º, LV, da CF.
▸ Art. 1º, II, do Dec.-lei 779/1969 (Aplicação de normas processuais trabalhistas à União Federal, aos Estados, Municípios, Distrito Federal e autarquias ou fundações de direito público que não explorem atividade econômica)
▸ Súmula 122 do TST.

▸ OJs 245 e 392 da SDI-I do TST.

Dec.-lei 779/1969

Art. 1º. Nos processos perante a Justiça do Trabalho, constituem privilégio da União, dos Estados, do Distrito Federal, dos Municípios e das autarquias ou fundações de direito público federais, estaduais ou municipais que não explorem atividade econômica: (...) II – o quádruplo do prazo fixado no artigo 841, *in fine*, da Consolidação das Leis do Trabalho;

Súmula

TST 122. Revelia. Atestado médico A reclamada, ausente à audiência em que deveria apresentar defesa, é revel, ainda que presente seu advogado munido de procuração, podendo ser ilidida a revelia mediante a apresentação de atestado médico, que deverá declarar, expressamente, a impossibilidade de locomoção do empregador ou do seu preposto no dia da audiência.

Orientação Jurisprudencial

SDI-I 392. Prescrição. Interrupção. Ajuizamento de protesto judicial. Marco Inicial. (atualizada em decorrência do CPC de 2015) (republicada em razão de erro material) O protesto judicial é medida aplicável no processo do trabalho, por força do art. 769 da CLT e do art. 15 do CPC de 2015. O ajuizamento da ação, por si só, interrompe o prazo prescricional, em razão da inaplicabilidade do § 2º do art. 240 do CPC de 2015 (§ 2º do art. 219 do CPC de 1973), incompatível com o disposto no art. 841 da CLT.

§ 1º A notificação será feita em registro postal com franquia. Se o reclamado criar embaraços ao seu recebimento ou não for encontrado, far-se-á a notificação por edital, inserto no jornal oficial ou no que publicar o expediente forense, ou, na falta, afixado na sede da Junta ou Juízo.

▸ A EC 24/1999 extinguiu a figura do Juiz Classista e as Juntas de Conciliação e Julgamento, substituindo pelas Varas do Trabalho, onde a jurisdição será exercida por um Juiz Singular.
▸ Súmulas 414 e 429 do STJ.
▸ Súmula 16 do TST.

Súmulas

STJ 414 A citação por edital na execução fiscal é cabível quando frustradas as demais modalidades.

STJ 429 A citação postal, quando autorizada por lei, exige o aviso de recebimento.

TST 16. Notificação. Presume-se recebida a notificação 48 (quarenta e oito) horas depois de sua *postagem*. O seu não-recebimento ou a entrega após o decurso desse prazo constitui ônus de prova do destinatário.

§ 2º O reclamante será notificado no ato da apresentação da reclamação ou na forma do parágrafo anterior.

§ 3º Oferecida a contestação, ainda que eletronicamente, o reclamante não poderá, sem o consentimento do reclamado, desistir da ação. *(§ 3º acrescido pela Lei 13.467/2017)*

▸ Súmula 240 do STJ.

Súmula

STJ 240. A extinção do processo, por abandono da causa pelo autor, depende de requerimento do réu.

Art. 842. Sendo várias as reclamações e havendo identidade de matéria, poderão ser acumuladas num só processo, se se tratar de empregados da mesma empresa ou estabelecimento.

▸ Súmula 36 do TST.
▸ OJs 9 e 13 do Tribunal Pleno.

Súmula

TST 36. Custas. Nas ações plúrimas, as custas incidem sobre o respectivo valor global.

Orientações Jurisprudenciais

Tribunal Pleno 9. Precatório. Pequeno valor. Individualização do crédito apurado. Reclamação trabalhista plúrima. Execução direta contra a fazenda pública. Possibilidade. Tratando-se de reclamações trabalhistas plúrimas, a aferição do que vem a ser obrigação de pequeno valor, para efeito de dispensa de formação de precatório e aplicação do disposto no § 3º do art. 100 da CF/88, deve ser realizada considerando-se os créditos de cada reclamante.

Tribunal Pleno 13. Precatório. Quebra da ordem de precedência. Não demonstração da posição do exequente na ordem cronológica. Sequestro indevido. É indevido o sequestro de verbas públicas quando

o exequente/requerente não se encontra em primeiro lugar na lista de ordem cronológica para pagamento de precatórios ou quando não demonstrada essa condição.

Seção II
Da audiência de julgamento

Art. 843. Na audiência de julgamento deverão estar presentes o reclamante e o reclamado, independentemente do comparecimento de seus representantes, salvo nos casos de Reclamatórias Plúrimas ou Ações de Cumprimento, quando os empregados poderão fazer-se representar pelo Sindicato de sua categoria. *(Caput com redação pela Lei 6.667/1979)*

▸ Arts. 791 e 839 desta Consolidação.
▸ Súmulas 9, 122 e 456 do TST.
▸ OJs 121 e 245 da SDI-I do TST.

Súmulas

TST 9. Ausência do reclamante. A ausência do reclamante, quando adiada a instrução após contestada a ação em audiência, não importa arquivamento do processo.

TST 122. Revelia. Atestado médico. A reclamada, ausente à audiência em que deveria apresentar defesa, é revel, ainda que presente seu advogado munido de procuração, podendo ser ilidida a revelia mediante a apresentação de atestado médico, que deverá declarar, expressamente, a impossibilidade de locomoção do empregador ou do seu preposto no dia da audiência.

Orientação Jurisprudencial

SDI-I 245. Revelia. Atraso. Audiência. Inexiste previsão legal tolerando atraso no horário de comparecimento da parte na audiência.

§ 1º É facultado ao empregador fazer-se substituir pelo gerente, ou qualquer outro preposto que tenha conhecimento do fato, e cujas declarações obrigarão o proponente.

▸ Art. 861 desta Consolidação.

§ 2º Se por doença ou qualquer outro motivo poderoso, devidamente comprovado, não for possível ao empregado comparecer pessoalmente, poderá fazer-se representar por outro empregado que pertença à mesma profissão, ou pelo seu Sindicato.

▸ Mantivemos "poderoso" conforme publicação oficial. No lugar desta expressão leia-se "ponderoso".

§ 3º O preposto a que se refere o § 1º deste artigo não precisa ser empregado da parte reclamada. *(§ 3º acrescido pela Lei 13.467/2017)*

▸ Art. 12, §§ 1º e 3º da IN 41/2018 do TST (Dispõe sobre a aplicação das normas processuais da CLT alteradas pela Lei 13.467/2017).

Art. 844. O não comparecimento do reclamante à audiência importa o arquivamento da reclamação, e o não comparecimento do reclamado importa revelia, além de confissão quanto à matéria de fato.

▸ Súmulas 9, 69, 74, 122 e 268 do TST.
▸ OJs 152 e 245 da SDI-I do TST.

Súmulas

TST 9. Ausência do reclamante. A ausência do reclamante, quando adiada a instrução após contestada a ação em audiência, não importa arquivamento do processo.

TST 69. Rescisão do Contrato. A partir da Lei 10.272, de 05.09.2001, havendo rescisão do contrato de trabalho e sendo revel e confesso quanto à matéria de fato, deve ser o empregador condenado ao pagamento das verbas rescisórias, não quitadas na primeira audiência, com acréscimo de 50% (cinquenta por cento)

TST 74. Confissão. I – Aplica-se a confissão à parte que, expressamente intimada para aquela cominação, não comparecer à audiência em prosseguimento, na qual deveria depor. II – A prova pré-constituída nos autos pode ser levada em conta para confronto com a confissão ficta (arts. 442 e 443, do CPC de 2015 – art. 400, I, do CPC de 1973), não implicando cerceamento de defesa o indeferimento de provas posteriores. III- A vedação à produção de prova posterior pela parte confessa somente a ela se aplica, não afetando o exercício, pelo magistrado, do poder/dever de conduzir o processo.

TST 122. Revelia. Atestado médico. A reclamada, ausente à audiência em que deveria apresentar defesa, é revel, ainda que presente seu advogado munido de procuração, podendo ser ilidida a revelia mediante a apresentação de atestado médico, que deverá declarar, expressamente, a impossibilidade de locomoção do empregador ou do seu preposto no dia da audiência.

Orientações Jurisprudenciais

SDI-I 152. Revelia. Pessoa jurídica de direito público. Aplicável. Pessoa jurídica de direito público sujeita-se à revelia prevista no artigo 844 da CLT.

SDI-I 245. Revelia. Atraso. Audiência. Inexiste previsão legal tolerando atraso no horário de comparecimento da parte na audiência.

§ 1º Ocorrendo motivo relevante, poderá o juiz suspender o julgamento, designando nova audiência. *(Primitivo parágrafo único renumerado e com redação pela Lei 13.467/2017)*

§ 2º Na hipótese de ausência do reclamante, este será condenado ao pagamento das custas calculadas na forma do art. 789 desta Consolidação, ainda que beneficiário da justiça gratuita, salvo se comprovar, no prazo de quinze dias, que a ausência ocorreu por motivo legalmente justificável. *(§ 2º acrescido pela Lei 13.467/2017)*

▸ Art. 12 da IN 41/2018 do TST (Dispõe sobre a aplicação das normas processuais da CLT alteradas pela Lei 13.467/2017).

§ 3º O pagamento das custas a que se refere o § 2º é condição para a propositura de nova demanda. *(§ 3º acrescido pela Lei 13.467/2017)*

▸ Art. 12 da IN 41/2018 do TST (Dispõe sobre a aplicação das normas processuais da CLT alteradas pela Lei 13.467/2017).

§ 4º A revelia não produz o efeito mencionado no *caput* deste artigo se: *(§ 4º acrescido pela Lei 13.467/2017)*

I – havendo pluralidade de reclamados, algum deles contestar a ação;

II – o litígio versar sobre direitos indisponíveis;

III – a petição inicial não estiver acompanhada de instrumento que a lei considere indispensável à prova do ato;

IV – as alegações de fato formuladas pelo reclamante forem inverossímeis ou estiverem em contradição com prova constante dos autos.

§ 5º Ainda que ausente o reclamado, presente o advogado na audiência, serão aceitos a contestação e os documentos eventualmente apresentados. *(§ 5º acrescido pela Lei 13.467/2017)*

▸ Art. 12 da IN 41/2018 do TST (Dispõe sobre a aplicação das normas processuais da CLT alteradas pela Lei 13.467/2017).

Art. 845. O reclamante e o reclamado comparecerão à audiência acompanhados das suas testemunhas, apresentando, nessa ocasião, as demais provas.

▸ Art. 787 desta Consolidação.
▸ Súmulas 8, 74 e 357 do TST.

Súmulas

TST 8. Juntada de documento. A juntada de documentos na fase recursal só se justifica quando provado o justo impedimento para sua oportuna apresentação ou se referir a fato posterior à sentença.

TST 357. Testemunha. Ação contra a mesma reclamada. Suspeição. Não torna suspeita a testemunha o simples fato de estar litigando ou de ter litigado contra o mesmo empregador.

Art. 846. Aberta a audiência, o Juiz ou presidente proporá a conciliação. *(Caput com redação pela Lei 9.022/1995)*

▸ Art. 850 desta Consolidação.

§ 1º Se houver acordo lavrar-se-á termo, assinado pelo presidente e pelos litigantes, consignando-se o prazo e demais condições para seu cumprimento. *(§ 1º acrescido pela Lei 9.022/1995)*

▸ Art. 835 desta Consolidação.
▸ Súmula 418 do TST.
▸ OJs 94 e 132 da SDI-II do TST.

Súmula

TST 418. Mandado de Segurança visando à homologação de acordo. (nova redação em decorrência do CPC de 2015) A homologação de acordo constitui faculdade do juiz, inexistindo direito líquido e certo tutelável pela via do mandado de segurança.

Orientações Jurisprudenciais

SDI-II 94. Ação rescisória. Colusão. Fraude à lei. Reclamatória simulada extinta. A decisão ou acordo judicial subjacente à reclamação trabalhista, cuja tramitação deixa nítida a simulação do litígio para fraudar a lei e prejudicar terceiros, enseja ação rescisória, com lastro em colusão. No juízo rescisório, o processo simulado deve ser extinto.

SDI-II 132. Ação rescisória. Acordo homologado. Alcance. Ofensa à coisa julgada. Acordo celebrado –homologado judicialmente – em que o empregado dá plena e ampla quitação, sem qualquer ressalva, alcança não só o objeto da inicial, como também todas as demais parcelas referentes ao extinto contrato de trabalho, violando a coisa julgada, a propositura de nova reclamação trabalhista.

§ 2º Entre as condições a que se refere o parágrafo anterior, poderá ser estabelecida a de ficar a parte que não cumprir o acordo obrigada a satisfazer integralmente o pedido ou pagar uma indenização convencionada, sem prejuízo do cumprimento do acordo. *(§ 2º acrescido pela Lei 9.022/1995)*

Art. 847. Não havendo acordo, o reclamado terá vinte minutos para aduzir sua defesa, após a leitura da reclamação, quando esta não for dispensada por ambas as partes. *(Caput com redação pela Lei 9.022/1995)*

Parágrafo único. A parte poderá apresentar defesa escrita pelo sistema de processo judicial eletrônico até a audiência. *(Parágrafo único acrescido pela Lei 13.467/2017)*

▸ Art. 5º, LV, da CF.
▸ Art. 799 desta Consolidação.
▸ Arts. 329, 336 e 341 do CPC.
▸ OJ 350 da SDI-I do TST.

Constituição Federal

Art. 5º Todos são iguais perante a lei, sem distinção de qualquer natureza, garantindo-se aos brasileiros e aos estrangeiros residentes no País a inviolabilidade do direito à vida, à liberdade, à igualdade, à segurança e à propriedade, nos termos seguintes: (...)

LV – aos litigantes, em processo judicial ou administrativo, e aos acusados em geral são assegurados o contraditório e ampla defesa, com os meios e recursos a ela inerentes;

CLT

Art. 799. Nas causas da jurisdição da Justiça do Trabalho, somente podem ser opostas, com suspensão do feito, as exceções de suspeição ou incompetência.

§ 1º As demais exceções serão alegadas como matéria de defesa.

§ 2º Das decisões sobre exceções de suspeição e incompetência, salvo, quanto a estas, se terminativas do feito, não caberá recurso, podendo, no entanto, as partes alegá-las novamente no recurso que couber da decisão final.

CPC 2015

Art. 329. O autor poderá:

I – até a citação, aditar ou alterar o pedido ou a causa de pedir, independentemente de consentimento do réu;

II – até o saneamento do processo, aditar ou alterar o pedido e a causa de pedir, com consentimento do réu, assegurado o contraditório mediante a possibilidade de manifestação deste no prazo mínimo de 15 (quinze) dias, facultado o requerimento de prova suplementar. (...)

Art. 336. Incumbe ao réu alegar, na contestação, toda a matéria de defesa, expondo as razões de fato e de direito com que impugna o pedido do autor e especificando as provas que pretende produzir. (...)

Art. 341. Incumbe também ao réu manifestar-se precisamente sobre as alegações de fato constantes da petição inicial, presumindo-se verdadeiras as não impugnadas, salvo se:

I – não for admissível, a seu respeito, a confissão;

II – a petição inicial não estiver acompanhada de instrumento que a lei considerar da substância do ato;

III – estiverem em contradição com a defesa, considerada em seu conjunto.

Parágrafo único. O ônus da impugnação especificada dos fatos não se aplica ao defensor público, ao advogado dativo e ao curador especial.

Orientação Jurisprudencial

SDI-I 350. Ministério Público do Trabalho. Nulidade do contrato de trabalho não suscitada pelo ente público no momento da defesa. Arguição em parecer. Possibilidade. O Ministério Público do Trabalho pode arguir, em parecer, na primeira vez que tenha de se manifestar no processo, a nulidade do contrato de trabalho em favor de ente público, ainda que a parte não a tenha suscitado, a qual será apreciada, sendo vedada, no entanto, qualquer dilação probatória.

Art. 848. Terminada a defesa, seguir-se-á a instrução do processo, podendo o presidente, *ex officio* ou a requerimento de qualquer Juiz temporário, interrogar os litigantes. *(Caput com redação pela Lei 9.022/1995)*

▸ Art. 820 desta Consolidação.
▸ Arts. 139, VIII, e 385 do CPC.

CPC 2015

Art. 385. Cabe à parte requerer o depoimento pessoal da outra parte, a fim de que esta seja interrogada na audiência de instrução e julgamento, sem prejuízo do poder do Juiz de ordená-lo de ofício.

§ 1º Se a parte, pessoalmente intimada para prestar depoimento pessoal e advertida da pena de confesso, não comparecer ou, comparecendo, se recusar a depor, o Juiz aplicar-lhe-á a pena.

§ 2º É vedado a quem ainda não depôs assistir ao interrogatório da outra parte.

§ 3º O depoimento pessoal da parte que residir em comarca, seção ou subseção judiciária diversa daquela onde tramita o processo poderá ser colhido por meio de videoconferência ou outro recurso tecnológico de transmissão de sons e imagens em tempo real, o que poderá ocorrer, inclusive, durante a realização da audiência de instrução e julgamento.

§ 1º Findo o interrogatório, poderá qualquer dos litigantes retirar-se, prosseguindo a instrução com o seu representante.

§ 2º Serão, a seguir, ouvidas as testemunhas, os peritos e os técnicos, se houver.

▸ OJ 278 da SDI-I do TST.

Orientação Jurisprudencial

SDI-I 278. Adicional de insalubridade. Perícia. Local de trabalho desativado. A realização de perícia é obrigatória para a verificação de insalubridade. Quando não for possível sua realização, como em caso de fechamento da empresa, poderá o julgador utilizar-se de outros meios de prova.

Art. 849. A audiência de julgamento será contínua; mas, se não for possível, por motivo de força maior, concluí-la no mesmo dia, o Juiz ou presidente marcará a sua continuação para a primeira desimpedida, independentemente de nova notificação.

Art. 850. Terminada a instrução, poderão as partes aduzir razões finais, em prazo não excedente de dez minutos para cada uma. Em seguida, o Juiz ou presidente renovará a proposta de conciliação, e não se realizando esta, será proferida a decisão.

Parágrafo único. O Presidente da Junta, após propor a solução do dissídio, tomará os votos dos vogais e, havendo divergência entre estes, poderá desempatar ou proferir decisão que melhor atenda ao cumprimento da lei e ao justo equilíbrio entre os votos divergentes e ao interesse social.

▸ A EC 24/1999 extinguiu a figura do Juiz Classista e as Juntas de Conciliação e Julgamento, substituindo pelas Varas do Trabalho, onde a jurisdição será exercida por um Juiz Singular.

Art. 851. Os trâmites de instrução e julgamento da reclamação serão resumidos em ata, de que constará,

na íntegra, a decisão. *(Caput com redação pelo Dec.-lei 8.737/1946)*

§ 1º Nos processos de exclusiva alçada das Juntas, será dispensável, a juízo do presidente, o resumo dos depoimentos, devendo constar da ata a conclusão do Tribunal quanto à matéria de fato. *(§ 1º acrescido pelo Dec.-lei 8.737/1946)*

▶ A EC 24/1999 extinguiu a figura do Juiz Classista e as Juntas de Conciliação e Julgamento, substituindo pelas Varas do Trabalho, onde a jurisdição será exercida por um Juiz Singular.
▶ Art. 2º, § 3º, da Lei 5.584/1970 (Normas de Direito Processual do Trabalho)

Lei 5.584/1970

Art. 2º. Nos dissídios individuais, proposta a conciliação, e não havendo acôrdo, o Presidente, da Junta ou o Juiz, antes de passar à instrução da causa, fixar-lhe-á o valor para a determinação da alçada, se êste fôr indeterminado no pedido. (...)

§ 3º Quando o valor fixado para a causa, na forma deste artigo, não exceder de 2 (duas) vezes o salário mínimo vigente na sede do Juízo, será dispensável o resumo dos depoimentos, devendo constar da Ata a conclusão da Junta quanto à matéria de fato.

§ 2º A ata será, pelo presidente ou Juiz, junta ao processo, devidamente assinada, no prazo improrrogável de quarenta e oito horas, contado da audiência de julgamento, e assinada pelos vogais presentes à mesma audiência. *(Primitivo parágrafo único transformado em § 2º pelo Dec.-lei 8.737/1946)*

▶ A EC 24/1999 extinguiu a figura do Juiz Classista e as Juntas de Conciliação e Julgamento, substituindo pelas Varas do Trabalho, onde a jurisdição será exercida por um Juiz Singular.
▶ Súmulas 30 e 197 do TST.

Súmulas

TST 30. Intimação da sentença. Quando não juntada a ata ao processo em 48 horas, contadas da audiência de julgamento (art. 851, § 2º, da CLT), o prazo para recurso será contado da data em que a parte receber a intimação da sentença.

TST 197. Prazo. O prazo para recurso da parte que, intimada, não comparecer à audiência em prosseguimento para a prolação da sentença conta-se de sua publicação.

Art. 852. Da decisão serão os litigantes notificados, pessoalmente, ou por seu representante, na própria audiência. No caso de revelia, a notificação far-se-á pela forma estabelecida no § 1º do artigo 841.

▶ Art. 834 desta Consolidação.

Seção II-A
Do procedimento sumaríssimo

(Seção II-A acrescida pela Lei 9.957/2000)

Art. 852-A. Os dissídios individuais cujo valor não exceda a quarenta vezes o salário mínimo vigente na data do ajuizamento da reclamação ficam submetidos ao procedimento sumaríssimo. *(Artigo acrescido pela Lei 9.957/2000)*

▶ Súmula 356 do TST.
▶ OJ 260 da SDI-I do TST.

Súmula

TST 356. Alçada recursal. Vinculação ao salário mínimo. O art. 2º, § 4º, da Lei 5.584, de 26.06.1970, foi recepcionado pela CF/1988, sendo lícita a fixação do valor da alçada com base no salário mínimo.

Orientação Jurisprudencial

SDI-I 260. Agravo de instrumento. Recurso de revista. Procedimento sumaríssimo. Lei 9.957/00. Processos em curso. I – É inaplicável o rito sumaríssimo aos processos iniciados antes da vigência da Lei 9.957/00. II – No caso de o despacho denegatório de recurso de revista invocar, em processo iniciado antes da Lei 9.957/00, o § 6º do art. 896 da CLT (rito sumaríssimo), como óbice ao trânsito do apelo calcado em divergência jurisprudencial ou violação de dispositivo infraconstitucional, o Tribunal superará o obstáculo, apreciando o recurso sob esses fundamentos.

Parágrafo único. Estão excluídas do procedimento sumaríssimo as demandas em que é parte a Administração Pública direta, autárquica e fundacional.

Art. 852-B. Nas reclamações enquadradas no procedimento sumaríssimo: *(Artigo acrescido pela Lei 9.957/2000)*

I – o pedido deverá ser certo ou determinado e indicará o valor correspondente;

II – não se fará citação por edital, incumbindo ao autor a correta indicação do nome e endereço do reclamado;

▶ Súmula 429 do STJ.
▶ Vide ADIs 2.139, 2.160 e 2.237.

Súmula

STJ 429. A citação postal, quando autorizada por lei, exige o aviso de recebimento.

III – a apreciação da reclamação deverá ocorrer no prazo máximo de quinze dias do seu ajuizamento, podendo constar de pauta especial, se necessário, de acordo com o movimento judiciário da Junta de Conciliação e Julgamento.

▶ A EC 24/1999 extinguiu a figura do Juiz Classista e as Juntas de Conciliação e Julgamento, substituindo pelas Varas do Trabalho, onde a jurisdição será exercida por um Juiz Singular.

§ 1º O não atendimento, pelo reclamante, do disposto nos incisos I e II deste artigo importará no arquivamento da reclamação e condenação ao pagamento de custas sobre o valor da causa.

▶ Súmula 268 do TST.

Súmula

TST 268. Prescrição. Interrupção. Ação trabalhista arquivada. A ação trabalhista, ainda que arquivada, interrompe a prescrição somente em relação aos pedidos idênticos.

§ 2º As partes e advogados comunicarão ao juízo as mudanças de endereço ocorridas no curso do processo, reputando-se eficazes as intimações enviadas ao local anteriormente indicado, na ausência de comunicação.

Art. 852-C. As demandas sujeitas a rito sumaríssimo serão instruídas e julgadas em audiência única, sob a direção de Juiz presidente ou substituto, que poderá ser convocado para atuar simultaneamente com o titular. *(Artigo acrescido pela Lei 9.957/2000)*

Art. 852-D. O Juiz dirigirá o processo com liberdade para determinar as provas a serem produzidas, considerado o ônus probatório de cada litigante, podendo limitar ou excluir as que considerar excessivas, impertinentes ou protelatórias, bem como para apreciá-las e dar especial valor às regras de experiência comum ou técnica. *(Artigo acrescido pela Lei 9.957/2000)*

Art. 852-E. Aberta a sessão, o Juiz esclarecerá as partes presentes sobre as vantagens da conciliação e usará os meios adequados de persuasão para a solução conciliatória do litígio, em qualquer fase da audiência. *(Artigo acrescido pela Lei 9.957/2000)*

▶ Art. 764 desta Consolidação.

Art. 852-F. Na ata de audiência serão registrados resumidamente os atos essenciais, as afirmações fundamentais das partes e as informações úteis à solução da causa trazidas pela prova testemunhal. *(Artigo acrescido pela Lei 9.957/2000)*

Art. 852-G. Serão decididos, de plano, todos os incidentes e exceções que possam interferir no prosseguimento da audiência e do processo. As demais questões serão decididas na sentença. *(Artigo acrescido pela Lei 9.957/2000)*

Art. 852-H. Todas as provas serão produzidas na audiência de instrução e julgamento, ainda que não requeridas previamente. *(Caput acrescido pela Lei 9.957/2000)*

§ 1º Sobre os documentos apresentados por uma das partes manifestar-se-á imediatamente a parte contrária, sem interrupção da audiência, salvo absoluta impossibilidade, a critério do Juiz. *(§ 1º acrescido pela Lei 9.957/2000)*

§ 2º As testemunhas, até o máximo de duas para cada parte, comparecerão à audiência de instrução e julgamento independentemente de intimação. *(§ 2º acrescido pela Lei 9.957/2000)*

§ 3º Só será deferida intimação de testemunha que, comprovadamente convidada, deixar de comparecer. Não comparecendo a testemunha intimada, o Juiz poderá determinar sua imediata condução coercitiva. *(§ 3º acrescido pela Lei 9.957/2000)*

§ 4º Somente quando a prova do fato o exigir, ou for legalmente imposta, será deferida prova técnica, incumbindo ao Juiz, desde logo, fixar o prazo, o objeto da perícia e nomear perito. *(§ 4º acrescido pela Lei 9.957/2000)*

▶ Art. 465, § 1º, do CPC.
▶ Art. 3º da Lei 5.584/1970.
▶ Súmulas 341 e 457 do TST.
▶ OJs 198 e 278 da SDI-I do TST.

Lei 5.584/1970

Art. 3º. Os exames periciais serão realizados por perito único designado pelo Juiz, que fixará o prazo para entrega do laudo.

Parágrafo único. Permitir-se-á a cada parte a indicação de um assistente, cuja laudo terá que ser apresentado no mesmo prazo assinado para o perito, sob pena de ser desentranhado dos autos.

Súmulas

TST 341. Honorários do assistente técnico. A indicação do perito assistente é faculdade da parte, a qual deve responder pelos respectivos honorários, ainda que vencedora no objeto da perícia.

TST 457. Honorários periciais. Beneficiário da justiça gratuita. Responsabilidade da união pelo pagamento. Resolução 66/2010 do CSJT. Observância. A União é responsável pelo pagamento dos honorários de perito quando a parte sucumbente no objeto da perícia for beneficiária da assistência judiciária gratuita, observado o procedimento disposto nos arts. 1º, 2º e 5º da Resolução 66/2010 do Conselho Superior da Justiça do Trabalho – CSJT.

Orientações Jurisprudenciais

SDI-I 198. Honorários periciais. Atualização monetária. Diferentemente da correção aplicada aos débitos trabalhistas, que têm caráter alimentar, a atualização monetária dos honorários periciais é fixada pelo art. 1º da Lei 6.899/1981, aplicável a débitos resultantes de decisões judiciais.

SDI-I 278. Adicional de insalubridade. Perícia. Local de trabalho desativado. A realização de perícia é obrigatória para a verificação de insalubridade. Quando não for possível sua realização, como em caso de fechamento da empresa, poderá o julgador utilizar-se de outros meios de prova.

§ 5º *Vetado.*

§ 6º As partes serão intimadas a manifestar-se sobre o laudo, no prazo comum de 5 (cinco) dias. *(§ 6º acrescido pela Lei 9.957/2000)*

§ 7º Interrompida a audiência, o seu prosseguimento e a solução do processo dar-se-ão no prazo máximo de trinta dias, salvo motivo relevante justificado nos autos pelo Juiz da causa. *(§ 7º acrescido pela Lei 9.957/2000)*

Art. 852-I. A sentença mencionará os elementos de convicção do juízo, com resumo dos fatos relevantes ocorridos em audiência, dispensado o relatório. *(Caput acrescido pela Lei 9.957/2000)*

§ 1º O juízo adotará em cada caso a decisão que reputar mais justa e equânime, atendendo aos fins sociais da lei e as exigências do bem comum. *(§ 1º acrescido pela Lei 9.957/2000)*

§ 2º *Vetado.*

§ 3º As partes serão intimadas da sentença na própria audiência em que prolatada. *(§ 3º acrescido pela Lei 9.957/2000)*

▶ Arts. 895, §§ 1º e 2º, e 896, § 9º, desta Consolidação.
▶ Súmulas 442 e 458 do TST.

CLT

Art. 895. Cabe recurso ordinário para a instância superior:
§ 1º Nas reclamações sujeitas ao procedimento sumaríssimo, o recurso ordinário: (...)

Art. 896. Cabe Recurso de Revista para Turma do Tribunal Superior do Trabalho das decisões proferidas em grau de recurso ordinário, em dissídio individual, pelos Tribunais Regionais do Trabalho, quando: (...)
§ 9º Nas causas sujeitas ao procedimento sumaríssimo, somente será admitido recurso de revista por contrariedade a súmula de jurisprudência uniforme do Tribunal Superior do Trabalho ou a súmula vinculante do Supremo Tribunal Federal e por violação direta da Constituição Federal.

Súmulas

TST 442. Procedimento sumaríssimo. Recurso de revista fundamentado em contrariedade a orientação jurisprudencial. Inadmissibilidade. Art. 896, § 6º, da CLT, acrescentado pela lei 9.957, de 12.01.2000. Nas causas sujeitas ao procedimento sumaríssimo, a admissibilidade de recurso de revista está limitada à demonstração de violação direta a dispositivo da Constituição Federal ou contrariedade a Súmula do Tribunal Superior do Trabalho, não se admitindo o recurso por contrariedade a Orientação Jurisprudencial deste Tribunal (Livro II, Título II, Capítulo III, do RITST), ante a ausência de previsão no art. 896, § 6º, da CLT.

TST 458. Embargos. Procedimento sumaríssimo. Conhecimento. Recurso interposto após vigência da lei 11.496, de 22.06.2007, que conferiu nova redação ao art. 894, da CLT. Em causas sujeitas ao procedimento sumaríssimo, em que pese a limitação imposta no art. 896, § 6º, da CLT à interposição de recurso de revista, admitem-se os embargos interpostos na vigência da Lei 11.496, de 22.06.2007, que conferiu nova redação ao art. 894 da CLT, quando demonstrada a divergência jurisprudencial entre Turmas do TST, fundada em interpretações diversas acerca da aplicação de mesmo dispositivo constitucional ou de matéria sumulada.

Seção III
Do inquérito para apuração de falta grave

▶ A EC 24/1999 extinguiu a figura do Juiz Classista e as Juntas de Conciliação e Julgamento, substituindo pelas Varas do Trabalho, onde a jurisdição será exercida por um Juiz Singular.

Art. 853. Para a instauração do inquérito para apuração de falta grave contra empregado garantido com estabilidade, o empregador apresentará reclamação por escrito à Junta ou Juízo de Direito, dentro de trinta dias, contados da data da suspensão do empregado.

▶ A EC 24/1999 extinguiu a figura do Juiz Classista e as Juntas de Conciliação e Julgamento, substituindo pelas Varas do Trabalho, onde a jurisdição será exercida por um Juiz Singular.
▶ Art. 8º, VIII, da CF.
▶ Arts. 494 e 543, § 3º, desta Consolidação.
▶ Art. 55 da Lei 5.764/1971 (Lei das Cooperativas)
▶ Súmulas 197 e 403 do STF.
▶ Súmulas 62 e 379 do TST.
▶ OJ 137 da SDI-II do TST.

Constituição Federal

Art. 8º. É livre a associação profissional ou sindical, observado o seguinte: (...)
VIII – é vedada a dispensa do empregado sindicalizado a partir do registro da candidatura a cargo de direção ou representação sindical e, se eleito, ainda que suplente, até um ano após o final do mandato, salvo se cometer falta grave nos termos da lei.

Lei 5.764/1971

Art. 55. Os empregados de empresas que sejam eleitos diretores de sociedades cooperativas pelos mesmos criadas, gozarão das garantias asseguradas aos dirigentes sindicais pelo artigo 543 da Consolidação das Leis do Trabalho (Decreto-lei 5.452, de 1º de maio de 1943)

Súmulas

STF 197. O empregado com representação sindical só pode ser despedido mediante inquérito em que se apure falta grave.

STF 403. É de decadência o prazo de trinta dias para instauração do inquérito judicial, a contar da suspensão, por falta grave, de empregado estável.

TST 62. Abandono de emprego. O prazo de decadência do direito do empregador de ajuizar inquérito em face do empregado que incorre

em abandono de emprego é contado a partir do momento em que o empregado pretendeu seu retorno ao serviço.

TST 379. Dirigente sindical. Despedida. Falta grave. Inquérito judicial. Necessidade. O dirigente sindical somente poderá ser dispensado por falta grave mediante a apuração em inquérito judicial, inteligência dos arts. 494 e 543, § 3º, da CLT.

Orientação Jurisprudencial

SDI-II 137. Mandado de segurança. Dirigente sindical. Art. 494 da CLT. Aplicável. Constitui direito líquido e certo do empregador a suspensão do empregado, ainda que detentor de estabilidade sindical, até a decisão final do inquérito em que se apure a falta grave a ele imputada, na forma do art. 494, *caput* e parágrafo único, da CLT.

Art. 854. O processo do inquérito perante a Junta ou Juízo obedecerá às normas estabelecidas no presente Capítulo, observadas as disposições desta Seção.

> ▸ A EC 24/1999 extinguiu a figura do Juiz Classista e as Juntas de Conciliação e Julgamento, substituindo pelas Varas do Trabalho, onde a jurisdição será exercida por um Juiz Singular.
> ▸ Art. 821 desta Consolidação.

Art. 855. Se tiver havido prévio reconhecimento da estabilidade do empregado, o julgamento do inquérito pela Junta ou Juízo não prejudicará a execução para pagamento dos salários devidos ao empregado, até a data da instauração do mesmo inquérito.

> ▸ A EC 24/1999 extinguiu a figura do Juiz Classista e as Juntas de Conciliação e Julgamento, substituindo pelas Varas do Trabalho, onde a jurisdição será exercida por um Juiz Singular.
> ▸ Arts. 495 e 729 desta Consolidação.

CLT

Art. 495. Reconhecida a inexistência de falta grave praticada pelo empregado, fica o empregador obrigado a readmiti-lo no serviço e a pagar-lhe os salários a que teria direito no período da suspensão.

Seção IV
Do incidente de desconsideração
da personalidade jurídica

(Seção IV acrescida pela Lei 13.467/2017)

Art. 855-A. Aplica-se ao processo do trabalho o incidente de desconsideração da personalidade jurídica previsto nos arts. 133 a 137 da Lei 13.105, de 16 de março de 2015 – Código de Processo Civil. *(Artigo acrescido pela Lei 13.467/2017)*

> ▸ Art. 13 da IN 41/2018 do TST (Dispõe sobre a aplicação das normas processuais da CLT alteradas pela Lei 13.467/2017).

§ 1º Da decisão interlocutória que acolher ou rejeitar o incidente:

I – na fase de cognição, não cabe recurso de imediato, na forma do § 1º do art. 893 desta Consolidação;

II – na fase de execução, cabe agravo de petição, independentemente de garantia do juízo;

III – cabe agravo interno se proferida pelo relator em incidente instaurado originariamente no tribunal.

§ 2º A instauração do incidente suspenderá o processo, sem prejuízo de concessão da tutela de urgência de natureza cautelar de que trata o art. 301 da Lei 13.105, de 16 de março de 2015 (Código de Processo Civil)

> ▸ Art. 301 do CPC.

CPC 2015

Art. 301. A tutela de urgência de natureza cautelar pode ser efetivada mediante arresto, sequestro, arrolamento de bens, registro de protesto contra alienação de bem e qualquer outra medida idônea para asseguração do direito.

CAPÍTULO III-A
DO PROCESSO DE JURISDIÇÃO VOLUNTÁRIA
PARA HOMOLOGAÇÃO DE ACORDO EXTRAJUDICIAL

(Capítulo III-A acrescido pela Lei 13.467/2017)

Art. 855-B. O processo de homologação de acordo extrajudicial terá início por petição conjunta, sendo obri-

gatória a representação das partes por advogado. *(Artigo acrescido pela Lei 13.467/2017)*

§ 1º As partes não poderão ser representadas por advogado comum.

§ 2º Faculta-se ao trabalhador ser assistido pelo advogado do sindicato de sua categoria.

Art. 855-C. O disposto neste Capítulo não prejudica o prazo estabelecido no § 6º do art. 477 desta Consolidação e não afasta a aplicação da multa prevista no § 8º art. 477 desta Consolidação. *(Artigo acrescido pela Lei 13.467/2017)*

Art. 855-D. No prazo de quinze dias a contar da distribuição da petição, o juiz analisará o acordo, designará audiência se entender necessário e proferirá sentença. *(Artigo acrescido pela Lei 13.467/2017)*

Art. 855-E. A petição de homologação de acordo extrajudicial suspende o prazo prescricional da ação quanto aos direitos nela especificados. *(Artigo acrescido pela Lei 13.467/2017)*

Parágrafo único. O prazo prescricional voltará a fluir no dia útil seguinte ao do trânsito em julgado da decisão que negar a homologação do acordo.

CAPÍTULO IV
DOS DISSÍDIOS COLETIVOS

> ▸ Lei 7.701/1988 (Especialização de Turmas dos Tribunais do Trabalho)

Seção I
Da instauração da instância

Art. 856. A instância será instaurada mediante representação escrita ao Presidente do Tribunal. Poderá ser também instaurada por iniciativa do Presidente, ou, ainda, a requerimento da Procuradoria da Justiça do Trabalho, sempre que ocorrer suspensão do trabalho.

> ▸ Arts. 5º, XXXV, e 114, §§ 1º a 3º da CF.
> ▸ Art. 616, § 4º, desta Consolidação.
> ▸ Art. 8º da Lei 7.783/1989 (Lei de Greve)
> ▸ Súmula 189 do TST.
> ▸ PN 29 do TST.

Constituição Federal

Art. 114. (...) § 1º Frustrada a negociação coletiva, as partes poderão eleger árbitros.

§ 2º Recusando-se qualquer das partes à negociação coletiva ou à arbitragem, é facultado às mesmas, de comum acordo, ajuizar dissídio coletivo de natureza econômica, podendo a Justiça do Trabalho decidir o conflito, respeitadas as disposições mínimas legais de proteção ao trabalho, bem como as convencionadas anteriormente.

§ 3º Em caso de greve em atividade essencial, com possibilidade de lesão do interesse público, o Ministério Público do Trabalho poderá ajuizar dissídio coletivo, competindo à Justiça do Trabalho decidir o conflito.

Lei 7.783/1989

Art. 8º A Justiça do Trabalho, por iniciativa de qualquer das partes ou do Ministério Público do Trabalho, decidirá sobre a procedência, total ou parcial, ou improcedência das reivindicações, cumprindo ao Tribunal publicar, de imediato, o competente acórdão.

Súmula

TST 189. Greve. Competência da justiça do trabalho. Abusividade. A Justiça do Trabalho é competente para declarar a abusividade, ou não, da greve.

Precedente Normativo

TST 29. Greve. Competência dos tribunais para declará-la abusiva. Compete aos Tribunais do Trabalho decidir sobre o abuso do direito de greve.

Art. 857. A representação para instaurar a instância em dissídio coletivo constitui prerrogativa das associações

sindicais, excluídas as hipóteses aludidas no artigo 856, quando ocorrer suspensão do trabalho. *(Caput com redação pelo Dec.-lei 7.321/1945)*

▸ Súmula 677 do STF.
▸ Súmulas 286 e 374 do TST.
▸ OJs 121 e 325 da SDI-I do TST.
▸ OJs 9,15,19, 22 e 23 da SDC do TST.

Súmulas

STF 677. Até que lei venha a dispor a respeito, incumbe ao Ministério do Trabalho proceder ao registro das entidades sindicais e zelar pela observância do princípio da unicidade.

TST 286. Sindicato. Substituição processual. Convenção e acordo coletivos. A legitimidade do sindicato para propor ação de cumprimento estende-se também à observância de acordo ou de convenção coletivos.

TST 374. Norma coletiva. Categoria diferenciada. Abrangência. Empregado integrante de categoria profissional diferenciada não tem o direito de haver de seu empregador vantagens previstas em instrumento coletivo no qual a empresa não foi representada por órgão de classe de sua categoria.

Orientações Jurisprudenciais

SDC 09. Enquadramento Sindical. Incompetência Material Da Justiça Do Trabalho. O dissídio coletivo não é meio próprio para o Sindicato vir a obter o reconhecimento de que a categoria que representa é diferenciada, pois esta matéria – enquadramento sindical – envolve a interpretação de norma genérica, notadamente do art. 577 da CLT.

SDC 15. Sindicato. Legitimidade *ad processum*. Imprescindibilidade do registro no ministério do trabalho. A comprovação da legitimidade *ad processum* da entidade sindical se faz por seu registro no órgão competente do Ministério do Trabalho, mesmo após a promulgação da Constituição Federal de 1988.

SDC 19. Dissídio coletivo contra empresa. Legitimação da entidade sindical. Autorização dos trabalhadores diretamente envolvidos no conflito. A legitimidade da entidade sindical para a instauração da instância contra determinada empresa está condicionada à prévia autorização dos trabalhadores da suscitada diretamente envolvidos no conflito.

SDC 22. Legitimidade "ad causam" do sindicato. Correspondência entre as atividades exercidas pelos setores profissional e econômico envolvidos no conflito. Necessidade. É necessária a correspondência entre as atividades exercidas pelos setores profissional e econômico, a fim de legitimar os envolvidos no conflito a ser solucionado pela via do dissídio coletivo.

SDC 23. Legitimidade "ad causam". Sindicato representativo de segmento profissional ou patronal. Impossibilidade. A representação sindical abrange toda a categoria, não comportando separação fundada na maior ou menor dimensão de cada ramo ou empresa.

Parágrafo único. Quando não houver Sindicato representativo da categoria econômica ou profissional, poderá a representação ser instaurada pelas Federações correspondentes e, na falta destas, pelas Confederações respectivas, no âmbito de sua representação. *(Parágrafo único com redação pela Lei 2.693/1955)*

Art. 858. A representação será apresentada em tantas vias quantos forem os reclamados e deverá conter:

a) designação e qualificação dos reclamantes e dos reclamados e a natureza do estabelecimento ou do serviço;

b) os motivos do dissídio e as bases da conciliação.

▸ Súmula 679 do STF.
▸ OJs 3, 5, 9 e 32 da SDC do TST.
▸ PN 37 do TST.

Súmula

STF 679. A fixação de vencimentos dos servidores públicos não pode ser objeto de convenção coletiva.

Orientações Jurisprudenciais

SDC 03. Arresto. Apreensão. Depósito. Pretensões insuscetíveis de dedução em sede coletiva. São incompatíveis com a natureza e finalidade do dissídio coletivo as pretensões de provimento judicial de arresto, apreensão ou depósito.

SDC 05. Dissídio coletivo. Pessoa jurídica de direito público. Possibilidade jurídica. Cláusula de natureza social. Em face de pessoa jurídica de direito público que mantenha empregados, cabe dissídio coletivo

exclusivamente para apreciação de cláusulas de natureza social. Inteligência da Convenção 151 da Organização Internacional do Trabalho, ratificada pelo Decreto Legislativo 206/2010.

SDC 09. Enquadramento sindical. Incompetência material da justiça do trabalho. O dissídio coletivo não é meio próprio para o Sindicato vir a obter o reconhecimento de que a categoria que representa é diferenciada, pois esta matéria – enquadramento sindical – envolve a interpretação de norma genérica, notadamente do art. 577 da CLT.

SDC 32. Reivindicações da categoria. Fundamentação das cláusulas. Necessidade. Aplicação do precedente normativo 37 do TST. É pressuposto indispensável à constituição válida e regular da ação coletiva a apresentação em forma clausulada e fundamentada das reivindicações da categoria, conforme orientação do item VI, letra *e*, da Instrução Normativa 4/93.

Precedente Normativo

TST 37. Dissídio coletivo. Fundamentação de cláusulas. Necessidade. Nos processos de dissídio coletivo só serão julgadas as cláusulas fundamentadas na representação, em caso de ação originária, ou no recurso.

Art. 859. A representação dos Sindicatos para instauração da instância fica subordinada à aprovação da assembleia, da qual participem os associados interessados na solução do dissídio coletivo, em primeira convocação, por maioria de dois terços dos mesmos, ou, em segunda convocação, por dois terços dos presentes. *(Caput com redação pelo Dec.-lei 7.321/1945)*

▸ Arts. 7º, XXVI, 8º, III, VI, 9º e 114 da CF.
▸ OJs 8, 19, 28, 29 e 35 da SDC do TST.

Orientações Jurisprudenciais

SDC 08. Dissídio coletivo. Pauta reivindicatória não registrada em ata. Causa de extinção. A ata da assembleia de trabalhadores que legitima a atuação da entidade sindical respectiva em favor de seus interesses deve registrar, obrigatoriamente, a pauta reivindicatória, produto da vontade expressa da categoria.

SDC 19. Dissídio coletivo contra empresa. Legitimação da entidade sindical. Autorização dos trabalhadores diretamente envolvidos no conflito. A legitimidade da entidade sindical para a instauração da instância contra determinada empresa está condicionada à prévia autorização dos trabalhadores da suscitada diretamente envolvidos no conflito.

SDC 28. Edital de convocação da agt. Publicação. Base territorial. Validade. O edital de convocação para a AGT deve ser publicado em jornal que circule em cada um dos municípios componentes da base territorial.

SDC 29. Edital de convocação e ata da assembleia geral. Requisitos essenciais para instauração de dissídio coletivo. O edital de convocação da categoria e a respectiva ata da AGT constituem peças essenciais à instauração do processo de dissídio coletivo.

SDC 35. Edital de convocação da AGT. Disposição estatutária específica. Prazo mínimo entre a publicação e a realização da assembleia. Observância obrigatória. Se os estatutos da entidade sindical contam com norma específica que estabeleça prazo mínimo entre a data de publicação do edital convocatório e a realização da assembleia correspondente, então a validade desta última depende da observância desse interregno.

Parágrafo único. *Revogado pelo Dec.-lei 7.321/1945.*

Seção II
Da conciliação e do julgamento

Art. 860. Recebida e protocolada a representação, e estando na devida forma, o Presidente do Tribunal designará a audiência de conciliação, dentro do prazo de dez dias, determinando a notificação dos dissidentes, com observância do disposto no artigo 841.

Parágrafo único. Quando a instância for instaurada *ex officio*, a audiência deverá ser realizada dentro do prazo mais breve possível, após o reconhecimento do dissídio.

Art. 861. É facultado ao empregador fazer-se representar na audiência pelo gerente, ou por qualquer outro preposto que tenha conhecimento do dissídio, e por cujas declarações será sempre responsável.

▸ Art. 54 da LC 123/2006.

LC 123/2006

Art. 54. É facultado ao empregador de microempresa ou de empresa de pequeno porte fazer-se substituir ou representar perante a Justiça do Trabalho por terceiros que conheçam dos fatos, ainda que não possuam vínculo trabalhista ou societário.

Art. 862. Na audiência designada, comparecendo ambas as partes ou seus representantes, o Presidente do Tribunal as convidará para se pronunciarem sobre as bases da conciliação. Caso não sejam aceitas as bases propostas, o Presidente submeterá aos interessados a solução que lhe pareça capaz de resolver o dissídio.

Art. 863. Havendo acordo, o Presidente o submeterá à homologação do Tribunal na primeira sessão.

▸ Art. 7º, § 5º, da Lei 7.701/1988 (Especialização de Turmas dos Tribunais do Trabalho)
▸ Súmula 190 do TST.
▸ OJs 2 e 34 da SDC do TST.

Lei 7.701/1988

Art. 7º Das decisões proferidas pelo Grupo Normativo dos Tribunais Regionais do Trabalho, caberá recurso ordinário para o Tribunal Superior do Trabalho. (...)

§ 5º Formalizado o acordo pelas partes e homologado pelo Tribunal, não caberá qualquer recurso, salvo por parte do Ministério Público.

Súmula

TST 190. Poder normativo do TST. Condições de trabalho. Inconstitucionalidade. Decisões contrárias ao STF. Ao julgar ou homologar ação coletiva ou acordo nela havido, o Tribunal Superior do Trabalho exerce o poder normativo constitucional, não podendo criar ou homologar condições de trabalho que o Supremo Tribunal Federal julgue iterativamente inconstitucionais.

Orientações Jurisprudenciais

SDC 02. Acordo homologado. Extensão a partes não subscreventes. Inviabilidade. É inviável aplicar condições constantes de acordo homologado nos autos de dissídio coletivo, extensivamente, às partes que não o subscreveram, exceto se observado o procedimento previsto no art. 868 e seguintes, da CLT.

SDC 34. Acordo extrajudicial. Homologação. Justiça do trabalho. Prescindibilidade. É desnecessária a homologação, por Tribunal Trabalhista, do acordo extrajudicialmente celebrado, sendo suficiente, para que surta efeitos, sua formalização perante o Ministério do Trabalho (art. 614 da CLT e art. 7º, inciso XXXV (*), da Constituição Federal)

Art. 864. Não havendo acordo, ou não comparecendo ambas as partes ou uma delas, o Presidente submeterá o processo a julgamento, depois de realizadas as diligências que entender necessárias e ouvida a Procuradoria. *(Artigo com redação pelo Dec.-lei 8.737/1946)*

▸ Art. 11 da Lei 7.701/1988 (Especialização de Turmas dos Tribunais do Trabalho)

Lei 7.701/1988

Art. 11. Nos processos de dissídio coletivo, o Ministério Público emitirá parecer escrito, ou protestará pelo pronunciamento oral, na audiência ou sessão de julgamento.

Art. 865. Sempre que, no decorrer do dissídio, houver ameaça de perturbação da ordem, o presidente requisitará à autoridade competente as providências que se tornarem necessárias.

Art. 866. Quando o dissídio ocorrer fora da sede do Tribunal, poderá o Presidente, se julgar conveniente, delegar à autoridade local as atribuições de que tratam os artigos 860 e 862. Nesse caso, não havendo conciliação, a autoridade delegada encaminhará o processo ao Tribunal, fazendo exposição circunstanciada dos fatos e indicando a solução que lhe parecer conveniente.

Art. 867. Da decisão do Tribunal serão notificadas as partes, ou seus representantes, em registrado postal,

com franquia, fazendo-se, outrossim, a sua publicação no jornal oficial, para ciência dos demais interessados.

Parágrafo único. A sentença normativa vigorará: *(Parágrafo único acrescido pelo Dec.-lei 424/1969)*

▸ Súmula 279 do TST.
▸ PNs 82 e 120 do TST.

Súmula

TST 279. Recurso contra sentença normativa. Efeito suspensivo. Cassação. A cassação de efeito suspensivo concedido a recurso interposto de sentença normativa retroage à data do despacho que o deferiu.

Precedentes Normativos

TST 82. Dissídio coletivo. Garantia de salários e consectários. Defere-se a garantia de salários e consectários ao empregado despedido sem justa causa, desde a data do julgamento do dissídio coletivo até 90 dias após a publicação do acórdão, limitado o período total a 120 dias. TST 120. Sentença normativa. Duração. Possibilidade e limites. A sentença normativa vigora, desde seu termo inicial até que sentença normativa, convenção coletiva de trabalho ou acordo coletivo de trabalho superveniente produza sua revogação, expressa ou tácita, respeitado, porém, o prazo máximo legal de quatro anos de vigência.

a) a partir da data de sua publicação, quando ajuizado o dissídio após o prazo do artigo 616, § 3º, ou, quando não existir acordo, convenção ou sentença normativa em vigor, da data do ajuizamento;

b) a partir do dia imediato ao termo final de vigência do acordo, convenção ou sentença normativa, quando ajuizado o dissídio no prazo do artigo 616, § 3º.

Seção III
Da extensão das decisões

Art. 868. Em caso de dissídio coletivo que tenha por motivo novas condições de trabalho e no qual figure como parte apenas uma fração de empregados de uma empresa, poderá o Tribunal competente, na própria decisão, estender tais condições de trabalho, se julgar justo e conveniente, aos demais empregados da empresa que forem da mesma profissão dos dissidentes.

▸ Art. 10 da Lei 4.725/1965 (Normas para o processo dos dissídios coletivos)
▸ OJ 2 da SDC do TST.

Lei 4.725/1965

Art. 10. Os ajustamentos de salário fixados em decisões da Justiça do Trabalho, aprovados em julgamento de dissídios coletivos ou em acordos homologados, serão aplicados, automaticamente, nas mesmas condições estabelecidas para os integrantes das categorias profissionais litigantes ou interessadas, aos empregados das próprias entidades suscitantes e suscitadas, observadas as peculiaridades que lhes sejam inerentes, ficando, desde logo, autorizado o reajustamento das respectivas verbas orçamentárias.

Orientação Jurisprudencial

SDC 02. Acordo homologado. Extensão a partes não subscreventes. Inviabilidade. É inviável aplicar condições constantes de acordo homologado nos autos de dissídio coletivo, extensivamente, às partes que não o subscreveram, exceto se observado o procedimento previsto no art. 868 e seguintes, da CLT.

Parágrafo único. O Tribunal fixará a data em que a decisão deve entrar em execução, bem como o prazo de sua vigência, o qual não poderá ser superior a quatro anos.

▸ OJ 322 da SDI-I do TST.
▸ PN 120 do TST.

Orientação Jurisprudencial

SDI-I 322. Acordo coletivo de trabalho. Cláusula de termo aditivo prorrogando o acordo para prazo indeterminado. Inválida. Nos termos do art. 614, § 3º, da CLT, é de 2 anos o prazo máximo de vigência dos acordos e das convenções coletivas. Assim sendo, é inválida, naquilo que ultrapassa o prazo total de 2 anos, a cláusula de termo aditivo que prorroga a vigência do instrumento coletivo originário por prazo indeterminado.

Art. 869. A decisão sobre novas condições de trabalho poderá também ser estendida a todos os empregados

da mesma categoria profissional compreendida na jurisdição do Tribunal:

a) por solicitação de um ou mais empregadores, ou de qualquer Sindicato destes;

b) por solicitação de um ou mais Sindicatos de empregados;

c) *ex officio*, pelo Tribunal que houver proferido a decisão;

d) por solicitação da Procuradoria da Justiça do Trabalho.

Art. 870. Para que a decisão possa ser estendida, na forma do artigo anterior, torna-se preciso que três quartos dos empregadores e três quartos dos empregados, ou os respectivos Sindicatos, concordem com a extensão da decisão.

§ 1º O Tribunal competente marcará prazo, não inferior a trinta nem superior a sessenta dias, a fim de que se manifestem os interessados.

§ 2º Ouvidos os interessados e a Procuradoria da Justiça do Trabalho, será o processo submetido ao julgamento do Tribunal.

Art. 871. Sempre que o Tribunal estender a decisão, marcará a data em que a extensão deva entrar em vigor.

Seção IV
Do cumprimento das decisões

Art. 872. Celebrado o acordo, ou transitada em julgado a decisão, seguir-se-á o seu cumprimento, sob as penas estabelecidas neste Título.

▶ Art. 6º, § 3º, da Lei 4.725/1965 (Normas para o processo dos dissídios coletivos)
▶ Arts. 7º, § 6º, 8º e 10 da Lei 7.701/1988 (Especialização de Turmas dos Tribunais do Trabalho)

Lei 4.725/1965

Art. 6º Os recursos das decisões proferidas nos dissídios coletivos terão efeito meramente devolutivo. (...)

§ 3º O provimento do recurso não importará na restituição dos salários ou vantagens pagos, em execução do julgado.

Lei 7.701/1988

Art. 7º Das decisões proferidas pelo Grupo Normativo dos Tribunais Regionais do Trabalho, caberá recurso ordinário para o Tribunal Superior do Trabalho.

§ 6º A sentença normativa poderá ser objeto de ação de cumprimento a partir do 20º (vigésimo) dia subsequente ao do julgamento, fundada no acórdão ou na certidão de julgamento, salvo se concedido efeito suspensivo pelo Presidente do Tribunal Superior do Trabalho.

Art. 8º O disposto no art. 7º e respectivos parágrafos desta Lei aplica-se aos demais Tribunais Regionais do Trabalho não divididos em grupos de Turmas.

Art. 10. Nos dissídios coletivos de natureza econômica ou jurídica de competência originária ou recursal da seção normativa do Tribunal Superior do Trabalho, a sentença poderá ser objeto de ação de cumprimento com a publicação da certidão de julgamento.

Parágrafo único. Quando os empregadores deixarem de satisfazer o pagamento de salários, na conformidade da decisão proferida, poderão os empregados ou seus Sindicatos, independentes de outorga de poderes de seus associados, juntando certidão de tal decisão, apresentar reclamação à Junta ou Juízo competente, observado o processo previsto no Capítulo II deste Título, sendo vedado, porém, questionar sobre a matéria de fato e de direito já apreciada na decisão. *(Parágrafo único com redação pelo Dec.-lei 2.275/1954)*

▶ A EC 24/1999 extinguiu a figura do Juiz Classista e as Juntas de Conciliação e Julgamento, substituindo pelas Varas do Trabalho, onde a jurisdição será exercida por um Juiz Singular.
▶ Art. 8º, III, da CF.
▶ Súmulas 246, 286, 350, 384 e 397 do TST.
▶ OJs 277 e 359 da SDI-I do TST.

Constituição Federal

Art. 8º É livre a associação profissional ou sindical, observado o seguinte: (...)

III – ao sindicato cabe a defesa dos direitos e interesses coletivos ou individuais da categoria, inclusive em questões judiciais ou administrativas;

Súmulas

TST 246. Ação de cumprimento. Trânsito em julgado da sentença normativa. É dispensável o trânsito em julgado da sentença normativa para a propositura da ação de cumprimento.

TST 286. Sindicato. Substituição processual. Convenção e acordo coletivos. A legitimidade do sindicato para propor ação de cumprimento estende-se também à observância de acordo ou de convenção coletivos.

TST 350. Prescrição. Termo inicial. Ação de cumprimento. Sentença normativa. O prazo de prescrição com relação à ação de cumprimento de decisão normativa flui apenas da data de seu trânsito em julgado.

TST 384. Multa convencional. Cobrança. I – O descumprimento de qualquer cláusula constante de instrumentos normativos diversos não submete o empregado a ajuizar várias ações, pleiteando em cada uma o pagamento da multa referente ao descumprimento de obrigações previstas nas cláusulas respectivas. II – É aplicável multa prevista em instrumento normativo (sentença normativa, convenção ou acordo coletivo) em caso de descumprimento de obrigação prevista em lei, mesmo que a norma coletiva seja mera repetição de texto legal.

TST 397. Ação rescisória. Art. 966, IV, do CPC de 2015. Art. 485, IV, do CPC de 1973. Ação de cumprimento. Ofensa à coisa julgada emanada de sentença normativa modificada em grau de recurso. Inviabilidade. Cabimento de Mandado de Segurança. Não procede ação rescisória calcada em ofensa à coisa julgada perpetrada por decisão proferida em ação de cumprimento, em face de a sentença normativa, na qual se louvava, ter sido modificada em grau de recurso, porque em dissídio coletivo somente se consubstancia coisa julgada formal. Assim, os meios processuais aptos a atacarem a execução da cláusula reformada são a exceção de pré-executividade e o mandado de segurança, no caso de descumprimento do art. 514 do CPC de 2015 (art. 572 do CPC de 1973)

Orientações Jurisprudenciais

SDI-I 277. Ação de cumprimento fundada em decisão normativa que sofreu posterior reforma, quando já transitada em julgado a sentença condenatória. Coisa julgada. Não configuração. A coisa julgada produzida na ação de cumprimento é atípica, pois dependente de condição resolutiva, ou seja, da não modificação da decisão normativa por eventual recurso. Assim, modificada a sentença normativa pelo TST, com a consequente extinção do processo, sem julgamento do mérito, deve-se extinguir a execução em andamento, uma vez que a norma sobre a qual se apoiava o título exequendo deixou de existir no mundo jurídico.

SDI-I 359. Substituição processual. Sindicato. Legitimidade. Prescrição. Interrupção. A ação movida por sindicato, na qualidade de substituto processual, interrompe a prescrição, ainda que tenha sido considerado parte ilegítima *ad causam*.

Seção V
Da revisão

Art. 873. Decorrido mais de um ano de sua vigência, caberá revisão das decisões que fixarem condições de trabalho, quando se tiverem modificado as circunstâncias que as ditaram, de modo que tais condições se hajam tornado injustas ou inaplicáveis.

Art. 874. A revisão poderá ser promovida por iniciativa do Tribunal prolator, da Procuradoria da Justiça do Trabalho, das associações sindicais ou de empregador ou empregadores interessados no cumprimento da decisão.

Parágrafo único. Quando a revisão for promovida por iniciativa do Tribunal prolator ou da Procuradoria, as associações sindicais e o empregador ou empregadores interessados serão ouvidos no prazo de trinta dias. Quando promovida por uma das partes interessadas, serão as outras ouvidas também por igual prazo.

Art. 875. A revisão será julgada pelo Tribunal que tiver proferido a decisão, depois de ouvida a Procuradoria da Justiça do Trabalho.

CAPÍTULO V
DA EXECUÇÃO

Seção I
Das disposições preliminares

Art. 876. As decisões passadas em julgado ou das quais não tenha havido recurso com efeito suspensivo; os acordos, quando não cumpridos; os termos de ajuste de conduta firmados perante o Ministério Público do Trabalho e os termos de conciliação firmados perante as Comissões de Conciliação Prévia serão executados pela forma estabelecida neste Capítulo. *(Caput com redação pela Lei 9.958/2000)*

▸ Arts. 625-E, 831, par. ún., e 899 desta Consolidação.
▸ Arts. 497 a 500 e 536 a 538 do CPC.
▸ Súmula 150 do STF.
▸ OJs 53 e 56 da SDI-II do TST.
▸ OJs 1 e 9 do Tribunal Pleno do TST.

CLT

Art. 625-E. Aceita a conciliação, será lavrado termo assinado pelo empregado, pelo empregador ou seu proposto e pelos membros da Comissão, fornecendo-se cópia às partes.

Parágrafo único. O termo de conciliação é título executivo extrajudicial e terá eficácia liberatória geral, exceto quanto às parcelas expressamente ressalvadas.

Art. 831. (...) Parágrafo único. No caso de conciliação, o termo que for lavrado valerá como decisão irrecorrível, salvo para a Previdência Social quanto às contribuições que lhe forem devidas.

Art. 899. Os recursos serão interpostos por simples petição e terão efeito meramente devolutivo, salvo as exceções previstas neste Título, permitida a execução provisória até a penhora.

Súmula

STF 150. Prescreve a execução no mesmo prazo de prescrição da ação.

Orientações Jurisprudenciais

SDI-II 53. Mandado de segurança. Cooperativa em liquidação extrajudicial. Lei 5.764/71, art. 76. Inaplicável. Não suspende a execução. A liquidação extrajudicial de sociedade cooperativa não suspende a execução dos créditos trabalhistas existentes contra ela.

SDI-II 56. Mandado de Segurança. Execução. Pendência de recurso extraordinário. Não há direito líquido e certo à execução definitiva na pendência de recurso extraordinário, ou de agravo de instrumento visando a destrancá-lo.

Parágrafo único. A Justiça do Trabalho executará, de ofício, as contribuições sociais previstas na alínea *a* do inciso I e no inciso II do *caput* do art. 195 da Constituição Federal, e seus acréscimos legais, relativas ao objeto da condenação constante das sentenças que proferir e dos acordos que homologar. *(Parágrafo único com redação pela Lei 13.467/2017)*

▸ Art. 195, II, da CF.

CF

Art. 195. A seguridade social será financiada por toda a sociedade, de forma direta e indireta, nos termos da lei, mediante recursos provenientes dos orçamentos da União, dos Estados, do Distrito Federal e dos Municípios, e das seguintes contribuições sociais: (...)

II – do trabalhador e dos demais segurados da previdência social, não incidindo contribuição sobre aposentadoria e pensão concedidas pelo regime geral de previdência social de que trata o art. 201;

▸ Art. 114, VIII, da CF.
▸ Art. 832, § 3°, desta Consolidação.
▸ Súmula Vinculante 53 do STF.
▸ Súmulas 430, 435, 452, 458 e 463 do STJ.
▸ Súmulas 368 e 401 do TST.
▸ OJs 368, 376 e 398 da SDI-I do TST.

Constituição Federal

Art. 114: Compete à Justiça do Trabalho processar e julgar: (...)

VIII – a execução, de ofício, das contribuições sociais previstas no art. 195, I, *a*, e II, e seus acréscimos legais, decorrentes das sentenças que proferir;

Súmula Vinculante

STF 53. A competência da Justiça do Trabalho prevista no art. 114, VIII, da Constituição Federal alcança a execução de ofício das contribuições previdenciárias relativas ao objeto da condenação constante das sentenças que proferir e acordos por ela homologados.

Súmulas

TST 368. Descontos previdenciários. Imposto de renda. Competência. Responsabilidade pelo recolhimento. Forma de cálculo. Fato gerador. I – A Justiça do Trabalho é competente para determinar o recolhimento das contribuições fiscais. A competência da Justiça do Trabalho, quanto à execução das contribuições previdenciárias, limita-se às sentenças condenatórias em pecúnia que proferir e aos valores, objeto de acordo homologado, que integrem o salário de contribuição. (ex-OJ 141 da SBDI-1 – inserida em 27.11.1998) (...)

TST 401. Ação rescisória. Descontos legais. Fase de execução. Sentença exequenda omissa. Inexistência de ofensa à coisa julgada. Os descontos previdenciários e fiscais devem ser efetuados pelo juízo executório, ainda que a sentença exequenda tenha sido omissa sobre a questão, dado o caráter de ordem pública ostentado pela norma que os disciplina. A ofensa à coisa julgada somente poderá ser caracterizada na hipótese de o título exequendo, expressamente, afastar a dedução dos valores a título de imposto de renda e de contribuição previdenciária.

Orientações Jurisprudenciais

SDI-I 368. Descontos previdenciários. Acordo homologado em juízo. Inexistência de vínculo empregatício. Parcelas indenizatórias. Ausência de discriminação. Incidência sobre o valor total. É devida a incidência das contribuições para a Previdência Social sobre o valor total do acordo homologado em juízo, independentemente do reconhecimento de vínculo de emprego, desde que não haja discriminação das parcelas sujeitas à incidência da contribuição previdenciária, conforme parágrafo único do art. 43 da Lei 8.212, de 24.07.1991, e do art. 195, I, *a*, da CF/1988.

SDI-I 376. Contribuição previdenciária. Acordo homologado em juízo após o trânsito em julgado da sentença condenatória. Incidência sobre o valor homologado. É devida a contribuição previdenciária sobre o valor do acordo celebrado e homologado após o trânsito em julgado de decisão judicial, respeitada a proporcionalidade de valores entre as parcelas de natureza salarial e indenizatória deferidas na decisão condenatória e as parcelas objeto do acordo.

SDI-I 398. Contribuição previdenciária. Acordo homologado em juízo sem reconhecimento de vínculo de emprego. Contribuinte individual. Recolhimento da alíquota de 20% a cargo do tomador e 11% a cargo do prestador de serviços. Nos acordos homologados em juízo em que não haja o reconhecimento de vínculo empregatício, é devido o recolhimento da contribuição previdenciária, mediante a alíquota de 20% a cargo do tomador de serviços e de 11% por parte do prestador de serviços, na qualidade de contribuinte individual, sobre o valor total do acordo, respeitado o teto de contribuição. Inteligência do § 4° do art. 30 e do inciso III do art. 22, todos da Lei 8.212, de 24.07.1991.

Art. 877. É competente para a execução das decisões o Juiz ou Presidente do Tribunal que tiver conciliado ou julgado originariamente o dissídio.

▸ Súmulas 10 e 46 do STJ.
▸ Súmula 419 do TST.

Súmulas

STJ 10. Instalada a junta de conciliação e julgamento, cessa a competência do juiz de direito em matéria trabalhista, inclusive para a execução das sentenças por ele proferidas.

TST 419. Competência. Embargos de Terceiro. Execução por Carta Precatória. Juízo deprecado. Na execução por carta precatória, os embargos de terceiro serão oferecidos no juízo deprecado, salvo se indicado pelo juízo deprecante o bem constrito ou se já devolvida a carta (art. 676, parágrafo único, do CPC de 2015)

Art. 877-A. É competente para a execução de título executivo extrajudicial o Juiz que teria competência para o processo de conhecimento relativo à matéria. *(Artigo acrescido pela Lei 9.958/2000)*

Art. 878. A execução será promovida pelas partes, permitida a execução de ofício pelo juiz ou pelo Presidente do Tribunal apenas nos casos em que as partes não estiverem representadas por advogado. *(Caput com redação pela Lei 13.467/2017)*

Parágrafo único. *Revogado pela Lei 13.467/2017)*

▸ Art. 13 da IN 41/2018 do TST (Dispõe sobre a aplicação das normas processuais da CLT alteradas pela Lei 13.467/2017).

Art. 878-A. Faculta-se ao devedor o pagamento imediato da parte que entender devida à Previdência Social, sem prejuízo da cobrança de eventuais diferenças encontradas na execução *ex officio. (Artigo acrescido pela Lei 10.035/2000)*

▸ Súmula 458 do STJ.

Súmula

STJ 458. A contribuição previdenciária incide sobre a comissão paga ao corretor de seguros.

Art. 879. Sendo ilíquida a sentença exequenda, ordenar-se-á, previamente, a sua liquidação, que poderá ser feita por cálculo, por arbitramento ou por artigos. *(Caput com redação pela Lei 2.244/1954)*

▸ Arts. 509, 510, 512 e 524, §§ 1º a 5º, do CPC.

CPC 2015

Art. 509. Quando a sentença condenar ao pagamento de quantia ilíquida, proceder-se-á à sua liquidação, a requerimento do credor ou do devedor:

I – por arbitramento, quando determinado pela sentença, convencionado pelas partes ou exigido pela natureza do objeto da liquidação;

II – pelo procedimento comum, quando houver necessidade de alegar e provar fato novo.

§ 1º Quando na sentença houver uma parte líquida e outra ilíquida, ao credor é lícito promover simultaneamente a execução daquela e, em autos apartados, a liquidação desta.

§ 2º Quando a apuração do valor depender apenas de cálculo aritmético, o credor poderá promover, desde logo, o cumprimento da sentença.

§ 3º O Conselho Nacional de Justiça desenvolverá e colocará à disposição dos interessados programa de atualização financeira.

§ 4º Na liquidação é vedado discutir de novo a lide ou modificar a sentença que a julgou.

Art. 510. Na liquidação por arbitramento, o Juiz intimará as partes para a apresentação de pareceres ou documentos elucidativos, no prazo que fixar, e, caso não possa decidir de plano, nomeará perito, observando-se, no que couber, o procedimento da prova pericial. (...)

Art. 512. A liquidação poderá ser realizada na pendência de recurso, processando-se em autos apartados no juízo de origem, cumprindo ao liquidante instruir o pedido com cópias das peças processuais pertinentes.

§ 1º Na liquidação, não se poderá modificar, ou inovar, a sentença liquidanda, nem discutir matéria pertinente à causa principal. *(Primitivo parágrafo único transformado em § 1º pela Lei 8.432/1992)*

▸ Súmula 344 do STJ.
▸ Súmula 211 do TST.
▸ OJs 262 e 300 da SDI-I do TST.
▸ OJ 35 da SDI-II do TST.

Súmulas

STJ 344. A liquidação por forma diversa da estabelecida na sentença não ofende a coisa julgada.

TST 211. Juros de mora e correção monetária. Independência do pedido inicial e do título executivo judicial. Os juros de mora e a correção monetária incluem-se na liquidação, ainda que omisso o pedido inicial ou a condenação.

Orientações Jurisprudenciais

SDI-I 262. Coisa julgada. Planos econômicos. Limitação à data-base na fase de execução. Não ofende a coisa julgada a limitação à data-base da categoria, na fase executória, da condenação ao pagamento de diferenças salariais decorrentes de planos econômicos, quando a decisão exequenda silenciar sobre a limitação, uma vez que a limitação decorre de norma cogente. Apenas quando a sentença exequenda houver expressamente afastado a limitação à data-base é que poderá ocorrer ofensa à coisa julgada.

SDI-I 300. Execução trabalhista. Correção monetária. Juros. Lei 8.177/91, art. 39, e Lei 10.192/01, art. 15. Não viola norma constitucional (art. 5º, II e XXXVI) a determinação de aplicação da TRD, como fator de correção monetária dos débitos trabalhistas, cumulada com juros de mora, previstos no artigo 39 da Lei 8.177/91 e convalidado pelo artigo 15 da Lei 10.192/01.

SDI-II 35. Ação rescisória. Planos econômicos. Coisa julgada. Limitação à data-base na fase de execução. Não ofende a coisa julgada a limitação à data-base da categoria, na fase executória, da condenação ao pagamento de diferenças salariais decorrentes de planos econômicos, quando a decisão exequenda silenciar sobre a limitação, uma vez que a limitação decorre de norma cogente. Apenas quando a sentença exequenda houver expressamente afastado a limitação à data-base é que poderá ocorrer ofensa à coisa julgada.

§ 1º-A. A liquidação abrangerá, também, o cálculo das contribuições previdenciárias devidas. *(§ 1º-A acrescido pela Lei 10.035/2000)*

▸ Súmulas 351 e 458 do STJ.

Súmulas

STJ 351. A alíquota de contribuição para o Seguro de Acidente do Trabalho (SAT) é aferida pelo grau de risco desenvolvido em cada empresa, individualizada pelo seu CNPJ, ou pelo grau de risco da atividade preponderante quando houver apenas um registro.

STJ 458. A contribuição previdenciária incide sobre a comissão paga ao corretor de seguros.

§ 1º-B. As partes deverão ser previamente intimadas para a apresentação do cálculo de liquidação, inclusive da contribuição previdenciária incidente. *(§ 1º-B acrescido pela Lei 10.035/2000)*

▸ Súmula 368 do TST.

Súmula

TST 368. Descontos previdenciários. Imposto de renda. Competência. Responsabilidade pelo recolhimento. Forma de cálculo. Fato gerador. I – A Justiça do Trabalho é competente para determinar o recolhimento das contribuições fiscais. A competência da Justiça do Trabalho, quanto à execução das contribuições previdenciárias, limita-se às sentenças condenatórias em pecúnia que proferir e aos valores, objeto de acordo homologado, que integrem o salário de contribuição. (ex-OJ 141 da SBDI-1 – inserida em 27.11.1998) (...)

§ 2º Elaborada a conta e tornada líquida, o juízo deverá abrir às partes prazo comum de oito dias para impugnação fundamentada com a indicação dos itens e valores objeto da discordância, sob pena de preclusão. *(§ 2º com redação pela Lei 13.467/2017)*

▸ Art. 14 da IN 41/2018 do TST (Dispõe sobre a aplicação das normas processuais da CLT alteradas pela Lei 13.467/2017).
▸ OJ 2 do Tribunal Pleno do TST.

Orientação Jurisprudencial

Tribunal Pleno 02. Precatório. Revisão de cálculos. Limites da competência do presidente do TRT. O pedido de revisão dos cálculos, em fase de precatório, previsto no art. 1º-E da Lei 9.494/97, apenas poderá ser acolhido desde que: a) o requerente aponte e especifique claramente quais são as incorreções existentes nos cálculos, discriminando o montante que seria correto, pois do contrário a incorreção torna-se abstrata; b) o defeito nos cálculos esteja ligado à incorreção material ou à utilização de critério em descompasso com a lei ou com o título executivo judicial; e c) o critério legal aplicável ao débito não tenha sido objeto de debate nem na fase de conhecimento, nem na fase de execução.

§ 3º Elaborada a conta pela parte ou pelos órgãos auxiliares da Justiça do Trabalho, o Juiz procederá à intimação da União para manifestação, no prazo de 10 (dez) dias, sob pena de preclusão. *(§ 3º com redação pela Lei 11.457/2007)*

§ 4º A atualização do crédito devido à Previdência Social observará os critérios estabelecidos na legislação previdenciária. *(§ 4º acrescido pela Lei 10.035/2000)*

§ 5º O Ministro de Estado da Fazenda poderá, mediante ato fundamentado, dispensar a manifestação da União quando o valor total das verbas que integram o salário de contribuição, na forma do art. 28 da Lei 8.212, de 24 de julho de 1991, ocasionar perda de escala decorrente

da atuação do órgão jurídico. *(§ 5º acrescido pela Lei 11.457/2007)*

▸ Súmula 452 do STJ.

Súmula

STJ 452. A extinção das ações de pequeno valor é faculdade da Administração Federal, vedada a atuação judicial de ofício.

§ 6º Tratando-se de cálculos de liquidação complexos, o Juiz poderá nomear perito para a elaboração e fixará, depois da conclusão do trabalho, o valor dos respectivos honorários com observância, entre outros, dos critérios de razoabilidade e proporcionalidade. *(§ 6º acrescido pela Lei 12.405/2011)*

§ 7º A atualização dos créditos decorrentes de condenação judicial será feita pela Taxa Referencial (TR), divulgada pelo Banco Central do Brasil, conforme a Lei 8.177, de 1º de março de 1991. *(§ 7º acrescido pela Lei 13.467/2017)*

▸ O STF, por maioria, julgou parcialmente procedente as ADINs 6.021 e 5.867 e as ADCs 58 e 59, para conferir interpretação conforme à CF a este parágrafo, "no sentido de considerar que à atualização dos créditos decorrentes de condenação judicial e à correção dos depósitos recursais em contas judiciais na Justiça do Trabalho deverão ser aplicados, até que sobrevenha solução legislativa, os mesmos índices de correção monetária e de juros que vigentes para as condenações cíveis em geral, quais sejam a incidência do IPCA-E na fase pré-judicial e, a partir da citação, a incidência da taxa SELIC (art. 406 do Código Civil)." (DOU 12.02.2021)

Seção II
Do mandado e da penhora

Art. 880. Requerida a execução, o Juiz ou presidente do tribunal mandará expedir mandado de citação do executado, a fim de que cumpra a decisão ou o acordo no prazo, pelo modo e sob as cominações estabelecidas ou, quando se tratar de pagamento em dinheiro, inclusive de contribuições sociais devidas à União, para que o faça em 48 (quarenta e oito) horas ou garanta a execução, sob pena de penhora. *(Caput com redação pela Lei 11.457/2007)*

▸ Súmula vinculante 25 do STF.
▸ Súmulas 419, 430, 435, 463 e 486 do STJ.
▸ OJ 3 da SDC.

Súmula Vinculante

STF 25. É ilícita a prisão civil de depositário infiel, qualquer que seja a modalidade do depósito.

Súmulas

STJ 435. Presume-se dissolvida irregularmente a empresa que deixar de funcionar no seu domicílio fiscal, sem comunicação aos órgãos competentes, legitimando o redirecionamento da execução fiscal para o sócio-gerente.

STJ 463. Incide imposto de renda sobre os valores percebidos a título de indenização por horas extraordinárias trabalhadas, ainda que decorrentes de acordo coletivo.

STJ 486. É impenhorável o único imóvel residencial do devedor que esteja locado a terceiros, desde que a renda obtida com a locação seja revertida para a subsistência ou a moradia da sua família.

Orientação Jurisprudencial

SDC 03. Arresto. Apreensão. Depósito. Pretensões insuscetíveis de dedução em sede coletiva. São incompatíveis com a natureza e finalidade do dissídio coletivo as pretensões de provimento judicial de arresto, apreensão ou depósito.

§ 1º O mandado de citação deverá conter a decisão exequenda ou o termo de acordo não cumprido.

§ 2º A citação será feita pelos oficiais de diligência.

▸ A Lei 5.442/1968 alterou a redação do artigo 721 da CLT, indicando a substituição de oficiais de diligência para oficiais de justiça.
▸ Súmula 410 do STJ.

Súmula

STJ 410. A prévia intimação pessoal do devedor constitui condição necessária para a cobrança de multa pelo descumprimento de obrigação de fazer ou não fazer.

§ 3º Se o executado, procurado por duas vezes no espaço de quarenta e oito horas, não for encontrado, far-se-

-á citação por edital, publicado no jornal oficial ou, na falta deste, afixado na sede da Junta ou Juízo, durante cinco dias.

▸ A EC 24/1999 extinguiu a figura do Juiz Classista e as Juntas de Conciliação e Julgamento, substituindo pelas Varas do Trabalho, onde a jurisdição será exercida por um Juiz Singular.

Art. 881. No caso de pagamento da importância reclamada, será este feito perante o escrivão ou secretário, lavrando-se termo de quitação, em duas vias, assinadas pelo exequente, pelo executado e pelo mesmo escrivão ou chefe de secretaria, entregando-se a segunda via ao executado e juntando-se a outra ao processo.

▸ A Lei 409/1948 criou os quadros de pessoal da Justiça do Trabalho, estabelecendo a função de chefe de secretaria, no lugar do secretário. Atualmente a função é de diretor de secretaria.

Parágrafo único. Não estando presente o exequente, será depositada a importância, mediante guia, em estabelecimento oficial de crédito ou, em falta deste, em estabelecimento bancário idôneo. *(Parágrafo único com redação pela Lei 7.305/1985)*

▸ Arts. 100 e 167 da CF.
▸ Arts. 535, § 3º, I, 779, 910 e 924, II a IV, do CPC.
▸ Lei 6.830/1980 (Lei de Execução Fiscal)
▸ Inst. Normativa 32/2008 do TST (Uniformiza procedimentos para a expedição de Precatórios e Requisições de Pequeno Valor no âmbito da Justiça do Trabalho)

CPC 2015

Art. 535. A Fazenda Pública será intimada na pessoa de seu representante judicial, por carga, remessa ou meio eletrônico, para, querendo, no prazo de 30 (trinta) dias e nos próprios autos, impugnar a execução, podendo arguir: (...)

§ 3º Não impugnada a execução ou rejeitadas as arguições da executada:

I – expedir-se-á, por intermédio do presidente do tribunal competente, precatório em favor do exequente, observando-se o disposto na Constituição Federal; (...)

Art. 779. A execução pode ser promovida contra:

I – o devedor, reconhecido como tal no título executivo;

II – o espólio, os herdeiros ou os sucessores do devedor;

III – o novo devedor que assumiu, com o consentimento do credor, a obrigação resultante do título executivo;

IV – o fiador do débito constante em título extrajudicial;

V – o responsável titular do bem vinculado por garantia real ao pagamento do débito;

VI – o responsável tributário, assim definido em lei.

Art. 882. O executado que não pagar a importância reclamada poderá garantir a execução mediante depósito da quantia correspondente, atualizada e acrescida das despesas processuais, apresentação de seguro-garantia judicial ou nomeação de bens à penhora, observada a ordem preferencial estabelecida no art. 835 da Lei 13.105, de 16 de março de 2015 – Código de Processo Civil. *(Artigo com redação pela Lei 13.467/2017)*

▸ Arts. 835 e 842 do CPC.
▸ Súmula 128 do TST.
▸ OJ 59 da SDI-II do TST.

CPC 2015

Art. 835. A penhora observará, preferencialmente, a seguinte ordem:

I – dinheiro, em espécie ou em depósito ou aplicação em instituição financeira;

II – títulos da dívida pública da União, dos Estados e do Distrito Federal com cotação em mercado;

III – títulos e valores mobiliários com cotação em mercado;

IV – veículos de via terrestre;

V – bens imóveis;

VI – bens móveis em geral;

VII – semoventes;

VIII – navios e aeronaves;

IX – ações e quotas de sociedades simples e empresárias;

X – percentual do faturamento de empresa devedora;

XI – pedras e metais preciosos;

XII – direitos aquisitivos derivados de promessa de compra e venda e de alienação fiduciária em garantia;

XIII – outros direitos.

§ 1º É prioritária a penhora em dinheiro, podendo o Juiz, nas demais hipóteses, alterar a ordem prevista no *caput* de acordo com as circunstâncias do caso concreto.

§ 2º Para fins de substituição da penhora, equiparam-se a dinheiro a fiança bancária e o seguro garantia judicial, desde que em valor não inferior ao do débito constante da inicial, acrescido de trinta por cento.

§ 3º Na execução de crédito com garantia real, a penhora recairá sobre a coisa dada em garantia, e, se a coisa pertencer a terceiro garantidor, este também será intimado da penhora.

Art. 842. Recaindo a penhora sobre bem imóvel ou direito real sobre imóvel, será intimado também o cônjuge do executado, salvo se forem casados em regime de separação absoluta de bens.

Súmula

TST 128. Depósito recursal. I – É ônus da parte recorrente efetuar o depósito legal, integralmente, em relação a cada novo recurso interposto, sob pena de deserção. Atingido o valor da condenação, nenhum depósito mais é exigido para qualquer recurso. II – Garantido o juízo, na fase executória, a exigência de depósito para recorrer de qualquer decisão viola os incisos II e LV do art. 5º da CF/1988. Havendo, porém, elevação do valor do débito, exige-se a complementação da garantia do juízo. III – Havendo condenação solidária de duas ou mais empresas, o depósito recursal efetuado por uma delas aproveita as demais, quando a empresa que efetuou o depósito não pleiteia sua exclusão da lide.

Orientação Jurisprudencial

SDI-II 59. Mandado de Segurança. Penhora. Carta de Fiança Bancária. Seguro Garantia Judicial (nova redação em decorrência do CPC de 2015) A carta de fiança bancária e o seguro garantia judicial, desde que em valor não inferior ao do débito em execução, acrescido de trinta por cento, equivalem a dinheiro para efeito da gradação dos bens penhoráveis, estabelecida no art. 835 do CPC de 2015 (art. 655 do CPC de 1973)

Art. 883. Não pagando o executado, nem garantindo a execução, seguir-se-á penhora dos bens, tantos quantos bastem ao pagamento da importância da condenação, acrescida de custas e juros de mora, sendo estes, em qualquer caso, devidos a partir da data em que for ajuizada a reclamação inicial. *(Artigo com redação pela Lei 2.244/1954)*

▸ Art. 5º, XXVI, da CF.
▸ Art.1.023 do CC.
▸ Arts. 789 e 795 do CPC.
▸ Súmula 224 do STF.
▸ Súmulas 328, 364, 375, 417, 449, 451 e 486 do STJ.
▸ Súmulas 200, 211, 304, 307 417 e 439 do TST.
▸ OJs 87, 300 e 343 da SDI-I do TST.
▸ OJs 93, 143, 154 e 156 da SDI-II do TST.
▸ OJs 7 e 13 do Tribunal Pleno do TST.

CPC 2015

Art. 789. O devedor responde com todos os seus bens presentes e futuros para o cumprimento de suas obrigações, salvo as restrições estabelecidas em lei.

Art. 795. Os bens particulares dos sócios não respondem pelas dívidas da sociedade, senão nos casos previstos em lei. (...)

Código Civil

Art. 1.023. Se os bens da sociedade não lhe cobrirem as dívidas, respondem os sócios pelo saldo, na proporção em que participem das perdas sociais, salvo cláusula de responsabilidade solidária.

Súmulas

STF 224. Os juros da mora, nas reclamações trabalhistas, são contados desde a notificação inicial.

STJ 328. Na execução contra instituição financeira, é penhorável o numerário disponível, excluídas as reservas bancárias mantidas no Banco Central.

STJ 364 O conceito de impenhorabilidade de bem de família abrange também o imóvel pertencente a pessoas solteiras, separadas e viúvas.

STJ 375. O reconhecimento da fraude à execução depende do registro da penhora do bem alienado ou da prova de má-fé do terceiro adquirente.

STJ 451. É legítima a penhora da sede do estabelecimento comercial.

STJ 486. É impenhorável o único imóvel residencial do devedor que esteja locado a terceiros, desde que a renda obtida com a locação seja revertida para a subsistência ou a moradia da sua família

TST 200. Juros de mora. Incidência. Os juros de mora incidem sobre a importância da condenação já corrigida monetariamente.

TST 211. Juros de mora e correção monetária. Independência do pedido inicial e do título executivo judicial. Os juros de mora e a correção monetária incluem-se na liquidação, ainda que omisso o pedido inicial ou a condenação.

TST 304. Correção monetária. Empresas em liquidação. Art. 46 do ADCT/CF. Os débitos trabalhistas das entidades submetidas aos regimes de intervenção ou liquidação extrajudicial estão sujeitos a correção monetária desde o respectivo vencimento até seu efetivo pagamento, sem interrupção ou suspensão, não incidindo, entretanto, sobre tais débitos, juros de mora.

Orientações Jurisprudenciais

SDI-I 343. Penhora. Sucessão. Art. 100 da CF/1988. É válida a penhora em bens de pessoa jurídica de direito privado, realizada anteriormente à sucessão pela União ou por Estado-membro, não podendo a execução prosseguir mediante precatório. A decisão que a mantém não viola o art. 100 da CF/1988.

SDI-II 93. Penhora sobre parte da renda de estabelecimento comercial. Possibilidade. (alterada em decorrência do CPC de 2015) Nos termos do art. 866 do CPC de 2015, é admissível a penhora sobre a renda mensal ou faturamento de empresa, limitada a percentual, que não comprometa o desenvolvimento regular de suas atividades, desde que não haja outros bens penhoráveis ou, havendo outros bens, eles sejam de difícil alienação ou insuficientes para satisfazer o crédito executado.

Art. 883-A. A decisão judicial transitada em julgado somente poderá ser levada a protesto, gerar inscrição do nome do executado em órgãos de proteção ao crédito ou no Banco Nacional de Devedores Trabalhistas (BNDT), nos termos da lei, depois de transcorrido o prazo de quarenta e cinco dias a contar da citação do executado, se não houver garantia do juízo. *(Artigo acrescido pela Lei 13.467/2017)*

▸ Art. 15 da IN 41/2018 do TST (Dispõe sobre a aplicação das normas processuais da CLT alteradas pela Lei 13.467/2017).

Seção III
Dos embargos à execução e da sua impugnação

Art. 884. Garantida a execução ou penhorados os bens, terá o executado 5 (cinco) dias para apresentar embargos, cabendo igual prazo ao exequente para a impugnação.

▸ O prazo a que se refere este dispositivo foi alterado para 30 (trinta) dias, por força da MP 2.180-35/2001 que acrescentou o 1º-B à Lei 9.494/1997.
▸ O STF, no julgamento da Medida Cautelar em ADECON 11-8 (*DJU 29.06.2007*), suspendeu todos os processos em que se discuta a constitucionalidade do art. 1º-B da Lei 9.494/1997 acrescentado pela MP 2.180-35/2001.
▸ Arts. 535,§ 3º, I, 674 e 910 do CPC.
▸ Lei 6.830/1980 (Lei de Execução Fiscal)
▸ Súmulas 46, 84,134 e 406 do STJ.
▸ Súmula 419 do TST.
▸ OJ 382 da SDI-I do TST.
▸ OJs 6 e 7 do Tribunal Pleno do TST.

Súmulas

STJ 46. Na execução por carta, os Embargos do devedor serão decididos no Juízo deprecante, salvo se versarem unicamente vícios ou defeitos da penhora, avaliação ou alienação dos bens.

TST 419. Competência. Embargos de Terceiro. Execução por Carta Precatória. Juízo deprecado. Na execução por carta precatória, os embargos de terceiro serão oferecidos no juízo deprecado, salvo se indicado pelo juízo deprecante o bem constrito ou se já devolvida a carta (art. 676, parágrafo único, do CPC de 2015)

Orientações Jurisprudenciais

SDI-I 382. Juros de mora. Art. 1º-F da lei 9.494, de 10.09.1997. Inaplicabilidade à Fazenda Pública quando condenada subsidiariamente. A Fazenda Pública, quando condenada subsidiariamente pelas obrigações trabalhistas devidas pela empregadora principal, não se beneficia da limitação dos juros, prevista no art. 1º-F da Lei 9.494, de 10.09.1997.

Tribunal Pleno 7. Juros de mora. Condenação da Fazenda Pública. I – Nas condenações impostas à Fazenda Pública, incidem juros de mora segundo os seguintes critérios: a) 1% (um por cento) ao mês, até agosto de 2001, nos termos do § 1º do art. 39 da Lei 8.177, de 01.03.1991; b) 0,5% (meio por cento) ao mês, de setembro de 2001 a junho de 2009, conforme determina o art. 1º-F da Lei 9.494, de 10.09.1997, introduzido pela Medida Provisória 2.180-35, de 24.08.2001. II – A partir de 30 de junho de 2009, atualizam-se os débitos trabalhistas da Fazenda Pública, mediante a incidência dos índices oficiais de remuneração básica e

juros aplicados à caderneta de poupança, por força do art. 5º da Lei 11.960, de 29.06.2009. III – A adequação do montante da condenação deve observar essa limitação legal, ainda que em sede de precatório.

§ 1º A matéria de defesa será restrita às alegações de cumprimento da decisão ou do acordo, quitação ou prescrição da dívida.

§ 2º Se na defesa tiverem sido arroladas testemunhas, poderá o Juiz ou o Presidente do Tribunal, caso julgue necessário seus depoimentos, marcar audiência para a produção das provas, a qual deverá realizar-se dentro de cinco dias.

§ 3º Somente nos embargos à penhora poderá o executado impugnar a sentença de liquidação, cabendo ao exequente igual direito e no mesmo prazo. *(§ 3º com redação pela Lei 2.244/1954)*

§ 4º Julgar-se-ão na mesma sentença os embargos e as impugnações à liquidação apresentadas pelos credores trabalhista e previdenciário. *(§ 4º com redação pela Lei 10.035/2000)*

▶ Súmula 368 do TST.

Súmula

TST 368. Descontos previdenciários. Imposto de renda. Competência. Responsabilidade pelo recolhimento. Forma de cálculo. Fato gerador. I – A Justiça do Trabalho é competente para determinar o recolhimento das contribuições fiscais. A competência da Justiça do Trabalho, quanto à execução das contribuições previdenciárias, limita-se às sentenças condenatórias em pecúnia que proferir e aos valores, objeto de acordo homologado, que integrem o salário de contribuição. (...)

§ 5º Considera-se inexigível o título judicial fundado em lei ou ato normativo declarados inconstitucionais pelo Supremo Tribunal Federal ou em aplicação ou interpretação tidas por incompatíveis com a Constituição Federal. *(§ 5º acrescido pela MP 2.180-35/2001)*

▶ Art. 5º, XXXVI, da CF.
▷ OJ 12 do Tribunal Pleno do TST.

Constituição Federal

Art. 5º, XXXVI – a lei não prejudicará o direito adquirido, o ato jurídico perfeito e a coisa julgada;

Orientação Jurisprudencial

Tribunal Pleno 12. Precatório. Procedimento de natureza administrativa. Incompetência funcional do presidente do trt para declarar a inexigibilidade do título exequendo. O Presidente do TRT, em sede de precatório, não tem competência funcional para declarar a inexigibilidade do título judicial exequendo, com fundamento no art. 884, § 5º, da CLT, ante a natureza meramente administrativa do procedimento.

§ 6º A exigência da garantia ou penhora não se aplica às entidades filantrópicas e/ou àqueles que compõem ou compuseram a diretoria dessas instituições. *(§ 6º acrescido pela Lei 13.467/2017)*

▶ Art. 16 da IN 41/2018 do TST (Dispõe sobre a aplicação das normas processuais da CLT alteradas pela Lei 13.467/2017).

Seção IV
Do julgamento e dos trâmites finais da execução

Art. 885. Não tendo sido arroladas testemunhas na defesa, o Juiz ou Presidente, conclusos os autos, proferirá sua decisão, dentro de cinco dias, julgando subsistente ou insubsistente a penhora.

Art. 886. Se tiverem sido arroladas testemunhas, finda a sua inquirição em audiência, o escrivão ou secretário fará, dentro de quarenta e oito horas, conclusos os autos ao Juiz ou Presidente, que proferirá sua decisão, na forma prevista no artigo anterior.

▶ A Lei 409/1948 criou os quadros de pessoal da Justiça do Trabalho, estabelecendo a função de chefe de secretaria, no lugar do secretário. Atualmente a função é de diretor de secretaria.

§ 1º Proferida a decisão, serão da mesma notificadas as partes interessadas, em registrado postal, com franquia.

§ 2º Julgada subsistente a penhora, o Juiz ou Presidente mandará proceder logo à avaliação dos bens penhorados.

Art. 887. A avaliação dos bens penhorados em virtude da execução de decisão condenatória, será feita por avaliador escolhido de comum acordo pelas partes, que perceberá as custas arbitradas pelo Juiz, ou presidente do tribunal trabalhista, de conformidade com a tabela a ser expedida pelo Tribunal Superior do Trabalho.

▶ Artigo prejudicado pela Lei 5.442/1968, que trouxe nova redação ao art. 721 da CLT, dispondo de maneira diversa ao texto do artigo acima.
▶ Art. 721 desta Consolidação.

CLT

Art. 721. Incumbe aos Oficiais de Justiça e Oficiais de Justiça Avaliadores da Justiça do Trabalho a realização dos atos decorrentes da execução dos julgados das Juntas de Conciliação e Julgamento e dos Tribunais Regionais do Trabalho, que lhes forem cometidos pelos respectivos Presidentes.
§ 1º Para efeito de distribuição dos referidos atos, cada Oficial de Justiça ou Oficial de Justiça Avaliador funcionará perante uma Junta de Conciliação e Julgamento, salvo quando da existência, nos Tribunais Regionais do Trabalho, de órgão específico, destinado à distribuição de mandados judiciais.
§ 2º Nas localidades onde houver mais de uma Junta, respeitado o disposto no parágrafo anterior, a atribuição para o comprimento do ato deprecado ao Oficial de Justiça ou Oficial de Justiça Avaliador será transferida a outro Oficial, sempre que, após o decurso de 9 (nove) dias, sem razões que o justifiquem, não tiver sido cumprido o ato, sujeitando-se o serventuário às penalidades da lei.
§ 3º No caso de avaliação, terá o Oficial de Justiça Avaliador, para cumprimento da ato, o prazo previsto no art. 888.
§ 4º É facultado aos Presidentes dos Tribunais Regionais do Trabalho cometer a qualquer Oficial de Justiça ou Oficial de Justiça Avaliador a realização dos atos de execução das decisões desses Tribunais.
§ 5º Na falta ou impedimento do Oficial de Justiça ou Oficial de Justiça Avaliador, o Presidente da Junta poderá atribuir a realização do ato a qualquer serventuário.

§ 1º Não acordando as partes quanto à designação de avaliador, dentro de cinco dias após o despacho que o determinou a avaliação, será o avaliador designado livremente pelo Juiz ou presidente do tribunal.

§ 2º Os servidores da Justiça do Trabalho não poderão ser escolhidos ou designados para servir de avaliador.

Art. 888. Concluída a avaliação, dentro de dez dias, contados da data da nomeação do avaliador, seguir-se-á a arrematação, que será anunciada por edital afixado na sede do Juízo ou Tribunal e publicado no jornal local, se houver, com a antecedência de vinte dias. *(Caput com redação pela Lei 5.584/1970)*

▶ Art. 826 do CPC.
▶ Art. 13 da Lei 5.584/1970 (Normas de Direito Processual do Trabalho)
▶ Lei 6.830/1980 (Lei de Execução Fiscal)
▶ Súmula 458 do STF.
▶ Súmula 399 do TST.

CPC 2015

Art. 826. Antes de adjudicados ou alienados os bens, o executado pode, a todo tempo, remir a execução, pagando ou consignando a importância atualizada da dívida, acrescida de juros, custas e honorários advocatícios.

Lei 5.584/1970

Art. 13. Em qualquer hipótese, a remição só será deferível ao executado se êste oferecer preço igual ao valor da condenação.

Súmulas

STF 458. O processo da execução trabalhista não exclui a remição pelo executado.

TST 399. Ação rescisória. Cabimento. Sentença de mérito. Decisão homologatória de adjudicação, de arrematação e de cálculos I – É incabível ação rescisória para impugnar decisão homologatória de adjudicação ou arrematação. II – A decisão homologatória de cálculos apenas comporta rescisão quando enfrentar as questões envolvidas na elaboração da conta de liquidação, quer solvendo a controvérsia

das partes quer explicitando, de ofício, os motivos pelos quais acolheu os cálculos oferecidos por uma das partes ou pelo setor de cálculos, e não contestados pela outra.

§ 1º A arrematação far-se-á em dia, hora e lugar anunciados e os bens serão vendidos pelo maior lance, tendo o exequente preferência para a adjudicação. *(§ 1º com redação pela Lei 5.584/1970)*

§ 2º O arrematante deverá garantir o lance com o sinal correspondente a vinte por cento do seu valor. *(§ 2º com redação pela Lei 5.584/1970)*

§ 3º Não havendo licitante, e não requerendo o exequente a adjudicação dos bens penhorados, poderão os mesmos ser vendidos por leiloeiro nomeado pelo Juiz ou Presidente. *(§ 3º com redação pela Lei 5.584/1970)*

§ 4º Se o arrematante, ou seu fiador, não pagar dentro de vinte e quatro horas o preço da arrematação, perderá, em benefício da execução, o sinal de que trata o § 2º deste artigo, voltando à praça os bens executados. *(§ 4º com redação pela Lei 5.584/1970)*

Art. 889. Aos trâmites e incidentes do processo da execução são aplicáveis, naquilo em que não contravierem ao presente Título, os preceitos que regem o processo dos executivos fiscais para a cobrança judicial da dívida ativa da Fazenda Pública Federal.

▸ Lei 6.830/1980 (Lei de Execução Fiscal)
▸ Súmula 458 do STF.
▸ Súmulas 392, 409 e 414 do STJ.
▸ OJ 143 da SDI-I do TST.

Súmulas

STJ 392. A Fazenda Pública pode substituir a certidão de dívida ativa (CDA) até a prolação da sentença de embargos, quando se tratar de correção de erro material ou formal, vedada a modificação do sujeito passivo da execução.

STJ 409. Em execução fiscal, a prescrição ocorrida antes da propositura da ação pode ser decretada de ofício (art. 219, § 5º, do CPC)

STJ 414. A citação por edital na execução fiscal é cabível quando frustradas as demais modalidades.

Orientação Jurisprudencial

SDI-I 143. Empresa em liquidação extrajudicial. Execução. Créditos trabalhistas. A execução trabalhista deve prosseguir diretamente na Justiça do Trabalho mesmo após a decretação da liquidação extrajudicial. Lei 6.830/80, arts. 5º e 29, aplicados supletivamente (CLT art. 889 e CF/1988, art. 114).

Art. 889-A. Os recolhimentos das importâncias devidas, referentes às contribuições sociais, serão efetuados nas agências locais da Caixa Econômica Federal ou do Banco do Brasil S.A., por intermédio de documento de arrecadação da Previdência Social, dele se fazendo constar o número do processo. *(Caput acrescido pela Lei 10.035/2000)*

§ 1º Concedido parcelamento pela Secretaria da Receita Federal do Brasil, o devedor juntará aos autos a comprovação do ajuste, ficando a execução da contribuição social correspondente suspensa até a quitação de todas as parcelas. *(§ 1º com redação pela Lei 11.457/2007)*

§ 2º As Varas do Trabalho encaminharão mensalmente à Secretaria da Receita Federal do Brasil informações sobre os recolhimentos efetivados nos autos, salvo se outro prazo for estabelecido em regulamento. *(§ 2º com redação pela Lei 11.457/2007)*

Seção V
Da execução por prestações sucessivas

Art. 890. A execução para pagamento de prestações sucessivas far-se-á com observância das normas constan-

tes desta Seção, sem prejuízo das demais estabelecidas neste Capítulo.

Art. 891. Nas prestações sucessivas por tempo determinado, a execução pelo não pagamento de uma prestação compreenderá as que lhe sucederem.

Art. 892. Tratando-se de prestações sucessivas por tempo indeterminado, a execução compreenderá inicialmente as prestações devidas até a data do ingresso na execução.

CAPÍTULO VI
DOS RECURSOS

▸ Ato 491/2014 do TST (Aplicação da Lei 13.015/2014)

Art. 893. Das decisões são admissíveis os seguintes recursos: *(Caput com redação pela Lei 861/1949)*

▸ Arts. 932, IV, *a* e *b*, e 997 do CPC.
▸ Art. 6º da Lei 5.584/1970 (Normas de Direito Processual do Trabalho)
▸ Art. 1º, III, do Dec.-lei 779/1969 (Aplicação de normas processuais trabalhistas à União Federal, aos Estados, Municípios, Distrito Federal e autarquias ou fundações de direito público que não explorem atividade econômica)
▸ Súmulas 197, 245, 283, 297 e 385 do TST.
▸ OJ 389 da SDI-I do TST.

CPC 2015

Art. 932. Incumbe ao relator: (...)

IV – negar provimento a recurso que for contrário a:

a) súmula do Supremo Tribunal Federal, do Superior Tribunal de Justiça ou do próprio tribunal;

b) acórdão proferido pelo Supremo Tribunal Federal ou pelo Superior Tribunal de Justiça em julgamento de recursos repetitivos;

c) entendimento firmado em incidente de resolução de demandas repetitivas ou de assunção de competência;

Art. 997. Cada parte interporá o recurso independentemente, no prazo e com observância das exigências legais.

§ 1º Sendo vencidos autor e réu, ao recurso interposto por qualquer deles poderá aderir o outro.

§ 2º O recurso adesivo fica subordinado ao recurso independente, sendo-lhe aplicáveis as mesmas regras deste quanto aos requisitos de admissibilidade e julgamento no tribunal, salvo disposição legal diversa, observado, ainda, o seguinte:

I – será dirigido ao órgão perante o qual o recurso independente fora interposto, no prazo de que a parte dispõe para responder;

II – será admissível na apelação, no recurso extraordinário e no recurso especial;

III – não será conhecido, se houver desistência do recurso principal ou se for ele considerado inadmissível.

Lei 5.584/1970

Art. 6º Será de 8 (oito) dias o prazo para interpor e contra-arrazoar qualquer recurso (CLT, art. 893)

Dec.-lei 779/1969

Art. 1º Nos processos perante a Justiça do Trabalho, constituem privilégio da União, dos Estados, do Distrito Federal, dos Municípios e das autarquias ou fundações de direito público federais, estaduais ou municipais que não explorem atividade econômica: (...)

III – o prazo em dobro para recurso;

Súmulas

TST 197. Prazo. O prazo para recurso da parte que, intimada, não comparecer à audiência em prosseguimento para a prolação da sentença conta-se de sua publicação.

TST 245. Depósito Recursal. Prazo. O depósito recursal deve ser feito e comprovado no prazo alusivo ao recurso. A interposição antecipada deste não prejudica a dilação legal.

TST 283 Recurso adesivo. Pertinência no processo do trabalho. Correlação de matérias. O recurso adesivo é compatível com o processo do trabalho e cabe, no prazo de 8 (oito) dias, nas hipóteses de interposição de recurso ordinário, de agravo de petição, de revista e de embargos, sendo desnecessário que a matéria nele veiculada esteja relacionada com a do recurso interposto pela parte contrária.

TST 297. Prequestionamento. Oportunidade. Configuração I. Diz-se prequestionada a matéria ou questão quando na decisão impugnada haja sido adotada, explicitamente, tese a respeito. II. Incumbe à parte

interessada, desde que a matéria haja sido invocada no recurso principal, opor embargos declaratórios objetivando o pronunciamento sobre o tema, sob pena de preclusão. III. Considera-se prequestionada a questão jurídica invocada no recurso principal sobre a qual se omite o Tribunal de pronunciar tese, não obstante opostos embargos de declaração.

I – embargos; *(Inciso I com redação pela Lei 861/1949)*

II – recurso ordinário; *(Inciso II com redação pela Lei 861/1949)*

III – recurso de revista; *(Inciso III com redação pela Lei 861/1949)*

▸ Súmula 333 do TST.

IV – agravo. *(Inciso IV com redação pela Lei 861/1949)*

§ 1º Os incidentes do processo são resolvidos pelo próprio Juízo ou Tribunal, admitindo-se a apreciação do merecimento das decisões interlocutórias somente em recursos da decisão definitiva. *(Primitivo parágrafo único transformado em § 1º pelo Dec.-lei 8.737/1946)*

▸ Art. 799, § 2º desta Consolidação.
▸ Súmula 214 do TST.

CLT
Art. 799. (...) § 2º Das decisões sobre exceções de suspeição e incompetência, salvo, quanto a estas, se terminativas do feito, não caberá recurso, podendo, no entanto, as partes alegá-las novamente no recurso que couber da decisão final.

Súmula
TST 214. Decisão interlocutória. Irrecorribilidade. Na Justiça do Trabalho, nos termos do art. 893, § 1º, da CLT, as decisões interlocutórias não ensejam recurso imediato, salvo nas hipóteses de decisão: a) de Tribunal Regional do Trabalho contrária à Súmula ou Orientação Jurisprudencial do Tribunal Superior do Trabalho; b) suscetível de impugnação mediante recurso para o mesmo Tribunal; c) que acolhe exceção de incompetência territorial, com a remessa dos autos para Tribunal Regional distinto daquele a que se vincula o juízo excepcionado, consoante o disposto no art. 799, § 2º, da CLT.

§ 2º A interposição de recurso para o Supremo Tribunal Federal não prejudicará a execução do julgado. *(§ 2º com redação pelo Dec.-lei 8.737/1946)*

▸ Art. 102, III, da CF.
▸ Arts. 1029, 1.030 e 1.042 do CPC.
▸ Súmulas 228 e 505 do STF.
▸ OJ 56 da SDI-II do TST.

Súmulas
STF 228. Não é provisória a execução na pendência de recurso extraordinário, ou de agravo destinado a fazê-lo admitir.

STF 505. Salvo quando contrariarem a Constituição, não cabe recurso para o Supremo Tribunal Federal, de quaisquer decisões da Justiça do Trabalho, inclusive dos presidentes de seus Tribunais.

Orientação Jurisprudencial
SDI-II 56. Mandado de Segurança. Execução. Pendência de recurso extraordinário. Não há direito líquido e certo à execução definitiva na pendência de recurso extraordinário, ou de agravo de instrumento visando a destrancá-lo.

Art. 894. No Tribunal Superior do Trabalho cabem embargos, no prazo de 8 (oito) dias: *(Caput com redação pela Lei 11.496/2007)*

▸ Súmulas 23, 126, 221,184, 283, 297, 425 e 433 do TST.
▸ OJs 219 e 378 da SDI-I do TST.
▸ OJs 78 e 79 da SDI-I Transitória do TST.

Súmulas
TST 23. Recurso. Não se conhece de recurso de revista ou de embargos, se a decisão recorrida resolver determinado item do pedido por diversos fundamentos e a jurisprudência transcrita não abranger a todos.

TST 126. Recurso. Cabimento. Incabível o recurso de revista ou de embargos (arts. 896 e 894, "b", da CLT) para reexame de fatos e provas.

TST 297. Prequestionamento. Oportunidade. Configuração I. Diz-se prequestionada a matéria ou questão quando na decisão impugnada haja sido adotada, explicitamente, tese a respeito. II. Incumbe à parte interessada, desde que a matéria haja sido invocada no recurso principal, opor embargos declaratórios objetivando o pronunciamento sobre o

tema, sob pena de preclusão. III. Considera-se prequestionada a questão jurídica invocada no recurso principal sobre a qual se omite o Tribunal de pronunciar tese, não obstante opostos embargos de declaração.

TST 433. Embargos. Admissibilidade. Processo em fase de execução. Acórdão de turma publicado na vigência da lei 11.496, de 26.06.2007. Divergência de interpretação de dispositivo constitucional. A admissibilidade do recurso de embargos contra acórdão de Turma em Recurso de Revista em fase de execução, publicado na vigência da Lei 11.496, de 26.06.2007, condiciona-se à demonstração de divergência jurisprudencial entre Turmas ou destas e a Seção Especializada em Dissídios Individuais do Tribunal Superior do Trabalho em relação à interpretação de dispositivo constitucional.

I – de decisão não unânime de julgamento que: *(Inciso I com redação pela Lei 11.496/2007)*

a) conciliar, julgar ou homologar conciliação em dissídios coletivos que excedam a competência territorial dos Tribunais Regionais do Trabalho e estender ou rever as sentenças normativas do Tribunal Superior do Trabalho, nos casos previstos em lei; e *(Alínea a com redação pela Lei 11.496/2007)*

▸ Art. 2º, II, c, da Lei 7.701/1988 (Especialização de Turmas dos Tribunais do Trabalho)

Lei 7.701/1988
Art. 2º Compete à seção especializada em dissídios coletivos, ou seção normativa: (...) II – em última instância julgar: (...) c) os embargos infringentes interpostos contra decisão não unânime proferida em processo de dissídio coletivo de sua competência originária, salvo se a decisão atacada estiver em consonância com procedente jurisprudencial do Tribunal Superior do Trabalho ou da Súmula de sua jurisprudência predominante;

b) *Vetado.*

▸ OJ 95 da SDI-I do TST.

Orientação Jurisprudencial
SDI-I 95. Embargos para SDI. Divergência oriunda da mesma turma do TST. Inservível. Em 19.05.97, a SDI-Plena, por maioria, decidiu que acórdãos oriundos da mesma Turma, embora divergentes, não fundamentam divergência jurisprudencial de que trata a alínea b, do artigo 894 da Consolidação das Leis do Trabalho para embargos à Seção Especializada em Dissídios Individuais, Subseção I.

II – das decisões das Turmas que divergirem entre si ou das decisões proferidas pela Seção de Dissídios Individuais, ou contrárias a súmula ou orientação jurisprudencial do Tribunal Superior do Trabalho ou súmula vinculante do Supremo Tribunal Federal. *(Inciso II com redação pela Lei 13.015/2014)*

▸ Súmulas 296, 337, 353 e 458 do TST.
▸ OJs 147, II, e 336 da SDI-I do TST.
▸ Inst. Normativa 38/2015 do TST (Regulamenta o procedimento do Incidente de Julgamento dos Recursos de Revista e de Embargos à SDI-I do TST repetitivos)

Súmulas
TST 296. Recurso. Divergência jurisprudencial. Especificidade I – A divergência jurisprudencial ensejadora da admissibilidade, do prosseguimento e do conhecimento do recurso há de ser específica, revelando a existência de teses diversas na interpretação de um mesmo dispositivo legal, embora idênticos os fatos que as ensejaram. II – Não ofende o art. 896 da CLT decisão de Turma que, examinando premissas concretas de especificidade da divergência colacionada no apelo revisional, conclui pelo conhecimento ou desconhecimento do recurso.

TST 337. Comprovação de Divergência Jurisprudencial. Recursos de Revista e de Embargos. (incluído o item V)

I – Para comprovação da divergência justificadora do recurso, é necessário que o recorrente.

a) Junte certidão ou cópia autenticada do acórdão paradigma ou cite a fonte oficial ou o repositório autorizado em que foi publicado; e

b) Transcreva, nas razões recursais, as ementas e/ou trechos dos acórdãos trazidos à configuração do dissídio, demonstrando o conflito de teses que justifique o conhecimento do recurso, ainda que os acórdãos já se encontrem nos autos ou venham a ser juntados com o recurso.

II – A concessão de registro de publicação como repositório autorizado de jurisprudência do TST torna válidas todas as suas edições anteriores.

III – A mera indicação da data de publicação, em fonte oficial, de aresto paradigma é inválida para comprovação de divergência jurisprudencial, nos termos do item I, a, desta súmula, quando a parte pretende

demonstrar o conflito de teses mediante a transcrição de trechos que integram a fundamentação do acórdão divergente, uma vez que só se publicam o dispositivo e a ementa dos acórdãos.

IV – É válida para a comprovação da divergência jurisprudencial justificadora do recurso a indicação de aresto extraído de repositório oficial na internet, desde que o recorrente:

a) transcreva o trecho divergente;

b) aponte o sítio de onde foi extraído; e

c) decline o número do processo, o órgão prolator do acórdão e a data da respectiva publicação no *Diário Eletrônico da Justiça do Trabalho.*

V – A existência do código de autenticidade na cópia, em formato pdf, do inteiro teor do aresto paradigma, juntada aos autos, torna-a equivalente ao documento original e também supre a ausência de indicação da fonte oficial de publicação.

TST 458. Embargos. Procedimento sumaríssimo. Conhecimento. Recurso interposto após vigência da Lei 11.496, de 22.06.2007, que conferiu nova redação ao art. 894, da CLT. Em causas sujeitas ao procedimento sumaríssimo, em que pese a limitação imposta no art. 896, § 6º, da CLT à interposição de recurso de revista, admitem-se os embargos interpostos na vigência da Lei 11.496, de 22.06.2007, que conferiu nova redação ao art. 894 da CLT, quando demonstrada a divergência jurisprudencial entre Turmas do TST, fundada em interpretações diversas acerca da aplicação de mesmo dispositivo constitucional ou de matéria sumulada.

Orientação Jurisprudencial

SDI-I 147. Lei estadual, norma coletiva ou norma regulamentar. Conhecimento indevido do recurso de revista por divergência jurisprudencial I – É inadmissível o recurso de revista fundado tão-somente em divergência jurisprudencial, se a parte não comprovar que a lei estadual, a norma coletiva ou o regulamento da empresa extrapolam o âmbito do TRT prolator da decisão recorrida. II – É imprescindível a arguição de afronta ao art. 896 da CLT para o conhecimento de embargos interpostos em face de acórdão de Turma que conhece indevidamente de recurso de revista, por divergência jurisprudencial, quanto a tema regulado por lei estadual, norma coletiva ou norma regulamentar de âmbito restrito ao Regional prolator da decisão.

Parágrafo único. *Revogado pela Lei 11.496/2007.*

§ 2º A divergência apta a ensejar os embargos deve ser atual, não se considerando tal a ultrapassada por súmula do Tribunal Superior do Trabalho ou do Supremo Tribunal Federal, ou superada por iterativa e notória jurisprudência do Tribunal Superior do Trabalho. *(§ 2º acrescido pela Lei 13.015/2014)*

▸ Mantivemos conforme publicação oficial.

§ 3º O Ministro Relator denegará seguimento aos embargos: *(§ 3º acrescido pela Lei 13.015/2014)*

I – se a decisão recorrida estiver em consonância com súmula da jurisprudência do Tribunal Superior do Trabalho ou do Supremo Tribunal Federal, ou com iterativa, notória e atual jurisprudência do Tribunal Superior do Trabalho, cumprindo-lhe indicá-la;

II – nas hipóteses de intempestividade, deserção, irregularidade de representação ou de ausência de qualquer outro pressuposto extrínseco de admissibilidade.

§ 4º Da decisão denegatória dos embargos caberá agravo, no prazo de 8 (oito) dias. *(§ 4º acrescido pela Lei 13.015/2014)*

Art. 895. Cabe recurso ordinário para a instância superior:

▸ Súmulas 197, 283, 383, 393 e 414 do TST.
▸ OJ 88 da SDI-II do TST.

Súmulas

TST 197. Prazo. O prazo para recurso da parte que, intimada, não comparecer à audiência em prosseguimento para a prolação da sentença conta-se de sua publicação.

TST 383. Recurso. Mandato. Irregularidade de representação. CPC de 2015, arts. 104 e 76, § 2º.

I – É inadmissível recurso firmado por advogado sem procuração juntada aos autos até o momento da sua interposição, salvo mandato tácito. Em caráter excepcional (art. 104 do CPC de 2015), admite-se que o advogado, independentemente de intimação, exiba a procuração no prazo de 5 (cinco) dias após a interposição do recurso, prorrogável por

igual período mediante despacho do juiz. Caso não a exiba, considera-se ineficaz o ato praticado e não se conhece do recurso.

II – Verificada a irregularidade de representação da parte em fase recursal, em procuração ou substabelecimento já constante dos autos, o relator ou o órgão competente para julgamento do recurso designará prazo de 5 (cinco) dias para que seja sanado o vício. Descumprida a determinação, o relator não conhecerá do recurso, se a providência couber ao recorrente, ou determinará o desentranhamento das contrarrazões, se a providência couber ao recorrido (art. 76, § 2º, do CPC de 2015)

TST 393. Recurso Ordinário. Efeito devolutivo em profundidade. Art. 1.013, § 1º, do CPC de 2015. Art. 515, § 1º, do CPC de 1973. I – O efeito devolutivo em profundidade do recurso ordinário, que se extrai do § 1º do art. 1.013 do CPC de 2015 (art. 515, §1º, do CPC de 1973), transfere ao Tribunal a apreciação dos fundamentos da inicial ou da defesa, não examinados pela sentença, ainda que não renovados em contrarrazões, desde que relativos ao capítulo impugnado. II – Se o processo estiver em condições, o tribunal, ao julgar o recurso ordinário, deverá decidir desde logo o mérito da causa, nos termos do § 3º do art. 1.013 do CPC de 2015, inclusive quando constatar a omissão da sentença no exame de um dos pedidos.

I – das decisões definitivas ou terminativas das Varas e Juízos, no prazo de 8 (oito) dias; e *(Inciso I acrescido pela Lei 11.925/2009)*

II – das decisões definitivas ou terminativas dos Tribunais Regionais, em processos de sua competência originária, no prazo de 8 (oito) dias, quer nos dissídios individuais, quer nos dissídios coletivos. *(Inciso II acrescido pela Lei 11.925/2009)*

▸ Súmulas 99, 100, 158, 201 e 411 do TST.
▸ OJs 69, 100, 148 e 156 da SDI-II do TST.

Súmulas

TST 99. Ação rescisória. Deserção. Prazo. Havendo recurso ordinário em sede de rescisória, o depósito recursal só é exigível quando for julgado procedente o pedido e imposta condenação em pecúnia, devendo este ser efetuado no prazo recursal, no limite e nos termos da legislação vigente, sob pena de deserção.

TST 158. Ação rescisória. Da decisão de Tribunal Regional do Trabalho, em ação rescisória, é cabível recurso ordinário para o Tribunal Superior do Trabalho, em face da organização judiciária trabalhista.

TST 201. Recurso Ordinário em Mandado de Segurança
Da decisão de Tribunal Regional do Trabalho em mandado de segurança cabe recurso ordinário, no prazo de 8 (oito) dias, para o Tribunal Superior do Trabalho, e igual dilação para o recorrido e interessados apresentarem razões de contrariedade.

Orientações Jurisprudenciais

SDI-II 69. Fungibilidade recursal. Indeferimento liminar de ação rescisória ou Mandado de Segurança. Recurso para o TST. Recebimento como agravo regimental e devolução dos autos ao TRT. Recurso ordinário interposto contra despacho monocrático indeferitório da petição inicial de ação rescisória ou de mandado de segurança pode, pelo princípio de fungibilidade recursal, ser recebido como agravo regimental. Hipótese de não conhecimento do recurso pelo TST e devolução dos autos ao TRT, para que aprecie o apelo como agravo regimental.

SDI-II 100. Recurso ordinário para o TST. Decisão de trt proferida em agravo regimental contra liminar em ação cautelar ou em Mandado de Segurança. Incabível. Não cabe recurso ordinário para o TST de decisão proferida pelo Tribunal Regional do Trabalho em agravo regimental interposto contra despacho que concede ou não liminar em ação cautelar ou em mandado de segurança, uma vez que o processo ainda pende de decisão definitiva do Tribunal *a quo.*

SDI-II 148. Custas. Mandado de Segurança. Recurso ordinário. Exigência do pagamento. É responsabilidade da parte, para interpor recurso ordinário em mandado de segurança, a comprovação do recolhimento das custas processuais no prazo recursal, sob pena de deserção.

§ 1º Nas reclamações sujeitas ao procedimento sumaríssimo, o recurso ordinário: *(§ 1º acrescido pela Lei 9.957/2000)*

▸ Arts. 852-A a 852-I desta Consolidação.

I – *Vetado;*

II – será imediatamente distribuído, uma vez recebido no Tribunal, devendo o relator liberá-lo no prazo máximo de dez dias, e a Secretaria do Tribunal ou Turma colocá-lo imediatamente em pauta para julgamento, sem revisor;

III – terá parecer oral do representante do Ministério Público presente à sessão de julgamento, se este entender necessário o parecer, com registro na certidão;

IV – terá acórdão consistente unicamente na certidão de julgamento, com a indicação suficiente do processo e parte dispositiva, e das razões de decidir do voto prevalente. Se a sentença for confirmada pelos próprios fundamentos, a certidão de julgamento, registrando tal circunstância, servirá de acórdão. *(Inciso IV acrescido pela Lei 9.957/2000)*

§ 2º Os Tribunais Regionais, divididos em Turmas, poderão designar Turma para o julgamento dos recursos ordinários interpostos das sentenças prolatadas nas demandas sujeitas ao procedimento sumaríssimo. *(§ 2º acrescido pela Lei 9.957/2000)*

Art. 896. Cabe Recurso de Revista para Turma do Tribunal Superior do Trabalho das decisões proferidas em grau de recurso ordinário, em dissídio individual, pelos Tribunais Regionais do Trabalho, quando: *(Caput com redação pela Lei 9.756/1998)*

▶ Art. 6º da Lei 5.584/1970 (Normas de Direito Processual do Trabalho)
▶ Inst. Normativa 23/2003 do TST (Petições de Recurso de Revista)
▶ Súmula 457 do STF.
▶ Súmulas 23, 126, 184, 218, 266, 283, 296, 297, 333, 337, 422, 425 e 459 do TST.
▶ OJs 118, 119, 257, 334, 374 e 389 da SDI-I do TST.
▶ OJ 78 da SDI-I Transitória do TST.
▶ OJ 152 da SDI-II do TST.

Lei 5.584/1970

Art. 6º Será de 8 (oito) dias o prazo para interpor e contra-arrazoar qualquer recurso (CLT, art. 893)

Súmulas

STF 457. O Tribunal Superior do Trabalho, conhecendo da revista, julgará a causa, aplicando o direito à espécie.

TST 126. Recurso. Cabimento. Incabível o recurso de revista ou de embargos (arts. 896 e 894, b, da CLT) para reexame de fatos e provas.

TST 218. Recurso de revista. Acórdão proferido em agravo de instrumento. É incabível recurso de revista interposto de acórdão regional prolatado em agravo de instrumento.

TST 297. Prequestionamento. Oportunidade.. Configuração I. Diz-se prequestionada a matéria ou questão quando na decisão impugnada haja sido adotada, explicitamente, tese a respeito. II. Incumbe à parte interessada, desde que a matéria haja sido invocada no recurso principal, opor embargos declaratórios objetivando o pronunciamento sobre o tema, sob pena de preclusão. III. Considera-se prequestionada a questão jurídica invocada no recurso principal sobre a qual se omite o Tribunal de pronunciar tese, não obstante opostos embargos de declaração.

TST 333. Recursos de revista. Conhecimento. Não ensejam recurso de revista decisões superadas por iterativa, notória e atual jurisprudência do Tribunal Superior do Trabalho.

TST 337. Comprovação de Divergência Jurisprudencial. Recursos de Revista e de Embargos. (incluído o item V)

I – Para comprovação da divergência justificadora do recurso, é necessário que o recorrente.

a) Junte certidão ou cópia autenticada do acórdão paradigma ou cite a fonte oficial ou o repositório autorizado em que foi publicado; e

b) Transcreva, nas razões recursais, as ementas e/ou trechos dos acórdãos trazidos à configuração do dissídio, demonstrando o conflito de teses que justifique o conhecimento do recurso, ainda que os acórdãos já se encontrem nos autos ou venham a ser juntados com o recurso.

II – A concessão de registro de publicação como repositório autorizado de jurisprudência do TST torna válidas todas as suas edições anteriores.

III – A mera indicação da data de publicação, em fonte oficial, de aresto paradigma é inválida para comprovação de divergência jurisprudencial, nos termos do item I, a, desta súmula, quando a parte pretende demonstrar o conflito de teses mediante a transcrição de trechos que integram a fundamentação do acórdão divergente, uma vez que só se publicam o dispositivo e a ementa dos acórdãos.

IV – É válida para a comprovação da divergência jurisprudencial justificadora do recurso a indicação de aresto extraído de repositório oficial na internet, desde que o recorrente:

a) transcreva o trecho divergente;
b) aponte o sítio de onde foi extraído; e

c) decline o número do processo, o órgão prolator do acórdão e a data da respectiva publicação no *Diário Eletrônico da Justiça do Trabalho*.

V – A existência do código de autenticidade na cópia, em formato pdf, do inteiro teor do aresto paradigma, juntada aos autos, torna-a equivalente ao documento original e também supre a ausência de indicação da fonte oficial de publicação.

TST 422. Recurso. Fundamento ausente ou deficiente. Não conhecimento. I – Não se conhece de recurso para o TST se as razões do recorrente não impugnam os fundamentos da decisão recorrida, nos termos em que proferida. II – o entendimento referido no item anterior não se aplica em relação à motivação secundária e impertinente, consubstanciada em despacho de admissibilidade de recurso ou em decisão monocrática. III – Inaplicável a exigência do item I relativamente ao recurso ordinário da competência de Tribunal Regional do Trabalho, exceto em caso de recurso cuja motivação é inteiramente dissociada dos fundamentos da sentença.

Orientação Jurisprudencial

SDI-I 334. Remessa "ex officio". Recurso de revista. Inexistência de recurso ordinário voluntário de ente público. Incabível. Incabível recurso de revista de ente público que não interpôs recurso ordinário voluntário da decisão de primeira instância, ressalvada a hipótese de ter sido agravada, na segunda instância, a condenação imposta.

a) derem ao mesmo dispositivo de lei federal interpretação diversa da que lhe houver dado outro Tribunal Regional do Trabalho, no seu Pleno ou Turma, ou a Seção de Dissídios Individuais do Tribunal Superior do Trabalho, ou contrariarem súmula de jurisprudência uniforme dessa Corte ou súmula vinculante do Supremo Tribunal Federal; *(Alínea a com redação pela Lei 13.015/2014)*

▶ Súmula 401 do STF.
▶ Súmula 413 do TST.
▶ OJs 11, 219 e 260 da SDI-I do TST.
▶ OJ 79 da SDI-I Transitória do TST.

Súmula

TST 413. Ação rescisória. Sentença de mérito. Violação do art. 896, *a*, da CLT. (nova redação em decorrência do CPC de 2015) É incabível ação rescisória, por violação do art. 896, *a*, da CLT, contra decisão transitada em julgado sob a égide do CPC de 1973 que não conhece de recurso de revista, com base em divergência jurisprudencial, pois não se cuidava de sentença de mérito (art. 485 do CPC de 1973)

Orientações Jurisprudenciais

SDI-I 111. Recurso de revista. Divergência jurisprudencial. Aresto oriundo do mesmo tribunal regional. Lei 9.756/1998. Inservível ao conhecimento. Não é servível ao conhecimento de recurso de revista aresto oriundo de mesmo Tribunal Regional do Trabalho, salvo se o recurso houver sido interposto anteriormente à vigência da Lei 9.756/1998.

SDI-I 219. Recurso de revista ou de embargos fundamentado em orientação jurisprudencial do TST. É válida, para efeito de conhecimento do recurso de revista ou de embargos, a invocação de Orientação Jurisprudencial do Tribunal Superior do Trabalho, desde que, das razões recursais, conste o seu número ou conteúdo.

SDI-I 260. Agravo de instrumento. Recurso de revista. Procedimento sumaríssimo. Lei 9.957/00. Processos em curso. I – É inaplicável o rito sumaríssimo aos processos iniciados antes da vigência da Lei 9.957/00. II – No caso de o despacho denegatório de recurso de revista invocar, em processo iniciado antes da Lei 9.957/00, o § 6º do art. 896 da CLT (rito sumaríssimo), como óbice ao trânsito do apelo calcado em divergência jurisprudencial ou violação de dispositivo infraconstitucional, o Tribunal superará o obstáculo, apreciando o recurso sob esses fundamentos.

b) derem ao mesmo dispositivo de lei estadual, Convenção Coletiva de Trabalho, Acordo Coletivo, sentença normativa ou regulamento empresarial de observância obrigatória, em área territorial que exceda a jurisdição do Tribunal Regional prolator da decisão recorrida, interpretação divergente, na forma da alínea *a*; *(Alínea b com redação pela Lei 9.756/1998)*

▶ Súmula 312 do TST.
▶ OJ 147 da SDI-I do TST.

Súmula

TST 312. Constitucionalidade. Alínea *b* do art. 896 da CLT. É constitucional a alínea *b* do art. 896 da CLT, com a redação dada pela Lei 7.701, de 21.12.1988.

CLT

Orientação Jurisprudencial

SDI-I 147. Lei estadual, norma coletiva ou norma regulamentar. Conhecimento indevido do recurso de revista por divergência jurisprudencial. I – É inadmissível o recurso de revista fundado tão-somente em divergência jurisprudencial, se a parte não comprovar que a lei estadual, a norma coletiva ou o regulamento da empresa extrapolam o âmbito do TRT prolator da decisão recorrida. II – É imprescindível a arguição de afronta ao art. 896 da CLT para o conhecimento de embargos interpostos em face de acórdão de Turma que conhece indevidamente de recurso de revista, por divergência jurisprudencial, quanto a tema regulado por lei estadual, norma coletiva ou norma regulamentar de âmbito restrito ao Regional prolator da decisão.

c) proferidas com violação literal de disposição de lei federal ou afronta direta e literal à Constituição Federal. *(Alínea c com redação pela Lei 9.756/1998)*

▸ Súmula 221 do TST.
▸ OJs 257 e 336 da SDI-I do TST.

Súmula

TST 221. Recurso de revista. Violação de lei. Indicação de preceito. A admissibilidade do recurso de revista por violação tem como pressuposto a indicação expressa do dispositivo de lei ou da Constituição tido como violado.

Orientações Jurisprudenciais

SDI-I 257. Recurso de revista. Fundamentação. Violação de lei. Vocábulo violação. Desnecessidade. A invocação expressa no recurso de revista dos preceitos legais ou constitucionais tidos como violados não significa exigir da parte a utilização das expressões "contrariar", "ferir", "violar", etc.

SDI-I 336. Embargos interpostos anteriormente à vigência da Lei 11.496/2007. Recurso não conhecido com base em orientação jurisprudencial. Desnecessário o exame das violações de lei e da constituição alegadas na revista. Estando a decisão recorrida em conformidade com orientação jurisprudencial, desnecessário o exame das divergências e das violações de lei e da Constituição alegadas em embargos interpostos antes da vigência da Lei 11.496/2007, salvo nas hipóteses em que a orientação jurisprudencial não fizer qualquer citação do dispositivo constitucional.

§ 1º O recurso de revista, dotado de efeito apenas devolutivo, será interposto perante o Presidente do Tribunal Regional do Trabalho, que, por decisão fundamentada, poderá recebê-lo ou denegá-lo. *(§ 1º com redação pela Lei 13.015/2014)*

§ 1º-A. Sob pena de não conhecimento, é ônus da parte: *(§ 1º-A acrescido pela Lei 13.015/2014)*

I – indicar o trecho da decisão recorrida que consubstancia o prequestionamento da controvérsia objeto do recurso de revista; *(Inciso I acrescido pela Lei 13.015/2014)*

▸ Súmulas 184 e 297 do TST.
▸ OJs 118 e 119 da SDI-I do TST.

Súmulas

TST 184. Embargos declaratórios. Omissão em recurso de revista. Preclusão. Ocorre preclusão se não forem opostos embargos declaratórios para suprir omissão apontada em recurso de revista ou de embargos.

TST 297. Prequestionamento. Oportunidade. Configuração. I. Diz-se prequestionada a matéria ou questão quando na decisão impugnada haja sido adotada, explicitamente, tese a respeito. II. Incumbe à parte interessada, desde que a matéria haja sido invocada no recurso principal, opor embargos declaratórios objetivando o pronunciamento sobre o tema, sob pena de preclusão. III. Considera-se prequestionada a questão jurídica invocada no recurso principal sobre a qual se omite o Tribunal de pronunciar tese, não obstante opostos embargos de declaração.

Orientações Jurisprudenciais

SDI-I 118. Prequestionamento. Tese explícita. Inteligência da Súmula 297. Havendo tese explícita sobre a matéria, na decisão recorrida, desnecessário contenha nela referência expressa do dispositivo legal para ter-se como prequestionado este.

SDI-I 119. Prequestionamento inexigível. Violação nascida na própria decisão recorrida. Súmula 297 do TST. Inaplicável. É inexigível o prequestionamento quando a violação indicada houver nascido na própria decisão recorrida. Inaplicável a Súmula 297 do TST.

II – indicar, de forma explícita e fundamentada, contrariedade a dispositivo de lei, súmula ou orientação jurisprudencial do Tribunal Superior do Trabalho que conflite com a decisão regional; *(Inciso II acrescido pela Lei 13.015/2014)*

▸ Súmula 422 do TST.

Súmula

TST 422. Recurso. Fundamento ausente ou deficiente. Não conhecimento. I – Não se conhece de recurso para o Tribunal Superior do Trabalho se as razões do recorrente não impugnam os fundamentos da decisão recorrida, nos termos em que proferida. II – O entendimento referido no item anterior não se aplica em relação à motivação secundária e impertinente, consubstanciada em despacho de admissibilidade de recurso ou em decisão monocrática. III – Inaplicável a exigência do item I relativamente ao recurso ordinário da competência de Tribunal Regional do Trabalho, exceto em caso de recurso cuja motivação é inteiramente dissociada dos fundamentos da sentença.

III – expor as razões do pedido de reforma, impugnando todos os fundamentos jurídicos da decisão recorrida, inclusive mediante demonstração analítica de cada dispositivo de lei, da Constituição Federal, de súmula ou orientação jurisprudencial cuja contrariedade aponte. *(Inciso III acrescido pela Lei 13.015/2014)*

▸ Súmulas 23, 192 e 459 do TST.
▸ OJ 78 da SDI-I Transitória do TST.

Súmulas

TST 23. Recurso. Não se conhece de recurso de revista ou de embargos, se a decisão recorrida resolver determinado item do pedido por diversos fundamentos e a jurisprudência transcrita não abranger a todos.

TST 459. Recurso de revista. Nulidade por negativa de prestação jurisdicional. (atualizada em decorrência do CPC de 2015) O conhecimento do recurso de revista, quanto à preliminar de nulidade, por negativa de prestação jurisdicional, supõe indicação de violação do art. 832 da CLT, do art. 489 do CPC de 2015 (art. 458 do CPC de 1973) ou do art. 93, IX, da CF/1988.

Orientação Jurisprudencial

SDI-I Transitória 78. Embargos à sdi contra decisão em recurso de revista não conhecido quanto aos pressupostos intrínsecos. Recurso interposto antes da vigência da lei 11.496, de 22.06.2007, que conferiu nova redação ao art. 894 da CLT. Necessária a indicação expressa de ofensa ao art. 896 da CLT. Para a admissibilidade e conhecimento de embargos, interpostos antes da vigência da Lei 11.496/2007, contra decisão mediante a qual não foi conhecido o recurso de revista pela análise dos pressupostos intrínsecos, necessário que a parte embargante aponte expressamente a violação ao art. 896 da CLT.

IV – transcrever na peça recursal, no caso de suscitar preliminar de nulidade de julgado por negativa de prestação jurisdicional, o trecho dos embargos declaratórios em que foi pedido o pronunciamento do tribunal sobre questão veiculada no recurso ordinário e o trecho da decisão regional que rejeitou os embargos quanto ao pedido, para cotejo e verificação, de plano, da ocorrência da omissão. *(Inciso IV acrescido pela Lei 13.467/2017)*

§ 2º Das decisões proferidas pelos Tribunais Regionais do Trabalho ou por suas Turmas, em execução de sentença, inclusive em processo incidente de embargos de terceiro, não caberá Recurso de Revista, salvo na hipótese de ofensa direta e literal de norma de Constituição Federal. *(§ 2º com redação pela Lei 9.756/1998)*

▸ Súmula 266 do TST.

Súmula

TST 266. Recurso de revista. Admissibilidade. Execução de sentença. A admissibilidade do recurso de revista interposto de acórdão proferido em agravo de petição, na liquidação de sentença ou em processo incidente na execução, inclusive os embargos de terceiro, depende de demonstração inequívoca de violência direta à Constituição Federal.

§§ 3º a **6º** *Revogados pela Lei 13.467/2017.*

§ 7º A divergência apta a ensejar o recurso de revista deve ser atual, não se considerando como tal a ultrapassada por súmula do Tribunal Superior do Trabalho ou do Supremo Tribunal Federal, ou superada por iterativa e

notória jurisprudência do Tribunal Superior do Trabalho. *(§ 7º acrescido pela Lei 13.015/2014)*

▸ Súmula 333 do TST.

Súmula

TST 333. Recursos de revista. Conhecimento. Não ensejam recurso de revista decisões superadas por iterativa, notória e atual jurisprudência do Tribunal Superior do Trabalho.

§ 8º Quando o recurso fundar-se em dissenso de julgados, incumbe ao recorrente o ônus de produzir prova da divergência jurisprudencial, mediante certidão, cópia ou citação do repositório de jurisprudência, oficial ou credenciado, inclusive em mídia eletrônica, em que houver sido publicada a decisão divergente, ou ainda pela reprodução de julgado disponível na internet, com indicação da respectiva fonte, mencionando, em qualquer caso, as circunstâncias que identifiquem ou assemelhem os casos confrontados. *(§ 8º acrescido pela Lei 13.015/2014)*

▸ Súmula 337 do TST.

Súmula

TST 337. Comprovação de Divergência Jurisprudencial. Recursos de Revista e de Embargos. (incluído o item V)

I – Para comprovação da divergência justificadora do recurso, é necessário que o recorrente.

a) Junte certidão ou cópia autenticada do acórdão paradigma ou cite a fonte oficial ou o repositório autorizado em que foi publicado; e

b) Transcreva, nas razões recursais, as ementas e/ou trechos dos acórdãos trazidos à configuração do dissídio, demonstrando o conflito de teses que justifique o conhecimento do recurso, ainda que os acórdãos já se encontrem nos autos ou venham a ser juntados com o recurso.

II – A concessão de registro de publicação como repositório autorizado de jurisprudência do TST torna válidas todas as suas edições anteriores.

III – A mera indicação da data de publicação, em fonte oficial, de aresto paradigma é inválida para comprovação de divergência jurisprudencial, nos termos do item I, *a*, desta súmula, quando a parte pretende demonstrar o conflito de teses mediante a transcrição de trechos que integram a fundamentação do acórdão divergente, uma vez que só se publicam o dispositivo e a ementa dos acórdãos.

IV – É válida para a comprovação da divergência jurisprudencial justificadora do recurso a indicação de aresto extraído de repositório oficial na internet, desde que o recorrente:

a) transcreva o trecho divergente;

b) aponte o sítio de onde foi extraído; e

c) decline o número do processo, o órgão prolator do acórdão e a data da respectiva publicação no *Diário Eletrônico da Justiça do Trabalho*.

V – A existência do código de autenticidade na cópia, em formato pdf, do inteiro teor do aresto paradigma, juntada aos autos, torna-a equivalente ao documento original e também supre a ausência de indicação da fonte oficial de publicação.

§ 9º Nas causas sujeitas ao procedimento sumaríssimo, somente será admitido recurso de revista por contrariedade a súmula de jurisprudência uniforme do Tribunal Superior do Trabalho ou a súmula vinculante do Supremo Tribunal Federal e por violação direta da Constituição Federal. *(§ 9º acrescido pela Lei 13.015/2014)*

▸ Súmula 442 e 458 do TST.
▸ OJ 260 da SDI-I do TST.

Súmulas

TST 442. Procedimento sumaríssimo. Recurso de revista fundamentado em contrariedade a orientação jurisprudencial. Inadmissibilidade. Art. 896, § 6º, da CLT, acrescentado pela Lei 9.957, de 12.01.2000. Nas causas sujeitas ao procedimento sumaríssimo, a admissibilidade de recurso de revista está limitada à demonstração de violação direta a dispositivo da Constituição Federal ou contrariedade a Súmula do Tribunal Superior do Trabalho, não se admitindo o recurso por contrariedade a Orientação Jurisprudencial deste Tribunal (Livro II, Título II, Capítulo III, do RITST), ante a ausência de previsão no art. 896, § 6º, da CLT.

TST 458. Embargos. Procedimento sumaríssimo. Conhecimento. Recurso interposto após vigência da lei 11.496, de 22.06.2007, que conferiu nova redação ao art. 894 da CLT. Em causas sujeitas ao procedimento sumaríssimo, em que pese a limitação imposta no art. 896, § 6º, da CLT à interposição de recurso de revista, admitem-se os embargos interpostos na vigência da Lei 11.496, de 22.06.2007, que conferiu nova redação

ao art. 894 da CLT, quando demonstrada a divergência jurisprudencial entre Turmas do TST, fundada em interpretações diversas acerca da aplicação de mesmo dispositivo constitucional ou de matéria sumulada.

Orientação Jurisprudencial

SDI-I 260. Agravo de instrumento. Recurso de revista. Procedimento sumaríssimo. Lei 9.957/00. Processos em curso. I – É inaplicável o rito sumaríssimo aos processos iniciados antes da vigência da Lei 9.957/00. II – No caso de o despacho denegatório de recurso de revista invocar, em processo iniciado antes da Lei 9.957/00, o § 6º do art. 896 da CLT (rito sumaríssimo), como óbice ao trânsito do apelo calcado em divergência jurisprudencial ou violação de dispositivo infraconstitucional, o Tribunal superará o obstáculo, apreciando o recurso sob esses fundamentos.

§ 10. Cabe recurso de revista por violação a lei federal, por divergência jurisprudencial e por ofensa à Constituição Federal nas execuções fiscais e nas controvérsias da fase de execução que envolvam a Certidão Negativa de Débitos Trabalhistas (CNDT), criada pela Lei 12.440, de 7 de julho de 2011. *(§ 10 acrescido pela Lei 13.015/2014)*

§ 11. Quando o recurso tempestivo contiver defeito formal que não se repute grave, o Tribunal Superior do Trabalho poderá desconsiderar o vício ou mandar saná-lo, julgando o mérito. *(§ 11 acrescido pela Lei 13.015/2014)*

▸ Súmula 383 do TST.
▸ OJ 264 da SDI-I do TST.

Súmula

TST 383. Recurso. Mandato. Irregularidade de representação. CPC de 2015, arts. 104 e 76, § 2º.

I – É inadmissível recurso firmado por advogado sem procuração juntada aos autos até o momento da sua interposição, salvo mandato tácito. Em caráter excepcional (art. 104 do CPC de 2015), admite-se que o advogado, independentemente de intimação, exiba a procuração no prazo de 5 (cinco) dias após a interposição do recurso, prorrogável por igual período mediante despacho do juiz. Caso não a exiba, considera-se ineficaz o ato praticado e não se conhece do recurso.

II – Verificada a irregularidade de representação da parte em fase recursal, em procuração ou substabelecimento já constante dos autos, o relator ou o órgão competente para julgamento do recurso designará prazo de 5 (cinco) dias para que seja sanado o vício. Descumprida a determinação, o relator não conhecerá do recurso, se a providência couber ao recorrente, ou determinará o desentranhamento das contrarrazões, se a providência couber ao recorrido (art. 76, § 2º, do CPC de 2015)

Orientação Jurisprudencial

SDI-I 264. Depósito recursal. PIS/PASEP. Ausência de indicação na guia de depósito recursal. Validade. Não é essencial para a validade da comprovação do depósito recursal a indicação do número do PIS/PASEP na guia respectiva.

§ 12. Da decisão denegatória caberá agravo, no prazo de 8 (oito) dias. *(§ 12 acrescido pela Lei 13.015/2014)*

§ 13. Dada a relevância da matéria, por iniciativa de um dos membros da Seção Especializada em Dissídios Individuais do Tribunal Superior do Trabalho, aprovada pela maioria dos integrantes da Seção, o julgamento a que se refere o § 3º poderá ser afeto ao Tribunal Pleno. *(§ 13 acrescido pela Lei 13.015/2014)*

§ 14. O relator do recurso de revista poderá denegar-lhe seguimento, em decisão monocrática, nas hipóteses de intempestividade, deserção, irregularidade de representação ou de ausência de qualquer outro pressuposto extrínseco ou intrínseco de admissibilidade. *(§ 14 acrescido pela Lei 13.467/2017)*

Art. 896-A. O Tribunal Superior do Trabalho, no recurso de revista, examinará previamente se a causa oferece transcendência com relação aos reflexos gerais de natureza econômica, política, social ou jurídica. *(Caput acrescido pela MP 2.226/2001)*

§ 1º São indicadores de transcendência, entre outros: *(§ 1º acrescido pela Lei 13.467/2017)*

I – econômica, o elevado valor da causa;

II – política, o desrespeito da instância recorrida à jurisprudência sumulada do Tribunal Superior do Trabalho ou do Supremo Tribunal Federal;

III – social, a postulação, por reclamante-recorrente, de direito social constitucionalmente assegurado;

IV – jurídica, a existência de questão nova em torno da interpretação da legislação trabalhista.

§ 2º Poderá o relator, monocraticamente, denegar seguimento ao recurso de revista que não demonstrar transcendência, cabendo agravo desta decisão para o colegiado. *(§ 2º acrescido pela Lei 13.467/2017)*

§ 3º Em relação ao recurso que o relator considerou não ter transcendência, o recorrente poderá realizar sustentação oral sobre a questão da transcendência, durante cinco minutos em sessão. *(§ 3º acrescido pela Lei 13.467/2017)*

§ 4º Mantido o voto do relator quanto à não transcendência do recurso, será lavrado acórdão com fundamentação sucinta, que constituirá decisão irrecorrível no âmbito do tribunal. *(§ 4º acrescido pela Lei 13.467/2017)*

§ 5º É irrecorrível a decisão monocrática do relator que, em agravo de instrumento em recurso de revista, considerar ausente a transcendência da matéria. *(§ 5º acrescido pela Lei 13.467/2017)*

§ 6º O juízo de admissibilidade do recurso de revista exercido pela Presidência dos Tribunais Regionais do Trabalho limita-se à análise dos pressupostos intrínsecos e extrínsecos do apelo, não abrangendo o critério da transcendência das questões nele veiculadas. *(§ 6º acrescido pela Lei 13.467/2017)*

Art. 896-B. Aplicam-se ao recurso de revista, no que couber, as normas da Lei 5.869, de 11 de janeiro de 1973 (Código de Processo Civil), relativas ao julgamento dos recursos extraordinário e especial repetitivos. *(Artigo acrescido pela Lei 13.015/2014)*

▶ Arts. 1.036, 1.038 a 1.041 do CPC.

CPC 2015

Art. 1.036. Sempre que houver multiplicidade de recursos extraordinários ou especiais com fundamento em idêntica questão de direito, haverá afetação para julgamento de acordo com as disposições desta Subseção, observado o disposto no Regimento Interno do Supremo Tribunal Federal e no do Superior Tribunal de Justiça.

§ 1º O presidente ou o vice-presidente de tribunal de justiça ou de tribunal regional federal selecionará 2 (dois) ou mais recursos representativos da controvérsia, que serão encaminhados ao Supremo Tribunal Federal ou ao Superior Tribunal de Justiça para fins de afetação, determinando a suspensão do trâmite de todos os processos pendentes, individuais ou coletivos, que tramitem no Estado ou na região, conforme o caso.

§ 2º O interessado pode requerer, ao presidente ou ao vice-presidente, que exclua da decisão de sobrestamento e inadmita o recurso especial ou o recurso extraordinário que tenha sido interposto intempestivamente, tendo o recorrente o prazo de 5 (cinco) dias para manifestar-se sobre esse requerimento.

§ 3º Da decisão que indeferir o requerimento referido no § 2º caberá apenas agravo interno.

§ 4º A escolha feita pelo presidente ou vice-presidente do tribunal de justiça ou do tribunal regional federal não vinculará o relator no tribunal superior, que poderá selecionar outros recursos representativos da controvérsia.

§ 5º O relator em tribunal superior também poderá selecionar 2 (dois) ou mais recursos representativos da controvérsia para julgamento da questão de direito independentemente da iniciativa do presidente ou do vice-presidente do tribunal de origem.

§ 6º Somente podem ser selecionados recursos admissíveis que contenham abrangente argumentação e discussão a respeito da questão a ser decidida. (...)

Art. 1.039. Decididos os recursos afetados, os órgãos colegiados declararão prejudicados os demais recursos versando sobre idêntica controvérsia ou os decidirão aplicando a tese firmada.

Parágrafo único. Negada a existência de repercussão geral no recurso extraordinário afetado, serão considerados automaticamente inadmitidos os recursos extraordinários cujo processamento tenha sido sobrestado.

Art. 1.040. Publicado o acórdão paradigma:

I – o presidente ou o vice-presidente do tribunal de origem negará seguimento aos recursos especiais ou extraordinários sobrestados na origem, se o acórdão recorrido coincidir com a orientação do tribunal superior;

II – o órgão que proferiu o acórdão recorrido, na origem, reexaminará o processo de competência originária, a remessa necessária ou o recurso anteriormente julgado, se o acórdão recorrido contrariar a orientação do tribunal superior;

III – os processos suspensos em primeiro e segundo graus de jurisdição retomarão o curso para julgamento e aplicação da tese firmada pelo tribunal superior;

IV – se os recursos versarem sobre questão relativa a prestação de serviço público objeto de concessão, permissão ou autorização, o resultado do julgamento será comunicado ao órgão, ao ente ou à agência reguladora competente para fiscalização da efetiva aplicação, por parte dos entes sujeitos a regulação, da tese adotada.

§ 1º A parte poderá desistir da ação em curso no primeiro grau de jurisdição, antes de proferida a sentença, se a questão nela discutida for idêntica à resolvida pelo recurso representativo da controvérsia.

§ 2º Se a desistência ocorrer antes de oferecida contestação, a parte ficará isenta do pagamento de custas e de honorários de sucumbência.

§ 3º A desistência apresentada nos termos do § 1º independe de consentimento do réu, ainda que apresentada contestação.

Art. 1.041. Mantido o acórdão divergente pelo tribunal de origem, o recurso especial ou extraordinário será remetido ao respectivo tribunal superior, na forma do art. 1.036, § 1º.

§ 1º Realizado o juízo de retratação, com alteração do acórdão divergente, o tribunal de origem, se for o caso, decidirá as demais questões ainda não decididas cujo enfrentamento se tornou necessário em decorrência da alteração.

§ 2º Quando ocorrer a hipótese do inciso II do *caput* do art. 1.040 e o recurso versar sobre outras questões, caberá ao presidente ou ao vice-presidente do tribunal recorrido, depois do reexame pelo órgão de origem e independentemente de ratificação do recurso, sendo positivo o juízo de admissibilidade, determinar a remessa do recurso ao tribunal superior para julgamento das demais questões.

Art. 896-C. Quando houver multiplicidade de recursos de revista fundados em idêntica questão de direito, a questão poderá ser afetada à Seção Especializada em Dissídios Individuais ou ao Tribunal Pleno, por decisão da maioria simples de seus membros, mediante requerimento de um dos Ministros que compõem a Seção Especializada, considerando a relevância da matéria ou a existência de entendimentos divergentes entre os Ministros dessa Seção ou das Turmas do Tribunal. *(Caput acrescido pela Lei 13.015/2014)*

▶ Inst. Normativa 38/2015 do TST (Regulamenta o procedimento do Incidente de Julgamento dos Recursos de Revista e de Embargos à SDI-I do TST repetitivos)

▶ Res. 235/2016 do CNJ (Dispõe sobre a padronização de procedimentos administrativos decorrentes de julgamentos de repercussão geral, de casos repetitivos e de incidente de assunção de competência)

§ 1º O Presidente da Turma ou da Seção Especializada, por indicação dos relatores, afetará um ou mais recursos representativos da controvérsia para julgamento pela Seção Especializada em Dissídios Individuais ou pelo Tribunal Pleno, sob o rito dos recursos repetitivos. *(§ 1º acrescido pela Lei 13.015/2014)*

§ 2º O Presidente da Turma ou da Seção Especializada que afetar processo para julgamento sob o rito dos recursos repetitivos deverá expedir comunicação aos demais Presidentes de Turma ou de Seção Especializada, que poderão afetar outros processos sobre a questão para julgamento conjunto, a fim de conferir ao órgão julgador visão global da questão. *(§ 2º acrescido pela Lei 13.015/2014)*

§ 3º O Presidente do Tribunal Superior do Trabalho oficiará os Presidentes dos Tribunais Regionais do Trabalho para que suspendam os recursos interpostos em casos

idênticos aos afetados como recursos repetitivos, até o pronunciamento definitivo do Tribunal Superior do Trabalho. *(§ 3º acrescido pela Lei 13.015/2014)*

§ 4º Caberá ao Presidente do Tribunal de origem admitir um ou mais recursos representativos da controvérsia, os quais serão encaminhados ao Tribunal Superior do Trabalho, ficando suspensos os demais recursos de revista até o pronunciamento definitivo do Tribunal Superior do Trabalho. *(§ 4º acrescido pela Lei 13.015/2014)*

§ 5º O relator no Tribunal Superior do Trabalho poderá determinar a suspensão dos recursos de revista ou de embargos que tenham como objeto controvérsia idêntica à do recurso afetado como repetitivo. *(§ 5º acrescido pela Lei 13.015/2014)*

§ 6º O recurso repetitivo será distribuído a um dos Ministros membros da Seção Especializada ou do Tribunal Pleno e a um Ministro revisor. *(§ 6º acrescido pela Lei 13.015/2014)*

§ 7º O relator poderá solicitar, aos Tribunais Regionais do Trabalho, informações a respeito da controvérsia, a serem prestadas no prazo de 15 (quinze) dias. *(§ 7º acrescido pela Lei 13.015/2014)*

§ 8º O relator poderá admitir manifestação de pessoa, órgão ou entidade com interesse na controvérsia, inclusive como assistente simples, na forma da Lei 5.869, de 11 de janeiro de 1973 (Código de Processo Civil) *(§ 8º acrescido pela Lei 13.015/2014)*

▸ Arts. 119 e 121 do CPC.

CPC 2015

Art. 119. Pendendo causa entre 2 (duas) ou mais pessoas, o terceiro juridicamente interessado em que a sentença seja favorável a uma delas poderá intervir no processo para assisti-la.

Parágrafo único. A assistência será admitida em qualquer procedimento e em todos os graus de jurisdição, recebendo o assistente o processo no estado em que se encontre.

Art. 121. O assistente simples atuará como auxiliar da parte principal, exercerá os mesmos poderes e sujeitar-se-á aos mesmos ônus processuais que o assistido.

Parágrafo único. Sendo revel ou, de qualquer outro modo, omisso o assistido, o assistente será considerado seu substituto processual.

§ 9º Recebidas as informações e, se for o caso, após cumprido o disposto no § 7º deste artigo, terá vista o Ministério Público pelo prazo de 15 (quinze) dias. *(§ 9º acrescido pela Lei 13.015/2014)*

§ 10. Transcorrido o prazo para o Ministério Público e remetida cópia do relatório aos demais Ministros, o processo será incluído em pauta na Seção Especializada ou no Tribunal Pleno, devendo ser julgado com preferência sobre os demais feitos. *(§ 10 acrescido pela Lei 13.015/2014)*

§ 11. Publicado o acórdão do Tribunal Superior do Trabalho, os recursos de revista sobrestados na origem: *(§ 11 acrescido pela Lei 13.015/2014)*

I – terão seguimento denegado na hipótese de o acórdão recorrido coincidir com a orientação a respeito da matéria no Tribunal Superior do Trabalho; ou *(Inciso I acrescido pela Lei 13.015/2014)*

II – serão novamente examinados pelo Tribunal de origem na hipótese de o acórdão recorrido divergir da orientação do Tribunal Superior do Trabalho a respeito da matéria. *(Inciso II acrescido pela Lei 13.015/2014)*

§ 12. Na hipótese prevista no inciso II do § 11 deste artigo, mantida a decisão divergente pelo Tribunal de origem, far-se-á o exame de admissibilidade do recurso de revista. *(§ 12 acrescido pela Lei 13.015/2014)*

§ 13. Caso a questão afetada e julgada sob o rito dos recursos repetitivos também contenha questão constitucional, a decisão proferida pelo Tribunal Pleno não obstará o conhecimento de eventuais recursos extraor-

dinários sobre a questão constitucional. *(§ 13 acrescido pela Lei 13.015/2014)*

§ 14. Aos recursos extraordinários interpostos perante o Tribunal Superior do Trabalho será aplicado o procedimento previsto no art. 543-B da Lei 5.869, de 11 de janeiro de 1973 (Código de Processo Civil), cabendo ao Presidente do Tribunal Superior do Trabalho selecionar um ou mais recursos representativos da controvérsia e encaminhá-los ao Supremo Tribunal Federal, sobrestando os demais até o pronunciamento definitivo da Corte, na forma do § 1º do art. 543-B da Lei 5.869, de 11 de janeiro de 1973 (Código de Processo Civil) *(§ 14 acrescido pela Lei 13.015/2014)*

▸ Art. 1.036, §§ 1º e 5º, do CPC.

CPC 2015

Art. 1.036. Sempre que houver multiplicidade de recursos extraordinários ou especiais com fundamento em idêntica questão de direito, haverá afetação para julgamento de acordo com as disposições desta Subseção, observado o disposto no Regimento Interno do Supremo Tribunal Federal e no do Superior Tribunal de Justiça.

§ 1º O presidente ou o vice-presidente de tribunal de justiça ou de tribunal regional federal selecionará 2 (dois) ou mais recursos representativos da controvérsia, que serão encaminhados ao Supremo Tribunal Federal ou ao Superior Tribunal de Justiça para fins de afetação, determinando a suspensão do trâmite de todos os processos pendentes, individuais ou coletivos, que tramitem no Estado ou na região, conforme o caso. (...)

§ 5º O relator em tribunal superior também poderá selecionar 2 (dois) ou mais recursos representativos da controvérsia para julgamento da questão de direito independentemente da iniciativa do presidente ou do vice-presidente do tribunal de origem.

§ 15. O Presidente do Tribunal Superior do Trabalho poderá oficiar os Tribunais Regionais do Trabalho e os Presidentes das Turmas e da Seção Especializada do Tribunal para que suspendam os processos idênticos aos selecionados como recursos representativos da controvérsia e encaminhados ao Supremo Tribunal Federal, até o seu pronunciamento definitivo. *(§ 15 acrescido pela Lei 13.015/2014)*

§ 16. A decisão firmada em recurso repetitivo não será aplicada aos casos em que se demonstrar que a situação de fato ou de direito é distinta das presentes no processo julgado sob o rito dos recursos repetitivos. *(§ 16 acrescido pela Lei 13.015/2014)*

§ 17. Caberá revisão da decisão firmada em julgamento de recursos repetitivos quando se alterar a situação econômica, social ou jurídica, caso em que será respeitada a segurança jurídica das relações firmadas sob a égide da decisão anterior, podendo o Tribunal Superior do Trabalho modular os efeitos da decisão que a tenha alterado. *(§ 17 acrescido pela Lei 13.015/2014)*

Art. 897. Cabe agravo, no prazo de oito dias: *(Caput com redação pela Lei 8.432/1992)*

▸ Arts. 2º, II, *d*, e 3º, II, *a*, e III, *c*, da Lei 7.701/1988 (Especialização de Turmas dos Tribunais do Trabalho)
▸ Art. 265 da Resolução Administrativa 1.937/2017 do TST (Regimento Interno do TST)

Lei 7.701/1988

Art. 2º Compete à seção especializada em dissídios coletivos, ou seção normativa: (...) II – em última instância julgar: (...) d) os embargos de declaração opostos aos seus acórdãos e os agravos regimentais pertinentes aos dissídios coletivos; (...)

Art. 3º Compete à Seção de Dissídios Individuais julgar: (...) II – em única instância: a) os agravos regimentais interpostos em dissídios individuais; e (...) III – em última instância: (...) c) os agravos regimentais de despachos denegatórios dos Presidentes das Turmas, em matéria de embargos, na forma estabelecida no Regimento Interno; (...)

Regimento Interno do TST

Art. 265. Cabe agravo interno contra decisão dos Presidentes do Tribunal e das Turmas, do Vice-Presidente, do Corregedor-Geral da Justiça

do Trabalho ou de relator, nos termos da legislação processual, no prazo de 8 (oito) dias úteis, pela parte que se considerar prejudicada. Parágrafo único. Ressalvam-se os casos em que haja recurso próprio ou decisão de caráter irrecorrível, nos termos do Regimento ou da lei.

a) de petição, das decisões do Juiz ou Presidente, nas execuções; *(Alínea a com redação pela Lei 8.432/1992)*

▸ Súmulas 266 e 283 do TST.
▸ OJ 53 da SDI-I Transitória do TST.

Súmulas

TST 266. Recurso de revista. Admissibilidade. Execução de sentença. A admissibilidade do recurso de revista interposto de acórdão proferido em agravo de petição, na liquidação de sentença ou em processo incidente na execução, inclusive os embargos de terceiro, depende de demonstração inequívoca de violência direta à Constituição Federal.

TST 283 recurso adesivo. Pertinência no processo do trabalho. Correlação de matérias. O recurso adesivo é compatível com o processo do trabalho e cabe, no prazo de 8 (oito) dias, nas hipóteses de interposição de recurso ordinário, de agravo de petição, de revista e de embargos, sendo desnecessário que a matéria nele veiculada esteja relacionada com a do recurso interposto pela parte contrária.

Orientação Jurisprudencial

SDI-I Transitória 53. Custas. Embargos de terceiro. Interpostos anteriormente à Lei 10.537/02. Inexigência de recolhimento para a interposição de agravo de petição. Tratando-se de embargos de terceiro, incidentes em execução, ajuizados anteriormente à Lei 10.537/02, incabível a exigência do recolhimento de custas para a interposição de agravo de petição por falta de previsão legal.

b) de instrumento, dos despachos que denegarem a interposição de recursos. *(Alínea b com redação pela Lei 8.432/1992)*

▸ Inst. Normativa 16/1999 do TST (Uniformiza a interpretação da Lei 9.756/1998 com relação a agravo de instrumento)
▸ Resolução Administrativa 1.418/2010 do TST (Regulamenta o processamento do Agravo de Instrumento interposto de despacho que negar seguimento a recurso de competência do TST)
▸ Súmula 315 do STF.
▸ Súmula 218 do TST.
▸ OJs 260, 282 e 374 da SDI-I do TST.
▸ OJs 56 e 88 da SDI-II do TST.

Súmulas

STF 315. Indispensável o traslado das razões da revista, para julgamento, pelo Tribunal Superior do Trabalho, do agravo para sua admissão.

TST 218. Recurso de revista. Acórdão proferido em agravo de instrumento. É incabível recurso de revista interposto de acórdão regional prolatado em agravo de instrumento.

Orientações Jurisprudenciais

SDI-I 260. Agravo de instrumento. Recurso de revista. Procedimento sumaríssimo. Lei 9.957/00. Processos em curso. I – É inaplicável o rito sumaríssimo aos processos iniciados antes da vigência da Lei 9.957/00. II – No caso de o despacho denegatório de recurso de revista invocar, em processo iniciado antes da Lei 9.957/00, o § 6º do art. 896 da CLT (rito sumaríssimo), como óbice ao trânsito do apelo calcado em divergência jurisprudencial ou violação de dispositivo infraconstitucional, o Tribunal superará o obstáculo, apreciando o recurso sob esses fundamentos.

SDI-I 282. Agravo de instrumento. Juízo de admissibilidade *ad quem*. No julgamento de Agravo de Instrumento, ao afastar o óbice apontado pelo TRT para o processamento do recurso de revista, pode o juízo *ad quem* prosseguir no exame dos demais pressupostos extrínsecos e intrínsecos do recurso de revista, mesmo que não apreciados pelo TRT.

SDI-I 374. Agravo de instrumento. Representação processual. Regularidade. Procuração ou substabelecimento com cláusula limitativa de poderes ao âmbito do tribunal regional do trabalho. É regular a representação processual do subscritor do agravo de instrumento ou do recurso de revista que detém mandato com poderes de representação limitados ao âmbito do Tribunal Regional do Trabalho, pois, embora a apreciação desse recurso seja realizada pelo Tribunal Superior do Trabalho, a sua interposição é ato praticado perante o Tribunal Regional do Trabalho, circunstância que legitima a atuação do advogado no feito.

SDI-II 56. Mandado de Segurança. Execução. Pendência de recurso extraordinário. Não há direito líquido e certo à execução definitiva na pendência de recurso extraordinário, ou de agravo de instrumento visando a destrancá-lo.

SDI-II 88. Mandado de Segurança. Valor da causa. Custas processuais. Cabimento. Incabível a impetração de mandado de segurança contra ato judicial que, de ofício, arbitrou novo valor à causa, acarretando a majoração das custas processuais, uma vez que cabia à parte, após

recolher as custas, calculadas com base no valor dado à causa na inicial, interpor recurso ordinário e, posteriormente, agravo de instrumento no caso de o recurso ser considerado deserto.

§ 1º O agravo de petição só será recebido quando o agravante delimitar, justificadamente, as matérias e os valores impugnados, permitida a execução imediata da parte remanescente até o final, nos próprios autos ou por carta de sentença. *(§ 1º com redação pela Lei 8.432/1992)*

▸ Súmula 416 do TST.

Súmula

TST 416. Mandado de Segurança. Execução. Lei 8.432/1992. Art. 897, § 1º, da CLT. Cabimento. Devendo o agravo de petição delimitar justificadamente a matéria e os valores objeto de discordância, não fere direito líquido e certo o prosseguimento da execução quanto aos tópicos e valores não especificados no agravo.

§ 2º O agravo de instrumento interposto contra o despacho que não receber agravo de petição não suspende a execução da sentença. *(§ 2º com redação pela Lei 8.432/1992)*

§ 3º Na hipótese da alínea *a* deste artigo, o agravo será julgado pelo próprio tribunal, presidido pela autoridade recorrida, salvo se tratar de decisão de Juiz do Trabalho de 1ª Instância ou de Juiz de Direito, quando o julgamento competirá a uma das Turmas do Tribunal Regional a que estiver subordinado o prolator da sentença, observado o disposto no artigo 679, a quem este remeterá as peças necessárias para o exame da matéria controvertida, em autos apartados, ou nos próprios autos, se tiver sido determinada a extração de carta de sentença. *(§ 3º com redação pela Lei 10.035/2000)*

§ 4º Na hipótese da alínea *b* deste artigo, o agravo será julgado pelo Tribunal que seria competente para conhecer o recurso cuja interposição foi denegada. *(§ 4º com redação pela Lei 8.432/1992)*

§ 5º Sob pena de não conhecimento, as partes promoverão a formação do instrumento do agravo de modo a possibilitar, caso provido, o imediato julgamento do recurso denegado, instruindo a petição de interposição: *(§ 5º acrescido pela Lei 9.756/1998)*

▸ OJs 217 e 283 da SDI-I do TST
▸ Resolução Administrativa TST 1.418/2010.

Orientação Jurisprudencial

SDI-I 217. Agravo de instrumento. Traslado. Lei 9.756/1998. Guias de custas e de depósito recursal. Para a formação do agravo de instrumento, não é necessária a juntada de comprovantes de recolhimento de custas e de depósito recursal relativamente ao recurso ordinário, desde que não seja objeto de controvérsia no recurso de revista a validade daqueles recolhimentos.

SDI-I 283. Agravo de instrumento. Peças essenciais. Traslado realizado pelo agravado. Validade. É válido o traslado de peças essenciais efetuado pelo agravado, pois a regular formação do agravo incumbe às partes e não somente ao agravante.

I – obrigatoriamente, com cópias da decisão agravada, da certidão da respectiva intimação, das procurações outorgadas aos advogados do agravante e do agravado, da petição inicial, da contestação, da decisão originária, do depósito recursal referente ao recurso que se pretende destrancar, da comprovação do recolhimento das custas e do depósito recursal a que se refere o § 7º do art. 899 desta Consolidação; *(Inciso I com redação pela Lei 12.275/2010)*

▸ Súmulas 288 e 639 do STF.
▸ OJs 217, 283 a 286 e 374 da SDI-I do TST.
▸ OJs 16 a 21 e 52 da SDI-I Transitória do TST.

Súmula

STF 288. Nega-se provimento a agravo para subida de recurso extraordinário, quando faltar no traslado o despacho agravado, a decisão recorrida, a petição de recurso extraordinário ou qualquer peça essencial à compreensão da controvérsia.

STF 639. Aplica-se a Súmula 288 quando não constarem do traslado do agravo de instrumento as cópias das peças necessárias à verifica-

ção da tempestividade do recurso extraordinário não admitido pela decisão agravada.

Orientações Jurisprudenciais

SDI-I 283. Agravo de instrumento. Peças essenciais. Traslado realizado pelo agravado. Validade. É válido o traslado de peças essenciais efetuado pelo agravado, pois a regular formação do agravo incumbe às partes e não somente ao agravante.

SDI-I 286. Agravo de instrumento. Traslado. Mandato tácito. Ata de audiência. Configuração. I – A juntada da ata de audiência, em que consignada a presença do advogado, desde que não estivesse atuando com mandato expresso, torna dispensável a procuração deste, porque demonstrada a existência de mandato tácito. II – Configurada a existência de mandato tácito fica suprida a irregularidade detectada no mandato expresso.

II – facultativamente, com outras peças que o agravante reputar úteis ao deslinde da matéria de mérito controvertida. *(Inciso II acrescido pela Lei 9.756/1998)*

▸ OJ 374 da SDI-I do TST.

Orientação Jurisprudencial

SDI-I 374. Agravo de instrumento. Representação processual. Regularidade. Procuração ou substabelecimento com cláusula limitativa de poderes ao âmbito do Tribunal Regional do Trabalho. É regular a representação processual do subscritor do agravo de instrumento ou do recurso de revista que detém mandato com poderes de representação limitados ao âmbito do Tribunal Regional do Trabalho, pois, embora a apreciação desse recurso seja realizada pelo Tribunal Superior do Trabalho, a sua interposição é ato praticado perante o Tribunal Regional do Trabalho, circunstância que legitima a atuação do advogado no feito.

§ 6º O agravado será intimado para oferecer resposta ao agravo e ao recurso principal, instruindo-a com as peças que considerar necessárias ao julgamento de ambos os recursos. *(§ 6º acrescido pela Lei 9.756/1998)*

§ 7º Provido o agravo, a Turma deliberará sobre o julgamento do recurso principal, observando-se, se for o caso, daí em diante, o procedimento relativo a esse recurso. *(§ 7º acrescido pela Lei 9.756/1998)*

§ 8º Quando o agravo de petição versar apenas sobre as contribuições sociais, o Juiz da execução determinará a extração de cópias das peças necessárias, que serão autuadas em apartado, conforme dispõe o § 3º, parte final, e remetidas à instância superior para apreciação, após contraminuta. *(§ 8º acrescido pela Lei 10.035/2000)*

Art. 897-A. Caberão embargos de declaração da sentença ou acórdão, no prazo de cinco dias, devendo seu julgamento ocorrer na primeira audiência ou sessão subsequente a sua apresentação, registrado na certidão, admitido efeito modificativo da decisão nos casos de omissão e contradição no julgado e manifesto equívoco no exame dos pressupostos extrínsecos do recurso. *(Artigo acrescido pela Lei 9.957/2000)*

▸ Art.1.026, §§ 2º e 3º, do CPC.
▸ Súmula 356 do STF.
▸ Súmula 98 do STJ.
▸ Súmulas 184, 278, 297 e 421 do TST.
▸ OJs 119,142 e 192 da SDI-I do TST.
▸ OJ 17 da SDI-I Transitória do TST.
▸ OJ 41 da SDI-II do TST.

CPC 2015

Art. 1.026. Os embargos de declaração não possuem efeito suspensivo e interrompem o prazo para a interposição de recurso. (...)

§ 2º Quando manifestamente protelatórios os embargos de declaração, o Juiz ou o tribunal, em decisão fundamentada, condenará o embargante a pagar ao embargado multa não excedente a dois por cento sobre o valor atualizado da causa.

§ 3º Na reiteração de embargos de declaração manifestamente protelatórios, a multa será elevada a até dez por cento sobre o valor atualizado da causa, e a interposição de qualquer recurso ficará condicionada ao depósito prévio do valor da multa, à exceção da Fazenda Pública e do beneficiário de gratuidade da justiça, que a recolherão ao final.

Súmulas

STF 356. O ponto omisso da decisão, sobre o qual não foram opostos embargos declaratórios, não pode ser objeto de recurso extraordinário, por faltar o requisito do prequestionamento.

TST 184. Embargos declaratórios. Omissão em recurso de revista. Preclusão. Ocorre preclusão se não forem opostos embargos declaratórios para suprir omissão apontada em recurso de revista ou de embargos.

TST 278. Embargos de Declaração. Omissão no julgado. A natureza da omissão suprida pelo julgamento de embargos declaratórios pode ocasionar efeito modificativo no julgado.

TST 297. Prequestionamento. Oportunidade. Configuração. I. Diz-se prequestionada a matéria ou questão quando na decisão impugnada haja sido adotada, explicitamente, tese a respeito. II. Incumbe à parte interessada, desde que a matéria haja sido invocada no recurso principal, opor embargos declaratórios objetivando o pronunciamento sobre o tema, sob pena de preclusão. III. Considera-se prequestionada a questão jurídica invocada no recurso principal sobre a qual se omite o Tribunal de pronunciar tese, não obstante opostos embargos de declaração.

TST 421. Embargos de Declaração. Cabimento. Decisão monocrática do relator calcada no art. 932 do CPC de 2015. Art. 557 do CPC de 1973. I – Cabem embargos de declaração da decisão monocrática do relator prevista no art. 932 do CPC de 2015 (art. 557 do CPC de 1973), se a parte pretende tão somente juízo integrativo retificador da decisão e, não, modificação do julgado. II – Se a parte postular a revisão no mérito da decisão monocrática, cumpre ao relator converter os embargos de declaração em agravo, em face dos princípios da fungibilidade e celeridade processual, submetendo-o ao pronunciamento do Colegiado, após a intimação do recorrente para, no prazo de 5 (cinco) dias, complementar as razões recursais, de modo a ajustá-las às exigências do art. 1.021, § 1º, do CPC de 2015.

Orientações Jurisprudenciais

SDI-I 142. Embargos de Declaração. Efeito Modificativo. Vista Prévia à Parte Contrária É passível de nulidade decisão que acolhe embargos de declaração com efeito modificativo sem que seja concedida oportunidade de manifestação prévia à parte contrária.

SDI-I 192. Embargos declaratórios. Prazo em dobro. Pessoa jurídica de direito público. Decreto-lei 779/69. É em dobro o prazo para a interposição de embargos declaratórios por pessoa jurídica de direito público.

SDI-II 41. Ação rescisória. Sentença "citra petita". Cabimento. Revelando-se a sentença "citra petita", o vício processual vulnera os arts. 141 e 492 do CPC de 2015 (arts. 128 e 460 do CPC de 1973), tornando-a passível de desconstituição, ainda que não interpostos embargos de declaração.

§ 1º Os erros materiais poderão ser corrigidos de ofício ou a requerimento de qualquer das partes. *(Primitivo parágrafo único renumerado pela Lei 13.015/2014)*

▸ Art. 833 desta Consolidação.

CLT

Art. 833. Existindo na decisão evidentes erros ou enganos de escrita, de datilografia ou de cálculo, poderão os mesmos, antes da execução, ser corrigidos, *ex officio*, ou a requerimento dos interessados ou da Procuradoria da Justiça do Trabalho.

§ 2º Eventual efeito modificativo dos embargos de declaração somente poderá ocorrer em virtude da correção de vício na decisão embargada e desde que ouvida a parte contrária, no prazo de 5 (cinco) dias. *(§ 2º acrescido pela Lei 13.015/2014)*

§ 3º Os embargos de declaração interrompem o prazo para interposição de outros recursos, por qualquer das partes, salvo quando intempestivos, irregular a representação da parte ou ausente a sua assinatura. *(§ 3º acrescido pela Lei 13.015/2014)*

Art. 898. Das decisões proferidas em dissídio coletivo, que afete empresa de serviço público, ou, em qualquer caso, das proferidas em revisão, poderão recorrer, além dos interessados, o Presidente do Tribunal e a Procuradoria da Justiça do Trabalho.

▸ Arts. 873 a 875 desta Consolidação.
▸ Art. 8º da Lei 5.584/1970 (Normas de Direito Processual do Trabalho)
▸ Súmula 303 do TST.
▸ OJ 334 da SDI-I do TST.

Lei 5.584/1970

Art. 8º Das decisões proferidas nos dissídios coletivos poderá a União interpor recurso, o qual será sempre recebido no efeito suspensivo quanto à parte que exceder o índice fixado pela política salarial do Governo.

Súmula

TST 303. Fazenda Pública. Reexame Necessário.

I – Em dissídio individual, está sujeita ao reexame necessário, mesmo na vigência da Constituição Federal de 1988, decisão contrária à Fazenda Pública, salvo quando a condenação não ultrapassar o valor correspondente a:

a) 1.000 (mil) salários mínimos para a União e as respectivas autarquias e fundações de direito público;

b) 500 (quinhentos) salários mínimos para os Estados, o Distrito Federal, as respectivas autarquias e fundações de direito público e os Municípios que constituam capitais dos Estados;

c) 100 (cem) salários mínimos para todos os demais Municípios e respectivas autarquias e fundações de direito público.

II – Também não se sujeita ao duplo grau de jurisdição a decisão fundada em:

a) súmula ou orientação jurisprudencial do Tribunal Superior do Trabalho;

b) acórdão proferido pelo Supremo Tribunal Federal ou pelo Tribunal Superior do Trabalho em julgamento de recursos repetitivos;

c) entendimento firmado em incidente de resolução de demandas repetitivas ou de assunção de competência;

d) entendimento coincidente com orientação vinculante firmada no âmbito administrativo do próprio ente público, consolidada em manifestação, parecer ou súmula administrativa.

III – Em ação rescisória, a decisão proferida pelo Tribunal Regional do Trabalho está sujeita ao duplo grau de jurisdição obrigatório quando desfavorável ao ente público, exceto nas hipóteses dos incisos anteriores.

IV – Em mandado de segurança, somente cabe reexame necessário se, na relação processual, figurar pessoa jurídica de direito público como parte prejudicada pela concessão da ordem. Tal situação não ocorre na hipótese de figurar no feito como impetrante e terceiro interessado pessoa de direito privado, ressalvada a hipótese de matéria administrativa.

Orientação Jurisprudencial

SDI-I 334. Remessa "ex officio". Recurso de revista. Inexistência de recurso ordinário voluntário de ente público. Incabível recurso de revista de ente público que não interpôs recurso ordinário voluntário da decisão de primeira instância, ressalvada a hipótese de ter sido agravada, na segunda instância, a condenação imposta.

Art. 899. Os recursos serão interpostos por simples petição e terão efeito meramente devolutivo, salvo as exceções previstas neste Título, permitida a execução provisória até a penhora. *(Caput com redação pela Lei 5.442/1968)*

▸ Vide ato segjud.GP 366/2024.
▸ Arts. 520, I a IV, 521 e 522 do CPC.
▸ Súmulas 393, 414, 417 e 422 do TST.
▸ OJ 389 da SDI-I do TST.
▸ OJ 56 da SDI-II do TST.

Súmulas

TST 393. Recurso Ordinário. Efeito devolutivo em profundidade. Art. 1.013, § 1º, do CPC de 2015. Art. 515, § 1º, do CPC de 1973. I – O efeito devolutivo em profundidade do recurso ordinário, que se extrai do § 1º do art. 1.013 do CPC de 2015 (art. 515, §1º, do CPC de 1973), transfere ao Tribunal a apreciação dos fundamentos da inicial ou da defesa, não examinados pela sentença, ainda que não renovados em contrarrazões, desde que relativos ao capítulo impugnado. II – Se o processo estiver em condições, o tribunal, ao julgar o recurso ordinário, deverá decidir desde logo o mérito da causa, nos termos do § 3º do art. 1.013 do CPC de 2015, inclusive quando constatar a omissão da sentença no exame de um dos pedidos.

TST 414. Mandado de Segurança. Tutela Provisória concedida antes ou na sentença. (nova redação em decorrência do CPC de 2015)

I – A tutela provisória concedida na sentença não comporta impugnação pela via do mandado de segurança, por ser impugnável mediante recurso ordinário. É admissível a obtenção de efeito suspensivo ao recurso ordinário mediante requerimento dirigido ao tribunal, ao relator ou ao presidente ou ao vice-presidente do tribunal recorrido, por aplicação subsidiária ao processo do trabalho do artigo 1.029, § 5º, do CPC de 2015.

II – No caso de a tutela provisória haver sido concedida ou indeferida antes da sentença, cabe mandado de segurança, em face da inexistência de recurso próprio.

III – A superveniência da sentença, nos autos originários, faz perder o objeto do mandado de segurança que impugnava a concessão ou o indeferimento da tutela provisória.

TST 422. Recurso. Fundamento ausente ou deficiente. Não conhecimento. I – Não se conhece de recurso para o Tribunal Superior do Trabalho se as razões do recorrente não impugnam os fundamentos da decisão recorrida, nos termos em que proferida. II – O entendimento referido no item anterior não se aplica em relação à motivação secundária e impertinente, consubstanciada em despacho de admissibilidade de recurso ou em decisão monocrática. III – Inaplicável a exigência do item I relativamente ao recurso ordinário da competência de Tribunal Regional do Trabalho, exceto em caso de recurso cuja motivação é inteiramente dissociada dos fundamentos da sentença.

Orientações Jurisprudenciais

SDI-I 389. Multa Prevista no Art. 1.021, §§ 4º e 5º, do CPC de 2015. Art. 557, § 2º, do CPC de 1973. Recolhimento. Pressuposto Recursal. Beneficiário da Justiça Gratuita e Fazenda Pública. Pagamento ao Final. (nova redação em decorrência do CPC de 2015) Constitui ônus da parte recorrente, sob pena de deserção, depositar previamente a multa aplicada com fundamento nos §§ 4º e 5º, do art. 1.021, do CPC de 2015 (§ 2º do art. 557 do CPC de 1973), à exceção da Fazenda Pública e do beneficiário de justiça gratuita, que farão o pagamento ao final.

SDI-II 56. Mandado de Segurança. Execução. Pendência de recurso extraordinário. Não há direito líquido e certo à execução definitiva na pendência de recurso extraordinário, ou de agravo de instrumento visando a destrancá-lo.

§ 1º Sendo a condenação de valor até dez vezes o valor de referência regional, nos dissídios individuais, só será admitido o recurso, inclusive o extraordinário, mediante prévio depósito da respectiva importância. Transitada em julgado a decisão recorrida, ordenar-se-á o levantamento imediato da importância do depósito, em favor da parte vencedora, por simples despacho do Juiz. *(§ 1º com redação pela Lei 5.442/1968)*

▸ Art. 7º da Lei 5.584/1970 (Normas de Direito Processual do Trabalho)
▸ Art. 1º, IV, do Dec.-lei 779/1969 (Aplicação de normas processuais trabalhistas à União Federal, aos Estados, Municípios, Distrito Federal e autarquias ou fundações de direito público que não explorem atividade econômica)
▸ Súmulas 86, 99, 128, 161, 217 e 245 do TST.
▸ OJs 13, 140, 217 e 264 da SDI-I do TST.
▸ Inst. Normativa 3/1993 do TST (Interpreta o art. 8º da Lei 8.542/1992, que trata do depósito para recurso nas ações na Justiça do Trabalho)
▸ Inst. Normativa 15/1998 do TST (Aprova normas relativas ao depósito recursal na Justiça do Trabalho)
▸ Ato 366/2024 do TST (Divulga os novos valores referentes aos limites de depósito recursal previstos no art. 899 da CLT)

Lei 5.584/1970

Art. 7º A comprovação do depósito da condenação (CLT, art. 899, §§ 1º a 5º) terá que ser feita dentro do prazo para a interposição do recurso, sob pena de ser este considerado deserto.

Dec.-lei 779/1969

Art. 1º Nos processos perante a Justiça do Trabalho, constituem privilégio da União, dos Estados, do Distrito Federal, dos Municípios e das autarquias ou fundações de direito público federais, estaduais ou municipais que não explorem atividade econômica: (...) IV – a dispensa de depósito para interposição de recurso;

Súmulas

TST 86. Deserção. Massa falida. Empresa em liquidação extrajudicial. Não ocorre deserção de recurso da massa falida por falta de pagamento de custas ou de depósito do valor da condenação. Esse privilégio, todavia, não se aplica à empresa em liquidação extrajudicial.

TST 99. Ação rescisória. Deserção. Prazo. Havendo recurso ordinário em sede de rescisória, o depósito recursal só é exigível quando for julgado procedente o pedido e imposta condenação em pecúnia, devendo este ser efetuado no prazo recursal, no limite e nos termos da legislação vigente, sob pena de deserção.

TST 128. Depósito recursal. I – É ônus da parte recorrente efetuar o depósito legal, integralmente, em relação a cada novo recurso interposto, sob pena de deserção. Atingido o valor da condenação, nenhum depósito mais é exigido para qualquer recurso. II – Garantido o juízo, na fase executória, a exigência de depósito para recorrer de qualquer decisão viola os incisos II e LV do art. 5º da CF/1988. Havendo, porém, elevação do valor do débito, exige-se a complementação da garantia do

juízo. III – Havendo condenação solidária de duas ou mais empresas, o depósito recursal efetuado por uma delas aproveita as demais, quando a empresa que efetuou o depósito não pleiteia sua exclusão da lide.

TST 161. Depósito. Condenação a pagamento em pecúnia. Se não há condenação a pagamento em pecúnia, descabe o depósito de que tratam os §§ 1º e 2º do art. 899 da CLT.

TST 245. Depósito recursal. Prazo. O depósito recursal deve ser feito e comprovado no prazo alusivo ao recurso. A interposição antecipada deste não prejudica a dilação legal.

Orientação Jurisprudencial

SDI-I 140. Depósito recursal e custas processuais. Recolhimento insuficiente. Deserção (nova redação em decorrência do CPC de 2015) Em caso de recolhimento insuficiente das custas processuais ou do depósito recursal, somente haverá deserção do recurso se, concedido o prazo de 5 (cinco) dias previsto no § 2º do art. 1.007 do CPC de 2015, o recorrente não complementar e comprovar o valor devido.

§ 2º Tratando-se de condenação de valor indeterminado, o depósito corresponderá ao que for arbitrado, para efeito de custas, pela Junta ou Juízo de Direito, até o limite de 10 (dez) vezes o salário-mínimo da região. *(§ 2º com redação pela Lei 5.442/1968)*

▸ A EC 24/1999 extinguiu a figura do Juiz Classista e as Juntas de Conciliação e Julgamento, substituindo pelas Varas do Trabalho, onde a jurisdição será exercida por um Juiz Singular.
▸ Art. 7º, IV, da CF, alterou o conceito de salário mínimo nacional, unificando seu valor.
▸ Arts. 74 e ss. da Portaria 667/2021 do MTE (Multas administrativas)
▸ Súmula 161 do TST.

Constituição Federal

Art. 7º São direitos dos trabalhadores urbanos e rurais, além de outros que visem à melhoria de sua condição social: (...)

IV – salário mínimo, fixado em lei, nacionalmente unificado, capaz de atender a suas necessidades vitais básicas e às de sua família com moradia, alimentação, educação, saúde, lazer, vestuário, higiene, transporte e previdência social, com reajustes periódicos que lhe preservem o poder aquisitivo, sendo vedada sua vinculação para qualquer fim;

§ 3º *Revogado pela Lei 7.033/1982.*

§ 4º O depósito recursal será feito em conta vinculada ao juízo e corrigido com os mesmos índices da poupança. *(§ 4º com redação pela Lei 13.467/2017)*

▸ Art. 20 da IN 41/2018 do TST (Dispõe sobre a aplicação das normas processuais da CLT alteradas pela Lei 13.467/2017).
▸ O STF, por maioria, julgou parcialmente procedente as ADINs 6.021 e 5.867 e as ADCs 58 e 59, para conferir interpretação conforme à CF a este parágrafo, "no sentido de considerar que à atualização dos créditos decorrentes de condenação judicial e à correção dos depósitos recursais em contas judiciais na Justiça do Trabalho deverão ser aplicados, até que sobrevenha solução legislativa, os mesmos índices de correção monetária e de juros que vigentes para as condenações cíveis em geral, quais sejam a incidência do IPCA-E na fase pré-judicial e, a partir da citação, a incidência da taxa SELIC (art. 406 do Código Civil)." (DOU 12.02.2021)

§ 5º *Revogado pela Lei 13.467/2017.*

§ 6º Quando o valor da condenação, ou o arbitrado para fins de custas, exceder o limite de dez vezes o valor de referência regional, o depósito para fins de recurso será limitado a este valor. *(§ 6º com redação pela Lei 5.442/1968)*

▸ Arts. 74 e ss. da Portaria 667/2021 do MTE (Multas administrativas)

§ 7º No ato de interposição do agravo de instrumento, o depósito recursal corresponderá a 50% (cinquenta por cento) do valor do depósito do recurso ao qual se pretende destrancar. *(§ 7º acrescido pela Lei 12.275/2010)*

▸ Art. 897, § 5º, I, desta Consolidação.
▸ Súmula 245 do TST.

CLT

Art. 897. Cabe agravo, no prazo de 8 (oito) dias: (...)
§ 5º Sob pena de não conhecimento, as partes promoverão a formação do instrumento do agravo de modo a possibilitar, caso provido, o imediato julgamento do recurso denegado, instruindo a petição de interposição: I – obrigatoriamente, com cópias da decisão agravada, da certidão da respectiva intimação, das procurações outorgadas aos advogados do agravante e do agravado, da petição inicial, da contestação, da decisão originária, do depósito recursal referente ao recurso que se pretende destrancar, da comprovação do recolhimento das custas e do depósito recursal a que se refere o § 7º do art. 899 desta Consolidação;

Súmula

TST 245. Depósito recursal. Prazo. O depósito recursal deve ser feito e comprovado no prazo alusivo ao recurso. A interposição antecipada deste não prejudica a dilação legal.

§ 8º Quando o agravo de instrumento tem a finalidade de destrancar recurso de revista que se insurge contra decisão que contraria a jurisprudência uniforme do Tribunal Superior do Trabalho, consubstanciada nas suas súmulas ou em orientação jurisprudencial, não haverá obrigatoriedade de se efetuar o depósito referido no § 7º deste artigo. *(§ 8º acrescido pela Lei 13.015/2014)*

§ 9º O valor do depósito recursal será reduzido pela metade para entidades sem fins lucrativos, empregadores domésticos, microempreendedores individuais, microempresas e empresas de pequeno porte. *(§ 9º acrescido pela Lei 13.467/2017)*

▸ Art. 20 da IN 41/2018 do TST (Dispõe sobre a aplicação das normas processuais da CLT alteradas pela Lei 13.467/2017).

§ 10. São isentos do depósito recursal os beneficiários da justiça gratuita, as entidades filantrópicas e as empresas em recuperação judicial. *(§ 10 acrescido pela Lei 13.467/2017)*

▸ Art. 20 da IN 41/2018 do TST (Dispõe sobre a aplicação das normas processuais da CLT alteradas pela Lei 13.467/2017).
▸ Súmula 86 do TST.

Súmula

TST 86. Deserção. Massa falida. Empresa em liquidação extrajudicial. Não ocorre deserção de recurso da massa falida por falta de pagamento de custas ou de depósito do valor da condenação. Esse privilégio, todavia, não se aplica à empresa em liquidação extrajudicial.

§ 11. O depósito recursal poderá ser substituído por fiança bancária ou seguro garantia judicial. *(§ 11 acrescido pela Lei 13.467/2017)*

▸ Art. 20 da IN 41/2018 do TST (Dispõe sobre a aplicação das normas processuais da CLT alteradas pela Lei 13.467/2017).

Art. 900. Interposto o recurso, será notificado o recorrido para oferecer as suas razões, em prazo igual ao que tiver tido o recorrente.

▸ Súmulas 201 e 393 do TST.
▸ OJ 142 da SDI-I do TST.

Súmulas

TST 201. Recurso ordinário em Mandado de Segurança. Da decisão de Tribunal Regional do Trabalho em mandado de segurança cabe recurso ordinário, no prazo de 8 (oito) dias, para o Tribunal Superior do Trabalho, e igual dilação para o recorrido e interessados apresentarem razões de contrariedade.

TST 393. Recurso Ordinário. Efeito devolutivo em profundidade. Art. 1.013, § 1º, do CPC de 2015. Art. 515, § 1º, do CPC de 1973. I – O efeito devolutivo em profundidade do recurso ordinário, que se extrai do § 1º do art. 1.013 do CPC de 2015 (art. 515, §1º, do CPC de 1973), transfere ao Tribunal a apreciação dos fundamentos da inicial ou da defesa, não examinados pela sentença, ainda que não renovados em contrarrazões, desde que relativos ao capítulo impugnado. II – Se o processo estiver em condições, o tribunal, ao julgar o recurso ordinário, deverá decidir desde logo o mérito da causa, nos termos do § 3º do art. 1.013 do CPC de 2015, inclusive quando constatar a omissão da sentença no exame de um dos pedidos.

Orientação Jurisprudencial

SDI-I 142. Embargos de Declaração. Efeito Modificativo. Vista Prévia à Parte Contrária É passível de nulidade decisão que acolhe embargos de declaração com efeito modificativo sem que seja concedida oportunidade de manifestação prévia à parte contrária.

Art. 901. Sem prejuízo dos prazos previstos neste Capítulo, terão as partes vistas dos autos em cartório ou na secretaria.

Parágrafo único. Salvo quando estiver correndo prazo comum, aos procuradores das partes será permitido ter vista dos autos fora do cartório ou secretaria. *(Parágrafo único acrescido pela Lei 8.638/1993)*

Art. 902. *Revogado pela Lei 7.033/1982.*

CAPÍTULO VII
DA APLICAÇÃO DAS PENALIDADES

Art. 903. As penalidades estabelecidas no Título anterior serão aplicadas pelo Juiz, ou Tribunal, que tiver de conhecer da desobediência, violação, recusa, falta ou coação, *ex officio*, ou mediante representação de qualquer interessado ou da Procuradoria da Justiça do Trabalho. *(Artigo com redação pelo Dec.-lei 8.737/1946)*

▸ Arts. 102, I, *c*, 105, I, *a*, e 108, I, *a*, da CF.

Constituição Federal

Art. 102. Compete ao Supremo Tribunal Federal, precipuamente, a guarda da Constituição, cabendo-lhe: I – processar e julgar, originariamente: (...)

c) nas infrações penais comuns e nos crimes de responsabilidade, os Ministros de Estado e os Comandantes da Marinha, do Exército e da Aeronáutica, ressalvado o disposto no art. 52, I, os membros dos Tribunais Superiores, os do Tribunal de Contas da União e os chefes de missão diplomática de caráter permanente;

Art. 105. Compete ao Superior Tribunal de Justiça:

I – processar e julgar, originariamente:

a) nos crimes comuns, os Governadores dos Estados e do Distrito Federal, e, nestes e nos de responsabilidade, os desembargadores dos Tribunais de Justiça dos Estados e do Distrito Federal, os membros dos Tribunais de Contas dos Estados e do Distrito Federal, os dos Tribunais Regionais Federais, dos Tribunais Regionais Eleitorais e do Trabalho, os membros dos Conselhos ou Tribunais de Contas dos Municípios e os do Ministério Público da União que oficiem perante tribunais;

Art. 108. Compete aos Tribunais Regionais Federais:

I – processar e julgar, originariamente:

a) os juízes federais da área de sua jurisdição, incluídos os da Justiça Militar e da Justiça do Trabalho, nos crimes comuns e de responsabilidade, e os membros do Ministério Público da União, ressalvada a competência da Justiça Eleitoral;

Art. 904. As sanções em que incorrerem as autoridades da Justiça do Trabalho serão aplicadas pela autoridade ou Tribunal imediatamente superior, conforme o caso, *ex officio*, ou mediante representação de qualquer interessado ou da Procuradoria. *(Caput com redação pelo Dec.-lei 8.737/1946)*

▸ Arts. 102, I, *c*, 105, I, *a*, e 108, I, *a*, da CF.

Parágrafo único. Tratando-se de membro do Tribunal Superior do Trabalho será competente para a imposição de sanções o Senado Federal. *(Primitivo § 1º transformado em parágrafo único pelo Dec.-lei 229/1967)*

▸ Parágrafo único prejudicado pelo art. 102, I, *c*, da CF.

Art. 905. Tomando conhecimento do fato imputado, o Juiz, ou Tribunal competente, mandará notificar o acusado, para apresentar, no prazo de 15 (quinze) dias, defesa por escrito.

§ 1º É facultado ao acusado, dentro do prazo estabelecido neste artigo, requerer a produção de testemunhas, até ao máximo de cinco. Nesse caso, será marcada audiência para a inquirição.

§ 2º Findo o prazo de defesa, o processo será imediatamente concluso para julgamento, que deverá ser proferido no prazo de 10 (dez) dias.

Art. 906. Da imposição das penalidades a que se refere este Capítulo, caberá recurso ordinário para o Tribunal Superior, no prazo de 10 (dez) dias, salvo se a imposição resultar de dissídio coletivo, caso em que o prazo será de 20 (vinte dias)

▸ Art. 103-B, § 4º, da CF.
▸ Art. 6º da Lei 5.584/1970 (Normas de Direito Processual do Trabalho)

Constituição Federal

Art. 103-B.(...) § 4º Compete ao Conselho o controle da atuação administrativa e financeira do Poder Judiciário e do cumprimento dos deveres funcionais dos juízes, cabendo-lhe, além de outras atribuições que lhe forem conferidas pelo Estatuto da Magistratura:

Lei 5.584/1970

Art. 6º Será de 8 (oito) dias o prazo para interpor e contra-arrazoar qualquer recurso.

Art. 907. Sempre que o infrator incorrer em pena criminal, far-se-á remessa das peças necessárias à autoridade competente.

▸ Art. 40 do CPP.

Código de Processo Penal

Art. 40. Quando, em autos ou papéis de que conhecerem, os juízes ou tribunais verificarem a existência de crime de ação pública, remeterão ao Ministério Público as cópias e os documentos necessários ao oferecimento da denúncia.

Art. 908. A cobrança das multas estabelecidas neste Título será feita mediante executivo fiscal, perante o Juiz competente para a cobrança de dívida ativa da Fazenda Pública Federal.

▸ Lei 6.830/1980 (Execuções Fiscais)

Parágrafo único. A cobrança das multas será promovida, no Distrito Federal e nos Estados em que funcionarem os Tribunais Regionais, pela Procuradoria da Justiça do Trabalho, e, nos demais Estados, de acordo com o disposto no Decreto-Lei 960, de 17 de dezembro de 1938.

▸ O Dec.-lei 9.797/1946 substituiu o termo "Conselho Regional" por "Tribunal Regional".
▸ Lei 6.830/1980 (Lei de Execução Fiscal)

CAPÍTULO VIII
DISPOSIÇÕES FINAIS

Art. 909. A ordem dos processos no Tribunal Superior do Trabalho será regulada em seu regimento interno.

▸ O Dec.-lei 9.797/1946, substitui o termo "Conselho Nacional" por "Tribunal Superior".
▸ Art. 96, I, *a*, da CF.
▸ Resolução Administrativa 1.937/2017 do TST (Regimento Interno do TST)

Art. 910. Para os efeitos deste Título, equiparam-se aos serviços públicos os de utilidade pública, bem como os que forem prestados em armazéns de gêneros alimentícios, açougues, padarias, leiterias, farmácias, hospitais, minas, empresas de transportes e comunicações, bancos e estabelecimentos que interessem à segurança nacional.

TÍTULO XI
DISPOSIÇÕES FINAIS E TRANSITÓRIAS

Art. 911. Esta Consolidação entrará em vigor em 10 de novembro de 1943.

Art. 912. Os dispositivos de caráter imperativo terão aplicação imediata às relações iniciadas, mas não consumadas, antes da vigência desta Consolidação.

Art. 913. O Ministro do Trabalho expedirá instruções, quadros, tabelas e modelos que se tornarem necessários à execução desta Consolidação.

▸ Art. 87, par. ún., II, da CF.

Constituição Federal

Art. 87. (...) Parágrafo único. Compete ao Ministro de Estado, além de outras atribuições estabelecidas nesta Constituição e na lei: (...)

II – expedir instruções para a execução das leis, decretos e regulamentos;

Parágrafo único. O Tribunal Superior do Trabalho adaptará o seu regimento interno e o dos Tribunais Regionais do Trabalho às normas contidas nesta Consolidação.

▶ O Dec.-lei 9.797/1946, substitui os termos "Conselho Regional" e "Conselho Nacional" por "Tribunal Regional" e "Tribunal Superior".
▶ Art. 96, I, *a*, da CF.

Constituição Federal

Art. 96. Compete privativamente:

I – aos tribunais:

a) eleger seus órgãos diretivos e elaborar seus regimentos internos, com observância das normas de processo e das garantias processuais das partes, dispondo sobre a competência e o funcionamento dos respectivos órgãos jurisdicionais e administrativos;

Art. 914. Continuarão em vigor os quadros, tabelas e modelos, aprovados em virtude de dispositivos não alterados pela presente Consolidação.

Art. 915. Não serão prejudicados os recursos interpostos com apoio em dispositivos alterados ou cujo prazo para interposição esteja em curso à data da vigência desta Consolidação.

Art. 916. Os prazos de prescrição fixados pela presente Consolidação começarão a correr da data da vigência desta, quando menores do que os previstos pela legislação anterior.

▶ Art. 7º, XXIX, da CF.
▶ Súmula 308 do TST.

Constituição Federal

Art. 7º São direitos dos trabalhadores urbanos e rurais, além de outros que visem à melhoria de sua condição social: (...)

XXIX – ação, quanto aos créditos resultantes das relações de trabalho, com prazo prescricional de cinco anos para os trabalhadores urbanos e rurais, até o limite de dois anos após a extinção do contrato de trabalho;

Súmula

TST 308. Prescrição quinquenal. I. Respeitado o biênio subseqüente à cessação contratual, a prescrição da ação trabalhista concerne às pretensões imediatamente anteriores a cinco anos, contados da data do ajuizamento da reclamação e, não, às anteriores ao qüinquênio da data da extinção do contrato. II. A norma constitucional que ampliou o prazo de prescrição da ação trabalhista para 5 (cinco) anos é de aplicação imediata e não atinge pretensões já alcançadas pela prescrição bienal quando da promulgação da CF/1988.

Art. 917. O Ministro do Trabalho, Indústria e Comércio marcará prazo para adaptação dos atuais estabelecimentos às exigências contidas no Capítulo "Da Higiene e Segurança do Trabalho". Compete ainda àquela autoridade fixar os prazos dentro dos quais, em cada Estado, entrará em vigor a obrigatoriedade do uso da Carteira de Trabalho e Previdência Social, para os atuais empregados.

▶ O Capítulo V do Título II desta Consolidação passou a ser denominado "Da Segurança e da Medicina do Trabalho" pela Lei 6.514/1977.

Parágrafo único. O Ministro do Trabalho, Indústria e Comércio, fixará, para cada Estado e quando julgar conveniente, o início da vigência de parte ou de todos os dispositivos contidos no Capítulo "Da Higiene e Segurança do Trabalho".

▶ O Capítulo V do Título II desta Consolidação passou a ser denominado "Da Segurança e da Medicina do Trabalho" pela Lei 6.514/1977.

Art. 918. Enquanto não for expedida a Lei Orgânica da Previdência Social, competirá ao presidente do Tribunal Superior do Trabalho julgar os recursos interpostos com apoio no art. 1º, alínea *c*, do Decreto-Lei 3.710, de 14 de outubro de 1941, cabendo recurso de suas decisões nos termos do disposto no art. 734, alínea *b*, desta Consolidação. *(Caput retificado pelo Dec.-lei 6.353/1944)*

▶ Artigo prejudicado pela Lei 3.807/1960 (Dispõe sobre a Lei Orgânica da Previdência Social) e pelo Dec.-lei 72/1966
▶ Lei 8.212/1991 e Lei 8.213/1991.

Parágrafo único. Ao diretor do Departamento de Previdência Social incumbirá presidir as eleições para a constituição dos Conselhos Fiscais dos Institutos e Caixas de Aposentadoria e Pensões e julgar, com recurso para a instância superior, os recursos sobre matéria técnico-administrativa dessas instituições.

Art. 919. Ao empregado bancário, admitido até a data da vigência da presente Lei, fica assegurado o direito à aquisição da estabilidade nos termos do artigo 15 do Decreto 24.615, de 9 de julho de 1934.

Art. 920. Enquanto não forem constituídas as Confederações, ou, na falta destas, a representação de classes, econômicas ou profissionais, que derivar da indicação desses órgãos ou dos respectivos presidentes, será suprida por equivalente designação ou eleição realizada pelas correspondentes Federações.

Art. 921. As empresas que não estiverem incluídas no enquadramento sindical de que trata o artigo 577 poderão firmar contratos coletivos de trabalho com os Sindicatos representativos da respectiva categoria profissional.

Art. 922. O disposto no artigo 301 regerá somente as relações de emprego iniciadas depois da vigência desta Consolidação. *(Artigo acrescido pelo Dec.-lei 6.353/1944)*

Rio de Janeiro, 1 de maio de 1943, 122º da Independência e 55º da República.

Getúlio Vargas.

QUADRO A QUE SE REFERE O ART. 577

DA CONSOLIDAÇÃO DAS LEIS DO TRABALHO

CONFEDERAÇÃO NACIONAL DA INDÚSTRIA	CONFEDERAÇÃO NACIONAL DOS TRABALHADORES NA INDÚSTRIA
1.º GRUPO – Indústria da alimentação **Atividades ou categorias econômicas**	**1.º GRUPO – Trabalhadores na indústria de alimentação** **Categorias profissionais**
Indústria do trigo Indústria do milho e da soja Indústria da mandioca	Trabalhadores na indústria do trigo, milho e mandioca
Indústria do arroz	Trabalhadores na indústria do arroz
Indústria do açúcar Indústria do açúcar de engenho	Trabalhadores na indústria do açúcar
Indústria de torrefação e moagem de café Indústria de refinação do sal Indústria de panificação e confeitaria Indústria de produtos de cacau e balas Indústria do mate Indústria de laticínio e produtos derivados Indústria de massas alimentícias e biscoitos	Trabalhadores na indústria de torrefação e moagem de café Trabalhadores na indústria da refinação do sal Trabalhadores na indústria de panificação e confeitaria Trabalhadores na indústria de produtos de cacau e balas Trabalhadores na indústria do mate Trabalhadores na indústria de laticínio e produtos derivados Trabalhadores na indústria de massas alimentícias e biscoitos
Indústria da cerveja de baixa fermentação Indústria da cerveja e de bebidas em geral	Trabalhadores na indústria de cerveja e bebidas em geral
Indústria do vinho Indústria de águas minerais Indústria de azeite e óleos alimentícios Indústria de doces e conservas alimentícias Indústria de carnes e derivados Indústria do fio Indústria do fumo Indústria da imunização e tratamento de frutas	Trabalhadores na indústria do vinho Trabalhadores na indústria de águas minerais Trabalhadores na indústria do azeite e óleos alimentícios Trabalhadores na indústria de doces e conservas alimentícias Trabalhadores na indústria de carnes e derivados Trabalhadores na indústria de fio Trabalhadores na indústria do fumo Trabalhadores na indústria de imunização e tratamento de frutas
2.º GRUPO – Indústria do vestuário **Atividades ou categorias econômicas**	**2.º GRUPO – Trabalhadores nas indústrias do vestuário** **Categorias profissionais**
Indústria de calçados Indústria de camisas para homem e roupas brancas Indústria de alfaiataria e de confecção de roupas de homem Indústria de guarda-chuvas e bengalas Indústria de luvas, bolsas e peles de resguardo Indústria de pentes, botões e similares Indústria de chapéus Indústria de confecção de roupas e chapéus de senhora	Trabalhadores na indústria do calçado Oficiais alfaiates, costureiras e trabalhadores na indústria de confecção de roupas Trabalhadores na indústria de guarda-chuvas e bengalas Trabalhadores na indústria de luvas, bolsas e peles do resguardo Trabalhadores na indústria de pentes, botões e similares Trabalhadores na indústria de chapéus Trabalhadores na indústria de confecção de roupas e chapéus de senhora
3.º GRUPO – Indústrias da construção e do mobiliário **Atividades ou categorias econômicas**	**3.º GRUPO – Trabalhadores nas indústrias** **da construção e do mobiliário** **Categorias profissionais**
Indústria da construção civil Indústria de olaria Indústria do cimento, cal e gesso Indústria de ladrilhos hidráulicos e produtos de cimento Indústria da cerâmica para construção Indústria de mármores e granitos Indústria de pinturas, decorações, estuques e ornatos Indústria de serrarias, carpintarias e tanoarias Indústria da marcenaria (móveis da madeira) Indústria de móveis de junco a vime e de vassouras Indústria de cortinados e estofos	Trabalhadores na indústria da construção civil (pedreiros, carpinteiros, pintores e estucadores, bombeiros hidráulicos e trabalhadores em geral, de estradas, pontes, portos e canais) Trabalhadores na indústria de olaria Trabalhadores na indústria do cimento, cal e gesso Trabalhadores na indústria de ladrilhos hidráulicos e produtos de cimento Trabalhadores na indústria de cerâmica para construção Trabalhadores na indústria de mármores e granitos Oficiais eletricistas Oficiais marceneiros e trabalhadores nas indústrias de serrarias e de moveis de madeira Trabalhadores na indústria de moveis de junco e vime e de vassouras
4.º GRUPO – Indústrias urbanas **Atividades ou categorias econômicas**	**4.º GRUPO – Trabalhadores nas indústrias urbanas** **Categorias profissionais**
Indústria da purificação e distribuição de água Indústria de energia hidroelétrica Indústria da energia termoelétrica Indústria da produção do gás Serviços de esgotos	Trabalhadores na indústria da purificação e distribuição de água Trabalhadores na condústria da energia hidroelétrica Trabalhadores na indústria da energia termoelétrica Trabalhadores na indústria da produção do gás Trabalhadores em serviços de esgotos

CONFEDERAÇÃO NACIONAL DA INDÚSTRIA	CONFEDERAÇÃO NACIONAL DOS TRABALHADORES NA INDÚSTRIA
5.º GRUPO – Indústrias extrativas **Atividades ou categorias econômicas**	**5.º GRUPO – Trabalhadores nas indústrias extrativas** **Categorias profissionais**
Indústria da extração de ouro e metais preciosos Indústria da extração do ferro e metais básicos Indústria da extração do carvão Indústria da extração de diamantes e pedras preciosas Indústria da extração de mármores, calcários e pedreiras Indústria da extração de areias e barreiras Indústria da extração do sal Indústria da extração do petróleo Indústria da extração de madeiras Indústria da extração de resinas Indústria da extração da lenha Indústria da extração da borracha Indústria da extração de fibras vegetais e do descaroçamento do algodão Indústria da extração de óleos vegetais e animais	Trabalhadores na indústria da extração de ouro e metais preciosos Trabalhadores na indústria da extração do ferro e metais básicos Trabalhadores na indústria da extração do carvão. Trabalhadores na indústria da extração de diamantes e pedras preciosas Trabalhadores na indústria da extração de mármores, calcáreos e pedreiras Trabalhadores na indústria da extração de areias e barreiras Trabalhadores na indústria da extração do sal Trabalhadores na indústria do petróleo Trabalhadores na indústria da extração de madeiras Trabalhadores na indústria da extração de resinas Trabalhadores na indústria da extração da lenha Trabalhadores na indústria da extração da borracha Trabalhadores na indústria da extração de fibras vegetais e do descaroçamento do algodão Trabalhadores na indústria da extração de óleos vegetais e animais
6.º GRUPO – Indústria de fiação e tecelagem Atividades ou categorias econômicas	**6.º GRUPO – Trabalhadores nas indústrias de fiação e tecelagem Categorias profissionais**
Indústria da cordoalha e estopa Indústria da malharia e meias Indústria de fiação e tecelagem em geral Indústria de especialidades têxteis (passamanarias, rendas, tapetes)	Mestres e contramestres na indústria de fiação e tecelagem Trabalhadores na indústria de fiação e tecelagem
7.º GRUPO – Indústria de artefatos de couro Atividades ou categorias econômicas	**7.º GRUPO – Trabalhadores nas indústrias de artefatos de couro Categorias profissionais**
Indústria de curtimento de couros e de peles Indústria de malas e artigos de viagem Indústria de correias em geral e arreios	Trabalhadores na indústria de curtimento de couros e peles Trabalhadores na indústria de artefatos de couro
8.º GRUPO – Indústria dos artefatos de borracha **Atividades ou categorias econômicas**	**8.º GRUPO – Trabalhadores nas indústrias de artefatos de borracha** **Categorias profissionais**
Indústria de artefatos de borracha	Trabalhadores nas indústrias de artefatos de borracha
9.º GRUPO – Indústria de joalheria e lapidação de pedras preciosas **Atividades ou categorias econômicas**	**9.º GRUPO – Trabalhadores nas Indústrias da joalheria e lapidação de pedras preciosas Categorias profissionais**
Indústria do joalheria e ourivesaria Indústria da lapidação de pedras preciosas	Oficiais joalheiros e ourives Oficiais lapidários
10.º GRUPO – Indústrias químicas e farmacêuticas **Atividades ou categorias econômicas**	**10.º GRUPO – Trabalhadores nas Indústrias químicas e farmacêuticas** **Categorias profissionais**
Indústrias de produtos químicos para fins industriais Indústria de produtos farmacêuticos Indústria de preparação de óleos vegetais e animais Indústria de resinas sintéticas Indústria de perfumarias e artigos de toucador Indústria de sabão e velas Indústria da fabricação do álcool Indústria de explosivos Indústria de tintas e vernizes Indústria de fósforos Indústria de adubos e colas Indústria de formicidas e inseticidas Indústria de lavanderia e tinturaria do vestuário Indústria de destilação e refinação de petróleo Indústria de material plástico	Trabalhadores na indústria de produtos químicos para fins industriais Trabalhadores na indústria de produtos farmacêuticos Trabalhadores na preparação de óleos vegetais e animais Trabalhadores na indústria de resinas sintéticas Trabalhadores na indústria de perfumarias e artigos de toucador Trabalhadores na indústria de sabão e velas Trabalhadores na indústria de fabricação do álcool Trabalhadores na indústria de explosivos Trabalhadores na indústria de tintas e vernizes Trabalhadores na indústria de fósforos Trabalhadores na indústria de adubos e colas Trabalhadores na indústria de formicidas e inseticidas Trabalhadores na indústria de lavanderia e tinturaria do vestuário Trabalhadores na indústria de destilação e refinação de petróleo Trabalhadores na indústria de material plástico

CONFEDERAÇÃO NACIONAL DA INDÚSTRIA	CONFEDERAÇÃO NACIONAL DOS TRABALHADORES NA INDÚSTRIA
11.º GRUPO – Indústrias do papel, papelão e cortiça **Atividades ou categorias econômicas**	**11.º GRUPO – Trabalhadores nas Indústrias do papel, papelão e cortiça** **Categorias profissionais**
Indústria do papel Indústria do papelão Indústria de cortiça Indústria de artefatos de papel, papelão e cortiça	Trabalhadores na indústria de papel, papelão e cortiça (Corrigido pelo Decreto-lei n.º 6.353, de 1944) Trabalhadores na indústria de artefatos de papel, papelão e cortiça
12.º GRUPO – Indústrias gráficas **Atividades ou categorias econômicas**	**12.º GRUPO – Trabalhadores nas Indústrias gráficas** **Categorias profissionais**
Indústria da tipografia Indústria da gravura Indústria da encadernação	Oficiais gráficos Oficiais encadernadores
13.º GRUPO – Indústrias de vidros, cristais, espelhos, cerâmica de louça e porcelana **Atividades ou categorias econômicas**	**13.º GRUPO – Trabalhadores nas Indústrias de vidros, cristais, espelhos, cerâmica de louça e porcelana** **Categorias profissionais**
Indústria de vidros e cristais planos Indústria de vidros e cristais ocos (frascos, garrafas, copos e similares Indústria de espelhos de polimento (lapidação de vidro) Indústria de cerâmica de louça de pó de pedra, da porcelana e da louça de barro	Trabalhadores na indústria de vidros, cristais e espelhos Trabalhadores na indústria de cerâmica de louça de pó de pedra, da porcelana e da louça de barro
14.º GRUPO – Indústrias metalúrgicas, mecânica e de material elétrico Atividades ou categorias econômicas	**14.º GRUPO – Trabalhadores nas Indústrias metalúrgicas, mecânica e de material elétrico** **Categorias profissionais**
Indústria do ferro (siderurgia) Indústria da fundição Indústria de artefatos de ferro e metais em geral Indústria da serralheria Indústria da mecânica Indústria da galvanoplastia e de niquelação Indústria de máquinas Indústria de cutelaria Indústria de balanças, pesos e medidas Indústria de funilaria Indústria de estamparia de metais Indústria de moveis de metal Indústria da construção e montagem de veículos Indústria de reparação de veículos e acessórios Indústria da construção naval Indústria de lâmpadas e aparelhos elétricos de iluminação Indústria de condutores elétricos e de trefilação Indústria de aparelhos elétricos e similares Indústria de aparelhos de radiotransmissão	Trabalhadores metalúrgicos (siderurgia e fundição) Trabalhadores em oficinas mecânicas Trabalhadores na indústria do material elétrico
15.º GRUPO – Indústrias de instrumentos musicais e brinquedos **Atividades ou categorias econômicas**	**15.º GRUPO – Trabalhadores nas Indústrias de instrumentos musicais e brinquedos** **Categorias profissionais**
Indústrias de instrumentos musicais Indústrias de brinquedos	Trabalhadores na indústria de instrumentos musicais Trabalhadores na indústria de brinquedos

CONFEDERAÇÃO NACIONAL DO COMÉRCIO	CONFEDERAÇÃO NACIONAL DOS TRABALHADORES NO COMÉRCIO
1.º GRUPO – Comércio atacadista **Atividades ou categorias econômicas**	**1.º GRUPO – Empregados no comércio** **Categorias profissionais**
Comércio atacadista de algodão e outras fibras vegetais Comércio atacadista de café Comércio atacadista de carnes frescas e congeladas Comércio atacadista de carvão vegetal e lenha Comércio atacadista de gêneros alimentícios Comércio atacadista de tecidos, vestuário e armarinho Comércio atacadista de louças, tintas e ferragens Comércio atacadista de maquinismos em geral Comércio atacadista de material de construção Comércio atacadista de material elétrico Comércio atacadista de minérios e combustíveis minerais Comércio atacadista de produtos químicos para a indústria e lavoura Comércio atacadista de drogas e medicamentos Comércio atacadista de pedras preciosas Comércio atacadista de joias e relógios Comércio atacadista de papel e papelão	Empregados no comércio (prepostos do comércio em geral) Empregados vendedores e viajantes do comércio Trabalhadores em empresas comerciais de minérios e combustíveis minerais
2.º GRUPO – Comércio varejista **Atividades ou categorias econômicas**	
Lojistas do comércio (estabelecimentos de tecidos, de vestuário), adorno e acessórios, de objetos de arte, de louças finas, de ótica, de cirurgia, de papelaria e material de escritório, de livraria, de material fotográfico, de moveis e congêneres) Comércio varejista de carnes frescas Comércio varejista de de gêneros alimentícios Comércio varejista de produtos farmacêuticos Comércio varejista de maquinismos, ferragens e tintas (utensílios e ferramentas) Comércio varejista de material elétrico Comércio varejista de automóveis e acessórios Comércio varejista de carvão vegetal e lenha Comércio varejista de combustíveis minerais Comércio de vendedores ambulantes (trabalhadores autônomos) Comércio varejista dos feirantes Comércio varejista de supermercados e de hipermercados (acrescido pela Portaria MTE 937/2018)	Práticos de farmácia
3.º GRUPO – Agentes autônomos do comércio **Atividades ou categorias econômicas**	**2.º GRUPO – Empregados de agentes autônomos de comércio Categorias profissionais**
Corretores de mercadorias Corretores de navios Corretores de imóveis Despachantes aduaneiros Despachantes de estrada de ferro Leiloeiros Representantes comerciais Comissários e consignatários	Empregados de agentes autônomos do comércio
4.º GRUPO – Comércio armazenador **Atividades ou categorias econômicas**	**3.º GRUPO – Trabalhadores no comércio armazenador Categorias profissionais**
Trapiches Armazens gerais (de café, algodão e outros produtos) Entreposto (de carnes, leite e outros produtos)	Trabalhadores no comércio armazenador (Trapiches, armazens gerais e entrepostos) Carregadores e ensacadores de café Carregadores e ensacadores de sal

CONFEDERAÇÃO NACIONAL DO COMÉRCIO	CONFEDERAÇÃO NACIONAL DOS TRABALHADORES NO COMÉRCIO
5.º GRUPO – Turismo e hospitalidade **Atividades ou categorias econômicas**	**4.º GRUPO – Empregados em Turismo e** **hospitalidade Categorias profissionais**
Empresa de turismo Hotéis e similares (restaurantes, pensões, bares, cafés, leiterias e confeitarias Hospitais, clínicas casa de saúde Casas de diversões salões de barbeiros e de cabeleireiros, institutos de beleza e similares Empresas de compra e venda e de locação de imóveis Serviços de lustradores de calçados	Intérpretes e guias de turismo Empregados no comércio hoteleiro e similares (inclusive porteiros e cabineiros de edifícios) Enfermeiros e empregados em hospitais e casas de saúde, inclusive duchista e massagistas Empregados em casas de diversões Oficiais, barbeiros, cabeleireiros e similares Lustradores de calçados

CONFEDERAÇÃO NACIONAL DOS TRANSPORTES MARÍTIMOS, FLUVIAIS E AÉREOS	CONFEDERAÇÃO NACIONAL DOS TRABALHADORES EM TRANSPORTES MARÍTIMOS, FLUVIAIS E AÉREOS
1.º GRUPO – Empresa de navegação marítima e fluvial Atividades ou categorias econômicas	**1.º GRUPO -Trabalhadores em transportes marítimos e fluviais Categorias profissionais**
Empresa de navegação marítima	Oficiais de náutica da Marinha Mercante Oficiais de máquinas da Marinha Mercante Comissários da Marinha Mercante Motoristas e condutores da Marinha Mercante Conferentes de carga da Marinha Mercante Práticos, arrais e mestres de cabotagem em transportes marítimos Contramestres, marinheiros e moços em transportes marítimos Radiotelegrafistas da Marinha Mercante Taifeiros, culinários e panificadores marítimos Foguistas na Marinha Mercante (inclusive carvoeiros) Médicos da Marinha Mercante Enfermeiros da Marinha Mercante Empregados em escritórios das empresas de navegação marítima Mestres e encarregados de estaleiros das empresas de navegação marítima Operários navais (trabalhadores em estaleiros de navegação marítima e calafates navais) Carpinteiros navais
Empresa de navegação fluvial e lacustre Agências de navegação	Oficiais de náutica em transportes fluviais Oficiais de máquinas em transportes fluviais Comissários em transportes fluviais Motoristas e condutores em transportes fluviais Conferentes de carga em transportes fluviais Práticos, arrais e mestres de cabotagem em transportes fluviais Contramestres, marinheiros e moços em transportes fluviais Radiotelegrafistas em transportes fluviais Taifeiros, culinários e panificadores em transportes fluviais Foguistas em transportes fluviais (inclusive carvoeiros) Médicos em transportes fluviais Enfermeiros em transportes fluviais Empregados em escritórios das empresas de navegação fluvial Mestres e encarregados de estaleiros das empresas de navegação fluvial Operários fluviais (trabalhadores em estaleiros de navegação fluvial e calafates fluviais) Carpinteiros fluviais Enfermeiros da Marinha Mercante
2.º GRUPO – Empresas aeroviárias Atividades ou categorias econômicas	**2.º GRUPO – Trabalhadores em transportes aéreos Categorias profissionais**
Empresas aeroviárias	Aeronautas Aeroviários
3.º GRUPO – Empresários e administradores de portos Atividades ou categorias econômicas	**3.º GRUPO – Estivadores Categorias profissionais**
Empresários e administradores de portos Carregadores e transportadores de bagagem dos portos (trabalhadores autônomos)	Estivadores Trabalhadores em estiva de minérios

CONFEDERAÇÃO NACIONAL DOS TRANSPORTES MARÍTIMOS, FLUVIAIS E AÉREOS	CONFEDERAÇÃO NACIONAL DOS TRABALHADORES EM TRANSPORTES MARÍTIMOS, FLUVIAIS E AÉREOS
4.º GRUPO	4.º GRUPO – Portuários Categorias profissionais
	Trabalhadores nos serviços portuários Motoristas em guindastes dos portos Conferentes e consertadores de carga e descarga nos portos

CONFEDERAÇÃO NACIONAL DOS TRANSPORTES TERRESTRES	CONFEDERAÇÃO NACIONAL DOS TRANSPORTES EM TRANSPORTES TERRESTRES
1º GRUPO – Empresas ferroviárias Atividades ou categorias econômicas	1º GRUPO -Trabalhadores ferroviários Categorias profissionais
Empresas ferroviárias Carregadores e transportadores de bagagens em estações ferroviárias (trabalhadores autônomos)	Trabalhadores em empresas ferroviárias
2º GRUPO – Empresas de transportes rodoviárias Atividades ou categorias econômicas	2º GRUPO – Trabalhadores em transportes rodoviárias Categorias profissionais
Empresas de transportes de passageiros Empresas de veículos de carga Empresas de garagens Carregadores e transportadores de volumes de bagagens em geral (trabalhadores autônomos)	Empregados em escritórios de empresas de transportes rodoviárias Condutores de veículos rodoviários (inclusive ajudantes e carregadores, trocadores de ônibus, lavadores de automóveis)
3º GRUPO – Empresas de carrís urbanos (inclusive cabos aéreos Atividades ou categorias econômicas	3º GRUPO – Trabalhadores em empresas de carrís urbanos (inclusive cabos aéreos) Categorias profissionais

CONFEDERAÇÃO NACIONAL DE COMUNICAÇÕES E PUBLICIDADE	CONFEDERAÇÃO NACIONAL DOS TRABALHADORES EM TRANSPORTES TERRESTRES
1º GRUPO – Empresas de comunicações Atividades ou categorias econômicas	1º GRUPO – Trabalhadores em empresas de comunicações Categorias profissionais
Empresas telegráficas terrestres Empresas telegráficas submarinas Empresas rádio-telegráficas e radio-telefônicas Empresas telefônicas Empresas mensageiras	Trabalhadores em empresas telegráficas Trabalhadores em empresas rádio-telegráficas Trabalhadores em empresas radio-telefônicas Trabalhadores em empresas telefônicas Trabalhadores em empresas mensageiras
2º GRUPO – Empresas de publicidade Atividades ou categorias econômica	2º GRUPO – Trabalhadores em empresas de publicidade Categorias profissionais
Empresas de publicidade comercial (inclusive preparação de material para publicidade) Empresa de radiofusão	Agenciadores de publicidade e propagandistas Trabalhadores em empresas de radiodifusão
3º GRUPO – Empresas jornalísticas Atividades ou categorias econômica	3º GRUPO – Trabalhadores em empresas jornalísticas Categorias profissionais
Empresas proprietárias de jornais e revistas Distribuidores e vendedores de jornais e revistas (trabalhadores autônomos)	Jornalistas profissionais (redatores, repórteres, revisores, fotógrafos, etc.)

CONFEDERAÇÃO NACIONAL DAS EMPRESAS DE CRÉDITO	CONFEDERAÇÃO NACIONAL DOS TRABALHADORES NAS EMPRESAS DE CRÉDITO
1º GRUPO – Estabelecimentos bancários Atividades ou categorias econômicas	1º GRUPO – Empregados em estabelecimentos bancários Categorias profissionais
Bancos Casas bancárias	Empregados em estabelecimentos bancários
2º GRUPO – Empresas de seguros privados e capitalização Atividades ou categorias econômicas	2º GRUPO – Empregados em empresas de seguros privados e capitalização Categorias profissionais
Empresas de seguros Empresas de capitalização	Empregados de empresas de seguros privados e capitalização
3º GRUPO – Agentes autônomos de seguros privados e de crédito Atividades ou categorias econômicas	3º GRUPO – Empregados de agentes autônomos de seguros privados e de crédito Categorias profissionais
Corretores de seguros e de capitalização Corretores de fundos públicos e câmbio	Empregados de agentes autônomos de seguros e de crédito

CONFEDERAÇÃO NACIONAL DE EDUCAÇÃO E CULTURA	CONFEDERAÇÃO NACIONAL DOS TRABALHADORES EM ESTABELECIMEN-TOS DE EDUCAÇÃO E CULTURA
1º GRUPO – Estabelecimentos de ensino **Atividades ou categorias econômicas**	**1º GRUPO – Trabalhadores em estabelecimentos de ensino** **Categorias profissionais**
Universidades e faculdades superiores reconhecidas Estabelecimentos de ensino de artes Estabelecimentos de ensino secundário e primário Estabelecimentos de ensino técnico-profissional	Professores do ensino superior Professores do ensino de arte Professores do ensino secundário e primário Mestres e contramestres de ensino técnico-profissional Auxiliares de administração escolar (empregados de estabelecimentos de ensino)
2º GRUPO – Empresa de difusão cultural e artística **Atividades ou categorias econômicas**	**2º GRUPO – Trabalhadores em empresas de difusão cultural e artística** **Categorias profissionais**
Empresas editoras de livros e publicações culturais Empresas teatrais Biblioteca Empresas de gravação de discos Empresas cinematográficas Empresas exibidoras cinematográficas Museus e laboratórios de pesquisas (tecnológicas) Empresas de orquestras Empresas artes plásticas Empresas de arte fotográfica	Empregados de empresas editoras de livros e publicações culturais Empregados de empresas teatrais e cinematográficas Cenógrafos e cenotécnicos Atores teatrais (inclusive corpos corais e bailados) Empregados de biblioteca Empregados em empresas de gravação de discos Atores cinematográficos Operadores cinematográficos Empregados de museus e laboratórios de pesquisas (tecnologistas) Músicos profissionais Artistas plásticos profissionais Fotógrafos profissionais
3º GRUPO – Estabelecimentos de cultura física **Atividades ou categorias econômicas**	**3º GRUPO – Trabalhadores em estabelecimentos de cultura física Categorias profissionais**
Estabelecimentos de esportes terrestres Estabelecimentos de esportes aquáticos Estabelecimentos de esportes aéreos	Atletas profissionais Empregados de clubes esportivos

Exposição de Motivos do CPC

CPC

LEI 13.105,
DE 16 DE MARÇO DE 2015

Um sistema processual civil que não proporcione à sociedade o reconhecimento e a realização[1] dos direitos, ameaçados ou violados, que têm cada um dos jurisdicionados, não se harmoniza com as garantias constitucionais[2] de um Estado Democrático de Direito.[3] Sendo ineficiente o sistema processual, todo o ordenamento jurídico passa a carecer de real efetividade. De fato, as normas de direito material se transformam em pura ilusão, sem a garantia de sua correlata realização, no mundo empírico, por meio do processo.[4]

Não há fórmulas mágicas. O Código vigente, de 1973, operou satisfatoriamente durante duas décadas. A partir dos anos noventa, entretanto, sucessivas reformas, a grande maioria delas lideradas pelos Ministros Athos Gusmão Carneiro e Sálvio de Figueiredo Teixeira, introduziram no Código revogado significativas alterações, com o objetivo de adaptar as normas processuais a mudanças na sociedade e ao funcionamento das instituições.

A expressiva maioria dessas alterações, como, por exemplo, em 1994, a inclusão no sistema do instituto da **antecipação de tutela**; em 1995, a alteração do regime do **agravo**; e, mais recentemente, as leis que alteraram a execução, foram bem recebidas pela comunidade jurídica e geraram resultados positivos, no plano da operatividade do sistema.

O enfraquecimento da coesão entre as normas processuais foi uma consequência natural do método consistente em se incluírem, aos poucos, alterações no CPC, comprometendo a sua forma sistemática. A complexidade resultante desse processo confunde-se, até certo ponto, com essa desorganização, comprometendo a celeridade e gerando questões evitáveis (pontos que geram polêmica e atraem atenção dos magistrados) que subtraem indevidamente a atenção do operador do direito.

Nessa dimensão, a preocupação em se preservar a forma sistemática das normas processuais, longe de ser meramente acadêmica, atende, sobretudo, a uma necessidade de caráter pragmático: obter-se um grau mais intenso de funcionalidade.

Sem prejuízo da manutenção e do aperfeiçoamento dos institutos introduzidos no sistema pelas reformas ocorridas nos anos de 1992 até hoje, criou-se um Código novo, que não significa, todavia, uma ruptura com o passado, mas um passo à frente. Assim, além de conservados os institutos cujos resultados foram positivos, incluíram-se no sistema outros tantos que visam a atribuir-lhe alto grau de eficiência.

Há mudanças necessárias, porque reclamadas pela comunidade jurídica, e correspondentes a queixas recorrentes dos jurisdicionados e dos operadores do Direito, ouvidas em todo país. Na elaboração deste Anteprojeto de Código de Processo Civil, essa foi uma das linhas principais de trabalho: resolver **problemas**. Deixar de ver o processo como teoria descomprometida de sua natureza fundamental de **método** de resolução de conflitos, por meio do qual se realizam **valores constitucionais**.[5]

Assim, e por isso, um dos métodos de trabalho da Comissão foi o de resolver problemas, sobre cuja existência há praticamente unanimidade na comunidade jurídica. Isso ocorreu, por exemplo, no que diz respeito à complexidade do sistema recursal existente na lei revogada. Se o sistema recursal, que havia no Código revogado em sua versão originária, era consideravelmente mais simples que o anterior, depois das sucessivas reformas pontuais que ocorreram, se tornou, inegavelmente, muito mais complexo.

Não se deixou de lado, é claro, a necessidade de se construir um Código coerente e harmônico *interna corporis*, mas não se cultivou a obsessão em elaborar uma obra magistral, estética e tecnicamente perfeita, em detrimento de sua funcionalidade.

De fato, essa é uma preocupação presente, mas que já não ocupa o primeiro lugar na postura intelectual do processualista contemporâneo.

A coerência substancial há de ser vista como objetivo fundamental, todavia, e mantida em termos absolutos, no que tange à Constituição Federal da República. Afinal, é na lei ordinária e em outras normas de escalão inferior que se explicita a promessa de realização dos valores encampados pelos princípios constitucionais.

O novo Código de Processo Civil tem o potencial de gerar um processo mais célere, mais justo,[6] porque

mais rente às necessidades sociais[7] e muito menos complexo.[8]

A simplificação do sistema, além de proporcionar-lhe coesão mais visível, permite ao juiz centrar sua atenção, de modo mais intenso, no mérito da causa.

Com evidente redução da complexidade inerente ao processo de criação de um novo Código de Processo Civil, poder-se-ia dizer que os trabalhos da Comissão se orientaram precipuamente por cinco objetivos: 1) estabelecer expressa e implicitamente verdadeira sintonia fina com a Constituição Federal; 2) criar condições para que o juiz possa proferir decisão de forma mais rente à realidade fática subjacente à causa; 3) simplificar, resolvendo problemas e reduzindo a complexidade de subsistemas, como, por exemplo, o recursal; 4) dar todo o rendimento possível a cada processo em si mesmo considerado; e, 5) finalmente, sendo talvez este último objetivo parcialmente alcançado pela realização daqueles mencionados antes, imprimir maior grau de organicidade ao sistema, dando-lhe, assim, mais coesão.

Esta Exposição de Motivos obedece à ordem dos objetivos acima alistados.

1) A necessidade de que fique evidente a *harmonia da lei ordinária em relação à* **Constituição Federal da República**[9] fez com que se incluíssem no Código, expressamente, **princípios constitucionais**, na sua versão processual. Por outro lado, muitas **regras** foram concebidas, dando concreção a princípios constitucionais, como, por exemplo, as que preveem um procedimento, com *contraditório* e produção de provas, prévio à decisão que desconsidera da pessoa jurídica, em sua versão tradicional, ou "às avessas".[10]

[1] Essencial que se faça menção a *efetiva* satisfação, pois, a partir da dita terceira fase metodológica do direito processual civil, o processo passou a ser visto como instrumento, que deve ser idôneo para o reconhecimento e a adequada concretização de direitos.

[2] Isto é, aquelas que regem, eminentemente, as relações das partes entre si, entre elas e o juiz e, também, entre elas e terceiros, de que são exemplos a imparcialidade do juiz, o contraditório, a demanda, como ensinam CAPPELLETTI e VIGORITI (I diritti costituzionali delle parti nel processo civile italiano. *Rivista di diritto processuale*, II serie, v. 26, p. 604-650, Padova, Cedam, 1971, p. 605).

[3] Os princípios e garantias processuais inseridos no ordenamento constitucional, por conta desse movimento de "constitucionalização do processo", não se limitam, no dizer de LUIGI PAOLO COMOGLIO, a *"reforçar do exterior uma mera 'reserva legislativa' para a regulamentação desse método [em referência ao processo como método institucional de resolução de conflitos sociais], mas impõem a esse último, e à sua disciplina, algumas condições mínimas de legalidade e retidão, cuja eficácia é potencialmente operante em qualquer fase (ou momento nevrálgico) do processo"* (Giurisdizione e processo nel quadro delle garanzie costituzionali. *Studi in onore di Luigi Montesano*, v. II, p. 87-127, Padova, Cedam, 1997, p. 92).

[4] É o que explica, com a clareza que lhe é peculiar, BARBOSA MOREIRA: *"Querer que o processo seja efetivo é querer que desempenhe com eficiência o papel que lhe compete na economia do ordenamento jurídico. Visto que esse papel é instrumental em relação ao direito substantivo, também se costuma falar da instrumentalidade do processo. Uma noção conecta-se com a outra e por assim dizer a implica. Qualquer instrumento será bom na medida em que sirva de modo prestimoso à consecução dos fins da obra a que se ordena; em outras palavras, na medida em que seja efetivo. Vale dizer: será efetivo o processo que constitua instrumento eficiente de realização do direito material"* (Por um processo socialmente efetivo. *Revista de Processo*. São Paulo, v. 27, nº 105, p. 183-190, jan./mar. 2002, p. 181).

[5] SÁLVIO DE FIGUEIREDO TEIXEIRA, em texto emblemático sobre a nova ordem trazida pela Constituição Federal de 1988, disse, acertadamente, que, apesar de suas vicissitudes, *"nenhum texto constitucional valorizou tanto a 'Justiça', tomada aqui a palavra não no seu conceito clássico de 'vontade constante e perpétua de dar a cada um o que é seu', mas como conjunto de instituições voltadas para a realização da paz social"* (O aprimoramento do processo civil como garantia da cidadania. In: FIGUEIREDO TEIXEIRA, Sálvio. *As garantias do cidadão na Justiça*. São Paulo: Saraiva, 1993. p. 79-92, p. 80).

[6] Atentando para a advertência, acertada, de que não o processo, além de produzir um resultado justo, precisa ser justo em si mesmo, e portanto, na sua realização,

devem ser observados aqueles *standards* previstos na Constituição Federal, que constituem desdobramento da garantia do *due process of law* (DINAMARCO, Cândido. *Instituições de direito processual civil*, v. 1. 6. ed. São Paulo: Malheiros, 2009).

[7] Lembrando, com BARBOSA MOREIRA, que *"não se promove uma sociedade mais justa, ao menos primariamente, por obra do aparelho judicial. É todo o edifício, desde as fundações, que para tanto precisa ser revisto e reformado. Pelo prisma jurídico, a tarefa básica inscreve-se no plano do direito material"* (Por um processo socialmente efetivo, p. 181).

[8] Trata-se, portanto, de mais um passo decisivo para afastar os obstáculos para o acesso à Justiça, a que comumente se alude, isto é, a duração do processo, seu alto custo e a excessiva formalidade.

[9] Hoje, costuma-se dizer que o processo civil **constitucionalizou-se**. Fala-se em modelo constitucional do processo, expressão inspirada na obra de Italo Andolina e Giuseppe Vignera, *Il modello costituzionale del processo civile italiano: corso di lezioni* (Turim, Giapicchelli, 1990). O processo há de ser examinado, estudado e compreendido à luz da Constituição e de forma a dar o maior rendimento possível aos seus princípios fundamentais.

[10] O Novo CPC prevê expressamente que, antecedida de contraditório e produção de provas, haja decisão sobre a desconsideração da pessoa jurídica, com o redirecionamento da ação, na dimensão de sua patrimonialidade, e também sobre a consideração dita inversa, nos casos em que se abusa da sociedade, para usá-la indevidamente com o fito de camuflar o patrimônio pessoal do sócio. Essa alteração está de acordo com o pensamento que, entre nós, ganhou projeção ímpar na obra de J. LAMARTINE CORRÊA DE OLIVEIRA. Com efeito, há três décadas, o brilhante civilista já advertia ser essencial o predomínio da realidade sobre a aparência, quando *"em verdade [é] uma outra pessoa que está a agir, utilizando a pessoa jurídica como escudo, e se é essa utilização da pessoa jurídica, fora de sua função,*

Está expressamente formulada a regra no sentido de que o fato de o juiz estar diante de matéria de ordem pública não dispensa a obediência ao princípio do **contraditório**.

Como regra, o depósito da quantia relativa às multas, cuja função processual seja levar ao cumprimento da obrigação *in natura*, ou da ordem judicial, deve ser feito logo que estas incidem.

Não podem, todavia, ser levantadas, a não ser quando haja trânsito em julgado ou quando esteja pendente agravo de decisão denegatória de seguimento a recurso especial ou extraordinário.

Trata-se de uma forma de tornar o processo mais eficiente e efetivo, o que significa, indubitavelmente, aproximá-lo da Constituição Federal, em cujas entrelinhas se lê que o processo deve assegurar o cumprimento da lei material.

Prestigiando o princípio constitucional da **publicidade** das decisões, previu-se a regra inafastável de que à data de julgamento de todo recurso deve-se dar publicidade (todos os recursos devem constar em pauta), para que as partes tenham oportunidade de tomar providências que entendam necessárias ou, pura e simplesmente, possam assistir ao julgamento.

Levou-se em conta o princípio da *razoável duração do processo*.[11] Afinal a ausência de celeridade, sob certo ângulo,[12] é ausência de justiça. A simplificação do sistema recursal, de que trataremos separadamente, leva a um processo mais ágil.

Criou-se o incidente de julgamento conjunto de demandas repetitivas, a que adiante se fará referência.

Por enquanto, é oportuno ressaltar que levam a um processo **mais célere** as medidas cujo objetivo seja o julgamento conjunto de demandas que gravitam em torno da mesma questão de direito, por dois ângulos: *a)* o relativo àqueles processos, em si mesmos considerados, que, serão decididos conjuntamente; *b)* no que concerne à atenuação do excesso de carga de trabalho do Poder Judiciário – já que o tempo usado para decidir aqueles processos poderá ser mais eficazmente aproveitado em todos os outros, em cujo trâmite serão evidentemente menores os ditos "tempos mortos" (períodos em que nada acontece no processo).

Por outro lado, haver, indefinidamente, **posicionamentos diferentes** e incompatíveis, nos Tribunais, a respeito da **mesma norma jurídica**, leva a que jurisdicionados que estejam em situações idênticas, tenham de submeter-se a regras de conduta diferentes, ditadas por decisões judiciais emanadas de tribunais diversos.

Esse fenômeno fragmenta o sistema, gera intranquilidade e, por vezes, verdadeira perplexidade na sociedade.

Prestigiou-se, seguindo-se direção já abertamente seguida pelo ordenamento jurídico brasileiro, expressado na criação da Súmula Vinculante do Supremo Tribunal Federal (STF) e do regime de julgamento conjunto de recursos especiais e extraordinários repetitivos (que foi mantido e aperfeiçoado) tendência a criar estímulos para que a jurisprudência se uniformize, à luz do que venham a decidir tribunais superiores e até de segundo grau, e se estabilize.

Essa é a função e a razão de ser dos tribunais superiores: proferir decisões que **moldem** o ordenamento jurídico, objetivamente considerado. A função paradigmática que devem desempenhar é inerente ao sistema.

Por isso é que esses princípios foram expressamente formulados. Veja-se, por exemplo, o que diz o novo Código, no Livro IV: *"A jurisprudência do STF e dos Tribunais Superiores deve nortear as decisões de todos os Tribunais e Juízos singulares do país, de modo a concretizar plenamente os princípios da legalidade e da isonomia"*.

Evidentemente, porém, para que tenha eficácia a recomendação no sentido de que seja a jurisprudência do STF e dos Tribunais superiores, efetivamente, norte para os demais órgãos integrantes do Poder Judiciário, é necessário que aqueles Tribunais mantenham jurisprudência razoavelmente estável.

A segurança jurídica fica comprometida com a brusca e integral alteração do entendimento dos tribunais sobre questões de direito.[13]

Encampou-se, por isso, expressamente princípio no sentido de que, uma vez firmada jurisprudência em certo sentido, esta deve, como norma, ser mantida, salvo se houver relevantes razões recomendando sua alteração.

Trata-se, na verdade, de um outro viés do princípio da segurança jurídica,[14] que recomendaria que a jurisprudência, uma vez pacificada ou sumulada, tendesse a ser mais estável.[15]

De fato, a alteração do entendimento a respeito de uma tese jurídica ou do sentido de um texto de lei pode levar ao legítimo desejo de que as situações anteriormente decididas, com base no entendimento superado, sejam redecididas à luz da nova compreensão. Isto porque a alteração da jurisprudência, diferentemente da alteração da lei, produz efeitos equivalentes aos *ex tunc*. Desde que, é claro, não haja regra em sentido inverso.

Diz, expressa e explicitamente, o novo Código que: *"A mudança de entendimento sedimentado observará a necessidade de fundamentação adequada e específica, considerando o imperativo de estabilidade das relações jurídicas"*;

E, ainda, com o objetivo de prestigiar a segurança jurídica, formulou-se o seguinte princípio: *"Na hipótese de alteração da jurisprudência dominante do STF e dos Tribunais superiores, ou oriunda de julgamentos de casos repetitivos, pode haver **modulação** dos efeitos da alteração no interesse social e no da segurança jurídica"* (grifos nossos).

Esse princípio tem relevantes consequências práticas, como, por exemplo, a não rescindibilidade de sentenças transitadas em julgado baseadas na orientação abandonada pelo Tribunal. Também em nome da segurança jurídica, reduziu-se para um ano, como regra geral, o prazo decadencial dentro do qual pode ser proposta a ação rescisória.

Mas talvez as alterações mais expressivas do sistema processual ligadas ao objetivo de harmonizá-lo com o espírito da Constituição Federal, sejam as que dizem respeito a regras que induzem à uniformidade e à estabilidade da jurisprudência.

O novo Código prestigia o princípio da segurança jurídica, obviamente de índole constitucional, pois que se hospeda nas dobras do Estado Democrático de Direito e visa a proteger e a preservar as justas expectativas das pessoas.

Todas as normas jurídicas devem tender a dar efetividade às garantias constitucionais, tornando "segura" a vida dos jurisdicionados, de modo a que estes sejam poupados de "surpresas", podendo sempre prever, em alto grau, as consequências jurídicas de sua conduta.

Se, por um lado, o princípio do livre convencimento motivado é garantia de julgamentos independentes e justos, e neste sentido mereceu ser prestigiado pelo novo Código, por outro, compreendido em seu mais estendido alcance, acaba por conduzir a distorções do princípio da legalidade e à própria ideia, antes mencionada, de Estado Democrático de Direito. A dispersão excessiva da jurisprudência produz intranquilidade social e descrédito do Poder Judiciário.

Se todos têm que agir em conformidade com a lei, ter-se-ia, *ipso facto*, respeitada a isonomia. Essa relação de causalidade, todavia, fica comprometida como decorrência do desvirtuamento da liberdade que tem o juiz de decidir com base em seu entendimento sobre o sentido real da norma.

A tendência à diminuição[16] do número[17] de recursos que devem ser apreciados pelos Tribunais de segundo grau e superiores é resultado inexorável de jurisprudência mais uniforme e estável.

Proporcionar legislativamente melhores condições para operacionalizar formas de uniformização do entendimento dos Tribunais brasileiros acerca de teses jurídicas é concretizar, na vida da sociedade brasileira, o princípio constitucional da isonomia.

Criaram-se figuras, no novo CPC, para evitar a dispersão[18] excessiva da jurisprudência. Com isso, haverá condições de se atenuar o assoberbamento de traba-

que está tornando possível o resultado contrário à lei, ao contrato, ou às coordenadas axiológicas" (*A dupla crise da pessoa jurídica*. São Paulo: Saraiva, 1979, p. 613).

[11] Que, antes de ser expressamente incorporado à Constituição Federal em vigor (art. 5º, inciso LXXVIII), já havia sido contemplado em outros instrumentos normativos estrangeiros (veja-se, por exemplo, o art. 111, da Constituição da Itália) e convenções internacionais (Convenção Europeia e Pacto de San Jose da Costa Rica). Trata-se, portanto, de tendência mundial.

[12] Afinal, a celeridade não é um valor que deva ser perseguido a qualquer custo. *"Para muita gente, na matéria, a rapidez constitui o valor por excelência, quiçá o único. Seria fácil invocar aqui um rol de citações de autores famosos, apostados em estigmatizar a morosidade processual. Não deixam de ter razão, sem que isso implique – nem mesmo, quero crer, no pensamento desses próprios autores – hierarquização rígida que não reconheça como imprescindível, aqui e ali, ceder o passo a outros valores. Se uma justiça lenta demais é decerto uma justiça má, daí não se segue que uma justiça muito rápida seja necessariamente uma justiça boa. O que todos devemos querer é que a prestação jurisdicional venha ser melhor do que é. Se para torná-la melhor é preciso acelerá-la, muito bem: não, contudo, a qualquer preço"* (BARBOSA MOREIRA, José Carlos. O futuro da justiça: alguns mitos. *Revista de Processo*, v. 102, p. 228-237, abr./jun. 2001, p. 232).

[13] Os ingleses dizem que os jurisdicionados não podem ser tratados "como cães, que só descobrem que algo é proibido quando o bastão toca seus focinhos" (BENTHAM citado por R. C. CAENEGEM, *Judges, Legislators & Professors*, p. 161).

[14] "O homem necessita de segurança para conduzir, planificar e conformar autônoma e responsavelmente a sua vida. Por isso, desde cedo se consideravam os princípios da segurança jurídica e da proteção à confiança como elementos constitutivos do Estado de Direito. Esses dois princípios – segurança jurídica e proteção da confiança – andam estreitamente associados, a ponto de alguns autores considerarem o princípio da confiança como um subprincípio ou como uma dimensão específica da segurança jurídica. Em geral, considera-se que a segurança jurídica está conexionada com elementos objetivos da ordem jurídica – garantia de estabilidade jurídica, segurança de orientação e realização do direito – enquanto a proteção da confiança se prende mais com os componentes subjetivos da segurança, designadamente a calculabilidade e previsibilidade dos indivíduos em relação aos efeitos dos actos" (JOSÉ JOAQUIM GOMES CANOTILHO. *Direito constitucional e teoria da constituição*. Almedina, Coimbra, 2000, p. 256).

[15] Os alemães usam a expressão princípio da "proteção", acima referida por Canotilho (ROBERT ALEXY e RALF DREIER, *Precedent in the Federal Republic of Germany*, in *Interpreting Precedents*, A Comparative Study, Coordenação NEIL MACCORMICK e ROBERT SUMMERS, Dartmouth Publishing Company, p. 19).

[16] Comentando os principais vetores da reforma sofrida no processo civil alemão na última década, BARBOSA MOREIRA alude ao problema causado pelo excesso de recursos no processo civil: *"Pôr na primeira instância o centro de gravidade do processo é diretriz política muito prestigiada em tempos modernos, e numerosas iniciativas reformadoras levam-na em conta. A rigor, o ideal seria que os litígios fossem resolvidos em termos finais mediante um único julgamento. Razões conhecidas induzem as leis processuais a abrirem a porta a reexames. A multiplicação desmedida dos meios tendentes a propiciá-los, entretanto, acarreta o prolongamento indesejável do feito, aumenta-lhe o custo, favorece a chicana e, em muitos casos, gera para os tribunais superiores excessiva carga de trabalho. Convém, pois, envidar esforços para que as partes se deem por satisfeitas com a sentença e se abstenham de impugná-la"* (Breve notícia sobre a reforma do processo civil alemão. *Revista de Processo*. São Paulo, v. 28, nº 111, p. 103-112, jul./set. 2003, p. 105).

[17] O número de recursos previstos na legislação processual civil é objeto de reflexão e crítica, há muitos anos, na doutrina brasileira. EGAS MONIZ DE ARAGÃO, por exemplo, em emblemático trabalho sobre o tema, já indagou de forma contundente: *"há demasiados recursos no ordenamento jurídico brasileiro? Deve-se restringir seu cabimento? São eles responsáveis pela morosidade no funcionamento do Poder Judiciário?"* Respondendo tais indagações, o autor conclui que há três recursos que *"atendem aos interesses da brevidade e certeza, interesses que devem ser ponderados – como na fórmula da composição dos medicamentos – para dar adequado remédio às necessidades do processo judicial"*: a apelação, o agravo e o extraordinário, isto é, recurso especial e recurso extraordinário (Demasiados recursos? *Revista de Processo*. São Paulo, v. 31, nº 136, p. 9-31, jun. 2006, p. 18).

[18] A preocupação com essa possibilidade não é recente. ALFREDO BUZAID já aludia a ela, advertindo que há uma grande diferença entre as decisões adaptadas ao contexto histórico em que proferidas e aquelas que prestigiam interpretações contraditórias da mesma disposição legal, apesar de iguais as situações concretas em que proferidas. Nesse sentido: *"Na*

lho no Poder Judiciário, sem comprometer a qualidade da prestação jurisdicional.

Dentre esses instrumentos, está a complementação e o reforço da eficiência do regime de julgamento de recursos repetitivos, que agora abrange a possibilidade de suspensão do procedimento das demais ações, tanto no juízo de primeiro grau, quanto dos demais recursos extraordinários ou especiais, que estejam tramitando nos tribunais superiores, aguardando julgamento, desatreladamente dos afetados.

Com os mesmos objetivos, criou-se, com inspiração no direito alemão,[19] o já referido incidente de Resolução de Demandas Repetitivas, que consiste na identificação de processos que contenham a mesma questão de direito, que estejam ainda no primeiro grau de jurisdição, para decisão conjunta.[20]

O incidente de resolução de demandas repetitivas é admissível quando identificada, em primeiro grau, controvérsia com potencial de gerar multiplicação expressiva de demandas e o correlato risco da coexistência de decisões conflitantes.

É instaurado perante o Tribunal local, por iniciativa do juiz, do MP, das partes, da Defensoria Pública ou pelo próprio Relator. O juízo de admissibilidade e de mérito caberão ao tribunal pleno ou ao órgão especial, onde houver, e a extensão da eficácia da decisão acerca da tese jurídica limita-se à área de competência territorial do tribunal, salvo decisão em contrário do STF ou dos Tribunais superiores, pleiteada pelas partes, interessados, MP ou Defensoria Pública. Há a possibilidade de intervenção de *amici curiae*.

O incidente deve ser julgado no prazo de seis meses, tendo preferência sobre os demais feitos, salvo os que envolvam réu preso ou pedido de *habeas corpus*.

O recurso especial e o recurso extraordinário, eventualmente interpostos da decisão do incidente, têm efeito suspensivo e se considera presumida a repercussão geral, de questão constitucional eventualmente discutida.

Enfim, não observada a tese firmada, caberá reclamação ao tribunal competente.

As hipóteses de cabimento dos embargos de divergência agora se baseiam exclusivamente na existência de *teses contrapostas*, não importando o veículo que as tenha levado ao Supremo Tribunal Federal ou ao Superior Tribunal de Justiça. Assim, são possíveis de confronto teses contidas em recursos e ações, sejam as decisões de mérito ou relativas ao juízo de admissibilidade.

Está-se, aqui, diante de poderoso instrumento, agora tornado ainda mais eficiente, cuja finalidade é a de uniformizar a jurisprudência dos Tribunais superiores, *interna corporis*.

Sem que a jurisprudência desses Tribunais esteja internamente uniformizada, é posto abaixo o edifício cuja base é o respeito aos precedentes dos Tribunais superiores.

2) Pretende-se converter o processo em instrumento incluído no **contexto social** em que produzirá efeito o seu resultado. Deu-se ênfase à possibilidade de as partes porem fim ao conflito pela via da mediação ou da conciliação.[21] Entendeu-se que a *satisfação efetiva* das partes pode dar-se de modo mais intenso se a solução é por elas criada e não imposta pelo juiz.

Como regra, deve realizar-se audiência em que, ainda antes de ser apresentada contestação, se tentará fazer com que autor e réu cheguem a acordo. Dessa audiência, poderão participar conciliador e mediador e o réu deve comparecer, sob pena de se qualificar sua ausência injustificada como ato atentatório à dignidade da justiça. Não se chegando a acordo, terá início o prazo para a contestação.

Por outro lado, e ainda levando em conta a qualidade da satisfação das partes com a solução dada ao litígio, previu-se a possibilidade da presença do *amicus curiae*, cuja manifestação, com certeza tem aptidão de proporcionar ao juiz condições de proferir decisão mais próxima às reais necessidades das partes e mais rente à realidade do país.[22]

Criou-se regra no sentido de que a intervenção pode ser pleiteada pelo *amicus curiae* ou solicitada de ofício, como decorrência das peculiaridades da causa, em todos os graus de jurisdição.

Entendeu-se que os requisitos que impõem a manifestação do *amicus curiae* no processo, se existem, estarão presentes desde o primeiro grau de jurisdição, não se justificando que a possibilidade de sua intervenção ocorra só nos Tribunais Superiores. Evidentemente, todas as decisões devem ter a qualidade que possa proporcionar a presença do *amicus curiae*, não só a última delas.

Com objetivo semelhante, permite-se no novo CPC que os Tribunais Superiores apreciem o mérito de alguns recursos que veiculam questões relevantes, cuja solução é necessária para o aprimoramento do Direito, ainda que não estejam preenchidos requisitos de admissibilidade considerados menos importan-

tes. Trata-se de regra afeiçoada à processualística contemporânea, que privilegia o conteúdo em detrimento da forma, em consonância com o princípio da instrumentalidade.

3) Com a finalidade de *simplificação*, criou-se,[23] v. g., a possibilidade de o réu formular pedido independentemente do expediente formal da reconvenção, que desapareceu. Extinguiram-se muitos incidentes: passa a ser matéria alegável em preliminar de contestação a incorreção do valor da causa e a indevida concessão do benefício da justiça gratuita, bem como as duas espécies de incompetência. Não há mais a ação declaratória incidental nem a ação declaratória incidental de falsidade de documento, bem como o incidente de exibição de documentos. As formas de intervenção de terceiro foram modificadas e parcialmente fundidas: criou-se um só instituto, que abrange as hipóteses de denunciação da lide e de chamamento ao processo. Deve ser utilizado quando o chamado puder ser réu em ação regressiva; quando um dos devedores solidários saldar a dívida, aos demais; quando houver obrigação, por lei ou por contrato, de reparar ou garantir a reparação de dano, àquele que tem essa obrigação. A sentença que se terá havido a hipótese de ação regressiva, ou decidirá quanto à obrigação comum. Muitos[24] procedimentos especiais[25] foram extintos. Foram mantidos a ação de consignação em pagamento, a ação de prestação de contas, a ação de divisão e demarcação de terras particulares, inventário e partilha, embargos de terceiro, habilitação, restauração de autos, homologação de penhor legal e ações possessórias.

Extinguiram-se também as ações cautelares nominadas. Adotou-se a regra no sentido de que basta à parte a demonstração do *fumus boni iuris* e do perigo de ineficácia da prestação jurisdicional para que a providência pleiteada deva ser deferida. Disciplina-se também a tutela sumária que visa a proteger o direito evidente, independentemente de *periculum in mora*.

verdade, não repugna ao jurista que os tribunais, num louvável esforço de adaptação, sujeitem a mesma regra a entendimento diverso, desde que se alterem as condições econômicas, políticas e sociais; mas repugna-lhe que sobre a mesma regra jurídica deem os tribunais interpretação diversa e até contraditória, quando as condições em que ela foi editada continuam as mesmas. O dissídio resultante de tal exegese debilita a autoridade do Poder Judiciário, ao mesmo passo que causa profunda decepção às partes que postulam perante os tribunais" (Uniformização de Jurisprudência. *Revista da Associação dos Juízes do Rio Grande do Sul*, 34/139, jul. 1985).

19 No direito alemão a figura se chama *Musterverfahren* e gera decisão que serve de modelo (*Muster*) para a resolução de uma quantidade expressiva de processos em que as partes estejam na mesma situação, não se tratando necessariamente, do mesmo autor nem do mesmo réu. (RALF-THOMAS WITTMANN. Il "contenzioso di massa" in Germania, *in* GIORGETTI ALESSANDRO e VALERIO VALLEFUOCO, Il Contenzioso di massa in Italia, in Europa e nel mondo, Milão, Giuffrè, 2008, p. 178).

20 Tais medidas refletem, sem dúvida, a tendência de coletivização do processo, assim explicada por RODOLFO DE CAMARGO MANCUSO: *"Desde o último quartel do século passado, foi tomando vulto o fenômeno da 'coletivização' dos conflitos, à medida que, paralelamente, se foi reconhecendo a inaptidão do processo civil clássico para instrumentalizar essas megacontrovérsias, próprias de uma conflitiva sociedade de massas. Isso explica a proliferação de ações de cunho coletivo, tanto na Constituição Federal (arts. 5º, XXI; LXX, 'b'; LXXIII; 129, III) como na legislação processual extravagante, empolgando segmentos sociais de largo espectro: consumidores; infância e juventude; deficientes físicos; investidores no mercado de capitais; idosos; torcedores de modalidades desportivas, etc. Logo se tornou evidente (e premente) a necessidade da oferta de novos instrumentos capazes de recepcionar esses conflitos assim potencializado, seja em função do número expressivo (ou mesmo indeterminado) dos sujeitos concernentes, seja em função da indivisibilidade do objeto litigioso, que o torna insuscetível de partição e fruição por um titular exclusivo"* (A resolução de conflitos e a função judicial no Contemporâneo Estado de Direito. São Paulo: Revista dos Tribunais, 2009, p. 379-380).

21 A criação de condições para realização da transação é uma das tendências observadas no movimento de reforma que inspirou o processo civil alemão. Com efeito, explica BARBOSA MOREIRA que *"já anteriormente, por força de uma lei de 1999, os órgãos legislativos dos 'Lander' tinham sido autorizados, sob determinadas circunstâncias, a exigirem, como requisito de admissibilidade da ação, que se realizasse prévia tentativa de conciliação extrajudicial. Doravante, nos termos do art. 278, deve o tribunal, em princípio, levar a efeito a tentativa, ordenando o comparecimento pessoal de ambas as partes. O órgão judicial discutirá com elas a situação, poderá formular-lhes perguntas e fazer-lhes observações. Os litigantes serão ouvidos pessoalmente e terá cada qual a oportunidade de expor sua versão do litígio..."* (Breves notícias sobre a reforma do processo civil alemão, p. 106).

22 Predomina na doutrina a opinião de que a origem do amicus curiae está na Inglaterra, no processo penal, embora haja autores que afirmem haver figura assemelhada já no direito romano (CÁSSIO SCARPINELLA BUENO, *Amicus curiae no processo civil brasileiro*, Ed. Saraiva, 2006, p. 88). Historicamente, sempre atuou ao lado do juiz, e sempre foi a discricionariedade deste que determinou a intervenção desta figura, fixando os limites de sua atuação. Do direito inglês, migrou para o direito americano, em que é, atualmente, figura de relevo digno de nota (CÁSSIO SCARPINELLA BUENO, ob. cit., p. 94 e seguintes).

23 Tal possibilidade, rigorosamente, já existia no CPC de 1973, especificamente no procedimento comum sumário (art. 278, parágrafo 1º) e em alguns procedimentos especiais disciplinados no Livro IV, como, por exemplo, as ações possessórias (art. 922), daí porque se afirmava, em relação a estes, que uma de suas características peculiares era, justamente, a natureza dúplice da ação. Contudo, no Novo Código, o que era excepcional se tornará regra geral, em evidente benefício da economia processual e da ideia de efetividade da tutela jurisdicional.

24 EGAS MONIZ DE ARAGÃO, comentando a transição do Código de 1939 para o Código de 1973, já chamava a atenção para a necessidade de refletir sobre o grande número de procedimentos especiais que havia no primeiro e, que mantido, no segundo diploma. Nesse sentido: "Ninguém jamais se preocupou em investigar se é necessário ou dispensável, se é conveniente ou inconveniente oferecer aos litigantes essa pletora de procedimentos especiais; ninguém jamais se preocupou em verificar se a existência desses inúmeros procedimentos constitui obstáculo à 'efetividade do processo', valor tão decantado na atualidade; ninguém jamais se preocupou em pesquisar se a existência de tais e tantos procedimentos constitui estorvo ao bom andamento dos trabalhos forenses e se a sua substituição por outros e novos meios de resolver os mesmos problemas poderá trazer melhores resultados. Diante desse quadro é de indagar: será possível atingir os resultados verdadeiramente aspirados pela revisão do Código sem remodelar o sistema no que tange aos procedimentos especiais?" (Reforma processual: 10 anos. *Revista do Instituto dos Advogados do Paraná*. Curitiba, nº 33, p. 201-215, dez. 2004, p. 205).

25 Ainda na vigência do Código de 1973, já não se podia afirmar que a maior parte desses procedimentos era efetivamente especial. As características que, no passado, serviram para lhes qualificar desse modo, após as inúmeras alterações promovidas pela atividade de reforma da legislação processual, deixaram de lhes ser exclusivas. Vários aspectos que, antes, somente se viam nos procedimentos ditos especiais, passaram, com o tempo, a se observar também no procedimento comum. Exemplo disso é o sincretismo processual, que passou a marcar o procedimento comum desde que admitida a concessão de tutela de urgência em favor do autor, nos termos do art. 273.

O Novo CPC agora deixa clara a possibilidade de concessão de tutela de urgência e de tutela à evidência. Considerou-se conveniente esclarecer de forma expressa que a resposta do Poder Judiciário deve ser rápida não só em situações em que a urgência decorre do risco de eficácia do processo e do eventual perecimento do próprio direito. Também em hipóteses em que as alegações da parte se revelam de juridicidade ostensiva deve a tutela ser antecipadamente (total ou parcialmente) concedida, independentemente de *periculum in mora*, por não haver razão relevante para a espera, até porque, via de regra, a demora do processo gera agravamento do dano.

Ambas essas espécies de tutela vêm disciplinadas na Parte Geral, tendo também desaparecido o livro das Ações Cautelares.

A tutela de urgência e da evidência podem ser requeridas **antes** ou **no curso** do procedimento em que se pleiteia a providência principal.

Não tendo havido resistência à liminar concedida, o juiz, depois da efetivação da medida, extinguirá o processo, conservando-se a eficácia da medida concedida, sem que a situação fique protegida pela coisa julgada.

Impugnada a medida, o pedido principal deve ser apresentado **nos mesmos autos** em que tiver sido formulado o pedido de urgência.

As opções procedimentais acima descritas exemplificam sobremaneira a concessão da tutela cautelar ou antecipatória, do ponto de vista procedimental.

Além da incompetência, absoluta e relativa, poderem ser levantadas pelo réu em preliminar de contestação, o que também significa uma maior simplificação do sistema, a incompetência absoluta não é, no Novo CPC, hipótese de cabimento de ação rescisória.

Cria-se a faculdade de o advogado promover, pelo correio, a intimação do advogado da outra parte. Também as testemunhas devem comparecer espontaneamente, sendo excepcionalmente intimadas por carta com aviso de recebimento.

A extinção do procedimento especial "ação de usucapião" levou à criação do procedimento edital, como forma de comunicação dos atos processuais, por meio do qual, em ações deste tipo, devem-se provocar todos os interessados a intervir, se houver interesse.

O prazo para todos os recursos, com exceção dos embargos de declaração, foi uniformizado: quinze dias.

O recurso de apelação continua sendo interposto no 1º grau de jurisdição, tendo-lhe sido, todavia, retirado o juízo de admissibilidade, que é exercido apenas no 2º grau de jurisdição. Com isso, suprime-se um novo foco desnecessário de recorribilidade.

Na execução, se eliminou a distinção entre praça e leilão, assim como a necessidade de duas hastas públicas. Desde que a primeira, pode o bem ser alienado por valor inferior ao da avaliação, desde que não se trate de preço vil.

Foram extintos os embargos à arrematação, tornando-se a ação anulatória o único meio de que o interessado pode valer-se para impugná-la.

Bastante simplificado foi o sistema recursal. Essa simplificação, todavia, em momento algum significou restrição ao direito de defesa. Em vez disso deu, de acordo com o objetivo tratado no item seguinte, maior rendimento a cada processo individualmente considerado.

Desapareceu o agravo retido, tendo, correlatamente, sido alterado o regime das preclusões.[26] Todas as decisões anteriores à sentença podem ser impugnadas na apelação. Ressalte-se que, na verdade, o que se modificou, nesse particular, foi exclusivamente o momento da impugnação, pois essas decisões, de que

se recorria, no sistema anterior, por meio de agravo retido, só eram mesmo alteradas ou mantidas quando o agravo era julgado, como preliminar de apelação. Com o novo regime, o momento de julgamento será o mesmo; não o da impugnação.

O agravo de instrumento ficou mantido para as hipóteses de concessão, ou não, de tutela de urgência; para as interlocutórias de mérito, para as interlocutórias proferidas na execução (e no cumprimento de sentença) e para todos os demais casos a respeito dos quais houver previsão legal expressa.

Previu-se a sustentação oral em agravo de instrumento de decisão de mérito, procurando-se, com isso, alcançar resultado do processo mais rente à realidade dos fatos.

Uma das grandes alterações havidas no sistema recursal foi a supressão dos embargos infringentes.[27] Há muito, doutrina da melhor qualidade vem propugnando pela necessidade de que sejam extintos.[28] Em contrapartida a essa extinção, o relator terá o dever de declarar o voto vencido, sendo este considerado como parte integrante do acórdão, inclusive para fins de prequestionamento.

Significativas foram as alterações, no que tange aos recursos para o STJ e para o STF. O Novo Código contém regra expressa, que leva ao aproveitamento do processo, de forma plena, devendo ser decididas todas as razões que podem levar ao provimento ou ao improvimento do recurso. Sendo, por exemplo, o recurso extraordinário provido para acolher uma causa de pedir, ou *a)* examinam-se todas as outras, ou, *b)* remetem-se os autos para o Tribunal de segundo grau, para que decida as demais, ou, *c)* remetem-se os autos para o primeiro grau, caso haja necessidade de produção de provas, para a decisão das demais; e, pode-se também, *d)* remeter os autos ao STJ, caso as causas de pedir restantes constituem-se em questões de direito federal.

Com os mesmos objetivos, consistentes em simplificar o processo, dando-lhe, simultaneamente, o maior rendimento possível, criou-se a regra de que não há mais extinção do processo, por decisão de inadmissão de recurso, caso o tribunal destinatário entenda que a competência seria de outro tribunal. Há, isto sim, em todas as instâncias, inclusive no plano de STJ e STF, **a remessa dos autos ao tribunal competente.**

Há dispositivo expresso determinando que, se os embargos de declaração são interpostos com o objetivo de prequestionar a matéria objeto do recurso principal, e não são admitidos, considera-se o prequestionamento como havido, salvo, é claro, se se tratar de recurso que pretenda a inclusão, no acórdão, da descrição de fatos.

Vê-se, pois, que as alterações do sistema recursal a que se está, aqui, aludindo, proporcionaram simplificação e levaram a efeito um outro objetivo, de que abaixo se tratará: obter-se o maior rendimento possível de cada processo.

4) O novo sistema permite que cada processo *tenha maior rendimento possível*. Assim, e por isso, estendeu-se a autoridade da coisa julgada às questões prejudiciais.

Com o objetivo de se dar maior **rendimento** a cada processo, individualmente considerado, e, atendendo a críticas tradicionais da doutrina,[29] deixou, a possibi-

lidade jurídica do pedido, de ser condição da ação. A sentença que, à luz da lei revogada seria de carência da ação, à luz do Novo CPC é de improcedência e resolve definitivamente a controvérsia.

Criaram-se mecanismos para que, sendo a ação proposta com base em várias causas de pedir e sendo só uma levada em conta na decisão do 1º e do 2º graus, repetindo-se as decisões de procedência, caso o tribunal superior inverta a situação, retorne o processo ao 2º grau, para que as demais sejam apreciadas, até que, afinal, sejam todas decididas e seja, **efetivamente, posto fim à controvérsia**.

O mesmo ocorre se se tratar de ação julgada improcedente em 1º e em 2º graus, como resultado do acolhimento de uma razão de defesa, quando haja mais de uma.

Também visando a essa finalidade, o novo Código de Processo Civil criou, inspirado no sistema italiano[30] e francês,[31] a estabilização de tutela, a que já se referiu no item anterior, que permite a manutenção da eficácia da medida de urgência, ou antecipatória de tutela, até que seja eventualmente impugnada pela parte contrária.

As partes podem, até a sentença, modificar pedido e causa de pedir, desde que não haja ofensa ao contraditório. De cada processo, por esse método, se obtém tudo o que seja possível.

Na mesma linha, tem o juiz o poder de adaptar o procedimento às peculiaridades da causa.[32]

Com a mesma finalidade, criou-se a regra, a que já se referiu, no sentido de que, entendendo o Superior Tribunal de Justiça que a questão veiculada no recurso especial seja constitucional, deve remeter o recurso do Supremo Tribunal Federal; do mesmo modo, deve o Supremo Tribunal Federal remeter o recurso ao Superior Tribunal de Justiça, se considerar que não se trata de ofensa direta à Constituição Federal, por decisão irrecorrível.

5) A Comissão trabalhou sempre tendo como **pano de fundo** um objetivo genérico, que foi de imprimir organicidade às regras do processo civil brasileiro, dando maior coesão ao sistema.

O Novo CPC conta, agora, com uma Parte Geral,[33] atendendo às críticas de parte ponderável da doutrina brasileira. Neste Livro I, são mencionados princípios constitucionais de especial importância para todo o processo civil, bem como regras gerais, que dizem respeito a todos os demais Livros. A Parte Geral desempenha o papel de chamar para si a solução de questões difíceis relativas às demais partes do Código, já que contém regras e princípios gerais a respeito do funcionamento do sistema.

O conteúdo da Parte Geral (Livro I) consiste no seguinte: princípios e garantias fundamentais do processo civil; aplicabilidade das normas processuais; limites

[26] Essa alteração contempla uma das duas soluções que a doutrina processualista colocava em relação ao problema da recorribilidade das decisões interlocutórias. Nesse sentido: *"Duas teses podem ser adotadas com vistas ao controle das decisões proferidas pelo juiz no decorrer do processo em primeira instância: ou, a) não se proporciona recurso algum e os litigantes poderão impugná-las somente com o recurso cabível contra o julgamento final, normalmente a apelação, caso estes em que não incidirá preclusão sobre tais questões, ou, b) é proporcionado recurso contra as decisões interlocutórias (tanto faz que o recurso suba incontinente ao órgão superior ou permaneça retido nos autos do processo) e ficarão preclusas as questões nelas solucionadas caso o interessado não recorra"* (ARAGÃO, E. M. *Reforma processual: 10* anos, p. 210-211).

[27] Essa trajetória, como lembra BARBOSA MOREIRA, foi, no curso das décadas, *"complexa e sinuosa"* (Novas vicissitudes dos embargos infringentes, *Revista de Processo*. São Paulo, v. 28, nº 109, p. 113-123, jul./ago. 2004, p. 113).

[28] Nesse sentido, *"A existência de um voto vencido não basta por si só para justificar a criação de tal recurso; porque, por tal razão, se devia admitir um segundo recurso de embargos toda vez que houvesse mais de um voto vencido; desta forma poderia arrastar-se a verificação por largo tempo, vindo o ideal de justiça a ser sacrificado pelo desejo de aperfeiçoar a decisão"* (ALFREDO BUZAID, Ensaio para uma revisão do sistema de recursos no Código de Processo Civil. *Estudos de direito*. São Paulo: Saraiva, 1972, v. 1, p. 111).

[29] CÂNDIDO DINAMARCO lembra que o próprio LIEBMAN, após formular tal condição da ação em aula inaugural em Turim, renunciou a ela depois que *"a lei italiana passou a admitir o divórcio, sendo este o exemplo mais expressivo de impossibilidade jurídica que vinha sendo utilizado em seus escritos"* (*Instituições de direito processual civil*. v. II, 6. ed. São Paulo: Malheiros, 2009, p. 309).

[30] Tratam da matéria, por exemplo, COMOGLIO, Luigi; FERRI, Corrado; TARUFFO, Michele. *Lezioni sul processo civile*. 4. ed. Bologna: Il Mulino, 2006. t. I e II; PICARDI, Nicola. *Codice di procedura civile*. 4. ed. Milão: Giuffrè, 2008. t. II; GIOLA, Valerio de; RASCHELLÀ, Anna Maria. *I provvedimenti d´urgenza ex art. 700 Cod. Proc. Civ.* 2. ed. Experta, 2006.

[31] É conhecida a figura do *référré* francês, que consiste numa forma sumária de prestação de tutela, que gera decisão provisória, não depende necessariamente de um processo principal, não transita em julgado, mas pode prolongar a sua eficácia no tempo. Vejam-se arts. 488 e 489 do *Nouveau Code de Procédure Civile* francês.

[32] No processo civil inglês, há regra expressa a respeito dos *"case management powers"*. CPR 1.4. Na doutrina, v. NEIL ANDREWS, O moderno processo civil, São Paulo, Ed. RT, 2009, item 3.14, p. 74. Nestas regras de gestão de processos, inspirou-se a Comissão autora do Anteprojeto.

[33] Para EGAS MONIZ DE ARAGÃO, a ausência de uma parte geral, no Código de 1973, ao tempo em que promulgado, era compatível com a ausência de sistematização, no plano doutrinário, de uma teoria geral do processo. E advertiu o autor: *"não se recomendaria que o legislador precedesse aos doutrinadores, aconselhando a prudência que se aguarde o desenvolvimento do assunto por estes para, colhendo-lhes os frutos, atuar aquele"* (*Comentários ao Código de Processo Civil*: v. II. 7. ed. Rio de Janeiro: Forense, 1991, p. 8). O profundo amadurecimento do tema que hoje se observa na doutrina processualista brasileira justifica, nessa oportunidade, a sistematização da teoria geral do processo, no novo CPC.

da jurisdição brasileira; competência interna; normas de cooperação internacional e nacional; partes; litisconsórcio; procuradores; juiz e auxiliares da justiça; Ministério Público; atos processuais; provas; tutela de urgência e tutela da evidência; formação, suspensão e extinção do processo. O Livro II, diz respeito ao processo de conhecimento, incluindo cumprimento de sentença e procedimentos especiais, contenciosos ou não. O Livro III trata do processo de execução, e o Livro IV disciplina os processos nos Tribunais e os meios de impugnação das decisões judiciais. Por fim, há as disposições finais e transitórias.

O objetivo de organizar internamente as regras e harmonizá-las entre si foi o que inspirou, por exemplo, a reunião das hipóteses em que os Tribunais ou juízes podem voltar atrás, mesmo depois de terem proferido decisão de mérito: havendo embargos de declaração, erro material, sendo proferida decisão pelo STF ou pelo STJ com base nos artigos 543-B e 543-C do Código anterior.

Organizaram-se em dois dispositivos as causas que levam à extinção do processo, por indeferimento da inicial, sem ou com julgamento de mérito, incluindo-se neste grupo o que constava do art. 285-A do Código anterior.

Unificou-se o critério relativo ao fenômeno que gera a prevenção: o despacho que ordena a citação. A ação, por seu turno, considera-se proposta assim que protocolada a inicial.

Tendo desaparecido o Livro do Processo Cautelar e as cautelares em espécie, acabaram sobrando medidas que, em consonância com parte expressiva da doutrina

brasileira, embora estivessem formalmente inseridas no Livro III, de cautelares, nada tinham. Foram, então, realocadas, junto aos procedimentos especiais. Criou-se um livro novo, a que já se fez menção, para os processos nos Tribunais, que abrange os meios de impugnação às decisões judiciais – recursos e ações impugnativas autônomas – e institutos como, por exemplo, a homologação de sentença estrangeira.

Também com o objetivo de desfazer "nós" do sistema, deixaram-se claras as hipóteses de cabimento de ação rescisória e de ação anulatória, eliminando-se dúvidas, com soluções como, por exemplo, a de deixar sentenças homologatórias como categoria de pronunciamento impugnável pela ação anulatória, ainda que se trate de decisão de mérito, isto é, que homologa transação, reconhecimento jurídico do pedido ou renúncia à pretensão.

Com clareza e com base em doutrina autorizada,[34] disciplinou-se o litisconsórcio, separando-se, com a nitidez possível, o necessário do unitário.

Inverteram-se os termos **sucessão** e **substituição**, acolhendo-se crítica antiga e correta da doutrina.[35]

Nos momentos adequados, utilizou-se a expressão *convenção de arbitragem*, que abrange a cláusula arbitral e o compromisso arbitral, imprimindo-se, assim, o mesmo regime jurídico a ambos os fenômenos.[36]

Em conclusão, como se frisou no início desta exposição de motivos, elaborar-se um Código novo não significa "deitar abaixo as instituições do Código vigente, substituindo-as por outras, inteiramente novas".[37]

Nas alterações das leis, com exceção daquelas feitas imediatamente após períodos históricos que se pretendem deixar definitivamente para trás, não se deve fazer "taboa rasa" das conquistas alcançadas. Razão alguma há para que não se conserve ou aproveite o que há de bom no sistema que se pretende reformar.

Assim procedeu a Comissão de Juristas que reformou o sistema processual: criou saudável equilíbrio entre conservação e inovação, sem que tenha havido drástica ruptura com o presente ou com o passado.

Foram criados institutos inspirados no direito estrangeiro, como se mencionou ao longo desta Exposição de Motivos, já que, a época em que vivemos é de interpenetração das civilizações. O Novo CPC é fruto de reflexões da Comissão que o elaborou, que culminaram em escolhas racionais de caminhos considerados adequados, à luz dos cinco critérios acima referidos, à obtenção de uma sentença que resolva o conflito, com respeito aos direitos fundamentais e no menor tempo possível, realizando o interesse público da atuação da lei material.

Em suma, para a elaboração do Novo CPC, identificaram-se os avanços incorporados ao sistema processual preexistente, que deveriam ser conservados. Estes foram organizados e se deram alguns passos à frente, para deixar expressa a adequação das novas regras à Constituição Federal da República, com um sistema mais coeso, mais ágil e capaz de gerar um processo civil mais célere e mais justo.

A Comissão de Juristas

Brasília, 8 de junho de 2010.

[34] CÂNDIDO DINAMARCO, por exemplo, sob a égide do Código de 1973, teceu críticas à redação do art. 47, por entender que *"esse mal redigido dispositivo dá a impressão, absolutamente falsa, de que o litisconsórcio unitário seria modalidade do necessário"* (*Instituições de direito processual civil*, v. II, p. 359). No entanto, explica, com inequívoca clareza, o processualista: *"Os dois conceitos não se confundem nem se colocam em relação de gênero a espécie. A unitariedade não é espécie da necessariedade. Diz respeito ao 'regime de tratamento' dos litisconsortes, enquanto esta é a exigência de 'formação' do litisconsórcio."*

[35] *"O Código de Processo Civil dá a falsa ideia de que a troca de um sujeito pelo outro na condição de parte seja um fenômeno de substituição processual: o vocábulo 'substituição' e a forma verbal 'substituindo' são empregadas na rubrica em que se situa o art. 48 e em seu § 1º. Essa impressão é falsa porque 'substituição processual' é a participação de um sujeito no processo, como autor ou réu, sem ser titular do interesse em conflito (art. 6º). Essa locução não expressa um movimento de entrada e saída. Tal movimento é, em direito, 'sucessão' – no caso, sucessão processual"* (DINAMARCO, C. *Instituições de direito processual civil*, v. II, p. 281).

[36] Sobre o tema da arbitragem, veja-se: CARMONA, Carlos Alberto. *Arbitragem e Processo um comentário à lei 9.307/96*. 3. ed. São Paulo: Atlas, 2009.

[37] ALFREDO BUZAID, Exposição de motivos, Lei 5.869, de 11 de janeiro de 1973.

Índice Sistemático do Código de Processo Civil

TÍTULO III
DOS EMBARGOS À EXECUÇÃO

TÍTULO IV
DA SUSPENSÃO E DA EXTINÇÃO DO PROCESSO DE EXECUÇÃO

Livro III
DOS PROCESSOS NOS TRIBUNAIS E DOS MEIOS DE IMPUGNAÇÃO DAS DECISÕES JUDICIAIS

TÍTULO I
DA ORDEM DOS PROCESSOS E DOS PROCESSOS DE COMPETÊNCIA ORIGINÁRIA DOS TRIBUNAIS

TÍTULO II
DOS RECURSOS

Livro Complementar
DISPOSIÇÕES FINAIS E TRANSITÓRIAS

Código de Processo Civil

LEI 13.105, DE 16 DE MARÇO DE 2015

DOU 17.03.2015

▶ Lei 13.300/2016 (Mandado de Injunção Individual e Coletivo).

A Presidenta da República:

Faço saber que o Congresso Nacional decreta e eu sanciono a seguinte Lei:

PARTE GERAL

LIVRO I
DAS NORMAS PROCESSUAIS CIVIS

TÍTULO ÚNICO
DAS NORMAS FUNDAMENTAIS E DA APLICAÇÃO DAS NORMAS PROCESSUAIS

CAPÍTULO I
DAS NORMAS FUNDAMENTAIS DO PROCESSO CIVIL

Art. 1º O processo civil será ordenado, disciplinado e interpretado conforme os valores e as normas fundamentais estabelecidos na Constituição da República Federativa do Brasil, observando-se as disposições deste Código.

▶ Sem correspondência no CPC 1973.
▶ Arts. 13 e 16 deste Código.
▶ Art. 5º, LIII da CF.

Art. 2º O processo começa por iniciativa da parte e se desenvolve por impulso oficial, salvo as exceções previstas em lei.

▶ Correspondência: art. 262 CPC 1973.
▶ Arts. 139, 141, 370, 492, 720 deste Código.

Art. 3º Não se excluirá da apreciação jurisdicional ameaça ou lesão a direito.

▶ Sem correspondência no CPC 1973.
▶ Art. 5º, XXXV da CF.

§ 1º É permitida a arbitragem, na forma da lei.

▶ Sem correspondência no CPC 1973.
▶ Art. 359 deste Código.
▶ Lei 9.307/1996 (Arbitragem)

§ 2º O Estado promoverá, sempre que possível, a solução consensual dos conflitos.

▶ Sem correspondência no CPC 1973.
▶ Arts. 165 a 175, 359 deste Código.
▶ Lei 9.307/1996 (Arbitragem)
▶ Lei 13.140/2015 (Mediação)

§ 3º A conciliação, a mediação e outros métodos de solução consensual de conflitos deverão ser estimulados por juízes, advogados, defensores públicos e membros do Ministério Público, inclusive no curso do processo judicial.

▶ Sem correspondência no CPC 1973.
▶ Arts. 139, V, 334, 359, 694 deste Código.
▶ Lei 13.140/2015 (Mediação)

Art. 4º As partes têm o direito de obter em prazo razoável a solução integral do mérito, incluída a atividade satisfativa.

▶ Sem correspondência no CPC 1973.
▶ Art. 113, § 1º, 139, II deste Código.
▶ Art. 5º, LXXVIII da CF.
▶ Art. 8º, item 1, do Dec. 678/1992 (Pacto de São José da Costa Rica).

Art. 5º Aquele que de qualquer forma participa do processo deve comportar-se de acordo com a boa-fé.

▶ Correspondência: art. 14, II CPC 1973
▶ Arts. 79 a 81, 379, 380, 435, par. ún., 489, § 3º, 966, III deste Código.

Art. 6º Todos os sujeitos do processo devem cooperar entre si para que se obtenha, em tempo razoável, decisão de mérito justa e efetiva.

▶ Sem correspondência no CPC 1973.
▶ Arts. 77, 80, 261, § 3º e 357, § 3º deste Código.

Art. 7º É assegurada às partes paridade de tratamento em relação ao exercício de direitos e faculdades processuais, aos meios de defesa, aos ônus, aos deveres e à aplicação de sanções processuais, competindo ao juiz zelar pelo efetivo contraditório.

▶ Sem correspondência no CPC 1973.
▶ Arts. 10 e 139, I deste Código.
▶ Art. 5º, LIV e LV da CF.

Art. 8º Ao aplicar o ordenamento jurídico, o juiz atenderá aos fins sociais e às exigências do bem comum, resguardando e promovendo a dignidade da pessoa humana e observando a proporcionalidade, a razoabilidade, a legalidade, a publicidade e a eficiência.

▶ Sem correspondência no CPC 1973.
▶ Arts. 140 e 723, par. ún., deste Código.
▶ Arts. 1º, III, 5º, II, LXXVIII, 37, *caput* e 93, IX da CF.
▶ Art. 5º do Dec.-Lei 4.657/1942 (Lei de Introdução às normas do Direito Brasileiro – LINDB).

Art. 9º Não se proferirá decisão contra uma das partes sem que ela seja previamente ouvida.

▶ Sem correspondência no CPC 1973.
▶ Arts. 10 e 437, § 1º deste Código.
▶ Art. 5º, LV da CF.

Parágrafo único. O disposto no *caput* não se aplica:

▶ Sem correspondência no CPC 1973.

I – à tutela provisória de urgência;

▶ Sem correspondência no CPC 1973.

II – às hipóteses de tutela da evidência previstas no art. 311, incisos II e III;

▶ Sem correspondência no CPC 1973.
▶ Arts. 294, *caput*, 311 deste Código.

III – à decisão prevista no art. 701.

▶ Sem correspondência no CPC 1973.
▶ Arts. 700 a 702 deste Código.

Art. 10. O juiz não pode decidir, em grau algum de jurisdição, com base em fundamento a respeito do qual não se tenha dado às partes oportunidade de se manifestar, ainda que se trate de matéria sobre a qual deva decidir de ofício.

▶ Sem correspondência no CPC 1973.
▶ Arts. 7º, 329, II e 437, § 1º, 493, par. ún., 503, § 1º, II e 962, § 2º deste Código.
▶ Art. 5º, LV da CF.

Art. 11. Todos os julgamentos dos órgãos do Poder Judiciário serão públicos, e fundamentadas todas as decisões, sob pena de nulidade.

▶ Correspondência: art.155, I CPC 1973.
▶ Arts. 107, I, 152, V e 368 deste Código.
▶ Arts. 5º, LX, e 93, IX, da CF.

Parágrafo único. Nos casos de segredo de justiça, pode ser autorizada a presença somente das partes, de seus advogados, de defensores públicos ou do Ministério Público.

▶ Correspondência: art.155, I CPC 1973.
▶ Art. 189 deste Código
▶ Art. 5º, LX da CF.
▶ Art. 1.705 do CC.

Art. 12. Os juízes e os tribunais atenderão, preferencialmente, à ordem cronológica de conclusão para proferir sentença ou acórdão.

▶ Sem correspondência no CPC 1973.
▶ Artigo com redação pela Lei 13.256/2016.
▶ Arts. 153 e 1.046, § 5º deste Código.

§ 1º A lista de processos aptos a julgamento deverá estar permanentemente à disposição para consulta pública em cartório e na rede mundial de computadores.

▶ Sem correspondência no CPC 1973.
▶ Art. 153, § 1º deste Código.
▶ Arts. 8º a 13 da Lei 11.419/2006 (Informatização do Processo Judicial).

§ 2º Estão excluídos da regra do *caput*:

I – as sentenças proferidas em audiência, homologatórias de acordo ou de improcedência liminar do pedido;

▶ Sem correspondência no CPC 1973.
▶ Arts. 332 e 334, § 11 deste Código.

II – o julgamento de processos em bloco para aplicação de tese jurídica firmada em julgamento de casos repetitivos;

▶ Sem correspondência no CPC 1973.
▶ Art. 928 deste Código.

III – o julgamento de recursos repetitivos ou de incidente de resolução de demandas repetitivas;

▶ Sem correspondência no CPC 1973.
▶ Arts. 976 a 987 deste Código.

IV – as decisões proferidas com base nos arts. 485 e 932;

▶ Sem correspondência no CPC 1973.
▶ Arts. 485 e 932 deste Código.

V – o julgamento de embargos de declaração;

▶ Sem correspondência no CPC 1973.
▶ Arts. 994, IV e 1.022 a 1.026 deste Código.

VI – o julgamento de agravo interno;

▶ Sem correspondência no CPC 1973.
▶ Arts. 994, III e 1.021 deste Código.

VII – as preferências legais e as metas estabelecidas pelo Conselho Nacional de Justiça;

▶ Sem correspondência no CPC 1973.
▶ Arts. 509, § 3º, 837, 882, § 1º e 1.069 deste Código.

VIII – os processos criminais, nos órgãos jurisdicionais que tenham competência penal;

▶ Sem correspondência no CPC 1973.

IX – a causa que exija urgência no julgamento, assim reconhecida por decisão fundamentada.

§ 3º Após elaboração de lista própria, respeitar-se-á a ordem cronológica das conclusões entre as preferências legais.

▶ Sem correspondência no CPC 1973.
▶ Art. 208 deste Código.

§ 4º Após a inclusão do processo na lista de que trata o § 1º, o requerimento formulado pela parte não altera a ordem cronológica para a decisão, exceto quando implicar a reabertura da instrução ou a conversão do julgamento em diligência.

▶ Sem correspondência no CPC 1973.

§ 5º Decidido o requerimento previsto no § 4º, o processo retornará à mesma posição em que anteriormente se encontrava na lista.

▶ Sem correspondência no CPC 1973.

§ 6º Ocupará o primeiro lugar na lista prevista no § 1º ou, conforme o caso, no § 3º, o processo que:

▶ Sem correspondência no CPC 1973.

I – tiver sua sentença ou acórdão anulado, salvo quando houver necessidade de realização de diligência ou de complementação da instrução;

▶ Sem correspondência no CPC 1973.

II – se enquadrar na hipótese do art. 1.040, inciso II.

▶ Sem correspondência no CPC 1973.
▶ Art. 1.040, II, deste Código.

CAPÍTULO II
DA APLICAÇÃO DAS NORMAS PROCESSUAIS

Art. 13. A jurisdição civil será regida pelas normas processuais brasileiras, ressalvadas as disposições específicas previstas em tratados, convenções ou acordos internacionais de que o Brasil seja parte.

▶ Sem correspondência no CPC 1973.
▶ Arts. 1º e 16 deste Código.
▶ Art. 5º, § 2º da CF.

Art. 14. A norma processual não retroagirá e será aplicável imediatamente aos processos em curso, respeitados os atos processuais praticados e as situações jurídicas consolidadas sob a vigência da norma revogada.

▶ Sem correspondência no CPC 1973.
▶ Art. 5º, XXXVI da CF.
▶ Art. 6º do Dec.-Lei 4.657/1942 (Lei de Introdução às normas do Direito Brasileiro – LINDB).

Art. 15. Na ausência de normas que regulem processos eleitorais, trabalhistas ou administrativos, as disposições deste Código lhes serão aplicadas supletiva e subsidiariamente.

▶ Sem correspondência no CPC 1973.
▶ Arts. 8º e 769 da CLT.
▶ Art. 20 da Lei 4.737/1965 (Código Eleitoral).

LIVRO II
DA FUNÇÃO JURISDICIONAL

TÍTULO I
DA JURISDIÇÃO E DA AÇÃO

Art. 16. A jurisdição civil é exercida pelos juízes e pelos tribunais em todo o território nacional, conforme as disposições deste Código.
- Correspondência: art. 1º CPC 1973.
- Arts. 1º e 13 deste Código.
- Art. 5º, XXXVII, da CF.

Art. 17. Para postular em juízo é necessário ter interesse e legitimidade.
- Correspondência: art. 3º CPC 1973.
- Arts. 330, II, 337, XI, 338, 354, 485, VI, 575, 645 deste Código.

Art. 18. Ninguém poderá pleitear direito alheio em nome próprio, salvo quando autorizado pelo ordenamento jurídico.
- Correspondência: art. 6º CPC 1973.
- Arts. 5º, XXI e LXX, e 8º, III, da CF.
- Art. 68 do CPP.
- Arts. 81 e 82 do CDC.
- Lei 1.134/1950 (Faculta representação perante as autoridades administrativas e a justiça ordinária dos associados de classes que especifica).
- Art. 5º da Lei 7.347/1985 (Ação Civil Pública).
- Lei 8.906/1994 (Estatuto da Advocacia e a da OAB).
- Art. 21 da Lei 12.016/2009 (Mandado de Segurança).
- Art. 12 da Lei 13.300/2016 (Mandado de Injunção)

Parágrafo único. Havendo substituição processual, o substituído poderá intervir como assistente litisconsorcial.
- Sem correspondência no CPC 1973.
- Art. 124 deste Código.

Art. 19. O interesse do autor pode limitar-se à declaração:
- Correspondência: art. 4º CPC 1973.
- Súmula 258 do STF.
- Súmula 242 do STJ.

I – da existência, da inexistência ou do modo de ser de uma relação jurídica;
- Correspondência: art. 4º, I CPC 1973.
- Súmula 181 do STJ.

II – da autenticidade ou da falsidade de documento.
- Correspondência: art. 4º, II CPC 1973.
- Art. 427 a 433 deste Código.

Art. 20. É admissível a ação meramente declaratória, ainda que tenha ocorrido a violação do direito.
- Correspondência: art. 4º, parágrafo único CPC 1973.
- Art. 313, V, a deste Código.
- Súmula 258 do STF.

TÍTULO II
DOS LIMITES DA JURISDIÇÃO NACIONAL E DA COOPERAÇÃO INTERNACIONAL

CAPÍTULO I
DOS LIMITES DA JURISDIÇÃO NACIONAL

Art. 21. Compete à autoridade judiciária brasileira processar e julgar as ações em que:
- Correspondência: art. 88 CPC 1973.
- Art. 5º, LIII da CF.

I – o réu, qualquer que seja a sua nacionalidade, estiver domiciliado no Brasil;
- Correspondência: art. 88, I CPC 1973.
- Arts. 70 a 78 do CC.
- Art. 12 do Dec-Lei 4.657/1942 (Lei de Introdução às normas do Direito Brasileiro – LINDB).

II – no Brasil tiver de ser cumprida a obrigação;
- Correspondência: art. 88, II CPC 1973.
- Art. 12 do Dec.-Lei 4.657/1942 (Lei de Introdução às normas do Direito Brasileiro – LINDB).

III – o fundamento seja fato ocorrido ou ato praticado no Brasil.
- Correspondência: art. 88, III CPC 1973.

Parágrafo único. Para o fim do disposto no inciso I, considera-se domiciliada no Brasil a pessoa jurídica estrangeira que nele tiver agência, filial ou sucursal.
- Correspondência: art. 88, parágrafo único CPC 1973.
- Art. 75, X e § 3º deste Código.
- Art. 75, § 2º do CC.
- Art. 12 do Dec.-lei 4.657/1942 (Lei de Introdução às normas do Direito Brasileiro – LINDB).

Art. 22. Compete, ainda, à autoridade judiciária brasileira processar e julgar as ações:
- Sem correspondência no CPC 1973.

I – de alimentos, quando:
- Sem correspondência no CPC 1973.
- Lei 5.748/1968 (Ação de Alimentos).

a) o credor tiver domicílio ou residência no Brasil;
- Sem correspondência no CPC 1973.

b) o réu mantiver vínculos no Brasil, tais como posse ou propriedade de bens, recebimento de renda ou obtenção de benefícios econômicos;

- Sem correspondência no CPC 1973.

II – decorrentes de relações de consumo, quando o consumidor tiver domicílio ou residência no Brasil;
- Sem correspondência no CPC 1973.
- Lei 8.078/1990 (Código de Defesa do Consumidor – CDC)

III – em que as partes, expressa ou tacitamente, se submeterem à jurisdição nacional.
- Sem correspondência no CPC 1973.

Art. 23. Compete à autoridade judiciária brasileira, com exclusão de qualquer outra:
- Correspondência: art. 89 CPC 1973.
- Art. 964 deste Código.

I – conhecer de ações relativas a imóveis situados no Brasil;
- Correspondência: art. 89, I CPC 1973.
- Art. 47, § 1º deste Código.
- Arts. 8º, 10 e 12, § 1º, do Dec.-lei 4.657/1942 (Lei de Introdução às normas do Direito Brasileiro – LINDB).

II – em matéria de sucessão hereditária, proceder à confirmação de testamento particular e ao inventário e à partilha de bens situados no Brasil, ainda que o autor da herança seja de nacionalidade estrangeira ou tenha domicílio fora do território nacional;
- Correspondência: art. 89, II CPC 1973.
- Arts. 48 e 610, § 1º deste Código.
- Arts. 7º, 10, 14 e 18 do Dec.-lei 4.657/1942 (Lei de Introdução às normas do Direito Brasileiro – LINDB).

III – em divórcio, separação judicial ou dissolução de união estável, proceder à partilha de bens situados no Brasil, ainda que o titular seja de nacionalidade estrangeira ou tenha domicílio fora do território nacional.
- Sem correspondência no CPC 1973.
- Arts. 7º e 8º do Dec.-lei 4.657/1942 (Lei de Introdução às normas do Direito Brasileiro – LINDB).

Art. 24. A ação proposta perante tribunal estrangeiro não induz litispendência e não obsta a que a autoridade judiciária brasileira conheça da mesma causa e das que lhe são conexas, ressalvadas as disposições em contrário de tratados internacionais e acordos bilaterais em vigor no Brasil.
- Correspondência: art. 90 CPC 1973.
- Arts. 55, 57, 58 e 337, §§ 1º a 3º deste Código.
- Art. 102, I, e da CF.

Parágrafo único. A pendência de causa perante a jurisdição brasileira não impede a homologação de sentença judicial estrangeira quando exigida para produzir efeitos no Brasil.
- Sem correspondência no CPC 1973.

Art. 25. Não compete à autoridade judiciária brasileira o processamento e o julgamento da ação quando houver cláusula de eleição de foro exclusivo estrangeiro em contrato internacional, arguida pelo réu na contestação.
- Sem correspondência no CPC 1973.
- Art.63, §§ 1º a 4º deste Código.

§ 1º Não se aplica o disposto no *caput* às hipóteses de competência internacional exclusiva previstas neste Capítulo.
- Sem correspondência no CPC 1973.

§ 2º Aplica-se à hipótese do *caput* o art. 63, §§ 1º a 4º.
- Sem correspondência no CPC 1973.

CAPÍTULO II
DA COOPERAÇÃO INTERNACIONAL

Seção I
Disposições gerais

Art. 26. A cooperação jurídica internacional será regida por tratado de que o Brasil faz parte e observará:
- Sem correspondência no CPC 1973.
- Art. 4º, IX da CF.
- Art. 17 do Dec.-lei 4.657/1942 (Lei de Introdução às normas do Direito Brasileiro – LINDB).
- Dec. 1.925/1996 (Convenção Interamericana sobre Prova de Informação acerca do Direito Estrangeiro).
- Acordo de Cooperação e Assistência Jurisdicional em Matéria Civil, Comercial, Trabalhista e Administrativa entre os Estados Partes do Mercosul, a República da Bolívia e a República do Chile (Dec. 6.891/2009)
- Dec. 6.679/2008 (Promulga o Acordo sobre o Benefício da Justiça Gratuita e a Assistência Jurídica Gratuita entre os Estados Partes do MERCOSUL, a República da Bolívia e a República do Chile).
- Convenção Interamericana sobre Cartas Rogatórias (Dec. 1.899/1996)
- Protocolo adicional à Convenção Interamericana sobre Cartas Rogatórias (Dec. 2.022/1996)
- Art. 1º, XIV do Anexo I do Dec. 6.061/2007 (Estrutura Regimental do Ministério da Justiça).
- Arts. 216-O, § 2º e 216-Q, § 1º do RISTJ.

I – o respeito às garantias do devido processo legal no Estado requerente;
- Sem correspondência no CPC 1973.
- Dec. 1.925/1996 (Convenção Interamericana sobre Prova de Informação acerca do Direito Estrangeiro).
- Art. 5º, LIV da CF.

II – a igualdade de tratamento entre nacionais e estrangeiros, residentes ou não no Brasil, em relação ao acesso à justiça e à tramitação dos processos, assegurando-se assistência judiciária aos necessitados;
- Sem correspondência no CPC 1973.
- Art. 98 deste Código.
- Art. 4º, V e 5º *caput* da CF.
- Dec. 6.679/2008 (Promulga o Acordo sobre o Benefício da Justiça Gratuita e a Assistência Jurídica Gratuita entre os Estados Partes do MERCOSUL, a República da Bolívia e a República do Chile).

III – a publicidade processual, exceto nas hipóteses de sigilo previstas na legislação brasileira ou na do Estado requerente;
- Sem correspondência no CPC 1973.
- Art. 189 deste Código.
- Art. 93, IX da CF.

IV – a existência de autoridade central para recepção e transmissão dos pedidos de cooperação;
- Sem correspondência no CPC 1973.
- Artigo 6 e 9 da Convenção Interamericana sobre Prova de Informação acerca do Direito Estrangeiro (Dec. 1.925/1996).

V – a espontaneidade na transmissão de informações a autoridades estrangeiras.
- Sem correspondência no CPC 1973.
- Artigo 10 da Convenção Interamericana sobre Prova de Informação acerca do Direito Estrangeiro (Dec. 1.925/1996).

§ 1º Na ausência de tratado, a cooperação jurídica internacional poderá realizar-se com base em reciprocidade, manifestada por via diplomática.

§ 2º Não se exigirá a reciprocidade referida no § 1º para homologação de sentença estrangeira.

§ 3º Na cooperação jurídica internacional não será admitida a prática de atos que contrariem ou que produzam resultados incompatíveis com as normas fundamentais que regem o Estado brasileiro.
- Sem correspondência no CPC 1973.
- Arts. 1º, I e 4º, IV da CF.
- Artigo 10 da Convenção Interamericana sobre Prova de Informação acerca do Direito Estrangeiro (Dec. 1.925/1996).

§ 4º O Ministério da Justiça exercerá as funções de autoridade central na ausência de designação específica.
- Sem correspondência no CPC 1973.
- Art. 6º e 9º da Convenção Interamericana sobre prova de informação acerca do direito estrangeiro (Dec. 1.925/1996).
- Art. 11, IV do Anexo I do Dec. 6.061/2007 (Estrutura Regimental do Ministério da Justiça).

Art. 27. A cooperação jurídica internacional terá por objeto:
- Sem correspondência no CPC 1973.

I – citação, intimação e notificação judicial e extrajudicial;
- Sem correspondência no CPC 1973.
- Artigo 2, a, da Convenção Interamericana sobre Cartas Rogatórias (Dec. 1.899/1996)

II – colheita de provas e obtenção de informações;
- Convenção Interamericana sobre prova de informação acerca do direito estrangeiro (Dec. 1.925/1996).
- Sem correspondência no CPC 1973.

III – homologação e cumprimento de decisão;
- Sem correspondência no CPC 1973.
- Art. 216-A a 216-X do RISTJ.

IV – concessão de medida judicial de urgência;
- Sem correspondência no CPC 1973.
- Art. 216-G do RISTJ.

V – assistência jurídica internacional;
- Sem correspondência no CPC 1973.

VI – qualquer outra medida judicial ou extrajudicial não proibida pela lei brasileira.
- Sem correspondência no CPC 1973.

Seção II
Do auxílio direto

Art. 28. Cabe auxílio direto quando a medida não decorrer diretamente de decisão de autoridade jurisdicional estrangeira a ser submetida a juízo de delibação no Brasil.
- Sem correspondência no CPC 1973.
- Arts. 69, I e 377 deste Código.

Art. 29. A solicitação de auxílio direto será encaminhada pelo órgão estrangeiro interessado à autoridade central, cabendo ao Estado requerente assegurar a autenticidade e a clareza do pedido.
- Sem correspondência no CPC 1973.
- Artigo 5, c da Convenção Interamericana sobre prova de informação acerca do direito estrangeiro (Dec. 1.925/1996).

Art. 30. Além dos casos previstos em tratados de que o Brasil faz parte, o auxílio direto terá os seguintes objetos:
- Sem correspondência no CPC 1973.

I – obtenção e prestação de informações sobre o ordenamento jurídico e sobre processos administrativos ou jurisdicionais findos ou em curso;
- Artigo 2 da Convenção Interamericana sobre prova de informação acerca do direito estrangeiro (Dec. 1.925/1996).
- Sem correspondência no CPC 1973.

II – colheita de provas, salvo se a medida for adotada em processo, em curso no estrangeiro, de competência exclusiva de autoridade judiciária brasileira;

▸ Artigo 2 da Convenção Interamericana sobre prova de informação acerca do direito estrangeiro (Dec. 1.925/1996).
▸ Sem correspondência no CPC 1973.

III – qualquer outra medida judicial ou extrajudicial não proibida pela lei brasileira.

▸ Sem correspondência no CPC 1973.

Art. 31. A autoridade central brasileira comunicar-se-á diretamente com suas congêneres e, se necessário, com outros órgãos estrangeiros responsáveis pela tramitação e pela execução de pedidos de cooperação enviados e recebidos pelo Estado brasileiro, respeitadas disposições específicas constantes de tratado.

▸ Sem correspondência no CPC 1973.

Art. 32. No caso de auxílio direto para a prática de atos que, segundo a lei brasileira, não necessitem de prestação jurisdicional, a autoridade central adotará as providências necessárias para seu cumprimento.

▸ Sem correspondência no CPC 1973.

Art. 33. Recebido o pedido de auxílio direto passivo, a autoridade central o encaminhará à Advocacia-Geral da União, que requererá em juízo a medida solicitada.

Parágrafo único. O Ministério Público requererá em juízo a medida solicitada quando for autoridade central.

▸ Sem correspondência no CPC 1973.

Art. 34. Compete ao juízo federal do lugar em que deva ser executada a medida apreciar pedido de auxílio direto passivo que demande prestação de atividade jurisdicional.

▸ Sem correspondência no CPC 1973.
▸ Art. 109, I da CF.

Seção III
Da carta rogatória

▸ Decreto 1.899/1996 (Convenção Interamericana sobre Cartas Rogatórias).
▸ Decreto 2.022/1996 (Protocolo adicional à Convenção Interamericana sobre Cartas Rogatórias).

Art. 35. *Vetado.*

Art. 36. O procedimento da carta rogatória perante o Superior Tribunal de Justiça é de jurisdição contenciosa e deve assegurar às partes as garantias do devido processo legal.

▸ Correspondência: art. 211 CPC 1973.
▸ Arts. 105, I, *i* e 109, X, da CF.
▸ Arts. 216-O a 216-X do RISTJ.

§ 1º A defesa restringir-se-á à discussão quanto ao atendimento dos requisitos para que o pronunciamento judicial estrangeiro produza efeitos no Brasil.

▸ Sem correspondência no CPC 1973.
▸ Art. 216-Q do RISTJ.

§ 2º Em qualquer hipótese, é vedada a revisão do mérito do pronunciamento judicial estrangeiro pela autoridade judiciária brasileira.

▸ Sem correspondência no CPC 1973.

Seção IV
Disposições Comuns às Seções Anteriores

Art. 37. O pedido de cooperação jurídica internacional oriundo de autoridade brasileira competente será encaminhado à autoridade central para posterior envio ao Estado requerido para lhe dar andamento.

▸ Sem correspondência no CPC 1973.

Art. 38. O pedido de cooperação oriundo de autoridade brasileira competente e os documentos anexos que o instruem serão encaminhados à autoridade central, acompanhados de tradução para a língua oficial do Estado requerido.

▸ Sem correspondência no CPC 1973.
▸ Artigo 5, c da Convenção Interamericana sobre prova de informação acerca do direito estrangeiro (Dec. 1.925/1996).

Art. 39. O pedido passivo de cooperação jurídica internacional será recusado se configurar manifesta ofensa à ordem pública.

▸ Sem correspondência no CPC 1973.
▸ Artigo 10 da Convenção Interamericana sobre prova de informação acerca do direito estrangeiro (Dec. 1.925/1996).

Art. 40. A cooperação jurídica internacional para execução de decisão estrangeira dar-se-á por meio de carta rogatória ou de ação de homologação de sentença estrangeira, de acordo com o art. 960.

▸ Sem correspondência no CPC 1973.

Art. 41. Considera-se autêntico o documento que instruir pedido de cooperação jurídica internacional, inclusive tradução para a língua portuguesa, quando encaminhado ao Estado brasileiro por meio de autoridade central ou por via diplomática, dispensando-se ajuramentação, autenticação ou qualquer procedimento de legalização.

▸ Sem correspondência no CPC 1973.
▸ Art. 224 do CC.

Parágrafo único. O disposto no *caput* não impede, quando necessário, a aplicação pelo Estado brasileiro do princípio da reciprocidade de tratamento.

▸ Sem correspondência no CPC 1973.

TÍTULO III
DA COMPETÊNCIA INTERNA

CAPÍTULO I
DA COMPETÊNCIA

Seção I
Disposições gerais

Art. 42. As causas cíveis serão processadas e decididas pelo juiz nos limites de sua competência, ressalvado às partes o direito de instituir juízo arbitral, na forma da lei.

▸ Correspondência: art. 86 CPC 1973.
▸ Art. 5º, XXXV e LIII da CF.
▸ Lei 9.307/1996 (Arbitragem).

Art. 43. Determina-se a competência no momento do registro ou da distribuição da petição inicial, sendo irrelevantes as modificações do estado de fato ou de direito ocorridas posteriormente, salvo quando suprimirem órgão judiciário ou alterarem a competência absoluta.

▸ Correspondência: art. 87 CPC 1973.
▸ Art. 312 deste Código.
▸ Súmulas 1, 4, 10, 11, 15, 32 a 34, 46, 58, 66, 82, 97, 137, 170 e 173 do STJ.

Art. 44. Obedecidos os limites estabelecidos pela Constituição Federal, a competência é determinada pelas normas previstas neste Código ou em legislação especial, pelas normas de organização judiciária e, ainda, no que couber, pelas constituições dos Estados.

▸ Correspondência: art. 91 CPC 1973.
▸ Arts. 54, 55, 56, 57, 58, 59, 60, 61, 62, 63, §§ 1º e 2º deste Código.
▸ Art. 125, § 1º, da CF.

Art. 45. Tramitando o processo perante outro juízo, os autos serão remetidos ao juízo federal competente se nele intervier a União, suas empresas públicas, entidades autárquicas e fundações, ou conselho de fiscalização de atividade profissional, na qualidade de parte ou de terceiro interveniente, exceto as ações:

▸ Correspondência: art. 99, I CPC 1973.
▸ Arts. 109, I e 110 da CF.

I – de recuperação judicial, falência, insolvência civil e acidente de trabalho;

▸ Correspondência: art. 99, I CPC 1973.
▸ Arts. 109, I e 110 da CF.

II – sujeitas à justiça eleitoral e à justiça do trabalho.

▸ Sem correspondência no CPC 1973.
▸ Art. 109, I, da CF.

§ 1º Os autos não serão remetidos se houver pedido cuja apreciação seja de competência do juízo perante o qual foi proposta a ação.

▸ Sem correspondência no CPC 1973.

§ 2º Na hipótese do § 1º, o juiz, ao não admitir a cumulação de pedidos em razão da incompetência para apreciar qualquer deles, não examinará o mérito daquele em que exista interesse da União, de suas entidades autárquicas ou de suas empresas públicas.

▸ Sem correspondência no CPC 1973.

§ 3º O juízo federal restituirá os autos ao juízo estadual sem suscitar conflito se o ente federal cuja presença ensejou a remessa for excluído do processo.

▸ Sem correspondência no CPC 1973.

Art. 46. A ação fundada em direito pessoal ou em direito real sobre bens móveis será proposta, em regra, no foro de domicílio do réu.

▸ Correspondência: art. 94 CPC 1973.
▸ Arts. 70 a 78 do CC.
▸ Arts. 127 e 159 do CTN.
▸ Art. 12 do Dec-lei 4.657/1942 (Lei de Introdução às Normas do Direito Brasileiro – LINDB).

§ 1º Tendo mais de um domicílio, o réu será demandado no foro de qualquer deles.

▸ Correspondência: art. 94, § 1º CPC 1973.
▸ Art. 71 do CC.

§ 2º Sendo incerto ou desconhecido o domicílio do réu, ele poderá ser demandado onde for encontrado ou no foro de domicílio do autor.

▸ Correspondência: art. 94, § 2º CPC 1973.
▸ Art. 73 do CC.

§ 3º Quando o réu não tiver domicílio ou residência no Brasil, a ação será proposta no foro de domicílio do autor, e, se este também residir fora do Brasil, a ação será proposta em qualquer foro.

▸ Correspondência: art. 94, § 3º CPC 1973.
▸ Art. 12 do Dec-lei 4.657/1942 (Lei de Introdução às Normas do Direito Brasileiro – LINDB).

§ 4º Havendo 2 (dois) ou mais réus com diferentes domicílios, serão demandados no foro de qualquer deles, à escolha do autor.

▸ Correspondência: art. 94, § 4º CPC 1973.

§ 5º A execução fiscal será proposta no foro de domicílio do réu, no de sua residência ou no do lugar onde for encontrado.

▸ O STF, nas ADINs 5.492 e 5.737, por maioria, julgou parcialmente o pedido para: "atribuir interpretação conforme a Constituição ao art. 46, § 5º, do CPC, para restringir sua aplicação aos limites do território de cada ente subnacional ou ao local de ocorrência do fato gerador." (DOU 04.05.2023).
▸ Correspondência: art. 578 CPC 1973.
▸ Art. 109, § 3º, parte final da CF.

Art. 47. Para as ações fundadas em direito real sobre imóveis é competente o foro de situação da coisa.

▸ Correspondência: art. 95 CPC 1973.
▸ Arts. 328 e 341 do CC.
▸ Art. 12, § 1º do Dec-lei 4.657/1942 (Lei de Introdução às Normas do Direito Brasileiro – LINDB).
▸ Art. 48 da Lei 6.766/1979 (Parcelamento do solo urbano).
▸ Art. 58, II da Lei 8.245/1991 (Locação de imóveis urbanos).
▸ Súmula 218 do STF.
▸ Súmula 238 do STJ.

§ 1º O autor pode optar pelo foro de domicílio do réu ou pelo foro de eleição se o litígio não recair sobre direito de propriedade, vizinhança, servidão, divisão e demarcação de terras e de nunciação de obra nova.

▸ Correspondência: art. 95 CPC 1973.
▸ Arts. 569 a 598 deste Código.
▸ Arts. 1.225, I e III, 1.277 a 1.281 do CC.

§ 2º A ação possessória imobiliária será proposta no foro de situação da coisa, cujo juízo tem competência absoluta.

▸ Sem correspondência no CPC 1973.
▸ Arts. 554 a 568 deste Código.
▸ Arts. 1.196 a 1.224 do CC.

Art. 48. O foro de domicílio do autor da herança, no Brasil, é o competente para o inventário, a partilha, a arrecadação, o cumprimento de disposições de última vontade, a impugnação ou anulação de partilha extrajudicial e para todas as ações em que o espólio for réu, ainda que o óbito tenha ocorrido no estrangeiro.

▸ Correspondência: art. 96 CPC 1973.
▸ Arts. 23, II, 610, § 1º, 611 a 673, 735 a 743 deste Código.
▸ Art. 1.785 do CC.

Parágrafo único. Se o autor da herança não possuía domicílio certo, é competente:

▸ Correspondência: art. 96, parágrafo único, I e II CPC 1973.

I – o foro de situação dos bens imóveis;

II – havendo bens imóveis em foros diferentes, qualquer destes;

III – não havendo bens imóveis, o foro do local de qualquer dos bens do espólio.

Art. 49. A ação em que o ausente for réu será proposta no foro de seu último domicílio, também competente para a arrecadação, o inventário, a partilha e o cumprimento de disposições testamentárias.

▸ Correspondência: art. 97 CPC 1973.
▸ Arts. 610, § 1º, 744 e 745 deste Código.
▸ Arts. 22 a 39 do CC.

Art. 50. A ação em que o incapaz for réu será proposta no foro de domicílio de seu representante ou assistente.

▸ Correspondência: art. 98 CPC 1973.
▸ Art. 76 do CC.

Art. 51. É competente o foro de domicílio do réu para as causas em que seja autora a União.

▸ Correspondência: art. 99, I e II CPC 1973.
▸ Arts. 109, § 1º, e 110, parágrafo único da CF.
▸ Art. 75 do CC.
▸ Súmula 206 do STJ.

Parágrafo único. Se a União for a demandada, a ação poderá ser proposta no foro de domicílio do autor, no de ocorrência do ato ou fato que originou a demanda, no de situação da coisa ou no Distrito Federal.

▸ Correspondência: art. 99, I e II CPC 1973.
▸ Arts. 109, I, e 110, parágrafo único da CF.
▸ Art. 75 do CC.
▸ Súmula 206 do STJ.

Art. 52. É competente o foro de domicílio do réu para as causas em que seja autor Estado ou o Distrito Federal.

▸ Sem correspondência no CPC 1973.

Parágrafo único. Se Estado ou o Distrito Federal for o demandado, a ação poderá ser proposta no foro de domicílio do autor, no de ocorrência do ato ou fato que originou a demanda, no de situação da coisa ou na capital do respectivo ente federado.

▸ O STF, nas ADINs 5.492 e 5.737, por maioria, julgou parcialmente o pedido para: "atribuir interpretação conforme a Constituição ao art. 52, parágrafo único, do CPC, para restringir a competência do foro de domicílio do autor às comarcas inseridas nos limites territoriais do Estado-membro ou do Distrito Federal que figure como réu." (DOU 04.05.2023).
▸ Sem correspondência no CPC 1973.

Art. 53. É competente o foro:

O STF, no julgamento da ADI 6.792, por maioria, conheceu da ação direta e julgou parcialmente procedente o pedido formulado para: (i) conferir interpretação conforme à Constituição ao art. 53 do CPC, determinando-

-se que, havendo assédio judicial contra a liberdade de expressão, caracterizado pelo ajuizamento de ações a respeito dos mesmos fatos, em comarcas diversas, com o notório intuito de prejudicar o direito de defesa de jornalistas ou de órgãos de imprensa, as demandas devem ser reunidas para julgamento conjunto no foro de domicílio do réu (...). (DOU 27.05.2024)
▸ Correspondência: art. 100 CPC 1973.
▸ Art. 80 da Lei 10.741/2003 (Estatuto do Idoso).
▸ Art. 101, I, da Lei 8.078/1990 (Código de Defesa do Consumidor – CDC).

I – para a ação de divórcio, separação, anulação de casamento e reconhecimento ou dissolução de união estável:
▸ Correspondência: art. 100, I CPC 1973.
▸ EC 66/2010 (Dissolubilidade do casamento civil pelo divórcio, suprimindo o requisito de prévia separação judicial).
▸ Arts. 731 e 734 deste Código.
▸ Arts. 5º, I, e 226, §§ 5º e 6º, da CF.
▸ Arts. 1.548 a 1.564 e 1.571 a 1.582 do CC.
▸ Art. 26 da Lei 5.478/1968 (Ação de Alimentos).
▸ Lei 6.515/1977 (Divórcio).
▸ Súmula 1 do STJ.

a) de domicílio do guardião de filho incapaz;

b) do último domicílio do casal, caso não haja filho incapaz;

c) de domicílio do réu, se nenhuma das partes residir no antigo domicílio do casal;

d) de domicílio da vítima de violência doméstica e familiar, nos termos da Lei 11.340, de 7 de agosto de 2006 (Lei Maria da Penha);
▸ Alínea d acrescida pela Lei 13.894/2019.

II – de domicílio ou residência do alimentando, para a ação em que se pedem alimentos;
▸ Correspondência: art. 100, II CPC 1973.
▸ Arts. 189, II e 215, II deste Código.
▸ Arts. 227, 229 e 230 da CF.
▸ Súmula 1 do STJ.

III – do lugar:
▸ Correspondência: art. 100, IV CPC 1973.

a) onde está a sede, para a ação em que for ré pessoa jurídica;
▸ Correspondência: art. 100, IV, a CPC 1973.
▸ Art. 75 do CC.

b) onde se acha agência ou sucursal, quanto às obrigações que a pessoa jurídica contraiu;
▸ Correspondência: art. 100, IV, b CPC 1973.
▸ Art. 75, § 1º do CC.
▸ Súmula 363 do STF.
▸ Súmula 206 do STJ.

c) onde exerce suas atividades, para a ação em que for ré sociedade ou associação sem personalidade jurídica;
▸ Correspondência: art. 100, IV, c CPC 1973.
▸ Art. 75, IX e § 2º deste Código.

d) onde a obrigação deve ser satisfeita, para a ação em que se lhe exigir o cumprimento;
▸ Correspondência: art. 100, IV, d CPC 1973.
▸ Art. 540 deste Código.
▸ Arts. 327 a 330 do CC.
▸ Súmula 363 do STF.

e) de residência do idoso, para a causa que verse sobre direito previsto no respectivo estatuto;
▸ Sem correspondência no CPC 1973.
▸ Art. 80 da Lei 10.741/2003 (Estatuto do Idoso).

f) da sede da serventia notarial ou de registro, para a ação de reparação de dano por ato praticado em razão do ofício;
▸ Sem correspondência no CPC 1973.
▸ Lei 6.015/1973 (Registros Públicos).

IV – do lugar do ato ou fato para a ação:
▸ Correspondência: art. 100, V CPC 1973.

a) de reparação de dano;
▸ Correspondência: art. 100, V, a CPC 1973.
▸ Arts. 43, 186, 402 a 405 e 927 a 954 do CC.

b) em que for réu administrador ou gestor de negócios alheios;
▸ Correspondência: art. 100, V, b CPC 1973.
▸ Arts. 861 a 875, 1.010 a 1.021 e 1.060 a 1.065 do CC.

V – de domicílio do autor ou do local do fato, para a ação de reparação de dano sofrido em razão de delito ou acidente de veículos, inclusive aeronaves.
▸ Correspondência: art. 100, parágrafo único CPC 1973.

Seção II
Da modificação da competência

Art. 54. A competência relativa poderá modificar-se pela conexão ou pela continência, observado o disposto nesta Seção.
▸ Correspondência: art. 102 CPC 1973.
▸ Arts. 43, 46, 56 a 58, 65, 152, IV, d, 286 e 327 deste Código.
▸ Súmula 235 do STJ.

Art. 55. Reputam-se conexas 2 (duas) ou mais ações quando lhes for comum o pedido ou a causa de pedir.
▸ Correspondência: art. 103 CPC 1973.

▸ Arts. 24, 113, II e 337, VIII deste Código.
▸ Súmula 383 do STJ.

§ 1º Os processos de ações conexas serão reunidos para decisão conjunta, salvo se um deles já houver sido sentenciado.
▸ Sem correspondência no CPC 1973.

§ 2º Aplica-se o disposto no *caput*:
▸ Sem correspondência no CPC 1973.

I – à execução de título extrajudicial e à ação de conhecimento relativa ao mesmo ato jurídico;
▸ Sem correspondência no CPC 1973.

II – às execuções fundadas no mesmo título executivo.
▸ Sem correspondência no CPC 1973.

§ 3º Serão reunidos para julgamento conjunto os processos que possam gerar risco de prolação de decisões conflitantes ou contraditórias caso decididos separadamente, mesmo sem conexão entre eles.
▸ Sem correspondência no CPC 1973.

Art. 56. Dá-se a continência entre 2 (duas) ou mais ações quando houver identidade quanto às partes e à causa de pedir, mas o pedido de uma, por ser mais amplo, abrange o das demais.
▸ Correspondência: art. 104 CPC 1973.

Art. 57. Quando houver continência e a ação continente tiver sido proposta anteriormente, no processo relativo à ação contida será proferida sentença sem resolução de mérito, caso contrário, as ações serão necessariamente reunidas.
▸ Correspondência: art. 105 CPC 1973.
▸ Arts. 66, 286, I deste Código.
▸ Súmulas 235 e 489 do STJ.

Art. 58. A reunião das ações propostas em separado far-se-á no juízo prevento, onde serão decididas simultaneamente.
▸ Correspondência: art. 106 CPC 1973.
▸ Arts. 59, 240 e 312 deste Código.
▸ Art. 6º, § 8º da Lei 11.101/2005 (Recuperação de Empresas e Falência).
▸ Súmula 235 do STJ.

Art. 59. O registro ou a distribuição da petição inicial torna prevento o juízo.
▸ Correspondência: art. 219 CPC 1973.
▸ Arts. 312, 337, §§ 1º a 4º e 802 deste Código.

Art. 60. Se o imóvel se achar situado em mais de um Estado, comarca, seção ou subseção judiciária, a competência territorial do juízo prevento estender-se-á sobre a totalidade do imóvel.
▸ Correspondência: art. 107 CPC 1973.
▸ Arts. 47, § 1º, 58, 59, 240, 312 deste Código.

Art. 61. A ação acessória será proposta no juízo competente para a ação principal.
▸ Correspondência: art. 108 CPC 1973.
▸ Arts. 299, 674, 687, 712 deste Código.
▸ Arts. 76, 132 a 137 da Lei 11.101/2005 (Recuperação de Empresas e Falência).

Art. 62. A competência determinada em razão da matéria, da pessoa ou da função é inderrogável por convenção das partes.
▸ Correspondência: art. 111 CPC 1973.

Art. 63. As partes podem modificar a competência em razão do valor e do território, elegendo foro onde será proposta ação oriunda de direitos e obrigações.
▸ Correspondência: art. 111 CPC 1973.
▸ Art. 78 do CC.
▸ Art. 1º do Dec.-lei 4.597/1942 (Prescrição das ações contra a Fazenda Pública).
▸ Art. 58, II da Lei 8.245/1991 (Locação de imóveis urbanos).
▸ Súmula 335 do STF.
▸ Súmula 540 do STJ.

§ 1º A eleição de foro somente produz efeito quando constar de instrumento escrito, aludir expressamente a determinado negócio jurídico e guardar pertinência com o domicílio ou a residência de uma das partes ou com o local da obrigação, ressalvada a pactuação consumerista, quando favorável ao consumidor.
▸ § 1º com redação pela Lei 14.879/2024.
▸ Correspondência: art. 111, § 1º CPC 1973.

§ 2º O foro contratual obriga os herdeiros e sucessores das partes.
▸ Correspondência: art. 111, § 2º CPC 1973.

§ 3º Antes da citação, a cláusula de eleição de foro, se abusiva, pode ser reputada ineficaz de ofício pelo juiz, que determinará a remessa dos autos ao juízo do foro de domicílio do réu.
▸ Correspondência: art.112, parágrafo único CPC 1973.
▸ Art. 65 deste Código.
▸ Art. 101, I, da Lei 8.078/1990 (Código de Defesa do Consumidor – CDC).

§ 4º Citado, incumbe ao réu alegar a abusividade da cláusula de eleição de foro na contestação, sob pena de preclusão.
▸ Sem correspondência no CPC 1973.

§ 5º O ajuizamento de ação em juízo aleatório, entendido como aquele sem vinculação com o domicílio ou a resi-

dência das partes ou com o negócio jurídico discutido na demanda, constitui prática abusiva que justifica a declinação de competência de ofício.
▸ § 5º acrescido pela Lei 14.879/2024.

Seção III
Da incompetência

Art. 64. A incompetência, absoluta ou relativa, será alegada como questão preliminar de contestação.
▸ Correspondência: art. 112 CPC 1973.
▸ Arts. 335, 337, II, 340, 535, V e § 1º e 771, pár. ún., deste Código.
▸ Súmulas 33 e 187 do STJ.

§ 1º A incompetência absoluta pode ser alegada em qualquer tempo e grau de jurisdição e deve ser declarada de ofício.
▸ Correspondência: art. 113 CPC 1973.
▸ Arts. 62, 63, 337, II, § 5º, 957 e 966, II deste Código.
▸ Súmula 33 do STJ.

§ 2º Após manifestação da parte contrária, o juiz decidirá imediatamente a alegação de incompetência.
▸ Sem correspondência no CPC 1973.

§ 3º Caso a alegação de incompetência seja acolhida, os autos serão remetidos ao juízo competente.
▸ Sem correspondência no CPC 1973.

§ 4º Salvo decisão judicial em sentido contrário, conservar-se-ão os efeitos de decisão proferida pelo juízo incompetente até que outra seja proferida, se for o caso, pelo juízo competente.
▸ Correspondência: art. 113, § 2º CPC 1973.
▸ Arts. 278 e 281 deste Código.
▸ Súmula 59 do STJ.

Art. 65. Prorrogar-se-á a competência relativa se o réu não alegar a incompetência em preliminar de contestação.
▸ Correspondência: art. 114 CPC 1973.
▸ Art. 337, II deste Código.

Parágrafo único. A incompetência relativa pode ser alegada pelo Ministério Público nas causas em que atuar.
▸ Sem correspondência no CPC 1973.

Art. 66. Há conflito de competência quando:
▸ Correspondência: art. 115 CPC 1973.
▸ Arts. 951 a 959 deste Código.
▸ Arts. 102, I, o, 105, I, d e 108, I, e, da CF.
▸ Súmulas 59, 236 e 428 do STJ.

I – 2 (dois) ou mais juízes se declaram competentes;
▸ Correspondência: art. 115, I CPC 1973.

II – 2 (dois) ou mais juízes se consideram incompetentes, atribuindo um ao outro a competência;
▸ Correspondência: art. 115, II CPC 1973.

III – entre 2 (dois) ou mais juízes surge controvérsia acerca da reunião ou separação de processos.
▸ Correspondência: art. 115, III CPC 1973.
▸ Arts. 57 e 58 deste Código.
▸ Súmula 489 do STJ.

Parágrafo único. O juiz que não acolher a competência declinada deverá suscitar o conflito, salvo se a atribuir a outro juízo.
▸ Sem correspondência no CPC 1973.

CAPÍTULO II
DA COOPERAÇÃO NACIONAL

Art. 67. Aos órgãos do Poder Judiciário, estadual ou federal, especializado ou comum, em todas as instâncias e graus de jurisdição, inclusive aos tribunais superiores, incumbe o dever de recíproca cooperação, por meio de seus magistrados e servidores.
▸ Sem correspondência no CPC 1973.
▸ Arts. 6º e 69 deste Código.

Art. 68. Os juízos poderão formular entre si pedido de cooperação para prática de qualquer ato processual.
▸ Sem correspondência no CPC 1973.

Art. 69. O pedido de cooperação jurisdicional deve ser prontamente atendido, prescinde de forma específica e pode ser executado como:
▸ Sem correspondência no CPC 1973.

I – auxílio direto;
▸ Sem correspondência no CPC 1973.
▸ Arts. 28 a 34 deste Código.

II – reunião ou apensamento de processos;
▸ Sem correspondência no CPC 1973.

III – prestação de informações;
▸ Sem correspondência no CPC 1973.

IV – atos concertados entre os juízes cooperantes.
▸ Sem correspondência no CPC 1973.

§ 1º As cartas de ordem, precatória e arbitral seguirão o regime previsto neste Código.
▸ Sem correspondência no CPC 1973.
▸ Arts. 260 a 268 deste Código.

§ 2º Os atos concertados entre os juízes cooperantes poderão consistir, além de outros, no estabelecimento de procedimento para:
▸ Sem correspondência no CPC 1973.

I – a prática de citação, intimação ou notificação de ato;

‣ Sem correspondência no CPC 1973.
‣ Arts. 238 a 259, 269 a 275, 726 a 729 deste Código.

II – a obtenção e apresentação de provas e a coleta de depoimentos;

‣ Sem correspondência no CPC 1973.

III – a efetivação de tutela provisória;

‣ Sem correspondência no CPC 1973.
‣ Arts. 294 a 299 deste Código.

IV – a efetivação de medidas e providências para recuperação e preservação de empresas;

‣ Sem correspondência no CPC 1973.

V – a facilitação de habilitação de créditos na falência e na recuperação judicial;

‣ Sem correspondência no CPC 1973.

VI – a centralização de processos repetitivos;

‣ Sem correspondência no CPC 1973.

VII – a execução de decisão jurisdicional.

§ 3º O pedido de cooperação judiciária pode ser realizado entre órgãos jurisdicionais de diferentes ramos do Poder Judiciário.

‣ Sem correspondência no CPC 1973.

LIVRO III
DOS SUJEITOS DO PROCESSO

TÍTULO I
DAS PARTES E DOS PROCURADORES

CAPÍTULO I
DA CAPACIDADE PROCESSUAL

Art. 70. Toda pessoa que se encontre no exercício de seus direitos tem capacidade para estar em juízo.

‣ Correspondência: art. 7º CPC 1973.
‣ Arts. 75 e 76 deste Código.
‣ Art. 5º do CC.
‣ Art. 8º, § 2º da Lei 9.099/1995 (Juizados Especiais).
‣ Súmula 525 do STJ.

Art. 71. O incapaz será representado ou assistido por seus pais, por tutor ou por curador, na forma da lei.

‣ Correspondência: art. 8º CPC 1973.
‣ Art. 178, II deste Código.
‣ Arts. 3º a 5º, 1.634, 1.690, 1.692, 1.747, I, 1.748, V, 1.767, 1.774, 1.779, 1.780 e 1.782 do CC
‣ Arts. 7º a 11 da Lei 6.001/1973 (Estatuto do Índio).
‣ Art. 21 da Lei 8.069/1990 (Estatuto da Criança e do Adolescente – ECA).

Art. 72. O juiz nomeará curador especial ao:

‣ Correspondência: art. 9º CPC 1973.

I – incapaz, se não tiver representante legal ou se os interesses deste colidirem com os daquele, enquanto durar a incapacidade;

‣ Correspondência: art. 9º, I CPC 1973.
‣ Arts. 245, §§ 4º e 5º, 341, pár. ún. e 671 deste Código.
‣ Arts. 3º, 1.692 e 1.733, § 2º do CC.

II – réu preso revel, bem como ao réu revel citado por edital ou com hora certa, enquanto não for constituído advogado.

‣ Correspondência: art. 9º, II CPC 1973.
‣ Arts. 252, 253, 256 a 258 e 344 a 346 deste Código.
‣ Art. 8º da Lei 9.099/1995 (Juizados Especiais).
‣ Súmula 196 do STJ.

Parágrafo único. A curatela especial será exercida pela Defensoria Pública, nos termos da lei.

‣ Correspondência: art. 9º, parágrafo único CPC 1973.
‣ Art. 4º, XVI da LC 80/1994 (Defensoria Pública).

Art. 73. O cônjuge necessitará do consentimento do outro para propor ação que verse sobre direito real imobiliário, salvo quando casados sob o regime de separação absoluta de bens.

‣ Correspondência: art. 10 CPC 1973.
‣ Arts. 1.647 a 1.650 do CC.

§ 1º Ambos os cônjuges serão necessariamente citados para a ação:

‣ Correspondência: art. 10, § 1º CPC 1973.
‣ Arts. 114, 115, pár. ún. e 321 deste Código.

I – que verse sobre direito real imobiliário, salvo quando casados sob o regime de separação absoluta de bens;

‣ Correspondência: art. 10, § 1º, I CPC 1973.
‣ Art. 1.225 do CC.

II – resultante de fato que diga respeito a ambos os cônjuges ou de ato praticado por eles;

‣ Correspondência: art. 10, § 1º, II CPC 1973.

III – fundada em dívida contraída por um dos cônjuges a bem da família;

‣ Correspondência: art. 10, § 1º, III CPC 1973.
‣ Art. 226, § 5º, da CF.
‣ Arts. 1643 e 1644 do CC.

IV – que tenha por objeto o reconhecimento, a constituição ou a extinção de ônus sobre imóvel de um ou de ambos os cônjuges.

‣ Correspondência: art. 10, § 1º, IV CPC 1973.
‣ Arts. 1.225, 1.570, 1.642, III, 1.647, I, 1.648 e 1.663 e 1848 do CC.

§ 2º Nas ações possessórias, a participação do cônjuge do autor ou do réu somente é indispensável nas hipóteses de composse ou de ato por ambos praticado.

‣ Correspondência: art. 10, § 2º CPC 1973.
‣ Sem notas correspondentes.

§ 3º Aplica-se o disposto neste artigo à união estável comprovada nos autos.

‣ Sem correspondência no CPC 1973.
‣ Arts. 1.723 a 1.727 do CC.

Art. 74. O consentimento previsto no art. 73 pode ser suprido judicialmente quando for negado por um dos cônjuges sem justo motivo, ou quando lhe seja impossível concedê-lo.

‣ Correspondência: art. 11 CPC 1973.
‣ Art. 226, § 5º CF
‣ Arts 1.567 e 1.648 do CC

Parágrafo único. A falta de consentimento, quando necessário e não suprido pelo juiz, invalida o processo.

‣ Correspondência: art. 11, parágrafo único CPC 1973.
‣ Arts. 76, 337, IX, 351, 352, 354, 485, IV e 486, § 3º, deste Código.
‣ Arts. 1.648 e 1.649 do CC.

Art. 75. Serão representados em juízo, ativa e passivamente:

‣ Correspondência: art. 12 CPC 1973.
‣ Art. 7º, LC 76/1993 (Rito sumário para desapropriação de imóvel rural).

I – a União, pela Advocacia-Geral da União, diretamente ou mediante órgão vinculado;

‣ Correspondência: art. 12, I CPC 1973.
‣ Arts. 131 e 132 da CF.

II – o Estado e o Distrito Federal, por seus procuradores;

‣ Correspondência: art. 12, I CPC 1973.
‣ Arts. 131 e 132 da CF.

III – o Município, por seu prefeito, procurador ou Associação de Representação de Municípios, quando expressamente autorizada;

‣ Inciso III com redação pela Lei 14.341/2022.
‣ Correspondência: art. 12, II CPC 1973.
‣ Art. 242, § 3º deste Código.

IV – a autarquia e a fundação de direito público, por quem a lei do ente federado designar;

‣ Sem correspondência no CPC 1973.
‣ Súmula 644 do STF.

V – a massa falida, pelo administrador judicial;

‣ Correspondência: art. 12, III CPC 1973.
‣ Arts. 21 e 22, III, c, n e o, da Lei 11.101/2005 (Recuperação de Empresas e Falência).

VI – a herança jacente ou vacante, por seu curador;

‣ Correspondência: art. 12, IV CPC 1973.
‣ Arts. 739, § 1º, I e 744 deste Código.
‣ Arts. 1.819 a 1.823 do CC.

VII – o espólio, pelo inventariante;

‣ Correspondência: art. 12, V CPC 1973.
‣ Arts. 110 e 618, I deste Código.

VIII – a pessoa jurídica, por quem os respectivos atos constitutivos designarem ou, não havendo essa designação, por seus diretores;

‣ Correspondência: art. 12, VI CPC 1973.
‣ Arts. 46, III, e 47 do CC.

IX – a sociedade e a associação irregulares e outros entes organizados sem personalidade jurídica, pela pessoa a quem couber a administração de seus bens;

‣ Correspondência: art. 12, VII CPC 1973.
‣ Arts. 986 a 990 do CC.

X – a pessoa jurídica estrangeira, pelo gerente, representante ou administrador de sua filial, agência ou sucursal aberta ou instalada no Brasil;

‣ Correspondência: art. 12, VIII CPC 1973.

XI – o condomínio, pelo administrador ou síndico.

‣ Correspondência: art. 12, IX CPC 1973.
‣ Arts. 1.323 a 1.326 e 1.348, II, do CC.
‣ Art. 22, § 1º, da Lei 4.591/1964 (Condomínio e Incorporações).
‣ Art. 22, III, n, da Lei 11.101/2005 (Recuperação de Empresas e Falência).

§ 1º Quando o inventariante for dativo, os sucessores do falecido serão intimados no processo no qual o espólio seja parte.

‣ Correspondência: art. 12, § 1º CPC 1973.
‣ Arts. 114 e 618, I deste Código.

§ 2º A sociedade ou associação sem personalidade jurídica não poderá opor a irregularidade de sua constituição quando demandada.

‣ Correspondência: art. 12, § 2º CPC 1973.
‣ Arts. 986 a 996 do CC.

§ 3º O gerente de filial ou agência presume-se autorizado pela pessoa jurídica estrangeira a receber citação para qualquer processo.

‣ Correspondência: art. 12, § 3º CPC 1973.
‣ Art. 21, par. ún., deste Código.

§ 4º Os Estados e o Distrito Federal poderão ajustar compromisso recíproco para prática de ato processual por seus procuradores em favor de outro ente federado, mediante convênio firmado pelas respectivas procuradorias.

‣ Sem correspondência no CPC 1973.

§ 5º A representação judicial do Município pela Associação de Representação de Municípios somente poderá ocorrer em questões de interesse comum dos Municípios associados e dependerá de autorização do respectivo chefe do Poder Executivo municipal, com indicação específica do direito ou da obrigação a ser objeto das medidas judiciais.

‣ § 5º acrescido pela Lei 14.341/2022.

Art. 76. Verificada a incapacidade processual ou a irregularidade da representação da parte, o juiz suspenderá o processo e designará prazo razoável para que seja sanado o vício.

‣ Correspondência: art. 13 CPC 1973.
‣ Arts. 313, I, 337, IX e 485, IV deste Código.

§ 1º Descumprida a determinação, caso o processo esteja na instância originária:

‣ Correspondência: art. 13 CPC 1973.

I – o processo será extinto, se a providência couber ao autor;

‣ Correspondência: art. 13, I CPC 1973.
‣ Art. 485, II deste Código.

II – o réu será considerado revel, se a providência lhe couber;

‣ Correspondência: art. 13, II CPC 1973.
‣ Arts. 106, §§ 1º e 2º, 344 e 346 deste Código.

III – o terceiro será considerado revel ou excluído do processo, dependendo do polo em que se encontre.

‣ Correspondência: art. 13, III CPC 1973.

§ 2º Descumprida a determinação em fase recursal perante tribunal de justiça, tribunal regional federal ou tribunal superior, o relator:

‣ Sem correspondência no CPC 1973.

I – não conhecerá do recurso, se a providência couber ao recorrente;

‣ Sem correspondência no CPC 1973.

II – determinará o desentranhamento das contrarrazões, se a providência couber ao recorrido.

‣ Sem correspondência no CPC 1973.

CAPÍTULO II
DOS DEVERES DAS PARTES E DE SEUS PROCURADORES

Seção I
Dos deveres

Art. 77. Além de outros previstos neste Código, são deveres das partes, de seus procuradores e de todos aqueles que de qualquer forma participem do processo:

‣ Correspondência: art. 14 CPC 1973.
‣ Arts. 79 a 81, 379, 380 e 966, III deste Código.

I – expor os fatos em juízo conforme a verdade;

‣ Correspondência: art. 14, I CPC 1973.
‣ Arts. 79 a 81, 319, III, 378 a 380, 388 e 448 deste Código.

II – não formular pretensão ou de apresentar defesa quando cientes de que são destituídas de fundamento;

‣ Correspondência: art. 14, III CPC 1973.
‣ Art. 80, I e VI deste Código.

III – não produzir provas e não praticar atos inúteis ou desnecessários à declaração ou à defesa do direito;

‣ Correspondência: art. 14, IV CPC 1973.
‣ Arts. 202, 360, II, 370, 379, 459, § 2º, e 966, III deste Código.

IV – cumprir com exatidão as decisões jurisdicionais, de natureza provisória ou final, e não criar embaraços à sua efetivação;

‣ Correspondência: art. 14, V CPC 1973.
‣ Arts. 80, 379 e 966 deste Código.

V – declinar, no primeiro momento que lhes couber falar nos autos, o endereço residencial ou profissional onde receberão intimações, atualizando essa informação sempre que ocorrer qualquer modificação temporária ou definitiva;

‣ Sem correspondência no CPC 1973.

VI – não praticar inovação ilegal no estado de fato de bem ou direito litigioso;

‣ Correspondência: art. 879, III CPC 1973.
‣ Arts. 109, 792 e 808 deste Código.
‣ Art. 347 do CP.

VII – informar e manter atualizados seus dados cadastrais perante os órgãos do Poder Judiciário e, no caso do § 6º do art. 246 deste Código, da Administração Tributária, para recebimento de citações e intimações.

‣ Inciso VII acrescido pela Lei 14.195/2021.

§ 1º Nas hipóteses dos incisos IV e VI, o juiz advertirá qualquer das pessoas mencionadas no caput de que sua conduta poderá ser punida como ato atentatório à dignidade da justiça.

‣ Correspondência: art. 879 CPC 1973.
‣ Arts. 139, II, 161, par. ún., 334, § 8º, 772, II, 774, 903, § 6º, 918, par. ún., deste Código.

§ 2º A violação ao disposto nos incisos IV e VI constitui ato atentatório à dignidade da justiça, devendo o juiz, sem prejuízo das sanções criminais, civis e processuais cabíveis, aplicar ao responsável multa de até 20% (vinte

por cento) do valor da causa, de acordo com a gravidade da conduta.

▶ Correspondência: art. 14, parágrafo único CPC 1973.
▶ Arts. 78 a 81, 360, IV, 772, 774, pár. ún., 777, e 847, § 2º deste Código.
▶ Arts. 31 a 33 da Lei 8.906/1994 (Estatuto da Advocacia e da OAB).

§ 3º Não sendo paga no prazo a ser fixado pelo juiz, a multa prevista no § 2º será inscrita como dívida ativa da União ou do Estado após o trânsito em julgado da decisão que a fixou, e sua execução observará o procedimento da execução fiscal, revertendo-se aos fundos previstos no art. 97.

▶ Correspondência: art. 14, parágrafo único CPC 1973.

§ 4º A multa estabelecida no § 2º poderá ser fixada independentemente da incidência das previstas nos arts. 523, § 1º, e 536, § 1º.

▶ Correspondência: art. 14, parágrafo único CPC 1973.

§ 5º Quando o valor da causa for irrisório ou inestimável, a multa prevista no § 2º poderá ser fixada em até 10 (dez) vezes o valor do salário-mínimo.

▶ Correspondência: art. 14, parágrafo único CPC 1973.

§ 6º Aos advogados públicos ou privados e aos membros da Defensoria Pública e do Ministério Público não se aplica o disposto nos §§ 2º a 5º, devendo eventual responsabilidade disciplinar ser apurada pelo respectivo órgão de classe ou corregedoria, ao qual o juiz oficiará.

▶ Correspondência: art. 14, parágrafo único CPC 1973.

§ 7º Reconhecida violação ao disposto no inciso VI, o juiz determinará o restabelecimento do estado anterior, podendo, ainda, proibir a parte de falar nos autos até a purgação do atentado, sem prejuízo da aplicação do § 2º.

▶ Correspondência: art. 881, parágrafo único CPC 1973.
▶ Sem notas correspondentes.

§ 8º O representante judicial da parte não pode ser compelido a cumprir decisão em seu lugar.

▶ Sem correspondência no CPC 1973.

Art. 78. É vedado às partes, a seus procuradores, aos juízes, aos membros do Ministério Público e da Defensoria Pública e a qualquer pessoa que participe do processo empregar expressões ofensivas nos escritos apresentados.

▶ Correspondência: art. 15 CPC 1973.
▶ Art. 202 deste Código.
▶ Arts. 138 a 142, I, e par. ún., do CP.
▶ Art. 7º, § 2º, da Lei 8.906/1994 (Estatuto da Advocacia e da OAB).

§ 1º Quando expressões ou condutas ofensivas forem manifestadas oral ou presencialmente, o juiz advertirá o ofensor de que não as deve usar ou repetir, sob pena de lhe ser cassada a palavra.

▶ Correspondência: art. 15, parágrafo único CPC 1973.
▶ Art. 360, I e II deste Código.

§ 2º De ofício ou a requerimento do ofendido, o juiz determinará que as expressões ofensivas sejam riscadas e, a requerimento do ofendido, determinará a expedição de certidão com inteiro teor das expressões ofensivas e a colocará à disposição da parte interessada.

▶ Correspondência: art. 15 CPC 1973.
▶ Art. 202 deste Código.
▶ Art. 142, I, e par. ún., do CP.

Seção II
Da responsabilidade das partes por dano processual

Art. 79. Responde por perdas e danos aquele que litigar de má-fé como autor, réu ou interveniente.

▶ Correspondência: art. 16 CPC 1973.
▶ Arts. 77, § 7º, 96, 302, 772, 774, 776 e 792 deste Código.
▶ Arts. 186, 187, 402 a 405, 927 e 940 do CC.

Art. 80. Considera-se litigante de má-fé aquele que:

▶ Correspondência: art. 17 CPC 1973.

I – deduzir pretensão ou defesa contra texto expresso de lei ou fato incontroverso;

▶ Correspondência: art. 17, I CPC 1973.
▶ Arts. 77, II e 374, III, deste Código.
▶ Art. 32, par. ún., da Lei 8.906/1994 (Estatuto da Advocacia e da OAB).

II – alterar a verdade dos fatos;

▶ Correspondência: art. 17, II CPC 1973.
▶ Arts. 77, I, 378 a 380 e 388 deste Código.

III – usar do processo para conseguir objetivo ilegal;

▶ Correspondência: art. 17, III CPC 1973.
▶ Arts. 142 e 966, III deste Código.

IV – opuser resistência injustificada ao andamento do processo;

▶ Correspondência: art. 17, IV CPC 1973.
▶ Arts. 221 e 846 deste Código.

V – proceder de modo temerário em qualquer incidente ou ato do processo;

▶ Correspondência: art. 17, V CPC 1973.
▶ Arts. 139, III e 774 deste Código.

VI – provocar incidente manifestamente infundado;

▶ Correspondência: art. 17, VI CPC 1973.
▶ Arts. 77, II, 932, 1.011, 1.021, §§ 4º e 5º deste Código.

VII – interpuser recurso com intuito manifestamente protelatório.

▶ Correspondência: art. 17, VII CPC 1973.
▶ Arts. 920, 932, IV, a e b, 1.011, 1.021, §§ 4º e 5º, 1.026, §§ 2º e 3º deste Código.

Art. 81. De ofício ou a requerimento, o juiz condenará o litigante de má-fé a pagar multa, que deverá ser superior a um por cento e inferior a dez por cento do valor corrigido da causa, a indenizar a parte contrária pelos prejuízos que esta sofreu e a arcar com os honorários advocatícios e com todas as despesas que efetuou.

▶ Correspondência: art. 18 CPC 1973.
▶ Arts. 96, 777 e 920 deste Código.
▶ Art. 5º, LV, da CF.
▶ Art. 87 da Lei 8.078/1990 (Código de Defesa do Consumidor – CDC).
▶ Art. 17 da Lei 7.347/1985 (Ação Civil Pública).
▶ Art. 27 da Lei 9.307/1996 (Arbitragem).

§ 1º Quando forem 2 (dois) ou mais os litigantes de má-fé, o juiz condenará cada um na proporção de seu respectivo interesse na causa ou solidariamente aqueles que se coligaram para lesar a parte contrária.

▶ Correspondência: art. 18, § 1º CPC 1973.
▶ Art. 130, III deste Código.
▶ Arts. 275 a 285 e 942 do CC.
▶ Art. 32, par. ún., da Lei 8.906/1994 (Estatuto da Advocacia e da OAB).

§ 2º Quando o valor da causa for irrisório ou inestimável, a multa poderá ser fixada em até 10 (dez) vezes o valor do salário-mínimo.

▶ Sem correspondência no CPC 1973.

§ 3º O valor da indenização será fixado pelo juiz ou, caso não seja possível mensurá-lo, liquidado por arbitramento ou pelo procedimento comum, nos próprios autos.

▶ Correspondência: art. 18, § 2º CPC 1973.
▶ Arts. 509, 510 e 799, IX, 828, § 5º deste Código.
▶ Arts. 275 a 285 do CC.

Seção III
Das despesas, dos honorários advocatícios e das multas

Art. 82. Salvo as disposições concernentes à gratuidade da justiça, incumbe às partes prover as despesas dos atos que realizarem ou requererem no processo, antecipando-lhes o pagamento, desde o início até a sentença final ou, na execução, até a plena satisfação do direito reconhecido no título.

▶ Correspondência: art. 19 CPC 1973.
▶ Art. 5º, LXXVII, da CF.
▶ Arts. 10 e 30, Dec.-lei 3.365/1941 (Desapropriações por utilidade pública).
▶ Lei 1.060/1950 (Assistência Judiciária).
▶ Art. 1º da Lei 5.478/1968 (Ação de Alimentos).
▶ LC 80/1994 (Defensoria Pública da União).
▶ Art. 4º, II, Lei 9.289/1996 (Custas devidas à União na Justiça Federal).

§ 1º Incumbe ao autor adiantar as despesas relativas a ato cuja realização o juiz determinar de ofício ou a requerimento do Ministério Público, quando sua intervenção ocorrer como fiscal da ordem jurídica.

▶ Correspondência: art. 19, § 2º CPC 1973.
▶ Arts. 88, 91, 95, 266, 268 e 462 deste Código.
▶ Art. 39 da Lei 6.830/1980 (Execuções Fiscais).
▶ Art. 18 da Lei 7.347/1985 (Ação civil pública).
▶ Lei 9.286/1996 (Custas devidas à União na Justiça Federal).

§ 2º A sentença condenará o vencido a pagar ao vencedor as despesas que antecipou.

▶ Correspondência: art. 20 CPC 1973.
▶ Arts. 974, pár. ún. e 701, § 2º deste Código.
▶ Art. 27, § 1º, Dec.-lei 3.365/1941 (Desapropriação por utilidade pública).
▶ Art. 12 da Lei 4.717/1965 (Ação Popular).
▶ Art. 22, par. ún., da Lei 6.515/1977 (Divórcio).
▶ Lei 6.899/1981 (Correção monetária nos débitos oriundos de decisão judicial).
▶ Art. 18 da Lei 7.347/1985 (Ação civil pública).
▶ Art. 61 da Lei 8.245/1991 (Locação de imóveis urbanos).
▶ Arts. 22 a 26 da Lei 8.906/1994 (Estatuto da Advocacia e a OAB).
▶ Súmulas 185, 234, 256, 257, 389, 512 do STF.
▶ Súmulas 14, 29, 105, 110, 111, 131, 141, 201, 303, 306, 325, 326 e 453 do STJ.

Art. 83. O autor, brasileiro ou estrangeiro, que residir fora do Brasil ou deixar de residir no país ao longo da tramitação de processo prestará caução suficiente ao pagamento das custas e dos honorários de advogado da parte contrária nas ações que propuser, se não tiver no Brasil bens imóveis que lhes assegurem o pagamento.

▶ Correspondência: art. 835 CPC 1973.
▶ Art. 97, § 2º da Lei 11.101/2005 (Recuperação de Empresas e Falência).

§ 1º Não se exigirá a caução de que trata o *caput*:

▶ Correspondência: art. 836 CPC 1973.

I – quando houver dispensa prevista em acordo ou tratado internacional de que o Brasil faz parte;

▶ Sem correspondência no CPC 1973.

II – na execução fundada em título extrajudicial e no cumprimento de sentença;

▶ Correspondência: art. 836, I CPC 1973.
▶ Art. 784 deste Código.

III – na reconvenção.

▶ Correspondência: art. 836, II CPC 1973.
▶ Arts. 343 e §§ 1º a 4º deste Código.

§ 2º Verificando-se no trâmite do processo que se desfalcou a garantia, poderá o interessado exigir reforço da caução, justificando seu pedido com a indicação da depreciação do bem dado em garantia e a importância do reforço que pretende obter.

▶ Correspondência: art. 837 CPC 1973.
▶ Sem notas correspondentes.

Art. 84. As despesas abrangem as custas dos atos do processo, a indenização de viagem, a remuneração do assistente técnico e a diária de testemunha.

▶ Correspondência: art. 20, § 2º CPC 1973.
▶ Art. 462 deste Código.

Art. 85. A sentença condenará o vencido a pagar honorários ao advogado do vencedor.

▶ Correspondência: art. 20 CPC 1973.
▶ Arts. 974, pár. ún. e 701, § 2º deste Código.
▶ Art. 27, § 1º do Dec.-lei 3.365/1941 (Desapropriação por utilidade pública).
▶ Art. 12, da Lei 4.717/1965 (Ação Popular).
▶ Art. 22, par. ún. da Lei 6.515/1977 (Divórcio).
▶ Lei 6.899/1981 (Correção monetária nos débitos oriundos de decisão judicial).
▶ Art. 18 da Lei 7.347/1985 (Ação civil pública).
▶ Arts. 61 e 62 da Lei 8.245/1991 (Locação de imóveis urbanos).
▶ Arts. 22 a 26 da Lei 8.906/1994 (Estatuto da Advocacia e a OAB).
▶ Súmulas 185, 234, 256, 257, 389, 512 e 616 do STF.
▶ Súmulas 14, 29, 105, 110, 111, 131, 141, 201, 303, 306, 325, 326 e 453 do STJ.

§ 1º São devidos honorários advocatícios na reconvenção, no cumprimento de sentença, provisório ou definitivo, na execução, resistida ou não, e nos recursos interpostos, cumulativamente.

▶ Correspondência: art. 34 CPC 1973.
▶ Art. 343 deste Código.
▶ Arts. 17 a 14, § 2º, Lei 9.289/1996 (Custas devidas à União na Justiça Federal).

§ 2º Os honorários serão fixados entre o mínimo de dez e o máximo de vinte por cento sobre o valor da condenação, do proveito econômico obtido ou, não sendo possível mensurá-lo, sobre o valor atualizado da causa, atendidos:

▶ Correspondência: art. 20, § 3º CPC 1973.
▶ Súmula 185 do STF.
▶ Súmula 111 do STJ.

I – o grau de zelo do profissional;

▶ Correspondência: art. 20, § 3º, a CPC 1973.

II – o lugar de prestação do serviço;

▶ Correspondência: art. 20, § 3º, b CPC 1973.

III – a natureza e a importância da causa;

▶ Correspondência: art. 20, § 3º, c CPC 1973.

IV – o trabalho realizado pelo advogado e o tempo exigido para o seu serviço.

▶ Correspondência: art. 20, § 3º, c CPC 1973.

§ 3º Nas causas em que a Fazenda Pública for parte, a fixação dos honorários observará os critérios estabelecidos nos incisos I a IV do § 2º e os seguintes percentuais:

▶ Correspondência: art. 20, § 4º CPC 1973.
▶ Art. 827 deste Código.
▶ Art. 1º-D da Lei 9.494/1997 (Aplicação da tutela antecipada contra a Fazenda Pública).
▶ Súmulas 153, 201 e 345 do STJ.

I – mínimo de dez e máximo de vinte por cento sobre o valor da condenação ou do proveito econômico obtido até 200 (duzentos) salários-mínimos;

▶ Sem correspondência no CPC 1973.

II – mínimo de oito e máximo de dez por cento sobre o valor da condenação ou do proveito econômico obtido acima de 200 (duzentos) salários-mínimos até 2.000 (dois mil) salários-mínimos;

▶ Sem correspondência no CPC 1973.

III – mínimo de cinco e máximo de oito por cento sobre o valor da condenação ou do proveito econômico obtido acima de 2.000 (dois mil) salários-mínimos até 20.000 (vinte mil) salários-mínimos;

▶ Sem correspondência no CPC 1973.

IV – mínimo de três e máximo de cinco por cento sobre o valor da condenação ou do proveito econômico obtido acima de 20.000 (vinte mil) salários-mínimos até 100.000 (cem mil) salários mínimos;

▶ Sem correspondência no CPC 1973.

V – mínimo de um e máximo de três por cento sobre o valor da condenação ou do proveito econômico obtido acima de 100.000 (cem mil) salários-mínimos.

▶ Sem correspondência no CPC 1973.

§ 4º Em qualquer das hipóteses do § 3º:

▶ Sem correspondência no CPC 1973.

I – os percentuais previstos nos incisos I a V devem ser aplicados desde logo, quando for líquida a sentença;
▶ Sem correspondência no CPC 1973.

II – não sendo líquida a sentença, a definição do percentual, nos termos previstos nos incisos I a V, somente ocorrerá quando liquidado o julgado;
▶ Sem correspondência no CPC 1973.

III – não havendo condenação principal ou não sendo possível mensurar o proveito econômico obtido, a condenação em honorários dar-se-á sobre o valor atualizado da causa;
▶ Sem correspondência no CPC 1973.

IV – será considerado o salário-mínimo vigente quando prolatada sentença líquida ou o que estiver em vigor na data da decisão de liquidação.
▶ Sem correspondência no CPC 1973.

§ 5º Quando, conforme o caso, a condenação contra a Fazenda Pública ou o benefício econômico obtido pelo vencedor ou o valor da causa for superior ao valor previsto no inciso I do § 3º, a fixação do percentual de honorários deve observar a faixa inicial e, naquilo que exceder, a faixa subsequente, e assim sucessivamente.
▶ Sem correspondência no CPC 1973.

§ 6º Os limites e critérios previstos nos §§ 2º e 3º aplicam-se independentemente de qual seja o conteúdo da decisão, inclusive nos casos de improcedência ou de sentença sem resolução de mérito.
▶ Sem correspondência no CPC 1973.

§ 6º-A. Quando o valor da condenação ou do proveito econômico obtido ou o valor atualizado da causa for líquido ou liquidável, para fins de fixação dos honorários advocatícios, nos termos dos §§ 2º e 3º, é proibida a apreciação equitativa, salvo nas hipóteses expressamente previstas no § 8º deste artigo.
▶ § 6º-A acrescido pela Lei 14.365/2022.

§ 7º Não serão devidos honorários no cumprimento de sentença contra a Fazenda Pública que enseje expedição de precatório, desde que não tenha sido impugnada.
▶ Sem correspondência no CPC 1973.

§ 8º Nas causas em que for inestimável ou irrisório o proveito econômico ou, ainda, quando o valor da causa for muito baixo, o juiz fixará o valor dos honorários por apreciação equitativa, observando o disposto nos incisos do § 2º.
▶ Correspondência: art. 20, § 4º CPC 1973.
▶ Art. 827 deste Código.
▶ Art. 1º-D da Lei 9.494/1997 (Aplicação da tutela antecipada contra a Fazenda Pública).
▶ Súmulas 153, 201 e 345 do STJ.

§ 8º-A. Na hipótese do § 8º deste artigo, para fins de fixação equitativa de honorários sucumbenciais, o juiz deverá observar os valores recomendados pelo Conselho Seccional da Ordem dos Advogados do Brasil a título de honorários advocatícios ou o limite mínimo de 10% (dez por cento) estabelecido no § 2º deste artigo, aplicando-se o que for maior.
▶ § 8º-A acrescido pela Lei 14.365/2022.

§ 9º Na ação de indenização por ato ilícito contra pessoa, o percentual de honorários incidirá sobre a soma das prestações vencidas acrescida de 12 (doze) prestações vincendas.
▶ Correspondência: art. 20, § 5º CPC 1973.
▶ Súmula 309 do STF.

§ 10. Nos casos de perda do objeto, os honorários serão devidos por quem deu causa ao processo.
▶ Sem correspondência no CPC 1973.

§ 11. O tribunal, ao julgar recurso, majorará os honorários fixados anteriormente levando em conta o trabalho adicional realizado em grau recursal, observando, conforme o caso, o disposto nos §§ 2º a 6º, sendo vedado ao tribunal, no cômputo geral da fixação de honorários devidos ao advogado do vencedor, ultrapassar os respectivos limites estabelecidos nos §§ 2º e 3º para a fase de conhecimento.
▶ Sem correspondência no CPC 1973.

§ 12. Os honorários referidos no § 11 são cumuláveis com multas e outras sanções processuais, inclusive as previstas no art. 77.
▶ Sem correspondência no CPC 1973.

§ 13. As verbas de sucumbência arbitradas em embargos à execução rejeitados ou julgados improcedentes e em fase de cumprimento de sentença serão acrescidas no valor do débito principal, para todos os efeitos legais.
▶ Sem correspondência no CPC 1973.

§ 14. Os honorários constituem direito do advogado e têm natureza alimentar, com os mesmos privilégios dos créditos oriundos da legislação do trabalho, sendo vedada a compensação em caso de sucumbência parcial.
▶ Sem correspondência no CPC 1973.
▶ Súmula Vinculante 47 do STF.

§ 15. O advogado pode requerer que o pagamento dos honorários que lhe caibam seja efetuado em favor da sociedade de advogados que integra na qualidade de sócio, aplicando-se à hipótese o disposto no § 14.
▶ Sem correspondência no CPC 1973.

§ 16. Quando os honorários forem fixados em quantia certa, os juros moratórios incidirão a partir da data do trânsito em julgado da decisão.
▶ Sem correspondência no CPC 1973.

§ 17. Os honorários serão devidos quando o advogado atuar em causa própria.
▶ Correspondência: art. 20 CPC 1973.
▶ Lei 1.060/1950 (Assistência Judiciária).
▶ Art. 12 da Lei 4.717/1965 (Ação Popular).
▶ Art. 22, par. ún., da Lei 6.515/1977 (Divórcio).
▶ Lei 6.899/1981 (Correção monetária nos débitos oriundos de decisão judicial).
▶ Art. 18 da Lei 7.347/1985 (Ação civil pública).
▶ Arts. 61 e 62 da Lei 8.245/1991 (Locação de imóveis urbanos).
▶ Arts. 22 a 26 da Lei 8.906/1994 (Estatuto da Advocacia e a OAB).
▶ Súmulas 185, 234, 256, 257, 389, 512 e 616 do STF.
▶ Súmulas 14, 29, 105, 110, 111, 131, 141, 201, 303, 306, 325, 326 e 453 do STJ.

§ 18. Caso a decisão transitada em julgado seja omissa quanto ao direito aos honorários ou ao seu valor, é cabível ação autônoma para sua definição e cobrança.
▶ Sem correspondência no CPC 1973.

§ 19. Os advogados públicos perceberão honorários de sucumbência, nos termos da lei.
▶ Sem correspondência no CPC 1973.
▶ Art. 4º, XXI da LC 80/1994 (Defensoria Pública).
▶ O STF, por maioria, julgou parcialmente procedente a ADIN 6.053 para conferir interpretação conforme a CF a este artigo, estabelecendo que "a somatória dos subsídios e honorários de sucumbência percebidos mensalmente pelos advogados públicos não poderá exceder ao teto dos Ministros do Supremo Tribunal Federal, conforme o que dispõe o art. 37, XI, da Constituição Federal (...)".

§ 20. O disposto nos §§ 2º, 3º, 4º, 5º, 6º, 6º-A, 8º, 8º-A, 9º e 10 deste artigo aplica-se aos honorários fixados por arbitramento judicial.
▶ § 20 acrescido pela Lei 14.365/2022.

Art. 86. Se cada litigante for, em parte, vencedor e vencido, serão proporcionalmente distribuídas entre eles as despesas.
▶ Correspondência: art. 21 CPC 1973.
▶ Arts. 87 e 997, §§ 1º e 2º deste Código.
▶ Art. 14 da Lei 9.289/1996 (Custas devidas à União na Justiça Federal).
▶ Súmulas 306 e 326 do STJ.

Parágrafo único. Se um litigante sucumbir em parte mínima do pedido, o outro responderá, por inteiro, pelas despesas e pelos honorários.
▶ Correspondência: art. 21, parágrafo único CPC 1973.

Art. 87. Concorrendo diversos autores ou diversos réus, os vencidos respondem proporcionalmente pelas despesas e pelos honorários.
▶ Correspondência: art. 23 CPC 1973.
▶ Art. 86 deste Código.
▶ Art. 257 do CC.

§ 1º A sentença deverá distribuir entre os litisconsortes, de forma expressa, a responsabilidade proporcional pelo pagamento das verbas previstas no *caput*.
▶ Sem correspondência no CPC 1973.

§ 2º Se a distribuição de que trata o § 1º não for feita, os vencidos responderão solidariamente pelas despesas e pelos honorários.
▶ Sem correspondência no CPC 1973.

Art. 88. Nos procedimentos de jurisdição voluntária, as despesas serão adiantadas pelo requerente e rateadas entre os interessados.
▶ Correspondência: art. 24 CPC 1973.
▶ Arts. 82, 85, § 1º, 719 deste Código.

Art. 89. Nos juízos divisórios, não havendo litígio, os interessados pagarão as despesas proporcionalmente a seus quinhões.
▶ Correspondência: art. 25 CPC 1973.
▶ Art. 1.320 do CC.
▶ Art. 14, § 4º da Lei 9.289/1996 (Custas devidas à União na Justiça Federal).

Art. 90. Proferida sentença com fundamento em desistência, em renúncia ou em reconhecimento do pedido, as despesas e os honorários serão pagos pela parte que desistiu, renunciou ou reconheceu.
▶ Correspondência: art. 26 CPC 1973.
▶ Arts. 200, pár. ún., 485, VIII e § 4º, 487, III, *a, b* e *c* e 775, pár. ún., deste Código.

§ 1º Sendo parcial a desistência, a renúncia ou o reconhecimento, a responsabilidade pelas despesas e pelos honorários será proporcional à parcela reconhecida, à qual se renunciou ou da qual se desistiu.
▶ Correspondência: art. 26, § 1º CPC 1973.
▶ Sem notas correspondentes.

§ 2º Havendo transação e nada tendo as partes disposto quanto às despesas, estas serão divididas igualmente.
▶ Correspondência: art. 26, § 2º CPC 1973.
▶ Art. 487, III, *b* deste Código.

§ 3º Se a transação ocorrer antes da sentença, as partes ficam dispensadas do pagamento das custas processuais remanescentes, se houver.
▶ Sem correspondência no CPC 1973.

§ 4º Se o réu reconhecer a procedência do pedido e, simultaneamente, cumprir integralmente a prestação reconhecida, os honorários serão reduzidos pela metade.
▶ Sem correspondência no CPC 1973.

Art. 91. As despesas dos atos processuais praticados a requerimento da Fazenda Pública, do Ministério Público ou da Defensoria Pública serão pagas ao final pelo vencido.
▶ Correspondência: art. 27 CPC 1973.
▶ Art. 39 da Lei 6.830/1980 (Execuções Fiscais).
▶ Súmulas 232 e 483 do STJ.

§ 1º As perícias requeridas pela Fazenda Pública, pelo Ministério Público ou pela Defensoria Pública poderão ser realizadas por entidade pública ou, havendo previsão orçamentária, ter os valores adiantados por aquele que requerer a prova.
▶ Sem correspondência no CPC 1973.

§ 2º Não havendo previsão orçamentária no exercício financeiro para adiantamento dos honorários periciais, eles serão pagos no exercício seguinte ou ao final, pelo vencido, caso o processo se encerre antes do adiantamento a ser feito pelo ente público.
▶ Sem correspondência no CPC 1973.

Art. 92. Quando, a requerimento do réu, o juiz proferir sentença sem resolver o mérito, o autor não poderá propor novamente a ação sem pagar ou depositar em cartório as despesas e os honorários a que foi condenado.
▶ Correspondência: art. 28 CPC 1973.
▶ Arts. 485, § 2º e 486 deste Código.

Art. 93. As despesas de atos adiados ou cuja repetição for necessária ficarão a cargo da parte, do auxiliar da justiça, do órgão do Ministério Público ou da Defensoria Pública ou do juiz que, sem justo motivo, houver dado causa ao adiamento ou à repetição.
▶ Correspondência: art. 29 CPC 1973.
▶ Arts. 143, 233, *caput* e § 1º, 362, §3º e 455, § 5º, deste Código.

Art. 94. Se o assistido for vencido, o assistente será condenado ao pagamento das custas em proporção à atividade que houver exercido no processo.
▶ Correspondência: art. 32 CPC 1973.
▶ Arts. 119, 121, par. ún., e 124 deste Código.

Art. 95. Cada parte adiantará a remuneração do assistente técnico que houver indicado, sendo a do perito adiantada pela parte que houver requerido a perícia ou rateada quando a perícia for determinada de ofício ou requerida por ambas as partes.
▶ Correspondência: art. 33 CPC 1973.
▶ Arts. 82, 84, 156, 157, 158 e 464 a 480 deste Código.
▶ Art. 10 da Lei 9.289/1996 (Custas devidas à União na Justiça Federal).
▶ Súmula 232 do STJ.

§ 1º O juiz poderá determinar que a parte responsável pelo pagamento dos honorários do perito deposite em juízo o valor correspondente.
▶ Correspondência: art. 33, parágrafo único CPC 1973.

§ 2º A quantia recolhida em depósito bancário à ordem do juízo será corrigida monetariamente e paga de acordo com o art. 465, § 4º.
▶ Correspondência: art. 33, parágrafo único CPC 1973.

§ 3º Quando o pagamento da perícia for de responsabilidade de beneficiário de gratuidade da justiça, ela poderá ser:
▶ Sem correspondência no CPC 1973.

I – custeada com recursos alocados no orçamento do ente público e realizada por servidor do Poder Judiciário ou por órgão público conveniado;
▶ Sem correspondência no CPC 1973.

II – paga com recursos alocados no orçamento da União, do Estado ou do Distrito Federal, no caso de ser realizada por particular, hipótese em que o valor será fixado conforme tabela do tribunal respectivo ou, em caso de sua omissão, do Conselho Nacional de Justiça.
▶ Sem correspondência no CPC 1973.
▶ Res. 232/2016 do CNJ (Fixa os valores dos honorários a serem pagos aos peritos, no âmbito da Justiça de primeiro e segundo graus).

§ 4º Na hipótese do § 3º, o juiz, após o trânsito em julgado da decisão final, oficiará a Fazenda Pública para que promova, contra quem tiver sido condenado ao pagamento das despesas processuais, a execução dos valores gastos com a perícia particular ou com a utilização de servidor público ou da estrutura de órgão público, observando-se, caso o responsável pelo pagamento das despesas seja beneficiário de gratuidade da justiça, o disposto no art. 98, § 2º.
▶ Sem correspondência no CPC 1973.

§ 5º Para fins de aplicação do § 3º, é vedada a utilização de recursos do fundo de custeio da Defensoria Pública.
▶ Sem correspondência no CPC 1973.

Art. 96. O valor das sanções impostas ao litigante de má-fé reverterá em benefício da parte contrária, e o valor das sanções impostas aos serventuários pertencerá ao Estado ou à União.

▸ Correspondência: art. 35 CPC 1973.
▸ Arts. 79 a 81, 155, 202, 234, §§ 1º a 4º, 258, 468, II, 896, § 2º, 897 e 968, II deste Código.
▸ OJ da SBDI-I 409 do TST.

Art. 97. A União e os Estados podem criar fundos de modernização do Poder Judiciário, aos quais serão revertidos os valores das sanções pecuniárias processuais destinadas à União e aos Estados, e outras verbas previstas em lei.

▸ Sem correspondência no CPC 1973.

Seção IV
Da gratuidade da justiça

Art. 98. A pessoa natural ou jurídica, brasileira ou estrangeira, com insuficiência de recursos para pagar as custas, as despesas processuais e os honorários advocatícios tem direito à gratuidade da justiça, na forma da lei.

▸ Sem correspondência no CPC 1973.
▸ Arts. 185 deste Código.
▸ Art. 5º, LXXIV da CF.
▸ Lei 1.060/1950 (Assistência Judiciária).
▸ Art. 39 da Lei 6.830/1980. (Execução Fiscal).
▸ Súmula 481 do STJ.

§ 1º A gratuidade da justiça compreende:

▸ Sem correspondência no CPC 1973.

I – as taxas ou as custas judiciais;

▸ Sem correspondência no CPC 1973.

II – os selos postais;

▸ Sem correspondência no CPC 1973.

III – as despesas com publicação na imprensa oficial, dispensando-se a publicação em outros meios;

▸ Correspondência: art. 687, § 1º CPC 1973.

IV – a indenização devida à testemunha que, quando empregada, receberá do empregador salário integral, como se em serviço estivesse;

▸ Sem correspondência no CPC 1973.
▸ Arts. 462 e 463 deste Código.

V – as despesas com a realização de exame de código genético – DNA e de outros exames considerados essenciais;

▸ Sem correspondência no CPC 1973.

VI – os honorários do advogado e do perito e a remuneração do intérprete ou do tradutor nomeado para apresentação de versão em português de documento redigido em língua estrangeira;

▸ Sem correspondência no CPC 1973.
▸ Arts. 95, §§ 3º a 5º e 478, § 1º deste Código.
▸ Súmula 457 do TST.

VII – o custo com a elaboração de memória de cálculo, quando exigida para instauração da execução;

▸ Correspondência: art. 475-B, § 3º CPC 1973.
▸ Art. 526 deste Código.

VIII – os depósitos previstos em lei para interposição de recurso, para propositura de ação e para a prática de outros atos processuais inerentes ao exercício da ampla defesa e do contraditório;

▸ Sem correspondência no CPC 1973.

IX – os emolumentos devidos a notários ou registradores em decorrência da prática de registro, averbação ou qualquer outro ato notarial necessário à efetivação de decisão judicial ou à continuidade de processo judicial no qual o benefício tenha sido concedido.

▸ Correspondência: art. 1.124-A, § 3º CPC 1973.
▸ Art. 95, §§ 3º a 5º deste Código.

§ 2º A concessão de gratuidade não afasta a responsabilidade do beneficiário pelas despesas processuais e pelos honorários advocatícios decorrentes de sua sucumbência.

▸ Sem correspondência no CPC 1973.
▸ Súmula 450 do STF.

§ 3º Vencido o beneficiário, as obrigações decorrentes de sua sucumbência ficarão sob condição suspensiva de exigibilidade e somente poderão ser executadas se, nos 5 (cinco) anos subsequentes ao trânsito em julgado da decisão que as certificou, o credor demonstrar que deixou de existir a situação de insuficiência de recursos que justificou a concessão de gratuidade, extinguindo-se, passado esse prazo, tais obrigações do beneficiário.

▸ Sem correspondência no CPC 1973.

§ 4º A concessão de gratuidade não afasta o dever de o beneficiário pagar, ao final, as multas processuais que lhe sejam impostas.

▸ Sem correspondência no CPC 1973.
▸ Arts. 1.021, § 5º e 1.026, § 3º deste Código.

§ 5º A gratuidade poderá ser concedida em relação a algum ou a todos os atos processuais, ou consistir na redução percentual de despesas processuais que o beneficiário tiver de adiantar no curso do procedimento.

▸ Sem correspondência no CPC 1973.

§ 6º Conforme o caso, o juiz poderá conceder direito ao parcelamento de despesas processuais que o beneficiário tiver de adiantar no curso do procedimento.

▸ Sem correspondência no CPC 1973.

§ 7º Aplica-se o disposto no art. 95, §§ 3º a 5º, ao custeio dos emolumentos previstos no § 1º, inciso IX, do presente artigo, observada a tabela e as condições da lei estadual ou distrital respectiva.

▸ Sem correspondência no CPC 1973.

§ 8º Na hipótese do § 1º, inciso IX, havendo dúvida fundada quanto ao preenchimento atual dos pressupostos para a concessão de gratuidade, o notário ou registrador, após praticar o ato, pode requerer, ao juízo competente para decidir questões notariais ou registrais, a revogação total ou parcial do benefício ou a sua substituição pelo parcelamento de que trata o § 6º deste artigo, caso em que o beneficiário será citado para, em 15 (quinze) dias, manifestar-se sobre esse requerimento.

▸ Sem correspondência no CPC 1973.

Art. 99. O pedido de gratuidade da justiça pode ser formulado na petição inicial, na contestação, na petição para ingresso de terceiro no processo ou em recurso.

▸ Sem correspondência no CPC 1973.

§ 1º Se superveniente à primeira manifestação da parte na instância, o pedido poderá ser formulado por petição simples, nos autos do próprio processo, e não suspenderá seu curso.

▸ Sem correspondência no CPC 1973.

§ 2º O juiz somente poderá indeferir o pedido se houver nos autos elementos que evidenciem a falta dos pressupostos legais para a concessão de gratuidade, devendo, antes de indeferir o pedido, determinar à parte a comprovação do preenchimento dos referidos pressupostos.

▸ Sem correspondência no CPC 1973.
▸ Art. 1.015, V deste Código.

§ 3º Presume-se verdadeira a alegação de insuficiência deduzida exclusivamente por pessoa natural.

▸ Sem correspondência no CPC 1973.
▸ Art. 77, I e II deste Código.

§ 4º A assistência do requerente por advogado particular não impede a concessão de gratuidade da justiça.

▸ Art. 133 da CF.

§ 5º Na hipótese do § 4º, o recurso que verse exclusivamente sobre valor de honorários de sucumbência fixados em favor do advogado de beneficiário estará sujeito a preparo, salvo se o próprio advogado demonstrar que tem direito à gratuidade.

▸ Sem correspondência no CPC 1973.

§ 6º O direito à gratuidade da justiça é pessoal, não se estendendo a litisconsorte ou a sucessor do beneficiário, salvo requerimento e deferimento expressos.

▸ Sem correspondência no CPC 1973.

§ 7º Requerida a concessão de gratuidade da justiça em recurso, o recorrente estará dispensado de comprovar o recolhimento do preparo, incumbindo ao relator, neste caso, apreciar o requerimento e, se indeferi-lo, fixar prazo para realização do recolhimento.

▸ Sem correspondência no CPC 1973.

Art. 100. Deferido o pedido, a parte contrária poderá oferecer impugnação na contestação, na réplica, nas contrarrazões de recurso ou, nos casos de pedido superveniente ou formulado por terceiro, por meio de petição simples, a ser apresentada no prazo de 15 (quinze) dias, nos autos do próprio processo, sem suspensão de seu curso.

▸ Sem correspondência no CPC 1973.
▸ Art. 337, XIII deste Código.

Parágrafo único. Revogado o benefício, a parte arcará com as despesas processuais que tiver deixado de adiantar e pagará, em caso de má-fé, até o décuplo de seu valor a título de multa, que será revertida em benefício da Fazenda Pública estadual ou federal e poderá ser inscrita em dívida ativa.

▸ Sem correspondência no CPC 1973.

Art. 101. Contra a decisão que indeferir a gratuidade ou a que acolher pedido de sua revogação caberá agravo de instrumento, exceto quando a questão for resolvida na sentença, contra a qual caberá apelação.

▸ Sem correspondência no CPC 1973.
▸ Art. 1.015, V deste Código.

§ 1º O recorrente estará dispensado do recolhimento de custas até decisão do relator sobre a questão, preliminarmente ao julgamento do recurso.

▸ Sem correspondência no CPC 1973.

§ 2º Confirmada a denegação ou a revogação da gratuidade, o relator ou o órgão colegiado determinará ao recorrente o recolhimento das custas processuais, no prazo de 5 (cinco) dias, sob pena de não conhecimento do recurso.

▸ Sem correspondência no CPC 1973.

Art. 102. Sobrevindo o trânsito em julgado de decisão que revoga a gratuidade, a parte deverá efetuar o recolhimento de todas as despesas de cujo adiantamento foi dispensada, inclusive as relativas ao recurso interposto, se houver, no prazo fixado pelo juiz, sem prejuízo de aplicação das sanções previstas em lei.

▸ Sem correspondência no CPC 1973.

Parágrafo único. Não efetuado o recolhimento, o processo será extinto sem resolução de mérito, tratando-se do autor, e, nos demais casos, não poderá ser deferida a realização de nenhum ato ou diligência requerida pela parte enquanto não efetuado o depósito.

▸ Sem correspondência no CPC 1973.

CAPÍTULO III
DOS PROCURADORES

Art. 103. A parte será representada em juízo por advogado regularmente inscrito na Ordem dos Advogados do Brasil.

▸ Correspondência: art. 36 CPC 1973.
▸ Arts. 111, 287 e 313, § 3º deste Código.
▸ Arts. 133 e 134 da CF.
▸ Art. 692 do CC.
▸ Art. 355 do CP.
▸ Art. 791, §§ 1º e 2º da CLT.
▸ Art. 47 do Dec.-lei 3.688/1941 (Contravenções Penais).
▸ Lei 3.836/1960 (Entrega dos autos aos advogados).
▸ Art. 2º da Lei 5.478/1968 (Ação de Alimentos).
▸ Art. 13 da Lei 6.367/1976 (Acidente do trabalho).
▸ Art. 1º da Lei 8.906/1994 (Estatuto da Advocacia e da OAB).
▸ Art. 9º da Lei 9.099/1995 (Juizados Especiais).

Parágrafo único. É lícito à parte postular em causa própria quando tiver habilitação legal.

▸ Correspondência: art. 36 CPC 1973.

Art. 104. O advogado não será admitido a postular em juízo sem procuração, salvo para evitar preclusão, decadência ou prescrição, ou para praticar ato considerado urgente.

▸ Correspondência: art. 37 CPC 1973.
▸ Art. 287, par. ún.,I deste Código.
▸ Arts. 653 e 692 do CC.
▸ Art. 16 da Lei 1.060/1950 (Assistência Judiciária).
▸ Arts. 5º, § 1º e 15, § 3º, da Lei 8.906/1994 (Estatuto da Advocacia e da OAB).
▸ Súmula 644 do STF.
▸ Súmula 115 do STJ.

§ 1º Nas hipóteses previstas no *caput*, o advogado deverá, independentemente de caução, exibir a procuração no prazo de 15 (quinze) dias, prorrogável por igual período por despacho do juiz.

▸ Correspondência: art. 37 CPC 1973.

§ 2º O ato não ratificado será considerado ineficaz relativamente àquele em cujo nome foi praticado, respondendo o advogado pelas despesas e por perdas e danos.

▸ Correspondência: art. 37, parágrafo único CPC 1973.
▸ Arts. 402 a 405 e 927 do CC.

Art. 105. A procuração geral para o foro, outorgada por instrumento público ou particular assinado pela parte, habilita o advogado a praticar todos os atos do processo, exceto receber citação, confessar, reconhecer a procedência do pedido, transigir, desistir, renunciar ao direito sobre o qual se funda a ação, receber, dar quitação, firmar compromisso e assinar declaração de hipossuficiência econômica, que devem constar de cláusula específica.

▸ Correspondência: art. 38 CPC 1973.
▸ Art. 242, 287, I, 390, § 1º, 618, III e 683 deste Código.
▸ Arts. 653, 654 e 692 do CC.
▸ Art. 16 da Lei 1.060/1950 (Assistência judiciária).
▸ Art. 5º, § 2º da Lei 8.906/1994 (Estatuto da Advocacia e da OAB).
▸ Súmula 115 do STJ.

§ 1º A procuração pode ser assinada digitalmente, na forma da lei.

▸ Correspondência: art. 38, parágrafo único CPC 1973.
▸ Art. 1º, § 2º, III, a da Lei 11.419/2006 (Informatização do processo judicial).

§ 2º A procuração deverá conter o nome do advogado, seu número de inscrição na Ordem dos Advogados do Brasil e endereço completo.

▸ Sem correspondência no CPC 1973.

§ 3º Se o outorgado integrar sociedade de advogados, a procuração também deverá conter o nome dessa, seu número de registro na Ordem dos Advogados do Brasil e endereço completo.

▸ Sem correspondência no CPC 1973.

§ 4º Salvo disposição expressa em sentido contrário constante do próprio instrumento, a procuração outorgada na fase de conhecimento é eficaz para todas as fases do processo, inclusive para o cumprimento de sentença.

▸ Sem correspondência no CPC 1973.

Art. 106. Quando postular em causa própria, incumbe ao advogado:

▸ Correspondência: art. 39 CPC 1973.

I – declarar, na petição inicial ou na contestação, o endereço, seu número de inscrição na Ordem dos Advogados do Brasil e o nome da sociedade de advogados da qual participa, para o recebimento de intimações;
▶ Correspondência: art. 39, I CPC 1973.

II – comunicar ao juízo qualquer mudança de endereço.
▶ Correspondência: art. 39, II CPC 1973.

§ 1º Se o advogado descumprir o disposto no inciso I, o juiz ordenará que se supra a omissão, no prazo de 5 (cinco) dias, antes de determinar a citação do réu, sob pena de indeferimento da petição.
▶ Correspondência: art. 39, parágrafo único CPC 1973.
▶ Arts. 76, 274, par. ún., 321, 330, IV e 485, I, deste Código.

§ 2º Se o advogado infringir o previsto no inciso II, serão consideradas válidas as intimações enviadas por carta registrada ou meio eletrônico ao endereço constante dos autos.
▶ Correspondência: art. 39, parágrafo único CPC 1973.
▶ Art. 274, par. ún., deste Código.

Art. 107. O advogado tem direito a:
▶ Correspondência: art. 40 CPC 1973.
▶ Arts. 11, 189, §§ 1º e 2º, 207, par. ún., 289 deste Código.
▶ Art. 7º da Lei 8.906/1994 (Estatuto da Advocacia e da OAB).

I – examinar, em cartório de fórum e secretaria de tribunal, mesmo sem procuração, autos de qualquer processo, independentemente da fase de tramitação, assegurados a obtenção de cópias e o registro de anotações, salvo na hipótese de segredo de justiça, nas quais apenas o advogado constituído terá acesso aos autos;
▶ Correspondência: art. 40, I CPC 1973.

II – requerer, como procurador, vista dos autos de qualquer processo, pelo prazo de 5 (cinco) dias;
▶ Correspondência: art. 40, II CPC 1973.

III – retirar os autos do cartório ou da secretaria, pelo prazo legal, sempre que neles lhe couber falar por determinação do juiz, nos casos previstos em lei.
▶ Correspondência: art. 40, III CPC 1973.

§ 1º Ao receber os autos, o advogado assinará carga em livro ou documento próprio.
▶ Correspondência: art. 40, § 1º CPC 1973.

§ 2º Sendo o prazo comum às partes, os procuradores poderão retirar os autos somente em conjunto ou mediante prévio ajuste, por petição nos autos.
▶ Correspondência: art. 40, § 2º CPC 1973.

§ 3º Na hipótese do § 2º, é lícito ao procurador retirar os autos para obtenção de cópias, pelo prazo de 2 (duas) a 6 (seis) horas, independentemente de ajuste e sem prejuízo da continuidade do prazo.
▶ Correspondência: art. 40, § 2º CPC 1973.

§ 4º O procurador perderá no mesmo processo o direito a que se refere o § 3º se não devolver os autos tempestivamente, salvo se o prazo for prorrogado pelo juiz.
▶ Sem correspondência no CPC 1973.
▶ Art. 234 deste Código.

§ 5º O disposto no inciso I do *caput* deste artigo aplica-se integralmente a processos eletrônicos.
▶ § 5º acrescido pela Lei 13.793/2019.

CAPÍTULO IV
DA SUCESSÃO DAS PARTES E DOS PROCURADORES

Art. 108. No curso do processo, somente é lícita a sucessão voluntária das partes nos casos expressos em lei.
▶ Correspondência: art. 41 CPC 1973.
▶ Arts. 43, 778, 779 deste Código.

Art. 109. A alienação da coisa ou do direito litigioso por ato entre vivos, a título particular, não altera a legitimidade das partes.
▶ Correspondência: art. 42 CPC 1973.
▶ Arts. 240, 778, § 1º, II e III, 779, II, 790, I, 792 e 808 deste Código.

§ 1º O adquirente ou cessionário não poderá ingressar em juízo, sucedendo o alienante ou cedente, sem que o consinta a parte contrária.
▶ Correspondência: art. 42, § 1º CPC 1973.

§ 2º O adquirente ou cessionário poderá intervir no processo como assistente litisconsorcial do alienante ou cedente.
▶ Correspondência: art. 42, § 2º CPC 1973.
▶ Arts. 119 a 124 deste Código.

§ 3º Estendem-se os efeitos da sentença proferida entre as partes originárias ao adquirente ou cessionário.
▶ Correspondência: art. 42, § 3º CPC 1973.
▶ Arts. 778, § 1º, II e III, 779, II e III, 790, I e 808 deste Código.

Art. 110. Ocorrendo a morte de qualquer das partes, dar-se-á a sucessão pelo seu espólio ou pelos seus sucessores, observado o disposto no art. 313, §§ 1º e 2º.
▶ Correspondência: art. 43 CPC 1973.
▶ Arts. 75, VII, § 1º, 313, I, 485, IX, 618, I, 687 a 692 e 1.004 deste Código.
▶ Arts. 1.790 e 1.829 do CC.

Art. 111. A parte que revogar o mandato outorgado a seu advogado constituirá, no mesmo ato, outro que assuma o patrocínio da causa.

▶ Correspondência: art. 44 CPC 1973.
▶ Arts. 683 a 687 do CC.

Parágrafo único. Não sendo constituído novo procurador no prazo de 15 (quinze) dias, observar-se-á o disposto no art. 76.
▶ Sem correspondência no CPC 1973.

Art. 112. O advogado poderá renunciar ao mandato a qualquer tempo, provando, na forma prevista neste Código, que comunicou a renúncia ao mandante, a fim de que este nomeie sucessor.
▶ Correspondência: art. 45 CPC 1973.
▶ Art. 313, I, § 1º deste Código.
▶ Arts. 682 e 688 do CC.

§ 1º Durante os 10 (dez) dias seguintes, o advogado continuará a representar o mandante, desde que necessário para lhe evitar prejuízo.
▶ Correspondência: art. 45 CPC 1973.
▶ Art. 5º, § 3º da Lei 8.906/1994 (Estatuto da Advocacia e da OAB).

§ 2º Dispensa-se a comunicação referida no *caput* quando a procuração tiver sido outorgada a vários advogados e a parte continuar representada por outro, apesar da renúncia.
▶ Sem correspondência no CPC 1973.

TÍTULO II
DO LITISCONSÓRCIO

Art. 113. Duas ou mais pessoas podem litigar, no mesmo processo, em conjunto, ativa ou passivamente, quando:
▶ Correspondência: art. 46 CPC 1973.
▶ Art. 6º, § 5º da Lei 4.717/1965 (Ação popular).
▶ Art. 5º, §§ 2º e 5º da Lei 7.347/1985 (Ação civil pública).
▶ Art. 14, §2º da Lei 9.289/1996 (Custas devidas à União na Justiça Federal).
▶ Art. 94, § 1º, Lei 11.101/2005 (Recuperação de Empresas e Falência).
▶ Súmulas 631 e 641 do STF.

I – entre elas houver comunhão de direitos ou de obrigações relativamente à lide;
▶ Correspondência: art. 46, I CPC 1973.

II – entre as causas houver conexão pelo pedido ou pela causa de pedir;
▶ Correspondência: art. 46, III CPC 1973.
▶ Arts. 54, 55 desse Código.
▶ Súmula 235 do STJ.

III – ocorrer afinidade de questões por ponto comum de fato ou de direito.
▶ Correspondência: art. 46, IV CPC 1973.

§ 1º O juiz poderá limitar o litisconsórcio facultativo quanto ao número de litigantes na fase de conhecimento, na liquidação de sentença ou na execução, quando este comprometer a rápida solução do litígio ou dificultar a defesa ou o cumprimento da sentença.
▶ Correspondência: art. 46, parágrafo único CPC 1973.
▶ Art. 139, II deste Código.

§ 2º O requerimento de limitação interrompe o prazo para manifestação ou resposta, que recomeçará da intimação da decisão que o solucionar.
▶ Correspondência: art. 46, parágrafo único CPC 1973.

Art. 114. O litisconsórcio será necessário por disposição de lei ou quando, pela natureza da relação jurídica controvertida, a eficácia da sentença depender da citação de todos que devam ser litisconsortes.
▶ Correspondência: art. 47 CPC 1973.

Art. 115. A sentença de mérito, quando proferida sem a integração do contraditório, será:
▶ Sem correspondência no CPC 1973.
▶ Art. 10 deste Código.

I – nula, se a decisão deveria ser uniforme em relação a todos que deveriam ter integrado o processo;
▶ Sem correspondência no CPC 1973.

II – ineficaz, nos outros casos, apenas para os que não foram citados.
▶ Sem correspondência no CPC 1973.

Parágrafo único. Nos casos de litisconsórcio passivo necessário, o juiz determinará ao autor que requeira a citação de todos que devam ser litisconsortes, dentro do prazo que assinar, sob pena de extinção do processo.
▶ Correspondência: art. 47, parágrafo único CPC 1973.
▶ Arts. 354 e 485, III deste Código.
▶ Art. 94 do CDC.
▶ Súmula 631 do STF.

Art. 116. O litisconsórcio será unitário quando, pela natureza da relação jurídica, o juiz tiver de decidir o mérito de modo uniforme para todos os litisconsortes.
▶ Sem correspondência no CPC 1973.

Art. 117. Os litisconsortes serão considerados, em suas relações com a parte adversa, como litigantes distintos, exceto no litisconsórcio unitário, caso em que os atos e as omissões de um não prejudicarão os outros, mas os poderão beneficiar.
▶ Correspondência: art. 48 CPC 1973.
▶ Arts. 345, I, 391, 998 e 1.005 deste Código.

Art. 118. Cada litisconsorte tem o direito de promover o andamento do processo, e todos devem ser intimados dos respectivos atos.
▶ Correspondência: art. 49 CPC 1973.
▶ Art. 229 deste Código.

TÍTULO III
DA INTERVENÇÃO DE TERCEIROS

CAPÍTULO I
DA ASSISTÊNCIA

Seção I
Disposições comuns

Art. 119. Pendendo causa entre 2 (duas) ou mais pessoas, o terceiro juridicamente interessado em que a sentença seja favorável a uma delas poderá intervir no processo para assisti-la.
▶ Correspondência: art. 50 CPC 1973.
▶ Arts. 109, § 2º, 124, 364, § 1º deste Código.
▶ Art. 6º da Lei 4.717/1965 (Ação popular).
▶ Art. 14, § 2º da Lei 9.289/1996 (Custas devidas à União na Justiça Federal).
▶ Súmula 553 do STJ.

Parágrafo único. A assistência será admitida em qualquer procedimento e em todos os graus de jurisdição, recebendo o assistente o processo no estado em que se encontre.
▶ Correspondência: art. 50, parágrafo único CPC 1973.

Art. 120. Não havendo impugnação no prazo de 15 (quinze) dias, o pedido do assistente será deferido, salvo se for caso de rejeição liminar.
▶ Correspondência: art. 51, I, II e III CPC 1973.

Parágrafo único. Se qualquer parte alegar que falta ao requerente interesse jurídico para intervir, o juiz decidirá o incidente, sem suspensão do processo.
▶ Correspondência: art. 51, I, II e III CPC 1973.

Seção II
Da assistência simples

Art. 121. O assistente simples atuará como auxiliar da parte principal, exercerá os mesmos poderes e sujeitar-se-á aos mesmos ônus processuais que o assistido.
▶ Correspondência: art. 52 CPC 1973.
▶ Art. 94 deste Código.

Parágrafo único. Sendo revel ou, de qualquer outro modo, omisso o assistido, o assistente será considerado seu substituto processual.
▶ Correspondência: art. 52, parágrafo único CPC 1973.
▶ Art. 344 deste Código.

Art. 122. A assistência simples não obsta a que a parte principal reconheça a procedência do pedido, desista da ação, renuncie ao direito sobre o que se funda a ação ou transija sobre direitos controvertidos.
▶ Correspondência: art. 53 CPC 1973.
▶ Arts. 90, 200, pár. ún., 485, VIII e § 4º e 487, III *a* e *b* deste Código.

Art. 123. Transitada em julgado a sentença no processo em que interveio o assistente, este não poderá, em processo posterior, discutir a justiça da decisão, salvo se alegar e provar que:
▶ Correspondência: art. 55 CPC 1973.
▶ Arts. 502 e 506 deste Código.

I – pelo estado em que recebeu o processo ou pelas declarações e pelos atos do assistido, foi impedido de produzir provas suscetíveis de influir na sentença;
▶ Correspondência: art. 55, I CPC 1973.

II – desconhecia a existência de alegações ou de provas das quais o assistido, por dolo ou culpa, não se valeu.
▶ Correspondência: art. 55, II CPC 1973.

Seção III
Da assistência litisconsorcial

Art. 124. Considera-se litisconsorte da parte principal o assistente sempre que a sentença influir na relação jurídica entre ele e o adversário do assistido.
▶ Correspondência: art. 54 CPC 1973.
▶ Arts. 109, § 2º, 113, 114, 115, 117, 119 e 229 deste Código.

CAPÍTULO II
DA DENUNCIAÇÃO DA LIDE

Art. 125. É admissível a denunciação da lide, promovida por qualquer das partes:
▶ Correspondência: art. 70 CPC 1973.

I – ao alienante imediato, no processo relativo à coisa cujo domínio foi transferido ao denunciante, a fim de que possa exercer os direitos que da evicção lhe resultam;
▶ Correspondência: art. 70, I CPC 1973.
▶ Arts. 446, 447 e 1.197 do CC.

II – àquele que estiver obrigado, por lei ou pelo contrato, a indenizar, em ação regressiva, o prejuízo de quem for vencido no processo.
▶ Correspondência: art. 70, III CPC 1973.
▶ Art. 37, § 6º da CF.

> ▸ Arts. 757, 927 e ss., e 1.646 do CC.
> ▸ Art. 101, II, do CDC.
> ▸ Súmula 188 do STF.

§ 1º O direito regressivo será exercido por ação autônoma quando a denunciação da lide for indeferida, deixar de ser promovida ou não for permitida.

> ▸ Sem correspondência no CPC 1973.

§ 2º Admite-se uma única denunciação sucessiva, promovida pelo denunciado, contra seu antecessor imediato na cadeia dominial ou quem seja responsável por indenizá-lo, não podendo o denunciado sucessivo promover nova denunciação, hipótese em que eventual direito de regresso será exercido por ação autônoma.

> ▸ Sem correspondência no CPC 1973.

Art. 126. A citação do denunciado será requerida na petição inicial, se o denunciante for autor, ou na contestação, se o denunciante for réu, devendo ser realizada na forma e nos prazos previstos no art. 131.

> ▸ Correspondência: art. 71 CPC 1973.

Art. 127. Feita a denunciação pelo autor, o denunciado poderá assumir a posição de litisconsorte do denunciante e acrescentar novos argumentos à petição inicial, procedendo-se em seguida à citação do réu.

> ▸ Correspondência: art. 74 CPC 1973.

Art. 128. Feita a denunciação pelo réu:

> ▸ Correspondência: art. 75 CPC 1973.

I - se o denunciado contestar o pedido formulado pelo autor, o processo prosseguirá tendo, na ação principal, em litisconsórcio, denunciante e denunciado;

> ▸ Correspondência: art. 75, I CPC 1973.

II - se o denunciado for revel, o denunciante pode deixar de prosseguir com sua defesa, eventualmente oferecida, e abster-se de recorrer, restringindo sua atuação à ação regressiva;

> ▸ Correspondência: art. 75, II CPC 1973.
> ▸ Arts. 344 a 346 deste Código.

III - se o denunciado confessar os fatos alegados pelo autor na ação principal, o denunciante poderá prosseguir com sua defesa ou, aderindo a tal reconhecimento, pedir apenas a procedência da ação de regresso.

> ▸ Correspondência: art. 75, III CPC 1973.
> ▸ Arts. 389 a 395 deste Código.

Parágrafo único. Procedente o pedido da ação principal, pode o autor, se for o caso, requerer o cumprimento da sentença também contra o denunciado, nos limites da condenação deste na ação regressiva.

> ▸ Sem correspondência no CPC 1973.

Art. 129. Se o denunciante for vencido na ação principal, o juiz passará ao julgamento da denunciação da lide.

> ▸ Correspondência: art. 76 CPC 1973.
> ▸ Art. 101, II, da Lei 8.078/1990 (Código de Defesa do Consumidor – CDC).

Parágrafo único. Se o denunciante for vencedor, a ação de denunciação não terá o seu pedido examinado, sem prejuízo da condenação do denunciante ao pagamento das verbas de sucumbência em favor do denunciado.

> ▸ Correspondência: art. 76 CPC 1973.

CAPÍTULO III
DO CHAMAMENTO AO PROCESSO

Art. 130. É admissível o chamamento ao processo, requerido pelo réu:

> ▸ Correspondência: art. 77 CPC 1973.

I - do afiançado, na ação em que o fiador for réu;

> ▸ Correspondência: art. 77, I CPC 1973.
> ▸ Arts. 818 a 836 do CC.

II - dos demais fiadores, na ação proposta contra um ou alguns deles;

> ▸ Correspondência: art. 77, II CPC 1973.
> ▸ Arts. 818 a 839 do CC.

III - dos demais devedores solidários, quando o credor exigir de um ou de alguns o pagamento da dívida comum.

> ▸ Correspondência: art. 77, III CPC 1973.
> ▸ Arts. 264, 265, 266, 275 a 285 do CC.
> ▸ Súmula 492 do STF.

Art. 131. A citação daqueles que devam figurar em litisconsórcio passivo será requerida pelo réu na contestação e deve ser promovida no prazo de 30 (trinta) dias, sob pena de ficar sem efeito o chamamento.

> ▸ Correspondência: art. 78 CPC 1973.
> ▸ Arts. 238, 258 e 335 deste Código.

Parágrafo único. Se o chamado residir em outra comarca, seção ou subseção judiciárias, ou em lugar incerto, o prazo será de 2 (dois) meses.

> ▸ Sem correspondência no CPC 1973.

Art. 132. A sentença de procedência valerá como título executivo em favor do réu que satisfizer a dívida, a fim de que possa exigi-la, por inteiro, do devedor principal, ou, de cada um dos codevedores, a sua quota, na proporção que lhes tocar.

> ▸ Correspondência: art. 80 CPC 1973.
> ▸ Arts. 283 a 285 e 831 do CC.

CAPÍTULO IV
DO INCIDENTE DE DESCONSIDERAÇÃO DA PERSONALIDADE JURÍDICA

Art. 133. O incidente de desconsideração da personalidade jurídica será instaurado a pedido da parte ou do Ministério Público, quando lhe couber intervir no processo.

> ▸ Sem correspondência no CPC 1973.
> ▸ Art. 795, § 4º e 1.062 deste Código.
> ▸ Art. 50 do CC.
> ▸ Art. 28 da Lei 8.078/1990 (Código de Defesa do Consumidor – CDC).
> ▸ Art. 4º da Lei 9.605/1998 (Crimes Ambientais).
> ▸ Art. 34 da Lei 12.529/2011 (Sistema Brasileiro de Defesa da Concorrência).

§ 1º O pedido de desconsideração da personalidade jurídica observará os pressupostos previstos em lei.

> ▸ Sem correspondência no CPC 1973.

§ 2º Aplica-se o disposto neste Capítulo à hipótese de desconsideração inversa da personalidade jurídica.

> ▸ Sem correspondência no CPC 1973.

Art. 134. O incidente de desconsideração é cabível em todas as fases do processo de conhecimento, no cumprimento de sentença e na execução fundada em título executivo extrajudicial.

> ▸ Sem correspondência no CPC 1973.

§ 1º A instauração do incidente será imediatamente comunicada ao distribuidor para as anotações devidas.

> ▸ Sem correspondência no CPC 1973.

§ 2º Dispensa-se a instauração do incidente se a desconsideração da personalidade jurídica for requerida na petição inicial, hipótese em que será citado o sócio ou a pessoa jurídica.

> ▸ Sem correspondência no CPC 1973.

§ 3º A instauração do incidente suspenderá o processo, salvo na hipótese do § 2º.

> ▸ Sem correspondência no CPC 1973.

§ 4º O requerimento deve demonstrar o preenchimento dos pressupostos legais específicos para desconsideração da personalidade jurídica.

> ▸ Sem correspondência no CPC 1973.

Art. 135. Instaurado o incidente, o sócio ou a pessoa jurídica será citado para manifestar-se e requerer as provas cabíveis no prazo de 15 (quinze) dias.

> ▸ Sem correspondência no CPC 1973.

Art. 136. Concluída a instrução, se necessária, o incidente será resolvido por decisão interlocutória.

> ▸ Sem correspondência no CPC 1973.

Parágrafo único. Se a decisão for proferida pelo relator, cabe agravo interno.

> ▸ Sem correspondência no CPC 1973.
> ▸ Art. 1.021 deste Código.

Art. 137. Acolhido o pedido de desconsideração, a alienação ou a oneração de bens, havida em fraude de execução, será ineficaz em relação ao requerente.

> ▸ Sem correspondência no CPC 1973.

CAPÍTULO V
DO *AMICUS CURIAE*

Art. 138. O juiz ou o relator, considerando a relevância da matéria, a especificidade do tema objeto da demanda ou a repercussão social da controvérsia, poderá, por decisão irrecorrível, de ofício ou a requerimento das partes ou de quem pretenda manifestar-se, solicitar ou admitir a participação de pessoa natural ou jurídica, órgão ou entidade especializada, com representatividade adequada, no prazo de 15 (quinze) dias de sua intimação.

> ▸ Sem correspondência no CPC 1973.
> ▸ Art. 131, § 3º do RISTF.
> ▸ Art. 7º, § 2º da Lei 9.868/1999 (Lei da ADIN e da ADECON).
> ▸ Art. 3º, § 2º da Lei 11.417/2006 (Súmula Vinculante).

§ 1º A intervenção de que trata o *caput* não implica alteração de competência nem autoriza a interposição de recursos, ressalvadas a oposição de embargos de declaração e a hipótese do § 3º.

> ▸ Sem correspondência no CPC 1973.

§ 2º Caberá ao juiz ou ao relator, na decisão que solicitar ou admitir a intervenção, definir os poderes do *amicus curiae*.

> ▸ Sem correspondência no CPC 1973.

§ 3º O *amicus curiae* pode recorrer da decisão que julgar o incidente de resolução de demandas repetitivas.

> ▸ Sem correspondência no CPC 1973.
> ▸ Arts. 976 a 987 deste Código.

TÍTULO IV
DO JUIZ E DOS AUXILIARES DA JUSTIÇA

CAPÍTULO I
DOS PODERES, DOS DEVERES E DA RESPONSABILIDADE DO JUIZ

Art. 139. O juiz dirigirá o processo conforme as disposições deste Código, incumbindo-lhe:

> ▸ Correspondência: art. 125 CPC 1973.
> ▸ Arts. 203 a 205, 226, 235 deste Código.

I - assegurar às partes igualdade de tratamento;

> ▸ Correspondência: art. 125, I CPC 1973.
> ▸ Art. 7º, deste Código.
> ▸ Art. 5º, *caput* e I da CF.

II - velar pela duração razoável do processo;

> ▸ Correspondência: art. 125, II CPC 1973.
> ▸ Art. 4º, 6º e 76 deste Código.
> ▸ Art. 5º, LXXVIII da CF.
> ▸ Art. 49 da LC 35/1979 (Lei Orgânica da Magistratura Nacional).

III - prevenir ou reprimir qualquer ato contrário à dignidade da justiça e indeferir postulações meramente protelatórias;

> ▸ Correspondência: art. 125, III CPC 1973.
> ▸ Arts. 77, IV e §§ 2º a 6º, 78 a 81, 360, 370, par. ún., 772 e 774 deste Código.

IV - determinar todas as medidas indutivas, coercitivas, mandamentais ou sub-rogatórias necessárias para assegurar o cumprimento de ordem judicial, inclusive nas ações que tenham por objeto prestação pecuniária;

> ▸ Sem correspondência no CPC 1973.

V - promover, a qualquer tempo, a autocomposição, preferencialmente com auxílio de conciliadores e mediadores judiciais;

> ▸ Correspondência: art. 125, IV CPC 1973.
> ▸ Arts. 334, 359 deste Código.

VI - dilatar os prazos processuais e alterar a ordem de produção dos meios de prova, adequando-os às necessidades do conflito de modo a conferir maior efetividade à tutela do direito;

> ▸ Sem correspondência no CPC 1973.
> ▸ Arts. 190 e 459 deste Código.

VII - exercer o poder de polícia, requisitando, quando necessário, força policial, além da segurança interna dos fóruns e tribunais;

> ▸ Sem correspondência no CPC 1973.
> ▸ Art. 360 deste Código.

VIII - determinar, a qualquer tempo, o comparecimento pessoal das partes, para inquiri-las sobre os fatos da causa, hipótese em que não incidirá a pena de confesso;

> ▸ Correspondência: art. 342 CPC 1973.
> ▸ Arts. 385, § 1º e 772, I deste Código.

IX - determinar o suprimento de pressupostos processuais e o saneamento de outros vícios processuais;

> ▸ Sem correspondência no CPC 1973.

X - quando se deparar com diversas demandas individuais repetitivas, oficiar o Ministério Público, a Defensoria Pública e, na medida do possível, outros legitimados a que se referem o art. 5º da Lei 7.347, de 24 de julho de 1985, e o art. 82 da Lei 8.078, de 11 de setembro de 1990, para, se for o caso, promover a propositura da ação coletiva respectiva.

> ▸ Sem correspondência no CPC 1973.
> ▸ Arts. 976 a 987 deste Código.
> ▸ Art. 5º da Lei 7.347/1985 (Ação Civil Pública).
> ▸ Art. 82 da Lei 8.078/1990 (Código de Defesa do Consumidor – CDC).

Parágrafo único. A dilação de prazos prevista no inciso VI somente pode ser determinada antes de encerrado o prazo regular.

> ▸ Sem correspondência no CPC 1973.

Art. 140. O juiz não se exime de decidir sob a alegação de lacuna ou obscuridade do ordenamento jurídico.

> ▸ Correspondência: art. 126 CPC 1973.
> ▸ Art. 4º e 5º do Dec.-lei 4.657/1942 (Lei de Introdução às normas do Direito Brasileiro – LINDB).

Parágrafo único. O juiz só decidirá por equidade nos casos previstos em lei.

> ▸ Correspondência: art. 127 CPC 1973.
> ▸ Arts. 375 e 723, par. ún., deste Código.

Art. 141. O juiz decidirá o mérito nos limites propostos pelas partes, sendo-lhe vedado conhecer de questões não suscitadas a cujo respeito a lei exige iniciativa da parte.

> ▸ Correspondência: art. 128 CPC 1973.
> ▸ Arts. 490 e 492 deste Código.

Art. 142. Convencendo-se, pelas circunstâncias, de que autor e réu se serviram do processo para praticar ato simulado ou conseguir fim vedado por lei, o juiz proferirá decisão que impeça os objetivos das partes, aplicando, de ofício, as penalidades da litigância de má-fé.

> ▸ Correspondência: art. 129 CPC 1973.
> ▸ Arts. 80, III, 139, III e 966, III deste Código.

Art. 143. O juiz responderá, civil e regressivamente, por perdas e danos quando:
▸ Correspondência: art. 133 CPC 1973.

I – no exercício de suas funções, proceder com dolo ou fraude;
▸ Correspondência: art. 133, I CPC 1973.
▸ Art. 49, I da LC 35/1979 (Lei Orgânica da Magistratura Nacional).

II – recusar, omitir ou retardar, sem justo motivo, providência que deva ordenar de ofício ou a requerimento da parte.
▸ Correspondência: art. 133, II CPC 1973.
▸ Art. 49, II da LC 35/1979 (Lei Orgânica da Magistratura Nacional).
▸ Arts. 927 e 1.744 do CC.
▸ Art. 319 do CP.

Parágrafo único. As hipóteses previstas no inciso II somente serão verificadas depois que a parte requerer ao juiz que determine a providência e o requerimento não for apreciado no prazo de 10 (dez) dias.
▸ Correspondência: art. 133, parágrafo único CPC 1973.
▸ Arts. 93, 226, 235 e § 1º deste Código.
▸ Arts. 35, II e III e 49, II e par. ún., da LC 35/1979 (Lei Orgânica da Magistratura Nacional).

<div style="text-align:center">CAPÍTULO II
DOS IMPEDIMENTOS E DA SUSPEIÇÃO</div>

Art. 144. Há impedimento do juiz, sendo-lhe vedado exercer suas funções no processo:
▸ Correspondência: art. 134 CPC 1973.
▸ Arts. 146 e 966, II deste Código.
▸ Súmula 252 do STF.

I – em que interveio como mandatário da parte, oficiou como perito, funcionou como membro do Ministério Público ou prestou depoimento como testemunha;
▸ Correspondência: art. 134, II CPC 1973.
▸ Art. 452 deste Código.

II – de que conheceu em outro grau de jurisdição, tendo proferido decisão;
▸ Correspondência: art. 134, III CPC 1973.
▸ Art. 277 do RISTF.
▸ Súmula 252 do STF.

III – quando nele estiver postulando, como defensor público, advogado ou membro do Ministério Público, seu cônjuge ou companheiro, ou qualquer parente, consanguíneo ou afim, em linha reta ou colateral, até o terceiro grau, inclusive;
▸ Correspondência: art. 134, IV CPC 1973.

IV – quando for parte no processo ele próprio, seu cônjuge ou companheiro, ou parente, consanguíneo ou afim, em linha reta ou colateral, até o terceiro grau, inclusive;
▸ Correspondência: art. 134, I e V CPC 1973.

V – quando for sócio ou membro de direção ou de administração de pessoa jurídica parte no processo;
▸ Correspondência: art. 134, VI CPC 1973.
▸ Art. 36, I e II da LC 35/1979 (Lei Orgânica da Magistratura Nacional).

VI – quando for herdeiro presuntivo, donatário ou empregador de qualquer das partes;
▸ Correspondência: art. 135 CPC 1973.

VII – em que figure como parte instituição de ensino com a qual tenha relação de emprego ou decorrente de contrato de prestação de serviços;
▸ Sem correspondência no CPC 1973.

VIII – em que figure como parte cliente do escritório de advocacia de seu cônjuge, companheiro ou parente, consanguíneo ou afim, em linha reta ou colateral, até o terceiro grau, inclusive, mesmo que patrocinado por advogado de outro escritório;
▸ Sem correspondência no CPC 1973.
▸ O STF, na ADIN 5953, por maioria, julgou procedente a ação e declarou a inconstitucionalidade do inciso VIII do art. 144 do CPC (DOU 01.09.2023).

IX – quando promover ação contra a parte ou seu advogado.
▸ Sem correspondência no CPC 1973.

§ 1º Na hipótese do inciso III, o impedimento só se verifica quando o defensor público, o advogado ou o membro do Ministério Público já integrava o processo antes do início da atividade judicante do juiz.
▸ Correspondência: art. 134, parágrafo único CPC 1973.

§ 2º É vedada a criação de fato superveniente a fim de caracterizar impedimento do juiz.
▸ Correspondência: art. 134, parágrafo único CPC 1973.

§ 3º O impedimento previsto no inciso III também se verifica no caso de mandato conferido a membro de escritório de advocacia que tenha em seus quadros advogado que individualmente ostente a condição nele prevista, mesmo que não intervenha diretamente no processo.
▸ Sem correspondência no CPC 1973.

Art. 145. Há suspeição do juiz:
▸ Correspondência: art. 135 CPC 1973.

I – amigo íntimo ou inimigo de qualquer das partes ou de seus advogados;
▸ Correspondência: art. 135, I CPC 1973.

II – que receber presentes de pessoas que tiverem interesse na causa antes ou depois de iniciado o processo, que aconselhar alguma das partes acerca do objeto da causa ou que subministrar meios para atender às despesas do litígio;
▸ Correspondência: art. 135, IV CPC 1973.

III – quando qualquer das partes for sua credora ou devedora, de seu cônjuge ou companheiro ou de parentes destes, em linha reta até o terceiro grau, inclusive;
▸ Correspondência: art. 135, II CPC 1973.

IV – interessado no julgamento do processo em favor de qualquer das partes.
▸ Correspondência: art. 135, V CPC 1973.

§ 1º Poderá o juiz declarar-se suspeito por motivo de foro íntimo, sem necessidade de declarar suas razões.
▸ Correspondência: art. 135, parágrafo único CPC 1973.

§ 2º Será ilegítima a alegação de suspeição quando:
▸ Sem correspondência no CPC 1973.

I – houver sido provocada por quem a alega;
▸ Sem correspondência no CPC 1973.

II – a parte que a alega houver praticado ato que signifique manifesta aceitação do arguido.
▸ Sem correspondência no CPC 1973.

Art. 146. No prazo de 15 (quinze) dias, a contar do conhecimento do fato, a parte alegará o impedimento ou a suspeição, em petição específica dirigida ao juiz do processo, na qual indicará o fundamento da recusa, podendo instruí-la com documentos em que se fundar a alegação e com rol de testemunhas.
▸ Correspondência: art. 312 CPC 1973.
▸ Arts. 313, III, 535, § 1º e 966, II deste Código.

§ 1º Se reconhecer o impedimento ou a suspeição ao receber a petição, o juiz ordenará imediatamente a remessa dos autos a seu substituto legal, caso contrário, determinará a autuação em apartado da petição e, no prazo de 15 (quinze) dias, apresentará suas razões, acompanhadas de documentos e de rol de testemunhas, se houver, ordenando a remessa do incidente ao tribunal.
▸ Correspondência: art. 313 CPC 1973.

§ 2º Distribuído o incidente, o relator deverá declarar os seus efeitos, sendo que, se o incidente for recebido:
▸ Sem correspondência no CPC 1973.

I – sem efeito suspensivo, o processo voltará a correr;
▸ Sem correspondência no CPC 1973.

II – com efeito suspensivo, o processo permanecerá suspenso até o julgamento do incidente.
▸ Correspondência: art. 306 CPC 1973.
▸ Art. 221 deste Código.

§ 3º Enquanto não for declarado o efeito em que é recebido o incidente ou quando este for recebido com efeito suspensivo, a tutela de urgência será requerida ao substituto legal.
▸ Sem correspondência no CPC 1973.

§ 4º Verificando que a alegação de impedimento ou de suspeição é improcedente, o tribunal rejeitá-la-á.
▸ Correspondência: art. 314 CPC 1973.

§ 5º Acolhida a alegação, tratando-se de impedimento ou de manifesta suspeição, o tribunal condenará o juiz nas custas e remeterá os autos ao seu substituto legal, podendo o juiz recorrer da decisão.
▸ Correspondência: art. 314 CPC 1973.

§ 6º Reconhecido o impedimento ou a suspeição, o tribunal fixará o momento a partir do qual o juiz não poderia ter atuado.
▸ Sem correspondência no CPC 1973.

§7º O tribunal decretará a nulidade dos atos do juiz, se praticados quando já presente o motivo de impedimento ou de suspeição.
▸ Sem correspondência no CPC 1973.

Art. 147. Quando 2 (dois) ou mais juízes forem parentes, consanguíneos ou afins, em linha reta ou colateral, até o terceiro grau, inclusive, o primeiro que conhecer do processo impede que o outro nele atue, caso em que o segundo se escusará, remetendo os autos ao seu substituto legal.
▸ Correspondência: art. 136 CPC 1973.

Art. 148. Aplicam-se os motivos de impedimento e de suspeição:
▸ Correspondência: art. 138 CPC 1973.

I – ao membro do Ministério Público;
▸ Correspondência: art. 138, I CPC 1973.

II – aos auxiliares da justiça;
▸ Correspondência: art. 138, II CPC 1973.
▸ Art. 149 deste Código.

III – aos demais sujeitos imparciais do processo.
▸ Correspondência: art. 138, III e IV CPC 1973.

§ 1º A parte interessada deverá arguir o impedimento ou a suspeição, em petição fundamentada e devidamente instruída, na primeira oportunidade em que lhe couber falar nos autos.
▸ Correspondência: art. 138, § 1º CPC 1973.

§ 2º O juiz mandará processar o incidente em separado e sem suspensão do processo, ouvindo o arguido no prazo de 15 (quinze) dias e facultando a produção de prova, quando necessária.
▸ Correspondência: art. 138, § 1º CPC 1973.

§ 3º Nos tribunais, a arguição a que se refere o § 1º será disciplinada pelo regimento interno.
▸ Correspondência: art. 138, § 2º CPC 1973.

§ 4º O disposto nos §§ 1º e 2º não se aplica à arguição de impedimento ou de suspeição de testemunha.
▸ Sem correspondência no CPC 1973.

<div style="text-align:center">CAPÍTULO III
DOS AUXILIARES DA JUSTIÇA</div>

Art. 149. São auxiliares da justiça, além de outros cujas atribuições sejam determinadas pelas normas de organização judiciária, o escrivão, o chefe de secretaria, o oficial de justiça, o perito, o depositário, o administrador, o intérprete, o tradutor, o mediador, o conciliador judicial, o partidor, o distribuidor, o contabilista e o regulador de avarias.
▸ Correspondência: art. 139 CPC 1973.
▸ Arts. 150 a 164 deste Código.

<div style="text-align:center">Seção I
Do escrivão, do chefe de secretaria
e do oficial de justiça</div>

Art. 150. Em cada juízo haverá um ou mais ofícios de justiça, cujas atribuições serão determinadas pelas normas de organização judiciária.
▸ Correspondência: art. 140 CPC 1973.

Art. 151. Em cada comarca, seção ou subseção judiciária haverá, no mínimo, tantos oficiais de justiça quantos sejam os juízos.
▸ Sem correspondência no CPC 1973.

Art. 152. Incumbe ao escrivão ou ao chefe de secretaria:
▸ Correspondência: art. 141 CPC 1973.
▸ Arts. 206 a 211 deste Código.

I – redigir, na forma legal, os ofícios, os mandados, as cartas precatórias e os demais atos que pertençam ao seu ofício;
▸ Correspondência: art. 141, I CPC 1973.

II – efetivar as ordens judiciais, realizar citações e intimações, bem como praticar todos os demais atos que lhe forem atribuídos pelas normas de organização judiciária;
▸ Correspondência: art. 141, II CPC 1973.
▸ Arts. 238, 241 e 269 deste Código.

III – comparecer às audiências ou, não podendo fazê-lo, designar servidor para substituí-lo;
▸ Correspondência: art. 141, III CPC 1973.
▸ Art. 209 deste Código.

IV – manter sob sua guarda e responsabilidade os autos, não permitindo que saiam do cartório, exceto:
▸ Correspondência: art. 141, IV CPC 1973.
▸ Arts. 228 deste Código.

a) quando tenham de seguir à conclusão do juiz;
▸ Correspondência: art. 141, IV, a CPC 1973.

b) com vista a procurador, à Defensoria Pública, ao Ministério Público ou à Fazenda Pública;
▸ Correspondência: art. 141, IV, b CPC 1973.
▸ Arts. 107, II e III, 179, I e 234, caput e §§ 1º a 4º deste Código.
▸ Art. 7º, XV e XVI, da Lei 8.906/1994 (Estatuto da Advocacia e da OAB).

c) quando devam ser remetidos ao contabilista ou ao partidor;
▸ Correspondência: art. 141, IV, c CPC 1973.

d) quando forem remetidos a outro juízo em razão da modificação da competência;
▸ Correspondência: art. 141, IV, d CPC 1973.
▸ Art. 43 deste Código.

V – fornecer certidão de qualquer ato ou termo do processo, independentemente de despacho, observadas as disposições referentes ao segredo de justiça;
▸ Correspondência: art. 141, V CPC 1973.

VI – praticar, de ofício, os atos meramente ordinatórios.
▸ Sem correspondência no CPC 1973.

§ 1º O juiz titular editará ato a fim de regulamentar a atribuição prevista no inciso VI.
▸ Sem correspondência no CPC 1973.

§ 2º No impedimento do escrivão ou chefe de secretaria, o juiz convocará substituto e, não o havendo, nomeará pessoa idônea para o ato.
▸ Correspondência: art. 142 CPC 1973.

Art. 153. O escrivão ou o chefe de secretaria atenderá, preferencialmente, à ordem cronológica de recebimento para publicação e efetivação dos pronunciamentos judiciais.
▸ Sem correspondência no CPC 1973.

▸ Artigo com redação pela Lei 13.256/2016.
▸ Arts. 12 e 1.046, § 5º deste Código.

§ 1º A lista de processos recebidos deverá ser disponibilizada, de forma permanente, para consulta pública.
▸ Sem correspondência no CPC 1973.

§ 2º Estão excluídos da regra do *caput*:
▸ Sem correspondência no CPC 1973.

I – os atos urgentes, assim reconhecidos pelo juiz no pronunciamento judicial a ser efetivado;
▸ Sem correspondência no CPC 1973.

II – as preferências legais.
▸ Sem correspondência no CPC 1973.

§ 3º Após elaboração de lista própria, respeitar-se-ão a ordem cronológica de recebimento entre os atos urgentes e as preferências legais.
▸ Sem correspondência no CPC 1973.

§ 4º A parte que se considerar preterida na ordem cronológica poderá reclamar, nos próprios autos, ao juiz do processo, que requisitará informações ao servidor, a serem prestadas no prazo de 2 (dois) dias.
▸ Sem correspondência no CPC 1973.

§ 5º Constatada a preterição, o juiz determinará o imediato cumprimento do ato e a instauração de processo administrativo disciplinar contra o servidor.
▸ Sem correspondência no CPC 1973.

Art. 154. Incumbe ao oficial de justiça:
▸ Correspondência: art. 143 CPC 1973.
▸ Art. 148, II, 149 deste Código.

I – fazer pessoalmente citações, prisões, penhoras, arrestos e demais diligências próprias do seu ofício, sempre que possível na presença de 2 (duas) testemunhas, certificando no mandado o ocorrido, com menção ao lugar, ao dia e à hora;
▸ Correspondência: art. 143, I CPC 1973.

II – executar as ordens do juiz a que estiver subordinado;
▸ Correspondência: art. 143, II CPC 1973.
▸ Art. 782 deste Código.

III – entregar o mandado em cartório após seu cumprimento;
▸ Correspondência: art. 143, III CPC 1973.

IV – auxiliar o juiz na manutenção da ordem;
▸ Correspondência: art. 143, IV CPC 1973.

V – efetuar avaliações, quando for o caso;
▸ Correspondência: art. 143, V CPC 1973.
▸ Art. 870 deste Código.

VI – certificar, em mandado, proposta de autocomposição apresentada por qualquer das partes, na ocasião de realização de ato de comunicação que lhe couber.
▸ Sem correspondência no CPC 1973.

Parágrafo único. Certificada a proposta de autocomposição prevista no inciso VI, o juiz ordenará a intimação da parte contrária para manifestar-se, no prazo de 5 (cinco) dias, sem prejuízo do andamento regular do processo, entendendo-se o silêncio como recusa.
▸ Sem correspondência no CPC 1973.

Art. 155. O escrivão, o chefe de secretaria e o oficial de justiça são responsáveis, civil e regressivamente, quando:
▸ Correspondência: art. 144 CPC 1973.
▸ Art. 37, § 6º da CF.

I – sem justo motivo, se recusarem a cumprir no prazo os atos impostos pela lei ou pelo juiz a que estão subordinados;
▸ Correspondência: art. 144, I CPC 1973.

II – praticarem ato nulo com dolo ou culpa.
▸ Correspondência: art. 144, II CPC 1973.

Seção II
Do perito

Art. 156. O juiz será assistido por perito quando a prova do fato depender de conhecimento técnico ou científico.
▸ Correspondência: art. 145 CPC 1973.
▸ Arts. 163, II, 245, § 2º e 464 a 480 deste Código.
▸ Res. 233/2016 do CNJ (Criação de cadastro de profissionais e órgãos técnicos ou científicos no âmbito da Justiça de primeiro e segundo graus).
▸ Súmula 232 do STJ.

§ 1º Os peritos serão nomeados entre os profissionais legalmente habilitados e os órgãos técnicos ou científicos devidamente inscritos em cadastro mantido pelo tribunal ao qual o juiz está vinculado.
▸ Correspondência: art. 145, §§ 1º e 2º CPC 1973.
▸ Arts. 148, II e 464 a 480 deste Código.

§ 2º Para formação do cadastro, os tribunais devem realizar consulta pública, por meio de divulgação na rede mundial de computadores ou em jornais de grande circulação, além de consulta direta a universidades, a conselhos de classe, ao Ministério Público, à Defensoria Pública e à Ordem dos Advogados do Brasil, para a indicação de profissionais ou de órgãos técnicos interessados.

▸ Sem correspondência no CPC 1973.

§ 3º Os tribunais realizarão avaliações e reavaliações periódicas para manutenção do cadastro, considerando a formação profissional, a atualização do conhecimento e a experiência dos peritos interessados.
▸ Sem correspondência no CPC 1973.

§ 4º Para verificação de eventual impedimento ou motivo de suspeição, nos termos dos arts. 148 e 467, o órgão técnico ou científico nomeado para realização da perícia informará ao juiz os nomes e os dados de qualificação dos profissionais que participarão da atividade.
▸ Sem correspondência no CPC 1973.

§ 5º Na localidade onde não houver inscrito no cadastro disponibilizado pelo tribunal, a nomeação do perito é de livre escolha pelo juiz e deverá recair sobre profissional ou órgão técnico ou científico comprovadamente detentor do conhecimento necessário à realização da perícia.
▸ Correspondência: art. 145, § 3º CPC 1973.

Art. 157. O perito tem o dever de cumprir o ofício no prazo que lhe designar o juiz, empregando toda sua diligência, podendo escusar-se do encargo alegando motivo legítimo.
▸ Correspondência: art. 146 CPC 1973.
▸ Arts. 148, II, 466, 467, 477 deste Código.

§ 1º A escusa será apresentada no prazo de 15 (quinze) dias, contado da intimação, da suspeição ou do impedimento supervenientes, sob pena de renúncia ao direito a alegá-la.
▸ Correspondência: art. 146, parágrafo único CPC 1973.

§ 2º Será organizada lista de peritos na vara ou na secretaria, com disponibilização dos documentos exigidos para habilitação à consulta de interessados, para que a nomeação seja distribuída de modo equitativo, observadas a capacidade técnica e a área de conhecimento.
▸ Sem correspondência no CPC 1973.

Art. 158. O perito que, por dolo ou culpa, prestar informações inverídicas responderá pelos prejuízos que causar à parte e ficará inabilitado para atuar em outras perícias no prazo de 2 (dois) a 5 (cinco) anos, independentemente das demais sanções previstas em lei, devendo o juiz comunicar o fato ao respectivo órgão de classe para adoção das medidas que entender cabíveis.
▸ Correspondência: art. 147 CPC 1973.
▸ Art. 342 do CP.

Seção III
Do depositário e do administrador

Art. 159. A guarda e a conservação de bens penhorados, arrestados, sequestrados ou arrecadados serão confiadas a depositário ou a administrador, não dispondo a lei de outro modo.
▸ Correspondência: art. 148 CPC 1973.
▸ Arts. 739, § 2º, 840, 862, § 2º, 863, 866, § 2º, 869 deste Código.
▸ Art. 5º, LXVII da CF.
▸ Súmula Vinculante 25 do STF.
▸ Súmulas 304, 305, 419 do STJ.

Art. 160. Por seu trabalho o depositário ou o administrador perceberá remuneração que o juiz fixará levando em conta a situação dos bens, ao tempo do serviço e às dificuldades de sua execução.
▸ Correspondência: art. 149 CPC 1973.
▸ Arts. 838, IV e 840, II deste Código.

Parágrafo único. O juiz poderá nomear um ou mais prepostos por indicação do depositário ou do administrador.
▸ Correspondência: art. 149, parágrafo único CPC 1973.

Art. 161. O depositário ou o administrador responde pelos prejuízos que, por dolo ou culpa, causar à parte, perdendo a remuneração que lhe foi arbitrada, mas tem o direito a haver o que legitimamente despendeu no exercício do encargo.
▸ Correspondência: art. 150 CPC 1973.
▸ Art. 553, *caput* e par. ún. deste Código.
▸ Art. 168, § 1º, II do CP.

Parágrafo único. O depositário infiel responde civilmente pelos prejuízos causados, sem prejuízo de sua responsabilidade penal e da imposição de sanção por ato atentatório à dignidade da justiça.
▸ Sem correspondência no CPC 1973.
▸ Arts. 186 e 927 do CC.

Seção IV
Do intérprete e do tradutor

Art. 162. O juiz nomeará intérprete ou tradutor quando necessário para:
▸ Correspondência: art. 151 CPC 1973.
▸ Lei 12.319/2010 (Regulamenta a profissão de Tradutor e Intérprete da Língua Brasileira de Sinais – LIBRAS).
▸ Lei 14.195/2021 (Regulamenta a profissão de Tradutor e Intérprete Público).

I – traduzir documento redigido em língua estrangeira;
▸ Correspondência: art. 151, I CPC 1973.
▸ Art. 224 do CC.

▸ Sem correspondência no CPC 1973.

II – verter para o português as declarações das partes e das testemunhas que não conhecerem o idioma nacional;
▸ Correspondência: art. 151, II CPC 1973.
▸ Art. 13 da CF.

III – realizar a interpretação simultânea dos depoimentos das partes e testemunhas com deficiência auditiva que se comuniquem por meio da Língua Brasileira de Sinais, ou equivalente, quando assim for solicitado.
▸ Correspondência: art. 151, III CPC 1973.
▸ Arts. 148, III e 192, par. ún., deste Código.
▸ Lei 12.319/2010 (Regulamenta a profissão de Tradutor e Intérprete da Língua Brasileira de Sinais – LIBRAS).

Art. 163. Não pode ser intérprete ou tradutor quem:
▸ Correspondência: art. 152 CPC 1973.

I – não tiver a livre administração de seus bens;
▸ Correspondência: art. 152, I CPC 1973.

II – for arrolado como testemunha ou atuar como perito no processo;
▸ Correspondência: art. 152, II CPC 1973.
▸ Arts. 157 e 158 deste Código.

III – estiver inabilitado para o exercício da profissão por sentença penal condenatória, enquanto durarem seus efeitos.
▸ Correspondência: art. 152, III CPC 1973.
▸ Art. 47, II, do CP.

Art. 164. O intérprete ou tradutor, oficial ou não, é obrigado a desempenhar seu ofício, aplicando-se-lhe o disposto nos arts. 157 e 158.
▸ Correspondência: art. 153 CPC 1973.
▸ Art. 148, III deste Código.

Seção V
Dos conciliadores e mediadores judiciais

Art. 165. Os tribunais criarão centros judiciários de solução consensual de conflitos, responsáveis pela realização de sessões e audiências de conciliação e mediação e pelo desenvolvimento de programas destinados a auxiliar, orientar e estimular a autocomposição.
▸ Sem correspondência no CPC 1973.
▸ Art. 24, *caput* da Lei 13.140/2015 (Lei da Mediação).

§ 1º A composição e a organização dos centros serão definidas pelo respectivo tribunal, observadas as normas do Conselho Nacional de Justiça.
▸ Sem correspondência no CPC 1973.
▸ Art. 24, par. ún. da Lei 13.140/2015 (Lei da Mediação).

§ 2º O conciliador, que atuará preferencialmente nos casos em que não houver vínculo anterior entre as partes, poderá sugerir soluções para o litígio, sendo vedada a utilização de qualquer tipo de constrangimento ou intimidação para que as partes conciliem.
▸ Sem correspondência no CPC 1973.

§ 3º O mediador, que atuará preferencialmente nos casos em que houver vínculo anterior entre as partes, auxiliará aos interessados a compreender as questões e os interesses em conflito, de modo que eles possam, pelo restabelecimento da comunicação, identificar, por si próprios, soluções consensuais que gerem benefícios mútuos.
▸ Sem correspondência no CPC 1973.
▸ Art. 4º, § 1º da Lei 13.140/2015 (Lei da Mediação).

Art. 166. A conciliação e a mediação são informadas pelos princípios da independência, da imparcialidade, da autonomia da vontade, da confidencialidade, da oralidade, da informalidade e da decisão informada.
▸ Sem correspondência no CPC 1973.
▸ Art. 2º da Lei 13.140/2015 (Lei da Mediação).

§ 1º A confidencialidade estende-se a todas as informações produzidas no curso do procedimento, cujo teor não poderá ser utilizado para fim diverso daquele previsto por expressa deliberação das partes.
▸ Sem correspondência no CPC 1973.
▸ Art. 30 da Lei 13.140/2015 (Lei da Mediação).

§ 2º Em razão do dever de sigilo, inerente às suas funções, o conciliador e o mediador, assim como os membros de suas equipes, não poderão divulgar ou depor acerca de fatos ou elementos oriundos da conciliação ou da mediação.
▸ Sem correspondência no CPC 1973.
▸ Art. 31 da Lei 13.140/2015 (Lei da Mediação).

§ 3º Admite-se a aplicação de técnicas negociais, com o objetivo de proporcionar ambiente favorável à autocomposição.
▸ Sem correspondência no CPC 1973.

§ 4º A mediação e a conciliação serão regidas conforme a livre autonomia dos interessados, inclusive no que diz respeito à definição das regras procedimentais.
▸ Sem correspondência no CPC 1973.

Art. 167. Os conciliadores, os mediadores e as câmaras privadas de conciliação e mediação serão inscritos em cadastro nacional e em cadastro de tribunal de justiça ou de tribunal regional federal, que manterá registro

de profissionais habilitados, com indicação de sua área profissional.

▶ Sem correspondência no CPC 1973.
▶ Arts. 11 e 12 da Lei 13.140/2015 (Lei de Mediação).

§ 1º Preenchendo o requisito da capacitação mínima, por meio de curso realizado por entidade credenciada, conforme parâmetro curricular definido pelo Conselho Nacional de Justiça em conjunto com o Ministério da Justiça, o conciliador ou o mediador, com o respectivo certificado, poderá requerer sua inscrição no cadastro nacional e no cadastro de tribunal de justiça ou de tribunal regional federal.

▶ Sem correspondência no CPC 1973.
▶ Arts. 11 e 12 da Lei 13.140/2015 (Lei de Mediação).

§ 2º Efetivado o registro, que poderá ser precedido de concurso público, o tribunal remeterá ao diretor do foro da comarca, seção ou subseção judiciária onde atuará o conciliador ou o mediador os dados necessários para que seu nome passe a constar da respectiva lista, a ser observada na distribuição alternada e aleatória, respeitado o princípio da igualdade dentro da mesma área de atuação profissional.

▶ Sem correspondência no CPC 1973.

§ 3º Do credenciamento das câmaras e do cadastro de conciliadores e mediadores constarão todos os dados relevantes para a sua atuação, tais como o número de processos de que participou, o sucesso ou insucesso da atividade, a matéria sobre a qual versou a controvérsia, bem como outros dados que o tribunal julgar relevantes.

▶ Sem correspondência no CPC 1973.

§ 4º Os dados colhidos na forma do § 3º serão classificados sistematicamente pelo tribunal, que os publicará, ao menos anualmente, para conhecimento da população e para fins estatísticos e de avaliação da conciliação, da mediação, das câmaras privadas de conciliação e de mediação, dos conciliadores e dos mediadores.

▶ Sem correspondência no CPC 1973.

§ 5º Os conciliadores e mediadores judiciais cadastrados na forma do *caput*, se advogados, estarão impedidos de exercer a advocacia nos juízos em que desempenhem suas funções.

▶ Sem correspondência no CPC 1973.

§ 6º O tribunal poderá optar pela criação de quadro próprio de conciliadores e mediadores, a ser preenchido por concurso público de provas e títulos, observadas as disposições deste Capítulo.

▶ Sem correspondência no CPC 1973.

Art. 168. As partes podem escolher, de comum acordo, o conciliador, o mediador ou a câmara privada de conciliação e de mediação.

▶ Sem correspondência no CPC 1973.
▶ Art. 4º da Lei 13.140/2015 (Lei de Mediação).

§ 1º O conciliador ou mediador escolhido pelas partes poderá ou não estar cadastrado no tribunal.

▶ Sem correspondência no CPC 1973.

§ 2º Inexistindo acordo quanto à escolha do mediador ou conciliador, haverá distribuição entre aqueles cadastrados no registro do tribunal, observada a respectiva formação.

▶ Sem correspondência no CPC 1973.

§ 3º Sempre que recomendável, haverá a designação de mais de um mediador ou conciliador.

▶ Sem correspondência no CPC 1973.

Art. 169. Ressalvada a hipótese do art. 167, § 6º, o conciliador e o mediador receberão pelo seu trabalho remuneração prevista em tabela fixada pelo tribunal, conforme parâmetros estabelecidos pelo Conselho Nacional de Justiça.

▶ Sem correspondência no CPC 1973.
▶ Art. 13 da Lei 13.140/2015 (Lei de Mediação).

§ 1º A mediação e a conciliação podem ser realizadas como trabalho voluntário, observada a legislação pertinente e a regulamentação do tribunal.

▶ Sem correspondência no CPC 1973.

§ 2º Os tribunais determinarão o percentual de audiências não remuneradas que deverão ser suportadas pelas câmaras privadas de conciliação e mediação, com o fim de atender aos processos em que deferida gratuidade da justiça, como contrapartida de seu credenciamento.

▶ Sem correspondência no CPC 1973.

Art. 170. No caso de impedimento, o conciliador ou mediador o comunicará imediatamente, de preferência por meio eletrônico, e devolverá os autos ao juiz do processo ou ao coordenador do centro judiciário de solução de conflitos, devendo este realizar nova distribuição.

▶ Sem correspondência no CPC 1973.
▶ Art. 5º da Lei 13.140/2015 (Lei de Mediação).

Parágrafo único. Se a causa de impedimento for apurada quando já iniciado o procedimento, a atividade será interrompida, lavrando-se ata com relatório do ocorrido e solicitação de distribuição para novo conciliador ou mediador.

▶ Sem correspondência no CPC 1973.

Art. 171. No caso de impossibilidade temporária do exercício da função, o conciliador ou mediador informará o fato ao centro, preferencialmente por meio eletrônico, para que, durante o período em que perdurar a impossibilidade, não haja novas distribuições.

▶ Sem correspondência no CPC 1973.

Art. 172. O conciliador e o mediador ficam impedidos, pelo prazo de 1 (um) ano, contado do término da última audiência em que atuaram, de assessorar, representar ou patrocinar qualquer das partes.

▶ Sem correspondência no CPC 1973.
▶ Art. 6º da Lei 13.140/2015 (Lei da Mediação).

Art. 173. Será excluído do cadastro de conciliadores e mediadores aquele que:

▶ Sem correspondência no CPC 1973.

I – agir com dolo ou culpa na condução da conciliação ou da mediação sob sua responsabilidade ou violar qualquer dos deveres decorrentes do art. 166, §§ 1º e 2º;

▶ Sem correspondência no CPC 1973.

II – atuar em procedimento de mediação ou conciliação, apesar de impedido ou suspeito.

▶ Sem correspondência no CPC 1973.

§ 1º Os casos previstos neste artigo serão apurados em processo administrativo.

▶ Sem correspondência no CPC 1973.

§ 2º O juiz do processo ou o juiz coordenador do centro de conciliação e mediação, se houver, verificando atuação inadequada do mediador ou conciliador, poderá afastá-lo de suas atividades por até 180 (cento e oitenta) dias, por decisão fundamentada, informando o fato imediatamente ao tribunal para instauração do respectivo processo administrativo.

▶ Sem correspondência no CPC 1973.

Art. 174. A União, os Estados, o Distrito Federal e os Municípios criarão câmaras de mediação e conciliação, com atribuições relacionadas à solução consensual de conflitos no âmbito administrativo, tais como:

▶ Sem correspondência no CPC 1973.

I – dirimir conflitos envolvendo órgãos e entidades da administração pública;

▶ Sem correspondência no CPC 1973.

II – avaliar a admissibilidade dos pedidos de resolução de conflitos, por meio de conciliação, no âmbito da administração pública;

▶ Sem correspondência no CPC 1973.

III – promover, quando couber, a celebração de termo de ajustamento de conduta.

▶ Sem correspondência no CPC 1973.

Art. 175. As disposições desta Seção não excluem outras formas de conciliação e mediação extrajudiciais vinculadas a órgãos institucionais ou realizadas por intermédio de profissionais independentes, que poderão ser regulamentadas por lei específica.

Parágrafo único. Os dispositivos desta Seção aplicam-se, no que couber, às câmaras privadas de conciliação e mediação.

▶ Sem correspondência no CPC 1973.

TÍTULO V
DO MINISTÉRIO PÚBLICO

Art. 176. O Ministério Público atuará na defesa da ordem jurídica, do regime democrático e dos interesses e direitos sociais e individuais indisponíveis.

▶ Sem correspondência no CPC 1973.
▶ Art. 127, *caput*, da CF.
▶ Art. 1º da LC 75/1993 (Ministério Público da União).

Art. 177. O Ministério Público exercerá o direito de ação em conformidade com suas atribuições constitucionais.

▶ Correspondência: art. 81 CPC 1973.
▶ Arts. 77 a 81, 82, § 1º, 91, 93, 148, I, 180, 234, § 4º, 778, § 1º, I, 967, III deste Código.
▶ Art. 129 da CF.
▶ Art. 22, 28, § 1º, 50, 168, 1.549, 1.637 e 1.692 do CC.

Art. 178. O Ministério Público será intimado para, no prazo de 30 (trinta) dias, intervir como fiscal da ordem jurídica nas hipóteses previstas em lei ou na Constituição Federal e nos processos que envolvam:

▶ Correspondência: art. 82 CPC 1973.
▶ Arts. 230 e 279 deste Código.

I – interesse público ou social;

▶ Correspondência: art. 82, III CPC 1973.
▶ Arts. 626, *caput* e § 4º, 721, 735, § 2º, 739, § 1º, I e 740, § 6º deste Código.
▶ Art. 6º, § 4º da Lei 4.717/1965 (Ação popular).
▶ Art. 9º da Lei 5.478/1968 (Ação de Alimentos).
▶ Arts. 57, *caput*, 67, § 1º, 76, § 3º, 109, *caput* e 200 da Lei 6.015/1973 (Registros Públicos).
▶ Art. 5º, I, da Lei 7.347/1985 (Ação civil pública).
▶ Art. 75 da Lei 10.741/2003 (Estatuto do Idoso).
▶ Súmula 226 do STJ.

II – interesse de incapaz;

▶ Correspondência: art. 82, I CPC 1973.
▶ Arts. 279 e 698 deste Código.

III – litígios coletivos pela posse de terra rural ou urbana.

▶ Correspondência: art. 81, III CPC 1973.
▶ Art. 721 deste Código.

Parágrafo único. A participação da Fazenda Pública não configura, por si só, hipótese de intervenção do Ministério Público.

▶ Sem correspondência no CPC 1973.

Art. 179. Nos casos de intervenção como fiscal da ordem jurídica, o Ministério Público:

▶ Correspondência: art. 83 CPC 1973.
▶ Arts. 82, § 1º, 752, § 1º, 967, par.ún. e 996, *caput* deste Código.

I – terá vista dos autos depois das partes, sendo intimado de todos os atos do processo;

II – poderá produzir provas, requerer as medidas processuais pertinentes e recorrer.

▶ Correspondência: art. 81, II CPC 1973.
▶ Arts. 33, 65, 133, 234, *caput* e §§ 1º a 4º, 279 e 967, III, *a* deste Código.

Art. 180. O Ministério Público gozará de prazo em dobro para manifestar-se nos autos, que terá início a partir de sua intimação pessoal, nos termos do art. 183, § 1º.

▶ Correspondência: art. 188 CPC 1973.
▶ Arts. 183, § 1º e 230 deste Código.
▶ Súmula 116 do STJ.

§ 1º Findo o prazo para manifestação do Ministério Público sem o oferecimento de parecer, o juiz requisitará os autos e dará andamento ao processo.

▶ Sem correspondência no CPC 1973.

§ 2º Não se aplica o benefício da contagem em dobro quando a lei estabelecer, de forma expressa, prazo próprio para o Ministério Público.

▶ Sem correspondência no CPC 1973.

Art. 181. O membro do Ministério Público será civil e regressivamente responsável quando agir com dolo ou fraude no exercício de suas funções.

▶ Correspondência: art. 85 CPC 1973.
▶ Arts. 79 a 81 deste Código.
▶ Art. 37, § 6º da CF.
▶ Art. 927 do CC.

TÍTULO VI
DA ADVOCACIA PÚBLICA

Art. 182. Incumbe à Advocacia Pública, na forma da lei, defender e promover os interesses públicos da União, dos Estados, do Distrito Federal e dos Municípios, por meio da representação judicial, em todos os âmbitos federativos, das pessoas jurídicas de direito público que integram a administração direta e indireta.

▶ Sem correspondência no CPC 1973.
▶ Arts. 131 e 132 da CF.

Art. 183. A União, os Estados, o Distrito Federal, os Municípios e suas respectivas autarquias e fundações de direito público gozarão de prazo em dobro para todas as suas manifestações processuais, cuja contagem terá início a partir da intimação pessoal.

▶ Sem correspondência no CPC 1973.
▶ Art. 230 deste Código.

§ 1º A intimação pessoal far-se-á por carga, remessa ou meio eletrônico.

▶ Sem correspondência no CPC 1973.

§ 2º Não se aplica o benefício da contagem em dobro quando a lei estabelecer, de forma expressa, prazo próprio para o ente público.

▶ Sem correspondência no CPC 1973.

Art. 184. O membro da Advocacia Pública será civil e regressivamente responsável quando agir com dolo ou fraude no exercício de suas funções.

▶ Sem correspondência no CPC 1973.
▶ Art. 37, § 6º da CF.

TÍTULO VII
DA DEFENSORIA PÚBLICA

Art. 185. A Defensoria Pública exercerá a orientação jurídica, a promoção dos direitos humanos e a defesa dos direitos individuais e coletivos dos necessitados, em todos os graus, de forma integral e gratuita.

▶ Sem correspondência no CPC 1973.
▶ Arts. 134 e 135 da CF.
▶ Art. 1º da LC 80/1994 (Defensoria Pública).

Art. 186. A Defensoria Pública gozará de prazo em dobro para todas as suas manifestações processuais.

▶ Sem correspondência no CPC 1973.
▶ Arts. 183, § 1º e 230 deste Código.
▶ Arts. 5º, § 5º da Lei 1.060/1950 (Assistência Judiciária).
▶ Arts. 44, I, 89, I, 128, I da LC 80/1994 (Defensoria Pública).

§ 1º O prazo tem início com a intimação pessoal do defensor público, nos termos do art. 183, § 1º.

▶ Sem correspondência no CPC 1973.
▶ Art. 230 deste Código.

§ 2º A requerimento da Defensoria Pública, o juiz determinará a intimação pessoal da parte patrocinada quando o ato processual depender de providência ou informação que somente por ela possa ser realizada ou prestada.

▸ Sem correspondência no CPC 1973.

§ 3º O disposto no *caput* aplica-se aos escritórios de prática jurídica das faculdades de Direito reconhecidas na forma da lei e às entidades que prestam assistência jurídica gratuita em razão de convênios firmados com a Defensoria Pública.

▸ Sem correspondência no CPC 1973.

§ 4º Não se aplica o benefício da contagem em dobro quando a lei estabelecer, de forma expressa, prazo próprio para a Defensoria Pública.

▸ Sem correspondência no CPC 1973.

Art. 187. O membro da Defensoria Pública será civil e regressivamente responsável quando agir com dolo ou fraude no exercício de suas funções.

▸ Sem correspondência no CPC 1973.
▸ Art. 37, § 6º da CF.

LIVRO IV
DOS ATOS PROCESSUAIS

TÍTULO I
DA FORMA, DO TEMPO E DO LUGAR DOS ATOS PROCESSUAIS

CAPÍTULO I
DA FORMA DOS ATOS PROCESSUAIS

Seção I
Dos atos em geral

Art. 188. Os atos e os termos processuais independem de forma determinada, salvo quando a lei expressamente a exigir, considerando-se válidos os que, realizados de outro modo, lhe preencham a finalidade essencial.

▸ Correspondência: art. 154 CPC 1973.
▸ Arts. 276, 277, 283 e 938, §§ 1º e 2º deste Código.

Art. 189. Os atos processuais são públicos, todavia tramitam em segredo de justiça os processos:

▸ Correspondência: art. 155 CPC 1973.
▸ Arts. 107, I, 152, IV e 368 deste Código.
▸ Arts. 5º, LX, e 93, IX, da CF.
▸ Art. 1.705 do CC.

I – em que o exija o interesse público ou social;

▸ Correspondência: art. 155, I CPC 1973.
▸ Art. 5º, LX da CF.

II – que versem sobre casamento, separação de corpos, divórcio, separação, união estável, filiação, alimentos e guarda de crianças e adolescentes;

▸ Correspondência: art. 155, II CPC 1973.
▸ Art. 1.705 do CC.

III – em que constem dados protegidos pelo direito constitucional à intimidade;

▸ Sem correspondência no CPC 1973.
▸ Art. 27 da Lei 8.069/1990 (Estatuto da Criança e Adolescente – ECA).

IV – que versem sobre arbitragem, inclusive sobre cumprimento de carta arbitral, desde que a confidencialidade estipulada na arbitragem seja comprovada perante o juízo.

▸ Sem correspondência no CPC 1973.
▸ Lei 9.307/1996 (Arbitragem).

§ 1º O direito de consultar os autos de processo que tramite em segredo de justiça e de pedir certidões de seus atos é restrito às partes e aos seus procuradores.

▸ Correspondência: art. 155, parágrafo único CPC 1973.
▸ Arts. 107, I e 152, V deste Código.
▸ Art. 5º, XXXIV, *b* da CF.

§ 2º O terceiro que demonstrar interesse jurídico pode requerer ao juiz certidão do dispositivo da sentença, bem como de inventário e de partilha resultantes de divórcio ou separação.

▸ Correspondência: art. 155, parágrafo único CPC 1973.
▸ Arts. 152, V e 610, § 1º deste Código.

Art. 190. Versando o processo sobre direitos que admitam autocomposição, é lícito às partes plenamente capazes estipular mudanças no procedimento para ajustá-lo às especificidades da causa e convencionar sobre os seus ônus, poderes, faculdades e deveres processuais, antes ou durante o processo.

▸ Sem correspondência no CPC 1973.
▸ Art.139, V e VI deste Código.

Parágrafo único. De ofício ou a requerimento, o juiz controlará a validade das convenções previstas neste artigo, recusando-lhes aplicação somente nos casos de nulidade ou de inserção abusiva em contrato de adesão ou em que alguma parte se encontre em manifesta situação de vulnerabilidade.

▸ Sem correspondência no CPC 1973.
▸ Art. 139, III deste Código.

Art. 191. De comum acordo, o juiz e as partes podem fixar calendário para a prática dos atos processuais, quando for o caso.

▸ Sem correspondência no CPC 1973.
▸ Art. 218 deste Código.

§ 1º O calendário vincula as partes e o juiz, e os prazos nele previstos somente serão modificados em casos excepcionais, devidamente justificados.

▸ Sem correspondência no CPC 1973.

§ 2º Dispensa-se a intimação das partes para a prática de ato processual ou a realização de audiência cujas datas tiverem sido designadas no calendário.

▸ Sem correspondência no CPC 1973.

Art. 192. Em todos os atos e termos do processo é obrigatório o uso da língua portuguesa.

▸ Correspondência: art. 156 CPC 1973.
▸ Art. 13 da CF.

Parágrafo único. O documento redigido em língua estrangeira somente poderá ser juntado aos autos quando acompanhado de versão para a língua portuguesa tramitada por via diplomática ou pela autoridade central, ou firmada por tradutor juramentado.

▸ Correspondência: art. 157 CPC 1973.
▸ Art. 162 deste Código.
▸ Art. 224 do CC.
▸ Súmula 259 do STF.

Seção II
Da prática eletrônica de atos processuais

Art. 193. Os atos processuais podem ser total ou parcialmente digitais, de forma a permitir que sejam produzidos, comunicados, armazenados e validados por meio eletrônico, na forma da lei.

▸ Sem correspondência no CPC 1973.
▸ Medida Provisória 2.200-2/2001 (Institui a Infra-Estrutura de Chaves Públicas Brasileira – ICP-Brasil)
▸ Arts. 1º e 8º da Lei 11.419/2006 (Informatização do Processo Judicial)

Parágrafo único. O disposto nesta Seção aplica-se, no que for cabível, à prática de atos notariais e de registro.

▸ Sem correspondência no CPC 1973.

Art. 194. Os sistemas de automação processual respeitarão a publicidade dos atos, o acesso e a participação das partes e de seus procuradores, inclusive nas audiências e sessões de julgamento, observadas as garantias da disponibilidade, independência da plataforma computacional, acessibilidade e interoperabilidade dos sistemas, serviços, dados e informações que o Poder Judiciário administre no exercício de suas funções.

▸ Sem correspondência no CPC 1973.
▸ Arts. 4º e 5º da Lei 11.419/2006 (Informatização do Processo Judicial).

Art. 195. O registro de ato processual eletrônico deverá ser feito em padrões abertos, que atenderão aos requisitos de autenticidade, integridade, temporalidade, não repúdio, conservação e, nos casos que tramitem em segredo de justiça, confidencialidade, observada a infra-estrutura de chaves públicas unificada nacionalmente, nos termos da lei.

▸ Sem correspondência no CPC 1973.
▸ Arts. 11, § 6º, 12, § 3º e 14 da Lei 11.419/2006 (Informatização do Processo Judicial).

Art. 196. Compete ao Conselho Nacional de Justiça e, supletivamente, aos tribunais, regulamentar a prática e a comunicação oficial de atos processuais por meio eletrônico e velar pela compatibilidade dos sistemas, disciplinando a incorporação progressiva de novos avanços tecnológicos e editando, para esse fim, os atos que forem necessários, respeitadas as normas fundamentais deste Código.

▸ Sem correspondência no CPC 1973.
▸ Art. 18 da Lei 11.419/2006 (Informatização do Processo Judicial).
▸ Res. 234/2016 do CNJ (Institui o Diário de Justiça Eletrônico Nacional (DJEN), a Plataforma de Comunicações Processuais (Domicílio Eletrônico) e a Plataforma de Editais do Poder Judiciário).

Art. 197. Os tribunais divulgarão as informações constantes de seu sistema de automação em página própria na rede mundial de computadores, gozando a divulgação de presunção de veracidade e confiabilidade.

▸ Sem correspondência no CPC 1973.
▸ Art. 4º, §§ 1º e 5º da Lei 11.419/2006 (Informatização do Processo Judicial).

Parágrafo único. Nos casos de problema técnico do sistema e de erro ou omissão do auxiliar da justiça responsável pelo registro dos andamentos, poderá ser configurada a justa causa prevista no art. 223, *caput* e § 1º.

▸ Sem correspondência no CPC 1973.
▸ Art. 223, *caput* e § 1º deste Código.
▸ Art. 9º, § 2º e 10, § 2º da Lei 11.419/2006 (Informatização do Processo Judicial).

Art. 198. As unidades do Poder Judiciário deverão manter gratuitamente, à disposição dos interessados, equipamentos necessários à prática de atos processuais e à consulta e ao acesso ao sistema e aos documentos dele constantes.

▸ Sem correspondência no CPC 1973.
▸ Art. 10, § 3º da Lei 11.419/2006 (Informatização do Processo Judicial).

Parágrafo único. Será admitida a prática de atos por meio não eletrônico no local onde não estiverem disponibilizados os equipamentos previstos no *caput*.

▸ Sem correspondência no CPC 1973.

Art. 199. As unidades do Poder Judiciário assegurarão às pessoas com deficiência acessibilidade aos seus sítios na rede mundial de computadores, ao meio eletrônico de prática de atos judiciais, à comunicação eletrônica dos atos processuais e à assinatura eletrônica.

▸ Sem correspondência no CPC 1973.
▸ Art. 80 da Lei 13.146/2015 (Estatuto da Pessoa com Deficiência).

Seção III
Dos atos das partes

Art. 200. Os atos das partes consistentes em declarações unilaterais ou bilaterais de vontade produzem imediatamente a constituição, modificação ou extinção de direitos processuais.

▸ Correspondência: art. 158 CPC 1973.
▸ Arts. 107, 111 e 140 do CC.

Parágrafo único. A desistência da ação só produzirá efeitos após homologação judicial.

▸ Correspondência: art. 158, parágrafo único CPC 1973.
▸ Arts. 90, 105, 343, § 2º, 485, VIII e § 4º e 775, par. ún., deste Código.

Art. 201. As partes poderão exigir recibo de petições, arrazoados, papéis e documentos que entregarem em cartório.

▸ Correspondência: art. 160 CPC 1973.
▸ Art. 248, § 1º deste Código.

Art. 202. É vedado lançar nos autos cotas marginais ou interlineares, as quais o juiz mandará riscar, impondo a quem as escrever multa correspondente à metade do salário-mínimo.

▸ Correspondência: art. 161 CPC 1973.
▸ Art. 78, § 2º deste Código.

Seção IV
Dos pronunciamentos do juiz

Art. 203. Os pronunciamentos do juiz consistirão em sentenças, decisões interlocutórias e despachos.

▸ Correspondência: art. 162 CPC 1973.
▸ Art. 226 deste Código.

§ 1º Ressalvadas as disposições expressas dos procedimentos especiais, sentença é o pronunciamento por meio do qual o juiz, com fundamento nos arts. 485 e 487, põe fim à fase cognitiva do procedimento comum, bem como extingue a execução.

▸ Correspondência: art. 162, § 1º CPC 1973.
▸ Arts. 366, 489, 1.009 deste Código.

§ 2º Decisão interlocutória é todo pronunciamento judicial de natureza decisória que não se enquadre no § 1º.

▸ Correspondência: art. 162, § 2º CPC 1973.
▸ Art. 205, § 3º, 226, II, 1.015 deste Código.

§ 3º São despachos todos os demais pronunciamentos do juiz praticados no processo, de ofício ou a requerimento da parte.

▸ Correspondência: art. 162, § 2º CPC 1973.
▸ Art. 205, 226, I, 367, 1.001 deste Código.

§ 4º Os atos meramente ordinatórios, como a juntada e a vista obrigatória, independem de despacho, devendo ser praticados de ofício pelo servidor e revistos pelo juiz quando necessário.

▸ Correspondência: art. 162, § 2º CPC 1973.

Art. 204. Acórdão é o julgamento colegiado proferido pelos tribunais.

▸ Correspondência: art. 163 CPC 1973.
▸ Arts. 941, 943, §§ 1º e 2º, 1.006, 1.022, I, 1.035, § 11, deste Código.

Art. 205. Os despachos, as decisões, as sentenças e os acórdãos serão redigidos, datados e assinados pelos juízes.

▸ Correspondência: art. 164 CPC 1973.
▸ Art. 209 deste Código.

§ 1º Quando os pronunciamentos previstos no *caput* forem proferidos oralmente, o servidor os documentará, submetendo-os aos juízes para revisão e assinatura.

▸ Correspondência: art. 164 CPC 1973.
▸ Art. 210 deste Código.

§ 2º A assinatura dos juízes, em todos os graus de jurisdição, pode ser feita eletronicamente, na forma da lei.

▸ Correspondência: art. 164, parágrafo único CPC 1973.
▸ Lei 11.419/2006 (Informatização do processo judicial).

§ 3º Os despachos, as decisões interlocutórias, o dispositivo das sentenças e a ementa dos acórdãos serão publicados no Diário de Justiça Eletrônico.

▸ Sem correspondência no CPC 1973.
▸ Art. 4º da Lei 11.419/2006 (Informatização do processo judicial).
▸ Res. 234/2016 do CNJ (Institui o Diário de Justiça Eletrônico Nacional (DJEN), a Plataforma de Comunicações Processuais (Domicílio Eletrônico) e a Plataforma de Editais do Poder Judiciário).

Seção V

Dos atos do escrivão ou do chefe de secretaria

Art. 206. Ao receber a petição inicial de processo, o escrivão ou o chefe de secretaria a autuará, mencionando o juízo, a natureza do processo, o número de seu registro, os nomes das partes e a data de seu início, e procederá do mesmo modo em relação aos volumes em formação.
▸ Correspondência: art. 166 CPC 1973.
▸ Art. 150 deste Código.
▸ Art. 16 da Lei 9.099/1995 (Juizados Especiais).

Art. 207. O escrivão ou o chefe de secretaria numerará e rubricará todas as folhas dos autos.
▸ Correspondência: art. 167 CPC 1973.

Parágrafo único. À parte, ao procurador, ao membro do Ministério Público, ao defensor público e aos auxiliares da justiça é facultado rubricar as folhas correspondentes aos atos em que intervierem.
▸ Correspondência: art. 167, parágrafo único CPC 1973.

Art. 208. Os termos de juntada, vista, conclusão e outros semelhantes constarão de notas datadas e rubricadas pelo escrivão ou pelo chefe de secretaria.
▸ Correspondência: art. 168 CPC 1973.

Art. 209. Os atos e os termos do processo serão assinados pelas pessoas que neles intervierem, todavia, quando essas não puderem ou não quiserem firmá-los, o escrivão ou o chefe de secretaria certificará a ocorrência.
▸ Correspondência: art. 169 CPC 1973.

§ 1º Quando se tratar de processo total ou parcialmente documentado em autos eletrônicos, os atos processuais praticados na presença do juiz poderão ser produzidos e armazenados de modo integralmente digital em arquivo eletrônico inviolável, na forma da lei, mediante registro em termo, que será assinado digitalmente pelo juiz e pelo escrivão ou chefe de secretaria, bem como pelos advogados das partes.
▸ Correspondência: art. 169, § 2º CPC 1973.
▸ Arts. 8º e 12 da Lei 11.419/2006 (Informatização do processo judicial).

§ 2º Na hipótese do § 1º, eventuais contradições na transcrição deverão ser suscitadas oralmente no momento de realização do ato, sob pena de preclusão, devendo o juiz decidir de plano e ordenar o registro, no termo, da alegação e da decisão.
▸ Correspondência: art. 169, § 3º CPC 1973.

Art. 210. É lícito o uso da taquigrafia, da estenotipia ou de outro método idôneo em qualquer juízo ou tribunal.
▸ Correspondência: art. 170 CPC 1973.
▸ Art. 205, § 1º deste Código.

Art. 211. Não se admitem nos atos e termos processuais espaços em branco, salvo os que forem inutilizados, assim como entrelinhas, emendas ou rasuras, exceto quando expressamente ressalvadas.
▸ Correspondência: art. 171 CPC 1973.
▸ Arts. 426 deste Código.

CAPÍTULO II
DO TEMPO E DO LUGAR DOS ATOS PROCESSUAIS

Seção I
Do tempo

Art. 212. Os atos processuais serão realizados em dias úteis, das 6 (seis) às 20 (vinte) horas.
▸ Correspondência: art. 172 CPC 1973.
▸ Art. 216 deste Código.

§ 1º Serão concluídos após as 20 (vinte) horas os atos iniciados antes, quando o adiamento prejudicar a diligência ou causar grave dano.
▸ Correspondência: art. 172, § 1º CPC 1973.
▸ Art. 900 deste Código.
▸ Art.12 da Lei 9.099/1995 (Juizados Especiais).

§ 2º Independentemente de autorização judicial, as citações, intimações e penhoras poderão realizar-se no período de férias forenses, onde as houver, e nos feriados ou dias úteis fora do horário estabelecido neste artigo, observado o disposto no art. 5º, inciso XI, da Constituição Federal.
▸ Correspondência: art. 172, § 2º CPC 1973.
▸ Arts. 238 a 259 deste Código.

§ 3º Quando o ato tiver de ser praticado por meio de petição em autos não eletrônicos, essa deverá ser protocolada no horário de funcionamento do fórum ou tribunal, conforme o disposto na lei de organização judiciária local.
▸ Correspondência: art. 172, § 3º CPC 1973.

Art. 213. A prática eletrônica de ato processual pode ocorrer em qualquer horário até as 24 (vinte e quatro) horas do último dia do prazo.
▸ Sem correspondência no CPC 1973.
▸ Arts. 3º e 10, § 1º da Lei 11.419/2006 (Informatização do Processo Judicial).

Parágrafo único. O horário vigente no juízo perante o qual o ato deve ser praticado será considerado para fins de atendimento do prazo.

▸ Sem correspondência no CPC 1973.
▸ Art. 212 deste Código.

Art. 214. Durante as férias forenses e nos feriados, não se praticarão atos processuais, excetuando-se:
▸ Correspondência: art. 173 CPC 1973.
▸ Art. 216 deste Código.
▸ Art. 66, § 1º da LC 35/1979 (Lei Orgânica da Magistratura Nacional).

I – os atos previstos no art. 212, § 2º;
▸ Correspondência: art. 173, II CPC 1973.

II – a tutela de urgência.
▸ Sem correspondência no CPC 1973.
▸ Arts. 300 a 302, 305 a 307 deste Código.

Art. 215. Processam-se durante as férias forenses, onde as houver, e não se suspendem pela superveniência delas:
▸ Correspondência: art. 174 CPC 1973.

I – os procedimentos de jurisdição voluntária e os necessários à conservação de direitos, quando puderem ser prejudicados pelo adiamento;
▸ Correspondência: art. 174, I CPC 1973.
▸ Art. 719 deste Código.

II – a ação de alimentos e os processos de nomeação ou remoção de tutor e curador;
▸ Correspondência: art. 174, II CPC 1973.
▸ Arts. 528, 759 a 763, 911, 912 e 913, deste Código.
▸ Lei 5.478/1968 (Alimentos).

III – os processos que a lei determinar.
▸ Correspondência: art. 174, III CPC 1973.
▸ Art. 39 do Dec.-lei 3.365/1941 (Desapropriação por utilidade pública).
▸ Lei 6.338/1976 (Inclui as ações de indenização por acidentes do trabalho entre as que tem curso nas férias forenses).
▸ Art. 129, II, da Lei 8.213/1991 (Planos de Benefícios da Previdência Social).
▸ Art. 58, I, da Lei 8.245/1991 (Locação de imóveis urbanos).
▸ Art. 2º, § 1º, da LC 76/1993 (Reforma agrária).

Art. 216. Além dos declarados em lei, são feriados, para efeito forense, os sábados, os domingos e os dias em que não haja expediente forense.
▸ Correspondência: art. 175 CPC 1973.
▸ Arts. 1º e 2º da Lei 662/1949 (Declara feriados nacionais).
▸ Art. 380 da Lei 4.737/1965 (Código Eleitoral).
▸ Art. 1º da Lei 6.802/1980 (Declara Feriado Nacional o Dia 12 de outubro).
▸ Arts. 1º e 2º da Lei 9.093/1995 (Dispõe sobre feriados).
▸ Art. 1º da Lei 9.504/1997 (Lei das Eleições).

Seção II
Do lugar

Art. 217. Os atos processuais realizar-se-ão ordinariamente na sede do juízo, ou, excepcionalmente, em outro lugar em razão de deferência, de interesse da justiça, da natureza do ato ou do obstáculo arguido pelo interessado e acolhido pelo juiz.
▸ Correspondência: art. 176 CPC 1973.
▸ Arts. 454, 481 a 484, 543, 781, III e V, 845 e 884, II deste Código.

CAPÍTULO III
DOS PRAZOS

Seção I
Disposições gerais

Art. 218. Os atos processuais serão realizados nos prazos prescritos em lei.
▸ Correspondência: art. 177 CPC 1973.
▸ Arts. 107, §§ 2º e 3º, 218, § 3º, 224, § 1º, 230, 231, 1.003 deste Código.

§ 1º Quando a lei for omissa, o juiz determinará os prazos em consideração à complexidade do ato.

§ 2º Quando a lei ou o juiz não determinar prazo, as intimações somente obrigarão a comparecimento após decorridas 48 (quarenta e oito) horas.
▸ Correspondência: art. 192 CPC 1973.

§ 3º Inexistindo preceito legal ou prazo determinado pelo juiz, será de 5 (cinco) dias o prazo para a prática de ato processual a cargo da parte.
▸ Correspondência: art. 185 CPC 1973.
▸ Art. 218, § 1º deste Código.

§ 4º Será considerado tempestivo o ato praticado antes do termo inicial do prazo.
▸ Sem correspondência no CPC 1973.
▸ Súmula 579 do STJ.

Art. 219. Na contagem de prazo em dias, estabelecido por lei ou pelo juiz, computar-se-ão somente os dias úteis.
▸ Sem correspondência no CPC 1973.

Parágrafo único. O disposto neste artigo aplica-se somente aos prazos processuais.
▸ Sem correspondência no CPC 1973.

Art. 220. Suspende-se o curso do prazo processual nos dias compreendidos entre 20 de dezembro e 20 de janeiro, inclusive.
▸ Correspondência: art. 179 CPC 1973.

§ 1º Ressalvadas as férias individuais e os feriados instituídos por lei, os juízes, os membros do Ministério Público, da Defensoria Pública e da Advocacia Pública e os auxiliares da Justiça exercerão suas atribuições durante o período previsto no *caput*.
▸ Sem correspondência no CPC 1973.

§ 2º Durante a suspensão do prazo, não se realizarão audiências nem sessões de julgamento.
▸ Sem correspondência no CPC 1973.

Art. 221. Suspende-se o curso do prazo por obstáculo criado em detrimento da parte ou ocorrendo qualquer das hipóteses do art. 313, devendo o prazo ser restituído por tempo igual ao que faltava para sua complementação.
▸ Correspondência: art. 180 CPC 1973.
▸ Art. 1.004 deste Código.
▸ Súmula 173 do STF.

Parágrafo único. Suspendem-se os prazos durante a execução de programa instituído pelo Poder Judiciário para promover a autocomposição, incumbindo aos tribunais especificar, com antecedência, a duração dos trabalhos.
▸ Sem correspondência no CPC 1973.

Art. 222. Na comarca, seção ou subseção judiciária onde for difícil o transporte, o juiz poderá prorrogar os prazos por até 2 (dois) meses.
▸ Correspondência: art. 182 CPC 1973.
▸ Arts. 225 deste Código.

§ 1º Ao juiz é vedado reduzir prazos peremptórios sem anuência das partes.
▸ Sem correspondência no CPC 1973.

§ 2º Havendo calamidade pública, o limite previsto no *caput* para prorrogação de prazos poderá ser excedido.
▸ Correspondência: art. 182, parágrafo único CPC 1973.
▸ Art. 1.004 deste Código.

Art. 223. Decorrido o prazo, extingue-se o direito de praticar ou de emendar o ato processual, independentemente de declaração judicial, ficando assegurado, porém, à parte provar que não o realizou por justa causa.
▸ Correspondência: art. 183 CPC 1973.
▸ Art. 507 deste Código.

§ 1º Considera-se justa causa o evento alheio à vontade da parte e que a impediu de praticar o ato por si ou por mandatário.
▸ Correspondência: art. 183, § 1º CPC 1973.

§ 2º Verificada a justa causa, o juiz permitirá à parte a prática do ato no prazo que lhe assinar.
▸ Correspondência: art. 183, § 2º CPC 1973.

Art. 224. Salvo disposição em contrário, os prazos serão contados excluindo o dia do começo e incluindo o dia do vencimento.
▸ Correspondência: art. 184 CPC 1973.
▸ Art. 132 do CC.
▸ Art. 210 do CTN.
▸ Art. 775 da CLT.
▸ Arts. 4º, § 4º e 5º, §§ 1º e 2º da Lei 11.419/2006 (Informatização do processo judicial).

§ 1º Os dias do começo e do vencimento do prazo serão protraídos para o primeiro dia útil seguinte, se coincidirem com dia em que o expediente forense for encerrado antes ou iniciado depois da hora normal ou houver indisponibilidade da comunicação eletrônica.
▸ Correspondência: art. 184, § 1º CPC 1973.

§ 2º Considera-se como data de publicação o primeiro dia útil seguinte ao da disponibilização da informação no Diário da Justiça eletrônico.
▸ Sem correspondência no CPC 1973.
▸ Art. 4º, § 3º da Lei 11.419/2006 (Informatização do processo judicial).

§ 3º A contagem do prazo terá início no primeiro dia útil que seguir ao da publicação.
▸ Correspondência: art. 184, § 2º CPC 1973.
▸ Arts. 231, 1.003, *caput* e § 1º deste Código.
▸ Súmula 310 do STF.
▸ Súmula 117 do STJ.

Art. 225. A parte poderá renunciar ao prazo estabelecido exclusivamente em seu favor, desde que o faça de maneira expressa.
▸ Correspondência: art. 186 CPC 1973.

Art. 226. O juiz proferirá:
▸ Correspondência: art. 189 CPC 1973.
▸ Arts. 143, 203, 235, *caput* e § 1º e 366 deste Código.

I – os despachos no prazo de 5 (cinco) dias;
▸ Correspondência: art. 189, I CPC 1973.
▸ Art. 203, § 3º deste Código.

II – as decisões interlocutórias no prazo de 10 (dez) dias;
▸ Correspondência: art. 189, II CPC 1973.
▸ Art. 203, § 2º deste Código.

III – as sentenças no prazo de 30 (trinta) dias.
▸ Sem correspondência no CPC 1973.
▸ Art. 203, § 1º deste Código.

Art. 227. Em qualquer grau de jurisdição, havendo motivo justificado, pode o juiz exceder, por igual tempo, os prazos a que está submetido.
 ▸ Correspondência: art. 187 CPC 1973.
 ▸ Arts. 226 e 235, *caput* e § 1º deste Código.
 ▸ Art. 35, II e 39 da LC 35/1979 (*Lei Orgânica da Magistratura Nacional*).

Art. 228. Incumbirá ao serventuário remeter os autos conclusos no prazo de 1 (um) dia e executar os atos processuais no prazo de 5 (cinco) dias, contado da data em que:
 ▸ Correspondência: art. 190 CPC 1973.
 ▸ Arts. 155, I, 233, *caput* e § 1º deste Código.

I – houver concluído o ato processual anterior, se lhe foi imposto pela lei;
 ▸ Correspondência: art. 190, I CPC 1973.

II – tiver ciência da ordem, quando determinada pelo juiz.
 ▸ Correspondência: art. 190, II CPC 1973.

§ 1º Ao receber os autos, o serventuário certificará o dia e a hora em que teve ciência da ordem referida no inciso II.
 ▸ Correspondência: art. 190, parágrafo único CPC 1973.

§ 2º Nos processos em autos eletrônicos, a juntada de petições ou de manifestações em geral ocorrerá de forma automática, independentemente de ato de serventuário da justiça.
 ▸ Sem correspondência no CPC 1973.
 ▸ Art. 10 da Lei 11.419/2006 (*Informatização do Processo Judicial*).

Art. 229. Os litisconsortes que tiverem diferentes procuradores, de escritórios de advocacia distintos, terão prazos contados em dobro para todas as suas manifestações, em qualquer juízo ou tribunal, independentemente de requerimento.
 ▸ Correspondência: art. 191 CPC 1973.
 ▸ Arts. 107, §§ 2º e 3º, 118, 231, § 1º, 335, *caput* e § 1º, 915, § 3º, 1.003, *caput* e § 1º, deste Código.
 ▸ Súmula 641 do STF.

§ 1º Cessa a contagem do prazo em dobro se, havendo apenas 2 (dois) réus, é oferecida defesa por apenas um deles.
 ▸ Sem correspondência no CPC 1973.

§ 2º Não se aplica o disposto no *caput* aos processos em autos eletrônicos.
 ▸ Sem correspondência no CPC 1973.

Art. 230. O prazo para a parte, o procurador, a Advocacia Pública, a Defensoria Pública e o Ministério Público será contado da citação, da intimação ou da notificação.
 ▸ Correspondência: art. 240 CPC 1973.
 ▸ Arts. 178, 180, 183, 186 e 224, § 3º deste Código.

Art. 231. Salvo disposição em sentido diverso, considera-se dia do começo do prazo:
 ▸ Correspondência: art. 241 CPC 1973.

I – a data de juntada aos autos do aviso de recebimento, quando a citação ou a intimação for pelo correio;
 ▸ Correspondência: art. 241, I CPC 1973.
 ▸ Súmula 429 do STJ.

II – a data de juntada aos autos do mandado cumprido, quando a citação ou a intimação for por oficial de justiça;
 ▸ Correspondência: art. 241, II CPC 1973.
 ▸ Arts. 252 a 254 deste Código.

III – a data de ocorrência da citação ou da intimação, quando ela se der por ato do escrivão ou do chefe de secretaria;
 ▸ Sem correspondência no CPC 1973.

IV – o dia útil seguinte ao fim da dilação assinada pelo juiz, quando a citação ou a intimação for por edital;
 ▸ Correspondência: art. 241, V CPC 1973.

V – o dia útil seguinte à consulta ao teor da citação ou da intimação ou ao término do prazo para que a consulta se dê, quando a citação ou a intimação for eletrônica;
 ▸ Sem correspondência no CPC 1973.
 ▸ Art. 5º da Lei 11.419/2006 (*Informatização do Processo Judicial*).

VI – a data de juntada do comunicado de que trata o art. 232 ou, não havendo esse, a data de juntada da carta aos autos de origem devidamente cumprida, quando a citação ou a intimação se realizar em cumprimento de carta;
 ▸ Correspondência: art. 241, IV CPC 1973.
 ▸ Art. 232 deste Código.

VII – a data de publicação, quando a intimação se der pelo Diário da Justiça impresso ou eletrônico;
 ▸ Sem correspondência no CPC 1973.

VIII – o dia da carga, quando a intimação se der por meio da retirada dos autos, em carga, do cartório ou da secretaria.
 ▸ Sem correspondência no CPC 1973.

IX – o quinto dia útil seguinte à confirmação, na forma prevista na mensagem de citação, do recebimento da citação realizada por meio eletrônico.
 ▸ Inciso IX acrescido pela Lei 14.195/2021.

§ 1º Quando houver mais de um réu, o dia do começo do prazo para contestar corresponderá à última das datas a que se referem os incisos I a VI do *caput*.
 ▸ Correspondência: art. 241, III CPC 1973.

§ 2º Havendo mais de um intimado, o prazo para cada um é contado individualmente.
 ▸ Sem correspondência no CPC 1973.

§ 3º Quando o ato tiver de ser praticado diretamente pela parte ou por quem, de qualquer forma, participe do processo, sem a intermediação de representante judicial, o dia do começo do prazo para cumprimento da determinação judicial corresponderá à data em que se der a comunicação.
 ▸ Sem correspondência no CPC 1973.

§ 4º Aplica-se o disposto no inciso II do *caput* à citação com hora certa.
 ▸ Sem correspondência no CPC 1973.

Art. 232. Nos atos de comunicação por carta precatória, rogatória ou de ordem, a realização da citação ou da intimação será imediatamente informada, por meio eletrônico, pelo juiz deprecado ao juiz deprecante.
 ▸ Sem correspondência no CPC 1973.
 ▸ Arts. 260 a 268 deste Código.

Seção II
Da verificação dos prazos e das penalidades

Art. 233. Incumbe ao juiz verificar se o serventuário excedeu, sem motivo legítimo, os prazos estabelecidos em lei.
 ▸ Correspondência: art. 193 CPC 1973.
 ▸ Art. 228 deste Código.
 ▸ Art. 5º, LXXVIII da CF.
 ▸ Art. 35, III, da LC 35/1979 (*Lei Orgânica da Magistratura Nacional*).

§ 1º Constatada a falta, o juiz ordenará a instauração de processo administrativo, na forma da lei.
 ▸ Correspondência: art. 194 CPC 1973.

§ 2º Qualquer das partes, o Ministério Público ou a Defensoria Pública poderá representar ao juiz contra o serventuário que injustificadamente exceder os prazos previstos em lei.
 ▸ Sem correspondência no CPC 1973.

Art. 234. Os advogados públicos ou privados, o defensor público e o membro do Ministério Público devem restituir os autos no prazo do ato a ser praticado.
 ▸ Correspondência: art. 195 CPC 1973.
 ▸ Arts. 107, III e 234, § 4º deste Código.
 ▸ Art. 7º, XV e XVI, § 1º da Lei 8.906/1994 (*Estatuto da Advocacia e da OAB*).

§ 1º É lícito a qualquer interessado exigir os autos do advogado que exceder prazo legal.
 ▸ Correspondência: art. 196 CPC 1973.
 ▸ Art. 234, § 4º deste Código.
 ▸ Arts. 7º, XV e XVI e 34, XXII da Lei 8.906/1994 (*Estatuto da Advocacia e da OAB*).

§ 2º Se, intimado, o advogado não devolver os autos no prazo de 3 (três) dias, perderá o direito à vista fora de cartório e incorrerá em multa correspondente à metade do salário-mínimo.
 ▸ Correspondência: art. 196 CPC 1973.

§ 3º Verificada a falta, o juiz comunicará o fato à seção local da Ordem dos Advogados do Brasil para procedimento disciplinar e imposição de multa.
 ▸ Correspondência: art. 196, parágrafo único CPC 1973.
 ▸ Art. 356 do CP.
 ▸ Art. 37, I da Lei 8.906/1994 (*Estatuto da Advocacia e da OAB*).

§ 4º Se a situação envolver membro do Ministério Público, da Defensoria Pública ou da Advocacia Pública, a multa, se for o caso, será aplicada ao agente público responsável pelo ato.
 ▸ Correspondência: art. 197 CPC 1973.

§ 5º Verificada a falta, o juiz comunicará o fato ao órgão competente responsável pela instauração de procedimento disciplinar contra o membro que atuou no feito.
 ▸ Sem correspondência no CPC 1973.

Art. 235. Qualquer parte, o Ministério Público ou a Defensoria Pública poderá representar ao corregedor do tribunal ou ao Conselho Nacional de Justiça contra juiz ou relator que injustificadamente exceder os prazos previstos em lei, regulamento ou regimento interno.
 ▸ Correspondência: arts. 198 e 199 CPC 1973.
 ▸ Art. 143, II e par. ún., deste Código.

§ 1º Distribuída a representação ao órgão competente e ouvido previamente o juiz, não sendo caso de arquivamento liminar, será instaurado procedimento para apuração da responsabilidade, com intimação do representado por meio eletrônico para, querendo, apresentar justificativa no prazo de 15 (quinze) dias.
 ▸ Correspondência: arts. 198 e 199 CPC 1973.

§ 2º Sem prejuízo das sanções administrativas cabíveis, em até 48 (quarenta e oito) horas após a apresentação ou não da justificativa de que trata o § 1º, se for o caso, o corregedor do tribunal ou o relator no Conselho Nacional de Justiça determinará a intimação do representado por meio eletrônico para que, em 10 (dez) dias, pratique o ato.
 ▸ Sem correspondência no CPC 1973.

§ 3º Mantida a inércia, os autos serão remetidos ao substituto legal do juiz ou do relator contra o qual se representou para decisão em 10 (dez) dias.
 ▸ Sem correspondência no CPC 1973.

TÍTULO II
DA COMUNICAÇÃO DOS ATOS PROCESSUAIS

CAPÍTULO I
DISPOSIÇÕES GERAIS

Art. 236. Os atos processuais serão cumpridos por ordem judicial.
 ▸ Correspondência: art. 200 CPC 1973.
 ▸ Art. 5º, § 2º da Lei 5.478/1968 (*Ação de Alimentos*).

§ 1º Será expedida carta para a prática de atos fora dos limites territoriais do tribunal, da comarca, da seção ou da subseção judiciárias, ressalvadas as hipóteses previstas em lei.
 ▸ Correspondência: art. 201 CPC 1973.
 ▸ Art. 256, § 1º, 845, § 2º e 914, § 2º deste Código.

§ 2º O tribunal poderá expedir carta para juízo a ele vinculado, se o ato houver de se realizar fora dos limites territoriais do local de sua sede.
 ▸ Correspondência: art. 201 CPC 1973.

§ 3º Admite-se a prática de atos processuais por meio de videoconferência ou outro recurso tecnológico de transmissão de sons e imagens em tempo real.
 ▸ Sem correspondência no CPC 1973.
 ▸ Art. 385, § 3º, 453, § 1º, 461, § 2º, 937, § 4º deste Código.

Art. 237. Será expedida carta:
 ▸ Correspondência: art. 201 CPC 1973.

I – de ordem, pelo tribunal, na hipótese do § 2º do art. 236;
 ▸ Correspondência: art. 201 CPC 1973.

II – rogatória, para que órgão jurisdicional estrangeiro pratique ato de cooperação jurídica internacional, relativo a processo em curso perante órgão jurisdicional brasileiro;
 ▸ Correspondência: art. 201 CPC 1973.
 ▸ Art. 105, I, i, da CF, com redação pela EC 45/2004, que determina que a concessão de exequatur às cartas rogatórias passou a ser da competência do STJ.
 ▸ Arts. 36, 260, 377, 515, IX, 960, § 1º, 962, § 1º deste Código.

III – precatória, para que órgão jurisdicional brasileiro pratique ou determine o cumprimento, na área de sua competência territorial, de ato relativo a pedido de cooperação judiciária formulado por órgão jurisdicional de competência territorial diversa;
 ▸ Correspondência: art. 201 CPC 1973.
 ▸ Art. 845, § 2º e 914, § 2º deste Código.

IV – arbitral, para que órgão do Poder Judiciário pratique ou determine o cumprimento, na área de sua competência territorial, de ato objeto de pedido de cooperação judiciária formulado por juízo arbitral, inclusive os que importem efetivação de tutela provisória.
 ▸ Sem correspondência no CPC 1973.
 ▸ Art. 22-C da Lei 9.307/1996 (*Arbitragem*).

Parágrafo único. Se o ato relativo a processo em curso na justiça federal ou em tribunal superior houver de ser praticado em local onde não haja vara federal, a carta poderá ser dirigida ao juízo estadual da respectiva comarca.
 ▸ Correspondência: art. 1.213 CPC 1973.

CAPÍTULO II
DA CITAÇÃO

Art. 238. Citação é o ato pelo qual são convocados o réu, o executado ou o interessado para integrar a relação processual.
 ▸ Correspondência: art. 213 CPC 1973.
 ▸ Arts. 126, 127, 240, 243, 246, 254, 256, 329, I, 334, 337, I, 525, § 1º, I, 829 e 915, § 1º deste Código.

Parágrafo único. A citação será efetivada em até 45 (quarenta e cinco) dias a partir da propositura da ação.
 ▸ Parágrafo único acrescido pela Lei 14.195/2021.

Art. 239. Para a validade do processo é indispensável a citação do réu ou do executado, ressalvadas as hipóteses de indeferimento da petição inicial ou de improcedência liminar do pedido.
 ▸ Correspondência: art. 214 CPC 1973.
 ▸ Art. 280, 332, 337, I e § 5º e 535, I deste Código.

§ 1º O comparecimento espontâneo do réu ou do executado supre a falta ou a nulidade da citação, fluindo a partir desta data o prazo para apresentação de contestação ou de embargos à execução.
 ▸ Correspondência: art. 214, §§ 1º e 2º CPC 1973.

§ 2º Rejeitada a alegação de nulidade, tratando-se de processo de:
 ▸ Sem correspondência no CPC 1973.

I – conhecimento, o réu será considerado revel;
 ▸ Sem correspondência no CPC 1973.

II – execução, o feito terá seguimento.
 ▸ Sem correspondência no CPC 1973.

Art. 240. A citação válida, ainda quando ordenada por juízo incompetente, induz litispendência, torna litigiosa a coisa e constitui em mora o devedor, ressalvado o disposto nos arts. 397 e 398 da Lei 10.406, de 10 de janeiro de 2002 (Código Civil).
▸ Correspondência: art. 219 CPC 1973.
▸ Arts. 238, 312, 337, I deste Código.
▸ Arts. 202, I, 397 e 398 do CC.
▸ Súmulas 106, 204 e 426 do STJ.

§ 1º A interrupção da prescrição, operada pelo despacho que ordena a citação, ainda que proferido por juízo incompetente, retroagirá à data de propositura da ação.
▸ Correspondência: art. 219, § 1º CPC 1973.
▸ Arts. 312 e 802 deste Código.
▸ Art. 8º, § 2º, da Lei 6.830/1980 (Execuções Fiscais).

§ 2º Incumbe ao autor adotar, no prazo de 10 (dez) dias, as providências necessárias para viabilizar a citação, sob pena de não se aplicar o disposto no § 1º.
▸ Correspondência: art. 219, §§ 2º e 4º CPC 1973.
▸ Art. 802 deste Código.
▸ Súmula 106 do STJ.

§ 3º A parte não será prejudicada pela demora imputável exclusivamente ao serviço judiciário.
▸ Sem correspondência no CPC 1973.

§ 4º O efeito retroativo a que se refere o § 1º aplica-se à decadência e aos demais prazos extintivos previstos em lei.
▸ Correspondência: art. 220 CPC 1973.
▸ Arts. 205 e 206, 207 a 211 do CC.

Art. 241. Transitada em julgado a sentença de mérito proferida em favor do réu antes da citação, incumbe ao escrivão ou ao chefe de secretaria comunicar-lhe o resultado do julgamento.
▸ Correspondência: art. 219, § 6º CPC 1973.
▸ Arts. 152, II, 269, 502 e 505 deste Código.

Art. 242. A citação será pessoal, podendo, no entanto, ser feita na pessoa do representante legal ou do procurador do réu, do executado ou do interessado.
▸ Correspondência: art. 215 CPC 1973.
▸ Arts. 71, 73, §§ 1º e 2º, 75, 248, §§ 2º e 4º deste Código.

§ 1º Na ausência do citando, a citação será feita na pessoa de seu mandatário, administrador, preposto ou gerente, quando a ação se originar de atos por eles praticados.
▸ Correspondência: art. 215, § 1º CPC 1973.
▸ Art. 119 da Lei 6.404/1976 (Sociedade por ações).

§ 2º O locador que se ausentar do Brasil sem cientificar o locatário de que deixou, na localidade onde estiver situado o imóvel, procurador com poderes para receber citação será citado na pessoa do administrador do imóvel encarregado do recebimento dos aluguéis, que será considerado habilitado para representar o locador em juízo.
▸ Correspondência: art. 215, § 2º CPC 1973.
▸ Art. 58, IV da Lei 8.245/1991 (Locação de imóveis urbanos).

§ 3º A citação da União, dos Estados, do Distrito Federal, dos Municípios e de suas respectivas autarquias e fundações de direito público será realizada perante o órgão de Advocacia Pública responsável por sua representação judicial.
▸ Sem correspondência no CPC 1973.
▸ Art. 75, I a IV deste Código.

Art. 243. A citação poderá ser feita em qualquer lugar em que se encontre o réu, o executado ou o interessado.
▸ Correspondência: art. 216 CPC 1973.

Parágrafo único. O militar em serviço ativo será citado na unidade em que estiver servindo, se não for conhecida sua residência ou nela não for encontrado.
▸ Correspondência: art. 216, parágrafo único CPC 1973.
▸ Art. 76 do CC.
▸ Art. 358 do CPP.

Art. 244. Não se fará a citação, salvo para evitar o perecimento do direito:
▸ Correspondência: art. 217 CPC 1973.
▸ Art. 332 deste Código.

I – de quem estiver participando de ato de culto religioso;
▸ Correspondência: art. 217, I CPC 1973.
▸ Art. 5º, VI da CF.

II – de cônjuge, de companheiro ou de qualquer parente do morto, consanguíneo ou afim, em linha reta ou na linha colateral em segundo grau, no dia do falecimento e nos 7 (sete) dias seguintes;
▸ Correspondência: art. 217, II CPC 1973.

III – de noivos, nos 3 (três) primeiros dias seguintes ao casamento;
▸ Correspondência: art. 217, III CPC 1973.

IV – de doente, enquanto grave o seu estado.
▸ Correspondência: art. 217, IV CPC 1973.

Art. 245. Não se fará citação quando se verificar que o citando é mentalmente incapaz ou está impossibilitado de recebê-la.
▸ Correspondência: art. 218 CPC 1973.
▸ Art. 167, I deste Código.

§ 1º O oficial de justiça descreverá e certificará minuciosamente a ocorrência.

▸ Correspondência: art. 218, § 1º CPC 1973.

§ 2º Para examinar o citando, o juiz nomeará médico, que apresentará laudo no prazo de 5 (cinco) dias.
▸ Correspondência: art. 218, § 1º CPC 1973.
▸ Art. 178, II deste Código.

§ 3º Dispensa-se a nomeação de que trata o § 2º se pessoa da família apresentar declaração do médico do citando que ateste a incapacidade deste.
▸ Sem correspondência no CPC 1973.

§ 4º Reconhecida a impossibilidade, o juiz nomeará curador ao citando, observando, quanto à sua escolha, a preferência estabelecida em lei e restringindo a nomeação à causa.
▸ Correspondência: art. 218, § 2º CPC 1973.
▸ Art. 72, I, deste Código.
▸ Art. 1.775 do CC.

§ 5º A citação será feita na pessoa do curador, a quem incumbirá a defesa dos interesses do citando.
▸ Correspondência: art. 218, § 3º CPC 1973.
▸ Art. 1.767 do CC.

Art. 246. A citação será feita preferencialmente por meio eletrônico, no prazo de até 2 (dois) dias úteis, contado da decisão que a determinar, por meio dos endereços eletrônicos indicados pelo citando no banco de dados do Poder Judiciário, conforme regulamento do Conselho Nacional de Justiça.
▸ *Caput* com redação pela Lei 14.195/2021.
▸ Correspondência: art. 221 CPC 1973.
▸ Art. 58, IV da Lei 8.245/1991 (Locação de imóveis urbanos).
▸ Art. 18 da Lei 9.099/1995 (Juizados Especiais).
▸ Art. 9º da Lei 11.419/2006 (Informatização do processo judicial).

I a V – *Revogados pela Lei 14.195/2021.*

§ 1º As empresas públicas e privadas são obrigadas a manter cadastro nos sistemas de processo em autos eletrônicos, para efeito de recebimento de citações e intimações, as quais serão efetuadas preferencialmente por esse meio.
▸ § 1º com redação pela Lei 14.195/2021.
▸ Sem correspondência no CPC 1973.

§ 1º-A. A ausência de confirmação, em até 3 (três) dias úteis, contados do recebimento da citação eletrônica, implicará a realização da citação:

I – pelo correio;

II – por oficial de justiça;

III – pelo escrivão ou chefe de secretaria, se o citando comparecer em cartório;

IV – por edital.

§ 1º-B. Na primeira oportunidade de falar nos autos, o réu citado nas formas previstas nos incisos I, II, III e IV do § 1º-A deste artigo deverá apresentar justa causa para a ausência de confirmação do recebimento da citação enviada eletronicamente.

§ 1º-C. Considera-se ato atentatório à dignidade da justiça, passível de multa de até 5% (cinco por cento) do valor da causa, deixar de confirmar no prazo legal, sem justa causa, o recebimento de citação recebida por meio eletrônico.
▸ §§ 1º-A a 1º-C acrescidos pela Lei 14.195/2021.

§ 2º O disposto no § 1º aplica-se à União, aos Estados, ao Distrito Federal, aos Municípios e às entidades da administração indireta.
▸ Sem correspondência no CPC 1973.

§ 3º Na ação de usucapião de imóvel, os confinantes serão citados pessoalmente, exceto quando tiver por objeto unidade autônoma de prédio em condomínio, caso em que tal citação é dispensada.
▸ Correspondência: art. 942 CPC 1973.
▸ Art. 259, I deste Código.
▸ Súmulas 263 e 391 do STF.

§ 4º As citações por correio eletrônico serão acompanhadas das orientações para realização da confirmação de recebimento e de código identificador que permitirá a sua identificação na página eletrônica do órgão judicial citante.

§ 5º As microempresas e as pequenas empresas somente se sujeitam ao disposto no § 1º deste artigo quando não possuírem endereço eletrônico cadastrado no sistema integrado da Rede Nacional para a Simplificação do Registro e da Legalização de Empresas e Negócios (Redesim).

§ 6º Para os fins do § 5º deste artigo, deverá haver compartilhamento de cadastro com o órgão do Poder Judiciário, incluído o endereço eletrônico constante do sistema integrado da Redesim, nos termos da legislação aplicável ao sigilo fiscal e ao tratamento de dados pessoais.
▸ §§ 4º a 6º acrescidos pela Lei 14.195/2021.

Art. 247. A citação será feita por meio eletrônico ou pelo correio para qualquer comarca do País, exceto:
▸ *Caput* com redação pela Lei 14.195/2021.
▸ Correspondência: art. 222 CPC 1973.
▸ Art. 249 deste Código.
▸ Súmula 429 do STJ.

I – nas ações de estado, observado o disposto no art. 695, § 3º;
▸ Correspondência: art. 222, a CPC 1973.

II – quando o citando for incapaz;
▸ Correspondência: art. 222, b CPC 1973.
▸ Arts. 3º e 4º do CC.

III – quando o citando for pessoa de direito público;
▸ Correspondência: art. 222, c CPC 1973.

IV – quando o citando residir em local não atendido pela entrega domiciliar de correspondência;
▸ Correspondência: art. 222, e CPC 1973.

V – quando o autor, justificadamente, a requerer de outra forma.
▸ Correspondência: art. 222, f CPC 1973.

Art. 248. Deferida a citação pelo correio, o escrivão ou o chefe de secretaria remeterá ao citando cópias da petição inicial e do despacho do juiz e comunicará o prazo para resposta, o endereço do juízo e o respectivo cartório.
▸ Correspondência: art. 223 CPC 1973.

§ 1º A carta será registrada para entrega ao citando, exigindo-lhe o carteiro, ao fazer a entrega, que assine o recibo.
▸ Correspondência: art. 223, parágrafo único CPC 1973.
▸ Arts. 231, I deste Código.
▸ Súmula 429 do STJ.

§ 2º Sendo o citando pessoa jurídica, será válida a entrega do mandado a pessoa com poderes de gerência geral ou de administração ou, ainda, a funcionário responsável pelo recebimento de correspondências.
▸ Correspondência: art. 223, parágrafo único CPC 1973.

§ 3º Da carta de citação no processo de conhecimento constarão os requisitos do art. 250.
▸ Sem correspondência no CPC 1973.

§ 4º Nos condomínios edilícios ou nos loteamentos com controle de acesso, será válida a entrega do mandado a funcionário da portaria responsável pelo recebimento de correspondência, que, entretanto, poderá recusar o recebimento, se declarar, por escrito, sob as penas da lei, que o destinatário da correspondência está ausente.
▸ Sem correspondência no CPC 1973.
▸ Art. 252, par. ún., deste Código.

Art. 249. A citação será feita por meio de oficial de justiça nas hipóteses previstas neste Código ou em lei, ou quando frustrada a citação pelo correio.
▸ Correspondência: art. 224 CPC 1973.

Art. 250. O mandado que o oficial de justiça tiver de cumprir conterá:
▸ Correspondência: art. 225 CPC 1973.

I – os nomes do autor e do citando e seus respectivos domicílios ou residências;
▸ Correspondência: art. 225, I CPC 1973.

II – a finalidade da citação, com todas as especificações constantes da petição inicial, bem como a menção do prazo para contestar, sob pena de revelia, ou para embargar a execução;
▸ Correspondência: art. 225, II e VI CPC 1973.

III – a aplicação de sanção para o caso de descumprimento da ordem, se houver;
▸ Correspondência: art. 225, III CPC 1973.

IV – se for o caso, a intimação do citando para comparecer, acompanhado de advogado ou de defensor público, à audiência de conciliação ou de mediação, com a menção do dia, da hora e do lugar do comparecimento;
▸ Correspondência: art. 225, IV CPC 1973.

V – a cópia da petição inicial, do despacho ou da decisão que deferir tutela provisória;
▸ Correspondência: art. 225, V CPC 1973.

VI – a assinatura do escrivão ou do chefe de secretaria e a declaração de que o subscreve por ordem do juiz.
▸ Correspondência: art. 225, VII CPC 1973.

Art. 251. Incumbe ao oficial de justiça procurar o citando e, onde o encontrar, citá-lo:
▸ Correspondência: art. 226 CPC 1973.

I – lendo-lhe o mandado e entregando-lhe a contrafé;
▸ Correspondência: art. 226, I CPC 1973.

II – portando por fé se recebeu ou recusou a contrafé;
▸ Correspondência: art. 226, II CPC 1973.

III – obtendo a nota de ciente ou certificando que o citando não a apôs no mandado.
▸ Correspondência: art. 226, III CPC 1973.

Art. 252. Quando, por 2 (duas) vezes, o oficial de justiça houver procurado o citando em seu domicílio ou residência sem o encontrar, deverá, havendo suspeita de ocultação, intimar qualquer pessoa da família ou, em sua falta, qualquer vizinho de que, no dia útil imediato, voltará a fim de efetuar a citação, na hora que designar.
▸ Correspondência: art. 227 CPC 1973.

Parágrafo único. Nos condomínios edilícios ou nos loteamentos com controle de acesso, será válida a intimação

a que se refere o caput feita a funcionário da portaria responsável pelo recebimento de correspondência.

▸ Sem correspondência no CPC 1973.
▸ Art. 248, § 4º deste Código.

Art. 253. No dia e na hora designados, o oficial de justiça, independentemente de novo despacho, comparecerá ao domicílio ou à residência do citando a fim de realizar a diligência.

▸ Correspondência: art. 228 CPC 1973.
▸ Arts. 70 a 78 do CC.

§ 1º Se o citando não estiver presente, o oficial de justiça procurará informar-se das razões da ausência, dando por feita a citação, ainda que o citando se tenha ocultado em outra comarca, seção ou subseção judiciárias.

▸ Correspondência: art. 228, § 1º CPC 1973.

§ 2º A citação com hora certa será efetivada mesmo que a pessoa da família ou o vizinho que houver sido intimado esteja ausente, ou se, embora presente, a pessoa da família ou o vizinho se recusar a receber o mandado.

▸ Sem correspondência no CPC 1973.

§ 3º Da certidão da ocorrência, o oficial de justiça deixará contrafé com qualquer pessoa da família ou vizinho, conforme o caso, declarando-lhe o nome.

▸ Correspondência: art. 228, § 2º CPC 1973.

§ 4º O oficial de justiça fará constar do mandado a advertência de que será nomeado curador especial se houver revelia.

▸ Sem correspondência no CPC 1973.
▸ Arts. 72, II deste Código.
▸ Súmula 196 do STJ.

Art. 254. Feita a citação com hora certa, o escrivão ou chefe de secretaria enviará ao réu, executado ou interessado, no prazo de 10 (dez) dias, contado da data da juntada do mandado aos autos, carta, telegrama ou correspondência eletrônica, dando-lhe de tudo ciência.

▸ Correspondência: art. 229 CPC 1973.

Art. 255. Nas comarcas contíguas de fácil comunicação e nas que se situem na mesma região metropolitana, o oficial de justiça poderá efetuar, em qualquer delas, citações, intimações, notificações, penhoras e quaisquer outros atos executivos.

▸ Correspondência: art. 230 CPC 1973.

Art. 256. A citação por edital será feita:

▸ Correspondência: art. 231 CPC 1973.
▸ Art. 257 deste Código.

I – quando desconhecido ou incerto o citando;

▸ Correspondência: art. 231, I CPC 1973.

II – quando ignorado, incerto ou inacessível o lugar em que se encontrar o citando;

▸ Correspondência: art. 231, II CPC 1973.
▸ Art. 830, § 2º deste Código.

III – nos casos expressos em lei.

▸ Correspondência: art. 231, III CPC 1973.
▸ Art. 259 deste Código.

§ 1º Considera-se inacessível, para efeito de citação por edital, o país que recusar o cumprimento de carta rogatória.

▸ Correspondência: art. 231, § 1º CPC 1973.

§ 2º No caso de ser inacessível o lugar em que se encontrar o réu, a notícia de sua citação será divulgada também pelo rádio, se na comarca houver emissora de radiodifusão.

▸ Correspondência: art. 231, § 2º CPC 1973.

§ 3º O réu será considerado em local ignorado ou incerto se infrutíferas as tentativas de sua localização, inclusive mediante requisição pelo juízo de informações sobre seu endereço nos cadastros de órgãos públicos ou de concessionárias de serviços públicos.

▸ Sem correspondência no CPC 1973.

Art. 257. São requisitos da citação por edital:

▸ Correspondência: art. 232 CPC 1973.
▸ Arts. 246, IV e 259 deste Código.
▸ Art. 4º, § 1º da Lei 6.739/1979 (Matrícula e registro de imóveis rurais).
▸ Art. 5º, § 2º, da Lei 6.969/1981 (Aquisição, por usucapião especial, de imóveis rurais).

I – a afirmação do autor ou a certidão do oficial informando a presença das circunstâncias autorizadoras;

▸ Correspondência: art. 232, I CPC 1973.

II – a publicação do edital na rede mundial de computadores, no sítio do respectivo tribunal e na plataforma de editais do Conselho Nacional de Justiça, que deve ser certificada nos autos;

▸ Sem correspondência no CPC 1973.

III – a determinação, pelo juiz, do prazo, que variará entre 20 (vinte) e 60 (sessenta) dias, fluindo da data da publicação única ou, havendo mais de uma, da primeira;

▸ Correspondência: art. 232, IV CPC 1973.

IV – a advertência de que será nomeado curador especial em caso de revelia.

▸ Correspondência: art. 232, V CPC 1973.
▸ Art.344 deste Código.

Parágrafo único. O juiz poderá determinar que a publicação do edital seja feita também em jornal local de ampla circulação ou por outros meios, considerando as peculiaridades da comarca, da seção ou da subseção judiciárias.

▸ Sem correspondência no CPC 1973.

Art. 258. A parte que requerer a citação por edital, alegando dolosamente a ocorrência das circunstâncias autorizadoras para sua realização, incorrerá em multa de 5 (cinco) vezes o salário-mínimo.

▸ Correspondência: art. 233 CPC 1973.
▸ Art. 77, II e III deste Código.

Parágrafo único. A multa reverterá em benefício do citando.

▸ Correspondência: art. 233, parágrafo único CPC 1973.
▸ Art. 96 deste Código.
▸ Art. 4º, § 1º da Lei 6.739/1979 (Matrícula e registro de imóveis rurais).

Art. 259. Serão publicados editais:

▸ Sem correspondência no CPC 1973.

I – na ação de usucapião de imóvel;

▸ Correspondência: art. 942 CPC 1973.
▸ Arts. 1.238 a 1.244 do CC.
▸ Súmulas 263 e 391 do STF.

II – na ação de recuperação ou substituição de título ao portador;

▸ Correspondência: art. 908, I CPC 1973.
▸ Arts. 904 a 909 do CC.

III – em qualquer ação em que seja necessária, por determinação legal, a provocação, para participação no processo, de interessados incertos ou desconhecidos.

▸ Sem correspondência no CPC 1973.

CAPÍTULO III
DAS CARTAS

Art. 260. São requisitos das cartas de ordem, precatória e rogatória:

▸ Correspondência: art. 202 CPC 1973.
▸ Art. 237 deste Código.

I – a indicação dos juízes de origem e de cumprimento do ato;

▸ Correspondência: art. 202, I CPC 1973.

II – o inteiro teor da petição, do despacho judicial e do instrumento do mandato conferido ao advogado;

▸ Correspondência: art. 202, II CPC 1973.

III – a menção do ato processual que lhe constitui o objeto;

▸ Correspondência: art. 202, III CPC 1973.

IV – o encerramento com a assinatura do juiz.

▸ Correspondência: art. 202, IV CPC 1973.

§ 1º O juiz mandará trasladar para a carta quaisquer outras peças, bem como instruí-la com mapa, desenho ou gráfico, sempre que esses documentos devam ser examinados, na diligência, pelas partes, pelos peritos ou pelas testemunhas.

▸ Correspondência: art. 202, § 1º CPC 1973.

§ 2º Quando o objeto da carta for exame pericial sobre documento, este será remetido em original, ficando nos autos reprodução fotográfica.

▸ Correspondência: art. 202, § 2º CPC 1973.
▸ Arts. 255, 465, § 6º e 632 deste Código.

§ 3º A carta arbitral atenderá, no que couber, aos requisitos a que se refere o *caput* e será instruída com a convenção de arbitragem e com as provas da nomeação do árbitro e de sua aceitação da função.

▸ Sem correspondência no CPC 1973.
▸ Art. 22-C da Lei 9.307/1996 (Arbitragem)

Art. 261. Em todas as cartas o juiz fixará o prazo para cumprimento, atendendo à facilidade das comunicações e à natureza da diligência.

▸ Correspondência: art. 203 CPC 1973.
▸ Arts. 268, 313, V, *b* e 377 deste Código.

§ 1º As partes deverão ser intimadas pelo juiz do ato de expedição da carta.

▸ Sem correspondência no CPC 1973.

§ 2º Expedida a carta, as partes acompanharão o cumprimento da diligência perante o juízo destinatário, ao qual compete a prática dos atos de comunicação.

▸ Sem correspondência no CPC 1973.

§ 3º A parte a quem interessar o cumprimento da diligência cooperará para que o prazo a que se refere o *caput* seja cumprido.

▸ Sem correspondência no CPC 1973.

Art. 262. A carta tem caráter itinerante, podendo, antes ou depois de lhe ser ordenado o cumprimento, ser encaminhada a juízo diverso do que dela consta, a fim de se praticar o ato.

▸ Correspondência: art. 204 CPC 1973.

Parágrafo único. O encaminhamento da carta a outro juízo será imediatamente comunicado ao órgão expedidor, que intimará as partes.

▸ Sem correspondência no CPC 1973.

Art. 263. As cartas deverão, preferencialmente, ser expedidas por meio eletrônico, caso em que a assinatura do juiz deverá ser eletrônica, na forma da lei.

▸ Correspondência: art. 202, § 3º CPC 1973.
▸ Art. 7º da Lei 11.419/2006 (Informatização do processo judicial).

Art. 264. A carta de ordem e a carta precatória por meio eletrônico, por telefone ou por telegrama conterão, em resumo substancial, os requisitos mencionados no art. 250, especialmente no que se refere à aferição da autenticidade.

▸ Correspondência: art. 205 e 206 CPC 1973.
▸ Arts. 413 e 414 deste Código.

Art. 265. O secretário do tribunal, o escrivão ou o chefe de secretaria do juízo deprecante transmitirá, por telefone, a carta de ordem ou a carta precatória ao juízo em que houver de se cumprir o ato, por intermédio do escrivão do primeiro ofício da primeira vara, se houver na comarca mais de um ofício ou de uma vara, observando-se, quanto aos requisitos, o disposto no art. 264.

▸ Correspondência: art. 207 CPC 1973.

§ 1º O escrivão ou o chefe de secretaria, no mesmo dia ou no dia útil imediato, telefonará ou enviará mensagem eletrônica ao secretário do tribunal, ao escrivão ou ao chefe de secretaria do juízo deprecante, lendo-lhe os termos da carta e solicitando-lhe que os confirme.

▸ Correspondência: art. 207, § 1º CPC 1973.

§ 2º Sendo confirmada, o escrivão ou o chefe de secretaria submeterá a carta a despacho.

▸ Correspondência: art. 207, § 2º CPC 1973.

Art. 266. Serão praticados de ofício os atos requisitados por meio eletrônico e de telegrama, devendo a parte depositar, contudo, na secretaria do tribunal ou no cartório do juízo deprecante, a importância correspondente às despesas que serão feitas no juízo em que houver de praticar-se o ato.

▸ Correspondência: art. 208 CPC 1973.
▸ Art. 82 deste Código.

Art. 267. O juiz recusará cumprimento a carta precatória ou arbitral, devolvendo-a com decisão motivada quando:

▸ Correspondência: art. 209 CPC 1973.

I – a carta não estiver revestida dos requisitos legais;

▸ Correspondência: art. 209, I CPC 1973.
▸ Art. 260 deste Código.

II – faltar ao juiz competência em razão da matéria ou da hierarquia;

▸ Correspondência: art. 209, II CPC 1973.
▸ Art. 64, § 1º deste Código.

III – o juiz tiver dúvida acerca de sua autenticidade.

▸ Correspondência: art. 209, III CPC 1973.

Parágrafo único. No caso de incompetência em razão da matéria ou da hierarquia, o juiz deprecado, conforme o ato a ser praticado, poderá remeter a carta ao juiz ou ao tribunal competente.

▸ Sem correspondência no CPC 1973.
▸ Art. 64, § 1º deste Código.

Art. 268. Cumprida a carta, será devolvida ao juízo de origem no prazo de 10 (dez) dias, independentemente de traslado, pagas as custas pela parte.

▸ Correspondência: art. 212 CPC 1973.

CAPÍTULO IV
DAS INTIMAÇÕES

Art. 269. Intimação é o ato pelo qual se dá ciência a alguém dos atos e dos termos do processo.

▸ Correspondência: art. 234 CPC 1973.

§ 1º É facultado aos advogados promover a intimação do advogado da outra parte por meio do correio, juntando aos autos, a seguir, cópia do ofício de intimação e do aviso de recebimento.

▸ Sem correspondência no CPC 1973.
▸ Art. 231, I deste Código.

§ 2º O ofício de intimação deverá ser instruído com cópia do despacho, da decisão ou da sentença.

▸ Sem correspondência no CPC 1973.

§ 3º A intimação da União, dos Estados, do Distrito Federal, dos Municípios e de suas respectivas autarquias e fundações de direito público será realizada perante o órgão de Advocacia Pública responsável por sua representação judicial.

▸ Sem correspondência no CPC 1973.
▸ Arts. 182 e 183, § 1º deste Código.

Art. 270. As intimações realizam-se, sempre que possível, por meio eletrônico, na forma da lei.

▸ Correspondência: art. 237, parágrafo único CPC 1973.
▸ Lei 11.419/2006 (Informatização do processo judicial).

Parágrafo único. Aplica-se ao Ministério Público, à Defensoria Pública e à Advocacia Pública o disposto no § 1º do art. 246.

▸ Sem correspondência no CPC 1973.
▸ Art. 246, §§ 1º e 2º deste Código.

Art. 271. O juiz determinará de ofício as intimações em processos pendentes, salvo disposição em contrário.
▶ Correspondência: art. 235 CPC 1973.

Art. 272. Quando não realizadas por meio eletrônico, consideram-se feitas as intimações pela publicação dos atos no órgão oficial.
▶ Correspondência: art. 236 CPC 1973.

§ 1º Os advogados poderão requerer que, na intimação a eles dirigida, figure apenas o nome da sociedade a que pertençam, desde que devidamente registrada na Ordem dos Advogados do Brasil.
▶ Sem correspondência no CPC 1973.
▶ Art. 15 da Lei 8.906/1994 (Estatuto da Advocacia e da OAB).

§ 2º Sob pena de nulidade, é indispensável que da publicação constem os nomes das partes e de seus advogados, com o respectivo número de inscrição na Ordem dos Advogados do Brasil, ou, se assim requerido, da sociedade de advogados.
▶ Correspondência: art. 236, § 1º CPC 1973.
▶ Art. 363 deste Código.
▶ Art. 14 da Lei 8.906/1994 (Estatuto da Advocacia e da OAB).

§ 3º A grafia dos nomes das partes não deve conter abreviaturas.
▶ Sem correspondência no CPC 1973.

§ 4º A grafia dos nomes dos advogados deve corresponder ao nome completo e ser a mesma que constar da procuração ou que estiver registrada na Ordem dos Advogados do Brasil.
▶ Sem correspondência no CPC 1973.

§ 5º Constando dos autos pedido expresso para que as comunicações dos atos processuais sejam feitas em nome dos advogados indicados, o seu desatendimento implicará nulidade.
▶ Sem correspondência no CPC 1973.

§ 6º A retirada dos autos do cartório ou da secretaria em carga pelo advogado, por pessoa credenciada a pedido do advogado ou da sociedade de advogados, pela Advocacia Pública, pela Defensoria Pública ou pelo Ministério Público implicará intimação de qualquer decisão contida no processo retirado, ainda que pendente de publicação.
▶ Sem correspondência no CPC 1973.

§ 7º O advogado e a sociedade de advogados deverão requerer o respectivo credenciamento para a retirada de autos por preposto.
▶ Sem correspondência no CPC 1973.

§ 8º A parte arguirá a nulidade da intimação em capítulo preliminar do próprio ato que lhe caiba praticar, o qual será tido por tempestivo se o vício for reconhecido.
▶ Sem correspondência no CPC 1973.

§ 9º Não sendo possível a prática imediata do ato diante da necessidade de acesso prévio aos autos, a parte limitar-se-á a arguir a nulidade da intimação, caso em que o prazo será contado da intimação da decisão que a reconheça.
▶ Sem correspondência no CPC 1973.

Art. 273. Se inviável a intimação por meio eletrônico e não houver na localidade publicação em órgão oficial, incumbirá ao escrivão ou chefe de secretaria intimar de todos os atos do processo os advogados das partes:
▶ Correspondência: art. 237 CPC 1973.
▶ Art. 152, II deste Código.

I – pessoalmente, se tiverem domicílio na sede do juízo;
▶ Correspondência: art. 237, I CPC 1973.
▶ Art. 180, 183, § 1º, 186, § 1º e 633 deste Código.

II – por carta registrada, com aviso de recebimento, quando forem domiciliados fora do juízo.
▶ Correspondência: art. 237, II CPC 1973.
▶ Arts. 231, I, 269, § 1º, 513, § 2º e 876, § 1º deste Código.

Art. 274. Não dispondo a lei de outro modo, as intimações serão feitas às partes, aos seus representantes legais, aos advogados e aos demais sujeitos do processo pelo correio ou, se presentes em cartório, diretamente pelo escrivão ou chefe de secretaria.
▶ Correspondência: art. 238 CPC 1973.
▶ Arts. 77, V, 152, II e 280 deste Código.

Parágrafo único. Presumem-se válidas as intimações dirigidas ao endereço constante dos autos, ainda que não recebidas pessoalmente pelo interessado, se a modificação temporária ou definitiva não tiver sido devidamente comunicada ao juízo, fluindo os prazos a partir da juntada aos autos do comprovante de entrega da correspondência no primitivo endereço.
▶ Correspondência: art. 238, parágrafo único CPC 1973.
▶ Art. 106, § 2º deste Código.

Art. 275. A intimação será feita por oficial de justiça quando frustrada a realização por meio eletrônico ou pelo correio.
▶ Correspondência: art. 239 CPC 1973.
▶ Arts. 246, II e 249 deste Código.

§ 1º A certidão de intimação deve conter:
▶ Correspondência: art. 239, parágrafo único CPC 1973.

I – a indicação do lugar e a descrição da pessoa intimada, mencionando, quando possível, o número de seu documento de identidade e o órgão que o expediu;
▶ Correspondência: art. 239, I CPC 1973.

II – a declaração de entrega da contrafé;
▶ Correspondência: art. 239, II CPC 1973.

III – a nota de ciente ou a certidão de que o interessado não a apôs no mandado.
▶ Correspondência: art. 239, III CPC 1973.

§ 2º Caso necessário, a intimação poderá ser efetuada com hora certa ou por edital.
▶ Sem correspondência no CPC 1973.
▶ Arts. 252 a 254, 256, III deste Código.

TÍTULO III
DAS NULIDADES

Art. 276. Quando a lei prescrever determinada forma sob pena de nulidade, a decretação desta não pode ser requerida pela parte que lhe deu causa.
▶ Correspondência: art. 243 CPC 1973.
▶ Arts. 74, par. ún., 76, § 1º, I, 272, § 2º e 803 deste Código.

Art. 277. Quando a lei prescrever determinada forma, o juiz considerará válido o ato se, realizado de outro modo, lhe alcançar a finalidade.
▶ Correspondência: art. 244 CPC 1973.
▶ Arts. 188 e 282, § 2º deste Código.

Art. 278. A nulidade dos atos deve ser alegada na primeira oportunidade em que couber à parte falar nos autos, sob pena de preclusão.
▶ Correspondência: art. 245 CPC 1973.

Parágrafo único. Não se aplica o disposto no *caput* às nulidades que o juiz deva decretar de ofício, nem prevalece a preclusão provando a parte legítimo impedimento.
▶ Correspondência: art. 245, parágrafo único CPC 1973.
▶ Arts. 64, § 1º, 223, § 1º, 337, § 5º, 342, II, 485, § 3º e 507 deste Código.

Art. 279. É nulo o processo quando o membro do Ministério Público não for intimado a acompanhar o feito em que deva intervir.
▶ Correspondência: art. 246 CPC 1973.
▶ Arts. 178, 282 e 967, III, *a* deste Código.

§ 1º Se o processo tiver tramitado sem conhecimento do membro do Ministério Público, o juiz invalidará os atos praticados a partir do momento em que ele deveria ter sido intimado.
▶ Correspondência: art. 246, parágrafo único CPC 1973.
▶ Art. 178 deste Código.

§ 2º A nulidade só pode ser decretada após a intimação do Ministério Público, que se manifestará sobre a existência ou a inexistência de prejuízo.
▶ Sem correspondência no CPC 1973.

Art. 280. As citações e as intimações serão nulas quando feitas sem observância das prescrições legais.
▶ Correspondência: art. 247 CPC 1973.
▶ Arts. 231, 238 a 258, e 535, I, deste Código.

Art. 281. Anulado o ato, consideram-se de nenhum efeito todos os subsequentes que dele dependam, todavia, a nulidade de uma parte do ato não prejudicará as outras que dela sejam independentes.
▶ Correspondência: art. 248 CPC 1973.
▶ Art. 184 do CC.

Art. 282. Ao pronunciar a nulidade, o juiz declarará que atos são atingidos e ordenará as providências necessárias a fim de que sejam repetidos ou retificados.
▶ Correspondência: art. 249 CPC 1973.
▶ Arts. 188, 352, 938, §§ 1º e 2º deste Código.

§ 1º O ato não será repetido nem sua falta será suprida quando não prejudicar a parte.
▶ Correspondência: art. 249, § 1º CPC 1973.
▶ Art. 188 deste Código.

§ 2º Quando puder decidir o mérito a favor da parte a quem aproveite a decretação da nulidade, o juiz não a pronunciará nem mandará repetir o ato ou suprir-lhe a falta.
▶ Correspondência: art. 249, § 2º CPC 1973.

Art. 283. O erro de forma do processo acarreta unicamente a anulação dos atos que não possam ser aproveitados, devendo ser praticados os que forem necessários a fim de se observarem as prescrições legais.
▶ Correspondência: art. 250 CPC 1973.

Parágrafo único. Dar-se-á o aproveitamento dos atos praticados desde que não resulte prejuízo à defesa de qualquer parte.
▶ Correspondência: art. 250, parágrafo único CPC 1973.
▶ Art. 279, § 1º deste Código.

TÍTULO IV
DA DISTRIBUIÇÃO E DO REGISTRO

Art. 284. Todos os processos estão sujeitos a registro, devendo ser distribuídos onde houver mais de um juiz.
▶ Correspondência: art. 251 CPC 1973.
▶ Arts. 206 e 286, par. ún., deste Código.

Art. 285. A distribuição, que poderá ser eletrônica, será alternada e aleatória, obedecendo-se rigorosa igualdade.
▶ Correspondência: art. 252 CPC 1973.
▶ Art. 10, *caput* e § 3º da Lei 11.419/2006 (Informatização do Processo Judicial).

Parágrafo único. A lista de distribuição deverá ser publicada no Diário de Justiça.
▶ Sem correspondência no CPC 1973.
▶ Art. 4º da Lei 11.419/2006 (Informatização do Processo Judicial).

Art. 286. Serão distribuídas por dependência as causas de qualquer natureza:
▶ Correspondência: art. 253 CPC 1973.

I – quando se relacionarem, por conexão ou continência, com outra já ajuizada;
▶ Correspondência: art. 253, I CPC 1973.
▶ Art. 55 deste Código.

II – quando, tendo sido extinto o processo sem resolução de mérito, for reiterado o pedido, ainda que em litisconsórcio com outros autores ou que sejam parcialmente alterados os réus da demanda;
▶ Correspondência: art. 253, II CPC 1973.
▶ Arts. 485 e 486 deste Código.

III – quando houver ajuizamento de ações nos termos do art. 55, § 3º, ao juízo prevento.
▶ Correspondência: art. 253, III CPC 1973.
▶ Art. 337, § 2º deste Código.

Parágrafo único. Havendo intervenção de terceiro, reconvenção ou outra hipótese de ampliação objetiva do processo, o juiz, de ofício, mandará proceder à respectiva anotação pelo distribuidor.
▶ Correspondência: art. 253, parágrafo único CPC 1973.
▶ Arts. 119, 124 a 132, 343 *caput* e §§ 1º, 2º e 5º e 682 a 686 deste Código.

Art. 287. A petição inicial deve vir acompanhada de procuração, que conterá os endereços do advogado, eletrônico e não eletrônico.
▶ Correspondência: art. 254 CPC 1973.
▶ Art. 320 deste Código.
▶ Art. 653 do CC.

Parágrafo único. Dispensa-se a juntada da procuração:
▶ Sem correspondência no CPC 1973.

I – no caso previsto no art. 104;
▶ Correspondência: art. 254, III CPC 1973.
▶ Art. 5º, § 1º da Lei 8.906/1994 (Estatuto da Advocacia e da OAB).

II – se a parte estiver representada pela Defensoria Pública;
▶ Sem correspondência no CPC 1973.
▶ Arts. 44, XI, 89, XI, 128, XI da LC 80/1994 (Defensoria Pública da União).

III – se a representação decorrer diretamente de norma prevista na Constituição Federal ou em lei.
▶ Sem correspondência no CPC 1973.
▶ Súmula 644 do STF.

Art. 288. O juiz, de ofício ou a requerimento do interessado, corrigirá o erro ou compensará a falta de distribuição.
▶ Correspondência: art. 255 CPC 1973.

Art. 289. A distribuição poderá ser fiscalizada pela parte, por seu procurador, pelo Ministério Público e pela Defensoria Pública.
▶ Correspondência: art. 256 CPC 1973.

Art. 290. Será cancelada a distribuição do feito se a parte, intimada na pessoa de seu advogado, não realizar o pagamento das custas e despesas de ingresso em 15 (quinze) dias.
▶ Correspondência: art. 257 CPC 1973.

TÍTULO V
DO VALOR DA CAUSA

Art. 291. A toda causa será atribuído valor certo, ainda que não tenha conteúdo econômico imediatamente aferível.
▶ Correspondência: art. 258 CPC 1973.
▶ Art. 292 deste Código.
▶ Art. 3º, I da Lei 9.099/1995 (Juizados Especiais).

Art. 292. O valor da causa constará da petição inicial ou da reconvenção e será:
▶ Correspondência: art. 259 CPC 1973.
▶ Art. 319, V, deste Código.

I – na ação de cobrança de dívida, a soma monetariamente corrigida do principal, dos juros de mora vencidos e de outras penalidades, se houver, até a data de propositura da ação;
▶ Correspondência: art. 259, I CPC 1973.

II – na ação que tiver por objeto a existência, a validade, o cumprimento, a modificação, a resolução, a resilição ou a rescisão de ato jurídico, o valor do ato ou o de sua parte controvertida;
▶ Correspondência: art. 259, V CPC 1973.

III – na ação de alimentos, a soma de 12 (doze) prestações mensais pedidas pelo autor;
▶ Correspondência: art. 259, VI CPC 1973.

► Lei 5.478/1968 (Ação de Alimentos).

IV – na ação de divisão, de demarcação e de reivindicação, o valor de avaliação da área ou do bem objeto do pedido;
► Correspondência: art. 259, VII CPC 1973.

V – na ação indenizatória, inclusive a fundada em dano moral, o valor pretendido;
► Sem correspondência no CPC 1973.

VI – na ação em que há cumulação de pedidos, a quantia correspondente à soma dos valores de todos eles;
► Correspondência: art. 259, II CPC 1973.
► Arts. 327 e 555 deste Código.

VII – na ação em que os pedidos são alternativos, o de maior valor;
► Correspondência: art. 259, III CPC 1973.
► Art. 325 deste Código.

VIII – na ação em que houver pedido subsidiário, o valor do pedido principal.
► Correspondência: art. 259, IV CPC 1973.
► Art. 326 deste Código.

§ 1º Quando se pedirem prestações vencidas e vincendas, considerar-se-á o valor de umas e outras.
► Correspondência: art. 260 CPC 1973.
► Art. 323 deste Código.

§ 2º O valor das prestações vincendas será igual a uma prestação anual, se a obrigação for por tempo indeterminado ou por tempo superior a 1 (um) ano, e, se por tempo inferior, será igual à soma das prestações.
► Correspondência: art. 260 CPC 1973.
► Art. 58, III da Lei 8.245/1991 (Locação de imóveis urbanos).

§ 3º O juiz corrigirá, de ofício e por arbitramento, o valor da causa quando verificar que não corresponde ao conteúdo patrimonial em discussão ou ao proveito econômico perseguido pelo autor, caso em que se procederá ao recolhimento das custas correspondentes.
► Sem correspondência no CPC 1973.

Art. 293. O réu poderá impugnar, em preliminar da contestação, o valor atribuído à causa pelo autor, sob pena de preclusão, e o juiz decidirá a respeito, impondo, se for o caso, a complementação das custas.
► Correspondência: art. 261, parágrafo único CPC 1973.
► Art. 337, III deste Código.

LIVRO V
DA TUTELA PROVISÓRIA

TÍTULO I
DISPOSIÇÕES GERAIS

Art. 294. A tutela provisória pode fundamentar-se em urgência ou evidência.
► Sem correspondência no CPC 1973.
► Art. 9º, par. ún, I e 214, II deste Código.

Parágrafo único. A tutela provisória de urgência, cautelar ou antecipada, pode ser concedida em caráter antecedente ou incidental.
► Sem correspondência no CPC 1973.

Art. 295. A tutela provisória requerida em caráter incidental independe do pagamento de custas.
► Sem correspondência no CPC 1973.

Art. 296. A tutela provisória conserva sua eficácia na pendência do processo, mas pode, a qualquer tempo, ser revogada ou modificada.
► Correspondência: art. 273, § 4º e 807, *caput* CPC 1973.

Parágrafo único. Salvo decisão judicial em contrário, a tutela provisória conservará a eficácia durante o período de suspensão do processo.
► Correspondência: art. 807, parágrafo único CPC 1973.
► Art. 313, VIII deste Código.

Art. 297. O juiz poderá determinar as medidas que considerar adequadas para efetivação da tutela provisória.
► Correspondência: art. 798 e 799 CPC 1973.

Parágrafo único. A efetivação da tutela provisória observará as normas referentes ao cumprimento provisório da sentença, no que couber.
► Correspondência: art. 273, § 3º CPC 1973.
► Sem notas correspondentes.

Art. 298. Na decisão que conceder, negar, modificar ou revogar a tutela provisória, o juiz motivará seu convencimento de modo claro e preciso.
► Correspondência: art. 273, § 1º CPC 1973.
► Art.1.015, I deste Código.

Art. 299. A tutela provisória será requerida ao juízo da causa e, quando antecedente, ao juízo competente para conhecer do pedido principal.
► Correspondência: art. 800 CPC 1973.

Parágrafo único. Ressalvada disposição especial, na ação de competência originária de tribunal e nos recursos a tutela provisória será requerida ao órgão jurisdicional competente para apreciar o mérito.
► Correspondência: art. 800, parágrafo único CPC 1973.
► Súmulas 634 e 635 do STF.

TÍTULO II
DA TUTELA DE URGÊNCIA

CAPÍTULO I
DISPOSIÇÕES GERAIS

Art. 300. A tutela de urgência será concedida quando houver elementos que evidenciem a probabilidade do direito e o perigo de dano ou o risco ao resultado útil do processo.
► Correspondência: art. 273, I CPC 1973.
► Art. 297 deste Código.

§ 1º Para a concessão da tutela de urgência, o juiz pode, conforme o caso, exigir caução real ou fidejussória idônea para ressarcir os danos que a outra parte possa vir a sofrer, podendo a caução ser dispensada se a parte economicamente hipossuficiente não puder oferecê-la.
► Correspondência: art. 804 CPC 1973.
► Art. 302 deste Código.

§ 2º A tutela de urgência pode ser concedida liminarmente ou após justificação prévia.
► Sem correspondência no CPC 1973.

§ 3º A tutela de urgência de natureza antecipada não será concedida quando houver perigo de irreversibilidade dos efeitos da decisão.
► Correspondência: art. 273, § 2º CPC 1973.

Art. 301. A tutela de urgência de natureza cautelar pode ser efetivada mediante arresto, sequestro, arrolamento de bens, registro de protesto contra alienação de bem e qualquer outra medida idônea para asseguração do direito.
► Sem correspondência no CPC 1973.

Art. 302. Independentemente da reparação por dano processual, a parte responde pelo prejuízo que a efetivação da tutela de urgência causar à parte adversa, se:
► Correspondência: art. 811 CPC 1973.

I – a sentença lhe for desfavorável;
► Correspondência: art. 811, I CPC 1973.

II – obtida liminarmente a tutela em caráter antecedente, não fornecer os meios necessários para a citação do requerido no prazo de 5 (cinco) dias;
► Correspondência: art. 811, II CPC 1973.

III – ocorrer a cessação da eficácia da medida em qualquer hipótese legal;
► Correspondência: art. 811, III CPC 1973.

IV – o juiz acolher a alegação de decadência ou prescrição da pretensão do autor.
► Correspondência: art. 811, IV CPC 1973.

Parágrafo único. A indenização será liquidada nos autos em que a medida tiver sido concedida, sempre que possível.
► Correspondência: art. 811, parágrafo único CPC 1973.
► Arts. 509, 510, 512, 523, 524 deste Código.

CAPÍTULO II
DO PROCEDIMENTO DA TUTELA ANTECIPADA REQUERIDA EM CARÁTER ANTECEDENTE

Art. 303. Nos casos em que a urgência for contemporânea à propositura da ação, a petição inicial pode limitar-se ao requerimento da tutela antecipada e à indicação do pedido de tutela final, com a exposição da lide, do direito que se busca realizar e do perigo de dano ou do risco ao resultado útil do processo.
► Sem correspondência no CPC 1973.

§ 1º Concedida a tutela antecipada a que se refere o *caput* deste artigo:
► Sem correspondência no CPC 1973.

I – o autor deverá aditar a petição inicial, com a complementação de sua argumentação, a juntada de novos documentos e a confirmação do pedido de tutela final, em 15 (quinze) dias ou em outro prazo maior que o juiz fixar;
► Sem correspondência no CPC 1973.
► Art. 321 deste Código.

II – o réu será citado e intimado para a audiência de conciliação ou de mediação na forma do art. 334;
► Sem correspondência no CPC 1973.
► Art. 238 e 269 deste Código.

III – não havendo autocomposição, o prazo para contestação será contado na forma do art. 335.
► Sem correspondência no CPC 1973.

§ 2º Não realizado o aditamento a que se refere o inciso I do § 1º deste artigo, o processo será extinto sem resolução do mérito.
► Sem correspondência no CPC 1973.

§ 3º O aditamento a que se refere o inciso I do § 1º deste artigo dar-se-á nos mesmos autos, sem incidência de novas custas processuais.
► Sem correspondência no CPC 1973.

§ 4º Na petição inicial a que se refere o *caput* deste artigo, o autor terá de indicar o valor da causa, que deve levar em consideração o pedido de tutela final.
► Sem correspondência no CPC 1973.

§ 5º O autor indicará na petição inicial, ainda, que pretende valer-se do benefício previsto no *caput* deste artigo.
► Sem correspondência no CPC 1973.

§ 6º Caso entenda que não há elementos para a concessão de tutela antecipada, o órgão jurisdicional determinará a emenda da petição inicial em até 5 (cinco) dias, sob pena de ser indeferida e de o processo ser extinto sem resolução de mérito.
► Sem correspondência no CPC 1973.

Art. 304. A tutela antecipada, concedida nos termos do art. 303, torna-se estável se da decisão que a conceder não for interposto o respectivo recurso.
► Sem correspondência no CPC 1973.

§ 1º No caso previsto no *caput*, o processo será extinto.
► Sem correspondência no CPC 1973.

§ 2º Qualquer das partes poderá demandar a outra com o intuito de rever, reformar ou invalidar a tutela antecipada estabilizada nos termos do *caput*.
► Sem correspondência no CPC 1973.

§ 3º A tutela antecipada conservará seus efeitos enquanto não revista, reformada ou invalidada por decisão de mérito proferida na ação de que trata o § 2º.
► Sem correspondência no CPC 1973.

§ 4º Qualquer das partes poderá requerer o desarquivamento dos autos em que foi concedida a medida, para instruir a petição inicial da ação a que se refere o § 2º, prevento o juízo em que a tutela antecipada foi concedida.
► Sem correspondência no CPC 1973.

§ 5º O direito de rever, reformar ou invalidar a tutela antecipada, previsto no § 2º deste artigo, extingue-se após 2 (dois) anos, contados da ciência da decisão que extinguiu o processo, nos termos do § 1º.
► Sem correspondência no CPC 1973.

§ 6º A decisão que concede a tutela não fará coisa julgada, mas a estabilidade dos respectivos efeitos só será afastada por decisão que a revir, reformar ou invalidar, proferida em ação ajuizada por uma das partes, nos termos do § 2º deste artigo.
► Sem correspondência no CPC 1973.

CAPÍTULO III
DO PROCEDIMENTO DA TUTELA CAUTELAR REQUERIDA EM CARÁTER ANTECEDENTE

Art. 305. A petição inicial da ação que visa à prestação de tutela cautelar em caráter antecedente indicará a lide e seu fundamento, a exposição sumária do direito que se objetiva assegurar e o perigo de dano ou o risco ao resultado útil do processo.
► Correspondência: art. 801, I, II, III, IV e V CPC 1973.
► Art. 319 deste Código.

Parágrafo único. Caso entenda que o pedido a que se refere o *caput* tem natureza antecipada, o juiz observará o disposto no art. 303.
► Correspondência: art. 273, § 7º CPC 1973.

Art. 306. O réu será citado para, no prazo de 5 (cinco) dias, contestar o pedido e indicar as provas que pretende produzir.
► Correspondência: art. 802 CPC 1973.
► Arts. 238 e 239 deste Código.

Art. 307. Não sendo contestado o pedido, os fatos alegados pelo autor presumir-se-ão aceitos pelo réu como ocorridos, caso em que o juiz decidirá dentro de 5 (cinco) dias.
► Correspondência: art. 803 CPC 1973.
► Arts. 335, 344 deste Código.

Parágrafo único. Contestado o pedido no prazo legal, observar-se-á o procedimento comum.
► Correspondência: art. 803, parágrafo único CPC 1973.
► Arts. 318 deste Código.

Art. 308. Efetivada a tutela cautelar, o pedido principal terá de ser formulado pelo autor no prazo de 30 (trinta) dias, caso em que será apresentado nos mesmos autos em que deduzido o pedido de tutela cautelar, não dependendo do adiantamento de novas custas processuais.
► Correspondência: art. 806 CPC 1973.
► Arts. 302, III, 309, I deste Código.
► Art. 11 da Lei 8.397/1992 (Medida cautelar fiscal).
► Súmula 482 do STJ.

§ 1º O pedido principal pode ser formulado conjuntamente com o pedido de tutela cautelar.
► Sem correspondência no CPC 1973.

§ 2º A causa de pedir poderá ser aditada no momento de formulação do pedido principal.
► Sem correspondência no CPC 1973.

§ 3º Apresentado o pedido principal, as partes serão intimadas para a audiência de conciliação ou de mediação, na forma do art. 334, por seus advogados ou pessoalmente, sem necessidade de nova citação do réu.
► Sem correspondência no CPC 1973.

§ 4º Não havendo autocomposição, o prazo para contestação será contado na forma do art. 335.
► Sem correspondência no CPC 1973.

Art. 309. Cessa a eficácia da tutela concedida em caráter antecedente, se:
> ▸ Correspondência: art. 808 CPC 1973.
> ▸ Arts. 302, III e 668 deste Código.

I – o autor não deduzir o pedido principal no prazo legal;
> ▸ Correspondência: art. 808, I CPC 1973.
> ▸ Súmula 482 do STJ.

II – não for efetivada dentro de 30 (trinta) dias;
> ▸ Correspondência: art. 808, II CPC 1973.
> ▸ Sem notas correspondentes.

III – o juiz julgar improcedente o pedido principal formulado pelo autor ou extinguir o processo sem resolução de mérito.
> ▸ Correspondência: art. 808, III CPC 1973.
> ▸ Art. 302, III, 485 e 487, I deste Código.

Parágrafo único. Se por qualquer motivo cessar a eficácia da tutela cautelar, é vedado à parte renovar o pedido, salvo sob novo fundamento.
> ▸ Correspondência: art. 808, parágrafo único CPC 1973.
> ▸ Art. 302, III deste Código.

Art. 310. O indeferimento da tutela cautelar não obsta a que a parte formule o pedido principal, nem influi no julgamento desse, salvo se o motivo do indeferimento for o reconhecimento de decadência ou de prescrição.
> ▸ Correspondência: art. 810 CPC 1973.
> ▸ Arts. 302, IV, 332, § 1º e 487, II deste Código.
> ▸ Art. 15 da Lei 8.397/1992 (Medida cautelar fiscal).

TÍTULO III
DA TUTELA DA EVIDÊNCIA

Art. 311. A tutela da evidência será concedida, independentemente da demonstração de perigo de dano ou de risco ao resultado útil do processo, quando:
> ▸ Sem correspondência no CPC 1973.

I – ficar caracterizado o abuso do direito de defesa ou o manifesto propósito protelatório da parte;
> ▸ Correspondência: art. 273, II, CPC 1973.
> ▸ Art. 80, IV e VI deste Código.
> ▸ Art. 5º, LXXVIII, da CF.
> ▸ Art. 7º, § 5º, da Lei 12.016/2009 (Mandado de Segurança Individual e Coletivo).

II – as alegações de fato puderem ser comprovadas apenas documentalmente e houver tese firmada em julgamento de casos repetitivos ou em súmula vinculante;
> ▸ Sem correspondência no CPC 1973.
> ▸ Lei 11.417/2006 (Súmula Vinculante).

III – se tratar de pedido reipersecutório fundado em prova documental adequada do contrato de depósito, caso em que será decretada a ordem de entrega do objeto custodiado, sob cominação de multa;
> ▸ Sem correspondência no CPC 1973.

IV – a petição inicial for instruída com prova documental suficiente dos fatos constitutivos do direito do autor, a que o réu não oponha prova capaz de gerar dúvida razoável.
> ▸ Sem correspondência no CPC 1973.

Parágrafo único. Nas hipóteses dos incisos II e III, o juiz poderá decidir liminarmente.
> ▸ Sem correspondência no CPC 1973.

LIVRO VI
DA FORMAÇÃO, DA SUSPENSÃO E DA EXTINÇÃO DO PROCESSO

TÍTULO I
DA FORMAÇÃO DO PROCESSO

Art. 312. Considera-se proposta a ação quando a petição inicial for protocolada, todavia, a propositura da ação só produz quanto ao réu os efeitos mencionados no art. 240 depois que for validamente citado.
> ▸ Correspondência: art. 263 CPC 1973.
> ▸ Arts. 43, 59 e 240 deste Código.

TÍTULO II
DA SUSPENSÃO DO PROCESSO

Art. 313. Suspende-se o processo:
> ▸ Correspondência: art. 265 CPC 1973.

I – pela morte ou pela perda da capacidade processual de qualquer das partes, de seu representante legal ou de seu procurador;
> ▸ Correspondência: art. 265, I CPC 1973.
> ▸ Arts. 75, § 1º 76, 110, 221, 618, I, 687, 921, I, 1.004 deste Código.

II – pela convenção das partes;
> ▸ Correspondência: art. 265, II CPC 1973.
> ▸ Art. 922 deste Código.

III – pela arguição de impedimento ou de suspeição;
> ▸ Correspondência: art. 265, III CPC 1973.
> ▸ Arts. 146 e 221 deste Código.

IV – pela admissão de incidente de resolução de demandas repetitivas;
> ▸ Sem correspondência no CPC 1973.
> ▸ Arts. 976 a 987 deste Código.

V – quando a sentença de mérito:
> ▸ Correspondência: art. 265, IV CPC 1973.
> ▸ Arts. 203, § 1º e 487 deste Código.

a) depender do julgamento de outra causa ou da declaração de existência ou de inexistência de relação jurídica que constitua o objeto principal de outro processo pendente;
> ▸ Correspondência: art. 265, IV, a CPC 1973.

b) tiver de ser proferida somente após a verificação de determinado fato ou a produção de certa prova, requisitada a outro juízo;
> ▸ Correspondência: art. 265, IV, b CPC 1973.
> ▸ Art. 377 deste Código.

VI – por motivo de força maior;
> ▸ Correspondência: art. 265, V CPC 1973.
> ▸ Art. 1.004 deste Código.

VII – quando se discutir em juízo questão decorrente de acidentes e fatos da navegação de competência do Tribunal Marítimo;
> ▸ Sem correspondência no CPC 1973.

VIII – nos demais casos que este Código regula.
> ▸ Correspondência: art. 265, VI CPC 1973.
> ▸ Arts. 76, 134, § 3º, 685, par. ún., 921 e 922 deste Código.

IX – pelo parto ou pela concessão de adoção, quando a advogada responsável pelo processo constituir a única patrona da causa;
> ▸ Inciso IX acrescido pela Lei 13.363/2016.
> ▸ Art. 7º-A da Lei 8.906/1994.

X – quando o advogado responsável pelo processo constituir o único patrono da causa e tornar-se pai.
> ▸ Inciso X acrescido pela Lei 13.363/2016.

§ 1º Na hipótese do inciso I, o juiz suspenderá o processo, nos termos do art. 689.
> ▸ Correspondência: art. 265, § 1º CPC 1973.

§ 2º Não ajuizada ação de habilitação, ao tomar conhecimento da morte, o juiz determinará a suspensão do processo e observará o seguinte:
> ▸ Sem correspondência no CPC 1973.
> ▸ Art. 687 deste Código.

I – falecido o réu, ordenará a intimação do autor para que promova a citação do respectivo espólio, de quem for o sucessor ou, se for o caso, dos herdeiros, no prazo que designar, de no mínimo 2 (dois) e no máximo 6 (seis) meses;
> ▸ Sem correspondência no CPC 1973.

II – falecido o autor e sendo transmissível o direito em litígio, determinará a intimação de seu espólio, de quem for o sucessor ou, se for o caso, dos herdeiros, pelos meios de divulgação que reputar mais adequados, para que manifestem interesse na sucessão processual e promovam a respectiva habilitação no prazo designado, sob pena de extinção do processo sem resolução de mérito.
> ▸ Sem correspondência no CPC 1973.

§ 3º No caso de morte do procurador de qualquer das partes, ainda que iniciada a audiência de instrução e julgamento, o juiz determinará que a parte constitua novo mandatário, no prazo de 15 (quinze) dias, ao final do qual extinguirá o processo sem resolução de mérito, se o autor não nomear novo mandatário, ou ordenará o prosseguimento do processo à revelia do réu, se falecido o procurador deste.
> ▸ Correspondência: art. 265, § 2º CPC 1973.

§ 4º O prazo de suspensão do processo nunca poderá exceder 1 (um) ano nas hipóteses do inciso V e 6 (seis) meses naquela prevista no inciso II.
> ▸ Correspondência: art. 265, § 3º CPC 1973.

§ 5º O juiz determinará o prosseguimento do processo assim que esgotados os prazos previstos no § 4º.
> ▸ Correspondência: art. 265, § 5º CPC 1973.

§ 6º No caso do inciso IX, o período de suspensão será de 30 (trinta) dias, contado a partir da data do parto ou da concessão da adoção, mediante apresentação de certidão de nascimento ou documento similar que comprove a realização do parto, ou de termo judicial que tenha concedido a adoção, desde que haja notificação ao cliente.
> ▸ § 6º acrescido pela Lei 13.363/2016.
> ▸ Art. 7º-A da Lei 8.906/1994.

§ 7º No caso do inciso X, o período de suspensão será de 8 (oito) dias, contado a partir da data do parto ou da concessão da adoção, mediante apresentação de certidão de nascimento ou documento similar que comprove a realização do parto, ou de termo judicial que tenha concedido a adoção, desde que haja notificação ao cliente.
> ▸ § 7º acrescido pela Lei 13.363/2016.

Art. 314. Durante a suspensão é vedado praticar qualquer ato processual, podendo o juiz, todavia, determinar a realização de atos urgentes a fim de evitar dano irreparável, salvo no caso de arguição de impedimento e de suspeição.
> ▸ Correspondência: art. 266 CPC 1973.
> ▸ Arts. 221 e 923 deste Código.

Art. 315. Se o conhecimento do mérito depender de verificação da existência de fato delituoso, o juiz pode determinar a suspensão do processo até que se pronuncie a justiça criminal.
> ▸ Correspondência: art. 110 CPC 1973.
> ▸ Art. 313, V, b e § 5º deste Código.
> ▸ Art. 935 do CC.
> ▸ Art. 91, I do CP.
> ▸ Arts. 64 e 65, do CPP.
> ▸ Art. 103, § 4º, da Lei 8.078/1990 (Código de Defesa do Consumidor – CDC).

§ 1º Se a ação penal não for proposta no prazo de 3 (três) meses, contado da intimação do ato de suspensão, cessará o efeito desse, incumbindo ao juiz cível examinar incidentemente a questão prévia.
> ▸ Correspondência: art. 110, parágrafo único CPC 1973.

§ 2º Proposta a ação penal, o processo ficará suspenso pelo prazo máximo de 1 (um) ano, ao final do qual aplicar-se-á o disposto na parte final do § 1º.
> ▸ Sem correspondência no CPC 1973.

TÍTULO III
DA EXTINÇÃO DO PROCESSO

Art. 316. A extinção do processo dar-se-á por sentença.
> ▸ Sem correspondência no CPC 1973.
> ▸ Art. 203, § 1º deste Código.

Art. 317. Antes de proferir decisão sem resolução de mérito, o juiz deverá conceder à parte oportunidade para, se possível, corrigir o vício.
> ▸ Sem correspondência no CPC 1973.
> ▸ Art. 10 deste Código.

PARTE ESPECIAL

LIVRO I
DO PROCESSO DE CONHECIMENTO E DO CUMPRIMENTO DE SENTENÇA

TÍTULO I
DO PROCEDIMENTO COMUM

CAPÍTULO I
DISPOSIÇÕES GERAIS

Art. 318. Aplica-se a todas as causas o procedimento comum, salvo disposição em contrário deste Código ou de lei.
> ▸ Correspondência: art. 271 CPC 1973.
> ▸ Arts. 81, § 3º e 307, par. ún., deste Código.

Parágrafo único. O procedimento comum aplica-se subsidiariamente aos demais procedimentos especiais e ao processo de execução.
> ▸ Correspondência: art. 272, parágrafo único CPC 1973.
> ▸ Art. 771, par. ún. deste Código.

CAPÍTULO II
DA PETIÇÃO INICIAL

Seção I
Dos requisitos da petição inicial

Art. 319. A petição inicial indicará:
> ▸ Correspondência: art. 282 CPC 1973.
> ▸ Arts. 287, 330 deste Código.
> ▸ Art. 2º da Lei 5.741/1971 (Proteção de bens imóveis do SFH).
> ▸ Art. 67, I, 68, I e 71 da Lei 8.245/1991 (Locação e imóveis urbanos).
> ▸ Art. 37 da Lei 9.307/1996 (Arbitragem).

I – o juízo a que é dirigida;
> ▸ Correspondência: art. 282, I CPC 1973.

II – os nomes, os prenomes, o estado civil, a existência de união estável, a profissão, o número de inscrição no Cadastro de Pessoas Físicas ou no Cadastro Nacional da Pessoa Jurídica, o endereço eletrônico, o domicílio e a residência do autor e do réu;
> ▸ Correspondência: art. 282, II CPC 1973.
> ▸ Súmula 558 do STJ.

III – o fato e os fundamentos jurídicos do pedido;
> ▸ Correspondência: art. 282, III CPC 1973.

IV – o pedido com as suas especificações;
> ▸ Correspondência: art. 282, IV CPC 1973.
> ▸ Arts. 322 a 329 deste Código.

V – o valor da causa;
> ▸ Correspondência: art. 282, V CPC 1973.
> ▸ Arts. 291 e 293 deste Código.

VI – as provas com que o autor pretende demonstrar a verdade dos fatos alegados;
> ▸ Correspondência: art. 282, VI CPC 1973.
> ▸ Arts. 369 a 380 deste Código.

VII – a opção do autor pela realização ou não de audiência de conciliação ou de mediação.
> ▸ Sem correspondência no CPC 1973.
> ▸ Art. 334 deste Código.

§ 1º Caso não disponha das informações previstas no inciso II, poderá o autor, na petição inicial, requerer ao juiz diligências necessárias a sua obtenção.
▶ Sem correspondência no CPC 1973.

§ 2º A petição inicial não será indeferida se, a despeito da falta de informações a que se refere o inciso II, for possível a citação do réu.
▶ Sem correspondência no CPC 1973.

§ 3º A petição inicial não será indeferida pelo não atendimento ao disposto no inciso II deste artigo se a obtenção de tais informações tornar impossível ou excessivamente oneroso o acesso à justiça.
▶ Sem correspondência no CPC 1973.

Art. 320. A petição inicial será instruída com os documentos indispensáveis à propositura da ação.
▶ Correspondência: art. 283 CPC 1973.
▶ Arts. 341, II, 345, III, 434, 435, 550, § 1º 798, 801 deste Código.
▶ Art. 46 da Lei 6.766/1979 (Parcelamento do solo urbano).
▶ Art. 8º da Lei 9.507/1997 (Acesso a informações e rito processual do habeas data).
▶ Súmula 199 do STJ.
▶ Súmulas 263 e 415 do TST.

Art. 321. O juiz, ao verificar que a petição inicial não preenche os requisitos dos arts. 319 e 320 ou que apresenta defeitos e irregularidades capazes de dificultar o julgamento de mérito, determinará que o autor, no prazo de 15 (quinze) dias, a emende ou a complete, indicando com precisão o que deve ser corrigido ou completado.
▶ Correspondência: art. 284 CPC 1973.
▶ Art. 76 deste Código.
▶ Art. 106 da Lei 11.101/2005 (Recuperação de Empresas e Falência).

Parágrafo único. Se o autor não cumprir a diligência, o juiz indeferirá a petição inicial.
▶ Correspondência: art. 284, parágrafo único CPC 1973.
▶ Arts. 330, IV, 337, IV e 485, I deste Código.

Seção II
Do pedido

Art. 322. O pedido deve ser certo.
▶ Correspondência: art. 286 CPC 1973.
▶ Arts. 329, I e II, e 490 deste Código.
▶ Art. 14 da Lei 9.099/1995 (Juizados Especiais).

§ 1º Compreendem-se no principal os juros legais, a correção monetária e as verbas de sucumbência, inclusive os honorários advocatícios.
▶ Correspondência: art. 293 CPC 1973.
▶ Arts. 141 e 492 deste Código.
▶ Arts. 406 e 407 CC.

§ 2º A interpretação do pedido considerará o conjunto da postulação e observará o princípio da boa-fé.
▶ Sem correspondência no CPC 1973.
▶ Art. 5º deste Código.

Art. 323. Na ação que tiver por objeto cumprimento de obrigação em prestações sucessivas, essas serão consideradas incluídas no pedido, independentemente de declaração expressa do autor, e serão incluídas na condenação, enquanto durar a obrigação, se o devedor, no curso do processo, deixar de pagá-las ou de consigná-las.
▶ Correspondência: art. 290 CPC 1973.
▶ Art. 541 deste Código.

Art. 324. O pedido deve ser determinado.
▶ Correspondência: art. 286 CPC 1973.
▶ Arts. 490 deste Código.

§ 1º É lícito, porém, formular pedido genérico:
▶ Correspondência: art. 286 CPC 1973.
▶ Art. 14, § 2º da Lei 9.099/1995 (Juizados Especiais).

I – nas ações universais, se o autor não puder individuar os bens demandados;
▶ Correspondência: art. 286, I CPC 1973.

II – quando não for possível determinar, desde logo, as consequências do ato ou do fato;
▶ Correspondência: art. 286, II CPC 1973.

III – quando a determinação do objeto ou do valor da condenação depender de ato que deva ser praticado pelo réu.
▶ Correspondência: art. 286, III CPC 1973.

§ 2º O disposto neste artigo aplica-se à reconvenção.
▶ Sem correspondência no CPC 1973.
▶ Art. 343 deste Código.

Art. 325. O pedido será alternativo quando, pela natureza da obrigação, o devedor puder cumprir a prestação de mais de um modo.
▶ Correspondência: art. 288 CPC 1973.
▶ Art. 292, VII deste Código.
▶ Arts. 252 a 256 do CC.
▶ Art. 15 da Lei 9.099/1995 (Juizados Especiais).

Parágrafo único. Quando, pela lei ou pelo contrato, a escolha couber ao devedor, o juiz lhe assegurará o direito de cumprir a prestação de um ou de outro modo, ainda que o autor não tenha formulado pedido alternativo.
▶ Correspondência: art. 288, parágrafo único CPC 1973.
▶ Art. 800 deste Código.

Art. 326. É lícito formular mais de um pedido em ordem subsidiária, a fim de que o juiz conheça do posterior, quando não acolher o anterior.
▶ Correspondência: art. 289 CPC 1973.
▶ Art. 292, VIII deste Código.

Parágrafo único. É lícito formular mais de um pedido, alternativamente, para que o juiz acolha um deles.
▶ Sem correspondência no CPC 1973.
▶ Art. 292, VII deste Código.

Art. 327. É lícita a cumulação, em um único processo, contra o mesmo réu, de vários pedidos, ainda que entre eles não haja conexão.
▶ Correspondência: art. 292 CPC 1973.

§ 1º São requisitos de admissibilidade da cumulação que:
▶ Correspondência: art. 292, § 1º CPC 1973.

I – os pedidos sejam compatíveis entre si;
▶ Correspondência: art. 292, I CPC 1973.

II – seja competente para conhecer deles o mesmo juízo;
▶ Correspondência: art. 292, II CPC 1973.
▶ Súmula 170 do STJ.

III – seja adequado para todos os pedidos o tipo de procedimento.
▶ Correspondência: art. 292, III CPC 1973.

§ 2º Quando, para cada pedido, corresponder tipo diverso de procedimento, será admitida a cumulação se o autor empregar o procedimento comum, sem prejuízo do emprego das técnicas processuais diferenciadas previstas nos procedimentos especiais a que se sujeitam um ou mais pedidos cumulados, que não forem incompatíveis com as disposições sobre o procedimento comum.
▶ Correspondência: art. 292, § 2º CPC 1973.

§ 3º O inciso I do § 1º não se aplica às cumulações de pedidos de que trata o art. 326.
▶ Sem correspondência no CPC 1973.

Art. 328. Na obrigação indivisível com pluralidade de credores, aquele que não participou do processo receberá sua parte, deduzidas as despesas na proporção de seu crédito.
▶ Correspondência: art. 291 CPC 1973.
▶ Arts. 260 e 261 do CC.

Art. 329. O autor poderá:
▶ Correspondência: art. 264 e 294 CPC 1973.

I – até a citação, aditar ou alterar o pedido ou a causa de pedir, independentemente de consentimento do réu;
▶ Correspondência: art. 264 e 294 CPC 1973.

II – até o saneamento do processo, aditar ou alterar o pedido e a causa de pedir, com consentimento do réu, assegurado o contraditório mediante a possibilidade de manifestação deste no prazo mínimo de 15 (quinze) dias, facultado o requerimento de prova suplementar.
▶ Correspondência: art. 264, parágrafo único CPC 1973.
▶ Art. 2º, § 8º da Lei 6.830/1980 (Execuções Fiscais).

Parágrafo único. Aplica-se o disposto neste artigo à reconvenção e à respectiva causa de pedir.
▶ Sem correspondência no CPC 1973.
▶ Art. 343 deste Código.

Seção III
Do indeferimento da petição inicial

Art. 330. A petição inicial será indeferida quando:
▶ Correspondência: art. 295 CPC 1973.
▶ Arts. 485, I e 968, § 3º deste Código.

I – for inepta;
▶ Correspondência: art. 295, I CPC 1973.
▶ Art. 337, IV deste Código.

II – a parte for manifestamente ilegítima;
▶ Correspondência: art. 295, II CPC 1973.
▶ Art. 17 deste Código.

III – o autor carecer de interesse processual;
▶ Correspondência: art. 295, III CPC 1973.

IV – não atendidas as prescrições dos arts. 106 e 321.
▶ Correspondência: art. 295, VI CPC 1973.

§ 1º Considera-se inepta a petição inicial quando:
▶ Correspondência: art. 295, parágrafo único CPC 1973.

I – lhe faltar pedido ou causa de pedir;
▶ Correspondência: art.295, parágrafo único, I CPC 1973.
▶ Arts. 322 a 329 deste Código.

II – o pedido for indeterminado, ressalvadas as hipóteses legais em que se permite o pedido genérico;
▶ Sem correspondência no CPC 1973.
▶ Art. 324, § 1º deste Código.

III – da narração dos fatos não decorrer logicamente a conclusão;
▶ Correspondência: art. 295, parágrafo único, II CPC 1973.
▶ Súmulas 284 e 287 do STF.

IV – contiver pedidos incompatíveis entre si.
▶ Correspondência: art.295, parágrafo único, IV CPC 1973.

§ 2º Nas ações que tenham por objeto a revisão de obrigação decorrente de empréstimo, de financiamento ou de alienação de bens, o autor terá de, sob pena de inépcia, discriminar na petição inicial, dentre as obrigações contratuais, aquelas que pretende controverter, além de quantificar o valor incontroverso do débito.
▶ Correspondência: art. 285-B CPC 1973.

§ 3º Na hipótese do § 2º, o valor incontroverso deverá continuar a ser pago no tempo e modo contratados.
▶ Correspondência: art. 285-B, § 1º CPC 1973.

Art. 331. Indeferida a petição inicial, o autor poderá apelar, facultado ao juiz, no prazo de 5 (cinco) dias, retratar-se.
▶ Correspondência: art. 296 CPC 1973.
▶ Art. 198, VII da Lei 8.069/1990 (Estatuto da Criança e do Adolescente – ECA).

§ 1º Se não houver retratação, o juiz mandará citar o réu para responder ao recurso.
▶ Correspondência: art. 296, parágrafo único CPC 1973.

§ 2º Sendo a sentença reformada pelo tribunal, o prazo para a contestação começará a correr da intimação do retorno dos autos, observado o disposto no art. 334.
▶ Sem correspondência no CPC 1973.

§ 3º Não interposta a apelação, o réu será intimado do trânsito em julgado da sentença.
▶ Sem correspondência no CPC 1973.

CAPÍTULO III
DA IMPROCEDÊNCIA LIMINAR DO PEDIDO

Art. 332. Nas causas que dispensam a fase instrutória, o juiz, independentemente da citação do réu, julgará liminarmente improcedente o pedido que contrariar:
▶ Correspondência: art. 285-A CPC 1973.
▶ Arts. 1.009 e ss deste Código.

I – enunciado de súmula do Supremo Tribunal Federal ou do Superior Tribunal de Justiça;
▶ Sem correspondência no CPC 1973.

II – acórdão proferido pelo Supremo Tribunal Federal ou pelo Superior Tribunal de Justiça em julgamento de recursos repetitivos;
▶ Sem correspondência no CPC 1973.

III – entendimento firmado em incidente de resolução de demandas repetitivas ou de assunção de competência;
▶ Sem correspondência no CPC 1973.

IV – enunciado de súmula de tribunal de justiça sobre direito local.
▶ Sem correspondência no CPC 1973.

§ 1º O juiz também poderá julgar liminarmente improcedente o pedido se verificar, desde logo, a ocorrência de decadência ou de prescrição.
▶ Correspondência: art. 295, IV CPC 1973.
▶ Art. 487, II e par. ún., deste Código.

§ 2º Não interposta a apelação, o réu será intimado do trânsito em julgado da sentença, nos termos do art. 241.
▶ Sem correspondência no CPC 1973.

§ 3º Interposta a apelação, o juiz poderá retratar-se em 5 (cinco) dias.
▶ Correspondência: art. 285-A, § 1º CPC 1973.

§ 4º Se houver retratação, o juiz determinará o prosseguimento do processo, com a citação do réu, e, se não houver retratação, determinará a citação do réu para apresentar contrarrazões, no prazo de 15 (quinze) dias.
▶ Correspondência: art. 285-A, § 2º CPC 1973.

CAPÍTULO IV
DA CONVERSÃO DA AÇÃO INDIVIDUAL EM AÇÃO COLETIVA

Art. 333. *Vetado.*

CAPÍTULO V
DA AUDIÊNCIA DE CONCILIAÇÃO OU DE MEDIAÇÃO

Art. 334. Se a petição inicial preencher os requisitos essenciais e não for o caso de improcedência liminar do pedido, o juiz designará audiência de conciliação ou de mediação com antecedência mínima de 30 (trinta) dias, devendo ser citado o réu com pelo menos 20 (vinte) dias de antecedência.
▶ Correspondência: arts. 285 e 331 CPC 1973.
▶ Arts. 139, V, 165 a 175, 250, IV, 341, 694 deste Código.

§ 1º O conciliador ou o mediador, onde houver, atuará necessariamente na audiência de conciliação ou de mediação, observando o disposto neste Código, bem como as disposições da lei de organização judiciária.
▶ Sem correspondência no CPC 1973.

§ 2º Poderá haver mais de uma sessão destinada à conciliação e à mediação, não podendo exceder a 2 (dois) meses da data de realização da primeira sessão, desde que necessárias à composição das partes.
▶ Sem correspondência no CPC 1973.

§ 3º A intimação do autor para a audiência será feita na pessoa de seu advogado.
▶ Sem correspondência no CPC 1973.

§ 4º A audiência não será realizada:
▶ Sem correspondência no CPC 1973.

I – se ambas as partes manifestarem, expressamente, desinteresse na composição consensual;
▸ Sem correspondência no CPC 1973.

II – quando não se admitir a autocomposição.
▸ Sem correspondência no CPC 1973.

§ 5º O autor deverá indicar, na petição inicial, seu desinteresse na autocomposição, e o réu deverá fazê-lo, por petição, apresentada com 10 (dez) dias de antecedência, contados da data da audiência.
▸ Sem correspondência no CPC 1973.

§ 6º Havendo litisconsórcio, o desinteresse na realização da audiência deve ser manifestado por todos os litisconsortes.
▸ Sem correspondência no CPC 1973.

§ 7º A audiência de conciliação ou de mediação pode realizar-se por meio eletrônico, nos termos da lei.
▸ Sem correspondência no CPC 1973.

§ 8º O não comparecimento injustificado do autor ou do réu à audiência de conciliação é considerado ato atentatório à dignidade da justiça e será sancionado com multa de até dois por cento da vantagem econômica pretendida ou do valor da causa, revertida em favor da União ou do Estado.
▸ Sem correspondência no CPC 1973.

§ 9º As partes devem estar acompanhadas por seus advogados ou defensores públicos.
▸ Sem correspondência no CPC 1973.

§ 10. A parte poderá constituir representante, por meio de procuração específica, com poderes para negociar e transigir.
▸ Correspondência: arts. 277, § 3º e 331 CPC 1973.
▸ Art. 139, V deste Código.

§ 11. A autocomposição obtida será reduzida a termo e homologada por sentença.
▸ Correspondência: art. 331, § 1º CPC 1973.
▸ Art. 487, III, b deste Código.

§ 12. A pauta das audiências de conciliação ou de mediação será organizada de modo a respeitar o intervalo mínimo de 20 (vinte) minutos entre o início de uma e o início da seguinte.
▸ Sem correspondência no CPC 1973.

CAPÍTULO VI
DA CONTESTAÇÃO

Art. 335. O réu poderá oferecer contestação, por petição, no prazo de 15 (quinze) dias, cujo termo inicial será a data:
▸ Correspondência: art. 297 CPC 1973.
▸ Arts. 126, 146, 180, 229, 231, 337, 340 a 343 deste Código.

I – da audiência de conciliação ou de mediação, ou da última sessão de conciliação, quando qualquer parte não comparecer ou, comparecendo, não houver autocomposição;
▸ Sem correspondência no CPC 1973.
▸ Art. 334 deste Código.

II – do protocolo do pedido de cancelamento da audiência de conciliação ou de mediação apresentado pelo réu, quando ocorrer a hipótese do art. 334, § 4º, inciso I;
▸ Sem correspondência no CPC 1973.

III – prevista no art. 231, de acordo com o modo como foi feita a citação, nos demais casos.
▸ Sem correspondência no CPC 1973.

§ 1º No caso de litisconsórcio passivo, ocorrendo a hipótese do art. 334, § 6º, o termo inicial previsto no inciso II será, para cada um dos réus, a data de apresentação de seu respectivo pedido de cancelamento da audiência.
▸ Correspondência: art. 298 CPC 1973.

§ 2º Quando ocorrer a hipótese do art. 334, § 4º, inciso II, havendo litisconsórcio passivo e o autor desistir da ação em relação a réu ainda não citado, o prazo para resposta correrá da data de intimação da decisão que homologar a desistência.
▸ Correspondência: art. 298, parágrafo único CPC 1973.

Art. 336. Incumbe ao réu alegar, na contestação, toda a matéria de defesa, expondo as razões de fato e de direito com que impugna o pedido do autor e especificando as provas que pretende produzir.
▸ Correspondência: art. 300 CPC 1973.
▸ Arts. 434 e 435 deste Código.

Art. 337. Incumbe ao réu, antes de discutir o mérito, alegar:
▸ Correspondência: art. 301 CPC 1973.

I – inexistência ou nulidade da citação;
▸ Correspondência: art. 301, I CPC 1973.
▸ Arts. 238, 280, 351 e 352 deste Código.

II – incompetência absoluta e relativa;
▸ Correspondência: art. 301, II CPC 1973.
▸ Art. 64 deste Código.

III – incorreção do valor da causa;
▸ Sem correspondência no CPC 1973.
▸ Arts. 291 a 293 deste Código.

IV – inépcia da petição inicial;

▸ Correspondência: art. 301, III CPC 1973.
▸ Arts. 330, I e § 1º e 485, I e IV deste Código.

V – perempção;
▸ Correspondência: art. 301, IV CPC 1973.
▸ Arts. 486, § 3º deste Código.

VI – litispendência;
▸ Correspondência: art. 301, V CPC 1973.
▸ Art. 240 deste Código.

VII – coisa julgada;
▸ Correspondência: art. 301, VI CPC 1973.
▸ Arts. 502 a 508 deste Código.
▸ Art. 5º, XXXVI da CF.

VIII – conexão;
▸ Correspondência: art.301, VII CPC 1973.
▸ Arts. 55 e 286, I deste Código.

IX – incapacidade da parte, defeito de representação ou falta de autorização;
▸ Correspondência: art. 301, VIII CPC 1973.
▸ Arts. 70 a 76 deste Código.
▸ Arts. 3º, 4º e 1.634 do CC.

X – convenção de arbitragem;
▸ Correspondência: art. 301, IX CPC 1973.
▸ Art. 485, VII deste Código.
▸ Lei 9.307/1996 (Arbitragem).
▸ Súmula 485 do STJ.

XI – ausência de legitimidade ou de interesse processual;
▸ Correspondência: art. 301, X CPC 1973.
▸ Arts. 330, II e III e 485, VI deste Código.

XII – falta de caução ou de outra prestação que a lei exige como preliminar;
▸ Correspondência: art. 301, XI CPC 1973.
▸ Arts. 83, 351 e 352 deste Código.

XIII – indevida concessão do benefício de gratuidade de justiça.
▸ Sem correspondência no CPC 1973.
▸ Arts. 98 a 102 deste Código.
▸ Lei 1.060/1950 (Assistência Judiciária).

§ 1º Verifica-se a litispendência ou a coisa julgada quando se reproduz ação anteriormente ajuizada.
▸ Correspondência: art. 301, § 1º CPC 1973.
▸ Art. 240 deste Código.
▸ Art. 5º, XXXVI da CF.

§ 2º Uma ação é idêntica a outra quando possui as mesmas partes, a mesma causa de pedir e o mesmo pedido.
▸ Correspondência: art. 301, § 2º CPC 1973.
▸ Art. 319, II, III e IV deste Código.

§ 3º Há litispendência quando se repete ação que está em curso.
▸ Correspondência: art. 301, § 3º CPC 1973.

§ 4º Há coisa julgada quando se repete ação que já foi decidida por decisão transitada em julgado.
▸ Correspondência: art. 301, § 3º CPC 1973.
▸ Arts. 337, VII, 485, V, 502 a 508 deste Código.
▸ Art. 5º, XXXVI da CF.

§ 5º Excetuadas a convenção de arbitragem e a incompetência relativa, o juiz conhecerá de ofício das matérias enumeradas neste artigo.
▸ Correspondência: art. 301, § 4º CPC 1973.
▸ Art. 42 deste Código.

§ 6º A ausência de alegação da existência de convenção de arbitragem, na forma prevista neste Capítulo, implica aceitação da jurisdição estatal e renúncia ao juízo arbitral.
▸ Sem correspondência no CPC 1973.

Art. 338. Alegando o réu, na contestação, ser parte ilegítima ou não ser o responsável pelo prejuízo invocado, o juiz facultará ao autor, em 15 (quinze) dias, a alteração da petição inicial para substituição do réu.
▸ Sem correspondência no CPC 1973.

Parágrafo único. Realizada a substituição, o autor reembolsará as despesas e pagará os honorários ao procurador do réu excluído, que serão fixados entre três e cinco por cento do valor da causa ou, sendo este irrisório, nos termos do art. 85, § 8º.
▸ Sem correspondência no CPC 1973.

Art. 339. Quando alegar sua ilegitimidade, incumbe ao réu indicar o sujeito passivo da relação jurídica discutida sempre que tiver conhecimento, sob pena de arcar com as despesas processuais e de indenizar o autor pelos prejuízos decorrentes da falta de indicação.
▸ Sem correspondência no CPC 1973.

§ 1º O autor, ao aceitar a indicação, procederá, no prazo de 15 (quinze) dias, à alteração da petição inicial para substituição do réu, observando-se, ainda, o parágrafo único do art. 338.
▸ Sem correspondência no CPC 1973.

§ 2º No prazo de 15 (quinze) dias, o autor pode optar por alterar a petição inicial para incluir, como litisconsorte passivo, o sujeito indicado pelo réu.
▸ Sem correspondência no CPC 1973.

Art. 340. Havendo alegação de incompetência relativa ou absoluta, a contestação poderá ser protocolada no foro de domicílio do réu, fato que será imediatamente

comunicado ao juiz da causa, preferencialmente por meio eletrônico.
▸ Correspondência: art. 305, parágrafo único CPC 1973.
▸ Art. 64 deste Código.

§ 1º A contestação será submetida a livre distribuição ou, se o réu houver sido citado por meio de carta precatória, juntada aos autos dessa carta, seguindo-se a sua imediata remessa para o juízo da causa.
▸ Sem correspondência no CPC 1973.

§ 2º Reconhecida a competência do foro indicado pelo réu, o juízo para o qual for distribuída a contestação ou a carta precatória será considerado prevento.
▸ Sem correspondência no CPC 1973.

§ 3º Alegada a incompetência nos termos do caput, será suspensa a realização da audiência de conciliação ou de mediação, se tiver sido designada.
▸ Sem correspondência no CPC 1973.

§ 4º Definida a competência, o juízo competente designará nova data para a audiência de conciliação ou de mediação.
▸ Sem correspondência no CPC 1973.

Art. 341. Incumbe também ao réu manifestar-se precisamente sobre as alegações de fato constantes da petição inicial, presumindo-se verdadeiras as não impugnadas, salvo se:
▸ Correspondência: art. 302 CPC 1973.

I – não for admissível, a seu respeito, a confissão;
▸ Correspondência: art. 302, I CPC 1973.
▸ Arts. 345, II e 392 deste Código.

II – a petição inicial não estiver acompanhada de instrumento que a lei considerar da substância do ato;
▸ Correspondência: art. 302, II CPC 1973.
▸ Arts. 345, III e 406 deste Código.
▸ Arts. 108 e 215 do CC.

III – estiverem em contradição com a defesa, considerada em seu conjunto.
▸ Correspondência: art. 302, III CPC 1973.

Parágrafo único. O ônus da impugnação especificada dos fatos não se aplica ao defensor público, ao advogado dativo e ao curador especial.
▸ Correspondência: art. 302, parágrafo único CPC 1973.
▸ Arts. 72 e 185 deste Código.

Art. 342. Depois da contestação, só é lícito ao réu deduzir novas alegações quando:
▸ Correspondência: art. 303 CPC 1973.

I – relativas a direito ou a fato superveniente;
▸ Correspondência: art. 303, I CPC 1973.
▸ Art. 493 deste Código.

II – competir ao juiz conhecer delas de ofício;
▸ Correspondência: art. 303, II CPC 1973.
▸ Art. 337, § 5º deste Código.

III – por expressa autorização legal, puderem ser formuladas em qualquer tempo e grau de jurisdição.
▸ Correspondência: art. 303, III CPC 1973.

CAPÍTULO VII
DA RECONVENÇÃO

Art. 343. Na contestação, é lícito ao réu propor reconvenção para manifestar pretensão própria, conexa com a ação principal ou com o fundamento da defesa.
▸ Correspondência: art. 315 CPC 1973.
▸ Arts. 292, 329, par. ún. e 702, § 6º deste Código.
▸ Art. 36, caput, da Lei 6.515/1977 (Divórcio).
▸ Art. 16, § 3º da Lei 6.830/1980 (Execução Fiscal).
▸ Art. 31 da Lei 9.099/1995 (Juizados Especiais).
▸ Art. 7º, da Lei 9.289/1996 (Custas devidas à União na Justiça Federal).

§ 1º Proposta a reconvenção, o autor será intimado, na pessoa de seu advogado, para apresentar resposta no prazo de 15 (quinze) dias.
▸ Correspondência: art. 316 CPC 1973.

§ 2º A desistência da ação ou a ocorrência de causa extintiva que impeça o exame de seu mérito não obsta ao prosseguimento do processo quanto à reconvenção.
▸ Correspondência: art. 317 CPC 1973.
▸ Arts. 200, par. ún., 485, § 5º e 487, I deste Código.

§ 3º A reconvenção pode ser proposta contra o autor e terceiro.
▸ Sem correspondência no CPC 1973.

§ 4º A reconvenção pode ser proposta pelo réu em litisconsórcio com terceiro.
▸ Sem correspondência no CPC 1973.

§ 5º Se o autor for substituto processual, o reconvinte deverá afirmar ser titular de direito em face do substituído, e a reconvenção deverá ser proposta em face do autor, também na qualidade de substituto processual.
▸ Correspondência: art. 315, parágrafo único CPC 1973.

§ 6º O réu pode propor reconvenção independentemente de oferecer contestação.
▸ Sem correspondência no CPC 1973.

CAPÍTULO VIII
DA REVELIA

Art. 344. Se o réu não contestar a ação, será considerado revel e presumir-se-ão verdadeiras as alegações de fato formuladas pelo autor.

▸ Correspondência: art. 319 CPC 1973.
▸ Arts. 76, § 1º, II, 307, 355, II deste Código.
▸ Súmula 231 do STF.

Art. 345. A revelia não produz o efeito mencionado no art. 344 se:

▸ Correspondência: art. 320 CPC 1973.

I – havendo pluralidade de réus, algum deles contestar a ação;

▸ Correspondência: art. 320, I CPC 1973.
▸ Art. 231, § 1º deste Código.

II – o litígio versar sobre direitos indisponíveis;

▸ Correspondência: art. 320, II CPC 1973.
▸ Arts. 373, § 3º, I e 392 deste Código.

III – a petição inicial não estiver acompanhada de instrumento que a lei considere indispensável à prova do ato;

▸ Correspondência: art. 320, III CPC 1973.
▸ Arts. 320, 341, II e 406 deste Código.
▸ Arts. 108 e 215 do CC.

IV – as alegações de fato formuladas pelo autor forem inverossímeis ou estiverem em contradição com prova constante dos autos.

▸ Sem correspondência no CPC 1973.

Art. 346. Os prazos contra o revel que não tenha patrono nos autos fluirão da data de publicação do ato decisório no órgão oficial.

▸ Correspondência: art. 322 CPC 1973.
▸ Arts. 355, II, 513, § 2º, IV deste Código.

Parágrafo único. O revel poderá intervir no processo em qualquer fase, recebendo-o no estado em que se encontrar.

▸ Correspondência: art. 322, parágrafo único CPC 1973.
▸ Art. 349 deste Código.

CAPÍTULO IX
DAS PROVIDÊNCIAS PRELIMINARES E DO SANEAMENTO

Art. 347. Findo o prazo para a contestação, o juiz tomará, conforme o caso, as providências preliminares constantes das seções deste Capítulo.

▸ Correspondência: art. 323 CPC 1973.

Seção I
Da não incidência dos efeitos da revelia

Art. 348. Se o réu não contestar a ação, o juiz, verificando a inocorrência do efeito da revelia previsto no art. 344, ordenará que o autor especifique as provas que pretenda produzir, se ainda não as tiver indicado.

▸ Correspondência: art. 324 CPC 1973.
▸ Arts. 344 a 346 e 355, II deste Código.

Art. 349. Ao réu revel será lícita a produção de provas, contrapostas às alegações do autor, desde que se faça representar nos autos a tempo de praticar os atos processuais indispensáveis a essa produção.

▸ Sem correspondência no CPC 1973.
▸ Art. 346, par. ún., deste Código.
▸ Súmula 231 do STF.

Seção II
Do fato impeditivo, modificativo ou extintivo do direito do autor

Art. 350. Se o réu alegar fato impeditivo, modificativo ou extintivo do direito do autor, este será ouvido no prazo de 15 (quinze) dias, permitindo-lhe o juiz a produção de prova.

▸ Correspondência: art. 326 CPC 1973.
▸ Art. 373, II deste Código.

Seção III
Das alegações do réu

Art. 351. Se o réu alegar qualquer das matérias enumeradas no art. 337, o juiz determinará a oitiva do autor no prazo de 15 (quinze) dias, permitindo-lhe a produção de prova.

▸ Correspondência: art. 327 CPC 1973.
▸ Arts. 337 a 343 deste Código.

Art. 352. Verificando a existência de irregularidades ou de vícios sanáveis, o juiz determinará sua correção em prazo nunca superior a 30 (trinta) dias.

▸ Correspondência: art. 327 CPC 1973.

Art. 353. Cumpridas as providências preliminares ou não havendo necessidade delas, o juiz proferirá julgamento conforme o estado do processo, observando o que dispõe o Capítulo X.

▸ Correspondência: art. 328 CPC 1973.

CAPÍTULO X
DO JULGAMENTO CONFORME O ESTADO DO PROCESSO

Seção I
Da extinção do processo

Art. 354. Ocorrendo qualquer das hipóteses previstas nos arts. 485 e 487, incisos II e III, o juiz proferirá sentença.

▸ Correspondência: art. 329 CPC 1973.

Parágrafo único. A decisão a que se refere o *caput* pode dizer respeito a apenas parcela do processo, caso em que será impugnável por agravo de instrumento.

▸ Sem correspondência no CPC 1973.
▸ Arts. 356, 994, II, 966, § 3º e 1.015, XIII deste Código.

Seção II
Do julgamento antecipado do mérito

Art. 355. O juiz julgará antecipadamente o pedido, proferindo sentença com resolução de mérito, quando:

▸ Correspondência: art. 330 CPC 1973.
▸ Art. 37, *caput*, da Lei 6.515/1977 (Divórcio).
▸ Art. 87, § 3º da Lei 11. 101/2005 (Recuperação de Empresas e Falência).

I – não houver necessidade de produção de outras provas;

▸ Correspondência: art. 330, I CPC 1973.
▸ Art. 307 deste Código.

II – o réu for revel, ocorrer o efeito previsto no art. 344 e não houver requerimento de prova, na forma do art. 349.

▸ Correspondência: art. 330, II CPC 1973.
▸ Arts. 348, 550, §§ 4º e 5º deste Código.

Seção III
Do julgamento antecipado parcial do mérito

Art. 356. O juiz decidirá parcialmente o mérito quando um ou mais dos pedidos formulados ou parcela deles:

▸ Correspondência: art. 273, § 6º CPC 1973.
▸ Art. 503, *caput* deste Código.

I – mostrar-se incontroverso;

▸ Correspondência: art. 273, § 6º CPC 1973.
▸ Art. 374, III deste Código.

II – estiver em condições de imediato julgamento, nos termos do art. 355.

▸ Sem correspondência no CPC 1973.

§ 1º A decisão que julgar parcialmente o mérito poderá reconhecer a existência de obrigação líquida ou ilíquida.

▸ Sem correspondência no CPC 1973.
▸ Art. 509, § 1º deste Código.

§ 2º A parte poderá liquidar ou executar, desde logo, a obrigação reconhecida na decisão que julgar parcialmente o mérito, independentemente de caução, ainda que haja recurso contra essa interposto.

▸ Sem correspondência no CPC 1973.

§ 3º Na hipótese do § 2º, se houver trânsito em julgado da decisão, a execução será definitiva.

▸ Sem correspondência no CPC 1973.

§ 4º A liquidação e o cumprimento da decisão que julgar parcialmente o mérito poderão ser processados em autos suplementares, a requerimento da parte ou a critério do juiz.

▸ Sem correspondência no CPC 1973.

§ 5º A decisão proferida com base neste artigo é impugnável por agravo de instrumento.

▸ Sem correspondência no CPC 1973.
▸ Art. 1.015, II deste Código.

Seção IV
Do saneamento e da organização do processo

Art. 357. Não ocorrendo nenhuma das hipóteses deste Capítulo, deverá o juiz, em decisão de saneamento e de organização do processo:

▸ Correspondência: art. 331, § 2º CPC 1973.
▸ Súmula 424 do STF.

I – resolver as questões processuais pendentes, se houver;

▸ Correspondência: art. 331, § 2º CPC 1973.

II – delimitar as questões de fato sobre as quais recairá a atividade probatória, especificando os meios de prova admitidos;

▸ Correspondência: art. 331, § 2º CPC 1973.
▸ Art. 1.014 deste Código.

III – definir a distribuição do ônus da prova, observado o art. 373;

▸ Correspondência: art. 331, § 2º CPC 1973.

IV – delimitar as questões de direito relevantes para a decisão do mérito;

▸ Correspondência: art. 331, § 2º CPC 1973.
▸ Art. 612 deste Código.

V – designar, se necessário, audiência de instrução e julgamento.

▸ Correspondência: art. 331, § 2º CPC 1973.
▸ Arts. 358 a 368 deste Código.

§ 1º Realizado o saneamento, as partes têm o direito de pedir esclarecimentos ou solicitar ajustes, no prazo comum de 5 (cinco) dias, findo o qual a decisão se torna estável.

▸ Sem correspondência no CPC 1973.

§ 2º As partes podem apresentar ao juiz, para homologação, delimitação consensual das questões de fato e de direito a que se referem os incisos II e IV, a qual, se homologada, vincula as partes e o juiz.

▸ Sem correspondência no CPC 1973.

§ 3º Se a causa apresentar complexidade em matéria de fato ou de direito, deverá o juiz designar audiência para que o saneamento seja feito em cooperação com as partes, oportunidade em que o juiz, se for o caso, convidará as partes a integrar ou esclarecer suas alegações.

▸ Sem correspondência no CPC 1973.
▸ Art. 6º deste Código.

§ 4º Caso tenha sido determinada a produção de prova testemunhal, o juiz fixará prazo comum não superior a 15 (quinze) dias para que as partes apresentem rol de testemunhas.

▸ Correspondência: art. 407 CPC 1973.
▸ Arts. 450 a 463 deste Código.

§ 5º Na hipótese do § 3º, as partes devem levar, para a audiência prevista, o respectivo rol de testemunhas.

▸ Sem correspondência no CPC 1973.

§ 6º O número de testemunhas arroladas não pode ser superior a 10 (dez), sendo 3 (três), no máximo, para a prova de cada fato.

▸ Correspondência: art. 407, parágrafo único CPC 1973.

§ 7º O juiz poderá limitar o número de testemunhas levando em conta a complexidade da causa e dos fatos individualmente considerados.

▸ Sem correspondência no CPC 1973.

§ 8º Caso tenha sido determinada a produção de prova pericial, o juiz deve observar o disposto no art. 465 e, se possível, estabelecer, desde logo, calendário para sua realização.

▸ Sem correspondência no CPC 1973.

§ 9º As pautas deverão ser preparadas com intervalo mínimo de 1 (uma) hora entre as audiências.

▸ Sem correspondência no CPC 1973.

CAPÍTULO XI
DA AUDIÊNCIA DE INSTRUÇÃO E JULGAMENTO

Art. 358. No dia e na hora designados, o juiz declarará aberta a audiência de instrução e julgamento e mandará apregoar as partes e os respectivos advogados, bem como outras pessoas que dela devam participar.

▸ Correspondência: art. 450 CPC 1973.

Art. 359. Instalada a audiência, o juiz tentará conciliar as partes, independentemente do emprego anterior de outros métodos de solução consensual de conflitos, como a mediação e a arbitragem.

▸ Correspondência: art. 448 CPC 1973.
▸ Art. 139, V deste Código.
▸ Lei 9.307/1996 (Arbitragem)
▸ Lei 13.140/2015 (Mediação)

Art. 360. O juiz exerce o poder de polícia, incumbindo-lhe:

▸ Correspondência: art. 445 CPC 1973.
▸ Art. 139, VII deste Código.

I – manter a ordem e o decoro na audiência;

▸ Correspondência: art. 445, I CPC 1973.
▸ Art. 78 deste Código.

II – ordenar que se retirem da sala de audiência os que se comportarem inconvenientemente;

▸ Correspondência: art. 445, II CPC 1973.

III – requisitar, quando necessário, força policial;

▸ Correspondência: art. 445, III CPC 1973.
▸ Arts. 536, § 1º e 782, § 2º deste Código.

IV – tratar com urbanidade as partes, os advogados, os membros do Ministério Público e da Defensoria Pública e qualquer pessoa que participe do processo;

▸ Correspondência: art. 446, III CPC 1973.
▸ Arts. 139, I e 459, § 2º deste Código.
▸ Art. 7º, § 2º e 33, parágrafo único da Lei 8.906/1994 (Estatuto da Advocacia e da OAB).

V – registrar em ata, com exatidão, todos os requerimentos apresentados em audiência.

▸ Sem correspondência no CPC 1973.

Art. 361. As provas orais serão produzidas em audiência, ouvindo-se nesta ordem, preferencialmente:

▸ Correspondência: art. 452 CPC 1973.
▸ Art. 442 deste Código.

I – o perito e os assistentes técnicos, que responderão aos quesitos de esclarecimentos requeridos no prazo e na forma do art. 477, caso não respondidos anteriormente por escrito;

▸ Correspondência: art. 452, I CPC 1973.

II – o autor e, em seguida, o réu, que prestarão depoimentos pessoais;

▶ Correspondência: art. 452, II CPC 1973.
▶ Arts. 139, VIII, 385 a 389 deste Código.

III – as testemunhas arroladas pelo autor e pelo réu, que serão inquiridas.

▶ Correspondência: art. 452, III CPC 1973.
▶ Arts. 442, 443 a 449, 450 a 462 deste Código.

Parágrafo único. Enquanto depuserem o perito, os assistentes técnicos, as partes e as testemunhas, não poderão os advogados e o Ministério Público intervir ou apartear, sem licença do juiz.

▶ Correspondência: art. 446, parágrafo único CPC 1973.

Art. 362. A audiência poderá ser adiada:

▶ Correspondência: art. 453 CPC 1973.

I – por convenção das partes;

▶ Correspondência: art. 453, I CPC 1973.

II – se não puder comparecer, por motivo justificado, qualquer pessoa que dela deva necessariamente participar;

▶ Correspondência: art. 453, II CPC 1973.

III – por atraso injustificado de seu início em tempo superior a 30 (trinta) minutos do horário marcado.

▶ Sem correspondência no CPC 1973.
▶ Art. 7º, XX da Lei 8.906/1994 (Estatuto da Advocacia e da OAB).

§ 1º O impedimento deverá ser comprovado até a abertura da audiência, e, não o sendo, o juiz procederá à instrução.

▶ Correspondência: art. 453, § 1º CPC 1973.

§ 2º O juiz poderá dispensar a produção das provas requeridas pela parte cujo advogado ou defensor público não tenha comparecido à audiência, aplicando-se a mesma regra ao Ministério Público.

▶ Correspondência: art. 453, § 2º CPC 1973.

§ 3º Quem der causa ao adiamento responderá pelas despesas acrescidas.

▶ Correspondência: art. 453, § 3º CPC 1973.
▶ Arts. 93, 363 e 462 deste Código.

Art. 363. Havendo antecipação ou adiamento da audiência, o juiz, de ofício ou a requerimento da parte, determinará a intimação dos advogados ou da sociedade de advogados para ciência da nova designação.

▶ Correspondência: art. 242, § 2º CPC 1973.

Art. 364. Finda a instrução, o juiz dará a palavra ao advogado do autor e do réu, bem como ao membro do Ministério Público, se for o caso de sua intervenção, sucessivamente, pelo prazo de 20 (vinte) minutos para cada um, prorrogável por 10 (dez) minutos, a critério do juiz.

▶ Correspondência: art. 454 CPC 1973.

§ 1º Havendo litisconsorte ou terceiro interveniente, o prazo, que formará com o da prorrogação um só todo, dividir-se-á entre os do mesmo grupo, se não convencionarem de modo diverso.

▶ Correspondência: art. 454, § 1º CPC 1973.

§ 2º Quando a causa apresentar questões complexas de fato ou de direito, o debate oral poderá ser substituído por razões finais escritas, que serão apresentadas pelo autor e pelo réu, bem como pelo Ministério Público, se for o caso de sua intervenção, em prazos sucessivos de 15 (quinze) dias, assegurada vista dos autos.

▶ Correspondência: art. 454, § 3º CPC 1973.

Art. 365. A audiência é una e contínua, podendo ser excepcional e justificadamente cindida na ausência de perito ou de testemunha, desde que haja concordância das partes.

▶ Correspondência: art. 455 CPC 1973.

Parágrafo único. Diante da impossibilidade de realização da instrução, do debate e do julgamento no mesmo dia, o juiz marcará seu prosseguimento para a data mais próxima possível, em pauta preferencial.

▶ Correspondência: art. 455 CPC 1973.

Art. 366. Encerrado o debate ou oferecidas as razões finais, o juiz proferirá sentença em audiência ou no prazo de 30 (trinta) dias.

▶ Correspondência: art. 456 CPC 1973.
▶ Art. 226, III deste Código.

Art. 367. O servidor lavrará, sob ditado do juiz, termo que conterá, em resumo, o ocorrido na audiência, bem como, por extenso, os despachos, as decisões e a sentença, se proferida no ato.

▶ Correspondência: art. 457 CPC 1973.

§ 1º Quando o termo não for registrado em meio eletrônico, o juiz rubricar-lhe-á as folhas, que serão encadernadas em volume próprio.

▶ Correspondência: art. 457, § 1º CPC 1973.

§ 2º Subscreverão o termo o juiz, os advogados, o membro do Ministério Público e o escrivão ou chefe de secretaria, dispensadas as partes, exceto quando houver ato de disposição para cuja prática os advogados não tenham poderes.

▶ Correspondência: art. 457, § 2º CPC 1973.

§ 3º O escrivão ou o chefe de secretaria trasladará para os autos cópia autêntica do termo de audiência.

▶ Correspondência: art. 457, § 3ºCPC 1973.

§ 4º Tratando-se de autos eletrônicos, observar-se-á o disposto neste Código, em legislação específica e nas normas internas dos tribunais.

▶ Correspondência: art. 457, § 4º CPC 1973.

§ 5º A audiência poderá ser integralmente gravada em imagem e em áudio, em meio digital ou analógico, desde que assegure o rápido acesso das partes e dos órgãos julgadores, observada a legislação específica.

▶ Sem correspondência no CPC 1973.

§ 6º A gravação a que se refere o § 5º também pode ser realizada diretamente por qualquer das partes, independentemente de autorização judicial.

▶ Sem correspondência no CPC 1973.

Art. 368. A audiência será pública, ressalvadas as exceções legais.

▶ Correspondência: art. 444 CPC 1973.
▶ Art. 358 deste Código.

CAPÍTULO XII
DAS PROVAS

Seção I
Disposições gerais

Art. 369. As partes têm o direito de empregar todos os meios legais, bem como os moralmente legítimos, ainda que não especificados neste Código, para provar a verdade dos fatos em que se funda o pedido ou a defesa e influir eficazmente na convicção do juiz.

▶ Correspondência: art. 332 CPC 1973.
▶ Art. 5º, LVI da CF.
▶ Art. 212 do CC.
▶ Lei 9.296/1996 (Interceptação de comunicações telefônicas).
▶ Súmula 231 do STF.

Art. 370. Caberá ao juiz, de ofício ou a requerimento da parte, determinar as provas necessárias ao julgamento do mérito.

▶ Correspondência: art. 130 CPC 1973.
▶ Arts. 77, III, 139, VI e 480 deste Código.

Parágrafo único. O juiz indeferirá, em decisão fundamentada, as diligências inúteis ou meramente protelatórias.

▶ Correspondência: art. 130 CPC 1973.
▶ Art. 139, III deste Código.

Art. 371. O juiz apreciará a prova constante dos autos, independentemente do sujeito que a tiver promovido, e indicará na decisão as razões da formação de seu convencimento.

▶ Correspondência: art. 131 CPC 1973.
▶ Art. 489, II deste Código.
▶ Art. 93, IX da CF.

Art. 372. O juiz poderá admitir a utilização de prova produzida em outro processo, atribuindo-lhe o valor que considerar adequado, observado o contraditório.

▶ Sem correspondência no CPC 1973.
▶ Art. 5º, LV e LVI da CF.

Art. 373. O ônus da prova incumbe:

▶ Correspondência: art. 333 CPC 1973.
▶ Arts. 319, VI e 370, par. ún., deste Código.
▶ Art. 6º, VIII, 38 e 51, VI do CDC.

I – ao autor, quanto ao fato constitutivo de seu direito;

▶ Correspondência: art. 333, I CPC 1973.

II – ao réu, quanto à existência de fato impeditivo, modificativo ou extintivo do direito do autor.

▶ Correspondência: art. 333, II CPC 1973.
▶ Súmula 301 do STJ.

§ 1º Nos casos previstos em lei ou diante de peculiaridades da causa relacionadas à impossibilidade ou à excessiva dificuldade de cumprir o encargo nos termos do *caput* ou à maior facilidade de obtenção da prova do fato contrário, poderá o juiz atribuir o ônus da prova de modo diverso, desde que o faça por decisão fundamentada, caso em que deverá dar à parte a oportunidade de se desincumbir do ônus que lhe foi atribuído.

▶ Sem correspondência no CPC 1973.

§ 2º A decisão prevista no § 1º deste artigo não pode gerar situação em que a desincumbência do encargo pela parte seja impossível ou excessivamente difícil.

▶ Sem correspondência no CPC 1973.

§ 3º A distribuição diversa do ônus da prova também pode ocorrer por convenção das partes, salvo quando:

▶ Correspondência: art. 333, parágrafo único CPC 1973.

I – recair sobre direito indisponível da parte;

▶ Correspondência: art. 333, parágrafo único, I CPC 1973.
▶ Arts. 345, II e 392 deste Código.
▶ Art. 841 do CC.

II – tornar excessivamente difícil a uma parte o exercício do direito.

▶ Correspondência: art. 333, parágrafo único, II CPC 1973.

§ 4º A convenção de que trata o § 3º pode ser celebrada antes ou durante o processo.

▶ Sem correspondência no CPC 1973.

Art. 374. Não dependem de prova os fatos:

▶ Correspondência: art. 334 CPC 1973.

I – notórios;

▶ Correspondência: art. 334, I CPC 1973.

II – afirmados por uma parte e confessados pela parte contrária;

▶ Correspondência: art. 334, II CPC 1973.
▶ Arts. 389 a 395 deste Código.

III – admitidos no processo como incontroversos;

▶ Correspondência: art. 334, III CPC 1973.
▶ Art. 341 deste Código.

IV – em cujo favor milita presunção legal de existência ou de veracidade.

▶ Correspondência: art. 334, IV CPC 1973.
▶ Súmula 301 do STJ.

Art. 375. O juiz aplicará as regras de experiência comum subministradas pela observação do que ordinariamente acontece e, ainda, as regras de experiência técnica, ressalvado, quanto a estas, o exame pericial.

▶ Correspondência: art. 335 CPC 1973.
▶ Art. 140 deste Código.

Art. 376. A parte que alegar direito municipal, estadual, estrangeiro ou consuetudinário provar-lhe-á o teor e a vigência, se assim o juiz determinar.

▶ Correspondência: art. 337 CPC 1973.
▶ Art. 14 do Dec-lei 4.657/1942 (Lei de Introdução às Normas do Direito Brasileiro – LINDB).

Art. 377. A carta precatória, a carta rogatória e o auxílio direto suspenderão o julgamento da causa no caso previsto no art. 313, inciso V, alínea "b", quando, tendo sido requeridos antes da decisão de saneamento, a prova neles solicitada for imprescindível.

▶ Correspondência: art. 338 CPC 1973.
▶ Arts. 260 a 268 deste Código.

Parágrafo único. A carta precatória e a carta rogatória não devolvidas no prazo ou concedidas sem efeito suspensivo poderão ser juntadas aos autos a qualquer momento.

▶ Correspondência: art. 338, parágrafo único CPC 1973.
▶ Art. 313, § 5º deste Código.

Art. 378. Ninguém se exime do dever de colaborar com o Poder Judiciário para o descobrimento da verdade.

▶ Correspondência: art. 339 CPC 1973.
▶ Art. 438 deste Código.

Art. 379. Preservado o direito de não produzir prova contra si própria, incumbe à parte:

▶ Correspondência: art. 340 CPC 1973.

I – comparecer em juízo, respondendo ao que lhe for interrogado;

▶ Correspondência: art. 340, I CPC 1973.
▶ Arts. 139, VIII, 385, 386, 387 e 388 deste Código.

II – colaborar com o juízo na realização de inspeção judicial que for considerada necessária;

▶ Correspondência: art. 340, II CPC 1973.
▶ Arts. 481 a 484 deste Código.

III – praticar o ato que lhe for determinado.

▶ Correspondência: art. 340, III CPC 1973.
▶ Art. 5º, II da CF.

Art. 380. Incumbe ao terceiro, em relação a qualquer causa:

▶ Correspondência: art. 341 CPC 1973.

I – informar ao juiz os fatos e as circunstâncias de que tenha conhecimento;

▶ Correspondência: art. 341, I CPC 1973.
▶ Art. 5º, II da CF.

II – exibir coisa ou documento que esteja em seu poder.

▶ Correspondência: art. 341, II CPC 1973.
▶ Arts. 396 a 404 deste Código.

Parágrafo único. Poderá o juiz, em caso de descumprimento, determinar, além da imposição de multa, outras medidas indutivas, coercitivas, mandamentais ou sub-rogatórias.

▶ Sem correspondência no CPC 1973.
▶ Art. 77, IV e § 1º deste Código.

Seção II
Da produção antecipada da prova

Art. 381. A produção antecipada da prova será admitida nos casos em que:

▶ Correspondência: art. 846 CPC 1973.
▶ Arts. 139, VIII, 442 a 480 deste Código.

I – haja fundado receio de que venha a tornar-se impossível ou muito difícil a verificação de certos fatos na pendência da ação;

▶ Correspondência: arts. 847, I e II e 849 CPC 1973.
▶ Arts. 357, § 4º, 449, par. ún., 450, 451, e 464 deste Código.

II – a prova a ser produzida seja suscetível de viabilizar a autocomposição ou outro meio adequado de solução de conflito;

▶ Sem correspondência no CPC 1973.

III – o prévio conhecimento dos fatos possa justificar ou evitar o ajuizamento de ação.

▸ Sem correspondência no CPC 1973.

§ 1º O arrolamento de bens observará o disposto nesta Seção quando tiver por finalidade apenas a realização de documentação e não a prática de atos de apreensão.

▸ Sem correspondência no CPC 1973.

§ 2º A produção antecipada da prova é da competência do juízo do foro onde esta deva ser produzida ou do foro de domicílio do réu.

▸ Sem correspondência no CPC 1973.

§ 3º A produção antecipada da prova não previne a competência do juízo para a ação que venha a ser proposta.

▸ Sem correspondência no CPC 1973.

§ 4º O juízo estadual tem competência para produção antecipada de prova requerida em face da União, de entidade autárquica ou de empresa pública federal se, na localidade, não houver vara federal.

▸ Sem correspondência no CPC 1973.

§ 5º Aplica-se o disposto nesta Seção àquele que pretender justificar a existência de algum fato ou relação jurídica para simples documento e sem caráter contencioso, que exporá, em petição circunstanciada, a sua intenção.

▸ Correspondência: art. 861 CPC 1973.
▸ Art. 111 da Lei 6.015/1973 (Registros Públicos).
▸ Art. 108 da Lei 8.213/1991 (Planos de Benefícios da Previdência Social).
▸ Súmula 32 do STJ.

Art. 382. Na petição, o requerente apresentará as razões que justificam a necessidade de antecipação da prova e mencionará com precisão os fatos sobre os quais a prova há de recair.

▸ Correspondência: art. 848 CPC 1973.

§ 1º O juiz determinará, de ofício ou a requerimento da parte, a citação de interessados na produção da prova ou no fato a ser provado, salvo se inexistente caráter contencioso.

▸ Correspondência: arts. 848, parágrafo único e 862 CPC 1973.
▸ Arts. 239 e 306 deste Código.

§ 2º O juiz não se pronunciará sobre a ocorrência ou a inocorrência do fato, nem sobre as respectivas consequências jurídicas.

▸ Correspondência: art. 866, parágrafo único CPC 1973.

§ 3º Os interessados poderão requerer a produção de qualquer prova no mesmo procedimento, desde que relacionada ao mesmo fato, salvo se a sua produção conjunta acarretar excessiva demora.

▸ Sem correspondência no CPC 1973.

§ 4º Neste procedimento, não se admitirá defesa ou recurso, salvo contra decisão que indeferir totalmente a produção da prova pleiteada pelo requerente originário.

▸ Sem correspondência no CPC 1973.

Art. 383. Os autos permanecerão em cartório durante 1 (um) mês para extração de cópias e certidões pelos interessados.

▸ Correspondência: art. 851 CPC 1973.

Parágrafo único. Findo o prazo, os autos serão entregues ao promovente da medida.

▸ Sem correspondência no CPC 1973.

Seção III
Da ata notarial

Art. 384. A existência e o modo de existir de algum fato podem ser atestados ou documentados, a requerimento do interessado, mediante ata lavrada por tabelião.

▸ Sem correspondência no CPC 1973.
▸ Arts. 6º e 7º da Lei 8.935/1994 (Lei dos Cartórios).

Parágrafo único. Dados representados por imagem ou som gravados em arquivos eletrônicos poderão constar da ata notarial.

▸ Sem correspondência no CPC 1973.

Seção IV
Do depoimento pessoal

Art. 385. Cabe à parte requerer o depoimento pessoal da outra parte, a fim de que esta seja interrogada na audiência de instrução e julgamento, sem prejuízo do poder do juiz de ordená-lo de ofício.

▸ Correspondência: arts. 342 e 343 CPC 1973.
▸ Art. 379, I deste Código.

§ 1º Se a parte, pessoalmente intimada para prestar depoimento pessoal e advertida da pena de confesso, não comparecer ou, comparecendo, se recusar a depor, o juiz aplicar-lhe-á a pena.

▸ Correspondência: art. 343, §§ 1º e 2º CPC 1973.
▸ Arts. 379, I e 389 deste Código.

§ 2º É vedado a quem ainda não depôs assistir ao interrogatório da outra parte.

▸ Correspondência: art. 344, parágrafo único CPC 1973.

§ 3º O depoimento pessoal da parte que residir em comarca, seção ou subseção judiciária diversa daquela onde tramita o processo poderá ser colhido por meio de videoconferência ou outro recurso tecnológico de transmissão de sons e imagens em tempo real, o que poderá ocorrer, inclusive, durante a realização da audiência de instrução e julgamento.

▸ Sem correspondência no CPC 1973.
▸ Arts. 236, § 3º, 453, §1º, 461, § 2º e 937, § 4º deste Código.

Art. 386. Quando a parte, sem motivo justificado, deixar de responder ao que lhe for perguntado ou empregar evasivas, o juiz, apreciando as demais circunstâncias e os elementos de prova, declarará, na sentença, se houve recusa de depor.

▸ Sem correspondência no CPC 1973.

Art. 387. A parte responderá pessoalmente sobre os fatos articulados, não podendo servir-se de escritos anteriormente preparados, permitindo-lhe o juiz, todavia, a consulta a notas breves, desde que objetivem completar esclarecimentos.

▸ Correspondência: art. 346 CPC 1973.

Art. 388. A parte não é obrigada a depor sobre fatos:

▸ Correspondência: art. 347 CPC 1973.

I – criminosos ou torpes que lhe forem imputados;

▸ Correspondência: art. 347, I CPC 1973.

II – a cujo respeito, por estado ou profissão, deva guardar sigilo;

▸ Correspondência: art. 347, II CPC 1973.
▸ Art. 154 do CP.

III – acerca dos quais não possa responder sem desonra própria, de seu cônjuge, de seu companheiro ou de parente em grau sucessível;

▸ Sem correspondência no CPC 1973.

IV – que coloquem em perigo a vida do depoente ou das pessoas referidas no inciso III.

▸ Sem correspondência no CPC 1973.

Parágrafo único. Esta disposição não se aplica às ações de estado e de família.

▸ Correspondência: art. 347, parágrafo único CPC 1973.

Seção V
Da confissão

Art. 389. Há confissão, judicial ou extrajudicial, quando a parte admite a verdade de fato contrário ao seu interesse e favorável ao do adversário.

▸ Correspondência: art. 348 CPC 1973.
▸ Art. 391 e 443, I deste Código.
▸ Arts. 212, I, 213 e 214 do CC.

Art. 390. A confissão judicial pode ser espontânea ou provocada.

▸ Correspondência: art. 349 CPC 1973.

§ 1º A confissão espontânea pode ser feita pela própria parte ou por representante com poder especial.

▸ Correspondência: art. 349, parágrafo único CPC 1973.
▸ Art. 105 deste Código.

§ 2º A confissão provocada constará do termo de depoimento pessoal.

▸ Correspondência: art. 349 CPC 1973.

Art. 391. A confissão judicial faz prova contra o confitente, não prejudicando, todavia, os litisconsortes.

▸ Correspondência: art. 350 CPC 1973.
▸ Arts. 117 e 374, II deste Código.

Parágrafo único. Nas ações que versarem sobre bens imóveis ou direitos reais sobre imóveis alheios, a confissão de um cônjuge ou companheiro não valerá sem a do outro, salvo se o regime de casamento for o de separação absoluta de bens.

▸ Correspondência: art. 350, parágrafo único CPC 1973.
▸ Art. 1.647 do CC.

Art. 392. Não vale como confissão a admissão, em juízo, de fatos relativos a direitos indisponíveis.

▸ Correspondência: art. 351 CPC 1973.
▸ Art. 345, II deste Código.
▸ Arts. 213 e 841 do CC.

§ 1º A confissão será ineficaz se feita por quem não for capaz de dispor do direito a que se referem os fatos confessados.

▸ Sem correspondência no CPC 1973.

§ 2º A confissão feita por um representante somente é eficaz nos limites em que este pode vincular o representado.

▸ Sem correspondência no CPC 1973.
▸ Art. 213, par. ún. do CC.

Art. 393. A confissão é irrevogável, mas pode ser anulada se decorreu de erro de fato ou de coação.

▸ Correspondência: art. 352 CPC 1973.
▸ Arts. 138 a 155 e 214 do CC.

Parágrafo único. A legitimidade para a ação prevista no *caput* é exclusiva do confitente e pode ser transferida a seus herdeiros se ele falecer após a propositura.

▸ Correspondência: art. 352, parágrafo único CPC 1973.

Art. 394. A confissão extrajudicial, quando feita oralmente, só terá eficácia nos casos em que a lei não exija prova literal.

▸ Correspondência: art. 353, parágrafo único CPC 1973.

Art. 395. A confissão é, em regra, indivisível, não podendo a parte que a quiser invocar como prova aceitá-la no tópico que a beneficiar e rejeitá-la no que lhe for desfavorável, porém cindir-se-á quando o confitente a ela aduzir fatos novos, capazes de constituir fundamento de defesa de direito material ou de reconvenção.

▸ Correspondência: art. 354 CPC 1973.
▸ Art. 412, par. ún., deste Código.

Seção VI
Da exibição de documento ou coisa

Art. 396. O juiz pode ordenar que a parte exiba documento ou coisa que se encontre em seu poder.

▸ Correspondência: art. 355 CPC 1973.
▸ Art. 380, II deste Código.

Art. 397. O pedido formulado pela parte conterá:

▸ Correspondência: art. 356 CPC 1973.

I – a descrição, tão completa quanto possível, do documento ou da coisa, ou das categorias de documentos ou de coisas buscados.

▸ Inciso I com redação pela Lei 14.195/2021.
▸ Correspondência: art. 356, I CPC 1973.

II – a finalidade da prova, com indicação dos fatos que se relacionam com o documento ou com a coisa, ou com suas categorias;

▸ Inciso II com redação pela Lei 14.195/2021.
▸ Correspondência: art. 356, II CPC 1973.

III – as circunstâncias em que se funda o requerente para afirmar que o documento ou a coisa existe, ainda que a referência seja a categoria de documentos ou de coisas, e se acha em poder da parte contrária.

▸ Inciso III com redação pela Lei 14.195/2021.
▸ Correspondência: art. 356, III CPC 1973.

Art. 398. O requerido dará sua resposta nos 5 (cinco) dias subsequentes à sua intimação.

▸ Correspondência: art. 357 CPC 1973.
▸ Arts. 373, II e 400, I deste Código.

Parágrafo único. Se o requerido afirmar que não possui o documento ou a coisa, o juiz permitirá que o requerente prove, por qualquer meio, que a declaração não corresponde à verdade.

▸ Correspondência: art. 357 CPC 1973.

Art. 399. O juiz não admitirá a recusa se:

▸ Correspondência: art. 358 CPC 1973.

I – o requerido tiver obrigação legal de exibir;

▸ Correspondência: art. 358, I CPC 1973.
▸ Art. 195 do CTN.

II – o requerido tiver aludido ao documento ou à coisa, no processo, com o intuito de constituir prova;

▸ Correspondência: art. 358, II CPC 1973.

III – o documento, por seu conteúdo, for comum às partes.

▸ Correspondência: art. 358, III CPC 1973.

Art. 400. Ao decidir o pedido, o juiz admitirá como verdadeiros os fatos que, por meio do documento ou da coisa, a parte pretendia provar se:

▸ Correspondência: art. 359 CPC 1973.

I – o requerido não efetuar a exibição nem fizer nenhuma declaração no prazo do art. 398;

▸ Correspondência: art. 359, I CPC 1973.

II – a recusa for havida por ilegítima.

▸ Correspondência: art. 359, II CPC 1973.

Parágrafo único. Sendo necessário, o juiz pode adotar medidas indutivas, coercitivas, mandamentais ou sub-rogatórias para que o documento seja exibido.

▸ Sem correspondência no CPC 1973.

Art. 401. Quando o documento ou a coisa estiver em poder de terceiro, o juiz ordenará sua citação para responder no prazo de 15 (quinze) dias.

▸ Correspondência: art. 360 CPC 1973.
▸ Art. 380, II deste Código.

Art. 402. Se o terceiro negar a obrigação de exibir ou a posse do documento ou da coisa, o juiz designará audiência especial, tomando-lhe o depoimento, bem como o das partes e, se necessário, o de testemunhas, e em seguida proferirá decisão.

▸ Correspondência: art. 361 CPC 1973.

Art. 403. Se o terceiro, sem justo motivo, se recusar a efetuar a exibição, o juiz ordenar-lhe-á que proceda ao respectivo depósito em cartório ou em outro lugar designado, no prazo de 5 (cinco) dias, impondo ao requerente que o ressarça pelas despesas que tiver.

▸ Correspondência: art. 362 CPC 1973.
▸ Art. 330 do CP.

Parágrafo único. Se o terceiro descumprir a ordem, o juiz expedirá mandado de apreensão, requisitando, se necessário, força policial, sem prejuízo da responsabilidade por crime de desobediência, pagamento de multa e outras medidas indutivas, coercitivas, mandamentais ou sub-rogatórias necessárias para assegurar a efetivação da decisão.

▸ Correspondência: art. 362 CPC 1973.
▸ Art. 330 do CP.

Art. 404. A parte e o terceiro se escusam de exibir, em juízo, o documento ou a coisa se:
▸ Correspondência: art. 363 CPC 1973.
▸ Art. 674 deste Código.

I – concernente a negócios da própria vida da família;
▸ Correspondência: art. 363, I CPC 1973.
▸ Art. 1.513 do CC.

II – sua apresentação puder violar dever de honra;
▸ Correspondência: art. 363, II CPC 1973.
▸ Art. 5º, X da CF.

III – sua publicidade redundar em desonra à parte ou ao terceiro, bem como a seus parentes consanguíneos ou afins até o terceiro grau, ou lhes representar perigo de ação penal;
▸ Correspondência: art. 363, III CPC 1973.

IV – sua exibição acarretar a divulgação de fatos a cujo respeito, por estado ou profissão, devam guardar segredo;
▸ Correspondência: art. 363, IV CPC 1973.
▸ Art. 388, II deste Código.
▸ Art. 5º, XIV da CF.
▸ Art. 154 do CP.
▸ Art. 8º, § 2º da Lei 7.347/1985 (Ação civil pública).
▸ Art. 34, VII da Lei 8.906/1994 (Estatuto da Advocacia e da OAB).

V – subsistirem outros motivos graves que, segundo o prudente arbítrio do juiz, justifiquem a recusa da exibição;
▸ Correspondência: art. 363, V CPC 1973.

VI – houver disposição legal que justifique a recusa da exibição.
▸ Sem correspondência no CPC 1973.

Parágrafo único. Se os motivos de que tratam os incisos I a VI do *caput* disserem respeito a apenas uma parcela do documento, a parte ou o terceiro exibirá a outra em cartório, para dela ser extraída cópia reprográfica, de tudo sendo lavrado auto circunstanciado.
▸ Correspondência: art. 363, parágrafo único CPC 1973.

Seção VII
Da prova documental

Subseção I
Da força probante dos documentos

Art. 405. O documento público faz prova não só da sua formação, mas também dos fatos que o escrivão, o chefe de secretaria, o tabelião ou o servidor declarar que ocorreram em sua presença.
▸ Correspondência: art. 364 CPC 1973.

Art. 406. Quando a lei exigir instrumento público como da substância do ato, nenhuma outra prova, por mais especial que seja, pode suprir-lhe a falta.
▸ Correspondência: art. 366 CPC 1973.
▸ Arts. 108, 109, 215, 1.542, *caput* e § 4º do CC.

Art. 407. O documento feito por oficial público incompetente ou sem a observância das formalidades legais, sendo subscrito pelas partes, tem a mesma eficácia probatória do documento particular.
▸ Correspondência: art. 367 CPC 1973.

Art. 408. As declarações constantes do documento particular escrito e assinado ou somente assinado presumem-se verdadeiras em relação ao signatário.
▸ Correspondência: art. 368 CPC 1973.
▸ Lei 7.115/1983 (Prova documental nos casos que indica)
▸ Art. 219 do CC.

Parágrafo único. Quando, todavia, contiver declaração de ciência de determinado fato, o documento particular prova a ciência, mas não o fato em si, incumbindo o ônus de prová-lo ao interessado em sua veracidade.
▸ Correspondência: art. 368, parágrafo único CPC 1973.

Art. 409. A data do documento particular, quando a seu respeito surgir dúvida ou impugnação entre os litigantes, provar-se-á por todos os meios de direito.
▸ Correspondência: art. 370 CPC 1973.

Parágrafo único. Em relação a terceiros, considerar-se-á datado o documento particular:

I – no dia em que foi registrado;
▸ Correspondência: art. 370, I CPC 1973.
▸ Art. 127, I da Lei 6.015/1973 (Registros Públicos).

II – desde a morte de algum dos signatários;
▸ Correspondência: art. 370, II CPC 1973.

III – a partir da impossibilidade física que sobreveio a qualquer dos signatários;
▸ Correspondência: art. 370, III CPC 1973.

IV – da sua apresentação em repartição pública ou em juízo;
▸ Correspondência: art. 370, IV CPC 1973.

V – do ato ou do fato que estabeleça, de modo certo, a anterioridade da formação do documento.
▸ Correspondência: art. 370, V CPC 1973.

Art. 410. Considera-se autor do documento particular:
▸ Correspondência: art. 371 CPC 1973.

I – aquele que o fez e o assinou;
▸ Correspondência: art. 371, I CPC 1973.

II – aquele por conta de quem ele foi feito, estando assinado;
▸ Correspondência: art. 371, II CPC 1973.

III – aquele que, mandando compô-lo, não o firmou porque, conforme a experiência comum, não se costuma assinar, como livros empresariais e assentos domésticos.
▸ Correspondência: art. 371, III CPC 1973.
▸ Arts. 415 a 421 deste Código.

Art. 411. Considera-se autêntico o documento quando:
▸ Correspondência: art. 369 CPC 1973.

I – o tabelião reconhecer a firma do signatário;
▸ Correspondência: art. 369 CPC 1973.
▸ Art. 654, § 2º do CC.
▸ Arts. 13, § 1º e 246 da Lei 6.015/1973 (Registros Públicos).

II – a autoria estiver identificada por qualquer outro meio legal de certificação, inclusive eletrônico, nos termos da lei;
▸ Sem correspondência no CPC 1973.

III – não houver impugnação da parte contra quem foi produzido o documento.
▸ Correspondência: art. 372 CPC 1973.
▸ Art. 429 deste Código.

Art. 412. O documento particular de cuja autenticidade não se duvida prova que o seu autor fez a declaração que lhe é atribuída.
▸ Correspondência: art. 373 CPC 1973.

Parágrafo único. O documento particular admitido expressa ou tacitamente é indivisível, sendo vedado à parte que pretende utilizar-se dele aceitar os fatos que lhe são favoráveis e recusar os que são contrários ao seu interesse, salvo se provar que estes não ocorreram.
▸ Correspondência: art. 373, parágrafo único CPC 1973.
▸ Art. 419 deste Código.

Art. 413. O telegrama, o radiograma ou qualquer outro meio de transmissão tem a mesma força probatória do documento particular se o original constante da estação expedidora tiver sido assinado pelo remetente.
▸ Correspondência: art. 374 CPC 1973.

Parágrafo único. A firma do remetente poderá ser reconhecida pelo tabelião, declarando-se essa circunstância no original depositado na estação expedidora.
▸ Correspondência: art. 374, parágrafo único CPC 1973.

Art. 414. O telegrama ou o radiograma presume-se conforme com o original, provando as datas de sua expedição e de seu recebimento pelo destinatário.
▸ Correspondência: art. 375 CPC 1973.

Art. 415. As cartas e os registros domésticos provam contra quem os escreveu quando:
▸ Correspondência: art. 376 CPC 1973.

I – enunciam o recebimento de um crédito;
▸ Correspondência: art. 376, I CPC 1973.

II – contêm anotação que visa a suprir a falta de título em favor de quem é apontado como credor;
▸ Correspondência: art. 376, II CPC 1973.

III – expressam conhecimento de fatos para os quais não se exija determinada prova.
▸ Correspondência: art. 376, III CPC 1973.
▸ Art. 219 do CC.

Art. 416. A nota escrita pelo credor em qualquer parte de documento representativo de obrigação, ainda que não assinada, faz prova em benefício do devedor.
▸ Correspondência: art. 377 CPC 1973.
▸ Art. 112 do CC.
▸ Art. 47 do CDC.

Parágrafo único. Aplica-se essa regra tanto para o documento que o credor conservar em seu poder quanto para aquele que se achar em poder do devedor ou de terceiro.
▸ Correspondência: art. 377, parágrafo único CPC 1973.

Art. 417. Os livros empresariais provam contra seu autor, sendo lícito ao empresário, todavia, demonstrar, por todos os meios permitidos em direito, que os lançamentos não correspondem à verdade dos fatos.
▸ Correspondência: art. 378 CPC 1973.
▸ Art. 19 da Lei 5.474/1968 (Duplicatas).
▸ Art. 100 da Lei 6.404/1976 (Sociedades por ações).

Art. 418. Os livros empresariais que preencham os requisitos exigidos por lei provam a favor de seu autor no litígio entre empresários.
▸ Correspondência: art. 379 CPC 1973.
▸ Art. 226 do CC.

Art. 419. A escrituração contábil é indivisível, e, se dos fatos que resultam dos lançamentos, uns são favoráveis ao interesse de seu autor e outros lhe são contrários, ambos serão considerados em conjunto, como unidade.
▸ Correspondência: art. 380 CPC 1973.
▸ Art. 412, par. ún., deste Código.

Art. 420. O juiz pode ordenar, a requerimento da parte, a exibição integral dos livros empresariais e dos documentos do arquivo:
▸ Correspondência: art. 381 CPC 1973.
▸ Art. 105 da Lei 6.404/1976 (Sociedades por ações).

I – na liquidação de sociedade;
▸ Correspondência: art. 381, I CPC 1973.
▸ Arts. 1.102 a 1.112 do CC.

II – na sucessão por morte de sócio;
▸ Correspondência: art. 381, II CPC 1973.

III – quando e como determinar a lei.
▸ Correspondência: art. 381, III CPC 1973.
▸ Art. 22, III, *b* da Lei 11.101/2005 (Recuperação de Empresas e Falência).

Art. 421. O juiz pode, de ofício, ordenar à parte a exibição parcial dos livros e dos documentos, extraindo-se deles a suma que interessar ao litígio, bem como reproduções autenticadas.
▸ Correspondência: art. 382 CPC 1973.
▸ Súmula 260 do STF.

Art. 422. Qualquer reprodução mecânica, como a fotográfica, a cinematográfica, a fonográfica ou de outra espécie, tem aptidão para fazer prova dos fatos ou das coisas representadas, se a sua conformidade com o documento original não for impugnada por aquele contra quem foi produzida.
▸ Correspondência: art. 383 CPC 1973.
▸ Art. 225 do CC.
▸ Lei 5.433/1968 (Microfilmagem de documentos).
▸ Art. 141 da Lei 6.015/1973 (Registros Públicos).
▸ Lei 11.419/2006 (Informatização do Processo Judicial).

§ 1º As fotografias digitais e as extraídas da rede mundial de computadores fazem prova das imagens que reproduzem, devendo, se impugnadas, ser apresentada a respectiva autenticação eletrônica ou, não sendo possível, realizada perícia.
▸ Sem correspondência no CPC 1973.
▸ Art. 11 da Lei 11.419/2006 (Informatização do Processo Judicial).

§ 2º Se se tratar de fotografia publicada em jornal ou revista, será exigido um exemplar original do periódico, caso impugnada a veracidade pela outra parte.
▸ Correspondência: art. 385, § 2º CPC 1973.
▸ Art. 425 deste Código.

§ 3º Aplica-se o disposto neste artigo à forma impressa de mensagem eletrônica.
▸ Sem correspondência no CPC 1973.

Art. 423. As reproduções dos documentos particulares, fotográficas ou obtidas por outros processos de repetição, valem como certidões sempre que o escrivão ou o chefe de secretaria certificar sua conformidade com o original.
▸ Correspondência: art. 384 CPC 1973.
▸ Art. 4º da Lei 5.433/1968 (Microfilmagem de documentos).

Art. 424. A cópia de documento particular tem o mesmo valor probante que o original, cabendo ao escrivão, intimadas as partes, proceder à conferência e certificar a conformidade entre a cópia e o original.
▸ Correspondência: art. 385 CPC 1973.

Art. 425. Fazem a mesma prova que os originais:
▸ Correspondência: art. 365 CPC 1973.
▸ Art. 192, par. ún., deste Código.
▸ Art. 217 do CC.

I – as certidões textuais de qualquer peça dos autos, do protocolo das audiências ou de outro livro a cargo do escrivão ou do chefe de secretaria, se extraídas por ele ou sob sua vigilância e por ele subscritas;
▸ Correspondência: art. 365, I CPC 1973.
▸ Art. 424 deste Código.
▸ Arts. 216 a 218 do CC.

II – os traslados e as certidões extraídas por oficial público de instrumentos ou documentos lançados em suas notas;
▸ Correspondência: art. 365, II CPC 1973.
▸ Art. 217 do CC.
▸ Art. 161 da Lei 6.015/1973 (Registros Públicos).

III – as reproduções dos documentos públicos, desde que autenticadas por oficial público ou conferidas em cartório com os respectivos originais;
▸ Correspondência: art. 365, III CPC 1973.
▸ Arts. 216 e 217 do CC.
▸ Lei 5.433/1968 (Microfilmagem de documentos).

IV – as cópias reprográficas de peças do próprio processo judicial declaradas autênticas pelo advogado, sob sua responsabilidade pessoal, se não lhes for impugnada a autenticidade;
▸ Correspondência: art. 365, IV CPC 1973.

V – os extratos digitais de bancos de dados públicos e privados, desde que atestado pelo seu emitente, sob as penas da lei, que as informações conferem com o que consta na origem;
▸ Correspondência: art. 365, V CPC 1973.
▸ Art. 11 da Lei 11.419/2006 (Informatização do Processo Judicial).

VI – as reproduções digitalizadas de qualquer documento público ou particular, quando juntadas aos autos

pelos órgãos da justiça e seus auxiliares, pelo Ministério Público e seus auxiliares, pela Defensoria Pública e seus auxiliares, pelas procuradorias, pelas repartições públicas em geral e por advogados, ressalvada a alegação motivada e fundamentada de adulteração.

▶ Correspondência: art. 365, VI CPC 1973.
▶ Art. 11, § 1º da Lei 11.419/2006 (Informatização do Processo Judicial).

§ 1º Os originais dos documentos digitalizados mencionados no inciso VI deverão ser preservados pelo seu detentor até o final do prazo para propositura de ação rescisória.

▶ Correspondência: art. 365, § 1º CPC 1973.
▶ Art. 11, § 3º da Lei 11.419/2006 (Informatização do Processo Judicial).

§ 2º Tratando-se de cópia digital de título executivo extrajudicial ou de documento relevante à instrução do processo, o juiz poderá determinar seu depósito em cartório ou secretaria.

▶ Correspondência: art. 365, § 2º CPC 1973.
▶ Art. 223 do CC.

Art. 426. O juiz apreciará fundamentadamente a fé que deva merecer o documento, quando em ponto substancial e sem ressalva contiver entrelinha, emenda, borrão ou cancelamento.

▶ Correspondência: art. 386 CPC 1973.
▶ Art. 211 deste Código.

Art. 427. Cessa a fé do documento público ou particular sendo-lhe declarada judicialmente a falsidade.

▶ Correspondência: art. 387 CPC 1973.
▶ Art. 96, I da Lei 11.101/2005 (Recuperação de Empresas e Falência).
▶ Súmula 104 do STJ.

Parágrafo único. A falsidade consiste em:

I – formar documento não verdadeiro;

▶ Correspondência: art. 387, I CPC 1973.
▶ Arts. 297 e 298 do CP.

II – alterar documento verdadeiro.

▶ Correspondência: art. 387, II CPC 1973.
▶ Art. 299 do CP.
▶ Art. 350 da Lei 4.737/1965 (Código Eleitoral).

Art. 428. Cessa a fé do documento particular quando:

▶ Correspondência: art. 388 CPC 1973.

I – for impugnada sua autenticidade e enquanto não se comprovar sua veracidade;

▶ Correspondência: art. 388, I CPC 1973.

II – assinado em branco, for impugnado seu conteúdo, por preenchimento abusivo.

▶ Correspondência: art. 388, II CPC 1973.

Parágrafo único. Dar-se-á abuso quando aquele que recebeu documento assinado com texto não escrito no todo ou em parte forma-lo ou completá-lo por si ou por meio de outrem, violando o pacto feito com o signatário.

▶ Correspondência: art. 388, parágrafo único CPC 1973.

Art. 429. Incumbe o ônus da prova quando:

▶ Correspondência: art. 389 CPC 1973.

I – se tratar de falsidade de documento ou de preenchimento abusivo, à parte que a arguir;

▶ Correspondência: art. 389, I CPC 1973.
▶ Arts. 735, *caput* e 966, VI deste Código.
▶ Arts. 297 e 298 do CP.

II – se tratar de impugnação da autenticidade, à parte que produziu o documento.

▶ Correspondência: art. 389, II CPC 1973.

Subseção II
Da arguição de falsidade

Art. 430. A falsidade deve ser suscitada na contestação, na réplica ou no prazo de 15 (quinze) dias, contado a partir da intimação da juntada do documento aos autos.

▶ Correspondência: art. 390 CPC 1973.
▶ Arts. 19, II e 429, I deste Código.

Parágrafo único. Uma vez arguida, a falsidade será resolvida como questão incidental, salvo se a parte requerer que o juiz a decida como questão principal, nos termos do inciso II do art. 19.

▶ Sem correspondência no CPC 1973.

Art. 431. A parte arguirá a falsidade expondo os motivos em que funda a sua pretensão e os meios com que provará o alegado.

▶ Correspondência: art. 391 CPC 1973.

Art. 432. Depois de ouvida a outra parte no prazo de 15 (quinze) dias, será realizado o exame pericial.

▶ Correspondência: art. 392 CPC 1973.
▶ Art. 478 deste Código.

Parágrafo único. Não se procederá ao exame pericial se a parte que produziu o documento concordar em retirá-lo.

▶ Correspondência: art. 392, parágrafo único CPC 1973.

Art. 433. A declaração sobre a falsidade do documento, quando suscitada como questão principal, constará

da parte dispositiva da sentença e sobre ela incidirá também a autoridade da coisa julgada.

▶ Correspondência: art. 395 CPC 1973.
▶ Art. 489, III deste Código.

Subseção III
Da produção da prova documental

Art. 434. Incumbe à parte instruir a petição inicial ou a contestação com os documentos destinados a provar suas alegações.

▶ Correspondência: art. 396 CPC 1973.
▶ Arts. 319, VI, 320, 350, 351, 352, 435 deste Código.
▶ Art. 212, II, 219 do CC.

Parágrafo único. Quando o documento consistir em reprodução cinematográfica ou fonográfica, a parte deverá trazê-lo nos termos do *caput*, mas sua exposição será realizada em audiência, intimando-se previamente as partes.

▶ Sem correspondência no CPC 1973.
▶ Art. 225 do CC.

Art. 435. É lícito às partes, em qualquer tempo, juntar aos autos documentos novos, quando destinados a fazer prova de fatos ocorridos depois dos articulados ou para contrapô-los aos que foram produzidos nos autos.

▶ Correspondência: art. 397 CPC 1973.

Parágrafo único. Admite-se também a juntada posterior de documentos formados após a petição inicial ou a contestação, bem como dos que se tornaram conhecidos, acessíveis ou disponíveis após esses atos, cabendo à parte que os produzir comprovar o motivo que a impediu de juntá-los anteriormente e incumbindo ao juiz, em qualquer caso, avaliar a conduta da parte de acordo com o art. 5º.

▶ Sem correspondência no CPC 1973.
▶ Arts. 5º, 966, VI, 1.014 deste Código.

Art. 436. A parte, intimada a falar sobre documento constante dos autos, poderá:

▶ Sem correspondência no CPC 1973.

I – impugnar a admissibilidade da prova documental;

▶ Sem correspondência no CPC 1973.

II – impugnar sua autenticidade;

▶ Sem correspondência no CPC 1973.

III – suscitar sua falsidade, com ou sem deflagração do incidente de arguição de falsidade;

▶ Sem correspondência no CPC 1973.

IV – manifestar-se sobre seu conteúdo.

▶ Sem correspondência no CPC 1973.

Parágrafo único. Nas hipóteses dos incisos II e III, a impugnação deverá basear-se em argumentação específica, não se admitindo alegação genérica de falsidade.

▶ Sem correspondência no CPC 1973.

Art. 437. O réu manifestar-se-á na contestação sobre os documentos anexados à inicial, e o autor manifestar-se-á na réplica sobre os documentos anexados à contestação.

▶ Sem correspondência no CPC 1973.

§ 1º Sempre que uma das partes requerer a juntada de documento aos autos, o juiz ouvirá, a seu respeito, a outra parte, que disporá do prazo de 15 (quinze) dias para adotar qualquer das posturas indicadas no art. 436.

▶ Correspondência: art. 398 CPC 1973.

§ 2º Poderá o juiz, a requerimento da parte, dilatar o prazo para manifestação sobre a prova documental produzida, levando em consideração a quantidade e a complexidade da documentação.

▶ Sem correspondência no CPC 1973.
▶ Art. 139, VI deste Código.

Art. 438. O juiz requisitará às repartições públicas, em qualquer tempo ou grau de jurisdição:

▶ Correspondência: art. 399 CPC 1973.
▶ Art. 5º, XXXIII e XXXIV, *b*, da CF.

I – as certidões necessárias à prova das alegações das partes;

▶ Correspondência: art. 399, I CPC 1973.
▶ Art. 5º, XXXIV, *b* da CF.
▶ Art. 1º, § 6º da Lei 4.717/1965 (Ação popular).
▶ Art. 8º da Lei 7.347/1985 (Ação civil pública).

II – os procedimentos administrativos nas causas em que forem interessados a União, os Estados, o Distrito Federal, os Municípios ou entidades da administração indireta.

▶ Correspondência: art. 399, II CPC 1973.
▶ Lei 94/1947 (Requisição de processos administrativos pelos juízes da Fazenda Pública).
▶ Art. 41, par. ún., da Lei 6.830/1980 (Execuções Fiscais).

§ 1º Recebidos os autos, o juiz mandará extrair, no prazo máximo e improrrogável de 1 (um) mês, certidões ou reproduções fotográficas das peças que indicar e das que forem indicadas pelas partes, e, em seguida, devolverá os autos à repartição de origem.

▶ Correspondência: art. 399, § 1º CPC 1973.
▶ Arts. 217 e 218 do CC.

§ 2º As repartições públicas poderão fornecer todos os documentos em meio eletrônico, conforme disposto em lei, certificando, pelo mesmo meio, que se trata de extrato fiel do que consta em seu banco de dados ou no documento digitalizado.

▶ Correspondência: art. 399, § 2º CPC 1973.
▶ Art. 11, *caput* e § 1º da Lei 11.419/2006 (Informatização do Processo Judicial).

Seção VIII
Dos documentos eletrônicos

Art. 439. A utilização de documentos eletrônicos no processo convencional dependerá de sua conversão à forma impressa e da verificação de sua autenticidade, na forma da lei.

▶ Sem correspondência no CPC 1973.

Art. 440. O juiz apreciará o valor probante do documento eletrônico não convertido, assegurado às partes o acesso ao seu teor.

▶ Sem correspondência no CPC 1973.
▶ Art. 371 deste Código.

Art. 441. Serão admitidos documentos eletrônicos produzidos e conservados com a observância da legislação específica.

▶ Sem correspondência no CPC 1973.
▶ Art. 12 da Lei 11.419/2006 (Informatização do Processo Judicial).

Seção IX
Da prova testemunhal

Subseção I
Da admissibilidade e do valor da prova testemunhal

Art. 442. A prova testemunhal é sempre admissível, não dispondo a lei de modo diverso.

▶ Correspondência: art. 400 CPC 1973.
▶ Art. 212, III, do CC.

Art. 443. O juiz indeferirá a inquirição de testemunhas sobre fatos:

▶ Correspondência: art. 400 CPC 1973.

I – já provados por documento ou confissão da parte;

▶ Correspondência: art. 400, I CPC 1973.
▶ Arts. 389 a 395 deste Código.

II – que só por documento ou por exame pericial puderem ser provados.

▶ Correspondência: art. 400, II CPC 1973.
▶ Arts. 156, 405 a 429 deste Código.

Art. 444. Nos casos em que a lei exigir prova escrita da obrigação, é admissível a prova testemunhal quando houver começo de prova por escrito, emanado da parte contra a qual se pretende produzir a prova.

▶ Correspondência: art. 402, I CPC 1973.
▶ Art. 227, par. ún., do CC.

Art. 445. Também se admite a prova testemunhal quando o credor não pode ou não podia, moral ou materialmente, obter a prova escrita da obrigação, em casos como o de parentesco, de depósito necessário ou de hospedagem em hotel ou em razão das práticas comerciais do local onde contraída a obrigação.

▶ Correspondência: art. 402 CPC 1973.

Art. 446. É lícito à parte provar com testemunhas:

▶ Correspondência: art. 404 CPC 1973.

I – nos contratos simulados, a divergência entre a vontade real e a vontade declarada;

▶ Correspondência: art. 404, I CPC 1973.
▶ Arts. 110 e 167, § 1º do CC.

II – nos contratos em geral, os vícios de consentimento.

▶ Correspondência: art. 404, II CPC 1973.
▶ Arts. 138 a 157 do CC.

Art. 447. Podem depor como testemunhas todas as pessoas, exceto as incapazes, impedidas ou suspeitas.

▶ Correspondência: art. 405 CPC 1973.
▶ Art. 452 e 457, §§ 1º e 2º deste Código.
▶ Art. 228 do CC.

§ 1º São incapazes:

▶ Correspondência: art. 405, § 1º CPC 1973.

I – o interdito por enfermidade ou deficiência mental;

▶ Correspondência: art. 405, § 1º, I CPC 1973.

II – o que, acometido por enfermidade ou retardamento mental, ao tempo em que ocorreram os fatos, não podia discerni-los, ou, ao tempo em que deve depor, não está habilitado a transmitir as percepções;

▶ Correspondência: art. 405, § 1º, II CPC 1973.

III – o que tiver menos de 16 (dezesseis) anos;

▶ Correspondência: art. 405, § 1º, III CPC 1973.

IV – o cego e o surdo, quando a ciência do fato depender dos sentidos que lhes faltam.

▶ Correspondência: art. 405, § 1º, IV CPC 1973.
▶ Art. 228, III do CC.

§ 2º São impedidos:

▶ Correspondência: art. 405, § 2º CPC 1973.

I – o cônjuge, o companheiro, o ascendente e o descendente em qualquer grau e o colateral, até o terceiro grau, de alguma das partes, por consanguinidade ou afinida-

de, salvo se o exigir o interesse público ou, tratando-se de causa relativa ao estado da pessoa, não se puder obter de outro modo a prova que o juiz repute necessária ao julgamento do mérito;
▶ Correspondência: art. 405, § 2º, I CPC 1973.

II – o que é parte na causa;
▶ Correspondência: art. 405, § 2º, II CPC 1973.

III – o que intervém em nome de uma parte, como o tutor, o representante legal da pessoa jurídica, o juiz, o advogado e outros que assistam ou tenham assistido as partes.
▶ Correspondência: art. 405, § 2º, III CPC 1973.
▶ Art. 7º, XIX da Lei 8.906/1994 (Estatuto da Advocacia e da OAB).

§ 3º São suspeitos:
▶ Correspondência: art. 405, § 3º CPC 1973.

I – o inimigo da parte ou o seu amigo íntimo;
▶ Correspondência: art. 405, § 3º CPC 1973.

II – o que tiver interesse no litígio.
▶ Correspondência: art. 405, § 3º, IV CPC 1973.
▶ Arts. 119, 125, 130 e 682 deste Código.

§ 4º Sendo necessário, pode o juiz admitir o depoimento das testemunhas menores, impedidas ou suspeitas.
▶ Correspondência: art. 405, § 4º CPC 1973.

§ 5º Os depoimentos referidos no § 4º serão prestados independentemente de compromisso, e o juiz lhes atribuirá o valor que possam merecer.
▶ Correspondência: art. 405, § 4º CPC 1973.

Art. 448. A testemunha não é obrigada a depor sobre fatos:
▶ Correspondência: art. 406 CPC 1973.

I – que lhe acarretem grave dano, bem como ao seu cônjuge ou companheiro e aos seus parentes consanguíneos ou afins, em linha reta ou colateral, até o terceiro grau;
▶ Correspondência: art. 406, I CPC 1973.
▶ Arts. 1.591 a 1.595 do CC.

II – a cujo respeito, por estado ou profissão, deva guardar sigilo.
▶ Correspondência: art. 406, II CPC 1973.
▶ Arts. 388, II e 457, § 3º deste Código.
▶ Arts. 153 e 154 do CP.

Art. 449. Salvo disposição especial em contrário, as testemunhas devem ser ouvidas na sede do juízo.
▶ Correspondência: art. 336 CPC 1973.
▶ Arts. 217 e 361 deste Código.

Parágrafo único. Quando a parte ou a testemunha, por enfermidade ou por outro motivo relevante, estiver impossibilitada de comparecer, mas não de prestar depoimento, o juiz designará, conforme as circunstâncias, dia, hora e lugar para inquiri-la.
▶ Correspondência: art. 336, parágrafo único CPC 1973.
▶ Arts. 260 a 268, 453 e 454, deste Código.

Subseção II
Da produção da prova testemunhal

Art. 450. O rol de testemunhas conterá, sempre que possível, o nome, a profissão, o estado civil, a idade, o número de inscrição no Cadastro de Pessoas Físicas, o número de registro de identidade e o endereço completo da residência e do local de trabalho.
▶ Correspondência: art. 407 CPC 1973.

Art. 451. Depois de apresentado o rol de que tratam os §§ 4º e 5º do art. 357, a parte só pode substituir a testemunha:
▶ Correspondência: art. 408 CPC 1973.

I – que falecer;
▶ Correspondência: art. 408, I CPC 1973.
▶ Art. 6º do CC.

II – que, por enfermidade, não estiver em condições de depor;
▶ Correspondência: art. 408, II CPC 1973.

III – que, tendo mudado de residência ou de local de trabalho, não for encontrada.
▶ Correspondência: art. 408, III CPC 1973.
▶ Arts. 70 e 73 do CC.

Art. 452. Quando for arrolado como testemunha, o juiz da causa:
▶ Correspondência: art. 409 CPC 1973.

I – declarar-se-á impedido, se tiver conhecimento de fatos que possam influir na decisão, caso em que será vedado à parte que o incluiu no rol desistir de seu depoimento;
▶ Correspondência: art. 409, I CPC 1973.

II – se nada souber, mandará excluir o seu nome.
▶ Correspondência: art. 409, II CPC 1973.

Art. 453. As testemunhas depõem, na audiência de instrução e julgamento, perante o juiz da causa, exceto:
▶ Correspondência: art. 410 CPC 1973.
▶ Art. 217 e 449 deste Código.

I – as que prestam depoimento antecipadamente;
▶ Correspondência: art. 410, I CPC 1973.
▶ Art. 381 a 383 deste Código.

II – as que são inquiridas por carta.
▶ Correspondência: art. 410, II CPC 1973.

▶ Art. 260 a 268 deste Código.

§ 1º A oitiva de testemunha que residir em comarca, seção ou subseção judiciária diversa daquela onde tramita o processo poderá ser realizada por meio de videoconferência ou outro recurso tecnológico de transmissão e recepção de sons e imagens em tempo real, o que poderá ocorrer, inclusive, durante a audiência de instrução e julgamento.
▶ Sem correspondência no CPC 1973.
▶ Arts. 236, § 3º, 385, §3º, 461, § 2º e 937, § 4º deste Código.

§ 2º Os juízos deverão manter equipamento para a transmissão e recepção de sons e imagens a que se refere o § 1º.
▶ Sem correspondência no CPC 1973.

Art. 454. São inquiridos em sua residência ou onde exercem sua função:
▶ Correspondência: art. 411 CPC 1973.

I – o presidente e o vice-presidente da República;
▶ Correspondência: art. 411, I CPC 1973.

II – os ministros de Estado;
▶ Correspondência: art. 411, III CPC 1973.

III – os ministros do Supremo Tribunal Federal, os conselheiros do Conselho Nacional de Justiça e os ministros do Superior Tribunal de Justiça, do Superior Tribunal Militar, do Tribunal Superior Eleitoral, do Tribunal Superior do Trabalho e do Tribunal de Contas da União;
▶ Correspondência: art. 411, IV CPC 1973.

IV – o procurador-geral da República e os conselheiros do Conselho Nacional do Ministério Público;
▶ Correspondência: art. 411, V CPC 1973.

V – o advogado-geral da União, o procurador-geral do Estado, o procurador-geral do Município, o defensor público-geral federal e o defensor público-geral do Estado;
▶ Sem correspondência no CPC 1973.

VI – os senadores e os deputados federais;
▶ Correspondência: art. 411, VI CPC 1973.

VII – os governadores dos Estados e do Distrito Federal;
▶ Correspondência: art. 411, VII CPC 1973.

VIII – o prefeito;
▶ Sem correspondência no CPC 1973.

IX – os deputados estaduais e distritais;
▶ Correspondência: art. 411, VIII CPC 1973.

X – os desembargadores dos Tribunais de Justiça, dos Tribunais Regionais Federais, dos Tribunais Regionais do Trabalho e dos Tribunais Regionais Eleitorais e os conselheiros dos Tribunais de Contas dos Estados e do Distrito Federal;
▶ Correspondência: art. 411, IX CPC 1973.
▶ Art. 33, I da LC 35/1979 (Lei Orgânica da Magistratura Nacional).

XI – o procurador-geral de justiça;
▶ Sem correspondência no CPC 1973.

XII – o embaixador de país que, por lei ou tratado, conceda idêntica prerrogativa a agente diplomático do Brasil.
▶ Correspondência: art. 411, X CPC 1973.

§ 1º O juiz solicitará à autoridade que indique dia, hora e local a fim de ser inquirida, remetendo-lhe cópia da petição inicial ou da defesa oferecida pela parte que a arrolou como testemunha.
▶ Correspondência: art. 411, parágrafo único CPC 1973.

§ 2º Passado 1 (um) mês sem manifestação da autoridade, o juiz designará dia, hora e local para o depoimento, preferencialmente na sede do juízo.
▶ Sem correspondência no CPC 1973.

§ 3º O juiz também designará dia, hora e local para o depoimento, quando a autoridade não comparecer, injustificadamente, à sessão agendada para a colheita de seu testemunho no dia, hora e local por ela mesma indicados.
▶ Sem correspondência no CPC 1973.

Art. 455. Cabe ao advogado da parte informar ou intimar a testemunha por ele arrolada do dia, da hora e do local da audiência designada, dispensando-se a intimação do juízo.
▶ Correspondência: art. 412 CPC 1973.
▶ Art. 77, IV deste Código.

§ 1º A intimação deverá ser realizada por carta com aviso de recebimento, cumprindo ao advogado juntar aos autos, com antecedência de pelo menos 3 (três) dias da data da audiência, cópia da correspondência de intimação e do comprovante de recebimento.
▶ Correspondência: art. 412, § 3º CPC 1973.
▶ Art. 274 e 275 deste Código.

§ 2º A parte pode comprometer-se a levar a testemunha à audiência, independentemente da intimação de que trata o § 1º, presumindo-se, caso a testemunha não compareça, que a parte desistiu de sua inquirição.
▶ Correspondência: art. 412, § 1º CPC 1973.
▶ Art. 277 deste Código.

§ 3º A inércia na realização da intimação a que se refere o § 1º importa desistência da inquirição da testemunha.
▶ Sem correspondência no CPC 1973.

§ 4º A intimação será feita pela via judicial quando:
▶ Sem correspondência no CPC 1973.

I – for frustrada a intimação prevista no § 1º deste artigo;
▶ Sem correspondência no CPC 1973.

II – sua necessidade for devidamente demonstrada pela parte ao juiz;
▶ Sem correspondência no CPC 1973.

III – figurar no rol de testemunhas servidor público ou militar, hipótese em que o juiz o requisitará ao chefe da repartição ou ao comando do corpo em que servir;
▶ Correspondência: art. 412, § 2º CPC 1973.

IV – a testemunha houver sido arrolada pelo Ministério Público ou pela Defensoria Pública;
▶ Sem correspondência no CPC 1973.

V – a testemunha for uma daquelas previstas no art. 454.
▶ Sem correspondência no CPC 1973.

§ 5º A testemunha que, intimada na forma do § 1º ou do § 4º, deixar de comparecer sem motivo justificado será conduzida e responderá pelas despesas do adiamento.
▶ Correspondência: art. 412 CPC 1973.

Art. 456. O juiz inquirirá as testemunhas separada e sucessivamente, primeiro as do autor e depois as do réu, e providenciará para que uma não ouça o depoimento das outras.
▶ Correspondência: art. 413 CPC 1973.
▶ Art. 139, VI deste Código.

Parágrafo único. O juiz poderá alterar a ordem estabelecida no caput se as partes concordarem.
▶ Sem correspondência no CPC 1973.

Art. 457. Antes de depor, a testemunha será qualificada, declarará ou confirmará seus dados e informará se tem relações de parentesco com a parte ou interesse no objeto do processo.
▶ Correspondência: art. 414 CPC 1973.

§ 1º É lícito à parte contraditar a testemunha, arguindo-lhe a incapacidade, o impedimento ou a suspeição, bem como, caso a testemunha negue os fatos que lhe são imputados, provar a contradita com documentos ou com testemunhas, até 3 (três), apresentadas no ato e inquiridas em separado.
▶ Correspondência: art. 414, § 1º CPC 1973.

§ 2º Sendo provados ou confessados os fatos a que se refere o § 1º, o juiz dispensará a testemunha ou lhe tomará o depoimento como informante.
▶ Correspondência: art. 414, § 1º CPC 1973.

§ 3º A testemunha pode requerer ao juiz que a escuse de depor, alegando os motivos previstos neste Código, decidindo o juiz de plano após ouvidas as partes.
▶ Correspondência: art. 414, § 2º CPC 1973.

Art. 458. Ao início da inquirição, a testemunha prestará o compromisso de dizer a verdade do que souber e lhe for perguntado.
▶ Correspondência: art. 415 CPC 1973.

Parágrafo único. O juiz advertirá à testemunha que incorre em sanção penal quem faz afirmação falsa, cala ou oculta a verdade.
▶ Correspondência: art. 415, parágrafo único CPC 1973.
▶ Art. 342 do CP.

Art. 459. As perguntas serão formuladas pelas partes diretamente à testemunha, começando pela que a arrolou, não admitindo o juiz aquelas que puderem induzir a resposta, não tiverem relação com as questões de fato objeto da atividade probatória ou importarem repetição de outra já respondida.
▶ Correspondência: art. 416 CPC 1973.

§ 1º O juiz poderá inquirir a testemunha tanto antes quanto depois da inquirição feita pelas partes.
▶ Sem correspondência no CPC 1973.

§ 2º As testemunhas devem ser tratadas com urbanidade, não se lhes fazendo perguntas ou considerações impertinentes, capciosas ou vexatórias.
▶ Correspondência: art. 416, § 1º CPC 1973.
▶ Arts. 360, IV, 361, par. ún., 442 e 443, deste Código.

§ 3º As perguntas que o juiz indeferir serão transcritas no termo, se a parte o requerer.
▶ Correspondência: art. 416, § 2º CPC 1973.

Art. 460. O depoimento poderá ser documentado por meio de gravação.
▶ Correspondência: art. 417 CPC 1973.

§ 1º Quando digitado ou registrado por taquigrafia, estenotipia ou outro método idôneo de documentação, o depoimento será assinado pelo juiz, pelo depoente e pelos procuradores.
▶ Correspondência: art. 417 CPC 1973.

§ 2º Se houver recurso em processo em autos não eletrônicos, o depoimento somente será digitado quando for impossível o envio de sua documentação eletrônica.
▶ Correspondência: art. 417, § 1º CPC 1973.

§ 3º Tratando-se de autos eletrônicos, observar-se-á o disposto neste Código e na legislação específica sobre a prática eletrônica de atos processuais.

▸ Correspondência: art. 417, § 2º CPC 1973.
▸ Lei 11.419/2006 (Informatização do Processo Judicial).

Art. 461. O juiz pode ordenar, de ofício ou a requerimento da parte:

▸ Correspondência: art. 418 CPC 1973.

I – a inquirição de testemunhas referidas nas declarações da parte ou das testemunhas;

▸ Correspondência: art. 418, I CPC 1973.

II – a acareação de 2 (duas) ou mais testemunhas ou de alguma delas com a parte, quando, sobre fato determinado que possa influir na decisão da causa, divergirem as suas declarações.

▸ Correspondência: art. 418, II CPC 1973.
▸ Art. 370 deste Código.

§ 1º Os acareados serão reperguntados para que expliquem os pontos de divergência, reduzindo-se a termo o ato de acareação.

▸ Sem correspondência no CPC 1973.

§ 2º A acareação pode ser realizada por videoconferência ou por outro recurso tecnológico de transmissão de sons e imagens em tempo real.

▸ Sem correspondência no CPC 1973.
▸ Arts. 236, § 3º, 385, § 3º, 453, § 1º, 937, § 4º deste Código.

Art. 462. A testemunha pode requerer ao juiz o pagamento da despesa que efetuou para comparecimento à audiência, devendo a parte pagá-la logo que arbitrada ou depositá-la em cartório dentro de 3 (três) dias.

▸ Correspondência: art. 419 CPC 1973.
▸ Art. 84 deste Código.

Art. 463. O depoimento prestado em juízo é considerado serviço público.

▸ Correspondência: art. 419, parágrafo único CPC 1973.

Parágrafo único. A testemunha, quando sujeita ao regime da legislação trabalhista, não sofre, por comparecer à audiência, perda de salário nem desconto no tempo de serviço.

▸ Correspondência: art. 419, parágrafo único CPC 1973.

Seção X
Da prova pericial

Art. 464. A prova pericial consiste em exame, vistoria ou avaliação.

▸ Correspondência: art. 420 CPC 1973.
▸ Art. 375 deste Código.
▸ Art. 212, V do CC.

§ 1º O juiz indeferirá a perícia quando:

▸ Correspondência: art. 420, parágrafo único CPC 1973.

I – a prova do fato não depender de conhecimento especial de técnico;

▸ Correspondência: art. 420, parágrafo único, I CPC 1973.
▸ Art. 374 deste Código.

II – for desnecessária em vista de outras provas produzidas;

▸ Correspondência: art. 420, parágrafo único, II CPC 1973.
▸ Art. 372 deste Código.

III – a verificação for impraticável.

▸ Correspondência: art. 420, parágrafo único, III CPC 1973.

§ 2º De ofício ou a requerimento das partes, o juiz poderá, em substituição à perícia, determinar a produção de prova técnica simplificada, quando o ponto controvertido for de menor complexidade.

▸ Sem correspondência no CPC 1973.

§ 3º A prova técnica simplificada consistirá apenas na inquirição de especialista, pelo juiz, sobre ponto controvertido da causa que demande especial conhecimento científico ou técnico.

▸ Sem correspondência no CPC 1973.

§ 4º Durante a arguição, o especialista, que deverá ter formação acadêmica específica na área objeto de seu depoimento, poderá valer-se de qualquer recurso tecnológico de transmissão de sons e imagens com o fim de esclarecer os pontos controvertidos da causa.

▸ Sem correspondência no CPC 1973.

Art. 465. O juiz nomeará perito especializado no objeto da perícia e fixará de imediato o prazo para a entrega do laudo.

▸ Correspondência: art. 421 CPC 1973.
▸ Arts. 95, 156 a 158 deste Código.
▸ Art. 35 da Lei 9.099/1995 (Juizados Especiais).

§ 1º Incumbe às partes, dentro de 15 (quinze) dias contados da intimação do despacho de nomeação do perito:

▸ Correspondência: art. 421, § 1º CPC 1973.

I – arguir o impedimento ou a suspeição do perito, se for o caso;

▸ Sem correspondência no CPC 1973.
▸ Art. 148, II, deste Código.

II – indicar assistente técnico;

▸ Correspondência: art. 421, § 1º, I CPC 1973.
▸ Art. 475 deste Código.

III – apresentar quesitos.

▸ Correspondência: art. 421, § 1º, II CPC 1973.
▸ Art. 469 deste Código.

§ 2º Ciente da nomeação, o perito apresentará em 5 (cinco) dias:

▸ Sem correspondência no CPC 1973.

I – proposta de honorários;

▸ Sem correspondência no CPC 1973.
▸ Art. 95 deste Código.

II – currículo, com comprovação de especialização;

▸ Sem correspondência no CPC 1973.

III – contatos profissionais, em especial o endereço eletrônico, para onde serão dirigidas as intimações pessoais.

▸ Sem correspondência no CPC 1973.

§ 3º As partes serão intimadas da proposta de honorários para, querendo, manifestar-se no prazo comum de 5 (cinco) dias, após o que o juiz arbitrará o valor, intimando-se as partes para os fins do art. 95.

▸ Sem correspondência no CPC 1973.

§ 4º O juiz poderá autorizar o pagamento de até cinquenta por cento dos honorários arbitrados a favor do perito no início dos trabalhos, devendo o remanescente ser pago apenas ao final, depois de entregue o laudo e prestados todos os esclarecimentos necessários.

▸ Correspondência: art. 33, parágrafo único CPC 1973.

§ 5º Quando a perícia for inconclusiva ou deficiente, o juiz poderá reduzir a remuneração inicialmente arbitrada para o trabalho.

▸ Sem correspondência no CPC 1973.

§ 6º Quando tiver de realizar-se por carta, poder-se-á proceder à nomeação de perito e à indicação de assistentes técnicos no juízo ao qual se requisitar a perícia.

▸ Correspondência: art. 428 CPC 1973.
▸ Arts. 260, § 2º e 381, I deste Código.

Art. 466. O perito cumprirá escrupulosamente o encargo que lhe foi cometido, independentemente de termo de compromisso.

▸ Correspondência: art. 422 CPC 1973.

§ 1º Os assistentes técnicos são de confiança da parte e não estão sujeitos a impedimento ou suspeição.

▸ Correspondência: art. 422 CPC 1973.

§ 2º O perito deve assegurar aos assistentes das partes o acesso e o acompanhamento das diligências e dos exames que realizar, com prévia comunicação, comprovada nos autos, com antecedência mínima de 5 (cinco) dias.

▸ Sem correspondência no CPC 1973.

Art. 467. O perito pode escusar-se ou ser recusado por impedimento ou suspeição.

▸ Correspondência: art. 423 CPC 1973.
▸ Art. 148, II deste Código.

Parágrafo único. O juiz, ao aceitar a escusa ou ao julgar procedente a impugnação, nomeará novo perito.

▸ Correspondência: art. 423 CPC 1973.

Art. 468. O perito pode ser substituído quando:

▸ Correspondência: art. 424 CPC 1973.

I – faltar-lhe conhecimento técnico ou científico;

▸ Correspondência: art. 424, I CPC 1973.

II – sem motivo legítimo, deixar de cumprir o encargo no prazo que lhe foi assinado.

▸ Correspondência: art. 424, II CPC 1973.

§ 1º No caso previsto no inciso II, o juiz comunicará a ocorrência à corporação profissional respectiva, podendo, ainda, impor multa ao perito, fixada tendo em vista o valor da causa e o possível prejuízo decorrente do atraso no processo.

▸ Correspondência: art. 424, parágrafo único CPC 1973.

§ 2º O perito substituído restituirá, no prazo de 15 (quinze) dias, os valores recebidos pelo trabalho não realizado, sob pena de ficar impedido de atuar como perito judicial pelo prazo de 5 (cinco) anos.

▸ Sem correspondência no CPC 1973.

§ 3º Não ocorrendo a restituição voluntária de que trata o § 2º, a parte que tiver realizado o adiantamento dos honorários poderá promover execução contra o perito, na forma dos arts. 513 e seguintes deste Código, com fundamento na decisão que determinar a devolução do numerário.

▸ Sem correspondência no CPC 1973.

Art. 469. As partes poderão apresentar quesitos suplementares durante a diligência, que poderão ser respondidos pelo perito previamente ou na audiência de instrução e julgamento.

▸ Correspondência: art. 425 CPC 1973.
▸ Art. 465, § 1º, III deste Código.

Parágrafo único. O escrivão dará à parte contrária ciência da juntada dos quesitos aos autos.

▸ Correspondência: art. 425 CPC 1973.

Art. 470. Incumbe ao juiz:

▸ Correspondência: art. 426 CPC 1973.
▸ Art. 370 deste Código.

I – indeferir quesitos impertinentes;

▸ Correspondência: art. 426, I CPC 1973.
▸ Art. 139, III deste Código.

II – formular os quesitos que entender necessários ao esclarecimento da causa.

▸ Correspondência: art. 426, II CPC 1973.

Art. 471. As partes podem, de comum acordo, escolher o perito, indicando-o mediante requerimento, desde que:

▸ Sem correspondência no CPC 1973.

I – sejam plenamente capazes;

▸ Sem correspondência no CPC 1973.

II – a causa possa ser resolvida por autocomposição.

▸ Sem correspondência no CPC 1973.

§ 1º As partes, ao escolher o perito, já devem indicar os respectivos assistentes técnicos para acompanhar a realização da perícia, que se realizará em data e local previamente anunciados.

▸ Sem correspondência no CPC 1973.

§ 2º O perito e os assistentes técnicos devem entregar, respectivamente, laudo e pareceres em prazo fixado pelo juiz.

▸ Sem correspondência no CPC 1973.

§ 3º A perícia consensual substitui, para todos os efeitos, a que seria realizada por perito nomeado pelo juiz.

Art. 472. O juiz poderá dispensar prova pericial quando as partes, na inicial e na contestação, apresentarem, sobre as questões de fato, pareceres técnicos ou documentos elucidativos que considerar suficientes.

▸ Correspondência: art. 427 CPC 1973.

Art. 473. O laudo pericial deverá conter:

▸ Sem correspondência no CPC 1973.

I – a exposição do objeto da perícia;

▸ Sem correspondência no CPC 1973.

II – a análise técnica ou científica realizada pelo perito;

▸ Sem correspondência no CPC 1973.

III – a indicação do método utilizado, esclarecendo-o e demonstrando ser predominantemente aceito pelos especialistas da área do conhecimento da qual se originou;

▸ Sem correspondência no CPC 1973.

IV – resposta conclusiva a todos os quesitos apresentados pelo juiz, pelas partes e pelo órgão do Ministério Público.

▸ Sem correspondência no CPC 1973.

§ 1º No laudo, o perito deve apresentar sua fundamentação em linguagem simples e com coerência lógica, indicando como alcançou suas conclusões.

▸ Sem correspondência no CPC 1973.

§ 2º É vedado ao perito ultrapassar os limites de sua designação, bem como emitir opiniões pessoais que excedam o exame técnico ou científico do objeto da perícia.

▸ Sem correspondência no CPC 1973.

§ 3º Para o desempenho de sua função, o perito e os assistentes técnicos podem valer-se de todos os meios necessários, ouvindo testemunhas, obtendo informações, solicitando documentos que estejam em poder da parte, de terceiros ou em repartições públicas, bem como instruir o laudo com planilhas, mapas, plantas, desenhos, fotografias ou outros elementos necessários ao esclarecimento do objeto da perícia.

▸ Correspondência: art. 429 CPC 1973.

Art. 474. As partes terão ciência da data e do local designados pelo juiz ou indicados pelo perito para ter início a produção da prova.

▸ Correspondência: art. 431-A CPC 1973.

Art. 475. Tratando-se de perícia complexa que abranja mais de uma área de conhecimento especializado, o juiz poderá nomear mais de um perito, e a parte, indicar mais de um assistente técnico.

▸ Correspondência: art. 431-B CPC 1973.
▸ Art. 465, § 1º, II deste Código.

Art. 476. Se o perito, por motivo justificado, não puder apresentar o laudo dentro do prazo, o juiz poderá conceder-lhe, por uma vez, prorrogação pela metade do prazo originalmente fixado.

▸ Correspondência: art. 432 CPC 1973.
▸ Arts. 223, §2º e 477 deste Código.

Art. 477. O perito protocolará o laudo em juízo, no prazo fixado pelo juiz, pelo menos 20 (vinte) dias antes da audiência de instrução e julgamento.

▸ Correspondência: art. 433 CPC 1973.

§ 1º As partes serão intimadas para, querendo, manifestar-se sobre o laudo do perito do juízo no prazo comum de 15 (quinze) dias, podendo o assistente técnico de cada uma das partes, em igual prazo, apresentar seu respectivo parecer.

▸ Correspondência: art. 433, parágrafo único CPC 1973.

§ 2º O perito do juízo tem o dever de, no prazo de 15 (quinze) dias, esclarecer ponto:

▸ Sem correspondência no CPC 1973.

I – sobre o qual exista divergência ou dúvida de qualquer das partes, do juiz ou do órgão do Ministério Público;

▸ Sem correspondência no CPC 1973.

II – divergente apresentado no parecer do assistente técnico da parte.
 ▸ Sem correspondência no CPC 1973.

§ 3º Se ainda houver necessidade de esclarecimentos, a parte requererá ao juiz que mande intimar o perito ou o assistente técnico a comparecer à audiência de instrução e julgamento, formulando, desde logo, as perguntas, sob forma de quesitos.
 ▸ Correspondência: art. 435 CPC 1973.
 ▸ Arts. 361, I e 365 deste Código.

§ 4º O perito ou o assistente técnico será intimado por meio eletrônico, com pelo menos 10 (dez) dias de antecedência da audiência.
 ▸ Correspondência: art. 435, parágrafo único CPC 1973.

Art. 478. Quando o exame tiver por objeto a autenticidade ou a falsidade de documento ou for de natureza médico-legal, o perito será escolhido, de preferência, entre os técnicos dos estabelecimentos oficiais especializados, a cujos diretores o juiz autorizará a remessa dos autos, bem como do material sujeito a exame.
 ▸ Correspondência: art. 434 CPC 1973.
 ▸ Arts. 430 a 433 deste Código.

§ 1º Nas hipóteses de gratuidade de justiça, os órgãos e as repartições oficiais deverão cumprir a determinação judicial com preferência, no prazo estabelecido.
 ▸ Sem correspondência no CPC 1973.
 ▸ Art. 95, § 3º deste Código.

§ 2º A prorrogação do prazo referido no § 1º pode ser requerida motivadamente.
 ▸ Sem correspondência no CPC 1973.

§ 3º Quando o exame tiver por objeto a autenticidade da letra e da firma, o perito poderá requisitar, para efeito de comparação, documentos existentes em repartições públicas e, na falta destes, poderá requerer ao juiz que a pessoa a quem se atribuir a autoria do documento lance em folha de papel, por cópia ou sob ditado, dizeres diferentes, para fins de comparação.
 ▸ Correspondência: art. 434, parágrafo único CPC 1973.

Art. 479. O juiz apreciará a prova pericial de acordo com o disposto no art. 371, indicando na sentença os motivos que o levaram a considerar ou a deixar de considerar as conclusões do laudo, levando em conta o método utilizado pelo perito.
 ▸ Correspondência: art. 436 CPC 1973.

Art. 480. O juiz determinará, de ofício ou a requerimento da parte, a realização de nova perícia quando a matéria não estiver suficientemente esclarecida.
 ▸ Correspondência: art. 437 CPC 1973.
 ▸ Arts. 370 e 480, § 2º deste Código.

§ 1º A segunda perícia tem por objeto os mesmos fatos sobre os quais recaiu a primeira e destina-se a corrigir eventual omissão ou inexatidão dos resultados a que esta conduziu.
 ▸ Correspondência: art. 438 CPC 1973.

§ 2º A segunda perícia rege-se pelas disposições estabelecidas para a primeira.
 ▸ Correspondência: art. 439 CPC 1973.
 ▸ Arts. 464 a 484 deste Código.

§ 3º A segunda perícia não substitui a primeira, cabendo ao juiz apreciar o valor de uma e de outra.
 ▸ Correspondência: art. 439, parágrafo único CPC 1973.

Seção XI
Da inspeção judicial

Art. 481. O juiz, de ofício ou a requerimento da parte, pode, em qualquer fase do processo, inspecionar pessoas ou coisas, a fim de se esclarecer sobre fato que interesse à decisão da causa.
 ▸ Correspondência: art. 440 CPC 1973.
 ▸ Arts. 370, par. ún. e 379, II deste Código.
 ▸ Art 35, par. ún. da Lei 9.099/1995 (Juizados Especiais).

Art. 482. Ao realizar a inspeção, o juiz poderá ser assistido por um ou mais peritos.
 ▸ Correspondência: art. 441 CPC 1973.

Art. 483. O juiz irá ao local onde se encontre a pessoa ou a coisa quando:
 ▸ Correspondência: art. 442 CPC 1973.
 ▸ Art. 126, par. ún. da CF.

I – julgar necessário para a melhor verificação ou interpretação dos fatos que deva observar;
 ▸ Correspondência: art. 442, I CPC 1973.

II – a coisa não puder ser apresentada em juízo sem consideráveis despesas ou graves dificuldades;
 ▸ Correspondência: art. 442, II CPC 1973.

III – determinar a reconstituição dos fatos.
 ▸ Correspondência: art. 442, III CPC 1973.

Parágrafo único. As partes têm sempre direito a assistir à inspeção, prestando esclarecimentos e fazendo observações que considerem de interesse para a causa.
 ▸ Correspondência: art. 442, parágrafo único CPC 1973.
 ▸ Art. 7º deste Código.

Art. 484. Concluída a diligência, o juiz mandará lavrar auto circunstanciado, mencionando nele tudo quanto for útil ao julgamento da causa.
 ▸ Correspondência: art. 443 CPC 1973.

Parágrafo único. O auto poderá ser instruído com desenho, gráfico ou fotografia.
 ▸ Correspondência: art. 443, parágrafo único CPC 1973.

CAPÍTULO XIII
DA SENTENÇA E DA COISA JULGADA

Seção I
Disposições gerais

Art. 485. O juiz não resolverá o mérito quando:
 ▸ Correspondência: art. 267 CPC 1973.
 ▸ Arts. 203, § 1º, 354, 1.009 e 1.013 deste Código.
 ▸ Art. 6º, § 5º da Lei 12.016/2009 (Mandado de Segurança individual e coletivo).

I – indeferir a petição inicial;
 ▸ Correspondência: art. 267, I CPC 1973.
 ▸ Art. 330 deste Código.

II – o processo ficar parado durante mais de 1 (um) ano por negligência das partes;
 ▸ Correspondência: art. 267, II CPC 1973.
 ▸ Art. 80, V deste Código.

III – por não promover os atos e as diligências que lhe incumbir, o autor abandonar a causa por mais de 30 (trinta) dias;
 ▸ Correspondência: art. 267, III CPC 1973.
 ▸ Art. 486, § 3º deste Código.
 ▸ Súmulas 216 e 631 do STF.
 ▸ Súmula 240 do STJ.

IV – verificar a ausência de pressupostos de constituição e de desenvolvimento válido e regular do processo;
 ▸ Correspondência: art. 267, IV CPC 1973.

V – reconhecer a existência de perempção, de litispendência ou de coisa julgada;
 ▸ Correspondência: art. 267, V CPC 1973.
 ▸ Arts. 337, V, VI, VII e §§1º a 4º, 486, § 3º deste Código.
 ▸ Art. 5º, XXXVI da CF.

VI – verificar ausência de legitimidade ou de interesse processual;
 ▸ Correspondência: art. 267, VI CPC 1973.
 ▸ Arts. 17, 330, III, 337, XI deste Código.

VII – acolher a alegação de existência de convenção de arbitragem ou quando o juízo arbitral reconhecer sua competência;
 ▸ Correspondência: art. 267, VII CPC 1973.
 ▸ Lei 9.307/1996 (Arbitragem)
 ▸ Súmula 485 do STJ.

VIII – homologar a desistência da ação;
 ▸ Correspondência: art. 267, VIII CPC 1973.
 ▸ Arts. 90, 200, par. ún., 343, § 2º e 775 deste Código.

IX – em caso de morte da parte, a ação for considerada intransmissível por disposição legal; e
 ▸ Correspondência: art. 267, IX CPC 1973.
 ▸ Art. 313, I deste Código.

X – nos demais casos prescritos neste Código.
 ▸ Correspondência: art. 267, XI CPC 1973.

§ 1º Nas hipóteses descritas nos incisos II e III, a parte será intimada pessoalmente para suprir a falta no prazo de 5 (cinco) dias.
 ▸ Correspondência: art. 267, § 1º CPC 1973.
 ▸ Súmula 216 do STF.

§ 2º No caso do § 1º, quanto ao inciso II, as partes pagarão proporcionalmente as custas e, quanto ao inciso III, o autor será condenado ao pagamento das despesas e dos honorários de advogado.
 ▸ Correspondência: art. 267, § 2º CPC 1973.
 ▸ Arts. 90 e 92 deste Código.

§ 3º O juiz conhecerá de ofício da matéria constante dos incisos IV, V, VI e IX, em qualquer tempo e grau de jurisdição, enquanto não ocorrer o trânsito em julgado.
 ▸ Correspondência: art. 267, § 3º CPC 1973.
 ▸ Art. 337, § 5º deste Código.

§ 4º Oferecida a contestação, o autor não poderá, sem o consentimento do réu, desistir da ação.
 ▸ Correspondência: art. 267, § 4º CPC 1973.
 ▸ Arts. 90 e 335 deste Código.

§ 5º A desistência da ação pode ser apresentada até a sentença.
 ▸ Sem correspondência no CPC 1973.

§ 6º Oferecida a contestação, a extinção do processo por abandono da causa pelo autor depende de requerimento do réu.
 ▸ Sem correspondência no CPC 1973.

§ 7º Interposta a apelação em qualquer dos casos de que tratam os incisos deste artigo, o juiz terá 5 (cinco) dias para retratar-se.
 ▸ Sem correspondência no CPC 1973.

Art. 486. O pronunciamento judicial que não resolve o mérito não obsta a que a parte proponha de novo a ação.
 ▸ Correspondência: art. 268 CPC 1973.

 ▸ Art. 92 deste Código.

§ 1º No caso de extinção em razão de litispendência e nos casos dos incisos I, IV, VI e VII do art. 485, a propositura da nova ação depende da correção do vício que levou à sentença sem resolução do mérito.
 ▸ Sem correspondência no CPC 1973.

§ 2º A petição inicial, todavia, não será despachada sem a prova do pagamento ou do depósito das custas e dos honorários de advogado.
 ▸ Correspondência: art. 268 CPC 1973.
 ▸ Art. 92 deste Código.

§ 3º Se o autor der causa, por 3 (três) vezes, a sentença fundada em abandono da causa, não poderá propor nova ação contra o réu com o mesmo objeto, ficando-lhe ressalvada, entretanto, a possibilidade de alegar em defesa o seu direito.
 ▸ Correspondência: art. 268, parágrafo único CPC 1973.
 ▸ Arts. 485, III e § 1º deste Código.

Art. 487. Haverá resolução de mérito quando o juiz:
 ▸ Correspondência: art. 269 CPC 1973.
 ▸ Arts. 354, 1.009, 1.013, §§ 1º e 2º deste Código.

I – acolher ou rejeitar o pedido formulado na ação ou na reconvenção;
 ▸ Correspondência: art. 269, I CPC 1973.

II – decidir, de ofício ou a requerimento, sobre a ocorrência de decadência ou prescrição;
 ▸ Correspondência: art. 269, IV CPC 1973.
 ▸ Arts. 332, § 1º deste Código.
 ▸ Arts. 205 a 211 do CC.
 ▸ Art. 96, II da Lei 11.101/2005 (Recuperação de Empresas e Falência).
 ▸ Súmulas 149, 150, 151, 153, 154, 383, 443, 445 e 494 do STF.
 ▸ Súmulas 101 e 119 do STJ.

III – homologar:
 ▸ Sem correspondência no CPC 1973.

a) o reconhecimento da procedência do pedido formulado na ação ou na reconvenção;
 ▸ Correspondência: art. 269, II CPC 1973.
 ▸ Art. 354 deste Código.

b) a transação;
 ▸ Correspondência: art. 269, III CPC 1973.
 ▸ Arts. 840 a 850 do CC.

c) a renúncia à pretensão formulada na ação ou na reconvenção;
 ▸ Correspondência: art. 269, V CPC 1973.

Parágrafo único. Ressalvada a hipótese do § 1º do art. 332, a prescrição e a decadência não serão reconhecidas sem que antes seja dada às partes oportunidade de manifestar-se.
 ▸ Correspondência: art. 219, § 5º CPC 1973.
 ▸ Art. 10 deste Código.
 ▸ Arts. 189 a 211 do CC.

Art. 488. Desde que possível, o juiz resolverá o mérito sempre que a decisão for favorável à parte a quem aproveitaria eventual pronunciamento nos termos do art. 485.
 ▸ Correspondência: art. 249, § 2º CPC 1973.

Seção II
Dos elementos e dos efeitos da sentença

Art. 489. São elementos essenciais da sentença:
 ▸ Correspondência: art. 458 CPC 1973.
 ▸ Art. 99 da Lei 11.101/2005 (Lei de Recuperação de Empresas e Falência)
 ▸ Art. 26 da Lei 9.307/1996 (Arbitragem).

I – o relatório, que conterá os nomes das partes, a identificação do caso, com a suma do pedido e da contestação, e o registro das principais ocorrências havidas no andamento do processo;
 ▸ Correspondência: art. 458, I CPC 1973.
 ▸ Art. 38 da Lei 9.099/1995 (Juizados Especiais).

II – os fundamentos, em que o juiz analisará as questões de fato e de direito;
 ▸ Correspondência: art. 458, II CPC 1973.
 ▸ Art. 93, IX da CF.

III – o dispositivo, em que o juiz resolverá as questões principais que as partes lhe submeterem.
 ▸ Correspondência: art. 458, III CPC 1973.
 ▸ Arts. 140 e 371 deste Código.

§ 1º Não se considera fundamentada qualquer decisão judicial, seja ela interlocutória, sentença ou acórdão, que:
 ▸ Sem correspondência no CPC 1973.
 ▸ Art. 11 deste Código.

I – se limitar à indicação, à reprodução ou à paráfrase de ato normativo, sem explicar sua relação com a causa ou a questão decidida;
 ▸ Sem correspondência no CPC 1973.

II – empregar conceitos jurídicos indeterminados, sem explicar o motivo concreto de sua incidência no caso;
 ▸ Sem correspondência no CPC 1973.

III – invocar motivos que se prestariam a justificar qualquer outra decisão;
 ▸ Sem correspondência no CPC 1973.

IV – não enfrentar todos os argumentos deduzidos no processo capazes de, em tese, infirmar a conclusão adotada pelo julgador;
▶ Sem correspondência no CPC 1973.

V – se limitar a invocar precedente ou enunciado de súmula, sem identificar seus fundamentos determinantes nem demonstrar que o caso sob julgamento se ajusta àqueles fundamentos;
▶ Sem correspondência no CPC 1973.

VI – deixar de seguir enunciado de súmula, jurisprudência ou precedente invocado pela parte, sem demonstrar a existência de distinção no caso em julgamento ou a superação do entendimento.
▶ Sem correspondência no CPC 1973.

§ 2º No caso de colisão entre normas, o juiz deve justificar o objeto e os critérios gerais da ponderação efetuada, enunciando as razões que autorizam a interferência na norma afastada e as premissas fáticas que fundamentam a conclusão.
▶ Sem correspondência no CPC 1973.

§ 3º A decisão judicial deve ser interpretada a partir da conjugação de todos os seus elementos e em conformidade com o princípio da boa-fé.
▶ Sem correspondência no CPC 1973.
▶ Arts. 5º, 141, 322, §2º deste Código.

Art. 490. O juiz resolverá o mérito acolhendo ou rejeitando, no todo ou em parte, os pedidos formulados pelas partes.
▶ Correspondência: art. 459 CPC 1973.
▶ Arts. 141, 324, § 1º, 487, I e 1.009 deste Código.

Art. 491. Na ação relativa à obrigação de pagar quantia, ainda que formulado pedido genérico, a decisão definirá desde logo a extensão da obrigação, o índice de correção monetária, a taxa de juros, o termo inicial de ambos e a periodicidade da capitalização dos juros, se for o caso, salvo quando:
▶ Sem correspondência no CPC 1973.
▶ Art. 139, IV deste Código.

I – não for possível determinar, de modo definitivo, o montante devido;
▶ Sem correspondência no CPC 1973.

II – a apuração do valor devido depender da produção de prova de realização demorada ou excessivamente dispendiosa, assim reconhecida na sentença.
▶ Sem correspondência no CPC 1973.

§ 1º Nos casos previstos neste artigo, seguir-se-á a apuração do valor devido por liquidação.
▶ Sem correspondência no CPC 1973.
▶ Arts. 509 a 512 deste Código.

§ 2º O disposto no *caput* também se aplica quando o acórdão alterar a sentença.
▶ Sem correspondência no CPC 1973.

Art. 492. É vedado ao juiz proferir decisão de natureza diversa da pedida, bem como condenar a parte em quantidade superior ou em objeto diverso do que lhe foi demandado.
▶ Correspondência: art. 460 CPC 1973.
▶ Arts. 141 e 322, § 1º deste Código.

Parágrafo único. A decisão deve ser certa, ainda que resolva relação jurídica condicional.
▶ Correspondência: art. 460, parágrafo único CPC 1973.

Art. 493. Se, depois da propositura da ação, algum fato constitutivo, modificativo ou extintivo do direito influir no julgamento do mérito, caberá ao juiz tomá-lo em consideração, de ofício ou a requerimento da parte, no momento de proferir a decisão.
▶ Correspondência: art. 462 CPC 1973.
▶ Art. 342, I deste Código.

Parágrafo único. Se constatar de ofício o fato novo, o juiz ouvirá as partes sobre ele antes de decidir.
▶ Sem correspondência no CPC 1973.
▶ Art. 10 deste Código.

Art. 494. Publicada a sentença, o juiz só poderá alterá-la:
▶ Correspondência: art. 463 CPC 1973.
▶ Arts. 505 e 656 deste Código.
▶ Súmula 453 do STJ.

I – para corrigir-lhe, de ofício ou a requerimento da parte, inexatidões materiais ou erros de cálculo;
▶ Correspondência: art. 463, I CPC 1973.
▶ Art. 656 deste Código.
▶ Art. 96, § 6º do RISTF.
▶ Art. 103, § 2º do RISTJ.

II – por meio de embargos de declaração.
▶ Correspondência: art. 463, II CPC 1973.
▶ Arts. 1.022 a 1.026 deste Código.

Art. 495. A decisão que condenar o réu ao pagamento de prestação consistente em dinheiro e a que determinar a conversão de prestação de fazer, de não fazer ou de dar coisa em prestação pecuniária valerão como título constitutivo de hipoteca judiciária.
▶ Correspondência: art. 466 CPC 1973.
▶ Art. 1.489 do CC.

▶ Art. 167, I-2 da Lei 6.015/1973 (Registros Públicos).

§ 1º A decisão produz a hipoteca judiciária:
▶ Correspondência: art. 466, parágrafo único CPC 1973.

I – embora a condenação seja genérica;
▶ Correspondência: art. 466, parágrafo único, I CPC 1973.

II – ainda que o credor possa promover o cumprimento provisório da sentença ou esteja pendente arresto sobre bem do devedor;
▶ Correspondência: art. 466, parágrafo único, III e II CPC 1973.

III – mesmo que impugnada por recurso dotado de efeito suspensivo.
▶ Sem correspondência no CPC 1973.

§ 2º A hipoteca judiciária poderá ser realizada mediante apresentação de cópia da sentença perante o cartório de registro imobiliário, independentemente de ordem judicial, de declaração expressa do juiz ou de demonstração de urgência.
▶ Sem correspondência no CPC 1973.

§ 3º No prazo de até 15 (quinze) dias da data de realização da hipoteca, a parte informá-la-á ao juízo da causa, que determinará a intimação da outra parte para que tome ciência do ato.
▶ Sem correspondência no CPC 1973.

§ 4º A hipoteca judiciária, uma vez constituída, implicará, para o credor hipotecário, o direito de preferência, quanto ao pagamento, em relação a outros credores, observada a prioridade no registro.
▶ Sem correspondência no CPC 1973.

§ 5º Sobrevindo a reforma ou a invalidação da decisão que impôs o pagamento de quantia, a parte responderá, independentemente de culpa, pelos danos que a outra parte tiver sofrido em razão da constituição da garantia, devendo o valor da indenização ser liquidado e executado nos próprios autos.
▶ Sem correspondência no CPC 1973.

Seção III
Da remessa necessária

Art. 496. Está sujeita ao duplo grau de jurisdição, não produzindo efeito senão depois de confirmada pelo tribunal, a sentença:
▶ Correspondência: art. 475 CPC 1973.
▶ Art. 19, *caput*, da Lei 4.717/1965 (Ação popular).
▶ Art. 4º, § 1º da Lei 7.853/1989 (Apoio às pessoas portadoras de deficiência).
▶ Art. 13, § 1º, da LC 76/1993 (Desapropriação de Imóvel Rural para Fins de Reforma Agrária).
▶ Art. 14, § 1º, da Lei 12.016/2009 (Mandado de Segurança Individual e Coletivo).

I – proferida contra a União, os Estados, o Distrito Federal, os Municípios e suas respectivas autarquias e fundações de direito público;
▶ Correspondência: art. 475, I CPC 1973.
▶ Súmula 620 do STF.
▶ Súmula 45 do STJ.

II – que julgar procedentes, no todo ou em parte, os embargos à execução fiscal.
▶ Correspondência: art. 475, II CPC 1973.
▶ Lei 6.830/1980 (Execuções Fiscais).
▶ Súmula 620 do STF.
▶ Súmulas 45 e 325 do STJ.

§ 1º Nos casos previstos neste artigo, não interposta a apelação no prazo legal, o juiz ordenará a remessa dos autos ao tribunal, e, se não o fizer, o presidente do respectivo tribunal avocá-los-á.
▶ Correspondência: art. 475, § 1º CPC 1973.
▶ Súmula 390 do STJ.

§ 2º Em qualquer dos casos referidos no § 1º, o tribunal julgará a remessa necessária.
▶ Sem correspondência no CPC 1973.

§ 3º Não se aplica o disposto neste artigo quando a condenação ou o proveito econômico obtido na causa for de valor certo e líquido inferior a:
▶ Correspondência: art. 475, § 2º CPC 1973.
▶ Súmula 490 do STJ.

I – 1.000 (mil) salários-mínimos para a União e as respectivas autarquias e fundações de direito público;
▶ Correspondência: art. 475, § 2º CPC 1973.

II – 500 (quinhentos) salários-mínimos para os Estados, o Distrito Federal, as respectivas autarquias e fundações de direito público e os Municípios que constituam capitais dos Estados;
▶ Correspondência: art. 475, § 2º CPC 1973.

III – 100 (cem) salários-mínimos para todos os demais Municípios e respectivas autarquias e fundações de direito público.
▶ Correspondência: art. 475, § 2º CPC 1973.

§ 4º Também não se aplica o disposto neste artigo quando a sentença estiver fundada em:
▶ Correspondência: art. 475, § 3º CPC 1973.

I – súmula de tribunal superior;
▶ Correspondência: art. 475, § 3º CPC 1973.

II – acórdão proferido pelo Supremo Tribunal Federal ou pelo Superior Tribunal de Justiça em julgamento de recursos repetitivos;
▶ Sem correspondência no CPC 1973.
▶ Art. 1.036 deste Código.

III – entendimento firmado em incidente de resolução de demandas repetitivas ou de assunção de competência;
▶ Sem correspondência no CPC 1973.
▶ Arts. 947 e 976 deste Código.

IV – entendimento coincidente com orientação vinculante firmada no âmbito administrativo do próprio ente público, consolidada em manifestação, parecer ou súmula administrativa.
▶ Sem correspondência no CPC 1973.

Seção IV
Do julgamento das ações relativas às prestações de fazer, de não fazer e de entregar coisa

Art. 497. Na ação que tenha por objeto a prestação de fazer ou de não fazer, o juiz, se procedente o pedido, concederá a tutela específica ou determinará providências que assegurem a obtenção de tutela pelo resultado prático equivalente.
▶ Correspondência: art. 461 CPC 1973.
▶ Arts. 513 e 536 deste Código.
▶ Art. 11 da Lei 7.347/1985 (Ação civil pública).
▶ Art. 213, *caput*, da Lei 8.069/1990 (Estatuto da Criança e do Adolescente – ECA).
▶ Art. 52, V e VI da Lei 9.099/1995 (Juizados Especiais).

Parágrafo único. Para a concessão da tutela específica destinada a inibir a prática, a reiteração ou a continuação de um ilícito, ou a sua remoção, é irrelevante a demonstração da ocorrência de dano ou da existência de culpa ou dolo.
▶ Sem correspondência no CPC 1973.

Art. 498. Na ação que tenha por objeto a entrega de coisa, o juiz, ao conceder a tutela específica, fixará o prazo para o cumprimento da obrigação.
▶ Correspondência: art. 461-A CPC 1973.

Parágrafo único. Tratando-se de entrega de coisa determinada pelo gênero e pela quantidade, o autor individualizá-la-á na petição inicial, se lhe couber a escolha, ou, se a escolha couber ao réu, este a entregará individualizada, no prazo fixado pelo juiz.
▶ Correspondência: art. 461-A, § 1º CPC 1973.
▶ Art. 811 deste Código.

Art. 499. A obrigação somente será convertida em perdas e danos se o autor o requerer ou se impossível a tutela específica ou a obtenção de tutela pelo resultado prático equivalente.
▶ Correspondência: art. 461, § 1º CPC 1973.
▶ Arts. 816 e 821 deste Código.

Parágrafo único. Nas hipóteses de responsabilidade contratual previstas nos arts. 441, 618 e 757 da Lei nº 10.406, de 10 de janeiro de 2002 (Código Civil), e de responsabilidade subsidiária e solidária, se requerida a conversão da obrigação em perdas e danos, o juiz concederá, primeiramente, a faculdade para o cumprimento da tutela específica.
▶ Parágrafo único acrescido pela Lei 14.833/2024.

Art. 500. A indenização por perdas e danos dar-se-á sem prejuízo da multa fixada periodicamente para compelir o réu ao cumprimento específico da obrigação.
▶ Correspondência: art. 461, § 2º CPC 1973.

Art. 501. Na ação que tenha por objeto a emissão de declaração de vontade, a sentença que julgar procedente o pedido, uma vez transitada em julgado, produzirá todos os efeitos da declaração não emitida.
▶ Correspondência: art. 466-A CPC 1973.

Seção V
Da coisa julgada

Art. 502. Denomina-se coisa julgada material a autoridade que torna imutável e indiscutível a decisão de mérito não mais sujeita a recurso.
▶ Correspondência: art. 467 CPC 1973.
▶ Art. 337, VII, §§ 1º e 4º deste Código.
▶ Art. 5º, XXXVI da CF.
▶ Art. 6º, § 3º do Dec.-lei 4.657/1942 (Lei de Introdução às Normas do Direito Brasileiro – LINDB).

Art. 503. A decisão que julgar total ou parcialmente o mérito tem força de lei nos limites da questão principal expressamente decidida.
▶ Correspondência: art. 468 CPC 1973.
▶ Arts. 141 e 492 deste Código.

§ 1º O disposto no *caput* aplica-se à resolução de questão prejudicial, decidida expressa e incidentemente no processo, se:
▶ Sem correspondência no CPC 1973.

I – dessa resolução depender o julgamento do mérito;
▶ Sem correspondência no CPC 1973.

II – a seu respeito tiver havido contraditório prévio e efetivo, não se aplicando no caso de revelia;

▸ Sem correspondência no CPC 1973.

III – o juízo tiver competência em razão da matéria e da pessoa para resolvê-la como questão principal.

▸ Sem correspondência no CPC 1973.

§ 2º A hipótese do § 1º não se aplica se no processo houver restrições probatórias ou limitações à cognição que impeçam o aprofundamento da análise da questão prejudicial.

▸ Sem correspondência no CPC 1973.

Art. 504. Não fazem coisa julgada:

▸ Correspondência: art. 469 CPC 1973.

I – os motivos, ainda que importantes para determinar o alcance da parte dispositiva da sentença;

▸ Correspondência: art. 469, I CPC 1973.

II – a verdade dos fatos, estabelecida como fundamento da sentença.

▸ Correspondência: art. 469, II CPC 1973.

Art. 505. Nenhum juiz decidirá novamente as questões já decididas relativas à mesma lide, salvo:

▸ Correspondência: art. 471 CPC 1973.

I – se, tratando-se de relação jurídica de trato continuado, sobreveio modificação no estado de fato ou de direito, caso em que poderá a parte pedir a revisão do que foi estatuído na sentença;

▸ Correspondência: art. 471, I CPC 1973.
▸ Arts. 493 e 494 deste Código.
▸ Art. 1.699 do CC.
▸ Art. 15 da Lei 5.478/1968 (Ação de Alimentos).

II – nos demais casos prescritos em lei.

▸ Correspondência: art. 471, II CPC 1973.

Art. 506. A sentença faz coisa julgada às partes entre as quais é dada, não prejudicando terceiros.

▸ Correspondência: art. 472 CPC 1973.
▸ Art. 16 da Lei 7.347/1985 (Ação civil pública).

Art. 507. É vedado à parte discutir no curso do processo as questões já decididas a cujo respeito se operou a preclusão.

▸ Correspondência: art. 473 CPC 1973.
▸ Arts. 278 e 1.009, § 1º deste Código.

Art. 508. Transitada em julgado a decisão de mérito, considerar-se-ão deduzidas e repelidas todas as alegações e as defesas que a parte poderia opor tanto ao acolhimento quanto à rejeição do pedido.

▸ Correspondência: art. 474 CPC 1973.
▸ Art. 487 deste Código.

CAPÍTULO XIV
DA LIQUIDAÇÃO DE SENTENÇA

Art. 509. Quando a sentença condenar ao pagamento de quantia ilíquida, proceder-se-á à sua liquidação, a requerimento do credor ou do devedor:

▸ Correspondência: art. 475-A CPC 1973.
▸ Art. 491 deste Código.
▸ Súmulas 318 e 344 do STJ.

I – por arbitramento, quando determinado pela sentença, convencionado pelas partes ou exigido pela natureza do objeto da liquidação;

▸ Correspondência: art. 475-C, I e II CPC 1973.

II – pelo procedimento comum, quando houver necessidade de alegar e provar fato novo.

▸ Correspondência: arts. 475-E e 475-F CPC 1973.
▸ Art. 318 deste Código.

§ 1º Quando na sentença houver uma parte líquida e outra ilíquida, ao credor é lícito promover simultaneamente a execução daquela e, em autos apartados, a liquidação desta.

▸ Correspondência: art. 475-I, § 2º CPC 1973.
▸ Arts. 510, 511, 512, 523 e 524 deste Código.

§ 2º Quando a apuração do valor depender apenas de cálculo aritmético, o credor poderá promover, desde logo, o cumprimento da sentença.

▸ Correspondência: art. 475-B, *caput* CPC 1973.

§ 3º O Conselho Nacional de Justiça desenvolverá e colocará à disposição dos interessados programa de atualização financeira.

▸ Sem correspondência no CPC 1973.

§ 4º Na liquidação é vedado discutir de novo a lide ou modificar a sentença que a julgou.

▸ Correspondência: art. 475-G CPC 1973.

Art. 510. Na liquidação por arbitramento, o juiz intimará as partes para a apresentação de pareceres ou documentos elucidativos, no prazo que fixar, e, caso não possa decidir de plano, nomeará perito, observando-se, no que couber, o procedimento da prova pericial.

▸ Correspondência: art. 475-D CPC 1973.

Art. 511. Na liquidação pelo procedimento comum, o juiz determinará a intimação do requerido, na pessoa de seu advogado ou da sociedade de advogados a que estiver vinculado, para, querendo, apresentar contestação no prazo de 15 (quinze) dias, observando-se, a seguir, no que couber, o disposto no Livro I da Parte Especial deste Código.

▸ Correspondência: art. 475-F CPC 1973.

Art. 512. A liquidação poderá ser realizada na pendência de recurso, processando-se em autos apartados no juízo de origem, cumprindo ao liquidante instruir o pedido com cópias das peças processuais pertinentes.

▸ Correspondência: art. 475-A, § 2º CPC 1973.

TÍTULO II
DO CUMPRIMENTO DA SENTENÇA

CAPÍTULO I
DISPOSIÇÕES GERAIS

Art. 513. O cumprimento da sentença será feito segundo as regras deste Título, observando-se, no que couber e conforme a natureza da obrigação, o disposto no Livro II da Parte Especial deste Código.

▸ Correspondência: art. 475-I CPC 1973.
▸ Arts. 513 a 538 deste Código.

§ 1º O cumprimento da sentença que reconhece o dever de pagar quantia, provisório ou definitivo, far-se-á a requerimento do exequente.

▸ Correspondência: art. 475-J CPC 1973.
▸ Arts. 509, § 2º, 515, § 1º, 528, § 8º deste Código.

§ 2º O devedor será intimado para cumprir a sentença:

▸ Sem correspondência no CPC 1973.
▸ Art. 269 deste Código.

I – pelo Diário da Justiça, na pessoa de seu advogado constituído nos autos;

▸ Sem correspondência no CPC 1973.
▸ Art. 272 deste Código.

II – por carta com aviso de recebimento, quando representado pela Defensoria Pública ou quando não tiver procurador constituído nos autos, ressalvada a hipótese do inciso IV;

▸ Sem correspondência no CPC 1973.

III – por meio eletrônico, quando, no caso do § 1º do art. 246, não tiver procurador constituído nos autos;

▸ Sem correspondência no CPC 1973.
▸ Arts. 270 e 275 deste Código.

IV – por edital, quando, citado na forma do art. 256, tiver sido revel na fase de conhecimento.

▸ Sem correspondência no CPC 1973.
▸ Art. 256 a 259 deste Código.

§ 3º Na hipótese do § 2º, incisos II e III, considera-se realizada a intimação quando o devedor houver mudado de endereço sem prévia comunicação ao juízo, observado o disposto no Parágrafo único do art. 274.

▸ Sem correspondência no CPC 1973.
▸ Arts. 841, § 4º e 876, § 2º deste Código.

§ 4º Se o requerimento a que alude o § 1º for formulado após 1 (um) ano do trânsito em julgado da sentença, a intimação será feita na pessoa do devedor, por meio de carta com aviso de recebimento encaminhada ao endereço constante dos autos, observado o disposto no Parágrafo único do art. 274 e no § 3º deste artigo.

▸ Sem correspondência no CPC 1973.
▸ Art. 231, I, deste Código.

§ 5º O cumprimento da sentença não poderá ser promovido em face do fiador, do coobrigado ou do corresponsável que não tiver participado da fase de conhecimento.

▸ Sem correspondência no CPC 1973.
▸ Art. 30 do CC.

Art. 514. Quando o juiz decidir relação jurídica sujeita a condição ou termo, o cumprimento da sentença dependerá de demonstração de que se realizou a condição ou de que ocorreu o termo.

▸ Correspondência: art. 572 CPC 1973.
▸ Arts. 535, III, 798, I, *c*, 803, III, e 917, § 2º, V deste Código.
▸ Arts. 121 a 137 do CC.

Art. 515. São títulos executivos judiciais, cujo cumprimento dar-se-á de acordo com os artigos previstos neste Título:

▸ Correspondência: art. 475-N CPC 1973.
▸ Art. 523, §§ 1º a 3º deste Código.

I – as decisões proferidas no processo civil que reconheçam a exigibilidade de obrigação de pagar quantia, de fazer, de não fazer ou de entregar coisa;

▸ Correspondência: art. 475-N, I CPC 1973.
▸ Art. 24 da Lei 8.906/1994 (Estatuto da Advocacia e da OAB).

II – a decisão homologatória de autocomposição judicial;

▸ Correspondência: art. 475-N, III e IV CPC 1973.
▸ Arts. 22, par. ún. e 74 da Lei 9.099/1995 (Juizados Especiais).

III – a decisão homologatória de autocomposição extrajudicial de qualquer natureza;

▸ Correspondência: art. 475-N, III e IV CPC 1973.
▸ Arts. 57 da Lei 9.099/1995 (Juizados Especiais).
▸ Arts. 18 e 23 a 33 da Lei 9.307/1996 (Arbitragem).

IV – o formal e a certidão de partilha, exclusivamente em relação ao inventariante, aos herdeiros e aos sucessores a título singular ou universal;

▸ Correspondência: art. 475-N, VII CPC 1973.
▸ Art. 655 deste Código.

▸ Art. 221, IV da Lei 6.015/1973 (Registros Públicos).

V – o crédito de auxiliar da justiça, quando as custas, emolumentos ou honorários tiverem sido aprovados por decisão judicial;

▸ Correspondência: art. 585, VI CPC 1973.

VI – a sentença penal condenatória transitada em julgado;

▸ Correspondência: art. 475-N, II CPC 1973.
▸ Arts. 164 a 170 da Lei 7.210/1984 (Execução da pena de multa).

VII – a sentença arbitral;

▸ Correspondência: art. 475-N, IV CPC 1973.
▸ Arts. 18 e 23 a 33 da Lei 9.307/1996 (Arbitragem).

VIII – a sentença estrangeira homologada pelo Superior Tribunal de Justiça;

▸ Correspondência: art. 475-N, VI CPC 1973.
▸ Arts. 960 a 965 deste Código.

IX – a decisão interlocutória estrangeira, após a concessão do exequatur à carta rogatória pelo Superior Tribunal de Justiça;

▸ Sem correspondência no CPC 1973.
▸ Art. 960, § 1º deste Código.

X – *Vetado.*

§ 1º Nos casos dos incisos VI a IX, o devedor será citado no juízo cível para o cumprimento da sentença ou para a liquidação no prazo de 15 (quinze) dias.

▸ Correspondência: art. 475-N, parágrafo único CPC 1973.
▸ Arts. 509, 513, 523, 524 e 525 deste Código.

§ 2º A autocomposição judicial pode envolver sujeito estranho ao processo e versar sobre relação jurídica que não tenha sido deduzida em juízo.

▸ Correspondência: art. 475-N CPC 1973.
▸ Arts. 165, §§ 2º e 3º deste Código.

Art. 516. O cumprimento da sentença efetuar-se-á perante:

▸ Correspondência: art. 475-P CPC 1973.

I – os tribunais, nas causas de sua competência originária;

▸ Correspondência: art. 475-P, I CPC 1973.
▸ Lei 8.038/1990 (Normas procedimentais para os processos que especifica, perante o STJ e o STF).

II – o juízo que decidiu a causa no primeiro grau de jurisdição;

▸ Correspondência: art. 475-P, II CPC 1973.

III – o juízo cível competente, quando se tratar de sentença penal condenatória, de sentença arbitral, de sentença estrangeira ou de acórdão proferido pelo Tribunal Marítimo.

▸ Correspondência: art. 475-P, III CPC 1973.

Parágrafo único. Nas hipóteses dos incisos II e III, o exequente poderá optar pelo juízo do atual domicílio do executado, pelo juízo do local onde se encontrem os bens sujeitos à execução ou pelo juízo do local onde deva ser executada a obrigação de fazer ou de não fazer, casos em que a remessa dos autos do processo será solicitada ao juízo de origem.

▸ Correspondência: art. 475-P, parágrafo único CPC 1973.

Art. 517. A decisão judicial transitada em julgado poderá ser levada a protesto, nos termos da lei, depois de transcorrido o prazo para pagamento voluntário previsto no art. 523.

▸ Sem correspondência no CPC 1973.
▸ Art. 726 deste Código.
▸ Art. 1º da Lei 9.492/1997 (Define competência, regulamenta os serviços concernentes ao protesto de títulos e outros documentos de dívida e dá outras providências).

§ 1º Para efetivar o protesto, incumbe ao exequente apresentar certidão de teor da decisão.

▸ Sem correspondência no CPC 1973.
▸ Art. 9º da Lei 9.492/1997 (Define competência, regulamenta os serviços concernentes ao protesto de títulos e outros documentos de dívida e dá outras providências).

§ 2º A certidão de teor da decisão deverá ser fornecida no prazo de 3 (três) dias e indicará o nome e a qualificação do exequente e do executado, o número do processo, o valor da dívida e a data de decurso do prazo para pagamento voluntário.

▸ Sem correspondência no CPC 1973.

§ 3º O executado que tiver proposto ação rescisória para impugnar a decisão exequenda pode requerer, a suas expensas e sob sua responsabilidade, a anotação da propositura da ação à margem do título protestado.

▸ Sem correspondência no CPC 1973.

§ 4º A requerimento do executado, o protesto será cancelado por determinação do juiz, mediante ofício a ser expedido ao cartório, no prazo de 3 (três) dias, contado da data de protocolo do requerimento, desde que comprovada a satisfação integral da obrigação.

▸ Sem correspondência no CPC 1973.

Art. 518. Todas as questões relativas à validade do procedimento de cumprimento da sentença e dos atos executivos subsequentes poderão ser arguidas pelo executado nos próprios autos e nestes serão decididas pelo juiz.

▸ Sem correspondência no CPC 1973.

Art. 519. Aplicam-se as disposições relativas ao cumprimento da sentença, provisório ou definitivo, e à liquidação, no que couber, às decisões que concederem tutela provisória.
▸ Sem correspondência no CPC 1973.
▸ Arts. 294 a 299 deste Código.

CAPÍTULO II
DO CUMPRIMENTO PROVISÓRIO DA SENTENÇA
QUE RECONHECE A EXIGIBILIDADE DE OBRIGAÇÃO
DE PAGAR QUANTIA CERTA

Art. 520. O cumprimento provisório da sentença impugnada por recurso desprovido de efeito suspensivo será realizado da mesma forma que o cumprimento definitivo, sujeitando-se ao seguinte regime:
▸ Correspondência: art. 475-O CPC 1973.
▸ Art. 1.012, § 2º deste Código.

I – corre por iniciativa e responsabilidade do exequente, que se obriga, se a sentença for reformada, a reparar os danos que o executado haja sofrido;
▸ Correspondência: art. 475-O, I CPC 1973.

II – fica sem efeito, sobrevindo decisão que modifique ou anule a sentença objeto da execução, restituindo-se as partes ao estado anterior e liquidando-se eventuais prejuízos nos mesmos autos;
▸ Correspondência: art. 475-O, II CPC 1973.

III – se a sentença objeto de cumprimento provisório for modificada ou anulada apenas em parte, somente nesta ficará sem efeito a execução;
▸ Correspondência: art. 475-O, § 1º CPC 1973.

IV – o levantamento de depósito em dinheiro e a prática de atos que importem transferência de posse ou alienação de propriedade ou de outro direito real, ou dos quais possa resultar grave dano ao executado, dependem de caução suficiente e idônea, arbitrada de plano pelo juiz e prestada nos próprios autos.
▸ Correspondência: art. 475-O, III CPC 1973.

§ 1º No cumprimento provisório da sentença, o executado poderá apresentar impugnação, se quiser, nos termos do art. 525.
▸ Sem correspondência no CPC 1973.

§ 2º A multa e os honorários a que se refere o § 1º do art. 523 são devidos no cumprimento provisório de sentença condenatória ao pagamento de quantia certa.
▸ Sem correspondência no CPC 1973.

§ 3º Se o executado comparecer tempestivamente e depositar o valor, com a finalidade de isentar-se da multa, o ato não será havido como incompatível com o recurso por ele interposto.
▸ Sem correspondência no CPC 1973.

§ 4º A restituição ao estado anterior a que se refere o inciso II não implica o desfazimento da transferência de posse ou da alienação de propriedade ou de outro direito real eventualmente já realizada, ressalvado, sempre, o direito à reparação dos prejuízos causados ao executado.
▸ Sem correspondência no CPC 1973.

§ 5º Ao cumprimento provisório de sentença que reconheça obrigação de fazer, de não fazer ou de dar coisa aplica-se, no que couber, o disposto neste Capítulo.
▸ Sem correspondência no CPC 1973.

Art. 521. A caução prevista no inciso IV do art. 520 poderá ser dispensada nos casos em que:
▸ Correspondência: art. 475-O, § 2º CPC 1973.

I – o crédito for de natureza alimentar, independentemente de sua origem;
▸ Correspondência: art. 475-O, § 2º, I CPC 1973.
▸ Art. 85, § 14 e 911 deste Código.

II – o credor demonstrar situação de necessidade;
▸ Correspondência: art. 475-O, § 2º, I CPC 1973.

III – pender o agravo do art. 1.042;
▸ Correspondência: art. 475-O, § 2º, II CPC 1973.
▸ Inciso III com redação pela Lei 13.256/2016.

IV – a sentença a ser provisoriamente cumprida estiver em consonância com súmula da jurisprudência do Supremo Tribunal Federal ou do Superior Tribunal de Justiça ou em conformidade com acórdão proferido no julgamento de casos repetitivos.
▸ Sem correspondência no CPC 1973.

Parágrafo único. A exigência de caução será mantida quando da dispensa possa resultar manifesto risco de grave dano de difícil ou incerta reparação.
▸ Correspondência: art. 475-O, § 2º CPC 1973.

Art. 522. O cumprimento provisório da sentença será requerido por petição dirigida ao juízo competente.
▸ Correspondência: art. 475-O, § 3º CPC 1973.

Parágrafo único. Não sendo eletrônicos os autos, a petição será acompanhada de cópias das seguintes peças do processo, cuja autenticidade poderá ser certificada pelo próprio advogado, sob sua responsabilidade pessoal:

▸ Correspondência: art. 475-O, § 3º CPC 1973.

I – decisão exequenda;
▸ Correspondência: art. 475-O, § 3º, I CPC 1973.

II – certidão de interposição do recurso não dotado de efeito suspensivo;
▸ Correspondência: art. 475-O, § 3º, II CPC 1973.

III – procurações outorgadas pelas partes;
▸ Correspondência: art. 475-O, § 3º, III CPC 1973.
▸ Art. 104 deste Código.
▸ Arts. 653 a 666 do CC.

IV – decisão de habilitação, se for o caso;
▸ Correspondência: art. 475-O, § 3º, IV CPC 1973.
▸ Arts. 687 a 692 deste Código

V – facultativamente, outras peças processuais consideradas necessárias para demonstrar a existência do crédito.
▸ Correspondência: art. 475-O, § 3º, V CPC 1973.

CAPÍTULO III
DO CUMPRIMENTO DEFINITIVO DA SENTENÇA QUE
RECONHECE A EXIGIBILIDADE DE OBRIGAÇÃO DE
PAGAR QUANTIA CERTA

Art. 523. No caso de condenação em quantia certa, ou já fixada em liquidação, e no caso de decisão sobre parcela incontroversa, o cumprimento definitivo da sentença far-se-á a requerimento do exequente, sendo o executado intimado para pagar o débito, no prazo de 15 (quinze) dias, acrescido de custas, se houver.
▸ Correspondência: art. 475-J CPC 1973.
▸ Art. 528, § 8º, 824 deste Código.

§ 1º Não ocorrendo pagamento voluntário no prazo do caput, o débito será acrescido de multa de dez por cento e, também, de honorários de advogado de dez por cento.
▸ Correspondência: art. 475-J CPC 1973.

§ 2º Efetuado o pagamento parcial no prazo previsto no caput, a multa e os honorários previstos no § 1º incidirão sobre o restante.
▸ Correspondência: art. 475-J CPC 1973.

§ 3º Não efetuado tempestivamente o pagamento voluntário, será expedido, desde logo, mandado de penhora e avaliação, seguindo-se os atos de expropriação.
▸ Correspondência: art. 475-J CPC 1973.

Art. 524. O requerimento previsto no art. 523 será instruído com demonstrativo discriminado e atualizado do crédito, devendo a petição conter:
▸ Correspondência: arts. 475-J, caput e 614, II CPC 1973.

I – o nome completo, o número de inscrição no Cadastro de Pessoas Físicas ou no Cadastro Nacional da Pessoa Jurídica do exequente e do executado, observado o disposto no art. 319, §§ 1º a 3º;
▸ Sem correspondência no CPC 1973.

II – o índice de correção monetária adotado;
▸ Sem correspondência no CPC 1973.

III – os juros aplicados e as respectivas taxas;
▸ Sem correspondência no CPC 1973.

IV – o termo inicial e o termo final dos juros e da correção monetária utilizados;
▸ Sem correspondência no CPC 1973.

V – a periodicidade da capitalização dos juros, se for o caso;
▸ Sem correspondência no CPC 1973.

VI – especificação dos eventuais descontos obrigatórios realizados;
▸ Sem correspondência no CPC 1973.

VII – indicação dos bens passíveis de penhora, sempre que possível.
▸ Correspondência: art. 475-J, § 3º CPC 1973.

§ 1º Quando o valor apontado no demonstrativo aparentemente exceder os limites da condenação, a execução será iniciada pelo valor pretendido, mas a penhora terá por base a importância que o juiz entender adequada.
▸ Correspondência: art. 475-B, § 3º CPC 1973.

§ 2º Para a verificação dos cálculos, o juiz poderá valer-se de contabilista do juízo, que terá o prazo máximo de 30 (trinta) dias para efetuá-la, exceto se outro lhe for determinado.
▸ Correspondência: art. 475-B, § 4º CPC 1973.

§ 3º Quando a elaboração do demonstrativo depender de dados em poder de terceiros ou do executado, o juiz poderá requisitá-los, sob cominação do crime de desobediência.
▸ Correspondência: art. 475-B, § 1º CPC 1973.

§ 4º Quando a complementação do demonstrativo depender de dados adicionais em poder do executado, o juiz poderá, a requerimento do exequente, requisitá-los, fixando prazo de até 30 (trinta) dias para o cumprimento da diligência.
▸ Correspondência: art. 475-B, § 1º CPC 1973.

§ 5º Se os dados adicionais a que se refere o § 4º não forem apresentados pelo executado, sem justificativa, no prazo designado, reputar-se-ão corretos os cálculos

apresentados pelo exequente apenas com base nos dados de que dispõe.
▸ Correspondência: art. 475-B, § 2º CPC 1973.

Art. 525. Transcorrido o prazo previsto no art. 523 sem o pagamento voluntário, inicia-se o prazo de 15 (quinze) dias para que o executado, independentemente de penhora ou nova intimação, apresente, nos próprios autos, sua impugnação.
▸ Correspondência: art. 475-J, § 1º CPC 1973.

§ 1º Na impugnação, o executado poderá alegar:

I – falta ou nulidade da citação se, na fase de conhecimento, o processo correu à revelia;
▸ Correspondência: art. 475-L, I CPC 1973.
▸ Arts. 238 a 259 deste Código.

II – ilegitimidade de parte;
▸ Correspondência: art. 475-L, IV CPC 1973.
▸ Arts. 17, 109, 330, II, 337, XI, 338, 393, par. ún., 485, VI, 575, 645 deste Código.

III – inexequibilidade do título ou inexigibilidade da obrigação;
▸ Correspondência: art. 475-L, II CPC 1973.
▸ Art. 917, I deste Código.

IV – penhora incorreta ou avaliação errônea;
▸ Correspondência: art. 475-L, III CPC 1973.
▸ Art. 917, II deste Código.

V – excesso de execução ou cumulação indevida de execuções;
▸ Correspondência: art. 475-L, V CPC 1973.
▸ Art. 917, § 2º deste Código.

VI – incompetência absoluta ou relativa do juízo da execução;
▸ Sem correspondência no CPC 1973.
▸ Arts. 64, § 1º, 337, II, 917, V deste Código.

VII – qualquer causa modificativa ou extintiva da obrigação, como pagamento, novação, compensação, transação ou prescrição, desde que supervenientes à sentença.
▸ Correspondência: art. 475-L, VI CPC 1973.

§ 2º A alegação de impedimento ou suspeição observará o disposto nos arts. 146 e 148.
▸ Sem correspondência no CPC 1973.

§ 3º Aplica-se à impugnação o disposto no art. 229.
▸ Sem correspondência no CPC 1973.

§ 4º Quando o executado alegar que o exequente, em excesso de execução, pleiteia quantia superior à resultante da sentença, cumprir-lhe-á declarar de imediato o valor que entende correto, apresentando demonstrativo discriminado e atualizado de seu cálculo.
▸ Correspondência: art. 475-L, § 2º CPC 1973.

§ 5º Na hipótese do § 4º, não apontado o valor correto ou não apresentado o demonstrativo, a impugnação será liminarmente rejeitada, se o excesso de execução for o seu único fundamento, ou, se houver outro, a impugnação será processada, mas o juiz não examinará a alegação de excesso de execução.
▸ Sem correspondência no CPC 1973.

§ 6º A apresentação de impugnação não impede a prática dos atos executivos, inclusive os de expropriação, podendo o juiz, a requerimento do executado e desde que garantido o juízo com penhora, caução ou depósito suficientes, atribuir-lhe efeito suspensivo, se seus fundamentos forem relevantes e se o prosseguimento da execução for manifestamente suscetível de causar ao executado grave dano de difícil ou incerta reparação.
▸ Correspondência: art. 475-M, caput CPC 1973.

§ 7º A concessão de efeito suspensivo a que se refere o § 6º não impedirá a efetivação dos atos de substituição, de reforço ou de redução da penhora e de avaliação dos bens.
▸ Sem correspondência no CPC 1973.

§ 8º Quando o efeito suspensivo atribuído à impugnação disser respeito apenas a parte do objeto da execução, esta prosseguirá quanto à parte restante.
▸ Sem correspondência no CPC 1973.

§ 9º A concessão de efeito suspensivo à impugnação deduzida por um dos executados não suspenderá a execução contra os que não impugnaram, quando o respectivo fundamento disser respeito exclusivamente ao impugnante.
▸ Sem correspondência no CPC 1973.

§ 10. Ainda que atribuído efeito suspensivo à impugnação, é lícito ao exequente requerer o prosseguimento da execução, oferecendo e prestando, nos próprios autos, caução suficiente e idônea a ser arbitrada pelo juiz.
▸ Correspondência: art. 475-M, § 1º CPC 1973.

§ 11. As questões relativas a fato superveniente ao término do prazo para apresentação da impugnação, assim como aquelas relativas à validade e à adequação da penhora, da avaliação e dos atos executivos subsequentes, podem ser arguidas por simples petição, tendo o executado, em qualquer dos casos, o prazo de

15 (quinze) dias para formular esta arguição, contado da comprovada ciência do fato ou da intimação do ato.

▸ Sem correspondência no CPC 1973.

§ 12. Para efeito do disposto no inciso III do § 1º deste artigo, considera-se também inexigível a obrigação reconhecida em título executivo judicial fundado em lei ou ato normativo considerado inconstitucional pelo Supremo Tribunal Federal, ou fundado em aplicação ou interpretação da lei ou do ato normativo tido pelo Supremo Tribunal Federal como incompatível com a Constituição Federal, em controle de constitucionalidade concentrado ou difuso.

▸ Correspondência: art. 475-L, § 1º CPC 1973.
▸ Lei 9.868/1999 (Lei da ADIN e da ADECON).

§ 13. No caso do § 12, os efeitos da decisão do Supremo Tribunal Federal poderão ser modulados no tempo, em atenção à segurança jurídica.

▸ Sem correspondência no CPC 1973.
▸ Art. 27 da Lei 9.868/1999 (Lei da ADIN e da ADECON).

§ 14. A decisão do Supremo Tribunal Federal referida no § 12 deve ser anterior ao trânsito em julgado da decisão exequenda.

▸ Sem correspondência no CPC 1973.

§ 15. Se a decisão referida no § 12 for proferida após o trânsito em julgado da decisão exequenda, caberá ação rescisória, cujo prazo será contado do trânsito em julgado da decisão proferida pelo Supremo Tribunal Federal.

▸ Sem correspondência no CPC 1973.

Art. 526. É lícito ao réu, antes de ser intimado para o cumprimento da sentença, comparecer em juízo e oferecer em pagamento o valor que entender devido, apresentando memória discriminada do cálculo.

▸ Sem correspondência no CPC 1973.
▸ Art. 334 do CC.

§ 1º O autor será ouvido no prazo de 5 (cinco) dias, podendo impugnar o valor depositado, sem prejuízo do levantamento do depósito a título de parcela incontroversa.

▸ Sem correspondência no CPC 1973.

§ 2º Concluindo o juiz pela insuficiência do depósito, sobre a diferença incidirão multa de dez por cento e honorários advocatícios, também fixados em dez por cento, seguindo-se a execução com penhora e atos subsequentes.

▸ Correspondência: art. 475-J, § 4º CPC 1973.

§ 3º Se o autor não se opuser, o juiz declarará satisfeita a obrigação e extinguirá o processo.

▸ Sem correspondência no CPC 1973.

Art. 527. Aplicam-se as disposições deste Capítulo ao cumprimento provisório da sentença, no que couber.

▸ Sem correspondência no CPC 1973.
▸ Arts. 520 a 522 deste Código.

CAPÍTULO IV

DO CUMPRIMENTO DE SENTENÇA QUE RECONHEÇA A EXIGIBILIDADE DE OBRIGAÇÃO DE PRESTAR ALIMENTOS

Art. 528. No cumprimento de sentença que condene ao pagamento de prestação alimentícia ou de decisão interlocutória que fixe alimentos, o juiz, a requerimento do exequente, mandará intimar o executado pessoalmente para, em 3 (três) dias, pagar o débito, provar que o fez ou justificar a impossibilidade de efetuá-lo.

▸ Correspondência: art. 733 CPC 1973.
▸ Art. 19 da Lei 5.478/1968 (Ação de Alimentos).
▸ Súmula 1 do STJ.

§ 1º Caso o executado, no prazo referido no *caput*, não efetue o pagamento, não prove que o efetuou ou não apresente justificativa da impossibilidade de efetuá-lo, o juiz mandará protestar o pronunciamento judicial, aplicando-se, no que couber, o disposto no art. 517.

▸ Sem correspondência no CPC 1973.

§ 2º Somente a comprovação de fato que gere a impossibilidade absoluta de pagar justificará o inadimplemento.

▸ Sem correspondência no CPC 1973.

§ 3º Se o executado não pagar ou se a justificativa apresentada não for aceita, o juiz, além de mandar protestar o pronunciamento judicial na forma do § 1º, decretar-lhe-á a prisão pelo prazo de 1 (um) a 3 (três) meses.

▸ Correspondência: art. 733, § 1º CPC 1973.
▸ Art. 5º, LXVII, da CF.
▸ Art. 19 da Lei 5.478/1968 (Ação de Alimentos).
▸ Súmula 309 do STJ.

§ 4º A prisão será cumprida em regime fechado, devendo o preso ficar separado dos presos comuns.

▸ Sem correspondência no CPC 1973.

§ 5º O cumprimento da pena não exime o executado do pagamento das prestações vencidas e vincendas.

▸ Correspondência: art. 733, § 2º CPC 1973.

§ 6º Paga a prestação alimentícia, o juiz suspenderá o cumprimento da ordem de prisão.

▸ Correspondência: art. 733, § 3º CPC 1973.

§ 7º O débito alimentar que autoriza a prisão civil do alimentante é o que compreende até as 3 (três) presta-

ções anteriores ao ajuizamento da execução e as que se vencerem no curso do processo.

▸ Sem correspondência no CPC 1973.
▸ Súmula 309 do STJ.

§ 8º O exequente pode optar por promover o cumprimento da sentença ou decisão desde logo, nos termos do disposto neste Livro, Título II, Capítulo III, caso em que não será admissível a prisão do executado, e, recaindo a penhora em dinheiro, a concessão de efeito suspensivo à impugnação não obsta a que o exequente levante mensalmente a importância da prestação.

▸ Correspondência: arts. 732, parágrafo único e 735 CPC 1973.
▸ Art. 19 da Lei 5.478/1968 (Ação de Alimentos).

§ 9º Além das opções previstas no art. 516, parágrafo único, o exequente pode promover o cumprimento da sentença ou decisão que condena ao pagamento de prestação alimentícia no juízo de seu domicílio.

▸ Sem correspondência no CPC 1973.

Art. 529. Quando o executado for funcionário público, militar, diretor ou gerente de empresa ou empregado sujeito à legislação do trabalho, o exequente poderá requerer o desconto em folha de pagamento da importância da prestação alimentícia.

▸ Correspondência: art. 734 CPC 1973.
▸ Arts. 533 e 833, §2º, deste Código.
▸ Arts. 22, par. ún., da Lei 5.478/1968 (Ação de Alimentos).
▸ Art. 115, IV, da Lei 8.213/1991 (Planos de Benefícios da Previdência Social).

§ 1º Ao proferir a decisão, o juiz oficiará à autoridade, à empresa ou ao empregador, determinando, sob pena de crime de desobediência, o desconto a partir da primeira remuneração posterior do executado, a contar do protocolo do ofício.

▸ Correspondência: art. 734, parágrafo único CPC 1973.

§ 2º O ofício conterá o nome e o número de inscrição no Cadastro de Pessoas Físicas do exequente e do executado, a importância a ser descontada mensalmente, o tempo de sua duração e a conta na qual deve ser feito o depósito.

▸ Correspondência: art. 734, parágrafo único CPC 1973.

§ 3º Sem prejuízo do pagamento dos alimentos vincendos, o débito objeto de execução pode ser descontado dos rendimentos ou rendas do executado, de forma parcelada, nos termos do *caput* deste artigo, contanto que, somado à parcela devida, não ultrapasse cinquenta por cento de seus ganhos líquidos.

▸ Sem correspondência no CPC 1973.

Art. 530. Não cumprida a obrigação, observar-se-á o disposto nos arts. 831 e seguintes.

▸ Sem correspondência no CPC 1973.

Art. 531. O disposto neste Capítulo aplica-se aos alimentos definitivos ou provisórios.

▸ Sem correspondência no CPC 1973.

§ 1º A execução dos alimentos provisórios, bem como a dos alimentos fixados em sentença ainda não transitada em julgado, se processa em autos apartados.

▸ Sem correspondência no CPC 1973.

§ 2º O cumprimento definitivo da obrigação de prestar alimentos será processado nos mesmos autos em que tenha sido proferida a sentença.

▸ Sem correspondência no CPC 1973.

Art. 532. Verificada a conduta procrastinatória do executado, o juiz deverá, se for o caso, dar ciência ao Ministério Público dos indícios da prática do crime de abandono material.

▸ Sem correspondência no CPC 1973.

Art. 533. Quando a indenização por ato ilícito incluir prestação de alimentos, caberá ao executado, a requerimento do exequente, constituir capital cuja renda assegure o pagamento do valor mensal da pensão.

▸ Correspondência: art. 475-Q CPC 1973.
▸ Art. 85, § 9º deste Código.
▸ Art. 1.701 do CC.
▸ Súmula 313 do STJ.

§ 1º O capital a que se refere o *caput*, representado por imóveis ou por direitos reais sobre imóveis suscetíveis de alienação, títulos da dívida pública ou aplicações financeiras em banco oficial, será inalienável e impenhorável enquanto durar a obrigação do executado, além de constituir-se em patrimônio de afetação.

▸ Correspondência: art. 475-Q, § 1º CPC 1973.

§ 2º O juiz poderá substituir a constituição do capital pela inclusão do exequente em folha de pagamento de pessoa jurídica de notória capacidade econômica ou, a requerimento do executado, por fiança bancária ou garantia real, em valor a ser arbitrado de imediato pelo juiz.

▸ Correspondência: art. 475-Q, § 2º CPC 1973.

§ 3º Se sobrevier modificação nas condições econômicas, poderá a parte requerer, conforme as circunstâncias, redução ou aumento da prestação.

▸ Correspondência: art. 475-Q, § 3º CPC 1973.

§ 4º A prestação alimentícia poderá ser fixada tomando por base o salário-mínimo.

▸ Correspondência: art. 475-Q, § 4º CPC 1973.
▸ Art. 7º, IV, da CF.

§ 5º Finda a obrigação de prestar alimentos, o juiz mandará liberar o capital, cessar o desconto em folha ou cancelar as garantias prestadas.

▸ Correspondência: art. 475-Q, § 5º CPC 1973.

CAPÍTULO V

DO CUMPRIMENTO DE SENTENÇA QUE RECONHEÇA A EXIGIBILIDADE DE OBRIGAÇÃO DE PAGAR QUANTIA CERTA PELA FAZENDA PÚBLICA

Art. 534. No cumprimento de sentença que impuser à Fazenda Pública o dever de pagar quantia certa, o exequente apresentará demonstrativo discriminado e atualizado do crédito contendo:

▸ Sem correspondência no CPC 1973.

I – o nome completo e o número de inscrição no Cadastro de Pessoas Físicas ou no Cadastro Nacional da Pessoa Jurídica do exequente;

▸ Sem correspondência no CPC 1973.

II – o índice de correção monetária adotado;

▸ Sem correspondência no CPC 1973.

III – os juros aplicados e as respectivas taxas;

▸ Sem correspondência no CPC 1973.

IV – o termo inicial e o termo final dos juros e da correção monetária utilizados;

▸ Sem correspondência no CPC 1973.
▸ Art. 1º-F da Lei 9.494/1997 (Aplicação da tutela antecipada contra a Fazenda Pública).

V – a periodicidade da capitalização dos juros, se for o caso;

▸ Sem correspondência no CPC 1973.

VI – a especificação dos eventuais descontos obrigatórios realizados.

▸ Sem correspondência no CPC 1973.

§ 1º Havendo pluralidade de exequentes, cada um deverá apresentar o seu próprio demonstrativo, aplicando-se à hipótese, se for o caso, o disposto nos §§ 1º e 2º do art. 113.

▸ Sem correspondência no CPC 1973.

§ 2º A multa prevista no § 1º do art. 523 não se aplica à Fazenda Pública.

▸ Sem correspondência no CPC 1973.

Art. 535. A Fazenda Pública será intimada na pessoa de seu representante judicial, por carga, remessa ou meio eletrônico, para, querendo, no prazo de 30 (trinta) dias e nos próprios autos, impugnar a execução, podendo arguir:

▸ Correspondência: art. 741 CPC 1973.
▸ Arts. 917 deste Código.
▸ Art. 5º, par. ún., da Lei 5.741/1971 (Proteção de financiamento de bens imóveis – SFH).
▸ Art. 33, § 3º da Lei 9.307/1996 (Arbitragem).

I – falta ou nulidade da citação se, na fase de conhecimento, o processo correu à revelia;

▸ Correspondência: art. 741, I CPC 1973.
▸ Arts. 239, § 1º e 344 deste Código.

II – ilegitimidade de parte;

▸ Correspondência: art. 741, III CPC 1973.
▸ Art. 485, VI, 778 e 779 deste Código.

III – inexequibilidade do título ou inexigibilidade da obrigação;

▸ Correspondência: art. 741, II CPC 1973.
▸ Art. 783 e 803, I deste Código.

IV – excesso de execução ou cumulação indevida de execuções;

▸ Correspondência: art. 741, IV e V CPC 1973.
▸ Arts. 780, 917, III, § 2º deste Código.

V – incompetência absoluta ou relativa do juízo da execução;

▸ Correspondência: art. 741, VII CPC 1973.
▸ Art. 46, § 5º, 340 e 781 deste Código.
▸ Art. 16, § 3º da Lei 6.830/1980 (Execuções Fiscais).
▸ Súmula 58 do STJ.

VI – qualquer causa modificativa ou extintiva da obrigação, como pagamento, novação, compensação, transação ou prescrição, desde que superveniente ao trânsito em julgado da sentença.

▸ Correspondência: art. 741, VI CPC 1973.
▸ Arts. 189 a 206, 304 a 388 do CC.
▸ Art. 16, § 3º da Lei 6.830/1980 (Execuções Fiscais).
▸ Súmula 150 do STF.
▸ Súmula 394 do STJ.

§ 1º A alegação de impedimento ou suspeição observará o disposto nos arts. 146 e 148.

▸ Correspondência: art. 742 CPC 1973.
▸ Art. 144 a 148 deste Código.
▸ Art. 16, § 3º da Lei 6.830/1980 (Execuções Fiscais).

§ 2º Quando se alegar que o exequente, em excesso de execução, pleiteia quantia superior à resultante do título, cumprirá à executada declarar de imediato o valor

que entende correto, sob pena de não conhecimento da arguição.

▶ Sem correspondência no CPC 1973.

§ 3º Não impugnada a execução ou rejeitadas as arguições da executada:

▶ Correspondência: art. 730 CPC 1973.
▶ Arts. 128 e 130 da Lei 8.213/1991 (Planos de Benefícios da Previdência Social).
▶ Art. 17, § 1º da Lei 10.259/2001 (Juizados Especiais Federais).
▶ Súmulas 144, 279 e 339 do STJ.

I – expedir-se-á, por intermédio do presidente do tribunal competente, precatório em favor do exequente, observando-se o disposto na Constituição Federal;

▶ Correspondência: art. 730, I CPC 1973.
▶ Art. 100 da CF.
▶ Arts. 78, 86, 87 e 97 do ADCT.
▶ Súmula 144 do STJ.

II – por ordem do juiz, dirigida à autoridade na pessoa de quem o ente público foi citado para o processo, o pagamento de obrigação de pequeno valor será realizado no prazo de 2 (dois) meses contado da entrega da requisição, mediante depósito na agência de banco oficial mais próxima da residência do exequente.

▷ O STF, na ADIN 5.492, por maioria, julgou parcialmente o pedido para: "(iv) declarar a inconstitucionalidade da expressão "de banco oficial", constante do art. 535, § 3º, inc. II, do CPC/2015 e conferir interpretação conforme ao dispositivo para que se entenda que a "agência" nele referida pode ser de instituição financeira pública ou privada. Para dar cumprimento ao disposto na norma, poderá a administração do tribunal contratar banco oficial ou, caso assim opte, banco privado, hipótese em que serão observadas a realidade do caso concreto, os regramentos legais e princípios constitucionais aplicáveis e as normas do procedimento licitatório, visando à escolha da proposta mais adequada para a administração de tais recursos;" (DOU 04.05.2023).
▶ Sem correspondência no CPC 1973.

§ 4º Tratando-se de impugnação parcial, a parte não questionada pela executada será, desde logo, objeto de cumprimento.

▶ Sem correspondência no CPC 1973.
▷ O STF, por maioria, julgou parcialmente procedente a ADIN 5.534 para conferir interpretação conforme à Constituição a este parágrafo "no sentido de que, para efeito de determinação do regime de pagamento do valor incontroverso, deve ser observado o valor total da condenação (...)" (DOU 04.03.2021).

§ 5º Para efeito do disposto no inciso III do *caput* deste artigo, considera-se também inexigível a obrigação reconhecida em título executivo judicial fundado em lei ou ato normativo considerado inconstitucional pelo Supremo Tribunal Federal, ou fundado em aplicação ou interpretação da lei ou do ato normativo tido pelo Supremo Tribunal Federal como incompatível com a Constituição Federal, em controle de constitucionalidade concentrado ou difuso.

▶ Correspondência: art. 741, parágrafo único CPC 1973.
▶ Lei 9.868/1999 (Lei da ADIN e da ADECON).
▶ Súmula 487 do STJ.

§ 6º No caso do § 5º, os efeitos da decisão do Supremo Tribunal Federal poderão ser modulados no tempo, de modo a favorecer a segurança jurídica.

▶ Sem correspondência no CPC 1973.
▶ Art. 27 da Lei 9.868/1999 (Lei da ADIN e da ADECON).

§ 7º A decisão do Supremo Tribunal Federal referida no § 5º deve ter sido proferida antes do trânsito em julgado da decisão exequenda.

▶ Sem correspondência no CPC 1973.

§ 8º Se a decisão referida no § 5º for proferida após o trânsito em julgado da decisão exequenda, caberá ação rescisória, cujo prazo será contado do trânsito em julgado da decisão proferida pelo Supremo Tribunal Federal.

▶ Sem correspondência no CPC 1973.

CAPÍTULO VI
DO CUMPRIMENTO DE SENTENÇA QUE RECONHEÇA A EXIGIBILIDADE DE OBRIGAÇÃO DE FAZER, DE NÃO FAZER OU DE ENTREGAR COISA

Seção I

Do cumprimento de sentença que reconheça a exigibilidade de obrigação de fazer ou de não fazer

Art. 536. No cumprimento de sentença que reconheça a exigibilidade de obrigação de fazer ou de não fazer, o juiz poderá, de ofício ou a requerimento, para a efetivação da tutela específica ou a obtenção de tutela pelo resultado prático equivalente, determinar as medidas necessárias à satisfação do exequente.

▶ Correspondência: art. 461 CPC 1973.
▶ Art. 513 deste Código.
▶ Art. 11 da Lei 7.347/1985 (Ação civil pública).
▶ Art. 213, *caput* da Lei 8.069/1990 (Estatuto da Criança e do Adolescente – ECA).
▶ Art. 52, V e VI da Lei 9.099/1995 (Juizados Especiais).

§ 1º Para atender ao disposto no *caput*, o juiz poderá determinar, entre outras medidas, a imposição de multa, a busca e apreensão, a remoção de pessoas e coisas, o desfazimento de obras e o impedimento de atividade

nociva, podendo, caso necessário, requisitar o auxílio de força policial.

▶ Correspondência: art. 461, § 5º CPC 1973.
▶ Art. 84, § 5º do CDC.

§ 2º O mandado de busca e apreensão de pessoas e coisas será cumprido por 2 (dois) oficiais de justiça, observando-se o disposto no art. 846, §§ 1º a 4º, se houver necessidade de arrombamento.

▶ Correspondência: art. 842, § 1º CPC 1973.
▶ Art. 154, 782, § 2º deste Código.

§ 3º O executado incidirá nas penas de litigância de má-fé quando injustificadamente descumprir a ordem judicial, sem prejuízo de sua responsabilização por crime de desobediência.

▶ Sem correspondência no CPC 1973.
▶ Arts. 79 a 81 deste Código.
▶ Arts. 330 e 359 do CP.

§ 4º No cumprimento de sentença que reconheça a exigibilidade de obrigação de fazer ou de não fazer, aplica-se o art. 525, no que couber.

▶ Correspondência: art. 644 CPC 1973.
▶ Arts. 500 e 537 deste Código.
▶ Art. 12, § 2º da Lei 7.347/1985 (Ação Civil Pública).

§ 5º O disposto neste artigo aplica-se, no que couber, ao cumprimento de sentença que reconheça deveres de fazer e de não fazer de natureza não obrigacional.

Art. 537. A multa independe de requerimento da parte e poderá ser aplicada na fase de conhecimento, em tutela provisória ou na sentença, ou na fase de execução, desde que seja suficiente e compatível com a obrigação e que se determine prazo razoável para cumprimento do preceito.

▶ Correspondência: art. 461, § 4º CPC 1973.
▶ Arts. 297, par. ún. deste Código.
▶ Art. 84, § 4º do CDC.
▶ Art. 213, § 2º da Lei 8.069/1990 (Estatuto da Criança e do Adolescente – ECA).

§ 1º O juiz poderá, de ofício ou a requerimento, modificar o valor ou a periodicidade da multa vincenda ou excluí-la, caso verifique que:

▶ Correspondência: art. 461, § 6º CPC 1973.
▶ Art. 98, § 4 º deste Código.

I – se tornou insuficiente ou excessiva;

▶ Correspondência: art. 461, § 6º CPC 1973.

II – o obrigado demonstrou cumprimento parcial superveniente da obrigação ou justa causa para o descumprimento.

▶ Sem correspondência no CPC 1973.
▶ Art. 98, § 4º deste Código.

§ 2º O valor da multa será devido ao exequente.

▶ Sem correspondência no CPC 1973.

§ 3º A decisão que fixa a multa é passível de cumprimento provisório, devendo ser depositada em juízo, permitido o levantamento do valor após o trânsito em julgado da sentença favorável à parte.

▶ Sem correspondência no CPC 1973.
▶ § 3º com redação pela Lei 13.256/2016.

§ 4º A multa será devida desde o dia em que se configurar o descumprimento da decisão e incidirá enquanto não for cumprida a decisão que a tiver cominado.

▶ Sem correspondência no CPC 1973.
▶ Súmula 410 do STJ.

§ 5º O disposto neste artigo aplica-se, no que couber, ao cumprimento de sentença que reconheça deveres de fazer e de não fazer de natureza não obrigacional.

▶ Sem correspondência no CPC 1973.

Seção II

Do cumprimento de sentença que reconheça a exigibilidade de obrigação de entregar coisa

Art. 538. Não cumprida a obrigação de entregar coisa no prazo estabelecido na sentença, será expedido mandado de busca e apreensão ou de imissão na posse em favor do credor, conforme se tratar de coisa móvel ou imóvel.

▶ Correspondência: art. 461-A, § 2º CPC 1973.
▶ Art. 501, par. un. do CC.

§ 1º A existência de benfeitorias deve ser alegada na fase de conhecimento, em contestação, de forma discriminada e com atribuição, sempre que possível e justificadamente, do respectivo valor.

▶ Correspondência: art. 628 CPC 1973.
▶ Art. 917, IV, e §§ 5º e 6º deste Código.
▶ Arts. 96, 242 e 1.219 a 1.222 do CC.

§ 2º O direito de retenção por benfeitorias deve ser exercido na contestação, na fase de conhecimento.

▶ Correspondência: art. 628 CPC 1973.
▶ Art. 917, IV, e §§ 5º e 6º deste Código.
▶ Arts. 96, 242 e 1.219 a 1.222 do CC.

§ 3º Aplicam-se ao procedimento previsto neste artigo, no que couber, as disposições sobre o cumprimento de obrigação de fazer ou de não fazer.

▶ Correspondência: art. 461-A, § 3º CPC 1973.

TÍTULO III
DOS PROCEDIMENTOS ESPECIAIS

CAPÍTULO I
DA AÇÃO DE CONSIGNAÇÃO EM PAGAMENTO

Art. 539. Nos casos previstos em lei, poderá o devedor ou terceiro requerer, com efeito de pagamento, a consignação da quantia ou da coisa devida.

▶ Correspondência: art. 890 CPC 1973.
▶ Arts. 334 a 345 do CC.
▶ Art. 156, VIII e 164 do CTN.
▶ Art. 67 da Lei 8.245/1991 (Locação de imóveis urbanos).

§ 1º Tratando-se de obrigação em dinheiro, poderá o valor ser depositado em estabelecimento bancário, oficial onde houver, situado no lugar do pagamento, cientificando-se o credor por carta com aviso de recebimento, assinado o prazo de 10 (dez) dias para a manifestação de recusa.

▶ Correspondência: art. 890, § 1º CPC 1973.
▶ Art. 1.058 deste Código.
▶ Art. 337 do CC.
▶ Art. 38, § 1º da Lei 6.766/1976 (Lei do Parcelamento do Solo Urbano).

§ 2º Decorrido o prazo do § 1º, contado do retorno do aviso de recebimento, sem a manifestação de recusa, considerar-se-á o devedor liberado da obrigação, ficando à disposição do credor a quantia depositada.

▶ Correspondência: art. 890, § 2º CPC 1973.
▶ Art. 334 do CC.

§ 3º Ocorrendo a recusa, manifestada por escrito ao estabelecimento bancário, poderá ser proposta, dentro de 1 (um) mês, a ação de consignação, instruindo-se a inicial com a prova do depósito e da recusa.

▶ Correspondência: art. 890, § 3º CPC 1973.
▶ Art. 542, I deste Código.
▶ Art. 335, I do CC.

§ 4º Não proposta a ação no prazo do § 3º, ficará sem efeito o depósito, podendo levantá-lo o depositante.

▶ Correspondência: art. 890, § 4º CPC 1973.
▶ Art. 338 do CC.

Art. 540. Requerer-se-á a consignação no lugar do pagamento, cessando para o devedor, à data do depósito, os juros e os riscos, salvo se a demanda for julgada improcedente.

▶ Correspondência: art. 891 CPC 1973.
▶ Art. 53, III, *d* deste Código.
▶ Arts. 327 e 328 do CC.

Art. 541. Tratando-se de prestações sucessivas, consignada uma delas, pode o devedor continuar a depositar, no mesmo processo e sem mais formalidades, as que se forem vencendo, desde que o faça em até 5 (cinco) dias contados da data do respectivo vencimento.

▶ Correspondência: art. 892 CPC 1973.
▶ Art. 323 deste Código.
▶ Art. 67, III da Lei 8.245/1991 (Locação de imóveis urbanos).

Art. 542. Na petição inicial, o autor requererá:

▶ Correspondência: art. 893 CPC 1973.
▶ Art. 292, § 1º deste Código.

I – o depósito da quantia ou da coisa devida, a ser efetivado no prazo de 5 (cinco) dias contados do deferimento, ressalvada a hipótese do art. 539, § 3º;

▶ Correspondência: art. 893, I CPC 1973.
▶ Art. 62, II da Lei 8.245/1991 (Locação de imóveis urbanos).

II – a citação do réu para levantar o depósito ou oferecer contestação.

▶ Correspondência: art. 893, II CPC 1973.
▶ Arts. 229 e 335 deste Código.

Parágrafo único. Não realizado o depósito no prazo do inciso I, o processo será extinto sem resolução do mérito.

▶ Sem correspondência no CPC 1973.
▶ Art. 487 deste Código.
▶ Art. 336 do CC.

Art. 543. Se o objeto da prestação for coisa indeterminada e a escolha couber ao credor, será este citado para exercer o direito dentro de 5 (cinco) dias, se outro prazo não constar de lei ou do contrato, ou para aceitar que o devedor a faça, devendo o juiz, ao despachar a petição inicial, fixar lugar, dia e hora em que se fará a entrega, sob pena de depósito.

▶ Correspondência: art. 894 CPC 1973.
▶ Arts. 252 a 256 e 334 e 342 do CC.

Art. 544. Na contestação, o réu poderá alegar que:

▶ Correspondência: art. 896 CPC 1973.
▶ Art. 231 deste Código.

I – não houve recusa ou mora em receber a quantia ou a coisa devida;

▶ Correspondência: art. 896, I CPC 1973.
▶ Art. 67, V, *a* da Lei 8.245/1991 (Locação de imóveis urbanos).

II – foi justa a recusa;

▶ Correspondência: art. 896, II CPC 1973.
▶ Art. 67, V, *b* da Lei 8.245/1991 (Locação de imóveis urbanos).

III – o depósito não se efetuou no prazo ou no lugar do pagamento;

▶ Correspondência: art. 896, III CPC 1973.

▶ Art. 67, V, c da Lei 8.245/1991 (Locação de imóveis urbanos).

IV – o depósito não é integral.

▶ Correspondência: art. 896, IV CPC 1973.
▶ Art. 545 deste Código.
▶ Art. 67, V, d da Lei 8.245/1991 (Locação de imóveis urbanos).

Parágrafo único. No caso do inciso IV, a alegação somente será admissível se o réu indicar o montante que entende devido.

▶ Correspondência: art. 896, par. ún., CPC 1973.

Art. 545. Alegada a insuficiência do depósito, é lícito ao autor completá-lo, em 10 (dez) dias, salvo se corresponder a prestação cujo inadimplemento acarrete a rescisão do contrato.

▶ Correspondência: art. 899 CPC 1973.
▶ Art. 67, VII da Lei 8.245/1991 (Locação de imóveis urbanos).

§ 1º No caso do *caput*, poderá o réu levantar, desde logo, a quantia ou a coisa depositada, com a consequente liberação parcial do autor, prosseguindo o processo quanto à parcela controvertida.

▶ Correspondência: art. 899, § 1º CPC 1973.
▶ Art. 67, par. un. da Lei 8.245/1991 (Locação de imóveis urbanos).

§ 2º A sentença que concluir pela insuficiência do depósito determinará, sempre que possível, o montante devido e valerá como título executivo, facultado ao credor promover-lhe o cumprimento nos mesmos autos, após liquidação, se necessária.

▶ Correspondência: art. 899, § 2º CPC 1973.
▶ Art. 515, I deste Código.

Art. 546. Julgado procedente o pedido, o juiz declarará extinta a obrigação e condenará o réu ao pagamento de custas e honorários advocatícios.

▶ Correspondência: art. 897 CPC 1973.

Parágrafo único. Proceder-se-á do mesmo modo se o credor receber e der quitação.

▶ Correspondência: art. 897, par. ún. CPC 1973.

Art. 547. Se ocorrer dúvida sobre quem deva legitimamente receber o pagamento, o autor requererá o depósito e a citação dos possíveis titulares do crédito para provarem o seu direito.

▶ Correspondência: art. 895 CPC 1973.

Art. 548. No caso do art. 547:

▶ Correspondência: art. 898 CPC 1973.

I – não comparecendo pretendente algum, converter-se--á o depósito em arrecadação de coisas vagas;

▶ Correspondência: art. 898 CPC 1973.

II – comparecendo apenas um, o juiz decidirá de plano;

▶ Correspondência: art. 898 CPC 1973.

III – comparecendo mais de um, o juiz declarará efetuado o depósito e extinta a obrigação, continuando o processo a correr unicamente entre os presuntivos credores, observado o procedimento comum.

▶ Correspondência: art. 898 CPC 1973.

Art. 549. Aplica-se o procedimento estabelecido neste Capítulo, no que couber, ao resgate do aforamento.

▶ Correspondência: art. 900 CPC 1973.
▶ Arts. 12 e ss. da Lei 9.636/1998.

CAPÍTULO II
DA AÇÃO DE EXIGIR CONTAS

Art. 550. Aquele que afirmar ser titular do direito de exigir contas requererá a citação do réu para que as preste ou ofereça contestação no prazo de 15 (quinze) dias.

▶ Correspondência: arts. 914 e 915 CPC 1973.
▶ Arts. 622, V e 739, § 1º, V deste Código.
▶ Arts. 25-A e 34, XXI, da Lei 8.906/1994 (Estatuto da Advocacia e da OAB).
▶ Súmulas 208 e 259 do STJ.

§ 1º Na petição inicial, o autor especificará, detalhadamente, as razões pelas quais exige as contas, instruindo--a com documentos comprobatórios dessa necessidade, se existirem.

▶ Sem correspondência no CPC 1973.
▶ Art. 434 deste Código.

§ 2º Prestadas as contas, o autor terá 15 (quinze) dias para se manifestar, prosseguindo-se o processo na forma do Capítulo X do Título I deste Livro.

▶ Correspondência: art. 915, § 1º CPC 1973.

§ 3º A impugnação das contas apresentadas pelo réu deverá ser fundamentada e específica, com referência expressa ao lançamento questionado.

▶ Sem correspondência no CPC 1973.

§ 4º Se o réu não contestar o pedido, observar-se-á o disposto no art. 355.

▶ Correspondência: art. 915, § 2º CPC 1973.

§ 5º A decisão que julgar procedente o pedido condenará o réu a prestar as contas no prazo de 15 (quinze) dias, sob pena de não lhe ser lícito impugnar as que o autor apresentar.

▶ Correspondência: art. 915, § 2º CPC 1973.

§ 6º Se o réu apresentar as contas no prazo previsto no § 5º, seguir-se-á o procedimento do § 2º, caso contrário, o autor apresentá-las-á no prazo de 15 (quinze) dias,

podendo o juiz determinar a realização de exame pericial, se necessário.

▶ Correspondência: art. 915, § 3º CPC 1973.

Art. 551. As contas do réu serão apresentadas na forma adequada, especificando-se as receitas, a aplicação das despesas e os investimentos, se houver.

▶ Correspondência: art. 917 CPC 1973.

§ 1º Havendo impugnação específica e fundamentada pelo autor, o juiz estabelecerá prazo razoável para que o réu apresente os documentos justificativos dos lançamentos individualmente impugnados.

▶ Sem correspondência no CPC 1973.

§ 2º As contas do autor, para os fins do art. 550, § 5º, serão apresentadas na forma adequada, já instruídas com os documentos justificativos, especificando-se as receitas, a aplicação das despesas e os investimentos, se houver, bem como o respectivo saldo.

▶ Correspondência: art. 917 CPC 1973.

Art. 552. A sentença apurará o saldo e constituirá título executivo judicial.

▶ Correspondência: art. 918 CPC 1973.
▶ Arts. 515 e 824 deste Código.

Art. 553. As contas do inventariante, do tutor, do curador, do depositário e de qualquer outro administrador serão prestadas em apenso aos autos do processo em que tiver sido nomeado.

▶ Correspondência: art. 919 CPC 1973.
▶ Art. 739, § 1º, V deste Código.

Parágrafo único. Se qualquer dos referidos no *caput* for condenado a pagar o saldo e não o fizer no prazo legal, o juiz poderá destituí-lo, sequestrar os bens sob sua guarda, glosar o prêmio ou a gratificação a que teria direito e determinar as medidas executivas necessárias à recomposição do prejuízo.

▶ Correspondência: art. 919 CPC 1973.
▶ Art. 739, § 1º, V deste Código.

CAPÍTULO III
DAS AÇÕES POSSESSÓRIAS

Seção I
Disposições gerais

Art. 554. A propositura de uma ação possessória em vez de outra não obstará a que o juiz conheça do pedido e outorgue a proteção legal correspondente àquela cujos pressupostos estejam provados.

▶ Correspondência: art. 920 CPC 1973.
▶ Arts. 73, § 2º, 47, *caput* e § 1º e 674 deste Código.
▶ Arts. 1.196 e ss. do CC.
▶ Art. 3º, IV, da Lei 9.099/1995 (Juizados Especiais).
▶ Súmula 415 do STF.

§ 1º No caso de ação possessória em que figure no polo passivo grande número de pessoas, serão feitas a citação pessoal dos ocupantes que forem encontrados no local e a citação por edital dos demais, determinando-se, ainda, a intimação do Ministério Público e, se envolver pessoas em situação de hipossuficiência econômica, da Defensoria Pública.

▶ Sem correspondência no CPC 1973.
▶ Arts. 113 a 118, 185 a 187, 256, 257 e 279 deste Código.

§ 2º Para fim da citação pessoal prevista no § 1º, o oficial de justiça procurará os ocupantes no local por uma vez, citando-se por edital os que não forem encontrados.

▶ Sem correspondência no CPC 1973.
▶ Art. 249 e 256 deste Código.

§ 3º O juiz deverá determinar que se dê ampla publicidade da existência da ação prevista no § 1º e dos respectivos prazos processuais, podendo, para tanto, valer-se de anúncios em jornal ou rádio locais, da publicação de cartazes na região do conflito e de outros meios.

▶ Sem correspondência no CPC 1973.
▶ Art. 139, IV deste Código.

Art. 555. É lícito ao autor cumular ao pedido possessório o de:

▶ Correspondência: art. 921 CPC 1973.
▶ Art. 327 deste Código.

I – condenação em perdas e danos;

▶ Correspondência: art. 921, I CPC 1973.
▶ Arts. 402 a 405 e 927 do CC.

II – indenização dos frutos.

▶ Sem correspondência no CPC 1973.
▶ Arts. 95, 1.214 a 1.216, 1.232 do CC.
▶ Súmula 445 do TST.

Parágrafo único. Pode o autor requerer, ainda, imposição de medida necessária e adequada para:

▶ Correspondência: arts. 921, II e 926 CPC 1973.
▶ Art. 1.210 do CC.
▶ Súmula 487 do STF.

I – evitar nova turbação ou esbulho;

▶ Correspondência: art. 921, I CPC 1973.

II – cumprir-se a tutela provisória ou final.

▶ Sem correspondência no CPC 1973.
▶ Arts. 9º, I, 294, 296 e 303 deste Código.

Art. 556. É lícito ao réu, na contestação, alegando que foi o ofendido em sua posse, demandar a proteção possessória e a indenização pelos prejuízos resultantes da turbação ou do esbulho cometido pelo autor. Correspondência: art. 922 CPC 1973.

▶ Art. 1.210 do CC.
▶ Art. 31, 2ª parte, da Lei 9.099/1995 (Juizados Especiais).

Art. 557. Na pendência de ação possessória é vedado, tanto ao autor quanto ao réu, propor ação de reconhecimento do domínio, exceto se a pretensão for deduzida em face de terceira pessoa.

▶ Correspondência: art. 923 CPC 1973.
▶ Súmula 487 do STF.

Parágrafo único. Não obsta à manutenção ou à reintegração de posse a alegação de propriedade ou de outro direito sobre a coisa.

▶ Correspondência: art. 923 CPC 1973.
▶ Art. 1.210, § 2º do CC.

Art. 558. Regem o procedimento de manutenção e de reintegração de posse as normas da Seção II deste Capítulo quando a ação for proposta dentro de ano e dia da turbação ou do esbulho afirmado na petição inicial.

▶ Correspondência: art. 924 CPC 1973.

Parágrafo único. Passado o prazo referido no *caput*, será comum o procedimento, não perdendo, contudo, o caráter possessório.

▶ Correspondência: art. 924 CPC 1973.

Art. 559. Se o réu provar, em qualquer tempo, que o autor provisoriamente mantido ou reintegrado na posse carece de idoneidade financeira para, no caso de sucumbência, responder por perdas e danos, o juiz designar-lhe-á o prazo de 5 (cinco) dias para requerer caução, real ou fidejussória, sob pena de ser depositada a coisa litigiosa, ressalvada a impossibilidade da parte economicamente hipossuficiente.

▶ Correspondência: art. 925 CPC 1973.
▶ Art. 98 deste Código.

Seção II
Da manutenção e da reintegração de posse

Art. 560. O possuidor tem direito a ser mantido na posse em caso de turbação e reintegrado em caso de esbulho.

▶ Correspondência: art. 926 CPC 1973.
▶ Art. 1.210 e 1.212 do CC.

Art. 561. Incumbe ao autor provar:

▶ Correspondência: art. 927 CPC 1973.
▶ Art. 373, I deste Código.

I – a sua posse;

▶ Correspondência: art. 927, I CPC 1973.
▶ Arts. 1.196 e 1.210 do CC.

II – a turbação ou o esbulho praticado pelo réu;

▶ Correspondência: art. 927, II CPC 1973.
▶ Arts. 952 e 1.210 do CC.

III – a data da turbação ou do esbulho;

▶ Correspondência: art. 927, III CPC 1973.

IV – a continuação da posse, embora turbada, na ação de manutenção, ou a perda da posse, na ação de reintegração.

▶ Correspondência: art. 927, IV CPC 1973.
▶ Art. 557, par. un. deste Código.

Art. 562. Estando a petição inicial devidamente instruída, o juiz deferirá, sem ouvir o réu, a expedição do mandado liminar de manutenção ou de reintegração, caso contrário, determinará que o autor justifique previamente o alegado, citando-se o réu para comparecer à audiência que for designada.

▶ Correspondência: art. 928 CPC 1973.
▶ Arts. 381, § 5º, 382, §§ 1º e 2º, 383, par. un. e 564, par. ún. deste Código.
▶ Súmula 262 do STF.

Parágrafo único. Contra as pessoas jurídicas de direito público não será deferida a manutenção ou a reintegração liminar sem prévia audiência dos respectivos representantes judiciais.

▶ Correspondência: art. 928, par. ún., CPC 1973.

Art. 563. Considerada suficiente a justificação, o juiz fará logo expedir mandado de manutenção ou de reintegração.

▶ Correspondência: art. 929 CPC 1973.

Art. 564. Concedido ou não o mandado liminar de manutenção ou de reintegração, o autor promoverá, nos 5 (cinco) dias subsequentes, a citação do réu para, querendo, contestar a ação no prazo de 15 (quinze) dias.

▶ Correspondência: art. 930 CPC 1973.
▶ Arts. 335 a 342 e 556 deste Código.

Parágrafo único. Quando for ordenada a justificação prévia, o prazo para contestar será contado da intimação da decisão que deferir ou não a medida liminar.

Art. 565. No litígio coletivo pela posse de imóvel, quando o esbulho ou a turbação afirmado na petição inicial

houver ocorrido há mais de ano e dia, o juiz, antes de apreciar o pedido de concessão da medida liminar, deverá designar audiência de mediação, a realizar-se em até 30 (trinta) dias, que observará o disposto nos §§ 2º e 4º.
- ▶ Sem correspondência no CPC 1973.
- ▶ Arts. 165 e ss. deste Código.
- ▶ Lei 13.140/2015 (Lei da Mediação).

§ 1º Concedida a liminar, se essa não for executada no prazo de 1 (um) ano, a contar da data de distribuição, caberá ao juiz designar audiência de mediação, nos termos dos §§ 2º a 4º deste artigo.
- ▶ Sem correspondência no CPC 1973.

§ 2º O Ministério Público será intimado para comparecer à audiência, e a Defensoria Pública será intimada sempre que houver parte beneficiária de gratuidade da justiça.
- ▶ Sem correspondência no CPC 1973.
- ▶ Art. 180 e 186 deste Código.

§ 3º O juiz poderá comparecer à área objeto do litígio quando sua presença se fizer necessária à efetivação da tutela jurisdicional.
- ▶ Sem correspondência no CPC 1973.
- ▶ Art. 3º, § 3º deste Código.

§ 4º Os órgãos responsáveis pela política agrária e pela política urbana da União, de Estado ou do Distrito Federal e de Município onde se situe a área objeto do litígio poderão ser intimados para a audiência, a fim de se manifestarem sobre seu interesse no processo e sobre a existência de possibilidade de solução para o conflito possessório.
- ▶ Sem correspondência no CPC 1973.
- ▶ Arts. 126, 184 e 189 da CF.

§ 5º Aplica-se o disposto neste artigo ao litígio sobre propriedade de imóvel.
- ▶ Sem correspondência no CPC 1973.
- ▶ Art. 1.228, § 1º do CC.
- ▶ Lei 4.504/1964 (Estatuto da Terra).

Art. 566. Aplica-se, quanto ao mais, o procedimento comum.
- ▶ Correspondência: art. 931 CPC 1973.
- ▶ Art. 318 deste Código.

Seção III
Do interdito proibitório

Art. 567. O possuidor direto ou indireto que tenha justo receio de ser molestado na posse poderá requerer ao juiz que o segure da turbação ou esbulho iminente, mediante mandado proibitório em que se comine ao réu determinada pena pecuniária caso transgrida o preceito.
- ▶ Correspondência: art. 932 CPC 1973.
- ▶ Art. 554 deste Código.
- ▶ Art. 1.197 do CC.
- ▶ Súmula 228 do STJ.

Art. 568. Aplica-se ao interdito proibitório o disposto na Seção II deste Capítulo.
- ▶ Correspondência: art. 933 CPC 1973.

CAPÍTULO IV
DA AÇÃO DE DIVISÃO
E DA DEMARCAÇÃO DE TERRAS PARTICULARES

Seção I
Disposições gerais

Art. 569. Cabe:
- ▶ Correspondência: art. 946 CPC 1973.
- ▶ Arts. 47, § 1º e 60 deste Código.

I – ao proprietário a ação de demarcação, para obrigar o seu confinante a estremar os respectivos prédios, fixando-se novos limites entre eles ou aviventando-se os já apagados;
- ▶ Correspondência: art. 946, I CPC 1973.
- ▶ Arts. 574, 588 a 598 deste Código.
- ▶ Arts. 1.297 e 1.298 do CC.
- ▶ Lei 6.383/1976 (Processo discriminatório de terras devolutas da União).

II – ao condômino a ação de divisão, para obrigar os demais consortes a estremar os quinhões.
- ▶ Correspondência: art. 946, II CPC 1973.
- ▶ Arts. 1.314 a 1.322 do CC.

Art. 570. É lícita a cumulação dessas ações, caso em que deverá processar-se primeiramente a demarcação total ou parcial da coisa comum, citando-se os confinantes e os condôminos.
- ▶ Correspondência: art. 947 CPC 1973.
- ▶ Art. 327 deste Código.

Art. 571. A demarcação e a divisão poderão ser realizadas por escritura pública, desde que maiores, capazes e concordes todos os interessados, observando-se, no que couber, os dispositivos deste Capítulo.
- ▶ Sem correspondência no CPC 1973.
- ▶ Lei 6.015/1973 (Lei Registros Públicos).

Art. 572. Fixados os marcos da linha de demarcação, os confinantes considerar-se-ão terceiros quanto ao processo divisório, ficando-lhes, porém, ressalvado o direito de vindicar os terrenos de que se julguem despo-

jados por invasão das linhas limítrofes constitutivas do perímetro ou de reclamar indenização correspondente ao seu valor.
- ▶ Correspondência: art. 948 CPC 1973.

§ 1º No caso do *caput*, serão citados para a ação todos os condôminos, se a sentença homologatória da divisão ainda não houver transitado em julgado, e todos os quinhoeiros dos terrenos vindicados, se a ação for proposta posteriormente.
- ▶ Correspondência: art. 949 CPC 1973.
- ▶ Arts. 114, 569 e 570 deste Código.

§ 2º Neste último caso, a sentença que julga procedente a ação, condenando a restituir os terrenos ou a pagar a indenização, valerá como título executivo em favor dos quinhoeiros para haverem dos outros condôminos que forem parte na divisão ou de seus sucessores a título universal, na proporção que lhes tocar, a composição pecuniária do desfalque sofrido.
- ▶ Correspondência: art. 949, par. ún. CPC 1973.

Art. 573. Tratando-se de imóvel georreferenciado, com averbação no registro de imóveis, pode o juiz dispensar a realização de prova pericial.
- ▶ Sem correspondência no CPC 1973.
- ▶ Art. 176, § 3º da Lei 6.015/1973 (Registros Públicos).

Seção II
Da demarcação

Art. 574. Na petição inicial, instruída com os títulos da propriedade, designar-se-á o imóvel pela situação e pela denominação, descrever-se-ão os limites por constituir, aviventar ou renovar e nomear-se-ão todos os confinantes da linha demarcanda.
- ▶ Correspondência: art. 950 CPC 1973.
- ▶ Arts.73, 292, IV, 320 e 569, I deste Código.
- ▶ Arts. 1.297 e 1.298 do CC.
- ▶ Lei 6.766/1979 (Parcelamento do Solo Urbano)
- ▶ Lei 10.257/2011 (Estatuto da Cidade).

Art. 575. Qualquer condômino é parte legítima para promover a demarcação do imóvel comum, requerendo a intimação dos demais para, querendo, intervir no processo.
- ▶ Correspondência: art. 952 CPC 1973.
- ▶ Art. 113 a 118 e 598 deste Código.

Art. 576. A citação dos réus será feita por correio, observado o disposto no art. 247.
- ▶ Correspondência: art. 953 CPC 1973.

Parágrafo único. Será publicado edital, nos termos do inciso III do art. 259.
- ▶ Correspondência: art. 953 CPC 1973.

Art. 577. Feitas as citações, terão os réus o prazo comum de 15 (quinze) dias para contestar.
- ▶ Correspondência: art. 954 CPC 1973.
- ▶ Arts. 229, 231 e 335 deste Código.

Art. 578. Após o prazo de resposta do réu, observar-se-á o procedimento comum.
- ▶ Correspondência: art. 955 CPC 1973.
- ▶ Arts. 589 e 598 deste Código.

Art. 579. Antes de proferir a sentença, o juiz nomeará um ou mais peritos para levantar o traçado da linha demarcanda.
- ▶ Correspondência: art. 956 CPC 1973.

Art. 580. Concluídos os estudos, os peritos apresentarão minucioso laudo sobre o traçado da linha demarcanda, considerando os títulos, os marcos, os rumos, a fama da vizinhança, as informações de antigos moradores do lugar e outros elementos que coligirem.
- ▶ Correspondência: art. 957 CPC 1973.

Art. 581. A sentença que julgar procedente o pedido determinará o traçado da linha demarcanda.
- ▶ Correspondência: art. 958 CPC 1973.

Parágrafo único. A sentença proferida na ação demarcatória determinará a restituição da área invadida, se houver, declarando o domínio ou a posse do prejudicado, ou ambos.
- ▶ Sem correspondência no CPC 1973.

Art. 582. Transitada em julgado a sentença, o perito efetuará a demarcação e colocará os marcos necessários.
- ▶ Correspondência: art. 959 CPC 1973.
- ▶ Art. 584 deste Código.
- ▶ Art. 22, par. ún., da Lei 6.383/1976 (Processo discriminatório de terras devolutas da União).

Parágrafo único. Todas as operações serão consignadas em planta e memorial descritivo com as referências convenientes para a identificação, em qualquer tempo, dos pontos assinalados, observada a legislação especial que dispõe sobre a identificação do imóvel rural.
- ▶ Correspondência: art. 959 CPC 1973.

Art. 583. As plantas serão acompanhadas das cadernetas de operações de campo e do memorial descritivo, que conterá:
- ▶ Correspondência: art. 962 CPC 1973.

I – o ponto de partida, os rumos seguidos e a aviventação dos antigos com os respectivos cálculos;
- ▶ Correspondência: art. 962, I CPC 1973.

II – os acidentes encontrados, as cercas, os valos, os marcos antigos, os córregos, os rios, as lagoas e outros;
- ▶ Correspondência: art. 962, II CPC 1973.

III – a indicação minuciosa dos novos marcos cravados, dos antigos aproveitados, das culturas existentes e da sua produção anual;
- ▶ Correspondência: art. 962, III CPC 1973.

IV – a composição geológica dos terrenos, bem como a qualidade e a extensão dos campos, das matas e das capoeiras;
- ▶ Correspondência: art. 962, IV CPC 1973.

V – as vias de comunicação;
- ▶ Correspondência: art. 962, V CPC 1973.

VI – as distâncias a pontos de referência, tais como rodovias federais e estaduais, ferrovias, portos, aglomerações urbanas e polos comerciais;
- ▶ Correspondência: art. 962, VI CPC 1973.

VII – a indicação de tudo o mais que for útil para o levantamento da linha ou para a identificação da linha já levantada.
- ▶ Correspondência: art. 962, VII CPC 1973.

Art. 584. É obrigatória a colocação de marcos tanto na estação inicial, dita marco primordial, quanto nos vértices dos ângulos, salvo se algum desses últimos pontos for assinalado por acidentes naturais de difícil remoção ou destruição.
- ▶ Correspondência: art. 963 CPC 1973.

Art. 585. A linha será percorrida pelos peritos, que examinarão os marcos e os rumos, consignando em relatório escrito a exatidão do memorial e da planta apresentados pelo agrimensor ou as divergências porventura encontradas.
- ▶ Correspondência: art. 964 CPC 1973.
- ▶ Art. 596 deste Código.

Art. 586. Juntado aos autos o relatório dos peritos, o juiz determinará que as partes se manifestem sobre ele no prazo comum de 15 (quinze) dias.
- ▶ Correspondência: art. 965 CPC 1973.
- ▶ Art. 597 deste Código.

Parágrafo único. Executadas as correções e as retificações que o juiz determinar, lavrar-se-á, em seguida, o auto de demarcação em que os limites demarcandos serão minuciosamente descritos de acordo com o memorial e a planta.
- ▶ Correspondência: art. 965 CPC 1973.

Art. 587. Assinado o auto pelo juiz e pelos peritos, será proferida a sentença homologatória da demarcação.
- ▶ Correspondência: art. 966 CPC 1973.
- ▶ Art. 1.012, § 1º, I deste Código.

Seção III
Da divisão

Art. 588. A petição inicial será instruída com os títulos de domínio do promovente e conterá:
- ▶ Correspondência: art. 967 CPC 1973.
- ▶ Arts. 89, 292, IV e 569, II deste Código.
- ▶ Arts. 1.320 a 1.322 do CC.
- ▶ Lei 10.257/2011 (Estatuto da Cidade).

I – a indicação da origem da comunhão e a denominação, a situação, os limites e as características do imóvel;
- ▶ Correspondência: art. 967, I CPC 1973.
- ▶ Art. 47 deste Código.

II – o nome, o estado civil, a profissão e a residência de todos os condôminos, especificando-se os estabelecidos no imóvel com benfeitorias e culturas;
- ▶ Correspondência: art. 967, II CPC 1973.
- ▶ Art. 73 deste Código.

III – as benfeitorias comuns.
- ▶ Correspondência: art. 967, III CPC 1973.
- ▶ Arts. 1.219 a 1.221 do CC.

Art. 589. Feitas as citações como preceitua o art. 576, prosseguir-se-á na forma dos arts. 577 e 578.
- ▶ Correspondência: art. 968 CPC 1973.
- ▶ Art. 73, § 1º deste Código.

Art. 590. O juiz nomeará um ou mais peritos para promover a medição do imóvel e as operações de divisão, observada a legislação especial que dispõe sobre a identificação do imóvel rural.
- ▶ Correspondência: art. 956 CPC 1973.
- ▶ Art. 98, § 1º, VI e 156 deste Código.
- ▶ Lei 5.868/1972 (Sistema Nacional de Cadastro Rural).

Parágrafo único. O perito deverá indicar as vias de comunicação existentes, as construções e as benfeitorias, com a indicação dos seus valores e dos respectivos proprietários e ocupantes, as águas principais que banham o imóvel e quaisquer outras informações que possam concorrer para facilitar a partilha.
- ▶ Sem correspondência no CPC 1973.

Art. 591. Todos os condôminos serão intimados a apresentar, dentro de 10 (dez) dias, os seus títulos, se

ainda não o tiverem feito, e a formular os seus pedidos sobre a constituição dos quinhões.
▶ Correspondência: art. 970 CPC 1973.

Art. 592. O juiz ouvirá as partes no prazo comum de 15 (quinze) dias.
▶ Correspondência: art. 971 CPC 1973.

§ 1º Não havendo impugnação, o juiz determinará a divisão geodésica do imóvel.
▶ Correspondência: art. 971, par. ún. CPC 1973.

§ 2º Havendo impugnação, o juiz proferirá, no prazo de 10 (dez) dias, decisão sobre os pedidos e os títulos que devam ser atendidos na formação dos quinhões.
▶ Correspondência: art. 971, par. ún. CPC 1973.

Art. 593. Se qualquer linha do perímetro atingir benfeitorias permanentes dos confinantes feitas há mais de 1 (um) ano, serão elas respeitadas, bem como os terrenos onde estiverem, os quais não se computarão na área dividenda.
▶ Correspondência: art. 973 CPC 1973.
▶ Arts. 96 e 97 do CC.

Art. 594. Os confinantes do imóvel dividendo podem demandar a restituição dos terrenos que lhes tenham sido usurpados.
▶ Correspondência: art. 974 CPC 1973.

§ 1º Serão citados para a ação todos os condôminos, se a sentença homologatória da divisão ainda não houver transitado em julgado, e todos os quinhoeiros dos terrenos vindicados, se a ação for proposta posteriormente.
▶ Correspondência: art. 974, § 1º CPC 1973.
▶ Art. 572, § 1º deste Código.

§ 2º Nesse último caso terão os quinhoeiros o direito, pela mesma sentença que os obrigar à restituição, a haver dos outros condôminos do processo divisório ou de seus sucessores a título universal a composição pecuniária proporcional ao desfalque sofrido.
▶ Correspondência: art. 974, §2º CPC 1973.

Art. 595. Os peritos proporão, em laudo fundamentado, a forma da divisão, devendo consultar, quanto possível, a comodidade das partes, respeitar, para adjudicação a cada condômino, a preferência dos terrenos contíguos às suas residências e benfeitorias e evitar o retalhamento dos quinhões em glebas separadas.
▶ Correspondência: art. 978 CPC 1973.

Art. 596. Ouvidas as partes, no prazo comum de 15 (quinze) dias, sobre o cálculo e o plano da divisão, o juiz deliberará a partilha.
▶ Correspondência: art. 979 CPC 1973.

Parágrafo único. Em cumprimento dessa decisão, o perito procederá à demarcação dos quinhões, observando, além do disposto nos arts. 584 e 585, as seguintes regras:
▶ Correspondência: art. 979 CPC 1973.

I – as benfeitorias comuns que não comportarem divisão cômoda serão adjudicadas a um dos condôminos mediante compensação;
▶ Correspondência: art. 979, I CPC 1973.

II – instituir-se-ão as servidões que forem indispensáveis em favor de uns quinhões sobre os outros, incluindo o respectivo valor no orçamento para que, não se tratando de servidões naturais, seja compensado o condômino aquinhoado com o prédio serviente;
▶ Correspondência: art. 979, II CPC 1973.
▶ Arts. 1.378 a 1.389 do CC.

III – as benfeitorias particulares dos condôminos que excederem à área a que têm direito serão adjudicadas ao quinhoeiro vizinho mediante reposição;
▶ Correspondência: art. 979, III CPC 1973.
▶ Arts. 96 e 97 do CC.

IV – se outra coisa não acordarem as partes, as compensações e as reposições serão feitas em dinheiro.
▶ Correspondência: art. 979, IV CPC 1973.

Art. 597. Terminados os trabalhos e desenhados na planta os quinhões e as servidões aparentes, o perito organizará o memorial descritivo.
▶ Correspondência: art. 980 CPC 1973.

§ 1º Cumprido o disposto no art. 586, o escrivão, em seguida, lavrará o auto de divisão, acompanhado de uma folha de pagamento para cada condômino.
▶ Correspondência: art. 980 CPC 1973.
▶ Art. 89 deste Código.

§ 2º Assinado o auto pelo juiz e pelo perito, será proferida sentença homologatória da divisão.
▶ Correspondência: art. 980 CPC 1973.
▶ Art. 1.012, I deste Código.

§ 3º O auto conterá:
▶ Correspondência: art. 980, § 1º CPC 1973.

I – a confinação e a extensão superficial do imóvel;
▶ Correspondência: art. 980, § 1º, I CPC 1973.

II – a classificação das terras com o cálculo das áreas de cada consorte e com a respectiva avaliação ou, quando a homogeneidade das terras não determinar diversidade de valores, a avaliação do imóvel na sua integridade;
▶ Correspondência: art. 980, §1º, II CPC 1973.

III – o valor e a quantidade geométrica que couber a cada condômino, declarando-se as reduções e as compensações resultantes da diversidade de valores das glebas componentes de cada quinhão.
▶ Correspondência: art. 980, § 1º, III CPC 1973.

§ 4º Cada folha de pagamento conterá:
▶ Correspondência: art. 980, § 2º CPC 1973.

I – a descrição das linhas divisórias do quinhão, mencionadas as confinantes;
▶ Correspondência: art. 980, § 2º, I CPC 1973.

II – a relação das benfeitorias e das culturas do próprio quinhoeiro e das que lhe foram adjudicadas por serem comuns ou mediante compensação;
▶ Correspondência: art. 980, § 2º, II CPC 1973.

III – a declaração das servidões instituídas, especificados os lugares, a extensão e o modo de exercício.
▶ Correspondência: art. 980, § 2º, III CPC 1973.

Art. 598. Aplica-se às divisões o disposto nos arts. 575 a 578.
▶ Correspondência: art. 981 CPC 1973.

CAPÍTULO V
DA AÇÃO DE DISSOLUÇÃO PARCIAL DE SOCIEDADE

Art. 599. A ação de dissolução parcial de sociedade pode ter por objeto:
▶ Correspondência: art. 1.218, VII CPC 1973.
▶ Dec.-Lei 368/1968 (Efeitos de Débitos Salariais).
▶ Súmula Vinculante 18 do STF.

I – a resolução da sociedade empresária contratual ou simples em relação ao sócio falecido, excluído ou que exerceu o direito de retirada ou recesso; e
▶ Correspondência: art. 1.218, VII CPC 1973.
▶ Arts. 1.028 a 1.032, 1.085 e 1.086 do CC.

II – a apuração dos haveres do sócio falecido, excluído ou que exerceu o direito de retirada ou recesso; ou
▶ Correspondência: art. 1.218, VII CPC 1973.
▶ Arts. 1.028 a 1.032, 1.085 e 1.086 do CC.
▶ Súmula 265 do STF.

III – somente a resolução ou a apuração de haveres.
▶ Correspondência: art. 1.218, VII CPC 1973.

§ 1º A petição inicial será necessariamente instruída com o contrato social consolidado.
▶ Correspondência: art. 1.218, VII CPC 1973.
▶ Súmula 435 do STJ.

§ 2º A ação de dissolução parcial de sociedade pode ter também por objeto a sociedade anônima de capital fechado quando demonstrado, por acionista ou acionistas que representem cinco por cento ou mais do capital social, que não pode preencher o seu fim.
▶ Correspondência: art. 1.218, VII CPC 1973.
▶ Arts. 1.033 a 1.038 do CC.

Art. 600. A ação pode ser proposta:
▶ Correspondência: art. 1.218, VII CPC 1973.

I – pelo espólio do sócio falecido, quando a totalidade dos sucessores não ingressar na sociedade;
▶ Correspondência: art. 1.218, VII CPC 1973.

II – pelos sucessores, após concluída a partilha do sócio falecido;
▶ Correspondência: art. 1.218, VII CPC 1973.
▶ Arts. 1.814 e 1.829 do CC.

III – pela sociedade, se os sócios sobreviventes não admitirem o ingresso do espólio ou dos sucessores do falecido na sociedade, quando esse direito decorrer do contrato social;
▶ Correspondência: art. 1.218, VII CPC 1973.

IV – pelo sócio que exerceu o direito de retirada ou recesso, se não tiver sido providenciada, pelos demais sócios, a alteração contratual consensual formalizando o desligamento, depois de transcorridos 10 (dez) dias do exercício do direito;
▶ Correspondência: art. 1.218, VII CPC 1973.
▶ Art. 1.059 do CC.

V – pela sociedade, nos casos em que a lei não autoriza a exclusão extrajudicial; ou
▶ Correspondência: art. 1.218, VII CPC 1973.
▶ Art. 1.085 do CC.

VI – pelo sócio excluído.
▶ Correspondência: art.1.218, VII CPC 1973.

Parágrafo único. O cônjuge ou companheiro do sócio cujo casamento, união estável ou convivência terminou poderá requerer a apuração de seus haveres na sociedade, que serão pagos à conta da quota social titulada por este sócio.
▶ Correspondência: art. 1.218, VII CPC 1973.

Art. 601. Os sócios e a sociedade serão citados para, no prazo de 15 (quinze) dias, concordar com o pedido ou apresentar contestação.
▶ Correspondência: art. 1.218, VII CPC 1973.
▶ Art. 239 deste Código.

Parágrafo único. A sociedade não será citada se todos os seus sócios o forem, mas ficará sujeita aos efeitos da decisão e à coisa julgada.

▶ Correspondência: art. 1.218, VII CPC 1973.
▶ Art. 242 deste Código.

Art. 602. A sociedade poderá formular pedido de indenização compensável com o valor dos haveres a apurar.
▶ Correspondência: art. 1.218, VII CPC 1973.
▶ Art. 944 do CC.

Art. 603. Havendo manifestação expressa e unânime pela concordância da dissolução, o juiz a decretará, passando-se imediatamente à fase de liquidação.
▶ Correspondência: art. 1.218, VII CPC 1973.
▶ Arts. 1.036, par. un. e 1.038 do CC.

§ 1º Na hipótese prevista no *caput*, não haverá condenação em honorários advocatícios de nenhuma das partes, e as custas serão rateadas segundo a participação das partes no capital social.
▶ Correspondência: art. CPC 1.218, VII 1973.

§ 2º Havendo contestação, observar-se-á o procedimento comum, mas a liquidação da sentença seguirá o disposto neste Capítulo.
▶ Correspondência: art. 1.218, VII CPC 1973.
▶ Arts. 335 e ss. deste Código.

Art. 604. Para apuração dos haveres, o juiz:
▶ Correspondência: art. 1.218, VII CPC 1973.

I – fixará a data da resolução da sociedade;
▶ Correspondência: art. 1.218, VII CPC 1973.
▶ Art. 1.036 do CC.

II – definirá o critério de apuração dos haveres à vista do disposto no contrato social; e
▶ Correspondência: art. 1.218, VII CPC 1973.

III – nomeará o perito.
▶ Correspondência: art. 1.218, VII CPC 1973.
▶ Art. 156 deste Código.

§ 1º O juiz determinará à sociedade ou aos sócios que nela permanecerem que depositem em juízo a parte incontroversa dos haveres devidos.
▶ Correspondência: art. 1.218, VII CPC 1973.
▶ Art. 647, I do CC.

§ 2º O depósito poderá ser, desde logo, levantado pelo ex-sócio, pelo espólio ou pelos sucessores.
▶ Correspondência: art. 1.218, VII CPC 1973.

§ 3º Se o contrato social estabelecer o pagamento dos haveres, será observado o que nele se dispôs no depósito judicial da parte incontroversa.
▶ Correspondência: art. 1.218, VII CPC 1973.

Art. 605. A data da resolução da sociedade será:
▶ Correspondência: art. 1.218, VII CPC 1973.

I – no caso de falecimento do sócio, a do óbito;
▶ Correspondência: art. 1.218, VII CPC 1973.
▶ Art. 80 da Lei 6.015/1973 (Registros Públicos).

II – na retirada imotivada, o sexagésimo dia seguinte ao do recebimento, pela sociedade, da notificação do sócio retirante;
▶ Correspondência: art. 1.218, VII CPC 1973.

III – no recesso, o dia do recebimento, pela sociedade, da notificação do sócio dissidente;
▶ Correspondência: art. 1.218, VII CPC 1973.

IV – na retirada por justa causa de sociedade por prazo determinado e na exclusão judicial de sócio, a do trânsito em julgado da decisão que dissolver a sociedade; e
▶ Correspondência: art. 1.218, VII CPC 1973.

V – na exclusão extrajudicial, a data da assembleia ou da reunião de sócios que a tiver deliberado.
▶ Correspondência: art. 1.218, VII CPC 1973.

Art. 606. Em caso de omissão do contrato social, o juiz definirá, como critério de apuração de haveres, o valor patrimonial apurado em balanço de determinação, tomando-se por referência a data da resolução e avaliando-se bens e direitos do ativo, tangíveis e intangíveis, a preço de saída, além do passivo também a ser apurado de igual forma.
▶ Correspondência: art. 1.218, VII CPC 1973.

Parágrafo único. Em todos os casos em que seja necessária a realização de perícia, a nomeação do perito recairá preferencialmente sobre especialista em avaliação de sociedades.
▶ Correspondência: art. 1.218, VII CPC 1973.
▶ Art. 156 deste Código.

Art. 607. A data da resolução e o critério de apuração de haveres podem ser revistos pelo juiz, a pedido da parte, a qualquer tempo antes do início da perícia.
▶ Correspondência: art. 1.218, VII CPC 1973.

Art. 608. Até a data da resolução, integram o valor devido ao ex-sócio, ao espólio ou aos sucessores a participação nos lucros ou os juros sobre o capital próprio declarados pela sociedade e, se for o caso, a remuneração como administrador.
▶ Correspondência: art. 1.218, VII CPC 1973.

Parágrafo único. Após a data da resolução, o ex-sócio, o espólio ou os sucessores terão direito apenas à correção monetária dos valores apurados e aos juros contratuais ou legais.
▶ Correspondência: art. 1.218, VII CPC 1973.

▶ Art. 406 do CC.

Art. 609. Uma vez apurados, os haveres do sócio retirante serão pagos conforme disciplinar o contrato social e, no silêncio deste, nos termos do § 2º do art. 1.031 da Lei 10.406, de 10 de janeiro de 2002 (Código Civil).
▶ Correspondência: art. 1.218, VII CPC 1973.
▶ Art. 1.031 do CC.

CAPÍTULO VI
DO INVENTÁRIO E DA PARTILHA

Seção I
Disposições gerais

Art. 610. Havendo testamento ou interessado incapaz, proceder-se-á ao inventário judicial.
▶ Correspondência: art. 982 CPC 1973.
▶ Arts. 3º, 4º e 2.016 do CC.
▶ Prov. 56/2016 do CNJ (Obrigatoriedade de consulta ao Registro Central de Testamentos On-line).

§ 1º Se todos forem capazes e concordes, o inventário e a partilha poderão ser feitos por escritura pública, a qual constituirá documento hábil para qualquer ato de registro, bem como para levantamento de importância depositada em instituições financeiras.
▶ Correspondência: art. 982 CPC 1973.

§ 2º O tabelião somente lavrará a escritura pública se todas as partes interessadas estiverem assistidas por advogado ou por defensor público, cuja qualificação e assinatura constarão do ato notarial.
▶ Correspondência: art. 982, § 1º CPC 1973.
▶ Arts. 133 e 134 da CF.
▶ Lei 6.015/1973 (Registros Públicos).

Art. 611. O processo de inventário e de partilha deve ser instaurado dentro de 2 (dois) meses, a contar da abertura da sucessão, ultimando-se nos 12 (doze) meses subsequentes, podendo o juiz prorrogar esses prazos, de ofício ou a requerimento de parte.
▶ Correspondência: art. 983 CPC 1973.
▶ Arts. 48 e 615 deste Código.
▶ Art. 1.796 do CC.
▶ Súmula 542 do STF.

Art. 612. O juiz decidirá todas as questões de direito desde que os fatos relevantes estejam provados por documento, só remetendo para as vias ordinárias as questões que dependerem de outras provas.
▶ Correspondência: art. 984 CPC 1973.
▶ Arts. 627, 628, 641 e 643 deste Código.

Art. 613. Até que o inventariante preste o compromisso, continuará o espólio na posse do administrador provisório.
▶ Correspondência: art. 985 CPC 1973.
▶ Art. 1.797 do CC.

Art. 614. O administrador provisório representa ativa e passivamente o espólio, é obrigado a trazer ao acervo os frutos que desde a abertura da sucessão percebeu, tem direito ao reembolso das despesas necessárias e úteis que fez e responde pelo dano a que, por dolo ou culpa, der causa.
▶ Correspondência: art. 986 CPC 1973.
▶ Art. 1.232 do CC.

Seção II
Da legitimidade para requerer o inventário

Art. 615. O requerimento de inventário e de partilha incumbe a quem estiver na posse e na administração do espólio, no prazo estabelecido no art. 611.
▶ Correspondência: art. 987 CPC 1973.
▶ Art. 1.791 e 1.798 do CC.
▶ Súmula 542 do STF.

Parágrafo único. O requerimento será instruído com a certidão de óbito do autor da herança.
▶ Correspondência: art. 987, par. ún., CPC 1973.
▶ Art. 1.805 do CC.

Art. 616. Têm, contudo, legitimidade concorrente:
▶ Correspondência: art. 988 CPC 1973.

I – o cônjuge ou companheiro supérstite;
▶ Correspondência: art. 988, I CPC 1973.
▶ Art. 1º da Lei 9.278/1996 (União Estável).
▶ Art. 16 do Dec.-Lei 3.048/1999 (Regulamento da Previdência Social)

II – o herdeiro;
▶ Correspondência: art. 988, II CPC 1973.
▶ Art. 227, § 6º da CF.
▶ Art. 41 da Lei 8.069/1990 (Estatuto da Criança e do Adolescente).

III – o legatário;
▶ Correspondência: art. 988, III CPC 1973.
▶ Arts. 1.206 e 1.914 do CC.

IV – o testamenteiro;
▶ Correspondência: art. 988, IV CPC 1973.
▶ Arts. 133, 1.797, III e 1.868 do CC.

V – o cessionário do herdeiro ou do legatário;
▶ Correspondência: art. 988, V CPC 1973.

VI – o credor do herdeiro, do legatário ou do autor da herança;

▶ Correspondência: art. 988, VI CPC 1973.

VII – o Ministério Público, havendo herdeiros incapazes;
▶ Correspondência: art. 988, VIII CPC 1973.
▶ Art. 178 deste Código.

VIII – a Fazenda Pública, quando tiver interesse;
▶ Correspondência: art. 988, IX CPC 1973.
▶ Art. 722 deste Código.

IX – o administrador judicial da falência do herdeiro, do legatário, do autor da herança ou do cônjuge ou companheiro supérstite.
▶ Correspondência: art. 988, VII CPC 1973.

Seção III
Do Inventariante e das primeiras declarações

Art. 617. O juiz nomeará inventariante na seguinte ordem:
▶ Correspondência: art. 990 CPC 1973.
▶ Art. 1.991 do CC.

I – o cônjuge ou companheiro sobrevivente, desde que estivesse convivendo com o outro ao tempo da morte deste;
▶ Correspondência: art. 990, I CPC 1973.
▶ Arts. 1.565 e 1.830 do CC.
▶ Art. 1º da Lei 9.278/1996 (União Estável).
▶ Art. 16 do Dec.-Lei 3.048/1999 (Regulamento da Previdência Social).
▶ Lei 8.971/1994 (Direito dos companheiros a alimentos e à sucessão).

II – o herdeiro que se achar na posse e na administração do espólio, se não houver cônjuge ou companheiro sobrevivente ou se estes não puderem ser nomeados;
▶ Correspondência: art. 990, II CPC 1973.
▶ Art. 1.206 do CC.

III – qualquer herdeiro, quando nenhum deles estiver na posse e na administração do espólio;
▶ Correspondência: art. 990, III CPC 1973.
▶ Art. 26 da Lei 8.069/1990 (Estatuto da Criança e do Adolescente).

IV – o herdeiro menor, por seu representante legal;
▶ Sem correspondência no CPC 1973.
▶ Art. 1.733, § 2º do CC.

V – o testamenteiro, se lhe tiver sido confiada a administração do espólio ou se toda a herança estiver distribuída em legados;
▶ Correspondência: art. 990, IV CPC 1973.
▶ Art. 1.797, III e 1.990 do CC.

VI – o cessionário do herdeiro ou do legatário;
▶ Sem correspondência no CPC 1973.

VII – o inventariante judicial, se houver;
▶ Correspondência: art. 990, V CPC 1973.

VIII – pessoa estranha idônea, quando não houver inventariante judicial.
▶ Correspondência: art. 990, VI CPC 1973.

Parágrafo único. O inventariante, intimado da nomeação, prestará, dentro de 5 (cinco) dias, o compromisso de bem e fielmente desempenhar a função.
▶ Correspondência: art. 990, par. ún. CPC 1973.
▶ Art. 613 deste Código.
▶ Art. 1.797 do CC.

Art. 618. Incumbe ao inventariante:
▶ Correspondência: art. 991 CPC 1973.
▶ Art. 1.991 do CC.

I – representar o espólio ativa e passivamente, em juízo ou fora dele, observando-se, quanto ao dativo, o disposto no art. 75, § 1º;
▶ Correspondência: art. 991, I CPC 1973.

II – administrar o espólio, velando-lhe os bens com a mesma diligência que teria se seus fossem;
▶ Correspondência: art. 991, II CPC 1973.

III – prestar as primeiras e as últimas declarações pessoalmente ou por procurador com poderes especiais;
▶ Correspondência: art. 991, III CPC 1973.
▶ Arts. 620, 622, I e 636 deste Código.

IV – exibir em cartório, a qualquer tempo, para exame das partes, os documentos relativos ao espólio;
▶ Correspondência: art. 991, IV CPC 1973.

V – juntar aos autos certidão do testamento, se houver;
▶ Correspondência: art. 991, V CPC 1973.

VI – trazer à colação os bens recebidos pelo herdeiro ausente, renunciante ou excluído;
▶ Correspondência: art. 991, VI CPC 1973.
▶ Arts. 639 a 641 deste Código.
▶ Art. 6º do CC.

VII – prestar contas de sua gestão ao deixar o cargo ou sempre que o juiz lhe determinar;
▶ Correspondência: art. 991, VII CPC 1973.
▶ Art. 622, V, deste Código.

VIII – requerer a declaração de insolvência.
▶ Correspondência: art. 991, VIII CPC 1973.
▶ Art. 955 do CC.

Art. 619. Incumbe ainda ao inventariante, ouvidos os interessados e com autorização do juiz:
▶ Correspondência art. 992 CPC 1973.

I – alienar bens de qualquer espécie;

▶ Correspondência: art. 992, I CPC 1973.

II – transigir em juízo ou fora dele;
▶ Correspondência: art. 992, II CPC 1973.
▶ Arts. 840 a 850 do CC.

III – pagar dívidas do espólio;
▶ Correspondência: art. 992, III CPC 1973.
▶ Arts. 642 a 646 deste Código.
▶ Arts. 134, IV, par. ún. e 192 do CTN.

IV – fazer as despesas necessárias para a conservação e o melhoramento dos bens do espólio.
▶ Correspondência: art. 992, IV CPC 1973.

Art. 620. Dentro de 20 (vinte) dias contados da data em que prestou o compromisso, o inventariante fará as primeiras declarações, das quais se lavrará termo circunstanciado, assinado pelo juiz, pelo escrivão e pelo inventariante, no qual serão exarados:
▶ Correspondência: art. 993 CPC 1973.
▶ Arts. 626, §§ 2º a 4º e 627 deste Código.

I – o nome, o estado, a idade e o domicílio do autor da herança, o dia e o lugar em que faleceu e se deixou testamento;
▶ Correspondência: art. 993, I CPC 1973.
▶ Art. 48 deste Código.

II – o nome, o estado, a idade, o endereço eletrônico e a residência dos herdeiros e, havendo cônjuge ou companheiro supérstite, além dos respectivos dados pessoais, o regime de bens do casamento ou da união estável;
▶ Correspondência: art. 993, II CPC 1973.
▶ Art. 1º da Lei 9.278/1996 (União Estável).
▶ Art. 16 do Dec.-Lei 3.048/1999 (Regulamento da Previdência Social).
▶ Lei 8.971/1994 (Direito dos companheiros a alimentos e à sucessão).

III – a qualidade dos herdeiros e o grau de parentesco com o inventariado;
▶ Correspondência: art. 993, III CPC 1973.
▶ Arts. 1.784, 1.790, 1.798 e 1.851 do CC.
▶ Art. 227, § 6º da CF.
▶ Art. 41 da Lei 8.069/1990 (Estatuto da Criança e do Adolescente).

IV – a relação completa e individualizada de todos os bens do espólio, inclusive aqueles que devem ser conferidos à colação, e dos bens alheios que nele forem encontrados, descrevendo-se:
▶ Correspondência: art. 993, IV, CPC 1973.
▶ Art. 674, *caput*, última parte, deste Código.

a) os imóveis, com as suas especificações, nomeadamente local em que se encontram, extensão da área, limites, confrontações, benfeitorias, origem dos títulos, números das matrículas e ônus que os gravam;
▶ Correspondência: art. 993, IV, alínea a CPC 1973.
▶ Arts. 79 a 81 e 577 do CC.

b) os móveis, com os sinais característicos;
▶ Correspondência: art. 993, IV, alínea b CPC 1973.
▶ Arts. 29 e 82 a 84 do CC.

c) os semoventes, seu número, suas espécies, suas marcas e seus sinais distintivos;
▶ Correspondência: art. 993, IV, alínea c CPC 1973.

d) o dinheiro, as joias, os objetos de ouro e prata e as pedras preciosas, declarando-se-lhes especificadamente a qualidade, o peso e a importância;
▶ Correspondência: art. 993, IV, alínea d CPC 1973.

e) os títulos da dívida pública, bem como as ações, as quotas e os títulos de sociedade, mencionando-se-lhes o número, o valor e a data;
▶ Correspondência: art. 993, IV, alínea e CPC 1973.
▶ Lei 6.858/1980 (Pagamento aos dependentes ou sucessores, de valores não recebidos em vida pelos respectivos titulares).
▶ Decreto 85.845/1981 (Regulamenta a Lei 6.858/1980, que dispõe sobre o pagamento, aos dependentes ou sucessores, de valores não recebidos em vida pelos respectivos titulares).

f) as dívidas ativas e passivas, indicando-se-lhes as datas, os títulos, a origem da obrigação e os nomes dos credores e dos devedores;
▶ Correspondência: art. 993, IV, alínea f CPC 1973.

g) direitos e ações;
▶ Correspondência: art. 993, IV, alínea g CPC 1973.

h) o valor corrente de cada um dos bens do espólio.
▶ Arts. 633 e 634 deste Código.

§ 1º O juiz determinará que se proceda:
▶ Correspondência: art. 993, par. ún. CPC 1973.

I – ao balanço do estabelecimento, se o autor da herança era empresário individual;
▶ Correspondência: art. 993, I CPC 1973.
▶ Art. 669 do Dec.-lei 1.608/1939 (Código de Processo Civil/1939).

II – à apuração de haveres, se o autor da herança era sócio de sociedade que não anônima.
▶ Correspondência: art. 993, II CPC 1973.
▶ Art. 420, II deste Código.
▶ Súmula 265 do STF.

§ 2º As declarações podem ser prestadas mediante petição, firmada por procurador com poderes especiais, à qual o termo se reportará.

▶ Sem correspondência no CPC 1973.

Art. 621. Só se pode arguir sonegação ao inventariante depois de encerrada a descrição dos bens, com a declaração, por ele feita, de não existirem outros por inventariar.
▶ Correspondência: art. 994 CPC 1973.
▶ Art. 1.996 do CC.

Art. 622. O inventariante será removido de ofício ou a requerimento:
▶ Correspondência: art. 995 CPC 1973.

I – se não prestar, no prazo legal, as primeiras ou as últimas declarações;
▶ Correspondência: art. 995, I CPC 1973.
▶ Arts. 620 e 636 deste Código.

II – se não der ao inventário andamento regular, se suscitar dúvidas infundadas ou se praticar atos meramente protelatórios;
▶ Correspondência: art. 995, II CPC 1973.

III – se, por culpa sua, bens do espólio se deteriorarem, forem dilapidados ou sofrerem dano;
▶ Correspondência: art. 995, III CPC 1973.
▶ Art. 618, II deste Código.

IV – se não defender o espólio nas ações em que for citado, se deixar de cobrar dívidas ativas ou se não promover as medidas necessárias para evitar o perecimento de direitos;
▶ Correspondência: art. 995, IV CPC 1973.
▶ Art. 618, I deste Código.

V – se não prestar contas ou se as que prestar não forem julgadas boas;
▶ Correspondência: art. 995, V CPC 1973.
▶ Arts. 553 e 618, VII deste Código.

VI – se sonegar, ocultar ou desviar bens do espólio.
▶ Correspondência: art. 995, VI CPC 1973.
▶ Arts. 1.993 a 1996 do CC.

Art. 623. Requerida a remoção com fundamento em qualquer dos incisos do art. 622, será intimado o inventariante para, no prazo de 15 (quinze) dias, defender-se e produzir provas.
▶ Correspondência: art. 996 CPC 1973.

Parágrafo único. O incidente da remoção correrá em apenso aos autos do inventário.
▶ Correspondência: art. 996, par. ún., CPC 1973.

Art. 624. Decorrido o prazo, com a defesa do inventariante ou sem ela, o juiz decidirá.
▶ Correspondência: art. 997 CPC 1973.

Parágrafo único. Se remover o inventariante, o juiz nomeará outro, observada a ordem estabelecida no art. 617.
▶ Correspondência: art. 997 CPC 1973.

Art. 625. O inventariante removido entregará imediatamente ao substituto os bens do espólio e, caso deixe de fazê-lo, será compelido mediante mandado de busca e apreensão ou de imissão na posse, conforme se tratar de bem móvel ou imóvel, sem prejuízo da multa a ser fixada pelo juiz em montante não superior a três por cento do valor dos bens inventariados.
▶ Correspondência: art. 998 CPC 1973.

Seção IV
Das citações e das impugnações

Art. 626. Feitas as primeiras declarações, o juiz mandará citar, para os termos do inventário e da partilha, o cônjuge, o companheiro, os herdeiros e os legatários e intimar a Fazenda Pública, o Ministério Público, se houver herdeiro incapaz ou ausente, e o testamenteiro, se houver testamento.
▶ Correspondência: art. 999 CPC 1973.
▶ Art. 103, 178, 180 e 535 deste Código.

§ 1º O cônjuge ou companheiro, os herdeiros e os legatários serão citados pelo correio, observado o disposto no art. 247, sendo, ainda, publicado edital, nos termos do inciso III do art. 259.
▶ Correspondência: art. 999, § 1º CPC 1973.
▶ Arts. 256 a 258 deste Código.

§ 2º Das primeiras declarações extrair-se-ão tantas cópias quantas forem as partes.
▶ Correspondência: art. 999, § 2º CPC 1973.

§ 3º A citação será acompanhada de cópia das primeiras declarações.
▶ Correspondência: art. 999, § 3º CPC 1973.

§ 4º Incumbe ao escrivão remeter cópias à Fazenda Pública, ao Ministério Público, ao testamenteiro, se houver, e ao advogado, se a parte já estiver representada nos autos.
▶ Correspondência: art. 999, § 4º CPC 1973.
▶ Art. 103, 178, 180 e 535 deste Código.

Art. 627. Concluídas as citações, abrir-se-á vista às partes, em cartório e pelo prazo comum de 15 (quinze) dias, para que se manifestem sobre as primeiras declarações, incumbindo às partes:
▶ Correspondência: art. 1.000 CPC 1973.

▶ Arts. 629, 630 e 639 deste Código.

I – arguir erros, omissões e sonegação de bens;

II – reclamar contra a nomeação de inventariante;
▶ Correspondência: art. 1.000, II CPC 1973.

III – contestar a qualidade de quem foi incluído no título de herdeiro.
▶ Correspondência: art. 1.000, iii CPC 1973.

§ 1º Julgando procedente a impugnação referida no inciso I, o juiz mandará retificar as primeiras declarações.
▶ Correspondência: art. 1.000, par. ún., CPC 1973.

§ 2º Se acolher o pedido de que trata o inciso II, o juiz nomeará outro inventariante, observada a preferência legal.
▶ Correspondência: art. 1.000, par. ún., CPC 1973.

§ 3º Verificando que a disputa sobre a qualidade de herdeiro a que alude o inciso III demanda produção de provas que não a documental, o juiz remeterá a parte às vias ordinárias e sobrestará, até o julgamento da ação, a entrega do quinhão que na partilha couber ao herdeiro admitido.
▶ Correspondência: art. 1.000, par. ún., CPC 1973.
▶ Arts. 612, 617 e 624 deste Código.

Art. 628. Aquele que se julgar preterido poderá demandar sua admissão no inventário, requerendo-a antes da partilha.
▶ Correspondência: art. 1.001 CPC 1973.

§ 1º Ouvidas as partes no prazo de 15 (quinze) dias, o juiz decidirá.
▶ Correspondência: art. 1.001 CPC 1973.

§ 2º Se para solução da questão for necessária a produção de provas que não a documental, o juiz remeterá o requerente às vias ordinárias, mandando reservar, em poder do inventariante, o quinhão do herdeiro excluído até que se decida o litígio.
▶ Correspondência: art. 1.001 CPC 1973.
▶ Art. 612 deste Código.

Art. 629. A Fazenda Pública, no prazo de 15 (quinze) dias, após a vista de que trata o art. 627, informará ao juízo, de acordo com os dados que constam de seu cadastro imobiliário, o valor dos bens de raiz descritos nas primeiras declarações.
▶ Correspondência: art. 1.002 CPC 1973.
▶ Art. 633 e 634 deste Código.

Seção V
Da avaliação e do cálculo do imposto

Art. 630. Findo o prazo previsto no art. 627 sem impugnação ou decidida a impugnação que houver sido oposta, o juiz nomeará, se for o caso, perito para avaliar os bens do espólio, se não houver na comarca avaliador judicial.
▶ Correspondência: art. 1.003 CPC 1973.
▶ Arts. 150 a 158 deste Código.

Parágrafo único. Na hipótese prevista no art. 620, § 1º, o juiz nomeará perito para avaliação das quotas sociais ou apuração dos haveres.
▶ Correspondência: art. 1.003, par. ún., CPC 1973.
▶ Arts 870 a 875 deste Código.

Art. 631. Ao avaliar os bens do espólio, o perito observará, no que for aplicável, o disposto nos arts. 872 e 873.
▶ Correspondência: art. 1.004 CPC 1973.

Art. 632. Não se expedirá carta precatória para a avaliação de bens situados fora da comarca onde corre o inventário se eles forem de pequeno valor ou perfeitamente conhecidos do perito nomeado.
▶ Correspondência: art. 1.006 CPC 1973.

Art. 633. Sendo capazes todas as partes, não se procederá à avaliação se a Fazenda Pública, intimada pessoalmente, concordar de forma expressa com o valor atribuído, nas primeiras declarações, aos bens do espólio.
▶ Correspondência: art. 1.007 CPC 1973.
▶ Art. 629 deste Código.

Art. 634. Se os herdeiros concordarem com o valor dos bens declarados pela Fazenda Pública, a avaliação cingir-se-á aos demais.
▶ Correspondência: art. 1.008 CPC 1973.

Art. 635. Entregue o laudo de avaliação, o juiz mandará que as partes se manifestem no prazo de 15 (quinze) dias, que correrá em cartório.
▶ Correspondência: art. 1.009 CPC 1973.

§ 1º Versando a impugnação sobre o valor dado pelo perito, o juiz a decidirá de plano, à vista do que constar dos autos.
▶ Correspondência: art. 1.009, § 1º CPC 1973.

§ 2º Julgando procedente a impugnação, o juiz determinará que o perito retifique a avaliação, observando os fundamentos da decisão.
▶ Correspondência: art. 1.009, § 2º CPC 1973.

Art. 636. Aceito o laudo ou resolvidas as impugnações suscitadas a seu respeito, lavrar-se-á em seguida o termo

de últimas declarações, no qual o inventariante poderá emendar, aditar ou completar as primeiras.
▶ Correspondência: art. 1.011 CPC 1973.
▶ Art. 622, I, deste Código.

Art. 637. Ouvidas as partes sobre as últimas declarações no prazo comum de 15 (quinze) dias, proceder-se-á ao cálculo do tributo.
▶ Correspondência: art. 1.012 CPC 1973.
▶ Súmulas 112 a 115, 331 e 590 do STF.

Art. 638. Feito o cálculo, sobre ele serão ouvidas todas as partes no prazo comum de 5 (cinco) dias, que correrá em cartório, e, em seguida, a Fazenda Pública.
▶ Correspondência: art. 1.013 CPC 1973.

§ 1º Se acolher eventual impugnação, o juiz ordenará nova remessa dos autos ao contabilista, determinando as alterações que devam ser feitas no cálculo.
▶ Correspondência: art. 1.013, § 1º CPC 1973.

§ 2º Cumprido o despacho, o juiz julgará o cálculo do tributo.
▶ Correspondência: art. 1.013, § 2º CPC 1973.

Seção VI
Das colações

▶ Arts. 2.002 a 2.012 do CC.

Art. 639. No prazo estabelecido no art. 627, o herdeiro obrigado à colação conferirá por termo nos autos ou por petição à qual o termo se reportará os bens que recebeu ou, se já não os possuir, trar-lhes-á o valor.
▶ Correspondência: art. 1.014 CPC 1973.
▶ Arts. 544, 2.002 a 2.012 do CC.

Parágrafo único. Os bens a serem conferidos na partilha, assim como as acessões e as benfeitorias que o donatário fez, calcular-se-ão pelo valor que tiverem ao tempo da abertura da sucessão.
▶ Correspondência: art. 1.014, par. ún., CPC 1973.
▶ Art. 2.004 do CC.

Art. 640. O herdeiro que renunciou à herança ou o que dela foi excluído não se exime, pelo fato da renúncia ou da exclusão, de conferir, para o efeito de repor a parte inoficiosa, as liberalidades que obteve do doador.
▶ Correspondência: art. 1.015 CPC 1973.
▶ Arts. 549, 2.007 e 2.008 do CC.

§ 1º É lícito ao donatário escolher, dentre os bens doados, tantos quantos bastem para perfazer a legítima e a metade disponível, entrando na partilha o excedente para ser dividido entre os demais herdeiros.
▶ Correspondência: art. 1.015, § 1º CPC 1973.
▶ Arts. 1.647, IV e 2.007 do CC.

§ 2º Se a parte inoficiosa da doação recair sobre bem imóvel que não comporte divisão cômoda, o juiz determinará que sobre ela se proceda à licitação entre os herdeiros.
▶ Correspondência: art. 1.015, § 2º CPC 1973.

§ 3º O donatário poderá concorrer na licitação referida no § 2º e, em igualdade de condições, terá preferência sobre os herdeiros.
▶ Correspondência: art. 1.015, § 2º CPC 1973.

Art. 641. Se o herdeiro negar o recebimento dos bens ou a obrigação de os conferir, o juiz, ouvidas as partes no prazo comum de 15 (quinze) dias, decidirá à vista das alegações e das provas produzidas.
▶ Correspondência: art. 1.016 CPC 1973.

§ 1º Declarada improcedente a oposição, se o herdeiro, no prazo improrrogável de 15 (quinze) dias, não proceder à conferência, o juiz mandará sequestrar-lhe, para serem inventariados e partilhados, os bens sujeitos à colação ou imputar ao seu quinhão hereditário o valor deles, se já não os possuir.
▶ Correspondência: art. 1.016, § 1º CPC 1973.
▶ Art. 682 deste Código.

§ 2º Se a matéria exigir dilação probatória diversa da documental, o juiz remeterá as partes às vias ordinárias, não podendo o herdeiro receber o seu quinhão hereditário, enquanto pender a demanda, sem prestar caução correspondente ao valor dos bens sobre os quais versar a conferência.
▶ Correspondência: art. 1.016, 2º CPC 1973.
▶ Art. 83 e 612 deste Código.

Seção VII
Do pagamento das dívidas

Art. 642. Antes da partilha, poderão os credores do espólio requerer ao juízo do inventário o pagamento das dívidas vencidas e exigíveis.
▶ Correspondência: art. 1.017 CPC 1973.
▶ Art. 619, III deste Código.
▶ Arts. 1.997 a 2.001 do CC.
▶ Arts. 131, II e III, e 187 a 189 do CTN.
▶ Art. 4º, § 4º da Lei 6.830/1980 (Execuções Fiscais).

§ 1º A petição, acompanhada de prova literal da dívida, será distribuída por dependência e autuada em apenso aos autos do processo de inventário.
▶ Correspondência: art. 1.017, § 1º CPC 1973.

§ 2º Concordando as partes com o pedido, o juiz, ao declarar habilitado o credor, mandará que se faça a separação de dinheiro ou, em sua falta, de bens suficientes para o pagamento.
▶ Correspondência: art. 1.017, § 2º CPC 1973.

§ 3º Separados os bens, tantos quantos forem necessários para o pagamento dos credores habilitados, o juiz mandará aliená-los, observando-se as disposições deste Código relativas à expropriação.
▶ Correspondência: art. 1.017, § 3º CPC 1973.
▶ Art. 647 e 825 deste Código.

§ 4º Se o credor requerer que, em vez de dinheiro, lhe sejam adjudicados, para o seu pagamento, os bens já reservados, o juiz deferir-lhe-á o pedido, concordando todas as partes.
▶ Correspondência: art. 1.017, § 4º CPC 1973.

§ 5º Os donatários serão chamados a pronunciar-se sobre a aprovação das dívidas, sempre que haja possibilidade de resultar delas a redução das liberalidades.
▶ Sem correspondência no CPC 1973.

Art. 643. Não havendo concordância de todas as partes sobre o pedido de pagamento feito pelo credor, será o pedido remetido às vias ordinárias.
▶ Correspondência: art. 1.018 CPC 1973.
▶ Art. 612 deste Código.
▶ Art. 1.997, § 2º do CC.

Parágrafo único. O juiz mandará, porém, reservar, em poder do inventariante, bens suficientes para pagar o credor quando a dívida constar de documento que comprove suficientemente a obrigação e a impugnação não se fundar em quitação.
▶ Correspondência: art. 1.018, par. ún., CPC 1973.
▶ Art. 1.997 do CC.

Art. 644. O credor de dívida líquida e certa, ainda não vencida, pode requerer habilitação no inventário.
▶ Correspondência: art. 1.019 CPC 1973.
▶ Art. 29 da Lei 6.830/1980 (Execuções Fiscais).

Parágrafo único. Concordando as partes com o pedido referido no *caput*, o juiz, ao julgar habilitado o crédito, mandará que se faça separação de bens para o futuro pagamento.
▶ Correspondência: art. 1.019 CPC 1973.

Art. 645. O legatário é parte legítima para manifestar-se sobre as dívidas do espólio:
▶ Correspondência: art. 1.020 CPC 1973.
▶ Art. 1.923 do CC.

I – quando toda a herança for dividida em legados;
▶ Correspondência: art. 1.020, I CPC 1973.

II – quando o reconhecimento das dívidas importar redução dos legados.
▶ Correspondência: art. 1.020, II CPC 1973.
▶ Arts. 1.912 e ss. do CC.

Art. 646. Sem prejuízo do disposto no art. 860, é lícito aos herdeiros, ao separarem bens para o pagamento de dívidas, autorizar que o inventariante os indique à penhora no processo em que o espólio for executado.
▶ Correspondência: art.1.021 CPC 1973.
▶ Art. 845 e ss. deste Código.

Seção VIII
Da partilha

Art. 647. Cumprido o disposto no art. 642, § 3º, o juiz facultará às partes que, no prazo comum de 15 (quinze) dias, formulem o pedido de quinhão e, em seguida, proferirá a decisão de deliberação da partilha, resolvendo os pedidos das partes e designando os bens que devam constituir quinhão de cada herdeiro e legatário.
▶ Correspondência: art. 1.022 CPC 1973.
▶ Art. 659 § 1º deste Código.
▶ Arts. 2.013 a 2.022 do CC.
▶ Art. 167, I, 25 da Lei 6.015/1973 (Registros Públicos).

Parágrafo único. O juiz poderá, em decisão fundamentada, deferir antecipadamente a qualquer dos herdeiros o exercício dos direitos de usar e de fruir de determinado bem, com a condição de que, ao término do inventário, tal bem integre a cota desse herdeiro, cabendo a este, desde o deferimento, todos os ônus e bônus decorrentes do exercício daqueles direitos.
▶ Sem correspondência no CPC 1973.
▶ Art. 1.214, 2.020 do CC.

Art. 648. Na partilha, serão observadas as seguintes regras:
▶ Sem correspondência no CPC 1973.

I – a máxima igualdade possível quanto ao valor, à natureza e à qualidade dos bens;
▶ Art. 2.017 do CC.

II – a prevenção de litígios futuros;
▶ Sem correspondência no CPC 1973.

III – a máxima comodidade dos coerdeiros, do cônjuge ou do companheiro, se for o caso.
▶ Sem correspondência no CPC 1973.

Art. 649. Os bens insuscetíveis de divisão cômoda que não couberem na parte do cônjuge ou companheiro

supérstite ou no quinhão de um só herdeiro serão licitados entre os interessados ou vendidos judicialmente, partilhando-se o valor apurado, salvo se houver acordo para que sejam adjudicados a todos.
▶ Sem correspondência no CPC 1973.
▶ Art. 2.019 do CC.

Art. 650. Se um dos interessados for nascituro, o quinhão que lhe caberá será reservado em poder do inventariante até o seu nascimento.
▶ Sem correspondência no CPC 1973.
▶ Art. 2º do CC.

Art. 651. O partidor organizará o esboço da partilha de acordo com a decisão judicial, observando nos pagamentos a seguinte ordem:
▶ Correspondência: art. 1.023 CPC 1973.

I – dívidas atendidas;
▶ Correspondência: art. 1.023, I CPC 1973.
▶ Art. 2.001 do CC.

II – meação do cônjuge;
▶ Correspondência: art. 1.023, II CPC 1973.
▶ Súmulas 134 e 251 do STJ.

III – meação disponível;
▶ Correspondência: art. 1.023, III CPC 1973.

IV – quinhões hereditários, a começar pelo coerdeiro mais velho.
▶ Correspondência: art. 1.023, IV CPC 1973.
▶ Arts. 270, 276, 1.489, IV e 1.808, § 2º do CC.

Art. 652. Feito o esboço, as partes manifestar-se-ão sobre esse no prazo comum de 15 (quinze) dias, e, resolvidas as reclamações, a partilha será lançada nos autos.
▶ Correspondência: art. 1.024 CPC 1973.

Art. 653. A partilha constará:
▶ Correspondência: art. 1.025 CPC 1973.

I – de auto de orçamento, que mencionará:
▶ Correspondência: art. 1.025, I CPC 1973.

a) os nomes do autor da herança, do inventariante, do cônjuge ou companheiro supérstite, dos herdeiros, dos legatários e dos credores admitidos;
▶ Correspondência: art. 1.025, I, a CPC 1973.

b) o ativo, o passivo e o líquido partível, com as necessárias especificações;
▶ Correspondência: art. 1.025, I, b CPC 1973.

c) o valor de cada quinhão;
▶ Correspondência: art. 1.025, I, c CPC 1973.

II – de folha de pagamento para cada parte, declarando a quota a pagar-lhe, a razão do pagamento e a relação dos bens que lhe compõem o quinhão, as características que os individualizam e os ônus que os gravam.
▶ Correspondência: art. 1.025, II CPC 1973.

Parágrafo único. O auto e cada uma das folhas serão assinados pelo juiz e pelo escrivão.
▶ Correspondência: art. 1.025, par.ún., CPC 1973.

Art. 654. Pago o imposto de transmissão a título de morte e juntada aos autos certidão ou informação negativa de dívida para com a Fazenda Pública, o juiz julgará por sentença a partilha.
▶ Correspondência: art. 1.026 CPC 1973.
▶ Art. 192 do CTN.
▶ Art. 22, § 2º da Lei 4.947/1966 (Direito Agrário).

Parágrafo único. A existência de dívida para com a Fazenda Pública não impedirá o julgamento da partilha, desde que o seu pagamento esteja devidamente garantido.
▶ Sem correspondência no CPC 1973.

Art. 655. Transitada em julgado a sentença mencionada no art. 654, receberá o herdeiro os bens que lhe tocarem e um formal de partilha, do qual constarão as seguintes peças:
▶ Correspondência: art. 1.027 CPC 1973.
▶ Art. 515, IV deste Código.

I – termo de inventariante e título de herdeiros;
▶ Correspondência: art. 1.027, I CPC 1973.

II – avaliação dos bens que constituíram o quinhão do herdeiro;
▶ Correspondência: art. 1.027, II CPC 1973.

III – pagamento do quinhão hereditário;
▶ Correspondência: art. 1.027, III CPC 1973.

IV – quitação dos impostos;
▶ Correspondência: art. 1.027, IV CPC 1973.

V – sentença.
▶ Correspondência: art. 1.027, V CPC 1973.

Parágrafo único. O formal de partilha poderá ser substituído por certidão de pagamento do quinhão hereditário quando esse não exceder a 5 (cinco) vezes o salário-mínimo, caso em que se transcreverá nela a sentença de partilha transitada em julgado.
▶ Correspondência: art. 1.027, par. ún., CPC 1973.

Art. 656. A partilha, mesmo depois de transitada em julgado, pode ser emendada nos mesmos autos do inventário, convindo todas as partes, quando tenha havido erro de fato na descrição dos bens,

podendo o juiz, de ofício ou a requerimento da parte, a qualquer tempo, corrigir-lhe as inexatidões materiais.
▶ Correspondência: art. 1.028 CPC 1973.

Art. 657. A partilha amigável, lavrada em instrumento público, reduzida a termo nos autos do inventário ou constante de escrito particular homologado pelo juiz, pode ser anulada por dolo, coação, erro essencial ou intervenção de incapaz, observado o disposto no § 4º do art. 966.
▶ Correspondência: art.1.029 CPC 1973.
▶ Arts. 171, 2.015 e 2.027 do CC.
▶ Lei 6.015/1973 (Registros Públicos).

Parágrafo único. O direito à anulação de partilha amigável extingue-se em 1 (um) ano, contado esse prazo:
▶ Correspondência: art. 1.029, par. ún., CPC 1973.
▶ Arts. 171 e 2.027 do CC.

I – no caso de coação, do dia em que ela cessou;
▶ Correspondência: art. 1.029, I CPC 1973.
▶ Arts. 151 a 155 do CC.

II – no caso de erro ou dolo, do dia em que se realizou o ato;
▶ Correspondência: art. 1.029, I CPC 1973.
▶ Arts. 138 a 144 do CC.

III – quanto ao incapaz, do dia em que cessar a incapacidade.
▶ Correspondência: art. 1.029, III CPC 1973.
▶ Arts. 3º e 2.016 do CC.

Art. 658. É rescindível a partilha julgada por sentença:
▶ Correspondência: art. 1.030 CPC 1973.
▶ Art. 966 deste Código.

I – nos casos mencionados no art. 657;
▶ Correspondência: art. 1.030, I CPC 1973.

II – se feita com preterição de formalidades legais;
▶ Correspondência: art. 1.030, II CPC 1973.

III – se preteriu herdeiro ou incluiu quem não o seja.
▶ Correspondência: art. 1.030, III CPC 1973.

Seção IX
Do arrolamento

Art. 659. A partilha amigável, celebrada entre partes capazes, nos termos da lei, será homologada de plano pelo juiz, com observância dos arts. 660 a 663.
▶ Correspondência: art. 1.031 CPC 1973.
▶ Art. 2.015 do CC.
▶ Lei 6.015/1973 (Registros Públicos)

§ 1º O disposto neste artigo aplica-se, também, ao pedido de adjudicação, quando houver herdeiro único.
▶ Correspondência: art. 1.031, § 1º CPC 1973.

§ 2º Transitada em julgado a sentença de homologação de partilha ou de adjudicação, será lavrado o formal de partilha ou elaborada a carta de adjudicação e, em seguida, serão expedidos os alvarás referentes aos bens e às rendas por ele abrangidos, intimando-se o fisco para lançamento administrativo do imposto de transmissão e de outros tributos porventura incidentes, conforme dispuser a legislação tributária, nos termos do § 2º do art. 662.
▶ Correspondência: art. 1.031, § 2º CPC 1973.
▶ Súmulas 112 a 115 e 590 do STF.

Art. 660. Na petição de inventário, que se processará na forma de arrolamento sumário, independentemente da lavratura de termos de qualquer espécie, os herdeiros:
▶ Correspondência: art. 1.032 CPC 1973.

I – requererão ao juiz a nomeação do inventariante que designarem;
▶ Correspondência: art. 1.032, I CPC 1973.
▶ Arts. 613 e 618 deste Código.

II – declararão os títulos dos herdeiros e os bens do espólio, observado o disposto no art. 630;
▶ Correspondência: art. 1.032, II CPC 1973.

III – atribuirão valor aos bens do espólio, para fins de partilha.
▶ Correspondência: art. 1.032, III CPC 1973.

Art. 661. Ressalvada a hipótese prevista no parágrafo único do art. 663, não se procederá à avaliação dos bens do espólio para nenhuma finalidade.
▶ Correspondência: art. 1.033 CPC 1973.

Art. 662. No arrolamento, não serão conhecidas ou apreciadas questões relativas ao lançamento, ao pagamento ou à quitação de taxas judiciárias e de tributos incidentes sobre a transmissão da propriedade dos bens do espólio.
▶ Correspondência: art. 1.034 CPC 1973.
▶ Arts. 659 e 664, § 4º deste Código.

§ 1º A taxa judiciária, se devida, será calculada com base no valor atribuído pelos herdeiros, cabendo ao fisco, se apurar em processo administrativo valor diverso do estimado, exigir a eventual diferença pelos meios adequados ao lançamento de créditos tributários em geral.
▶ Correspondência: art. 1.034, § 1º CPC 1973.

§ 2º O imposto de transmissão será objeto de lançamento administrativo, conforme dispuser a legislação tributária, não ficando as autoridades fazendárias adstritas aos valores dos bens do espólio atribuídos pelos herdeiros.
- Correspondência: art. 1.034, § 2º CPC 1973.
- Art. 155, §1º, II da CF.

Art. 663. A existência de credores do espólio não impedirá a homologação da partilha ou da adjudicação, se forem reservados bens suficientes para o pagamento da dívida.
- Correspondência: art. 1.035 CPC 1973.
- Arts. 642, §§ 2º e 4º, 644 e 661 deste Código.

Parágrafo único. A reserva de bens será realizada pelo valor estimado pelas partes, salvo se o credor, regularmente notificado, impugnar a estimativa, caso em que se promoverá a avaliação dos bens a serem reservados.
- Correspondência: art.1.035, par. ún., CPC 1973.

Art. 664. Quando o valor dos bens do espólio for igual ou inferior a 1.000 (mil) salários-mínimos, o inventário processar-se-á na forma de arrolamento, cabendo ao inventariante nomeado, independentemente de assinatura de termo de compromisso, apresentar, com suas declarações, a atribuição de valor aos bens do espólio e o plano da partilha.
- Correspondência: art. 1.036 CPC 1973.
- Art. 1º da Lei 6.858/1980 (Pagamento aos dependentes ou sucessores de valores não recebidos em vida).
- Art. 112 da Lei 8.213/1991 (Planos de Benefícios da Previdência Social).

§ 1º Se qualquer das partes ou o Ministério Público impugnar a estimativa, o juiz nomeará avaliador, que oferecerá laudo em 10 (dez) dias.
- Correspondência: art. 1.036, § 1º CPC 1973.

§ 2º Apresentado o laudo, o juiz, em audiência que designar, deliberará sobre a partilha, decidindo de plano todas as reclamações e mandando pagar as dívidas não impugnadas.
- Correspondência: art. 1.036, § 2º CPC 1973.

§ 3º Lavrar-se-á de tudo um só termo, assinado pelo juiz, pelo inventariante e pelas partes presentes ou por seus advogados.
- Correspondência: art. 1.036, § 3º CPC 1973.

§ 4º Aplicam-se a essa espécie de arrolamento, no que couber, as disposições do art. 672, relativamente ao lançamento, ao pagamento e à quitação da taxa judiciária e do imposto sobre a transmissão da propriedade dos bens do espólio.
- Correspondência: art. 1.036, § 4º CPC 1973.

§ 5º Provada a quitação dos tributos relativos aos bens do espólio e às suas rendas, o juiz julgará a partilha.
- Correspondência: art. 1.036, § 5º CPC 1973.

Art. 665. O inventário processar-se-á também na forma do art. 664, ainda que haja interessado incapaz, desde que concordem todas as partes e o Ministério Público.
- Sem correspondência no CPC 1973.
- Arts. 71, 72, I, 178, II, 247, II e 616, VII deste Código.

Art. 666. Independerá de inventário ou de arrolamento o pagamento dos valores previstos na Lei 6.858, de 24 de novembro de 1980.
- Correspondência: art. 1.037 CPC 1973.

Art. 667. Aplicam-se subsidiariamente a esta Seção as disposições das Seções VII e VIII deste Capítulo.
- Correspondência: art. 1.038 CPC 1973.

Seção X
Disposições comuns a todas as seções

Art. 668. Cessa a eficácia da tutela provisória prevista nas Seções deste Capítulo:
- Correspondência: art. 1.039 CPC 1973.
- Arts. 308 e 309 deste Código.

I – se a ação não for proposta em 30 (trinta) dias contados da data em que da decisão foi intimado o impugnante, o herdeiro excluído ou o credor não admitido;
- Correspondência: art. 1.039, I CPC 1973.

II – se o juiz extinguir o processo de inventário com ou sem resolução de mérito.
- Correspondência: art. 1.039, II CPC 1973.
- Arts. 316 e 317 deste Código.

Art. 669. São sujeitos à sobrepartilha os bens:
- Correspondência: art.1.040 CPC 1973.

I – sonegados;
- Correspondência: art. 1.040, I CPC 1973.
- Arts. 1.992 a 1.996 do CC.

II – da herança descobertos após a partilha;
- Correspondência: art. 1.040, II CPC 1973.
- Art. 2.022 do CC.

III – litigiosos, assim como os de liquidação difícil ou morosa;
- Correspondência: art. 1.040, III CPC 1973.

IV – situados em lugar remoto da sede do juízo onde se processa o inventário.

- Correspondência: art. 1.040, IV CPC 1973.
- Art. 2.021 do CC.

Parágrafo único. Os bens mencionados nos incisos III e IV serão reservados à sobrepartilha sob a guarda e a administração do mesmo ou de diverso inventariante, a consentimento da maioria dos herdeiros.
- Correspondência: art. 1.040, par. ún., CPC 1973.

Art. 670. Na sobrepartilha dos bens, observar-se-á o processo de inventário e de partilha.
- Correspondência: art. 1.041 CPC 1973.
- Art. 2.022 do CC.

Parágrafo único. A sobrepartilha correrá nos autos do inventário do autor da herança.
- Correspondência: art. 1.041, par. ún., CPC 1973.

Art. 671. O juiz nomeará curador especial:
- Correspondência: art. 1.042 CPC 1973.

I – ao ausente, se não o tiver;
- Correspondência: art. 1.042, I CPC 1973.
- Arts. 22, 23 e 25, § 3º do CC.

II – ao incapaz, se concorrer na partilha com o seu representante, desde que exista colisão de interesses.
- Correspondência: art. 1.042, II CPC 1973.
- Art. 72, I deste Código.
- Art. 1.692 do CC.

Art. 672. É lícita a cumulação de inventários para a partilha de heranças de pessoas diversas quando houver:
- Correspondência: art. 1.043, § 1º e 2º CPC 1973.

I – identidade de pessoas entre as quais devam ser repartidos os bens;
- Correspondência: art. 1.043, § 1º e 2º CPC 1973.

II – heranças deixadas pelos dois cônjuges ou companheiros;
- Correspondência: art. 1.043, § 1º e 2º CPC 1973.

III – dependência de uma das partilhas em relação à outra.
- Correspondência: art. 1.043, § 1º e 2º CPC 1973.

Parágrafo único. No caso previsto no inciso III, se a dependência for parcial, por haver outros bens, o juiz pode ordenar a tramitação separada, se melhor convier ao interesse das partes ou à celeridade processual.
- Sem correspondência no CPC 1973

Art. 673. No caso previsto no art. 672, inciso II, prevalecerão as primeiras declarações, assim como o laudo de avaliação, salvo se alterado o valor dos bens.
- Correspondência: art. 1.045 CPC 1973.

CAPÍTULO VII
DOS EMBARGOS DE TERCEIRO
- Súmulas 84, 134, 195, 196 e 303 STJ.

Art. 674. Quem, não sendo parte no processo, sofrer constrição ou ameaça de constrição sobre bens que possua ou sobre os quais tenha direito incompatível com o ato constritivo, poderá requerer seu desfazimento ou sua inibição por meio de embargos de terceiro.
- Correspondência: art. 1.046 CPC 1973.

§ 1º Os embargos podem ser de terceiro proprietário, inclusive fiduciário, ou possuidor.
- Correspondência: art. 1.046, § 1º CPC 1973.
- Súmula 84 do STJ.

§ 2º Considera-se terceiro, para ajuizamento dos embargos:
- Correspondência: art. 1.046, § 2º CPC 1973.

I – o cônjuge ou companheiro, quando defende a posse de bens próprios ou de sua meação, ressalvado o disposto no art. 843;
- Correspondência: art. 1.046, § 2º CPC 1973.
- Art. 1.642, I, do CC.
- Súmula 134 do STJ.

II – o adquirente de bens cuja constrição decorreu de decisão que declara a ineficácia da alienação realizada em fraude à execução;
- Correspondência: art. 1.046, § 2º CPC 1973.
- Art. 792 deste Código.
- Súmula 375 do STJ.

III – quem sofre constrição judicial de seus bens por força de desconsideração da personalidade jurídica, de cujo incidente não fez parte;
- Correspondência: art. 1.046, § 2º CPC 1973.
- Arts. 133 e 134 deste Código.

IV – o credor com garantia real para obstar expropriação judicial do objeto de direito real de garantia, caso não tenha sido intimado, nos termos legais dos atos expropriatórios respectivos.
- Correspondência: art. 1.046, § 2º CPC 1973.
- Arts. 799, I e 835, § 3º deste Código.
- Súmula 621 do STF.

Art. 675. Os embargos podem ser opostos a qualquer tempo no processo de conhecimento enquanto não transitada em julgado a sentença e, no cumprimento de sentença ou no processo de execução, até 5 (cinco) dias depois da adjudicação, da alienação por iniciativa particular ou da arrematação, mas sempre antes da assinatura da respectiva carta.

- Correspondência: art. 1.048 CPC 1973.
- Art. 903 deste Código.

Parágrafo único. Caso identifique a existência de terceiro titular de interesse em embargar o ato, o juiz mandará intimá-lo pessoalmente.
- Sem correspondência no CPC 1973.
- Arts. 799, I e 835, § 3º deste Código.

Art. 676. Os embargos serão distribuídos por dependência ao juízo que ordenou a constrição e autuados em apartado.
- Correspondência: art. 1.049 CPC 1973.
- Art. 214, I e 914, §2º deste Código.

Parágrafo único. Nos casos de ato de constrição realizado por carta, os embargos serão oferecidos no juízo deprecado, salvo se indicado pelo juízo deprecante o bem constrito ou se já devolvida a carta.
- Sem correspondência no CPC 1973.
- Súmula 46 do STJ.
- Art. 20 da Lei 6.830/1980 (Execuções Fiscais).

Art. 677. Na petição inicial, o embargante fará a prova sumária de sua posse ou de seu domínio e da qualidade de terceiro, oferecendo documentos e rol de testemunhas.
- Correspondência: art. 1.050 CPC 1973.

§ 1º É facultada a prova da posse em audiência preliminar designada pelo juiz.
- Correspondência: art. 1.050, § 1º CPC 1973.
- Súmula 487 do STF.

§ 2º O possuidor direto pode alegar, além da sua posse, o domínio alheio.
- Correspondência: art. 1.050, § 2º CPC 1973.
- Art. 1.197 do CC.

§ 3º A citação será pessoal, se o embargado não tiver procurador constituído nos autos da ação principal.
- Correspondência: art. 1.050, § 3º CPC 1973.
- Art. 242 deste Código.

§ 4º Será legitimado passivo o sujeito a quem o ato de constrição aproveita, assim como o será seu adversário no processo principal quando for sua a indicação do bem para a constrição judicial.
- Sem correspondência no CPC 1973.

Art. 678. A decisão que reconhecer suficientemente provado o domínio ou a posse determinará a suspensão das medidas constritivas sobre os bens litigiosos objeto dos embargos, bem como a manutenção ou a reintegração provisória da posse, se o embargante a houver requerido.
- Correspondência: art. 1.051 CPC 1973.
- Art. 297 deste Código.

Parágrafo único. O juiz poderá condicionar a ordem de manutenção ou de reintegração provisória de posse à prestação de caução pelo requerente, ressalvada a impossibilidade da parte economicamente hipossuficiente.
- Correspondência: art. 1.051 CPC 1973.

Art. 679. Os embargos poderão ser contestados no prazo de 15 (quinze) dias, findo o qual se seguirá o procedimento comum.
- Correspondência: art. 1.053 CPC 1973.

Art. 680. Contra os embargos do credor com garantia real, o embargado somente poderá alegar que:
- Correspondência: art. 1.054 CPC 1973.

I – o devedor comum é insolvente;
- Correspondência: art. 1.054, I CPC 1973.

II – o título é nulo ou não obriga a terceiro;
- Correspondência: art. 1.054, II CPC 1973.

III – outra é a coisa dada em garantia.
- Correspondência: art. 1.054, III CPC 1973.

Art. 681. Acolhido o pedido inicial, o ato de constrição judicial indevida será cancelado, com o reconhecimento do domínio, da manutenção da posse ou da reintegração definitiva do bem ou do direito ao embargante.
- Sem correspondência no CPC 1973.

CAPÍTULO VIII
DA OPOSIÇÃO

Art. 682. Quem pretender, no todo ou em parte, a coisa ou o direito sobre que controvertem autor e réu poderá, até ser proferida a sentença, oferecer oposição contra ambos.
- Correspondência: art. 56 CPC 1973.
- Art. 14, § 2º da Lei 9.289/1996 (Custas devidas à União na Justiça Federal).

Art. 683. O oponente deduzirá o pedido em observação aos requisitos exigidos para propositura da ação.
- Correspondência: art. 57 CPC 1973.
- Arts. 17 e 231 deste Código.

Parágrafo único. Distribuída a oposição por dependência, serão os opostos citados, na pessoa de seus respectivos advogados, para contestar o pedido no prazo comum de 15 (quinze) dias.
- Correspondência: art. 57, par. ún. CPC 1973.
- Arts. 231, 238 a 258 e 344 deste Código.

Art.684. Se um dos opostos reconhecer a procedência do pedido, contra o outro prosseguirá o oponente.
- Correspondência: art. 58 CPC 1973.
- Art. 487, III, a deste Código.

Art.685. Admitido o processamento, a oposição será apensada aos autos e tramitará simultaneamente à ação originária, sendo ambas julgadas pela mesma sentença.
- Correspondência: art. 59 CPC 1973.

Parágrafo único. Se a oposição for proposta após o início da audiência de instrução, o juiz suspenderá o curso do processo ao fim da produção das provas, salvo se concluir que a unidade da instrução atende melhor ao princípio da duração razoável do processo.
- Correspondência: art. 60 CPC 1973.
- Arts. 313 deste Código.

Art.686. Cabendo ao juiz decidir simultaneamente a ação originária e a oposição, desta conhecerá em primeiro lugar.
- Correspondência: art. 61 CPC 1973.

CAPÍTULO IX
DA HABILITAÇÃO

Art.687. A habilitação ocorre quando, por falecimento de qualquer das partes, os interessados houverem de suceder-lhe no processo.
- Correspondência: art. 1.055 CPC 1973.
- Arts. 75, VII, 108 a 110, 221, 313, I e § 1º e 618, I, deste Código.

Art.688. A habilitação pode ser requerida:
- Correspondência: art. 1.056 CPC 1973.

I – pela parte, em relação aos sucessores do falecido;
- Correspondência: art. 1.056, I CPC 1973.
- Art. 110 deste Código.

II – pelos sucessores do falecido, em relação à parte.
- Correspondência: art. 1.056, II CPC 1973.
- Art. 110, 778, § 1º, II deste Código.

Art.689. Proceder-se-á à habilitação nos autos do processo principal, na instância em que estiver, suspendendo-se, a partir de então, o processo.
- Correspondência: art. 1.060 CPC 1973.
- Art. 313, § 2º deste Código.

Art.690. Recebida a petição, o juiz ordenará a citação dos requeridos para se pronunciarem no prazo de 5 (cinco) dias.
- Correspondência: art. 1.057 CPC 1973.

Parágrafo único. A citação será pessoal, se a parte não tiver procurador constituído nos autos.
- Correspondência: art. 1.057, par. ún. CPC 1973.
- Art. 242 deste Código.

Art.691. O juiz decidirá o pedido de habilitação imediatamente, salvo se este for impugnado e houver necessidade de dilação probatória diversa da documental, caso em que determinará que o pedido seja autuado em apartado e disporá a instrução.
- Sem correspondência no CPC 1973.

Art.692. Transitada em julgado a sentença de habilitação, o processo principal retomará o seu curso, e cópia da sentença será juntada aos autos respectivos.
- Correspondência: art. 1.062 CPC 1973.

CAPÍTULO X
DAS AÇÕES DE FAMÍLIA

Art.693. As normas deste Capítulo aplicam-se aos processos contenciosos de divórcio, separação, reconhecimento e extinção de união estável, guarda, visitação e filiação.
- Sem correspondência no CPC 1973.

Parágrafo único. A ação de alimentos e a que versar sobre interesse de criança ou de adolescente observarão o procedimento previsto em legislação específica, aplicando-se, no que couber, as disposições deste Capítulo.
- Sem correspondência no CPC 1973.
- Art. 5, LXVII e 227 da CF.
- Lei 5.478/1968 (Ação de Alimentos).
- Arts. 11 a 14 da Lei 10.741/2003 (Estatuto do Idoso).
- Art. 7º da Lei 9.278/1996 (União Estável).
- Lei 11.804/2008 (Alimentos Gravídicos).
- Arts. 15 e 30 do Dec.-Lei 3.200/1941 (Organização e Proteção da Família).
- Dec.-Lei 56.826/1965 (Convenção de Prestação de Alimentos no Estrangeiro).
- Súmula 358 do STJ.

Art.694. Nas ações de família, todos os esforços serão empreendidos para a solução consensual da controvérsia, devendo o juiz dispor do auxílio de profissionais de outras áreas de conhecimento para a mediação e conciliação.
- Sem correspondência no CPC 1973.
- Art. 3º, § 3º deste Código.
- Lei 13.140/2015 (Lei da Mediação).

Parágrafo único. A requerimento das partes, o juiz pode determinar a suspensão do processo enquanto os litigantes se submetem à mediação extrajudicial ou a atendimento multidisciplinar.
- Sem correspondência no CPC 1973.

Art.695. Recebida a petição inicial e, se for o caso, tomadas as providências referentes à tutela provisória, o juiz ordenará a citação do réu para comparecer à audiência de mediação e conciliação, observado o disposto no art. 694.
- Sem correspondência no CPC 1973.
- Arts. 294 a 299 e 319, VII deste Código.
- Súmula 277 do STJ.
- Art. 13, § 2º da Lei 5.478/1968 (Ação de Alimentos).

§ 1º O mandado de citação conterá apenas os dados necessários à audiência e deverá estar desacompanhado de cópia da petição inicial, assegurado ao réu o direito de examinar seu conteúdo a qualquer tempo.
- Sem correspondência no CPC 1973.

§ 2º A citação ocorrerá com antecedência mínima de 15 (quinze) dias da data designada para a audiência.
- Sem correspondência no CPC 1973.

§ 3º A citação será feita na pessoa do réu.
- Sem correspondência no CPC 1973.
- Art. 242 deste Código.

§ 4º Na audiência, as partes deverão estar acompanhadas de seus advogados ou de defensores públicos.
- Sem correspondência no CPC 1973.
- Art. 334, § 9º deste Código.

Art.696. A audiência de mediação e conciliação poderá dividir-se em tantas sessões quantas sejam necessárias para viabilizar a solução consensual, sem prejuízo de providências jurisdicionais para evitar o perecimento do direito.
- Sem correspondência no CPC 1973.
- Arts. 3º, § 3º, 165 e 166 deste Código.

Art.697. Não realizado o acordo, passarão a incidir, a partir de então, as normas do procedimento comum, observado o art. 335.
- Sem correspondência no CPC 1973.

Art.698. Nas ações de família, o Ministério Público somente intervirá quando houver interesse de incapaz e deverá ser ouvido previamente à homologação de acordo.
- Sem correspondência no CPC 1973.
- Art. 279 deste Código.

Parágrafo único. O Ministério Público intervirá, quando não for parte, nas ações de família em que figure como parte vítima de violência doméstica e familiar, nos termos da Lei 11.340, de 7 de agosto de 2006 (Lei Maria da Penha).
- Parágrafo único acrescido pela Lei 13.894/2019.

Art.699. Quando o processo envolver discussão sobre fato relacionado a abuso ou a alienação parental, o juiz, ao tomar o depoimento do incapaz, deverá estar acompanhado por especialista.
- Sem correspondência no CPC 1973.
- Lei 12.318/2010 (Alienação Parental).

Art.699-A. Nas ações de guarda, antes de iniciada a audiência de mediação e conciliação de que trata o art. 695 deste Código, o juiz indagará às partes e ao Ministério Público se há risco de violência doméstica ou familiar, fixando o prazo de 5 (cinco) dias para a apresentação de prova ou de indícios pertinentes.
- Artigo acrescido pela Lei 14.713/2023.

CAPÍTULO XI
DA AÇÃO MONITÓRIA

Art.700. A ação monitória pode ser proposta por aquele que afirmar, com base em prova escrita sem eficácia de título executivo, ter direito de exigir do devedor capaz:
- Correspondência: art. 1.102-A CPC 1973.
- Súmulas 233, 247, 299, 339, 384, 503, 504 e 531 do STJ.

I – o pagamento de quantia em dinheiro;
- Correspondência: art. 1.102-A CPC 1973.

II – a entrega de coisa fungível ou infungível ou de bem móvel ou imóvel;
- Correspondência: art. 1.102-A CPC 1973.
- Súmula 384 do STJ.
- Art. 85 do CC, 1.226 e 1.227 do CC.

III – o adimplemento de obrigação de fazer ou de não fazer.
- Sem correspondência no CPC 1973.

§ 1º A prova escrita pode consistir em prova oral documentada, produzida antecipadamente nos termos do art. 381.
- Sem correspondência no CPC 1973.
- Arts. 444 e 445 deste Código.

§ 2º Na petição inicial, incumbe ao autor explicitar, conforme o caso:
- Sem correspondência no CPC 1973.

I – a importância devida, instruindo-a com memória de cálculo;
- Sem correspondência no CPC 1973.

II – o valor atual da coisa reclamada;
- Sem correspondência no CPC 1973.

III – o conteúdo patrimonial em discussão ou o proveito econômico perseguido.
- Sem correspondência no CPC 1973.

§ 3º O valor da causa deverá corresponder à importância prevista no § 2º, incisos I a III.
- Sem correspondência no CPC 1973.

§ 4º Além das hipóteses do art. 330, a petição inicial será indeferida quando não atendido o disposto no § 2º deste artigo.
- Sem correspondência no CPC 1973.

§ 5º Havendo dúvida quanto à idoneidade de prova documental apresentada pelo autor, o juiz intimá-lo-á para, querendo, emendar a petição inicial, adaptando-a ao procedimento comum.
- Sem correspondência no CPC 1973.

§ 6º É admissível ação monitória em face da Fazenda Pública.
- Sem correspondência no CPC 1973.
- Súmula 339 do STJ.

§ 7º Na ação monitória, admite-se citação por qualquer dos meios permitidos para o procedimento comum.
- Sem correspondência no CPC 1973.
- Arts. 238 a 259 deste Código.
- Súmula 282 do STJ.

Art.701. Sendo evidente o direito do autor, o juiz deferirá a expedição de mandado de pagamento, de entrega de coisa ou para execução de obrigação de fazer ou de não fazer, concedendo ao réu prazo de 15 (quinze) dias para o cumprimento e o pagamento de honorários advocatícios de cinco por cento do valor atribuído à causa.
- Correspondência: art. 1.102-B CPC 1973.
- Art. 93, IX da CF.

§ 1º O réu será isento do pagamento de custas processuais se cumprir o mandado no prazo.
- Correspondência: art. 1.102-C, § 1º CPC 1973.
- Arts. 82 e 85 deste Código.

§ 2º Constituir-se-á de pleno direito o título executivo judicial, independentemente de qualquer formalidade, se não realizado o pagamento e não apresentados os embargos previstos no art. 702, observando-se, no que couber, o Título II do Livro I da Parte Especial.
- Correspondência: art. 1.102-C CPC 1973.
- Arts. 513 a 533, 806 a 813 e 823.
- Súmula 233 e 247 do STJ.

§ 3º É cabível ação rescisória da decisão prevista no *caput* quando ocorrer a hipótese do § 2º.
- Sem correspondência no CPC 1973.
- Art. 966 deste Código.

§ 4º Sendo a ré Fazenda Pública, não apresentados os embargos previstos no art. 702, aplicar-se-á o disposto no art. 496, observando-se, a seguir, no que couber, o Título II do Livro I da Parte Especial.
- Sem correspondência no CPC 1973.
- Súmula 339 do STJ.

§ 5º Aplica-se à ação monitória, no que couber, o art. 916.
- Sem correspondência no CPC 1973.

Art.702. Independentemente de prévia segurança do juízo, o réu poderá opor, nos próprios autos, no prazo previsto no art. 701, embargos à ação monitória.
- Correspondência: art. 1.102-C, § 2º CPC 1973.

§ 1º Os embargos podem se fundar em matéria passível de alegação como defesa no procedimento comum.
- Sem correspondência no CPC 1973.

§ 2º Quando o réu alegar que o autor pleiteia quantia superior à devida, cumprir-lhe-á declarar de imediato o valor que entende correto, apresentando demonstrativo discriminado e atualizado da dívida.
- Sem correspondência no CPC 1973.

§ 3º Não apontado o valor correto ou não apresentado o demonstrativo, os embargos serão liminarmente rejeitados, se esse for o seu único fundamento e, se houver outro fundamento, os embargos serão processados, mas o juiz deixará de examinar a alegação de excesso.
- Sem correspondência no CPC 1973.

§ 4º A oposição dos embargos suspende a eficácia da decisão referida no *caput* do art. 701 até o julgamento em primeiro grau.
- Sem correspondência no CPC 1973.

§ 5º O autor será intimado para responder aos embargos no prazo de 15 (quinze) dias.
- Sem correspondência no CPC 1973.

§ 6º Na ação monitória admite-se a reconvenção, sendo vedado o oferecimento de reconvenção à reconvenção.
- Sem correspondência no CPC 1973.
- Súmula 292 do STJ.
- Art. 343 deste Código.

§ 7º A critério do juiz, os embargos serão autuados em apartado, se parciais, constituindo-se de pleno direito o título executivo judicial em relação à parcela incontroversa.
- Sem correspondência no CPC 1973.

§ 8º Rejeitados os embargos, constituir-se-á de pleno direito o título executivo judicial, prosseguindo-se o processo em observância ao disposto no Título II do Livro I da Parte Especial, no que for cabível.
▶ Correspondência: art. 1.102-C, § 3º CPC 1973.

§ 9º Cabe apelação contra a sentença que acolhe ou rejeita os embargos.
▶ Sem correspondência no CPC 1973.
▶ Arts. 1.009 a 1.014 deste Código.

§ 10. O juiz condenará o autor de ação monitória proposta indevidamente e de má-fé ao pagamento, em favor do réu, de multa de até dez por cento sobre o valor da causa.
▶ Sem correspondência no CPC 1973.
▶ Art. 777 deste Código.

§ 11. O juiz condenará o réu que de má-fé opuser embargos à ação monitória ao pagamento de multa de até dez por cento sobre o valor atribuído à causa, em favor do autor.
▶ Sem correspondência no CPC 1973.

CAPÍTULO XII
DA HOMOLOGAÇÃO DO PENHOR LEGAL

Art. 703. Tomado o penhor legal nos casos previstos em lei, requererá o credor, ato contínuo, a homologação.
▶ Correspondência: art. 874 CPC 1973.
▶ Arts. 1.467 a 1.472 do CC.
▶ Art. 31 da Lei 6.533/1978 (Regulamentação das profissões de Artistas e de técnico em Espetáculos de Diversões).
▶ Lei 8.245/1991 (Locações).

§ 1º Na petição inicial, instruída com o contrato de locação ou a conta pormenorizada das despesas, a tabela dos preços e a relação dos objetos retidos, o credor pedirá a citação do devedor para pagar ou contestar na audiência preliminar que for designada.
▶ Correspondência: art. 874 CPC 1973.

§ 2º A homologação do penhor legal poderá ser promovida pela via extrajudicial mediante requerimento, que conterá os requisitos previstos no § 1º deste artigo, do credor a notário de sua livre escolha.
▶ Sem correspondência no CPC 1973.
▶ Lei 6.015/1973 (Registros Públicos).

§ 3º Recebido o requerimento, o notário promoverá a notificação extrajudicial do devedor para, no prazo de 5 (cinco) dias, pagar o débito ou impugnar sua cobrança, alegando por escrito uma das causas previstas no art. 704, hipótese em que o procedimento será encaminhado ao juízo competente para decisão.
▶ Sem correspondência no CPC 1973.

§ 4º Transcorrido o prazo sem manifestação do devedor, o notário formalizará a homologação do penhor legal por escritura pública.
▶ Sem correspondência no CPC 1973.

Art. 704. A defesa só pode consistir em:
▶ Correspondência: art. 875 CPC 1973.

I – nulidade do processo;
▶ Correspondência: art. 875, I CPC 1973.

II – extinção da obrigação;
▶ Correspondência: art. 875, II CPC 1973.

III – não estar a dívida compreendida entre as previstas em lei ou não estarem os bens sujeitos a penhor legal;
▶ Correspondência: art. 875, III CPC 1973.

IV – alegação de haver sido ofertada caução idônea, rejeitada pelo credor.
▶ Sem correspondência no CPC 1973.

Art. 705. A partir da audiência preliminar, observar-se-á o procedimento comum.
▶ Sem correspondência no CPC 1973.

Art. 706. Homologado judicialmente o penhor legal, consolidar-se-á a posse do autor sobre o objeto.
▶ Correspondência: art. 876 CPC 1973.

§ 1º Negada a homologação, o objeto será entregue ao réu, ressalvado ao autor o direito de cobrar a dívida pelo procedimento comum, salvo se acolhida a alegação de extinção da obrigação.
▶ Correspondência: art. 876 CPC 1973.

§ 2º Contra a sentença caberá apelação, e, na pendência de recurso, poderá o relator ordenar que a coisa permaneça depositada ou em poder do autor.
▶ Sem correspondência no CPC 1973.
▶ Arts. 1.009 a 1.014 deste Código.

CAPÍTULO XIII
DA REGULAÇÃO DE AVARIA GROSSA

Art. 707. Quando inexistir consenso acerca da nomeação de um regulador de avarias, o juiz de direito da comarca do primeiro porto onde o navio houver chegado, provocado por qualquer parte interessada, nomeará um de notório conhecimento.
▶ Correspondência: art. 1.218, XIV CPC 1973.
▶ Súmula 261 do STF.

Art. 708. O regulador declarará justificadamente se os danos são passíveis de rateio na forma de avaria

grossa e exigirá das partes envolvidas a apresentação de garantias idôneas para que possam ser liberadas as cargas aos consignatários.
▶ Correspondência: art. 1.218, XIV CPC 1973.

§ 1º A parte que não concordar com o regulador quanto à declaração de abertura da avaria grossa deverá justificar suas razões ao juiz, que decidirá no prazo de 10 (dez) dias.
▶ Correspondência: art. 1.218, XIV CPC 1973.

§ 2º Se o consignatário não apresentar garantia idônea a critério do regulador, este fixará o valor da contribuição provisória com base nos fatos narrados e nos documentos que instruírem a petição inicial, que deverá ser caucionado sob a forma de depósito judicial ou de garantia bancária.
▶ Correspondência: art. 1.218, XIV CPC 1973.

§ 3º Recusando-se o consignatário a prestar caução, o regulador requererá ao juiz a alienação judicial de sua carga na forma dos arts. 879 a 903.
▶ Correspondência: art. 1.218, XIV CPC 1973.

§ 4º É permitido o levantamento, por alvará, das quantias necessárias ao pagamento das despesas da alienação a serem arcadas pelo consignatário, mantendo-se o saldo remanescente em depósito judicial até o encerramento da regulação.
▶ Correspondência: art. 1.218, XIV CPC 1973.

Art. 709. As partes deverão apresentar nos autos os documentos necessários à regulação da avaria grossa em prazo razoável a ser fixado pelo regulador.
▶ Correspondência: art. 1.218, XIV CPC 1973.

Art. 710. O regulador apresentará o regulamento da avaria grossa no prazo de até 12 (doze) meses, contado da data da entrega dos documentos nos autos pelas partes, podendo o prazo ser estendido a critério do juiz.
▶ Correspondência: art. 1.218, XIV CPC 1973.

§ 1º Oferecido o regulamento da avaria grossa, dele terão vista as partes pelo prazo comum de 15 (quinze) dias, e, não havendo impugnação, o regulamento será homologado por sentença.
▶ Correspondência: art. 1.218, XIV CPC 1973.

§ 2º Havendo impugnação ao regulamento, o juiz decidirá no prazo de 10 (dez) dias, após a oitiva do regulador.
▶ Correspondência: art. 1.218, XIV CPC 1973.

Art. 711. Aplicam-se ao regulador de avarias os arts. 156 a 158, no que couber.
▶ Correspondência: art. 1.218, XIV CPC 1973.

CAPÍTULO XIV
DA RESTAURAÇÃO DE AUTOS

Art. 712. Verificado o desaparecimento dos autos, eletrônicos ou não, pode o juiz, de ofício, qualquer das partes ou o Ministério Público, se for o caso, promover-lhes a restauração.
▶ Correspondência: art. 1.063 CPC 1973.
▶ Art. 47 da Lei 6.515/1977 (Divórcio).

Parágrafo único. Havendo autos suplementares, nesses prosseguirá o processo.
▶ Correspondência: art. 1.063, par. ún. CPC 1973.

Art. 713. Na petição inicial, declarará a parte o estado do processo ao tempo do desaparecimento dos autos, oferecendo:
▶ Correspondência: art. 1.064 CPC 1973.

I – certidões dos atos constantes do protocolo de audiências do cartório por onde haja corrido o processo;
▶ Correspondência: art. 1.064, I CPC 1973.

II – cópia das peças que tenha em seu poder;
▶ Correspondência: art. 1.064, II CPC 1973.
▶ Arts. 424 a 426 deste Código.

III – qualquer outro documento que facilite a restauração.
▶ Correspondência: art. 1.064, III CPC 1973.

Art. 714. A parte contrária será citada para contestar o pedido no prazo de 5 (cinco) dias, cabendo-lhe exibir as cópias, as contrafés e as reproduções dos atos e dos documentos que estiverem em seu poder.
▶ Correspondência: art. 1.065 CPC 1973.

§ 1º Se a parte concordar com a restauração, lavrar-se-á o auto que, assinado pelas partes e homologado pelo juiz, suprirá o processo desaparecido.
▶ Correspondência: art. 1.065, § 1º CPC 1973.

§ 2º Se a parte não contestar ou se a concordância for parcial, observar-se-á o procedimento comum.
▶ Correspondência: art. 1.065, § 2º CPC 1973.

Art. 715. Se a perda dos autos tiver ocorrido depois da produção das provas em audiência, o juiz, se necessário, mandará repeti-las.
▶ Correspondência: art. 1.066 CPC 1973.

§ 1º Serão reinquiridas as mesmas testemunhas, que, em caso de impossibilidade, poderão ser substituídas de ofício ou a requerimento.
▶ Correspondência: art. 1.066, § 1º CPC 1973.

▶ Arts. 442 a 449 deste Código.

§ 2º Não havendo certidão ou cópia do laudo, far-se-á nova perícia, sempre que possível pelo mesmo perito.
▶ Correspondência: art. 1.066, § 2º CPC 1973.
▶ Arts. 156 e 157 deste Código.

§ 3º Não havendo certidão de documentos, esses serão reconstituídos mediante cópias ou, na falta dessas, pelos meios ordinários de prova.
▶ Correspondência: art. 1.066, § 3º CPC 1973.

§ 4º Os serventuários e os auxiliares da justiça não podem eximir-se de depor como testemunhas a respeito de atos que tenham praticado ou assistido.
▶ Correspondência: art. 1.066, § 4º CPC 1973.

§ 5º Se o juiz houver proferido sentença da qual ele próprio ou o escrivão possua cópia, esta será juntada aos autos e terá a mesma autoridade da original.
▶ Correspondência: art. 1.066, § 5º CPC 1973.

Art. 716. Julgada a restauração, seguirá o processo os seus termos.
▶ Correspondência: art. 1.067 CPC 1973.
▶ Arts. 489 e 1.009 deste Código.

Parágrafo único. Aparecendo os autos originais, neles se prosseguirá, sendo-lhes apensados os autos da restauração.
▶ Correspondência: art. 1.067, § 1º CPC 1973.

Art. 717. Se o desaparecimento dos autos tiver ocorrido no tribunal, o processo de restauração será distribuído, sempre que possível, ao relator do processo.
▶ Correspondência: art. 1.068 CPC 1973.
▶ Arts. 298 a 303 do RISTF.

§ 1º A restauração far-se-á no juízo de origem quanto aos atos nele realizados.
▶ Correspondência: art. 1.068, § 1º CPC 1973.

§ 2º Remetidos os autos ao tribunal, nele completar-se-á a restauração e proceder-se-á ao julgamento.
▶ Correspondência: art. 1.068, § 2º CPC 1973.

Art. 718. Quem houver dado causa ao desaparecimento dos autos responderá pelas custas da restauração e pelos honorários de advogado, sem prejuízo da responsabilidade civil ou penal em que incorrer.
▶ Correspondência: art. 1.069 CPC 1973.
▶ Arts. 79 a 81, 143, I e 181 deste Código.

CAPÍTULO XV
DOS PROCEDIMENTOS DE JURISDIÇÃO VOLUNTÁRIA

Seção I
Disposições gerais

Art. 719. Quando este Código não estabelecer procedimento especial, regem os procedimentos de jurisdição voluntária as disposições constantes desta Seção.
▶ Correspondência: art. 1.103 CPC 1973.
▶ Art. 215, I, deste Código.

Art. 720. O procedimento terá início por provocação do interessado, do Ministério Público ou da Defensoria Pública, cabendo-lhes formular o pedido devidamente instruído com os documentos necessários e com a indicação da providência judicial.
▶ Correspondência: art. 1.104 CPC 1973.
▶ Art. 88 deste Código.

Art. 721. Serão citados todos os interessados, bem como intimado o Ministério Público, nos casos do art. 178, para que se manifestem, querendo, no prazo de 15 (quinze) dias.
▶ Correspondência: art. 1.105 e 1.106 CPC 1973.
▶ Arts. 178 e 279, § 1º deste Código.

Art. 722. A Fazenda Pública será sempre ouvida nos casos em que tiver interesse.
▶ Correspondência: art. 1.108 CPC 1973.
▶ Art. 39 da Lei 6.830/1980 (Execuções Fiscais).
▶ Súmulas 116 e 232 do STJ.

Art. 723. O juiz decidirá o pedido no prazo de 10 (dez) dias.
▶ Correspondência: art. 1.109 CPC 1973.

Parágrafo único. O juiz não é obrigado a observar critério de legalidade estrita, podendo adotar em cada caso a solução que considerar mais conveniente ou oportuna.
▶ Correspondência: art. 1.109 CPC 1973.
▶ Art. 140, par. ún. deste Código.

Art. 724. Da sentença caberá apelação.
▶ Correspondência: art. 1.110 CPC 1973.
▶ Art. 1.009 deste Código.

Art. 725. Processar-se-á na forma estabelecida nesta Seção o pedido de:
▶ Correspondência: art. 1.112 CPC 1973.

I – emancipação;
▶ Correspondência: art. 1.112, I CPC 1973.
▶ Art. 5º, par. un., e 9º, II do CC.
▶ Arts. 29, IV, 89 a 91, 104 e 107, § 1º da Lei 6.015/1973 (Lei dos Registros Públicos).

II – sub-rogação;
▶ Correspondência: art. 1.112, II CPC 1973.
▶ Arts. 346 a 351 e 1.911, par. ún. do CC.

III – alienação, arrendamento ou oneração de bens de crianças ou adolescentes, de órfãos e de interditos;
▶ Correspondência: art. 1.112, III CPC 1973.
▶ Lei 8.069/1990 (Estatuto da Criança e do Adolescente).

IV – alienação, locação e administração da coisa comum;
▶ Correspondência: art. 1.112, IV CPC 1973.
▶ Arts. 1.322 a 1.326 do CC.

V – alienação de quinhão em coisa comum;
▶ Correspondência: art. 1.112, V CPC 1973.
▶ Arts. 504 e 2.019 do CC.

VI – extinção de usufruto, quando não decorrer da morte do usufrutuário, do termo da sua duração ou da consolidação, e de fideicomisso, quando decorrer de renúncia ou quando ocorrer antes do evento que caracterizar a condição resolutória;
▶ Correspondência: art. 1.112, VI CPC 1973.
▶ Arts. 1.390 a 1.411 e 1.951 a 1.960 do CC.

VII – expedição de alvará judicial;
▶ Sem correspondência no CPC 1973.

VIII – homologação de autocomposição extrajudicial, de qualquer natureza ou valor.
▶ Sem correspondência no CPC 1973.
▶ Art. 139, V e 515, III deste Código.
▶ Art. 57 da Lei 9.099/1995.
▶ Lei 9.307/1996 (Lei da Arbitragem).
▶ Lei 13.140/2015 (Lei da Mediação).

Parágrafo único. As normas desta Seção aplicam-se, no que couber, aos procedimentos regulados nas seções seguintes.
▶ Sem correspondência no CPC 1973.

Seção II
Da notificação e da interpelação

Art. 726. Quem tiver interesse em manifestar formalmente sua vontade a outrem sobre assunto juridicamente relevante poderá notificar pessoas participantes da mesma relação jurídica para dar-lhes ciência de seu propósito.
▶ Correspondência: art. 867 CPC 1973.

§ 1º Se a pretensão for a de dar conhecimento geral ao público, mediante edital, o juiz só a deferirá se a tiver por fundada e necessária ao resguardo de direito.
▶ Correspondência: art. 867 CPC 1973.

§ 2º Aplica-se o disposto nesta Seção, no que couber, ao protesto judicial.
▶ Sem correspondência no CPC 1973.
▶ Súmula 190 do STF.
▶ Súmulas 270 e 361 do STJ.

Art. 727. Também poderá o interessado Interpelar o requerido, no caso do art. 726, para que faça ou deixe de fazer o que o requerente entenda ser de seu direito.
▶ Sem correspondência no CPC 1973.

Art. 728. O requerido será previamente ouvido antes do deferimento da notificação ou do respectivo edital:
▶ Sem correspondência no CPC 1973.

I – se houver suspeita de que o requerente, por meio da notificação ou do edital, pretende alcançar fim ilícito;
▶ Sem correspondência no CPC 1973.
▶ Súmulas 475 e 476 do STJ.

II – se tiver sido requerida a averbação da notificação em registro público.
▶ Sem correspondência no CPC 1973.

Art. 729. Deferida e realizada a notificação ou interpelação, os autos serão entregues ao requerente.
▶ Correspondência: art. 872 CPC 1973.
▶ Súmula 76 do STJ.

Seção III
Da alienação judicial

Art. 730. Nos casos expressos em lei, não havendo acordo entre os interessados sobre o modo como se deve realizar a alienação do bem, o juiz, de ofício ou a requerimento dos interessados ou do depositário, mandará aliená-lo em leilão, observando-se o disposto na Seção I deste Capítulo e, no que couber, o disposto nos arts. 879 a 903.
▶ Correspondência: art. 1.113 CPC 1973.
▶ Art. 2.019 do CC.

Seção IV
Do divórcio e da separação consensuais, da extinção consensual de união estável e da alteração do regime de bens do matrimônio

Art. 731. A homologação do divórcio ou da separação consensuais, observados os requisitos legais, poderá ser requerida em petição assinada por ambos os cônjuges, da qual constarão:
▶ Correspondência: arts. 1.120, §§ 1º e 2º e 1.121 CPC 1973.
▶ Art. 53 deste Código.
▶ Art. 1.571 a 1.582 do CC.
▶ Art. 226, § 6º da CF.

I – as disposições relativas à descrição e à partilha dos bens comuns;
▶ Correspondência: art. 1.121, I CPC 1973.

▶ Art. 1.523, III do CC.
▶ Súmula 197 do STJ.

II – as disposições relativas à pensão alimentícia entre os cônjuges;
▶ Correspondência: art. 1.121, IV CPC 1973.
▶ Art. 5º, I da CF.
▶ Súmula 336 do STJ.

III – o acordo relativo à guarda dos filhos incapazes e ao regime de visitas; e
▶ Correspondência: art. 1.121, II CPC 1973.
▶ Arts. 1.584 e 1.634, II do CC.
▶ Arts. 9º e 15 da Lei 6.515/1977 (Divórcio).

IV – o valor da contribuição para criar e educar os filhos.
▶ Correspondência: art. 1.121, III CPC 1973.
▶ Arts. 1.694 a 1.710 do CC.
▶ Art. 20 da Lei 6.515/1977 (Divórcio).
▶ Art. 12.318/2010 (Lei da Alienação Parental).

Parágrafo único. Se os cônjuges não acordarem sobre a partilha dos bens, far-se-á esta depois de homologado o divórcio, na forma estabelecida nos arts. 647 a 658.
▶ Correspondência: art. 1.121, § 1º CPC 1973.

Art. 732. As disposições relativas ao processo de homologação judicial de divórcio ou de separação consensuais aplicam-se, no que couber, ao processo de homologação da extinção consensual de união estável.
▶ Sem correspondência no CPC 1973.
▶ Lei 9.278/1996 (União Estável).

Art. 733. O divórcio consensual, a separação consensual e a extinção consensual de união estável, não havendo nascituro ou filhos incapazes e observados os requisitos legais, poderão ser realizados por escritura pública, da qual constarão as disposições de que trata o art. 731.
▶ Correspondência: art. 1.124-A CPC 1973.

§ 1º A escritura não depende de homologação judicial e constitui título hábil para qualquer ato de registro, bem como para levantamento de importância depositada em instituições financeiras.
▶ Correspondência: art. 1.124-A, § 1º CPC 1973.

§ 2º O tabelião somente lavrará a escritura se os interessados estiverem assistidos por advogado ou por defensor público, cuja qualificação e assinatura constarão do ato notarial.
▶ Correspondência: art. 1.124-A, § 2º CPC 1973.
▶ Provimento 118/2007 da OAB.

Art. 734. A alteração do regime de bens do casamento, observados os requisitos legais, poderá ser requerida, motivadamente, em petição assinada por ambos os cônjuges, na qual serão expostas as razões que justificam a alteração, ressalvados os direitos de terceiros.
▶ Sem correspondência no CPC 1973.
▶ Arts. 1.639, 1.642 e 1.651 do CC.

§ 1º Ao receber a petição inicial, o juiz determinará a intimação do Ministério Público e a publicação de edital que divulgue a pretendida alteração de bens, somente podendo decidir depois de decorrido o prazo de 30 (trinta) dias da publicação do edital.
▶ Sem correspondência no CPC 1973.
▶ Arts. 176 e 178, I deste Código.

§ 2º Os cônjuges, na petição inicial ou em petição avulsa, podem propor ao juiz meio alternativo de divulgação da alteração do regime de bens, a fim de resguardar direitos de terceiros.
▶ Sem correspondência no CPC 1973.

§ 3º Após o trânsito em julgado da sentença, serão expedidos mandados de averbação aos cartórios de registro civil e de imóveis e, caso qualquer dos cônjuges seja empresário, ao Registro Público de Empresas Mercantis e Atividades Afins.
▶ Sem correspondência no CPC 1973.
▶ Art. 10 do CC.
▶ Art. 29, § 1º e 167, II 14 da Lei 6.015/1973 (Registros Públicos).

Seção V
Dos testamentos e dos codicilos

Art. 735. Recebendo testamento cerrado, o juiz, se não achar vício externo que o torne suspeito de nulidade ou falsidade, o abrirá e mandará que o escrivão o leia em presença do apresentante.
▶ Correspondência: art. 1.125 CPC 1973.
▶ Arts. 1.868 a 1.875 do CC.

§ 1º Do termo de abertura constarão o nome do apresentante e como ele obteve o testamento, a data e o lugar do falecimento do testador, com as respectivas provas, e qualquer circunstância digna de nota.
▶ Correspondência: arts. 1.125, par. ún., I, II, III e IV CPC 1973.
▶ Art. 1.864 do CC.

§ 2º Depois de ouvido o Ministério Público, não havendo dúvidas a serem esclarecidas, o juiz mandará registrar, arquivar e cumprir o testamento.
▶ Correspondência: art. 1.126 CPC 1973.
▶ Art. 737, § 2º deste Código.
▶ Art. 1.875 do CC.

§ 3º Feito o registro, será intimado o testamenteiro para assinar o termo da testamentária.
▶ Correspondência: art. 1.127 CPC 1973.
▶ Arts. 1.976 a 1.990 do CC.

§ 4º Se não houver testamenteiro nomeado ou se ele estiver ausente ou não aceitar o encargo, o juiz nomeará testamenteiro dativo, observando-se a preferência legal.
▶ Correspondência: art. 1.127 CPC 1973.
▶ Arts. 737, § 2º deste Código.
▶ Arts. 1.976 e ss. do CC.

§ 5º O testamenteiro deverá cumprir as disposições testamentárias e prestar contas em juízo do que recebeu e despendeu, observando-se o disposto em lei.
▶ Sem correspondência no CPC 1973.

Art. 736. Qualquer interessado, exibindo o traslado ou a certidão de testamento público, poderá requerer ao juiz que ordene o seu cumprimento, observando-se, no que couber, o disposto nos parágrafos do art. 735.
▶ Correspondência: art. 1.128 CPC 1973.
▶ Arts. 1.864 a 1.867 do CC.

Art. 737. A publicação do testamento particular poderá ser requerida, depois da morte do testador, pelo herdeiro, pelo legatário ou pelo testamenteiro, bem como pelo terceiro detentor do testamento, se impossibilitado de entregá-lo a algum dos outros legitimados para requerê-la.
▶ Correspondência: art. 1.130, *caput* CPC 1973.
▶ Arts. 1.876 a 1.880 do CC.

§ 1º Serão intimados os herdeiros que não tiverem requerido a publicação do testamento.
▶ Correspondência: art. 1.131, II CPC 1973.

§ 2º Verificando a presença dos requisitos da lei, ouvido o Ministério Público, o juiz confirmará o testamento.
▶ Correspondência: art. 1.133 CPC 1973.
▶ Art. 1.878 do CC.

§ 3º Aplica-se o disposto neste artigo ao codicilo e aos testamentos marítimo, aeronáutico, militar e nuncupativo.
▶ Correspondência: arts. 1.134, I, II, III e IV CPC 1973.
▶ Arts. 1.881 a 1.896 do CC.
▶ Art. 76 da Lei 6.015/1973 (Registros Públicos).

§ 4º Observar-se-á, no cumprimento do testamento, o disposto nos parágrafos do art. 735.
▶ Sem correspondência no CPC 1973.

Seção VI
Da herança jacente

Art. 738. Nos casos em que a lei considere jacente a herança, o juiz em cuja comarca tiver domicílio o falecido procederá imediatamente à arrecadação dos respectivos bens.
▶ Correspondência: art. 1.142 CPC 1973.
▶ Arts. 1.819 e 1.823 do CC.

Art. 739. A herança jacente ficará sob a guarda, a conservação e a administração de um curador até a respectiva entrega ao sucessor legalmente habilitado ou até a declaração de vacância.
▶ Correspondência: art. 1.143 CPC 1973.
▶ Art. 1.822 do CC.

§ 1º Incumbe ao curador:
▶ Correspondência: art. 1.144 CPC 1973.

I – representar a herança em juízo ou fora dele, com intervenção do Ministério Público;
▶ Correspondência: art. 1.144, I CPC 1973.
▶ Arts. 75, VI deste Código.

II – ter em boa guarda e conservação os bens arrecadados e promover a arrecadação de outros porventura existentes;
▶ Correspondência: art. 1.144, II CPC 1973.

III – executar as medidas conservatórias dos direitos da herança;
▶ Correspondência: art. 1.144, III CPC 1973.

IV – apresentar mensalmente ao juiz balancete da receita e da despesa;
▶ Correspondência: art. 1.144, IV CPC 1973.

V – prestar contas ao final de sua gestão.
▶ Correspondência: art. 1.144, V CPC 1973.
▶ Arts. 927 e 932, II do CC.

§ 2º Aplica-se ao curador o disposto nos arts. 159 a 161.
▶ Correspondência: art. 1.144, par. ún. CPC 1973.

Art. 740. O juiz ordenará que o oficial de justiça, acompanhado do escrivão ou do chefe de secretaria e do curador, arrole os bens e descreva-os em auto circunstanciado.
▶ Correspondência: art. 1.145 CPC 1973.

§ 1º Não podendo comparecer ao local, o juiz requisitará à autoridade policial que proceda à arrecadação e ao arrolamento dos bens, com 2 (duas) testemunhas, que assistirão às diligências.
▶ Correspondência: art. 1.148 CPC 1973.

§ 2º Não estando ainda nomeado o curador, o juiz designará depositário e lhe entregará os bens, mediante simples termo nos autos, depois de compromissado.
▶ Correspondência: art. 1.145, § 1º CPC 1973.

▸ Arts. 159 a 161 deste Código.

§ 3º Durante a arrecadação, o juiz ou a autoridade policial inquirirá os moradores da casa e da vizinhança sobre a qualificação do falecido, o paradeiro de seus sucessores e a existência de outros bens, lavrando-se de tudo auto de inquirição e informação.
▸ Correspondência: art. 1.150 CPC 1973.

§ 4º O juiz examinará reservadamente os papéis, as cartas missivas e os livros domésticos e, verificando que não apresentam interesse, mandará empacotá-los e lacrá-los para serem assim entregues aos sucessores do falecido ou queimados quando os bens forem declarados vacantes.
▸ Correspondência: art. 1.147 CPC 1973.

§ 5º Se constar ao juiz a existência de bens em outra comarca, mandará expedir carta precatória a fim de serem arrecadados.
▸ Correspondência: art. 1.149 CPC 1973.

§ 6º Não se fará a arrecadação, ou essa será suspensa, quando, iniciada, apresentarem-se para reclamar os bens o cônjuge ou o companheiro, o herdeiro ou o testamenteiro notoriamente reconhecido e não houver oposição motivada do curador, de qualquer interessado, do Ministério Público ou do representante da Fazenda Pública.
▸ Correspondência: art. 1.151 CPC 1973.

Art. 741. Ultimada a arrecadação, o juiz mandará expedir edital, que será publicado na rede mundial de computadores, no sítio do tribunal a que estiver vinculado o juízo e na plataforma de editais do Conselho Nacional de Justiça, onde permanecerá por 3 (três) meses, ou, não havendo sítio, no órgão oficial e na imprensa da comarca, por 3 (três) vezes com intervalos de 1 (um) mês, para que os sucessores do falecido venham a habilitar-se no prazo de 6 (seis) meses contado da primeira publicação.
▸ Correspondência: art. 1.152 CPC 1973.
▸ Art. 743 deste Código.

§ 1º Verificada a existência de sucessor ou de testamenteiro em lugar certo, far-se-á a sua citação, sem prejuízo do edital.
▸ Correspondência: art. 1.152, § 1º CPC 1973.

§ 2º Quando o falecido for estrangeiro, será também comunicado o fato à autoridade consular.
▸ Correspondência: art. 1.152, § 2º CPC 1973.

§ 3º Julgada a habilitação do herdeiro, reconhecida a qualidade do testamenteiro ou provada a identidade do cônjuge ou companheiro, a arrecadação converter-se-á em inventário.
▸ Correspondência: art. 1.153 CPC 1973.

§ 4º Os credores da herança poderão habilitar-se como nos inventários ou propor a ação de cobrança.
▸ Correspondência: art. 1.154 CPC 1973.
▸ Arts. 642 a 646 deste Código.

Art. 742. O juiz poderá autorizar a alienação:
▸ Correspondência: art. 1.155 CPC 1973.
▸ Arts. 730 deste Código.

I – de bens móveis, se forem de conservação difícil ou dispendiosa;
▸ Correspondência: art. 1.155, I CPC 1973.

II – de semoventes, quando não empregados na exploração de alguma indústria;
▸ Correspondência: art. 1.155, II CPC 1973.

III – de títulos e papéis de crédito, havendo fundado receio de depreciação;
▸ Correspondência: art. 1.155, III CPC 1973.

IV – de ações de sociedade quando, reclamada a integralização, não dispuser a herança de dinheiro para o pagamento;
▸ Correspondência: art. 1.155, IV CPC 1973.

V – de bens imóveis:
▸ Correspondência: art. 1.155, V CPC 1973.

a) se ameaçarem ruína, não convindo a reparação;
▸ Correspondência: art. 1.155, V, a CPC 1973.

b) se estiverem hipotecados e vencer-se a dívida, não havendo dinheiro para o pagamento.
▸ Correspondência: art. 1.155, V, b CPC 1973.

§ 1º Não se procederá, entretanto, à venda se a Fazenda Pública ou o habilitando adiantar a importância para as despesas.
▸ Correspondência: art. 1.155, par. ún. CPC 1973.

§ 2º Os bens com valor de afeição, como retratos, objetos de uso pessoal, livros e obras de arte, só serão alienados depois de declarada a vacância da herança.
▸ Correspondência: art. 1.156 CPC 1973.

Art. 743. Passado 1 (um) ano da primeira publicação do edital e não havendo herdeiro habilitado nem habilitação pendente, será a herança declarada vacante.
▸ Correspondência: art. 1.157 CPC 1973.
▸ Arts. 1.820 e 1.822 do CC.

§ 1º Pendendo habilitação, a vacância será declarada pela mesma sentença que a julgar improcedente, aguar-

dando-se, no caso de serem diversas as habilitações, o julgamento da última.
▸ Correspondência: art. 1.157, par. ún. CPC 1973.

§ 2º Transitada em julgado a sentença que declarou a vacância, o cônjuge, o companheiro, os herdeiros e os credores só poderão reclamar o seu direito por ação direta.
▸ Correspondência: art. 1.158 CPC 1973.
▸ Art. 1.822 do CC.

Seção VII
Dos bens dos ausentes

Art. 744. Declarada a ausência nos casos previstos em lei, o juiz mandará arrecadar os bens do ausente e nomear-lhes-á curador na forma estabelecida na Seção VI, observando-se o disposto em lei.
▸ Correspondência: art. 1.160 CPC 1973.
▸ Art. 671 deste Código.
▸ Arts. 6º e 22 a 25 do CC.
▸ Art. 94 da Lei 6.015/1973 (Registros Públicos).

Art. 745. Feita a arrecadação, o juiz mandará publicar editais na rede mundial de computadores, no sítio do tribunal a que estiver vinculado e na plataforma de editais do Conselho Nacional de Justiça, onde permanecerá por 1 (um) ano, ou, não havendo sítio, no órgão oficial e na imprensa da comarca, durante 1 (um) ano, reproduzida de 2 (dois) em 2 (dois) meses, anunciando a arrecadação e chamando o ausente a entrar na posse de seus bens.
▸ Correspondência: art. 1.161 CPC 1973.
▸ Art. 26 do CC.
▸ Lei 11.419/2006 (Informatização do Processo Judicial).

§ 1º Findo o prazo previsto no edital, poderão os interessados requerer a abertura da sucessão provisória, observando-se o disposto em lei.
▸ Correspondência: art. 1.163 CPC 1973.
▸ Art. 27 do CC.

§ 2º O interessado, ao requerer a abertura da sucessão provisória, pedirá a citação pessoal dos herdeiros presentes e do curador e, por editais, a dos ausentes para requererem habilitação, na forma dos arts. 689 a 692.
▸ Correspondência: art. 1.164, par. ún. CPC 1973.
▸ Art. 35 do CC.

§ 3º Presentes os requisitos legais, poderá ser requerida a conversão da sucessão provisória em definitiva.
▸ Correspondência: art. 1.167, I, II, III CPC 1973.
▸ Arts. 38 e 39 do CC.
▸ Súmula 331 do STF.

§ 4º Regressando o ausente ou algum de seus descendentes ou ascendentes para requerer ao juiz a entrega de bens, serão citados para contestar o pedido os sucessores provisórios ou definitivos, o Ministério Público e o representante da Fazenda Pública, seguindo-se o procedimento comum.
▸ Correspondência: art. 1.168 CPC 1973.
▸ Art. 33 e 36 do CC.

Seção VIII
Das coisas vagas

Art. 746. Recebendo do descobridor coisa alheia perdida, o juiz mandará lavrar o respectivo auto, do qual constará a descrição do bem e as declarações do descobridor.
▸ Correspondência: art. 1.170 CPC 1973.
▸ Arts. 1.233 a 1.237 do CC.
▸ Art. 169, par. ún., II do CP.

§ 1º Recebida a coisa por autoridade policial, esta a remeterá em seguida ao juízo competente.
▸ Correspondência: art. 1.170, par. ún. CPC 1973.

§ 2º Depositada a coisa, o juiz mandará publicar edital na rede mundial de computadores, no sítio do tribunal a que estiver vinculado e na plataforma de editais do Conselho Nacional de Justiça ou, não havendo sítio, no órgão oficial e na imprensa da comarca, para que o dono ou o legítimo possuidor a reclame, salvo se se tratar de coisa de pequeno valor e não for possível a publicação no sítio do tribunal, caso em que o edital será apenas afixado no átrio do edifício do fórum.
▸ Correspondência: arts. 1.171, §§ 1º e 2º CPC 1973.
▸ Lei 11.419/2006 (Informatização do Processo Judicial).

§ 3º Observar-se-á, quanto ao mais, o disposto em lei.
▸ Sem correspondência no CPC 1973.

Seção IX
Da interdição

Art. 747. A interdição pode ser promovida:
▸ Correspondência: art. 1.177 CPC 1973.
▸ Arts. 3º, 4º, 50, 1.767 a 1.779 e 1.781 a 1.783 do CC.

I – pelo cônjuge ou companheiro;
▸ Correspondência: art. 1.177, II CPC 1973.
▸ Art. 1.775 do CC.

II – pelos parentes ou tutores;
▸ Correspondência: art. 1.177, I CPC 1973.
▸ Art. 5º, I da CF.

III – pelo representante da entidade em que se encontra abrigado o interditando;
▸ Sem correspondência no CPC 1973.

IV – pelo Ministério Público.
▸ Correspondência: art. 1.177, III CPC 1973.

Parágrafo único. A legitimidade deverá ser comprovada por documentação que acompanhe a petição inicial.
▸ Sem correspondência no CPC 1973.

Art. 748. O Ministério Público só promoverá interdição em caso de doença mental grave:
▸ Correspondência: art. 1.178, I CPC 1973.

I – se as pessoas designadas nos incisos I, II e III do art. 747 não existirem ou não promoverem a interdição;
▸ Correspondência: art. 1.178, II CPC 1973.

II – se, existindo, forem incapazes as pessoas mencionadas nos incisos I e II do art. 747.
▸ Correspondência: art. 1.178, III CPC 1973.

Art. 749. Incumbe ao autor, na petição inicial, especificar os fatos que demonstram a incapacidade do interditando para administrar seus bens e, se for o caso, para praticar atos da vida civil, bem como o momento em que a incapacidade se revelou.
▸ Correspondência: art. 1.180 CPC 1973.

Parágrafo único. Justificada a urgência, o juiz pode nomear curador provisório ao interditando para a prática de determinados atos.
▸ Sem correspondência no CPC 1973.

Art. 750. O requerente deverá juntar laudo médico para fazer prova de suas alegações ou informar a impossibilidade de fazê-lo.
▸ Sem correspondência no CPC 1973.

Art. 751. O interditando será citado para, em dia designado, comparecer perante o juiz, que o entrevistará minuciosamente acerca de sua vida, negócios, bens, vontades, preferências e laços familiares e afetivos e sobre o que mais lhe parecer necessário para convencimento quanto à sua capacidade para praticar atos da vida civil, devendo ser reduzidas a termo as perguntas e respostas.
▸ Correspondência: art. 1.181 CPC 1973.

§ 1º Não podendo o interditando deslocar-se, o juiz o ouvirá no local onde estiver.
▸ Sem correspondência no CPC 1973.

§ 2º A entrevista poderá ser acompanhada por especialista.
▸ Sem correspondência no CPC 1973.

§ 3º Durante a entrevista, é assegurado o emprego de recursos tecnológicos capazes de permitir ou de auxiliar o interditando a expressar suas vontades e preferências e a responder às perguntas formuladas.
▸ Sem correspondência no CPC 1973.

§ 4º A critério do juiz, poderá ser requisitada a oitiva de parentes e de pessoas próximas.
▸ Sem correspondência no CPC 1973.

Art. 752. Dentro do prazo de 15 (quinze) dias contado da entrevista, o interditando poderá impugnar o pedido.
▸ Correspondência: art. 1.182 CPC 1973.

§ 1º O Ministério Público intervirá como fiscal da ordem jurídica.
▸ Sem correspondência no CPC 1973.
▸ Arts. 178 e 179 deste Código.

§ 2º O interditando poderá constituir advogado, e, caso não o faça, deverá ser nomeado curador especial.
▸ Correspondência: arts. 1.182, §§ 1º e 2º CPC 1973.
▸ Arts. 72, I e 178 deste Código.

§ 3º Caso o interditando não constitua advogado, o seu cônjuge, companheiro ou qualquer parente sucessível poderá intervir como assistente.
▸ Correspondência: art. 1.182, § 3º CPC 1973.
▸ Art. 1.775 do CC.

Art. 753. Decorrido o prazo previsto no art. 752, o juiz determinará a produção de prova pericial para avaliação da capacidade do interditando para praticar atos da vida civil.
▸ Correspondência: art. 1.183 CPC 1973.
▸ Art. 464 deste Código.

§ 1º A perícia pode ser realizada por equipe composta por expertos com formação multidisciplinar.
▸ Sem correspondência no CPC 1973.

§ 2º O laudo pericial indicará especificadamente, se for o caso, os atos para os quais haverá necessidade de curatela.
▸ Sem correspondência no CPC 1973.

Art. 754. Apresentado o laudo, produzidas as demais provas e ouvidos os interessados, o juiz proferirá sentença.
▸ Correspondência: art. 1.183 CPC 1973.

Art. 755. Na sentença que decretar a interdição, o juiz:
▸ Correspondência: art. 1.183, par. ún. CPC 1973.

I – nomeará curador, que poderá ser o requerente da interdição, e fixará os limites da curatela, segundo o estado e o desenvolvimento mental do interdito;
> ▶ Correspondência: art. 1.183, par. ún. CPC 1973.
> ▶ Art. 72 deste Código.
> ▶ Art. 1.782 do CC.

II – considerará as características pessoais do interdito, observando suas potencialidades, habilidades, vontades e preferências.
> ▶ Sem correspondência no CPC 1973.

§ 1º A curatela deve ser atribuída a quem melhor possa atender aos interesses do curatelado.
> ▶ Sem correspondência no CPC 1973.

§ 2º Havendo, ao tempo da interdição, pessoa incapaz sob a guarda e a responsabilidade do interdito, o juiz atribuirá a curatela a quem melhor puder atender aos interesses do interdito e do incapaz.
> ▶ Sem correspondência no CPC 1973.

§ 3º A sentença de interdição será inscrita no registro de pessoas naturais e imediatamente publicada na rede mundial de computadores, no sítio do tribunal a que estiver vinculado o juízo e na plataforma de editais do Conselho Nacional de Justiça, onde permanecerá por 6 (seis) meses, na imprensa local, 1 (uma) vez, e no órgão oficial, por 3 (três) vezes, com intervalo de 10 (dez) dias, constando do edital os nomes do interdito e do curador, a causa da interdição, os limites da curatela e, não sendo total a interdição, os atos que o interdito poderá praticar autonomamente.
> ▶ Correspondência: art. 1.184 CPC 1973.
> ▶ Arts. 9º, III do CC.
> ▶ Arts. 29, V, 92, 104 e 107, § 1º da Lei 6.015/1973 (Registros Públicos).
> ▶ Lei 11.419/2006 (Informatização do Processo Judicial).

Art. 756. Levantar-se-á a curatela quando cessar a causa que a determinou.
> ▶ Correspondência: art. 1.186 CPC 1973.

§ 1º O pedido de levantamento da curatela poderá ser feito pelo interdito, pelo curador ou pelo Ministério Público e será apensado aos autos da interdição.
> ▶ Correspondência: art. 1.186, § 1º CPC 1973.

§ 2º O juiz nomeará perito ou equipe multidisciplinar para proceder ao exame do interdito e designará audiência de instrução e julgamento após a apresentação do laudo.
> ▶ Sem correspondência no CPC 1973.

§ 3º Acolhido o pedido, o juiz decretará o levantamento da interdição e determinará a publicação da sentença, após o trânsito em julgado, na forma do art. 755, § 3º, ou, não sendo possível, na imprensa local e no órgão oficial, por 3 (três) vezes, com intervalo de 10 (dez) dias, seguindo-se a averbação no registro de pessoas naturais.
> ▶ Correspondência: art. 1.186, § 2º CPC 1973.
> ▶ Art. 9º, III do CC.
> ▶ Arts. 29, V, 92 e 104 da Lei 6.015/1973 (Registros Públicos).

§ 4º A interdição poderá ser levantada parcialmente quando demonstrada a capacidade do interdito para praticar alguns atos da vida civil.
> ▶ Sem correspondência no CPC 1973.

Art. 757. A autoridade do curador estende-se à pessoa e aos bens do incapaz que se encontrar sob a guarda e a responsabilidade do curatelado ao tempo da interdição, salvo se o juiz considerar outra solução como mais conveniente aos interesses do incapaz.
> ▶ Sem correspondência no CPC 1973.

Art. 758. O curador deverá buscar tratamento e apoio apropriados à conquista da autonomia pelo interdito.
> ▶ Sem correspondência no CPC 1973.
> ▶ Art. 1.776 do CC.

Seção X
Disposições comuns
à tutela e à curatela

Art. 759. O tutor ou o curador será intimado a prestar compromisso no prazo de 5 (cinco) dias contado da:
> ▶ Correspondência: art. 1.187 CPC 1973.

I – nomeação feita em conformidade com a lei;
> ▶ Correspondência: art. 1.187, I CPC 1973.

II – intimação do despacho que mandar cumprir o testamento ou o instrumento público que o houver instituído.
> ▶ Correspondência: art. 1.187, II CPC 1973.

§ 1º O tutor ou o curador prestará o compromisso por termo em livro rubricado pelo juiz.
> ▶ Correspondência: art. 1.187, § 1º CPC 1973.
> ▶ Art. 32 da Lei 8.069/1990 (Estatuto da Criança e do Adolescente – ECA).

§ 2º Prestado o compromisso, o tutor ou o curador assume a administração dos bens do tutelado ou do interditado.
> ▶ Correspondência: art. 1.188 CPC 1973.

Art. 760. O tutor ou o curador poderá eximir-se do encargo apresentando escusa ao juiz no prazo de 5 (cinco) dias contado:

> ▶ Correspondência: art. 1.192 CPC 1973.
> ▶ Art. 1.736 do CC.

I – antes de aceitar o encargo, da intimação para prestar compromisso;
> ▶ Correspondência: art. 1.192, I CPC 1973.

II – depois de entrar em exercício, do dia em que sobrevier o motivo da escusa.
> ▶ Correspondência: art. 1.192, II CPC 1973.

§ 1º Não sendo requerida a escusa no prazo estabelecido neste artigo, considerar-se-á renunciado o direito de alegá-la.
> ▶ Correspondência: art. 1.192, par. ún. CPC 1973.
> ▶ Arts. 1.736 a 1.739 do CC.

§ 2º O juiz decidirá de plano o pedido de escusa, e, não o admitindo, exercerá o nomeado a tutela ou a curatela enquanto não for dispensado por sentença transitada em julgado.
> ▶ Correspondência: art. 1.193 CPC 1973.
> ▶ Art. 1.739 do CC.

Art. 761. Incumbe ao Ministério Público ou a quem tenha legítimo interesse requerer, nos casos previstos em lei, a remoção do tutor ou do curador.
> ▶ Correspondência: art. 1.194 CPC 1973.
> ▶ Arts. 1.735 e 1.766 do CC.
> ▶ Art. 201, III e IV da Lei 8.069/1990 (Estatuto da Criança e do Adolescente – ECA).

Parágrafo único. O tutor ou o curador será citado para contestar a arguição no prazo de 5 (cinco) dias, findo o qual observar-se-á o procedimento comum.
> ▶ Correspondência: art. 1.195 CPC 1973.

Art. 762. Em caso de extrema gravidade, o juiz poderá suspender o tutor ou o curador do exercício de suas funções, nomeando substituto interino.
> ▶ Correspondência: art. 1.197 CPC 1973.

Art. 763. Cessando as funções do tutor ou do curador pelo decurso do prazo em que era obrigado a servir, ser-lhe-á lícito requerer a exoneração do encargo.
> ▶ Correspondência: art. 1.198 CPC 1973.

§ 1º Caso o tutor ou o curador não requeira a exoneração do encargo dentro dos 10 (dez) dias seguintes à expiração do termo, entender-se-á reconduzido, salvo se o juiz o dispensar.
> ▶ Correspondência: art. 1.198 CPC 1973.
> ▶ Art. 1.738 do CC.

§ 2º Cessada a tutela ou a curatela, é indispensável a prestação de contas pelo tutor ou pelo curador, na forma da lei civil.
> ▶ Sem correspondência no CPC 1973.
> ▶ Arts. 1.755 a 1.762 do CC.

Seção XI
Da organização e da fiscalização das fundações

Art. 764. O juiz decidirá sobre a aprovação do estatuto das fundações e de suas alterações sempre que o requeira o interessado, quando:
> ▶ Correspondência: art. 1.201, § 1º CPC 1973.

I – ela for negada previamente pelo Ministério Público ou por este forem exigidas modificações com as quais o interessado não concorde;
> ▶ Sem correspondência no CPC 1973.
> ▶ Arts. 66 e 67, II do CC.

II – o interessado discordar do estatuto elaborado pelo Ministério Público.
> ▶ Sem correspondência no CPC 1973.
> ▶ Art. 66 do CC.

§ 1º O estatuto das fundações deve observar o disposto na Lei 10.406, de 10 de janeiro de 2002 (Código Civil).
> ▶ Sem correspondência no CPC 1973.
> ▶ Arts. 62 a 69 do CC.

§ 2º Antes de suprir a aprovação, o juiz poderá mandar fazer no estatuto modificações a fim de adaptá-lo ao objetivo do instituidor.
> ▶ Correspondência: art. 1.201, § 2º CPC 1973.

Art. 765. Qualquer interessado ou o Ministério Público promoverá em juízo a extinção da fundação quando:
> ▶ Correspondência: art. 1.204 CPC 1973.
> ▶ Art. 66 do CC.

I – se tornar ilícito o seu objeto;
> ▶ Correspondência: art. 1.204, I CPC 1973.
> ▶ Arts. 186 e 187 do CC.

II – for impossível a sua manutenção;
> ▶ Correspondência: art. 1.204, II CPC 1973.

III – vencer o prazo de sua existência.
> ▶ Correspondência: art. 1.204, III CPC 1973.
> ▶ Art. 69 do CC.

Seção XII
Da ratificação dos protestos
marítimos e dos processos testemunháveis
formados a bordo

Art. 766. Todos os protestos e os processos testemunháveis formados a bordo e lançados no livro Diário da Navegação deverão ser apresentados pelo comandante

ao juiz de direito do primeiro porto, nas primeiras 24 (vinte e quatro) horas de chegada da embarcação, para sua ratificação judicial.
> ▶ Correspondência: art. 1.218, VIII CPC 1973.

Art. 767. A petição inicial conterá a transcrição dos termos lançados no livro Diário da Navegação e deverá ser instruída com cópias das páginas que contenham os termos que serão ratificados, dos documentos de identificação do comandante e das testemunhas arroladas, do rol de tripulantes, do documento de registro de embarcação e, quando for o caso, do manifesto das cargas sinistradas e a qualificação de seus consignatários, traduzidos, quando for o caso, de forma livre para o português.
> ▶ Sem correspondência no CPC 1973.

Art. 768. A petição inicial deverá ser distribuída com urgência e encaminhada ao juiz, que ouvirá, sob compromisso a ser prestado no mesmo dia, o comandante e as testemunhas em número mínimo de 2 (duas) e máximo de 4 (quatro), que deverão comparecer ao ato independentemente de intimação.
> ▶ Sem correspondência no CPC 1973.

§ 1º Tratando-se de estrangeiros que não dominem a língua portuguesa, o autor deverá fazer-se acompanhar por tradutor, que prestará compromisso em audiência.
> ▶ Sem correspondência no CPC 1973.
> ▶ Art. 149 deste Código.

§ 2º Caso o autor não se faça acompanhar por tradutor, o juiz deverá nomear outro que preste compromisso em audiência.
> ▶ Sem correspondência no CPC 1973.

Art. 769. Aberta a audiência, o juiz mandará apregoar os consignatários das cargas indicados na petição inicial e outros eventuais interessados, nomeando para os ausentes curador para o ato.
> ▶ Sem correspondência no CPC 1973.

Art. 770. Inquiridos o comandante e as testemunhas, o juiz, convencido da veracidade dos termos lançados no Diário da Navegação, em audiência, ratificará por sentença o protesto ou o processo testemunhável lavrado a bordo, dispensado o relatório.
> ▶ Sem correspondência no CPC 1973.

Parágrafo único. Independentemente do trânsito em julgado, o juiz determinará a entrega dos autos ao autor ou ao seu advogado, mediante a apresentação de traslado.
> ▶ Sem correspondência no CPC 1973.

LIVRO II
DO PROCESSO DE EXECUÇÃO

TÍTULO I
DA EXECUÇÃO EM GERAL

CAPÍTULO I
DISPOSIÇÕES GERAIS

Art. 771. Este Livro regula o procedimento da execução fundada em título extrajudicial, e suas disposições aplicam-se, também, no que couber, aos procedimentos especiais de execução, aos atos executivos realizados no procedimento de cumprimento de sentença, bem como aos efeitos de atos ou fatos processuais a que a lei atribuir força executiva.
> ▶ Sem correspondência no CPC 1973.
> ▶ Lei 6.830/1980 (Execuções Fiscais).
> ▶ Lei 5.741/1971 (Execução Hipotecária).
> ▶ Súmulas 279 e 317 do STJ.

Parágrafo único. Aplicam-se subsidiariamente à execução as disposições do Livro I da Parte Especial.
> ▶ Correspondência: art. 598 CPC 1973.
> ▶ Súmula 196 do STJ.

Art. 772. O juiz pode, em qualquer momento do processo:
> ▶ Correspondência: art. 599 CPC 1973.

I – ordenar o comparecimento das partes;
> ▶ Correspondência: art. 599, I CPC 1973.
> ▶ Súmula 268 do STJ.

II – advertir o executado de que seu procedimento constitui ato atentatório à dignidade da justiça;
> ▶ Correspondência: art. 599, II CPC 1973.
> ▶ Arts. 774 deste Código.

III – determinar que sujeitos indicados pelo exequente forneçam informações em geral relacionadas ao objeto da execução, tais como documentos e dados que tenham em seu poder, assinando-lhes prazo razoável.
> ▶ Correspondência: arts. 341, I e II CPC 1973.
> ▶ Arts. 396 a 404 deste Código.
> ▶ Art. 5º, IX da CF.

Art. 773. O juiz poderá, de ofício ou a requerimento, determinar as medidas necessárias ao cumprimento da ordem de entrega de documentos e dados.
> ▶ Sem correspondência no CPC 1973.

Parágrafo único. Quando, em decorrência do disposto neste artigo, o juízo receber dados sigilosos para os fins da execução, o juiz adotará as medidas necessárias para assegurar a confidencialidade.
▸ Sem correspondência no CPC 1973.

Art. 774. Considera-se atentatória à dignidade da justiça a conduta comissiva ou omissiva do executado que:
▸ Correspondência: art. 600 CPC 1973.

I – frauda a execução;
▸ Correspondência: art. 600, I CPC 1973.
▸ Arts. 792, 808 e 856, § 3º deste Código.
▸ Súmula 375 do STJ.

II – se opõe maliciosamente à execução, empregando ardis e meios artificiosos;
▸ Correspondência: art. 600, II CPC 1973.

III – dificulta ou embaraça a realização da penhora;
▸ Sem correspondência no CPC 1973.

IV – resiste injustificadamente às ordens judiciais;
▸ Correspondência: art. 600, III CPC 1973.

V – intimado, não indica ao juiz quais são e onde estão os bens sujeitos à penhora e os respectivos valores, nem exibe prova de sua propriedade e, se for o caso, certidão negativa de ônus.
▸ Correspondência: art. 600, IV CPC 1973.
▸ Arts. 847, § 2º deste Código.

Parágrafo único. Nos casos previstos neste artigo, o juiz fixará multa em montante não superior a vinte por cento do valor atualizado do débito em execução, a qual será revertida em proveito do exequente, exigível nos próprios autos do processo, sem prejuízo de outras sanções de natureza processual ou material.
▸ Correspondência: art. 601 CPC 1973.
▸ Arts. 77 e 79 deste Código.

Art. 775. O exequente tem o direito de desistir de toda a execução ou de apenas alguma medida executiva.
▸ Correspondência: art. 569 CPC 1973.
▸ Arts. 90, 105, 200, par. ún., 343, § 2º e 485, VIII deste Código.

Parágrafo único. Na desistência da execução, observar-se-á o seguinte:
▸ Correspondência: art. 569, par. ún. CPC 1973.

I – serão extintos a impugnação e os embargos que versarem apenas sobre questões processuais, pagando o exequente as custas processuais e os honorários advocatícios;
▸ Correspondência: art. 569, par. ún., a CPC 1973.
▸ Arts. 525 e 914 deste Código.
▸ Súmula 98 do STJ.

II – nos demais casos, a extinção dependerá da concordância do impugnante ou do embargante.
▸ Correspondência: art. 569, par. ún., b CPC 1973.

Art. 776. O exequente ressarcirá ao executado os danos que este sofreu, quando a sentença, transitada em julgado, declarar inexistente, no todo ou em parte, a obrigação que ensejou a execução.
▸ Correspondência: art. 574 CPC 1973.
▸ Arts. 402 e ss., do CC.

Art. 777. A cobrança de multas ou de indenizações decorrentes de litigância de má-fé ou de prática de ato atentatório à dignidade da justiça será promovida nos próprios autos do processo.
▸ Correspondência: art. 739-B CPC 1973.
▸ Arts. 77 e 79 deste Código.

CAPÍTULO II
DAS PARTES

Art. 778. Pode promover a execução forçada o credor a quem a lei confere título executivo.
▸ Correspondência: art. 566, I CPC 1973.
▸ Arts. 515 e 784 deste Código.
▸ Arts. 97 a 100 do CDC.
▸ Art. 15 da Lei 7.347/1985 (Disciplina Ação Civil Pública).
▸ Art. 17 da Lei 4.717/1965 (Disciplina a Ação Popular).

§ 1º Podem promover a execução forçada ou nela prosseguir, em sucessão ao exequente originário:
▸ Correspondência: art. 567 CPC 1973.
▸ Art. 834 do CC.

I – o Ministério Público, nos casos previstos em lei;
▸ Correspondência: art. 566, II CPC 1973.
▸ Arts. 177 e 180 deste Código.
▸ Arts. 22, 28, § 1º e 50 CC.

II – o espólio, os herdeiros ou os sucessores do credor, sempre que, por morte deste, lhes for transmitido o direito resultante do título executivo;
▸ Correspondência: art. 567, I CPC 1973.
▸ Arts. 687 a 692 deste Código.

III – o cessionário, quando o direito resultante do título executivo lhe for transferido por ato entre vivos;
▸ Correspondência: art. 567, II CPC 1973.
▸ Arts. 109, § 1º deste Código.
▸ Arts. 287 a 289 do CC.

IV – o sub-rogado, nos casos de sub-rogação legal ou convencional.
▸ Correspondência: art. 567, III CPC 1973.

▸ Art. 857 deste Código.
▸ Arts. 346 a 351 e 831 do CC.

§ 2º A sucessão prevista no § 1º independe de consentimento do executado.
▸ Sem correspondência no CPC 1973.

Art. 779. A execução pode ser promovida contra:
▸ Correspondência: art. 568 CPC 1973.

I – o devedor, reconhecido como tal no título executivo;
▸ Correspondência: art. 568, I CPC 1973.
▸ Arts. 784 e 789 deste Código.

II – o espólio, os herdeiros ou os sucessores do devedor;
▸ Correspondência: art. 568, II CPC 1973.

III – o novo devedor que assumiu, com o consentimento do credor, a obrigação resultante do título executivo;
▸ Correspondência: art. 568, III CPC 1973.
▸ Art. 109, § 1º deste Código.
▸ Art. 299 e ss. do CC.

IV – o fiador do débito constante em título extrajudicial;
▸ Correspondência: art. 568, IV CPC 1973.
▸ Art. 794, § 1º deste Código.
▸ Súmula 268 do STJ.

V – o responsável titular do bem vinculado por garantia real ao pagamento do débito;
▸ Sem correspondência no CPC 1973.

VI – o responsável tributário, assim definido em lei.
▸ Correspondência: art. 568, V CPC 1973.
▸ Arts. 121, par. ún. e 128 a 138 do CTN.

Art. 780. O exequente pode cumular várias execuções, ainda que fundadas em títulos diferentes, quando o executado for o mesmo e desde que para todas elas seja competente o mesmo juízo e idêntico o procedimento.
▸ Correspondência: art. 573 CPC 1973.
▸ Arts. 327, 535, IV, e 917, III, deste Código.
▸ Súmula 27 do STJ.

CAPÍTULO III
DA COMPETÊNCIA

Art. 781. A execução fundada em título extrajudicial será processada perante o juízo competente, observando-se o seguinte:
▸ Correspondência: art. 576 CPC 1973.
▸ Arts. 86 a 115, 784 e 959 deste Código.
▸ Art. 98, § 2º do CDC.

I – a execução poderá ser proposta no foro de domicílio do executado, de eleição constante do título ou, ainda, de situação dos bens a ela sujeitos;
▸ Sem correspondência no CPC 1973.
▸ Art. 63 deste Código.

II – tendo mais de um domicílio, o executado poderá ser demandado no foro de qualquer deles;
▸ Sem correspondência no CPC 1973.
▸ Súmula 58 do STJ.

III – sendo incerto ou desconhecido o domicílio do executado, a execução poderá ser proposta no lugar onde for encontrado ou no foro de domicílio do exequente;
▸ Sem correspondência no CPC 1973.

IV – havendo mais de um devedor, com diferentes domicílios, a execução será proposta no foro de qualquer deles, à escolha do exequente;
▸ Sem correspondência no CPC 1973.

V – a execução poderá ser proposta no foro do lugar em que se praticou o ato ou em que ocorreu o fato que deu origem ao título, mesmo que nele não mais resida o executado.
▸ Sem correspondência no CPC 1973.

Art. 782. Não dispondo a lei de modo diverso, o juiz determinará os atos executivos, e o oficial de justiça os cumprirá.
▸ Correspondência: art. 577 CPC 1973.
▸ Arts. 154, 155 e 233 deste Código.

§ 1º O oficial de justiça poderá cumprir os atos executivos determinados pelo juiz também nas comarcas contíguas, de fácil comunicação, e nas que se situem na mesma região metropolitana.
▸ Sem correspondência no CPC 1973.
▸ Art. 154 e 255 deste Código.

§ 2º Sempre que, para efetivar a execução, for necessário o emprego de força policial, o juiz a requisitará.
▸ Correspondência: art. 579 CPC 1973.
▸ Arts. 360, III, 536, § 1º e 846, § 2º deste Código.

§ 3º A requerimento da parte, o juiz pode determinar a inclusão do nome do executado em cadastros de inadimplentes.
▸ Sem correspondência no CPC 1973.

§ 4º A inscrição será cancelada imediatamente se for efetuado o pagamento, se for garantida a execução ou se a execução for extinta por qualquer outro motivo.
▸ Sem correspondência no CPC 1973.

§ 5º O disposto nos §§ 3º e 4º aplica-se à execução definitiva de título judicial.
▸ Sem correspondência no CPC 1973.

Art. 783. A execução para cobrança de crédito fundar-se-á sempre em título de obrigação certa, líquida e exigível.
▸ Correspondência: art. 586 CPC 1973.
▸ Art. 803, I deste Código.

Art. 784. São títulos executivos extrajudiciais:
▸ Correspondência: art. 585 CPC 1973.
▸ Súmulas 300 e 317 do STJ.

I – a letra de câmbio, a nota promissória, a duplicata, a debênture e o cheque;
▸ Correspondência: art. 585, I CPC 1973.
▸ Arts. 49, 50, 51 e 56 do Dec. 2.044/1908 (Letra de câmbio e nota promissória).
▸ Dec. 57.595/1966 (Lei Uniforme em matéria de cheques).
▸ Art. 44 do Dec.-lei 167/1967 (Títulos de crédito rural).
▸ Arts. 15 da Lei 5.474/1968 (Duplicatas).
▸ Dec.-lei 413/1969 (Títulos de crédito industrial).
▸ Arts. 52 a 74 da Lei 6.404/1976 (Sociedades por ações).
▸ Lei 7.357/1985 (Cheque).
▸ Súmula 600 do STF.
▸ Súmulas 60 e 258 do STJ.

II – a escritura pública ou outro documento público assinado pelo devedor;
▸ Correspondência: art. 585, II CPC 1973.
▸ Art. 215 do CC.
▸ Art. 57, par. ún. da Lei 9.099/1995 (Lei dos Juizados Especiais).

III – o documento particular assinado pelo devedor e por 2 (duas) testemunhas;
▸ Correspondência: art. 585, II CPC 1973.
▸ Art. 221 do CC.
▸ Súmulas 233 e 300 do STJ.

IV – o instrumento de transação referendado pelo Ministério Público, pela Defensoria Pública, pela Advocacia Pública, pelos advogados dos transatores ou por conciliador ou mediador credenciado por tribunal;
▸ Correspondência: art. 585, V CPC 1973.
▸ Art. 221 do CC.
▸ Art. 4º, I da LC 80/1994 (Defensoria Pública da União).
▸ Art. 57, par. ún. da Lei 9.099/1995 (Lei dos Juizados Especiais).
▸ Art. 13 da Lei 10.741/2003. (Estatuto do Idoso).

V – o contrato garantido por hipoteca, penhor, anticrese ou outro direito real de garantia e aquele garantido por caução;
▸ Correspondência: art. 585, III CPC 1973.
▸ Arts. 30, *caput* e § 1º e 1.419 e ss. do CC.
▸ Dec.-lei 70/1966 (Cédula hipotecária).

VI – o contrato de seguro de vida em caso de morte;
▸ Sem correspondência no CPC 1973.

VII – o crédito decorrente de foro e laudêmio;
▸ Correspondência: art. 585, IV CPC 1973.

VIII – o crédito, documentalmente comprovado, decorrente de aluguel de imóvel, bem como de encargos acessórios, tais como taxas e despesas de condomínio;
▸ Correspondência: art. 585, V CPC 1973.
▸ Art. 1.315 do CC.
▸ Lei 4.591/1964 (Condomínio em edifícios e as incorporações imobiliárias).

IX – a certidão de dívida ativa da Fazenda Pública da União, dos Estados, do Distrito Federal e dos Municípios, correspondente aos créditos inscritos na forma da lei;
▸ Correspondência: art. 585, VII CPC 1973.
▸ Arts. 201 a 204 do CTN.
▸ Arts. 2º e 3º da Lei 6.830/1980 (Execuções Fiscais).
▸ Súmula 392 do STJ.

X – o crédito referente às contribuições ordinárias ou extraordinárias de condomínio edilício, previstas na respectiva convenção ou aprovadas em assembleia geral, desde que documentalmente comprovadas;
▸ Sem correspondência no CPC 1973.
▸ Art. 1.331 do CC.

XI – a certidão expedida por serventia notarial ou de registro relativa a valores de emolumentos e demais despesas devidas pelos atos por ela praticados, fixados nas tabelas estabelecidas em lei;
▸ Sem correspondência no CPC 1973.
▸ Lei 10.169/2000 (Normas Gerais para fixação de Emolumentos).

XI-A – o contrato de contragarantia ou qualquer outro instrumento que materialize o direito de ressarcimento da seguradora contra tomadores de seguro-garantia e seus garantidores;
▸ Inciso XI-A acrescido pela Lei 14.711/2023.

XII – todos os demais títulos aos quais, por disposição expressa, a lei atribuir força executiva.
▸ Correspondência: art. 585, VIII CPC 1973.
▸ Arts. 29, 32, § 2º, 35, § 1º e 38 do Dec.-lei 70/1966 (Cédula hipotecária).
▸ Art. 41 do Dec.-lei 167/1967 (Títulos de crédito rural).
▸ Art. 10 da Lei 5.741/1971 (Sistema Financeiro da Habitação).
▸ Art. 107, I da Lei 6.404/1976 (Sociedades por ações).
▸ Art. 24 da Lei 8.906/1994 (Estatuto da Advocacia e da OAB).

▸ Arts. 20 e 28 da Lei 11.101/2005 (Recuperação de Empresas e Falência).

§ 1º A propositura de qualquer ação relativa a débito constante de título executivo não inibe o credor de promover-lhe a execução.
 ▸ Correspondência: art. 585, § 1º CPC 1973.
 ▸ Art. 49, § 1º da Lei 11.101/2005 (Recuperação de Empresas e Falência).

§ 2º Os títulos executivos extrajudiciais oriundos de país estrangeiro não dependem de homologação para serem executados.
 ▸ Correspondência: art. 585, § 2º CPC 1973.
 ▸ Art. 13 do Dec.-lei 4.657/1942 (Lei de Introdução às Normas do Direito Brasileiro – LINDB).

§3º O título estrangeiro só terá eficácia executiva quando satisfeitos os requisitos de formação exigidos pela lei do lugar de sua celebração e quando o Brasil for indicado como o lugar de cumprimento da obrigação.
 ▸ Correspondência: art. 585, § 2º CPC 1973.
 ▸ Art. 13 do Dec.-lei 4.657/1942 (Lei de Introdução às Normas do Direito Brasileiro – LINDB).

§ 4º Nos títulos executivos constituídos ou atestados por meio eletrônico, é admitida qualquer modalidade de assinatura eletrônica prevista em lei, dispensada a assinatura de testemunhas quando sua integridade for conferida por provedor de assinatura.
 ▸ § 4º acrescido pela Lei 14.620/2023.

Art. 785. A existência de título executivo extrajudicial não impede a parte de optar pelo processo de conhecimento, a fim de obter título executivo judicial.
 ▸ Sem correspondência no CPC 1973.
 ▸ Art. 21, II deste Código.
 ▸ Art. 53 da Lei 9.099/1995 (Juizados Especiais).

Seção II
Da exigibilidade da obrigação

Art. 786. A execução pode ser instaurada caso o devedor não satisfaça a obrigação certa, líquida e exigível consubstanciada em título executivo.
 ▸ Correspondência: art. 580 CPC 1973.
 ▸ Lei 6.899/1981 (Aplicação da correção monetária nos débitos oriundos de decisão judicial)

Parágrafo único. A necessidade de simples operações aritméticas para apurar o crédito exequendo não retira a liquidez da obrigação constante do título.
 ▸ Sem correspondência no CPC 1973.
 ▸ Art. 783 deste Código.

Art. 787. Se o devedor não for obrigado a satisfazer sua prestação senão mediante a contraprestação do credor, este deverá provar que a adimpliu ao requerer a execução, sob pena de extinção do processo.
 ▸ Correspondência: art. 582 CPC 1973.
 ▸ Arts. 798, I, d e 917, § 2º, III e IV deste Código.
 ▸ Arts. 475 e 477 e 495 do CC.

Parágrafo único. O executado poderá eximir-se da obrigação, depositando em juízo a prestação ou a coisa, caso em que o juiz não permitirá que o credor a receba sem cumprir a contraprestação que lhe tocar.
 ▸ Correspondência: art. 582, par. ún. CPC 1973.

Art. 788. O credor não poderá iniciar a execução ou nela prosseguir se o devedor cumprir a obrigação, mas poderá recusar o recebimento da prestação se ela não corresponder ao direito ou à obrigação estabelecidos no título executivo, caso em que poderá requerer a execução forçada, ressalvado ao devedor o direito de embargá-la.
 ▸ Correspondência: art. 581 CPC 1973.
 ▸ Arts. 777 e 914 a 920 deste Código.
 ▸ Art. 313 do CC.

CAPÍTULO V
DA RESPONSABILIDADE PATRIMONIAL

Art. 789. O devedor responde com todos os seus bens presentes e futuros para o cumprimento de suas obrigações, salvo as restrições estabelecidas em lei.
 ▸ Correspondência: art. 591 CPC 1973.
 ▸ Art. 824 a 826 deste Código.

Art. 790. São sujeitos à execução os bens:
 ▸ Correspondência: art. 592 CPC 1973.

I – do sucessor a título singular, tratando-se de execução fundada em direito real ou obrigação reipersecutória;
 ▸ Correspondência: art. 592, I CPC 1973.

II – do sócio, nos termos da lei;
 ▸ Correspondência: art. 592, I CPC 1973.
 ▸ Art. 795 deste Código.

III – do devedor, ainda que em poder de terceiros;
 ▸ Correspondência: art. 592, III CPC 1973.

IV – do cônjuge ou companheiro, nos casos em que seus bens próprios ou de sua meação respondem pela dívida;
 ▸ Correspondência: art. 592, IV CPC 1973.
 ▸ Art. 1.640, 1.642, 1.660, 1.667 e 1.672 do CC.

V – alienados ou gravados com ônus real em fraude à execução;
 ▸ Correspondência: art. 592, V CPC 1973.

▸ Súmula 375 do STJ.

VI – cuja alienação ou gravação com ônus real tenha sido anulada em razão do reconhecimento, em ação autônoma, de fraude contra credores;
 ▸ Sem correspondência no CPC 1973.
 ▸ Arts. 158 a 165 do CC.
 ▸ Súmula 195 do STJ.

VII – do responsável, nos casos de desconsideração da personalidade jurídica.
 ▸ Sem correspondência no CPC 1973.
 ▸ Arts. 133 a 137, 1.015, IV e 1.062 deste Código.

Art. 791. Se a execução tiver por objeto obrigação de que seja sujeito passivo o proprietário de terreno submetido ao regime do direito de superfície, ou o superficiário, responderá pela dívida, exclusivamente, o direito real do qual é titular o executado, recaindo a penhora ou outros atos de constrição exclusivamente sobre o terreno, no primeiro caso, ou sobre a construção ou a plantação, no segundo caso.
 ▸ Sem correspondência no CPC 1973.
 ▸ Arts. 1.225, II e 1.369 do CC.

§ 1º Os atos de constrição a que se refere o *caput* serão averbados separadamente na matrícula do imóvel, com a identificação do executado, do valor do crédito e do objeto sobre o qual recai o gravame, devendo o oficial destacar o bem que responde pela dívida, se o terreno, a construção ou a plantação, de modo a assegurar a publicidade da responsabilidade patrimonial de cada um deles pelas dívidas e pelas obrigações que a eles estão vinculadas.
 ▸ Sem correspondência no CPC 1973.
 ▸ Arts. 799, IX e 828 deste Código.

§ 2º Aplica-se, no que couber, o disposto neste artigo à enfiteuse, à concessão de uso especial para fins de moradia e à concessão de direito real de uso.
 ▸ Sem correspondência no CPC 1973.
 ▸ Dec.-Leis 3.438/1941 (Esclarece e amplia o Dec.-lei 2.490/1940).

Art. 792. A alienação ou a oneração de bem é considerada fraude à execução:
 ▸ Correspondência: art. 593 CPC 1973.
 ▸ Art. 774, I, 799, IX, 808 e 828 deste Código.
 ▸ Art. 185 do CTN.
 ▸ Arts. 216 e 240 da Lei 6.015/1973 (Registros Públicos).

I – quando sobre o bem pender ação fundada em direito real ou com pretensão reipersecutória, desde que a pendência do processo tenha sido averbada no respectivo registro público, se houver;
 ▸ Correspondência: art. 593, I CPC 1973.
 ▸ Lei 6.015/1973 (Registros Públicos)

II – quando tiver sido averbada, no registro do bem, a pendência do processo de execução, na forma do art. 828;
 ▸ Sem correspondência no CPC 1973.

III – quando tiver sido averbado, no registro do bem, hipoteca judiciária ou outro ato de constrição judicial originário do processo onde foi arguida a fraude;
 ▸ Sem correspondência no CPC 1973.
 ▸ *Art. 844 deste Código.*
 ▸ *Art. 240 da Lei 6.015/1973 (Registros Públicos).*

IV – quando, ao tempo da alienação ou da oneração, tramitava contra o devedor ação capaz de reduzi-lo à insolvência;
 ▸ Correspondência: art. 593, II CPC 1973.
 ▸ Súmula 375 do STJ.

V – nos demais casos expressos em lei.
 ▸ Correspondência: art. 593, III CPC 1973.

§ 1º A alienação em fraude à execução é ineficaz em relação ao exequente.
 ▸ Sem correspondência no CPC 1973.
 ▸ Súmula 375 do STJ.

§ 2º No caso de aquisição de bem não sujeito a registro, o terceiro adquirente tem o ônus de provar que adotou as cautelas necessárias para a aquisição, mediante a exibição das certidões pertinentes, obtidas no domicílio do vendedor e no local onde se encontra o bem.
 ▸ Sem correspondência no CPC 1973.

§ 3º Nos casos de desconsideração da personalidade jurídica, a fraude à execução verifica-se a partir da citação da parte cuja personalidade se pretende desconsiderar.
 ▸ Sem correspondência no CPC 1973.
 ▸ Arts. 133 a 137, 1.015, IV e 1.062 deste Código.

§ 4º Antes de declarar a fraude à execução, o juiz deverá intimar o terceiro adquirente, que, se quiser, poderá opor embargos de terceiro, no prazo de 15 (quinze) dias.
 ▸ Sem correspondência no CPC 1973.
 ▸ Art. 674 deste Código.
 ▸ Súmula 621 do STF.

Art. 793. O exequente que estiver, por direito de retenção, na posse de coisa pertencente ao devedor não poderá promover a execução sobre outros bens senão depois de excutida a coisa que se achar em seu poder.
 ▸ Correspondência: art. 594 CPC 1973.

▸ Arts. 491, 495, 681, 708, 1.219, 1.220, 1.423, 1.434 e 1.507 a 1.509 do CC.

Art. 794. O fiador, quando executado, tem o direito de exigir que primeiro sejam executados os bens do devedor situados na mesma comarca, livres e desembargados, indicando-os pormenorizadamente à penhora.
 ▸ Correspondência: art. 595 CPC 1973.
 ▸ Arts. 835, 842, 843, 847, 848, 854 e 866 deste Código.
 ▸ Art. 827 do CC.

§ 1º Os bens do fiador ficarão sujeitos à execução se os do devedor, situados na mesma comarca que os seus, forem insuficientes à satisfação do direito do credor.
 ▸ Correspondência: art. 595 CPC 1973.
 ▸ Arts. 847, 854 e 866 deste Código.
 ▸ Súmula 268 do STJ.

§ 2º O fiador que pagar a dívida poderá executar o afiançado nos autos do mesmo processo.
 ▸ Correspondência: art. 595, par. ún. CPC 1973.
 ▸ Arts. 827 e 828 do CC.

§ 3º O disposto no *caput* não se aplica se o fiador houver renunciado ao benefício de ordem.
 ▸ Sem correspondência no CPC 1973.

Art. 795. Os bens particulares dos sócios não respondem pelas dívidas da sociedade, senão nos casos previstos em lei.
 ▸ Correspondência: art. 596 CPC 1973.
 ▸ Art. 790, II deste Código.
 ▸ Art. 1.022 do CC.
 ▸ Arts. 134, VII e 135, I, CTN.

§ 1º O sócio réu, quando responsável pelo pagamento da dívida da sociedade, tem o direito de exigir que primeiro sejam excutidos os bens da sociedade.
 ▸ Correspondência: art. 596 CPC 1973.
 ▸ Arts. 1.023 e 1.024 do CC.

§ 2º Incumbe ao sócio que alegar o benefício do § 1º nomear quantos bens da sociedade situados na mesma comarca, livres e desembargados, bastem para pagar o débito.
 ▸ Correspondência: art. 596, § 1º CPC 1973.

§ 3º O sócio que pagar a dívida poderá executar a sociedade nos autos do mesmo processo.
 ▸ Correspondência: art. 596, § 2º CPC 1973.

§ 4º Para a desconsideração da personalidade jurídica é obrigatória a observância do incidente previsto neste Código.
 ▸ Sem correspondência no CPC 1973.
 ▸ Art. 133 a 137 deste Código.

Art. 796. O espólio responde pelas dívidas do falecido, mas, feita a partilha, cada herdeiro responde por elas dentro das forças da herança e na proporção da parte que lhe coube.
 ▸ Correspondência: art. 597 CPC 1973.
 ▸ Arts. 1.792, 1.821 e 1.997 do CC.

TÍTULO II
DAS DIVERSAS ESPÉCIES DE EXECUÇÃO

CAPÍTULO I
DISPOSIÇÕES GERAIS

Art. 797. Ressalvado o caso de insolvência do devedor, em que tem lugar o concurso universal, realiza-se a execução no interesse do exequente que adquire, pela penhora, o direito de preferência sobre os bens penhorados.
 ▸ Correspondência: art. 612 CPC 1973.
 ▸ Arts. 905, I, 908, 909 e 1.052 deste Código.
 ▸ Art. 187, par. ún. do CTN.

Parágrafo único. Recaindo mais de uma penhora sobre o mesmo bem, cada exequente conservará o seu título de preferência.
 ▸ Correspondência: art. 613 CPC 1973.
 ▸ Arts. 908 e 909 deste Código.
 ▸ Art. 167, I-5 da Lei 6.015/1973 (Registros Públicos).

Art. 798. Ao propor a execução, incumbe ao exequente:
 ▸ Correspondência: art. 614 CPC 1973.
 ▸ Arts. 771, par. ún. e 779 deste Código.

I – instruir a petição inicial com:
 ▸ Correspondência: art. 614 CPC 1973.
 ▸ Arts. 319 e 321 deste Código.

a) o título executivo extrajudicial;
 ▸ Correspondência: art. 614, I CPC 1973.
 ▸ Art. 784 deste Código.

b) o demonstrativo do débito atualizado até a data de propositura da ação, quando se tratar de execução por quantia certa;
 ▸ Correspondência: art. 614, II CPC 1973.
 ▸ Art. 523 deste Código.
 ▸ Súmula 559 do STJ.

c) a prova de que se verificou a condição ou ocorreu o termo, se for o caso;
 ▸ Correspondência: art. 614, III CPC 1973.
 ▸ Arts. 803, III e 917, § 2º, V deste Código.

▸ Arts. 121 a 137 do CC.

d) a prova, se for o caso, de que adimpliu a contraprestação que lhe corresponde ou que lhe assegura o cumprimento, se o executado não for obrigado a satisfazer a sua prestação senão mediante a contraprestação do exequente;
▸ Correspondência: art. 615, IV CPC 1973.
▸ Art. 787 deste Código.

II – indicar:
▸ Sem correspondência no CPC 1973.

a) a espécie de execução de sua preferência, quando por mais de um modo puder ser realizada;
▸ Correspondência: art. 615, I CPC 1973.
▸ Art. 805 deste Código.

b) os nomes completos do exequente e do executado e seus números de inscrição no Cadastro de Pessoas Físicas ou no Cadastro Nacional da Pessoa Jurídica;
▸ Sem correspondência no CPC 1973.

c) os bens suscetíveis de penhora, sempre que possível.
▸ Correspondência: art. 652, § 2º CPC 1973.
▸ Art. 829, § 2º deste Código.
▸ Súmula 417 do STJ.

Parágrafo único. O demonstrativo do débito deverá conter:
▸ Sem correspondência no CPC 1973.

I – o índice de correção monetária adotado;
▸ Sem correspondência no CPC 1973.

II – a taxa de juros aplicada;
▸ Sem correspondência no CPC 1973.
▸ Súmula 382 e 472 do STJ.
▸ Art. 405 do CC.
▸ Art. 161, § 2º do CTN.
▸ Dec. 22.626/1933 (Dispõe sobre os juros nos contratos).

III – os termos inicial e final de incidência do índice de correção monetária e da taxa de juros utilizados;
▸ Sem correspondência no CPC 1973.

IV – a periodicidade da capitalização dos juros, se for o caso;
▸ Sem correspondência no CPC 1973.
▸ Súmula 121 do STF.
▸ Art. 93 do STJ.

V – a especificação de desconto obrigatório realizado.
▸ Sem correspondência no CPC 1973.

Art. 799. Incumbe ainda ao exequente:
▸ Correspondência: art. 615 CPC 1973.
▸ Art. 52, III da Lei 9.099/1995 (Juizados Especiais).

I – requerer a intimação do credor pignoratício, hipotecário, anticrético ou fiduciário, quando a penhora recair sobre bens gravados por penhor, hipoteca, anticrese ou alienação fiduciária;
▸ Correspondência: art. 615, II CPC 1973.
▸ Arts. 804 e 889, V deste Código.

II – requerer a intimação do titular de usufruto, uso ou habitação, quando a penhora recair sobre bem gravado por usufruto, uso ou habitação;
▸ Correspondência: art. 615, II CPC 1973.
▸ Arts. 804 e 889, V deste Código.

III – requerer a intimação do promitente comprador, quando a penhora recair sobre bem em relação ao qual haja promessa de compra e venda registrada;
▸ Sem correspondência no CPC 1973.
▸ Súmula 621 do STF.

IV – requerer a intimação do promitente vendedor, quando a penhora recair sobre direito aquisitivo derivado de promessa de compra e venda registrada;
▸ Sem correspondência no CPC 1973.

V – requerer a intimação do superficiário, enfiteuta ou concessionário, em caso de direito de superfície, enfiteuse, concessão de uso especial para fins de moradia ou concessão de direito real de uso, quando a penhora recair sobre imóvel submetido ao regime do direito de superfície, enfiteuse ou concessão;
▸ Sem correspondência no CPC 1973.
▸ Arts. 1.369 deste Código.

VI – requerer a intimação do proprietário de terreno com regime de direito de superfície, enfiteuse, concessão de uso especial para fins de moradia ou concessão de direito real de uso, quando a penhora recair sobre direitos do superficiário, do enfiteuta ou do concessionário;
▸ Sem correspondência no CPC 1973.

VII – requerer a intimação da sociedade, no caso de penhora de quota social ou de ação de sociedade anônima fechada, para o fim previsto no art. 876, § 7º;
▸ Sem correspondência no CPC 1973.

VIII – pleitear, se for o caso, medidas urgentes;
▸ Correspondência: art. 615, III CPC 1973.
▸ Arts. 77, 83, 294, 297, 299, 300, 311, 381, 382 e 536 deste Código.

IX – proceder à averbação em registro público do ato de propositura da execução e dos atos de constrição realizados, para conhecimento de terceiros.
▸ Correspondência: art. 615-A CPC 1973.
▸ Lei 6.015/1973 (Registros Públicos).

X – requerer a intimação do titular da construção-base, bem como, se for o caso, do titular de lajes anteriores, quando a penhora recair sobre o direito real de laje;
▸ Inciso X acrescido pela Lei 13.465/2017.

XI – requerer a intimação do titular das lajes, quando a penhora recair sobre a construção-base.
▸ Inciso XI acrescido pela Lei 13.465/2017..

Art. 800. Nas obrigações alternativas, quando a escolha couber ao devedor, esse será citado para exercer a opção e realizar a prestação dentro de 10 (dez) dias, se outro prazo não lhe foi determinado em lei ou em contrato.
▸ Correspondência: art. 571 CPC 1973.
▸ Art. 325, par. ún. deste Código.
▸ Art. 252 a 256 do CC.

§ 1º Devolver-se-á ao credor a opção, se o devedor não a exercer no prazo determinado.
▸ Correspondência: art. 571, § 1º CPC 1973.

§ 2º A escolha será indicada na petição inicial da execução quando couber ao credor exercê-la.
▸ Correspondência: art. 571, § 2º CPC 1973.

Art. 801. Verificando que a petição inicial está incompleta ou que não está acompanhada dos documentos indispensáveis à propositura da execução, o juiz determinará que o exequente a corrija, no prazo de 15 (quinze) dias, sob pena de indeferimento.
▸ Correspondência: art. 616 CPC 1973.
▸ Art. 321 deste Código.

Art. 802. Na execução, o despacho que ordena a citação, desde que realizada em observância ao disposto no § 2º do art. 240, interrompe a prescrição, ainda que proferido por juízo incompetente.
▸ Correspondência: art. 617 CPC 1973.
▸ Art. 312 deste Código.
▸ Súmulas 150, 153 e 154 do STF.

Parágrafo único. A interrupção da prescrição retroagirá à data de propositura da ação.
▸ Correspondência: art. 219, § 1º CPC 1973.
▸ Arts. 59, 312 e 802 deste Código.
▸ Art. 8º, § 2º da Lei 6.830/1980 (Execuções Fiscais).

Art. 803. É nula a execução se:
▸ Correspondência: art. 618 CPC 1973.
▸ Art. 515 e 784 deste Código.

I – o título executivo extrajudicial não corresponder a obrigação certa, líquida e exigível;
▸ Correspondência: art. 618, I CPC 1973.
▸ Arts. 783 e 784 deste Código.
▸ Art. 52, I da Lei 9.099/1995 (Juizados Especiais).

II – o executado não for regularmente citado;
▸ Correspondência: art. 618, II CPC 1973.
▸ Art. 239 e 535, I deste Código.

III – for instaurada antes de se verificar a condição ou de ocorrer o termo.
▸ Correspondência: art. 618, III CPC 1973.
▸ Arts. 798, I, c e 917, § 2º, V deste Código.
▸ Arts. 121 e 131 deste Código.
▸ Art. 52, IV da Lei 9.099/1995 (Juizados Especiais).

Parágrafo único. A nulidade de que cuida este artigo será pronunciada pelo juiz, de ofício ou a requerimento da parte, independentemente de embargos à execução.
▸ Sem correspondência no CPC 1973.

Art. 804. A alienação de bem gravado por penhor, hipoteca ou anticrese será ineficaz em relação ao credor pignoratício, hipotecário ou anticrético não intimado.
▸ Correspondência: art. 619 CPC 1973.
▸ Arts. 799, I e 889, V deste Código.

§ 1º A alienação de bem objeto de promessa de compra e venda ou de cessão registrada será ineficaz em relação ao promitente comprador ou ao cessionário não intimado.
▸ Sem correspondência no CPC 1973.

§ 2º A alienação de bem sobre o qual tenha sido instituído direito de superfície, seja do solo, da plantação ou da construção, será ineficaz em relação ao concedente ou ao concessionário não intimado.
▸ Sem correspondência no CPC 1973.

§ 3º A alienação de direito aquisitivo de bem objeto de promessa de venda, de promessa de cessão ou de alienação fiduciária será ineficaz em relação ao promitente vendedor, ao promitente cedente ou ao proprietário fiduciário não intimado.
▸ Sem correspondência no CPC 1973.

§ 4º A alienação de imóvel sobre o qual tenha sido instituída enfiteuse, concessão de uso especial para fins de moradia ou concessão de direito real de uso será ineficaz em relação ao enfiteuta ou ao concessionário não intimado.
▸ Sem correspondência no CPC 1973.

§ 5º A alienação de direitos do enfiteuta, do concessionário de direito real de uso ou do concessionário de uso especial para fins de moradia será ineficaz em relação ao proprietário do respectivo imóvel não intimado.
▸ Sem correspondência no CPC 1973.

§ 6º A alienação de bem sobre o qual tenha sido instituído usufruto, uso ou habitação será ineficaz em relação ao titular desses direitos reais não intimado.
▸ Sem correspondência no CPC 1973.

Art. 805. Quando por vários meios o exequente puder promover a execução, o juiz mandará que se faça pelo modo menos gravoso para o executado.
▸ Correspondência: art. 620 CPC 1973.
▸ Arts. 798, II, a, 847 e 867 deste Código.
▸ Súmula 417 do STJ.
▸ Art. 53 da Lei 9.099/1995 (Juizados Especiais).

Parágrafo único. Ao executado que alegar ser a medida executiva mais gravosa incumbe indicar outros meios mais eficazes e menos onerosos, sob pena de manutenção dos atos executivos já determinados.
▸ Sem correspondência no CPC 1973.

CAPÍTULO II
DA EXECUÇÃO PARA A ENTREGA DE COISA

Seção I
Da entrega de coisa certa

Art. 806. O devedor de obrigação de entrega de coisa certa, constante de título executivo extrajudicial, será citado para, em 15 (quinze) dias, satisfazer a obrigação.
▸ Correspondência: art. 621 CPC 1973.
▸ Arts. 231, 810 e 917, IV, §§ 5º e 6º deste Código.
▸ Arts. 233 a 242 e 313 do CC.
▸ Art. 35, I do CDC.
▸ Súmula 196 do STJ.

§ 1º Ao despachar a inicial, o juiz poderá fixar multa por dia de atraso no cumprimento da obrigação, ficando o respectivo valor sujeito a alteração, caso se revele insuficiente ou excessivo.
▸ Correspondência: art. 621, par. ún. CPC 1973.
▸ Art. 52, V da Lei 9.099/1955 (Juizados Especiais).

§ 2º Do mandado de citação constará ordem para imissão na posse ou busca e apreensão, conforme se tratar de bem imóvel ou móvel, cujo cumprimento se dará de imediato, se o executado não satisfizer a obrigação no prazo que lhe foi designado.
▸ Correspondência: art. 625 CPC 1973.
▸ Súmula 72 do STJ.

Art. 807. Se o executado entregar a coisa, será lavrado o termo respectivo e considerada satisfeita a obrigação, prosseguindo-se a execução para o pagamento de frutos ou o ressarcimento de prejuízos, se houver.
▸ Correspondência: art. 624 CPC 1973.
▸ Arts. 788, 924, II e 925 deste Código.
▸ Arts. 233, 234 e 236 do CC.

Art. 808. Alienada a coisa quando já litigiosa, será expedido mandado contra o terceiro adquirente, que somente será ouvido após depositá-la.
▸ Correspondência: art. 626 CPC 1973.
▸ Arts. 109, 240, 674, 779, II, 790, V, 792, 810 deste Código.

Art. 809. O exequente tem direito a receber, além de perdas e danos, o valor da coisa, quando essa se deteriorar, não lhe for entregue, não for encontrada ou não for reclamada do poder de terceiro adquirente.
▸ Correspondência: art. 627 CPC 1973.
▸ Arts. 509, 512, 524 deste Código.
▸ Arts. 402 a 405 do CC.
▸ Art. 52, V da Lei 9.099/1995 (Juizados Especiais).

§ 1º Não constando do título o valor da coisa e sendo impossível sua avaliação, o exequente apresentará estimativa, sujeitando-a ao arbitramento judicial.
▸ Correspondência: art. 627, § 1º CPC 1973.
▸ Art. 509, I, 510 e 512 deste Código.

§ 2º Serão apurados em liquidação o valor da coisa e os prejuízos.
▸ Correspondência: art. 627, § 2º CPC 1973.
▸ Arts. 509 a 512 deste Código.

Art. 810. Havendo benfeitorias indenizáveis feitas na coisa pelo executado ou por terceiros de cujo poder ela houver sido tirada, a liquidação prévia é obrigatória.
▸ Correspondência: art. 628 CPC 1973.
▸ Arts. 509 a 512, 917, IV e §§ 5º e 6º deste Código.
▸ Arts. 96, 242 e 1.219 a 1.222 do CC.

Parágrafo único. Havendo saldo:
▸ Correspondência: art. 628 CPC 1973.

I – em favor do executado ou de terceiros, o exequente o depositará ao requerer a entrega da coisa;
▸ Correspondência: art. 628 CPC 1973.
▸ Arts. 523 e 524 deste Código.

II – em favor do exequente, esse poderá cobrá-lo nos autos do mesmo processo.
▸ Correspondência: art. 628 CPC 1973.
▸ Arts. 509 a 512, 523 e 524 deste Código.
▸ Arts. 96 e 1.219 a 1.222 do CC.

Seção II
Da entrega de coisa incerta

Art. 811. Quando a execução recair sobre coisa determinada pelo gênero e pela quantidade, o executado

será citado para entrega-la individualizada, se lhe couber a escolha.

▸ Correspondência: art. 629 CPC 1973.
▸ Arts. 85 e 243 a 246 do CC.
▸ Art. 15 da Lei 8.929/1994 (Cédula de produto rural).

Parágrafo único. Se a escolha couber ao exequente, esse deverá indicá-la na petição inicial.

▸ Correspondência: art. 629 CPC 1973.

Art. 812. Qualquer das partes poderá, no prazo de 15 (quinze) dias, impugnar a escolha feita pela outra, e o juiz decidirá de plano ou, se necessário, ouvindo perito de sua nomeação.

▸ Correspondência: art. 630 CPC 1973.
▸ Art. 156 deste Código.

Art. 813. Aplicar-se-ão à execução para entrega de coisa incerta, no que couber, as disposições da Seção I deste Capítulo.

▸ Correspondência: art. 631 CPC 1973.

CAPÍTULO III
DA EXECUÇÃO DAS OBRIGAÇÕES DE FAZER OU DE NÃO FAZER

Seção I
Disposições comuns

Art. 814. Na execução de obrigação de fazer ou de não fazer fundada em título extrajudicial, ao despachar a inicial, o juiz fixará multa por período de atraso no cumprimento da obrigação e a data a partir da qual será devida.

▸ Correspondência: art. 645 CPC 1973.
▸ Arts. 497, 500, 537 e 784 deste Código.
▸ Súmula 410 do STJ.
▸ Art. 52, VI da Lei 9.099/1995 (Juizados Especiais).

Parágrafo único. Se o valor da multa estiver previsto no título e for excessivo, o juiz poderá reduzi-lo.

▸ Correspondência: art. 645, par. ún. CPC 1973.

Seção II
Da obrigação de fazer

Art. 815. Quando o objeto da execução for obrigação de fazer, o executado será citado para satisfazê-la no prazo que o juiz lhe designar, se outro não estiver determinado no título executivo.

▸ Correspondência: art. 632 CPC 1973.
▸ Arts. 536, § 4º e 814 deste Código.
▸ Arts. 247 a 249 do CC.
▸ Súmulas 196 e 410 do STJ.

Art. 816. Se o executado não satisfizer a obrigação no prazo designado, é lícito ao exequente, nos próprios autos do processo, requerer a satisfação da obrigação à custa do executado ou perdas e danos, hipótese em que se converterá em indenização.

▸ Correspondência: art. 633 CPC 1973.
▸ Arts. 249, 402 a 405 e 927 do CC.
▸ Arts. 35 e 84 da Lei 8.078/1990 (Código de Defesa do Consumidor – CDC).
▸ Art. 52, V da Lei 9.099/1995 (Juizados Especiais).
▸ Súmulas 196 e 410 do STJ.

Parágrafo único. O valor das perdas e danos será apurado em liquidação, seguindo-se a execução para cobrança de quantia certa.

▸ Correspondência: art. 633, par. ún. CPC 1973.
▸ Arts. 512, 523, 524 e 824 a 826 deste Código.
▸ Arts. 402 a 405 do CC.

Art. 817. Se a obrigação puder ser satisfeita por terceiro, é lícito ao juiz autorizar, a requerimento do exequente, que aquele a satisfaça à custa do executado.

▸ Correspondência: art. 634 CPC 1973.
▸ Arts. 249 do CC.

Parágrafo único. O exequente adiantará as quantias previstas na proposta que, ouvidas as partes, o juiz houver aprovado.

▸ Correspondência: art. 634, par. ún. CPC 1973.

Art. 818. Realizada a prestação, o juiz ouvirá as partes no prazo de 10 (dez) dias e, não havendo impugnação, considerará satisfeita a obrigação.

▸ Correspondência: art. 635 CPC 1973.

Parágrafo único. Caso haja impugnação, o juiz a decidirá.

▸ Correspondência: art. 635 CPC 1973.

Art. 819. Se o terceiro contratado não realizar a prestação no prazo ou se o fizer de modo incompleto ou defeituoso, poderá o exequente requerer ao juiz, no prazo de 15 (quinze) dias, que o autorize a concluí-la ou a repará-la à custa do contratante.

▸ Correspondência: art. 636 CPC 1973.

Parágrafo único. Ouvido o contratante no prazo de 15 (quinze) dias, o juiz mandará avaliar o custo das despesas necessárias e o condenará a pagá-lo.

▸ Correspondência: art. 636, par. ún. CPC 1973.

Art. 820. Se o exequente quiser executar ou mandar executar, sob sua direção e vigilância, as obras e os trabalhos necessários à realização da prestação, terá

preferência, em igualdade de condições de oferta, em relação ao terceiro.

▸ Correspondência: art. 637 CPC 1973.

Parágrafo único. O direito de preferência deverá ser exercido no prazo de 5 (cinco) dias, após aprovada a proposta do terceiro.

▸ Correspondência: art. 637 CPC 1973.

Art. 821. Na obrigação de fazer, quando se convencionar que o executado a satisfaça pessoalmente, o exequente poderá requerer ao juiz que lhe assine prazo para cumpri-la.

▸ Correspondência: art. 638 CPC 1973.
▸ Arts. 247 do CC.

Parágrafo único. Havendo recusa ou mora do executado, sua obrigação pessoal será convertida em perdas e danos, caso em que se observará o procedimento de execução por quantia certa.

▸ Correspondência: art. 638, par. ún. CPC 1973.
▸ Arts. 247, 394, 402 a 405 e 927 do CC.

Seção III
Da obrigação de não fazer

Art. 822. Se o executado praticou ato a cuja abstenção estava obrigado por lei ou por contrato, o exequente requererá ao juiz que assine prazo ao executado para desfazê-lo.

▸ Correspondência: art. 642 CPC 1973.
▸ Art. 814 deste Código.
▸ Arts. 250 e 251 do CC.

Art. 823. Havendo recusa ou mora do executado, o exequente requererá ao juiz que mande desfazer o ato à custa daquele, que responderá por perdas e danos.

▸ Correspondência: art. 643 CPC 1973.
▸ Arts. 394, 402 a 405 e 927 do CC.

Parágrafo único. Não sendo possível desfazer-se o ato, a obrigação resolve-se em perdas e danos, caso em que, após a liquidação, se observará o procedimento de execução por quantia certa.

▸ Correspondência: art. 643, par. ún. CPC 1973.
▸ Arts. 247, 394, 402 a 405 e 927 do CC.
▸ Art. 52, V da Lei 9.099/1995 (Juizados Especiais).

CAPÍTULO IV
DA EXECUÇÃO POR QUANTIA CERTA

Seção I
Disposições gerais

Art. 824. A execução por quantia certa realiza-se pela expropriação de bens do executado, ressalvadas as execuções especiais.

▸ Correspondência: art. 646 CPC 1973.
▸ Arts. 789 a 791 e 910 a 913 deste Código.

Art. 825. A expropriação consiste em:

▸ Correspondência: art. 647 CPC 1973.
▸ Art. 875 deste Código.

I – adjudicação;

▸ Correspondência: art. 647, I CPC 1973.
▸ Arts. 876 e 877 deste Código.

II – alienação;

▸ Correspondência: arts. 647, II e III CPC 1973.
▸ Art. 880 a 903 deste Código.

III – apropriação de frutos e rendimentos de empresa ou de estabelecimentos e de outros bens.

▸ Correspondência: art. 647, IV CPC 1973.
▸ Arts. 867 a 869 deste Código.

Art. 826. Antes de adjudicados ou alienados os bens, o executado pode, a todo tempo, remir a execução, pagando ou consignando a importância atualizada da dívida, acrescida de juros, custas e honorários advocatícios.

▸ Correspondência: art. 651 CPC 1973.
▸ Arts. 675, 924, II deste Código.
▸ Arts. 304 e 305 do CC.
▸ Art. 19, I e II da Lei 6.830/1980 (Execuções Fiscais).

Seção II
Da citação do devedor e do arresto

Art. 827. Ao despachar a inicial, o juiz fixará, de plano, os honorários advocatícios de dez por cento, a serem pagos pelo executado.

▸ Correspondência: art. 652-A CPC 1973.

§ 1º No caso de integral pagamento no prazo de 3 (três) dias, o valor dos honorários advocatícios será reduzido pela metade.

▸ Correspondência: art. 652-A, par. ún. CPC 1973.

§ 2º O valor dos honorários poderá ser elevado até vinte por cento, quando rejeitados os embargos à execução, podendo a majoração, caso não opostos os embargos, ocorrer ao final do procedimento executivo, levando-se em conta o trabalho realizado pelo advogado do exequente.

▸ Sem correspondência no CPC 1973.

Art. 828. O exequente poderá obter certidão de que a execução foi admitida pelo juiz, com identificação das partes e do valor da causa, para fins de averbação no re-

gistro de imóveis, de veículos ou de outros bens sujeitos a penhora, arresto ou indisponibilidade.

▸ Correspondência: art. 615-A CPC 1973.
▸ Arts. 792, II e III e 799, IX e 844 deste Código.
▸ Art. 6.015/1973 (Registros Públicos).
▸ Arts. 54,56 e 57 da Lei 13.097/2015

§ 1º No prazo de 10 (dez) dias de sua concretização, o exequente deverá comunicar ao juízo as averbações efetivadas.

▸ Correspondência: art. 615-A, § 1º CPC 1973.

§ 2º Formalizada penhora sobre bens suficientes para cobrir o valor da dívida, o exequente providenciará, no prazo de 10 (dez) dias, o cancelamento das averbações relativas àqueles não penhorados.

▸ Correspondência: art. 615-A, § 2º CPC 1973.
▸ Art. 6.015/1973 (Registros Públicos).

§ 3º O juiz determinará o cancelamento das averbações, de ofício ou a requerimento, caso o exequente não o faça no prazo.

▸ Correspondência: art. 615-A, § 3º CPC 1973.

§ 4º Presume-se em fraude à execução a alienação ou a oneração de bens efetuada após a averbação.

▸ Correspondência: art. 615-A, § 3º CPC 1973.
▸ Arts. 792 e 844 deste Código.
▸ Súmula 375 do STJ.

§ 5º O exequente que promover averbação manifestamente indevida ou não cancelar as averbações nos termos do § 2º indenizará a parte contrária, processando-se o incidente em autos apartados.

▸ Correspondência: art. 615-A, § 4º CPC 1973.

Art. 829. O executado será citado para pagar a dívida no prazo de 3 (três) dias, contado da citação.

▸ Correspondência: art. 652 CPC 1973.
▸ Arts. 239, 830, 831, 915, 916, e 921, III deste Código.
▸ Lei 5.670/1971 (Cálculo da correção monetária).
▸ Art. 8º da Lei 6.830/1980 (Execuções Fiscais).
▸ Lei 6.899/1981 (Correção monetária nos débitos oriundos de decisão judicial).
▸ Lei 8.397/1992 (Medida cautelar fiscal).

§ 1º Do mandado de citação constarão, também, a ordem de penhora e a avaliação a serem cumpridas pelo oficial de justiça tão logo verificado o não pagamento no prazo assinalado, de tudo lavrando-se auto, com intimação do executado.

▸ Correspondência: art. 652, § 1º CPC 1973.
▸ Arts. 847, § 4º, 849, 853, 870 e 873 deste Código.
▸ Art. 52, IV da Lei 9.099/1995 (Juizados Especiais).

§ 2º A penhora recairá sobre os bens indicados pelo exequente, salvo se outros forem indicados pelo executado e aceitos pelo juiz, mediante demonstração de que a constrição proposta lhe será menos onerosa e não trará prejuízo ao exequente.

▸ Correspondência: art. 652, § 2º CPC 1973.
▸ Art. 798, II, c, 805 e 847 deste Código.

Art. 830. Se o oficial de justiça não encontrar o executado, arrestar-lhe-á tantos bens quantos bastem para garantir a execução.

▸ Correspondência: art. 653 CPC 1973.

§ 1º Nos 10 (dez) dias seguintes à efetivação do arresto, o oficial de justiça procurará o executado 2 (duas) vezes em dias distintos e, havendo suspeita de ocultação, realizará a citação com hora certa, certificando pormenorizadamente o ocorrido.

▸ Correspondência: art. 653, par. ún. CPC 1973.
▸ Arts. 252 a 254 deste Código.

§ 2º Incumbe ao exequente requerer a citação por edital, uma vez frustradas a pessoal e a com hora certa.

▸ Correspondência: art. 654 CPC 1973.
▸ Arts. 256 a 258 deste Código.
▸ Art. 52, VIII da Lei 9.099/1995 (Juizados Especiais).

§ 3º Aperfeiçoada a citação e transcorrido o prazo de pagamento, o arresto converter-se-á em penhora, independentemente de termo.

▸ Correspondência: art. 654 CPC 1973.
▸ Art. 11 Lei 6.830/1980 (Execuções Fiscais).

Seção III
Da penhora, do depósito e da avaliação

Subseção I
Do objeto da penhora

Art. 831. A penhora deverá recair sobre tantos bens quantos bastem para o pagamento do principal atualizado, dos juros, das custas e dos honorários advocatícios.

▸ Correspondência: art. 659 CPC 1973.
▸ Arts. 214, 839 e 921, III deste Código.
▸ Súmulas 328 e 497 do STJ.

Art. 832. Não estão sujeitos à execução os bens que a lei considera impenhoráveis ou inalienáveis.

▸ Correspondência: art. 648 CPC 1973.
▸ Arts. 789, 833 e 834 deste Código.
▸ Arts. 1.711, 1.715, 1.717 e 1.722 do CC.
▸ Lei 8.009/1990 (Impenhorabilidade do Bem de Família).
▸ Súmula 364 do STJ.

Art. 833. São impenhoráveis:
▶ Correspondência: art. 649 CPC 1973.
▶ Lei 4.673/1965 (Impenhorabilidade sobre os bens penhorados em execução fiscal).
▶ Art. 69 do Dec.-lei 167/1967 (Títulos de crédito rural).
▶ Art. 57 do Dec.-lei 413/1969 (Títulos de crédito industrial).
▶ Art. 5º, par. ún. do Dec-lei 911/1969 (Alienação fiduciária).
▶ Art. 10, parte final da Lei 6.830/1980 (Execuções Fiscais).
▶ Lei 8.009/1990 (Impenhorabilidade do Bem de Família).
▶ Art. 108, § 4º da Lei 11.101/2005 (Recuperação de Empresas e Falência).
▶ Súmulas 364 e 486 do STJ.

I – os bens inalienáveis e os declarados, por ato voluntário, não sujeitos à execução;
▶ Correspondência: art. 649, I CPC 1973.
▶ Arts. 1911 do CC.
▶ Súmula 205 do STJ.

II – os móveis, os pertences e as utilidades domésticas que guarnecem a residência do executado, salvo os de elevado valor ou os que ultrapassem as necessidades comuns correspondentes a um médio padrão de vida;
▶ Correspondência: art. 649, II CPC 1973.

III – os vestuários, bem como os pertences de uso pessoal do executado, salvo se de elevado valor;
▶ Correspondência: art. 649, III CPC 1973.

IV – os vencimentos, os subsídios, os soldos, os salários, as remunerações, os proventos de aposentadoria, as pensões, os pecúlios e os montepios, bem como as quantias recebidas por liberalidade de terceiro e destinadas ao sustento do devedor e de sua família, os ganhos de trabalhador autônomo e os honorários de profissional liberal, ressalvado o § 2º;
▶ Correspondência: art. 649, IV CPC 1973.
▶ Art. 529, 854 e 912 deste Código.
▶ Art. 813 do CC.
▶ Art. 114 da Lei 8.213/1991 (Planos de benefícios da Previdência Social).

V – os livros, as máquinas, as ferramentas, os utensílios, os instrumentos ou outros bens móveis necessários ou úteis ao exercício da profissão do executado;
▶ Correspondência: art. 649, V CPC 1973.
▶ Art. 5º, par. ún. do Dec.-lei 911/1969 (Alienação fiduciária).
▶ Súmula 451 do STJ.

VI – o seguro de vida;
▶ Correspondência: art. 649, VI CPC 1973.

VII – os materiais necessários para obras em andamento, salvo se essas forem penhoradas;
▶ Correspondência: art. 649, VII CPC 1973.
▶ Art. 81, *caput* e II e 84 do CC.

VIII – a pequena propriedade rural, assim definida em lei, desde que trabalhada pela família;
▶ Correspondência: art. 649, VIII CPC 1973.
▶ Art. 5º, XXVI da CF.
▶ Art. 4º, § 2º da Lei 8.009/1990 (Impenhorabilidade do bem de família).

IX – os recursos públicos recebidos por instituições privadas para aplicação compulsória em educação, saúde ou assistência social;
▶ Correspondência: art. 649, IX CPC 1973.

X – a quantia depositada em caderneta de poupança, até o limite de 40 (quarenta) salários-mínimos;
▶ Correspondência: art. 649, X CPC 1973.

XI – os recursos públicos do fundo partidário recebidos por partido político, nos termos da lei;
▶ Correspondência: art. 649, XI CPC 1973.
▶ Art. 854, § 9º deste Código.
▶ Arts. 38 a 44 da Lei 9.096/1995 (Dispõe sobre Partidos Políticos).

XII – os créditos oriundos de alienação de unidades imobiliárias, sob regime de incorporação imobiliária, vinculados à execução da obra.
▶ Sem correspondência no CPC 1973.
▶ Lei 4.591/1964 (Condomínio em edificações e incorporações imobiliárias).

§ 1º A impenhorabilidade não é oponível à execução de dívida relativa ao próprio bem, inclusive àquela contraída para sua aquisição.
▶ Correspondência: art. 649, § 1º CPC 1973.

§ 2º O disposto nos incisos IV e X do *caput* não se aplica à hipótese de penhora para pagamento de prestação alimentícia, independentemente de sua origem, bem como às importâncias excedentes a 50 (cinquenta) salários-mínimos mensais, devendo a constrição observar o disposto no art. 528, § 8º, e no art. 529, § 3º.
▶ Correspondência: art. 649, § 2º CPC 1973.
▶ Art. 912 deste Código.

§ 3º Incluem-se na impenhorabilidade prevista no inciso V do *caput* os equipamentos, os implementos e as máquinas agrícolas pertencentes a pessoa física ou a empresa individual produtora rural, exceto quando tais bens tenham sido objeto de financiamento e estejam vinculados em garantia a negócio jurídico ou quando respondam por dívida de natureza alimentar, trabalhista ou previdenciária.
▶ Sem correspondência no CPC 1973.

Art. 834. Podem ser penhorados, à falta de outros bens, os frutos e os rendimentos dos bens inalienáveis.
▶ Correspondência: art. 650 CPC 1973.

Art. 835. A penhora observará, preferencialmente, a seguinte ordem:
▶ Correspondência: art. 655 CPC 1973.
▶ Art. 11 da Lei 6.830/1980 (Execuções Fiscais).
▶ Súmula 417 do STJ.

I – dinheiro, em espécie ou em depósito ou aplicação em instituição financeira;
▶ Correspondência: art. 655, I CPC 1973.
▶ Arts. 854, 905 a 909 deste Código.
▶ Súmulas 328 e 417 do STJ.

II – títulos da dívida pública da União, dos Estados e do Distrito Federal com cotação em mercado;
▶ Correspondência: art. 655, IX CPC 1973.

III – títulos e valores mobiliários com cotação em mercado;
▶ Correspondência: art. 655, X CPC 1973.

IV – veículos de via terrestre;
▶ Correspondência: art. 655, II CPC 1973.

V – bens imóveis;
▶ Correspondência: art. 655, IV CPC 1973.
▶ Arts. 79 a 81 do CC.

VI – bens móveis em geral;
▶ Correspondência: art. 655, III CPC 1973.
▶ Arts. 82 e 83 do CC.

VII – semoventes;
▶ Sem correspondência no CPC 1973.
▶ Art. 862 deste Código.

VIII – navios e aeronaves;
▶ Correspondência: art. 655, V CPC 1973.
▶ Art. 864 deste Código.
▶ Art. 155 da Lei 7.565/1986 (Código Brasileiro de Aeronáutica).

IX – ações e quotas de sociedades simples e empresárias;
▶ Correspondência: art. 655, VI CPC 1973.

X – percentual do faturamento de empresa devedora;
▶ Correspondência: art. 655, VII CPC 1973.

XI – pedras e metais preciosos;
▶ Correspondência: art. 655, VIII CPC 1973.
▶ Art. 840, § 3º, deste Código.

XII – direitos aquisitivos derivados de promessa de compra e venda e de alienação fiduciária em garantia;
▶ Sem correspondência no CPC 1973.

XIII – outros direitos.
▶ Correspondência: art. 655, XI CPC 1973.
▶ Art. 855 a 860 e 867 a 869 deste Código.
▶ Súmula 406 do STJ.

§ 1º É prioritária a penhora em dinheiro, podendo o juiz, nas demais hipóteses, alterar a ordem prevista no *caput* de acordo com as circunstâncias do caso concreto.
▶ Sem correspondência no CPC 1973.
▶ Art. 1.058 deste Código.
▶ Súmula 417 do STJ.

§ 2º Para fins de substituição da penhora, equiparam-se a dinheiro a fiança bancária e o seguro garantia judicial, desde que em valor não inferior ao do débito constante da inicial, acrescido de trinta por cento.
▶ Correspondência: art. 656, § 2º CPC 1973.
▶ Art. 848, par. un. deste Código.
▶ § 3º Na execução de crédito com garantia real, a penhora recairá sobre a coisa dada em garantia, e, se a coisa pertencer a terceiro garantidor, este também será intimado da penhora. Correspondência: art. 655, § 1º CPC 1973.
▶ Arts. 844 e 845 deste Código.

Art. 836. Não se levará a efeito a penhora quando ficar evidente que o produto da execução dos bens encontrados será totalmente absorvido pelo pagamento das custas da execução.
▶ Correspondência: art. 659, § 2º CPC 1973.

§ 1º Quando não encontrar bens penhoráveis, independentemente de determinação judicial expressa, o oficial de justiça descreverá na certidão os bens que guarnecem a residência ou o estabelecimento do executado, quando este for pessoa jurídica.
▶ Correspondência: art. 659, § 3º CPC 1973.

§ 2º Elaborada a lista, o executado ou seu representante legal será nomeado depositário provisório de tais bens até ulterior determinação do juiz.
▶ Sem correspondência no CPC 1973.

Subseção II
Da documentação da penhora,
de seu registro e do depósito

Art. 837. Obedecidas as normas de segurança instituídas sob critérios uniformes pelo Conselho Nacional de Justiça, a penhora de dinheiro e as averbações de penhora de bens imóveis e móveis podem ser realizadas por meio eletrônico.
▶ Correspondência: art. 659, § 6º CPC 1973.
▶ Arts. 193, 854 e 1.058 deste Código.
▶ Lei 11.419/2006 (Informatização do processo judicial).

Art. 838. A penhora será realizada mediante auto ou termo, que conterá:
▶ Correspondência: art. 665 CPC 1973.
▶ Arts. 845, § 1º e 872 deste Código.

I – a indicação do dia, do mês, do ano e do lugar em que foi feita;
▶ Correspondência: art. 665, I CPC 1973.

II – os nomes do exequente e do executado;
▶ Correspondência: art. 665, II CPC 1973.

III – a descrição dos bens penhorados, com as suas características;
▶ Correspondência: art. 665 CPC 1973.

IV – a nomeação do depositário dos bens.
▶ Correspondência: art. 665, IV CPC 1973.
▶ Arts. 159 a 161, 553 e 862 deste Código.
▶ Súmula 319 do STJ.

Art. 839. Considerar-se-á feita a penhora mediante a apreensão e o depósito dos bens, lavrando-se um só auto se as diligências forem concluídas no mesmo dia.
▶ Correspondência: art. 664 CPC 1973.

Parágrafo único. Havendo mais de uma penhora, serão lavrados autos individuais.
▶ Correspondência: art. 664, par. ún. CPC 1973.

Art. 840. Serão preferencialmente depositados:
▶ Correspondência: art. 666 CPC 1973.
▶ Art. 1.058 deste Código.

I – as quantias em dinheiro, os papéis de crédito e as pedras e os metais preciosos, no Banco do Brasil, na Caixa Econômica Federal ou em banco do qual o Estado ou o Distrito Federal possua mais da metade do capital social integralizado, ou, na falta desses estabelecimentos, em qualquer instituição de crédito designada pelo juiz;
▶ O STF, na ADIN 5.492, por maioria, julgou parcialmente o pedido para: "(v) declarar a inconstitucionalidade da expressão 'na falta desses estabelecimentos' do art. 840, inc. I, do CPC/2015 e conferir interpretação conforme ao preceito para que se entenda que poderá a administração do tribunal efetuar os depósitos judiciais (a) no Banco do Brasil, na Caixa Econômica Federal ou em banco do qual o Estado ou o Distrito Federal possua mais da metade do capital social integralizado, ou, (b) não aceitando o critério preferencial proposto pelo legislador e observada a realidade do caso concreto, os regramentos legais e os princípios constitucionais aplicáveis, realizar procedimento licitatório visando à escolha da proposta mais adequada para a administração dos recursos dos particulares." (DOU 04.05.2023)
▶ Correspondência: art. 666, I CPC 1973.
▶ Art. 1.058 deste Código.

II – os móveis, os semoventes, os imóveis urbanos e os direitos aquisitivos sobre imóveis urbanos, em poder do depositário judicial;
▶ Correspondência: art. 666, I CPC 1973.
▶ Arts. 159 a 161, 553 e 862 deste Código.
▶ Art. 35, § 2º e 38, § 1º da Lei 6.766/1979 (Parcelamento do solo urbano).
▶ Dec.-lei 1.737/1979 (Depósito de interesse da administração pública efetuados na Caixa Econômica Federal).
▶ Art. 32 da Lei 6.830/1980 (Execuções Fiscais).

III – os imóveis rurais, os direitos aquisitivos sobre imóveis rurais, as máquinas, os utensílios e os instrumentos necessários ou úteis à atividade agrícola, mediante caução idônea, em poder do executado.
▶ Sem correspondência no CPC 1973.
▶ Lei 4.504/1964 (Estatuto da Terra).
▶ Lei 6.739/1979 (Registro de Imóveis Rurais).

§ 1º No caso do inciso II do *caput*, se não houver depositário judicial, os bens ficarão em poder do exequente.
▶ Sem correspondência no CPC 1973.

§ 2º Os bens poderão ser depositados em poder do executado nos casos de difícil remoção ou quando anuir o exequente.
▶ Correspondência: art. 666, § 1º CPC 1973.

§ 3º As joias, as pedras e os objetos preciosos deverão ser depositados com registro do valor estimado de resgate.
▶ Correspondência: art. 666, § 2º CPC 1973.

Art. 841. Formalizada a penhora por qualquer dos meios legais, dela será imediatamente intimado o executado.
▶ Correspondência: art. 652, § 1º CPC 1973.

§ 1º A intimação da penhora será feita ao advogado do executado ou à sociedade de advogados a que aquele pertença.
▶ Correspondência: art. 652, § 4º CPC 1973.

§ 2º Se não houver constituído advogado nos autos, o executado será intimado pessoalmente, de preferência por via postal.
▶ Correspondência: art. 652, § 4º CPC 1973.

§ 3º O disposto no § 1º não se aplica aos casos de penhora realizada na presença do executado, que se reputa intimado.
▶ Sem correspondência no CPC 1973.

§ 4º Considera-se realizada a intimação a que se refere o § 2º quando o executado houver mudado de endereço sem prévia comunicação ao juízo, observado o disposto no parágrafo único do art. 274.
▶ Sem correspondência no CPC 1973.

Art. 842. Recaindo a penhora sobre bem imóvel ou direito real sobre imóvel, será intimado também o cônjuge do executado, salvo se forem casados em regime de separação absoluta de bens.
- ▶ Correspondência: art. 655, § 2º CPC 1973.
- ▶ Art. 847, § 3º deste Código.
- ▶ Art. 1.687 do CC.
- ▶ Súmula 134 do STJ.

Art. 843. Tratando-se de penhora de bem indivisível, o equivalente à quota-parte do coproprietário ou do cônjuge alheio à execução recairá sobre o produto da alienação do bem.
- ▶ Correspondência: art. 655-B CPC 1973.
- ▶ Arts. 847, § 3º deste Código.
- ▶ Súmulas 134 do STJ.

§ 1º É reservada ao coproprietário ou ao cônjuge não executado a preferência na arrematação do bem em igualdade de condições.
- ▶ Sem correspondência no CPC 1973.

§ 2º Não será levada a efeito expropriação por preço inferior ao da avaliação na qual o valor auferido seja incapaz de garantir, ao coproprietário ou ao cônjuge alheio à execução, o correspondente à sua quota-parte calculado sobre o valor da avaliação.
- ▶ Sem correspondência no CPC 1973.

Art. 844. Para presunção absoluta de conhecimento por terceiros, cabe ao exequente providenciar a averbação do arresto ou da penhora no registro competente, mediante apresentação de cópia do auto ou do termo, independentemente de mandado judicial.
- ▶ Correspondência: art. 659, § 4º CPC 1973.
- ▶ Arts. 792, III e 828, § 4º deste Código.
- ▶ Súmula 375 do STJ.

Subseção III
Do lugar de realização da penhora

Art. 845. Efetuar-se-á a penhora onde se encontrem os bens, ainda que sob a posse, a detenção ou a guarda de terceiros.
- ▶ Correspondência: art. 659, § 1º CPC 1973.

§ 1º A penhora de imóveis, independentemente de onde se localizem, quando apresentada certidão da respectiva matrícula, e a penhora de veículos automotores, quando apresentada certidão que ateste a sua existência, serão realizadas por termo nos autos.
- ▶ Correspondência: art. 659, § 5º CPC 1973.
- ▶ Art. 842 deste Código.

§ 2º Se o executado não tiver bens no foro do processo, não sendo possível a realização da penhora nos termos do § 1º, a execução será feita por carta, penhorando-se, avaliando-se e alienando-se os bens no foro da situação.
- ▶ Correspondência: art. 658 CPC 1973.
- ▶ Arts. 36, 237, par.ún., 260 a 268 e 914 § 2º deste Código.
- ▶ Art. 20 da Lei 6.830/1980 (Execuções Fiscais).
- ▶ Súmula 46 do STJ.

Art. 846. Se o executado fechar as portas da casa a fim de obstar a penhora dos bens, o oficial de justiça comunicará o fato ao juiz, solicitando-lhe ordem de arrombamento.
- ▶ Correspondência: art. 660 CPC 1973.

§ 1º Deferido o pedido, 2 (dois) oficiais de justiça cumprirão o mandado, arrombando cômodos e móveis em que se presuma estarem os bens, e lavrarão de tudo auto circunstanciado, que será assinado por 2 (duas) testemunhas presentes à diligência.
- ▶ Correspondência: art. 661 CPC 1973.

§ 2º Sempre que necessário, o juiz requisitará força policial, a fim de auxiliar os oficiais de justiça na penhora dos bens.
- ▶ Correspondência: art. 662 CPC 1973.
- ▶ Art. 782, § 2º deste Código.
- ▶ Art. 329 e 330 do CP.

§ 3º Os oficiais de justiça lavrarão em duplicata o auto da ocorrência, entregando uma via ao escrivão ou ao chefe de secretaria, para ser juntada aos autos, e a outra à autoridade policial a quem couber a apuração criminal dos eventuais delitos de desobediência ou de resistência.
- ▶ Correspondência: art. 663 CPC 1973.

§ 4º Do auto da ocorrência constará o rol de testemunhas, com a respectiva qualificação.
- ▶ Correspondência: art. 663, par. ún. CPC 1973.

Subseção IV
Das modificações da penhora

Art. 847. O executado pode, no prazo de 10 (dez) dias contado da intimação da penhora, requerer a substituição do bem penhorado, desde que comprove que lhe será menos onerosa e não trará prejuízo ao exequente.
- ▶ Correspondência: art. 668 CPC 1973.
- ▶ Art. 835 deste Código.
- ▶ Art. 15, I, da Lei 6.830/1980 (Execuções Fiscais).

§ 1º O juiz só autorizará a substituição se o executado:
- ▶ Correspondência: art. 668, par. ún. CPC 1973.

I – comprovar as respectivas matrículas e os registros por certidão do correspondente ofício, quanto aos bens imóveis;
- ▶ Correspondência: art. 668, par. ún, I CPC 1973.
- ▶ Lei 6.015/1973 (Registros Públicos).
- ▶ Lei 6.739/1979 (Registro de Imóveis Rurais).

II – descrever os bens móveis, com todas as suas propriedades e características, bem como o estado deles e o lugar onde se encontram;
- ▶ Correspondência: art. 668, par. ún, II CPC 1973.

III – descrever os semoventes, com indicação de espécie, de número, de marca ou sinal e do local onde se encontram;
- ▶ Correspondência: art. 668, par. ún, III CPC 1973.

IV – identificar os créditos, indicando quem seja o devedor, qual a origem da dívida, o título que a representa e a data do vencimento; e
- ▶ Correspondência: art. 668, par. ún, IV CPC 1973.

V – atribuir, em qualquer caso, valor aos bens indicados à penhora, além de especificar os ônus e os encargos a que estejam sujeitos.
- ▶ Correspondência: art. 668, par. ún, V CPC 1973.
- ▶ Arts. 848, VII e 873, III deste Código.

§ 2º Requerida a substituição do bem penhorado, o executado deve indicar onde se encontram os bens sujeitos à execução, exibir a prova de sua propriedade e a certidão negativa ou positiva de ônus, bem como abster-se de qualquer atitude que dificulte ou embarace a realização da penhora.
- ▶ Correspondência: art. 656, § 1º CPC 1973.

§ 3º O executado somente poderá oferecer bem imóvel em substituição caso o requeira com a expressa anuência do cônjuge, salvo se o regime for o de separação absoluta de bens.
- ▶ Correspondência: art. 656, § 3º CPC 1973.
- ▶ Arts. 842 e 843 deste Código.
- ▶ Art. 1.687 do CC.

§ 4º O juiz intimará o exequente para manifestar-se sobre o requerimento de substituição do bem penhorado.
- ▶ Correspondência: art. 657 CPC 1973.

Art. 848. As partes poderão requerer a substituição da penhora se:
- ▶ Correspondência: art. 656 CPC 1973.
- ▶ Súmula 406 do STJ.
- ▶ Art. 15, I da Lei 6.830/1980 (Lei de Execuções Fiscais).

I – ela não obedecer à ordem legal;
- ▶ Correspondência: art. 656, I CPC 1973.
- ▶ Art. 835 deste Código.
- ▶ Art. 11 da Lei 6.830/1980 (Lei de Execuções Fiscais).

II – ela não incidir sobre os bens designados em lei, contrato ou ato judicial para o pagamento;
- ▶ Correspondência: art. 656, II CPC 1973.

III – havendo bens no foro da execução, outros tiverem sido penhorados;
- ▶ Correspondência: art. 656, III CPC 1973.

IV – havendo bens livres, ela tiver recaído sobre bens já penhorados ou objeto de gravame;
- ▶ Correspondência: art. 656, IV CPC 1973.

V – ela incidir sobre bens de baixa liquidez;
- ▶ Correspondência: art. 656, V CPC 1973.

VI – fracassar a tentativa de alienação judicial do bem; ou
- ▶ Correspondência: art. 656, VI CPC 1973.
- ▶ Arts. 881 a 903 deste Código.

VII – o executado não indicar o valor dos bens ou omitir qualquer das indicações previstas em lei.
- ▶ Correspondência: art. 656, VII CPC 1973.

Parágrafo único. A penhora pode ser substituída por fiança bancária ou por seguro garantia judicial, em valor não inferior ao do débito constante da inicial, acrescido de trinta por cento.
- ▶ Correspondência: art. 656, § 2º CPC 1973.
- ▶ Art. 835, § 2º deste Código.
- ▶ Art. 15 da Lei 6.830/1980 (Lei de Execuções Fiscais).

Art. 849. Sempre que ocorrer a substituição dos bens inicialmente penhorados, será lavrado novo termo.
- ▶ Correspondência: art. 657 CPC 1973.
- ▶ Art. 838 deste Código.

Art. 850. Será admitida a redução ou a ampliação da penhora, bem como sua transferência para outros bens, se, no curso do processo, o valor de mercado dos bens penhorados sofrer alteração significativa.
- ▶ Sem correspondência no CPC 1973.

Art. 851. Não se procede à segunda penhora, salvo se:
- ▶ Correspondência: art. 667 CPC 1973.

I – a primeira for anulada;
- ▶ Correspondência: art. 667, I CPC 1973.

II – executados os bens, o produto da alienação não bastar para o pagamento do exequente;
- ▶ Correspondência: art. 667, II CPC 1973.
- ▶ Art. 874, II deste Código.

III – o exequente desistir da primeira penhora, por serem litigiosos os bens ou por estarem submetidos a constrição judicial.
- ▶ Correspondência: art. 667, III CPC 1973.
- ▶ Arts. 59 e 240, *caput* deste Código.

Art. 852. O juiz determinará a alienação antecipada dos bens penhorados quando:
- ▶ Correspondência: art. 670 CPC 1973.

I – se tratar de veículos automotores, de pedras e metais preciosos e de outros bens móveis sujeitos à depreciação ou à deterioração;
- ▶ Correspondência: art. 670, I CPC 1973.

II – houver manifesta vantagem.
- ▶ Correspondência: art. 670, II CPC 1973.

Art. 853. Quando uma das partes requerer alguma das medidas previstas nesta Subseção, o juiz ouvirá sempre a outra, no prazo de 3 (três) dias, antes de decidir.
- ▶ Correspondência: art. 670, par. ún. CPC 1973.

Parágrafo único. O juiz decidirá de plano qualquer questão suscitada.
- ▶ Correspondência: art. 657, par. ún. CPC 1973.

Subseção V
Da penhora de dinheiro em depósito ou em aplicação financeira

Art. 854. Para possibilitar a penhora de dinheiro em depósito ou em aplicação financeira, o juiz, a requerimento do exequente, sem dar ciência prévia do ato ao executado, determinará às instituições financeiras, por meio de sistema eletrônico gerido pela autoridade supervisora do sistema financeiro nacional, que torne indisponíveis ativos financeiros existentes em nome do executado, limitando-se a indisponibilidade ao valor indicado na execução.
- ▶ Correspondência: art. 655-A CPC 1973.
- ▶ Art. 837 deste Código.
- ▶ Súmula 417 do STJ.
- ▶ Art. 11, I da Lei 6.830/1980 (Execuções Fiscais).

§ 1º No prazo de 24 (vinte e quatro) horas a contar da resposta, de ofício, o juiz determinará o cancelamento de eventual indisponibilidade excessiva, o que deverá ser cumprido pela instituição financeira em igual prazo.
- ▶ Sem correspondência no CPC 1973.

§ 2º Tornados indisponíveis os ativos financeiros do executado, este será intimado na pessoa de seu advogado ou, não o tendo, pessoalmente.
- ▶ Sem correspondência no CPC 1973.

§ 3º Incumbe ao executado, no prazo de 5 (cinco) dias, comprovar que:
- ▶ Correspondência: art. 655-A, § 2º CPC 1973.

I – as quantias tornadas indisponíveis são impenhoráveis;
- ▶ Correspondência: art. 655-A, § 2º CPC 1973.
- ▶ Art. 833 deste Código.

II – ainda remanesce indisponibilidade excessiva de ativos financeiros.
- ▶ Sem correspondência no CPC 1973.

§ 4º Acolhida qualquer das arguições dos incisos I e II do § 3º, o juiz determinará o cancelamento de eventual indisponibilidade irregular ou excessiva, a ser cumprido pela instituição financeira em 24 (vinte e quatro) horas.
- ▶ Sem correspondência no CPC 1973.

§ 5º Rejeitada ou não apresentada a manifestação do executado, converter-se-á a indisponibilidade em penhora, sem necessidade de lavratura de termo, devendo o juiz da execução determinar à instituição financeira depositária que, no prazo de 24 (vinte e quatro) horas, transfira o montante indisponível para conta vinculada ao juízo da execução.
- ▶ Sem correspondência no CPC 1973.

§ 6º Realizado o pagamento da dívida por outro meio, o juiz determinará, imediatamente, por sistema eletrônico gerido pela autoridade supervisora do sistema financeiro nacional, a notificação da instituição financeira para que, em até 24 (vinte e quatro) horas, cancele a indisponibilidade.
- ▶ Sem correspondência no CPC 1973.

§ 7º As transmissões das ordens de indisponibilidade, de seu cancelamento e de determinação de penhora previstas neste artigo far-se-ão por meio de sistema eletrônico gerido pela autoridade supervisora do sistema financeiro nacional.
- ▶ Sem correspondência no CPC 1973.

§ 8º A instituição financeira será responsável pelos prejuízos causados ao executado em decorrência da indisponibilidade de ativos financeiros em valor superior ao indicado na execução ou pelo juiz, bem como na hipótese de não cancelamento da indisponibilidade no prazo de 24 (vinte e quatro) horas, quando assim determinar o juiz.
- ▶ Sem correspondência no CPC 1973.

§9º Quando se tratar de execução contra partido político, o juiz, a requerimento do exequente, determinará às instituições financeiras, por meio de sistema eletrônico gerido por autoridade supervisora do sistema bancário, que tornem indisponíveis ativos financeiros somente em nome do órgão partidário que tenha contraído a dívida executada ou que tenha dado causa à violação de direito ou ao dano, ao qual cabe exclusivamente a responsabilidade pelos atos praticados, na forma da lei.

▶ Correspondência: art. 655-A, § 4º CPC 1973.
▶ Art. 840 deste Código.
▶ Art. 15-A da Lei 9.096/1995 (Dispõe sobre Partidos Políticos).

Subseção VI
Da penhora de créditos

Art. 855. Quando recair em crédito do executado, enquanto não ocorrer a hipótese prevista no art. 856, considerar-se-á feita a penhora pela intimação:

I – ao terceiro devedor para que não pague ao executado, seu credor;

▶ Correspondência: art. 671, I CPC 1973.

II – ao executado, credor do terceiro, para que não pratique ato de disposição do crédito.

▶ Correspondência: art. 671, II CPC 1973.
▶ Art. 312 do CC.

Art. 856. A penhora de crédito representado por letra de câmbio, nota promissória, duplicata, cheque ou outros títulos far-se-á pela apreensão do documento, esteja ou não este em poder do executado.

▶ Correspondência: art. 672 CPC 1973.

§ 1º Se o título não for apreendido, mas o terceiro confessar a dívida, será este tido como depositário da importância.

▶ Correspondência: art. 672, § 1º CPC 1973.

§ 2º O terceiro só se exonerará da obrigação depositando em juízo a importância da dívida.

▶ Correspondência: art. 672, § 2º CPC 1973.
▶ Arts. 312 e 344 do CC.

§ 3º Se o terceiro negar o débito em conluio com o executado, a quitação que este lhe der caracterizará fraude à execução.

▶ Correspondência: art. 672, § 3º CPC 1973.
▶ Art. 792 deste Código.

§ 4º A requerimento do exequente, o juiz determinará o comparecimento, em audiência especialmente designada, do executado e do terceiro, a fim de lhes tomar os depoimentos.

▶ Correspondência: art. 672, § 4º CPC 1973.

Art. 857. Feita a penhora em direito e ação do executado, e não tendo ele oferecido embargos ou sendo estes rejeitados, o exequente ficará sub-rogado nos direitos do executado até à concorrência de seu crédito.

▶ Correspondência: art. 673 CPC 1973.
▶ Art. 915 e 917 deste Código.
▶ Art. 346 do CC.

§ 1º O exequente pode preferir, em vez da sub-rogação, a alienação judicial do direito penhorado, caso em que declarará sua vontade no prazo de 10 (dez) dias contado da realização da penhora.

▶ Correspondência: art. 673, § 1º CPC 1973.
▶ Art. 730 deste Código.

§ 2º A sub-rogação não impede o sub-rogado, se não receber o crédito do executado, de prosseguir na execução, nos mesmos autos, penhorando outros bens.

▶ Correspondência: art. 673, § 2º CPC 1973.

Art. 858. Quando a penhora recair sobre dívidas de dinheiro a juros, de direito a rendas ou de prestações periódicas, o exequente poderá levantar os juros, os rendimentos ou as prestações à medida que forem sendo depositados, abatendo-se do crédito as importâncias recebidas, conforme as regras de imputação do pagamento.

▶ Correspondência: art. 675 CPC 1973.
▶ Arts. 352 a 355 do CC.

Art. 859. Recaindo a penhora sobre direito a prestação ou a restituição de coisa determinada, o executado será intimado para, no vencimento, depositá-la, correndo sobre ela a execução.

▶ Correspondência: art. 676 CPC 1973.

Art. 860. Quando o direito estiver sendo pleiteado em juízo, a penhora que recair sobre ele será averbada, com destaque, nos autos pertinentes ao direito e na ação correspondente à penhora, a fim de que esta seja efetivada nos bens que forem adjudicados ou que vierem a caber ao executado.

▶ Correspondência: art. 674 CPC 1973.
▶ Art. 646 deste Código.

Subseção VII
Da penhora das quotas ou das ações de sociedades personificadas

Art. 861. Penhoradas as quotas ou as ações de sócio em sociedade simples ou empresária, o juiz assinará prazo razoável, não superior a 3 (três) meses, para que a sociedade:

▶ Sem correspondência no CPC 1973.

I – apresente balanço especial, na forma da lei;

▶ Sem correspondência no CPC 1973.

II – ofereça as quotas ou as ações aos demais sócios, observado o direito de preferência legal ou contratual;

▶ Sem correspondência no CPC 1973.

III – não havendo interesse dos sócios na aquisição das ações, proceda à liquidação das quotas ou das ações, depositando em juízo o valor apurado, em dinheiro.

▶ Sem correspondência no CPC 1973.
▶ Art. 1.058 deste Código.

§ 1º Para evitar a liquidação das quotas ou das ações, a sociedade poderá adquiri-las sem redução do capital social e com utilização de reservas, para manutenção em tesouraria.

▶ Sem correspondência no CPC 1973.

§ 2º O disposto no *caput* e no § 1º não se aplica à sociedade anônima de capital aberto, cujas ações serão adjudicadas ao exequente ou alienadas em bolsa de valores, conforme o caso.

▶ Sem correspondência no CPC 1973.
▶ Arts. 876 a 878, 881, § 2º e 886, par. un. deste Código.

§ 3º Para os fins da liquidação de que trata o inciso III do *caput*, o juiz poderá, a requerimento do exequente ou da sociedade, nomear administrador, que deverá submeter à aprovação judicial a forma de liquidação.

▶ Sem correspondência no CPC 1973.

§ 4º O prazo previsto no *caput* poderá ser ampliado pelo juiz, se o pagamento das quotas ou das ações liquidadas:

▶ Sem correspondência no CPC 1973.

I – superar o valor do saldo de lucros ou reservas, exceto a legal, e sem diminuição do capital social, ou por doação; ou

▶ Sem correspondência no CPC 1973.

II – colocar em risco a estabilidade financeira da sociedade simples ou empresária.

▶ Sem correspondência no CPC 1973.

§ 5º Caso não haja interesse dos demais sócios no exercício de direito de preferência, não ocorra a aquisição das quotas ou das ações pela sociedade e a liquidação do inciso III do *caput* seja excessivamente onerosa para a sociedade, o juiz poderá determinar o leilão judicial das quotas ou das ações.

▶ Sem correspondência no CPC 1973.

Subseção VIII
Da penhora de empresa, de outros estabelecimentos e de semoventes

Art. 862. Quando a penhora recair em estabelecimento comercial, industrial ou agrícola, bem como em semoventes, plantações ou edifícios em construção, o juiz nomeará administrador-depositário, determinando-lhe que apresente em 10 (dez) dias o plano de administração.

▶ Correspondência: art. 677 CPC 1973.
▶ Arts. 866 a 869 deste Código.
▶ Súmula 319 do STJ.

§ 1º Ouvidas as partes, o juiz decidirá.

▶ Correspondência: art. 677, § 1º CPC 1973.

§ 2º É lícito às partes ajustar a forma de administração e escolher o depositário, hipótese em que o juiz homologará por despacho a indicação.

▶ Correspondência: art. 677, § 2º CPC 1973.

§ 3º Em relação aos edifícios em construção sob regime de incorporação imobiliária, a penhora somente poderá recair sobre as unidades imobiliárias ainda não comercializadas pelo incorporador.

▶ Sem correspondência no CPC 1973.
▶ Lei 4.591/1964 (Incorporações Imobiliárias).

§ 4º Sendo necessário afastar o incorporador da administração da incorporação, será ela exercida pela comissão de representantes dos adquirentes ou, se se tratar de construção financiada, por empresa ou profissional indicado pela instituição fornecedora dos recursos para a obra, devendo ser ouvida, neste último caso, a comissão de representantes dos adquirentes.

▶ Sem correspondência no CPC 1973.

Art. 863. A penhora de empresa que funcione mediante concessão ou autorização far-se-á, conforme o valor do crédito, sobre a renda, sobre determinados bens ou sobre todo o patrimônio, e o juiz nomeará como depositário, de preferência, um de seus diretores.

▶ Correspondência: art. 678 CPC 1973.
▶ Súmula 319 do STJ.

§ 1º Quando a penhora recair sobre a renda ou sobre determinados bens, o administrador-depositário apresentará a forma de administração e o esquema de pagamento, observando-se, quanto ao mais, o disposto em relação ao regime de penhora de frutos e rendimentos de coisa móvel e imóvel.

▶ Correspondência: art. 678, par. ún. CPC 1973.
▶ Arts. 867 a 869 deste Código.

§ 2º Recaindo a penhora sobre todo o patrimônio, prosseguirá a execução em seus ulteriores termos, ouvindo-se, antes da arrematação ou da adjudicação, o ente público que houver outorgado a concessão.

▶ Correspondência: art. 678, par. ún. CPC 1973.

Art. 864. A penhora de navio ou de aeronave não obsta que continuem navegando ou operando até a alienação, mas o juiz, ao conceder a autorização para tanto, não permitirá que saiam do porto ou do aeroporto antes que o executado faça o seguro usual contra riscos.

▶ Correspondência: art. 679 CPC 1973.
▶ Art. 155 da Lei 7.565/1986 (Código Brasileiro de Aeronáutica).

Art. 865. A penhora de que trata esta Subseção somente será determinada se não houver outro meio eficaz para a efetivação do crédito.

▶ Sem correspondência no CPC 1973.
▶ Art. 805 deste Código.

Subseção IX
Da penhora de percentual de faturamento de empresa

Art. 866. Se o executado não tiver outros bens penhoráveis ou se, tendo-os, esses forem de difícil alienação ou insuficientes para saldar o crédito executado, o juiz poderá ordenar a penhora de percentual de faturamento de empresa.

▶ Sem correspondência no CPC 1973.

§ 1º O juiz fixará percentual que propicie a satisfação do crédito exequendo em tempo razoável, mas que não torne inviável o exercício da atividade empresarial.

§ 2º O juiz nomeará administrador-depositário, o qual submeterá à aprovação judicial a forma de sua atuação e prestará contas mensalmente, entregando em juízo as quantias recebidas, com os respectivos balancetes mensais, a fim de serem imputadas no pagamento da dívida.

▶ Correspondência: art. 655-A, § 3º CPC 1973.
▶ Art. 840 deste Código.
▶ Súmula 319 do STJ.

§ 3º Na penhora de percentual de faturamento de empresa, observar-se-á, no que couber, o disposto quanto ao regime de penhora de frutos e rendimentos de coisa móvel e imóvel.

▶ Sem correspondência no CPC 1973.

Subseção X
Da penhora de frutos e rendimentos de coisa móvel ou imóvel

Art. 867. O juiz pode ordenar a penhora de frutos e rendimentos de coisa móvel ou imóvel quando a considerar mais eficiente para o recebimento do crédito e menos gravosa ao executado.

▶ Correspondência: art. 716 CPC 1973.
▶ Arts. 798, II, *a*, 805 e 863, §§ 1º e 2º deste Código.

Art. 868. Ordenada a penhora de frutos e rendimentos, o juiz nomeará administrador-depositário, que será investido de todos os poderes que concernem à administração do bem e à fruição de seus frutos e utilidades, perdendo o executado o direito de gozo do bem, até que o exequente seja pago do principal, dos juros, das custas e dos honorários advocatícios.

▶ Correspondência: art. 717 CPC 1973.
▶ Art. 863, §§ 1º e 2º deste Código.
▶ Lei 6.899/1981 (Correção monetária nos débitos oriundos de decisão judicial).
▶ Súmula 319 do STJ.

§ 1º A medida terá eficácia em relação a terceiros a partir da publicação da decisão que a conceda ou de sua averbação no ofício imobiliário, em caso de imóveis.

▶ Correspondência: art. 718 CPC 1973.

§ 2º O exequente providenciará a averbação no ofício imobiliário mediante a apresentação de certidão de inteiro teor do ato, independentemente de mandado judicial.

▶ Correspondência: art. 722, §§ 1º e 2º CPC 1973.

Art. 869. O juiz poderá nomear administrador-depositário o exequente ou o executado, ouvida a parte contrária, e, não havendo acordo, nomeará profissional qualificado para o desempenho da função.

▶ Correspondência: art. 719 CPC 1973.
▶ Art. 863, §§ 1º e 2º, deste Código.

§ 1º O administrador submeterá à aprovação judicial a forma de administração e a de prestar contas periodicamente.

▶ Sem correspondência no CPC 1973.

§ 2º Havendo discordância entre as partes ou entre essas e o administrador, o juiz decidirá a melhor forma de administração do bem.
▸ Correspondência: art. 724, par. ún. CPC 1973.

§ 3º Se o imóvel estiver arrendado, o inquilino pagará o aluguel diretamente ao exequente, salvo se houver administrador.
▸ Correspondência: art. 723 CPC 1973.

§ 4º O exequente ou o administrador poderá celebrar locação do móvel ou do imóvel, ouvido o executado.
▸ Correspondência: art. 724 CPC 1973.

§ 5º As quantias recebidas pelo administrador serão entregues ao exequente, a fim de serem imputadas ao pagamento da dívida.
▸ Sem correspondência no CPC 1973.

§ 6º O exequente dará ao executado, por termo nos autos, quitação das quantias recebidas.
▸ Sem correspondência no CPC 1973.

Subseção XI
Da avaliação

Art. 870. A avaliação será feita pelo oficial de justiça.
▸ Correspondência: art. 680 CPC 1973.
▸ Arts. 154, V e 871 deste Código.
▸ Art. 13 da Lei 6.830/1980 (Execuções Fiscais).

Parágrafo único. Se forem necessários conhecimentos especializados e o valor da execução o comportar, o juiz nomeará avaliador, fixando-lhe prazo não superior a 10 (dez) dias para entrega do laudo.
▸ Correspondência: art. 680 CPC 1973.

Art. 871. Não se procederá à avaliação quando:
▸ Correspondência: art. 684 CPC 1973.
▸ Art. 870 deste Código.

I – uma das partes aceitar a estimativa feita pela outra;
▸ Correspondência: art. 684, I CPC 1973.
▸ Art. 1.484 do CC.

II – se tratar de títulos ou de mercadorias que tenham cotação em bolsa, comprovada por certidão ou publicação no órgão oficial;
▸ Correspondência: art. 684, II CPC 1973.
▸ Art. 835, II e III e 886, par. un. deste Código.

III – se tratar de títulos da dívida pública, de ações de sociedades e de títulos de crédito negociáveis em bolsa, cujo valor será o da cotação oficial do dia, comprovada por certidão ou publicação no órgão oficial;
▸ Correspondência: art. 684, II CPC 1973.
▸ Art. 861, § 2º, 881, § 2º e 886, par. un. deste Código.

IV – se tratar de veículos automotores ou de outros bens cujo preço médio de mercado possa ser conhecido por meio de pesquisas realizadas por órgãos oficiais ou de anúncios de venda divulgados em meios de comunicação, caso em que caberá a quem fizer a nomeação o encargo de comprovar a cotação de mercado.
▸ Sem correspondência no CPC 1973.

Parágrafo único. Ocorrendo a hipótese do inciso I deste artigo, a avaliação poderá ser realizada quando houver fundada dúvida do juiz quanto ao real valor do bem.
▸ Correspondência: art. 683, III CPC 1973.

Art. 872. A avaliação realizada pelo oficial de justiça constará de vistoria e de laudo anexados ao auto de penhora ou, em caso de perícia realizada por avaliador, de laudo apresentado no prazo fixado pelo juiz, devendo-se, em qualquer hipótese, especificar:
▸ Correspondência: art. 681 CPC 1973.
▸ Art. 631 deste Código.

I – os bens, com as suas características, e o estado em que se encontram;
▸ Correspondência: art. 681, I CPC 1973.

II – o valor dos bens.
▸ Correspondência: art. 681, II CPC 1973.

§ 1º Quando o imóvel for suscetível de cômoda divisão, a avaliação, tendo em conta o crédito reclamado, será realizada em partes, sugerindo-se, com a apresentação de memorial descritivo, os possíveis desmembramentos para alienação.
▸ Correspondência: art. 681, par. ún. CPC 1973.
▸ Art. 894 deste Código.

§ 2º Realizada a avaliação e, sendo o caso, apresentada a proposta de desmembramento, as partes serão ouvidas no prazo de 5 (cinco) dias.
▸ Sem correspondência no CPC 1973.

Art. 873. É admitida nova avaliação quando:
▸ Correspondência: art. 683 CPC 1973.

I – qualquer das partes arguir, fundamentadamente, a ocorrência de erro na avaliação ou dolo do avaliador;
▸ Correspondência: art. 683, I CPC 1973.

II – se verificar, posteriormente à avaliação, que houve majoração ou diminuição no valor do bem;
▸ Correspondência: art. 683, II CPC 1973.

III – o juiz tiver fundada dúvida sobre o valor atribuído ao bem na primeira avaliação.
▸ Correspondência: art. 683, III CPC 1973.

▸ Art. 631 deste Código.

Parágrafo único. Aplica-se o art. 480 à nova avaliação prevista no inciso III do *caput* deste artigo.
▸ Sem correspondência no CPC 1973.

Art. 874. Após a avaliação, o juiz poderá, a requerimento do interessado e ouvida a parte contrária, mandar:
▸ Correspondência: art. 685 CPC 1973.

I – reduzir a penhora aos bens suficientes ou transferi-la para outros, se o valor dos bens penhorados for consideravelmente superior ao crédito do exequente e dos acessórios;
▸ Correspondência: art. 685, I CPC 1973.

II – ampliar a penhora ou transferi-la para outros bens mais valiosos, se o valor dos bens penhorados for inferior ao crédito do exequente.
▸ Correspondência: art. 685, II CPC 1973.

Art. 875. Realizadas a penhora e a avaliação, o juiz dará início aos atos de expropriação do bem.
▸ Correspondência: art. 685, par. ún. CPC 1973.
▸ Arts. 789 e 825 deste Código.

Seção IV
Da expropriação de bens

Subseção I
Da adjudicação

Art. 876. É lícito ao exequente, oferecendo preço não inferior ao da avaliação, requerer que lhe sejam adjudicados os bens penhorados.
▸ Correspondência: art. 685-A CPC 1973.
▸ Arts. 829, § 1º, 841, 870 deste Código.

§ 1º Requerida a adjudicação, o executado será intimado do pedido:
▸ Sem correspondência no CPC 1973.
▸ Art. 231 deste Código.

I – pelo Diário da Justiça, na pessoa de seu advogado constituído nos autos;
▸ Sem correspondência no CPC 1973.

II – por carta com aviso de recebimento, quando representado pela Defensoria Pública ou quando não tiver procurador constituído nos autos;
▸ Sem correspondência no CPC 1973.

III – por meio eletrônico, quando, sendo o caso do § 1º do art. 246, não tiver procurador constituído nos autos.
▸ Sem correspondência no CPC 1973.

§ 2º Considera-se realizada a intimação quando o executado houver mudado de endereço sem prévia comunicação ao juízo, observado o disposto no art. 274, parágrafo único.
▸ Sem correspondência no CPC 1973.

§ 3º Se o executado, citado por edital, não tiver procurador constituído nos autos, é dispensável a intimação prevista no § 1º.
▸ Sem correspondência no CPC 1973.

§ 4º Se o valor do crédito for:
▸ Correspondência: art. 685-A, § 1º CPC 1973.

I – inferior ao dos bens, o requerente da adjudicação depositará de imediato a diferença, que ficará à disposição do executado;
▸ Correspondência: art. 685-A, § 1º CPC 1973.

II – superior ao dos bens, a execução prosseguirá pelo saldo remanescente.
▸ Correspondência: art. 685-A, § 1º CPC 1973.

§ 5º Idêntico direito pode ser exercido por aqueles indicados no art. 889, incisos II a VIII, pelos credores concorrentes que hajam penhorado o mesmo bem, pelo cônjuge, pelo companheiro, pelos descendentes ou pelos ascendentes do executado.
▸ Correspondência: art. 685-A, § 2º CPC 1973.

§ 6º Se houver mais de um pretendente, proceder-se-á a licitação entre eles, tendo preferência, em caso de igualdade de oferta, o cônjuge, o companheiro, o descendente ou o ascendente, nessa ordem.
▸ Correspondência: art. 685-A, § 3º CPC 1973.

§ 7º No caso de penhora de quota social ou de ação de sociedade anônima fechada realizada em favor de exequente alheio à sociedade, esta será intimada, ficando responsável por informar aos sócios a ocorrência da penhora, assegurando-se a estes a preferência.
▸ Correspondência: art. 685-A, § 4º CPC 1973.
▸ Art. 799, § 7º deste Código.

Art. 877. Transcorrido o prazo de 5 (cinco) dias, contado da última intimação, e decididas eventuais questões, o juiz ordenará a lavratura do auto de adjudicação.
▸ Correspondência: art. 685-A, § 5º CPC 1973.

§ 1º Considera-se perfeita e acabada a adjudicação com a lavratura e a assinatura do auto pelo juiz, pelo adjudicatário, pelo escrivão ou chefe de secretaria e, se estiver presente, pelo executado, expedindo-se:
▸ Correspondência: art. 685-B CPC 1973.
▸ Art. 675 deste Código.

I – a carta de adjudicação e o mandado de imissão na posse, quando se tratar de bem imóvel;
▸ Correspondência: art. 685-B CPC 1973.

II – a ordem de entrega ao adjudicatário, quando se tratar de bem móvel.
▸ Correspondência: art. 685-B CPC 1973.

§ 2º A carta de adjudicação conterá a descrição do imóvel, com remissão à sua matrícula e aos seus registros, a cópia do auto de adjudicação e a prova de quitação do imposto de transmissão.
▸ Correspondência: art. 685-B, par. ún. CPC 1973.

§ 3º No caso de penhora de bem hipotecado, o executado poderá remi-lo até à assinatura do auto de adjudicação, oferecendo preço igual ao da avaliação, se não tiver havido licitantes, ou ao do maior lance oferecido.
▸ Correspondência: art. 651 CPC 1973.
▸ Arts. 675, 880, § 2º, 901 e 903 deste Código.
▸ Arts. 304 e 305 do CC.
▸ Art. 19, I e II da Lei 6.830/1980 (Execuções Fiscais).

§ 4º Na hipótese de falência ou de insolvência do devedor hipotecário, o direito de remição previsto no § 3º será deferido à massa ou aos credores em concurso, não podendo o exequente recusar o preço da avaliação do imóvel.
▸ Sem correspondência no CPC 1973.

Art. 878. Frustradas as tentativas de alienação do bem, será reaberta oportunidade para requerimento de adjudicação, caso em que também se poderá pleitear a realização de nova avaliação.
▸ Sem correspondência no CPC 1973.

Subseção II
Da alienação

Art. 879. A alienação far-se-á:
▸ Sem correspondência no CPC 1973.
▸ Art. 52, VII da Lei 9.099/1995 (Juizados Especiais).

I – por iniciativa particular;
▸ Sem correspondência no CPC 1973.

II – em leilão judicial eletrônico ou presencial.
▸ Sem correspondência no CPC 1973.

Art. 880. Não efetivada a adjudicação, o exequente poderá requerer a alienação por sua própria iniciativa ou por intermédio de corretor ou leiloeiro público credenciado perante o órgão judiciário.
▸ Correspondência: art. 685-C CPC 1973.

§ 1º O juiz fixará o prazo em que a alienação deve ser efetivada, a forma de publicidade, o preço mínimo, as condições de pagamento, as garantias e, se for o caso, a comissão de corretagem.
▸ Correspondência: art. 685-C, § 1º CPC 1973.

§ 2º A alienação será formalizada por termo nos autos, com a assinatura do juiz, do exequente, do adquirente e, se estiver presente, do executado, expedindo-se:
▸ Correspondência: art. 685-C, § 2º CPC 1973.
▸ Art. 675 deste Código.

I – a carta de alienação e o mandado de imissão na posse, quando se tratar de bem imóvel;
▸ Correspondência: art. 685-C, § 2º CPC 1973.

II – a ordem de entrega ao adquirente, quando se tratar de bem móvel.
▸ Correspondência: art. 685-C, § 2º CPC 1973.

§ 3º Os tribunais poderão editar disposições complementares sobre o procedimento da alienação prevista neste artigo, admitindo, quando for o caso, o concurso de meios eletrônicos, e dispor sobre o credenciamento dos corretores e leiloeiros públicos, os quais deverão estar em exercício profissional por não menos que 3 (três) anos.
▸ Correspondência: art. 685-C, § 3º CPC 1973.
▸ Decreto 21.981/1932 (Regulamenta a profissão de Leiloeiro).

§ 4º Nas localidades em que não houver corretor ou leiloeiro público credenciado nos termos do § 3º, a indicação será de livre escolha do exequente.
▸ Sem correspondência no CPC 1973.

Art. 881. A alienação far-se-á em leilão judicial se não efetivada a adjudicação ou a alienação por iniciativa particular.
▸ Correspondência: art. 686 CPC 1973.
▸ Art. 882 deste Código.

§ 1º O leilão do bem penhorado será realizado por leiloeiro público.
▸ Sem correspondência no CPC 1973.

§ 2º Ressalvados os casos de alienação a cargo de corretores de bolsa de valores, todos os demais bens serão alienados em leilão público.
▸ Correspondência: art. 704 CPC 1973.
▸ Art. 871, II e III deste Código.

Art. 882. Não sendo possível a sua realização por meio eletrônico, o leilão será presencial.

§ 1º A alienação judicial por meio eletrônico será realizada, observando-se as garantias processuais das

partes, de acordo com regulamentação específica do Conselho Nacional de Justiça.

> ▸ Correspondência: art. 689-A, par. ún. CPC 1973.
> ▸ Provimento 39/2014 do CNJ.
> ▸ Res. 236/2015 do CNJ (Regulamenta, no âmbito do Poder Judiciário, procedimentos relativos à alienação judicial por meio eletrônico).
> ▸ § 2º A alienação judicial por meio eletrônico deverá atender aos requisitos de ampla publicidade, autenticidade e segurança, com observância das regras estabelecidas na legislação sobre certificação digital. Correspondência: art. 689-A, par. ún. CPC 1973.
> ▸ Lei 11.419/2006 (Informatização do Processo Judicial).

§ 3º O leilão presencial será realizado no local designado pelo juiz.

> ▸ Correspondência: art. 686, § 2º CPC 1973.
> ▸ Arts. 22 e 23 da Lei 6.830/1980 (Execuções Fiscais).

Art. 883. Caberá ao juiz a designação do leiloeiro público, que poderá ser indicado pelo exequente.

> ▸ Correspondência: art. 706 CPC 1973.

Art. 884. Incumbe ao leiloeiro público:

> ▸ Correspondência: art. 705 CPC 1973.
> ▸ Decreto 21.981/1932 (Regulamenta a profissão de Leiloeiro).
> ▸ Lei 4.021/1961 (Leiloeiro rural).

I – publicar o edital, anunciando a alienação;

> ▸ Correspondência: art. 705, I CPC 1973.

II – realizar o leilão onde se encontrem os bens ou no lugar designado pelo juiz;

> ▸ Correspondência: art. 705, II CPC 1973.

III – expor aos pretendentes os bens ou as amostras das mercadorias;

> ▸ Correspondência: art. 705, III CPC 1973.

IV – receber e depositar, dentro de 1 (um) dia, à ordem do juiz, o produto da alienação;

> ▸ Correspondência: art. 705, V CPC 1973.

V – prestar contas nos 2 (dois) dias subsequentes ao depósito.

> ▸ Correspondência: art. 705, VI CPC 1973.

Parágrafo único. O leiloeiro tem o direito de receber do arrematante a comissão estabelecida em lei ou arbitrada pelo juiz.

> ▸ Correspondência: art. 705, IV CPC 1973.
> ▸ Art. 23, § 2º da Lei 6.830/1980 (Execuções Fiscais).

Art. 885. O juiz da execução estabelecerá o preço mínimo, as condições de pagamento e as garantias que poderão ser prestadas pelo arrematante.

> ▸ Correspondência: art. 685-C, § 1º CPC 1973.

Art. 886. O leilão será precedido de publicação de edital, que conterá:

> ▸ Correspondência: art. 686 CPC 1973.
> ▸ Art. 882 deste Código.

I – a descrição do bem penhorado, com suas características, e, tratando-se de imóvel, sua situação e suas divisas, com remissão à matrícula e aos registros;

> ▸ Correspondência: art. 686, I CPC 1973.
> ▸ Art. 168 da Lei 6.015/1973 (Lei dos Registros Públicos).

II – o valor pelo qual o bem foi avaliado, o preço mínimo pelo qual poderá ser alienado, as condições de pagamento e, se for o caso, a comissão do leiloeiro designado;

> ▸ Correspondência: art. 686, II CPC 1973.

III – o lugar onde estiverem os móveis, os veículos e os semoventes, e, tratando-se de créditos ou direitos, a identificação dos autos do processo em que foram penhorados;

> ▸ Correspondência: art. 686, III CPC 1973.

IV – o sítio, na rede mundial de computadores, e o período em que se realizará o leilão, salvo se este se der de modo presencial, hipótese em que serão indicados o local, o dia e a hora de sua realização;

> ▸ Correspondência: art. 686, IV CPC 1973.
> ▸ Lei 11.419/2006 (Informatização do Processo Judicial).

V – a indicação de local, dia e hora de segundo leilão presencial, para a hipótese de não haver interessado no primeiro;

> ▸ Correspondência: art. 686, VI CPC 1973.
> ▸ Art. 896, § 4º, deste Código.
> ▸ Súmula 128 do STJ.

VI – menção da existência de ônus, recurso ou processo pendente sobre os bens a serem leiloados.

> ▸ Correspondência: art. 686, V CPC 1973.
> ▸ Art. 903, § 1º, II e § 5º, I, deste Código.
> ▸ Art. 130, par. un. do CTN.

Parágrafo único. No caso de títulos da dívida pública e de títulos negociados em bolsa, constará do edital o valor da última cotação.

> ▸ Correspondência: art. 686, § 1º CPC 1973.
> ▸ Art. 871, III deste Código.

Art. 887. O leiloeiro público designado adotará providências para a ampla divulgação da alienação.

> ▸ Sem correspondência no CPC 1973.

§ 1º A publicação do edital deverá ocorrer pelo menos 5 (cinco) dias antes da data marcada para o leilão.

> ▸ Correspondência: art. 687 CPC 1973.

§ 2º O edital será publicado na rede mundial de computadores, em sítio designado pelo juízo da execução,

e conterá descrição detalhada e, sempre que possível, ilustrada dos bens, informando expressamente se o leilão se realizará de forma eletrônica ou presencial.

> ▸ Sem correspondência no CPC 1973.
> ▸ Lei 11.419/2006 (Informatização do Processo Judicial).

§ 3º Não sendo possível a publicação na rede mundial de computadores ou considerando o juiz, em atenção às condições da sede do juízo, que esse modo de divulgação é insuficiente ou inadequado, o edital será afixado em local de costume e publicado, em resumo, pelo menos uma vez em jornal de ampla circulação local.

> ▸ Correspondência: art 687 CPC 1973.
> ▸ Art. 882 deste Código.

§ 4º Atendendo ao valor dos bens e às condições da sede do juízo, o juiz poderá alterar a forma e a frequência da publicidade na imprensa, mandar publicar o edital em local de ampla circulação de pessoas e divulgar avisos em emissora de rádio ou televisão local, bem como em sítios distintos do indicado no § 2º.

> ▸ Correspondência: art. 687, § 2º CPC 1973.

§ 5º Os editais de leilão de imóveis e de veículos automotores serão publicados pela imprensa ou por outros meios de divulgação, preferencialmente na seção ou no local reservado à publicidade dos respectivos negócios.

> ▸ Correspondência: art. 687, § 3º CPC 1973.
> ▸ Súmula 121 do STJ.

§ 6º O juiz poderá determinar a reunião de publicações em listas referentes a mais de uma execução.

> ▸ Correspondência: art. 687, § 4º CPC 1973.

Art. 888. Não se realizando o leilão por qualquer motivo, o juiz mandará publicar a transferência, observando-se o disposto no art. 887.

> ▸ Correspondência: art. 688 CPC 1973.

Parágrafo único. O escrivão, o chefe de secretaria ou o leiloeiro que culposamente der causa à transferência responde pelas despesas da nova publicação, podendo o juiz aplicar-lhe a pena de suspensão por 5 (cinco) dias a 3 (três) meses, em procedimento administrativo regular.

> ▸ Correspondência: art. 688, par. ún. CPC 1973.

Art. 889. Serão cientificados da alienação judicial, com pelo menos 5 (cinco) dias de antecedência:

> ▸ Correspondência: art. 687 CPC 1973.
> ▸ Art. 882 deste Código.

I – o executado, por meio de seu advogado ou, se não tiver procurador constituído nos autos, por carta registrada, mandado, edital ou outro meio idôneo;

> ▸ Correspondência: art. 687, § 5º CPC 1973.

II – o coproprietário de bem indivisível do qual tenha sido penhorada fração ideal;

> ▸ Sem correspondência no CPC 1973.
> ▸ Art. 1.272 do CC.

III – o titular de usufruto, uso, habitação, enfiteuse, direito de superfície, concessão de uso especial para fins de moradia ou concessão de direito real de uso, quando a penhora recair sobre bem gravado com tais direitos reais;

> ▸ Sem correspondência no CPC 1973.
> ▸ Art. 1.225 do CC.

IV – o proprietário do terreno submetido ao regime de direito de superfície, enfiteuse, concessão de uso especial para fins de moradia ou concessão de direito real de uso, quando a penhora recair sobre tais direitos reais;

> ▸ Sem correspondência no CPC 1973.

V – o credor pignoratício, hipotecário, anticrético, fiduciário ou com penhora anteriormente averbada, quando a penhora recair sobre bens com tais gravames, caso não seja o credor, de qualquer modo, parte na execução;

> ▸ Correspondência: art. 698 CPC 1973.
> ▸ Arts. 799, I e II e 804 deste Código.
> ▸ Art. 1.501 do CC.
> ▸ Art. 251, II da Lei 6.015/1973 (Registros Públicos).

VI – o promitente comprador, quando a penhora recair sobre bem em relação ao qual haja promessa de compra e venda registrada;

> ▸ Sem correspondência no CPC 1973.

VII – o promitente vendedor, quando a penhora recair sobre direito aquisitivo derivado de promessa de compra e venda registrada;

> ▸ Sem correspondência no CPC 1973.

VIII – a União, o Estado e o Município, no caso de alienação de bem tombado.

> ▸ Sem correspondência no CPC 1973.
> ▸ Art. 892, § 3º deste Código.

Parágrafo único. Se o executado for revel e não tiver advogado constituído, não constando dos autos seu endereço atual ou, ainda, não sendo ele encontrado no endereço constante do processo, a intimação considerar-se-á feita por meio do próprio edital de leilão.

> ▸ Art. 346 deste Código.

Art. 890. Pode oferecer lance quem estiver na livre administração de seus bens, com exceção:

> ▸ Correspondência: art. 690-A CPC 1973.

I – dos tutores, dos curadores, dos testamenteiros, dos administradores ou dos liquidantes, quanto aos bens confiados à sua guarda e à sua responsabilidade;

> ▸ Correspondência: art. 690-A, I CPC 1973.
> ▸ Arts. 21 a 25 da Lei 11.101/2005 (Recuperação de Empresas e Falências).
> ▸ Art. 1.753 do CC.

II – dos mandatários, quanto aos bens de cuja administração ou alienação estejam encarregados;

> ▸ Correspondência: art. 690-A, II CPC 1973.

III – do juiz, do membro do Ministério Público e da Defensoria Pública, do escrivão, do chefe de secretaria e dos demais servidores e auxiliares da justiça, em relação aos bens e direitos objeto de alienação na localidade onde servirem ou a que se estender a sua autoridade;

> ▸ Correspondência: art. 690-A, III CPC 1973.

IV – dos servidores públicos em geral, quanto aos bens ou aos direitos da pessoa jurídica a que servirem ou que estejam sob sua administração direta ou indireta;

> ▸ Sem correspondência no CPC 1973.

V – dos leiloeiros e seus prepostos, quanto aos bens de cuja venda estejam encarregados;

> ▸ Sem correspondência no CPC 1973.

VI – dos advogados de qualquer das partes.

> ▸ Sem correspondência no CPC 1973.

Art. 891. Não será aceito lance que ofereça preço vil.

> ▸ Correspondência: art. 692 CPC 1973.
> ▸ Arts. 886, II e 903, § 1º, I deste Código.
> ▸ Súmula 128 do STJ.

Parágrafo único. Considera-se vil o preço inferior ao mínimo estipulado pelo juiz e constante do edital, e, não tendo sido fixado preço mínimo, considera-se vil o preço inferior a cinquenta por cento do valor da avaliação.

> ▸ Sem correspondência no CPC 1973.

Art. 892. Salvo pronunciamento judicial em sentido diverso, o pagamento deverá ser realizado de imediato pelo arrematante, por depósito judicial ou por meio eletrônico.

> ▸ Correspondência: art. 690 CPC 1973.
> ▸ Arts. 903, § 1º, III e 897 deste Código.

§ 1º Se o exequente arrematar os bens e for o único credor, não estará obrigado a exibir o preço, mas, se o valor dos bens exceder ao seu crédito, depositará, dentro de 3 (três) dias, a diferença, sob pena de tornar-se sem efeito a arrematação, e, nesse caso, realizar-se á novo leilão, à custa do exequente.

> ▸ Correspondência: art. 690-A, par. ún. CPC 1973.

§ 2º Se houver mais de um pretendente, proceder-se-á entre eles à licitação, e, no caso de igualdade de oferta, terá preferência o cônjuge, o companheiro, o descendente ou o ascendente do executado, nessa ordem.

> ▸ Correspondência: art. 685-A, § 3º CPC 1973.

§ 3º No caso de leilão de bem tombado, a União, os Estados e os Municípios terão, nessa ordem, o direito de preferência na arrematação, em igualdade de oferta.

> ▸ Sem correspondência no CPC 1973.
> ▸ Art. 889, VIII deste Código.

Art. 893. Se o leilão for de diversos bens e houver mais de um lançador, terá preferência aquele que se propuser a arrematá-los todos, em conjunto, oferecendo, para os bens que não tiverem lance, preço igual ao da avaliação e, para os demais, preço igual ao do maior lance que, na tentativa de arrematação individualizada, tenha sido oferecido para eles.

> ▸ Correspondência: art. 691 CPC 1973.
> ▸ Art. 23, § 1º da Lei 6.830/1980 (Execuções Fiscais).

Art. 894. Quando o imóvel admitir cômoda divisão, o juiz, a requerimento do executado, ordenará a alienação judicial de parte dele, desde que suficiente para o pagamento do exequente e para a satisfação das despesas da execução.

> ▸ Correspondência: art. 702 CPC 1973.
> ▸ Art. 872, § 1º, deste Código.
> ▸ Art. 87 do CC.

§ 1º Não havendo lançador, far-se-á a alienação do imóvel em sua integridade.

> ▸ Correspondência: art. 702, par. ún. CPC 1973.

§ 2º A alienação por partes deverá ser requerida a tempo de permitir a avaliação das glebas destacadas e sua inclusão no edital, e, nesse caso, caberá ao executado instruir o requerimento com planta e memorial descritivo subscritos por profissional habilitado.

> ▸ Sem correspondência no CPC 1973.

Art. 895. O interessado em adquirir o bem penhorado em prestações poderá apresentar, por escrito:

> ▸ Correspondência: art. 690, § 1º CPC 1973.

I – até o início do primeiro leilão, proposta de aquisição do bem por valor não inferior ao da avaliação;

> ▸ Correspondência: art. 690, § 1º CPC 1973.
> ▸ Art. 870 deste Código.

II – até o início do segundo leilão, proposta de aquisição do bem por valor que não seja considerado vil.

► Sem correspondência no CPC 1973.
► Art. 891 deste Código.

§ 1º A proposta conterá, em qualquer hipótese, oferta de pagamento de pelo menos vinte e cinco por cento do valor do lance à vista e o restante parcelado em até 30 (trinta) meses, garantido por caução idônea, quando se tratar de móveis, e por hipoteca do próprio bem, quando se tratar de imóveis.

► Correspondência: art. 690, § 1º CPC 1973.

§ 2º As propostas para aquisição em prestações indicarão o prazo, a modalidade, o indexador de correção monetária e as condições de pagamento do saldo.

► Correspondência: art. 690, 2º CPC 1973.

§ 3º *Vetado.*

► Sem correspondência no CPC 1973.

§ 4º No caso de atraso no pagamento de qualquer das prestações, incidirá multa de dez por cento sobre a soma da parcela inadimplida com as parcelas vincendas.

► Sem correspondência no CPC 1973.

§ 5º O inadimplemento autoriza o exequente a pedir a resolução da arrematação ou promover, em face do arrematante, a execução do valor devido, devendo ambos os pedidos ser formulados nos autos da execução em que se deu a arrematação.

► Sem correspondência no CPC 1973.
► Art. 903, § 1º, III deste Código.

§ 6º A apresentação da proposta prevista neste artigo não suspende o leilão.

► Sem correspondência no CPC 1973.

§ 7º A proposta de pagamento do lance à vista sempre prevalecerá sobre as propostas de pagamento parcelado.

► Sem correspondência no CPC 1973.

§ 8º Havendo mais de uma proposta de pagamento parcelado:

► Sem correspondência no CPC 1973.

I – em diferentes condições, o juiz decidirá pela mais vantajosa, assim compreendida, sempre, a de maior valor;

► Correspondência: art. 690, § 3º CPC 1973.

II – em iguais condições, o juiz decidirá pela formulada em primeiro lugar.

► Sem correspondência no CPC 1973.

§ 9º No caso de arrematação a prazo, os pagamentos feitos pelo arrematante pertencerão ao exequente até o limite de seu crédito, e os subsequentes, ao executado.

► Correspondência: art. 690, § 4º CPC 1973.
► Art. 908, § 1º deste Código.

Art. 896. Quando o imóvel de incapaz não alcançar em leilão pelo menos oitenta por cento do valor da avaliação, o juiz o confiará à guarda e à administração de depositário idôneo, adiando a alienação por prazo não superior a 1 (um) ano.

► Correspondência: art. 701 CPC 1973.
► Arts. 159 a 161 e 553 deste Código.

§ 1º Se, durante o adiamento, algum pretendente assegurar, mediante caução idônea, o preço da avaliação, o juiz ordenará a alienação em leilão.

► Correspondência: art. 701, § 1º CPC 1973.

§ 2º Se o pretendente à arrematação se arrepender, o juiz impor-lhe-á multa de vinte por cento sobre o valor da avaliação, em benefício do incapaz, valendo a decisão como título executivo.

► Correspondência: art. 701, § 2º CPC 1973.
► Art. 784, XII deste Código.

§ 3º Sem prejuízo do disposto nos §§ 1º e 2º, o juiz poderá autorizar a locação do imóvel no prazo do adiamento.

► Correspondência: art. 701, § 3º CPC 1973.

§ 4º Findo o prazo do adiamento, o imóvel será submetido a novo leilão.

► Correspondência: art. 701, § 4º CPC 1973.

Art. 897. Se o arrematante ou seu fiador não pagar o preço no prazo estabelecido, o juiz impor-lhe-á, em favor do exequente, a perda da caução, voltando os bens a novo leilão, do qual não serão admitidos a participar o arrematante e o fiador remissos.

► Correspondência: art. 695 CPC 1973.
► Art. 903, § 1º, III deste Código.

Art. 898. O fiador do arrematante que pagar o valor do lance e a multa poderá requerer que a arrematação lhe seja transferida.

► Correspondência: art. 696 CPC 1973.

Art. 899. Será suspensa a arrematação logo que o produto da alienação dos bens for suficiente para o pagamento do credor e para a satisfação das despesas da execução.

► Correspondência: art. 692, par. ún. CPC 1973.

Art. 900. O leilão prosseguirá no dia útil imediato, à mesma hora em que teve início, independentemente de novo edital, se for ultrapassado o horário de expediente forense.

► Correspondência: art. 689 CPC 1973.
► Arts. 212 e 882 deste Código.

Art. 901. A arrematação constará de auto que será lavrado de imediato e poderá abranger bens penhorados em mais de uma execução, nele mencionadas as condições nas quais foi alienado o bem.

► Correspondência: art. 693 CPC 1973.

§ 1º A ordem de entrega do bem móvel ou a carta de arrematação do bem imóvel, com o respectivo mandado de imissão na posse, será expedida depois de efetuado o depósito ou prestadas as garantias pelo arrematante, bem como realizado o pagamento da comissão do leiloeiro e das demais despesas da execução.

► Correspondência: art. 693, par. ún. CPC 1973.
► Art. 893 deste Código.

§ 2º A carta de arrematação conterá a descrição do imóvel, com remissão à sua matrícula ou individuação e aos seus registros, a cópia do auto de arrematação e a prova de pagamento do imposto de transmissão, além da indicação da existência de eventual ônus real ou gravame.

► Correspondência: arts. 703, I, II e III CPC 1973.
► Art. 868, § 2º deste Código.

Art. 902. No caso de leilão de bem hipotecado, o executado poderá remi-lo até a assinatura do auto de arrematação, oferecendo preço igual ao do maior lance oferecido.

► Correspondência: art. 651 CPC 1973.
► Arts. 675, 877, § 1º, e II, 880, § 2º, 901, 903 e 924, II deste Código.
► Arts. 304 e 305 do CC.
► Art. 19, I e II da Lei 6.830/1980 (Execuções Fiscais).

Parágrafo único. No caso de falência ou insolvência do devedor hipotecário, o direito de remição previsto no *caput* defere-se à massa ou aos credores em concurso, não podendo o exequente recusar o preço da avaliação do imóvel.

► Sem correspondência no CPC 1973.

Art. 903. Qualquer que seja a modalidade de leilão, assinado o auto pelo juiz, pelo arrematante e pelo leiloeiro, a arrematação será considerada perfeita, acabada e irretratável, ainda que venham a ser julgados procedentes os embargos do executado ou a ação autônoma de que trata o § 4º deste artigo, assegurada a possibilidade de reparação pelos prejuízos sofridos.

► Correspondência: art. 694 CPC 1973.
► Art. 675 deste Código.

§ 1º Ressalvadas outras situações previstas neste Código, a arrematação poderá, no entanto, ser:

► Correspondência: art. 694, § 1º CPC 1973.

I – invalidada, quando realizada por preço vil ou com outro vício;

► Correspondência: arts. 694, § 1º, I e V CPC 1973.

II – considerada ineficaz, se não observado o disposto no art. 804;

► Correspondência: arts. 694, § 1º, III CPC 1973.

III – resolvida, se não for pago o preço ou se não for prestada a caução.

► Correspondência: art. 694, § 1º, II CPC 1973.
► Art. 892, 895, § 5º e 897 deste Código.

§ 2º O juiz decidirá acerca das situações referidas no § 1º, se for provocado em até 10 (dez) dias após o aperfeiçoamento da arrematação.

► Sem correspondência no CPC 1973.

§ 3º Passado o prazo previsto no § 2º sem que tenha havido alegação de qualquer das situações previstas no § 1º, será expedida a carta de arrematação e, conforme o caso, a ordem de entrega ou mandado de imissão na posse.

► Sem correspondência no CPC 1973.

§ 4º Após a expedição da carta de arrematação ou da ordem de entrega, a invalidação da arrematação poderá ser pleiteada por ação autônoma, em cujo processo o arrematante figurará como litisconsorte necessário.

► Sem correspondência no CPC 1973.

§ 5º O arrematante poderá desistir da arrematação, sendo-lhe imediatamente devolvido o depósito que tiver feito:

► Sem correspondência no CPC 1973.

I – se provar, nos 10 (dez) dias seguintes, a existência de ônus real ou gravame não mencionado no edital;

► Correspondência: art. 694, § 1º, III CPC 1973.

II – se, antes de expedida a carta de arrematação ou a ordem de entrega, o executado alegar alguma das situações previstas no § 1º;

► Sem correspondência no CPC 1973.

III – uma vez citado para responder a ação autônoma de que trata o § 4º deste artigo, desde que apresente a desistência no prazo de que dispõe para responder a essa ação.

► Sem correspondência no CPC 1973.

§ 6º Considera-se ato atentatório à dignidade da justiça a suscitação infundada de vício com o objetivo de ensejar a desistência do arrematante, devendo o suscitante ser condenado, sem prejuízo da responsabilidade por perdas e danos, ao pagamento de multa, a ser fixada pelo

juiz e devida ao exequente, em montante não superior a vinte por cento do valor atualizado do bem.

► Correspondência: art. 600 e 601 CPC 1973.

Seção V
Da satisfação do crédito

Art. 904. A satisfação do crédito exequendo far-se-á:

► Correspondência: art. 708 CPC 1973.
► Art. 916 deste Código.

I – pela entrega do dinheiro;

► Correspondência: art. 708, I CPC 1973.

II – pela adjudicação dos bens penhorados.

► Correspondência: art. 708, II CPC 1973.
► Arts. 876, 877, 892, § 2º, deste Código.

Art. 905. O juiz autorizará que o exequente levante, até a satisfação integral de seu crédito, o dinheiro depositado para segurar o juízo ou o produto dos bens alienados, bem como do faturamento de empresa ou de outros frutos e rendimentos de coisas ou empresas penhoradas, quando:

► Correspondência: art. 709 CPC 1973.
► Art. 858 deste Código.

I – a execução for movida só a benefício do exequente singular, a quem, por força da penhora, cabe o direito de preferência sobre os bens penhorados e alienados;

► Correspondência: art. 709, I CPC 1973.
► Arts. 797, 908 e 909 deste Código.

II – não houver sobre os bens alienados outros privilégios ou preferências instituídos anteriormente à penhora.

► Correspondência: art. 709, II CPC 1973.
► Art. 858 deste Código.

Parágrafo único. Durante o plantão judiciário, veda-se a concessão de pedidos de levantamento de importância em dinheiro ou valores ou de liberação de bens apreendidos.

► Sem correspondência no CPC 1973.

Art. 906. Ao receber o mandado de levantamento, o exequente dará ao executado, por termo nos autos, quitação da quantia paga.

► Correspondência: art. 709, par. ún. CPC 1973.

Parágrafo único. A expedição de mandado de levantamento poderá ser substituída pela transferência eletrônica do valor depositado em conta vinculada ao juízo para outra indicada pelo exequente.

► Sem correspondência no CPC 1973.

Art. 907. Pago ao exequente o principal, os juros, as custas e os honorários, a importância que sobrar será restituída ao executado.

► Correspondência: art. 710 CPC 1973.
► Art. 924, II deste Código.
► Arts. 389, 395 e 404 do CC.

Art. 908. Havendo pluralidade de credores ou exequentes, o dinheiro lhes será distribuído e entregue consoante a ordem das respectivas preferências.

► Correspondência: art. 711 CPC 1973.
► Art. 797, par. un., deste Código.
► Art. 99 do CDC.
► Art. 24, *caput*, da Lei 8.906/1994 (Estatuto da Advocacia e da OAB).
► Súmula 478 do STJ.

§ 1º No caso de adjudicação ou alienação, os créditos que recaem sobre o bem, inclusive os de natureza *propter rem*, sub-rogam-se sobre o respectivo preço, observada a ordem de preferência.

► Sem correspondência no CPC 1973.
► Art. 130 do CTN.

§ 2º Não havendo título legal à preferência, o dinheiro será distribuído entre os concorrentes, observando-se a anterioridade de cada penhora.

► Correspondência: art. 711 CPC 1973.
► Art. 797, par. un., deste Código.
► Art. 99 do CDC.
► Art. 24, *caput*, da Lei 8.906/1994 (Estatuto da Advocacia e da OAB).

Art. 909. Os exequentes formularão as suas pretensões, que versarão unicamente sobre o direito de preferência e a anterioridade da penhora, e, apresentadas as razões, o juiz decidirá.

► Correspondência: art. 712 CPC 1973.

CAPÍTULO V
DA EXECUÇÃO CONTRA A FAZENDA PÚBLICA

Art. 910. Na execução fundada em título extrajudicial, a Fazenda Pública será citada para opor embargos em 30 (trinta) dias.

► Correspondência: art. 730 CPC 1973.
► Arts. 247, III, 496, II, 535 e 917 deste Código.
► Art. 100 da CF
► Arts. 128 da Lei 8.213/1991 (Planos de Benefícios da Previdência Social).
► Súmula 279 do STJ.

§ 1º Não opostos embargos ou transitada em julgado a decisão que os rejeitar, expedir-se-á precatório ou requisição de pequeno valor em favor do exequente, observando-se o disposto no art. 100 da Constituição Federal.

▶ Correspondência: art. 730, I e II CPC 1973.
▶ Art. 130 da Lei 8.213/1991 (Planos de Benefícios da Previdência Social).
▶ Art. 17, § 1º da Lei 10.259/2001 (Juizados Especiais Federais).
▶ Súmula 144 do STJ.

§ 2º Nos embargos, a Fazenda Pública poderá alegar qualquer matéria que lhe seria lícito deduzir como defesa no processo de conhecimento.

▶ Sem correspondência no CPC 1973.

§ 3º Aplica-se a este Capítulo, no que couber, o disposto nos artigos 534 e 535.

▶ Sem correspondência no CPC 1973.

CAPÍTULO VI
DA EXECUÇÃO DE ALIMENTOS

Art. 911. Na execução fundada em título executivo extrajudicial que contenha obrigação alimentar, o juiz mandará citar o executado para, em 3 (três) dias, efetuar o pagamento das parcelas anteriores ao início da execução e das que se vencerem no seu curso, provar que o fez ou justificar a impossibilidade de fazê-lo.

▶ Correspondência: art. 733 CPC 1973.
▶ Súmula 309 do STJ.
▶ Art. 5º, LXVII da CF.

Parágrafo único. Aplicam-se, no que couber, os §§ 2º a 7º do art. 528.

▶ Sem correspondência no CPC 1973.
▶ Arts. 517 e 528 deste Código.

Art. 912. Quando o executado for funcionário público, militar, diretor ou gerente de empresa, bem como empregado sujeito à legislação do trabalho, o exequente poderá requerer o desconto em folha de pagamento de pessoal da importância da prestação alimentícia.

▶ Correspondência: art. 734 CPC 1973.
▶ Arts. 529, § 3º, 533 e 833, IV, deste Código.
▶ Art. 1.701, par. ún. do CC.
▶ Art. 462 da CLT.
▶ Arts. 19 a 22 da Lei 5.478/1968 (Ação de Alimentos).
▶ Art. 115, IV, da Lei 8.213/1991 (Planos de Benefícios da Previdência Social).

§ 1º Ao despachar a inicial, o juiz oficiará à autoridade, à empresa ou ao empregador, determinando, sob pena de crime de desobediência, o desconto a partir da primeira remuneração posterior do executado, a contar do protocolo do ofício.

▶ Correspondência: art. 734 par. ún. CPC 1973.
▶ Art. 330 do CP.

§ 2º O ofício conterá os nomes e o número de inscrição no Cadastro de Pessoas Físicas do exequente e do executado, a importância a ser descontada mensalmente, a conta na qual deve ser feito o depósito e, se for o caso, o tempo de sua duração.

▶ Correspondência: art. 734, par. ún. CPC 1973.

Art. 913. Não requerida a execução nos termos deste Capítulo, observar-se-á o disposto no art. 824 e seguintes, com a ressalva de que, recaindo a penhora em dinheiro, a concessão de efeito suspensivo aos embargos à execução não obsta a que o exequente levante mensalmente a importância da prestação.

▶ Correspondência: art. 732, par. ún. CPC 1973.
▶ Art. 833, § 2º deste Código.

TÍTULO III
DOS EMBARGOS À EXECUÇÃO

Art. 914. O executado, independentemente de penhora, depósito ou caução, poderá se opor à execução por meio de embargos.

▶ Correspondência: art. 736 CPC 1973.
▶ Arts. 535 e 917 deste Código.
▶ Súmula 196 do STJ.
▶ Art. 52, IX da Lei 9.099/1995 (Juizados Especiais).

§ 1º Os embargos à execução serão distribuídos por dependência, autuados em apartado e instruídos com cópias das peças processuais relevantes, que poderão ser declaradas autênticas pelo próprio advogado, sob sua responsabilidade pessoal.

▶ Correspondência: art. 736, par. ún. CPC 1973.
▶ Arts. 425, IV, 535 e 917 deste Código.

§ 2º Na execução por carta, os embargos serão oferecidos no juízo deprecante ou no juízo deprecado, mas a competência para julgá-los é do juízo deprecante, salvo se versarem unicamente sobre vícios ou defeitos da penhora, da avaliação ou da alienação dos bens efetuadas no juízo deprecado.

▶ Correspondência: art. 747 CPC 1973.
▶ Arts. 36, 260 a 268 e 845 deste Código.
▶ Arts. 20, par. ún. da Lei 6.830/1980 (Execuções Fiscais).
▶ Súmula 46 do STJ.

Art. 915. Os embargos serão oferecidos no prazo de 15 (quinze) dias, contado, conforme o caso, na forma do art. 231.

▶ Correspondência: art. 738 CPC 1973.
▶ Arts. 829 e 916 deste Código.
▶ Art. 16, *caput*, da Lei 6.830/1980 (Execuções Fiscais).

§ 1º Quando houver mais de um executado, o prazo para cada um deles embargar conta-se a partir da juntada do respectivo comprovante da citação, salvo no caso de cônjuges ou de companheiros, quando será contado a partir da juntada do último.

▶ Correspondência: art. 738, § 1º CPC 1973.
▶ Súmula 134 do STJ.

§ 2º Nas execuções por carta, o prazo para embargos será contado:

▶ Correspondência: art. 738, § 2º CPC 1973.

I – da juntada, na carta, da certificação da citação, quando versarem unicamente sobre vícios ou defeitos da penhora, da avaliação ou da alienação dos bens;

▶ Correspondência: art. 738, § 2º CPC 1973.

II – da juntada, nos autos de origem, do comunicado de que trata o § 4º deste artigo ou, não havendo este, da juntada da carta devidamente cumprida, quando versarem sobre questões diversas da prevista no inciso I deste parágrafo.

▶ Correspondência: art. 738, § 2º CPC 1973.

§ 3º Em relação ao prazo para oferecimento dos embargos à execução, não se aplica o disposto no art. 229.

▶ Correspondência: art. 738, § 3º CPC 1973.

§ 4º Nos atos de comunicação por carta precatória, rogatória ou de ordem, a realização da citação será imediatamente informada, por meio eletrônico, pelo juiz deprecado ao juiz deprecante.

▶ Sem correspondência no CPC 1973.
▶ Lei 11.419/2006 (Lei de Informatização do Processo Judicial).

Art. 916. No prazo para embargos, reconhecendo o crédito do exequente e comprovando o depósito de trinta por cento do valor em execução, acrescido de custas e de honorários de advogado, o executado poderá requerer que lhe seja permitido pagar o restante em até 6 (seis) parcelas mensais, acrescidas de correção monetária e de juros de um por cento ao mês.

▶ Correspondência: art. 745-A CPC 1973.
▶ Arts. 798, 829, 841 e 915 deste Código.

§ 1º O exequente será intimado para manifestar-se sobre preenchimento dos pressupostos do *caput*, e o juiz decidirá o requerimento em 5 (cinco) dias.

▶ Sem correspondência no CPC 1973.

§ 2º Enquanto não apreciado o requerimento, o executado terá de depositar as parcelas vincendas, facultado ao exequente seu levantamento.

▶ Sem correspondência no CPC 1973.

§ 3º Deferida a proposta, o exequente levantará a quantia depositada, e serão suspensos os atos executivos.

▶ Correspondência: art. 745-A, § 1º CPC 1973.

§ 4º Indeferida a proposta, seguir-se-ão os atos executivos, mantido o depósito, que será convertido em penhora.

▶ Correspondência: art. 745-A, § 1º CPC 1973.

§ 5º O não pagamento de qualquer das prestações acarretará cumulativamente:

▶ Correspondência: art. 745-A, § 2º CPC 1973.

I – o vencimento das prestações subsequentes e o prosseguimento do processo, com o imediato reinício dos atos executivos;

▶ Correspondência: art. 745-A, § 2º CPC 1973.

II – a imposição ao executado de multa de dez por cento sobre o valor das prestações não pagas.

▶ Correspondência: art. 745-A, § 2º CPC 1973.

§ 6º A opção pelo parcelamento de que trata este artigo importa renúncia ao direito de opor embargos.

▶ Sem correspondência no CPC 1973.

§ 7º O disposto neste artigo não se aplica ao cumprimento da sentença.

▶ Sem correspondência no CPC 1973.

Art. 917. Nos embargos à execução, o executado poderá alegar:

▶ Correspondência: art. 745 CPC 1973.

I – inexequibilidade do título ou inexigibilidade da obrigação;

▶ Correspondência: art. 745, I CPC 1973.
▶ Art. 783, 803, I deste Código.

II – penhora incorreta ou avaliação errônea;

▶ Correspondência: art. 745, II CPC 1973.
▶ Arts. 831 e 833 deste Código.

III – excesso de execução ou cumulação indevida de execuções;

▶ Correspondência: art. 745, III CPC 1973.
▶ Arts. 910 §§ 2º e 3º deste Código.

IV – retenção por benfeitorias necessárias ou úteis, nos casos de execução para entrega de coisa certa;

▶ Correspondência: art. 745, IV CPC 1973.
▶ Art. 810 deste Código.
▶ Art. 96 do CC.

V – incompetência absoluta ou relativa do juízo da execução;

▶ Sem correspondência no CPC 1973.
▶ Arts. 46, § 5º e 781 deste Código.

VI – qualquer matéria que lhe seria lícito deduzir como defesa em processo de conhecimento.

▶ Correspondência: art. 745, V CPC 1973.
▶ Arts. 369 e 910, § 2º deste Código.

§ 1º A incorreção da penhora ou da avaliação poderá ser impugnada por simples petição, no prazo de 15 (quinze) dias, contado da ciência do ato.

▶ Sem correspondência no CPC 1973.

§ 2º Há excesso de execução quando:

▶ Correspondência: art. 743 CPC 1973.

I – o exequente pleiteia quantia superior à do título;

▶ Correspondência: art. 743, I CPC 1973.

II – ela recai sobre coisa diversa daquela declarada no título;

▶ Correspondência: art. 743, II CPC 1973.

III – ela se processa de modo diferente do que foi determinado no título;

▶ Correspondência: art. 743, III CPC 1973.

IV – o exequente, sem cumprir a prestação que lhe corresponde, exige o adimplemento da prestação do executado;

▶ Correspondência: art. 743, IV CPC 1973.
▶ Arts. 787 e 798, I, *d* deste Código.
▶ Arts. 476 e 477 do CC.

V – o exequente não prova que a condição se realizou.

▶ Correspondência: art. 743, V CPC 1973.
▶ Arts. 514, 798, I, *c* e 917, § 3º deste Código.

§ 3º Quando alegar que o exequente, em excesso de execução, pleiteia quantia superior à do título, o embargante declarará na petição inicial o valor que entende correto, apresentando demonstrativo discriminado e atualizado de seu cálculo.

▶ Correspondência: art. 739-A, § 5º CPC 1973.
▶ Arts. 917, II, e § 2º, deste Código.

§ 4º Não apontado o valor correto ou não apresentado o demonstrativo, os embargos à execução:

▶ Correspondência: art. 739-A, § 5º CPC 1973.

I – serão liminarmente rejeitados, sem resolução de mérito, se o excesso de execução for o seu único fundamento;

▶ Correspondência: art. 739-A, § 5º CPC 1973.

II – serão processados, se houver outro fundamento, mas o juiz não examinará a alegação de excesso de execução.

▶ Correspondência: art. 739-A, § 5º CPC 1973.

§ 5º Nos embargos de retenção por benfeitorias, o exequente poderá requerer a compensação de seu valor com o dos frutos ou dos danos considerados devidos pelo executado, cumprindo ao juiz, para a apuração dos respectivos valores, nomear perito, observando-se, então, o art. 464.

▶ Correspondência: art. 745, § 1º CPC 1973.

§ 6º O exequente poderá a qualquer tempo ser imitido na posse da coisa, prestando caução ou depositando o valor devido pelas benfeitorias ou resultante da compensação.

▶ Correspondência: art. 745, § 2º CPC 1973.
▶ Art. 1.219 do CC.

§ 7º A arguição de impedimento e suspeição observará o disposto nos arts. 146 e 148.

▶ Sem correspondência no CPC 1973.

Art. 918. O juiz rejeitará liminarmente os embargos:

▶ Correspondência: art. 739 CPC 1973.
▶ Art. 1.012, § 1º, III deste Código.

I – quando intempestivos;

▶ Correspondência: art.739, I CPC 1973.
▶ Arts. 231 e 915 deste Código.

II – nos casos de indeferimento da petição inicial e de improcedência liminar do pedido;

▶ Correspondência: art. 739, II CPC 1973.
▶ Arts. 319, 330, 331 e 968 deste Código.

III – manifestamente protelatórios.

▶ Correspondência: art. 739, III CPC 1973.

Parágrafo único. Considera-se conduta atentatória à dignidade da justiça o oferecimento de embargos manifestamente protelatórios.

▶ Sem correspondência no CPC 1973.

Art. 919. Os embargos à execução não terão efeito suspensivo.

▶ Correspondência: art. 739-A CPC 1973.
▶ Súmula 317 do STJ.

§ 1º O juiz poderá, a requerimento do embargante, atribuir efeito suspensivo aos embargos quando verificados os requisitos para a concessão da tutela provisória e desde que a execução já esteja garantida por penhora, depósito ou caução suficientes.

▶ Correspondência: art. 739-A, § 1º CPC 1973.
▶ Arts. 300, 311 e 921, II deste Código.

§ 2º Cessando as circunstâncias que a motivaram, a decisão relativa aos efeitos dos embargos poderá, a requerimento da parte, ser modificada ou revogada a qualquer tempo, em decisão fundamentada.

▸ Correspondência: art. 739-A, § 2º CPC 1973.

§ 3º Quando o efeito suspensivo atribuído aos embargos disser respeito apenas a parte do objeto da execução, esta prosseguirá quanto à parte restante.

▸ Correspondência: art. 739-A, § 3º CPC 1973.

§ 4º A concessão de efeito suspensivo aos embargos oferecidos por um dos executados não suspenderá a execução contra os que não embargaram quando o respectivo fundamento disser respeito exclusivamente ao embargante.

▸ Correspondência: art. 739-A, § 4º CPC 1973.

§ 5º A concessão de efeito suspensivo não impedirá a efetivação dos atos de substituição, de reforço ou de redução da penhora e de avaliação dos bens.

▸ Correspondência: art. 739-A, § 6º CPC 1973.

Art. 920. Recebidos os embargos:

▸ Correspondência: art. 740 CPC 1973.

I – o exequente será ouvido no prazo de 15 (quinze) dias;

▸ Correspondência: art. 740 CPC 1973.

II – a seguir, o juiz julgará imediatamente o pedido ou designará audiência;

▸ Correspondência: art. 740 CPC 1973.

III – encerrada a instrução, o juiz proferirá sentença.

▸ Correspondência: art. 740 CPC 1973.
▸ Art. 1.012, § 1º, III e § 2º deste Código.

<div align="center">

TÍTULO IV

DA SUSPENSÃO E DA EXTINÇÃO DO PROCESSO DE EXECUÇÃO

CAPÍTULO I

DA SUSPENSÃO DO PROCESSO DE EXECUÇÃO

</div>

Art. 921. Suspende-se a execução:

▸ Correspondência: art. 791 CPC 1973.

I – nas hipóteses dos arts. 313 e 315, no que couber;

▸ Correspondência: art. 791, II CPC 1973.

II – no todo ou em parte, quando recebidos com efeito suspensivo os embargos à execução;

▸ Correspondência: art. 791, I CPC 1973.
▸ Art. 919 § 1º deste Código.

III – quando não for localizado o executado ou bens penhoráveis;

▸ Inciso III com redação pela Lei 14.195/2021.
▸ Correspondência: art. 791, III CPC 1973.
▸ Art. 40 da Lei 6.830/1980 (Execuções Fiscais).
▸ Art. 53, § 4º da Lei 9.099/1995 (Juizados Especiais).

IV – se a alienação dos bens penhorados não se realizar por falta de licitantes e o exequente, em 15 (quinze) dias, não requerer a adjudicação nem indicar outros bens penhoráveis;

▸ Sem correspondência no CPC 1973.
▸ Arts. 876 a 878 deste Código.

V – quando concedido o parcelamento de que trata o art. 916.

▸ Sem correspondência no CPC 1973.

§ 1º Na hipótese do inciso III, o juiz suspenderá a execução pelo prazo de 1 (um) ano, durante o qual se suspenderá a prescrição.

▸ Sem correspondência no CPC 1973.
▸ Art. 802 deste Código.

§ 2º Decorrido o prazo máximo de 1 (um) ano sem que seja localizado o executado ou que sejam encontrados bens penhoráveis, o juiz ordenará o arquivamento dos autos.

▸ Sem correspondência no CPC 1973.

§ 3º Os autos serão desarquivados para prosseguimento da execução se a qualquer tempo forem encontrados bens penhoráveis.

▸ Sem correspondência no CPC 1973.

§ 4º O termo inicial da prescrição no curso do processo será a ciência da primeira tentativa infrutífera de localização do devedor ou de bens penhoráveis, e será suspensa, por uma única vez, pelo prazo máximo previsto no § 1º deste artigo.

▸ § 4º com redação pela Lei 14.195/2021.
▸ Sem correspondência no CPC 1973.

§ 4º-A. A efetiva citação, intimação do devedor ou constrição de bens penhoráveis interrompe o prazo de prescrição, que não corre pelo tempo necessário à citação e à intimação do devedor, bem como para as formalidades da constrição patrimonial, se necessária, desde que o credor cumpra os prazos previstos na lei processual ou fixados pelo juiz.

▸ § 4º-A acrescido pela Lei 14.195/2021.

§ 5º O juiz, depois de ouvidas as partes, no prazo de 15 (quinze) dias, poderá, de ofício, reconhecer a prescrição no curso do processo e extingui-lo, sem ônus para as partes.

▸ § 5º com redação pela Lei 14.195/2021.
▸ Sem correspondência no CPC 1973.
▸ Art. 316 deste Código.

§ 6º A alegação de nulidade quanto ao procedimento previsto neste artigo somente será conhecida caso demonstrada a ocorrência de efetivo prejuízo, que será presumido apenas em caso de inexistência da intimação de que trata o § 4º deste artigo.

▸ § 7º Aplica-se o disposto neste artigo ao cumprimento de sentença de que trata o art. 523 deste Código.
▸ §§ 6º e 7º acrescidos pela Lei 14.195/2021.

Art. 922. Convindo as partes, o juiz declarará suspensa a execução durante o prazo concedido pelo exequente para que o executado cumpra voluntariamente a obrigação.

▸ Correspondência: art. 792 CPC 1973.
▸ Arts. 313, II e § 4º deste Código.

Parágrafo único. Findo o prazo sem cumprimento da obrigação, o processo retomará o seu curso.

▸ Correspondência: art. 792, par. ún. CPC 1973.

Art. 923. Suspensa a execução, não serão praticados atos processuais, podendo o juiz, entretanto, salvo no caso de arguição de impedimento ou de suspeição, ordenar providências urgentes.

▸ Correspondência: art. 793 CPC 1973.
▸ Arts. 221, 313 e 314 deste Código.

<div align="center">

CAPÍTULO II

DA EXTINÇÃO DO PROCESSO DE EXECUÇÃO

</div>

Art. 924. Extingue-se a execução quando:

▸ Correspondência: art. 794 CPC 1973.
▸ Art. 771, par. un. deste Código.
▸ Art. 53, § 4º da Lei 9.099/1995 (Juizados Especiais).

I – a petição inicial for indeferida;

▸ Sem correspondência no CPC 1973.
▸ Art. 330 deste Código.

II – a obrigação for satisfeita;

▸ Correspondência: art. 794, I CPC 1973.
▸ Arts. 806 a 818 deste Código.
▸ Arts. 304, 385 a 388 e 840 a 850 do CC.

III – o executado obtiver, por qualquer outro meio, a extinção total da dívida;

▸ Correspondência: art. 794, II CPC 1973.
▸ Arts. 385 a 388 e 840 a 850 do CC.

IV – o exequente renunciar ao crédito;

▸ Correspondência: art. 794, III CPC 1973.
▸ Arts. 385 a 388 do CC.

V – ocorrer a prescrição intercorrente.

▸ Sem correspondência no CPC 1973.
▸ Arts. 921, § 4º e 1.056 deste Codigo.
▸ Súmula 314 do STJ.

Art. 925. A extinção só produz efeito quando declarada por sentença.

▸ Correspondência: art. 795 CPC 1973.
▸ Art. 203, § 1º e 494 deste Código.
▸ Súmula 150 do STF.

<div align="center">

LIVRO III

DOS PROCESSOS NOS TRIBUNAIS E DOS MEIOS DE IMPUGNAÇÃO DAS DECISÕES JUDICIAIS

TÍTULO I

DA ORDEM DOS PROCESSOS E DOS PROCESSOS DE COMPETÊNCIA ORIGINÁRIA DOS TRIBUNAIS

CAPÍTULO I

DISPOSIÇÕES GERAIS

</div>

Art. 926. Os tribunais devem uniformizar sua jurisprudência e mantê-la estável, íntegra e coerente.

▸ Sem correspondência no CPC 1973.
▸ Lei 11.417/2006 (Disciplina a edição, a revisão e o cancelamento de enunciado de súmula vinculante pelo STF).

§ 1º Na forma estabelecida e segundo os pressupostos fixados no regimento interno, os tribunais editarão enunciados de súmula correspondentes a sua jurisprudência dominante.

▸ Sem correspondência no CPC 1973.
▸ Art. 7º, VII do RISTF.
▸ Arts. 122 a 129 do RISTJ.

§ 2º Ao editar enunciados de súmula, os tribunais devem ater-se às circunstâncias fáticas dos precedentes que motivaram sua criação.

▸ Sem correspondência no CPC 1973.
▸ Arts. 102 a 103 do RISTF.
▸ Arts. 122 a 125 do RISTJ.

Art. 927. Os juízes e os tribunais observarão:

▸ Sem correspondência no CPC 1973.

I – as decisões do Supremo Tribunal Federal em controle concentrado de constitucionalidade;

▸ Sem correspondência no CPC 1973.
▸ Art. 102 da CF.
▸ Lei 9.868/1999 (Processo e julgamento de ADIN e ADC perante o STF).
▸ Lei 9.882/1999 (Processo e julgamento da ADPF).

II – os enunciados de súmula vinculante;

▸ Sem correspondência no CPC 1973.
▸ Art. 311, II e 988, III deste Código.
▸ Art. 103-A da CF.
▸ Arts. 354-A a 354-G do RISTF.

III – os acórdãos em incidente de assunção de competência ou de resolução de demandas repetitivas e em julgamento de recursos extraordinário e especial repetitivos;

▸ Sem correspondência no CPC 1973.
▸ Arts. 311, II, 332, II e III, 496, § 4º, III, 521, IV e 1.032 e ss. deste Código.

IV – os enunciados das súmulas do Supremo Tribunal Federal em matéria constitucional e do Superior Tribunal de Justiça em matéria infraconstitucional;

▸ Sem correspondência no CPC 1973.
▸ Arts. 332, I, 496, § 4º, 521, IV, 932, IV e V, 955, par.ún., 988, IV e 1.032.

V – a orientação do plenário ou do órgão especial aos quais estiverem vinculados.

▸ Sem correspondência no CPC 1973.
▸ Arts. 5º a 8º do RISTF.
▸ Art. 10 do RISTJ.

§ 1º Os juízes e os tribunais observarão o disposto no art. 10 e no art. 489, § 1º, quando decidirem com fundamento neste artigo.

▸ Sem correspondência no CPC 1973.

§ 2º A alteração de tese jurídica adotada em enunciado de súmula ou em julgamento de casos repetitivos poderá ser precedida de audiências públicas e da participação de pessoas, órgãos ou entidades que possam contribuir para a rediscussão da tese.

▸ Sem correspondência no CPC 1973.

§ 3º Na hipótese de alteração de jurisprudência dominante do Supremo Tribunal Federal e dos tribunais superiores ou daquela oriunda de julgamento de casos repetitivos, pode haver modulação dos efeitos da alteração no interesse social e no da segurança jurídica.

▸ Sem correspondência no CPC 1973.

§ 4º A modificação de enunciado de súmula, de jurisprudência pacificada ou de tese adotada em julgamento de casos repetitivos observará a necessidade de fundamentação adequada e específica, considerando os princípios da segurança jurídica, da proteção da confiança e da isonomia.

▸ Sem correspondência no CPC 1973.
▸ Arts. 102, § 1º e 103 do RISTF.
▸ Arts. 123 e 125 do RISTJ.

§ 5º Os tribunais darão publicidade a seus precedentes, organizando-os por questão jurídica decidida e divulgando-os, preferencialmente, na rede mundial de computadores.

▸ Sem correspondência no CPC 1973.
▸ Lei 11.419/2006 (Informatização do Processo Judicial).

Art. 928. Para os fins deste Código, considera-se julgamento de casos repetitivos a decisão proferida em:

▸ Sem correspondência no CPC 1973.

I – incidente de resolução de demandas repetitivas;

▸ Sem correspondência no CPC 1973.
▸ Art. 976 deste Código.

II – recursos especial e extraordinário repetitivos.

▸ Sem correspondência no CPC 1973.
▸ Art. 1.036 deste Código.

Parágrafo único. O julgamento de casos repetitivos tem por objeto questão de direito material ou processual.

<div align="center">

CAPÍTULO II

DA ORDEM DOS PROCESSOS NO TRIBUNAL

</div>

Art. 929. Os autos serão registrados no protocolo do tribunal no dia de sua entrada, cabendo à secretaria ordená-los, com imediata distribuição.

▸ Correspondência: art. 547 CPC 1973.

Parágrafo único. A critério do tribunal, os serviços de protocolo poderão ser descentralizados, mediante delegação a ofícios de justiça de primeiro grau.

▸ Correspondência: art. 547, par. ún. CPC 1973.

Art. 930. Far-se-á a distribuição de acordo com o regimento interno do tribunal, observando-se a alternatividade, o sorteio eletrônico e a publicidade.

▸ Correspondência: art. 548 CPC 1973.

Parágrafo único. O primeiro recurso protocolado no tribunal tornará prevento o relator para eventual recurso subsequente interposto no mesmo processo ou em processo conexo.

▸ Sem correspondência no CPC 1973.
▸ Art. 1.012, § 3º, I, 1.029, § 5º, I e 1.037, § 3º deste Código.

Art. 931. Distribuídos, os autos serão imediatamente conclusos ao relator, que, em 30 (trinta) dias, depois de elaborar o voto, restituí-los-á, com relatório, à secretaria.

▸ Correspondência: art. 549, par. ún. CPC 1973.

Art. 932. Incumbe ao relator:

▸ Sem correspondência no CPC 1973.

I – dirigir e ordenar o processo no tribunal, inclusive em relação à produção de prova, bem como, quando for o caso, homologar autocomposição das partes;

▸ Sem correspondência no CPC 1973.

II – apreciar o pedido de tutela provisória nos recursos e nos processos de competência originária do tribunal;
▸ Sem correspondência no CPC 1973.
▸ Art. 1.019, I deste Código.

III – não conhecer de recurso inadmissível, prejudicado ou que não tenha impugnado especificamente os fundamentos da decisão recorrida;
▸ Sem correspondência no CPC 1973.

IV – negar provimento a recurso que for contrário a:
▸ Correspondência: art. 557 CPC 1973.

a) súmula do Supremo Tribunal Federal, do Superior Tribunal de Justiça ou do próprio tribunal;
▸ Correspondência: art. 557 CPC 1973.
▸ Lei 11.417/2006 (Regulamenta o art. 103-A da CF, que trata sobre a súmula vinculante).
▸ Súmula 435 do TST.

b) acórdão proferido pelo Supremo Tribunal Federal ou pelo Superior Tribunal de Justiça em julgamento de recursos repetitivos;
▸ Correspondência: art. 557 CPC 1973.
▸ Súmula 622 do STF.
▸ Súmula 316 do STJ.
▸ Súmula 435 do TST.

c) entendimento firmado em incidente de resolução de demandas repetitivas ou de assunção de competência;
▸ Sem correspondência no CPC 1973.
▸ Arts. 928, 976 e 978 deste Código.

V – depois de facultada a apresentação de contrarrazões, dar provimento ao recurso se a decisão recorrida for contrária a:
▸ Correspondência: art. 557, § 1º-A CPC 1973.

a) súmula do Supremo Tribunal Federal, do Superior Tribunal de Justiça ou do próprio tribunal;
▸ Correspondência: art. 557, § 1º-A CPC 1973.

b) acórdão proferido pelo Supremo Tribunal Federal ou pelo Superior Tribunal de Justiça em julgamento de recursos repetitivos;
▸ Correspondência: art. 557, § 1º-A CPC 1973.

c) entendimento firmado em incidente de resolução de demandas repetitivas ou de assunção de competência;
▸ Sem correspondência no CPC 1973.
▸ Arts. 928, 976 e 978 deste Código.

VI – decidir o incidente de desconsideração da personalidade jurídica, quando este for instaurado originariamente perante o tribunal;
▸ Sem correspondência no CPC 1973.
▸ Arts. 133 a 137 deste Código.

VII – determinar a intimação do Ministério Público, quando for o caso;
▸ Sem correspondência no CPC 1973.
▸ Arts. 176 e 178 deste Código.

VIII – exercer outras atribuições estabelecidas no regimento interno do tribunal.
▸ Sem correspondência no CPC 1973.

Parágrafo único. Antes de considerar inadmissível o recurso, o relator concederá o prazo de 5 (cinco) dias ao recorrente para que seja sanado vício ou complementada a documentação exigível.
▸ Sem correspondência no CPC 1973.

Art. 933. Se o relator constatar a ocorrência de fato superveniente à decisão recorrida ou a existência de questão apreciável de ofício ainda não examinada que devam ser considerados no julgamento do recurso, intimará as partes para que se manifestem no prazo de 5 (cinco) dias.
▸ Sem correspondência no CPC 1973.

§ 1º Se a constatação ocorrer durante a sessão de julgamento, esse será imediatamente suspenso a fim de que as partes se manifestem especificamente.
▸ Sem correspondência no CPC 1973.

§ 2º Se a constatação se der em vista dos autos, deverá o juiz que a solicitou encaminhá-los ao relator, que tomará as providências previstas no *caput* e, em seguida, solicitará a inclusão do feito em pauta para prosseguimento do julgamento, com submissão integral da nova questão aos julgadores.
▸ Sem correspondência no CPC 1973.

Art. 934. Em seguida, os autos serão apresentados ao presidente, que designará dia para julgamento, ordenando, em todas as hipóteses previstas neste Livro, a publicação da pauta no órgão oficial.
▸ Correspondência: art. 552 CPC 1973.

Art. 935. Entre a data de publicação da pauta e a da sessão de julgamento decorrerá, pelo menos, o prazo de 5 (cinco) dias, incluindo-se em nova pauta os processos que não tenham sido julgados, salvo aqueles cujo julgamento tiver sido antecipado adiado para a primeira sessão seguinte.
▸ Correspondência: art. 552, § 1º CPC 1973.
▸ Súmula 117 do STJ.

§ 1º Às partes será permitida vista dos autos em cartório após a publicação da pauta de julgamento.
▸ Sem correspondência no CPC 1973.

§ 2º Afixar-se-á a pauta na entrada da sala em que se realizar a sessão de julgamento.
▸ Correspondência: art. 552, § 2º CPC 1973.

Art. 936. Ressalvadas as preferências legais e regimentais, os recursos, a remessa necessária e os processos de competência originária serão julgados na seguinte ordem:
▸ Sem correspondência no CPC 1973.

I – aqueles nos quais houver sustentação oral, observada a ordem dos requerimentos;
▸ Correspondência: art. 565, par. ún. CPC 1973.

II – os requerimentos de preferência apresentados até o início da sessão de julgamento;
▸ Correspondência: art. 565, par. ún. CPC 1973.

III – aqueles cujo julgamento tenha iniciado em sessão anterior; e
▸ Correspondência: art. 562 CPC 1973.

IV – os demais casos.
▸ Sem correspondência no CPC 1973.

Art. 937. Na sessão de julgamento, depois da exposição da causa pelo relator, o presidente dará a palavra, sucessivamente, ao recorrente, ao recorrido e, nos casos de sua intervenção, ao membro do Ministério Público, pelo prazo improrrogável de 15 (quinze) minutos para cada um, a fim de sustentarem suas razões, nas seguintes hipóteses, nos termos da parte final do *caput* do art. 1.021:
▸ Correspondência: art. 554 CPC 1973.
▸ Art. 936 e 937, § 2º deste Código.

I – no recurso de apelação;
▸ Sem correspondência no CPC 1973.
▸ Arts. 1.009 a 1.014 deste Código.

II – no recurso ordinário;
▸ Sem correspondência no CPC 1973.
▸ Arts. 1.027 e 1.028 deste Código.

III – no recurso especial;
▸ Sem correspondência no CPC 1973.
▸ Arts. 1.029 a 1.035 deste Código.

IV – no recurso extraordinário;
▸ Sem correspondência no CPC 1973.
▸ Arts. 1.029 a 1.035 deste Código.

V – nos embargos de divergência;
▸ Sem correspondência no CPC 1973.
▸ Arts. 1.043 e 1.044 deste Código.

VI – na ação rescisória, no mandado de segurança e na reclamação;
▸ Sem correspondência no CPC 1973.
▸ Arts. 966, 974 e 988 a 993 deste Código.

VII – *Vetado*;
▸ Sem correspondência no CPC 1973.

VIII – no agravo de instrumento interposto contra decisões interlocutórias que versem sobre tutelas provisórias de urgência ou da evidência;
▸ Sem correspondência no CPC 1973.
▸ Arts. 1.015 a 1.020 deste Código.

IX – em outras hipóteses previstas em lei ou no regimento interno do tribunal.
▸ Sem correspondência no CPC 1973.

§ 1º A sustentação oral no incidente de resolução de demandas repetitivas observará o disposto no art. 984, no que couber.
▸ Sem correspondência no CPC 1973.

§ 2º O procurador que desejar proferir sustentação oral poderá requerer, até o início da sessão, que o processo seja julgado em primeiro lugar, sem prejuízo das preferências legais.
▸ Correspondência: art. 565 CPC 1973.
▸ Art. 936, I deste Código.

§ 3º Nos processos de competência originária previstos no inciso VI, caberá sustentação oral no agravo interno interposto contra decisão de relator que o extinga.
▸ Sem correspondência no CPC 1973.

§ 4º É permitido ao advogado com domicílio profissional em cidade diversa daquela onde está sediado o tribunal realizar sustentação oral por meio de videoconferência ou outro recurso tecnológico de transmissão de sons e imagens em tempo real, desde que o requeira até o dia anterior ao da sessão.
▸ Sem correspondência no CPC 1973.
▸ Art. 236, § 3º deste Código.

Art. 938. A questão preliminar suscitada no julgamento será decidida antes do mérito, deste não se conhecendo caso seja incompatível com a decisão.
▸ Correspondência: art. 560 CPC 1973.

§ 1º Constatada a ocorrência de vício sanável, inclusive aquele que possa ser conhecido de ofício, o relator determinará a realização ou a renovação do ato processual, no próprio tribunal ou em primeiro grau de jurisdição, intimadas as partes.

▸ Correspondência: art. 515, § 4º CPC 1973.
▸ Arts. 282 e 938, § 3º, deste Código.

§ 2º Cumprida a diligência de que trata o § 1º, o relator, sempre que possível, prosseguirá no julgamento do recurso.
▸ Correspondência: art. 515, § 4º CPC 1973.

§ 3º Reconhecida a necessidade de produção de prova, o relator converterá o julgamento em diligência, que se realizará no tribunal ou em primeiro grau de jurisdição, decidindo-se o recurso após a conclusão da instrução.
▸ Correspondência: art. 560, par. ún. CPC 1973.
▸ Art. 938, § 1º, deste Código.

§ 4º Quando não determinadas pelo relator, as providências indicadas nos §§ 1º e 3º poderão ser determinadas pelo órgão competente para julgamento do recurso.
▸ Sem correspondência no CPC 1973.

Art. 939. Se a preliminar for rejeitada ou se a apreciação do mérito for com ela compatível, seguir-se-ão a discussão e o julgamento da matéria principal, sobre a qual deverão se pronunciar os juízes vencidos na preliminar.
▸ Correspondência: art. 561 CPC 1973.
▸ Art. 1.013 deste Código.

Art. 940. O relator ou outro juiz que não se considerar habilitado a proferir imediatamente seu voto poderá solicitar vista pelo prazo máximo de 10 (dez) dias, após o qual o recurso será reincluído em pauta para julgamento na sessão seguinte à data da devolução.
▸ Correspondência: art. 555, § 2º CPC 1973.
▸ Art. 121 da LC 35/1979 (Lei Orgânica da Magistratura Nacional).

§ 1º Se os autos não forem devolvidos tempestivamente ou se não for solicitada pelo juiz prorrogação de prazo de no máximo mais 10 (dez) dias, o presidente do órgão fracionário os requisitará para julgamento do recurso na sessão ordinária subsequente, com publicação da pauta em que for incluído.
▸ Correspondência: art. 555, § 3º CPC 1973.
▸ Lei 11.419/2006 (Informatização do processo judicial).

§ 2º Quando requisitar os autos na forma do § 1º, se aquele que fez o pedido de vista ainda não se sentir habilitado a votar, o presidente convocará substituto para proferir voto, na forma estabelecida no regimento interno do tribunal.
▸ Sem correspondência no CPC 1973.

Art. 941. Proferidos os votos, o presidente anunciará o resultado do julgamento, designando para redigir o acórdão o relator ou, se vencido este, o autor do primeiro voto vencedor.
▸ Correspondência: art. 556 CPC 1973.
▸ Arts. 204 e 205 deste Código.

§ 1º O voto poderá ser alterado até o momento da proclamação do resultado pelo presidente, salvo aquele já proferido por juiz afastado ou substituído.
▸ Sem correspondência no CPC 1973.

§ 2º No julgamento de apelação ou de agravo de instrumento, a decisão será tomada, no órgão colegiado, pelo voto de 3 (três) juízes.
▸ Correspondência: art. 555 CPC 1973.

§ 3º O voto vencido será necessariamente declarado e considerado parte integrante do acórdão para todos os fins legais, inclusive de pré-questionamento.
▸ Sem correspondência no CPC 1973.

Art. 942. Quando o resultado da apelação for não unânime, o julgamento terá prosseguimento em sessão a ser designada com a presença de outros julgadores, que serão convocados nos termos previamente definidos no regimento interno, em número suficiente para garantir a possibilidade de inversão do resultado inicial, assegurado às partes e a eventuais terceiros o direito de sustentar oralmente suas razões perante os novos julgadores.
▸ Sem correspondência no CPC 1973.

§ 1º Sendo possível, o prosseguimento do julgamento dar-se-á na mesma sessão, colhendo-se os votos de outros julgadores que porventura componham o órgão colegiado.
▸ Sem correspondência no CPC 1973.

§ 2º Os julgadores que já tiverem votado poderão rever seus votos por ocasião do prosseguimento do julgamento.
▸ Sem correspondência no CPC 1973.

§ 3º A técnica de julgamento prevista neste artigo aplica-se, igualmente, ao julgamento não unânime proferido em:
▸ Sem correspondência no CPC 1973.

I – ação rescisória, quando o resultado for a rescisão da sentença, devendo, nesse caso, seu prosseguimento ocorrer em órgão de maior composição previsto no regimento interno;
▸ Sem correspondência no CPC 1973.
▸ Arts. 966, 969 e 971 deste Código.

II – agravo de instrumento, quando houver reforma da decisão que julgar parcialmente o mérito.

▶ Sem correspondência no CPC 1973.
▶ Art. 1.015 deste Código.

§ 4º Não se aplica o disposto neste artigo ao julgamento:
▶ Sem correspondência no CPC 1973.

I – do incidente de assunção de competência e ao de resolução de demandas repetitivas;
▶ Sem correspondência no CPC 1973.
▶ Arts. 947 e 1.036 deste Código.

II – da remessa necessária;
▶ Sem correspondência no CPC 1973.
▶ Art. 947 deste Código.

III – não unânime proferido, nos tribunais, pelo plenário ou pela corte especial.
▶ Sem correspondência no CPC 1973.

Art. 943. Os votos, os acórdãos e os demais atos processuais podem ser registrados em documento eletrônico inviolável e assinados eletronicamente, na forma da lei, devendo ser impressos para juntada aos autos do processo quando este não for eletrônico.
▶ Correspondência: art. 556, par. ún. CPC 1973.
▶ Arts. 198 e 205 deste Código.
▶ Lei 11.419/2006 (Lei da Informatização do Processo Judicial).

§ 1º Todo acórdão conterá ementa.
▶ Correspondência: art. 563 CPC 1973.

§ 2º Lavrado o acórdão, sua ementa será publicada no órgão oficial no prazo de 10 (dez) dias.
▶ Correspondência: art. 564 CPC 1973.
▶ Art. 1.003 deste Código.

Art. 944. Não publicado o acórdão no prazo de 30 (trinta) dias, contado da data da sessão de julgamento, as notas taquigráficas o substituirão, para todos os fins legais, independentemente de revisão.
▶ Sem correspondência no CPC 1973.

Parágrafo único. No caso do *caput*, o presidente do tribunal lavrará, de imediato, as conclusões e a ementa e mandará publicar o acórdão.
▶ Sem correspondência no CPC 1973.

Art. 945. *Revogado pela Lei 13.256/2016.*

§§ 1º a **4º** *Revogados pela Lei 13.256/2016.*

Art. 946. O agravo de instrumento será julgado antes da apelação interposta no mesmo processo.
▶ Correspondência: art. 559 CPC 1973.

Parágrafo único. Se ambos os recursos de que trata o *caput* houverem de ser julgados na mesma sessão, terá precedência o agravo de instrumento.
▶ Correspondência: art. 559, par. ún. CPC 1973.

<h3>CAPÍTULO III</h3>
DO INCIDENTE DE ASSUNÇÃO DE COMPETÊNCIA

Art. 947. É admissível a assunção de competência quando o julgamento de recurso, de remessa necessária ou de processo de competência originária envolver relevante questão de direito, com grande repercussão social, sem repetição em múltiplos processos.
▶ Correspondência: art. 555, § 1º CPC 1973.

§ 1º Ocorrendo a hipótese de assunção de competência, o relator proporá, de ofício ou a requerimento da parte, do Ministério Público ou da Defensoria Pública, que seja o recurso, a remessa necessária ou o processo de competência originária julgado pelo órgão colegiado que o regimento indicar.
▶ Correspondência: art. 555, § 1º CPC 1973.

§ 2º O órgão colegiado julgará o recurso, a remessa necessária ou o processo de competência originária se reconhecer interesse público na assunção de competência.
▶ Correspondência: art. 555, § 1º CPC 1973.

§ 3º O acórdão proferido em assunção de competência vinculará todos os juízes e órgãos fracionários, exceto se houver revisão de tese.
▶ Sem correspondência no CPC 1973.

§ 4º Aplica-se o disposto neste artigo quando ocorrer relevante questão de direito a respeito da qual seja conveniente a prevenção ou a composição de divergência entre câmaras ou turmas do tribunal.
▶ Sem correspondência no CPC 1973.

<h3>CAPÍTULO IV</h3>
DO INCIDENTE DE ARGUIÇÃO DE INCONSTITUCIONALIDADE

Art. 948. Arguida, em controle difuso, a inconstitucionalidade de lei ou de ato normativo do poder público, o relator, após ouvir o Ministério Público e as partes, submeterá a questão à turma ou à câmara à qual competir o conhecimento do processo.
▶ Correspondência: art. 480 CPC 1973.
▶ Arts. 52, X, 97, 102, I, *a* e III, 103, 125, § 2º, e 129, IV, da CF.
▶ LC 35/1979 (Lei Orgânica da Magistratura Nacional).
▶ Lei 9.868/1999 (Processo e julgamento de ADIN e ADC perante o STF).

Art. 949. Se a arguição for:
▶ Correspondência: art. 481 CPC 1973.

I – rejeitada, prosseguirá o julgamento;
▶ Correspondência: art. 481, par. ún. CPC 1973.

II – acolhida, a questão será submetida ao plenário do tribunal ou ao seu órgão especial, onde houver.
▶ Correspondência: art. 481 CPC 1973.

Parágrafo único. Os órgãos fracionários dos tribunais não submeterão ao plenário ou ao órgão especial a arguição de inconstitucionalidade quando já houver pronunciamento destes ou do plenário do Supremo Tribunal Federal sobre a questão.
▶ Correspondência: art. 481, par. ún. CPC 1973.

Art. 950. Remetida cópia do acórdão a todos os juízes, o presidente do tribunal designará a sessão de julgamento.
▶ Correspondência: art. 482 CPC 1973.

§ 1º As pessoas jurídicas de direito público responsáveis pela edição do ato questionado poderão manifestar-se no incidente de inconstitucionalidade se assim o requererem, observados os prazos e as condições previstos no regimento interno do tribunal.
▶ Correspondência: art. 482, § 1º CPC 1973.

§ 2º A parte legitimada à propositura das ações previstas no art. 103 da Constituição Federal poderá manifestar-se, por escrito, sobre a questão constitucional objeto de apreciação, no prazo previsto pelo regimento interno, sendo-lhe assegurado o direito de apresentar memoriais ou de requerer a juntada de documentos.
▶ Correspondência: art. 482, § 2º CPC 1973.

§ 3º Considerando a relevância da matéria e a representatividade dos postulantes, o relator poderá admitir, por despacho irrecorrível, a manifestação de outros órgãos ou entidades.
▶ Correspondência: art. 482, § 3º CPC 1973.
▶ Súmulas 293 e 455 do STF.

<h3>CAPÍTULO V</h3>
DO CONFLITO DE COMPETÊNCIA

Art. 951. O conflito de competência pode ser suscitado por qualquer das partes, pelo Ministério Público ou pelo juiz.
▶ Correspondência: art. 116 CPC 1973.
▶ Art. 66 deste Código.
▶ Súmula 59 do STJ.

Parágrafo único. O Ministério Público somente será ouvido nos conflitos de competência relativos aos processos previstos no art. 178, mas terá qualidade de parte nos conflitos que suscitar.
▶ Correspondência: art. 116, par. ún. CPC 1973.

Art. 952. Não pode suscitar conflito a parte que, no processo, arguiu incompetência relativa.
▶ Correspondência: art. 117 CPC 1973.

Parágrafo único. O conflito de competência não obsta, porém, a que a parte que não o arguiu suscite a incompetência.
▶ Correspondência: art. 117, par. ún. CPC 1973.

Art. 953. O conflito será suscitado ao tribunal:
▶ Correspondência: art. 118 CPC 1973.

I – pelo juiz, por ofício;
▶ Correspondência: art. 118, I CPC 1973.

II – pela parte e pelo Ministério Público, por petição.
▶ Correspondência: art. 118, II CPC 1973.
▶ Arts. 102, I, *o*, 105, I, *d* e 108, I, *e* da CF.

Parágrafo único. O ofício e a petição serão instruídos com os documentos necessários à prova do conflito.
▶ Correspondência: art. 118, par. ún. CPC 1973.

Art. 954. Após a distribuição, o relator determinará a oitiva dos juízes em conflito ou, se um deles for suscitante, apenas do suscitado.
▶ Correspondência: art. 119 CPC 1973.

Parágrafo único. No prazo designado pelo relator, incumbirá ao juiz ou aos juízes prestar as informações.
▶ Correspondência: art. 119 CPC 1973.

Art. 955. O relator poderá, de ofício ou a requerimento de qualquer das partes, determinar, quando o conflito for positivo, o sobrestamento do processo e, nesse caso, bem como no do conflito negativo, designará um dos juízes para resolver, em caráter provisório, as medidas urgentes.
▶ Correspondência: art. 120 CPC 1973.
▶ Arts. 313, VIII, e 314 deste Código.

Parágrafo único. O relator poderá julgar de plano o conflito de competência quando sua decisão se fundar em:
▶ Correspondência: art. 120, par. ún. CPC 1973.

I – súmula do Supremo Tribunal Federal, do Superior Tribunal de Justiça ou do próprio tribunal;
▶ Correspondência: art. 120, par. ún. CPC 1973.

II – tese firmada em julgamento de casos repetitivos ou em incidente de assunção de competência.
▶ Sem correspondência no CPC 1973.
▶ Art. 928 deste Código.

Art. 956. Decorrido o prazo designado pelo relator, será ouvido o Ministério Público, no prazo de 5 (cinco)

dias, ainda que as informações não tenham sido prestadas, e, em seguida, o conflito irá a julgamento.
▶ Correspondência: art. 121 CPC 1973.
▶ Art. 279 deste Código.

Art. 957. Ao decidir o conflito, o tribunal declarará qual o juízo competente, pronunciando-se também sobre a validade dos atos do juízo incompetente.
▶ Correspondência: art. 122 CPC 1973.
▶ Arts. 43, 58, 59 e 240 deste Código.

Parágrafo único. Os autos do processo em que se manifestou o conflito serão remetidos ao juiz declarado competente.
▶ Correspondência: art. 122, par. ún. CPC 1973.

Art. 958. No conflito que envolva órgãos fracionários dos tribunais, desembargadores e juízes em exercício no tribunal, observar-se-á o que dispuser o regimento interno do tribunal.
▶ Correspondência: art. 123 CPC 1973.
▶ Arts. 163 a 168 do RISTF.
▶ Arts. 193 a 198 do RISTJ.
▶ Art. 24 da Lei 8.038/1990 (Normas procedimentais para os processos que especifica, perante o STJ e o STF).
▶ Súmula 22 do STJ.

Art. 959. O regimento interno do tribunal regulará o processo e o julgamento do conflito de atribuições entre autoridade judiciária e autoridade administrativa.
▶ Correspondência: art. 124 CPC 1973.
▶ Art. 105, I, *g*, da CF.

<h3>CAPÍTULO VI</h3>
DA HOMOLOGAÇÃO DE DECISÃO ESTRANGEIRA E DA CONCESSÃO DO *EXEQUATUR* À CARTA ROGATÓRIA

Art. 960. A homologação de decisão estrangeira será requerida por ação de homologação de decisão estrangeira, salvo disposição especial em sentido contrário prevista em tratado.
▶ Sem correspondência no CPC 1973.
▶ Art. 24 deste Código.

§ 1º A decisão interlocutória estrangeira poderá ser executada no Brasil por meio de carta rogatória.
▶ Sem correspondência no CPC 1973.
▶ Art. 40 deste Código.

§ 2º A homologação obedecerá ao que dispuserem os tratados em vigor no Brasil e o Regimento Interno do Superior Tribunal de Justiça.
▶ Correspondência: art. 483, par. ún. CPC 1973.
▶ Art. 105, I, *i*, da CF.
▶ Art. 109, X, da CF.
▶ Art. 515, VIII deste Código.
▶ Arts. 36 e 37 da Lei 9.307/1996 (Arbitragem).

§ 3º A homologação de decisão arbitral estrangeira obedecerá ao disposto em tratado e em lei, aplicando-se, subsidiariamente, as disposições deste Capítulo.
▶ Sem correspondência no CPC 1973.
▶ Arts. 34 a 40 da Lei 9.307/1996 (Lei da Arbitragem).

Art. 961. A decisão estrangeira somente terá eficácia no Brasil após a homologação de sentença estrangeira ou a concessão do exequatur às cartas rogatórias, salvo disposição em sentido contrário de lei ou tratado.
▶ Correspondência: art. 483 CPC 1973.
▶ Súmula 420 do STF.

§ 1º É passível de homologação a decisão judicial definitiva, bem como a decisão não judicial que, pela lei brasileira, teria natureza jurisdicional.
▶ Sem correspondência no CPC 1973.

§ 2º A decisão estrangeira poderá ser homologada parcialmente.
▶ Sem correspondência no CPC 1973.

§ 3º A autoridade judiciária brasileira poderá deferir pedidos de urgência e realizar atos de execução provisória no processo de homologação de decisão estrangeira.
▶ Sem correspondência no CPC 1973.

§ 4º Haverá homologação de decisão estrangeira para fins de execução fiscal quando prevista em tratado ou em promessa de reciprocidade apresentada à autoridade brasileira.
▶ Sem correspondência no CPC 1973.

§ 5º A sentença estrangeira de divórcio consensual produz efeitos no Brasil, independentemente de homologação pelo Superior Tribunal de Justiça.
▶ Sem correspondência no CPC 1973.

§ 6º Na hipótese do § 5º, competirá a qualquer juiz examinar a validade da decisão, em caráter principal ou incidental, quando essa questão for suscitada em processo de sua competência.
▶ Sem correspondência no CPC 1973.

Art. 962. É passível de execução a decisão estrangeira concessiva de medida de urgência.
▶ Sem correspondência no CPC 1973.

§ 1º A execução no Brasil de decisão interlocutória estrangeira concessiva de medida de urgência dar-se-á por carta rogatória.
▶ Sem correspondência no CPC 1973.

▶ Art. 36 deste Código.

§ 2º A medida de urgência concedida sem audiência do réu poderá ser executada, desde que garantido o contraditório em momento posterior.

▶ Sem correspondência no CPC 1973.

§ 3º O juízo sobre a urgência da medida compete exclusivamente à autoridade jurisdicional prolatora da decisão estrangeira.

▶ Sem correspondência no CPC 1973.

§ 4º Quando dispensada a homologação para que a sentença estrangeira produza efeitos no Brasil, a decisão concessiva de medida de urgência dependerá, para produzir efeitos, de ter sua validade expressamente reconhecida pelo juiz competente para dar-lhe cumprimento, dispensada a homologação pelo Superior Tribunal de Justiça.

▶ Sem correspondência no CPC 1973.
▶ Art. 214, II deste Código.

Art. 963. Constituem requisitos indispensáveis à homologação da decisão:

▶ Sem correspondência no CPC 1973.
▶ Art. 15 da LINDB.

I – ser proferida por autoridade competente;

▶ Sem correspondência no CPC 1973.
▶ Art. 15, a, da LINDB.

II – ser precedida de citação regular, ainda que verificada a revelia;

▶ Sem correspondência no CPC 1973.
▶ Art. 15, b, da LINDB.

III – ser eficaz no país em que foi proferida;

▶ Sem correspondência no CPC 1973.
▶ Art. 15, c, da LINDB.

IV – não ofender a coisa julgada brasileira;

▶ Sem correspondência no CPC 1973.

V – estar acompanhada de tradução oficial, salvo disposição que a dispense prevista em tratado;

▶ Sem correspondência no CPC 1973.
▶ Art. 15, d da LINDB.

VI – não conter manifesta ofensa à ordem pública.

▶ Sem correspondência no CPC 1973.
▶ Art. 17 da LINDB.

Parágrafo único. Para a concessão do exequatur às cartas rogatórias, observar-se-ão os pressupostos previstos no caput deste artigo e no art. 962, § 2º.

▶ Sem correspondência no CPC 1973.

Art. 964. Não será homologada a decisão estrangeira na hipótese de competência exclusiva da autoridade judiciária brasileira.

▶ Sem correspondência no CPC 1973.

Parágrafo único. O dispositivo também se aplica à concessão do exequatur à carta rogatória.

▶ Sem correspondência no CPC 1973.
▶ Art. 36 e ss.

Art. 965. O cumprimento de decisão estrangeira far-se-á perante o juízo federal competente, a requerimento da parte, conforme as normas estabelecidas para o cumprimento de decisão nacional.

▶ Correspondência: art. 484 CPC 1973.
▶ Arts. 515, VIII, e 522 deste Código.
▶ Art. 109, X da CF.
▶ Art. 36 da Lei 9.307/1996 (Arbitragem).

Parágrafo único. O pedido de execução deverá ser instruído com cópia autenticada da decisão homologatória ou do exequatur, conforme o caso.

▶ Correspondência: art. 484 CPC 1973.

CAPÍTULO VII
DA AÇÃO RESCISÓRIA

Art. 966. A decisão de mérito, transitada em julgado, pode ser rescindida quando:

▶ Correspondência: art. 485 CPC 1973.
▶ Arts. 393, par. ún., 487, 502 e 658 deste Código.
▶ Arts. 102, I, j, 105, I, 108, I, b e 109, X, da CF.
▶ Art. 836 da CLT.
▶ Art. 59 da Lei 9.099/1995 (Juizados Especiais).
▶ Vide ADIN 1.910-1.
▶ Súmulas 264 e 514 do STF.

I – se verificar que foi proferida por força de prevaricação, concussão ou corrupção do juiz;

▶ Correspondência: art. 485, I CPC 1973.
▶ Arts. 316, 317, 319 e 333 do CP.

II – for proferida por juiz impedido ou por juízo absolutamente incompetente;

▶ Correspondência: art. 485, II CPC 1973.
▶ Arts. 144, 145 e 147 deste Código.

III – resultar de dolo ou coação da parte vencedora em detrimento da parte vencida ou, ainda, de simulação ou colusão entre as partes, a fim de fraudar a lei;

▶ Correspondência: art. 485, III CPC 1973.
▶ Arts. 80, III, e 142 deste Código.
▶ Arts. 145 a 150 e 167 do CC.

IV – ofender a coisa julgada.

▶ Correspondência: art. 485, IV CPC 1973.
▶ Arts. 502 a 506 e 508 deste Código.

V – violar manifestamente norma jurídica;

▶ Correspondência: art. 485, V CPC 1973.
▶ Súmula 343 do STF.

VI – for fundada em prova cuja falsidade tenha sido apurada em processo criminal ou venha a ser demonstrada na própria ação rescisória;

▶ Correspondência: art. 485, VI CPC 1973.

VII – obtiver o autor, posteriormente ao trânsito em julgado, prova nova cuja existência ignorava ou de que não pôde fazer uso, capaz, por si só, de lhe assegurar pronunciamento favorável;

▶ Correspondência: art. 485, VII CPC 1973.

VIII – for fundada em erro de fato verificável do exame dos autos.

▶ Correspondência: art. 485, IX CPC 1973.
▶ Art. 658 deste Código.

§ 1º Há erro de fato quando a decisão rescindenda admitir fato inexistente ou quando considerar inexistente fato efetivamente ocorrido, sendo indispensável, em ambos os casos, que o fato não represente ponto controvertido sobre o qual o juiz deveria ter se pronunciado.

▶ Correspondência: arts. 485, §§ 1º e 2º CPC 1973.
▶ Arts. 138 a 142 do CC.

§ 2º Nas hipóteses previstas nos incisos do caput, será rescindível a decisão transitada em julgado que, embora não seja de mérito, impeça:

▶ Sem correspondência no CPC 1973.

I – nova propositura da demanda; ou

▶ Sem correspondência no CPC 1973.

II – admissibilidade do recurso correspondente.

▶ Sem correspondência no CPC 1973.

§ 3º A ação rescisória pode ter por objeto apenas 1 (um) capítulo da decisão.

▶ Sem correspondência no CPC 1973.

§ 4º Os atos de disposição de direitos, praticados pelas partes ou por outros participantes do processo e homologados pelo juízo, bem como os atos homologatórios praticados no curso da execução, estão sujeitos à anulação, nos termos da lei.

▶ Correspondência: art. 486 CPC 1973.
▶ Arts. 166 a 184 do CC.

§ 5º Cabe ação rescisória, com fundamento no inciso V do caput deste artigo, contra decisão baseada em enunciado de súmula ou acórdão proferido em julgamento de casos repetitivos que não tenha considerado a existência de distinção entre a questão discutida no processo e o padrão decisório que lhe deu fundamento.

▶ Sem correspondência no CPC 1973.
▶ § 5º acrescido pela Lei 13.256/2016.

§ 6º Quando a ação rescisória fundar-se na hipótese do § 5º deste artigo, caberá ao autor, sob pena de inépcia, demonstrar, fundamentadamente, tratar-se de situação particularizada por hipótese fática distinta ou de questão jurídica não examinada, a impor outra solução jurídica.

▶ Sem correspondência no CPC 1973.
▶ § 6º acrescido pela Lei 13.256/2016.

Art. 967. Têm legitimidade para propor a ação rescisória:

▶ Correspondência: art. 487 CPC 1973.

I – quem foi parte no processo ou o seu sucessor a título universal ou singular;

▶ Correspondência: art. 487, I CPC 1973.
▶ Arts. 108 a 110 deste Código.

II – o terceiro juridicamente interessado;

▶ Correspondência: art. 487, II CPC 1973.
▶ Arts. 125, 130, 682 e 974 deste Código.
▶ Súmula 175 do STJ.

III – o Ministério Público:

▶ Correspondência: art. 487, III CPC 1973.

a) se não foi ouvido no processo em que lhe era obrigatória a intervenção;

▶ Correspondência: art. 487, III, a CPC 1973.
▶ Arts. 178 e 279 deste Código.

b) quando a decisão rescindenda é o efeito de simulação ou de colusão das partes, a fim de fraudar a lei;

▶ Correspondência: art. 487, III, b CPC 1973.
▶ Art. 167 do CC.

c) em outros casos em que se imponha sua atuação;

▶ Sem correspondência no CPC 1973.

IV – aquele que não foi ouvido no processo em que lhe era obrigatória a intervenção.

▶ Sem correspondência no CPC 1973.

Parágrafo único. Nas hipóteses do art. 178, o Ministério Público será intimado para intervir como fiscal da ordem jurídica quando não for parte.

▶ Sem correspondência no CPC 1973.
▶ Art. 178 deste Código.

Art. 968. A petição inicial será elaborada com observância dos requisitos essenciais do art. 319, devendo o autor:

▶ Correspondência: art. 488 CPC 1973.

I – cumular ao pedido de rescisão, se for o caso, o de novo julgamento do processo;

▶ Correspondência: art. 488, I CPC 1973.

II – depositar a importância de cinco por cento sobre o valor da causa, que se converterá em multa caso a ação seja, por unanimidade de votos, declarada inadmissível ou improcedente.

▶ Correspondência: art. 488, II CPC 1973.
▶ Arts. 96, 968, § 3º, e 974 deste Código.
▶ Súmula 175 do STJ.

§ 1º Não se aplica o disposto no inciso II à União, aos Estados, ao Distrito Federal, aos Municípios, às suas respectivas autarquias e fundações de direito público, ao Ministério Público, à Defensoria Pública e aos que tenham obtido o benefício de gratuidade da justiça.

▶ Correspondência: art. 488, par. ún. CPC 1973.

§ 2º O depósito previsto no inciso II do caput deste artigo não será superior a 1.000 (mil) salários-mínimos.

▶ Sem correspondência no CPC 1973.

§ 3º Além dos casos previstos no art. 330, a petição inicial será indeferida quando não efetuado o depósito exigido pelo inciso II do caput deste artigo.

▶ Correspondência: arts. 490, I e II CPC 1973.

§ 4º Aplica-se à ação rescisória o disposto no art. 332.

▶ Sem correspondência no CPC 1973.

§ 5º Reconhecida a incompetência do tribunal para julgar a ação rescisória, o autor será intimado para emendar a petição inicial, a fim de adequar o objeto da ação rescisória, quando a decisão apontada como rescindenda:

▶ Sem correspondência no CPC 1973.

I – não tiver apreciado o mérito e não se enquadrar na situação prevista no § 2º do art. 966;

▶ Sem correspondência no CPC 1973.

II – tiver sido substituída por decisão posterior.

▶ Sem correspondência no CPC 1973.

§ 6º Na hipótese do § 5º, após a emenda da petição inicial, será permitido ao réu complementar os fundamentos de defesa, e, em seguida, os autos serão remetidos ao tribunal competente.

▶ Sem correspondência no CPC 1973.

Art. 969. A propositura da ação rescisória não impede o cumprimento da decisão rescindenda, ressalvada a concessão de tutela provisória.

▶ Correspondência: art. 489 CPC 1973.
▶ Arts. 297, 300 e 776 deste Código.

Art. 970. O relator ordenará a citação do réu, designando-lhe prazo nunca inferior a 15 (quinze) dias nem superior a 30 (trinta) dias para, querendo, apresentar resposta, ao fim do qual, com ou sem contestação, observar-se-á, no que couber, o procedimento comum.

▶ Correspondência: art. 491 CPC 1973.
▶ Arts. 347 a 352 e 357 deste Código.

Art. 971. Na ação rescisória, devolvidos os autos pelo relator, a secretaria do tribunal expedirá cópias do relatório e as distribuirá entre os juízes que compuserem o órgão competente para o julgamento.

▶ Correspondência: art. 553 CPC 1973.

Parágrafo único. A escolha de relator recairá, sempre que possível, em juiz que não haja participado do julgamento rescindendo.

▶ Sem correspondência no CPC 1973.

Art. 972. Se os fatos alegados pelas partes dependerem de prova, o relator poderá delegar a competência ao órgão que proferiu a decisão rescindenda, fixando prazo de 1 (um) a 3 (três) meses para a devolução dos autos.

▶ Correspondência: art. 492 CPC 1973.

Art. 973. Concluída a instrução, será aberta vista ao autor e ao réu para razões finais, sucessivamente, pelo prazo de 10 (dez) dias.

▶ Correspondência: arts. 493, I e II CPC 1973.

Parágrafo único. Em seguida, os autos serão conclusos ao relator, procedendo-se ao julgamento pelo órgão competente.

▶ Correspondência: arts. 493, I e II CPC 1973.
▶ Súmulas 249 e 515 do STF.
▶ Art. 70 do ADCT.
▶ Arts. 101, § 3º, e, e 110, par. ún., da LC 35/1979 (Lei Orgânica da Magistratura Nacional).

Art. 974. Julgando procedente o pedido, o tribunal rescindirá a decisão, proferirá, se for o caso, novo julgamento e determinará a restituição do depósito a que se refere o inciso II do art. 968.

▶ Correspondência: art. 494 CPC 1973.

Parágrafo único. Considerando, por unanimidade, inadmissível ou improcedente o pedido, o tribunal determinará a reversão, em favor do réu, da importância do depósito, sem prejuízo do disposto no § 2º do art. 82.

▶ Correspondência: art. 494 CPC 1973.

Art. 975. O direito à rescisão se extingue em 2 (dois) anos contados do trânsito em julgado da última decisão proferida no processo.

▶ Correspondência: art. 495 CPC 1973.

▶ Arts. 59 e 240 deste Código.
▶ Súmula 264 do STF.
▶ Súmula 401 do STJ.

§ 1º Prorroga-se até o primeiro dia útil imediatamente subsequente o prazo a que se refere o *caput*, quando expirar durante férias forenses, recesso, feriados ou em dia em que não houver expediente forense.
▶ Sem correspondência no CPC 1973.

§ 2º Se fundada a ação no inciso VII do art. 966, o termo inicial do prazo será a data de descoberta da prova nova, observado o prazo máximo de 5 (cinco) anos, contado do trânsito em julgado da última decisão proferida no processo.
▶ Sem correspondência no CPC 1973.

§ 3º Nas hipóteses de simulação ou de colusão das partes, o prazo começa a contar, para o terceiro prejudicado e para o Ministério Público, que não interveio no processo, a partir do momento em que têm ciência da simulação ou da colusão.
▶ Sem correspondência no CPC 1973.
▶ Art. 167 do CC.

CAPÍTULO VIII
DO INCIDENTE DE RESOLUÇÃO DE DEMANDAS REPETITIVAS

Art. 976. É cabível a instauração do incidente de resolução de demandas repetitivas quando houver, simultaneamente:
▶ Sem correspondência no CPC 1973.
▶ Art. 139, X deste Código.

I – efetiva repetição de processos que contenham controvérsia sobre a mesma questão unicamente de direito;
▶ Sem correspondência no CPC 1973.

II – risco de ofensa à isonomia e à segurança jurídica.
▶ Sem correspondência no CPC 1973.

§ 1º A desistência ou o abandono do processo não impede o exame de mérito do incidente.
▶ Sem correspondência no CPC 1973.

§2º Se não for o requerente, o Ministério Público intervirá obrigatoriamente no incidente e deverá assumir sua titularidade em caso de desistência ou de abandono.
▶ Sem correspondência no CPC 1973.
▶ Art. 129 da CF.

§ 3º A inadmissão do incidente de resolução de demandas repetitivas por ausência de qualquer de seus pressupostos de admissibilidade não impede que, uma vez satisfeito o requisito, seja o incidente novamente suscitado.
▶ Sem correspondência no CPC 1973.

§ 4º É incabível o incidente de resolução de demandas repetitivas quando um dos tribunais superiores, no âmbito de sua respectiva competência, já tiver afetado recurso para definição de tese sobre questão de direito material ou processual repetitiva.
▶ Sem correspondência no CPC 1973.

§5º Não serão exigidas custas processuais no incidente de resolução de demandas repetitivas.
▶ Sem correspondência no CPC 1973.

Art. 977. O pedido de instauração do incidente será dirigido ao presidente de tribunal:
▶ Sem correspondência no CPC 1973.

I – pelo juiz ou relator, por ofício;
▶ Sem correspondência no CPC 1973.
▶ Art. 139, X deste Código.

II – pelas partes, por petição;
▶ Sem correspondência no CPC 1973.

III – pelo Ministério Público ou pela Defensoria Pública, por petição.
▶ Sem correspondência no CPC 1973.

Parágrafo único. O ofício ou a petição será instruído com os documentos necessários à demonstração do preenchimento dos pressupostos para a instauração do incidente.
▶ Sem correspondência no CPC 1973.

Art. 978. O julgamento do incidente caberá ao órgão indicado pelo regimento interno dentre aqueles responsáveis pela uniformização de jurisprudência do tribunal.
▶ Sem correspondência no CPC 1973.

Parágrafo único. O órgão colegiado incumbido de julgar o incidente e de fixar a tese jurídica julgará igualmente o recurso, a remessa necessária ou o processo de competência originária de onde se originou o incidente.
▶ Sem correspondência no CPC 1973.

Art. 979. A instauração e o julgamento do incidente serão sucedidos da mais ampla e específica divulgação e publicidade, por meio de registro eletrônico no Conselho Nacional de Justiça.
▶ Sem correspondência no CPC 1973.
▶ Res. 235/2016 do CNJ (Dispõe sobre a padronização de procedimentos administrativos decorrentes de julgamentos de repercussão geral, de casos repetitivos e de incidente de assunção de competência).

§ 1º Os tribunais manterão banco eletrônico de dados atualizados com informações específicas sobre questões de direito submetidas ao incidente, comunicando-o imediatamente ao Conselho Nacional de Justiça para inclusão no cadastro.
▶ Sem correspondência no CPC 1973.

§2º Para possibilitar a identificação dos processos abrangidos pela decisão do incidente, o registro eletrônico das teses jurídicas constantes do cadastro conterá, no mínimo, os fundamentos determinantes da decisão e os dispositivos normativos a ela relacionados.
▶ Sem correspondência no CPC 1973.

§ 3º Aplica-se o disposto neste artigo ao julgamento de recursos repetitivos e da repercussão geral em recurso extraordinário.
▶ Sem correspondência no CPC 1973.
▶ Arts. 1.046 a 1.041 deste Código.

Art. 980. O incidente será julgado no prazo de 1 (um) ano e terá preferência sobre os demais feitos, ressalvados os que envolvam réu preso e os pedidos de *habeas corpus*.
▶ Sem correspondência no CPC 1973.
▶ Art. 12, § 2º, III deste Código.

Parágrafo único. Superado o prazo previsto no *caput*, cessa a suspensão dos processos prevista no art. 982, salvo decisão fundamentada do relator em sentido contrário.
▶ Sem correspondência no CPC 1973.

Art. 981. Após a distribuição, o órgão colegiado competente para julgar o incidente procederá ao seu juízo de admissibilidade, considerando a presença dos pressupostos do art. 976.
▶ Sem correspondência no CPC 1973.

Art. 982. Admitido o incidente, o relator:
▶ Sem correspondência no CPC 1973.

I – suspenderá os processos pendentes, individuais ou coletivos, que tramitam no Estado ou na região, conforme o caso;
▶ Sem correspondência no CPC 1973.
▶ Art. 313, IV deste Código.

II – poderá requisitar informações a órgãos em cujo juízo tramita processo no qual se discute o objeto do incidente, que as prestarão no prazo de 15 (quinze) dias;
▶ Sem correspondência no CPC 1973.

III – intimará o Ministério Público para, querendo, manifestar-se no prazo de 15 (quinze) dias.
▶ Sem correspondência no CPC 1973.

§ 1º A suspensão será comunicada aos órgãos jurisdicionais competentes.
▶ Sem correspondência no CPC 1973.

§2º Durante a suspensão, o pedido de tutela de urgência deverá ser dirigido ao juízo onde tramita o processo suspenso.
▶ Sem correspondência no CPC 1973.
▶ Art. 311, II deste Código.

§ 3º Visando à garantia da segurança jurídica, qualquer legitimado mencionado no art. 977, incisos II e III, poderá requerer, ao tribunal competente para conhecer do recurso extraordinário ou especial, a suspensão de todos os processos individuais ou coletivos em curso no território nacional que versem sobre a questão objeto do incidente já instaurado.
▶ Sem correspondência no CPC 1973.
▶ Art. 332, III deste Código.

§ 4º Independentemente dos limites da competência territorial, a parte no processo em curso no qual se discuta a mesma questão objeto do incidente é legitimada para requerer a providência prevista no § 3º deste artigo.
▶ Sem correspondência no CPC 1973.

§5º Cessa a suspensão a que se refere o inciso I do *caput* deste artigo se não for interposto recurso especial ou recurso extraordinário contra a decisão proferida no incidente.
▶ Sem correspondência no CPC 1973.

Art. 983. O relator ouvirá as partes e os demais interessados, inclusive pessoas, órgãos e entidades com interesse na controvérsia, que, no prazo comum de 15 (quinze) dias, poderão requerer a juntada de documentos, bem como as diligências necessárias para a elucidação da questão de direito controvertida, e, em seguida, manifestar-se-á o Ministério Público, no mesmo prazo.
▶ Sem correspondência no CPC 1973.

§ 1º Para instruir o incidente, o relator poderá designar data para, em audiência pública, ouvir depoimentos de pessoas com experiência e conhecimento na matéria.
▶ Sem correspondência no CPC 1973.
▶ Art. 927, § 2º deste Código.

§2º Concluídas as diligências, o relator solicitará dia para o julgamento do incidente.
▶ Sem correspondência no CPC 1973.

Art. 984. No julgamento do incidente, observar-se-á a seguinte ordem:

▶ Sem correspondência no CPC 1973.

I – o relator fará a exposição do objeto do incidente;
▶ Sem correspondência no CPC 1973.

II – poderão sustentar suas razões, sucessivamente:
▶ Sem correspondência no CPC 1973.

a) o autor e o réu do processo originário e o Ministério Público, pelo prazo de 30 (trinta) minutos;

b) os demais interessados, no prazo de 30 (trinta) minutos, divididos entre todos, sendo exigida inscrição com 2 (dois) dias de antecedência.

§ 1º Considerando o número de inscritos, o prazo poderá ser ampliado.
▶ Sem correspondência no CPC 1973.

§2º O conteúdo do acórdão abrangerá a análise de todos os fundamentos suscitados concernentes à tese jurídica discutida, sejam favoráveis ou contrários.

Art. 985. Julgado o incidente, a tese jurídica será aplicada:
▶ Sem correspondência no CPC 1973.

I – a todos os processos individuais ou coletivos que versem sobre idêntica questão de direito e que tramitem na área de jurisdição do respectivo tribunal, inclusive àqueles que tramitem nos juizados especiais do respectivo Estado ou região;
▶ Sem correspondência no CPC 1973.

II – aos casos futuros que versem idêntica questão de direito e que venham a tramitar no território de competência do tribunal, salvo revisão na forma do art. 986.
▶ Sem correspondência no CPC 1973.

§ 1º Não observada a tese adotada no incidente, caberá reclamação.
▶ Sem correspondência no CPC 1973.
▶ Art. 988, IV deste Código.

§ 2º Se o incidente tiver por objeto questão relativa a prestação de serviço concedido, permitido ou autorizado, o resultado do julgamento será comunicado ao órgão, ao ente ou à agência reguladora competente para fiscalização da efetiva aplicação, por parte dos entes sujeitos a regulação, da tese adotada.
▶ Sem correspondência no CPC 1973.

Art. 986. A revisão da tese jurídica firmada no incidente far-se-á pelo mesmo tribunal, de ofício ou mediante requerimento dos legitimados mencionados no art. 977, inciso III.
▶ Sem correspondência no CPC 1973.

Art. 987. Do julgamento do mérito do incidente caberá recurso extraordinário ou especial, conforme o caso.
▶ Sem correspondência no CPC 1973.
▶ Art. 138, § 3º deste Código.

§ 1º O recurso tem efeito suspensivo, presumindo-se a repercussão geral de questão constitucional eventualmente discutida.
▶ Sem correspondência no CPC 1973.

§ 2º Apreciado o mérito do recurso, a tese jurídica adotada pelo Supremo Tribunal Federal ou pelo Superior Tribunal de Justiça será aplicada no território nacional a todos os processos individuais ou coletivos que versem sobre idêntica questão de direito.
▶ Sem correspondência no CPC 1973.

CAPÍTULO IX
DA RECLAMAÇÃO

Art. 988. Caberá reclamação da parte interessada ou do Ministério Público para:
▶ Sem correspondência no CPC 1973.

I – preservar a competência do tribunal;
▶ Sem correspondência no CPC 1973.
▶ Art. 156 do RISTF.
▶ Art. 187 do RISTJ.

II – garantir a autoridade das decisões do tribunal;
▶ Sem correspondência no CPC 1973.
▶ Art. 156 do RISTF.
▶ Art. 187 do RISTJ.

III – garantir a observância de enunciado de súmula vinculante e de decisão do Supremo Tribunal Federal em controle concentrado de constitucionalidade;
▶ Sem correspondência no CPC 1973.
▶ Inciso III com redação pela Lei 13.256/2016.

IV – garantir a observância de acórdão proferido em julgamento de incidente de resolução de demandas repetitivas ou de incidente de assunção de competência;
▶ Sem correspondência no CPC 1973.
▶ Inciso IV com redação pela Lei 13.256/2016.
▶ Art. 928, 947, 976 e 1.036 deste Código.

§ 1º A reclamação pode ser proposta perante qualquer tribunal, e seu julgamento compete ao órgão jurisdicional cuja competência se busca preservar ou cuja autoridade se pretenda garantir.
▶ Sem correspondência no CPC 1973.

▸ Arts. 9º, I, c e 70 do RISTF.

§ 2º A reclamação deverá ser instruída com prova documental e dirigida ao presidente do tribunal.
▸ Sem correspondência no CPC 1973.
▸ Art. 156, par. un. do RISTF.
▸ Art. 187, par. un. do RISTJ.

§ 3º Assim que recebida, a reclamação será autuada e distribuída ao relator do processo principal, sempre que possível.
▸ Sem correspondência no CPC 1973.
▸ Art. 187, par. un. do RISTJ.

§ 4º As hipóteses dos incisos III e IV compreendem a aplicação indevida da tese jurídica e sua não aplicação aos casos que a ela correspondam.
▸ Sem correspondência no CPC 1973.

§ 5º É inadmissível a reclamação:
▸ Sem correspondência no CPC 1973.
▸ § 5º com redação pela Lei 13.256/2016.

I – proposta após o trânsito em julgado da decisão reclamada;
▸ Sem correspondência no CPC 1973.
▸ Inciso I acrescido pela Lei 13.256/2016.
▸ Súmula 734 do STF.

II – proposta para garantir a observância de acórdão de recurso extraordinário com repercussão geral reconhecida ou de acórdão proferido em julgamento de recursos extraordinário ou especial repetitivos, quando não esgotadas as instâncias ordinárias.
▸ Sem correspondência no CPC 1973.
▸ Inciso II acrescido pela Lei 13.256/2016.

§ 6º A inadmissibilidade ou o julgamento do recurso interposto contra a decisão proferida pelo órgão reclamado não prejudica a reclamação.
▸ Sem correspondência no CPC 1973.

Art. 989. Ao despachar a reclamação, o relator:
▸ Sem correspondência no CPC 1973.
▸ Art. 149, III do RISTF.

I – requisitará informações da autoridade a quem for imputada a prática do ato impugnado, que as prestará no prazo de 10 (dez) dias;
▸ Sem correspondência no CPC 1973.
▸ Art. 157 do RISTF.

II – se necessário, ordenará a suspensão do processo ou do ato impugnado para evitar dano irreparável;
▸ Sem correspondência no CPC 1973.

III – determinará a citação do beneficiário da decisão impugnada, que terá prazo de 15 (quinze) dias para apresentar a sua contestação.
▸ Sem correspondência no CPC 1973.

Art. 990. Qualquer interessado poderá impugnar o pedido do reclamante.
▸ Sem correspondência no CPC 1973.

Art. 991. Na reclamação que não houver formulado, o Ministério Público terá vista do processo por 5 (cinco) dias, após o decurso do prazo para informações e para o oferecimento da contestação pelo beneficiário do ato impugnado.
▸ Sem correspondência no CPC 1973.

Art. 992. Julgando procedente a reclamação, o tribunal cassará a decisão exorbitante de seu julgado ou determinará medida adequada à solução da controvérsia.
▸ Sem correspondência no CPC 1973.
▸ Art. 161 do RISTF.
▸ Art. 191 do RISTJ.

Art. 993. O presidente do tribunal determinará o imediato cumprimento da decisão, lavrando-se o acórdão posteriormente.
▸ Sem correspondência no CPC 1973.
▸ Súmula 368 do STF.
▸ Art. 162 do RISTF.
▸ Art. 192 do RISTJ.

TÍTULO II
DOS RECURSOS

CAPÍTULO I
DISPOSIÇÕES GERAIS

Art. 994. São cabíveis os seguintes recursos:
▸ Correspondência: art. 496 CPC 1973.
▸ Arts. 938, § 1º, 1.003, § 5º e 1.007, § 6º deste Código.
▸ Art. 5º, LV da CF.

I – apelação;
▸ Correspondência: art. 496, I CPC 1973.
▸ Arts. 938, § 1º, 1.003, § 5º, 1.007, § 6º, 1.009 a 1.014 deste Código.

II – agravo de instrumento;
▸ Correspondência: art. 496, II CPC 1973.
▸ Arts. 1.003, § 5º, 1.015 a 1.020, 1.027, §1º, 1.035, § 7 º e 1.042 deste Código.

III – agravo interno;
▸ Correspondência: art. 496, II CPC 1973.
▸ Arts. 938, § 1º, 1.003, § 5º, 1.007, § 6º e 1.021 deste Código.

IV – embargos de declaração;
▸ Correspondência: art. 496, IV CPC 1973.

▸ Arts. 1.003, § 5º, 1.022 a 1.026 deste Código.

V – recurso ordinário;
▸ Correspondência: art. 496, V CPC 1973.
▸ Arts. 1.003, § 5º, 1.027 e 1.028 deste Código.

VI – recurso especial;
▸ Correspondência: art. 496, VI CPC 1973.
▸ Arts. 1.003, § 5º e 1.029 a 1.041 deste Código.

VII – recurso extraordinário;
▸ Correspondência: art. 496, VII CPC 1973.
▸ Arts. 1.003, § 5º e 1.029 a 1.041 deste Código.

VIII – agravo em recurso especial ou extraordinário;
▸ Sem correspondência no CPC 1973.
▸ Art. 1.042 deste Código.

IX – embargos de divergência.
▸ Correspondência: art. 496, VIII CPC 1973.
▸ Arts. 1.003, § 5º, 1.043 e 1.044 deste Código.
▸ Súmulas 158, 168, 315, 316 e 420 do STJ.

Art. 995. Os recursos não impedem a eficácia da decisão, salvo disposição legal ou decisão judicial em sentido diverso.
▸ Correspondência: art. 497 CPC 1973.

Parágrafo único. A eficácia da decisão recorrida poderá ser suspensa por decisão do relator, se da imediata produção de seus efeitos houver risco de dano grave, de difícil ou impossível reparação, e ficar demonstrada a probabilidade de provimento do recurso.
▸ Correspondência: art. 497 CPC 1973.

Art. 996. O recurso pode ser interposto pela parte vencida, pelo terceiro prejudicado e pelo Ministério Público, como parte ou como fiscal da ordem jurídica.
▸ Correspondência: art. 499 CPC 1973.
▸ Arts. 125, 130, 177 a 181, 682 e 967 deste Código.
▸ Súmulas 99, 202 e 226 do STJ.

Parágrafo único. Cumpre ao terceiro demonstrar a possibilidade de a decisão sobre a relação jurídica submetida à apreciação judicial atingir direito de que se afirme titular ou que possa discutir em juízo como substituto processual.
▸ Correspondência: art. 499, § 1º CPC 1973.

Art. 997. Cada parte interporá o recurso independentemente, no prazo e com observância das exigências legais.
▸ Correspondência: art. 500, par. ún. CPC 1973.

§ 1º Sendo vencidos autor e réu, ao recurso interposto por qualquer deles poderá aderir o outro.
▸ Correspondência: art. 500, par. ún. CPC 1973.

§ 2º O recurso adesivo fica subordinado ao recurso independente, sendo-lhe aplicáveis as mesmas regras deste quanto aos requisitos de admissibilidade e julgamento no tribunal, salvo disposição legal diversa, observado, ainda, o seguinte:
▸ Correspondência: art. 500, par. ún. CPC 1973.

I – será dirigido ao órgão perante o qual o recurso independente fora interposto, no prazo de que a parte dispõe para responder;
▸ Correspondência: art. 500, I CPC 1973.
▸ Art. 1003 deste Código.

II – será admissível na apelação, no recurso extraordinário e no recurso especial;
▸ Correspondência: art. 500, II CPC 1973.

III – não será conhecido, se houver desistência do recurso principal ou se for ele considerado inadmissível.
▸ Correspondência: art. 500, II CPC 1973.

Art. 998. O recorrente poderá, a qualquer tempo, sem a anuência do recorrido ou dos litisconsortes, desistir do recurso.
▸ Correspondência: art. 501 CPC 1973.
▸ Arts. 117 e 1.005 deste Código.

Parágrafo único. A desistência do recurso não impede a análise de questão cuja repercussão geral já tenha sido reconhecida e daquela objeto de julgamento de recursos extraordinários ou especiais repetitivos.
▸ Sem correspondência no CPC 1973.

Art. 999. A renúncia ao direito de recorrer independe da aceitação da outra parte.
▸ Correspondência: art. 502 CPC 1973.
▸ Art. 200 deste Código.

Art. 1.000. A parte que aceitar expressa ou tacitamente a decisão não poderá recorrer.
▸ Correspondência: art. 503 CPC 1973.

Parágrafo único. Considera-se aceitação tácita a prática, sem nenhuma reserva, de ato incompatível com a vontade de recorrer.
▸ Correspondência: art. 503, par. ún. CPC 1973.

Art. 1.001. Dos despachos não cabe recurso.
▸ Correspondência: art. 504 CPC 1973.

Art. 1.002. A decisão pode ser impugnada no todo ou em parte.
▸ Correspondência: art. 505 CPC 1973.
▸ Art. 1.013, § 1º, 1.015 e 1.022 e ss. deste Código.
▸ Súmula 354 do STF.

Art. 1.003. O prazo para interposição de recurso conta-se da data em que os advogados, a sociedade de advogados, a Advocacia Pública, a Defensoria Pública ou o Ministério Público são intimados da decisão.
▸ Correspondência: arts. 242 e 506, I, II e III do CPC 1973.
▸ Arts. 270, 272, 346, 363 e 994 deste Código.
▸ Súmula 25 do STJ.

§ 1º Os sujeitos previstos no *caput* considerar-se-ão intimados em audiência quando nesta for proferida a decisão.
▸ Correspondência: arts. 242, § 1º e 506, I, II e III CPC 1973.
▸ Arts. 346, 363 e 366 deste Código.

§ 2º Aplica-se o disposto no art. 231, incisos I a VI, ao prazo de interposição de recurso pelo réu contra decisão proferida anteriormente à citação.
▸ Sem correspondência no CPC 1973.

§ 3º No prazo para interposição de recurso, a petição será protocolada em cartório ou conforme as normas de organização judiciária, ressalvado o disposto em regra especial.
▸ Correspondência: art. 506, par. ún. CPC 1973.

§ 4º Para aferição da tempestividade do recurso remetido pelo correio, será considerada como data de interposição a data de postagem.
▸ Sem correspondência no CPC 1973.
▸ Art. 1.017, § 2º, III deste Código.

§ 5º Excetuados os embargos de declaração, o prazo para interpor os recursos e para responder-lhes é de 15 (quinze) dias.
▸ Correspondência: art. 508 CPC 1973.
▸ Arts. 180, 215, 216, 220, 222, 229 e 1.003 deste Código.
▸ Súmula 728 do STF.

§ 6º O recorrente comprovará a ocorrência de feriado local no ato de interposição do recurso, e, se não o fizer, o tribunal determinará a correção do vício formal, ou poderá desconsiderá-lo caso a informação já conste do processo eletrônico.
▸ § 6º com redação pela Lei 14.939/2024.
▸ Sem correspondência no CPC 1973.
▸ Art. 975, § 1º deste Código.

Art. 1.004. Se, durante o prazo para a interposição do recurso, sobrevier o falecimento da parte ou de seu advogado ou ocorrer motivo de força maior que suspenda o curso do processo, será tal prazo restituído em proveito da parte, do herdeiro ou do sucessor, contra quem começará a correr novamente depois da intimação.
▸ Correspondência: art. 507 CPC 1973.
▸ Arts. 110, 222, 313, I e VI e 687 deste Código.

Art. 1.005. O recurso interposto por um dos litisconsortes a todos aproveita, salvo se distintos ou opostos os seus interesses.
▸ Correspondência: art. 509 CPC 1973.
▸ Arts. 117 e 998 deste Código.
▸ Arts. 275 a 285 do CC.

Parágrafo único. Havendo solidariedade passiva, o recurso interposto por um devedor aproveitará aos outros quando as defesas opostas ao credor lhes forem comuns.
▸ Correspondência: art. 509, par. ún. CPC 1973.
▸ Arts. 275 a 285 do CC.

Art. 1.006. Certificado o trânsito em julgado, com menção expressa da data de sua ocorrência, o escrivão ou o chefe de secretaria, independentemente de despacho, providenciará a baixa dos autos ao juízo de origem, no prazo de 5 (cinco) dias.
▸ Correspondência: art. 510 CPC 1973.

Art. 1.007. No ato de interposição do recurso, o recorrente comprovará, quando exigido pela legislação pertinente, o respectivo preparo, inclusive porte de remessa e de retorno, sob pena de deserção.
▸ Correspondência: art. 511 CPC 1973.
▸ Súmulas 187 e 484 do STJ.
▸ Art. 59 do RISTF.

§ 1º São dispensados de preparo, inclusive porte de remessa e de retorno, os recursos interpostos pelo Ministério Público, pela União, pelo Distrito Federal, pelos Estados, pelos Municípios, e respectivas autarquias, e pelos que gozam de isenção legal.
▸ Correspondência: art. 511, § 1º CPC 1973.
▸ Arts. 98 a 102 deste Código.
▸ Art. 5º, LXXIV e 134 da CF.

§ 2º A insuficiência no valor do preparo, inclusive porte de remessa e de retorno, implicará deserção se o recorrente, intimado na pessoa de seu advogado, não vier a supri-lo no prazo de 5 (cinco) dias.
▸ Correspondência: art. 511, § 2º CPC 1973.

§ 3º É dispensado o recolhimento do porte de remessa e de retorno no processo em autos eletrônicos.
▸ Sem correspondência no CPC 1973.

§ 4º O recorrente que não comprovar, no ato de interposição do recurso, o recolhimento do preparo, inclusive porte de remessa e de retorno, será intimado, na pessoa

CPC

de seu advogado, para realizar o recolhimento em dobro, sob pena de deserção.
▶ Sem correspondência no CPC 1973.

§ 5º É vedada a complementação se houver insuficiência parcial do preparo, inclusive porte de remessa e de retorno, no recolhimento realizado na forma do § 4º.
▶ Sem correspondência no CPC 1973.

§ 6º Provando o recorrente justo impedimento, o relator relevará a pena de deserção, por decisão irrecorrível, fixando-lhe prazo de 5 (cinco) dias para efetuar o preparo.
▶ Correspondência: art. 519 CPC 1973.

§ 7º O equívoco no preenchimento da guia de custas não implicará a aplicação da pena de deserção, cabendo ao relator, na hipótese de dúvida quanto ao recolhimento, intimar o recorrente para sanar o vício no prazo de 5 (cinco) dias.
▶ Sem correspondência no CPC 1973.

Art. 1.008. O julgamento proferido pelo tribunal substituirá a decisão impugnada no que tiver sido objeto de recurso.
▶ Correspondência: art. 512 CPC 1973.
▶ Arts. 938, § 1º, 1.002 e 1.013 deste Código.

CAPÍTULO II
DA APELAÇÃO

Art. 1.009. Da sentença cabe apelação.
▶ Correspondência: art. 513 CPC 1973.
▶ Arts. 82, 203, § 1º, 313, V, 490 e 1.003 deste Código.
▶ Art. 156, par. ún. da Lei 11.101/2005 (Recuperação de Empresas e Falência).
▶ Súmula 705 do STF.
▶ Art. 318 do RISTF.
▶ Art. 249 do RISTJ.

§ 1º As questões resolvidas na fase de conhecimento, se a decisão a seu respeito não comportar agravo de instrumento, não são cobertas pela preclusão e devem ser suscitadas em preliminar de apelação, eventualmente interposta contra a decisão final, ou nas contrarrazões.
▶ Sem correspondência no CPC 1973.
▶ Art. 504 deste Código.

§ 2º Se as questões referidas no § 1º forem suscitadas em contrarrazões, o recorrente será intimado para, em 15 (quinze) dias, manifestar-se a respeito delas.
▶ Sem correspondência no CPC 1973.

§ 3º O disposto no *caput* deste artigo aplica-se mesmo quando as questões mencionadas no art. 1.015 integrarem capítulo da sentença.
▶ Sem correspondência no CPC 1973.

Art. 1.010. A apelação, interposta por petição dirigida ao juízo de primeiro grau, conterá:
▶ Correspondência: art. 514 CPC 1973.

I – os nomes e a qualificação das partes;
▶ Correspondência: art. 514, I CPC 1973.

II – a exposição do fato e do direito;
▶ Correspondência: art. 514, II CPC 1973.

III – as razões do pedido de reforma ou de decretação de nulidade;
▶ Correspondência: art. 514, II CPC 1973.

IV – o pedido de nova decisão.
▶ Correspondência: art. 514, III CPC 1973.

§ 1º O apelado será intimado para apresentar contrarrazões no prazo de 15 (quinze) dias.
▶ Correspondência: art. 518 CPC 1973.

§ 2º Se o apelado interpuser apelação adesiva, o juiz intimará o apelante para apresentar contrarrazões.
▶ Sem correspondência no CPC 1973.

§ 3º Após as formalidades previstas nos §§ 1º e 2º, os autos serão remetidos ao tribunal pelo juiz, independentemente de juízo de admissibilidade.
▶ Correspondência: art. 518, § 2º CPC 1973.

Art. 1.011. Recebido o recurso de apelação no tribunal e distribuído imediatamente, o relator:
▶ Sem correspondência no CPC 1973.

I – decidi-lo-á monocraticamente apenas nas hipóteses do art. 932, incisos III a V;
▶ Correspondência: art. 557 CPC 1973.
▶ Súmula 253 do STJ.
▶ Súmula 435 do TST.

II – se não for o caso de decisão monocrática, elaborará seu voto para julgamento do recurso pelo órgão colegiado.
▶ Sem correspondência no CPC 1973.

Art. 1.012. A apelação terá efeito suspensivo.
▶ Correspondência: arts. 520 e 587 CPC 1973.
▶ Arts. 520 a 522 e 784 deste Código.
▶ Súmulas 317 e 331 do STJ.
▶ Arts. 58, V da Lei 8.245/1991 (Locação de imóveis urbanos).

§ 1º Além de outras hipóteses previstas em lei, começa a produzir efeitos imediatamente após a sua publicação a sentença que:
▶ Correspondência: arts. 520 e 587 CPC 1973.
▶ Arts. 755, § 3º e 1.012, § 4º deste Código.

I – homologa divisão ou demarcação de terras;
▶ Correspondência: art. 520, I CPC 1973.
▶ Arts. 587 e 598 deste Código.

II – condena a pagar alimentos;
▶ Correspondência: art. 520, II CPC 1973.
▶ Arts. 1.694 e ss., do CC.
▶ Art. 14 da Lei 5.478/1968 (Lei de Alimentos).

III – extingue sem resolução do mérito ou julga improcedentes os embargos do executado;
▶ Correspondência: art. 520, V CPC 1973.
▶ Arts. 914 a 920 deste Código.
▶ Art. 21 da Lei 6.383/1976 (Processo discriminatório de terras devolutas da União).
▶ Súmulas 317 e 331 do STJ.

IV – julga procedente o pedido de instituição de arbitragem;
▶ Correspondência: art. 520, VI CPC 1973.
▶ Art. 485, VII deste Código.

V – confirma, concede ou revoga tutela provisória;
▶ Correspondência: art. 520, VII CPC 1973.
▶ Art. 296, 297, par. un. e 298 deste Código.

VI – decreta a interdição.
▶ Sem correspondência no CPC 1973.
▶ Art. 755, § 3º deste Código.

§ 2º Nos casos do § 1º, o apelado poderá promover o pedido de cumprimento provisório depois de publicada a sentença.
▶ Correspondência: art. 521 CPC 1973.
▶ Art. 522 deste Código.

§ 3º O pedido de concessão de efeito suspensivo nas hipóteses do § 1º poderá ser formulado por requerimento dirigido ao:
▶ Sem correspondência no CPC 1973.

I – tribunal, no período compreendido entre a interposição da apelação e sua distribuição, ficando o relator designado para seu exame prevento para julgá-la;
▶ Sem correspondência no CPC 1973.

II – relator, se já distribuída a apelação.
▶ Sem correspondência no CPC 1973.

§ 4º Nas hipóteses do § 1º, a eficácia da sentença poderá ser suspensa pelo relator se o apelante demonstrar a probabilidade de provimento do recurso ou se, sendo relevante a fundamentação, houver risco de dano grave ou de difícil reparação.
▶ Correspondência: art. 558 CPC 1973.

Art. 1.013. A apelação devolverá ao tribunal o conhecimento da matéria impugnada.
▶ Correspondência: art. 515 CPC 1973.
▶ Arts. 141 e 492 deste Código.

§ 1º Serão, porém, objeto de apreciação e julgamento pelo tribunal todas as questões suscitadas e discutidas no processo, ainda que não tenham sido solucionadas, desde que relativas ao capítulo impugnado.
▶ Correspondência: art. 515, § 1º CPC 1973.
▶ Súmula 393 do TST.

§ 2º Quando o pedido ou a defesa tiver mais de um fundamento e o juiz acolher apenas um deles, a apelação devolverá ao tribunal o conhecimento dos demais.
▶ Correspondência: art. 515, § 2º CPC 1973.

§ 3º Se o processo estiver em condições de imediato julgamento, o tribunal deve decidir desde logo o mérito quando:
▶ Correspondência: art. 515, § 3º CPC 1973.

I – reformar sentença fundada no art. 485;
▶ Correspondência: art. 515, § 3º CPC 1973.

II – decretar a nulidade da sentença por não ser ela congruente com os limites do pedido ou da causa de pedir;
▶ Sem correspondência no CPC 1973.

III – constatar a omissão no exame de um dos pedidos, hipótese em que poderá julgá-lo;
▶ Sem correspondência no CPC 1973.

IV – decretar a nulidade de sentença por falta de fundamentação.
▶ Sem correspondência no CPC 1973.
▶ Art. 489, § 1º deste Código.

§ 4º Quando reformar sentença que reconheça a decadência ou a prescrição, o tribunal, se possível, julgará o mérito, examinando as demais questões, sem determinar o retorno do processo ao juízo de primeiro grau.
▶ Sem correspondência no CPC 1973.
▶ Arts. 332 § 1º e 487, II deste Código.

§ 5º O capítulo da sentença que confirma, concede ou revoga a tutela provisória é impugnável na apelação.
▶ Sem correspondência no CPC 1973.
▶ Art. 296, 297, par. un. e 298 deste Código.

Art. 1.014. As questões de fato não propostas no juízo inferior poderão ser suscitadas na apelação, se a parte provar que deixou de fazê-lo por motivo de força maior.
▶ Correspondência: art. 517 CPC 1973.

CAPÍTULO III
DO AGRAVO DE INSTRUMENTO

Art. 1.015. Cabe agravo de instrumento contra as decisões interlocutórias que versarem sobre:
▶ Correspondência: art. 522 CPC 1973.
▶ Arts. 203, § 2º, 354, par. un. e 1.070 deste Código.
▶ Art. 7º, § 1º da Lei 12.016/2009 (Mandado de Segurança Individual e Coletivo).
▶ Arts. 313 a 316 do RISTF.
▶ Art. 254 do RISTJ.

I – tutelas provisórias;
▶ Sem correspondência no CPC 1973.
▶ Arts. 9º, par.ún., I e 294 a 299 deste Código.

II – mérito do processo;
▶ Sem correspondência no CPC 1973.
▶ Art. 356, § 5º deste Código.

III – rejeição da alegação de convenção de arbitragem;
▶ Sem correspondência no CPC 1973.
▶ Art. 485, VII deste Código.
▶ Arts. 3º e 4º da Lei 9.307/1996 (Lei da Arbitragem).

IV – incidente de desconsideração da personalidade jurídica;
▶ Sem correspondência no CPC 1973.
▶ Arts. 133 e 136 deste Código.

V – rejeição do pedido de gratuidade da justiça ou acolhimento do pedido de sua revogação;
▶ Sem correspondência no CPC 1973.
▶ Arts. 98, § 5º, 99 e 101 deste Código.
▶ Lei 1.060/1950 (Concessão de Assistência Judiciária).

VI – exibição ou posse de documento ou coisa;
▶ Sem correspondência no CPC 1973.
▶ Arts. 380, II, 396 a 404, 420, 421 e 618, IV deste Código.

VII – exclusão de litisconsorte;
▶ Sem correspondência no CPC 1973.
▶ Arts. 113 e 124 deste Código.

VIII – rejeição do pedido de limitação do litisconsórcio;
▶ Sem correspondência no CPC 1973.
▶ Arts. 113, § 1º e 114 deste Código.

IX – admissão ou inadmissão de intervenção de terceiros;
▶ Sem correspondência no CPC 1973.
▶ Arts. 119 e 120 deste Código.

X – concessão, modificação ou revogação do efeito suspensivo aos embargos à execução;
▶ Sem correspondência no CPC 1973.
▶ Arts. 914 e 919 deste Código.

XI – redistribuição do ônus da prova nos termos do art. 373, § 1º;
▶ Sem correspondência no CPC 1973.
▶ Art. 6º, VIII do CDC.

XII – *Vetado*;
▶ Sem correspondência no CPC 1973.

XIII – outros casos expressamente referidos em lei.
▶ Súmula 118 do STJ.

Parágrafo único. Também caberá agravo de instrumento contra decisões interlocutórias proferidas na fase de liquidação de sentença ou de cumprimento de sentença, no processo de execução e no processo de inventário.
▶ Sem correspondência no CPC 1973.
▶ Arts. 136 e 528 deste Código.

Art. 1.016. O agravo de instrumento será dirigido diretamente ao tribunal competente, por meio de petição com os seguintes requisitos:
▶ Correspondência: art. 524 CPC 1973.
▶ Art. 1.003, § 3º deste Código.

I – os nomes das partes;
▶ Sem correspondência no CPC 1973.

II – a exposição do fato e do direito;
▶ Correspondência: art. 524, I CPC 1973.
▶ Súmula 287 do STF.

III – as razões do pedido de reforma ou de invalidação da decisão e o próprio pedido;
▶ Correspondência: art. 524, II CPC 1973.
▶ Súmula 182 do STJ.

IV – o nome e o endereço completo dos advogados constantes do processo.
▶ Correspondência: art. 524, III CPC 1973.

Art. 1.017. A petição de agravo de instrumento será instruída:
▶ Correspondência: art. 525 CPC 1973.

I – obrigatoriamente, com cópias da petição inicial, da contestação, da petição que ensejou a decisão agravada, da própria decisão agravada, da certidão da respectiva intimação ou outro documento oficial que comprove a tempestividade e das procurações outorgadas aos advogados do agravante e do agravado;
▶ Correspondência: art. 525, I CPC 1973.
▶ Súmulas 288 e 639 do STF.
▶ Súmula 223 do STJ.

II – com declaração de inexistência de qualquer dos documentos referidos no inciso I, feita pelo advogado do agravante, sob pena de sua responsabilidade pessoal;
▶ Sem correspondência no CPC 1973.

III – facultativamente, com outras peças que o agravante reputar úteis.

▸ Correspondência: art. 525, II CPC 1973.

§ 1º Acompanhará a petição o comprovante do pagamento das respectivas custas e do porte de retorno, quando devidos, conforme tabela publicada pelos tribunais.

▸ Correspondência: art. 525, § 1º CPC 1973.
▸ Art. 82 e 1.007 deste Código.
▸ Art. 8º da Lei 9.289/1996 (Custas devidas à União na Justiça Federal).

§ 2º No prazo do recurso, o agravo será interposto por:

▸ Correspondência: art. 525, § 2º CPC 1973.
▸ Arts. 1.003, *caput*, § 1º e § 5º deste Código.
▸ Súmulas 425 e 426 do STF.

I – protocolo realizado diretamente no tribunal competente para julgá-lo;

▸ Correspondência: art. 525, § 2º CPC 1973.

II – protocolo realizado na própria comarca, seção ou subseção judiciárias;

▸ Sem correspondência no CPC 1973.

III – postagem, sob registro, com aviso de recebimento;

▸ Correspondência: art. 525, § 2º CPC 1973.
▸ Art. 1.003, § 4º deste Código.

IV – transmissão de dados tipo fac-símile, nos termos da lei;

▸ Sem correspondência no CPC 1973.

V - outra forma prevista em lei.

▸ Sem correspondência no CPC 1973.

§ 3º Na falta da cópia de qualquer peça ou no caso de algum outro vício que comprometa a admissibilidade do agravo de instrumento, deve o relator aplicar o disposto no art. 932, parágrafo único.

▸ Sem correspondência no CPC 1973.

§ 4º Se o recurso for interposto por sistema de transmissão de dados tipo fac-símile ou similar, as peças devem ser juntadas no momento de protocolo da petição original.

▸ Sem correspondência no CPC 1973.

§ 5º Sendo eletrônicos os autos do processo, dispensam-se as peças referidas nos incisos I e II do *caput*, facultando-se ao agravante anexar outros documentos que entender úteis para a compreensão da controvérsia.

▸ Sem correspondência no CPC 1973.
▸ Lei 11.419/2006 (Informatização do Processo Judicial).

Art. 1.018. O agravante poderá requerer a juntada, aos autos do processo, da cópia da petição do agravo de instrumento, do comprovante de sua interposição e da relação dos documentos que instruíram o recurso.

▸ Correspondência: art. 526 CPC 1973.
▸ Arts. 201 e 223 deste Código.

§ 1º Se o juiz comunicar que reformou inteiramente a decisão, o relator considerará prejudicado o agravo de instrumento.

▸ Correspondência: art. 529 CPC 1973.

§ 2º Não sendo eletrônicos os autos, o agravante tomará a providência prevista no *caput*, no prazo de 3 (três) dias a contar da interposição do agravo de instrumento.

▸ Correspondência: art. 526 CPC 1973.
▸ Arts. 201 e 223 deste Código.

§ 3º O descumprimento da exigência de que trata o § 2º, desde que arguido e provado pelo agravado, importa inadmissibilidade do agravo de instrumento.

▸ Correspondência: art. 526 CPC 1973.
▸ Arts. 201 e 223 deste Código.

Art. 1.019. Recebido o agravo de instrumento no tribunal e distribuído imediatamente, se não for o caso de aplicação do art. 932, incisos III e IV, o relator, no prazo de 5 (cinco) dias:

▸ Correspondência: art. 527, I CPC 1973.

I - poderá atribuir efeito suspensivo ao recurso ou deferir, em antecipação de tutela, total ou parcialmente, a pretensão recursal, comunicando ao juiz sua decisão;

▸ Correspondência: art. 527, III CPC 1973.

II - ordenará a intimação do agravado pessoalmente, por carta com aviso de recebimento, quando não tiver procurador constituído, ou pelo Diário da Justiça ou por carta com aviso de recebimento dirigida ao seu advogado, para que responda no prazo de 15 (quinze) dias, facultando-lhe juntar a documentação que entender necessária ao julgamento do recurso;

▸ Correspondência: art. 527, V CPC 1973.

III - determinará a intimação do Ministério Público, preferencialmente por meio eletrônico, quando for o caso de sua intervenção, para que se manifeste no prazo de 15 (quinze) dias.

▸ Correspondência: art. 527, VI CPC 1973.
▸ Art. 178 deste Código.
▸ Lei 11.419/2006 (Informatização do Processo Judicial).

Art. 1.020. O relator solicitará dia para julgamento em prazo não superior a 1 (um) mês da intimação do agravado.

▸ Correspondência: art. 528 CPC 1973.
▸ Art. 946 deste Código.
▸ Súmula 86 do STJ.

Art. 1.021. Contra decisão proferida pelo relator caberá agravo interno para o respectivo órgão colegiado, observadas, quanto ao processamento, as regras do regimento interno do tribunal.

▸ Correspondência: arts. 120, par. ún., 532, 545 e 557, § 1º CPC 1973.
▸ Arts. 136 e 1.070 deste Código.
▸ Resolução do STF 450/2010 (Recurso Extraordinário com Agravo para o processamento de agravo interposto contra decisão que não admite recurso extraordinário ao STF).
▸ Resolução do STJ 7/2010 (Agravo em Recurso Especial para o processamento de agravo inter-posto contra decisão que inadmite Recurso Especial).
▸ Súmula 622 do STF.
▸ Súmulas 182 e 316 do STJ.

§ 1º Na petição de agravo interno, o recorrente impugnará especificadamente os fundamentos da decisão agravada.

▸ Sem correspondência no CPC 1973.

§ 2º O agravo será dirigido ao relator, que intimará o agravado para manifestar-se sobre o recurso no prazo de 15 (quinze) dias, ao final do qual, não havendo retratação, o relator levá-lo-á a julgamento pelo órgão colegiado, com inclusão em pauta.

▸ Correspondência: art. 557, § 1º CPC 1973.
▸ Súmula 316 do STJ.

§ 3º É vedado ao relator limitar-se à reprodução dos fundamentos da decisão agravada para julgar improcedente o agravo interno.

▸ Sem correspondência no CPC 1973.

§ 4º Quando o agravo interno for declarado manifestamente inadmissível ou improcedente em votação unânime, o órgão colegiado, em decisão fundamentada, condenará o agravante a pagar ao agravado multa fixada entre um e cinco por cento do valor atualizado da causa.

▸ Correspondência: art. 557, § 2º CPC 1973.
▸ Arts. 77, II e III, 80, VI e VII deste Código.
▸ Súmula 353 do TST.

§ 5º A interposição de qualquer outro recurso está condicionada ao depósito prévio do valor da multa prevista no § 4º, à exceção da Fazenda Pública e do beneficiário de gratuidade da justiça, que farão o pagamento ao final.

▸ Correspondência: art. 557, § 2º CPC 1973.
▸ Arts. 98 a 102, 545 e 1.021 deste Código.

Art. 1.022. Cabem embargos de declaração contra qualquer decisão judicial para:

▸ Correspondência: art. 535 CPC 1973.
▸ Art. 494, II deste Código.

I - esclarecer obscuridade ou eliminar contradição;

▸ Correspondência: art. 535, I CPC 1973.

II - suprir omissão de ponto ou questão sobre o qual devia se pronunciar o juiz de ofício ou a requerimento;

▸ Correspondência: art. 535, II CPC 1973.
▸ Súmulas 211 do STJ.

III - corrigir erro material.

▸ Sem correspondência no CPC 1973.

Parágrafo único. Considera-se omissa a decisão que:

▸ Sem correspondência no CPC 1973.

I - deixe de se manifestar sobre tese firmada em julgamento de casos repetitivos ou em incidente de assunção de competência aplicável ao caso sob julgamento;

▸ Sem correspondência no CPC 1973.

II - incorra em qualquer das condutas descritas no art. 489, § 1º.

▸ Sem correspondência no CPC 1973.

Art. 1.023. Os embargos serão opostos, no prazo de 5 (cinco) dias, em petição dirigida ao juiz, com indicação do erro, obscuridade, contradição ou omissão, e não se sujeitam a preparo.

▸ Correspondência: art. 536 CPC 1973.
▸ Art. 337, § 1º do RISTF.

§ 1º Aplica-se aos embargos de declaração o art. 229.

▸ Sem correspondência no CPC 1973.

§ 2º O juiz intimará o embargado para, querendo, manifestar-se, no prazo de 5 (cinco) dias, sobre os embargos opostos, caso seu eventual acolhimento implique a modificação da decisão embargada.

▸ Sem correspondência no CPC 1973.

Art. 1.024. O juiz julgará os embargos em 5 (cinco) dias.

▸ Correspondência: art. 537 CPC 1973.

§ 1º Nos tribunais, o relator apresentará os embargos em mesa na sessão subsequente, proferindo voto, e, não havendo julgamento nessa sessão, será o recurso incluído em pauta automaticamente.

▸ Correspondência: art. 537 CPC 1973.

▸ Art. 337, § 2º do RISTF.

§ 2º Quando os embargos de declaração forem opostos contra decisão de relator ou outra decisão unipessoal proferida em tribunal, o órgão prolator da decisão embargada decidi-los-á monocraticamente.

▸ Sem correspondência no CPC 1973.

§ 3º O órgão julgador conhecerá dos embargos de declaração como agravo interno se entender ser este o recurso cabível, desde que determine previamente a intimação do recorrente para, no prazo de 5 (cinco) dias, complementar as razões recursais, de modo a ajustá-las às exigências do art. 1.021, § 1º.

▸ Sem correspondência no CPC 1973.

§ 4º Caso o acolhimento dos embargos de declaração implique modificação da decisão embargada, o embargado que já tiver interposto outro recurso contra a decisão originária tem o direito de complementar ou alterar suas razões, nos exatos limites da modificação, no prazo de 15 (quinze) dias, contado da intimação da decisão dos embargos de declaração.

▸ Sem correspondência no CPC 1973.

§ 5º Se os embargos de declaração forem rejeitados ou não alterarem a conclusão do julgamento anterior, o recurso interposto pela outra parte antes da publicação do julgamento dos embargos de declaração será processado e julgado independentemente de ratificação.

▸ Sem correspondência no CPC 1973.
▸ Súmula 579 do STJ.

Art. 1.025. Consideram-se incluídos no acórdão os elementos que o embargante suscitou, para fins de pré-questionamento, ainda que os embargos de declaração sejam inadmitidos ou rejeitados, caso o tribunal superior considere existentes erro, omissão, contradição ou obscuridade.

▸ Sem correspondência no CPC 1973.

Art. 1.026. Os embargos de declaração não possuem efeito suspensivo e interrompem o prazo para a interposição de recurso.

▸ Correspondência: art. 538 CPC 1973.
▸ Art. 339 do RISTF.
▸ Art. 265 do RISTJ.

§ 1º A eficácia da decisão monocrática ou colegiada poderá ser suspensa pelo respectivo juiz ou relator se demonstrada a probabilidade de provimento do recurso ou, sendo relevante a fundamentação, se houver risco de dano grave ou de difícil reparação.

▸ Sem correspondência no CPC 1973.

§ 2º Quando manifestamente protelatórios os embargos de declaração, o juiz ou o tribunal, em decisão fundamentada, condenará o embargante a pagar ao embargado multa não excedente a dois por cento sobre o valor atualizado da causa.

▸ Correspondência: art. 538, par. ún. CPC 1973.
▸ Arts. 77, II e 80, VI e VII deste Código.
▸ Súmula 98 do STJ.
▸ Súmula 353 do TST.

§ 3º Na reiteração de embargos de declaração manifestamente protelatórios, a multa será elevada a até dez por cento sobre o valor atualizado da causa, e a interposição de qualquer recurso ficará condicionada ao depósito prévio do valor da multa, à exceção da Fazenda Pública e do beneficiário de gratuidade da justiça, que a recolherão ao final.

▸ Correspondência: art. 538, par. ún. CPC 1973.
▸ Arts. 77, II, 80, VI, VII e 545 deste Código.
▸ Súmula 98 do STJ.
▸ Súmula 353 do TST.

§ 4º Não serão admitidos novos embargos de declaração se os 2 (dois) anteriores houverem sido considerados protelatórios.

▸ Sem correspondência no CPC 1973.

Seção I
Do recurso ordinário

Art. 1.027. Serão julgados em recurso ordinário:

▸ Correspondência: art. 539 CPC 1973.
▸ Arts. 102, II e 105, II da CF.
▸ Súmulas 319 e 513 do STF.

I - pelo Supremo Tribunal Federal, os mandados de segurança, os *habeas data* e os mandados de injunção decididos em única instância pelos tribunais superiores, quando denegatória a decisão;

▸ Correspondência: art. 539, I CPC 1973.
▸ Arts. 102, II, *a* da CF.
▸ Súmula 299 do STF.
▸ Arts. 307 e 310 do RISTF.

II - pelo Superior Tribunal de Justiça:

▸ Correspondência: art. 539, II CPC 1973.
▸ Art. 105 da CF.
▸ Arts. 244 a 248 do RISTJ.

a) os mandados de segurança decididos em única instância pelos tribunais regionais federais ou pelos tribunais de justiça dos Estados e do Distrito Federal e Territórios, quando denegatória a decisão;

> ▸ Correspondência: art. 539, II, a CPC 1973.
> ▸ Art. 105, II, b da CF.
> ▸ Súmula 272 do STF.

b) os processos em que forem partes, de um lado, Estado estrangeiro ou organismo internacional e, de outro, Município ou pessoa residente ou domiciliada no País.

> ▸ Correspondência: art. 539, II, b CPC 1973.
> ▸ Art. 105, II, c da CF.

§ 1º Nos processos referidos no inciso II, alínea b, contra as decisões interlocutórias caberá agravo de instrumento dirigido ao Superior Tribunal de Justiça, nas hipóteses do art. 1.015.

> ▸ Correspondência: art. 539, par. ún. CPC 1973.

§ 2º Aplica-se ao recurso ordinário o disposto nos arts. 1.013, § 3º, e 1.029, § 5º.

> ▸ Sem correspondência no CPC 1973.

Art. 1.028.
Ao recurso mencionado no art. 1.027, inciso II, alínea b, aplicam-se, quanto aos requisitos de admissibilidade e ao procedimento, as disposições relativas à apelação e o Regimento Interno do Superior Tribunal de Justiça.

> ▸ Correspondência: art. 540 CPC 1973.
> ▸ Art. 318 do RISTF.

§ 1º Na hipótese do art. 1.027, § 1º, aplicam-se as disposições relativas ao agravo de instrumento e o Regimento Interno do Superior Tribunal de Justiça.

> ▸ Correspondência: art. 540 CPC 1973.

§ 2º O recurso previsto no art. 1.027, incisos I e II, alínea a, deve ser interposto perante o tribunal de origem, cabendo ao seu presidente ou vice-presidente determinar a intimação do recorrido para, em 15 (quinze) dias, apresentar as contrarrazões.

> ▸ Sem correspondência no CPC 1973.

§ 3º Findo o prazo referido no § 2º, os autos serão remetidos ao respectivo tribunal superior, independentemente de juízo de admissibilidade.

> ▸ Sem correspondência no CPC 1973.

Seção II
Do recurso extraordinário e do recurso especial

Subseção I
Disposições gerais

Art. 1.029.
O recurso extraordinário e o recurso especial, nos casos previstos na Constituição Federal, serão interpostos perante o presidente ou o vice-presidente do tribunal recorrido, em petições distintas que conterão:

> ▸ Correspondência: art. 541 CPC 1973.
> ▸ Arts. 102, III e § 3º e 105, III da CF.
> ▸ Arts. 255 a 257 do RISTJ.
> ▸ Arts. 321 a 329 do RISTF.

I – a exposição do fato e do direito;

> ▸ Correspondência: art. 541, I CPC 1973.
> ▸ Súmula 284, 287, 288 do STF.

II – a demonstração do cabimento do recurso interposto;

> ▸ Correspondência: art. 541, II CPC 1973.

III – as razões do pedido de reforma ou de invalidação da decisão recorrida.

> ▸ Correspondência: art. 541, III CPC 1973.

§ 1º Quando o recurso fundar-se em dissídio jurisprudencial, o recorrente fará a prova da divergência com a certidão, cópia ou citação do repositório de jurisprudência, oficial ou credenciado, inclusive em mídia eletrônica, em que houver sido publicado o acórdão divergente, ou ainda com a reprodução de julgado disponível na rede mundial de computadores, com indicação da respectiva fonte, devendo-se, em qualquer caso, mencionar as circunstâncias que identifiquem ou assemelhem os casos confrontados.

> ▸ Correspondência: art. 541, par. ún. CPC 1973.
> ▸ Súmulas 291 e 369 do STF.
> ▸ Súmula 320 do STJ.
> ▸ Lei 11.419/2006 (Informatização do Processo Judicial).

§ 2º *Revogado pela Lei 13.256/2016.*

§ 3º O Supremo Tribunal Federal ou o Superior Tribunal de Justiça poderá desconsiderar vício formal de recurso tempestivo ou determinar sua correção, desde que não o repute grave.

> ▸ Sem correspondência no CPC 1973.
> ▸ Súmula 639 do STF.

§ 4º Quando, por ocasião do processamento do incidente de resolução de demandas repetitivas, o presidente do Supremo Tribunal Federal ou do Superior Tribunal de Justiça receber requerimento de suspensão de processos em que se discuta questão federal constitucional ou infraconstitucional, poderá, considerando razões de segurança jurídica ou de excepcional interesse social, estender a suspensão a todo o território nacional, até

ulterior decisão do recurso extraordinário ou do recurso especial a ser interposto.

> ▸ Sem correspondência no CPC 1973.

§ 5º O pedido de concessão de efeito suspensivo a recurso extraordinário ou a recurso especial poderá ser formulado por requerimento dirigido:

I – ao tribunal superior respectivo, no período compreendido entre a publicação da decisão de admissão do recurso e sua distribuição, ficando o relator designado para seu exame prevento para julgá-lo;

> ▸ Sem correspondência no CPC 1973.
> ▸ Inciso I com redação pela Lei 13.256/2016.

II – ao relator, se já distribuído o recurso;

> ▸ Sem correspondência no CPC 1973.

III – ao presidente ou ao vice-presidente do tribunal recorrido, no período compreendido entre a interposição do recurso e a publicação da decisão de admissão do recurso, assim como no caso de o recurso ter sido sobrestado, nos termos do art. 1.037.

> ▸ Sem correspondência no CPC 1973.
> ▸ Inciso III com redação pela Lei 13.256/2016.

Art. 1.030.
Recebida a petição do recurso pela secretaria do tribunal, o recorrido será intimado para apresentar contrarrazões no prazo de 15 (quinze) dias, findo o qual os autos serão conclusos ao presidente ou ao vice-presidente do tribunal recorrido, que deverá:

> ▸ Sem correspondência no CPC 1973.
> ▸ Artigo com redação pela Lei 13.256/2016.

I – negar seguimento:

> ▸ Sem correspondência no CPC 1973.
> ▸ Inciso I acrescido pela Lei 13.256/2016.

a) a recurso extraordinário que discuta questão constitucional à qual o Supremo Tribunal Federal não tenha reconhecido a existência de repercussão geral ou a recurso extraordinário interposto contra acórdão que esteja em conformidade com entendimento do Supremo Tribunal Federal exarado no regime de repercussão geral;

> ▸ Sem correspondência no CPC 1973.

b) a recurso extraordinário ou a recurso especial interposto contra acórdão que esteja em conformidade com entendimento do Supremo Tribunal Federal ou do Superior Tribunal de Justiça, respectivamente, exarado no regime de julgamento de recursos repetitivos;

> ▸ Sem correspondência no CPC 1973.

II – encaminhar o processo ao órgão julgador para realização do juízo de retratação, se o acórdão recorrido divergir do entendimento do Supremo Tribunal Federal ou do Superior Tribunal de Justiça exarado, conforme o caso, nos regimes de repercussão geral ou de recursos repetitivos;

> ▸ Sem correspondência no CPC 1973.
> ▸ Inciso II acrescido pela Lei 13.256/2016.

III – sobrestar o recurso que versar sobre controvérsia de caráter repetitivo ainda não decidida pelo Supremo Tribunal Federal ou pelo Superior Tribunal de Justiça, conforme se trate de matéria constitucional ou infraconstitucional;

> ▸ Sem correspondência no CPC 1973.
> ▸ Inciso III acrescido pela Lei 13.256/2016.

IV – selecionar o recurso como representativo de controvérsia constitucional ou infraconstitucional, nos termos do § 6º do art. 1.036;

> ▸ Sem correspondência no CPC 1973.
> ▸ Inciso IV acrescido pela Lei 13.256/2016.

V – realizar o juízo de admissibilidade e, se positivo, remeter o feito ao Supremo Tribunal Federal ou ao Superior Tribunal de Justiça, desde que:

> ▸ Sem correspondência no CPC 1973.
> ▸ Inciso V acrescido pela Lei 13.256/2016.

a) o recurso ainda não tenha sido submetido ao regime de repercussão geral ou de julgamento de recursos repetitivos;

> ▸ Sem correspondência no CPC 1973.

b) o recurso tenha sido selecionado como representativo da controvérsia; ou

> ▸ Sem correspondência no CPC 1973.

c) o tribunal recorrido tenha refutado o juízo de retratação.

> ▸ Sem correspondência no CPC 1973.

§ 1º Da decisão de inadmissibilidade proferida com fundamento no inciso V caberá agravo ao tribunal superior, nos termos do art. 1.042.

> ▸ Sem correspondência no CPC 1973.
> ▸ § 1º acrescido pela Lei 13.256/2016.

§ 2º Da decisão proferida com fundamento nos incisos I e III caberá agravo interno, nos termos do art. 1.021.

> ▸ Sem correspondência no CPC 1973.
> ▸ § 2º acrescido pela Lei 13.256/2016.
> ▸ Súmula 123 do STJ.

Art. 1.031.
Na hipótese de interposição conjunta de recurso extraordinário e recurso especial, os autos serão remetidos ao Superior Tribunal de Justiça.

> ▸ Correspondência: art. 543 CPC 1973.
> ▸ Súmula 299 do STF.

§ 1º Concluído o julgamento do recurso especial, os autos serão remetidos ao Supremo Tribunal Federal para apreciação do recurso extraordinário, se este não estiver prejudicado.

> ▸ Correspondência: art. 543, § 1º CPC 1973.

§ 2º Se o relator do recurso especial considerar prejudicial o recurso extraordinário, em decisão irrecorrível, sobrestará o julgamento e remeterá os autos ao Supremo Tribunal Federal.

> ▸ Correspondência: art. 543, § 2º CPC 1973.

§ 3º Na hipótese do § 2º, se o relator do recurso extraordinário, em decisão irrecorrível, rejeitar a prejudicialidade, devolverá os autos ao Superior Tribunal de Justiça para o julgamento do recurso especial.

> ▸ Correspondência: art. 543, § 3º CPC 1973.
> ▸ Art. 1.042 deste Código.

Art. 1.032.
Se o relator, no Superior Tribunal de Justiça, entender que o recurso especial versa sobre questão constitucional, deverá conceder prazo de 15 (quinze) dias para que o recorrente demonstre a existência de repercussão geral e se manifeste sobre a questão constitucional.

> ▸ Sem correspondência no CPC 1973.
> ▸ Súmula 400 do STF.

Parágrafo único. Cumprida a diligência de que trata o *caput*, o relator remeterá o recurso ao Supremo Tribunal Federal, que, em juízo de admissibilidade, poderá devolvê-lo ao Superior Tribunal de Justiça.

> ▸ Sem correspondência no CPC 1973.

Art. 1.033.
Se o Supremo Tribunal Federal considerar como reflexa a ofensa à Constituição afirmada no recurso extraordinário, por pressupor a revisão da interpretação de lei federal ou de tratado, remetê-lo-á ao Superior Tribunal de Justiça para julgamento como recurso especial.

> ▸ Sem correspondência no CPC 1973.

Art. 1.034.
Admitido o recurso extraordinário ou o recurso especial, o Supremo Tribunal Federal ou o Superior Tribunal de Justiça julgará o processo, aplicando o direito.

> ▸ Sem correspondência no CPC 1973.

Parágrafo único. Admitido o recurso extraordinário ou o recurso especial por um fundamento, devolve-se ao tribunal superior o conhecimento dos demais fundamentos para a solução do capítulo impugnado.

> ▸ Sem correspondência no CPC 1973.

Art. 1.035.
O Supremo Tribunal Federal, em decisão irrecorrível, não conhecerá do recurso extraordinário quando a questão constitucional nele versada não tiver repercussão geral, nos termos deste artigo.

> ▸ Correspondência: art. 543-A CPC 1973.
> ▸ Art. 102, § 3º da CF.
> ▸ Súmula 279, 280 e 735 do STF.
> ▸ Súmula 320 do STJ.
> ▸ Art. 322 do RISTF.

§ 1º Para efeito de repercussão geral, será considerada a existência ou não de questões relevantes do ponto de vista econômico, político, social ou jurídico que ultrapassem os interesses subjetivos do processo.

> ▸ Correspondência: art. 543-A, § 1º CPC 1973.

§ 2º O recorrente deverá demonstrar a existência de repercussão geral para apreciação exclusiva pelo Supremo Tribunal Federal.

> ▸ Correspondência: art. 543-A, § 2º CPC 1973.

§ 3º Haverá repercussão geral sempre que o recurso impugnar acórdão que:

> ▸ Correspondência: art. 543-A, § 3º CPC 1973.

I – contrarie súmula ou jurisprudência dominante do Supremo Tribunal Federal;

> ▸ Correspondência: art. 543-A, § 3º CPC 1973.
> ▸ Súmula 286 do STF.

II – *Revogado pela Lei 13.256/2016.*

III – tenha reconhecido a inconstitucionalidade de tratado ou de lei federal, nos termos do art. 97 da Constituição Federal.

> ▸ Correspondência: art. 543-A, § 3º CPC 1973.
> ▸ Súmulas 282 e 285 do STF.

§ 4º O relator poderá admitir, na análise da repercussão geral, a manifestação de terceiros, subscrita por procurador habilitado, nos termos do Regimento Interno do Supremo Tribunal Federal.

> ▸ Correspondência: art. 543-B, § 6º CPC 1973.

§ 5º Reconhecida a repercussão geral, o relator no Supremo Tribunal Federal determinará a suspensão do processamento de todos os processos pendentes, individuais ou coletivos, que versem sobre a questão e tramitem no território nacional.

▶ Correspondência: art. 543-B, § 1º CPC 1973.

§ 6º O interessado pode requerer, ao presidente ou ao vice presidente do tribunal de origem, que exclua da decisão de sobrestamento e inadmita o recurso extraordinário que tenha sido interposto intempestivamente, tendo o recorrente o prazo de 5 (cinco) dias para manifestar-se sobre esse requerimento.

▶ Sem correspondência no CPC 1973.

§ 7º Da decisão que indeferir o requerimento referido no § 6º ou que aplicar entendimento firmado em regime de repercussão geral ou em julgamento de recursos repetitivos caberá agravo interno.

▶ Sem correspondência no CPC 1973.
▶ § 7º com redação pela Lei 13.256/2016.

§ 8º Negada a repercussão geral, o presidente ou o vice--presidente do tribunal de origem negará seguimento aos recursos extraordinários sobrestados na origem que versem sobre matéria idêntica.

▶ Correspondência: arts. 543-A, § 5º e 543-B, § 2º CPC 1973.

§ 9º O recurso que tiver a repercussão geral reconhecida deverá ser julgado no prazo de 1 (um) ano e terá preferência sobre os demais feitos, ressalvados os que envolvam réu preso e os pedidos de *habeas corpus*.

▶ Sem correspondência no CPC 1973.

§ 10. *Revogado pela Lei 13.256/2016.*

§ 11. A súmula da decisão sobre a repercussão geral constará de ata, que será publicada no diário oficial e valerá como acórdão.

▶ Correspondência: arts. 543-A, § 7º CPC 1973.

Subseção II
Do julgamento dos recursos extraordinário
e especial repetitivos

Art. 1.036. Sempre que houver multiplicidade de recursos extraordinários ou especiais com fundamento em idêntica questão de direito, haverá afetação para julgamento de acordo com as disposições desta Subseção, observado o disposto no Regimento Interno do Supremo Tribunal Federal e no do Superior Tribunal de Justiça.

▶ Correspondência: arts. 543-B e 543-C CPC 1973.
▶ Arts. 328 e 329 do RISTF.

§ 1º O presidente ou o vice-presidente de tribunal de justiça ou de tribunal regional federal selecionará 2 (dois) ou mais recursos representativos da controvérsia, que serão encaminhados ao Supremo Tribunal Federal ou ao Superior Tribunal de Justiça para fins de afetação, determinando a suspensão do trâmite de todos os processos pendentes, individuais ou coletivos, que tramitem no Estado ou na região, conforme o caso.

▶ Correspondência: arts. 543-B, § 1º e 543-C, § 1º CPC 1973.

§ 2º O interessado pode requerer, ao presidente ou ao vice-presidente, que exclua da decisão de sobrestamento e inadmita o recurso especial ou o recurso extraordinário que tenha sido interposto intempestivamente, tendo o recorrente o prazo de 5 (cinco) dias para manifestar-se sobre esse requerimento.

▶ Sem correspondência no CPC 1973.

§ 3º Da decisão que indeferir o requerimento referido no § 2º caberá apenas agravo interno.

▶ Sem correspondência no CPC 1973.
▶ § 3º com redação pela Lei 13.256/2016.

§ 4º A escolha feita pelo presidente ou vice-presidente do tribunal de justiça ou do tribunal regional federal não vinculará o relator no tribunal superior, que poderá selecionar outros recursos representativos da controvérsia.

▶ Sem correspondência no CPC 1973.

§ 5º O relator em tribunal superior também poderá selecionar 2 (dois) ou mais recursos representativos da controvérsia para julgamento da questão de direito independentemente da iniciativa do presidente ou do vice-presidente do tribunal de origem.

▶ Sem correspondência no CPC 1973.

§ 6º Somente podem ser selecionados recursos admissíveis que contenham abrangente argumentação e discussão a respeito da questão a ser decidida.

▶ Sem correspondência no CPC 1973.

Art. 1.037. Selecionados os recursos, o relator, no tribunal superior, constatando a presença do pressuposto do *caput* do art. 1.036, proferirá decisão de afetação, na qual:

▶ Sem correspondência no CPC 1973.

I – identificará com precisão a questão a ser submetida a julgamento;

▶ Sem correspondência no CPC 1973.

II – determinará a suspensão do processamento de todos os processos pendentes, individuais ou coletivos, que versem sobre a questão e tramitem no território nacional;

▶ Sem correspondência no CPC 1973.

III – poderá requisitar aos presidentes ou aos vice-presidentes dos tribunais de justiça ou dos tribunais regionais

federais a remessa de um recurso representativo da controvérsia.

▶ Sem correspondência no CPC 1973.

§ 1º Se, após receber os recursos selecionados pelo presidente ou pelo vice-presidente de tribunal de justiça ou de tribunal regional federal, não se proceder à afetação, o relator, no tribunal superior, comunicará o fato ao presidente ou ao vice-presidente que os houver enviado, para que seja revogada a decisão de suspensão referida no art. 1.036, § 1º.

▶ Sem correspondência no CPC 1973.

§ 2º *Revogado pela Lei 13.256/2016.*

§ 3º Havendo mais de uma afetação, será prevento o relator que primeiro tiver proferido a decisão a que se refere o inciso I do *caput*.

▶ Sem correspondência no CPC 1973.

§ 4º Os recursos afetados deverão ser julgados no prazo de 1 (um) ano e terão preferência sobre os demais feitos, ressalvados os que envolvam réu preso e os pedidos de *habeas corpus*.

▶ Sem correspondência no CPC 1973.

§ 5º *Revogado pela Lei 13.256/2016.*

§ 6º Ocorrendo a hipótese do § 5º, é permitido a outro relator do respectivo tribunal superior afetar 2 (dois) ou mais recursos representativos da controvérsia na forma do art. 1.036.

▶ Sem correspondência no CPC 1973.

§ 7º Quando os recursos requisitados na forma do inciso III do *caput* contiverem outras questões além daquela que é objeto da afetação, caberá ao tribunal decidir esta em primeiro lugar e depois as demais, em acórdão específico para cada processo.

▶ Sem correspondência no CPC 1973.

§ 8º As partes deverão ser intimadas da decisão de suspensão de seu processo, a ser proferida pelo respectivo juiz ou relator quando informado da decisão a que se refere o inciso II do *caput*.

▶ Sem correspondência no CPC 1973.

§ 9º Demonstrando distinção entre a questão a ser decidida no processo e aquela a ser julgada no recurso especial ou extraordinário afetado, a parte poderá requerer o prosseguimento do seu processo.

▶ Sem correspondência no CPC 1973.

§ 10. O requerimento a que se refere o § 9º será dirigido:

▶ Sem correspondência no CPC 1973.

I – ao juiz, se o processo sobrestado estiver em primeiro grau;

▶ Sem correspondência no CPC 1973.

II – ao relator, se o processo sobrestado estiver no tribunal de origem;

▶ Sem correspondência no CPC 1973.

III – ao relator do acórdão recorrido, se for sobrestado recurso especial ou recurso extraordinário no tribunal de origem;

▶ Sem correspondência no CPC 1973.

IV – ao relator, no tribunal superior, de recurso especial ou de recurso extraordinário cujo processamento houver sido sobrestado.

▶ Sem correspondência no CPC 1973.

§ 11. A outra parte deverá ser ouvida sobre o requerimento a que se refere o § 9º, no prazo de 5 (cinco) dias.

▶ Sem correspondência no CPC 1973.

§ 12. Reconhecida a distinção no caso:

▶ Sem correspondência no CPC 1973.

I – dos incisos I, II e IV do § 10, o próprio juiz ou relator dará prosseguimento ao processo;

▶ Sem correspondência no CPC 1973.

II – do inciso III do § 10, o relator comunicará a decisão ao presidente ou ao vice-presidente que houver determinado o sobrestamento, para que o recurso especial ou o recurso extraordinário seja encaminhado ao respectivo tribunal superior, na forma do art. 1.030, parágrafo único.

▶ Sem correspondência no CPC 1973.

§ 13. Da decisão que resolver o requerimento a que se refere o § 9º caberá:

▶ Sem correspondência no CPC 1973.

I – agravo de instrumento, se o processo estiver em primeiro grau;

▶ Sem correspondência no CPC 1973.
▶ Arts. 1.015 a 1.020 deste Código.

II – agravo interno, se a decisão for de relator.

▶ Sem correspondência no CPC 1973.
▶ Art. 1.021 deste Código.

Art. 1.038. O relator poderá:

▶ Correspondência: art. 543-C, § 3º CPC 1973.

I – solicitar ou admitir manifestação de pessoas, órgãos ou entidades com interesse na controvérsia, considerando a relevância da matéria e consoante dispuser o regimento interno;

▶ Correspondência: art. 543-C, § 4º CPC 1973.

II – fixar data para, em audiência pública, ouvir depoimentos de pessoas com experiência e conhecimento na matéria, com a finalidade de instruir o procedimento;

▶ Sem correspondência no CPC 1973.

III – requisitar informações aos tribunais inferiores a respeito da controvérsia e, cumprida a diligência, intimará o Ministério Público para manifestar-se.

▶ Correspondência: arts. 543-C, § 3º e 543-C, § 5º CPC 1973.

§ 1º No caso do inciso III, os prazos respectivos são de 15 (quinze) dias, e os atos serão praticados, sempre que possível, por meio eletrônico.

▶ Correspondência: arts. 543-C, § 3º CPC 1973.

§ 2º Transcorrido o prazo para o Ministério Público e remetida cópia do relatório aos demais ministros, haverá inclusão em pauta, devendo ocorrer o julgamento com preferência sobre os demais feitos, ressalvados os que envolvam réu preso e os pedidos de *habeas corpus*.

▶ Correspondência: arts. 543-C, § 6º CPC 1973.

§ 3º O conteúdo do acórdão abrangerá a análise dos fundamentos relevantes da tese jurídica discutida.

▶ Correspondência: arts. 543-C, § 6º CPC 1973.
▶ § 3º com redação pela Lei 13.256/2016.

Art. 1.039. Decididos os recursos afetados, os órgãos colegiados declararão prejudicados os demais recursos versando sobre idêntica controvérsia ou os decidirão aplicando a tese firmada.

▶ Correspondência: arts. 543-B, § 3º, 543-C, § 7º, I e II CPC 1973.

Parágrafo único. Negada a existência de repercussão geral no recurso extraordinário afetado, serão considerados automaticamente inadmitidos os recursos extraordinários cujo processamento tenha sido sobrestado.

▶ Correspondência: art. 543-B, § 2º CPC 1973.

Art. 1.040. Publicado o acórdão paradigma:

▶ Correspondência: art. 543-C, § 7º CPC 1973.

I – o presidente ou o vice-presidente do tribunal de origem negará seguimento aos recursos especiais ou extraordinários sobrestados na origem, se o acórdão recorrido coincidir com a orientação do tribunal superior;

▶ Correspondência: arts. 543-C, § 7º, I e 543-B, § 3º CPC 1973.

II – o órgão que proferiu o acórdão recorrido, na origem, reexaminará o processo de competência originária, a remessa necessária ou o recurso anteriormente julgado, se o acórdão recorrido contrariar a orientação do tribunal superior;

▶ Correspondência: art. 543, § 7º, II CPC 1973.

III – os processos suspensos em primeiro e segundo graus de jurisdição retomarão o curso para julgamento e aplicação da tese firmada pelo tribunal superior;

▶ Sem correspondência no CPC 1973.

IV – se os recursos versarem sobre questão relativa a prestação de serviço público objeto de concessão, permissão ou autorização, o resultado do julgamento será comunicado ao órgão, ao ente ou à agência reguladora competente para fiscalização da efetiva aplicação, por parte dos entes sujeitos a regulação, da tese adotada.

▶ Sem correspondência no CPC 1973.

§ 1º A parte poderá desistir da ação em curso no primeiro grau de jurisdição, antes de proferida a sentença, se a questão nela discutida for idêntica à resolvida pelo recurso representativo da controvérsia.

▶ Sem correspondência no CPC 1973.

§ 2º Se a desistência ocorrer antes de oferecida contestação, a parte ficará isenta do pagamento de custas e de honorários de sucumbência.

▶ Sem correspondência no CPC 1973.

§ 3º A desistência apresentada nos termos do § 1º independe de consentimento do réu, ainda que apresentada contestação.

▶ Sem correspondência no CPC 1973.

Art. 1.041. Mantido o acórdão divergente pelo tribunal de origem, o recurso especial ou extraordinário será remetido ao respectivo tribunal superior, na forma do art. 1.036, § 1º.

▶ Correspondência: arts. 543-B, § 4º e 543-C, § 8º CPC 1973.

§ 1º Realizado o juízo de retratação, com alteração do acórdão divergente, o tribunal de origem, se for o caso, decidirá as demais questões ainda não decididas cujo enfrentamento se tornou necessário em decorrência da alteração.

▶ Sem correspondência no CPC 1973.

§ 2º Quando ocorrer a hipótese do inciso II do *caput* do art. 1.040 e o recurso versar sobre outras questões, caberá ao presidente ou ao vice-presidente do tribunal recorrido, depois do reexame pelo órgão de origem e independentemente de ratificação do recurso, sendo positivo o juízo de admissibilidade, determinar a remessa do recurso ao tribunal superior para julgamento das demais questões.

▶ Sem correspondência no CPC 1973.
▶ § 2º com redação pela Lei 13.256/2016.

Seção III

Do agravo em recurso especial e em recurso extraordinário

Art. 1.042. Cabe agravo contra decisão do presidente ou do vice-presidente do tribunal recorrido que inadmitir recurso extraordinário ou recurso especial, salvo quando fundada na aplicação de entendimento firmado em regime de repercussão geral ou em julgamento de recursos repetitivos.

▸ Sem correspondência no CPC 1973.

I a III – *Revogados pela Lei 13.256/2016.*

§ 1º *Revogado pela Lei 13.256/2016.*

I e II – *Revogados pela Lei 13.256/2016.*

§ 2º A petição de agravo será dirigida ao presidente ou ao vice-presidente do tribunal de origem e independe do pagamento de custas e despesas postais, aplicando-se a ela o regime de repercussão geral e de recursos repetitivos, inclusive quanto à possibilidade de sobrestamento e do juízo de retratação.

▸ Sem correspondência no CPC 1973.
▸ § 2º com redação pela Lei 13.256/2016.

§ 3º O agravado será intimado, de imediato, para oferecer resposta no prazo de 15 (quinze) dias.

▸ Correspondência: art. 544, § 3º CPC 1973.

§ 4º Após o prazo de resposta, não havendo retratação, o agravo será remetido ao tribunal superior competente.

▸ Sem correspondência no CPC 1973.

§ 5º O agravo poderá ser julgado, conforme o caso, conjuntamente com o recurso especial ou extraordinário, assegurada, neste caso, sustentação oral, observando-se, ainda, o disposto no regimento interno do tribunal respectivo.

▸ Sem correspondência no CPC 1973.

§ 6º Na hipótese de interposição conjunta de recursos extraordinário e especial, o agravante deverá interpor um agravo para cada recurso não admitido.

▸ Correspondência: art. 544, § 1º CPC 1973.

§ 7º Havendo apenas um agravo, o recurso será remetido ao tribunal competente, e, havendo interposição conjunta, os autos serão remetidos ao Superior Tribunal de Justiça.

▸ Sem correspondência no CPC 1973.
▸ Art. 1.031 deste Código.

§ 8º Concluído o julgamento do agravo pelo Superior Tribunal de Justiça e, se for o caso, do recurso especial, independentemente de pedido, os autos serão remetidos ao Supremo Tribunal Federal para apreciação do agravo a ele dirigido, salvo se estiver prejudicado.

▸ Sem correspondência no CPC 1973.
▸ Art. 1.031, § 1º deste Código.

Seção IV

Dos embargos de divergência

Art. 1.043. É embargável o acórdão de órgão fracionário que:

▸ Correspondência: art. 546 CPC 1973.
▸ Art. 1.003, § 5º deste Código.

Súmulas 158, 168, 169, 315, 316 e 420 do STJ. **I –** em recurso extraordinário ou em recurso especial, divergir do julgamento de qualquer outro órgão do mesmo tribunal, sendo os acórdãos, embargado e paradigma, de mérito;

▸ Correspondência: art. 546, I e II CPC 1973.
▸ Art. 330 do RISTF.

II – *Revogado pela Lei 13.256/2016.*

III – em recurso extraordinário ou em recurso especial, divergir do julgamento de qualquer outro órgão do mesmo tribunal, sendo um acórdão de mérito e outro que não tenha conhecido do recurso, embora tenha apreciado a controvérsia;

▸ Sem correspondência no CPC 1973.

IV – *Revogado pela Lei 13.256/2016.*

§ 1º Poderão ser confrontadas teses jurídicas contidas em julgamentos de recursos e de ações de competência originária.

▸ Sem correspondência no CPC 1973.
▸ Súmulas 158 e 316 do STJ.

§ 2º A divergência que autoriza a interposição de embargos de divergência pode verificar-se na aplicação do direito material ou do direito processual.

▸ Sem correspondência no CPC 1973.

§ 3º Cabem embargos de divergência quando o acórdão paradigma for da mesma turma que proferiu a decisão embargada, desde que sua composição tenha sofrido alteração em mais da metade de seus membros.

▸ Sem correspondência no CPC 1973.
▸ Súmula 598 do STF.

§ 4º O recorrente provará a divergência com certidão, cópia ou citação de repositório oficial ou credenciado de jurisprudência, inclusive em mídia eletrônica, onde foi publicado o acórdão divergente, ou com a reprodução de julgado disponível na rede mundial de computa-

dores, indicando a respectiva fonte, e mencionará as circunstâncias que identificam ou assemelham os casos confrontados.

▸ Sem correspondência no CPC 1973.
▸ Arts. 331 e 332 do RISTF.
▸ Art. 489, §1º deste Código.

§ 5º – *Revogado pela Lei 13.256/2016.*

Art. 1.044. No recurso de embargos de divergência, será observado o procedimento estabelecido no regimento interno do respectivo tribunal superior.

▸ Correspondência: art. 546, par. ún. CPC 1973.
▸ Súmulas 315 e 316 do STJ.
▸ Arts. 266 e 267 do RISTJ.

§ 1º A interposição de embargos de divergência no Superior Tribunal de Justiça interrompe o prazo para interposição de recurso extraordinário por qualquer das partes.

▸ Sem correspondência no CPC 1973.

§ 2º Se os embargos de divergência forem desprovidos ou não alterarem a conclusão do julgamento anterior, o recurso extraordinário interposto pela outra parte antes da publicação do julgamento dos embargos de divergência será processado e julgado independentemente de ratificação.

▸ Sem correspondência no CPC 1973.

LIVRO COMPLEMENTAR
DISPOSIÇÕES FINAIS E TRANSITÓRIAS

Art. 1.045. Este Código entra em vigor após decorrido 1 (um) ano da data de sua publicação oficial.

▸ Correspondência: art. 1.220 CPC 1973.

Art. 1.046. Ao entrar em vigor este Código, suas disposições se aplicarão desde logo aos processos pendentes, ficando revogada a Lei 5.869, de 11 de janeiro de 1973.

▸ Correspondência: art. 1.211 CPC 1973.

§ 1º As disposições da Lei 5.869, de 11 de janeiro de 1973, relativas ao procedimento sumário e aos procedimentos especiais que forem revogadas aplicar-se-ão às ações propostas e não sentenciadas até o início da vigência deste Código.

▸ Sem correspondência no CPC 1973.

§ 2º Permanecem em vigor as disposições especiais dos procedimentos regulados em outras leis, aos quais se aplicará supletivamente este Código.

▸ Sem correspondência no CPC 1973.

§ 3º Os processos mencionados no art. 1.218 da Lei 5.869, de 11 de janeiro de 1973, cujo procedimento ainda não tenha sido incorporado por lei submetem-se ao procedimento comum previsto neste Código.

▸ Correspondência: art. 1.218, I a XVI CPC 1973.
▸ Dec.-lei 58/1937 (Loteamento e a venda de terrenos para pagamento em prestações).
▸ Lei 8.245/1991 (Locação de Imóveis Urbanos).
▸ Lei 6.015/1973 (Registros Públicos).

§ 4º As remissões a disposições do Código de Processo Civil revogado, existentes em outras leis, passam a referir-se às que lhes são correspondentes neste Código.

▸ Sem correspondência no CPC 1973.

§ 5º A primeira lista de processos para julgamento em ordem cronológica observará a antiguidade da distribuição entre os já conclusos na data da entrada em vigor deste Código.

▸ Sem correspondência no CPC 1973.
▸ Art. 12 deste Código.

Art. 1.047. As disposições de direito probatório adotadas neste Código aplicam-se apenas às provas requeridas ou determinadas de ofício a partir da data de início de sua vigência.

▸ Sem correspondência no CPC 1973.

Art. 1.048. Terão prioridade de tramitação, em qualquer juízo ou tribunal, os procedimentos judiciais:

▸ Correspondência: art. 1.211-A CPC 1973.

I – em que figure como parte ou interessado pessoa com idade igual ou superior a 60 (sessenta) anos ou portadora de doença grave, assim compreendida qualquer das enumeradas no art. 6º, inciso XIV, da Lei 7.713, de 22 de dezembro de 1988;

▸ Correspondência: art. 1.211-A CPC 1973.
▸ Art. 71 da Lei 10.741/2003 (Estatuto do Idoso).
▸ Art. 9º, VII da Lei 13.146/2015 (Estatuto da Pessoa com Deficiência).
▸ Resolução do STF 408/2009 (Concessão de prioridade na tramitação de procedimentos judiciais às pessoas que especifica).

II – regulados pela Lei 8.069, de 13 de julho de 1990 (Estatuto da Criança e do Adolescente).

▸ Sem correspondência no CPC 1973.
▸ Art. 152, par. un. da Lei 8.069/1990 (Estatuto da Criança e do Adolescente).

III – em que figure como parte a vítima de violência doméstica e familiar, nos termos da Lei 11.340, de 7 de agosto de 2006 (Lei Maria da Penha).

▸ Inciso III acrescido pela Lei 13.894/2019.

IV – em que se discuta a aplicação do disposto nas normas gerais de licitação e contratação a que se refere o inciso XXVII do *caput* do art. 22 da Constituição Federal.

▸ Inciso IV acrescido pela Lei 14.133/2021.

§ 1º A pessoa interessada na obtenção do benefício, juntando prova de sua condição, deverá requerê-lo à autoridade judiciária competente para decidir o feito, que determinará ao cartório do juízo as providências a serem cumpridas.

▸ Correspondência: art. 1.211-B do CPC de 1973.
▸ Art. 71, § 1º da Lei 10.741/2003 (Estatuto do Idoso).
▸ Resolução do STF 408/2009 (Concessão de prioridade na tramitação de procedimentos judiciais às pessoas que especifica).

§ 2º Deferida a prioridade, os autos receberão identificação própria que evidencie o regime de tramitação prioritária.

▸ Correspondência: art. 1.211-B, § 1º, do CPC de 1973.

§ 3º Concedida a prioridade, essa não cessará com a morte do beneficiado, estendendo-se em favor do cônjuge supérstite ou do companheiro em união estável.

▸ Correspondência: art. 1.211-C do CPC de 1973.
▸ Art. 71, § 2º da Lei 10.741/2003 (Estatuto do Idoso).

§ 4º A tramitação prioritária independe de deferimento pelo órgão jurisdicional e deverá ser imediatamente concedida diante da prova da condição de beneficiário.

▸ Sem correspondência no CPC de 1973.

Art. 1.049. Sempre que a lei remeter a procedimento previsto na lei processual sem especificá-lo, será observado o procedimento comum previsto neste Código.

▸ Sem correspondência no CPC de 1973.

Parágrafo único. Na hipótese de a lei remeter ao procedimento sumário, será observado o procedimento comum previsto neste Código, com as modificações previstas na própria lei especial, se houver.

▸ Sem correspondência no CPC de 1973.

Art. 1.050. A União, os Estados, o Distrito Federal, os Municípios, suas respectivas entidades da administração indireta, o Ministério Público, a Defensoria Pública e a Advocacia Pública, no prazo de 30 (trinta) dias a contar da data da entrada em vigor deste Código, deverão se cadastrar perante a administração do tribunal no qual atuem para cumprimento do disposto nos arts. 246, § 2º, e 270, parágrafo único.

▸ Sem correspondência no CPC de 1973.
▸ Arts. 4º a 7º da Lei 11.419/2006 (Informatização do processo judicial).

Art. 1.051. As empresas públicas e privadas devem cumprir o disposto no art. 246, § 1º, no prazo de 30 (trinta) dias, a contar da data de inscrição do ato constitutivo da pessoa jurídica, perante o juízo onde tenham sede ou filial.

▸ Sem correspondência no CPC de 1973.
▸ Lei 11.419/2006 (Informatização do processo judicial).

Parágrafo único. O disposto no *caput* não se aplica às microempresas e às empresas de pequeno porte.

▸ Sem correspondência no CPC de 1973.

Art. 1.052. Até a edição de lei específica, as execuções contra devedor insolvente, em curso ou que venham a ser propostas, permanecem reguladas pelo Livro II, Título IV, da Lei 5.869, de 11 de janeiro de 1973.

▸ Sem correspondência no CPC de 1973.

Art. 1.053. Os atos processuais praticados por meio eletrônico até a transição definitiva para certificação digital ficam convalidados, ainda que não tenham observado os requisitos mínimos estabelecidos por este Código, desde que tenham atingido sua finalidade e não tenha havido prejuízo à defesa de qualquer das partes.

▸ Sem correspondência no CPC de 1973.
▸ Lei 11.419/2006 (Informatização do processo judicial).

Art. 1.054. O disposto no art. 503, § 1º, somente se aplica aos processos iniciados após a vigência deste Código, aplicando-se aos anteriores o disposto nos arts. 5º, 325 e 470 da Lei 5.869, de 11 de janeiro de 1973.

▸ Sem correspondência no CPC de 1973.

Art. 1.055. *Vetado.*

▸ Correspondência: art. 285-B, § 2º, do CPC de 1973.

Art. 1.056. Considerar-se-á como termo inicial do prazo da prescrição prevista no art. 924, inciso V, inclusive para as execuções em curso, a data de vigência deste Código.

▸ Sem correspondência no CPC de 1973.

Art. 1.057. O disposto no art. 525, §§ 14 e 15, e no art. 535, §§ 7º e 8º, aplica-se às decisões transitadas em julgado após a entrada em vigor deste Código, e, às decisões transitadas em julgado anteriormente, aplica-se o disposto no art. 475-L, § 1º, e no art. 741, parágrafo único, da Lei 5.869, de 11 de janeiro de 1973.

▸ Sem correspondência no CPC de 1973.

Art. 1.058. Em todos os casos em que houver recolhimento de importância em dinheiro, esta será depositada em nome da parte ou do interessado, em conta

especial movimentada por ordem do juiz, nos termos do art. 840, inciso I.

▸ Correspondência: art. 1.219 do CPC de 1973.

Art. 1.059. À tutela provisória requerida contra a Fazenda Pública aplica-se o disposto nos arts. 1º a 4º da Lei 8.437, de 30 de junho de 1992, e no art. 7º, § 2º, da Lei 12.016, de 7 de agosto de 2009.

▸ Sem correspondência no CPC de 1973.

Art. 1.060. O inciso II do art. 14 da Lei 9.289, de 4 de julho de 1996, passa a vigorar com a seguinte redação:

▸ Sem correspondência no CPC de 1973.
▸ Alterações incorporadas no texto da referida Lei.

Art. 1.061. O § 3º do art. 33 da Lei 9.307, de 23 de setembro de 1996 (Lei de Arbitragem), passa a vigorar com a seguinte redação:

▸ Sem correspondência no CPC de 1973.
▸ Alterações incorporadas no texto da referida Lei.

Art. 1.062. O incidente de desconsideração da personalidade jurídica aplica-se ao processo de competência dos juizados especiais.

▸ Sem correspondência no CPC de 1973.
▸ Arts. 133 a 137 deste Código.

Art. 1.063. Os juizados especiais cíveis previstos na Lei 9.099, de 26 de setembro de 1995, continuam competentes para o processamento e o julgamento das causas previstas no inciso II do art. 275 da Lei nº 5.869, de 11 de janeiro de 1973.

▸ Artigo com redação pela Lei 14.976/2024.
▸ Sem correspondência no CPC de 1973.

Art. 1.064. O *caput* do art. 48 da Lei 9.099, de 26 de setembro de 1995, passa a vigorar com a seguinte redação:

▸ Sem correspondência no CPC de 1973.
▸ Alterações incorporadas no texto da referida Lei.

Art. 1.065. O art. 50 da Lei 9.099, de 26 de setembro de 1995, passa a vigorar com a seguinte redação:

▸ Sem correspondência no CPC de 1973.
▸ Alterações incorporadas no texto da referida Lei.

Art. 1.066. O art. 83 da Lei 9.099, de 26 de setembro de 1995, passam a vigorar com a seguinte redação:

▸ Sem correspondência no CPC de 1973.
▸ Alterações incorporadas no texto da referida Lei.

Art. 1.067. O art. 275 da Lei 4.737, de 15 de julho de 1965 (Código Eleitoral), passa a vigorar com a seguinte redação:

▸ Sem correspondência no CPC de 1973.
▸ Alterações incorporadas no texto da referida Lei.

Art. 1.068. O art. 274 e o *caput* do art. 2.027 da Lei 10.406, de 10 de janeiro de 2002 (Código Civil), passam a vigorar com a seguinte redação:

▸ Sem correspondência no CPC de 1973.
▸ Alterações incorporadas no texto do referido Código.

Art. 1.069. O Conselho Nacional de Justiça promoverá, periodicamente, pesquisas estatísticas para avaliação da efetividade das normas previstas neste Código.

▸ Sem correspondência no CPC de 1973.

Art. 1.070. É de 15 (quinze) dias o prazo para a interposição de qualquer agravo, previsto em lei ou em regimento interno de tribunal, contra decisão de relator ou outra decisão unipessoal proferida em tribunal.

▸ Sem correspondência no CPC de 1973.
▸ Arts. 1.015, 1.021 e 1.042 deste Código.

Art. 1.071. O Capítulo III do Título V da Lei 6.015, de 31 de dezembro de 1973 (Lei de Registros Públicos), passa a vigorar acrescida do seguinte art. 216-A:

▸ Sem correspondência no CPC de 1973.
▸ Alterações incorporadas no texto da referida Lei.

Art. 1.072. Revogam-se:

I – o art. 22 do Decreto-Lei 25, de 30 de novembro de 1937;

▸ Sem correspondência no CPC de 1973.

II – os arts. 227, *caput*, 229, 230, 456, 1.482, 1.483 e 1.768 a 1.773 da Lei 10.406, de 10 de janeiro de 2002 (Código Civil);

▸ Sem correspondência no CPC de 1973.

III – os arts. 2º, 3º, 4º, 6º, 7º, 11, 12 e 17 da Lei 1.060, de 5 de fevereiro de 1950;

▸ Sem correspondência no CPC de 1973.

IV – os arts. 13 a 18, 26 a 29 e 38 da Lei 8.038, de 28 de maio de 1990;

▸ Sem correspondência no CPC de 1973.

V – os arts. 16 a 18 da Lei 5.478, de 25 de julho de 1968; e

▸ Sem correspondência no CPC de 1973.

VI – o art. 98, § 4º, da Lei 12.529, de 30 de novembro de 2011.

▸ Sem correspondência no CPC de 1973.

Brasília, 16 de março de 2015; 194º da Independência e 127º da República.

Dilma Rousseff

Código Civil

LEI 10.406, DE 10 DE JANEIRO DE 2002

Institui o Código Civil.

DOU 11.01.2002

O Presidente da República:

Faço saber que o Congresso Nacional decreta e eu sanciono a seguinte Lei:

PARTE GERAL

LIVRO I
DAS PESSOAS

TÍTULO I
DAS PESSOAS NATURAIS

CAPÍTULO I
DA PERSONALIDADE E DA CAPACIDADE

Art. 1º Toda pessoa é capaz de direitos e deveres na ordem civil.

▶ Art. 7º, *caput*, do Dec.-lei 4.657/1942 (Lei de Introdução às normas do Direito Brasileiro – LIND).

Art. 2º A personalidade civil da pessoa começa do nascimento com vida; mas a lei põe a salvo, desde a concepção, os direitos do nascituro.

▶ Arts. 124 e 128 do CP.
▶ Art. 7º, *caput*, do Dec.-lei 4.657/1942 (Lei de Introdução às normas do Direito Brasileiro – LINDB).
▶ Arts. 50 e 66 da Lei 6.015/1973 (Registros Públicos).
▶ Arts. 7º a 10, 228 e 229 da Lei 8.069/1990 (Estatuto da Criança e do Adolescente).

Art. 3º São absolutamente incapazes de exercer pessoalmente os atos da vida civil os menores de 16 (dezesseis) anos.

▶ *Caput* com redação pela *Lei 13.146/2015.*

I a III – *Revogados pela Lei 13.146/2015 – Estatuto da Pessoa com Deficiência.*

Art. 4º São incapazes, relativamente a certos atos ou à maneira de os exercer:

▶ *Caput com redação pela Lei 13.146/2015 – Estatuto da Pessoa com Deficiência.*

I – os maiores de dezesseis e menores de dezoito anos;

▶ Art. 793 da CLT.
▶ Art. 73 da Lei 4.375/1964 (Serviço Militar).

II – os ébrios habituais e os viciados em tóxico;

▶ Inciso II com redação pela Lei 13.146/2015 – Estatuto da Pessoa com Deficiência.

III – aqueles que, por causa transitória ou permanente, não puderem exprimir sua vontade;

▶ Inciso III com redação pela Lei 13.146/2015 – Estatuto da Pessoa com Deficiência.

IV – os pródigos.

Parágrafo único. A capacidade dos indígenas será regulada por legislação especial.

▶ Parágrafo único com redação pela Lei 13.146/2015 – Estatuto da Pessoa com Deficiência.

Art. 5º A menoridade cessa aos dezoito anos completos, quando a pessoa fica habilitada à prática de todos os atos da vida civil.

▶ Art. 792 da CLT.
▶ Art. 73 da Lei 4.375/1964 (Serviço Militar).
▶ Art. 9º, I, da Lei 6.001/1973 (Estatuto do Índio).
▶ Art. 148 da Lei 8.069/1990 (Estatuto da Criança e do Adolescente – ECA).
▶ Arts. 1º e 13 da Lei 9.307/1996 (Arbitragem).

Parágrafo único. Cessará, para os menores, a incapacidade:

▶ Art. 73 da Lei 4.375/1964 (Serviço Militar).
▶ Art. 50, § 2º, da Lei 6.015/1973 (Registros Públicos).

I – pela concessão dos pais, ou de um deles na falta do outro, mediante instrumento público, independentemente de homologação judicial, ou por sentença do juiz, ouvido o tutor, se o menor tiver dezesseis anos completos;

▶ Art. 148, par. ún., da Lei 8.069/1990 (Estatuto da Criança e do Adolescente – ECA).

II – pelo casamento;

▶ Art. 226 da CF.

III – pelo exercício de emprego público efetivo;

▶ Art. 5º da Lei 8.112/1990 (Estatuto dos Servidores Públicos).

IV – pela colação de grau em curso de ensino superior;

V – pelo estabelecimento civil ou comercial, ou pela existência de relação de emprego, desde que, em função deles, o menor com dezesseis anos completos tenha economia própria.

▶ Art. 3º da CLT.

Art. 6º A existência da pessoa natural termina com a morte; presume-se esta, quanto aos ausentes, nos casos em que a lei autoriza a abertura de sucessão definitiva.

▶ Arts. 22 a 39 deste Código.
▶ Arts. 104, § 2º, 105 e 106 do CPC.
▶ Art. 107, I, do CP.
▶ Art. 62 do CPP.
▶ Dec.-lei 5.782/1943 (Servidor do Estado desaparecido em naufrágio, acidente, ou em qualquer ato de guerra ou de agressão à soberania nacional).
▶ Arts. 77 a 89 da Lei 6.015/1973 (Registros Públicos).
▶ Art. 3º da Lei 9.434/1997 (Lei de Transplante).
▶ Súmula 331 do STF.

Art. 7º Pode ser declarada a morte presumida, sem decretação de ausência:

▶ Arts. 22 a 30 deste Código.
▶ Art. 381, § 5º, § 1º, do CPC.
▶ Dec.-lei 5.782/1943 (Servidor do Estado desaparecido em naufrágio, acidente, ou em qualquer ato de guerra ou de agressão à soberania nacional).
▶ Dec.-lei 6.239/1944 (Militares da Aeronáutica inválidos para o serviço militar em consequência de atos de agressão do inimigo e a dos desaparecidos em aeronaves durante o vôo).
▶ Art. 88 da Lei 6.015/1973 (Registros Públicos).
▶ Lei 9.140/1995 (Reconhece como mortas pessoas desaparecidas em razão de participação, ou acusação de participação, em atividades políticas).

I – se for extremamente provável a morte de quem estava em perigo de vida;

II – se alguém, desaparecido em campanha ou feito prisioneiro, não for encontrado até dois anos após o término da guerra.

Parágrafo único. A declaração da morte presumida, nesses casos, somente poderá ser requerida depois de esgotadas as buscas e averiguações, devendo a sentença fixar a data provável do falecimento.

Art. 8º Se dois ou mais indivíduos falecerem na mesma ocasião, não se podendo averiguar se algum dos comorientes precedeu aos outros, presumir-se-ão simultaneamente mortos.

Art. 9º Serão registrados em registro público:

▶ Lei 3.764/1960 (Estabelece rito sumaríssimo para retificação no registro civil).
▶ Lei 6.015/1973 (Registros Públicos).
▶ Lei 13.445/2017 (Lei de Migração).

I – os nascimentos, casamentos e óbitos;

▶ Arts. 1.511 e ss., deste Código.
▶ Art. 725, I, do CPC.
▶ Arts. 241 a 243 do CP.
▶ Art. 18 do Dec.-lei 4.657/1942 (Lei de Introdução às normas do Direito Brasileiro – LINDB).
▶ Lei 6.001/1973 (Estatuto do Índio).
▶ Arts. 29 a 32, 50 a 66, 70 e 77 a 88 da Lei 6.015/1973 (Registros Públicos).
▶ Lei 12.662/2012 (Declaração de nascido vivo).

II – a emancipação por outorga dos pais ou por sentença do juiz;

▶ Arts. 5º, par. ún., I, e 1.773 deste Código.
▶ Art. 226, § 5º, da CF.
▶ Arts. 13, § 2º, 29, IV, e 89 e ss., da Lei 6.015/1973 (Registros Públicos).

III – a interdição por incapacidade absoluta ou relativa;

▶ Art. 1.767 e ss. deste Código.
▶ Arts. 13, § 2º, 29, IV e V, e 89 e ss., da Lei 6.015/1973 (Registros Públicos).

IV – a sentença declaratória de ausência e de morte presumida.

▶ Arts. 7º e 22 a 39 deste Código.
▶ Lei 6.001/1973 (Estatuto do Índio).
▶ Arts. 13, § 2º, 29, a VIII, e 89 e ss., da Lei 6.015/1973 (Registros Públicos).

Art. 10. Far-se-á averbação em registro público:

I – das sentenças que decretarem a nulidade ou anulação do casamento, o divórcio, a separação judicial e o restabelecimento da sociedade conjugal;

▶ Arts. 1.571 a 1.582 deste Código.
▶ Art. 226, § 6º, da CF.
▶ EC 66/2010 (Dissolubilidade do casamento civil pelo divórcio, suprimindo o requisito de prévia separação judicial).
▶ Arts. 29, § 1º, *a*, 100 e 101 da Lei 6.015/1973 (Registros Públicos).
▶ Lei 6.515/1977 (Divórcio).

II – dos atos judiciais ou extrajudiciais que declararem ou reconhecerem a filiação;

▶ Arts. 1.607 a 1.617 deste Código.
▶ Arts. 29, § 1º, *b*, *c* e *d*, e 102 (Registros Públicos).
▶ Arts. 26 e 27 da Lei 8.069/1990 (Estatuto da Criança e do Adolescente – ECA).
▶ Art. 1º da Lei 8.560/1992 (Investigação de paternidade).

III – *Revogado pela Lei 12.010/2009.*

CAPÍTULO II
DOS DIREITOS DA PERSONALIDADE

Art. 11. Com exceção dos casos previstos em lei, os direitos da personalidade são intransmissíveis e irrenunciáveis, não podendo o seu exercício sofrer limitação voluntária.

▶ Arts. 1º, III, 3º, IV, 5º, V, VI, IX, X, XII, da CF.
▶ Arts. 1º a 85 da Lei 8.069/1990 (Estatuto da Criança e do Adolescente – ECA).
▶ Arts. 8º a 28 da Lei 10.741/2003 (Estatuto do Idoso).

Art. 12. Pode-se exigir que cesse a ameaça, ou a lesão, a direito da personalidade, e reclamar perdas e danos, sem prejuízo de outras sanções previstas em lei.

▶ Arts. 5º, X, XXXV, LXVIII, LXIX e LXXI, e 142, § 2º, da CF.
▶ Lei 9.507/1997 (Direito de acesso a informações e disciplina o rito processual do *habeas data*).
▶ Súmula 37 do STJ.
▶ Súmula 642 do STJ.

Parágrafo único. Em se tratando de morto, terá legitimação para requerer a medida prevista neste artigo o cônjuge sobrevivente, ou qualquer parente em linha reta, ou colateral até o quarto grau.

▶ Art. 138, § 2º, do CP.
▶ Art. 6º, VI, da Lei 8.078/1990 (Código de Defesa do Consumidor – CDC).

Art. 13. Salvo por exigência médica, é defeso o ato de disposição do próprio corpo, quando importar diminuição permanente da integridade física, ou contrariar os bons costumes.

Parágrafo único. O ato previsto neste artigo será admitido para fins de transplante, na forma estabelecida em lei especial.

▶ Art. 199, § 4º, da CF.
▶ Lei 9.434/1997 (Lei de Transplante).
▶ Dec. 9.175/2017 (Regulamenta a Lei 9.434/1997 – Lei de Transplante).

Art. 14. É válida, com objetivo científico, ou altruístico, a disposição gratuita do próprio corpo, no todo ou em parte, para depois da morte.

▶ Art. 199, § 4º, da CF.
▶ Lei 8.501/1992 (Utilização de cadáver não reclamado para estudos ou pesquisas científicas).
▶ Lei 9.434/1997 (Lei de Transplante).
▶ Dec. 9.175/2017 (Regulamenta a Lei 9.434/1997 – Lei de Transplante).

Parágrafo único. O ato de disposição pode ser livremente revogado a qualquer tempo.

▶ Lei 9.434/1997 (Lei de Transplante).
▶ Dec. 9.175/2017 (Regulamenta a Lei 9.434/1997 – Lei de Transplante).

Art. 15. Ninguém pode ser constrangido a submeter-se, com risco de vida, a tratamento médico ou a intervenção cirúrgica.

▶ Art. 5º, II e III, da CF.

Art. 16. Toda pessoa tem direito ao nome, nele compreendidos o prenome e o sobrenome.

▶ Arts. 1.565, § 1º, 1.571, § 2º, e 1.578 deste Código.
▶ Arts. 5º, X, e 227, § 6º, da CF.
▶ Lei 6.015/1973 (Registros Públicos).

Art. 17. O nome da pessoa não pode ser empregado por outrem em publicações ou representações que a

exponham ao desprezo público, ainda quando não haja intenção difamatória.

▸ Art. 5º, X, da CF.
▸ Súmula 221 do STJ.

Art. 18. Sem autorização, não se pode usar o nome alheio em propaganda comercial.

Art. 19. O pseudônimo adotado para atividades lícitas goza da proteção que se dá ao nome.

▸ Art. 58 da Lei 6.015/1973 (Registros Públicos).
▸ Arts. 12 e 24, II, da Lei 9.610/1998 (Direitos Autorais).

Art. 20. Salvo se autorizadas, ou se necessárias à administração da justiça ou à manutenção da ordem pública, a divulgação de escritos, a transmissão da palavra, ou a publicação, a exposição ou a utilização da imagem de uma pessoa poderão ser proibidas, a seu requerimento e sem prejuízo da indenização que couber, se lhe atingirem a honra, a boa fama ou a respeitabilidade, ou se se destinarem a fins comerciais.

▸ Art. 5º, V, IX, X e XXVIII, a, da CF.
▸ Arts. 143 a 247 da Lei 8.069/1990 (Estatuto da Criança e do Adolescente – ECA).
▸ Lei 9.610/1998 (Direitos Autorais).
▸ Súmula 403 do STJ.
▸ O STF, no julgamento da ADIN 4.815 (DJe 10.06.2015), julgou procedente o pedido para dar interpretação a este dispositivo "em consonância com os direitos fundamentais à liberdade de pensamento e de sua expressão, de criação artística, produção científica, para declarar inexigível o consentimento de pessoa biografada relativamente a obras biográficas, literárias ou audiovisuais, sendo por igual desnecessária autorização de pessoas retratadas como coadjuvantes (ou de seus familiares, em caso de pessoas falecidas).

Parágrafo único. Em se tratando de morto ou de ausente, são partes legítimas para requerer essa proteção o cônjuge, os ascendentes ou os descendentes.

Art. 21. A vida privada da pessoa natural é inviolável, e o juiz, a requerimento do interessado, adotará as providências necessárias para impedir ou fazer cessar ato contrário a esta norma.

▸ Arts. 5º, X, e 226, § 7º, da CF.
▸ O STF, no julgamento da ADIN 4.815 (DJe 10.06.2015), julgou procedente o pedido para dar interpretação a este dispositivo "em consonância com os direitos fundamentais à liberdade de pensamento e de sua expressão, de criação artística, produção científica, para declarar inexigível o consentimento de pessoa biografada relativamente a obras biográficas, literárias ou audiovisuais, sendo por igual desnecessária autorização de pessoas retratadas como coadjuvantes (ou de seus familiares, em caso de pessoas falecidas)".

(...)

TÍTULO II
DAS PESSOAS JURÍDICAS

CAPÍTULO I
DISPOSIÇÕES GERAIS

Art. 40. As pessoas jurídicas são de direito público, interno ou externo, e de direito privado.

Art. 41. São pessoas jurídicas de direito público interno:

▸ Arts. 8º e 17, § 2º, da CF.

I – a União;

▸ Lei 9.636/1998 (Regularização, administração, aforamento e alienação de bens imóveis de domínio da União).

II – os Estados, o Distrito Federal e os Territórios;

III – os Municípios;

IV – as autarquias, inclusive as associações públicas;

▸ Inciso com a redação dada pela Lei 11.107/2005.
▸ Art. 37, XIX, da CF.

V – as demais entidades de caráter público criadas por lei.

Parágrafo único. Salvo disposição em contrário, as pessoas jurídicas de direito público, a que se tenha dado estrutura de direito privado, regem-se, no que couber, quanto ao seu funcionamento, pelas normas deste Código.

▸ Art. 20 da Lei 4.717/1965 (Ação Popular).
▸ Art. 5º do Dec.-lei 200/1967 (Autarquias).
▸ Lei 8.448/1992 (Remuneração do servidor público).
▸ Lei 9.962/2000 (Regime de emprego público do pessoal da Administração federal direta, autárquica e fundacional.

Art. 42. São pessoas jurídicas de direito público externo os Estados estrangeiros e todas as pessoas que forem regidas pelo direito internacional público.

▸ Arts. 4º, 102, I, 105, II, c, e 109 da CF.

Art. 43. As pessoas jurídicas de direito público interno são civilmente responsáveis por atos dos seus agentes que nessa qualidade causem danos a terceiros, ressalvado direito regressivo contra os causadores do dano, se houver, por parte destes, culpa ou dolo.

▸ Arts. 21, XXIII, c, 37, § 6º, e 173, § 5º, da CF.
▸ Art. 6º, § 2º, da Lei 4.898/1965 (Responsabilidade civil em caso de abuso de autoridade).
▸ Arts. 121 a 126 da Lei 8.112/1990 (Estatuto dos Servidores Públicos Civis da União, Autarquias e Fundações Públicas Federais).

Art. 44. São pessoas jurídicas de direito privado:

▸ Art. 173, §§ 1º e 3º, da CF.

▸ Súmula 39 do STJ.

I – as associações;

▸ Art. 5º, XVII a XXI, da CF.

II – as sociedades;

III – as fundações;

▸ Art. 11 do Dec.-lei 4.657/1942 (Lei de Introdução às normas do Direito Brasileiro – LINDB).
▸ Lei 9.790/1999 (Qualificação de pessoas jurídicas de direito privado, sem fins lucrativos, como organizações da sociedade civil de interesse público).

IV – as organizações religiosas;

▸ Inciso acrescido pela Lei 10.825/2003.

V – os partidos políticos;

▸ Inciso acrescido pela Lei 10.825/2003.
▸ Art. 17 da CF.
▸ Lei 9.096/1995 (Regime de emprego público do pessoal da Administração federal direta, autárquica e fundacional).
▸ Súmula 39 do STJ.

VI – *Revogado pela Lei 14.382/2022.*

VII – os empreendimentos de economia solidária.

▸ Inciso VII acrescido pela Lei 15.068/2024.

§ 1º São livres a criação, a organização, a estruturação interna e o funcionamento das organizações religiosas, sendo vedado ao poder público negar-lhes reconhecimento ou o registro dos atos constitutivos e necessários ao seu funcionamento.

▸ § 1º acrescido pela Lei 10.825/2003.

§ 2º As disposições concernentes às associações aplicam-se subsidiariamente aos empreendimentos de economia solidária e às sociedades que são objeto do Livro II da Parte Especial deste Código.

▸ § 2º com redação pela Lei 15.068/2024.

§ 3º Os partidos políticos serão organizados e funcionarão conforme o disposto em lei específica.

▸ § 3º acrescido pela Lei 10.825/2003.

Art. 45. Começa a existência legal das pessoas jurídicas de direito privado com a inscrição do ato constitutivo no respectivo registro, precedida, quando necessário, de autorização ou aprovação do Poder Executivo, averbando-se no registro todas as alterações por que passar o ato constitutivo.

▸ Arts. 207 a 211, 967, 985, 986, 998, 999, par. ún., 1.000, 1.012, 1.134, 1.135, 1.150 e 1.154 deste Código.
▸ Dec. 916/1890 (Registro de firmas ou razões comerciais).
▸ Dec.-lei 9.085/1946 (Registro civil das pessoas jurídicas).
▸ Lei 4.503/1964 (Cadastro Geral de Pessoas Jurídicas no Ministério da Fazenda).
▸ Arts. 114 a 126 da Lei 6.015/1973 (Registros Públicos).
▸ Lei 6.739/1979 (Matrícula e registro de imóveis rurais).
▸ Lei 7.433/1985 (Requisitos para lavratura de escrituras públicas).
▸ Dec. 93.240/1986 (Regulamenta a Lei 7.433/1985).
▸ Arts. 1º, § 2º, e 15, § 1º, da Lei 8.906/1994 (Estatuto da Advocacia e da OAB).
▸ Lei 8.934/1994 (Registro Público de Empresas Mercantis).
▸ Arts. 7º a 11 da Lei 9.096/1995 (Partidos políticos).
▸ Lei 9.279/1996 (Código da Propriedade Industrial).
▸ Dec. 1.800/1996 (Regulamenta a Lei 8.934/1994 – Registro Público de Empresas Mercantis).
▸ Art. 242, §§ 1º a 3º, do Dec. 9.580/2018 (Regulamento do Imposto de Renda).

Parágrafo único. Decai em três anos o direito de anular a constituição das pessoas jurídicas de direito privado, por defeito do ato respectivo, contado o prazo da publicação de sua inscrição no registro.

Art. 46. O registro declarará:

▸ Arts. 998, 1.000, 1.133, 1.150 e 1.154 deste Código.
▸ Arts. 120 e 121 da Lei 6.015/1973 (Registros Públicos).
▸ Lei 8.934/1994 (Registro Público de Empresas Mercantis).
▸ Dec. 1.800/1996 (Regulamenta a Lei 8.934/1994 – Registro Público de Empresas Mercantis).

I – a denominação, os fins, a sede, o tempo de duração e o fundo social, quando houver;

II – o nome e a individualização dos fundadores ou instituidores, e dos diretores;

III – o modo por que se administra e representa, ativa e passivamente, judicial e extrajudicialmente;

▸ Art. 1.013 deste Código.
▸ Art. 75 do CPC.

IV – se o ato constitutivo é reformável no tocante à administração, e de que modo;

V – se os membros respondem, ou não, subsidiariamente, pelas obrigações sociais;

VI – as condições de extinção da pessoa jurídica e o destino do seu patrimônio, nesse caso.

▸ Arts. 1.029 a 1.038 deste Código.

Art. 47. Obrigam a pessoa jurídica os atos dos administradores, exercidos nos limites de seus poderes definidos no ato constitutivo.

▸ Arts. 43, 989, 990, 997, VI, e 1.010 a 1.021 deste Código.
▸ Art. 75 do CPC.
▸ Art. 37 do CPP.

Art. 48. Se a pessoa jurídica tiver administração coletiva, as decisões se tomarão pela maioria de votos dos presentes, salvo se o ato constitutivo dispuser de modo diverso.

▸ Arts. 1.010 e 1.114 deste Código.

Parágrafo único. Decai em três anos o direito de anular as decisões a que se refere este artigo, quando violarem a lei ou estatuto, ou forem eivadas de erro, dolo, simulação ou fraude.

▸ Arts. 138 a 150, 158, 165, 167 e 171, II, deste Código.

Art. 48-A. As pessoas jurídicas de direito privado, sem prejuízo do previsto em legislação especial e em seus atos constitutivos, poderão realizar suas assembleias gerais por meio eletrônico, inclusive para os fins do disposto no art. 59 deste Código, respeitados os direitos previstos de participação e de manifestação.

▸ Artigo com redação pela Lei 14.382/2022.

Art. 49. Se a administração da pessoa jurídica vier a faltar, o juiz, a requerimento de qualquer interessado, nomear-lhe-á administrador provisório.

▸ Art. 614 do CPC.

Art. 49-A. A pessoa jurídica não se confunde com os seus sócios, associados, instituidores ou administradores.

▸ Artigo acrescido pela Lei 13.874/2019.

Parágrafo único. A autonomia patrimonial das pessoas jurídicas é um instrumento lícito de alocação e segregação de riscos, estabelecido pela lei com a finalidade de estimular empreendimentos, para a geração de empregos, tributo, renda e inovação em benefício de todos.

Art. 50. Em caso de abuso da personalidade jurídica, caracterizado pelo desvio de finalidade ou pela confusão patrimonial, pode o juiz, a requerimento da parte, ou do Ministério Público quando lhe couber intervir no processo, desconsiderá-la para que os efeitos de certas e determinadas relações de obrigações sejam estendidos aos bens particulares de administradores ou de sócios da pessoa jurídica beneficiados direta ou indiretamente pelo abuso.

▸ *Caput* com redação dada pela Lei 13.874/2019.
▸ Art. 1.080 deste Código.
▸ Art. 795 do CPC.
▸ Art. 135 do CTN.
▸ Art. 28 do CDC.
▸ Art. 2º da CLT.
▸ Art. 28 da Lei 8.078/1990 (Código de Defesa do Consumidor – CDC).
▸ Art. 34 da Lei 12.529/2011 (Sistema Brasileiro de Defesa da Concorrência).

§ 1º Para os fins do disposto neste artigo, desvio de finalidade é a utilização da pessoa jurídica com o propósito de lesar credores e para a prática de atos ilícitos de qualquer natureza.

▸ §1º acrescido pela Lei 13.874/2019.

§ 2º Entende-se por confusão patrimonial a ausência de separação de fato entre os patrimônios, caracterizada por:

▸ § 2º acrescido pela Lei 13.874/2019.

I – cumprimento repetitivo pela sociedade de obrigações do sócio ou do administrador ou vice-versa;

II – transferência de ativos ou de passivos sem efetivas contraprestações, exceto os de valor proporcionalmente insignificante; e

III – outros atos de descumprimento da autonomia patrimonial.

§ 3º O disposto no *caput* e nos §§ 1º e 2º deste artigo também se aplica à extensão das obrigações de sócios ou de administradores à pessoa jurídica.

▸ § 3º acrescido pela Lei 13.874/2019.

§ 4º A mera existência de grupo econômico sem a presença dos requisitos de que trata o *caput* deste artigo não autoriza a desconsideração da personalidade da pessoa jurídica.

▸ § 4º acrescido pela Lei 13.874/2019.

§ 5º Não constitui desvio de finalidade a mera expansão ou a alteração da finalidade original da atividade econômica específica da pessoa jurídica.

▸ § 5º acrescido pela Lei 13.874/2019.

Art. 51. Nos casos de dissolução da pessoa jurídica ou cassada a autorização para seu funcionamento, ela subsistirá para os fins de liquidação, até que esta se conclua.

▸ Arts. 1.033 a 1.038, 1.102 a 1.112 e 1.125 deste Código.
▸ Art. 599 do CPC.
▸ Súmula 435 do STJ.

§ 1º Far-se-á, no registro onde a pessoa jurídica estiver inscrita, a averbação de sua dissolução.

§ 2º As disposições para a liquidação das sociedades aplicam-se, no que couber, às demais pessoas jurídicas de direito privado.

§ 3º Encerrada a liquidação, promover-se-á o cancelamento da inscrição da pessoa jurídica.

Art. 52. Aplica-se às pessoas jurídicas, no que couber, a proteção dos direitos da personalidade.

▸ Arts. 11 a 21 deste Código.
▸ Art. 5º, V e X, da CF.
▸ Súmula 227 do STJ.

(...)

Art. 70. O domicílio da pessoa natural é o lugar onde ela estabelece a sua residência com ânimo definitivo.

> ▸ Art. 5º, XI, da CF.
> ▸ Arts. 7º, 10 e 12 do Dec.-lei 4.657/1942 (Lei de Introdução às normas do Direito Brasileiro – LINDB).
> ▸ Art. 9º da Lei 5.709/1971 (Aquisição de imóvel rural por estrangeiro residente no país ou pessoa jurídica estrangeira autorizada a funcionar no Brasil).
> ▸ Art. 101, I, da Lei 8.078/1990 (Código de Defesa do Consumidor – CDC).
> ▸ Arts. 26 a 31 do Dec. 9.580/2018 (Regulamento do Imposto de Renda).

Art. 71. Se, porém, a pessoa natural tiver diversas residências, onde, alternadamente, viva, considerar-se-á domicílio seu qualquer delas.

> ▸ Súmula 483 do STF.

Art. 72. É também domicílio da pessoa natural, quanto às relações concernentes à profissão, o lugar onde esta é exercida.

> ▸ Art. 10, § 1º, da Lei 8.906/1994 (Estatuto da Advocacia e OAB).

Parágrafo único. Se a pessoa exercitar profissão em lugares diversos, cada um deles constituirá domicílio para as relações que lhe corresponderem.

Art. 73. Ter-se-á por domicílio da pessoa natural, que não tenha residência habitual, o lugar onde for encontrada.

> ▸ Art. 7º, § 8º, do Dec.-lei 4.657/1942 (Lei de Introdução às normas do Direito Brasileiro – LINDB).

Art. 74. Muda-se o domicílio, transferindo a residência, com a intenção manifesta de o mudar.

Parágrafo único. A prova da intenção resultará do que declarar a pessoa às municipalidades dos lugares, que deixa, e para onde vai, ou, se tais declarações não fizer, da própria mudança, com as circunstâncias que a acompanharem.

> ▸ Súmula 58 do STJ.

Art. 75. Quanto às pessoas jurídicas, o domicílio é:

I – da União, o Distrito Federal;

II – dos Estados e Territórios, as respectivas capitais;

III – do Município, o lugar onde funcione a administração municipal;

IV – das demais pessoas jurídicas, o lugar onde funcionarem as respectivas diretorias e administrações, ou onde elegerem domicílio especial no seu estatuto ou atos constitutivos.

> ▸ Art. 109, §§ 1º a 4º, da CF.
> ▸ Arts. 127 e 159 do CTN.

§ 1º Tendo a pessoa jurídica diversos estabelecimentos em lugares diferentes, cada um deles será considerado domicílio para os atos nele praticados.

> ▸ Súmula 363 do STF.

§ 2º Se a administração, ou diretoria, tiver a sede no estrangeiro, haver-se-á por domicílio da pessoa jurídica, no tocante às obrigações contraídas por cada uma das suas agências, o lugar do estabelecimento, sito no Brasil, a que ela corresponder.

> ▸ Art. 3º da Lei 11.101/2005 (Recuperação de Empresas e Falências).

Art. 76. Têm domicílio necessário o incapaz, o servidor público, o militar, o marítimo e o preso.

Parágrafo único. O domicílio do incapaz é o do seu representante ou assistente; o do servidor público, o lugar em que exercer permanentemente suas funções; o do militar, onde servir, e, sendo da Marinha ou da Aeronáutica, a sede do comando a que se encontrar imediatamente subordinado; o do marítimo, onde o navio estiver matriculado; e o do preso, o lugar em que cumprir a sentença.

> ▸ Art. 7º, § 7º, do Dec.-lei 4.657/1942 (Lei de Introdução às normas do Direito Brasileiro – LINDB).
> ▸ Lei 8.112/1990 (Regime jurídico dos Servidores Públicos Civil da União, das Autarquias e das Fundações Públicas Federais).

(...)

Art. 104. A validade do negócio jurídico requer:

> ▸ Arts. 6º, V, e 51, § 1º, III, da Lei 8.078/1990 (Código de Defesa do Consumidor – CDC).

I – agente capaz;

II – objeto lícito, possível, determinado ou determinável;

III – forma prescrita ou não defesa em lei.

> ▸ Arts. 6º, V, e 51 da Lei 8.078/1990 (Código de Defesa do Consumidor).

Art. 105. A incapacidade relativa de uma das partes não pode ser invocada pela outra em benefício próprio, nem aproveita aos cointeressados capazes, salvo se, neste caso, for indivisível o objeto do direito ou da obrigação comum.

Art. 106. A impossibilidade inicial do objeto não invalida o negócio jurídico se for relativa, ou se cessar antes de realizada a condição a que ele estiver subordinado.

Art. 107. A validade da declaração de vontade não dependerá de forma especial, senão quando a lei expressamente a exigir.

Art. 108. Não dispondo a lei em contrário, a escritura pública é essencial à validade dos negócios jurídicos que visem à constituição, transferência, modificação ou renúncia de direitos reais sobre imóveis de valor superior a trinta vezes o maior salário mínimo vigente no País.

> ▸ Arts. 17, § 4º, e 74 do Dec.-lei 9.760/1946 (Bens Imóveis da União).

Art. 109. No negócio jurídico celebrado com a cláusula de não valer sem instrumento público, este é da substância do ato.

> ▸ Art. 1º, II, da Lei 8.560/1992 (Investigação de paternidade).

Art. 110. A manifestação de vontade subsiste ainda que o seu autor haja feito a reserva mental de não querer o que manifestou, salvo se dela o destinatário tinha conhecimento.

Art. 111. O silêncio importa anuência, quando as circunstâncias ou os usos o autorizarem, e não for necessária a declaração de vontade expressa.

Art. 112. Nas declarações de vontade se atenderá mais à intenção nelas consubstanciada do que ao sentido literal da linguagem.

> ▸ Súmula 530 do STJ.
> ▸ Arts. 46 a 48 e 51 da Lei 8.078/1990 (Código de Defesa do Consumidor – CDC).
> ▸ Art. 4º da Lei 9.610/1998 (Direitos Autorais).

Art. 113. Os negócios jurídicos devem ser interpretados conforme a boa-fé e os usos do lugar de sua celebração.

> ▸ Arts. 4º, III, e 51, IV, da Lei 8.078/1990 (Código de Defesa do Consumidor – CDC).
> ▸ Art. 4º da Lei 9.610/1998 (Direitos Autorais).

§ 1º A interpretação do negócio jurídico deve lhe atribuir o sentido que:

> ▸ § 1º acrescido pela Lei 13.874/2019.

I – for confirmado pelo comportamento das partes posterior à celebração do negócio;

II – corresponder aos usos, costumes e práticas do mercado relativas ao tipo de negócio;

III – corresponder à boa-fé;

IV – for mais benéfico à parte que não redigiu o dispositivo, se identificável; e

V – corresponder a qual seria a razoável negociação das partes sobre a questão discutida, inferida das demais disposições do negócio e da racionalidade econômica das partes, consideradas as informações disponíveis no momento de sua celebração.

§ 2º As partes poderão livremente pactuar regras de interpretação, de preenchimento de lacunas e de integração dos negócios jurídicos diversas daquelas previstas em lei.

> ▸ § 2º acrescido pela Lei 13.874/2019.

Art. 114. Os negócios jurídicos benéficos e a renúncia interpretam-se estritamente.

> ▸ Art. 4º da Lei 9.610/1998 (Direitos Autorais).

Art. 115. Os poderes de representação conferem-se por lei ou pelo interessado.

Art. 116. A manifestação de vontade pelo representante, nos limites de seus poderes, produz efeitos em relação ao representado.

Art. 117. Salvo se o permitir a lei ou o representado, é anulável o negócio jurídico que o representante, no seu interesse ou por conta de outrem, celebrar consigo mesmo.

> ▸ Súmula 165 do STF.
> ▸ Súmula 60 do STJ.

Parágrafo único. Para esse efeito, tem-se como celebrado pelo representante o negócio realizado por aquele em quem os poderes houverem sido subestabelecidos.

Art. 118. O representante é obrigado a provar às pessoas, com quem tratar em nome do representado, a sua qualidade e a extensão de seus poderes, sob pena de, não o fazendo, responder pelos atos que a estes excederem.

Art. 119. É anulável o negócio concluído pelo representante em conflito de interesses com o representado, se tal fato era ou devia ser do conhecimento de quem com aquele tratou.

Parágrafo único. É de 180 dias, a contar da conclusão do negócio ou da cessação da incapacidade, o prazo de decadência para pleitear-se a anulação prevista neste artigo.

Art. 120. Os requisitos e os efeitos da representação legal são os estabelecidos nas normas respectivas; os da representação voluntária são os da Parte Especial deste Código.

Art. 121. Considera-se condição a cláusula que, derivando exclusivamente da vontade das partes, subordina o efeito do negócio jurídico a evento futuro e incerto.

Art. 122. São lícitas, em geral, todas as condições não contrárias à lei, à ordem pública ou aos bons costumes; entre as condições defesas se incluem as que privarem de todo efeito o negócio jurídico, ou o sujeitarem ao puro arbítrio de uma das partes.

> ▸ Art. 51, IX, X, XI e XIII, da Lei 8.078/1990 (Código de Defesa do Consumidor – CDC).
> ▸ Súmulas 60, 530 e 543 do STJ.

Art. 123. Invalidam os negócios jurídicos que lhes são subordinados:

I – as condições física ou juridicamente impossíveis, quando suspensivas;

II – as condições ilícitas, ou de fazer coisa ilícita;

III – as condições incompreensíveis ou contraditórias.

Art. 124. Têm-se por inexistentes as condições impossíveis, quando resolutivas, e as de não fazer coisa impossível.

Art. 125. Subordinando-se a eficácia do negócio jurídico à condição suspensiva, enquanto esta se não verificar, não se terá adquirido o direito, a que ele visa.

> ▸ Art. 6º, § 2º, do Dec.-lei 4.657/1942 (Lei de Introdução às Normas do Direito Brasileiro – LINDB).

Art. 126. Se alguém dispuser de uma coisa sob condição suspensiva, e, pendente esta, fizer quanto àquela novas disposições, estas não terão valor, realizada a condição, se com ela forem incompatíveis.

Art. 127. Se for resolutiva a condição, enquanto esta se não realizar, vigorará o negócio jurídico, podendo exercer-se desde a conclusão deste o direito por ele estabelecido.

> ▸ Art. 12 do Dec.-lei 58/1937 (Loteamento e venda de terrenos para pagamento em prestações).

Art. 128. Sobrevindo a condição resolutiva, extingue-se, para todos os efeitos, o direito a que ela se opõe; mas, se aposta a um negócio de execução continuada ou periódica, a sua realização, salvo disposição em contrário, não tem eficácia quanto aos atos já praticados, desde que compatíveis com a natureza da condição pendente e conforme aos ditames da boa-fé.

Art. 129. Reputa-se verificada, quanto aos efeitos jurídicos, a condição cujo implemento for maliciosamente obstado pela parte a quem desfavorecer, considerando-se, ao contrário, não verificada a condição maliciosamente levada a efeito por aquele a quem aproveita o seu implemento.

Art. 130. Ao titular do direito eventual, nos casos de condição suspensiva ou resolutiva, é permitido praticar os atos destinados a conservá-lo.

> ▸ Art. 6º, § 2º, do Dec.-lei 4.657/1942 (Lei de Introdução às Normas do Direito Brasileiro – LINDB).

Art. 131. O termo inicial suspende o exercício, mas não a aquisição do direito.

> ▸ Art. 5º, XXXVI, da CF.
> ▸ Art. 6º, § 2º, do Dec.-lei 4.657/1942 (Lei de Introdução às Normas do Direito Brasileiro – LINDB).

Art. 132. Salvo disposição legal ou convencional em contrário, computam-se os prazos, excluído o dia do começo, e incluído o do vencimento.

> ▸ Art. 775 da CLT.
> ▸ Art. 1.038 do Dec. 9.580/2018 (Regulamento do Imposto de Renda).

§ 1º Se o dia do vencimento cair em feriado, considerar-se-á prorrogado o prazo até o seguinte dia útil.

> ▸ Art. 775, par. ún., da CLT.

§ 2º Meado considera-se, em qualquer mês, o seu décimo quinto dia.

§ 3º Os prazos de meses e anos expiram no dia de igual número do de início, ou no imediato, se faltar exata correspondência.

§ 4º Os prazos fixados por hora contar-se-ão de minuto a minuto.

Códigos

Art. 133. Nos testamentos, presume-se o prazo em favor do herdeiro, e, nos contratos, em proveito do devedor, salvo, quanto a esses, se do teor do instrumento, ou das circunstâncias, resultar que se estabeleceu a benefício do credor, ou de ambos os contratantes.

Art. 134. Os negócios jurídicos entre vivos, sem prazo, são exequíveis desde logo, salvo se a execução tiver de ser feita em lugar diverso ou depender de tempo.

Art. 135. Ao termo inicial e final aplicam-se, no que couber, as disposições relativas à condição suspensiva e resolutiva.

Art. 136. O encargo não suspende a aquisição nem o exercício do direito, salvo quando expressamente imposto no negócio jurídico, pelo disponente, como condição suspensiva.

▸ Art. 6º, § 2º, do Dec.-lei 4.657/1942 (Lei de Introdução às Normas do Direito Brasileiro – LINDB).

Art. 137. Considera-se não escrito o encargo ilícito ou impossível, salvo se constituir o motivo determinante da liberalidade, caso em que se invalida o negócio jurídico.

CAPÍTULO IV
DOS DEFEITOS DO NEGÓCIO JURÍDICO

Seção I
Do erro ou ignorância

▸ Art. 138 da Lei 11.101/2005 (Recuperação de Empresas e Falências).

Art. 138. São anuláveis os negócios jurídicos, quando as declarações de vontade emanarem de erro substancial que poderia ser percebido por pessoa de diligência normal, em face das circunstâncias do negócio.

Art. 139. O erro é substancial quando:

▸ Art. 37, § 1º, da Lei 8.078/1990 (Código de Defesa do Consumidor – CDC).

I – interessa à natureza do negócio, ao objeto principal da declaração, ou a alguma das qualidades a ele essenciais;

II – concerne à identidade ou à qualidade essencial da pessoa a quem se refira a declaração de vontade, desde que tenha influído nesta de modo relevante;

III – sendo de direito e não implicando recusa à aplicação da lei, for o motivo único ou principal do negócio jurídico.

▸ Art. 3º do Dec.-lei 4.657/1942 (Lei de Introdução às Normas do Direito Brasileiro – LINDB).

Art. 140. O falso motivo só vicia a declaração de vontade quando expresso como razão determinante.

Art. 141. A transmissão errônea da vontade por meios interpostos é anulável nos mesmos casos em que o é a declaração direta.

Art. 142. O erro de indicação da pessoa ou da coisa, a que se referir a declaração de vontade, não viciará o negócio quando, por seu contexto e pelas circunstâncias, se puder identificar a coisa ou pessoa cogitada.

Art. 143. O erro de cálculo apenas autoriza a retificação da declaração de vontade.

Art. 144. O erro não prejudica a validade do negócio jurídico quando a pessoa, a quem a manifestação de vontade se dirige, se oferecer para executá-la na conformidade da vontade real do manifestante.

Seção II
Do dolo

▸ Art. 101 da Lei 11.101/2005 (Recuperação de Empresas e Falências).

Art. 145. São os negócios jurídicos anuláveis por dolo, quando este for a sua causa.

Art. 146. O dolo acidental só obriga à satisfação das perdas e danos, e é acidental quando, a seu despeito, o negócio seria realizado, embora por outro modo.

Art. 147. Nos negócios jurídicos bilaterais, o silêncio intencional de uma das partes a respeito de fato ou qualidade que a outra parte haja ignorado, constitui omissão dolosa, provando-se que sem ela o negócio não se teria celebrado.

▸ Art. 678-2 do CCo.

Art. 148. Pode também ser anulado o negócio jurídico por dolo de terceiro, se a parte a quem aproveite dele tivesse ou devesse ter conhecimento; em caso contrário, ainda que subsista o negócio jurídico, o terceiro responderá por todas as perdas e danos da parte a quem ludibriou.

Art. 149. O dolo do representante legal de uma das partes só obriga o representado a responder civilmente até a importância do proveito que teve; se, porém, o dolo for do representante convencional, o representado responderá solidariamente com ele por perdas e danos.

Art. 150. Se ambas as partes procederem com dolo, nenhuma pode alegá-lo para anular o negócio, ou reclamar indenização.

Seção III
Da coação

Art. 151. A coação, para viciar a declaração da vontade, há de ser tal que incuta ao paciente fundado temor de dano iminente e considerável à sua pessoa, à sua família, ou aos seus bens.

▸ Art. 146 do CP.

Parágrafo único. Se disser respeito a pessoa não pertencente à família do paciente, o juiz, com base nas circunstâncias, decidirá se houve coação.

Art. 152. No apreciar a coação, ter-se-ão em conta o sexo, a idade, a condição, a saúde, o temperamento do paciente e todas as demais circunstâncias que possam influir na gravidade dela.

Art. 153. Não se considera coação a ameaça do exercício normal de um direito, nem o simples temor reverencial.

Art. 154. Vicia o negócio jurídico a coação exercida por terceiro, se dela tivesse ou devesse ter conhecimento a parte a que aproveite, e esta responderá solidariamente com aquele por perdas e danos.

Art. 155. Subsistirá o negócio jurídico, se a coação decorrer de terceiro, sem que a parte a que aproveite dela tivesse ou devesse ter conhecimento; mas o autor da coação responderá por todas as perdas e danos que houver causado ao coacto.

(...)

CAPÍTULO V
DA INVALIDADE DO NEGÓCIO JURÍDICO

Art. 166. É nulo o negócio jurídico quando:

▸ Arts. 104 e 2.035 deste Código.
▸ Art. 96, III, da Lei 11.101/2005 (Lei de Recuperação de Empresas e Falências)

I – celebrado por pessoa absolutamente incapaz;

▸ Arts. 3º, 104, I, 105, 166, I, 1.548, I, e 1.860 deste Código.

II – for ilícito, impossível ou indeterminável o seu objeto;

▸ Arts. 104, II, 106, 123, 124 e 762 deste Código.
▸ Art. 17 do Dec.-lei 4.657/1942 (Lei de Introdução às Normas do Direito Brasileiro – LINDB).

III – o motivo determinante, comum a ambas as partes, for ilícito;

▸ Arts. 104, II, e 123 deste Código.

IV – não revestir a forma prescrita em lei;

▸ Arts. 104, III, 107 e 1.653 deste Código.

V – for preterida alguma solenidade que a lei considere essencial para a sua validade;

VI – tiver por objetivo fraudar lei imperativa;

▸ Art. 1.802 deste Código.
▸ Art. 9º da CLT.

VII – a lei taxativamente o declarar nulo, ou proibir-lhe a prática, sem cominar sanção.

▸ Arts. 104 a 109, 209, 489, 497, 548, 549, 762, 795, 798, par. ún., 808, 850, 907, 912, par. ún., 1.268, § 2º, 1.365, 1.428, 1.475, 1.516, § 3º, 1.548, II, 1.730, 1.802, 1.860, 1.900, 1.912 e 1.959 deste Código.
▸ Art. 9º da CLT.
▸ Lei 4.717/1965 (Ação popular).
▸ Arts. 37 e 39 da Lei 6.766/1979 (Parcelamento do solo urbano).
▸ Art. 18, §1º, da Lei 7.357/1985 (Cheque).
▸ MP 2.172-32/2001 (Nulidade de disposições contratuais).
▸ Súmula 346 do STF.

Art. 167. É nulo o negócio jurídico simulado, mas subsistirá o que se dissimulou, se válido for na substância e na forma.

▸ Art. 96, II, da Lei 11.101/2005 (Lei de Recuperação de Empresas e Falências)

§ 1º Haverá simulação nos negócios jurídicos quando:

I – aparentarem conferir ou transmitir direitos a pessoas diversas daquelas às quais realmente se conferem, ou transmitem;

II – contiverem declaração, confissão, condição ou cláusula não verdadeira;

▸ Art. 121 deste Código.

III – os instrumentos particulares forem antedatados, ou pós-datados.

▸ Art. 409 do CPC.

§ 2º Ressalvam-se os direitos de terceiros de boa-fé em face dos contraentes do negócio jurídico simulado.

(...)

Art. 178. É de 4 (quatro) anos o prazo de decadência para pleitear-se a anulação do negócio jurídico, contado:

▸ Arts. 205 a 211 deste Código.

I – no caso de coação, do dia em que ela cessar;

▸ Arts. 151 a 155 deste Código.

II – no de erro, dolo, fraude contra credores, estado de perigo ou lesão, do dia em que se realizou o negócio jurídico;

▸ Arts. 138 a 150, 156 a 165 e 167, § 1º, deste Código.

III – no de atos de incapazes, do dia em que cessar a incapacidade.

▸ Arts. 3º a 5º, 104, I, e 171, I, deste Código.

(...)

TÍTULO III
DOS ATOS ILÍCITOS

Art. 186. Aquele que, por ação ou omissão voluntária, negligência ou imprudência, violar direito e causar dano a outrem, ainda que exclusivamente moral, comete ato ilícito.

▸ O STF, no julgamento da ADI 6.792, por maioria, conheceu da ação direta e julgou parcialmente procedente o pedido formulado para: "(...) (ii) dar interpretação conforme à Constituição aos arts. 186 e 927, caput, do Código Civil, para estabelecer que a responsabilidade civil do jornalista, no caso de divulgação de notícias que envolvam pessoa pública ou assunto de interesse social, dependem de o jornalista ter agido com dolo ou com culpa grave, afastando-se a possibilidade de responsabilização na hipótese de meros juízos de valor, opiniões ou críticas ou da divulgação de informações verdadeiras sobre assuntos de interesse público (...)". (DOU 27.05.2024).
▸ Arts. 12, 43, 398, 475 a 477, 927 e ss. deste Código.
▸ Art. 5º, V e X, da CF.
▸ Arts. 81, 143, 161, 302, 77, §§ 1º e 7º, do CPC.
▸ Art. 243, caput, IX, e §§ 1º a 3º, da Lei 4.737/1965 (Código Eleitoral – CE).
▸ Súmulas 37, 43, 221, 227, 246, 281, 388, 403 e 595 do STJ.
▸ Súmulas 28, 492 e 562 do STF.

Art. 187. Também comete ato ilícito o titular de um direito que, ao exercê-lo, excede manifestamente os limites impostos pelo seu fim econômico ou social, pela boa-fé ou pelos bons costumes.

▸ Arts. 927 a 954 e 1.277 deste Código.
▸ Súmula 550 do STJ.

Art. 188. Não constituem atos ilícitos:

▸ Arts. 23 a 25 do CP.

I – os praticados em legítima defesa ou no exercício regular de um direito reconhecido;

▸ Art. 930, par. ún., deste Código.

II – a deterioração ou destruição da coisa alheia, ou a lesão a pessoa, a fim de remover perigo iminente.

▸ Arts. 929 e 930 deste Código.

Parágrafo único. No caso do inciso II, o ato será legítimo somente quando as circunstâncias o tornarem absolutamente necessário, não excedendo os limites do indispensável para a remoção do perigo.

▸ Arts. 23 a 26 do CP.

TÍTULO IV
DA PRESCRIÇÃO E DA DECADÊNCIA

CAPÍTULO I
DA PRESCRIÇÃO

▸ Súmula Vinculante do STF.

Seção I
Disposições gerais

▸ Súmula 150 do STF.

Art. 189. Violado o direito, nasce para o titular a pretensão, a qual se extingue, pela prescrição, nos prazos a que aludem os arts. 205 e 206.

▸ Art. 82, § 1º, da Lei 11.101/2005 (Recuperação de Empresas e Falências).

Art. 190. A exceção prescreve no mesmo prazo em que a pretensão.

Art. 191. A renúncia da prescrição pode ser expressa ou tácita, e só valerá, sendo feita, sem prejuízo de terceiro, depois que a prescrição se consumar; tácita é a renúncia quando se presume de fatos do interessado, incompatíveis com a prescrição.

Art. 192. Os prazos de prescrição não podem ser alterados por acordo das partes.

Art. 193. A prescrição pode ser alegada em qualquer grau de jurisdição, pela parte a quem aproveita.

▸ Art. 96, II, da Lei 11.101/2005 (Recuperação de Empresas e Falências).
▸ Súmula 150 do STF.

Art. 194. Revogado pela Lei 11.280/2006.

Art. 195. Os relativamente incapazes e as pessoas jurídicas têm ação contra os seus assistentes ou representantes legais, que derem causa à prescrição, ou não a alegarem oportunamente.

Art. 196. A prescrição iniciada contra uma pessoa continua a correr contra o seu sucessor.

Seção II
Das causas que impedem ou suspendem a prescrição

▸ Arts. 207 e 1.244 deste Código.

Art. 197. Não corre a prescrição:

▸ Art. 1.571 deste Código.
▸ Art. 4º do Dec. 20.910/1932 (Prescrição quinquenal).
▸ Art. 157 da Lei 11.101/2005 (Recuperação de Empresas e Falências).

I – entre os cônjuges, na constância da sociedade conjugal;

II – entre ascendentes e descendentes, durante o poder familiar;
 ▸ Arts. 1.630 a 1.638 deste Código.

III – entre tutelados ou curatelados e seus tutores ou curadores, durante a tutela ou curatela.
 ▸ Arts. 1.728 a 1.783 deste Código.

Art. 198. Também não corre a prescrição:
 ▸ Art. 157 da Lei 11.101/2005 (Recuperação de Empresas e Falências).

I – contra os incapazes de que trata o art. 3º;
 ▸ Art. 440 da CLT.

II – contra os ausentes do País em serviço público da União, dos Estados ou dos Municípios;

III – contra os que se acharem servindo nas Forças Armadas, em tempo de guerra.
 ▸ Arts. 6º a 82 da Lei 11.101/2005 (Recuperação de Empresas e Falências).
 ▸ Art. 948 do Dec. 9.580/2018 (Regulamento do Imposto de Renda).

Art. 199. Não corre igualmente a prescrição:
 ▸ Art. 157 da Lei 11.101/2005 (Recuperação de Empresas e Falências).

I – pendendo condição suspensiva;
 ▸ Arts. 6º, *caput*, 82, § 1º, e 157 da Lei 11.101/2005 (Recuperação de Empresas e Falências).

II – não estando vencido o prazo;

III – pendendo ação de evicção.
 ▸ Súmula 229 do STJ.

Art. 200. Quando a ação se originar de fato que deva ser apurado no juízo criminal, não correrá a prescrição antes da respectiva sentença definitiva.

Art. 201. Suspensa a prescrição em favor de um dos credores solidários, só aproveitam os outros se a obrigação for indivisível.

Seção III
Das causas que interrompem a prescrição
 ▸ Art. 174, par. ún., do CTN.

Art. 202. A interrupção da prescrição, que somente poderá ocorrer uma vez, dar-se-á:
 ▸ Dec. 20.910/1932 (Prescrição quinquenal).
 ▸ Dec.-lei 4.597/1942 (Prescrição das ações contra a Fazenda Pública).
 ▸ Arts. 6º, *caput*, e 157, Lei 11.101/2005 (Recuperação de Empresas e Falência).
 ▸ Art. 947 do Dec. 9.580/2018 (Regulamento do Imposto de Renda).
 ▸ V. Súmula 154 do STF.

I – por despacho do juiz, mesmo incompetente, que ordenar a citação, se o interessado a promover no prazo e na forma da lei processual;
 ▸ Dec.-lei 4.597/1942 (Prescrição das ações contra a Fazenda Pública).
 ▸ Art. 49, V, da LC 109/2001 (Regime de Previdência Complementar)
 ▸ Súmula 154 do STF.

II – por protesto, nas condições do inciso antecedente;

III – por protesto cambial;
 ▸ Súmula 153 do STF.

IV – pela apresentação do título de crédito em juízo de inventário ou em concurso de credores;

V – por qualquer ato judicial que constitua em mora o devedor;

VI – por qualquer ato inequívoco, ainda que extrajudicial, que importe reconhecimento do direito pelo devedor.
 ▸ Dec. 20.910/1932 (Prescrição quinquenal).
 ▸ Dec.-lei 4.597/1942 (Prescrição das ações contra a Fazenda Pública).
 ▸ Súmula 154 do STF.

Parágrafo único. A prescrição interrompida recomeça a correr da data do ato que a interrompeu, ou do último ato do processo para a interromper.
 ▸ Súmula 383 do STF.

Art. 203. A prescrição pode ser interrompida por qualquer interessado.

Art. 204. A interrupção da prescrição por um credor não aproveita aos outros; semelhantemente, a interrupção operada contra o codevedor, ou seu herdeiro, não prejudica aos demais coobrigados.

§ 1º A interrupção por um dos credores solidários aproveita aos outros; assim como a interrupção efetuada contra o devedor solidário envolve os demais e seus herdeiros.

§ 2º A interrupção operada contra um dos herdeiros do devedor solidário não prejudica os outros herdeiros ou devedores, senão quando se trate de obrigações e direitos indivisíveis.

§ 3º A interrupção produzida contra o principal devedor prejudica o fiador.

Seção IV
Dos prazos da prescrição

Art. 205. A prescrição ocorre em dez anos, quando a lei não lhe haja fixado prazo menor.

 ▸ Arts. 11, 119, 143, 149, 440 e 916 da CLT.
 ▸ Arts. 103 e 104 da Lei 8.213/1991 (Planos de Benefícios da Previdência Social).
 ▸ Dec. 3.048/1999 (Regulamento da Previdência Social).
 ▸ Súmulas 146, 147, 149 a 154, 264, 327, 349, 383, 443, 445, 494, 497, 592 e 604 do STF.
 ▸ Súmulas 39, 85, 101, 106, 119, 142, 143, 191, 194, 210, 220, 278, 338, 412, 415, 438 e 467 do STJ.

Art. 206. Prescreve:

§ 1º Em um ano:
 ▸ Art. 36, par. ún. da Lei 5.764/1971 (Política Nacional de Cooperativismo e regime jurídico das sociedades cooperativas).
 ▸ V. Súmula 151 do STF.

I – a pretensão dos hospedeiros ou fornecedores de víveres destinados a consumo no próprio estabelecimento, para o pagamento da hospedagem ou dos alimentos;

II – a pretensão do segurado contra o segurador, ou a deste contra aquele, contado o prazo:
 ▸ Súmula 101 do STJ.

Texto novo: Inciso II revogado pela Lei 15.040/2024, em vigor a partir de 1 ano após sua publicação (DOU 10.12.2024).

a) para o segurado, no caso de seguro de responsabilidade civil, da data em que é citado para responder à ação de indenização proposta pelo terceiro prejudicado, ou da data que a este indeniza, com a anuência do segurador;

b) quanto aos demais seguros, da ciência do fato gerador da pretensão;
 ▸ Súmulas 101, 229 e 278 do STJ.

III – a pretensão dos tabeliães, auxiliares da justiça, serventuários judiciais, árbitros e peritos, pela percepção de emolumentos, custas e honorários;

IV – a pretensão contra os peritos, pela avaliação dos bens que entraram para a formação do capital de sociedade anônima, contado da publicação da ata da assembleia que aprovar o laudo;

V – a pretensão dos credores não pagos contra os sócios ou acionistas e os liquidantes, contado o prazo da publicação da ata de encerramento da liquidação da sociedade.

§ 2º Em dois anos, a pretensão para haver prestações alimentares, a partir da data em que se vencerem.
 ▸ Art. 119 da CLT.
 ▸ Art. 169 do CTN.
 ▸ Art. 23 da Lei 5.478/1968 (Ação de alimentos).

§ 3º Em três anos:

I – a pretensão relativa a aluguéis de prédios urbanos ou rústicos;
 ▸ Lei 8.245/1991 (Locações).

II – a pretensão para receber prestações vencidas de rendas temporárias ou vitalícias;
 ▸ Súmulas 291 e 427 do STJ.

III – a pretensão para haver juros, dividendos ou quaisquer prestações acessórias, pagáveis, em períodos não maiores de um ano, com capitalização ou sem ela;

IV – a pretensão de ressarcimento de enriquecimento sem causa;
 ▸ Súmula 547 do STJ.

V – a pretensão de reparação civil;
 ▸ Art. 27 da Lei 8.078/1990 (Código de Defesa do Consumidor – CDC).
 ▸ Art. 1º-C da Lei 9.494/1997 (Aplicação da tutela antecipada contra a Fazenda Pública).

VI – a pretensão de restituição dos lucros ou dividendos recebidos de má-fé, correndo o prazo da data em que foi deliberada a distribuição;

VII – a pretensão contra as pessoas em seguida indicadas por violação da lei ou do estatuto, contado o prazo:

a) para os fundadores, da publicação dos atos constitutivos da sociedade anônima;
 ▸ Lei 6.404/1976 (Sociedades por Ações).

b) para os administradores, ou fiscais, da apresentação, aos sócios, do balanço referente ao exercício em que a violação tenha sido praticada, ou da reunião ou assembleia-geral que dela deva tomar conhecimento;

c) para os liquidantes, da primeira assembleia semestral posterior à violação;

VIII – a pretensão para haver o pagamento de título de crédito, a contar do vencimento, ressalvadas as disposições de lei especial;

IX – a pretensão do beneficiário contra o segurador, e a do terceiro prejudicado, no caso de seguro de responsabilidade civil obrigatório;
 ▸ Súmula 405 do STJ.

§ 4º Em quatro anos, a pretensão relativa à tutela, a contar da data da aprovação das contas.
 ▸ Art. 43, Lei 5.764/1971 (Política Nacional de Cooperativismo e regime jurídico das sociedades Cooperativas).

§ 5º Em cinco anos:

I – a pretensão de cobrança de dívidas líquidas constantes de instrumento público ou particular;
 ▸ Súmulas 503, 504 e 547 do STJ.

II – a pretensão dos profissionais liberais em geral, procuradores judiciais, curadores e professores pelos seus honorários, contado o prazo da conclusão dos serviços, da cessação dos respectivos contratos ou mandato;

III – a pretensão do vencedor para haver do vencido o que despendeu em juízo.

Art. 206-A. A prescrição intercorrente observará o mesmo prazo de prescrição da pretensão, observadas as causas de impedimento, de suspensão e de interrupção da prescrição previstas neste Código e observado o disposto no art. 921 da Lei nº 13.105, de 16 de março de 2015 (Código de Processo Civil).
 ▸ Artigo com redação pela Lei 14.382/2022.

CAPÍTULO II
DA DECADÊNCIA

Art. 207. Salvo disposição legal em contrário, não se aplicam à decadência as normas que impedem, suspendem ou interrompem a prescrição.

Art. 208. Aplica-se à decadência o disposto nos arts. 195 e 198, inciso I.

Art. 209. É nula a renúncia à decadência fixada em lei.

Art. 210. Deve o juiz, de ofício, conhecer da decadência, quando estabelecida por lei.

Art. 211. Se a decadência for convencional, a parte a quem aproveita pode alegá-la em qualquer grau de jurisdição, mas o juiz não pode suprir a alegação.

TÍTULO V
DA PROVA

Art. 212. Salvo o negócio a que se impõe forma especial, o fato jurídico pode ser provado mediante:
 ▸ Arts. 107 a 109, 183 e 221, par. ún., deste Código.
 ▸ Art. 5º, XII e LVI da CF.
 ▸ Art. 369 do CPC.

I – confissão;
 ▸ Arts. 213 e 214 deste Código.
 ▸ Arts. 389 a 395 do CPC.

II – documento;
 ▸ Arts. 107 a 109, 215 a 226 deste Código.
 ▸ Arts. 405 a 438 do CPC.
 ▸ Lei 7.115/1983 (Prova documental).
 ▸ Lei 7.116/1983 (Validade nacional das carteiras de identidade).
 ▸ Dec. 4.553/2002 (Salvaguarda de dados, informações, documentos e materiais sigilosos de interesse da segurança da sociedade e do Estado).

III – testemunha;
 ▸ Arts. 227 a 230 deste Código.
 ▸ Arts. 442 a 448 e 450 a 462 do CPC.

IV – presunção;
 ▸ Art. 230 deste Código.
 ▸ Art. 375 do CPC.

V – perícia.
 ▸ Art. 232 deste Código.
 ▸ Arts. 81, § 3º, 464 a 484, 809 §§ 1º e 2º do CPC.

Art. 213. Não tem eficácia a confissão se provém de quem não é capaz de dispor do direito a que se referem os fatos confessados.
 ▸ Art. 392 do CPC.

Parágrafo único. Se feita a confissão por um representante, somente é eficaz nos limites em que este pode vincular o representado.
 ▸ Arts. 115 a 120 deste Código.

Art. 214. A confissão é irrevogável, mas pode ser anulada se decorreu de erro de fato ou de coação.
 ▸ Arts. 138 a 144, 151 a 155, 171 e ss., deste Código.
 ▸ Art. 393 do CPC.

(...)

PARTE ESPECIAL

LIVRO I
DO DIREITO DAS OBRIGAÇÕES

(...)

CAPÍTULO VI
DAS OBRIGAÇÕES SOLIDÁRIAS

Seção I
Disposições gerais

Art. 264. Há solidariedade, quando na mesma obrigação concorre mais de um credor, ou mais de um devedor, cada um com direito, ou obrigado, à dívida toda.

Art. 265. A solidariedade não se presume; resulta da lei ou da vontade das partes.

Art. 266. A obrigação solidária pode ser pura e simples para um dos cocredores ou codevedores, e condicional, ou a prazo, ou pagável em lugar diferente, para o outro.

Seção II
Da solidariedade ativa

Art. 267. Cada um dos credores solidários tem direito a exigir do devedor o cumprimento da prestação por inteiro.

Art. 268. Enquanto alguns dos credores solidários não demandarem o devedor comum, a qualquer daqueles poderá este pagar.

Art. 269. O pagamento feito a um dos credores solidários extingue a dívida até o montante do que foi pago.

Art. 270. Se um dos credores solidários falecer deixando herdeiros, cada um destes só terá direito a exigir e receber a quota do crédito que corresponder ao seu quinhão hereditário, salvo se a obrigação for indivisível.

Art. 271. Convertendo-se a prestação em perdas e danos, subsiste, para todos os efeitos, a solidariedade.

Art. 272. O credor que tiver remitido a dívida ou recebido o pagamento responderá aos outros pela parte que lhes caiba.

Art. 273. A um dos credores solidários não pode o devedor opor as exceções pessoais oponíveis aos outros.

Art. 274. O julgamento contrário a um dos credores solidários não atinge os demais, mas o julgamento favorável aproveita-lhes, sem prejuízo de exceção pessoal que o devedor tenha direito de invocar em relação a qualquer deles.
 ▸ Artigo com redação pela Lei 13.105/2015 (Novo CPC)

Seção III
Da solidariedade passiva

Art. 275. O credor tem direito a exigir e receber de um ou de alguns dos devedores, parcial ou totalmente, a dívida comum; se o pagamento tiver sido parcial, todos os demais devedores continuam obrigados solidariamente pelo resto.
 ▸ Súmula 26 do STJ.

Parágrafo único. Não importará renúncia da solidariedade a propositura de ação pelo credor contra um ou alguns dos devedores.

Art. 276. Se um dos devedores solidários falecer deixando herdeiros, nenhum destes será obrigado a pagar senão a quota que corresponder ao seu quinhão hereditário, salvo se a obrigação for indivisível; mas todos reunidos serão considerados como um devedor solidário em relação aos demais devedores.

Art. 277. O pagamento parcial feito por um dos devedores e a remissão por ele obtida não aproveitam aos outros devedores, senão até à concorrência da quantia paga ou relevada.
 ▸ Art. 125 do CTN.

Art. 278. Qualquer cláusula, condição ou obrigação adicional, estipulada entre um dos devedores solidários e o credor, não poderá agravar a posição dos outros sem consentimento destes.

Art. 279. Impossibilitando-se a prestação por culpa de um dos devedores solidários, subsiste para todos o encargo de pagar o equivalente; mas pelas perdas e danos só responde o culpado.

Art. 280. Todos os devedores respondem pelos juros da mora, ainda que a ação tenha sido proposta somente contra um; mas o culpado responde aos outros pela obrigação acrescida.

Art. 281. O devedor demandado pode opor ao credor as exceções que lhe forem pessoais e as comuns a todos; não lhe aproveitando as exceções pessoais a outro codevedor.

Art. 282. O credor pode renunciar à solidariedade em favor de um, de alguns ou de todos os devedores.
Parágrafo único. Se o credor exonerar da solidariedade um ou mais devedores, subsistirá a dos demais.

Art. 283. O devedor que satisfez a dívida por inteiro tem direito a exigir de cada um dos codevedores a sua quota, dividindo-se igualmente por todos a do insolvente, se o houver, presumindo-se iguais, no débito, as partes de todos os codevedores.

Art. 284. No caso de rateio entre os codevedores, contribuirão também os exonerados da solidariedade pelo credor, pela parte que na obrigação incumbia ao insolvente.

Art. 285. Se a dívida solidária interessar exclusivamente a um dos devedores, responderá este por toda ela para com aquele que pagar.
(...)

(...)

CAPÍTULO II
DO PAGAMENTO EM CONSIGNAÇÃO

Art. 334. Considera-se pagamento, e extingue a obrigação, o depósito judicial ou em estabelecimento bancário da coisa devida, nos casos e forma legais.
 ▸ Arts. 304 e 635 deste Código.
 ▸ Arts. 539 a 549 do CPC.
 ▸ Arts. 29 e 33 do Dec.-lei 3.365/1941 (Desapropriações por utilidade pública).

Art. 335. A consignação tem lugar:
I – se o credor não puder, ou, sem justa causa, recusar receber o pagamento, ou dar quitação na devida forma;
 ▸ Arts. 304, 319 a 324, 506, 635 e 641 deste Código.
II – se o credor não for, nem mandar receber a coisa no lugar, tempo e condição devidos;
 ▸ Arts. 327 a 333 e 341 deste Código.
III – se o credor for incapaz de receber, for desconhecido, declarado ausente, ou residir em lugar incerto ou de acesso perigoso ou difícil;
 ▸ Arts. 3º, 4º, 22, 160 e 955 deste Código.
IV – se ocorrer dúvida sobre quem deva legitimamente receber o objeto do pagamento;
 ▸ Arts. 344, 345 e 755 deste Código.
 ▸ Arts. 895 e 898 do CPC.
V – se pender litígio sobre o objeto do pagamento.
 ▸ Arts. 344 e 345 deste Código.

Art. 336. Para que a consignação tenha força de pagamento, será mister concorram, em relação às pessoas, ao objeto, modo e tempo, todos os requisitos sem os quais não é válido o pagamento.
 ▸ Arts. 304 a 333 deste Código.

Art. 337. O depósito requerer-se-á no lugar do pagamento, cessando, tanto que se efetue, para o depositante, os juros da dívida e os riscos, salvo se for julgado improcedente.
 ▸ Arts. 327 a 330 deste Código.
 ▸ Art. 540 do CPC.

Art. 338. Enquanto o credor não declarar que aceita o depósito, ou não o impugnar, poderá o devedor requerer o levantamento, pagando as respectivas despesas, e subsistindo a obrigação para todas as consequências de direito.

Art. 339. Julgado procedente o depósito, o devedor já não poderá levantá-lo, embora o credor consinta, senão de acordo com os outros devedores e fiadores.

Art. 340. O credor que, depois de contestar a lide ou aceitar o depósito, aquiescer no levantamento, perderá a preferência e a garantia que lhe competiam com respeito à coisa consignada, ficando para logo desobrigados os codevedores e fiadores que não tenham anuído.

Art. 341. Se a coisa devida for imóvel ou corpo certo que deva ser entregue no mesmo lugar onde está, poderá o devedor citar o credor para vir ou mandar recebê-la, sob pena de ser depositada.
 ▸ Arts. 328 e 335, II, deste Código.

Art. 342. Se a escolha da coisa indeterminada competir ao credor, será ele citado para esse fim, sob cominação de perder o direito e de ser depositada a coisa que o devedor escolher; feita a escolha pelo devedor, proceder-se-á como no artigo antecedente.
 ▸ Arts. 243 a 246, 252, 255, 256 e 1.929 deste Código.
 ▸ Art. 543 do CPC.

Art. 343. As despesas com o depósito, quando julgado procedente, correrão à conta do credor, e, no caso contrário, à conta do devedor.
 ▸ Art. 546 do CPC.

Art. 344. O devedor de obrigação litigiosa exonerar-se-á mediante consignação, mas se pagar a qualquer dos pretendidos credores, tendo conhecimento do litígio, assumirá o risco do pagamento.
 ▸ Art. 335, IV e V, deste Código.
 ▸ Art. 856, § 2º, do CPC.

Art. 345. Se a dívida se vencer, pendendo litígio entre credores que se pretendem mutuamente excluir, poderá qualquer deles requerer a consignação.
 ▸ Art. 335, IV e V, deste Código.

(...)

CAPÍTULO VII
DA COMPENSAÇÃO
 ▸ Art. 1.506 deste Código.

Art. 368. Se duas pessoas forem ao mesmo tempo credor e devedor uma da outra, as duas obrigações extinguem-se, até onde se compensarem.
 ▸ Arts. 1.221, 1.707 e 1.919 deste Código.

Art. 369. A compensação efetua-se entre dívidas líquidas, vencidas e de coisas fungíveis.
 ▸ Arts. 85, 86 e 372 deste Código.

Art. 370. Embora sejam do mesmo gênero as coisas fungíveis, objeto das duas prestações, não se compensarão, verificando-se que diferem na qualidade, quando especificada no contrato.
 ▸ Art. 85 deste Código

Art. 371. O devedor somente pode compensar com o credor o que este lhe dever; mas o fiador pode compensar sua dívida com a de seu credor ao afiançado.
 ▸ Arts. 376, 828, II, e 837 deste Código.

Art. 372. Os prazos de favor, embora consagrados pelo uso geral, não obstam a compensação.

Art. 373. A diferença de causa nas dívidas não impede a compensação, exceto:
I – se provier de esbulho, furto ou roubo;
 ▸ Art. 1.210 deste Código.
 ▸ Arts. 155, 157 e 161, § 1º, II, do CP.
II – se uma se originar de comodato, depósito ou alimentos;
 ▸ Arts. 579 a 585, 627 a 652, 638, 1.694 a 1.710 deste Código.
III – se uma for de coisa não suscetível de penhora.
 ▸ Arts. 312, 839, 1.481, § 4º, 1.711 deste Código.
 ▸ Arts. 595, 612, 613, 615, II, 646 a 685, 709, II, 732, par. ún., 751, II, e 879, I, do CPC.

Art. 374. *Revogado pela Lei 10.677/2003.*

Art. 375. Não haverá compensação quando as partes, por mútuo acordo, a excluírem, ou no caso de renúncia prévia de uma delas.
 ▸ Arts. 114 e 385 a 388 deste Código.

Art. 376. Obrigando-se por terceiro uma pessoa, não pode compensar essa dívida com a que o credor dele lhe dever.
 ▸ Arts. 371 e 439 deste Código.

Art. 377. O devedor que, notificado, nada opõe à cessão que o credor faz a terceiros dos seus direitos, não pode opor ao cessionário a compensação, que antes da cessão teria podido opor ao cedente. Se, porém, a cessão lhe não tiver sido notificada, poderá opor ao cessionário compensação do crédito que antes tinha contra o cedente.
 ▸ Arts. 286 a 298 e 312 deste Código.

Art. 378. Quando as duas dívidas não são pagáveis no mesmo lugar, não se podem compensar sem dedução das despesas necessárias à operação.
 ▸ Arts. 325 e 327 deste Código.

Art. 379. Sendo a mesma pessoa obrigada por várias dívidas compensáveis, serão observadas, no compensá-las, as regras estabelecidas quanto à imputação do pagamento.
 ▸ Arts. 352 a 355 deste Código.

Art. 380. Não se admite a compensação em prejuízo de direito de terceiro. O devedor que se torne credor do seu credor, depois de penhorado o crédito deste, não pode opor ao exequente a compensação, de que contra o próprio credor disporia.

CAPÍTULO I
DISPOSIÇÕES GERAIS

Art. 389. Não cumprida a obrigação, responde o devedor por perdas e danos, mais juros, atualização monetária e honorários de advogado.
 ▸ *Caput* com redação pela Lei 14.905/2024, em vigor após decorridos 60 dias de sua publicação (*DOU* 01.07.2024).
Parágrafo único. Na hipótese de o índice de atualização monetária não ter sido convencionado ou não estar previsto em lei específica, será aplicada a variação do Índice Nacional de Preços ao Consumidor Amplo (IPCA), apurado e divulgado pela Fundação Instituto Brasileiro de Geografia e Estatística (IBGE), ou do índice que vier a substituí-lo.
 ▸ Parágrafo único acrescido pela Lei 14.905/2024, em vigor após decorridos 60 dias de sua publicação (*DOU* 01.07.2024).

Art. 390. Nas obrigações negativas o devedor é havido por inadimplente desde o dia em que executou o ato de que se devia abster.

Art. 391. Pelo inadimplemento das obrigações respondem todos os bens do devedor.

Art. 392. Nos contratos benéficos, responde por simples culpa o contratante, a quem o contrato aproveite, e por dolo aquele a quem não favoreça. Nos contratos onerosos, responde cada uma das partes por culpa, salvo as exceções previstas em lei.
 ▸ Súmula 145 do STJ.

Art. 393. O devedor não responde pelos prejuízos resultantes de caso fortuito ou força maior, se expressamente não se houver por eles responsabilizado.

Parágrafo único. O caso fortuito ou de força maior verifica-se no fato necessário, cujos efeitos não era possível evitar ou impedir.

CAPÍTULO II
DA MORA

▸ Súmula 380 do STJ.

Art. 394. Considera-se em mora o devedor que não efetuar o pagamento e o credor que não quiser recebê-lo no tempo, lugar e forma que a lei ou a convenção estabelecer.

▸ Súmula 54 do STJ.

Art. 395. Responde o devedor pelos prejuízos a que sua mora der causa, mais juros, atualização dos valores monetários e honorários de advogado.

▸ Artigo com redação pela Lei 14.905/2024, em vigor após decorridos 60 dias de sua publicação (*DOU* 01.07.2024).
▸ Arts. 22 a 26 da Lei 8.906/1994 (Estatuto da Advocacia e OAB).
▸ Art. 52 da Lei 8.0798/1990 (Código de Defesa do Consumidor – CDC).

Parágrafo único. Se a prestação, devido à mora, se tornar inútil ao credor, este poderá enjeitá-la, e exigir a satisfação das perdas e danos.

Art. 396. Não havendo fato ou omissão imputável ao devedor, não incorre este em mora.

▸ Súmula 369 do STJ.

Art. 397. O inadimplemento da obrigação, positiva e líquida, no seu termo, constitui de pleno direito em mora o devedor.

Parágrafo único. Não havendo termo, a mora se constitui mediante interpelação judicial ou extrajudicial.

▸ Dec.-lei 745/1969 (Contratos referentes ao art. 22 do Dec.-lei 58/1937).
▸ Súmula 76 do STJ.

Art. 398. Nas obrigações provenientes de ato ilícito, considera-se o devedor em mora, desde que o praticou.

▸ Súmulas 43 e 54 do STJ.

Art. 399. O devedor em mora responde pela impossibilidade da prestação, embora essa impossibilidade resulte de caso fortuito ou de força maior, se estes ocorrerem durante o atraso; salvo se provar isenção de culpa, ou que o dano sobreviria ainda quando a obrigação fosse oportunamente desempenhada.

Art. 400. A mora do credor subtrai o devedor isento de dolo à responsabilidade pela conservação da coisa, obriga o credor a ressarcir as despesas empregadas em conservá-la, e sujeita-o a recebê-la pela estimação mais favorável ao devedor, se o seu valor oscilar entre o dia estabelecido para o pagamento e o da sua efetivação.

(...)

CAPÍTULO III
DAS PERDAS E DANOS

Art. 402. Salvo as exceções expressamente previstas em lei, as perdas e danos devidas ao credor abrangem, além do que ele efetivamente perdeu, o que razoavelmente deixou de lucrar.

▸ Súmulas 412 e 562 do STF.

Art. 403. Ainda que a inexecução resulte de dolo do devedor, as perdas e danos só incluem os prejuízos efetivos e os lucros cessantes por efeito dela direto e imediato, sem prejuízo do disposto na lei processual.

Art. 404. As perdas e danos, nas obrigações de pagamento em dinheiro, serão pagas com atualização monetária, juros, custas e honorários de advogado, sem prejuízo da pena convencional.

▸ Artigo com redação pela Lei 14.905/2024, em vigor após decorridos 60 dias de sua publicação (*DOU* 01.07.2024).
▸ Arts. 22 a 26 da Lei 8.906/1994 (Estatuto da Advocacia e OAB).

Parágrafo único. Provado que os juros da mora não cobrem o prejuízo, e não havendo pena convencional, pode o juiz conceder ao credor indenização suplementar.

Art. 405. Contam-se os juros de mora desde a citação inicial.

▸ Súmula 163 do STF.
▸ Súmulas 54 e 426 do STJ.

(...)

CAPÍTULO V
DA CLÁUSULA PENAL

Art. 408. Incorre de pleno direito o devedor na cláusula penal, desde que, culposamente, deixe de cumprir a obrigação ou se constitua em mora.

Art. 409. A cláusula penal estipulada conjuntamente com a obrigação, ou em ato posterior, pode referir-se à inexecução completa da obrigação, à de alguma cláusula especial ou simplesmente à mora.

Art. 410. Quando se estipular a cláusula penal para o caso de total inadimplemento da obrigação, esta converter-se-á em alternativa a benefício do credor.

Art. 411. Quando se estipular a cláusula penal para o caso de mora, ou em segurança especial de outra cláusula determinada, terá o credor o arbítrio de exigir a satisfação da pena cominada, juntamente com o desempenho da obrigação principal.

Art. 412. O valor da cominação imposta na cláusula penal não pode exceder o da obrigação principal.

▸ Art. 52, § 1º, da Lei 8.078/1990 (Código de Defesa do Consumidor – CDC).

Art. 413. A penalidade deve ser reduzida equitativamente pelo juiz se a obrigação principal tiver sido cumprida em parte, ou se o montante da penalidade for manifestamente excessivo, tendo-se em vista a natureza e a finalidade do negócio.

▸ Art. 4º da Lei 8.245/1991 (Locações).

Art. 414. Sendo indivisível a obrigação, todos os devedores, caindo em falta um deles, incorrerão na pena; mas esta só se poderá demandar integralmente do culpado, respondendo cada um dos outros somente pela sua quota.

Parágrafo único. Aos não culpados fica reservada a ação regressiva contra aquele que deu causa à aplicação da pena.

Art. 415. Quando a obrigação for divisível, só incorre na pena o devedor ou o herdeiro do devedor que a infringir, e proporcionalmente à sua parte na obrigação.

Art. 416. Para exigir a pena convencional, não é necessário que o credor alegue prejuízo.

Parágrafo único. Ainda que o prejuízo exceda ao previsto na cláusula penal, não pode o credor exigir indenização suplementar se assim não foi convencionado. Se o tiver sido, a pena vale como mínimo da indenização, competindo ao credor provar o prejuízo excedente.

(...)

TÍTULO V
DOS CONTRATOS EM GERAL

CAPÍTULO I
DISPOSIÇÕES GERAIS

Seção I
Preliminares

▸ Arts. 46 a 54 da Lei 8.078/1990 (Consumidor de Defesa do Consumidor – CDC).

Art. 421. A liberdade contratual será exercida nos limites da função social do contrato.

▸ *Caput* com redação pela Lei 13.874/2019.
▸ Art. 51 da Lei 8.078/1990 (Consumidor de Defesa do Consumidor – CDC).

Parágrafo único. Nas relações contratuais privadas, prevalecerão o princípio da intervenção mínima e a excepcionalidade da revisão contratual.

▸ Parágrafo único acrescido pela Lei 13.874/2019.

Art. 421-A. Os contratos civis e empresariais presumem-se paritários e simétricos até a presença de elementos concretos que justifiquem o afastamento dessa presunção, ressalvados os regimes jurídicos previstos em leis especiais, garantido também que:

▸ Artigo acrescido pela Lei 13.874/2019.

I – as partes negociantes poderão estabelecer parâmetros objetivos para a interpretação das cláusulas negociais e de seus pressupostos de revisão ou de resolução;

II – a alocação de riscos definida pelas partes deve ser respeitada e observada; e

III – a revisão contratual somente ocorrerá de maneira excepcional e limitada.

Art. 422. Os contratantes são obrigados a guardar, assim na conclusão do contrato, como em sua execução, os princípios de probidade e boa-fé.

▸ Art. 51, IV, da Lei 8.078/1990 (Código de Defesa do Consumidor – CDC).
▸ Art. 22, IV do Dec. 2.181/1997 (Sistema Nacional de Defesa do Consumidor).
▸ Súmula 609 do STJ.

Art. 423. Quando houver no contrato de adesão cláusulas ambíguas ou contraditórias, dever-se-á adotar a interpretação mais favorável ao aderente.

▸ Arts. 47 e 54 da Lei 8.078/1990 (Código de Defesa do Consumidor – CDC).

Art. 424. Nos contratos de adesão, são nulas as cláusulas que estipulem a renúncia antecipada do aderente a direito resultante da natureza do negócio.

▸ Arts. 25, 51, I e XVI, da Lei 8.078/1990 (Código de Defesa do Consumidor – CDC).

Art. 425. É lícito às partes estipular contratos atípicos, observadas as normas gerais fixadas neste Código.

Art. 426. Não pode ser objeto de contrato a herança de pessoa viva.

Seção II
Da formação dos contratos

Art. 427. A proposta de contrato obriga o proponente, se o contrário não resultar dos termos dela, da natureza do negócio, ou das circunstâncias do caso.

▸ Arts. 30 e 35 da Lei 8.078/1990 (Código de Defesa do Consumidor – CDC).

Art. 428. Deixa de ser obrigatória a proposta:

I – se, feita sem prazo a pessoa presente, não foi imediatamente aceita. Considera-se também presente a pessoa que contrata por telefone ou por meio de comunicação semelhante;

▸ Art. 49 da Lei 8.078/1990 (Código de Defesa do Consumidor – CDC).

II – se, feita sem prazo a pessoa ausente, tiver decorrido tempo suficiente para chegar a resposta ao conhecimento do proponente;

III – se, feita a pessoa ausente, não tiver sido expedida a resposta dentro do prazo dado;

IV – se, antes dela, ou simultaneamente, chegar ao conhecimento da outra parte a retratação do proponente.

Art. 429. A oferta ao público equivale a proposta quando encerra os requisitos essenciais ao contrato, salvo se o contrário resultar das circunstâncias ou dos usos.

▸ Arts. 30 e 31 da Lei 8.078/1990 (Consumidor de Defesa do Consumidor – CDC).
▸ Art. 3º, I e II, do Dec. 7.962/2013 (Contratação no comércio eletrônico).

Parágrafo único. Pode revogar-se a oferta pela mesma via de sua divulgação, desde que ressalvada esta faculdade na oferta realizada.

Art. 430. Se a aceitação, por circunstância imprevista, chegar tarde ao conhecimento do proponente, este comunicá-lo-á imediatamente ao aceitante, sob pena de responder por perdas e danos.

▸ Art. 39, III, par. ún., da Lei 8.078/1990 (Consumidor de Defesa do Consumidor – CDC).

Art. 431. A aceitação fora do prazo, com adições, restrições, ou modificações, importará nova proposta.

Art. 432. Se o negócio for daqueles em que não seja costume a aceitação expressa, ou o proponente a tiver dispensado, reputar-se-á concluído o contrato, não chegando a tempo a recusa.

▸ Art. 39, III, par. ún., da Lei 8.078/1990 (Consumidor de Defesa do Consumidor – CDC).

Art. 433. Considera-se inexistente a aceitação, se antes dela ou com ela chegar ao proponente a retratação do aceitante.

Art. 434. Os contratos entre ausentes tornam-se perfeitos desde que a aceitação é expedida, exceto:

I – no caso do artigo antecedente;

II – se o proponente se houver comprometido a esperar resposta;

III – se ela não chegar no prazo convencionado.

Art. 435. Reputar-se-á celebrado o contrato no lugar em que foi proposto.

▸ Art. 9º, § 2º, do Dec.-lei 4.657/1942 (Lei de Introdução às normas do Direito Brasileiro – LINDB).

(...)

Seção VIII
Do contrato preliminar

▸ Arts. 34, § 3º e 35, §§ 1º e 4º da Lei 4.591/1964 (Condomínio em edificações e incorporações imobiliárias).

Art. 462. O contrato preliminar, exceto quanto à forma, deve conter todos os requisitos essenciais ao contrato a ser celebrado.

▸ Art. 26 da Lei 6.766/1979 (Parcelamento do solo urbano).

Art. 463. Concluído o contrato preliminar, com observância do disposto no artigo antecedente, e desde que dele não conste cláusula de arrependimento, qualquer das partes terá o direito de exigir a celebração do definitivo, assinando prazo à outra para que o efetive.

▸ Arts. 221, II, 223 e 225, § 1º, da Lei 6.015/1973 (Registros Públicos).
▸ Súmula 166 do STF.

Parágrafo único. O contrato preliminar deverá ser levado ao registro competente.

▸ Súmulas 167 e 412 do STF.
▸ Súmula 76 do STJ.

Art. 464. Esgotado o prazo, poderá o juiz, a pedido do interessado, suprir a vontade da parte inadimplente, conferindo caráter definitivo ao contrato preliminar, salvo se a isto se opuser a natureza da obrigação.

▸ Súmulas 168 e 413 do STF.

Art. 465. Se o estipulante não der execução ao contrato preliminar, poderá a outra parte considerá-lo desfeito, e pedir perdas e danos.

Art. 466. Se a promessa de contrato for unilateral, o credor, sob pena de ficar a mesma sem efeito, deverá manifestar-se no prazo nela previsto, ou, inexistindo este, no que lhe for razoavelmente assinado pelo devedor.

(...)

TÍTULO VI
DAS VÁRIAS ESPÉCIES DE CONTRATO
▶ Lei 8.955/1994 (*Franchising*).

(...)

CAPÍTULO VII
DA PRESTAÇÃO DE SERVIÇO

Art. 593. A prestação de serviço, que não estiver sujeita às leis trabalhistas ou a lei especial, reger-se-á pelas disposições deste Capítulo.
▶ Art. 7, par. ún., da CF.
▶ EC 72/2013 (Igualdade de direitos trabalhistas entre os trabalhadores domésticos e os demais trabalhadores urbanos e rurais).
▶ Arts. 1º a 3º da CLT.
▶ LC 150/2015 (Empregado doméstico).
▶ Arts. 1º a 4º da Lei 5.889/1973 (Trabalhador rural).

Art. 594. Toda a espécie de serviço ou trabalho lícito, material ou imaterial, pode ser contratada mediante retribuição.
▶ Arts. 3º, par. ún., e 5º da CLT.

Art. 595. No contrato de prestação de serviço, quando qualquer das partes não souber ler, nem escrever, o instrumento poderá ser assinado a rogo e subscrito por duas testemunhas.
▶ Art. 456 da CLT.

Art. 596. Não se tendo estipulado, nem chegado a acordo as partes, fixar-se-á por arbitramento a retribuição, segundo o costume do lugar, o tempo de serviço e sua qualidade.
▶ Arts. 460 e 461 da CLT.

Art. 597. A retribuição pagar-se-á depois de prestado o serviço, se, por convenção, ou costume, não houver de ser adiantada, ou paga em prestações.
▶ Art. 459 da CLT.

Art. 598. A prestação de serviço não se poderá convencionar por mais de quatro anos, embora o contrato tenha por causa o pagamento de dívida de quem o presta, ou se destine à execução de certa e determinada obra. Neste caso, decorridos quatro anos, dar-se-á por findo o contrato, ainda que não concluída a obra.
▶ Art. 445 da CLT.
▶ Art. 149 do CP.

Art. 599. Não havendo prazo estipulado, nem se podendo inferir da natureza do contrato, ou do costume do lugar, qualquer das partes, a seu arbítrio, mediante prévio aviso, pode resolver o contrato.
▶ Art. 487 da CLT.

Parágrafo único. Dar-se-á o aviso:

I – com antecedência de oito dias, se o salário se houver fixado por tempo de um mês, ou mais;

II – com antecipação de quatro dias, se o salário se tiver ajustado por semana, ou quinzena;

III – de véspera, quando se tenha contratado por menos de sete dias.
▶ Arts. 487 a 491 da CLT.

Art. 600. Não se conta no prazo do contrato o tempo em que o prestador de serviço, por culpa sua, deixou de servir.
▶ Art. 453 da CLT.

Art. 601. Não sendo o prestador de serviço contratado para certo e determinado trabalho, entender-se-á que se obrigou a todo e qualquer serviço compatível com as suas forças e condições.
▶ Art. 456, par. ún., da CLT.

Art. 602. O prestador de serviço contratado por tempo certo, ou por obra determinada, não se pode ausentar, ou despedir, sem justa causa, antes de preenchido o tempo, ou concluída a obra.
▶ Arts. 443, § 1º, 478 a 481 da CLT.
▶ Lei 9.601/1998 (Contrato de trabalho por prazo determinado).

Parágrafo único. Se se despedir sem justa causa, terá direito à retribuição vencida, mas responderá por perdas e danos. O mesmo dar-se-á, se despedido por justa causa.
▶ Arts. 443, § 1º, 457, § 1º, e 480 e ss., da CLT.
▶ LC 150/2015 (Empregado doméstico).

Art. 603. Se o prestador de serviço for despedido sem justa causa, a outra parte será obrigada a pagar-lhe por inteiro a retribuição vencida, e por metade a que lhe tocaria de então ao termo legal do contrato.
▶ Arts. 477, 478 e 479 da CLT.

Art. 604. Findo o contrato, o prestador de serviço tem direito a exigir da outra parte a declaração de que o contrato está findo. Igual direito lhe cabe, se for des-

pedido sem justa causa, ou se tiver havido motivo justo para deixar o serviço.

Art. 605. Nem aquele a quem os serviços são prestados, poderá transferir a outrem o direito aos serviços ajustados, nem o prestador de serviços, sem aprazimento da outra parte, dar substituto que os preste.
▶ Arts. 448 e 468 da CLT.

Art. 606. Se o serviço for prestado por quem não possua título de habilitação, ou não satisfaça requisitos outros estabelecidos em lei, não poderá quem os prestou cobrar a retribuição normalmente correspondente ao trabalho executado. Mas se deste resultar benefício para a outra parte, o juiz atribuirá a quem o prestou uma compensação razoável, desde que tenha agido com boa-fé.

Parágrafo único. Não se aplica a segunda parte deste artigo, quando a proibição da prestação de serviço resultar de lei de ordem pública.

Art. 607. O contrato de prestação de serviço acaba com a morte de qualquer das partes. Termina, ainda, pelo escoamento do prazo, pela conclusão da obra, pela rescisão do contrato mediante aviso prévio, por inadimplemento de qualquer das partes ou pela impossibilidade da continuação do contrato, motivada por força maior.

Art. 608. Aquele que aliciar pessoas obrigadas em contrato escrito a prestar serviço a outrem pagará a este a importância que ao prestador de serviço, pelo ajuste desfeito, houvesse de caber durante dois anos.
▶ Art. 207 do CP.

Art. 609. A alienação do prédio agrícola, onde a prestação dos serviços se opera, não importa a rescisão do contrato, salvo ao prestador opção entre continuá-lo com o adquirente da propriedade ou com o primitivo contratante.

CAPÍTULO VIII
DA EMPREITADA
▶ OJ 191, SBDI-1 do TST.

Art. 610. O empreiteiro de uma obra pode contribuir para ela só com seu trabalho ou com ele e os materiais.

§ 1º A obrigação de fornecer os materiais não se presume; resulta da lei ou da vontade das partes.

§ 2º O contrato para elaboração de um projeto não implica a obrigação de executá-lo, ou de fiscalizar-lhe a execução.

Art. 611. Quando o empreiteiro fornece os materiais, correm por sua conta os riscos até o momento da entrega da obra, a contento de quem a encomendou, se este não estiver em mora de receber. Mas se estiver, por sua conta correrão os riscos.

Art. 612. Se o empreiteiro só forneceu mão de obra, todos os riscos em que não tiver culpa correrão por conta do dono.

Art. 613. Sendo a empreitada unicamente de lavor (art. 610), se a coisa perecer antes de entregue, sem mora do dono nem culpa do empreiteiro, este perderá a retribuição, se não provar que a perda resultou de defeito dos materiais e que em tempo reclamara contra a sua quantidade ou qualidade.

Art. 614. Se a obra constar de partes distintas, ou for de natureza das que se determinam por medida, o empreiteiro terá direito a que também se verifique por medida, ou segundo as partes em que se dividir, podendo exigir o pagamento na proporção da obra executada.

§ 1º Tudo o que se pagou presume-se verificado.

§ 2º O que se mediu presume-se verificado se, em 30 (trinta) dias, a contar da medição, não forem denunciados os vícios ou defeitos pelo dono da obra ou por quem estiver incumbido da sua fiscalização.

Art. 615. Concluída a obra de acordo com o ajuste, ou o costume do lugar, o dono é obrigado a recebê-la. Poderá, porém, rejeitá-la, se o empreiteiro se afastou das instruções recebidas e dos planos dados, ou das regras técnicas em trabalhos de tal natureza.

Art. 616. No caso da segunda parte do artigo antecedente, pode quem encomendou a obra, em vez de enjeitá-la, recebê-la com abatimento no preço.

Art. 617. O empreiteiro é obrigado a pagar os materiais que recebeu, se por imperícia ou negligência os inutilizar.

Art. 618. Nos contratos de empreitada de edifícios ou outras construções consideráveis, o empreiteiro de materiais e execução responderá, durante o prazo irredutível de cinco anos, pela solidez e segurança do trabalho, assim como em razão dos materiais e do solo.

Parágrafo único. Decairá do direito assegurado neste artigo o dono da obra que não propuser a ação contra

o empreiteiro, nos cento e oitenta dias seguintes ao aparecimento do vício ou defeito.

Art. 619. Salvo estipulação em contrário, o empreiteiro que se incumbir de executar uma obra, segundo plano aceito por quem a encomendou, não terá direito a exigir acréscimo no preço, ainda que sejam introduzidas modificações no projeto, a não ser que estas resultem de instruções escritas do dono da obra.

Parágrafo único. Ainda que não tenha havido autorização escrita, o dono da obra é obrigado a pagar ao empreiteiro os aumentos e acréscimos, segundo o que for arbitrado, se, sempre presente à obra, por continuadas visitas, não podia ignorar o que se estava passando, e nunca protestou.

Art. 620. Se ocorrer diminuição no preço do material ou da mão de obra superior a um décimo do preço global convencionado, poderá este ser revisto, a pedido do dono da obra, para que se lhe assegure a diferença apurada.

Art. 621. Sem anuência de seu autor, não pode o proprietário da obra introduzir modificações no projeto por ele aprovado, ainda que a execução seja confiada a terceiros, a não ser que, por motivos supervenientes ou razões de ordem técnica, fique comprovada a inconveniência ou a excessiva onerosidade de execução do projeto em sua forma originária.
▶ Arts. 7º, X, 24, IV, 26 e 29, III, da Lei 9.610/1998 (Direitos Autorais).

Parágrafo único. A proibição deste artigo não abrange alterações de pouca monta, ressalvada sempre a unidade estética da obra projetada.

Art. 622. Se a execução da obra for confiada a terceiros, a responsabilidade do autor do projeto respectivo, desde que não assuma a direção ou fiscalização daquela, ficará limitada aos danos resultantes de defeitos previstos no art. 618 e seu parágrafo único.

Art. 623. Mesmo após iniciada a construção, pode o dono da obra suspendê-la, desde que pague ao empreiteiro as despesas e lucros relativos aos serviços já feitos, mais indenização razoável, calculada em função do que ele teria ganho, se concluída a obra.

Art. 624. Suspensa a execução da empreitada sem justa causa, responde o empreiteiro por perdas e danos.

Art. 625. Poderá o empreiteiro suspender a obra:

I – por culpa do dono, ou por motivo de força maior;

II – quando, no decorrer dos serviços, se manifestarem dificuldades imprevisíveis de execução, resultantes de causas geológicas ou hídricas, ou outras semelhantes, de modo que torne a empreitada excessivamente onerosa, e o dono da obra se opuser ao reajuste do preço inerente ao projeto por ele elaborado, observados os preços;

III – se as modificações exigidas pelo dono da obra, por seu vulto e natureza, forem desproporcionais ao projeto aprovado, ainda que o dono se disponha a arcar com o acréscimo de preço.

Art. 626. Não se extingue o contrato de empreitada pela morte de qualquer das partes, salvo se ajustado em consideração às qualidades pessoais do empreiteiro.

(...)

CAPÍTULO X
DO MANDATO

Seção I
Disposições gerais
▶ Arts. 5º, 1 5, § 3º, 27 a 30 e 42, Lei 8.906/1994 (Estatuto da Advocacia e da OAB).

Art. 653. Opera-se o mandato quando alguém recebe de outrem poderes para, em seu nome, praticar atos ou administrar interesses. A procuração é o instrumento do mandato.
▶ Art. 54, II, c, da CF.
▶ Arts. 513, a e 791 da CLT.
▶ Lei 1.134/1950 (Representação dos associados de classe).
▶ Art. 117, XI, da Lei 8.112/1990 (Regime jurídico único dos servidores públicos civis da União).
▶ Arts. 5º, 22, § 5º, 25, V, 34, XIX, 40, III, 42, 63, caput, 65 e par. ún., 66 e par. ún., e 82, da Lei 8.906/1994 (Estatuto da Advocacia e da OAB).

Art. 654. Todas as pessoas capazes são aptas para dar procuração mediante instrumento particular, que valerá desde que tenha a assinatura do outorgante.
▶ Art. 50, par. ún., do CPP.
▶ Art. 792 da CLT.
▶ Art. 50, § 3º, da Lei 6.015/1973 (Registros Públicos).

§ 1º O instrumento particular deve conter a indicação do lugar onde foi passado, a qualificação do outorgante e do outorgado, a data e o objetivo da outorga com a designação e a extensão dos poderes conferidos.
▶ OJ da SBDI-I 373 do TST.

§ 2º O terceiro com quem o mandatário tratar poderá exigir que a procuração traga a firma reconhecida.

▶ Art. 158 da Lei 6.015/1973 (Registros Públicos).

Art. 655. Ainda quando se outorgue mandato por instrumento público, pode substabelecer-se mediante instrumento particular.

Art. 656. O mandato pode ser expresso ou tácito, verbal ou escrito.

▶ Art. 513 da CLT.
▶ Lei 1.134/1950 (Representação dos associados de classes).

Art. 657. A outorga do mandato está sujeita à forma exigida por lei para o ato a ser praticado. Não se admite mandato verbal quando o ato deva ser celebrado por escrito.

Art. 658. O mandato presume-se gratuito quando não houver sido estipulada retribuição, exceto se o seu objeto corresponder àqueles que o mandatário trata por ofício ou profissão lucrativa.

Parágrafo único. Se o mandato for oneroso, caberá ao mandatário a retribuição prevista em lei ou no contrato. Sendo estes omissos, será ela determinada pelos usos do lugar, ou, na falta destes, por arbitramento.

Art. 659. A aceitação do mandato pode ser tácita, e resulta do começo de execução.

Art. 660. O mandato pode ser especial a um ou mais negócios determinadamente, ou geral a todos os do mandante.

Art. 661. O mandato em termos gerais só confere poderes de administração.

§ 1º Para alienar, hipotecar, transigir, ou praticar outros quaisquer atos que exorbitem da administração ordinária, depende a procuração de poderes especiais e expressos.

§ 2º O poder de transigir não importa o de firmar compromisso.

▶ Lei 9.307/1996 (Arbitragem).

Art. 662. Os atos praticados por quem não tenha mandato, ou o tenha sem poderes suficientes, são ineficazes em relação àquele em cujo nome foram praticados, salvo se este os ratificar.

Parágrafo único. A ratificação há de ser expressa, ou resultar de ato inequívoco, e retroagirá à data do ato.

Art. 663. Sempre que o mandatário estipular negócios expressamente em nome do mandante, será este o único responsável; ficará, porém, o mandatário pessoalmente obrigado, se agir no seu próprio nome, ainda que o negócio seja de conta do mandante.

Art. 664. O mandatário tem o direito de reter, do objeto da operação que lhe foi cometida, quanto baste para pagamento de tudo que lhe for devido em consequência do mandato.

Art. 665. O mandatário que exceder os poderes do mandato, ou proceder contra eles, será considerado mero gestor de negócios, enquanto o mandante lhe não ratificar os atos.

Art. 666. O maior de dezesseis e menor de dezoito anos não emancipado pode ser mandatário, mas o mandante não tem ação contra ele senão de conformidade com as regras gerais, aplicáveis às obrigações contraídas por menores.

Seção II
Das obrigações do mandatário

Art. 667. O mandatário é obrigado a aplicar toda sua diligência habitual na execução do mandato, e a indenizar qualquer prejuízo causado por culpa sua ou daquele a quem substabelecer, sem autorização, poderes que devia exercer pessoalmente.

▶ Art. 26 da Lei 8.906/1994 (Estatuto da Advocacia e da OAB).

§ 1º Se, não obstante proibição do mandante, o mandatário se fizer substituir na execução do mandato, responderá ao seu constituinte pelos prejuízos ocorridos sob a gerência do substituto, embora provenientes de caso fortuito, salvo provando que o caso teria sobrevindo, ainda que não tivesse havido substabelecimento.

§ 2º Havendo poderes de substabelecer, só serão imputáveis ao mandatário os danos causados pelo substabelecido, se tiver agido com culpa na escolha deste ou nas instruções dadas a ele.

§ 3º Se a proibição de substabelecer constar da procuração, os atos praticados pelo substabelecido não obrigam o mandante, salvo ratificação expressa, que retroagirá à data do ato.

§ 4º Sendo omissa a procuração quanto ao substabelecimento, o procurador será responsável se o substabelecido proceder culposamente.

Art. 668. O mandatário é obrigado a dar contas de sua gerência ao mandante, transferindo-lhe as vantagens provenientes do mandato, por qualquer título que seja.

Art. 669. O mandatário não pode compensar os prejuízos a que deu causa com os proveitos que, por outro lado, tenha granjeado ao seu constituinte.

Art. 670. Pelas somas que devia entregar ao mandante ou recebeu para despesa, mas empregou em proveito seu, pagará o mandatário juros, desde o momento em que abusou.

Art. 671. Se o mandatário, tendo fundos ou crédito do mandante, comprar, em nome próprio, algo que deveria comprar para o mandante, por ter sido expressamente designado no mandato, terá este ação para obrigá-lo à entrega da coisa comprada.

Art. 672. Sendo dois ou mais os mandatários nomeados no mesmo instrumento, qualquer deles poderá exercer os poderes outorgados, se não forem expressamente declarados conjuntos, nem especificamente designados para atos diferentes, ou subordinados a atos sucessivos. Se os mandatários forem declarados conjuntos, não terá eficácia o ato praticado sem interferência de todos, salvo havendo ratificação, que retroagirá à data do ato.

Art. 673. O terceiro que, depois de conhecer os poderes do mandatário, com ele celebrar negócio jurídico exorbitante do mandato, não tem ação contra o mandatário, salvo se este lhe prometeu ratificação do mandante ou se responsabilizou pessoalmente.

Art. 674. Embora ciente da morte, interdição ou mudança de estado do mandante, deve o mandatário concluir o negócio já começado, se houver perigo na demora.

Seção III
Das obrigações do mandante

Art. 675. O mandante é obrigado a satisfazer todas as obrigações contraídas pelo mandatário, na conformidade do mandato conferido, e adiantar a importância das despesas necessárias à execução dele, quando o mandatário lho pedir.

Art. 676. É obrigado o mandante a pagar ao mandatário a remuneração ajustada e as despesas da execução do mandato, ainda que o negócio não surta o esperado efeito, salvo tendo o mandatário culpa.

Art. 677. As somas adiantadas pelo mandatário, para a execução do mandato, vencem juros desde a data do desembolso.

Art. 678. É igualmente obrigado o mandante a ressarcir ao mandatário as perdas que este sofrer com a execução do mandato, sempre que não resultem de culpa sua ou de excesso de poderes.

Art. 679. Ainda que o mandatário contrarie as instruções do mandante, se não exceder os limites do mandato, ficará o mandante obrigado para com aqueles com quem o seu procurador contratou; mas terá contra este ação pelas perdas e danos resultantes da inobservância das instruções.

Art. 680. Se o mandato for outorgado por duas ou mais pessoas, e para negócio comum, cada uma ficará solidariamente responsável ao mandatário por todos os compromissos e efeitos do mandato, salvo direito regressivo, pelas quantias que pagar, contra os outros mandantes.

Art. 681. O mandatário tem sobre a coisa de que tenha a posse em virtude do mandato, direito de retenção, até se reembolsar do que no desempenho do encargo despendeu.

▶ Art. 83, IV, c, Lei 11.101/2005 (Recuperação de empresas e falência).

Seção IV
Da extinção do mandato

Art. 682. Cessa o mandato:
▶ Art. 120, caput, Lei 11.101/2005 (Recuperação de empresas e falência).

I – pela revogação ou pela renúncia;
▶ Art. 5º, § 3º, Lei 8.906/1994 (Estatuto da Advocacia e da OAB).

II – pela morte ou interdição de uma das partes;

III – pela mudança de estado que inabilite o mandante a conferir os poderes, ou o mandatário para os exercer;
▶ Art. 120, § 2º, da Lei 11.101/2005 (Recuperação de empresas e falência).

IV – pelo término do prazo ou pela conclusão do negócio.

Art. 683. Quando o mandato contiver a cláusula de irrevogabilidade e o mandante o revogar, pagará perdas e danos.

Art. 684. Quando a cláusula de irrevogabilidade for condição de um negócio bilateral, ou tiver sido estipulada no exclusivo interesse do mandatário, a revogação do mandato será ineficaz.

▶ Art. 51, VIII, da Lei 8.078/1990 (Código de Defesa do Consumidor – CDC).

Art. 685. Conferido o mandato com a cláusula "em causa própria", a sua revogação não terá eficácia, nem se extinguirá pela morte de qualquer das partes, ficando o mandatário dispensado de prestar contas, e podendo transferir para si os bens móveis ou imóveis objeto do mandato, obedecidas as formalidades legais.

Art. 686. A revogação do mandato, notificada somente ao mandatário, não se pode opor aos terceiros que, ignorando-a, de boa-fé com ele trataram; mas ficam salvas ao constituinte as ações que no caso lhe possam caber contra o procurador.

Parágrafo único. É irrevogável o mandato que contenha poderes de cumprimento ou confirmação de negócios encetados, aos quais se ache vinculado.

Art. 687. Tanto que comunicada ao mandatário a nomeação de outro, para o mesmo negócio, considerar-se-á revogado o mandato anterior.

Art. 688. A renúncia do mandato será comunicada ao mandante, que, se for prejudicado pela sua inoportunidade, ou pela falta de tempo, a fim de prover à substituição do procurador, será indenizado pelo mandatário, salvo se este provar que não podia continuar no mandato sem prejuízo considerável, e que não lhe era dado substabelecer.

Art. 689. São válidos, a respeito dos contratantes de boa-fé, os atos com estes ajustados em nome do mandante pelo mandatário, enquanto este ignorar a morte daquele ou a extinção do mandato, por qualquer outra causa.

Art. 690. Se falecer o mandatário, pendente o negócio a ele cometido, os herdeiros, tendo ciência do mandato, avisarão o mandante, e providenciarão a bem dele, como as circunstâncias exigirem.

Art. 691. Os herdeiros, no caso do artigo antecedente, devem limitar-se às medidas conservatórias, ou continuar os negócios pendentes que se não possam demorar sem perigo, regulando-se os seus serviços dentro desse limite, pelas mesmas normas a que os do mandatário estão sujeitos.

Seção V
Do mandato judicial

Art. 692. O mandato judicial fica subordinado às normas que lhe dizem respeito, constantes da legislação processual, e, supletivamente, às estabelecidas neste Código.

▶ Art. 266 do CPP.
▶ Arts. 791 e 839, a, da CLT.
▶ Art. 16 da Lei 1.060/1950 (Assistência judiciária).
▶ Arts. 4º, 5º, 15, § 3º, 27 a 30 e 42 da Lei 8.906/1994 (Estatuto da Advocacia e da OAB).
▶ Arts. 9º, 41, § 2º, e 68 da Lei 9.099/1995 (Juizados Especiais Cíveis e Criminais).

CAPÍTULO XI
DA COMISSÃO

Art. 693. O contrato de comissão tem por objeto a compra ou venda de bens ou a realização de mútuo ou outro negócio jurídico de crédito pelo comissário, em seu próprio nome, à conta do comitente.

▶ Artigo com redação pela Lei 14.690/2023, em vigor após decorridos 180 dias de sua publicação (DOU 03.10.2023 extra A).

Art. 694. O comissário fica diretamente obrigado para com as pessoas com quem contratar, sem que estas tenham ação contra o comitente, nem este contra elas, salvo se o comissário ceder seus direitos a qualquer das partes.

Art. 695. O comissário é obrigado a agir de conformidade com as ordens e instruções do comitente, devendo, na falta destas, não podendo pedi-las a tempo, proceder segundo os usos em casos semelhantes.

Parágrafo único. Ter-se-ão por justificados os atos do comissário, se dele houver resultado vantagem para o comitente, e ainda no caso em que, não admitindo demora a realização do negócio, o comissário agiu de acordo com os usos.

Art. 696. No desempenho das suas incumbências o comissário é obrigado a agir com cuidado e diligência, não só para evitar qualquer prejuízo ao comitente, mas ainda para lhe proporcionar o lucro que razoavelmente se podia esperar do negócio.

Parágrafo único. Responderá o comissário, salvo motivo de força maior, por qualquer prejuízo que, por ação ou omissão, ocasionar ao comitente.

Art. 697. O comissário não responde pela insolvência das pessoas com quem tratar, exceto em caso de culpa e no do artigo seguinte.

Art. 698. Se do contrato de comissão constar a cláusula del credere, responderá o comissário solidariamente com as pessoas com que houver tratado em nome do comitente, caso em que, salvo estipulação em contrário,

o comissário tem direito a remuneração mais elevada, para compensar o ônus assumido.

Parágrafo único. A cláusula *del credere* de que trata o *caput* deste artigo poderá ser parcial.

▶ Parágrafo único acrescido pela Lei 14.690/2023, em vigor após decorridos 180 dias de sua publicação (*DOU* 03.10.2023 extra A).

Art. 699. Presume-se o comissário autorizado a conceder dilação do prazo para pagamento, na conformidade dos usos do lugar onde se realizar o negócio, se não houver instruções diversas do comitente.

Art. 700. Se houver instruções do comitente proibindo prorrogação de prazos para pagamento, ou se esta não for conforme os usos locais, poderá o comitente exigir que o comissário pague incontinenti ou responda pelas consequências da dilação concedida, procedendo-se de igual modo se o comissário não der ciência ao comitente dos prazos concedidos e de quem é seu beneficiário.

Art. 701. Não estipulada a remuneração devida ao comissário, será ela arbitrada segundo os usos correntes no lugar.

Art. 702. No caso de morte do comissário, ou, quando, por motivo de força maior, não puder concluir o negócio, será devida pelo comitente uma remuneração proporcional aos trabalhos realizados.

Art. 703. Ainda que tenha dado motivo à dispensa, terá o comissário direito a ser remunerado pelos serviços úteis prestados ao comitente, ressalvado a este o direito de exigir daquele os prejuízos sofridos.

Art. 704. Salvo disposição em contrário, pode o comitente, a qualquer tempo, alterar as instruções dadas ao comissário, entendendo-se por elas regidos também os negócios pendentes.

Art. 705. Se o comissário for despedido sem justa causa, terá direito a ser remunerado pelos trabalhos prestados, bem como a ser ressarcido pelas perdas e danos resultantes de sua dispensa.

Art. 706. O comitente e o comissário são obrigados a pagar juros um ao outro; o primeiro pelo que o comissário houver adiantado para cumprimento de suas ordens; e o segundo pela mora na entrega dos fundos que pertencerem ao comitente.

Art. 707. O crédito do comissário, relativo a comissões e despesas feitas, goza de privilégio geral, no caso de falência ou insolvência do comitente.

▶ Art. 83, V, da Lei 11.101/2005 (Recuperação de Empresas e Falência).

Art. 708. Para reembolso das despesas feitas, bem como para recebimento das comissões devidas, tem o comissário direito de retenção sobre os bens e valores em seu poder em virtude da comissão.

▶ Art. 83, IV, c, da Lei 11.101/2005 (Recuperação de Empresas e Falência).

Art. 709. São aplicáveis à comissão, no que couber, as regras sobre mandato.

CAPÍTULO XII
DA AGÊNCIA E DISTRIBUIÇÃO

▶ Lei 4.886/1965 (Representantes Comerciais Autônomos).

Art. 710. Pelo contrato de agência, uma pessoa assume, em caráter não eventual e sem vínculos de dependência, a obrigação de promover, à conta de outra, mediante retribuição, a realização de certos negócios, em zona determinada, caracterizando-se a distribuição quando o agente tiver à sua disposição a coisa a ser negociada.

▶ Lei 4.886/1965 (Representantes comerciais autônomos).
▶ Lei 6.729/1979 (Produtores e distribuidores de veículos automotores de via terrestre).

Parágrafo único. O proponente pode conferir poderes ao agente para que este o represente na conclusão dos contratos.

▶ Art. 1º da Lei 4.886/1965 (Representantes Comerciais Autônomos).

Art. 711. Salvo ajuste, o proponente não pode constituir, ao mesmo tempo, mais de um agente, na mesma zona, com idêntica incumbência; nem pode o agente assumir o encargo de nela tratar de negócios do mesmo gênero, à conta de outros proponentes.

▶ Art. 31 da Lei 4.886/1965 (Representantes Comerciais Autônomos).

Art. 712. O agente, no desempenho que lhe foi cometido, deve agir com toda diligência, atendo-se às instruções recebidas do proponente.

▶ Art. 29 da Lei 4.886/1965 (Representantes Comerciais Autônomos).

Art. 713. Salvo estipulação diversa, todas as despesas com a agência ou distribuição correm a cargo do agente ou distribuidor.

Art. 714. Salvo ajuste, o agente ou distribuidor terá direito à remuneração correspondente aos negócios concluídos dentro de sua zona, ainda que sem a sua interferência.

Art. 715. O agente ou distribuidor tem direito à indenização se o proponente, sem justa causa, cessar o atendimento das propostas ou reduzi-lo tanto que se torna antieconômica a continuação do contrato.

Art. 716. A remuneração será devida ao agente também quando o negócio deixar de ser realizado por fato imputável ao proponente.

▶ Art. 32 da Lei 4.886/1965 (Representantes Comerciais Autônomos).

Art. 717. Ainda que dispensado por justa causa, terá o agente direito a ser remunerado pelos serviços úteis prestados ao proponente, sem embargo de haver este perdas e danos pelos prejuízos sofridos.

▶ Arts. 186, 402 a 405 deste Código.
▶ Art. 37 da Lei 4.886/1965 (Representantes Comerciais Autônomos).

Art. 718. Se a dispensa se der sem culpa do agente, terá ele direito à remuneração até então devida, inclusive sobre os negócios pendentes, além das indenizações previstas em lei especial.

▶ Arts. 27 e 34 da Lei 4.886/1965 (Representantes Comerciais Autônomos).

Art. 719. Se o agente não puder continuar o trabalho por motivo de força maior, terá direito à remuneração correspondente aos serviços realizados, cabendo esse direito aos herdeiros no caso de morte.

Art. 720. Se o contrato for por tempo indeterminado, qualquer das partes poderá resolvê-lo, mediante aviso prévio de 90 (noventa) dias, desde que transcorrido prazo compatível com a natureza e o vulto do investimento exigido do agente.

▶ Arts. 34 e 35 da Lei 4.886/1965 (Representantes Comerciais Autônomos).

Parágrafo único. No caso de divergência entre as partes, o juiz decidirá da razoabilidade do prazo e do valor devido.

Art. 721. Aplicam-se ao contrato de agência e distribuição, no que couber, as regras concernentes ao mandato e à comissão e as constantes de lei especial.

▶ Art. 27 da Lei 4.886/1965 (Representantes Comerciais Autônomos).

CAPÍTULO XIII
DA CORRETAGEM

▶ Súmula 458 do STJ.

Art. 722. Pelo contrato de corretagem, uma pessoa, não ligada a outra em virtude de mandato, de prestação de serviços ou por qualquer relação de dependência, obriga-se a obter para a segunda um ou mais negócios, conforme as instruções recebidas.

▶ Lei 2.146/1953 (Corretor de valores).
▶ Lei 4.594/1964 (Corretor de seguros).
▶ Lei 6.530/1978 (Corretor de imóveis).

Art. 723. O corretor é obrigado a executar a mediação com diligência e prudência, e a prestar ao cliente, espontaneamente, todas as informações sobre o andamento do negócio.

▶ *Caput* com redação pela Lei 12.236/2010.
▶ Arts. 402 a 405 deste Código.

Parágrafo único. Sob pena de responder por perdas e danos, o corretor prestará ao cliente todos os esclarecimentos acerca da segurança ou do risco do negócio, das alterações de valores e de outros fatores que possam influir nos resultados da incumbência.

▶ Parágrafo único acrescido pela Lei 12.236/2010.

Art. 724. A remuneração do corretor, se não estiver fixada em lei, nem ajustada entre as partes, será arbitrada segundo a natureza do negócio e os usos locais.

Art. 725. A remuneração é devida ao corretor uma vez que tenha conseguido o resultado previsto no contrato de mediação, ou ainda que este não se efetive em virtude de arrependimento das partes.

▶ Art. 51, IV, da Lei 8.078/1990 (Defesa do Consumidor)

Art. 726. Iniciado e concluído o negócio diretamente entre as partes, nenhuma remuneração será devida ao corretor; mas se, por escrito, for ajustada a corretagem com exclusividade, terá o corretor direito à remuneração integral, ainda que realizado o negócio sem a sua mediação, salvo se comprovada sua inércia ou ociosidade.

Art. 727. Se, por não haver prazo determinado, o dono do negócio dispensar o corretor, e o negócio se realizar posteriormente, como fruto da sua mediação, a corretagem lhe será devida; igual solução se adotará se o negócio se realizar após a decorrência do prazo contratual, mas por efeito dos trabalhos do corretor.

Art. 728. Se o negócio se concluir com a intermediação de mais de um corretor, a remuneração será paga a todos em partes iguais, salvo ajuste em contrário.

Art. 729. Os preceitos sobre corretagem constantes deste Código não excluem a aplicação de outras normas da legislação especial.

CAPÍTULO XIV
DO TRANSPORTE

▶ Art. 8º, § 1º, do Dec.-lei 4.657/1942 (Lei de Introdução às normas do Direito Brasileiro – LINDB).
▶ Súmula 161 do STF.

Seção I
Disposições gerais

Art. 730. Pelo contrato de transporte alguém se obriga, mediante retribuição, a transportar, de um lugar para outro, pessoas ou coisas.

Art. 731. O transporte exercido em virtude de autorização, permissão ou concessão, rege-se pelas normas regulamentares e pelo que for estabelecido naqueles atos, sem prejuízo do disposto neste Código.

▶ Arts. 21, XII, d e e , 25, § 1º, 30, V, 37, § 6º e 175 da CF.

Art. 732. Aos contratos de transporte, em geral, são aplicáveis, quando couber, desde que não contrariem as disposições deste Código, os preceitos constantes da legislação especial e de tratados e convenções internacionais.

▶ Dec. 2.681/1912 (Responsabilidade civil das estradas de ferro).
▶ Dec. 1.832/1996 (Aprova o Regulamento dos Transportes Ferroviários).

Art. 733. Nos contratos de transporte cumulativo, cada transportador se obriga a cumprir o contrato relativamente ao respectivo percurso, respondendo pelos danos nele causados a pessoas e coisas.

▶ Arts. 186, 756 e 927, par.ún., e ss., deste Código.

§ 1º O dano, resultante do atraso ou da interrupção da viagem, será determinado em razão da totalidade do percurso.

§ 2º Se houver substituição de algum dos transportadores no decorrer do percurso, a responsabilidade solidária estender-se-á ao substituto.

▶ Arts. 275 a 285 deste Código.

Seção II
Do transporte de pessoas

▶ Lei 8.899/1994 (Concede passe livre às pessoas portadoras de Deficiência).
▶ Dec 3.691/2000 (Regulamenta a Lei 8.899/1994).
▶ Arts. 83 a 85 da Lei 8.069/1990 (Estatuto da Criança e do Adolescente – ECA).

Art. 734. O transportador responde pelos danos causados às pessoas transportadas e suas bagagens, salvo motivo de força maior, sendo nula qualquer cláusula excludente da responsabilidade.

▶ Arts. 186, 333, 393, par. ún., 789 a 802, 927 e ss., deste Código.
▶ Súmula 161 do STF.

Parágrafo único. É lícito ao transportador exigir a declaração do valor da bagagem a fim de fixar o limite da indenização.

▶ Arts. 750 e 944 deste Código.

Art. 735. A responsabilidade contratual do transportador por acidente com o passageiro não é elidida por culpa de terceiro, contra o qual tem ação regressiva.

▶ Súmula 187 do STF.

Art. 736. Não se subordina às normas do contrato de transporte o feito gratuitamente, por amizade ou cortesia.

▶ Súmula 145 do STJ.

Parágrafo único. Não se considera gratuito o transporte quando, embora feito sem remuneração, o transportador auferir vantagens indiretas.

Art. 737. O transportador está sujeito aos horários e itinerários previstos, sob pena de responder por perdas e danos, salvo motivo de força maior.

▶ Arts. 393, par. ún., e 402 a 405 deste Código.

Art. 738. A pessoa transportada deve sujeitar-se às normas estabelecidas pelo transportador, constantes no bilhete ou afixadas à vista dos usuários, abstendo-se de quaisquer atos que causem incômodo ou prejuízo aos passageiros, danifiquem o veículo, ou dificultem ou impeçam a execução normal do serviço.

Parágrafo único. Se o prejuízo sofrido pela pessoa transportada for atribuível à transgressão de normas e instruções regulamentares, o juiz reduzirá equitativamente a indenização, na medida em que a vítima houver concorrido para a ocorrência do dano.

▶ Art. 945 deste Código.

Art. 739. O transportador não pode recusar passageiros, salvo os casos previstos nos regulamentos, ou se as condições de higiene ou de saúde do interessado o justificarem.

Art. 740. O passageiro tem direito a rescindir o contrato de transporte antes de iniciada a viagem, sendo-lhe devida a restituição do valor da passagem, desde que feita a comunicação ao transportador em tempo de ser renegociada.

§ 1º Ao passageiro é facultado desistir do transporte, mesmo depois de iniciada a viagem, sendo-lhe devida

a restituição do valor correspondente ao trecho não utilizado, desde que provado que outra pessoa haja sido transportada em seu lugar.

§ 2º Não terá direito ao reembolso do valor da passagem o usuário que deixar de embarcar, salvo se provado que outra pessoa foi transportada em seu lugar, caso em que lhe será restituído o valor do bilhete não utilizado.

§ 3º Nas hipóteses previstas neste artigo, o transportador terá direito de reter até 5% (cinco por cento) da importância a ser restituída ao passageiro, a título de multa compensatória.

▶ Arts. 472 a 475 deste Código.

Art. 741. Interrompendo-se a viagem por qualquer motivo alheio à vontade do transportador, ainda que em consequência de evento imprevisível, fica ele obrigado a concluir o transporte contratado em outro veículo da mesma categoria, ou, com a anuência do passageiro, por modalidade diferente, à sua custa, correndo também por sua conta as despesas de estada e alimentação do usuário, durante a espera de novo transporte.

Art. 742. O transportador, uma vez executado o transporte, tem direito de retenção sobre a bagagem de passageiro e outros objetos pessoais deste, para garantir-se do pagamento do valor da passagem que não tiver sido feito no início ou durante o percurso.

▶ Arts. 644, 664, 681 e 708 deste Código.

Seção III
Do transporte de coisas

▶ Art. 780 deste Código.

Art. 743. A coisa, entregue ao transportador, deve estar caracterizada pela sua natureza, valor, peso e quantidade, e o mais que for necessário para que não se confunda com outras, devendo o destinatário ser indicado ao menos pelo nome e endereço.

▶ Art. 566 e ss., do CCo.

Art. 744. Ao receber a coisa, o transportador emitirá conhecimento com a menção dos dados que a identifiquem, obedecido o disposto em lei especial.

Parágrafo único. O transportador poderá exigir que o remetente lhe entregue, devidamente assinada, a relação discriminada das coisas a serem transportadas, em duas vias, uma das quais, por ele devidamente autenticada, ficará fazendo parte integrante do conhecimento.

▶ Art. 575 do CCo.

Art. 745. Em caso de informação inexata ou falsa descrição no documento a que se refere o artigo antecedente, será o transportador indenizado pelo prejuízo que sofrer, devendo a ação respectiva ser ajuizada no prazo de 120 (cento e vinte) dias, a contar daquele ato, sob pena de decadência.

▶ Arts. 186, 207 a 211, 422, 927 e ss., deste Código.

Art. 746. Poderá o transportador recusar a coisa cuja embalagem seja inadequada, bem como a que possa pôr em risco a saúde das pessoas, ou danificar o veículo e outros bens.

▶ Dec. 96.044/1988 (Regulamento para o Transporte Rodoviário de Produtos Perigosos).
▶ Lei 9.611/1998 (Transporte Multimodal de cargas).

Art. 747. O transportador deverá obrigatoriamente recusar a coisa cujo transporte ou comercialização não sejam permitidos, ou que venha desacompanhada dos documentos exigidos por lei ou regulamento.

▶ Art. 180 do CP.

Art. 748. Até a entrega da coisa, pode o remetente desistir do transporte e pedi-la de volta, ou ordenar seja entregue a outro destinatário, pagando, em ambos os casos, os acréscimos de despesa decorrentes da contraordem, mais as perdas e danos que houver.

▶ Arts. 402 a 405 e 473 deste Código.

Art. 749. O transportador conduzirá a coisa ao seu destino, tomando todas as cautelas necessárias para mantê-la em bom estado e entregá-la no prazo ajustado ou previsto.

▶ Art. 494 deste Código.

Art. 750. A responsabilidade do transportador, limitada ao valor constante do conhecimento, começa no momento em que ele, ou seus prepostos, recebem a coisa; termina quando é entregue ao destinatário, ou depositada em juízo, se aquele não for encontrado.

▶ Arts. 334 a 337, 494, 734, par. ún., 778 a 788, 927, 932, III, 933, 942 a 944 e 946 deste Código.
▶ Súmula 161 do STF

Art. 751. A coisa, depositada ou guardada nos armazéns do transportador, em virtude de contrato de transporte, rege-se, no que couber, pelas disposições relativas a depósito.

▶ Arts. 627 a 652 deste Código.
▶ Art. 168 do CP.

Art. 752. Desembarcadas as mercadorias, o transportador não é obrigado a dar aviso ao destinatário, se assim não foi convencionado, dependendo também

de ajuste a entrega a domicílio, e devem constar do conhecimento de embarque as cláusulas de aviso ou de entrega a domicílio.

Art. 753. Se o transporte não puder ser feito ou sofrer longa interrupção, o transportador solicitará, incontinenti, instruções ao remetente, e zelará pela coisa, por cujo perecimento ou deterioração responderá, salvo força maior.

▶ Art. 393, par. ún., deste Código.

§ 1º Perdurando o impedimento, sem motivo imputável ao transportador e sem manifestação do remetente, poderá aquele depositar a coisa em juízo, ou vendê-la, obedecidos os preceitos legais e regulamentares, ou os usos locais, depositando o valor.

▶ Arts. 334 a 345 deste Código.

§ 2º Se o impedimento for responsabilidade do transportador, este poderá depositar a coisa, por sua conta e risco, mas só poderá vendê-la se perecível.

§ 3º Em ambos os casos, o transportador deve informar o remetente da efetivação do depósito ou da venda.

§ 4º Se o transportador mantiver a coisa depositada em seus próprios armazéns, continuará a responder pela sua guarda e conservação, sendo-lhe devida, porém, uma remuneração pela custódia, a qual poderá ser contratualmente ajustada ou se conformará aos usos adotados em cada sistema de transporte.

▶ Arts. 627, 628, 629, 647, 651 e 652 deste Código.
▶ Dec. 1.102/1903 (Armazéns Gerais).

Art. 754. As mercadorias devem ser entregues ao destinatário, ou a quem apresentar o conhecimento endossado, devendo aquele que as receber conferi-las e apresentar as reclamações que tiver, sob pena de decadência dos direitos.

▶ Arts. 207 a 211, 494 e 744 deste Código.
▶ Súmula 109 do STJ.

Parágrafo único. No caso de perda parcial ou de avaria não perceptível à primeira vista, o destinatário conserva a sua ação contra o transportador, desde que denuncie o dano em 10 (dez) dias a contar da entrega.

▶ Arts. 207 a 211 deste Código.

Art. 755. Havendo dúvida acerca de quem seja o destinatário, o transportador deve depositar a mercadoria em juízo, se não lhe for possível obter instruções do remetente; se a demora puder ocasionar a deterioração da coisa, o transportador deverá vendê-la, depositando o saldo em juízo.

Art. 756. No caso de transporte cumulativo, todos os transportadores respondem solidariamente pelo dano causado perante o remetente, ressalvada a apuração final da responsabilidade entre eles, de modo que o ressarcimento recaia, por inteiro, ou proporcionalmente, naquele ou naqueles em cujo percurso houver ocorrido o dano.

(...)

CAPÍTULO XV
DO SEGURO

(...)

Capítulo com redação pela Lei 15.040/2024, em vigor a partir de 1 ano após sua publicação (DOU 10.12.2024).

CAPÍTULO XIX
DA TRANSAÇÃO

▶ Art. 661, §§ 1º e 2º, deste Código.
▶ Arts. 90, § 2º, 122, 487, III, 966, 535, VI, 924, III, 619, II do CPC.
▶ Art. 171 do CTN.

Art. 840. É lícito aos interessados prevenirem ou terminarem o litígio mediante concessões mútuas.

▶ Arts. 262, 661 e 817 deste Código.
▶ Arts. 90, § 2º, 122, 487, III, 966, 535, VI, 924, III, 619, II do CPC.
▶ Art. 171 do CTN.
▶ Lei 9.469/1997 (Intervenção da União nas causas em que figurarem, como autores ou réus, entes da administração indireta entre outros).

Art. 841. Só quanto a direitos patrimoniais de caráter privado se permite a transação.

▶ Arts. 661, 846 e 852 deste Código.
▶ Art. 392 do CPC.
▶ Art. 171 da CTN.
▶ Lei 9.469/1997 (Intervenção da União nas causas em que figurarem, como autores ou réus, entes da administração indireta entre outros).

Art. 842. A transação far-se-á por escritura pública, nas obrigações em que a lei o exige, ou por instrumento particular, nas em que ela o admite; se recair sobre direitos contestados em juízo, será feita por escritura pública, ou por termo nos autos, assinado pelos transigentes e homologado pelo juiz.

▶ Arts. 107 a 109 e 215 deste Código.

Art. 843. A transação interpreta-se restritivamente, e por ela não se transmitem, apenas se declaram ou reconhecem direitos.

▶ Art. 114 deste Código.

Art. 844. A transação não aproveita, nem prejudica senão aos que nela intervierem, ainda que diga respeito a coisa indivisível.

▶ Arts. 87, 88 e 257 a 263 e 314 deste Código.

§ 1º Se for concluída entre o credor e o devedor, desobrigará o fiador.

▶ Art. 838 deste Código.

§ 2º Se entre um dos credores solidários e o devedor, extingue a obrigação deste para com os outros credores.

▶ Arts. 267 a 274 e 314 deste Código.
▶ Art. 1.005, par. ún., do CPC.

§ 3º Se entre um dos devedores solidários e seu credor, extingue a dívida em relação aos codevedores.

▶ Arts. 275 a 285 deste Código.

Art. 845. Dada a evicção da coisa renunciada por um dos transigentes, ou por ele transferida à outra parte, não revive a obrigação extinta pela transação; mas ao evicto cabe o direito de reclamar perdas e danos.

▶ Arts. 402 a 405 e 447 a 457 deste Código.

Parágrafo único. Se um dos transigentes adquirir, depois da transação, novo direito sobre a coisa renunciada ou transferida, a transação feita não o inibirá de exercê-lo.

Art. 846. A transação concernente a obrigações resultantes de delito não extingue a ação penal pública.

▶ Art. 841 deste Código.

Art. 847. É admissível, na transação, a pena convencional.

▶ Arts. 408 a 416 deste Código.

Art. 848. Sendo nula qualquer das cláusulas da transação, nula será esta.

▶ Arts. 166 a 170 deste Código.

Parágrafo único. Quando a transação versar sobre diversos direitos contestados, independentes entre si, o fato de não prevalecer em relação a um não prejudicará os demais.

▶ Arts. 166 a 170 deste Código.

Art. 849. A transação só se anula por dolo, coação, ou erro essencial quanto à pessoa ou coisa controversa.

▶ Arts. 138, 139, III a 155 e 171 deste Código.
▶ Art. 966, § 4º, do CPC.

Parágrafo único. A transação não se anula por erro de direito a respeito das questões que foram objeto de controvérsia entre as partes.

▶ Art. 139, III deste Código.

Art. 850. É nula a transação a respeito do litígio decidido por sentença passada em julgado, se dela não tinha ciência algum dos transatores, ou quando, por título ulteriormente descoberto, se verificar que nenhum deles tinha direito sobre o objeto da transação.

▶ Art. 166 deste Código.
▶ Art. 138 da Lei 11.101/2005 (Recuperação de Empresas e Falência).

CAPÍTULO XX
DO COMPROMISSO

▶ Art. 661, § 2º, deste Código.
▶ Arts. 42, 485, VII, 337, X, e 1.012, IV, do CPC.
▶ Lei 9.307/1996 (Arbitragem).

Art. 851. É admitido compromisso, judicial ou extrajudicial, para resolver litígios entre pessoas que podem contratar.

▶ Art. 661 deste Código.
▶ Arts. 42, 485, VII do CPC.
▶ Arts. 1º e 9º da Lei 9.307/1996 (Arbitragem).

Art. 852. É vedado compromisso para solução de questões de estado, de direito pessoal de família e de outras que não tenham caráter estritamente patrimonial.

▶ Arts. 661 e 841 deste Código.
▶ Art. 1º da Lei 9.307/1996 (Arbitragem).

Art. 853. Admite-se nos contratos a cláusula compromissória, para resolver divergências mediante juízo arbitral, na forma estabelecida em lei especial.

▶ Arts. 3º e ss., da Lei 9.307/1996 (Arbitragem).

(...)

TÍTULO IX
DA RESPONSABILIDADE CIVIL

CAPÍTULO I
DA OBRIGAÇÃO DE INDENIZAR

Art. 927. Aquele que, por ato ilícito (arts. 186 e 187), causar dano a outrem, fica obrigado a repará-lo.

Parágrafo único. Haverá obrigação de reparar o dano, independentemente de culpa, nos casos especificados em lei, ou quando a atividade normalmente desenvolvida pelo autor do dano implicar, por sua natureza, risco para os direitos de outrem.

▷ O STF, no julgamento da ADI 6.792, por maioria, conheceu da ação direta e julgou parcialmente procedente o pedido formulado para: "(...) (ii) dar interpretação conforme à Constituição aos

arts. 186 e 927, *caput*, do Código Civil, para estabelecer que a responsabilidade civil do jornalista, no caso de divulgação de notícias que envolvam pessoa pública ou assunto de interesse social, dependem de o jornalista ter agido com dolo ou com culpa grave, afastando-se a possibilidade de responsabilização na hipótese de meros juízos de valor, opiniões ou críticas ou da divulgação de informações verdadeiras sobre assuntos de interesse público (...)". (*DOU* 27.05.2024)

Art. 928. O incapaz responde pelos prejuízos que causar, se as pessoas por ele responsáveis não tiverem obrigação de fazê-lo ou não dispuserem de meios suficientes.

▶ Arts. 3º a 5º, 932 a 934, e 942, par. ún., deste Código.
▶ Arts. 72, I, e 50 do CPC.

Parágrafo único. A indenização prevista neste artigo, que deverá ser equitativa, não terá lugar se privar do necessário o incapaz ou as pessoas que dele dependem.

Art. 929. Se a pessoa lesada, ou o dono da coisa, no caso do inciso II do art. 188, não forem culpados do perigo, assistir-lhes-á direito à indenização do prejuízo que sofreram.

▶ Arts. 186, 188, II, e 927, par. ún., deste Código.

Art. 930. No caso do inciso II do art. 188, se o perigo ocorrer por culpa de terceiro, contra este terá o autor do dano ação regressiva para haver a importância que tiver ressarcido ao lesado.

▶ Arts. 186, 188, II, 735, e 927, par. ún., deste Código.
▶ Art. 125, II, do CPC.

Parágrafo único. A mesma ação competirá contra aquele em defesa de quem se causou o dano (art. 188, inciso I).

▶ Art. 125, II, do CPC.

Art. 931. Ressalvados outros casos previstos em lei especial, os empresários individuais e as empresas respondem independentemente de culpa pelos danos causados pelos produtos postos em circulação.

▶ Arts. 6º, VI e VII, 7º, par. ún., 8º a 28 e 35, III, da Lei 8.078/1990 (Defesa do Consumidor – CDC).

Art. 932. São também responsáveis pela reparação civil:

▶ Art. 64 do CPP.

I – os pais, pelos filhos menores que estiverem sob sua autoridade e em sua companhia;

II – o tutor e o curador, pelos pupilos e curatelados, que se acharem nas mesmas condições;

III – o empregador ou comitente, por seus empregados, serviçais e prepostos, no exercício do trabalho que lhes competir, ou em razão dele;

▶ Art. 37, § 6º, da CF.
▶ Lei 7.195/1984 (Responsabilidade civil das agências de empregados domésticos).
▶ Súmula 341 do STF.
▶ Súmula 130 do STJ.

IV – os donos de hotéis, hospedarias, casas ou estabelecimentos onde se albergue por dinheiro, mesmo para fins de educação, pelos seus hóspedes, moradores e educandos;

(...)

Art. 933. As pessoas indicadas nos incisos I a V do artigo antecedente, ainda que não haja culpa de sua parte, responderão pelos atos praticados pelos terceiros ali referidos.

▶ Súmula 341 do STF.

Art. 934. Aquele que ressarcir o dano causado por outrem pode reaver o que houver pago daquele por quem pagou, salvo se o causador do dano for descendente seu, absoluta ou relativamente incapaz.

▶ Súmulas 187 e 188 do STF.

Art. 935. A responsabilidade civil é independente da criminal, não se podendo questionar mais sobre a existência do fato, ou sobre quem seja o seu autor, quando estas questões se acharem decididas no juízo criminal.

▶ Arts. 63 a 68 e 92 a 94 do CPP.
▶ Súmula 18 do STJ.

(...)

Art. 940. Aquele que demandar por dívida já paga, no todo ou em parte, sem ressalvar as quantias recebidas ou pedir mais do que for devido, ficará obrigado a pagar ao devedor, no primeiro caso, o dobro do que houver cobrado e, no segundo, o equivalente do que dele exigir, salvo se houver prescrição.

▶ Art. 42, par. ún. da Lei 8.078/1990 (Defesa do Consumidor).
▶ Art. 32, par. ún. Lei 8.906/1994 (Estatuto da Advocacia e da OAB).
▶ Súmula 159 do STF.

Art. 941. As penas previstas nos arts. 939 e 940 não se aplicarão quando o autor desistir da ação antes de contestada a lide, salvo ao réu o direito de haver indenização por algum prejuízo que prove ter sofrido.

Art. 942. Os bens do responsável pela ofensa ou violação do direito de outrem ficam sujeitos à reparação do dano causado; e, se a ofensa tiver mais de um autor, todos responderão solidariamente pela reparação.

▶ Arts. 5º, V, X, LXXV, e 37, § 6º, da CF.
▶ Súmulas 221 e 246 do STJ.

Parágrafo único. São solidariamente responsáveis com os autores os coautores e as pessoas designadas no art. 932.

Art. 943. O direito de exigir reparação e a obrigação de prestá-la transmitem-se com a herança.

▶ Súmula 642 do STJ.

<div style="text-align:center">

CAPÍTULO II
DA INDENIZAÇÃO

</div>

▶ Súmula 362 do STJ.

Art. 944. A indenização mede-se pela extensão do dano.

▶ Art. 136, § 2º, Lei 11.101/2005 (Lei de Recuperação de Empresas e Falência).
▶ Súmulas 37 e 387 do STJ.

Parágrafo único. Se houver excessiva desproporção entre a gravidade da culpa e o dano, poderá o juiz reduzir, equitativamente, a indenização.

▶ Art. 5º do Dec.-lei 4.657/1942 (Lei de Introdução às normas do Direito Brasileiro – LINDB).
▶ Súmulas 491 e 562 do STF.

Art. 945. Se a vítima tiver concorrido culposamente para o evento danoso, a sua indenização será fixada tendo-se em conta a gravidade de sua culpa em confronto com a do autor do dano.

▶ Súmula 28 do STF.

Art. 946. Se a obrigação for indeterminada, e não houver na lei ou no contrato disposição fixando a indenização devida pelo inadimplente, apurar-se-á o valor das perdas e danos na forma que a lei processual determinar.

Art. 947. Se o devedor não puder cumprir a prestação na espécie ajustada, substituir-se-á pelo seu valor, em moeda corrente.

(...)

Art. 949. No caso de lesão ou outra ofensa à saúde, o ofensor indenizará o ofendido das despesas do tratamento e dos lucros cessantes até ao fim da convalescença, além de algum outro prejuízo que o ofendido prove haver sofrido.

▶ Arts. 402, 403 e 951 deste Código.
▶ Súmulas 37 e 387 do STJ.

Art. 950. Se da ofensa resultar defeito pelo qual o ofendido não possa exercer o seu ofício ou profissão, ou se lhe diminua a capacidade de trabalho, a indenização, além das despesas do tratamento e lucros cessantes até ao fim da convalescença, incluirá pensão correspondente à importância do trabalho para que se inabilitou, ou da depreciação que ele sofreu.

▶ Arts. 186, 402 a 405, 951 deste Código.
▶ Art. 533 do CPC.
▶ Súmulas 490 e 493 do STF.

Parágrafo único. O prejudicado, se preferir, poderá exigir que a indenização seja arbitrada e paga de uma só vez.

▶ Art. 951 deste Código.

Art. 951. O disposto nos arts. 948, 949 e 950 aplica-se ainda no caso de indenização devida por aquele que, no exercício de atividade profissional, por negligência, imprudência ou imperícia, causar a morte do paciente, agravar-lhe o mal, causar-lhe lesão, ou inabilitá-lo para o trabalho.

▶ Arts. 932, III, 933 e 942, par. ún., deste Código.
▶ Súmula vinculante 22 do STF.
▶ Súmula 341 do STF.
▶ Súmula 37 do STJ.

Art. 952. Havendo usurpação ou esbulho do alheio, além da restituição da coisa, a indenização consistirá em pagar o valor das suas deteriorações e o devido a título de lucros cessantes; faltando a coisa, dever-se-á reembolsar o seu equivalente ao prejudicado.

▶ Arts. 402, 403 e 947 deste Código.
▶ Arts. 555, I, 556 e 560 do CPC.

Parágrafo único. Para se restituir o equivalente, quando não exista a própria coisa, estimar-se-á ela pelo seu preço ordinário e pelo de afeição, contanto que este não se avantaje àquele.

▶ Súmula 37 do STJ.

Art. 953. A indenização por injúria, difamação ou calúnia consistirá na reparação do dano que delas resulte ao ofendido.

▶ Art. 5º, V e X, da CF.

Parágrafo único. Se o ofendido não puder provar prejuízo material, caberá ao juiz fixar, equitativamente, o valor da indenização, na conformidade das circunstâncias do caso.

▶ Arts. 49 a 52 do CP.
▶ Súmula 362 do STJ.

(...)

<div style="text-align:center">

TÍTULO X
DAS PREFERÊNCIAS E PRIVILÉGIOS CREDITÓRIOS

</div>

▶ Art. 1.422 deste Código.

Art. 955. Procede-se à declaração de insolvência toda vez que as dívidas excedam à importância dos bens do devedor.

▶ Art. 373, I, do CPC.
▶ Lei 6.830/1980 (Cobrança judicial da dívida ativa da Fazenda Pública).

(...)

Art. 965. Goza de privilégio geral, na ordem seguinte, sobre os bens do devedor:

▶ Art. 83, V, *a*, da Lei 11.101/2005 (Recuperação de Empresas e Falências).

I – o crédito por despesa de seu funeral, feito segundo a condição do morto e o costume do lugar;

▶ Art. 1.998 deste Código.

II – o crédito por custas judiciais, ou por despesas com a arrecadação e liquidação da massa;

III – o crédito por despesas com o luto do cônjuge sobrevivo e dos filhos do devedor falecido, se foram moderadas;

IV – o crédito por despesas com a doença de que faleceu o devedor, no semestre anterior à sua morte;

V – o crédito pelos gastos necessários à mantença do devedor falecido e sua família, no trimestre anterior ao falecimento;

▶ VI – o crédito pelos impostos devidos à Fazenda Pública, no ano corrente e no anterior; Arts. 183 a 193 do CTN.

VII – o crédito pelos salários dos empregados do serviço doméstico do devedor, nos seus derradeiros seis meses de vida;

▶ Arts. 186 e 187 do CTN.
▶ Art. 83 e ss., da Lei 11.101/2005 (Recuperação de Empresas e Falências).

VIII – os demais créditos de privilégio geral.

(...)

<div style="text-align:center">

LIVRO II
DO DIREITO DE EMPRESA

</div>

<div style="text-align:center">

TÍTULO I
DO EMPRESÁRIO

</div>

▶ Art. 2.037 deste Código.

<div style="text-align:center">

CAPÍTULO I
DA CARACTERIZAÇÃO E DA INSCRIÇÃO

</div>

▶ Lei 8.934/1994 (Registro Público de Empresas Mercantis).
▶ Lei 11.598/2007 (Rede Nacional para a Simplificação do Registro e da Legalização de Empresas e Negócios – REDESIM).

Art. 966. Considera-se empresário quem exerce profissionalmente atividade econômica organizada para a produção ou a circulação de bens ou de serviços.

▶ Arts. 972 a 985, 1.156, 1.163 a 1.168, 2.031 e 2.037 deste Código.
▶ Arts. 3º e 18-A, § 1º, da LC 123/2006 (Microempresa e Empresa de Pequeno Porte).
▶ Art. 1º da Lei 11.101/2005 (Recuperação de Empresas e Falência).

Parágrafo único. Não se considera empresário quem exerce profissão intelectual, de natureza científica, literária ou artística, ainda com o concurso de auxiliares ou colaboradores, salvo se o exercício da profissão constituir elemento de empresa.

▶ Arts.1.155 e 1.156 deste Código.
▶ Arts. 5º, X, e 53 da Lei 9.610/1998 (Direitos autorais).

Art. 967. É obrigatória a inscrição do empresário no Registro Público de Empresas Mercantis da respectiva sede, antes do início de sua atividade.

▶ Arts. 40, 44, 45 a 52, 968, 969, 971, 979, 982, 984, 985, 986, 990, 998, 1.024, 1.150 a 1.154 deste Código.
▶ Art. 75, § 2º, do CPC.
▶ Arts. 7º e 8º da Lei 4.728/1965 (Mercado de capitais).
▶ Art. 72 do Dec.-lei 73/1966 (Sistema Nacional de Seguros Privados).
▶ Dec. 60.459/1967 (Regulamenta o Dec.-lei 73/1966).
▶ Dec. 1.800/1996 (Regulamenta a Lei 8.934/1994).
▶ Lei 8.934/1994 (Registro Público de Empresas Mercantis)
▶ Arts. 51, V, e 97, § 1º da Lei 11.101/2005 (Recuperação de Empresas e Falência).

Art. 968. A inscrição do empresário far-se-á mediante requerimento que contenha:

▶ Arts. 971 e 984 deste Código

I – o seu nome, nacionalidade, domicílio, estado civil e, se casado, o regime de bens;

▶ Arts. 16 a 19, 70 a 75, IV, §§1º e 2º 78, 977 a 980, 1.163 e 1.639 a 1.688 deste Código.
▶ Art. 12 da CF.

II – a firma, com a respectiva assinatura autógrafa que poderá ser substituída pela assinatura autenticada com certificação digital ou meio equivalente que comprove a sua autenticidade, ressalvado o disposto no inciso I do § 1º do art. 4º da Lei Complementar 123, de 14 de dezembro de 2006;

▶ Inciso II com redação pela LC 147/2014.

III – o capital;

IV – o objeto e a sede da empresa.

▶ Arts. 75, IV e §§ 1º e 2º, e 1.142 deste Código.

▶ Arts. 35, II, III, V, VII, VIII, 36 e 37 da Lei 8.934/1994 (Registro Público de Empresas Mercantis).
▶ Arts. 32, 34, 41 a 44, 46 e 53 do Dec. 1.800/1996 (Regulamenta a Lei 8.934/ 1994).

§ 1º Com as indicações estabelecidas neste artigo, a inscrição será tomada por termo no livro próprio do Registro Público de Empresas Mercantis, e obedecerá a número de ordem contínuo para todos os empresários inscritos.
▶ Art. 971 deste Código.

§ 2º À margem da inscrição, e com as mesmas formalidades, serão averbadas quaisquer modificações nela ocorrentes.
▶ Arts. 971, 976, 977, 979, 980, 984, 999, par. ún., 1.003, par. ún., 1.012, 1.032, 1.048, 1.057, par. ún., 1.063, §§ 2º e 3º, 1.083, 1.084, § 3º, 1.086, 1.102, par. ún., 1.113, 1.121, 1.131, 1.136, 1.138, par. ún., 1.141, § 3º, 1.144 e 1.174 deste Código.

§ 3º Caso venha a admitir sócios, o empresário individual poderá solicitar ao Registro Público de Empresas Mercantis a transformação de seu registro de empresário para registro de sociedade empresária, observado, no que couber, o disposto nos arts. 1.113 a 1.115 deste Código.
▶ § 3º acrescido pela LC 128/2008.

§ 4º O processo de abertura, registro, alteração e baixa do microempreendedor individual de que trata o art. 18-A da Lei Complementar 123, de 14 de dezembro de 2006, bem como qualquer exigência para o início de seu funcionamento deverão ter trâmite especial e simplificado, preferencialmente eletrônico, opcional para o empreendedor, na forma a ser disciplinada pelo Comitê para Gestão da Rede Nacional para a Simplificação do Registro e da Legalização de Empresas e Negócios – CGSIM, de que trata o inciso III do art. 2º da mesma Lei.
▶ § 4º acrescido pela Lei 12.470/2011.

§ 5º Para fins do disposto no § 4º, poderão ser dispensados o uso da firma, com a respectiva assinatura autógrafa, o capital, requerimentos, demais assinaturas, informações relativas à nacionalidade, estado civil e regime de bens, bem como remessa de documentos, na forma estabelecida pelo CGSIM.
▶ § 5º acrescido pela Lei 12.470/2011.

Art. 969. O empresário que instituir sucursal, filial ou agência, em lugar sujeito à jurisdição de outro Registro Público de Empresas Mercantis, neste deverá também inscrevê-la, com a prova da inscrição originária.
▶ Art. 1.000 deste Código.
▶ Art.24, III, da CF.
▶ Arts. 37 e 38 da Lei 8.934/1994 (Registro Público de Empresas Mercantis).

Parágrafo único. Em qualquer caso, a constituição do estabelecimento secundário deverá ser averbada no Registro Público de Empresas Mercantis da respectiva sede.

Art. 970. A lei assegurará tratamento favorecido, diferenciado e simplificado ao empresário rural e ao pequeno empresário, quanto à inscrição e aos efeitos daí decorrentes.
▶ Arts. 984, 1.150 e 1.179, § 2º, deste Código.
▶ Arts. 170, IX, e 179 da CF.
▶ Lei 4.504/1964 (Estatuto da Terra).
▶ Lei 4.829/1965 (Crédito rural).
▶ Dec. 58.380/1966 (Regulamenta o crédito rural).
▶ Lei 5.868/1972 (Sistema Nacional de Cadastro Rural).
▶ Dec. 72.106/1973 (Regulamenta a Lei 5.868/1972).
▶ LC 48/1984 (Isenção do ICM e do ISS à microempresa).
▶ Lei 8.171/1991 (Política agrícola).
▶ Lei 8.174/1991 (Princípios de política agrícola).
▶ Dec. 235/1991 (Regulamenta o disposto no art. 4º da Lei 8.174/1991).
▶ Lei 8.934/1994 (Registro Público de Empresas Mercantis).
▶ Lei 10.194/2001 (Sociedades de crédito ao microempreendedor).
▶ Art. 68 da LC 123/2006 (Microempresa e Empresa de Pequeno Porte).

Art. 971. O empresário, cuja atividade rural constitua sua principal profissão, pode, observadas as formalidades de que trata o art. 968 e seus parágrafos, requerer inscrição no Registro Público de Empresas Mercantis da respectiva sede, caso em que, depois de inscrito, ficará equiparado, para todos os efeitos, ao empresário sujeito a registro.
▶ V. arts. 984 e 1.150 a 1.154 deste Código.

Parágrafo único. Aplica-se o disposto no *caput* deste artigo à associação que desenvolva atividade futebolística em caráter habitual e profissional, caso em que, com a inscrição, será considerada empresária, para todos os efeitos.
▶ Parágrafo único acrescido pela Lei 14.193/2021.

CAPÍTULO II
DA CAPACIDADE

Art. 972. Podem exercer a atividade de empresário os que estiverem em pleno gozo da capacidade civil e não forem legalmente impedidos.
▶ Arts. 1º a 5º, par. ún., I e V, 9º, II, 180, 966, 974, 976 deste Código.

▶ Arts. 54, II, *a*, 128, § 5º, II, *c*, 176, § 1º, 178, par. ún., 222 e 226, § 5º, da CF.
▶ Art. 482, *c*, da CLT.
▶ Art. 725, I, do CPC.
▶ Art. 117, X, da Lei 8.112/1990 (Regime jurídico único dos servidores públicos civis da União).
▶ Arts. 181, I, e § 1º, da Lei 11.101/2005 (Recuperação de Empresas e Falência).
▶ Arts. 13, § 1º, e 14 da Lei 13.445/2013 (Lei de Migração).

Art. 973. A pessoa legalmente impedida de exercer atividade própria de empresário, se a exercer, responderá pelas obrigações contraídas.

Art. 974. Poderá o incapaz, por meio de representante ou devidamente assistido, continuar a empresa antes exercida por ele enquanto capaz, por seus pais ou pelo autor de herança.
▶ Arts. 3º a 5º, 115 a 120, 166, I, 178, III, 972 e 976 deste Código.

§ 1º Nos casos deste artigo, precederá autorização judicial, após exame das circunstâncias e dos riscos da empresa, bem como da conveniência em continuá-la, podendo a autorização ser revogada pelo juiz, ouvidos os pais, tutores ou representantes legais do menor ou do interdito, sem prejuízo dos direitos adquiridos por terceiros.

§ 2º Não ficam sujeitos ao resultado da empresa os bens que o incapaz já possuía, ao tempo da sucessão ou da interdição, desde que estranhos ao acervo daquela, devendo tais fatos constar do alvará que conceder a autorização.
▶ Art. 976 deste Código.

§ 3º O Registro Público de Empresas Mercantis a cargo das Juntas Comerciais deverá registrar contratos ou alterações contratuais de sociedade que envolva sócio incapaz, desde que atendidos, de forma conjunta, os seguintes pressupostos:
▶ § 3º acrescido pela Lei 12.399/2011.

I – o sócio incapaz não pode exercer a administração da sociedade;
▶ Inciso I acrescido pela Lei 12.399/2011.

II – o capital social deve ser totalmente integralizado;
▶ Inciso II acrescido pela Lei 12.399/2011.

III – o sócio relativamente incapaz deve ser assistido e o absolutamente incapaz deve ser representado por seus representantes legais.
▶ Inciso III acrescido pela Lei 12.399/2011.
▶ Arts. 3º, 4º e 150 deste Código.

Art. 975. Se o representante ou assistente do incapaz for pessoa que, por disposição de lei, não puder exercer atividade de empresário, nomeará, com a aprovação do juiz, um ou mais gerentes.
▶ Arts. 972 e 1.172 a 1.176 deste Código.

§ 1º Do mesmo modo será nomeado gerente em todos os casos em que o juiz entender ser conveniente.

§ 2º A aprovação do juiz não exime o representante ou assistente do menor ou do interdito da responsabilidade pelos atos dos gerentes nomeados.

Art. 976. A prova da emancipação e da autorização do incapaz, nos casos do art. 974, e a eventual revogação desta, serão inscritas ou averbadas no Registro Público de Empresas Mercantis.
▶ Art. 5º, par. ún., V, deste Código.

Parágrafo único. O uso da nova firma caberá, conforme o caso, ao gerente; ou ao representante do incapaz; ou a este, quando puder ser autorizado.
▶ Arts. 974, § 1º, 1.172 a 1.176 deste Código.

Art. 977. Faculta-se aos cônjuges contratar sociedade, entre si ou com terceiros, desde que não tenham casado no regime da comunhão universal de bens, ou no da separação obrigatória.

Art. 978. O empresário casado pode, sem necessidade de outorga conjugal, qualquer que seja o regime de bens, alienar os imóveis que integrem o patrimônio da empresa ou gravá-los de ônus real.
▶ Art. 5º, I, da CF.

Art. 979. Além de no Registro Civil, serão arquivados e averbados, no Registro Público de Empresas Mercantis, os pactos e declarações antenupciais do empresário, o título de doação, herança, ou legado, de bens clausulados de incomunicabilidade ou inalienabilidade.

Art. 980. A sentença que decretar ou homologar a separação judicial do empresário e o ato de reconciliação não podem ser opostos a terceiros, antes de arquivados e averbados no Registro Público de Empresas Mercantis.
▶ EC 66/2010 (Dissolubilidade do casamento civil pelo divórcio, suprimindo o requisito de prévia separação judicial).

TÍTULO I-A
DA EMPRESA INDIVIDUAL DE RESPONSABILIDADE LIMITADA
▶ Título I-A revogado pela Lei 14.382/2022.

Art. 980-A. *Revogado pela Lei 14.382/2022.*

TÍTULO II
DA SOCIEDADE

CAPÍTULO ÚNICO
DISPOSIÇÕES GERAIS

Art. 981. Celebram contrato de sociedade as pessoas que reciprocamente se obrigam a contribuir, com bens ou serviços, para o exercício de atividade econômica e a partilha, entre si, dos resultados.
▶ Art. 1º da Lei 11.101/2005 (Recuperação de Empresas e Falência)
▶ Súmula 329 do STF.

Parágrafo único. A atividade pode restringir-se à realização de um ou mais negócios determinados.

Art. 982. Salvo as exceções expressas, considera-se empresária a sociedade que tem por objeto o exercício de atividade própria de empresário sujeito a registro (art. 967); e, simples, as demais.
▶ Lei 8.934/1994 (Registro Público de Empresas Mercantis).
▶ Art. 1º da Lei 11.101/2005 (Lei de Recuperação de Empresas e Falência).

Parágrafo único. Independentemente de seu objeto, considera-se empresária a sociedade por ações; e, simples, a cooperativa.
▶ Lei 5.764/1971 (Cooperativas).
▶ Lei 6.404/1976 (Sociedades por Ações).
▶ Lei 9.867/1999 (Cooperativas sociais).

Art. 983. A sociedade empresária deve constituir-se segundo um dos tipos regulados nos arts. 1.039 a 1.092; a sociedade simples pode constituir-se de conformidade com um desses tipos, e, não o fazendo, subordina-se às normas que lhe são próprias.
▶ Arts. 966, 997 a 1.038 e 2.037 deste Código.

Parágrafo único. Ressalvam-se as disposições concernentes à sociedade em conta de participação e à cooperativa, bem como as constantes de leis especiais que, para o exercício de certas atividades, imponham a constituição da sociedade segundo determinado tipo.
▶ Arts. 991 a 996 e 1.093 a 1.096 deste Código.

Art. 984. A sociedade que tenha por objeto o exercício de atividade própria de empresário rural e seja constituída, ou transformada, de acordo com um dos tipos de sociedade empresária, pode, com as formalidades do art. 968, requerer inscrição no Registro Público de Empresas Mercantis da sua sede, caso em que, depois de inscrita, ficará equiparada, para todos os efeitos, à sociedade empresária.
▶ Arts. 971, 982 e 1.113 a 1.115 deste Código.
▶ Lei 8.934/1994 (Registro Público de Empresas Mercantis).

Parágrafo único. Embora já constituída a sociedade segundo um daqueles tipos, o pedido de inscrição se subordinará, no que for aplicável, às normas que regem a transformação.

Art. 985. A sociedade adquire personalidade jurídica com a inscrição, no registro próprio e na forma da lei, dos seus atos constitutivos (arts. 45 e 1.150).
▶ Lei 6.015/1973 (Registros Públicos).
▶ Art. 32, II, *a*, Lei 8.934/1994 (Registro Público de Empresas Mercantis e Atividades Afins).

SUBTÍTULO I
DA SOCIEDADE NÃO PERSONIFICADA

CAPÍTULO I
DA SOCIEDADE EM COMUM

Art. 986. Enquanto não inscritos os atos constitutivos, reger-se-á a sociedade, exceto por ações em organização, pelo disposto neste Capítulo, observadas, subsidiariamente no que com ele forem compatíveis, as normas da sociedade simples.

Art. 987. Os sócios, nas relações entre si ou com terceiros, somente por escrito podem provar a existência da sociedade, mas os terceiros podem prová-la de qualquer modo.

Art. 988. Os bens e dívidas sociais constituem patrimônio especial, do qual os sócios são titulares em comum.

Art. 989. Os bens sociais respondem pelos atos de gestão praticados por qualquer dos sócios, salvo pacto expresso limitativo de poderes, que somente terá eficácia contra o terceiro que o conheça ou deva conhecer.

Art. 990. Todos os sócios respondem solidária e ilimitadamente pelas obrigações sociais, excluído do benefício de ordem, previsto no art. 1.024, aquele que contratou pela sociedade.

CAPÍTULO II
DA SOCIEDADE EM CONTA DE PARTICIPAÇÃO

Art. 991. Na sociedade em conta de participação, a atividade constitutiva do objeto social é exercida unicamente pelo sócio ostensivo, em seu nome individual e

sob sua própria e exclusiva responsabilidade, participando dos demais dos resultados correspondentes.

Parágrafo único. Obriga-se perante terceiro tão somente o sócio ostensivo; e, exclusivamente perante este, o sócio participante, nos termos do contrato social.

Art. 992. A constituição da sociedade em conta de participação independe de qualquer formalidade e pode provar-se por todos os meios de direito.

Art. 993. O contrato social produz efeito somente entre os sócios, e a eventual inscrição de seu instrumento em qualquer registro não confere personalidade jurídica à sociedade.

Parágrafo único. Sem prejuízo do direito de fiscalizar a gestão dos negócios sociais, o sócio participante não pode tomar parte nas relações do sócio ostensivo com terceiros, sob pena de responder solidariamente com este pelas obrigações em que intervier.

Art. 994. A contribuição do sócio participante constitui, com a do sócio ostensivo, patrimônio especial, objeto da conta de participação relativa aos negócios sociais.

§ 1º A especialização patrimonial somente produz efeitos em relação aos sócios.

§ 2º A falência do sócio ostensivo acarreta a dissolução da sociedade e a liquidação da respectiva conta, cujo saldo constituirá crédito quirografário.
> ▸ Art. 83, VI, da Lei 11.101/2005 (Recuperação de Empresas e Falência).

§ 3º Falindo o sócio participante, o contrato social fica sujeito às normas que regulam os efeitos da falência nos contratos bilaterais do falido.
> ▸ Art. 117 da Lei 11.101/2005 (Recuperação de Empresas e Falência).

Art. 995. Salvo estipulação em contrário, o sócio ostensivo não pode admitir novo sócio sem o consentimento expresso dos demais.

Art. 996. Aplica-se à sociedade em conta de participação, subsidiariamente e no que com ela for compatível, o disposto para a sociedade simples, e a sua liquidação rege-se pelas normas relativas à prestação de contas, na forma da lei processual.

Parágrafo único. Havendo mais de um sócio ostensivo, as respectivas contas serão prestadas e julgadas no mesmo processo.

SUBTÍTULO II
DA SOCIEDADE PERSONIFICADA

CAPÍTULO I
DA SOCIEDADE SIMPLES
> ▸ Arts. 1.040 e 1.155, par. ún., deste Código.

Seção I
Do contrato social

Art. 997. A sociedade constitui-se mediante contrato escrito, particular ou público, que, além de cláusulas estipuladas pelas partes, mencionará:
> ▸ Arts. 999 e 1.001 deste Código

I – nome, nacionalidade, estado civil, profissão e residência dos sócios, se pessoas naturais, e a firma ou a denominação, nacionalidade e sede dos sócios, se jurídicas;

II – denominação, objeto, sede e prazo da sociedade;

III – capital da sociedade, expresso em moeda corrente, podendo compreender qualquer espécie de bens, suscetíveis de avaliação pecuniária;

IV – a quota de cada sócio no capital social, e o modo de realizá-la;

V – as prestações a que se obriga o sócio, cuja contribuição consista em serviços;
> ▸ Art. 1.006 deste Código.

VI – as pessoas naturais incumbidas da administração da sociedade, e seus poderes e atribuições;

VII – a participação de cada sócio nos lucros e nas perdas;
> ▸ Art. 1.007 deste Código.

VIII – se os sócios respondem, ou não, subsidiariamente, pelas obrigações sociais.
> ▸ Arts. 999, 1.041 e 1.054 deste Código.

Parágrafo único. É ineficaz em relação a terceiros qualquer pacto separado, contrário ao disposto no instrumento do contrato.

Art. 998. Nos 30 (trinta) dias subsequentes à sua constituição, a sociedade deverá requerer a inscrição do contrato social no Registro Civil das Pessoas Jurídicas do local de sua sede.
> ▸ Arts. 45, 75, IV, 967, 986 e 1.150 a 1.154 deste Código.
> ▸ Arts. 114, 120 e 126 da Lei 6.015/1973 (Registros Públicos).

§ 1º O pedido de inscrição será acompanhado do instrumento autenticado do contrato e, se algum sócio nele houver sido representado por procurador, o da respectiva procuração, bem como, se for o caso, da prova de autorização da autoridade competente.

§ 2º Com todas as indicações enumeradas no artigo antecedente, será a inscrição tomada por termo no livro de registro próprio, e obedecerá a número de ordem contínua para todas as sociedades inscritas.

Art. 999. As modificações do contrato social, que tenham por objeto matéria indicada no art. 997, dependem do consentimento de todos os sócios; as demais podem ser decididas por maioria absoluta de votos, se o contrato não determinar a necessidade de deliberação unânime.

Parágrafo único. Qualquer modificação do contrato social será averbada, cumprindo-se as formalidades previstas no artigo antecedente.
> ▸ Arts. 1.002 e 1.003 deste Código.

Art. 1.000. A sociedade simples que instituir sucursal, filial ou agência na circunscrição de outro Registro Civil das Pessoas Jurídicas, neste deverá também inscrevê-la, com a prova da inscrição originária.

Parágrafo único. Em qualquer caso, a constituição da sucursal, filial ou agência deverá ser averbada no Registro Civil da respectiva sede.
> ▸ Arts. 969 e 982 deste Código.

Seção II
Dos direitos e obrigações dos sócios

Art. 1.001. As obrigações dos sócios começam imediatamente com o contrato, se este não fixar outra data, e terminam quando, liquidada a sociedade, se extinguirem as responsabilidades sociais.

Art. 1.002. O sócio não pode ser substituído no exercício das suas funções, sem o consentimento dos demais sócios, expresso em modificação do contrato social.

Art. 1.003. A cessão total ou parcial de quota, sem a correspondente modificação do contrato social com o consentimento dos demais sócios, não terá eficácia quanto a estes e à sociedade.

Parágrafo único. Até dois anos depois de averbada a modificação do contrato, responde o cedente solidariamente com o cessionário, perante a sociedade e terceiros, pelas obrigações que tinha como sócio.
> ▸ Art. 81 da Lei 11.101/2005 (Recuperação de Empresas e Falência).

Art. 1.004. Os sócios são obrigados, na forma e prazo previstos, às contribuições estabelecidas no contrato social, e aquele que deixar de fazê-lo, nos 30 (trinta) dias seguintes ao da notificação pela sociedade, responderá perante esta pelo dano emergente da mora.
> ▸ Arts. 394 a 401, 997, IV, e 1.030 deste Código.

Parágrafo único. Verificada a mora, poderá a maioria dos demais sócios preferir, à indenização, a exclusão do sócio remisso, ou reduzir-lhe a quota ao montante já realizado, aplicando-se, em ambos os casos, o disposto no § 1º do art. 1.031.
> ▸ Arts. 394 a 401, 997, IV e 1.030, 1.032, 1.052 e 1.058 deste Código.

Art. 1.005. O sócio que, a título de quota social, transmitir domínio, posse ou uso, responde pela evicção; e pela solvência do devedor, aquele que transferir crédito.
> ▸ Arts. 286 a 298 e 447 a 458 e 1.004 deste Código.

Art. 1.006. O sócio, cuja contribuição consista em serviços, não pode, salvo convenção em contrário, empregar-se em atividade estranha à sociedade, sob pena de ser privado de seus lucros e dela excluído.
> ▸ Arts. 997, V, e 1.030 deste Código.

Art. 1.007. Salvo estipulação em contrário, o sócio participa dos lucros e das perdas, na proporção das respectivas quotas, mas aquele, cuja contribuição consiste em serviços, somente participa dos lucros na proporção da média do valor das quotas.
> ▸ Art. 997, V e VII, deste Código.

Art. 1.008. É nula a estipulação contratual que exclua qualquer sócio de participar dos lucros e das perdas.
> ▸ Arts. 997 e 1.007 deste Código.

Art. 1.009. A distribuição de lucros ilícitos ou fictícios acarreta responsabilidade solidária dos administradores que a realizarem e dos sócios que os receberem, conhecendo ou devendo conhecer-lhes a ilegitimidade.
> ▸ Arts. 264 a 285 deste Código.

(...)

Seção IV
Das relações com terceiros
> ▸ Arts. 1.015, par. ún., e 1.016 deste Código.

Art. 1.022. A sociedade adquire direitos, assume obrigações e procede judicialmente, por meio de administradores com poderes especiais, ou, não os havendo, por intermédio de qualquer administrador.

Art. 1.023. Se os bens da sociedade não lhe cobrirem as dívidas, respondem os sócios pelo saldo, na propor-ção em que participem das perdas sociais, salvo cláusula de responsabilidade solidária.

Art. 1.024. Os bens particulares dos sócios não podem ser executados por dívidas da sociedade, senão depois de executados os bens sociais.

Art. 1.025. O sócio, admitido em sociedade já constituída, não se exime das dívidas sociais anteriores à admissão.

Art. 1.026. O credor particular de sócio pode, na insuficiência de outros bens do devedor, fazer recair a execução sobre o que a este couber nos lucros da sociedade, ou na parte que lhe tocar em liquidação.

Parágrafo único. Se a sociedade não estiver dissolvida, pode o credor requerer a liquidação da quota do devedor, cujo valor, apurado na forma do art. 1.031, será depositado em dinheiro, no juízo da execução, até 90 (noventa) dias após aquela liquidação.

Art. 1.027. Os herdeiros do cônjuge de sócio, ou o cônjuge do que se separou judicialmente, não podem exigir desde logo a parte que lhes couber na quota social, mas concorrer à divisão periódica dos lucros, até que se liquide a sociedade.

(...)

CAPÍTULO II
DA SOCIEDADE EM NOME COLETIVO

Art. 1.039. Somente pessoas físicas podem tomar parte na sociedade em nome coletivo, respondendo todos os sócios, solidária e ilimitadamente, pelas obrigações sociais.
> ▸ Arts. 20 e 190 da Lei 11.101/2005 (Lei de Recuperação de Empresas e Falência);

Parágrafo único. Sem prejuízo da responsabilidade perante terceiros, podem os sócios, no ato constitutivo, ou por unânime convenção posterior, limitar entre si a responsabilidade de cada um.

Art. 1.040. A sociedade em nome coletivo se rege pelas normas deste Capítulo e, no que seja omisso, pelas do Capítulo antecedente.

Art. 1.041. O contrato deve mencionar, além das indicações referidas no art. 997, a firma social.

Art. 1.042. A administração da sociedade compete exclusivamente a sócios, sendo o uso da firma, nos limites do contrato, privativo dos que tenham os necessários poderes.

Art. 1.043. O credor particular de sócio não pode, antes de dissolver-se a sociedade, pretender a liquidação da quota do devedor.

Parágrafo único. Poderá fazê-lo quando:

I – a sociedade houver sido prorrogada tacitamente;

II – tendo ocorrido prorrogação contratual, for acolhida judicialmente oposição do credor, levantada no prazo de 90 (noventa) dias, contado da publicação do ato dilatório.

Art. 1.044. A sociedade se dissolve de pleno direito por qualquer das causas enumeradas no art. 1.033 e, se empresária, também pela declaração da falência.
> ▸ Lei 11.101/2005 (Recuperação de Empresas e Falências).

CAPÍTULO III
DA SOCIEDADE EM COMANDITA SIMPLES

Art. 1.045. Na sociedade em comandita simples tomam parte sócios de duas categorias: os comanditados, pessoas físicas, responsáveis solidária e ilimitadamente pelas obrigações sociais; e os comanditários, obrigados somente pelo valor de sua quota.
> ▸ Lei 11.101/2005 (Recuperação de Empresas e Falências).

Parágrafo único. O contrato deve discriminar os comanditados e os comanditários.

Art. 1.046. Aplicam-se à sociedade em comandita simples as normas da sociedade em nome coletivo, no que forem compatíveis com as deste Capítulo.

Parágrafo único. Aos comanditados cabem os mesmos direitos e obrigações dos sócios da sociedade em nome coletivo.

Art. 1.047. Sem prejuízo da faculdade de participar das deliberações da sociedade e de lhe fiscalizar as operações, não pode o comanditário praticar qualquer ato de gestão, nem ter o nome na firma social, sob pena de ficar sujeito às responsabilidades de sócio comanditado.

Parágrafo único. Pode o comanditário ser constituído procurador da sociedade, para negócio determinado e com poderes especiais.
> ▸ Arts. 653 a 691 deste Código.

Art. 1.048. Somente após averbada a modificação do contrato, produz efeito, quanto a terceiros, a diminuição da quota do comanditário, em consequência de ter sido reduzido o capital social, sempre sem prejuízo dos credores preexistentes.

Art. 1.049. O sócio comanditário não é obrigado à reposição de lucros recebidos de boa-fé e de acordo com o balanço.

Parágrafo único. Diminuído o capital social por perdas supervenientes, não pode o comanditário receber quaisquer lucros, antes de reintegrado aquele.

Art. 1.050. No caso de morte de sócio comanditário, a sociedade, salvo disposição do contrato, continuará com os seus sucessores, que designarão quem os represente.

Art. 1.051. Dissolve-se de pleno direito a sociedade:

I – por qualquer das causas previstas no art. 1.044;

▸ Art. 6º da Lei 11.101/2005 (Recuperação de Empresas e Falência).

II – quando por mais de cento e oitenta dias perdurar a falta de uma das categorias de sócio.

Parágrafo único. Na falta de sócio comanditado, os comanditários nomearão administrador provisório para praticar, durante o período referido no inciso II e sem assumir a condição de sócio, os atos de administração.

CAPÍTULO IV
DA SOCIEDADE
LIMITADA

Seção I
Disposições
preliminares

Art. 1.052. Na sociedade limitada, a responsabilidade de cada sócio é restrita ao valor de suas quotas, mas todos respondem solidariamente pela integralização do capital social.

▸ Art. 82, *caput* da Lei 11.101/2005 (Recuperação de Empresas e Falência).

§ 1º A sociedade limitada pode ser constituída por 1 (uma) ou mais pessoas.

▸ § 1º acrescido pela Lei 13.874/2019.

§ 2º Se for unipessoal, aplicar-se-ão ao documento de constituição do sócio único, no que couber, as disposições sobre o contrato social.

▸ § 2º acrescido pela Lei 13.874/2019.

Art. 1.053. A sociedade limitada rege-se, nas omissões deste Capítulo, pelas normas da sociedade simples.

Parágrafo único. O contrato social poderá prever a regência supletiva da sociedade limitada pelas normas da sociedade anônima.

▸ Lei 6.404/1976 (Lei das Sociedades por Ações).

Art. 1.054. O contrato mencionará, no que couber, as indicações do art. 997, e, se for o caso, a firma social.

▸ Dec. 3.708/1919 (Sociedades por quotas de responsabilidade limitada).

(...)

CAPÍTULO IV
DA SOCIEDADE
LIMITADA

(...)

Seção III
Da Administração

▸ Art. 206, § 3º, VII, *b*, deste Código.

Art. 1.060. A sociedade limitada é administrada por uma ou mais pessoas designadas no contrato social ou em ato separado.

▸ Arts. 1.013 a 1.172 deste Código.

Parágrafo único. A administração atribuída no contrato a todos os sócios não se estende de pleno direito aos que posteriormente adquiram essa qualidade.

Art. 1.061. A designação de administradores não sócios dependerá da aprovação de, no mínimo, 2/3 (dois terços) dos sócios, enquanto o capital não estiver integralizado, e da aprovação de titulares de quotas correspondentes a mais da metade do capital social, após a integralização.

▸ Artigo com redação pela Lei 14.451/2022.

(...)

CAPÍTULO V
DA SOCIEDADE ANÔNIMA

Seção Única
Da caracterização

Art. 1.088. Na sociedade anônima ou companhia, o capital divide-se em ações, obrigando-se cada sócio ou acionista somente pelo preço de emissão das ações que subscrever ou adquirir.

▸ Art. 1º da Lei 6.404/1976 (Sociedades por Ações).
▸ Súmula 371 do STJ.

Art. 1.089. A sociedade anônima rege-se por lei especial, aplicando-se-lhe, nos casos omissos, as disposições deste Código.

▸ Lei 6.404/1976 (Sociedades por Ações).

CAPÍTULO VI
DA SOCIEDADE EM COMANDITA POR AÇÕES

▸ Arts. 280 a 284 da Lei 6.404/1976 (Sociedades por Ações).

Art. 1.090. A sociedade em comandita por ações tem o capital dividido em ações, regendo-se pelas normas relativas à sociedade anônima, sem prejuízo das modificações constantes deste Capítulo, e opera sob firma ou denominação.

▸ Art. 1.161 deste Código.
▸ Art. 280 da Lei 6.404/1976 (Sociedades por Ações).

Art. 1.091. Somente o acionista tem qualidade para administrar a sociedade e, como diretor, responde subsidiária e ilimitadamente pelas obrigações da sociedade.

▸ Art. 282 da Lei 6.404/1976 (Sociedades por Ações).

§ 1º Se houver mais de um diretor, serão solidariamente responsáveis, depois de esgotados os bens sociais.

§ 2º Os diretores serão nomeados no ato constitutivo da sociedade, sem limitação de tempo, e somente poderão ser destituídos por deliberação de acionistas que representem no mínimo dois terços do capital social.

§ 3º O diretor destituído ou exonerado continua, durante dois anos, responsável pelas obrigações sociais contraídas sob sua administração.

Art. 1.092. A assembleia-geral não pode, sem o consentimento dos diretores, mudar o objeto essencial da sociedade, prorrogar-lhe o prazo de duração, aumentar ou diminuir o capital social, criar debêntures, ou partes beneficiárias.

▸ Art. 283 da Lei 6.404/1976 (Sociedades por ações).

CAPÍTULO VII
DA SOCIEDADE COOPERATIVA

Art. 1.093. A sociedade cooperativa reger-se-á pelo disposto no presente Capítulo, ressalvada a legislação especial.

▸ Art. 1.159 deste Código.
▸ Arts. 174, § 2º, 187, VI, e 192 da CF.
▸ Lei 5.764/1971 (Política Nacional de Cooperativismo e institui o regime jurídico das sociedades cooperativas).
▸ Lei 9.867/1999 (Cooperativas sociais).
▸ LC 130/2009 (Sistema Nacional de Crédito Cooperativo).

Art. 1.094. São características da sociedade cooperativa:

▸ Art. 1.096 deste Código.
▸ Art. 4º da Lei 5.764/1971 (Cooperativas).

I – variabilidade, ou dispensa do capital social;

II – concurso de sócios em número mínimo necessário a compor a administração da sociedade, sem limitação de número máximo;

▸ Art. 6º da Lei 5.764/1971 (Cooperativas).

III – limitação do valor da soma de quotas do capital social que cada sócio poderá tomar;

IV – intransferibilidade das quotas do capital a terceiros estranhos à sociedade, ainda que por herança;

V – *quorum*, para a assembleia-geral funcionar e deliberar, fundado no número de sócios presentes à reunião, e não no capital social representado;

VI – direito de cada sócio a um só voto nas deliberações, tenha ou não capital a sociedade, e qualquer que seja o valor de sua participação;

VII – distribuição dos resultados, proporcionalmente ao valor das operações efetuadas pelo sócio com a sociedade, podendo ser atribuído juro fixo ao capital realizado;

VIII – indivisibilidade do fundo de reserva entre os sócios, ainda que em caso de dissolução da sociedade.

▸ Art. 1.096 deste Código.

Art. 1.095. Na sociedade cooperativa, a responsabilidade dos sócios pode ser limitada ou ilimitada.

▸ Lei 5.764/1971 (Cooperativas).

§ 1º É limitada a responsabilidade na cooperativa em que o sócio responde somente pelo valor de suas quotas e pelo prejuízo verificado nas operações sociais, guardada a proporção de sua participação nas mesmas operações.

§ 2º É ilimitada a responsabilidade na cooperativa em que o sócio responde solidária e ilimitadamente pelas obrigações sociais.

▸ Arts. 275 a 285 deste Código.

Art. 1.096. No que a lei for omissa, aplicam-se as disposições referentes à sociedade simples, resguardadas as características estabelecidas no art. 1.094.

▸ Arts. 997 a 1.038 deste Código.

CAPÍTULO VIII
DAS SOCIEDADES COLIGADAS

Art. 1.097. Consideram-se coligadas as sociedades que, em suas relações de capital, são controladas, filiadas, ou de simples participação, na forma dos artigos seguintes.

▸ Art. 1.188, par. ún., deste Código.
▸ Arts. 243 a 264 da Lei 6.404/1976 (Sociedades por ações).

Art. 1.098. É controlada:

I – a sociedade de cujo capital outra sociedade possua a maioria dos votos nas deliberações dos quotistas ou da assembleia-geral e o poder de eleger a maioria dos administradores;

II – a sociedade cujo controle, referido no inciso antecedente, esteja em poder de outra, mediante ações ou quotas possuídas por sociedades ou sociedades por esta já controladas.

▸ Arts. 116 a 243 da Lei 6.404/1976 (Sociedades por ações).

Art. 1.099. Diz-se coligada ou filiada a sociedade de cujo capital outra sociedade participa com 10% (dez por cento) ou mais, do capital da outra, sem controlá-la.

▸ Art. 243 da Lei 6.404/1976 (Sociedades por Ações).

Art. 1.100. É de simples participação a sociedade de cujo capital outra sociedade possua menos de 10% (dez por cento) do capital com direito de voto.

Art. 1.101. Salvo disposição especial de lei, a sociedade não pode participar de outra, que seja sua sócia, por montante superior, segundo o balanço, ao das próprias reservas, excluída a reserva legal.

Parágrafo único. Aprovado o balanço em que se verifique ter sido excedido esse limite, a sociedade não poderá exercer o direito de voto correspondente às ações ou quotas em excesso, as quais devem ser alienadas nos cento e oitenta dias seguintes àquela aprovação.

CAPÍTULO IX
DA LIQUIDAÇÃO
DA SOCIEDADE

▸ Arts. 44, 51, 206, § 3º, VII, *c*, 1.038, § 2º, e 1.155, par. ún., deste Código.

Art. 1.102. Dissolvida a sociedade e nomeado o liquidante na forma do disposto neste Livro, procede-se à sua liquidação, de conformidade com os preceitos deste Capítulo, ressalvado o disposto no ato constitutivo ou no instrumento da dissolução.

▸ Arts. 1.033 a 1.038 e 2.034 deste Código.
▸ Arts. 599 e 1.046, § 3º, do CPC.
▸ Arts. 207, 209 a 218 da Lei 6.404/1976 (Sociedades por ações).

Parágrafo único. O liquidante, que não seja administrador da sociedade, investir-se-á nas funções, averbada a sua nomeação no registro próprio.

▸ Arts. 1.036 a 1.038 deste Código.
▸ Lei 8.934/1994 (Registro Público de Empresas Mercantis)

(...)

Art. 1.104. As obrigações e a responsabilidade do liquidante regem-se pelos preceitos peculiares às dos administradores da sociedade liquidanda.

▸ Arts. 1.010 a 1.021 deste Código.
▸ Art. 217 da Lei 6.404/1976 (Sociedades por ações).

Art. 1.105. Compete ao liquidante representar a sociedade e praticar todos os atos necessários à sua liquidação, inclusive alienar bens móveis ou imóveis, transigir, receber e dar quitação.

Parágrafo único. Sem estar expressamente autorizado pelo contrato social, ou pelo voto da maioria dos sócios, não pode o liquidante gravar de ônus reais os móveis e imóveis, contrair empréstimos, salvo quando indispensáveis ao pagamento de obrigações inadiáveis, nem prosseguir, embora para facilitar a liquidação, na atividade social.

(...)

Art. 1.110. Encerrada a liquidação, o credor não satisfeito só terá direito a exigir dos sócios, individualmente, o pagamento do seu crédito, até o limite da soma por eles recebida em partilha, e a propor contra o liquidante ação de perdas e danos.

▸ Arts. 402 a 405 deste Código.

CAPÍTULO X
DA TRANSFORMAÇÃO, DA INCORPORAÇÃO,
DA FUSÃO E DA CISÃO DAS SOCIEDADES

Art. 1.113. O ato de transformação independe de dissolução ou liquidação da sociedade, e obedecerá aos preceitos reguladores da constituição e inscrição próprios do tipo em que vai converter-se.

▸ Art. 220 da Lei 6.404/1976 (Sociedades por ações).

Art. 1.114. A transformação depende do consentimento de todos os sócios, salvo se prevista no ato constitutivo, caso em que o dissidente poderá retirar-se da sociedade, aplicando-se, no silêncio do estatuto ou do contrato social, o disposto no art. 1.031.

▸ Art. 221 da Lei 6.404/1976 (Sociedades por ações).

Art. 1.115. A transformação não modificará nem prejudicará, em qualquer caso, os direitos dos credores.

Parágrafo único. A falência da sociedade transformada somente produzirá efeitos em relação aos sócios que, no tipo anterior, a eles estariam sujeitos, se o pedirem

Códigos

os titulares de créditos anteriores à transformação, e somente a estes beneficiará.

▶ Art. 222 da Lei 6.404/1976 (Sociedades por ações).

Art. 1.116. Na incorporação, uma ou várias sociedades são absorvidas por outra, que lhes sucede em todos os direitos e obrigações, devendo todas aprová-la, na forma estabelecida para os respectivos tipos.

▶ Art. 227 da Lei 6.404/1976 (Sociedades por ações).

Art. 1.117. A deliberação dos sócios da sociedade incorporada deverá aprovar as bases da operação e o projeto de reforma do ato constitutivo.

▶ Art. 227, §§ 1º e 2, da Lei 6.404/1976 (Sociedades por ações).

§ 1º A sociedade que houver de ser incorporada tomará conhecimento desse ato, e, se o aprovar, autorizará os administradores a praticar o necessário à incorporação, inclusive a subscrição em bens pelo valor da diferença que se verificar entre o ativo e o passivo.

§ 2º A deliberação dos sócios da sociedade incorporadora compreenderá a nomeação dos peritos para a avaliação do patrimônio líquido da sociedade, que tenha de ser incorporada.

Art. 1.118. Aprovados os atos da incorporação, a incorporadora declarará extinta a incorporada, e promoverá a respectiva averbação no registro próprio.

▶ Art. 234 da Lei 6.404/1976 (Sociedades por ações).

Art. 1.119. A fusão determina a extinção das sociedades que se unem, para formar sociedade nova, que a elas sucederá nos direitos e obrigações.

▶ Art. 228 da Lei 6.404/1976 (Sociedades por ações).

Art. 1.120. A fusão será decidida, na forma estabelecida para os respectivos tipos, pelas sociedades que pretendam unir-se.

▶ Arts. 223, § 1º, e 228, §§ 1º e 2º, da Lei 6.404/1976 (Sociedades por ações).

§ 1º Em reunião ou assembleia dos sócios de cada sociedade, deliberada a fusão e aprovado o projeto do ato constitutivo da nova sociedade, bem como o plano de distribuição do capital social, serão nomeados os peritos para a avaliação do patrimônio da sociedade.

§ 2º Apresentados os laudos, os administradores convocarão reunião ou assembleia dos sócios para tomar conhecimento deles, decidindo sobre a constituição definitiva da nova sociedade.

§ 3º É vedado aos sócios votar o laudo de avaliação do patrimônio da sociedade de que façam parte.

Art. 1.121. Constituída a nova sociedade, aos administradores incumbe fazer inscrever, no registro próprio da sede, os atos relativos à fusão.

▶ Art. 968, § 2º, deste Código.
▶ Art. 228, § 3º e 234 da Lei 6.404/1976 (Sociedades por ações).

Art. 1.122. Até 90 (noventa) dias após publicados os atos relativos à incorporação, fusão ou cisão, o credor anterior, por ela prejudicado, poderá promover judicialmente a anulação deles.

▶ Art. 232 da Lei 6.404/1976 (Sociedades por ações).

§ 1º A consignação em pagamento prejudicará a anulação pleiteada.

§ 2º Sendo ilíquida a dívida, a sociedade poderá garantir-lhe a execução, suspendendo-se o processo de anulação.

§ 3º Ocorrendo, no prazo deste artigo, a falência da sociedade incorporadora, da sociedade nova ou da cindida, qualquer credor anterior terá direito a pedir a separação dos patrimônios, para o fim de serem os créditos pagos pelos bens das respectivas massas.

CAPÍTULO XI
DA SOCIEDADE DEPENDENTE DE AUTORIZAÇÃO

Seção I
Disposições gerais

Art. 1.123. A sociedade que dependa de autorização do Poder Executivo para funcionar reger-se-á por este título, sem prejuízo do disposto em lei especial.

Parágrafo único. A competência para a autorização será sempre do Poder Executivo federal.

Art. 1.124. Na falta de prazo estipulado em lei ou em ato do poder público, será considerada caduca a autorização se a sociedade não entrar em funcionamento nos doze meses seguintes à respectiva publicação.

Art. 1.125. Ao Poder Executivo é facultado, a qualquer tempo, cassar a autorização concedida a sociedade nacional ou estrangeira que infringir disposição de ordem pública ou praticar atos contrários aos fins declarados no seu estatuto.

Seção II
Da sociedade nacional

Art. 1.126. É nacional a sociedade organizada de conformidade com a lei brasileira e que tenha no País a sede de sua administração.

(...)

Seção III
Da sociedade estrangeira

Art. 1.134. A sociedade estrangeira, qualquer que seja o seu objeto, não pode, sem autorização do Poder Executivo, funcionar no País, ainda que por estabelecimentos subordinados, podendo, todavia, ressalvados os casos expressos em lei, ser acionista de sociedade anônima brasileira.

(...)

TÍTULO III
DO ESTABELECIMENTO

CAPÍTULO ÚNICO
DISPOSIÇÕES GERAIS

Art. 1.142. Considera-se estabelecimento todo complexo de bens organizado, para exercício da empresa, por empresário, ou por sociedade empresária.

▶ Arts. 79 a 103 deste Código.
▶ Art. 109 da Lei 11.101/2005 (Recuperação de Empresas e Falência).
▶ Súmula 645 do STF.
▶ Súmula 451 do STJ.

§ 1º O estabelecimento não se confunde com o local onde se exerce a atividade empresarial, que poderá ser físico ou virtual.

§ 2º Quando o local onde se exerce a atividade empresarial for virtual, o endereço informado para fins de registro poderá ser, conforme o caso, o endereço do empresário individual ou o de um dos sócios da sociedade empresária.

§ 3º Quando o local onde se exerce a atividade empresarial for físico, a fixação do horário de funcionamento competirá ao Município, observada a regra geral prevista no inciso II do *caput* do art. 3º da Lei nº 13.874, de 20 de setembro de 2019.

▶ §§ 1º a 3º com redação pela Lei 14.382/2022.

Art. 1.143. Pode o estabelecimento ser objeto unitário de direitos e de negócios jurídicos, translativos ou constitutivos, que sejam compatíveis com a sua natureza.

▶ Arts. 90, par. ún., e 1.164, par. ún., deste Código.

Art. 1.144. O contrato que tenha por objeto a alienação, o usufruto ou arrendamento do estabelecimento, só produzirá efeitos quanto a terceiros depois de averbado à margem da inscrição do empresário, ou da sociedade empresária, no Registro Público de Empresas Mercantis, e de publicado na imprensa oficial.

▶ Art. 968, § 2º deste Código.
▶ Lei 8.934/1994 (Registro Público de Empresas Mercantis).

Art. 1.145. Se ao alienante não restarem bens suficientes para solver o seu passivo, a eficácia da alienação do estabelecimento depende do pagamento de todos os credores, ou do consentimento destes, de modo expresso ou tácito, em 30 (trinta) dias a partir de sua notificação.

▶ Arts. 66, 94, III, c, e 129, VI da Lei 11.101/2005 (Recuperação de Empresas e Falência).

Art. 1.146. O adquirente do estabelecimento responde pelo pagamento dos débitos anteriores à transferência, desde que regularmente contabilizados, continuando o devedor primitivo solidariamente obrigado pelo prazo de um ano, a partir, quanto aos créditos vencidos, da publicação, e, quanto aos outros, da data do vencimento.

▶ Arts. 275 a 285 deste Código.
▶ Art. 133 do CTN.
▶ Art. 448 da CLT.

Art. 1.147. Não havendo autorização expressa, o alienante do estabelecimento não pode fazer concorrência ao adquirente, nos 5 (cinco) anos subsequentes à transferência.

Parágrafo único. No caso de arrendamento ou usufruto do estabelecimento, a proibição prevista neste artigo persistirá durante o prazo do contrato.

▶ Art. 448 da CLT.

Art. 1.148. Salvo disposição em contrário, a transferência importa a sub-rogação do adquirente nos contratos estipulados para exploração do estabelecimento, se não tiverem caráter pessoal, podendo os terceiros rescindir o contrato em 90 (noventa) dias a contar da publicação da transferência, se ocorrer justa causa, ressalvada, neste caso, a responsabilidade do alienante.

▶ Arts. 346 e 1.152, § 1º, deste Código.
▶ Art. 13 da Lei 8.245/1991 (Locações)

Art. 1.149. A cessão dos créditos referentes ao estabelecimento transferido produzirá efeito em relação aos respectivos devedores, desde o momento da publicação da transferência, mas o devedor ficará exonerado se de boa-fé pagar ao cedente.

▶ Arts. 286 a 298 deste Código.

TÍTULO IV
DOS INSTITUTOS COMPLEMENTARES

CAPÍTULO I
DO REGISTRO

▶ Lei 11.598/2007 (Rede Nacional para a Simplificação do Registro e da Legalização de Empresas e Negócios – REDESIM).

Art. 1.150. O empresário e a sociedade empresária vinculam-se ao Registro Público de Empresas Mercantis a cargo das Juntas Comerciais, e a sociedade simples ao Registro Civil das Pessoas Jurídicas, o qual deverá obedecer às normas fixadas para aquele registro, se a sociedade simples adotar um dos tipos de sociedade empresária.

▶ Arts. 45, 966 a 971, 976, 979, 980, 982 a 986, 997, 998 e 1.166 deste Código.
▶ Art. 75, § 2º, do CPC.
▶ Dec. 1.102/1903 (Armazéns gerais).
▶ Dec.-lei 9.085/1946 (Registro civil das pessoas jurídicas).
▶ Arts. 1º, § 1º, II, e 114 a 121 da Lei 6.015/1973 (Registros Públicos).
▶ Lei 6.385/1976 (Mercado de valores mobiliários e cria a Comissão de Valores Mobiliários).
▶ Arts. 95 a 97 da Lei 6.404/1976 (Sociedades por ações).
▶ Lei 8.934/1994 (Registro Público de Empresas Mercantis).
▶ Arts. 15 a 17 da Lei 8.906/1994 (Estatuto da Advocacia e da OAB).
▶ Dec. 1.800/1996 (Regulamenta a Lei 8.934/1994 – Registro Público de Empresas Mercantis).

Art. 1.151. O registro dos atos sujeitos à formalidade exigida no artigo antecedente será requerido pela pessoa obrigada em lei, e, no caso de omissão ou demora, pelo sócio ou qualquer interessado.

§ 1º Os documentos necessários ao registro deverão ser apresentados no prazo de 30 (trinta) dias, contado da lavratura dos atos respectivos.

§ 2º Requerido além do prazo previsto neste artigo, o registro somente produzirá efeito a partir da data de sua concessão.

§ 3º As pessoas obrigadas a requerer o registro responderão por perdas e danos, em caso de omissão ou demora.

▶ Arts. 402 a 405 deste Código.
▶ Art. 99 da Lei 6.404/1976 (Sociedades por ações).

Art. 1.152. Cabe ao órgão incumbido do registro verificar a regularidade das publicações determinadas em lei, de acordo com o disposto nos parágrafos deste artigo.

§ 1º Salvo exceção expressa, as publicações ordenadas neste Livro serão feitas no órgão oficial da União ou do Estado, conforme o local da sede do empresário ou da sociedade, e em jornal de grande circulação.

§ 2º As publicações das sociedades estrangeiras serão feitas nos órgãos oficiais da União e do Estado onde tiverem sucursais, filiais ou agências.

§ 3º O anúncio de convocação da assembleia de sócios será publicado por três vezes, ao menos, devendo mediar, entre a data da primeira inserção e a da realização da assembleia, o prazo mínimo de oito dias, para a primeira convocação, e de 5 (cinco) dias, para as posteriores.

Art. 1.153. Cumpre à autoridade competente, antes de efetivar o registro, verificar a autenticidade e a legitimidade do signatário do requerimento, bem como fiscalizar a observância das prescrições legais concernentes ao ato ou aos documentos apresentados.

Parágrafo único. Das irregularidades encontradas deve ser notificado o requerente, que, se for o caso, poderá saná-las, obedecendo às formalidades da lei.

Art. 1.154. O ato sujeito a registro, ressalvadas disposições especiais da lei, não pode, antes do cumprimento das respectivas formalidades, ser oposto a terceiro, salvo prova de que este o conhecia.

Parágrafo único. O terceiro não pode alegar ignorância, desde que cumpridas as referidas formalidades.

(...)

CAPÍTULO III
DOS PREPOSTOS

Seção I
Disposições gerais

▶ Art. 168, § 3º, da Lei 11.101/2005 (Recuperação de Empresas e Falência).

Art. 1.169. O preposto não pode, sem autorização escrita, fazer-se substituir no desempenho da prepo-

sição, sob pena de responder pessoalmente pelos atos do substituto e pelas obrigações por ele contraídas.

Art. 1.170. O preposto, salvo autorização expressa, não pode negociar por conta própria ou de terceiro, nem participar, embora indiretamente, de operação do mesmo gênero da que lhe foi cometida, sob pena de responder por perdas e danos e de serem retidos pelo preponente os lucros da operação.

▶ Arts. 402 a 405 deste Código.

Art. 1.171. Considera-se perfeita a entrega de papéis, bens ou valores ao preposto, encarregado pelo preponente, se os recebeu sem protesto, salvo nos casos em que haja prazo para reclamação.

Seção II
Do gerente

Art. 1.172. Considera-se gerente o preposto permanente no exercício da empresa, na sede desta, ou em sucursal, filial ou agência.

▶ Arts. 1.169 a 1.171 deste Código.

Art. 1.173. Quando a lei não exigir poderes especiais, considera-se o gerente autorizado a praticar todos os atos necessários ao exercício dos poderes que lhe foram outorgados.

▶ Arts. 108, § 1º da Lei 11.101/2005 (Recuperação de Empresas e Falência).

Parágrafo único. Na falta de estipulação diversa, consideram-se solidários os poderes conferidos a dois ou mais gerentes.

Art. 1.174. As limitações contidas na outorga de poderes, para serem opostas a terceiros, dependem do arquivamento e averbação do instrumento no Registro Público de Empresas Mercantis, salvo se provado serem conhecidas da pessoa que tratou com o gerente.

Parágrafo único. Para o mesmo efeito e com idêntica ressalva, deve a modificação ou revogação do mandato ser arquivada e averbada no Registro Público de Empresas Mercantis.

▶ Art. 1.182 deste Código.
▶ Lei 8.934/1994 (Registro Público de Empresas Mercantis).

Art. 1.175. O preponente responde com o gerente pelos atos que este pratique em seu próprio nome, mas à conta daquele.

▶ Arts. 275 a 285, 932, III, 933, 1.177 e 1.178 deste Código.
▶ Art. 297 da Lei 7.565/1986 (Código Brasileiro de Aeronáutica).
▶ Art. 34 da Lei 8.078/1990 (Defesa do Consumidor).

Art. 1.176. O gerente pode estar em juízo em nome do preponente, pelas obrigações resultantes do exercício da sua função.

▶ Art. 9º, § 4º, Lei 9.099/1995 (Juizados Especiais Cíveis e Criminais).

Seção III
Do contabilista e outros auxiliares

Art. 1.177. Os assentos lançados nos livros ou fichas do preponente, por qualquer dos prepostos encarregados de sua escrituração, produzem, salvo se houver procedido de má-fé, os mesmos efeitos como se o fossem por aquele.

▶ Arts. 226, 932, III, 933, 1.175 e 1.178 deste Código.

Parágrafo único. No exercício de suas funções, os prepostos são pessoalmente responsáveis, perante os preponen-tes, pelos atos culposos; e, perante terceiros, solidariamente com o preponente, pelos atos dolosos.

▶ Arts. 275 a 285 deste Código.
▶ Súmulas 260, 390 e 439 do STF.

Art. 1.178. Os preponentes são responsáveis pelos atos de quaisquer prepostos, praticados nos seus estabelecimentos e relativos à atividade da empresa, ainda que não autorizados por escrito.

▶ Arts. 932, III, 933, 1.175 e 1.177 deste Código.

Parágrafo único. Quando tais atos forem praticados fora do estabelecimento, somente obrigarão o preponente nos limites dos poderes conferidos por escrito, cujo instrumento pode ser suprido pela certidão ou cópia autêntica do seu teor.

(...)

LIVRO COMPLEMENTAR
DAS DISPOSIÇÕES FINAIS E TRANSITÓRIAS

Art. 2.028. Serão os da lei anterior os prazos, quando reduzidos por este Código, e se, na data de sua entrada em vigor, já houver transcorrido mais da metade do tempo estabelecido na lei revogada.

▶ Súmula 547 do STJ.

(...)

Art. 2.046. Todas as remissões, em diplomas legislativos, aos Códigos referidos no artigo antecedente, consideram-se feitas às disposições correspondentes deste Código.

Brasília, 10 de janeiro de 2002; 181º da Independência e 114º da República.

Fernando Henrique Cardoso

Códigos

Código de Defesa do Consumidor

LEI 8.078, DE 11 DE SETEMBRO DE 1990

Dispõe sobre a proteção do consumidor e dá outras providências.

DOU 12.09.1990, edição extra;
Retificada no DOU de 10.01.2007

▶ Dec. 2.181/1997 (Sistema Nacional de Defesa do Consumidor – SNDC).
▶ Dec. 5.903/2006 (Regulamenta as Leis 10.962/2004 e 8.078/1990).
▶ Dec. 6.523/2008 (Serviço de Atendimento ao Consumidor – SAC).
▶ Lei 12.291/2010 (Obrigatoriedade da manutenção de exemplar deste Código nos estabelecimentos comerciais e de prestação de serviços).
▶ Lei 12.529/2011 (Sistema Brasileiro de Defesa da Concorrência).
▶ Dec. 7.962/2013 (Regulamenta a Lei 8.078/1990).
▶ Dec. 7.963/2013 (Plano Nacional de Consumo e Cidadania e cria a Câmara Nacional de Relações de Consumo).
▶ Arts. 142 a 158 da Lei 14.597/2023 (Lei Geral do Esporte).
▶ Portaria 2.014/2008 do MJ (Tempo máximo para o contato direto com o atendente e o horário de funcionamento no Serviço de Atendimento ao Consumidor – SAC).
▶ Súmulas 602 e 608 do STJ.
▶ Súmula 2/2011 do CFOAB.

TÍTULO I
DOS DIREITOS DO CONSUMIDOR

CAPÍTULO I
DISPOSIÇÕES GERAIS

Art. 1º O presente Código estabelece normas de proteção e defesa do consumidor, de ordem pública e interesse social, nos termos dos artigos 5º, inciso XXXII, 170, inciso V, da Constituição Federal e artigo 48 de suas Disposições Transitórias.

▶ Arts. 24, VIII, 150, § 5º, e 170, V, da CF.
▶ Lei 12.291/2010 (Obrigatoriedade da manutenção de exemplar deste Código nos estabelecimentos comerciais e de prestação de serviços).

Art. 2º Consumidor é toda pessoa física ou jurídica que adquire ou utiliza produto ou serviço como destinatário final.

▶ Arts. 17 e 29 deste Código.
▶ Súmula 563 do STJ.

Parágrafo único. Equipara-se a consumidor a coletividade de pessoas, ainda que indetermináveis, que haja intervindo nas relações de consumo.

▶ Art. 81, parágrafo único, deste Código.
▶ Súmula 643 do STF.

Art. 3º Fornecedor é toda pessoa física ou jurídica, pública ou privada, nacional ou estrangeira, bem como os entes despersonalizados, que desenvolvem atividades de produção, montagem, criação, construção, transformação, importação, exportação, distribuição ou comercialização de produtos ou prestações de serviços.

▶ Art. 28 deste Código.
▶ Art. 966 do CC.
▶ Súmula 297 do STJ.

§ 1º Produto é qualquer bem, móvel ou imóvel, material ou imaterial.

▶ Arts. 79 a 91 do CC.

§ 2º Serviço é qualquer atividade fornecida no mercado de consumo, mediante remuneração, inclusive as de natureza bancária, financeira, de crédito e securitária, salvo as decorrentes das relações de caráter trabalhista.

▶ Súmulas 297 e 563 do STJ.

CAPÍTULO II
DA POLÍTICA NACIONAL DE RELAÇÕES DE CONSUMO

▶ Dec. 7.963/2013: (Plano Nacional de Consumo e Cidadania e cria a Câmara Nacional de Relações de Consumo).

Art. 4º A Política Nacional das Relações de Consumo tem por objetivo o atendimento das necessidades dos consumidores, o respeito à sua dignidade, saúde e segurança, a proteção de seus interesses econômicos, a melhoria da sua qualidade de vida, bem como a transparência e harmonia das relações de consumo, atendidos os seguintes princípios:

▶ *Caput* com redação pela Lei 9.008/1995.

I – reconhecimento da vulnerabilidade do consumidor no mercado de consumo;

▶ Art. 5º, *caput*, da CF.

II – ação governamental no sentido de proteger efetivamente o consumidor:

a) por iniciativa direta;

b) por incentivos à criação e desenvolvimento de associações representativas;

c) pela presença do Estado no mercado de consumo;

d) pela garantia dos produtos e serviços com padrões adequados de qualidade, segurança, durabilidade e desempenho;

III – harmonização dos interesses dos participantes das relações de consumo e compatibilização da proteção do consumidor com a necessidade de desenvolvimento econômico e tecnológico, de modo a viabilizar os princípios nos quais se funda a ordem econômica (artigo 170, da Constituição Federal), sempre com base na boa-fé e equilíbrio nas relações entre consumidores e fornecedores;

▶ Lei 9.791/1999 (Obrigatoriedade das concessionárias de serviços públicos estabelecerem ao consumidor e ao usuário datas opcionais para o vencimento de seus débitos).

IV – educação e informação de fornecedores e consumidores, quanto aos seus direitos e deveres, com vistas à melhoria do mercado de consumo;

V – incentivo à criação pelos fornecedores de meios eficientes de controle de qualidade e segurança de produtos e serviços, assim como de mecanismos alternativos de solução de conflitos de consumo;

▶ Lei 9.307/1996 (Arbitragem).

VI – coibição e repressão eficientes de todos os abusos praticados no mercado de consumo, inclusive a concorrência desleal e utilização indevida de inventos e criações industriais, das marcas e nomes comerciais e signos distintivos, que possam causar prejuízos aos consumidores;

▶ Art. 170 da CF.
▶ Lei 9.279/1996 (Propriedade Industrial).
▶ Lei 12.529/2011 (Sistema Brasileiro de Defesa da Concorrência).

VII – racionalização e melhoria dos serviços públicos;

VIII – estudo constante das modificações do mercado de consumo.

IX – fomento de ações direcionadas à educação financeira e ambiental dos consumidores;

X – prevenção e tratamento do superendividamento como forma de evitar a exclusão social do consumidor.

▶ Incisos IX e X acrescidos pela Lei 14.181/2021.

Art. 5º Para a execução da Política Nacional das Relações de Consumo, contará o Poder Público com os seguintes instrumentos, entre outros:

▶ Art. 5º, LXXIV, da CF.
▶ Lei 1.060/1950 (Assistência Judiciária).

I – manutenção de assistência jurídica, integral e gratuita para o consumidor carente;

▶ Art. 5º, LXXIV, da CF.
▶ Lei 1.060/1950 (Assistência Judiciária).

II – instituição de Promotorias de Justiça de Defesa do Consumidor, no âmbito do Ministério Público;

▶ Art. 128, § 5º, da CF.

III – criação de delegacias de polícia especializadas no atendimento de consumidores vítimas de infrações penais de consumo;

IV – criação de Juizados Especiais de Pequenas Causas e Varas Especializadas para a solução de litígios de consumo;

▶ Arts. 98, I, e 125 da CF.
▶ Lei 9.099/1995 (Juizados Especiais).
▶ Lei 10.259/2001 (Juizados Especiais Federais).

V – concessão de estímulos à criação e desenvolvimento das Associações de Defesa do Consumidor.

VI – instituição de mecanismos de prevenção e tratamento extrajudicial e judicial do superendividamento e de proteção do consumidor pessoa natural;

VII – instituição de núcleos de conciliação e mediação de conflitos oriundos de superendividamento.

▶ Incisos VI e VII acrescidos pela Lei 14.181/2021.

§§ 1º e 2º *Vetados.*

CAPÍTULO III
DOS DIREITOS BÁSICOS DO CONSUMIDOR

Art. 6º São direitos básicos do consumidor:

I – a proteção da vida, saúde e segurança contra os riscos provocados por práticas no fornecimento de produtos e serviços considerados perigosos ou nocivos;

II – a educação e divulgação sobre o consumo adequado dos produtos e serviços, asseguradas a liberdade de escolha e a igualdade nas contratações;

III – a informação adequada e clara sobre os diferentes produtos e serviços, com especificação correta de quantidade, características, composição, qualidade, tributos incidentes e preço, bem como sobre os riscos que apresentem;

▶ Inciso III com redação pela Lei 12.741/2012.
▶ Arts. 31 e 66 deste Código.
▶ Lei 10.962/2004 (Oferta e as formas de afixação de preços de produtos e serviços).
▶ Dec. 4.680/2003 (Regulamenta o direito à informação quanto aos alimentos e ingredientes alimentares destinados ao consumo humano ou animal).
▶ Dec. 5.903/2006 (Regulamenta as Leis 10.962/2004 e Lei 8.078/1990).
▶ Súmula 595 do STJ.

IV – a proteção contra a publicidade enganosa e abusiva, métodos comerciais coercitivos ou desleais, bem como contra práticas e cláusulas abusivas ou impostas no fornecimento de produtos e serviços;

▶ Arts. 37, 39 a 41, 51 a 53 e 67 deste Código.
▶ Lei 10.962/2004 (Oferta e as formas de afixação de preços de produtos e serviços).

V – a modificação das cláusulas contratuais que estabeleçam prestações desproporcionais ou sua revisão em razão de fatos supervenientes que as tornem excessivamente onerosas;

▶ Arts. 478 a 480 do CC.
▶ MP 2.172-32/2001 (Nulidade das disposições contratuais).

VI – a efetiva prevenção e reparação de danos patrimoniais e morais, individuais, coletivos e difusos;

▶ Arts. 25, 57, *caput*, e 100 deste Código.
▶ Arts. 186, 402 e 927 do CC.
▶ Art. 13 da Lei 7.347/1985 (Ação civil pública).
▶ Súmula 37 do STJ.

VII – o acesso aos órgãos judiciários e administrativos, com vistas à prevenção ou reparação de danos patrimoniais e morais, individuais, coletivos ou difusos, assegurada a proteção jurídica, administrativa e técnica aos necessitados;

▶ Arts. 38, 51, VI, e 83 deste Código.
▶ Lei 1.060/1950 (Assistência Judiciária).

VIII – a facilitação da defesa de seus direitos, inclusive com a inversão do ônus da prova, a seu favor, no processo civil, quando, a critério do juiz, for verossímil a alegação ou quando for ele hipossuficiente, segundo as regras ordinárias de experiências;

▶ Art. 93 deste Código.

▸ Art. 5º, LV, da CF.
▸ Art. 14 da Lei 7.347/1985 (Ação civil pública).

IX – *Vetado;*

X – a adequada e eficaz prestação dos serviços públicos em geral.

XI – a garantia de práticas de crédito responsável, de educação financeira e de prevenção e tratamento de situações de superendividamento, preservado o mínimo existencial, nos termos da regulamentação, por meio da revisão e da repactuação da dívida, entre outras medidas;

▸ Dec. 11.150/2022 (Regulamenta a preservação e o não comprometimento do mínimo existencial nas situações de superendividamento).

XII – a preservação do mínimo existencial, nos termos da regulamentação, na repactuação de dívidas e na concessão de crédito;

▸ Dec. 11.150/2022 (Regulamenta a preservação e o não comprometimento do mínimo existencial nas situações de superendividamento).

XIII – a informação acerca dos preços dos produtos por unidade de medida, tal como por quilo, por litro, por metro ou por outra unidade, conforme o caso.

▸ Incisos XI a XIII acrescidos pela Lei 14.181/2021.

Parágrafo único. A informação de que trata o inciso III do *caput* deste artigo deve ser acessível à pessoa com deficiência, observado o disposto em regulamento.

▸ Parágrafo único acrescido pela Lei 13.146/2015.

Art. 7º Os direitos previstos neste Código não excluem outros decorrentes de tratados e convenções internacionais de que o Brasil seja signatário, da legislação interna ordinária, de regulamentos expedidos pelas autoridades administrativas competentes, bem como dos que derivem dos princípios gerais do direito, analogia, costumes e equidade.

▸ Art. 5º, §§ 2º e 3º, da CF.
▸ Art. 4º do Dec.-lei 4.657/1942 (Lei de Introdução às normas do Direito Brasileiro – LINDB).

Parágrafo único. Tendo mais de um autor a ofensa, todos responderão solidariamente pela reparação dos danos previstos nas normas de consumo.

▸ Arts. 12, 18, *caput*, 19, *caput*, 25, §§ 1º e 2º, 28, § 3º, e 34 deste Código.
▸ Arts. 264 a 266, 275, *caput*, 285 e 942, *caput*, do CC.

(...)

TÍTULO III
DA DEFESA DO CONSUMIDOR EM JUÍZO

CAPÍTULO I
DISPOSIÇÕES GERAIS

▸ Lei 7.347/1985 (Ação Civil Pública).

Art. 81. A defesa dos interesses e direitos dos consumidores e das vítimas poderá ser exercida em juízo individualmente, ou a título coletivo.

▸ Art. 129, III, da CF.
▸ Lei 7.347/1985 (Ação Civil Pública).
▸ Dec. 2.181/1997 (Sistema Nacional de Defesa do Consumidor –SNDC).
▸ Súmula 601 do STJ.

Parágrafo único. A defesa coletiva será exercida quando se tratar de:

▸ Arts. 82, 91, 93 e 98, § 2º, deste Código.

I – interesses ou direitos difusos, assim entendidos, para efeitos deste Código, os transindividuais, de natureza indivisível, de que sejam titulares pessoas indeterminadas e ligadas por circunstâncias de fato;

▸ Arts. 103, I, § 1º, e 104 deste Código.

II – interesses ou direitos coletivos, assim entendidos, para efeitos deste Código, os transindividuais de natureza indivisível de que seja titular grupo, categoria ou classe de pessoas ligadas entre si ou com a parte contrária por uma relação jurídica base;

▸ Arts. 103, II, § 1º, e 104 deste Código.

III – interesses ou direitos individuais homogêneos, assim entendidos os decorrentes de origem comum.

▸ Arts. 93 a 100 e 103, III e § 2º, deste Código.

Art. 82. Para os fins do artigo 81, parágrafo único, são legitimados concorrentemente:

▸ *Caput* com redação pela Lei 9.008/1995.
▸ Arts. 83, 90, 91, 97, 98 e 100 deste Código.
▸ Art. 5º da Lei 7.347/1985 (Ação Civil Pública).
▸ Art. 56, § 3º, do Dec. 2.181/1997 (Sistema Nacional de Defesa do Consumidor – SNDC).
▸ Art. 47 da Lei 12.529/2011 (Sistema Brasileiro de Defesa da Concorrência).
▸ Súmula 601 do STJ.

I – o Ministério Público;

▸ Arts. 127 e 129, III, da CF.
▸ Arts. 51, § 4º, 80 e 92 deste Código.
▸ Arts. 3º, VI, e 56, § 3º, do Dec. 2.181/1997 (Sistema Nacional de Defesa do Consumidor – SNDC).

II – a União, os Estados, os Municípios e o Distrito Federal;

III – as entidades e órgãos da administração pública, direta ou indireta, ainda que sem personalidade jurídica, especificamente destinados à defesa dos interesses e direitos protegidos por este Código;

▸ Art. 80 deste Código.

IV – as associações legalmente constituídas há pelo menos um ano e que incluam entre seus fins institucionais a defesa dos interesses e direitos protegidos por este Código, dispensada a autorização assemblear.

▸ Art. 80 deste Código.
▸ Arts. 5º, XXI e LXX, e 8º, III, da CF.
▸ Arts. 45 a 61 do CC.
▸ Art. 114, I, da Lei 6.015/1973 (Registros Públicos).
▸ Art. 5º da Lei 7.347/1985 (Ação Civil Pública).
▸ Art. 3º da Lei 8.073/1990 (Política Nacional de Salários).
▸ Art. 7º da Lei 9.870/1999 (Valor total das anuidades escolares).
▸ Art. 8º, II, do Dec. 2.181/1997 (Sistema Nacional de Defesa do Consumidor –SNDC).

§ 1º O requisito da pré-constituição pode ser dispensado pelo juiz, nas ações previstas no artigo 91 e seguintes, quando haja manifesto interesse social evidenciado pela dimensão ou característica do dano, ou pela relevância do bem jurídico a ser protegido.

§§ 2º e 3º *Vetados.*

Art. 83. Para a defesa dos direitos e interesses protegidos por este Código são admissíveis todas as espécies de ações capazes de propiciar sua adequada e efetiva tutela.

Parágrafo único. *Vetado.*

Art. 84. Na ação que tenha por objeto o cumprimento da obrigação de fazer ou não fazer, o juiz concederá a tutela específica da obrigação ou determinará providências que assegurem o resultado prático equivalente ao do adimplemento.

▸ Arts. 30, 35, I, e 48 deste Código.

§ 1º A conversão da obrigação em perdas e danos somente será admissível se por elas optar o autor ou se impossível a tutela específica ou a obtenção do resultado prático correspondente.

§ 2º A indenização por perdas e danos se fará sem prejuízo da multa (artigo 287 do Código de Processo Civil).

▸ Art. 287 CPC/1973, sem correspondente no CPC/2015.

§ 3º Sendo relevante o fundamento da demanda e havendo justificado receio de ineficácia do provimento final, é lícito ao juiz conceder a tutela liminarmente ou após justificação prévia, citado o réu.

▸ Lei 9.494/1997 (Tutela antecipada contra a Fazenda Pública).

§ 4º O juiz poderá, na hipótese do § 3º ou na sentença, impor multa diária ao réu, independentemente de pedido do autor, se for suficiente ou compatível com a obrigação, fixando prazo razoável para o cumprimento do preceito.

§ 5º Para a tutela específica ou para a obtenção do resultado prático equivalente, poderá o juiz determinar as medidas necessárias, tais como busca e apreensão, remoção de coisas e pessoas, desfazimento de obra, impedimento de atividade nociva, além de requisição de força policial.

Arts. 85 e 86. *Vetados.*

Art. 87. Nas ações coletivas de que trata este Código não haverá adiantamento de custas, emolumentos, honorários periciais e quaisquer outras despesas, nem condenação da associação autora, salvo comprovada má-fé, em honorários de advogados, custas e despesas processuais.

▸ Art. 18 da Lei 7.347/1985 (Ação Civil Pública).
▸ Art. 4º, IV, da Lei 9.289/1996 (Custas na Justiça Federal).

Parágrafo único. Em caso de litigância de má-fé, a associação autora e os diretores responsáveis pela propositura da ação serão solidariamente condenados em honorários advocatícios e ao décuplo das custas, sem prejuízo da responsabilidade por perdas e danos.

▸ Arts. 264, 265 e 402 a 405 do CC.

Art. 88. Na hipótese do artigo 13, parágrafo único deste Código, a ação de regresso poderá ser ajuizada em processo autônomo, facultada a possibilidade de prosseguir-se nos mesmos autos, vedada a denunciação da lide.

▸ Art. 283 do CC.

Art. 89. *Vetado.*

Art. 90. Aplicam-se às ações previstas neste Título as normas do Código de Processo Civil e da Lei 7.347, de 24 de julho de 1985, inclusive no que respeita ao inquérito civil, naquilo que não contrariar suas disposições.

▸ Art. 26, § 2º, III, deste Código.
▸ Arts. 8º, § 1º, e 9º da Lei 7.347/1985 (Ação Civil Pública).

CAPÍTULO II
DAS AÇÕES COLETIVAS PARA A DEFESA DE INTERESSES INDIVIDUAIS HOMOGÊNEOS

Art. 91. Os legitimados de que trata o artigo 82 poderão propor, em nome próprio e no interesse das vítimas ou seus sucessores, ação civil coletiva de responsabilidade pelos danos individualmente sofridos, de acordo com o disposto nos artigos seguintes.

▸ Artigo com redação pela Lei 9.008/1995.
▸ Art. 82, § 1º, deste Código.

Art. 92. O Ministério Público, se não ajuizar a ação, atuará sempre como fiscal da lei.

▸ Arts. 51, § 4º, e 82, I, deste Código.
▸ Arts. 127 e 129, IX, da CF.

Parágrafo único. *Vetado.*

Art. 93. Ressalvada a competência da justiça federal, é competente para a causa a justiça local:

▸ Art. 109, I e § 2º, da CF.

I – no foro do lugar onde ocorreu ou deva ocorrer o dano, quando de âmbito local;

II – no foro da Capital do Estado ou no do Distrito Federal, para os danos de âmbito nacional ou regional, aplicando-se as regras do Código de Processo Civil aos casos de competência concorrente.

▸ Art. 2º da Lei 7.347/1985 (Ação Civil Pública).

Art. 94. Proposta a ação, será publicado edital no órgão oficial, a fim de que os interessados possam intervir no processo como litisconsortes, sem prejuízo de ampla divulgação pelos meios de comunicação social por parte dos órgãos de defesa do consumidor.

▸ Art. 5º, § 2º, da Lei 7.347/1985 (Ação Civil Pública).

Art. 95. Em caso de procedência do pedido, a condenação será genérica, fixando a responsabilidade do réu pelos danos causados.

Art. 96. *Vetado.*

Art. 97. A liquidação e a execução de sentença poderão ser promovidas pela vítima e seus sucessores, assim como pelos legitimados de que trata o artigo 82.

▸ Art. 103, § 3º, deste Código.

Parágrafo único. *Vetado.*

Art. 98. A execução poderá ser coletiva, sendo promovida pelos legitimados de que trata o artigo 82, abrangendo as vítimas cujas indenizações já tiverem sido fixadas em sentença de liquidação, sem prejuízo do ajuizamento de outras execuções.

▸ *Caput* com redação pela Lei 9.008/1995.
▸ Art. 103, § 3º, deste Código.

§ 1º A execução coletiva far-se-á com base em certidão das sentenças de liquidação, da qual deverá constar a ocorrência ou não do trânsito em julgado.

§ 2º É competente para a execução o juízo:

I – da liquidação da sentença ou da ação condenatória, no caso de execução individual;

II – da ação condenatória, quando coletiva a execução.

Art. 99. Em caso de concurso de créditos decorrentes de condenação prevista na Lei 7.347, de 24 de julho de 1985, e de indenizações pelos prejuízos individuais resultantes do mesmo evento danoso, estas terão preferência no pagamento.

▸ Art. 103, § 3º, deste Código.
▸ Lei 7.347/1985 (Ação Civil Pública).

Parágrafo único. Para efeito do disposto neste artigo, a destinação da importância recolhida ao Fundo criado pela Lei 7.347, de 24 de julho de 1985, ficará sustada enquanto pendentes de decisão de segundo grau as ações de indenização pelos danos individuais, salvo na hipótese de o patrimônio do devedor ser manifestamente suficiente para responder pela integralidade das dívidas.

▸ Art. 57 deste Código.
▸ Art. 13 da Lei 7.347/1985 (Ação Civil Pública).
▸ Dec. 1.306/1994 (Fundo de Defesa de Direitos Difusos).

Art. 100. Decorrido o prazo de 1 (um) ano sem habilitação de interessados em número compatível com a gravidade do dano, poderão os legitimados do artigo

Códigos

82 promover a liquidação e execução da indenização devida.

▶ Art. 57 deste Código.
▶ Art. 13 da Lei 7.347/1985 (Ação Civil Pública).
▶ Dec. 1.306/1994 (Fundo de Defesa de Direitos Difusos).

Parágrafo único. O produto da indenização devida reverterá para o Fundo criado pela Lei 7.347, de 24 de julho de 1985.

▶ Art. 13 da Lei 7.347/1985 (Ação Civil Pública).
▶ Art. 2º, III, do Dec. 1.306/1994 (Regulamenta o Fundo de Defesa de Direitos Difusos).

CAPÍTULO III
DAS AÇÕES DE RESPONSABILIDADE
DO FORNECEDOR DE PRODUTOS E SERVIÇOS

Art. 101. Na ação de responsabilidade civil do fornecedor de produtos e serviços, sem prejuízo do disposto nos Capítulos I e II deste Título, serão observadas as seguintes normas:

▶ Arts. 27 e 81 a 100 deste Código.

I – a ação pode ser proposta no domicílio do autor;

▶ Arts. 70 a 78 do CC.

II – o réu que houver contratado seguro de responsabilidade poderá chamar ao processo o segurador, vedada a integração do contraditório pelo Instituto de Resseguros do Brasil. Nesta hipótese, a sentença que julgar procedente o pedido condenará o réu nos termos do artigo 80 do Código de Processo Civil. Se o réu houver sido declarado falido, o síndico será intimado a informar a existência de seguro de responsabilidade, facultando-se, em caso afirmativo, o ajuizamento de ação de indenização diretamente contra o segurador, vedada a denunciação da lide ao Instituto de Resseguros do Brasil e dispensado o litisconsórcio obrigatório com este.

▶ Arts. 21 a 25 da Lei 11.101/2005 (Recuperação de Empresas e Falências).

Art. 102. Os legitimados a agir na forma deste Código poderão propor ação visando compelir o Poder Público competente a proibir, em todo o território nacional, a produção, divulgação, distribuição ou venda, ou a determinar alteração na composição, estrutura, fórmula ou no acondicionamento de produto, cujo uso ou consumo regular se revele nocivo ou perigoso à saúde pública e à incolumidade pessoal.

▶ Art. 82 deste Código.

§§ 1º e 2º *Vetados.*

CAPÍTULO IV
DA COISA JULGADA

Art. 103. Nas ações coletivas de que trata este Código, a sentença fará coisa julgada:

I – *erga omnes*, exceto se o pedido for julgado improcedente por insuficiência de provas, hipótese em que qualquer legitimado poderá intentar outra ação, com idêntico fundamento, valendo-se de nova prova, na hipótese do inciso do parágrafo único do artigo 81;

II – *ultra partes*, mas limitadamente ao grupo, categoria ou classe, salvo improcedência por insuficiência de provas, nos termos do inciso anterior, quando se tratar da hipótese prevista no inciso II do parágrafo único do artigo 81;

▶ Art. 104 deste Código.

III – *erga omnes*, apenas no caso de procedência do pedido, para beneficiar todas as vítimas e seus sucessores, na hipótese do inciso III do parágrafo único do artigo 81.

▶ Art. 104 deste Código.

§ 1º Os efeitos da coisa julgada previstos nos incisos I e II não prejudicarão interesses e direitos individuais dos integrantes da coletividade, do grupo, categoria ou classe.

§ 2º Na hipótese prevista no inciso III, em caso de improcedência do pedido, os interessados que não tiverem intervindo no processo como litisconsortes poderão propor ação de indenização a título individual.

§ 3º Os efeitos da coisa julgada de que cuida o artigo 16, combinado com o artigo 13 da Lei 7.347, de 24 de julho de 1985, não prejudicarão as ações de indenização por danos pessoalmente sofridos, propostas individualmente ou na forma prevista neste Código, mas, se procedente o pedido, beneficiarão as vítimas e seus sucessores, que poderão proceder à liquidação e à execução, nos termos dos artigos 96 a 99.

▶ Lei 7.347/1985 (Ação Civil Pública).

§ 4º Aplica-se o disposto no parágrafo anterior à sentença penal condenatória.

Art. 104. As ações coletivas, previstas nos incisos I e II do parágrafo único do artigo 81, não induzem litispendência para as ações individuais, mas os efeitos da coisa julgada *erga omnes* ou *ultra partes* a que aludem os incisos II e III do artigo anterior não beneficiarão os autores das ações individuais, se não for requerida sua suspensão no prazo de 30 (trinta) dias, a contar da ciência nos autos do ajuizamento da ação coletiva.

▶ A referência aos incisos I e II do parágrafo único do art. 81, deve ser entendida como sendo incisos II e III do parágrafo único do art. 81.

CAPÍTULO V
DA CONCILIAÇÃO NO SUPERENDIVIDAMENTO

▶ Capítulo acrescido pela Lei 14.181/2021.

Art. 104-A. A requerimento do consumidor superendividado pessoa natural, o juiz poderá instaurar processo de repactuação de dívidas, com vistas à realização de audiência conciliatória, presidida por ele ou por conciliador credenciado no juízo, com a presença de todos os credores de dívidas previstas no art. 54-A deste Código, na qual o consumidor apresentará proposta de plano de pagamento com prazo máximo de 5 (cinco) anos, preservados o mínimo existencial, nos termos da regulamentação, e as garantias e as formas de pagamento originalmente pactuadas.

▶ Dec. 11.150/2022 (Regulamenta a preservação e o não comprometimento do mínimo existencial nas situações de superendividamento).

§ 1º Excluem-se do processo de repactuação as dívidas, ainda que decorrentes de relações de consumo, oriundas de contratos celebrados dolosamente sem o propósito de realizar pagamento, bem como as dívidas provenientes de contratos de crédito com garantia real, de financiamentos imobiliários e de crédito rural.

§ 2º O não comparecimento injustificado de qualquer credor, ou de seu procurador com poderes especiais e plenos para transigir, à audiência de conciliação de que trata o *caput* deste artigo acarretará a suspensão da exigibilidade do débito e a interrupção dos encargos da mora, bem como a sujeição compulsória ao plano de pagamento da dívida se o montante devido ao credor ausente for certo e conhecido pelo consumidor, devendo o pagamento a esse credor ser estipulado para ocorrer apenas após o pagamento aos credores presentes à audiência conciliatória.

§ 3º No caso de conciliação, com qualquer credor, a sentença judicial que homologar o acordo descreverá o plano de pagamento da dívida e terá eficácia de título executivo e força de coisa julgada.

§ 4º Constarão do plano de pagamento referido no § 3º deste artigo:

I – medidas de dilação dos prazos de pagamento e de redução dos encargos da dívida ou da remuneração do fornecedor, entre outras destinadas a facilitar o pagamento da dívida;

II – referência à suspensão ou à extinção das ações judiciais em curso;

III – data a partir da qual será providenciada a exclusão do consumidor de bancos de dados e de cadastros de inadimplentes;

IV – condicionamento de seus efeitos à abstenção, pelo consumidor, de condutas que importem no agravamento de sua situação de superendividamento.

§ 5º O pedido do consumidor a que se refere o *caput* deste artigo não importará em declaração de insolvência civil e poderá ser repetido somente após decorrido o prazo de 2 (dois) anos, contado da liquidação das obrigações previstas no plano de pagamento homologado, sem prejuízo de eventual repactuação.

Art. 104-B. Se não houver êxito na conciliação em relação a quaisquer credores, o juiz, a pedido do consumidor, instaurará processo por superendividamento para revisão e integração dos contratos e repactuação das dívidas remanescentes mediante plano judicial compulsório e procederá à citação de todos os credores cujos créditos não tenham integrado o acordo porventura celebrado.

§ 1º Serão considerados no processo por superendividamento, se for o caso, os documentos e as informações prestadas em audiência.

§ 2º No prazo de 15 (quinze) dias, os credores citados juntarão documentos e as razões da negativa de aceder ao plano voluntário ou de renegociar.

§ 3º O juiz poderá nomear administrador, desde que isso não onere as partes, o qual, no prazo de até 30 (trinta) dias, após cumpridas as diligências eventualmente necessárias, apresentará plano de pagamento que contemple medidas de temporização ou de atenuação dos encargos.

§ 4º O plano judicial compulsório assegurará aos credores, no mínimo, o valor do principal devido, corrigido monetariamente por índices oficiais de preço, e preverá a liquidação total da dívida, após a quitação do plano de pagamento consensual previsto no art. 104-A deste Código, em, no máximo, 5 (cinco) anos, sendo que a primeira parcela será devida no prazo máximo de 180 (cento e oitenta) dias, contado de sua homologação judicial, e o restante do saldo será devido em parcelas mensais iguais e sucessivas.

Art. 104-C. Compete concorrente e facultativamente aos órgãos públicos integrantes do Sistema Nacional de Defesa do Consumidor a fase conciliatória e preventiva do processo de repactuação de dívidas, nos moldes do art. 104-A deste Código, no que couber, com possibilidade de o processo ser regulado por convênios específicos celebrados entre os referidos órgãos e as instituições credoras ou suas associações.

§ 1º Em caso de conciliação administrativa para prevenir o superendividamento do consumidor pessoa natural, os órgãos públicos poderão promover, nas reclamações individuais, audiência global de conciliação com todos os credores e, em todos os casos, facilitar a elaboração de plano de pagamento, preservado o mínimo existencial, nos termos da regulamentação, sob a supervisão desses órgãos, sem prejuízo das demais atividades de reeducação financeira cabíveis.

▶ Dec. 11.150/2022 (Regulamenta a preservação e o não comprometimento do mínimo existencial nas situações de superendividamento).

§ 2º O acordo firmado perante os órgãos públicos de defesa do consumidor, em caso de superendividamento do consumidor pessoa natural, incluirá a data a partir da qual será providenciada a exclusão do consumidor de bancos de dados e de cadastros de inadimplentes, bem como o condicionamento de seus efeitos à abstenção, pelo consumidor, de condutas que importem no agravamento de sua situação de superendividamento, especialmente a de contrair novas dívidas.

▶ Arts. 104-A a 104-C acrescidos pela Lei 14.181/2021.

TÍTULO IV
DO SISTEMA NACIONAL
DE DEFESA DO CONSUMIDOR

▶ Dec. 2.181/1997 (Sistema Nacional de Defesa do Consumidor – SNDC).

Art. 105. Integram o Sistema Nacional de Defesa do Consumidor – SNDC os órgãos federais, estaduais, do Distrito Federal e municipais e as entidades privadas de defesa do consumidor.

▶ Art. 2º do Dec. 2.181/1997 (Sistema Nacional de Defesa do Consumidor – SNDC).

Art. 106. O Departamento Nacional de Defesa do Consumidor, da Secretaria Nacional de Direito Econômico-MJ, ou órgão federal que venha substituí-lo, é organismo de coordenação da política do Sistema Nacional de Defesa do Consumidor, cabendo-lhe:

▶ Art. 3º do Dec. 2.181/1997 (Sistema Nacional de Defesa do Consumidor – SNDC).

I – planejar, elaborar, propor, coordenar e executar a política nacional de proteção ao consumidor;

II – receber, analisar, avaliar e encaminhar consultas, denúncias ou sugestões apresentadas por entidades representativas ou pessoas jurídicas de direito público ou privado;

III – prestar aos consumidores orientação permanente sobre seus direitos e garantias;

IV – informar, conscientizar e motivar o consumidor através dos diferentes meios de comunicação;

V – solicitar à polícia judiciária a instauração de inquérito policial para a apreciação de delito contra os consumidores, nos termos da legislação vigente;

VI – representar ao Ministério Público competente para fins de adoção de medidas processuais no âmbito de suas atribuições;

VII – levar ao conhecimento dos órgãos competentes as infrações de ordem administrativa que violarem os interesses difusos, coletivos, ou individuais dos consumidores;

VIII – solicitar o concurso de órgãos e entidades da União, Estados, do Distrito Federal e Municípios, bem como auxiliar a fiscalização de preços, abastecimento, quantidade e segurança de bens e serviços;

IX – incentivar, inclusive com recursos financeiros e outros programas especiais, a formação de entidades de defesa do consumidor pela população e pelos órgãos públicos estaduais e municipais;

X a XII – *Vetados*;

XIII – desenvolver outras atividades compatíveis com suas finalidades.

Parágrafo único. Para a consecução de seus objetivos, o Departamento Nacional de Defesa do Consumidor poderá solicitar o concurso de órgãos e entidades de notória especialização técnico-científica.

TÍTULO V
DA CONVENÇÃO COLETIVA DE CONSUMO

Art. 107. As entidades civis de consumidores e as associações de fornecedores ou sindicatos de categoria econômica podem regular, por convenção escrita, relações de consumo que tenham por objeto estabelecer condições relativas ao preço, à qualidade, à quantidade, à garantia e características de produtos e serviços, bem como à reclamação e composição do conflito de consumo.

§ 1º A convenção tornar-se-á obrigatória a partir do registro do instrumento no cartório de títulos e documentos.

§ 2º A convenção somente obrigará os filiados às entidades signatárias.

§ 3º Não se exime de cumprir a convenção o fornecedor que se desligar da entidade em data posterior ao registro do instrumento.

Art. 108. *Vetado.*

TÍTULO VI
DISPOSIÇÕES FINAIS

Art. 109. *Vetado.*

Art. 110. Acrescente-se o seguinte inciso IV ao artigo 1º da Lei 7.347, de 24 de julho de 1985:

▶ Alterações incorporadas no texto da referida norma.

Art. 111. O inciso II do artigo 5º da Lei 7.347, de 24 de julho de 1985, passa a ter a seguinte redação:

▶ Alterações incorporadas no texto da referida norma.

Art. 112. O § 3º do artigo 5º da Lei 7.347, de 24 de julho de 1985, passa a ter a seguinte redação:

▶ Alterações incorporadas no texto da referida norma.

Art. 113. Acrescente-se os seguintes §§ 4º, 5º e 6º ao artigo 5º da Lei 7.347, de 24 de julho de 1985:

▶ Alterações incorporadas no texto da referida norma.

Art. 114. O artigo 15 da Lei 7.347, de 24 de julho de 1985, passa a ter a seguinte redação:

▶ Alterações incorporadas no texto da referida norma.

Art. 115. Suprima-se o *caput* do artigo 17 da Lei 7.347, de 24 de julho de 1985, passando o parágrafo único a constituir o *caput*, com a seguinte redação:

▶ Alterações incorporadas no texto da referida norma.
▶ Artigo com redação retificada no *DOU 10.01.2007.*

Art. 116. Dê-se a seguinte redação ao artigo 18 da Lei 7.347, de 24 de julho de 1985:

▶ Alterações incorporadas no texto da referida norma.

Art. 117. Acrescente-se à Lei 7.347, de 24 de julho de 1985, o seguinte dispositivo, renumerando-se os seguintes:

▶ Alterações incorporadas no texto da referida norma.

Art. 118. Este Código entrará em vigor dentro de 180 (cento e oitenta) dias a contar da sua publicação.

Art. 119. Revogam-se as disposições em contrário.

Brasília, 11 de setembro de 1990; 169º da Independência e 102º da República.

Fernando Collor

Código Penal

Institui o Código Penal

DOU 31.12.1940; Retificado no DOU de 03.01.1941

O Presidente da República, usando da atribuição que lhe confere o art. 180 da Constituição, decreta a seguinte Lei:

CÓDIGO PENAL
PARTE GERAL

▸ Parte Geral com redação pela Lei 7.209/1984. (...)

TÍTULO V
DAS PENAS

CAPÍTULO I
DAS ESPÉCIES DE PENA

Seção I
Das penas privativas de liberdade

(...)

Trabalho do Preso
Art. 39. O trabalho do preso será sempre remunerado, sendo-lhe garantidos os benefícios da Previdência Social.

▸ Art. 201, I, da CF.
▸ Art. 80 da Lei 8.213/1991 (Planos de Benefícios da Previdência Social).
▸ Arts. 116 a 119 do Dec. 3.048/1999 (Regulamento da Previdência Social).

(...)

CAPÍTULO III
DA APLICAÇÃO DA PENA

(...)

Circunstâncias Agravantes
Art. 61. São circunstâncias que sempre agravam a pena, quando não constituem ou qualificam o crime:

I – a reincidência;

▸ Arts. 63 e 64 deste Código.
▸ Súmulas 241 e 444 do STJ.

II – ter o agente cometido o crime:

(...)

f) com abuso de autoridade ou prevalecendo-se de relações domésticas, de coabitação ou de hospitalidade, ou com violência contra a mulher na forma da lei específica;

▸ Alínea f com redação pela Lei 11.340/2006.
▸ Lei 4.898/1965 (Abuso de Autoridade).
▸ Art. 7º da Lei 11.340/2006 (Lei Maria da Penha).

g) com abuso de poder ou violação de dever inerente a cargo, ofício, ministério ou profissão;

(...)

TÍTULO VIII
DA EXTINÇÃO DA PUNIBILIDADE

(...)

Redução a Condição Análoga à de Escravo
Art. 149. Reduzir alguém a condição análoga à de escravo, quer submetendo-o a trabalhos forçados ou a jornada exaustiva, quer sujeitando-o a condições degradantes de trabalho, quer restringindo, por qualquer meio, sua locomoção em razão de dívida contraída com o empregador ou preposto:

▸ Artigo com redação pela Lei 10.803/2003.

Pena – reclusão, de 2 (dois) a 8 (oito) anos, e multa, além da pena correspondente à violência.

▸ Art. 303 do CPP.
▸ Art. 6º, do Dec. 678/1992 (Pacto de São José da Costa Rica).

§ 1º Nas mesmas penas incorre quem:

I – cerceia o uso de qualquer meio de transporte por parte do trabalhador, com o fim de retê-lo no local de trabalho;

II – mantém vigilância ostensiva no local de trabalho ou se apodera de documentos ou objetos pessoais do trabalhador, com o fim de retê-lo no local de trabalho.

§ 2º A pena é aumentada de metade, se o crime é cometido:

I – contra criança ou adolescente;

II – por motivo de preconceito de raça, cor, etnia, religião ou origem.

Tráfico de Pessoas
▸ Rubrica acrescida pela Lei 13.344/2016.

Art. 149-A. Agenciar, aliciar, recrutar, transportar, transferir, comprar, alojar ou acolher pessoa, mediante grave ameaça, violência, coação, fraude ou abuso, com a finalidade de:

▸ Artigo acrescido pela Lei 13.344/2016.

I – remover-lhe órgãos, tecidos ou partes do corpo;

II – submetê-la a trabalho em condições análogas à de escravo;

III – submetê-la a qualquer tipo de servidão;

IV – adoção ilegal; ou

V – exploração sexual.

Pena – reclusão, de 4 (quatro) a 8 (oito) anos, e multa.

§ 1º A pena é aumentada de um terço até a metade se:

I – o crime for cometido por funcionário público no exercício de suas funções ou a pretexto de exercê-las;

II – o crime for cometido contra criança, adolescente ou pessoa idosa ou com deficiência;

III – o agente se prevalecer de relações de parentesco, domésticas, de coabitação, de hospitalidade, de dependência econômica, de autoridade ou de superioridade hierárquica inerente ao exercício de emprego, cargo ou função; ou

IV – a vítima do tráfico de pessoas for retirada do território nacional.

§ 2º A pena é reduzida de um a dois terços se o agente for primário e não integrar organização criminosa.

Seção II
Dos crimes contra a inviolabilidade domicílio

▸ Art. 5º, XI, da CF.

Violação de Domicílio
Art. 150. Entrar ou permanecer, clandestina ou astuciosamente, ou contra a vontade expressa ou tácita de quem de direito, em casa alheia ou em suas dependências:

Pena – detenção, de um a 3 (três) meses, ou multa.

▸ Arts. 5º, XI, e 226, § 5º, da CF.
▸ Arts. 245 a 248, 283, § 2º, e 293 do CPP.
▸ Arts. 70 a 74 do CC.
▸ Art. 3º, b, da Lei 4.898/1965 (Abuso de Autoridade).
▸ Arts. 60, 61 e 89 da Lei 9.099/1995 (Juizados Especiais).

§ 1º Se o crime é cometido durante a noite, ou em lugar ermo, ou com o emprego de violência ou de arma, ou por duas ou mais pessoas:

Pena – detenção, de 6 (seis) meses a 2 (dois) anos, além da pena correspondente à violência.

▸ Art. 62 deste Código.
▸ Art. 19 do Dec.-lei 3.688/1941 (Lei das Contravenções Penais – LCP).
▸ Arts. 60, 61 e 89 da Lei 9.099/1995 (Juizados Especiais).

§ 2º *Revogado pela Lei 13..869/2019.*

§ 3º Não constitui crime a entrada ou permanência em casa alheia ou em suas dependências:

▸ Art. 245 do CPP.

I – durante o dia, com observância das formalidades legais, para efetuar prisão ou outra diligência;

II – a qualquer hora do dia ou da noite, quando algum crime está sendo ali praticado ou na iminência de o ser.

§ 4º A expressão "casa" compreende:

▸ Arts. 246 e 248 do CPP.

I – qualquer compartimento habitado;

II – aposento ocupado de habitação coletiva;

III – compartimento não aberto ao público, onde alguém exerce profissão ou atividade.

§ 5º Não se compreendem na expressão "casa":

▸ Arts. 246 e 248 do CPP.

I – hospedaria, estalagem ou qualquer outra habitação coletiva, enquanto aberta, salvo a restrição do II do parágrafo anterior;

II – taverna, casa de jogo e outras do mesmo gênero.

Seção III
Dos crimes contra a inviolabilidade de correspondência

▸ Art. 5º, XII, da CF.
▸ Art. 3º, c, da Lei 4.898/1965 (Abuso de Autoridade).

Violação de Correspondência
▸ Art. 5º, XII, da CF.

Art. 151. Devassar indevidamente o conteúdo de correspondência fechada, dirigida a outrem:

Pena – detenção, de 1 (um) a 6 (seis) meses, ou multa.

▸ Art. 227 do CPM.
▸ Art. 3º, c, da Lei 4.898/1965 (Abuso de Autoridade).

Sonegação ou Destruição de Correspondência
§ 1º Na mesma pena incorre:

▸ Arts. 60, 61 e 89 da Lei 9.099/1995 (Juizados Especiais).

I – quem se apossa indevidamente de correspondência alheia, embora não fechada e, no todo ou em parte, a sonega ou destrói;

Violação de Comunicação Telegráfica, Radioelétrica ou Telefônica
II – quem indevidamente divulga, transmite a outrem ou utiliza abusivamente comunicação telegráfica ou radioelétrica dirigida a terceiro, ou conversação telefônica entre outras pessoas;

III – quem impede a comunicação ou a conversação referidas no número anterior;

IV – quem instala ou utiliza estação ou aparelho radioelétrico, sem observância de disposição legal.

§ 2º As penas aumentam-se de metade, se há dano para outrem.

▸ Arts. 60, 61 e 89 da Lei 9.099/1995 (Juizados Especiais).

§ 3º Se o agente comete o crime, com abuso de função em serviço postal, telegráfico, radioelétrico ou telefônico:

Pena – detenção, de 1 (um) a 3 (três) anos.

▸ Art. 89 da Lei 9.099/1995 (Juizados Especiais).

§ 4º Somente se procede mediante representação, salvo nos casos do § 1º, IV, e do § 3º.

▸ Art. 100, § 3º, deste Código.
▸ Arts. 24, 38 e 39 do CPP.

Correspondência Comercial
Art. 152. Abusar da condição de sócio ou empregado de estabelecimento comercial ou industrial para, no todo ou em parte, desviar, sonegar, subtrair ou suprimir correspondência, ou revelar a estranho seu conteúdo:

Pena – detenção, de 3 (três) meses a 2 (dois) anos.

Parágrafo único. Somente se procede mediante representação.

▸ Art. 100, § 1º, deste Código.
▸ Arts. 24, 38 e 39 do CPP.

Seção IV
Dos crimes contra a inviolabilidade dos segredos

Divulgação de Segredo
Art. 153. Divulgar alguém, sem justa causa, conteúdo de documento particular ou de correspondência confidencial, de que é destinatário ou detentor, e cuja divulgação possa produzir dano a outrem:

Pena – detenção, de 1 (um) a 6 (seis) meses, ou multa.

▸ Art. 232 do CPP.

§ 1º Somente se procede mediante representação.

§ 1º-A. Divulgar, sem justa causa, informações sigilosas ou reservadas, assim definidas em lei, contidas ou não nos sistemas de informações ou banco de dados da Administração Pública:

Pena – detenção, de 1 (um) a 4 (quatro) anos, e multa.
 ▸ § 1º-A acrescido pela Lei 9.983/2000.
 ▸ Parágrafo único renumerado pela Lei 9.983/2000.
 ▸ Arts. 24, 38 e 39 do CPP.

§ 2º Quando resultar prejuízo para a Administração Pública, a ação penal será incondicionada.
 ▸ § 2º acrescido pela Lei 9.983/2000.

Violação do segredo profissional
Art. 154. Revelar alguém, sem justa causa, segredo, de que tem ciência em razão de função, ministério, ofício ou profissão, e cuja revelação possa produzir dano a outrem:

Pena – detenção, de 3 (três) meses a 1 (um) ano, ou multa.
 ▸ Art. 7º, XIX, da Lei 8.906/1994 (Estatuto da Advocacia e Código de Ética da OAB).
 ▸ Arts. 60, 61 e 89 da Lei 9.099/1995 (Juizados Especiais).
 ▸ Art. 195, XII, da Lei 9.279/1996 (Direitos e obrigações relativos à propriedade industrial).

Parágrafo único. Somente se procede mediante representação.
 ▸ Art. 100, § 1º, deste Código.
 ▸ Arts. 24, 38 e 39 do CPP.

Invasão de dispositivo informático
 ▸ Rubrica acrescida pela Lei 12.737/2012.

Art. 154-A. Invadir dispositivo informático de uso alheio, conectado ou não à rede de computadores, com o fim de obter, adulterar ou destruir dados ou informações sem autorização expressa ou tácita do usuário do dispositivo ou de instalar vulnerabilidades para obter vantagem ilícita:
 ▸ Pena – reclusão, de 1 (um) a 4 (quatro) anos, e multa.
 ▸ Artigo com redação pela Lei 14.155/2021.
 ▸ Art. 171 deste Código.
 ▸ Arts. 190-A a 190-E da Lei 8.069/1990 (Estatuto da Criança e do Adolescente – ECA).

§ 1º Na mesma pena incorre quem produz, oferece, distribui, vende ou difunde dispositivo ou programa de computador com o intuito de permitir a prática da conduta definida no *caput*.
 ▸ § 1º acrescido pela Lei 12.737/2012.

§ 2º Aumenta-se a pena de 1/3 (um terço) a 2/3 (dois terços) se da invasão resulta prejuízo econômico.
 ▸ § 2º com redação pela Lei 14.155/2021.

§ 3º Se da invasão resultar a obtenção de conteúdo de comunicações eletrônicas privadas, *segredos comerciais* ou industriais, informações sigilosas, assim definidas em lei, ou o controle remoto não autorizado dispositivo invadido:
 ▸ § 3º acrescido pela Lei 12.737/2012
 ▸ Pena – reclusão, de 2 (dois) a 5 (cinco) anos, e multa.
 ▸ Pena com redação pela Lei 14.155/2021.
 ▸ Art. 89 da Lei 9.099/1995 (Juizados Especiais).

§ 4º Na hipótese do § 3º, aumenta-se a pena de um a dois terços se houver divulgação, comercialização ou transmissão a terceiro, a qualquer título, dos dados ou informações obtidos.
 ▸ § 4º acrescido pela Lei 12.737/2012.

§ 5º Aumenta-se a pena de 1/3 (um terço) à metade se o crime for praticado contra:
 ▸ *Caput* acrescido pela Lei 12.737/2012.

I – Presidente da República, governadores e prefeitos;
 ▸ Inciso I acrescido pela Lei 12.737/2012.

II – Presidente do Supremo Tribunal Federal;
 ▸ Inciso II acrescido pela Lei 12.737/2012.

III – Presidente da Câmara dos Deputados, do Senado Federal, de Assembleia Legislativa de Estado, da Câmara Legislativa do Distrito Federal ou de Câmara Municipal; ou
 ▸ Inciso III acrescido pela Lei 12.737/2012.

IV – dirigente máximo da administração direta e indireta federal, estadual, municipal ou do Distrito Federal.
 ▸ Inciso IV acrescido pela Lei 12.737/2012.

Ação penal
 ▸ Rubrica acrescida pela Lei 12.737/2012.

Art. 154-B. Nos crimes definidos no art. 154-A, somente se procede mediante representação, salvo se o crime é cometido contra a administração pública direta ou indireta de qualquer dos Poderes da União, Estados, Distrito Federal ou Municípios ou contra empresas concessionárias de serviços públicos.
 ▸ Artigo acrescido pela Lei 12.737/2012.
 ▸ Art. 100 deste Código.
 ▸ Art. 38 do CPP.

(...)

Apropriação Indébita
Art. 168. Apropriar-se de coisa alheia móvel, de que tem a posse ou a detenção:

Pena – reclusão, de 1 (um) a 4 (quatro) anos, e multa.
 ▸ Art. 312 deste Código.
 ▸ Art. 89 da Lei 9.099/1995 (Juizados Especiais).
 ▸ Art. 173 da Lei 11.101/2005 (Recuperação de Empresas e Falências).

Aumento de Pena
§ 1º A pena é aumentada de 1/3 (um terço), quando o agente recebeu a coisa:
 ▸ Mantivemos § 1º conforme publicação oficial.

I – em depósito necessário;
 ▸ Arts. 647 a 652 do CC.

II – na qualidade de tutor, curador, síndico, liquidatário, inventariante, testamenteiro ou depositário judicial;
 ▸ Arts. 1.728 a 1783, 1.976 a 1.990 do CC.

III – em razão de ofício, emprego ou profissão.
 ▸ Arts. 22, 31 a 34 e 154 da Lei 11.101/2005 (Recuperação de Empresas e Falência).

Apropriação Indébita Previdenciária
Art. 168-A. Deixar de repassar à previdência social as contribuições recolhidas dos contribuintes, no prazo e forma legal ou convencional:

Pena – reclusão, de 2 (dois) a 5 (cinco) anos, e multa.
 ▸ Artigo acrescido pela Lei 9.983/2000.
 ▸ Art. 9º da Lei 10.684/2003 (Parcelamento de débitos junto à Secretaria da Receita Federal, à Procuradoria-Geral da Fazenda Nacional e ao INSS).

§ 1º Nas mesmas penas incorre quem deixar de:
 ▸ § 1º acrescido pela Lei 9.983/2000.

I – recolher, no prazo legal, contribuição ou outra importância destinada à previdência social que tenha sido descontada de pagamento efetuado a segurados, a terceiros ou arrecadada do público;
 ▸ Inciso I acrescido pela Lei 9.983/2000.

II – recolher contribuições devidas à previdência social que tenham integrado despesas contábeis ou custos relativos à venda de produtos ou à prestação de serviços;
 ▸ Inciso II acrescido pela Lei 9.983/2000.

III – pagar benefício devido a segurado, quando as respectivas cotas ou valores já tiverem sido reembolsados à empresa pela previdência social.
 ▸ Inciso III acrescido pela Lei 9.903/2000.

§ 2º É extinta a punibilidade se o agente, espontaneamente, declara, confessa e efetua o pagamento das contribuições, importâncias ou valores e presta as informações devidas à previdência social, na forma definida em lei ou regulamento, antes do início da ação fiscal.
 ▸ § 2º acrescido pela Lei 9.983/2000.

§ 3º É facultado ao juiz deixar de aplicar a pena ou aplicar somente a de multa se o agente for primário e de bons antecedentes, desde que:
 ▸ § 3º acrescido pela Lei 9.983/2000.

I – tenha promovido, após o início da ação fiscal e antes de oferecida a denúncia, o pagamento da contribuição social previdenciária, inclusive acessórios; ou
 ▸ Inciso I acrescido pela Lei 9.983/2000.

II – o valor das contribuições devidas, inclusive acessórios, seja igual ou inferior àquele estabelecido pela previdência social, administrativamente, como sendo o mínimo para o ajuizamento de suas execuções fiscais.
 ▸ Inciso II acrescido pela Lei 9.983/2000.

§ 4º A faculdade prevista no § 3º deste artigo não se aplica aos casos de parcelamento de contribuições cujo valor, inclusive dos acessórios, seja superior àquele estabelecido, administrativamente, como sendo o mínimo para o ajuizamento de suas execuções fiscais.
 ▸ § 4º acrescido pela Lei 13.606/2018.

(...)

Fraude à Execução
Art. 179. Fraudar execução, alienando, desviando, destruindo ou danificando bens, ou simulando dívidas:

Pena – detenção, de 6 (seis) meses a 2 (dois) anos, ou multa.

Parágrafo único. Somente se procede mediante queixa.
 ▸ Art. 100, § 2º, deste Código.
 ▸ Arts. 29 a 38 do CPP.
 ▸ Arts. 61 e 89 da Lei 9.099/1995 (Juizados Especiais).

 ▸ Art. 168, *caput*, da Lei 11.101/2005 (Recuperação de Empresas e Falência).

Art. 183-A. Nos crimes de que trata este Título, quando cometidos contra as instituições financeiras e os prestadores de serviço de segurança privada, de que trata o Estatuto da Segurança Privada e da Segurança das Instituições Financeiras, as penas serão aumentadas de 1/3 (um terço) até o dobro.
 ▸ Artigo acrescido pela Lei 14.967/2024.

(...)

 ▸ Art. 5º, IX, XXVII a XXIX, da CF.
 ▸ Lei 9.610/1998 (Direitos Autorais).

Violação de Direito Autoral
Art. 184. Violar direitos de autor e os que lhe são conexos:

Pena – detenção, de três meses a um ano, ou multa.
 ▸ *Caput* com redação pela Lei 10.695/2003.
 ▸ Art. 5º, XXVII a XXVIII, da CF.
 ▸ Arts. 60, 61 e 89 da Lei 9.099/1995 (Juizados Especiais).
 ▸ Arts. 12 a 14 da Lei 9.609/1998 (Proteção da propriedade intelectual de programa de computador).
 ▸ Art. 101 da Lei 9.610/1998 (Direitos Autorais).

§ 1º Se a violação consistir em reprodução total ou parcial, com intuito de lucro direto ou indireto, por qualquer meio ou processo, de obra intelectual, interpretação, execução ou fonograma, sem autorização expressa do autor, do artista intérprete ou executante, do produtor, conforme o caso, ou de quem os represente:

Pena – reclusão, de 2 (dois) a 4 (quatro) anos, e multa.
 ▸ § 1º com redação pela Lei 10.695/2003.

§ 2º Na mesma pena do § 1º incorre quem, com o intuito de lucro direto ou indireto, distribui, vende, expõe à venda, aluga, introduz no País, adquire, oculta, tem em depósito, original ou cópia de obra intelectual ou fonograma reproduzido com violação do direito de autor, do direito de artista intérprete ou executante ou do direito do produtor de fonograma, ou, ainda, aluga original ou cópia de obra intelectual ou fonograma, sem a expressa autorização dos titulares dos direitos ou de quem os represente.
 ▸ § 2º com redação pela Lei 10.695/2003.
 ▸ Súmula 574 do STJ.

§ 3º Se a violação consistir no oferecimento ao público, mediante cabo, fibra ótica, satélite, ondas ou qualquer outro sistema que permita ao usuário realizar a seleção da obra ou produção para recebê-la em um tempo e lugar previamente determinados por quem formula a demanda, com intuito de lucro, direto ou indireto, sem autorização expressa, conforme o caso, do autor, do artista intérprete ou executante, do produtor de fonograma, ou de quem os represente:
 ▸ § 3º com redação pela Lei 10.695/2003.

Pena – reclusão, de 2 (dois) a 4 (quatro) anos, e multa.
 ▸ Art. 91 deste Código.

§ 4º O disposto nos §§ 1º, 2º e 3º não se aplica quando se tratar de exceção ou limitação ao direito de autor ou os que lhe são conexos, em conformidade com o previsto na Lei 9.610, de 19 de fevereiro de 1998, nem a cópia de obra intelectual ou fonograma, em um só exemplar, para uso privado do copista, sem intuito de lucro direto ou indireto.
 ▸ § 4º acrescido pela Lei 10.695/2003.
 ▸ Art. 46, II da Lei 9.610/1998 (Direitos Autorais).

Usurpação de Nome ou Pseudônimo Alheio
(...)
Art. 186. Procede-se mediante:
 ▸ Art. 24 e ss. do CPP.

I – queixa, nos crimes previstos no *caput* do art. 184;

II – ação penal pública incondicionada, nos crimes previstos nos §§ 1º e 2º do art. 184;

III – ação penal pública incondicionada, nos crimes cometidos em desfavor de entidades de direito público, autarquia, empresa pública, sociedade de economia mista ou fundação instituída pelo Poder Público;

IV – ação penal pública condicionada à representação, nos crimes previstos no § 3º do art. 184.
 ▸ Artigo com redação pela Lei 10.695/2003.

(...)

TÍTULO IV
DOS CRIMES CONTRA A ORGANIZAÇÃO DO TRABALHO
▸ Art. 109, VI, da CF.
▸ Art. 4º da Lei 7.716/1989 (Crimes de preconceito de raça ou de cor).
▸ Art. 8º, III da Lei 7.853/1989 (Apoio às pessoas portadoras de deficiência).

Atentado Contra a Liberdade de Trabalho
Art. 197. Constranger alguém, mediante violência ou grave ameaça:
▸ Art. 9º da CF.
▸ Arts. 61 e 89 da Lei 9.099/1995 (Juizados Especiais).

I – a exercer ou não exercer arte, ofício, profissão ou indústria, ou a trabalhar ou não trabalhar durante certo período ou em determinados dias:

Pena – detenção, de 1 (um) mês a 1 (um) ano, e multa, além da pena correspondente à violência;
▸ Art. 89 da Lei 9.099/1995 (Juizados Especiais).

II – a abrir ou fechar o seu estabelecimento de trabalho, ou a participar de parede ou paralisação de atividade econômica:

Pena – detenção, de 3 (três) meses a 1 (um) ano, e multa, além da pena correspondente à violência.
▸ Art. 722 da CLT.
▸ Lei 7.783/1989 (Greve).
▸ Art. 89 da Lei 9.099/1995 (Juizados Especiais).

Atentado Contra a Liberdade de Contrato de Trabalho e Boicotagem Violenta
Art. 198. Constranger alguém, mediante violência ou grave ameaça, a celebrar contrato de trabalho, ou a não fornecer a outrem ou não adquirir de outrem matéria-prima ou produto industrial ou agrícola:

Pena – detenção, de 1 (um) mês a 1 (um) ano, e multa, além da pena correspondente à violência.
▸ Arts. 61 e 89 da Lei 9.099/1995 (Juizados Especiais).

Atentado Contra a Liberdade de Associação
Art. 199. Constranger alguém, mediante violência ou grave ameaça, a participar ou deixar de participar de determinado sindicato ou associação profissional:

Pena – detenção, de 1 (um) mês a 1 (um) ano, e multa, além da pena correspondente à violência.
▸ Art. 5º, XVII, da CF.
▸ Art. 511 e ss., da CLT.
▸ Art. 3º, f, da Lei 4.898/1965 (Abuso de Autoridade).
▸ Arts. 61 e 89 da Lei 9.099/1995 (Juizados Especiais).

Paralisação de Trabalho, Seguida de Violência ou Perturbação da Ordem
Art. 200. Participar de suspensão ou abandono coletivo de trabalho, praticando violência contra pessoa ou contra coisa:

Pena – detenção, de 1 (um) mês a 1 (um) ano, e multa, além da pena correspondente à violência.
▸ Art. 9º da CF.
▸ Lei 7.783/1989 (Greve).
▸ Arts. 61 e 89 da Lei 9.099/1995 (Juizados Especiais).

Parágrafo único. Para que se considere coletivo o abandono de trabalho é indispensável o concurso de, pelo menos, três empregados.

Paralisação de Trabalho de Interesse Coletivo
Art. 201. Participar de suspensão ou abandono coletivo de trabalho, provocando a interrupção de obra pública ou serviço de interesse coletivo:

Pena – detenção, de 6 (seis) meses a 2 (dois) anos, e multa.
▸ Arts. 9º e 37, VII, da CF.
▸ Art. 3º, II, da Lei 1.521/1951 (Crimes Contra a Economia Popular).
▸ Lei 7.783/1989 (Greve).
▸ Arts. 61 e 89 da Lei 9.099/1995 (Juizados Especiais).

Invasão de Estabelecimento Industrial, Comercial ou Agrícola. Sabotagem
Art. 202. Invadir ou ocupar estabelecimento industrial, comercial ou agrícola, com o intuito de impedir ou embaraçar o curso normal do trabalho, ou com o mesmo fim danificar o estabelecimento ou as coisas nele existentes ou delas dispor:

Pena – reclusão, de 1 (um) a 3 (três) anos, e multa.
▸ Art. 89 da Lei 9.099/1995 (Juizados Especiais).

Frustração de Direito Assegurado por Lei Trabalhista
Art. 203. Frustrar, mediante fraude ou violência, direito assegurado pela legislação do trabalho:

Pena – detenção, de 1 (um) ano a 2 (dois) anos, e multa, além da pena correspondente à violência.
▸ Pena com redação pela Lei 9.777/1998.

▸ Arts. 61 e 89 da Lei 9.099/1995 (Juizados Especiais).

§ 1º Na mesma pena incorre quem:

I – obriga ou coage alguém a usar mercadorias de determinado estabelecimento, para impossibilitar o desligamento do serviço em virtude de dívida;

II – impede alguém de se desligar de serviços de qualquer natureza, mediante coação ou por meio da retenção de seus documentos pessoais ou contratuais.
▸ § 1º acrescido pela Lei 9.777/1998.

§ 2º A pena é aumentada de 1/6 (um sexto) a 1/3 (um terço) se a vítima é menor de 18 (dezoito) anos, idosa, gestante, indígena ou portadora de deficiência física ou mental.
▸ § 2º acrescido pela Lei 9.777/1998.

Frustração de Lei sobre a Nacionalização do Trabalho
Art. 204. Frustrar, mediante fraude ou violência, obrigação legal relativa à nacionalização do trabalho:

Pena – detenção, de 1 (um) mês a 1 (um) ano, e multa, além da pena correspondente à violência.
▸ Arts. 352 a 371 da CLT.
▸ Arts. 60, 61 e 89 da Lei 9.099/1995 (Juizados Especiais).
▸ Súmula 115 do TRF.

Exercício de Atividade com Infração de Decisão Administrativa
Art. 205. Exercer atividade, de que está impedido por decisão administrativa:

Pena – detenção, de 3 (três) meses a 2 (dois) anos, ou multa.
▸ Arts. 47 e 48 do Dec.-lei 3.688/1941 (Lei das Contravenções Penais – LCP).
▸ Arts. 61 e 89 da Lei 9.099/1995 (Juizados Especiais).

Aliciamento para o Fim de Emigração
Art. 206. Recrutar trabalhadores, mediante fraude, com o fim de levá-los para território estrangeiro:

Pena – detenção, de 1 (um) a 3 (três) anos, e multa.
▸ Artigo com redação pela Lei 8.683/1993.
▸ Art. 89 da Lei 9.099/1995 (Juizados Especiais).

Aliciamento de Trabalhadores de um Local para Outro do Território Nacional
Art. 207. Aliciar trabalhadores, com o fim de levá-los de uma para outra localidade do território nacional:

Pena – detenção, de 1 (um) a 3 (três) anos, e multa.
▸ Pena com redação pela Lei 9.777/1998.
▸ Art. 89 da Lei 9.099/1995 (Juizados Especiais).

§ 1º Incorre na mesma pena quem recrutar trabalhadores fora da localidade de execução do trabalho, dentro do território nacional, mediante fraude ou cobrança de qualquer quantia do trabalhador, ou, ainda, não assegurar condições do seu retorno ao local de origem.
▸ § 1º acrescido pela Lei 9.777/1998.
▸ Art. 89 da Lei 9.099/1995 (Juizados Especiais).

§ 2º A pena é aumentada de 1/6 (um sexto) a 1/3 (um terço) se a vítima é menor de 18 (dezoito) anos, idosa, gestante, indígena ou portadora de deficiência física ou mental.
▸ § 2º acrescido pela Lei 9.777/1998.

(...)

TÍTULO VI
DOS CRIMES CONTRA A DIGNIDADE SEXUAL
▸ Rubrica do Título VI com redação pela Lei 12.015/2009.
▸ Art. 7º, III, da Lei 11.340/2006 (Maria da Penha).

CAPÍTULO I
DOS CRIMES CONTRA A LIBERDADE SEXUAL

(...)

Assédio Sexual
Art. 216-A. Constranger alguém com o intuito de obter vantagem ou favorecimento sexual, prevalecendo-se o agente de sua condição de superior hierárquico ou ascendência inerentes ao exercício de emprego, cargo ou função.

Pena – detenção, de 1 (um) a 2 (dois) anos.
▸ Caput acrescido pela Lei 10.224/2001.
▸ Art. 89 da Lei 9.099/1995 (Juizados Especiais).

Parágrafo único. Vetado.

§2º A pena é aumentada em até 1/3 (um terço) se a vítima é menor de 18 (dezoito) anos.
▸ § 2º acrescido pela Lei 12.015/2009.
▸ Mantivemos o § 2º conforme publicação oficial.

(...)

TÍTULO X
DOS CRIMES CONTRA A FÉ PÚBLICA
▸ Súmulas 17, 48, 62, 73, 104, 107, 165 e 200 do STJ.

(...)

CAPÍTULO III
DA FALSIDADE DOCUMENTAL
▸ Art. 145, IV, do CPP.
▸ Art. 350 do CE.
▸ Art. 96, I, da Lei 11.101/2005 (Recuperação Judicial e Falências).
▸ Súmulas 17, 104 e 200 do STJ.

(...)

Falsificação de Documento Público
Art. 297. Falsificar, no todo ou em parte, documento público, ou alterar documento público verdadeiro:

Pena – reclusão, de 2 (dois) a 6 (seis) anos, e multa.
▸ Art. 49, IV, da CLT.
▸ Art. 311 do CPM.
▸ Art. 348 do CE.
▸ Art. 64 da Lei 8.383/1991 (Unidade Fiscal de Referência).

§ 1º Se o agente é funcionário público, e comete o crime prevalecendo-se do cargo, aumenta-se a pena de sexta parte.

§ 2º Para os efeitos penais, equiparam-se a documento público o emanado de entidade paraestatal, o título ao portador ou transmissível por endosso, as ações de sociedade comercial, os livros mercantis e o testamento particular.
▸ Art. 304 deste Código.
▸ Art. 348, §§1º e 2º, do CE.
▸ Art. 65 da Lei 7.357/1985 (Cheque).
▸ Art. 2º da Lei 7.492/1986 (Crimes Contra o Sistema Financeiro Nacional).

§ 3º Nas mesmas penas incorre quem insere ou faz inserir:
▸ Caput do § 3º acrescido pela Lei 9.983/2000.

I – na folha de pagamento ou em documento de informações que seja destinado a fazer prova perante a previdência social, pessoa que não possua a qualidade de segurado obrigatório;
▸ Inciso I acrescido pela Lei 9.983/2000.

II – na Carteira de Trabalho e Previdência Social do empregado ou em documento que deva produzir efeito perante a previdência social, declaração falsa ou diversa da que deveria ter sido escrita;
▸ Inciso II acrescido pela Lei 9.983/2000.

III – em documento contábil ou em qualquer outro documento relacionado com as obrigações da empresa perante a previdência social, declaração falsa ou diversa da que deveria ter constado.
▸ Inciso III acrescido pela Lei 9.983/2000.

§ 4º Nas mesmas penas incorre quem omite, nos documentos mencionados no § 3º, nome do segurado e seus dados pessoais, a remuneração, a vigência do contrato de trabalho ou de prestação de serviços.
▸ § 4º acrescido pela Lei 9.983/2000.

Falsificação de Documento Particular
Art. 298. Falsificar, no todo ou em parte, documento particular ou alterar documento particular verdadeiro:

Pena – reclusão, de 1 (um) a 5 (cinco) anos, e multa.
▸ Art. 311 do CPM.
▸ Art. 349 do CE.
▸ Art. 1º, III e IV, da Lei 8.137/1990 (Crimes Contra a Ordem Tributária e Econômica).
▸ Art. 89 da Lei 9.099/1995 (Juizados Especiais).

Falsificação de Cartão
▸ Rubrica acrescida pela Lei 12.737/2012.

Parágrafo único. Para fins do disposto no caput, equipara-se a documento particular o cartão de crédito ou débito.
▸ Parágrafo único acrescido pela Lei 12.737/2012.
▸ Lei 8.137/1990 (Crimes Contra a Ordem Tributária e Econômica).

Falsidade Ideológica
Art. 299. Omitir, em documento público ou particular, declaração que dele devia constar, ou nele inserir ou fazer inserir declaração falsa ou diversa da que devia ser escrita, com o fim de prejudicar direito, criar obrigação ou alterar a verdade sobre fato juridicamente relevante:

Pena – reclusão, de 1 (um) a 5 (cinco) anos, e multa, se o documento é público, e reclusão de 1 (um) a 3 (três) anos, e multa, se o documento é particular.
▸ Art. 49, I e V, da CLT.
▸ Art. 130 da Lei 7.210/1984 (Lei das Execuções Penais – LEP).
▸ Art. 168, caput e § 1º, da Lei 11.101/2005 (Recuperação de Empresas e Falência).

Parágrafo único. Se o agente é funcionário público, e comete o crime prevalecendo-se do cargo, ou se a falsificação ou alteração é de assentamento de registro civil, aumenta-se a pena de sexta parte.

(...)

Certidão ou Atestado Ideologicamente Falso

Art. 301. Atestar ou certificar falsamente, em razão de função pública, fato ou circunstância que habilite alguém a obter cargo público, isenção de ônus ou de serviço de caráter público, ou qualquer outra vantagem:

Pena – detenção, de 2 (dois) meses a 1 (um) ano.
> ▸ Art. 314 do CPM.

Falsidade Material de Atestado ou Certidão

§ 1º Falsificar, no todo ou em parte, atestado ou certidão, ou alterar o teor de certidão ou de atestado verdadeiro, para prova de fato ou circunstância que habilite alguém a obter cargo público, isenção de ônus ou de serviço de caráter público, ou qualquer outra vantagem:

Pena – detenção, de 3 (três) meses a 2 (dois) anos.

§ 2º Se o crime é praticado com o fim de lucro, aplica-se, além da pena privativa de liberdade, a de multa.
> ▸ Art. 304 deste Código.

Falsidade de Atestado Médico

Art. 302. Dar o médico, no exercício da sua profissão, atestado falso:

Pena – detenção, de 1 (um) mês a 1 (um) ano.
> ▸ Art. 304 deste Código.
> ▸ Art. 47 do Dec.-lei 3.688/1941 (Lei das Contravenções Penais – LCP).

Parágrafo único. Se o crime é cometido com o fim de lucro, aplica-se também multa.

(...)

Uso de Documento Falso

Art. 304. Fazer uso de qualquer dos papéis falsificados ou alterados, a que se referem os artigos 297 a 302:

Pena – a cominada à falsificação ou à alteração.
> ▸ Art. 49, III da CLT.
> ▸ Art. 171 da Lei 11.101/2005 (Recuperação Judicial e Falência).
> ▸ Súmulas 104, 200, 522 e 546 do STJ.

Supressão de Documento

Art. 305. Destruir, suprimir ou ocultar, em benefício próprio ou de outrem, ou em prejuízo alheio, documento público ou particular verdadeiro, de que não podia dispor:

Pena – reclusão, de 2 (dois) a 6 (seis) anos, e multa, se o documento é público, e reclusão, de 1 (um) a 5 (cinco) anos, e multa, se o documento é particular.
> ▸ Art. 89 da Lei 9.099/1995 (Juizados Especiais).
> ▸ Art. 168, *caput* e § 1º, da Lei 11.101/2005 (Recuperação de Empresas e Falência).

(...)

<div align="center">

TÍTULO XI

DOS CRIMES CONTRA A ADMINISTRAÇÃO PÚBLICA

CAPÍTULO I

</div>

DOS CRIMES PRATICADOS POR FUNCIONÁRIO PÚBLICO CONTRA A ADMINISTRAÇÃO EM GERAL

Peculato

Art. 312. Apropriar-se o funcionário público de dinheiro, valor ou qualquer outro bem móvel, público ou particular, de eu tem a posse em razão do cargo, ou desviá-lo, em proveito próprio ou alheio:

Pena – reclusão, de 2 (dois) a 12 (doze) anos e multa.

§ 1º Aplica-se a mesma pena, ao funcionário público, embora não tendo a posse do dinheiro, valor ou bem, o subtrai, ou concorre para que seja subtraído, em proveito próprio ou alheio, valendo-se de facilidade que lhe proporciona a qualidade de funcionário.

Peculato Culposo

§ 2º Se o funcionário concorre culposamente para o crime de outrem:

Pena – detenção de 3 (três) meses a 1 (um) ano.

§ 3º No caso do parágrafo anterior, a reparação do dano, se precede à sentença irrecorrível extingue a punibilidade; se lhe é posterior, reduz de metade a pena imposta.

Peculato Mediante Erro de Outrem

Art. 313. Apropriar-se de dinheiro ou qualquer utilidade que, no exercício do cargo, recebeu por erro de outrem;

Pena – reclusão, de 1 (um) a 4 (quatro) anos, e multa.

Inserção de Dados Falsos em Sistema de Informações

Art. 313-A. Inserir ou facilitar, o funcionário autorizado, a inserção de dados falsos, alterar ou excluir indevidamente dados corretos nos sistemas informatizados ou bancos de dados da Administração Pública com o fim de obter vantagem indevida para si ou para outrem ou para causar dano:

> ▸ Artigo acrescido pela Lei 9.983/2000.

Pena – reclusão, de 2 (dois) a 12 (doze) anos, e multa.

Modificação ou Alteração Não Autorizada de Sistema de Informações

Art. 313-B. Modificar ou alterar, o funcionário, sistema de informações ou programa de informática sem autorização ou solicitação de autoridade competente:

> ▸ Artigo acrescido pela Lei 9.983/2000.

Pena – detenção, de 3 (três) meses a 2 (dois) anos, e multa.

Parágrafo único. As penas são aumentadas de 1/3 (um terço) até a metade se da modificação ou alteração resulta dano para a Administração Pública ou para o administrado.

Extravio, Sonegação ou Inutilização de Livro ou Documento

Art. 314. Extraviar livro oficial ou qualquer documento, de que tem a guarda em razão do cargo; sonegá-lo ou inutilizá-lo, total ou parcialmente:

Pena – reclusão, de 1 (um) a 4 (quatro) anos, se o fato não constitui crime mais grave.

Emprego Irregular de Verbas ou Rendas Públicas

Art. 315. Dar às verbas ou rendas públicas aplicação diversa da estabelecida em lei:

Pena – detenção, de 1 (um) a 3 (três) meses, ou multa.

Concussão

Art. 316. Exigir, para si ou para outrem, direta ou indiretamente, ainda que fora da função ou antes de assumi-la, mas em razão dela, vantagem indevida:

Pena – reclusão, de 2 (dois) a 12 (doze) anos, e multa.
> ▸ Artigo com redação pela Lei 13.964/2019.

Excesso de Exação

§ 1º Se o funcionário exige tributo ou contribuição social que sabe ou deveria saber indevido, ou, quando devido, emprega na cobrança meio vexatório ou gravoso, que a lei não autoriza:

Pena – reclusão, de 3 (três) a 8 (oito) anos, e multa.
> ▸ § 1º com redação pela Lei 8.137/1990.

§ 2º Se o funcionário desvia, em proveito próprio ou de outrem, o que recebeu indevidamente para recolher aos cofres públicos:

Pena – reclusão, de 2 (dois) a 12 (doze) anos, e multa.

Corrupção Passiva

Art. 317. Solicitar ou receber, para si ou para outrem, direta ou indiretamente, ainda que fora da função ou antes de assumi-la, mas em razão dela, vantagem indevida, ou aceitar promessa de tal vantagem:

Pena – reclusão, de 2 (dois) a 12 (doze) anos, e multa.
> ▸ Pena com redação pela Lei 10.763/2003.

§ 1º A pena é aumentada de 1/3 (um terço), se, em consequência da vantagem ou promessa, o funcionário retarda ou deixa de praticar qualquer ato de ofício ou o pratica infringindo dever funcional.

§ 2º Se o funcionário pratica, deixa de praticar ou retarda ato de ofício, com infração de dever funcional, cedendo a pedido ou influência de outrem:

Pena – detenção, de 3 (três) meses a 1 (um) ano, ou multa.

Facilitação de Contrabando ou Descaminho

Art. 318. Facilitar, com infração de dever funcional, a prática de contrabando ou descaminho (artigo 334):

Pena – reclusão, de 3 (três) a 8 (oito) anos, e multa.
> ▸ Pena com redação pela Lei 8.137/1990.
> ▸ Art. 144, § 1º, II, da CF.

Prevaricação

Art. 319. Retardar ou deixar de praticar, indevidamente, ato de ofício, ou praticá-lo contra disposição expressa de lei, para satisfazer interesse ou sentimento pessoal:

Pena – detenção, de 3 (três) meses a 1 (um) ano, e multa.
> ▸ Pena com redação pela Lei 8.137/1990.

Art. 319-A. Deixar o Diretor de Penitenciária e/ou agente público, de cumprir seu dever de vedar ao preso o acesso a aparelho telefônico, de rádio ou similar, que permita a comunicação com outros presos ou com o ambiente externo:

Pena – detenção, de 3 (três) meses a 1 (um) ano.
> ▸ Artigo acrescido pela Lei 11.466/2007.

Condescendência Criminosa

Art. 320. Deixar o funcionário, por indulgência, de responsabilizar subordinado que cometeu infração no exercício do cargo ou, quando lhe falte competência, não levar o fato ao conhecimento da autoridade competente:

Pena – detenção, de 15 (quinze) dias a 1 (um) mês, ou multa.

Advocacia Administrativa

Art. 321. Patrocinar, direta ou indiretamente, interesse privado perante a administração pública, valendo-se da qualidade de funcionário:

Pena – detenção, de 1 (um) a 3 (três) meses, ou multa.

Parágrafo único. Se o interesse é ilegítimo:

Pena – detenção, de 3 (três) meses a 1 (um) ano, além da multa.

Violência Arbitrária

Art. 322. Praticar violência, no exercício de função ou a pretexto de exercê-la:

Pena – detenção, de 6 (seis) meses a 3 (três) anos, além da pena correspondente à violência.

Abandono de Função

Art. 323. Abandonar cargo público, fora dos casos permitidos em lei:

Pena – detenção, de 15 (quinze) dias a 1 (um) mês, ou multa.

§ 1º Se do fato resulta prejuízo público:

Pena – detenção, de 3 (três) meses a 1 (um) ano, e multa.

§ 2º Se o fato ocorre em lugar compreendido na faixa de fronteira:

Pena – detenção, de 1 (um) a 3 (três) anos, e multa.

Exercício Funcional Ilegalmente Antecipado ou Prolongado

Art. 324. Entrar no exercício de função pública antes de satisfeitas as exigências legais, ou continuar a exercê-la, sem autorização, depois de saber oficialmente que foi exonerado, removido, substituído ou suspenso:

Pena – detenção, de 15 (quinze) dias a 1 (um) mês, ou multa.

Violação de Sigilo Funcional

Art. 325. Revelar fato de que tem ciência em razão do cargo e que deva permanecer em segredo, ou facilitar-lhe a revelação:

Pena – detenção, de 6 (seis) meses a 2 (dois) anos, ou multa, se o fato não constitui crime mais grave.

§ 1º Nas mesmas penas deste artigo incorre quem:
> ▸ § 1º *caput* acrescido pela Lei 9.983/2000.

I – permite ou facilita, mediante atribuição, fornecimento e empréstimo de senha ou qualquer outra forma, o acesso de pessoas não autorizadas a sistemas de informações ou ao banco de dados da Administração Pública;
> ▸ Inciso I acrescido pela Lei 9.983/2000.

II – se utiliza, indevidamente, do acesso restrito.
> ▸ Inciso II acrescido pela Lei 9.983/2000.

§ 2º Se da ação ou omissão resulta dano à Administração Pública ou a outrem:

Pena – reclusão, de 2 (dois) a 6 (seis) anos, e multa.
> ▸ § 2º acrescido pela Lei 9.983/2000.

Violação do Sigilo de Proposta de Concorrência

Art. 326. Devassar o sigilo de proposta de concorrência pública, ou proporcionar a terceiro o ensejo de devassá-lo:

Pena – detenção, de 3 (três) meses a 1 (um) ano, e multa.

Funcionário Público

Art. 327. Considera-se funcionário público, para os efeitos penais, quem, embora transitoriamente ou sem remuneração, exerce cargo, emprego ou função pública.

§ 1º Equipara-se a funcionário público quem exerce cargo, emprego ou função em entidade paraestatal, e quem trabalha para empresa prestadora de serviço contratada ou conveniada para a execução de atividade típica da Administração Pública.
> ▸ § 1º com redação pela Lei 9.983/2000.

§ 2º A pena será aumentada da terça parte quando os autores dos crimes previstos neste Capítulo forem ocupantes de cargos em comissão ou de função de direção ou assessoramento de órgão da administração direta, sociedade de economia mista, empresa pública ou fundação instituída pelo poder público.
> ▸ § 2º acrescido pela Lei 6.799/1980.
> ▸ Arts. 83 e 84 da Lei 8.666/1993 (Licitações e Contratos).

CAPÍTULO II
DOS CRIMES PRATICADOS POR PARTICULAR CONTRA A ADMINISTRAÇÃO EM GERAL

(...)

Sonegação de Contribuição Previdenciária

Art. 337-A. Suprimir ou reduzir contribuição social previdenciária e qualquer acessório, mediante as seguintes condutas:

▸ Artigo acrescido pela Lei 9.983/2000.

I – omitir de folha de pagamento da empresa ou de documento de informações previsto pela legislação previdenciária segurados empregado, empresário, trabalhador avulso ou trabalhador autônomo ou a este equiparado que lhe prestem serviços;

II – deixar de lançar mensalmente nos títulos próprios da contabilidade da empresa as quantias descontadas dos segurados ou as devidas pelo empregador ou pelo tomador de serviços;

III – omitir, total ou parcialmente, receitas ou lucros auferidos, remunerações pagas ou creditadas e demais fatos geradores de contribuições sociais previdenciárias:

Pena – reclusão, de 2 (dois) a 5 (cinco) anos, e multa.

§ 1º É extinta a punibilidade se o agente, espontaneamente, declara e confessa as contribuições, importâncias ou valores e presta as informações devidas à previdência social, na forma definida em lei ou regulamento, antes do início da ação fiscal.

§ 2º É facultado ao juiz deixar de aplicar a pena ou aplicar somente a de multa se o agente for primário e de bons antecedentes, desde que:

I – *Vetado.*

II – o valor das contribuições devidas, inclusive acessórios, seja igual ou inferior àquele estabelecido pela previdência social, administrativamente, como sendo o mínimo para o ajuizamento de suas execuções fiscais.

§ 3º Se o empregador não é pessoa jurídica e sua folha de pagamento mensal não ultrapassa R$ 1.510,00 (um mil, quinhentos e dez reais), o juiz poderá reduzir a pena de 1/3 (um terço) até a metade ou aplicar apenas a de multa.

▸ Valor atualizável por meio de Portaria do Ministério da Previdência Social – MPS.

§ 4º O valor a que se refere o parágrafo anterior será reajustado nas mesmas datas e nos mesmos índices do reajuste dos benefícios da previdência social.

(...)

CAPÍTULO III
DOS CRIMES CONTRA A ADMINISTRAÇÃO DA JUSTIÇA

(...)

Falso Testemunho ou Falsa Perícia

Art. 342. Fazer afirmação falsa, ou negar ou calar a verdade como testemunha, perito, contador, tradutor ou intérprete em processo judicial, ou administrativo, inquérito policial, ou em juízo arbitral:

▸ Artigo com redação pela Lei 10.268/2001.

Pena – reclusão, de 2 (dois) a 4 (quatro) anos, e multa.

▸ Pena com redação pela Lei 12.850/2013.

§ 1º As penas aumentam-se de um sexto a um terço, se o crime é praticado mediante suborno ou se cometido com o fim de obter prova destinada a produzir efeito em processo penal, ou em processo civil em que for parte entidade da administração pública direta ou indireta.

§ 2º O fato deixa de ser punível se, antes da sentença no processo em que ocorreu o ilícito, o agente se retrata ou declara a verdade.

Art. 343. Dar, oferecer ou prometer dinheiro ou qualquer outra vantagem a testemunha, perito, contador, tradutor ou intérprete, para fazer afirmação falsa, negar ou calar a verdade em depoimento, perícia, cálculos, tradução ou interpretação:

▸ Artigo com redação pela Lei 10.268/2001.

Pena – reclusão, de 3 (três) a 4 (quatro) anos, e multa.

▸ Arts. 202 a 225, 236 e 275 a 281 do CPP.
▸ Art. 347 do CPM.

Parágrafo único. As penas aumentam-se de 1/6 (um sexto) a 1/3 (um terço), se o crime é cometido com o fim de obter prova destinada a produzir efeito em processo penal ou em processo civil em que for parte entidade da administração pública direta ou indireta.

Coação no Curso do Processo

Art. 344. Usar de violência ou grave ameaça, com o fim de favorecer interesse próprio ou alheio, contra autoridade, parte, ou qualquer outra pessoa que funciona ou é chamada a intervir em processo judicial, policial ou administrativo, ou em juízo arbitral:

Pena – reclusão, de 1 (um) a 4 (quatro) anos, e multa, além da pena correspondente à violência.

▸ Art. 342 do CPM.
▸ Art. 78 da Lei 8.884/1994 (Conselho Administrativo de Defesa Econômica – CADE)
▸ Art. 89 da Lei 9.099/1995 (Juizados Especiais).
▸ Lei 9.307/1996 (Arbitragem).
▸ Art. 111 da Lei 12.529/2011 (Sistema Brasileiro de Defesa da Concorrência).

Parágrafo único. A pena aumenta-se de 1/3 (um terço) até a metade se o processo envolver crime contra a dignidade sexual.

▸ Parágrafo único acrescido pela Lei 14.245/2021.

Exercício Arbitrário das Próprias Razões

Art. 345. Fazer justiça pelas próprias mãos, para satisfazer pretensão, embora legítima, salvo quando a lei o permite:

Pena – detenção, de 15 (quinze) dias a 1 (um) mês, ou multa, além da pena correspondente à violência.

▸ Arts. 60, 61 e 89 da Lei 9.099/1995 (Juizados Especiais).

Parágrafo único. Se não há emprego de violência, somente se procede mediante queixa.

▸ Arts. 29 e ss., e 100 do CPP.

Art. 346. Tirar, suprimir, destruir ou danificar coisa própria, que se acha em poder de terceiro por determinação judicial ou convenção:

Pena – detenção, de 6 (seis) meses a 2 (dois) anos, e multa.

▸ Arts 61 e 89 da Lei 9.099/1995 (Juizados Especiais).

Fraude Processual

Art. 347. Inovar artificiosamente, na pendência de processo civil ou administrativo, o estado de lugar, de coisa ou de pessoa, com o fim de induzir a erro o juiz ou o perito:

Pena – detenção, de 3 (três) meses a 2 (dois) anos, e multa.

▸ Art. 312 do CTB.
▸ Arts 61 e 89 da Lei 9.099/1995 (Juizados Especiais).

Parágrafo único. Se a inovação se destina a produzir efeito em processo penal, ainda que não iniciado, as penas aplicam-se em dobro.

(...)

Patrocínio Infiel

Art. 355. Trair, na qualidade de advogado ou procurador, o dever profissional, prejudicando interesse, cujo patrocínio, em juízo, lhe é confiado:

Pena – detenção, de 6 (seis) meses a 3 (três) anos, e multa.

▸ Lei 8.906/1994 (Estatuto da Advocacia e Código de Ética da OAB).
▸ Art. 89 da Lei 9.099/1995 (Juizados Especiais).

Patrocínio Simultâneo ou Tergiversação

Parágrafo único. Incorre na pena deste artigo o advogado ou procurador judicial que defende na mesma causa, simultânea ou sucessivamente, partes contrárias.

Sonegação de Papel ou Objeto de Valor Probatório

Art. 356. Inutilizar, total ou parcialmente, ou deixar de restituir autos, documento ou objeto de valor probatório, que recebeu na qualidade de advogado ou procurador:

Pena – detenção, de 6 (seis) meses a 3 (três) anos, e multa.

▸ Art. 352 do CPM.

▸ Art. 89 da Lei 9.099/1995 (Juizados Especiais).

Exploração de Prestígio

Art. 357. Solicitar ou receber dinheiro ou qualquer outra utilidade, a pretexto de influir em juiz, jurado, órgão do Ministério Público, funcionário de justiça, perito, tradutor, intérprete ou testemunha:

Pena – reclusão, de 1 (um) a 5 (cinco) anos, e multa.

▸ Art. 332 deste Código.
▸ Art. 353 do CPM.
▸ Art. 89 da Lei 9.099/1995 (Juizados Especiais).

Parágrafo único. As penas aumentam-se de 1/3 (um terço), se o agente alega ou insinua que o dinheiro ou utilidade também se destina a qualquer das pessoas referidas neste artigo.

Violência ou Fraude em Arrematação Judicial

Art. 358. Impedir, perturbar ou fraudar arrematação judicial; afastar ou procurar afastar concorrente ou licitante, por meio de violência, grave ameaça, fraude ou oferecimento de vantagem:

Pena – detenção, de 2 (dois) meses a 1 (um) ano, ou multa, além da pena correspondente à violência.

▸ Art. 339 do CPM.
▸ Arts. 93 e 95 da Lei 8.666/1993 (Licitações e Contratos).
▸ Arts. 60, 61 e 89 da Lei 9.099/1995 (Juizados Especiais).

Desobediência à Decisão Judicial sobre Perda ou Suspensão de Direito

Art. 359. Exercer função, atividade, direito, autoridade ou múnus, de que foi suspenso ou privado por decisão judicial:

Pena – detenção, de 3 (três) meses a 2 (dois) anos, ou multa.

▸ Art. 354 do CPM.
▸ Arts. 61 e 89 da Lei 9.099/1995 (Juizados Especiais).

(...)

TÍTULO XII
DOS CRIMES CONTRA O ESTADO DEMOCRÁTICO DE DIREITO

▸ Título XII acrescido pela Lei 14.197/2021, em vigor após 90 dias de sua publicação (*DOU* 02.09.2021).

(...)

CAPÍTULO IV
DOS CRIMES CONTRA O FUNCIONAMENTO DOS SERVIÇOS ESSENCIAIS

Sabotagem

Art. 359-R. Destruir ou inutilizar meios de comunicação ao público, estabelecimentos, instalações ou serviços destinados à defesa nacional, com o fim de abolir o Estado Democrático de Direito:

▸ Pena – reclusão, de 2 (dois) a 8 (oito) anos.
▸ Artigo acrescido pela Lei 14.197/2021, em vigor após 90 dias de sua publicação (*DOU* 02.09.2021).

CAPÍTULO V
(VETADO)

CAPÍTULO VI
DISPOSIÇÕES COMUNS

Art. 359-T. Não constitui crime previsto neste Título a manifestação crítica aos poderes constitucionais nem a atividade jornalística ou a reivindicação de direitos e garantias constitucionais por meio de passeatas, de reuniões, de greves, de aglomerações ou de qualquer outra forma de manifestação política com propósitos sociais.

▸ Artigo acrescido pela Lei 14.197/2021, em vigor após 90 dias de sua publicação (*DOU 02.09.2021*).

(...)

DISPOSIÇÕES FINAIS

(...)

Art. 361. Este Código entrará em vigor no dia 1º de janeiro de 1942.

Rio de Janeiro, 7 de dezembro de 1940; 119º da Independência e 52º da República.

Getulio Vargas

Profissões Regulamentadas

LEI COMPLEMENTAR

▶ Lei Complementar 150, de 1º de Junho de 2015

LEIS

▶ Lei 2.604, de 17 de Setembro de 1955
▶ Lei 2.757, de 23 de Abril de 1956
▶ Lei 3.207, de 18 de Julho de 1957
▶ Lei 3.270, de 30 de Setembro de 1957
▶ Lei 3.857, de 22 de Dezembro de 1960
▶ Lei 3.999, de 15 de Dezembro de 1961
▶ Lei 4.680, de 18 de Junho de 1965
▶ Lei 4.860, de 26 de Novembro de 1965
▶ Lei 4.886, de 9 de Dezembro de 1965
▶ Lei 4.950-A, de 22 de Abril de 1966
▶ Lei 5.081, de 24 de Agosto de 1966
▶ Lei 5.194, de 24 de Dezembro de 1966
▶ Lei 5.524, de 5 de Novembro de 1968
▶ Lei 5.811, de 11 de Outubro de 1972
▶ Lei 5.889, de 8 de Junho de 1973
▶ Lei 6.224, de 14 de Julho de 1975
▶ Lei 6.533, de 24 de Maio de 1978
▶ Lei 6.586, de 6 de Novembro de 1978
▶ Lei 6.615, de 16 de Dezembro de 1978
▶ Lei 6.932, de 7 de Julho de 1981
▶ Lei 7.102, de 20 de Junho de 1983
▶ Lei 7.377, de 30 de Setembro de 1985
▶ Lei 7.394, de 29 de Outubro de 1985
▶ Lei 7.410, de 27 de Novembro de 1985
▶ Lei 7.498, de 25 de Junho de 1986
▶ Lei 7.565, de 19 de Dezembro de 1986
▶ Lei 7.644, de 18 de Dezembro de 1987
▶ Lei 8.662, de 7 de Junho de 1993
▶ Lei 8.856, de 1º de Março de 1994
▶ Lei 8.906, de 4 de Julho de 1994
▶ Código de Ética e Disciplina da OAB
▶ Regulamento Geral do Estatuto da Advocacia e da OAB
▶ Lei 9.537, de 11 de Dezembro de 1997
▶ Lei 9.674, de 25 de Junho de 1998
▶ Lei 9.696, de 1º de Setembro de 1998
▶ Lei 9.719, de 27 de Novembro de 1998
▶ Lei 10.220, de 11 de Abril de 2001
▶ Lei 11.350, de 5 de Outubro de 2006
▶ Lei 11.442, de 5 de Janeiro de 2007
▶ Lei 11.685, de 2 de Junho de 2008
▶ Lei 11.699, de 13 de Junho de 2008
▶ Lei 11.760, de 31 de Julho de 2008
▶ Lei 11.889, de 24 de Dezembro de 2008
▶ Lei 11.901, de 12 de Janeiro de 2009
▶ Lei 12.009, de 29 de Julho de 2009
▶ Lei 12.302, de 2 de Agosto de 2010
▶ Lei 12.378, de 31 de Dezembro de 2010

▶ Lei 12.436, de 6 de Julho de 2011
▶ Lei 12.467, de 26 de Agosto de 2011
▶ Lei 12.468, de 26 de Agosto de 2011
▶ Lei 12.592, de 18 de Janeiro de 2012
▶ Lei 12.790, de 14 de Março de 2013
▶ Lei 12.815, de 5 de Junho de 2013
▶ Lei 12.842, de 10 de Julho de 2013
▶ Lei 12.870, de 15 de Outubro de 2013
▶ Lei 12.871, de 22 de Outubro de 2013
▶ Lei 13.103, de 2 de Março de 2015
▶ Lei 13.180, de 22 de Outubro de 2015
▶ Lei 13.432, de 11 de Abril de 2017
▶ Lei 13.475, de 28 de Agosto de 2017
▶ Lei 13.601, de 9 de Janeiro de 2018
▶ Lei 13.643, de 3 de Abril de 2018
▶ Lei 13.653, de 18 de Abril de 2018
▶ Lei 13.794, de 3 de Janeiro de 2019
▶ Lei 14.038, de 17 de Agosto de 2020
▶ Lei 14.047, de 24 de Agosto de 2020
▶ Lei 14.195, de 26 de Agosto de 2021
▶ Lei 14.258, de 3 de Dezembro de 2021
▶ Lei 14.282, de 28 de Dezembro de 2021
▶ Lei 14.434, de 4 de Agosto de 2022
▶ Lei 14.597, de 14 de Julho de 2023
▶ Lei 14.725, de 16 de Novembro de 2023
▶ Lei 14.842, de 11 de Abril de 2024
▶ Lei 14.924, de 12 de Julho de 2024
▶ Lei 14.967, de 9 de Setembro de 2024
▶ Lei 15.026, de 18 de Novembro de 2024

DECRETO-LEI

▶ Decreto-lei 972, de 17 de Outubro de 1969

DECRETOS

▶ Decreto 1.232, de 22 de Junho de 1962
▶ Decreto 80.281, de 5 de Setembro de 1977
▶ Decreto 92.530, de 9 de Abril de 1986
▶ Decreto 92.790, de 17 de Junho de 1986

PROVIMENTO

▶ Provimento 205, de 15 de Julho de 2021, do CFOAB
▶ Provimento 207, de 24 de agosto de 2021, do CFOAB

RESOLUÇÕES

▶ Resolução 525, de 29 de Abril de 2015, do Conselho Nacional de Trânsito – CONTRAN
▶ Resolução 780, de 24 de Setembro de 2015, do Conselho Curador do Fundo de Garantia do Tempo de Serviço – CC/FGTS

CIRCULAR

▶ Circular 694, de 25 de Setembro de 2015, da Caixa Econômica Federal – CEF

Profissões Regulamentadas

LEI 2.604, DE 17 DE SETEMBRO DE 1955

Regula o exercício da enfermagem profissional

DOU 21.09.1955

O PRESIDENTE DA REPÚBLICA, faço saber que o CONGRESSO NACIONAL decreta e eu sanciono a seguinte lei:

Art. 1º É livre o exercício de enfermagem em todo o território nacional, observadas as disposições da presente lei.

Art. 2º Poderão exercer a enfermagem no país:

1) Na qualidade de enfermeiro:

a) os possuidores de diploma expedido no Brasil, por escolas oficiais ou reconhecidas pelo Governo Federal, nos termos da Lei 775, de 6 agosto de 1949;

b) os diplomados por escolas estrangeiras reconhecidas pelas leis de seu país e que revalidaram seus diplomas de acordo com a legislação em vigor;

c) os portadores de diploma de enfermeiros, expedidos pelas escolas e cursos de enfermagem das forças armadas nacionais e forças militarizadas, que estejam habilitados mediante aprovação, naquelas disciplinas, do currículo estabelecido na Lei 775, de 6 de agosto de 1949, que requererem o registro de diploma na Diretoria do Ensino Superior do Ministério da Educação e Cultura.

2) Na qualidade de obstetriz:

a) os possuidores de diploma expedido no Brasil, por escolas de obstetrizes, oficiais ou reconhecidas pelo Governo Federal, nos termos da Lei 775, de 6 de agosto de 1949;

b) os diplomados por escolas de obstetrizes estrangeiras, reconhecidas pelas leis do país de origem e que revalidaram seus diplomas de acordo com a legislação em vigor.

3) Na qualidade de auxiliar de enfermagem, os portadores de certificados de auxiliar de enfermagem, conferidos por escola oficial ou reconhecida, nos termos da Lei 775, de 6 de agosto de 1949 e os diplomados pelas forças armadas nacionais e forças militarizada que não se acham incluídos na letra c do item I do art. 2º da presente lei.

4) Na qualidade de parteira, os portadores de certificado de parteira, conferido por escola oficial ou reconhecida pelo Governo Federal, nos termos da Lei 775, de 6 de agosto de 1949.

5) Na qualidade de enfermeiros práticos ou práticos de enfermagem:

a) os enfermeiros práticos amparados pelo Decreto 23.774, de 11 de janeiro de 1934;

b) as religiosas de comunidade amparadas pelo Decreto 22.257, de 26 de dezembro de 1932;

c) os portadores de certidão de inscrição, conferida após o exame de que trata o Decreto 8.778, de 22 de janeiro de 1946.

6) Na qualidade de parteiras práticas, os portadores de certidão de inscrição conferida após o exame de que trata o Decreto 8.778, de 22 de janeiro de 1946.

Art. 3º São atribuições dos enfermeiros além do exercício de enfermagem.

a) direção dos serviços de enfermagem nos estabelecimentos hospitalares e de saúde pública, de acordo com o art. 21 da Lei 775, de 6 de agosto de 1949;

b) participação do ensino em escolas de enfermagem e de auxiliar de enfermagem;

c) direção de escolas de enfermagem e de auxiliar de enfermagem;

d) participação nas bancas examinadoras de práticos de enfermagem.

Art. 4º São atribuições das obstetrizes, além do exercício da enfermagem obstétrica;

a) direção dos serviços de enfermagem obstétrica nos estabelecimentos hospitalares e de Saúde Pública especializados para a assistência obstétrica;

b) participação no ensino em escolas de enfermagem obstétrica ou em escolas de parteiras;

c) direção de escolas de parteiras;

d) participação nas bancas examinadoras de parteiras práticas.

Art. 5º São atribuições dos auxiliares de enfermagem, enfermeiros práticos de enfermagem, todas as atividades da profissão, excluídas as constantes nos itens do art. 3º, sempre sob orientação médica ou de enfermeiro.

Art. 6º São atribuições das parteiras as demais atividades da enfermagem obstétrica não constantes dos itens do art. 4º.

Art. 7º Só poderão exercer a enfermagem, em qualquer parte do território nacional, os profissionais cujos títulos tenham sido registrados ou inscritos no Departamento Nacional de Saúde ou na repartição sanitária correspondente nos Estados e Territórios.

Art. 8º O Ministério do Trabalho, Indústria e Comércio só expedirá carteira profissional aos portadores de diplomas, registros ou títulos de profissionais de enfermagem mediante a apresentação do registro dos mesmos no Departamento Nacional de Saúde ou na repartição sanitária correspondente nos Estados e Territórios.

Art. 9º Ao Serviço Nacional de Fiscalização da Medicina, órgão integrante do Departamento Nacional de Saúde, cabe fiscalizar, em todo o território nacional, diretamente ou por intermédio das repartições sanitárias correspondentes nos Estados e Territórios, tudo o que se relacione com o exercício da enfermagem.

Art. 10. *Vetado.*

Art. 11. Dentro do prazo de 120 (cento e vinte) dias da publicação da presente lei, os hospitais, clínicas, sanatórios, casas de saúde, departamentos de saúde e instituições congêneres deverão remeter ao Serviço Nacional de Fiscalização da Medicina a relação pormenorizada dos profissionais de enfermagem, da qual conste idade, nacionalidade, preparo técnico, títulos de habilitação profissional, tempo de serviço de enfermagem e função que exercem.

Art. 12. Todos os profissionais de enfermagem são obrigados a notificar, anualmente, à autoridade respectiva sua residência e sede de serviço onde exercem atividade.

Art. 13. O prazo da vigência do Decreto 8.778, de 22 de janeiro de 1946, é fixado em 1 (um) ano, a partir da publicação da presente lei.

Art. 14. Ficam expressamente revogadas os Decretos 23.774, de 22 de janeiro de 1934, 22.257, de 26 de dezembro de 1932, e 20.109, de 15 de junho de 1931.

Art. 15. Dentro em 120 (cento e vinte) dias da publicação da presente lei, o Poder Executivo baixará o respectivo regulamento.

Art. 16. Esta lei entrará em vigor na data de sua publicação, revogadas as disposições em contrário.

Rio de Janeiro, 17 de setembro de 1955; 134º da Independência e 67º da República.

João Café Filho

LEI 2.757, DE 23 DE ABRIL DE 1956

Dispõe sobre a situação dos empregados porteiros, zeladores, faxineiros e serventes de prédios de apartamentos residenciais.

DOU 26.04.1956

O Presidente da República:

Faço saber que o Congresso Nacional decreta e eu sanciono a seguinte lei:

Art. 1º São excluídos das disposições da letra *a* do Art. 7º do Decreto-lei 5.452, de 1º de maio de 1943, e do Art. 1º do Decreto-lei 3.078, de 27 de fevereiro de 1941, os empregados porteiros, zeladores, faxineiros e serventes de prédios de apartamentos residenciais, desde que a serviço da administração do edifício e não de cada condômino em particular.

Art. 2º São considerados representantes dos empregadores nas reclamações ou dissídios movimentos na justiça do Trabalho os síndicos eleitos entre os condôminos.

Art. 3º Os condôminos responderão, proporcionalmente, pelas obrigações previstas nas leis trabalhistas, inclusive as judiciais e extrajudiciais.

Art. 4º Esta lei entrará em vigor na data de sua publicação, revogadas as disposições em contrário.

Rio de Janeiro, 23 de abril de 1956, 135º da Independência e 68º da República.

Juscelino Kubitschek

LEI 3.207, DE 18 DE JULHO DE 1957

Regulamenta as atividades dos empregados vendedores, viajantes ou pracistas.

DOU 22.07.1957

O Presidente da República:

Faço saber que o Congresso Nacional decreta e eu sanciono a seguinte Lei:

Art. 1º As atividades dos empregados vendedores, viajantes ou pracistas, serão reguladas pelos preceitos desta Lei, sem prejuízo das normas estabelecidas na Consolidação das Leis do Trabalho – Decreto-lei 5.452, de 1º de maio de 1943 – no que lhes for aplicável.

Art. 2º O empregado vendedor terá direito à comissão avençada sobre as vendas que realizar. No caso de lhe ter sido reservada, expressamente, com exclusividade, uma zona de trabalho, terá esse direito sobre as vendas ali realizadas diretamente pela empresa ou por um preposto desta.

§ 1º A zona de trabalho do empregado vendedor poderá ser ampliada ou restringida de acordo com a necessidade da empresa, respeitados os dispositivos desta Lei quanto à irredutibilidade da remuneração.

§ 2º Sempre que, por conveniência da empresa empregadora, for o empregado viajante transferido da zona de trabalho, com redução de vantagens, ser-lhe-á assegurado, como mínimo de remuneração, um salário correspondente à média dos 12 (doze) últimos meses anteriores à transferência.

Art. 3º A transação será considerada aceita se o empregador não a recusar por escrito, dentro de dez dias, contados da data da proposta. Tratando-se de transação a ser concluída com comerciante ou empresa estabelecida noutro Estado ou no estrangeiro, o prazo para aceitação ou recusa da proposta de venda será de 90 (noventa) dias, podendo, ainda, ser prorrogado, por tempo determinado, mediante comunicação escrita feita ao empregado.

Art. 4º O pagamento de comissões e percentagens deverá ser feito mensalmente, expedindo a empresa, no fim de cada mês, a conta respectiva com as cópias das faturas correspondentes aos negócios concluídos.

Parágrafo único. Ressalva-se às partes interessadas fixar outra época para o pagamento de comissões e percentagens, o que, no entanto, não poderá exceder a um trimestre, contado da aceitação do negócio, sendo sempre obrigatória a expedição, pela empresa, da conta referida neste artigo.

Art. 5º Nas transações em que a empresa se obrigar por prestações sucessivas, o pagamento das comissões e percentagens será exigível de acordo com a ordem de recebimento das mesmas.

Art. 6º A cessação das relações de trabalho, ou a inexecução voluntária do negócio pelo empregador, não prejudicará percepção das comissões e percentagens devidas.

Art. 7º Verificada a insolvência do comprador, cabe ao empregador o direito de estornar a comissão que houver pago.

Art. 8º Quando for prestado serviço de inspeção e fiscalização pelo empregado vendedor, ficará a empresa vendedora obrigada ao pagamento adicional de 1/10 (um décimo) da remuneração atribuída ao mesmo.

Art. 9º O empregado vendedor viajante não poderá permanecer em viagem por tempo superior a seis meses consecutivos. Em seguida a cada viagem haverá um intervalo para descanso, calculado na base de três dias por mês da viagem realizada, não podendo, porém, ultrapassar o limite de 15 (quinze) dias.

Art. 10. Caracterizada a relação de emprego, aplicam-se os preceitos desta Lei a quantos exercerem funções iguais, semelhantes ou equivalentes aos empregados viajantes, embora sob outras designações.

Art. 11. Esta Lei entrará em vigor na data de sua publicação, revogadas as disposições em contrário.

Rio de Janeiro, 18 de julho de 1957; 136º da Independência e 69º da República.

Juscelino Kubitschek

LEI 3.270, DE 30 DE SETEMBRO DE 1957

Fixa em seis (6) o número de horas de trabalho diário dos cabineiros de elevador e dá outras providências.

DOU 03.10.1957

O Presidente da República:

Faço saber que o Congresso Nacional decreta e eu sanciono a seguinte Lei:

Art. 1º É fixado em seis (6) o número de horas de trabalho diário dos cabineiros de elevador.

Parágrafo único. É vetado a empregador e empregado qualquer acordo visando ao aumento das horas de trabalho fixadas no art. 1º desta lei.

Art. 2º Esta lei entrará em vigor na data de sua publicação, revogadas as disposições em contrário.

Rio de Janeiro, em 30 de setembro de 1957; 136º da Independência e 69º da República.

Juscelino Kubitschek

LEI 3.857, DE 22 DE DEZEMBRO DE 1960

Cria a Ordem dos Músicos do Brasil e dispõe sobre a Regulamentação do Exercício da Profissão de Músico e dá outras providências.

DOU 23.12.1960

O Presidente da República:

Faço saber que o Congresso Nacional decreta e eu sanciono a seguinte Lei:

CAPÍTULO I
DA ORDEM DOS MÚSICOS DO BRASIL

Art. 1º Fica criada a Ordem dos Músicos do Brasil com a finalidade de exercer, em todo o país, a seleção, a disciplina, a defesa da classe e a fiscalização do exercício da profissão do músico, mantidas as atribuições específicas do Sindicato respectivo.

Art. 2º A Ordem dos Músicos do Brasil, com forma federativa, compõe-se do Conselho Federal dos Músicos e de Conselhos Regionais, dotados de personalidade jurídica de direito público e autonomia administrativa e patrimonial.

Art. 3º A Ordem dos Músicos do Brasil exercerá sua jurisdição em todo o país, através do Conselho Federal, com sede na capital da República.

§ 1º No Distrito Federal e nas capitais de cada Estado haverá um Conselho Regional.

§ 2º Na capital dos Territórios onde haja, pelo menos, 25 (vinte e cinco) músicos, poderá instalar-se um Conselho Regional.

Art. 4º O Conselho Federal dos Músicos será composto de 9 (nove) membros e de igual número de suplentes, brasileiros natos ou naturalizados.

Parágrafo único. Os membros do Conselho Federal serão eleitos por escrutínio secreto e maioria absoluta de votos, em assembleia dos delegados dos Conselhos Regionais.

Art. 5º São atribuições do Conselho Federal:

▶ O STF, por unanimidade, julgou parcialmente procedente a ADPF 325, para conferir interpretação conforme à CF a este artigo, determinando "o congelamento do valor dos pisos salariais, devendo o quantum ser calculado com base no valor do salário-mínimo vigente na data da publicação da ata da sessão deste julgamento" (DOU 09.05.2022).

a) organizar o seu regimento interno;

b) aprovar os regimentos internos organizados pelos Conselhos Regionais;

c) eleger a sua diretoria;

d) preservar a ética profissional, promovendo as medidas acauteladoras necessárias;

e) promover quaisquer diligências ou verificações, relativas ao funcionamento dos Conselhos Regionais dos Músicos, nos Estados ou Territórios e Distrito Federal e adotar, quando necessárias, providências convenientes a bem da sua eficiência e regularidade, inclusive a designação de diretoria provisória;

f) propor ao Governo Federal a emenda ou alteração do Regulamento desta lei;

g) expedir as instruções necessárias ao bom funcionamento dos Conselhos Regionais;

h) tomar conhecimento de quaisquer dúvidas suscitadas pelos Conselhos Regionais e dirimi-las;

i) julgar os recursos interpostos das decisões dos Conselhos Regionais;

j) fixar a anuidade a vigorar em cada Conselho Regional, por proposta deste;

k) aprovar o orçamento;

l) preparar a prestação de contas a ser encaminhada ao Tribunal de Contas.

Art. 6º O mandato dos membros do Conselho Federal dos Músicos será honorífico e durará 3 (três) anos, renovando-se o terço anualmente, a partir do 4º ano da primeira gestão.

Art. 7º Na primeira reunião ordinária de cada ano do Conselho Federal, será eleita a sua diretoria, que é a mesma da Ordem dos Músicos do Brasil, composta de presidente, vice-presidente, secretário-geral, primeiro e segundo secretários e tesoureiros, na forma do regimento.

Art. 8º Ao presidente do Conselho Federal compete a direção do mesmo Conselho, representá-lo ativa e passivamente em juízo ou fora dele e velar pela conservação do decoro e da independência dos Conselhos Regionais dos Músicos e pelo livre exercício legal dos direitos de seus membros.

Art. 9º O secretário-geral terá a seu cargo a secretaria permanente do Conselho Federal.

Art. 10. O patrimônio do Conselho Federal será constituído de:

a) 20% (vinte por cento) pagos pelo Fundo Social Sindical, deduzidos da totalidade da cota ao mesmo atribuída, do imposto sindical pago pelos músicos, na forma do art. 590, da Consolidação das Leis do Trabalho;

b) 1/3 (um terço) da taxa de expedição das carteiras profissionais;

c) 1/3 (um terço) das multas aplicadas pelos Conselhos Regionais;

d) doações e legados;

e) subvenções oficiais;

f) bens e valores adquiridos;

g) 1/3 (um terço) das anuidades percebidas pelos Conselhos Regionais.

Art. 11. Os Conselhos Regionais serão compostos de 6 (seis) membros, quando o Conselho tiver até 50 (cinquenta) músicos inscritos; de 9 (nove) até 150 (cento e cinquenta) músicos inscritos; de 15 (quinze), até 300 (trezentos) músicos inscritos, e 21 (vinte e um), quando exceder desse número.

Art. 12. Os membros dos Conselhos Regionais dos Músicos serão eleitos em escrutínio secreto, em assembleia dos inscritos de cada região que estejam em pleno gozo de seus direitos.

§ 1º As eleições para os Conselhos Regionais serão feitas sem discriminação de cargos, que serão providos na primeira reunião ordinária, de cada ano, dos referidos órgãos.

§ 2º O mandato dos membros dos Conselhos Regionais será honorífico, privativo de brasileiro nato ou naturalizado e durará 3 (três) anos, renovando-se o terço anualmente, a partir do 4º ano da primeira gestão.

Art. 13. A diretoria de cada Conselho Regional será composta de presidente, vice-presidente, primeiro e segundo secretários e tesoureiro.

Parágrafo único. Nos Conselhos Regionais onde o quadro abranger menos de 20 (vinte) músicos inscritos, poderão ser suprimidos os cargos de vice-presidente e os de primeiro e segundo secretários, ou alguns destes.

Art. 14. São atribuições dos Conselhos Regionais:

a) deliberar sobre a inscrição e cancelamento no quadro do Conselho cabendo recurso no prazo de 30 (trinta) dias, contados da ciência, para o Conselho Federal;

b) manter um registro dos músicos, legalmente habilitados, com exercício na respectiva região;

c) fiscalizar o exercício da profissão de músicos;

d) conhecer, apreciar e decidir sobre os assuntos atinentes à ética profissional impondo as penalidades que couberem;

e) elaborar a proposta do seu regimento interno, submetendo-a à aprovação do Conselho Federal;

f) aprovar o orçamento anual;

g) expedir carteira profissional;

h) velar pela conservação da honra e da independência do Conselho e pelo livre exercício legal dos direitos dos músicos;

i) publicar os relatórios anuais de seus trabalhos e as relações dos profissionais registrados;

j) exercer os atos de jurisdição que por lei lhes sejam cometidos;

k) admitir a colaboração dos sindicatos e associações profissionais, nas matérias previstas nas letras anteriores;

l) eleger um delegado-eleitor para a assembleia referida no art. 80, parágrafo único.

Art. 15. O patrimônio dos Conselhos Regionais será constituído de:

a) taxa de inscrição;

b) 2/3 (dois terços) da taxa de expedição de carteiras profissionais;

c) 2/3 (dois terços) das anuidades pagas pelos músicos inscritos no Conselho Regional;

d) 2/3 (dois terços) das multas aplicadas de acordo com a alínea c, do artigo 19;

e) doações e legados;

f) subvenções oficiais;

g) bens e valores adquiridos.

Art. 16. Os músicos só poderão exercer a profissão depois de regularmente registrados no órgão competente do Ministério da Educação e Cultura e no Conselho Regional dos Músicos sob cuja jurisdição estiver compreendido o local de sua atividade.

Art. 17. Aos profissionais registrados de acordo com esta lei, serão entregues as carteiras profissionais que os habilitarão ao exercício da profissão de músico em todo o país.

§ 1º A carteira a que alude este artigo valerá como documento de identidade e terá fé pública;

§ 2º No caso de o músico ter de exercer temporariamente a sua profissão em outra jurisdição, deverá apresentar a carteira profissional para ser visada pelo presidente do Conselho Regional desta jurisdição;

§ 3º Se o músico inscrito no Conselho Regional de um Estado passar a exercer por mais de 90 (noventa) dias atividade em outro estado, deverá requerer inscrição no Conselho Regional da jurisdição deste.

Art. 18. Todo aquele que, mediante anúncios, cartazes, placas, cartões comerciais ou quaisquer outros meios de propaganda se propuser ao exercício da profissão de músico, em qualquer de seus gêneros e especialidades, fica sujeito às penalidades aplicáveis ao exercício ilegal da profissão, se não estiver devidamente registrado.

Art. 19. As penas disciplinares aplicáveis são as seguintes:

a) advertência;

b) censura;

c) multa;

d) suspensão do exercício profissional até 30 (trinta) dias;

e) cassação do exercício profissional ad referendum do Conselho Federal.

§ 1º Salvo os casos de gravidade manifesta que exijam aplicação imediata da penalidade mais grave, a imposição das penas obedecerá à gradação deste artigo.

§ 2º Em matéria disciplinar, o Conselho Regional deliberará de ofício ou em consequência de representação de autoridade, de qualquer músico inscrito ou de pessoa estranha ao Conselho, interessada no caso.

§ 3º À deliberação do Conselho precederá, sempre, audiência do acusado sendo-lhe dado defensor no caso de não ser encontrado, ou for revel.

§ 4º Da imposição de qualquer penalidade caberá recurso no prazo de 30 (trinta) dias, contados da ciência, para o Conselho Federal, sem efeito suspensivo, salvo os casos das alíneas c, d e e, deste artigo,

Prof. Reg.

§ 5º Além do recurso previsto no parágrafo anterior, não caberá qualquer outro de natureza administrativa ressalvada aos interessados a via judiciária para as ações cabíveis.

§ 6º As denúncias contra membros dos Conselhos Regionais só serão recebidas quando devidamente assinadas e acompanhadas da indicação de elementos comprobatórios do alegado.

Art. 20. Constituem a assembleia geral de cada Conselho Regional os músicos inscritos, que se achem no pleno gozo de seus direitos e tenham aí a sede principal de sua atividade profissional.

Parágrafo único. A assembleia geral será dirigida pelo presidente e os secretários do Conselho Regional respectivo.

Art. 21. À assembleia geral compete:

I – discutir e votar o relatório e contas da diretoria, devendo, para êsse fim, reunir-se ao menos uma vez por ano, sendo, nos anos em que se tenha de realizar a eleição do Conselho Regional, de 30 (trinta) a 45 (quarenta e cinco) dias antes da data fixada para essa eleição;

II – autorizar a alienação de imóveis do patrimônio do Conselho;

III – elaborar e alterar a tabela de emolumentos cobrados pelos serviços prestados ad referendum do Conselho Federal;

IV – deliberar sobre as questões ou consultas submetidas à sua decisão pelo Conselho ou pela diretoria.

V – eleger um delegado e um suplente para a eleição dos membros e suplentes do Conselho Federal.

Art. 22. A assembleia geral, em primeira convocação reunir-se-á com a maioria absoluta de seus membros e em segunda convocação, com qualquer número de membros presentes.

Parágrafo único. As deliberações serão tomadas por maioria de votos dos presentes.

Art. 23. O voto é pessoal e obrigatório em toda eleição, salvo doença ou ausência comprovada plenamente.

§ 1º Por falta injustificada à eleição incorrerá o membro do Conselho na multa de Cr$ 200,00 (duzentos cruzeiros) dobrada na reincidência.

§ 2º Os músicos que se encontrarem fora da sede das eleições, por ocasião destas, poderão dar seu voto em dupla sobrecarta, opaca, fechada e remetida pelo correio, sob registro, acompanhada por ofício, com firma reconhecida dirigido ao presidente do Conselho Federal.

§ 3º Serão computadas as cédulas recebidas com as formalidades do parágrafo precedente, até o momento de encerrar-se a votação. A sobrecarta maior será aberta pelo presidente do Conselho, que depositará a sobrecarta menor na urna sem violar o segredo do voto;

§ 4º As eleições serão anunciadas no órgão oficial e em jornal de grande circulação, com 30 (trinta) dias de antecedência.

§ 5º As eleições serão feitas por escrutínio secreto, perante o Conselho, podendo quando haja mais de duzentos votantes, determinar-se locais diversos para o recebimento dos votos, permanecendo neste caso, em cada local, dois diretores ou músicos inscritos, designados pelo Conselho.

§ 6º Em cada eleição, os votos serão recebidos durante 6 (seis) horas contínuas, pelo menos.

Art. 24. Instalada a Ordem dos Músicos do Brasil será estabelecido o prazo de 6 (seis) meses para a inscrição daqueles que já se encontrem no exercício da profissão.

Art. 25. O músico que, na data da publicação desta lei, estiver, há mais de seis meses, sem exercer atividade musical, deverá comprovar o exercício anterior da profissão de música, para poder registrar-se na Ordem dos Músicos do Brasil.

Art. 26. A Ordem dos Músicos do Brasil instituirá:

a) cursos de aperfeiçoamento profissional;

b) concursos;

c) prêmios de viagens no território nacional e no exterior;

d) bolsas de estudos;

e) serviços de cópia de partituras sinfônicas dramáticas, premiadas em concurso.

Art. 27. O Poder Executivo providenciará a entrega ao Conselho Federal dos Músicos, logo após a publicação da presente lei, de 40% (quarenta por cento) pagos pelo fundo social, sindical, deduzidos da totalidade da quota atribuída ao mesmo, do imposto sindical pago pelos músicos na forma do artigo 590 da Consolidação das Leis do Trabalho.

Parágrafo único. A instalação da Ordem dos Músicos do Brasil será promovida por uma comissão composta de um representante do Ministério da Educação e Cul-

tura, do Ministério do Trabalho, Indústria e Comércio, da União dos Músicos do Brasil, da Escola Nacional de Música, da Academia Brasileira de Música e 2 (dois) representantes das entidades sindicais.

CAPÍTULO II

DAS CONDIÇÕES PARA O EXERCÍCIO PROFISSIONAL

Art. 28. É livre o exercício da profissão de músico, em todo o território nacional, observados o requisito da capacidade técnica e demais condições estipuladas em lei:

a) aos diplomados pela Escola Nacional de Música da Universidade do Brasil ou por estabelecimentos equiparados ou reconhecidos;

b) aos diplomados pelo Conservatório Nacional de Canto Orfeônico;

c) aos diplomados por conservatórios, escolas ou institutos estrangeiros de ensino superior de música, legalmente reconhecidos, desde que tenham revalidados os seus diplomas no país na forma da lei;

d) aos professores catedráticos e aos maestros de renome internacional que dirijam ou tenham dirigido orquestras ou coros oficiais;

e) aos alunos dos dois últimos anos, dos cursos de composição, regência ou de qualquer instrumento da Escola Nacional de Música ou estabelecimento equiparados ou reconhecidos;

f) aos músicos de qualquer gênero ou especialidade que estejam em atividade profissional devidamente comprovada, na data da publicação da presente lei;

g) os músicos que forem aprovados em exame prestado perante banca examinadora, constituída de três especialistas, no mínimo, indicados pela Ordem e pelos sindicatos de músicos do local e nomeados pela autoridade competente do Ministério do Trabalho, Indústria e Comércio.

§ 1º Aos músicos a que se referem as alíneas *f* e *g* deste artigo será concedido certificado que os habilite ao exercício da profissão.

§ 2º Os músicos estrangeiros ficam dispensados das exigências deste artigo, desde que sua permanência no território nacional não ultrapasse o período de 90 (noventa) dias e sejam:

a) compositores de música erudita ou popular;

b) regentes de orquestra sinfônica, ópera, bailado ou coro, de comprovada competência;

c) integrantes de conjuntos orquestrais, operísticos, folclóricos, populares ou típicos;

d) pianistas, violinistas, violoncelistas, cantores ou instrumentistas virtuoses de outra especialidade, a critério do órgão instituído pelo art. 27 desta lei.

Art. 29. Os músicos profissionais para os efeitos desta lei, se classificam em:

a) compositores de música erudita ou popular;

b) regentes de orquestras sinfônicas, óperas, bailados, operetas, orquestras mistas, de salão, ciganas, jazz, jazz-sinfônico, conjuntos corais e bandas de música;

c) diretores de orquestras ou conjuntos populares;

d) instrumentais de todos os gêneros e especialidades;

e) cantores de todos os gêneros e especialidades;

f) professores particulares de música;

g) diretores de cena lírica;

h) arranjadores e orquestradores;

i) copistas de música.

Art. 30. Incumbe privativamente ao compositor de música erudita e ao regente:

a) exercer cargo de direção nos teatros oficiais de ópera ou bailado;

b) exercer cargos de direção musical nas estações de rádio ou televisão;

c) exercer cargo de direção musical nas fábricas ou empresas de gravações fonomecânicas;

d) ser consultor técnico das autoridades civis e militares em assuntos musicais;

e) exercer cargo de direção musical nas companhias produtoras de filmes cinematográficos e do Instituto Nacional de Cinema Educativo;

f) dirigir os conjuntos musicais contratados pelas companhias nacionais de navegação;

g) ser diretor musical das fábricas de gravações fonográficas;

h) dirigir a seção de música das bibliotecas públicas;

i) dirigir estabelecimentos de ensino musical;

j) ser diretor técnico dos teatros de ópera ou bailado e dos teatros musicados;

k) ser diretor musical da seção pesquisas folclóricas do Museu Nacional do Índio;

l) ser diretor musical das orquestras sinfônicas oficiais e particulares;

m) ensaiar e dirigir orquestras sinfônicas;

n) preparar e dirigir espetáculos teatrais de ópera bailado ou opereta;

o) ensaiar e dirigir conjuntos corais ou folclóricos;

p) ensaiar e dirigir bandas de música;

q) ensaiar e dirigir orquestras populares;

r) lecionar matérias teóricas musicais a domicílio ou em estabelecimento de ensino primário, secundário ou superior, regularmente organizados.

§ 1º É obrigatória a inclusão do compositor de música erudita e regente nas comissões artísticas e culturais de ópera, bailado ou quaisquer outras de natureza musical;

§ 2º Na localidade em que não houver compositor de música erudita ou regente, será permitido o exercício das atribuições previstas neste artigo a profissional diplomado em outra especialidade musical.

Art. 31. Incumbe privativamente ao diretor de orquestra ou conjunto popular:

a) assumir a responsabilidade da eficiência artística do conjunto;

b) ensaiar e dirigir orquestras ou conjuntos populares.

Parágrafo único. O diretor de orquestra ou conjuntos populares, a que se refere êste artigo, deverá ser diplomado em composição e regência pela Escola Nacional de Música ou estabelecimento equiparado ou reconhecido.

Art. 32. Incumbe privativamente ao cantor:

a) realizar recitais individuais;

b) participar como solista, de orquestras sinfônicas ou populares;

c) participar de espetáculos de ópera ou operetas;

d) participar de conjuntos corais ou folclóricos;

e) lecionar, a domicílio ou em estabelecimento de ensino regularmente organizado, a matéria de sua especialidade, se portador de diploma do Curso de Formação de Professores da Escola Nacional de Música ou de estabelecimento do ensino equiparado ou reconhecido.

Art. 33. Incumbe privativamente ao instrumentista:

a) realizar recitais individuais;

b) Participar como solista de orquestras sinfônicas ou populares;

c) integrar conjuntos de música de câmera;

d) participar de orquestras sinfônicas, dramáticas, religiosas ou populares, ou de bandas de música;

e) ser acompanhador, se organista, pianista, violinista ou acordeonista;

f) lecionar, a domicílio ou em estabelecimento de ensino regularmente organizado, o instrumento de sua especialidade, se portador de diploma do Curso de Formação de Professores da Escola Nacional de Música ou estabelecimento equiparado ou reconhecido.

§ 1º As atribuições constantes das alíneas *c, d, e, f, g, h, k, o* e *q* do art. 30 são extensivas aos profissionais de que trata este artigo.

§ 2º As atribuições referidas neste artigo são extensivas ao compositor, quando instrumentista.

Art. 34. Ao diplomado em matérias musicais teóricas compete lecionar a domicílio ou em estabelecimento de ensino regularmente organizados, a disciplina de sua especialidade.

Art. 35. Somente os portadores de diploma do Curso de Formação de Professores da Escola Nacional de Música, do Curso de Professor do Conservatório Nacional de Canto Orfeônico ou de estabelecimentos equiparados ou reconhecidos poderão lecionar as matérias das escolas primárias e secundárias.

Art. 36. Somente os portadores de diploma do Curso de Formação de Professores da Escola Nacional de Música ou estabelecimentos equiparados ou reconhecidos poderão lecionar as matérias das escolas de ensino superior.

Art. 37. Ao diplomado em declamação lírica incumbe, privativamente, ensaiar, dirigir e montar óperas e operetas.

Parágrafo único. As atribuições constantes deste artigo são extensivas aos estrangeiros portadores de diploma de *metteur - en - scène* ou *régisseur*.

Art. 38. Incumbe privativamente ao arranjador ou orquestrador:

a) fazer arranjos musicais de qualquer gênero para coral, orquestra sinfônica, conjunto de câmera e banda de música;

b) fazer arranjos, para conjuntos populares ou regionais;

c) fazer o fundo musical de programas montados em emissoras de rádio ou televisão e em gravações fonomecânicas.

Art. 39. Incumbe ao copista:

a) executar trabalhos de cópia de música;

b) fazer transposição de partituras e partes de orquestra.

Art. 40. É condição essencial para o provimento de cargo público privativo de músico o cumprimento pelo candidato das disposições desta lei.

Parágrafo único. No provimento de cargo público privativo de músico terá preferência, em igualdade de condições, o músico diplomado.

CAPÍTULO III
DA DURAÇÃO DO TRABALHO

Art. 41. A duração normal do trabalho dos músicos não poderá exceder de 5 (cinco) horas, excetuados os casos previstos nesta lei.

§ 1º O tempo destinado aos ensaios será computado no período de trabalho.

§ 2º Com exceção do destinado à refeição, que será de 1 (uma) hora, os demais intervalos que se verificarem, na duração normal do trabalho ou nas prorrogações serão computados como de serviço efetivo.

Art. 42. A duração normal do trabalho poderá ser elevada:

I – a 6 (seis) horas, nos estabelecimentos de diversões públicas, tais como – cabarés, boates, dancings, táxi-dancings, salões de danças e congêneres, onde atuem 2 (dois) ou mais conjuntos.

II – excepcionalmente, a 7 (sete) horas, nos casos de força maior, ou festejos populares e serviço reclamado pelo interesse nacional.

§ 1º A hora de prorrogação, nos casos previstos do item II deste artigo, será remunerada com o dobro do valor do salário normal.

§ 2º Em todos os casos de prorrogação do período normal de trabalho, haverá obrigatoriamente, um intervalo para repouso de 30 (trinta) minutos, no mínimo.

§ 3º As prorrogações de caráter permanente deverão ser precedidas de homologação da autoridade competente.

Art. 43. Nos espetáculos de ópera, bailado e teatro musicado, a duração normal do trabalho, para fins de ensaios, poderá ser dividida em dois períodos, separados por intervalo de várias horas, em benefício do rendimento artístico e desde que a tradição e a natureza do espetáculo assim o exijam.

Parágrafo único. Nos ensaios gerais, destinados à censura oficial, poderá ser excedida a duração normal do trabalho.

Art. 44. Nos espetáculos de teatro musicado, como revista, opereta e outros gêneros semelhantes, os músicos receberão uma diária por sessão excedente das normais.

Art. 45. O músico das empresas nacionais de navegação terá um horário especial de trabalho, devendo participar, obrigatoriamente, de orquestra ou como solista:

a) nas horas do almoço ou jantar;

b) das 21 às 22 horas;

c) nas entradas e saídas dos portos, desde que esse trabalho seja executado depois das 7 e antes das 22 horas.

Parágrafo único. O músico de que trata este artigo ficará dispensado de suas atividades durante as permanências das embarcações nos portos, desde que não hajam passageiros a bordo.

Art. 46. A cada período de seis dias consecutivos de trabalho corresponderá um dia de descanso obrigatório e remunerado, que constará do quadro de horário afixado pelo empregador.

Art. 47. Em seguida a cada período diário de trabalho, haverá um intervalo de 11 (onze) horas, no mínimo, destinado ao repouso.

Art. 48. O tempo em que o músico estiver à disposição do empregador será computado como de trabalho efetivo.

CAPÍTULO IV
DO TRABALHO DOS MÚSICOS ESTRANGEIROS

Art. 49. As orquestras, os conjuntos musicais, os cantores e concertistas estrangeiros só poderão exibir-se no território nacional, a juízo do Ministério do Trabalho, Indústria e Comércio, e pelo prazo máximo de 90 (noventa) dias depois de legalizada sua permanência no país, na forma da legislação vigente.

§ 1º As orquestras, os conjuntos musicais e os cantores de que trata este artigo só poderão exibir-se:

a) em teatros, como atração artística;

b) em empresas de radiodifusão e de televisão, em cassinos, boates e demais estabelecimentos de diversão, desde que tais empresas ou estabelecimentos contratem igual, número de profissionais brasileiros, pagando-lhes remuneração de igual valor.

§ 2º Ficam dispensados da exigência constante da parte final da alínea b, do parágrafo anterior as empresas e os estabelecimentos que mantenham orquestras, conjuntos, cantores e concertistas nacionais.

§ 3º As orquestras, os conjuntos musicais, os cantores e concertistas de que trata este artigo não poderão exercer atividades profissionais diferentes daquelas para o exercício das quais tenham vindo ao país.

Art. 50. Os músicos estrangeiros aos quais se refere o § 2º do art. 1º desta lei poderão trabalhar sem o registro na Ordem dos Músicos do Brasil, criada pelo art. 27, desde que tenham sido contratados na forma do art. 7º, alínea *d*, do Decreto-lei 7.967, de 18 de setembro de 1945.

Art. 51. Terminados os prazos contratuais e desde que não haja acordo em contrário, os empresários ficarão obrigados a reconduzir os músicos estrangeiros aos seus pontos de origem.

Art. 52. Os músicos devidamente registrados no país, só trabalharão nas orquestras estrangeiras, em caráter provisório e em caso de força maior ou de enfermidade comprovada de qualquer dos componentes das mesmas não podendo o substituto em nenhuma hipótese, perceber proventos inferiores ao do substituído.

Art. 53. Os contratos celebrados com os músicos estrangeiros somente serão registrados no órgão competente do Ministério do Trabalho, Indústria e Comércio, depois de provada a realização do pagamento pelo contratante da taxa de 10% (dez por cento) sobre o valor do contrato e o recolhimento da mesma ao Banco do Brasil em nome da Ordem dos Músicos do Brasil e do sindicato local, em partes iguais.

Parágrafo único. No caso de contratos celebrados com base, total ou parcialmente, em percentagens de bilheteria, o recolhimento previsto será feito imediatamente após o término de cada espetáculo.

CAPÍTULO V
DA FISCALIZAÇÃO DO TRABALHO

Art. 54. Para os efeitos da execução e, consequentemente, da fiscalização do trabalho dos músicos, os empregadores são obrigados:

a) a manter afixado, em lugar visível, no local de trabalho, quadro discriminativo do horário dos músicos em serviço;

b) a possuir livro de registro de empregados destinado às anotações relativas à identidade, inscrição na Ordem dos Músicos do Brasil, número da carteira profissional, data de admissão e saída, condições de trabalho, férias e obrigações da lei de acidentes do trabalho, nacionalização, além de outras estipuladas em lei.

Art. 55. A fiscalização do trabalho dos músicos, ressalvada a competência privativa da Ordem dos Músicos do Brasil quanto ao exercício profissional, compete, no Distrito Federal, ao Departamento Nacional do Trabalho, e, nos Estados e Territórios, às respectivas Delegacias Regionais, obedecidas as normas fixadas pelos artigos 626 e seguintes da Consolidação das Leis do Trabalho.

CAPÍTULO VI
DAS PENALIDADES

Art. 56. O infrator de qualquer dispositivo desta lei será punido com a multa de Cr$ 1.000.00 (um mil cruzeiros) a Cr$ 10.000,00 (dez mil cruzeiros), de acordo com a gravidade da infração e a juízo da autoridade competente, aplicada em dobro, na reincidência.

Art. 57. A oposição do empregador sob qualquer pretexto, à fiscalização dos preceitos desta lei constitui infração grave, passível de multa de Cr$ 10.000,00 (dez mil cruzeiros) aplicada em dobro, na reincidência.

Parágrafo único. No caso de habitual infração dos preceitos desta lei será agravada a penalidade podendo, inclusive ser determinada a interdição do estabelecimento ou suspensão da atividade exercida em qualquer local pelo empregador.

Art. 58. O processo de autuação, por motivo de infração dos dispositivos reguladores do trabalho do músico, constantes desta lei, assim como o dos recursos apresentados pelas partes autuadas obedecerá às normas constantes do Título VII, da Consolidação das Leis do Trabalho.

CAPÍTULO VII
DISPOSIÇÕES GERAIS E TRANSITÓRIAS

Art. 59. Consideram-se empresas empregadoras para os efeitos desta lei:

a) os estabelecimentos comerciais, teatrais e congêneres, bem como as associações recreativas, social, ou desportivas;

b) os estúdios de gravação, radiodifusão, televisão ou filmagem;

c) as companhias nacionais de navegação;

d) toda organização ou instituição que explore qualquer gênero de diversão, franqueada ao público, ou privativa de associados.

Art. 60. Aos músicos profissionais aplicam-se todos os preceitos da legislação de assistência e proteção do trabalho, assim como da previdência social.

Art. 61. Para os fins desta lei, não será feita nenhuma distinção entre o trabalho do músico e do artista músico a que se refere o Decreto número 5.492, de 16 de julho de 1928, e seu Regulamento, desde que este profissional preste serviço efetivo ou transitório a empregador, sob a dependência deste e mediante qualquer forma de remuneração ou salário, inclusive "cachê" pago com continuidade.

Art. 62. Salvo o disposto no artigo 1º, § 2º, será permitido o trabalho do músico estrangeiro, respeitadas as exigências desta lei, desde que não exista no país profissional habilitado na especialidade.

Art. 63. Os contratantes de quaisquer espetáculos musicais deverão preencher os necessários requisitos legais e efetuar, no ato do contrato, um depósito no Banco do Brasil, à ordem da autoridade competente do Ministério do Trabalho, Indústria e Comércio, da importância igual a uma semana dos ordenados de todos os profissionais contratados.

§ 1º Quando não houver na localidade agência do Banco do Brasil, o depósito será efetuado na Coletoria Federal.

§ 2º O depósito a que se refere este artigo somente poderá ser levantado por ordem da autoridade competente do Ministério do Trabalho, Indústria e Comércio, mediante provas de quitação do pagamento das indenizações decorrentes das leis de proteção ao trabalho das taxas de seguro sobre acidentes do trabalho, das contribuições de previdência social e de outras estabelecidas por lei.

Art. 64. Os músicos serão segurados obrigatórios do Instituto de Aposentadoria e Pensões dos Comerciários excetuados os das empresas de navegação que se filiarão ao Instituto de Aposentadoria e Pensões dos Marítimos.

§ 1º Os músicos cuja atividade for exercida sem vínculo de emprego contribuirão obrigatoriamente sobre salário-base fixado, em cada região do país, de acordo com o padrão de vida local, pelo Ministro do Trabalho, Indústria e Comércio, mediante proposta do Instituto e ouvido o Serviço Atuarial do Ministério.

§ 2º O salário-base será fixado para vigorar por um ano, considerando-se prorrogado por mais um ano, se finda a vigência, não houver sido alterado.

Art. 65. Na aplicação dos dispositivos legais relativos à nacionalização do trabalho, será apenas computado, quanto às orquestras, o total dos músicos a serviço da empresa, para os efeitos do art. 354 e respectivo parágrafo único, da Consolidação das Leis do Trabalho.

Art. 66. Todo contrato de músicos profissionais ainda que por tempo determinado e a curto prazo seja qual for a modalidade da remuneração, obriga ao desconto e recolhimento das contribuições de previdência social e do imposto sindical, por parte dos contratantes.

Art. 67. Os componentes das orquestras ou conjuntos estrangeiros não poderão se fazer representar por substitutos, sem a prévia concordância do contratante, salvo motivo de força maior, devidamente comprovado importando em inadimplemento contratual a ausência ao trabalho sem o consentimento referido.

Art. 68. Nenhum contrato de músico, orquestra ou conjunto nacional e estrangeiro, será registrado sem o comprovante do pagamento do Imposto Sindical devido em razão de contrato anterior.

Art. 69. Os contratos dos músicos deverão ser encaminhados, para fins de registro, ao órgão competente do Ministério do Trabalho, Indústria e Comércio, diretamente pelos interessados ou pelos respectivos órgãos de classe, que poderão apresentar as impugnações que julgarem cabíveis.

Art. 70. Serão nulos de pleno direito quaisquer acordos destinados a burlar os dispositivos desta lei, sendo

Prof. Reg.

vedado por motivo de sua vigência, aos empregadores rebaixar salários ou demitir empregados.

Art. 71. A presente lei entrará em vigor na data de sua publicação.

Art. 72. Revogam-se as disposições em contrário.

Brasília, em 22 de dezembro de 1960; 139º da Independência e 72º da República.

Juscelino Kubitschek.

LEI 3.999, DE 15 DE DEZEMBRO DE 1961

Altera o salário mínimo dos médicos e cirurgiões-dentistas.

DOU 21.12.1961

O Presidente da República:

Faço saber que o Congresso Nacional decreta e eu sanciono a seguinte Lei:

Art. 1º O salário-mínimo dos médicos passa a vigorar nos níveis e da forma estabelecida na presente lei.

Art. 2º A classificação de atividades ou tarefas, desdobrando-se por funções, será a seguinte:

a) médicos (seja qual for a especialidade);

b) auxiliares (auxiliar de laboratorista e radiologista e internos).

Art. 3º Não se compreende na classificação de atividades ou tarefas, previstas nesta lei (obrigando ao pagamento de remuneração) o estágio efetuado para especialização ou melhoria de tirocínio, desde que não exceda ao prazo máximo de seis meses e permita a sucessão regular no quadro de beneficiados.

Art. 4º É salário-mínimo dos médicos a remuneração mínima, permitida por lei, pelos serviços profissionais prestados por médicos, com a relação de emprego, a pessoas físicas ou jurídicas de direito privado.

Art. 5º Fica fixado o salário-mínimo dos médicos em quantia igual a (3) três vezes e o dos auxiliares a duas vezes mais o salário-mínimo comum das regiões ou sub-regiões em que exercerem a profissão.

▶ Lei 6.932/1981 (Atividades do Médico Residente).
▶ O STF, na ADPF 325, julgou parcialmente procedente o pedido para reconhecer "a compatibilidade do art. 5º da Lei federal nº 3.999/61 com o texto constitucional e, com apoio na técnica da interpretação conforme, determinar o congelamento do valor dos pisos salariais, devendo o quantum ser calculado com base no valor do salário-mínimo vigente na data da publicação da ata da sessão deste julgamento..." (DOU 25.03.2022).

Art. 6º O disposto no art. 5º aplica-se aos médicos que, não sujeitos ao horário previsto na alínea *a* do artigo 8º, prestam assistência domiciliar por conta de pessoas físicas ou jurídicas de direito privado, como empregados destas, mediante remuneração por prazo determinado.

Art. 7º Sempre que forem alteradas as tabelas do salário-mínimo comum, nas localidades onde o salário-mínimo geral corresponder a valor inferior a metade da soma do mais alto e do mais baixo salário-mínimo em vigor no país, o salário-mínimo dos médicos será reajustado para valor correspondente a (3) três vezes e o dos auxiliares para duas vezes mais esta metade.

Art. 8º A duração normal do trabalho, salvo acordo escrito que não fira de modo algum o disposto no artigo 12, será:

a) para médicos, no mínimo de duas horas e no máximo de quatro horas diárias;

b) para os auxiliares será de quatro horas diárias.

§ 1º Para cada 90 (noventa) minutos de trabalho gozará o médico de um repouso de 10 (dez) minutos.

§ 2º Aos médicos e auxiliares que contratarem com mais de (1) um empregador, é vedado o trabalho além de (6) seis horas diárias.

§ 3º Mediante acordo escrito, ou por motivo de força maior, poderá ser o horário normal acrescido de horas suplementares, em número não excedente de duas.

§ 4º A remuneração da hora suplementar não será nunca inferior a 25% (vinte e cinco por cento) à da hora normal.

Art. 9º O trabalho noturno terá remuneração superior à do diurno e, para esse efeito, sua remuneração terá um acréscimo de 20% (vinte por cento), pelo menos, sobre a hora diurna.

Art. 10. O profissional, designado para servir fora da cidade ou vila para a qual tenha sido contratado, não poderá:

a) perceber importância inferior a do nível mínimo de remuneração que vigore naquela localidade;

b) sofrer redução, caso se observe nível inferior.

Art. 11. As modificações futuras de critério territorial para a fixação dos salários-mínimos comuns, em tabelas, aproveitarão, também, para os médicos.

Art. 12. Na hipótese do ajuste ou contrato de trabalho ser incluído à base-hora, o total da remuneração devida não poderá perfazer quantia inferior a vinte e cinco (25) vezes o valor da soma das duas (2) primeiras horas, conforme o valor horário calculado para a respectiva localidade.

Art. 13. São aplicáveis ao salário-mínimo dos médicos as disposições de caráter geral, sobre o salário-mínimo, constantes, do Decreto-lei 5.452, de 1º de maio de 1943 (CLT).

Art. 14. A aplicação da presente lei não poderá ser motivo de redução de salário, nem prejudicará a situação de direito adquirido.

Art. 15. Os cargos ou funções de chefias de serviços médicos somente poderão ser exercidos por médicos, devidamente habilitados na forma da lei.

Art. 16. A partir da vigência da presente lei, o valor das indenizações estaduais na CLT, que venham a ser devidas, será desde logo calculado e pago de conformidade com os níveis de remuneração nela fixados.

Art. 17. *Revogado pelo Dec.-lei 66/1966.*

Art. 18. Aos médicos que exerçam a profissão como empregados de mais de (1) um empregador é permitido contribuir, cumulativamente, na base dos salários efetivamente recebidos nos diversos empregos, até o máximo de (10) dez vezes o maior salário-mínimo geral vigente para os trabalhadores não abrangidos por esta lei, cabendo aos respectivos empregadores recolher as suas cotas, na proporção dos salários pagos.

Art. 19. As instituições de fins beneficentes e caritativos, que demonstrem não poder suportar o pagamento dos níveis mínimos de salários instituídos na presente lei, será facultado requerer ao Conselho Nacional do Serviço Social isenção total ou redução dos mesmos salários.

§ 1º A isenção, para ser concedida, deve subordinar-se à audiência do órgão sindical e da Associação Médica Brasileira, por intermédio de sua federada regional e, bem assim, do Serviço de Estatística da Previdência e do Trabalho, do Ministério do Trabalho e da Previdência Social.

§ 2º A isenção poderá ser declarada, em cada caso, na fase da execução da sentença proferida em litígio trabalhista, pelo Juízo ou Tribunal competente, podendo, contudo, a execução ser reaberta, independente de qualquer prazo prescricional, sempre que o interessado prove alteração superveniente das condições econômicas da instituição.

Art. 20. Os benefícios desta lei estendem-se aos profissionais da medicina e seus auxiliares que trabalham ou venham a trabalhar em organizações industriais e agrícolas, localizadas em zonas urbanas e rurais.

§ 1º As empresas que já tenham serviço médico-social organizado, conservarão seus médicos e auxiliares com as vantagens decorrentes desta lei, levando-se em consideração o tempo de serviço, as distâncias e outros fatores que possam influir na organização do horário, de acordo com as necessidades do serviço.

Art. 21. São automaticamente nulos todos os contratos de trabalho que, de qualquer forma, visem a elidir a presente lei.

Art. 22. As disposições desta lei são extensivas aos cirurgiões dentistas, inclusive aos que trabalham em organizações sindicais.

Art. 23. Esta lei entrará em vigor na data de sua publicação, revogadas as disposições em contrário.

Brasília, em 21 de dezembro de 1961; 140º da Independência e 73º da República.

João Goulart

DECRETO 1.232, DE 22 DE JUNHO DE 1962

Regulamenta a profissão de Aeroviário.

DOU 22.06.1962

O Presidente de Conselho de Ministros, usando da atribuição que lhe confere o artigo 18, inciso III, do Ato Adicional à Constituição Federal, decreta:

CAPÍTULO I
DO AEROVIÁRIO E SUA CLASSIFICAÇÃO

Art. 1º É aeroviário o trabalhador que, não sendo aeronauta, exerce função remunerada nos serviços terrestres de Empresa de Transportes Aéreos.

Parágrafo único. É também considerado aeroviário o titular de licença e respectivo certificado válido de habilitação técnica expedidas pela Diretoria de Aeronáutica Civil para prestação de serviços em terra, que exerça função efetivamente remunerada em aeroclubes, escolas de aviação civil, bem como o titular ou não, de licença e certificado, que preste serviço de natureza permanente na conservação, manutenção e despacho de aeronaves.

Art. 2º O aeroviário só poderá exercer função, para a qual se exigir licença e certificado de habilitação técnica expedidos pela Diretoria de Aeronáutica Civil e outros órgãos competentes, quando estiver devidamente habilitado.

Art. 3º Os ajudantes são os aeroviários que auxiliam os técnicos, não lhes sendo facultada a execução de mão de obra especializada, sob sua responsabilidade quando fôr exigido certificado de habilitação oficial para o técnico de quem é auxiliar.

Art. 4º Qualquer outra denominação dada aos trabalhadores enquadrados no art. 1º e seu parágrafo único, não lhes retirará a classificação de aeroviário, exceção única para aquelas atividades diferenciadas, expressamente previstas em lei e que dispuserem, nessa conformidade de Estatuto próprio.

Art. 5º A profissão de aeroviário compreende os que trabalham nos serviços:

a) de manutenção

b) de operações

c) auxiliares de

d) gerais

Art. 6º Nos serviços de Manutenção estão incluídos, além de outros aeroviários que exerçam funções relacionadas com a manutenção de aeronaves, Engenheiros, Mecânicos de Manutenção nas diversas especializações designadas pela diretoria de Aeronáutica tais como:

I) Motores Convencionais ou Turbinas

II) Eletrônica

III) Instrumentos

IV) Rádio Manutenção

V) Sistemas Elétricos

VI) Hélices

VII) Estruturas

VIII) Sistema Hidráulico

IX) Sistemas diversos.

Art. 7º Nos serviços de Operações estão incluídas geralmente, as funções relacionadas como o tráfego, às telecomunicações e a meteorologia, compreendendo despachantes e controladores de vôo, gerentes, balconistas recepcionistas, rádiotelegrafistas, rádiotelefonistas, rádioteletipistas, meteorologistas e outros aeroviários que exerçam funções relacionadas com as operações.

Art. 8º Nos serviços Auxiliares, estão incluídas as atividades compreendidas pelas profissões liberais, instrução, escrituração contabilidade e outras relacionadas com a organização técnica e comercial da empresa.

Art. 9º Nos serviços gerais, estão incluídas as atividades compreendidas pela limpeza e vigilância de edifícios, hangares. Pistas,. Rampas aeronaves e outras relacionadas com a conservação do Patrimônio Empresarial.

CAPÍTULO II
DO REGIME DE TRABALHO

Art. 10. A duração normal do trabalho do aeroviário não excederá de 44 horas semanais.

§ 1º A prorrogação do horário diário de oito horas é permitida até o máximo de duas (2) horas, só podendo ser excedido este limite nas exceções previstas em lei ou acordo.

§ 2º Nos trabalhos contínuos que excedam de seis (6) horas, será obrigatória a concessão de um descanso de no mínimo, uma (1) hora e, máximo de duas (2) horas, para refeição.

§ 3º Nos trabalhos contínuos que ultrapassem de quatro (4) horas será obrigatório um intervalo de quinze minutos para descanso.

Art. 11. Para efeito de remuneração, será considerado como jornada normal, o período de trânsito gasto pelo aeroviário em viagem a serviço da empresa independente das diárias, se devidas.

Art. 12. É assegurado ao aeroviário uma folga semanal remunerada de vinte e quatro (24) horas contínuas, de preferência aos domingos.

Parágrafo único. Nos serviços executados por turno, a escala será organizada, de preferência de modo a evitar que a folga iniciada a zero (0) hora de um dia termine às vinte e quatro (24) horas do mesmo dia.

Art. 13. Havendo trabalho aos domingos por necessidade do serviço será organizada uma escala mensal de revezamento que favoreça um repouso dominical por mês.

Art. 14. O trabalho nos dias feriados nacionais, estaduais e municipais será pago em dobro, ou compensado com o repouso em outro dia da semana, não podendo este coincidir com o dia de folga.

Parágrafo único. Além do salário integral será garantido ao aeroviário, a vantagem de que trata este Artigo, quando escalado pela empresa mesmo que não complete as horas diárias de trabalho, por conveniência ou determinação da Empresa.

Art. 15. As férias anuais dos aeroviários serão de trinta (30) dias corridos.

Art. 16. Os aeroviários só poderão exercer outra função diferente daquela para qual foram contratados quando previamente e com sua anuência expressa, for procedida a respectiva anotação na Carteira Profissional.

Parágrafos único. O aeroviário chamado a ocupar cargo diverso do constante do seu contrato de trabalho, em comissão ou em substituição, terá direito a perceber salário que competir ao novo cargo, enquanto ao seu desempenho, bem como contagem de tempo de serviço para todos os efeitos, e retorno à função anterior com as vantagens outorgadas à categoria que detinha.

CAPÍTULO III
DA REMUNERAÇÃO

Art. 17. O salário é contraprestação do serviço.

§ 1º Integram o salário a importância fixa estipulada, com as percentagens, gratificações ajustadas, abonos, excluídas ajuda de custo e diárias, quando em viagem ou em serviço fora da base.

§ 2º Quando se tratar de aeroviário que perceba salários acrescidos de comissões, percentagens, ajudas de custo e diárias, estas integram igualmente o salário, sendo que as duas últimas só serão computadas quando não excederem 50% (cinquenta por cento) do salário percebido.

§ 3º O trabalho noturno terá remuneração superior a do diurno e, para esse efeito será acrescido de 20% (vinte por cento) pelo menos, sobre a hora diurna.

§ 4º A hora de trabalho noturno será computada com 52 (cinqüenta e dois) minutos e 30 (trinta) segundos.

§ 5º Considera-se noturno, para os efeitos deste artigo, o trabalho executado entre as 22 (vinte e duas) horas de um dia e as 5 (cinco) horas do dia seguinte.

§ 6º Nos horários mistos, assim entendidos os que abrangem períodos diurnos e noturnos, aplica-se às horas de trabalho noturno o disposto neste artigo e seus parágrafos.

Art. 18. O trabalho em atividades insalubres ou perigosos, assim consideradas pelas autoridades competentes será remunerado na forma da lei.

Art. 19. A remuneração das horas excedentes à prorrogação que se refere o § 3º do art. 17 será paga pelo menos 25% (vinte e cinco por cento) superior à hora normal, salvo acordo escrito entre as partes.

Parágrafo único. Poderá ser dispensado o acréscimo de salário se, por força de acordo com assistência do Sindicato ou contrato coletivo excesso de horas em um dia for compensado pela correspondente diminuição em outro dia, de maneira que não exceda o horário normal da semana nem seja ultrapassado o limite máximo de dez (10) horas diárias.

Art. 20. A duração normal do trabalho do aeroviário, habitual e permanente empregado na execução ou direção em serviço de pista, é de 6 (seis) horas.

Parágrafo único. Os serviços de pista, a que se refere este artigo, serão os assim considerados, em portaria baixada pala Diretoria de Aeronáutica Civil.

CAPÍTULO IV
DA HIGIENE E DA SEGURANÇA DO TRABALHO

Art. 21. O aeroviário portador da licença expedida pela Diretoria de Aeronáutica Civil, será submetido periodicamente a inspeção de saúde, atendidos os requisitos da legislação em vigor.

Art. 22. As peças de vestuário e respectivos equipamentos individuais, de proteção, quando exigidos pela autoridade competente, serão fornecidos pela empresas sem ônus para o aeroviário.

Parágrafo único. Se, para o desempenho normal da função for exigida pela empresa, peça de vestuário que a identifique, será a mesma também fornecida sem ônus para o aeroviário.

Art. 23. O Ministério do Trabalho e Previdência Social, por sua Divisão de Higiene e Segurança do Trabalho, classificará os serviços e locais considerados insalubres ou perigosos na forma da legislação vigente, e desse fato dará ciência à Diretoria de Aeronáutica Civil do Ministério da Aeronáutica e notificará a Empresa.

Art. 24. As Empresas o Ministério do Trabalho e Previdência Social e o Ministério da Aeronáutica, dentro de suas atribuições, deverão providenciar para que os aeroviários possam adquirir suas refeições a preços populares em todas as bases onde ainda não existam restaurantes do SAPS.

CAPÍTULO V
DAS TRANSFERÊNCIAS

Art. 25. Para efeito de transferência, considera-se base de aeroviário, a localidade onde tenha sido admitido.

Art. 26. É facultado à empresa designar o aeroviário para prestar serviço fora de sua base em caráter permanente ou a título transitório até 120 (cento e vinte) dias.

§ 1º Na transferência, por período superior a 120 (cento e vinte) dias, considerada em caráter permanente, será assegurada ao aeroviária a gratuidade de sua viagem, dos que vivem sob sua dependência econômica, reconhecida pela instituição de previdência social e respectivos pertences.

§ 2º O prazo fixado neste artigo, para efeito de transferência a título transitório, poderá ser dilatado, quando para serviços de inspeção fora da base e mediante acordo.

§ 3º É assegurado ao aeroviário em serviço fora da base, também a gratuidade de sua viagem e do transporte de sua bagagem.

§ 4º Enquanto perdurar a transferência transitória, o empregador é ainda obrigado a pagar diárias compatíveis com os respectivos níveis salariais e de valor suficiente a cobrir as despesas de estadias e alimentação, nunca inferiores, entretanto, a um (1) dia do menor salário da categoria profissional da base de origem.

§ 5º Quando o empregador fornecer estadia ou alimentação, é-lhe facultado reduzir até 50% (cinquenta por cento) o valor da diária fixada no parágrafo anterior, arbitrada em 25% (vinte e cinco por cento) cada utilidade.

§ 6º Ao aeroviário transferido em caráter permanente é assegurado o pagamento de uma ajuda de custo de 2 (dois) meses de seu salário fixo.

Art. 27. A transferência para o exterior será precedida de contrato específico entre o empregado e o empregador.

Art. 28. Ao aeroviário transferido dentro do território nacional fica assegurado por 90 (noventa) dias do direito do seu retorno e de sua família, ao local anterior ou a base de origem quando dispensado sem justa causa, confirmada pelo Juízo de 2º Instância.

Parágrafo único. No caso de demissão ou morte do aeroviário brasileiro transferido para o exterior, fica também assegurado pala Empresa o prazo de 60 (sessenta) dias o seu repatriamento, pela Empresa, bem como o de seus dependentes.

CAPÍTULO VI
DO TRABALHO DA MULHER E DO MENOR

Art. 29. É proibido o trabalho da mulher e do menor, aeroviário, nas atividades perigosas ou insalubres, especificadas nos quadros para esse fim aprovado pelo Ministério do Trabalho e Previdência Social.

Parágrafo único. Em virtude de exame e parecer da autoridade competente o Ministério do Trabalho e Previdência Social poderá estabelecer derrogações totais ou parciais às proibições a que alude este Artigo, quando tiver desaparecido, nos serviços considerados perigosos ou insalubres, todo e qualquer caráter perigoso ou prejudicial, mediante aplicação de novos métodos de trabalho ou pelo emprego de medidas de ordem preventiva.

Art. 30. É proibido o trabalho noturno da aeroviária, considerando este trabalho, o que for executado dentro dos limites estabelecidos neste Regulamento.

Parágrafo único. Estão excluídas desta proibição, as maiores de dezoito anos que executem serviços de radiotelefonia ou radiotelegrafia, telefonia, enfermagem, recepção e nos bares ou restaurante, e ainda as que não participando de trabalho contínuo ocupem postos de direção.

Art. 31. Em caso de aborto não criminoso, comprovado por atestado médico oficial, a aeroviária terá direito a um repouso remunerado de duas semanas, ficando-lhe assegurado ainda o retorno à função que ocupava.

Art. 32. Para amamentar o próprio filho, até que este complete seis meses de idade, terá também direito a aeroviária durante a jornada de trabalho, a dois descansos especiais, de meia hora cada um.

Parágrafo único. Quando o exigir a saúde do filho, este período poderá ser dilatado a critério da autoridade médica competente.

Art. 33. É proibido o trabalho de aeroviário menor de 18 (dezoito) anos em serviços noturnos e em atividades exercidas nas ruas, praças e outros logradouros, sem prévia autorização do Juiz de Menores.

Art. 34. É proibido a prorrogação da duração normal de trabalho dos menores de dezoito anos, salvo nas exceções previstas em lei.

Art. 35. A empresa que empregar menores, fica obrigada a conceder-lhes o tempo que for necessário para a frequência às aulas e na forma da lei.

Art. 36. A empresa é vedado em pregar mulher em serviço que demande força muscular superior a vinte quilos, para trabalho contínuo, ou vinte e cinco quilos para o trabalho ocasional.

Parágrafo único. Não está compreendida na proibição deste artigo a remoção de material feita por impulsão e tração mecânica ou manual sobre rodas.

Art. 37. Não constitui justo motivo para a rescisão do contrato de trabalho da aeroviária, o fato de haver contraído matrimônio ou de encontrar-se em estado de gravidez.

Parágrafo único. Não serão permitidas, em regulamentos de qualquer natureza, contratos coletivos ou individuais de trabalho, restrições ao direito da aeroviária por motivo de casamento ou gravidez.

Art. 38. É proibido o trabalho da aeroviária grávida no período de 6 (seis) semanas antes e de 6 (seis) semanas depois do parto.

§ 1º Para fins previstos neste artigo, o afastamento da aeroviária de seu trabalho será determinado pelo atestado médico a que alude o Art. 375 da CLT, que deverá ser visado pelo empregador.

§ 2º Em casos excepcionais os períodos de repouso antes e depois do parto poderão ser aumentado de mais duas (2) semanas cada um, mediante atestado médico, dado na forma do parágrafo anterior.

Art. 39. Durante o período a que se refere o artigo anterior, a aeroviária terá direito aos salários integrais, calculados de acordo com a média dos seis (6) últimos meses de trabalho, sendo-lhe ainda facultado reverter à função que anteriormente ocupava.

Parágrafo único. A concessão do Auxílio maternidade por parte de instituição de previdência, não isenta a empregadora da obrigação a que alude este artigo.

CAPÍTULO VII
DAS DISPOSIÇÕES FINAIS

Art. 40. Além dos casos previstos neste Decreto, os direitos, vantagens e deveres do aeroviário são os definidos na legislação, contratos e acordos.

Art. 41. O aeroviário escalado para prestar serviços em voo será obrigatoriamente segurado contra acidentes na mesma base de seguro de passageiros.

Art. 42. É facultado ao empregador, conceder descontos até 90% (noventa por cento) no preço das passagens ao aeroviários, esposa e filhos menores que queiram gozar suas férias fora da base, respeitado o disposto nas Condições Gerais do Transportes Aéreo.

Art. 43. Será alterado o Decreto 50.660, de 29.5.61, a fim de que os aeroviários participem da Comissão Permanente de Estudos Técnicos de Aviação Civil.

Art. 44. Os infratores deste Decreto são passíveis das penalidades estabelecidas pelas autoridades competentes, dentro de suas atribuições específicas, de acordo com a legislação vigente.

Art. 45. O presente Decreto entrará em vigor trinta (30) dias após a data de sua publicação, revogadas as disposições em contrário.

Brasília, 22 de junho de 1962; 141º da Independência e 74º da República.

Tancredo Neves

LEI 4.680, DE 18 DE JUNHO DE 1965

Dispõe sobre o exercício da profissão de Publicitário e de Agenciador de Propaganda e dá outras providências.

DOU de 21.06.1965

O PRESIDENTE DA REPÚBLICA, faço saber que o CONGRESSO NACIONAL decreta e eu sanciono a seguinte Lei:

CAPÍTULO I
DEFINIÇÕES

Art. 1º São Publicitários aqueles que, em caráter regular e permanente, exerçam funções de natureza técnica da especialidade, nas Agências de Propaganda, nos veículos de divulgação, ou em quaisquer empresas nas quais se produza propaganda.

Art. 2º Consideram-se Agenciadores de Propaganda os profissionais que, vinculados aos veículos da divulgação, a eles encaminhem propaganda por conta de terceiros.

Art. 3º A Agência de Propaganda é pessoa jurídica, ...VETADO..., e especializada na arte e técnica publicitária, que, através de especialistas, estuda, concebe, executa e distribui propaganda aos veículos de divulgação, por ordem e conta de clientes anunciantes, com o objetivo de promover a venda de produtos e serviços, difundir idéias ou informar o público a respeito de organizações ou instituições colocadas a serviço desse mesmo público.

Art. 4º São veículos de divulgação, para os efeitos desta Lei, quaisquer meios de comunicação visual ou auditiva capazes de transmitir mensagens de propaganda ao público, desde que reconhecidos pelas entidades e órgãos de classe, assim considerados as associações civis locais e regionais de propaganda bem como os sindicatos de publicitários.

Art. 5º Compreende-se por propaganda qualquer forma remunerada de difusão de idéias, mercadorias ou serviços, por parte de um anunciante identificado.

CAPÍTULO II
DA PROFISSÃO DE PUBLICITÁRIO

Art. 6º A designação profissional de Publicitário será privativa dos que se enquadram nas disposições da presente Lei.

§ 1º Os auxiliares que, nas Agências de Propaganda e outras organizações de propaganda, não colaborarem, diretamente, no planejamento, execução, produção e distribuição da propaganda terão a designação profissional correspondente às suas funções específicas.

§ 2º Nos casos em que profissionais de outras categorias exerçam funções nas Agências de Propaganda, tais profissionais conservarão os privilégios que a Lei lhes concede em suas respectivas categorias profissionais.

§ 3º Para efeitos do recolhimento do Imposto Sindical, os jornalistas registrados como redatores, revisores e desenhistas, que exerçam suas funções em Agências de Propaganda e outras empresas nas quais se execute propaganda, poderão optar entre o recolhimento para o sindicato de sua categoria profissional ou para o Sindicato dos Publicitários.

Art. 7º A remuneração dos Publicitários não Agenciadores será baseada nas normas que regem os contratos comuns de trabalho, assegurando-se-lhes todos os benefícios de caráter social e previdenciário outorgados pelas Leis do Trabalho.

Art. 8º O registro da profissão de Publicitário ficará instituído com a promulgação da presente Lei e tornar-se-á obrigatório no prazo de 120 (cento e vinte) dias para aqueles que já se encontrem no exercício da profissão.

Parágrafo único. Para o citado registro, o Serviço de Identificação Profissional do Ministério do Trabalho exigirá os seguintes documentos:

a) 1 – diploma de uma escola ou curso de propaganda;

2 – ou atestado de frequência, na qualidade de estudante;

3 – ou, ainda, atestado do empregador;

b) carteira profissional e prova de pagamento do Imposto Sindical, se já no exercício da profissão.

CAPÍTULO III
DA PROFISSÃO DE AGENCIADOR DE PROPAGANDA

Art. 9º O exercício da profissão de Agenciador de Propaganda somente será facultado aos que estiverem devidamente identificados e inscritos nos serviços de identificação profissional do Departamento Nacional do Trabalho ...VETADO...

Art. 10. Para o registro de que trata o artigo anterior, os interessados deverão apresentar:

a) prova de exercício efetivo da profissão, durante, pelo menos, doze meses, na forma de Carteira Profissional anotada pelo empregador, ou prova de recebimento de remuneração pela propaganda encaminhada a veículos de divulgação, durante igual período;

b) atestado de capacitação profissional, concedido por entidades de classe;

c) prova de pagamento do Imposto Sindical.

§ 1º Para os fins da comprovação exigida pela alínea a deste artigo, será facultado aos Agenciadores de Propaganda ainda não registrada ...VETADO... encaminharem propaganda aos veículos, desde que comprovem sua filiação ao sindicato de classe.

§ 2º O sindicato da classe manterá um registro dos Agenciadores de Propaganda, a que se refere o parágrafo anterior, para o fim de lhes permitir o exercício preparatório da profissão somente no decurso de doze meses, improrrogáveis.

§ 3º O registro da profissão de Agenciador de Propaganda tornar-se-á obrigatório no prazo de 120 (certo e vinte) dias para aqueles que já se encontram no exercício dessa atividade.

CAPÍTULO IV
DAS COMISSÕES E DESCONTOS DEVIDOS AOS AGENCIADORES E ÀS AGÊNCIAS DE PROPAGANDA

Art. 11. A comissão, que constitui a remuneração dos Agenciadores de Propaganda, bem como o desconto devido às Agências de Propaganda serão fixados pelos veículos de divulgação sôbre os preços estabelecidos em tabela.

Parágrafo único. Não será concedida nenhuma comissão ou desconto sobre a propaganda encaminhada diretamente aos veículos de divulgação por qualquer pessoa física ou jurídica que não se enquadre na classificação de Agenciador de Propaganda ou Agências de Propaganda, como definidos na presente Lei.

Art. 12. Não será permitido aos veículos de divulgação descontarem da remuneração dos Agenciadores de Propaganda, no todo ou em parte, os débitos não saldados por anunciantes, desde que sua propaganda tenha sido formal e previamente aceita pela direção comercial do veículo da divulgação.

Art. 13. Os veículos de divulgação poderão manter a seu serviço Representantes (Contatos) junto a anunciantes e Agências de Propaganda, mediante remuneração fixa.

Parágrafo único. A função de Representantes (Contato) poderá ser exercida por Agenciador de Propaganda, sem prejuízo de pagamento de comissões, se assim convier às partes.

Art. 14. Ficam assegurados aos Agenciadores de Propaganda, registrados em qualquer veículo de divulgação, todos os benefícios de caráter social e previdenciário outorgados pelas Leis do Trabalho.

CAPÍTULO V
DA FISCALIZAÇÃO E PENALIDADES

Art. 15. A fiscalização dos dispositivos desta Lei será exercida pelo Departamento Nacional do Trabalho, ...(VETADO)... Delegacias... (VETADO)... Regionais, assim como pelos sindicatos e associações de classe das categorias interessadas, que deverão representar às autoridades a respeito de quaisquer infrações.

Art. 16. As infrações ao disposto nesta Lei serão punidas pelo órgão oficial fiscalizador com as seguintes penas, sem prejuízo das medidas judiciais adequadas e seus efeitos como de direito:

a) multa, nos casos de infração a qualquer dispositivo, a qual variará entre o valor da décima parte do salário-mínimo vigente na região e o máximo correspondente a dez vezes o mesmo salário mínimo;

b) se a infração for a do parágrafo único do art. 11, serão multadas ambas as partes, à base de 10 (dez) a 50% (cinqüenta por cento) sobre o valor do negócio publicitário realizado.

Parágrafo único. Das penalidades aplicadas, caberá sempre recurso, no prazo de 10 (dez) dias, ...(VETADO)

CAPÍTULO VI
DISPOSIÇÕES GERAIS

Art. 17. A atividade publicitária nacional será regida pelos princípios e normas do Código de Ética dos Profissionais da Propaganda, instituído pelo I Congresso Brasileiro de Propaganda, realizado em outubro de 1957, na cidade do Rio de Janeiro.

Art. 18. VETADO

Art. 19. VETADO

Art. 20. A presente Lei, regulamentada pelo Ministério do Trabalho dentro de 30 (trinta) dias de sua publicação, entra em vigor na data dessa publicação.

Art. 21. Revogam-se as disposições em contrário.

Brasília, 18 de junho de 1965; 144º da Independência e 77º da República

H. Castello Branco

LEI 4.860, DE 26 DE NOVEMBRO DE 1965

Dispõe sobre o regime de trabalho nos portos organizados, e dá outras providências.

DOU 29.11.1965; Retificada no DOU de 10.12.1965

O Presidente da República:

Faço saber que o Congresso Nacional decreta e eu sanciono a seguinte Lei:

CAPÍTULO I
DO REGIME DE TRABALHO

Art. 1º Em todos os portos organizados e dentro dos limites fixados como "área do porto", a autoridade responsável é representada pela Administração do Porto, cabendo-lhe velar pelo bom funcionamento dos serviços na referida área.

Parágrafo único. Sob a denominação de "área do porto" compreende-se a parte terrestre e marítima, contínua e descontínua, das instalações portuárias definidas no art. 3º do Decreto 24.447, de 22 de junho de 1934.

Art. 2º As demais autoridades que exercerem atividades dentro da "área do porto", pertencentes a qualquer órgão do Serviço Público, seja ele Federal, Estadual ou Municipal, excetuado o Departamento Nacional de Portos e Vias Navegáveis, não poderão determinar medidas que afetem a realização dos serviços portuários e outros correlatos, sem o prévio conhecimento e concordância da Administração do Porto.

§ 1º Excetuam-se as medidas que se tornem necessárias adotar pelo Ministério da Marinha, através dos seus representantes legais, quando configuradas situações que possam vir a comprometer ou que comprometam a segurança nacional ou a segurança da navegação.

§ 2º Em caso de divergência entre a Administração do Porto e as demais autoridades acerca de medidas determinadas pela Administração, será a mesma dirigida pelo Departamento Nacional de Portos e Vias Navegáveis, sem efeito suspensivo até a sua deliberação, da qual caberá recurso ao Ministério da Viação e Obras Públicas.

Art. 3º O horário de trabalho nos portos organizados, para todas as categorias de servidores ou empregados, será fixado pela respectiva Administração do Porto, de acordo com as necessidades de serviços e as peculiaridades de cada porto, observado ainda o disposto nos arts. 8º, 9º e 10.

Art. 4º Na fixação do regime de trabalho de cada porto, para permitir a continuidade das operações portuárias, os horários de trabalho poderão ser estabelecidos em um ou dois períodos de serviço.

§ 1º Os períodos de serviço serão diurno, entre 7 (sete) e 19 (dezenove) horas, e noturno, entre 19 (dezenove) e 7 (sete) horas do dia seguinte, [Vetado] A hora do trabalho [Vetado] é de 60 (sessenta) minutos [Vetado].

§ 2º Nos portos em que, dadas as peculiaridades locais, as respectivas Administrações adotarem os horários de trabalho dentro de um só período de serviço, será obrigatória a prestação de serviço em qualquer período, quando previamente requisitado.

Art. 5º Para os serviços de capatazia, cada período será composto de 2 (dois) turnos de 4 (quatro) horas, separados por um intervalo de até 2 (duas) horas para refeição e descanso, completados por prorrogações dentro do período.

Parágrafo único. A Administração do Porto determinará os serviços e as categorias que devem formar as equipes para executá-los, escalando o pessoal em sistema de rodízio.

Art. 6º Para os demais serviços, a Administração do Porto estabelecerá os horários de trabalho que melhor convierem à sua realização, escalando o pessoal para executá-lo, em equipes ou não.

Parágrafo único. O disposto neste artigo estende-se aos serviços de movimentação de granéis, inclusive à sua capatazia.

Art. 7º Todos os servidores ou empregados são obrigados à prestação de até 48 (quarenta e oito) horas de trabalho ordinário por semana, à razão de até 8 (oito) horas ordinárias por dia em qualquer dos períodos de serviço e também à prestação de serviço nas prorrogações para as quais forem convocados.

§ 1º O pessoal lotado no Escritório Central da Administração do Porto terá aquele limite reduzido para até 44 (quarenta e quatro) horas.

§ 2º Além das horas ordinárias a que está obrigado, o pessoal prestará serviço extraordinário nas horas destinadas à refeição e descanso, e nas prorrogações, quando for determinado.

§ 3º Aos sábados, a critério da Administração do Porto, o pessoal técnico e administrativo, em sua totalidade ou não, poderá ter o seu trabalho reduzido ou suprimido, desde que essa redução ou supressão não dificulte a realização dos serviços portuários e seja compensada em horas equivalentes durante a respectiva semana, não consideradas essas horas como de serviço extraordinário.

§ 4º Entre dois períodos de trabalho, os servidores ou empregados deverão dispor de, no mínimo, 11 (onze) horas consecutivas para descanso.

§ 5º Os serviços extraordinários executados pelo pessoal serão remunerados com os seguintes acréscimos sobre o valor do salário-hora ordinário do período diurno:

a) 20% (vinte por cento) para as duas primeiras horas de prorrogação;

b) 50% (cinquenta por cento) para as demais horas de prorrogação;

c) 100% (cem por cento) para as horas de refeição.

§ 6º Todos os servidores ou empregados terão direito a 1 (um) dia de descanso semanal remunerado, a ser fixado pela Administração do Porto, com o pagamento do equivalente salário, [Vetado].

§ 7º Nos casos de necessidade, a critério da Administração do Porto, poderá ser determinada a prestação de serviços nos feriados legais, devendo neste caso ser pago um acréscimo salarial de 100% (cem por cento), calculado sobre o salário [Vetado] salvo se a Administração determinar outro dia de folga. A prestação de serviços aos domingos será estabelecida em escala de revezamento a critério da Administração do Porto.

§ 8º Perderá a remuneração do dia destinado ao descanso semanal o servidor ou empregado que tiver, durante a semana que o preceder, falta que não seja legalmente justificada.

§ 9º É vedada, aos servidores ou empregados ocupantes de cargo de direção ou chefia, a percepção de remuneração pela prestação de serviços extraordinários, aos quais, entretanto, ficarão obrigados sempre que houver conveniência de serviço.

Art. 8º Em cada porto, de acordo com as necessidades de serviço, poderá haver horários de trabalhos diferentes em diversos setores, tendo em vista peculiaridades dos diversos serviços que nos mesmos se desenvolvem.

Art. 9º Cada Administração do Porto, no prazo improrrogável de 30 (trinta) dias, a contar da data da publicação desta Lei, dará publicidade dos horários que interessarem a outras entidades, nos jornais de maior circulação local. Em caso de alteração posterior a ser introduzida nesses horários, a divulgação da mesma obedecerá a idêntico processo, observando-se, para ambos os casos, a antecedência mínima de uma semana para sua entrada em vigor, salvo caso de emergência, a critério da Administração do Porto.

Art. 10. Os horários fixados, pela Administração do Porto serão obrigatoriamente cumpridos pelas entidades de direito público ou pessoas físicas e jurídicas de direito privado que mantenham atividades vinculadas aos serviços do porto.

Art. 11. O tempo em que o servidor ou empregado se ausentar do trabalho para desempenho de função associativa ou sindical será considerado de licença não remunerada e não prejudicará o tempo de serviço, adicional, promoção por antiguidade, licença-prêmio e salário-família.

Parágrafo único. Fica compreendido nas limitações deste artigo o servidor ou empregado que, embora temporariamente, se afaste do serviço para exercer funções de diretor, delegado, representante, conselheiro ou outras nas respectivas entidades de classe, federações ou confederações das mesmas, exceto nos casos previstos em lei.

CAPÍTULO II
DOS DIREITOS E VANTAGENS

Art. 12. À Administração do Porto caberá propor à aprovação do Departamento Nacional de Portos e Vias Navegáveis os quadros de seu pessoal, sem embargo de outras disposições legais vigentes, ficando vedada qualquer alteração aos mesmos sem prévia audiência daquele órgão.

§ 1º Submetido o quadro à aprovação do Departamento Nacional de Portos e Vias Navegáveis e não havendo pronunciamento do órgão, no prazo de 30 (trinta) dias, será o mesmo considerado como aprovado.

§ 2º Os níveis das diversas categorias deverão estar de acordo com o que vigorar no mercado de trabalho.

§ 3º Em caso de maior demanda ocasional de serviço, fica a Administração do Porto autorizada a engajar a necessária força supletiva nos trabalhos de capatazia, sem vínculo empregatício, dispensando-a tão logo cesse essa demanda ocasional.

§ 4º Fica vedada às Administrações dos Portos a readmissão de servidores ou empregados dispensados em consequência de decisão proferida em processo ou inquérito administrativo, em que se tenha figurado falta grave.

Art. 13. A Administração do Porto fornecerá a seu pessoal todo material adequado à sua proteção, quando se tornar necessário à manipulação de mercadorias insalubres ou perigosas, ou quando da realização de serviços assim considerados, ou ainda, quando da realização de serviços em ambientes considerados como tais.

Art. 14. A fim de remunerar os riscos relativos à insalubridade, periculosidade e outros porventura existentes, fica instituído o "adicional de riscos" de 40% (quarenta por cento) que incidirá sobre o valor do salário-hora ordinário do período diurno e substituirá todos aqueles que, com sentido ou caráter idêntico, vinham sendo pagos.

§ 1º Este adicional somente será devido enquanto não forem removidas ou eliminadas as causas de risco.

§ 2º Este adicional somente será devido durante o tempo efetivo no serviço considerado sob risco.

§ 3º As Administrações dos Portos, no prazo de 60 (sessenta) dias, discriminarão, ouvida a autoridade competente, os serviços considerados sob risco.

§ 4º Nenhum outro adicional será devido além do previsto neste artigo.

§ 5º Só será devido uma única vez, na execução da mesma tarefa, o adicional previsto neste artigo, mesmo quando ocorra, simultaneamente, mais de uma causa de risco.

Art. 15. Além da remuneração e demais vantagens instituídas nesta Lei, a Administração do Porto somente poderá conceder, e a seu critério, aos seus servidores ou empregados a gratificação individual de produtividade de que trata o § 2º do art. 16 da Lei 4.345, de 26 de junho de 1964.

Art. 16. Todo servidor ou empregado da Administração do Porto terá direito, após cada período de 12 (doze) meses de vigência do contrato de trabalho ou de efetiva prestação de serviço, a gozar um período de férias, em dias corridos, na seguinte proporção:

a) 30 (trinta) dias corridos, o que tiver ficado à disposição da Administração do Porto nos 12 (doze) meses do período contratual e não tenha mais de 6 (seis) faltas ao serviço, justificadas ou não, nesse período;

b) 23 (vinte e três) dias corridos, o que tiver ficado à disposição da Administração do Porto por mais de 250 (duzentos e cinquenta) dias, durante o período de 12 (doze) meses;

c) 17 (dezessete) dias corridos, o que tiver ficado à disposição da Administração do Porto por mais de 200 (duzentos) dias, durante o período de 12 (doze) meses, sem entretanto atingir o limite estabelecido na alínea anterior;

d) 11 (onze) dias corridos, o que tiver ficado à disposição da Administração do Porto por mais de 150 (cento e cinquenta) dias, durante o período de 12 (doze) meses, sem entretanto atingir o limite estabelecido na alínea anterior.

CAPÍTULO III
DISPOSIÇÕES GERAIS

Art. 17. Tendo em vista o regime de trabalho fixado em decorrência da presente Lei, as Administrações dos Portos promoverão os estudos necessários à fixação ou revisão das taxas de remuneração por produção para os serviços de capatazia e à atualização das respectivas tarifas, as quais deverão ser submetidas, dentro de 120 (cento e vinte) dias, ao Departamento Nacional de Portos e Vias Navegáveis, de modo que, dentro dos 30 (trinta) dias subsequentes, sejam homologadas pelo Ministro da Viação e Obras Públicas.

Art. 18. As convenções, contratos, acordos coletivos de trabalho e outros atos destinados a disciplinar as condições de trabalho, de remuneração e demais direitos e deveres dos servidores ou empregados, inclusive daqueles sem vínculo empregatício, somente poderão ser firmados pelas Administrações dos Portos com entidades legalmente habilitadas e deverão ser homologados pelos Ministros do Trabalho e da Previdência Social e da Viação e Obras Públicas.

Art. 19. As disposições desta Lei são aplicáveis a todos os servidores ou empregados pertencentes às Administrações dos Portos organizados sujeitos a qualquer regime de exploração [Vetado].

Parágrafo único. Para os servidores sujeitos ao regime dos Estatutos dos Funcionários Públicos, sejam federais, estaduais ou municipais, estes serão aplicados supletivamente, assim como será a legislação do trabalho para os demais empregados, no que couber.

Art. 20. Fica revogada a Lei número 3.165, de 1º de junho de 1957.

Art. 21. Esta Lei entrará em vigor na data de sua publicação.

Art. 22. Revogam-se as disposições em contrário.

Brasília, 26 de novembro de 1965; 144º da Independência e 77º da República.

H. Castello Branco

LEI 4.886, DE 9 DE DEZEMBRO DE 1965

Regula as atividades dos representantes comerciais autônomos.

DOU 10.12.1965

▸ Art. 710 e ss., do CC.

O Presidente da República:

Faço saber que o Congresso Nacional decreta e eu sanciono a seguinte Lei:

Art. 1º Exerce a representação comercial autônoma a pessoa jurídica ou a pessoa física, sem relação de emprego, que desempenha, em caráter não eventual por conta de uma ou mais pessoas, a mediação para a realização de negócios mercantis, agenciando propostas ou pedidos, para transmiti-los aos representados, praticando ou não atos relacionados com a execução dos negócios.

▸ Arts. 710 a 721 do CC.

Parágrafo único. Quando a representação comercial incluir poderes atinentes ao mandato mercantil, serão aplicáveis, quanto ao exercício deste, os preceitos próprios da legislação comercial.

▸ Art. 721 do CC.

Art. 2º É obrigatório o registro dos que exerçam a representação comercial autônoma nos Conselhos Regionais criados pelo artigo 6º desta Lei.

Parágrafo único. As pessoas que, na data da publicação da presente Lei, estiverem no exercício da atividade, deverão registrar-se nos Conselhos Regionais, no prazo de noventa dias a contar da data em que estes forem instalados.

Art. 3º O candidato a registro, como representante comercial, deverá apresentar:

a) prova de identidade;

b) prova de quitação com o serviço militar, quando a ele obrigado;

c) prova de estar em dia com as exigências da legislação eleitoral;

d) folha corrida de antecedentes, expedida pelos cartórios criminais das comarcas em que o registrado houver sido domiciliado nos últimos dez anos;

e) quitação com o Imposto Sindical.

§ 1º O estrangeiro é desobrigado da apresentação dos documentos constantes das alíneas *b* e *c* deste artigo.

§ 2º Nos casos de transferência ou de exercício simultâneo da profissão, em mais de uma região, serão feitas as devidas anotações na carteira profissional do interessado, pelos respectivos Conselhos Regionais.

§ 3º As pessoas jurídicas deverão fazer prova de sua existência legal.

Art. 4º Não pode ser representante comercial:

a) o que não pode ser comerciante;

b) o falido não reabilitado;

▸ Art. 176 da Lei 11.101/2005 (Recuperação Judicial e Falência).

c) o que tenha sido condenado por infração penal de natureza infamante, tais como falsidade, estelionato, apropriação indébita, contrabando, roubo, furto, lenocínio ou crimes também punidos com a perda de cargo público;

d) o que estiver com seu registro comercial cancelado como penalidade.

Art. 5º Somente será devida remuneração, como mediador de negócios comerciais, a representante comercial devidamente registrado.

Art. 6º São criados o Conselho Federal e os Conselhos Regionais dos Representantes Comerciais, aos quais incumbirá a fiscalização do exercício da profissão, na forma desta Lei.

Parágrafo único. É vedado, aos Conselhos Federal e Regionais dos Representantes Comerciais, desenvolverem quaisquer atividades não compreendidas em suas

finalidades previstas nesta Lei, inclusive as de caráter político e partidárias.

Art. 7º O Conselho Federal instalar-se-á dentro de noventa dias, a contar da vigência da presente Lei, no Estado da Guanabara, onde funcionará provisoriamente, transferindo-se para a Capital da República, quando estiver em condições de fazê-lo, a juízo da maioria dos Conselhos Regionais.

§ 1º O Conselho Federal será presidido por um dos seus membros, na forma que dispuser o Regimento Interno do Conselho, cabendo-lhe, além do próprio voto, o de qualidade, no caso de empate.

§ 2º A renda do Conselho Federal será constituída de vinte por cento da renda bruta dos Conselhos Regionais.

Art. 8º O Conselho Federal será composto de representantes comerciais de cada Estado, eleitos pelos Conselhos Regionais, dentre seus membros, cabendo a cada Conselho Regional a escolha de dois delegados.

Art. 9º Compete ao Conselho Federal determinar o número dos Conselhos Regionais, o qual não poderá ser superior a um por Estado, Território Federal e Distrito Federal e estabelecer-lhes as bases territoriais.

Art. 10. Compete, privativamente, ao Conselho Federal:

I – elaborar o seu regimento interno;

II – dirimir as dúvidas suscitadas pelos Conselhos Regionais;

III – aprovar os regimentos internos dos Conselhos Regionais;

IV – julgar quaisquer recursos relativos às decisões dos Conselhos Regionais;

V – baixar instruções para a fiel observância da presente Lei;

VI – elaborar o Código de Ética Profissional;

VII – resolver os casos omissos.

▶ Alíneas renumeradas para incisos pela Lei 12.246/2010.

VIII – fixar, mediante resolução, os valores das anuidades e emolumentos devidos pelos representantes comerciais, pessoas físicas e jurídicas, aos Conselhos Regionais dos Representantes Comerciais nos quais estejam registrados, observadas as peculiaridades regionais e demais situações inerentes à capacidade contributiva da categoria profissional nos respectivos Estados e necessidades de cada entidade, e respeitados os seguintes limites máximos:

▶ Inciso VIII acrescido pela Lei 12.246/2010.

a) anuidade para pessoas físicas – até R$ 300,00 (trezentos reais);

b) *Vetada pela Lei 12.246/2010;*

c) anuidade para pessoas jurídicas, de acordo com as seguintes classes de capital social:

1. de R$ 1,00 (um real) a R$ 10.000,00 (dez mil reais) – até R$ 350,00 (trezentos e cinquenta reais);

2. de R$ 10.000,01 (dez mil reais e um centavo) a R$ 50.000,00 (cinquenta mil reais) – até R$ 420,00 (quatrocentos e vinte reais);

3. de R$ 50.000,01 (cinquenta mil reais e um centavo) a R$ 100.000,00 (cem mil reais) – até R$ 504,00 (quinhentos e quatro reais);

4. de R$ 100.000,01 (cem mil reais e um centavo) a R$ 300.000,00 (trezentos mil reais) – até R$ 604,00 (seiscentos e quatro reais);

5. de R$ 300.000,01 (trezentos mil reais e um centavo) a R$ 500.000,00 (quinhentos mil reais) – até R$ 920,00 (novecentos e vinte reais);

6. acima de R$ 500.000,00 (quinhentos mil reais) – até R$ 1.370,00 (mil, trezentos e setenta reais);

d) e e) *Vetadas pela Lei 12.246/2010.*

§ 1º Suprimido *pela Lei 8.420/1992.*

▶ § 1º acrescido pela Lei 12.246/2010.

▶ Parágrafo único renumerado pela Lei 12.246/2010.

§ 2º Os valores correspondentes aos limites máximos estabelecidos neste artigo serão corrigidos anualmente pelo índice oficial de preços ao consumidor.

▶ § 2º acrescido pela Lei 12.246/2010.

§ 3º O pagamento da anuidade será efetuado pelo representante comercial, pessoa física ou jurídica, até o dia 31 de março de cada ano, com desconto de 10% (dez por cento), ou em até 3 (três) parcelas, sem descontos, vencendo-se a primeira em 30 de abril, a segunda em 31 de agosto e a terceira em 31 de dezembro de cada ano.

▶ § 3º acrescido pela Lei 12.246/2010.

§ 4º Ao pagamento antecipado será concedido desconto de 20% (vinte por cento) até 31 de janeiro e 15% (quinze por cento) até 28 de fevereiro de cada ano.

▶ § 4º acrescido pela Lei 12.246/2010.

§ 5º As anuidades que forem pagas após o vencimento serão acrescidas de 2% (dois por cento) de multa, 1% (um por cento) de juros de mora por mês de atraso e atualização monetária pelo índice oficial de preços ao consumidor.

▶ § 5º acrescido pela Lei 12.246/2010.

§ 6º A filial ou representação de pessoa jurídica instalada em jurisdição de outro Conselho Regional que não o da sua sede pagará anuidade em valor que não exceda a 50% (cinquenta por cento) do que for pago pela matriz.

▶ § 6º acrescido pela Lei 12.246/2010.

§§ 7º e 8º *Vetados.*

▶ §§ 7º e 8º acrescidos pela Lei 12.246/2010.

§ 9º O representante comercial pessoa física, como responsável técnico de pessoa jurídica devidamente registrada no Conselho Regional dos Representantes Comerciais, pagará anuidade em valor correspondente a 50% (cinquenta por cento) da anuidade devida pelos demais profissionais autônomos registrados no mesmo Conselho.

▶ § 9º acrescido pela Lei 12.246/2010.

Art. 11. Dentro de sessenta dias, contados da vigência da presente Lei, serão instalados os Conselhos Regionais correspondentes aos Estados onde existirem órgãos sindicais de representação da classe dos representantes comerciais, atualmente reconhecidos pelo Ministério do Trabalho e Previdência Social.

▶ Art. 26 desta Lei.

Art. 12. Os Conselhos Regionais terão a seguinte composição:

▶ Art. 26 desta Lei.

a) dois terços de seus membros serão constituídos pelo presidente do mais antigo sindicato da classe do respectivo Estado e por diretores de sindicatos da classe, do mesmo Estado, eleitos estes em assembleia-geral;

b) um terço formado de representantes comerciais no exercício efetivo da profissão, eleitos em assembleia-geral realizada no sindicato da classe.

§ 1º A secretaria do sindicato incumbido da realização das eleições organizará cédula única, por ordem alfabética dos candidatos, destinada à votação.

§ 2º Se os órgãos sindicais de representação da classe não tomarem as providências previstas quanto à instalação dos Conselhos Regionais, o Conselho Federal determinará, imediatamente, a sua constituição, mediante eleições em assembleia-geral, com a participação dos representantes comerciais no exercício efetivo da profissão no respectivo Estado.

§ 3º Havendo, num mesmo Estado, mais de um sindicato de representantes comerciais, as eleições a que se refere este artigo se processarão na sede do sindicato da classe situado na Capital e, na sua falta, na sede do mais antigo.

§ 4º O Conselho Regional será presidido por um dos seus membros, na forma que dispuser o seu Regimento Interno, cabendo-lhe, além do próprio voto, o de qualidade, no caso de empate.

§ 5º Os Conselhos Regionais terão no máximo trinta membros, e no mínimo, o número que for fixado pelo Conselho Federal.

Art. 13. Os mandatos dos membros do Conselho Federal e dos Conselhos Regionais serão de três anos.

§ 1º Todos os mandatos serão exercidos gratuitamente.

§ 2º A aceitação do cargo de presidente, secretário ou tesoureiro importará na obrigação de residir na localidade em que estiver sediado o respectivo Conselho.

Art. 14. O Conselho Federal e os Conselhos Regionais serão administrados por uma diretoria que não poderá exceder a um terço dos seus integrantes.

Art. 15. Os presidentes dos Conselhos Federal e Regionais completarão o prazo do seu mandato, caso sejam substituídos na presidência do sindicato.

Art. 16. Constituem renda dos Conselhos Regionais as contribuições e multas devidas pelos representantes comerciais, pessoas físicas ou jurídicas, neles registrados.

Art. 17. Compete aos Conselhos Regionais:

a) elaborar o seu regimento interno, submetendo-o à apreciação do Conselho Federal;

b) decidir sobre os pedidos de registros de representantes comerciais, pessoas físicas ou jurídicas, na conformidade desta Lei;

c) manter o cadastro profissional;

d) expedir as carteiras profissionais e anotá-las, quando necessário;

e) impor as sanções disciplinares previstas nesta Lei, mediante a feitura de processo adequado, de acordo com o disposto no artigo 18;

f) arrecadar, cobrar e executar as anuidades e emolumentos devidos pelos representantes comerciais, pessoas físicas e jurídicas, registrados, servindo como título executivo extrajudicial a certidão relativa aos seus créditos.

▶ Alínea f com redação pela Lei 12.246/2010.

Parágrafo único. *Suprimido pela Lei 8.420/1992.*

Art. 18. Compete aos Conselhos Regionais aplicar, ao representante comercial faltoso, as seguintes penas disciplinares:

a) advertência, sempre sem publicidade;

b) multa até a importância equivalente ao maior salário mínimo vigente no País;

c) suspensão do exercício profissional, até um ano;

d) cancelamento do registro, com apreensão da carteira profissional.

§ 1º No caso de reincidência ou de falta manifestamente grave, o representante comercial poderá ser suspenso do exercício de sua atividade ou ter cancelado o seu registro.

§ 2º As penas disciplinares serão aplicadas após processo regular, sem prejuízo, quando couber, da responsabilidade civil ou criminal.

§ 3º O acusado deverá ser citado, inicialmente, dando-se lhe ciência do inteiro teor da denúncia ou queixa, sendo-lhe assegurado, sempre, o amplo direito de defesa, por si ou por procurador regularmente constituído.

§ 4º O processo disciplinar será presidido por um dos membros do Conselho Regional, ao qual incumbirá coligir as provas necessárias.

§ 5º Encerradas as provas de iniciativa da autoridade processante, ao acusado será dado requerer e produzir as suas próprias provas, após o que lhe será assegurado o direito de apresentar, por escrito, defesa final e o de sustentar, oralmente, suas razões, na sessão do julgamento.

§ 6º Da decisão dos Conselhos Regionais caberá recurso voluntário, com efeito suspensivo, para o Conselho Federal.

Art. 19. Constituem faltas no exercício da profissão de representante comercial:

a) prejudicar, por dolo ou culpa, os interesses confiados aos seus cuidados;

b) auxiliar ou facilitar, por qualquer meio, o exercício da profissão aos que estiverem proibidos, impedidos ou não habilitados a exercê-la;

c) promover ou facilitar negócios ilícitos, bem como quaisquer transações que prejudiquem interesse da Fazenda Pública;

d) violar o sigilo profissional;

e) negar ao representado as competentes prestações de conta, recibos de quantias ou documentos que lhe tiverem sido entregues, para qualquer fim;

f) recusar a apresentação da carteira profissional, quando solicitada por quem de direito.

Art. 20. Observados os princípios desta Lei, o Conselho Federal dos Representantes Comerciais expedirá instruções relativas à aplicação das penalidades em geral e, em particular, aos casos em que couber imposições da pena de multa.

Art. 21. As repartições federais, estaduais e municipais, ao receberem tributos relativos à atividade do representante comercial, pessoa física ou jurídica, exigirão prova de seu registro no Conselho Regional da respectiva região.

Art. 22. Da propaganda deverá constar, obrigatoriamente, o número da carteira profissional.

Parágrafo único. As pessoas jurídicas farão constar, também, da propaganda, além do número da carteira do representante comercial responsável, o seu próprio número de registro no Conselho Regional.

Art. 23. O exercício financeiro dos Conselhos Federal e Regionais coincidirá com o ano civil.

Art. 24. As diretorias dos Conselhos Regionais prestarão contas da sua gestão ao próprio Conselho, até o dia 15 de fevereiro de cada ano.

▶ Artigo com redação pela Lei 8.420/1992.

Art. 25. Os Conselhos Regionais prestarão contas até o último dia do mês de fevereiro de cada ano ao Conselho Federal.

▶ Artigo com redação pela Lei 8.420/1992.

Parágrafo único. A diretoria do Conselho Federal prestará contas ao respectivo plenário até o último dia do mês de março de cada ano.

Art. 26. Os sindicatos incumbidos do processamento das eleições, a que se refere o artigo 12, deverão tomar, dentro do prazo de trinta dias, a contar da publicação desta Lei, as providências necessárias à instalação dos Conselhos Regionais dentro do prazo previsto no artigo 11.

Art. 27. Do contrato de representação comercial, além dos elementos comuns e outros, a juízo dos interessados, constarão, obrigatoriamente:

▸ *Caput* com redação pela Lei 8.420/1992.

a) condições e requisitos gerais da representação;

b) indicação genérica ou específica dos produtos ou artigos objeto da representação;

c) prazo certo ou indeterminado da representação;

d) indicação da zona ou zonas em que será exercida a representação;

▸ Alínea *d* com redação pela Lei 8.420/1992.

e) garantia ou não, parcial ou total, ou por certo prazo, da exclusividade de zona ou setor de zona;

f) retribuição e época do pagamento, pelo exercício da representação, dependente da efetiva realização dos negócios, e recebimento, ou não, pelo representado, dos valores respectivos;

g) os casos em que se justifique a restrição de zona concedida com exclusividade;

h) obrigações e responsabilidades das partes contratantes;

i) exercício exclusivo ou não da representação a favor do representado;

j) indenização devida ao representante, pela rescisão do contrato fora dos casos previstos no artigo 35, cujo montante não poderá ser inferior a um doze avos do total da retribuição auferida durante o tempo em que exerceu a representação.

▸ Alínea *j* com redação pela Lei 8.420/1992.
▸ Art. 46 desta Lei.

§ 1º Na hipótese de contrato a prazo certo, a indenização corresponderá à importância equivalente à média mensal da retribuição auferida até a data da rescisão, multiplicada pela metade dos meses resultantes do prazo contratual.

▸ § 1º acrescido pela Lei 8.420/1992.

§ 2º O contrato com prazo determinado, uma vez prorrogado o prazo inicial, tácita ou expressamente, torna-se a prazo indeterminado.

▸ § 2º acrescido pela Lei 8.420/1992.

§ 3º Considera-se por prazo indeterminado todo contrato que suceder, dentro de seis meses, a outro contrato, com ou sem determinação de prazo.

▸ § 3º acrescido pela Lei 8.420/1992.

Art. 28. O representante comercial fica obrigado a fornecer ao representado, segundo as disposições do contrato ou, sendo este omisso, quando lhe for solicitado, informações detalhadas sobre o andamento dos negócios a seu cargo, devendo dedicar-se à representação, de modo a expandir os negócios do representado e promover os seus produtos.

Art. 29. Salvo autorização expressa, não poderá o representante conceder abatimentos, descontos ou dilações, nem agir em desacordo com as instruções do representado.

Art. 30. Para que o representante possa exercer a representação em juízo, em nome do representado, requer-se mandato expresso. Incumbir-lhe-á, porém, tomar conhecimento das reclamações atinentes aos negócios, transmitindo-as ao representado e sugerindo as providências acauteladoras do interesse deste.

▸ Art. 26 desta Lei.

Parágrafo único. O representante, quanto aos atos que praticar, responde segundo as normas do contrato e, sendo este omisso, na conformidade do direito comum.

Art. 31. Prevendo o contrato de representação a exclusividade de zona ou zonas, ou quando este for omisso, fará jus o representante à comissão pelos negócios aí realizados, ainda que diretamente pelo representado ou por intermédio de terceiros.

▸ Artigo com redação pela Lei 8.420/1992.

Parágrafo único. A exclusividade de representação não se presume na ausência de ajustes expressos.

▸ Arts. 711 e 714 do CC.

Art. 32. O representante comercial adquire o direito às comissões quando do pagamento dos pedidos ou propostas.

▸ *Caput* com redação pela Lei 8.420/1992.

§ 1º O pagamento das comissões deverá ser efetuado até o dia quinze do mês subsequente ao da liquidação da fatura, acompanhada das respectivas cópias das notas fiscais.

▸ § 1º acrescido pela Lei 8.420/1992.

§ 2º As comissões pagas fora do prazo previsto no parágrafo anterior deverão ser corrigidas monetariamente.

▸ § 2º acrescido pela Lei 8.420/1992.

§ 3º É facultado ao representante comercial emitir títulos de créditos para cobrança de comissões.

▸ § 3º acrescido pela Lei 8.420/1992.

§ 4º As comissões deverão ser calculadas pelo valor total das mercadorias.

▸ § 4º acrescido pela Lei 8.420/1992.

§ 5º Em caso de rescisão injusta do contrato por parte do representando, a eventual retribuição pendente, gerada por pedidos em carteira ou em fase de execução e recebimento, terá vencimento na data da rescisão.

▸ § 5º acrescido pela Lei 8.420/1992.

§ 6º *Vetado.*

▸ § 6º acrescido pela Lei 8.420/1992.

§ 7º São vedadas na representação comercial alterações que impliquem, direta ou indiretamente, a diminuição da média dos resultados auferidos pelo representante nos últimos seis meses de vigência.

▸ § 7º acrescido pela Lei 8.420/1992.
▸ Art. 716 do CC.

Art. 33. Não sendo previstos, no contrato de representação, os prazos para recusa das propostas ou pedidos, que hajam sido entregues pelo representante, acompanhados dos requisitos exigíveis, ficará o representado obrigado a creditar-lhe a respectiva comissão, se não manifestar a recusa, por escrito, nos prazos de quinze, trinta, sessenta ou cento e vinte dias, conforme se trate de comprador domiciliado, respectivamente, na mesma praça, em outra do mesmo Estado, em outro Estado ou no estrangeiro.

▸ Art. 42, § 4º, desta Lei.

§ 1º Nenhuma retribuição será devida ao representante comercial, se a falta de pagamento resultar de insolvência do comprador, bem como se o negócio vier a ser por ele desfeito ou for sustada a entrega de mercadorias devido à situação comercial do comprador, capaz de comprometer ou tornar duvidosa a liquidação.

§ 2º Salvo ajuste em contrário, as comissões devidas serão pagas mensalmente, expedindo o representado a conta respectiva, conforme cópias das faturas remetidas aos compradores, no respectivo período.

§ 3º Os valores das comissões para efeito tanto do pré-aviso como da indenização, prevista nesta Lei, deverão ser corrigidos monetariamente.

▸ § 3º acrescido pela Lei 8.420/1992.

Art. 34. A denúncia, por qualquer das partes, sem causa justificada, do contrato de representação, ajustado por tempo indeterminado e que haja vigorado por mais de seis meses, obriga o denunciante, salvo outra garantia prevista no contrato, à concessão de pré-aviso, com antecedência mínima de trinta dias, ou ao pagamento de importância igual a um terço das comissões auferidas pelo representante, nos três meses anteriores.

▸ Art. 46 desta Lei.
▸ Art. 720 do CC.

Art. 35. Constituem motivos justos para rescisão do contrato de representação comercial, pelo representado:

▸ Arts. 27, *j*, 37 e 40, par. ún., desta Lei.

a) a desídia do representante no cumprimento das obrigações decorrentes do contrato;

b) a prática de atos que importem em descrédito comercial do representado;

c) a falta de cumprimento de quaisquer obrigações inerentes ao contrato de representação comercial;

d) a condenação definitiva por crime considerado infamante;

e) força maior.

Art. 36. Constituem motivos justos para rescisão do contrato de representação comercial, pelo representante:

a) redução de esfera de atividade do representante em desacordo com as cláusulas do contrato;

b) a quebra, direta ou indireta, da exclusividade, se prevista no contrato;

c) a fixação abusiva de preços em relação à zona do representante, com o exclusivo escopo de impossibilitar-lhe ação regular;

d) o não pagamento de sua retribuição na época devida;

e) força maior.

Art. 37. Somente ocorrendo motivo justo para rescisão do contrato, poderá o representado reter comissões devidas ao representante, com o fim de ressarcir-se de danos por este causados e, bem assim, nas hipóteses previstas no artigo 35, a título de compensação.

Art. 38. Não serão prejudicados os direitos dos representantes comerciais quando, a título de cooperação, desempenhem, temporariamente, a pedido do representado, encargos ou atribuições diversos dos previstos no contrato de representação.

Art. 39. Para julgamento das controvérsias que surgirem entre representante e representado é competente a Justiça Comum e o Foro do domicílio do representante,

aplicando-se o procedimento sumário previsto no artigo 275 do Código de Processo Civil, ressalvada a competência do Juizado de Pequenas Causas.

▸ Artigo com redação pela Lei 8.420/1992.
▸ Lei 9.099/1995 (Juizados Especiais).

Art. 40. Dentro de cento e oitenta dias da publicação da presente Lei, serão formalizadas, entre representado e representantes, em documento escrito, as condições das representações comerciais vigentes.

Parágrafo único. A indenização devida pela rescisão dos contratos de representação comercial vigentes na data desta Lei, fora dos casos previstos no artigo 35, e quando as partes não tenham usado da faculdade prevista neste artigo, será calculada, sobre a retribuição percebida, pelo representante, nos últimos cinco anos anteriores à vigência desta Lei.

Art. 41. Ressalvada expressa vedação contratual, o representante comercial poderá exercer sua atividade para mais de uma empresa e empregá-la em outros misteres ou ramos de negócios.

▸ Artigo acrescido pela Lei 8.420/1992.

Art. 42. Observadas as disposições constantes do artigo anterior, é facultado ao representante contratar com outros representantes comerciais a execução dos serviços relacionados com a representação.

▸ Artigo acrescido pela Lei 8.420/1992.

§ 1º Na hipótese deste artigo, o pagamento das comissões a representante comercial contratado dependerá da liquidação da conta de comissão devida pelo representando ao representante contratante.

§ 2º Ao representante contratado, no caso de rescisão de representação, será devida pelo representante contratante a participação no que houver recebido da representada a título de indenização e aviso prévio, proporcionalmente às retribuições auferidas pelo representante contratado na vigência do contrato.

§ 3º Se o contrato referido no *caput* deste artigo for rescindido sem motivo justo pelo representante contratante, o representante contratado fará jus ao aviso prévio e indenização na forma da lei.

§ 4º Os prazos de que trata o artigo 33 desta Lei são aumentados em dez dias quando se tratar de contrato realizado entre representantes comerciais.

Art. 43. É vedada no contrato de representação comercial a inclusão de cláusulas *dei credere*.

▸ Artigo acrescido pela Lei 8.420/1992.

Art. 44. No caso de falência ou de recuperação judicial do representado, as importâncias por ele devidas ao representante comercial, relacionadas com a representação, inclusive comissões vencidas e vincendas, indenização e aviso prévio, e qualquer outra verba devida ao representante oriunda da relação estabelecida com base nesta Lei, serão consideradas créditos da mesma natureza dos créditos trabalhistas para fins de inclusão no pedido de falência ou plano de recuperação judicial.

▸ *Caput* com redação pela Lei 14.195/2021.
▸ Art. 6º, § 2º, da Lei 11.101/2005 (Recuperação Judicial e Falências)

Parágrafo único. Os créditos devidos ao representante comercial reconhecidos em título executivo judicial transitado em julgado após o deferimento do processamento da recuperação judicial, e a sua respectiva execução, inclusive quanto aos honorários advocatícios, não se sujeitarão à recuperação judicial, aos seus efeitos e à competência do juízo da recuperação, ainda que existentes na data do pedido, e prescreverá em 5 (cinco) anos a ação do representante comercial para pleitear a retribuição que lhe é devida e os demais direitos garantidos por esta Lei.

▸ Parágrafo único com redação pela Lei 14.195/2021.

Art. 45. Não constitui motivo justo para rescisão do contrato de representação comercial o impedimento temporário do representante comercial que estiver em gozo do benefício de auxílio-doença concedido pela Previdência Social.

▸ Artigo acrescido pela Lei 8.420/1992.

Art. 46. Os valores a que se referem a alínea *j* do artigo 27, o § 5º do artigo 32 e o artigo 34 desta Lei serão corrigidos monetariamente com base na variação dos BTNs ou por outro indexador que venha a substituí-los e legislação ulterior aplicável à matéria.

▸ Artigo acrescido pela Lei 8.420/1992.

Art. 47. Compete ao Conselho Federal dos Representantes Comerciais fiscalizar a execução da presente Lei.

▸ Art. acrescido pela Lei 8.420/1992.

Parágrafo único. Em caso de inobservância das prescrições legais, caberá intervenção do Conselho Federal nos Conselhos Regionais, por decisão da Diretoria do primeiro, *ad referendum* da reunião plenária, assegurado, em qualquer caso, o direito de defesa. A intervenção cessará quando do cumprimento da Lei.

Art. 48. Esta Lei entra em vigor na data de sua publicação.
▶ Artigo renumerado pela Lei 8.420/1992.
Art. 49. Revogam-se as disposições em contrário.
▶ Artigo renumerado pela Lei 8.420/1992.
Brasília, 9 de dezembro de 1965; 144º da Independência e 77º da República.
H. Castello Branco

LEI 4.950-A, DE 22 DE ABRIL DE 1966

Dispõe sobre a remuneração de profissionais diplomados em Engenharia, Química, Arquitetura, Agronomia e Veterinária

DOU 29.04.1966

▶ A Resolução 12/1971 do Senado Federal suspendeu, por inconstitucionalidade, a execução da Lei 4.950-A/1966, em relação aos servidores públicos sujeitos ao regime estatutário.

Faço saber que o Congresso Nacional aprovou e manteve, após veto presidencial, e eu, Auro Moura Andrade, Presidente do Senado Federal, de acordo com o disposto no § 4º do art. 70, da Constituição Federal, promulgo a seguinte Lei:

Art. 1º O salário mínimo dos diplomados pelos cursos regulares mantidos pelas Escolas de Engenharia, de Química, de Arquitetura, de Agronomia e de Veterinária é o fixado pela presente Lei.

Art. 2º O salário mínimo fixado pela presente Lei é a remuneração mínima obrigatória por serviços prestados pelos profissionais definidos no art. 1º, com relação de emprego ou função, qualquer que seja a fonte pagadora.

Art. 3º Para os efeitos desta Lei as atividades ou tarefas desempenhadas pelos profissionais enumerados no art. 1º são classificadas em:

a) atividades ou tarefas com exigência de 6 (seis) horas diárias de serviço;

b) atividades ou tarefas com exigência de mais de 6 (seis) horas diárias de serviço.

Parágrafo único. A jornada de trabalho é a fixada no contrato de trabalho ou determinação legal vigente.

Art. 4º Para os efeitos desta Lei os profissionais citados no art. 1º são classificados em:

a) diplomados pelos cursos regulares superiores mantidos pelas Escolas de Engenharia, de Química, de Arquitetura, de Agronomia e de Veterinária com curso universitário de 4 (quatro) anos ou mais;

b) diplomados pelos cursos regulares superiores mantidos pelas Escolas de Engenharia, de Química, de Arquitetura, de Agronomia e de Veterinária com curso universitário de menos de 4 (quatro) anos.

Art. 5º Para a execução das atividades e tarefas classificadas na alínea *a* do art. 3º, fica fixado o salário-base mínimo de 6 (seis) vezes o maior salário mínimo comum vigente no País, para os profissionais relacionados na alínea *a* do art. 4º, e de 5 (cinco) vezes o maior salário mínimo comum vigente no País, para os profissionais da alínea *b* do art. 4º.

▷ O STF no julgamento das ADPFs 53, 149 e 171, por maioria, "conheceu parcialmente a arguição de descumprimento de preceito fundamental e, nessa extensão, julgou parcialmente procedente o pedido formulado, para atribuir interpretação conforme a Constituição ao art. 5º da Lei 4.950-A/1966, de modo a congelar a base de cálculo dos pisos profissionais nele fixados na data da publicação da ata do presente julgamento" (...). (DJeSTF 03.03.2022)

Art. 6º Para a execução de atividades e tarefas classificadas na alínea *b* do art. 3º, a fixação do salário-base mínimo será feito tomando-se por base o custo da hora fixado no art. 5º desta Lei, acrescidas de 25% as horas excedentes das 6 (seis) diárias de serviços.

Art. 7º A remuneração do trabalho noturno será feita na base da remuneração do trabalho diurno, acrescida de 25% (vinte e cinco por cento).

Art. 8º Esta Lei entrará em vigor na data da sua publicação, revogadas as disposições em contrário.
Brasília, 22 de abril de 1966; 145º da Independência e 78º da República.
Auro Moura Andrade

LEI 5.081, DE 24 DE AGOSTO DE 1966

Regula o Exercício da Odontologia.

DOU de 26.08.1966, retificado em 01.09.1966 e em 16.06.1977
O PRESIDENTE DA REPÚBLICA, faço saber que o CONGRESSO NACIONAL decreta e eu sanciono a seguinte Lei:

Art. 1º O exercício da Odontologia no território nacional é regido pelo disposto na presente Lei.
Do Cirurgião-Dentista
Art. 2º O exercício da Odontologia no território nacional só é permitido ao cirurgião-dentista habilitado por escola ou faculdade oficial ou reconhecida, após o registro do diploma na Diretoria do Ensino Superior, no Serviço Nacional de Fiscalização da Odontologia, na repartição sanitária estadual competente e inscrição no Conselho Regional de Odontologia sob cuja jurisdição se achar o local de sua atividade.
Parágrafo único. VETADO.
Art. 3º Poderão exercer a Odontologia no território nacional os habilitados por escolas estrangeiras, após a revalidação do diploma e satisfeitas as demais exigências do artigo anterior.
Art. 4º É assegurado o direito ao exercício da Odontologia, com as restrições legais, ao diplomado nas condições mencionadas no Decreto-Lei 7.718, de 9 de julho de 1945, que regularmente se tenha habilitado para o exercício profissional, somente nos limites territoriais do Estado onde funcionou a escola ou faculdade que o diplomou.
Art. 5º É nula qualquer autorização administrativa a quem não for legalmente habilitado para o exercício da Odontologia.
Art. 6º Compete ao cirurgião-dentista:
I – praticar todos os atos pertinentes a Odontologia, decorrentes de conhecimentos adquiridos em curso regular ou em cursos de pós-graduação;
II – prescrever e aplicar especialidades farmacêuticas de uso interno e externo, indicadas em Odontologia;
III – atestar, no setor de sua atividade profissional, estados mórbidos e outros, inclusive, para justificação de faltas ao emprego.
▶ Inciso III com redação Lei 6.215/1975.
IV – proceder à perícia odontolegal em foro civil, criminal, trabalhista e em sede administrativa;
V – aplicar anestesia local e truncular;
VI – empregar a analgesia e a hipnose, desde que comprovadamente habilitado, quando constituírem meios eficazes para o tratamento;
VII – manter, anexo ao consultório, laboratório de prótese, aparelhagem e instalação adequadas para pesquisas e análises clínicas, relacionadas com os casos específicos de sua especialidade, bem como aparelhos de Raios X, para diagnóstico, e aparelhagem de fisioterapia;
VIII – prescrever e aplicar medicação de urgência no caso de acidentes graves que comprometam a vida e a saúde do paciente;
IX – utilizar, no exercício da função de perito-odontólogo, em casos de necropsia, as vias de acesso do pescoço e da cabeça.
Art. 7º É vedado ao cirurgião-dentista:
a) expor em público trabalhos odontológicos e usar de artifícios de propaganda para granjear clientela;
b) anunciar cura de determinadas doenças, para as quais não haja tratamento eficaz;
c) exercício de mais de duas especialidades;
d) consultas mediante correspondência, rádio, televisão ou meios semelhantes;
e) prestação de serviço gratuito em consultórios particulares;
f) divulgar benefícios recebidos de clientes;
g) anunciar preços de serviços, modalidades de pagamento e outras formas de comercialização da clínica que signifiquem competição desleal.
Dos Peritos-Odontológicos Oficiais
Art. 8º VETADO.
I e II – VETADO.
Dos Dentistas Práticos Licenciados
Art. 9º VETADO.
a) a e) VETADOS.
Art. 10. VETADO
Parágrafo único. VETADO.
Art. 11. VETADO.
Disposições Gerais
Art. 12. O Poder Executivo baixará decreto, dentro de 90 (noventa) dias, regulamentando a presente Lei.
Art. 13. Esta Lei entrará em vigor na data de sua publicação, revogados o Decreto-Lei 7.718, de 9 de julho de 1945, a Lei 1.314, de 17 de janeiro de 1951, e demais disposições em contrário.
Brasília, 24 de agosto de 1966; 145º da Independência e 78º da República.
H. Castello Branco

LEI 5.194, DE 24 DE DEZEMBRO DE 1966

Regula o exercício das profissões de Engenheiro, Arquiteto e Engenheiro-Agrônomo, e dá outras providências.

DOU 27.12.1966 e retificado em 04.01.1967
O Presidente da República, faço saber que o Congresso Nacional decreta e eu sanciono a seguinte Lei:

TÍTULO I
Do Exercício Profissional da Engenharia, da Arquitetura e da Agronomia

CAPÍTULO I
DAS ATIVIDADES PROFISSIONAIS

Seção I
Caracterização e Exercício das Profissões
Art. 1º As profissões de engenheiro, arquiteto e engenheiro-agrônomo são caracterizadas pelas realizações de interesse social e humano que importem na realização dos seguintes empreendimentos:
a) aproveitamento e utilização de recursos naturais;
b) meios de locomoção e comunicações;
c) edificações, serviços e equipamentos urbanos, rurais e regionais, nos seus aspectos técnicos e artísticos;
d) instalações e meios de acesso a costas, cursos e massas de água e extensões terrestres;
e) desenvolvimento industrial e agropecuário.
Art. 2º O exercício, no País, da profissão de engenheiro, arquiteto ou engenheiro-agrônomo, observadas as condições de capacidade e demais exigências legais, é assegurado:
a) aos que possuam, devidamente registrado, diploma de faculdade ou escola superior de engenharia, arquitetura ou agronomia, oficiais ou reconhecidas, existentes no País;
b) aos que possuam, devidamente revalidado e registrado no País, diploma de faculdade ou escola estrangeira de ensino superior de engenharia, arquitetura ou agronomia, bem como os que tenham êsse exercício amparado por convênios internacionais de intercâmbio;
c) aos estrangeiros contratados que, a critério dos Conselhos Federal e Regionais de Engenharia, Arquitetura e Agronomia, considerados a escassez de profissionais de determinada especialidade e o interêsse nacional, tenham seus títulos registrados temporariamente.
Parágrafo único. O exercício das atividades de engenheiro, arquiteto e engenheiro-agrônomo é garantido, obedecidos os limites das respectivas licenças e excluídas as expedidas, a título precário, até a publicação desta Lei, aos que, nesta data, estejam registrados nos Conselhos Regionais.

Seção II
Do uso do Título Profissional
Art. 3º São reservadas exclusivamente aos profissionais referidos nesta Lei as denominações de engenheiro, arquiteto ou engenheiro-agrônomo, acrescidas obrigatòriamente, das características de sua formação básica.
Parágrafo único. As qualificações de que trata êste artigo poderão ser acompanhadas de designações outras referentes a cursos de especialização, aperfeiçoamento e pós-graduação.
Art. 4º As qualificações de engenheiro, arquiteto ou engenheiro-agrônomo só podem ser acrescidas à denominação de pessoa jurídica composta exclusivamente de profissionais que possuam tais títulos.
Art. 5º Só poderá ter em sua denominação as palavras engenharia, arquitetura ou agronomia a firma comercial ou industrial cuja diretoria fôr composta, em sua maioria, de profissionais registrados nos Conselhos Regionais.

Seção III
Do exercício ilegal da profissão
Art. 6º Exerce ilegalmente a profissão de engenheiro, arquiteto ou engenheiro-agrônomo:
a) a pessoa física ou jurídica que realizar atos ou prestar serviços público ou privado reservados aos profissionais de que trata esta lei e que não possua registro nos Conselhos Regionais;
b) o profissional que se incumbir de atividades estranhas às atribuições discriminadas em seu registro;
c) o profissional que emprestar seu nome a pessoas, firmas, organizações ou emprêsas executoras de obras e serviços sem sua real participação nos trabalhos delas;

d) o profissional que, suspenso de seu exercício, continue em atividade;

e) a firma, organização ou sociedade que, na qualidade de pessoa jurídica, exercer atribuições reservadas aos profissionais da engenharia, da arquitetura e da agronomia, com infringência do disposto no parágrafo único do art. 8º desta lei.

Seção IV
Atribuições profissionais e coordenação de suas atividades

Art. 7º As atividades e atribuições profissionais do engenheiro, do arquiteto e do engenheiro-agrônomo consistem em:

a) desempenho de cargos, funções e comissões em entidades estatais, paraestatais, autárquicas, de economia mista e privada;

b) planejamento ou projeto, em geral, de regiões, zonas, cidades, obras, estruturas, transportes, explorações de recursos naturais e desenvolvimento da produção industrial e agropecuária;

c) estudos, projetos, análises, avaliações, vistorias, perícias, pareceres e divulgação técnica;

d) ensino, pesquisas, experimentação e ensaios;

e) fiscalização de obras e serviços técnicos;

f) direção de obras e serviços técnicos;

g) execução de obras e serviços técnicos;

h) produção técnica especializada, industrial ou agro-pecuária.

Parágrafo único. Os engenheiros, arquitetos e engenheiros-agrônomos poderão exercer qualquer outra atividade que, por sua natureza, se inclua no âmbito de suas profissões.

Art. 8º As atividades e atribuições enunciadas nas alíneas a, b, c, d, e e f do artigo anterior são da competência de pessoas físicas, para tanto legalmente habilitadas.

Parágrafo único. As pessoas jurídicas e organizações estatais só poderão exercer as atividades discriminadas nos art. 7º, com exceção das contidas na alínea "a", com a participação efetiva e autoria declarada de profissional legalmente habilitado e registrado pelo Conselho Regional, assegurados os direitos que esta lei lhe confere.

Art. 9º As atividades enunciadas nas alíneas g e h do art. 7º, observados os preceitos desta lei, poderão ser exercidas, indistintamente, por profissionais ou por pessoas jurídicas.

Art. 10. Cabe às Congregações das escolas e faculdades de engenharia, arquitetura e agronomia indicar, ao Conselho Federal, em função dos títulos apreciados através da formação profissional, em têrmos genéricos, as características dos profissionais por ela diplomados.

Art. 11. O Conselho Federal organizará e manterá atualizada a relação dos títulos concedidos pelas escolas e faculdades, bem como seus cursos e currículos, com a indicação das suas características.

Art. 12. Na União, nos Estados e nos Municípios, nas entidades autárquicas, paraestatais e de economia mista, os cargos e funções que exijam conhecimentos de engenharia, arquitetura e agronomia, relacionados conforme o disposto na alínea "g" do art. 27, sòmente poderão ser exercidos por profissionais habilitados de acôrdo com esta lei.

Art. 13. Os estudos, plantas, projetos, laudos e qualquer outro trabalho de engenharia, de arquitetura e de agronomia, quer público, quer particular, sòmente poderão ser submetidos ao julgamento das autoridades competentes e só terão valor jurídico quando seus autores forem profissionais habilitados de acôrdo com esta lei.

Art. 14. Nos trabalhos gráficos, especificações, orçamentos, pareceres, laudos e atos judiciais ou administrativos, é obrigatória além da assinatura, precedida do nome da emprêsa, sociedade, instituição ou firma a que interessarem, a menção explícita do título do profissional que os subscrever e do número da carteira referida no art. 56.

Art. 15. São nulos de pleno direito os contratos referentes a qualquer ramo da engenharia, arquitetura ou da agronomia, inclusive a elaboração de projeto, direção ou execução de obras, quando firmados por entidade pública ou particular com pessoa física ou jurídica não legalmente habilitada a praticar a atividade nos têrmos desta lei.

Art. 16. Enquanto durar a execução de obras, instalações e serviços de qualquer natureza, é obrigatória a colocação e manutenção de placas visíveis e legíveis ao público, contendo o nome do autor e co-autores do projeto, em todos os seus aspectos técnicos e artísticos, assim como os dos responsáveis pela execução dos trabalhos.

CAPÍTULO II
DA RESPONSABILIDADE E AUTORIA

Art. 17. Os direitos de autoria de um plano ou projeto de engenharia, arquitetura ou agronomia, respeitadas as relações contratuais expressas entre o autor e outros interessados, são do profissional que os elaborar.

Parágrafo único. Cabem ao profissional que os tenha elaborado os prêmios ou distinções honoríficas concedidas a projetos, planos, obras ou serviços técnicos.

Art. 18. As alterações do projeto ou plano original só poderão ser feitas pelo profissional que o tenha elaborado.

Parágrafo único. Estando impedido ou recusando-se o autor do projeto ou plano original a prestar sua colaboração profissional, comprovada a solicitação, as alterações ou modificações dêles poderão ser feitas por outro profissional habilitado, a quem caberá a responsabilidade pelo projeto ou plano modificado.

Art. 19. Quando a concepção geral que caracteriza um plano ou, projeto fôr elaborada em conjunto por profissionais legalmente habilitados, todos serão considerados co-autores do projeto, com os direitos e deveres correspondentes.

Art. 20. Os profissionais ou organizações de técnicos especializados que colaborarem numa parte do projeto, deverão ser mencionados explicitamente como autores da parte que lhes tiver sido confiada, tornando-se mister que todos os documentos, como plantas, desenhos, cálculos, pareceres, relatórios, análises, normas, especificações e outros documentos relativos ao projeto, sejam por êles assinados.

Parágrafo único. A responsabilidade técnica pela ampliação, prosseguimento ou conclusão de qualquer empreendimento de engenharia, arquitetura ou agronomia caberá ao profissional ou entidade registrada que aceitar êsse encargo, sendo-lhe, também, atribuída a responsabilidade das obras, devendo o Conselho Federal dotar resolução quanto às responsabilidades das partes já executadas ou concluídas por outros profissionais.

Art. 21. Sempre que o autor do projeto convocar, para o desempenho do seu encargo, o concurso de profissionais da organização de profissionais, especializados e legalmente habilitados, serão êstes havidos como co-responsáveis na parte que lhes diga respeito.

Art. 22. Ao autor do projeto ou a seus prepostos é assegurado o direito de acompanhar a execução da obra, de modo a garantir a sua realização de acôrdo com as condições, especificações e demais pormenores técnicos nêle estabelecidos.

Parágrafo único. Terão o direito assegurado neste artigo, ao autor do projeto, na parte que lhes diga respeito, os profissionais especializados que participarem, como co-responsáveis, na sua elaboração.

Art. 23. Os Conselhos Regionais criarão registros de autoria de planos e projetos, para salvaguarda dos direitos autorais dos profissionais que o desejarem.

TÍTULO II
Da fiscalização do exercício das profissões

CAPÍTULO I
DOS ÓRGÃOS FISCALIZADORES

Art. 24. A aplicação do que dispõe esta lei, a verificação e fiscalização do exercício e atividades das profissões nela reguladas serão exercidas por um Conselho Federal de Engenharia, Arquitetura e Agronomia (CONFEA) e Conselhos Regionais de Engenharia, Arquitetura e Agronomia (CREA), organizados de forma a assegurarem unidade de ação.

▶ Revigorado pelo Decreto-Lei 711, de 1969.

Art. 25. Mantidos os já existentes, o Conselho Federal de Engenharia, Arquitetura e Agronomia promoverá a instalação, nos Estados, Distrito Federal e Territórios Federais, dos Conselhos Regionais necessários à execução desta lei, podendo, a ação de qualquer dêles, estender-se a mais de um Estado.

§ 1º A proposta de criação de novos Conselhos Regionais será feita pela maioria das entidades de classe e escolas ou faculdades com sede na nova Região, cabendo aos Conselhos atingidos pela iniciativa opinar e encaminhar a proposta à aprovação do Conselho Federal.

§ 2º Cada unidade da Federação só poderá ficar na jurisdição de um Conselho Regional.

§ 3º A sede dos Conselhos Regionais será no Distrito Federal, em capital de Estado ou de Território Federal.

CAPÍTULO II
DO CONSELHO FEDERAL DE ENGENHARIA, ARQUITETURA E AGRONOMIA

Seção I
Da instituição do Conselho e suas atribuições

Art. 26. O Conselho Federal de Engenharia, Arquitetura e Agronomia, (CONFEA), é a instância superior da fiscalização do exercício profissional da engenharia, da arquitetura e da agronomia.

Art. 27. São atribuições do Conselho Federal:

a) organizar o seu regimento interno e estabelecer normas gerais para os regimentos dos Conselhos Regionais;

b) homologar os regimentos internos organizados pelos Conselhos Regionais;

c) examinar e decidir em última instância os assuntos relativos no exercício das profissões de engenharia, arquitetura e agronomia, podendo anular qualquer ato que não estiver de acôrco com a presente lei;

d) tomar conhecimento e dirimir quaisquer dúvidas suscitadas nos Conselhos Regionais;

e) julgar em última instância os recursos sôbre registros, decisões e penalidades impostas pelos Conselhos Regionais;

f) baixar e fazer publicar as resoluções previstas para regulamentação e execução da presente lei, e, ouvidos os Conselhos Regionais, resolver os casos omissos;

g) relacionar os cargos e funções dos serviços estatais, paraestatais, autárquicos e de economia mista, para cujo exercício seja necessário o título de engenheiro, arquiteto ou engenheiro-agrônomo;

h) incorporar ao seu balancete de receita e despesa os dos Conselhos Regionais;

i) enviar aos Conselhos Regionais cópia do expediente encaminhado ao Tribunal de Contas, até 30 (trinta) dias após a remessa;

j) publicar anualmente a relação de títulos, cursos e escolas de ensino superior, assim como, periòdicamente, relação de profissionais habilitados;

k) fixar, ouvido o respectivo Conselho Regional, as condições para que as entidades de classe da região tenham nêle direito a representação;

l) promover, pelo menos uma vez por ano, as reuniões de representantes dos Conselhos Federal e Regionais previstas no art. 53 desta lei;

m) examinar e aprovar a proporção das representações dos grupos profissionais nos Conselhos Regionais;

n) julgar, em grau de recurso, as infrações do Código de Ética Profissional do engenheiro, arquiteto e engenheiro-agrônomo, elaborado pelas entidades de classe;

o) aprovar ou não as propostas de criação de novos Conselhos Regionais;

p) fixar e alterar as anuidades, emolumentos e taxas a pagar pelos profissionais e pessoas jurídicas referidos no art. 63.

q) autorizar o presidente a adquirir, onerar ou, mediante licitação, alienar bens imóveis.

▶ Alínea q com redação pela Lei 6.619/1978.

Parágrafo único. Nas questões relativas a atribuições profissionais, decisão do Conselho Federal só será tomada com mínimo de 12 (doze) votos favoráveis.

Art. 28. Constituem renda do Conselho Federal:

▶ Caput com redação pela Lei 6.619/1978.

I – quinze por cento do produto da arrecadação prevista nos itens I a V do art. 35;

II – doações, legados, juros e receitas patrimoniais;

III – subvenções;

IV – outros rendimentos eventuais.

▶ Incisos I a IV acrescidos pela Lei 6.619/1978.

Seção II
Da composição e organização

Art. 29. O Conselho Federal será constituído por 18 (dezoito) membros, brasileiros, diplomados em Engenharia, Arquitetura ou Agronomia, habilitados de acôrdo com esta lei, obedecida a seguinte composição:

a) 15 (quinze) representantes de grupos profissionais, sendo 9 (nove) engenheiros representantes de modalidades de engenharia estabelecida em têrmos genéricos pelo Conselho Federal, no mínimo de 3 (três) modalidades, de maneira a corresponderem às formações técnicas constantes dos registros nêle existentes; 3 (três) arquitetos e 3 (três) engenheiros-agrônomos;

b) 1 (um) representante das escolas de engenharia, 1 (um) representante das escolas de arquitetura e 1 (um) representante das escolas de agronomia.

§ 1º Cada membro do Conselho Federal terá 1 (um) suplente.

§ 2º O presidente do Conselho Federal será eleito, por maioria absoluta, dentre os seus membros.

§ 3º A vaga do representante nomeado presidente do Conselho será preenchida por seu suplente.

Art. 30. Os representantes dos grupos profissionais referidos na alínea "a" do art. 29 e seus suplentes serão eleitos pelas respectivas entidades de classe registradas nas regiões, em assembléias especialmente convocadas para êste fim pelos Conselhos Regionais, cabendo a cada região indicar, em forma de rodízio, um membro do Conselho Federal.

Parágrafo único. Os representantes das entidades de classe nas assembléias referidas neste artigo serão por elas eleitos, na forma dos respectivos estatutos.

Art. 31. Os representantes das escolas ou faculdades e seus suplentes serão eleitos por maioria absoluta de votos em assembléia dos delegados de cada grupo profissional, designados pelas respectivas Congregações.

Art. 32. Os mandatos dos membros do Conselho Federal e do Presidente serão de 3 (três) anos.

Parágrafo único. O Conselho Federal se renovará anualmente pelo têrço de seus membros.

CAPÍTULO III
DOS CONSELHOS REGIONAIS DE ENGENHARIA, ARQUITETURA E AGRONOMIA

Seção I
Da instituição dos Conselhos Regionais e suas atribuições

Art. 33. Os Conselhos Regionais de Engenharia, Arquitetura e Agronomia (CREA) são órgãos de fiscalização do exercício das profissões de engenharia, arquitetura e agronomia, em suas regiões.

Art. 34. São atribuições dos Conselhos Regionais:

a) elaborar e alterar seu regimento interno, submetendo-o à homologação do Conselho Federal.

b) criar as Câmaras Especializadas atendendo às condições de maior eficiência da fiscalização estabelecida na presente lei;

c) examinar reclamações e representações acêrca de registros;

d) julgar e decidir, em grau de recurso, os processos de infração da presente lei e do Código de Ética, enviados pelas Câmaras Especializadas;

e) julgar em grau de recurso, os processos de imposição de penalidades e multas;

f) organizar o sistema de fiscalização do exercício das profissões reguladas pela presente lei;

g) publicar relatórios de seus trabalhos e relações dos profissionais e firmas registrados;

h) examinar os requerimentos e processos de registro em geral, expedindo as carteiras profissionais ou documentos de registro;

i) sugerir ao Conselho Federal médias necessárias à regularidade dos serviços e à fiscalização do exercício das profissões reguladas nesta lei;

j) agir, com a colaboração das sociedades de classe e das escolas ou faculdades de engenharia, arquitetura e agronomia, nos assuntos relacionados com a presente lei;

k) cumprir e fazer cumprir a presente lei, as resoluções baixadas pelo Conselho Federal, bem como expedir atos que para isso julguem necessários;

l) criar inspetorias e nomear inspetores especiais para maior eficiência da fiscalização;

m) deliberar sôbre assuntos de interêsse geral e administrativo e sôbre os casos comuns a duas ou mais especializações profissionais;

n) julgar, decidir ou dirimir as questões da atribuição ou competência, das Câmaras Especializadas referidas no artigo 45, quando não possuir o Conselho Regional número suficiente de profissionais do mesmo grupo para constituir a respectiva Câmara, como estabelece o artigo 48;

o) organizar, disciplinar e manter atualizado o registro dos profissionais e pessoas jurídicas que, nos têrmos desta lei, se inscrevam para exercer atividades de engenharia, arquitetura ou agronomia, na Região;

p) organizar e manter atualizado o registro das entidades de classe referidas no artigo 62 e das escolas e faculdades que, de acôrdo com esta lei, devam participar da eleição de representantes destinada a compor o Conselho Regional e o Conselho Federal;

q) organizar, regulamentar e manter o registro de projetos e planos a que se refere o artigo 23;

r) registrar as tabelas básicas de honorários profissionais elaboradas pelos órgãos de classe.

s) autorizar o presidente a adquirir, onerar ou, mediante licitação, alienar bens imóveis.
> ▶ Alínea *s* acrescida pela Lei 6.619/1978.

Art. 35. Constituem renda dos Conselhos Regionais:
> ▶ *Caput* com redação pela Lei 6.619/1978.

I – anuidades cobradas de profissionais e pessoas jurídicas;

II – taxas de expedição de carteiras profissionais e documentos diversos;

III – emolumentos sobre registros, vistos e outros procedimentos;

IV – quatro quintos da arrecadação da taxa instituída pela Lei 6.496, de 7 de dezembro de 1977;

V – multas aplicadas de conformidade com esta Lei e com a Lei 6.496, de 7 de dezembro de 1977;

VI – doações, legados, juros e receitas patrimoniais;

VII – subvenções;

VIII – outros rendimentos eventuais.
> ▶ Incisos I a VIII acrescidos pela Lei 6.619/1978.

Art. 36. Os Conselhos Regionais recolherão ao Conselho Federal, até o dia trinta do mês subsequente ao da arrecadação, a quota de participação estabelecida no item I do art. 28.
> ▶ *Caput* com redação pela Lei 6.619/1978.

Parágrafo único. Os Conselhos Regionais poderão destinar parte de sua renda líquida, proveniente da arrecadação das multas, a medidas que objetivem o aperfeiçoamento técnico e cultura do engenheiro, do arquiteto e do engenheiro-agrônomo.
> ▶ Parágrafo único acrescido pela Lei 6.619/1978.

Seção II
Da composição e organização

Art. 37. Os Conselhos Regionais serão constituídos de brasileiros diplomados em curso superior, legalmente habilitados de acôrdo com a presente lei, obedecida a seguinte composição:

a) um presidente, eleito por maioria absoluta pelos membros do Conselho, com mandato de 3 (três) anos;

b) um representante de cada escola ou faculdade de engenharia, arquitetura e agronomia com sede na Região;

c) representantes diretos das entidades de classe de engenharia, arquiteto e engenheiro-agrônomo, registradas na Região de conformidade com o artigo 62.

Parágrafo único. Cada membro do Conselho terá um suplente.

Art. 38. Os representantes das escolas e faculdades e seus respectivos suplentes serão indicados por suas congregações.

Art. 39. Os representantes das entidades de classe e respectivos suplentes serão eleitos por aquelas entidades na forma de seus Estatutos.

Art. 40. O número de conselheiros representativos das entidades de classe será fixado nos respectivos Conselhos Regionais, assegurados o mínimo de um representante por entidade de classe e a proporcionalidade entre os representantes das diferentes categorias profissionais.

Art. 41. A proporcionalidade dos representantes de cada categoria profissional será estabelecida em face dos números totais dos registros no Conselho Regional, de engenheiros das modalidades genéricas previstas na alínea "a" do artigo 29, de arquitetos e de engenheiros-agrônomos, que houver em cada região, cabendo a cada entidade de classe registrada no Conselho Regional um número de representantes proporcional à quantidade de seus associados, assegurando o mínimo de um representante por entidade.

Parágrafo único. A proporcionalidade de que trata êste artigo será submetida à prévia aprovação do Conselho Federal.

Art. 42. Os Conselhos Regionais funcionarão em pleno e, para os assuntos específicos, organizados em Câmaras Especializadas correspondentes às seguintes categorias profissionais: engenharia nas modalidades correspondentes às formações técnicas referidas na alínea a do art. 29, arquitetura e agronomia.

Art. 43. O mandato dos conselheiros regionais será de 3 (três) anos e se renovará, anualmente pelo têrço de seus membros.

Art. 44. Cada Conselho Regional terá inspetorias, para fins de fiscalização, nas cidades ou zonas onde se fizerem necessárias.

CAPÍTULO IV
DAS CÂMARAS ESPECIALIZADAS

Seção I
Da Instituição das Câmaras e suas atribuições

Art. 45. As Câmaras Especializadas são os órgãos dos Conselhos Regionais encarregados de julgar e decidir sôbre os assuntos de fiscalização pertinentes às respectivas especializações profissionais e infrações do Código de Ética.

Art. 46. São atribuições das Câmaras Especializadas:

a) julgar os casos de infração da presente lei, no âmbito de sua competência profissional específica;

b) julgar as infrações do Código de Ética;

c) aplicar as penalidades e multas previstas;

d) apreciar e julgar os pedidos de registro de profissionais, das firmas, das entidades de direito público, das entidades de classe e das escolas ou faculdades na Região;

e) elaborar as normas para a fiscalização das respectivas especializações profissionais;

f) opinar sôbre os assuntos de interêsse comum de duas ou mais especializações profissionais, encaminhando-os ao Conselho Regional.

Seção II
Da Composição e organização

Art. 47. As Câmaras Especializadas serão constituídas pelos conselheiros regionais.

Parágrafo único. Em cada Câmara Especializada haverá um membro, eleito pelo Conselho Regional, representando as demais categorias profissionais.

Art. 48. Será constituída Câmara Especializada desde que entre os conselheiros regionais haja um mínimo de 3 (três) do mesmo grupo profissional.

CAPÍTULO V
GENERALIDADES

Art. 49. Aos Presidentes dos Conselhos Federal e Regionais, compete, além da direção do respectivo Conselho, sua representação em juízo.

Art. 50. O conselheiro federal ou regional que durante 1 (um) ano faltar, sem licença prévia, a 6 (seis) sessões, consecutivas ou não, perderá automàticamente o mandato passando este a ser exercido, em caráter efetivo, pelo respectivo suplente.

Art. 51. O mandato dos Presidentes e dos conselheiros será honorífico.

Art. 52. O exercício da função de membro dos Conselhos por espaço de tempo não inferior a dois têrços do respectivo mandato será considerado serviço relevante prestado à Nação.

§ 1º O Conselho Federal concederá aos que se acharem nas condições dêsse artigo o certificado de serviço relevante, independentemente de requerimento do interessado, dentro de 12 (doze) meses contados a partir da comunicação dos Conselhos.

§ 2º Será considerado como serviço público efetivo, para efeito de aposentadoria e disponibilidade, o tempo de serviço como Presidente ou Conselheiro, vedada, porém, a contagem comutativa com tempo exercido em cargo público.

Art. 53. Os representantes dos Conselhos Federal e Regionais reunir-se-ão pelo menos uma vez por ano para, conjuntamente, estudar e estabelecer providências que assegurem ou aperfeiçoem a aplicação da presente lei, devendo o Conselho Federal remeter aos Conselhos Regionais, com a devida antecedência, o temário respectivo.

Art. 54. Aos Conselhos Regionais é cometido o encargo de dirimir qualquer dúvida ou omissão sôbre a aplicação desta lei, com recurso "ex offício", de efeito suspensivo, para o Conselho Federal, ao qual compete decidir, em última instância, em caráter geral.
> ▶ Artigo revigorado pelo Decreto-Lei 711/1969.

TÍTULO III
Do registro e fiscalização profissional

CAPÍTULO I
DO REGISTRO DOS PROFISSIONAIS

Art. 55. Os profissionais habilitados na forma estabelecida nesta lei só poderão exercer a profissão após o registro no Conselho Regional, sob cuja jurisdição se achar o local de sua atividade.

Art. 56. Aos profissionais registrados de acôrdo com esta lei será fornecida carteira profissional, conforme modelo, adotado pelo Conselho Federal, contendo o

número do registro, a natureza do título, especializações e todos os elementos necessários à sua identificação.

§ 1º A expedição da carteira a que se refere o presente artigo fica sujeita à taxa que fôr arbitrada pelo Conselho Federal.

§ 2º A carteira profissional, para os efeitos desta lei, substituirá o diploma, valerá como documento de identidade e terá fé pública.

§ 3º Para emissão da carteira profissional os Conselhos Regionais deverão exigir do interessado a prova de habilitação profissional e de identidade, bem como outros elementos julgados convenientes, de acôrdo com instruções baixadas pelo Conselho Federal.

Art. 57. Os diplomados por escolas ou faculdades de engenharia, arquitetura ou agronomia, oficiais ou reconhecidas, cujos diplomas não tenham sido registrados, mas estejam em processamento na repartição federal competente, poderão exercer as respectivas profissões mediante registro provisório no Conselho Regional.

Art. 58. Se o profissional, firma ou organização, registrado em qualquer Conselho Regional, exercer atividade em outra Região, ficará obrigado a visar, nela, o seu registro.

CAPÍTULO II
DO REGISTRO DE FIRMAS E ENTIDADES

Art. 59. As firmas, sociedades, associações, companhias, cooperativas e empresas em geral, que se organizem para executar obras ou serviços relacionados na forma estabelecida nesta lei, só poderão iniciar suas atividades depois de promoverem o competente registro nos Conselhos Regionais, bem como o dos profissionais do seu quadro técnico.

§ 1º O registro de firmas, sociedades, associações, companhias, cooperativas e emprêsas em geral só será concedido se sua denominação fôr realmente condizente com sua finalidade e qualificação de seus componentes.

§ 2º As entidades estatais, paraestatais, autárquicas e de economia mista que tenham atividade na engenharia, na arquitetura ou na agronomia, ou se utilizem dos trabalhos de profissionais dessas categorias, são obrigadas, sem quaisquer ônus, a fornecer aos Conselhos Regionais todos os elementos necessários à verificação e fiscalização da presente lei.

§ 3º O Conselho Federal estabelecerá, em resoluções, os requisitos que as firmas ou demais organizações previstas neste artigo deverão preencher para o seu registro.

Art. 60. Toda e qualquer firma ou organização que, embora não enquadrada no artigo anterior tenha alguma seção ligada ao exercício profissional da engenharia, arquitetura e agronomia, na forma estabelecida nesta lei, é obrigada a requerer o seu registro e a anotação dos profissionais, legalmente habilitados, delas encarregados.

Art. 61. Quando os serviços forem executados em lugares distantes da sede da entidade, deverá esta manter, junto a cada um dos serviços, um profissional devidamente habilitado naquela jurisdição.

Art. 62. Os membros dos Conselhos Regionais só poderão ser eleitos pelas entidades de classe que estiverem prèviamente registradas no Conselho em cuja jurisdição tenham sede.

§ 1º Para obterem registro, as entidades referidas neste artigo deverão estar legalizadas, ter objetivo definido permanente, contar no mínimo trinta associados engenheiros, arquitetos ou engenheiros-agrônomos e satisfazer as exigências que forem estabelecidas pelo Conselho Regional.

§ 2º Quando a entidade reunir associados engenheiros, arquitetos e engenheiros-agrônomos, em conjunto, o limite mínimo referido no parágrafo anterior deverá ser de sessenta.

CAPÍTULO III
DAS ANUIDADES, EMOLUMENTOS E TAXAS

Art. 63. Os profissionais e pessoas jurídicas registrados de conformidade com o que preceitua a presente lei são obrigados ao pagamento de uma anuidade ao Conselho Regional, a cuja jurisdição pertencerem.

§ 1º A anuidade a que se refere este artigo será devida a partir de 1º de janeiro de cada ano.

§ 2º O pagamento da anuidade após 31 de março terá o acréscimo de vinte por cento, a título de mora, quando efetuado no mesmo exercício.

§ 3º A anuidade paga após o exercício respectivo terá o seu valor atualizado para o vigente à época do pagamento, acrescido de vinte por cento, a título de mora.

> §§ 1º a 3º com redação pela Lei 6.619/1978

Art. 64. Será automàticamente cancelado o registro do profissional ou da pessoa jurídica que deixar de efetuar

o pagamento da anuidade, a que estiver sujeito, durante 2 (dois) anos consecutivos sem prejuízo da obrigatoriedade do pagamento da dívida.

Parágrafo único. O profissional ou pessoa jurídica que tiver seu registro cancelado nos têrmos dêste artigo, se desenvolver qualquer atividade regulada nesta lei, estará exercendo ilegalmente a profissão, podendo reabilitar-se mediante novo registro, satisfeitas, além das anuidades em débito, as multas que lhe tenham sido impostas e os demais emolumentos e taxas regulamentares.

Art. 65. Tôda vez que o profissional diplomado apresentar a um Conselho Regional sua carteira para o competente "visto" e registro, deverá fazer, prova de ter pago a sua anuidade na Região de origem ou naquela onde passar a residir.

Art. 66. O pagamento da anuidade devida por profissional ou pessoa jurídica sòmente será aceito após verificada a ausência, de quaisquer débitos concernentes a multas, emolumentos, taxas ou anuidades de exercícios anteriores.

Art. 67. Embora legalmente registrado, só será considerado no legítimo exercício da profissão e atividades de que trata a presente lei o profissional ou pessoa jurídica que esteja em dia com o pagamento da respectiva anuidade.

Art. 68. As autoridades administrativas e judiciárias, as repartições estatais, paraestatais, autárquicas ou de economia mista não receberão estudos, projetos, laudos, perícias, arbitramentos e quaisquer outros trabalhos, sem que os autores, profissionais ou pessoas jurídicas; façam prova de estar em dia com o pagamento da respectiva anuidade.

Art. 69. Só poderão ser admitidos nas concorrências públicas para obras ou serviços técnicos e para concursos de projetos, profissionais e pessoas jurídicas que apresentarem prova de quitação de débito ou visto do Conselho Regional da jurisdição onde a obra, o serviço técnico ou o projeto deva ser executado.

Art. 70. O Conselho Federal baixará resoluções estabelecendo o Regimento de Custas e, periòdicamente, quando julgar oportuno, promoverá sua revisão.

TÍTULO IV
Das penalidades

Art. 71. As penalidades aplicáveis por infração da presente lei são as seguintes, de acôrdo com a gravidade da falta:

a) advertência reservada;

b) censura pública;

c) multa;

d) suspensão temporária do exercício profissional;

e) cancelamento definitivo do registro.

Parágrafo único. As penalidades para cada grupo profissional serão impostas pelas respectivas Câmaras Especializadas ou, na falta destas, pelos Conselhos Regionais.

Art. 72. As penas de advertência reservada e de censura pública são aplicáveis aos profissionais que deixarem de cumprir disposições do Código de Ética, tendo em vista a gravidade da falta e os casos de reincidência, a critério das respectivas Câmaras Especializas.

Art. 73. As multas são estipuladas em função do maior valor de referência fixado pelo Poder Executivo e terão os seguintes valores, desprezadas as frações de um cruzeiro:

> *Caput* com redação pela Lei 6.619/1978.

a) de um a três décimos do valor de referência, aos infratores dos arts. 17 e 58 e das disposições para as quais não haja indicação expressa de penalidade;

b) de três a seis décimos do valor de referência, às pessoas físicas, por infração da alínea *b* do art. 6º, dos arts. 13, 14 e 55 ou do parágrafo único do art. 64;

c) de meio a um valor de referência, às pessoas jurídicas, por infração dos arts. 13, 14, 59 e 60, e parágrafo único do art. 64;

d) de meio a um valor de referência, às pessoas físicas, por infração das alíneas a, c e d do art. 6º;

e) de meio a três valores de referência, às pessoas jurídicas, por infração do art. 6º.

> Alíneas *a a e* com redação pela Lei 6.619/1978.

Parágrafo único. As multas referidas neste artigo serão aplicadas em dôbro nos casos de reincidência.

Art. 74. Nos casos de nova reincidência das infrações previstas no artigo anterior, alíneas "c", "d" e "e", será imposta, a critério das Câmaras Especializadas, suspensão temporária do exercício profissional, por prazos variá-

veis de 6 (seis) meses a 2 (dois) anos e, pelos Conselhos Regionais em pleno, de 2 (dois) a 5 (cinco) anos.

Art. 75. O cancelamento do registro será efetuado por má conduta pública e escândalos praticados pelo profissional ou sua condenação definitiva por crime considerado infamante.

Art. 76. As pessoas não habilitadas que exercerem as profissões reguladas nesta lei, independentemente da multa estabelecida, estão sujeitas às penalidades previstas na Lei de Contravenções Penais.

Art. 77. São competentes para lavrar autos de infração das disposições a que se refere a presente lei, os funcionários designados para êsse fim pelos Conselhos Regionais de Engenharia, Arquitetura e Agronomia nas respectivas Regiões.

Art. 78. Das penalidades impostas pelas Câmaras especializadas, poderá o interessado, dentro do prazo de 60 (sessenta) dias, contados da data da notificação, interpor recurso que terá efeito suspensivo, para o Conselho Regional e, no mesmo prazo, dêste para o Conselho Federal.

§ 1º Não se efetuando o pagamento das multas, amigàvelmente, estas serão cobradas por via executiva.

§ 2º Os autores de infração, depois de julgados definitivamente contra o infrator, constituem títulos de dívida líquida e certa.

Art. 79. O profissional punido por falta de registro não poderá obter a carteira profissional, sem antes efetuar o pagamento das multas em que houver incorrido.

TÍTULO V
Das disposições gerais

Art. 80. Os Conselhos Federal e Regionais de Engenharia, Arquitetura e Agronomia, autarquias dotadas de personalidade jurídica de direito público, constituem serviço público federal, gozando os seus bens, rendas e serviços de imunidade tributária total (art. 31, inciso V, alínea a da Constituição Federal) e franquia postal e telegráfica.

> Artigo revigorado pelo Decreto-Lei 711/1969.

Art. 81. Nenhum profissional poderá exercer funções eletivas em Conselhos por mais de dois períodos sucessivos.

Art 82. As remunerações iniciais dos engenheiros, arquitetos e engenheiros-agrônomos, qualquer que seja a fonte pagadora, não poderão ser inferiores a 6 (seis) vêzes o salário-mínimo da respectiva região.

Art. 83. *Revogado pela Lei nº 8.666/1993.*

Art. 84. *Revogado pela Lei nº 13.639/2018.*

Art. 85. As entidades que contratarem profissionais nos têrmos da alínea " c " do artigo 2º são obrigadas a manter, junto a êles, um assistente brasileiro do ramo profissional respectivo.

TÍTULO VI
Das disposições transitórias

Art. 86. São assegurados aos atuais profissionais de engenharia, arquitetura e agronomia e aos que se encontrem matriculados nas escolas respectivas, na data da publicação desta lei, os direitos até então usufruídos e que venham de qualquer forma a ser atingidos por suas disposições.

Parágrafo único. Fica estabelecido o prazo de 12 (doze) meses, a contar da publicação desta lei, para os interessados promoverem a devida anotação nos registros dos Conselhos Regionais.

Art. 87. Os membros atuais dos Conselhos Federal e Regionais completarão os mandatos para os quais foram eleitos.

Parágrafo único. Os atuais presidentes dos Conselhos Federal e Regionais completarão seus mandatos, ficando o o presidente do primeiro dêsses Conselhos com o caráter de membro do mesmo.

Art. 88. O Conselho Federal baixará resoluções, dentro de 60 (sessenta) dias a partir da data da presente lei, destinadas a completar a composição dos Conselhos Federal e Regionais.

Art. 89. Na constituição do primeiro Conselho Federal após a publicação desta lei serão escolhidos por meio de sorteio as Regiões e os grupos profissionais que as representarão.

Art. 90. Os Conselhos Federal e Regionais, completados na forma desta lei, terão o prazo de 180 (cento e oitenta) dias, após a posse, para elaborar seus regimentos internos, vigorando, até a expiração dêste prazo, os regulamentos e resoluções vigentes no que não colidam com os dispositivos da presente lei.

Art. 91. Esta Lei entra em vigor na data de sua publicação.

Art. 92. Revogam-se as disposições em contrário.

Brasília, 24 de dezembro de 1966; 145º da Independência e 78º da República.

H. Castello Branco

LEI 5.524, DE 5 DE NOVEMBRO DE 1968

Dispõe sobre o exercício da profissão de Técnico Industrial de nível médio

DOU 11.11.1968.

O PRESIDENTE DA REPÚBLICA, faço saber que o CONGRESSO NACIONAL decreta e eu sanciono a seguinte Lei:

Art. 1º É livre o exercício da profissão de Técnico Industrial de nível médio, observadas as condições de capacidade estabelecidas nesta Lei.

Art. 2º A atividade profissional do Técnico Industrial de nível médio efetiva-se no seguinte campo de realizações:

I – conduzir a execução técnica dos trabalhos de sua especialidade;

II – prestar assistência técnica no estudo e desenvolvimento de projetos e pesquisas tecnológicas;

III – orientar e coordenar a execução dos serviços de manutenção de equipamentos e instalações;

IV – dar assistência técnica na compra, venda e utilização de produtos e equipamentos especializados;

V – responsabilizar-se pela elaboração e execução de projetos, compatíveis com a respectiva formação profissional.

Art. 3º O exercício da profissão de Técnico Industrial de nível médio é privativo de quem:

I) haja concluído um dos cursos do segundo ciclo de ensino técnico industrial, tenha sido diplomado por escola oficial autorizada ou reconhecida, de nível médio, regularmente constituída nos termos da Lei 4.024, de 20 de dezembro de 1961;

II) após curso regular e válido para o exercício da profissão, tenha sido diplomado por escola ou instituto técnico industrial estrangeiro e revalidado seu diploma no Brasil, de acordo com a legislação vigente;

III) sem os cursos e a formação atrás referidos, conte na data da promulgação desta Lei, 5 (cinco) anos de atividade integrada no campo da técnica industrial de nível médio e tenha habilitação reconhecida por órgão competente.

Art. 4º Os cargos de Técnico Industrial de nível médio, no serviço público federal, estadual ou municipal ou em órgãos dirigidos indiretamente pelo poder público, bem como na economia privada, somente serão exercidos por profissionais legalmente habilitados.

Art. 5º O Poder Executivo promoverá expedição de regulamentos, para execução da presente Lei.

Art. 6º Esta Lei será aplicável, no que couber, aos técnicos agrícolas de nível médio.

Art. 7º A presente Lei entra em vigor na data de sua publicação.

Art. 8º Revogam-se as disposições em contrário.

Brasília, 5 de novembro de 1968; 147º da Independência e 80º da República.

A. Costa e Silva

DECRETO-LEI 972, DE 17 DE OUTUBRO DE 1969

Dispõe sobre o exercício da profissão de jornalista.

DOU 21.10.1969

Os Ministros da Marinha de Guerra, do Exército e da Aeronáutica Militar , usando das atribuições que lhes confere o artigo 3º do Ato Institucional 16, de 14 de outubro de 1969, combinado com o § 1º do artigo 2º do Ato Institucional 5, de 13 de dezembro de 1968,

DECRETAM:

Art. 1º O exercício da profissão de jornalista é livre, em todo o território nacional, aos que satisfizerem as condições estabelecidas neste Decreto-Lei.

Art. 2º A profissão de jornalista compreende, privativamente, o exercício habitual e remunerado de qualquer das seguintes atividades:

a) redação, condensação, titulação, interpretação, correção ou coordenação de matéria a ser divulgada, contenha ou não comentário;

b) comentário ou crônica, pelo rádio ou pela televisão;

c) entrevista, inquérito ou reportagem, escrita ou falada;

d) planejamento, organização, direção e eventual execução de serviços técnicos de jornalismo, como os de arquivo, ilustração ou distribuição gráfica de matéria a ser divulgada;

e) planejamento, organização e administração técnica dos serviços de que trata a alínea "a";

f) ensino de técnicas de jornalismo;

g) coleta de notícias ou informações e seu preparo para divulgação;

h) revisão de originais de matéria jornalística, com vistas à correção redacional e a adequação da linguagem;

i) organização e conservação de arquivo jornalístico, e pesquisa dos respectivos dados para a elaboração de notícias;

j) execução da distribuição gráfica de texto, fotografia ou ilustração de caráter jornalístico, para fins de divulgação;

l) execução de desenhos artísticos ou técnicos de caráter jornalístico.

Art. 3º Considera-se empresa jornalística, para os efeitos deste Decreto-Lei, aquela que tenha como atividade a edição de jornal ou revista, ou a distribuição de noticiário, com funcionamento efetivo idoneidade financeira e registro legal.

§ 1º Equipara-se a empresa jornalística a seção ou serviço de empresa de radiodifusão, televisão ou divulgação cinematográfica, ou de agência de publicidade, onde sejam exercidas as atividades previstas no artigo 2º.

§ 2º Revogado pela Lei 6.612/1978.

§ 3º A empresa não-jornalística sob cuja responsabilidade se editar publicação destinada a circulação externa, promoverá o cumprimento desta lei relativamente aos jornalistas que contratar, observado, porém, o que determina o artigo 8º, § 4º.

Art. 4º O exercício da profissão de jornalista requer prévio registro no órgão regional competente do Ministério do Trabalho e Previdência Social que se fará mediante a apresentação de:

I – prova de nacionalidade brasileira;

II – folha corrida;

III – carteira profissional;

IV – *Revogado pela Lei 6.612/1978.*

V – diploma de curso superior de jornalismo, oficial ou reconhecido registrado no Ministério da Educação e Cultura ou em instituição por este credenciada, para as funções relacionadas de "a" a "g" no artigo 6º.

§ 1º *Revogado pela Lei 6.612/1978.*

§ 2º *Revogado pela Lei 6.612/1978.*

§ 1º O regulamento disporá ainda sobre o registro especial de:

▶ § 1º renumerado pela Lei 7.360/1985.

a) colaborador, assim entendido aquele que, mediante remuneração e sem relação de emprego, produz trabalho de natureza técnica, científica ou cultural, relacionado com a sua especialização, para ser divulgado com o nome e qualificação do autor;

▶ Alínea *a* com redação pela Lei 6.612/1978.

b) funcionário público titular de cargo cujas atribuições legais coincidam com as do artigo 2º;

c) provisionados na forma do art. 12, aos quais será assegurado o direito de transformar seu registro em profissional, desde que comprovem o exercício de atividade jornalística nos dois últimos anos anteriores à data do Regulamento.

▶ Alínea *c* com redação pela Lei 6.612/1978.

§ 2º O registro de que tratam as alíneas "a" e "b" do parágrafo anterior não implica o reconhecimento de quaisquer direitos que decorram da condição de empregado, nem, no caso da alínea "b", os resultantes do exercício privado e autônomo da profissão.

▶ § 2º renumerado pela Lei 7.360/1985.

Art. 5º Haverá, ainda, no mesmo órgão, a que se refere o artigo anterior, o registro dos diretores de empresas jornalísticas que, não sendo jornalistas, respondam pelas respectivas publicações.

§ 1º Para esse registro, serão exigidos:

I – prova de nacionalidade brasileira;

II – folha corrida;

III – prova de registro civil ou comercial da empresa jornalística, com o inteiro teor do seu ato constitutivo;

IV – prova do depósito do título da publicação ou da agência de notícias no órgão competente do Ministério da Indústria e do Comércio;

V – para empresa já existente na data deste Decreto-Lei, conforme o caso:

a) trinta exemplares do jornal;

b) doze exemplares da revista;

c) trinta recortes ou cópia de noticiário com datas diferentes e prova de sua divulgação.

§ 2º Tratando-se de empresa nova, o registro será provisório com validade por dois anos, tornando-se definitivo após o cumprimento do disposto no item V.

§ 3º Não será admitida a renovação de registro provisório nem a prorrogação do prazo de sua validade.

§ 4º Na hipótese do § 3º do artigo 3º, será obrigatório o registro especial do responsável pela publicação, na forma do presente artigo para efeitos do § 4º do artigo 8º.

Art. 6º As funções desempenhadas pelos jornalistas profissionais, como empregados, serão assim classificadas:

a) Redator: aquele que além das incumbências de redação comum, tem o encargo de redigir editoriais, crônicas ou comentários;

b) Noticiarista: aquele que tem o encargo de redigir matéria de caráter informativo, desprovida de apreciação ou comentários;

c) Repórter: aquele que cumpre a determinação de colher notícias ou informações, preparando-a para divulgação;

d) Repórter de Setor: aquele que tem o encargo de colher notícias ou informações sobre assuntos pré-determinados, preparando-as para divulgação;

e) Rádio-Repórter: aquele a quem cabe a difusão oral de acontecimento ou entrevista pelo rádio ou pela televisão, no instante ou no local em que ocorram, assim como o comentário ou crônica, pelos mesmos veículos;

f) Arquivista-Pesquisador: aquele que tem a incumbência de organizar e conservar cultural e tecnicamente, o arquivo redatorial, procedendo à pesquisa dos respectivos dados para a elaboração de notícias;

g) Revisor: aquele que tem o encargo de rever as provas tipográficas de matéria jornalística;

h) Ilustrador: aquele que tem a seu cargo criar ou executar desenhos artísticos ou técnicos de caráter jornalístico;

i) Repórter-Fotográfico: aquele a quem cabe registrar, fotograficamente, quaisquer fatos ou assuntos de interesse jornalístico;

j) Repórter-Cinematográfico: aquele a quem cabe registrar cinematograficamente, quaisquer fatos ou assuntos de interesse jornalístico;

l) Diagramador: aquele a quem compete planejar e executar a distribuição gráfica de matérias, fotografias ou ilustrações de caráter jornalístico, para fins de publicação.

Parágrafo único: também serão privativas de jornalista profissional as funções de confiança pertinentes às atividades descritas no artigo 2º como editor, secretário, subsecretário, chefe de reportagem e chefe de revisão.

Art. 7º Não haverá incompatibilidade entre o exercício da profissão de jornalista e o de qualquer outra função remunerada, ainda que pública, respeitada a proibição de acumular cargos e as demais restrições de lei.

Art. 8º Será passível de trancamento, voluntário ou de ofício, o registro profissional do jornalista que, sem motivo legal deixar de exercer a profissão por mais de dois anos.

§ 1º Não incide na cominação deste artigo o afastamento decorrente de:

a) suspensão ou interrupção do contrato de trabalho;

b) aposentadoria como jornalista;

c) viagem ou bolsa de estudos, para aperfeiçoamento profissional;

d) desemprego, apurado na forma da Lei 4.923, de 23 de dezembro de 1965.

§ 2º O trancamento de ofício será da iniciativa do órgão referido no artigo 4º ou a requerimento da entidade sindical de jornalistas.

§ 3º Os órgãos do Ministério do Trabalho e Previdência Social prestarão aos sindicatos de jornalistas as informações que lhes forem solicitadas, especialmente quanto ao registro de admissões e dispensas nas empresas jornalísticas, realizando as inspeções que se tornarem necessárias para a verificação do exercício da profissão de jornalista.

§ 4º O exercício da atividade prevista no artigo 3º, § 3º, não constituirá prova suficiente de permanência na profissão se a publicação e seu responsável não tiverem registro legal.

§ 5º O registro trancado suspende a titularidade e o exercício das prerrogativas profissionais, mas pode ser revalidado mediante a apresentação dos documentos previstos nos incisos II e III do artigo 4º.

▶ § 5º com redação pela Lei 5.696/1971.

Art. 9º O salário de jornalista não poderá ser ajustado nos contratos individuais de trabalho, para a jornada normal de cinco horas, em base inferior à do salário estipulado, para a respectiva função em acordo ou convenção coletiva de trabalho, ou sentença normativa da Justiça do Trabalho.

Parágrafo único. Em negociação ou dissídio coletivos poderão os sindicatos de jornalistas reclamar o estabelecimento de critérios de remuneração adicional pela divulgação de trabalho produzido por jornalista em mais de um veículo de comunicação coletiva.

Art. 10. Até noventa dias após a publicação do regulamento deste Decreto-Lei, poderá obter registro de jornalista profissional quem comprovar o exercício atual da profissão, em qualquer das atividades descritas no artigo 2º, desde doze meses consecutivos ou vinte e quatro intercalados, mediante:

I – os documentos previstos nos item I, II e III do artigo 4º;

II – atestado de empresa jornalística, do qual conste a data de admissão, a função exercida e o salário ajustado;

III – prova de contribuição para o Instituto Nacional de Previdência Social, relativa à relação de emprego com a empresa jornalística atestante.

§ 1º Sobre o pedido, opinará, antes da decisão da autoridade regional competente, o Sindicato de Jornalistas da respectiva base territorial.

§ 2º Na instrução do processo relativo ao registro de que trata este artigo a autoridade competente determinará verificação minuciosa dos assentamentos na empresa, em especial, as folhas de pagamento ao período considerado, registro de empregados, livros contábeis, relações anuais de empregados e comunicações mensais de admissão e dispensa, guias de recolhimento ao INPS e registro de ponto diário.

§ 3º Nos municípios com população inferior a cem mil habitantes, exceto se capitais de Estado, os diretores-proprietários de empresas jornalísticas que comprovadamente exerçam a atividade de jornalista há mais de cinco anos poderão, se requererem ao órgão regional competente do Ministério do Trabalho, dentro de noventa dias, contados da publicação desta Lei, obter também o registro de que trata o art. 4º, mediante apresentação de prova de nacionalidade brasileira e folha corrida.

▶ § 3º acrescido pela Lei 6.727/1979.

§ 4º O registro de que trata o parágrafo anterior terá validade exclusiva no município em que o interessado houver exercido a respectiva atividade.

▶ § 4º acrescido pela Lei 6.727/1979.

Art. 11. Dentro do primeiro ano de vigência deste Decreto-Lei, o Ministério do Trabalho e Previdência Social promoverá a revisão, de registro de jornalistas profissionais cancelando os viciados por irregularidade insanável.

§ 1º A revisão será disciplinada em regulamento, observadas as seguintes normas:

I – A verificação será feita em comissão de três membros, sendo um representante do Ministério, que a presidirá, outro da categoria econômica e outro da categoria profissional, indicados pelos respectivos sindicatos, ou, onde não os houver, pela correspondente federação;

II – O interessado será notificado por via postal, contra recibo ou, se ineficaz a notificação postal, por edital publicado três vezes em órgão oficial ou de grande circulação na localidade do registro;

III – A notificação ou edital fixará o prazo de quinze dias para regularização das falhas do processo de registro, se for o caso, ou para apresentação de defesa;

IV – Decorrido o prazo da notificação ou edital, a comissão diligenciará no sentido de instruir o processo e esclarecer as dúvidas existentes, emitindo a seguir seu parecer conclusivo;

V – Do despacho caberá recurso, inclusive por parte dos Sindicatos de Jornalistas Profissionais ou de Empresas Proprietárias de Jornais e Revistas, para o Ministro do Trabalho e Previdência Social, no prazo de quinze dias, tornando-se definitiva a decisão da autoridade regional após o decurso desse prazo sem a interposição de recurso ou se confirmada pelo Ministro.

§ 2º Decorrido o prazo estabelecido neste artigo, os registros de jornalista profissional e de diretor de empresa jornalística serão havidos como legítimos e definitivos,

vedada a instauração ou renovação de quaisquer processos de revisão administrativa, salvo o disposto no artigo 8º.

§ 3º Responderá administrativa e criminalmente a autoridade que indevidamente autorizar o registro de jornalista profissional ou de diretor de empresa jornalística, ou que se omitir no processamento da revisão de que trata este artigo.

Art. 12. A admissão de jornalistas, nas funções relacionadas de "a" a "g" no artigo 6º, e com dispensa da exigência constante do item V do artigo 4º, será permitida enquanto o Poder Executivo não dispuser em contrário, até o limite de um terço das novas admissões a partir da vigência deste Decreto-Lei.

Parágrafo único. A fixação, em decreto, de limites diversos do estipulado neste artigo, assim como do prazo da autorização nele contida, será precedida de amplo estudo de sua viabilidade, a cargo do Departamento Nacional de Mão de obra.

Art. 13. A fiscalização do cumprimento dos preceitos deste Decreto-Lei se fará na forma do artigo 626 e seguintes da Consolidação das Leis do Trabalho sendo aplicável aos infratores multa, variável de uma a dez vezes o maior salário mínimo vigente no País.

Parágrafo único. Aos Sindicatos de Jornalistas incumbe representar as autoridades competentes acerca do exercício irregular da profissão.

Art. 14. O regulamento deste Decreto-Lei será expedido dentro de sessenta dias de sua publicação.

Art. 15. Este Decreto-Lei entrará em vigor na data de sua publicação, ressalvadas as disposições que dependem de regulamentação e revogadas as disposições em contrário, em especial os artigos 310 e 314 da Consolidação das Leis do Trabalho.

Brasília, 17 de outubro de 1969; 148º da Independência e 81º da República.

Augusto Hamann Rademaker Grünewald

LEI 5.811, DE 11 DE OUTUBRO DE 1972

Dispõe sobre o regime de trabalho dos empregados nas atividades de exploração, perfuração, produção e refinação de petróleo, industrialização do xisto, indústria petroquímica e transporte de petróleo e seus derivados por meio de dutos.

DOU 16.10.1972

▶ Lei 7.855/1989 (Altera a CLT, atualiza os valores das multas trabalhistas e institui o Programa de Desenvolvimento do Sistema Federal de Inspeção do Trabalho).
▶ Súmula 391 do TST.

O Presidente da República:

Faço saber que o Congresso Nacional decreta e eu sanciono a seguinte lei:

Art. 1º O regime de trabalho regulado nesta Lei é aplicável aos empregados que prestam serviços em atividades de exploração, perfuração, produção e refinação de petróleo, bem como na industrialização do xisto, na indústria petroquímica e no transporte de petróleo e seus derivados por meio de dutos.

Art. 2º Sempre que for imprescindível a continuidade operacional, o empregado será mantido em seu posto de trabalho em regime de revezamento.

§ 1º O regime de revezamento em turno de 8 (oito) horas será adotado nas atividades previstas no art. 1º, ficando a utilização do turno de 12 (doze) horas restrita às seguintes situações especiais:

a) atividades de exploração, perfuração, produção e transferência de petróleo no mar;

b) atividades de exploração, perfuração e produção de petróleo em áreas terrestres distantes ou de difícil acesso.

§ 2º Para garantir a normalidade das operações ou para atender a imperativos de segurança industrial, poderá ser exigida, mediante o pagamento previsto no item II do art. 3º, a disponibilidade do empregado no local de trabalho ou nas suas proximidades, durante o intervalo destinado a repouso e alimentação.

Art. 3º Durante o período em que o empregado permanecer no regime de revezamento em turno de oito horas, ser-lhe-ão assegurados os seguintes direitos:

I – pagamento do adicional de trabalho noturno na forma do art. 73 da Consolidação das Leis do Trabalho;

II – pagamento em dobro da hora de repouso e alimentação suprimida nos termos do § 2º do art. 2º;

III – alimentação gratuita, no posto de trabalho, durante o turno em que estiver em serviço;

IV – transporte gratuito para o local de trabalho;

V – direito a um repouso de 24 (vinte e quatro) horas consecutivas para cada 3 (três) turnos trabalhados.

Parágrafo único. Para os empregados que já venham percebendo habitualmente da empresa pagamento à conta de horas de repouso e alimentação ou de trabalho noturno, os respectivos valores serão compensados nos direitos a que se referem os itens I e II deste artigo.

Art. 4º Ao empregado que trabalhe no regime de revezamento em turno de 12 (doze) horas, ficam assegurados, além dos já previstos nos itens I, II, III e IV do art. 3º, os seguintes direitos:

I – alojamento coletivo gratuito e adequado ao seu descanso e higiene;

II – repouso de 24 (vinte e quatro) horas consecutivas para cada turno trabalhado.

Art. 5º Sempre que for imprescindível à continuidade operacional durante as 24 (vinte e quatro) horas do dia, o empregado com responsabilidade de supervisão das operações previstas no art. 1º, ou engajado em trabalhos de geologia de poço, ou, ainda, em trabalhos de apoio operacional às atividades enumeradas nas alíneas *a* e *b* do § 1º do art. 2º, poderá ser mantido no regime de sobreaviso.

§ 1º Entende-se por regime de sobreaviso aquele em que o empregado permanece à disposição do empregador por um período de 24 (vinte e quatro) horas para prestar assistência aos trabalhos normais ou atender a necessidades ocasionais de operação.

§ 2º Em cada jornada de sobreaviso, o trabalho efetivo não excederá de 12 (doze) horas.

Art. 6º Durante o período em que permanecer no regime de sobreaviso, serão assegurados ao empregado, além dos já previstos nos itens III e IV do art. 3º e I do art. 4º, os seguintes direitos:

I – repouso de 24 (vinte e quatro) horas consecutivas para cada período de 24 (vinte e quatro) horas em que permanecer de sobreaviso;

II – remuneração adicional correspondente a, no mínimo 20% (vinte por cento) do respectivo salário básico, para compensar a eventualidade de trabalho noturno ou a variação de horário para repouso e alimentação.

Parágrafo único. Considera-se salário básico a importância fixa mensal correspondente à retribuição do trabalho prestado pelo empregado na jornada normal de trabalho, antes do acréscimo de vantagens, incentivos ou benefícios, a qualquer título.

Art. 7º A concessão de repouso na forma dos itens V do art. 3º, II do art. 4º e I do art. 6º quita a obrigação patronal relativa ao repouso semanal remunerado de que trata a Lei 605, de 5 de janeiro de 1949.

Art. 8º O empregado não poderá permanecer em serviço, no regime de revezamento previsto para as situações especiais de que tratam as alíneas *a* e *b* do § 1º do art. 2º, nem no regime estabelecido no art. 5º, por período superior a 15 dias consecutivos.

Art. 9º Sempre que, por iniciativa do empregador, for alterado o regime de trabalho do empregado, com a redução ou supressão das vantagens inerentes aos regimes instituídos nesta Lei, ser-lhe-á assegurado o direito à percepção de uma indenização.

Parágrafo único. A indenização de que trata o presente artigo corresponderá a um só pagamento, igual à média das vantagens previstas nesta Lei, percebidas nos últimos 12 (doze) meses anteriores à mudança, para cada ano ou fração igual ou superior a seis meses de permanência no regime de revezamento ou de sobreaviso.

Art. 10. A variação de horário, em escalas de revezamento diurno, noturno ou misto, será estabelecida pelo empregador com obediência aos preceitos desta Lei.

Parágrafo único. Não constituirá alteração ilícita a exclusão do empregado do regime de revezamento, cabendo-lhe exclusivamente, nesta hipótese, o pagamento previsto no art. 9º.

Art. 11. Os atuais regimes de trabalho, nas atividades previstas no art. 1º, bem como as vantagens a eles inerentes, serão ajustados às condições estabelecidas nesta Lei, de forma que não ocorra redução de remuneração.

Parágrafo único. A aplicação do disposto neste artigo ao empregado que cumpra jornada inferior a oito horas dependerá de acordo individual ou coletivo, assegurados, em tal caso, exclusivamente, os direitos constantes desta Lei.

Art. 12. As disposições desta Lei se aplicam a situações análogas, definidas em regulamento.

Art. 13. Esta Lei entrará em vigor na data de sua publicação, revogadas as disposições em contrário.

Brasília, 11 de outubro de 1972; 151º da Independência e 84º da República.

Emílio G. Médici

LEI 5.889, DE 8 DE JUNHO DE 1973

Estatui normas reguladoras do trabalho rural e dá outras providências.

DOU 11.06.1973

O Presidente da República:

Faço saber que o Congresso Nacional decreta e eu sanciono a seguinte Lei:

▸ Art. 7º da CF.
▸ Lei 14.437/2022 (Programa Emergencial de Manutenção do Emprego e da Renda).

Art. 1º As relações de trabalho rural serão reguladas por esta Lei e, no que com ela não colidirem, pelas normas da Consolidação das Leis do Trabalho, aprovada pelo Decreto-lei 5.452, de 1º de maio de 1943.

Parágrafo único. Observadas as peculiaridades do trabalho rural, a ele também se aplicam as Leis 605, de 5 de janeiro de 1949; 4.090, de 13 de julho de 1962; 4.725, de 13 de julho de 1965, com as alterações da Lei 4.903, de 16 de dezembro de 1965; e os Decretos-leis 15, de 29 de julho de 1966; 17, de 22 de agosto de 1966, e 368, de 19 de dezembro de 1968.

▸ Art. 7º, XXIX, da CF.

Art. 2º Empregado rural é toda pessoa física que, em propriedade rural ou prédio rústico, presta serviços de natureza não eventual a empregador rural, sob a dependência deste e mediante salário.

Art. 3º Considera-se empregador rural, para os efeitos desta Lei, a pessoa física ou jurídica, proprietário ou não, que explore atividade agroeconômica, em caráter permanente ou temporário, diretamente ou através de prepostos e com auxílio de empregados.

§ 1º Inclui-se na atividade econômica referida no *caput* deste artigo, além da exploração industrial em estabelecimento agrário não compreendido na Consolidação das Leis do Trabalho – CLT, aprovada pelo Decreto-Lei 5.452, de 1º de maio de 1943, a exploração do turismo rural ancilar à exploração agroeconômica.

▸ § 1º com redação pela Lei 13.171/2015.

§ 2º Sempre que uma ou mais empresas, embora tendo cada uma delas personalidade jurídica própria, estiverem sob direção, controle ou administração de outra, ou ainda quando, mesmo guardando cada uma sua autonomia, integrem grupo econômico ou financeiro rural, serão responsáveis solidariamente nas obrigações decorrentes da relação de emprego.

▸ Art. 233 da CF.

Art. 4º Equipara-se ao empregador rural, a pessoa física ou jurídica que, habitualmente, em caráter profissional e por conta de terceiros, execute serviços de natureza agrária, mediante utilização do trabalho de outrem.

Art. 5º Em qualquer trabalho contínuo, de duração superior a seis horas, será obrigatória a concessão de um intervalo para repouso ou alimentação, observados os usos e costumes da região, não se computando este intervalo na duração do trabalho. Entre duas jornadas de trabalho haverá um período mínimo de 11 horas consecutivas para descanso.

Art. 6º Nos serviços, caracteristicamente intermitentes, não serão computados, como de efetivo exercício, os intervalos entre uma e outra parte da execução da tarefa diária, desde que tal hipótese seja expressamente ressalvada na Carteira de Trabalho e Previdência Social.

Art. 7º Para os efeitos desta Lei, considera-se trabalho noturno o executado entre as 21 horas de um dia e as 5 horas do dia seguinte, na lavoura, e entre as 20 horas de um dia e as 4 horas do dia seguinte, na atividade pecuária.

Parágrafo único. Todo trabalho noturno será acrescido de 25% (vinte e cinco por cento) sobre a remuneração normal.

Art. 8º Ao menor de 18 anos é vedado o trabalho noturno.

Art. 9º Salvo as hipóteses de autorização legal ou decisão judiciária, só poderão ser descontadas do empregado rural as seguintes parcelas, calculadas sobre o salário mínimo:

a) até o limite de 20% (vinte por cento) pela ocupação da morada;

b) até 25% (vinte e cinco por cento) pelo fornecimento de alimentação sadia e farta, atendidos os preços vigentes na região;

c) adiantamentos em dinheiro.

§ 1º As deduções acima especificadas deverão ser previamente autorizadas, sem o que serão nulas de pleno direito.

§ 2º Sempre que mais de um empregado residir na mesma morada, o desconto, previsto na letra *a* deste artigo, será dividido proporcionalmente ao número de empregados, vedada, em qualquer hipótese, a moradia coletiva de famílias.

§ 3º Rescindido ou findo o contrato de trabalho, o empregado será obrigado a desocupar a casa dentro de 30 dias.

§ 4º O Regulamento desta Lei especificará os tipos de morada para fins de dedução.

§ 5º A cessão pelo empregador, de moradia e de sua infraestrutura básica, assim como, bens destinados à produção para sua subsistência e de sua família, não integram o salário do trabalhador rural, desde que caracterizados como tais, em contrato escrito celebrado entre as partes, com testemunhas e notificação obrigatória ao respectivo sindicato de trabalhadores rurais.

▸ § 5º acrescido pela Lei 9.300/1996.

Art. 10. A prescrição dos direitos assegurados por esta lei aos trabalhadores rurais só ocorrerá após 2 (dois) anos de cessação do contrato de trabalho.

▸ Art. 7º, XXIX, da CF, que determina que prescreve em de 5 (cinco) anos, até o limite de 2 (dois) anos após a extinção do contrato de trabalho, o direito de ação para os trabalhadores urbanos e rurais.

Parágrafo único. Contra o menor de 18 anos não corre qualquer prescrição.

▸ Art. 7º, XXIX, da CF.
▸ Súmula 294 do TST.

Art. 11. Ao empregado rural maior de 16 anos é assegurado salário mínimo igual ao do empregado adulto.

Parágrafo único. Ao empregado menor de 16 anos é assegurado salário mínimo fixado em valor correspondente à metade do salário mínimo estabelecido para o adulto.

▸ Art. 7º, XXXIIII, da CF.

Art. 12. Nas regiões em que se adota a plantação subsidiária ou intercalar (cultura secundária), a cargo do empregado rural, quando autorizada ou permitida, será objeto de contrato em separado.

Parágrafo único. Embora devendo integrar o resultado anual a que tiver direito o empregado rural, a plantação subsidiária ou intercalar não poderá compor a parte correspondente ao salário mínimo na remuneração geral do empregado, durante o ano agrícola.

Art. 13. Nos locais de trabalho rural serão observadas as normas de segurança e higiene estabelecidas em portaria do Ministro do Trabalho e Previdência Social.

Art. 14. Expirado normalmente o contrato, a empresa pagará ao safrista, a título de indenização do tempo de serviço, importância correspondente a 1/12 (um doze avos) do salário mensal, por mês de serviço ou fração superior a 14 dias.

Parágrafo único. Considera-se contrato de safra o que tenha sua duração dependente de variações estacionais da atividade agrária.

Art. 14-A. O produtor rural pessoa física poderá realizar contratação de trabalhador rural por pequeno prazo para o exercício de atividades de natureza temporária.

▸ Artigo acrescido pela Lei 11.718/2008.
▸ Arts. 2º e 3º da Lei 11.718/2008 (Previdência do trabalhador rural).

§ 1º A contratação de trabalhador rural por pequeno prazo que, dentro do período de 1 (um) ano, superar 2 (dois) meses fica convertida em contrato de trabalho por prazo indeterminado, observando-se os termos da legislação aplicável.

§ 2º A filiação e a inscrição do trabalhador de que trata este artigo na Previdência Social decorrem, automaticamente, da sua inclusão pelo empregador na Guia de Recolhimento do Fundo de Garantia do Tempo de Serviço e Informações à Previdência Social – GFIP, cabendo à Previdência Social instituir mecanismo que permita a sua identificação.

§ 3º O contrato de trabalho por pequeno prazo deverá ser formalizado mediante a inclusão do trabalhador na GFIP, na forma do disposto no § 2º deste artigo, e:

I – mediante a anotação na Carteira de Trabalho e Previdência Social e em Livro ou Ficha de Registro de Empregados; ou

II – mediante contrato escrito, em 2 (duas) vias, uma para cada parte, onde conste, no mínimo:

a) expressa autorização em acordo coletivo ou convenção coletiva;

b) identificação do produtor rural e do imóvel rural onde o trabalho será realizado e indicação da respectiva matrícula;

c) identificação do trabalhador, com indicação do respectivo Número de Inscrição do Trabalhador – NIT.

§ 4º A contratação de trabalhador rural por pequeno prazo só poderá ser realizada por produtor rural pessoa física, proprietário ou não, que explore diretamente atividade agroeconômica.

§ 5º A contribuição do segurado trabalhador rural contratado para prestar serviço na forma deste artigo é de 8% (oito por cento) sobre o respectivo salário de contribuição definido no inciso I do *caput* do art. 28 da Lei 8.212, de 24 de julho de 1991.

§ 6º A não inclusão do trabalhador na GFIP pressupõe a inexistência de contratação na forma deste artigo, sem prejuízo de comprovação, por qualquer meio admitido em direito, da existência de relação jurídica diversa.

§ 7º Compete ao empregador fazer o recolhimento das contribuições previdenciárias nos termos da legislação vigente, cabendo à Previdência Social e à Receita Federal do Brasil instituir mecanismos que facilitem o acesso do trabalhador e da entidade sindical que o representa às informações sobre as contribuições recolhidas.

§ 8º São assegurados ao trabalhador rural contratado por pequeno prazo, além de remuneração equivalente à do trabalhador rural permanente, os demais direitos de natureza trabalhista.

§ 9º Todas as parcelas devidas ao trabalhador de que trata este artigo serão calculadas dia a dia e pagas diretamente a ele mediante recibo.

§ 10. O Fundo de Garantia do Tempo de Serviço – FGTS deverá ser recolhido e poderá ser levantado nos termos da Lei 8.036, de 11 de maio de 1990.

Art. 15. Durante o prazo do aviso prévio, se a rescisão tiver sido promovida pelo empregador, o empregado rural terá direito a um dia por semana, sem prejuízo do salário integral, para procurar outro trabalho.

▸ Art. 7º, XXI, da CF.

Art. 16. Toda propriedade rural, que mantenha a seu serviço ou trabalhando em seus limites mais de 50 famílias de trabalhadores de qualquer natureza, é obrigada a possuir e conservar em funcionamento escola primária, inteiramente gratuita, para os filhos destes, com tantas classes quantos sejam os grupos de 40 crianças em idade escolar.

Parágrafo único. A matrícula da população em idade escolar será obrigatória, sem qualquer outra exigência, além da certidão de nascimento, para cuja obtenção o empregador proporcionará todas as facilidades aos responsáveis pelas crianças.

Art. 17. As normas da presente Lei são aplicáveis, no que couber, aos trabalhadores rurais não compreendidos na definição do art. 2º, que prestem serviços a empregador rural.

Art. 18. As infrações aos dispositivos desta Lei serão punidas com multa de R$ 380,00 (trezentos e oitenta reais) por empregado em situação irregular.

▸ Artigo com redação pela MP 2.164-41/2001

§ 1º As infrações aos dispositivos da Consolidação das Leis do Trabalho – CLT e legislação esparsa, cometidas contra o trabalhador rural, serão punidas com as multas nelas previstas.

§ 2º As penalidades serão aplicadas pela autoridade competente do Ministério do Trabalho e Emprego, de acordo com o disposto no Título VII da CLT.

§ 3º A fiscalização do Ministério do Trabalho e Emprego exigirá dos empregadores rurais ou produtores equiparados a comprovação do recolhimento da Contribuição Sindical Rural das categorias econômica e profissional.

Art. 19. O enquadramento e a contribuição sindical rurais continuam regidos pela legislação ora em vigor; o seguro social e o seguro contra acidente do trabalho rurais serão regulados por lei especial.

Art. 20. Lei especial disporá sobre a aplicação ao trabalhador rural, no que couber, do regime do Fundo de Garantia do Tempo de Serviço.

Art. 21. Esta Lei entra em vigor na data de sua publicação, revogadas as disposições em contrário, em especial a Lei 4.214, de 2 de março de 1963, e o Dec.-lei 761, de 14 de agosto de 1969.

Brasília, 8 de junho de 1973; 152º da Independência e 85º da República.

Emílio G. Médici

LEI 6.224, DE 14 DE JULHO DE 1975

Regula o exercício da profissão de Propagandista e Vendedor de Produtos Farmacêuticos, e dá outras providências.

DOU 15.07.1975

O Presidente da República:

Faço saber que o Congresso Nacional decreta e eu sanciono a seguinte Lei:

Art. 1º Considera-se Propagandista e Vendedor de Produtos Farmacêuticos aquele que exerce função remunerada nos serviços de propaganda e venda de produtos químico-farmacêuticos e biológicos, nos consultórios (Vetado), empresas, farmácias, drogarias e estabelecimentos de serviços médicos, odontológicos, médico-veterinários e hospitalares, públicos e privados.

Parágrafo único. Considera-se, ainda, Propagandista e Vendedor de Produtos Farmacêuticos aquele que, além das atividades previstas neste artigo, realiza promoção de vendas, cobrança ou outras atividades acessórias.

Art. 2º O Propagandista e Vendedor de Produtos Farmacêuticos somente poderá exercer função diferente daquela para a qual for contratado, quando, previamente, e com a sua anuência expressa, proceder-se à respectiva anotação na Carteira Profissional.

Parágrafo único. O Propagandista e Vendedor de Produtos Farmacêuticos, chamado a ocupar cargo diverso do constante do seu contrato, terá direito à percepção do salário correspondente ao novo cargo, bem como à vantagem do tempo de serviço, para todos os efeitos legais e, ainda, ao retorno à função anterior com as vantagens outorgadas à função que exercia.

Art. 3º É vedado o exercício da profissão de Propagandista Vendedor de Produtos Farmacêuticos ao menor de 18 (dezoito) anos.

Art. 4º As infrações à presente Lei, para as quais não esteja prevista penalidade específica, serão punidas de acordo com os critérios fixados, para casos semelhantes, na Consolidação das Leis do Trabalho.

Art. 5º Esta Lei entrará em vigor na data de sua publicação, revogadas as disposições em contrário.

Brasília, 14 de julho de 1975; 154º da Independência e 87º de República.

Ernesto Geisel

DECRETO 80.281, DE 5 DE SETEMBRO DE 1977

Regulamenta a Residência Médica, cria a Comissão Nacional de Residência Médica e dá outras providências.

DOU 06.09.1977

O Presidente da República, usando das atribuições que lhe confere o artigo 81, item III, da Constituição, decreta:

Art. 1º A Residência em Medicina constitui modalidade do ensino de pós-graduação destinada a médicos, sob a forma de curso de especialização, caracterizada por treinamento em serviço, em regime de dedicação exclusiva, funcionando em Instituições de saúde, universitárias ou não, sob a orientação de profissionais médicos de elevada qualificação ética e profissional.

§ 1º Os programas de Residência serão desenvolvidos, preferencialmente, em uma das seguintes áreas: Clínica Médica; Cirurgia Geral; Pediatria; Obstetrícia e Ginecologia; e Medicina Preventiva ou Social.

§ 2º Os programas de Residência terão a duração mínima de 1 (um) ano, corresponderão ao mínimo de 1.800 (hum mil e oitocentas) horas de atividade.

§ 3º Além do treinamento em serviço, os programas de Residência compreenderão um mínimo de quatro horas semanais de atividades sob a forma de sessões de atualização, seminários, correlações clínico-patológicas ou outras sempre com a participação ativa dos alunos.

Arts. 2º a 5º Revogados pelo Decreto 7.562/2011.

Art. 6º Este Decreto entrará em vigor na data de sua publicação, revogadas as disposições em contrário.

Brasília, 5 de setembro de 1977; 156º da Independência e 89º da República.

Ernesto Geisel

LEI 6.533, DE 24 DE MAIO DE 1978

Dispõe sobre a regulamentação das profissões de Artistas e de técnico em Espetáculos de Diversões, e dá outras providências.

DOU 26.05.1978

O Presidente da República:

Faço saber que o Congresso Nacional decreta e eu sanciono a seguinte Lei:

Art. 1º O exercício das profissões de Artista e de Técnico em Espetáculos de Diversões é regulado pela presente Lei.

Art. 2º Para os efeitos desta lei, é considerado:

I – Artista, o profissional que cria, interpreta ou executa obra de caráter cultural de qualquer natureza, para efeito de exibição ou divulgação pública, através de meios de comunicação de massa ou em locais onde se realizam espetáculos de diversão pública;

II – Técnico em Espetáculos de Diversões, o profissional que, mesmo em caráter auxiliar, participa, individualmente ou em grupo, de atividade profissional ligada diretamente à elaboração, registro, apresentação ou conservação de programas, espetáculos e produções.

Parágrafo único. As denominações e descrições das funções em que se desdobram as atividades de Artista e de Técnico em Espetáculos de Diversões constarão do regulamento desta lei.

Art. 3º Aplicam-se as disposições desta lei às pessoas físicas ou jurídicas que tiverem a seu serviço os profissionais definidos no artigo anterior, para realização de espetáculos, programas, produções ou mensagens publicitárias.

Parágrafo único. Aplicam-se, igualmente, as disposições desta Lei às pessoas físicas ou jurídicas que agenciem colocação de mão de obra de profissionais definidos no artigo anterior.

Art. 4º As pessoas físicas ou jurídicas de que trata o artigo anterior deverão ser previamente inscritas no Ministério do Trabalho.

Art. 5º Não se incluem no disposto nesta Lei os Técnicos em Espetáculos de Diversões que prestam serviços a empresa de radiodifusão.

Art. 6º O exercício das profissões de Artista e de Técnico em Espetáculos de Diversões requer prévio registro na Delegacia Regional do Trabalho do Ministério do Trabalho, o qual terá validade em todo o território nacional.

Art. 7º Para registro do Artista ou do Técnico em Espetáculos de Diversões, é necessário a apresentação de:

I – diploma de curso superior de Diretor de Teatro, Coreógrafo, Professor de Arte Dramática, ou outros cursos semelhantes, reconhecidos na forma da Lei; ou

II – diploma ou certificado correspondentes às habilitações profissionais de 2º Grau de Ator, Contrarregra, Cenotécnico, Sonoplasta, ou outras semelhantes, reconhecidas na forma da Lei; ou

III – atestado de capacitação profissional fornecido pelo Sindicato representativo das categorias profissionais e, subsidiariamente, pela Federação respectiva.

§ 1º A entidade sindical deverá conceder ou negar o atestado mencionado no item III, no prazo de 3 (três) dias úteis, podendo ser concedido o registro, ainda que provisório, se faltar manifestação da entidade sindical, nesse prazo.

§ 2º Da decisão da entidade sindical que negar a concessão do atestado mencionado no item III deste artigo, caberá recurso para o Ministério do Trabalho, até 30 (trinta) dias, a contar da ciência.

Art. 8º O registro de que trata o artigo anterior poderá ser concedido a título provisório, pelo prazo máximo de 1 (um) ano, com dispensa do atestado a que se refere o item III do mesmo artigo, mediante indicação conjunta dos Sindicatos de empregadores e de empregados.

Art. 9º O exercício das profissões de que trata esta Lei exige contrato de trabalho padronizado, nos termos de instruções a serem expedidas pelo Ministério do trabalho.

§ 1º O contrato de trabalho será visado pelo Sindicato representativo da categoria profissional e, subsidiariamente, pela Federação respectiva, como condição para registro no Ministério do Trabalho, até a véspera da sua vigência.

§ 2º A entidade sindical deverá visar ou não o contrato, no prazo máximo de 2 (dois) dias úteis, findos os quais ele poderá ser registrado no Ministério do Trabalho, se faltar a manifestação sindical.

§ 3º Da decisão da entidade sindical que negar o visto, caberá recurso para o Ministério do Trabalho.

Art. 10. O contrato de trabalho conterá, obrigatoriamente:

I – qualificação das partes contratantes;

II – prazo de vigência;

III – natureza da função profissional, com definição das obrigações respectivas;

IV – título do programa, espetáculo ou produção, ainda que provisório, com indicação do personagem nos casos de contrato por tempo determinado;

V – locais onde atuará o contratado, inclusive os opcionais;

VI – jornada de trabalho, com especificação do horário e intervalo de repouso;

VII – remuneração e sua forma de pagamento;

VIII – disposição sobre eventual inclusão do nome do contratado no crédito de apresentação, cartazes, impressos e programas;

IX – dia de folga semanal;

X – ajuste sobre viagens e deslocamentos;

XI – período de realização de trabalhos complementares, inclusive dublagem, quando posteriores a execução do trabalho de interpretação objeto do contrato;

XII – número da Carteira de Trabalho e Previdência Social.

Parágrafo único. Nos contratos de trabalho por tempo indeterminado deverá constar, ainda, cláusula relativa ao pagamento de adicional, devido em caso de deslocamento para prestação de serviço fora da cidade ajustada no contrato de trabalho.

Art. 11. A cláusula de exclusividade não impedirá o Artista ou Técnico em Espetáculos de Diversões de prestar serviços a outro empregador em atividade diversa da ajustada no contrato de trabalho, desde que em outro meio de comunicação, e sem que se caracterize prejuízo para o contratante com o qual foi assinada a cláusula de exclusividade.

Art. 12. O empregador poderá utilizar trabalho de profissional, mediante nota contratual, para substituição de Artista ou de Técnico em Espetáculos de Diversões, ou para prestação de serviço caracteristicamente eventual, por prazo não superior a 7 (sete) dias consecutivos, vedada a utilização desse mesmo profissional, nos 60 (sessenta) dias subsequentes, por essa forma, pelo mesmo empregador.

Parágrafo único. O Ministério do Trabalho expedirá instruções sobre a utilização da nota contratual e aprovará seu modelo.

Art. 13. Não será permitida a cessão ou promessa de cessão de direitos autorais e conexos decorrentes da prestação de serviços profissionais.

Parágrafo único. Os direitos autorais e conexos dos profissionais serão devidos em decorrência de cada exibição da obra.

Art. 14. Nas mensagens publicitárias, feitas para cinema, televisão ou para serem divulgadas por outros veículos, constará do contrato de trabalho, obrigatoriamente:

I – o nome do produtor, do anunciante e, se houver, da agência de publicidade para quem a mensagem é produzida;

II – o tempo de exploração comercial da mensagem;

III – o produto a ser promovido;

IV – os veículos através dos quais a mensagem será exibida;

V – as praças onde a mensagem será veiculada;

VI – o tempo de duração da mensagem e suas características.

Art. 15. O contrato de trabalho e a nota contratual serão emitidos com numeração sucessiva e em ordem cronológica.

Parágrafo único. Os documentos de que trata este artigo serão firmados pelo menos em duas vias pelo contratado, ficando uma delas em seu poder.

Art. 16. O profissional não poderá recusar-se à auto dublagem, quando couber.

Parágrafo único. Se o empregador ou tomador de serviços preferir a dublagem por terceiros, ela só poderá ser feita com autorização, por escrito, do profissional, salvo se for realizada em língua estrangeira.

Art. 17. A utilização de profissional contratado por agência de locação de mão de obra, obrigará o tomador de serviço solidariamente pelo cumprimento das obrigações legais e contratuais, se se caracterizar a tentativa, pelo tomador de serviço, de utilizar a agência para fugir às responsabilidades e obrigações decorrentes desta Lei ou do contrato.

Art. 18. O comparecimento do profissional na hora e no lugar da convocação implica a percepção integral do salário, mesmo que o trabalho não se realize por motivo independente de sua vontade.

Art. 19. O profissional contratado por prazo determinado não poderá rescindir o contrato de trabalho sem justa causa, sob pena de ser obrigado a indenizar o empregador dos prejuízos que desse fato lhe resultarem.

Parágrafo único. A indenização de que trata este artigo não poderá exceder àquela a que teria direito o empregado em idênticas condições.

Art. 20. Na rescisão sem justa causa, no distrato e na cessação do contrato de trabalho, o empregado poderá ser assistido pelo Sindicato representativo da categoria e, subsidiariamente, pela Federação respectiva, respeitado o disposto no artigo 477 da Consolidação das Leis do Trabalho.

Art. 21. A jornada normal de trabalho dos profissionais de que trata esta Lei, terá nos setores e atividades respectivos, as seguintes durações:

I – Radiodifusão, fotografia e gravação: 6 (seis) horas diárias, com limitação de 30 (trinta) horas semanais;

II – Cinema, inclusive publicitário, quando em estúdio: 6 (seis) horas diárias;

III – Teatro: a partir de estreia do espetáculo terá a duração das sessões, com 8 (oito) sessões semanais;

IV – Circo e variedades: 6 (seis) horas diárias, com limitação de 36 (trinta e seis) horas semanais;

V – Dublagem: 6 (seis) horas diárias, com limitação de 40 (quarenta) horas semanais.

§ 1º O trabalho prestado além das limitações diárias ou das sessões semanais previstas neste artigo será considerado extraordinário, aplicando-se-lhe o disposto nos artigos 59 a 61 da Consolidação das Leis do Trabalho.

§ 2º A jornada normal será dividida em 2 (dois) turnos, nenhum dos quais poderá exceder de 4 (quatro) horas, respeitado o intervalo previsto na Consolidação das Leis do Trabalho.

§ 3º Nos espetáculos teatrais e circenses, desde que sua natureza ou tradição o exijam, o intervalo poderá, em benefício do rendimento artístico, ser superior a 2 (duas) horas.

§ 4º Será computado como trabalho efetivo o tempo em que o empregado estiver à disposição do empregador, a contar de sua apresentação no local de trabalho, inclusive o período destinado a ensaios, gravações, dublagem, fotografias, caracterização, e todo àquele que exija a presença do Artista, assim como o destinado a preparação do ambiente, em termos de cenografia, iluminação e montagem de equipamento.

§ 5º Para o Artista, integrante de elenco teatral, a jornada de trabalho poderá ser de 8 (oito) horas, durante o período de ensaio, respeitado o intervalo previsto na Consolidação das Leis do Trabalho.

Art. 22. Na hipótese de exercício concomitante de funções dentro de uma mesma atividade, será assegurado ao profissional um adicional mínimo de 40% (quarenta por cento), pela função acumulada, tomando-se por base a função melhor remunerada.

Parágrafo único. E vedada a acumulação de mais de duas funções em decorrência do mesmo contrato de trabalho.

Art. 23. Na hipótese de trabalho executado fora do local constante do contrato de trabalho, correrão à conta do empregador, além do salário, as despesas de transporte e de alimentação e hospedagem, até o respectivo retorno.

Art. 24. É livre a criação interpretativa do Artista e do Técnico em Espetáculos de Diversões, respeitado o texto da obra.

Art. 25. Para contratação de estrangeiro domiciliado no exterior, exigir-se-á prévio recolhimento de importância equivalente a 10% (dez por cento) do valor total do ajuste à Caixa Econômica Federal em nome da entidade sindical da categoria profissional.

Art. 26. O fornecimento de guarda-roupa e demais recursos indispensáveis ao cumprimento das tarefas contratuais será de responsabilidade do empregador.

Art. 27. Nenhum Artista ou Técnico em Espetáculos de Diversões será obrigado a interpretar ou participar de trabalho possível de pôr em risco sua integridade física ou moral.

Art. 28. A contratação de figurante não qualificado profissionalmente, para atuação esporádica, determinada pela necessidade de características artísticas da obra, poderá ser feita pela forma da indicação prevista no artigo 8º.

Art. 29. Os filhos dos profissionais de que trata esta Lei, cuja atividade seja itinerante, terão assegurada a transferência da matrícula e consequente vaga nas escolas públicas locais de 1º e 2º Graus, e autorizada nas escolas particulares desses níveis, mediante apresentação de certificado da escola de origem.

Art. 30. Os textos destinados à memorização, juntamente com o roteiro de gravação ou plano de trabalho, deverão ser entregues ao profissional com antecedência mínima de 72 (setenta e duas) horas, em relação ao início dos trabalhos.

Art. 31. Os profissionais de que trata esta Lei têm penhor legal sobre o equipamento e todo o material de propriedade do empregador, utilizado na realização de programa, espetáculo ou produção, pelo valor das obrigações não cumpridas pelo empregador.

Art. 32. É assegurado o direito ao atestado de que trata o item III do artigo 7º ao Artista ou Técnico em Espetáculos de Diversões que, até a data da publicação desta Lei tenha exercido, comprovadamente, a respectiva profissão.

Art. 33. As infrações ao disposto nesta Lei serão punidas com multa de 2 (duas) a 20 (vinte) vezes o maior valor de referência previsto no artigo 2º, parágrafo único da Lei 6.205, de 29 de abril de 1975, calculada à razão de um valor de referência por empregado em situação irregular.

Parágrafo único. Em caso de reincidência, embaraço ou resistência à fiscalização, emprego de artifício ou simulação com o objetivo de fraudar a Lei, a multa será aplicada em seu valor máximo.

Art. 34. O empregador punido na forma do artigo anterior, enquanto não regularizar a situação que deu causa à autuação, e não recolher, multa aplicada, após esgotados os recursos cabíveis, não poderá:

I – receber qualquer benefício, incentivo ou subvenção concedidos por órgãos públicos;

II – obter liberação para exibição de programa, espetáculo, ou produção, pelo órgão ou autoridade competente.

Art. 35. Aplicam-se aos Artistas e Técnicos em Espetáculos de Diversões as normas da legislação do trabalho, exceto naquilo que for regulado de forma diferente nesta Lei.

Art. 36. O Poder Executivo regulamentará esta Lei no prazo de 60 (sessenta) dias a contar da data de sua publicação.

Art. 37. Esta Lei entrará em vigor no dia 19 de agosto de 1978, revogadas as disposições em contrário, especialmente o art. 35, o § 2º do art. 480, o parágrafo único do art. 507 e o art. 509 da Consolidação das Leis do Trabalho, aprovada pelo Decreto-lei 5.452, de 1943, a Lei 101, de 1947, e a Lei 301, de 1948.

Brasília, em 24 de maio de 1978; 157º da Independência e 90º da República.

Ernesto Geisel

LEI 6.586, DE 6 DE NOVEMBRO DE 1978

Classifica o comerciante ambulante para fins trabalhistas e previdenciários.

DOU 07.11.1978

O Presidente da República:

Faço saber que o Congresso Nacional decreta e eu sanciono a seguinte Lei:

Art. 1º Considera-se comerciante ambulante aquele que, pessoalmente, por conta própria e a seus riscos, exercer pequena atividade comercial em via pública, ou de porta em porta.

Art. 2º Não se considera comerciante ambulante, para os fins desta Lei, aquele que exerce suas atividades em condições que caracterizem a existência de relação de emprego com fornecedor de produtos.

Art. 3º Aplica-se ao comerciante de que trata esta Lei o disposto no parágrafo único do art. 1º do Decreto-Lei 486, de 3 de março de 1969.

Art. 4º É obrigatória a inscrição do comerciante ambulante como segurado da previdência social, na categoria de autônomo.

Art. 5º Mediante convênio com as entidades do Sistema Nacional de Previdência e Assistência Social – SINPAS, os sindicatos respectivos poderão efetuar a inscrição e recolhimento das contribuições, bem assim a prestação de serviços previdenciários ao comerciante ambulante.

Art. 6º Constará do convênio, de que trata o artigo anterior, o prazo para transferência ao Instituto de Administração Financeiro da Previdência e Assistência Social – IAPAS das contribuições previdenciárias recolhidas por intermédio dos sindicatos.

Art. 7º A falta de transferência a que se refere o artigo anterior, pelos sindicatos, na época ajustada, das quantias recebidas do comerciante ambulante caracteriza o crime de apropriação indébita e sujeita o faltoso a pagar os acréscimos de juros de mora, correção monetária e multa moratória nos mesmos limites, prazos condições, regalias e garantias das contribuições devidas pelas empresas.

Art. 8º As disposições desta Lei não se aplicam às atividades que, embora exercidas em vias ou logradouros públicos, sejam objeto de legislação específica.

Art. 9º Esta Lei entrará em vigor na data de sua publicação.

Art. 10. Revogam-se as disposições em contrário.

Brasília, em 06 de novembro de 1978; 157º da Independência e 90º da República.

Ernesto Geisel

LEI 6.615, DE 16 DE DEZEMBRO DE 1978

Dispõe sobre a regulamentação da profissão de Radialista e dá outras providências.

DOU 19.12.1978

O Presidente da República:

Faço saber que o Congresso Nacional decreta e eu sanciono a seguinte Lei:

Art. 1º O exercício da profissão de Radialista é regulado pela presente Lei.

Art. 2º Considera-se Radialista o empregado de empresa de radiodifusão que exerça uma das funções em que se desdobram as atividades mencionadas no art. 4º.

Art. 3º Considera-se empresa de radiodifusão, para os efeitos desta Lei, aquela que explora serviços de transmissão de programas e mensagens, destinada a ser recebida livre e gratuitamente pelo público em geral, compreendendo a radiodifusão sonora (rádio) e radiodifusão de sons e imagens (televisão).

Parágrafo único. Considera-se, igualmente, para os efeitos desta lei, empresa de radiodifusão:

a) a que explore serviço de música funcional ou ambiental e outras que executem, por quaisquer processos, transmissões de rádio ou de televisão;

b) a que se dedique, exclusivamente, à produção de programas para empresas de radiodifusão;

c) a entidade que execute serviços de repetição ou de retransmissão de radiodifusão;

d) a entidade privada e a fundação mantenedora que executem serviços de radiodifusão, inclusive em circuito fechado de qualquer natureza;

e) as empresas ou agências de qualquer natureza destinadas, em sua finalidade, a produção de programas, filmes e dublagens, comerciais ou não, para serem divulgados através das empresas de radiodifusão.

Art. 4º A profissão de Radialista compreende as seguintes atividades:

I – Administração;

II – Produção;

III – Técnica.

§ 1º As atividades de administração compreendem somente as especializadas, peculiares às empresas de radiodifusão.

§ 2º As atividades de produção se subdividem nos seguintes setores:

a) autoria;

b) direção;

c) produção;

d) interpretação;

e) dublagem;

f) locução

g) caracterização;

h) cenografia.

§ 3º As atividades técnicas se subdividem nos seguintes setores:

a) direção;

b) tratamento e registros sonoros;

c) tratamento e registros visuais;

d) montagem e arquivamento;

e) transmissão de sons e imagens;

f) revelação e copiagem de filmes;

g) artes plásticas e animação de desenhos e objetos;

h) manutenção técnica.

§ 4º As denominações e descrições das funções em que se desdobram as atividades e os setores mencionados nos §§ 1º, 2º e 3º, a serem previstas e atualizadas em regulamento, deverão considerar:

▶ § 4º com redação pela Lei 13.424/2017.

I – as ocupações e multifuncionalidades geradas pela digitalização das emissoras de radiodifusão, novas tecnologias, equipamentos e meios de informação e comunicação;

▶ Inciso I acrescido pela Lei 13.424/2017.

II – exclusivamente as funções técnicas ou especializadas, próprias das atividades de empresas de radiodifusão.

▶ Inciso II acrescido pela Lei 13.424/2017.

Art. 5º Não se incluem no disposto nesta Lei os Atores e Figurantes que prestam serviços a empresas de radiodifusão.

Art. 6º O exercício da profissão de Radialista requer prévio registro na Delegacia Regional do Trabalho do Ministério do Trabalho, qual terá validade em todo o território nacional.

Parágrafo único. O pedido de registro, de que trata este artigo, poderá ser encaminhado através do sindicato representativo da categoria profissional ou da federação respectiva.

Art. 7º Para registro do Radialista, é necessário a apresentação de:

I – diploma de curso superior, quando existente para as funções em que se desdobram as atividades de Radialista, fornecido por escola reconhecida na forma da lei; ou

II – diploma ou certificado correspondente às habilitações profissionais ou básicas de 2º Grau, quando existente para as funções em que se desdobram as atividades de Radialista, fornecido por escola reconhecida na forma da lei; ou

III – atestado de capacitação profissional conforme dispuser a regulamentação desta Lei.

Art. 8º O contrato de trabalho, quando por tempo determinado, deverá ser registrado no Ministério do Trabalho, até a véspera da sua vigência, e conter, obrigatoriamente:

I – a qualificação completa das partes contrates;

II – prazo de vigência;

III – a natureza do serviço;

IV – o local em que será prestado o serviço;

V – cláusula relativa a exclusividade e transferibilidade;

VI – a jornada de trabalho, com especificação do horário e intervalo de repouso;

VII – a remuneração e sua forma de pagamento;

VIII – especificação quanto à categoria de transporte e hospedagem assegurada em caso de prestação de serviços fora do local onde foi contratado;

IX – dia de folga semanal;

X – número da Carteira de Trabalho e Previdência Social.

§ 1º O contrato de trabalho de que trata este artigo será visado pelo sindicato representativo da categoria profissional ou pela federação respectiva, como condição para registro no Ministério do Trabalho.

§ 2º A entidade sindical deverá visar ou não o contrato, no prazo máximo de 2 (dois) dias úteis, findos os quais ele poderá ser registrado no Ministério do Trabalho, se faltar a manifestação sindical.

§ 3º Da decisão da entidade sindical que negar o visto, caberá recurso para o Ministério do Trabalho.

Art. 9º No caso de se tratar de rede de radiodifusão, de propriedade ou controle de um mesmo grupo, deverá ser mencionado na Carteira de Trabalho e Previdência Social o nome da emissora na qual será prestado o serviço.

Parágrafo único. Quando se tratar de emissora de Onda Tropical pertencente à mesma concessionária e que transmita simultânea, integral e permanentemente a programação de emissora de Onda Média, serão mencionados os nomes das duas emissoras.

Art. 10. Para contratação de estrangeiro, domiciliado no exterior, exigir-se-á prévio recolhimento de importância equivalente a 10% (dez por cento) do valor total do ajuste à Caixa Econômica Federal, a título de contribuição sindical, em nome da entidade sindical da categoria profissional.

Art. 11. A utilização de profissional, contratado por agência de locação de mão de obra, obrigará o tomador de serviço, solidariamente, pelo cumprimento das obrigações legais e contratuais, se se caracterizar a tentativa pelo tomador de serviço, de utilizar a agência para fugir às responsabilidades e obrigações decorrentes desta Lei ou do contrato de trabalho.

Art. 12. Nos contratos de trabalho por tempo determinado, para produção de mensagens publicitárias, feitas para rádio e televisão, constará obrigatoriamente do contrato de trabalho:

I – o nome do produtor, do anunciante e, se houver, da agência de publicidade para quem a mensagem é produzida;

II – o tempo de exploração comercial da mensagem;

III – o produto a ser promovido;

IV – os meios de comunicação através dos quais a mensagem será exibida;

V – o tempo de duração da mensagem e suas características.

Art. 13. Na hipótese de exercício de funções acumuladas dentro de um mesmo setor em que se desdobram as atividades mencionadas no art. 4º, será assegurado ao Radialista um adicional mínimo de:

I – 40% (quarenta por cento), pela função acumulada, tomando- se por base a função melhor remunerada, nas emissoras de potência igual ou superior a 10 (dez) quilowatts e, nas empresas equiparadas segundo o parágrafo único do art. 3º;

II – 20% (vinte por cento), pela função acumulada, tomando-se por base a função melhor remunerada, nas emissoras de potência inferior a 10 (dez) quilowatts e, superior a 1 (um) quilowatt;

III – 10% (dez por cento), pela função acumulada, tomando-se por base a função melhor remunerada, nas emissoras de potência igual ou inferior a 1 (um) quilowatt.

Art. 14. Não será permitido, por força de um só contrato de trabalho, o exercício para diferentes setores, dentre os mencionados no art. 4º.

Art. 15. Quando o exercício de qualquer função for acumulado com responsabilidade de chefia, o Radialista fará jus a um acréscimo de 40% (quarenta por cento) sobre o salário.

Art. 16. Na hipótese de trabalho executado fora do local constante do contrato de trabalho, correrão à conta do empregador, além do salário, as despesas de transportes e de alimentação e hospedagem, até o respectivo retorno.

Art. 17. Não será permitida a cessão ou promessa de cessão dos direitos de autor e dos que lhes são conexos, de que trata a Lei 5.988, de 14 de dezembro de 1973, decorrentes da prestação de serviços profissionais.

Parágrafo único. Os direitos autorais e conexos dos profissionais serão devidos em decorrência de cada exibição da obra.

Art. 18. A duração normal do trabalho do Radialista é de:

I – 5 (cinco) horas para os setores de autoria e de locução;

II – 6 (seis) horas para os setores de produção, interpretação, dublagem, tratamento e registros sonoros, tratamento e registros visuais, montagem e arquivamento, transmissão de sons e imagens, revelação e copiagem de filmes, artes plásticas e animação de desenhos e objetos e manutenção técnica;

III – 7 (sete) horas para os setores de cenografia e caracterização, deduzindo-se desse tempo 20 (vinte) minutos para descanso, sempre que se verificar um esforço contínuo de mais de 3 (três) horas;

IV – 8 (oito) horas para os demais setores.

Parágrafo único. O trabalho prestado, além das limitações diárias previstas nos itens acima, será considerado trabalho extraordinário, aplicando-lhe o disposto nos arts. 59 a 61 da Consolidação das Leis do Trabalho (CLT).

Art. 19. Será considerado como serviço efetivo o período em que o Radialista permanecer à disposição do empregador.

Art. 20. Assegurada ao Radialista uma folga semanal remunerada de 24 (vinte e quatro) horas consecutivas, de preferência aos domingos.

Parágrafo único. As empresas organizarão escalas de revezamento de maneira a favorecer o empregado com um repouso dominical mensal, pelo menos, salvo quando, pela natureza do serviço, a atividade do Radialista for desempenhada habitualmente aos domingos.

Art. 21. A jornada de trabalho dos Radialistas, que prestem serviços em condições de insalubridade ou periculosidade, poderá ser organizada em turnos, respeitada a duração semanal do trabalho, desde que previamente autorizado pelo Ministério do Trabalho.

Art. 22. A cláusula de exclusividade não impedirá o Radialista de prestar serviços a outro empregador, desde que em outro meio de comunicação, e sem que se caracterize prejuízo para o primeiro contratante.

Art. 23. Os textos destinados a memorização, juntamente com o roteiro da gravação ou plano de trabalho, deverão ser entregues ao profissional com antecedência mínima de 24 (vinte e quatro) horas, em relação ao início dos trabalhos.

Art. 24. Nenhum profissional será obrigado a participar de qualquer trabalho que coloque em risco sua integridade física ou moral.

Art. 25. O fornecimento de guarda-roupa de mais recursos indispensáveis ao cumprimento das tarefas contratuais será de responsabilidade do empregador.

Art. 26. A empresa não poderá obrigar o Radialista a fazer uso de uniformes durante o desempenho de suas funções, que contenham símbolos, marcas ou qualquer mensagem de caráter publicitário.

Parágrafo único. Não se incluem nessa proibição os símbolos ou marcas identificadores do empregador.

Art. 27. As infrações ao disposto nesta Lei serão punidas com multa de 2 (duas) a 20 (vinte) vezes o maior valor de referência previsto no art. 2º, parágrafo único, da Lei 6.205, de 29 de abril de 1975, calculada a razão de um valor de referência por empregado em situação irregular.

Parágrafo único. Em caso de reincidência, embaraço ou resistência à fiscalização, emprego de artifício ou simulação com objetivo de fraudar a lei, a multa será aplicada em seu valor máximo.

Art. 28. O empregador punido na forma do artigo anterior, enquanto não regularizar a situação que deu causa à autuação, e não recolher a multa aplicada, após esgotados os recursos cabíveis não poderá receber benefício, incentivo ou subvenção concedidos por órgãos públicos.

Art. 29. É assegurado o registro, a que se refere o art. 6º, ao Radialista que, até a data da publicação desta Lei, tenha exercido, comprovadamente, a respectiva profissão.

Art. 30. Aplicam-se ao Radialista as normas da legislação do trabalho, exceto naquilo que for incompatível com as disposições desta Lei.

Art. 31. São inaplicáveis a órgãos da Administração Pública, direta ou indireta, as disposições constantes do § 1º do art. 8º e do art. 10 desta Lei.

Art. 32. O Poder Executivo expedirá o regulamento desta Lei.

Art. 33. Esta Lei entrará em vigor 90 (noventa) dias após sua publicação.

Art. 34. Revogam-se as disposições em contrário.

Brasília, em 16 de dezembro de 1978; 157º da Independência e 90º da República.

Ernesto Geisel

LEI 6.932, DE 7 DE JULHO DE 1981

Dispõe sobre as atividades do médico residente e dá outras providências.

DOU 09.07.1981

▶ Art. 5º da Lei 12.871/2013 (Programa Mais Médicos).

O Presidente da República:

Faço saber que o Congresso Nacional decreta e eu sanciono a seguinte Lei:

Art. 1º A Residência Médica constitui modalidade de ensino de pós-graduação, destinada a médicos, sob a forma de cursos de especialização, caracterizada por treinamento em serviço, funcionando sob a responsabilidade de instituições de saúde, universitárias ou não, sob a orientação de profissionais médicos de elevada qualificação ética e profissional.

§ 1º As instituições de saúde de que trata este artigo somente poderão oferecer programas de Residência Médica depois de credenciadas pela Comissão Nacional de Residência Médica.

§ 2º É vedado o uso da expressão "residência médica" para designar qualquer programa de treinamento médico que não tenha sido aprovado pela Comissão Nacional de Residência Médica.

§ 3º A Residência Médica constitui modalidade de certificação das especialidades médicas no Brasil.

▶ § 3º acrescido pela Lei 12.871/2013.

§ 4º As certificações de especialidades médicas concedidas pelos Programas de Residência Médica ou pelas associações médicas submetem-se às necessidades do Sistema Único de Saúde (SUS).

▶ § 4º acrescido pela Lei 12.871/2013.

§ 5º As instituições de que tratam os §§ 1º a 4º deste artigo deverão encaminhar, anualmente, o número de médicos certificados como especialistas, com vistas a possibilitar o Ministério da Saúde a formar o Cadastro Nacional de Especialistas e parametrizar as ações de saúde pública.

▶ § 5º acrescido pela Lei 12.871/2013.

▶ Dec. 8.516/2015 (Regulamenta a formação do Cadastro Nacional de Especialistas)

Art. 2º Para a sua admissão em qualquer curso de Residência Médica o candidato deverá submeter-se ao processo de seleção estabelecido pelo programa aprovado pela Comissão Nacional de Residência Médica.

Art. 3º O médico residente admitido no programa terá anotado no contrato padrão de matrícula:

a) a qualidade de médico residente, com a caracterização da especialidade que cursa;

b) o nome da instituição responsável pelo programa;

c) a data de início e a prevista para o término da residência;

d) o valor da bolsa paga pela instituição responsável pelo programa.

Art. 4º Ao médico-residente é assegurado bolsa no valor de R$ 2.384,82 (dois mil, trezentos e oitenta e quatro reais e oitenta e dois centavos), em regime especial de treinamento em serviço de 60 (sessenta) horas semanais.

▶ Artigo com redação pela Lei 12.514/2011.

§ 1º O médico-residente é filiado ao Regime Geral de Previdência Social – RGPS como contribuinte individual.

§ 2º O médico-residente tem direito, conforme o caso, à licença-paternidade de 5 (cinco) dias ou à licença-maternidade de 120 (cento e vinte) dias.

§ 3º A instituição de saúde responsável por programas de residência médica poderá prorrogar, nos termos da Lei 11.770, de 9 de setembro de 2008, quando requerido pela médica-residente, o período de licença-maternidade em até 60 (sessenta) dias.

§ 4º O tempo de residência médica será prorrogado por prazo equivalente à duração do afastamento do médico-residente por motivo de saúde ou nas hipóteses dos §§ 2º e 3º.

§ 5º A instituição de saúde responsável por programas de residência médica oferecerá ao médico-residente, durante todo o período de residência:

I – condições adequadas para repouso e higiene pessoal durante os plantões;

II – alimentação; e

III – moradia, conforme estabelecido em regulamento.

§ 6º O valor da bolsa do médico-residente poderá ser objeto de revisão anual.

Art. 5º Os programas dos cursos de Residência Médica respeitarão o máximo de 60 (sessenta) horas semanais, nelas incluídas um máximo de 24 (vinte e quatro) horas de plantão.

§ 1º O médico residente fará jus a um dia de folga semanal e a 30 (trinta) dias consecutivos de repouso, por ano de atividade.

§ 2º Os programas dos cursos de Residência Médica compreenderão, num mínimo de 10% (dez por cento) e num máximo de 20% (vinte por cento) de sua carga horária, atividades teórico-práticas, sob a forma de sessões atualizadas, seminários, correlações clínico-patológicas ou outras, de acordo com os programas pré-estabelecidos.

Art. 6º Os programas de Residência Médica credenciados na forma desta Lei conferirão títulos de especialistas em favor dos médicos residentes neles habilitados, os quais constituirão comprovante hábil para fins legais junto ao sistema federal de ensino e ao Conselho Federal de Medicina.

Art. 7º A interrupção do programa de Residência Médica por parte do médico residente, seja qual for a causa, justificada ou não, não o exime da obrigação de, posteriormente, completar a carga horária total de atividade prevista para o aprendizado, a fim de obter o comprovante referido no artigo anterior, respeitadas as condições iniciais de sua admissão.

Art. 8º A partir da publicação desta Lei, as instituições de saúde que mantenham programas de Residência Médica terão um prazo máximo de 6 (seis) meses para submetê-los à aprovação da Comissão Nacional de Residência Médica.

Art. 9º Esta Lei será regulamentada no prazo de 90 (noventa) dias contados de sua publicação.

Art. 10. Esta Lei entrará em vigor na data de sua publicação.

Art. 11. Revogam-se as disposições em contrário.

Brasília, em 07 de julho de 1981; 160º da Independência e 93º da República.

João Figueiredo

LEI 7.290, DE 19 DE DEZEMBRO DE 1984

Define a atividade do Transportador Rodoviário Autônomo de Bens e dá outras providências.

DOU 20.12.1984

O Presidente da República:

Faço saber que o Congresso Nacional decreta e eu sanciono a seguinte Lei:

Art. 1º Considera-se Transportador Rodoviário Autônomo de Bens a pessoa física, proprietário ou coproprietário de um só veículo, sem vínculo empregatício, devidamente cadastrado em órgão disciplinar competente, que, com seu veículo, contrate serviço de transporte a frete, de carga ou de passageiro, em caráter eventual ou continuado, com empresa de transporte rodoviário de bens, ou diretamente com os usuários desse serviço.

Art. 2º A prestação de serviços de que trata o artigo anterior compreende o transporte efetuado pelo contratado ou seu preposto, em vias públicas ou rodovias.

Art. 3º Esta Lei entra em vigor na data de sua publicação.

Art. 4º Revogam-se as disposições em contrário.

Brasília, em 19 de dezembro de 1984; 163º da Independência e 96º da República.

João Figueiredo

LEI 7.377, DE 30 DE SETEMBRO DE 1985

Dispõe sobre o Exercício da Profissão de Secretário, e dá outras providências.

DOU 01.10.1985

O Presidente da República:

Faço saber que o Congresso Nacional decreta e eu sanciono a seguinte Lei:

Art. 1º O exercício da profissão de Secretário é regulado pela presente Lei.

Art. 2º Para os efeitos desta lei, é considerado:

I – Secretário-Executivo:

▶ Inciso com redação pela Lei 9.261/1996.

a) o profissional diplomado no Brasil por Curso Superior de Secretariado, legalmente reconhecido, ou diplomado no exterior por Curso Superior de Secretariado, cujo diploma seja revalidado na forma da lei;

▶ Alínea a com redação pela Lei 9.261/1996

b) portador de qualquer diploma de nível superior que, na data de início da vigência desta lei, houver comprovado, através de declarações de empregadores, o exercício efetivo, durante pelo menos trinta e seis meses, das atribuições mencionadas no art. 4º desta lei;

▶ Alínea b com redação pela Lei 9.261/1996.

II – Técnico em Secretariado:

▶ Inciso com redação pela Lei 9.261/1996.

a) o profissional portador de certificado de conclusão de Curso de Secretariado, em nível de 2º grau;

▶ Alínea a com redação pela Lei 9.261/1996.

b) o portador de certificado de conclusão do 2º grau que, na data da vigência desta lei, houver comprovado, através de declarações de empregadores, o exercício efetivo, durante pelo menos trinta e seis meses, das atribuições mencionadas no art. 5º desta lei.

▶ Alínea b com redação pela Lei 9.261/1996.

Art. 3º É assegurado o direito ao exercício da profissão aos que, embora não habilitados nos termos do artigo anterior, contem pelo menos cinco anos ininterruptos ou dez anos intercalados de exercício de atividades próprias de secretaria, na data da vigência desta lei.

▶ Caput com redação pela Lei 9.261/1996.

Art. 4º São atribuições do Secretário Executivo:

I – planejamento, organização e direção de serviços de secretaria;

II – assistência e assessoramento direto a executivos;

III – coleta de informações para a consecução de objetivos e metas de empresas;

IV – redação de textos profissionais especializados, inclusive em idioma estrangeiro;

V – interpretação e sintetização de textos e documentos;

VI – taquigrafia de ditados, discursos, conferências, palestras de explanações, inclusive em idioma estrangeiro;

VII – versão e tradução em idioma estrangeiro, para atender às necessidades de comunicação da empresa;

VIII – registro e distribuição de expedientes e outras tarefas correlatas;

IX – orientação da avaliação e seleção da correspondência para fins de encaminhamento à chefia;

X – conhecimentos protocolares.

Art. 5º São atribuições do Técnico em Secretariado:

I – organização e manutenção dos arquivos de secretaria;

II – classificação, registro e distribuição da correspondência;

III – redação e datilografia de correspondência ou documentos de rotina, inclusive em idioma estrangeiro;

IV – execução de serviços típicos de escritório, tais como recepção, registro de compromissos, informações e atendimento telefônico.

Art. 6º O exercício da profissão de Secretário requer prévio registro na Delegacia Regional do Trabalho do Ministério do Trabalho e far-se-á mediante a apresentação de documento comprobatório de conclusão dos cursos previstos nos incisos I e II do art. 2º desta lei e da Carteira de Trabalho e Previdência Social – CTPS.

Parágrafo único. No caso dos profissionais incluídos no art. 3º, a prova da atuação será feita por meio de anotações na Carteira de Trabalho e Previdência Social e através de declarações das empresas nas quais os profissionais tenham desenvolvido suas respectivas atividades, discriminando as atribuições a serem confrontadas com os elencos especificados nos artigos 4º e 5º.

▶ Parágrafo único com redação pela Lei 9.261/1996.

Art. 7º Esta lei entra em vigor na data de sua publicação.

Art. 8º Revogam-se as disposições em contrário.

Brasília, 30 de setembro de 1985; 164º da Independência e 97º da República.

José Sarney

LEI 7.394, DE 29 DE OUTUBRO DE 1985

Regula o Exercício da Profissão de Técnico em Radiologia, e dá outras providências.

DOU 30.10.1985

▶ Decreto 92.790/1986.

O Presidente da República:

Faço saber que o Congresso Nacional decreta e eu sanciono a seguinte Lei:

Art. 1º Os preceitos desta Lei regulam o exercício da profissão de Técnico em Radiologia, conceituando-se como tal todos os Operadores de Raios X que, profissionalmente, executam as técnicas:

I – radiológica, no setor de diagnóstico;

II – radioterápica, no setor de terapia;

III – radioisotópica, no setor de radioisótopos;

IV – industrial, no setor industrial;

V – de medicina nuclear.

Art. 2º São condições para o exercício da profissão de Técnico em Radiologia:

I – ser portador de certificado de conclusão do ensino médio e possuir formação profissional mínima de nível técnico em Radiologia;

▶ Inciso I com redação pela Lei 10.508/2002.

II – possuir diploma de habilitação profissional, expedido por Escola Técnica de Radiologia, registrado no órgão federal (vetado).

Parágrafo único. *Vetado.*

Art. 3º Toda entidade, seja de caráter público ou privado, que se propuser instituir Escola Técnica de Radiologia, deverá solicitar o reconhecimento prévio (Vetado).

Art. 4º As Escolas Técnicas de Radiologia só poderão ser reconhecidas se apresentarem condições de instalação satisfatórias e corpo docente de reconhecida idoneidade profissional, sob a orientação de Físico Tecnólogo, Médico Especialista e Técnico em Radiologia.

§ 1º Os programas serão elaborados pela autoridade federal competente e válidos para todo o Território Nacional, sendo sua adoção indispensável ao reconhecimento de tais cursos.

§ 2º Em nenhuma hipótese poderá ser matriculado candidato que não comprovar a conclusão de curso em nível de 2º Grau ou equivalente.

§ 3º O ensino das disciplinas será ministrado em aulas teóricas, práticas e estágios a serem cumpridos, no último ano do currículo escolar, de acordo com a especialidade escolhida pelo aluno.

Art. 5º Os centros de estágio serão constituídos pelos serviços de saúde e de pesquisa físicas, que ofereçam condições essenciais à prática da profissão na especialidade requerida.

Art. 6º A admissão à 1ª série da Escola Técnica de Radiologia dependerá:

I – do cumprimento do disposto no § 2, do Art. 4º, desta Lei;

II – de aprovação em exame de saúde, obedecidas as condições estatuídas no parágrafo único, do art. 46, do Decreto 29.155, de 17 de janeiro de 1951.

Art. 7º As Escolas Técnicas de Radiologia existentes, ou a serem criadas, deverão remeter ao órgão competente (vetado), para fins de controle e fiscalização de registros,

cópia da ata relativa aos exames finais, na qual constem os nomes dos alunos aprovados e as médias respectivas.

Art. 8º Os diplomas expedidos por Escolas Técnicas de Radiologia, devidamente reconhecidos, têm âmbito nacional e validade para o registro de que trata o inciso II, do art. 2º, desta Lei.

Parágrafo único. Concedido o diploma, fica o Técnico em Radiologia obrigado a registrá-lo, nos termos desta Lei.

Art. 9º *Vetado.*

Art. 10. Os trabalhos de supervisão das aplicações de técnicas em radiologia, em seus respectivos setores, são da competência do Técnico em Radiologia.

Art. 11. Ficam assegurados todos os direitos aos denominados Operadores de Raios X, devidamente registrados no órgão competente (vetado), que adotarão a denominação referida no art. 1º desta Lei.

§ 1º Os profissionais que se acharem devidamente registrados na Divisão Nacional de Vigilância Sanitária de Medicamentos – DIMED, não possuidores do certificado de conclusão de curso em nível de 2º Grau, poderão matricular-se nas escolas criadas, na categoria de ouvinte, recebendo, ao terminar o curso, certificado de presença, observadas as exigências regulamentares das Escolas de Radiologia.

§ 2º Os dispositivos desta Lei aplicam-se, no que couber, aos Auxiliares de Radiologia que trabalham com câmara clara e escura.

Art. 12. Ficam criados o Conselho Nacional e os Conselhos Regionais de Técnicos em Radiologia (vetado), que funcionarão nos mesmos moldes dos Conselhos Federal e Regionais de Medicina, obedecida igual sistemática para sua estrutura, e com as mesmas finalidades de seleção disciplinar e defesa da classe dos Técnicos em Radiologia.

Art. 13. *Vetado.*

Art. 14. A jornada de trabalho dos profissionais abrangidos por esta Lei será de 24 (vinte e quatro) horas semanais (vetado).

Art. 15. *Vetado.*

Art. 16. O salário mínimo dos profissionais, que executam as técnicas definidas no Art. 1º desta Lei, será equivalente a 2 (dois) salários mínimos profissionais da região, incidindo sobre esses vencimentos 40% (quarenta por cento) de risco de vida e insalubridade.

> ▸ O STF, no julgamento da ADPF 151 (*DOU 30.04.2019*), por unanimidade, declarou a não-recepção deste artigo, porém ressalvando que: (i) os critérios estabelecidos pela referida lei devem continuar sendo aplicados, até que sobrevenha norma que fixe nova base de cálculo; (ii) fica congelada a base de cálculo em questão, a fim de que seja calculada de acordo com o valor de dois salários mínimos vigentes na data do trânsito em julgado da decisão que deferiu a medida cautelar (i.e., 13.05.2011),de modo a desindexar o salário mínimo.

Art. 17. O Poder Executivo regulamentará esta Lei no prazo de até 180 (cento e oitenta) dias.

Art. 18. Esta Lei entra em vigor na data de sua publicação.

Art. 19. Revogam-se as disposições em contrário.

Brasília, 29 de outubro de 1985; 164º da Independência e 97º da República.

José Sarney

LEI 7.410, DE 27 DE NOVEMBRO DE 1985

Dispõe sobre a Especialização de Engenheiros e Arquitetos em Engenharia de Segurança do Trabalho, a Profissão de Técnico de Segurança do Trabalho, e dá outras Providências.

DOU 28.11.1985

> ▸ Decreto 92.530/1986.

O Presidente da República:

Faço saber que o Congresso Nacional decreta e eu sanciono a seguinte Lei:

Art. 1º O exercício da especialização de Engenheiro de Segurança do Trabalho será permitido, exclusivamente:

I – ao Engenheiro ou Arquiteto, portador de certificado de conclusão de curso de especialização em Engenharia de Segurança do Trabalho, a ser ministrado no País, em nível de pós-graduação;

II – ao portador de certificado de curso de especialização em Engenharia de Segurança do Trabalho, realizado em caráter prioritário, pelo Ministério do Trabalho;

III – ao possuidor de registro de Engenheiro de Segurança do Trabalho, expedido pelo Ministério do Trabalho, até a data fixada na regulamentação desta Lei.

Parágrafo único. O curso previsto no inciso I deste artigo terá o currículo fixado pelo Conselho Federal de Educação, por proposta do Ministério do Trabalho, e seu funcionamento determinará a extinção dos cursos de que trata o inciso II, na forma da regulamentação a ser expedida.

Art. 2º O exercício da profissão de Técnico de Segurança do Trabalho será permitido, exclusivamente:

I – ao portador de certificado de conclusão de curso de Técnico de Segurança do Trabalho, a ser ministrado no País em estabelecimentos de ensino de 2º Grau;

II – ao portador de certificado de conclusão de curso de Supervisor de Segurança do Trabalho, realizado em caráter prioritário pelo Ministério do Trabalho;

III – ao possuidor de registro de Supervisor de Segurança do Trabalho, expedido pelo Ministério do Trabalho, até a data fixada na regulamentação desta Lei.

Parágrafo único. O curso previsto no inciso I deste artigo terá o currículo fixado pelo Ministério da Educação, por proposta do Ministério do Trabalho, e seu funcionamento determinará a extinção dos cursos de que trata o inciso II, na forma da regulamentação a ser expedida.

Art. 3º O exercício da atividade de Engenheiros e Arquitetos na especialização de Engenharia de Segurança do Trabalho dependerá de registro em Conselho Regional de Engenharia, Arquitetura e Agronomia, após a regulamentação desta Lei, e o de Técnico de Segurança do Trabalho, após o registro no Ministério do Trabalho.

Art. 4º O Poder Executivo regulamentará esta Lei no prazo de 120 (cento e vinte) dias, contados de sua publicação.

Art. 5º Esta Lei entra em vigor na data de sua publicação.

Art. 6º Revogam-se as disposições em contrário.

Brasília, 27 de novembro de 1985; 164º da Independência e 97º da República.

José Sarney

DECRETO 92.530, DE 9 DE ABRIL DE 1986

Regulamenta a Lei 7.410, de 27 de novembro de 1985, que dispõe sobre a especialização de Engenheiros e Arquitetos em Engenharia de Segurança do Trabalho, a profissão de Técnico de Segurança do Trabalho e dá outras providências.

DOU 10.04.1986

O Presidente da República, no uso da atribuição que lhe confere o artigo 81, item III, da Constituição, e tendo em vista o disposto no artigo 4º da Lei 7.410, de 27 de novembro de 1985, decreta:

Art. 1º O exercício da especialização de Engenheiro de Segurança do Trabalho é permitido, exclusivamente:

I – ao Engenheiro ou Arquiteto, portador de certificado de conclusão de curso de especialização em Engenharia de Segurança do Trabalho, em nível de pós-graduação;

II – ao portador de certificado de curso de especialização em Engenharia de Segurança do Trabalho, realizado em caráter prioritário, pelo Ministério do Trabalho;

III – ao possuidor de registro de Engenheiro de Segurança do Trabalho, expedido pelo Ministério do Trabalho, dentro de 180 dias da extinção do curso referido no item anterior.

Art. 2º O exercício da profissão de Técnico de Segurança do Trabalho é permitido, exclusivamente:

I – ao portador de certificado de conclusão de curso de Técnico de Segurança do Trabalho, ministrado no País em estabelecimento de ensino de 2º grau;

II – ao portador de certificado de conclusão de curso de Supervisor de Segurança do Trabalho, realizado em caráter prioritário pelo Ministério do Trabalho;

III – ao possuidor de registro de Supervisor de Segurança do Trabalho, expedido pelo Ministério do Trabalho até 180 dias da extinção do curso referido no item anterior.

Art. 3º O Ministério da Educação, dentro de 120 dias, por proposta do Ministério do Trabalho, fixará os currículos básicos do curso de especialização em Engenharia de Segurança do Trabalho, e do curso de Técnico de Segurança do Trabalho, previstos no item I do artigo 1º e no item I do artigo 2º.

§ 1º O funcionamento dos cursos referidos neste artigo determinará a extinção dos cursos de que tratam o item II do artigo 1º e o item II do artigo 2º.

§ 2º Até que os cursos previstos neste artigo entrem em funcionamento, o Ministro do Trabalho poderá autorizar, em caráter excepcional, que tenham continuidade os cursos mencionados no parágrafo precedente, os quais deverão adaptar-se aos currículos aprovados pelo Ministério da Educação.

Art. 4º As atividades dos Engenheiros e Arquitetos especializados em Engenharia de Segurança do Trabalho serão definidas pelo Conselho Federal de Engenharia e Agronomia – CONFEA, no prazo de 60 dias após a fixação dos currículos de que trata o artigo 3º pelo Ministério da Educação, ouvida a Secretaria de Segurança do Trabalho – SSMT.

Art. 5º O exercício da atividade de Engenheiros e Arquitetos na especialidade de Engenharia de Segurança do Trabalho, depende de registro no Conselho Regional de Engenharia, Arquitetura e Agronomia – CREA.

Art. 6º As atividades de Técnico de Segurança do Trabalho serão definidas pelo Ministério do Trabalho, no prazo de 60 dias, após a fixação do respectivo currículo escolar pelo Ministério da Educação, na forma do artigo 3º.

Art. 7º O exercício da profissão de Técnico de Segurança do Trabalho depende de registro no Ministério do Trabalho.

Art. 8º O Ministério da Administração, em articulação com o Ministério do Trabalho, promoverá, no prazo de 90 dias a partir da vigência deste decreto, estudos para a criação de categorias funcionais e os respectivos quadros do Grupo – Engenharia e Segurança do Trabalho.

Art. 9º Este Decreto entrará em vigor na data de sua publicação.

Art. 10. Revogam-se as disposições em contrário.

Brasília, 9 de abril de 1986; 165º da Independência e 98º da República.

José Sarney

DECRETO 92.790, DE 17 DE JUNHO DE 1986

Regulamenta a Lei 7.394, de 29 de outubro de 1985, que regula o exercício da profissão de Técnico em Radiologia e dá outras providências.

DOU 18.06.1986

O Presidente da República, usando da atribuição que lhe confere o art. 81, item III, da Constituição, e tendo em vista o disposto no art. 17 da Lei 7.394, de 29 de outubro de 1985, decreta:

Art. 1º O exercício da profissão de Técnico em Radiologia fica regulado pelo disposto neste decreto, nos termos da Lei 7.394, de 29 de outubro de 1985.

Art. 2º São Técnicos em Radiologia os profissionais de Raios X, que executam as técnicas:

I – radiológicas, no setor de diagnóstico;

II – radioterápicas, no setor de terapia;

III – radioisotópicas, no setor de radioisótopos;

IV – industriais, no setor industrial;

V – de medicina nuclear.

Art. 3º Para o exercício da profissão de Técnico em Radiologia será necessário:

I – ter concluído o ensino médio;

> ▸ Inciso I com redação pelo Dec. 9.531/2018.

II – ter formação profissional na área com, no mínimo, nível técnico em Radiologia; e

> ▸ Inciso II com redação pelo Dec. 9.531/2018.

III – estar inscrito no Conselho Regional de Técnicos em Radiologia.

> ▸ Inciso III acrescido pelo Dec. 9.531/2018.

Art. 4º Para se instalarem, as Escolas Técnicas de Radiologia precisam ser previamente reconhecidas pelo Ministério da Educação.

Art. 5º As Escolas Técnicas de Radiologia só poderão ser reconhecidas se apresentarem condições de instalação satisfatórias e corpo docente de reconhecida idoneidade profissional, sob a orientação de Físico Tecnólogo, Médico Especialista e Técnico em Radiologia.

§ 1º Os programas serão elaborados pelo Conselho Federal de Educação e válidos para todo o território nacional, sendo sua adoção indispensável ao reconhecimento de tais cursos.

§ 2º Em nenhuma hipótese poderá ser matriculado candidato que não comprovar a conclusão de curso de nível de 2º grau ou equivalente.

§ 3º O ensino das disciplinas será ministrado em aulas teóricas, práticas e estágios a serem cumpridos, no último ano do currículo escolar, de acordo com a especialidade escolhida pelo aluno.

Art. 6º Os centros de estágio serão constituídos pelos serviços de saúde e de pesquisa físicas, que ofereçam

condições essenciais à prática da profissão na especialidade requerida.

Art. 7º *Revogado pelo Dec. 9.531/2018.*

Parágrafo único. *Revogado pelo Dec. 9.531/2018.*

Art. 8º *Revogado pelo Dec. 9.531/2018.*

Art. 9º Os diplomas expedidos por Escolas Técnicas de Radiologia, devidamente reconhecidas, têm âmbito nacional e validade para o registro de que trata o item II do art. 3º deste decreto.

Parágrafo único. Concedido o diploma, fica o Técnico em Radiologia obrigado a registrá-lo, nos termos deste decreto.

Art. 10. Os trabalhos de supervisão da aplicação de técnicas em radiologia, em seus respectivos setores, são da competência do Técnico em Radiologia.

Art. 11. Ficam assegurados todos os direitos aos denominados Operadores de Raios X, devidamente registrados na Delegacia Regional do Trabalho, os quais adotarão a denominação referida no art. 1º deste decreto.

§ 1º Os profissionais que se acham devidamente registrados na Divisão Nacional de Vigilância Sanitária de Medicamentos – DIMED, não-possuidores do certificado de conclusão de curso em nível de 2º grau, poderão matricular-se nas escolas criadas, na categoria de ouvinte, recebendo, ao terminar o curso, certificado de presença, observadas as exigências regulamentares das Escolas de Radiologia.

§ 2º Os dispositivos deste decreto aplicam-se, no que couber, aos Auxiliares de Radiologia que trabalham com câmara clara e escura.

Art. 12. Os Conselhos Nacional e Regionais de Técnicos em Radiologia, criados pelo art. 12 da Lei 7.394, de 29 de outubro de 1985, constituem, em seu conjunto, uma autarquia, sendo cada um deles dotado de personalidade jurídica de Direito Público.

Art. 13. O Conselho Nacional de Técnicos em Radiologia e os Conselhos Regionais de Técnicos em Radiologia são os órgãos supervisores da ética profissional e fiscalizadores do exercício da profissão.

▸ *Caput com redação pelo Dec. 9.531/2018.*

Parágrafo único. Na fiscalização do exercício da profissão, o Conselho Nacional de Técnicos em Radiologia atuará na coordenação das atividades dos Conselhos Regionais de Técnicos em Radiologia e na normatização da matéria.

▸ *Parágrafo único acrescido pelo Dec. 9.531/2018.*

Art. 14. O Conselho Nacional, ao qual ficam subordinados os Conselhos Regionais, terá sede no Distrito Federal e jurisdição em todo o território nacional.

§ 1º Os Conselhos Regionais terão sede nas Capitais dos Estados, Territórios e no Distrito Federal.

§ 2º A jurisdição de um Conselho Regional poderá abranger mais de um Estado, se as conveniências assim o indicarem.

Art. 15. Cada Conselho Regional instalado indicará um conselheiro titular e o respectivo suplente para compor o Conselho Nacional de Técnicos em Radiologia, escolhidos por meio de processo eleitoral.

▸ *Caput com redação pelo Dec. 9.531/2018.*

§ 1º Para fins eleitorais, não serão considerados os Conselhos Regionais instalados há menos de dois anos da data da eleição.

▸ *§ 1º acrescido pelo Dec. 9.531/2018.*

§ 2º A eleição dos conselheiros de que trata o *caput* ocorrerá pelo voto direto dos profissionais inscritos nos respectivos Conselhos Regionais.

▸ *§ 2º acrescido pelo Dec. 9.531/2018.*

§ 3º O conselheiro suplente do Conselho Regional substituirá o respectivo titular em suas ausências, impedimentos e na vacância do cargo.

▸ *§ 3º acrescido pelo Dec. 9.531/2018.*

§ 4º O mandato dos membros do Conselho Nacional de Técnicos em Radiologia será de quatro anos.

▸ *§ 4º acrescido pelo Dec. 9.531/2018.*

Art. 15-A. Poderão ser candidatos ao Conselho Nacional de Técnicos em Radiologia os profissionais:

▸ *Artigo acrescido pelo Dec. 9.531/2018.*

I – com inscrições definitivas nos Conselhos Regionais de Técnicos em Radiologia há mais de cinco anos;

II – que não se enquadrem nas hipóteses de inelegibilidade do inciso I do *caput* do art. 1º da Lei Complementar 64, de 18 de maio de 1990; e

III – que não tenham sofrido as penalidades previstas nos incisos II a V do *caput* do art. 25 nos últimos quatro anos.

Parágrafo único. É vedado o exercício simultâneo de mandato de conselheiro nacional e de conselheiro regional.

Art. 16. São atribuições do Conselho Nacional:

I – aprovar e revisar, por maioria de dois terços de seus membros, o seu regimento interno;

▸ *Inciso I com redação pelo Dec. 9.531/2018.*

II – aprovar os regimentos internos organizados pelos Conselhos Regionais;

III – instalar os Conselhos Regionais de Técnicos em Radiologia, definindo sede e jurisdição, bem como promovendo a eleição de seus membros e lhes dando posse;

IV – votar e alterar o código de ética profissional, ouvidos os Conselhos Regionais;

V – apreciar as prestações de contas anuais dos Conselhos Regionais;

▸ *Inciso V com redação pelo Dec. 9.531/2018.*

VI – promover auditorias contábeis e financeiras, diligências ou verificações relativas ao funcionamento dos Conselhos Regionais, nos Estados e no Distrito Federal, e adotar, quando necessárias, providências para aprimorar sua eficiência e regularidade, incluída a designação de diretoria provisória; e

▸ *Inciso VI acrescido pelo Dec. 9.531/2018.*

VII – atuar como instância superior de recurso nos processos de sanção por violação da ética, de indeferimento de registro no Conselho Regional e em matéria eleitoral.

▸ *Inciso VII acrescido pelo Dec. 9.531/2018.*

§ 1º As atividades da diretoria provisória não poderão exceder o prazo de dois anos e, em qualquer caso, não poderão exceder a duração do mandato dos membros do Conselho Regional.

▸ *§ 1º acrescido pelo Dec. 9.531/2018.*

§ 2º Encerrada a atuação da diretoria provisória e na ausência de condições de retorno da diretoria eleita, serão convocadas novas eleições para o período remanescente.

▸ *§ 2º acrescido pelo Dec. 9.531/2018.*

Art. 17. A diretoria do Conselho Nacional de Técnicos em Radiologia será composta por um presidente, um secretário e um tesoureiro, escolhidos e eleitos entre os conselheiros efetivos.

▸ *Caput com redação pelo Dec. 9.531/2018.*

§ 1º O mandato dos membros da diretoria será de dois anos, admitida uma recondução.

▸ *§ 1º acrescido pelo Dec. 9.531/2018.*

§ 2º Os membros da diretoria poderão ser destituídos, a qualquer tempo, pelo voto de dois terços dos conselheiros.

▸ *§ 2º acrescido pelo Dec. 9.531/2018.*

Art. 18. *Revogado pelo Dec. 5.211/2004.*

Art. 19. A renda do Conselho Nacional será constituída de: **I** – um terço das anuidades cobradas pelos Conselhos Regionais;

II – um terço da taxa de expedição das carteiras profissionais;

III – um terço das multas aplicadas pelos Conselhos Regionais;

IV – doações e legados;

V – subvenções oficiais;

VI – bens e valores adquiridos.

Art. 20. A eleição para o primeiro Conselho Nacional de Técnicos em Radiologia será promovida pela Federação das Associações dos Técnicos em Radiologia dos Estados do Brasil.

Parágrafo único. A eleição efetuar-se-á por processo que permita o exercício do voto a todos os profissionais inscritos, sem que lhes seja necessário o afastamento do seu local de trabalho.

Art. 21. Enquanto não for elaborado e aprovado, pelo Conselho Nacional de Técnicos em Radiologia, o código de ética profissional, vigorará o Código de Ética do Técnico em Radiologia, elaborado e aprovado, por unanimidade, na Assembleia Geral Ordinária da Federação das Associações dos Técnicos em Radiologia dos Estados do Brasil, em 10 de julho de 1971.

Art. 22. Os Conselhos Regionais de Técnicos em Radiologia serão compostos por nove membros titulares e igual número de suplentes, todos de nacionalidade brasileira.

▸ *Caput com redação pelo Dec. 9.531/2018.*

§ 1º O mandato dos membros dos Conselhos Regionais de Técnicos em Radiologia será de quatro anos.

▸ *§ 1º acrescido pelo Dec. 9.531/2018.*

§ 2º A substituição dos conselheiros titulares, nas reuniões, inclusive nas reuniões plenárias, ocorrerá por rodízio de convocação dos conselheiros suplentes, observada a ordem da relação de conselheiros suplentes, sorteada em plenário no dia da posse do corpo de conselheiros.

▸ *§ 2º acrescido pelo Dec. 9.531/2018.*

§ 3º Os conselheiros suplentes dos Conselhos Regionais substituirão os conselheiros titulares em suas ausências, impedimentos e na vacância do cargo, observado o disposto no § 2º.

▸ *§ 3º acrescido pelo Dec. 9.531/2018.*

§ 4º Poderão ser candidatos aos Conselhos Regionais de Técnicos em Radiologia os profissionais:

▸ *§ 4º e incisos acrescidos pelo Dec. 9.531/2018.*

I – com inscrições definitivas há mais de três anos no respectivo Conselho Regional;

II – que não se enquadrem nas hipóteses de inelegibilidade do inciso I do *caput* do art. 1º da Lei Complementar 64, de 1990; e

III – que não tenham sofrido as penalidades previstas nos incisos II a V do *caput* do art. 25 nos últimos quatro anos.

§ 5º Serão eleitores para a escolha dos conselheiros regionais os profissionais com inscrições definitivas no respectivo Conselho Regional e em pleno gozo de seus direitos.

▸ *§ 5º acrescido pelo Dec. 9.531/2018.*

§ 6º O processo de votação permitirá que os profissionais inscritos no Conselho Regional votem sem se afastar do Município de residência.

▸ *§ 6º acrescido pelo Dec. 9.531/2018.*

§ 7º O Conselho Nacional de Técnicos em Radiologia regulará o processo eleitoral dos Conselhos Regionais.

▸ *§ 7º acrescido pelo Dec. 9.531/2018.*

§ 8º A diretoria dos Conselhos Regionais de Técnicos em Radiologia será composta por um presidente, um secretário e um tesoureiro, escolhidos entre os conselheiros titulares pela maioria do plenário do Conselho Regional.

▸ *§ 8º acrescido pelo Dec. 9.531/2018.*

§ 9º O mandato dos membros da diretoria será de dois anos, admitida uma recondução.

▸ *§ 9º acrescido pelo Dec. 9.531/2018.*

§ 10. Os membros da diretoria poderão ser destituídos, a qualquer tempo, pela maioria absoluta dos conselheiros.

▸ *§ 10 acrescido pelo Dec. 9.531/2018.*

Art. 23. Compete aos Conselhos Regionais:

I – deliberar sobre a inscrição e cancelamento no quadro do Conselho;

II – manter um registro dos Técnicos em Radiologia, legalmente habilitados, com exercício na respectiva Região;

III – fiscalizar o exercício da profissão de Técnico em Radiologia;

IV – conhecer, apreciar e decidir os assuntos atinentes à ética profissional, impondo as penalidades que couberem;

V – elaborar a proposta do seu regimento interno, submetendo-a à aprovação do Conselho Nacional;

VI – expedir o documento de identidade profissional de que trata o art. 1º da Lei 6.206, de 7 de maio de 1975;

▸ *Inciso VI com redação pelo Dec. 9.531/2018.*

VII – velar pela conservação da honra e da independência do Conselho e pelo livre exercício legal dos direitos dos radiologistas;

VIII – aprimorar a formação profissional, a capacidade técnica e a ética profissional;

▸ *Inciso VIII com redação pelo Dec. 9.531/2018.*

IX – publicar relatórios anuais de seus trabalhos e a relação dos profissionais registrados;

X – exercer os atos de jurisdição que por lei lhes sejam cometidos;

XI – representar ao Conselho Nacional de Técnicos em Radiologia sobre providências necessárias para a regularidade dos serviços e da fiscalização do exercício da profissão.

Parágrafo único. Caberá recurso ao Conselho Nacional de Técnicos em Radiologia das matérias de que tratam os incisos I, II, IV e X do *caput.*

▸ *Parágrafo único acrescido pelo Dec. 9.531/2018.*

Art. 24. A renda dos Conselhos Regionais será constituída de:

I – taxa de inscrição;

II – dois terços da taxa de expedição de carteiras profissionais;

III – dois terços da anuidade paga pelos membros neles inscritos;

IV – dois terços das multas aplicadas;

V – doações e legados;

VI – subvenções oficiais;

VII – bens e valores adquiridos.

Art. 25. As penas disciplinares aplicáveis pelos Conselhos Regionais aos seus membros são as seguintes:

I – advertência confidencial em aviso reservado;

II – censura confidencial em aviso reservado;

III – censura pública;

IV – suspensão do exercício profissional até trinta dias;

V – cassação do exercício profissional, ad referendum, do Conselho Nacional.

Art. 26. Em matéria disciplinar, o Conselho Regional deliberará de ofício.

Art. 27. Da imposição de qualquer penalidade caberá recurso, no prazo de trinta dias, contados da ciência, para o Conselho Nacional.

Art. 28. Além do recurso previsto no artigo anterior, não caberá qualquer outro de natureza administrativa.

Art. 29. O voto é pessoal e obrigatório em toda eleição, salvo doença ou ausência comprovadas plenamente.

§ 1º As deliberações serão tomadas por maioria de votos dos presentes.

§ 2º A votação poderá ser presencial ou por meio eletrônico, desde que garantido o sigilo do voto, observado o disposto nos regimentos eleitorais dos Conselhos Regionais;

▸ § 2º com redação pelo Dec. 9.531/2018.

§ 3º *Revogado pelo Dec. 9.531/2018.*

§ 4º As eleições para os Conselhos Nacional e Regionais serão anunciadas no Diário Oficial da União e nos sítios eletrônicos dos respetivos conselhos, com antecedência de, no mínimo, cento e oitenta dias, observado o disposto nos regimentos eleitorais do Conselho Nacional e dos Conselhos Regionais.

▸ § 4º com redação pelo Dec. 9.531/2018.

Art. 30. A jornada de trabalho dos profissionais abrangidos por este decreto será de vinte e quatro horas semanais.

Art. 31. O salário mínimo dos profissionais, que executam as técnicas definidas no art. 1º deste decreto, será equivalente a dois salários mínimos profissionais da região, incidindo sobre esses vencimentos quarenta por cento de risco de vida e insalubridade.

Art. 32. Este decreto entrará em vigor na data de sua publicação.

Art. 33. Revogam-se as disposições em contrário.

Brasília, 17 de junho de 1986; 165º da Independência e 98º da República.

José Sarney

LEI 7.498, DE 25 DE JUNHO DE 1986

Dispõe sobre a regulamentação do exercício da enfermagem, e dá outras providências.

DOU 26.06.1986

O PRESIDENTE DA REPÚBLICA. Faço saber que o Congresso Nacional decreta e eu sanciono a seguinte lei:

Art. 1º É livre o exercício da enfermagem em todo o território nacional, observadas as disposições desta lei.

Art. 2º A enfermagem e suas atividades auxiliares somente podem ser exercidas por pessoas legalmente habilitadas e inscritas no Conselho Regional de Enfermagem com jurisdição na área onde ocorre o exercício.

Parágrafo único. A enfermagem é exercida privativamente pelo Enfermeiro, pelo Técnico de Enfermagem, pelo Auxiliar de Enfermagem e pela Parteira, respeitados os respectivos graus de habilitação.

Art. 3º O planejamento e a programação das instituições e serviços de saúde incluem planejamento e programação de enfermagem.

Art. 4º A programação de enfermagem inclui a prescrição da assistência de enfermagem.

Art. 5º Vetado.

§ 1º Vetado.

§ 2º Vetado.

Art. 6º São enfermeiros:

I – o titular do diploma de Enfermeiro conferido por instituição de ensino, nos termos da lei;

II – o titular do diploma ou certificado de Obstetriz ou de Enfermeira Obstétrica, conferido nos termos da lei;

III – o titular do diploma ou certificado de Enfermeira e a titular do diploma ou certificado de Enfermeira Obstétrica ou de Obstetriz, ou equivalente, conferido por escola estrangeira segundo as leis do país, registrado em virtude de acordo de intercâmbio cultural ou revalidado no Brasil como diploma de Enfermeiro, de Enfermeira Obstétrica ou de Obstetriz;

IV – aqueles que, não abrangidos pelos incisos anteriores, obtiverem título de Enfermeiro conforme o disposto na alínea d do art. 3º do Decreto 50.387, de 28 de março de 1961.

Art. 7º São Técnicos de Enfermagem:

I – o titular do diploma ou do certificado de Técnico de Enfermagem, expedido de acordo com a legislação e registrado pelo órgão competente;

II – o titular do diploma ou do certificado legalmente conferido por escola ou curso estrangeiro, registrado em virtude de acordo de intercâmbio cultural ou revalidado no Brasil como diploma de Técnico de Enfermagem.

Art. 8º São Auxiliares de Enfermagem:

I – o titular de certificado de Auxiliar de Enfermagem conferido por instituição de ensino, nos termos da lei e registrado no órgão competente;

II – o titular de diploma a que se refere a Lei 2.822, de 14 de junho de 1956;

III – o titular do diploma ou certificado a que se refere o inciso III do art. 2º da Lei 2.604, de 17 de setembro de 1955, expedido até a publicação da Lei 4.024, de 20 de dezembro de 1961;

IV – o titular de certificado de Enfermeiro Prático ou Prático de Enfermagem, expedido até 1964 pelo Serviço Nacional de Fiscalização da Medicina e Farmácia, do Ministério da Saúde, ou por órgão congênere da Secretaria de Saúde nas Unidades da Federação, nos termos do Decreto-lei 23.774, de 22 de janeiro de 1934, do Decreto-lei 8.778, de 22 de janeiro de 1946, e da Lei 3.640, de 10 de outubro de 1959;

V – o pessoal enquadrado como Auxiliar de Enfermagem, nos termos do Decreto-lei 299, de 28 de fevereiro de 1967;

VI – o titular do diploma ou certificado conferido por escola ou curso estrangeiro, segundo as leis do país, registrado em virtude de acordo de intercâmbio cultural ou revalidado no Brasil como certificado de Auxiliar de Enfermagem.

Art. 9º São Parteiras:

I – a titular do certificado previsto no art. 1º do Decreto-lei 8.778, de 22 de janeiro de 1946, observado o disposto na Lei 3.640, de 10 de outubro de 1959;

II – a titular do diploma ou certificado de Parteira, ou equivalente, conferido por escola ou curso estrangeiro, segundo as leis do país, registrado em virtude de intercâmbio cultural ou revalidado no Brasil, até 2 (dois) anos após a publicação desta lei, como certificado de Parteira.

Art. 10. Vetado.

Art. 11. O Enfermeiro exerce todas as atividades de enfermagem, cabendo-lhe:

I – privativamente:

a) direção do órgão de enfermagem integrante da estrutura básica da instituição de saúde, pública e privada, e chefia de serviço e de unidade de enfermagem;

b) organização e direção dos serviços de enfermagem e de suas atividades técnicas e auxiliares nas empresas prestadoras desses serviços;

c) planejamento, organização, coordenação, execução e avaliação dos serviços da assistência de enfermagem;

d) Vetado;

e) Vetado;

f) Vetado;

g) Vetado;

h) consultoria, auditoria e emissão de parecer sobre matéria de enfermagem;

i) consulta de enfermagem;

j) prescrição da assistência de enfermagem;

l) cuidados diretos de enfermagem a pacientes graves com risco de vida;

m) cuidados de enfermagem de maior complexidade técnica e que exijam conhecimentos de base científica e capacidade de tomar decisões imediatas;

II – como integrante da equipe de saúde:

a) participação no planejamento, execução e avaliação da programação de saúde;

b) participação na elaboração, execução e avaliação dos planos assistenciais de saúde;

c) prescrição de medicamentos estabelecidos em programas de saúde pública e em rotina aprovada pela instituição de saúde;

d) participação em projetos de construção ou reforma de unidades de internação;

e) prevenção e controle sistemático da infecção hospitalar e de doenças transmissíveis em geral;

f) prevenção e controle sistemático de danos que possam ser causados à clientela durante a assistência de enfermagem;

g) assistência de enfermagem à gestante, parturiente e puérpera;

h) acompanhamento da evolução e do trabalho de parto;

i) execução do parto sem distocia;

j) educação visando à melhoria de saúde da população.

Parágrafo único. As profissionais referidas no inciso II do art. 6º desta lei incumbe, ainda:

a) assistência à parturiente e ao parto normal;

b) identificação das distocias obstétricas e tomada de providências até à chegada do médico;

c) realização de episiotomia e episiorrafia e aplicação de anestesia local, quando necessária.

Art. 12. O Técnico de Enfermagem exerce atividade de nível médio, envolvendo orientação e acompanhamento do trabalho de enfermagem em grau auxiliar, e participação no planejamento da assistência de enfermagem, cabendo-lhe especialmente:

a) participar da programação da assistência de enfermagem;

b) executar ações assistenciais de enfermagem, exceto as privativas do Enfermeiro, observado o disposto no parágrafo único do art. 11 desta lei;

c) participar da orientação e supervisão do trabalho de enfermagem em grau auxiliar;

d) participar da equipe de saúde.

Art. 13. O Auxiliar de Enfermagem exerce atividades de nível médio, de natureza repetitiva, envolvendo serviços auxiliares de enfermagem sob supervisão, bem como a participação em nível de execução simples, em processos de tratamento, cabendo-lhe especialmente:

a) observar, reconhecer e descrever sinais e sintomas;

b) executar ações de tratamento simples;

c) prestar cuidados de higiene e conforto ao paciente;

d) participar da equipe de saúde.

Art. 14. Vetado.

Art. 15. As atividades referidas nos arts. 12 e 13 desta lei, quando exercidas em instituições de saúde, públicas e privadas, e em programas de saúde, somente podem ser desempenhadas sob orientação e supervisão de Enfermeiro.

Art. 15-A. O piso salarial nacional dos Enfermeiros contratados sob o regime da Consolidação das Leis do Trabalho (CLT), aprovada pelo Decreto-Lei nº 5.452, de 1º de maio de 1943, será de R$ 4.750,00 (quatro mil setecentos e cinquenta reais) mensais.

▸ Artigo acrescido pela Lei 14.434/2022.

▸ O STF na ADI 7.222, por maioria, referendou a decisão de 15.05.2023, que revogou parcialmente a medida cautelar, acrescida de complementação, a fim de que sejam restabelecidos os efeitos da Lei 14.434/2022, à exceção da expressão "acordos, contratos e convenções coletivas" (art. 2º, § 9º), com a implementação do piso salarial nacional por ela instituído nos seguintes termos: "(ii) em relação aos servidores públicos dos Estados, Distrito Federal, Municípios e de suas autarquias e fundações (art. 15-C da Lei nº 7.498/1986), bem como aos profissionais contratados por entidades privadas que atendam, no mínimo, 60% de seus pacientes pelo SUS (art. 15-A da Lei nº 7.498/1986): a) a implementação da diferença remuneratória resultante do piso salarial nacional deve ocorrer na extensão do quanto disponibilizado, a título de "assistência financeira complementar", pelo orçamento da União (art. 198, §§ 14 e 15, da CF, com redação dada pela EC nº 127/2022); b) eventual insuficiência da "assistência financeira complementar" mencionada no item (ii.a) instaura o dever da União de providenciar crédito suplementar, cuja fonte de abertura serão recursos provenientes do cancelamento, total ou parcial, de dotações tais como aquelas destinadas ao pagamento de emendas parlamentares individuais ao projeto de lei orçamentária destinadas a ações e serviços públicos de saúde (art. 166, § 9º, da CF) ou direcionadas às demais emendas parlamentares (inclusive de Relator-Geral do Orçamento). Não sendo tomada tal providência, não será exigível o pagamento por parte dos entes referidos no item (ii); c) uma vez disponibilizados os recursos financeiros suficientes, o pagamento do piso salarial deve ser proporcional nos casos de carga horária inferior a 8 (oito) horas por dia ou 44 (quarenta e quatro) horas semanais". Pelo voto médio, referendou também o seguinte item da decisão: "(iii) em relação aos profissionais celetistas em geral (art. 15-A da Lei nº 7.498/1986), a implementação do piso salarial nacional deverá ser precedida de negociação coletiva entre as partes, como exigência procedimental imprescindível, levando em conta a preocupação com demissões em massa ou prejuízos para os serviços de saúde. Não havendo acordo, incidirá a Lei nº 14.434/2022, desde que decorrido o prazo de 60 (sessenta) dias, contados da data de publicação da ata deste julgamento [...] Quanto aos efeitos da presente decisão, em relação aos profissionais referidos nos itens (i) e (ii), eles se produzem na forma da Portaria GM/MS nº 597, de 12 de maio de 2023". (DOU 12.07.2023)

▸ Art. 2º, §§ 1º e 2º, da Lei 14.434/2022 (Piso salarial nacional).

Parágrafo único. O piso salarial dos profissionais celetistas de que tratam os arts. 7º, 8º e 9º desta Lei é fixado com base no piso estabelecido no *caput* deste artigo, para o Enfermeiro, na razão de:

I – 70% (setenta por cento) para o Técnico de Enfermagem;

II – 50% (cinquenta por cento) para o Auxiliar de Enfermagem e para a Parteira.

Art. 15-B. O piso salarial nacional dos Enfermeiros contratados sob o regime dos servidores públicos civis da União, das autarquias e das fundações públicas federais, nos termos da Lei nº 8.112, de 11 de dezembro de 1990, será de R$ 4.750,00 (quatro mil setecentos e cinquenta reais) mensais.

▸ Artigo acrescido pela Lei 14.434/2022.

▸ O STF na ADI 7.222, por maioria, referendando a decisão de 15.05.2023, que revogou parcialmente a medida cautelar, acrescida de complementação, a fim de que sejam restabelecidos os efeitos da Lei 14.434/2022, à exceção da expressão "acordos, contratos e convenções coletivas" (art. 2º, § 2º), com a implemen-

tação do piso salarial nacional por ela instituído nos seguintes termos: "(i) em relação aos servidores públicos civis da União, autarquias e fundações públicas federais (art. 15-B da Lei nº 7.498/1986), a implementação do piso salarial nacional deve ocorrer na forma prevista na Lei nº 14.434/2022;" [...] "Quanto aos efeitos da presente decisão, em relação aos profissionais referidos nos itens (i) e (ii), eles se produzem na forma da Portaria GM/MS nº 597, de 12 de maio de 2023". (*DOU 12.07.2023*).

▶ Art. 2º, §§ 1º e 2º, da Lei 14.434/2022 (Piso salarial nacional).

Parágrafo único. O piso salarial dos servidores de que tratam os arts. 7º, 8º e 9º desta Lei é fixado com base no piso estabelecido no *caput* deste artigo, para o Enfermeiro, na razão de:

I – 70% (setenta por cento) para o Técnico de Enfermagem;

II – 50% (cinquenta por cento) para o Auxiliar de Enfermagem e para a Parteira.

Art. 15-C. O piso salarial nacional dos Enfermeiros servidores dos Estados, do Distrito Federal e dos Municípios e de suas autarquias e fundações será de R$ 4.750,00 (quatro mil setecentos e cinquenta reais) mensais.

▶ Artigo acrescido pela Lei 14.434/2022.

▶ O STF na ADI 7.222, por maioria, referendou a decisão de 15.05.2023, que revogou parcialmente a medida cautelar, acrescida de complementação, a fim de que sejam restabelecidos os efeitos da Lei 14.434/2022, à exceção da expressão "acordos, contratos e convenções coletivas" (art. 2º, § 2º), com a implementação do piso salarial nacional por ela instituído nos seguintes termos: "(ii) em relação aos servidores públicos dos Estados, Distrito Federal, Municípios e de suas autarquias e fundações (art. 15-C da Lei nº 7.498/1986), bem como aos profissionais contratados por entidades privadas que atendam, no mínimo, 60% de seus pacientes pelo SUS (art. 15-A da Lei nº 7.498/1986): a) a implementação da diferença remuneratória resultante do piso salarial nacional deve ocorrer na extensão do quanto disponibilizado, a título de "assistência financeira complementar", pelo orçamento da União (art. 198, §§ 14 e 15, da CF, com redação dada pela EC nº 127/2022); b) eventual insuficiência da "assistência financeira complementar" mencionada no item (ii.a) instaura o dever da União de providenciar crédito suplementar, cuja fonte de abertura serão recursos provenientes do cancelamento, total ou parcial, de dotações tais como aquelas destinadas ao pagamento de emendas parlamentares individuais ao projeto de lei orçamentária destinadas a ações e serviços públicos de saúde (art. 166, § 9º, da CF) ou direcionadas às demais emendas parlamentares (inclusive de Relator-Geral do Orçamento). Não sendo tomada tal providência, não será exigível o pagamento por parte dos entes referidos no item (ii); c) uma vez disponibilizados os recursos financeiros suficientes, o pagamento do piso salarial deve ser proporcional nos casos de carga horária inferior a 8 (oito) horas por dia ou 44 (quarenta e quatro) horas semanais". [...] "Quanto aos efeitos da presente decisão, em relação aos profissionais referidos nos itens (i) e (ii), eles se produzem na forma da Portaria GM/MS nº 597, de 12 de maio de 2023". (*DOU 12.07.2023*)

▶ Art. 2º, §§ 1º e 2º, da Lei 14.434/2022 (Piso salarial nacional).

Parágrafo único. O piso salarial dos servidores de que tratam os arts. 7º, 8º e 9º desta Lei é fixado com base no piso estabelecido no *caput* deste artigo, para o Enfermeiro, na razão de:

I – 70% (setenta por cento) para o Técnico de Enfermagem;

II – 50% (cinquenta por cento) para o Auxiliar de Enfermagem e para a Parteira.

Art. 15-D. Vetado.

▶ Artigo acrescido pela Lei 14.434/2022.

Art. 15-E. As instituições de saúde, públicas e privadas, ofertarão aos profissionais de enfermagem referidos no parágrafo único do art. 2º condições adequadas de repouso, durante todo o horário de trabalho.

▶ Artigo acrescido pela Lei 14.602/2023.

Parágrafo único. Os locais de repouso dos profissionais de enfermagem devem, na forma do regulamento:

I – ser destinados especificamente para o descanso dos profissionais de enfermagem;

II – ser arejados;

III – ser providos de mobiliário adequado;

IV – ser dotados de conforto térmico e acústico;

V – ser equipados com instalações sanitárias;

VI – ter área útil compatível com a quantidade de profissionais diariamente em serviço.

Art. 16. Vetado.

Art. 17. Vetado.

Art. 18. Vetado.

Parágrafo único. Vetado.

Art. 19. Vetado.

Art. 20. Os órgãos de pessoal da administração pública direta e indireta, federal, estadual, municipal, do Distrito Federal e dos Territórios observarão, no provimento de cargos e funções e na contratação de pessoal de enfermagem, de todos os graus, os preceitos desta lei.

Parágrafo único. Os órgãos a que se refere este artigo promoverão as medidas necessárias à harmonização das situações já existentes com as disposições desta

lei, respeitados os direitos adquiridos quanto a vencimentos e salários.

Art. 21. Vetado.

Art. 22. Vetado.

Art. 23. O pessoal que se encontra executando tarefas de enfermagem, em virtude de carência de recursos humanos de nível médio nessa área, sem possuir formação específica regulada em lei, será autorizado, pelo Conselho Federal de Enfermagem, a exercer atividades elementares de enfermagem, observado o disposto no art. 15 desta lei.

Parágrafo único. É assegurado aos atendentes de enfermagem, admitidos antes da vigência desta lei, o exercício das atividades elementares da enfermagem, observado o disposto em seu artigo 15.

▶ Parágrafo único com redação pela Lei 8.967/1986.

Art. 24. Vetado.

Parágrafo único. Vetado.

Art. 25. O Poder Executivo regulamentará esta lei no prazo de 120 (cento e vinte) dias a contar da data de sua publicação.

Art. 26. Esta lei entra em vigor na data de sua publicação.

Art. 27. Revogam-se (vetado) as demais disposições em contrário.

Brasília, 25 de junho de 1986; 165º da Independência e 98º da República.

José Sarney

LEI 7.565, DE 19 DE DEZEMBRO DE 1986

Dispõe sobre o Código Brasileiro de Aeronáutica.

DOU 23.12.1986 e retificado em 30.12.1986

O PRESIDENTE DA REPÚBLICA, faço saber que o Congresso Nacional decreta e eu sanciono a seguinte Lei:

TÍTULO I
Introdução

CAPÍTULO I
DISPOSIÇÕES GERAIS

Art. 1º O Direito Aeronáutico é regulado pelos Tratados, Convenções e Atos Internacionais de que o Brasil seja parte, por este Código e pela legislação complementar.

§ 1º Os Tratados, Convenções e Atos Internacionais, celebrados por delegação do Poder Executivo e aprovados pelo Congresso Nacional, vigoram a partir da data neles prevista para esse efeito, após o depósito ou troca das respectivas ratificações, podendo, mediante cláusula expressa, autorizar a aplicação provisória de suas disposições pelas autoridades aeronáuticas, nos limites de suas atribuições, a partir da assinatura (artigos 14, 204 a 214).

§ 2º Este Código se aplica a nacionais e estrangeiros, em todo o Território Nacional, assim como, no exterior, até onde for admitida a sua extraterritorialidade.

§ 3º A legislação complementar é formada pela regulamentação prevista neste Código, pelas leis especiais, decretos e normas sobre matéria aeronáutica (artigo 12).

Art. 2º Para os efeitos deste Código consideram-se autoridades aeronáuticas competentes as do Ministério da Aeronáutica, conforme as atribuições definidas nos respectivos regulamentos.

(...)

CAPÍTULO III
DO SISTEMA DE PROTEÇÃO AO VÔO

Seção I
Das Várias Atividades de Proteção ao Vôo

Art. 47. O Sistema de Proteção ao Vôo visa à regularidade, segurança e eficiência do fluxo de tráfego no espaço aéreo, abrangendo as seguintes atividades:

I – de controle de tráfego aéreo;

II – de telecomunicações aeronáuticas e dos auxílios à navegação aérea;

III – de meteorologia aeronáutica;

IV – de cartografia e informações aeronáuticas;

V – de busca e salvamento;

VI – de inspeção em vôo;

VII – de coordenação e fiscalização do ensino técnico específico;

VIII – de supervisão de fabricação, reparo, manutenção e distribuição de equipamentos terrestres de auxílio à navegação aérea.

Art. 48. O serviço de telecomunicações aeronáuticas classifica-se em:

I – fixo aeronáutico;

II – móvel aeronáutico;

III – de radionavegação aeronáutica;

IV – de radiodifusão aeronáutica;

V – móvel aeronáutico por satélite;

VI – de radionavegação aeronáutica por satélite.

Parágrafo único. O serviço de telecomunicações aeronáuticas poderá ser operado:

a) diretamente pelo Ministério da Aeronáutica;

b) mediante autorização, por entidade especializada da Administração Federal Indireta, vinculada àquele Ministério, ou por pessoas jurídicas ou físicas dedicadas às atividades aéreas, em relação às estações privadas de telecomunicações aeronáuticas.

Seção II
Da Coordenação de Busca, Assistência e Salvamento

Art. 49. As Atividades de Proteção ao Vôo abrangem a coordenação de busca, assistência e salvamento.

Art. 50. O Comandante da aeronave é obrigado a prestar assistência a quem se encontrar em perigo de vida no mar, no ar ou em terra, desde que o possa fazer sem perigo para a aeronave, sua tripulação, seus passageiros ou outras pessoas.

Art. 51. Todo Comandante de navio, no mar, e qualquer pessoa, em terra, são obrigados, desde que o possam fazer sem risco para si ou outras pessoas, a prestar assistência a quem estiver em perigo de vida, em conseqüência de queda ou avaria de aeronave.

Art. 52. A assistência poderá consistir em simples informação.

Art. 53. A obrigação de prestar socorro, sempre que possível, recai sobre aeronave em vôo ou pronta para partir.

Art. 54. Na falta de outros recursos, o órgão do Ministério da Aeronáutica, encarregado de coordenar operações de busca e salvamento, poderá, a seu critério, atribuir a qualquer aeronave, em vôo ou pronta para decolar, missão específica nessas operações.

Art. 55. Cessa a obrigação de assistência desde que o obrigado tenha conhecimento de que foi prestada por outrem ou quando dispensado pelo órgão competente do Ministério da Aeronáutica a que se refere o artigo anterior.

Art. 56. A não prestação de assistência por parte do Comandante exonera de responsabilidade o proprietário ou explorador da aeronave, salvo se tenham determinado a não prestação do socorro.

Art. 57. Toda assistência ou salvamento prestado com resultado útil dará direito à remuneração correspondente ao trabalho e à eficiência do ato, nas seguintes bases:

I – considerar-se-ão, em primeiro lugar:

a) o êxito obtido, os esforços, os riscos e o mérito daqueles que prestaram socorro;

b) o perigo passado pela aeronave socorrida, seus passageiros, sua tripulação e sua carga;

c) o tempo empregado, as despesas e prejuízos suportados tendo em conta a situação especial do assistente.

II – em segundo lugar, o valor das coisas recuperadas.

§ 1º Não haverá remuneração:

a) se o socorro for recusado ou se carecer de resultado útil;

b) quando o socorro for prestado por aeronave pública.

§ 2º O proprietário ou armador do navio conserva o direito de se prevalecer do abandono, ou da limitação de responsabilidade fixada nas leis e convenções em vigor.

Art. 58. Todo aquele que, por imprudência, negligência ou transgressão, provocar a movimentação desnecessária de recursos de busca e salvamento ficará obrigado a indenizar a União pelas despesas decorrentes dessa movimentação, mesmo que não tenha havido perigo de vida ou solicitação de socorro.

Art. 59. Prestada assistência voluntária, aquele que a prestou somente terá direito à remuneração se obtiver resultado útil, salvando pessoas ou concorrendo para salvá-las.

Art. 60. Cabe ao proprietário ou explorador indenizar a quem prestar assistência a passageiro ou tripulante de sua aeronave.

Art. 61. Se o socorro for prestado por diversas aeronaves, embarcações, veículos ou pessoas envolvendo vários interessados, a remuneração será fixada em conjunto pelo Juiz, e distribuída segundo os critérios estabelecidos neste artigo.

§ 1° Os interessados devem fazer valer seus direitos à remuneração no prazo de 6 (seis) meses, contado do dia do socorro.

§ 2° Decorrido o prazo, proceder-se-á ao rateio.

§ 3° Os interessados que deixarem fluir o prazo estabelecido no § 1° sem fazer valer seus direitos ou notificar os obrigados, só poderão exercitá-los sobre as importâncias que não tiverem sido distribuídas.

Art. 62. A remuneração não excederá o valor que os bens recuperados tiverem no final das operações de salvamento.

Art. 63. O pagamento da remuneração será obrigatório para quem usar aeronave sem o consentimento do seu proprietário ou explorador.

Parágrafo único. Provada a negligência do proprietário ou explorador, estes responderão, solidariamente, pela remuneração.

Art. 64. A remuneração poderá ser reduzida ou suprimida se provado que:

I – os reclamantes concorreram voluntariamente ou por negligência para agravar a situação de pessoas ou bens a serem socorridos;

II – se, comprovadamente, furtaram ou tornaram-se cúmplices de furto, extravio ou atos fraudulentos.

Art. 65. O proprietário ou explorador da aeronave que prestou socorro pode reter a carga até ser paga a cota que lhe corresponde da remuneração da assistência ou salvamento, mediante entendimento com o proprietário da mesma ou com a seguradora.

(...)

CAPÍTULO V
DA HIPOTECA E ALIENAÇÃO FIDUCIÁRIA DE AERONAVE

Seção I
Da Hipoteca Convencional

Art. 138. Poderão ser objeto de hipoteca as aeronaves, motores, partes e acessórios de aeronaves, inclusive aquelas em construção.

§ 1° Não pode ser objeto de hipoteca, enquanto não se proceder à matrícula definitiva, a aeronave inscrita e matriculada provisoriamente, salvo se for para garantir o contrato, com base no qual se fez a matrícula provisória.

§ 2° A referência à aeronave, sem ressalva, compreende todos os equipamentos, motores, instalações e acessórios, constantes dos respectivos certificados de matrícula e aeronavegabilidade.

§ 3° No caso de incidir sobre motores, deverão eles ser inscritos e individuados no Registro Aeronáutico Brasileiro, no ato da inscrição da hipoteca, produzindo esta os seus efeitos ainda que estejam equipando aeronave hipotecada a distinto credor, exceto no caso de haver nos respectivos contratos cláusula permitindo a rotatividade dos motores.

§ 4° Concluída a construção, a hipoteca estender-se-á à aeronave se recair sobre todos os componentes; mas continuará a gravar, apenas, os motores e equipamentos individuados, se somente sobre eles incidir a garantia.

§ 5° Durante o contrato, o credor poderá inspecionar o estado dos bens, objeto da hipoteca.

Art. 139. Só aquele que pode alienar a aeronave poderá hipotecá-la e só a aeronave que pode ser alienada poderá ser dada em hipoteca.

Art. 140. A aeronave comum a 2 (dois) ou mais proprietários só poderá ser dada em hipoteca com o consentimento expresso de todos os condôminos.

Art. 141. A hipoteca constituir-se-á pela inscrição do contrato no Registro Aeronáutico Brasileiro e com a averbação no respectivo certificado de matrícula.

Art. 142. Do contrato de hipoteca deverão constar:

I – o nome e domicílio das partes contratantes;

II – a importância da dívida garantida, os respectivos juros e demais consectários legais, o termo e lugar de pagamento;

III – as marcas de nacionalidade e matrícula da aeronave, assim como os números de série de suas partes componentes;

IV – os seguros que garantem o bem hipotecado.

§ 1° Quando a aeronave estiver em construção, do instrumento deverá constar a descrição de conformidade com o contrato, assim como a etapa da fabricação, se a hipoteca recair sobre todos os componentes; ou a individuação das partes e acessórios se sobre elas incidir a garantia.

§ 2° No caso de contrato de hipoteca realizado no exterior, devem ser observadas as indicações previstas no artigo 73, item III.

Art. 143. O crédito hipotecário aéreo prefere a qualquer outro, com exceção dos resultantes de:

I – despesas judiciais, crédito trabalhista, tributário e proveniente de tarifas aeroportuárias;

II – despesas por socorro prestado; gastos efetuados pelo comandante da aeronave, no exercício de suas funções, quando indispensáveis à continuação da viagem; e despesas efetuadas com a conservação da aeronave.

Parágrafo único. A preferência será exercida:

a) no caso de perda ou avaria da aeronave, sobre o valor do seguro;

b) no caso de destruição ou inutilização, sobre o valor dos materiais recuperados ou das indenizações recebidas de terceiros;

c) no caso de desapropriação, sobre o valor da indenização.

(...)

TÍTULO V
Da Tripulação

CAPÍTULO I
DA COMPOSIÇÃO DA TRIPULAÇÃO

Art. 156. São tripulantes as pessoas devidamente habilitadas que exercem função a bordo de aeronaves.

§ 1° A função remunerada a bordo de aeronaves, nacionais ou estrangeiras, quando operadas por empresa brasileira no formato de intercâmbio, é privativa de titulares de licenças específicas emitidas pela autoridade de aviação civil brasileira e reservada a brasileiros natos ou naturalizados.

▶ Redação dada pela Lei 13.319, de 2016.

§ 2° A função não remunerada pode ser exercida por tripulantes habilitados, independentemente de sua nacionalidade.

▶ § 2° com redação pela Lei 14.368/2022.

§ 3° No serviço aéreo internacional poderão ser empregados comissários estrangeiros, contanto que o número não exceda 1/3 (um terço) dos comissários a bordo da mesma aeronave.

Art. 157. A critério da autoridade de aviação civil, poderão ser admitidos tripulantes estrangeiros em serviços aéreos brasileiros, desde que haja reciprocidade ou acordo bilateral sobre a matéria.

▶ Artigo com redação pela Lei 14.368/2022.

Art. 158. A juízo da autoridade aeronáutica poderão ser admitidos como tripulantes, em caráter provisório, instrutores estrangeiros, na falta de tripulantes brasileiros.

Parágrafo único. O prazo do contrato de instrutores estrangeiros, de que trata este artigo, não poderá exceder de 6 (seis) meses.

Art. 159. Na forma da regulamentação pertinente e de acordo com as exigências operacionais, a tripulação constituir-se-á de titulares de licença de vôo e certificados de capacidade física e de habilitação técnica, que os credenciem ao exercício das respectivas funções.

CAPÍTULO II
DAS LICENÇAS E CERTIFICADOS

Art. 160. A licença de tripulantes e os certificados de habilitação técnica e de capacidade física serão concedidos pela autoridade de aviação civil, na forma disposta em regulamentação específica.

▶ Artigo com redação pela Lei 14.368/2022.

Parágrafo único. *Revogado pela Lei 14.368/2022.*

Art. 161. *Revogado pela Lei 14.368/2022.*

Art. 162. *Revogado pela Lei 14.368/2022.*

Art. 162-A. As prerrogativas decorrentes de licenças e de certificados de habilitação técnica poderão ser exercidas por seu titular, desde que atendidos os requisitos estabelecidos em regulamentação da autoridade de aviação civil.

▶ Artigo acrescido pela Lei 14.368/2022.

Art. 163. Sempre que o titular de licença apresentar indício comprometedor de sua aptidão técnica ou das condições físicas estabelecidas na regulamentação específica, poderá ser submetido a novos exames técnicos ou de capacidade física, ainda que válidos estejam os respectivos certificados.

Parágrafo único. Do resultado dos exames acima especificados caberá recurso dos interessados à Comissão técnica especializada ou à junta médica.

Art. 164. Qualquer dos certificados de que tratam os artigos anteriores poderá ser cassado pela autoridade aeronáutica se comprovado, em processo administra-

tivo ou em exame de saúde, que o respectivo titular não possui idoneidade profissional ou não está capacitado para o exercício das funções especificadas em sua licença.

Parágrafo único. No caso do presente artigo, aplica-se o disposto no parágrafo único do artigo 163.

CAPÍTULO III
DO COMANDANTE DE AERONAVE

Art. 165. Toda aeronave terá a bordo um Comandante, membro da tripulação, designado pelo proprietário ou explorador e que será seu preposto durante a viagem.

Parágrafo único. O nome do Comandante e dos demais tripulantes constarão do Diário de Bordo.

Art. 166. O Comandante é responsável pela operação e segurança da aeronave.

§ 1° O Comandante será também responsável pela guarda de valores, mercadorias, bagagens despachadas e mala postal, desde que lhe sejam asseguradas pelo proprietário ou explorador condições de verificar a quantidade e estado das mesmas.

§ 2° Os demais membros da tripulação ficam subordinados, técnica e disciplinarmente, ao Comandante da aeronave.

§ 3° Durante a viagem, o Comandante é o responsável, no que se refere à tripulação, pelo cumprimento da regulamentação profissional no tocante a:

I – limite da jornada de trabalho;

II – limites de vôo;

III – intervalos de repouso;

IV – fornecimento de alimentos.

Art. 167. O Comandante exerce autoridade inerente à função desde o momento em que se apresenta para o vôo até o momento em que entrega a aeronave, concluída a viagem.

Parágrafo único. No caso de pouso forçado, a autoridade do Comandante persiste até que as autoridades competentes assumam a responsabilidade pela aeronave, pessoas e coisas transportadas.

Art. 168. Durante o período de tempo previsto no artigo 167, o Comandante exerce autoridade sobre as pessoas e coisas que se encontrem a bordo da aeronave e poderá:

I – desembarcar qualquer delas, desde que comprometa a boa ordem, a disciplina, ponha em risco a segurança da aeronave ou das pessoas e bens a bordo;

II – tomar as medidas necessárias à proteção da aeronave e das pessoas ou bens transportados;

III – alijar a carga ou parte dela, quando indispensável à segurança de vôo (artigo 16, § 3°).

Parágrafo único. O Comandante e o explorador da aeronave não serão responsáveis por prejuízos ou consequências decorrentes de adoção das medidas disciplinares previstas neste artigo, sem excesso de poder.

Art. 169. Poderá o Comandante, sob sua responsabilidade, adiar ou suspender a partida da aeronave, quando julgar indispensável à segurança do vôo.

Art. 170. O Comandante poderá delegar a outro membro da tripulação as atribuições que lhe competem, menos as que se relacionem com a segurança do vôo.

Art. 171. As decisões tomadas pelo Comandante na forma dos artigos 167, 168, 169 e 215, parágrafo único, inclusive em caso de alijamento (artigo 16, § 3°), serão registradas no Diário de Bordo e, concluída a viagem, imediatamente comunicadas à autoridade aeronáutica.

Parágrafo único. No caso de estar a carga sujeita a controle aduaneiro, será o alijamento comunicado à autoridade fazendária mais próxima.

Art. 172. O preenchimento do Diário de Bordo deve atender aos requisitos estabelecidos em regulamentação da autoridade de aviação civil.

▶ Artigo com redação pela Lei 14.368/2022.

Parágrafo único. *Revogado pela Lei 14.368/2022.*

Art. 173. O Comandante procederá ao assento, no Diário de Bordo, dos nascimentos e óbitos que ocorrerem durante a viagem, e dele extrairá cópia para os fins oficiais.

Parágrafo único. *Revogado pela Lei 14.368/2022.*

Prof. Reg.

TÍTULO VI
Dos Serviços Aéreos

CAPÍTULO I
INTRODUÇÃO

Art. 174. *Revogado pela Lei 14.368/2022.*

Art. 174-A. Os serviços aéreos são considerados atividades econômicas de interesse público submetidas à regulação da autoridade de aviação civil, na forma da legislação específica.

▶ Artigo acrescido pela Lei 14.368/2022.

Parágrafo único. As normas regulatórias da autoridade de aviação civil disporão sobre os serviços aéreos regulares e não regulares, observados os acordos internacionais dos quais a República Federativa do Brasil seja signatária.

Art. 175. *Revogado pela Lei 14.368/2022.*

Art. 176. *Revogado pela Lei 14.368/2022.*

(...)

TÍTULO VIII
Da Responsabilidade Civil

CAPÍTULO I
DA RESPONSABILIDADE CONTRATUAL

(...)

Seção III
Da Responsabilidade por Dano a Passageiro

Art. 256. O transportador responde pelo dano decorrente:

I – de morte ou lesão de passageiro, causada por acidente ocorrido durante a execução do contrato de transporte aéreo, a bordo de aeronave ou no curso das operações de embarque e desembarque;

II – de atraso do transporte aéreo contratado.

§ 1º O transportador não será responsável:

a) *Revogada pela Lei 14.034/2020.*

b) *Revogada pela Lei 14.034/2020.*

I – no caso do inciso I do *caput* deste artigo, se a morte ou lesão resultar, exclusivamente, do estado de saúde do passageiro, ou se o acidente decorrer de sua culpa exclusiva;

▶ Inciso I acrescido pela Lei 14.034/2020.

II – no caso do inciso II do *caput* deste artigo, se comprovar que, por motivo de caso fortuito ou de força maior, foi impossível adotar medidas necessárias, suficientes e adequadas para evitar o dano.

▶ Inciso II acrescido pela Lei 14.034/2020.

§ 2º A responsabilidade do transportador estende-se:

a) a seus tripulantes, diretores e empregados que viajarem na aeronave acidentada, sem prejuízo de eventual indenização por acidente de trabalho;

b) aos passageiros gratuitos, que viajarem por cortesia.

§ 3º Constitui caso fortuito ou força maior, para fins do inciso II do § 1º deste artigo, a ocorrência de 1 (um) ou mais dos seguintes eventos, desde que supervenientes, imprevisíveis e inevitáveis:

▶ § 3º acrescido pela Lei 14.034/2020.

I – restrições ao pouso ou à decolagem decorrentes de condições meteorológicas adversas impostas por órgão do sistema de controle do espaço aéreo;

II – restrições ao pouso ou à decolagem decorrentes de indisponibilidade da infraestrutura aeroportuária;

III – restrições ao voo, ao pouso ou à decolagem decorrentes de determinações da autoridade de aviação civil ou de qualquer outra autoridade ou órgão da Administração Pública, que será responsabilizado;

IV – decretação de pandemia ou publicação de atos de Governo que dela decorram, com vistas a impedir ou a restringir o transporte aéreo ou as atividades aeroportuárias.

▶ Incisos I a IV acrescidos pela Lei 14.034/2020.

§ 4º A previsão constante do inciso II do § 1º deste artigo não desobriga o transportador de oferecer assistência material ao passageiro, bem como de oferecer as alternativas de reembolso do valor pago pela passagem e por eventuais serviços acessórios ao contrato de transporte, de reacomodação ou de reexecução do serviço por outra modalidade de transporte, inclusive nas hipóteses de atraso e de interrupção do voo por período superior a 4 (quatro) horas de que tratam os arts. 230 e 231 desta Lei.

▶ § 4º acrescido pela Lei 14.034/2020.

Art. 257. A responsabilidade do transportador, em relação a cada passageiro e tripulante, limita-se, no caso de morte ou lesão, ao valor correspondente, na data do pagamento, a 3.500 (três mil e quinhentas) Obrigações do Tesouro Nacional – OTN, e, no caso de atraso do transporte, a 150 (cento e cinquenta) Obrigações do Tesouro Nacional – OTN.

§ 1º Poderá ser fixado limite maior mediante pacto acessório entre o transportador e o passageiro.

§ 2º Na indenização que for fixada em forma de renda, o capital para a sua constituição não poderá exceder o maior valor previsto neste artigo.

Art. 258. No caso de transportes sucessivos, o passageiro ou seu sucessor só terá ação contra o transportador que haja efetuado o transporte no curso do qual ocorrer o acidente ou o atraso.

Parágrafo único. Não se aplica o disposto neste artigo se, por estipulação expressa, o primeiro transportador assumir a responsabilidade por todo o percurso do transporte contratado.

Art. 259. Quando o transporte aéreo for contratado com um transportador e executado por outro, o passageiro ou sucessores poderão demandar tanto o transportador contratual como o transportador de fato, respondendo ambos solidariamente.

Seção IV
Da Responsabilidade por Danos à Bagagem

Art. 260. A responsabilidade do transportador por dano, consequente da destruição, perda ou avaria da bagagem despachada ou conservada em mãos do passageiro, ocorrida durante a execução do contrato de transporte aéreo, limita-se ao valor correspondente a 150 (cento e cinquenta) Obrigações do Tesouro Nacional – OTN, por ocasião do pagamento, em relação a cada passageiro.

Art. 261. Aplica-se, no que couber, o que está disposto na seção relativa à responsabilidade por danos à carga aérea (artigos 262 a 266).

Seção V
Da Responsabilidade por Danos à Carga

Art. 262. No caso de atraso, perda, destruição ou avaria de carga, ocorrida durante a execução do contrato do transporte aéreo, a responsabilidade do transportador limita-se ao valor correspondente a 3 (três) Obrigações do Tesouro Nacional – OTN por quilo, salvo declaração especial de valor feita pelo expedidor e mediante o pagamento de taxa suplementar, se for o caso (artigos 239, 241 e 244).

Art. 263. Quando para a execução do contrato de transporte aéreo for usado outro meio de transporte, e houver dúvida sobre onde ocorreu o dano, a responsabilidade do transportador será regida por este Código (artigo 245 e Parágrafo único).

Art. 264. O transportador não será responsável se comprovar:

I – que o atraso na entrega da carga foi causado pela ocorrência de 1 (um) ou mais dos eventos previstos no § 3º do art. 256 desta Lei;

▶ Inciso I com redação pela Lei 14.034/2020.

II – que a perda, destruição ou avaria resultou, exclusivamente, de um ou mais dos seguintes fatos:

a) natureza ou vício próprio da mercadoria;

b) embalagem defeituosa da carga, feita por pessoa ou seus prepostos;

c) ato de guerra ou conflito armado;

d) ato de autoridade pública referente à carga.

Art. 265. A não ser que o dano atinja o valor de todos os volumes, compreendidos pelo conhecimento de transporte aéreo, somente será considerado, para efeito de indenização, o peso dos volumes perdidos, destruídos, avariados ou entregues com atraso.

Art. 266. Poderá o expedidor propor ação contra o primeiro transportador e contra aquele que haja efetuado o transporte, durante o qual ocorreu o dano, e o destinatário contra este e contra o último transportador.

Parágrafo único. Ocorre a solidariedade entre os transportadores responsáveis perante, respectivamente, o expedidor e o destinatário.

CAPÍTULO II
DA RESPONSABILIDADE POR DANOS EM SERVIÇOS AÉREOS GRATUITOS

Art. 267. Quando não houver contrato de transporte (artigos 222 a 245), a responsabilidade civil por danos ocorridos durante a execução dos serviços aéreos obedecerá ao seguinte:

I – o proprietário da aeronave responde por danos ao pessoal técnico a bordo e às pessoas e aos bens na superfície, nos limites previstos, respectivamente, nos arts. 257 e 269, e, para isso, é obrigatório que contrate seguro, conforme previsto no inciso III do *caput* do art. 281 deste Código;

▶ Inciso I com redação pela Lei 14.368/2022.

II – *Revogado pela Lei 14.368/2022.*

III – no transporte gratuito realizado pelo Correio Aéreo Nacional, não haverá indenização por danos à pessoa ou bagagem a bordo, salvo se houver comprovação de culpa ou dolo dos operadores da aeronave.

§ 1º No caso do item III deste artigo, ocorrendo a comprovação de culpa, a indenização sujeita-se aos limites previstos no Capítulo anterior, e no caso de ser comprovado o dolo, não prevalecem os referidos limites.

§ 2º Em relação a passageiros transportados com infração do § 2º do artigo 178 e artigo 221, não prevalecem os limites deste Código.

CAPÍTULO III
DA RESPONSABILIDADE PARA COM TERCEIROS NA SUPERFÍCIE

Art. 268. O explorador responde pelos danos a terceiros na superfície, causados, diretamente, por aeronave em voo, ou manobra, assim como por pessoa ou coisa dela caída ou projetada.

§ 1º Prevalece a responsabilidade do explorador quando a aeronave é pilotada por seus prepostos, ainda que exorbitem de suas atribuições.

§ 2º Exime-se o explorador da responsabilidade se provar que:

I – não há relação direta de causa e efeito entre o dano e os fatos apontados;

II – resultou apenas da passagem da aeronave pelo espaço aéreo, observadas as regras de tráfego aéreo;

III – a aeronave era operada por terceiro, não preposto nem dependente, que iludiu a razoável vigilância exercida sobre o aparelho;

IV – houve culpa exclusiva do prejudicado.

§ 3º Considera-se a aeronave em voo desde o momento em que a força motriz é aplicada para decolar até o momento em que termina a operação de pouso.

§ 4º Tratando-se de aeronave mais leve ou o ar, planador ou asa voadora, considera-se em voo desde o momento em que se desprende da superfície até aquele em que a ela novamente retorne.

§ 5º Considera-se em manobra a aeronave que estiver sendo movimentada ou rebocada em áreas aeroportuárias.

Art. 269. A responsabilidade do explorador estará limitada:

I – para aeronaves com o peso máximo de 1.000kg (mil quilogramas), à importância correspondente a 3.500 (três mil e quinhentas) OTN – Obrigações do Tesouro Nacional;

II – para aeronaves com peso superior a 1.000kg (mil quilogramas), à quantia correspondente a 3.500 (três mil e quinhentas) OTN – Obrigações do Tesouro Nacional, acrescida de 1/10 (um décimo) do valor de cada OTN – Obrigação do Tesouro Nacional por quilograma que exceder a 1.000 (mil).

Parágrafo único. Entende-se por peso da aeronave o autorizado para decolagem pelo certificado de aeronavegabilidade ou documento equivalente.

Art. 270. O explorador da aeronave pagará aos prejudicados habilitados 30% (trinta por cento) da quantia máxima, a que estará obrigado, nos termos do artigo anterior, dentro de 60 (sessenta) dias a partir da ocorrência do fato (artigos 252 e 253).

§ 1º Exime-se do dever de efetuar o pagamento o explorador que houver proposto ação para isentar-se de responsabilidade sob a alegação de culpa predominante ou exclusiva do prejudicado.

§ 2º O saldo de 70% (setenta por cento) será rateado entre todos os prejudicados habilitados, quando após o decurso de 90 (noventa) dias do fato, não pender qualquer processo de habilitação ou ação de reparação do dano (artigos 254 e 255).

Art. 271. Quando a importância total das indenizações fixadas exceder ao limite de responsabilidade estabelecido neste Capítulo, serão aplicadas as regras seguintes:

I – havendo apenas danos pessoais ou apenas danos materiais, as indenizações serão reduzidas proporcionalmente aos respectivos montantes;

II – havendo danos pessoais e materiais, metade da importância correspondente ao limite máximo de indenização será destinada a cobrir cada espécie de dano; se houver saldo, será ele utilizado para complementar indenizações que não tenham podido ser pagas em seu montante integral.

Art. 272. Nenhum efeito terão os dispositivos deste Capítulo sobre o limite de responsabilidade quando:

I – o dano resultar de dolo ou culpa grave do explorador ou de seus prepostos;

II – seja o dano causado pela aeronave no solo e com seus motores parados;

III – o dano seja causado a terceiros na superfície, por quem esteja operando ilegal ou ilegitimamente a aeronave.

CAPÍTULO IV
DA RESPONSABILIDADE POR ABALROAMENTO

Art. 273. Consideram-se provenientes de abalroamento os danos produzidos pela colisão de 2 (duas) ou mais aeronaves, em vôo ou em manobra na superfície, e os produzidos às pessoas ou coisas a bordo, por outra aeronave em vôo.

Art. 274. A responsabilidade pela reparação dos danos resultantes do abalroamento cabe ao explorador ou proprietário da aeronave causadora, quer a utilize pessoalmente, quer por preposto.

Art. 275. No abalroamento em que haja culpa concorrente, a responsabilidade dos exploradores é solidária, mas proporcional à gravidade da falta.

Parágrafo único. Não se podendo determinar a proporcionalidade, responde cada um dos exploradores em partes iguais.

Art. 276. Constituem danos de abalroamento, sujeitos à indenização:

I – os causados a pessoas e coisas a bordo das aeronaves envolvidas;

II – os sofridos pela aeronave abalroada;

III – os prejuízos decorrentes da privação de uso da aeronave abalroada;

IV – os danos causados a terceiros, na superfície.

Parágrafo único. Incluem-se no ressarcimento dos danos as despesas, inclusive judiciais, assumidas pelo explorador da aeronave abalroada, em conseqüência do evento danoso.

Art. 277. A indenização pelos danos causados em conseqüência do abalroamento não excederá:

I – aos limites fixados nos artigos 257, 260 e 262, relativos a pessoas e coisas a bordo, elevados ao dobro;

II – aos limites fixados no artigo 269, referentes a terceiros na superfície, elevados ao dobro;

III – ao valor dos reparos e substituições de peças da aeronave abalroada, se recuperável, ou de seu valor real imediatamente anterior ao evento, se inconveniente ou impossível a recuperação;

IV – ao décimo do valor real da aeronave abalroada imediatamente anterior ao evento, em virtude da privação de seu uso normal.

Art. 278. Não prevalecerão os limites de indenização fixados no artigo anterior:

I – se o abalroamento resultar de dolo ou culpa grave específico do explorador ou de seus prepostos;

II – se o explorador da aeronave causadora do abalroamento tiver concorrido, por si ou por seus prepostos, para o evento, mediante ação ou omissão violadora das normas em vigor sobre tráfego aéreo;

III – se o abalroamento for conseqüência de apossamento ilícito ou uso indevido da aeronave, sem negligência do explorador ou de seus prepostos, os quais, neste caso, ficarão eximidos de responsabilidade.

Art. 279. O explorador de cada aeronave será responsável, nas condições e limites previstos neste Código, pelos danos causados:

I – pela colisão de 2 (duas) ou mais aeronaves;

II – por 2 (duas) ou mais aeronaves conjunta ou separadamente.

Parágrafo único. A pessoa que sofrer danos, ou os seus beneficiários, terão direito a ser indenizados, até a soma dos limites correspondentes a cada uma das aeronaves, mas nenhum explorador será responsável por soma que exceda os limites aplicáveis às suas aeronaves, salvo se sua responsabilidade for ilimitada, por ter sido provado que o dano foi causado por dolo ou culpa grave (§ 1° do artigo 248).

CAPÍTULO V
DA RESPONSABILIDADE DO CONSTRUTOR AERONÁUTICO E DAS ENTIDADES DE INFRA-ESTRUTURA AERONÁUTICA

Art. 280. Aplicam-se, conforme o caso, os limites estabelecidos nos artigos 257, 260, 262, 269 e 277, à eventual responsabilidade:

I – do construtor de produto aeronáutico brasileiro, em relação à culpa pelos danos decorrentes de defeitos de fabricação;

II – da administração de aeroportos ou da Administração Pública, em serviços de infra-estrutura, por culpa de seus operadores, em acidentes que causem danos a passageiros ou coisas.

CAPÍTULO VI
DA GARANTIA DE RESPONSABILIDADE

Art. 281. Todo explorador é obrigado a contratar o seguro para garantir eventual indenização de riscos futuros em relação:

I – aos danos previstos neste Título, com os limites de responsabilidade civil nele estabelecidos (artigos 257, 260, 262, 269 e 277) ou contratados (§ 1° do artigo 257 e parágrafo único do artigo 262);

II – aos tripulantes e viajantes gratuitos equiparados, para este efeito, aos passageiros (artigo 256, § 2°);

III – ao pessoal técnico a bordo, às pessoas e aos bens na superfície;

▸ Inciso III com redação pela Lei 14.368/2022.

IV – ao valor da aeronave.

§ 1° O recebimento do seguro exime o transportador da responsabilidade (artigo 250).

▸ Primitivo parágrafo único renumerado § 1° pela Lei 14.368/2022.

§ 2° A contratação do seguro previsto no *caput* deste artigo é facultativa se a aeronave for operada por órgão de segurança pública relacionado nos incisos I a VI do *caput* do art. 144 da Constituição Federal.

§ 3° A operação com aeronave não segurada nos termos do § 2° deste artigo deverá observar o disposto em tratados e em convenções aplicáveis.

▸ §§ 2° e 3° acrescidos pela Lei 14.368/2022.

Art. 282. Exigir-se-á do explorador de aeronave estrangeira, para a eventual reparação de danos a pessoas ou bens no espaço aéreo ou no território brasileiro:

a) apresentação de garantias iguais ou equivalentes às exigidas de aeronaves brasileiras;

b) o cumprimento das normas estabelecidas em Convenções ou Acordos Internacionais, quando aplicáveis.

Art. 283. *Revogado pela Lei 14.368/2022.*

Art. 284. Os seguros obrigatórios, cuja expiração ocorrer após o início do vôo, consideram-se prorrogados até o seu término.

Art. 285. Sob pena de nulidade da cláusula, nas apólices de seguro de vida ou de seguro de acidente, não poderá haver exclusão de riscos resultantes do transporte aéreo.

Parágrafo único. Em se tratando de transporte aéreo, as apólices de seguro de vida ou de seguro de acidentes não poderão conter cláusulas que apresentem taxas ou sobretaxas maiores que as cobradas para os transportes terrestres.

Art. 286. Aquele que tiver direito à reparação do dano poderá exercer, nos limites da indenização que lhe couber, direito próprio sobre a garantia prestada pelo responsável (artigos 250 e 281, Parágrafo único).

(...)

TÍTULO IX
Das Infrações e Providências Administrativas

CAPÍTULO I
DOS ÓRGÃOS ADMINISTRATIVOS COMPETENTES

Art. 288. A autoridade de aviação civil é competente para tipificar as infrações a este Código ou à legislação que dele decorra, bem como para definir as respectivas sanções e providências administrativas aplicáveis a cada conduta infracional, observado o processo de apuração e de julgamento previsto em regulamento próprio.

▸ Caput com redação pela Lei 14.368/2022.

§§ 1° e 2° *Revogados pela Lei 14.368/2022.*

§ 3° O disposto nos Capítulos II e III deste Título aplica-se tão somente às atribuições do Comando da Aeronáutica, no que couber.

▸ § 3° acrescido pela Lei 14.368/2022.

CAPÍTULO II
DAS PROVIDÊNCIAS ADMINISTRATIVAS

Art. 289. Na infração aos preceitos deste Código ou da legislação complementar, a autoridade aeronáutica poderá tomar as seguintes providências administrativas:

I – multa;

II – suspensão de certificados, de licenças ou de autorizações;

III – cassação de certificados, de licenças ou de autorizações;

▸ Incisos I e II com redação pela Lei 14.368/2022.

IV – detenção, interdição ou apreensão de aeronave, ou do material transportado;

V – *Revogado pela Lei 14.368/2022.*

Art. 290. A autoridade aeronáutica poderá requisitar o auxílio da força policial para obter a detenção dos presumidos infratores ou da aeronave que ponha em perigo a segurança pública, pessoas ou coisas, nos limites do que dispõe este Código.

Art. 291. Toda vez que se verifique a ocorrência de infração prevista neste Código ou na legislação complementar, a autoridade aeronáutica lavrará o respectivo auto, remetendo-o à autoridade ou ao órgão competente para a apuração, julgamento ou providência administrativa cabível.

§ 1° Quando a infração constituir crime, a autoridade levará, imediatamente, o fato ao conhecimento da autoridade policial ou judicial competente.

§ 2° Em caso de crime em que se deva deter membros de tripulação de aeronave que realize serviço aéreo, a autoridade aeronáutica, concomitantemente à providência prevista no § 1° deste artigo, deverá tomar as medidas que possibilitem a continuação do voo.

▸ § 2° com redação pela Lei 14.368/2022.

Art. 292. É assegurado o direito à ampla defesa e a recurso a quem responder a procedimentos instaurados para a apuração e julgamento das infrações às normas previstas neste Código e em normas regulamentares.

§ 1° O mesmo direito será assegurado no caso de providências administrativas necessárias à apuração de fatos irregulares ou delituosos.

§ 2° O procedimento será sumário, com efeito suspensivo.

Art. 293. A aplicação das providências ou penalidades administrativas, previstas neste Título, não prejudicará nem impedirá a imposição, por outras autoridades, de penalidades cabíveis.

Art. 294. Será solidária a responsabilidade de quem cumprir ordem exorbitante ou indevida do proprietário ou explorador de aeronave, que resulte em infração deste Código.

Art. 295. A multa será imposta de acordo com a gravidade da infração, podendo ser acrescida da suspensão de qualquer dos certificados ou da autorização ou permissão.

Art. 296. A suspensão será aplicada para período não superior a 180 (cento e oitenta) dias, podendo ser prorrogada uma vez por igual período.

Art. 297. A pessoa jurídica empregadora responderá solidariamente com seus prepostos, agentes, empregados ou intermediários, pelas infrações por eles cometidas no exercício das respectivas funções.

Art. 298. A empresa estrangeira de transporte aéreo que opere no País será sujeita à multa e, na hipótese de reincidência, à suspensão ou cassação da autorização de funcionamento no caso de não atender:

I – aos requisitos prescritos pelas leis e regulamentos normalmente aplicados, no que se refere ao funcionamento de empresas de transporte aéreo;

II – às leis e regulamentos relativos à:

a) entrada e saída de aeronaves;

b) sua exploração ou navegação durante a permanência no território ou espaço aéreo brasileiro;

c) entrada ou saída de passageiros;

d) tripulação ou carga;

e) despacho;

f) imigração;

g) alfândega;

h) higiene;

i) saúde.

III – às tarifas, itinerários, freqüências e horários aprovados; às condições contidas nas respectivas autorizações; à conservação e manutenção de seus equipamentos de vôo no que se relaciona com a segurança e eficiência do serviço; ou à proibição de embarcar ou desembarcar passageiro ou carga em vôo de simples trânsito;

IV – à legislação interna, em seus atos e operações no Brasil, em igualdade com as congêneres nacionais.

(...)

Brasília, 19 de dezembro de 1986. 165° da Independência e 98° da República.

José Sarney

LEI 7.644, DE 18 DE DEZEMBRO DE 1987

Dispõe sobre a Regulamentação da Atividade de Mãe Social e dá outras providências.

DOU 21.12.1987

Prof. Reg.

▸ Art. 227, *caput*, da CF.
▸ Lei 8.069/1990 (Estatuto da Criança e do Adolescente – ECA).

O Presidente da República:

Faço saber que o Congresso Nacional decreta e eu sanciono a seguinte Lei:

Art. 1º As instituições sem finalidade lucrativa, ou de utilidade pública de assistência ao menor abandonado, e que funcionem pelo sistema de casas-lares, utilizarão mães sociais visando a propiciar ao menor as condições familiares ideais ao seu desenvolvimento e reintegração social.

Art. 2º Considera-se mãe social, para efeito desta Lei, aquela que, dedicando-se à assistência ao menor abandonado, exerça o encargo em nível social, dentro do sistema de casas-lares.

Art. 3º Entende-se como casa-lar a unidade residencial sob responsabilidade de mãe social, que abrigue até dez menores.

§ 1º As casas-lares serão isoladas, formando, quando agrupadas, uma aldeia assistencial ou vila de menores.

§ 2º A instituição fixará os limites de idade em que os menores ficarão sujeitos às casas-lares.

§ 3º Para os efeitos dos benefícios previdenciários, os menores residentes nas casas-lares e nas Casas da Juventude são considerados dependentes da mãe social a que foram confiados pela instituição empregadora.

Art. 4º São atribuições da mãe social:

I – propiciar o surgimento de condições próprias de uma família, orientando e assistindo os menores colocados sob seus cuidados;

II – administrar o lar, realizando e organizando as tarefas a ele pertinentes;

III – dedicar-se, com exclusividade, aos menores e à casa-lar que lhes forem confiados.

Parágrafo único. A mãe social, enquanto no desempenho de suas atribuições, deverá residir, juntamente com os menores que lhe forem confiados, na casa-lar que lhe for destinada.

Art. 5º À mãe social ficam assegurados os seguintes direitos:

I – anotação na Carteira de Trabalho e Previdência Social;
▸ Art. 13 e ss., da CLT.

II – remuneração, em valor não inferior ao salário mínimo;
▸ Art. 7º, IV, da CF.

III – repouso semanal remunerado de 24 horas consecutivas;
▸ Art. 7º, XV, da CF.

IV – apoio técnico, administrativo e financeiro no desempenho de suas funções;

V – 30 (trinta) dias de férias anuais remuneradas nos termos do que dispõe o Capítulo IV, da Consolidação das Leis do Trabalho;
▸ Art. 7º, XVII, da CF.

VI – benefícios e serviços previdenciários, inclusive, em caso de acidente do trabalho, na qualidade de segurada obrigatória;

VII – gratificação de Natal (13º salário);
▸ Art. 7º, VIII, da CF.

VIII – Fundo de Garantia do Tempo de Serviço ou indenização, nos termos da legislação pertinente.
▸ Art. 7º, III, da CF.
▸ Lei 8.036/1990 (Fundo de Garantia por Tempo de Serviço – FGTS).

Art. 6º O trabalho desenvolvido pela mãe social é de caráter intermitente, realizando-se pelo tempo necessário ao desempenho de suas tarefas.

Art. 7º Os salários devidos à mãe social serão reajustados de acordo com as disposições legais aplicáveis, deduzido o percentual de alimentação fornecida pelo empregador.

Art. 8º A candidata ao exercício da profissão de mãe social deverá submeter-se a seleção e treinamento específicos, a cujo término será verificada sua habilitação.

§ 1º O treinamento será composto de um conteúdo teórico e de uma aplicação prática, esta sob forma de estágio.

§ 2º O treinamento e estágio a que se refere o parágrafo anterior não excederão de 60 (sessenta) dias, nem criarão vínculo empregatício de qualquer natureza.

§ 3º A estagiária deverá estar segurada contra acidentes pessoais e receberá alimentação, habitação e bolsa de ajuda para vestuário e despesas pessoais.

§ 4º O Ministério da Previdência e Assistência Social assegurará assistência médica e hospitalar à estagiária.

Art. 9º São condições para admissão como mãe social:

a) idade mínima de 25 anos;

b) boa sanidade física e mental;

c) curso de primeiro grau, ou equivalente;

d) ter sido aprovada em treinamento e estágio exigidos por esta Lei;

e) boa conduta social;

f) aprovação em teste psicológico específico.

Art. 10. A instituição manterá mães sociais para substituir as efetivas durante seus períodos de afastamento do serviço.

§ 1º A mãe social substituta, quando não estiver em efetivo serviço de substituição, deverá residir na aldeia assistencial e cumprir tarefas determinadas pelo empregador.

§ 2º A mãe social, quando no exercício da substituição, terá direito à retribuição percebida pela titular e ficará sujeita ao mesmo horário de trabalho.

Art. 11. As instituições que funcionam pelo sistema de casas-lares manterão, além destas, Casas de Juventude, para jovens com mais de 13 anos de idade, os quais encaminharão ao ensino profissionalizante.

Parágrafo único. O ensino a que se refere o *caput* deste artigo poderá ser ministrado em comum, em cada aldeia assistencial ou em várias dessas aldeias assistenciais reunidas, ou, ainda, em outros estabelecimentos de ensino, públicos ou privados, conforme julgar conveniente a instituição.

Art. 12. Caberá à administração de cada aldeia assistencial providenciar a colocação dos menores no mercado de trabalho, como estagiários, aprendizes ou como empregados, em estabelecimentos públicos ou privados.
▸ Arts. 1º, III e IV, e 7º, XXXIII, da CF.
▸ Art. 60 da Lei 8.069/1990 (Estatuto da Criança e do Adolescente – ECA).
▸ Lei 11.788/2008 (Estágio).

Parágrafo único. As retribuições percebidas pelos menores nas condições mencionadas no *caput* deste artigo serão assim distribuídas e destinadas:
▸ Arts. 64 e 65 da Lei 8.069/1990 (Estatuto da Criança e do Adolescente – ECA).

I – até 40% (quarenta por cento) para a casa-lar a que estiverem vinculados, revertidos no custeio de despesas com manutenção do próprio menor;

II – 40% (quarenta por cento) para o menor destinado a despesas pessoais;

III – até 30% (trinta por cento) para depósito em caderneta de poupança ou equivalente, em nome do menor, com assistência da instituição mantenedora, e que poderá ser levantado pelo menor a partir dos 18 anos de idade.

Art. 13. Extinto o contrato de trabalho, a mãe social deverá retirar se da casa-lar que ocupava, cabendo à entidade empregadora providenciar a imediata substituição.

Art. 14. As mães sociais ficam sujeitas às seguintes penalidades aplicáveis pela entidade empregadora:
▸ Art. 136 do CP.
▸ Art. 5º da Lei 8.069/1990 (Estatuto da Criança e do Adolescente – ECA).

I – advertência;

II – suspensão;

III – demissão.

Parágrafo único. Em caso de demissão sem justa causa, a mãe social será indenizada, na forma da legislação vigente, ou levantará os depósitos do Fundo de Garantia por Tempo de Serviço, com os acréscimos previstos em lei.

Art. 15. As casas-lares e as aldeias assistenciais serão mantidas exclusivamente com rendas próprias, doações, legados, contribuições e subvenções de entidades públicas ou privadas, vedada a aplicação em outras atividades que não sejam de seus objetivos.

Art. 16. Fica facultado a qualquer entidade manter casas-lares, desde que cumprido o disposto nesta Lei.

Art. 17. Por menor abandonado entende-se, para os efeitos desta Lei, o "menor em situação irregular" pela morte ou abandono dos pais, ou, ainda, pela incapacidade destes.
▸ Art. 227, *caput*, da CF.
▸ Art. 136 do CP.
▸ Arts. 4º e 5º da Lei 8.069/1990 (Estatuto da Criança e do Adolescente – ECA).

Art. 18. As instituições que mantenham ou coordenem o sistema de casas-lares para o atendimento gratuito de menores abandonados, registradas como tais no Conselho Nacional do Serviço Social, ficam isentas do recolhimento dos encargos patronais à previdência social.

Art. 19. Às relações do trabalho previstas nesta Lei, no que couber, aplica-se o disposto nos Capítulos I e IV do Título II, Seções IV, V e VI do Capítulo IV do Título III e nos Títulos IV e VII, todos da Consolidação das Leis do Trabalho – CLT.

Art. 20. Incumbe às autoridades competentes do Ministério do Trabalho e do Ministério da Previdência e Assistência Social, observadas as áreas de atuação, a fiscalização do disposto nesta Lei, competindo à Justiça do Trabalho dirimir as controvérsias entre empregado e empregador.

Art. 21. Esta Lei entra em vigor na data de sua publicação.

Art. 22. Revogam-se as disposições em contrário.

Brasília, 18 de dezembro de 1987; 166º da Independência e 99º da República.

José Sarney

LEI 8.662, DE 7 DE JUNHO DE 1993

Dispõe sobre a profissão de Assistente Social e dá outras providências.

DOU 08.06.1993

O Presidente da República:

Faço saber que o Congresso Nacional decreta e eu sanciono a seguinte lei:

Art. 1º É livre o exercício da profissão de Assistente Social em todo o território nacional, observadas as condições estabelecidas nesta lei.

Art. 2º Somente poderão exercer a profissão de Assistente Social:

I – Os possuidores de diploma em curso de graduação em Serviço Social, oficialmente reconhecido, expedido por estabelecimento de ensino superior existente no País, devidamente registrado no órgão competente;

II – os possuidores de diploma de curso superior em Serviço Social, em nível de graduação ou equivalente, expedido por estabelecimento de ensino sediado em países estrangeiros conveniado ou não com o governo brasileiro, desde que devidamente revalidado e registrado em órgão competente no Brasil;

III – os agentes sociais, qualquer que seja sua denominação com funções nos vários órgãos públicos, segundo o disposto no art. 14 e seu parágrafo único da Lei 1.889, de 13 de junho de 1953.

Parágrafo único. O exercício da profissão de Assistente Social requer prévio registro nos Conselhos Regionais que tenham jurisdição sobre a área de atuação do interessado nos termos desta lei.

Art. 3º A designação profissional de Assistente Social é privativa dos habilitados na forma da legislação vigente.

Art. 4º Constituem competências do Assistente Social:

I – elaborar, implementar, executar e avaliar políticas sociais junto a órgãos da administração pública, direta ou indireta, empresas, entidades e organizações populares;

II – elaborar, coordenar, executar e avaliar planos, programas e projetos que sejam do âmbito de atuação do Serviço Social com participação da sociedade civil;

III – encaminhar providências, e prestar orientação social a indivíduos, grupos e à população;

IV – *Vetado.*

V – orientar indivíduos e grupos de diferentes segmentos sociais no sentido de identificar recursos e de fazer uso dos mesmos no atendimento e na defesa de seus direitos;

VI – planejar, organizar e administrar benefícios e Serviços Sociais;

VII – planejar, executar e avaliar pesquisas que possam contribuir para a análise da realidade social e para subsidiar ações profissionais;

VIII – prestar assessoria e consultoria a órgãos da administração pública direta e indireta, empresas privadas e outras entidades, com relação às matérias relacionadas no inciso II deste artigo;

IX – prestar assessoria e apoio aos movimentos sociais em matéria relacionada às políticas sociais, no exercício e na defesa dos direitos civis, políticos e sociais da coletividade;

X – planejamento, organização e administração de Serviços Sociais e de Unidade de Serviço Social;

XI – realizar estudos socioeconômicos com os usuários para fins de benefícios e serviços sociais junto a órgãos da administração pública direta e indireta, empresas privadas e outras entidades.

Art. 5º Constituem atribuições privativas do Assistente Social:

I – coordenar, elaborar, executar, supervisionar e avaliar estudos, pesquisas, planos, programas e projetos na área de Serviço Social.

II – planejar, organizar e administrar programas e projetos em Unidade de Serviço Social;

III – assessoria e consultoria e órgãos da Administração Pública direta e indireta, empresas privadas e outras entidades, em matéria de Serviço Social;

IV – realizar vistorias, perícias técnicas, laudos periciais, informações e pareceres sobre a matéria de Serviço Social;

V – assumir, no magistério de Serviço Social tanto a nível de graduação como pós-graduação, disciplinas e funções que exijam conhecimentos próprios e adquiridos em curso de formação regular;

VI – treinamento, avaliação e supervisão direta de estagiários de Serviço Social;

VII – dirigir e coordenar Unidades de Ensino e Cursos de Serviço Social, de graduação e pós-graduação;

VIII – dirigir e coordenar associações, núcleos, centros de estudo e de pesquisa em Serviço Social;

IX – elaborar provas, presidir e compor bancas de exames e comissões julgadoras de concursos ou outras formas de seleção para Assistentes Sociais, ou onde sejam aferidos conhecimentos inerentes ao Serviço Social;

X – coordenar seminários, encontros, congressos e eventos assemelhados sobre assuntos de Serviço Social;

XI – fiscalizar o exercício profissional através dos Conselhos Federal e Regionais;

XII – dirigir serviços técnicos de Serviço Social em entidades públicas ou privadas;

XIII – ocupar cargos e funções de direção e fiscalização da gestão financeira em órgãos e entidades representativas da categoria profissional.

Art. 5.º-A. A duração do trabalho do Assistente Social é de 30 (trinta) horas semanais.
▶ Artigo acrescido pela Lei 12.317/2010.
▶ Dispõe o art. 2.º da Lei 12.317/2010: "Art. 2.º. Aos profissionais com contrato de trabalho em vigor na data de publicação desta Lei é garantida a adequação da jornada de trabalho, vedada a redução do salário."

Art. 6º São alteradas as denominações do atual Conselho Federal de Assistentes Sociais (CFAS) e dos Conselhos Regionais de Assistentes Sociais (CRAS), para, respectivamente, Conselho Federal de Serviço Social (CFESS) e Conselhos Regionais de Serviço Social (CRESS).

Art. 7º O Conselho Federal de Serviço Social (CFESS) e os Conselhos Regionais de Serviço Social (CRESS) constituem, em seu conjunto, uma entidade com personalidade jurídica e forma federativa, com o objetivo básico de disciplinar e defender o exercício da profissão de Assistente Social em todo o território nacional.

§ 1º Os Conselhos Regionais de Serviço Social (CRESS) são dotados de autonomia administrativa e financeira, sem prejuízo de sua vinculação ao Conselho Federal, nos termos da legislação em vigor.

§ 2º Cabe ao Conselho Federal de Serviço Social (CFESS) e aos Conselhos Regionais de Serviço Social (CRESS), representar, em juízo e fora dele, os interesses gerais e individuais dos Assistentes Sociais, no cumprimento desta lei.

Art. 8º Compete ao Conselho Federal de Serviço Social (CFESS), na qualidade de órgão normativo de grau superior, o exercício das seguintes atribuições:

I – orientar, disciplinar, normatizar, fiscalizar e defender o exercício da profissão de Assistente Social, em conjunto com o CRESS;

II – assessorar os CRESS sempre que se fizer necessário;

III – aprovar os Regimentos Internos dos CRESS no fórum máximo de deliberação do conjunto CFESS/CRESS;

IV – aprovar o Código de Ética Profissional dos Assistentes Sociais juntamente com os CRESS, no fórum máximo de deliberação do conjunto CFESS/CRESS;

V – funcionar como Tribunal Superior de Ética Profissional;

VI – julgar, em última instância, os recursos contra as sanções impostas pelos CRESS;

VII – estabelecer os sistemas de registro dos profissionais habilitados;

VIII – prestar assessoria técnico-consultiva aos organismos públicos ou privados, em matéria de Serviço Social;

IX – Vetado.

Art. 9º O fórum máximo de deliberação da profissão para os fins desta lei dar-se-á nas reuniões conjuntas dos Conselhos Federal e Regionais, que inclusive fixarão os limites de sua competência e sua forma de convocação.

Art. 10. Compete aos CRESS, em suas respectivas áreas de jurisdição, na qualidade de órgão executivo e de primeira instância, o exercício das seguintes atribuições:

I – organizar e manter o registro profissional dos Assistentes Sociais e o cadastro das instituições e obras sociais públicas e privadas, ou de fins filantrópicos;

II – fiscalizar e disciplinar o exercício da profissão de Assistente Social na respectiva região;

III – expedir carteiras profissionais de Assistentes Sociais, fixando a respectiva taxa;

IV – zelar pela observância do Código de Ética Profissional, funcionando como Tribunais Regionais de Ética Profissional;

V – aplicar as sanções previstas no Código de Ética Profissional;

VI – fixar, em assembleia da categoria, as anuidades que devem ser pagas pelos Assistentes Sociais;

VII – elaborar o respectivo Regimento Interno e submetê-lo a exame e aprovação do fórum máximo de deliberação do conjunto CFESS/CRESS.

Art. 11. O Conselho Federal de Serviço Social (CFESS) terá sede e foro no Distrito Federal.

Art. 12. Em cada capital de Estado, de Território e no Distrito Federal, haverá um Conselho Regional de Serviço Social (CRESS) denominado segundo a sua jurisdição, a qual alcançará, respectivamente, a do Estado, a do Território e a do Distrito Federal.

§ 1º Nos Estados ou Territórios em que os profissionais que neles atuam não tenham possibilidade de instalar um Conselho Regional, deverá ser constituída uma delegacia subordinada ao Conselho Regional que oferecer melhores condições de comunicação, fiscalização e orientação, ouvido o órgão regional e com homologação do Conselho Federal.

2º Os Conselhos Regionais poderão constituir, dentro de sua própria área de jurisdição, delegacias seccionais para desempenho de suas atribuições executivas e de primeira instância nas regiões em que forem instalados, desde que a arrecadação proveniente dos profissionais nelas atuantes seja suficiente para sua própria manutenção.

Art. 13. A inscrição nos Conselhos Regionais sujeita os Assistentes Sociais ao pagamento das contribuições compulsórias (anuidades), taxas e demais emolumentos que forem estabelecidos em regulamentação baixada pelo Conselho Federal, em deliberação conjunta com os Conselhos Regionais.

Art. 14. Cabe às Unidades de Ensino credenciar e comunicar aos Conselhos Regionais de sua jurisdição os campos de estágio de seus alunos e designar os Assistentes Sociais responsáveis por sua supervisão.

Parágrafo único. Somente os estudantes de Serviço Social, sob supervisão direta de Assistente Social em pleno gozo de seus direitos profissionais, poderão realizar estágio de Serviço Social.

Art. 15. É vedado o uso da expressão Serviço Social por quaisquer pessoas de direito público ou privado que não desenvolvam atividades previstas nos arts. 4º e 5º desta lei.

Parágrafo único. As pessoas de direito público ou privado que se encontrem na situação mencionada neste artigo terão o prazo de noventa dias, a contar da data da vigência desta lei, para processarem as modificações que se fizerem necessárias a seu integral cumprimento, sob pena das medidas judiciais cabíveis.

Art. 16. Os CRESS aplicarão as seguintes penalidades aos infratores dos dispositivos desta Lei:

I – multa no valor de uma a cinco vezes a anuidade vigente;

II – suspensão de um a dois anos de exercício da profissão ao Assistente Social que, no âmbito de sua atuação, deixar de cumprir disposições do Código de Ética, tendo em vista a gravidade da falta;

III – cancelamento definitivo do registro, nos casos de extrema gravidade ou de reincidência contumaz.

1º Provada a participação ativa ou convivência de empresas, entidades, instituições ou firmas individuais nas infrações a dispositivos desta lei pelos profissionais delas dependentes, serão estas também passíveis das multas aqui estabelecidas, na proporção de sua responsabilidade, sob pena das medidas judiciais cabíveis.

2º No caso de reincidência na mesma infração no prazo de dois anos, a multa cabível será elevada ao dobro.

Art. 17. A Carteira de Identificação Profissional expedida pelos Conselhos Regionais de Serviço Social (CRESS), servirá de prova para fins de exercício profissional e de Carteira de Identidade Pessoal, e terá fé pública em todo o território nacional.

Art. 18. As organizações que se registrarem nos CRESS receberão um certificado que as habilitará a atuar na área de Serviço Social.

Art. 19. O Conselho Federal de Serviço Social (CFESS) será mantido:

I – por contribuições, taxas e emolumentos arrecadados pelos CRESS, em percentual a ser definido pelo fórum máximo instituído pelo art. 9º desta lei;

II – por doações e legados;

III – por outras rendas.

Art. 20. O Conselho Federal de Serviço Social (CFESS) e os Conselhos Regionais de Serviço Social (CRESS) contarão cada um com nove membros efetivos: Presidente, Vice-Presidente, dois Secretários, dois Tesoureiros e três membros do Conselho Fiscal, e nove suplentes, eleitos dentre os Assistentes Sociais, por via direta, para um mandato de três anos, de acordo com as normas estabelecidas em Código Eleitoral aprovado pelo fórum instituído pelo art. 9º desta lei.

Parágrafo único. As delegacias seccionais contarão com três membros efetivos: um Delegado, um Secretário e um Tesoureiro, e três suplentes, eleitos dentre os Assistentes Sociais da área de sua jurisdição, nas condições previstas neste artigo.

Art. 21. *Vetado.*

Art. 22. O Conselho Federal e os Conselhos Regionais terão legitimidade para agir contra qualquer pessoa que infringir as disposições que digam respeito às prerrogativas, à dignidade e ao prestígio da profissão de Assistente Social.

Art. 23. Esta lei entra em vigor na data de sua publicação.

Art. 24. Revogam-se as disposições em contrário e, em especial, a Lei 3.252, de 27 de agosto de 1957.
Brasília, 7 de junho de 1993; 172º da Independência e 105º da República.
Itamar Franco

LEI 8.856, DE 1º DE MARÇO DE 1994

Fixa a Jornada de Trabalho dos Profissionais Fisioterapeuta e Terapeuta Ocupacional.

DOU 02.03.1994

O Presidente da República:

Faço saber que o Congresso Nacional decreta e eu sanciono a seguinte lei:

Art. 1º Os profissionais Fisioterapeuta e Terapeuta Ocupacional ficarão sujeitos à prestação máxima de 30 horas semanais de trabalho.

Art. 2º Esta lei entra em vigor na data de sua publicação.

Art. 3º Revogam-se as disposições em contrário.
Brasília, 1º de março de 1994; 173º da Independência e 106º da República.
Itamar Franco

LEI 8.906, DE 4 DE JULHO DE 1994

Dispõe sobre o Estatuto da Advocacia e da Ordem dos Advogados do Brasil (OAB).

DOU 05.07.1994

O Presidente da República.

Faço saber que o Congresso Nacional decreta e eu sanciono a seguinte lei:

TÍTULO I
Da Advocacia

CAPÍTULO I
DA ATIVIDADE DE ADVOCACIA

Art. 1º São atividades privativas de advocacia:
▶ Art. 133 da CF.
▶ Art. 103 do CPC.

I – a postulação a qualquer órgão do Poder Judiciário e aos juizados especiais;
▶ O STF, no julgamento da ADIN 1.127-8 (DOU 26.05.2006), decidiu, por unanimidade, em relação ao inciso I do artigo 1º, julgou prejudicada a alegação de inconstitucionalidade relativamente à expressão "juizados especiais", e, por maioria, quanto à expressão "qualquer", julgou procedente a ação direta.
▶ Lei 9.099/1995 (Juizados Especiais).

II – as atividades de consultoria, assessoria e direção jurídicas.

§ 1º Não se inclui na atividade privativa de advocacia a impetração de *habeas corpus* em qualquer instância ou tribunal.
▶ Art. 5º, LXXVII, da CF.
▶ Art. 654 do CPP.

§ 2º Os atos e contratos constitutivos de pessoas jurídicas, sob pena de nulidade, só podem ser admitidos a registro, nos órgãos competentes, quando visados por advogados.

▶ Art. 9º, § 2º, da LC 123/2006 (Estatuto Nacional da Microempresa e da Empresa de Pequeno Porte).
▶ Art. 114 da Lei 6.015/1973 (Registros Públicos).

§ 2º-A. No processo administrativo, o advogado contribui com a postulação de decisão favorável ao seu constituinte, e os seus atos constituem múnus público.

▶ § 2º-A acrescido pela Lei 14.365/2022.

§ 3º É vedada a divulgação de advocacia em conjunto com outra atividade.

Art. 2º O advogado é indispensável à administração da justiça.

▶ Art. 133 da CF.
▶ Art. 9º, § 2º, da LC 123/2006 (Estatuto Nacional da Microempresa e da Empresa de Pequeno Porte).
▶ Lei 9.099/1995 (Juizados Especiais).

§ 1º No seu ministério privado, o advogado presta serviço público e exerce função social.

§ 2º No processo judicial, o advogado contribui, na postulação de decisão favorável ao seu constituinte, ao convencimento do julgador, e seus atos constituem múnus público.

§ 3º No exercício da profissão, o advogado é inviolável por seus atos e manifestações, nos limites desta lei.

Art. 2º-A. O advogado pode contribuir com o processo legislativo e com a elaboração de normas jurídicas, no âmbito dos Poderes da República.

▶ Artigo acrescido pela Lei 14.365/2022.

Art. 3º O exercício da atividade de advocacia no território brasileiro e a denominação de advogado são privativos dos inscritos na Ordem dos Advogados do Brasil (OAB),

§ 1º Exercem atividade de advocacia, sujeitando-se ao regime desta lei, além do regime próprio a que se subordinem, os integrantes da Advocacia-Geral da União, da Procuradoria da Fazenda Nacional, da Defensoria Pública e das Procuradorias e Consultorias Jurídicas dos Estados, do Distrito Federal, dos Municípios e das respectivas entidades de administração indireta e fundacional.

▶ O STF, na ADIN 4.636, conferiu interpretação conforme à CF a este parágrafo, "declarando-se inconstitucional qualquer interpretação que resulte no condicionamento da capacidade postulatória dos membros da Defensoria Pública à inscrição dos Defensores Públicos na Ordem dos Advogados do Brasil" (DOU 12.11.2021).

§ 2º O estagiário de advocacia, regularmente inscrito, pode praticar os atos previstos no art. 1º, na forma do regimento geral, em conjunto com advogado e sob responsabilidade deste.

Art. 3º-A Os serviços profissionais de advogado são, por sua natureza, técnicos e singulares, quando comprovada sua notória especialização, nos termos da lei.

▶ Artigo acrescido pela Lei 14.039/2020.

Parágrafo único. Considera-se notória especialização o profissional ou a sociedade de advogados cujo conceito no campo de sua especialidade, decorrente de desempenho anterior, estudos, experiências, publicações, organização, aparelhamento, equipe técnica ou de outros requisitos relacionados com suas atividades, permita inferir que o seu trabalho é essencial e indiscutivelmente o mais adequado à plena satisfação do objeto do contrato.

Art. 4º São nulos os atos privativos de advogado praticados por pessoa não inscrita na OAB, sem prejuízo das sanções civis, penais e administrativas.

Parágrafo único. São também nulos os atos praticados por advogado impedido – no âmbito do impedimento – suspenso, licenciado ou que passar a exercer atividade incompatível com a advocacia.

▶ Lei 9.099/1995 (Juizados Especiais).

Art. 5º O advogado postula, em juízo ou fora dele, fazendo prova do mandato.

▶ Art. 692 do CC.
▶ Arts. 104 e 105 do CPC.
▶ Art. 266 do CPP.
▶ Lei 1.060/1950 (Assistência Judiciária).

§ 1º O advogado, afirmando urgência, pode atuar sem procuração, obrigando-se a apresentá-la no prazo de 15 (quinze) dias, prorrogável por igual período.

▶ Art. 104 do CPC.

§ 2º A procuração para o foro em geral habilita o advogado a praticar todos os atos judiciais, em qualquer juízo ou instância, salvo os que exijam poderes especiais.

▶ Arts. 105 e 618, III, do CPC.
▶ Arts. 44 e 50 do CPP.

§ 3º O advogado que renunciar ao mandato continuará, durante os dez dias seguintes à notificação da renúncia, a representar o mandante, salvo se for substituído antes do término desse prazo.

▶ Arts. 682 e 688 do CC.
▶ Art. 112 do CPC.

§ 4º As atividades de consultoria e assessoria jurídicas podem ser exercidas de modo verbal ou por escrito, a critério do advogado e do cliente, e independem de outorga de mandato ou de formalização por contrato de honorários.

▶ § 4º acrescido pela Lei 14.365/2022.

CAPÍTULO II

DOS DIREITOS DO ADVOGADO

Art. 6º Não há hierarquia nem subordinação entre advogados, magistrados e membros do Ministério Público, devendo todos tratar-se com consideração e respeito recíprocos.

§ 1º As autoridades e os servidores públicos dos Poderes da República, os serventuários da Justiça e os membros do Ministério Público devem dispensar ao advogado, no exercício da profissão, tratamento compatível com a dignidade da advocacia e condições adequadas a seu desempenho, preservando e resguardando, de ofício, a imagem, a reputação e a integridade do advogado nos termos desta Lei.

▶ Primitivo parágrafo único com redação pela Lei 14.365/2022, renumerado pela Lei 14.508/2022.
▶ Art. 107 do CPC.
▶ Súmula Vinculante 14 do STF.

§ 2º Durante as audiências de instrução e julgamento realizadas no Poder Judiciário, nos procedimentos de jurisdição contenciosa ou voluntária, os advogados do autor e do requerido devem permanecer no mesmo plano topográfico e em posição equidistante em relação ao magistrado que as presidir.

▶ § 2º introduzido pela Lei 14.508/2022.

Art. 7º São direitos do advogado:

▶ Art. 107 do CPC.

I – exercer, com liberdade, a profissão em todo o território nacional;

II – a inviolabilidade de seu escritório ou local de trabalho, bem como de seus instrumentos de trabalho, de sua correspondência escrita, eletrônica, telefônica e telemática, desde que relativas ao exercício da advocacia;

▶ Inciso II com redação pela Lei 11.767/2008.

III – comunicar-se com seus clientes, pessoal e reservadamente, mesmo sem procuração, quando estes se acharem presos, detidos ou recolhidos em estabelecimentos civis ou militares, ainda que considerados incomunicáveis;

▶ Art. 21, par. ún., do CPP.

IV – ter a presença de representante da OAB, quando preso em flagrante, por motivo ligado ao exercício da advocacia, para lavratura do auto respectivo, sob pena de nulidade e, nos demais casos, a comunicação expressa à seccional da OAB;

V – não ser recolhido preso, antes de sentença transitada em julgado, senão em sala de Estado Maior, com instalações e comodidades condignas, assim reconhecidas pela OAB, e, na sua falta, em prisão domiciliar;

▶ O STF, no julgamento da ADIN 1.127-8 (DOU 26.05.2006), por maioria, entendeu não estar prejudicada a ação relativamente a este inciso. No mérito, também, por maioria, declarou a inconstitucionalidade da expressão "assim reconhecidas pela OAB".

VI – ingressar livremente:

a) nas salas de sessões dos tribunais, mesmo além dos cancelos que separam a parte reservada aos magistrados;

b) nas salas e dependências de audiências, secretarias, cartórios, ofícios de justiça, serviços notariais e de registro, e, no caso de delegacias e prisões, mesmo fora da hora de expediente e independentemente da presença de seus titulares;

c) em qualquer edifício ou recinto em que funcione repartição judicial ou outro serviço público onde o advogado deva praticar ato ou colher prova ou informação útil ao exercício da atividade profissional, dentro do expediente ou fora dele, e ser atendido, desde que se ache presente qualquer servidor ou empregado;

d) em qualquer assembleia ou reunião de que participe ou possa participar o seu cliente, ou perante a qual este deva comparecer, desde que munido de poderes especiais;

VII – permanecer sentado ou em pé e retirar-se de quaisquer locais indicados no inciso anterior, independentemente de licença;

VIII – dirigir-se diretamente aos magistrados nas salas e gabinetes de trabalho, independentemente de horário previamente marcado ou outra condição, observando-se a ordem de chegada;

IX – sustentar oralmente as razões de qualquer recurso ou processo, nas sessões de julgamento, após o voto do relator, em instância judicial ou administrativa, pelo

prazo de 15 (quinze) minutos, salvo se prazo maior for concedido;

▶ O STF, no julgamento da ADIN 1.127-8 (DOU 26.05.2006), decidiu, por maioria de votos, declarar a inconstitucionalidade deste inciso IX.

IX-A – Vetado.

▶ Inciso IX-A acrescido pela Lei 14.365/2022.

X – usar da palavra, pela ordem, em qualquer tribunal judicial ou administrativo, órgão de deliberação coletiva da administração pública ou comissão parlamentar de inquérito, mediante intervenção pontual e sumária, para esclarecer equívoco ou dúvida surgida em relação a fatos, a documentos ou a afirmações que influam na decisão;

▶ Inciso X com redação pela Lei 14.365/2022.

XI – reclamar, verbalmente ou por escrito, perante qualquer juízo, tribunal ou autoridade, contra a inobservância de preceito de lei, regulamento ou regimento;

XII – falar, sentado ou em pé, em juízo, tribunal ou órgão de deliberação coletiva da Administração Pública ou do Poder Legislativo;

▶ Art. 793 do CPP.

XIII – examinar, em qualquer órgão dos Poderes Judiciário e Legislativo, ou da Administração Pública em geral, autos de processos findos ou em andamento, mesmo sem procuração, quando não estiverem sujeitos a sigilo ou segredo de justiça, assegurada a obtenção de cópias, com possibilidade de tomar apontamentos;

▶ Inciso XIII com redação pela Lei 13.793/2019.
▶ Art. 107, I, do CPC.
▶ Súmula Vinculante 14 do STF.

XIV – examinar, em qualquer instituição responsável por conduzir investigação, mesmo sem procuração, autos de flagrante e de investigações de qualquer natureza, findos ou em andamento, ainda que conclusos à autoridade, podendo copiar peças e tomar apontamentos, em meio físico ou digital;

▶ Inciso XIV com redação pela Lei 13.245/2016.
▶ Súmula Vinculante 14 do STF.

XV – ter vista dos processos judiciais ou administrativos de qualquer natureza, em cartório ou na repartição competente, ou retirá-los pelos prazos legais;

▶ Art. 107 do CPC.
▶ Art. 803 do CPP.

XVI – retirar autos de processos findos, mesmo sem procuração, pelo prazo de 10 (dez) dias;

▶ Art. 803 do CPP.

XVII – ser publicamente desagravado, quando ofendido no exercício da profissão ou em razão dela;

XVIII – usar os símbolos privativos da profissão de advogado;

XIX – recusar-se a depor como testemunha em processo no qual funcionou ou deva funcionar, ou sobre fato relacionado com pessoa de quem seja ou foi advogado, mesmo quando autorizado ou solicitado pelo constituinte, bem como sobre fato que constitua sigilo profissional;

XX – retirar-se do recinto onde se encontre aguardando pregão para ato judicial, após trinta minutos do horário designado e ao qual ainda não tenha comparecido a autoridade que deva presidir a ele, mediante comunicação protocolizada em juízo;

XXI – assistir a seus clientes investigados durante a apuração de infrações, sob pena de nulidade absoluta do respectivo interrogatório ou depoimento e, subsequentemente, de todos os elementos investigatórios e probatórios dele decorrentes ou derivados, direta ou indiretamente, podendo, inclusive, no curso da respectiva apuração:

▶ Inciso XXI acrescido pela Lei 13.245/2016.

a) apresentar razões e quesitos;

b) Vetado.

§ 1º Revogado pela Lei 14.365/2022:

1) Revogado pela Lei 14.365/2022;

2) Revogado pela Lei 14.365/2022;

3) Revogado pela Lei 14.365/2022.

§ 2º Revogado pela Lei 14.365/2022.

§ 2º-A. Vetado.

▶ § 2º-A acrescido pela Lei 14.365/2022.

§ 2º-B. Poderá o advogado realizar a sustentação oral no recurso interposto contra a decisão monocrática de relator que julgar o mérito ou não conhecer dos seguintes recursos ou ações:

▶ § 2º-B acrescido pela Lei 14.365/2022.

I – recurso de apelação;

II – recurso ordinário;

III – recurso especial;

IV – recurso extraordinário;

V – embargos de divergência;

VI – ação rescisória, mandado de segurança, reclamação, habeas corpus e outras ações de competência originária.

§ 3º O advogado somente poderá ser preso em flagrante, por motivo de exercício da profissão, em caso de crime inafiançável, observado o disposto no inciso IV deste artigo.

§ 4º O Poder Judiciário e o Poder Executivo devem instalar, em todos os juizados, fóruns, tribunais, delegacias de polícia e presídios, salas especiais permanentes para os advogados, com uso e controle assegurados à OAB.

▸ O STF, no julgamento da ADIN 1.127-8 (*DOU* 26.05.2006), decidiu, por votação majoritária, dar pela procedência parcial da ação para declarar a inconstitucionalidade da expressão "e controle", contida neste § 4º.

§ 5º No caso de ofensa a inscrito na OAB, no exercício da profissão ou de cargo ou função de órgão da OAB, o conselho competente deve promover o desagravo público do ofendido, sem prejuízo da responsabilidade criminal em que incorrer o infrator.

§ 6º Presentes indícios de autoria e materialidade da prática de crime por parte de advogado, a autoridade judiciária competente poderá decretar a quebra da inviolabilidade de que trata o inciso II do *caput* deste artigo, em decisão motivada, expedindo mandado de busca e apreensão, específico e pormenorizado, a ser cumprido na presença de representante da OAB, sendo, em qualquer hipótese, vedada a utilização dos documentos, das mídias e dos objetos pertencentes a clientes do advogado averiguado, bem como dos demais instrumentos de trabalho que contenham informações sobre clientes.

▸ § 6º acrescido pela Lei 11.767/2008.
▸ Prov. 127/2008 do Conselho Federal OAB (Participação da OAB no cumprimento da decisão judicial que determinar a quebra da inviolabilidade prevista no § 6º).

§ 6º-A. A medida judicial cautelar que importe na violação do escritório ou do local de trabalho do advogado será determinada em hipótese excepcional, desde que exista fundamento em indício, pelo órgão acusatório.

§ 6º-B. É vedada a determinação da medida cautelar prevista no § 6º-A deste artigo se fundada exclusivamente em elementos produzidos em declarações do colaborador sem confirmação por outros meios de prova.

§ 6º-C. O representante da OAB referido no § 6º deste artigo tem o direito a ser respeitado pelos agentes responsáveis pelo cumprimento do mandado de busca e apreensão, sob pena de abuso de autoridade, e o dever de zelar pelo fiel cumprimento do objeto da investigação, bem como de impedir que documentos, mídias e objetos não relacionados à investigação, especialmente de outros processos do mesmo cliente ou de outros clientes que não sejam pertinentes à persecução penal, sejam analisados, fotografados, filmados, retirados ou apreendidos do escritório de advocacia.

▸ §§ 6º-A a 6º-C acrescidos pela Lei 14.365/2022, vetados pelo Presidente da República e rejeitados os vetos pelo Congresso Nacional.

§ 6º-D. No caso de inviabilidade técnica quanto à segregação da documentação, da mídia ou dos objetos não relacionados à investigação, em razão da sua natureza ou volume, no momento da execução da decisão judicial de apreensão ou de retirada do material, a cadeia de custódia preservará o sigilo do seu conteúdo, assegurada a presença do representante da OAB, nos termos dos §§ 6º-F e 6º-G deste artigo.

▸ § 6º-D acrescido pela Lei 14.365/2022.

§ 6º-E. Na hipótese de inobservância do § 6º-D deste artigo pelo agente público responsável pelo cumprimento do mandado de busca e apreensão, o representante da OAB fará o relatório do fato ocorrido, com a inclusão dos nomes dos servidores, dará conhecimento à autoridade judiciária e o encaminhará à OAB para a elaboração de notícia-crime.

▸ § 6º-E acrescido pela Lei 14.365/2022.

§ 6º-F. É garantido o direito de acompanhamento por representante da OAB e pelo profissional investigado durante a análise dos documentos e dos dispositivos de armazenamento de informação pertencentes a advogado, apreendidos ou interceptados, em todos os atos, para assegurar o cumprimento do disposto no inciso II do *caput* deste artigo.

§ 6º-G. A autoridade responsável informará, com antecedência mínima de 24 (vinte e quatro) horas, à seccional da OAB a data, o horário e o local em que serão analisados os documentos e os equipamentos apreendidos, garantido o direito de acompanhamento, em todos os atos, pelo representante da OAB e pelo profissional investigado para assegurar o disposto no § 6º-C deste artigo.

§ 6º-H. Em casos de urgência devidamente fundamentada pelo juiz, a análise dos documentos e dos equipamentos apreendidos poderá acontecer em prazo inferior a 24 (vinte e quatro) horas, garantido o direito de acompanhamento, em todos os atos, pelo representante da

OAB e pelo profissional investigado para assegurar o disposto no § 6º-C deste artigo.

▸ §§ 6º-F a 6º-H acrescidos pela Lei 14.365/2022, vetados pelo Presidente da República e rejeitados os vetos pelo Congresso Nacional.

§ 6º-I. É vedado ao advogado efetuar colaboração premiada contra quem seja ou tenha sido seu cliente, e a inobservância disso importará em processo disciplinar, que poderá culminar com a aplicação do disposto no inciso III do *caput* do art. 35 desta Lei, sem prejuízo das penas previstas no art. 154 do Decreto-Lei nº 2.848, de 7 de dezembro de 1940 (Código Penal).

▸ § 6º-I acrescido pela Lei 14.365/2022.

§ 7º A ressalva constante do § 6º deste artigo não se estende a clientes do advogado averiguado que estejam sendo formalmente investigados como seus partícipes ou coautores pela prática do mesmo crime que deu causa à quebra da inviolabilidade.

▸ § 7º acrescido pela Lei 11.767/2008.

§§ 8º e 9º *Vetados.*

§ 10. Nos autos sujeitos a sigilo, deve o advogado apresentar procuração para o exercício dos direitos de que trata o inciso XIV.

▸ § 10 acrescido pela Lei 13.245/2016.

§ 11. No caso previsto no inciso XIV, a autoridade competente poderá delimitar o acesso do advogado aos elementos de prova relacionados a diligências em andamento e ainda não documentados nos autos, quando houver risco de comprometimento da eficiência, da eficácia ou da finalidade das diligências.

▸ § 11 acrescido pela Lei 13.245/2016.

§ 12. A inobservância aos direitos estabelecidos no inciso XIV, o fornecimento incompleto de autos ou o fornecimento de autos em que houve a retirada de peças já incluídas no caderno investigativo implicará responsabilização criminal e funcional por abuso de autoridade do responsável que impedir o acesso do advogado com o intuito de prejudicar o exercício da defesa, sem prejuízo do direito subjetivo do advogado de requerer acesso aos autos ao juiz competente.

▸ § 12 acrescido pela Lei 13.245/2016.

§ 13. O disposto nos incisos XIII e XIV do *caput* deste artigo aplica-se integralmente a processos e a procedimentos eletrônicos, ressalvado o disposto nos §§ 10 e 11 deste artigo.

▸ § 13 com redação pela Lei 13.793/2019.

§ 14. Cabe, privativamente, ao Conselho Federal da OAB, em processo disciplinar próprio, dispor, analisar e decidir sobre a prestação efetiva do serviço jurídico realizado pelo advogado.

§ 15. Cabe ao Conselho Federal da OAB dispor, analisar e decidir sobre os honorários advocatícios dos serviços jurídicos realizados pelo advogado, resguardado o sigilo, nos termos do Capítulo VI desta Lei, e observado o disposto no inciso XXXV do *caput* do art. 5º da Constituição Federal.

§ 16. É nulo, em qualquer esfera de responsabilização, o ato praticado com violação da competência privativa do Conselho Federal da OAB prevista no § 14 deste artigo.

▸ §§ 14 a 16 acrescidos pela Lei 14.365/2022.

Art. 7º-A. São direitos da advogada:

▸ Artigo acrescido pela Lei 13.363/2016.
▸ Art. 313 do CPC.

I – gestante:

a) entrada em tribunais sem ser submetida a detectores de metais e aparelhos de raios X;

b) reserva de vaga em garagens dos fóruns dos tribunais;

II – lactante, adotante ou que der à luz, acesso a creche, onde houver, ou a local adequado ao atendimento das necessidades do bebê;

III – gestante, lactante, adotante ou que der à luz, preferência na ordem das sustentações orais e das audiências a serem realizadas a cada dia, mediante comprovação de sua condição;

IV – adotante ou que der à luz, suspensão de prazos processuais quando for a única patrona da causa, desde que haja notificação por escrito ao cliente.

§ 1º Os direitos previstos à advogada gestante ou lactante aplicam-se enquanto perdurar, respectivamente, o estado gravídico ou o período de amamentação.

§ 2º Os direitos assegurados nos incisos II e III deste artigo à advogada adotante ou que der à luz serão concedidos pelo prazo previsto no art. 392 do Decreto-Lei 5.452, de 1º de maio de 1943 (Consolidação das Leis do Trabalho).

§ 3º O direito assegurado no inciso IV deste artigo à advogada adotante ou que der à luz será concedido pelo prazo previsto no § 6º do art. 313 da Lei 13.105, de 16 de março de 2015 (Código de Processo Civil).

Art. 7º-B. Constitui crime violar direito ou prerrogativa de advogado previstos nos incisos II, III, IV e V do *caput* do art. 7º desta Lei:

▸ Artigo acrescido pela Lei 13.869/2019, vetado pelo Presidente da República e rejeitado o veto pelo Congresso Nacional (DOU 27.09.2019-Ed. Extra A).

Pena – detenção, de 2 (dois) a 4 (quatro) anos, e multa.

▸ Pena com redação pela Lei 14.365/2022.

CAPÍTULO III
DA INSCRIÇÃO

▸ Provimentos 42/1978 e 148/2012 do Conselho Federal da OAB.

Art. 8º Para inscrição como advogado é necessário:

I – capacidade civil;

II – diploma ou certidão de graduação em direito, obtido em instituição de ensino oficialmente autorizada e credenciada;

III – título de eleitor e quitação do serviço militar, se brasileiro;

IV – aprovação em Exame de Ordem;

▸ Prov. 144/2011 do Conselho Federal da OAB (Exame de Ordem).

V – não exercer atividade incompatível com a advocacia;

VI – idoneidade moral;

VII – prestar compromisso perante o conselho.

§ 1º O Exame da Ordem é regulamentado em provimento do Conselho Federal da OAB.

§ 2º O estrangeiro ou brasileiro, quando não graduado em direito no Brasil, deve fazer prova do título de graduação, obtido em instituição estrangeira, devidamente revalidado, além de atender aos demais requisitos previstos neste artigo.

▸ Prov. 129/2008 do Conselho Federal da OAB (Inscrição de advogados de nacionalidade portuguesa na OAB).

§ 3º A inidoneidade moral, suscitada por qualquer pessoa, deve ser declarada mediante decisão que obtenha no mínimo dois terços dos votos de todos os membros do conselho competente, em procedimento que observe os termos do processo disciplinar.

§ 4º Não atende ao requisito de idoneidade moral aquele que tiver sido condenado por crime infamante, salvo reabilitação judicial.

Art. 9º Para inscrição como estagiário é necessário:

I – preencher os requisitos mencionados nos incisos I, III, V, VI e VII do art. 8º;

II – ter sido admitido em estágio profissional de advocacia.

§ 1º O estágio profissional de advocacia, com duração de dois anos, realizado nos últimos anos do curso jurídico, pode ser mantido pelas respectivas instituições de ensino superior pelos Conselhos da OAB, ou por setores, órgãos jurídicos e escritórios de advocacia credenciados pela OAB, sendo obrigatório o estudo deste Estatuto e do Código de Ética e Disciplina.

§ 2º A inscrição do estagiário é feita no Conselho Seccional em cujo território se localize seu curso jurídico.

§ 3º O aluno de curso jurídico que exerça atividade incompatível com a advocacia pode frequentar o estágio ministrado pela respectiva instituição de ensino superior, para fins de aprendizagem, vedada a inscrição na OAB.

§ 4º O estágio profissional poderá ser cumprido por bacharel em Direito que queira se inscrever na Ordem.

§ 5º Em caso de pandemia ou em outras situações excepcionais que impossibilitem as atividades presenciais, declaradas pelo poder público, o estágio profissional poderá ser realizado no regime de teletrabalho ou de trabalho a distância em sistema remoto ou não, por qualquer meio telemático, sem configurar vínculo de emprego a adoção de qualquer uma dessas modalidades.

§ 6º Se houver concessão, pela parte contratante ou conveniada, de equipamentos, sistemas e materiais ou reembolso de despesas de infraestrutura ou instalação, todos destinados a viabilizar a realização da atividade de estágio prevista no § 5º deste artigo, essa informação deverá constar, expressamente, do convênio de estágio e do termo de estágio.

▸ §§ 5º e 6º acrescidos pela Lei 14.365/2022.

Art. 10. A inscrição principal do advogado deve ser feita no Conselho Seccional em cujo território pretende estabelecer o seu domicílio profissional, na forma do regulamento geral.

§ 1º Considera-se domicílio profissional a sede principal da atividade de advocacia, prevalecendo, na dúvida, o domicílio da pessoa física do advogado.

▸ Art. 72 do CC.

§ 2º Além da principal, o advogado deve promover a inscrição suplementar nos Conselhos Seccionais em cujos territórios passar a exercer habitualmente a profissão considerando-se habitualidade a intervenção judicial que exceder de cinco causas por ano.

§ 3º No caso de mudança efetiva de domicílio profissional para outra unidade federativa, deve o advogado reque-

rer a transferência de sua inscrição para o Conselho Seccional correspondente.

▸ Provimentos 42/1978 e 148/2012 do Conselho Federal da OAB.

§ 4º O Conselho Seccional deve suspender o pedido de transferência ou de inscrição suplementar, ao verificar a existência de vício ou ilegalidade na inscrição principal, contra ela representando ao Conselho Federal.

Art. 11. Cancela-se a inscrição do profissional que:

I – assim o requerer;

II – sofrer penalidade de exclusão;

III – falecer;

IV – passar a exercer, em caráter definitivo, atividade incompatível com a advocacia;

V – perder qualquer um dos requisitos necessários para inscrição.

§ 1º Ocorrendo uma das hipóteses dos incisos II, III e IV, o cancelamento deve ser promovido, de ofício, pelo conselho competente ou em virtude de comunicação por qualquer pessoa.

§ 2º Na hipótese de novo pedido de inscrição – que não restaura o número de inscrição anterior – deve o interessado fazer prova dos requisitos dos incisos I, V, VI e VII do art. 8º.

§ 3º Na hipótese do inciso II deste artigo, o novo pedido de inscrição também deve ser acompanhado de provas de reabilitação.

Art. 12. Licencia-se o profissional que:

I – assim o requerer, por motivo justificado;

II – passar a exercer, em caráter temporário, atividade incompatível com o exercício da advocacia;

III – sofrer doença mental considerada curável.

Art. 13. O documento de identidade profissional, na forma prevista no regulamento geral, é de uso obrigatório no exercício da atividade de advogado ou de estagiário e constitui prova de identidade civil para todos os fins legais.

Art. 14. É obrigatória a indicação do nome e do número de inscrição em todos os documentos assinados pelo advogado, no exercício de sua atividade.

Parágrafo único. É vedado anunciar ou divulgar qualquer atividade relacionada com o exercício da advocacia ou o uso da expressão escritório de advocacia, sem indicação expressa do nome e do número de inscrição dos advogados que o integrem ou o número de registro da sociedade de advogados na OAB.

CAPÍTULO IV
DA SOCIEDADE DE ADVOGADOS

▸ Prov. 147/2012 do Conselho Federal da OAB (Promove alterações no art. 2º do Prov. 112/2006 – sobre a sociedade de advogados).

Art. 15. Os advogados podem reunir-se em sociedade simples de prestação de serviços de advocacia ou constituir sociedade unipessoal de advocacia, na forma disciplinada nesta Lei e no regulamento geral.

▸ Caput com redação pela Lei 13.247/2016.

§ 1º A sociedade de advogados e a sociedade unipessoal de advocacia adquirem personalidade jurídica com o registro aprovado dos seus atos constitutivos no Conselho Seccional da OAB em cuja base territorial tiver sede.

▸ § 1º com redação pela Lei 13.247/2016.

§ 2º Aplica-se à sociedade de advogados e à sociedade unipessoal de advocacia o Código de Ética e Disciplina, no que couber.

▸ § 2º com redação pela Lei 13.247/2016.

§ 3º As procurações devem ser outorgadas individualmente aos advogados e indicar a sociedade de que façam parte.

§ 4º Nenhum advogado pode integrar mais de uma sociedade de advogados, constituir mais de uma sociedade unipessoal de advocacia, ou integrar, simultaneamente, uma sociedade de advogados e uma sociedade unipessoal de advocacia, com sede ou filial na mesma área territorial do respectivo Conselho Seccional.

▸ § 4º com redação pela Lei 13.247/2016.

§ 5º O ato de constituição de filial deve ser averbado no registro da sociedade e arquivado no Conselho Seccional onde se instalar, ficando os sócios, inclusive o titular da sociedade unipessoal de advocacia, obrigados à inscrição suplementar.

▸ § 5º com redação pela Lei 13.247/2016.

§ 6º Os advogados sócios de uma mesma sociedade profissional não podem representar em juízo clientes de interesses opostos.

▸ Art. 355, parágrafo único, do CP.

§ 7º A sociedade unipessoal de advocacia pode resultar da concentração por um advogado das quotas de uma sociedade de advogados, independentemente das razões que motivaram tal concentração.

▸ § 7º acrescido pela Lei 13.247/2016.

§ 8º Nas sociedades de advogados, a escolha do sócio-administrador poderá recair sobre advogado que atue como servidor da administração direta, indireta e fundacional, desde que não esteja sujeito ao regime de dedicação exclusiva, não lhe sendo aplicável o disposto no inciso X do caput do art. 117 da Lei nº 8.112, de 11 de dezembro de 1990, no que se refere à sociedade de advogados.

§ 9º A sociedade de advogados e a sociedade unipessoal de advocacia deverão recolher seus tributos sobre a parcela da receita que efetivamente lhes couber, com a exclusão da receita que for transferida a outros advogados ou a sociedades que atuem em forma de parceria no atendimento ao cliente.

▸ §§ 8º e 9º acrescidos pela Lei 14.365/2022, vetados pelo Presidente da República e rejeitados os vetos pelo Congresso Nacional.

§ 10. Cabem ao Conselho Federal da OAB a fiscalização, o acompanhamento e a definição de parâmetros e de diretrizes da relação jurídica mantida entre advogados e sociedades de advogados ou entre escritório de advogados sócios e advogado associado, inclusive no que se refere ao cumprimento dos requisitos norteadores da associação sem vínculo empregatício autorizada expressamente neste artigo.

§ 11. Não será admitida a averbação do contrato de associação que contenha, em conjunto, os elementos caracterizadores de relação de emprego previstos na Consolidação das Leis do Trabalho (CLT), aprovada pelo Decreto-Lei nº 5.452, de 1º de maio de 1943.

§ 12. A sociedade de advogados e a sociedade unipessoal de advocacia podem ter como sede, filial ou local de trabalho espaço de uso individual ou compartilhado com outros escritórios de advocacia ou empresas, desde que respeitadas as hipóteses de sigilo previstas nesta Lei e no Código de Ética e Disciplina.

▸ §§ 10 a 12 acrescidos pela Lei 14.365/2022.

Art. 16. Não são admitidas a registro nem podem funcionar todas as espécies de sociedades de advogados que apresentem forma ou características de sociedade empresária, que adotem denominação de fantasia, que realizem atividades estranhas à advocacia, que incluam como sócio ou titular de sociedade unipessoal de advocacia pessoa não inscrita como advogado ou totalmente proibida de advogar.

▸ Caput com redação pela Lei 13.247/2016.

§ 1º A razão social deve ter, obrigatoriamente, o nome de, pelo menos, um advogado responsável pela sociedade, podendo permanecer o do sócio falecido, desde que prevista tal possibilidade no ato constitutivo.

§ 2º O impedimento ou a incompatibilidade em caráter temporário do advogado não o exclui da sociedade de advogados a qual pertença e deve ser averbado no registro da sociedade, observado o disposto nos arts. 27, 28, 29 e 30 desta Lei e proibida, em qualquer hipótese, a exploração de seu nome e de sua imagem em favor da sociedade.

▸ § 2º com redação pela Lei 14.365/2022.

§ 3º É proibido o registro, nos cartórios de registro civil de pessoas jurídicas e nas juntas comerciais, de sociedade que inclua, entre outras finalidades, a atividade de advocacia.

§ 4º A denominação da sociedade unipessoal de advocacia deve ser obrigatoriamente formada pelo nome do seu titular, completo ou parcial, com a expressão "Sociedade Individual de Advocacia".

▸ § 4º acrescido pela Lei 13.247/2016.

Art. 17. Além da sociedade, o sócio e o titular da sociedade individual de advocacia respondem subsidiária e ilimitadamente pelos danos causados aos clientes por ação ou omissão no exercício da advocacia, sem prejuízo da responsabilidade disciplinar em que possam incorrer.

▸ Caput com redação pela Lei 13.247/2016.

Art. 17-A. O advogado poderá associar-se a uma ou mais sociedades de advogados ou sociedades unipessoais de advocacia, sem que estejam presentes os requisitos legais de vínculo empregatício, para prestação de serviços e participação nos resultados, na forma do Regulamento Geral e de Provimentos do Conselho Federal da OAB.

▸ Artigo acrescido pela Lei 14.365/2022.

Art. 17-B. A associação de que trata o art. 17-A desta Lei dar-se-á por meio de pactuação de contrato próprio, que poderá ser de caráter geral ou restringir-se a determinada causa ou trabalho e que deverá ser registrado no Conselho Seccional da OAB em cuja base territorial tiver sede a sociedade de advogados que dele tomar parte.

▸ Artigo acrescido pela Lei 14.365/2022.

Parágrafo único. No contrato de associação, o advogado sócio ou associado e a sociedade pactuarão as condições para o desempenho da atividade advocatícia e estipularão livremente os critérios para a partilha

dos resultados dela decorrentes, devendo o contrato conter, no mínimo:

I – qualificação das partes, com referência expressa à inscrição no Conselho Seccional da OAB competente;

II – especificação e delimitação do serviço a ser prestado;

III – forma de repartição dos riscos e das receitas entre as partes, vedada a atribuição da totalidade dos riscos ou das receitas exclusivamente a uma delas;

IV – responsabilidade pelo fornecimento de condições materiais e pelo custeio das despesas necessárias à execução dos serviços;

V – prazo de duração do contrato.

CAPÍTULO V
DO ADVOGADO EMPREGADO

Art. 18. A relação de emprego, na qualidade de advogado, não retira a isenção técnica nem reduz a independência profissional inerentes à advocacia.

§ 1º O advogado empregado não está obrigado à prestação de serviços profissionais de interesse pessoal dos empregadores, fora da relação de emprego.

▸ Parágrafo único renumerado para § 1º pela Lei 14.365/2022.

§ 2º As atividades do advogado empregado poderão ser realizadas, a critério do empregador, em qualquer um dos seguintes regimes:

I – exclusivamente presencial: modalidade na qual o advogado empregado, desde o início da contratação, realizará o trabalho nas dependências ou locais indicados pelo empregador;

II – não presencial, teletrabalho ou trabalho a distância: modalidade na qual, desde o início da contratação, o trabalho será preponderantemente realizado fora das dependências do empregador, observado que o comparecimento nas dependências de forma não permanente, variável ou para participação em reuniões ou em eventos presenciais não descaracterizará o regime não presencial;

III – misto: modalidade na qual as atividades do advogado poderão ser presenciais, no estabelecimento do contratante ou onde este indicar, ou não presenciais, conforme as condições definidas pelo empregador em seu regulamento empresarial, independentemente de preponderância ou não.

§ 3º Na vigência da relação de emprego, as partes poderão pactuar, por acordo individual simples, a alteração de um regime para outro.

▸ §§ 2º e 3º acrescidos pela Lei 14.365/2022.

Art. 19. O salário mínimo profissional do advogado será fixado em sentença normativa, salvo se ajustado em acordo ou convenção coletiva de trabalho.

Art. 20. A jornada de trabalho do advogado empregado, quando prestar serviço para empresas, não poderá exceder a duração diária de 8 (oito) horas contínuas e a de 40 (quarenta) horas semanais.

▸ Caput com redação pela Lei 14.365/2022.
▸ OJ 1.403 da SBDI do TST.

§ 1º Para efeitos deste artigo, considera-se como período de trabalho o tempo em que o advogado estiver à disposição do empregador, aguardando ou executando ordens, no seu escritório ou em atividades externas, sendo-lhe reembolsadas as despesas feitas com transporte, hospedagem e alimentação.

§ 2º As horas trabalhadas que excederem a jornada normal são remuneradas por um adicional não inferior a cem por cento sobre o valor da hora normal, mesmo havendo contrato escrito.

§ 3º As horas trabalhadas no período das vinte horas de um dia até as cinco horas do dia seguinte são remuneradas como noturnas, acrescidas do adicional de vinte e cinco por cento.

Art. 21. Nas causas em que for parte o empregador, ou pessoa por este representada, os honorários de sucumbência são devidos aos advogados empregados.

Parágrafo único. Os honorários de sucumbência, percebidos por advogado empregado de sociedade de advogados são partilhados entre ele e a empregadora, na forma estabelecida em acordo.

▸ O STF, no julgamento da ADIN 1.194-4 (DOU 28.05.2009), decidiu, por maioria de votos, julgar parcialmente procedente a ação para dar interpretação conforme a Constituição a este artigo e seu parágrafo único, no sentido da preservação da liberdade contratual quanto à destinação dos honorários de sucumbência fixados judicialmente.

CAPÍTULO VI
DOS HONORÁRIOS ADVOCATÍCIOS

Art. 22. A prestação de serviço profissional assegura aos inscritos na OAB o direito aos honorários convencionados, aos fixados por arbitramento judicial e aos de sucumbência.

▸ Arts. 85 do CPC.

§ 1º O advogado, quando indicado para patrocinar causa de juridicamente necessitado, no caso de impossibilidade da Defensoria Pública no local da prestação de serviço, tem direito aos honorários fixados pelo juiz, segundo tabela organizada pelo Conselho Seccional da OAB, e pagos pelo Estado.

§ 2º Na falta de estipulação ou de acordo, os honorários são fixados por arbitramento judicial, em remuneração compatível com o trabalho e o valor econômico da questão, observado o disposto nos §§ 2º, 3º, 4º, 5º, 6º, 6º-A, 8º, 8º-A, 9º e 10 do art. 85 da Lei nº 13.105, de 16 de março de 2015 (Código de Processo Civil).

▶ § 2º com redação pela Lei 14.365/2022.

§ 3º Salvo estipulação em contrário, um terço dos honorários é devido no início do serviço, outro terço até a decisão de primeira instância e o restante no final.

§ 4º Se o advogado fizer juntar aos autos o seu contrato de honorários antes de expedir-se o mandado de levantamento ou precatório, o juiz deve determinar que lhe sejam pagos diretamente, por dedução da quantia a ser recebida pelo constituinte, salvo se este provar que já os pagou.

▶ Súmula Vinculante 47 do STF.

§ 5º O disposto neste artigo não se aplica quando se tratar de mandato outorgado por advogado para defesa em processo oriundo de ato ou omissão praticada no exercício da profissão.

§ 6º O disposto neste artigo aplica-se aos honorários assistenciais, compreendidos como os fixados em ações coletivas propostas por entidades de classe em substituição processual, sem prejuízo aos honorários convencionais.

▶ § 6º acrescido pela Lei 13.725/2018.

§ 7º Os honorários convencionados com entidades de classe para atuação em substituição processual poderão prever a faculdade de indicar os beneficiários que, ao optarem por adquirir os direitos, assumirão as obrigações decorrentes do contrato originário a partir do momento em que este foi celebrado, sem a necessidade de mais formalidades.

▶ § 7º acrescido pela Lei 13.725/2018.

§ 8º Consideram-se também honorários convencionados aqueles decorrentes da indicação de cliente entre advogados ou sociedade de advogados, aplicada a regra prevista no § 9º do art. 15 desta Lei.

▶ § 8º acrescido pela Lei 14.365/2022.

Art. 22-A. Fica permitida a dedução de honorários advocatícios contratuais dos valores acrescidos, a título de juros de mora, ao montante repassado aos Estados e aos Municípios na forma de precatórios, como complementação de fundos constitucionais.

▶ Artigo acrescido pela Lei 14.365/2022.

Parágrafo único. A dedução a que se refere o *caput* deste artigo não será permitida aos advogados nas causas que decorram da execução de título judicial constituído em ação civil pública ajuizada pelo Ministério Público Federal.

▶ Parágrafo único acrescido pela Lei 14.365/2022, vetado pelo Presidente da República e rejeitado o veto pelo Congresso Nacional.

Art. 23. Os honorários incluídos na condenação, por arbitramento ou sucumbência, pertencem ao advogado, tendo este direito autônomo para executar a sentença nesta parte, podendo requerer que o precatório, quando necessário, seja expedido em seu favor.

▶ Arts. 92, 485, § 2º, e 486 do CPC.
▶ Súmula Vinculante 47 do STF.
▶ Súmula 306 do STJ.
▶ O STF, por maioria, julgou parcialmente procedente a ADIN 6.053 para conferir interpretação conforme a CF a este artigo, estabelecendo que "a somatória dos subsídios e honorários de sucumbência percebidos mensalmente pelos advogados públicos não poderá exceder ao teto dos Ministros do Supremo Tribunal Federal, conforme o que dispõe o art. 37, XI, da Constituição Federal (...)".

Art. 24. A decisão judicial que fixar ou arbitrar honorários e o contrato escrito que os estipular são títulos executivos e constituem crédito privilegiado na falência, concordata, concurso de credores, insolvência civil e liquidação extrajudicial.

▶ Lei 11.101/2005 (Recuperação de Empresas e Falência) substituiu a expressão "concordata" por "recuperação judicial".
▶ Art. 784, II e VII, do CPC.

§ 1º A execução dos honorários pode ser promovida nos mesmos autos da ação em que tenha atuado o advogado, se assim lhe convier.

§ 2º Na hipótese de falecimento ou incapacidade civil do advogado, os honorários de sucumbência, proporcionais ao trabalho realizado, são recebidos por seus sucessores ou representantes legais.

§ 3º É nula qualquer disposição, cláusula, regulamento ou convenção individual ou coletiva que retire do advogado o direito ao recebimento dos honorários de sucumbência.

▶ O STF, no julgamento da ADIN 1.194-4 (*DOU 28.05.2009*), decidiu, por maioria de votos, julgar parcialmente procedente a ação para declarar a inconstitucionalidade deste § 3º.

§ 3º-A. Nos casos judiciais e administrativos, as disposições, as cláusulas, os regulamentos ou as convenções individuais ou coletivas que retirem do sócio o direito ao recebimento dos honorários de sucumbência serão válidos somente após o protocolo de petição que revogue os poderes que lhe foram outorgados ou que noticie a renúncia a eles, e os honorários serão devidos proporcionalmente ao trabalho realizado nos processos.

▶ § 3º-A acrescido pela Lei 14.365/2022.

§ 4º O acordo feito pelo cliente do advogado e a parte contrária, salvo aquiescência do profissional, não lhe prejudica os honorários, quer os convencionados, quer os concedidos por sentença.

§ 5º Salvo renúncia expressa do advogado aos honorários pactuados na hipótese de encerramento da relação contratual com o cliente, o advogado mantém o direito aos honorários proporcionais ao trabalho realizado nos processos judiciais e administrativos em que tenha atuado, nos exatos termos do contrato celebrado, inclusive em relação aos eventos de sucesso que porventura venham a ocorrer após o encerramento da relação contratual.

§ 6º O distrato e a rescisão do contrato de prestação de serviços advocatícios, mesmo que formalmente celebrados, não configuram renúncia expressa aos honorários pactuados.

§ 7º Na ausência do contrato referido no § 6º deste artigo, os honorários advocatícios serão arbitrados conforme o disposto no art. 22 desta Lei.

▶ §§ 5º a 7º acrescidos pela Lei 14.365/2022.

Art. 24-A. No caso de bloqueio universal do patrimônio do cliente por decisão judicial, garantir-se-á ao advogado a liberação de até 20% (vinte por cento) dos bens bloqueados para fins de recebimento de honorários e reembolso de gastos com a defesa, ressalvadas as causas relacionadas aos crimes previstos na Lei nº 11.343, de 23 de agosto de 2006 (Lei de Drogas), e observado o disposto no parágrafo único do art. 243 da Constituição Federal.

▶ Artigo acrescido pela Lei 14.365/2022.

§ 1º O pedido de desbloqueio de bens será feito em autos apartados, que permanecerão em sigilo, mediante a apresentação do respectivo contrato.

§ 2º O desbloqueio de bens observará, preferencialmente, a ordem estabelecida no art. 835 da Lei nº 13.105, de 16 de março de 2015 (Código de Processo Civil).

§ 3º Quando se tratar de dinheiro em espécie, de depósito ou de aplicação em instituição financeira, os valores serão transferidos diretamente para a conta do advogado ou do escritório de advocacia responsável pela defesa.

§ 4º Nos demais casos, o advogado poderá optar pela adjudicação do próprio bem ou por sua venda em hasta pública para satisfação dos honorários devidos, nos termos do art. 879 e seguintes da Lei nº 13.105, de 16 de março de 2015 (Código de Processo Civil).

§ 5º O valor excedente deverá ser depositado em conta vinculada ao processo judicial.

Art. 25. Prescreve em cinco anos a ação de cobrança de honorários de advogado, contado o prazo:

▶ Súmula 363 do STJ.

I – do vencimento do contrato, se houver;

II – do trânsito em julgado da decisão que os fixar;

III – da ultimação do serviço extrajudicial;

IV – da desistência ou transação;

V – da renúncia ou revogação do mandato.

Art. 25-A. Prescreve em cinco anos a ação de prestação de contas pelas quantias recebidas pelo advogado de seu cliente, ou de terceiros por conta dele (art. 34, XXI).

▶ Artigo acrescido pela Lei 11.902/2009.

Art. 26. O advogado substabelecido, com reserva de poderes, não pode cobrar honorários sem a intervenção daquele que lhe conferiu o substabelecimento.

Parágrafo único. O disposto no *caput* deste artigo não se aplica na hipótese de o advogado substabelecido, com reservas de poderes, possuir contrato celebrado com o cliente.

▶ Parágrafo único acrescido pela Lei 14.365/2022.

<div style="text-align:center">

CAPÍTULO VII

DAS INCOMPATIBILIDADES E IMPEDIMENTOS

</div>

Art. 27. A incompatibilidade determina a proibição total, e o impedimento, a proibição parcial do exercício da advocacia.

Art. 28. A advocacia é incompatível, mesmo em causa própria, com as seguintes atividades:

I – chefe do Poder Executivo e membros da Mesa do Poder Legislativo e seus substitutos legais;

II – membros de órgãos do Poder Judiciário, do Ministério Público, dos tribunais e conselhos de contas, dos juizados especiais, da justiça de paz, juízes classistas, bem como de todos os que exerçam função de julgamento em órgãos de deliberação coletiva da administração pública direta e indireta;

▶ O STF, no julgamento da ADIN 1.127-8 (*DOU 26.05.2006*), decidiu, por maioria, julgar parcialmente procedente a ação quanto a este inciso II, para excluir apenas os juízes eleitorais e seus suplentes.
▶ EC 24/1999 (Altera dispositivos da Constituição Federal relacionados à representação classista na Justiça do Trabalho e substitui as Juntas de Conciliação e Julgamento por Varas de Trabalho).

III – ocupantes de cargos ou funções de direção em Órgãos da Administração Pública direta ou indireta, em suas fundações e em suas empresas controladas ou concessionárias de serviço público;

IV – ocupantes de cargos ou funções vinculados direta ou indiretamente a qualquer órgão do Poder Judiciário e os que exercem serviços notariais e de registro;

V – ocupantes de cargos ou funções vinculados direta ou indiretamente a atividade policial de qualquer natureza;

VI – militares de qualquer natureza, na ativa;

VII – ocupantes de cargos ou funções que tenham competência de lançamento, arrecadação ou fiscalização de tributos e contribuições parafiscais;

VIII – ocupantes de funções de direção e gerência em instituições financeiras, inclusive privadas.

§ 1º A incompatibilidade permanece mesmo que o ocupante do cargo ou função deixe de exercê-lo temporariamente.

§ 2º Não se incluem nas hipóteses do inciso III os que não detenham poder de decisão relevante sobre interesses de terceiro, a juízo do conselho competente da OAB, bem como a administração acadêmica diretamente relacionada ao magistério jurídico.

§ 3º As causas de incompatibilidade previstas nas hipóteses dos incisos V e VI do *caput* deste artigo não se aplicam ao exercício da advocacia em causa própria, estritamente para fins de defesa e tutela de direitos pessoais, desde que mediante inscrição especial na OAB, vedada a participação em sociedade de advogados.

▶ O STF, na ADI 7.227, por unanimidade, declarou a inconstitucionalidade dos §§ 3º e 4º do art. 28 da Lei 8.906/1994. (DOU 27.03.2023)

§ 4º A inscrição especial a que se refere o § 3º deste artigo deverá constar do documento profissional de registro na OAB e é isenta o profissional do pagamento da contribuição anual, de multas e de preços de serviços devidos à OAB, na forma por ela estabelecida, vedada cobrança em valor superior ao exigido para os demais membros inscritos.

▶ §§ 3º e 4º acrescidos pela Lei 14.365/2022.
▶ O STF na ADI 7.227, por unanimidade, declarou a inconstitucionalidade dos §§ 3º e 4º do art. 28 da Lei 8.906/1994. (DOU 27.03.2023)

Art. 29. Os Procuradores-Gerais, Advogados-Gerais, Defensores-Gerais e dirigentes de órgãos jurídicos da Administração Pública direta, indireta e fundacional são exclusivamente legitimados para o exercício da advocacia vinculada à função que exerçam, durante o período da investidura.

Art. 30. São impedidos de exercer a advocacia:

I – os servidores da administração direta, indireta e fundacional, contra a Fazenda Pública que os remunere ou à qual seja vinculada a entidade empregadora;

II – os membros do Poder Legislativo, em seus diferentes níveis, contra ou a favor das pessoas jurídicas de direito público, empresas públicas, sociedades de economia mista, fundações públicas, entidades paraestatais ou empresas concessionárias ou permissionárias de serviço público.

Parágrafo único. Não se incluem nas hipóteses do inciso I os docentes dos cursos jurídicos.

<div style="text-align:center">

CAPÍTULO VIII

DA ÉTICA DO ADVOGADO

</div>

Art. 31. O advogado deve proceder de forma que o torne merecedor de respeito e que contribua para o prestígio da classe e da advocacia.

§ 1º O advogado, no exercício da profissão, deve manter independência em qualquer circunstância.

§ 2º Nenhum receio de desagradar a magistrado ou a qualquer autoridade, nem de incorrer em impopularidade, deve deter o advogado no exercício da profissão.

Art. 32. O advogado é responsável pelos atos que, no exercício profissional, praticar com dolo ou culpa.

▶ Art. 389 do CC.

Parágrafo único. Em caso de lide temerária, o advogado será solidariamente responsável com seu cliente, desde que coligado com este para lesar a parte contrária, o que será apurado em ação própria.

▶ Art. 80 do CC.

Art. 33. O advogado obriga-se a cumprir rigorosamente os deveres consignados no Código de Ética e Disciplina.

Parágrafo único. O Código de Ética e Disciplina regula os deveres do advogado para com a comunidade, o cliente, o outro profissional e, ainda, a publicidade, a recusa do patrocínio, o dever de assistência jurídica, o dever geral de urbanidade e os respectivos procedimentos disciplinares.

CAPÍTULO IX
DAS INFRAÇÕES E SANÇÕES DISCIPLINARES
▶ Resolução 1/2014 do SCACFOAB (Cadastro Nacional de Sanções Disciplinares).

Art. 34. Constitui infração disciplinar:

I – exercer a profissão, quando impedido de fazê-lo, ou facilitar, por qualquer meio, o seu exercício aos não inscritos, proibidos ou impedidos;

II – manter sociedade profissional fora das normas e preceitos estabelecidos nesta lei;

III – valer-se de agenciador de causas, mediante participação nos honorários a receber;

IV – angariar ou captar causas, com ou sem a intervenção de terceiros;

V – assinar qualquer escrito destinado a processo judicial ou para fim extrajudicial que não tenha feito, ou em que não tenha colaborado;

VI – advogar contra literal disposição de lei, presumindo-se a boa-fé quando fundamentado na inconstitucionalidade, na injustiça da lei ou em pronunciamento judicial anterior;
▶ Art. 80, I do CPC.

VII – violar, sem justa causa, sigilo profissional;

VIII – estabelecer entendimento com a parte adversa sem autorização do cliente ou ciência do advogado contrário;

IX – prejudicar, por culpa grave, interesse confiado ao seu patrocínio;
▶ Art. 355 do CP.

X – acarretar, conscientemente, por ato próprio, a anulação ou a nulidade do processo em que funcione;

XI – abandonar a causa sem justo motivo ou antes de decorridos dez dias da comunicação da renúncia;
▶ Art. 112 do CPC.

XII – recusar-se a prestar, sem justo motivo, assistência jurídica, quando nomeado em virtude de impossibilidade da Defensoria Pública;

XIII – fazer publicar na imprensa, desnecessária e habitualmente, alegações forenses ou relativas a causas pendentes;

XIV – deturpar o teor de dispositivo de lei, de citação doutrinária ou de julgado, bem como de depoimentos, documentos e alegações da parte contrária, para confundir o adversário ou iludir o juiz da causa;
▶ Art. 80, II do CPC.

XV – fazer, em nome do constituinte, sem autorização escrita deste, imputação a terceiro de fato definido como crime;

XVI – deixar de cumprir, no prazo estabelecido, determinação emanada do órgão ou de autoridade da Ordem, em matéria da competência desta, depois de regularmente notificado;

XVII – prestar concurso a clientes ou a terceiros para realização de ato contrário à lei ou destinado a fraudá-la;

XVIII – solicitar ou receber de constituinte qualquer importância para aplicação ilícita ou desonesta;
▶ Art. 317 do CP.

XIX – receber valores, da parte contrária ou de terceiro, relacionados com o objeto do mandato, sem expressa autorização do constituinte;

XX – locupletar-se, por qualquer forma, à custa do cliente ou da parte adversa, por si ou interposta pessoa;

XXI – recusar-se, injustificadamente, a prestar contas ao cliente de quantias recebidas dele ou de terceiros por conta dele;

XXII – reter, abusivamente, ou extraviar autos recebidos com vista ou em confiança;
▶ Arts. 234 do CPC.

XXIII – deixar de pagar as contribuições, multas e preços de serviços devidos à OAB, depois de regularmente notificado a fazê-lo;
▶ O STF, por unanimidade, julgou parcialmente procedente a ADIN 7.020 para declarar a inconstitucionalidade deste inciso. (DOU 10.01.2023).

XXIV – incidir em erros reiterados que evidenciem inépcia profissional;

XXV – manter conduta incompatível com a advocacia;

XXVI – fazer falsa prova de qualquer dos requisitos para inscrição na OAB;

XXVII – tornar-se moralmente inidôneo para o exercício da advocacia;

XXVIII – praticar crime infamante;

XXIX – praticar, o estagiário, ato excedente de sua habilitação.

XXX – praticar assédio moral, assédio sexual ou discriminação.
▶ Inciso XXX acrescido pela 14.612/2023.

§ 1º Inclui-se na conduta incompatível:
▶ Primitivo parágrafo único renumerado para § 1º pela Lei 14.612/2023.

a) prática reiterada de jogo de azar, não autorizado por lei;

b) incontinência pública e escandalosa;

c) embriaguez ou toxicomania habituais.

§ 2º Para os fins desta Lei, considera-se:
▶ § 2º acrescido pela Lei 14.612/2023.

I – assédio moral: a conduta praticada no exercício profissional ou em razão dele, por meio da repetição deliberada de gestos, palavras faladas ou escritas ou comportamentos que exponham o estagiário, o advogado ou qualquer outro profissional que esteja prestando seus serviços a situações humilhantes e constrangedoras, capazes de lhes causar ofensa à personalidade, à dignidade e à integridade psíquica ou física, com o objetivo de excluí-los das suas funções ou de desestabilizá-los emocionalmente, deteriorando o ambiente profissional;

II – assédio sexual: a conduta de conotação sexual praticada no exercício profissional ou em razão dele, manifestada fisicamente ou por palavras, gestos ou outros meios, proposta ou imposta à pessoa contra sua vontade, causando-lhe constrangimento e violando a sua liberdade sexual;

III – discriminação: a conduta comissiva ou omissiva que dispense tratamento constrangedor ou humilhante à pessoa ou grupo de pessoas, em razão de sua deficiência, pertença a determinada raça, cor ou sexo, procedência nacional ou regional, origem étnica, condição de gestante, lactante ou nutriz, faixa etária, religião ou outro fator.

Art. 35. As sanções disciplinares consistem em:

I – censura;

II – suspensão;

III – exclusão;

IV – multa.

Parágrafo único. As sanções devem constar dos assentamentos do inscrito, após o trânsito em julgado da decisão, não podendo ser objeto de publicidade a de censura.

Art. 36. A censura é aplicável nos casos de:

I – infrações definidas nos incisos I a XVI e XXIX do art. 34;

II – violação a preceito do Código de Ética e Disciplina;

III – violação a preceito desta lei, quando para a infração não se tenha estabelecido sanção mais grave.

Parágrafo único. A censura pode ser convertida em advertência, em ofício reservado, sem registro nos assentamentos do inscrito, quando presente circunstância atenuante.

Art. 37. A suspensão é aplicável nos casos de:
▶ O STF, por unanimidade, julgou parcialmente procedente a ADIN 7.020 para "declarar a inconstitucionalidade do art. 34, XXIII, desta lei, conferindo, ainda, interpretação conforme à CF a este art. 37, de modo a que a sanção de interdição de exercício profissional não seja aplicável à hipótese prevista no art. 34, XXIII. (DOU 10.01.2023).

I – infrações definidas nos incisos XVII a XXV e XXX do *caput* do art. 34 desta Lei;
▶ Inciso I com redação pela Lei 14.612/2023.

II – reincidência em infração disciplinar.

§ 1º A suspensão acarreta ao infrator a interdição do exercício profissional, em todo o território nacional, pelo prazo de 30 (trinta) dias a doze meses, de acordo com os critérios de individualização previstos neste capítulo.

§ 2º Nas hipóteses dos incisos XXI e XXIII do art. 34, a suspensão perdura até que satisfaça integralmente a dívida, inclusive com correção monetária.

§ 3º Na hipótese do inciso XXIV do art. 34, a suspensão perdura até que preste novas provas de habilitação.

Art. 38. A exclusão é aplicável nos casos de:

I – aplicação, por três vezes, de suspensão;

II – infrações definidas nos incisos XXVI a XXVIII do art. 34.

Parágrafo único. Para a aplicação da sanção disciplinar de exclusão, é necessária a manifestação favorável de dois terços dos membros do Conselho Seccional competente.

Art. 39. A multa, variável entre o mínimo correspondente ao valor de uma anuidade e o máximo de seu décuplo, é aplicável cumulativamente com a censura ou suspensão, em havendo circunstâncias agravantes.

Art. 40. Na aplicação das sanções disciplinares, são consideradas, para fins de atenuação, as seguintes circunstâncias, entre outras:

I – falta cometida na defesa de prerrogativa profissional;

II – ausência de punição disciplinar anterior;

III – exercício assíduo e proficiente de mandato ou cargo em qualquer órgão da OAB;

IV – prestação de relevantes serviços à advocacia ou à causa pública.

Parágrafo único. Os antecedentes profissionais do inscrito, as atenuantes, o grau de culpa por ele revelada, as circunstâncias e as consequências da infração são consideradas para o fim de decidir:

a) sobre a conveniência da aplicação cumulativa da multa e de outra sanção disciplinar;

b) sobre o tempo de suspensão e o valor da multa aplicáveis.

Art. 41. É permitido ao que tenha sofrido qualquer sanção disciplinar requerer, um ano após seu cumprimento, a reabilitação, em face de provas efetivas de bom comportamento.

Parágrafo único. Quando a sanção disciplinar resultar da prática de crime, o pedido de reabilitação depende também da correspondente reabilitação criminal.
▶ Arts. 743 a 750 do CPP.

Art. 42. Fica impedido de exercer o mandato o profissional a quem forem aplicadas as sanções disciplinares de suspensão ou exclusão.

Art. 43. A pretensão à punibilidade das infrações disciplinares prescreve em cinco anos, contados da data da constatação oficial do fato.

§ 1º Aplica-se a prescrição a todo processo disciplinar paralisado por mais de três anos, pendente de despacho ou julgamento, devendo ser arquivado de ofício, ou a requerimento da parte interessada, sem prejuízo de serem apuradas as responsabilidades pela paralisação.

§ 2º A prescrição interrompe-se:

I – pela instauração de processo disciplinar ou pela notificação válida feita diretamente ao representado;

II – pela decisão condenatória recorrível de qualquer órgão julgador da OAB.

TÍTULO II
Da Ordem dos Advogados do Brasil

CAPÍTULO I
DOS FINS E DA ORGANIZAÇÃO

Art. 44. A Ordem dos Advogados do Brasil (OAB), serviço público, dotada de personalidade jurídica e forma federativa, tem por finalidade:

I – defender a Constituição, a ordem jurídica do Estado democrático de direito, os direitos humanos, a justiça social, e pugnar pela boa aplicação das leis, pela rápida administração da justiça e pelo aperfeiçoamento da cultura e das instituições jurídicas;

II – promover, com exclusividade, a representação, a defesa, a seleção e a disciplina dos advogados em toda a República Federativa do Brasil.

§ 1º A OAB não mantém com órgãos da Administração Pública qualquer vínculo funcional ou hierárquico.

§ 2º O uso da sigla OAB é privativo da Ordem dos Advogados do Brasil.

Art. 45. São órgãos da OAB:

I – o Conselho Federal;

II – os Conselhos Seccionais;

III – as Subseções;

IV – as Caixas de Assistência dos Advogados.

§ 1º O Conselho Federal, dotado de personalidade jurídica própria, com sede na capital da República, é o órgão supremo da OAB.

§ 2º Os Conselhos Seccionais, dotados de personalidade jurídica própria, têm jurisdição sobre os respectivos territórios dos Estados-membros, do Distrito Federal e dos Territórios.

§ 3º As Subseções são partes autônomas do Conselho Seccional, na forma desta lei e de seu ato constitutivo.

§ 4º As Caixas de Assistência dos Advogados, dotadas de personalidade jurídica própria, são criadas pelos Conselhos Seccionais, quando estes contarem com mais de mil e quinhentos inscritos.

§ 5º A OAB, por constituir serviço público, goza de imunidade tributária total em relação a seus bens, rendas e serviços.

§ 6º Os atos, as notificações e as decisões dos órgãos da OAB, salvo quando reservados ou de administração interna, serão publicados no Diário Eletrônico da

Ordem dos Advogados do Brasil, a ser disponibilizado na internet, podendo ser afixados no fórum local, na íntegra ou em resumo.

▸ § 6º com redação pela Lei 13.688/2018.

Art. 46. Compete à OAB fixar e cobrar, de seus inscritos, contribuições, preços de serviços e multas.

Parágrafo único. Constitui título executivo extrajudicial a certidão passada pela diretoria do Conselho competente, relativa a crédito previsto neste artigo.

▸ Art. 784, V, do CPC.

Art. 47. O pagamento da contribuição anual à OAB isenta os inscritos nos seus quadros do pagamento obrigatório da contribuição sindical.

Art. 48. O cargo de conselheiro ou de membro de diretoria de órgão da OAB é de exercício gratuito e obrigatório, considerado serviço público relevante, inclusive para fins de disponibilidade e aposentadoria.

Art. 49. Os Presidentes dos Conselhos e das Subseções da OAB têm legitimidade para agir, judicial e extrajudicialmente, contra qualquer pessoa que infrinja as disposições ou os fins desta lei.

Parágrafo único. As autoridades mencionadas no *caput* deste artigo têm, ainda, legitimidade para intervir, inclusive como assistentes, nos inquéritos e processos em que sejam indiciados, acusados ou ofendidos os inscritos na OAB.

Art. 50. Para os fins desta lei, os Presidentes dos Conselhos da OAB e das Subseções podem requisitar cópias de peças de autos e documentos a qualquer tribunal, magistrado, cartório e órgão da Administração Pública direta, indireta e fundacional.

▸ O STF, no julgamento da ADIN 1.127-8 (*DOU 26.05.2006*), decidiu, por votação majoritária, quanto a este artigo, julgar parcialmente procedente a ação para, sem redução de texto, dar interpretação conforme ao dispositivo de modo a fazer compreender a palavra "requisitar" como dependente de motivação, compatibilização com as finalidades da lei e atendimento de custos desta requisição, ressalvando-se os documentos cobertos por sigilo.

CAPÍTULO II
DO CONSELHO FEDERAL

Art. 51. O Conselho Federal compõe-se:

I – dos conselheiros federais, integrantes das delegações de cada unidade federativa;

II – dos seus ex-presidentes, na qualidade de membros honorários vitalícios.

§ 1º Cada delegação é formada por três conselheiros federais.

§ 2º Os ex-presidentes têm direito apenas a voz nas sessões.

§ 3º O Instituto dos Advogados Brasileiros e a Federação Nacional dos Institutos dos Advogados do Brasil são membros honorários, somente com direito a voz nas sessões do Conselho Federal.

▸ § 3º acrescido pela Lei 14.365/2022, vetado pelo Presidente da República e rejeitado o veto pelo Congresso Nacional.

Art. 52. Os presidentes dos Conselhos Seccionais, nas sessões do Conselho Federal, têm lugar reservado junto à delegação respectiva e direito somente a voz.

Art. 53. O Conselho Federal tem sua estrutura e funcionamento definidos no Regulamento Geral da OAB.

§ 1º O Presidente, nas deliberações do Conselho, tem apenas o voto de qualidade.

§ 2º O voto é tomado por delegação, e não pode ser exercido nas matérias de interesse da unidade que represente.

§ 3º Na eleição para a escolha da Diretoria do Conselho Federal, cada membro da delegação terá direito a 1 (um) voto, vedado aos membros honorários vitalícios.

▸ § 3º acrescido pela Lei 11.179/2005.

Art. 54. Compete ao Conselho Federal:

I – dar cumprimento efetivo às finalidades da OAB;

II – representar, em juízo ou fora dele, os interesses coletivos ou individuais dos advogados;

III – velar pela dignidade, independência, prerrogativas e valorização da advocacia;

IV – representar, com exclusividade, os advogados brasileiros nos órgãos e eventos internacionais da advocacia;

V – editar e alterar o Regulamento Geral, o Código de Ética e Disciplina, e os Provimentos que julgar necessários;

VI – adotar medidas para assegurar o regular funcionamento dos Conselhos Seccionais;

VII – intervir nos Conselhos Seccionais, onde e quando constatar grave violação desta lei ou do regulamento geral;

VIII – cassar ou modificar, de ofício ou mediante representação, qualquer ato, de órgão ou autoridade da OAB, contrário a esta lei, ao regulamento geral, ao Código de Ética e Disciplina, e aos Provimentos, ouvida a autoridade ou o órgão em causa;

IX – julgar, em grau de recurso, as questões decididas pelos Conselhos Seccionais, nos casos previstos neste estatuto e no regulamento geral;

X – dispor sobre a identificação dos inscritos na OAB e sobre os respectivos símbolos privativos;

XI – apreciar o relatório anual e deliberar sobre o balanço e as contas de sua diretoria;

XII – homologar ou mandar suprir relatório anual, o balanço e as contas dos Conselhos Seccionais;

XIII – elaborar as listas constitucionalmente previstas, para o preenchimento dos cargos nos tribunais judiciários de âmbito nacional ou interestadual, com advogados que estejam em pleno exercício da profissão, vedada a inclusão de nome de membro do próprio Conselho ou de outro órgão da OAB.

▸ Art. 94 da CF.

XIV – ajuizar ação direta de inconstitucionalidade de normas legais e atos normativos, ação civil pública, mandado de segurança coletivo, mandado de injunção e demais ações cuja legitimação lhe seja outorgada por lei;

▸ Art. 103, VII, da CF.
▸ Lei 13.300/2016 (Mandado de Injunção Individual e Coletivo).

XV – colaborar com o aperfeiçoamento dos cursos jurídicos, e opinar, previamente, nos pedidos apresentados aos órgãos competentes para criação, reconhecimento ou credenciamento desses cursos;

XVI – autorizar, pela maioria absoluta das delegações, a oneração ou alienação de seus bens imóveis;

XVII – participar de concursos públicos, nos casos previstos na Constituição e na lei, em todas as suas fases, quando tiverem abrangência nacional ou interestadual;

▸ Art. 93, I, da CF.
▸ Art. 21, § 4º, da LC 73/1993 (Lei Orgânica da Advocacia-Geral da União).

XVIII – resolver os casos omissos neste estatuto.

XIX – fiscalizar, acompanhar e definir parâmetros e diretrizes da relação jurídica mantida entre advogados e sociedades de advogados ou entre escritório de advogados sócios e advogado associado, inclusive no que se refere ao cumprimento dos requisitos norteadores da associação sem vínculo empregatício;

XX – promover, por intermédio da Câmara de Mediação e Arbitragem, a solução sobre questões atinentes à relação entre advogados sócios ou associados e homologar, caso necessário, quitações de honorários entre advogados e sociedades de advogados, observado o disposto no inciso XXXV do *caput* do art. 5º da Constituição Federal.

▸ Incisos XIX e XX acrescidos pela Lei 14.365/2022.

Parágrafo único. A intervenção referida no inciso VII deste artigo depende de prévia aprovação por dois terços das delegações, garantido o amplo direito de defesa do Conselho Seccional respectivo, nomeando-se diretoria provisória para o prazo que se fixar.

Art. 55. A diretoria do Conselho Federal é composta de um Presidente, de um Vice-Presidente, de um Secretário-Geral, de um Secretário-Geral Adjunto e de um Tesoureiro.

§ 1º O Presidente exerce a representação nacional e internacional da OAB, competindo-lhe convocar o Conselho Federal, presidi-lo, representa-lo ativa e passivamente, em juízo ou fora dele, promover-lhe a administração patrimonial e dar execução às suas decisões.

§ 2º O regulamento geral define as atribuições dos membros da diretoria e a ordem de substituição em caso de vacância, licença, falta ou impedimento.

§ 3º Nas deliberações do Conselho Federal, os membros da diretoria votam como membros de suas delegações, cabendo ao Presidente, apenas, o voto de qualidade e o direito de embargar a decisão, se esta não for unânime.

CAPÍTULO III
DO CONSELHO SECCIONAL

Art. 56. O Conselho Seccional compõe-se de conselheiros em número proporcional ao de seus inscritos, segundo critérios estabelecidos no regulamento geral.

§ 1º São membros honorários vitalícios os seus ex-presidentes, somente com direito a voz em suas sessões.

§ 2º O Presidente do Instituto dos Advogados local é membro honorário, somente com direito a voz nas sessões do Conselho.

§ 3º Quando presentes às sessões do Conselho Seccional, o Presidente do Conselho Federal, os Conselheiros Federais integrantes da respectiva delegação, o Presidente da Caixa de Assistência dos Advogados e os Presidentes das Subseções, têm direito a voz.

Art. 57. O Conselho Seccional exerce e observa, no respectivo território, as competências, vedações e funções atribuídas ao Conselho Federal, no que couber e no âmbito de sua competência material e territorial, e as normas gerais estabelecidas nesta lei, no regulamento geral, no Código de Ética e Disciplina, e nos Provimentos.

Art. 58. Compete privativamente ao Conselho Seccional:

I – editar seu regimento interno e resoluções;

II – criar as Subseções e a Caixa de Assistência dos Advogados;

III – julgar, em grau de recurso, as questões decididas por seu Presidente, por sua diretoria, pelo Tribunal de Ética e Disciplina, pelas diretorias das Subseções e da Caixa de Assistência dos Advogados;

IV – fiscalizar a aplicação da receita, apreciar o relatório anual e deliberar sobre o balanço e as contas de sua diretoria, das diretorias das Subseções e da Caixa de Assistência dos Advogados;

V – fixar a tabela de honorários, válida para todo o território estadual;

VI – realizar o Exame de Ordem;

VII – decidir os pedidos de inscrição nos quadros de advogados e estagiários;

VIII – manter cadastro de seus inscritos;

IX – fixar, alterar e receber contribuições obrigatórias, preços de serviços e multas;

X – participar da elaboração dos concursos públicos, em todas as suas fases, nos casos previstos na Constituição e nas leis, no âmbito do seu território;

▸ Art. 93, I, da CF.
▸ Art. 78 da LC 35/1979 (Lei Orgânica da Magistratura Nacional).

XI – determinar, com exclusividade, critérios para o traje dos advogados, no exercício profissional;

XII – aprovar e modificar seu orçamento anual;

XIII – definir a composição e o funcionamento do Tribunal de Ética e Disciplina, e escolher seus membros;

XIV – eleger as listas, constitucionalmente previstas, para preenchimento dos cargos nos tribunais judiciários, no âmbito de sua competência e na forma do Provimento do Conselho Federal, vedada a inclusão de membros do próprio Conselho e de qualquer órgão da OAB;

▸ Art. 94 da CF.

XV – intervir nas Subseções e na Caixa de Assistência dos Advogados;

XVI – desempenhar outras atribuições previstas no regulamento geral.

XVII – fiscalizar, por designação expressa do Conselho Federal da OAB, a relação jurídica mantida entre advogados e sociedades de advogados e o advogado associado em atividade na circunscrição territorial de cada seccional, inclusive no que se refere ao cumprimento dos requisitos norteadores da associação sem vínculo empregatício;

XVIII – promover, por intermédio da Câmara de Mediação e Arbitragem, por designação do Conselho Federal da OAB, a solução sobre questões atinentes à relação entre advogados sócios ou associados e os escritórios de advocacia sediados na base da seccional e homologar, caso necessário, quitações de honorários entre advogados e sociedades de advogados, observado o disposto no inciso XXXV do *caput* do art. 5º da Constituição Federal.

▸ Incisos XVII e XVIII acrescidos pela Lei 14.365/2022.

Art. 59. A diretoria do Conselho Seccional tem composição idêntica e atribuições equivalentes às do Conselho Federal, na forma do regimento interno daquele.

CAPÍTULO IV
DA SUBSEÇÃO

Art. 60. A Subseção pode ser criada pelo Conselho Seccional, que fixa sua área territorial e seus limites de competência e autonomia.

§ 1º A área territorial da Subseção pode abranger um ou mais municípios, ou parte de município, inclusive da capital do Estado, contando com um mínimo de quinze advogados, nela profissionalmente domiciliados.

§ 2º A Subseção é administrada por uma diretoria, com atribuições e composição equivalentes às da diretoria do Conselho Seccional.

§ 3º Havendo mais de cem advogados, a Subseção pode ser integrada, também, por um conselho em número de membros fixado pelo Conselho Seccional.

§ 4º Os quantitativos referidos nos §§ 1º e 3º deste artigo podem ser ampliados, na forma do regimento interno do Conselho Seccional.

§ 5º Cabe ao Conselho Seccional fixar, em seu orçamento, dotações específicas destinadas à manutenção das Subseções.

§ 6º O Conselho Seccional, mediante o voto de dois terços de seus membros, pode intervir nas Subseções, onde constatar grave violação desta lei ou do regimento interno daquele.

Art. 61. Compete à Subseção, no âmbito de seu território:

I – dar cumprimento efetivo às finalidades da OAB;

II – velar pela dignidade, independência e valorização da advocacia, e fazer valer as prerrogativas do advogado;

III – representar a OAB perante os poderes constituídos;

IV – desempenhar as atribuições previstas no regulamento geral ou por delegação de competência do Conselho Seccional.

Parágrafo único. Ao Conselho da Subseção, quando houver, compete exercer as funções e atribuições do Conselho Seccional, na forma do regimento interno deste, e ainda:

a) editar seu regimento interno, a ser referendado pelo Conselho Seccional;

b) editar resoluções, no âmbito de sua competência;

c) instaurar e instruir processos disciplinares, para julgamento pelo Tribunal de Ética e Disciplina;

d) receber pedido de inscrição nos quadros de advogado e estagiário, instruindo e emitindo parecer prévio, para decisão do Conselho Seccional.

CAPÍTULO V
DA CAIXA DE ASSISTÊNCIA DOS ADVOGADOS

Art. 62. A Caixa de Assistência dos Advogados, com personalidade jurídica própria, destina-se a prestar assistência aos inscritos no Conselho Seccional a que se vincule.

§ 1º A Caixa é criada e adquire personalidade jurídica com a aprovação e registro de seu estatuto pelo respectivo Conselho Seccional da OAB, na forma do regulamento geral.

§ 2º A Caixa pode, em benefício dos advogados, promover a seguridade complementar.

§ 3º Compete ao Conselho Seccional fixar contribuição obrigatória devida por seus inscritos, destinada à manutenção do disposto no parágrafo anterior, incidente sobre atos decorrentes do efetivo exercício da advocacia.

§ 4º A diretoria da Caixa é composta de cinco membros, com atribuições definidas no seu regimento interno.

§ 5º Cabe à Caixa a metade da receita das anuidades recebidas pelo Conselho Seccional, considerado o valor resultante após as deduções regulamentares obrigatórias.

§ 6º Em caso de extinção ou desativação da Caixa, seu patrimônio se incorpora ao do Conselho Seccional respectivo.

§ 7º O Conselho Seccional, mediante voto de dois terços de seus membros, pode intervir na Caixa de Assistência dos Advogados, no caso de descumprimento de suas finalidades, designando diretoria provisória, enquanto durar a intervenção.

CAPÍTULO VI
DAS ELEIÇÕES E DOS MANDATOS

▸ Prov. 146/2011 do Conselho Federal da OAB (Procedimentos, critérios, condições de elegibilidade, normas de campanha eleitoral).

▸ Prov. 149/2012 do Conselho Federal da OAB (Acresce inc. IX ao § 1º do art. 6º do Prov. 146/2011).

Art. 63. A eleição dos membros de todos os órgãos da OAB será realizada na segunda quinzena do mês de novembro, do último ano do mandato, mediante cédula única e votação direta dos advogados regularmente inscritos.

§ 1º A eleição, na forma e segundo os critérios e procedimentos estabelecidos no regulamento geral, é de comparecimento obrigatório para todos os advogados inscritos na OAB.

§ 2º O candidato deve comprovar situação regular perante a OAB, não ocupar cargo exonerável *ad nutum*, não ter sido condenado por infração disciplinar, salvo reabilitação, e exercer efetivamente a profissão há mais de 3 (três) anos, nas eleições para os cargos de Conselheiro Seccional e das Subseções, quando houver, e há mais de 5 (cinco) anos, nas eleições para os demais cargos.

▸ § 2º com redação pela Lei 13.875/2019.

Art. 64. Consideram-se eleitos os candidatos integrantes da chapa que obtiver a maioria dos votos válidos.

§ 1º A chapa para o Conselho Seccional deve ser composta dos candidatos ao conselho e à sua diretoria e, ainda, à delegação ao Conselho Federal e à Diretoria da Caixa de Assistência dos Advogados para eleição conjunta.

§ 2º A chapa para a Subseção deve ser composta com os candidatos à diretoria, e de seu conselho quando houver.

Art. 65. O mandato em qualquer órgão da OAB é de três anos, iniciando-se em primeiro de janeiro do ano seguinte ao da eleição, salvo o Conselho Federal.

Parágrafo único. Os conselheiros federais eleitos iniciam seus mandatos em primeiro de fevereiro do ano seguinte ao da eleição.

Art. 66. Extingue-se o mandato automaticamente, antes do seu término, quando:

I – ocorrer qualquer hipótese de cancelamento de inscrição ou de licenciamento do profissional;

II – o titular sofrer condenação disciplinar;

III – o titular faltar, sem motivo justificado, a três reuniões ordinárias consecutivas de cada órgão deliberativo do conselho ou da diretoria da Subseção ou da Caixa de Assistência dos Advogados, não podendo ser reconduzido no mesmo período de mandato.

Parágrafo único. Extinto qualquer mandato, nas hipóteses deste artigo, cabe ao Conselho Seccional escolher o substituto, caso não haja suplente.

Art. 67. A eleição da Diretoria do Conselho Federal, que tomará posse no dia 1º de fevereiro, obedecerá às seguintes regras:

▸ Art. 17 do Prov. 146/2011 do Conselho Federal da OAB (Procedimento, critérios, condições de elegibilidade, normas de campanha eleitoral).

▸ Prov. 149/2012 do Conselho Federal da OAB (Acresce inciso IX ao § 1º do art. 6º do Prov. 146/2011).

I – será admitido registro, junto ao Conselho Federal, de candidatura à presidência, desde seis meses até um mês antes da eleição;

II – o requerimento de registro deverá vir acompanhado do apoiamento de, no mínimo, seis Conselhos Seccionais;

III – até um mês antes das eleições, deverá ser requerido o registro da chapa completa, sob pena de cancelamento da candidatura respectiva;

IV – no dia 31 de janeiro do ano seguinte ao da eleição, o Conselho Federal elegerá, em reunião presidida pelo conselheiro mais antigo, por voto secreto e para mandato de 3 (três) anos, sua diretoria, que tomará posse no dia seguinte;

▸ Inciso IV com redação pela Lei 11.179/2005.

V – será considerada eleita a chapa que obtiver maioria simples dos votos dos Conselheiros Federais, presente a metade mais 1 (um) de seus membros.

▸ Inciso V com redação pela Lei 11.179/2005.

Parágrafo único. Com exceção do candidato a Presidente, os demais integrantes da chapa deverão ser conselheiros federais eleitos.

TÍTULO III
Do Processo na OAB

CAPÍTULO I
DISPOSIÇÕES GERAIS

Art. 68. Salvo disposição em contrário, aplicam-se subsidiariamente ao processo disciplinar as regras da legislação processual penal comum e, aos demais processos, as regras gerais do procedimento administrativo comum e da legislação processual civil, nessa ordem.

Art. 69. Todos os prazos necessários à manifestação de advogados, estagiários e terceiros, nos processos em geral da OAB, são de quinze dias, inclusive para interposição de recursos.

§ 1º Nos casos de comunicação por ofício reservado ou de notificação pessoal, considera-se dia do começo do prazo o primeiro dia útil imediato ao da juntada aos autos do respectivo aviso de recebimento.

▸ § 1º com redação pela Lei 14.365/2022.

§ 2º No caso de atos, notificações e decisões divulgados por meio do *Diário Eletrônico da Ordem dos Advogados do Brasil*, o prazo terá início no primeiro dia útil seguinte à publicação, assim considerada o primeiro dia útil seguinte ao da disponibilização da informação no Diário.

▸ § 2º com redação pela Lei 13.688/2018.

CAPÍTULO II
DO PROCESSO DISCIPLINAR

▸ Resolução 1/2014 do SCACFOAB (Cadastro Nacional de Sanções Disciplinares).

Art. 70. O poder de punir disciplinarmente os inscritos na OAB compete exclusivamente ao Conselho Seccional em cuja base territorial tenha ocorrido a infração, salvo se a falta for cometida perante o Conselho Federal.

§ 1º Cabe ao Tribunal de Ética e Disciplina, do Conselho Seccional competente, julgar os processos disciplinares, instruídos pelas Subseções ou por relatores do próprio conselho.

§ 2º A decisão condenatória irrecorrível deve ser imediatamente comunicada ao Conselho Seccional onde o representado tenha inscrição principal, para constar dos respectivos assentamentos.

§ 3º O Tribunal de Ética e Disciplina do Conselho onde o acusado tenha inscrição principal pode suspendê-lo preventivamente, em caso de repercussão prejudicial à dignidade da advocacia, depois de ouvi-lo em sessão especial para a qual deve ser notificado a comparecer, salvo se não atender à notificação. Neste caso, o processo disciplinar deve ser concluído no prazo máximo de 90 (noventa) dias.

Art. 71. A jurisdição disciplinar não exclui a comum e, quando o fato constituir crime ou contravenção, deve ser comunicado às autoridades competentes.

Art. 72. O processo disciplinar instaura-se de ofício ou mediante representação de qualquer autoridade ou pessoa interessada.

§ 1º O Código de Ética e Disciplina estabelece os critérios de admissibilidade da representação e os procedimentos disciplinares.

§ 2º O processo disciplinar tramita em sigilo, até o seu término, só tendo acesso às suas informações as partes, seus defensores e a autoridade judiciária competente.

Art. 73. Recebida a representação, o Presidente deve designar relator, a quem compete a instrução do processo e o oferecimento de parecer preliminar a ser submetido ao Tribunal de Ética e Disciplina.

§ 1º Ao representado deve ser assegurado amplo direito de defesa, podendo acompanhar o processo em todos os termos, pessoalmente ou por intermédio de procurador, oferecendo defesa prévia após ser notificado, razões finais após a instrução e defesa oral perante o Tribunal de Ética e Disciplina, por ocasião do julgamento.

§ 2º Se, após a defesa prévia, o relator se manifestar pelo indeferimento liminar da representação, este deve ser decidido pelo Presidente do Conselho Seccional, para determinar seu arquivamento.

▸ Art. 5º, § 2º, do Código de Ética e Disciplina da OAB.

§ 3º O prazo para defesa prévia pode ser prorrogado por motivo relevante, a juízo do relator.

§ 4º Se o representado não for encontrado, ou for revel, o Presidente do Conselho ou da Subseção deve designar-lhe defensor dativo;

§ 5º É também permitida a revisão do processo disciplinar, por erro de julgamento ou por condenação baseada em falsa prova.

▸ Art. 61 do Código de Ética e Disciplina da OAB.

Art. 74. O Conselho Seccional pode adotar as medidas administrativas e judiciais pertinentes, objetivando a que o profissional suspenso ou excluído devolva os documentos de identificação.

CAPÍTULO III
DOS RECURSOS

Art. 75. Cabe recurso ao Conselho Federal de todas as decisões definitivas proferidas pelo Conselho Seccional, quando não tenham sido unânimes ou, sendo unânimes, contrariem esta lei, decisão do Conselho Federal ou de outro Conselho Seccional e, ainda, o regulamento geral, o Código de Ética e Disciplina e os Provimentos.

Parágrafo único. Além dos interessados, o Presidente do Conselho Seccional é legitimado a interpor o recurso referido neste artigo.

Art. 76. Cabe recurso ao Conselho Seccional de todas as decisões proferidas por seu Presidente, pelo Tribunal de Ética e Disciplina, ou pela diretoria da Subseção ou da Caixa de Assistência dos Advogados.

Art. 77. Todos os recursos têm efeito suspensivo, exceto quando tratarem de eleições (arts. 63 e seguintes), de suspensão preventiva decidida pelo Tribunal de Ética e Disciplina, e de cancelamento da inscrição obtida com falsa prova.

Parágrafo único. O regulamento geral disciplina o cabimento de recursos específicos, no âmbito de cada órgão julgador.

TÍTULO IV
Das Disposições Gerais e Transitórias

Art. 78. Cabe ao Conselho Federal da OAB, por deliberação de dois terços, pelo menos, das delegações, editar o regulamento geral deste estatuto, no prazo de 6 (seis) meses, contados da publicação desta lei.

▸ Regulamento Geral do EAOAB (*DJU 16.11.1994*).

Art. 79. Aos servidores da OAB, aplica-se o regime trabalhista.

§ 1º Aos servidores da OAB, sujeitos ao regime da Lei 8.112, de 11 de dezembro de 1990, é concedido o direito de opção pelo regime trabalhista, no prazo de 90 (noventa) dias a partir da vigência desta lei, sendo assegurado aos optantes o pagamento de indenização, quando da aposentadoria, correspondente a 5 (cinco) vezes o valor da última remuneração.

§ 2º Os servidores que não optarem pelo regime trabalhista serão posicionados no quadro em extinção, assegurado o direito adquirido ao regime legal anterior.

Art. 80. Os Conselhos Federal e Seccionais devem promover trienalmente as respectivas Conferências, em data não coincidente com o ano eleitoral, e, periodicamente, reunião do colégio de presidentes a eles vinculados, com finalidade consultiva.

Art. 81. Não se aplicam aos que tenham assumido originariamente o cargo de Presidente do Conselho Federal ou dos Conselhos Seccionais, até a data da publicação desta lei, as normas contidas no Título II, acerca da composição desses Conselhos, ficando assegurado o pleno direito de voz e voto em suas sessões.

Art. 82. Aplicam-se as alterações previstas nesta lei, quanto a mandatos, eleições, composição e atribuições dos órgãos da OAB, a partir do término do mandato dos atuais membros, devendo os Conselhos Federal e Seccionais disciplinarem os respectivos procedimentos de adaptação.

Parágrafo único. Os mandatos dos membros dos órgãos da OAB, eleitos na primeira eleição sob a vigência desta lei, e na forma do Capítulo VI do Título II, terão início no dia seguinte ao término dos atuais mandatos, encerrando-se em 31 de dezembro do terceiro ano do mandato e em 31 de janeiro do terceiro ano do mandato, neste caso com relação ao Conselho Federal.

Art. 83. Não se aplica o disposto no art. 28, inciso II, desta lei, aos membros do Ministério Público que, na data de promulgação da Constituição, se incluam na previsão do art. 29, § 3º, do seu Ato das Disposições Constitucionais Transitórias.

Art. 84. O estagiário, inscrito no respectivo quadro, fica dispensado do Exame de Ordem, desde que comprove, em até dois anos da promulgação desta lei, o exercício e resultado do estágio profissional ou a conclusão, com aproveitamento, do estágio de Prática Forense e Organização Judiciária, realizado junto à respectiva faculdade, na forma da legislação em vigor.

Art. 85. O Instituto dos Advogados Brasileiros, a Federação Nacional dos Institutos dos Advogados do Brasil e as instituições a eles filiadas têm qualidade para promover perante a OAB o que julgarem do interesse dos advogados em geral ou de qualquer de seus membros.
▸ Artigo com redação pela Lei 14.365/2022.

Art. 86. Esta lei entra em vigor na data de sua publicação.

Art. 87. Revogam-se as disposições em contrário, especialmente a Lei 4.215, de 27 de abril de 1963, a Lei 5.390, de 23 de fevereiro de 1968, o Decreto-Lei 505, de 18 de março de 1969, a Lei 5.681, de 20 de julho de 1971, a Lei 5.842, de 06 de dezembro de 1972, a Lei 5.960, de 10 de dezembro de 1973, a Lei 6.743, de 05 de dezembro de 1979, a Lei 6.884, de 09 de dezembro de 1980, a Lei 6.994, de 26 de maio de 1982, mantidos os efeitos da Lei 7.346, de 22 de julho de 1985.

Brasília, 4 de julho de 1994; 173º da Independência e 106º da República.

Itamar Franco

CÓDIGO DE ÉTICA E DISCIPLINA DA ORDEM DOS ADVOGADOS DO BRASIL – OAB

O Conselho Federal da Ordem dos Advogados do Brasil, ao instituir o Código de Ética e Disciplina, norteou-se por princípios que formam a consciência profissional do advogado e representam imperativos de sua conduta, os quais se traduzem nos seguintes mandamentos:

Lutar sem receio pelo primado da Justiça;

Pugnar pelo cumprimento da Constituição e pelo respeito à Lei, fazendo com que o ordenamento jurídico seja interpretado com retidão, em perfeita sintonia com os fins sociais a que se dirige e as exigências do bem comum;

Ser fiel à verdade para poder servir à Justiça como um de seus elementos essenciais;

Proceder com lealdade e boa-fé em suas relações profissionais e em todos os atos do seu ofício;

Empenhar-se na defesa das causas confiadas ao seu patrocínio, dando ao constituinte o amparo do Direito, e proporcionando-lhe a realização prática de seus legítimos interesses;

Comportar-se, nesse mister, com independência e altivez, defendendo com o mesmo denodo humildes e poderosos;

Exercer a advocacia com o indispensável senso profissional, mas também com desprendimento, jamais permitindo que o anseio de ganho material sobreleve a finalidade social do seu trabalho;

Aprimorar-se no culto dos princípios éticos e no domínio da ciência jurídica, de modo a tornar-se merecedor da confiança do cliente e da sociedade como um todo, pelos atributos intelectuais e pela probidade pessoal;

Agir, em suma, com a dignidade e a correção dos profissionais que honram e engrandecem a sua classe.

Inspirado nesses postulados, o Conselho Federal da Ordem dos Advogados do Brasil, no uso das atribuições que lhe são conferidas pelos arts. 33 e 54, V, da Lei 8.906, de 4 de julho de 1994, aprova e edita este Código, exortando os advogados brasileiros à sua fiel observância.
▸ Texto publicado pela Resolução 2/2015, do CFOAB.

DOU 04.11.2015

TÍTULO I
DA ÉTICA DO ADVOGADO

CAPÍTULO I
DOS PRINCÍPIOS FUNDAMENTAIS

Art. 1º O exercício da advocacia exige conduta compatível com os preceitos deste Código, do Estatuto, do Regulamento Geral, dos Provimentos e com os princípios da moral individual, social e profissional.

Art. 2º O advogado, indispensável à administração da Justiça, é defensor do Estado Democrático de Direito, dos direitos humanos e garantias fundamentais, da cidadania, da moralidade, da Justiça e da paz social, cumprindo-lhe exercer o seu ministério em consonância com a sua elevada função pública e com os valores que lhe são inerentes.

Parágrafo único. São deveres do advogado:

I – preservar, em sua conduta, a honra, a nobreza e a dignidade da profissão, zelando pelo caráter de essencialidade e indispensabilidade da advocacia;

II – atuar com destemor, independência, honestidade, decoro, veracidade, lealdade, dignidade e boa-fé;

III – velar por sua reputação pessoal e profissional;

IV – empenhar-se, permanentemente, no aperfeiçoamento pessoal e profissional;

V – contribuir para o aprimoramento das instituições, do Direito e das leis;

VI – estimular, a qualquer tempo, a conciliação e a mediação entre os litigantes, prevenindo, sempre que possível, a instauração de litígios;

VII – desaconselhar lides temerárias, a partir de um juízo preliminar de viabilidade jurídica;

VIII – abster-se de:

a) utilizar de influência indevida, em seu benefício ou do cliente;

b) vincular seu nome ou nome social a empreendimentos sabidamente escusos;
▸ Alínea *b* com redação pela Res. 7/2016 do CFOAB.

c) emprestar concurso aos que atentem contra a ética, a moral, a honestidade e a dignidade da pessoa humana;

d) entender-se diretamente com a parte adversa que tenha patrono constituído, sem o assentimento deste;

e) ingressar ou atuar em pleitos administrativos ou judiciais perante autoridades com as quais tenha vínculos negociais ou familiares;

f) contratar honorários advocatícios em valores aviltantes;

IX – pugnar pela solução dos problemas da cidadania e pela efetivação dos direitos individuais, coletivos e difusos;

X – adotar conduta consentânea com o papel de elemento indispensável à administração da Justiça;

XI – cumprir os encargos assumidos no âmbito da Ordem dos Advogados do Brasil ou na representação da classe;

XII – zelar pelos valores institucionais da OAB e da advocacia;

XIII – ater-se, quando no exercício da função de defensor público, à defesa dos necessitados.

Art. 3º O advogado deve ter consciência de que o Direito é um meio de mitigar as desigualdades para o encontro de soluções justas e que a lei é um instrumento para garantir a igualdade de todos.

Art. 3º-A. O advogado e a advogada devem atuar com perspectiva interseccional de gênero e raça em todas as etapas dos procedimentos judicial, administrativo e disciplinar, afastando estereótipos, preconceitos e problemas estruturais que possam causar indevido desequilíbrio na relação entre os sujeitos.

▸ Artigo acrescido pela Res. 05/2024/COP e regulamentado pelo Prov. 228/2024 CFOAB.

Art. 4º O advogado, ainda que vinculado ao cliente ou constituinte, mediante relação empregatícia ou por contrato de prestação permanente de serviços, ou como integrante de departamento jurídico, ou de órgão de assessoria jurídica, público ou privado, deve zelar pela sua liberdade e independência.

Parágrafo único. É legítima a recusa, pelo advogado, do patrocínio de causa e de manifestação, no âmbito consultivo, de pretensão concernente a direito que também lhe seja aplicável ou contrarie orientação que tenha manifestado anteriormente.

Art. 5º O exercício da advocacia é incompatível com qualquer procedimento de mercantilização.

Art. 6º É defeso ao advogado expor os fatos em Juízo ou na via administrativa falseando deliberadamente a verdade e utilizando de má-fé.

Art. 7º É vedado o oferecimento de serviços profissionais que implique, direta ou indiretamente, angariar ou captar clientela.

CAPÍTULO II
DA ADVOCACIA PÚBLICA

Art. 8º As disposições deste Código obrigam igualmente os órgãos de advocacia pública, e advogados públicos, incluindo aqueles que ocupem posição de chefia e direção jurídica.

§ 1º O advogado público exercerá suas funções com independência técnica, contribuindo para a solução ou redução de litigiosidade, sempre que possível.

§ 2º O advogado público, inclusive que exerce cargo de chefia ou direção jurídica, observará nas relações com os colegas, autoridades, servidores e o público em geral, o dever de urbanidade, tratando a todos com respeito e consideração, ao mesmo tempo em que preservará suas prerrogativas e o direito de receber igual tratamento das pessoas com as quais se relacione.

CAPÍTULO III
DAS RELAÇÕES COM O CLIENTE

Art. 9º O advogado deve informar o cliente, de modo claro e inequívoco, quanto a eventuais riscos da sua pretensão, e das consequências que poderão advir da demanda. Deve, igualmente, denunciar, desde logo, a quem lhe solicite parecer ou patrocínio, qualquer circunstância que possa influir na resolução de submeter-lhe a consulta ou confiar-lhe a causa.

Art. 10. As relações entre advogado e cliente baseiam-se na confiança recíproca. Sentindo o advogado que essa confiança lhe falta, é recomendável que externe ao cliente sua impressão e, não se dissipando as dúvidas existentes, promova, em seguida, o substabelecimento do mandato ou a ele renuncie.

Art. 11. O advogado, no exercício do mandato, atua como patrono da parte, cumprindo-lhe, por isso, imprimir à causa orientação que lhe pareça mais adequada, sem se subordinar a intenções contrárias do cliente, mas, antes, procurando esclarecê-lo quanto à estratégia traçada.

Art. 12. A conclusão ou desistência da causa, tenha havido, ou não, extinção do mandato, obriga o advogado a devolver ao cliente bens, valores e documentos que lhe hajam sido confiados e ainda estejam em seu poder, bem como a prestar-lhe contas, pormenorizadamente, sem prejuízo de esclarecimentos complementares que se mostrem pertinentes e necessários.

Parágrafo único. A parcela dos honorários paga pelos serviços até então prestados não se inclui entre os valores a ser devolvidos.

Art. 13. Concluída a causa ou arquivado o processo, presume-se cumprido e extinto o mandato.

Art. 14. O advogado não deve aceitar procuração de quem já tenha patrono constituído, sem prévio conhecimento deste, salvo por motivo plenamente justificável ou para adoção de medidas judiciais urgentes e inadiáveis.

Art. 15. O advogado não deve deixar ao abandono ou ao desamparo as causas sob seu patrocínio, sendo recomendável que, em face de dificuldades insuperáveis ou inércia do cliente quanto a providências que lhe tenham sido solicitadas, renuncie ao mandato.

Art. 16. A renúncia ao patrocínio deve ser feita sem menção do motivo que a determinou, cabendo cessar a responsabilidade profissional pelo acompanhamento da causa, uma vez decorrido o prazo previsto em lei (EAOAB, art. 5º, § 3º).

§ 1º A renúncia ao mandato não exclui responsabilidade por danos eventualmente causados ao cliente ou a terceiros.

§ 2º O advogado não será responsabilizado por omissão do cliente quanto a documento ou informação que lhe devesse fornecer para a prática oportuna de ato processual do seu interesse.

Art. 17. A revogação do mandato judicial por vontade do cliente não o desobriga do pagamento das verbas honorárias contratadas, assim como não retira o direito do advogado de receber o quanto lhe seja devido em eventual verba honorária de sucumbência, calculada proporcionalmente em face do serviço efetivamente prestado.

Art. 18. O mandato judicial ou extrajudicial não se extingue pelo decurso do tempo, salvo se o contrário for consignado no respectivo instrumento.

Art. 19. Os advogados integrantes da mesma sociedade profissional, ou reunidos em caráter permanente para cooperação recíproca, não podem representar, em juízo ou fora dele, clientes com interesses opostos.

Art. 20. Sobrevindo conflitos de interesse entre seus constituintes e não conseguindo o advogado harmonizá-los, caber-lhe-á optar, com prudência e discrição, por um dos mandatos, renunciando aos demais, resguardado sempre o sigilo profissional.

Art. 21. O advogado, ao postular em nome de terceiros, contra ex-cliente ou ex-empregador, judicial e extrajudicialmente, deve resguardar o sigilo profissional.

Art. 22. Ao advogado cumpre abster-se de patrocinar causa contrária à validade ou legitimidade de ato jurídico em cuja formação haja colaborado ou intervindo de qualquer maneira; da mesma forma, deve declinar seu impedimento ou o da sociedade que integre quando houver conflito de interesses motivado por intervenção anterior no trato de assunto que se prenda ao patrocínio solicitado.

Art. 23. É direito e dever do advogado assumir a defesa criminal, sem considerar sua própria opinião sobre a culpa do acusado.

Parágrafo único. Não há causa criminal indigna de defesa, cumprindo ao advogado agir, como defensor, no sentido de que a todos seja concedido tratamento condizente com a dignidade da pessoa humana, sob a égide das garantias constitucionais.

Art. 24. O advogado não se sujeita à imposição do cliente que pretenda ver com ele atuando outros advogados, nem fica na contingência de aceitar a indicação de outro profissional para com ele trabalhar no processo.

Art. 25. É defeso ao advogado funcionar no mesmo processo, simultaneamente, como patrono e preposto do empregador ou cliente.

Art. 26. O substabelecimento do mandato, com reserva de poderes, é ato pessoal do advogado da causa.

§ 1º O substabelecimento do mandato sem reserva de poderes exige o prévio e inequívoco conhecimento do cliente.

§ 2º O substabelecido com reserva de poderes deve ajustar antecipadamente seus honorários com o substabelecente.

<div align="center">

CAPÍTULO IV

DAS RELAÇÕES COM OS COLEGAS,
AGENTES POLÍTICOS, AUTORIDADES,
SERVIDORES PÚBLICOS E TERCEIROS

</div>

Art. 27. O advogado observará, nas suas relações com os colegas de profissão, agentes políticos, autoridades, servidores públicos e terceiros em geral, o dever de urbanidade, tratando a todos com respeito e consideração, ao mesmo tempo em que preservará seus direitos e prerrogativas, devendo exigir igual tratamento de todos com quem se relacione.

§ 1º O dever de urbanidade há de ser observado, da mesma forma, nos atos e manifestações relacionados aos pleitos eleitorais no âmbito da Ordem dos Advogados do Brasil.

§ 2º No caso de ofensa à honra do advogado ou à imagem da instituição, adotar-se-ão as medidas cabíveis, instaurando-se processo ético-disciplinar e dando-se ciência às autoridades competentes para apuração de eventual ilícito penal.

Art. 28. Consideram-se imperativos de uma correta atuação profissional o emprego de linguagem escorreita e polida, bem como a observância da boa técnica jurídica.

Art. 29. O advogado que se valer do concurso de colegas na prestação de serviços advocatícios, seja em caráter individual, seja no âmbito de sociedade de advogados ou de empresa ou entidade em que trabalhe, dispensar-lhes-á tratamento condigno, que não os torne subalternos seus nem lhes avilte os serviços prestados mediante remuneração incompatível com a natureza do trabalho profissional ou inferior ao mínimo fixado pela Tabela de Honorários que for aplicável.

Parágrafo único. Quando o aviltamento de honorários for praticado por empresas ou entidades públicas ou privadas, os advogados responsáveis pelo respectivo departamento ou gerência jurídica serão instados a corrigir o abuso, inclusive intervindo junto aos demais órgãos competentes e compor de poder de decisão da pessoa jurídica de que se trate, sem prejuízo das providências que a Ordem dos Advogados do Brasil possa adotar com o mesmo objetivo.

<div align="center">

CAPÍTULO V
DA ADVOCACIA PRO BONO

</div>

Art. 30. No exercício da advocacia *pro bono*, e ao atuar como defensor nomeado, conveniado ou dativo, o advogado empregará o zelo e a dedicação habituais, de forma que a parte por ele assistida se sinta amparada e confie no seu patrocínio.

§ 1º Considera-se advocacia *pro bono* a prestação gratuita, eventual e voluntária de serviços jurídicos em favor de instituições sociais sem fins econômicos e aos seus assistidos, sempre que os beneficiários não dispuserem de recursos para a contratação de profissional.

§ 2º A advocacia *pro bono* pode ser exercida em favor de pessoas naturais que, igualmente, não dispuserem de recursos para, sem prejuízo do próprio sustento, contratar advogado.

§ 3º A advocacia *pro bono* não pode ser utilizada para fins político-partidários ou eleitorais, nem beneficiar instituições que visem a tais objetivos, ou como instrumento de publicidade para captação de clientela.

<div align="center">

CAPÍTULO VI

DO EXERCÍCIO DE CARGOS E FUNÇÕES NA OAB E NA
REPRESENTAÇÃO DA CLASSE

</div>

Art. 31. O advogado, no exercício de cargos ou funções em órgãos da Ordem dos Advogados do Brasil ou na representação da classe junto a quaisquer instituições, órgãos ou comissões, públicos ou privados, manterá conduta consentânea com as disposições deste Código e que revele plena lealdade aos interesses, direitos e prerrogativas da classe dos advogados que representa.

Art. 32. Não poderá o advogado, enquanto exercer cargos ou funções em órgãos da OAB ou representar a classe junto a quaisquer instituições, órgãos ou comissões, públicos ou privados, firmar contrato oneroso de prestação de serviços ou fornecimento de produtos com tais entidades nem adquirir bens imóveis ou móveis infungíveis de quaisquer órgãos da OAB, ou a estes aliená-los.

▸ *Caput* com redação pela Resolução 4/2016.

Parágrafo único. Não há impedimento ao exercício remunerado de atividade de magistério na Escola Nacional de Advocacia – ENA, nas Escolas de Advocacia – ESAs e nas Bancas do Exame de Ordem, observados os princípios da moralidade e da modicidade dos valores estabelecidos a título de remuneração.

▸ Parágrafo único acrescido pela Resolução 4/2016.

Art. 33. Salvo em causa própria, não poderá o advogado, enquanto exercer cargos ou funções em órgãos da OAB ou tiver assento, em qualquer condição, nos seus Conselhos, atuar em processos que tramitem perante a entidade nem oferecer pareceres destinados a instruí-los.

Parágrafo único. A vedação estabelecida neste artigo não se aplica aos dirigentes de Seccionais quando atuem, nessa qualidade, como legitimados a recorrer nos processos em trâmite perante os órgãos da OAB.

Art. 34. Ao submeter seu nome à apreciação do Conselho Federal ou dos Conselhos Seccionais com vistas à inclusão em listas destinadas ao provimento de vagas reservadas à classe nos tribunais, no Conselho Nacional de Justiça, no Conselho Nacional do Ministério Público e em outros colegiados, o candidato assumirá o compromisso de respeitar os direitos e prerrogativas do advogado, não praticar nepotismo nem agir em desacordo com a moralidade administrativa e com os princípios deste Código, no exercício de seu mister.

<div align="center">

CAPÍTULO VII
DO SIGILO PROFISSIONAL

</div>

Art. 35. O advogado tem o dever de guardar sigilo dos fatos de que tome conhecimento no exercício da profissão.

Parágrafo único. O sigilo profissional abrange os fatos de que o advogado tenha tido conhecimento em virtude de funções desempenhadas na Ordem dos Advogados do Brasil.

Art. 36. O sigilo profissional é de ordem pública, independendo de solicitação de reserva que lhe seja feita pelo cliente.

§ 1º Presumem-se confidenciais as comunicações de qualquer natureza entre advogado e cliente.

§ 2º O advogado, quando no exercício das funções de mediador, conciliador e árbitro, se submete às regras de sigilo profissional.

Art. 37. O sigilo profissional cederá em face de circunstâncias excepcionais que configurem justa causa, como nos casos de grave ameaça ao direito à vida e à honra ou que envolvam defesa própria.

Art. 38. O advogado não é obrigado a depor, em processo ou procedimento judicial, administrativo ou arbitral, sobre fatos a cujo respeito deva guardar sigilo profissional.

<div align="center">

CAPÍTULO VIII
DA PUBLICIDADE PROFISSIONAL

</div>

Art. 39. A publicidade profissional do advogado tem caráter meramente informativo e deve primar pela discrição e sobriedade, não podendo configurar captação de clientela ou mercantilização da profissão.

Art. 40. Os meios utilizados para a publicidade profissional hão de ser compatíveis com a diretriz estabelecida no artigo anterior, sendo vedados:

I – a veiculação da publicidade por meio de rádio, cinema e televisão;

II – o uso de outdoors, painéis luminosos ou formas assemelhadas de publicidade;

III – as inscrições em muros, paredes, veículos, elevadores ou em qualquer espaço público;

IV – a divulgação de serviços de advocacia juntamente com a de outras atividades ou a indicação de vínculos entre uns e outras;

V – o fornecimento de dados de contato, como endereço e telefone, em colunas ou artigos literários, culturais, acadêmicos ou jurídicos, publicados na imprensa, bem assim quando de eventual participação em programas de rádio ou televisão, ou publicação de matérias pela internet, sendo permitida a referência a *e-mail*;

VI – a utilização de mala direta, a distribuição de panfletos ou formas assemelhadas de publicidade, com o intuito de captação de clientela.

Parágrafo único. Exclusivamente para fins de identificação dos escritórios de advocacia, é permitida a utilização de placas, painéis luminosos e inscrições em suas fachadas, desde que respeitadas as diretrizes previstas no artigo 39.

Art. 41. As colunas que o advogado mantiver nos meios de comunicação social ou os textos que por meio deles divulgar não deverão induzir o leitor a litigar nem promover, dessa forma, captação de clientela.

Art. 42. É vedado ao advogado:

I – responder com habitualidade a consulta sobre matéria jurídica, nos meios de comunicação social;

II – debater, em qualquer meio de comunicação, causa sob o patrocínio de outro advogado;

III – abordar tema de modo a comprometer a dignidade da profissão e da instituição que o congrega;

IV – divulgar ou deixar que sejam divulgadas listas de clientes e demandas;

V – insinuar-se para reportagens e declarações públicas.

Art. 43. O advogado que eventualmente participar de programa de televisão ou de rádio, de entrevista na imprensa, de reportagem televisionada ou veiculada por qualquer outro meio, para manifestação profissional, deve visar a objetivos exclusivamente ilustrativos, educacionais e instrutivos, sem propósito de promoção pessoal ou profissional, vedados pronunciamentos sobre métodos de trabalho usados por seus colegas de profissão.

Parágrafo único. Quando convidado para manifestação pública, por qualquer modo e forma, visando ao esclarecimento de tema jurídico de interesse geral, deve o advogado evitar insinuações com o sentido de promoção pessoal ou profissional, bem como o debate de caráter sensacionalista.

Art. 44. Na publicidade profissional que promover ou nos cartões e material de escritório de que se utilizar, o advogado fará constar seu nome, nome social ou o da sociedade de advogados, o número ou os números de inscrição na OAB.

▸ *Caput* com redação pela Res. 7/2016 do CFOAB.

§ 1º Poderão ser referidos apenas os títulos acadêmicos do advogado e as distinções honoríficas relacionadas à vida profissional, bem como as instituições jurídicas de que faça parte, o endereço, *e-mail*, *site*, página eletrônica, *QR code*, logotipo e a fotografia do escritório, o horário de atendimento e os idiomas em que o cliente poderá ser atendido.

§ 2º É vedada a inclusão de fotografias pessoais ou de terceiros nos cartões de visitas do advogado, bem como menção a qualquer emprego, cargo ou função ocupado,

atual ou pretérito, em qualquer órgão ou instituição, salvo o de professor universitário.

Art. 45. São admissíveis como formas de publicidade o patrocínio de eventos ou publicações de caráter científico ou cultural, assim como a divulgação de boletins, por meio físico ou eletrônico, sobre matéria cultural de interesse dos advogados, desde que sua circulação fique adstrita a clientes e a interessados do meio jurídico.

Art. 46. A publicidade veiculada pela internet ou por outros meios eletrônicos deverá observar as diretrizes estabelecidas neste capítulo.

Parágrafo único. A telefonia e a internet podem ser utilizadas como veículo de publicidade, inclusive para o envio de mensagens a destinatários certos, desde que estas não impliquem o oferecimento de serviços ou representem forma de captação de clientela.

Art. 47. As normas sobre publicidade profissional constantes deste capítulo poderão ser complementadas por outras que o Conselho Federal aprovar, observadas as diretrizes do presente Código.

Art. 47-A. Será admitida a celebração de termo de ajustamento de conduta no âmbito dos Conselhos Seccionais e do Conselho Federal para fazer cessar a publicidade irregular praticada por advogados e estagiários.
▶ Artigo acrescido pela Res. 04/2020, do CFOAB.

Parágrafo único. O termo previsto neste artigo será regulamentado mediante edição de provimento do Conselho Federal, que estabelecerá seus requisitos e condições.

CAPÍTULO IX
DOS HONORÁRIOS PROFISSIONAIS

Art. 48. A prestação de serviços profissionais por advogado, individualmente ou integrado em sociedades, será contratada, preferentemente, por escrito.

§ 1º O contrato de prestação de serviços de advocacia não exige forma especial, devendo estabelecer, porém, com clareza e precisão, o seu objeto, os honorários ajustados, a forma de pagamento, a extensão do patrocínio, esclarecendo se será abrangerá todos os atos do processo ou limitar-se-á a determinado grau de jurisdição, além de dispor sobre a hipótese de a causa encerrar-se mediante transação ou acordo.

§ 2º A compensação de créditos, pelo advogado, de importâncias devidas ao cliente, somente será admissível quando o contrato de prestação de serviços a autorizar ou quando houver autorização especial do cliente para esse fim, por este firmada.

§ 3º O contrato de prestação de serviços poderá dispor sobre a forma de contratação de profissionais para serviços auxiliares, bem como sobre o pagamento de custas e emolumentos, os quais, na ausência de disposição em contrário, presumem-se devam ser atendidos pelo cliente. Caso o contrato preveja que o advogado antecipe tais despesas, ser-lhe-á lícito reter o respectivo valor atualizado, no ato de prestação de contas, mediante comprovação documental.

§ 4º As disposições deste capítulo aplicam-se à mediação, à conciliação, à arbitragem ou a qualquer outro método adequado de solução dos conflitos.

§ 5º É vedada, em qualquer hipótese, a diminuição dos honorários contratados em decorrência da solução do litígio por qualquer mecanismo adequado de solução extrajudicial.

§ 6º Deverá o advogado observar o valor mínimo da Tabela de Honorários instituída pelo respectivo Conselho Seccional onde for realizado o serviço, inclusive aquele referente às diligências, sob pena de caracterizar-se aviltamento de honorários.

§ 7º O advogado promoverá, preferentemente, de forma destacada a execução dos honorários contratuais ou sucumbenciais.

Art. 49. Os honorários profissionais devem ser fixados com moderação, atendidos os elementos seguintes:

I – a relevância, o vulto, a complexidade e a dificuldade das questões versadas;

II – o trabalho e o tempo a ser empregados;

III – a possibilidade de ficar o advogado impedido de intervir em outros casos, ou de se desavir com outros clientes ou terceiros;

IV – o valor da causa, a condição econômica do cliente e o proveito para este resultante do serviço profissional;

V – o caráter da intervenção, conforme se trate de serviço a cliente eventual, frequente ou constante;

VI – o lugar da prestação dos serviços, conforme se trate do domicílio do advogado ou de outro;

VII – a competência do profissional;

VIII – a praxe do foro sobre trabalhos análogos.

Art. 50. Na hipótese da adoção de cláusula quota litis, os honorários devem ser necessariamente representados por pecúnia e, quando acrescidos dos honorários da sucumbência, não podem ser superiores às vantagens advindas a favor do cliente.

§ 1º A participação do advogado em bens particulares do cliente só é admitida em caráter excepcional, quando esse, comprovadamente, não tiver condições pecuniárias de satisfazer o débito de honorários e ajustar com o seu patrono, em instrumento contratual, tal forma de pagamento.

§ 2º Quando o objeto do serviço jurídico versar sobre prestações vencidas e vincendas, os honorários advocatícios poderão incidir sobre o valor de umas e outras, atendidos os requisitos da moderação e da razoabilidade.

Art. 51. Os honorários da sucumbência e os honorários contratuais, pertencendo ao advogado que houver atuado na causa, poderão ser por ele executados, assistindo-lhe direito autônomo para promover a execução do capítulo da sentença que os estabelecer ou para postular, quando for o caso, a expedição de precatório ou requisição de pequeno valor em seu favor.

§ 1º No caso de substabelecimento, a verba correspondente aos honorários da sucumbência será repartida entre o substabelecente e o substabelecido, proporcionalmente à atuação de cada um no processo ou conforme haja sido entre eles ajustado.

§ 2º Quando for o caso, a Ordem dos Advogados do Brasil ou os seus Tribunais de Ética e Disciplina poderão ser solicitados a indicar mediador que contribua no sentido de que a distribuição dos honorários da sucumbência, entre advogados, se faça segundo o critério estabelecido no § 1º.

§ 3º Nos processos disciplinares que envolverem divergência sobre a percepção de honorários da sucumbência, entre advogados, deverá ser tentada a conciliação destes, preliminarmente, pelo relator.

Art. 52. O crédito por honorários advocatícios, seja do advogado autônomo, seja de sociedade de advogados, não autoriza o saque de duplicatas ou qualquer outro título de crédito de natureza mercantil, podendo, apenas, ser emitida fatura, quando o cliente assim pretender, com fundamento no contrato de prestação de serviços, a qual, porém, não poderá ser levada a protesto.

Parágrafo único. Pode, todavia, ser levado a protesto o cheque ou a nota promissória emitido pelo cliente em favor do advogado, depois de frustrada a tentativa de recebimento amigável.

Art. 53. É lícito ao advogado ou à sociedade de advogados empregar, para o recebimento de honorários, sistema de cartão de crédito, mediante credenciamento junto a empresa operadora do ramo.

Parágrafo único. Eventuais ajustes com a empresa operadora que impliquem pagamento antecipado não afetarão a responsabilidade do advogado perante o cliente, em caso de rescisão do contrato de prestação de serviços, devendo ser observadas as disposições deste quanto à hipótese.

Art. 54. Havendo necessidade de promover arbitramento ou cobrança judicial de honorários, deve o advogado renunciar previamente ao mandato que receber do cliente em débito.

TÍTULO II
DO PROCESSO DISCIPLINAR

CAPÍTULO I
DOS PROCEDIMENTOS

Art. 55. O processo disciplinar instaura-se de ofício ou mediante representação do interessado.

§ 1º A instauração, de ofício, do processo disciplinar dar-se-á em função do conhecimento do fato, quando obtido por meio de fonte idônea ou em virtude de comunicação da autoridade competente.

§ 2º Não se considera fonte idônea a que consistir em denúncia anônima.

Art. 55-A. Os procedimentos na OAB observarão a tramitação e o julgamento com perspectiva de gênero e raça, a ser reconhecida de ofício ou por solicitação da parte interessada.
▶ Artigo acrescido pela Res. 05/2024/COP e regulamentado pelo Provimento 228/2024 CFOAB.

Parágrafo único. O Conselho Federal regulamentará o disposto no *caput* do presente artigo, mediante edição de Provimento.

Art. 56. A representação será formulada ao Presidente do Conselho Seccional ou ao Presidente da Subseção, por escrito ou verbalmente, devendo, neste último caso, ser reduzida a termo.

Parágrafo único. Nas Seccionais cujos Regimentos Internos atribuírem competência ao Tribunal de Ética

e Disciplina para instaurar o processo ético disciplinar, a representação poderá ser dirigida ao seu Presidente ou será a este encaminhada por qualquer dos dirigentes referidos no *caput* deste artigo que a houver recebido.

Art. 57. A representação deverá conter:

I – a identificação do representante, com a sua qualificação civil e endereço;

II – a narração dos fatos que a motivam, de forma que permita verificar a existência, em tese, de infração disciplinar;

III – os documentos que eventualmente a instruam e a indicação de outras provas a ser produzidas, bem como, se for o caso, o rol de testemunhas, até o máximo de cinco;

IV – a assinatura do representante ou a certificação de quem a tomou por termo, na impossibilidade de obtê-la.

Art. 58. Recebida a representação, o Presidente do Conselho Seccional ou o da Subseção, quando esta dispuser de Conselho, designa relator, por sorteio, um de seus integrantes, para presidir a instrução processual.

§ 1º Os atos de instrução processual podem ser delegados ao Tribunal de Ética e Disciplina, conforme dispuser o regimento interno do Conselho Seccional, caso em que caberá ao seu Presidente, por sorteio, designar relator.

§ 2º Antes do encaminhamento dos autos ao relator, serão juntadas a ficha cadastral do representado e certidão negativa ou positiva sobre a existência de punições anteriores, com menção das faltas atribuídas. Será providenciada, ainda, certidão sobre a existência ou não de representações em andamento, a qual, se positiva, será acompanhada da informação sobre as faltas imputadas.

§ 3º O relator, atendendo aos critérios de admissibilidade, emitirá parecer propondo a instauração de processo disciplinar ou o arquivamento liminar da representação, no prazo de 30 (trinta) dias, sob pena de redistribuição do feito pelo Presidente do Conselho Seccional ou da Subseção para outro relator, observando-se o mesmo prazo.

§ 4º O Presidente do Conselho competente ou, conforme o caso, o do Tribunal de Ética e Disciplina, proferirá despacho declarando instaurado o processo disciplinar ou determinando o arquivamento da representação, nos termos do parecer do relator ou segundo os fundamentos que adotar.

§ 5º A representação contra membros do Conselho Federal e Presidentes de Conselhos Seccionais é processada e julgada pelo Conselho Federal, sendo competente a Segunda Câmara reunida em sessão plenária. A representação contra membros da diretoria do Conselho Federal, Membros Honorários Vitalícios e detentores da Medalha Rui Barbosa será processada e julgada pelo Conselho Federal, sendo competente o Conselho Pleno.

§ 6º A representação contra dirigente de Subseção é processada e julgada pelo Conselho Seccional.

§ 7º Os Conselhos Seccionais poderão instituir Comissões de Admissibilidade no âmbito dos Tribunais de Ética e Disciplina, compostas por seus membros ou por Conselheiros Seccionais, com atribuição de análise prévia dos pressupostos de admissibilidade das representações ético-disciplinares, podendo propor seu arquivamento liminar.
▶ § 7º acrescido pela Resolução 4/2016.

Art. 58-A. Nos casos de infração ético-disciplinar punível com censura, será admissível a celebração de termo de ajustamento de conduta, se o fato apurado não tiver gerado repercussão negativa à advocacia.
▶ Artigo acrescido pela Res. 04/2020, do CFOAB.

Parágrafo único. O termo de ajustamento de conduta previsto neste artigo será regulamentado em provimento do Conselho Federal da OAB.

Art. 59. Compete ao relator do processo disciplinar determinar a notificação dos interessados para prestar esclarecimentos ou a do representado para apresentar defesa prévia, no prazo de 15 (quinze) dias, em qualquer caso.

§ 1º A notificação será expedida para o endereço constante do cadastro de inscritos do Conselho Seccional, observando-se, quanto ao mais, o disposto no Regulamento Geral.

§ 2º Se o representado não for encontrado ou ficar revel, o Presidente do Conselho competente ou, conforme o caso, o do Tribunal de Ética e Disciplina designar-lhe-á defensor dativo.

§ 3º Oferecida a defesa prévia, que deve ser acompanhada dos documentos que possam instruí-la e do rol de testemunhas, até o limite de 5 (cinco), será proferido despacho saneador, ressalvada a hipótese do § 2º do art. 73 do EAOAB, designada, se for o caso, audiência para oitiva do representante, do representado e das testemunhas.

§ 4º O representante e o representado incumbir-se-ão do comparecimento de suas testemunhas, salvo se, ao apresentarem o respectivo rol, requererem, por

motivo justificado, sejam elas notificadas a comparecer à audiência de instrução do processo.

§5º O relator pode determinar a realização de diligências que julgar convenientes, cumprindo-lhe dar andamento ao processo, de modo que este se desenvolva por impulso oficial.

§6º O relator somente indeferirá a produção de determinado meio de prova quando esse for ilícito, impertinente, desnecessário ou protelatório, devendo fazê-lo fundamentadamente.

§7º Concluída a instrução, o relator profere parecer preliminar fundamentado, a ser submetido ao Tribunal de Ética e Disciplina, dando enquadramento legal aos fatos imputados ao representado.

▸ § 7º com redação pela Res. 2/2022, do CFOAB.

§8º Abre-se, em seguida, prazo sucessivo de 15 (quinze) dias, ao interessado e ao representado, para apresentação de razões finais.

▸ § 8º com redação pela Res. 9/2021 do CFOAB.

Art. 60. O Presidente do Tribunal de Ética e Disciplina, após o recebimento do processo, devidamente instruído, designa, por sorteio, relator para proferir voto.

§ 1º Se o processo já estiver tramitando perante o Tribunal de Ética e Disciplina ou perante o Conselho competente, o relator não será o mesmo designado na fase de instrução.

§2º O processo será incluído em pauta na primeira sessão de julgamentos após a distribuição ao relator.

▸ § 2º com redação pela Res. 1/2016 do CFOAB.

§ 3º O representante e o representado são notificados pela Secretaria do Tribunal, com 15 (quinze) dias de antecedência, para comparecerem à sessão de julgamento.

§ 4º Na sessão de julgamento, após o voto do relator, é facultada a sustentação oral pelo tempo de 15 (quinze) minutos, primeiro pelo representante e, em seguida, pelo representado.

Art. 61. Do julgamento do processo disciplinar lavrar-se-á acórdão, do qual constarão, quando procedente a representação, o enquadramento legal da infração, a sanção aplicada, o quórum de instalação e o de deliberação, a indicação de haver sido esta adotada com base no voto do relator ou em voto divergente, bem como as circunstâncias agravantes ou atenuantes consideradas e as razões determinantes de eventual conversão da censura aplicada em advertência sem registro nos assentamentos do inscrito.

Art. 62. Nos acórdãos serão observadas, ainda, as seguintes regras:

§ 1º O acórdão trará sempre a ementa, contendo a essência da decisão.

§ 2º O autor do voto divergente que tenha prevalecido figurará como redator para o acórdão.

§ 3º O voto condutor da decisão deverá ser lançado nos autos, com os seus fundamentos.

§4º O voto divergente, ainda que vencido, deverá ter seus fundamentos lançados nos autos, em voto escrito ou em transcrição na ata de julgamento do voto oral proferido, com seus fundamentos.

§5º Será atualizado nos autos o relatório de antecedentes do representado, sempre que o relator o determinar.

Art. 63. Na hipótese prevista no art. 70, § 3º, do EAOAB, em sessão especial designada pelo Presidente do Tribunal, serão facultadas ao representado ou ao seu defensor a apresentação de defesa, a produção de prova e a sustentação oral.

Art. 64. As consultas submetidas ao Tribunal de Ética e Disciplina receberão autuação própria, sendo designado relator, por sorteio, para o seu exame, podendo o Presidente, em face da complexidade da questão, designar, subsequentemente, revisor.

Parágrafo único. O relator e o revisor têm prazo de 10 (dez) dias cada um para elaboração de seus pareceres, apresentando-os na primeira sessão seguinte, para deliberação.

Art. 65. As sessões do Tribunal de Ética e Disciplina obedecerão ao disposto no respectivo Regimento Interno, aplicando-selhes, subsidiariamente, o do Conselho Seccional.

Art. 66. A conduta dos interessados, no processo disciplinar, que se revele temerária ou caracterize a intenção de alterar a verdade dos fatos, assim como a interposição de recursos com intuito manifestamente protelatório, contrariam os princípios deste Código, sujeitando os responsáveis à correspondente sanção.

Art. 67. Os recursos contra decisões do Tribunal de Ética e Disciplina, ao Conselho Seccional, regem-se pelas disposições do Estatuto da Advocacia e da Ordem dos Advogados do Brasil, do Regulamento Geral e do Regimento Interno do Conselho Seccional.

Parágrafo único. O Tribunal dará conhecimento de todas as suas decisões ao Conselho Seccional, para que determine periodicamente a publicação de seus julgados.

Art. 68. Cabe revisão do processo disciplinar, na forma prevista no Estatuto da Advocacia e da Ordem dos Advogados do Brasil (art. 73, § 5º).

§1º Tem legitimidade para requerer a revisão o advogado punido com a sanção disciplinar.

§2º A competência para processar e julgar o processo de revisão é do órgão de que emanou a condenação final.

§3º Quando o órgão competente for o Conselho Federal, a revisão processar-se-á perante a Segunda Câmara, reunida em sessão plenária.

§ 4º Observar-se-á, na revisão, o procedimento do processo disciplinar, no que couber.

§5º O pedido de revisão terá autuação própria, devendo os autos respectivos ser apensados aos do processo disciplinar a que se refira.

§ 6º O pedido de revisão não suspende os efeitos da decisão condenatória, salvo quando o relator, ante a relevância dos fundamentos e o risco de consequências irreparáveis para o requerente, conceder tutela cautelar para que se suspenda a execução.

▸ § 6º acrescido pela Resolução 4/2016.

§7º A parte representante somente será notificada para integrar o processo de revisão quando o relator entender que deste poderá resultar dano ao interesse jurídico que haja motivado a representação.

▸ § 7º acrescido pela Resolução 4/2016.

Art. 69. O advogado que tenha sofrido sanção disciplinar poderá requerer reabilitação, no prazo e nas condições previstos no Estatuto da Advocacia e da Ordem dos Advogados do Brasil (art. 41).

§ 1º A competência para processar e julgar o pedido de reabilitação é do Conselho Seccional em que tenha sido aplicada a sanção disciplinar. Nos casos de competência originária do Conselho Federal, perante este tramitará o pedido de reabilitação.

§2º Observar-se-á, no pedido de reabilitação, o procedimento do processo disciplinar, no que couber.

§ 3º O pedido de reabilitação terá autuação própria, devendo os autos respectivos ser apensados aos do processo disciplinar a que se refira.

§4º O pedido de reabilitação será instruído com provas de bom comportamento, no exercício da advocacia e na vida social, cumprindo à Secretaria do Conselho competente certificar, nos autos, o efetivo cumprimento da sanção disciplinar pelo requerente.

§5º Quando o pedido não estiver suficientemente instruído, o relator assinará prazo ao requerente para que complemente a documentação; não cumprida a determinação, o pedido será liminarmente arquivado.

CAPÍTULO II
DOS ÓRGÃOS DISCIPLINARES

Seção I
Dos Tribunais de ética e disciplina

Art. 70. O Tribunal de Ética e Disciplina poderá funcionar dividido em órgãos fracionários, de acordo com seu regimento interno.

Art. 71. Compete aos Tribunais de Ética e Disciplina:

I – julgar, em primeiro grau, os processos ético-disciplinares;

II – responder a consultas formuladas, em tese, sobre matéria ético-disciplinar;

III – exercer as competências que lhe sejam conferidas pelo Regimento Interno da Seccional ou por este Código para a instauração, instrução e julgamento de processos ético-disciplinares;

IV – suspender, preventivamente, o acusado, em caso de conduta suscetível de acarretar repercussão prejudicial à advocacia, nos termos do Estatuto da Advocacia e da Ordem dos Advogados do Brasil;

V – organizar, promover e ministrar cursos, palestras, seminários e outros eventos da mesma natureza acerca da ética profissional do advogado ou estabelecer parcerias com as Escolas de Advocacia, com o mesmo objetivo;

VI – atuar como órgão mediador ou conciliador nas questões que envolvam:

a) dúvidas e pendências entre advogados;

b) partilha de honorários contratados em conjunto ou decorrentes de substabelecimento, bem como os que resultem de sucumbência, nas mesmas hipóteses;

c) controvérsias surgidas quando da dissolução de sociedade de advogados.

VII – em conjunto com o Conselho Federal e o Comitê de Acompanhamento e Capacitação sobre Julgamento com Perspectiva de Gênero e Raça, organizar, promover e desenvolver cursos, palestras, seminários e discussões a respeito de Julgamento com Perspectiva de Gênero e Raça, visando à formação da consciência dos julgadores, Conselheiros(as), servidores(as) e membros para afastar estereótipos, preconceitos e problemas estruturais que possam causar indevido desequilíbrio na relação entre os sujeitos.

▸ Inciso acrescido pela Res. 05/2024/COP e regulamentado pelo Provimento 228/2024 CFOAB.

Seção II
Das corregedorias-gerais

Art. 72. As Corregedorias-Gerais integram o sistema disciplinar da Ordem dos Advogados do Brasil.

§ 1º O Secretário-Geral Adjunto exerce, no âmbito do Conselho Federal, as funções de Corregedor-Geral, cuja competência é definida em Provimento.

§2º Nos Conselhos Seccionais, as Corregedorias-Gerais terão atribuições da mesma natureza, observando, no que couber, Provimento do Conselho Federal sobre a matéria.

§3º A Corregedoria-Geral do Processo Disciplinar coordenará ações do Conselho Federal e dos Conselhos Seccionais voltadas para o objetivo de reduzir a ocorrência das infrações disciplinares mais frequentes.

TÍTULO III
DAS DISPOSIÇÕES GERAIS E TRANSITÓRIAS

Art. 73. O Conselho Seccional deve oferecer os meios e o suporte de apoio material, logístico, de informática e de pessoal necessários ao pleno funcionamento e ao desenvolvimento das atividades do Tribunal de Ética e Disciplina.

§ 1º Os Conselhos Seccionais divulgarão, trimestralmente, na internet, a quantidade de processos ético-disciplinares em andamento e as punições decididas em caráter definitivo, preservadas as regras de sigilo.

§ 2º A divulgação das punições referidas no parágrafo anterior destacará cada infração tipificada no artigo 34 da Lei 8.906/94.

Art. 74. Em até 180 (cento e oitenta) dias após o início da vigência do presente Código de Ética e Disciplina da OAB, os Conselhos Seccionais e os Tribunais de Ética e Disciplina deverão elaborar ou rever seus Regimentos Internos, adaptando-os às novas regras e disposições deste Código. No caso dos Tribunais de Ética e Disciplina, os Regimentos Internos serão submetidos à aprovação do respectivo Conselho Seccional e, subsequentemente, do Conselho Federal.

Art. 75. A pauta de julgamentos do Tribunal é publicada no *Diário Eletrônico da OAB* e no quadro de avisos gerais, na sede do Conselho Seccional, com antecedência de 15 (quinze) dias, devendo ser dada prioridade, nos julgamentos, aos processos cujos interessados estiverem presentes à respectiva sessão.

▸ Artigo com redação pela Res. 5/2018 do CFOAB.

Art. 76. As disposições deste Código obrigam igualmente as sociedades de advogados, os consultores e as sociedades consultoras em direito estrangeiro e os estagiários, no que lhes forem aplicáveis.

Art. 77. As disposições deste Código aplicam-se, no que couber, à mediação, à conciliação e à arbitragem, quando exercidas por advogados.

Art. 78. Os autos do processo disciplinar podem ter caráter virtual, mediante adoção de processo eletrônico.

Parágrafo único. O Conselho Federal da OAB regulamentará em Provimento o processo ético-disciplinar por meio eletrônico.

Art. 79. Este Código entra em vigor a 1º de setembro de 2016, cabendo ao Conselho Federal e aos Conselhos Seccionais, bem como às Subseções da OAB, promover-lhe ampla divulgação.

▸ Artigo com redação pela Res. 3/2016 do CFOAB.

Art. 80. Fica revogado o Código de Ética e Disciplina editado em 13 de fevereiro de 1995, bem como as demais disposições em contrário.

Brasília, 19 de outubro de 2015.

Marcus Vinicius Furtado Coêlho

Presidente Nacional da OAB

Paulo Roberto De Gouvêa Medina

Relator originário e para sistematização final

Humberto Henrique Costa

Fernandes Do Rêgo

Relator em Plenário

REGULAMENTO GERAL DO ESTATUTO DA ADVOCACIA E DA OAB

Dispõe sobre o Regulamento Geral previsto na Lei 8.906, de 4 de julho de 1994.

DOU 16.11.1994

O Conselho Federal da Ordem dos Advogados do Brasil, no uso das atribuições conferidas pelos artigos 54, V, e 78 da Lei 8.906, de 4 de julho de 1994, resolve:

TÍTULO I
DA ADVOCACIA

CAPÍTULO I
DA ATIVIDADE DE ADVOCACIA

Seção I
Da atividade de advocacia em geral

Art. 1º A atividade de advocacia é exercida com observância da Lei 8.906/1994 (Estatuto), deste Regulamento Geral, do Código de Ética e Disciplina e dos Provimentos.

Art. 2º O visto do advogado em atos constitutivos de pessoas jurídicas, indispensável ao registro e arquivamento nos órgãos competentes, deve resultar da efetiva constatação, pelo profissional que os examinar, de que os respectivos instrumentos preenchem as exigências legais pertinentes.
▶ *Caput com redação pelo Conselho Pleno/CFOAB – DJU 12.12.2000.*

Parágrafo único. Estão impedidos de exercer o ato de advocacia referido neste artigo os advogados que prestem serviços a órgãos ou entidades da Administração Pública direta ou indireta, da unidade federativa a que se vincule a Junta Comercial, ou a quaisquer repartições administrativas competentes para o mencionado registro.

Art. 3º É defeso ao advogado funcionar no mesmo processo, simultaneamente, como patrono e preposto do empregador ou cliente.

Art. 4º A prática de atos privativos de advocacia, por profissionais e sociedades não inscritos na OAB, constitui exercício ilegal da profissão.

Parágrafo único. É defeso ao advogado prestar serviços de assessoria e consultoria jurídicas para terceiros, em sociedades que não possam ser registradas na OAB.

Art. 5º Considera-se efetivo exercício da atividade de advocacia a participação anual mínima em cinco atos privativos previstos no artigo 1º do Estatuto, em causas ou questões distintas.

Parágrafo único. A comprovação do efetivo exercício faz-se mediante:

a) certidão expedida por cartórios ou secretarias judiciais;

b) cópia autenticada de atos privativos;

c) certidão expedida pelo órgão público no qual o advogado exerça função privativa do seu ofício, indicando os atos praticados.

Art. 6º O advogado deve notificar o cliente da renúncia ao mandato (art. 5º, § 3º, do Estatuto), preferencialmente mediante carta com aviso de recepção, comunicando, após, o Juízo.

Art. 7º A função de diretoria e gerência jurídicas em qualquer empresa pública, privada ou paraestatal, inclusive em instituições financeiras, é privativa de advogado, não podendo ser exercida por quem não se encontre inscrito regularmente na OAB.

Art. 8º A incompatibilidade prevista no art. 28, II, do Estatuto, não se aplica aos advogados que participam dos órgãos nele referidos, na qualidade de titulares ou suplentes, como representantes dos advogados.
▶ *Artigo com redação pelo Conselho Pleno/CFOAB – DJU 12.12.2000.*

§ 1º Ficam, entretanto, impedidos de exercer a advocacia perante os órgãos em que atuam, enquanto durar a investidura.

§ 2º A indicação dos representantes dos advogados nos juizados especiais deverá ser promovida pela Subseção ou, na sua ausência, pelo Conselho Seccional.

Seção II
Da advocacia pública

Art. 9º Exercem a advocacia pública os integrantes da Advocacia-Geral da União, da Defensoria Pública e das Procuradorias e Consultorias Jurídicas dos Estados, do Distrito Federal, dos Municípios, das autarquias e das fundações públicas, estando obrigados à inscrição na OAB, para o exercício de suas atividades.

Parágrafo único. Os integrantes da advocacia pública são elegíveis e podem integrar qualquer órgão da OAB.

Art. 10. Os integrantes da advocacia pública, no exercício de atividade privativa prevista no artigo 1º do Estatuto, sujeitam-se ao regime do Estatuto, deste Regulamento Geral e do Código de Ética e Disciplina, inclusive quanto às infrações e sanções disciplinares.

Seção III
Do advogado empregado

Art. 11. Compete a sindicato de advogados e, na sua falta, a federação ou confederação de advogados, a representação destes nas convenções coletivas celebradas com as entidades sindicais representativas dos empregadores, nos acordos coletivos celebrados com a empresa empregadora e nos dissídios coletivos perante a Justiça do Trabalho, aplicáveis às relações de trabalho.

Art. 12. Para os fins do art. 20 da Lei 8.906/1994, considera-se dedicação exclusiva o regime de trabalho que for expressamente previsto em contrato individual de trabalho.
▶ *Artigo com redação pelo Conselho Pleno/CFOAB – DJU 12.12.2000.*

Parágrafo único. Em caso de dedicação exclusiva, serão remuneradas como extraordinárias as horas trabalhadas que excederem a jornada normal de 8 (oito) horas diárias.

Art. 13. *Revogado pelo Conselho Pleno do CFOAB – DJU 12.12.2000.*

Art. 14. Os honorários de sucumbência, por decorrerem precipuamente do exercício da advocacia e só acidentalmente da relação de emprego, não integram o salário ou a remuneração, não podendo, assim, ser considerados para efeitos trabalhistas ou previdenciários.

Parágrafo único. Os honorários de sucumbência dos advogados empregados constituem fundo comum, cuja destinação é decidida pelos profissionais integrantes do serviço jurídico da empresa ou por seus representantes.

CAPÍTULO II
DOS DIREITOS E DAS PRERROGATIVAS

Seção I
Da defesa judicial dos direitos e das prerrogativas

Art. 15. Compete ao Presidente do Conselho Federal, do Conselho Seccional ou da Subseção, ao tomar conhecimento de fato que possa causar, ou que já causou, violação de direitos ou prerrogativas da profissão, adotar as providências judiciais e extrajudiciais cabíveis para prevenir ou restaurar o império do Estatuto, em sua plenitude, inclusive mediante representação administrativa.

Parágrafo único. O Presidente pode designar advogado, investido de poderes bastantes, para as finalidades deste artigo.

Art. 16. Sem prejuízo da atuação de seu defensor, contará o advogado com a assistência de representante da OAB nos inquéritos policiais ou nas ações penais em que figurar como indiciado, acusado ou ofendido, sempre que o fato a ele imputado decorrer do exercício da profissão ou a este vincular-se.
▶ *Artigo com redação pelo Conselho Pleno/CFOAB – DJU 24.11.1997.*

Art. 17. Compete ao Presidente do Conselho ou da Subseção representar contra o responsável por abuso de autoridade, quando configurada hipótese de atentado à garantia legal de exercício profissional, prevista na Lei 4.898, de 9 de dezembro de 1965.

Seção II
Do desagravo público

Art. 18. O inscrito na OAB, quando ofendido comprovadamente em razão do exercício profissional ou de cargo ou função da OAB, tem direito ao desagravo público promovido pelo Conselho competente, de ofício, a seu pedido ou de qualquer pessoa.
▶ *Caput com redação pelo Conselho Pleno/OAB – DJU 24.11.1997.*

§ 1º O pedido será submetido à Diretoria do Conselho competente, que poderá, nos casos de urgência e notoriedade, conceder imediatamente o desagravo, *ad referendum* do órgão competente do Conselho, conforme definido em regimento interno.
▶ *§ 1º com redação pela Res. 1/2018 do CFOAB.*

§ 2º Nos demais casos, a Diretoria remeterá o pedido de desagravo ao órgão competente para instrução e decisão, podendo o relator, convencendo-se da existência de prova ou indício de ofensa relacionado ao exercício da profissão ou de cargo da OAB, solicitar informações da pessoa ou autoridade ofensora, no prazo de 15 (quinze) dias, sem que isso configure condição para a concessão do desagravo.
▶ *§ 2º com redação pela Res. 1/2018 do CFOAB.*

§ 3º O relator pode propor o arquivamento do pedido se a ofensa for pessoal, se não estiver relacionada com o exercício profissional ou com as prerrogativas gerais do advogado ou se configurar crítica de caráter doutrinário, político ou religioso.
▶ *§ 3º com redação pela Res. 1/2018 do CFOAB.*

§ 4º Recebidas ou não as informações e convencendo-se da procedência da ofensa, o relator emite parecer que é submetido ao órgão competente do Conselho, conforme definido em regimento interno.
▶ *§ 4º com redação pela Res. 1/2018 do CFOAB.*

§ 5º Os desagravos deverão ser decididos no prazo máximo de 60 (sessenta) dias.
▶ *§ 5º com redação pela Res. 1/2018 do CFOAB.*

§ 6º Em caso de acolhimento do parecer, é designada a sessão de desagravo, amplamente divulgada, devendo ocorrer, no prazo máximo de 30 (trinta) dias, preferencialmente, no local onde a ofensa foi sofrida ou onde se encontre a autoridade ofensora.
▶ *§ 6º com redação pela Res. 1/2018 do CFOAB.*

§ 7º Na sessão de desagravo o Presidente lê a nota a ser publicada na imprensa, encaminhada ao ofensor e às autoridades, e registrada nos assentamentos do inscrito e no Registro Nacional de Violações de Prerrogativas.
▶ *§ 7º com redação pela Res. 1/2018 do CFOAB.*

§ 8º Ocorrendo a ofensa no território da Subseção a que se vincule o inscrito, a sessão de desagravo pode ser promovida pela diretoria ou conselho da Subseção, com representação do Conselho Seccional.
▶ *§ 8º acrescido pela Res. 1/2018 do CFOAB.*

§ 9º O desagravo público, como instrumento de defesa dos direitos e prerrogativas da advocacia, não depende de concordância do ofendido, que não pode dispensá-lo, devendo ser promovido a critério do Conselho.

Art. 19. Compete ao Conselho Federal promover o desagravo público de Conselheiro Federal ou de Presidente de Conselho Seccional, quando ofendidos no exercício das atribuições de seus cargos e ainda quando a ofensa a advogado se revestir de relevância e grave violação às prerrogativas profissionais, com repercussão nacional.

Parágrafo único. O Conselho Federal, observado o procedimento previsto no art. 18 deste Regulamento, indica seus representantes para a sessão pública de desagravo, na sede do Conselho Seccional, salvo no caso de ofensa a Conselheiro Federal.

CAPÍTULO III
DA INSCRIÇÃO NA OAB

Art. 20. O requerente à inscrição principal no quadro de advogados presta o seguinte compromisso, de pé e com a mão direita no peito esquerdo, perante o Conselho Seccional, a Diretoria ou o Conselho da Subseção: "Prometo exercer a advocacia com dignidade e independência, observar a ética, os deveres e prerrogativas profissionais e defender a Constituição, a ordem jurídica do Estado Democrático, os direitos humanos, a justiça social, a boa aplicação das leis, a rápida administração da justiça e o aperfeiçoamento da cultura e das instituições jurídicas".
▶ *Caput com redação pela Resolução CFOAB 002/2024.*

§ 1º É indelegável, por sua natureza solene e personalíssima, o compromisso referido neste artigo.

§ 2º A conduta incompatível com a advocacia, comprovadamente imputável ao requerente, impede a inscrição no quadro de advogados.
▶ *Primitivo § 3º renumerado pelo Conselho Pleno/CFOAB – DJU 24.11.1997.*

§ 3º A inscrição no quadro de advogados da OAB é condicionada à consulta, pelo Conselho Seccional onde tramita o pedido de registro, ao banco de dados nacional de inidoneidade moral, o qual é alimentado por todas as Seccionais e pelo Conselho Federal.
▶ *§ 3º acrescido pela Resolução CFOAB 001/2024.*

Art. 21. O advogado pode requerer o registro, nos seus assentamentos, de fatos comprovados de sua atividade profissional ou cultural, ou a ela relacionados, e de serviços prestados à classe, à OAB e ao País.

Art. 22. O advogado, regularmente notificado, deve quitar seu débito relativo às anuidades, no prazo de 15 (quinze) dias da notificação, sob pena de suspensão, aplicada em processo disciplinar.
▶ *O Conselho Pleno do CFOAB, em decisão do Processo 4393/98/COP – DJU 03.11.1998, modificou o prazo de que trata este artigo.*

Parágrafo único. Cancela-se a inscrição quando ocorrer a terceira suspensão, relativa ao não pagamento de anuidades distintas.

Art. 23. O requerente à inscrição no quadro de advogados, na falta de diploma regularmente registrado, apresenta certidão de graduação em direito, acompanhada de cópia autenticada do respectivo histórico escolar.

Parágrafo único. *Revogado pelo Conselho Pleno/CFOAB – DJU 12.12.2000.*

Art. 24. Aos Conselhos Seccionais da OAB incumbe alimentar, automaticamente, por via eletrônica, o Cadastro Nacional dos Advogados – CNA, mantendo as informações correspondentes constantemente atualizadas.

▸ *Caput* com redação pela Res. 5/2016 do CFOAB.

§ 1º O CNA deve conter o nome completo de cada advogado, o nome social, o número de inscrição, o Conselho Seccional e a Subseção a que está vinculado, o número de inscrição no CPF, a filiação, o sexo, a autodeclaração de cor ou raça, a data de inscrição na OAB e sua modalidade, a existência de penalidades eventualmente aplicadas, estas em campo reservado, a fotografia, o endereço completo e o número de telefone profissional, o endereço do correio eletrônico e o nome da sociedade de advogados de que eventualmente faça parte, ou esteja associado, e, opcionalmente, o nome profissional, a existência de deficiência de que seja portador, opção para doação de órgãos, Registro Geral, data e órgão emissor, número do título de eleitor, zona, seção, UF eleitoral, certificado militar e passaporte.

▸ § 1º com redação pela Res. 3/2020 do CFOAB.

§ 2º No cadastro são incluídas, igualmente, informações sobre o cancelamento das inscrições.

▸ § 2º com redação pela Res. 1/2012 do CFOAB.

§ 3º O Conselho Seccional em que o advogado mantenha inscrição suplementar deverá registrar a punição disciplinar imposta por outra Seccional, no CNA, em até 24 (vinte e quatro) horas, a contar da comunicação de que trata o art. 70, § 2º, do EAOAB.

▸ § 3º acrescido pela Res. 3/202018 do CFOAB.

Art. 24-A. Aos Conselhos Seccionais da OAB incumbe alimentar, automaticamente e em tempo real, por via eletrônica, o Cadastro Nacional das Sociedades de Advogados – CNSA, mantendo as informações correspondentes constantemente atualizadas.

▸ *Caput* acrescido pela Res. 1/2012 do CFOAB.

§ 1º O CNSA deve conter a razão social, o número de registro perante a seccional, a data do pedido de registro e a do efetivo registro, o prazo de duração, o endereço completo, inclusive telefone e correio eletrônico, nome, nome social e qualificação de todos os sócios e as modificações ocorridas em seu quadro social.

▸ § 1º com redação pela Res. 5/2016 do CFOAB.

§ 2º Mantendo a sociedade filiais, os dados destas, bem como os números de inscrição suplementar de seus sócios (Provimento 112/2006, art. 7º, § 1º), após averbados no Conselho Seccional no qual se localiza o escritório sede, serão averbados no CNSA.

▸ § 2º acrescido pela Res. 1/2012 do CFOAB.

§ 3º São igualmente averbados no CNSA os ajustes de associação ou de colaboração.

▸ § 3º acrescido pela Res. 1/2012 do CFOAB.

§ 4º São proibidas razões sociais iguais ou semelhantes, prevalecendo a razão social da sociedade com inscrição mais antiga.

▸ § 4º acrescido pela Res. 1/2012 do CFOAB.

§ 5º Constatando-se semelhança ou identidade de razões sociais, o Conselho Federal da OAB solicitará, de ofício, a alteração da razão social mais recente, caso a sociedade com registro mais recente não requeira a alteração da sua razão social, acrescentando ou excluindo dados que a distinga da sociedade precedentemente registrada.

▸ § 5º acrescido pela Res. 1/2012 do CFOAB.

§ 6º Verificado conflito de interesses envolvendo sociedades em razão de identidade ou semelhança de razões sociais, em Estados diversos, a questão será apreciada pelo Conselho Federal da OAB, garantindo-se o devido processo legal.

▸ § 6º acrescido pela Res. 1/2012 do CFOAB.

Art. 24-B. Aplicam-se ao Cadastro Nacional das Sociedades de Advogados – CNSA as normas estabelecidas no Provimento 95/2000 para os advogados, assim como as restrições quanto à divulgação das informações nele inseridas.

▸ Artigo acrescido pela Res. 1/2012 do CFOAB.

Art. 25. Os pedidos de transferência de inscrição de advogados são regulados em Provimento do Conselho Federal.

▸ Artigo com redação pelo Conselho Pleno/CFOAB – *DJU 24.11.1997.*

Art. 26. O advogado fica dispensado de comunicar o exercício eventual da profissão, até o total de cinco causas por ano, acima do qual obriga-se à inscrição suplementar.

<center>CAPÍTULO IV</center>
<center>DO ESTÁGIO PROFISSIONAL</center>

Art. 27. O estágio profissional de advocacia, inclusive para graduados, é requisito necessário à inscrição no quadro de estagiários da OAB e meio adequado de aprendizagem prática.

§ 1º O estágio profissional de advocacia pode ser oferecido pela instituição de ensino superior autorizada e credenciada, em convênio com a OAB, complementando-se a carga horária do estágio curricular supervisionado com atividades práticas típicas de advogado e de estudo do Estatuto e do Código de Ética e Disciplina, observado o tempo conjunto mínimo de 300 (trezentas) horas, distribuído em 2 (dois) ou mais anos.

§ 2º A complementação da carga horária, no total estabelecido no convênio, pode ser efetivada na forma de atividades jurídicas no núcleo de prática jurídica da instituição de ensino, na Defensoria Pública, em escritórios de advocacia ou em setores jurídicos públicos ou privados, credenciados e fiscalizados pela OAB.

§ 3º As atividades de estágio ministrado por instituição de ensino, para fins de convênio com a OAB, são exclusivamente práticas, incluindo a redação de atos processuais e profissionais, as rotinas processuais, a assistência e a atuação em audiências e sessões, as visitas a órgãos judiciários, a prestação de serviços jurídicos e as técnicas de negociação coletiva, de arbitragem e de conciliação.

Art. 28. O estágio realizado na Defensoria Pública da União, do Distrito Federal ou dos Estados, na forma do artigo 145 da Lei Complementar 80, de 12 de janeiro de 1994, é considerado válido para fins de inscrição no quadro de estagiários da OAB.

Art. 29. Os atos de advocacia, previstos no artigo 1º do Estatuto, podem ser subscritos por estagiário inscrito na OAB, em conjunto com o advogado ou o defensor público.

§ 1º O estagiário inscrito na OAB pode praticar isoladamente os seguintes atos, sob a responsabilidade do advogado:

I – retirar e devolver autos em cartório, assinando a respectiva carga;

II – obter junto aos escrivães e chefes de secretarias certidões de peças ou autos de processos em curso ou findos;

III – assinar petições de juntada de documentos a processos judiciais ou administrativos.

§ 2º Para o exercício de atos extrajudiciais, o estagiário pode comparecer isoladamente, quando receber autorização ou substabelecimento do advogado.

Art. 30. O estágio profissional de advocacia, realizado integralmente fora da instituição de ensino, compreende as atividades fixadas em convênio entre o escritório de advocacia ou entidade que receba o estagiário e a OAB.

Art. 31. Cada Conselho Seccional mantém uma Comissão de Estágio e Exame de Ordem, a quem incumbe coordenar, fiscalizar e executar as atividades decorrentes do estágio profissional da advocacia.

▸ *Caput* com redação pela Res. 1/2011 do CFOAB.

§ 1º Os convênios de estágio profissional e suas alterações, firmados pelo Presidente do Conselho ou da Subseção, quando esta receber delegação de competência, são previamente elaborados pela Comissão, que tem poderes para negociá-los com as instituições interessadas.

▸ § 1º com redação pela Res. 1/2011 do CFOAB.

§ 2º A Comissão pode instituir subcomissões nas Subseções.

§ 3º *Revogado pela Res. 1/2011 do CFOAB.*

§ 4º Compete ao Presidente do Conselho Seccional designar a Comissão, que pode ser composta por advogados não integrantes do Conselho.

<center>CAPÍTULO V</center>
<center>DA IDENTIDADE PROFISSIONAL</center>

Art. 32. São documentos de identidade profissional a carteira e o cartão expedido pela OAB aos advogados e as advogadas, os quais poderão ser emitidos no formato digital, de uso obrigatório para o exercício das atividades profissionais.

▸ Artigo com redação pela Res. 03/2024 COP/CFOAB.

§ 1º O uso do cartão dispensa o da carteira.

▸ § 1º renumerado pela Res. 03/2024 COP/CFOAB.

§ 2º Aos estagiários inscritos fica obrigatória a emissão de cartão de identidade, sendo que a expedição de carteira no formato estabelecido no artigo 33, somente ocorrerá em caso de requerimento específico com o pagamento de taxa estabelecida pela Seccional a qual estiver o estagiário vinculado.

▸ § 2º acrescido pela Res. 03/2024 COP/CFOAB.

Art. 33. A carteira de identidade do advogado, relativa à inscrição originária, tem as dimensões de 7,00 (sete) x 11,00 (onze) centímetros e observa os seguintes critérios:

I – a capa, em fundo vermelho, contém as armas da República e as expressões "Ordem dos Advogados do Brasil" e "Carteira de Identidade de Advogado";

II – a primeira página repete o conteúdo da capa, acrescentado da expressão "Conselho Seccional de (...)" e o inteiro teor do artigo 13 do Estatuto;

III – a segunda página destina-se aos dados de identificação do advogado, na seguinte ordem: número da inscrição, nome, nome social, filiação, naturalidade, data do nascimento, nacionalidade, data da colação de grau, data do compromisso e data da expedição, e à assinatura do Presidente do Conselho Seccional;

▸ Inciso III com redação pela Res. 5/2016 do CFOAB.

IV – a terceira página é dividida para os espaços de uma foto 3 (três) x 4 (quatro) centímetros, da impressão digital e da assinatura do portador;

V – as demais páginas, em branco e numeradas, destinam-se ao reconhecimento de firma dos signatários e às anotações da OAB, firmadas pelo Secretário-Geral ou Adjunto, incluindo as incompatibilidades e os impedimentos, o exercício de mandatos, as designações para comissões, as funções na OAB, os serviços relevantes à profissão e os dados da inscrição suplementar, pelo Conselho que a deferir;

VI – a última página destina-se à transcrição do art. 7º do Estatuto.

Parágrafo único. O nome social é a designação pela qual a pessoa travesti ou transexual se identifica e é socialmente reconhecida e será inserido na identificação do advogado mediante requerimento.

▸ Parágrafo único com redação pela Res. 5/2016 do CFOAB.

Art. 34. O cartão de identidade tem o mesmo modelo e conteúdo do cartão de identificação pessoal (registro geral), com as seguintes adaptações, segundo o modelo aprovado pela Diretoria do Conselho Federal:

I – o fundo é de cor branca e a impressão dos caracteres e armas da República, de cor vermelha;

II – O anverso contém os seguintes dados, nesta sequência: Ordem dos Advogados do Brasil, Conselho Seccional de (...), Identidade de Advogado (em destaque), nº da inscrição, nome, nome social, filiação, naturalidade, data do nascimento e data da expedição, e a assinatura do Presidente, podendo ser acrescentados os dados de identificação de registro geral, de CPF, eleitoral e outros;

▸ Inciso II com redação pela Res. 5/2016 do CFOAB.

III – o verso destina-se à fotografia, observações e assinatura do portador.

▸ Inciso III com redação pela Res. 4/2006 do CFOAB.

§ 1º No caso de inscrição suplementar o cartão é específico, indicando-se: "Nº da Inscrição Suplementar:" (em negrito ou sublinhado).

§ 2º Os Conselhos Federal e Seccionais podem emitir cartão de identidade para os seus membros e para os membros das Subseções, acrescentando, abaixo do termo "Identidade de Advogado", sua qualificação de conselheiro ou dirigente da OAB e, no verso, o prazo de validade, coincidente com o mandato.

§ 3º O cartão de identidade profissional digital dos advogados e estagiários, constituindo versão eletrônica de identidade para todos os fins legais (art. 13 da Lei 8.906/94 – EAOAB), submete-se à disciplina prevista no presente artigo.

▸ § 3º acrescido pela Res. 1/2020 do CFOAB.

Art. 35. O cartão de identidade do estagiário tem o mesmo modelo e conteúdo do cartão de identidade do advogado, com a indicação de "Identidade de Estagiário", em destaque, e do prazo de validade, que não pode ultrapassar 3 (três) anos nem ser prorrogado.

Parágrafo único. O cartão de identidade do estagiário perde sua validade imediatamente após a prestação do compromisso como advogado.

▸ Parágrafo único com redação pelo Conselho Pleno/CFOAB – *DJU 24.11.1997.*

Art. 36. O suporte material do cartão de identidade é resistente, devendo conter dispositivo para armazenamento de certificado digital.

▸ Artigo com redação pela Res. 2/2006 do CFOAB.

<center>CAPÍTULO VI</center>
<center>DAS SOCIEDADES DE ADVOGADOS</center>

Art. 37. Os advogados podem constituir sociedade simples, unipessoal ou pluripessoal, de prestação de serviços de advocacia, a qual deve ser regularmente registrada no Conselho Seccional da OAB em cuja base territorial tiver sede.

▸ *Caput* com redação pela Res. 2/2016 do CFOAB.

§ 1º As atividades profissionais privativas dos advogados são exercidas individualmente, ainda que revertam à sociedade os honorários respectivos.

▸ Primitivo parágrafo único renumerado pela Res. 2/2016 do CFOAB.

§ 2º As sociedades unipessoais e as pluripessoais de advocacia são reguladas em Provimento do Conselho Federal.

▸ § 2º acrescido pela Res. 2/2016 do CFOAB.

Art. 38. O nome completo ou abreviado, ou o nome social de, no mínimo, um advogado responsável pela sociedade consta obrigatoriamente da razão social,

podendo permanecer o nome ou o nome social de sócio falecido se, no ato constitutivo ou na alteração contratual em vigor, essa possibilidade tiver sido prevista.

▶ Artigo com redação pela Res. 5/2016 do CFOAB (DOU 05.07.2016).

Art. 39. A sociedade de advogados pode associar-se com advogados, sem vínculo de emprego, para participação nos resultados.

▶ Prov. 169/2015 do CFOAB.

Parágrafo único. Os contratos referidos neste artigo são averbados no registro da sociedade de advogados.

Art. 40. Os advogados sócios e os associados respondem subsidiária e ilimitadamente pelos danos causados diretamente ao cliente, nas hipóteses de dolo ou culpa e por ação ou omissão, no exercício dos atos privativos da advocacia, sem prejuízo da responsabilidade disciplinar em que possam incorrer.

Art. 41. As sociedades de advogados podem adotar qualquer forma de administração social, permitida a existência de sócios gerentes, com indicação dos poderes atribuídos.

Art. 42. Podem ser praticados pela sociedade de advogados, com uso da razão social, os atos indispensáveis às suas finalidades, que não sejam privativos de advogado.

Art. 43. O registro da sociedade de advogados observa os requisitos e procedimentos previstos em Provimento do Conselho Federal.

▶ Artigo com redação pelo Conselho Pleno/CFOAB – DJU 24.11.1997.

TÍTULO II
DA ORDEM DOS ADVOGADOS DO BRASIL (OAB)

CAPÍTULO I
DOS FINS E DA ORGANIZAÇÃO

Art. 44. As finalidades da OAB, previstas no artigo 44 do Estatuto, são cumpridas pelos Conselhos Federal e Seccionais e pelas Subseções, de modo integrado, observadas suas competências específicas.

Art. 45. A exclusividade da representação dos advogados pela OAB, prevista no artigo 44, II, do Estatuto, não afasta a competência própria dos sindicatos e associações sindicais de advogados, quanto à defesa dos direitos peculiares da relação de trabalho do profissional empregado.

Art. 46. Os novos Conselhos Seccionais serão criados mediante Resolução do Conselho Federal.

Art. 47. O patrimônio do Conselho Federal, do Conselho Seccional, da Caixa de Assistência dos Advogados e da Subseção é constituído de bens móveis e imóveis e outros bens e valores que tenham adquirido ou venham a adquirir.

Art. 48. A alienação ou oneração de bens imóveis depende de aprovação do Conselho Federal ou do Conselho Seccional, competindo à Diretoria do órgão decidir pela aquisição de qualquer bem e dispor sobre os bens móveis.

Parágrafo único. A alienação ou oneração de bens imóveis depende de autorização da maioria das delegações, no Conselho Federal, e da maioria dos membros efetivos, no Conselho Seccional.

Art. 49. Os cargos da Diretoria do Conselho Seccional têm as mesmas denominações atribuídas aos da Diretoria do Conselho Federal.

Parágrafo único. Os cargos da Diretoria da Subseção e da Caixa de Assistência dos Advogados têm as seguintes denominações: Presidente, Vice-Presidente, Secretário, Secretário Adjunto e Tesoureiro.

Art. 50. Ocorrendo vaga de cargo de diretoria do Conselho Federal ou do Conselho Seccional, inclusive do Presidente, em virtude de perda do mandato (art. 66 do Estatuto), morte ou renúncia, o substituto é eleito pelo Conselho a que se vincule, dentre os seus membros.

Art. 51. A elaboração das listas constitucionalmente previstas, para preenchimento dos cargos nos tribunais judiciários, é disciplinada em Provimento do Conselho Federal.

Art. 52. A OAB participa dos concursos públicos, previstos na Constituição e nas leis, em todas as suas fases, por meio de representante do Conselho competente, designado pelo Presidente, incumbindo-lhe apresentar relatório sucinto de suas atividades.

Parágrafo único. Incumbe ao representante da OAB velar pela garantia da isonomia e da integridade do certame, retirando-se quando constatar irregularidades ou favorecimentos e comunicando os motivos ao Conselho.

Art. 53. Os conselheiros e dirigentes dos órgãos da OAB tomam posse firmando, juntamente com o Presidente, o termo específico, após prestar o seguinte compromisso: "Prometo manter, defender e cumprir os princípios

e finalidades da OAB, exercer com dedicação e ética as atribuições que me são delegadas e pugnar pela dignidade, independência, prerrogativas e valorização da advocacia".

Art. 54. Compete à Diretoria dos Conselhos Federal e Seccionais, da Subseção ou da Caixa de Assistência declarar extinto o mandato, ocorrendo uma das hipóteses previstas no artigo 66 do Estatuto, encaminhando ofício ao Presidente do Conselho Seccional.

§ 1º A Diretoria, antes de declarar extinto o mandato, salvo no caso de morte ou renúncia, ouve o interessado no prazo de 15 (quinze) dias, notificando-o mediante ofício com aviso de recebimento.

§ 2º Havendo suplentes de Conselheiros, a ordem de substituição é definida no Regimento Interno do Conselho Seccional.

§ 3º Inexistindo suplentes, o Conselho Seccional elege, na sessão seguinte à data de recebimento do ofício, o Conselheiro Federal, o diretor do Conselho Seccional, o Conselheiro Seccional, o diretor da Subseção ou o diretor da Caixa de Assistência dos Advogados, onde se deu a vaga.

§ 4º Na Subseção onde houver conselho, este escolhe o substituto.

CAPÍTULO II
DA RECEITA

Art. 55. Aos inscritos na OAB incumbe o pagamento das anuidades, contribuições, multas e preços de serviços fixados pelo Conselho Seccional.

▶ Caput com redação pelo Conselho Pleno/CFOAB – DJU 24.11.1997.

§ 1º As anuidades, contribuições, multas e preços de serviços previstos no caput deste artigo serão fixados pelo Conselho Seccional, devendo seus valores ser comunicados ao Conselho Federal até o dia 30 de novembro do ano anterior, salvo em ano eleitoral, quando serão determinadas e comunicadas ao Conselho Federal até o dia 31 de janeiro do ano da posse, podendo ser estabelecidos pagamentos em cotas periódicas.

▶ 1º com redação pela Res. 2/2007 do CFOAB.

§ 2º Revogado pelo Conselho Pleno/CFOAB (Protocolo 0651/2006/COP – DJU 28.03.2006; republicada 30.03.2006).

§ 3º O edital a que se refere o caput do art. 128 deste Regulamento divulgará a possibilidade de parcelamento e o número máximo de parcelas.

▶ § 3º acrescido pelo Conselho Pleno/CFOAB – DJU 12.12.2000.

Art. 56. As receitas brutas mensais das anuidades, incluídas as eventuais atualizações monetárias, juros e multas, podendo-se deduzir da base de cálculo, as despesas financeiras de compensação dos boletos bancários e taxa de utilização de cartão de crédito, exceto aquelas de antecipação de recebíveis, serão deduzidas em 60% (sessenta por cento) para seguinte destinação:

▶ Caput com redação pela Res. 1/2023 do CFOAB.

I – 10% (dez por cento) para o Conselho Federal;

▶ Inciso I com redação pela Res. 2/2007 do CFOAB.

II – 3% (três por cento) para o Fundo Cultural;

▶ Inciso II com redação pela Res. 2/2007 do CFOAB.

III – 2% (dois por cento) para o Fundo de Integração e Desenvolvimento Assistencial dos Advogados – Fida, regulamentado em Provimento do Conselho Federal;

▶ Inciso III com redação pela Res. 2/2007 do CFOAB.

IV – 45% (quarenta e cinco por cento) para as despesas administrativas e manutenção do Conselho Seccional.

▶ Inciso IV com redação pela Res. 2/2007 do CFOAB.

§ 1º Os repasses das receitas previstas neste artigo efetuam-se em instituição financeira, indicada pelo Conselho Federal em comum acordo com o Conselho Seccional, através de compartilhamento obrigatório, automático e imediato, com destinação em conta-corrente específica deste, do Fundo Cultural, do Fundo de Integração e Desenvolvimento Assistencial dos Advogados – Fida e da Caixa de Assistência dos Advogados, vedado o recebimento na Tesouraria do Conselho Seccional, exceto quanto às receitas de preços e serviços, e observados os termos do modelo aprovado pelo Diretor-Tesoureiro do Conselho Federal, sob pena de aplicação do art. 54, VII, do Estatuto da Advocacia e da OAB.

▶ § 1º com redação pela Res. 2/2007 do CFOAB.

§ 2º O Fundo Cultural será administrado pela Escola Superior de Advocacia, mediante deliberação da Diretoria do Conselho Seccional.

▶ § 2º com redação pela Res. 2/2007 do CFOAB.

§ 3º O Fundo de Integração e Desenvolvimento Assistencial dos Advogados – Fida será administrado por um Conselho Gestor designado pela Diretoria do Conselho Federal.

▶ § 3º com redação pela Res. 2/2007 do CFOAB.

§ 4º Os Conselhos Seccionais elaborarão seus orçamentos anuais considerando o limite disposto no inciso IV

para manutenção da sua estrutura administrativa e das subseções, utilizando a margem resultante para suplementação orçamentária do exercício, caso se faça necessária.

▶ § 4º com redação pela Res. 2/2007 do CFOAB.

§ 5º Qualquer transferência de bens ou recursos de um Conselho Seccional a outro depende de autorização do Conselho Federal.

▶ § 5º com redação pela Res. 2/2007 do CFOAB.

Art. 57. Cabe à Caixa de Assistência dos Advogados a metade da receita das anuidades, incluídas as eventuais atualizações monetárias e juros, recebidas pelo Conselho Seccional, considerado o valor resultante após as deduções obrigatórias, nos percentuais previstos no art. 56 do Regulamento Geral.

▶ Caput com redação pela Res. 2/2013 do CFOAB.

§ 1º Poderão ser deduzidas despesas nas receitas destinadas à Caixa Assistência, desde que previamente pactuadas.

▶ § 1º com redação pela Res. 2/2007 do CFOAB.

§ 2º A aplicação dos recursos da Caixa de Assistência deverá estar devidamente demonstrada nas prestações de contas periódicas do Conselho Seccional, obedecido o disposto no § 5º do art. 60 do Regulamento Geral.

▶ § 2º com redação pela Res. 2/2007 do CFOAB.

Art. 58. Compete privativamente ao Conselho Seccional, na primeira sessão ordinária do ano, apreciar o relatório anual e deliberar sobre o balanço e as contas da Diretoria do Conselho Seccional, da Caixa de Assistência dos Advogados e das Subseções, referentes ao exercício anterior, na forma de seu Regimento Interno.

§ 1º O Conselho Seccional elege, dentre seus membros, uma comissão de orçamento e contas para fiscalizar a aplicação da receita e opinar previamente sobre a proposta de orçamento anual e as contas.

§ 2º O Conselho Seccional pode utilizar os serviços de auditoria independente para auxiliar a comissão de orçamento e contas.

§ 3º O exercício financeiro dos Conselhos Federal e Seccionais encerra-se no dia 31 de dezembro de cada ano.

Art. 59. Deixando o cargo, por qualquer motivo, no curso do mandato, os Presidentes do Conselho Federal, do Conselho Seccional, da Caixa de Assistência e da Subseção apresentam, de forma sucinta, relatório e contas ao seu sucessor.

Art. 60. Os Conselhos Seccionais aprovarão seus orçamentos anuais, para o exercício seguinte, até o mês de outubro e o Conselho Federal até a última sessão do ano, permitida a alteração dos mesmos no curso do exercício, mediante justificada necessidade, devidamente aprovada pelos respectivos colegiados.

▶ Caput com redação pelo Conselho Pleno/CFOAB – DJU 24.11.1997.

§ 1º O orçamento do Conselho Seccional, incluindo as Subseções, estima a receita, fixa a despesa e prevê as deduções destinadas ao Conselho Federal, ao Fundo Cultural, ao Fundo de Integração e Desenvolvimento Assistencial dos Advogados – Fida e à Caixa de Assistência, e deverá ser encaminhado, mediante cópia, até o dia 10 do mês subsequente, ao Conselho Federal, podendo o seu Diretor-Tesoureiro, após análise prévia, devolvê-lo à Seccional, para os devidos ajustes.

▶ § 1º com redação pela Res. 2/2007 do CFOAB

§ 2º Aprovado o orçamento e, igualmente, as eventuais suplementações orçamentárias, encaminhar-se-á cópia ao Conselho Federal, até o dia 10 do mês subsequente, para os fins regulamentares.

▶ § 2º com redação pelo Conselho Pleno/CFOAB – DJU 24.11.1997.

§ 3º O Conselho Seccional recém-empossado deverá promover, se necessário, preferencialmente nos dois primeiros meses de gestão, a reformulação do orçamento anual, encaminhando cópia do instrumento respectivo ao Conselho Federal, até o dia 10 do mês de março do ano em curso.

▶ § 3º com redação pela Res. 2/2007 do CFOAB.

§ 4º A Caixa de Assistência dos Advogados aprovará seu orçamento para o exercício seguinte, até a última sessão do ano.

▶ § 4º com redação pela Res. 2/2007 do CFOAB.

§ 5º O Conselho Seccional fixa o modelo e os requisitos formais e materiais para o orçamento, o relatório e as contas da Caixa de Assistência e das Subseções.

▶ Anterior § 4º renumerado pela Res. 2/2007 do CFOAB.

Art. 61. O relatório, o balanço e as contas dos Conselhos Seccionais e da Diretoria do Conselho Federal, na forma prevista em Provimento, são julgados pela Terceira Câmara do Conselho Federal, com recurso para o Órgão Especial.

§ 1º Cabe à Terceira Câmara fixar os modelos dos orçamentos, balanços e contas da Diretoria do Conselho Federal e dos Conselhos Seccionais.

§ 2º A Terceira Câmara pode determinar a realização de auditoria independente nas contas do Conselho Seccional, com ônus para este, sempre que constatar a existência de graves irregularidades.

§ 3º O relatório, o balanço e as contas dos Conselhos Seccionais do ano anterior serão remetidos à Terceira Câmara até o final do quarto mês do ano seguinte.

▶ § 3º com redação pelo Conselho Pleno/CFOAB – DJU 12.12.2003.

§ 4º O relatório, o balanço e as contas da Diretoria do Conselho Federal são apreciados pela Terceira Câmara a partir da primeira sessão ordinária do ano seguinte ao do exercício.

§ 5º Os Conselhos Seccionais só podem pleitear recursos materiais e financeiros ao Conselho Federal se comprovadas as seguintes condições:

▶ § 5º com redação pelo Conselho Pleno/CFOAB – DJU 24.11.1997.

a) remessa de cópia do orçamento e das eventuais suplementações orçamentárias, no prazo estabelecido pelo § 2º do art. 60;

b) prestação de contas aprovada na forma regulamentar; e

c) repasse atualizado da receita devida ao Conselho Federal, suspendendo-se o pedido, em caso de controvérsia, até decisão definitiva sobre a liquidez dos valores correspondentes.

CAPÍTULO III
DO CONSELHO FEDERAL

Seção I
Da Estrutura e do Funcionamento

▶ Rubrica da Seção I com redação pelo Conselho Pleno/CFOAB – DJU 12.12.2000.

Art. 62. O Conselho Federal, órgão supremo da OAB, com sede na Capital da República, compõe-se de um Presidente, dos Conselheiros Federais integrantes das delegações de cada unidade federativa e de seus ex-presidentes.

§ 1º Os ex-presidentes têm direito a voz nas sessões do Conselho, sendo assegurado o direito de voto aos que exerceram mandato antes de 5 de julho de 1994 ou em seu exercício se encontravam naquela data.

▶ § 1º com redação pelo Conselho Pleno/CFOAB – DJU 24.11.1997.

§ 2º O Presidente, nas suas relações externas, apresenta-se como Presidente Nacional da OAB.

§ 3º O Presidente do Conselho Seccional tem lugar reservado junto à delegação respectiva e direito a voz em todas as sessões do Conselho e de suas Câmaras.

Art. 63. O Presidente do Instituto dos Advogados Brasileiros, o Presidente da Federação Nacional dos Institutos dos Advogados do Brasil e os agraciados com a "Medalha Rui Barbosa" podem participar das sessões do Conselho Pleno, com direito a voz.

▶ Artigo com redação pela Res. 4/2022 do CFOAB.

Art. 64. O Conselho Federal atua mediante os seguintes órgãos:

I – Conselho Pleno;

II – Órgão Especial do Conselho Pleno;

III – Primeira, Segunda e Terceira Câmaras;

IV – Diretoria;

V – Presidente.

Parágrafo único. Para o desempenho de suas atividades, o Conselho conta também com comissões permanentes, definidas em Provimento, e com comissões temporárias, todas designadas pelo Presidente, integradas ou não por Conselheiros Federais, submetidas a um regimento interno único, aprovado pela Diretoria do Conselho Federal, que o levará ao conhecimento do Conselho Pleno.

▶ Parágrafo único com redação pelo Conselho Pleno/CFOAB – DJU 12.12.2000.

Art. 65. No exercício do mandato, o Conselheiro Federal atua no interesse da advocacia nacional e não apenas no de seus representados diretos.

§ 1º O cargo de Conselheiro Federal é incompatível com o de membro de outros órgãos da OAB, exceto quando se tratar de ex-presidente do Conselho Federal e do Conselho Seccional, ficando impedido de debater e votar as matérias quando houver participado da deliberação local.

§ 2º Na apuração da antiguidade do Conselheiro Federal somam-se todos os períodos de mandato, mesmo que interrompidos.

Art. 66. Considera-se ausente das sessões ordinárias mensais dos órgãos deliberativos do Conselho Federal o Conselheiro que, sem motivo justificado, faltar a qualquer uma.

Parágrafo único. Compete ao Conselho Federal fornecer ajuda de transporte e hospedagem aos Conselheiros Federais integrantes das bancadas dos Conselhos Seccionais que não tenham capacidade financeira para suportar a despesa correspondente.

▶ Parágrafo único com redação pelo Conselho Pleno/CFOAB – DJU 24.11.1997.

Art. 67. Os Conselheiros Federais, integrantes de cada delegação, após a posse, são distribuídos pelas três Câmaras especializadas, mediante deliberação da própria delegação, comunicada ao Secretário-Geral, ou, na falta desta, por decisão do Presidente, dando-se preferência ao mais antigo no Conselho e, havendo coincidência, ao de inscrição mais antiga.

§ 1º O Conselheiro, na sua delegação, é substituto dos demais, em qualquer órgão do

Conselho, nas faltas ou impedimentos ocasionais ou no caso de licença.

§ 2º Quando estiverem presentes dois substitutos, concomitantemente, a preferência é do mais antigo no Conselho e, em caso de coincidência, do que tiver inscrição mais antiga.

§ 3º A delegação indica seu representante ao Órgão Especial do Conselho Pleno.

Art. 68. O voto em qualquer órgão colegiado do Conselho Federal é tomado por delegação, em ordem alfabética, seguido dos ex-presidentes presentes, com direito a voto.

§ 1º Os membros da Diretoria votam como integrantes de suas delegações.

§ 2º O Conselheiro Federal opina mas não participa da votação de matéria de interesse específico da unidade que representa.

§ 3º Na eleição dos membros da Diretoria do Conselho Federal, somente votam os Conselheiros Federais, individualmente.

▶ § 3º acrescido pela Res. 1/2006 do CFOAB.

Art. 69. A seleção das decisões dos órgãos deliberativos do Conselho Federal é periodicamente divulgada em forma de ementário.

Art. 70. Os órgãos deliberativos do Conselho Federal podem cassar ou modificar atos ou deliberações de órgãos ou autoridades da OAB, ouvidos estes e os interessados previamente, no prazo de quinze dias, sempre que contrariem o Estatuto, este Regulamento Geral, o Código de Ética e Disciplina e os Provimentos.

▶ Artigo com redação pela Res. 4/2022 do CFOAB.

Art. 71. Toda matéria pertinente às finalidades e às competências do Conselho Federal da OAB será distribuída automaticamente no órgão colegiado competente a um relator, mediante sorteio eletrônico, com inclusão na pauta da sessão seguinte, organizada segundo critério de antiguidade.

▶ Caput com redação pela Res. 1/2013 do CFOAB.

§ 1º Se o relator determinar alguma diligência, o processo é retirado da ordem do dia, figurando em anexo da pauta com indicação da data do despacho.

§ 2º Incumbe ao relator apresentar na sessão seguinte, por escrito, o relatório, o voto e a proposta de ementa.

§ 3º O relator pode determinar diligências, requisitar informações, instaurar representação incidental, propor ao Presidente a redistribuição da matéria e o arquivamento, quando for irrelevante ou impertinente às finalidades da OAB, ou o encaminhamento do processo ao Conselho Seccional competente, quando for de interesse local.

§ 4º Em caso de inevitável perigo de demora da decisão, pode o relator conceder provimento cautelar, com recurso de ofício ao órgão colegiado, para apreciação preferencial na sessão posterior.

§ 5º O relator notifica o Conselho Seccional e os interessados, quando forem necessárias suas manifestações.

§ 6º Compete ao relator manifestar-se sobre as desistências, prescrições, decadências e intempestividades dos recursos, para decisão do Presidente do órgão colegiado.

Art. 72. O processo será redistribuído automaticamente caso o relator, após a inclusão em pauta, não o apresente para julgamento na sessão seguinte ou quando, fundamentadamente e no prazo de 05 (cinco) dias, a contar do recebimento dos autos, declinar da relatoria.

▶ Artigo com redação pela Res. 1/2013 do CFOAB.

§ 1º O presidente do colegiado competente poderá deferir a prorrogação do prazo de apresentação do processo para julgamento estipulado no *caput*, por 01 (uma) sessão, mediante requerimento por escrito e fundamentado do relator.

§ 2º Redistribuído o processo, caso os autos encontrem-se com o relator, o presidente do órgão colegiado determinará sua devolução à secretaria, em até 05 (cinco) dias.

Art. 73. Em caso de matéria complexa, o Presidente designa uma comissão em vez de relator individual.

Parágrafo único. A comissão escolhe um relator e delibera coletivamente, não sendo considerados os votos minoritários para fins de relatório e voto.

Seção II
Do Conselho Pleno

Art. 74. O Conselho Pleno é integrado pelos Conselheiros Federais de cada delegação e pelos ex-presidentes, sendo presidido pelo Presidente do Conselho Federal e secretariado pelo Secretário-Geral.

Art. 75. Compete ao Conselho Pleno deliberar, em caráter nacional, sobre propostas e indicações relacionadas às finalidades institucionais da OAB (art. 44, I, do Estatuto) e sobre as demais atribuições previstas no art. 54 do Estatuto, respeitadas as competências privativas dos demais órgãos deliberativos do Conselho Federal, fixadas neste Regulamento Geral, e ainda:

I – eleger o sucessor dos membros da Diretoria do Conselho Federal, em caso de vacância;

II – regular, mediante resolução, matérias de sua competência que não exijam edição de Provimento;

III – instituir, mediante Provimento, comissões permanentes para assessorar o Conselho Federal e a Diretoria.

▶ Inciso III com redação pelo Conselho Pleno/CFOAB – DJU 12.12.2000.

Parágrafo único. O Conselho Pleno pode decidir sobre todas as matérias privativas de seu Órgão Especial, quando o Presidente atribuir-lhes caráter de urgência e grande relevância.

Art. 76. As proposições e os requerimentos deverão ser oferecidos por escrito, cabendo ao relator apresentar relatório e voto na sessão seguinte, acompanhados de ementa do acórdão.

▶ Caput com redação pela Res. 1/2013 do CFOAB.

§ 1º No Conselho Pleno, o Presidente, em caso de urgência e relevância, pode designar relator para apresentar relatório e voto orais na mesma sessão.

§ 2º Quando a proposta importar despesas não previstas no orçamento, pode ser apreciada apenas depois de ouvido o Diretor Tesoureiro quanto às disponibilidades financeiras para sua execução.

Art. 77. O voto da delegação é o de sua maioria, havendo divergência entre seus membros, considerando-se invalidado em caso de empate.

§ 1º O Presidente não integra a delegação de sua unidade federativa de origem e não vota, salvo em caso de empate.

§ 2º Os ex-Presidentes empossados antes de 5 de julho de 1994 têm direito de voto equivalente ao de uma delegação, em todas as matérias, exceto na eleição dos membros da Diretoria do Conselho Federal.

▶ § 2º com redação pela Res. 1/2006 do CFOAB.

Art. 78. Para editar e alterar o Regulamento Geral, o Código de Ética e Disciplina e os Provimentos e para intervir nos Conselhos Seccionais é indispensável o *quorum* de 2/3 (dois terços) das delegações.

Parágrafo único. Para as demais matérias prevalece o *quorum* de instalação e de votação estabelecido neste Regulamento Geral.

Art. 79. A proposta que implique baixar normas gerais de competência do Conselho Pleno ou encaminhar projeto legislativo ou emendas aos Poderes competentes somente pode ser deliberada se o relator ou a comissão designada elaborar o texto normativo, a ser remetido aos Conselheiros juntamente com a convocação da sessão.

§ 1º Antes de apreciar proposta de texto normativo, o Conselho Pleno delibera sobre a admissibilidade da relevância da matéria.

§ 2º Admitida a relevância, o Conselho passa a decidir sobre o conteúdo da proposta do texto normativo, observados os seguintes critérios:

a) procede-se à leitura de cada dispositivo, considerando-o aprovado se não houver destaque levantado por qualquer membro ou encaminhado por Conselho Seccional;

b) havendo destaque, sobre ele manifesta-se apenas aquele que o levantou e a comissão relatora ou o relator, seguindo-se a votação.

§ 3º Se vários membros levantarem destaque sobre o mesmo ponto controvertido, um, dentre eles, é eleito como porta-voz.

§ 4º Se o texto for totalmente rejeitado ou prejudicado pela rejeição, o Presidente designa novo relator ou comissão revisora para redigir outro.

Art. 80. A OAB pode participar e colaborar em eventos internacionais, de interesse da advocacia, mas somente se associa a organismos internacionais que congreguem entidades congêneres.

Parágrafo único. Os Conselhos Seccionais podem representar a OAB em geral ou os advogados brasileiros em eventos internacionais ou no exterior, quando autorizados pelo Presidente Nacional.

Art. 81. Constatando grave violação do Estatuto ou deste Regulamento Geral, a Diretoria do Conselho Federal notifica o Conselho Seccional para apresentar defesa e, havendo necessidade, designa representantes para promover verificação ou sindicância, submetendo o relatório ao Conselho Pleno.

§ 1º Se o relatório concluir pela intervenção, notifica-se o Conselho Seccional para apresentar defesa por escrito e oral perante o Conselho Pleno, no prazo e tempo fixados pelo Presidente.

§ 2º Se o Conselho Pleno decidir pela intervenção, fixa prazo determinado, que pode ser prorrogado, cabendo à Diretoria designar diretoria provisória.

§ 3º Ocorrendo obstáculo imputável à Diretoria do Conselho Seccional para a sindicância, ou no caso de irreparabilidade do perigo pela demora, o Conselho Pleno pode aprovar liminarmente a intervenção provisória.

Art. 82. As indicações de ajuizamento de ação direta de inconstitucionalidade submetem-se ao juízo prévio de admissibilidade da Diretoria para aferição da relevância da defesa dos princípios e normas constitucionais e, sendo admitidas, observam o seguinte procedimento:

I – o relator, designado pelo Presidente, independentemente da decisão da Diretoria, pode levantar preliminar de inadmissibilidade perante o Conselho Pleno, quando não encontrar norma ou princípio constitucional violados pelo ato normativo;

II – aprovado o ajuizamento da ação, esta será proposta pelo Presidente do Conselho Federal;

▸ Inciso II com redação pelo Conselho Pleno/CFOAB – *DJU 12.12.2000.*

III – cabe à assessoria do Conselho acompanhar o andamento da ação.

§ 1º Em caso de urgência que não possa aguardar a sessão ordinária do Conselho Pleno, ou durante o recesso do Conselho Federal, a Diretoria decide quanto ao mérito, *ad referendum* daquele.

§ 2º Quando a indicação for subscrita por Conselho Seccional da OAB, por entidade de caráter nacional ou por delegação do Conselho Federal, a matéria não se sujeita ao juízo de admissibilidade da Diretoria.

Art. 83. Compete à Comissão Nacional de Educação Jurídica do Conselho Federal opinar previamente nos pedidos para criação, reconhecimento e credenciamento dos cursos jurídicos referidos no art. 54, XV, do Estatuto.

▸ *Caput* com redação pela Res. 1/2011 do CFOAB.

§ 1º O Conselho Seccional em cuja área de atuação situar-se a instituição de ensino superior interessada será ouvido, preliminarmente, nos processos que tratem das matérias referidas neste artigo, devendo a seu respeito manifestar-se no prazo de 30 (trinta) dias.

▸ Primitivo parágrafo único renumerado pela Res. 3/2006 do CFOAB e com redação pelo Conselho Pleno/CFOAB – *DJU 24.11.1997.*

§ 2º A manifestação do Conselho Seccional terá em vista, especialmente, os seguintes aspectos:

▸ § 2º acrescido pela Res. 3/2006 do CFOAB.

a) a verossimilhança do projeto pedagógico do curso, em face da realidade local;

b) a necessidade social da criação do curso, aferida em função dos critérios estabelecidos pela Comissão de Ensino Jurídico do Conselho Federal;

c) a situação geográfica do município sede do curso, com indicação de sua população e das condições de desenvolvimento cultural e econômico que apresente, bem como da distância em relação ao município mais próximo onde haja curso jurídico;

d) as condições atuais das instalações físicas destinadas ao funcionamento do curso;

e) a existência de biblioteca com acervo adequado, a que tenham acesso direto os estudantes.

§ 3º A manifestação do Conselho Seccional deverá informar sobre cada um dos itens mencionados no parágrafo anterior, abstendo-se, porém, de opinar, conclusivamente, sobre a conveniência ou não da criação do curso.

▸ § 3º acrescido pela Res. 3/2006 do CFOAB.

§ 4º O Conselho Seccional encaminhará sua manifestação diretamente à Comissão de Ensino Jurídico do Conselho Federal, dela não devendo fornecer cópia à instituição interessada ou a terceiro antes do pronunciamento final do Conselho Federal.

▸ § 4º acrescido pela Res. 3/2006 do CFOAB.

Seção III
Do Órgão Especial do Conselho Pleno

Art. 84. O Órgão Especial é composto por um Conselheiro Federal integrante de cada delegação, sem prejuízo de sua participação no Conselho Pleno, e pelos ex-presidentes, sendo presidido pelo Vice-Presidente e secretariado pelo Secretário-Geral Adjunto.

Parágrafo único. O Presidente do Órgão Especial, além de votar por sua delegação, tem o voto de qualidade, no caso de empate, salvo quando se tratar de procedimento disciplinar passível de aplicação de sanção prevista no art. 35 do Estatuto da Advocacia e da OAB, caso em que, quando houver empate de votos, o Presidente votará apenas por sua delegação, prevalecendo a decisão mais favorável ao advogado representado.

▸ Parágrafo único com redação pela Resolução 1/2019 do CFOAB.

Art. 85. Compete ao Órgão Especial deliberar, privativamente e em caráter irrecorrível, sobre:

I – recurso contra decisões das Primeira e Terceira Câmaras, quando não tenham sido unânimes ou, sendo unânimes, contrariem a Constituição, as leis, o Estatuto, decisões do Conselho Federal, este Regulamento Geral, o Código de Ética e Disciplina ou os Provimentos;

▸ Inciso I com redação pela Res. 3/2022 do CFOAB.

II – recurso contra decisão da Segunda Câmara, nos casos de pedido de revisão e dos incisos III e IV, do art. 89, deste Regulamento Geral, quando não tenham sido unânimes ou, sendo unânimes, contrariem a Constituição, as leis, o Estatuto, decisões do Conselho Federal, este Regulamento Geral, o Código de Ética e Disciplina ou os Provimentos;

▸ Inciso II com redação pela Res. 3/2022 do CFOAB.

III – recurso contra decisões do Presidente ou da Diretoria do Conselho Federal e do Presidente do Órgão Especial;

▸ Primitivo inciso II renumerado pela Res. 1/2007 do CFOAB.

IV – consultas escritas, formuladas em tese, relativas às matérias de competência das Câmaras especializadas ou à interpretação do Estatuto, deste Regulamento Geral, do Código de Ética e Disciplina e dos Provimentos, devendo todos os Conselhos Seccionais ser cientificados do conteúdo das respostas;

▸ Inciso III renumerado pela Res. 1/2007 do CFOAB e com redação pelo Conselho Pleno/CFOAB – *DJU 12.12.2000.*

V – conflitos ou divergências entre órgãos da OAB;

▸ Primitivo inciso IV renumerado pela Res. 1/2007 do CFOAB.

VI – determinação ao Conselho Seccional competente para instaurar processo, quando, em autos ou peças submetidos ao conhecimento do Conselho Federal, encontrar fato que constitua infração disciplinar.

▸ Primitivo inciso V renumerado pela Res. 1/2007 do CFOAB.

§ 1º Os recursos ao Órgão Especial podem ser manifestados pelo Presidente do Conselho Federal, pelas partes ou pelos recorrentes originários.

§ 2º O relator pode propor ao Presidente do Órgão Especial o arquivamento da consulta, quando não se revestir de caráter geral ou não tiver pertinência com as finalidades da OAB, ou o seu encaminhamento ao Conselho Seccional, quando a matéria for de interesse local.

Art. 86. A decisão do Órgão Especial constitui orientação dominante da OAB sobre a matéria, quando consolidada em súmula publicada no *Diário Eletrônico da OAB.*

▸ Artigo com redação pela Res. 5/2018 do CFOAB.

Seção IV
Das Câmaras

Art. 87. As Câmaras são presididas:

I – a Primeira, pelo Secretário-Geral;

II – a Segunda, pelo Secretário-Geral Adjunto;

III – a Terceira, pelo Tesoureiro.

§ 1º Os Secretários das Câmaras são designados, dentre seus integrantes, por seus Presidentes.

§ 2º Nas suas faltas e impedimentos, os Presidentes e Secretários das Câmaras são substituídos pelos Conselheiros mais antigos e, havendo coincidência, pelos de inscrição mais antiga.

§ 3º O Presidente da Câmara, além de votar por sua delegação, tem o voto de qualidade, no caso de empate, salvo quando se tratar de procedimento disciplinar passível de aplicação de sanção prevista no art. 35 do Estatuto da Advocacia e da OAB, caso em que, quando houver empate de votos, o Presidente votará apenas por sua delegação, prevalecendo a decisão mais favorável ao advogado representado.

▸ § 3º com redação pela Resolução 1/2019 do CFOAB.

Art. 88. Compete à Primeira Câmara:

I – decidir os recursos sobre:

a) atividade de advocacia e direitos e prerrogativas dos advogados e estagiários;

b) inscrição nos quadros da OAB;

c) incompatibilidades e impedimentos;

II – expedir resoluções regulamentando o Exame de Ordem, para garantir sua eficiência e padronização nacional, ouvida a Comissão Nacional de Exame de Ordem;

▸ Inciso II com redação pelo Conselho Pleno/CFOAB – *DJU 12.12.2000.*

III – julgar as representações sobre as matérias de sua competência;

▸ Inciso III com redação pelo Conselho Pleno/CFOAB – *DJU 24.11.1997.*

IV – propor, instruir e julgar os incidentes de uniformização de decisões de sua competência;

▸ Inciso IV com redação pelo Conselho Pleno/CFOAB – *DJU 24.11.1997.*

V – determinar ao Conselho Seccional competente a instauração de processo quando, em autos ou peças submetidas ao seu julgamento, tomar conhecimento de fato que constitua infração disciplinar;

▸ Inciso V acrescido pelo Conselho Pleno/CFOAB – *DJU 12.12.2000.*

VI – julgar os recursos interpostos contra decisões de seu Presidente.

▸ Inciso VI acrescido pelo Conselho Pleno/CFOAB – *DJU 12.12.2000.*

Art. 89. Compete à Segunda Câmara:

I – decidir os recursos sobre ética e deveres do advogado, infrações e sanções disciplinares;

II – promover em âmbito nacional a ética do advogado, juntamente com os Tribunais de Ética e Disciplina, editando resoluções regulamentares ao Código de Ética e Disciplina;

III – julgar as representações sobre as matérias de sua competência;

▸ Inciso III com redação pelo Conselho Pleno/CFOAB – *DJU 24.11.1997.*

IV – propor, instruir e julgar os incidentes de uniformização de decisões de sua competência;

▸ Inciso IV com redação pelo Conselho Pleno/CFOAB – *DJU 24.11.1997.*

V – determinar ao Conselho Seccional competente a instauração de processo quando, em autos ou peças submetidas ao seu julgamento, tomar conhecimento de fato que constitua infração disciplinar;

▸ Inciso V acrescido pelo Conselho Pleno/CFOAB – *DJU 12.12.2000.*

VI – julgar os recursos interpostos contra decisões de seu Presidente;

▸ Inciso VI acrescido pelo Conselho Pleno/CFOAB – *DJU 12.12.2000.*

VII – eleger, dentre seus integrantes, os membros da Corregedoria do Processo Disciplinar, em número máximo de três, com atribuição, em caráter nacional, de orientar e fiscalizar a tramitação dos processos disciplinares de competência da OAB, podendo, para tanto, requerer informações e realizar diligências, elaborando relatório anual dos processos em trâmite no Conselho Federal e nos Conselhos Seccionais e Subseções.

▸ Inciso VII acrescido pelo Conselho Pleno/CFOAB – *DJU 12.12.2000.*

Art. 89-A. A Segunda Câmara será dividida em três Turmas, entre elas repartindo-se, com igualdade, os processos recebidos pela Secretaria.

▸ *Caput* acrescido pela Res. 1/2007 do CFOAB.

§ 1º Na composição das Turmas, que se dará por ato do Presidente da Segunda Câmara, será observado o critério de representatividade regional, de sorte a nelas estarem presentes todas as Regiões do País.

▸ § 1º acrescido pela Res. 1/2007 do CFOAB.

§ 2º As Turmas serão presididas pelo Conselheiro presente de maior antiguidade no Conselho Federal, admitido-se o revezamento, a critério dos seus membros, salvo a Turma integrada pelo Presidente da Segunda Câmara, que será por ele presidida.

▸ § 2º acrescido pela Res. 1/2007 do CFOAB.

§ 3º Das decisões das Turmas caberá recurso para o Pleno da Segunda Câmara quando não tenham sido unânimes ou, sendo unânimes, contrariem a Constituição, as leis, o Estatuto, decisões do Conselho Federal, este Regulamento Geral, o Código de Ética e Disciplina ou os Provimentos.

▸ § 3º com redação pela Res. 3/2022 do CFOAB.

§ 4º No julgamento do recurso, o relator ou qualquer membro da Turma poderá propor que esta o afete ao Pleno da Câmara, em vista da relevância ou especial complexidade da matéria versada, podendo proceder do mesmo modo quando suscitar questões de ordem que impliquem a adoção de procedimentos comuns pelas Turmas.

▸ § 4º acrescido pela Res. 1/2007 do CFOAB.

§ 5º Não cabe recurso contra a decisão do Pleno da Segunda Câmara referida no § 3º deste artigo, ressalvados embargos de declaração.

▸ § 5º acrescido pela Res. 3/2022 do CFOAB.

Art. 90. Compete à Terceira Câmara:

I – decidir os recursos relativos à estrutura, aos órgãos e ao processo eleitoral da OAB;

II – decidir os recursos sobre sociedades de advogados, advogados associados e advogados empregados;

III – apreciar os relatórios anuais e deliberar sobre o balanço e as contas da Diretoria do Conselho Federal e dos Conselhos Seccionais;

IV – suprir as omissões ou regulamentar as normas aplicáveis às Caixas de Assistência dos Advogados, inclusive mediante resoluções;

V – modificar ou cancelar, de ofício ou a pedido de qualquer pessoa, dispositivo do Regimento Interno do Conselho Seccional que contrarie o Estatuto ou este Regulamento Geral;

VI – julgar as representações sobre as matérias de sua competência;

> ▶ Inciso VI com redação pelo Conselho Pleno/CFOAB – DJU 24.11.1997.

VII – propor, instruir e julgar os incidentes de uniformização de decisões de sua competência;

> ▶ Inciso VII com redação pelo Conselho Pleno/CFOAB – DJU 24.11.1997.

VIII – determinar ao Conselho Seccional competente a instauração de processo quando, em autos ou peças submetidas ao seu julgamento, tomar conhecimento de fato que constitua infração disciplinar;

> ▶ Inciso VIII acrescido pelo Conselho Pleno/CFOAB – DJU 12.12.2000.

IX – julgar os recursos interpostos contra decisões de seu Presidente.

> ▶ Inciso IX acrescido pelo Conselho Pleno/CFOAB – DJU 12.12.2000.

Seção V
Das Sessões

Art. 91. Os órgãos colegiados do Conselho Federal reúnem-se ordinariamente nos meses de fevereiro a dezembro de cada ano, em sua sede no Distrito Federal, nas datas fixadas pela Diretoria.

> ▶ Caput com redação pela Res. 1/2010 do CFOAB.

§ 1º Em caso de urgência ou no período de recesso (janeiro), o Presidente ou 1/3 (um terço) das delegações do Conselho Federal pode convocar sessão extraordinária.

> ▶ § 1º com redação pela Res. 1/2010 do CFOAB.

§ 2º A sessão extraordinária, em caráter excepcional e de grande relevância, pode ser convocada para local diferente da sede do Conselho Federal.

§ 3º As convocações para as sessões ordinárias são acompanhadas de minuta da ata da sessão anterior e dos demais documentos necessários.

§ 4º Mediante prévia deliberação do Conselho Pleno, poderá ser dispensada a realização da sessão ordinária do mês de julho, sem prejuízo da regular fruição dos prazos processuais e regulamentares.

> ▶ § 4º acrescido pela Res. 1/2010 do CFOAB.

Art. 92. Para instalação e deliberação dos órgãos colegiados do Conselho Federal da OAB exige-se a presença de metade das delegações, salvo nos casos de *quorum* qualificado, previsto neste Regulamento Geral.

§ 1º A deliberação é tomada pela maioria de votos dos presentes.

§ 2º Comprova-se a presença pela assinatura no documento próprio, sob controle do Secretário da sessão.

§ 3º Qualquer membro presente pode requerer a verificação do *quorum*, por chamada.

§ 4º A ausência à sessão, depois da assinatura de presença, não justificada ao Presidente, é contada para efeito de perda do mandato.

Art. 93. Nas sessões observa-se a seguinte ordem:

I – verificação do *quorum* e abertura;

II – leitura, discussão e aprovação da ata da sessão anterior;

III – comunicações do Presidente;

IV – ordem do dia;

V – expediente e comunicações dos presentes.

Parágrafo único. A ordem dos trabalhos ou da pauta pode ser alterada pelo Presidente, em caso de urgência ou de pedido de preferência.

Art. 94. O julgamento de qualquer processo ocorre do seguinte modo:

I – leitura do relatório, do voto e da proposta de ementa do acórdão, todos escritos, pelo relator;

II – sustentação oral pelo interessado ou seu advogado, com o prazo de 15 (quinze) minutos, a qual, em se tratando de embargos de declaração, somente será admitida se estes tiverem efeitos infringentes, caso em que a sustentação se dará no limite de 5 (cinco) minutos, tendo o respectivo processo preferência no julgamento;

> ▶ Inciso II com redação pela Res. 4/2019, da CFOAB.

III – discussão da matéria, dentro do prazo máximo fixado pelo Presidente, não podendo cada Conselheiro fazer uso da palavra mais de uma vez nem por mais de 3 (três) minutos, salvo se lhe for concedida prorrogação;

IV – votação da matéria, não sendo permitidas questões de ordem ou justificativa oral de voto, precedendo as questões prejudiciais e preliminares às de mérito;

V – a votação da matéria será realizada mediante chamada em ordem alfabética das bancadas, iniciando-se com a delegação integrada pelo relator do processo em julgamento;

> ▶ Anterior inciso V renumerado pela Res. 3/2013 do CFOAB.

VI – proclamação do resultado pelo Presidente, com leitura da súmula da decisão.

> ▶ Inciso VI acrescido pela Res. 3/2013 do CFOAB.

§ 1º Os apartes só serão admitidos quando concedidos pelo orador. Não será admitido aparte:

> ▶ § 1º com redação pelo Conselho Pleno/CFOAB – DJU 12.12.2000.

a) à palavra ao Presidente;

b) ao Conselheiro que estiver suscitando questão de ordem.

§ 2º Se durante a discussão o Presidente julgar que a matéria é complexa e não se encontra suficientemente esclarecida, suspende o julgamento, designando revisor para sessão seguinte.

> ▶ Primitivo § 1º renumerado pelo Conselho Pleno/CFOAB – DJU 12.12.2000.

§ 3º A justificação escrita do voto pode ser encaminhada à Secretaria até 15 (quinze) dias após a votação da matéria.

> ▶ Primitivo § 2º renumerado pelo Conselho Pleno/CFOAB – DJU 12.12.2000.

§ 4º O Conselheiro pode pedir preferência para antecipar seu voto se necessitar ausentar-se justificadamente da sessão.

> ▶ Primitivo § 3º renumerado pelo Conselho Pleno/CFOAB – DJU 12.12.2000.

§ 5º O Conselheiro pode eximir-se de votar se não tiver assistido à leitura do relatório.

> ▶ Primitivo § 4º renumerado pelo Conselho Pleno/CFOAB – DJU 12.12.2000.

§ 6º O relatório e o voto do relator, na ausência deste, são lidos pelo Secretário.

> ▶ Primitivo § 5º renumerado pelo Conselho Pleno/CFOAB – DJU 12.12.2000.

§ 7º Vencido o relator, o autor do voto vencedor lavra o acórdão.

> ▶ Primitivo § 6º renumerado pelo Conselho Pleno/CFOAB – DJU 12.12.2000.

Art. 95. O pedido justificado de vista por qualquer Conselheiro, quando não for em mesa, não adia a discussão, sendo deliberado como preliminar antes da votação da matéria.

Parágrafo único. A vista concedida é coletiva, permanecendo os autos do processo na Secretaria, com envio de cópias aos que as solicitarem, devendo a matéria ser julgada na sessão ordinária seguinte, com preferência sobre as demais, ainda que ausentes o relator ou o Conselheiro requerente.

Art. 96. As decisões coletivas são formalizadas em acórdãos, assinados pelo Presidente e pelo relator, e publicadas.

§ 1º As manifestações gerais do Conselho Pleno podem dispensar a forma de acórdão.

§ 2º As ementas têm numeração sucessiva e anual, relacionada ao órgão deliberativo.

Art. 97. As pautas e decisões são publicadas no *Diário Eletrônico da OAB*, ou comunicadas pessoalmente aos interessados, e afixadas em local de fácil acesso na sede do Conselho Federal.

> ▶ Artigo com redação pela Res. 5/2018 do CFOAB.

Art. 97-A. Será admitido o julgamento de processos dos órgãos colegiados em ambiente telepresencial, denominado Sessão Virtual, observando-se, quando cabíveis, as disposições dos arts. 91 a 97 deste Regulamento Geral.

> ▶ Artigo acrescido pela Res. 19/2020 do CFOAB.

§ 1º Poderão ser incluídos nas sessões virtuais processos que tenham sido pautados em sessões ordinárias ou extraordinárias presenciais anteriores, para início ou continuidade de julgamento.

§ 2º As sessões virtuais serão convocadas pelos presidentes dos órgãos colegiados, com, pelo menos, 15 (quinze) dias úteis de antecedência.

§ 3º As partes, os interessados e seus procuradores serão notificados pelo Diário Eletrônico da OAB de que o julgamento se dará em ambiente telepresencial.

§ 4º Nas hipóteses regulamentares em que couber sustentação oral, facultada à parte, ao interessado ou a seus procuradores, esta, com duração de, no máximo, 15 (quinze) minutos, será realizada na sessão virtual, após a leitura do relatório e do voto pelo Relator.

§ 5º A sustentação oral de que trata o parágrafo anterior, bem como a participação telepresencial, deverá ser previamente requerida pela parte, pelo interessado ou por seus procuradores, em até 24 (vinte e quatro) horas antes do início da sessão virtual.

§ 6º O requerimento previsto no parágrafo anterior deverá ser realizado por correio eletrônico ou petição nos autos, com a identificação do processo, do órgão julgador, da data da sessão virtual de julgamento e do endereço eletrônico do requerente, que será utilizado para inclui-lo na respectiva sessão.

§ 7º A sustentação oral ou a participação telepresencial será realizada por videoconferência, com a utilização de plataforma disponibilizada pelo Conselho Federal, sendo de inteira responsabilidade da parte, do interessado ou de seus advogados toda a infraestrutura tecnológica necessária para sua participação na sessão virtual.

§ 8º Não serão incluídos na sessão virtual, ou dela serão excluídos, os seguintes processos:

I – os indicados pelo Relator, mediante despacho fundamentado, para julgamento em sessão presencial;

II – os destacados por um ou mais conselheiros para julgamento em sessão presencial, após o encerramento da fase de debates, mediante acolhimento ou não do presidente do órgão colegiado correspondente;

III – os que tiverem pedido de sustentação oral presencial e os destacados por quaisquer das partes, dos interessados ou de seus procuradores, desde que requerido em até 24 (vinte e quatro) horas antes do início da sessão virtual, e deferido pelo relator.

§ 9º Os julgamentos em sessão virtual serão públicos e poderão ser acompanhados pela rede mundial de computadores (internet), exceto no tocante aos processos que tramitam em sigilo, aos quais terão acesso somente as partes, os interessados e seus procuradores.

Seção VI
Da Diretoria do Conselho Federal

Art. 98. O Presidente é substituído em suas faltas, licenças e impedimentos pelo Vice-Presidente, pelo Secretário-Geral, pelo Secretário-Geral Adjunto e pelo Tesoureiro, sucessivamente.

§ 1º O Vice-Presidente, o Secretário-Geral, o Secretário-Geral Adjunto e o Tesoureiro substituem-se nessa ordem, em suas faltas e impedimentos ocasionais, sendo o último substituído pelo Conselheiro Federal mais antigo e, havendo coincidência de mandatos, pelo de inscrição mais antiga.

§ 2º No caso de licença temporária, o Diretor é substituído pelo Conselheiro designado pelo Presidente.

§ 3º No caso de vacância de cargo da Diretoria, em virtude de perda do mandato, morte ou renúncia, o sucessor é eleito pelo Conselho Pleno.

§ 4º Para o desempenho de suas atividades, a Diretoria contará, também, com dois representantes institucionais permanentes, cujas funções serão exercidas por Conselheiros Federais por ela designados, *ad referendum* do Conselho Pleno, destinadas ao acompanhamento dos interesses da Advocacia no Conselho Nacional de Justiça e no Conselho Nacional do Ministério Público.

> ▶ § 4º acrescido pela Res. 1/2015 da CFOAB.

Art. 99. Compete à Diretoria, coletivamente:

I – dar execução às deliberações dos órgãos deliberativos do Conselho;

II – elaborar e submeter à Terceira Câmara, na forma e prazo estabelecidos neste Regulamento Geral, o orçamento anual da receita e da despesa, o relatório anual, o balanço e as contas;

III – elaborar estatística anual dos trabalhos e julgados do Conselho;

IV – distribuir e redistribuir as atribuições e competências entre os seus membros;

V – elaborar e aprovar o plano de cargos e salários e a política de administração de pessoal do Conselho, propostos pelo Secretário-Geral;

VI – promover assistência financeira aos órgãos da OAB, em caso de necessidade comprovada e de acordo com previsão orçamentária;

VII – definir critérios para despesas com transporte e hospedagem dos Conselheiros, membros das comissões e convidados;

VIII – alienar ou onerar bens móveis;

IX – resolver os casos omissos no Estatuto e no Regulamento Geral, *ad referendum* do Conselho Pleno.

Art. 100. Compete ao Presidente:

I – representar a OAB em geral e os advogados brasileiros, no país e no exterior, em juízo ou fora dele;

II – representar o Conselho Federal, em juízo ou fora dele;

III – convocar e presidir o Conselho Federal e executar suas decisões;

IV – adquirir, onerar e alienar bens imóveis, quando autorizado, e administrar o patrimônio do Conselho Federal, juntamente com o Tesoureiro;

V – aplicar penas disciplinares, no caso de infração cometida no âmbito do Conselho Federal;

VI – assinar, com o Tesoureiro, cheques e ordens de pagamento;

VII – executar e fazer executar o Estatuto e a legislação complementar.

Art. 101. Compete ao Vice-Presidente:

I – presidir o órgão Especial e executar suas decisões;

II – executar as atribuições que lhe forem cometidas pela Diretoria ou delegadas, por portaria, pelo Presidente.

Art. 102. Compete ao Secretário-Geral:

I – presidir a Primeira Câmara e executar suas decisões;

II – dirigir todos os trabalhos de Secretaria do Conselho Federal;

III – secretariar as sessões do Conselho Pleno;

IV – manter sob sua guarda e inspeção todos os documentos do Conselho Federal;

V – controlar a presença e declarar a perda de mandato dos Conselheiros Federais;

VI – executar a administração do pessoal do Conselho Federal;

VII – emitir certidões e declarações do Conselho Federal.

Art. 103. Compete ao Secretário-Geral Adjunto:

I – presidir a Segunda Câmara e executar suas decisões;

II – organizar e manter o cadastro nacional dos advogados e estagiários, requisitando os dados e informações necessárias aos Conselhos Seccionais e promovendo as medidas necessárias;

III – executar as atribuições que lhe forem cometidas pela Diretoria ou delegadas pelo Secretário-Geral;

IV – secretariar o Órgão Especial.

Art. 104. Compete ao Tesoureiro:

I – presidir a Terceira Câmara e executar suas decisões;

II – manter sob sua guarda os bens e valores e o almoxarifado do Conselho;

III – administrar a Tesouraria, controlar e pagar todas as despesas autorizadas e assinar cheques e ordens de pagamento com o Presidente;

IV – elaborar a proposta de orçamento anual, o relatório, os balanços e as contas mensais e anuais da Diretoria;

V – propor à Diretoria a tabela de custas do Conselho Federal;

VI – fiscalizar e cobrar as transferências devidas pelos Conselhos Seccionais ao Conselho Federal, propondo à Diretoria a intervenção nas Tesourarias dos inadimplentes;

VII – manter inventário dos bens móveis e imóveis do Conselho Federal, atualizado anualmente;

VIII – receber e dar quitação dos valores recebidos pelo Conselho Federal.

§ 1º Em casos imprevistos, o Tesoureiro pode realizar despesas não constantes do orçamento anual, quando autorizadas pela Diretoria.

§ 2º Cabe ao Tesoureiro propor à Diretoria o regulamento para aquisições de material de consumo e permanente.

CAPÍTULO IV
DO CONSELHO SECCIONAL

Art. 105. Compete ao Conselho Seccional, além do previsto nos artigos 57 e 58 do Estatuto:

I – cumprir o disposto nos incisos I, II e III do artigo 54 do Estatuto;

II – adotar medidas para assegurar o regular funcionamento das Subseções;

III – intervir, parcial ou totalmente, nas Subseções e na Caixa de Assistência dos Advogados, onde e quando constatar grave violação do Estatuto, deste Regulamento Geral e do Regimento Interno do Conselho Seccional;

IV – cassar ou modificar, de ofício ou mediante representação, qualquer ato de sua diretoria e dos demais órgãos executivos e deliberativos, da diretoria ou do conselho da Subseção e da diretoria da Caixa de Assistência dos Advogados, contrários ao Estatuto, ao Regulamento Geral, aos Provimentos, ao Código de Ética e Disciplina, ao seu Regimento Interno e às suas Resoluções;

V – ajuizar, após deliberação:

a) ação direta de inconstitucionalidade de leis ou atos normativos estaduais e municipais, em face da Constituição Estadual ou da Lei Orgânica do Distrito Federal;

b) ação civil pública, para defesa de interesses difusos de caráter geral e coletivos e individuais homogêneos;

▸ Alínea *b* com redação pelo Conselho Pleno/CFOAB – *DJU* 12.12.2000.

c) mandado de segurança coletivo, em defesa de seus inscritos, independentemente de autorização pessoal dos interessados;

d) mandado de injunção, em face da Constituição Estadual ou da Lei Orgânica do Distrito Federal.

▸ Lei 13.300/2016 (Mandado de Injunção Individual e Coletivo).

Parágrafo único. O ajuizamento é decidido pela Diretoria, no caso de urgência ou recesso do Conselho Seccional.

Art. 106. Os Conselhos Seccionais são compostos de conselheiros eleitos, incluindo os membros da Diretoria, proporcionalmente ao número de advogados com inscrição concedida, observados os seguintes critérios:

I – abaixo de 3.000 (três mil) inscritos, até 40 (quarenta) membros;

▸ Inciso I com redação pela Res. 004/2024 do CFOAB.

II – a partir de 3.000 (três mil) inscritos, mais um membro por grupo completo de 3.000 (três mil) inscritos, até o total de 90 (noventa) membros.

▸ Inciso II com redação pela Res. 004/2024 do CFOAB.

§ 1º Cabe ao Conselho Seccional, observado o número da última inscrição concedida, fixar o número de seus membros, mediante resolução, sujeita a referendo do Conselho Federal, que aprecia a base de cálculo e reduz o excesso, se houver.

§ 2º O Conselho Seccional, a delegação do Conselho Federal, a diretoria da Caixa de Assistência dos Advogados, a diretoria e o conselho da Subseção podem ter suplentes, eleitos na chapa vencedora, em número fixado entre a 1/2 (metade) e o total de conselheiros titulares.

▸ § 2º com redação pela Res. 3/2012 do CFOAB.

§ 3º Não se incluem no cálculo da composição dos elegíveis ao Conselho seus ex-Presidentes, o Presidente do Instituto dos Advogados e o Presidente da Federação Nacional dos Institutos dos Advogados do Brasil.

▸ § 3º com redação pela Res. 4/2022 do CFOAB.

Art. 107. Todos os órgãos vinculados ao Conselho Seccional reúnem-se, ordinariamente, nos meses de fevereiro a dezembro, em suas sedes, e para a sessão de posse no mês de janeiro do primeiro ano do mandato.

§ 1º Em caso de urgência ou nos períodos de recesso (janeiro), os Presidentes dos órgãos ou 1/3 (um terço) de seus membros podem convocar sessão extraordinária.

▸ § 1º com redação pela Res. 1/2010 do CFOAB.

§ 2º As convocações para as sessões ordinárias são acompanhadas de minuta da ata da sessão anterior e dos demais documentos necessários.

Art. 108. Para aprovação ou alteração do Regimento Interno do Conselho, de criação e intervenção em Caixa de Assistência dos Advogados e Subseções e para aplicação da pena de exclusão de inscrito é necessário *quorum* de presença de 2/3 (dois terços) dos conselheiros.

§ 1º Para as demais matérias exige-se *quorum* de instalação e deliberação de metade dos membros de cada órgão deliberativo, não se computando no cálculo os ex-presidentes presentes, com direito a voto.

§ 2º A deliberação é tomada pela maioria dos votos dos presentes, incluindo os ex-presidentes com direito a voto.

§ 3º Comprova-se a presença pela assinatura no documento próprio, sob controle do Secretário da sessão.

§ 4º Qualquer membro presente pode requerer a verificação do *quorum*, por chamada.

§ 5º A ausência à sessão depois da assinatura de presença, não justificada ao Presidente, é contada para efeito de perda do mandato.

Art. 109. O Conselho Seccional pode dividir-se em órgãos deliberativos e instituir comissões especializadas, para melhor desempenho de suas atividades.

§ 1º Os órgãos do Conselho podem receber a colaboração gratuita de advogados não conselheiros, inclusive para instrução processual, considerando-se função relevante em benefício da advocacia.

§ 2º No Conselho Seccional e na Subseção que disponha de conselho é obrigatória a instalação e o funcionamento da Comissão de Direitos Humanos, da Comissão de Orçamento e Contas e da Comissão de Estágio e Exame de Ordem.

§ 3º Os suplentes podem desempenhar atividades permanentes e temporárias, na forma do Regimento Interno.

§ 4º As Câmaras e os órgãos julgadores em que se dividirem os Conselhos Seccionais para o exercício das respectivas competências serão integradas exclusivamente por Conselheiros eleitos, titulares ou suplentes.

▸ § 4º acrescido pela Res. 4/2010 do CFOAB.

Art. 110. Os relatores dos processos em tramitação no Conselho Seccional têm competência para instrução, podendo ouvir depoimentos, requisitar documentos, determinar diligências e propor o arquivamento ou outra providência porventura cabível ao Presidente do órgão colegiado competente.

Art. 111. O Conselho Seccional fixa tabela de honorários advocatícios, definindo as referências mínimas e as proporções, quando for o caso.

Parágrafo único. A tabela é amplamente divulgada entre os inscritos e encaminhada ao Poder Judiciário para os fins do artigo 22 do Estatuto.

Art. 112. Exame de Ordem será regulamentado por Provimento editado pelo Conselho Federal.

▸ Artigo com redação pela Res. 1/2011 do CFOAB.

§ 1º O Exame de Ordem é organizado pela Coordenação Nacional de Exame de Ordem, na forma de Provimento do Conselho Federal.

§ 2º Às Comissões de Estágio e Exame de Ordem dos Conselhos Seccionais compete fiscalizar a aplicação da prova e verificar o preenchimento dos requisitos exigidos dos examinandos quando dos pedidos de inscrição, assim como difundir as diretrizes e defender a necessidade do Exame de Ordem.

Art. 113. O Regimento Interno do Conselho Seccional define o procedimento de intervenção total ou parcial nas Subseções e na Caixa de Assistência dos Advogados, observados os critérios estabelecidos neste Regulamento Geral para a intervenção no Conselho Seccional.

Art. 114. Os Conselhos Seccionais definem nos seus Regimentos Internos a composição, o modo de eleição e o funcionamento dos Tribunais de Ética e Disciplina, observados os procedimentos do Código de Ética e Disciplina.

§ 1º Os membros dos Tribunais de Ética e Disciplina, inclusive seus Presidentes, são eleitos na primeira sessão ordinária após a posse dos Conselhos Seccionais, dentre os seus integrantes ou advogados de notável reputação ético-profissional, observados os mesmos requisitos para a eleição do Conselho Seccional.

§ 2º O mandato dos membros dos Tribunais de Ética e Disciplina tem a duração de 3 (três) anos.

§ 3º Ocorrendo qualquer das hipóteses do art. 66 do Estatuto, o membro do Tribunal de Ética e Disciplina perde o mandato antes do seu término, cabendo ao Conselho Seccional eleger o substituto.

CAPÍTULO V
DAS SUBSEÇÕES

Art. 115. Compete às subseções dar cumprimento às finalidades previstas no artigo 61 do Estatuto e neste Regulamento Geral.

Art. 116. O Conselho Seccional fixa, em seu orçamento anual, dotações específicas para as subseções, e as repassa segundo programação financeira aprovada ou em duodécimos.

Art. 117. A criação de Subseção depende, além da observância dos requisitos estabelecidos no Regimento Interno do Conselho Seccional, de estudo preliminar de viabilidade realizado por comissão especial designada pelo Presidente do Conselho Seccional, incluindo o número de advogados efetivamente residentes na base territorial, a existência de comarca judiciária, o levantamento e a perspectiva do mercado de trabalho, o custo de instalação e de manutenção.

Art. 118. A resolução do Conselho Seccional que criar a Subseção deve:

I – fixar sua base territorial;

II – definir os limites de suas competências e autonomia;

III – fixar a data da eleição da diretoria e do conselho, quando for o caso, e o início do mandato com encerramento coincidente com o do Conselho Seccional;

IV – definir a composição do conselho da Subseção e suas atribuições, quando for o caso.

§ 1º Cabe à Diretoria do Conselho Seccional encaminhar cópia da resolução ao Conselho Federal, comunicando a composição da diretoria e do conselho.

§ 2º Os membros da diretoria da Subseção integram seu conselho, que tem o mesmo presidente.

Art. 119. Os conflitos de competência entre subseções e entre estas e o Conselho Seccional são por este decididos, com recurso voluntário ao Conselho Federal.

Prof. Reg.

Art. 120. Quando a Subseção dispuser de conselho, o Presidente deste designa um de seus membros, como relator, para instruir processo de inscrição no quadro da OAB, para os residentes em sua base territorial, ou processo disciplinar, quando o fato tiver ocorrido na sua base territorial.

§ 1º Os relatores dos processos em tramitação na Subseção têm competência para instrução, podendo ouvir depoimentos, requisitar documentos, determinar diligências e propor o arquivamento ou outra providência ao Presidente.

§ 2º Concluída a instrução do pedido de inscrição, o relator submete parecer prévio ao conselho da Subseção, que pode ser acompanhado pelo relator do Conselho Seccional.

§ 3º Concluída a instrução do processo disciplinar, nos termos previstos no Estatuto e no Código de Ética e Disciplina, o relator emite parecer prévio, o qual, se homologado pelo Conselho da Subseção, é submetido ao julgamento do Tribunal de Ética e Disciplina.

§ 4º Os demais processos, até mesmo os relativos à atividade de advocacia, incompatibilidades e impedimentos, obedecem a procedimento equivalente.

CAPÍTULO VI
DAS CAIXAS DE ASSISTÊNCIA DOS ADVOGADOS

Art. 121. As Caixas de Assistência dos Advogados são criadas mediante aprovação e registro de seus estatutos pelo Conselho Seccional.

Art. 122. O estatuto da Caixa define as atividades da Diretoria e a sua estrutura organizacional.

§ 1º A Caixa pode contar com departamentos específicos, integrados por profissionais designados por sua Diretoria.

§ 2º O plano de empregos e salários do pessoal da Caixa é aprovado por sua Diretoria e homologado pelo Conselho Seccional.

Art. 123. A assistência aos inscritos na OAB é definida no estatuto da Caixa e está condicionada à:

I – regularidade do pagamento, pelo inscrito, da anuidade à OAB;

II – carência de 1 (um) ano, após o deferimento da inscrição;

III – disponibilidade de recursos da Caixa.

Parágrafo único. O estatuto da Caixa pode prever a dispensa dos requisitos de que cuidam os incisos I e II, em casos especiais.

Art. 124. A seguridade complementar pode ser implementada pela Caixa, segundo dispuser seu estatuto.

Art. 125. As Caixas promovem entre si convênios de colaboração e execução de suas finalidades.

Art. 126. A Coordenação Nacional das Caixas, por elas mantida, composta de seus presidentes, é órgão de assessoramento do Conselho Federal da OAB para a política nacional de assistência e seguridade dos advogados, tendo o seu Coordenador direito a voz nas sessões, em matéria a elas pertinente.

Art. 127. O Conselho Federal pode constituir fundos nacionais de seguridade e assistência dos advogados, coordenados pelas Caixas, ouvidos os Conselhos Seccionais.

CAPÍTULO VII
DAS ELEIÇÕES

Art. 128. O Presidente do Conselho Seccional, ad referendum da Diretoria, em até 45 (quarenta e cinco) dias contínuos, antes da data da eleição, no último ano do mandato, convoca os advogados e advogadas regularmente inscritos e adimplentes para a votação direta e obrigatória, mediante edital publicado, em forma resumida, no *Diário Eletrônico da OAB*, do qual constarão, dentre outros, os seguintes itens:

▸ *Caput* com redação pela Res. 002/2023 do CFOAB.

I a VII – *Revogados pela Res. 002/2023 do CFOAB.*

§§ 1º a 4º *Revogados pela Res. 002/2023 do CFOAB.*

▸ § 4º acrescido pelo Conselho Pleno/CFOAB – DJU 12.12.2000.

§ 5º As eleições nos Conselhos Seccionais, Subseções e Caixas de Assistência dos Advogados serão regulamentadas por Provimento editado pelo Conselho Federal.

▸ § 5º acrescido pela Res. 002/2023 do CFOAB.

Arts. 128-A a 136. *Revogados pela Res. 002/2023 do CFOAB.*

Art. 137. A eleição para a Diretoria do Conselho Federal observa o disposto no artigo 67 do Estatuto.

§§ 1º a 6º *Revogados pela Res. 002/2023 do CFOAB.*

§ 7º A eleição no Conselho Federal será regulamentada por Provimento editado pelo Conselho Federal.

▸ § 7º com redação pela Res. 002/2023 do CFOAB.

Arts. 137-A e 137-B. *Revogados pela Res. 002/2023 do CFOAB.*

Art. 137-C. Na ausência de normas expressas no Estatuto e neste Regulamento, ou em Provimento, aplica-se, supletivamente, no que couber, a legislação eleitoral.

▸ Artigo acrescido pela Res. 1/2006 do CFOAB.

CAPÍTULO VIII
DAS NOTIFICAÇÕES E DOS RECURSOS

▸ Rubrica do Capítulo VIII com redação pelo Conselho Pleno/CFOAB – DJU 12.12.2000.

Art. 137-D. A notificação inicial para a apresentação de defesa prévia ou manifestação em processo administrativo perante a OAB deverá ser feita através de correspondência, com aviso de recebimento, enviada para o endereço profissional ou residencial constante do cadastro do Conselho Seccional.

▸ Primitivo art. 137-A renumerado pela Res. 1/2006 do CFOAB e com redação pelo Conselho Pleno/CFOAB – DJU 08.01.2002.

§ 1º Incumbe ao advogado manter sempre atualizado o seu endereço residencial e profissional no cadastro do Conselho Seccional, presumindo-se recebida a correspondência enviada para o endereço nele constante.

§ 2º Frustrada a entrega da notificação de que trata o *caput* deste artigo, será a mesma realizada através de edital, a ser publicado no *Diário Eletrônico da OAB*.

▸ § 2º com redação pela Res. 5/2018 do CFOAB.

§ 3º Quando se tratar de processo disciplinar, a notificação inicial feita através de edital deverá respeitar o sigilo de que trata o artigo 72, § 2º, da Lei 8.906/94, dele não podendo constar qualquer referência de que se trate de matéria disciplinar, constando apenas o nome completo do advogado, nome social, o seu número de inscrição e a observação de que ele deverá comparecer à sede do Conselho Seccional ou da Subseção para tratar de assunto de seu interesse.

▸ § 3º com redação pela Res. 5/2016 do CFOAB.

§ 4º As demais notificações no curso do processo disciplinar serão feitas através de correspondência, na forma prevista no *caput* deste artigo, ou através de publicação no *Diário Eletrônico da OAB*, devendo, as publicações, observar que o nome e o nome social do representado deverão ser substituídos pelas suas respectivas iniciais, indicando-se o nome completo do seu procurador ou os seus, na condição de advogado, quando postular em causa própria.

▸ § 4º com redação pela Res. 5/2018 do CFOAB.

§ 5º A notificação de que trata o inciso XXIII, do artigo 34, da Lei 8.906/94 será feita na forma prevista no *caput* deste artigo ou através de edital coletivo publicado no *Diário Eletrônico da OAB*.

▸ § 5º com redação pela Res. 5/2018 do CFOAB.

Art. 138. À exceção dos embargos de declaração, os recursos são dirigidos ao órgão julgador superior competente, embora interpostos perante a autoridade ou órgão que proferiu a decisão recorrida.

§ 1º O juízo de admissibilidade é do relator do órgão julgador a que se dirige o recurso, não podendo a autoridade ou órgão recorrido rejeitar o encaminhamento.

§ 2º O recurso tem efeito suspensivo, exceto nas hipóteses previstas no Estatuto.

§ 3º Os embargos de declaração são dirigidos ao relator da decisão recorrida, que lhes pode negar seguimento, fundamentadamente, se os tiver por manifestamente protelatórios, intempestivos ou carentes dos pressupostos legais para interposição.

§ 4º Admitindo os embargos de declaração, o relator os colocará em mesa para julgamento, independentemente de inclusão em pauta ou publicação, na primeira sessão seguinte, salvo justificado impedimento.

§ 5º Não cabe recurso contra as decisões referidas nos §§ 3º e 4º.

§ 6º Excetuando-se os processos ético-disciplinares, nos casos de nulidade ou extinção processual para retorno dos autos à origem, com regular prosseguimento do feito, o órgão recursal deve logo julgar o mérito da causa, desde que presentes as condições de imediato julgamento.

▸ § 6º acrescido pela Res. 3/2019, da CFOAB

Art. 139. Todos os prazos processuais necessários à manifestação de advogados, estagiários e terceiros, nos processos em geral da OAB, são de quinze dias, computados somente os dias úteis e contados do primeiro dia útil seguinte, seja da publicação da decisão no Diário Eletrônico da OAB, seja da data da juntada aos autos do respectivo aviso de recebimento, anotada pela secretaria do órgão da OAB.

▸ *Caput* com redação pela Res. 4/2022 do CFOAB.

§ 1º O recurso poderá ser interposto via fac-símile ou similar, devendo o original ser entregue até 10 (dez) dias da data da interposição.

▸ § 1º acrescido pelo Conselho Pleno/CFOAB – DJU 12.12.2000.

§ 2º Os recursos poderão ser protocolados nos Conselhos Seccionais ou nas Subseções nos quais se originaram os processos correspondentes, devendo o interessado indicar a quem recorre e remeter cópia integral da peça, no prazo de 10 (dez) dias, ao órgão julgador superior competente, via sistema postal rápido, fac-símile ou correio eletrônico.

▸ § 2º com redação pela Res. 2/2012 do CFOAB.

§ 3º Entre os dias 20 e 31 de dezembro e durante o período de recesso (janeiro) do Conselho da OAB que proferiu a decisão recorrida, os prazos são suspensos, reiniciando-se no primeiro dia útil após o seu término.

▸ § 3º com redação pela Res. 10/2016 do CFOAB.

§ 4º A contagem dos prazos processuais em dias úteis prevista neste artigo passará a vigorar a partir de 1º de janeiro de 2017, devendo ser adotada nos processos administrativos em curso.

▸ § 4º acrescido pela Res. 9/2016 do CFOAB.

Art. 140. O relator, ao constatar intempestividade ou ausência dos pressupostos legais para interposição do recurso, profere despacho indicando ao Presidente do órgão julgador o indeferimento liminar, devolvendo-se o processo ao órgão recorrido para executar a decisão.

Parágrafo único. Contra a decisão do Presidente, referida neste artigo, cabe recurso voluntário ao órgão julgador.

Art. 141. Se o relator da decisão recorrida também integrar o órgão julgador superior, fica neste impedido de relatar o recurso.

Art. 142. Quando a decisão, inclusive dos Conselhos Seccionais, conflitar com orientação de órgão colegiado superior, fica sujeita ao duplo grau de jurisdição.

Art. 143. Contra decisão do Presidente ou da Diretoria da Subseção cabe recurso ao Conselho Seccional, mesmo quando houver conselho na Subseção.

Art. 144. Contra a decisão do Tribunal de Ética e Disciplina cabe recurso ao plenário ou órgão especial equivalente do Conselho Seccional.

Parágrafo único. O Regimento Interno do Conselho Seccional disciplina o cabimento dos recursos no âmbito de cada órgão julgador.

Art. 144-A. Para a formação do recurso interposto contra decisão de suspensão preventiva de advogado (art. 77, Lei 8.906/1994), dever-se-á juntar cópia integral dos autos da representação disciplinar, permanecendo o processo na origem para cumprimento da pena preventiva e tramitação final, nos termos do artigo 70, § 3º, do Estatuto.

▸ Artigo acrescido pelo Conselho Pleno/CFOAB – DJU 12.12.2000.

Art. 144-B. Não se pode decidir, em grau algum de julgamento, com base em fundamento a respeito do qual não se tenha dado às partes oportunidade de se manifestar anteriormente, ainda que se trate de matéria sobre a qual se deva decidir de ofício, salvo quanto às medidas de urgência previstas no Estatuto.

▸ Artigo acrescido pela Res. 2/2019 do CFOAB.

Art. 144-C. Fundamentado em razões de segurança jurídica ou de excepcional interesse social da OAB, poderá o órgão julgador recursal competente, por maioria de seus membros, restringir os efeitos da decisão ou decidir que esta só tenha eficácia a partir de seu trânsito em julgado ou de outro momento que venha a ser fixado.

▸ Artigo acrescido pela Res. 01/2022 do CFOAB.

CAPÍTULO IX
DAS CONFERÊNCIAS E DOS COLÉGIOS DE PRESIDENTES

Art. 145. A Conferência Nacional da Advocacia Brasileira é órgão consultivo máximo do Conselho Federal, reunindo-se trienalmente, no segundo ano do mandato, tendo por objetivo o estudo e o debate das questões e problemas que digam respeito às finalidades da OAB e ao congraçamento da advocacia.

▸ *Caput* com redação pela Res. 8/2016 do CFOAB.

§ 1º As Conferências da Advocacia dos Estados e do Distrito Federal são órgãos consultivos dos Conselhos Seccionais, reunindo-se trienalmente, no segundo ano do mandato.

▸ § 1º com redação pela Res. 8/2016 do CFOAB.

§ 2º No primeiro ano do mandato do Conselho Federal ou do Conselho Seccional, decidem-se a data, o local e o tema central da Conferência.

§ 3º As conclusões das Conferências têm caráter de recomendação aos Conselhos correspondentes.

Art. 146. São membros das Conferências:

I – efetivos: os Conselheiros e Presidentes dos órgãos da OAB presentes, os advogados e estagiários inscritos na Conferência, todos com direito a voto;

II – convidados: as pessoas a quem a Comissão Organizadora conceder tal qualidade, sem direito a voto, salvo se for advogado.

§ 1º Os convidados, expositores e membros dos órgãos da OAB têm identificação especial durante a Conferência.

§ 2º Os estudantes de direito, mesmo inscritos como estagiários na OAB, são membros ouvintes, escolhendo um porta-voz entre os presentes em cada sessão da Conferência.

Art. 147. A Conferência é dirigida por uma Comissão Organizadora, designada pelo Presidente do Conselho, por ele presidida e integrada pelos membros da Diretoria e outros convidados.

§ 1º O Presidente pode desdobrar a Comissão Organizadora em comissões específicas, definindo suas composições e atribuições.

§ 2º Cabe à Comissão Organizadora definir a distribuição do temário, os nomes dos expositores, a programação dos trabalhos, os serviços de apoio e infraestrutura e o regimento interno da Conferência.

Art. 148. Durante o funcionamento da Conferência, a Comissão Organizadora é representada pelo Presidente, com poderes para cumprir a programação estabelecida e decidir as questões ocorrentes e os casos omissos.

Art. 149. Os trabalhos da Conferência desenvolvem-se em sessões plenárias, painéis ou outros modos de exposição ou atuação dos participantes.

§ 1º As sessões são dirigidas por um Presidente e um Relator, escolhidos pela Comissão Organizadora.

§ 2º Quando as sessões se desenvolvem em forma de painéis, os expositores ocupam a metade do tempo total e a outra metade é destinada aos debates e votação de propostas ou conclusões pelos participantes.

§ 3º É facultado aos expositores submeter as suas conclusões à aprovação dos participantes.

Art. 150. O Colégio de Presidentes dos Conselhos Seccionais é regulamentado em Provimento.

Parágrafo único. O Colégio de Presidentes das Subseções é regulamentado no Regimento Interno do Conselho Seccional.

TÍTULO III
DAS DISPOSIÇÕES GERAIS E TRANSITÓRIAS

Art. 151. Os órgãos da OAB não podem se manifestar sobre questões de natureza pessoal, exceto em caso de homenagem a quem tenha prestado relevantes serviços à sociedade e à advocacia.

Parágrafo único. As salas e dependências dos órgãos da OAB não podem receber nomes de pessoas vivas ou inscrições estranhas às suas finalidades, respeitadas as situações já existentes na data da publicação deste Regulamento Geral.

Art. 152. A "Medalha Rui Barbosa" é a comenda máxima conferida pelo Conselho Federal às grandes personalidades da advocacia brasileira.

Parágrafo único. A Medalha só pode ser concedida uma vez, no prazo do mandato do Conselho, a um homenageado e a uma homenageada, e será entregue em sessão solene.
▶ Parágrafo único com redação pela Res. 006/2024 (DEOAB 16.01.2025)

Art. 153. Os estatutos das Caixas criadas anteriormente ao advento do Estatuto serão a ele adaptados e submetidos ao Conselho Seccional, no prazo de 120 (cento e vinte) dias, contado da publicação deste Regulamento Geral.

Art. 154. Os Provimentos editados pelo Conselho Federal complementam este Regulamento Geral, no que não sejam com ele incompatíveis.

Parágrafo único. Todas as matérias relacionadas à Ética do advogado, às infrações e sanções disciplinares e ao processo disciplinar são regulamentadas pelo Código de Ética e Disciplina.

Art. 155. Os Conselhos Seccionais, até o dia 31 de dezembro de 2007, adotarão os documentos de identidade profissional, na forma prevista nos arts. 32 a 36 deste Regulamento.
▶ Caput com redação pela Res. 2/2006 do CFOAB.

§ 1º Os advogados inscritos até a data da implementação a que se refere o *caput* deste artigo deverão substituir os cartões de identidade até 31 de janeiro de 2009.
▶ § 1º com redação pela Res. 1/2008 do CFOAB.

§ 2º Facultar-se-á ao advogado inscrito até 31 de dezembro de 1997 o direito de usar e permanecer exclu-

sivamente com a carteira de identidade, desde que, até 31 de dezembro de 1999, assim solicite formalmente.
▶ § 2º com redação pelo Conselho Pleno/CFOAB – DJU 24.11.1997.

§ 3º O pedido de uso e permanência da carteira de identidade, que impede a concessão de uma nova, deve ser anotado no documento profissional, como condição de sua validade.
▶ § 3º com redação pelo Conselho Pleno/CFOAB – DJU 24.11.1997.

§ 4º Salvo nos casos previstos neste artigo, findos os prazos nele fixados, os atuais documentos perderão a validade, mesmo que permaneçam em poder de seus portadores.
▶ § 4º com redação pelo Conselho Pleno/CFOAB – DJU 24.11.1997.

Art. 156. Os processos em pauta para julgamento das Câmaras Reunidas serão apreciados pelo Órgão Especial, a ser instalado na primeira sessão após a publicação deste Regulamento Geral, mantidos os relatores anteriormente designados, que participarão da respectiva votação.

Art. 156-A. Excetuados os prazos regulados pelo Provimento 102/2004, previstos em editais próprios, ficam suspensos até 1º de agosto de 2010 os prazos processuais iniciados antes ou durante o mês de julho de 2010.
▶ Artigo acrescido pela Res. 1/2010 do CFOAB.

Art. 156-B. As alterações das regras estabelecidas no art. 131, *caput* e §§ 1º, 2º, 3º, 4º e 6º, deste Regulamento Geral, promovidas em 2020 e 2021, passarão a vigorar a partir das eleições de 2021, inclusive, e, no caso do percentual mínimo de 30% (trinta por cento) estipulado de cotas raciais para advogados negros e advogadas negras, valerão pelo prazo de 10 (dez) mandatos.
▶ Artigo com redação pela Res. 8/2021 do CFOAB.

Art. 156-C. As eleições nos Conselhos Seccionais e nas Subseções em 2021 e no Conselho Federal em 2022 serão regidas pelas regras do Provimento n. 146/2011 e deste Regulamento Geral, vigentes em 2021.
▶ Artigo acrescido pela Res. 5/2020 do CFOAB.

Art. 156-D. O uso de meio eletrônico na tramitação de processos administrativos, comunicação de atos e transmissão de peças processuais será admitido mediante instituição de Sistema de Processo Eletrônico, nos termos de ato normativo a ser editado pelo Conselho Pleno do Conselho Federal da OAB.
▶ Artigo acrescido pela Res. 5/2019 do CFOAB.

Art. 157. Revogam-se as disposições em contrário, especialmente os Provimentos de ns. 1, 2, 3, 5, 6, 7, 9, 10, 11, 12, 13, 14, 15, 16, 17, 18, 19, 20, 21, 22, 23, 24, 25, 27, 28, 29, 30, 31, 32, 33, 34, 35, 36, 38, 39, 40, 41, 46, 50, 51, 52, 54, 57, 59, 60, 63, 64, 65, 67 e 71, e o Regimento Interno do Conselho Federal, mantidos os efeitos das Resoluções 1/1994 e 2/1994.

Art. 158. Este Regulamento Geral entra em vigor na data de sua publicação.

Sala das Sessões, em Brasília, 16 de outubro e 6 de novembro de 1994.

José Roberto Batochio
Presidente

LEI 9.537, DE 11 DE DEZEMBRO DE 1997

Dispõe sobre a segurança do tráfego aquaviário em águas sob jurisdição nacional e dá outras providências.

DOU 12.12.1997

O Presidente Da República. Faço saber que o Congresso Nacional decreta e eu sanciono a seguinte Lei:

CAPÍTULO I
DISPOSIÇÕES GERAIS

Art. 1º A segurança da navegação, nas águas sob jurisdição nacional, rege-se por esta Lei.

§ 1º As embarcações brasileiras, exceto as de guerra, os tripulantes, os profissionais não-tripulantes e os passageiros nelas embarcados, ainda que fora das águas sob jurisdição nacional, continuam sujeitos ao previsto nesta Lei, respeitada, em águas estrangeiras, a soberania do Estado costeiro.

§ 2º As embarcações estrangeiras e as aeronaves na superfície das águas sob jurisdição nacional estão sujeitas, no que couber, ao previsto nesta Lei.

Art. 2º Para os efeitos desta Lei, ficam estabelecidos os seguintes conceitos e definições:

I – Amador – todo aquele com habilitação certificada pela autoridade marítima para operar embarcações de esporte e recreio, em caráter não-profissional;

II – Aquaviário – todo aquele com habilitação certificada pela autoridade marítima para operar embarcações em caráter profissional;

III – Armador – pessoa física ou jurídica que, em seu nome e sob sua responsabilidade, apresta a embarcação com fins comerciais, pondo-a ou não a navegar por sua conta;

IV – Comandante (também denominado Mestre, Arrais ou Patrão) – tripulante responsável pela operação e manutenção de embarcação, em condições de segurança, extensivas à carga, aos tripulantes e às demais pessoas a bordo;

V – Embarcação – qualquer construção, inclusive as plataformas flutuantes e, quando rebocadas, as fixas, sujeita a inscrição na autoridade marítima e suscetível de se locomover na água, por meios próprios ou não, transportando pessoas ou cargas;

VI – Inscrição da embarcação – cadastramento na autoridade marítima, com atribuição do nome e do número de inscrição e expedição do respectivo documento de inscrição;

VII – Inspeção Naval – atividade de cunho administrativo, que consiste na fiscalização do cumprimento desta Lei, das normas e regulamentos dela decorrentes, e dos atos e resoluções internacionais ratificados pelo Brasil, no que se refere exclusivamente à salvaguarda da vida humana e à segurança da navegação, no mar aberto e em hidrovias interiores, e à prevenção da poluição ambiental por parte de embarcações, plataformas fixas ou suas instalações de apoio;

VIII – Instalação de apoio – instalação ou equipamento, localizado nas águas, de apoio à execução das atividades nas plataformas ou terminais de movimentação de cargas;

IX – Lotação – quantidade máxima de pessoas autorizadas a embarcar;

X – Margens das águas – as bordas dos terrenos onde as águas tocam, em regime de cheia normal sem transbordar ou de preamar de sizígia;

XI – Navegação em mar aberto – a realizada em águas marítimas consideradas desabrigadas;

XII – Navegação Interior – a realizada em hidrovias interiores, assim consideradas rios, lagos, canais, lagoas, baías, angras, enseadas e áreas marítimas consideradas abrigadas;

XIII – Passageiro – todo aquele que, não fazendo parte da tripulação nem sendo profissional não-tripulante prestando serviço profissional a bordo, é transportado pela embarcação;

XIV – Plataforma – instalação ou estrutura, fixa ou flutuante, destinada às atividades direta ou indiretamente relacionadas com a pesquisa, exploração e explotação dos recursos oriundos do leito das águas interiores e seu subsolo ou do mar, inclusive da plataforma continental e seu subsolo;

XV – Prático – aquaviário não-tripulante que presta serviços de praticagem embarcado;

XVI – Profissional não-tripulante – todo aquele que, sem exercer atribuições diretamente ligadas à operação da embarcação, presta serviços eventuais a bordo;

XVII – Proprietário – pessoa física ou jurídica, em nome de quem a propriedade da embarcação é inscrita na autoridade marítima e, quando legalmente exigido, no Tribunal Marítimo;

XVIII – Registro de Propriedade da Embarcação – registro no Tribunal Marítimo, com a expedição da Provisão de Registro da Propriedade Marítima;

XIX – Tripulação de Segurança – quantidade mínima de tripulantes necessária a operar, com segurança, a embarcação;

XX – Tripulante – aquaviário ou amador que exerce funções, embarcado, na operação da embarcação;

XXI – Vistoria – ação técnico-administrativa, eventual ou periódica, pela qual é verificado o cumprimento de requisitos estabelecidos em normas nacionais e internacionais, referentes à prevenção da poluição ambiental e às condições de segurança e habilidade de embarcações e plataformas.

XXII – Zona de Praticagem - área geográfica delimitada em razão de peculiaridades locais que dificultam a livre e segura movimentação de embarcações, de forma a exigir a constituição e a disponibilidade permanente de serviço de praticagem.
▶ Inciso XXII acrescido pela Lei 14.813/2024.

Art. 3º Cabe à autoridade marítima promover a implementação e a execução desta Lei, com o propósito de assegurar a salvaguarda da vida humana e a segurança da navegação, no mar aberto e hidrovias interiores, e a prevenção da poluição ambiental por parte de embarcações, plataformas ou suas instalações de apoio.

Parágrafo único. No exterior, a autoridade diplomática representa a autoridade marítima, no que for pertinente a esta Lei.

Art. 4º São atribuições da autoridade marítima:

I – elaborar normas para:

a) habilitação e cadastro dos aquaviários e amadores;

b) tráfego e permanência das embarcações nas águas sob jurisdição nacional, bem como sua entrada e saída de portos, atracadouros, fundeadouros e marinas;

c) realização de inspeções navais e vistorias;

d) arqueação, determinação da borda livre, lotação, identificação e classificação das embarcações;

e) inscrição das embarcações e fiscalização do Registro de Propriedade;

f) cerimonial e uso dos uniformes a bordo das embarcações nacionais;

g) registro e certificação de helipontos das embarcações e plataformas, com vistas à homologação por parte do órgão competente;

h) execução de obras, dragagens, pesquisa e lavra de minerais sob, sobre e às margens das águas sob jurisdição nacional, no que concerne ao ordenamento do espaço aquaviário e à segurança da navegação, sem prejuízo das obrigações frente aos demais órgãos competentes;

i) cadastramento e funcionamento das marinas, clubes e entidades desportivas náuticas, no que diz respeito à salvaguarda da vida humana e à segurança da navegação no mar aberto e em hidrovias interiores;

j) cadastramento de empresas de navegação, peritos e sociedades classificadoras;

l) estabelecimento e funcionamento de sinais e auxílios à navegação;

m) aplicação de penalidade pelo Comandante;

II – regulamentar o serviço de praticagem, estabelecer as zonas de praticagem em que a utilização do serviço é obrigatória e especificar as embarcações dispensadas do serviço;

III – determinar a tripulação de segurança das embarcações, assegurado às partes interessadas o direito de interpor recurso, quando discordarem da quantidade fixada;

IV – determinar os equipamentos e acessórios que devam ser homologados para uso a bordo de embarcações e plataformas e estabelecer os requisitos para a homologação;

V – estabelecer a dotação mínima de equipamentos e acessórios de segurança para embarcações e plataformas;

VI – estabelecer os limites da navegação interior;

VII – estabelecer os requisitos referentes às condições de segurança e habitabilidade e para a prevenção da poluição por parte de embarcações, plataformas ou suas instalações de apoio;

VIII – definir áreas marítimas e interiores para constituir refúgios provisórios, onde as embarcações possam fundear ou varar, para a execução de reparos;

IX – executar a inspeção naval;

X – executar vistorias, diretamente ou por intermédio de delegação a entidades especializadas.

Art. 4º-A. Sem prejuízo das normas adicionais expedidas pela autoridade marítima, é obrigatório o uso de proteção no motor, eixo e quaisquer outras partes móveis das embarcações que possam promover riscos à integridade física dos passageiros e da tripulação.
▸ Artigo acrescido pela Lei 11.970/2009

§ 1º O tráfego de embarcação sem o cumprimento do disposto no *caput* deste artigo sujeita o infrator às medidas administrativas previstas nos incisos I e II do *caput* do art. 16, bem como às penalidades previstas no art. 25, desta Lei.

§ 2º Em caso de reincidência, a penalidade de multa será multiplicada por 3 (três), além de ser apreendida a embarcação e cancelado o certificado de habilitação.

§ 3º A aplicação das medidas administrativas e das penalidades previstas neste artigo não exime o infrator da devida responsabilização nas esferas cível e criminal.

Art. 5º A embarcação estrangeira, submetida à inspeção naval, que apresente irregularidades na documentação ou condições operacionais precárias, representando ameaça de danos ao meio ambiente, à tripulação, a terceiros ou à segurança do tráfego aquaviário, pode ser ordenada a:

I – não entrar no porto;

II – não sair do porto;

III – sair das águas jurisdicionais;

IV – arribar em porto nacional.

Art. 6º A autoridade marítima poderá delegar aos municípios a fiscalização do tráfego de embarcações que ponham em risco a integridade física de qualquer pessoa nas áreas adjacentes às praias, quer sejam marítimas, fluviais ou lacustres.

Art. 7º Os aquaviários devem possuir o nível de habilitação estabelecido pela autoridade marítima para o exercício de cargos e funções a bordo das embarcações.

Parágrafo único. O embarque e desembarque do tripulante submete-se às regras do seu contrato de trabalho.

Art. 8º Compete ao Comandante:

I – cumprir e fazer cumprir a bordo, a legislação, as normas e os regulamentos, bem como os atos e as resoluções internacionais ratificados pelo Brasil;

II – cumprir e fazer cumprir a bordo, os procedimentos estabelecidos para a salvaguarda da vida humana, para a preservação do meio ambiente e para a segurança da navegação, da própria embarcação e da carga;

III – manter a disciplina a bordo;

IV – proceder:

a) à lavratura, em viagem, de termos de nascimento e óbito ocorridos a bordo, nos termos da legislação específica;

b) ao inventário e à arrecadação dos bens das pessoas que falecerem a bordo, entregando-os à autoridade competente, nos termos da legislação específica;

c) à realização de casamentos e aprovação de testamentos in extremis, nos termos da legislação específica;

V – comunicar à autoridade marítima:

a) qualquer alteração dos sinais náuticos de auxílio à navegação e qualquer obstáculo ou estorvo à navegação que encontrar;

b) acidentes e fatos da navegação ocorridos com sua embarcação;

c) infração desta Lei ou das normas e dos regulamentos dela decorrentes, cometida por outra embarcação.

Parágrafo único. O descumprimento das disposições contidas neste artigo sujeita o Comandante, nos termos do art. 22 desta Lei, às penalidades de multa ou suspensão do certificado de habilitação, que podem ser cumulativas.

Art. 9º Todas as pessoas a bordo estão sujeitas à autoridade do Comandante.

Art. 10. O Comandante, no exercício de suas funções e para garantia da segurança das pessoas, da embarcação e da carga transportada, pode:

I – impor sanções disciplinares previstas na legislação pertinente;

II – ordenar o desembarque de qualquer pessoa;

III – ordenar a detenção de pessoa em camarote ou alojamento, se necessário com algemas, quando imprescindível para a manutenção da integridade física de terceiros, da embarcação ou da carga;

IV – determinar o alijamento de carga.

Art. 11. O Comandante, no caso de impedimento, é substituído por outro tripulante, segundo a precedência hierárquica, estabelecida pela autoridade marítima, dos cargos e funções a bordo das embarcações.

Art. 12. O serviço de praticagem consiste no conjunto de atividades profissionais de assessoria ao Comandante requeridas por força de peculiaridades locais que dificultem a livre e segura movimentação da embarcação.

§ 1º O serviço de praticagem é atividade essencial, de natureza privada, cujo objetivo é garantir o interesse público da segurança da navegação, da salvaguarda da vida humana e da proteção ao meio ambiente.

§ 2º O serviço de praticagem deve estar permanentemente disponível, de forma a prover a continuidade e a eficiência do tráfego aquaviário.

§ 3º É dever do Estado garantir a adequada e livre prestação do serviço de praticagem, nos termos desta Lei.
▸ §§ 1º a 3º acrescidos pela Lei 14.813/2024.

Art. 12-A. O serviço de praticagem compreende o prático, a lancha de prático e a atalaia.
▸ Artigo acrescido pela Lei 14.813/2024.

Parágrafo único. Os práticos são responsáveis pela implantação e pela manutenção da infraestrutura e dos equipamentos necessários à execução do serviço de praticagem, pelo treinamento de colaboradores e pela permanente disponibilidade da estrutura.

Art. 13. O serviço de praticagem será executado por práticos devidamente habilitados, individualmente, organizados em associações ou contratados por empresas.

§ 1º A inscrição de aquaviários como práticos obedecerá aos requisitos estabelecidos pela autoridade marítima, sendo concedida especificamente para cada zona de praticagem, após a aprovação em exame e estágio de qualificação.

§ 2º A manutenção da habilitação do prático dependerá:
▸ *Caput* com redação pela Lei 14.813/2024.

I – do cumprimento da frequência mínima de manobras estabelecida pela autoridade marítima;

II – da realização dos cursos de aperfeiçoamento determinados pela autoridade marítima; e

III – do cumprimento das recomendações e das determinações oriundas dos organismos internacionais competentes, desde que reconhecidas pela autoridade marítima.
▸ Incisos I a III acrescidos pela Lei 14.813/2024.

§ 3º É assegurado a todo prático, na forma prevista no *caput* deste artigo, o livre exercício do serviço de praticagem, atendida a regulação técnica e econômica da atividade, nos termos desta Lei.
▸ § 3º com redação pela Lei 14.813/2024.

§ 4º A autoridade marítima poderá, desde que atendidos os requisitos por ela estabelecidos em regulamento específico, conceder exclusivamente a Comandantes brasileiros de navios de bandeira brasileira que tenham até 100 m (cem metros) de comprimento e cuja tripulação seja composta de, no mínimo, 2/3 (dois terços) de brasileiros Certificado de Isenção de Praticagem, que os habilitará a conduzir a embarcação sob seu comando no interior de zona de praticagem ou em parte dela, observado que a isenção:
▸ § 4º com redação pela Lei 14.813/2024.

I – não desobrigará o tomador de serviço do pagamento da remuneração devida à praticagem local pela permanente disponibilidade do serviço nem da comunicação à atalaia coordenadora sobre o trânsito pretendido, para embarcações com arqueação bruta a partir de 500 (quinhentos), salvo as hipóteses previstas no § 6º deste artigo;

II – será precedida de análise de risco, a qual comprove que a concessão não aumentará o risco à navegação ou colocará em perigo os canais de acesso portuários e suas estruturas adjacentes;

III – levará em conta a necessidade do cumprimento de períodos prévios de descanso para o Comandante, a serem determinados e monitorados pela autoridade marítima; e

IV – dependerá, cumulativamente ou não, do cumprimento pelo Comandante de:

a) 6 (seis) meses de atuação prévia como Comandante do navio dentro da zona de praticagem específica ou da subzona para a isenção objeto da concessão;

b) posteriormente, 6 (seis) meses de realização de fainas de praticagem, assistido por prático da respectiva zona de praticagem ou de sua subzona, em total não inferior a 12 (doze) fainas.
▸ Incisos I a IV acrescidos pela Lei 14.813/2024.

§ 5º Em cada zona de praticagem, os profissionais prestarão o serviço de acordo com escala de rodízio única homologada pela autoridade marítima, garantida a frequência de manobras que assegure a proficiência, a distribuição equânime e a disponibilidade permanente do serviço de praticagem.

§ 6º O serviço de praticagem será obrigatório em todas as zonas de praticagem para embarcações com arqueação bruta superior a 500 (quinhentos), salvo:

I – as hipóteses previstas pela autoridade marítima em regulamento específico, situação em que as embarcações dispensadas deverão comunicar as respectivas manobras aos agentes da autoridade marítima; e

II – o caso de embarcações regionais, empurradores, balsas e comboio integrado de balsas, classificadas para operar exclusivamente na navegação interior, independentemente da arqueação, e que arvorem a bandeira brasileira. .
▸ §§ 5º e 6º acrescidos pela Lei 14.813/2024.

Art. 14. O serviço de praticagem, considerado atividade essencial, deve estar permanentemente disponível nas zonas de praticagem estabelecidas.

Parágrafo único. Para assegurar a ininterruptibilidade do serviço, a autoridade marítima poderá:
▸ Parágrafo único com redação pela Lei 14.813/2024.

I – estabelecer o número necessário de práticos para cada zona de praticagem, conforme norma específica própria, o qual deverá ser revisado periodicamente, de forma a atender às necessidades do tráfego marítimo, fluvial e lacustre na respectiva zona e à manutenção da qualificação dos práticos;

II – fixar, em caráter excepcional e temporário, o valor referente aos serviços em cada zona de praticagem;

▶ Incisos I e II com redação pela Lei 14.813/2024.

III – requisitar o serviço de práticos.

Art. 15. O prático não pode recusar-se à prestação do serviço de praticagem, sob pena de suspensão do certificado de habilitação ou, em caso de reincidência, cancelamento deste.

Art. 15-A. A remuneração do serviço de praticagem compreende a operação de prático, a lancha de prático e a atalaia.

§ 1º Caso seja necessário o revezamento de práticos, eles serão alojados com as mesmas condições dos oficiais de bordo, preferencialmente em camarotes individuais e independentes que garantam o conforto térmico e as efetivas condições para seu descanso satisfatório, e o Comandante do navio ficará responsável por garantir a adequação das instalações.

§ 2º No rito ordinário, o preço do serviço será livremente negociado entre os tomadores e os prestadores do serviço, reprimidas quaisquer práticas de abuso do poder econômico.

§ 3º A autoridade marítima, mediante provocação fundamentada de quaisquer das partes contratantes, poderá fixar, em caráter extraordinário, excepcional e temporário, o preço do serviço de praticagem, por período não superior a 12 (doze) meses, prorrogável por igual período, nas seguintes hipóteses:

I – para cumprimento do disposto no inciso II do parágrafo único do art. 14 desta Lei; ou

II – quando comprovado o abuso de poder econômico ou a defasagem dos valores do serviço de praticagem.

§ 4º A autoridade marítima realizará juízo de admissibilidade, por decisão fundamentada, quanto à provocação referente a abuso de poder econômico por quaisquer das partes ou defasagem dos valores de serviço de praticagem.

§ 5º Conhecida a provocação de que trata o § 4º deste artigo, a autoridade marítima formará e presidirá comissão temporária, paritária e de natureza consultiva, composta de representantes da entidade prestadora de serviço de praticagem, do armador tomador de serviços de praticagem da respectiva zona e da Agência Nacional de Transportes Aquaviários (Antaq), a qual terá até 45 (quarenta e cinco) dias para emitir parecer consultivo.

§ 6º A regulação econômica pela autoridade marítima respeitará a livre negociação e poderá observar a atualização monetária anual, os preços costumeiramente praticados em cada zona de praticagem, os contratos vigentes e o tempo e a qualidade do serviço.

Art. 15-B. As orientações sobre rumos e velocidades, em assessoria ao Comandante da embarcação, serão transmitidas exclusivamente por práticos aos Comandantes quando suas embarcações estiverem navegando nas zonas de praticagem.

Art. 15-C. A autoridade marítima fixará, conforme periodicidade estabelecida em norma específica, a lotação de práticos necessária em cada zona de praticagem, com observância dos seguintes parâmetros:

I – o número e a duração média das manobras em que foram utilizados serviços de praticagem, em cada zona de praticagem, nos 24 (vinte e quatro) meses anteriores à fixação;

II – as alterações significativas e efetivas que afetem o movimento de embarcações na zona de praticagem;

III – a necessidade de garantir aos práticos de cada zona de praticagem a execução de manobras sem sobrecarga permanente de trabalho; e

IV – o estabelecimento de frequência de manobras adequada que assegure a manutenção da proficiência uniforme de todos os práticos em cada zona de praticagem.

▶ Artigos 15-A a 15-C acrescidos pela Lei 14.813/2024.

CAPÍTULO IV
DAS MEDIDAS ADMINISTRATIVAS

Art. 16. A autoridade marítima pode adotar as seguintes medidas administrativas:

I – apreensão do certificado de habilitação;

II – apreensão, retirada do tráfego ou impedimento de saída de embarcação;

III – embargo de construção, reparo ou alteração das características de embarcação;

IV – embargo da obra;

V – embargo de atividade de mineração e de benfeitorias realizadas.

§ 1º A imposição das medidas administrativas não elide as penalidades previstas nesta Lei, possuindo caráter complementar a elas.

§ 2º As medidas administrativas serão suspensas tão logo sanados os motivos que ensejaram a sua imposição.

Art. 17. A embarcação apreendida deve ser recolhida a local determinado pela autoridade marítima.

§ 1º A autoridade marítima designará responsável pela guarda de embarcação apreendida, o qual poderá ser seu proprietário, armador, ou preposto.

§ 2º A irregularidade determinante da apreensão deve ser sanada no prazo de noventa dias, sob pena de a embarcação ser leiloada ou incorporada aos bens da União.

Art. 18. O proprietário, armador ou preposto responde, nesta ordem, perante a autoridade marítima, pelas despesas relativas ao recolhimento e guarda da embarcação apreendida.

Art. 19. Os danos causados aos sinais náuticos sujeitam o causador a repará-los ou indenizar as despesas de quem executar o reparo, independentemente da penalidade prevista.

Art. 20. A autoridade marítima sustará o andamento de qualquer documento ou ato administrativo de interesse de quem estiver em débito decorrente de infração desta Lei, até a sua quitação.

Art. 21. O procedimento para a aplicação das medidas administrativas obedecerá ao disposto no Capítulo V.

Parágrafo único. Para salvaguarda da vida humana e segurança da navegação, a autoridade marítima poderá aplicar as medidas administrativas liminarmente.

CAPÍTULO V
DAS PENALIDADES

Art. 22. As penalidades serão aplicadas mediante procedimento administrativo, que se inicia com o auto de infração, assegurados o contraditório e a ampla defesa.

Art. 23. Constatada infração, será lavrado Auto de Infração pela autoridade competente designada pela autoridade marítima.

§ 1º Cópia do Auto de Infração será entregue ao infrator, que disporá de quinze dias úteis, contados da data de recebimento do Auto, para apresentar sua defesa.

§ 2º Será considerado revel o infrator que não apresentar sua defesa.

Art. 24. A autoridade a que se refere o artigo anterior disporá de trinta dias para proferir sua decisão, devidamente fundamentada.

§ 1º Da decisão a que se refere o *caput* deste artigo caberá recurso, sem efeito suspensivo, no prazo de cinco dias úteis, contado da data da respectiva notificação, dirigido à autoridade superior designada pela autoridade marítima, que proferirá decisão no prazo e forma previstos no *caput*.

§ 2º Revogado pela Lei 14.813/2024.

Art. 25. As infrações são passíveis das seguintes penalidades:

I – multa;

II – suspensão do certificado de habilitação;

III – cancelamento do certificado de habilitação;

IV – demolição de obras e benfeitorias.

Parágrafo único. As penalidades previstas nos incisos I e IV poderão ser cumuladas com qualquer das outras.

Art. 26. O Poder Executivo fixará anualmente o valor das multas, considerando a gravidade da infração.

Art. 27. A pena de suspensão não poderá ser superior a doze meses.

Art. 28. Decorridos dois anos de imposição da pena de cancelamento, o infrator poderá requerer a sua reabilitação, submetendo-se a todos os requisitos estabelecidos para a certificação de habilitação.

Art. 29. A demolição, ordenada pela autoridade marítima, de obra ou benfeitoria será realizada pelo infrator, que arcará também com as despesas referentes à recomposição do local, restaurando as condições anteriormente existentes para a navegação.

Parágrafo único. A autoridade marítima poderá providenciar diretamente a demolição de obra e a recomposição do local, por seus próprios meios ou pela contratação de terceiros, às expensas do infrator.

Art. 30. São circunstâncias agravantes:

I – reincidência;

II – emprego de embarcação na prática de ato ilícito;

III – embriaguez ou uso de outra substância entorpecente ou tóxica;

IV – grave ameaça à integridade física de pessoas.

Art. 31. A aplicação das penalidades para as infrações das normas baixadas em decorrência do disposto na alínea b do inciso I do art. 4º desta Lei, cometidas nas áreas adjacentes às praias, far-se-á:

I – na hipótese prevista no art. 6º desta Lei, pelos órgãos municipais competentes, no caso da pena de multa, sem

prejuízo das penalidades previstas nas leis e posturas municipais;

II – pela autoridade competente designada pela autoridade marítima, nos demais casos.

Art. 32. Ressalvado o disposto no § 2º do art. 24 desta Lei, o infrator disporá do prazo de quinze dias corridos, a contar da intimação, para pagar a multa.

Art. 33. Os acidentes e fatos da navegação, definidos em lei específica, aí incluídos os ocorridos nas plataformas, serão apurados por meio de inquérito administrativo instaurado pela autoridade marítima, para posterior julgamento no Tribunal Marítimo.

Parágrafo único. Nos casos de que trata este artigo, é vedada a aplicação das sanções previstas nesta Lei antes da decisão final do Tribunal Marítimo, sempre que uma infração for constatada no curso de inquérito administrativo para apurar fato ou acidente da navegação, com exceção da hipótese de poluição das águas.

Art. 34. Respondem solidária e isoladamente pelas infrações desta Lei:

I – no caso de embarcação, o proprietário, o armador ou preposto;

II – o proprietário ou construtor da obra;

III – a pessoa física ou jurídica proprietária de jazida ou que realizar pesquisa ou lavra de minerais;

IV – o autor material.

Art. 35. As multas, exceto as previstas no inciso I do art. 31, serão arrecadadas pela autoridade marítima, sendo o montante auferido empregado nas atividades de fiscalização desta Lei e das normas decorrentes.

CAPÍTULO VI
DISPOSIÇÕES FINAIS E TRANSITÓRIAS

Art. 36. As normas decorrentes desta Lei obedecerão, no que couber, aos atos e resoluções internacionais ratificados pelo Brasil, especificamente aos relativos à salvaguarda da vida humana nas águas, à segurança da navegação e ao controle da poluição ambiental causada por embarcações.

Art. 37. A argüição contra normas ou atos baixados em decorrência desta Lei será encaminhada à autoridade que os aprovou e, em grau de recurso, à autoridade à qual esta estiver subordinada.

Art. 38. As despesas com os serviços a serem prestados pela autoridade marítima, em decorrência da aplicação desta Lei, tais como vistorias, testes e homologação de equipamentos, pareceres, perícias, emissão de certificados e outros, serão indenizadas pelos interessados.

Parágrafo único. Os emolumentos previstos neste artigo terão seus valores estipulados pela autoridade marítima e serão pagos no ato da solicitação do serviço.

Art. 39. A autoridade marítima é exercida pelo Ministério da Marinha.

Art. 40. O Poder Executivo regulamentará esta Lei no prazo de cento e oitenta dias, contado a partir da data de sua publicação.

Art. 41. Esta Lei entra em vigor cento e oitenta dias após a data de sua publicação.

Art. 42. Revogam-se o Decreto-Lei 2.161, de 30 de abril de 1940; os §§ 1º e 2º do art. 3º, o art. 5º e os arts. 12 a 23 do Decreto-Lei 2.538, de 27 de agosto de 1940; o Decreto-Lei 3.346, de 12 de junho de 1941; o Decreto-Lei 4.306, de 18 de maio de 1942; o Decreto-Lei 4.557, de 10 de agosto de 1942; a Lei 5.838, de 5 de dezembro de 1972; e demais disposições em contrário.

Brasília, 11 de dezembro de 1997, 176º da Independência e 109º da República.

Fernando Henrique Cardoso

LEI 9.674, DE 25 DE JUNHO DE 1998

Dispõe sobre o exercício da profissão de Bibliotecário e determina outras providências.

DOU 26.06.1998

O Presidente da República:

Faço saber que o Congresso Nacional decreta e eu sanciono a seguinte Lei:

CAPÍTULO I
DA PROFISSÃO DE BIBLIOTECÁRIO

Art. 1º O exercício da profissão de Bibliotecário, em todo o território nacional, somente é permitido quando atendidas as qualificações estabelecidas nesta Lei.

Parágrafo único. A designação "Bibliotecário", incluída no Quadro das Profissões Liberais, Grupo 19, da Conso-

Prof. Reg.

lidação das Leis do Trabalho, é privativa dos Bacharéis em Biblioteconomia.

Art. 2º *Vetado.*

Art. 3º O exercício da profissão de Bibliotecário é privativo:

I – dos portadores de diploma de Bacharel em Biblioteconomia, expedido por instituições de ensino superior oficialmente reconhecidas, registradas nos órgãos competentes, de acordo com a legislação em vigor;

II – dos portadores de diploma de graduação em Biblioteconomia, conferido por instituições estrangeiras de ensino superior, reconhecidas pelas leis do país de origem, e revalidados no Brasil, de acordo com a legislação vigente;

III – dos amparados pela Lei 7.504, de 2 de julho de 1986.

CAPÍTULO II
DAS ATIVIDADES PROFISSIONAIS

Art. 4º O exercício da profissão de Bibliotecário, no âmbito das pessoas jurídicas de direito público e privado, é privativo dos Bacharéis em Biblioteconomia.

Art. 5º *Vetado.*

CAPÍTULO III
DOS CONSELHOS DE BIBLIOTECONOMIA

Arts. 6º a 23. *Vetados.*

CAPÍTULO IV
DA FINALIDADE E COMPETÊNCIA DO CONSELHO FEDERAL DE BIBLIOTECONOMIA

Arts. 24 e 25. *Vetados.*

CAPÍTULO V
DA FINALIDADE E COMPETÊNCIA DOS CONSELHOS REGIONAIS DE BIBLIOTECONOMIA

Arts. 26 a 28. *Vetados.*

CAPÍTULO VI
DO REGISTRO DE BIBLIOTECÁRIOS

Art. 29. O exercício da função de Bibliotecário é privativo dos bibliotecários inscritos nos quadros do Conselho Regional da respectiva jurisdição, nos termos desta Lei.

§ 1º É obrigatória a citação do número de registros no Conselho Regional, em todos os documentos de responsabilidade profissional.

§ 2º *Vetado.*

Art. 30. Ao profissional devidamente registrado no Conselho Regional serão fornecidas a carteira de identidade profissional e a cédula de identidade de Bibliotecário, que terão fé pública, nos termos da Lei.

CAPÍTULO VII
DO REGISTRO DAS PESSOAS JURÍDICAS

Arts. 31 e 32. *Vetados.*

CAPÍTULO VIII
O CADASTRO DAS PESSOAS JURÍDICAS

Art. 33. *Vetado.*

§§ 1º e 2º *Vetados.*

§ 3º As Bibliotecas Públicas localizadas em Municípios com até dez mil habitantes e cujo acervo não ultrapasse a duzentos exemplares catalogados poderão funcionar sob a supervisão de um Técnico em Biblioteconomia, devidamente registrado perante o Conselho e, neste caso, deverão comunicar ao respectivo Conselho Regional de Biblioteconomia a criação, o funcionamento e a responsabilidade técnica da Biblioteca, para fins de anotação e controle, sendo isentas de qualquer taxa ou contribuição.

Art. 34. *Vetado.*

CAPÍTULO IX
DAS ANUIDADES, TAXAS, EMOLUMENTOS, MULTAS E RENDA

Arts. 35 a 37. *Vetados.*

CAPÍTULO X
DAS INFRAÇÕES, PENALIDADES E RECURSOS

Art. 38. A falta do competente registro, bem como do pagamento da anuidade, caracterizará o exercício ilegal da profissão de Bibliotecário.

Art. 39. Constituem infrações disciplinares:

I – exercer a profissão quando impedido de fazê-lo ou facilitar, por qualquer modo, o seu exercício a não registrados;

II – praticar, no exercício profissional, ato que a lei defina como crime ou contravenção penal;

III – não cumprir, no prazo estipulado, determinação emanada do Conselho Regional em matéria de competência deste, após regularmente notificado;

IV – deixar de pagar ao Conselho Regional, nos prazos previstos, as contribuições a que está obrigado;

V – faltar a qualquer dever profissional previsto nesta Lei;

VI – transgredir preceitos do Código de Ética Profissional.

Parágrafo único. As infrações serão apuradas levando-se em conta a natureza do ato e as circunstâncias de cada caso.

Art. 40. As penas disciplinares, consideradas a gravidade da infração cometida e a reincidência das mesmas, consistem em:

I – multa de uma a cinquenta vezes o valor atualizado da anuidade;

II – advertência reservada;

III – censura pública;

IV – suspensão do exercício profissional de até três anos;

V – cassação do exercício profissional com a apreensão da carteira profissional.

§ 1º A pena de multa poderá ser combinada com qualquer das penalidades enumeradas neste artigo, podendo ser aplicada em dobro em caso de reincidência da mesma infração.

§ 2º A falta de pagamento da multa prevista neste Capítulo no prazo estipulado determinará a suspensão do exercício profissional, sem prejuízo da cobrança por via executiva.

§ 3º A suspensão por falta de pagamento de anuidades, taxas e multas somente cessará com o recolhimento da dívida, podendo estender-se a até três anos, decorridos os quais o profissional terá, automaticamente, cancelado seu registro, se não resgatar o débito, sem prejuízo da cobrança executiva.

§ 4º A pena de cassação do exercício profissional acarretará ao infrator a perda do direito de exercer a profissão, em todo o território nacional, com apreensão da carteira de identidade profissional.

§ 5º Ao infrator suspenso por débitos será admitida a reabilitação profissional mediante novo registro, satisfeitos, além das anuidades em débito, as multas e demais emolumentos e taxas cabíveis.

Art. 41. *Vetado.*

Art. 42. Nenhuma penalidade será aplicada sem que tenha sido assegurado ao infrator amplo direito de defesa.

Art. 43. *Vetado.*

Art. 44. Não caberá ao infrator outro recurso por via administrativa.

Art. 45. As denúncias só serão recebidas quando assinadas com a qualificação do denunciante e acompanhadas dos elementos comprobatórios do alegado, tramitando em caráter reservado, vedada a divulgação do nome do denunciante.

Art. 46. As pessoas não habilitadas que exercerem a profissão regulamentada nesta Lei estão sujeitas às penalidades previstas na Lei de Contravenções Penais e ao pagamento de multa, a ser definida pelo Conselho Federal.

CAPÍTULO XI
DAS DISPOSIÇÕES GERAIS E TRANSITÓRIAS

Art. 47. São equivalentes, para todos os efeitos, os diplomas de Bibliotecário, de Bacharel em Biblioteconomia e de Bacharel em Biblioteconomia e Documentação, expedidos até a data desta Lei por escolas oficialmente reconhecidas e registradas nos órgãos competentes, de acordo com a legislação em vigor.

Art. 48. As pessoas não portadoras de diploma, que tenham exercido a atividade até 30 de janeiro de 1987, e que já estão devidamente registradas nos quadros dos Conselhos Regionais de Biblioteconomia, estão habilitadas no exercício da profissão.

Arts. 49 a 51. *Vetados.*

Art. 52. Esta Lei entra em vigor na data de sua publicação.

Art. 53. *Vetado.*

Brasília, 25 de junho de 1998; 177º da Independência e 110º da República.

Fernando Henrique Cardoso

LEI 9.696, DE 1º DE SETEMBRO DE 1998

Dispõe sobre a regulamentação da Profissão de Educação Física e cria os respectivos Conselho Federal e Conselhos Regionais de Educação Física.

DOU 02.09.1998

O Presidente da República:

Faço saber que o Congresso Nacional decreta e eu sanciono a seguinte Lei:

Art. 1º O exercício das atividades de Educação Física e a designação de Profissional de Educação Física é prerrogativa dos profissionais regularmente registrados nos Conselhos Regionais de Educação Física.

Art. 2º Apenas serão inscritos nos quadros dos Conselhos Regionais de Educação Física os seguintes profissionais:

I – os possuidores de diploma obtido em curso superior de Educação Física oficialmente autorizado ou reconhecido pelo Ministério da Educação;

▶ Inciso I com redação pela Lei 14.386/2022, vetado pelo Presidente da República e rejeitado o veto pelo Congresso Nacional (DOU 22.12.2022).

II – os possuidores de diploma em Educação Física expedido por instituição de ensino superior estrangeira, revalidado na forma da legislação em vigor;

III – os que tenham comprovadamente exercido atividades próprias dos Profissionais de Educação Física até a data de início da vigência desta Lei, nos termos estabelecidos pelo Conselho Federal de Educação Física (Confef);

▶ Inciso III com redação pela Lei 14.386/2022.

IV – os egressos de cursos superiores de Tecnologia conexos à Educação Física, oficiais ou reconhecidos pelo Ministério da Educação, cujos eixos tecnológicos sejam direcionados às áreas de conhecimento abrangidas por esta Lei, conforme regulamentado pelo Confef.

▶ Inciso IV acrescido pela Lei 14.386/2022.

Art. 3º Compete ao Profissional de Educação Física coordenar, planejar, programar, supervisionar, dinamizar, dirigir, organizar, avaliar e executar trabalhos, programas, planos e projetos, bem como prestar serviços de auditoria, consultoria e assessoria, realizar treinamentos especializados, participar de equipes multidisciplinares e interdisciplinares e elaborar informes técnicos, científicos e pedagógicos, todos nas áreas de atividades físicas e do desporto.

Art. 4º Ficam criados o Conselho Federal de Educação Física (Confef) e os Conselhos Regionais de Educação Física (Crefs), dotados de personalidade jurídica de direito público e de autonomia administrativa, financeira e patrimonial.

▶ Caput com redação pela Lei 14.386/2022.

§ 1º O Confef terá abrangência em todo o território nacional.

§ 2º Provisoriamente, o Confef manterá sua sede e seu foro no Município do Rio de Janeiro, Estado do Rio de Janeiro, com o prazo máximo de 4 (quatro) anos, contado da data de publicação desta Lei, para que a sede e o foro do Conselho sejam transferidos para a cidade de Brasília, Distrito Federal.

§ 3º Os Crefs terão sede e foro na capital de um dos Estados por eles abrangidos ou na cidade de Brasília, Distrito Federal.

§ 4º O Confef e os Crefs são organizados de forma federativa como Sistema Confef/Crefs.

▶ §§ 1º a 4º acrescidos pela Lei 14.386/2022.

Art. 5º *Revogado pela Lei 14.386/2022.*

Art. 5º-A. Compete ao Confef:

I – organizar e promover a eleição do seu Presidente e do Vice-Presidente;

II – editar os atos necessários à interpretação e à execução do disposto nesta Lei e à fiscalização do exercício profissional, limitada esta, quanto às pessoas jurídicas, à regularidade do registro e à atuação dos Profissionais de Educação Física que nelas prestem serviços;

III – adotar as medidas necessárias à consecução de seus objetivos institucionais;

IV – supervisionar a fiscalização do exercício profissional no território nacional;

V – em relação aos Crefs:

a) organizar, orientar e inspecionar a sua estrutura;

b) propor a sua implantação;

c) estabelecer a sua jurisdição;

d) examinar a sua prestação de contas; e

e) intervir em sua atuação, quando indispensável ao restabelecimento da normalidade administrativa ou financeira ou à garantia da efetividade ou do princípio da hierarquia institucional;

VI – elaborar e aprovar o seu regimento interno;

VII – examinar e aprovar os regimentos internos dos Crefs, além de promover as modificações necessárias para assegurar a unidade de orientação e a uniformidade de atuação;

VIII – dirimir dúvidas suscitadas pelos Crefs e prestar-lhes apoio técnico permanente;

IX – apreciar e julgar os recursos de penalidades aplicadas pelos Crefs aos profissionais e às pessoas jurídicas;

X – estabelecer, por meio de resolução, os valores relativos ao pagamento das anuidades, das taxas e das multas devidos pelos profissionais e pelas pessoas jurídicas ao Cref a que estejam jurisdicionados, observadas as disposições da Lei 12.197, de 14 de janeiro de 2010;

XI – aprovar a sua proposta orçamentária e autorizar a abertura de créditos adicionais e a realização de operações referentes a mutações patrimoniais;

XII – dispor sobre o código de ética profissional e exercer a função de conselho superior de ética profissional;

XIII – instituir o modelo das carteiras e dos cartões de identidade profissional;

XIV – publicar anualmente:

a) o orçamento e os créditos adicionais;

b) os balanços;

c) o relatório de execução orçamentária; e

d) o relatório de suas atividades;

XV – aprovar anualmente as suas contas e a sua proposta orçamentária e remetê-las aos órgãos competentes; e

XVI – *Vetado.*

Art. 5º-B. Compete aos Crefs:

I – organizar e promover a eleição do Presidente e do Vice-Presidente dos Crefs;

II – elaborar a proposta de seu regimento interno e de eventuais alterações e submetê-las à aprovação do Confef;

III – registrar os profissionais e expedir as carteiras de identidade profissional;

IV – organizar, disciplinar e manter atualizado o registro dos profissionais e das pessoas jurídicas que se inscreverem para exercer atividades de Educação Física na região;

V – publicar anualmente:

a) a relação dos profissionais e das pessoas jurídicas registrados;

b) o relatório de suas atividades;

VI – fiscalizar o exercício profissional na área de sua competência, limitando-se, quanto às pessoas jurídicas, à aferição da regularidade do registro e à atuação dos Profissionais de Educação Física que nelas prestem serviço;

VII – representar perante as autoridades competentes em relação aos fatos que apurar e cuja solução ou punição não seja de sua competência;

VIII – cumprir e fazer cumprir o disposto nesta Lei e nas resoluções e nas normas complementares editadas pelo Confef;

IX – exercer a função de conselho regional de ética profissional e decidir sobre os casos que lhes forem submetidos;

X – julgar as infrações e aplicar as penalidades previstas nesta Lei e nas normas complementares editadas pelo Confef;

XI – propor ao Confef a adoção das medidas necessárias ao aprimoramento dos serviços e do sistema de fiscalização do exercício profissional;

XII – aprovar a sua proposta orçamentária e autorizar a abertura de créditos adicionais e a realização de operações referentes a mutações patrimoniais;

XIII – arrecadar os valores relativos ao pagamento das anuidades, das taxas e das multas devidos pelos profissionais e pelas pessoas jurídicas;

XIV – adotar as medidas necessárias à efetivação de sua receita e repassar ao Confef as importâncias referentes à sua participação legal, conforme previsto no art. 5º-F desta Lei;

XV – cobrar as importâncias correspondentes às anuidades, às taxas e às multas perante o juízo competente quando exauridos os meios de cobrança amigável;

XVI – emitir parecer conclusivo sobre a prestação de contas a que estejam obrigados; e

XVII – publicar anualmente:

a) os orçamentos e os créditos adicionais;

b) os balanços;

c) o relatório de execução orçamentária; e

d) o relatório de suas atividades.

Art. 5º-C. O Confef será composto de 20 (vinte) conselheiros titulares e de 8 (oito) suplentes.

§ 1º Os conselheiros serão escolhidos em eleição direta, por meio de voto pessoal, secreto e obrigatório dos profissionais inscritos nos Crefs.

§ 2º Os conselheiros terão mandato de 4 (quatro) anos, admitida 1 (uma) reeleição.

§ 3º O Presidente e o Vice-Presidente do Confef serão escolhidos dentre os conselheiros e eleitos por maioria absoluta.

§ 4º Na hipótese de empate, além do voto ordinário, o Presidente do Confef terá o voto de qualidade.

§ 5º Será aplicada multa ao profissional que deixar de votar sem causa justificada.

§ 6º O valor da multa a que se refere o § 5º deste artigo não será superior a 10% (dez por cento) do valor da anuidade paga pelo profissional.

§ 7º O Confef editará as normas necessárias para regulamentar os procedimentos relativos às eleições no Confef e nos Crefs.

Art. 5º-D. Os Crefs serão compostos de 20 (vinte) conselheiros titulares e de 8 (oito) suplentes.

§ 1º Os conselheiros serão escolhidos em eleição direta, por meio de voto pessoal, secreto e obrigatório dos profissionais inscritos nos Crefs.

§ 2º Os conselheiros terão mandato de 4 (quatro) anos, admitida 1 (uma) reeleição.

§ 3º O Presidente e o Vice-Presidente dos Crefs serão escolhidos dentre os conselheiros e eleitos por maioria absoluta.

§ 4º Na hipótese de empate, além do voto ordinário, o Presidente do Cref terá o voto de qualidade.

§ 5º Será aplicada multa ao profissional que deixar de votar sem causa justificada.

§ 6º O valor da multa a que se refere o § 5º deste artigo não será superior a 10% (dez por cento) do valor da anuidade pago pelo profissional.

§ 7º O voto de qualidade a que se refere o § 4º deste artigo não será aplicado na hipótese do art. 5º-L desta Lei.

Art. 5º-E. Constituem fontes de receita do Confef:

I – valores relativos ao pagamento das inscrições dos profissionais e das pessoas jurídicas;

II – 20% (vinte por cento) sobre valores relativos ao pagamento das contribuições, das anuidades, das taxas, dos serviços e das multas devidos pelos profissionais e pelas pessoas jurídicas;

III – legados, doações e subvenções;

IV – renda patrimonial;

V – renda obtida por meio de patrocínio, de promoção, de cessão de direitos e de marketing em eventos promovidos pelo Confef; e

VI – outras fontes de receita.

Parágrafo único. Do percentual de receita de que trata o inciso II do *caput* deste artigo, 25% (vinte e cinco por cento) serão destinados, obrigatoriamente, ao Fundo de Desenvolvimento dos Crefs.

Art. 5º-F. Constituem fontes de receita dos Crefs:

I – 80% (oitenta por cento) sobre valores relativos ao pagamento das contribuições, das anuidades, das taxas, dos serviços e das multas devidos pelos profissionais e pelas pessoas jurídicas;

II – legados, doações e subvenções;

III – renda obtida por meio de patrocínio, de promoção, de cessão de direitos e de marketing em eventos promovidos ou autorizados pelo Cref; e

IV – outras fontes de receita.

Art. 5º-G. São infrações disciplinares:

I – transgredir as normas estabelecidas pelo código de ética profissional;

II – exercer a profissão quando estiver impedido de fazê-lo, ou facilitar, por qualquer meio, o seu exercício por pessoa não registrada no Cref;

III – violar o sigilo profissional;

IV – praticar, permitir ou estimular, no exercício da profissão, ato que a lei defina como crime ou contravenção;

V – adotar conduta incompatível com o exercício da profissão;

VI – exercer a profissão sem estar registrado no Sistema Confef/Crefs;

VII – utilizar indevidamente informação obtida em razão de sua atuação profissional, com a finalidade de obter benefício para si ou para terceiros;

VIII – praticar conduta que evidencie inépcia profissional;

IX – produzir prova falsa de quaisquer dos requisitos necessários para efetuar o registro no Sistema Confef/Crefs.

Art. 5º-H. São sanções disciplinares aplicáveis ao profissional ou à pessoa jurídica:

I – advertência escrita, com ou sem aplicação de multa;

II – aplicação de multa;

III – censura pública;

IV – suspensão do exercício da profissão; e

V – cancelamento do registro profissional e divulgação do fato nos meios de comunicação oficiais do Confef ou do Cref, conforme o caso.

§ 1º O valor da multa será calculado com base no valor da anuidade paga pelo profissional ou pela pessoa jurídica.

§ 2º O valor da multa de que trata o § 1º deste artigo será equivalente ao valor de 1 (uma) a 5 (cinco) anuidades, em conformidade com o disposto na Lei 12.197, de 14 de janeiro de 2010.

Art. 5º-I. O processo disciplinar será instaurado de ofício ou por representação de qualquer autoridade ou pessoa interessada.

§ 1º Instaurado o processo disciplinar, o Sistema Confef/Crefs ordenará a notificação do interessado para oferecimento de defesa prévia, por escrito, no prazo de 5 (cinco) dias úteis.

§ 2º A não apresentação da defesa prévia não obsta o seguimento do processo disciplinar.

§ 3º A apresentação da defesa prévia ocorrerá sem prejuízo de outros meios de defesa constantes desta Lei e da regulamentação do Sistema Confef/Crefs.

Art. 5º-J. Caberá a interposição de recurso ao Confef de todas as decisões proferidas pelos Crefs.

§ 1º O Confef decidirá em última instância administrativa em relação ao recurso de que trata o *caput* deste artigo.

§ 2º Além do recorrido e do recorrente, os conselheiros do Cref são legitimados para interpor o recurso de que trata o *caput* deste artigo.

Art. 5º-K. A pretensão de punição do profissional ou da pessoa jurídica com a aplicação de sanção disciplinar prescreverá no prazo de 5 (cinco) anos, contado da data de ocorrência do fato que a enseja, exceto para os casos de abuso ou assédio moral ou sexual, nos quais o prazo será contado da data de início do processo disciplinar.

Parágrafo único. A contagem de prazo da prescrição será interrompida pela intimação do acusado para apresentar defesa.

Art. 5º-L. Em caso de empate no processo de apuração de infração disciplinar ou de empate no processo de aplicação de sanção disciplinar, resolver-se-á a controvérsia favoravelmente ao profissional regulado pelo Sistema Confef/Crefs ou à pessoa jurídica no polo passivo do processo.

▶ Artigos 5º-A a 5º-L acrescidos pela Lei 14.386/2022.

Art. 6º Esta Lei entra em vigor na data de sua publicação.

Brasília, 1 de setembro de 1998; 177º da Independência e 110º da República.

Fernando Henrique Cardoso

LEI 9.719, DE 27 DE NOVEMBRO DE 1998

Dispõe sobre normas e condições gerais de proteção ao trabalho portuário, institui multas pela inobservância de seus preceitos, e dá outras providências.

DOU 30.11.1998

▶ Art. 7º, XXXIV, da CF.
▶ Arts. 583, *caput*, e 643, § 3º, da CLT.
▶ Dec.-lei 116/1967 (Transporte de mercadorias via portos brasileiros).
▶ Art. 6º do Dec. 6.759/2009 (Operações de comércio exterior).

Faço saber que o Presidente da República adotou a Medida Provisória 1.728-19, de 1998, que o Congresso Nacional aprovou, e eu, Antonio Carlos Magalhães, Presidente, para os efeitos do disposto no parágrafo único do art. 62 da Constituição Federal, promulgo a seguinte Lei:

Art. 1º Observado o disposto nos arts. 18 e seu parágrafo único, 19 e seus parágrafos, 20, 21, 22, 25 e 27 e seus parágrafos, 29, 47, 49 e 56 e seu parágrafo único, da Lei 8.630, de 25 de fevereiro de 1993, a mão de obra do trabalho portuário avulso deverá ser requisitada ao órgão gestor de mão de obra.

Art. 2º Para os fins previstos no art. 1º desta Lei:

I – cabe ao operador portuário recolher ao órgão gestor de mão de obra os valores devidos pelos serviços executados, referentes à remuneração por navio, acrescidos dos percentuais relativos a décimo terceiro salário,

férias, Fundo de Garantia do Tempo de Serviço – FGTS, encargos fiscais e previdenciários, no prazo de 24 (vinte e quatro) horas da realização do serviço, para viabilizar o pagamento ao trabalhador portuário avulso;

▸ Art. 7°, III, VIII, XVII, da CF.
▸ Art. 643, § 3°, da CLT.

II – cabe ao órgão gestor de mão de obra efetuar o pagamento da remuneração pelos serviços executados e das parcelas referentes a décimo terceiro salário e férias, diretamente ao trabalhador portuário avulso.

§ 1° O pagamento da remuneração pelos serviços executados será feito no prazo de 48 (quarenta e oito) horas após o término do serviço.

§ 2° Para efeito do disposto no inciso II, o órgão gestor de mão de obra depositará as parcelas referentes às férias e ao décimo terceiro salário, separada e respectivamente, em contas individuais vinculadas, a serem abertas e movimentadas às suas expensas, especialmente para este fim, em instituição bancária de sua livre escolha, sobre as quais deverão incidir rendimentos mensais com base nos parâmetros fixados para atualização dos saldos dos depósitos de poupança.

§ 3° Os depósitos a que se refere o parágrafo anterior serão efetuados no dia 2 do mês seguinte ao da prestação do serviço, prorrogado o prazo para o primeiro dia útil subsequente se o vencimento cair em dia em que não haja expediente bancário.

§ 4° O operador portuário e o órgão gestor de mão de obra são solidariamente responsáveis pelo pagamento dos encargos trabalhistas, das contribuições previdenciárias e demais obrigações, inclusive acessórias, devidas à Seguridade Social, arrecadadas pelo Instituto Nacional do Seguro Social – INSS, vedada a invocação do benefício de ordem.

§ 5° Os prazos previstos neste artigo podem ser alterados mediante convenção coletiva firmada entre entidades sindicais representativas dos trabalhadores e operadores portuários, observado o prazo legal para recolhimento dos encargos fiscais, trabalhistas e previdenciários.

§ 6° A liberação das parcelas referentes ao décimo terceiro salário e férias, depositadas nas contas individuais vinculadas, e o recolhimento do FGTS e dos encargos fiscais e previdenciários serão efetuados conforme regulamentação do Poder Executivo.

Art. 3° O órgão gestor de mão de obra manterá o registro do trabalhador portuário avulso que:

I – for cedido ao operador portuário para trabalhar em caráter permanente;

II – constituir ou se associar a cooperativa formada para se estabelecer como operador portuário, na forma do art. 17 da Lei 8.630, de 1993.

§ 1° Enquanto durar a cessão ou a associação de que tratam os incisos I e II deste artigo, o trabalhador deixará de concorrer à escala como avulso.

§ 2° É vedado ao órgão gestor de mão de obra ceder trabalhador portuário avulso cadastrado a operador portuário, em caráter permanente.

Art. 4° É assegurado ao trabalhador portuário avulso cadastrado no órgão gestor de mão de obra o direito de concorrer à escala diária complementando a equipe de trabalho do quadro dos registrados.

▸ Art. 7°, XXXIV, da CF.

Art. 5° A escalação do trabalhador portuário avulso, em sistema de rodízio, será feita pelo órgão gestor de mão de obra.

§ 1° O órgão gestor de mão de obra fará a escalação de trabalhadores portuários avulsos por meio eletrônico, de modo que o trabalhador possa habilitar-se sem comparecer ao posto de escalação.

§ 2° O meio eletrônico adotado para a escalação de trabalhadores portuários avulsos deverá ser inviolável e tecnicamente seguro.

§ 3° Fica vedada a escalação presencial de trabalhadores portuários.

▸ §§ 1° a 3° acrescidos pela Lei 14.047/2020.

Art. 6° Cabe ao operador portuário e ao órgão gestor de mão de obra verificar a presença, no local de trabalho, dos trabalhadores constantes da escala diária.

Parágrafo único. Somente fará jus à remuneração o trabalhador avulso que, constante da escala diária, estiver em efetivo serviço.

Art. 7° O órgão gestor de mão de obra deverá, quando exigido pela fiscalização do Ministério do Trabalho e do INSS, exibir as listas de escalação diária dos trabalhadores portuários avulsos, por operador portuário e por navio.

Parágrafo único. Caberá exclusivamente ao órgão gestor de mão de obra a responsabilidade pela exatidão dos dados lançados nas listas diárias referidas no *caput*

deste artigo, assegurando que não haja preterição do trabalhador regularmente registrado e simultaneidade na escalação.

Art. 8° Na escalação diária do trabalhador portuário avulso deverá sempre ser observado um intervalo mínimo de onze horas consecutivas entre duas jornadas, salvo em situações excepcionais, constantes de acordo ou convenção coletiva de trabalho.

▸ Art. 66 da CLT.

Art. 9° Compete ao órgão gestor de mão de obra, ao operador portuário ou ao empregador, conforme o caso, cumprir e fazer cumprir as normas concernentes à saúde e segurança do trabalho portuário.

Parágrafo único. O Ministério do Trabalho estabelecerá as normas regulamentadoras de que trata o *caput* deste artigo.

Art. 10. O descumprimento do disposto nesta Lei sujeitará o infrator às seguintes multas:

I – de R$ 173,00 (cento e setenta e três reais) a R$ 1.730,00 (um mil, setecentos e trinta reais), por infração ao *caput* do art. 7°;

II – de R$ 575,00 (quinhentos e setenta e cinco reais) a R$ 5.750,00 (cinco mil, setecentos e cinquenta reais), por infração às normas de segurança do trabalho portuário, e de R$ 345,00 (trezentos e quarenta e cinco reais) a R$ 3.450,00 (três mil, quatrocentos e cinquenta reais), por infração às normas de saúde do trabalho, nos termos do art. 9°;

III – de R$ 345,00 (trezentos e quarenta e cinco reais) a R$ 3.450,00 (três mil, quatrocentos e cinquenta reais), por trabalhador em situação irregular, por infração ao parágrafo único do art. 7° e aos demais artigos.

Parágrafo único. As multas previstas neste artigo serão graduadas segundo a natureza da infração, sua extensão e a intenção de quem a praticou, e aplicadas em dobro em caso de reincidência, oposição à fiscalização e desacato à autoridade, sem prejuízo das penalidades previstas na legislação previdenciária.

Art. 10-A. É assegurado, na forma do regulamento, benefício assistencial mensal, de até 1 (um) salário mínimo, aos trabalhadores portuários avulsos, com mais de 60 (sessenta) anos, que não cumprirem os requisitos para a aquisição das modalidades de aposentadoria previstas nos arts. 42, 48, 52 e 57 da Lei 8.213, de 24 de julho de 1991, e que não possuam meios para prover a sua subsistência.

▸ Artigo acrescido pela Lei 12.815/2013.

Parágrafo único. O benefício de que trata este artigo não pode ser acumulado pelo beneficiário com qualquer outro no âmbito da seguridade social ou de outro regime, salvo os da assistência médica e da pensão especial de natureza indenizatória.

Art. 11. *Revogado pela Lei 12.815/2013.*

Art. 12. O processo de autuação e imposição das multas previstas nesta Lei obedecerá ao disposto no Título VII da Consolidação das Leis do Trabalho ou na legislação previdenciária, conforme o caso.

Art. 13. Esta Lei também se aplica aos requisitantes de mão de obra de trabalhador portuário avulso junto ao órgão gestor de mão de obra que não sejam operadores portuários.

Art. 14. Compete ao Ministério do Trabalho e ao INSS a fiscalização da observância das disposições contidas nesta Lei, devendo as autoridades de que trata o art. 3° da Lei 8.630, de 1993, colaborar com os Agentes da Inspeção do Trabalho e Fiscais do INSS em sua ação fiscalizadora, nas instalações portuárias ou a bordo de navios.

Art. 15. Ficam convalidados os atos praticados com base na Medida Provisória 1.679-18, de 26 de outubro de 1998.

Art. 16. Esta Lei entra em vigor na data de sua publicação.

Art. 17. Revoga-se a Medida Provisória 1.679-18, de 26 de outubro de 1998.

Congresso Nacional, 27 de novembro de 1998; 177° da Independência e 110° da República.

Senador Antônio Carlos Magalhães

LEI 10.220, DE 11 DE ABRIL DE 2001

Institui normas gerais relativas à atividade de peão de rodeio, equiparando-o a atleta profissional.

DOU 12.04.2001

O Presidente da República:

Faço saber que o Congresso Nacional decreta e eu sanciono a seguinte Lei:

Art. 1° Considera-se atleta profissional o peão de rodeio cuja atividade consiste na participação, mediante remuneração pactuada em contrato próprio, em provas de destreza no dorso de animais equinos ou bovinos, em torneios patrocinados por entidades públicas ou privadas.

Parágrafo único. Entendem-se como provas de rodeios as montarias em bovinos e equinos, as vaquejadas e provas de laço, promovidas por entidades públicas ou privadas, além de outras atividades profissionais da modalidade organizada pelos atletas e entidades dessa prática esportiva.

Art. 2° O contrato celebrado entre a entidade promotora das provas de rodeios e o peão, obrigatoriamente por escrito, deve conter:

I – a qualificação das partes contratantes;

II – o prazo de vigência, que será, no mínimo, de quatro dias e, no máximo, de dois anos;

III – o modo e a forma de remuneração, especificados o valor básico, os prêmios, as gratificações, e, quando houver, as bonificações, bem como o valor das luvas, se previamente convencionadas;

IV – cláusula penal para as hipóteses de descumprimento ou rompimento unilateral do contrato.

§ 1° É obrigatória a contratação, pelas entidades promotoras, de seguro de vida e de acidentes em favor do peão de rodeio, compreendendo indenizações por morte ou invalidez permanente no valor mínimo de cem mil reais, devendo este valor ser atualizado a cada período de doze meses contados da publicação desta Lei, com base na Taxa Referencial de Juros – TR.

§ 2° A entidade promotora que estiver com o pagamento da remuneração de seus atletas em atraso, por período superior a três meses, não poderá participar de qualquer competição, oficial ou amistosa.

§ 3° A apólice de seguro à qual se refere o § 1° deverá, também, compreender o ressarcimento de todas as despesas médicas e hospitalares decorrentes de eventuais acidentes que o peão vier a sofrer no interstício de sua jornada normal de trabalho, independentemente da duração da eventual internação, dos medicamentos e das terapias que assim se fizerem necessários.

Art. 3° O contrato estipulará, conforme os usos e costumes de cada região, o início e o término normal da jornada de trabalho, que não poderá exceder a oito horas por dia.

Art. 4° A celebração de contrato com maiores de dezesseis anos e menores de vinte e um anos deve ser precedida de expresso assentimento de seu responsável legal.

Parágrafo único. Após dezoito anos completos de idade, na falta ou negativa do assentimento do responsável legal, o contrato poderá ser celebrado diretamente pelas partes mediante suprimento judicial do assentimento.

Arts. 5° e 6° Vetados.

Art. 7° Esta Lei entra em vigor na data de sua publicação.

Brasília, 11 de abril de 2001; 180° da Independência e 113° da República.

Fernando Henrique Cardoso

LEI 11.350, DE 5 DE OUTUBRO DE 2006

Regulamenta o § 5° do art. 198 da Constituição, dispõe sobre o aproveitamento de pessoal amparado pelo parágrafo único do art. 2° da Emenda Constitucional 51, de 14 de fevereiro de 2006, e dá outras providências.

DOU 06.10.2006

Faço saber que o Presidente da República adotou a Medida Provisória 297, de 2006, que o Congresso Nacional aprovou, e eu, Renan Calheiros, Presidente da Mesa do Congresso Nacional, para os efeitos do disposto no art. 62 da Constituição Federal, com a redação dada pela Emenda Constitucional 32, combinado com o art. 12 da Resolução 1, de 2002-CN, promulgo a seguinte Lei:

Art. 1° As atividades de Agente Comunitário de Saúde e de Agente de Combate às Endemias, passam a reger-se pelo disposto nesta Lei.

Parágrafo único. Esta Lei é denominada Lei Ruth Brilhante.

▸ Parágrafo único acrescido pela Lei 14.799/2023.

Art. 2° O exercício das atividades de Agente Comunitário de Saúde e de Agente de Combate às Endemias, nos termos desta Lei, dar-se-á exclusivamente no âmbito do Sistema Único de Saúde – SUS, na execução das atividades de responsabilidade dos entes federados, mediante vínculo direto entre os referidos Agentes e

órgão ou entidade da administração direta, autárquica ou fundacional.

§ 1º É essencial e obrigatória a presença de Agentes Comunitários de Saúde na Estratégia Saúde da Família e de Agentes de Combate às Endemias na estrutura de vigilância epidemiológica e ambiental.

▶ § 1º com redação pela Lei 13.708/2018.

§ 2º Incumbe aos Agentes Comunitários de Saúde e aos Agentes de Combate às Endemias desempenhar com zelo e presteza as atividades previstas nesta Lei.

▶ § 2º acrescido pela Lei 13.595/2018.

Art. 2º-A. Os Agentes Comunitários de Saúde e os Agentes de Combate às Endemias são considerados profissionais de saúde, com profissões regulamentadas, para fins do disposto na alínea 'c' do inciso XVI do *caput* do art. 37 da Constituição Federal.

▶ Artigo acrescido pela Lei 14.536/2023.

Art. 3º O Agente Comunitário de Saúde tem como atribuição o exercício de atividades de prevenção de doenças e de promoção da saúde, a partir dos referenciais da Educação Popular em Saúde, mediante ações domiciliares ou comunitárias, individuais ou coletivas, desenvolvidas em conformidade com as diretrizes do SUS que normatizam a saúde preventiva e a atenção básica em saúde, com objetivo de ampliar o acesso da comunidade assistida às ações e aos serviços de informação, de saúde, de promoção social e de proteção da cidadania, sob supervisão do gestor municipal, distrital, estadual ou federal.

▶ *Caput* com redação pela Lei 13.595/2018.

Parágrafo único. *Revogado pela Lei 13.595/2018.*

I a VI – *Revogados pela Lei 13.595/2018;*

§ 1º Para fins desta Lei, entende-se por Educação Popular em Saúde as práticas político-pedagógicas que decorrem das ações voltadas para a promoção, a proteção e a recuperação da saúde, estimulando o autocuidado, a prevenção de doenças e a promoção da saúde individual e coletiva a partir do diálogo sobre a diversidade de saberes culturais, sociais e científicos e a valorização dos saberes populares, com vistas à ampliação da participação popular no SUS e ao fortalecimento do vínculo entre os trabalhadores da saúde e os usuários do SUS.

§ 2º No modelo de atenção em saúde fundamentado na assistência multiprofissional em saúde da família, é considerada atividade precípua do Agente Comunitário de Saúde, em sua área geográfica de atuação, a realização de visitas domiciliares rotineiras, casa a casa, para a busca de pessoas com sinais ou sintomas de doenças agudas ou crônicas, de agravos ou de eventos de importância para a saúde pública e consequente encaminhamento para a unidade de saúde de referência.

▶ § 2º acrescido pela Lei 13.595/2018, vetado pelo Presidente da República e rejeitado o veto pelo Congresso Nacional (*DOU* 18.04.2018).

§ 3º No modelo de atenção em saúde fundamentado na assistência multiprofissional em saúde da família, são consideradas atividades típicas do Agente Comunitário de Saúde, em sua área geográfica de atuação:

▶ § 3º acrescido pela Lei 13.595/2018, vetado pelo Presidente da República e rejeitado o veto pelo Congresso Nacional (DOU 18.04.2018).

I – a utilização de instrumentos para diagnóstico demográfico e sociocultural;

II – o detalhamento das visitas domiciliares, com coleta e registro de dados relativos a suas atribuições, para fim exclusivo de controle e planejamento das ações de saúde;

III – a mobilização da comunidade e o estímulo à participação nas políticas públicas voltadas para as áreas de saúde e socioeducacional;

IV – a realização de visitas domiciliares regulares e periódicas para acolhimento e acompanhamento:

a) da gestante, no pré-natal, no parto e no puerpério;

b) da lactante, nos seis meses seguintes ao parto;

c) da criança, verificando seu estado vacinal e a evolução de seu peso e de sua altura;

d) do adolescente, identificando suas necessidades e motivando sua participação em ações de educação em saúde, em conformidade com o previsto na Lei 8.069, de 13 de julho de 1990 (Estatuto da Criança e do Adolescente);

e) da pessoa idosa, desenvolvendo ações de promoção de saúde e de prevenção de quedas e acidentes domésticos e motivando sua participação em atividades físicas e coletivas;

f) da pessoa em sofrimento psíquico;

g) da pessoa com dependência química de álcool, de tabaco ou de outras drogas;

h) da pessoa com sinais ou sintomas de alteração na cavidade bucal;

i) dos grupos homossexuais e transexuais, desenvolvendo ações de educação para promover a saúde e prevenir doenças;

j) da mulher e do homem, desenvolvendo ações de educação para promover a saúde e prevenir doenças;

V – realização de visitas domiciliares regulares e periódicas para identificação e acompanhamento:

a) de situações de risco à família;

b) de grupos de risco com maior vulnerabilidade social, por meio de ações de promoção da saúde, de prevenção de doenças e de educação em saúde;

c) do estado vacinal da gestante, da pessoa idosa e da população de risco, conforme sua vulnerabilidade e em consonância com o previsto no calendário nacional de vacinação;

VI – o acompanhamento de condicionalidades de programas sociais, em parceria com os Centros de Referência de Assistência Social (Cras).

§ 4º No modelo de atenção em saúde fundamentado na assistência multiprofissional em saúde da família, desde que o Agente Comunitário de Saúde tenha concluído curso técnico e tenha disponíveis os equipamentos adequados, são atividades do Agente, em sua área geográfica de atuação, assistidas por profissional de saúde de nível superior, membro da equipe:

▶ § 4º acrescido pela Lei 13.595/2018, vetado pelo Presidente da República e rejeitado o veto pelo Congresso Nacional (*DOU* 18.04.2018).

I – a aferição da pressão arterial, durante a visita domiciliar, em caráter excepcional, encaminhando o paciente para a unidade de saúde de referência;

II – a medição de glicemia capilar, durante a visita domiciliar, em caráter excepcional, encaminhando o paciente para a unidade de saúde de referência;

III – a aferição de temperatura axilar, durante a visita domiciliar, em caráter excepcional, com o devido encaminhamento do paciente, quando necessário, para a unidade de saúde de referência;

IV – a orientação e o apoio, em domicílio, para a correta administração de medicação de paciente em situação de vulnerabilidade;

V – a verificação antropométrica.

§ 5º No modelo de atenção em saúde fundamentado na assistência multiprofissional em saúde da família, são consideradas atividades do Agente Comunitário de Saúde compartilhadas com os demais membros da equipe, em sua área geográfica de atuação:

▶ § 5º acrescido pela Lei 13.595/2018, vetado pelo Presidente da República e rejeitado o veto pelo Congresso Nacional.

I – a participação no planejamento e no mapeamento institucional, social e demográfico;

II – a consolidação e a análise de dados obtidos nas visitas domiciliares;

III – a realização de ações que possibilitem o conhecimento, pela comunidade, de informações obtidas em levantamentos socioepidemiológicos realizados pela equipe de saúde;

IV – a participação na elaboração, na implementação, na avaliação e na reprogramação permanente dos planos de ação para o enfrentamento de determinantes do processo saúde-doença;

V – a orientação de indivíduos e de grupos sociais quanto a fluxos, rotinas e ações desenvolvidos no âmbito da atenção básica em saúde;

VI – o planejamento, o desenvolvimento e a avaliação de ações em saúde;

VII – o estímulo à participação da população no planejamento, no acompanhamento e na avaliação de ações locais em saúde.

Art. 4º O Agente de Combate às Endemias tem como atribuição o exercício de atividades de vigilância, prevenção e controle de doenças e promoção da saúde, desenvolvidas em conformidade com as diretrizes do SUS e sob supervisão do gestor de cada ente federado.

§ 1º São consideradas atividades típicas do Agente de Combate às Endemias, em sua área geográfica de atuação:

▶ § 1º acrescido pela Lei 13.595/2018, vetado pelo Presidente da República e rejeitado o veto pelo Congresso Nacional (*DOU* 18.04.2018).

I – desenvolvimento de ações educativas e de mobilização da comunidade relativas à prevenção e ao controle de doenças e agravos à saúde;

II – realização de ações de prevenção e controle de doenças e agravos à saúde, em interação com o Agente Comunitário de Saúde e a equipe de atenção básica;

III – identificação de casos suspeitos de doenças e agravos à saúde e encaminhamento, quando indicado, para a unidade de saúde de referência, assim como comunicação do fato à autoridade sanitária responsável;

IV – divulgação de informações para a comunidade sobre sinais, sintomas, riscos e agentes transmissores de doenças e sobre medidas de prevenção individuais e coletivas;

V – realização de ações de campo para pesquisa entomológica, malacológica e coleta de reservatórios de doenças;

VI – cadastramento e atualização da base de imóveis para planejamento e definição de estratégias de prevenção e controle de doenças;

VII – execução de ações de prevenção e controle de doenças, com a utilização de medidas de controle químico e biológico, manejo ambiental e outras ações de manejo integrado de vetores;

VIII – execução de ações de campo em projetos que visem a avaliar novas metodologias de intervenção para prevenção e controle de doenças;

IX – registro das informações referentes às atividades executadas, de acordo com as normas do SUS;

X – identificação e cadastramento de situações que interfiram no curso das doenças ou que tenham importância epidemiológica relacionada principalmente aos fatores ambientais;

XI – mobilização da comunidade para desenvolver medidas simples de manejo ambiental e outras formas de intervenção no ambiente para o controle de vetores.

§ 2º É considerada atividade dos Agentes de Combate às Endemias assistida por profissional de nível superior e condicionada à estrutura de vigilância epidemiológica e ambiental e de atenção básica a participação:

▶ § 2º acrescido pela Lei 13.595/2018, vetado pelo Presidente da República e rejeitado o veto pelo Congresso Nacional (*DOU* 18.04.2018).

I – no planejamento, execução e avaliação das ações de vacinação animal contra zoonoses de relevância para a saúde pública normatizadas pelo Ministério da Saúde, bem como na notificação e na investigação de eventos adversos temporariamente associados a essas vacinações;

II – na coleta de animais e no recebimento, no acondicionamento, na conservação e no transporte de espécimes ou amostras biológicas de animais, para seu encaminhamento aos laboratórios responsáveis pela identificação ou diagnóstico de zoonoses de relevância para a saúde pública no Município;

III – na necropsia de animais com diagnóstico suspeito de zoonoses de relevância para a saúde pública, auxiliando na coleta e no encaminhamento de amostras laboratoriais, ou por meio de outros procedimentos pertinentes;

IV – na investigação diagnóstica laboratorial de zoonoses de relevância para a saúde pública;

V – na realização do planejamento, desenvolvimento e execução de ações de controle da população de animais, com vistas ao combate à propagação de zoonoses de relevância para a saúde pública, em caráter excepcional, e sob supervisão da coordenação da área de vigilância em saúde.

§ 3º O Agente de Combate às Endemias poderá participar, mediante treinamento adequado, da execução, da coordenação ou da supervisão das ações de vigilância epidemiológica e ambiental.

▶ § 3º acrescido pela Lei 13.595/2018, vetado pelo Presidente da República e rejeitado o veto pelo Congresso Nacional (*DOU* 18.04.2018).

Art. 4º-A. O Agente Comunitário de Saúde e o Agente de Combate às Endemias realizarão atividades de forma integrada, desenvolvendo mobilizações sociais por meio da Educação Popular em Saúde, dentro de sua área geográfica de atuação, especialmente nas seguintes situações:

▶ Artigo acrescido pela Lei 13.595/2018, vetado pelo Presidente da República e rejeitado o veto pelo Congresso Nacional (*DOU* 18.04.2018).

I – na orientação da comunidade quanto à adoção de medidas simples de manejo ambiental para o controle de vetores, de medidas de proteção individual e coletiva e de outras ações de promoção de saúde, para a prevenção de doenças infecciosas, zoonoses, doenças de transmissão vetorial e agravos causados por animais peçonhentos;

II – no planejamento, na programação e no desenvolvimento de atividades de vigilância em saúde, de forma articulada com as equipes de saúde da família;

III – *Vetado;*

IV – na identificação e no encaminhamento, para a unidade de saúde de referência, de situações que, relacionadas a fatores ambientais, interfiram no curso de doenças ou tenham importância epidemiológica;

V – na realização de campanhas ou de mutirões para o combate à transmissão de doenças infecciosas e a outros agravos.

Art. 4º-B. Deverão ser observadas as ações de segurança e de saúde do trabalhador, notadamente o uso de equipamentos de proteção individual e a realização dos exames de saúde ocupacional, na execução das atividades dos Agentes Comunitários de Saúde e dos Agentes de Combate às Endemias.

▶ Artigo acrescido pela Lei 13.595/2018.

Art. 5º O Ministério da Saúde regulamentará as atividades de vigilância, prevenção e controle de doenças e de promoção da saúde a que se referem os arts. 3º, 4º e 4º-A e estabelecerá os parâmetros dos cursos previstos no inciso II do *caput* do art. 6º, no inciso I do *caput* do art. 7º e no § 2º deste artigo, observadas as diretrizes curriculares nacionais definidas pelo Conselho Nacional de Educação.

▶ *Caput* com redação pela Lei 13.595/2018.

§ 1º Os cursos a que se refere o *caput* deste artigo utilizarão os referenciais da Educação Popular em Saúde e serão oferecidos ao Agente Comunitário de Saúde e ao Agente de Combate às Endemias nas modalidades presencial ou semipresencial durante a jornada de trabalho.

▶ § 1º acrescido pela Lei 13.595/2018, vetado pelo Presidente da República e rejeitado o veto pelo Congresso Nacional (*DOU* 18.04.2018).

§ 2º A cada 2 (dois) anos, os Agentes Comunitários de Saúde e os Agentes de Combate às Endemias frequentarão cursos de aperfeiçoamento.

▶ § 2º com redação pela Lei 13.708/2018.

§ 2º-A. Os cursos de que trata o § 2º deste artigo serão organizados e financiados, de modo tripartite, pela União, pelos Estados, pelo Distrito Federal e pelos Municípios.

▶ § 2º-A com redação pela Lei 13.708/2018.

§ 3º Cursos técnicos de Agente Comunitário de Saúde e de Agente de Combate às Endemias poderão ser ministrados nas modalidades presencial e semipresencial e seguirão as diretrizes estabelecidas pelo Conselho Nacional de Educação.

▶ § 3º acrescido pela Lei 13.595/2018.

Art. 6º O Agente Comunitário de Saúde deverá preencher os seguintes requisitos para o exercício da atividade:

I – residir na área da comunidade em que atuar, desde a data da publicação do edital do processo seletivo público;

II – ter concluído, com aproveitamento, curso de formação inicial, com carga horária mínima de quarenta horas;

▶ Inciso I com redação pela Lei 13.595/2018.

III – ter concluído o ensino médio.

▶ Inciso III com redação pela Lei 13.595/2018.

§ 1º Quando não houver candidato inscrito que preencha o requisito previsto no inciso III do *caput* deste artigo, poderá ser admitida a contratação de candidato com ensino fundamental, que deverá comprovar a conclusão do ensino médio no prazo máximo de três anos.

▶ § 1º com redação pela Lei 13.595/2018.

§ 2º É vedada a atuação do Agente Comunitário de Saúde fora da área geográfica a que se refere o inciso I do *caput* deste artigo.

▶ § 2º com redação pela Lei 13.595/2018, vetado pelo Presidente da República e rejeitado o veto pelo Congresso Nacional (*DOU* 18.04.2018).

§ 3º Ao ente federativo responsável pela execução dos programas relacionados às atividades do Agente Comunitário de Saúde compete a definição da área geográfica a que se refere o inciso I do *caput* deste artigo, devendo:

▶ § 3º acrescido pela Lei 13.595/2018.

I – observar os parâmetros estabelecidos pelo Ministério da Saúde;

II – considerar a geografia e a demografia da região, com distinção de zonas urbanas e rurais;

III – flexibilizar o número de famílias e de indivíduos a serem acompanhados, de acordo com as condições de acessibilidade local e de vulnerabilidade da comunidade assistida.

§ 4º A área geográfica a que se refere o inciso I do *caput* deste artigo será alterada quando houver risco à integridade física do Agente Comunitário de Saúde ou de membro de sua família decorrente de ameaça por parte de membro da comunidade onde reside e atua.

▶ § 4º acrescido pela Lei 13.595/2018.

§ 5º Caso o Agente Comunitário de Saúde adquira casa própria fora da área geográfica de sua atuação, será excepcionado o disposto no inciso I do *caput* deste artigo e mantida sua vinculação à mesma equipe de saúde da família em que esteja atuando, podendo ser remanejado, na forma de regulamento, para equipe atuante na área onde está localizada a casa adquirida.

▶ § 5º acrescido pela Lei 13.595/2018, vetado pelo Presidente da República e rejeitado o veto pelo Congresso Nacional (*DOU* 18.04.2018).

Art. 7º O Agente de Combate às Endemias deverá preencher os seguintes requisitos para o exercício da atividade:

I – ter concluído, com aproveitamento, curso de formação inicial, com carga horária mínima de quarenta horas;

▶ Inciso I com redação pela Lei 13.595/2018.

II – ter concluído o ensino médio.

▶ Inciso II com redação pela Lei 13.595/2018.

Parágrafo único. *Revogado pela Lei 13.595/2018.*

§ 1º Quando não houver candidato inscrito que preencha o requisito previsto no inciso II do *caput* deste artigo, poderá ser admitida a contratação de candidato com ensino fundamental, que deverá comprovar a conclusão do ensino médio no prazo máximo de três anos.

▶ § 1º acrescido pela Lei 13.595/2018.

§ 2º Ao ente federativo responsável pela execução dos programas relacionados às atividades do Agente de Combate às Endemias compete a definição do número de imóveis a serem fiscalizados pelo Agente, observados os parâmetros estabelecidos pelo Ministério da Saúde e os seguintes:

▶ § 2º acrescido pela Lei 13.595/2018.

I – condições adequadas de trabalho;

II – geografia e demografia da região, com distinção de zonas urbanas e rurais;

III – flexibilização do número de imóveis, de acordo com as condições de acessibilidade local.

Art. 8º Os Agentes Comunitários de Saúde e os Agentes de Combate às Endemias admitidos pelos gestores locais do SUS e pela Fundação Nacional de Saúde – FUNASA, na forma do disposto no § 4º do art. 198 da Constituição, submetem-se ao regime jurídico estabelecido pela Consolidação das Leis do Trabalho – CLT, salvo se, no caso dos Estados, do Distrito Federal e dos Municípios, lei local dispuser de forma diversa.

Art. 9º A contratação de Agentes Comunitários de Saúde e de Agentes de Combate às Endemias deverá ser precedida de processo seletivo público de provas ou de provas e títulos, de acordo com a natureza e a complexidade de suas atribuições e requisitos específicos para o exercício das atividades, que atenda aos princípios de legalidade, impessoalidade, moralidade, publicidade e eficiência.

§ 1º Caberá aos órgãos ou entes da administração direta dos Estados, do Distrito Federal ou dos Municípios certificar, em cada caso, a existência de anterior processo de seleção pública, para efeito da dispensa referida no parágrafo único do art. 2º da Emenda Constitucional 51, de 14 de fevereiro de 2006, considerando-se como tal aquele que tenha sido realizado com observância dos princípios referidos no *caput*.

▶ Primitivo parágrafo único renumerado pela Lei 13.342/2016.

§ 2º O tempo prestado pelos Agentes Comunitários de Saúde e pelos Agentes de Combate às Endemias enquadrados na condição prevista no § 1º deste artigo, independentemente da forma de seu vínculo e desde que tenha sido efetuado o devido recolhimento da contribuição previdenciária, será considerado para fins de concessão de benefícios e contagem recíproca pelos regimes previdenciários.

▶ § 2º acrescido pela Lei 13.342/2016.

Art. 9º-A. O piso salarial profissional nacional é o valor abaixo do qual a União, os Estados, o Distrito Federal e os Municípios não poderão fixar o vencimento inicial das Carreiras de Agente Comunitário de Saúde e de Agente de Combate às Endemias para a jornada de 40 (quarenta) horas semanais.

▶ *Caput* com redação pela Lei 12.994/2014.

§ 1º O piso salarial profissional nacional dos Agentes Comunitários de Saúde e dos Agentes de Combate às Endemias é fixado no valor de R$ 1.550,00 (mil quinhentos e cinquenta reais) mensais, obedecido o seguinte escalonamento:

▶ *Caput* do § 1º com redação pela Lei 13.708/2018, vetado pelo Presidente da República e rejeitado o veto pelo Congresso Nacional.

I – R$ 1.250,00 (mil duzentos e cinquenta reais) em 1º de janeiro de 2019;

▶ Inciso I com redação pela Lei 13.708/2018, vetado pelo Presidente da República e rejeitado o veto pelo Congresso Nacional.

II – R$ 1.400,00 (mil e quatrocentos reais) em 1º de janeiro de 2020;

▶ Inciso II com redação pela Lei 13.708/2018, vetado pelo Presidente da República e rejeitado o veto pelo Congresso Nacional.

III – R$ 1.550,00 (mil quinhentos e cinquenta reais) em 1º de janeiro de 2021.

▶ Inciso III acrescido pela Lei 13.708/2018, vetado pelo Presidente da República e rejeitado o veto pelo Congresso Nacional.

§ 2º A jornada de trabalho de 40 (quarenta) horas semanais exigida para garantia do piso salarial previsto nesta

Lei será integralmente dedicada às ações e aos serviços de promoção da saúde, de vigilância epidemiológica e ambiental e de combate a endemias em prol das famílias e das comunidades assistidas, no âmbito dos respectivos territórios de atuação, e assegurará aos Agentes Comunitários de Saúde e aos Agentes de Combate às Endemias participação nas atividades de planejamento e avaliação de ações, de detalhamento das atividades, de registro de dados e de reuniões de equipe.

▶ *Caput* do § 2º com redação pela Lei 13.708/2018.

I – *Revogado pela Lei 13.708/2018;*

II – *Revogado pela Lei 13.708/2018;*

§ 3º O exercício de trabalho de forma habitual e permanente em condições insalubres, acima dos limites de tolerância estabelecidos pelo órgão competente do Poder Executivo federal, assegura aos agentes de que trata esta Lei a percepção de adicional de insalubridade, calculado sobre o seu vencimento ou salário-base:

▶ 3º acrescido pela Lei 13.342/2016 (*DOU* 11.01.2017).

I – nos termos do disposto no art. 192 da Consolidação das Leis do Trabalho (CLT), aprovada pelo Decreto-Lei 5.452, de 1º de maio de 1943, quando submetidos a esse regime;

II – nos termos da legislação específica, quando submetidos a vínculos de outra natureza.

§ 4º As condições climáticas da área geográfica de atuação serão consideradas na definição do horário para cumprimento da jornada de trabalho.

▶ § 4º acrescido pela Lei 13.595/2018.

§ 5º O piso salarial de que trata o § 1º deste artigo será reajustado, anualmente, em 1º de janeiro, a partir do ano de 2022.

▶ § 5º acrescido pela Lei 13.708/2018, vetado pelo Presidente da República e rejeitado o veto pelo Congresso Nacional.

§ 6º *Vetado.*

▶ § 6º acrescido pela Lei 13.708/2018.

Art. 9º-B. *Vetado.*

▶ Artigo acrescido pela Lei 12.994/2014.

Art. 9º-C. Nos termos do § 5º do art. 198 da Constituição Federal, compete à União prestar assistência financeira complementar aos Estados, ao Distrito Federal e aos Municípios, para o cumprimento do piso salarial de que trata o art. 9º-A desta Lei.

▶ *Caput* acrescido pela Lei 12.994/2014.

§ 1º Para fins do disposto no *caput* deste artigo, é o Poder Executivo federal autorizado a fixar em decreto os parâmetros referentes à quantidade máxima de agentes passível de contratação, em função da população e das peculiaridades locais, com o auxílio da assistência financeira complementar da União.

§ 2º A quantidade máxima de que trata o § 1º deste artigo considerará tão somente os agentes efetivamente registrados no mês anterior à respectiva competência financeira que se encontrem no estrito desempenho de suas atribuições e submetidos à jornada de trabalho fixada para a concessão do piso salarial.

§ 3º O valor da assistência financeira complementar da União é fixado em 95% (noventa e cinco por cento) do piso salarial de que trata o art. 9º-A desta Lei.

§ 4º A assistência financeira complementar de que trata o *caput* deste artigo será devida em 12 (doze) parcelas consecutivas em cada exercício e 1 (uma) parcela adicional no último trimestre.

§ 5º Até a edição do decreto de que trata o § 1º deste artigo, aplicar-se-ão as normas vigentes para os repasses de incentivos financeiros pelo Ministério da Saúde.

§ 6º Para efeito da prestação de assistência financeira complementar de que trata este artigo, a União exigirá dos gestores locais do SUS a comprovação do vínculo direto dos Agentes Comunitários de Saúde e dos Agentes de Combate às Endemias com o respectivo ente federativo, regularmente formalizado, conforme o regime jurídico que vier a ser adotado na forma do art. 8º desta Lei.

Art. 9º-D. É criado incentivo financeiro para fortalecimento de políticas afetas à atuação de agentes comunitários de saúde e de combate às endemias.

▶ *Caput* acrescido pela Lei 12.994/2014.

§ 1º Para fins do disposto no *caput* deste artigo, é o Poder Executivo federal autorizado a fixar em decreto:

I – parâmetros para concessão do incentivo; e

II – valor mensal do incentivo por ente federativo.

§ 2º Os parâmetros para concessão do incentivo considerarão, sempre que possível, as peculiaridades do Município.

§§ 3º a 5º. *Vetados.*

Art. 9º-E. Atendidas as disposições desta Lei e as respectivas normas regulamentadoras, os recursos de que tratam os arts. 9º-C e 9º-D serão repassados pelo Fundo

Nacional de Saúde (FNS) aos fundos de saúde dos Municípios, Estados e Distrito Federal como transferências correntes, regulares, automáticas e obrigatórias, nos termos do disposto no art. 3º da Lei 8.142, de 28 de dezembro de 1990.

▸ Artigo com redação pela Lei 13.595/2018.

Art. 9º-F. Para fins de apuração dos limites com pessoal de que trata a Lei Complementar 101, de 4 de maio de 2000, a assistência financeira complementar obrigatória prestada pela União e a parcela repassada como incentivo financeiro que venha a ser utilizada no pagamento de pessoal serão computadas como gasto de pessoal do ente federativo beneficiado pelas transferências.

▸ Artigo acrescido pela Lei 12.994/2014.

Art. 9º-G. Os planos de carreira dos Agentes Comunitários de Saúde e dos Agentes de Combate às Endemias deverão obedecer às seguintes diretrizes:

▸ Caput acrescido pela Lei 12.994/2014.

I – remuneração paritária dos Agentes Comunitários de Saúde e dos Agentes de Combate às Endemias;

II – definição de metas dos serviços e das equipes;

III – estabelecimento de critérios de progressão e promoção;

IV – adoção de modelos e instrumentos de avaliação que atendam à natureza das atividades, assegurados os seguintes princípios:

a) transparência do processo de avaliação, assegurando-se ao avaliado o conhecimento sobre todas as etapas do processo e sobre o seu resultado final;

b) periodicidade da avaliação;

c) contribuição do servidor para a consecução dos objetivos do serviço;

d) adequação aos conteúdos ocupacionais e às condições reais de trabalho, de forma que eventuais condições precárias ou adversas de trabalho não prejudiquem a avaliação;

e) direito de recurso às instâncias hierárquicas superiores.

Art. 9º-H. Compete ao ente federativo ao qual o Agente Comunitário de Saúde ou o Agente de Combate às Endemias estiver vinculado fornecer ou custear a locomoção necessária para o exercício das atividades, conforme regulamento do ente federativo.

▸ Artigo com redação pela Lei 13.708/2018.

Parágrafo único. Para o atendimento do disposto no caput deste artigo, poder-se-á conceder indenização de transporte ao Agente Comunitário de Saúde e ao Agente de Combate às Endemias que faça essa opção como forma de ressarcimento de despesas com a locomoção por meio próprio para execução de serviços externos atestados pela chefia imediata e inerentes às atribuições próprias do cargo que ocupa, efetivo ou comissionado.

▸ Parágrafo único acrescido pela Lei 15.014/2024.

Art. 10. A administração pública somente poderá rescindir unilateralmente o contrato do Agente Comunitário de Saúde ou do Agente de Combate às Endemias, de acordo com o regime jurídico de trabalho adotado, na ocorrência de uma das seguintes hipóteses:

I – prática de falta grave, dentre as enumeradas no art. 482 da Consolidação das Leis do Trabalho – CLT;

II – acumulação ilegal de cargos, empregos ou funções públicas;

III – necessidade de redução de quadro de pessoal, por excesso de despesa, nos termos da Lei 9.801, de 14 de junho de 1999; ou

IV – insuficiência de desempenho, apurada em procedimento no qual se assegurem pelo menos um recurso hierárquico dotado de efeito suspensivo, que será apreciado em trinta dias, e o prévio conhecimento dos padrões mínimos exigidos para a continuidade da relação de emprego, obrigatoriamente estabelecidos de acordo com as peculiaridades das atividades exercidas.

Parágrafo único. No caso do Agente Comunitário de Saúde, o contrato também poderá ser rescindido unilateralmente na hipótese de não atendimento ao disposto no inciso I do art. 6º, ou em função de apresentação de declaração falsa de residência.

Art. 11. Fica criado, no Quadro de Pessoal da Fundação Nacional de Saúde – FUNASA, Quadro Suplementar de Combate às Endemias, destinado a promover, no âmbito do SUS, ações complementares de vigilância epidemiológica e combate a endemias, nos termos do inciso VI e parágrafo único do art. 16 da Lei 8.080, de 19 de setembro de 1990.

Parágrafo único. Ao Quadro Suplementar de que trata o caput aplica-se, no que couber, além do disposto nesta Lei, o disposto na Lei 9.962, de 22 de fevereiro de 2000, cumprindo-se jornada de trabalho de quarenta horas semanais.

Art. 12. Aos profissionais não ocupantes de cargo efetivo em órgão ou entidade da administração pública federal que, em 14 de fevereiro de 2006, a qualquer título, se achavam no desempenho de atividades de combate a endemias no âmbito da FUNASA é assegurada a dispensa de se submeterem ao processo seletivo público a que se refere o § 4º do art. 198 da Constituição, desde que tenham sido contratados a partir de anterior processo de seleção pública efetuado pela FUNASA, ou por outra instituição, sob a efetiva supervisão da FUNASA e mediante a observância dos princípios a que se refere o caput do art. 9º.

§ 1º Ato conjunto dos Ministros de Estado da Saúde e do Controle e da Transparência instituirá comissão com a finalidade de atestar a regularidade do processo seletivo para fins da dispensa prevista no caput.

§ 2º A comissão será integrada por três representantes da Secretaria Federal de Controle Interno da Controladoria-Geral da União, um dos quais a presidirá, pelo Assessor Especial de Controle Interno do Ministério da Saúde e pelo Chefe da Auditoria Interna da FUNASA.

Art. 13. Os Agentes de Combate às Endemias integrantes do Quadro Suplementar a que se refere o art. 11 poderão ser colocados à disposição dos Estados, do Distrito Federal e dos Municípios, no âmbito do SUS, mediante convênio, ou para gestão associada de serviços públicos, mediante contrato de consórcio público, nos termos da Lei 11.107, de 6 de abril de 2005, mantida a vinculação à FUNASA e sem prejuízo dos respectivos direitos e vantagens.

Art. 14. O gestor local do SUS responsável pela admissão dos profissionais de que trata esta Lei disporá sobre a criação dos cargos ou empregos públicos e demais aspectos inerentes à atividade, observadas as determinações desta Lei e as especificidades locais.

▸ Artigo com redação pela Lei 13.595/2018, vetado pelo Presidente da República e rejeitado o veto pelo Congresso Nacional (DOU 18.04.2018).

Art. 15. Ficam criados cinco mil, trezentos e sessenta e cinco empregos públicos de Agente de Combate às Endemias, no âmbito do Quadro Suplementar referido no art. 11, com retribuição mensal estabelecida na forma do Anexo desta Lei, cuja despesa não excederá o valor atualmente despendido pela FUNASA com a contratação desses profissionais.

§ 1º A FUNASA, em até trinta dias, promoverá o enquadramento do pessoal de que trata o art. 12 na tabela salarial constante do Anexo desta Lei em classes e níveis com salários iguais aos pagos atualmente, sem aumento de despesa.

§ 2º Aplica-se aos ocupantes dos empregos referidos no caput a indenização de campo de que trata o art. 16 da Lei 8.216, de 13 de agosto de 1991.

§ 3º Caberá à Secretaria de Recursos Humanos do Ministério do Planejamento, Orçamento e Gestão disciplinar o desenvolvimento dos ocupantes dos empregos públicos referidos no caput na tabela salarial constante do Anexo desta Lei.

Art. 16. É vedada a contratação temporária ou terceirizada de Agentes Comunitários de Saúde e de Agentes de Combate às Endemias, salvo na hipótese de combate a surtos epidêmicos, na forma da lei aplicável.

▸ Artigo com redação pela Lei 12.994/2014.

Art. 17. Os profissionais que, na data de publicação desta Lei, exerçam atividades próprias de Agente Comunitário de Saúde e Agente de Combate às Endemias, vinculados diretamente aos gestores locais do SUS ou a entidades de administração indireta, não investidos em cargo ou emprego público, e não alcançados pelo disposto no parágrafo único do art. 9º, poderão permanecer no exercício destas atividades, até que seja concluída a realização de processo seletivo público pelo ente federativo, com vistas ao cumprimento do disposto nesta Lei.

Art. 18. Os empregos públicos criados no âmbito da FUNASA, conforme disposto no art. 15 e preenchidos nos termos desta Lei, serão extintos, quando vagos.

Art. 19. As despesas decorrentes da criação dos empregos públicos a que se refere o art. 15 correrão à conta das dotações destinadas à FUNASA, consignadas no Orçamento Geral da União.

Art. 20. Esta Lei entra em vigor na data de sua publicação.

Art. 21. Fica revogada a Lei 10.507, de 10 de julho de 2002.

Congresso Nacional, 5 de outubro de 2006; 185º da Independência e 118º da República.

▸ Deixamos de publicar o Anexo constante desta norma.

Senador Renan Calheiros

Presidente da Mesa do Congresso Nacional

LEI 11.442, DE 5 DE JANEIRO DE 2007

Dispõe sobre o transporte rodoviário de cargas por conta de terceiros e mediante remuneração e revoga a Lei 6.813, de 10 de julho de 1980.

DOU 08.01.2007

O PRESIDENTE DA REPÚBLICA Faço saber que o Congresso Nacional decreta e eu sanciono a seguinte Lei:

Art. 1º Esta Lei dispõe sobre o Transporte Rodoviário de Cargas – TRC realizado em vias públicas, no território nacional, por conta de terceiros e mediante remuneração, os mecanismos de sua operação e a responsabilidade do transportador.

§ 1º No caso de transporte de produtos perigosos, será observado exclusivamente o disposto em lei federal, considerando-se as competências estabelecidas nos arts. 22 e 24 da Lei 10.233, de 5 de junho de 2001.

▸ § 1º acrescido pela Lei 12.667/2012.

§ 2º Vetado.

▸ § 2º acrescido pela Lei 12.667/2012.

Art. 2º A atividade econômica de que trata o art. 1º desta Lei é de natureza comercial, exercida por pessoa física ou jurídica em regime de livre concorrência, e depende de prévia inscrição do interessado em sua exploração no Registro Nacional de Transportadores Rodoviários de Cargas – RNTR-C da Agência Nacional de Transportes Terrestres – ANTT, nas seguintes categorias:

I – Transportador Autônomo de Cargas – TAC, pessoa física que tenha no transporte rodoviário de cargas a sua atividade profissional;

II – Empresa de Transporte Rodoviário de Cargas – ETC, pessoa jurídica constituída por qualquer forma prevista em lei que tenha no transporte rodoviário de cargas a sua atividade principal;

III – Cooperativa de Transporte Rodoviário de Cargas (CTC), sociedade cooperativa na forma da lei, constituída por pessoas físicas e/ou jurídicas, que exerce atividade de transporte rodoviário de cargas.

▸ Inciso III acrescido pela Lei 14.206/2021.

§ 1º O TAC deverá:

I – comprovar ser proprietário, co-proprietário ou arrendatário de, pelo menos, 1 (um) veículo automotor de carga, registrado em seu nome no órgão de trânsito, como veículo de aluguel;

II – comprovar ter experiência de, pelo menos, 3 (três) anos na atividade, ou ter sido aprovado em curso específico.

§ 2º A ETC deverá:

I – ter sede no Brasil;

II – comprovar ser proprietária ou arrendatária de, pelo menos, 1 (um) veículo automotor de carga, registrado no País;

III – indicar e promover a substituição do Responsável Técnico, que deverá ter, pelo menos, 3 (três) anos de atividade ou ter sido aprovado em curso específico;

IV – demonstrar capacidade financeira para o exercício da atividade e idoneidade de seus sócios e de seu responsável técnico.

§ 3º Para efeito de cumprimento das exigências contidas no inciso II do § 2º deste artigo, as Cooperativas de Transporte de Cargas deverão comprovar a propriedade ou o arrendamento dos veículos automotores de cargas de seus associados.

§ 4º Deverá constar no veículo automotor de carga, na forma a ser regulamentada pela ANTT, o número de registro no RNTR-C de seu proprietário ou arrendatário.

§ 5º A ANTT disporá sobre as exigências curriculares e a comprovação dos cursos previstos no inciso II do § 1º e no inciso III do § 2º, ambos deste artigo.

Art. 3º O processo de inscrição e cassação do registro bem como a documentação exigida para o RNTR-C serão regulamentados pela ANTT.

Art. 4º O contrato a ser celebrado entre a ETC e o TAC ou entre o dono ou embarcador da carga e o TAC definirá a forma de prestação de serviço desse último, como agregado ou independente.

§ 1º Denomina-se TAC-agregado aquele que coloca veículo de sua propriedade ou de sua posse, a ser dirigido por ele próprio ou por preposto seu, a serviço do contratante, com exclusividade, mediante remuneração certa.

§ 2º Denomina-se TAC-independente aquele que presta os serviços de transporte de carga de que trata esta Lei em caráter eventual e sem exclusividade, mediante frete ajustado a cada viagem.

§ 3º Sem prejuízo dos demais requisitos de controle estabelecidos em regulamento, é facultada ao TAC a

cessão de seu veículo em regime de colaboração a outro profissional, assim denominado TAC – Auxiliar, não implicando tal cessão a caracterização de vínculo de emprego.

§4º O Transportador Autônomo de Cargas Auxiliar deverá contribuir para a previdência social de forma idêntica à dos Transportadores Autônomos.

§ 5º As relações decorrentes do contrato estabelecido entre o Transportador Autônomo de Cargas e seu Auxiliar ou entre o transportador autônomo e o embarcador não caracterizarão vínculo de emprego.

▸ §§ 3º a 5º acrescidos pela Lei 13.103/2015.

Art. 5º As relações decorrentes do contrato de transporte de cargas de que trata o art. 4º desta Lei são sempre de natureza comercial, não ensejando, em nenhuma hipótese, a caracterização de vínculo de emprego.

§ 1º *Revogado pela Lei 14.206/2021.*

▸ Parágrafo único renumerado pela Lei 14.206/2021.

§ 2º No caso de contratação direta do TAC pelo proprietário da mercadoria, a relação dar-se-á nos termos desta Lei e será considerada de natureza comercial, conforme o *caput* deste artigo.

▸ § 2º acrescido pela Lei 14.206/2021.

Art. 5º-A. O pagamento do frete do transporte rodoviário de cargas ao TAC será efetuado em conta de depósito ou em conta de pagamento pré-paga mantida em instituição autorizada a funcionar pelo Banco Central do Brasil, de livre escolha do TAC prestador do serviço, e informado no Documento Eletrônico de Transporte (DT-e).

▸ *Caput* com redação pela Lei 14.206/2021.

§ 1º A conta de depósito à vista, de poupança ou pré-paga deverá ser de titularidade do TAC, cônjuge, companheira ou parente em linha reta ou colateral até o segundo grau, indicada expressamente pelo TAC, vedada a imposição por parte do contratante, e identificada no DT-e.

▸ § 1º com redação pela Lei 14.206/2021.

§ 2º O contratante e o subcontratante dos serviços de transporte rodoviário de cargas, assim como o cossignatário e o proprietário da carga, são solidariamente responsáveis pela obrigação prevista no *caput* deste artigo, resguardado o direito de regresso destes contra os primeiros.

▸ 2º acrescido pela Lei 12.249/2010.

§ 3º Para os fins deste artigo, equiparam-se ao TAC a Empresa de Transporte Rodoviário de Cargas – ETC que possuir, em sua frota, até 3 (três) veículos registrados no Registro Nacional de Transportadores Rodoviários de Cargas – RNTRC e as Cooperativas de Transporte de Cargas.

▸ 3º acrescido pela Lei 12.249/2010.

§ 4º As Cooperativas de Transporte de Cargas deverão efetuar o pagamento aos seus cooperados na forma do *caput* deste artigo.

▸ § 4º acrescido pela Lei 12.249/2010.

§5º O extrato da conta de depósito ou da conta de pagamento pré-paga de que trata o caput deste artigo, com as movimentações relacionadas aos pagamentos das obrigações estabelecidas em DT-e, servirá como forma de comprovação de rendimentos do TAC.

▸ § 5º com redação pela Lei 14.206/2021.

§ 6º É vedado o pagamento do frete por qualquer outro meio ou forma diverso do previsto no *caput* deste artigo ou em seu regulamento.

▸ § 6º acrescido pela Lei 12.249/2010.

§ 7º As custas com a geração e a emissão de DT-e, as tarifas bancárias e as demais custas decorrentes da operação de pagamento do frete contratado correrão à conta do responsável pelo pagamento, sem ônus ao TAC.

▸ § 7º com redação pela Lei 14.206/2021.

§ 8º As informações para o pagamento a que se refere o caput deste artigo e o valor da transação deverão ser identificados no DT-e emitido.

▸ § 8º acrescido pela Lei 14.206/2021.

§ 9º Constituirá prova de pagamento total ou parcial do serviço identificado no DT-e o extrato do pagamento pela instituição pagadora em favor do legítimo credor na forma prevista no caput deste artigo.

▸ § 9º acrescido pela Lei 14.206/2021.

§ 10. O TAC poderá ceder, inclusive fiduciariamente, endossar ou empenhar títulos ou instrumentos representativos dos direitos creditórios constituídos ou a constituir referentes ao pagamento do frete do transporte rodoviário de cargas, observado que:

▸ § 10 acrescido pela Lei 14.206/2021.

I – o pagamento do frete será feito em favor do cessionário, do endossatário ou do credor pignoratício, desde que o devedor seja devidamente notificado da cessão do crédito, vedado o pagamento diretamente ao TAC; e

II – o disposto nos §§ 1º, 4º, 6º e 7º do caput deste artigo não será aplicado.

Art. 5º-B. É facultado ao TAC contratar pessoa jurídica para administrar seus direitos relativos à prestação de serviços de transporte.

▸ Artigo acrescido pela Lei 14.206/2021.

§ 1º A pessoa jurídica de que trata o *caput* deste artigo é responsável pela adequação dos documentos legais do TAC que a contratou, bem como pelas obrigações fiscais inerentes à geração, à emissão e ao recolhimento de tributos de qualquer espécie ou natureza, aplicado o disposto no inciso III do caput do art. 134 da Lei Complementar nº 5.172, de 25 de outubro de 1966.

§ 2º As entidades representativas dos TACs são autorizadas a atuar como administradora nos termos deste artigo.

§3º Recebido o valor do frete pelo TAC conforme disposto no art. 5º-A desta Lei, competirá à administradora de que trata o caput deste artigo:

I – controlar, emitir e gerir os documentos, inclusive fiscais, inerentes à operação de transporte;

II – reter e recolher os tributos incidentes, bem como encaminhar ao TAC os comprovantes de pagamento.

§ 4º A pessoa jurídica de que trata o caput deste artigo não poderá ser ou estar vinculada como administradora ou sócia, direta ou indireta, de empresa distribuidora de combustíveis, de rede de revendedores ou de revendedor varejista de combustíveis.

Art. 6º O transporte rodoviário de cargas será efetuado sob contrato ou conhecimento de transporte, que deverá conter informações para a completa identificação das partes e dos serviços e de natureza fiscal.

Art. 6º-A. As informações relativas à comprovação dos pagamentos efetuados no âmbito de contrato celebrado entre embarcador, proprietário da carga, consignatário ou contratante dos serviços de transporte rodoviário de cargas e o transportador ou seu subcontratado deverão ser consignadas pelo pagador em campos próprios do respectivo DT-e.

▸ Artigo acrescido pela Lei 14.206/2021.

§1º O disposto no *caput* deste artigo aplica-se às informações relativas à importância decorrente do tempo adicional sobre o prazo máximo para carga e descarga do veículo de transporte rodoviário de cargas, nos termos do § 5º do art.11 desta Lei e, se aplicável, aos pagamentos antecipados do Vale-Pedágio obrigatório instituído pela Lei 10.209, de 23 de março de 2001.

§2º Para fins de cumprimento do previsto no caput deste artigo, o Banco Central do Brasil, as instituições financeiras públicas e privadas de que trata a Lei 4.595, de 31 de dezembro de 1964, e as instituições de pagamento de que trata o art. 6º da Lei 12.865, de 9 de outubro de 2013, realizarão troca de informações com a entidade emissora de DT-e a que se refere o art. 11 desta Lei, assegurado o sigilo bancário.

Art. 7º Com a emissão do contrato ou conhecimento de transporte, a ETC e o TAC assumem perante o contratante a responsabilidade:

I – pela execução dos serviços de transporte de cargas, por conta própria ou de terceiros, do local em que as receber até a sua entrega no destino;

II – pelos prejuízos resultantes de perda, danos ou avarias às cargas sob sua custódia, assim como pelos decorrentes de atraso em sua entrega, quando houver prazo pactuado.

Parágrafo único. No caso de dano ou avaria, será assegurado às partes interessadas o direito de vistoria, de acordo com a legislação aplicável, sem prejuízo da observância das cláusulas do contrato de seguro, quando houver.

Art. 8º O transportador é responsável pelas ações ou omissões de seus empregados, agentes, prepostos ou terceiros contratados ou subcontratados para a execução dos serviços de transporte, como se essas ações ou omissões fossem próprias.

Parágrafo único. O transportador tem direito a ação regressiva contra os terceiros contratados ou subcontratados, para se ressarcir do valor da indenização que houver pago.

Art. 9º A responsabilidade do transportador cobre o período compreendido entre o momento do recebimento da carga e o de sua entrega ao destinatário.

Parágrafo único. A responsabilidade do transportador cessa quando do recebimento da carga pelo destinatário, sem protestos ou ressalvas.

Art. 10. O atraso ocorre quando as mercadorias não forem entregues dentro dos prazos constantes do contrato ou do conhecimento de transporte.

Parágrafo único. Se as mercadorias não forem entregues dentro de 30 (trinta) dias corridos após a data estipulada, de conformidade com o disposto no *caput*

deste artigo, o consignatário ou qualquer outra pessoa com direito de reclamar as mercadorias poderá considerá-las perdidas.

Art. 11. O transportador informará ao expedidor ou ao destinatário, quando não pactuado no contrato ou conhecimento de transporte, o prazo previsto para a entrega da mercadoria.

§ 1º O transportador obriga-se a comunicar ao expedidor ou ao destinatário, em tempo hábil, a chegada da carga ao destino.

§ 2º A carga ficará à disposição do interessado, após a comunicação de que trata o § 1º deste artigo, pelo prazo de 30 (trinta) dias, se outra condição não for pactuada.

§3º Findo o prazo previsto no § 2º deste artigo, não sendo retirada, a carga será considerada abandonada.

§4º No caso de bem perecível ou produto perigoso, o prazo de que trata o § 2º deste artigo poderá ser reduzido, conforme a natureza da mercadoria, devendo o transportador informar o fato ao expedidor e ao destinatário.

§5º O prazo máximo para carga e descarga do Veículo de Transporte Rodoviário de Cargas será de 5 (cinco) horas, contadas da chegada do veículo ao endereço de destino, após o qual será devido ao Transportador Autônomo de Carga – TAC ou à ETC a importância equivalente a R$ 1,38 (um real e trinta e oito centavos) por tonelada/hora ou fração.

▸ § 5º com redação pela Lei 13.103/2015.

§ 6º A importância de que trata o § 5º será atualizada, anualmente, de acordo com a variação do Índice Nacional de Preços ao Consumidor – INPC, calculado pela Fundação Instituto Brasileiro de Geografia e Estatística – IBGE ou, na hipótese de sua extinção, pelo índice que o suceder, definido em regulamento.

▸ § 6º com redação pela Lei 13.103/2015.

§ 7º Para o cálculo do valor de que trata o § 5º, será considerada a capacidade total de transporte do veículo.

▸ § 7º acrescido pela Lei 13.103/2015.

§8º Incidente o pagamento relativo ao tempo de espera, este deverá ser calculado a partir da hora de chegada na procedência ou no destino.

▸ § 8º acrescido pela Lei 13.103/2015.

§9º O embarcador e o destinatário da carga são obrigados a informar ao transportador em campo específico do DT-e o horário de chegada do caminhão nas dependências dos respectivos estabelecimentos, sob pena de serem punidos com multa a ser aplicada pela ANTT, que não excederá a 5% (cinco por cento) do valor da carga.

▸ § 9º com redação pela Lei 14.206/2021.

§10. No âmbito do processo administrativo sancionador, as notificações de autuação poderão ser encaminhadas por meio eletrônico para endereço eletrônico cadastrado formalmente para esse fim, de forma a assegurar a ciência da imposição da penalidade, nos termos do regulamento.

§ 11. A notificação de autuação será expedida no prazo máximo de 30 (trinta) dias, contado da data do cometimento da infração, sob pena de o auto de infração ser arquivado e seu registro julgado insubsistente.

§ 12. Da autuação e da aplicação de sanção caberá a apresentação, respectivamente, de defesa e de recurso pelo autuado, no prazo estabelecido em norma do órgão fiscalizador competente.

§ 13. Prescreve em 12 (doze) meses o prazo para cobrança da pena de multa a que se refere o § 9º deste artigo, a contar da notificação de autuação.

▸ §§ 10 a 13 acrescidos pela Lei 14.206/2021.

Art. 12. Os transportadores e seus subcontratados somente serão liberados de sua responsabilidade em razão de:

I – ato ou fato imputável ao expedidor ou ao destinatário da carga;

II – inadequação da embalagem, quando imputável ao expedidor da carga;

III – vício próprio ou oculto da carga;

IV – manuseio, embarque, estiva ou descarga executados diretamente pelo expedidor, destinatário ou consignatário da carga ou, ainda, pelos seus agentes ou prepostos;

V – força maior ou caso fortuito;

VI – contratação de seguro pelo contratante do serviço de transporte, na forma do inciso I do art. 13 desta Lei.

Parágrafo único. Não obstante as excludentes de responsabilidades previstas neste artigo, o transportador e seus subcontratados serão responsáveis pela agravação das perdas ou danos a que derem causa.

Art. 13. São de contratação obrigatória dos transportadores, prestadores do serviço de transporte rodoviário de cargas, os seguros de:

▸ *Caput* com redação pela Lei 14.599/2023.

I – Responsabilidade Civil do Transportador Rodoviário de Carga (RCTR-C), para cobertura de perdas ou danos causados à carga transportada em consequência de acidentes com o veículo transportador, decorrentes de colisão, de abalroamento, de tombamento, de capotamento, de incêndio ou de explosão;

II – Responsabilidade Civil do Transportador Rodoviário por Desaparecimento de Carga (RC-DC), para cobertura de roubo, de furto simples ou qualificado, de apropriação indébita, de estelionato e de extorsão simples ou mediante sequestro sobrevindos à carga durante o transporte; e

III – Responsabilidade Civil de Veículo (RC-V), para cobertura de danos corporais e materiais causados a terceiros pelo veículo automotor utilizado no transporte rodoviário de cargas.

▸ Incisos I a III com redação pela Lei 14.599/2023.

Parágrafo único. *Revogado pela Lei 14.599/2023.*

§ 1º Os seguros previstos nos incisos I e II do *caput* deste artigo deverão estar vinculados a Plano de Gerenciamento de Riscos (PGR), estabelecido de comum acordo entre o transportador e sua seguradora, observado que o contratante do serviço de transporte poderá exigir obrigações ou medidas adicionais, relacionadas à operação e/ou a gerenciamento, arcando este com todos os custos e despesas inerentes a elas.

§ 2º Os seguros previstos nos incisos I, II e III do *caput* deste artigo não excluem nem impossibilitam a contratação facultativa pelo transportador de outras coberturas para quaisquer perdas ou danos causados à carga transportada não contempladas nos referidos seguros.

§ 3º O seguro de que trata o inciso III do *caput* deste artigo poderá ser feito em apólice globalizada que envolva toda a frota do segurado, com cobertura mínima de 35.000 DES (trinta e cinco mil direitos especiais de saque) para danos corporais e de 20.000 DES (vinte mil direitos especiais de saque) para danos materiais.

§ 4º No caso de subcontratação do TAC:

I – os seguros previstos nos incisos I e II do *caput* deste artigo deverão ser firmados pelo contratante do serviço emissor do conhecimento de transporte e do manifesto de transporte, sendo o TAC considerado preposto do tomador de serviços, não cabendo sub-rogação por parte da seguradora contra este;

II – o seguro previsto no inciso III do *caput* deste artigo deverá ser firmado pelo contratante do serviço, por viagem, em nome do TAC subcontratado.

§ 5º Os seguros previstos nos incisos I e II do *caput* deste artigo serão contratados mediante apólice única para cada ramo de seguro, por segurado, vinculados ao respectivo RNTR-C.

§ 6º Para fixação dos prejuízos advindos à carga transportada, deverá ser realizada a vistoria conjunta, pelo contratante do frete e pelo transportador, bem como pelas respectivas seguradoras, quando couber, consoante o disposto no parágrafo único do art. 7º desta Lei.

§ 7º Todos os embarques realizados por transportadores, pessoas físicas ou jurídicas, devem possuir as devidas coberturas securitárias nos termos e condições deste artigo.

§ 8º O proprietário da mercadoria, contratante do frete, independentemente da contratação pelo transportador dos seguros que cobrem suas responsabilidades previstos nos incisos I e II do *caput* deste artigo, poderá, a seu critério, contratar o seguro facultativo de transporte nacional para cobertura das perdas e danos dos bens e mercadorias de sua propriedade.

§ 9º O proprietário da mercadoria poderá, na contratação do frete, exigir do transportador a cópia da apólice de seguro com as condições, o prêmio e o gerenciamento de risco contratados.

▸ §§ 1º a 9º acrescidos pela Lei 14.599/2023.

Art. 13-A. É vedada a utilização de informações de bancos de dados de proteção ao crédito como mecanismo de vedação de contrato com o TAC e a ETC devidamente regulares para o exercício da atividade do Transporte Rodoviário de Cargas.

▸ Artigo acrescido pela Lei 13.103/2015.

Art. 13-B. Ficam os embarcadores, as empresas de transporte e as cooperativas de transporte, sob qualquer pretexto, forma ou modalidade, impedidos de descontar do valor do frete do TAC, ou de seu equiparado, valores referentes a taxa administrativa e seguros de qualquer natureza, sob pena de terem que indenizar ao TAC o valor referente a 2 (duas) vezes o valor do frete contratado.

▸ Artigo acrescido pela Lei 14.599/2023.

Art. 14. A responsabilidade do transportador por prejuízos resultantes de perdas ou danos causados às mercadorias é limitada ao valor declarado pelo expedidor e consignado no contrato ou conhecimento de transporte, acrescido dos valores do frete e do seguro correspondentes.

Parágrafo único. Na hipótese de o expedidor não declarar o valor das mercadorias, a responsabilidade do transportador será limitada ao valor de 2 (dois) Direitos Especiais de Saque – DES por quilograma de peso bruto transportado.

Art. 15. Quando não definida no contrato ou conhecimento de transporte, a responsabilidade por prejuízos resultantes de atraso na entrega é limitada ao valor do frete.

Art. 16. Os operadores de terminais, armazéns e quaisquer outros que realizem operações de transbordo são responsáveis, perante o transportador que emitiu o conhecimento de transporte, pelas perdas e danos causados às mercadorias no momento da realização das referidas operações, inclusive de depósito.

Art. 17. O expedidor, sem prejuízo de outras sanções previstas em lei, indenizará o transportador pelas perdas, danos ou avarias:

I – resultantes de inveracidade na declaração de carga ou de inadequação dos elementos que lhe compete fornecer para a emissão do conhecimento de transporte, sem que tal dever de indenizar exima ou atenue a responsabilidade do transportador, nos termos previstos nesta Lei; e

II – quando configurado o disposto nos incisos I, II e IV do *caput* do art. 12 desta Lei.

Art. 18. Prescreve em 1 (um) ano a pretensão à reparação pelos danos relativos aos contratos de transporte, iniciando-se a contagem do prazo a partir do conhecimento do dano pela parte interessada.

Art. 19. É facultado aos contratantes dirimir seus conflitos recorrendo à arbitragem.

Art. 20. *Vetado.*

Art. 21. As infrações do disposto nesta Lei serão punidas com multas administrativas de R$ 550,00 (quinhentos e cinquenta reais) a R$ 10.500,00 (dez mil e quinhentos reais), a serem aplicadas pela ANTT, sem prejuízo do cancelamento da inscrição no RNTR-C, quando for o caso.

Art. 22. Na aplicação do disposto nesta Lei, ficam ressalvadas as disposições previstas em acordos ou convênios internacionais firmados pela República Federativa do Brasil.

Art. 22-A. As instituições de pagamento que realizam pagamentos eletrônicos de frete, que estejam em funcionamento na data de publicação desta Lei e que não se enquadrem nos critérios previstos na regulamentação para serem autorizadas a funcionar pelo Banco Central do Brasil poderão continuar a ofertar pagamentos eletrônicos de frete.

▸ Artigo acrescido pela Lei 14.206/2021.

§ 1º Ao se enquadrar nos critérios a que se refere o *caput* deste artigo, a instituição de pagamento deverá solicitar ao Banco Central do Brasil autorização para o seu funcionamento.

§ 2º Na hipótese de a solicitação de que trata o § 1º deste artigo ser indeferida, a instituição de pagamento deverá cessar as suas atividades, nos termos da regulamentação do Banco Central do Brasil.

Art. 22-B. As instituições de pagamento que realizam pagamentos eletrônicos de frete deverão, além dos serviços oferecidos no âmbito do próprio arranjo de pagamento, disponibilizar obrigatoriamente o arranjo de pagamentos instantâneos instituído pelo Banco Central do Brasil, na forma e nos termos da regulamentação própria.

▸ *Caput* com redação pela Lei 14.599/2023.

§ 1º As instituições de pagamento que, a critério do Banco Central do Brasil, não cumprirem os requisitos de participação estabelecidos no regulamento do arranjo de pagamentos instantâneos referido no caput deste artigo e que, por essa razão, não puderem ofertar o meio de pagamento correspondente ao TAC ou equiparado deverão encerrar a prestação de serviços de pagamentos eletrônicos de frete.

§ 2º Na hipótese prevista no § 1º deste artigo, o Banco Central do Brasil deverá dispor sobre a forma e o prazo de remessa dos recursos pelo prestador de serviços de pagamentos eletrônicos de frete para a conta de depósitos ou para a conta de pagamento indicada pelo TAC ou equiparado.

▸ §§ 1º e 2º acrescidos pela Lei 14.206/2021.

Art. 23. Esta Lei entra em vigor na data de sua publicação, assegurando-se aos que já exercem a atividade de transporte rodoviário de cargas inscrição no RNTR-C e a continuação de suas atividades, observadas as disposições desta Lei.

Art. 24. Revoga-se a Lei 6.813, de 10 de julho de 1980.

Brasília, 5 de janeiro de 2007; 186º da Independência e 119º da República.

Luiz Inácio Lula da Silva

LEI 11.685, DE 2 DE JUNHO DE 2008

Institui o Estatuto do Garimpeiro e dá outras providências.

DOU 03.06.2008

O Vice-Presidente da República, no exercício do cargo de Presidente da República:

Faço saber que o Congresso Nacional decreta e eu sanciono a seguinte Lei:

CAPÍTULO I
DISPOSIÇÕES PRELIMINARES

Art. 1º Fica instituído o Estatuto do Garimpeiro, destinado a disciplinar os direitos e deveres assegurados aos garimpeiros.

Art. 2º Para os fins previstos nesta Lei entende-se por:

I – garimpeiro: toda pessoa física de nacionalidade brasileira que, individualmente ou em forma associativa, atue diretamente no processo da extração de substâncias minerais garimpáveis;

II – garimpo: a localidade onde é desenvolvida a atividade de extração de substâncias minerais garimpáveis, com aproveitamento imediato do jazimento mineral, que, por sua natureza, dimensão, localização e utilização econômica, possam ser lavradas, independentemente de prévios trabalhos de pesquisa, segundo critérios técnicos do Departamento Nacional de Produção Mineral – DNPM; e

III – minerais garimpáveis: ouro, diamante, cassiterita, columbita, tantalita, wolframita, nas formas aluvionar, eluvional e coluvial, scheelita, demais gemas, rutilo, quartzo, berilo, muscovita, espodumênio, lepidolita, feldspato, mica e outros, em tipos de ocorrência que vierem a ser indicados, a critério do DNPM.

Art. 3º O exercício da atividade de garimpagem só poderá ocorrer após a outorga do competente título minerário, expedido nos termos do Decreto-Lei 227, de 28 de fevereiro de 1967, e da Lei 7.805, de 18 de julho de 1989, sendo o referido título indispensável para a lavra e a primeira comercialização dos minerais garimpáveis extraídos.

CAPÍTULO II
DAS MODALIDADES DE TRABALHO

Art. 4º Os garimpeiros realizarão as atividades de extração de substâncias minerais garimpáveis sob as seguintes modalidades de trabalho:

I – autônomo;

II – em regime de economia familiar;

III – individual, com formação de relação de emprego;

IV – mediante Contrato de Parceria, por Instrumento Particular registrado em cartório; e

V – em Cooperativa ou outra forma de associativismo.

CAPÍTULO III
DOS DIREITOS E DEVERES DO GARIMPEIRO

Seção I
Dos direitos

Art. 5º As cooperativas de garimpeiros terão prioridade na obtenção da permissão de lavra garimpeira nas áreas nas quais estejam atuando, desde que a ocupação tenha ocorrido nos seguintes casos:

I – em áreas consideradas livres, nos termos do Decreto-Lei 227, de 28 de fevereiro de 1967;

II – em áreas requeridas com prioridade, até a data de 20 de julho de 1989; e

III – em áreas onde sejam titulares de permissão de lavra garimpeira.

Parágrafo único. É facultado ao garimpeiro associar-se a mais de uma cooperativa que tenha atuação em áreas distintas.

Art. 6º As jazidas cujo título minerário esteja em processo de baixa no DNPM e que, comprovadamente, contenham, nos seus rejeitos, minerais garimpáveis que possam ser objeto de exploração garimpeira poderão ser tornadas disponíveis, por meio de edital, às cooperativas de garimpeiros, mediante manifestação de interesse destas, conforme dispuser portaria do Diretor-Geral do DNPM.

Art. 7º As jazidas vinculadas a títulos minerários declarados caducos em conformidade com o art. 65 do Decreto-Lei 227, de 28 de fevereiro de 1967, relativos a substâncias minerais garimpáveis que possam ser objeto de atividade garimpeira, poderão ser tornadas disponíveis, por meio de edital, às cooperativas de garimpeiros, mediante manifestação de interesse destas, conforme dispuser portaria do Diretor-Geral do DNPM.

Prof. Reg.

Art. 8º A critério do DNPM, será admitido o aproveitamento de substâncias minerais garimpáveis por cooperativas de garimpeiros em áreas de manifesto de mina e em áreas oneradas por alvarás de pesquisa e portarias de lavra, com autorização do titular, quando houver exeqüibilidade da lavra por ambos os regimes.

Art. 9º Fica assegurado ao garimpeiro, em qualquer das modalidades de trabalho, o direito de comercialização da sua produção diretamente com o consumidor final, desde que se comprove a titularidade da área de origem do minério extraído.

Art. 10. A atividade de garimpagem será objeto de elaboração de políticas públicas pelo Ministério de Minas e Energia destinadas a promover o seu desenvolvimento sustentável.

Art. 11. Fica assegurado o registro do exercício da atividade de garimpagem nas carteiras expedidas pelas cooperativas de garimpeiros.

Seção II
Dos Deveres do Garimpeiro

Art. 12. O garimpeiro, a cooperativa de garimpeiros e a pessoa que tenha celebrado Contrato de Parceria com garimpeiros, em qualquer modalidade de trabalho, ficam obrigados a:

I – recuperar as áreas degradadas por suas atividades;

II – atender ao disposto no Código de Mineração no que lhe couber; e

III – cumprir a legislação vigente em relação à segurança e à saúde no trabalho.

Art. 13. É proibido o trabalho do menor de 18 (dezoito) anos na atividade de garimpagem.

CAPÍTULO IV
DAS ENTIDADES DE GARIMPEIROS

Art. 14. É livre a filiação do garimpeiro a associações, confederações, sindicatos, cooperativas ou outras formas associativas, devidamente registradas, conforme legislação específica.

Art. 15. As cooperativas, legalmente constituídas, titulares de direitos minerários deverão informar ao DNPM, anualmente, a relação dos garimpeiros cooperados, exclusivamente para fins de registro.

§ 1º A apresentação intempestiva ou que contenha informações inverídicas implicará multa de R$ 2.000,00 (dois mil reais), a ser aplicada pelo DNPM.

§ 2º No caso de reincidência, a multa será aplicada em dobro, podendo, no caso de não pagamento ou nova ocorrência, ensejar a caducidade do título.

CAPÍTULO V
DISPOSIÇÕES FINAIS

Art. 16. O garimpeiro que tenha Contrato de Parceria com o titular de direito minerário deverá comprovar a regularidade de sua atividade na área titulada mediante apresentação de cópias autenticadas do contrato e do respectivo título minerário.

Parágrafo único. O contrato referido no *caput* deste artigo não será objeto de averbação no DNPM.

Art. 17. Fica o titular de direito minerário obrigado a enviar, anualmente, ao DNPM a relação dos garimpeiros que atuam em sua área, sob a modalidade de Contrato de Parceria, com as respectivas cópias desses contratos.

§ 1º A apresentação intempestiva ou que contenha informações inverídicas implicará multa de R$ 1.000,00 (mil reais), a ser aplicada pelo DNPM.

§ 2º No caso de reincidência, a multa será aplicada em dobro, podendo, no caso de não pagamento ou nova ocorrência, ensejar a caducidade do título.

Art. 18. É instituído o Dia Nacional do Garimpeiro a ser comemorado em 21 de julho.

Art. 19. Fica intitulado Patrono dos Garimpeiros o Bandeirante Fernão Dias Paes Leme.

Art. 20. Esta Lei entra em vigor na data de sua publicação.

Brasília, 2 de junho de 2008; 187º da Independência e 120º da República.

José Alencar Gomes da Silva

LEI 11.699, DE 13 DE JUNHO DE 2008

Dispõe sobre as Colônias, Federações e Confederação Nacional dos Pescadores, regulamentando o parágrafo único do art. 8º da Constituição Federal e revoga dispositivo do Decreto-Lei 221, de 28 de fevereiro de 1967.

DOU 16.06.2008

O Presidente da República: Faço saber que o Congresso Nacional decreta e eu sanciono a seguinte Lei:

Art. 1º As Colônias de Pescadores, as Federações Estaduais e a Confederação Nacional dos Pescadores ficam reconhecidas como órgãos de classe dos trabalhadores do setor artesanal da pesca, com forma e natureza jurídica próprias, obedecendo ao princípio da livre organização previsto no art. 8º da Constituição Federal.

§ 1º *Vetado.*

▸ *Parágrafo único renumerado para § 1º pela Lei 14.441/2022.*

§ 2º As colônias têm liberdade de se organizarem em mais de uma federação estadual, e estas em mais de uma confederação nacional.

§ 3º Se houver mais de uma federação estadual ou confederação nacional, nos termos do *caput* e do § 2º deste artigo, o disposto nesta Lei aplica-se igualmente a todas as colônias e confederações desde que tenham representatividade mínima de 20% (vinte por cento), respectivamente, das colônias e das federações existentes.

▸ *§§ 2º e 3º acrescidos pela Lei 14.441/2022.*

Art. 2º Cabe às Colônias, às Federações Estaduais e à Confederação Nacional dos Pescadores a defesa dos direitos e interesses da categoria, em juízo ou fora dele, dentro de sua jurisdição.

Art. 3º Às Colônias de Pescadores regularmente constituídas serão assegurados os seguintes direitos:

I – plena autonomia e soberania de suas Assembleias gerais;

II e III – *Vetados.*

IV – representar, perante os órgãos públicos, contra quaisquer ações de pesca predatória e de degradação do meio ambiente;

V e VI – *Vetados.*

VII – faculdade de montagem de bens e serviços para o desenvolvimento profissional, econômico e social das comunidades pesqueiras.

VIII – firmar acordo de cooperação com o Ministério do Trabalho e Previdência para a manutenção e a gestão do sistema de cadastro dos segurados especiais de que trata o art. 38-A da Lei nº 8.213, de 24 de julho de 1991, referente aos pescadores artesanais.

▸ *Inciso VIII acrescido pela Lei 14.441/2022.*

Art. 4º É livre a associação dos trabalhadores no setor artesanal da pesca no seu órgão de classe, comprovando os interessados sua condição no ato da admissão.

Art. 5º As Colônias de Pescadores são autônomas, sendo expressamente vedado ao Poder Público, bem como às Federações e à Confederação a interferência e a intervenção na sua organização.

Parágrafo único. São vedadas à Confederação Nacional dos Pescadores a interferência e a intervenção na organização das Federações Estaduais de Pescadores.

Art. 6º As Colônias de Pescadores são criadas em assembleias de fundação convocadas para esse fim pelos trabalhadores do setor pesqueiro artesanal da sua base territorial.

Art. 7º As Colônias de Pescadores, constituídas na forma da legislação vigente após feita a respectiva publicação e registrados os documentos no cartório de títulos e documentos, adquirem personalidade jurídica, tornando-se aptas a funcionar.

Art. 8º As Federações têm por atribuição representar os trabalhadores no setor artesanal de pesca, em âmbito estadual, e a Confederação, em âmbito nacional.

Art. 9º As Colônias de Pescadores, as Federações Estaduais e a Confederação Nacional dos Pescadores providenciarão e aprovarão os estatutos, nos termos desta Lei.

Art. 10. Esta Lei entra em vigor na data de sua publicação.

Art. 11. Revoga-se o art. 94 do Decreto-Lei 221, de 28 de fevereiro de 1967.

Brasília, 13 de junho de 2008; 187º da Independência e 120º da República.

Luiz Inácio Lula da Silva

LEI 11.760, DE 31 DE JULHO DE 2008

Dispõe sobre o exercício da profissão de Oceanógrafo.

DOU 01.08.2008

O Presidente da República

Faço saber que o Congresso Nacional decreta e eu sanciono a seguinte Lei:

Art. 1º É livre o exercício da profissão de Oceanógrafo aos portadores de diploma:

I – devidamente registrado de bacharel em curso de Oceanografia, expedido por instituição brasileira de ensino superior oficialmente reconhecida;

II – expedido por instituição estrangeira de ensino superior, revalidado na forma da lei, cujos cursos foram considerados equivalentes aos mencionados no inciso I do *caput* deste artigo.

Parágrafo único. É livre também o exercício da profissão de Oceanógrafo aos portadores de diploma de bacharel, devidamente registrado, em curso de Oceanologia expedido pela Fundação Universidade do Rio Grande.

Art. 2º É igualmente assegurado o livre exercício da profissão de Oceanógrafo aos que, embora não habilitados na forma do art. 1º desta Lei, sejam possuidores de diplomas registrados em curso superior de graduação em outras áreas de conhecimento ligadas às geociências, ciências exatas, naturais ou do mar, inclusive os diplomados pela Escola Naval, com aperfeiçoamento em hidrografia e que tenham exercido ou estejam exercendo atividades oceanográficas por um período de 5 (cinco) anos, em entidade pública ou privada, devidamente comprovadas perante o órgão competente do Ministério do Trabalho e Emprego.

Parágrafo único. Nas condições estabelecidas no *caput* deste artigo, o registro deve ser requerido no prazo máximo de 5 (cinco) anos, a contar da data de vigência desta Lei.

Art. 3º Os Oceanógrafos, sem prejuízo do exercício das mesmas atividades por outros profissionais, igualmente habilitados na forma da legislação vigente, poderão:

I – formular, elaborar, executar, fiscalizar e dirigir estudos, planejamento, projetos e/ou pesquisas científicas básicas e aplicadas, interdisciplinares ou não, que visem ao conhecimento e à utilização racional do meio marinho, em todos os seus domínios, realizando, direta ou indiretamente:

a) levantamento, processamento e interpretação das condições físicas, químicas, biológicas e geológicas do meio marinho, suas interações, bem como a previsão do comportamento desses parâmetros e dos fenômenos a eles relacionados;

b) desenvolvimento e aplicação de métodos, processos e técnicas de exploração, explotação, beneficiamento e controle dos recursos marinhos;

c) desenvolvimento e aplicação de métodos, processos e técnicas de preservação, monitoramento e gerenciamento do meio marinho;

d) desenvolvimento e aplicação de métodos, processos e técnicas oceanográficas relacionadas às obras, instalações, estruturas e quaisquer empreendimentos na área marinha;

II – orientar, dirigir, assessorar e prestar consultoria a empresas, fundações, sociedades e associações de classe, entidades autárquicas, privadas ou do poder público;

III – realizar perícias, emitir e assinar pareceres e laudos técnicos;

IV – dirigir órgãos, serviços, seções, grupos ou setores de oceanografia em entidades autárquicas, privadas ou do poder público.

Parágrafo único. Compete igualmente aos Oceanógrafos, ainda que não privativo ou exclusivo, o exercício de atividades ligadas à limnologia, aquicultura, processamento e inspeção dos recursos naturais de águas interiores.

Art. 4º Esta Lei entra em vigor na data de sua publicação.

Brasília, 31 de julho de 2008; 187º da Independência e 120º da República.

Luiz Inácio Lula da Silva

LEI 11.889, DE 24 DE DEZEMBRO DE 2008

Regulamenta o exercício das profissões de Técnico em Saúde Bucal – TSB e de Auxiliar em Saúde Bucal – ASB.

DOU 26.12.2008

O Presidente da República:

Faço saber que o Congresso Nacional decreta e eu sanciono a seguinte Lei:

Art. 1º *Vetado.*

Art. 2º *Vetado.*

Art. 3º O Técnico em Saúde Bucal e o Auxiliar em Saúde Bucal estão obrigados a se registrar no Conselho Federal de Odontologia e a se inscrever no Conselho Regional de Odontologia em cuja jurisdição exerçam suas atividades.

§§ 1º a 4º *Vetados.*

§ 5º Os valores das anuidades devidas aos Conselhos Regionais pelo Técnico em Saúde Bucal e pelo Auxiliar em

Saúde Bucal e das taxas correspondentes aos serviços e atos indispensáveis ao exercício das profissões não podem ultrapassar, respectivamente, 1/4 (um quarto) e 1/10 (um décimo) daqueles cobrados ao cirurgião--dentista.

Art. 4º *Vetado.*

Parágrafo único. A supervisão direta será obrigatória em todas as atividades clínicas, podendo as atividades extraclínicas ter supervisão indireta.

Art. 5º Competem ao Técnico em Saúde Bucal, sempre sob a supervisão do cirurgião-dentista, as seguintes atividades, além das estabelecidas para os auxiliares em saúde bucal:

I – participar do treinamento e capacitação de Auxiliar em Saúde Bucal e de agentes multiplicadores das ações de promoção à saúde;

II – participar das ações educativas atuando na promoção da saúde e na prevenção das doenças bucais;

III – participar na realização de levantamentos e estudos epidemiológicos, exceto na categoria de examinador;

IV – ensinar técnicas de higiene bucal e realizar a prevenção das doenças bucais por meio da aplicação tópica do flúor, conforme orientação do cirurgião-dentista;

V – fazer a remoção do biofilme, de acordo com a indicação técnica definida pelo cirurgião-dentista;

VI – supervisionar, sob delegação do cirurgião-dentista, o trabalho dos auxiliares de saúde bucal;

VII – realizar fotografias e tomadas de uso odontológicos exclusivamente em consultórios ou clínicas odontológicas;

VIII – inserir e distribuir no preparo cavitário materiais odontológicos na restauração dentária direta, vedado o uso de materiais e instrumentos não indicados pelo cirurgião-dentista;

IX – proceder à limpeza e à antissepsia do campo operatório, antes e após atos cirúrgicos, inclusive em ambientes hospitalares;

X – remover suturas;

XI – aplicar medidas de biossegurança no armazenamento, manuseio e descarte de produtos e resíduos odontológicos;

XII – realizar isolamento do campo operatório;

XIII – exercer todas as competências no âmbito hospitalar, bem como instrumentar o cirurgião-dentista em ambientes clínicos e hospitalares.

§ 1º Dada a sua formação, o Técnico em Saúde Bucal é credenciado a compor a equipe de saúde, desenvolver atividades auxiliares em Odontologia e colaborar em pesquisas.

§ 2º *Vetado.*

Art. 6º É vedado ao Técnico em Saúde Bucal:

I – exercer a atividade de forma autônoma;

II – prestar assistência direta ou indireta ao paciente, sem a indispensável supervisão do cirurgião-dentista;

III – realizar, na cavidade bucal do paciente, procedimentos não discriminados no art. 5º desta Lei; e

IV – fazer propaganda de seus serviços, exceto em revistas, jornais e folhetos especializados da área odontológica.

Art. 7º *Vetado.*

Art. 8º *Vetado.*

Parágrafo único. A supervisão direta se dará em todas as atividades clínicas, podendo as atividades extraclínicas ter supervisão indireta.

Art. 9º Compete ao Auxiliar em Saúde Bucal, sempre sob a supervisão do cirurgião-dentista ou do Técnico em Saúde Bucal:

I – organizar e executar atividades de higiene bucal;

II – processar filme radiográfico;

III – preparar o paciente para o atendimento;

IV – auxiliar e instrumentar os profissionais nas intervenções clínicas, inclusive em ambientes hospitalares;

V – manipular materiais de uso odontológico;

VI – selecionar moldeiras;

VII – preparar modelos em gesso;

VIII – registrar dados e participar da análise das informações relacionadas ao controle administrativo em saúde bucal;

IX – executar limpeza, assepsia, desinfeção e esterilização do instrumental, equipamentos odontológicos e do ambiente de trabalho;

X – realizar o acolhimento do paciente nos serviços de saúde bucal;

XI – aplicar medidas de biossegurança no armazenamento, transporte, manuseio e descarte de produtos e resíduos odontológicos;

XII – desenvolver ações de promoção da saúde e prevenção de riscos ambientais e sanitários;

XIII – realizar em equipe levantamento de necessidades em saúde bucal;

XIV – adotar medidas de biossegurança visando ao controle de infecção.

Art. 10. É vedado ao Auxiliar em Saúde Bucal:

I – exercer a atividade de forma autônoma;

II – prestar assistência, direta ou indiretamente, a paciente, sem a indispensável supervisão do cirurgião-dentista ou do Técnico em Saúde Bucal;

III – realizar, na cavidade bucal do paciente, procedimentos não discriminados no art. 9º desta Lei; e

IV – fazer propaganda de seus serviços, mesmo em revistas, jornais ou folhetos especializados da área odontológica.

Art. 11. O cirurgião-dentista que, tendo Técnico em Saúde Bucal ou Auxiliar em Saúde Bucal sob sua supervisão e responsabilidade, permitir que esses, sob qualquer forma, extrapolem suas funções específicas responderá perante os Conselhos Regionais de Odontologia, conforme a legislação em vigor.

Art. 12. Esta Lei entra em vigor na data de sua publicação.

Brasília, 24 de dezembro de 2008; 187º da Independência e 120º da República.

Luiz Inácio Lula da Silva

LEI 11.901, DE 12 DE JANEIRO DE 2009

Dispõe sobre a profissão de Bombeiro Civil e dá outras providências.

DOU 13.01.2009

O Presidente da República:

Faço saber que o Congresso Nacional decreta e eu sanciono a seguinte Lei:

Art. 1º O exercício da profissão de Bombeiro Civil reger--se-á pelo disposto nesta Lei.

Art. 2º Considera-se Bombeiro Civil aquele que, habilitado nos termos desta Lei, exerça, em caráter habitual, função remunerada e exclusiva de prevenção e combate a incêndio, como empregado contratado diretamente por empresas privadas ou públicas, sociedades de economia mista, ou empresas especializadas em prestação de serviços de prevenção e combate a incêndio.

§ 1º *Vetado.*

§ 2º No atendimento a sinistros em que atuem, em conjunto, os Bombeiros Civis e o Corpo de Bombeiros Militar, a coordenação e a direção das ações caberão, com exclusividade e em qualquer hipótese, à corporação militar.

Art. 3º *Vetado.*

Art. 4º As funções de Bombeiro Civil são assim classificadas:

I – Bombeiro Civil, nível básico, combatente direto ou não do fogo;

II – Bombeiro Civil Líder, o formado como técnico em prevenção e combate a incêndio, em nível de ensino médio, comandante de guarnição em seu horário de trabalho;

III – Bombeiro Civil Mestre, o formado em engenharia com especialização em prevenção e combate a incêndio, responsável pelo Departamento de Prevenção e Combate a Incêndio.

Art. 5º A jornada do Bombeiro Civil é de 12 (doze) horas de trabalho por 36 (trinta e seis) horas de descanso, num total de 36 (trinta e seis) horas semanais.

Art. 6º É assegurado ao Bombeiro Civil:

I – uniforme especial a expensas do empregador;

II – seguro de vida em grupo, estipulado pelo empregador;

III – adicional de periculosidade de 30% (trinta por cento) do salário mensal sem os acréscimos resultantes de gratificações, prêmios ou participações nos lucros da empresa;

IV – o direito à reciclagem periódica.

Art. 7º *Vetado.*

Art. 8º As empresas especializadas e os cursos de formação de Bombeiro Civil, bem como os cursos técnicos de segundo grau de prevenção e combate a incêndio que infringirem as disposições desta Lei, ficarão sujeitos às seguintes penalidades:

I – advertência;

II – *Vetado.*

III – proibição temporária de funcionamento;

IV – cancelamento da autorização e registro para funcionar.

Art. 9º As empresas e demais entidades que se utilizem do serviço de Bombeiro Civil poderão firmar convênios com os Corpos de Bombeiros Militares dos Estados, dos Territórios e do Distrito Federal, para assistência técnica a seus profissionais.

Art. 10. *Vetado*

Art. 11. Esta Lei entra em vigor na data de sua publicação.

Brasília, 12 de janeiro de 2009; 188º da Independência e 121º da República.

Luiz Inácio Lula da Silva

LEI 12.009, DE 29 DE JULHO DE 2009

Regulamenta o exercício das atividades dos profissionais em transporte de passageiros, "mototaxista", em entrega de mercadorias e em serviço comunitário de rua, e "motoboy", com o uso de motocicleta, altera a Lei 9.503, de 23 de setembro de 1997, para dispor sobre regras de segurança dos serviços de transporte remunerado de mercadorias em motocicletas e motonetas – moto-frete –, estabelece regras gerais para a regulação deste serviço e dá outras providências.

DOU 30.07.2009

O Presidente da República:

Faço saber que o Congresso Nacional decreta e eu sanciono a seguinte Lei:

Art. 1º Esta Lei regulamenta o exercício das atividades dos profissionais em transportes de passageiros, "mototaxista", em entrega de mercadorias e em serviço comunitário de rua, e "motoboy", com o uso de motocicleta, dispõe sobre regras de segurança dos serviços de transporte remunerado de mercadorias em motocicletas e motonetas – moto-frete –, estabelece regras gerais para a regulação deste serviço e dá outras providências.

Art. 2º Para o exercício das atividades previstas no art. 1º, é necessário:

I – ter completado 21 (vinte e um) anos;

II – possuir habilitação, por pelo menos 2 (dois) anos, na categoria;

III – ser aprovado em curso especializado, nos termos da regulamentação do CONTRAN;

IV – estar vestido com colete de segurança dotado de dispositivos retrorrefletivos, nos termos da regulamentação do CONTRAN.

Parágrafo único. Do profissional de serviço comunitário de rua serão exigidos ainda os seguintes documentos:

I – carteira de identidade;

II – título de eleitor;

III – cédula de identificação do contribuinte – CIC;

IV – atestado de residência;

V – certidões negativas das varas criminais;

VI – identificação da motocicleta utilizada em serviço.

Art. 3º São atividades específicas dos profissionais de que trata o art. 1º:

I – transporte de mercadorias de volume compatível com a capacidade do veículo;

II – transporte de passageiros.

Parágrafo único. *Vetado.*

Art. 4º A Lei 9.503, de 23 de setembro de 1997, passa a vigorar acrescida do seguinte Capítulo XIII-A:

▸ Alterações incorporadas no texto da referida Lei.

Art. 5º O art. 244 da Lei 9.503, de 23 de setembro de 1997, passa a vigorar com a seguinte redação:

▸ Alterações incorporadas no texto da referida Lei.

Art. 6º A pessoa natural ou jurídica que empregar ou firmar contrato de prestação continuada de serviço com condutor de moto-frete é responsável solidária por danos cíveis advindos do descumprimento das normas relativas ao exercício da atividade, previstas no art. 139-A da Lei 9.503, de 23 de setembro de 1997, e ao exercício da profissão, previstas no art. 2º desta Lei.

Art. 7º Constitui infração a esta Lei:

I – empregar ou manter contrato de prestação continuada de serviço com condutor de moto-frete inabilitado legalmente;

II – fornecer ou admitir o uso de motocicleta ou motoneta para o transporte remunerado de mercadorias, que esteja em desconformidade com as exigências legais.

Parágrafo único. Responde pelas infrações previstas neste artigo o empregador ou aquele que contrata ser-

viço continuado de moto-frete, sujeitando-se à sanção relativa à segurança do trabalho prevista no art. 201 da Consolidação das Leis do Trabalho – CLT, aprovada pelo Decreto-lei 5.452, de 1º de maio de 1943.

Art. 8º Os condutores que atuam na prestação do serviço de moto-frete, assim como os veículos empregados nessa atividade, deverão estar adequados às exigências previstas nesta Lei no prazo de até 365 (trezentos e sessenta e cinco) dias, contado da regulamentação pelo CONTRAN dos dispositivos previstos no art. 139-A da Lei 9.503, de 23 de setembro de 1997, e no art. 2º desta Lei.

Art. 9º Esta Lei entra em vigor na data de sua publicação.

Brasília, 29 de julho de 2009; 188º da Independência e 121º da República.

Luiz Inácio Lula da Silva

LEI 12.302, DE 2 DE AGOSTO DE 2010

Regulamenta o exercício da profissão de Instrutor de Trânsito.

DOU 03.08.2010

O Presidente da República:

Faço saber que o Congresso Nacional decreta e eu sanciono a seguinte Lei:

Art. 1º Esta Lei regulamenta o exercício da profissão de Instrutor de Trânsito.

Art. 2º Considera-se instrutor de trânsito o profissional responsável pela formação de condutores de veículos automotores e elétricos com registro no órgão executivo de trânsito dos Estados e do Distrito Federal.

Art. 3º Compete ao instrutor de trânsito:

I – instruir os alunos acerca dos conhecimentos teóricos e das habilidades necessárias à obtenção, alteração, renovação da permissão para dirigir e da autorização para conduzir ciclomotores;

II – ministrar cursos de especialização e similares definidos em resoluções do Conselho Nacional de Trânsito – CONTRAN;

III – respeitar os horários preestabelecidos para as aulas e exames;

IV – frequentar os cursos de aperfeiçoamento ou de reciclagem promovidos pelos órgãos executivos de trânsito dos Estados ou do Distrito Federal;

V – orientar o aluno com segurança na aprendizagem de direção veicular.

Parágrafo único. O instrutor de trânsito somente poderá instruir candidato à habilitação para categoria igual ou inferior àquela em que esteja habilitado.
> ▸ Parágrafo único com redação pela Lei 13.863/2019.

Art. 4º São requisitos para o exercício da atividade de instrutor de trânsito:

I – ter, no mínimo, 21 (vinte e um) anos de idade;

II – ter, pelo menos, 2 (dois) anos de efetiva habilitação legal para a condução de veículo;
> ▸ Inciso II com redação pela Lei 13.863/2019.

III – não ter cometido nenhuma infração de trânsito de natureza gravíssima nos últimos 60 (sessenta) dias;

IV – ter concluído o ensino médio;

V – possuir certificado de curso específico realizado pelo órgão executivo de trânsito;

VI – não ter sofrido penalidade de cassação da Carteira Nacional de Habilitação – CNH; e

VII – ter participado de curso de direção defensiva e primeiros socorros.

Parágrafo único. É assegurado o direito ao exercício da profissão aos instrutores de trânsito que já estejam credenciados nos órgãos executivos de trânsito estaduais e do Distrito Federal na data de entrada em vigor desta Lei.

Art. 5º São deveres do instrutor de trânsito:

I – desempenhar com zelo e presteza as atividades de seu cargo;

II – portar, sempre, o crachá ou carteira de identificação profissional.

Parágrafo único. O crachá de que trata o inciso II do *caput* deste artigo será fornecido pelo órgão executivo de trânsito estadual ou do Distrito Federal.

Art. 6º É vedado ao instrutor de trânsito:

I – realizar propaganda contrária à ética profissional;

II – obstar ou dificultar a fiscalização do órgão executivo de trânsito estadual ou do Distrito Federal.

Art. 7º São direitos do instrutor de trânsito:

I – exercer com liberdade suas prerrogativas;

II – não ser punido sem prévia sindicância, sendo-lhe assegurado amplo direito de defesa;

III – denunciar às autoridades competentes, na forma cabível à espécie, o exercício ilegal da atividade;

IV – representar, perante as autoridades superiores, contra servidores públicos que, no desempenho dos cargos ou funções, praticarem atos que excedam seus deveres decorrentes da inobservância de dispositivos desta Lei;

V – apresentar às autoridades responsáveis pela instituição de normas e atos legais relativos a serviços e atribuições dos instrutores de trânsito sugestões, pareceres, opiniões e críticas que visem à simplificação e ao aperfeiçoamento do sistema de trânsito.

Art. 8º As penalidades aplicadas aos instrutores de trânsito obedecerão aos ditames previstos na Lei 9.503, de 23 de setembro de 1997 – Código de Trânsito Brasileiro.

Art. 9º Esta Lei entra em vigor na data de sua publicação.

Brasília, 2 de agosto de 2010; 189º da Independência e 122º da República.

Luiz Inácio Lula da Silva

LEI 12.378, DE 31 DE DEZEMBRO DE 2010

Regulamenta o exercício da Arquitetura e Urbanismo; cria o Conselho de Arquitetura e Urbanismo do Brasil – CAU/BR e os Conselhos de Arquitetura e Urbanismo dos Estados e do Distrito Federal – CAUs; e dá outras providências.

DOU 31.12.2010 – Edição Extra

O Presidente da República:

Faço saber que o Congresso Nacional decreta e eu sanciono a seguinte Lei:

Âmbito de abrangência

Art. 1º O exercício da profissão de arquiteto e urbanista passa a ser regulado por esta Lei. Atribuições de Arquitetos e Urbanistas

Art. 2º As atividades e atribuições do arquiteto e urbanista consistem em:

I – supervisão, coordenação, gestão e orientação técnica;

II – coleta de dados, estudo, planejamento, projeto e especificação;

III – estudo de viabilidade técnica e ambiental;

IV – assistência técnica, assessoria e consultoria;

V – direção de obras e de serviço técnico;

VI – vistoria, perícia, avaliação, monitoramento, laudo, parecer técnico, auditoria e arbitragem;

VII – desempenho de cargo e função técnica;

VIII – treinamento, ensino, pesquisa e extensão universitária;

IX – desenvolvimento, análise, experimentação, ensaio, padronização, mensuração e controle de qualidade;

X – elaboração de orçamento;

XI – produção e divulgação técnica especializada; e

XII – execução, fiscalização e condução de obra, instalação e serviço técnico.

Parágrafo único. As atividades de que trata este artigo aplicam-se aos seguintes campos de atuação no setor:

I – da Arquitetura e Urbanismo, concepção e execução de projetos;

II – da Arquitetura de Interiores, concepção e execução de projetos de ambientes;

III – da Arquitetura Paisagística, concepção e execução de projetos para espaços externos, livres e abertos, privados ou públicos, como parques e praças, considerados isoladamente ou em sistemas, dentro de várias escalas, inclusive a territorial;

IV – do Patrimônio Histórico Cultural e Artístico, arquitetônico, urbanístico, paisagístico, monumentos, restauro, práticas de projeto e soluções tecnológicas para reutilização, reabilitação, reconstrução, preservação, conservação, restauro e valorização de edificações, conjuntos e cidades;

V – do Planejamento Urbano e Regional, planejamento físico-territorial, planos de intervenção no espaço urbano, metropolitano e regional fundamentados nos sistemas de infraestrutura, saneamento básico e ambiental, sistema viário, sinalização, tráfego e trânsito urbano e rural, acessibilidade, gestão territorial e ambiental, parcelamento do solo, loteamento, desmembramento, remembramento, arruamento, planejamento urbano, plano diretor, traçado de cidades, desenho urbano, sistema viário, tráfego e trânsito urbano e rural, inventário urbano e regional, assentamentos humanos e requalificação em áreas urbanas e rurais;

VI – da Topografia, elaboração e interpretação de levantamentos topográficos cadastrais para a realização de projetos de arquitetura, de urbanismo e de paisagismo, foto-interpretação, leitura, interpretação e análise de

dados e informações topográficas e sensoriamento remoto;

VII – da Tecnologia e resistência dos materiais, dos elementos e produtos de construção, patologias e recuperações;

VIII – dos sistemas construtivos e estruturais, estruturas, desenvolvimento de estruturas e aplicação tecnológica de estruturas;

IX – de instalações e equipamentos referentes à arquitetura e urbanismo;

X – do Conforto Ambiental, técnicas referentes ao estabelecimento de condições climáticas, acústicas, lumínicas e ergonômicas, para a concepção, organização e construção dos espaços;

XI – do Meio Ambiente, Estudo e Avaliação dos Impactos Ambientais, Licenciamento Ambiental, Utilização Racional dos Recursos Disponíveis e Desenvolvimento Sustentável.

Art. 3º Os campos da atuação profissional para o exercício da arquitetura e urbanismo são definidos a partir das diretrizes curriculares nacionais que dispõem sobre a formação do profissional arquiteto e urbanista nas quais os núcleos de conhecimentos de fundamentação e de conhecimentos profissionais caracterizam a unidade de atuação profissional.

§ 1º O Conselho de Arquitetura e Urbanismo do Brasil – CAU/BR especificará, atentando para o disposto no *caput*, as áreas de atuação privativas dos arquitetos e urbanistas e as áreas de atuação compartilhadas com outras profissões regulamentadas.

§ 2º Serão consideradas privativas de profissional especializado as áreas de atuação nas quais a ausência de formação superior exponha o usuário do serviço a qualquer risco ou danos materiais à segurança, à saúde ou ao meio ambiente.

§ 3º No exercício de atividades em áreas de atuação compartilhadas com outras áreas profissionais, o Conselho de Arquitetura e Urbanismo – CAU do Estado ou do Distrito Federal fiscalizará o exercício profissional da Arquitetura e Urbanismo.

§ 4º Na hipótese de as normas do CAU/BR sobre o campo de atuação de arquitetos e urbanistas contradizerem normas de outro Conselho profissional, a controvérsia será resolvida por meio de resolução conjunta de ambos os conselhos.

§ 5º Enquanto não editada a resolução conjunta de que trata o § 4º ou, em caso de impasse, até que seja resolvida a controvérsia, por arbitragem ou judicialmente, será aplicada a norma do Conselho que garanta ao profissional a maior margem de atuação.

Art. 4º O CAU/BR organizará e manterá atualizado cadastro nacional das escolas e faculdades de arquitetura e urbanismo, incluindo o currículo de todos os cursos oferecidos e os projetos pedagógicos.

Registro do arquiteto e urbanista no Conselho

Art. 5º Para uso do título de arquiteto e urbanista e para o exercício das atividades profissionais privativas correspondentes, é obrigatório o registro do profissional no CAU do Estado ou do Distrito Federal.

Parágrafo único. O registro habilita o profissional a atuar em todo o território nacional.

Art. 6º São requisitos para o registro:

I – capacidade civil; e

II – diploma de graduação em arquitetura e urbanismo, obtido em instituição de ensino superior oficialmente reconhecida pelo poder público.

§ 1º Poderão obter registro no CAU dos Estados e do Distrito Federal os portadores de diploma de graduação em Arquitetura e Urbanismo ou de diploma de arquiteto ou urbanista, obtido em instituição estrangeira de ensino superior reconhecida no respectivo país e devidamente revalidado por instituição nacional credenciada.

§ 2º Cumpridos os requisitos previstos nos incisos I e II do *caput*, poderão obter registro no CAU dos Estados ou do Distrito Federal, em caráter excepcional e por tempo determinado, profissionais estrangeiros sem domicílio no País.

§ 3º A concessão do registro de que trata o § 2º é condicionada à efetiva participação de arquiteto e urbanista ou sociedade de arquitetos, com registro no CAU Estadual ou no Distrito Federal e com domicílio no País, no acompanhamento em todas as fases das atividades a serem desenvolvidas pelos profissionais estrangeiros.

Art. 7º Exerce ilegalmente a profissão de arquiteto e urbanista a pessoa física ou jurídica que realizar atos ou prestar serviços, públicos ou privados, privativos dos profissionais de que trata esta Lei ou, ainda, que, mes-

mo não realizando atos privativos, se apresenta como arquiteto e urbanista ou como pessoa jurídica que atue na área de arquitetura e urbanismo sem registro no CAU.

Art. 8º A carteira profissional de arquiteto e urbanista possui fé pública e constitui prova de identidade civil para todos os fins legais.

Da Interrupção e do Cancelamento do registro profissional

Art. 9º É facultada ao profissional e à pessoa jurídica, que não estiver no exercício de suas atividades, a interrupção de seu registro profissional no CAU por tempo indeterminado, desde que atenda as condições regulamentadas pelo CAU/BR.

Sociedade de arquitetos e urbanistas

Art. 10. Os arquitetos e urbanistas, juntamente com outros profissionais, poder-se-ão reunir em sociedade de prestação de serviços de arquitetura e urbanismo, nos termos das normas de direito privado, desta Lei e do Regimento Geral do CAU/BR.

Parágrafo único. Sem prejuízo do registro e aprovação pelo órgão competente, a sociedade que preste serviços de arquitetura e urbanismo dever-se-á cadastrar no CAU da sua sede, o qual enviará as informações ao CAU/BR para fins de composição de cadastro unificado nacionalmente.

Art. 11. É vedado o uso das expressões "arquitetura" ou "urbanismo" ou designação similar na razão social ou no nome fantasia de sociedade que não possuir arquiteto e urbanista entre os sócios com poder de gestão ou entre os empregados permanentes.

Dos Acervos Técnicos

Art. 12. O acervo técnico constitui propriedade do profissional arquiteto e urbanista e é composto por todas as atividades por ele desenvolvidas, conforme discriminado nos arts. 2º e 3º, resguardando-se a legislação do Direito Autoral.

Art. 13. Para fins de comprovação de autoria ou de participação e de formação de acervo técnico, o arquiteto e urbanista deverá registrar seus projetos e demais trabalhos técnicos ou de criação no CAU do ente da Federação onde atue.

Parágrafo único. A qualificação técnica de sociedade com atuação nos campos da arquitetura e do urbanismo será demonstrada por meio dos acervos técnicos dos arquitetos e urbanistas comprovadamente a ela vinculados.

Art. 14. É dever do arquiteto e urbanista ou da sociedade de prestação de serviços de arquitetura e urbanismo indicar em documentos, peças publicitárias, placas ou outro elemento de comunicação dirigido a cliente, ao público em geral e ao CAU local:

I - o nome civil ou razão social do(s) autor(es) e executante(s) do serviço, completo ou abreviado, ou pseudônimo ou nome fantasia, a critério do profissional ou da sociedade de prestação de serviços de arquitetura e urbanismo, conforme o caso;

II - o número do registro no CAU local; e

III - a atividade a ser desenvolvida.

Parágrafo único. Quando se tratar de atividade desenvolvida por mais de um arquiteto e urbanista ou por mais de uma sociedade de prestação de serviços de arquitetura e urbanismo e não sendo especificados diferentes níveis de responsabilidade, todos serão considerados indistintamente coautores e corresponsáveis.

Art. 15. Aquele que implantar ou executar projeto ou qualquer trabalho técnico de criação ou de autoria de arquiteto e urbanista deve fazê-lo de acordo com as especificações e o detalhamento constantes do trabalho, salvo autorização em contrário, por escrito, do autor.

Parágrafo único. Ao arquiteto e urbanista é facultado acompanhar a implantação ou execução de projeto ou trabalho de sua autoria, pessoalmente ou por meio de preposto especialmente designado com a finalidade de averiguar a adequação da execução ao projeto ou concepção original.

Art. 16. Alterações em trabalho de autoria de arquiteto e urbanista, tanto em projeto como em obra dele resultante, somente poderão ser feitas mediante consentimento por escrito da pessoa natural titular dos direitos autorais, salvo pactuação em contrário.

§ 1º No caso de existência de coautoria, salvo pactuação em contrário, será necessária a concordância de todos os coautores.

§ 2º Em caso de falecimento ou de incapacidade civil do autor do projeto original, as alterações ou modificações poderão ser feitas pelo coautor ou, em não havendo coautor, por outro profissional habilitado, independente-

mente de autorização, que assumirá a responsabilidade pelo projeto modificado.

§ 3º Ao arquiteto e urbanista que não participar de alteração em obra ou trabalho de sua autoria é permitido o registro de laudo no CAU de seu domicílio, com o objetivo de garantir a autoria e determinar os limites de sua responsabilidade.

§ 4º Na hipótese de a alteração não ter sido concebida pelo autor do projeto original, o resultado final terá como coautores o arquiteto e urbanista autor do projeto original e o autor do projeto de alteração, salvo decisão expressa em contrário do primeiro, caso em que a autoria da obra passa a ser apenas do profissional que houver efetuado as alterações.

Ética

Art. 17. No exercício da profissão, o arquiteto e urbanista deve pautar sua conduta pelos parâmetros a serem definidos no Código de Ética e Disciplina do CAU/BR.

Parágrafo único. O Código de Ética e Disciplina deverá regular também os deveres do arquiteto e urbanista para com a comunidade, a sua relação com os demais profissionais, o dever geral de urbanidade e, ainda, os respectivos procedimentos disciplinares, observado o disposto nesta Lei.

Art. 18. Constituem infrações disciplinares, além de outras definidas pelo Código de Ética e Disciplina:

I - registrar projeto ou trabalho técnico ou de criação no CAU, para fins de comprovação de direitos autorais e formação de acervo técnico, que não haja sido efetivamente concebido, desenvolvido ou elaborado por quem requerer o registro;

II - reproduzir projeto ou trabalho técnico ou de criação, de autoria de terceiros, sem a devida autorização do detentor dos direitos autorais;

III - fazer falsa prova de quaisquer documentos exigidos para o registro no CAU;

IV - delegar a quem não seja arquiteto e urbanista a execução de atividade privativa de arquiteto e urbanista;

V - integrar sociedade de prestação de serviços de arquitetura e urbanismo sem nela atuar, efetivamente, com objetivo de viabilizar o registro da empresa no CAU, de utilizar o nome "arquitetura" ou "urbanismo" na razão jurídica ou nome fantasia ou ainda de simular para os usuários dos serviços de arquitetura e urbanismo a existência de profissional do ramo atuando;

VI - locupletar-se ilicitamente, por qualquer meio, às custas de cliente, diretamente ou por intermédio de terceiros;

VII - recusar-se, injustificadamente, a prestar contas a cliente de quantias que houver recebido dele, diretamente ou por intermédio de terceiros;

VIII - deixar de informar, em documento ou peça de comunicação dirigida a cliente, ao público em geral, ao CAU/BR ou aos CAUs, os dados exigidos nos termos desta Lei;

IX - deixar de observar as normas legais e técnicas pertinentes na execução de atividades de arquitetura e urbanismo;

X - ser desidioso na execução do trabalho contratado;

XI - deixar de pagar a anuidade, taxas, preços de serviços e multas devidos ao CAU/BR ou aos CAUs, quando devidamente notificado;

XII - não efetuar Registro de Responsabilidade Técnica quando for obrigatório.

Art. 19. São sanções disciplinares:

I - advertência;

II - suspensão entre 30 (trinta) dias e 1 (um) ano do exercício da atividade de arquitetura e urbanismo em todo o território nacional;

III - cancelamento do registro; e

IV - multa no valor entre 1 (uma) a 10 (dez) anuidades.

§ 1º As sanções deste artigo são aplicáveis à pessoa natural dos arquitetos e urbanistas.

§ 2º As sanções poderão ser aplicadas às sociedades de prestação de serviços com atuação nos campos da arquitetura e do urbanismo, sem prejuízo da responsabilização da pessoa natural do arquiteto e urbanista.

§ 3º No caso em que o profissional ou sociedade de arquitetos e urbanistas deixar de pagar a anuidade, taxas, preços de serviços e multas devidos ao CAU/BR ou aos CAUs, quando devidamente notificado, será aplicada suspensão até a regularização da dívida.

§ 4º A sanção prevista no inciso IV pode incidir cumulativamente com as demais.

§ 5º Caso constatado que a infração disciplinar teve participação de profissional vinculado ao conselho de outra profissão, será comunicado o conselho responsável.

Art. 20. Os processos disciplinares do CAU/BR e dos CAUs seguirão as regras constantes da Lei 9.784, de 29 de janeiro de 1999, desta Lei e, de forma complementar, das resoluções do CAU/BR.

Art. 21. O processo disciplinar instaura-se de ofício ou mediante representação de qualquer autoridade ou pessoa interessada.

§ 1º A pedido do acusado ou do acusador, o processo disciplinar poderá tramitar em sigilo, só tendo acesso às informações e documentos nele contidos o acusado, o eventual acusador e os respectivos procuradores constituídos.

§ 2º Após a decisão final, o processo tornar-se-á público.

Art. 22. Caberá recurso ao CAU/BR de todas as decisões definitivas proferidas pelos CAUs, que decidirá em última instância administrativa.

Parágrafo único. Além do acusado e do acusador, o Presidente e os Conselheiros do CAU são legitimados para interpor o recurso previsto neste artigo.

Art. 23. Prescreve em 5 (cinco) anos a pretensão de punição das sanções disciplinares, a contar da data do fato.

Parágrafo único. A prescrição interrompe-se pela intimação do acusado para apresentar defesa.

Criação e organização do CAU/BR e dos CAUs

Art. 24. Ficam criados o Conselho de Arquitetura e Urbanismo do Brasil – CAU/BR e os Conselhos de Arquitetura e Urbanismo dos Estados e do Distrito Federal – CAUs, como autarquias dotadas de personalidade jurídica de direito público, com autonomia administrativa e financeira e estrutura federativa, cujas atividades serão custeadas exclusivamente pelas próprias rendas.

§ 1º O CAU/BR e os CAUs têm como função orientar, disciplinar e fiscalizar o exercício da profissão de arquitetura e urbanismo, zelar pela fiel observância dos princípios de ética e disciplina da classe em todo o território nacional, bem como pugnar pelo aperfeiçoamento do exercício da arquitetura e urbanismo.

§ 2º O CAU/BR e o CAU do Distrito Federal terão sede e foro em Brasília.

§ 3º Cada CAU terá sede e foro na capital do Estado, ou de um dos Estados de sua área de atuação, a critério do CAU/BR.

Art. 25. O CAU/BR e os CAUs gozam de imunidade a impostos (art. 150, inciso VI, alínea *a*, da Constituição Federal).

Art. 26. O Plenário do Conselho do CAU/BR será constituído por:

I – 1 (um) Conselheiro representante de cada Estado e do Distrito Federal;

II – 1 (um) Conselheiro representante das instituições de ensino de arquitetura e urbanismo.

§ 1º Cada membro do CAU/BR terá 1 (um) suplente.

§ 2º Os Conselheiros do CAU/BR serão eleitos pelo voto direto e obrigatório dos profissionais do Estado que representam ou do Distrito Federal.

§ 3º O Presidente será eleito entre seus pares por maioria de votos dos conselheiros, em votação secreta, e terá direito apenas a voto de qualidade nas deliberações do CAU/BR.

§ 4º As instituições de ensino de arquitetura e urbanismo oficialmente reconhecidas serão representadas por 1 (um) conselheiro, por elas indicado, na forma do Regimento Geral do CAU/BR.

Art. 27. O CAU/BR tem sua estrutura e funcionamento definidos pelo seu Regimento Geral, aprovado pela maioria absoluta dos conselheiros federais.

Parágrafo único. A prerrogativa de que trata o *caput* será exercida com estrita observância às possibilidades efetivas de seu custeio com os recursos próprios do Conselho Federal de Arquitetura e Urbanismo, considerados ainda seus efeitos nos exercícios subsequentes.

Art. 28. Compete ao CAU/BR:

I - zelar pela dignidade, independência, prerrogativas e valorização da arquitetura e do urbanismo;

II - editar, alterar o Regimento Geral, o Código de Ética, as Normas Eleitorais e os provimentos que julgar necessários;

III - adotar medidas para assegurar o funcionamento regular dos CAUs;

IV - intervir nos CAUs quando constatada violação desta Lei ou do Regimento Geral;

V - homologar os regimentos internos e as prestações de contas dos CAUs;

VI - firmar convênios com entidades públicas e privadas, observada a legislação aplicável;

VII - autorizar a oneração ou a alienação de bens imóveis de sua propriedade;

Prof. Reg.

VIII – julgar, em grau de recurso, as questões decididas pelos CAUs;

IX – inscrever empresas ou profissionais estrangeiros de arquitetura e urbanismo sem domicílio no País;

X – criar órgãos colegiados com finalidades e funções específicas;

XI – deliberar sobre assuntos administrativos e financeiros, elaborando programas de trabalho e orçamento;

XII – manter relatórios públicos de suas atividades;

XIII – representar os arquitetos e urbanistas em colegiados de órgãos públicos federais que tratem de questões de exercício profissional referentes à arquitetura e ao urbanismo;

XIV – aprovar e divulgar tabelas indicativas de honorários dos arquitetos e urbanistas;

XV – contratar empresa de auditoria para auditar o CAU/BR e os CAUs, conforme dispuser o Regimento Geral.

§ 1º O quorum necessário para a deliberação e aprovação das diferentes matérias será definido no Regimento.

§ 2º O exercício das competências enumeradas nos incisos V, VI, VII, X, XI e XV do *caput* terá como limite para seu efetivo custeio os recursos próprios do Conselho Federal de Arquitetura e Urbanismo, considerados os seus efeitos nos exercícios subsequentes, observadas as normas de ordem pública quanto à alienação de bens patrimoniais e à contratação de serviços.

Art. 29. Compete ao Presidente do CAU/BR, entre outras questões que lhe forem atribuídas pelo Regimento Geral do CAU/BR:

I – representar judicialmente e extrajudicialmente o CAU/BR;

II – presidir as reuniões do Conselho do CAU/BR, podendo exercer o voto de desempate;

III – cuidar das questões administrativas do CAU/BR, ouvindo previamente o Conselho quando exigido pelo Regimento Geral.

Art. 30. Constituem recursos do Conselho Federal de Arquitetura e Urbanismo – CAU/BR:

I – 20% (vinte por cento) da arrecadação prevista no inciso I do art. 37;

II – doações, legados, juros e receitas patrimoniais;

III – subvenções;

IV – resultados de convênios;

V – outros rendimentos eventuais.

Parágrafo único. A alienação de bens e a destinação de recursos provenientes de receitas patrimoniais serão aprovadas previamente pelo Plenário do Conselho Federal de Arquitetura e Urbanismo – CAU/BR.

Art. 31. Será constituído um CAU em cada Estado da Federação e no Distrito Federal.

§ 1º A existência de CAU compartilhado por mais de um Estado da Federação somente será admitida na hipótese em que o número limitado de inscritos inviabilize a instalação de CAU próprio para o Estado.

§ 2º A existência de CAU compartilhado depende de autorização do CAU/BR em decisão que será reavaliada, no máximo, a cada 6 (seis) anos.

Art. 32. O Plenário do CAU de cada Estado da Federação e do Distrito Federal é constituído de 1 (um) presidente e de conselheiros.

§ 1º Os conselheiros, e respectivos suplentes, serão eleitos na seguinte proporção:

I – até 499 (quatrocentos e noventa e nove) profissionais inscritos: 5 (cinco) conselheiros;

II – de 500 (quinhentos) a 1.000 (mil) profissionais inscritos: 7 (sete) conselheiros;

III – de 1.001 (mil e um) a 3.000 (três mil) profissionais inscritos: 9 (nove) conselheiros;

IV – acima de 3.000 (três mil) profissionais inscritos: 9 (nove) conselheiros mais 1 (um) para cada 1.000 (mil) inscritos ou fração, descontados os 3.000 (três mil) iniciais.

§ 2º O Presidente será eleito entre seus pares em Plenário pelo voto direto por maioria de votos dos conselheiros e terá direito apenas a voto de qualidade nas deliberações dos CAUs.

§ 3º Na hipótese de compartilhamento de CAU, nos termos do § 2º do art. 31:

I – as eleições serão realizadas em âmbito estadual;

II – o número de membros do conselho será definido na forma do § 1º; e

III – a divisão das vagas por Estado do Conselho compartilhado será feita segundo o número de profissionais inscritos no Estado, garantido o número mínimo de 1 (um) conselheiro por Estado.

Art. 33. Os CAUs terão sua estrutura e funcionamento definidos pelos respectivos Regimentos Internos, aprovados pela maioria absoluta dos conselheiros.

Art. 34. Compete aos CAUs:

I – elaborar e alterar os respectivos Regimentos Internos e demais atos administrativos;

II – cumprir e fazer cumprir o disposto nesta Lei, no Regimento Geral do CAU/BR, nos demais atos normativos do CAU/BR e nos próprios atos, no âmbito de sua competência;

III – criar representações e escritórios descentralizados no território de sua jurisdição, na forma do Regimento Geral do CAU/BR;

IV – criar colegiados com finalidades e funções específicas;

V – realizar as inscrições e expedir as carteiras de identificação de profissionais e pessoas jurídicas habilitadas, na forma desta Lei, para exercerem atividades de arquitetura e urbanismo, mantendo o cadastro atualizado;

VI – cobrar as anuidades, as multas e os Registros de Responsabilidade Técnica;

VII – fazer e manter atualizados os registros de direitos autorais, de responsabilidade e os acervos técnicos;

VIII – fiscalizar o exercício das atividades profissionais de arquitetura e urbanismo;

IX – julgar em primeira instância os processos disciplinares, na forma que determinar o Regimento Geral do CAU/BR;

X – deliberar sobre assuntos administrativos e financeiros, elaborando programas de trabalho e orçamento;

XI – sugerir ao CAU/BR medidas destinadas a aperfeiçoar a aplicação desta Lei e a promover o cumprimento de suas finalidades e a observância aos princípios estabelecidos;

XII – representar os arquitetos e urbanistas em colegiados de órgãos públicos estaduais e municipais que tratem de questões de exercício profissional referentes à arquitetura e ao urbanismo, assim como em órgãos não governamentais da área de sua competência;

XIII – manter relatórios públicos de suas atividades; e

XIV – firmar convênios com entidades públicas e privadas.

§ 1º O exercício das competências enumeradas nos incisos III, IV, X e XIV do *caput* terá como limite para seu efetivo custeio os recursos próprios do respectivo Conselho Regional de Arquitetura e Urbanismo, considerados os seus efeitos nos exercícios subsequentes, observadas as normas de ordem pública relativas à contratação de serviços e à celebração de convênios.

§ 2º Excepcionalmente, serão considerados recursos próprios os repasses recebidos do Conselho Federal de Arquitetura e Urbanismo pelo Conselho Regional de Arquitetura e Urbanismo, a conta do fundo especial a que se refere o art. 60.

Art. 35. Compete ao presidente do CAU, entre outras questões que lhe forem atribuídas pelo Regimento Geral do CAU/BR e pelo Regimento Interno do CAU respectivo:

I – representar judicialmente e extrajudicialmente o CAU;

II – presidir as reuniões do Conselho do CAU, podendo exercer o voto de desempate;

III – cuidar das questões administrativas do CAU, ouvindo previamente o Conselho quando exigido pelo Regimento Geral do CAU/BR ou pelo Regimento Interno do CAU respectivo.

Art. 36. É de 3 (três) anos o mandato dos conselheiros do CAU/BR e dos CAUs sendo permitida apenas uma recondução.

§ 1º O mandato do presidente será coincidente com o mandato do conselheiro.

§ 2º Perderá o mandato o conselheiro que:

I – sofrer sanção disciplinar;

II – for condenado em decisão transitada em julgado por crime relacionado com o exercício do mandato ou da profissão; ou

III – ausentar-se, sem justificativa, a 3 (três) reuniões do Conselho, no período de 1 (um) ano.

§ 3º O presidente do CAU/BR e os presidentes dos CAUs serão destituídos pela perda do mandato como conselheiro, nos termos do § 2º ou pelo voto de 3/5 (três quintos) dos conselheiros.

Art. 37. Constituem recursos dos Conselhos Regionais de Arquitetura e Urbanismo – CAUs:

I – receitas com anuidades, contribuições, multas, taxas e tarifas de serviços;

II – doações, legados, juros e rendimentos patrimoniais;

III – subvenções;

IV – resultados de convênios;

V – outros rendimentos eventuais.

Art. 38. Os presidentes do CAU/BR e dos CAUs prestarão, anualmente, suas contas ao Tribunal de Contas da União.

§ 1º Após aprovação pelo respectivo Plenário, as contas dos CAUs serão submetidas ao CAU/BR para homologação.

§ 2º As contas do CAU/BR, devidamente homologadas, e as dos CAUs serão submetidas à apreciação do Tribunal de Contas da União.

§ 3º Cabe aos presidentes do CAU/BR e de cada CAU a responsabilidade pela prestação de contas.

Art. 39. Cabe ao CAU/BR dirimir as questões divergentes entre os CAUs baixando normas complementares que unifiquem os procedimentos.

Art. 40. O exercício das funções de presidente e de conselheiro do CAU/BR e dos CAUs não será remunerado.

Art. 41. Os empregados do CAU/BR e dos demais CAUs Estaduais e do Distrito Federal serão contratados mediante aprovação em concurso público, sob o regime da Consolidação das Leis do Trabalho.

Anuidade devida para os CAUs

Art. 42. Os profissionais e as pessoas jurídicas inscritas no CAU pagarão anuidade no valor de R$ 350,00 (trezentos e cinquenta reais).

§ 1º Os valores das anuidades serão reajustados de acordo com a variação integral do Índice Nacional de Preços ao Consumidor – INPC, calculado pela Fundação Instituto Brasileiro de Geografia e Estatística – IBGE, nos termos de ato do CAU/BR.

§ 2º A data de vencimento, as regras de parcelamento e o desconto para pagamento à vista serão estabelecidos pelo CAU/BR.

§ 3º Os profissionais formados há menos de 2 (dois) anos e acima de 30 (trinta) anos de formados, pagarão metade do valor da anuidade.

§ 4º A anuidade deixará de ser devida após 40 (quarenta) anos de contribuição da pessoa natural.

Art. 43. A inscrição do profissional ou da pessoa jurídica no CAU não está sujeita ao pagamento de nenhum valor além da anuidade, proporcionalmente ao número de meses restantes no ano.

Art. 44. O não pagamento de anuidade no prazo, sem prejuízo da responsabilização pessoal pela violação ética, sujeita o infrator ao pagamento de multa de 20% (vinte por cento) sobre o valor devido e à incidência de correção com base na variação da Taxa Referencial do Sistema Especial de Liquidação e de Custódia – SELIC até o efetivo pagamento.

Registro de Responsabilidade Técnica – RRT

Art. 45. Toda realização de trabalho de competência privativa ou de atuação compartilhadas com outras profissões regulamentadas será objeto de Registro de Responsabilidade Técnica – RRT.

§ 1º Ato do CAU/BR detalhará as hipóteses de obrigatoriedade da RRT.

§ 2º O arquiteto e urbanista poderá realizar RRT, mesmo fora das hipóteses de obrigatoriedade, como meio de comprovação da autoria e registro de acervo.

Art. 46. O RRT define os responsáveis técnicos pelo empreendimento de arquitetura e urbanismo, a partir da definição da autoria e da coautoria dos serviços.

Art. 47. O RRT será efetuado pelo profissional ou pela pessoa jurídica responsável, por intermédio de seu profissional habilitado legalmente no CAU.

Art. 48. Não será efetuado RRT sem o prévio recolhimento da Taxa de RRT pela pessoa física do profissional ou pela pessoa jurídica responsável.

Art. 49. O valor da Taxa de RRT é, em todas as hipóteses, de R$ 60,00 (sessenta reais).

Parágrafo único. O valor referido no *caput* será atualizado, anualmente, de acordo com a variação integral do Índice Nacional de Preços ao Consumidor – INPC, calculado pela Fundação Instituto Brasileiro de Geografia e Estatística – IBGE, nos termos de ato do CAU/BR.

Art. 50. A falta do RRT sujeitará o profissional ou a empresa responsável, sem prejuízo da responsabilização pessoal pela violação ética e da obrigatoriedade da paralisação do trabalho até a regularização da situação, à multa de 300% (trezentos por cento) sobre o valor da Taxa de RRT não paga corrigida, a partir da autuação, com base na variação da Taxa Referencial do Sistema Especial de Liquidação e de Custódia – SELIC, acumulada mensalmente, até o último dia do mês anterior ao da devolução dos recursos, acrescido este montante de 1% (um por cento) no mês de efetivação do pagamento.

Parágrafo único. Não se aplica o disposto no *caput* no caso de trabalho realizado em resposta a situação de emergência se o profissional ou a pessoa jurídica diligenciar, assim que possível, na regularização da situação.

Da cobrança de valores pelos CAUs

Art. 51. A declaração do CAU de não pagamento de multas por violação da ética ou pela não realização de RRT, após o regular processo administrativo, constitui título executivo extrajudicial.

Parágrafo único. Na hipótese do *caput*, os valores serão executados na forma da Lei 5.869, de 11 de janeiro de 1973 – Código de Processo Civil.

▶ A Lei 5.869/1973 foi revogada pela Lei 13.105/2015.

Art. 52. O atraso no pagamento de anuidade sujeita o responsável à suspensão do exercício profissional ou, no caso de pessoa jurídica, à proibição de prestar trabalhos na área da arquitetura e do urbanismo, mas não haverá cobrança judicial dos valores em atraso, protesto de dívida ou comunicação aos órgãos de proteção ao crédito.

Art. 53. A existência de dívidas pendentes não obsta o desligamento do CAU.

Art. 54. Os valores devidos aos CAUs referentes a multa por violação da ética, multa pela não realização de RRT ou anuidades em atraso, prescrevem no prazo de 5 (cinco) anos.

Instalação do CAU/BR e dos CAUs

Art. 55. Os profissionais com título de arquitetos e urbanistas, arquitetos e engenheiro arquiteto, com registro nos atuais Conselhos Regionais de Engenharia, Arquitetura e Agronomia – CREAs terão, automaticamente, registro nos CAUs com o título único de arquiteto e urbanista.

Parágrafo único. Os CREAs enviarão aos CAUs a relação dos arquitetos e urbanistas, arquitetos e engenheiro arquiteto inscritos, no prazo de 30 (trinta) dias da instalação do CAU, bem como os prontuários, dados profissionais, registros e acervo de todas as ARTs emitidas pelos profissionais e todos os processos em tramitação.

Art. 56. As Coordenadorias das Câmaras de Arquitetura dos atuais CREAs e a Coordenadoria Nacional das Câmaras de Arquitetura do atual CONFEA gerenciarão o processo de transição e organizarão o primeiro processo eleitoral para o CAU/BR e para os CAUs dos Estados e do Distrito Federal.

§ 1º Na primeira eleição para o CAU/BR o representante das instituições de ensino será estabelecido pela Coordenadoria Nacional das Câmaras de Arquitetura.

§ 2º A eleição para os conselheiros do CAU/BR e dos CAUs dar-se-á entre 3 (três) meses e 1 (um) ano da publicação desta Lei.

§ 3º Realizada a eleição e instalado o CAU/BR, caberá a ele decidir os CAUs que serão instalados no próprio Estado e os Estados que compartilharão CAU por insuficiência de inscritos.

§ 4º As entidades nacionais dos arquitetos e urbanistas participarão do processo de transição e organização do primeiro processo eleitoral.

Art. 57. Os atuais Conselhos Regionais de Engenharia, Arquitetura e Agronomia a contar da publicação desta Lei, passarão a depositar mensalmente em conta específica, 90% (noventa por cento) do valor das anuidades, das anotações de responsabilidade técnicas e de multas recebidas das pessoas físicas e jurídicas de arquitetos e urbanistas, arquitetos e engenheiros arquitetos até que ocorra a instalação do CAU/BR.

Parágrafo único. A quantia a que se refere o *caput* deverá ser usada no custeio do processo eleitoral de que trata o art. 56, sendo repassado o restante para o CAU/BR utilizar no custeio da sua instalação e da instalação dos CAUs.

Art. 58. *Vetado.*

Art. 59. O CAU/BR e os CAUs poderão manter convênio com o CONFEA e com os CREAs, para compartilhamento de imóveis, de infraestrutura administrativa e de pessoal, inclusive da estrutura de fiscalização profissional.

Art. 60. O CAU/BR instituirá fundo especial destinado a equilibrar as receitas e despesas dos CAUs, exclusivamente daqueles que não conseguirem arrecadar suficiente para a manutenção de suas estruturas administrativas, sendo obrigatória a publicação dos dados de balanço e do planejamento de cada CAU para fins de acompanhamento e controle dos profissionais.

Parágrafo único. Resolução do CAU/BR, elaborada com a participação de todos os presidentes dos CAUs, regulamentará este artigo.

Art. 61. Em cumprimento ao disposto no inciso X do art. 28 e no inciso IV do art. 34, o CAU/BR instituirá colegiado permanente com participação das entidades nacionais dos arquitetos e urbanistas, para tratar das questões do ensino e do exercício profissional.

§ 1º No âmbito das unidades da federação os CAUs instituirão colegiados similares com participação das entidades regionais dos arquitetos e urbanistas.

§ 2º Fica instituída a Comissão Permanente de Ensino e Formação, no âmbito dos CAUs em todas as Unidades da Federação que se articulará com o CAU/BR por intermédio do conselheiro federal representante das instituições de ensino superior.

Art. 62. O CAU/BR e os CAUs serão fiscalizados pelo Tribunal de Contas da União e auditados, anualmente, por auditoria independente e os resultados divulgados para conhecimento público.

Mútuas de assistência dos profissionais vinculados aos CAUs

Art. 63. Os arquitetos e urbanistas que por ocasião da publicação desta Lei se encontrarem vinculados à Mútua de que trata a Lei 6.496, de 7 de dezembro de 1977, poder-se-ão se manter associados.

Adaptação do CONFEA e dos CREAs

Art. 64. O Conselho Federal de Engenharia, Arquitetura e Agronomia – CONFEA passa a se denominar Conselho Federal de Engenharia e Agronomia – CONFEA.

Art. 65. Os Conselhos Regionais de Engenharia, Arquitetura e Agronomia – CREAs passam a se denominar Conselhos Regionais de Engenharia e Agronomia – CREAs.

Adaptação das Leis nos 5.194, de 1966, 6.496, de 1977

Art. 66. As questões relativas a arquitetos e urbanistas constantes das Leis 5.194, de 24 de dezembro de 1966 e 6.496, de 7 de dezembro de 1977, passam a ser reguladas por esta Lei.

Parágrafo único. *Vetado.*

Art. 67. *Vetado.*

Vigência

Art. 68. Esta Lei entra em vigor:

I – quanto aos arts. 56 e 57, na data de sua publicação; e

II – quanto aos demais dispositivos, após a posse do Presidente e dos Conselheiros do CAU/BR.

Brasília, 31 de dezembro de 2010; 189º da Independência e 122º da República.

Luiz Inácio Lula Da Silva

LEI 12.436, DE 6 DE JULHO DE 2011

Veda o emprego de práticas que estimulem o aumento de velocidade por motociclistas profissionais.

DOU 07.07.2011

▶ Lei 12.009/2009 (Mototaxista, motoboy e motofrete).

A Presidenta da República:

Faço saber que o Congresso Nacional decreta e eu sanciono a seguinte Lei:

Art. 1º É vedado às empresas e pessoas físicas empregadoras ou tomadoras de serviços prestados por motociclistas estabelecer práticas que estimulem o aumento de velocidade, tais como:

I – oferecer prêmios por cumprimento de metas por números de entregas ou prestação de serviço;

II – promover dispensa de pagamento ao consumidor, no caso de fornecimento de produto ou prestação de serviço fora do prazo ofertado para a sua entrega ou realização;

III – estabelecer competição entre motociclistas, com o objetivo de elevar o número de entregas ou de prestação de serviço.

Art. 2º Pela infração de qualquer dispositivo desta Lei, ao empregador ou ao tomador de serviço será imposta a multa de R$ 300,00 (trezentos reais) a R$ 3.000,00 (três mil reais).

Parágrafo único. A penalidade será sempre aplicada no grau máximo:

I – se ficar apurado o emprego de artifício ou simulação para fraudar a aplicação dos dispositivos desta Lei;

II – nos casos de reincidência.

Art. 3º Esta Lei entra em vigor na data de sua publicação.

Brasília, 6 de julho de 2011; 190º da Independência e 123º da República.

Dilma Rousseff

LEI 12.467, DE 26 DE AGOSTO DE 2011

Dispõe sobre a regulamentação do exercício da profissão de Sommelier.

DOU 29.8.2011

A Presidenta da República. Faço saber que o Congresso Nacional decreta e eu sanciono a seguinte Lei:

Art. 1º Considera-se sommelier, para efeitos desta Lei, aquele que executa o serviço especializado de vinhos em empresas de eventos gastronômicos, hotelaria, restaurantes, supermercados e enotecas e em comissariaria de companhias aéreas e marítimas.

Parágrafo único. *Vetado.*

Art. 2º *Vetado.*

Art. 3º São atividades específicas do sommelier:

I – participar no planejamento e na organização do serviço de vinhos nos estabelecimentos referidos no art. 1º desta Lei;

II – assegurar a gestão do aprovisionamento e armazenagem dos produtos relacionados ao serviço de vinhos;

III – preparar e executar o serviço de vinhos;

IV – atender e resolver reclamações de clientes, aconselhando e informando sobre as características do produto;

V – ensinar em cursos básicos e avançados de profissionais sommelier.

Art. 4º Esta Lei entra em vigor na data de sua publicação.

Brasília, 26 de agosto de 2011; 190º da Independência e 123º da República.

Dilma Rousseff

LEI 12.468, DE 26 DE AGOSTO DE 2011

Regulamenta a profissão de taxista; altera a Lei 6.094, de 30 de agosto de 1974; e dá outras providências.

DOU 29.08.2012

A Presidenta da República:

Faço saber que o Congresso Nacional decreta e eu sanciono a seguinte Lei:

Art. 1º Fica reconhecida, em todo o território nacional, a profissão de taxista, observados os preceitos desta Lei.

Art. 2º É atividade privativa dos profissionais taxistas a utilização de veículo automotor, próprio ou de terceiros, para o transporte público individual remunerado de passageiros, cuja capacidade será de, no máximo, 7 (sete) passageiros.

Art. 3º A atividade profissional de que trata o art. 1º somente será exercida por profissional que atenda integralmente aos requisitos e às condições abaixo estabelecidos:

I – habilitação para conduzir veículo automotor, em uma das categorias B, C, D ou E, assim definidas no art. 143 da Lei 9.503, de 23 de setembro de 1997;

II – curso de relações humanas, direção defensiva, primeiros socorros, mecânica e elétrica básica de veículos, promovido por entidade reconhecida pelo respectivo órgão autorizatário;

III – veículo com as características exigidas pela autoridade de trânsito;

IV – certificação específica para exercer a profissão, emitida pelo órgão competente da localidade da prestação do serviço;

V – inscrição como segurado do Instituto Nacional de Seguridade Social – INSS, ainda que exerça a profissão na condição de taxista autônomo, taxista auxiliar ou taxista locatário; e

VI – Carteira de Trabalho e Previdência Social – CTPS, para o profissional taxista empregado.

Art. 4º *Vetado.*

Art. 5º São deveres dos profissionais taxistas:

I – atender ao cliente com presteza e polidez;

II – trajar-se adequadamente para a função;

III – manter o veículo em boas condições de funcionamento e higiene;

IV – manter em dia a documentação do veículo exigida pelas autoridades competentes;

V – obedecer a Lei 9.503, de 23 de setembro de 1997 – Código de Trânsito Brasileiro, bem como à legislação da localidade da prestação do serviço.

Art. 6º São direitos do profissional taxista empregado:

I – piso remuneratório ajustado entre os sindicatos da categoria;

II – aplicação, no que couber, da legislação que regula o direito trabalhista e da do regime geral da previdência social.

Art. 7º *Vetado.*

Art. 8º Em Municípios com mais de 50.000 (cinquenta mil) habitantes é obrigatório o uso de taxímetro, anualmente auferido pelo órgão metrológico competente, conforme legislação em vigor.

Art. 9º Os profissionais taxistas poderão constituir entidades nacionais, estaduais ou municipais que os representem, as quais poderão cobrar taxa de contribuição de seus associados.

Parágrafo único. *Vetado.*

Arts. 10 a 15. *Vetados.*

Brasília, 26 de agosto de 2011; 190º da Independência e 123º da República.

Dilma Rousseff

LEI 12.592, DE 18 DE JANEIRO DE 2012

Dispõe sobre o exercício das atividades profissionais de Cabeleireiro, Barbeiro, Esteticista, Manicure, Pedicure, Depilador e Maquiador.

DOU 19.01.2012; Retificado em 20.01.2012

A Presidenta da República:

Faço saber que o Congresso Nacional decreta e eu sanciono a seguinte Lei:

Art. 1º É reconhecido, em todo o território nacional, o exercício das atividades profissionais de Cabeleireiro, Barbeiro, Esteticista, Manicure, Pedicure, Depilador e Maquiador, nos termos desta Lei.

Parágrafo único. Cabeleireiro, Barbeiro, Esteticista, Manicure, Pedicure, Depilador e Maquiador são profissionais que exercem atividades de higiene e embelezamento capilar, estético, facial e corporal dos indivíduos.

Art. 1º-A. Os salões de beleza poderão celebrar contratos de parceria, por escrito, nos termos definidos nesta Lei, com os profissionais que desempenham as atividades de Cabeleireiro, Barbeiro, Esteticista, Manicure, Pedicure, Depilador e Maquiador.

▶ Artigo acrescido pela Lei 13.352/2016.

§ 1º Os estabelecimentos e os profissionais de que trata o *caput*, ao atuarem nos termos desta Lei, serão denominados salão-parceiro e profissional-parceiro, respectivamente, para todos os efeitos jurídicos.

§ 2º O salão-parceiro será responsável pela centralização dos pagamentos e recebimentos decorrentes das atividades de prestação de serviços de beleza realizadas pelo profissional-parceiro na forma da parceria prevista no *caput*.

§ 3º O salão-parceiro realizará a retenção de sua cota-parte percentual, fixada no contrato de parceria, bem como dos valores de recolhimento de tributos e contribuições sociais e previdenciárias devidos pelo profissional-parceiro incidentes sobre a cota-parte que a este couber na parceria.

§ 4º A cota-parte retida pelo salão-parceiro ocorrerá a título de atividade de aluguel de bens móveis e de utensílios para o desempenho das atividades de serviços de beleza e/ou a título de serviços de gestão, de apoio administrativo, de escritório, de cobrança e de recebimentos de valores transitórios recebidos de clientes das atividades de serviços de beleza, e a cota-parte destinada ao profissional-parceiro ocorrerá a título de atividades de prestação de serviços de beleza.

§ 5º A cota-parte destinada ao profissional-parceiro não será considerada para o cômputo da receita bruta do salão-parceiro ainda que adotado sistema de emissão de nota fiscal unificada ao consumidor.

§ 6º O profissional-parceiro não poderá assumir as responsabilidades e obrigações decorrentes da administração da pessoa jurídica do salão-parceiro, de ordem contábil, fiscal, trabalhista e previdenciária incidentes, ou quaisquer outras relativas ao funcionamento do negócio.

§ 7º Os profissionais-parceiros poderão ser qualificados, perante as autoridades fazendárias, como pequenos empresários, microempresários ou microempreendedores individuais.

§ 8º O contrato de parceria de que trata esta Lei será firmado entre as partes, mediante ato escrito, homologado pelo sindicato da categoria profissional e laboral e, na ausência desses, pelo órgão local competente do Ministério do Trabalho e Emprego, perante duas testemunhas.

§ 9º O profissional-parceiro, mesmo que inscrito como pessoa jurídica, será assistido pelo seu sindicato de categoria profissional e, na ausência deste, pelo órgão local competente do Ministério do Trabalho e Emprego.

§ 10. São cláusulas obrigatórias do contrato de parceria, de que trata esta Lei, as que estabeleçam:

I – percentual das retenções pelo salão-parceiro dos valores recebidos por cada serviço prestado pelo profissional-parceiro;

II – obrigação, por parte do salão-parceiro, de retenção e de recolhimento dos tributos e contribuições sociais e previdenciárias devidos pelo profissional-parceiro em decorrência da atividade deste na parceria;

III – condições e periodicidade do pagamento do profissional-parceiro, por tipo de serviço oferecido;

IV – direitos do profissional-parceiro quanto ao uso de bens materiais necessários ao desempenho das atividades profissionais, bem como sobre o acesso e circulação nas dependências do estabelecimento;

V – possibilidade de rescisão unilateral do contrato, no caso de não subsistir interesse na sua continuidade, mediante aviso prévio de, no mínimo, trinta dias;

VI – responsabilidades de ambas as partes com a manutenção e higiene de materiais e equipamentos, das condições de funcionamento do negócio e do bom atendimento dos clientes;

VII – obrigação, por parte do profissional-parceiro, de manutenção da regularidade de sua inscrição perante as autoridades fazendárias.

§ 11. O profissional-parceiro não terá relação de emprego ou de sociedade com o salão-parceiro enquanto perdurar a relação de parceria tratada nesta Lei.

Art. 1º-B. Cabem ao salão-parceiro a preservação e a manutenção das adequadas condições de trabalho do profissional-parceiro, especialmente quanto aos seus equipamentos e instalações, possibilitando as condições adequadas ao cumprimento das normas de segurança e saúde estabelecidas no art. 4º desta Lei.

▶ Artigo acrescido pela Lei 13.352/2016.

Art. 1º-C. Configurar-se-á vínculo empregatício entre a pessoa jurídica do salão-parceiro e o profissional-parceiro quando:

▶ Artigo acrescido pela Lei 13.352/2016.

I – não existir contrato de parceria formalizado na forma descrita nesta Lei; e

II – o profissional-parceiro desempenhar funções diferentes das descritas no contrato de parceria.

Art. 1º-D. O processo de fiscalização, de autuação e de imposição de multas reger-se-á pelo disposto no Título VII da Consolidação das Leis do Trabalho – CLT, aprovada pelo Decreto-Lei 5.452, de 1º de maio de 1943.

▶ Artigo acrescido pela Lei 13.352/2016.

Art. 2º *Vetado.*

Art. 3º *Vetado.*

Art. 4º Os profissionais de que trata esta Lei deverão obedecer às normas sanitárias, efetuando a esterilização de materiais e utensílios utilizados no atendimento a seus clientes.

Art. 5º É instituído o Dia Nacional do Cabeleireiro, Barbeiro, Esteticista, Manicure, Pedicure, Depilador e Maquiador, a ser comemorado em todo o País, a cada ano, no dia e mês coincidente com a data da promulgação desta Lei.

Art. 6º Esta Lei entra em vigor na data de sua publicação.

Brasília, 18 de janeiro de 2012; 191 da Independência e 124 da República.

Dilma Rousseff

LEI 12.790, DE 14 DE MARÇO DE 2013

Dispõe sobre a regulamentação do exercício da profissão de comerciário.

DOU 15.03.2013

A Presidenta da República:

Faço saber que o Congresso Nacional decreta e eu sanciono a seguinte Lei:

Art. 1º Aos comerciários, integrantes da categoria profissional de empregados no comércio, conforme o quadro de atividades e profissões do art. 577, combinada com o art. 511, ambos da Consolidação das Leis do Trabalho (CLT), aprovada pelo Decreto-Lei 5.452, de 1º de maio de 1943, aplicam-se os dispositivos da presente Lei, sem prejuízo das demais normas trabalhistas que lhes sejam aplicáveis.

Art. 2º Na Carteira de Trabalho e Previdência Social (CTPS), a atividade ou função desempenhada pelos empregados do comércio deverá ser especificada, desde que inexista a possibilidade de classificação por similaridade.

Art. 3º A jornada normal de trabalho dos empregados no comércio é de 8 (oito) horas diárias e 44 (quarenta e quatro) semanais.

§ 1º Somente mediante convenção coletiva ou acordo coletivo de trabalho poderá ser alterada a jornada normal de trabalho estabelecida no *caput* deste artigo.

§ 2º É admitida jornada de 6 (seis) horas para o trabalho realizado em turnos de revezamento, sendo vedada a utilização do mesmo empregado em mais de 1 (um) turno de trabalho, salvo negociação coletiva de trabalho.

Art. 4º O piso salarial será fixado em convenção ou acordo coletivo de trabalho, nos termos do inciso V do art. 7º da Constituição Federal.

Art. 5º *Vetado.*

Art. 6º As entidades representativas das categorias econômica e profissional poderão, no âmbito da negociação coletiva, negociar a inclusão, no instrumento normativo, de cláusulas que instituam programas e ações de educação, formação e qualificação profissional.

Art. 7º É instituído o Dia do Comerciário, a ser comemorado no dia 30 de outubro de cada ano.

Art. 8º Esta Lei entra em vigor na data de sua publicação.

Brasília, 14 de março de 2013; 192º da Independência e 125º da República.

Dilma Rousseff

LEI 12.815, DE 5 DE JUNHO DE 2013

Dispõe sobre a exploração direta e indireta pela União de portos e instalações portuárias e sobre as atividades desempenhadas pelos operadores portuários; altera as Leis 5.025, de 10 de junho de 1966, 10.233, de 5 de junho de 2001, 10.683, de 28 de maio de 2003, 9.719, de 27 de novembro de 1998, e 8.213, de 24 de julho de 1991; revoga as Leis 8.630, de 25 de fevereiro de 1993, e 11.610, de 12 de dezembro de 2007, e dispositivos das Leis 11.314, de 3 de julho de 2006, e 11.518, de 5 de setembro de 2007; e dá outras providências.

DOU 05.06.2013

▶ Dec. 8.033/2013 (Regulamenta o disposto na Lei 12.815, de 5 de junho de 2013, e as demais disposições legais que regulam a exploração de portos organizados e de instalações portuárias).

A Presidenta da República:

Faço saber que o Congresso Nacional decreta e eu sanciono a seguinte Lei:

CAPÍTULO I
DEFINIÇÕES E OBJETIVOS

Art. 1º Esta Lei regula a exploração pela União, direta ou indiretamente, dos portos e instalações portuárias e as atividades desempenhadas pelos operadores portuários.

§ 1º A exploração indireta do porto organizado e das instalações portuárias nele localizadas ocorrerá mediante concessão e arrendamento de bem público.

§ 2º A exploração indireta das instalações portuárias localizadas fora da área do porto organizado ocorrerá mediante autorização, nos termos desta Lei.

§ 3º As concessões, os arrendamentos e as autorizações de que trata esta Lei serão outorgados a pessoa jurídica que demonstre capacidade para seu desempenho, por sua conta e risco.

Art. 2º Para os fins desta Lei, consideram-se:

I – porto organizado: bem público construído e aparelhado para atender a necessidades de navegação, de movimentação de passageiros ou de movimentação e armazenagem de mercadorias, e cujo tráfego e operações portuárias estejam sob jurisdição de autoridade portuária;

II – área do porto organizado: área delimitada por ato do Poder Executivo que compreende as instalações portuárias e a infraestrutura de proteção e de acesso ao porto organizado;

III – instalação portuária: instalação localizada dentro ou fora da área do porto organizado e utilizada em movimentação de passageiros, em movimentação ou armazenagem de mercadorias, destinadas ou provenientes de transporte aquaviário;

IV – terminal de uso privado: instalação portuária explorada mediante autorização e localizada fora da área do porto organizado;

V – estação de transbordo de cargas: instalação portuária explorada mediante autorização, localizada fora da área do porto organizado e utilizada exclusivamente para operação de transbordo de mercadorias em embarcações de navegação interior ou cabotagem;

VI – instalação portuária pública de pequeno porte: instalação portuária explorada mediante autorização, localizada fora do porto organizado e utilizada em movimentação de passageiros ou mercadorias em embarcações de navegação interior;

VII – instalação portuária de turismo: instalação portuária explorada mediante arrendamento ou autorização e utilizada em embarque, desembarque e trânsito de passageiros, tripulantes e bagagens, e de insumos para o provimento e abastecimento de embarcações de turismo;

VIII – *Vetado*;

a) *Vetado*;

b) *Vetado*; e

c) *Vetado*;

IX – concessão: cessão onerosa do porto organizado, com vistas à administração e à exploração de sua infraestrutura por prazo determinado;

X – delegação: transferência, mediante convênio, da administração e da exploração do porto organizado para Municípios ou Estados, ou a consórcio público, nos termos da Lei 9.277, de 10 de maio de 1996;

XI – arrendamento: cessão onerosa de área e infraestrutura públicas localizadas dentro do porto organizado, para exploração por prazo determinado;

XII – autorização: outorga de direito à exploração de instalação portuária localizada fora da área do porto organizado e formalizada mediante contrato de adesão; e

XIII – operador portuário: pessoa jurídica pré-qualificada para exercer as atividades de movimentação de passageiros ou movimentação e armazenagem de mercadorias, destinadas ou provenientes de transporte aquaviário, dentro da área do porto organizado.

Art. 3º A exploração dos portos organizados e instalações portuárias, com o objetivo de aumentar a competitividade e o desenvolvimento do País, deve seguir as seguintes diretrizes:

> ▸ O STF, por maioria, converteu o referendo de medida cautelar em julgamento de mérito, rejeitou as questões preliminares e julgou parcialmente procedentes os pedidos formulados na ADC 81 e na ADI 7187 para assentar a constitucionalidade do art. 3º da Lei 12.871/2013 e estabelecer que: (i) a sistemática do art. 3º da Lei 12.871/2013 é incompatível com a abertura de novos cursos de medicina com base na Lei 10.861/2004, bem assim com a autorização de novas vagas em cursos já existentes, sem o prévio chamamento público e a observância dos requisitos previstos na Lei 12.871/2013; e (ii) fica ressalvada a possibilidade de a sociedade civil pleitear o lançamento de editais para instalação de novos cursos em determinadas localidades, cabendo à Administração Pública responder a esses pleitos de forma fundamentada, com publicidade e em prazo razoável (DJeSTF 11.06.2024).

I – expansão, modernização e otimização da infraestrutura e da superestrutura que integram os portos organizados e instalações portuárias;

II – garantia da modicidade e da publicidade das tarifas e preços praticados no setor, da qualidade da atividade prestada e da efetividade dos direitos dos usuários;

III – estímulo à modernização e ao aprimoramento da gestão dos portos organizados e instalações portuárias, à valorização e à qualificação da mão de obra portuária e à eficiência das atividades prestadas;

IV – promoção da segurança da navegação na entrada e na saída das embarcações dos portos;

> ▸ Inciso IV com redação pela Lei 14.047/2020.

V – estímulo à concorrência, por meio do incentivo à participação do setor privado e da garantia de amplo acesso aos portos organizados, às instalações e às atividades portuárias; e

> ▸ Inciso V com redação pela Lei 14.047/2020.

VI – liberdade de preços nas operações portuárias, reprimidos qualquer prática prejudicial à competição e o abuso do poder econômico.

> ▸ Inciso VI acrescido pela Lei 14.047/2020.

CAPÍTULO II

DA CONCESSÃO DE PORTO ORGANIZADO, DO ARRENDAMENTO E DO USO TEMPORÁRIO DE INSTALAÇÃO PORTUÁRIA

> ▸ Epígrafe com redação pela Lei 14.047/2020.

Seção I

Da concessão de porto organizado e do arrendamento de instalação portuária

Subseção I

Da Concessão de Porto Organizado

Art. 4º A concessão de bem público destinado à exploração do porto organizado será realizada mediante a celebração de contrato, sempre precedida de licitação, em conformidade com o disposto nesta Lei e no seu regulamento.

> ▸ Artigo com redação pela Lei 14.047/2020.

Art. 5º São essenciais aos contratos de concessão as cláusulas relativas:

> ▸ *Caput* com redação pela Lei 14.047/2020.

I – ao objeto, à área e ao prazo;

II – ao modo, forma e condições da exploração do porto organizado ou instalação portuária;

III – aos critérios, indicadores, fórmulas e parâmetros definidores da qualidade da atividade prestada, assim como às metas e prazos para o alcance de determinados níveis de serviço;

IV – ao valor do contrato, às tarifas praticadas e aos critérios e procedimentos de revisão e reajuste;

V – aos investimentos de responsabilidade do contratado;

VI – aos direitos e deveres dos usuários, com as obrigações correlatas do contratado e as sanções respectivas;

VII – às responsabilidades das partes;

VIII – à reversão de bens;

IX – aos direitos, garantias e obrigações do contratante e do contratado, inclusive os relacionados a necessidades futuras de suplementação, alteração e expansão da atividade e consequente modernização, aperfeiçoamento e ampliação das instalações;

X – à forma de fiscalização das instalações, dos equipamentos e dos métodos e práticas de execução das atividades, bem como à indicação dos órgãos ou entidades competentes para exercê-las;

XI – às garantias para adequada execução do contrato;

XII – à responsabilidade do titular da instalação portuária pela inexecução ou deficiente execução das atividades;

XIII – às hipóteses de extinção do contrato;

XIV – à obrigatoriedade da prestação de informações de interesse do poder concedente, da Agência Nacional de Transportes Aquaviários – ANTAQ e das demais autoridades que atuam no setor portuário, inclusive as de interesse específico da Defesa Nacional, para efeitos de mobilização;

XV – à adoção e ao cumprimento das medidas de fiscalização aduaneira de mercadorias, veículos e pessoas;

XVI – ao acesso ao porto organizado ou à instalação portuária pelo poder concedente, pela ANTAQ e pelas demais autoridades que atuam no setor portuário;

XVII – às penalidades e sua forma de aplicação; e

XVIII – ao foro.

§ 1º *Vetado*.

§ 2º Findo o prazo dos contratos, os bens vinculados à concessão ou ao arrendamento reverterão ao patrimônio da União, na forma prevista no contrato.

Art. 5º-A. Os contratos celebrados entre a concessionária e terceiros, inclusive os que tenham por objeto a exploração das instalações portuárias, serão regidos pelas normas de direito privado, não se estabelecendo qualquer relação jurídica entre os terceiros e o poder concedente, sem prejuízo das atividades regulatória e fiscalizatória da Antaq.

> ▸ Artigo acrescido pela Lei 14.047/2020.

Subseção II

Do Arrendamento de Instalação Portuária

Art. 5º-B. O arrendamento de bem público destinado à atividade portuária será realizado mediante a celebração de contrato, precedida de licitação, em conformidade com o disposto nesta Lei e no seu regulamento.

Parágrafo único. Poderá ser dispensada a realização da licitação de área no porto organizado, nos termos do regulamento, quando for comprovada a existência de um único interessado em sua exploração e estiverem presentes os seguintes requisitos:

> ▸ Artigo acrescido pela Lei 14.047/2020.

I – realização de chamamento público pela autoridade portuária com vistas a identificar interessados na exploração econômica da área; e

II – conformidade com o plano de desenvolvimento e zoneamento do porto.

Art. 5º-C. São essenciais aos contratos de arrendamento as cláusulas relativas:

> ▸ Artigo acrescido pela Lei 14.047/2020.

I – ao objeto, à área e ao prazo;

II – ao modo, à forma e às condições da exploração da instalação portuária;

III – ao valor do contrato e aos critérios e procedimentos de revisão e reajuste;

IV – aos investimentos de responsabilidade do contratado;

V – às responsabilidades das partes;

VI – aos direitos, às garantias e às obrigações do contratante e do contratado;

VII – à responsabilidade do titular da instalação portuária pela inexecução ou deficiente execução das atividades;

VIII – às hipóteses de extinção do contrato;

IX – à obrigatoriedade da prestação de informações de interesse do poder concedente, da Antaq e das demais autoridades que atuam no setor portuário, inclusive as de interesse específico da defesa nacional, para efeitos de mobilização;

X – ao acesso à instalação portuária pelo poder concedente, pela Antaq e pelas demais autoridades que atuam no setor portuário;

XI – às penalidades e sua forma de aplicação; e

XII – ao foro.

Subseção III

Do Uso Temporário e das Licitações

Art. 5º-D. A administração do porto organizado poderá pactuar com o interessado na movimentação de cargas com mercado não consolidado o uso temporário de áreas e instalações portuárias localizadas na poligonal do porto organizado, dispensada a realização de licitação.

> ▸ Artigo acrescido pela Lei 14.047/2020.

§ 1º O contrato de uso temporário terá o prazo improrrogável de até 48 (quarenta e oito) meses.

§ 2º Na hipótese de haver mais de um interessado na utilização de áreas e instalações portuárias e inexistir disponibilidade física para alocar todos os interessados concomitantemente, a administração do porto organizado promoverá processo seletivo simplificado para a escolha do projeto que melhor atenda ao interesse público e do porto, assegurados os princípios da isonomia e da impessoalidade na realização do certame.

§ 3º Os investimentos vinculados ao contrato de uso temporário ocorrerão exclusivamente a expensas do interessado, sem direito a indenização de qualquer natureza.

§ 4º Após 24 (vinte e quatro) meses de eficácia do uso temporário da área e da instalação portuária, ou, em prazo inferior, por solicitação do contratado, e verificada a viabilidade do uso da área e da instalação, a administração do porto organizado adotará as medidas necessárias ao encaminhamento de proposta de licitação da área e das instalações existentes.

§ 5º Decreto regulamentador disporá sobre os termos, os procedimentos e as condições para o uso temporário de áreas e instalações portuárias localizadas na poligonal do porto organizado.

Art. 6º Nas licitações dos contratos de concessão e arrendamento, serão considerados como critérios para julgamento, de forma isolada ou combinada, a maior capacidade de movimentação, a menor tarifa ou o menor tempo de movimentação de carga, e outros estabelecidos no edital, na forma do regulamento.

§ 1º As licitações de que trata este artigo poderão ser realizadas na modalidade leilão, conforme regulamento.

§ 2º Compete à ANTAQ, com base nas diretrizes do poder concedente, realizar os procedimentos licitatórios de que trata este artigo.

§ 3º Os editais das licitações de que trata este artigo serão elaborados pela ANTAQ, observadas as diretrizes do poder concedente.

§ 4º *Vetado*.

§ 5º Sem prejuízo das diretrizes previstas no art. 3º, o poder concedente poderá determinar a transferência das competências de elaboração do edital e a realização dos procedimentos licitatórios de que trata este artigo à Administração do Porto, delegado ou não.

§ 6º O poder concedente poderá autorizar, mediante requerimento do arrendatário, na forma do regulamento, expansão da área arrendada para área contígua dentro da poligonal do porto organizado, sempre que a medida trouxer comprovadamente eficiência na operação portuária.

Art. 7º A ANTAQ poderá disciplinar a utilização em caráter excepcional, por qualquer interessado, de instalações portuárias arrendadas ou exploradas pela concessionária, assegurada a remuneração adequada ao titular do contrato.

Seção II
Da autorização de instalações portuárias

Art. 8º Serão exploradas mediante autorização, precedida de chamada ou anúncio públicos e, quando for o caso, processo seletivo público, as instalações portuárias localizadas fora da área do porto organizado, compreendendo as seguintes modalidades:

I – terminal de uso privado;

II – estação de transbordo de carga;

III – instalação portuária pública de pequeno porte;

IV – instalação portuária de turismo;

V – *Vetado*.

§ 1º A autorização será formalizada por meio de contrato de adesão, que conterá as cláusulas essenciais previstas no *caput* do art. 5º-C desta Lei, com exceção da cláusula prevista em seu inciso III.

▶ § 1º com redação pela Lei 14.047/2020.

§ 2º A autorização de instalação portuária terá prazo de até 25 (vinte e cinco) anos, prorrogável por períodos sucessivos, desde que:

I – a atividade portuária seja mantida; e

II – o autorizatário promova os investimentos necessários para a expansão e modernização das instalações portuárias, na forma do regulamento.

§ 3º A ANTAQ adotará as medidas para assegurar o cumprimento dos cronogramas de investimento previstos nas autorizações e poderá exigir garantias ou aplicar sanções, inclusive a cassação da autorização.

§ 4º *Vetado*.

Art. 9º Os interessados em obter a autorização de instalação portuária poderão requerê-la à ANTAQ a qualquer tempo, na forma do regulamento.

§ 1º Recebido o requerimento de autorização de instalação portuária, a ANTAQ deverá:

I – publicar o extrato do requerimento, inclusive na internet; e

II – promover a abertura de processo de anúncio público, com prazo de 30 (trinta) dias, para identificar a existência de outros interessados na obtenção de autorização de instalação portuária na mesma região e com características semelhantes.

§ 2º *Vetado*.

§ 3º *Vetado*.

Art. 10. O poder concedente poderá determinar à ANTAQ, a qualquer momento e em consonância com as diretrizes do planejamento e das políticas do setor portuário, a abertura de processo de chamada pública para identificar a existência de interessados na obtenção de autorização de instalação portuária, na forma do regulamento e observado o prazo previsto no inciso II do § 1º do art. 9º.

Art. 11. O instrumento da abertura de chamada ou anúncio público indicará obrigatoriamente os seguintes parâmetros:

I – a região geográfica na qual será implantada a instalação portuária;

II – o perfil das cargas a serem movimentadas; e

III – a estimativa do volume de cargas ou de passageiros a ser movimentado nas instalações portuárias.

Parágrafo único. O interessado em autorização de instalação portuária deverá apresentar título de propriedade, inscrição de ocupação, certidão de aforamento, cessão de direito real ou outro instrumento jurídico que assegure o direito de uso e fruição do respectivo terreno, além de outros documentos previstos no instrumento de abertura.

Art. 12. Encerrado o processo de chamada ou anúncio público, o poder concedente deverá analisar a viabilidade locacional das propostas e sua adequação às diretrizes do planejamento e das políticas do setor portuário.

§ 1º Observado o disposto no regulamento, poderão ser expedidas diretamente as autorizações de instalação portuária quando:

I – o processo de chamada ou anúncio público seja concluído com a participação de um único interessado; ou

II – havendo mais de uma proposta, não haja impedimento locacional à implantação de todas elas de maneira concomitante.

§ 2º Havendo mais de uma proposta e impedimento locacional que inviabilize sua implantação de maneira concomitante, a ANTAQ deverá promover processo seletivo público, observados os princípios da legalidade, impessoalidade, moralidade, publicidade e eficiência.

§ 3º O processo seletivo público de que trata o § 2º atenderá ao disposto no regulamento e considerará como critério de julgamento, de forma isolada ou combinada,

a maior capacidade de movimentação, a menor tarifa ou o menor tempo de movimentação de carga, e outros estabelecidos no edital.

§ 4º Em qualquer caso, somente poderão ser autorizadas as instalações portuárias compatíveis com as diretrizes do planejamento e das políticas do setor portuário, na forma do *caput*.

Art. 13. A ANTAQ poderá disciplinar as condições de acesso, por qualquer interessado, em caráter excepcional, às instalações portuárias autorizadas, assegurada remuneração adequada ao titular da autorização.

Seção III
Dos requisitos para a instalação dos portos e instalações portuárias

Art. 14. A celebração do contrato de concessão ou arrendamento e a expedição de autorização serão precedidas de:

I – consulta à autoridade aduaneira;

II – consulta ao respectivo poder público municipal; e

III – emissão, pelo órgão licenciador, do termo de referência para os estudos ambientais com vistas ao licenciamento.

Seção IV
Da definição da área de porto organizado

Art. 15. Ato do Presidente da República disporá sobre a definição da área dos portos organizados, a partir de proposta da Secretaria de Portos da Presidência da República.

Parágrafo único. A delimitação da área deverá considerar a adequação dos acessos marítimos e terrestres, os ganhos de eficiência e competitividade decorrente da escala das operações e as instalações portuárias já existentes.

CAPÍTULO III
DO PODER CONCEDENTE

Art. 16. Ao poder concedente compete:

I – elaborar o planejamento setorial em conformidade com as políticas e diretrizes de logística integrada;

II – definir as diretrizes para a realização dos procedimentos licitatórios, das chamadas públicas e dos processos seletivos de que trata esta Lei, inclusive para os respectivos editais e instrumentos convocatórios;

III – celebrar os contratos de concessão e arrendamento e expedir as autorizações de instalação portuária, devendo a ANTAQ fiscalizá-los em conformidade com o disposto na Lei 10.233, de 5 de junho de 2001; e

IV – estabelecer as normas, os critérios e os procedimentos para a pré-qualificação dos operadores portuários.

§ 1º Para os fins do disposto nesta Lei, o poder concedente poderá celebrar convênios ou instrumentos congêneres de cooperação técnica e administrativa com órgãos e entidades da administração pública federal, dos Estados, do Distrito Federal e dos Municípios, inclusive com repasse de recursos.

§ 2º No exercício da competência prevista no inciso II do *caput*, o poder concedente deverá ouvir previamente a Agência Nacional do Petróleo, Gás Natural e Biocombustíveis sempre que a licitação, a chamada pública ou o processo seletivo envolver instalações portuárias voltadas à movimentação de petróleo, gás natural, seus derivados e biocombustíveis.

CAPÍTULO IV
DA ADMINISTRAÇÃO DO PORTO ORGANIZADO

Seção I
Das competências

Art. 17. A administração do porto é exercida diretamente pela União, pela delegatária ou pela entidade concessionária do porto organizado.

§ 1º Compete à administração do porto organizado, denominada autoridade portuária:

I – cumprir e fazer cumprir as leis, os regulamentos e os contratos de concessão;

II – assegurar o gozo das vantagens decorrentes do melhoramento e aparelhamento do porto ao comércio e à navegação;

III – pré-qualificar os operadores portuários, de acordo com as normas estabelecidas pelo poder concedente;

IV – arrecadar os valores das tarifas relativas às suas atividades;

V – fiscalizar ou executar as obras de construção, reforma, ampliação, melhoramento e conservação das instalações portuárias;

VI – fiscalizar a operação portuária, zelando pela realização das atividades com regularidade, eficiência, segurança e respeito ao meio ambiente;

VII – promover a remoção de embarcações ou cascos de embarcações que possam prejudicar o acesso ao porto;

VIII – autorizar a entrada e saída, inclusive atracação e desatracação, o fundeio e o tráfego de embarcação na área do porto, ouvidas as demais autoridades do porto;

IX – autorizar a movimentação de carga das embarcações, ressalvada a competência da autoridade marítima em situações de assistência e salvamento de embarcação, ouvidas as demais autoridades do porto;

X – suspender operações portuárias que prejudiquem o funcionamento do porto, ressalvados os aspectos de interesse da autoridade marítima responsável pela segurança do tráfego aquaviário;

XI – reportar infrações e representar perante a ANTAQ, visando à instauração de processo administrativo e aplicação das penalidades previstas em lei, em regulamento e nos contratos;

XII – adotar as medidas solicitadas pelas demais autoridades no porto;

XIII – prestar apoio técnico e administrativo ao conselho de autoridade portuária e ao órgão de gestão de mão de obra;

XIV – estabelecer o horário de funcionamento do porto, observadas as diretrizes da Secretaria de Portos da Presidência da República, e as jornadas de trabalho no cais de uso público; e

XV – organizar a guarda portuária, em conformidade com a regulamentação expedida pelo poder concedente.

§ 2º A autoridade portuária elaborará e submeterá à aprovação da Secretaria de Portos da Presidência da República o respectivo Plano de Desenvolvimento e Zoneamento do Porto.

§ 3º O disposto nos incisos IX e X do § 1º não se aplica à embarcação militar que não esteja praticando comércio.

§ 4º A autoridade marítima responsável pela segurança do tráfego pode intervir para assegurar aos navios da Marinha do Brasil a prioridade para atracação no porto.

§ 5º *Vetado*.

Art. 18. Dentro dos limites da área do porto organizado, compete à administração do porto:

I – sob coordenação da autoridade marítima:

a) estabelecer, manter e operar o balizamento do canal de acesso e da bacia de evolução do porto;

b) delimitar as áreas de fundeadouro, de fundeio para carga e descarga, de inspeção sanitária e de polícia marítima;

c) delimitar as áreas destinadas a navios de guerra e submarinos, plataformas e demais embarcações especiais, navios em reparo ou aguardando atracação e navios com cargas inflamáveis ou explosivas;

d) estabelecer e divulgar o calado máximo de operação dos navios, em função dos levantamentos batimétricos efetuados sob sua responsabilidade; e

e) estabelecer e divulgar o porte bruto máximo e as dimensões máximas dos navios que trafegarão, em função das limitações e características físicas do cais do porto;

II – sob coordenação da autoridade aduaneira:

a) delimitar a área de alfandegamento; e

b) organizar e sinalizar os fluxos de mercadorias, veículos, unidades de cargas e de pessoas.

Art. 19. A administração do porto poderá, a critério do poder concedente, explorar direta ou indiretamente áreas não afetas às operações portuárias, observado o disposto no respectivo Plano de Desenvolvimento e Zoneamento do Porto.

Parágrafo único. O disposto no *caput* não afasta a aplicação das normas de licitação e contratação pública quando a administração do porto for exercida por órgão ou entidade sob controle estatal.

Art. 20. Será instituído em cada porto organizado um conselho de autoridade portuária, órgão consultivo da administração do porto.

§ 1º O regulamento disporá sobre as atribuições, o funcionamento e a composição dos conselhos de autoridade portuária, assegurada a participação de representantes da classe empresarial, dos trabalhadores portuários e do poder público.

§ 2º A representação da classe empresarial e dos trabalhadores no conselho a que alude o *caput* será paritária.

§ 3º A distribuição das vagas no conselho a que alude o *caput* observará a seguinte proporção:

I – 50% (cinquenta por cento) de representantes do poder público;

II – 25% (vinte e cinco por cento) de representantes da classe empresarial; e

III – 25% (vinte e cinco por cento) de representantes da classe trabalhadora.

Art. 21. Fica assegurada a participação de um representante da classe empresarial e outro da classe trabalhadora no conselho de administração ou órgão equivalente da administração do porto, quando se tratar de entidade sob controle estatal, na forma do regulamento.

Parágrafo único. A indicação dos representantes das classes empresarial e trabalhadora a que alude o *caput* será feita pelos respectivos representantes no conselho de autoridade portuária.

Art. 22. A Secretaria de Portos da Presidência da República coordenará a atuação integrada dos órgãos e entidades públicos nos portos organizados e instalações portuárias, com a finalidade de garantir a eficiência e a qualidade de suas atividades, nos termos do regulamento.

Seção II
Da administração aduaneira
nos portos organizados e nas instalações portuárias alfandegadas

Art. 23. A entrada ou a saída de mercadorias procedentes do exterior ou a ele destinadas somente poderá efetuar-se em portos ou instalações portuárias alfandegados.

Parágrafo único. O alfandegamento de portos organizados e instalações portuárias destinados à movimentação e armazenagem de mercadorias importadas ou à exportação será efetuado após cumpridos os requisitos previstos na legislação específica.

Art. 24. Compete ao Ministério da Fazenda, por intermédio das repartições aduaneiras:

I – cumprir e fazer cumprir a legislação que regula a entrada, a permanência e a saída de quaisquer bens ou mercadorias do País;

II – fiscalizar a entrada, a permanência, a movimentação e a saída de pessoas, veículos, unidades de carga e mercadorias, sem prejuízo das atribuições das outras autoridades no porto;

III – exercer a vigilância aduaneira e reprimir o contrabando e o descaminho, sem prejuízo das atribuições de outros órgãos;

IV – arrecadar os tributos incidentes sobre o comércio exterior;

V – proceder ao despacho aduaneiro na importação e na exportação;

VI – proceder à apreensão de mercadoria em situação irregular, nos termos da legislação fiscal;

VII – autorizar a remoção de mercadorias da área portuária para outros locais, alfandegados ou não, nos casos e na forma prevista na legislação aduaneira;

VIII – administrar a aplicação de regimes suspensivos, exonerativos ou devolutivos de tributos às mercadorias importadas ou a exportar;

IX – assegurar o cumprimento de tratados, acordos e convenções internacionais no plano aduaneiro; e

X – zelar pela observância da legislação aduaneira e pela defesa dos interesses fazendários nacionais.

§ 1º No exercício de suas atribuições, a autoridade aduaneira terá livre acesso a quaisquer dependências do porto ou instalação portuária, às embarcações atracadas ou não e aos locais onde se encontrem mercadorias procedentes do exterior ou a ele destinadas.

§ 2º No exercício de suas atribuições, a autoridade aduaneira poderá, sempre que julgar necessário, requisitar documentos e informações e o apoio de força pública federal, estadual ou municipal.

CAPÍTULO V
DA OPERAÇÃO PORTUÁRIA

Art. 25. A pré-qualificação do operador portuário será efetuada perante a administração do porto, conforme normas estabelecidas pelo poder concedente.

§ 1º As normas de pré-qualificação devem obedecer aos princípios da legalidade, impessoalidade, moralidade, publicidade e eficiência.

§ 2º A administração do porto terá prazo de 30 (trinta) dias, contado do pedido do interessado, para decidir sobre a pré-qualificação.

§ 3º Em caso de indeferimento do pedido mencionado no § 2º, caberá recurso, no prazo de 15 (quinze) dias, dirigido à Secretaria de Portos da Presidência da República, que deverá apreciá-lo no prazo de 30 (trinta) dias, nos termos do regulamento.

§ 4º Considera-se pré-qualificada como operador portuário a administração do porto.

Art. 26. O operador portuário responderá perante:

I – a administração do porto pelos danos culposamente causados à infraestrutura, às instalações e ao equipamento de que a administração do porto seja titular, que se encontre a seu serviço ou sob sua guarda;

II – o proprietário ou consignatário da mercadoria pelas perdas e danos que ocorrerem durante as operações que realizar ou em decorrência delas;

III – o armador pelas avarias ocorridas na embarcação ou na mercadoria dada a transporte;

IV – o trabalhador portuário pela remuneração dos serviços prestados e respectivos encargos;

V – o órgão local de gestão de mão de obra do trabalho avulso pelas contribuições não recolhidas;

VI – os órgãos competentes pelo recolhimento dos tributos incidentes sobre o trabalho portuário avulso; e

VII – a autoridade aduaneira pelas mercadorias sujeitas a controle aduaneiro, no período em que lhe estejam confiadas ou quando tenha controle ou uso exclusivo de área onde se encontrem depositadas ou devam transitar.

Parágrafo único. Compete à administração do porto responder pelas mercadorias a que se referem os incisos II e VII do *caput* quando estiverem em área por ela controlada e após o seu recebimento, conforme definido pelo regulamento de exploração do porto.

Art. 27. As atividades do operador portuário estão sujeitas às normas estabelecidas pela ANTAQ.

§ 1º O operador portuário é titular e responsável pela coordenação das operações portuárias que efetuar.

§ 2º A atividade de movimentação de carga a bordo da embarcação deve ser executada de acordo com a instrução de seu comandante ou de seus prepostos, responsáveis pela segurança da embarcação nas atividades de arrumação ou retirada da carga, quanto à segurança da embarcação.

Art. 28. É dispensável a intervenção de operadores portuários em operações:

I – que, por seus métodos de manipulação, suas características de automação ou mecanização, não requeiram a utilização de mão de obra ou possam ser executadas exclusivamente pela tripulação das embarcações;

II – de embarcações empregadas:

a) em obras de serviços públicos nas vias aquáticas do País, executadas direta ou indiretamente pelo poder público;

b) no transporte de gêneros de pequena lavoura e da pesca, para abastecer mercados de âmbito municipal;

c) na navegação interior e auxiliar;

d) no transporte de mercadorias líquidas a granel; e

e) no transporte de mercadorias sólidas a granel, quando a carga ou descarga for feita por aparelhos mecânicos automáticos, salvo quanto às atividades de rechego;

III – relativas à movimentação de:

a) cargas em área sob controle militar, quando realizadas por pessoal militar ou vinculado a organização militar;

b) materiais por estaleiros de construção e reparação naval;

c) peças sobressalentes, material de bordo, mantimentos e abastecimento de embarcações; e

IV – relativas ao abastecimento de aguada, combustíveis e lubrificantes para a navegação.

Parágrafo único. *Vetado.*

Art. 29. As cooperativas formadas por trabalhadores portuários avulsos, registrados de acordo com esta Lei, poderão estabelecer-se como operadores portuários.

Art. 30. A operação portuária em instalações localizadas fora da área do porto organizado será disciplinada pelo titular da respectiva autorização, observadas as normas estabelecidas pelas autoridades marítima, aduaneira, sanitária, de saúde e de polícia marítima.

Art. 31. O disposto nesta Lei não prejudica a aplicação das demais normas referentes ao transporte marítimo, inclusive as decorrentes de convenções internacionais ratificadas, enquanto vincularem internacionalmente o País.

CAPÍTULO VI
DO TRABALHO PORTUÁRIO

Art. 32. Os operadores portuários devem constituir em cada porto organizado um órgão de gestão de mão de obra do trabalho portuário, destinado a:

I – administrar o fornecimento da mão de obra do trabalhador portuário e do trabalhador portuário avulso;

II – manter, com exclusividade, o cadastro do trabalhador portuário e o registro do trabalhador portuário avulso;

III – treinar e habilitar profissionalmente o trabalhador portuário, inscrevendo-o no cadastro;

IV – selecionar e registrar o trabalhador portuário avulso;

V – estabelecer o número de vagas, a forma e a periodicidade para acesso ao registro do trabalhador portuário avulso;

VI – expedir os documentos de identificação do trabalhador portuário; e

VII – arrecadar e repassar aos beneficiários os valores devidos pelos operadores portuários relativos à remuneração do trabalhador portuário avulso e aos correspondentes encargos fiscais, sociais e previdenciários.

Parágrafo único. Caso celebrado contrato, acordo ou convenção coletiva de trabalho entre trabalhadores e tomadores de serviços, o disposto no instrumento precederá o órgão gestor e dispensará sua intervenção nas relações entre capital e trabalho no porto.

Art. 33. Compete ao órgão de gestão de mão de obra do trabalho portuário avulso:

I – aplicar, quando couber, normas disciplinares previstas em lei, contrato, convenção ou acordo coletivo de trabalho, no caso de transgressão disciplinar, as seguintes penalidades:

a) repreensão verbal ou por escrito;

b) suspensão do registro pelo período de 10 (dez) a 30 (trinta) dias; ou

c) cancelamento do registro;

II – promover:

a) a formação profissional do trabalhador portuário e do trabalhador portuário avulso, adequando-a aos modernos processos de movimentação de carga e de operação de aparelhos e equipamentos portuários;

b) o treinamento multifuncional do trabalhador portuário e do trabalhador portuário avulso; e

c) a criação de programas de realocação e de cancelamento do registro, sem ônus para o trabalhador;

III – arrecadar e repassar aos beneficiários contribuições destinadas a incentivar o cancelamento do registro e a aposentadoria voluntária;

IV – arrecadar as contribuições destinadas ao custeio do órgão;

V – zelar pelas normas de saúde, higiene e segurança no trabalho portuário avulso; e

VI – submeter à administração do porto propostas para aprimoramento da operação portuária e valorização econômica do porto.

§ 1º O órgão não responde por prejuízos causados pelos trabalhadores portuários avulsos aos tomadores dos seus serviços ou a terceiros.

§ 2º O órgão responde, solidariamente com os operadores portuários, pela remuneração devida ao trabalhador portuário avulso e pelas indenizações decorrentes de acidente de trabalho.

§ 3º O órgão pode exigir dos operadores portuários garantia prévia dos respectivos pagamentos, para atender a requisição de trabalhadores portuários avulsos.

§ 4º As matérias constantes nas alíneas *a* e *b* do inciso II deste artigo serão discutidas em fórum permanente, composto, em caráter paritário, por representantes do governo e da sociedade civil.

§ 5º A representação da sociedade civil no fórum previsto no § 4º será paritária entre trabalhadores e empresários.

Art. 34. O exercício das atribuições previstas nos arts. 32 e 33 pelo órgão de gestão de mão de obra do trabalho portuário avulso não implica vínculo empregatício com trabalhador portuário avulso.

Art. 35. O órgão de gestão de mão de obra pode ceder trabalhador portuário avulso, em caráter permanente, ao operador portuário.

Art. 36. A gestão da mão de obra do trabalho portuário avulso deve observar as normas do contrato, convenção ou acordo coletivo de trabalho.

Art. 37. Deve ser constituída, no âmbito do órgão de gestão de mão de obra, comissão paritária para solucionar litígios decorrentes da aplicação do disposto nos arts. 32, 33 e 35.

§ 1º Em caso de impasse, as partes devem recorrer à arbitragem de ofertas finais.

§ 2º Firmado o compromisso arbitral, não será admitida a desistência de qualquer das partes.

§ 3º Os árbitros devem ser escolhidos de comum acordo entre as partes, e o laudo arbitral proferido para solução da pendência constitui título executivo extrajudicial.

§ 4º As ações relativas aos créditos decorrentes da relação de trabalho avulso prescrevem em 5 (cinco) anos até o limite de 2 (dois) anos após o cancelamento do registro ou do cadastro no órgão gestor de mão de obra.

Art. 38. O órgão de gestão de mão de obra terá obrigatoriamente 1 (um) conselho de supervisão e 1 (uma) diretoria executiva.

§ 1º O conselho de supervisão será composto por 3 (três) membros titulares e seus suplentes, indicados na forma do regulamento, e terá como competência:

I – deliberar sobre a matéria contida no inciso V do *caput* do art. 32;

II – editar as normas a que se refere o art. 42; e

III – fiscalizar a gestão dos diretores, examinar, a qualquer tempo, os livros e papéis do órgão e solicitar informações sobre quaisquer atos praticados pelos diretores ou seus prepostos.

§ 2º A diretoria executiva será composta por 1 (um) ou mais diretores, designados e destituíveis na forma do regulamento, cujo prazo de gestão será de 3 (três) anos, permitida a redesignação.

§ 3º Até 1/3 (um terço) dos membros do conselho de supervisão poderá ser designado para cargos de diretores.

§ 4º No silêncio do estatuto ou contrato social, competirá a qualquer diretor a representação do órgão e a prática dos atos necessários ao seu funcionamento regular.

Art. 39. O órgão de gestão de mão de obra é reputado de utilidade pública, sendo-lhe vedado ter fins lucrativos, prestar serviços a terceiros ou exercer qualquer atividade não vinculada à gestão de mão de obra.

Art. 40. O trabalho portuário de capatazia, estiva, conferência de carga, conserto de carga, bloco e vigilância de embarcações, nos portos organizados, será realizado por trabalhadores portuários com vínculo empregatício por prazo indeterminado e por trabalhadores portuários avulsos.

§ 1º Para os fins desta Lei, consideram-se:

I – capatazia: atividade de movimentação de mercadorias nas instalações dentro do porto, compreendendo o recebimento, conferência, transporte interno, abertura de volumes para a conferência aduaneira, manipulação, arrumação e entrega, bem como o carregamento e descarga de embarcações, quando efetuados por aparelhamento portuário;

II – estiva: atividade de movimentação de mercadorias nos conveses ou nos porões das embarcações principais ou auxiliares, incluindo o transbordo, arrumação, peação e despeação, bem como o carregamento e a descarga, quando realizados com equipamentos de bordo;

III – conferência de carga: contagem de volumes, anotação de suas características, procedência ou destino, verificação do estado das mercadorias, assistência à pesagem, conferência do manifesto e demais serviços correlatos, nas operações de carregamento e descarga de embarcações;

IV – conserto de carga: reparo e restauração das embalagens de mercadorias, nas operações de carregamento e descarga de embarcações, reembalagem, marcação, remarcação, carimbagem, etiquetagem, abertura de volumes para vistoria e posterior recomposição;

V – vigilância de embarcações: atividade de fiscalização da entrada e saída de pessoas a bordo das embarcações atracadas ou fundeadas ao largo, bem como da movimentação de mercadorias nos portalós, rampas, porões, conveses, plataformas e em outros locais da embarcação; e

VI – bloco: atividade de limpeza e conservação de embarcações mercantes e de seus tanques, incluindo batimento de ferrugem, pintura, reparos de pequena monta e serviços correlatos.

§ 2º A contratação de trabalhadores portuários de capatazia, bloco, estiva, conferência de carga, conserto de carga e vigilância de embarcações com vínculo empregatício por prazo indeterminado será feita exclusivamente dentre trabalhadores portuários avulsos registrados.

§ 3º O operador portuário, nas atividades a que alude o *caput*, não poderá locar ou tomar mão de obra sob o regime de trabalho temporário de que trata a Lei 6.019, de 3 de janeiro de 1974.

§ 4º As categorias previstas no *caput* constituem categorias profissionais diferenciadas.

§ 5º Desde que possuam a qualificação necessária, os trabalhadores portuários avulsos registrados e cadastrados poderão desempenhar quaisquer das atividades de que trata o § 1º deste artigo, vedada a exigência de novo registro ou cadastro específico, independentemente de acordo ou convenção coletiva.

▶ *§ 5º acrescido pela Lei 14.047/2020.*

Art. 41. O órgão de gestão de mão de obra:

I – organizará e manterá cadastro de trabalhadores portuários habilitados ao desempenho das atividades referidas no § 1º do art. 40; e

II – organizará e manterá o registro dos trabalhadores portuários avulsos.

§ 1º A inscrição no cadastro do trabalhador portuário dependerá exclusivamente de prévia habilitação profissional do trabalhador interessado, mediante treinamento realizado em entidade indicada pelo órgão de gestão de mão de obra.

§ 2º O ingresso no registro do trabalhador portuário avulso depende de prévia seleção e inscrição no cadastro de que trata o inciso I do *caput*, obedecidas a disponibilidade de vagas e a ordem cronológica de inscrição no cadastro.

§ 3º A inscrição no cadastro e o registro do trabalhador portuário extinguem-se por morte ou cancelamento.

Art. 42. A seleção e o registro do trabalhador portuário avulso serão feitos pelo órgão de gestão de mão de obra avulsa, de acordo com as normas estabelecidas em contrato, convenção ou acordo coletivo de trabalho.

Art. 43. A remuneração, a definição das funções, a composição dos ternos, a multifuncionalidade e as demais condições do trabalho avulso serão objeto de negociação entre as entidades representativas dos trabalhadores portuários avulsos e dos operadores portuários.

Parágrafo único. A negociação prevista no *caput* contemplará a garantia de renda mínima inserida no item 2 do Artigo 2 da Convenção no 137 da Organização Internacional do Trabalho – OIT.

Art. 44. É facultada aos titulares de instalações portuárias sujeitas a regime de autorização a contratação de trabalhadores a prazo indeterminado, observado o disposto no contrato, convenção ou acordo coletivo de trabalho.

Art. 45. *Vetado.*

CAPÍTULO VII

DAS INFRAÇÕES E PENALIDADES

Art. 46. Constitui infração toda ação ou omissão, voluntária ou involuntária, que importe em:

I – realização de operações portuárias com infringência ao disposto nesta Lei ou com inobservância dos regulamentos do porto;

II – recusa injustificada, por parte do órgão de gestão de mão de obra, da distribuição de trabalhadores a qualquer operador portuário; ou

III – utilização de terrenos, área, equipamentos e instalações portuárias, dentro ou fora do porto organizado, com desvio de finalidade ou com desrespeito à lei ou aos regulamentos.

Parágrafo único. Responde pela infração, conjunta ou isoladamente, qualquer pessoa física ou jurídica que, intervindo na operação portuária, concorra para sua prática ou dela se beneficie.

Art. 47. As infrações estão sujeitas às seguintes penas, aplicáveis separada ou cumulativamente, de acordo com a gravidade da falta:

I – advertência;

II – multa;

III – proibição de ingresso na área do porto por período de 30 (trinta) a 180 (cento e oitenta) dias;

IV – suspensão da atividade de operador portuário, pelo período de 30 (trinta) a 180 (cento e oitenta) dias; ou

V – cancelamento do credenciamento do operador portuário.

Parágrafo único. Sem prejuízo do disposto nesta Lei, aplicam-se subsidiariamente às infrações previstas no art. 46 as penalidades estabelecidas na Lei 10.233, de 5 de junho de 2001, separada ou cumulativamente, de acordo com a gravidade da falta.

Art. 48. Apurada, no mesmo processo, a prática de 2 (duas) ou mais infrações pela mesma pessoa física ou jurídica, aplicam-se cumulativamente as penas a elas cominadas, se as infrações não forem idênticas.

§ 1º Serão reunidos em um único processo os diversos autos ou representações de infração continuada, para aplicação da pena.

§ 2º Serão consideradas continuadas as infrações quando se tratar de repetição de falta ainda não apurada ou objeto do processo, de cuja instauração o infrator não tenha conhecimento, por meio de intimação.

Art. 49. Na falta de pagamento de multa no prazo de 30 (trinta) dias, contado da ciência pelo infrator da decisão final que impuser a penalidade, será realizado processo de execução.

Art. 50. As importâncias pecuniárias resultantes da aplicação das multas previstas nesta Lei reverterão para a ANTAQ, na forma do inciso V do *caput* do art. 77 da Lei 10.233, de 5 de junho de 2001.

Art. 51. O descumprimento do disposto nos arts. 36, 39 e 42 desta Lei sujeitará o infrator à multa prevista no inciso I do art. 10 da Lei 9.719, de 27 de novembro de 1998, sem prejuízo das demais sanções cabíveis.

Art. 52. O descumprimento do disposto no *caput* e no § 3º do art. 40 desta Lei sujeitará o infrator à multa prevista no inciso III do art. 10 da Lei 9.719, de 27 de novembro de 1998, sem prejuízo das demais sanções cabíveis.

CAPÍTULO VIII

DO PROGRAMA NACIONAL DE DRAGAGEM PORTUÁRIA E HIDROVIÁRIA II

Art. 53. Fica instituído o Programa Nacional de Dragagem Portuária e Hidroviária II, a ser implantado pela Secretaria de Portos da Presidência da República e pelo Ministério dos Transportes, nas respectivas áreas de atuação.

§ 1º O Programa de que trata o *caput* abrange, dentre outras atividades:

I – as obras e serviços de engenharia de dragagem para manutenção ou ampliação de áreas portuárias e de hidrovias, inclusive canais de navegação, bacias de evolução e de fundeio, e berços de atracação, compreendendo a remoção do material submerso e a escavação ou derrocamento do leito;

II – o serviço de sinalização e balizamento, incluindo a aquisição, instalação, reposição, manutenção e modernização de sinais náuticos e equipamentos necessários às hidrovias e ao acesso aos portos e terminais portuários;

III – o monitoramento ambiental; e

IV – o gerenciamento da execução dos serviços e obras.

§ 2º Para fins do Programa de que trata o *caput*, consideram-se:

I – dragagem: obra ou serviço de engenharia que consiste na limpeza, desobstrução, remoção, derrocamento ou escavação de material do fundo de rios, lagos, mares, baías e canais;

II – draga: equipamento especializado acoplado à embarcação ou à plataforma fixa, móvel ou flutuante, utilizado para execução de obras ou serviços de dragagem;

III – material dragado: material retirado ou deslocado do leito dos corpos d'água decorrente da atividade de dragagem e transferido para local de despejo autorizado pelo órgão competente;

IV – empresa de dragagem: pessoa jurídica que tenha por objeto a realização de obra ou serviço de dragagem com a utilização ou não de embarcação; e

V – sinalização e balizamento: sinais náuticos para o auxílio à navegação e à transmissão de informações ao navegante, de forma a possibilitar posicionamento seguro de acesso e tráfego.

Art. 54. A dragagem por resultado compreende a contratação de obras de engenharia destinadas ao aprofundamento, alargamento ou expansão de áreas portuárias e de hidrovias, inclusive canais de navegação, bacias de evolução e de fundeio e berços de atracação, bem como os serviços de sinalização, balizamento, monitoramento ambiental e outros com o objetivo de manter as condições de profundidade e segurança estabelecidas no projeto implantado.

§ 1º As obras ou serviços de dragagem por resultado poderão contemplar mais de um porto, num mesmo contrato, quando essa medida for mais vantajosa para a administração pública.

§ 2º Na contratação de dragagem por resultado, é obrigatória a prestação de garantia pelo contratado.

§ 3º A duração dos contratos de que trata este artigo será de até 10 (dez) anos, improrrogável.

§ 4º As contratações das obras e serviços no âmbito do Programa Nacional de Dragagem Portuária e Hidroviária II poderão ser feitas por meio de licitações internacionais e utilizar o Regime Diferenciado de Contratações Públicas, de que trata a Lei 12.462, de 4 de agosto de 2011.

Prof. Reg.

§ 5º A administração pública poderá contratar empresa para gerenciar e auditar os serviços e obras contratados na forma do *caput*.

Art. 55. As embarcações destinadas à dragagem sujeitam-se às normas específicas de segurança da navegação estabelecidas pela autoridade marítima e não se submetem ao disposto na Lei 9.432, de 8 de janeiro de 1997.

CAPÍTULO IX
DISPOSIÇÕES FINAIS E TRANSITÓRIAS

Art. 56. *Vetado.*

Parágrafo único. *Vetado.*

Art. 56-A. As infraestruturas ferroviárias no interior do perímetro dos portos e instalações portuárias não se constituem em ferrovias autônomas e são administradas pela respectiva autoridade portuária ou autorizatário, dispensada a realização de outorga específica para sua exploração.

▶ Artigo acrescido pela Lei 14.273/2021, em vigor 45 dias após a publicação (*DOU* 23.12.2021 – *Extra A*), conforme disposto no art. 1º da LINDB.

Parágrafo único. As infraestruturas ferroviárias de que dispõe o *caput* deste artigo observarão as normas nacionais para a segurança do trânsito e do transporte ferroviários, e caberá ao regulador ferroviário federal fiscalizar sua aplicação.

Art. 57. Os contratos de arrendamento em vigor firmados sob a Lei 8.630, de 25 de fevereiro de 1993, que possuam previsão expressa de prorrogação ainda não realizada, poderão ter sua prorrogação antecipada, a critério do poder concedente.

§ 1º A prorrogação antecipada de que trata o *caput* dependerá da aceitação expressa de obrigação de realizar investimentos, segundo plano elaborado pelo arrendatário e aprovado pelo poder concedente em até 60 (sessenta) dias.

§ 2º *Vetado.*

§ 3º Caso, a critério do poder concedente, a antecipação das prorrogações de que trata o *caput* não seja efetivada, tal decisão não implica obrigatoriamente na recusa da prorrogação contratual prevista originalmente.

§ 4º *Vetado.*

§ 5º O Poder Executivo deverá encaminhar ao Congresso Nacional, até o último dia útil do mês de março de cada ano, relatório detalhado sobre a implementação das iniciativas tomadas com base nesta Lei, incluindo, pelo menos, as seguintes informações:

I – relação dos contratos de arrendamento e concessão em vigor até 31 de dezembro do ano anterior, por porto organizado, indicando data dos contratos, empresa detentora, objeto detalhado, área, prazo de vigência e situação de adimplemento com relação às cláusulas contratuais;

II – relação das instalações portuárias exploradas mediante autorizações em vigor até 31 de dezembro do ano anterior, segundo a localização, se dentro ou fora do porto organizado, indicando data da autorização, empresa detentora, objeto detalhado, área, prazo de vigência e situação de adimplemento com relação às cláusulas dos termos de adesão e autorização;

III – relação dos contratos licitados no ano anterior com base no disposto no art. 56 desta Lei, por porto organizado, indicando data do contrato, modalidade da licitação, empresa detentora, objeto, área, prazo de vigência e valor dos investimentos realizados e previstos nos contratos de concessão ou arrendamento;

IV – relação dos termos de autorização e os contratos de adesão adaptados no ano anterior, com base no disposto nos arts. 58 e 59 desta Lei, indicando data do contrato de autorização, empresa detentora, objeto, área, prazo de vigência e valor dos investimentos realizados e previstos nos termos de adesão e autorização;

V – relação das instalações portuárias operadas no ano anterior com base no previsto no art. 7o desta Lei, indicando empresa concessionária, empresa que utiliza efetivamente a instalação portuária, motivo e justificativa da utilização por interessado não detentor do arrendamento ou concessão e prazo de utilização.

Art. 58. Os termos de autorização e os contratos de adesão em vigor deverão ser adaptados ao disposto nesta Lei, em especial ao previsto nos §§ 1º a 4º do art. 8º, independentemente de chamada pública ou processo seletivo.

Parágrafo único. A ANTAQ deverá promover a adaptação de que trata o *caput* no prazo de 1 (um) ano, contado da data de publicação desta Lei.

Art. 59. As instalações portuárias enumeradas nos incisos I a IV do *caput* do art. 8º, localizadas dentro da área

do porto organizado, terão assegurada a continuidade das suas atividades, desde que realizada a adaptação nos termos do art. 58.

Parágrafo único. Os pedidos de autorização para exploração de instalações portuárias enumeradas nos incisos I a IV do art. 8º, localizadas dentro da área do porto organizado, protocolados na ANTAQ até dezembro de 2012, poderão ser deferidos pelo poder concedente, desde que tenha sido comprovado até a referida data o domínio útil da área.

Art. 60. Os procedimentos licitatórios para contratação de dragagem homologados e os contratos de dragagem em vigor na data da publicação desta Lei permanecem regidos pelo disposto na Lei no 11.610, de 12 de dezembro de 2007.

Art. 61. Até a publicação do regulamento previsto nesta Lei, ficam mantidas as regras para composição dos conselhos da autoridade portuária e dos conselhos de supervisão e diretorias executivas dos órgãos de gestão de mão de obra.

Art. 62. O inadimplemento, pelas concessionárias, arrendatárias, autorizatárias e operadoras portuárias no recolhimento de tarifas portuárias e outras obrigações financeiras perante a administração do porto e a ANTAQ, assim declarado em decisão final, impossibilita a inadimplente de celebrar ou prorrogar contratos de concessão e arrendamento, bem como obter novas autorizações.

§ 1º Para dirimir litígios relativos aos débitos a que se refere o *caput*, poderá ser utilizada a arbitragem, nos termos da Lei 9.307, de 23 de setembro de 1996.

▶ Dec. 8.465/2015 (Regulamenta o § 1º do art. 62 da Lei 12.815, de 5 de junho de 2013, para dispor sobre os critérios de arbitragem para dirimir litígios no âmbito do setor portuário).

▶ Dec. 10.025/2019 (Regulamenta este parágrafo e dispõe sobre a arbitragem para dirimir litígios que envolvam a administração pública federal nos setores portuário e de transporte rodoviário, ferroviário, aquaviário e aeroportuário)

§ 2º O impedimento previsto no *caput* também se aplica às pessoas jurídicas, direta ou indiretamente, controladoras, controladas, coligadas, ou de controlador comum com a inadimplente.

Art. 63. As Companhias Docas observarão regulamento simplificado para contratação de serviços e aquisição de bens, observados os princípios constitucionais da publicidade, impessoalidade, moralidade, economicidade e eficiência.

Art. 64. As Companhias Docas firmarão com a Secretaria de Portos da Presidência da República compromissos de metas e desempenho empresarial que estabelecerão, nos termos do regulamento:

I – objetivos, metas e resultados a serem atingidos, e prazos para sua consecução;

II – indicadores e critérios de avaliação de desempenho;

III – retribuição adicional em virtude do seu cumprimento; e

IV – critérios para a profissionalização da gestão das Docas.

Art. 65. Ficam transferidas à Secretaria de Portos da Presidência da República as competências atribuídas ao Ministério dos Transportes e ao Departamento Nacional de Infraestrutura de Transportes – DNIT em leis gerais e específicas relativas a portos fluviais e lacustres, exceto as competências relativas a instalações portuárias públicas de pequeno porte.

Art. 66. Aplica-se subsidiariamente às licitações de concessão de porto organizado e de arrendamento de instalação portuária o disposto nas Leis 12.462, de 4 de agosto de 2011, 8.987, de 13 de fevereiro de 1995, e 8.666, de 21 de junho de 1993.

Art. 67. Aplica-se subsidiariamente a esta Lei o disposto na Lei 10.233, de 5 de junho de 2001, em especial no que se refere às competências e atribuições da ANTAQ.

Art. 68. As poligonais de áreas de portos organizados que não atendam ao disposto no art. 15 deverão ser adaptadas no prazo de 1 (um) ano.

(...)

Art. 75. Esta Lei entra em vigor na data de sua publicação.

Art. 76. Ficam revogados:

I – a Lei 8.630, de 25 de fevereiro de 1993;

II – a Lei 11.610, de 12 de dezembro de 2007;

III – o art. 21 da Lei 11.314, de 3 de julho de 2006;

IV – o art. 14 da Lei 11.518, de 5 de setembro de 2007;

V – os seguintes dispositivos da Lei 10.233, de 5 de junho de 2001:

a) as alíneas *g* e *h* do inciso III do *caput* do art. 14;

b) as alíneas *a* e *b* do inciso III do *caput* do art. 27;

c) o inciso XXVII do *caput* do art. 27;

d) os §§ 3º e 4º do art. 27; e

e) o inciso IV do *caput* do art. 81; e

VI – o art. 11 da Lei 9.719, de 27 de novembro de 1998.

Brasília, 5 de junho de 2013; 192º da Independência e 125º da República.

Dilma Rousseff

LEI 12.842, DE 10 DE JULHO DE 2013

Dispõe sobre o exercício da Medicina.

DOU 11.07.2013

A Presidenta da República:

Faço saber que o Congresso Nacional decreta e eu sanciono a seguinte Lei:

Art. 1º O exercício da Medicina é regido pelas disposições desta Lei.

Art. 2º O objeto da atuação do médico é a saúde do ser humano e das coletividades humanas, em benefício da qual deverá agir com o máximo de zelo, com o melhor de sua capacidade profissional e sem discriminação de qualquer natureza.

Parágrafo único. O médico desenvolverá suas ações profissionais no campo da atenção à saúde para:

I – a promoção, a proteção e a recuperação da saúde;

II – a prevenção, o diagnóstico e o tratamento das doenças;

III – a reabilitação dos enfermos e portadores de deficiências.

Art. 3º O médico integrante da equipe de saúde que assiste o indivíduo ou a coletividade atuará em mútua colaboração com os demais profissionais de saúde que a compõem.

Art. 4º São atividades privativas do médico:

I – *Vetado;*

II – indicação e execução da intervenção cirúrgica e prescrição dos cuidados médicos pré e pós-operatórios;

III – indicação da execução e execução de procedimentos invasivos, sejam diagnósticos, terapêuticos ou estéticos, incluindo os acessos vasculares profundos, as biópsias e as endoscopias;

IV – intubação traqueal;

V – coordenação da estratégia ventilatória inicial para a ventilação mecânica invasiva, bem como das mudanças necessárias diante das intercorrências clínicas, e do programa de interrupção da ventilação mecânica invasiva, incluindo a desintubação traqueal;

VI – execução de sedação profunda, bloqueios anestésicos e anestesia geral;

VII – emissão de laudo dos exames endoscópicos e de imagem, dos procedimentos diagnósticos invasivos e dos exames anatomopatológicos;

VIII – *Vetado;*

IX – *Vetado;*

X – determinação do prognóstico relativo ao diagnóstico nosológico;

XI – indicação de internação e alta médica nos serviços de atenção à saúde;

XII – realização de perícia médica e exames médico-legais, excetuados os exames laboratoriais de análises clínicas, toxicológicas, genéticas e de biologia molecular;

XIII – atestação médica de condições de saúde, doenças e possíveis sequelas;

XIV – atestação do óbito, exceto em casos de morte natural em localidade em que não haja médico.

§ 1º Diagnóstico nosológico é a determinação da doença que acomete o ser humano, aqui definida como interrupção, cessação ou distúrbio da função do corpo, sistema ou órgão, caracterizada por, no mínimo, 2 (dois) dos seguintes critérios:

I – agente etiológico reconhecido;

II – grupo identificável de sinais ou sintomas;

III – alterações anatômicas ou psicopatológicas.

§ 2º *Vetado.*

§ 3º As doenças, para os efeitos desta Lei, encontram-se referenciadas na versão atualizada da Classificação Estatística Internacional de Doenças e Problemas Relacionados à Saúde.

§ 4º Procedimentos invasivos, para os efeitos desta Lei, são os caracterizados por quaisquer das seguintes situações:

I – *Vetado;*

II – *Vetado;*

III – invasão dos orifícios naturais do corpo, atingindo órgãos internos.

§ 5º Excetuam-se do rol de atividades privativas do médico:

I – *Vetado*;

II – *Vetado*;

III – aspiração nasofaringeana ou orotraqueal;

IV – *Vetado*;

V – realização de curativo com desbridamento até o limite do tecido subcutâneo, sem a necessidade de tratamento cirúrgico;

VI – atendimento à pessoa sob risco de morte iminente;

VII – realização de exames citopatológicos e seus respectivos laudos;

VIII – coleta de material biológico para realização de análises clínico-laboratoriais;

IX – procedimentos realizados através de orifícios naturais em estruturas anatômicas visando à recuperação físico-funcional e não comprometendo a estrutura celular e tecidual.

§ 6º O disposto neste artigo não se aplica ao exercício da Odontologia, no âmbito de sua área de atuação.

§ 7º O disposto neste artigo será aplicado de forma que sejam resguardadas as competências próprias das profissões de assistente social, biólogo, biomédico, enfermeiro, farmacêutico, fisioterapeuta, fonoaudiólogo, nutricionista, profissional de educação física, psicólogo, terapeuta ocupacional e técnico e tecnólogo de radiologia.

Art. 5º São privativos de médico:

I – *Vetado*;

II – perícia e auditoria médicas; coordenação e supervisão vinculadas, de forma imediata e direta, às atividades privativas de médico;

III – ensino de disciplinas especificamente médicas;

IV – coordenação dos cursos de graduação em Medicina, dos programas de residência médica e dos cursos de pós-graduação específicos para médicos.

Parágrafo único. A direção administrativa de serviços de saúde não constitui função privativa de médico.

Art. 6º A denominação 'médico' é privativa do graduado em curso superior de Medicina reconhecido e deverá constar obrigatoriamente dos diplomas emitidos por instituições de educação superior credenciadas na forma do art. 46 da Lei 9.394, de 20 de dezembro de 1996 (Lei de Diretrizes e Bases da Educação Nacional), vedada a denominação 'bacharel em Medicina'.
▸ Artigo com redação pela Lei 13.270/2016.

Art. 7º Compreende-se entre as competências do Conselho Federal de Medicina editar normas para definir o caráter experimental de procedimentos em Medicina, autorizando ou vedando a sua prática pelos médicos.

Parágrafo único. A competência fiscalizadora dos Conselhos Regionais de Medicina abrange a fiscalização e o controle dos procedimentos especificados no *caput*, bem como a aplicação das sanções pertinentes em caso de inobservância das normas determinadas pelo Conselho Federal.

Art. 8º Esta Lei entra em vigor 60 (sessenta) dias após a data de sua publicação.

Dilma Rousseff

LEI 12.870, DE 15 DE OUTUBRO DE 2013

Dispõe sobre o exercício da atividade profissional de vaqueiro.

DOU 16.10.2013

A PRESIDENTA DA REPÚBLICA Faço saber que o Congresso Nacional decreta e eu sanciono a seguinte Lei:

Art. 1º Fica reconhecida a atividade de vaqueiro como profissão.

Art. 2º Considera-se vaqueiro o profissional apto a realizar práticas relacionadas ao trato, manejo e condução de espécies animais do tipo bovino, bubalino, equino, muar, caprino e ovino.

Art. 3º Constituem atribuições do vaqueiro:

I – realizar tratos culturais em forrageiras, pastos e outras plantações para ração animal;

II – alimentar os animais sob seus cuidados;

III – realizar ordenha;

IV – cuidar da saúde dos animais sob sua responsabilidade;

V – auxiliar nos cuidados necessários para a reprodução das espécies, sob a orientação de veterinários e técnicos qualificados;

VI – treinar e preparar animais para eventos culturais e socioesportivos, garantindo que não sejam submetidos a atos de violência;

VII – efetuar manutenção nas instalações dos animais sob seus cuidados.

Art. 4º A contratação pelos serviços de vaqueiro é de responsabilidade do administrador, proprietário ou não, do estabelecimento agropecuário de exploração de animais de grande e médio porte, de pecuária de leite, de corte e de criação.

Parágrafo único. *Vetado*.

Art. 5º Esta Lei entra em vigor na data de sua publicação.

Brasília, 15 de outubro de 2013; 192º da Independência e 125º da República.

Dilma Rousseff

LEI 12.871, DE 22 DE OUTUBRO DE 2013

Institui o Programa Mais Médicos, altera as Leis 8.745, de 9 de dezembro de 1993, e 6.932, de 7 de julho de 1981, e dá outras providências.

DOU 23.10.2013

▸ Dec. 8.126/2013 (Emissão do registro único e da carteira de identificação para os médicos intercambistas participantes do projeto mais médicos para o Brasil).

▸ As alterações implementadas pelo art. 2º da Lei 14.621/2023 também se aplicam aos médicos selecionados nos editais publicados no ano de 2022 e com termos de adesão efetivados em 2023, bem como àqueles integrados ou reintegrados em razão de decisões judiciais no ano de 2023.

A Presidenta da República:

Faço saber que o Congresso Nacional decreta e eu sanciono a seguinte Lei:

CAPÍTULO I
DISPOSIÇÕES GERAIS

Art. 1º É instituído o Programa Mais Médicos, com a finalidade de formar recursos humanos na área médica para o Sistema Único de Saúde (SUS) e com os seguintes objetivos:

I – diminuir a carência de médicos nas regiões prioritárias para o SUS, a fim de reduzir as desigualdades regionais na área da saúde;

II – fortalecer a prestação de serviços na atenção primária à saúde no País, de modo a promover o acesso de primeiro contato, a integralidade, a continuidade e a coordenação do cuidado, e qualificar a abordagem familiar e comunitária capaz de reconhecer as características culturais e tradicionais de cada território atendido e com elas interagir;
▸ Inciso II com redação pela Lei 14.621/2023.

III – aprimorar a formação médica no País e proporcionar maior experiência no campo de prática médica durante o processo de formação;

IV – ampliar a inserção do médico em formação nas unidades de atendimento do SUS, desenvolvendo seu conhecimento sobre a realidade da saúde da população brasileira;

V – fortalecer a política de educação permanente com a integração ensino-serviço, por meio da atuação das instituições de educação superior na supervisão acadêmica das atividades desempenhadas pelos médicos;

VI – promover a troca de conhecimentos e experiências entre profissionais da saúde brasileiros e médicos formados em instituições estrangeiras;

VII – aperfeiçoar médicos para atuação nas políticas públicas de saúde do País e na organização e no funcionamento do SUS;
▸ Inciso VII com redação pela Lei 14.621/2023.

VIII – estimular a realização de pesquisas aplicadas ao SUS;
▸ Inciso VIII com redação pela Lei 14.621/2023.

IX – garantir a integralidade com transversalidade do cuidado no âmbito dos ciclos de vida, por meio da integração entre educação e saúde, com vistas a qualificar a assistência especializada em todos os níveis de atenção do SUS; e

X – ampliar a oferta de especialização profissional nas áreas estratégicas para o SUS.
▸ Incisos IX e X acrescidos pela Lei 14.621/2023.

Art. 2º Para a consecução dos objetivos do Programa Mais Médicos, serão adotadas, entre outras, as seguintes ações:

I – reordenação da oferta de cursos de Medicina e de vagas para residência médica, priorizando regiões de saúde com menor relação de vagas e médicos por habitante e com estrutura de serviços de saúde em condições de ofertar campo de prática suficiente e de qualidade para os alunos;

II – estabelecimento de novos parâmetros para a formação médica no País;
▸ Inciso II com redação pela Lei 14.621/2023.

III – promoção, nas regiões prioritárias do SUS, de aperfeiçoamento de médicos na área de atenção básica em saúde, mediante integração ensino-serviço, inclusive por meio de intercâmbio internacional;
▸ Inciso III com redação pela Lei 14.621/2023.

IV – instituição de programa próprio de bolsas de estudo e pesquisa para projetos e programas de educação pelo trabalho desenvolvidos no âmbito do Programa Mais Médicos;

V – uso de recursos de telessaúde, quando necessário, nos termos da Lei nº 8.080, de 19 de setembro de 1990.
▸ Incisos IV e V acrescidos pela Lei 14.621/2023.

Art. 2º-A. Para fins do disposto no inciso I do art. 1º e no inciso III do art. 2º desta Lei, serão consideradas regiões prioritárias, com base nos critérios de vulnerabilidade, os Distritos Sanitários Especiais Indígenas, as comunidades remanescentes de quilombos e as comunidades ribeirinhas.
▸ Artigo acrescido pela Lei 14.621/2023.

CAPÍTULO II
DA AUTORIZAÇÃO PARA O FUNCIONAMENTO DE CURSOS DE MEDICINA

Art. 3º A autorização para o funcionamento de curso de graduação em Medicina, por instituição de educação superior privada, será precedida de chamamento público, e caberá ao Ministro de Estado da Educação dispor sobre:

I – pré-seleção dos Municípios para a autorização de funcionamento de cursos de Medicina, ouvido o Ministério da Saúde;

II – procedimentos para a celebração do termo de adesão ao chamamento público pelos gestores locais do SUS;

III – critérios para a autorização de funcionamento de instituição de educação superior privada especializada em cursos na área de saúde;

IV – critérios do edital de seleção de propostas para obtenção de autorização de funcionamento de curso de Medicina; e

V – periodicidade e metodologia dos procedimentos avaliatórios necessários ao acompanhamento e monitoramento da execução da proposta vencedora do chamamento público.

§ 1º Na pré-seleção dos Municípios de que trata o inciso I do *caput* deste artigo, deverão ser consideradas, no âmbito da região de saúde:

I – a relevância e a necessidade social da oferta de curso de Medicina; e

II – a existência, nas redes de atenção à saúde do SUS, de equipamentos públicos adequados e suficientes para a oferta do curso de Medicina, incluindo, no mínimo, os seguintes serviços, ações e programas:

a) atenção básica;

b) urgência e emergência;

c) atenção psicossocial;

d) atenção ambulatorial especializada e hospitalar; e

e) vigilância em saúde.

§ 2º Por meio do termo de adesão de que trata o inciso II do *caput* deste artigo, o gestor local do SUS compromete-se a oferecer à instituição de educação superior vencedora do chamamento público, mediante contrapartida a ser disciplinada por ato do Ministro de Estado da Educação, a estrutura de serviços, ações e programas de saúde necessários para a implantação e para o funcionamento do curso de graduação em Medicina.

§ 3º O edital previsto no inciso IV do *caput* deste artigo observará, no que couber, a legislação sobre licitações e contratos administrativos e exigirá garantia de proposta do participante e multa por inexecução total ou parcial do contrato, conforme previsto, respectivamente, no art. 56 e no inciso II do *caput* do art. 87 da Lei 8.666, de 21 de junho de 1993.

§ 4º O disposto neste artigo não se aplica aos pedidos de autorização para funcionamento de curso de Medicina protocolados no Ministério da Educação até a data de publicação desta Lei.

§ 5º O Ministério da Educação, sem prejuízo do atendimento aos requisitos previstos no inciso III do § 1º deste artigo, disporá sobre o processo de autorização de cursos de Medicina em unidades hospitalares que:

I – possuam certificação como hospitais de ensino;

II – possuam residência médica em no mínimo 10 (dez) especialidades; ou

III – mantenham processo permanente de avaliação e certificação da qualidade de seus serviços.

§ 6º O Ministério da Educação, conforme regulamentação própria, poderá aplicar o procedimento de chamamento público de que trata este artigo aos outros cursos de graduação na área de saúde.

§ 7º A autorização e a renovação de autorização para funcionamento de cursos de graduação em Medicina deverão considerar, sem prejuízo de outras exigências estabelecidas no Sistema Nacional de Avaliação da Educação Superior (Sinaes):

I – os seguintes critérios de qualidade:

a) exigência de infraestrutura adequada, incluindo bibliotecas, laboratórios, ambulatórios, salas de aula dotadas de recursos didático-pedagógicos e técnicos especializados, equipamentos especiais e de informática e outras instalações indispensáveis à formação dos estudantes de Medicina;

b) acesso a serviços de saúde, clínicas ou hospitais com as especialidades básicas indispensáveis à formação dos alunos;

c) possuir metas para corpo docente em regime de tempo integral e para corpo docente com titulação acadêmica de mestrado ou doutorado;

d) possuir corpo docente e técnico com capacidade para desenvolver pesquisa de boa qualidade, nas áreas curriculares em questão, aferida por publicações científicas;

II – a necessidade social do curso para a cidade e para a região em que se localiza, demonstrada por indicadores demográficos, sociais, econômicos e concernentes à oferta de serviços de saúde, incluindo dados relativos à:

a) relação número de habitantes por número de profissionais no Município em que é ministrado o curso e nos Municípios de seu entorno;

b) descrição da rede de cursos análogos de nível superior, públicos e privados, de serviços de saúde, ambulatoriais e hospitalares e de programas de residência em funcionamento na região;

c) inserção do curso em programa de extensão que atenda a população carente da cidade e da região em que a instituição se localiza.

CAPÍTULO III
DA FORMAÇÃO MÉDICA NO BRASIL

Art. 4º O funcionamento dos cursos de Medicina é sujeito à efetiva implantação das diretrizes curriculares nacionais definidas pelo Conselho Nacional de Educação (CNE).

§ 1º Ao menos 30% (trinta por cento) da carga horária do internato médico na graduação serão desenvolvidos na Atenção Básica e em Serviço de Urgência e Emergência do SUS, respeitando-se o tempo mínimo de 2 (dois) anos de internato, a ser disciplinado nas diretrizes curriculares nacionais.

§ 2º As atividades de internato na Atenção Básica e em Serviço de Urgência e Emergência do SUS e as atividades de Residência Médica serão realizadas sob acompanhamento acadêmico e técnico, observado o art. 27 desta Lei.

§ 3º O cumprimento do disposto no *caput* e nos §§ 1º e 2º deste artigo constitui ponto de auditoria nos processos avaliativos do Sinaes.

Art. 5º Os Programas de Residência Médica de que trata a Lei 6.932, de 7 de julho de 1981, ofertarão anualmente vagas equivalentes ao número de egressos dos cursos de graduação em Medicina do ano anterior.

Parágrafo único. A regra de que trata o *caput* é meta a ser implantada progressivamente até 31 de dezembro de 2018.

Arts. 6º e 7º *Revogados pela Lei 13.958/2019.*

Art. 8º As bolsas de Residência em Medicina Geral de Família e Comunidade poderão receber complementação financeira a ser estabelecida e custeada pelos Ministérios da Saúde e da Educação.

Art. 9º É instituída a avaliação específica para curso de graduação em Medicina, com instrumentos e métodos que avaliem conhecimentos, habilidades e atitudes, conforme ato do Ministro de Estado da Educação.

▶ *Caput* com redação pela Lei 13.530/2017.

§ 1º *Revogado pela Lei 13.530/2017.*

§ 2º *Revogado pela Lei 13.530/2017.*

Art. 10. Os cursos de graduação em Medicina promoverão a adequação da matriz curricular para atendimento ao disposto nesta Lei, nos prazos e na forma definidos em resolução do CNE, aprovada pelo Ministro de Estado da Educação.

Parágrafo único. O CNE terá o prazo de 180 (cento e oitenta) dias, contado da data de publicação desta Lei, para submeter a resolução de que trata o *caput* ao Ministro de Estado da Educação.

Art. 11. A regulamentação das mudanças curriculares dos diversos programas de residência médica será realizada por meio de ato do Ministério da Educação, ouvidos a CNRM e o Ministério da Saúde.

Seção Única
Do contrato organizativo
da ação pública ensino-saúde

Art. 12. As instituições de educação superior responsáveis pela oferta dos cursos de Medicina e dos Programas de Residência Médica poderão firmar Contrato Organizativo da Ação Pública Ensino-Saúde com os Secretários Municipais e Estaduais de Saúde, na qualidade de gestores, com a finalidade de viabilizar a reordenação da oferta de cursos de Medicina e de vagas de Residência Médica e a estrutura de serviços de saúde em condições de ofertar campo de prática suficiente e de qualidade, além de permitir a integração ensino-serviço na área da Atenção Básica.

§ 1º O Contrato Organizativo poderá estabelecer:

I – garantia de acesso a todos os estabelecimentos assistenciais sob a responsabilidade do gestor da área de saúde como cenário de práticas para a formação no âmbito da graduação e da residência médica; e

II – outras obrigações mútuas entre as partes relacionadas ao funcionamento da integração ensino-serviço, cujos termos serão levados à deliberação das Comissões Intergestores Regionais, Comissões Intergestores Bipartite e Comissão Intergestores Tripartite, ouvidas as Comissões de Integração Ensino-Serviço.

§ 2º No âmbito do Contrato Organizativo, caberão às autoridades mencionadas no *caput*, em acordo com a instituição de educação superior e os Programas de Residência Médica, designar médicos preceptores da rede de serviços de saúde e regulamentar a sua relação com a instituição responsável pelo curso de Medicina ou pelo Programa de Residência Médica.

§ 3º Os Ministérios da Educação e da Saúde coordenarão as ações necessárias para assegurar a pactuação de Contratos Organizativos da Ação Pública Ensino-Saúde.

CAPÍTULO IV
DO PROJETO MAIS MÉDICOS PARA O BRASIL

Art. 13. É instituído, no âmbito do Programa Mais Médicos, o Projeto Mais Médicos para o Brasil, que será oferecido:

I – aos médicos formados em instituições de educação superior brasileiras ou com diploma revalidado no País; e

II – aos médicos formados em instituições de educação superior estrangeiras, por meio de intercâmbio médico internacional.

§ 1º A seleção e a ocupação das vagas ofertadas no âmbito do Projeto Mais Médicos para o Brasil observarão a seguinte ordem de prioridade:

I – médicos formados em instituições de educação superior brasileiras ou com diploma revalidado no País, inclusive os aposentados;

II – médicos brasileiros formados em instituições estrangeiras com habilitação para exercício da Medicina no exterior; e

III – médicos estrangeiros com habilitação para exercício da Medicina no exterior.

§ 2º Para fins do Projeto Mais Médicos para o Brasil, considera-se:

I – médico participante: médico intercambista ou médico formado em instituição de educação superior brasileira ou com diploma revalidado; e

II – médico intercambista: médico formado em instituição de educação superior estrangeira com habilitação para exercício da Medicina no exterior.

§ 3º A coordenação do Projeto Mais Médicos para o Brasil ficará a cargo dos Ministérios da Educação e da Saúde, que disciplinarão, por meio de ato conjunto dos Ministros de Estado da Educação e da Saúde, a forma de participação das instituições públicas de educação superior e as regras de funcionamento do Projeto, incluindo a carga horária, as hipóteses de afastamento e os recessos.

§ 4º Para fins de preenchimento das vagas disponíveis no Projeto Mais Médicos para o Brasil, o regulamento estabelecerá os percentuais de vagas reservadas para médicos com deficiência e para médicos pertencentes a grupos étnico-raciais, bem como os critérios e normas pertinentes.

▶ § 4º acrescido pela Lei 14.621/2023.

Art. 14. No contexto da educação permanente, a formação dos profissionais participantes ocorrerá por meio de cursos de aperfeiçoamento ou de pós-graduação *lato* ou *stricto sensu*, ofertados por instituições de ensino e pesquisa, como atividade de integração ensino-serviço.

▶ *Caput* com redação pela Lei 14.621/2023.

§ 1º A formação de que trata o *caput* deste artigo terá prazo de até 4 (quatro) anos, prorrogável por igual período, conforme definido em ato conjunto do Ministro de Estado da Saúde e do Ministro de Estado da Educação.

▶ § 1º com redação pela Lei 14.621/2023.

§ 2º A aprovação do médico participante no curso de especialização será condicionada ao cumprimento de todos os requisitos do Projeto Mais Médicos para o Brasil e à sua aprovação nas avaliações periódicas.

§ 3º O primeiro módulo, designado acolhimento, terá duração de 4 (quatro) semanas, será executado na modalidade presencial, com carga horária mínima de 160 (cento e sessenta) horas, e contemplará conteúdo relacionado à legislação referente ao sistema de saúde brasileiro, ao funcionamento e às atribuições do SUS, notadamente da Atenção Básica em saúde, aos protocolos clínicos de atendimentos definidos pelo Ministério da Saúde, à língua portuguesa e ao código de ética médica.

§ 4º As avaliações serão periódicas, realizadas ao final de cada módulo, e compreenderão o conteúdo específico do respectivo módulo, visando a identificar se o médico participante está apto ou não a continuar no Projeto.

§ 5º A coordenação do Projeto Mais Médicos para o Brasil, responsável pelas avaliações de que tratam os §§ 1º a 4º, disciplinará, acompanhará e fiscalizará a programação em módulos do aperfeiçoamento dos médicos participantes, a adoção de métodos transparentes para designação dos avaliadores e os resultados e índices de aprovação e reprovação da avaliação, zelando pelo equilíbrio científico, pedagógico e profissional.

Art. 15. Integram o Projeto Mais Médicos para o Brasil:

I – o médico participante, que será submetido ao aperfeiçoamento profissional supervisionado;

II – o supervisor, profissional médico responsável pela supervisão profissional contínua e permanente do médico; e

III – o tutor acadêmico, docente médico que será responsável pela orientação acadêmica.

§ 1º São condições para a participação do médico intercambista no Projeto Mais Médicos para o Brasil, conforme disciplinado em ato conjunto dos Ministros de Estado da Educação e da Saúde:

I – apresentar diploma expedido por instituição de educação superior estrangeira;

II – apresentar habilitação para o exercício da Medicina no país de sua formação; e

III – possuir conhecimento em língua portuguesa, regras de organização do SUS e protocolos e diretrizes clínicas no âmbito da Atenção Básica.

§ 2º Os documentos previstos nos incisos I e II do § 1º sujeitam-se à legalização consular gratuita, dispensada a tradução juramentada, nos termos de ato conjunto dos Ministros de Estado da Educação e da Saúde.

§ 3º A atuação e a responsabilidade do médico supervisor e do tutor acadêmico, para todos os efeitos de direito, são limitadas, respectiva e exclusivamente, à atividade de supervisão médica e à tutoria acadêmica.

Art. 16. O médico intercambista exercerá a Medicina exclusivamente no âmbito das atividades de ensino, pesquisa e extensão do Projeto Mais Médicos para o Brasil, dispensada, para esse fim, apenas durante os primeiros 4 (quatro) anos de sua participação, a revalidação de seu diploma nos termos do § 2º do art. 48 da Lei nº 9.394, de 20 de dezembro de 1996.

▶ *Caput* com redação pela Lei 14.621/2023.

§ 1º Vetado.

§ 2º A participação do médico intercambista no Projeto Mais Médicos para o Brasil, atestada pela coordenação do Projeto, é condição necessária e suficiente para o exercício da Medicina no âmbito do Projeto Mais Médicos para o Brasil, não sendo aplicável o art. 17 da Lei 3.268, de 30 de setembro de 1957.

§ 3º O Ministério da Saúde emitirá número de registro único para cada médico intercambista participante do Projeto Mais Médicos para o Brasil e a respectiva carteira de identificação, que o habilitará para o exercício da Medicina nos termos do § 2º.

§ 4º A coordenação do Projeto comunicará ao Conselho Regional de Medicina (CRM) que jurisdicionar na área de atuação de médicos intercambistas participantes do Projeto Mais Médicos para o Brasil e os respectivos números de registro único.

§ 5º O médico intercambista estará sujeito à fiscalização pelo CRM.

§ 6º A prorrogação da participação do médico intercambista no Projeto Mais Médicos para o Brasil, conforme o disposto no § 1º do art. 14 desta Lei, fica condicionada à apresentação de diploma revalidado nos termos do § 2º do art. 48 da Lei nº 9.394, de 20 de dezembro de 1996.

§ 7º Fica autorizada a recontratação dos médicos participantes do Projeto Mais Médicos para o Brasil nos ciclos efetivados até o mês de dezembro de 2022, independentemente do período de atuação desses profissionais no Projeto, desde que o acesso a ele ocorra por meio dos editais vigentes a partir da data de entrada em vigor da Medida Provisória nº 1.165, de 20 de março de 2023, observado o disposto no *caput* e no § 6º deste artigo.

▶ §§ 6º e 7º acrescidos pela Lei 14.621/2023.

Prof. Reg.

Art. 16-A. Para fins de inscrição em prova de título de especialista em Medicina Geral de Família e Comunidade, o médico intercambista que tiver o diploma revalidado no País terá considerado o tempo de atuação no âmbito do Projeto Mais Médicos para o Brasil.

▸ Artigo acrescido pela Lei 14.621/2023.

Parágrafo único. Para fins de cumprimento de requisitos de provas de concurso público, exames de título de especialista ou quaisquer outros processos seletivos que exijam comprovação de experiência em serviço no âmbito da atenção primária à saúde, será reconhecido o tempo de exercício nos programas de provimento federais dos profissionais que tenham tido seus diplomas revalidados.

Art. 17. As atividades desempenhadas no âmbito do Projeto Mais Médicos para o Brasil não criam vínculo empregatício de qualquer natureza.

Art. 18. O médico intercambista estrangeiro inscrito no Projeto Mais Médicos para o Brasil fará jus ao visto temporário de aperfeiçoamento médico pelo prazo de 4 (quatro) anos, prorrogável por igual período, conforme o disposto no § 1º do art. 14 desta Lei, mediante apresentação de declaração da coordenação do Projeto.

▸ Caput com redação pela Lei 14.621/2023.

§ 1º O Ministério das Relações Exteriores poderá conceder o visto temporário de que trata o *caput* aos dependentes legais do médico intercambista estrangeiro, incluindo companheiro ou companheira, pelo prazo de validade do visto do titular.

§ 2º Os dependentes legais do médico intercambista estrangeiro poderão exercer atividades remuneradas, com emissão de Carteira de Trabalho e Previdência Social (CTPS) pelo Ministério do Trabalho e Emprego.

§ 3º É vedada a transformação do visto temporário previsto neste artigo em permanente.

§ 4º Aplicam-se os arts. 30, 31 e 33 da Lei 6.815, de 19 de agosto de 1980, ao disposto neste artigo.

▸ A Lei 6.815/1980 foi revogada pela Lei 13.445/2017 (Lei de Migração).

Art. 19. Os médicos integrantes do Projeto Mais Médicos para o Brasil poderão perceber bolsas nas seguintes modalidades:

I – bolsa-formação;

II – bolsa-supervisão; e

III – bolsa-tutoria.

§ 1º Além do disposto no *caput*, a União concederá ajuda de custo destinada a compensar as despesas de instalação do médico participante, que não poderá exceder a importância correspondente ao valor de 3 (três) bolsas-formação.

§ 2º É a União autorizada a custear despesas com deslocamento dos médicos participantes e seus dependentes legais, conforme dispuser ato conjunto dos Ministros de Estado do Planejamento, Orçamento e Gestão e da Saúde.

§ 3º Os valores das bolsas e da ajuda de custo a serem concedidas e suas condições de pagamento serão definidos em ato conjunto dos Ministros de Estado da Educação e da Saúde.

Art. 19-A. O médico participante que atuar no Projeto Mais Médicos para o Brasil de forma ininterrupta em área de difícil fixação, a ser definida em ato do Ministério da Saúde, fará jus a indenização equivalente a:

▸ Artigo acrescido pela Lei 14.621/2023.

I – 20% (vinte por cento) do valor total das bolsas percebidas pelo médico participante no período de 48 (quarenta e oito) meses, se atuar em área de vulnerabilidade indicada em ato do Ministério da Saúde; e

II – 10% (dez por cento) do valor total das bolsas percebidas pelo médico participante no período de 48 (quarenta e oito) meses, se atuar nas demais áreas de difícil fixação.

§ 1º No ato de adesão ao Projeto Mais Médicos para o Brasil, o médico participante poderá optar por uma das seguintes condições de recebimento da indenização prevista no *caput* deste artigo:

I – em 2 (duas) parcelas, da seguinte forma:

a) 30% (trinta por cento) do total da indenização após 36 (trinta e seis) meses de permanência no Projeto, contados da data de sua entrada em exercício; e

b) 70% (setenta por cento) do total da indenização após 48 (quarenta e oito) meses de permanência no Projeto, contados da data de sua entrada em exercício; ou

II – em parcela única, após 48 (quarenta e oito) meses de permanência no Projeto, contados da data de sua entrada em exercício.

§ 2º O médico participante fará jus ao recebimento da indenização de que trata o *caput* deste artigo quando atendidos os seguintes requisitos:

I – cumprimento dos prazos estabelecidos nesta Lei;

II – aprovação em todas as atividades educacionais oferecidas pelo Projeto; e

III – cumprimento dos deveres estabelecidos em ato do Ministério da Saúde.

§ 3º Será dado ao médico, antes de sua adesão ao Projeto Mais Médicos para o Brasil, o conhecimento sobre os deveres de que trata o inciso III do § 2º deste artigo.

Art. 19-B. O médico participante do Projeto Mais Médicos para o Brasil que tiver realizado graduação em Medicina financiada pelo Fundo de Financiamento Estudantil (Fies), nos termos da Lei nº 10.260, de 12 de julho de 2001, poderá requerer indenização diferenciada por atuação em área de difícil fixação, em substituição à indenização prevista no art. 19-A desta Lei.

▸ Artigo acrescido pela Lei 14.621/2023.

§ 1º O valor total da indenização diferenciada de que trata o *caput* deste artigo corresponderá a:

I – 80% (oitenta por cento) da quantia a ser percebida pelo médico participante no período de 48 (quarenta e oito) meses, se atuar em área de vulnerabilidade indicada em ato do Ministério da Saúde; ou

II – 40% (quarenta por cento) da quantia a ser percebida pelo médico participante no período de 48 (quarenta e oito) meses, se atuar nas demais áreas de difícil fixação.

§ 2º A indenização diferenciada de que trata o *caput* deste artigo será paga em 4 (quatro) parcelas, da seguinte forma:

I – 10% (dez por cento) do total da indenização após 12 (doze) meses de exercício contínuo no Projeto, contados da data de sua entrada em exercício;

II – 10% (dez por cento) do total da indenização após 24 (vinte e quatro) meses de exercício contínuo no Projeto, contados da data de sua entrada em exercício;

III – 10% (dez por cento) do total da indenização após 36 (trinta e seis) meses de exercício contínuo no Projeto, contados da data de sua entrada em exercício; e

IV – 70% (setenta por cento) do total da indenização após 48 (quarenta e oito) meses de exercício contínuo no Projeto, contados da data de sua entrada em exercício.

§ 3º O número de vagas disponíveis anualmente para adesão à indenização de que trata o *caput* deste artigo será estabelecido em ato do Ministério da Saúde.

§ 4º O recebimento da indenização de que trata o *caput* deste artigo está condicionado a requerimento do interessado, de acordo com o disposto no regulamento.

§ 5º A indenização de que trata o *caput* deste artigo, considerado o seu valor total, poderá ser recebida somente 1 (uma) vez por participante.

§ 6º Será dado ao médico, previamente à sua adesão ao Projeto Mais Médicos para o Brasil, conhecimento sobre o número de vagas disponíveis para a indenização de que trata o *caput* deste artigo e as regras dispostas no regulamento referido no § 4º deste artigo.

Art. 19-C. Para fins de gozo dos benefícios de que tratam os arts. 19-A e 19-B, os períodos de licença-maternidade, de licença-paternidade e o de afastamento do local de trabalho por até 6 (seis) meses assegurado no inciso II do § 2º do art. 9º da Lei nº 11.340, de 7 de agosto de 2006, serão computados no prazo de participação dos médicos no Projeto Mais Médicos para o Brasil, excluídos os demais afastamentos.

▸ Artigo acrescido pela Lei 14.621/2023.

Art. 19-D. As bolsas e as indenizações estabelecidas no âmbito do Projeto Mais Médicos para o Brasil:

▸ Artigo acrescido pela Lei 14.621/2023.

I – não representam vínculo empregatício com a União;

II – não implicam incorporação aos vencimentos dos profissionais para quaisquer efeitos legais;

III – caracterizam doação com encargos;

IV – não podem ser utilizadas como base de cálculo para recebimento de outros benefícios, inclusive para fins previdenciários;

V – não caracterizam contraprestação de serviços nem vantagem para o doador nos termos do art. 26 da Lei nº 9.250, de 26 de dezembro de 1995; e

VI – não caracterizam contraprestação de serviços nos termos do art. 22 da Lei nº 8.212, de 24 de julho de 1991.

▸ Este inciso VI entrará em vigor em 1º.01.2024 de acordo com o artigo 8º da Lei 14.621/2023.

Parágrafo único. As bolsas e as indenizações a que se refere o *caput* deste artigo serão pagas em igual valor e de forma direta a todos os médicos participantes.

Art. 20. O médico participante enquadra-se como segurado obrigatório do Regime Geral de Previdência Social (RGPS), na condição de contribuinte individual, na forma da Lei 8.212, de 24 de julho de 1991.

Parágrafo único. *Revogado pela Lei 14.621/2023.*

§ 1º A médica participante que estiver em gozo de licença-maternidade fará jus à complementação, pelo Projeto Mais Médicos para o Brasil, do benefício concedido pelo Instituto Nacional do Seguro Social (INSS), no valor correspondente à diferença entre a bolsa e o benefício previdenciário recebido, durante o período de 6 (seis) meses.

§ 2º Será concedida licença-paternidade de 20 (vinte) dias consecutivos ao médico participante, pelo nascimento ou pela adoção de filho.

§ 3º O disposto no *caput* deste artigo não se aplica a médicos intercambistas que aderirem a regime de seguridade social em seu país de origem caso esse país mantenha acordo internacional de seguridade social com a República Federativa do Brasil.

§ 4º Será concedido horário especial, definido em ato do Ministério da Saúde, ao médico participante com deficiência ou que tenha cônjuge, filho ou dependente com deficiência, comprovada a necessidade por junta médica oficial, sem exigência de compensação de horário.

▸ §§ 1º a 4º acrescidos pela Lei 14.621/2023.

Art. 21. Poderão ser aplicadas as seguintes penalidades aos médicos participantes do Projeto Mais Médicos para o Brasil que descumprirem o disposto nesta Lei e nas normas complementares:

I – advertência;

II – suspensão; e

III – desligamento das ações de aperfeiçoamento.

§ 1º Na hipótese do inciso III do *caput*, poderá ser exigida a restituição dos valores recebidos a título de bolsa, ajuda de custo e aquisição de passagens, acrescidos de atualização monetária, conforme definido em ato conjunto dos Ministros de Estado da Educação e da Saúde.

§ 2º Na aplicação das penalidades previstas neste artigo, serão consideradas a natureza e a gravidade da infração cometida, assegurados o contraditório e a ampla defesa.

§ 3º No caso de médico intercambista, o desligamento do Programa implicará o cancelamento do registro único no Ministério da Saúde e do registro de estrangeiro.

§ 4º Para fins do disposto no § 3º, a coordenação do Projeto Mais Médicos para o Brasil comunicará o desligamento do médico participante ao CRM e ao Ministério da Justiça.

Art. 22. As demais ações de aperfeiçoamento na área de Atenção Básica em saúde em regiões prioritárias para o SUS, voltadas especificamente para os médicos formados em instituições de educação superior brasileiras ou com diploma revalidado, serão desenvolvidas por meio de projetos e programas dos Ministérios da Saúde e da Educação.

§ 1º As ações de aperfeiçoamento de que trata o *caput* serão realizadas por meio de instrumentos de incentivo e mecanismos de integração ensino-serviço.

§ 2º O candidato que tiver participado das ações previstas no *caput* deste artigo e tiver cumprido integralmente aquelas ações, desde que realizado o programa em 1 (um) ano, receberá pontuação adicional de 10% (dez por cento) na nota de todas as fases ou da fase única do processo de seleção pública dos Programas de Residência Médica a que se refere o art. 2º da Lei 6.932, de 1981.

§ 3º A pontuação adicional de que trata o § 2º não poderá elevar a nota final do candidato para além da nota máxima prevista no edital do processo seletivo referido no § 2º deste artigo.

§ 4º O disposto nos §§ 2º e 3º terá validade até a implantação do disposto no parágrafo único do art. 5º desta Lei.

§ 5º Aplica-se o disposto nos arts. 17, 19, 20 e 21 aos projetos e programas de que trata o *caput*.

§ 6º A Residência em Medicina de Família e Comunidade em instituição devidamente credenciada pela Comissão Nacional de Residência Médica, em conformidade com a matriz de competência da especialidade, corresponde a uma das ações de aperfeiçoamento da Atenção Básica previstas no *caput* deste artigo.

▸ § 6º acrescido pela Lei 14.621/2023.

Art. 22-A. Ao médico participante de Programa de Residência em Medicina de Família e Comunidade que cumprir, de forma ininterrupta, os 24 (vinte e quatro) meses de formação com aprovação para obtenção de título de especialista e que tiver realizado a graduação em Medicina financiada pelo Fies, nos termos da Lei nº 10.260, de 12 de julho de 2001, será concedida indenização por formação em especialidades estratégicas para o SUS, de valor monetário correspondente ao seu saldo devedor do Fies no momento de ingresso no Programa de Residência.

▸ Artigo acrescido pela Lei 14.621/2023.

§ 1º O número de vagas disponíveis anualmente para adesão à indenização de que trata o *caput* deste artigo será estabelecido em ato conjunto do Ministro de Estado da Saúde e do Ministro de Estado da Educação.

§ 2º O recebimento da indenização de que trata o *caput* deste artigo é condicionado ao requerimento do interessado, de acordo com o disposto no regulamento.

§ 3° A indenização de que trata o *caput* deste artigo, considerado o seu valor total, poderá ser recebida somente 1 (uma) vez por participante.

§ 4° Será dado ao médico, previamente à sua adesão ao Projeto Mais Médicos para o Brasil, conhecimento sobre o número de vagas disponíveis para a indenização de que trata o *caput* deste artigo e sobre as regras dispostas no regulamento referido no § 2° deste artigo.

Art. 22-B. Serão desenvolvidos processos de monitoramento e de avaliação sobre a efetividade do Projeto Mais Médicos para o Brasil na formação dos médicos participantes, na alocação e fixação dos profissionais em áreas de difícil acesso e na melhoria dos indicadores de saúde da população.

▸ Artigo acrescido pela Lei 14.621/2023.

§ 1° A coordenação do Programa Mais Médicos manterá sítio na internet em que divulgará dados e informações sobre o Projeto Mais Médicos para o Brasil, entre os quais:

I – dados e indicadores atualizados, definidos em regulamento, nacionais e por localidade, sobre a implementação e a efetividade do Projeto Mais Médicos para o Brasil;

II – relatório circunstanciado anual com os resultados dos processos de monitoramento e de avaliação.

§ 2° Inclui-se nos processos de monitoramento e de avaliação dispostos no *caput* deste artigo a pesquisa de satisfação dos usuários do SUS acerca da disponibilidade de médicos e da humanização da atenção à saúde.

Art. 22-C. A fim de conferir agilidade na alocação de médicos, o Ministério da Saúde poderá implantar critério de seleção para redistribuição de médicos inscritos no mesmo Estado onde houver vagas não preenchidas.

▸ Artigo acrescido pela Lei 14.621/2023.

CAPÍTULO V
DISPOSIÇÕES FINAIS

Art. 23. Para execução das ações previstas nesta Lei, os Ministérios da Educação e da Saúde poderão firmar acordos e outros instrumentos de cooperação com organismos internacionais, instituições de educação superior nacionais e estrangeiras, órgãos e entidades da administração pública direta e indireta da União, dos Estados, do Distrito Federal dos Municípios, consórcios públicos e entidades privadas, inclusive com transferência de recursos.

Art. 23-A. Será reincorporado ao Projeto Mais Médicos para o Brasil, na forma do inciso II do *caput* do art. 13 desta Lei, pelo prazo improrrogável de 2 (dois) anos, o médico intercambista que atender cumulativamente aos seguintes requisitos:

▸ Artigo acrescido pela Lei 13.958/2019.

I – estar no exercício de suas atividades, no dia 13 de novembro de 2018, no âmbito do Projeto Mais Médicos para o Brasil, em razão do 80° Termo de Cooperação Técnica para implementação do Projeto Ampliação do Acesso da População Brasileira à Atenção Básica em Saúde, firmado entre o Governo da República Federativa do Brasil e a Organização Pan-Americana da Saúde/Organização Mundial da Saúde;

II – ter sido desligado do Projeto Mais Médicos para o Brasil em virtude da ruptura do acordo de cooperação entre o Ministério da Saúde Pública de Cuba e a Organização Pan-Americana da Saúde/Organização Mundial da Saúde para a oferta de médicos para esse Projeto; e

III – ter permanecido no território nacional até a data de publicação da Medida Provisória 890, de 1° de agosto de 2019, na condição de naturalizado, residente ou com pedido de refúgio.

Art. 24. São transformadas, no âmbito do Poder Executivo, sem aumento de despesa, 117 (cento e dezessete) Funções Comissionadas Técnicas (FCTs), criadas pelo art. 58 da Medida Provisória 2.229-43, de 6 de setembro de 2001, do nível FCT-13, em 10 (dez) cargos em comissão do Grupo-Direção e Assessoramento Superiores (DAS), sendo 2 (dois) DAS-5 e 8 (oito) DAS-4.

Art. 25. São os Ministérios da Saúde e da Educação autorizados a contratar, mediante dispensa de licitação, instituição financeira oficial federal para realizar atividades relacionadas aos pagamentos das bolsas, das ajudas de custo e das indenizações de que trata esta Lei.

▸ Artigo com redação pela Lei 14.621/2023.

Art. 26. São a Empresa Brasileira de Serviços Hospitalares (EBSERH) e o Hospital de Clínicas de Porto Alegre (HCPA) autorizados a conceder bolsas para ações de saúde, a ressarcir despesas, a adotar outros mecanismos de incentivo a suas atividades institucionais e a promover as ações necessárias ao desenvolvimento do Programa Mais Médicos, observada a Lei 12.550, de 15 de dezembro de 2011.

Art. 27. Será concedida bolsa para atividades de preceptoria nas ações de formação em serviço nos cursos de graduação e residência médica ofertados pelas instituições federais de educação superior ou pelo Ministério da Saúde.

§ 1° Integram as diretrizes gerais para o processo de avaliação de desempenho para fins de progressão e de promoção de que trata o § 4° do art. 12 da Lei 12.772, de 28 de dezembro de 2012, a serem estabelecidas em ato do Ministério da Educação, o exercício profissional no SUS, na área de docência do professor, a preceptoria de que trata esta Lei e o exercício de atividade nos programas definidos como prioritários pelo Ministério da Saúde.

§ 2° Com vistas a assegurar a universalização dos programas de residência médica prevista no art. 5° desta Lei, poderão ser adotadas medidas que ampliem a formação de preceptores de residência médica.

Art. 28. Os médicos participantes e seus dependentes legais são isentos do pagamento das taxas e dos emolumentos previstos nos arts. 20, 33 e 131 da Lei 6.815, de 19 de agosto de 1980, e no Decreto-Lei 2.236, de 23 de janeiro de 1985.

▸ A Lei 6.815/1980 foi revogada pela Lei 13.445/2017 (Lei de Migração).

Art. 29. Para os efeitos do art. 26 da Lei 9.250, de 26 de dezembro de 1995, os valores percebidos a título de bolsa previstos nesta Lei e na Lei 11.129, de 30 de junho de 2005, não caracterizam contraprestação de serviços.

Art. 30. O quantitativo dos integrantes dos projetos e programas de aperfeiçoamento de que trata esta Lei observará os limites dos recursos orçamentários disponíveis.

§ 1° O quantitativo de médicos estrangeiros no Projeto Mais Médicos para o Brasil não poderá exceder o patamar máximo de 10% (dez por cento) do número de médicos brasileiros com inscrição definitiva nos CRMs.

§ 2° O SUS terá o prazo de 5 (cinco) anos para dotar as unidades básicas de saúde com qualidade de equipamentos e infraestrutura, a serem definidas nos planos plurianuais. § 3° As despesas decorrentes da execução dos projetos e programas previstos nesta Lei correrão à conta de dotações orçamentárias destinadas aos Ministérios da Educação, da Defesa e da Saúde, consignadas no orçamento geral da União.

Art. 31. Os Ministros de Estado da Educação e da Saúde poderão editar normas complementares para o cumprimento do disposto nesta Lei.

Art. 32. A Advocacia-Geral da União atuará, nos termos do art. 22 da Lei 9.028, de 12 de abril de 1995, na representação judicial e extrajudicial dos profissionais designados para a função de supervisor médico e de tutor acadêmico prevista nos incisos II e III do art. 15.

Art. 33. A Lei 8.745, de 9 de dezembro de 1993, passa a vigorar com as seguintes alterações:

▸ Alterações incorporadas no texto da referida Lei.

Art. 34. O art. 1° da Lei 6.932, de 7 de julho de 1981, passa a vigorar acrescido dos seguintes §§ 3°, 4° e 5°:

▸ Alterações incorporadas no texto da referida Lei.

Art. 35. As entidades ou as associações médicas que até a data de publicação desta Lei ofertam cursos de especialização não caracterizados como Residência Médica encaminharão as relações de registros de títulos de especialistas para o Ministério da Saúde, para os fins previstos no § 5° do art. 1° da Lei 6.932, de 1981.

▸ Dec. 8.516/2015 (Regulamenta a formação do Cadastro Nacional de Especialistas).

Art. 36. Esta Lei entra em vigor na data de sua publicação.

Brasília, 22 de outubro de 2013; 192° da Independência e 125° da República.

Dilma Rousseff

LEI 13.103, DE 2 DE MARÇO DE 2015

Dispõe sobre o exercício da profissão de motorista; altera a Consolidação das Leis do Trabalho – CLT, aprovada pelo Decreto-Lei 5.452, de 1° de maio de 1943, e as Leis 9.503, de 23 de setembro de 1997 – Código de Trânsito Brasileiro, e 11.442, de 5 de janeiro de 2007 (empresas e transportadores autônomos de carga), para disciplinar a jornada de trabalho e o tempo de direção do motorista profissional; altera a Lei 7.408, de 25 de novembro de 1985; revoga dispositivos da Lei 12.619, de 30 de abril de 2012; e dá outras providências.

DOU 03.03.2015

A Presidenta da República:

Faço saber que o Congresso Nacional decreta e eu sanciono a seguinte Lei:

Art. 1° É livre o exercício da profissão de motorista profissional, atendidas as condições e qualificações profissionais estabelecidas nesta Lei.

Parágrafo único. Integram a categoria profissional de que trata esta Lei os motoristas de veículos automotores cuja condução exija formação profissional e que exerçam a profissão nas seguintes atividades ou categorias econômicas:

I – de transporte rodoviário de passageiros;

II – de transporte rodoviário de cargas.

Art. 2° São direitos dos motoristas profissionais de que trata esta Lei, sem prejuízo de outros previstos em leis específicas:

I – ter acesso gratuito a programas de formação e aperfeiçoamento profissional, preferencialmente mediante cursos técnicos e especializados previstos no inciso IV do art. 145 da Lei 9.503, de 23 de setembro de 1997 – Código de Trânsito Brasileiro, normatizados pelo Conselho Nacional de Trânsito – CONTRAN, em cooperação com o poder público;

II – contar, por intermédio do Sistema Único de Saúde – SUS, com atendimento profilático, terapêutico, reabilitador, especialmente em relação às enfermidades que mais os acometam;

III – receber proteção do Estado contra ações criminosas que lhes sejam dirigidas no exercício da profissão;

IV – contar com serviços especializados de medicina ocupacional, prestados por entes públicos ou privados à sua escolha;

V – se empregados:

a) não responder perante o empregador por prejuízo patrimonial decorrente da ação de terceiro, ressalvado o dolo ou a desídia do motorista, nesses casos mediante comprovação, no cumprimento de suas funções;

b) ter jornada de trabalho controlada e registrada de maneira fidedigna mediante anotação em diário de bordo, papeleta ou ficha de trabalho externo, ou sistema e meios eletrônicos instalados nos veículos, a critério do empregador; e

c) ter benefício de seguro de contratação obrigatória assegurado e custeado pelo empregador, destinado à cobertura de morte natural, morte por acidente, invalidez total ou parcial decorrente de acidente, traslado e auxílio para funeral referentes às suas atividades, no valor mínimo correspondente a 10 (dez) vezes o piso salarial de sua categoria ou valor superior fixado em convenção ou acordo coletivo de trabalho.

Art. 3° Aos motoristas profissionais dependentes de substâncias psicoativas é assegurado o pleno atendimento pelas unidades de saúde municipal, estadual e federal, no âmbito do Sistema Único de Saúde, podendo ser realizados convênios com entidades privadas para o cumprimento da obrigação.

Art. 4° O § 5° do art. 71 da Consolidação das Leis do Trabalho – CLT, aprovada pelo Decreto-Lei 5.452, de 1° de maio de 1943, passa a vigorar com a seguinte redação:

▸ Alterações incorporadas no texto da referida Lei.

Art. 5° O art. 168 da Consolidação das Leis do Trabalho – CLT, aprovada pelo Decreto-Lei 5.452, de 1° de maio de 1943, passa a vigorar com as seguintes alterações:

▸ Alterações incorporadas no texto da referida Lei.

Art. 6° A Seção IV–A do Capítulo I do Título III da Consolidação das Leis do Trabalho – CLT, aprovada pelo Decreto-Lei 5.452, de 1° de maio de 1943, passa a vigorar com as seguintes alterações:

▸ Alterações incorporadas no texto da referida Lei.

(...)

Art. 9° As condições de segurança, sanitárias e de conforto nos locais de espera, de repouso e de descanso dos motoristas profissionais de transporte rodoviário de passageiros e rodoviário de cargas terão que obedecer ao disposto em normas regulamentadoras pelo ente competente.

▸ Decreto 8.433/2015 (Dispõe sobre a regulamentação dos art. 9° a art. 12, art. 17 e art. 22 da Lei 13.103, de 2 de março de 2015).

§ 1° É vedada a cobrança ao motorista ou ao seu empregador pelo uso ou permanência em locais de espera sob a responsabilidade de:

I – transportador, embarcador ou consignatário de cargas;

II – operador de terminais de cargas;

III – aduanas;

IV – portos marítimos, lacustres, fluviais e secos;

V – terminais ferroviários, hidroviários e aeroportuários.

§ 2° Os locais de repouso e descanso dos motoristas profissionais serão, entre outros, em:

I – estações rodoviárias;

II – pontos de parada e de apoio;

III – alojamentos, hotéis ou pousadas;

IV – refeitórios das empresas ou de terceiros;

V – postos de combustíveis.

§ 3º Será de livre iniciativa a implantação de locais de repouso e descanso de que trata este artigo.

§ 4º A estrita observância às Normas Regulamentadoras do Ministério do Trabalho e Emprego, no que se refere aos incisos II, III, IV e V do § 2º, será considerada apenas quando o local for de propriedade do transportador, do embarcador ou do consignatário de cargas, bem como nos casos em que esses mantiverem com os proprietários destes locais contratos que os obriguem a disponibilizar locais de espera e repouso aos motoristas profissionais.

Art. 10. O poder público adotará medidas, no prazo de até 5 (cinco) anos a contar da vigência desta Lei, para ampliar a disponibilidade dos espaços previstos no art. 9º, especialmente:

▶ Decreto 8.433/2015 (Dispõe sobre a regulamentação dos art. 9º a art. 12, art. 17 e art. 22 da Lei 13.103, de 2 de março de 2015).

I – a inclusão obrigatória de cláusulas específicas em contratos de concessão de exploração de rodovias, para concessões futuras ou renovação;

II – a revisão das concessões de exploração das rodovias em vigor, de modo a adequá-las à previsão de construção de pontos de parada de espera e descanso, respeitado o equilíbrio econômico-financeiro dos contratos;

III – a identificação e o cadastramento de pontos de paradas e locais para espera, repouso e descanso que atendam aos requisitos previstos no art. 9º desta Lei;

IV – a permissão do uso do bem público nas faixas de domínio das rodovias sob sua jurisdição, vinculadas à implementação de locais de espera, repouso e descanso e pontos de paradas, de trevos ou acessos a esses locais;

V – a criação de linha de crédito para apoio à implantação dos pontos de paradas.

Parágrafo único. O poder público apoiará ou incentivará, em caráter permanente, a implantação pela iniciativa privada de locais de espera, pontos de parada e de descanso.

Art. 11. Atos do órgão competente da União ou, conforme o caso, da autoridade do ente da federação com circunscrição sobre a via publicarão a relação de trechos das vias públicas que disponham de pontos de parada ou de locais de descanso adequados para o cumprimento desta Lei.

▶ Decreto 8.433/2015 (Dispõe sobre a regulamentação dos art. 9º a art. 12, art. 17 e art. 22 da Lei 13.103, de 2 de março de 2015).

§ 1º A primeira relação dos trechos das vias referidas no *caput* será publicada no prazo de até 180 (cento e oitenta) dias a contar da data da publicação desta Lei.

§ 2º As relações de trechos das vias públicas de que trata o *caput* deverão ser ampliadas e revisadas periodicamente.

§ 3º Os estabelecimentos existentes nas vias poderão requerer no órgão competente com jurisdição sobre elas o seu reconhecimento como ponto de parada e descanso.

▶ Portaria 326/2015 do MT (Dispõe sobre os procedimentos gerais para o reconhecimento dos pontos de parada e descanso em rodovias federais).

Art. 12. O disposto nos §§ 2º e 3º do art. 235–C do Capítulo III da Consolidação das Leis do Trabalho – CLT, aprovada pelo Decreto–Lei 5.452, de 1º de maio de 1943, e no *caput* e nos §§ 1º e 3º do art. 67–C do Capítulo III–A da Lei 9.503, de 23 de setembro de 1997 – Código de Trânsito Brasileiro, produzirá efeitos:

▶ Decreto 8.433/2015 (Dispõe sobre a regulamentação dos art. 9º a art. 12, art. 17 e art. 22 da Lei 13.103, de 2 de março de 2015).

I – a partir da data da publicação dos atos de que trata o art. 11, para os trechos das vias deles constantes;

II – a partir da data da publicação das relações subsequentes, para as vias por elas acrescidas.

Parágrafo único. Durante os primeiros 180 (cento e oitenta) dias de sujeição do trecho ao disposto na Consolidação das Leis do Trabalho – CLT, aprovada pelo Decreto–Lei 5.452, de 1º de maio de 1943, e na Lei 9.503, de 23 de setembro de 1997 – Código de Trânsito Brasileiro, com as alterações constantes desta Lei, a fiscalização do seu cumprimento será meramente informativa e educativa.

Art. 13. O exame toxicológico com janela de detecção mínima de 90 (noventa) dias de que tratam o art. 148–A da Lei 9.503, de 23 de setembro de 1997 – Código de Trânsito Brasileiro, os §§ 6º e 7º do art. 168 e o inciso VII do art. 235–B da Consolidação das Leis do Trabalho – CLT, aprovada pelo Decreto–Lei 5.452, de 1º de maio de 1943, será exigido:

I – em 90 (noventa) dias da publicação desta Lei, para a renovação e habilitação das categorias C, D e E;

II – em 1 (um) ano a partir da entrada em vigor desta Lei, para a admissão e a demissão de motorista profissional;

III – em 3 (três) anos e 6 (seis) meses a partir da entrada em vigor desta Lei, para o disposto no § 2º do art. 148–A da Lei 9.503, de 23 de setembro de 1997;

IV – em 2 (dois) anos e 6 (seis) meses a partir da entrada em vigor desta Lei, para o disposto no § 3º do art. 148–A da Lei 9.503, de 23 de setembro de 1997.

Parágrafo único. Caberá ao Contran estabelecer adequações necessárias ao cronograma de realização dos exames.

Art. 14. Decorrido o prazo de 3 (três) anos a contar da publicação desta Lei, os seus efeitos dar-se-ão para todas as vias, independentemente da publicação dos atos de que trata o art. 11 ou de suas revisões.

(...)

Art. 17. Em todo o território nacional, os veículos de transporte de cargas que circularem vazios ficarão isentos da cobrança de pedágio sobre os eixos que mantiverem suspensos.

▶ *Caput* com redação pela Lei 13.711/2018.
▶ Decreto 8.433/2015 (Dispõe sobre a regulamentação dos art. 9º a art. 12, art. 17 e art. 22 da Lei 13.103, de 2 de março de 2015).

§ 1º O disposto no *caput* deste artigo abrange as vias terrestres federais, estaduais, distritais e municipais, inclusive as concedidas.

▶ § 1º acrescido pela Lei 13.711/2018.

§ 2º Os órgãos e as entidades competentes da União, dos Estados, do Distrito Federal e dos Municípios disporão sobre as medidas técnicas e operacionais para viabilizar a isenção de que trata o *caput* deste artigo.

▶ § 2º acrescido pela Lei 13.711/2018.

§ 3º Até a implementação das medidas a que se refere o § 2º deste artigo, considerar-se-ão vazios os veículos de transporte de carga que transpuserem as praças de pedágio com um ou mais eixos mantidos suspensos, assegurada a fiscalização dessa condição pela autoridade com circunscrição sobre a via ou pelo agente designado na forma prevista no § 4º do art. 280 da Lei 9.503, de 23 de setembro de 1997 (Código de Trânsito Brasileiro).

▶ § 3º acrescido pela Lei 13.711/2018.

§ 4º Para as vias rodoviárias federais concedidas ou delegadas, será adotada a regulamentação da Agência Nacional de Transportes Terrestres (ANTT).

▶ § 4º acrescido pela Lei 13.711/2018.

§ 5º Ficam sujeitos à penalidade prevista no art. 209 da Lei 9.503, de 23 de setembro de 1997 (Código de Trânsito Brasileiro), os veículos de transporte de cargas que circularem com eixos indevidamente suspensos.

▶ § 5º acrescido pela Lei 13.711/2018.

§ 6º O aumento do valor do pedágio para os usuários da rodovia a fim de compensar a isenção de que trata o *caput* deste artigo somente será adotado após esgotadas as demais alternativas de reequilíbrio econômico--financeiro dos contratos.

▶ § 6º acrescido pela Lei 13.711/2018.

Art. 18. O embarcador indenizará o transportador por todos os prejuízos decorrentes de infração por transporte de carga com excesso de peso em desacordo com a nota fiscal, inclusive as despesas com transbordo de carga.

Art. 19. Fica instituído o Programa de Apoio ao Desenvolvimento do Transporte de Cargas Nacional – PROCARGAS, cujo objetivo principal é estimular o desenvolvimento da atividade de transporte terrestre nacional de cargas.

Parágrafo único. O Procargas tem como finalidade o desenvolvimento de programas visando à melhoria do meio ambiente de trabalho no setor de transporte de cargas, especialmente as ações de medicina ocupacional para o trabalhador.

Art. 20. Fica permitida a concessão de Autorização Especial de Trânsito – AET – para composição de veículos boiadeiros articulados (Romeu e Julieta) com até 25 m de comprimento, sendo permitido a estes veículos autorização para transitar em qualquer horário do dia.

Art. 21. Ficam revogados os arts. 1º, 2º e 9º da Lei 12.619, de 30 de abril de 2012.

Art. 22. Ficam convertidas em sanção de advertência:

▶ Decreto 8.433/2015 (Dispõe sobre a regulamentação dos art. 9º a art. 12, art. 17 e art. 22 da Lei 13.103, de 2 de março de 2015).

I – as penalidades decorrentes de infrações ao disposto na Lei 12.619, de 30 de abril de 2012, que alterou a Consolidação das Leis do Trabalho – CLT, aprovada pelo Decreto–Lei 5.452, de 1º de maio de 1943, e a Lei 9.503, de 23 de setembro de 1997 – Código de Trânsito Brasileiro, aplicadas até a data da publicação desta Lei; e

II – as penalidades por violação do inciso V do art. 231 da Lei 9.503, de 23 de setembro de 1997 – Código de Trânsito Brasileiro, aplicadas até 2 (dois) anos antes da entrada em vigor desta Lei.

Brasília, 2 de março de 2015; 194º da Independência e 127º da República.

Dilma Rousseff

RESOLUÇÃO 525, DE 29 DE ABRIL DE 2015, DO CONSELHO NACIONAL DE TRÂNSITO – CONTRAN

Dispõe sobre a fiscalização do tempo de direção do motorista profissional de que trata os artigos 67-A, 67-C e 67-E, incluídos no Código de Trânsito Brasileiro – CTB, pela Lei 13.103, de 2 de março de 2015, e dá outras providências.

DOU 30.04.2015

O Conselho Nacional De Trânsito (CONTRAN), usando da competência que lhe confere o artigo 12 da Lei 9.503, de 23 de setembro de 1997, que instituiu o Código de Trânsito Brasileiro (CTB), e conforme o Decreto 4.711, de 29 de maio de 2003, que dispõe sobre a coordenação do Sistema Nacional de Trânsito (SNT); e

Considerando a publicação da Lei 13.103, de 02 de março de 2015, que dispõe sobre o exercício da profissão de motorista; altera a Consolidação das Leis do Trabalho – CLT, aprovada pelo Decreto-Lei 5.452, de 1º de maio de 1943, e as Leis 9.503, de 23 de setembro de 1997 – Código de Trânsito Brasileiro, e 11.442, de 5 de janeiro de 2007 (empresas e transportadores autônomos de carga), para disciplinar a jornada de trabalho e o tempo de direção do motorista profissional; altera a Lei 7.408, de 25 de novembro de 1985; revoga dispositivos da Lei 12.619, de 30 de abril de 2012; e dá outras providências;

Considerando o disposto na Lei 10.350, de 21 de dezembro de 2001, que definiu motorista profissional como o condutor que exerce atividade remunerada ao veículo;

Considerando o disposto na Lei 7.290, de 19 de dezembro de 1984, que define a atividade do Transportador Rodoviário Autônomo de Bens e dá outras providências;

Considerando o disposto na Lei 11.442, de 05 de janeiro de 2007, que define o Transportador Autônomo de Cargas – TAC como a pessoa física que exerce sua atividade profissional mediante remuneração;

Considerando que o registrador instantâneo e inalterável de velocidade e tempo é obrigatório em todos os veículos mencionados no inciso II do artigo 105, do CTB;

Considerando a necessidade de redução da ocorrência de acidentes de trânsito e de vítimas fatais nas vias públicas envolvendo veículos de transporte de escolares, de passageiros e de cargas;

Considerando a necessidade de regulamentação dos meios a serem utilizados para a comprovação do registro do tempo de direção e repouso nos termos da Lei 13.103, de 02 de março de 2015;

Considerando o disposto no artigo 8º da Lei Complementar 121, de 9 de fevereiro de 2006, que cria o Sistema Nacional de Prevenção, Fiscalização e Repressão ao Furto e Roubo de Veículos e dá outras providências; e

Considerando o que consta no processo 80020.002766/2015-14; resolve:

Art. 1º Estabelecer os procedimentos para fiscalização do tempo de direção e descanso do motorista profissional na condução dos veículos de transporte e de condução de escolares, de transporte de passageiros com mais de 10 (dez lugares) e de carga com peso bruto total superior a 4.536 (quatro mil e quinhentos e trinta e seis) quilogramas, para cumprimento das disposições da Lei 13.103, de 02 de março de 2015.

Parágrafo único. Para efeito desta Resolução, serão adotadas as seguintes definições: Não se altera.

I – motorista profissional: condutor que exerce atividade remunerada ao veículo.

II – tempo de direção: período em que o condutor estiver efetivamente ao volante de um veículo em movimento.

III – intervalo de descanso: período de tempo em que o condutor estiver efetivamente cumprindo o descanso estabelecido nesta Resolução, comprovado por meio dos documentos previstos no art. 2º, não computadas as interrupções involuntárias, tais como as decorrentes de engarrafamentos, semáforo e sinalização de trânsito.

IV – ficha de trabalho do autônomo: ficha de controle do tempo de direção e do intervalo de descanso do motorista profissional autônomo, que deverá sempre acompanhá-lo no exercício de sua profissão.

Art. 2º A fiscalização do tempo de direção e do intervalo de descanso do motorista profissional dar-se-á por meio:

I – Análise do disco ou fita diagrama do registrador instantâneo e inalterável de velocidade e tempo ou de outros meios eletrônicos idôneos instalados no veículo, na forma regulamentada pelo CONTRAN; ou

II – Verificação do diário de bordo, papeleta ou ficha de trabalho externo, fornecida pelo empregador; ou

III – Verificação da ficha de trabalho do autônomo, conforme Anexo I desta Resolução.

§ 1º A fiscalização por meio dos documentos previstos nos incisos II e III somente será feita quando da impossibilidade da comprovação por meio do disco ou fita diagrama do registrador instantâneo e inalterável de velocidade e tempo do próprio veículo fiscalizado.

§ 2º O motorista profissional autônomo deverá portar a ficha de trabalho das últimas 24 (vinte quatro) horas.

§ 3º Os documentos previstos nos incisos II e III deverão possuir espaço, no verso ou anverso, para que o agente de trânsito possa registrar, no ato da fiscalização, seu nome e matrícula, data, hora e local da fiscalização, quando for o caso, o número do auto de infração.

§ 4º Para controle do tempo de direção e do intervalo de descanso, quando a fiscalização for efetuada de acordo com o inciso I, deverá ser descontado da medição realizada, o erro máximo admitido de 2 (dois) minutos a cada 24 (vinte e quatro) horas e 10 (dez) minutos a cada 7 (sete) dias.

§ 5º Os documentos previstos nos incisos II e III servirão como autorização de transporte prevista no artigo 8º da Lei Complementar 121, de 9 de fevereiro de 2006, desde que contenham o carimbo e assinatura do representante legal da empresa.

Art. 3º O motorista profissional, no exercício de sua profissão e na condução de veículos mencionados no *caput* do art. 1º, fica submetido às seguintes condições, conforme estabelecido nos arts. 67-C e 67-E da Lei 13.103, de 2015:

I – É vedado ao motorista profissional dirigir por mais de 5 (cinco) horas e meia ininterruptas veículos de transporte rodoviário coletivo de passageiros ou de transporte rodoviário de cargas;

II – Serão observados 30 (trinta) minutos para descanso dentro de cada 6 (seis) horas na condução de veículo de transporte de carga, sendo facultado o seu fracionamento e o do tempo de direção desde que não ultrapassadas 5 (cinco) horas e meia contínuas no exercício da condução;

III – Serão observados 30 (trinta) minutos para descanso a cada 4 (quatro) horas na condução de veículo rodoviário de passageiros, sendo facultado o seu fracionamento e o do tempo de direção;

IV – Em situações excepcionais de inobservância justificada do tempo de direção, devidamente registradas, o tempo de direção poderá ser elevado pelo período necessário para que o condutor, o veículo e a carga cheguem a um lugar que ofereça a segurança e o atendimento demandados, desde que não haja comprometimento da segurança rodoviária;

V – O condutor é obrigado, dentro do período de 24 (vinte e quatro) horas, a observar o mínimo de 11 (onze) horas de descanso, que podem ser fracionadas, usufruídas no veículo e coincidir com os intervalos mencionados no inciso II, observadas, no primeiro período, 8 (oito) horas ininterruptas de descanso;

VI – Entende-se como tempo de direção ou de condução apenas o período em que o condutor estiver efetivamente ao volante, em curso entre a origem e o destino;

VII – Entende-se como início de viagem a partida do veículo na ida ou no retorno, com ou sem carga, considerando-se como sua continuação as partidas nos dias subsequentes até o destino;

VIII – O condutor somente iniciará uma viagem após o cumprimento integral do intervalo de descanso previsto no inciso V deste artigo;

IX – Nenhum transportador de cargas ou coletivo de passageiros, embarcador, consignatário de cargas, operador de terminais de carga, operador de transporte multimodal de cargas ou agente de cargas ordenará a qualquer motorista a seu serviço, ainda que subcontratado, que conduza veículo referido no *caput* sem a observância do disposto no inciso VIII;

X – O descanso de que tratam os incisos II, III e V deste artigo poderá ocorrer em cabine leito do veículo ou em poltrona correspondente ao serviço de leito, no caso de transporte de passageiros, devendo o descanso do inciso V ser realizado com o veículo estacionado, ressalvado o disposto no inciso XI;

XI – Nos casos em que o empregador adotar 2 (dois) motoristas trabalhando no mesmo veículo, o tempo de repouso poderá ser feito com o veículo em movimento, assegurado o repouso mínimo de 6 (seis) horas consecutivas fora do veículo em alojamento externo ou, se na cabine leito, com o veículo estacionado, a cada 72 (setenta e duas) horas, nos termos do § 5º do art. 235-D e inciso III do art. 235-E da Consolidação das Leis Trabalhistas – CLT;

X – O motorista profissional é responsável por controlar e registrar o tempo de condução estipulado neste artigo, com vistas à sua estrita observância;

> ▸ Mantivemos texto conforme publicação oficial. Não houve retificação até a data de fechamento desta obra.

XI – A não observância dos períodos de descanso estabelecidos neste artigo sujeitará o motorista profissional às penalidades previstas no artigo 230, inciso XXIII, do código de Trânsito Brasileiro;

> ▸ Mantivemos texto conforme publicação oficial. Não houve retificação até a data de fechamento desta obra.

XII – O tempo de direção será controlado mediante registrador instantâneo inalterável de velocidade e tempo e, ou por meio de anotação em diário de bordo, ou papeleta ou ficha de trabalho externo, conforme o modelo do Anexo I desta Resolução, ou por meios eletrônicos instalados no veículo, conforme regulamentação específica do Contran, observada a sua validade jurídica para fins trabalhistas;

XIII – O equipamento eletrônico ou registrador deverá funcionar de forma independente de qualquer interferência do condutor, quanto aos dados registrados;

XIV – A guarda, a preservação e a exatidão das informações contidas no equipamento registrador instantâneo inalterável de velocidade e de tempo são de responsabilidade do condutor.

Art. 4º Nos termos dos incisos I e II do art. 235-E da Consolidação das Leis Trabalhistas, para o transporte de passageiros, serão observados os seguintes dispositivos:

I – é facultado o fracionamento do intervalo de condução do veículo previsto na Lei 9.503, de 23 de setembro de 1997 – Código de Trânsito Brasileiro – CTB, em períodos de no mínimo 5 (cinco) minutos;

II – será assegurado ao motorista intervalo mínimo de 1 (uma) hora para refeição, podendo ser fracionado em 2 (dois) períodos e coincidir com o tempo de parada obrigatória na condução do veículo estabelecido pelo CTB, exceto quando se tratar do motorista profissional enquadrado no § 5º do art. 71 da Consolidação das Leis Trabalhistas.

Art. 5º Compete ao órgão ou entidade de trânsito com circunscrição sobre a via em que ocorrer a abordagem do veículo a fiscalização das condutas previstas nesta Resolução.

Art. 6º O descumprimento dos tempos de direção e descanso previstos nesta Resolução sujeitará o infrator à aplicação das penalidades e medidas administrativas previstas no inciso XXIII art. 230 do CTB.

§ 1º A medida administrativa de retenção do veículo será aplicada:

I – por desrespeito aos incisos II e III do art. 3º, pelo período de 30 minutos, observadas as disposições do inciso IV do mesmo artigo;

II – por desrespeito ao inciso V do art. 3º, pelo período de 11 horas.

§ 2º No caso do inciso II, a retenção poderá ser realizada em depósito do órgão ou entidade de trânsito responsável pela fiscalização, com fundamento no § 4º do art. 270 do CTB.

§ 3º Não se aplicarão os procedimentos previstos nos §§ 1º e 2º, caso se apresente outro condutor habilitado que tenha observado o tempo de direção e descanso para dar continuidade à viagem.

§ 4º Caso haja local apropriado para descanso nas proximidades o agente de trânsito poderá liberar o veículo para cumprimento do intervalo de descanso nesse local, mediante recolhimento do CRLV (CLA), o qual será devolvido somente depois de decorrido o respectivo período de descanso.

§ 5º Incide nas mesmas penas previstas neste artigo o condutor que deixar de apresentar ao agente de trânsito qualquer um dos meios de fiscalização previstos no art. 2º.

§ 6º A critério do agente, no caso do inciso I do § 1º deste artigo, não se dará a retenção imediata de veículos de transporte coletivo de passageiros, carga perecível e produtos perigosos, nos termos do § 4º do art. 270 do CTB;

Art. 7º As exigências estabelecidas nesta Resolução referentes ao transporte coletivo de passageiros, não exclui outras definidas pelo poder concedente.

Art. 8º As publicações de que trata o art. 11 da Lei 13.103, de 2015, poderão ser realizadas nos sítios eletrônicos dos órgãos que menciona, devendo ser atualizadas sempre que houver qualquer alteração.

Art. 9º O estabelecimento reconhecido como ponto de parada e descanso, na forma do § 3º do art. 11 da Lei 13.103, de 02 de 2015, deverá contar com sinalização de indicação de serviços auxiliares, conforme modelos apresentados no Anexo II.

Art. 10. As disposições dos incisos I, II, III e V do art. 3º desta Resolução produzirão efeitos:

I – a partir da data da publicação dos atos de que trata o art. 8º desta Resolução, para os trechos das vias deles constantes;

II – a partir da data da publicação das relações subsequentes, para as vias por elas acrescidas.

Parágrafo único. Durante os primeiros 180 (cento e oitenta) dias de sujeição do trecho ao disposto na Consolidação das Leis do Trabalho – CLT, aprovada pelo Decreto-Lei 5.452, de 1º de maio de 1943, e no CTB, com as alterações constantes da Lei 13.103, de 2015, a fiscalização do seu cumprimento será meramente informativa e educativa.

Art. 11. Os anexos desta Resolução encontram-se disponíveis no sitio eletrônico www.denatran.gov.br

Art. 12. Esta Resolução entra em vigor na data de sua publicação.

Art. 13. Ficam revogadas as Resoluções CONTRAN 405, de 12 de junho de 2012, 408, de 02 de agosto de 2012, 417, de 12 de setembro de 2012, 431, de 23 de janeiro de 2013, e 437, de 27 de março de 2013, e a Deliberação do Presidente do CONTRAN 134, de 16 de janeiro de 2013.

> ▸ Deixamos de publicar os anexos constantes desta norma.

Alberto Angerami
Presidente do Conselho

LEI COMPLEMENTAR 150, DE 1º DE JUNHO DE 2015

Dispõe sobre o contrato de trabalho doméstico; altera as Leis 8.212, de 24 de julho de 1991, 8.213, de 24 de julho de 1991, e 11.196, de 21 de novembro de 2005; revoga o inciso I do art. 3º da Lei 8.009, de 29 de março de 1990, o art. 36 da Lei 8.213, de 24 de julho de 1991, a Lei 5.859, de 11 de dezembro de 1972, e o inciso VII do art. 12 da Lei 9.250, de 26 de dezembro de 1995; e dá outras providências.

DOU 02.06.2015

▸ Art. 46, II, da Lei 14.437/2022 (Programa Emergencial de Manutenção do Emprego e da Renda).

A Presidenta da República:

Faço saber que o Congresso Nacional decreta e eu sanciono a seguinte Lei Complementar:

CAPÍTULO I
DO CONTRATO DE TRABALHO DOMÉSTICO

Art. 1º Ao empregado doméstico, assim considerado aquele que presta serviços de forma contínua, subordinada, onerosa e pessoal e de finalidade não lucrativa à pessoa ou à família, no âmbito residencial destas, por mais de 2 (dois) dias por semana, aplica-se o disposto nesta Lei.

Parágrafo único. É vedada a contratação de menor de 18 (dezoito) anos para desempenho de trabalho doméstico, de acordo com a Convenção 182, de 1999, da Organização Internacional do Trabalho (OIT) e com o Decreto 6.481, de 12 de junho de 2008.

Art. 2º A duração normal do trabalho doméstico não excederá 8 (oito) horas diárias e 44 (quarenta e quatro) semanais, observado o disposto nesta Lei.

§ 1º A remuneração da hora extraordinária será, no mínimo, 50% (cinquenta por cento) superior ao valor da hora normal.

§ 2º O salário-hora normal, em caso de empregado mensalista, será obtido dividindo-se o salário mensal por 220 (duzentas e vinte) horas, salvo se o contrato estipular jornada mensal inferior que resulte em divisor diverso.

§ 3º O salário-dia normal, em caso de empregado mensalista, será obtido dividindo-se o salário mensal por 30 (trinta) e servirá de base para pagamento do repouso remunerado e dos feriados trabalhados.

§ 4º Poderá ser dispensado o acréscimo de salário e instituído regime de compensação de horas, mediante acordo escrito entre empregador e empregado, se o excesso de horas de um dia for compensado em outro dia.

§ 5º No regime de compensação previsto no § 4º:

I – será devido o pagamento, como horas extraordinárias, na forma do § 1º, das primeiras 40 (quarenta) horas mensais excedentes ao horário normal de trabalho;

II – das 40 (quarenta) horas referidas no inciso I, poderão ser deduzidas, sem o correspondente pagamento, as horas não trabalhadas, em função de redução do horário normal de trabalho ou de dia útil não trabalhado, durante o mês;

III – o saldo de horas que excederem as 40 (quarenta) primeiras horas mensais de que trata o inciso I, com a dedução prevista no inciso II, quando for o caso, será compensado no período máximo de 1 (um) ano.

§ 6º Na hipótese de rescisão do contrato de trabalho sem que tenha havido a compensação integral da jornada extraordinária, na forma do § 5º, o empregado fará jus ao pagamento das horas extras não compensadas, calculadas sobre o valor da remuneração na data de rescisão.

§ 7º Os intervalos previstos nesta Lei, o tempo de repouso, as horas não trabalhadas, os feriados e os domingos livres em que o empregado que mora no local de trabalho nele permaneça não serão computados como horário de trabalho.

§ 8º O trabalho não compensado prestado em domingos e feriados deve ser pago em dobro, sem prejuízo da remuneração relativa ao repouso semanal.

Art. 3º Considera-se trabalho em regime de tempo parcial aquele cuja duração não exceda 25 (vinte e cinco) horas semanais.

§ 1º O salário a ser pago ao empregado sob regime de tempo parcial será proporcional a sua jornada, em relação ao empregado que cumpre, nas mesmas funções, tempo integral.

§ 2º A duração normal do trabalho do empregado em regime de tempo parcial poderá ser acrescida de horas suplementares, em número não excedente a 1 (uma) hora diária, mediante acordo escrito entre empregador e empregado, aplicando-se-lhe, ainda, o disposto nos §§ 2º e 3º do art. 2º, com o limite máximo de 6 (seis) horas diárias.

§ 3º Na modalidade do regime de tempo parcial, após cada período de 12 (doze) meses de vigência do contrato de trabalho, o empregado terá direito a férias, na seguinte proporção:

I – 18 (dezoito) dias, para a duração do trabalho semanal superior a 22 (vinte e duas) horas, até 25 (vinte e cinco) horas;

II – 16 (dezesseis) dias, para a duração do trabalho semanal superior a 20 (vinte) horas, até 22 (vinte e duas) horas;

III – 14 (quatorze) dias, para a duração do trabalho semanal superior a 15 (quinze) horas, até 20 (vinte) horas;

IV – 12 (doze) dias, para a duração do trabalho semanal superior a 10 (dez) horas, até 15 (quinze) horas;

V – 10 (dez) dias, para a duração do trabalho semanal superior a 5 (cinco) horas, até 10 (dez) horas;

VI – 8 (oito) dias, para a duração do trabalho semanal igual ou inferior a 5 (cinco) horas.

Art. 4º É facultada a contratação, por prazo determinado, do empregado doméstico:

I – mediante contrato de experiência;

II – para atender necessidades familiares de natureza transitória e para substituição temporária de empregado doméstico com contrato de trabalho interrompido ou suspenso.

Parágrafo único. No caso do inciso II deste artigo, a duração do contrato de trabalho é limitada ao término do evento que motivou a contratação, obedecido o limite máximo de 2 (dois) anos.

Art. 5º O contrato de experiência não poderá exceder 90 (noventa) dias.

§ 1º O contrato de experiência poderá ser prorrogado 1 (uma) vez, desde que a soma dos 2 (dois) períodos não ultrapasse 90 (noventa) dias.

§ 2º O contrato de experiência que, havendo continuidade do serviço, não for prorrogado após o decurso de seu prazo previamente estabelecido ou que ultrapassar o período de 90 (noventa) dias passará a vigorar como contrato de trabalho por prazo indeterminado.

Art. 6º Durante a vigência dos contratos previstos nos incisos I e II do art. 4º, o empregador que, sem justa causa, despedir o empregado é obrigado a pagar-lhe, a título de indenização, metade da remuneração a que teria direito até o termo do contrato.

Art. 7º Durante a vigência dos contratos previstos nos incisos I e II do art. 4º, o empregado não poderá se desligar do contrato sem justa causa, sob pena de ser obrigado a indenizar o empregador dos prejuízos que desse fato lhe resultarem.

Parágrafo único. A indenização não poderá exceder aquela a que teria direito o empregado em idênticas condições.

Art. 8º Durante a vigência dos contratos previstos nos incisos I e II do art. 4º, não será exigido aviso prévio.

Art. 9º A Carteira de Trabalho e Previdência Social será obrigatoriamente apresentada, contra recibo, pelo empregado ao empregador que o admitir, o qual terá o

prazo de 48 (quarenta e oito) horas para nela anotar, especificamente, a data de admissão, a remuneração e, quando for o caso, os contratos previstos nos incisos I e II do art. 4º.

Art. 10. É facultado às partes, mediante acordo escrito entre essas, estabelecer horário de trabalho de 12 (doze) horas seguidas por 36 (trinta e seis) horas ininterruptas de descanso, observados ou indenizados os intervalos para repouso e alimentação.

§ 1º A remuneração mensal pactuada pelo horário previsto no caput deste artigo abrange os pagamentos devidos pelo descanso semanal remunerado e pelo descanso em feriados, e serão considerados compensados os feriados e as prorrogações de trabalho noturno, quando houver, de que tratam o art. 70 e o § 5º do art. 73 da Consolidação das Leis do Trabalho (CLT), aprovada pelo Decreto-Lei 5.452, de 1º de maio de 1943, e o art. 9º da Lei 605, de 5 de janeiro de 1949.

§ 2º Vetado.

Art. 11. Em relação ao empregado responsável por acompanhar o empregador prestando serviços em viagem, serão consideradas apenas as horas efetivamente trabalhadas no período, podendo ser compensadas as horas extraordinárias em outro dia, observado o art. 2º.

§ 1º O acompanhamento do empregador pelo empregado em viagem será condicionado à prévia existência de acordo escrito entre as partes.

§ 2º A remuneração-hora do serviço em viagem será, no mínimo, 25% (vinte e cinco por cento) superior ao valor do salário-hora normal.

§ 3º O disposto no § 2º deste artigo poderá ser, mediante acordo, convertido em acréscimo no banco de horas, a ser utilizado a critério do empregado.

Art. 12. É obrigatório o registro do horário de trabalho do empregado doméstico por qualquer meio manual, mecânico ou eletrônico, desde que idôneo.

Art. 13. É obrigatória a concessão de intervalo para repouso ou alimentação pelo período de, no mínimo, 1 (uma) hora e, no máximo, 2 (duas) horas, admitindo-se, mediante prévio acordo escrito entre empregador e empregado, sua redução a 30 (trinta) minutos.

§ 1º Caso o empregado resida no local de trabalho, o período de intervalo poderá ser desmembrado em 2 (dois) períodos, desde que cada um deles tenha, no mínimo, 1 (uma) hora, até o limite de 4 (quatro) horas ao dia.

§ 2º Em caso de modificação do intervalo, na forma do § 1º, é obrigatória a sua anotação no registro diário de horário, vedada sua prenotação.

Art. 14. Considera-se noturno, para os efeitos desta Lei, o trabalho executado entre as 22 horas de um dia e as 5 horas do dia seguinte.

§ 1º A hora de trabalho noturno terá duração de 52 (cinquenta e dois) minutos e 30 (trinta) segundos.

§ 2º A remuneração do trabalho noturno deve ter acréscimo de, no mínimo, 20% (vinte por cento) sobre o valor da hora diurna.

§ 3º Em caso de contratação, pelo empregador, de empregado exclusivamente para desempenhar trabalho noturno, o acréscimo será calculado sobre o salário anotado na Carteira de Trabalho e Previdência Social.

§ 4º Nos horários mistos, assim entendidos os que abrangem períodos diurnos e noturnos, aplica-se às horas de trabalho noturno o disposto neste artigo e seus parágrafos.

Art. 15. Entre 2 (duas) jornadas de trabalho deve haver período mínimo de 11 (onze) horas consecutivas para descanso.

Art. 16. É devido ao empregado doméstico descanso semanal remunerado de, no mínimo, 24 (vinte e quatro) horas consecutivas, preferencialmente aos domingos, além de descanso remunerado em feriados.

Art. 17. O empregado doméstico terá direito a férias anuais remuneradas de 30 (trinta) dias, salvo o disposto no § 3º do art. 3º, com acréscimo de, pelo menos, um terço do salário normal, após cada período de 12 (doze) meses de trabalho prestado à mesma pessoa ou família.

§ 1º Na cessação do contrato de trabalho, o empregado, desde que não tenha sido demitido por justa causa, terá direito à remuneração relativa ao período incompleto de férias, na proporção de um doze avos por mês de serviço ou fração superior a 14 (quatorze) dias.

§ 2º O período de férias poderá, a critério do empregador, ser fracionado em até 2 (dois) períodos, sendo 1 (um) deles de, no mínimo, 14 (quatorze) dias corridos.

§ 3º É facultado ao empregado doméstico converter um terço do período de férias a que tiver direito em abono pecuniário, no valor da remuneração que lhe seria devida nos dias correspondentes.

§ 4º O abono de férias deverá ser requerido até 30 (trinta) dias antes do término do período aquisitivo.

§ 5º É lícito ao empregado que reside no local de trabalho nele permanecer durante as férias.

§ 6º As férias serão concedidas pelo empregador nos 12 (doze) meses subsequentes à data em que o empregado tiver adquirido o direito.

Art. 18. É vedado ao empregador doméstico efetuar descontos no salário do empregado por fornecimento de alimentação, vestuário, higiene ou moradia, bem como por despesas com transporte, hospedagem e alimentação em caso de acompanhamento em viagem.

§ 1º É facultado ao empregador efetuar descontos no salário do empregado em caso de adiantamento salarial e, mediante acordo escrito entre as partes, para a inclusão do empregado em planos de assistência médico-hospitalar e odontológica, de seguro e de previdência privada, não podendo a dedução ultrapassar 20% (vinte por cento) do salário.

§ 2º Poderão ser descontadas as despesas com moradia de que trata o caput deste artigo quando essa se referir a local diverso da residência em que ocorrer a prestação de serviço, desde que essa possibilidade tenha sido expressamente acordada entre as partes.

§ 3º As despesas referidas no caput deste artigo não têm natureza salarial nem se incorporam à remuneração para quaisquer efeitos.

§ 4º O fornecimento de moradia ao empregado doméstico na própria residência ou em morada anexa, de qualquer natureza, não gera ao empregado qualquer direito de posse ou de propriedade sobre a referida moradia.

Art. 19. Observadas as peculiaridades do trabalho doméstico, a ele também se aplicam as Leis 605, de 5 de janeiro de 1949, 4.090, de 13 de julho de 1962, 4.749, de 12 de agosto de 1965, e 7.418, de 16 de dezembro de 1985, e, subsidiariamente, a Consolidação das Leis do Trabalho (CLT), aprovada pelo Decreto-Lei 5.452, de 1º de maio de 1943.

Parágrafo único. A obrigação prevista no art. 4º da Lei 7.418, de 16 de dezembro de 1985, poderá ser substituída, a critério do empregador, pela concessão, mediante recibo, dos valores para a aquisição das passagens necessárias ao custeio das despesas decorrentes do deslocamento residência-trabalho e vice-versa.

Art. 20. O empregado doméstico é segurado obrigatório da Previdência Social, sendo-lhe devidas, na forma da Lei 8.213, de 24 de julho de 1991, as prestações nela arroladas, atendido o disposto nesta Lei e observadas as características especiais do trabalho doméstico.

Art. 21. É devida a inclusão do empregado doméstico no Fundo de Garantia do Tempo de Serviço (FGTS), na forma do regulamento a ser editado pelo Conselho Curador e pelo agente operador do FGTS, no âmbito de suas competências, conforme disposto nos arts. 5º e 7º da Lei 8.036, de 11 de maio de 1990, inclusive no que tange aos aspectos técnicos de depósitos, saques, devolução de valores e emissão de extratos, entre outros determinados na forma da lei.

▶ Res. 780/2015 do CCFGTS (Regulamenta a inclusão do empregado doméstico no FGTS na forma da Lei Complementar 150, de 1º de junho de 2015).

Parágrafo único. O empregador doméstico somente passará a ter obrigação de promover a inscrição e de efetuar os recolhimentos referentes a seu empregado após a entrada em vigor do regulamento referido no caput.

Art. 22. O empregador doméstico depositará a importância de 3,2% (três inteiros e dois décimos por cento) sobre a remuneração devida, no mês anterior, a cada empregado, destinada ao pagamento da indenização compensatória da perda do emprego, sem justa causa ou por culpa do empregador, não se aplicando ao empregado doméstico o disposto nos §§ 1º a 3º do art. 18 da Lei 8.036, de 11 de maio de 1990.

§ 1º Nas hipóteses de dispensa por justa causa ou a pedido, de término do contrato de trabalho por prazo determinado, de aposentadoria e de falecimento do empregado doméstico, os valores previstos no caput serão movimentados pelo empregador.

§ 2º Na hipótese de culpa recíproca, metade dos valores previstos no caput será movimentada pelo empregado, enquanto a outra metade será movimentada pelo empregador.

§ 3º Os valores previstos no caput serão depositados na conta vinculada do empregado, em vista distinta daquela em que se encontrarem os valores oriundos dos depósitos de que trata o inciso IV do art. 34 desta Lei, e somente poderão ser movimentados por ocasião da rescisão contratual.

§ 4º À importância monetária de que trata o caput, aplicam-se as disposições da Lei 8.036, de 11 de maio de 1990, e

da Lei 8.844, de 20 de janeiro de 1994, inclusive quanto a sujeição passiva e equiparações, prazo de recolhimento, administração, fiscalização, lançamento, consulta, cobrança, garantias, processo administrativo de determinação e exigência de créditos tributários federais.

Art. 23. Não havendo prazo estipulado no contrato, a parte que, sem justo motivo, quiser rescindi-lo deverá avisar a outra de sua intenção.

§ 1º O aviso prévio será concedido na proporção de 30 (trinta) dias ao empregado que conte com até 1 (um) ano de serviço para o mesmo empregador.

§ 2º Ao aviso prévio previsto neste artigo, devido ao empregado, serão acrescidos 3 (três) dias por ano de serviço prestado para o mesmo empregador, até o máximo de 60 (sessenta) dias, perfazendo um total de até 90 (noventa) dias.

§ 3º A falta de aviso prévio por parte do empregador dá ao empregado o direito aos salários correspondentes ao prazo do aviso, garantida sempre a integração desse período ao seu tempo de serviço.

§ 4º A falta de aviso prévio por parte do empregado dá ao empregador o direito de descontar os salários correspondentes ao prazo respectivo.

§ 5º O valor das horas extraordinárias habituais integra o aviso prévio indenizado.

Art. 24. O horário normal de trabalho do empregado durante o aviso prévio, quando a rescisão tiver sido promovida pelo empregador, será reduzido de 2 (duas) horas diárias, sem prejuízo do salário integral.

Parágrafo único. É facultado ao empregado trabalhar sem a redução das 2 (duas) horas diárias previstas no *caput* deste artigo, caso em que poderá faltar ao serviço, sem prejuízo do salário integral, por 7 (sete) dias corridos, na hipótese dos §§ 1º e 2º do art. 23.

Art. 25. A empregada doméstica gestante tem direito a licença-maternidade de 120 (cento e vinte) dias, sem prejuízo do emprego e do salário, nos termos da Seção V do Capítulo III do Título III da Consolidação das Leis do Trabalho (CLT), aprovada pelo Decreto-Lei 5.452, de 1º de maio de 1943.

Parágrafo único. A confirmação do estado de gravidez durante o curso do contrato de trabalho, ainda que durante o prazo do aviso prévio trabalhado ou indenizado, garante à empregada gestante a estabilidade provisória prevista na alínea *b* do inciso II do art. 10 do Ato das Disposições Constitucionais Transitórias.

Art. 26. O empregado doméstico que for dispensado sem justa causa fará jus ao benefício do seguro-desemprego, na forma da Lei 7.998, de 11 de janeiro de 1990, no valor de 1 (um) salário-mínimo, por período máximo de 3 (três) meses, de forma contínua ou alternada.

§ 1º O benefício de que trata o *caput* será concedido ao empregado nos termos do regulamento do Conselho Deliberativo do Fundo de Amparo ao Trabalhador (CODEFAT).

▸ Res. 957/2022 do CODEFAT (Dispõe sobre normas relativas à concessão, processamento e pagamento do benefício do Programa do Seguro-Desemprego).

§ 2º O benefício do seguro-desemprego será cancelado, sem prejuízo das demais sanções cíveis e penais cabíveis:

I – pela recusa, por parte do trabalhador desempregado, de outro emprego condizente com sua qualificação registrada ou declarada e com sua remuneração anterior;

II – por comprovação de falsidade na prestação das informações necessárias à habilitação;

III – por comprovação de fraude visando à percepção indevida do benefício do seguro-desemprego; ou

IV – por morte do segurado.

Art. 27. Considera-se justa causa para os efeitos desta Lei:

I – submissão a maus tratos de idoso, de enfermo, de pessoa com deficiência ou de criança sob cuidado direto ou indireto do empregado;

II – prática de ato de improbidade;

III – incontinência de conduta ou mau procedimento;

IV – condenação criminal do empregado transitada em julgado, caso não tenha havido suspensão da execução da pena;

V – desídia no desempenho das respectivas funções;

VI – embriaguez habitual ou em serviço;

VII – *Vetado*;

VIII – ato de indisciplina ou de insubordinação;

IX – abandono de emprego, assim considerada a ausência injustificada ao serviço por, pelo menos, 30 (trinta) dias corridos;

X – ato lesivo à honra ou à boa fama ou ofensas físicas praticadas em serviço contra qualquer pessoa, salvo em caso de legítima defesa, própria ou de outrem;

XI – ato lesivo à honra ou à boa fama ou ofensas físicas praticadas contra o empregador doméstico ou sua família, salvo em caso de legítima defesa, própria ou de outrem;

XII – prática constante de jogos de azar.

Parágrafo único. O contrato de trabalho poderá ser rescindido por culpa do empregador quando:

I – o empregador exigir serviços superiores às forças do empregado doméstico, defesos por lei, contrários aos bons costumes ou alheios ao contrato;

II – o empregado doméstico for tratado pelo empregador ou por sua família com rigor excessivo ou de forma degradante;

III – o empregado doméstico correr perigo manifesto de mal considerável;

IV – o empregador não cumprir as obrigações do contrato;

V – o empregador ou sua família praticar, contra o empregado doméstico ou pessoas de sua família, ato lesivo à honra e à boa fama;

VI – o empregador ou sua família ofender o empregado doméstico ou sua família fisicamente, salvo em caso de legítima defesa, própria ou de outrem;

VII – o empregador praticar qualquer das formas de violência doméstica ou familiar contra mulheres de que trata o art. 5º da Lei 11.340, de 7 de agosto de 2006.

Art. 28. Para se habilitar ao benefício do seguro-desemprego, o trabalhador doméstico deverá apresentar ao órgão competente do Ministério do Trabalho e Emprego:

I – Carteira de Trabalho e Previdência Social, na qual deverão constar a anotação do contrato de trabalho doméstico e a data de dispensa, de modo a comprovar o vínculo empregatício, como empregado doméstico, durante pelo menos 15 (quinze) meses nos últimos 24 (vinte e quatro) meses;

II – termo de rescisão do contrato de trabalho;

III – declaração de que não está em gozo de benefício de prestação continuada da Previdência Social, exceto auxílio-acidente e pensão por morte; e

IV – declaração de que não possui renda própria de qualquer natureza suficiente à sua manutenção e de sua família.

Art. 29. O seguro-desemprego deverá ser requerido de 7 (sete) a 90 (noventa) dias contados da data de dispensa.

Art. 30. Novo seguro-desemprego só poderá ser requerido após o cumprimento de novo período aquisitivo, cuja duração será definida pelo CODEFAT.

CAPÍTULO II
DO SIMPLES DOMÉSTICO

Art. 31. É instituído o regime unificado de pagamento de tributos, de contribuições e dos demais encargos do empregador doméstico (Simples Doméstico), que deverá ser regulamentado no prazo de 120 (cento e vinte) dias a contar da data de entrada em vigor desta Lei.

Art. 32. A inscrição do empregador e a entrada única de dados cadastrais e de informações trabalhistas, previdenciárias e fiscais no âmbito do Simples Doméstico dar-se-ão mediante registro em sistema eletrônico a ser disponibilizado em portal na internet, conforme regulamento.

Parágrafo único. A impossibilidade de utilização do sistema eletrônico será objeto de regulamento, a ser editado pelo Ministério da Fazenda e pelo agente operador do FGTS.

Art. 33. O Simples Doméstico será disciplinado por ato conjunto dos Ministros de Estado da Fazenda, da Previdência Social e do Trabalho e Emprego que disporá sobre a apuração, o recolhimento e a distribuição dos recursos recolhidos por meio do Simples Doméstico, observadas as disposições do art. 21 desta Lei.

§ 1º O ato conjunto a que se refere o *caput* deverá dispor também sobre o sistema eletrônico de registro das obrigações trabalhistas, previdenciárias e fiscais e sobre o cálculo e o recolhimento dos tributos e encargos trabalhistas vinculados ao Simples Doméstico.

§ 2º As informações prestadas no sistema eletrônico de que trata o § 1º:

I – têm caráter declaratório, constituindo instrumento hábil e suficiente para a exigência dos tributos e encargos trabalhistas delas resultantes e que não tenham sido recolhidos no prazo consignado para pagamento; e

II – deverão ser fornecidas até o vencimento do prazo para pagamento dos tributos e encargos trabalhistas devidos no Simples Doméstico em cada mês, relativamente aos fatos geradores ocorridos no mês anterior.

§ 3º O sistema eletrônico de que trata o § 1º deste artigo e o sistema de que trata o *caput* do art. 32 substituirão, na forma regulamentada pelo ato conjunto previsto no *caput*, a obrigatoriedade de entrega de todas as informações, formulários e declarações a que estão sujeitos os empregadores domésticos, inclusive os relativos ao recolhimento do FGTS.

Art. 34. O Simples Doméstico assegurará o recolhimento mensal, mediante documento único de arrecadação, dos seguintes valores:

▸ Art. 10 da Lei 14.438/2022 (Programa de Simplificação do Microcrédito Digital para Empreendedores).

I – 8% (oito por cento) a 11% (onze por cento) de contribuição previdenciária, a cargo do segurado empregado doméstico, nos termos do art. 20 da Lei 8.212, de 24 de julho de 1991;

II – 8% (oito por cento) de contribuição patronal previdenciária para a seguridade social, a cargo do empregador doméstico, nos termos do art. 24 da Lei 8.212, de 24 de julho de 1991;

III – 0,8% (oito décimos por cento) de contribuição social para financiamento do seguro contra acidentes do trabalho;

IV – 8% (oito por cento) de recolhimento para o FGTS;

V – 3,2% (três inteiros e dois décimos por cento), na forma do art. 22 desta Lei; e

VI – imposto sobre a renda retido na fonte de que trata o inciso I do art. 7º da Lei 7.713, de 22 de dezembro de 1988, se incidente.

§ 1º As contribuições, os depósitos e o imposto arrolados nos incisos I a VI incidem sobre a remuneração paga ou devida no mês anterior, a cada empregado, incluída na remuneração a gratificação de Natal a que se refere a Lei 4.090, de 13 de julho de 1962, e a Lei 4.749, de 12 de agosto de 1965.

§ 2º A contribuição e o imposto previstos nos incisos I e VI do *caput* deste artigo serão descontados da remuneração do empregado pelo empregador, que é responsável por seu recolhimento.

§ 3º O produto da arrecadação das contribuições, dos depósitos e do imposto de que trata o *caput* será centralizado na Caixa Econômica Federal.

§ 4º A Caixa Econômica Federal, com base nos elementos identificadores do recolhimento, disponíveis no sistema de que trata o § 1º do art. 33, transferirá para a Conta Única do Tesouro Nacional o valor arrecadado das contribuições e do imposto previstos nos incisos I, II, III e VI do *caput*.

§ 5º O recolhimento de que trata o *caput* será efetuado em instituições financeiras integrantes da rede arrecadadora de receitas federais.

§ 6º O empregador fornecerá, mensalmente, ao empregado doméstico cópia do documento previsto no *caput*.

§ 7º O recolhimento mensal, mediante documento único de arrecadação, e a exigência das contribuições, dos depósitos e do imposto, nos valores definidos nos incisos I a VI do *caput*, somente serão devidos após 120 (cento e vinte) dias da data de publicação desta Lei.

Art. 35. O empregador doméstico é obrigado a pagar a remuneração devida ao empregado doméstico e a arrecadar e a recolher a contribuição prevista no inciso I do art. 34, assim como a arrecadar e a recolher as contribuições, os depósitos e o imposto a seu cargo discriminados nos incisos II, III, IV, V e VI do *caput* do art. 34, até o dia 7 do mês seguinte ao da competência.

§ 1º Os valores previstos nos incisos I, II, III e VI do *caput* do art. 34 não recolhidos até a data de vencimento sujeitar-se-ão à incidência de encargos legais na forma prevista na legislação do imposto sobre a renda.

§ 2º Os valores previstos nos incisos IV e V, referentes ao FGTS, não recolhidos até a data de vencimento serão corrigidos e terão a incidência da respectiva multa, conforme a Lei 8.036, de 11 de maio de 1990.

CAPÍTULO III
DA LEGISLAÇÃO PREVIDENCIÁRIA E TRIBUTÁRIA

Art. 36. O inciso V do art. 30 da Lei 8.212, de 24 de julho de 1991, passa a vigorar com a seguinte redação:

▸ Alterações incorporadas no texto da referida Lei.

Art. 37. A Lei 8.213, de 24 de julho de 1991, passa a vigorar com as seguintes alterações:

▸ Alterações incorporadas no texto da referida Lei.

Art. 38. O art. 70 da Lei 11.196, de 21 de novembro de 2005, passa a vigorar com a seguinte redação:

(...)

Prof. Reg.

CAPÍTULO IV
DO PROGRAMA DE RECUPERAÇÃO PREVIDENCIÁRIA DOS EMPREGADORES DOMÉSTICOS (REDOM)

Art. 39. É instituído o Programa de Recuperação Previdenciária dos Empregadores Domésticos (REDOM), nos termos desta Lei.

▶ Portaria 1.302/2015 da RFB e PGFN (Dispõe sobre o pagamento e o parcelamento de débitos junto à Procuradoria-Geral da Fazenda Nacional (PGFN) e à Secretaria da Receita Federal do Brasil (RFB) relacionados ao Programa de Recuperação Previdenciária dos Empregadores Domésticos (Redom), de que tratam os arts. 39 a 41 da Lei Complementar 150, de 1º de junho de 2015).

Art. 40. Será concedido ao empregador doméstico o parcelamento dos débitos com o Instituto Nacional do Seguro Social (INSS) relativos à contribuição de que tratam os arts. 20 e 24 da Lei 8.212, de 24 de julho de 1991, com vencimento até 30 de abril de 2013. § 1º O parcelamento abrangerá todos os débitos existentes em nome do empregado e do empregador, na condição de contribuinte, inclusive débitos inscritos em dívida ativa, que poderão ser:

I – pagos com redução de 100% (cem por cento) das multas aplicáveis, de 60% (sessenta por cento) dos juros de mora e de 100% (cem por cento) sobre os valores dos encargos legais e advocatícios;

II – parcelados em até 120 (cento e vinte) vezes, com prestação mínima no valor de R$ 100,00 (cem reais).

§ 2º O parcelamento deverá ser requerido no prazo de 120 (cento e vinte) dias após a entrada em vigor desta Lei.

§ 3º A manutenção injustificada em aberto de 3 (três) parcelas implicará, após comunicação ao sujeito passivo, a imediata rescisão do parcelamento e, conforme o caso, o prosseguimento da cobrança.

§ 4º Na hipótese de rescisão do parcelamento com o cancelamento dos benefícios concedidos:

I – será efetuada a apuração do valor original do débito, com a incidência dos acréscimos legais, até a data de rescisão;

II – serão deduzidas do valor referido no inciso I deste parágrafo as parcelas pagas, com a incidência dos acréscimos legais, até a data de rescisão.

Art. 41. A opção pelo REDOM sujeita o contribuinte a:

I – confissão irrevogável e irretratável dos débitos referidos no art. 40;

II – aceitação plena e irretratável de todas as condições estabelecidas;

III – pagamento regular das parcelas do débito consolidado, assim como das contribuições com vencimento posterior a 30 de abril de 2013.

CAPÍTULO V
DISPOSIÇÕES GERAIS

Art. 42. É de responsabilidade do empregador o arquivamento de documentos comprobatórios do cumprimento das obrigações fiscais, trabalhistas e previdenciárias, enquanto essas não prescreverem.

Art. 43. O direito de ação quanto a créditos resultantes das relações de trabalho prescreve em 5 (cinco) anos até o limite de 2 (dois) anos após a extinção do contrato de trabalho.

Art. 44. A Lei 10.593, de 6 de dezembro de 2002, passa a vigorar acrescida do seguinte art. 11-A:

(...)

Art. 45. As matérias tratadas nesta Lei Complementar que não sejam reservadas constitucionalmente a lei complementar poderão ser objeto de alteração por lei ordinária.

Art. 46. Revogam-se o inciso I do art. 3º da Lei 8.009, de 29 de março de 1990, e a Lei 5.859, de 11 de dezembro de 1972.

Art. 47. Esta Lei entra em vigor na data de sua publicação.

Brasília, 1º de junho de 2015; 194º da Independência e 127º da República.

Dilma Rousseff

RESOLUÇÃO 780, DE 24 DE SETEMBRO DE 2015, DO CONSELHO CURADOR DO FUNDO DE GARANTIA DO TEMPO DE SERVIÇO – CC/FGTS

Regulamenta a inclusão do empregado doméstico no FGTS na forma da Lei Complementar 150, de 1º de junho de 2015.

DOU 25.09.2015

O Presidente do Conselho Curador do Fundo de Garantia do Tempo de Serviço, no uso da atribuição que lhe confere o inciso VII do art. 4º do Regimento Interno deste Colegiado, aprovado pela Resolução 320, de 31 de agosto de 1999, e tendo em vista o art. 5º da Lei 8.036, de 11 de maio de 1990, o art. 64 do Regulamento Consolidado do FGTS, aprovado pelo Decreto 99.684, de 8 de novembro de 1990, e o disposto no art. 21 da Lei Complementar 150, de 1º de junho de 2015, e

Considerando a necessidade de garantir o direito ao FGTS dos empregados domésticos no âmbito de seus contratos de trabalho, por meio do estabelecimento de critérios e condições, resolve, *ad referendum* do Conselho Curador do FGTS:

Art. 1º O empregado doméstico, definido nos termos da Lei Complementar 150, de 1º de junho de 2015, terá direito ao regime do FGTS, obrigatoriamente, a partir de 1º de outubro de 2015.

§ 1º O empregador deverá solicitar a inclusão do empregado doméstico no FGTS, mediante requerimento, que consistirá na informação dos eventos decorrentes da respectiva atividade laboral, na forma definida pelo Agente Operador do FGTS.

§ 2º O Agente Operador do FGTS, observada a data definida no *caput* e a peculiaridade dos empregadores e empregados domésticos, deverá regulamentar as devidas disposições complementares, de modo a viabilizar o depósito, os saques, a devolução de valores e a emissão de extratos, entre outros determinados na forma da lei, inclusive no que tange às relações de trabalho existentes a partir de março de 2000.

Art. 2º Esta Resolução entra em vigor na data de sua publicação.

Manoel Dias

CIRCULAR 694, DE 25 DE SETEMBRO DE 2015, DA CAIXA ECONÔMICA FEDERAL – CEF

Estabelece os procedimentos de contingência referentes a obrigatoriedade de recolhimento do FGTS pelo empregador doméstico.

DOU 25.09.2015

A Caixa Econômica Federal – CAIXA, na qualidade de Agente Operador do Fundo de Garantia do Tempo de Serviço – FGTS, no uso das atribuições que lhe são conferidas pelo artigo 7º, inciso II, da Lei 8.036/90, de 11/05/1990, e de acordo com o Regulamento Consolidado do FGTS, aprovado pelo Decreto 99.684/90, de 08/11/1990 e alterado pelo Decreto 1.522/95, de 13/06/1995, em consonância com a Lei 9.012/95, de 11/03/1995, a Lei Complementar 110/01, de 29/06/2001, regulamentada pelos Decretos 3.913/01 e 3.914/01, de 11/09/2001, e a Lei Complementar 150, de 01/06/2015, resolve:

1. Dispor sobre o contrato de trabalho doméstico considerando a obrigatoriedade da inclusão e do recolhimento do Fundo de Garantia do Tempo de Serviço (FGTS), a partir da competência 10/2015, observadas as disposições da Resolução do Conselho Curador do FGTS 780, de 24/09/2015.

1.1. O recolhimento do FGTS se dará por meio de regime unificado em conjunto com o pagamento de tributos, de contribuições e dos demais encargos devidos pelo empregador doméstico.

1.2. A prestação de informações unificada e geração da guia de recolhimento dar-se-á mediante registro no Sistema de Escrituração Digital das Obrigações Fiscais, Previdenciárias e Trabalhistas – *eSocial*, disponibilizado no endereço eletrônico www.*eSocial*.gov.br.

1.2.1. O *eSocial* foi instituído pelo Decreto 8.373, de 11/12/2014, e é gerido pela CAIXA, INSS, MPS, MTE e RFB, que utilizam-se das informações prestadas pelo empregador, observadas suas competências legais.

1.2.2. Na impossibilidade de utilização do *eSocial*, a CAIXA divulgará orientações sobre forma de prestação da informação e geração da guia para recolhimento do FGTS.

1.3. O recolhimento unificado se dará mediante Documento de Arrecadação *eSocial* – DAE, e viabilizará o recolhimento mensal das seguintes parcelas incidentes sobre a folha de pagamento:

(a) 8% (oito por cento) a 11% (onze por cento) de contribuição previdenciária, a cargo do segurado empregado doméstico, nos termos do art. 20 da Lei 8.212, de 24 de julho de 1991;

(b) 8% (oito por cento) de contribuição patronal previdenciária para a seguridade social, a cargo do empregador doméstico, nos termos do art. 24 da Lei 8.212, de 24 de julho de 1991;

(c) 0,8% (oito décimos por cento) de contribuição social para financiamento do seguro contra acidentes do trabalho;

(d) 8% (oito por cento) de recolhimento para o FGTS;

(e) 3,2% (três inteiros e dois décimos por cento) destinada ao pagamento da indenização compensatória da perda do emprego, sem justa causa, por culpa recíproca, na forma do art. 22 da Lei Complementar 150/2015; e

(f) imposto sobre a renda retido na fonte de que trata o inciso I do art. 7º da Lei 7.713, de 22 de dezembro de 1988, se incidente.

1.3.1. Os depósitos do FGTS definidos nas alíneas *d* e *e* incidem sobre a remuneração paga ou devida no mês anterior, a cada empregado, incluída a remuneração do 13º salário correspondente a gratificação de natal.

1.3.2. Os valores previstos na alínea *e* serão depositados na conta vinculada do empregado, distinta daquela em que se encontrarem os valores oriundos dos depósitos de que trata a alínea *d* e somente poderão ser movimentados por ocasião da rescisão contratual, observadas as orientações contidas em Circular CAIXA que estabelece procedimentos para movimentação das contas vinculadas do FGTS.

1.4. O empregador doméstico é obrigado a arrecadar e recolher as parcelas previstas no item 1.3 desta Circular até o dia 7 do mês seguinte ao da competência, relativo aos fatos geradores ocorridos no mês anterior.

1.4.1. Os valores previstos nas alíneas *d* e *e* do item 1.3 desta Circular, referentes ao FGTS, não recolhidos até a data de vencimento serão corrigidos conforme Art. 22 da Lei 8.036, de 11 de maio de 1990.

1.5. Para rescisões de contrato de trabalho do trabalhador doméstico, o empregador observa as seguintes orientações:

1.5.1. Rescisões ocorridas até 31/10/2015, para recolhimento rescisório, o empregador deve observar orientações contidas no Manual de Orientação ao Empregador – Recolhimentos Mensais e Rescisórios ao FGTS e das Contribuições Sociais disponível no endereço www.caixa.gov.br, download, FGTS – Manuais Operacionais.

1.5.2. Rescisões ocorridas a partir de 01/11/2015, considerando a obrigatoriedade de recolhimento mediante DAE, é aplicado ao recolhimento rescisório o disposto no Art. 477 da CLT no que se refere a valores de FGTS devidos ao mês da rescisão, ao aviso prévio indenizado, quando for o caso, e ao mês imediatamente anterior, que ainda não houver sido recolhido, sem prejuízo das cominações legais previstas na Lei 8.036, de 11 de maio de 1990.

1.5.2.1. O prazo para arrecadação pelo empregador doméstico dos valores rescisórios é definido conforme o tipo de aviso prévio, a saber:

1.5.2.1.1. Aviso Prévio Trabalhado: o prazo para recolhimento das parcelas, mês anterior à rescisão, mês da rescisão e multa rescisória é o 1º dia útil imediatamente posterior à data do efetivo desligamento. Em se tratando do mês anterior à rescisão, se este dia útil for posterior ao dia 07 do mês da rescisão, a data de recolhimento desta parcela deverá ser até o dia 07.

1.5.2.1.2. Aviso Prévio Indenizado e Ausência/Dispensa de Aviso Prévio: o prazo para recolhimento do mês anterior à rescisão é até o dia 07 do mês da rescisão. O prazo para recolhimento do mês da rescisão, aviso prévio indenizado e multa rescisória é até o 10º dia corrido a contar do dia imediatamente posterior ao desligamento.

1.5.2.1.3. Caso o 10º dia corrido seja posterior ao dia 07 do mês subsequente, o vencimento do mês da rescisão e do aviso prévio indenizado ocorre no dia 07.

1.5.3. Para recolhimento da multa rescisória devida sobre os valores recolhidos para as competências recolhidas por meio da GRF (Guia de Recolhimento FGTS) o empregador deve observar orientações contidas no Manual de Orientação ao Empregador – Recolhimentos Mensais e Rescisórios ao FGTS e das Contribuições Sociais disponível no endereço www.caixa.gov.br, download, FGTS – Manuais Operacionais.

1.6. O acompanhamento dos depósitos do FGTS é realizado pelo empregador e pelo empregado doméstico mediante consulta ao extrato da conta vinculada do FGTS.

1.6.1. O extrato da conta vinculada que abriga o depósito do valor correspondente a 3,2% destinado ao

pagamento da indenização compensatória é fornecido exclusivamente ao empregador doméstico.

1.7. O produto da arrecadação de que trata o recolhimento unificado via DAE, definido nos itens 1.3 e 1.5 desta Circular, será centralizado na Caixa Econômica Federal.

1.7.1. A Caixa Econômica Federal, com base nos elementos identificadores do recolhimento realizado via DAE, transferirá para a Conta Única do Tesouro Nacional o valor arrecadado das contribuições e dos impostos previstos nas alíneas *a, b, c* e *f* definidos no item 1.3 desta Circular, segundo critérios definidos entre a CAIXA e o Ministério da Fazenda.

1.7.2. O recolhimento do DAE será realizado em Instituições Financeiras integrantes da rede arrecadadora de receitas federais.

1.8. As informações prestadas ao *eSocial* têm caráter declaratório, constituindo instrumento hábil e suficiente para a exigência dos depósitos do FGTS delas resultantes e que não tenham sido recolhidos no prazo consignado para pagamento definido nos itens 1.4 e 1.5.2 desta Circular.

1.9. Para vínculos que o empregador doméstico tenha optado pelo recolhimento do FGTS de período anterior a obrigatoriedade, quando não foi realizado depósitos de competência igual ou menor que SET/2015, deverá o empregador realizar o depósito utilizando-se da GRF Internet Doméstico disponível no portal *eSocial* (www.eSocial.gov.br) ou via aplicativo SEFIP, observando orientações contidas no Manual de Orientação ao Empregador – Recolhimentos Mensais e Rescisórios ao FGTS e das Contribuições Sociais disponível no endereço www.caixa.gov.br, download, FGTS – Manuais Operacionais.

1.9.1. É facultada a opção pelo FGTS ao empregador doméstico a partir da competência 03/2000 e até a competência 09/2015, passando a ser obrigatório após o primeiro recolhimento ou a partir da competência 10/2015, quando não houver recolhimento de competências anteriores.

1.10. É de responsabilidade do empregador o arquivamento de documentos comprobatórios do cumprimento do recolhimento do FGTS.

2. *Item revogado pela Circular 734/2016 da CEF.*

3. Esta Circular entra em vigor na data de sua publicação.

Fabio Ferreira Cleto

Vice-Presidente de Fundos de Governo e Loterias

LEI 13.180, DE 22 DE OUTUBRO DE 2015

Dispõe sobre a profissão de artesão e dá outras providências.

DOU 23.10.2015

A Presidenta da República:

Faço saber que o Congresso Nacional decreta e eu sanciono a seguinte Lei:

Art. 1º Artesão é toda pessoa física que desempenha suas atividades profissionais de forma individual, associada ou cooperativada.

Parágrafo único. A profissão de artesão presume o exercício de atividade predominantemente manual, que pode contar com o auxílio de ferramentas e outros equipamentos, desde que visem a assegurar qualidade, segurança e, quando couber, observância às normas oficiais aplicáveis ao produto.

Art. 2º O artesanato será objeto de política específica no âmbito da União, que terá como diretrizes básicas:

I – a valorização da identidade e cultura nacionais;

II – a destinação de linha de crédito especial para o financiamento da comercialização da produção artesanal e para a aquisição de matéria-prima e de equipamentos imprescindíveis ao trabalho artesanal;

III – a integração da atividade artesanal com outros setores e programas de desenvolvimento econômico e social;

IV – a qualificação permanente dos artesãos e o estímulo ao aperfeiçoamento dos métodos e processos de produção;

V – o apoio comercial, com identificação de novos mercados em âmbito local, nacional e internacional;

VI – a certificação da qualidade do artesanato, agregando-do valor aos produtos e às técnicas artesanais;

VII – a divulgação do artesanato.

Art. 3º O artesão será identificado pela Carteira Nacional do Artesão, válida em todo o território nacional

por, no mínimo, um ano, a qual somente será renovada com a comprovação das contribuições sociais vertidas para a Previdência Social, na forma do regulamento.

Art. 4º O Poder Executivo é autorizado a criar a Escola Técnica Federal do Artesanato, dedicada exclusivamente ao desenvolvimento de programas de formação do artesão.

Art. 5º Esta Lei entra em vigor na data de sua publicação.

Brasília, 22 de outubro de 2015; 194º da Independência e 127º da República.

Dilma Rousseff

LEI 13.432, DE 11 DE ABRIL DE 2017

Dispõe sobre o exercício da profissão de detetive particular.

DOU 12.04.2017

O Presidente da República:

Faço saber que o Congresso Nacional decreta e eu sanciono a seguinte Lei:

Art. 1º Vetado.

Art. 2º Para os fins desta Lei, considera-se detetive particular o profissional que, habitualmente, por conta própria ou na forma de sociedade civil ou empresarial, planeje e execute coleta de dados e informações de natureza não criminal, com conhecimento técnico e utilizando recursos e meios tecnológicos permitidos, visando ao esclarecimento de assuntos de interesse privado do contratante.

§ 1º Consideram-se sinônimas, para efeito desta Lei, as expressões «detetive particular», «detetive profissional» e outras que tenham ou venham a ter o mesmo objeto.

§ 2º Vetado.

Art. 3º Vetado.

Art. 4º Vetado.

Art. 5º O detetive particular pode colaborar com investigação policial em curso, desde que expressamente autorizado pelo contratante.

Parágrafo único. O aceite da colaboração ficará a critério do delegado de polícia, que poderá admiti-la ou rejeitá-la a qualquer tempo.

Art. 6º Em razão da natureza reservada de suas atividades, o detetive particular, no desempenho da profissão, deve agir com técnica, legalidade, honestidade, discrição, zelo e apreço pela verdade.

Art. 7º O detetive particular é obrigado a registrar em instrumento escrito a prestação de seus serviços.

Art. 8º O contrato de prestação de serviços do detetive particular conterá:

I – qualificação completa das partes contratantes;

II – prazo de vigência;

III – natureza do serviço;

IV – relação de documentos e dados fornecidos pelo contratante;

V – local em que será prestado o serviço;

VI – estipulação dos honorários e sua forma de pagamento.

Parágrafo único. É facultada às partes a estipulação de seguro de vida em favor do detetive particular, que indicará os beneficiários, quando a atividade envolver risco de morte.

Art. 9º Ao final do prazo pactuado para a execução dos serviços profissionais, o detetive particular entregará ao contratante ou a seu representante legal, mediante recibo, relatório circunstanciado sobre os dados e informações coletados, que conterá:

I – os procedimentos técnicos adotados;

II – a conclusão em face do resultado dos trabalhos executados e, se for o caso, a indicação das providências legais a adotar;

III – data, identificação completa do detetive particular e sua assinatura.

Art. 10. É vedado ao detetive particular:

I – aceitar ou captar serviço que configure ou contribua para a prática de infração penal ou tenha caráter discriminatório;

II – aceitar contrato de quem já tenha detetive particular constituído, salvo:

a) com autorização prévia daquele com o qual irá colaborar ou a quem substituirá;

b) na hipótese de dissídio entre o contratante e o profissional precedente ou de omissão deste que possa causar dano ao contratante;

III – divulgar os meios e os resultados da coleta de dados e informações a que tiver acesso no exercício da profissão, salvo em defesa própria;

IV – participar diretamente de diligências policiais;

V – utilizar, em demanda contra o contratante, os dados, documentos e informações coletados na execução do contrato.

Art. 11. São deveres do detetive particular:

I – preservar o sigilo das fontes de informação;

II – respeitar o direito à intimidade, à privacidade, à honra e à imagem das pessoas;

III – exercer a profissão com zelo e probidade;

IV – defender, com isenção, os direitos e as prerrogativas profissionais, zelando pela própria reputação e a da classe;

V – zelar pela conservação e proteção de documentos, objetos, dados ou informações que lhe forem confiados pelo cliente;

VI – restituir, íntegro, ao cliente, findo o contrato ou a pedido, documento ou objeto que lhe tenha sido confiado;

VII – prestar contas ao cliente.

Art. 12. São direitos do detetive particular:

I – exercer a profissão em todo o território nacional na defesa dos direitos ou interesses que lhe forem confiados, na forma desta Lei;

II – recusar serviço que considere imoral, discriminatório ou ilícito;

III – renunciar ao serviço contratado, caso gere risco à sua integridade física ou moral;

IV – compensar o montante dos honorários recebidos ou recebê-lo proporcionalmente, de acordo com o período trabalhado, conforme pactuado;

V – Vetado;

VI – reclamar, verbalmente ou por escrito, perante qualquer autoridade, contra a inobservância de preceito de lei, regulamento ou regimento;

VII – ser publicamente desagravado, quando injustamente ofendido no exercício da profissão.

Art. 13. Esta Lei entra em vigor na data de sua publicação.

Brasília, 11 de abril de 2017; 196º da Independência e 129º da República.

Michel Temer

LEI 13.475, DE 28 DE AGOSTO DE 2017

Dispõe sobre o exercício da profissão de tripulante de aeronave, denominado aeronauta; e revoga a Lei 7.183, de 5 de abril de 1984.

DOU 29.08.2017

O Presidente da República:

Faço saber que o Congresso Nacional decreta e eu sanciono a seguinte Lei:

CAPÍTULO I

DISPOSIÇÕES PRELIMINARES

Seção I

Dos Tripulantes de Aeronaves e sua Classificação

Art. 1º Esta Lei regula o exercício das profissões de piloto de aeronave, comissário de voo e mecânico de voo, denominados aeronautas.

§ 1º Para o desempenho das profissões descritas no *caput*, o profissional deve obrigatoriamente ser detentor de licença e certificados emitidos pela autoridade de aviação civil brasileira.

§ 2º Esta Lei aplica-se também aos pilotos de aeronave, comissários de voo e mecânicos de voo brasileiros que exerçam suas funções a bordo de aeronave estrangeira em virtude de contrato de trabalho regido pela legislação brasileira.

Art. 2º O piloto de aeronave e o mecânico de voo, no exercício de função específica a bordo de aeronave, de acordo com as prerrogativas da licença de que são titulares, têm a designação de tripulante de voo.

Art. 3º O comissário de voo, no exercício de função específica a bordo de aeronave, de acordo com as prerrogativas da licença de que é titular, tem a designação de tripulante de cabine.

Art. 4º O tripulante de voo ou de cabine que se deslocar a serviço do empregador, em aeronave própria ou não, sem exercer função a bordo de aeronave, tem a designação de tripulante extra a serviço.

§ 1º O tripulante extra a serviço será considerado tripulante a serviço no que diz respeito aos limites da jornada de trabalho, ao repouso e à remuneração.

§ 2º Ao tripulante extra a serviço será disponibilizado assento na cabine de passageiros, salvo em aeronaves no transporte exclusivo de cargas.

Art. 5º Os tripulantes de voo e de cabine exercem suas funções profissionais nos seguintes serviços aéreos:

I – serviço de transporte aéreo público regular e não regular, exceto na modalidade de táxi aéreo;

II – serviço de transporte aéreo público não regular na modalidade de táxi aéreo;

III – serviço aéreo especializado (SAE), prestado por organização de ensino, na modalidade de instrução de voo;

IV – demais serviços aéreos especializados, abrangendo as atividades definidas pela Lei 7.565, de 19 de dezembro de 1986 (Código Brasileiro de Aeronáutica) e pela autoridade de aviação civil brasileira;

V – serviço aéreo privado, entendido como aquele realizado, sem fins lucrativos, a serviço do operador da aeronave.

§ 1º É denominado instrutor de voo o piloto de aeronave contratado para ministrar treinamento em voo em aeronave empregada no serviço aéreo especializado referido no inciso III do *caput* deste artigo.

§ 2º Para os efeitos do disposto em convenção ou acordo coletivo de trabalho:

I – os tripulantes empregados nos serviços aéreos definidos nos incisos III e V do *caput* deste artigo são equiparados aos tripulantes que exercem suas funções nos serviços de transporte aéreo público não regular na modalidade de táxi aéreo;

II – os tripulantes empregados no serviço aéreo definido no inciso V do *caput* deste artigo, quando em atividade de fomento ou proteção à agricultura, são equiparados aos tripulantes de voo que operam os serviços aéreos especializados na modalidade de atividade de fomento ou proteção à agricultura.

Art. 6º O exercício das profissões de piloto de aeronave, mecânico de voo e comissário de voo, previstas nesta Lei, é privativo de brasileiros natos ou naturalizados.

§ 1º As empresas brasileiras, quando estiverem prestando serviço aéreo internacional, poderão utilizar comissários de voo estrangeiros, desde que o número destes não exceda a 1/3 (um terço) dos comissários de voo a bordo da mesma aeronave.

§ 2º Todas as empresas de transporte aéreo público, salvo empresas estrangeiras de transporte aéreo público não regular na modalidade de táxi aéreo, quando estiverem operando voos domésticos em território brasileiro, terão obrigatoriamente seu quadro de tripulantes composto por brasileiros natos ou naturalizados, com contrato de trabalho regido pela legislação brasileira.

§ 3º Na falta de tripulantes de voo brasileiros, instrutores estrangeiros poderão ser admitidos em caráter provisório, por período restrito ao da instrução, de acordo com regulamento exarado pela autoridade de aviação civil brasileira.

Art. 7º Os tripulantes de voo exercem as seguintes funções a bordo da aeronave:

I – comandante: piloto responsável pela operação e pela segurança da aeronave, exercendo a autoridade que a legislação lhe atribui;

II – copiloto: piloto que auxilia o comandante na operação da aeronave; e

III – mecânico de voo: auxiliar do comandante, encarregado da operação e do controle de sistemas diversos, conforme especificação dos manuais técnicos da aeronave.

§ 1º Sem prejuízo das atribuições originalmente designadas, o comandante e o mecânico de voo poderão exercer cumulativamente outras prerrogativas decorrentes de qualificação ou credenciamento, previstas nos regulamentos aeronáuticos, desde que autorizadas pela autoridade de aviação civil brasileira.

§ 2º O comandante será designado pelo operador da aeronave e será seu preposto durante toda a viagem.

§ 3º O copiloto é o substituto eventual do comandante nas tripulações simples, não o sendo nos casos de tripulação composta ou de revezamento.

Art. 8º Os tripulantes de cabine, na função de comissários de voo, são auxiliares do comandante encarregados do cumprimento das normas relativas à segurança e ao atendimento dos passageiros a bordo, da guarda de bagagens, documentos, valores e malas postais e de outras tarefas que lhes tenham sido delegadas pelo comandante.

§ 1º Sem prejuízo das atribuições originalmente designadas, os comissários de voo poderão exercer cumulativamente outras prerrogativas decorrentes de qualificação ou credenciamento, previstas nos regulamentos aeronáuticos, desde que autorizados pela autoridade de aviação civil brasileira.

§ 2º A guarda de valores é condicionada à existência de local apropriado e seguro na aeronave, sendo responsabilidade do empregador atestar a segurança do local.

§ 3º A guarda de cargas e malas postais em terra somente será confiada aos comissários de voo quando no local inexistir serviço próprio para essa finalidade.

Seção II
Das Tripulações

Art. 9º Tripulação é o conjunto de tripulantes de voo e de cabine que exercem função a bordo de aeronave.

Art. 10. O tripulante, sem prejuízo das atribuições originalmente designadas, não poderá exercer, simultaneamente, mais de uma função a bordo de aeronave, mesmo que seja titular de licenças correspondentes.

Art. 11. Os membros de uma tripulação são subordinados técnica e disciplinarmente ao comandante, durante todo o tempo em que transcorrer a viagem.

Art. 12. O comandante exerce a autoridade inerente à função desde o momento em que se apresenta para o voo até o momento em que, concluída a viagem, entrega a aeronave.

Art. 13. Uma tripulação pode ser classificada como mínima, simples, composta ou de revezamento.

Parágrafo único. A autoridade de aviação civil brasileira, considerando o interesse da segurança operacional, as características da rota e do voo e a programação a ser cumprida, poderá determinar a composição da tripulação ou as modificações necessárias para a realização do voo.

Art. 14. Tripulação mínima é a determinada na forma da certificação de tipo da aeronave, homologada pela autoridade de aviação civil brasileira, sendo permitida sua utilização em voos locais de instrução, de experiência, de vistoria e de traslado.

Art. 15. Tripulação simples é a constituída de uma tripulação mínima acrescida, quando for o caso, dos tripulantes necessários à realização do voo.

Art. 16. Tripulação composta é a constituída de uma tripulação simples acrescida de um comandante, de um mecânico de voo, quando o equipamento assim o exigir, e de, no mínimo, 25% (vinte e cinco por cento) do número de comissários de voo.

Parágrafo único. A tripulação composta somente poderá ser utilizada em voos internacionais, exceto nas seguintes situações, quando poderá ser utilizada em voos domésticos:

I – para atender a atrasos ocasionados por condições meteorológicas desfavoráveis ou por trabalhos de manutenção não programados;

II – quando os critérios de utilização dos tripulantes de voo e de cabine empregados no serviço aéreo definido no inciso I do *caput* do art. 5º estiverem definidos em convenção ou acordo coletivo de trabalho;

III – para atendimento de missão humanitária, transportando ou destinada ao transporte de enfermos ou órgãos para transplante, no caso de tripulantes de voo e de cabine empregados nos serviços aéreos definidos no inciso II do *caput* do art. 5º desta Lei.

Art. 17. Tripulação de revezamento é a constituída de uma tripulação simples acrescida de um comandante, de um piloto, de um mecânico de voo, quando o equipamento assim o exigir, e de 50% (cinquenta por cento) do número de comissários de voo.

Parágrafo único. A tripulação de revezamento só poderá ser empregada em voos internacionais.

Art. 18. Um tipo de tripulação só poderá ser transformado na origem do voo e até o limite de 3 (três) horas, contadas a partir da apresentação da tripulação previamente escalada.

Parágrafo único. A contagem de tempo para limite da jornada será a partir da hora de apresentação da tripulação original ou do tripulante de reforço, considerando o que ocorrer primeiro.

Seção III
Do Sistema de Gerenciamento de Risco de Fadiga Humana

Art. 19. As limitações operacionais estabelecidas nesta Lei poderão ser alteradas pela autoridade de aviação civil brasileira com base nos preceitos do Sistema de Gerenciamento de Risco de Fadiga Humana.

§ 1º As limitações operacionais referidas no *caput* deste artigo compreendem quaisquer prescrições temporais relativas aos tripulantes de voo e de cabine no que tange a limites de voo, de pouso, de jornada de trabalho, de sobreaviso, de reserva e de períodos de repouso, bem como a outros fatores que possam reduzir o estado de alerta da tripulação ou comprometer o seu desempenho operacional.

§ 2º O Sistema de Gerenciamento de Risco de Fadiga Humana será regulamentado pela autoridade de aviação civil brasileira com base nas normas e recomendações internacionais de aviação civil.

§ 3º A implantação e a atualização do Sistema de Gerenciamento de Risco de Fadiga Humana serão acompanhadas pelo sindicato da categoria profissional.

§ 4º Nos casos em que o Sistema de Gerenciamento de Risco de Fadiga Humana autorizar a superação das 12 (doze) horas de jornada de trabalho e a diminuição do período de 12 (doze) horas de repouso, em tripulação simples, tais alterações deverão ser implementadas por meio de convenção ou acordo coletivo de trabalho entre o operador da aeronave e o sindicato da categoria profissional.

CAPÍTULO II
DO REGIME DE TRABALHO

Seção I
Do contrato de trabalho

Art. 20. A função remunerada dos tripulantes a bordo de aeronave deverá, obrigatoriamente, ser formalizada por meio de contrato de trabalho firmado diretamente com o operador da aeronave.

§ 1º O tripulante de voo ou de cabine só poderá exercer função remunerada a bordo de aeronave de um operador ao qual não esteja diretamente vinculado por contrato de trabalho quando o serviço aéreo não constituir atividade fim, e desde que por prazo não superior a 30 (trinta) dias consecutivos, contado da data de início da prestação dos serviços.

§ 2º A prestação de serviço remunerado conforme prevê o § 1º deste artigo não poderá ocorrer por mais de uma vez ao ano e deverá ser formalizada por contrato escrito, sob pena de presunção de vínculo empregatício do tripulante diretamente com o operador da aeronave.

§ 3º O disposto neste artigo não se aplica quando o operador da aeronave for órgão ou entidade da administração pública, no exercício de missões institucionais ou de poder de polícia.

 ▸ § 3º acrescido pela Lei 14.163/2021.

Art. 21. O operador da aeronave poderá utilizar-se de tripulantes instrutores que não estejam a ele vinculados por contrato de trabalho quando em seu quadro de tripulantes não existirem instrutores habilitados no equipamento em que se pretende operar, desde que por período restrito ao da instrução e mediante autorização da autoridade de aviação civil brasileira.

Art. 22. O operador de aeronaves poderá, por meio de contrato de prestação de serviços, autorizar que seus instrutores ministrem instrução para tripulantes que não estejam a ele vinculados por contrato de trabalho quando os empregadores dos respectivos tripulantes não possuírem equipamento ou instrutores próprios para a específica instrução, desde que por período restrito ao da instrução e mediante autorização da autoridade de aviação civil brasileira.

Parágrafo único. Este artigo só é aplicável aos operadores de aeronaves que realizam os serviços aéreos referidos nos incisos I e II do *caput* do art. 5º.

Seção II
Da base contratual

Art. 23. Entende-se por base contratual a matriz ou filial onde o contrato de trabalho do tripulante estiver registrado.

Art. 24. Resguardados os direitos e as condições previstos nesta Lei, os demais direitos, condições de trabalho e obrigações do empregado estarão definidos no contrato de trabalho e poderão ser devidamente regulados em convenção ou acordo coletivo de trabalho, desde que não ultrapassem os parâmetros

estabelecidos na regulamentação da autoridade de aviação civil brasileira.

Art. 25. Será fornecido pelo empregador transporte gratuito aos tripulantes de voo e de cabine sempre que se iniciar ou finalizar uma programação de voo em aeroporto situado a mais de 50 (cinquenta) quilômetros de distância do aeroporto definido como base contratual.

§ 1º O tempo de deslocamento entre o aeroporto definido como base contratual e o aeroporto designado para o início do voo será computado na jornada de trabalho e não será remunerado.

§ 2º No caso de viagem que termine em aeroporto diferente do definido como base contratual e situado a mais de 50 (cinquenta) quilômetros de distância, a jornada de trabalho será encerrada conforme o disposto no art. 35, e o repouso mínimo regulamentar será acrescido de, no mínimo, 2 (duas) horas.

Seção III
Da escala de serviço

Art. 26. A prestação de serviço do tripulante empregado no serviço aéreo definido no inciso I do *caput* do art. 5º, respeitados os períodos de folgas e repousos regulamentares, será determinada por meio de:

I – escala, no mínimo mensal, divulgada com antecedência mínima de 5 (cinco) dias, determinando os horários de início e término de voos, serviços de reserva, sobreavisos e folgas, sendo vedada a consignação de situações de trabalho e horários não definidos;

II – escala ou convocação, para realização de cursos, reuniões, exames relacionados a treinamento e verificação de proficiência técnica.

§ 1º Em 4 (quatro) meses do ano, as empresas estão autorizadas, caso julguem necessário, a divulgar escala semanal para voos de horário, serviços de reserva, sobreavisos e folgas com antecedência mínima de 2 (dois) dias, para a primeira semana de cada mês, e de 7 (sete) dias, para as semanas subsequentes.

§ 2º Para voos exclusivamente cargueiros, é autorizada a divulgação de escala semanal para voos de horário, serviços de reserva, sobreavisos e folgas com antecedência mínima de 2 (dois) dias, para a primeira semana de cada mês, e 7 (sete) dias, para as semanas subsequentes.

§ 3º Os limites previstos no inciso I do *caput* deste artigo poderão ser alterados mediante convenção ou acordo coletivo de trabalho, desde que não ultrapassem os parâmetros estabelecidos na regulamentação da autoridade de aviação civil brasileira.

Art. 27. A determinação para a prestação de serviço do tripulante empregado nos serviços aéreos definidos nos incisos II, III, IV e V do *caput* do art. 5º, respeitados os períodos de folgas e repousos regulamentares, será feita por meio de:

I – escala, no mínimo semanal, divulgada com antecedência mínima de 2 (dois) dias, determinando os horários de início e término de voos, serviços de reserva, sobreavisos e folgas, sendo vedada a consignação de situações de trabalho e horários não definidos;

II – escala ou convocação, para realização de cursos, reuniões, exames relacionados a treinamento e verificação de proficiência técnica.

Parágrafo único. Outros critérios para a determinação da prestação de serviço dos tripulantes poderão ser estabelecidos em convenção ou acordo coletivo de trabalho, desde que não ultrapassem os parâmetros estabelecidos na regulamentação da autoridade de aviação civil brasileira.

Art. 28. Na escala de serviço, deverão ser observados regime de rodízio de tripulantes e turnos compatíveis com a saúde, a higiene e a segurança do trabalho.

Parágrafo único. A programação de rodízios e turnos obedecerá ao princípio da equidade na distribuição entre as diversas situações de trabalho para que não haja discriminação entre os tripulantes com qualificações idênticas, salvo em empresas que adotem critérios específicos estabelecidos em acordo coletivo de trabalho, desde que não ultrapassem os parâmetros estabelecidos na regulamentação da autoridade de aviação civil brasileira.

Seção IV
Das acomodações para descanso a bordo
de aeronave

Art. 29. Será assegurado aos tripulantes de voo e de cabine, quando estiverem em voo com tripulação composta ou de revezamento, descanso a bordo da aeronave, em acomodação adequada, de acordo com as especificações definidas em norma estabelecida pela autoridade de aviação civil brasileira.

§ 1º Aos tripulantes de voo e de cabine realizando voos em tripulação composta será assegurado número de acomodações para descanso a bordo igual ao número de tripulantes somados à tripulação simples.

§ 2º Aos tripulantes de voo e de cabine realizando voos em tripulação de revezamento será assegurado número de acomodações para descanso a bordo igual à metade do total de tripulantes.

Seção V
Dos limites de voos e de pousos

Art. 30. Denomina-se hora de voo ou tempo de voo o período compreendido desde o início do deslocamento, quando se tratar de aeronave de asa fixa, ou desde a partida dos motores, quando se tratar de aeronave de asa rotativa, até o momento em que, respectivamente, se imobiliza a aeronave ou se efetua o corte dos motores, ao término do voo ("calço a calço").

Art. 31. Aos tripulantes de voo ou de cabine empregados no serviço aéreo definido no inciso I do *caput* do art. 5º serão assegurados os seguintes limites de horas de voo e de pousos em uma mesma jornada de trabalho:

I – 8 (oito) horas de voo e 4 (quatro) pousos, na hipótese de integrante de tripulação mínima ou simples;

II – 11 (onze) horas de voo e 5 (cinco) pousos, na hipótese de integrante de tripulação composta;

III – 14 (catorze) horas de voo e 4 (quatro) pousos, na hipótese de integrante de tripulação de revezamento; e

IV – 7 (sete) horas sem limite de pousos, na hipótese de integrante de tripulação de helicópteros.

§ 1º O número de pousos na hipótese do inciso I deste artigo poderá ser aumentado em mais 1 (um), a critério do empregador, acrescendo-se, nesse caso, 2 (duas) horas ao repouso que precede a jornada.

§ 2º Não obstante o previsto no § 1º deste artigo, em caso de desvio para aeroporto de alternativa, será permitido o acréscimo de mais 1 (um) pouso aos limites estabelecidos nos incisos I, II e III deste artigo.

§ 3º Os tripulantes que operam aeronaves convencionais e turbo-hélice poderão ter o limite de pousos estabelecido no inciso I deste artigo aumentado em mais 2 (dois) pousos.

Art. 32. Aos tripulantes empregados nos serviços aéreos definidos nos incisos II, III, IV e V do *caput* do art. 5º são assegurados os seguintes limites de horas de voo em uma mesma jornada de trabalho:

I – 9 (nove) horas e 30 (trinta) minutos de voo, na hipótese de integrante de tripulação mínima ou simples;

II – 12 (doze) horas de voo, na hipótese de integrante de tripulação composta;

III – 16 (dezesseis) horas de voo, na hipótese de integrante de tripulação de revezamento;

IV – 8 (oito) horas de voo, na hipótese de integrante de tripulação de helicópteros.

§ 1º Aos tripulantes referidos neste artigo não serão assegurados limites de pousos em uma mesma jornada de trabalho.

§ 2º Os tripulantes empregados nos serviços aéreos definidos no inciso IV do *caput* do art. 5º, quando em atividade de fomento ou proteção à agricultura, poderão ter os limites previstos neste artigo estabelecidos em convenção ou acordo coletivo de trabalho, desde que não ultrapassem os parâmetros de segurança de voo determinados na regulamentação da autoridade de aviação civil brasileira.

Art. 33. Aos tripulantes são assegurados os seguintes limites mensais e anuais de horas de voo:

I – 80 (oitenta) horas de voo por mês e 800 (oitocentas) horas por ano, em aviões a jato;

II – 85 (oitenta e cinco) horas de voo por mês e 850 (oitocentas e cinquenta) horas por ano, em aviões turbo-hélice;

III – 100 (cem) horas de voo por mês e 960 (novecentas e sessenta) horas por ano, em aviões convencionais;

IV – 90 (noventa) horas de voo por mês e 930 (novecentas e trinta) horas por ano, em helicópteros.

§ 1º Quando os tripulantes operarem diferentes tipos de aeronaves, o limite inferior será respeitado.

§ 2º Os tripulantes de voo empregados nos serviços aéreos especializados definidos no inciso IV do *caput* do art. 5º, quando em atividade de fomento ou proteção à agricultura, poderão ter os limites previstos neste artigo estabelecidos em convenção ou acordo coletivo de trabalho, desde que não ultrapassem os parâmetros de segurança de voo determinados na regulamentação da autoridade de aviação civil brasileira.

Art. 34. O trabalho realizado como tripulante extra a serviço será computado para os limites da jornada de trabalho diária, semanal e mensal, não sendo considerado para o cômputo dos limites de horas de voo diários, mensais e anuais, previstos nos arts. 31, 32 e 33.

Seção VI
Dos limites da jornada de trabalho

Art. 35. Jornada é a duração do trabalho do tripulante de voo ou de cabine, contada entre a hora da apresentação no local de trabalho e a hora em que ele é encerrado.

§ 1º A jornada na base contratual será contada a partir da hora de apresentação do tripulante no local de trabalho.

§ 2º Fora da base contratual, a jornada será contada a partir da hora de apresentação do tripulante no local estabelecido pelo empregador.

§ 3º Nas hipóteses previstas nos §§ 1º e 2º deste artigo, a apresentação no aeroporto ou em outro local estabelecido pelo empregador deverá ocorrer com antecedência mínima de 30 (trinta) minutos da hora prevista para o início do voo.

§ 4º A jornada será considerada encerrada 30 (trinta) minutos após a parada final dos motores, no caso de voos domésticos, e 45 (quarenta e cinco) minutos após a parada final dos motores, no caso de voos internacionais.

§ 5º Para atividades em terra, não se aplicam as disposições dos §§ 3º e 4º deste artigo.

§ 6º Os limites previstos no § 4º deste artigo podem ser alterados pelos operadores de aeronaves que possuírem Sistema de Gerenciamento de Risco de Fadiga Humana no planejamento e na execução das escalas de serviço de seus tripulantes, sendo o limite mínimo de 30 (trinta) minutos.

Art. 36. Aos tripulantes de voo ou de cabine empregados no serviço aéreo definido no inciso I do *caput* do art. 5º são assegurados os seguintes limites de jornada de trabalho:

I – 9 (nove) horas, se integrantes de uma tripulação mínima ou simples;

II – 12 (doze) horas, se integrantes de uma tripulação composta;

III – 16 (dezesseis) horas, se integrantes de uma tripulação de revezamento.

Art. 37. Aos tripulantes de voo ou de cabine empregados nos serviços aéreos definidos nos incisos II, III, IV e V do *caput* do art. 5º são assegurados os seguintes limites de jornada de trabalho:

I – 11 (onze) horas, se integrantes de uma tripulação mínima ou simples;

II – 14 (catorze) horas, se integrantes de uma tripulação composta;

III – 18 (dezoito) horas, se integrantes de uma tripulação de revezamento.

Parágrafo único. Os tripulantes de voo empregados nos serviços aéreos especializados definidos no inciso IV do *caput* do art. 5º, quando em atividade de fomento à agricultura, poderão ter os limites previstos neste artigo estabelecidos em convenção ou acordo coletivo de trabalho, desde que não ultrapassem os parâmetros de segurança de voo determinados na regulamentação da autoridade de aviação civil brasileira.

Art. 38. Em caso de interrupção de jornada, os tripulantes de voo ou de cabine empregados nos serviços aéreos definidos nos incisos II, IV e V do *caput* do art. 5º, quando compondo tripulação mínima ou simples, poderão ter suas jornadas de trabalho acrescidas de até a metade do período da interrupção, nos seguintes casos:

I – quando houver interrupção da jornada fora da base contratual, superior a 3 (três) horas e inferior a 6 (seis) horas consecutivas, e for proporcionado pelo empregador local para descanso separado do público e com controle de temperatura e luminosidade;

II – quando houver interrupção da jornada fora da base contratual, superior a 6 (seis) horas e inferior a 10 (dez) horas consecutivas, e forem proporcionados pelo empregador quartos individuais com banheiro privativo, condições adequadas de higiene e segurança, mínimo ruído e controle de temperatura e luminosidade.

Parágrafo único. A condição prevista neste artigo deverá ser consignada no diário de bordo da aeronave, com assinatura do comandante.

Art. 39. A hora de trabalho noturno, para efeito de jornada, será computada como de 52 (cinquenta e dois) minutos e 30 (trinta) segundos.

Parágrafo único. Para efeitos desta Lei, considera-se noturno:

Prof. Reg.

I – o trabalho executado em terra entre as 22 (vinte e duas) horas de um dia e as 5 (cinco) horas do dia seguinte, considerado o horário local;

II – o período de tempo de voo realizado entre as 18 (dezoito) horas de um dia e as 6 (seis) horas do dia seguinte, considerado o fuso horário oficial da base contratual do tripulante.

Art. 40. Os limites da jornada de trabalho poderão ser ampliados em 60 (sessenta) minutos, a critério exclusivo do comandante da aeronave, nos seguintes casos:

I – inexistência, em local de escala regular, de acomodações apropriadas para o repouso da tripulação e dos passageiros;

II – espera demasiadamente longa, fora da base contratual, em local de espera regular intermediária, ocasionada por condições meteorológicas desfavoráveis e trabalho de manutenção não programada;

III – por imperiosa necessidade, entendida como a decorrente de catástrofe ou problema de infraestrutura que não configure caso de falha ou falta administrativa da empresa.

Parágrafo único. Qualquer ampliação dos limites das horas de trabalho deverá ser comunicada, em no máximo 24 (vinte e quatro) horas após a viagem, pelo comandante ao empregador, que, no prazo de 15 (quinze) dias, comunicará a autoridade de aviação civil brasileira.

Art. 41. A duração do trabalho dos tripulantes de voo ou de cabine não excederá a 44 (quarenta e quatro) horas semanais e 176 (cento e setenta e seis) horas mensais, computados os tempos de:

I – jornada e serviço em terra durante a viagem;

II – reserva e 1/3 (um terço) do sobreaviso;

III – deslocamento como tripulante extra a serviço;

IV – adestramento em simulador, cursos presenciais ou a distância, treinamentos e reuniões;

V – realização de outros serviços em terra, quando escalados pela empresa.

§ 1º O limite semanal de trabalho previsto neste artigo poderá ser alterado mediante convenção ou acordo coletivo de trabalho, desde que não ultrapasse os parâmetros estabelecidos na regulamentação da autoridade de aviação civil brasileira, sendo vedada, sob qualquer hipótese, a extrapolação do limite mensal de 176 (cento e setenta e seis) horas.

§ 2º Os tripulantes de voo ou de cabine empregados nos serviços aéreos definidos nos incisos II, III, IV e V do *caput* do art. 5º terão como período máximo de trabalho consecutivo 21 (vinte e um) dias, contados do dia de saída do tripulante de sua base contratual até o dia do regresso a ela.

§ 3º Para os tripulantes de voo ou de cabine empregados nos serviços aéreos definidos nos incisos II, III, IV e V do *caput* do art. 5º, o período consecutivo de trabalho, no local de operação, não poderá exceder a 17 (dezessete) dias.

§ 4º Quando prestarem serviço fora da base contratual por período superior a 6 (seis) dias, os tripulantes referidos no § 3º deste artigo terão, no retorno, folgas correspondentes a, no mínimo, o número de dias fora da base contratual menos 2 (dois) dias.

§ 5º Os tripulantes empregados no serviço aéreo definido no inciso I do *caput* do art. 5º que também exerçam atividades administrativas terão os limites de sua jornada de trabalho definidos em convenção ou acordo coletivo de trabalho, desde que não ultrapassem os parâmetros estabelecidos na regulamentação da autoridade de aviação civil brasileira.

§ 6º As disposições do *caput* e dos §§ 1º, 2º, 3º e 4º deste artigo não se aplicam aos tripulantes empregados nos serviços aéreos definidos no inciso IV do *caput* do art. 5º em atividade de fomento ou proteção à agricultura, que poderão ter os referidos limites reduzidos ou ampliados por convenção ou acordo coletivo de trabalho, desde que não ultrapassem os parâmetros de segurança de voo determinados na regulamentação da autoridade de aviação civil brasileira.

Art. 42. Será observado o limite máximo de 2 (duas) madrugadas consecutivas de trabalho, e o de 4 (quatro) madrugadas totais no período de 168 (cento e sessenta e oito) horas consecutivas, contadas desde a apresentação do tripulante.

§ 1º O tripulante de voo ou de cabine poderá ser escalado para jornada de trabalho na terceira madrugada consecutiva desde que como tripulante extra, em voo de retorno à base contratual e encerrando sua jornada de trabalho, vedada, nessa hipótese, a escalação do tripulante para compor tripulação no período que

antecede a terceira madrugada consecutiva na mesma jornada de trabalho.

§ 2º Sempre que for disponibilizado ao tripulante período mínimo de 48 (quarenta e oito) horas livre de qualquer atividade, poderá ser iniciada a contagem de novo período de 168 (cento e sessenta e oito) horas consecutivas referido no *caput* deste artigo.

§ 3º Os limites previstos neste artigo poderão ser reduzidos ou ampliados mediante convenção ou acordo coletivo de trabalho, desde que não ultrapassem os parâmetros estabelecidos na regulamentação da autoridade de aviação civil brasileira.

§ 4º Entende-se como madrugada o período transcorrido, total ou parcialmente, entre 0 (zero) hora e 6 (seis) horas, considerado o fuso horário oficial da base contratual do tripulante.

Seção VII
Do sobreaviso e da reserva

Art. 43. Sobreaviso é o período não inferior a 3 (três) horas e não excedente a 12 (doze) horas em que o tripulante permanece em local de sua escolha à disposição do empregador, devendo apresentar-se no aeroporto ou em outro local determinado, no prazo de até 90 (noventa) minutos, após receber comunicação para o início de nova tarefa.

§ 1º Em Município ou conurbação com 2 (dois) ou mais aeroportos, o tripulante designado para aeroporto diferente da base contratual terá prazo de 150 (cento e cinquenta) minutos para a apresentação, após receber comunicação para o início de nova tarefa.

§ 2º As horas de sobreaviso serão pagas à base de 1/3 (um terço) do valor da hora de voo.

§ 3º Caso o tripulante seja convocado para uma nova tarefa, o tempo remunerado será contabilizado entre o início do sobreaviso e o início do deslocamento.

§ 4º Caso o tripulante de voo ou de cabine não seja convocado para uma tarefa durante o período de sobreaviso, o tempo de repouso mínimo de 8 (oito) horas deverá ser respeitado antes do início de nova tarefa.

§ 5º O período de sobreaviso, contabilizado desde seu início até o início do deslocamento caso o tripulante seja acionado para nova tarefa, não poderá ser superior a 12 (doze) horas.

§ 6º No período de 12 (doze) horas previsto no § 5º, não serão computados os períodos de deslocamento de 90 (noventa) e 150 (cento e cinquenta) minutos previstos no *caput* e no § 1º deste artigo.

§ 7º O tripulante de voo ou de cabine empregado no serviço aéreo previsto no inciso I do *caput* do art. 5º terá a quantidade de sobreavisos limitada a 8 (oito) mensais, podendo ser reduzida ou ampliada por convenção ou acordo coletivo de trabalho, observados os limites estabelecidos na regulamentação da autoridade de aviação civil brasileira.

Art. 44. Reserva é o período em que o tripulante de voo ou de cabine permanece à disposição, por determinação do empregador, no local de trabalho.

§ 1º A hora de reserva será paga na mesma base da hora de voo.

§ 2º A reserva do tripulante empregado no serviço aéreo previsto no inciso I do *caput* do art. 5º terá duração mínima de 3 (três) horas e máxima de 6 (seis) horas.

§ 3º A reserva do tripulante empregado nos serviços aéreos previstos nos incisos II, III, IV e V do *caput* do art. 5º terá duração mínima de 3 (três) horas e máxima de 10 (dez) horas.

§ 4º Prevista a reserva por prazo superior a 3 (três) horas, o empregador deverá assegurar ao tripulante acomodação adequada para descanso.

§ 5º Entende-se por acomodação adequada para fins deste artigo poltronas em sala específica com controle de temperatura, em local diferente do destinado ao público e à apresentação das tripulações.

§ 6º Para efeito de remuneração, caso o tripulante seja acionado em reserva para assumir programação de voo, será considerado tempo de reserva o período compreendido entre o início da reserva e o início do voo.

§ 7º Os limites previstos neste artigo poderão ser reduzidos ou ampliados por convenção ou acordo coletivo de trabalho, observados os parâmetros estabelecidos na regulamentação da autoridade de aviação civil brasileira.

Seção VIII
Das viagens

Art. 45. Viagem é o trabalho realizado pelo tripulante de voo ou de cabine, contado desde a saída de sua base até o seu regresso.

§ 1º Uma viagem pode compreender uma ou mais jornadas.

§ 2º O tripulante de voo ou de cabine poderá cumprir uma combinação de voos, passando por sua base contratual sem ser dispensado do serviço, desde que a programação obedeça à escala previamente publicada.

§ 3º O empregador poderá exigir do tripulante de voo ou de cabine complementar de voo, quando fora da base contratual, para atender à realização de serviços inadiáveis.

§ 4º O empregador não poderá exigir do tripulante de voo ou de cabine complementar de voo ou qualquer outra atividade ao final da viagem, por ocasião do retorno à base contratual, sendo facultada ao tripulante a aceitação, não cabendo qualquer tipo de penalidade em caso de recusa.

Seção IX
Dos Períodos de Repouso

Art. 46. Repouso é o período ininterrupto, após uma jornada, em que o tripulante fica desobrigado da prestação de qualquer serviço.

Art. 47. É assegurada ao tripulante, fora de sua base contratual, acomodação adequada para repouso e transporte entre o aeroporto e o local de repouso, e vice-versa.

§ 1º O previsto neste artigo não será aplicado ao tripulante empregado nos serviços aéreos previstos nos incisos II, III, IV e V do *caput* do art. 5º quando o custeio do transporte e da hospedagem for ressarcido pelo empregador.

§ 2º O ressarcimento de que trata o § 1º deste artigo deverá ocorrer no máximo até 30 (trinta) dias após o pagamento.

§ 3º Entende-se por acomodação adequada para repouso do tripulante quarto individual com banheiro privativo e condições adequadas de higiene, segurança, ruído, controle de temperatura e luminosidade.

§ 4º Quando não houver disponibilidade de transporte ao término da jornada, o período de repouso será computado a partir da colocação de transporte à disposição da tripulação.

Art. 48. O tempo mínimo de repouso terá duração relacionada ao tempo da jornada anterior, observando-se os seguintes limites:

I – 12 (doze) horas de repouso, após jornada de até 12 (doze) horas;

II – 16 (dezesseis) horas de repouso, após jornada de mais de 12 (doze) horas e até 15 (quinze) horas;

III – 24 (vinte e quatro) horas de repouso, após jornada de mais de 15 (quinze) horas.

Parágrafo único. Os limites previstos neste artigo poderão ser alterados por convenção ou acordo coletivo de trabalho, observados os parâmetros de segurança de voo estabelecidos na regulamentação da autoridade de aviação civil brasileira.

Art. 49. Quando ocorrer o cruzamento de 3 (três) ou mais fusos horários em um dos sentidos da viagem, o tripulante terá, na base contratual, o repouso acrescido de 2 (duas) horas por cada fuso cruzado.

Seção X
Da folga periódica

Art. 50. Folga é o período não inferior a 24 (vinte e quatro) horas consecutivas em que o tripulante, em sua base contratual, sem prejuízo da remuneração, está desobrigado de qualquer atividade relacionada com seu trabalho.

§ 1º Salvo o previsto nos §§ 2º e 3º do art. 41, a folga deverá ter início, no máximo, após o 6º (sexto) período consecutivo de até 24 (vinte e quatro) horas, contada a partir da apresentação do tripulante, observados os limites de duração da jornada de trabalho e de repouso.

§ 2º Os períodos de repouso mínimo regulamentar deverão estar contidos nos 6 (seis) períodos consecutivos de até 24 (vinte e quatro) horas previstos no § 1º deste artigo.

§ 3º No caso de voos internacionais de longo curso, o limite previsto no § 1º deste artigo poderá ser ampliado em 36 (trinta e seis) horas, ficando o empregador obrigado a conceder ao tripulante mais 2 (dois) períodos de folga no mesmo mês em que o voo for realizado, além das folgas previstas neste artigo e no art. 51.

§ 4º Os limites previstos nos §§ 1º e 2º deste artigo poderão ser alterados por convenção ou acordo coletivo de trabalho, observados os parâmetros determinados na regulamentação da autoridade de aviação civil brasileira.

Art. 51. O tripulante empregado no serviço aéreo previsto no inciso I do *caput* do art. 5º terá número mensal de folgas não inferior a 10 (dez), das quais pelo menos 2 (duas) deverão compreender um sábado e um domingo consecutivos, devendo a primeira destas ter início até as 12 (doze) horas do sábado, no horário de Brasília.

§ 1º O número mensal de folgas previsto neste artigo poderá ser reduzido até 9 (nove), conforme critérios estabelecidos em convenção ou acordo coletivo de trabalho.

§ 2º Quando o tripulante concorrer parcialmente à escala de serviço do mês, por motivo de férias ou afastamento, aplicar-se-á a proporcionalidade do número de dias trabalhados ao número de folgas a serem concedidas, com aproximação para o inteiro superior.

Art. 52. O tripulante de voo ou de cabine empregado nos serviços aéreos previstos nos incisos II, III, IV e V do *caput* do art. 5º terá número de folgas mensal não inferior a 8 (oito), das quais pelo menos 2 (duas) deverão compreender um sábado e um domingo consecutivos.

Parágrafo único. O tripulante empregado nos serviços aéreos previstos no inciso IV do *caput* do art. 5º, quando em atividade de fomento ou proteção à agricultura, poderá ter os limites previstos neste artigo modificados por convenção ou acordo coletivo de trabalho, observados os parâmetros estabelecidos na regulamentação da autoridade de aviação civil brasileira.

Art. 53. A folga só terá início após a conclusão do repouso da jornada, e seus horários de início e término serão definidos em escala previamente publicada.

Art. 54. Quando o tripulante for designado para curso fora da base contratual, sua folga poderá ser gozada nesse local, devendo a empresa assegurar, no regresso, uma licença remunerada de 1 (um) dia para cada 15 (quinze) dias fora da base contratual.

Parágrafo único. A licença remunerada não deverá coincidir com sábado, domingo ou feriado se a permanência do tripulante fora da base for superior a 30 (trinta) dias.

CAPÍTULO III
DA REMUNERAÇÃO E DAS CONCESSÕES

Seção I
Da Remuneração

Art. 55. Sem prejuízo da liberdade contratual, a remuneração do tripulante corresponderá à soma das quantias por ele percebidas da empresa.

Parágrafo único. Não integram a remuneração as importâncias pagas pela empresa a título de ajuda de custo, assim como as diárias de hospedagem, alimentação e transporte.

Art. 56. A remuneração dos tripulantes poderá ser fixa ou ser constituída por parcela fixa e parcela variável.

Parágrafo único. A parcela variável da remuneração será obrigatoriamente calculada com base nas horas de voo, salvo no caso:

I – do tripulante empregado no serviço de transporte aéreo público não regular na modalidade de táxi aéreo, previsto no inciso II do *caput* do art. 5º, que poderá ter a parcela variável de seu salário calculada com base na quilometragem entre a origem e o destino do voo, desde que estabelecido em convenção ou acordo coletivo de trabalho;

II – do tripulante empregado nos serviços aéreos previstos no inciso IV do *caput* do art. 5º em atividade de fomento ou proteção à agricultura, que poderá ter a parcela variável de seu salário calculada com base na área produzida ou aplicada ou conforme outros critérios estabelecidos em convenção ou acordo coletivo de trabalho.

Art. 57. O período de tempo em solo entre etapas de voo em uma mesma jornada será remunerado.

Parágrafo único. Os valores e critérios para remuneração do período de que trata o *caput* deste artigo serão estabelecidos no contrato de trabalho e em convenção ou acordo coletivo de trabalho.

Art. 58. A empresa pagará a remuneração do trabalho não realizado por motivo alheio à vontade do tripulante, se outra atividade equivalente não lhe for atribuída.

Art. 59. A remuneração da hora de voo noturno e das horas de voo como tripulante extra será calculada na forma da legislação em vigor, observadas as condições estabelecidas no contrato de trabalho e em convenção ou acordo coletivo de trabalho.

§ 1º Considera-se voo noturno, para efeitos deste artigo, o voo executado entre as 21 (vinte e uma) horas, Tempo Universal Coordenado, de um dia e as 9 (nove) horas, Tempo Universal Coordenado, do dia seguinte.

§ 2º A hora de voo noturno, para efeito de remuneração, e contada à razão de 52 (cinquenta e dois) minutos e 30 (trinta) segundos.

Art. 60. As frações de hora serão computadas para efeito de remuneração.

Seção II
Da alimentação

Art. 61. Durante a viagem, o tripulante terá direito a alimentação, em terra ou em voo, de acordo com as instruções técnicas do Ministério do Trabalho e das autoridades competentes.

§ 1º O tripulante extra a serviço terá direito à alimentação.

§ 2º Quando em terra, o intervalo para a alimentação do tripulante deverá ter duração mínima de 45 (quarenta e cinco) minutos e máxima de 60 (sessenta) minutos.

§ 3º Quando em voo, a alimentação deverá ser servida em intervalos máximos de 4 (quatro) horas.

Art. 62. Para tripulante de helicópteros, a alimentação será servida em terra ou a bordo de unidades marítimas, com duração de 60 (sessenta) minutos, período este que não será computado na jornada de trabalho.

Art. 63. Nos voos realizados no período entre as 22 (vinte e duas) horas de um dia e as 6 (seis) horas do dia seguinte, deverá ser servida uma refeição se a duração do voo for igual ou superior a 3 (três) horas.

Art. 64. É assegurada alimentação ao tripulante que esteja em situação de reserva ou em cumprimento de uma programação de treinamento entre as 12 (doze) e as 14 (catorze) horas e entre as 19 (dezenove) e as 21 (vinte e uma) horas, em intervalo com duração de 60 (sessenta) minutos.

Parágrafo único. O intervalo para alimentação de que trata este artigo:

I – não será computado na duração da jornada de trabalho;

II – não será observado na hipótese de programação de treinamento em simulador.

Seção III
Da assistência médica

Art. 65. Ao tripulante em serviço fora da base contratual o empregador deverá assegurar e custear, em casos de urgência, assistência médica e remoção, por via aérea, para retorno à base ou ao local de tratamento.

Seção IV
Do uniforme

Art. 66. O tripulante receberá gratuitamente da empresa, quando não forem de uso comum, as peças de uniforme e os equipamentos exigidos, por ato da autoridade competente, para o exercício de sua atividade profissional.

Parágrafo único. Não serão considerados como salário, para os efeitos previstos neste artigo, os vestuários, equipamentos e outros acessórios fornecidos ao tripulante para a realização dos respectivos serviços.

Seção V
Das férias

Art. 67. As férias anuais do tripulante serão de 30 (trinta) dias consecutivos.

§ 1º Mediante acordo coletivo, as férias poderão ser fracionadas.

§ 2º A concessão de férias será comunicada ao tripulante, por escrito, com antecedência mínima de 30 (trinta) dias.

Art. 68. A empresa manterá quadro atualizado de concessão de férias, devendo existir rodízio entre os tripulantes do mesmo equipamento quando houver concessão nos meses de janeiro, fevereiro, julho e dezembro.

Art. 69. Ressalvados os casos de rescisão de contrato, as férias não serão convertidas em abono pecuniário.

Art. 70. Ressalvadas condições mais favoráveis, a remuneração das férias e o décimo terceiro salário do aeronauta serão calculados pela média das parcelas fixas e variáveis da remuneração no período aquisitivo.

Art. 71. O pagamento da remuneração das férias será realizado até 2 (dois) dias antes de seu início.

Seção VI
Dos certificados e das habilitações

Art. 72. É de responsabilidade do empregador o custeio do certificado médico e de habilitação técnica de seus tripulantes, sendo responsabilidade do tripulante manter em dia seu certificado médico, como estabelecido na legislação em vigor.

§ 1º Cabe ao empregador o controle de validade do certificado médico e da habilitação técnica para que sejam programadas, na escala de serviço do tripulante, as datas e, quando necessárias, as dispensas para realização dos exames necessários para a revalidação.

§ 2º É dever do empregador o pagamento ou o reembolso dos valores pagos pelo tripulante para a revalidação do certificado médico e de habilitação técnica, tendo como limite os valores definidos pelos órgãos públicos, bem como dos valores referentes a exames de proficiência linguística e a eventuais taxas relativas a documentos necessários ao exercício de suas funções contratuais.

§ 3º No caso dos tripulantes empregados nos serviços aéreos previstos no inciso IV do *caput* do art. 5º em atividade de fomento ou proteção à agricultura, o pagamento e o reembolso previstos neste artigo poderão observar valores e critérios estabelecidos em convenção ou acordo coletivo de trabalho.

CAPÍTULO IV
DAS TRANSFERÊNCIAS

Art. 73. Para efeito de transferência, provisória ou permanente, considera-se base do tripulante a localidade onde ele está obrigado a prestar serviço.

§ 1º Entende-se como:

I – transferência provisória: o deslocamento do tripulante de sua base, por período mínimo de 30 (trinta) dias e não superior a 120 (cento e vinte) dias, para prestação de serviços temporários, sem mudança de domicílio, seguido de retorno à base tão logo cesse a incumbência que lhe foi atribuída; e

II – transferência permanente: o deslocamento do tripulante de sua base, por período superior a 120 (cento e vinte) dias, com mudança de domicílio.

§ 2º Após cada transferência provisória, o tripulante deverá permanecer na sua base por, pelo menos, 180 (cento e oitenta) dias.

§ 3º O interstício entre transferências permanentes será de 2 (dois) anos.

§ 4º Na transferência provisória, serão assegurados aos tripulantes acomodação, alimentação, transporte a serviço, transporte aéreo de ida e volta e, no regresso, licença remunerada de, considerada a duração da transferência, 2 (dois) dias para o primeiro mês mais 1 (um) dia para cada mês ou fração subsequente, sendo que, no mínimo, 2 (dois) dias não deverão coincidir com sábado, domingo ou feriado.

§ 5º Na transferência permanente, serão assegurados ao tripulante pelo empregador:

I – ajuda de custo, para fazer face às despesas de instalação na nova base, não inferior a 4 (quatro) vezes o valor do salário mensal, calculado o salário variável por sua taxa atual, multiplicada pela média do correspondente trabalho nos últimos 12 (doze) meses;

II – transporte aéreo para si e seus dependentes;

III – translação da respectiva bagagem; e

IV – dispensa de qualquer atividade relacionada com o trabalho pelo período de 8 (oito) dias, a ser fixado por sua opção, com aviso prévio de 8 (oito) dias ao empregador, dentro dos 60 (sessenta) dias seguintes à sua chegada à nova base.

§ 6º A transferência provisória poderá ser transformada em transferência permanente.

Art. 74. O tripulante deverá ser notificado pelo empregador com antecedência mínima de 60 (sessenta) dias na transferência permanente e de 15 (quinze) dias na provisória.

CAPÍTULO V
DISPOSIÇÕES FINAIS E TRANSITÓRIAS

Art. 75. Aos tripulantes de voo empregados nos serviços aéreos definidos no inciso IV do *caput* do art. 5º, quando em atividade de fomento ou proteção à agricultura, não se aplicam as seguintes disposições desta Lei:

I – a Seção II do Capítulo II;

II – os arts. 27, 28, 43, 44 e 45;

III – o Capítulo IV;

IV – o regime de transição estabelecido no art. 80.

Art. 76. Além dos casos previstos nesta Lei, as responsabilidades dos tripulantes são definidas na Lei 7.565, de 19 de dezembro de 1986 (Código Brasileiro de Aeronáutica), nas leis e nos regulamentos em vigor e, no que decorrer do contrato de trabalho, em convenções e acordos coletivos.

Art. 77. Sem prejuízo do disposto no Capítulo III do Título IX da Lei 7.565, de 19 de dezembro de 1986 (Código Brasileiro de Aeronáutica), os infratores das disposições

Prof. Reg.

constantes nesta Lei ficam sujeitos às penalidades previstas no art. 351 da Consolidação das Leis do Trabalho (CLT), aprovada pelo Decreto-Lei 5.452, de 1º de maio de 1943.

Parágrafo único. O processo de multas administrativas será regido pelo disposto no Título VII da Consolidação das Leis do Trabalho (CLT), aprovada pelo Decreto-Lei 5.452, de 1º de maio de 1943.

Art. 78. Caberá à autoridade de aviação civil brasileira expedir as normas necessárias para a implantação do Sistema de Gerenciamento de Risco de Fadiga Humana de que trata a Seção III do Capítulo I.

Art. 79. O art. 30 da Lei 7.183, de 5 de abril de 1984, passa a vigorar com a seguinte redação:

"Art. 30. Os limites de tempo de voo do tripulante não poderão exceder em cada mês ou ano, respectivamente:

I – em aviões convencionais, 100 (cem) e 1.000 (mil) horas;

II – em aviões turbo-hélice, 100 (cem) e 935 (novecentas e trinta e cinco) horas;

III – em aviões a jato, 85 (oitenta e cinco) e 850 (oitocentas e cinquenta) horas;

IV – em helicópteros, 90 (noventa) e 960 (novecentas e sessenta) horas.

§ 1º Quando o aeronauta tripular diferentes tipos de aeronave, será observado o menor limite.

§ 2º Os limites de tempo de voo para aeronautas de empresas de transporte aéreo regular, em intervalo inferior a 30 (trinta) dias, serão proporcionais ao limite mensal mais 10 (dez) horas."

Art. 80. Aplicam-se aos tripulantes, desde a entrada em vigor desta Lei até que tenham decorrido 30 (trinta) meses de sua publicação, como regime de transição, os seguintes dispositivos da Lei 7.183, de 5 de abril de 1984:

I – os arts. 12, 13 e 20;

II – o *caput*, incluídas suas alíneas, e o § 1º, todos do art. 21;

III – os arts. 29 e 30.

Art. 81. Revogam-se:

I – após decorridos 90 (noventa) dias da publicação oficial desta Lei, a Lei 7.183, de 5 de abril de 1984, com exceção dos dispositivos referidos no art. 80;

II – após decorridos 30 (trinta) meses da publicação oficial desta Lei, os dispositivos da Lei 7.183, de 5 de abril de 1984, referidos no art. 80.

Art. 82. Esta Lei entra em vigor após decorridos 90 (noventa) dias de sua publicação oficial, exceto os arts. 31, 32, 33, 35, 36 e 37, que entram em vigor após decorridos 30 (trinta) meses da publicação oficial desta Lei.

Brasília, 28 de agosto de 2017; 196º da Independência e 129º da República.

Michel Temer

LEI 13.601, DE 9 DE JANEIRO DE 2018

Regulamenta o exercício da profissão de Técnico em Biblioteconomia.

DOU 10.01.2018

O Presidente da República:

Faço saber que o Congresso Nacional decreta e eu sanciono a seguinte Lei:

Art. 1º O exercício da profissão de Técnico em Biblioteconomia é regulamentado na forma desta Lei.

Art. 2º Considera-se Técnico em Biblioteconomia o profissional legalmente habilitado em curso de formação específica.

Art. 3º São requisitos para o exercício da atividade profissional de Técnico em Biblioteconomia:

I – possuir diploma de formação de nível médio de Técnico em Biblioteconomia, expedido no Brasil, por escolas oficiais ou reconhecidas na forma da lei;

II – possuir diploma de formação de nível médio de Técnico em Biblioteconomia, expedido por escola estrangeira, revalidado no Brasil de acordo com a legislação em vigor;

III – *Vetado*;

IV – exercer suas atividades sob a supervisão de Bibliotecário com registro em CRB.

Art. 4º Compete aos Técnicos em Biblioteconomia, observando-se os limites de sua formação e sob a supervisão do Bibliotecário:

I – auxiliar nas atividades e serviços concernentes ao funcionamento de bibliotecas e outros serviços de documentação e informação;

II – auxiliar no planejamento e desenvolvimento de projetos que ampliem as atividades de atuação sociocultural das instituições em que atuam.

Art. 5º *Vetado.*

Art. 6º Esta Lei entra em vigor na data de sua publicação.

Brasília, 9 de janeiro de 2018; 197º da Independência e 130º da República.

Michel Temer

LEI 13.643, DE 3 DE ABRIL DE 2018

Regulamenta as profissões de Esteticista, que compreende o Esteticista e Cosmetólogo, e de Técnico em Estética.

DOU 04.04.2018

O Presidente da República:

Faço saber que o Congresso Nacional decreta e eu sanciono a seguinte Lei:

Art. 1º Esta Lei regulamenta o exercício das profissões de Esteticista, que compreende o Esteticista e Cosmetólogo, e de Técnico em Estética.

Parágrafo único. Esta Lei não compreende atividades em estética médica, nos termos definidos no art. 4º da Lei 12.842, de 10 de julho de 2013.

Art. 2º O exercício da profissão de Esteticista é livre em todo o território nacional, observadas as disposições desta Lei.

Art. 3º Considera-se Técnico em Estética o profissional habilitado em:

I – curso técnico com concentração em Estética oferecido por instituição regular de ensino no Brasil;

II – curso técnico com concentração em Estética oferecido por escola estrangeira, com revalidação de certificado ou diploma pelo Brasil, em instituição devidamente reconhecida pelo Ministério da Educação.

Parágrafo único. O profissional que possua prévia formação técnica em estética, ou que comprove o exercício da profissão há pelo menos três anos, contados da data de entrada em vigor desta Lei, terá assegurado o direito ao exercício da profissão, na forma estabelecida em regulamento.

Art. 4º Considera-se Esteticista e Cosmetólogo o profissional:

I – graduado em curso de nível superior com concentração em Estética e Cosmética, ou equivalente, oferecido por instituição regular de ensino no Brasil, devidamente reconhecida pelo Ministério da Educação;

II – graduado em curso de nível superior com concentração em Estética e Cosmética, ou equivalente, oferecido por escola estrangeira, com diploma revalidado no Brasil, por instituição de ensino devidamente reconhecida pelo Ministério da Educação.

Art. 5º Compete ao Técnico em Estética:

I – executar procedimentos estéticos faciais, corporais e capilares, utilizando como recursos de trabalho produtos cosméticos, técnicas e equipamentos com registro na Agência Nacional de Vigilância Sanitária (Anvisa);

II – solicitar, quando julgar necessário, parecer de outro profissional que complemente a avaliação estética;

III – observar a prescrição médica ou fisioterápica apresentada pelo cliente, ou solicitar, após exame da situação, avaliação médica ou fisioterápica.

Art. 6º Compete ao Esteticista e Cosmetólogo, além das atividades descritas no art. 5º desta Lei:

I – a responsabilidade técnica pelos centros de estética que executam e aplicam recursos estéticos, observado o disposto nesta Lei;

II – a direção, a coordenação, a supervisão e o ensino de disciplinas relativas a cursos que compreendam estudos com concentração em Estética ou Cosmetologia, desde que observadas as leis e as normas regulamentadoras da atividade docente;

III – a auditoria, a consultoria e a assessoria sobre cosméticos e equipamentos específicos de estética com registro na Anvisa;

IV – a elaboração de informes, pareceres técnico-científicos, estudos, trabalhos e pesquisas mercadológicas ou experimentais relativos à Estética e à Cosmetologia, em sua área de atuação;

V – a elaboração do programa de atendimento, com base no quadro do cliente, estabelecendo as técnicas a serem empregadas e a quantidade de aplicações necessárias;

VI – observar a prescrição médica apresentada pelo cliente, ou solicitar, após avaliação da situação, prévia prescrição médica ou fisioterápica.

Art. 7º O Esteticista, no exercício das suas atividades e atribuições, deve zelar:

I – pela observância a princípios éticos;

II – pela relação de transparência com o cliente, prestando-lhe o atendimento adequado e informando-o sobre técnicas, produtos utilizados e orçamento dos serviços;

III – pela segurança dos clientes e das demais pessoas envolvidas no atendimento, evitando exposição a riscos e potenciais danos.

Art. 8º O Esteticista deve cumprir e fazer cumprir as normas relativas à biossegurança e à legislação sanitária.

Art. 9º Regulamento disporá sobre a fiscalização do exercício da profissão de Esteticista e sobre as adequações necessárias à observância do disposto nesta Lei.

Art. 10. Esta Lei entra em vigor na data de sua publicação.

Brasília, 3 de abril de 2018; 197º da Independência e 130º da República.

Michel Temer

LEI 13.653, DE 18 DE ABRIL DE 2018

Dispõe sobre a regulamentação da profissão de arqueólogo e dá outras providências.

DOU 19.04.2018

O Presidente da República:

Faço saber que o Congresso Nacional decreta e eu sanciono a seguinte Lei:

CAPÍTULO I
DISPOSIÇÃO PRELIMINAR

Art. 1º *Vetado.*

CAPÍTULO II
DA PROFISSÃO DE ARQUEÓLOGO

Art. 2º O exercício da profissão de arqueólogo é privativo:

I – dos diplomados em bacharelado em Arqueologia por escolas oficiais ou reconhecidas pelo Ministério da Educação;

II – dos diplomados em Arqueologia por escolas estrangeiras reconhecidas pelas leis do país de origem, cujos títulos tenham sido revalidados no Brasil, na forma da legislação pertinente;

III – dos pós-graduados por escolas ou cursos devidamente reconhecidos pelo Ministério da Educação, com área de concentração em Arqueologia, com dissertação de mestrado ou tese de doutorado sobre Arqueologia e com pelo menos dois anos consecutivos de atividades científicas próprias do campo profissional da Arqueologia, devidamente comprovadas;

IV – dos diplomados em outros cursos de nível superior que, na data de publicação desta Lei, contem com, pelo menos, cinco anos consecutivos, ou dez anos intercalados, no exercício de atividades científicas próprias do campo profissional da Arqueologia, devidamente comprovadas;

V – dos que, na data de publicação desta Lei, tenham concluído cursos de especialização em Arqueologia reconhecidos pelo Ministério da Educação e contem com, pelo menos, três anos consecutivos de atividades científicas próprias do campo profissional da Arqueologia, devidamente comprovadas.

Parágrafo único. A comprovação a que se referem os incisos III, IV e V do *caput* deste artigo deverá ser feita nos termos do regulamento desta Lei.

Art. 3º São atribuições do arqueólogo:

I – planejar, organizar, administrar, dirigir e supervisionar as atividades de pesquisa arqueológica;

II – identificar, registrar, prospectar e escavar sítios arqueológicos, bem como proceder ao seu levantamento;

III – executar serviços de análise, classificação, interpretação e informação científicas de interesse arqueológico;

IV – zelar pelo bom cumprimento da legislação que trata das atividades de Arqueologia no País;

V – chefiar, supervisionar e administrar os setores de Arqueologia nas instituições governamentais da Administração Pública direta e indireta, bem como em órgãos particulares;

VI – prestar serviços de consultoria e assessoramento na área de Arqueologia;

VII – realizar perícias destinadas a apurar o valor científico e cultural de bens de interesse arqueológico, assim como sua autenticidade;

VIII – orientar, supervisionar e executar programas de formação, aperfeiçoamento e especialização de pessoas habilitadas na área de Arqueologia;

IX – orientar a realização, na área de Arqueologia, de seminários, colóquios, concursos e exposições de âmbito nacional ou internacional, fazendo-se neles representar;

X – elaborar pareceres relacionados a assuntos de interesse na área de Arqueologia;

XI – coordenar, supervisionar e chefiar projetos e programas na área de Arqueologia.

Art. 4º *Vetado.*

Art. 5º A condição de arqueólogo não dispensa a prestação de concurso, quando exigido para provimento de cargo, emprego ou função.

Art. 7º O exercício da profissão de arqueólogo depende de registro, nos termos definidos em regulamento.

CAPÍTULO III
DO EXERCÍCIO PROFISSIONAL

Art. 8º Para o exercício da profissão, em qualquer modalidade de relação trabalhista ou empregatícia, é exigida, como condição essencial, a comprovação da condição de arqueólogo.

CAPÍTULO IV
DA RESPONSABILIDADE E DA AUTORIA

Art. 9º Enquanto durar a execução da pesquisa de campo, é obrigatória a colocação e a manutenção de placas visíveis e legíveis ao público, que contenha o nome da instituição de pesquisa, o nome do projeto e o nome do responsável pelo projeto.

Art. 10. Os direitos de autoria de plano, projeto ou programa de Arqueologia são do profissional que o elaborar.

Art. 11. *Vetado.*

Art. 12. Quando a concepção geral que caracteriza plano, projeto ou programa for elaborada em conjunto por profissionais legalmente habilitados, todos serão considerados coautores do plano, projeto ou programa, com direitos e deveres correspondentes.

Art. 13. *Vetado.*

Art. 14. É assegurado à equipe científica o direito de participação plena em todas as etapas de execução do projeto, plano ou programa, inclusive em sua divulgação científica, ficando-lhe atribuído o dever de executá-lo de acordo com o aprovado.

CAPÍTULO V
DISPOSIÇÃO GERAL

Art. 15. Em toda expedição ou missão estrangeira de Arqueologia será obrigatória a presença de número de arqueólogos brasileiros que corresponda, pelo menos, à metade do número de arqueólogos estrangeiros nela atuantes.

Art. 16. Esta Lei entra em vigor na data de sua publicação.

Brasília, 18 de abril de 2018; 197o da Independência e 130º da República.

Michel Temer

LEI 13.794, DE 3 DE JANEIRO DE 2019

Dispõe sobre a regulamentação da atividade profissional de psicomotricista e autoriza a criação dos Conselhos Federal e Regionais de Psicomotricidade.

DOU de 04.01.2019

O PRESIDENTE DA REPÚBLICA. Faço saber que o Congresso Nacional decreta e eu sanciono a seguinte Lei:

Art. 1º Esta Lei regulamenta a profissão de psicomotricista.

Art. 2º Poderão intitular-se psicomotricista e exercer sua atividade, sem prejuízo do uso do recurso pelos demais profissionais de saúde de profissões regulamentadas:

I – *Vetado;*

II – os portadores de diploma de curso superior de Psicomotricidade;

III – os portadores de diploma de curso de pós-graduação nas áreas de saúde ou de educação, desde que possuam, em quaisquer dos casos, especialização em Psicomotricidade, até 48 (quarenta e oito) meses após a promulgação desta Lei;

IV – aqueles que até a data do início da vigência desta Lei tenham comprovadamente exercido atividade de psicomotricidade;

V – os portadores de diploma em Psicomotricidade expedido por instituições de ensino superior estrangeiras, revalidado na forma da legislação em vigor.

Art. 3º Compete ao psicomotricista:

I – atuar nas áreas de educação, reeducação e terapia psicomotora, utilizando recursos para a prevenção e o desenvolvimento;

II – ministrar disciplinas específicas dos cursos de graduação e pós-graduação em Psicomotricidade;

III – atuar em treinamento institucional e em atividades de ensino e pesquisa;

IV – participar de planejamento, elaboração, programação, implementação, direção, coordenação, análise, organização, avaliação de atividades clínicas e parecer psicomotor em clínicas de reabilitação ou em serviços de assistência escolar;

V – prestar auditoria, consultoria e assessoria no campo da psicomotricidade;

VI – gerenciar projetos de desenvolvimento de produtos e serviços relacionados à psicomotricidade;

VII – elaborar informes e pareceres técnico-científicos, estudos, trabalhos e pesquisas mercadológicas ou experimentais relativos à psicomotricidade.

Art. 4º *Vetado.*

Art. 5º *Vetado.*

Art. 6º *Vetado.*

Art. 7º *Vetado.*

Art. 8º *Vetado.*

Art. 9º Esta Lei entra em vigor na data de sua publicação.

Brasília, 3 de janeiro de 2019; 198º da Independência e 131º da República.

Jair Messias Bolsonaro

LEI 14.038, DE 17 DE AGOSTO DE 2020

Dispõe sobre a regulamentação da profissão de Historiador e dá outras providências.

DOU 18.8.2020

O PRESIDENTE DA REPÚBLICA Faço saber que o Congresso Nacional decreta e eu promulgo, nos termos do parágrafo 5º do art. 66 da Constituição Federal, a seguinte Lei:

Art. 1º Esta Lei regulamenta a profissão de Historiador, estabelece os requisitos para o exercício da atividade profissional e determina o registro em órgão competente.

Art. 2º É livre o exercício da atividade de historiador, desde que atendidas as qualificações e exigências estabelecidas nesta Lei.

Art. 3º O exercício da profissão de Historiador, em todo o território nacional, é assegurado aos:

I – portadores de diploma de curso superior em História, expedido por instituição regular de ensino;

II – portadores de diploma de curso superior em História, expedido por instituição estrangeira e revalidado no Brasil, de acordo com a legislação;

III – portadores de diploma de mestrado ou doutorado em História, expedido por instituição regular de ensino ou por instituição estrangeira e revalidado no Brasil, de acordo com a legislação;

IV – portadores de diploma de mestrado ou doutorado obtido em programa de pós-graduação reconhecido pela Coordenação de Aperfeiçoamento de Pessoal de Nível Superior – CAPES que tenha linha de pesquisa dedicada à História;

V – profissionais diplomados em outras áreas que tenham exercido, comprovadamente, há mais de 5 (cinco) anos, a profissão de Historiador, a contar da data de promulgação desta Lei.

Art. 4º São atribuições dos historiadores:

I – magistério da disciplina de História nos estabelecimentos de ensino fundamental e médio, desde que seja cumprida a exigência da Lei nº 9.394, de 20 de dezembro de 1996 – Lei de Diretrizes e Bases da Educação – LDB quanto à obrigatoriedade da licenciatura;

II – organização de informações para publicações, exposições e eventos sobre temas de História;

III – planejamento, organização, implantação e direção de serviços de pesquisa histórica;

IV – assessoramento, organização, implantação e direção de serviços de documentação e informação histórica;

V – assessoramento voltado à avaliação e seleção de documentos para fins de preservação;

VI – elaboração de pareceres, relatórios, planos, projetos, laudos e trabalhos sobre temas históricos.

Art. 5º Para o provimento e exercício de cargos, funções ou empregos de historiador, é obrigatória a comprovação de registro profissional nos termos do art. 7º desta Lei.

Art. 6º As entidades que prestam serviços em História manterão, em seu quadro de pessoal ou em regime de contrato para prestação de serviços, historiadores legalmente habilitados.

Art. 7º O exercício da profissão de Historiador requer prévio registro perante a autoridade trabalhista competente.

Art. 8º Esta Lei entra em vigor na data de sua publicação.

Brasília, 17 de agosto de 2020; 199º da Independência e 132º da República.

Jair Messias Bolsonaro

LEI 14.047, DE 24 DE AGOSTO DE 2020

Dispõe sobre medidas temporárias para enfrentamento da pandemia da Covid-19 no âmbito do setor portuário, sobre a cessão de pátios da administração pública e sobre o custeio das despesas com serviços de estacionamento para a permanência de aeronaves de empresas nacionais de transporte aéreo regular de passageiros em pátios da Empresa Brasileira de Infraestrutura Aeroportuária (Infraero); e altera as Leis nºs 9.719, de 27 de novembro de 1998, 7.783, de 28 de junho de 1989, 12.815, de 5 de junho de 2013, 7.565, de 19 de dezembro de 1986, e 10.233, de 5 de junho de 2001.

DOU 25.8.2020

O Presidente da República faço saber que o Congresso Nacional decreta e eu sanciono a seguinte Lei:

Art. 1º Esta Lei dispõe sobre:

I – medidas especiais para enfrentamento da pandemia da Covid-19 com o objetivo de garantir a preservação das atividades portuárias, consideradas essenciais;

II – cessão de uso especial de pátios sob administração militar; e

III – custeio das despesas com serviços de estacionamento para a permanência de aeronaves de empresas nacionais de transporte aéreo regular de passageiros em pátios da Empresa Brasileira de Infraestrutura Aeroportuária (Infraero).

Art. 2º Para fins do disposto nesta Lei, o órgão gestor de mão de obra não poderá escalar trabalhador portuário avulso nas seguintes hipóteses: (Produção de efeito)

I – quando o trabalhador apresentar os seguintes sintomas, acompanhados ou não de febre, ou outros estabelecidos em ato do Poder Executivo federal, compatíveis com a Covid-19:

a) tosse seca;

b) perda do olfato;

c) dor de garganta; ou

d) dificuldade respiratória;

II – quando o trabalhador for diagnosticado com a Covid-19 ou submetido a medidas de isolamento domiciliar por coabitação com pessoa diagnosticada com a Covid-19;

III – quando a trabalhadora estiver gestante ou lactante;

IV – quando o trabalhador tiver idade igual ou superior a 65 (sessenta e cinco) anos e não comprovar estar apto ao exercício de suas atividades; ou

V – quando o trabalhador tiver sido diagnosticado com:

a) imunodeficiência;

b) doença respiratória; ou

c) doença preexistente crônica ou grave, como doença cardiovascular, respiratória ou metabólica.

§ 1º O órgão gestor de mão de obra deverá encaminhar à autoridade portuária semanalmente lista atualizada de trabalhadores portuários avulsos que estejam impedidos de ser escalados, acompanhada de documentação que comprove o enquadramento dos trabalhadores em alguma das hipóteses previstas neste artigo.

§ 2º A comprovação dos sintomas de que trata o inciso I do *caput* deste artigo poderá ser realizada por meio de atestado médico ou por outra forma estabelecida em ato do Poder Executivo federal.

§ 3º Os trabalhadores que se enquadrarem em alguma das hipóteses previstas nos incisos I, II, III, IV e V do

caput deste artigo poderão enviar a documentação comprobatória de sua situação ao órgão gestor de mão de obra por meio eletrônico.

§ 4º Nas hipóteses previstas nos incisos I, II e III do *caput* deste artigo, os trabalhadores ficarão obrigados a informar imediatamente ao órgão gestor de mão de obra qualquer alteração em sua situação.

§ 5º O trabalhador com idade igual ou superior a 65 (sessenta e cinco) anos que não esteja enquadrado em qualquer das situações previstas nos incisos I, II, III e V do *caput* deste artigo poderá ser escalado pelo órgão gestor de mão de obra, condicionada a escalação à livre iniciativa do trabalhador e à comprovação médica de que possui condições de saúde para exercer suas atividades laborais.

Art. 3º Enquanto persistir o impedimento de escalação com fundamento em qualquer das hipóteses previstas no art. 2º desta Lei, o trabalhador portuário avulso terá direito ao recebimento de indenização compensatória mensal no valor correspondente a 70% (setenta por cento) sobre a média mensal recebida por ele, por intermédio do órgão gestor de mão de obra, entre 1º de abril de 2019 e 31 de março de 2020, a qual não poderá ser inferior ao salário-mínimo para os que possuem vínculo apenas com o referido órgão. (Produção de efeito)

§ 1º O pagamento da indenização de que trata o *caput* deste artigo será custeado pelo operador portuário ou por qualquer tomador de serviço que requisitar trabalhador portuário avulso ao órgão gestor de mão de obra.

§ 2º O valor pago por cada operador portuário ou tomador de serviço, para fins de repasse aos beneficiários da indenização, será proporcional à quantidade de serviço demandado ao órgão gestor de mão de obra.

§ 3º O órgão gestor de mão de obra deverá calcular, arrecadar e repassar aos beneficiários o valor de suas indenizações.

§ 4º Na hipótese de o aumento de custos com o trabalho portuário avulso decorrente da indenização de que trata este artigo ter impacto sobre os contratos de arrendamento já firmados, estes deverão ser alterados de maneira a promover o reequilíbrio econômico-financeiro.

§ 5º A administração do porto concederá desconto tarifário aos operadores portuários pré-qualificados que não sejam arrendatários de instalação portuária em valor equivalente ao acréscimo de custo decorrente do pagamento da indenização de que trata este artigo.

§ 6º O benefício a ser pago aos trabalhadores portuários avulsos de que trata o *caput* deste artigo:

I – terá natureza indenizatória;

II – não integrará a base de cálculo do imposto sobre a renda retido na fonte ou da declaração de ajuste anual do imposto sobre a renda da pessoa física do empregado;

III – não integrará a base de cálculo da contribuição previdenciária e dos demais tributos incidentes sobre a folha de salários;

IV – não integrará a base de cálculo do valor devido ao Fundo de Garantia do Tempo de Serviço (FGTS), disciplinado na Lei 8.036, de 11 de maio de 1990, e na Lei Complementar 150, de 1º de junho de 2015; e

V – poderá ser excluído do lucro líquido para fins de determinação do imposto sobre a renda da pessoa jurídica e da Contribuição Social sobre o Lucro Líquido (CSLL) das pessoas jurídicas tributadas pelo lucro real.

§ 7º Não terão direito à indenização de que trata este artigo, ainda que estejam impedidos de concorrer à escala, os trabalhadores portuários avulsos que:

I – estiverem em gozo de qualquer benefício do Regime Geral de Previdência Social (RGPS) ou de regime próprio de previdência social, observado o disposto no parágrafo único do art. 124 da Lei nº 8.213, de 24 de julho de 1991; ou

II – perceberem o benefício assistencial de que trata o art. 10-A da Lei nº 9.719, de 27 de novembro de 1998.

§ 8º Para os trabalhadores portuários avulsos que estiveram afastados e em gozo de benefício pelo INSS no período de apuração da média a que se refere o *caput* deste artigo, considerar-se-á o valor dele para o referido cálculo no período de afastamento.

Art. 4º Na hipótese de indisponibilidade de trabalhadores portuários avulsos para atendimento das requisições ao órgão gestor de mão de obra, os operadores portuários que não forem atendidos poderão contratar livremente trabalhadores com vínculo empregatício por tempo determinado para a realização de serviços

de capatazia, de bloco, de estiva, de conferência de carga, de conserto de carga e de vigilância de embarcações. (Produção de efeito)

§ 1º Para fins do disposto neste artigo, considera-se indisponibilidade de trabalhadores portuários qualquer causa que resulte no não atendimento imediato às requisições apresentadas pelos operadores portuários ao órgão gestor de mão de obra, tal como greve, movimento de paralisação e operação-padrão.

§ 2º A contratação de trabalhadores portuários com vínculo empregatício com fundamento no disposto no *caput* deste artigo não poderá exceder o prazo de 12 (doze) meses.

Art. 5º O art. 5º da Lei 9.719, de 27 de novembro de 1998, passa a vigorar acrescido dos seguintes §§ 1º, 2º e 3º:

Alterações inseridas na referida Lei.

Art. 6º O *caput* do art. 10 da Lei 7.783, de 28 de junho de 1989, passa a vigorar acrescido do seguinte inciso XV:

Alterações inseridas na referida Lei.

Art. 7º O art. 40 da Lei 12.815, de 5 de junho de 2013, passa a vigorar acrescido do seguinte § 5º:

Alterações inseridas na referida Lei.

Art. 8º O art. 95 da Lei 7.565, de 19 de dezembro de 1986, passa a vigorar com as seguintes alterações:

Referida Lei não foi selecionada para constar da presente obra.

Art. 9º Fica autorizada a cessão de uso especial de pátios sob administração militar, a título gratuito, às pessoas jurídicas prestadoras de serviço de transporte aéreo público, nacionais, a título precário, durante o período do estado de calamidade pública decorrente da pandemia da Covid-19.

§ 1º A cessão de que trata o *caput* deste artigo comportará apenas o uso de células de espaço físico, a serem determinadas pelo Comando da Aeronáutica.

§ 2º A cessão de que trata o *caput* deste artigo será formalizada por meio de termo, que conterá as condições estabelecidas e a finalidade de sua realização e que será subscrito pela cessionária, hipótese que implicará sua anuência.

§ 3º Na hipótese de aplicação do imóvel, parcial ou integral, em finalidade diversa da prevista nesta Lei e no termo de que trata o § 2º deste artigo, a cessão tornar-se-á nula, independentemente de ato especial.

§ 4º A cessão de que trata o *caput* deste artigo não acarretará ônus para a União, e as atividades necessárias à movimentação de pátio, à manutenção e à utilização das aeronaves correrão à custa da cessionária.

§ 5º A cessionária ficará sujeita às condições existentes e às condições estabelecidas pelo Comando da Aeronáutica para acesso às áreas cedidas, com vistas à segurança das instalações militares.

§ 6º A União não se responsabilizará por danos eventuais causados a aeronaves ou a terceiros em decorrência da cessão de uso especial prevista no *caput* deste artigo.

§ 7º A cessionária será obrigada a zelar pela conservação do imóvel e será responsável pelos danos ou prejuízos a que tenha dado causa.

Art. 10. Fica a União autorizada a custear as despesas com serviços de estacionamento para a permanência de aeronaves de empresas nacionais de transporte aéreo regular de passageiros em pátios da Infraero, no período de 1º de abril a 30 de setembro de 2020, em razão dos efeitos da pandemia da Covid-19 no transporte aéreo.

Parágrafo único. As despesas decorrentes do *caput* deste artigo serão realizadas com recursos do Fundo Nacional de Aviação Civil (FNAC), limitadas ao montante de R$ 9.048.912,40 (nove milhões, quarenta e oito mil, novecentos e doze reais e quarenta centavos), e o seu pagamento será realizado diretamente à Infraero, condicionado à efetiva comprovação da utilização do serviço, nos limites e nas condições estabelecidos por portaria do Ministério da Infraestrutura.

Art. 11. *Vetado.*

Art. 12. A Lei 12.815, de 5 de junho de 2013, passa a vigorar com as seguintes alterações:

Alterações inseridas na referida Lei.

Art. 13. O art. 27 da Lei 10.233, de 5 de junho de 2001, passa a vigorar acrescido do seguinte inciso XXIX:

Referida Lei não foi selecionada para constar nesta obra.

Art. 14. Revoga-se o § 1º do art. 95 da Lei 7.565, de 19 de dezembro de 1986.

Art. 15. As disposições constantes dos arts. 2º, 3º e 4º desta Lei produzirão efeitos pelo prazo de 120 (cento e vinte) dias, contado da data de publicação desta Lei.

Parágrafo único. Considerar-se-á prorrogado o prazo estabelecido no *caput* deste artigo caso o estado de calamidade pública reconhecido pelo Decreto Legislativo 6, de 20 de março de 2020, perdure por prazo superior a 120 (cento e vinte) dias, contado da data de publicação desta Lei.

Art. 16. Esta Lei entra em vigor na data de sua publicação.

Brasília, 24 de agosto de 2020; 199º da Independência e 132º da República.

Jair Messias Bolsonaro

PROVIMENTO 205, DE 15 DE JULHO DE 2021, DO CFOAB

Dispõe sobre a publicidade e a informação da advocacia.

DEOAB 21.07.2021

O CONSELHO FEDERAL DA ORDEM DOS ADVOGADOS DO BRASIL, no uso das atribuições que lhe são conferidas pelo art. 54, V, da Lei 8.906, de 4 de julho de 1994, e considerando as normas sobre publicidade e informação da advocacia constantes no Código de Ética e Disciplina, no Provimento 94/2000, em resoluções e em assentos dos Tribunais de Ética e Disciplina dos diversos Conselhos Seccionais; considerando a necessidade de ordená-las de forma sistemática e de especificar adequadamente sua compreensão; e considerando o decidido nos autos da Proposição n. 49.0000.2021.001737-6/COP, resolve:

Art. 1º É permitido o marketing jurídico, desde que exercido de forma compatível com os preceitos éticos e respeitadas as limitações impostas pelo Estatuto da Advocacia, Regulamento Geral, Código de Ética e Disciplina e por este Provimento.

§ 1º As informações veiculadas deverão ser objetivas e verdadeiras e são de exclusiva responsabilidade das pessoas físicas identificadas e, quando envolver pessoa jurídica, dos sócios administradores da sociedade de advocacia que responderão pelos excessos perante a Ordem dos Advogados do Brasil, sem excluir a participação de outros inscritos que para ela tenham concorrido.

§ 2º Sempre que solicitado pelos órgãos competentes para a fiscalização da Ordem dos Advogados do Brasil, as pessoas indicadas no parágrafo anterior deverão comprovar a veracidade das informações veiculadas, sob pena de incidir na infração disciplinar prevista no art. 34, inciso XVI, do Estatuto da Advocacia e da OAB, entre outras eventualmente apuradas.

Art. 2º Para fins deste provimento devem ser observados os seguintes conceitos:

I – Marketing jurídico: Especialização do marketing destinada aos profissionais da área jurídica, consistente na utilização de estratégias planejadas para alcançar objetivos do exercício da advocacia;

II – Marketing de conteúdos jurídicos: estratégia de marketing que se utiliza da criação e da divulgação de conteúdos jurídicos, disponibilizados por meio de ferramentas de comunicação, voltada para informar o público e para a consolidação profissional do(a) advogado(a) ou escritório de advocacia;

III – Publicidade: meio pelo qual se tornam públicas as informações a respeito de pessoas, ideias, serviços ou produtos, utilizando os meios de comunicação disponíveis, desde que não vedados pelo Código de Ética e Disciplina da Advocacia;

IV – Publicidade profissional: meio utilizado para tornar pública as informações atinentes ao exercício profissional, bem como os dados do perfil da pessoa física ou jurídica inscrita na Ordem dos Advogados do Brasil, utilizando os meios de comunicação disponíveis, desde que não vedados pelo Código de Ética e Disciplina da Advocacia;

V – Publicidade de conteúdos jurídicos: divulgação destinada a levar ao conhecimento do público conteúdos jurídicos;

VI – Publicidade ativa: divulgação capaz de atingir número indeterminado de pessoas, mesmo que elas não tenham buscado informações acerca do anunciante ou dos temas anunciados;

VII – Publicidade passiva: divulgação capaz de atingir somente público certo que tenha buscado informações acerca do anunciante ou dos temas anunciados, bem como por aqueles que concordem previamente com o recebimento do anúncio;

VIII – Captação de clientela: para fins deste provimento, é a utilização de mecanismos de marketing que, de forma ativa, independentemente do resultado obtido, se destinam a angariar clientes pela indução à contratação dos serviços ou estímulo ao litígio, sem prejuízo do estabelecido no Código de Ética e Disciplina e regramentos próprios.

Art. 3º A publicidade profissional deve ter caráter meramente informativo e primar pela discrição e sobriedade, não podendo configurar captação de clientela ou mercantilização da profissão, sendo vedadas as seguintes condutas:

I – referência, direta ou indireta, a valores de honorários, forma de pagamento, gratuidade ou descontos e reduções de preços como forma de captação de clientes;

II – divulgação de informações que possam induzir a erro ou causar dano a clientes, a outros(as) advogados(as) ou à sociedade;

III – anúncio de especialidades para as quais não possua título certificado ou notória especialização, nos termos do parágrafo único do art. 3º-A do Estatuto da Advocacia;

IV – utilização de orações ou expressões persuasivas, de autoengrandecimento ou de comparação;

V – distribuição de brindes, cartões de visita, material impresso e digital, apresentações dos serviços ou afins de maneira indiscriminada em locais públicos, presenciais ou virtuais, salvo em eventos de interesse jurídico.

§ 1º Entende-se por publicidade profissional sóbria, discreta e informativa a divulgação que, sem ostentação, torna público o perfil profissional e as informações atinentes ao exercício profissional, conforme estabelecido pelo § 1º, do art. 44, do Código de Ética e Disciplina, sem incitar diretamente ao litígio judicial, administrativo ou à contratação de serviços, sendo vedada a promoção pessoal.

§ 2º Os consultores e as sociedades de consultores em direito estrangeiro devidamente autorizadas pela Ordem dos Advogados do Brasil, nos termos do Provimento n. 91/2000, somente poderão realizar o marketing jurídico com relação às suas atividades de consultoria em direito estrangeiro correspondente ao país ou Estado de origem do profissional interessado. Para esse fim, nas peças de caráter publicitário a sociedade acrescentará obrigatoriamente ao nome ou razão social que internacionalmente adote a expressão "Consultores em direito estrangeiro" (art. 4º do Provimento 91/2000).

Art. 4º No marketing de conteúdos jurídicos poderá ser utilizada a publicidade ativa ou passiva, desde que não esteja incutida a mercantilização, a captação de clientela ou o emprego excessivo de recursos financeiros, sendo admitida a utilização de anúncios, pagos ou não, nos meios de comunicação, exceto nos meios vedados pelo art. 40 do Código de Ética e Disciplina e desde que respeitados os limites impostos pelo inciso V do mesmo artigo e pelo Anexo Único deste provimento.

§ 1º Admite-se, na publicidade de conteúdos jurídicos, a identificação profissional com qualificação e títulos, desde que verdadeiros e comprováveis quando solicitados pela Ordem dos Advogados do Brasil, bem como com a indicação da sociedade da qual faz parte.

§ 2º Na divulgação de imagem, vídeo ou áudio contendo atuação profissional, inclusive em audiências e sustentações orais, em processos judiciais ou administrativos, não alcançados por segredo de justiça, serão respeitados o sigilo e a dignidade profissional e vedada a referência ou menção a decisões judiciais e resultados de qualquer natureza obtidos em procedimentos que patrocina ou participa de alguma forma, ressalvada a hipótese de manifestação espontânea em caso coberto pela mídia.

§ 3º Para os fins do previsto no inciso V do art. 40 do Código de Ética e Disciplina, equiparam-se ao e-mail, todos os dados de contato e meios de comunicação do escritório ou advogado(a), inclusive os endereços dos sites, das redes sociais e os aplicativos de mensagens instantâneas, podendo também constar o logotipo, desde que seja caráter informativo, respeitados os critérios de sobriedade e discrição.

§ 4º Quando se tratar de venda de bens e eventos (livros, cursos, seminários ou congressos), cujo público-alvo sejam advogados(as), estagiários(as) ou estudantes de direito, poderá ser utilizada a publicidade ativa, observadas as limitações do *caput* deste artigo.

§ 5º É vedada a publicidade a que se refere o *caput* mediante uso de meios ou ferramentas que influam de forma fraudulenta no seu impulsionamento ou alcance.

Art. 5º A publicidade profissional permite a utilização de anúncios, pagos ou não, nos meios de comunicação não vedados pelo art. 40 do Código de Ética e Disciplina.

§ 1º É vedado o pagamento, patrocínio ou efetivação de qualquer outra despesa para viabilizar aparição em rankings, prêmios ou qualquer tipo de recebimento de honrarias em eventos ou publicações, em qualquer mídia, que vise destacar ou eleger profissionais como detentores de destaque.

§ 2º É permitida a utilização de logomarca e imagens, inclusive fotos dos(as) advogados(as) e do escritório, assim como a identidade visual nos meios de comunicação profissional, sendo vedada a utilização de logomarca e símbolos oficiais da Ordem dos Advogados do Brasil.

§ 3º É permitida a participação do advogado ou da advogada em vídeos ao vivo ou gravados, na internet ou nas redes sociais, assim como em debates e palestras virtuais, desde que observadas as regras dos arts. 42 e 43 do CED, sendo vedada a utilização de casos concretos ou apresentação de resultados.

Art. 6º Fica vedada, na publicidade ativa, qualquer informação relativa às dimensões, qualidades ou estrutura física do escritório, assim como a menção à promessa de resultados ou a utilização de casos concretos para oferta de atuação profissional.

Parágrafo único. Fica vedada em qualquer publicidade a ostentação de bens relativos ao exercício ou não da profissão, como uso de veículos, viagens, hospedagens e bens de consumo, bem como a menção à promessa de resultados ou a utilização de casos concretos para oferta de atuação profissional.

Art. 7º Considerando que é indispensável a preservação do prestígio da advocacia, as normas estabelecidas neste provimento também se aplicam à divulgação de conteúdos que, apesar de não se relacionarem com o exercício da advocacia, possam atingir a reputação da classe à qual o profissional pertence.

Art. 8º Não é permitido vincular os serviços advocatícios com outras atividades ou divulgação conjunta destas atividades, salvo a de magistério, ainda que complementares ou afins.

Parágrafo único. Não caracteriza infração ético-disciplinar o exercício da advocacia em locais compartilhados (coworking), sendo vedada a divulgação da atividade de advocacia em conjunto com qualquer outra atividade ou empresa que compartilhem o mesmo espaço, ressalvada a possibilidade de afixação de placa indicativa no espaço físico em que se desenvolve a advocacia e a veiculação da informação de que a atividade profissional é desenvolvida em local de coworking.

Art. 9º Fica criado o Comitê Regulador do Marketing Jurídico, de caráter consultivo, vinculado à Diretoria do Conselho Federal, que nomeará seus membros, com mandato concomitante ao da gestão, e será composto por:

I – 05 (cinco) Conselheiros(as) Federais, um(a) de cada região do país, indicados(as) pela Diretoria do CFOAB;

II – 01 (um) representante do Colégio de Presidentes de Seccionais.

III – 01 (um) representante indicado pelo Colégio de Presidentes dos Tribunais de Ética e Disciplina;

IV – 01 (um) representante indicado pela Coordenação Nacional de Fiscalização da Atividade Profissional da Advocacia; e

V – 01 (um) representante indicado pelo Colégio de Presidentes das Comissões da Jovem Advocacia.

§ 1º O Comitê Regulador do Marketing Jurídico se reunirá periodicamente para acompanhar a evolução dos critérios específicos sobre marketing, publicidade e informação na advocacia constantes do Anexo Único deste provimento, podendo propor ao Conselho Federal a alteração, a supressão ou a inclusão de novos critérios e propostas de alteração do provimento.

§ 2º Com a finalidade de pacificar e unificar a interpretação dos temas pertinentes perante os Tribunais de Ética e Disciplina e Comissões de Fiscalização das Seccionais, o Comitê poderá propor ao Órgão Especial, com base nas disposições do Código de Ética e Disciplina e pelas demais disposições previstas neste provimento, sugestões de interpretação dos dispositivos sobre publicidade e informação.

Art. 10. As Seccionais poderão conceder poderes coercitivos à respectiva Comissão de Fiscalização, permitindo a expedição de notificações com a finalidade de dar efetividade às disposições deste provimento.

Art. 11. Faz parte integrante do presente provimento o Anexo Único, que estabelece os critérios específicos sobre a publicidade e informação da advocacia.

Art. 12. Fica revogado o Provimento n. 94, de 05 de setembro de 2000, bem como as demais disposições em contrário.

Parágrafo único. Este provimento não se aplica às eleições do sistema OAB, que possui regras próprias quanto à campanha e à publicidade.

Art. 13. Este Provimento entra em vigor no prazo de 30 (trinta) dias a contar da data de sua publicação no Diário Eletrônico da OAB.

Brasília, 15 de julho de 2021.

Felipe de Santa Cruz Oliveira Scaletsky
Presidente do Conselho Federal da OAB

ANEXO ÚNICO

Anuários	Somente é possível a participação em publicações que indiquem, de forma clara e precisa, qual a metodologia e os critérios de pesquisa ou de análise que justifiquem a inclusão de determinado escritório de advocacia ou advogado(a) na publicação, ou ainda que indiquem que se trata de mera compilação de escritórios ou advogados(as). É vedado o pagamento, patrocínio ou efetivação de qualquer outra despesa para viabilizar anúncios ou aparição em publicações como contrapartida de premiação ou ranqueamento.
Aplicativos para responder consultas jurídicas	Não é admitida a utilização de aplicativos de forma indiscriminada para responder automaticamente consultas jurídicas a não clientes por suprimir a imagem, o poder decisório e as responsabilidades do profissional, representando mercantilização dos serviços jurídicos.
Aquisição de palavra-chave a exemplo do Google Ads	Permitida a utilização de ferramentas de aquisição de palavrachave quando responsivo a uma busca iniciada pelo potencial cliente e desde que as palavras selecionadas estejam em consonância com ditames éticos. Proibido o uso de anúncios ostensivos em plataformas de vídeo.
Cartão de visitas	Deve conter nome ou nome social do(a) advogado(a) e o número da inscrição na OAB e o nome da sociedade, se integrante de sociedade. Pode conter número de telefone, endereço físico/ eletrônico, QR Code que permita acesso aos dados/site. Pode ser físico e eletrônico.
Chatbot	Permitida a utilização para o fim de facilitar a comunicação ou melhorar a prestação de serviços jurídicos, não podendo afastar a pessoalidade da prestação do serviço jurídico, nem suprimir a imagem, o poder decisório e as responsabilidades do profissional. É possível, por exemplo, a utilização no site para responder as primeiras dúvidas de um potencial cliente ou para encaminhar as primeiras informações sobre a atuação do escritório. Ou ainda, como uma solução para coletar dados, informações ou documentos.

Prof. Reg.

Prof. Reg.

Correspondências e comunicados (mala direta)	O envio de cartas e comunicações a uma coletividade ("mala direta") é expressamente vedado. Somente é possível o envio de cartas e comunicações se destinadas a clientes e pessoas de relacionamento pessoal ou que os solicitem ou os autorizem previamente, desde que não tenham caráter mercantilista, que não representem captação de clientes e que não impliquem oferecimento de serviços.
Criação de conteúdo, palestras, artigos	Deve ser orientada pelo caráter técnico informativo, sem divulgação de resultados concretos obtidos, clientes, valores ou gratuidade.
Ferramentas Tecnológicas	Podem ser utilizadas com a finalidade de auxiliar os(as) advogados(as) a serem mais eficientes em suas atividades profissionais, sem suprimir a imagem, o poder decisório e as responsabilidades do profissional.
Grupos de "WhatsApp",	Permitida a divulgação por meio de grupos de "whatsapp", desde que se trate de grupo de pessoas determinadas, das relações do(a) advogado(a) ou do escritório de advocacia e seu conteúdo respeite as normas do Código de Ética e Disciplina e do presente provimento.
Lives nas redes sociais e YouTube	É permitida a realização de lives nas redes sociais e vídeos no Youtube, desde que seu conteúdo respeite as normas do Código de Ética e Disciplina e do presente provimento.
Patrocínio e impulsionamento nas redes sociais	Permitido, desde que não se trate de publicidade contendo oferta de serviços jurídicos.
Petições, papéis, pastas e materiais de escritório	Pode conter nome e nome social do(a) advogado(a) e da sociedade, endereço físico/eletrônico, número de telefone e logotipo.
Placa de identificação do escritório	Pode ser afixada no escritório ou na residência do(a) advogado(a), não sendo permitido que seja luminosa tal qual a que se costuma ver em farmácias e lojas de conveniência. Suas dimensões não são preestabelecidas, bastando que haja proporcionalidade em relação às dimensões da fachada do escritório ou residência, sempre respeitando os critérios de discrição e moderação.
Redes sociais	É permitida a presença nas redes sociais, desde que seu conteúdo respeite as normas do Código de Ética e Disciplina e do presente provimento.

LEI 14.195, DE 26 DE AGOSTO DE 2021

Dispõe sobre a facilitação para abertura de empresas, sobre a proteção de acionistas minoritários, sobre a facilitação do comércio exterior, sobre o Sistema Integrado de Recuperação de Ativos (Sira), sobre as cobranças realizadas pelos conselhos profissionais, sobre a profissão de tradutor e intérprete público, sobre a obtenção de eletricidade, sobre a desburocratização societária e de atos processuais e a prescrição intercorrente na Lei 10.406, de 10 de janeiro de 2002 (Código Civil); altera as Leis nºs 11.598, de 3 de

dezembro de 2007, 8.934, de 18 de novembro de 1994, 6.404, de 15 de dezembro de 1976, 7.913, de 7 de dezembro de 1989, 12.546, de 14 de dezembro 2011, 9.430, de 27 de dezembro de 1996, 10.522, de 19 de julho de 2002, 12.514, de 28 de outubro de 2011, 6.015, de 31 de dezembro de 1973, 10.406, de 10 de janeiro de 2002 (Código Civil), 13.105, de 16 de março de 2015 (Código de Processo Civil), 4.886, de 9 de dezembro de 1965, 5.764, de 16 de dezembro de 1971, 6.385, de 7 de dezembro de 1976, e 13.874, de 20 de setembro de 2019, e o Decreto-Lei 341, de 17 de março de 1938; e revoga as Leis 2.145, de 29 de dezembro de 1953, 2.807, de 28 de junho de 1956, 2.815, de 6 de julho de 1956, 3.187, de 28 de junho de 1957, 3.227, de 27 de julho de 1957, 4.557, de 10 de dezembro de 1964, 7.409, de 25 de novembro de 1985, e 7.690, de 15 de dezembro de 1988, os Decretos nºs 13.609, de 21 de outubro de 1943, 20.256, de 20 de dezembro de 1945, e 84.248, de 28 de novembro de 1979, e os Decretos-Lei 1.416, de 25 de agosto de 1975, e 1.427, de 2 de dezembro de 1975, e dispositivos das Leis nºs 2.410, de 29 de janeiro de 1955, 2.698, de 27 de dezembro de 1955, 3.053, de 22 de dezembro de 1956, 5.025, de 10 de junho de 1966, 6.137, de 7 de novembro de 1974, 8.387, de 30 de dezembro de 1991, 9.279, de 14 de maio de 1996, e 9.472, de 16 de julho de 1997, e dos Decretos-Lei 491, de 5 de março de 1969, 666, de 2 de julho de 1969, e 687, de 18 de julho de 1969; e dá outras providências.

DOU 27.08.2021

O Presidente da República Faço saber que o Congresso Nacional decreta e eu sanciono a seguinte Lei:

(...)

CAPÍTULO VII
DA PROFISSÃO DE TRADUTOR E INTÉRPRETE PÚBLICO

Art. 22. São requisitos para o exercício da profissão de tradutor e intérprete público:

I – ter capacidade civil;

II – ter formação em curso superior completo em qualquer área do conhecimento;

III – ser brasileiro ou estrangeiro residente no País;

IV – ser aprovado em concurso para aferição de aptidão;

V – não estar enquadrado nas hipóteses de inelegibilidade previstas na alínea e do inciso I do *caput* do art. 1º da Lei Complementar 64, de 18 de maio de 1990; e

VI – ter registro na junta comercial do local de seu domicílio ou de atuação mais frequente.

Parágrafo único. A exigência do concurso previsto no inciso IV do *caput* deste artigo poderá ser dispensada àqueles que obtiverem grau de excelência em exames nacionais e internacionais de proficiência, nos termos do regulamento do Departamento Nacional de Registro Empresarial e Integração da Secretaria de Governo Digital da Secretaria Especial de Desburocratização, Gestão e Governo Digital do Ministério da Economia.

Art. 23. O tradutor e intérprete público poderá habilitar-se e registrar-se para um ou mais idiomas estrangeiros ou, ainda, em Língua Brasileira de Sinais (Libras).

Art. 24. O cumprimento do disposto no art. 22 desta Lei habilita o tradutor e intérprete público a atuar em qualquer Estado e no Distrito Federal e a manter inscrição apenas no local de seu domicílio ou de atuação mais frequente.

Art. 25. O concurso para aferição de aptidão de que trata o inciso IV do *caput* do art. 22 desta Lei:

I – será válido por prazo indefinido;

II – incluirá prova escrita e prova oral, com simulação de interpretação consecutiva, para avaliar a compreensão das sutilezas e das dificuldades de cada um dos idiomas;

III – será organizado nacionalmente pelo Departamento Nacional de Registro Empresarial e Integração da Secretaria de Governo Digital da Secretaria Especial de Desburocratização, Gestão e Governo Digital do Ministério da Economia, com apoio das juntas comerciais dos Estados e do Distrito Federal; e

IV – será regido pelas normas editadas pelo Diretor do Departamento Nacional de Registro Empresarial e Integração da Secretaria de Governo Digital da Secretaria Especial de Desburocratização, Gestão e Governo Digital do Ministério da Economia.

Art. 26. São atividades privativas do tradutor e intérprete público:

I – traduzir qualquer documento que tenha de ser apresentado em outro idioma perante pessoa jurídica de direito público interno ou perante serviços notariais e de registro de notas ou de títulos e documentos;

II – realizar traduções oficiais, quando exigido por lei;

III – interpretar e verter verbalmente perante ente público a manifestação de pessoa que não domine a língua portuguesa se não houver agente público apto a realizar a atividade ou se for exigido por lei específica;

IV – transcrever, traduzir ou verter mídia eletrônica de áudio ou vídeo, em outro idioma, certificada por ato notarial;

V – realizar, quando solicitados pela autoridade competente, os exames necessários à verificação da exatidão de qualquer tradução que tenha sido arguida como incompleta, imprecisa, errada ou fraudulenta.

Parágrafo único. O disposto no *caput* deste artigo não impede:

I – a designação pela autoridade competente de tradutor e intérprete público ad hoc no caso de inexistência, de impedimento ou de indisponibilidade de tradutor e intérprete público habilitado para o idioma; e

II – a realização da atividade por agente público:

a) ocupante de cargo ou emprego com atribuições relacionadas com a atividade de tradutor ou intérprete; ou

b) com condições de realizar traduções e interpretações simples e correlatas com as atribuições de seu cargo ou emprego.

Art. 27. Presumem-se fiéis e exatas as traduções realizadas por tradutor e intérprete público.

§ 1º Nenhuma tradução terá fé pública se não for realizada por tradutor e intérprete público, exceto as traduções:

I – feitas por corretores de navios, em sua área de atuação;

II – relativas aos manifestos e documentos que as embarcações estrangeiras tiverem de apresentar para despacho aduaneiro;

III – feitas por agente público com cargo ou emprego de tradutor ou intérprete ou que sejam inerentes às atividades do cargo ou emprego; e

IV – enquadradas nas hipóteses previstas em ato do Poder Executivo federal.

§ 2º A presunção de que trata o *caput* deste artigo não afasta:

I – a obrigação do documento na língua original acompanhar a sua respectiva tradução; e

II – a possibilidade de ente público ou qualquer interessado impugnar, nos termos estabelecidos nas normas de processo administrativo ou de processo judicial aplicáveis ao caso concreto, a fidedignidade ou a exatidão da tradução.

Art. 28. O tradutor e intérprete público que realizar tradução incompleta, imprecisa, errada ou fraudulenta estará sujeito, além de eventual responsabilização civil e criminal, às seguintes sanções:

I – advertência;

II – suspensão do registro por até 1 (um) ano; e

III – cassação do registro, vedada nova habilitação em prazo inferior a 15 (quinze) anos.

Parágrafo único. Para a dosimetria da pena, deverão ser consideradas:

I – as punições recebidas pelo tradutor e intérprete público nos últimos 10 (dez) anos;

II – a existência ou não de má-fé; e

III – a gravidade do erro ou a configuração de culpa grave.

Art. 29. O processo administrativo contra o tradutor e intérprete público seguirá o disposto na Lei 9.784, de 29 de janeiro de 1999.

Art. 30. O processo administrativo será processado e julgado pela junta comercial do Estado ou do Distrito Federal no qual o tradutor e intérprete público estiver inscrito.

Parágrafo único. Caberá recurso da decisão da junta comercial ao Diretor do Departamento Nacional de Registro Empresarial e Integração da Secretaria de Governo Digital da Secretaria Especial de Desburocratização, Gestão e Governo Digital do Ministério da Economia, que decidirá em última instância.

Art. 31. Os tradutores públicos e intérpretes comerciais que, na data de entrada em vigor desta Lei, já estavam habilitados na forma prevista no regulamento aprovado pelo Decreto 13.609, de 21 de outubro de 1943, poderão continuar a exercer as atividades no território nacional, nos termos deste Capítulo.

Art. 32. O tradutor e intérprete público poderá optar por organizar-se na forma de sociedade unipessoal.

Art. 33. O tradutor e intérprete público poderá realizar os seus atos em meio eletrônico, atendido o disposto na Lei 14.063, de 23 de setembro de 2020.

Art. 34. O Diretor do Departamento Nacional de Registro Empresarial e Integração da Secretaria de Governo Digital da Secretaria Especial de Desburocratização, Gestão e Governo Digital do Ministério da Economia poderá editar normas complementares para a execução do disposto neste Capítulo.

(...)

Art. 58. Esta Lei entra em vigor na data de sua publicação e produzirá efeitos:

I – em 3 (três) anos, contados da data de sua publicação, quanto ao inciso I do *caput* do art. 36, podendo a Aneel determinar a antecipação da produção de efeitos em cada área de concessão ou permissão;

II – em 360 (trezentos e sessenta) dias, contados da data de sua publicação, quanto à parte do art. 5º que altera o § 3º do art. 138 da Lei 6.404, de 15 de dezembro de 1976;

III – em 180 (cento e oitenta) dias, contados da data de sua publicação, quanto ao § 3º do art. 8º;

IV – no primeiro dia útil do primeiro mês subsequente ao da data de sua publicação, quanto aos arts. 8º, 9º, 10, 11 e 12 e aos incisos III a XV, XVIII, XXIII e XXXI do *caput* do art. 57; e

V – na data de sua publicação, quanto aos demais dispositivos.

Brasília, 26 de agosto de 2021; 200º da Independência e 133º da República.

Jair Messias Bolsonaro

PROVIMENTO 207, DE 24 DE AGOSTO DE 2021, DO CFOAB

Regulamenta o disposto no art. 7º da Lei 8.906/94 (Estatuto da Advocacia e da OAB), definindo as prerrogativas dos advogados que atuam em empresas públicas, privadas ou paraestatais, notadamente aqueles que ocupam cargos de gerência e diretoria jurídica.

DEOAB 10.09.2021

O CONSELHO FEDERAL DA ORDEM DOS ADVOGADOS DO BRASIL, no uso das atribuições que lhe são conferidas pelo art. 54, V, da Lei n. 8.906, de 4 de julho de 1994 – Estatuto da Advocacia e da OAB, e considerando o decidido nos autos da Proposição n. 49.0000.2020.006334-9/COP, resolve:

Art. 1º O exercício de cargos de consultoria, assessoria, gerência, coordenação ou qualquer tipo de direção jurídicas em empresas públicas, privadas, sociedades de economia mista, associações ou fundações é privativo de advogados regularmente inscritos na OAB.

Art. 2º No exercício de cargos de consultoria, assessoria, gerência e direção jurídica em empresas, os advogados gozam de todos os direitos descritos no art. 7º da Lei n. 8.906/1994 – Estatuto da Advocacia e da OAB, destacadamente a inviolabilidade de seu local de trabalho, seja ele aberto ou reservado, no seu escritório, ambiente empresarial ou residência, bem como de seus instrumentos de trabalho, de sua correspondência escrita, eletrônica, telefônica e telemática, além da devida confidencialidade sobre todos os temas e comunicações objeto do exercício de sua profissão.

Parágrafo único. Caso haja dúvida com relação à atividade realizada pelo profissional – se de gestão empresarial ou de advocacia – deverá ser chamado um representante da OAB para que acompanhe a diligência e assegure o sigilo do material relacionado à advocacia.

Art. 3º O exercício da atividade da advocacia pelos ocupantes de cargos e funções jurídicas em empresas se materializa em toda e qualquer ação que se refira a atividades privativas da advocacia, como elaboração de consultas, pareceres ou peças jurídicas, sejam elas judiciais ou extrajudiciais, ainda que os negócios ou efeitos decorrentes de tais atos não sejam efetivamente concretizados.

Parágrafo único. Os atos e comunicações do advogado com seu cliente são protegidos pelo sigilo profissional em todas as suas formas de materialização, seja por meio escrito, eletrônico, telefônico, telemático, verbal, por aplicativos de mensagens, redes sociais não públicas, dentre outros.

Art. 4º Este Provimento entra em vigor na data de sua publicação no Diário Eletrônico da OAB, revogadas as disposições em contrário.

Brasília, 24 de agosto de 2021.

Felipe de Santa Cruz Oliveira Scaletsky
Presidente do Conselho Federal da OAB
Ana Beatriz Ferreira Rebello Presgrave
Relatora

LEI 14.258, DE 3 DE DEZEMBRO DE 2021

Dispõe sobre o exercício da profissão de compositor.

DOU 06.12.2021

O Presidente da República, faço saber que o Congresso Nacional decreta e eu sanciono a seguinte Lei:

Art. 1º Fica reconhecida a atividade de compositor como profissão artística.

Art. 2º Considera-se compositor o autor de obras musicais, com ou sem letra, expressas por qualquer meio ou fixadas em qualquer suporte, tangível ou intangível, conhecido ou que se invente no futuro, nos termos do art. 7º da Lei 9.610, de 19 de fevereiro de 1998.

Art. 3º Esta Lei entra em vigor na data de sua publicação.

Brasília, 3 de dezembro de 2021; 200º da Independência e 133º da República.

Jair Messias Bolsonaro

LEI 14.282, DE 28 DE DEZEMBRO DE 2021

Regulamenta o exercício da profissão de despachante documentalista.

DOU 29.12.2021

O Presidente da República, faço saber que o Congresso Nacional decreta e eu promulgo, nos termos do parágrafo 5º do art. 66 da Constituição Federal, a seguinte Lei:

Art. 1º Esta Lei regulamenta o exercício da profissão de despachante documentalista em todo o território nacional.

Parágrafo único. O profissional despachante documentalista é aquele que, entre outras exigências, possui registro no conselho profissional da categoria de que trata a Lei 10.602, de 12 de dezembro de 2002.

Art. 2º Despachante documentalista é o profissional legalmente habilitado para praticar, como pessoa física ou mediante constituição de pessoa jurídica, as atividades previstas nesta Lei.

Parágrafo único. A pessoa jurídica prevista neste artigo somente poderá ser constituída sob a responsabilidade de despachante documentalista legalmente habilitado.

Art. 3º As atribuições do despachante documentalista consistem no conjunto de atos e procedimentos legais necessários à mediação e à representação, em nome de seus comitentes, nas relações com os órgãos da administração pública federal, estadual, municipal e distrital, e com as entidades ou órgãos que exercem funções ou atribuições em substituição ou complementação ao trabalho desses entes, mediante contrato, permissão, concessão, autorização ou convênio com esses órgãos ou entidades.

§ 1º No exercício de suas atribuições, o despachante documentalista deve acompanhar a tramitação de processos e procedimentos, cumprir diligências, anexar documentos, prestar esclarecimentos, solicitar informações e relatórios, bem como proceder a todos os atos pertinentes e necessários à mediação ou à representação.

§ 2º O despachante documentalista tem mandato presumido de representação na defesa dos interesses de seus comitentes, salvo para a prática de atos para a qual a lei exija poderes especiais.

§ 3º O mandato a que se refere o § 2º deste artigo termina com a entrega do documento objeto do contrato ao comitente.

§ 4º O despachante documentalista fornecerá ao comitente, sempre que lhe forem solicitadas, informações detalhadas sobre o andamento das negociações ou procedimentos de que está encarregado.

§ 5º O despachante documentalista atuará em obediência aos princípios da legalidade, impessoalidade, moralidade, finalidade, interesse público e eficiência, requisitos essenciais no exercício de sua função.

Art. 4º O despachante documentalista exercerá suas funções nos órgãos públicos respeitando as leis, os decretos, as portarias e os regulamentos federais,

estaduais, municipais e distritais referentes a credenciamento, funcionamento e atendimento.

Art. 5º São condições para o exercício da profissão de despachante documentalista:

I – ter idade igual ou superior a 18 (dezoito) anos ou ser emancipado na forma da lei;

II – ser graduado em nível tecnológico como despachante documentalista em curso reconhecido na forma da lei;

III – estar inscrito no respectivo conselho regional dos despachantes documentalistas.

Parágrafo único. O conselho regional dos despachantes documentalistas, em cumprimento ao inciso II deste artigo, expedirá a habilitação, respeitada a competência adquirida no curso de graduação tecnológica.

Art. 6º São deveres do despachante documentalista:

I – tratar os interessados em seus serviços com atenção e urbanidade;

II – portar-se e trajar-se de maneira conveniente no recinto das repartições públicas e tratar os servidores com cortesia e respeito;

III – desempenhar com zelo e presteza os negócios a seu cargo;

IV – assinar os requerimentos dos serviços executados;

V – guardar sigilo profissional;

VI – fiscalizar e orientar seus empregados na execução dos serviços em geral;

VII – ressarcir seus comitentes e o Poder Público pelos danos e prejuízos a que der causa por ação ou omissão;

VIII – manter as dependências e instalações do trabalho compatíveis com o atendimento ao público;

IX – fazer consignar nos impressos e na publicidade em geral a denominação de seu escritório, se pessoa jurídica, e a inscrição no conselho regional;

X – afixar em lugar visível e de fácil leitura a sua habilitação profissional e o alvará de funcionamento expedido pelo Município ou Distrito Federal.

Art. 7º São direitos do despachante documentalista:

I – exercer com liberdade suas prerrogativas na defesa dos interesses que lhe foram atribuídos;

II – apresentar sugestões, pareceres, opiniões e críticas às autoridades responsáveis por instituição de atos administrativos relativos aos serviços e atribuições dos despachantes, assim como aos responsáveis por sua execução, com vistas a, primordialmente, contribuir de forma eficaz para a desburocratização e o aperfeiçoamento do sistema;

III – não ser punido sem prévia sindicância, sendo-lhe assegurado amplo direito de defesa;

IV – denunciar às autoridades de sua jurisdição e, se for o caso, às autoridades superiores competentes, na forma cabível, o exercício ilícito da atividade praticada por outro despachante ou por pessoas alheias à categoria.

Art. 8º É vedado ao despachante documentalista no seu exercício profissional:

I – realizar propaganda contrária à ética profissional;

II – aliciar clientes, direta ou indiretamente;

III – praticar, com ou sem intuito lucrativo, atos desnecessários à solução de assuntos a seu cargo ou protelar o seu andamento;

IV – emitir documentos ou autorizações em substituição a documentos oficiais em seu poder ou em tramitação em órgãos públicos;

V – manter filiais de seu estabelecimento, exceto no caso de sociedade constituída exclusivamente de despachantes públicos, desde que seja na mesma cidade da sede e que cada uma das filiais tenha um despachante responsável pelo seu funcionamento;

VI – praticar ato privativo da advocacia.

Art. 9º O despachante documentalista é responsável pelos prejuízos que causar aos seus comitentes ou ao Poder Público, inclusive pelas irregularidades praticadas por seus empregados.

Parágrafo único. A responsabilidade administrativa não isenta o despachante documentalista ou os empregados auxiliares da ação civil ou penal, quando cabíveis.

Art. 10. O Código de Ética aprovado pelo Conselho Federal dos Despachantes Documentalistas do Brasil é o instrumento que norteia a atuação e o comportamento do despachante documentalista na sociedade e que dispõe sobre as penalidades aplicáveis aos profissionais.

Art. 11. É vedada às empresas comercial, industrial, financeira, imobiliária e de serviços a cobrança de qualquer taxa ou honorário próprio do despachante documentalista.

Parágrafo único. As taxas requeridas para o serviço e os honorários do despachante documentalista devem ser pagos contra apresentação de nota fiscal, no caso de pessoa jurídica, e de recibo, no caso de pessoa física.

Art. 12. É assegurado o título de despachante documentalista, com pleno direito à continuidade de suas funções, nos termos desta Lei, aos profissionais que estejam inscritos nos conselhos regionais dos despachantes documentalistas na data de publicação desta Lei.

Parágrafo único. Aplica-se o *caput* deste artigo aos inscritos em sindicatos e associações de despachantes documentalistas, em pleno exercício da atividade, e aos que comprovarem, preenchidos os requisitos definidos pelo Conselho Federal ou pelos conselhos regionais, o exercício das funções inerentes de despachante documentalista, enquanto não regulamentado o curso previsto no inciso II do art. 5º desta Lei.

Art. 13. Esta Lei entra em vigor na data de sua publicação.

Brasília, 28 de dezembro de 2021; 200º da Independência e 133º da República.

Jair Messias Bolsonaro

LEI 14.434, DE 4 DE AGOSTO DE 2022

Altera a Lei 7.498, de 25 de junho de 1986, para instituir o piso salarial nacional do Enfermeiro, do Técnico de Enfermagem, do Auxiliar de Enfermagem e da Parteira.

DOU 05.08.2022

▸ O STF na ADI 7.222, por maioria, referendou a decisão de 15.05.2023, que revogou parcialmente a medida cautelar, acrescida de complementação, a fim de que sejam restabelecidos os efeitos da Lei nº 14.434/2022, à exceção da expressão "acordos, contratos e convenções coletivas" (art. 2º, § 2º), com a implementação do piso salarial nacional por ela instituído nos seguintes termos: "(i) em relação aos servidores públicos civis da União, autarquias e fundações públicas federais (art. 15-B da Lei nº 7.498/1986), a implementação do piso salarial nacional deve ocorrer na forma prevista na Lei nº 14.434/2022; (ii) em relação aos servidores públicos dos Estados, Distrito Federal, Municípios e de suas autarquias e fundações (art. 15-C da Lei nº 7.498/1986), bem como aos profissionais contratados por entidades privadas que atendam, no mínimo, 60% de seus pacientes pelo SUS (art. 15-A da Lei nº 7.498/1986): a) a implementação da diferença remuneratória resultante do piso salarial nacional deve ocorrer na extensão do quanto disponibilizado, a título de "assistência financeira complementar", pelo orçamento da União (art. 198, §§ 14 e 15, da CF, com redação dada pela EC nº 127/2022); b) eventual insuficiência da "assistência financeira complementar" mencionada no item (ii.a) instaura o dever da União de providenciar crédito suplementar, cuja fonte de abertura serão recursos provenientes do cancelamento, total ou parcial, de dotações tais como aquelas destinadas ao pagamento de emendas parlamentares individuais ao projeto de lei orçamentária destinadas a ações e serviços públicos de saúde (art. 166, § 9º, da CF) ou direcionadas às demais emendas parlamentares (inclusive de Relator-Geral do Orçamento). Não sendo tomada tal providência, não será exigível o pagamento por parte dos entes referidos no item (ii); c) uma vez disponibilizados os recursos financeiros suficientes, o pagamento do piso salarial deve ser proporcional nos casos de carga horária inferior a 8 (oito) horas por dia ou 44 (quarenta e quatro) horas semanais". Pelo voto médio, referendou também o seguinte item da decisão: "(iii) em relação aos profissionais celetistas em geral (art. 15-A da Lei nº 7.498/1986), a implementação do piso salarial nacional deverá ser precedida de negociação coletiva entre as partes, como exigência procedimental imprescindível, levando em conta a preocupação com demissões em massa ou prejuízos para os serviços de saúde. Não havendo acordo, incidirá a Lei nº 14.434/2022, desde que decorrido o prazo de 60 (sessenta) dias, contados da data de publicação da ata deste julgamento [...] Quanto aos efeitos da presente decisão, em relação aos profissionais referidos nos itens (i) e (ii), eles se produzem na forma da Portaria GM/MS nº 597, de 12 de maio de 2023". (DOU 12.07.2023)

O Presidente da República, faço saber que o Congresso Nacional decreta e eu sanciono a seguinte Lei:

Art. 1º A Lei 7.498, de 25 de junho de 1986, passa a vigorar acrescida dos seguintes arts. 15-A, 15-B, 15-C e 15-D:

▸ Alterações inseridas na referida Lei.

Art. 2º Esta Lei entra em vigor na data de sua publicação.

§ 1º O piso salarial previsto na Lei nº 7.498, de 25 de junho de 1986, entrará em vigor imediatamente, assegurada a manutenção das remunerações e dos salários vigentes superiores a ele na data de entrada em vigor desta Lei, independentemente da jornada de trabalho para a qual o profissional ou trabalhador foi admitido ou contratado.

§ 2º Os acordos individuais e os acordos, contratos e convenções coletivas respeitarão o piso salarial previsto na Lei nº 7.498, de 25 de junho de 1986, considerada ilegal e ilícita a sua desconsideração ou supressão.

Brasília, 4 de agosto de 2022; 201º da Independência e 134º da República.

Jair Messias Bolsonaro

LEI 14.597, DE 14 DE JUNHO DE 2023

Institui a Lei Geral do Esporte.

DOU 15.06.2023

O Presidente da República

Faço saber que o Congresso Nacional decreta e eu sanciono a seguinte Lei:

TÍTULO I
DO ORDENAMENTO ESPORTIVO NACIONAL

CAPÍTULO I
DA INSTITUIÇÃO DA LEI GERAL DO ESPORTE

Seção I
Disposições Preliminares

Art. 1º É instituída a Lei Geral do Esporte, que dispõe sobre o Sistema Nacional do Esporte (Sinesp) e o Sistema Nacional de Informações e Indicadores Esportivos (SNIIE), a ordem econômica esportiva, a integridade esportiva e o Plano Nacional pela Cultura de Paz no Esporte.

§ 1º Entende-se por esporte toda forma de atividade predominantemente física que, de modo informal ou organizado, tenha por objetivo a prática de atividades recreativas, a promoção da saúde, o alto rendimento esportivo ou o entretenimento.

§§ 2º e 3º *Vetados.*

Seção II
Dos Princípios Fundamentais

Art. 2º São princípios fundamentais do esporte:

I – autonomia;

II – democratização;

III – descentralização;

IV – diferenciação;

V – educação;

VI – eficiência;

VII – especificidade;

VIII – gestão democrática;

IX – identidade nacional;

X – inclusão;

XI – integridade;

XII – liberdade;

XIII – participação;

XIV – qualidade;

XV – saúde;

XVI – segurança.

Parágrafo único. Considerado o esporte como de alto interesse social, sua exploração e gestão sujeitam-se à observância dos seguintes princípios:

I – transparência financeira e administrativa e conformidade com as leis e os regulamentos externos e internos;

II – moralidade na gestão esportiva;

III – responsabilidade social de seus dirigentes.

Seção III
Do Direito Fundamental ao Esporte

Art. 3º Todos têm direito à prática esportiva em suas múltiplas e variadas manifestações.

§ 1º A promoção, o fomento e o desenvolvimento de atividades físicas para todos, como direito social, notadamente às pessoas com deficiência e às pessoas em vulnerabilidade social, são deveres do Estado e possuem caráter de interesse público geral.

§ 2º *Vetado.*

§ 3º É direito da mulher, em qualquer idade, ter oportunidades iguais de participar em todos os níveis e em todas as funções de direção, de supervisão e de decisão na educação física, na atividade física e no esporte, para fins recreativos, a promoção da saúde ou para o alto rendimento esportivo.

Seção IV
Dos Níveis da Prática Esportiva

Subseção I
Disposições Gerais

Art. 4º A prática esportiva é dividida em 3 (três) níveis distintos, mas integrados, e sem relação de hierarquia entre si, que compreendem:

I – a formação esportiva;

II – a excelência esportiva;

III – o esporte para toda a vida.

Subseção II
Da Formação Esportiva

Art. 5º A formação esportiva visa ao acesso à prática esportiva por meio de ações planejadas, inclusivas, educativas, culturais e lúdicas para crianças e adolescentes, desde os primeiros anos de idade, direcionada ao desenvolvimento integral, e compreende os seguintes serviços:

I – vivência esportiva, com vistas à aproximação a uma base ampla e variada de movimentos, atitudes e conhecimentos relacionados ao esporte, por meio de práticas corporais inclusivas e lúdicas;

II – fundamentação esportiva, com vistas a ampliar e a aprofundar o conhecimento e a cultura esportiva, tendo por objetivo o autocontrole da conduta humana e a autodeterminação dos sujeitos, bem como a construção de bases amplas e sistemáticas de elementos constitutivos de todo e qualquer esporte;

III – aprendizagem da prática esportiva, com vistas à oferta sistemática de múltiplas práticas corporais esportivas para as aprendizagens básicas de diferentes modalidades esportivas, por meio de conhecimentos científicos, habilidades, técnicas, táticas e regras.

§ 1º A formação esportiva também compreende a possibilidade de participação de crianças e adolescentes em competições esportivas enquanto parte de seu aprendizado, sendo permitido o estabelecimento de vínculo de natureza meramente esportiva entre o menor de 12 (doze) anos e a organização esportiva.

§ 2º O menor, de 12 (doze) a 14 (quatorze) anos, não poderá ser alojado nas dependências do clube, ficando vedada a sua residência em domicílio estranho ao de seus familiares.

§ 3º O menor, de 12 (doze) a 14 (quatorze) anos, está sujeito ao pátrio poder e à decisão exclusiva de seus familiares, condicionada sua participação em competições à expressa autorização dos pais ou responsáveis e sua efetiva presença durante a participação do menor na competição.

Subseção III
Da Excelência Esportiva

Art. 6º A excelência esportiva abrange o treinamento sistemático direcionado à formação de atletas na busca do alto rendimento de diferentes modalidades esportivas, e compreende os seguintes serviços:

I – especialização esportiva, direcionada ao treinamento sistematizado em modalidades específicas, buscando a consolidação do potencial dos atletas em formação, com vistas a propiciar a transição para outros serviços;

II – aperfeiçoamento esportivo, com vistas ao treinamento sistematizado e especializado para aumentar as capacidades e habilidades de atletas em competições regionais e nacionais;

III – alto rendimento esportivo, com vistas ao treinamento especializado para alcançar e manter o desempenho máximo de atletas em competições nacionais e internacionais;

IV – transição de carreira, com a finalidade de assegurar ao atleta a conciliação da educação formal com o treinamento, para que ao final da carreira possa ter acesso a outras áreas de trabalho, inclusive esportivas.

(...)

CAPÍTULO III
DO FINANCIAMENTO PÚBLICO AO ESPORTE

(...)

Seção IV
Dos Auxílios Diretos aos Atletas e da Bolsa-Atleta

Art. 50. O poder público fomentará a formação, o desenvolvimento e a manutenção de atletas em formação e de rendimento por meio de auxílios diretos denominados bolsa.

Art. 51. É instituída a Bolsa-Atleta, destinada prioritariamente aos atletas praticantes do esporte de alto

rendimento em modalidades olímpicas, paralímpicas e surdolímpicas, sem prejuízo da análise e deliberação acerca das demais modalidades, a serem feitas de acordo com o art. 54 desta Lei.

§ 1º A Bolsa-Atleta garantirá aos atletas benefício financeiro conforme os valores fixados no Anexo desta Lei, que serão revistos em ato do Poder Executivo, com base em estudos técnicos sobre o tema, observado o limite definido na lei orçamentária anual.

§ 2º Para efeito do disposto no § 1º deste artigo, são criadas as seguintes categorias de Bolsa-Atleta:

I – categoria atleta de base: destinada aos atletas que participem com destaque das categorias iniciantes, a serem determinadas pela respectiva organização nacional que administra e regula a modalidade esportiva, em conjunto com o Ministério do Esporte;

II – categoria estudantil: destinada aos atletas que tenham participado de eventos nacionais estudantis reconhecidos pelo Ministério do Esporte;

III – categoria atleta nacional: destinada aos atletas que tenham participado de competição esportiva em âmbito nacional, indicada pela respectiva organização nacional que administra e regula a modalidade esportiva e que atende aos critérios fixados pelo Ministério do Esporte;

IV – categoria atleta internacional: destinada aos atletas que tenham participado, integrando seleção brasileira ou representando o Brasil em sua modalidade, de competição esportiva de âmbito internacional reconhecida pela respectiva organização esportiva internacional e indicada pela organização nacional que administra e regula a modalidade esportiva;

V – categoria atleta olímpico, paralímpico ou surdolímpico: destinada aos atletas que tenham participado de jogos olímpicos, paralímpicos ou surdolímpicos e cumpram os critérios fixados pelo Ministério do Esporte em regulamento;

VI – categoria atleta pódio: destinada aos atletas de modalidades individuais olímpicas, paralímpicas e surdolímpicas, de acordo com os critérios a serem definidos pelas respectivas organizações nacionais que administram e regulam a modalidade esportiva em conjunto com o COB, o CPB, a CBDS e o Ministério do Esporte, obrigatoriamente vinculados ao Programa Atleta Pódio.

§ 3º A Bolsa-Atleta será concedida prioritariamente aos atletas de alto rendimento das modalidades olímpicas, paralímpicas e surdolímpicas filiadas, respectivamente, ao COB, ao CPB e à CBDS e, subsidiariamente, aos atletas das modalidades que não fazem parte do programa olímpico, paralímpico ou surdolímpico.

§ 4º A concessão da Bolsa-Atleta para os atletas participantes de modalidades individuais e coletivas que não fizerem parte do programa olímpico, paralímpico ou surdolímpico ficará limitada a 15% (quinze por cento) dos recursos orçamentários disponíveis para a Bolsa-Atleta.

§ 5º Não serão beneficiados com a Bolsa-Atleta os atletas pertencentes à categoria master ou similar.

§ 6º O beneficiário da Bolsa-Atleta com idade igual ou superior a 16 (dezesseis) anos que não seja filiado a regime próprio de previdência social ou que não esteja enquadrado em uma das hipóteses do art. 11 da Lei nº 8.213, de 24 de julho de 1991, poderá filiar-se ao Regime Geral de Previdência Social como segurado facultativo.

§ 7º Os atletas-guia, os atletas assistentes e os similares poderão ser beneficiários da Bolsa-Atleta, na forma definida pelo regulamento.

§ 8º O regulamento estabelecerá os limites, em cada categoria de bolsa, para o acúmulo do benefício com outras fontes de renda do atleta.

Art. 52. Para pleitear a concessão da Bolsa-Atleta, o atleta deverá preencher, cumulativamente, os seguintes requisitos:

I – possuir idade mínima de 14 (quatorze) anos para a obtenção das Bolsas-Atleta Nacional, Internacional, Olímpico, Paralímpico ou Surdolímpico e Pódio, e possuir idade máxima de 20 (vinte) anos para a obtenção da Bolsa-Atleta Estudantil, até o término das inscrições;

II – estar vinculado a alguma organização que promova a prática esportiva;

III – estar em plena atividade esportiva;

IV – apresentar declaração sobre valores recebidos a título de patrocínio de pessoas jurídicas públicas ou privadas, incluído todo e qualquer montante percebido eventual ou regularmente, diverso do salário, bem como qualquer tipo de apoio em troca de vinculação de marca;

V – ter participado de competição esportiva em âmbito nacional ou internacional no ano imediatamente

anterior em que tiver sido pleiteada a concessão da Bolsa-Atleta, com exceção da categoria atleta pódio;

VI – estar regularmente matriculado em instituição de ensino pública ou privada, exclusivamente para os atletas que pleitearem a Bolsa-Atleta na categoria estudantil;

VII – encaminhar, para aprovação, plano esportivo anual, com plano de treinamento, objetivos e metas esportivas para o ano de recebimento do benefício, conforme critérios e modelos a serem estabelecidos pelo Ministério do Esporte;

VIII – estar ranqueado na respectiva organização esportiva internacional entre os 20 (vinte) primeiros colocados do mundo em sua modalidade ou prova específica, exclusivamente para os atletas que pleitearem a Bolsa-Atleta na categoria atleta pódio.

§ 1º Não poderá candidatar-se à Bolsa-Atleta o atleta que tiver sido condenado por dopagem, na forma do regulamento.

§ 2º Os atletas beneficiados com a Bolsa-Atleta na categoria estudantil poderão recebê-la cumulativamente com outras bolsas ou benefícios oriundos de programas de incentivo ao ensino, à pesquisa, à iniciação científica e à extensão, inclusive os matriculados em cursos de graduação ou pós-graduação *stricto sensu* em instituição de ensino superior.

Art. 53. A Bolsa-Atleta será concedida pelo prazo de 1 (um) ano e deverá ser paga em até 12 (doze) parcelas mensais.

Parágrafo único. Encerrado o prazo previsto no *caput* deste artigo, terão prioridade para a renovação da Bolsa-Atleta:

▶ Parágrafo único acrescido pela Lei 14.614/2023.

I – os atletas de qualquer categoria da Bolsa-Atleta que conquistarem medalhas nos jogos olímpicos, paralímpicos ou surdolímpicos;

II – os atletas da categoria atleta pódio;

III – as atletas gestantes ou puérperas.

Art. 53-A. O Ministério do Esporte garantirá às atletas gestantes ou puérperas, no âmbito da Bolsa-Atleta, o respeito à maternidade e aos direitos que as protegem.

▶ Artigo acrescido pela Lei 14.614/2023.

§ 1º Caso a atleta não possa comprovar a participação em competição nacional ou internacional no ano imediatamente anterior ao pedido de concessão da Bolsa-Atleta em decorrência de afastamento determinado pela gestação ou pelo puerpério, poderá ser utilizado o resultado esportivo obtido no ano antecedente ao da gestação ou do puerpério para pleitear o benefício.

§ 2º Será garantido à atleta gestante ou puérpera o recebimento regular das parcelas mensais da Bolsa-Atleta até que possa retomar a atividade esportiva, hipótese em que não se aplicará o prazo previsto no *caput* do art. 53 desta Lei.

§ 3º A comprovação de plena atividade esportiva não será exigida da atleta na prestação de contas referente aos recursos financeiros recebidos no âmbito da Bolsa-Atleta durante o período da gestação ou do puerpério.

§ 4º Para fins do disposto neste artigo, a concessão da Bolsa-Atleta será garantida à atleta gestante ou puérpera durante o período da gestação acrescido de até 6 (seis) meses após o nascimento da criança, desde que o período adicional do benefício não exceda a 15 (quinze) parcelas mensais consecutivas.

§ 5º Retomada a atividade esportiva ou encerrado o prazo previsto no § 4º deste artigo, as obrigações assumidas pela atleta no âmbito da Bolsa-Atleta voltarão a ser exigidas.

§ 6º Os direitos reconhecidos à atleta gestante ou puérpera não afastarão a possibilidade de a beneficiária da Bolsa-Atleta, respeitada a orientação de seu médico e de seu treinador, continuar ou retomar a atividade esportiva previamente ao encerramento do prazo previsto no § 4º deste artigo.

§ 7º Os direitos reconhecidos à atleta gestante ou puérpera de que tratam este artigo e o inciso III do parágrafo único do art. 53 desta Lei aplicam-se à hipótese de adoção.

§ 8º A concessão dos direitos reconhecidos à atleta gestante ou puérpera de que trata este artigo fica condicionada à disponibilidade orçamentária e financeira do Ministério do Esporte.

Art. 54. O Ministro de Estado do Esporte submeterá ao CNE a análise e deliberação acerca de pleito de concessão de bolsas para atletas de modalidades não olímpicas, não paralímpicas e não surdolímpicas, e respectivas categorias, que serão atendidas pela Bolsa-Atleta no exercício subsequente, observados o PNEsporte e as disponibilidades financeiras.

Art. 55. *Vetado.*

Art. 56. Os critérios complementares para concessão, suspensão e cancelamento de bolsas, inclusive quanto às modalidades não olímpicas, não paralímpicas e não surdolímpicas, e as formas e os prazos para a inscrição dos interessados na obtenção do benefício e para a prestação de contas dos recursos financeiros recebidos e dos resultados esportivos propostos e alcançados pelos atletas beneficiados serão fixados em regulamento.

Parágrafo único. O regulamento referido no *caput* deste artigo deverá assegurar ao atleta:

I – o direito de recurso contra a decisão;

II – a garantia do efeito suspensivo imediato da eficácia da decisão para os casos de suspensão ou cancelamento de bolsas.

TÍTULO II
DA ORDEM ECONÔMICA ESPORTIVA

CAPÍTULO I
DA RESPONSABILIDADE NA GESTÃO ESPORTIVA

(...)

Seção II
Dos Princípios e das Diretrizes

Art. 59. São princípios da gestão na área esportiva, sem prejuízo de outros preceitos correlatos:

I – responsabilidade corporativa: caracterizada pelo dever de zelar pela viabilidade econômico-financeira da organização, especialmente por meio da adoção de procedimentos de planejamento de riscos e de padrões de conformidade;

II – transparência: consistente na disponibilização pública das informações referentes ao desempenho econômico-financeiro, gerenciais e pertinentes à preservação e ao desenvolvimento do patrimônio da organização;

III – prestação de contas: referente ao dever de o gestor prestar contas de sua atuação de modo claro, conciso, compreensível e tempestivo, assumindo integralmente as consequências de seus atos e omissões e atuando com diligência e responsabilidade no âmbito de sua competência;

IV – equidade: caracterizada pelo tratamento justo e isonômico de todos os gestores e membros da organização, considerados seus direitos, seus deveres, suas necessidades, seus interesses e suas expectativas;

V – participação: consubstanciada na adoção de práticas democráticas de gestão direcionadas à adoção de meios que possibilitem a participação de todos os membros da organização;

VI – integridade esportiva: referente, no âmbito da gestão do esporte, à adoção de medidas que evitem qualquer interferência indevida que possa afetar a incerteza do resultado esportivo, a igualdade e a integridade dos competidores.

(...)

Seção III
Dos Deveres do Gestor

Art. 64. Para os fins do disposto nesta Lei, gestor esportivo é aquele que exerce, de fato ou de direito, poder de decisão na gestão da organização, inclusive seus administradores.

Parágrafo único. É dever do gestor esportivo agir com cautela e planejamento de risco, atentando-se especialmente aos deveres de:

I – diligência: caracterizada pela obrigação de gerir a organização com a competência e o cuidado que seriam usualmente empregados por todo homem digno e de boa-fé na condução dos próprios negócios;

II – lealdade: caracterizada pela proibição de o gestor utilizar em proveito próprio ou de terceiro informações referentes aos planos e aos interesses da organização, sobre os quais somente teve acesso em razão do cargo que ocupa;

III – informação: caracterizada pela necessária transparência dos negócios da organização, com a obrigação de o gestor, sempre de forma imediata, informar os interessados sobre qualquer situação que possa acarretar risco financeiro ou de gestão, bem como de informar sobre eventuais interesses que possua e que possam ensejar conflito de interesse com as atividades da organização.

Seção IV
Dos Requisitos e dos Impedimentos Pessoais na Gestão Esportiva

Art. 65. São inelegíveis e impedidas de exercer funções de direção das organizações esportivas, independen-

temente de sua natureza jurídica, as pessoas inelegíveis para o exercício de cargos públicos na forma da legislação eleitoral, pelo período de inelegibilidade nela fixado.

§ 1º São também impedidas de exercer as funções de direção em organização esportiva as pessoas afastadas por decisão interna ou judicial em razão de gestão temerária ou fraudulenta no esporte por, no mínimo, 10 (dez) anos ou enquanto perdurarem os efeitos da condenação judicial.

§ 2º São também inelegíveis, para o desempenho de cargos e funções eletivos ou de livre nomeação, por 10 (dez) anos, os dirigentes:

I – inadimplentes na prestação de contas de recursos públicos em decisão administrativa definitiva;

II – inadimplentes na prestação de contas da própria organização esportiva, por decisão definitiva judicial ou da respectiva organização, respeitados o devido processo legal, o contraditório e a ampla defesa;

III – inadimplentes com as contribuições previdenciárias e trabalhistas de responsabilidade da organização esportiva e cuja inadimplência tenha ocorrido durante sua gestão, desde que os débitos tenham sido inscritos em dívida ativa;

IV – administradores, sócios-gerentes ou dirigentes de empresas que tenham tido sua falência decretada.

Seção V
Da Gestão Temerária no Esporte

Art. 66. Os dirigentes das organizações esportivas, independentemente da forma jurídica adotada, têm seus bens particulares sujeitos ao disposto no art. 50 da Lei nº 10.406, de 10 de janeiro de 2002 (Código Civil).

§ 1º Para os fins do disposto nesta Lei, dirigente é aquele que exerce, de fato ou de direito, poder de decisão na gestão da entidade, inclusive seus administradores.

§ 2º Os dirigentes de organizações esportivas respondem solidária e ilimitadamente pelos atos ilícitos praticados e pelos atos de gestão irregular ou temerária ou contrários ao previsto no contrato social ou estatuto.

§ 3º O dirigente que tiver conhecimento do não cumprimento dos deveres estatutários ou contratuais por seu predecessor ou pelo administrador competente e deixar de comunicar o fato ao órgão estatutário competente será responsabilizado solidariamente.

Art. 67. Consideram-se atos de gestão irregular ou temerária praticados pelo dirigente aqueles que revelem desvio de finalidade na direção da organização ou que gerem risco excessivo e irresponsável para seu patrimônio, tais como:

I – aplicar créditos ou bens sociais em proveito próprio ou de terceiros;

II – obter, para si ou para outrem, vantagem a que não faz jus e de que resulte ou possa resultar prejuízo para a organização esportiva;

III – celebrar contrato com empresa da qual o dirigente, seu cônjuge ou companheiro ou parentes, em linha reta, colateral ou por afinidade, até o terceiro grau sejam sócios ou administradores, exceto no caso de contratos de patrocínio ou doação em benefício da organização esportiva;

IV – receber qualquer pagamento, doação ou outra forma de repasse de recursos oriundos de terceiros que, no prazo de até 1 (um) ano, antes ou depois do repasse, tenham celebrado contrato com a organização esportiva;

V – antecipar ou comprometer receitas em desconformidade com o previsto em lei;

VI – não divulgar de forma transparente informações de gestão aos associados;

VII – deixar de prestar contas de recursos públicos recebidos.

§ 1º Em qualquer hipótese, o dirigente não será responsabilizado caso:

I – não tenha agido com culpa grave ou dolo; ou

II – comprove que agiu de boa-fé e que as medidas realizadas visavam a evitar prejuízo maior à entidade.

§ 2º Para os fins do disposto no inciso IV do *caput* deste artigo, também será considerado ato de gestão irregular ou temerária o recebimento de qualquer pagamento, doação ou outra forma de repasse de recursos por:

I – cônjuge ou companheiro do dirigente;

II – parentes do dirigente, em linha reta, colateral ou por afinidade, até o terceiro grau;

III – empresa ou sociedade civil da qual o dirigente, seu cônjuge ou companheiro ou parentes, em linha reta,

colateral ou por afinidade, até o terceiro grau sejam sócios ou administradores.

Art. 68. Os dirigentes que praticarem atos de gestão irregular ou temerária poderão ser responsabilizados por meio de mecanismos de controle social internos da organização, sem prejuízo da adoção das providências necessárias à apuração das eventuais responsabilidades civil e penal.

§ 1º Na ausência de disposição específica, caberá à assembleia geral da organização deliberar sobre a instauração de procedimentos de apuração de responsabilidade.

§ 2º A assembleia geral poderá ser convocada por 30% (trinta por cento) dos associados com direito a voto para deliberar sobre a instauração de procedimento de apuração de responsabilidade dos dirigentes caso, após 3 (três) meses da ciência do ato tido como de gestão irregular ou temerária:

I – não tenha sido instaurado o referido procedimento; ou

II – não tenha sido convocada assembleia geral para deliberar sobre os procedimentos internos de apuração da responsabilidade.

§ 3º Em organizações em cuja estrutura não haja assembleia geral, competem ao conselho fiscal os procedimentos previstos nos §§ 1º e 2º deste artigo.

§ 4º Caso constatada a responsabilidade, o dirigente será considerado inelegível por 10 (dez) anos para cargos eletivos em qualquer organização esportiva.

Art. 69. Compete à organização esportiva, mediante prévia deliberação da assembleia geral, adotar medida judicial cabível contra os dirigentes para ressarcimento dos prejuízos causados ao seu patrimônio.

§ 1º Os dirigentes contra os quais deva ser proposta medida judicial ficarão impedidos e deverão ser substituídos na mesma assembleia.

§ 2º O impedimento previsto no § 1º deste artigo será suspenso caso a medida judicial não tenha sido proposta após 3 (três) meses da deliberação da assembleia geral.

§ 3º Em organizações em cuja estrutura não haja assembleia geral, competem ao conselho fiscal os procedimentos previstos neste artigo.

CAPÍTULO II
DAS RELAÇÕES DE TRABALHO NO ESPORTE

Seção I
Do Trabalhador Esportivo

Subseção I
Disposições Gerais

Art. 70. No nível da excelência esportiva, as relações econômicas que advêm da prática do esporte devem basear-se nas premissas do desenvolvimento social e econômico e no primado da proteção do trabalho, da garantia dos direitos sociais do trabalhador esportivo e da valorização da organização esportiva empregadora.

Art. 71. O trabalhador da área do esporte desempenha atividades laborais permeadas por peculiaridades e especificidades, estabelecendo relações com as organizações esportivas, independentemente de sua natureza jurídica, por meio das formas previstas na legislação civil ou trabalhista.

Subseção II
Dos Atletas

Art. 72. A profissão de atleta é reconhecida e regulada por esta Lei, sem prejuízo das disposições não colidentes contidas na legislação vigente, no respectivo contrato de trabalho ou em acordos ou convenções coletivas.

Parágrafo único. Considera-se atleta profissional o praticante de esporte de alto nível que se dedica à atividade esportiva de forma remunerada e permanente e que tem nessa atividade sua principal fonte de renda por meio do trabalho, independentemente da forma como recebe sua remuneração.

Art. 73. Qualquer cessão ou transferência de atleta profissional ou não profissional depende de sua formal e expressa anuência.

Art. 74. São deveres do atleta profissional, em especial:

I – participar dos jogos, dos treinos, dos estágios e de outras sessões preparatórias de competições com aplicação e dedicação correspondentes às suas condições psicofísicas e técnicas;

II – preservar as condições físicas que lhe permitam participar das competições esportivas, submetendo-se às intervenções médicas e assistências especializadas necessárias à prática esportiva;

III – exercitar a atividade esportiva profissional de acordo com as regras da respectiva modalidade esportiva e as normas que regem a disciplina e a ética esportivas.

Subseção III
Dos Treinadores

Art. 75. A profissão de treinador esportivo é reconhecida e regulada por esta Lei, sem prejuízo das disposições não colidentes constantes da legislação vigente, do respectivo contrato de trabalho ou de acordos ou convenções coletivas.

§ 1º Considera-se treinador esportivo profissional a pessoa que possui como principal atividade remunerada a preparação e a supervisão da atividade esportiva de um ou vários atletas profissionais.

§ 2º O exercício da profissão de treinador esportivo em organização de prática esportiva profissional fica assegurado exclusivamente:

I – aos portadores de diploma de educação física;

II – aos portadores de diploma de formação profissional em nível superior em curso de formação profissional oficial de treinador esportivo, devidamente reconhecido pelo Ministério da Educação, ou em curso de formação profissional ministrado pela organização nacional que administra e regula a respectiva modalidade esportiva;

III – aos que, na data da publicação desta Lei, estejam exercendo, comprovadamente, há mais de 3 (três) anos, a profissão de treinador esportivo em organização de prática esportiva profissional.

§ 3º Os ex-atletas podem exercer a atividade de treinador esportivo, desde que:

I – comprovem ter exercido a atividade de atleta por 3 (três) anos consecutivos ou por 5 (cinco) anos alternados, devidamente comprovados pela respectiva organização que administra e regula a modalidade esportiva; e

II – participem de curso de formação de treinadores, reconhecido pela respectiva organização que administra e regula a modalidade esportiva.

§ 4º É permitido o exercício da profissão a treinadores estrangeiros, desde que comprovem ter licença de sua associação nacional de origem.

§ 5º O disposto no § 2º deste artigo não se aplica aos profissionais que exerçam trabalho voluntário e aos que atuem em organização esportiva de pequeno porte, nos termos do § 6º do art. 61 desta Lei.

Art. 76. São direitos do treinador esportivo profissional:

I – ter ampla e total liberdade na orientação técnica e tática esportiva;

II – ter apoio e assistência moral e material assegurada pelo contratante, para que possa desempenhar bem suas atividades;

III – exigir do contratante o cumprimento das determinações dos organismos esportivos atinentes à sua profissão.

Art. 77. São deveres do treinador esportivo profissional:

I – zelar pela disciplina dos atletas sob sua orientação, ministrando os treinamentos no intuito de dotar os atletas da máxima eficiência tática e técnica em favor do contratante;

II – manter o sigilo profissional.

Subseção IV
Dos Árbitros

Art. 78. A atividade de árbitro esportivo é reconhecida e regulada por esta Lei, sem prejuízo das disposições não colidentes constantes da legislação vigente.

§ 1º Considera-se árbitro esportivo profissional a pessoa que possui como principal atividade remunerada a direção de disciplina e conformidade com as regras esportivas durante uma prova ou partida de prática esportiva.

§ 2º O trabalho do árbitro esportivo é regulado pelas organizações esportivas responsáveis pela atividade referida no § 1º deste artigo, mas não há relação de subordinação de natureza laboral entre esses profissionais e a organização esportiva que o contrata ou regula seu trabalho.

Art. 79. O árbitro esportivo exercerá atribuições relacionadas às atividades esportivas disciplinadas nesta Lei, destacando-se aquelas inerentes ao árbitro de partidas e as de seus auxiliares.

Art. 80. É facultado aos árbitros esportivos organizar-se em associações profissionais e em sindicatos.

Art. 81. É facultado aos árbitros esportivos prestar serviços às organizações esportivas, qualquer que seja sua natureza jurídica ou forma de estruturação, ressalvado o seu impedimento para atuar em campeonato, em partida ou em prova de organização de prática esportiva à qual tenha vinculado os seus serviços, ou que a beneficie direta ou indiretamente na disputa da competição.

<div align="center">Subseção V</div>
Disposições Comuns aos Trabalhadores Esportivos

Art. 82. A atividade assalariada não é a única forma de caracterização da profissionalização do atleta, do treinador e do árbitro esportivo, sendo possível também definir como profissional quem é remunerado por meio de contratos de natureza cível, vedada a sua participação como sócio ou acionista da organização esportiva.

Parágrafo único. A atividade profissional do atleta, do treinador e do árbitro esportivo não constitui por si relação de emprego com a organização com a qual ele mantenha vínculo de natureza meramente esportiva, caracterizado pela liberdade de contratação.

<div align="center">Seção II</div>
Das Organizações Esportivas Direcionadas à Prática Profissional

Art. 83. Considera-se direcionada à prática esportiva profissional a organização esportiva, independentemente de sua natureza jurídica, que mantenha atletas profissionais em seus quadros.

Art. 84. São deveres da organização esportiva direcionada à prática esportiva profissional, em especial:

I – registrar o atleta profissional na organização esportiva que regula a respectiva modalidade para fins de vínculo esportivo;

II – proporcionar aos atletas profissionais as condições necessárias à participação nas competições esportivas, nos treinos e em outras atividades preparatórias ou instrumentais;

III – submeter os atletas profissionais aos exames médicos e clínicos necessários à prática esportiva;

IV – proporcionar condições de trabalho dignas aos demais profissionais esportivos que componham seus quadros ou que a ela prestem serviços, incluídos os treinadores e, quando pertinente, os árbitros;

V – promover obrigatoriamente exames periódicos para avaliar a saúde dos atletas, nos termos da regulamentação;

VI – contratar seguro de vida e de acidentes pessoais, com o objetivo de cobrir os riscos aos quais os atletas e os treinadores estão sujeitos, inclusive a organização esportiva que o convoque para seleção;

VII – assegurar que a importância segurada garanta ao atleta profissional ou ao beneficiário por ele indicado no contrato de seguro o direito a indenização mínima correspondente ao valor anual da remuneração pactuada.

§ 1º A organização esportiva contratante é responsável pelas despesas médico-hospitalares, fisioterapêuticas e de medicamentos necessárias ao restabelecimento do atleta ou do treinador enquanto a seguradora não fizer o pagamento da indenização a que se refere este artigo, independentemente do pagamento de salário.

§ 2º As despesas com seguro a que se refere o inciso VI do *caput* deste artigo serão custeadas, conforme a hipótese, com recursos oriundos da exploração de loteria destinados ao COB e ao CPB.

§ 3º A CBDE e a CBDU, quando convocarem atletas para seleção, são obrigadas a contratar o seguro a que se refere o inciso VI do *caput* deste artigo, e podem utilizar-se, para o custeamento das despesas, de recursos oriundos da exploração de loteria que lhes são destinados.

§ 4º É vedada a participação em competições esportivas profissionais de atletas não profissionais com idade superior a 21 (vinte e um) anos de idade.

<div align="center">Seção III</div>
Do Contrato Especial de Trabalho Esportivo

<div align="center">Subseção I</div>
Das Características do Contrato Especial de Trabalho Esportivo

Art. 85. A relação do atleta profissional com seu empregador esportivo regula-se pelas normas desta Lei, pelos acordos e pelas convenções coletivas, pelas cláusulas estabelecidas no contrato especial de trabalho esportivo e, subsidiariamente, pelas disposições da legislação trabalhista e da seguridade social.

§ 1º Os prêmios por *performance* ou resultado, o direito de imagem e o valor das luvas, caso ajustadas, não possuem natureza salarial e constarão de contrato avulso de natureza exclusivamente civil.

§ 2º Consideram-se prêmios por *performance* as liberalidades concedidas pela organização que se dedique à prática esportiva empregadora em dinheiro a atleta, a grupo de atletas, a treinadores e a demais integrantes de comissões técnicas e delegações, em razão do seu desempenho individual ou do desempenho coletivo da equipe da organização que se dedique à prática esportiva, previstas em contrato especial de trabalho esportivo.

Art. 86. O atleta profissional poderá manter relação de emprego com organização que se dedique à prática esportiva, com remuneração pactuada em contrato especial de trabalho esportivo, escrito e com prazo determinado, cuja vigência não poderá ser inferior a 3 (três) meses nem superior a 5 (cinco) anos, firmado com a respectiva organização esportiva, do qual deverá constar, obrigatoriamente:

I – cláusula indenizatória esportiva, devida exclusivamente à organização esportiva empregadora à qual está vinculado o atleta, nas seguintes hipóteses:

a) transferência do atleta para outra organização, nacional ou estrangeira, durante a vigência do contrato especial de trabalho esportivo;

b) retorno do atleta às atividades profissionais em outra organização esportiva, no prazo de até 30 (trinta) meses; ou

c) *Vetado.*

II – cláusula compensatória esportiva, devida pela organização que promova prática esportiva ao atleta, nas hipóteses dos incisos III, IV e V do *caput* do art. 90 desta Lei.

§ 1º O valor da cláusula indenizatória esportiva a que se refere o inciso I do *caput* deste artigo será livremente pactuado pelas partes e expressamente quantificado no instrumento contratual:

I – até o limite máximo de 2.000 (duas mil) vezes o valor médio do salário contratual, para as transferências nacionais;

II – sem qualquer limitação, para as transferências internacionais.

§ 2º Serão solidariamente responsáveis pelo pagamento da cláusula indenizatória esportiva de que trata o inciso I do *caput* deste artigo o atleta e a nova organização esportiva empregadora.

§ 3º O valor da cláusula compensatória esportiva a que se refere o inciso II do *caput* deste artigo será livremente pactuado entre as partes e formalizado no contrato especial de trabalho esportivo, observando-se, como limite máximo, 400 (quatrocentas) vezes o valor do salário mensal no momento da rescisão e, como limite mínimo, o valor total de salários mensais a que teria direito o atleta até o término do referido contrato.

§§ 4º e 5º *Vetados.*

§ 6º Se ocorrer o atraso no pagamento das parcelas da cláusula compensatória esportiva superior a 2 (dois) meses, vencer-se-á automaticamente toda a dívida.

§ 7º *Vetado.*

§ 8º O contrato especial de trabalho esportivo vigerá independentemente do registro em organização esportiva e não se confundirá com o vínculo esportivo.

§ 9º Não constituirá nem gerará vínculo de emprego a remuneração eventual de atleta de qualquer modalidade por participação em prova ou partida, inclusive as premiações por resultado alcançado, concedidas eventualmente e em razão de desempenho superior ao ordinariamente esperado no exercício de suas atividades, bem como a percepção de auxílios na forma de bolsas ou de remuneração não permanente por meio de patrocínios ou direito sobre a exploração comercial de sua imagem.

§ 10. Os contratos celebrados com atletas mulheres, ainda que de natureza cível, não poderão ter qualquer tipo de condicionante relativo a gravidez, a licença-maternidade ou a questões referentes a maternidade em geral.

§ 11. *Vetado.*

§ 12. Será aplicado ao contrato especial de trabalho esportivo o disposto no parágrafo único do art. 444 da Consolidação das Leis do Trabalho, aprovada pelo Decreto-Lei nº 5.452, de 1º de maio de 1943, dispensada a exigência do diploma de nível superior quando o atleta profissional for assistido na celebração do contrato por advogado de sua escolha.

▸ § 12 vetado pelo Presidente da República e rejeitado o veto pelo Congresso Nacional (DOU 22.05.2024).

Art. 87. Convenção ou acordo coletivo de trabalho disporá sobre a regulação do trabalho do atleta profissional, respeitadas as peculiaridades de cada modalidade esportiva e do trabalho das mulheres, bem como sobre a proteção ao trabalho do menor.

Parágrafo único. O poder público, especialmente os órgãos do Poder Judiciário, atenderá à prevalência das normas convencionadas ou acordadas na forma do *caput* deste artigo sobre as disposições legais, inclusive quanto às disposições desta Lei e das normas que se aplicarem subsidiariamente a ela, respeitados os direitos sociais de caráter heterônomo constantes da Constituição Federal.

Art. 88. A organização que promove prática esportiva poderá suspender o contrato especial de trabalho esportivo do atleta profissional, ficando dispensada do pagamento da remuneração nesse período, quando o atleta for impedido de atuar, por prazo ininterrupto superior a 90 (noventa) dias, em decorrência de ato ou evento de sua exclusiva responsabilidade, desvinculado da atividade profissional, conforme previsto no referido contrato.

Parágrafo único. O contrato especial de trabalho esportivo deverá conter cláusula expressa reguladora de sua prorrogação automática na ocorrência da hipótese de suspensão contratual prevista no *caput* deste artigo.

Art. 89. Quando o contrato especial de trabalho esportivo possuir prazo inferior a 12 (doze) meses, o atleta profissional terá direito a saldo proporcional aos meses trabalhados durante a vigência do contrato, referente a férias, a abono de férias e a décimo terceiro salário.

<div align="center">Subseção II</div>
Do Término do Contrato Especial de Trabalho Esportivo

Art. 90. O vínculo de emprego e o vínculo esportivo do atleta profissional com a organização esportiva empregadora cessam para todos os efeitos legais com:

I – o término da vigência do contrato ou o seu distrato;

II – *Vetado.*

III – a rescisão decorrente do inadimplemento salarial ou do contrato de direito de imagem a ele vinculado, de responsabilidade da organização esportiva empregadora, nos termos desta Lei;

IV – a rescisão indireta, nas demais hipóteses previstas na legislação trabalhista;

V – a dispensa imotivada do atleta.

§ 1º É hipótese de rescisão indireta do contrato especial de trabalho esportivo a inadimplência da organização esportiva empregadora com as obrigações contratuais referentes à remuneração do atleta profissional ou ao contrato de direito de imagem, por período igual ou superior a 2 (dois) meses, ficando o atleta livre para transferir-se a qualquer outra organização esportiva, nacional ou estrangeira, e exigir a cláusula compensatória esportiva e os haveres devidos.

§ 2º Consideram-se salário, para efeitos da remuneração prevista no § 1º deste artigo, o abono de férias, o décimo terceiro salário, as gratificações e as demais verbas inclusas no contrato de trabalho.

§ 3º Caracteriza também mora contumaz o não recolhimento do FGTS e das contribuições previdenciárias.

§ 4º O atleta com contrato especial de trabalho esportivo rescindido na forma do § 1º deste artigo fica autorizado a transferir-se para outra organização esportiva, independentemente do número de partidas das quais tenha participado na competição, bem como a disputar a competição que estiver em andamento por ocasião da rescisão contratual, respeitada a data-limite de inscrições prevista nos regulamentos de cada modalidade esportiva.

§ 5º É lícito ao atleta profissional recusar-se a competir por organização esportiva quando seus salários, no todo ou em parte, estiverem atrasados em 2 (dois) ou mais meses.

§ 6º *Vetado.*

§ 7º Ao atleta profissional não nacional de modalidade esportiva poderá ser concedida autorização de trabalho, observadas as exigências da legislação específica, por prazo não excedente a 5 (cinco) anos e correspondente à duração fixada no respectivo contrato especial de trabalho esportivo, permitida a renovação.

§ 8º A organização que administra e regula o esporte na respectiva modalidade será obrigada a exigir da organização esportiva contratante a comprovação da autorização de trabalho concedida ao atleta não nacional emitida pelo Ministério do Trabalho e Emprego, sob pena de cancelamento da inscrição esportiva.

§§ 9º e 10. *Vetados.*

Subseção III
Da Cessão de Atletas a Outra Organização Esportiva

Art. 91. Será facultada a cessão de atleta profissional, desde que este aquiesça, da organização esportiva contratante para outra, durante a vigência de seu contrato especial de trabalho esportivo.

§ 1º A cessão de que trata o *caput* deste artigo consistirá na disponibilização temporária do atleta profissional pela organização esportiva empregadora para prestar trabalho a outra organização, observado que o poder de direção passará à cessionária e o vínculo contratual inicial ficará suspenso.

§ 2º O atleta profissional cedido que estiver com sua remuneração ou valores estabelecidos em contrato de direito de imagem em atraso, no todo ou em parte, por mais de 2 (dois) meses, notificará a organização esportiva cedente para, se quiser, purgar a mora, no prazo de 15 (quinze) dias, não se aplicando, nesse caso, o disposto no § 1º do art. 90 desta Lei.

§ 3º O não pagamento ao atleta de salário e de contribuições previstas em lei por parte da organização esportiva cessionária, por 2 (dois) meses, implicará a rescisão do contrato de cessão e a incidência da cláusula compensatória esportiva nele prevista, a ser paga ao atleta pela organização esportiva cessionária.

§ 4º Se ocorrer a rescisão referida no § 3º deste artigo, o atleta deverá retornar à organização esportiva cedente para cumprir o antigo contrato especial de trabalho esportivo.

§ 5º O contrato de cessão de atleta profissional celebrado entre organizações esportivas poderá prever multa a ser paga pela organização esportiva que descumprir os termos ajustados.

Art. 92. A participação de atletas profissionais em seleções será estabelecida na forma como acordarem a organização esportiva convocadora e a cedente.

§ 1º A organização esportiva convocadora indenizará a cedente dos encargos previstos no contrato de trabalho, pelo período em que durar a convocação do atleta, sem prejuízo de eventuais ajustes celebrados entre este e a organização convocadora.

§ 2º O período de convocação estender-se-á até a reintegração do atleta, apto a exercer sua atividade, à organização esportiva que o cedeu.

Subseção IV
Das Transferências e Cessões Internacionais

Art. 93. Na cessão ou na transferência de atleta profissional para organização esportiva estrangeira, serão observadas as normas regulatórias da modalidade esportiva no Brasil a qual se vincula a organização transferente ou cedente.

§ 1º As condições para transferência do atleta profissional para o exterior deverão integrar obrigatoriamente os contratos de trabalho entre o atleta e a organização esportiva brasileira que o contratou.

§ 2º O valor da cláusula indenizatória esportiva internacional originalmente pactuada entre o atleta e a organização cedente, independentemente do pagamento da cláusula indenizatória esportiva nacional, será devido à organização cedente pela cessionária caso esta venha a concretizar transferência internacional do mesmo atleta, em prazo inferior a 3 (três) meses, caracterizando o conluio com a congênere estrangeira.

Subseção V
Dos Direitos Econômicos

Art. 94. Entende-se por direitos econômicos todo e qualquer resultado ou proveito econômico oriundo da transferência, temporária ou definitiva, do vínculo esportivo de atleta profissional entre organizações esportivas empregadoras, do pagamento de cláusula indenizatória esportiva prevista em contrato especial de trabalho esportivo ou de compensação por rescisão de contrato fixada por órgão ou tribunal competente.

Parágrafo único. A cessão e a negociação de direitos econômicos dos atletas submetem-se às regras e aos regulamentos próprios de cada organização de administração esportiva e à legislação internacional das federações internacionais esportivas.

Seção IV
Dos Contratos de Intermediação, de Representação e de Agenciamento Esportivos

Art. 95. Entende-se por agente esportivo a pessoa natural ou jurídica que exerce a atividade de intermediação na celebração de contratos esportivos e no agenciamento de carreiras de atletas.

§ 1º É facultado aos parentes em primeiro grau, ao cônjuge e ao advogado do atleta representar, quando outorgados expressamente, os interesses do atleta na condição de intermediadores do contrato esportivo ou de agenciadores de sua carreira, sem necessidade de registro ou de licenciamento pela organização esportiva de abrangência nacional que administra e regula a respectiva modalidade esportiva em que pretende atuar ou pela federação internacional respectiva.

§ 2º A atuação de intermediação, de representação e de agenciamento esportivo submete-se às regras e aos regulamentos próprios da organização de administração esportiva e à legislação internacional das federações internacionais esportivas.

§ 3º A organização de administração do esporte da respectiva modalidade fiscalizará o exercício da profissão de agente esportivo, de modo a coibir a prática de suas funções por pessoas não autorizadas por esta Lei, e informará à Secretaria Especial da Receita Federal do Brasil do Ministério da Fazenda todos os valores envolvidos e pagos na cessão e na transferência dos atletas.

(...)

Seção VI
Disposições Específicas ao Futebol

Art. 97. Aplicar-se-ão aos atletas profissionais da modalidade futebol as disposições desta Lei e, especificamente, o seguinte:

I – não poderá a concentração, se conveniente à organização esportiva contratante, ser superior a 3 (três) dias consecutivos por semana, desde que esteja programada qualquer partida, prova ou equivalente, amistosa ou oficial, e deverá o atleta ficar à disposição do empregador por ocasião da realização de competição fora da localidade onde tenha sua sede;

II – poderá ser ampliado o prazo de concentração, independentemente de qualquer pagamento adicional, quando o atleta estiver à disposição da organização que regula a modalidade;

III – não serão devidos acréscimos remuneratórios em razão de períodos de concentração, de viagens, de pré-temporada fora da sede e de participação do atleta em partida, em prova ou equivalente, salvo previsão contratual diversa;

IV – *Vetado*.

V – serão devidas férias anuais remuneradas de 30 (trinta) dias, acrescidas do abono de férias, ficando a critério da entidade de prática de futebol conceder as férias coincidindo ou não com o recesso das atividades esportivas, admitido ajuste individual entre as partes de forma diversa;

VI – deverá ser observado período de trabalho semanal regular de 44 (quarenta e quatro) horas;

VII – será assegurada, no caso de participação em jogos e em competições realizados em período noturno, remuneração com acréscimo de pelo menos 20% (vinte por cento) sobre a hora diurna, salvo condições mais benéficas previstas em convenção ou acordo coletivo;

VIII – será caracterizada a atividade do atleta profissional da modalidade futebol por remuneração pactuada em contrato especial de trabalho esportivo firmado com organização que se dedique à prática esportiva.

§ 1º Convenção ou acordo coletivo poderá dispor de forma diversa ao estabelecido neste artigo.

§ 2º Disposição contratual ou constante de convenção ou acordo coletivo poderá estender aos atletas profissionais de outras modalidades as previsões deste artigo.

§ 3º Para os efeitos do inciso VII do *caput* deste artigo, considera-se trabalho noturno a participação em jogos e em competições realizados entre as 23h59 (vinte e três horas e cinquenta e nove minutos) de um dia e as 6h59 (seis horas e cinquenta e nove minutos) do dia seguinte.

§ 4º A hora do trabalho noturno será calculada como de 52 (cinquenta e dois) minutos e 30 (trinta) segundos.

Art. 98. No que se refere às disposições específicas aplicáveis aos treinadores profissionais de futebol, considera-se:

I – empregadora: a organização esportiva que, mediante qualquer modalidade de remuneração, utiliza os serviços de treinador profissional de futebol, na forma definida nesta Lei;

II – empregado: o treinador profissional de futebol especificamente contratado por organização esportiva que promove a prática profissional de futebol, com a finalidade de treinar atletas da modalidade, ministrando-lhes técnicas e regras de futebol, com o objetivo de assegurar-lhes conhecimentos táticos e técnicos suficientes para a prática desse esporte.

§ 1º Da anotação do contrato de trabalho do treinador profissional de futebol na carteira profissional, deverá obrigatoriamente constar:

I – o prazo de vigência, o qual, em nenhuma hipótese, poderá ser inferior a 6 (seis) meses ou superior a 2 (dois) anos;

II – o salário, as gratificações e as bonificações.

§ 2º Os prêmios por *performance* ou resultado, o direito de imagem e o valor das luvas, caso ajustadas, não possuem natureza salarial e constarão de contrato avulso de natureza exclusivamente civil.

§ 3º O contrato de trabalho será registrado no prazo improrrogável de 10 (dez) dias na organização que regula o futebol, não constituindo o registro, contudo, condição de validade do referido contrato.

§ 4º O treinador profissional de futebol somente poderá atuar pela organização esportiva empregadora após registro e publicação de seu nome em boletim informativo ou em documento similar por parte da organização que administra e regula a modalidade esportiva.

§ 5º Aplica-se ao treinador profissional de futebol a legislação do trabalho e da previdência social, ressalvadas as incompatibilidades com as disposições desta Lei.

Seção VII
Do Contrato de Formação Esportiva

Subseção I
Das Características do Contrato de Formação Esportiva

Art. 99. A organização esportiva formadora de atleta terá o direito de assinar com ele, a partir de 16 (dezesseis) anos de idade, o primeiro contrato especial de trabalho esportivo, cujo prazo não poderá ser superior a 3 (três) anos para a prática do futebol e a 5 (cinco) anos para outros esportes.

§ 1º Considera-se formadora de atleta a organização esportiva que:

I – forneça aos atletas programas de treinamento nas categorias de base e complementação educacional; e

II – satisfaça cumulativamente os seguintes requisitos:

a) tenha inscrito o atleta em formação na respectiva organização esportiva que administra e regula a modalidade há, pelo menos, 1 (um) ano;

b) comprove que, efetivamente, o atleta em formação está inscrito em competições oficiais;

c) garanta ao atleta em formação assistência educacional, psicológica, médica, fisioterapêutica e odontológica, bem como alimentação, transporte e convivência familiar;

d) mantenha, quando tiver alojamento de atletas, instalações de moradia adequadas, sobretudo quanto à alimentação, higiene, segurança e salubridade;

e) mantenha corpo de profissionais especializados em formação técnico-esportiva;

f) ajuste o tempo destinado à efetiva atividade de formação do atleta, não superior a 4 (quatro) horas por dia, aos horários do currículo escolar ou do curso profissionalizante e propicie a ele a matrícula escolar, com exigência de frequência e de satisfatório aproveitamento;

g) assegure a formação gratuita do atleta, a expensas da organização esportiva contratante;

h) comprove que participa anualmente de competições organizadas por organização esportiva que administra e regula o esporte em, pelo menos, 2 (duas) categorias da respectiva modalidade esportiva;

i) garanta que o período de seleção não coincida com os horários escolares;

j) realize exames médicos admissionais e periódicos, com resultados arquivados em prontuário médico;

k) proporcione ao atleta em formação convivência familiar, com visitas regulares à sua família;

l) ofereça programa contínuo de orientação e suporte contra o abuso e a exploração sexual;

m) qualifique os profissionais que atuam no treinamento esportivo para a atuação preventiva e de proteção aos direitos da criança e do adolescente;

n) institua ouvidoria para receber denúncia de maus-tratos a crianças e adolescentes e de exploração sexual deles;

o) propicie ao atleta em formação a participação em atividades culturais e de lazer, nos horários livres; e

p) apresente ao Ministério Público dos Estados e do Distrito Federal, anualmente, os laudos técnicos expedidos pelos órgãos e pelas autoridades competentes pela vistoria das condições de segurança dos alojamentos que mantenha para atletas em formação.

§ 2º A organização esportiva nacional que administra e regula o esporte certificará como organização esportiva formadora aquela que, comprovadamente, por meio de laudos de vistoria e de documentos, preencha os requisitos estabelecidos nesta Lei.

§ 3º O atleta não profissional em formação, maior de 14 (quatorze) e menor de 20 (vinte) anos de idade, poderá receber auxílio financeiro da organização esportiva formadora, sob a forma de bolsa de aprendizagem livremente pactuada mediante contrato formal, sem que seja gerado vínculo empregatício entre as partes.

§ 4º No período de formação dos 12 (doze) aos 14 (quatorze) anos é garantido ao atleta menor os direitos a que se refere o § 1º deste artigo, não se exigindo da organização esportiva formadora do atleta o disposto nas alíneas "b", "d" e "h" do inciso II.

§ 5º A organização esportiva formadora fará jus a valor indenizatório se ficar impossibilitada de assinar o primeiro contrato especial de trabalho esportivo por oposição do atleta, ou quando ele se vincular, sob qualquer forma, a outra organização esportiva, sem autorização expressa da organização esportiva formadora, observado o seguinte:

I – o atleta deverá estar regularmente registrado e não poderá ter sido desligado da organização esportiva formadora;

II – a indenização será limitada ao montante correspondente a 200 (duzentas) vezes os gastos comprovadamente efetuados com a formação do atleta, especificados no contrato referido no § 3º deste artigo;

III – o pagamento do valor indenizatório somente poderá ser efetuado por outra organização esportiva e deverá ser efetivado diretamente à organização esportiva formadora no prazo máximo de 15 (quinze) dias, contado da data da vinculação do atleta à nova organização esportiva, para efeito de permitir novo registro em organização esportiva que administra e regula o esporte.

§ 6º O contrato de formação esportiva a que se refere o § 3º deste artigo sempre será firmado na forma escrita e deverá obrigatoriamente incluir:

I – identificação das partes e dos seus representantes legais;

II – duração do contrato;

III – direitos e deveres das partes contratantes, inclusive garantia de seguro de vida e de acidentes pessoais para cobrir as atividades do atleta contratado; e

IV – especificação da natureza das despesas individuais ou coletivas com o atleta em formação, para fins de cálculo da indenização com a formação esportiva.

§ 7º A organização esportiva formadora e detentora do primeiro contrato especial de trabalho esportivo com o atleta por ela profissionalizado terá o direito de preferência para a primeira renovação desse contrato, cujo prazo não poderá ser superior a 3 (três) anos, salvo para equiparação de proposta de terceiro.

§ 8º Para assegurar seu direito de preferência, a organização esportiva formadora e detentora do primeiro contrato especial de trabalho esportivo deverá apresentar, até 45 (quarenta e cinco) dias antes do término do contrato em curso, proposta ao atleta, de cujo teor deverá ser cientificada a organização que administra e regula a respectiva modalidade, indicando as novas condições contratuais e os salários ofertados, devendo o atleta apresentar resposta à organização esportiva formadora, de cujo teor deverá ser notificada a referida organização esportiva que administra e regula a respectiva modalidade, no prazo de 15 (quinze) dias, contado da data do recebimento da proposta, sob pena de aceitação tácita.

§ 9º Na hipótese de outra organização esportiva oferecer proposta mais vantajosa a atleta vinculado à organização esportiva que o formou, dever-se-á observar o seguinte:

I – a organização proponente deverá apresentar à organização esportiva formadora proposta da qual deverão constar todas as condições remuneratórias;

II – a organização proponente deverá dar conhecimento da proposta à organização que regula o respectivo esporte;

III – a organização esportiva formadora poderá, no prazo máximo de 15 (quinze) dias, contado do recebimento da proposta, comunicar se exercerá o direito de preferência de que trata o § 8º deste artigo, nas mesmas condições oferecidas.

§ 10. A organização que regula o esporte deverá publicar o recebimento das propostas de que tratam os §§ 8º e 9º deste artigo nos seus meios oficiais de divulgação no prazo de 5 (cinco) dias, contado da data do recebimento.

§ 11. Caso a organização esportiva formadora oferte as mesmas condições e, mesmo assim, o atleta se opuser à renovação do primeiro contrato especial de trabalho esportivo, ela poderá exigir da nova organização esportiva contratante o valor indenizatório correspondente a 200 (duzentas) vezes o valor do salário mensal constante da proposta.

§ 12. A contratação do atleta em formação será feita diretamente pela organização esportiva formadora, vedada a realização por meio de terceiros.

§ 13. A organização esportiva formadora deverá registrar o contrato de formação esportiva do atleta em formação na organização esportiva que administra e regula a respectiva modalidade.

§ 14. Somente poderá manter alojamento para os atletas em formação a organização esportiva formadora certificada na forma do § 2º deste artigo.

§ 15. *Vetado.*

§ 16. O atleta em formação menor de 14 (quatorze) anos poderá desligar-se a qualquer tempo da organização esportiva formadora, mesmo que se vincule a outra organização esportiva, sem que haja a cobrança de qualquer tipo de multa ou outros valores a título de indenização.

§ 17. O disposto nas alíneas "h" e "o" do inciso II do § 1º deste artigo será obrigatório exclusivamente para atletas e entidades de prática profissional da modalidade de futebol.

Art. 100. A fiscalização do cumprimento das normas de que trata o § 1º do art. 99 desta Lei será realizada de forma contínua e ficará a cargo do conselho tutelar a que se refere o art. 131 da Lei nº 8.069, de 13 de julho de 1990 (Estatuto da Criança e do Adolescente), da organização que administra e regula a modalidade esportiva e do Ministério Público do Trabalho, sem prejuízo das atribuições dos demais órgãos e instituições fiscalizadores, no que lhes couber.

Art. 101. Aos atletas em formação são garantidos os seguintes direitos, além dos existentes na Lei nº 8.069, de 13 de julho de 1990 (Estatuto da Criança e do Adolescente), e na Lei nº 12.852, de 5 de agosto de 2013 (Estatuto da Juventude):

I – participação em programas de treinamento nas categorias de base;

II – treinamento com corpo de profissionais especializados em formação técnico-esportiva;

III – segurança nos locais de treinamento;

IV – assistência educacional, complementação educacional e auxílio com material didático-escolar;

V – tempo, não superior a 4 (quatro) horas diárias, destinado à efetiva atividade de formação do atleta;

VI – matrícula escolar;

VII – assistência psicológica, médica, odontológica, farmacêutica e fisioterapêutica;

VIII – alimentação suficiente, saudável e adequada à faixa etária;

IX – garantia de transporte adequado para o deslocamento de ida e volta entre sua residência e o local de treinamento.

§ 1º A organização esportiva formadora proporcionará ao atleta em formação que morar em alojamento por ela mantido:

I – instalações físicas certificadas pelos órgãos e pelas autoridades competentes com relação à habitabilidade, à higiene, à salubridade e às medidas de prevenção e combate a incêndio e a desastres;

II – assistência de monitor responsável durante todo o dia;

III – convivência familiar;

IV – participação em atividades culturais e de lazer, nos horários livres;

V – assistência religiosa àqueles que a desejarem, de acordo com suas crenças.

§ 2º A organização esportiva formadora apresentará ao Ministério Público dos Estados e do Distrito Federal e à organização que administra e regula a modalidade esportiva, anualmente, os laudos técnicos expedidos pelos órgãos e pelas autoridades competentes pela vistoria das condições de segurança dos alojamentos que mantiver para atletas em formação.

§ 3º O não cumprimento do disposto no § 2º deste artigo implicará suspensão imediata da certificação como organização esportiva formadora.

§ 4º O não cumprimento das garantias aos atletas em formação previstas neste artigo implicará a aplicação de penalidades progressivas, na seguinte forma:

I – advertência para promover a regularização no prazo de 60 (sessenta) dias;

II – perda da certificação como organização esportiva formadora, não fazendo jus ao percentual estipulado no art. 102 desta Lei referente a todos os atletas que estejam em seu quadro de formação no momento do descumprimento, de forma definitiva, com averbação da penalidade no respectivo registro perante a organização que administra e regula a modalidade esportiva;

III – suspensão da organização esportiva formadora de participação em competições oficiais a partir da temporada seguinte.

§ 5º A organização esportiva formadora e seus dirigentes respondem pelos prejuízos causados a atleta em formação que decorram de falhas de segurança nos locais de treinamento e nos alojamentos.

§ 6º A organização esportiva formadora oferecerá à família do atleta em formação documento no qual se responsabiliza por sua segurança e integridade física, durante o período em que o atleta estiver sob sua responsabilidade, em suas instalações ou em outro local.

Art. 102. Sempre que ocorrer transferência nacional, definitiva ou temporária, de atleta profissional, até 6% (seis por cento) do valor pago pela nova organização esportiva serão obrigatoriamente distribuídos entre as organizações esportivas que contribuíram para a formação do atleta, na proporção de:

I – 0,5% (cinco décimos por cento) para cada ano de formação, dos 12 (doze) aos 13 (treze) anos de idade;

II – 1% (um por cento) para cada ano de formação, dos 14 (quatorze) aos 17 (dezessete) anos de idade, inclusive; e

III – 0,5% (cinco décimos por cento) para cada ano de formação, dos 18 (dezoito) aos 19 (dezenove) anos de idade, inclusive.

§ 1º Caberá à organização esportiva cessionária do atleta reter do valor a ser pago à organização esportiva cedente 6% (seis por cento) do valor acordado para a transferência e distribuí-los às organizações esportivas que contribuíram para a formação do atleta.

§ 2º Como exceção à regra estabelecida no § 1º deste artigo, caso o atleta se desvincule da organização esportiva de forma unilateral, mediante pagamento da cláusula indenizatória esportiva prevista no inciso I do *caput* do art. 86 desta Lei, caberá à organização esportiva que recebeu a cláusula indenizatória esportiva distribuir 6% (seis por cento) de tal montante às organizações esportivas responsáveis pela formação do atleta.

§ 3º O percentual devido às organizações esportivas formadoras do atleta deverá ser calculado sempre de acordo com certidão a ser fornecida pela organização esportiva que regula o esporte nacionalmente, cabendo a esta exigir o cumprimento do disposto neste parágrafo, e os valores deverão ser distribuídos proporcionalmente em até 30 (trinta) dias da efetiva transferência.

(...)

(...)

Art. 164. O direito ao uso da imagem do atleta profissional ou não profissional pode ser por ele cedido ou explorado por terceiros, inclusive por pessoa jurídica da qual seja sócio, mediante ajuste contratual de natureza civil e com fixação de direitos, deveres e condições inconfundíveis com o contrato especial de trabalho esportivo.

§ 1º Não há impedimento a que o atleta empregado, concomitantemente à existência de contrato especial de trabalho esportivo, ceda seu direito de imagem à organização esportiva empregadora, mas a remuneração pela cessão de direito de imagem não substitui a remuneração devida quando configurada a relação de emprego entre o atleta e a organização esportiva contratante.

Prof. Reg.

§ 2º A remuneração devida a título de imagem ao atleta pela organização esportiva não poderá ser superior a 50% (cinquenta por cento) de sua remuneração.

§ 3º A utilização da imagem do atleta pela organização esportiva poderá ocorrer, durante a vigência do vínculo esportivo e contratual, das seguintes formas, entre outras:

I – divulgação da imagem do atleta no sítio eletrônico da organização e nos demais canais oficiais de comunicação, tais como redes sociais, revistas e vídeos institucionais;

II – realização de campanhas de divulgação da organização esportiva e de sua equipe competitiva;

III – participação nos eventos de lançamento da equipe e comemoração dos resultados.

§ 4º Deve ser efetivo o uso comercial da exploração do direito de imagem do atleta, de modo a se combater a simulação e a fraude.

§ 5º Fica permitida a exploração da imagem dos atletas e dos membros das comissões técnicas, de forma coletiva, assim considerada, no mínimo, 3 (três) atletas ou membros das respectivas comissões técnicas agrupados, em atividade profissional, em campo ou fora dele, captada no contexto das atividades esportivas e utilizada para fins promocionais, institucionais e de fomento ao esporte, pelas organizações que administram e regulam o esporte e pelas organizações que se dediquem à prática esportiva, respeitado o disposto neste artigo no que se refere ao direito de imagem de cada atleta e membro da comissão técnica, quando individualmente considerados.

<div align="center">CAPÍTULO VI</div>
<div align="center">DOS CRIMES CONTRA A ORDEM ECONÔMICA ESPORTIVA</div>

<div align="center">*Seção I*</div>
<div align="center">Do Crime de Corrupção Privada no Esporte</div>

Art. 165. Exigir, solicitar, aceitar ou receber vantagem indevida, como representante de organização esportiva privada, para favorecer a si ou a terceiros, direta ou indiretamente, ou aceitar promessa de vantagem indevida, a fim de realizar ou de omitir ato inerente às suas atribuições:

Pena – reclusão, de 2 (dois) a 4 (quatro) anos, e multa.

Parágrafo único. Nas mesmas penas incorre quem oferece, promete, entrega ou paga, direta ou indiretamente, ao representante da organização esportiva privada, vantagem indevida.

<div align="center">*Seção II*</div>
<div align="center">Dos Crimes na Relação de Consumo em Eventos Esportivos</div>

Art. 166. Vender ou portar para venda ingressos de evento esportivo, por preço superior ao estampado no bilhete:

Pena – reclusão, de 1 (um) a 2 (dois) anos, e multa.

Art. 167. Fornecer, desviar ou facilitar a distribuição de ingressos para venda por preço superior ao estampado no bilhete:

Pena – reclusão, de 2 (dois) a 4 (quatro) anos, e multa.

Parágrafo único. A pena será aumentada de 1/3 (um terço) até a metade se o agente for servidor público, dirigente ou funcionário de organização esportiva que se relacione com a promoção do evento ou competição, de empresa contratada para o processo de emissão, distribuição e venda de ingressos ou de torcida organizada e se utilizar dessa condição para os fins previstos neste artigo.

<div align="center">*Seção III*</div>
<div align="center">Dos Crimes contra a Propriedade Intelectual das Organizações Esportivas</div>

Utilização indevida de símbolos oficiais
Art. 168. Reproduzir, imitar, falsificar ou modificar indevidamente quaisquer sinais visivelmente distintivos, emblemas, marcas, logomarcas, mascotes, lemas, hinos e qualquer outro símbolo de titularidade de organização esportiva:

Pena – detenção, de 3 (três) meses a 1 (um) ano, ou multa.

Art. 169. Importar, exportar, vender, distribuir, oferecer ou expor à venda, ocultar ou manter em estoque quaisquer sinais visivelmente distintivos, emblemas, marcas, logomarcas, mascotes, lemas, hinos e qualquer outro símbolo de titularidade de organização esportiva ou produtos resultantes de sua reprodução, imitação, falsificação ou modificação não autorizadas para fins comerciais ou de publicidade:

Pena – reclusão, de 2 (dois) a 4 (quatro) anos, e multa.

Marketing de Emboscada por Associação
Art. 170. Divulgar marcas, produtos ou serviços, com o fim de alcançar vantagem econômica ou publicitária, por meio de associação com sinais visivelmente distintivos, emblemas, marcas, logomarcas, mascotes, lemas, hinos e qualquer outro símbolo de titularidade de organização esportiva, sem sua autorização ou de pessoa por ela indicada, induzindo terceiros a acreditar que tais marcas, produtos ou serviços são aprovados, autorizados ou endossados pela organização esportiva titular dos direitos violados:

Pena – detenção, de 3 (três) meses a 1 (um) ano, ou multa.

Parágrafo único. Na mesma pena incorre quem, sem autorização da organização esportiva promotora de evento esportivo ou de pessoa por ela indicada, vincular o uso de ingressos, de convites ou de qualquer espécie de autorização de acesso aos eventos esportivos a ações de publicidade ou a atividades comerciais, com o intuito de obter vantagem econômica.

Marketing de Emboscada por Intrusão
Art. 171. Expor marcas, negócios, estabelecimentos, produtos ou serviços ou praticar atividade promocional, não autorizado pela organização esportiva proprietária ou por pessoa por ela indicada, atraindo de qualquer forma a atenção pública nos locais da ocorrência de eventos esportivos, com o fim de obter vantagem econômica ou publicitária:

Pena – detenção, de 3 (três) meses a 1 (um) ano, ou multa.

Art. 172. Nos crimes previstos nesta Seção, somente se procede mediante representação da organização esportiva titular dos direitos violados, com exceção do crime previsto no art. 169 desta Lei, em que a ação é pública incondicionada.

<div align="center">TÍTULO III</div>
<div align="center">**DA INTEGRIDADE ESPORTIVA E DA CULTURA DE PAZ NO ESPORTE**</div>

<div align="center">CAPÍTULO I</div>
<div align="center">DA GARANTIA À INCERTEZA DO RESULTADO ESPORTIVO</div>

<div align="center">*Seção I*</div>
<div align="center">Disposições Gerais</div>

Art. 173. A prática esportiva no nível da excelência esportiva, caracterizada por ser disputada por atletas de alto rendimento esportivo, e a busca pela melhor *performance* não prejudicam a conformidade com o princípio da igualdade de condições entre os competidores.

<div align="center">*Seção II*</div>
<div align="center">Da Prevenção e do Controle de Dopagem</div>

Art. 174. O controle de dopagem tem por objetivo garantir o direito de os atletas e as organizações participarem de competições livres de dopagem, promover a conservação da saúde e preservar a justiça e a igualdade entre os competidores.

§ 1º O controle de dopagem será realizado por meio de programas harmonizados, coordenados e eficazes em nível nacional e internacional no âmbito da detecção, da punição e da prevenção da dopagem.

§ 2º Considera-se dopagem no esporte a violação de regra antidopagem cometida por atleta, por terceiro ou por organização esportiva.

§ 3º As instituições destinadas à prevenção e ao controle de dopagem deverão observar as disposições do Código Mundial Antidopagem, editado pela Agência Mundial Antidopagem.

Art. 175. A Autoridade Brasileira de Controle de Dopagem (ABCD), órgão vinculado ao Ministério do Esporte, é a organização nacional antidopagem, à qual compete, privativamente:

I – *Vetado*;

II – coordenar nacionalmente o combate à dopagem no esporte, respeitadas as diretrizes estabelecidas pelo CNE;

III – conduzir os testes de controle de dopagem, durante os períodos de competição e em seus intervalos, a gestão de resultados, as investigações e outras atividades relacionadas à antidopagem, respeitadas as atribuições de organizações internacionais previstas no Código Mundial Antidopagem;

IV – expedir autorizações de uso terapêutico, respeitadas as atribuições de organizações internacionais previstas no Código Mundial Antidopagem;

V – certificar e identificar profissionais, órgãos e entidades para atuar no controle de dopagem;

VI – editar resoluções sobre os procedimentos técnicos de controle de dopagem, observadas as normas previstas no Código Mundial Antidopagem e a legislação correlata;

VII – manter interlocução com os organismos internacionais envolvidos com matérias relacionadas à antidopagem, respeitadas as competências dos demais órgãos da União;

VIII – divulgar e adotar as normas técnicas internacionais relacionadas ao controle de dopagem e a lista de substâncias e métodos proibidos no esporte, editada pela Agência Mundial Antidopagem;

IX – informar à Justiça Desportiva Antidopagem as violações às regras de dopagem, participando do processo na condição de fiscal da legislação antidopagem.

§ 1º A ABCD poderá delegar a competência para a coleta de amostras e a prática dos demais atos materiais relacionados ao controle de dopagem.

§ 2º A ABCD poderá propor ao CNE a edição e as alterações de normas antidopagem, atualizando-as conforme o Código Mundial Antidopagem e as normas expedidas pela Agência Mundial Antidopagem.

Art. 176. Às organizações privadas componentes do Sinesp incumbem a adoção, a implementação e a aplicação de regras antidopagem, nos termos estabelecidos nesta Lei e em normas regulamentares expedidas pelo CNE e pela ABCD.

(...)

<div align="center">CAPÍTULO V</div>
<div align="center">DOS CRIMES CONTRA A INTEGRIDADE E A PAZ NO ESPORTE</div>

<div align="center">*Seção I*</div>
<div align="center">Dos Crimes contra a Incerteza do Resultado Esportivo</div>

Art. 198. Solicitar ou aceitar, para si ou para outrem, vantagem ou promessa de vantagem patrimonial ou não patrimonial para qualquer ato ou omissão destinado a alterar ou falsear o resultado de competição esportiva ou evento a ela associado:

Pena – reclusão, de 2 (dois) a 6 (seis) anos, e multa.

Art. 199. Dar ou prometer vantagem patrimonial ou não patrimonial com o fim de alterar ou falsear o resultado de competição esportiva ou evento a ela associado:

Pena – reclusão, de 2 (dois) a 6 (seis) anos, e multa.

Art. 200. Fraudar, por qualquer meio, ou contribuir para que se fraude, de qualquer forma, o resultado de competição esportiva ou evento a ela associado:

Pena – reclusão, de 2 (dois) a 6 (seis) anos, e multa.

(...)

<div align="center">TÍTULO IV</div>
<div align="center">**DISPOSIÇÕES FINAIS E TRANSITÓRIAS**</div>

Art. 202. *Vetado.*

Art. 203. Os dirigentes, as unidades ou os órgãos de organizações esportivas inscritas ou não no registro de comércio não exercem função delegada pelo poder público nem são considerados autoridades públicas para os efeitos desta Lei.

Art. 204. As organizações esportivas transnacionais com sede permanente ou temporária no País receberão do poder público o mesmo tratamento dispensado às organizações esportivas nacionais.

Art. 205. Será considerado como efetivo exercício, para todos os efeitos legais, o período em que o atleta servidor público civil ou militar, da administração pública direta ou indireta, autárquica ou fundacional, estiver convocado para integrar representação nacional em treinamento ou em competição esportiva no País ou no exterior.

§ 1º O período de convocação de que trata o *caput* deste artigo será definido pela organização esportiva de âmbito nacional que administra e regula a respectiva modalidade, e caberá a ela, ao COB ou ao CPB fazer a devida comunicação e solicitar ao órgão de origem do servidor civil ou militar a liberação do afastamento do atleta, árbitro ou assistente.

§ 2º O disposto neste artigo aplica-se também aos árbitros, aos treinadores, aos profissionais especializados e aos dirigentes, quando indispensáveis à composição da delegação.

Art. 206. Os sistemas de ensino da União, dos Estados, do Distrito Federal e dos Municípios, bem como as instituições de ensino superior, definirão normas específicas para verificação do rendimento e controle de frequência dos estudantes que integrarem representação esportiva nacional, de forma a harmonizar a atividade esportiva com os interesses relacionados ao aproveitamento e à promoção escolar.

Art. 207. É instituído o Dia Nacional do Esporte, a ser comemorado, anualmente, no dia 23 de junho, Dia Mundial do Esporte Olímpico.

Art. 208. É vedado aos administradores e aos membros de conselho fiscal de organização que se dedica à prática esportiva o exercício de cargo ou função em organização esportiva que administra ou regula as modalidades praticadas por aquela organização.

Art. 209. O atleta classificado como refugiado pelos órgãos competentes e que participe de competições esportivas será equiparado ao nacional, sem necessidade de se submeter ao processo de concessão de autorização de trabalho.

Art. 210. É permitida a alteração da destinação e do uso, bem como o parcelamento dos bens imóveis da organização esportiva, por decisão de sua assembleia geral.

Art. 211. Para todos os efeitos desta Lei, incluem-se as ligas esportivas no conceito de organização esportiva que administra e regula o esporte.

Art. 212. Os profissionais credenciados pelas associações de cronistas esportivos, quando em serviço, têm acesso a praças, estádios, arenas e ginásios esportivos em todo o território nacional, assegurando-se a eles ocupar, pelo menos, 80% (oitenta por cento) dos locais reservados à imprensa pelas respectivas organizações que administram e regulam a modalidade.
▸ Artigo vetado pelo Presidente da República e rejeitado o veto pelo Congresso Nacional (DOU 22.05.2024).

Parágrafo único. Os demais credenciamentos deverão ser disponibilizados a profissionais do jornalismo esportivo que estejam vinculados a veículos de rádio, TV e jornalismo impresso e digital dedicados à comunicação esportiva.

Art. 213. *Vetado.*

Art. 214. À Sociedade Anônima do Futebol, regida pela Lei nº 14.193, de 6 de agosto de 2021, aplica-se subsidiariamente esta Lei, no que com aquela não for conflitante.

Arts. 215 e 216. *Vetados.*

Art. 217. Revogam-se:

I – a Lei nº 8.650, de 20 de abril de 1993;

II – *Vetado*;

III – a Lei nº 10.671, de 15 de maio de 2003;

IV – a Lei nº 10.891, de 9 de julho de 2004;

V – *Vetado*;

VI – a Lei nº 12.867, de 10 de outubro de 2013.

Art. 218. Esta Lei entra em vigor na data de sua publicação.

Brasília, 14 de junho de 2023; 202º da Independência e 135º da República.

Luiz Inácio Lula da Silva

ANEXO

Categoria de Atleta	Valor Base Mensal da Bolsa-Atleta
Categoria atleta de base: Atletas de até 19 (dezenove) anos de idade com destaque nas categorias de base do esporte de alto rendimento, que tenham obtido até a terceira colocação nas modalidades individuais de categorias e de eventos previamente indicados pela respectiva organização nacional de administração e regulação da modalidade esportiva ou que tenham sido eleitos entre os 10 (dez) melhores atletas do ano anterior em cada modalidade coletiva, na categoria indicada pela respectiva organização, e que continuem treinando e participando de competições nacionais.	R$ 370,00 (trezentos e setenta reais)
Categoria estudantil: Atletas de até 20 (vinte) anos de idade, que tenham participado de eventos nacionais estudantis reconhecidos pelo Ministério do Esporte e obtido até a terceira colocação nas modalidades individuais ou que tenham sido eleitos entre os 6 (seis) melhores atletas em cada modalidade coletiva do referido evento e que continuem treinando e participando de competições nacionais.	R$ 370,00 (trezentos e setenta reais)
Categoria atleta nacional: Atletas que tenham participado do evento máximo da temporada nacional ou que integrem o ranking nacional da modalidade divulgado oficialmente pela respectiva organização nacional de administração da modalidade, tendo obtido, em ambas as situações, até a terceira colocação, e que continuem treinando e participando de competições nacionais. Os eventos máximos serão indicados pelas respectivas confederações ou associações nacionais da modalidade.	R$ 925,00 (novecentos e vinte e cinco reais)
Categoria atleta internacional: Atletas que tenham integrado a seleção brasileira de sua modalidade esportiva, representando o Brasil em campeonatos sul-americanos, pan-americanos ou mundiais reconhecidos pelo Comitê Olímpico do Brasil (COB), pelo Comitê Paralímpico Brasileiro (CPB), pela Confederação Brasileira de Desportos de Surdos (CBDS) ou pela entidade internacional de administração da modalidade, tendo obtido até a terceira colocação, e que continuem treinando e participando de competições internacionais.	R$ 1.850,00 (mil oitocentos e cinquenta reais)
Categoria atleta olímpico, paralímpico ou surdolímpico: Atletas que tenham integrado as delegações olímpica, paralímpica ou surdolímpica brasileiras de sua modalidade esportiva, que continuem treinando e participando de competições internacionais e que cumpram critérios definidos pelo Ministério do Esporte.	R$ 3.100,00 (três mil e cem reais)
Categoria atleta pódio: Atletas de modalidades olímpicas, paralímpicas e surdolímpicas individuais que estejam entre os 20 (vinte) melhores do mundo em sua prova, segundo *ranking* oficial da entidade internacional de administração da modalidade, e que sejam indicados pelas respectivas organizações nacionais de administração e regulação da modalidade esportiva em conjunto, respectivamente, com o COB, o CPB, a CBDS e com o Ministério do Esporte.	Até R$ 15.000,00 (quinze mil reais)

LEI 14.725, DE 16 DE NOVEMBRO DE 2023

Regula a profissão de sanitarista

DOU 17.11.2023

O Presidente da República

Faço saber que o Congresso Nacional decreta e eu sanciono a seguinte Lei:

Art. 1º Esta Lei regula a profissão de sanitarista e estabelece os requisitos para o exercício de sua atividade profissional.

Art. 2º É livre o exercício da atividade profissional de sanitarista em todo o território nacional, desde que observadas as disposições desta Lei.

Art. 3º Poderão habilitar-se ao exercício da profissão de sanitarista e exercer suas atividades:

I – os diplomados em curso de graduação reconhecido pelo Ministério da Educação e por ele classificado na área de Saúde Coletiva ou de Saúde Pública, ofertado por instituição de ensino superior nacional credenciada pelo Ministério da Educação;

II – os diplomados em curso de mestrado ou doutorado classificado pelo Ministério da Educação na área de Saúde Coletiva ou de Saúde Pública, devidamente reconhecido pela Coordenação de Aperfeiçoamento de Pessoal de Nível Superior (Capes), na forma da legislação vigente;

III – os diplomados em curso de graduação na área de Saúde Coletiva ou de Saúde Pública por instituição de ensino superior estrangeira, com diploma revalidado por instituição de ensino superior brasileira, na forma da legislação vigente;

IV – os portadores de certificado de conclusão de curso de pós-graduação de Residência Médica ou Residência Multiprofissional em Saúde na área de Saúde Coletiva ou de Saúde Pública, reconhecido pela Comissão Nacional de Residência Médica (CNRM) ou pela Comissão Nacional de Residência Multiprofissional em Saúde (CNRMS), nos termos da legislação vigente;

V – os portadores de certificado de conclusão de curso de especialização devidamente cadastrado no Ministério da Educação na área de Saúde Coletiva ou de Saúde Pública, ministrado por instituição de ensino superior cadastrada no Ministério da Educação, cujos formato, duração ou ênfase sejam reconhecidos por autoridade competente do Sistema Único de Saúde (SUS);

VI – aquele que, embora não cumpra os requisitos previstos nos incisos I, II, III, IV e V deste caput, tenha formação de nível superior e comprove o exercício de atividade profissional correlata no período mínimo de 5 (cinco) anos até a data de publicação desta Lei.

Art. 4º São atribuições do sanitarista, entre outras, sem prejuízo das atribuições dos demais profissionais de saúde com profissões regulamentadas:

I – analisar, monitorar e avaliar situações de saúde;

II – planejar, pesquisar, administrar, gerenciar, coordenar, auditar e supervisionar as atividades de saúde coletiva nas esferas pública, não governamental, filantrópica ou privada, observados os parâmetros legais e os regulamentos vigentes;

III – identificar, pesquisar, monitorar, registrar e proceder às notificações de risco sanitário, de forma a assegurar o controle de riscos e agravos à saúde da população, nos termos da legislação vigente;

IV – atuar em ações de vigilância em saúde, inclusive no gerenciamento, supervisão e administração, nas instituições governamentais de administração pública direta e indireta, bem como em instituições privadas, não governamentais e filantrópicas;

V – elaborar, gerenciar, monitorar, acompanhar e participar de processos de atenção à saúde, de programas de atendimento biopsicossocial e de ações, inclusive intersetoriais, de prevenção, proteção e promoção da saúde, da educação, da comunicação e do desenvolvimento comunitário;

VI – orientar, supervisionar, executar e desenvolver programas de formação nas áreas de sua competência;

VII – executar serviços de análise, classificação, pesquisa, interpretação e produção de informações científicas e tecnológicas de interesse da saúde e atuar no desenvolvimento científico e tecnológico da saúde coletiva, levando em consideração o compromisso com a dignidade humana e a defesa do direito à saúde;

VIII – planejar, organizar, executar e avaliar atividades de educação em saúde dirigidas em articulação com a população em instituições governamentais de administração pública direta e indireta, bem como em instituições privadas e organizações não governamentais.

Art. 5º Os sanitaristas, no exercício de suas atividades e atribuições, devem zelar:

I – pela observância a princípios éticos, à dignidade da pessoa humana e aos direitos sociais e de cidadania;

II – pelo respeito e defesa dos princípios e diretrizes do SUS;

III – pela legalidade, impessoalidade, eficiência, moralidade administrativa, transparência e publicidade dos

atos de gestão, com respeito à privacidade e à intimidade das pessoas;

IV – pela segurança sanitária da população, de forma a prevenir exposição a riscos e potenciais danos;

V – pela garantia de sigilo e de privacidade dos dados e informações em saúde.

Art. 6º O exercício da profissão de sanitarista requer prévio registro em órgão competente do SUS, o qual será feito mediante a apresentação de documentos comprobatórios de conclusão dos cursos previstos nos incisos I, II, III, IV e V do caput do art. 3º desta Lei ou a comprovação da experiência profissional nos termos do inciso VI do caput do referido artigo.

Art. 7º A fiscalização da profissão de sanitarista será realizada na forma da regulamentação.

Art. 8º Esta Lei entra em vigor na data de sua publicação.

Brasília, 16 de novembro de 2023; 202º da Independência e 135º da República

Luiz Inácio Lula da Silva

LEI 14.842, DE 11 DE ABRIL DE 2024

Dispõe sobre a atividade profissional de musicoterapeuta.

DOU 12.04.2024

O Presidente da República, faço saber que o Congresso Nacional decreta e eu sanciono a seguinte Lei:

Art. 1º Esta Lei dispõe sobre a atividade profissional de musicoterapeuta.

Art. 2º Musicoterapeuta é o profissional que utiliza a música e os seus elementos para intervenção terapêutica nos ambientes médico, educacional e outros, com indivíduos, grupos, famílias ou comunidades, em busca de melhorar a aprendizagem, a qualidade de vida e a saúde do ser humano em seus aspectos físico, mental e social.

Art. 3º Podem exercer a profissão de musicoterapeuta:

I – o portador de diploma de curso de graduação em Musicoterapia, oficialmente reconhecido, expedido no Brasil por instituição de ensino superior oficialmente reconhecida;

II – o portador de diploma de curso de graduação em Musicoterapia expedido por instituição de ensino superior estrangeira revalidado no Brasil, na forma da lei;

III – o portador de certificado de curso de pós-graduação lato sensu em Musicoterapia concluído em até 24 (vinte e quatro) meses após a publicação desta Lei;

IV – o profissional que, até a data de início da vigência desta Lei, tenha comprovadamente atuado, na forma do regulamento, como musicoterapeuta pelo prazo de, no mínimo, 5 (cinco) anos.

Art. 4º *Vetado.*

Art. 5º Compete ao musicoterapeuta:

I – utilizar intervenções musicoterapêuticas para promover saúde, qualidade de vida e desenvolvimento humano na área organizacional e nas áreas de educação, saúde, assistência social, reabilitação e prevenção;

II – ministrar disciplinas em cursos de graduação e pós-graduação em Musicoterapia, observadas as disposições legais e normativas para essa finalidade;

III – atuar em treinamento institucional e em atividades de ensino e pesquisa em Musicoterapia;

IV – participar de planejamento, elaboração, programação, organização, implementação, direção, coordenação, análise e avaliação de atividades clínicas musicoterapêuticas e de parecer musicoterapêutico em serviços de assistência escolar e em instituições de saúde e de assistência social;

V – realizar auditoria, consultoria, supervisão e assessoria no campo da Musicoterapia;

VI – gerenciar projetos de desenvolvimento de produtos e serviços relacionados à Musicoterapia;

VII – elaborar informes e pareceres técnico-científicos, estudos, trabalhos e pesquisas mercadológicas ou experimentais relativas à Musicoterapia.

Art. 6º O musicoterapeuta é responsável pelos atos que, no exercício profissional, praticar com dolo ou culpa.

Parágrafo único. Vetado.

Art. 7º Esta Lei entra em vigor na data de sua publicação.

Brasília, 11 de abril de 2024; 203º da Independência e 136º da República.

Luiz Inácio Lula da Silva

LEI 14.924, DE 12 DE JULHO DE 2024

Dispõe sobre a profissão de técnico em nutrição e dietética; e altera a Lei nº 6.583, de 20 de outubro de 1978, que cria os Conselhos Federal e Regionais de Nutricionistas e regula o seu funcionamento..

DOU 15.07.2024

O Presidente da República, faço saber que o Congresso Nacional decreta e eu sanciono a seguinte Lei:

Art. 1º A designação e o exercício da profissão de técnico em nutrição e dietética, profissional de saúde, em qualquer de suas áreas, são privativos dos portadores de diploma expedido por escolas de nível médio, oficiais ou reconhecidas, devidamente registrado no órgão de ensino competente, e regularmente inscritos no Conselho Regional de Nutrição da respectiva área de atuação profissional.

Art. 2º O exercício da profissão de técnico em nutrição e dietética é condicionado à inscrição do profissional no Conselho Regional de Nutrição da respectiva área de atuação, mediante comprovação de conclusão de ensino médio ou equivalente e de curso profissionalizante de técnico em nutrição e dietética ministrado por estabelecimento de ensino oficial ou devidamente reconhecido pelo órgão competente.

§ 1º Os comprovantes exigidos no caput deste artigo deverão ser convalidados pela autoridade competente, na forma da lei, quando conferidos por estabelecimento estrangeiro de ensino.

§ 2º O curso profissionalizante referido no caput deste artigo deverá ter carga mínima de 800 (oitocentas) a 1.500 (mil e quinhentas) horas de aula.

§ 3º É assegurado o direito ao exercício da profissão de técnico em nutrição e dietética aos profissionais que exerçam suas atividades há pelo menos 12 (doze) meses na data de publicação desta Lei, observado o disposto no art. 6º.

Art. 3º O técnico em nutrição e dietética é habilitado para o exercício de suas funções nos seguintes campos de atividade:

I – execução técnica dos trabalhos de sua especialidade;

II – prestação de assistência técnica no estudo e no desenvolvimento de projetos e pesquisas tecnológicas;

III – prestação de assistência técnica na compra, na venda e na utilização de produtos e equipamentos especializados;

IV – orientação e coordenação dos serviços de manutenção de equipamentos e instalações;

V – elaboração e execução de projetos compatíveis com a sua formação profissional;

VI – outras atividades profissionais correlatas à sua área de formação.

Art. 4º Compete ao técnico em nutrição e dietética exercer, em instituições públicas e privadas, as seguintes atividades, compatíveis com a sua formação profissional:

I – atuação técnica nos serviços de alimentação, incluídos compras, armazenamentos, custos, quantidades e aceitabilidade;

II – supervisão do trabalho do pessoal de cozinha;

III – supervisão da manutenção dos equipamentos e do ambiente de trabalho;

IV – estudo de arranjo físico setorial;

V – treinamento de pessoal em serviços de alimentação;

VI – participação em pesquisas em cozinha experimental;

VII – acompanhamento na produção de alimentos e refeições.

Art. 5º Compete ao técnico em nutrição e dietética, observado o disposto no art. 6º desta Lei, integrar equipes destinadas a:

I – planejamento, programação, implantação, orientação, execução e avaliação referentes à nutrição e dietética;

II – planejamento e orientação de pesquisas na área de alimentação e nutrição;

III – produção e industrialização de alimentos e produtos dietéticos para consumo humano;

IV – elaboração de projetos de construção, de implantação ou de reforma de instalações nos serviços de alimentação e nutrição de empresas públicas ou privadas.

Art. 6º O exercício das atividades dos profissionais de que trata esta Lei será desempenhado sob a supervisão técnica de nutricionista.

(...)

Art. 9º Esta Lei entra em vigor na data de sua publicação.

Brasília, 12 de julho de 2024; 203º da Independência e 136º da República.

Luiz Inácio Lula da Silva

LEI 14.967, DE 9 DE SETEMBRO DE 2024

Institui o Estatuto da Segurança Privada e da Segurança das Instituições Financeiras; altera a Lei nº 10.826, de 22 de dezembro de 2003 (Estatuto do Desarmamento), a Lei nº 10.446, de 8 de maio de 2002, a Lei nº 10.637, de 30 de dezembro de 2002, a Lei nº 10.833, de 29 de dezembro de 2003, e o Decreto-Lei nº 2.848, de 7 de dezembro de 1940 (Código Penal); revoga a Lei nº 7.102, de 20 de junho de 1983, a Lei nº 8.863, de 28 de março de 1994, e dispositivos da Lei nº 11.718, de 20 de junho de 2008, da Lei nº 9.017, de 30 de março de 1995, e da Medida Provisória nº 2.184-23, de 24 de agosto de 2001; e dá outras providências.

DOU 10.09.2024

O PRESIDENTE DA REPÚBLICA, faço saber que o Congresso Nacional decreta e eu sanciono a seguinte Lei:

CAPÍTULO I
DISPOSIÇÕES GERAIS

Art. 1º Esta Lei institui o Estatuto da Segurança Privada e da Segurança das Instituições Financeiras, para dispor sobre os serviços de segurança de caráter privado, exercidos por pessoas jurídicas e, excepcionalmente, por pessoas físicas, em âmbito nacional, e para estabelecer as regras gerais para a segurança das instituições financeiras autorizadas a funcionar no País.

Parágrafo único. A segurança privada e a segurança das dependências das instituições financeiras são matérias de interesse nacional.

CAPÍTULO II
DO SERVIÇO DE SEGURANÇA PRIVADA

Art. 2º Os serviços de segurança privada serão prestados por pessoas jurídicas especializadas ou por meio das empresas e dos condomínios edilícios possuidores de serviços orgânicos de segurança privada, neste último caso, em proveito próprio, com ou sem utilização de armas de fogo e com o emprego de profissionais habilitados e de tecnologias e equipamentos de uso permitido.

Parágrafo único. É vedada a prestação de serviços de segurança privada de forma cooperada ou autônoma.

Art. 3º A prestação de serviços de segurança privada observará os princípios da dignidade da pessoa humana, da proteção à vida e do interesse público e as disposições que regulam as relações de trabalho.

Parágrafo único. As pessoas físicas e jurídicas contratantes dos serviços de segurança privada regulados por esta Lei não poderão adotar modelos de contratação nem definir critérios de concorrência e de competição que prescindam de análise prévia da regularidade formal da empresa contratada.

Art. 4º A prestação de serviços de segurança privada depende de autorização prévia da Polícia Federal, à qual competem o controle e a fiscalização da atividade, nos termos do art. 40.

Art. 5º Sem prejuízo das atribuições das Forças Armadas, dos órgãos de segurança pública e do sistema prisional, são considerados serviços de segurança privada, para os fins desta Lei, nos termos de regulamento:

I – vigilância patrimonial;

II – segurança de eventos em espaços de uso comum do povo;

III – segurança nos transportes coletivos terrestres, aquaviários e marítimos;

IV – segurança perimetral nas muralhas e guaritas;

V – segurança em unidades de conservação;

VI – monitoramento de sistemas eletrônicos de segurança e rastreamento de numerário, bens ou valores;

VII – execução do transporte de numerário, bens ou valores;

VIII – execução de escolta de numerário, bens ou valores;

IX – execução de segurança pessoal com a finalidade de preservar a integridade física de pessoas;

X – formação, aperfeiçoamento e atualização dos profissionais de segurança privada;

XI – gerenciamento de riscos em operações de transporte de numerário, bens ou valores;

XII – controle de acesso em portos e aeroportos;

XIII – outros serviços que se enquadrem nos preceitos desta Lei, na forma de regulamento.

§ 1º Os serviços descritos nos incisos I, IV, V, VII, VIII, IX, X e XII do caput poderão ser prestados com utilização de armas de fogo, nas condições definidas em regulamento.

§ 2º Os serviços previstos no inciso XIII do caput, a depender de suas naturezas e de suas características particulares, poderão ser prestados com ou sem a utilização de armas de fogo de uso permitido, o que dependerá, em qualquer caso, de autorização da Polícia Federal.

§ 3º Os serviços previstos nos incisos I a X e os previstos nos incisos XII e XIII do caput poderão ser prestados utilizando-se armas de menor potencial ofensivo, conforme regulamento.

§ 4º A prestação do serviço previsto no inciso I do caput abrange a segurança exercida com a finalidade de preservar a integridade do patrimônio de estabelecimentos públicos ou privados, bem como de preservar a integridade física das pessoas que se encontrem nos locais a serem protegidos, além do controle de acesso e permanência de pessoas e veículos em áreas públicas, desde que autorizado pelos órgãos competentes, ou em áreas de uso privativo.

§ 5º A Polícia Federal, nas hipóteses por ela definidas, e a autoridade local competente deverão ser informadas acerca da utilização de serviço de segurança privada nos locais mencionados no inciso II do caput.

§ 6º A Polícia Federal poderá autorizar, respeitadas as normas de segurança específicas aplicáveis a cada meio de transporte, o emprego de armas de fogo para a prestação dos serviços previstos no inciso III do caput.

§ 7º A atividade de segurança privada não exclui, impede ou embaraça as atividades dos órgãos de segurança pública e das Forças Armadas.

Art. 6º O serviço de transporte previsto no inciso VII do caput do art. 5º, sempre que envolver suprimento ou recolhimento de numerário ou valores das instituições financeiras, será realizado mediante emprego de veículos especiais blindados, com a presença de, no mínimo, 4 (quatro) vigilantes especialmente habilitados, dos quais 1 (um) exercerá a função de vigilante-motorista.

§ 1º No serviço de escolta, previsto no inciso VIII do caput do art. 5º, poderão ser utilizados veículos especiais blindados, nas hipóteses definidas em regulamento.

§ 2º Além dos serviços correlatos estabelecidos em regulamento, as empresas autorizadas a prestar os serviços de transporte de numerário, bens ou valores poderão:

I – transportar chave de cofre, documento, malote e outros bens de interesse do contratante;

II – realizar o suprimento e o recolhimento de numerário, bem como acompanhar o atendimento técnico de caixas eletrônicos e equipamentos similares, vedadas a preparação e a contagem de numerário no local onde os equipamentos se encontram instalados;

III – realizar a armazenagem, a custódia e o processamento do numerário e dos valores a serem transportados.

§ 3º É vedada a locomoção de veículos de transporte de numerário e de valores entre as 20h (vinte horas) e as 8h (oito horas), salvo em casos específicos previstos em regulamento.

§ 4º Os veículos especiais de transporte de numerário e de valores e de escolta armada são considerados prestadores de serviços de utilidade pública para fins da legislação de trânsito, gozando da prerrogativa de livre parada ou estacionamento.

§ 5º Regulamento disporá sobre as hipóteses de utilização, nas atividades descritas no caput, de veículo com blindagem da cabine de guarnição, dotado de dispositivo de proteção dos vigilantes e de tecnologia de proteção do numerário ou valores.

§ 6º No emprego dos veículos descritos no § 5º, será obrigatória a presença de, no mínimo, 2 (dois) vigilantes, 1 (um) dos quais na função de motorista.

§ 7º No malote a que se refere o inciso I do § 2º, deverá haver relação dos itens nele inseridos, conferida e assinada por um dos vigilantes encarregados do seu transporte.

Art. 7º A prestação do serviço de monitoramento de sistemas eletrônicos de segurança, previsto no inciso VI do caput do art. 5º, compreende:

I – a elaboração de projeto que integre equipamentos eletrônicos utilizados em serviços de segurança privada;

II – a locação, a comercialização, a instalação e a manutenção dos equipamentos referidos no inciso I;

III – a assistência técnica para suporte à utilização dos equipamentos eletrônicos de segurança e a inspeção técnica destes.

§ 1º A inspeção técnica referida no inciso III do caput consiste no deslocamento de profissional desarmado ao local de origem do sinal enviado pelo sistema eletrônico

de segurança para verificação, registro e comunicação do evento à central de monitoramento.

§ 2º Vetado.

Art. 8º A empresa de serviço de segurança privada contratada para prestação de serviços nos eventos que, por sua magnitude e por sua complexidade, mereçam planejamento específico e detalhado, definidos em regulamento, deverá apresentar previamente projeto de segurança à autoridade local competente.

Parágrafo único. O projeto de segurança a que se refere o caput deste artigo deverá conter, entre outras exigências previstas em regulamento:

I – público estimado;

II – descrição da quantidade e da disposição dos vigilantes, conforme peculiaridades do evento;

III – análise de risco, que considerará:

a) tipo de evento e público-alvo;

b) localização;

c) pontos de entrada, saída e circulação do público;

d) dispositivos de segurança existentes.

Art. 9º Nos eventos realizados em estádios, ginásios e locais similares, poderá ser utilizado o serviço de segurança privada, em complemento e com integração à atividade dos órgãos de segurança pública.

Art. 10. As empresas de segurança privada poderão prestar serviços ligados à atividade de bombeiro civil, desenvolvida por profissionais capacitados, nos termos da Lei nº 11.901, de 12 de janeiro de 2009, vedado o exercício simultâneo das funções de vigilância e de prevenção e combate a incêndios pelo mesmo profissional.

Parágrafo único. O integrante de Corpo de Bombeiros Militar dos Estados ou do Distrito Federal, quando na inatividade, será considerado habilitado a exercer a atividade de bombeiro civil, respeitados os requisitos estabelecidos na Lei nº 11.901, de 12 de janeiro de 2009, de modo especial o contido em seu art. 4º quanto às classificações das funções de bombeiro civil.

Art. 11. É vedada a utilização de produtos controlados de uso restrito na prestação de serviços de segurança privada, salvo nos casos definidos em regulamento.

CAPÍTULO III
DOS PRESTADORES DE SERVIÇOS DE SEGURANÇA PRIVADA

Seção I
Disposições Gerais

Art. 12. Para os efeitos desta Lei, consideram-se prestadores de serviço de segurança privada as pessoas jurídicas autorizadas a prestar os serviços previstos no art. 5º.

Art. 13. São prestadores de serviço de segurança privada:

I – as empresas de serviço de segurança privada que prestam os serviços previstos nos incisos I, II, III, IV, V, VII, VIII, IX, XI e XII do caput do art. 5º desta Lei;

II – as escolas de formação de profissional de segurança privada que conduzem as atividades constantes do inciso X do caput do art. 5º desta Lei;

III – as empresas de monitoramento de sistema eletrônico de segurança privada que prestam os serviços descritos no inciso VI do caput do art. 5º desta Lei.

§ 1º É permitido às empresas constantes do inciso I do caput o uso de sistemas eletrônicos de segurança e monitoramento para a prestação dos serviços descritos no citado dispositivo.

§ 2º As empresas referidas nos incisos II e III do caput não poderão oferecer os serviços descritos no inciso I do caput.

§ 3º A Polícia Federal classificará as empresas que prestarem exclusivamente os serviços descritos no inciso XIII do caput do art. 5º em alguma das previsões dos incisos I a III do caput deste artigo.

§ 4º Os prestadores de serviço de segurança privada e as empresas e condomínios edilícios possuidores de serviços orgânicos de segurança privada poderão utilizar animais para a execução de suas atividades, conforme o disposto em regulamento.

Art. 14. O capital social mínimo integralizado e necessário para obtenção da autorização para o desenvolvimento das atividades dos prestadores de serviço de segurança privada será:

I – de R$ 2.920.000,00 (dois milhões, novecentos e vinte mil reais) para as empresas de transporte de numerário, bens ou valores, de R$ 292.000,00 (duzentos e noventa e dois mil reais) para as empresas de gerenciamento de bens em operações de transporte de numerário, bens ou valores e de R$ 730.000,00 (setecentos e trinta mil reais) para as demais empresas de serviço de segurança;

II – de R$ 292.000,00 (duzentos e noventa e dois mil reais) para as escolas de formação de profissionais de segurança; e

III – de R$ 146.000,00 (cento e quarenta e seis mil reais) para as empresas de monitoramento de sistemas eletrônicos de segurança privada.

§ 1º No caso de prestação simultânea de dois ou mais serviços constantes do art. 5º, deverão ser somados aos mínimos previstos nos incisos I, II e III do caput deste artigo R$ 146.000,00 (cento e quarenta e seis mil reais) por serviço adicional autorizado, nos termos desta Lei.

§ 2º O valor referido na parte final do inciso I do caput será reduzido a 1/4 (um quarto) quando as empresas de serviço de segurança privada que prestem exclusivamente os serviços de segurança patrimonial e de eventos, previstos nos incisos I e II do caput do art. 5º, atuarem sem utilização de arma de fogo.

§ 3º Os prestadores de serviço de segurança privada deverão comprovar a constituição de provisão financeira ou reserva de capital, ou contratar seguro-garantia, para adimplemento de suas obrigações trabalhistas, tributárias, previdenciárias e oriundas de responsabilização civil.

§ 4º Os valores previstos neste artigo serão revisados periodicamente na forma de regulamento.

Art. 15. A autorização de funcionamento dos prestadores de serviço de segurança privada será renovada periodicamente, na forma do inciso II do caput do art. 40.

Art. 16. Para a prestação de serviços de segurança privada, os prestadores referidos no art. 13 empregarão profissionais habilitados nos termos previstos nos incisos I a VI do caput do art. 26.

Art. 17. As armas empregadas na prestação de serviços de segurança privada serão de propriedade dos prestadores de serviço de segurança privada e deverão ter:

I – cadastro obrigatório no Sistema Nacional de Armas (Sinarm), nos termos da legislação específica;

II – registro e controle pela Polícia Federal.

Parágrafo único. No caso em que as armas e os produtos controlados de uso permitido tenham sido adquiridos de outro prestador de serviço de segurança privada, a Polícia Federal poderá autorizar, durante a tramitação do pedido de transferência de registro previsto no caput, o uso das armas e dos demais produtos até a expedição do novo registro.

Art. 18. A Polícia Federal deverá instituir sistema informatizado, com finalidade de promover o cadastramento dos prestadores de serviço de segurança privada, das empresas e dos condomínios edilícios possuidores de serviços orgânicos de segurança privada, dos sistemas de segurança das instituições financeiras e dos profissionais de segurança privada.

Parágrafo único. Regulamento disporá sobre:

I – compartilhamento de dados e informações do sistema informatizado entre os órgãos de segurança pública da União, dos Estados e do Distrito Federal, observados o sigilo legal e os níveis de acesso estabelecidos;

II – procedimento de divulgação das informações para controle social.

Art. 19. A autorização para funcionamento dos prestadores de serviço de segurança privada e sua renovação são condicionadas ao cumprimento dos seguintes requisitos:

I – comprovação de que os sócios ou proprietários não possuíram cotas de participação em empresas prestadoras de serviço de segurança privada cujas atividades tenham sido canceladas nos últimos 5 (cinco) anos, em decorrência do disposto no inciso III do art. 46;

II – nos processos de renovação, comprovação do pagamento das multas aplicadas em decorrência do descumprimento dos preceitos desta Lei;

III – certidões de regularidade fiscal, trabalhista, tributária e previdenciária da empresa e de seus sócios ou proprietários;

IV – comprovação da origem lícita do capital investido, quando houver indícios de irregularidades, nas hipóteses definidas em regulamento;

V – apresentação de certidões negativas de antecedentes criminais pela prática de crime doloso dos sócios ou proprietários, administradores, diretores, gerentes e procuradores, obtidas nas justiças Federal, Estadual, Militar da União e das unidades da Federação e Eleitoral, nos locais em que tenham residido nos últimos 5 (cinco) anos;

VI – Vetado.;

VII – capital social mínimo integralizado de acordo com o disposto no art. 14.

Seção II
Da Empresa de Serviços de Segurança Privada

Art. 20. Empresa de serviços de segurança é a pessoa jurídica, obrigatoriamente constituída na forma de sociedade limitada ou anônima de capital fechado ou aberto com ações não negociáveis em bolsa, com o fim de prestar os serviços previstos nos incisos I, II, III, IV, V, VII, VIII, IX, XI, XII e XIII do caput do art. 5º desta Lei, além dos serviços correlatos definidos em regulamento.

§ 1º A autorização prevista no art. 19, no que tange às empresas de serviços de segurança, está condicionada ao atendimento dos requisitos específicos de cada serviço, estabelecidos em regulamento, de modo a garantir o controle estatal e a segurança e a eficiência do serviço, observados:

I – tipos de serviço de segurança privada realizados pela mesma empresa;

II – adequação das instalações físicas, que considerará:

a) uso e acesso exclusivos ao estabelecimento;

b) local seguro para a guarda de armas e munições;

c) alarme e sistema de circuito interno e externo de imagens, com armazenamento em tempo real, em ambiente protegido;

d) vigilância patrimonial ininterrupta;

III – quantidade e especificações dos veículos utilizados na prestação dos serviços de segurança privada;

IV – quantidade mínima e qualificação dos profissionais de segurança para cada serviço;

V – natureza e quantidade das armas, das munições e de demais produtos controlados e equipamentos de uso permitido;

VI – sistema de segurança das bases operacionais das empresas autorizadas a prestar o serviço de transporte de numerário, bens ou valores.

§ 2º Vetado.

§ 3º Vetado.

§ 4º Vetado.

§ 5º Vetado.

Art. 21. Para a execução de suas atividades, a empresa de serviços de segurança poderá utilizar diferentes tecnologias, observados os limites legais.

Seção III
Da Escola de Formação de Profissional de Segurança Privada

Art. 22. Escola de formação de profissional de segurança privada é a pessoa jurídica constituída para prestar os serviços previstos no inciso X do caput do art. 5º.

Art. 23. Em caráter excepcional, a escola de formação de profissional de segurança privada poderá realizar atividade de ensino distinta das mencionadas no inciso X do caput do art. 5º, desde que destinada ao aprimoramento da segurança privada e autorizada pela Polícia Federal.

Parágrafo único. A escola de que trata este artigo poderá ceder suas instalações para aplicação de testes em atendimento às necessidades e às imposições do Sinarm, com vistas ao credenciamento de instrutores de tiro ou à comprovação técnica para aquisição e manuseio de armas de fogo, na forma da legislação específica que trata do assunto.

Seção IV
Da Empresa de Monitoramento de Sistemas Eletrônicos de Segurança

Art. 24. Empresa de monitoramento de sistemas eletrônicos de segurança privada é aquela constituída para prestar os serviços constantes do inciso VI do caput do art. 5º, exceto quanto à comercialização isolada de produtos relacionados a esses serviços.

Parágrafo único. As empresas referidas no caput poderão realizar o monitoramento remoto de quaisquer estabelecimentos, especialmente dos locais referidos nos incisos II, III, IV e V do caput do art. 5º, sem prejuízo da atuação das empresas de serviço de segurança.

CAPÍTULO IV
DOS SERVIÇOS ORGÂNICOS DE SEGURANÇA PRIVADA

Art. 25. Serviços orgânicos de segurança privada são aqueles organizados facultativamente por pessoa jurídica ou condomínio edilício, para a realização de quaisquer dos serviços previstos no art. 5º, no que couber, exceto o disposto no inciso X de seu caput, desde que em proveito próprio, para a segurança de seu patrimônio e de seu pessoal.

§ 1º Os serviços orgânicos de segurança privada serão instituídos no âmbito da própria empresa ou condomínio edilício e com a utilização de pessoal próprio, vedada

a prestação de serviços de segurança a terceiros, pessoa natural ou jurídica.

§ 2º Aplica-se às empresas e aos condomínios edilícios possuidores de serviço orgânico de segurança privada o disposto nos arts. 15, 16, 17 e nos incisos I a VI do art. 19.

§ 3º Para o exercício de suas atividades, o prestador de serviços orgânicos de segurança privada poderá utilizar-se:

I – de armas de fogo e de armas de menor potencial ofensivo, de sua propriedade, na forma regulada pelos §§ 1º, 2º e 3º do art. 5º;

II – da tecnologia disponível, inclusive de equipamentos eletrônicos de monitoramento, observados os limites legais.

§ 4º As empresas que não tenham o exercício de atividades de segurança privada como seu objeto social devem atender aos requisitos previstos nos §§ 2º a 5º do art. 20 desta Lei para realizarem serviços orgânicos de segurança privada.

§ 5º O disposto neste artigo não se refere aos serviços de controle de acesso de pessoas e de veículos prestados nas entradas dos estabelecimentos de pessoas jurídicas e condomínios edilícios, típicos serviços de portaria, desde que executados sem a utilização de armas de fogo.

§ 6º Para fins da aplicação desta Lei, equiparam-se a condomínios edilícios os conjuntos de casas, apartamentos, prédios residenciais, escritórios, salas, lojas e sobrelojas, e outros, conforme regulamento, desde que possuam administração unificada e centralizada das partes comuns.

CAPÍTULO V
DOS PROFISSIONAIS DE SEGURANÇA PRIVADA

Art. 26. Para a prestação dos diversos serviços de segurança privada previstos nesta Lei, consideram-se profissionais de segurança privada:

I – gestor de segurança privada, profissional especializado, de nível superior, responsável pela:

a) análise de riscos e definição e integração dos recursos físicos, humanos, técnicos e organizacionais a serem utilizados na mitigação de riscos;

b) elaboração dos projetos para a implementação das estratégias de proteção;

c) realização de auditorias de segurança em organizações públicas e privadas;

d) execução do serviço a que se refere o inciso XI do caput do art. 5º, na forma de regulamento;

II – vigilante supervisor, profissional habilitado encarregado do controle operacional dos serviços prestados pelas empresas de serviços de segurança;

III – vigilante, profissional habilitado responsável pela execução:

a) dos serviços de segurança privada previstos nos incisos I, II, III, IV, V, VII, VIII, IX e XII do caput do art. 5º;

b) da segurança física de pessoas e do patrimônio de estabelecimento de qualquer porte, sendo encarregado de observar, inspecionar e fiscalizar suas dependências, controlar o fluxo de pessoas e gerenciar o público em eventos em que estiver atuando;

IV – supervisor de monitoramento de sistema eletrônico de segurança, profissional habilitado encarregado do controle operacional dos serviços de monitoramento de sistemas eletrônicos de segurança;

V – técnico externo de sistema eletrônico de segurança, profissional habilitado encarregado de prestar os serviços de inspeção técnica decorrente dos sinais emitidos pelos equipamentos das empresas de sistemas eletrônicos de segurança mencionadas no inciso VI do caput do art. 5º, vedados, em qualquer situação, o porte de arma de fogo, a intervenção direta na ocorrência delituosa e a realização de revistas pessoais;

VI – operador de sistema eletrônico de segurança, profissional habilitado encarregado de realizar o monitoramento de sistemas de alarme, vídeo, raios X, scanner e outros equipamentos definidos em regulamento, vedados, em qualquer situação, o porte de arma de fogo e a realização de revistas pessoais.

§ 1º As atividades descritas no inciso I do caput não abrangem a elaboração de projeto técnico executivo cuja implementação compreenda atividades desenvolvidas por categoria profissional ou que sejam objeto de regulamentação específica.

§ 2º Aos vigilantes referidos no inciso III do caput será exigido o cumprimento de carga horária mínima de 200 (duzentas) horas para os cursos de formação e de 50 (cinquenta) horas para os cursos de aperfeiçoamento e atualização.

Art. 27. O documento de identificação de gestor de segurança, vigilante supervisor e vigilante, de padrão único, será de uso obrigatório quando em serviço.

Art. 28. São requisitos para o exercício da atividade de vigilante e de vigilante supervisor:

I – ser brasileiro, nato ou naturalizado;

II – ter idade mínima de 21 (vinte e um) anos;

III – ter sido considerado apto em exame de saúde física, mental e psicológica;

IV – ter concluído com aproveitamento o curso de formação específico;

V – não possuir antecedentes criminais registrados na justiça pela prática de crimes dolosos e não estar no curso do cumprimento da pena e enquanto não obtida a reabilitação, nos termos dos arts. 93 e 94 do Decreto-Lei nº 2.848, de 7 de dezembro de 1940 (Código Penal); e

VI – estar quite com as obrigações eleitorais e militares.

§ 1º São requisitos específicos para o exercício da atividade de vigilante:

I – ter concluído todas as etapas do ensino fundamental; e

II – estar contratado por empresa de serviços de segurança ou por empresa ou condomínio edilício possuidor de serviço orgânico de segurança privada.

§ 2º São requisitos específicos para o exercício da atividade de vigilante supervisor:

I – ter concluído o ensino médio; e

II – estar contratado por empresa de serviços de segurança ou empresa ou condomínio edilício possuidor de serviços orgânicos de segurança privada.

§ 3º São requisitos específicos para exercício das atividades de supervisor de monitoramento, de técnico externo e de operador de sistema eletrônico de segurança, além do disposto nos incisos IV e V do caput:

I – ter idade mínima de 18 (dezoito) anos;

II – ter sido considerado apto em exame de saúde mental e psicológica;

III – ter concluído todas as etapas do ensino médio; e

IV – estar contratado por prestador de serviço de segurança privada ou serviço orgânico de segurança privada.

§ 4º Para matrícula nas escolas de formação não será exigida a contratação por prestador de serviços de segurança privada.

§ 5º O curso de formação habilita o vigilante para a prestação do serviço de vigilância.

§ 6º Os cursos de aperfeiçoamento habilitam o vigilante para a execução dos demais serviços e funções, conforme definido em regulamento.

§ 7º Não será exigida a conclusão do ensino fundamental ou do ensino médio prevista no inciso I do § 1º e no inciso I do § 2º deste artigo em relação aos profissionais que já tiverem concluído, com aproveitamento, o respectivo curso de formação ou de aperfeiçoamento, por ocasião da entrada em vigor desta Lei.

Art. 29. São direitos do vigilante supervisor e do vigilante:

I – atualização profissional;

II – uniforme especial, regulado e devidamente autorizado pela Polícia Federal;

III – porte de arma de fogo, quando em efetivo serviço, nos termos desta Lei e da legislação específica sobre controle de armas de fogo;

IV – materiais e equipamentos de proteção individual e para o trabalho, em perfeito estado de funcionamento e conservação;

V – seguro de vida em grupo;

VI – assistência jurídica por ato decorrente do serviço;

VII – serviço autônomo de aprendizagem e de assistência social, conforme regulamento;

VIII – piso salarial fixado em acordos e convenções coletivas.

§ 1º Os direitos previstos no caput deverão ser providenciados a expensas do empregador.

§ 2º O armamento, a munição, os coletes de proteção balística e outros equipamentos, de uso permitido, utilizados pelos profissionais referidos no caput, terão suas especificações técnicas definidas pela Polícia Federal.

§ 3º Ao técnico externo, ao operador e ao supervisor de sistema eletrônico de segurança são assegurados, quando do em serviço ou em decorrência desse, e a expensas do empregador, os direitos previstos nos incisos I, II, IV, VI, VII e VIII do caput deste artigo.

§ 4º É facultado às partes, mediante convenção ou acordo coletivo de trabalho, que prevalecerá sobre o disposto em lei, ajustar jornada de trabalho de 12 (doze) horas seguidas por 36 (trinta e seis) horas ininterrup-

tas de descanso, podendo os intervalos para repouso e alimentação serem usufruídos ou indenizados na remuneração mensal, abrangendo assim o descanso semanal remunerado, a compensação de feriado e as prorrogações de trabalho noturno, quando houver, não se aplicando o art. 71 e o § 5º do art. 73 da Consolidação das Leis do Trabalho (CLT), aprovada pelo Decreto-Lei nº 5.452, de 1º de maio de 1943, e o art. 9º da Lei nº 605, de 5 de janeiro de 1949.

Art. 30. São deveres dos profissionais de segurança privada:

I – respeitar a dignidade e a diversidade da pessoa humana;

II – exercer suas atividades com probidade, desenvoltura e urbanidade;

III – comunicar ao seu chefe imediato quaisquer incidentes ocorridos durante o serviço, assim como quaisquer irregularidades ou deficiências relativas ao equipamento ou material que utiliza;

IV – utilizar corretamente o uniforme aprovado e portar identificação profissional, crachá identificador e demais equipamentos para o exercício da profissão;

V – manter-se adstrito ao local sob vigilância, observadas as peculiaridades dos serviços de segurança privada definidos no art. 5º e as de vigilante supervisor;

VI – manter o sigilo profissional, ressalvado o compromisso com a denúncia de ação delituosa.

§ 1º Os profissionais de segurança privada deverão prestar seus serviços devidamente uniformizados, ressalvadas as hipóteses previstas em regulamento.

§ 2º Os deveres previstos neste artigo não eximem o empregador da obrigação de fiscalizar seu correto cumprimento.

<div align="center">

CAPÍTULO VI

DA SEGURANÇA PRIVADA EM INSTITUIÇÕES FINANCEIRAS

</div>

Art. 31. O funcionamento de dependências de instituições financeiras onde haja, simultaneamente, atendimento ao público e guarda ou movimentação de numerário ou valores fica condicionado à aprovação do respectivo plano de segurança pela Polícia Federal.

§ 1º Os estabelecimentos de instituições financeiras referidos nesta Lei compreendem bancos oficiais ou privados, caixas econômicas, sociedades de crédito, associações de poupança, suas agências e postos de atendimento, cooperativas singulares de crédito e respectivas dependências, bem como todas as pessoas jurídicas referidas no art. 17 da Lei nº 4.595, de 31 de dezembro de 1964.

§ 2º O disposto nesta Lei não se aplica a agências e postos de atendimento de cooperativas singulares de crédito localizados em Municípios com população inferior a 20.000 (vinte mil) habitantes, cujos requisitos de segurança serão definidos em regulamento.

Art. 32. Aplicam-se à segurança das instituições financeiras e ao transporte de numerário de que valores a elas destinados os procedimentos específicos estabelecidos pela Polícia Federal, nos limites do disposto nesta Lei e em sua regulamentação.

Art. 33. A adequação dos itens de segurança nas dependências de instituições financeiras, nos termos desta Lei e de seu regulamento, será fiscalizada pela Polícia Federal.

§ 1º Nas agências bancárias, o sistema de segurança deverá contar com:

I – instalações físicas adequadas;

II – 2 (dois) vigilantes, no mínimo, equipados com arma de fogo ou arma de menor potencial ofensivo e coletes balísticos, durante os horários de atendimento ao público;

III – alarme interligado entre o estabelecimento financeiro e outra unidade da instituição, empresa de serviços de segurança, empresa de monitoramento de sistemas eletrônicos de segurança ou órgão policial;

IV – cofre com dispositivo temporizador;

V – sistemas de circuito interno e externo de imagens, com armazenamento em tempo real por, no mínimo, 60 (sessenta) dias, em ambiente protegido;

VI – artefatos, mecanismos ou procedimentos que garantam a privacidade das operações nos guichês dos caixas, nas capitais dos Estados e nas cidades com mais de 500.000 (quinhentos mil) habitantes;

VII – procedimento de segurança para a abertura do estabelecimento financeiro e dos cofres, permitidos a abertura e o fechamento por acionamento remoto.

§ 2º Os postos de atendimento bancário nos quais haja atendimento ao público e guarda ou movimentação de numerário ou valores deverão possuir:

I – 1 (um) vigilante, no mínimo, que portará arma de fogo ou arma de menor potencial ofensivo; e

II – sistema de circuito interno de imagens, com armazenamento em tempo real por, no mínimo, 60 (sessenta) dias, em ambiente protegido, observados os requisitos previstos nos incisos I, III e IV do § 1º deste artigo.

§ 3º A Polícia Federal poderá autorizar a redução dos dispositivos de segurança previstos no § 1º:

I – se a edificação em que estiverem instaladas as instituições financeiras possuir estrutura de segurança que inclua, ao menos, 1 (um) dos dispositivos previstos no § 1º; ou

II – com base no número de habitantes e nos índices oficiais de criminalidade do local, conforme regulamento.

§ 4º As salas de autoatendimento externo não contíguas às instituições financeiras deverão possuir alarme interligado entre o estabelecimento financeiro e outra unidade da instituição, empresa de serviços de segurança, empresa de monitoramento de sistemas eletrônicos de segurança ou órgão policial, bem como sistema de circuito interno de imagens, com armazenamento em tempo real, em ambiente protegido.

§ 5º As exigências constantes do inciso VI do § 1º poderão ser dispensadas nas agências instaladas em edificações tombadas, desde que incompatíveis com a legislação específica ou na hipótese de impossibilidade estrutural de instalação dos equipamentos, comprovada mediante laudo técnico fornecido por engenheiro habilitado.

§ 6º As instituições financeiras deverão manter, pelo menos, 1 (uma) central de monitoramento de segurança no território nacional.

§ 7º As exigências previstas nos incisos I, II e III do § 1º terão caráter obrigatório a partir da entrada em vigor desta Lei.

§ 8º As exigências previstas nos incisos IV a VII do § 1º poderão ser implantadas pelas instituições financeiras de maneira gradativa, atingindo-se, no mínimo, os seguintes percentuais, a partir da entrada em vigor desta Lei:

I – 25% (vinte e cinco por cento) das agências bancárias, em até 12 (doze) meses;

II – 50% (cinquenta por cento) das agências bancárias, em até 24 (vinte e quatro) meses;

III – 75% (setenta e cinco por cento) das agências bancárias, em até 36 (trinta e seis) meses;

IV – 100% (cem por cento) das agências bancárias, em até 48 (quarenta e oito) meses.

Art. 34. O plano de segurança a que se refere o art. 31 deverá descrever todos os elementos do sistema de segurança, abranger toda a área do estabelecimento e conter:

I – descrição da quantidade e da disposição dos vigilantes, conforme peculiaridades do estabelecimento;

II – descrição da localização e das instalações do estabelecimento;

III – planta baixa de toda a área do estabelecimento que indique os pontos de acesso de pessoas e veículos especiais, os locais de guarda de numerário, valores e armas e a localização dos vigilantes e de todos os dispositivos de segurança empregados nas dependências do estabelecimento;

IV – comprovante de autorização para a instituição de serviço orgânico de segurança ou de contrato com prestadores de serviço de segurança privada;

V – projetos de construção, instalação e manutenção de sistemas eletrônicos de segurança.

§ 1º A Polícia Federal poderá disciplinar em ato normativo próprio a inclusão de informações adicionais no plano de segurança.

§ 2º O acesso ao plano de segurança e aos documentos que o integram será restrito ao órgão de fiscalização e às pessoas autorizadas pela instituição financeira.

Art. 35. A edição de normas relativas à segurança das instituições financeiras deverá ser precedida de análise técnica que, a critério da Polícia Federal, resulte na sua efetividade.

Art. 36. O transporte, a guarda e o manuseio de numerário ou valores, inclusive o intermodal, realizado para suprimento e coleta de instituições financeiras, serão feitos por empresas de serviços de segurança autorizadas a realizar o serviço de transporte de numerário ou valores ou por serviço orgânico de segurança, observado o disposto em regulamento.

Parágrafo único. Nas regiões em que for comprovada, perante a Polícia Federal, a impossibilidade ou a inviabilidade do uso de veículos especiais blindados terrestres para o transporte de numerário, bens ou valores, esse transporte poderá ser feito por via aérea, marítima ou fluvial ou com a utilização dos meios possíveis e adequa-

dos, observados as normas específicas com aplicabilidade em cada caso, os elementos mínimos de segurança dos meios empregados e a presença de vigilantes especialmente habilitados, conforme regulamento.

Art. 37. É vedada aos empregados da instituição financeira a execução de transporte de numerário ou valores.

Art. 38. É permitida a guarda de chaves de cofres e das dependências de instituições financeiras nas instalações de empresas de serviços de segurança.

Art. 39. O uso de tecnologias de inutilização do numerário e de outros dispositivos antifurtos empregados nos sistemas de segurança será disciplinado pela Polícia Federal, ouvido, sempre que necessário, o Banco Central do Brasil.

<div align="center">

CAPÍTULO VII

DA FISCALIZAÇÃO E CONTROLE

</div>

Art. 40. No âmbito da segurança privada, compete à Polícia Federal:

I – conceder autorização de funcionamento aos prestadores de serviço de segurança privada e aos serviços orgânicos de segurança privada;

II – renovar a autorização referida no inciso I:

a) a cada 2 (dois) anos, das empresas de serviços de segurança, das escolas de formação de profissionais de segurança privada e das empresas e dos condomínios edilícios possuidores de serviço orgânico de segurança privada; e

b) a cada 5 (cinco) anos, das empresas de monitoramento de sistemas eletrônicos de segurança;

III – exercer as atividades de controle e fiscalização dos prestadores de serviço de segurança privada, dos serviços orgânicos de segurança privada e dos sistemas de segurança das dependências de instituições financeiras, apurar responsabilidades e aplicar as sanções administrativas cabíveis;

IV – estabelecer procedimentos específicos para a prestação dos serviços de segurança privada;

V – reprimir as atividades ilegais ou clandestinas de segurança privada, sem prejuízo do auxílio das polícias dos Estados e do Distrito Federal;

VI – estabelecer condições e requisitos específicos para utilização dos sistemas de comunicação, dos sistemas eletrônicos de segurança e de instrumentos congêneres;

VII – autorizar a aquisição, utilização, custódia, alienação e destruição de armas, munições e demais equipamentos utilizados para a prestação dos serviços de segurança privada, na forma estabelecida em regulamento e em consonância com a legislação específica em vigor que trata do controle de armas de fogo e de munições no País;

VIII – aprovar e renovar, a cada 2 (dois) anos, os planos de segurança de dependências de instituições financeiras, sendo obrigatória ao menos 1 (uma) vistoria anual;

IX – aprovar os modelos de uniformes adotados pelos prestadores de serviço de segurança privada;

X – autorizar o porte, o transporte e a transferência de armas, munições e demais produtos de uso controlado, e seu uso provisório, pelas empresas prestadoras de serviços de segurança privada e pelos serviços orgânicos de segurança privada;

XI – aprovar previamente os atos constitutivos das empresas que prestem os serviços constantes do art. 5º, nos termos do regulamento;

XII – cadastrar os profissionais de segurança privada;

XIII – fixar o currículo mínimo dos cursos de formação, aperfeiçoamento e atualização dos profissionais de segurança privada, que contemple conteúdos programáticos baseados em princípios éticos, técnicos e legais, e preveja, entre outros, conteúdos sobre:

a) uso progressivo da força e de armamento;

b) noções básicas de direitos humanos; e

c) preservação da vida e da integridade física dos indivíduos;

XIV – definir os requisitos técnicos e os equipamentos básicos para a utilização de veículos de transporte de numerário, bens e valores e de escolta armada e suas guarnições, no sistema de comunicação e outros meios de guarda, escolta e transporte de numerário, bens ou valores, sem prejuízo das atribuições dos órgãos de trânsito;

XV – fixar critérios para a definição da quantidade mínima de veículos e de profissionais de segurança privada dos prestadores de serviço de segurança privada e dos serviços orgânicos de segurança privada;

XVI – fixar critérios para a definição da quantidade de armas, munições, coletes de proteção balística e demais produtos controlados de uso permitido pelos

prestadores de serviço de segurança privada e pelos serviços orgânicos de segurança privada;

XVII – expedir documento nacional de identificação dos profissionais de segurança privada e efetuar sua cassação nos casos previstos na legislação;

XVIII – definir as informações sobre ocorrências e sinistros que devem ser enviadas à instituição pelos profissionais, prestadores de serviço de segurança privada, serviços orgânicos de segurança privada, instituições financeiras e tomadores desses serviços; e

XIX – aprovar a utilização dos dispositivos de segurança empregados na prestação de serviço descrita no inciso VII do caput do art. 5º.

§ 1º Concedida a autorização a que se refere o inciso I do caput, o prestador de serviço de segurança privada ou a empresa ou condomínio edilício possuidor de serviço orgânico de segurança privada deve comunicar o início de suas atividades à Secretaria de Segurança Pública, ou congênere, do respectivo Estado ou do Distrito Federal, num prazo máximo de 10 (dez) dias úteis.

§ 2º Os atos de renovação previstos nos incisos II e VIII do caput dependem da comprovação do pagamento das penalidades pecuniárias decorrentes da aplicação desta Lei.

§ 3º Para o exercício do controle e da fiscalização da atividade de segurança privada, a Polícia Federal terá acesso aos postos de serviços contratados, exceto quando situados no interior de residências.

§ 4º A vistoria dos prestadores de serviço de segurança privada e das empresas e condomínios edilícios possuidores de serviços orgânicos de segurança privada deverá ser realizada pela Polícia Federal, na periodicidade definida em regulamento.

§ 5º Os pedidos de renovação a que se referem os incisos II e VIII do caput deverão ser solucionados em até 30 (trinta) dias da entrada da documentação pelo interessado, após o que os respectivos documentos de protocolo servirão como renovação temporária e precária para o exercício da atividade solicitada, tendo validade até a manifestação definitiva do órgão competente.

Art. 41. As empresas de serviços de segurança privada e as escolas de formação de profissionais de segurança privada deverão informar à Polícia Federal, na periodicidade definida em regulamento, relação de empregados, armas e demais produtos controlados, veículos e contratos, entre outras informações indispensáveis à prestação e ao aprimoramento dos serviços.

§ 1º As empresas e os condomínios edilícios que se utilizem de serviços orgânicos de segurança deverão informar, na forma prevista no caput, relação dos empregados envolvidos na prestação de serviços de segurança privada, das armas, dos veículos e demais produtos controlados, entre outras informações indispensáveis à prestação e ao aprimoramento dos serviços.

§ 2º As empresas que prestarem os serviços de transporte de que trata o inciso VII do caput do art. 5º manterão registro diário de todas as operações realizadas, com a identificação dos contratantes, para fornecimento às autoridades competentes do referido sistema, na forma do regulamento.

Art. 42. As empresas autorizadas a prestar os serviços de monitoramento de que trata o inciso VI do caput do art. 5º informarão à Polícia Federal, na periodicidade definida em regulamento, a relação dos técnicos responsáveis pela instalação, rastreamento, monitoramento e assistência técnica, e outras informações de interesse, nos termos do regulamento, referentes à sua atuação.

Art. 43. Os contratantes de prestadores de serviço de segurança privada informarão à Polícia Federal, quando por ela requeridos, os dados não financeiros referentes aos respectivos contratos firmados.

Art. 44. As instituições financeiras, os prestadores de serviço de segurança, as empresas e os condomínios edilícios possuidores de serviços orgânicos de segurança privada e os profissionais de segurança privada têm o dever de:

I – informar à Polícia Federal os dados não financeiros referentes aos serviços de segurança privada prestados ou autorizados, ao sistema de segurança empreendido e às ocorrências e sinistros acontecidos no âmbito de suas atividades com relação à segurança privada, nos termos desta Lei e de seu regulamento; e

II – apresentar à Polícia Federal documentos e outros dados solicitados no interesse do controle e da fiscalização.

Art. 45. Compete à Polícia Federal aplicar penalidades administrativas por infração aos dispositivos desta Lei.

Parágrafo único. Aplica-se, subsidiariamente, aos processos punitivos de que trata esta Lei o disposto na Lei nº 9.784, de 29 de janeiro de 1999, que regula o processo administrativo no âmbito da administração pública federal.

Art. 46. As penalidades administrativas aplicáveis aos prestadores de serviço de segurança privada e às empresas e condomínios edilícios possuidores de serviços orgânicos de segurança privada, conforme a conduta do infrator, a gravidade e as consequências da infração e a reincidência, são as seguintes:

I – advertência;

II – multa de R$ 1.000,00 (mil reais) a R$ 15.000,00 (quinze mil reais); ou

III – cancelamento da autorização para funcionamento.

§ 1º A multa pode ser aumentada até o triplo se:

I – ineficaz em virtude da situação econômica do infrator, embora considerada em seu valor máximo; ou

II – a conduta do infrator envolver preconceitos de origem, raça, sexo, cor, idade ou quaisquer outras formas de discriminação.

§ 2º Às pessoas físicas ou jurídicas de direito público ou privado que contratarem serviços de segurança privada em desconformidade com os preceitos desta Lei poderão ser impostas as penas previstas neste artigo.

Art. 47. As penalidades aplicáveis às instituições financeiras, conforme a conduta do infrator, a gravidade e as consequências da infração e a reincidência, são as seguintes:

I – advertência;

II – multa de:

a) R$ 10.000,00 (dez mil reais) a R$ 30.000,00 (trinta mil reais) para as instituições financeiras;

b) R$ 1.000,00 (mil reais) a R$ 10.000,00 (dez mil reais) para as cooperativas singulares de crédito; e

III – interdição do estabelecimento.

§ 1º A multa pode ser aumentada até o triplo se a conduta do infrator envolver preconceitos de origem, raça, sexo, cor, idade ou quaisquer outras formas de discriminação.

§ 2º A reincidência para as instituições financeiras caracteriza-se de forma individualizada para cada uma de suas dependências.

§ 3º É vedado o funcionamento de instituição financeira sem plano de segurança aprovado, sujeitando-se a instituição infratora, após regular tramitação do processo administrativo punitivo, no qual se observarão o contraditório e a ampla defesa, à punição prevista no inciso III do caput.

§ 4º Obtida pela instituição infratora a aprovação do plano de segurança antes do julgamento definitivo do processo administrativo punitivo, observados o contraditório e a ampla defesa, será convertida a punição prevista no inciso III do caput na penalidade de multa.

§ 5º É vedada a aplicação da penalidade prevista no inciso III do caput de forma cautelar.

§ 6º O ato que instituiu a interdição aplicada na forma do inciso III do caput deste artigo será revogado pela Polícia Federal imediatamente após a verificação da correção das irregularidades por parte da instituição financeira.

Art. 48. A Polícia Federal aplicará a multa prevista no inciso II do caput do art. 47 às pessoas físicas ou jurídicas de direito público ou privado que organizarem, oferecerem ou contratarem serviço de segurança privada com inobservância do disposto nesta Lei, sem prejuízo da cessação imediata da prestação de serviço de segurança privada e das sanções civis, penais e administrativas cabíveis.

§ 1º A multa poderá ser aumentada em até o triplo se considerada ineficaz em virtude da condição econômica do infrator, embora aplicada em seu valor máximo.

§ 2º No caso de constatação de prestação de serviço de segurança não autorizado, a Polícia Federal determinará, de imediato, o encerramento da segurança no local e encaminhará as demais providências que o caso requerer.

§ 3º Os materiais utilizados na prestação de serviços de segurança privada não autorizados serão apreendidos e, depois de encerrado o respectivo procedimento administrativo, destruídos pela autoridade competente, ressalvada a destinação prevista em lei específica para determinados bens ou equipamentos de uso controlado.

Art. 49. A Polícia Federal poderá celebrar termo de compromisso de conduta com os prestadores de serviço de segurança privada, as empresas e os condomínios edilícios possuidores de serviço orgânico de segurança privada e as instituições financeiras, conforme regulamento.

§ 1º Do termo de compromisso deverão constar:

I – a especificação das obrigações do representado para fazer cessar a prática irregular investigada e seus efeitos lesivos;

II – os valores das multas aplicáveis pelo descumprimento, total ou parcial, das obrigações compromissadas.

§ 2º A celebração do termo de compromisso poderá ocorrer até o julgamento do processo administrativo.

§ 3º O termo de compromisso constitui título executivo extrajudicial.

§ 4º Os processos administrativos ficarão suspensos enquanto estiver sendo cumprido o compromisso e serão arquivados ao término do prazo fixado se atendidas todas as condições estabelecidas no termo.

§ 5º Declarado o descumprimento do compromisso, a Polícia Federal aplicará, de imediato, as sanções cabíveis previstas nesta Lei e adotará as demais providências para o prosseguimento do processo administrativo e a aplicação das demais medidas adequadas, inclusive de cunho judicial.

Art. 50. Organizar, prestar ou oferecer serviços de segurança privada, com a utilização de armas de fogo, na qualidade de sócio ou proprietário, sem possuir autorização de funcionamento:

Pena – detenção de 1 (um) a 3 (três) anos e multa.

Art. 51. São instituídas taxas, nos termos do Anexo desta Lei, para remuneração pela execução dos serviços de fiscalização e controle federais, aplicáveis aos prestadores de serviço de segurança privada, às empresas e aos condomínios edilícios possuidores de serviços orgânicos e às instituições financeiras.

Parágrafo único. Os prazos para o recolhimento das taxas constantes do Anexo desta Lei serão definidos em ato da Polícia Federal.

Art. 52. O julgamento do auto de infração seguirá o rito estabelecido pela Polícia Federal, observados o contraditório e a ampla defesa, e a cobrança do crédito decorrente da aplicação desta Lei seguirá o rito estabelecido pelo Decreto nº 70.235, de 6 de março de 1972.

Art. 53. Para a execução das competências constantes desta Lei, a Polícia Federal, por meio do Ministério da Justiça e Segurança Pública, poderá celebrar convênio com as secretarias de segurança pública, ou congêneres, dos Estados e do Distrito Federal, ocasião em que poderá delegar parte de suas atribuições relacionadas à fiscalização e ao controle da prestação dos serviços de segurança privada, nos termos do regulamento.

§ 1º Havendo a celebração do convênio a que se refere o caput, a União destinará às referidas unidades da Federação parte dos valores arrecadados relativos às respectivas taxas e multas, vedada a subdelegação, conforme regulamento.

§ 2º É vedada às unidades da Federação a instituição de taxas ou de multas visando ao cumprimento das disposições desta Lei.

Art. 54. As regras de transição para o atendimento aos requisitos de escolaridade previstos no Capítulo V serão definidas em regulamento.

Art. 55. A atividade de transporte internacional de numerário, bens ou valores será disciplinada em ato conjunto dos Ministérios da Justiça e Segurança Pública, da Fazenda, da Defesa e das Relações Exteriores.

Art. 56. As armas, munições, petrechos e demais produtos de uso controlado, cujos empregos forem autorizados para a prestação dos serviços de segurança privada, quando penhorados, arrestados ou de qualquer forma constritos judicialmente, somente poderão ser alienados e adjudicados a outros prestadores de serviço de segurança privada.

Parágrafo único. A alienação e a adjudicação referidas no caput dependerão de manifestação favorável da Polícia Federal.

Art. 57. A junta comercial comunicará à Polícia Federal o registro de empresa que tenha como objeto social a prestação de serviços de segurança privada, no prazo de 15 (quinze) dias contados da data do registro.

Art. 58. O disposto nesta Lei não afasta direitos e garantias assegurados pela legislação trabalhista ou em convenções ou acordos coletivos de igual natureza.

Art. 59. O disposto nesta Lei não se aplica ao transporte, guarda e movimentação do meio circulante nacional a cargo do Banco Central do Brasil.

Parágrafo único. Os prestadores de serviço de segurança privada contratados pelo Banco Central do Brasil ficam obrigados ao cumprimento desta Lei.

Art. 60. Excetuados os casos expressamente regulados por esta Lei quanto a prazos específicos, os prestadores de serviço de segurança privada, as empresas e os condomínios edilícios possuidores de serviço orgânico de segurança privada e as instituições financeiras terão o limite máximo de 3 (três) anos, contados da publicação desta Lei, para realizarem as adequações dela decorrentes.

Art. 61. Nenhuma sociedade seguradora poderá emitir, em favor de estabelecimentos financeiros, apólice de seguros que inclua cobertura garantindo riscos de roubo e furto qualificado de numerário e outros valores, sem comprovação de cumprimento, pelo segurado, das exigências previstas nesta Lei.

Parágrafo único. As apólices com infringência do disposto neste artigo não terão cobertura de resseguros.

Art. 62. Nos seguros contra roubo e furto qualificado de estabelecimentos financeiros, serão concedidos descontos sobre os prêmios aos segurados que possuírem, além dos requisitos mínimos de segurança previstos nesta Lei, outros meios de proteção, na forma do regulamento.

Art. 63. Esta Lei não se aplica à segurança da aviação civil contra atos de interferência ilícita efetivados na área restrita de segurança.

Art. 64. No transporte dos produtos controlados referidos no Decreto nº 24.602, de 6 de julho de 1934, especialmente pólvoras, explosivos e artigos pirotécnicos, em carregamentos superiores a 50 kg (cinquenta quilogramas), é obrigatório o emprego de veículos dotados de sistema de rastreamento e de monitoramento permanentes, além de escolta armada.

(...)

Art. 72. Esta Lei entra em vigor na data de sua publicação.

Brasília, 9 de setembro de 2024; 203º da Independência e 136º da República.

Luiz Inácio Lula da Silva

LEI 15.026, DE 18 DE NOVEMBRO DE 2024

Dispõe sobre a aplicação das Leis nºs 4.950-A, de 22 de abril de 1966, 5.194, de 24 de dezembro de 1966, e 7.410, de 27 de novembro de 1985, aos diplomados em Geologia ou Engenharia Geológica.

DOU 19.11.2024

O PRESIDENTE DA REPÚBLICA Faço saber que o Congresso Nacional decreta e eu sanciono a seguinte Lei:

Art. 1º Aplica-se aos geólogos ou engenheiros geólogos, além da Lei nº 4.076, de 23 de junho de 1962, o disposto nas Leis nºs 4.950-A, de 22 de abril de 1966, 5.194, de 24 de dezembro de 1966, e 7.410, de 27 de novembro de 1985.

Art. 2º Os diplomados em Geologia ou Engenharia Geológica integram o grupo ou categoria engenharia previsto na Lei nº 5.194, de 24 de dezembro de 1966.

Parágrafo único. Aplicam-se aos geólogos ou engenheiros geólogos todos os direitos e deveres dos demais profissionais do grupo ou categoria engenharia.

Art. 3º Os diplomados em Geologia poderão, a requerimento do interessado, apostilar seu título como engenheiro geólogo perante o respectivo Conselho Regional de Engenharia e Agronomia.

Parágrafo único. Será expedida nova carteira profissional com o registro do título apostilado, para todos os efeitos legais.

Art. 4º Esta Lei entra em vigor na data de sua publicação.

Brasília, 18 de novembro de 2024; 203º da Independência e 136º da República.

Luiz Inácio Lula da Silva

Convenções da Organização Internacional do Trabalho

▶ Ratificadas

- OIT 19 – Igualdade de Tratamento dos Trabalhadores Estrangeiros e Nacionais em Matéria de Indenização por Acidentes no Trabalho
- OIT 29 – Trabalho Forçado ou Obrigatório
- OIT 42 – Indenização das Moléstias Profissionais
- OIT 95 – Proteção do Salário
- OIT 98 – Aplicação dos Princípios do Direito de Organização e de Negociação Coletiva
- OIT 132 – Férias Anuais Remuneradas
- OIT 155 – Segurança e Saúde dos Trabalhadores e o Meio Ambiente de Trabalho
- OIT 159 – Reabilitação Profissional e Emprego de Pessoas Deficientes
- OIT 171 – Trabalho Noturno
- OIT 182 – Proibição das Piores Formas de Trabalho Infantil e a Ação Imediata para sua Eliminação
- OIT 189 – Trabalho Decente para as Trabalhadoras e os Trabalhadores Domésticos

▶ Não Ratificada

- OIT 87 – Liberdade Sindical e Proteção ao Direito de Sindicalização

DECRETO 10.088, DE 5 DE NOVEMBRO DE 2019

Consolida atos normativos editados pelo Poder Executivo Federal que dispõem sobre a promulgação de convenções e recomendações da Organização Internacional do Trabalho – OIT ratificadas pela República Federativa do Brasil.

DOU 6.11.2019 e retificado em 4.12.2019

(...)

CONVENÇÃO 19

CONCERNENTE À IGUALDADE DE TRATAMENTO DOS TRABALHADORES ESTRANGEIROS E NACIONAIS EM MATÉRIA DE INDENIZAÇÃO POR ACIDENTES NO TRABALHO

▶ Aprovada pelo Decreto Legislativo 24, de 29.5.1956 e promulgada em 25.6.1957.

A conferência geral da Organização Internacional do Trabalho,

Convocada em Genebra pelo Conselho de Administração da repartição Internacional do Trabalho, e tendo-se reunido em 19 de maio de 1925, em sua sétima sessão.

Depois de ter decidido adotar diversas proposições relativas a igualdade de tratamento dos trabalhadores estrangeiros e nacionais vítimas de acidentes de trabalho, Segunda questão inscrita na ordem do dia da sessão e,

Depois de ter decidido que essas proposições tomariam a forma de convenção internacional,

Adota, neste quinto dia de junho de mil novecentos e vinte e cinco, a convenção presente, que será denominada Convenção sôbre a igualdade de tratamento (acidentes de trabalho) de 1925, a ser ratificada pelos Membros da Organização Internacional do Trabalho conforme as disposições da constituição da Organização Internacional do Trabalho.

Artigo 1º

1.Todos os Membros da organização Internacional do trabalho que ratificam a presente convenção comprometem-se a conceder aos nacionais de qualquer outro Membro que tenha ratificado a dita convenção que forem vítimas de acidentes de trabalhos ocorridos em seu território ou em território sob sua dependência, o mesmo tratamento assegurado aos seus próprios acidentados em matéria de indenização por acidentes de trabalho.

2. Esta igualdade de tratamento será assegurada aos trabalhadores estrangeiros e a seus dependentes sem nenhuma condição de residência. Entretanto, no que concerne aos pagamentos que um Membro ou seus nacionais teriam que fazer fora do território do citado Membro em virtude dêsse princípio as disposições a tomar serão reguladas se fôr necessário por convenções particulares entre os membros interessados.

Artigo 2º

Para a indenização por acidentes de trabalho sobrevindos a trabalhadores ocupados temporária ou intermitentemente no território de um membro, por conta de emprêsa situada em território de outro Membro, poderá ser prevista a aplicação da legislação dêste último, por acôrdo de especial entre os Membros interessados.

Artigo 3º

Os Membros que ratificam a presente convenção e que não possuam regime de indenização ou de seguro a trabalhadores acidentados, acordam em instituir tal regime, dentro de um prazo de três anos a partir de sua ratificação.

Artigo 4º

Os membros que ratificam a presente convenção comprometem-se a prestar assistência mútua com o fim de facilitar sua aplicação, assim como a execução das leis e regulamentos respectivos, em matéria de indenização por acidentes de trabalho, e a ela levar ao conhecimento da repartição Internacional do trabalho, que delas interessados, tôdas as modificações feitas nas leis e regulamento em vigor na matéria de indenização por acidentes de trabalho.

Artigo 5º

As ratificações oficiais da presente convenção nas condições estabelecidas pela Constituição da organização Internacional do trabalho serão comunicadas ao Diretor geral da Repartição Internacional do trabalho e por êle registradas.

Artigo 6º

1. A presente convenção entrará em vigor na data em que as ratificações de dois Membros da organização Internacional do trabalho forem registradas pelo Diretor Geral.

2. Ela não obrigará senão os Membros cujas ratificações tiverem sido registradas na Repartição Internacional do trabalho.

3. Depois, esta convenção entrará em vigor para cada Membro na data em que sua ratificação for registrada na Repartição Internacional do trabalho.

Artigo 7º

Logo que as ratificações de dois Membros da Organização Internacional do trabalho, tiverem sido registradas na Repartição Internacional do Trabalho, o Diretor Geral desta Repartição notificará o fato a todos os Membros da organização Internacional do trabalho. Êle lhes notificará igualmente o registro das ratificações que forem ulteriormente comunicadas por todos os outros Membros da organização.

Artigo 8º

Ressalvadas as disposições do Artigo 6º, todos os Membros que ratificam a presente convenção se comprometem a aplicar as disposições dos artigos 1º, 2º, 3º e 4º até 1º de janeiro de 1927, e a tomar as medidas necessárias a efetivar estas disposições.

Artigo 9º

Todos os Membros da Organização Internacional do trabalho que ratificam a presente convenção se comprometem a aplicá-la em suas colônias, possessões ou protetorados conforme as disposições do artigo 35 da Constituição da organização Internacional do trabalho.

Artigo 10

Todo Membro que tiver ratificado a presente convenção pode denunciá-la no fim de um período de 16 anos depois da entrada em vigor inicial da convenção por ato comunicado ao Diretor Geral da Repartição Internacional do Trabalho e por êle registrado. A denúncia não terá efeito senão um ano depois de registrada na Repartição – Internacional do trabalho.

Artigo 11

O Conselho de Administração da Repartição Internacional do Trabalho deverá, ao menos uma vez cada 10 anos, apresentar à Conferência geral relatório sôbre a aplicação da presente convenção e decidirá da oportunidade de inscrever na ordem do dia da Conferência a questão da revisão ou da modificação da dita convenção.

Artigo 12

Os textos francês e inglês da presente convenção farão fé.

O texto que precede é o texto autêntico da Convenção sôbre igualdade de tratamento (acidentes de trabalho), de 1925 tal qual foi modificado pela Convenção de revisão dos artigos finais de 1946.

O texto original da convenção foi autenticado em 24 de junho de 1925 pelo Dr. Edward Benes, Presidente da Conferência, e por M. Albert Thomas, Diretor da repartição Internacional do Trabalho.

A Convenção entrou em vigor inicialmente em 8 de setembro de 1926.

Em fé do que eu autentiquei com minha assinatura, de acôrdo com as disposições do Artigo 6º da Convenção de revisão dos artigos finais, de 1946, neste terceiro dia de abril de 1948, dois exemplares originais do texto da Convenção, tal qual foi modificada – Edward Phelan, Diretor Geral da Repartição Internacional do trabalho.

O texto da presente Convenção é cópia exata do texto autenticado pela assinatura do Diretor Geral da Repartição Internacional do Trabalho.

Cópia certificada, para o Diretor Geral da Repartição internacional do trabalho – C. W. Jenks, Consultor jurídico da repartição Internacional do Trabalho.

(...)

CONVENÇÃO 29

CONCERNENTE A TRABALHO FORÇADO OU OBRIGATÓRIO ADOTADA PELA CONFERÊNCIA EM SUA DÉCIMA-QUARTA SESSÃO

▶ Aprovada pelo Decreto Legislativo 24, de 29.5.1956; e promulgada em 25.6.1957.

Genebra, 28 de junho de 1930 (com as modificações da Convenção de revisão dos artigos finais, de 1946).

A Conferência geral da Organização Internacional do Trabalho,

Convocada em Genebra pelo Conselho de Administração da Repartição Internacional do Trabalho e aí se tendo reunido em 10 de junho de 1930 em sua décima Quarta sessão.

Depois de haver decidido adotar diversas proposições relativas ao trabalho forçado ou obrigatório, questão compreendida no primeiro ponto da ordem do dias d sessão, e

Depois de haver decidido que essa proposições tomariam a forma de convenção internacional, adota, neste vigésimo oitavo dia de junho de mil novecentos e trinta, a convenção presente, que será denominada Convenção sôbre o Trabalho Forçado, de 1930, a ser ratificada pelos Membros da Organização Internacional do trabalho conforme as disposições da Constituição da Organização Internacional do trabalho:

Artigo 1º

1. Todos os Membros da organização Internacional do trabalho que ratificam a presente convenção se obrigam a suprimir o emprêgo do trabalho forçado ou obrigatório sob tôdas as suas formas no mais curto prazo possível.

2. Com o fim de alcançar-se essa supressão total, o trabalho forçado ou obrigatório poderá ser empregado, durante o período transitório, unicamente para fins públicos e a título excepcional, nas condições e com as garantias estipuladas nos artigos que seguem.

3. À expiração de um prazo de cinco anos a partir da entrada em vigor da presente convenção e por ocasião do relatório previsto no artigo 31 abaixo, o Conselho de Administração da Repartição Internacional do trabalho examinará a possibilidade de suprimir sem nova delonga o trabalho forçado ou obrigatório sob tôdas as suas formas e decidirá da oportunidade de inscrever essa questão na ordem do dia da Conferência.

Artigo 2º

1. Para os fins da presente convenção, a expressão "trabalho forçado ou obrigatório" designará todo trabalho ou serviço exigido de um indivíduo sob ameaça de qualquer penalidade e para o qual êle não se ofereceu de espontânea vontade.

2. Entretanto, a expressão "trabalho forçado ou obrigatório" não compreenderá para os fins da presente convenção:

a) qualquer trabalho ou serviço exigido em virtude das leis sôbre o serviço militar obrigatório e que só compreenda trabalhos de caráter puramente militar;

b) qualquer trabalho ou serviço que faça parte das obrigações cívicas normais dos cidadãos de um país plenamente autônomo;

c) qualquer trabalho ou serviço exigido de um indivíduo como consequência de condenação pronunciada por decisão judiciária, contanto que êsse trabalho ou serviço seja executado sob a fiscalização e o contrôle das autoridades públicas e que o dito indivíduo não seja pôsto à disposição de particulares, companhias ou pessoas morais privadas;

d) qualquer trabalho ou serviço exigido nos casos de fôrça maior, quer dizer, em caso de guerra, de sinistro ou ameaças de sinistro, tais como incêndios, inundações, fome tremores de terra, epidemias, e epizootias, invasões de animais, de insetos ou de parasitas vegetais daninhos, e em geral tôdas as circunstâncias que ponham em perigo a vida ou as condições normais de existência, de tôda ou de parte da população;

e) pequenos trabalhos de uma comunidade, isto é, trabalhos executados no interesse direto da coletividade pelos membros desta, trabalhos que, como tais, pode, ser considerados obrigações cívicas normais dos membros da coletividade, contanto que a própria população ou seus representantes diretos tenham o direito de se pronunciar sôbre a necessidade dêsse trabalho.

Artigo 3º

Para os fins da presente convenção, o têrmo "autoridades competentes" designará as autoridades metropolitanas ou as autoridades centrais superiores do território interessado.

Artigo 4º

1. As autoridades competentes não deverão impor ou deixar impor o trabalho forçado ou obrigatório em proveito de particulares, de companhias, ou de pessoas jurídicas de direito privado.

2. Se tal forma de trabalho forçado ou obrigatório em proveito de particulares, de companhias ou de pessoas jurídicas de direito privado, existir na data em que a ratificação da presente convenção por um Membro fôr registrada pelo Diretor, Geral da Repartição Internacional do Trabalho, êste Membro deverá suprimir completamente o dito trabalho forçado ou obrigatório, na data da entrada em vigor da presente convenção para êsse Membro.

Artigo 5º

1. Nenhuma concessão feita a particulares, companhias ou pessoas jurídicas de direito privado deverá Ter como consequência a imposição de qualquer forma de trabalho forçado ou obrigatório com o fim de produzir ou recolher os produtos que êsses particulares, companhias ou pessoas jurídicas de direito privado utilizam ou negociam.

2. Se concessões existentes contêm disposições que tenham como consequência a imposição de trabalho forçado ou obrigatório, essas disposições deverão ser canceladas logo que possível, a fim de satisfazer as prescrições do artigo primeiro da presente convenção.

Artigo 6º

Os funcionários da Administração, mesmo quando tenham que incentivar as populações sob seus cuidados a se ocupar com qualquer forma de trabalho, não deverão exercer sôbre essas populações pressão coletiva ou individual, visando a fazê-los trabalhar para particulares, companhias ou pessoas jurídicas de direito privado.

Artigo 7º

1. Os chefes que não exercem funções administrativas não deverão recorrer a trabalhos forçados ou obrigatórios.

2. Os chefes que exercem funções administrativas poderão, com a autorização expressa das autoridades competentes recorrer ao trabalho forçado ou obrigatório nas condições expressas no artigo 10 da presente convenção.

3. Os chefes legalmente reconhecidos e que não recebem renumeração adequada sob outras formas, poderão beneficiar-se dos serviços pessoais devidamente regulamentados, devendo ser tomadas tôdas as medidas necessárias para prevenir abusos.

Artigo 8º

1. A responsabilidade de qualquer decisão de recorrer ao trabalho forçado ou obrigatório caberá às autoridades civis superiores do território interessado.

2. Entretanto, essas autoridade poderão delegar às autoridades locais superiores o poder de impor trabalho forçado ou obrigatório nos casos em que êsse trabalho não tenha por efeito afastar o trabalhador de sua residência habitual. Essas autoridades poderão igualmente delegar às autoridades locais superiores, pelo período e nas condições que serão estipuladas pela regulamentação prevista no artigo 23 da presente convenção, o poder de impor trabalho forçado ou obrigatório para cuja execução os trabalhadores deverão se afastar de sua residência habitual, quando se tratar de facilitar o deslocamento de funcionários da administração no exercício de suas funções e o transporte do material da administração.

Artigo 9º

Salvo disposições contrárias estipuladas no artigo 10 da presente convenção, tôda autoridade que tiver o direito de impor o trabalho forçado ou obrigatório não deverá permitir recurso a essa forma de trabalho, a não ser que tenha sido assegurado o seguinte:

a) que o serviço ou trabalho a executar é de interêsse direto e importante para a coletividade chamada a executá-lo;

b) que êsse serviço ou trabalho é de necessidade atual e premente;

c) que foi impossível encontrar mão de obra voluntária para a execução dêsse serviço ou trabalho, apesar do oferecimento de salários e condições de trabalho ao menos iguais aos que são usuais no território interessado para trabalhos ou serviços análogos, e

d) que não resultará do trabalho ou serviço ônus muito grande para a população atual, considerando-se a mão de obras disponível e sua aptidão para o desempenho do trabalho.

Artigo 10

1. O trabalho forçado ou obrigatório exigido a título de impôsto e o trabalho forçado ou obrigatório exigido, para os trabalhos de interêsse público, por chefes que exerçam funções administrativas, deverão ser progressivamente abolidos.

2. Enquanto não o forem quando o trabalho forçado ou obrigatório fôr a título de impôsto ou exigido por chefes que exerçam funções administrativas, para a execução de trabalhos de interêsse público, as autoridade interessadas deverão primeiro assegurar:

a) que o serviço ou trabalho a executar é de interêsse direto e importante para a coletividade chamada a executá-los;

b) que êste serviço ou trabalho é de necessidade atual ou premente;

c) que não resultará do trabalho ou serviço ônus muito grande para a população atual, considerando-se a mão de obra disponível e sua aptidão para o desempenho do trabalho;

d) que a execução dêsse trabalho ou serviço não obrigará os trabalhadores a se afastarem do lugar de sua residência habitual;

e) que a execução dêsse trabalho ou serviço será orientado conforme as exigências da religião, da vida social ou agricultura.

Artigo 11

1. Sòmente os adultos válidos do sexo masculino cuja idade presumível não seja inferior a 18 anos nem superior a 45, poderão estar sujeitos a trabalhos forçados ou obrigatórios. Salvo para as categorias de trabalho estabelecidas no artigo 10 da presente convenção, os limites e condições seguintes deverão ser observados:

a) conhecimentos prévia, em todos os casos em que fôr possível, por médico designado pela administração, da ausência de qualquer moléstia contagiosa e da aptidão física dos interessados para suportar o trabalho imposto e as condições em que será executado;

b) isenção do pessoal das escolas, alunos e professôres, assim como do pessoal administrativo em geral;

c) manutenção, em cada coletividade, de um número de homens adultos e válidos indispensáveis à vida familiar e social;

d) respeito aos vínculos conjugais e familiares.

2. Para os fins indicados na alínea c) acima, a regulamentação prevista no artigo 23 da presente convenção fixará a proporção de Indivíduos da população permanente masculina e válida que poderá ser convocada a qualquer tempo, sem, entretanto, que essa proporção possa, em caso algum, ultrapassar 25 por cento dessa população. Fixando essa proporção, as autoridades competentes deverão Ter em conta a densidade da população, e desenvolvimento social e físico dessa população, a época do ano e os trabalhos que devem ser executados pelos interessados no lugar e por sua própria conta; de um modo geral, elas deverão respeitar as necessidades econômicas e sociais da vida normal da coletividade interessada.

Artigo 12

1. O período máximo durante o qual um indivíduo qualquer poderá ser submetido a trabalho forçado ou obrigatório sob suas diversas formas, não deverá ultrapassar sessenta dias por período de doze meses, compreendidos nesse período os dias de viagem necessários para ir ao lugar de trabalho e voltar.

2. Cada trabalhador submetido ao trabalho forçado ou obrigatório deverá estar munido de certificado que indique os períodos de trabalho forçado e obrigatório que tiver executado.

Artigo 13

1. O número de horas normais de trabalho de tôda pessoa submetida a trabalho forçado ou obrigatório deverá ser o mesmo adotado para o trabalho livre, e as horas de trabalho executado além do período normal deverão ser renumeradas nas mesmas bases usuais para as horas suplementares dos trabalhadores livres.

2. Um dia de repouso semanal deverá ser concedido a tôdas as pessoas submetidas a qualquer forma de trabalho forçado ou obrigatório, e êsse dia deverá coincidir, tanto quanto possível, com o dia consagrado pela tradição ou pelos costumes do país ou região.

Artigo 14

1. Com exceção do trabalho previsto no artigo 10 da presente convenção, o trabalho forçado ou obrigatório sob tôdas as formas, deverá ser remunerado em espécie

e em bases que, pelo mesmo gênero de trabalho, não deverão ser inferiores aos em vigor na região onde os trabalhadores estão empregados, nem aos que vigorarem no lugar onde forma recrutados.

2. No caso do trabalho imposto por chefes no exercício de suas funções administrativas, o pagamento de salários nas condições previstas no parágrafo precedente deverá ser introduzido o mais breve possível.

3. Os salários deverão ser entregues a cada trabalhador individualmente, e não a ser chefe de grupo ou a qualquer outra autoridade.

4. Os dias de viagem para ir ao trabalho e voltar deverão ser contados no pagamento dos salários como dias de trabalho.

5. O presente artigo não terá por efeito impedir o fornecimento aos trabalhadores de rações alimentares habituais como parte do salário, devendo essas rações ser ao menos equivalentes à soma de dinheiro que se supõe representarem; mas nenhuma dedução deverá ser feita no salário, nem pagamento de impostos, nem para alimentação, vestuário ou alojamento especiais, que serão fornecidos aos trabalhadores para mantê-los em situação de continuar seu trabalho, considerando-se as condições especiais de seu emprêgo, nem pelo fornecimento de utensílios.

Artigo 15

1. Tôda legislação concernente à indenização por acidentes ou moléstias resultantes de trabalho e tôda legislação que prevê indenizações de pessoas dependentes de trabalhadores mortos ou inválidos, que estejam ou estiverem em vigor no território interessado, deverão se aplicar às pessoas submetidas ao trabalho forçado ou obrigatório nas mesmas condições dos trabalhadores livres.

2. De qualquer modo, tôda autoridade que empregar trabalhador em trabalho forçado ou obrigatório, deverá Ter a obrigação de assegurar a subsistência do dito trabalhador se um acidente ou uma moléstia resultante de seu trabalho tiver o efeito de torná-lo total ou parcialmente incapaz de prover às suas necessidades. Esta autoridade deverá igualmente ter a obrigação de tomar medidas para assegurar a manutenção de tôda pessoa efetivamente dependente do dito trabalhador em caso de incapacidade ou morte resultante do trabalho.

Artigo 16

1. As pessoas submetidas a trabalho forçado ou obrigatório não deverão, salvo em caso de necessidade excepcional, ser transferidas para regiões onde as condições de alimentação e de clima sejam de tal maneira diferentes das a que estão acostumadas que poderiam oferecer perigo para sua saúde.

2. Em caso algum, será autorizada tal transferência de trabalhadores sem que tôdas as medidas de higiene e de "habitat" que se impõe para sua instalação e para a proteção de sua saúde tenham sido estritamente aplicadas.

3. Quando tal transferência não puder ser evitada, deverão ser adotadas medidas que assegurem adaptação progressiva dos trabalhadores às novas condições de alimentação e de clima, depois de ouvido o serviço médico competente.

4. Nos casos em que os trabalhadores forem chamados a executar um trabalho regular ao qual não estão acostumados, deverão tomar-se medidas para assegurar a sua adatação a êsse gênero de trabalho, a disposição de repousos intercalados e a melhoria e aumento de rações alimentares necessárias.

Artigo 17

Antes de autorizar qualquer recurso ao trabalho forçado ou obrigatório para trabalhos de construção ou de manutenção que obriguem os trabalhadores a permanecerem nos locais de trabalho durante um período prolongado, as autoridades competentes deverão assegurar:

1) que tôdas as medidas necessárias foram tomadas para assegurar a higiene dos trabalhadores e garantir-lhes os cuidados médicos indispensáveis, e que, em particular: a) êsses trabalhadores passam por um exame médico antes de começar os trabalhos e se submetem a novos exames em intervalos determinados durante o período de emprêgo; b) foi previsto um pessoal médico suficiente, assim como dispensários, enfermarias, hospitais e material necessário para fazer face a tôdas as necessidades, e c) a boa higiene dos lugares de trabalho, o abastecimento de víveres, água, combustíveis e material de cozinha foram assegurados aos trabalhadores de maneira satisfatória, e roupas e alojamentos necessários foram previstos;

2) que foram tomadas medidas apropriadas para assegurar a subsistência da família do trabalhador, especialmente facilitando a entrega de parte do salário a

ela, por um processo seguro, com o consentimento ou pedido do trabalhador;

3) que as viagens de ida e volta dos trabalhadores ao lugar do trabalho serão asseguradas pela administração sob sua responsabilidade e à sua custa, e que a administração facilitará essas viagens, utilizando, na medida de transportes disponíveis;

4) que, em caso de enfermidade ou acidente do trabalhador que acarrete incapacidade de trabalho durante certo tempo, o repatriamento do trabalhador será assegurado às expensas da administração;

5) que todo trabalhador que desejar ficar no local como trabalhador livre, no fim do período de trabalho forçado ou obrigatório, terá permissão para fazê-lo, sem perder, durante um período de repatriamento gratuito.

Artigo 18

1. O trabalho forçado ou obrigatório para o transporte de pessoas ou mercadorias, tais como o trabalho de carregadores ou barqueiros, deverá ser suprimido o mais brevemente possível e, esperando essa providência, as autoridades competentes deverão baixar regulamentos fixando, especialmente:

a) a obrigação de não utilizar êsse trabalho a não ser para facilitar o transporte de funcionários da administração no exercício de suas funções ou o transporte do material da administração, ou, em caso de necessidade absolutamente urgente, o transporte de outras pessoas que não sejam funcionários;

b) a obrigação de não empregar em tais transportes senão homens reconhecidos fisicamente aptos para êsse trabalho em exame médico anterior, nos casos que isso fôr possível; quando não o fôr, a pessoa que empregar essa mão de obra deverá assegurar, sob sua responsabilidade, que os trabalhadores empregados possuem a aptidão física necessária e não sofram moléstias contagiosas;

c) a carga mínima a ser levada por êsses trabalhadores;

d) o percurso máximo que poderá ser imposto a êsses trabalhadores, do local de sua residência;

e) o número máximo de dias por mês ou por qualquer outro período durante o qual êsses trabalhadores poderão ser requisitados, incluídos nesse número os dias da viagem de volta;

f) as pessoas autorizadas a recorrer a essa forma de trabalho forçado ou obrigatório, assim como até que ponto elas têm direito de recorrer a êsse trabalho.

2. Fixando os máximos mencionados nas alíneas c) d) e e) do parágrafo precedente, as autoridades competentes deverão ter em conta os diversos elementos a considerar, notadamente a aptidão física da população que deverá atender à requisição a natureza do itinerário a ser percorrido, assim como as condições climáticas.

3. As autoridades competentes deverão, outrossim, tomar medidas para que o trajeto diário normal dos carregadores não ultrapasse distância correspondente à duração média de um dia de trabalho de oito horas, ficando entendido que, para determiná-la, dever-se-á levar em conta, não somente a carga a ser percorrida, mas ainda, o estado da estrada, a época do ano e todos os outros elementos a considerar; se fôr necessário impor horas de marcha suplementares aos carregadores, estas deverão ser remuneradas em bases mais elevadas do que as normais.

Artigo 19

1. As autoridades competentes não deverão autorizar o recurso às culturas obrigatórias a não ser com o fim de prevenir fome ou a falta de produtos alimentares e sempre com a reserva de que as mercadorias assim obtidas constituirão propriedade dos indivíduos ou da coletividade que os tiverem produzido.

2. O presente artigo não deverá tornar sem efeito a obrigação dos membros da coletividade de se desobrigarem do trabalho imposto, quando a produção se achar organizada segundo a lei e o costume, sôbre base comunal e quando os produtos ou benefícios provenientes da venda ficarem como propriedade da coletividade.

Artigo 20

As legislações que prevêem repressão coletiva aplicável a uma coletividade inteira por delitos cometidos por alguns dos membros, não deverão estabelecer trabalho forçado ou obrigatório para uma coletividade como um dos métodos de repressão.

Artigo 21

Não se aplicará o trabalho forçado ou obrigatório para trabalhos subterrâneos em minas.

Artigo 22

Os relatórios anuais que os Membros que retificam a presente convenção, se comprometem a apresentar à Repartição Internacional do Trabalho, conforme as

disposições do artigo 22, da Constituição da organização Internacional do trabalho, sôbre as medidas por êles tomadas para pôr em vigor as disposições da presente convenção, deverão conter as informações mais completas possíveis, para cada território interessado, sôbre o limite da aplicação do trabalho forçado ou obrigatório nesse território, assim como os pontos seguintes: para que fins foi executado êsse trabalho; porcentagem de enfermidades e de mortalidade; horas de trabalho; métodos de pagamento dos salários e totais dêstes; assim como quaisquer outras informações a isso pertinentes.

Artigo 23

1. Para pôr em vigor a presente convenção, as autoridades competentes deverão promulgar uma regulamentação completa e precisa sôbre o emprêgo do trabalho forçado ou obrigatório.

2. Esta regulamentação deverá conter, notadamente, normas que permitam a cada pessoa submetida a trabalho forçado ou obrigatório apresentar às autoridades tôdas as reclamações relativas às condições de trabalho e lhes dêem garantias de que essas reclamações serão examinadas e tomadas em consideração.

Artigo 24

Medidas apropriadas deverão ser tomadas em todos os casos para assegurar a estreita aplicação dos regulamentos concernentes ao emprêgo do trabalho forçado ou obrigatório, seja pela extensão ao trabalho forçado ou obrigatório das atribuições de todo organismo de inspeção já criado para a fiscalização do trabalho livre, seja por qualquer outro sistema conveniente. Deverão ser igualmente tomadas medidas no sentido de que êsses regulamentos sejam levados ao conhecimento das pessoas submetidas ao trabalho forçado ou obrigatório.

Artigo 25

O fato de exigir ilegalmente o trabalho forçado ou obrigatório será passível de sanções penais, e todo Membro que ratificar a presente convenção terá a obrigação de assegurar que as sanções impostas pela lei são realmente eficazes e estritamente aplicadas.

Artigo 26

1. Todo Membro da Organização Internacional do Trabalho que ratifica a presente convenção, compromete-se a aplicá-la aos territórios submetidos à sua soberania, jurisdição, proteção, suserania, tutela ou autoridade, na medida em que êle tem o direito de subscrever obrigações referentes a questões de jurisdição interior. Entretanto, se o Membro quer se prevalecer das disposições do artigo 35 da Constituição da Organização Internacional do Trabalho, deverá acompanhar sua ratificação de declaração estabelecendo:

1) os territórios nos quais pretende aplicar integralmente as disposições da presente convenção;

2) os territórios nos quais pretende aplicar as disposições da presente convenção com modificações e em que consistem as ditas modificações;

3) os territórios para os quais reserva sua decisão.

2. A declaração acima mencionada será reputada parte integrante da ratificação e terá idênticos efeitos. Todo Membro que formular tal declaração terá a faculdade de renunciar, em nova declaração, no todo em parte, às reservas feitas, em virtude das alíneas 2 e 3 acima, na sua declaração anterior.

Artigo 27

As ratificações oficiais da presente convenção nas condições estabelecidas pela Constituição da Organização Internacional do Trabalho serão comunicadas ao Diretor Geral da Repartição Internacional do Trabalho e por êle registradas.

Artigo 28

1. A presente convenção não obrigará senão os Membros da Organização Internacional do Trabalho cuja ratificação tiver sido registrada na Repartição Internacional do Trabalho.

2. Ela entrará em vigor doze meses depois que as ratificações de dois Membros tiverem sido registradas pelo Diretor Geral.

3. em seguida, esta convenção entrará em vigor para cada Membro doze meses depois da data em que sua ratificação tiver sido registrada.

Artigo 29

Logo que as ratificações de dois Membros da Organização Internacional do Trabalho tiverem sido registradas na repartição Internacional do Trabalho, o Diretor Geral da Repartição notificará o fato a todos os Membros da Organização Internacional do Trabalho. Será também notificado o registro das ratificações que lhe forem ulteriormente comunicadas por todos os outros Membros da Organização.

Artigo 30

1. Todo Membro que tiver ratificado a presente convenção pode denunciá-la no fim de um período de dez anos depois da data da entrada em vigor incial da convenção, por ato comunicado, ao Diretor Geral da Repartição Internacional do Trabalho e por êle registrado. Essa denúncia não se tornará efetiva senão um ano depois de registrada na Repartição Internacional do Trabalho.

2. Todo Membro que, tendo ratificado a presente convenção, no prazo de um ano, depois da expiração do período de 10 anos mencionado no parágrafo precedente, não fizer uso da faculdade de denúncia prevista no presente artigo, está comprometido por um novo período de cinco anos, e em seguida poderá denunciar a presente convenção no fim de cada período de cinco anos nas condições previstas no presente artigo.

Artigo 31

No fim de cada período de cinco anos a contar da entrada em vigor da presente convenção, o Conselho de Administração da Repartição Internacional do Trabalho deverá apresentar à Conferência Geral relatório sôbre a aplicação da presente convenção e decidirá de oportunidade de inscrever na ordem do dia da Conferência a questão da sua revisão total parcial.

Artigo 32

1. No caso de a Conferência geral adotar nova convenção de revisão total ou parcial da presente convenção, a ratificação por um membro da nova convenção de revisão acarretará de pleno direito denúncia da presente convenção, sem condições de prazo, não obstante o artigo 30 acima, contanto que nova convenção de revisão tenha entrado em vigor.

2. A partir da data da entrada em vigor da nova convenção de revisão, a presente convenção cessará de estar aberta à ratificação dos Membros.

3. A presente convenção ficará entretanto, em vigor na sua forma e teor para os Membros que tiverem ratificado e não ratificarem a nova convenção de revisão.

Artigo 33

Os textos francês e inglês da presente convenção farão fé.

O texto precedente é o texto autêntico da Convenção sôbre trabalho forçado, de 1930, tal qual foi modificada pela Convenção de revisão dos artigos finais, de 1946.

O texto original da convenção foi autenticado em 25 de julho, 1930, pelas assinaturas de M. E. Mahnaim, Presidente da Conferência, e de M. Albert Thomas, Diretor da Repartição Internacional do Trabalho.

A Convenção entrou em vigor inicialmente em 1º de maio de 1932.

Em fé do que autentiquei, com minha assinatura de acôrdo com as disposições do Artigo 6º da Convenção de revisão dos artigos finais, de 1946, nêste trigésimo primeiro dia de agôsto de 1948, dois exemplares originais do texto da convenção tal qual foi modificada. – Edward Phelan – Diretor Geral da repartição Internacional do trabalho.

O texto da Convenção presente é cópia exata do texto autenticado pela assinatura do Diretor geral da repartição Internacional do trabalho.

Cópia certificada para o Diretor Geral da Repartição Internacional do Trabalho – C. W. Jenks – Consultor Jurídico da Repartição Internacional do Trabalho.

(...)

CONVENÇÃO 42

RELATIVA À INDENIZAÇÃO DAS MOLÉSTIAS PROFISSIONAIS

▶ Aprovada pelo Decreto Legislativo 9, de 22.12.1935 e promulgada em 12.1.1937.

A Conferência Geral da Organização Internacional do Trabalho:

Convocada em Genebra pelo Conselho de Administração da Repartição Internacional do Trabalho, e reunida em dita cidade a 4 de junho de 1934, em sua décima oitava reunião;

Depois de haver decidido adotar diversas proposições relativas à reunião parcial da Convenção adotada pela Conferência em sua sétima reunião sobre indenização das enfermidades profissionais, questão que constitui o quinto ponto da ordem do dia da reunião, e

Considerando que ditas proposições devem revestir a forma de uma Convenção Internacional.

Adota, com data de 21 de junho de 1934, a seguinte Convenção, que poderá ser citada como 'Convenção sobre Enfermidades Profissionais (Revista) 1934'.

Artigo 1º

1. Todo Membro da Organização Internacional do Trabalho que ratifique a presente Convenção obriga-se a garantir às vítimas de enfermidades profissionais, ou a quem tiver seus direitos, uma indenização baseada nos princípios gerais da legislação nacional sobre indenização por acidentes de trabalho.

2. A taxa dessa indenização não será inferior à que estabeleça a legislação nacional pelo dano resultante dos acidentes de trabalho. Com reserva desta disposição, cada Membro terá liberdade de adotar as modificações e adaptações que estime oportunas, ao determinar em sua legislação nacional as condições que hão de regular o pagamento de indenização por enfermidades profissionais e ao aplicar às mesmas sua legislação sobre indenização por acidente de trabalho.

Artigo 2º

Todo Membro da Organização Internacional do Trabalho que ratifique a presente Convenção obriga-se a considerar como enfermidades profissionais às intoxicações produzidas pelas substâncias incluídas no quadro seguinte quando ditas enfermidades ou intoxicações afetem aos trabalhadores pertencentes às indústrias, profissões ou operações correspondentes em dito quadro, e resultem do trabalho em uma empresa sujeita à legislação nacional.

Lista de enfermidades e substâncias tóxicas.

Lista de profissões, indústrias ou operações correspondentes.

Tratamento de minerais que contenham chumbo, incluídas as cinzas plumbíferas das fábricas em que se obtém o zinco.

Fusão de zinco velho e do chumbo em lingotes (galápogos).

Fabricação de objetos de chumbo ou de ligas plumbíferas.

Intoxicação produzida pelo chumbo, suas ligas ou seus compostos, com as conseqüências diretas de dita intoxicação.

Indústrias poligráficas.

Fabricação dos compostos de chumbo.

Fabricação e reparação de acumuladores.

Preparação e emprego de esmaltes que contenham chumbo.

Polimento por meio de limaduras de chumbo ou de pós plumbíferos.

Trabalhos de pintura que compreendem a preparação ou a manipulação de produtos destinados a emplastar massa ou tintas que contenham pigmentos de chumbo.

Tratamento de minerais de mercúrio.

Fabricação de compostos de mercúrio.

Intoxicação produzida pelo mercúrio, seus amálgamas e compostos, com as conseqüências diretas de dita intoxicação.

Fabricação de aparelhos de medir e de laboratórios.

Preparação de matérias-primas para chapelaria.

Douração a fogo.

Emprego de bombas de mercúrio para fabricação de lâmpadas incandescentes.

Fabricação de pistões com fulminato de mercúrio.

Infecção carbunculosa.

Operários que estejam em contato com animais carbunculosos.

Manipulação de despojos de animais.

Carga, descarga ou transporte de mercadorias.

A silicose, com ou sem tuberculose pulmonar, sempre que a silicose seja causa determinante da incapacidade ou morte.

Indústrias ou operações que a legislação nacional considere expostas aos riscos da silicose.

Intoxicação produzida pelo fósforo ou seus compostos, com as conseqüências diretas desta intoxicação.

Todas as operações da produção, separação ou utilização do fósforo e seus compostos.

Intoxicação produzida pelo arsênico ou seus compostos, com as conseqüências diretas desta intoxicação.

Todas as operações de produção, separação ou utilização do arsênico ou de seus compostos.

Intoxicação produzida pelo benzeno ou seus homólogos, derivados nitrosos e amínicos, com as conseqüências diretas desta intoxicação.

Todas as operações de produção, separação ou utilização do benzeno, ou de seus homólogos, ou ainda de seus derivados nitrosos e amínicos.

Intoxicação produzida pelos derivados halógenos dos hidrocarbonetos graxos.

Todas as operações de produção, separação ou utilização dos derivados halógenos dos hidrocarbonetos graxos, designados pela legislação nacional.

Transtornos patológicos devidos:

a) ao rádio e outras substâncias;

b) aos raios X.

Todas as operações que exponham à ação do rádio, das substâncias radioativas ou dos raios X.

Epiteliomas primitivos da pele.

Todas as operações de manipulação ou emprego de alcatrão, breu, betume, azeites, minerais, parafina, ou de compostos, produtos ou resíduos destas substâncias.

Artigo 3º

As ratificações oficiais da presente convenção nas condições estabelecidas pela Constituição da Organização Internacional do Trabalho, serão comunicadas ao Diretor-Geral da Repartição Internacional do Trabalho e por ele registradas.

Artigo 4º

1. A presente convenção não obrigará senão aos Membros da Organização Internacional do Trabalho cuja ratificação tiver sido registrada na Repartição Internacional do Trabalho.

2. Ela entrará em vigor doze meses depois da data na qual as ratificações de dois Membros forem registradas pelo Diretor-Geral.

3. Em seguida, esta convenção entrará em vigor para cada Membro doze meses depois da data em que sua ratificação tiver sido registrada.

Artigo 5º

Logo que as ratificações de dois Membros da Organização Internacional do Trabalho tiverem sido registradas na Repartição Internacional do Trabalho, o Diretor-Geral da Repartição Internacional do Trabalho notificará o fato a todos os Membros da Organização Internacional do Trabalho.

Notificará igualmente o registro das ratificações que lhe forem ulteriormente comunicadas por todos os Membros da Organização.

Artigo 6º

1. Todo Membro que tenha ratificado esta Convenção poderá denunciá-la no término de um período de 5 anos, a partir da data em que se tenha inicialmente posto em vigor mediante ato comunicado para seu registro, ao Diretor-Geral da Repartição Internacional do Trabalho. A denúncia não surtirá efeito até um ano depois de seu registro na Repartição Internacional do Trabalho.

2. Todo Membro que tenha ratificado esta Convenção e que no prazo de um ano, depois da expiração do período de cinco anos mencionado no parágrafo precedente, não faça uso do direito de denúncia previsto neste artigo ficará obrigado durante novo período de cinco anos, e, sucessivamente, poderá denunciar esta Convenção no fim de cada período de cinco anos, nas condições previstas neste artigo.

Artigo 7º

Cada vez que julgar necessário, o Conselho de Administração da Repartição Internacional do Trabalho apresentará à Conferência Geral um relatório sobre a aplicação da presente convenção e examinará se é necessário inscrever na ordem do dia da Conferência a questão da sua revisão total ou parcial.

Artigo 8º

1. No caso de a Conferência Geral adotar nova convenção de revisão total ou parcial da presente convenção a ratificação por um Membro da nova convenção de revisão acarretará, de pleno direito, denúncia da presente convenção, sem condições de prazo, não obstante o art. 30 acima, contanto que nova convenção da revisão tenha entrado em vigor.

2. A partir da data da entrada em vigor da nova convenção de revisão, a presente convenção cessará de estar aberta à ratificação dos Membros.

3. A presente convenção ficará, entretanto, em vigor na sua forma e teor para os Membros que a tiverem ratificado e não ratificaram a nova convenção de revisão.

Artigo 9º

Os textos francês e inglês da presente Convenção farão fé.

(...)

CONVENÇÃO 95

CONCERNENTE À PROTEÇÃO DO SALÁRIO ADOTADA PELA CONFERÊNCIA EM SUA TRIGÉSIMA SEGUNDA SESSÃO – GENEBRA 1º DE JULHO DE 1949

▶ Aprovada pelo Decreto Legislativo 24, de 29.5.1956; e promulgada em 25.6.1957.

A Conferência geral da Organização Internacional do Trabalho,

Convocada em Genebra pelo Conselho de administração da Repartição Internacional do Trabalho e aí se tendo reunido em 8 de junho de 1949, em sua trigésima segunda sessão,

Depois de haver decidido adotar diversas proposições relativas à proteção do salário, questão que constitui o sétimo ponto na ordem do dia da sessão,

Depois de haver decidido que essas proposições tomariam a forma de uma convenção internacional,

Adota, neste primeiro dia de julho de mil novecentos e quarenta e nove, a convenção seguinte, que será denominada Convenção para proteção do salário, de 1949.

Artigo 1º

Para os fins da presente convenção, o termo "salário" significa, qualquer que seja a denominação ou o modo de cálculo, a remuneração ou os ganhos susceptíveis de serem avaliados em espécie ou fixados por acôrdo ou pela legislação nacional, que são devidos em virtude de um contrato de aluguel de serviços, escrito ou verbal, por um empregador a um trabalhador, seja por trabalho efetuado, ou pelo que deverá ser efetuado, seja por serviços prestados ou que devam ser prestados.

Artigo 2º

1. A presente convenção se aplica a tôdas as pessoas ás quais um salário é pago ou pagável.

2. A autoridade competente, depois de consulta às organizações de empregadores e de trabalhadores, onde essas organizações existem, e estão diretamente interessadas, poderá excluir da aplicação do todo ou de certas disposições da presente convenção, as categorias de pessoas que trabalham em circunstâncias e em condições de empregos tais que a aplicação de todas ou de certas das ditas disposições não seria conveniente, e que não são empregadas em trabalhos manuais, ou que são empregadas em serviços domésticos ou ocupações analógicas.

3. Cada membro deve indicar, no seu primeiro relatório anual sôbre a aplicação da presente convenção, que deve ser apresentado em virtude do Artigo 22 da Constituição da Organização Internacional do Trabalho, tôda categoria de pessoas que se proponha a excluir da aplicação de tôdas ou de uma das disposições da convenção de conformidade com os termos do parágrafo precedente. Posteriormente, nenhum Membro poderá proceder a exclusões, salvo no que concerne às categorias de pessoas assim indicadas.

4. Cada Membro que tiver indicado no seu primeiro relatório anual as categorias de pessoas que se proponha a excluir da aplicação de tôdas ou de uma das disposições da presente convenção deve indicar, em seus relatórios ulteriores, as categorias de pessoas para as quais renuncia ao direito de recorrer às disposições do parágrafo 2º do presente artigo, e qualquer progresso que possa ter havido na possibilidade de aplicação da presente convenção a essas categorias de pessoas.

Artigo 3º

1. Os salários pagáveis em espécie serão pago exclusivamente em moeda de curso legal, o pagamento sob forma de ordem de pagamento, bônus, cupons ou sob tôda qualquer outra forma que se suponha representar a moeda de curso legal, será proibida.

2. A autoridade competente poderá permitir ou prescrever o pagamento do salário em cheque contra um banco ou em cheque ou vale postal, quando êsse modo de pagamento fôr de prática corrente ou necessário em razão de circunstâncias especiais, quando uma convenção coletiva ou uma sentença arbitral o determinar, ou quando, apesar de tais disposições, o trabalhador interessado consentir.

Artigo 4º

1. A legislação nacional, as convenções coletivas ou as sentenças arbitrais podem permitir o pagamento parcial do salário em espécie nas indústrias ou nas profissões em causa. O pagamento do salário sob forma de bebidas alcoólicas ou de drogas nocivas não será admitido em caso algum.

2. Nos casos em que o pagamento parcial do salário em espécie é autorizado, serão tomadas medidas apropriadas para que:

a) as prestações em espécie sirvam para o uso pessoal do trabalhador e de sua família e lhes tragam benefício;

b) o valor atribuído a essas prestações seja justo e razoável.

Artigo 5º

O salário será pago diretamente ao trabalhador interessado, a menos que a legislação nacional; uma convenção coletiva ou uma sentença arbitral disponha diferentemente ou que o trabalhador interessado aceite outro processo.

Artigo 6º

Fica o empregador proibido de restringir a liberdade do trabalhador de dispor de seu salário da maneira que lhe convier.

Artigo 7º

1. Quando em uma emprêsa fôrem instaladas lojas para vender mercadorias aos trabalhadores ou serviços a ela ligados e destinados a fazer-lhes fornecimento, nenhum pressão será exercida sôbre os trabalhadores interessados para que êle façam uso dessas lojas ou serviços

2. Quando o acesso a outras lojas ou serviços não fôr possível, a autoridade competente tomará medidas apropriadas no sentido de obter que as mercadorias sejam vendidas e que os serviços sejam fornecidos a preços justos e razoáveis ou que as lojas ou serviços estabelecidos pelo empregador não seja explorados com fins lucrativos, mas sim no interêsse dos trabalhadores.

Artigo 8º

1. Descontos em salários não serão autorizados, senão sob condições e limites prescritos pela legislação nacional ou fixados por convenção coletiva ou sentença arbitral.

2. Os trabalhadores deverão ser informados, da maneira que a autoridade competente considerar mais apropriada, das condições e limites nos quais tais descontos puderem ser efetuados.

Artigo 9º

Fica proibido qualquer desconto dos salários cuja finalidade seja assegurar pagamento direto ou indireto do trabalhador ao empregador, a representante dêste ou a qualquer intermediário (tal como um agente encarregado de recrutar a mão de obra), com o fim de obter ou conservar um emprêgo.

Artigo 10

1. O salário não poderá ser objeto de penhora ou cessão, a não ser segundo as modalidades e nos limites prescritos pela legislação nacional.

2. O salário deve ser protegido contra a penhora ou a cessão na medida julgada necessária para assegurar a manutenção do trabalhador e de sua família.

Artigo 11

1. Em caso de falência ou de liquidação judiciária de uma emprêsa, os trabalhadores seus empregados serão tratados como credores privilegiados, seja pelos salários que lhes são devidos a título de serviços prestados no decorrer de período anterior à falência ou à liquidação e que será prescrito pela legislação nacional, seja pelos salários que não ultrapassem limite prescrito pela legislação nacional.

2. O salário que constitua crédito privilegiado será pago integralmente antes que os credores comuns possam reivindicar sua parte.

3. A ordem de prioridade do crédito privilegiado constituído pelo salário, em relação aos outros créditos privilegiados, deve ser determinada pela legislação nacional.

Artigo 12

1. O salário será pago em intervalos regulares. A menos que haja outras combinações satisfatórias que assegurem o pagamento do salário com intervalos regulares, os intervalos nos quais o salário deve ser pago serão prescritos pela legislação nacional fixados por convenção coletiva ou sentença arbitral.

2. Quando o contrato de trabalho terminar, a fixação, final da totalidade do salário devido será feita de conformidade com a legislação nacional, com alguma convenção coletiva ou uma sentença arbitral, ou, na falta de tal legislação, convenção ou sentença, dentro de um prazo razoável, tendo-se em vista as disposições do contrato.

Artigo 13

1. O pagamento do salário, quando feito em espécie, será efetuado somente nos dias úteis, e no local do trabalho ou na proximidade dêste, a menos que a legislação nacional, uma convenção coletiva ou uma sentença arbitral disponham diferentemente ou que outras soluções do conhecimento dos trabalhadores interessados pareçam mais apropriadas.

2. Fica proibido o pagamento do salário em bares ou estabelecimentos similares e, se necessário prevenir abusos, nos estabelecimentos de venda a varejo e nas casas de diversão, salvo quando se trate de pessoas ocupadas nesses estabelecimentos.

Artigo 14

Se fôr o caso, serão tomadas medidas eficazes com o fim de informar os trabalhadores de maneira apropriada e facilmente compreensível:

a) das condições de salário que lhes serão aplicáveis, antes que êles sejam admitidos em um emprêgo, ou quando houver quaisquer mudanças nessas condições;

b) quando do pagamento do salário, dos elementos que constituem seu salário pelo período de paga considerando, da medida em que êsses elementos não suscetíveis de variar.

Artigo 15

A legislação que tornar as disposições efetivas as disposições da presente convenção deve:

a) ser levada ao conhecimento dos interessados;

b) indicar pessoas encarregadas de assegurar sua execução;

c) prescrever as sanções apropriadas em caso de infração;

d) estabelecer, em todos os casos previstos, registros em dia, segundo forma e método apropriados.

Artigo 16

Os relatórios anuais que devem ser apresentados nos têrmos do Artigo 22 da Constituição da Organização Internacional do Trabalho, conterão informações completas sôbre as medidas que tornem efetivas as disposições da presente convenção.

Artigo 17

1. Quando o território de um Membro compreende extensas regiões onde, em razão da pouca densidade da população ou do estado de seu desenvolvimento, a autoridade competente considera impraticáveis as disposições da presente convenção, ela pode, depois de consultar as organizações de empregadores e de trabalhadores interessados, onde tais organizações existam, isentar as ditas regiões da aplicação da convenção, seja de maneira geral, seja com as exceções que julgar apropriadas em relação a certas emprêsas ou a certos trabalhos.

2. Todo membro deverá indicar, em seu primeiro relatório anual sôbre a aplicação da presente convenção, que será apresentado, em virtude do Artigo 22 da Constituição da Organização Internacional do Trabalho, tôdas as regiões nas quais se propõe a recorrer às disposições do presente artigo, e deve dar razões por que se propõe recorrer a elas. Posteriormente, nenhum Membro poderá recorrer às disposições do presente artigo, salvo no que concerne às regiões que tenha assim indicado.

3. Todo Membro que recorrer às disposições do presente Artigo deverá reconsiderar, com intervalos que não excedam de três anos consultando as organizações de empregadores e de empregados interessados, onde tais organizações existem, a possibilidade de estender a aplicação da presente convenção às regiões isentas em virtude do parágrafo 1º.

Artigo 18

As ratificações formais da presente convenção serão comunicadas ao Diretor Geral da Repartição Internacional do Trabalho e por êle registradas.

Artigo 19

1. A presente convenção não obrigará senão os Membros da Organização Internacional do Trabalho cuja ratificação tiver sido registrada pelo Diretor Geral.

2. Ela entrará a em vigor doze meses depois que as ratificações de dois Membros tiverem sido registradas pelo Diretor Geral.

3. Posteriormente, esta convenção entrará em vigor para cada Membro doze meses depois da data em que sua ratificação tiver sido registrada

Artigo 20

1. As declarações que forem comunicadas ao Diretor Geral da Repartição Internacional do Trabalho de conformidade com o parágrafo 2º do Artigo 35 da Constituição da Organização Internacional do Trabalho deverão indicar:

a) os territórios nos quais o Membro interessado se compromete a aplicar, sem modificação, as disposições da convenção;

b) os territórios nos quais êle se compromete a aplicar as disposições da convenção com modificações, e em que consistem essas modificações;

c) os territórios aos quais a convenção é inaplicável e, nesse caso as razões pelas quais ele é inaplicável;

d) os territórios para os quais reserva sua decisão, esperando exame mais aprofundado da respectiva situação.

2. Os compromissos mencionados nas alíneas a e b do parágrafo primeiro do presente artigo, serão reputados partes integrantes da ratificação e produzirão idênticos efeitos.

3. Todo Membro poderá renunciar, em nova declaração, no todo ou em parte, às reservas contidas em sua declaração anterior em virtude das alíneas b, c e d, do parágrafo primeiro do presente artigo.

4. Todo Membro poderá, durante os períodos no curso dos quais a presente convenção pode ser denunciada de conformidade com as disposições do Artigo 22, comunicar ao Diretor Geral nova declaração modificando em qualquer outro ponto os têrmos de qualquer declaração anterior e esclarecendo a situação dos territórios que especificar.

Artigo 21

1. As declarações comunicadas ao Diretor Geral da Repartição Internacional do Trabalho de conformidade com os parágrafos 4º e 5º do Artigo 35 da Constituição da Organização Internacional do Trabalho devem indicar se as disposições da convenção serão aplicadas no território, com ou sem modificações; quando a declaração indicar que as disposições da convenção serão aplicadas sob reserva de modificações, ela deve especificar em que consistem as ditas modificações.

2. O Membro ou os Membros ou a autoridade internacional interessados poderão renunciar, inteira ou parcialmente, em declaração ulterior, ao direito de invocar modificação indicada em declaração anterior.

3. O Membro ou os Membros ou a autoridade internacional interessados poderão, durante os períodos no curso dos quais a convenção pode ser denunciada de conformidade com as disposições do Artigo 22, comunicar ao Diretor Geral nova declaração modificando, em qualquer outro ponto, os têrmos de qualquer declaração anterior e esclarecendo a situação no que concerne à aplicação desta convenção.

Artigo 22

1. Todo Membro que tiver ratificado a presente convenção pode denunciá-la à expiração de um prazo de dez anos após a data da entrada em vigor inicial da convenção, por ato comunicado ao Diretor Geral da Repartição Internacional do Trabalho e por êle registrado. Tal denúncia não terá efeito senão um ano depois de registrada.

2. Todo Membro que, tendo ratificado a presente convenção, dentro do prazo de um ano depois da expiração do período de dez anos mencionado no parágrafo precedente, não fizer uso da faculdade de denúncia prevista pelo presente artigo, estará comprometido para um novo período de 10 anos e, posteriormente poderá denunciar a presente convenção à expiração de cada período de dez anos nas condições previstas no presente artigo.

Artigo 23

1. O Diretor Geral da Repartição Internacional do Trabalho notificará a todos os Membros da Organização Internacional do Trabalho o registro de tôdas as ratificações, declarações e denúncias que lhe forem comunicadas pelos Membros da Organização.

2. Notificando aos Membros da Organizada o registro da segunda ratificação que lhe fôr comunicada, o Diretor Geral chamará a atenção dos Membros da Organização para a data da entrada em vigor da presente convenção.

Artigo 24

O Diretor Geral da Repartição Internacional do Trabalho enviará ao Secretário Geral das Nações Unidas, para fins de registro, de conformidade com o Artigo 102 da Carta das Nações Unidas, informações completas a respeito de tôdas as ratificações, declarações e atos de denúncia que tenha registrado de conformidade com os artigos precedentes.

Artigo 25

À expiração de cada período de dez anos, a contar da entrada em vigor da presente convenção, o Conselho de Administração da Repartição Internacional do Trabalho deverá apresentar a Conferência Geral um relatório sôbre a aplicação da presente convenção e decidirá, se fôr o caso, inscrever na ordem do dia da Conferência a questão de sua revisão total ou parcial.

Artigo 26

1. No caso de a Conferência adotar uma nova convenção de revisão total ou parcial da presente convenção, e a menos que a nova convenção disponha diferentemente:

a) a ratificação por um Membro da nova convenção de revisão provocará, de pleno direito, não obstante o Artigo 22 acima, denúncia imediata da presente convenção quando a nova convenção de revisão tiver entrado em vigor;

b) a partir da data da entrada em vigor da nova convenção de revisão, a presente convenção cessará de estar aberta à ratificação dos Membros.

2. A presente convenção ficará, em qualquer caso, em vigor, na forma e no conteúdo, para os Membros que a tiverem ratificado e que não tiverem ratificado a convenção de revisão.

Artigo 27

A versão francesa e a inglêsa do texto da presente convenção fazem igualmente fé.

O texto precedente é o texto autêntico da convenção devidamente adotada pela Conferência Geral da Organização Internacional do Trabalho, em sua trigésima segunda sessão, realizada em Genebra e declarada encerrada em 2 de julho de 1949.

Em fé do que apuseram suas assinaturas, neste décimo oitavo dia de agôsto de 1949:

O Presidente da Conferência – Guildhaume Myrddin-Evans.

O texto da presente Convenção é cópia exata do texto autenticado pelas assinaturas do Presidente da Conferência Internacional do Trabalho e do Diretor Geral da Repartição Internacional do trabalho.

Cópia certificada conforme e completa pelo Diretor Geral da Repartição Internacional do Trabalho – C. W Jenks, Consultor Jurídico da Repartição Internacional do Trabalho.

(...)

CONVENÇÃO 98

RELATIVA À APLICAÇÃO DOS PRINCÍPIOS DO DIREITO DE ORGANIZAÇÃO E DE NEGOCIAÇÃO COLETIVA

▶ Aprovada pelo Decreto Legislativo 49, de 27.8.1952; e promulgada em 29.6.1953.

A Conferência Geral de Organização Internacional do Trabalho,

Convocada em Genebra pelo Conselho de Administração da Repartição Internacional do Trabalho e tendo-se reunido a oito de julho de 1949, em sua Trigésima Segunda Sessão.

Após ter decidido adotar diversas proposições relativas à aplicação dos princípios do direito de organização e de negociação coletiva, questão que constitui o quarto ponto na ordem do dia sessão,

Após ter decidido que essas proposições tomariam a forma de uma convenção internacional,

Adota, a primeiro de julho de mil novecentos e quarenta e nove, a convenção seguinte, que será denominada Convenção relativa ao Direito de Organização e de Negociação Coletiva, 1949:

Artigo 1º

1. Os trabalhadores deverão gozar de proteção adequada contra quaisquer atos atentatórios à liberdade sindical em matéria de emprego.

2. Tal proteção deverá, particularmente, aplicar-se a atos destinados a:

a) subordinar o emprego de um trabalhador à condição de não se filiar a um sindicato ou de deixar de fazer parte de um sindicato;

b) dispensar um trabalhador ou prejudicá-lo, por qualquer modo, em virtude de sua filiação a um sindicato ou de sua participação em atividades sindicais, fora as horas de trabalho ou, com o consentimento do empregador, durante as mesmas horas.

Artigo 2º

1. As organizações de trabalhadores e de empregadores deverão gozar de proteção adequada contra quaisquer atos de ingerência de umas em outras, quer diretamente, quer por meio de seus agentes ou membros, em sua formação, funcionante e administração.

2. Serão particularmente identificadas a atos de ingerência, nos termos do presente artigo, medidas destinadas a provocar a criação de organizações de trabalhadores dominadas por um empregador ou uma organização de empregadores, ou a manter organizações de trabalhadores por meios financeiros ou outros, com o fim de colocar essas organizações sob o controle de um empregador ou de uma organização de empregadores.

Artigo 3º

Organismos apropriados às condições nacionais deverão, se necessário, ser estabelecidos para assegurar o respeito do direito de organização definido nos artigos precedentes.

Artigo 4º

Deverão ser tomadas, se necessário for, medidas apropriadas às condições nacionais para fomentar e promover o pleno desenvolvimento e utilização de meios de negociação voluntária entre empregadores ou organizações de empregadores e organizações de trabalhadores, com o objetivo de regular, por meio de convenções coletivas, os termos e condições de emprego.

Artigo 5º

1. A medida segundo a qual as garantias previstas pela presente Convenção se aplicarão às forças armadas e à polícia será determinada pela legislação nacional.

2. De acordo com os princípios estabelecidos no parágrafo 8 do artigo 19 da Constituição da Organização Internacional de Trabalho, a ratificação desta Convenção, por parte de um membro, não deverá ser considerada como devendo afetar qualquer lei, sentença, costume ou acordo já existentes que concedam aos membros das forças Armadas e da polícia garantias previstas pela presente Convenção.

Artigo 6º

A presente Convenção não trata da situação dos servidores públicos e não poderá ser interpretada como devendo prejudicar seus direitos ou seu estatuto.

Artigo 7º

As ratificações formais da presente Convenção serão transmitidos ao Diretor-Geral da Repartição Internacional do Trabalho e por ele registradas.

Artigo 8º

1. A presente Convenção obrigará somente os membros da Organização Internacional do Trabalho cujas ratificações tenham sido registradas pelo Diretor-Geral.

2. Entrará em vigor doze meses após serem registradas, pelo Diretor-Geral, as ratificações por parte de dois membros.

3. Posteriormente, esta Convenção entrará em vigor, para cada membro, doze meses após a data de registro de sua ratificação.

Artigo 9º

1. As declarações transmitidas ao Diretor-Geral da Repartição Internacional do Trabalho de acordo com o parágrafo 2 do artigo 35 da Constituição da Organização Internacional do Trabalho deverão estabelecer:

a) os territórios aos quais se compromete a aplicar as disposições da Convenção sem modificação;

b) os territórios aos quais se compromete a aplicar as disposições da Convenção com modificação e em que consistem tais modificações;

c) os territórios aos quais a Convenção é aplicável e, nesse caso, as razões pelas quais é ela inaplicável;

d) os territórios aos quais reserva sua decisão, à espera de exame mais profundo da situação com respeito aos mencionados territórios.

1. Os compromissos, mencionados nas alíneas a e b do parágrafo 1 do presente artigo serão considerados partes integrantes da ratificação e produzirão idênticos efeitos.

2. Qualquer membro poderá, por nova declaração, retirar, no todo ou em parte, as reservas contidas na sua declaração anterior em virtude das alínea b, c e d do parágrafo 1 do presente artigo.

3. Qualquer membro poderá, nos períodos durante os quais a presente Convenção pode ser denunciada de acordo com as disposições do artigo 11, transmitir ao Diretor-Geral uma nova declaração que modifique em qualquer outro sentido os termos de qualquer declaração anterior e estabeleça a situação relativamente a determinados territórios.

Artigo 10

1. As declarações transmitidas ao Diretor-Geral da Repartição Internacional do Trabalho de acordo com os parágrafos 4 e 5 do artigo 35 da Constituição da Organização Internacional Trabalho deverão indicar se as disposições da Convenção serão aplicadas no território, com ou sem modificações; quando a declaração indicar que as disposições da Convenção se aplicam sob reserva de modificações, ela deverá especificar em que consistem tais modificações.

2. O membro ou os membros ou a autoridade internacional interessados poderão, por uma declaração posterior, renunciar inteira ou parcialmente ao direito de invocar uma modificação indicada numa declaração anterior.

3. O membro ou os membros ou a autoridade internacional interessados poderão, nos períodos durante os quais a presente Convenção pode ser denunciada de acordo com as disposições do artigo 11, transmitir ao Diretor-Geral da Repartição Internacional do Trabalho uma nova declaração que modifique em qualquer outro sentido os termos de qualquer declaração anterior e estabeleça a situação no que se refere à aplicação desta Convenção.

Artigo 11

1. Todo membro que tenha ratificado a presente Convenção poderá denunciá-la ao expirar o prazo de dez anos, contando da data inicial da vigência da Convenção, por meio de um ato transmitido ao Diretor-Geral da Re-

partição Internacional do Trabalho e por ele registrado. A denúncia somente se tornará efetiva um ano após haver sido registrada.

2. Todo membro que tenha ratificado a presente Convenção e que, no prazo de um ano após o termo de período de dez anos, mencionado no parágrafo precedente, não houver feito uso da faculdade de denúncia prevista pelo presente artigo ficará ligado por um novo período dez anos e, posteriormente, poderá denunciar a presente Convenção ao termo de cada período de dez anos, nas condições previstas no presente artigo.

Artigo 12

1. O Diretor-Geral da Repartição Internacional do Trabalho notificará a todos os membros da Organização Internacional do Trabalho o registro de todas as ratificações, declarações e denúncias que lhe forem permitidas pelos membros da Organização.

2. Ao notificar ao membros da Organização o registro da Segunda ratificação que lhe tenha sido transmitida, o Diretor-Geral chamará a atenção dos membros da Organização para a data na qual a presente Convenção entrará em vigor.

Artigo 13

O Diretor Geral da Repartição Internacional do Trabalho transmitirá ao Secretário-Geral das Nações Unidas, para fins de registro, de acordo com o artigo 102 da Carta das Nações Unidas, informações completas a respeito de todas as ratificações, declarações e atos de denúncia que tenha sido registrado de acordo com os artigos precedentes.

Artigo 14

Ao termo de cada período de dez anos, contado da entrada em vigor da presente Convenção, o Conselho de Administração da Repartição Internacional do Trabalho dever apresentar à Conferência Geral um relatório sobre a aplicação da presente Convenção e decidirá da conveniência de ser inscrita na ordem do dia da Conferência a questão de sua revisão total ou parcial.

Artigo 15

1. Caso a Conferência adotar uma nova convenção que implique revisão total ou parcial da presente Convenção e a menos que a nova Convenção não disponha de outro modo:

a) a ratificação, por parte de um membro, da nova convenção revista acarretará do pleno direito, não obstante o artigo 11 acima, denúncia imediata da presente Convenção, desde que a nova convenção revista tenha entrada em vigor;

b) a partir da data da entrada em vigor da nova convenção revista, a presente Convenção cessará de estar aberta à ratificação por parte dos membros.

1. A presente Convenção permanecerá, entretanto, em vigor na sua forma e teor para os membros que houverem ratificado e que não ratificarem a convenção revista.

Artigo 16

As versões francesa e inglesa do texto da presente Convenção são igualmente autênticas.

O texto que precede é o texto autêntico da Convenção devidamente adotada pela Conferência Geral da Organização Internacional do Trabalho em sua Trigésima Segunda Sessão realizada em Genebra e declarada encerrada a 2 de julho de 1949.

Em fé de que, apuseram suas assinaturas, a dezoito de agosto de 1949.

O Presidente da Conferência,

Guildhaume Myrddin-Evans

O Diretor-Geral da Repartição Internacional do Trabalho,

David A. Morse.

(...)

CONVENÇÃO 132

CONVENÇÃO SOBRE FÉRIAS ANUAIS REMUNERADAS (REVISTA EM 1970)
▶ Aprovada pelo Decreto Legislativo 47, de 23.9.1981 e promulgada em 5 de outubro de 1999.

A Conferência geral da Organização Internacional do Trabalho, Convocada em Genebra pela Administração da Repartição Internacional do Trabalho, e tendo-se reunido em sua quinquagésima-quarta Sessão em 3 de junho de 1970, e

Tendo decidido adotar diversas propostas relativas a férias remuneradas, assunto que constitui o quarto item da agenda da sessão, e

Tendo determinado que estas propostas tomarão a forma de uma Convenção Internacional, adota, em 24 de junho de 1970, a seguinte Convenção que será denominada Convenção sobre Férias Remuneradas (revista), 1970:

Artigo 1°

As disposições da presente Convenção, caso não sejam postas em execução por meio de acordos coletivos, sentenças arbitrais ou decisões judiciais, seja por organismos oficiais de fixação de salários, seja por qualquer outra maneira conforme a prática nacional e considerada apropriada, levando-se em conta as condições próprias de cada país, deverão ser aplicadas através de legislação nacional.

Artigo 2°

1. A presente Convenção aplicar-se-á a todas as pessoas empregadas, à exceção dos marítimos.

2. Quando necessário, a autoridade competente ou qualquer órgão apropriado de cada país poderá, após consulta às organizações de empregadores e de trabalhadores interessadas, onde existirem, proceder à exclusão do âmbito da Convenção de categorias determinadas de pessoas empregadas, desde que sua aplicação cause problemas particulares de execução ou de natureza constitucional ou legislativa de certa importância.

3. Todo Membro que ratifique a Convenção deverá, no primeiro relatório sobre sua aplicação, o qual ele é obrigado a apresentar em virtude do Artigo 22 da Constituição da Organização Internacional do Trabalho, indicar, com base em motivos expostos, as categorias que tenham sido objeto de exclusão em decorrência do parágrafo 2 deste Artigo, e expor nos relatórios ulteriores o estado de sua legislação e de sua prática quanto às mencionadas categorias, precisando em que medida a Convenção foi executada ou ele se propõe a executar em relação às categorias em questão.

Artigo 3°

1. Toda pessoa a quem se aplique a presente Convenção terá direito a férias anuais remuneradas de duração mínima determinada.

2. Todo Membro que ratifique a Convenção deverá especificar a duração das férias em uma declaração apensa à sua ratificação.

3. A duração das férias não deverá em caso algum ser inferior a 3 (três) semanas de trabalho, por 1 (um) ano de serviço.

4. Todo Membro que tiver ratificado a Convenção poderá informar ao Diretor-geral da Repartição Internacional do Trabalho, por uma declaração ulterior, que ele aumenta a duração do período de férias especificado no momento de sua ratificação.

Artigo 4°

1. Toda pessoa que tenha completado, no curso de 1 (um) ano determinado, um período de serviço de duração inferior ao período necessário à obtenção de direito à totalidade das férias prescritas no Artigo terceiro acima terá direito, nesse ano, a férias de duração proporcionalmente reduzidas.

2. Para os fins deste Artigo o termo ano significa ano civil ou qualquer outro período de igual duração fixado pela autoridade ou órgão apropriado do país interessado.

Artigo 5°

1. Um período mínimo de serviço poderá ser exigido para a obtenção de direito a um período de férias remuneradas anuais.

2. Cabe à autoridade competente e ao órgão apropriado do país interessado fixar a duração mínima de tal período de serviço, que não poderá em caso algum ultrapassar 6 (seis) meses.

3. O modo de calcular o período de serviço para determinar o direito a férias será fixado pela autoridade competente ou pelo órgão apropriado de cada país.

4. Nas condições a serem determinadas pela autoridade competente ou pelo órgão apropriado de cada país, as faltas ao trabalho por motivos independentes da vontade individual da pessoa empregada interessada tais como faltas devidas a doenças, a acidente, ou a licença para gestantes, não poderão ser computadas como parte das férias remuneradas anuais mínimas previstas no parágrafo 3 do Artigo 3 da presente Convenção.

Artigo 6°

1. Os dias feriados oficiais ou costumeiros, quer se situem ou não dentro do período de férias anuais, não serão computados como parte do período de férias anuais remuneradas previsto no parágrafo 3 do Artigo 3 acima.

2. Em condições a serem determinadas pela autoridade competente ou pelo órgão apropriado de cada país, os períodos de incapacidade para o trabalho resultantes de doença ou de acidentes não poderão ser computados como parte do período mínimo de férias anuais previsto no parágrafo 3, do Artigo 3 da presente Convenção.

Artigo 7°

1. Qualquer pessoa que entre em gozo de período de férias previsto na presente Convenção deverá receber, em relação ao período global, pelo menos a sua remuneração média ou normal (incluindo-se a quantia equivalente a qualquer parte dessa remuneração em espécie, e que não seja de natureza permanente, ou seja concedida quer o indivíduo esteja em gozo de férias ou não), calculada de acordo com a forma a ser determinada pela autoridade competente ou órgão responsável de cada país.

2. As quantias devidas em decorrência do parágrafo 1 acima deverão ser pagas à pessoa em questão antes do período de férias, salvo estipulação em contrário contida em acordo que vincule a referida pessoa e seu empregador.

Artigo 8°

1. O fracionamento do período de férias anuais remuneradas pode ser autorizado pela autoridade competente ou pelo órgão apropriado de cada país.

2. Salvo estipulação em contrário contida em acordo que vincule o empregador e a pessoa empregada em questão, e desde que a duração do serviço desta pessoa lhe dê direito a tal período de férias, numa das frações do referido período deverá corresponder pelo menos a duas semanas de trabalho ininterruptos.

Artigo 9°

1. A parte ininterrupta do período de férias anuais remuneradas mencionada no parágrafo 2 do Artigo 8 da presente Convenção deverá ser outorgada e gozada dentro de no máximo 1 (um) ano, e o resto do período de férias anuais remuneradas dentro dos próximos 18 (dezoito) meses, no máximo, a contar do término do ano em que foi adquirido o direito de gozo de férias.

2. Qualquer parte do período de férias anuais que exceder o mínimo previsto poderá ser postergada com o consentimento da pessoa empregada em questão, por um período limitado além daquele fixado no parágrafo 1 deste Artigo.

3. O período mínimo de férias e o limite de tempo referidos no parágrafo 2 deste Artigo serão determinados pela autoridade competente após consulta às organizações de empregadores e trabalhadores interessadas, ou através de negociação coletiva ou por qualquer outro modo conforme à prática nacional, sendo levadas em conta as condições próprias de cada país.

Artigo 10

1. A ocasião em que as férias serão gozadas será determinada pelo empregador, após consulta à pessoa empregada interessada em questão ou seus representantes, a menos que seja fixada por regulamento, acordo coletivo, sentença arbitral ou qualquer outra maneira conforme à prática nacional.

2. Para fixar a ocasião do período de gozo das férias serão levadas em conta as necessidades do trabalho e as possibilidades de repouso e diversão ao alcance da pessoa empregada.

Artigo 11

Toda pessoa empregada que tenha completado o período mínimo de serviço que pode ser exigido de acordo com o parágrafo 1 do Artigo 5 da presente Convenção deverá ter direito em caso de cessação da relação empregatícia, ou a um período de férias remuneradas proporcional à duração do período de serviço pelo qual ela não gozou ainda tais férias, ou a uma indenização compensatória, ou a um crédito de férias equivalente.

Artigo 12

Todo acordo relativo ao abandono do direito ao período mínimo de férias anuais remuneradas previsto no parágrafo 3 do Artigo 3 da presente Convenção ou relativo à renúncia ao gozo das férias mediante indenização ou de qualquer outra forma, será, dependendo das condições nacionais, nulo de pleno direito ou proibido.

Artigo 13

A autoridade competente ou órgão apropriado de cada país poderá adotar regras particulares em relação aos casos em que uma pessoa empregada exerça, durante suas férias, atividades remuneradas incompatíveis com o objetivo dessas férias.

Artigo 14

Medidas efetivas apropriadas aos meios pelos quais se dará efeito às disposições da presente Convenção devem ser tomadas através de uma inspeção adequada ou de qualquer outra forma, a fim de assegurar a boa aplicação e o respeito às regras ou disposições relativas às férias remuneradas.

Artigo 15

1. Todo Membro pode depositar as obrigações da presente Convenção separadamente:

a) em relação às pessoas empregadas em setores econômicos diverso da agricultura;

b) em relação às pessoas empregadas na agricultura.

2. Todo membro precisará, em sua ratificação, se aceita as obrigações da Convenção em relação às pessoas indicadas na alínea *a* do parágrafo 1 acima ou em relação às pessoas mencionadas na alínea *b* do referido parágrafo, ou em relação a ambas categorias.

3. Todo membro que na ocasião da sua ratificação não tiver aceitado as obrigações da presente Convenção senão em relação às pessoas mencionadas na alínea *a* ou senão em relação às pessoas mencionadas na alínea *b* do parágrafo 1 acima, poderá, ulteriormente, notificar ao Diretor-geral da Repartição Internacional do Trabalho que aceita as obrigações da Convenção em relação a todas as pessoas a que se aplica a presente Convenção.

Artigo 16

A presente Convenção contém revisão da Convenção sobre Férias Remuneradas, 1936, e a Convenção sobre Férias Remuneradas (Agricultura), 1952, nos seguintes termos:

a) a aceitação das obrigações da presente Convenção em relação às pessoas empregadas nos setores econômicos diversos da Agricultura, por um Membro que é parte da Convenção sobre Férias Remuneradas, 1936, acarreta, de pleno direito, a denúncia imediata desta última Convenção;

b) a aceitação das obrigações da presente Convenção sobre Férias Remuneradas (Agricultura), 1952, acarreta, de pleno direito, a denúncia imediata desta última Convenção;

c) a entrada em vigor da presente Convenção não coloca obstáculo à ratificação da Convenção sobre Férias Remuneradas (Agricultura), 1952.

Artigo 17

As ratificações formais da presente Convenção serão comunicadas ao Diretor-geral da Repartição Internacional do Trabalho, para fins de registro.

Artigo 18

1. A presente Convenção não vincula senão os Membros da Organização Internacional do Trabalho cuja ratificação tenha sido registrada pelo Diretor-geral.

2. Ela entrará em vigor 12 (doze) meses após o registro pelo Diretor-geral, das ratificações de dois Membros.

3. Subsequentes à presente Convenção entrará em vigor para cada Membro 12 (doze) meses após a data do registro de sua ratificação.

Artigo 19

1. Todo Membro que tiver ratificado a presente Convenção poderá denunciá-lo ao término de um período de 10 (dez) anos contados da data da entrada em vigor inicial da Convenção por um ato comunicado ao Diretor-geral da Repartição Internacional do Trabalho e por ele registrado. A denúncia só terá efeito 1 (um) ano após ter sido registrada.

2. Todo membro que tenha ratificado a presente Convenção e que, dentro de 1 (um) ano após o término do período de 10 (dez) anos mencionado no parágrafo precedente, não tenha feito uso do seu direito de denúncia previsto por este Artigo, estará vinculado por um novo período de 10 (dez) anos e, subsequentemente, poderá denunciar a presente Convenção ao término de cada período de 10 (dez) anos nas condições revistas neste Artigo.

Artigo 20

1. O Diretor-geral da Repartição Internacional do Trabalho notificará a todos os Membros da Organização Internacional do Trabalho do registro de todas as ratificações e denúncias que lhe forem comunicadas pelos membros da Organização.

2. Quando notificar os Membros da Organização sobre o registro da segunda ratificação a ele comunicada, o Diretor-geral deverá chamar a atenção dos Membros da Organização para a data da entrada em vigor da presente Convenção.

Artigo 21

O Diretor-geral da Repartição Internacional do Trabalho comunicará ao Secretário-geral da Organização das Nações Unidas, para fins de registro, de acordo com o Artigo 102 da Carta das Nações Unidas, informações completas sobre todas as ratificações e atos de denúncias registrados por ele de acordo com as disposições dos Artigos precedentes.

Artigo 22

Quando julgar necessário, o Corpo Dirigente da Repartição Internacional do Trabalho apresentará à Conferência geral um relatório sobre a aplicação da presente Convenção e examinará a conveniência de colocar na agenda da Conferência a questão de sua revisão total ou parcial.

Artigo 23

1. No caso de a Conferência adotar uma nova Convenção que revise a presente Convenção, e a menos que a nova Convenção disponha em contrário:

a) a ratificação por um membro da nova Convenção contendo a revisão acarreta a denúncia imediata da presente Convenção, não obstante as disposições do Artigo 19 acima, se e quando a nova Convenção entrar em vigor;

b) a partir da data da entrada em vigor da nova Convenção que contém a revisão, será vedada a ratificação da presente Convenção pelos Membros.

2. A presente Convenção, em todo caso, será mantida em vigor, quanto a sua forma e conteúdo em relação aos Membros que a houverem ratificado, mas não houverem ratificado a Convenção revisora.

Os textos em francês e em inglês do texto da presente Convenção fazem igualmente fé.

O Texto que precede é o texto autêntico da Convenção devidamente adotada na Conferência geral da Organização do Trabalho, em sua quinquagésima quarta sessão, realizada em Genebra e declara encerrada a vinte e cinco de junho de 1970.

Em fé do que apuseram suas assinaturas, no dia vinte e cinco de junho de 1970.

O Presidente da Conferência V. Manickavasagam

O Diretor-geral da Repartição Internacional do Trabalho Wilfred Jenks

(...)

CONVENÇÃO 155

CONVENÇÃO SOBRE SEGURANÇA E SAÚDE DOS TRABALHADORES E O MEIO AMBIENTE DE TRABALHO

▸ Aprovada pelo Decreto Legislativo 2, de 17.3.1992, e promulgada em 29.9.1994.

A Conferência Geral da Organização Internacional do Trabalho, convocada em Genebra pelo Conselho de Administração da Repartição Internacional do Trabalho, e reunida nessa cidade em 3 de junho de 1981, na sua Sexagésima-Sétima Sessão;

Após ter decidido adotar diversas proposições relativas à segurança, à higiene e ao meio ambiente de trabalho, questão que constitui o sexto item da agenda da reunião, e

Após ter decidido que tais proposições tomariam a forma de uma Convenção Internacional, adota, na data de 22 de junho de 1981, a presente Convenção, que poderá ser citada como a Convenção sobre Segurança e Saúde dos Trabalhadores, 1981:

PARTE I
ÁREA DE APLICAÇÃO E DEFINIÇÕES

Artigo 1º

1. A presente Convenção aplica-se a todas as áreas de atividade econômica.

2. Todo Membro que ratificar a presente Convenção poderá mediante consulta prévia, tão cedo quanto possível, às organizações representativas de empregadores e de trabalhadores interessados, excluir total ou parcialmente da sua aplicação determinadas áreas de atividade econômica, tais como o transporte marítimo ou a pesca, nas quais essa aplicação apresentar problemas especiais de uma certa importância.

3. Todo Membro que ratificar a presente Convenção deverá enumerar, no primeiro relatório sobre a aplicação da Convenção que submeter, em virtude do Artigo 22 da Constiuição da Organização internacional do Trabalho, as áreas de atividades econômica que tiverem sido excluídas em virtude do parágrafo 2 deste artigo, explicando os motivos dessa exclusão e descrevendo as medidas adotadas para assegurar a proteção suficiente dos trabalhadores nas áreas excluídas, e deverá indicar nos relatórios subseqüentes todo progresso que for realizado no sentido de uma aplicação mais abrangente.

Artigo 2º

1. A presente Convenção aplica-se a todos os trabalhadores das áreas de atividade econômica abrangidas.

2. Todo o Membro que ratificar a presente Convenção poderá, mediante consulta prévia, tão cedo quanto possível, às organizações representativas de empregadores e de trabalhadores interessadas, excluir parcial ou totalmente da sua aplicação categorias limitadas de trabalhadores que apresentariam problemas particulares para sua aplicação.

3. Todo Membro que ratificar a presente Convenção deverá enumerar, no primeiro relatório sobre a aplicação que submeter, em virtude do Artigo 22 da Constituição da Organização Internacional do Trabalho, as categorias limitadas de trabalhadores que tiverem sido excluídas em virtude do parágrafo 2 deste artigo, explicando os motivos dessa exclusão, e deverá indicar nos relatórios subseqüentes todos os progressos realizados no sentido de uma aplicação mais abrangente.

Artigo 3º

Para os fins da presente Convenção:

a) a expressão "áreas de atividade econômica" abrange todas as áreas em que existam trabalhadores empregados, inclusive a administração pública;

b) o termo "trabalhadores" abrange todas as pessoas empregadas, incluindo os funcionários públicos;

c) a expressão "local de trabalho" abrange todos os lugares onde os trabalhadores devem permanecer ou onde têm que comparecer, e que esteja sob o controle, direto ou indireto, do empregador;

d) o termo "regulamentos" abrange todas as disposições às quais a autoridade ou as autoridades competentes tiverem dado força de lei;

e) o termo "saúde", com relação ao trabalho, abrange não só a ausência de afecções ou de doenças, mas também os elementos físicos e mentais que afetam a saúde e estão diretamente relacionados com a segurança e a higiene no trabalho.

PARTE II
PRINCÍPIOS DE UMA POLÍTICA NACIONAL

Artigo 4º

1. Todo Membro deverá, em consulta às organizações mais representativas de empregadores e de trabalhadores, e levando em conta as condições e a prática nacionais, formular, por em prática e reexaminar periodicamente uma política nacional coerente em matéria de segurança e saúde dos trabalhadores e o meio ambiente de trabalho.

2. Essa política terá como objetivo prevenir os acidentes e os danos à saúde que forem conseqüência do trabalho, tenham relação com a atividade de trabalho, ou se apresentarem durante o trabalho, reduzindo ao mínimo, na medida que for razoável e possível, as causas dos riscos inerentes ao meio ambiente de trabalho.

Artigo 5º

A política à qual se faz referencia no Artigo 4 da presente Convenção deverá levar em consideração as grandes esferas de ação que se seguem, na medida em que possam afetar a segurança e a saúde dos trabalhadores e o meio ambiente de trabalho:

a) projeto, teste, escolha, substituição, instalação, arranjo, utilização e manutenção dos componentes materiais do trabalho (locais de trabalho, meio ambiente de trabalho, ferramentas, maquinário e equipamento; substâncias e agentes químicos, biológicos e físicos; operações e processos);

b) relações existentes entre os componentes materiais do trabalho e as pessoas que o executam ou supervisionam, e adaptação do maquinário, dos equipamentos, do tempo de trabalho, da organização do trabalho e das operações e processos às capacidades físicas e mentais dos trabalhadores;

c) treinamento, incluindo o treinamento complementar necessário, qualificações e motivação das pessoas que intervenham, de uma ou de outra maneira, para que sejam atingidos níveis adequados de segurança e higiene;

d) comunicação e cooperação em níveis de grupo de trabalho e de empresa e em todos os níveis apropriados, inclusive até no nível nacional;

e) a proteção dos trabalhadores e de seus representantes contra toda medida disciplinar por eles justificadamente empreendida de acordo com a política referida no Artigo 4 da presente Convenção.

Artigo 6º

A formulação da política referida no Artigo 4 da presente Convenção deverá determinar as respectivas funções e responsabilidades, em matéria de segurança e saúde dos trabalhadores e meio ambiente de trabalho, das autoridades públicas, dos empregadores, dos trabalhadores e de outras pessoas interessadas, levando em conta o caráter complementar dessas responsabilidades, assim como as condições e a prática nacionais.

Artigo 7º

A situação em matéria de segurança e saúde dos trabalhadores e meio ambiente de trabalho deverá ser examinada, em intervalos adequados, globalmente ou com relação a setores determinados, com a finalidade de se identificar os principais problemas, elaborar meios

eficazes para resolvê-los, definir a ordem de prioridade das medidas que for necessário adotar, e avaliar os resultados.

PARTE III
AÇÃO EM NÍVEL NACIONAL

Artigo 8º

Todo Membro deverá adotar, por via legislativa ou regulamentar ou por qualquer outro método de acordo com as condições e a prática nacionais, e em consulta às organizações representativas de empregadores e de trabalhadores interessadas, as medidas necessárias para tornar efetivo o Artigo 4 da presente Convenção.

Artigo 9º

O controle da aplicação das leis e dos regulamentos relativos à segurança, à higiene e ao meio ambiente de trabalho deverá estar assegurado por um sistema de inspeção das leis ou dos regulamentos.

Artigo 10

Deverão ser adotadas medidas para orientar os empregadores e os trabalhadores com o objetivo de ajudá-los a cumprirem com suas obrigações legais.

Artigo 11

Com a finalidade de tornar efetiva a política referida no Artigo 4 da presente Convenção, a autoridade ou as autoridades competentes deverão garantir a realização progressiva das seguintes tarefas:

a) a determinação, quando a natureza e o grau de risco assim o requererem, das condições que regem a concepção, a construção e o acondicionamento das empresas, sua colocação em funcionamento, as transformações mais importantes que forem necessárias e toda modificação dos seus fins iniciais, assim como a segurança do equipamento técnico utilizado no trabalho e a aplicação de procedimentos definidos pelas autoridades competentes;

b) a determinação das operações e processos que serão proibidos, limitados ou sujeitos à autorização ou ao controle da autoridade ou autoridades competentes, assim como a determinação das substâncias e agentes aos quais estará proibida a exposição no trabalho, ou bem limitada ou sujeita à autorização ou ao controle da autoridade ou autoridades competentes; deverão ser levados em consideração os riscos para a saúde decorrentes da exposição simultâneas a diversas substâncias ou agentes;

c) o estabelecimento e a aplicação de procedimentos para a declaração de acidentes de trabalho e doenças profissionais por parte dos empregadores e, quando for pertinente, das instituições seguradoras ou outros organismos ou pessoas diretamente interessadas, e a elaboração de estatísticas anuais sobre acidentes de trabalho e doenças profissionais;

d) a realização de sindicâncias cada vez que um acidente de trabalho, um caso de doença profissional ou qualquer outro dano à saúde ocorrido durante o trabalho ou com relação ao mesmo possa indicar uma situação grave;

e) a publicação anual de informações sobre as medidas adotadas para a aplicação da política referida no Artigo 4 da presente Convenção e sobre os acidentes de trabalho, os casos de doenças profissionais ou outros danos à saúde ocorridos durante o trabalho ou com relação ao mesmo;

f) levando em consideração as condições e possibilidades nacionais, a introdução ou o desenvolvimento de sistemas de pesquisa dos agentes químicos, físicos ou biológicos no que diz respeito aos riscos que eles representaram para a saúde dos trabalhadores.

Artigo 12

Deverão ser adotadas medidas de conformidade com a legislação e a prática nacionais a fim de assegurar que aquelas pessoas que projetam, fabricam, importam, fornecem ou cedem, sob qualquer título, maquinário, equipamentos ou substâncias para uso profissional:

a) tenham certeza, na medida do razoável e possível, de que o maquinário, os equipamentos ou as substâncias em questão não implicarão perigo algum para a segurança e a saúde das pessoas que fizerem uso correto dos mesmos;

b) facilitem informações sobre a instalação e utilização corretas do maquinário e dos equipamentos e sobre o uso correto de substâncias, sobre os riscos apresentados pelas máquinas e os materiais, e sobre as características perigosas das substâncias químicas, dos agentes ou dos produtos físicos ou biológicos, assim como instruções sobre a forma de prevenir contra os riscos conhecidos;

c) façam estudos e pesquisas, ou se mantenham a par de qualquer outra forma, da evolução dos conhecimentos científicos e técnicos necessários para cumprir com as obrigações expostas nos itens a) e b) do presente artigo.

Artigo 13

De conformidade com a pratica e as condições nacionais, deverá ser protegido, de conseqüências injustificadas, todo trabalhador que julgar necessário interromper uma situação de trabalho por considerar, por motivos razoáveis, que ela envolve um perigo iminente e grave para sua visa ou sua saúde.

Artigo 14

Medidas deverão ser adotadas no sentido de promover, de maneira conforme à pratica e às condições nacionais, a inclusão das questões de segurança, higiene e meio ambiente de trabalho em todos os níveis de ensino e de treinamento, incluídos aqueles do ensino superior, técnico, médico e profissional, com o objetivo de satisfazer as necessidades de treinamento de todos os trabalhadores.

Artigo 15

1. A fim de se assegurar a coerência da política referida no Artigo 4 da presente Convenção e das medidas adotadas para aplicá-la, todo Membro deverá implementar, mediante consulta prévia, tão cedo quanto possível, com as organizações mais representativas de empregadores e de trabalhadores e, quando for apropriado, com outros organismos, disposições de acordo com a prática e as condições nacionais a fim de conseguir a necessária coordenação entre as diversas autoridades e os diversos organismos encarregados de tornar efetivas as Partes II e III da presente Convenção.

2. Quando as circunstâncias requererem e a prática e as condições nacionais permitirem, essas disposições deverão incluir o estabelecimento de um organismo central.

PARTE IV
AÇÃO EM NÍVEL DE EMPRESA

Artigo 16

1. Deverá ser exigido dos empregadores que, na medida que for razoável e possível, garantam que os locais de trabalho, o maquinário, os equipamentos e as operações e processos que estiverem sob seu controle são seguros e não envolvem risco algum para a segurança e a saúde dos trabalhadores.

2. Deverá ser exigido dos empregadores que, na medida que for razoável e possível, garantam que os agentes e as substâncias químicas, físicas e biológicas que estiverem sob seu controle não envolvem riscos para a saúde quando sob tomadas medidas de proteção adequadas.

3. Quando for necessário, os empregadores deverão fornecer roupas e equipamentos de proteção adequados a fim de prevenir, na medida que for razoável e possível, os riscos de acidentes ou de efeitos prejudiciais para a saúde.

Artigo 17

Sempre que duas ou mais empresas desenvolverem simultaneamente atividades num mesmo local de trabalho, as mesmas terão o dever de colaborar na aplicação das medidas previstas na presente Convenção.

Artigo 18

Os empregadores deverão prever, quando for necessário, medidas para lidar com situações de urgência e com acidentes, incluindo meios adequados para a administração de primeiros socorros.

Artigo 19

Deverão ser adotadas disposições, em nível de empresa, em virtude das quais:

a) os trabalhadores, ao executarem seu trabalho, cooperem com o cumprimento das obrigações que correspondem ao empregador;

b) os representantes dos trabalhadores na empresa cooperem com o empregador no âmbito da segurança e higiene do trabalho;

c) os representantes dos trabalhadores na empresa recebam informação adequada acerca das medidas tomadas pelo empregador para garantir a segurança e a saúde, e possam consultar as suas organizações representativas sobre essa informação, sob condição de não divulgarem segredos comerciais;

d) os trabalhadores e seus representantes na empresa recebam treinamento apropriado no âmbito da segurança e da higiene do trabalho;

e) os trabalhadores ou seus representantes e, quando for o caso, suas organizações representativas na empresa estejam habilitados, de conformidade com

a legislação e a prática nacionais, para examinarem todos os aspectos da segurança e da saúde relacionados com seu trabalho, e sejam consultados nesse sentido pelo empregador. Com essa finalidade, e em comum acordo, poder-se-á recorrer a conselheiros técnicos alheios à empresa;

f) o trabalhador informará imediatamente o seu superior hierárquico direto sobre qualquer situação de trabalho que, a seu ver e por motivos razoáveis, envolva um perigo iminente e grave para sua vida ou sua saúde. Enquanto o empregador não tiver tomado medidas corretivas, se forem necessárias, não poderá exigir dos trabalhadores a sua volta a uma situação de trabalho onde exista, em caráter contínuo, um perigo grave ou iminente para sua vida ou sua saúde.

Artigo 20

A cooperação entre os empregadores os trabalhadores ou seus representantes na empresa deverá ser um elemento essencial das medidas em matéria de organização, e de outro tipo, que forem adotadas para a aplicação dos artigos 16 a 19 da presente Convenção.

Artigo 21

As medidas de segurança e higiene do trabalho não deverão implicar nenhum ônus financeiro para os trabalhadores.

PARTE V
DISPOSIÇÕES FINAIS

Artigo 22

A presente Convenção não revisa nenhuma das Convenções ou recomendações internacionais do trabalho existentes.

Artigo 23

As ratificações formais da presente Convenção serão comunicadas, para seu registro, ao Diretor-Geral da Repartição Internacional do trabalho.

Artigo 24

1. Esta Convenção obrigará exclusivamente aqueles Membros da Organização Internacional do trabalho cuja ratificações tiverem sido registradas pelo Diretor-Geral.

2. Entrará em vigor 12 (doze) meses após a data em que as ratificações de 2 (dois) membros tiverem sido registrados pelo Diretor-Geral.

3. A partir desse momento, a Convenção entrará em vigor, para cada Membro, 12 (doze) meses após a data na qual a sua ratificação tiver sido registrada.

Artigo 25

1. Todo Membro que tiver ratificado esta Convenção poderá denunciá-la ao fim do período de 10 (dez) anos, a contar da data em que tiver entrado inicialmente em vigor, através de um ato comunicado ao Diretor-Geral da Repartição Internacional do Trabalho e por ele registrado. A denúncia não terá efeito se não 1 (um) ano depois da data em que tiver sido registrada.

2. Todo Membro que, tendo ratificado esta Convenção e que no prazo de 1 (um) ano após a expiração do período de 10 (dez) anos mencionado no parágrafo precedente, não fizer uso da faculdade de denúncia prevista no presente artigo, permanecerá obrigado durante um novo período de 10 (dez) anos e, sucessivamente, poderá denunciar esta Convenção no fim de cada período de 10 (dez) anos, nas condições prevista neste artigo.

Artigo 26

1. O Diretor-Geral da Repartição Internacional do Trabalho notificará a todos os membros da Organização Internacional do Trabalho o registro de todas as ratificações, declarações e denúncias a ele comunicadas pelos Membros da Organização.

2. Ao notificar aos Membros da Organização o registro da segunda ratificação que lhe tiver sido comunicada, o Diretor-Geral fará notar aos Membros da Organização a data em que a presente Convenção entrará em vigor.

Artigo 27

O Diretor-Geral da Repartição Internacional do Trabalho comunicará ao Secretário-Geral das Nações Unidas, para efeitos do registro da segunda ratificação e de conformidade com o Artigo 102 da Carta das Nações Unidas, um relatório completo sobre todas as ratificações, declarações e atos de denúncia que ele tiver registrado, de acordo com os artigos precedentes.

Artigo 28

Sempre que o considerar necessário, o Conselho de Administração da Repartição Internacional do Trabalho apresentará à conferência um relatório sobre a aplicação da convenção e considerará a conveniência de incluir na agenda da Conferência a questão de sua total ou parcial revisão.

Artigo 29

1. No caso da Conferência adotar uma nova Convenção que implique a revisão total ou parcial da presente, e a não ser que a nova Convenção contenha disposições em contrário:

a) a ratificação, por um Membro, da nova Convenção revisora implicará, ipso jure, a denuncia imediata da presente Convenção, não obstante as disposições contidas no Artigo 25, sempre que a nova Convenção revista tiver entrado em vigor;

b) a partir da data de entrada em vigor da nova Convenção revisora, a presente Convenção deixará de estar aberta para ratificação por parte dos Membros.

2. A presente Convenção permanecerá em vigor em todos os casos, em sua forma e conteúdo atuais, para aqueles Membros que a tiverem ratificado e que não ratificarem a Convenção revisora.

Artigo 30

As versões inglesa e francesa do texto desta Convenção são igualmente autênticas.

(...)

CONVENÇÃO 159

CONVENÇÃO SOBRE REABILITAÇÃO PROFISSIONAL E EMPREGO DE PESSOAS DEFICIENTES

> ▸ Aprovada pelo Decreto Legislativo 51, de 25.8.1989; e promulgada em 22 de maio de 1991

A Conferência Geral da Organização Internacional do Trabalho:

Convocada em Genebra pelo Conselho de Administração do Escritório internacional do Trabalho realizada nessa cidade em 1 de junho de 1983, em sua sexagésima nona reunião;

Tendo tomado conhecimento das normas internacionais existentes e contidas na Recomendação sobre a habilitação e reabilitação profissionais dos deficientes, 1955, e na Recomendação sobre o desenvolvimento dos recursos humanos, 1975;

Tomando conhecimento de que, desde a adoção da Recomendação sobre a habilitação e reabilitação profissionais dos deficientes, 1955, foi registrado um significativo progresso na compreensão das necessidades de reabilitação, na extensão e organização dos serviços de reabilitação e na legislação e no desempenho de muitos Países Membros em relação às questões cobertas por essa recomendação;

Considerando que a Assembleia Geral das Nações Unidas proclamou 1981 o ano Internacional das Pessoas Deficientes, com o tema "Participação plena e igualdade", e que um programa mundial de ação relativo às pessoas deficientes permitiria a adoção de medidas eficazes a nível nacional e internacional para atingir as metas da "participação plena" das pessoas deficientes na vida social e no desenvolvimento, assim como de "igualdade";

Depois de haver decidido que esses progressos tornaram oportuna a conveniência de adotar novas normas internacionais sobre o assunto, que levem em consideração, em particular, a necessidade de assegura, tanto nas zonas rurais como nas urbanas, a igualdade de oportunidade e tratamento a todas as categorias de pessoas deficientes no que se refere a emprego e integração na comunidade;

Depois de haver determinado que estas proposições devam ter a forma de uma Convenção, adota com a data de vinte de junho de mil novecentos e oitenta e três, a presente Convenção sobre reabilitação e emprego (pessoas deficientes), 1983.

PARTE I
DEFINIÇÕES E CAMPO DE APLICAÇÃO

Artigo 1°

1 – Para efeitos desta Convenção, entende-se por "pessoa deficiente" todas as pessoas cujas possibilidades de obter e conservar um emprego adequado e de progredir no mesmo fiquem substancialmente reduzidas devido a uma deficiência de caráter físico ou mental devidamente comprovada.

2 – Para efeitos desta Convenção, todo o País Membro deverá considerar que a finalidade da reabilitação profissional é de permitir que a pessoa deficiente obtenha e conserve um emprego e progrida no mesmo, e que se promova, assim a integração ou a reintegração dessa pessoa na sociedade.

3 – Todo País Membro aplicará os dispositivos desta Convenção através de medidas adequadas às condições nacionais e de acordo com a experiência (costumes, uso e hábitos) nacional.

4 – As proposições desta Convenção serão aplicáveis a todas a categorias de pessoas deficientes.

PARTE II
PRINCÍPIOS DA POLÍTICA DE REABILITAÇÃO PROFISSIONAL E EMPREGO PARA PESSOAS DEFICIENTES

Artigo 2°

De acordo com as condições nacionais, experiências e possibilidades nacionais, cada País Membro formulará, aplicará e periodicamente revisará a política nacional sobre reabilitação profissional e emprego de pessoas deficientes.

Artigo 3°

Essa política deverá ter por finalidade assegurar que existam medidas adequadas de reabilitação profissional ao alcance de todas as categorias de pessoas deficientes e promover oportunidades de emprego para as pessoas deficientes no mercado regular de trabalho.

Artigo 4°

Essa política deverá ter como base o princípio de igualdade de oportunidades entre os trabalhadores deficientes e dos trabalhadores em geral. Dever-se-á respeitar a igualdade de oportunidades e de tratamento para os trabalhadores deficientes. As medidas positivas especiais com a finalidade de atingir a igualdade efetiva de oportunidades e de tratamento entre os trabalhadores deficientes e os demais trabalhadores, não devem ser vistas como discriminatórias em relação a estes últimos.

Artigo 5°

As organizações representativas de empregadores e de empregados devem ser consultadas sobre aplicação dessa política e em particular, sobre as medidas que devem ser adotadas para promover a cooperação e coordenação dos organismos públicos e particulares que participam nas atividades de reabilitação profissional. As organizações representativas de e para deficientes devem, também, ser consultadas.

PARTE III
MEDIDAS A NÍVEL NACIONAL PARA O DESENVOLVIMENTO DE SERVIÇOS DE REABILITAÇÃO PROFISSIONAL E EMPREGO PARA PESSOAS DEFICIENTES

Artigo 6°

Todo o País Membro, mediante legislação nacional e por outros procedimentos, de conformidade com as condições e experiências nacionais, deverá adotar as medidas necessárias para aplicar os artigos 2, 3, 4 e 5 da presente Convenção.

Artigo 7°

As autoridades competentes deverão adotar medidas para proporcionar e avaliar os serviços de orientação e formação profissional, colocação, emprego e outros semelhantes, a fim de que as pessoas deficientes possam obter e conservar um emprego e progredir no mesmo; sempre que for possível e adequado, serão utilizados os serviços, existentes para os trabalhadores em geral, com as adaptações necessárias.

Artigo 8°

Adotar-se-ão medidas para promover o estabelecimento e desenvolvimento de serviços de reabilitação profissional e de emprego para pessoas deficientes na zona rural e nas comunidades distantes.

Artigo 9°

Todo País Membro deverá esforçar-se para assegurar a formação e a disponibilidade de assessores em matéria de reabilitação e outro tipo de pessoal qualificado que se ocupe da orientação profissional, da formação profissional, da colocação e do emprego de pessoas deficientes.

PARTE IV
DISPOSIÇÕES FINAIS

Artigo 10

As ratificações formais da presente Convenção serão comunicadas para o devido registro, ao Diretor Geral do Escritório Internacional do Trabalho.

Artigo 11

1 – Esta Convenção obrigará unicamente aqueles Países Membros da Organização Internacional do Trabalho, cujas ratificações tenham sido registradas pelo Diretor-Geral.

2 – Entrará em vigor doze meses após a data em que as ratificações de dois dos Países Membros tenham sido registradas pelo Diretor-Geral.

3 – A partir desse momento, esta Convenção entrará em vigor, para cada País Membro, doze meses após a data em que tenha sido registrada sua ratificação.

Artigo 12

1 – Todo País Membro que tenha ratificado esta Convenção poderá suspender, por um período de dez anos, a partir da data em que tenha sido posta inicialmente em vigor, me diante um comunicado ao Diretor-Geral do Trabalho, para o devido registro. A suspensão somente passará a vigorar um ano após a data em que tenha sido registrada.

2 – Todo País Membro que tenha ratificado esta Convenção e que, no prazo de um ano após a expiração do período de dez anos mencionado no parágrafo anterior, não tenha feito uso do direito de suspensão previsto neste artigo será obrigado, durante um novo período de dez anos, e no ano seguinte poderá suspender esta Convenção na expiração de cada período de dez anos, nas condições previstas neste artigo.

Artigo 13

1 – O Diretor-Geral da Organização Internacional do Trabalho notificará todos os Países Membros da Organização Internacional do Trabalho, o registro de número de ratificações, declarações e suspensões que lhe forem comunicadas por aqueles.

2 – Ao notificar os Países Membros da Organização, o registro da segunda ratificação que lhe tenha sido comunicada, o Diretor-Geral chamará a atenção dos Países Membros da Organização sobre a data em que entrará em vigor a presente Convenção.

Artigo 14

O Diretor-Geral do Escritório Internacional do Trabalho comunicará ao Secretário-Geral das Nações Unidas, os efeitos do registro e de acordo com o artigo 102 da Carta das Nações Unidas, uma informação completa sobre todas as ratificações, declarações e ofícios de suspensão que tenha registrado de acordo com os Artigos anteriores.

Artigo 15

Cada vez que considere necessário, o Conselho Administrativo do Escritório Internacional do Trabalho apresentará na Conferência um relatório sobre a aplicação da Convenção, e considerará a conveniência de incluir na ordem do dia da Conferência a questão da sua revisão total ou parcial.

Artigo 16

1 – No caso da conferência adotar uma nova Convenção que implique uma revisão total ou parcial da presente, e a menos que uma nova convenção contenha dispositivos em contrário:

a) a ratificação, por um País Membro, de novo Convênio, implicará, ipso jure, a notificação imediata deste Convênio, não obstante as disposições contidas no artigo 12, sempre que o novo Convênio tenha entrado em vigor;

b) a partir da data em que entre em vigor o novo Convênio, o presente Convênio cessará para as ratificações pelos Países Membros.

2 – Este Convênio continuará em vigor, em todo caso, em sua forma e conteúdo atuais, para os Países Membros, que o tenham ratificado e não ratifiquem um Convênio revisado.

Artigo 17

As versões inglesa e francesa do texto deste Convênio são igualmente autênticas.

(...)

CONVENÇÃO 171

RELATIVA AO TRABALHO NOTURNO

> ▸ Aprovada pelo Decreto Legislativo 270, de 13.11.2002; e promulgada em 8 de março de 2004

A Conferência Geral da Organização Internacional do Trabalho:

Convocada em Genebra pelo Conselho Administrativo da Repartição Internacional do Trabalho e tendo ali se reunido a 6 de junho de 1990, em sua septuagésima sétima sessão;

Tomando nota das disposições das Convenções e Recomendações internacionais do trabalho sobre o trabalho noturno dos menores e, em particular, das disposições da Convenção e da Recomendação sobre o trabalho noturno dos menores (trabalhos não industriais), 1964; da Convenção (revista) sobre o trabalho noturno dos menores (indústrias), 1984, e da Recomendação sobre o trabalho noturno dos menores (agricultura), 1921;

Tomando nota das disposições das Convenções internacionais do trabalho sobre o trabalho noturno da mulher e, em particular, aquelas da Convenção (revista) sobre o trabalho noturno (mulheres), 1948, e de seu Protocolo de 1990; da Recomendação sobre o trabalho noturno das mulheres (agricultura), 1921, e do parágrafo 5 da Recomendação sobre a proteção da maternidade, 1952;

Tomando nota das disposições da Convenção sobre a discriminação (emprego e ocupação), 1958;

Tomando nota das disposições da Convenção sobre a proteção da maternidade (revista), 1952;

Após ter decidido adotar diversas propostas sobre o trabalho noturno, questão que constitui o quarto item da agenda da sessão; e

Após ter decidido que essas propostas deveriam tomar a forma de uma Convenção internacional, adota, nesse vigésimo sexto dia do mês de junho de mil novecentos e noventa, a seguinte Convenção, que será denominada Convenção sobre o Trabalho Noturno, 1990:

Artigo 1º
Para os fins da presente Convenção:

a) a expressão "trabalho noturno" designa todo trabalho que seja realizado durante um período de pelo menos sete horas consecutivas, que abranja o intervalo compreendido entre a meia noite e as cinco horas da manhã, e que será determinado pela autoridade competente mediante consulta prévia com as organizações mais representativas dos empregadores e de trabalhadores ou através de convênios coletivos;

b) a expressão "trabalhador noturno" designa todo trabalhador assalariado cujo trabalho exija a realização de horas de trabalho noturno em número substancial, superior a um limite determinado. Esse número será fixado pela autoridade competente mediante consulta prévia com as organizações mais representativas de empregadores e de trabalhadores, ou através de convênios coletivos.

Artigo 2º
1. Esta Convenção aplica-se a todos os trabalhadores assalariados, com exceção daqueles que trabalham na agricultura, a pecuária, a pesca, os transportes marítimos e a navegação interior.

2. Todo Membro que ratificar a presente Convenção poderá excluir total ou parcialmente da sua área de aplicação, com consulta prévia junto às organizações representativas dos empregadores e dos trabalhadores interessados, categorias limitadas de trabalhadores, quando essa aplicação apresentar, no caso das categorias citadas, problemas particulares e importantes.

3. Todo Membro que fizer uso da possibilidade prevista no parágrafo 2 deste Artigo deverá indicar as categorias particulares de trabalhadores assim excluídas, e as razões da sua exclusão, nos relatórios relativos à aplicação da Convenção que apresentar em virtude do Artigo 22 da Constituição da OIT. Também deverá indicar todas as medidas que tiver adotado a fim de estender progressivamente as disposições da Convenção a esses trabalhadores.

Artigo 3º
1. Deverão ser adotadas, em benefício dos trabalhadores noturnos, as medidas específicas exigidas pela natureza do trabalho noturno, que abrangerão, no mínimo, aquelas mencionadas nos Artigos 4 a 10, a fim de proteger a sua saúde, ajudá-los a cumprirem com suas responsabilidades familiares e sociais, proporcionar aos mesmos possibilidades de melhoria na sua carreira e compensá-los de forma adequada. Essas medidas deverão também ser adotadas no âmbito da segurança e da proteção da maternidade, a favor de todos os trabalhadores que realizam trabalho noturno.

2. As medidas a que se refere o parágrafo anterior poderão ser aplicadas de forma progressiva.

Artigo 4º
1. Se os trabalhadores solicitarem, eles poderão ter direito a que seja realizada uma avaliação do seu estado de saúde gratuitamente e a serem assessorados sobre a maneira de atenuarem ou evitarem problemas de saúde relacionados com seu trabalho:

a) antes de sua colocação em trabalho noturno;

b) em intervalos regulares durante essa colocação;

c) no caso de padecerem durante essa colocação problemas de saúde que não sejam devidos a fatores alheios ao trabalho noturno.

2. Salvo declaração de não serem aptos para o trabalho noturno, o teor dessas avaliações não será comunicado a terceiros sem o seu consentimento, nem utilizado em seu prejuízo.

Artigo 5º
Deverão ser colocados à disposição dos trabalhadores que efetuam trabalho noturno serviços adequados de primeiros socorros, inclusive disposições práticas que permitam que esses trabalhadores, em caso necessário, sejam transladados rapidamente até um local onde possam receber tratamento adequado.

Artigo 6º
1. Os trabalhadores noturnos que, por razões de saúde, sejam declarados não aptos para o trabalho noturno serão colocados, quando for viável, em função similar para a qual estejam aptos.

2. Se a colocação nessa função não for viável, serão concedidos a esses trabalhadores os mesmos benefícios que a outros trabalhadores não aptos para o trabalho ou que não podem conseguir emprego.

3. Um trabalhador noturno declarado temporariamente não apto para o trabalhado noturno gozará da mesma proteção contra a demissão ou a notificação de demissão que os outros trabalhadores que não possam trabalhar por razões de saúde.

Artigo 7º
1. Deverão ser adotadas medidas para assegurar que exista uma alternativa do trabalho noturno para as trabalhadoras que, a falta dessa alternativa, teriam que realizar esse trabalho:

a) antes e depois do parto, durante o período de, pelo menos, dezesseis semanas, das quais oito, pelo menos, deverão ser tomadas antes da data estimada para o parto;

b) com prévia apresentação de certificado médico indicando que isso é necessário para a saúde da mãe ou do filho, por outros períodos compreendidos:

i) durante a gravidez;

ii) durante um lapso determinado além do período posterior ao parto estabelecido em conformidade com o item a) do presente parágrafo, cuja duração será determinada pela autoridade competente e prévia consulta junto às organizações mais representativas dos empregadores e de trabalhadores.

2. As medidas referidas no parágrafo 1 do presente Artigo poderão consistir da colocação em trabalho diurno quando for viável, a concessão dos benefícios de seguridade social ou a prorrogação da licença maternidade.

3. Durante os períodos referidos no parágrafo 1 do presente Artigo:

a) não deverá ser demitida, nem receber comunicação de demissão, a trabalhadora em questão, salvo por causas justificadas não vinculadas à gravidez ou ao parto;

b) os rendimentos da trabalhadora deverão ser mantidos em nível suficiente para garantir o sustento da mulher e do seu filho em condições de vida adequadas. A manutenção desses rendimentos poderá ser assegurada mediante qualquer uma das medidas indicadas no parágrafo 2 deste Artigo, por qualquer outra medida apropriada, ou bem por meio de uma combinação dessas medidas;

c) a trabalhadora não perderá benefícios relativos a grau, antiguidade e possibilidades de promoção que estejam vinculados ao cargo de trabalho noturno que desempenha regularmente.

4. As disposições do presente Artigo não deverão ter como efeito a redução da proteção e os benefícios relativos à licença maternidade.

Artigo 8º
A compensação aos trabalhadores noturnos em termos de duração do trabalho, remuneração ou benefícios similares deverá reconhecer a natureza do trabalho noturno;

Artigo 9º
Deverão ser previstos serviços sociais apropriados para os trabalhadores noturnos e, quando for preciso, para aqueles trabalhadores que realizarem um trabalho noturno.

Artigo 10
1. Antes de se introduzir horários de trabalho que exijam os serviços de trabalhadores noturnos, o empregador deverá consultar os representantes dos trabalhadores interessados acerca dos detalhes desses horários e sobre as formas de organização do trabalho noturno que melhor se adaptem ao estabelecimento e ao seu pessoal, bem como sobre as medidas de saúde no trabalho e os serviços sociais que seriam necessários. Nos estabelecimentos que empregam trabalhadores noturnos, essas consultas deverão ser realizadas regularmente.

2. Para os fins deste Artigo, a expressão "representantes dos trabalhadores" designa as pessoas reconhecidas como tais pela legislação ou a prática nacionais, de

acordo com a Convenção sobre os representantes dos Trabalhadores, 1971.

Artigo 11
1. As disposições da presente Convenção poderão ser aplicadas mediante a legislação nacional, convênios coletivos, laudos arbitrais ou sentenças judiciais, através de uma combinação desses meios ou de qualquer outra forma conforme as condições e a prática nacionais. Deverão ser aplicadas por meio da legislação na medida em que não sejam aplicadas por outros meios.

2. Quando as disposições desta Convenção forem aplicadas por meio da legislação, deverão ser previamente consultadas as organizações mais representativas de empregadores e de trabalhadores.

Artigo 12
As ratificações formais da presente Convenção serão transmitidas ao Diretor-Geral da Repartição Internacional do Trabalho e por ele registradas.

Artigo 13
1. A presente Convenção somente vinculará os Membros da Organização Internacional do Trabalho cujas ratificações tenham sido registradas pelo Diretor-Geral.

2. Esta Convenção entrará em vigor em doze meses após o registro das ratificações de dois Membros por parte do Diretor-Geral.

3. Posteriormente, esta Convenção entrará em vigor, para cada Membro, doze meses após o registro da sua ratificação.

Artigo 14
1. Todo Membro que tenha ratificado a presente Convenção poderá denunciá-la após a expiração de um período de dez anos contado da entrada em vigor mediante ato comunicado ao Diretor-Geral da Repartição Internacional do Trabalho e por ele registrado. A denúncia só surtirá efeito um ano após o registro.

2. Todo Membro que tenha ratificado a presente Convenção e não fizer uso da faculdade de denúncia prevista pelo presente Artigo dentro do prazo de um ano após a expiração do período de dez anos previstos no parágrafo anterior, ficará obrigado por novo período de dez anos e, posteriormente, poderá denunciar a presente Convenção ao expirar cada período de dez anos, nas condições previstas no presente Artigo.

Artigo 15
1. O Diretor-Geral da Repartição Internacional do Trabalho notificará a todos os Membros da Organização Internacional do Trabalho o registro de todas as ratificações, declarações e denúncias que lhe sejam comunicadas pelos Membros da Organização.

2. Ao notificar aos Membros da Organização o registro da segunda ratificação que lhe tenha sido comunicada, o Diretor-Geral chamará a atenção dos Membros para a data de entrada em vigor da presente Convenção.

Artigo 16
O Diretor-Geral da Repartição Internacional do Trabalho comunicará ao Secretário-Geral das Nações Unidas, para fins de registro, conforme o Artigo 102 da Carta das Nações Unidas, as informações completas referentes a quaisquer ratificações, declarações e atos de denúncia que tenha registrado de acordo com os Artigos anteriores.

Artigo 17
Sempre que julgar necessário, o Conselho de Administração da Repartição Internacional do Trabalho deverá apresentar à Conferência um relatório sobre a aplicação da presente Convenção e decidirá sobre a oportunidade de inscrever na agenda da Conferência a questão da sua revisão total ou parcial.

Artigo 18
1. Se a Conferência adotar uma nova Convenção que revise total ou parcialmente a presente Convenção e a menos que a nova Convenção disponha contrariamente:

a) a ratificação, por um Membro, da nova Convenção revista, implicará, de pleno direito, não obstante o disposto pelo Artigo 22, a denúncia imediata da presente Convenção, desde que a nova Convenção revista tenha entrado em vigor.

b) a partir da entrada em vigor da Convenção revista, a presente Convenção deixará de estar aberta à ratificação dos Membros.

2. A presente Convenção continuará em vigor, em qualquer caso, em sua forma e teor atuais, para os Membros que a tiverem ratificado e que não ratificaram a Convenção revista.

Artigo 19
As versões inglesa e francesa do texto da presente convenção são igualmente autênticas.

(...)

CONVENÇÃO 182

E RECOMENDAÇÃO 190 DA OIT RELATIVAS À PROIBIÇÃO DAS PIORES FORMAS DE TRABALHO INFANTIL E A AÇÃO IMEDIATA PARA SUA ELIMINAÇÃO

▸ Aprovada pelo Decreto Legislativo 178, de 14.12.1999, e promulgada em 12 de setembro de 2000.

A Conferência Geral da Organização Internacional do Trabalho,

Considerando a necessidade de adotar novos instrumentos para proibição e eliminação das piores formas de trabalho infantil, como a principal prioridade de ação nacional e internacional, que inclui cooperação e assistência internacionais, para complementar a Convenção e a Recomendação sobre Idade Mínima para Admissão a Emprego, de 1973, que continuam sendo instrumentos fundamentais sobre trabalho infantil;

Considerando que a efetiva eliminação das piores formas de trabalho infantil requer ação imediata e global, que leve em conta a importância da educação fundamental e gratuita e a necessidade de retirar a criança de todos esses trabalhos, promover sua reabilitação e integração social e, ao mesmo tempo, atender as necessidades de suas famílias;

Recordando a resolução sobre a eliminação do trabalho infantil adotada pela Conferência Internacinal do Trabalho, em sua 83a Reunião, em 1996;

Reconhecendo que o trabalho infantil é devido, em grande parte, à pobreza e que a solução a longo prazo reside no crescimento econômico sustentado, que conduz ao progresso social, sobretudo ao alívio da pobreza e à educação universal;

Recordando a Convenção sobre os Direitos da Criança, adotada pela Assembléia das Nações Unidas, em 20 de novembro de 1989;

Recordando a Declaração da OIT sobre Princípios e Direitos Fundamentais no Trabalho e seu Seguimento, adotada pela Conferência Internacional do Trabalho em sua 86a Reunião, em 1998;

Recordando que algumas das piores formas de trabalho infantil são objeto de outros instrumentos internacionais, particularmente a Convenção sobre Trabalho Forçado, de 1930, e a Convenção Suplementar das Nações Unidas sobre Abolição da Escravidão, do Tráfico de Escravos e de Instituições e Práticas Similares à Escravidão, de 1956;

Tendo decidido pela adoção de diversas proposições relativas a trabalho infantil, matéria que constitui a quarta questão da ordem do dia da Reunião, e

Tendo determinado que essas proposições se revistissem da forma de convenção internacional, adota, neste décimo sétimo dia de junho do ano de mil novecentos e noventa e nove, a seguinte Convenção, que poderá ser citada como Convenção sobre as Piores Formas de Trabalho Infantil, de 1999.

Artigo 1º

Todo Estado-membro que ratificar a presente Convenção deverá adotar medidas imediatas e eficazes que garantam a proibição e a eliminação das piores formas de trabalho infantil em caráter de urgência.

Artigo 2º

Para os efeitos desta Convenção, o termo criança designa a toda pessoa menor de 18 anos.

Artigo 3º

Para os fins desta Convenção, a expressão as piores formas de trabalho infantil compreende:

a) todas as formas de escravidão ou práticas análogas à escravidão, comovenda e tráfico de crianças, sujeição por dívida, servidão, trabalho forçado ou compulsório, inclusive recrutamento forçado ou obrigatório de crianças para serem utilizadas em conflitos armados;

b) utilização, demanda e oferta de criança para fins de prostituição, produção de pornografia ou atuações pornográficas;

c) utilização, recrutamento e oferta de criança para atividades ilícitas, particularmente para a produção e tráfico de entorpecentes conforme definidos nos tratados internacionais pertinentes;

d) trabalhos que, por sua natureza ou pelas circunstâncias em que são executados, são suscetíveis de prejudicar a saúde, a segurança e a moral da criança.

Artigo 4º

1. Os tipos de trabalho a que se refere o Artigo 3º d) serão definidos pela legislação nacional ou pela autoridade competente, após consulta com as organizações de empregadores e de trabalhadores interessados, levando

em consideração as normas internacionais pertinentes, particularmente os parágrafos 3ª e 4ª da Recomendação sobre as Piores Formas de Trabalho Infantil, de 1999.

2. A autoridade competente, após consulta com as organizações de empregadores e trabalhadores interessadas, localizará onde ocorrem os tipos de trabalho determinados conforme o parágrafo 1º deste artigo.

3. A relação dos tipos de trabalho definidos nos termos do parágrafo 1º deste Artigo deverá ser periodicamente examinada e, se necessário, revista em consulta com as organizações de empregadores e de trabalhadores interessadas.

Artigo 5º

Todo Estado-membro, após consulta com organizações de empregadores e de trabalhadores, estabelecerá ou designará mecanismos apropriados para monitorar a aplicação das disposições que dão cumprimento à presente Convenção.

Artigo 6º

1. Todo Estado-membro elaborará e implementará programas de ação para eliminar, como prioridade, as piores formas de trabalho infantil.

2. Esses programas de ação serão elaborados e implementados em consulta com instituições governamentais competentes e organizações de empregadores e de trabalhadores, levando em consideração opiniões de outros grupos interessados, caso apropriado.

Artigo 7º

1. Todo Estado-membro adotará todas as medidas necessárias para assegurar aplicação e cumprimento efetivos das disposições que dão efeito a esta Convenção, inclusive a instituição e aplicação de sanções penais ou, conforme o caso, de outras sanções.

2. Todo Estado-membro, tendo em vista a importância da educação para a eliminação do trabalho infantil, adotará medidas efetivas para, num determinado prazo:

a) impedir a ocupação de crianças nas piores formas de trabalho infantil;

b) dispensar a necessária e apropriada assistência direta para retirar crianças das piores formas de trabalho infantil e assegurar sua reabilitação e integração social;

c) garantir o acesso de toda criança retirada das piores formas de trabalho infantil à educação fundamental gratuita e, quando possível e adequado, à formação profissional;

d) identificar crianças particularmente expostas a riscos e entrar em contato direto com elas; e,

e) levar em consideração a situação especial das meninas.

3. Todo Estado-membro designará a autoridade competente responsável pela aplicação das disposições que dão cumprimento a esta Convenção.

Artigo 8º

Os Estados-membros tomarão as devidas providências para se ajudarem mutuamente na aplicação das disposições desta Convenção por meio de maior cooperação e/ou assistência internacional, inclusive o apoio ao desenvolvimento social e econômico, a programas de erradicação da pobreza e à educação universal.

Artigo 9º

As ratificações formais desta Convenção serão comunicadas, para registro, ao Diretor-Geral da Secretaria Internacional do Trabalho.

Artigo 10

1. Esta Convenção obrigará unicamente os Estados-membros da Organização Internacional do Trabalho cujas ratificações tiverem sido registradas pelo Diretor-Geral da Secretaria Internacional do Trabalho.

2. A presente Convenção entrará em vigor doze meses após a data de registro, pelo Diretor-Geral, das ratificações de dois Estados-membros.

3. A partir daí, esta Convenção entrará em vigor, para todo Estado-membro, doze meses após a data do registro de sua ratificação.

Artigo 11

1. O Estado-membro que ratificar esta Convenção poderá denunciá-la ao final de um período de dez anos, a contar da data de sua entrada em vigor, mediante comunicação ao Diretor-Geral da Secretaria Internacional do Trabalho, para registro. A denúncia não terá efeito antes de se completar um ano a contar da data de seu registro.

2. Todo Estado-membro que ratificar esta Convenção e que, no prazo de um ano após expirado o período de dez anos referido no parágrafo anterior, não tiver exercido o direito de denúncia disposto neste artigo, ficará obrigado a um novo período de dez anos e, daí por diante, poderá denunciar esta Convenção ao final de cada período de dez anos, nos termos deste artigo.

Artigo 12

1. O Diretor-Geral da Secretaria Internacional do Trabalho dará ciência, aos Estados-membros da Organização Internacional do Trabalho, do registro de todas as ratificações, declarações e atos de denúncia que lhe forem comunicados pelos Estados-membros da Organização.

2. Ao notificar os Estados-membros da Organização sobre o registro da segunda ratificação que lhe foi comunicada, o Diretor-Geral lhes chamará a atenção para a data em que a Convenção entrará em vigor.

Artigo 13

O Diretor-Geral da Secretaria Internacional do Trabalho comunicará ao Secretário-Geral das Nações Unidas, para registro, nos termos do Artigo 102 da Carta das Nações Unidas, informações circunstanciadas sobre todas as ratificações, declarações e atos de denúncia por ele registrados, conforme o disposto nos artigos anteriores.

Artigo 14

O Conselho de Administração da Secretaria Internacional do Trabalho apresentará à Conferência Geral, quando considerar necessário, relatório sobre o desempenho desta Convenção e examinará a conveniência de incluir na pauta da Conferência a questão de sua revisão total ou parcial.

Artigo 15

1. No caso de adotar a Conferência uma nova Convenção que reveja total ou parcialmente esta Convenção, a menos que a nova Convenção disponha de outro modo:

a) a ratificação, por um Estado-membro, da nova convenção revista implicará, ipso jure, a partir do momento em que entrar em vigor a convenção revista, a denúncia imediata desta Convenção, não obstante as disposições do Artigo 11 acima;

b) esta Convenção deixará de estar sujeita a ratificação pelos Estados-membros a partir do momento da entrada em vigor da Convenção revisora.

2. Esta Convenção continuará a vigorar, na sua forma e conteúdo, nos Estados-membros que a ratificaram, mas não ratificarem a Convenção revista.

Artigo 16

As versões em inglês e francês do texto desta Convenção são igualmente autênticas.

RECOMENDAÇÃO 190

Recomendação sobre a Proibição das Piores Formas de Trabalho Infantil e a Ação Imediata para a sua Eliminação

A Conferência Geral da Organização Internacional do Trabalho:

Convocada em Genebra pelo Conselho de Administração da Repartição Internacional do Trabalho e reunida naquela cidade em 1º de junho de 1999, em sua octogésima sétima reunião:

Tendo adotado a Convenção sobre as piores formas de trabalho infantil, 1999;

Tendo decidido adotar diversas propostas relativas ao trabalho infantil, questão que constitui o quarto ponto da agenda da reunião, e

Tendo determinado que essas propostas tomem a forma de uma recomendação que complemente a Convenção sobre as piores formas de trabalho infantil, 1999,

Adota, nesta data de dezessete de junho de mil novecentos e noventa e nove, a seguinte Recomendação, que poderá ser citada como a Recomendação sobre as Piores Formas de Trabalho Infantil, 1999.

1. Os dispositivos da presente Recomendação complementam os da Convenção sobre as piores formas de trabalho infantil, 1999 (doravante denominada "a Convenção"), e deveriam ser aplicados em conjuntos com os mesmos.

I. PROGRAMAS DE AÇÃO

1. Os programas de ação mencionados no artigo 6 da Convenção deveriam ser elaborados e implementados em caráter de urgência, em consulta com as instituições governamentais competentes e as organizações de empregadores e de trabalhadores, levando em consideração as opiniões das crianças diretamente afetadas pelas piores formas de trabalho infantil, de suas famílias e, caso apropriado, de outros grupos interessados comprometidos com os objetivos da Convenção e da presente Recomendação. Os objetivos de tais programas deveriam ser, entre outros:

a) identificar e denunciar as piores formas de trabalho infantil;

b) impedir a ocupação de crianças nas piores formas de trabalho infantil ou retirá-las dessas formas de trabalho, protegê-las de represálias e garantir sua reabilitação e inserção social através de medidas que atendam às suas necessidades educacionais, físicas e psicólogas;

c) dispensar especial atenção;

i) às crianças mais jovens;

ii) às meninas;

iii) ao problema do trabalho oculto, no qual as meninas estão particularmente expostas a riscos; e

iv) a outros grupos de crianças que sejam especialmente vulneráveis ou tenham necessidades particulares;

d) identificar as comunidades nas quais as crianças estejam especialmente expostas a riscos, entrar em contato direto e trabalhar com elas, e

e) informar, sensibilizar e mobilizar a opinião públicas e os grupos interessados, inclusive as crianças e suas famílias.

II. TRABALHO PERIGOSO

1. Ao determinar e localizar onde se praticam os tipos de trabalho a que se refere o artigo 3, d) da Convenção, deveriam ser levadas em consideração, entre outras coisas:

a) os trabalhos em que a criança ficar exposta a abusos de ordem física, psicológica ou sexual;

b) os trabalhos subterrâneos, debaixo d'água, em alturas perigosas ou em locais confinados;

c) os trabalhos que se realizam com máquinas, equipamentos e ferramentas perigosos, ou que impliquem a manipulação ou transporte manual de cargas pesadas;

d) os trabalhos realizados em um meio insalubre, no qual as crianças estiverem expostas, por exemplo, a substâncias, agentes ou processos perigosos ou a temperaturas, níveis de ruído ou de vibrações prejudiciais à saúde, e

e) os trabalhos que sejam executados em condições especialmente difíceis, como os horários prolongados ou noturnos, ou trabalhos que retenham injustificadamente a criança em locais do empregador.

4. No que concerne os tipos de trabalho a que se faz referência no Artigo 3, d) da Convenção e no parágrafo 3 da presente Recomendação, a legislação nacional ou a autoridade competente, após consulta às organizações de empregadores e de trabalhadores interessadas, poderá autorizar o emprego ou trabalho a partir da idade de 16 anos, desde que fiquem plenamente garantidas a saúde, a segurança e a moral dessas crianças e que tenham recebido instruções ou formação profissional adequada e específica na área da atividade correspondente.

III. APLICAÇÃO

5. 1) Deveriam ser compilados e mantidos atualizados dados estatísticos e informações pormenorizadas sobre a natureza e extensão do trabalho infantil, de modo a servir de base para o estabelecimento das prioridades da ação nacional dirigida à eliminação do trabalho infantil, em particular à proibição e à eliminação de suas piores formas, em caráter de urgência.

2) Na medida do possível, essas informações e esses dados estatísticos deveriam incluir dados desagregados por sexo, faixa etária, ocupação, setor de atividade econômica, situação no emprego, frequência escolar e localização geográfica. Deveria ser levada em consideração a importância de um sistema eficaz de registros de nascimentos, que compreenda a expedição de certidões de nascimento.

3) Deveriam ser compilados e mantidos atualizados os dados pertinentes em matéria de violação das normas jurídicas nacionais sobre a proibição e a eliminação das piores formas de trabalho infantil.

6. A compilação e o processamento das informações e dos dados a que se refere o parágrafo 5 anterior deveriam ser realizados com o devido respeito ao direito à privacidade.

7. As informações compiladas conforme o disposto no parágrafo 5 anterior deveriam ser comunicadas periodicamente à Repartição Internacional do Trabalho.

8. Os Membros, após consulta às organizações de empregadores e de trabalhadores, deveriam estabelecer ou designar mecanismos nacionais apropriados para monitorar a aplicação das normas jurídicas nacionais sobre a proibição e a eliminação das piores formas de trabalho infantil.

9. Os Membros deveriam assegurar que as autoridades competentes incumbidas da aplicação das normas jurídicas nacionais sobre a proibição e eliminação das piores formas de trabalho infantil colaborem entre si e coordenem suas atividades.

10. A legislação nacional ou autoridade competente deveria determinar a quem será atribuída a responsabilidade em caso de descumprimento das normas jurídicas nacionais sobre a proibição e eliminação das piores formas de trabalho infantil.

11. Os Membros deveriam colaborar, na medida em que for compatível com a legislação nacional, com os esforços internacionais tendentes à proibição e eliminação

das piores formas de trabalho infantil, em caráter de urgência, mediante:

a) a compilação e o intercâmbio de informações relativas a atos delituosos, incluídos aqueles que envolvam redes internacionais;

b) a investigação e a instauração de inquérito contra aqueles que estiverem envolvidos na venda e tráfico de crianças ou na utilização, recrutamento ou oferta de crianças para a realização de atividades ilícitas, prostituição, produção de pornografia ou atuações pornográficas; e

c) o registro dos autores de tais delitos.

12. Os Membros deveriam adotar dispositivos com o fim de considerar atos delituosos as piores formas de trabalho infantil que são indicadas a seguir:

a) todas as formas de escravidão ou as práticas análogas à escravidão, como a venda e o tráfico de crianças, a servidão por dívidas e a condição de servo, e o trabalho forçado ou obrigatório, inclusive o recrutamento forçado ou obrigatório de crianças para serem utilizadas em conflitos armados;

b) a utilização, recrutamento ou oferta de crianças para a prostituição, a produção de pornografia ou atuações pornográficas; e

c) a utilização, recrutamento ou oferta de criança para a realização de atividades ilícitas, em particular para a produção e tráfico de entorpecentes, tais com definidos nos tratados internacionais pertinentes, ou para a realização de atividades que impliquem o porte ou o uso ilegais de armas de fogo ou outras armas.

13. Os Membros deveriam assegurar que sejam impostas sanções, inclusive de caráter penal, quando proceda, em caso de violação das normas jurídicas nacionais sobre a proibição e a eliminação de qualquer dos tipos de trabalho a que se refere o artigo 3 d) da Convenção.

14. Quando apropriado, os Membros também deveriam estabelecer em caráter de urgência outras medidas penais, civis ou administrativas para garantir a aplicação efetiva das normas jurídicas nacionais sobre a proibição e eliminação das piores formas de trabalho infantil, tais como a supervisão especial das empresas que tiverem utilizado as piores formas de trabalho infantil e, nos casos de violação reiterada, a revogação temporária ou permanente das licenças para operar.

15. Dentre outras medidas voltadas para a proibição e eliminação das piores formas de trabalho infantil, poderiam ser incluídas as seguintes:

a) informar, sensibilizar e mobilizar o público em geral e, em particular, os dirigentes políticos nacionais e locais, os parlamentares e as autoridades judiciárias;

b) tornar partícipes e treinar as organizações de empregadores e trabalhadores e as organizações da sociedade civil;

c) dar formação adequada aos funcionários públicos competentes, em particular aos fiscais e aos funcionários encarregados do cumprimento da lei, bem como a outros profissionais pertinentes;

d) permitir a todo Membro que processe em seu território seus nacionais por infringir sua legislação nacional sobre a proibição e eliminação imediata das piores formas de trabalho infantil, ainda que estas infrações tenham sido cometidas fora de seu território;

e) simplificar os procedimentos judiciais e administrativos e assegurar que sejam adequados e rápidos;

f) estimular o desenvolvimento de políticas empresariais que visem à promoção dos fins da Convenção;

g) registrar e difundir as melhores práticas em matéria de eliminação do trabalho infantil;

h) difundir, nos idiomas e dialetos correspondentes, as normas jurídicas ou de outro tipo sobre o trabalho infantil;

i) prever procedimentos especiais para queixas, adotar medidas para proteger da discriminação e de represálias aqueles que denunciem legitimamente toda violação dos dispositivos da Convenção, criar serviços telefônicos de assistência e estabelecer centros de contato ou designar mediadores;

j) adotar medidas apropriadas para melhorar a infraestrutura educativa e a capacitação de professores que atendam às necessidades dos meninos e das meninas, e

k) na medida do possível, levar em conta, nos programas de ação nacionais, a necessidade de:

i) promover o emprego e a capacitação profissional dos pais e adultos das famílias das crianças que trabalham nas condições referidas na Convenção, e

ii) sensibilizar os pais sobre o problema das crianças que trabalham nessas condições.

16. Uma cooperação e/ou assistência internacional maior entre os Membros destinada a proibir e eliminar

efetivamente as piores formas de trabalho infantil deveria complementar os esforços nacionais e poderia, segundo proceda, desenvolver-se e implementar-se em consulta com as organizações de empregadores e de trabalhadores. Essa cooperação e/ou assistência internacional deveria incluir:

a) a mobilização de recursos para os programas nacionais ou internacionais;

b) a assistência jurídica mutua;

c) a assistência técnica, inclusive o intercâmbio de informações, e

d) o apoio ao desenvolvimento econômico e social, aos programas de erradicação da pobreza e à educação universal.

DECRETO LEGISLATIVO 269, DE 18 DE SETEMBRO DE 2008

Aprova o texto da Convenção 102 da Organização Internacional do Trabalho – OIT, relativa à fixação de normas mínimas de seguridade social, adotada em Genebra, em 28 de junho de 1952.

DOU 19.09.2008

O Congresso Nacional decreta:

Art. 1º Fica aprovado o texto da Convenção 102 da Organização Internacional do Trabalho – OIT, relativa à fixação de normas mínimas de seguridade social, adotada em Genebra, em 28 de junho de 1952.

Parágrafo único. Ficam sujeitos à aprovação do Congresso Nacional quaisquer atos que possam resultar em revisão da referida Convenção, bem como quaisquer ajustes complementares que, nos termos do inciso I do *caput* do art. 49 da Constituição Federal, acarretem encargos ou compromissos gravosos ao patrimônio nacional.

Art. 2º Este Decreto Legislativo entra em vigor na data de sua publicação.

Senado Federal, em 18 de setembro de 2008.

CONVENÇÃO 102

A Conferência Geral da Organização Internacional do Trabalho,

Convocada em Genebra pelo Conselho de Administração da Repartição Internacional do Trabalho, e reunida nessa cidade a 4 de junho de 1952, na sua trigésima quinta sessão;

Após ter decidido adotar diversas proposições relativas às normas mínimas para a seguridade social, questão que está compreendida no quinto ponto da ordem do dia da sessão;

Após ter decidido que essas proposições tomariam a forma de uma convenção internacional,

Adota, neste dia vigésimo oitavo de junho de mil novecentos e cinquenta e dois, a seguinte convenção, que será denominada 'Convenção Concernente às Normas Mínimas para a Seguridade Social, 1952':

PARTE I
DISPOSIÇÕES GERAIS

Artigo 1º

1. Para os efeitos da presente convenção:

a) o termo 'determinado' significa prescrito por ou em virtude da legislação nacional;

b) o termo 'residência' significa a residência habitual no território do Membro, e o termo 'residente' significa uma pessoa que reside habitualmente no território do Membro;

c) o termo 'esposa' designa uma mulher que depende economicamente do marido;

d) o termo 'viúva' designa uma mulher que dependia economicamente de seu esposo no momento da morte do mesmo;

e) o termo 'criança' designa um menor abaixo da idade em que é obrigatória a freqüência à escola ou de menos de quinze anos, segundo o que for determinado;

f) o termo 'período de carência' significa seja um período de cotização seja de emprego ou de residência, seja uma combinação qualquer desses períodos, segundo o que for determinado.

2. Para os fins dos artigos 10, 34 e 49, o termo 'prestações' se entende alusivo seja a serviços fornecidos diretamente, seja a prestações indiretas consistentes no reembolso das despesas a cargo do interessado.

Artigo 2º

1. Qualquer Membro para o qual a presente convenção estiver em vigor deverá:

a) aplicar:

I) a Parte I;

II) três ao menos das Partes II, III, IV, V, VI, VII, VIII, IX e X, compreendendo uma ao menos das Partes IV, V, VI, IX e X;

III) as correspondentes disposições das Partes XI, XII e XIII;

IV) a Parte XIV;

b) especificar na ratificação quais dentre as Partes II a X cujas obrigações decorrentes da convenção aceita.

Artigo 3º

1. Um Membro cuja economia e recursos médicos não tenham atingido um desenvolvimento suficiente pode, se a autoridade competente o desejar e pelo espaço de tempo que ela julgar necessário, beneficiar-se, mediante uma declaração anexa à sua ratificação, das derrogações temporárias que constam dos artigos seguintes: 9d; 12(2); 15d; 18(2); 21c; 27d; 33b; 34(3); 41d; 48c; 55d e 61d.

2. Todo Membro que tenha feito uma declaração nos termos do parágrafo 1 do presente Artigo deve, no relatório anual sobre a aplicação da presente convenção, que é obrigado a apresentar de acordo com o Artigo 22 do Estatuto da Organização Internacional do Trabalho, declarar a propósito de cada uma das derrogações das quais se beneficiou:

a) se as razões que o levaram a fazê-lo perduram; ou

b) se, a partir de uma data determinada, renuncia a se prevalecer da derrogação em apreço.

Artigo 4º

1. O Membro que ratificar a presente convenção pode, posteriormente, notificar o Diretor-Geral da Repartição Internacional do Trabalho de que aceita as obrigações decorrentes da convenção no que diz respeito a uma ou várias das Partes II a X que ainda não tenham sido especificadas na sua ratificação.

2. Os compromissos previstos no parágrafo 1 do presente Artigo serão considerados como parte integrante da ratificação e produzirão efeitos idênticos a partir da data de sua notificação.

Artigo 5º

Quando, em conseqüência da aplicação de qualquer das Partes II a X da presente convenção, objeto de sua ratificação, um Membro for obrigado a amparar determinadas categorias de pessoas, perfazendo ao menos uma certa percentagem de assalariados ou residentes, deverá, antes de se comprometer a aplicar a Parte em questão, certificar-se de que a referida percentagem será atingida.

Artigo 6º

Tratando-se da aplicação das Partes II, III, IV, V, VIII (no que diz respeito a serviços médicos), IX ou X da presente convenção, um Membro pode levar em conta a proteção decorrente de seguros que, consoante a legislação nacional, não sejam obrigatórias para as pessoas amparadas, desde que:

a) sejam controlados pelas autoridades públicas ou administrados, em comum, de acordo com normas determinadas, pelos empregadores e os empregados;

b) abrangem uma parte substancial de pessoas cujos proventos não ultrapassem os de um operário qualificado do sexo masculino;

c) satisfeito conjuntamente com outras modalidades de amparo, se for o caso, aos dispositivos desta convenção que lhes dizem respeito.

PARTE II
SERVIÇOS MÉDICOS

Artigo 7º

O Membro para o qual a presente Parte da convenção estiver em vigor, deve assegurar prestações de serviços médicos de caráter preventivo ou curativo às pessoas amparadas quando seu estado de saúde assim o exigir, de acordo com os seguintes artigos desta Parte.

Artigo 8º

O evento coberto deve abranger qualquer estado mórbido, seja qual for a sua causa, a gestação, o parto e suas conseqüências.

Artigo 9º

1. As pessoas amparadas devem abranger:

a) quer determinadas categorias de assalariados, perfazendo, no mínimo, 50 por cento da totalidade dos assalariados, bem como suas esposas e filhos;

b) quer determinadas categorias da população ativa, perfazendo, no mínimo, 20 por cento da totalidade dos residentes, bem como as esposas e filhos dos integrantes dessas categorias;

c) quer determinadas categorias de residentes, perfazendo no mínimo 50 por cento da totalidade desses;

d) quer, no caso de ter sido feita uma declaração nos termos do Artigo 3º, determinadas categorias de assalariados, perfazendo, no mínimo, 50 por cento da totalidade dos assalariados que trabalham em empresas industriais que empreguem 20 pessoas, pelo menos, bem como as esposas e filhos dos assalariados dessas categorias.

Artigo 10

1. As prestações devem abranger, no mínimo:

a) em caso de estado mórbido:

I) os serviços de médicos que exerçam a clínica geral, inclusive visitas domiciliares;

II) os serviços de especialistas prestados em hospitais a pessoas hospitalizadas ou não e ainda os que podem ser administrados fora dos hospitais;

III) fornecimento de produtos farmacêuticos indispensáveis mediante receita passada por médico;

IV) hospitalização, quando necessária;

b) em caso de gestação, parto e suas conseqüências:

I) assistência pré-natal, assistência durante o parto e assistência após o parto, prestada por médico ou parteira diplomada);

II) hospitalização, em caso de necessidade.

2. O beneficiário ou o respectivo responsável podem ser obrigados a concorrer para as despesas com os serviços médicos recebidos em caso de doença; os dispositivos relativos a esta participação devem ser estabelecidos de tal forma que não impliquem ônus por demais pesado.

3. As prestações fornecidas de acordo com o presente Artigo devem visar a conservar, restabelecer ou melhorar a saúde, bem como a capacidade de trabalho da pessoa amparada e a atender às suas necessidades pessoais.

4. As repartições do Governo ou as instituições que dispensarem essas prestações devem incentivar as pessoas amparadas, por todos os meios que julgarem apropriados, a recorrer aos serviços gerais de saúde postos à sua disposição pelas autoridades públicas ou por outros organismos reconhecidos pelas autoridades públicas.

Artigo 11

1. As prestações mencionadas no Artigo 10, no evento coberto devem ser asseguradas, pelo menos, às pessoas amparadas que completarem ou cujo responsável houver completado um estágio considerado necessário para evitar abusos.

Artigo 12

1. As prestações mencionadas no Artigo 10 devem ser concedidas durante todo o evento coberto, com a exceção de que, em caso de doença, a duração das prestações pode ser limitada há 26 semanas por caso; todavia, as prestações de assistência médica não podem ser suspensas enquanto estiver sendo pago um auxílio-doença e devem tomar-se providências para elevar o limite supramencionado quando se tratar de doenças previstas na legislação nacional e para as quais se reconhece a necessidade de assistência médica prolongada.

2. No caso de ter sido feita uma declaração nos termos do Artigo 3º, a duração das prestações de assistência médica pode ser limitada há 13 semanas por caso.

PARTE III
AUXÍLIO-DOENÇA

Artigo 13

O Membro para o qual a presente Parte da Convenção estiver em vigor, deve assegurar o pagamento de auxílio-doença às pessoas amparadas, de acordo com os seguintes artigos desta Parte.

Artigo 14

O evento coberto deve abranger a incapacidade de trabalho decorrente de um estado mórbido que acarrete a suspensão de ganhos, conforme for definida pela legislação nacional.

Artigo 15

As pessoas amparadas devem abranger:

a) quer determinadas categorias de assalariadas, perfazendo, no mínimo, 50 por cento da totalidade dos assalariados;

b) quer determinadas categorias da população ativa, perfazendo, no mínimo, 20 por cento da totalidade dos residentes;

c) quer em todos os residentes cujos recursos durante o evento não excederem determinados limites de acordo com o disposto no Artigo 67;

d) quer, no caso de ter sido feita uma declaração nos termos do Artigo 3º, determinadas categorias de assalariados, perfazendo, no mínimo, 50 por cento da totalidade dos assalariados que trabalham em empresas industriais que empreguem 20 pessoas, pelo menos.

Artigo 16

1. Quando forem amparadas categorias de assalariados ou categorias da população ativa, a prestação consistirá em um pagamento periódico calculado de acordo com as disposições do Artigo 65 ou do Artigo 66.

2. Quando forem amparados todos os residentes cujos recursos durante o evento não excederem determinados limites, o auxílio consistirá em um pagamento periódico calculado de acordo com o que dispõe o Artigo 67.

Artigo 17

A prestação mencionada no Artigo 16, no evento coberto, deve ser assegurada, no mínimo, às pessoas amparadas que completaram um período de carência considerado suficiente para evitar abusos.

Artigo 18

1. A prestação mencionada no Artigo 16 deve ser concedida durante todo o evento com a ressalva de que a duração da prestação possa ser limitada a 26 semanas por caso de doença, com a possibilidade de não ser paga a prestação nos três primeiros dias da suspensão dos ganhos.

2. No caso de ter sido feita uma declaração nos termos do Artigo 3º, a duração da prestação pode ser limitada:

a) que a um período tal que o número total de dias para os quais for concedido o auxílio-doença no decorrer de um ano não seja inferior a dez vezes o número médio de pessoas amparadas durante esse mesmo ano;

b) quer a 13 semanas por caso de doença, com a possibilidade de não ser paga a prestação nos três primeiros dias da suspensão dos ganhos.

PARTE IV
PRESTAÇÕES DE DESEMPREGO

Artigo 19

O Membro para o qual a presente Parte da Convenção estiver em vigor, deve assegurar às pessoas amparadas prestações de desemprego de acordo com os seguintes artigos desta Parte.

Artigo 20

O evento coberto deve abranger toda suspensão de ganhos, tal como for definida pela legislação nacional, devido à impossibilidade de obtenção de um emprego adequado, por parte de pessoa amparada, que seja capaz de trabalhar e esteja disponível para o trabalho.

Artigo 21

As pessoas amparadas devem abranger:

a) quer determinadas categorias de assalariados, perfazendo, no mínimo, 50 por cento da totalidade dos assalariados;

b) quer em todos os residentes cujos recursos durante o evento não excederem determinados limites, de acordo com o disposto no Artigo 67;

c) quer, no caso de ter sido feita uma declaração nos termos do Artigo 3, determinadas categorias de assalariados, perfazendo, no mínimo, 50 por cento da totalidade dos assalariados que trabalham em empresas industriais que empreguem 20 pessoas pelo menos.

Artigo 22

1. Quando forem amparadas categorias de assalariados, a prestação consistirá em um pagamento periódico calculado segundo as disposições do Artigo 65 ou do Artigo 66.

2. Quando forem amparados todos os residentes cujos recursos durante o evento não excederem determinados limites, a prestação consistirá em um pagamento periódico calculado de acordo com os dispositivos do Artigo 67.

Artigo 23

A prestação mencionada no Artigo 22, no evento coberto, deve ser assegurada, no mínimo, às pessoas amparadas que completarem período de carência considerado suficiente para evitar abusos.

Artigo 24

1. A prestação mencionada no Artigo 22 deve ser concedida durante todo o evento, com a exceção de que a duração da prestação pode ser limitada:

a) quando são amparadas categorias de assalariados, a 13 semanas no decurso de um período de 12 meses;

b) quando são amparados todos os residentes cujos recursos durante o evento não excederem determinados limites, a 26 semanas no decurso de um período de 12 meses.

2. Quando a duração da prestação for escalonada, em virtude da legislação nacional, segundo a duração da contribuição ou segundo as prestações anteriormente recebidas no decurso de um período determinado, os dispositivos da alínea *a* do parágrafo 1 considerar-se-ão cumpridos se a duração média da prestação abranger, no mínimo, 13 semanas no decurso de um período de 12 meses.

3. A prestação pode deixar de ser efetuada durante um prazo de carência limitado aos sete primeiros dias em cada caso de suspensão dos ganhos, computando-se os dias de desemprego antes e depois de um emprego temporário que não passe de uma duração determinada, como fazendo parte do mesmo caso de suspensão de ganhos.

4. Tratando-se de operários cuja ocupação depender das estações do ano (trabalhadores sazonais), a duração da prestação e o prazo de carência podem ser adaptados às condições do emprego.

PARTE V
APOSENTADORIA POR VELHICE

Artigo 25
O Membro para o qual a presente Parte da convenção estiver em vigor, deve assegurar às pessoas amparadas aposentadoria por velhice, de acordo com os seguintes artigos desta Parte.

Artigo 26
1. O evento coberto será a sobrevivência além de uma determinada idade prescrita.

2. A idade determinada não deverá ultrapassar a de 65 anos. Todavia, poderá ser fixada, pelas autoridades competentes, uma idade mais avançada, tomando-se em consideração a capacidade de trabalho das pessoas idosas no país em apreço.

3. A legislação nacional poderá suspender a prestação se a pessoa que a ela teria direito exercer determinadas atividades remuneradas ou poderá diminuir as prestações contributivas quando os ganhos do beneficiário ultrapassarem uma quantia determinada e as prestações não contributivas quando os ganhos do beneficiário ou seus outros recursos, ou os dois somados, excederem uma quantia determinada.

Artigo 27
As pessoas amparadas devem abranger:

a) quer determinadas categorias de assalariados perfazendo, no mínimo, 50 por cento da totalidade dos assalariados;

b) quer determinadas categorias da população ativa, perfazendo, no mínimo, 20 por cento da totalidade dos residentes;

c) quer em todos os residentes cujos recursos durante o evento não excederem determinados limites de acordo com o disposto no Artigo 67;

d) quer, no caso de ter sido feita uma declaração nos termos do Artigo 3º, determinadas categorias de assalariados, perfazendo, no mínimo, 50 por cento da totalidade dos assalariados que trabalham em empresas industriais, que empreguem 20 pessoas, pelo menos.

Artigo 28
A prestação consistirá em um pagamento periódico calculado como segue:

a) de acordo com os dispositivos do Artigo 65 ou do Artigo 66, conforme se tratar de pessoas amparadas pertencentes às categorias de assalariados ou às categorias da população ativa;

b) de acordo com os dispositivos do Artigo 67, quando forem amparados todos os residentes cujos recursos durante o evento não ultrapassarem determinados limites.

Artigo 29
1. A prestação mencionada no Artigo 28, deve, no evento coberto, ser assegurada, no mínimo:

a) a uma pessoa amparada que houver completado, antes de se verificar o evento, segundo regras determinadas, um período de carência que pode consistir seja em 30 anos de contribuição ou de emprego, seja em 20 anos de residência;

b) quando, em princípio, todas as pessoas ativas forem amparadas, a uma pessoa que houver completado um determinado período de contribuições e em nome da qual foram efetuadas, no decurso do período ativo de sua vida, contribuições cujo número anual médio atinja a uma quantia determinada.

2. Quando a prestação mencionada no parágrafo 1 estiver subordinada à integração de um período mínimo de contribuição ou de emprego, uma prestação reduzida deve ser assegurada, no mínimo:

a) a uma pessoa amparada que houver completado antes de se verificar o evento segundo regras determinadas, um período de carência de 15 anos de contribuições ou de emprego;

b) quando, em princípio, todas as pessoas ativas forem amparadas, a uma pessoa que houver completado um determinado período de contribuições e em nome da qual foi efetuado, no decurso do período ativo de sua vida, o pagamento da metade do número médio de contribuições anuais determinadas em conformidade com o disposto na alínea *b* do parágrafo 1 do presente artigo.

3. Os dispositivos do parágrafo 1 do presente Artigo considerar-se-ão cumpridos quando uma prestação calculada de acordo com a Parte XI, mas segundo uma percentagem inferior de 10 unidades àquela que está indicada na tabela anexa à referida Parte para o beneficiário-padrão, for assegurada a toda pessoa amparada que houver completado de acordo com as regras estabelecidas, seja 10 anos de contribuições ou de emprego, seja 5 anos de residência.

4. Uma redução proporcional da porcentagem indicada na tabela anexa à referida Parte XI pode ser feita quando o período de carência determinado para a outorga da prestação que corresponde à porcentagem reduzida for superior a 10 anos de contribuições ou de emprego, mas inferior a 30 anos de contribuições ou de emprego. Quando o referido período for superior a 15 anos, uma prestação reduzida será concedida conforme o parágrafo 2 do presente artigo.

5. Quando a concessão da prestação mencionada nos parágrafos 1, 3 ou 4 do presente Artigo estiver subordinada à integração de um período mínimo de contribuições, uma prestação reduzida deve ser assegurada, nas condições determinadas, a uma pessoa amparada, a qual, pelo simples fato de já ter atingido a idade avançada quando os dispositivos que permitem a aplicação da presente Parte do Convênio entrarem em vigor, não puder preencher as condições determinadas nos termos do parágrafo 2 do presente artigo, a não ser que uma prestação de acordo com os dispositivos dos parágrafos 1, 3 ou 4 seja concedida a uma tal pessoa em idade mais avançada do que a normal.

Artigo 30
As prestações mencionadas nos artigos 28 e 29 devem ser concedidas durante toda a duração do evento.

PARTE VI
PRESTAÇÕES EM CASO DE ACIDENTES DE TRABALHO E DE DOENÇAS PROFISSIONAIS

Artigo 31
O Membro para o qual a presente Parte do Convênio estiver em vigor, deve assegurar às pessoas amparadas prestações em caso de acidentes de trabalho e de doenças profissionais, de acordo com os seguintes artigos desta Parte.

Artigo 32
Os eventos cobertos devem abranger as seguintes hipóteses, quando devidos a acidentes de trabalho ou a doenças profissionais:

a) estado mórbido;

b) incapacidade para o trabalho decorrente de um estado mórbido tendo como resultado a suspensão dos ganhos tal como está definida pela legislação nacional;

c) perda total da capacidade de ganho ou perda parcial da capacidade de ganho ultrapassando um limite determinado, quando for provável que esta perda total ou parcial seja permanente; ou diminuição correspondente da integridade física;

d) perda dos meios de subsistência sofrida pela viúva ou filhos em consequência da morte do arrimo de família; no caso da viúva, o direito à prestação pode estar em conformidade com a legislação nacional, de que ela é incapaz de prover ao seu próprio sustento.

Artigo 33
As pessoas amparadas devem abranger:

a) quer determinadas categorias de assalariados perfazendo, no mínimo, 50 por cento da totalidade dos assalariados e, no caso de o direito à prestação decorrer da morte do arrimo de família, igualmente as esposas e filhos dos assalariados dessas categorias;

b) quer, no caso de ter sido feita uma declaração nos termos do Artigo 3º, determinadas categorias de assalariados perfazendo, no mínimo, 50 por cento da totalidade dos assalariados que trabalham em empresas industriais que empreguem 20 pessoas pelo menos, e, no caso de o direito às prestações decorrer da morte do arrimo de família, igualmente as esposas e filhos dos assalariados dessas categorias.

Artigo 34
1. No que diz respeito a um estado mórbido, as prestações devem abranger a assistência médica mencionada nos parágrafos 2 e 3 do presente artigo.

2. A assistência médica deve abranger:

a) assistência de clínico de medicina geral ou de especialista a pessoas hospitalizadas, ou não, inclusive visitas a domicílio;

b) assistência dentária;

c) serviços de enfermagem, seja a domicílio seja em hospital ou outra instituição médica;

d) a manutenção em hospital, casa de repouso, sanatório ou outra instituição médica;

e) fornecimento de artigos dentários e de produtos farmacêuticos e outros artigos médicos ou cirúrgicos, inclusive aparelhos de prótese e sua conservação, bem como óculos;

f) assistência prestada por membro de outra profissão legalmente reconhecida como ligada à profissão médica, sob a fiscalização de um médico ou dentista.

3. Tendo sido feita uma declaração nos termos do Artigo 3º, a assistência médica deve incluir, no mínimo:

a) assistência por clínico de medicina geral, inclusive visitas domiciliares;

b) assistência por especialista ministrada em hospitais a pessoas hospitalizadas ou não, e assistência por especialistas que pode ser administrada fora de hospitais;

c) fornecimento de produtos farmacêuticos indispensáveis, sob receita passada por médico ou outro prático habilitado;

d) hospitalização quando necessária.

4. A assistência médica prestada em conformidade com os parágrafos anteriores deve tender a conservar, restabelecer ou melhorar a saúde bem como a capacidade de trabalho das pessoas amparadas a atender às suas necessidades pessoais.

Artigo 35
1. As repartições do Governo ou as instituições encarregadas da administração da assistência médica devem cooperar, quando for oportuno, com os serviços gerais de reeducação profissional, visando a readaptação das pessoas de capacidade diminuída a um trabalho apropriado.

2. A legislação nacional pode autorizar os referidos departamentos ou instituições a tomarem medidas visando à recuperação profissional das pessoas de capacidade diminuída.

Artigo 36
1. No que diz respeito à incapacidade para o trabalho ou à perda total da capacidade de ganho, quando é provável que esta perda seja permanente, ou à diminuição correspondente da integridade física, ou à morte do arrimo de família, a prestação corresponderá a um pagamento periódico calculado de acordo com os dispositivos do Artigo 65 ou do Artigo 66.

2. Em caso de perda parcial da capacidade de ganho, quando for provável que esta perda seja permanente, ou no caso de uma diminuição correspondente da integridade física, a prestação, quando devida consistirá em um pagamento periódico fixado proporcional e eqüitativamente, de acordo com a prestação prevista para o caso da perda total da capacidade de ganho ou de uma diminuição correspondente da integridade física.

3. Os pagamentos periódicos poderão ser convertidos em uma quantia paga de uma só vez:

a) quando a incapacidade for mínima; ou

b) quando se fornecer às autoridades competentes a garantia de um emprego adequado.

Artigo 37
As prestações mencionadas nos artigos 34 e 36 devem, no evento coberto, ser asseguradas, no mínimo, às pessoas amparadas que estavam empregadas como assalariadas no território do Membro, no momento do acidente ou no momento em que a doença foi contraída e, em se tratando de pagamentos periódicos, resultantes da morte do arrimo de família, à viúva e aos filhos do falecido.

Artigo 38
As prestações mencionadas nos artigos 34 e 36 devem ser concedidas durante toda a duração do evento, todavia, no que diz respeito à incapacidade para o trabalho, a prestação poderá deixar de ser efetuada para os três primeiros dias de cada caso de suspensão de ganho.

PARTE VII
PRESTAÇÕES DE FAMÍLIA

Artigo 39

O Membro para o qual a presente Parte da Convenção estiver em vigor, deve assegurar às pessoas amparadas prestações familiares, de acordo com os seguintes artigos desta Parte.

Artigo 40

O evento coberto será a responsabilidade pela manutenção de crianças, conforme for determinado.

Artigo 41

As pessoas amparadas devem abranger:

a) quer determinadas categorias de assalariados, perfazendo, no mínimo, 50 por cento da totalidade dos assalariados;

b) quer determinadas categorias da população ativa perfazendo, no mínimo, 20 por cento da totalidade dos residentes;

c) quer todos os residentes cujos recursos durante o evento previsto não ultrapassarem determinados limites;

d) quer, no caso de ter sido feita uma declaração nos termos do Artigo 3º, determinadas categorias de assalariados, perfazendo, no mínimo, 50 por cento dos assalariados que trabalham em empresas industriais que empreguem 20 pessoas, pelo menos.

Artigo 42

As prestações devem consistir:

a) seja em um pagamento periódico concedido a toda pessoa amparada que houver completado o período de carência determinado;

b) seja no fornecimento às crianças, ou para as crianças, de alimentos, roupas, habitação, local para férias ou assistência domiciliar;

c) seja em uma combinação das prestações especificadas nas alíneas *a* e *b*.

Artigo 43

As prestações mencionadas no Artigo 42 deve ser asseguradas, no mínimo, a uma pessoa amparada que houver completado um determinado período de carência, que pode consistir seja em três meses de contribuição ou de emprego, seja em um ano de residência, segundo o que for determinado.

Artigo 44

O valor total das prestações concedidas às pessoas amparadas nos termos do Artigo 42 deverá ser calculado de forma a corresponder:

a) quer a 3 por cento do salário de um trabalhador comum, adulto, do sexo masculino, determinado de acordo com os dispositivos do Artigo 66, multiplicado pelo número total de filhos de todas as pessoas protegidas;

b) quer a 1,5 por cento do salário acima multiplicado pelo número total de filhos de todos os residentes.

Artigo 45

Se as prestações consistirem em um pagamento periódico, devem ser concedidas durante toda a duração do evento.

PARTE VIII
PRESTAÇÕES DE MATERNIDADE

Artigo 46

O Membro para o qual a presente Parte da convenção estiver em vigor, deve assegurar prestações de maternidade às pessoas amparadas, de acordo com os seguintes artigos desta Parte.

Artigo 47

O evento coberto será a gravidez, o parto e suas consequências, bem como a suspensão de ganhos daí decorrente tal como se achar definida na legislação nacional.

Artigo 48

As pessoas amparadas devem abranger:

a) quer todas as mulheres pertencentes a determinadas categorias de assalariados, categorias estas perfazendo, no mínimo, 50 por cento da totalidade dos assalariados e, no que diz respeito à assistência médica à maternidade igualmente as esposas de homens pertencentes a estas mesmas categorias;

b) quer todas as mulheres pertencentes a determinadas categorias de população ativa, categorias estas perfazendo, no mínimo, 20 por cento da totalidade dos residentes e, no que diz respeito à assistência médica à maternidade, igualmente as esposas de homens pertencentes a estas mesmas categorias;

c) quer, no caso de ter sido feita uma declaração nos termos do Artigo 3º, todas as mulheres pertencentes a determinadas categorias de assalariados, categorias estas perfazendo, no mínimo, 50 por cento da totalidade dos assalariados que trabalham em empresas industriais que empreguem 20 pessoas pelo menos e, no que diz respeito à assistência médica à maternidade, igualmente as esposas de homens pertencentes a estas mesmas categorias.

Artigo 49

1. No que diz respeito à gravidez, ao parto e às suas consequências, a assistência médica à maternidade deve abranger os serviços mencionados nos parágrafos 2 e 3 do presente artigo.

2. Os serviços médicos devem abranger, no mínimo:

a) assistência pré-natal, assistência durante o parto e assistência após o parto, prestadas por médico ou por parteira diplomada;

b) hospitalização quando for necessária.

3. Os serviços médicos mencionados no parágrafo 2 do presente Artigo devem tender a conservar, restabelecer ou melhorar a saúde bem como a capacidade de trabalho da mulher amparada e atender às suas necessidades pessoais.

4. As repartições do Governo ou as instituições encarregadas da administração da assistência médica em caso de maternidade devem incentivar as mulheres amparadas, por todos os meios considerados úteis, a recorrer aos serviços gerais de saúde postos à sua disposição pelas autoridades públicas ou por outros organismos reconhecidos pelas autoridades públicas.

Artigo 50

No que diz respeito à suspensão de proventos decorrentes da gravidez, do parto e de suas consequências, a prestação consistirá em um pagamento periódico calculado de acordo com os dispositivos do Artigo 65 ou do Artigo 66. A importância do pagamento periódico poderá variar no decorrer do evento contanto que a importância média seja conforme aos dispositivos precitados.

Artigo 51

As prestações mencionadas nos artigos 49 e 50, no evento coberto, devem ser asseguradas, pelo menos, a uma mulher pertencente às categorias amparadas que houver completado período de carência considerado suficiente para evitar abusos; as prestações mencionadas no Artigo 49 devem igualmente ser asseguradas às esposas de homens pertencentes às categorias amparadas quando estes completarem o período de carência previsto.

Artigo 52

As prestações mencionadas nos artigos 49 e 50 devem ser concedidas durante toda a duração do evento; todavia, os pagamentos periódicos podem ser limitados a doze semanas, a não ser que um período mais longo de abstenção do trabalho seja imposto ou autorizado pela legislação nacional, caso em que os pagamentos não poderão ser limitados a um período de menor duração.

PARTE IX
APOSENTADORIA POR INVALIDEZ

Artigo 53

O Membro para o qual a presente Parte da convenção estiver em vigor, deve assegurar a aposentadoria por invalidez às pessoas amparadas, de acordo com os seguintes artigos do referido capítulo desta Parte.

Artigo 54

O evento coberto é a incapacidade de exercer uma atividade profissional, de um grau determinado, quando for provável que esta incapacidade seja permanente ou que perdurará após a cessação do auxílio doença.

Artigo 55

As pessoas amparadas devem abranger:

a) quer determinadas categorias de assalariados, perfazendo, no mínimo, 50 por cento da totalidade dos assalariados;

b) quer determinadas categorias da população ativa, perfazendo, no mínimo, 20 por cento da totalidade dos residentes;

c) quer todos os residentes cujos recursos durante o evento não ultrapassarem determinados limites, de acordo com os dispositivos do Artigo 67;

d) quer, no caso de ter sido feita uma declaração nos termos do Artigo 3º, determinadas categorias de assalariados, perfazendo, no mínimo 50 por cento da totalidade dos assalariados que trabalhem em empresas industriais que empreguem 20 pessoas, pelo menos.

Artigo 56

A prestação consistirá em um pagamento periódico calculado da seguinte forma:

a) de acordo com os dispositivos do Artigo 65 ou do Artigo 66, conforme as pessoas amparadas pertencerem a categorias de assalariados ou a categorias da população ativa;

b) de acordo com os dispositivos do Artigo 67, quando forem amparadas todas as pessoas cujos recursos durante o evento não ultrapassarem determinados limites.

Artigo 57

1. A prestação mencionada no Artigo 56, no evento coberto, deve ser assegurada, pelo menos:

a) a uma pessoa amparada que houver completado antes de se verificar o evento, segundo determinadas regras, um período de carência que pode consistir seja em 15 anos de contribuições, ou seja, em 10 anos de residência;

b) quando, em princípio, todas as pessoas ativas forem amparadas, a uma pessoa que houver completado um período de carência de três anos de contribuições e em nome da qual foi efetivado, no decurso do período ativo de sua vida, o pagamento de contribuições, cujo número anual médio atinge uma determinada quantia.

2. Quando a prestação mencionada no parágrafo 1 estiver subordinada à integração de um período mínimo de contribuições ou de emprego, uma prestação reduzida deve ser assegurada, no mínimo:

a) a uma pessoa amparada que houver completado antes de se verificar o evento, segundo determinadas regras, um período de carência de cinco anos de contribuições ou de emprego;

b) quando, em princípio, todas as pessoas ativas forem amparadas, a uma pessoa que houver completado um período de carência de três anos de contribuições e em nome da qual foi efetuado, no decurso do período ativo de sua vida, o pagamento da metade do número médio de contribuições anuais determinado, ao qual se refere à alínea *b* do parágrafo 1 do presente artigo.

3. Os dispositivos do parágrafo 1 do presente Artigo considerar-se-ão cumpridos quando uma prestação calculada em conformidade com a Parte XI, mas segundo uma percentagem inferior de 10 unidades àquela que está indicada na tabela anexa à referida Parte para o beneficiário-padrão, for assegurada a toda pessoa amparada que houver completado, segundo as regras determinadas, 5 anos de contribuições, de emprego ou de residência.

4. Uma redução proporcional da porcentagem indicada na tabela anexa à Parte XI pode ser feita quando o período de carência para a prestação correspondente à percentagem reduzida for superior a 5 anos de contribuições ou de emprego, mas inferior a 15 anos de contribuições ou de emprego. Uma prestação reduzida será concedida nos termos do parágrafo 2 do presente artigo.

Artigo 58

As prestações mencionadas nos artigos 56 e 57 devem ser concedidas durante toda a duração do evento ou até quando forem substituídas pela velhice.

PARTE X
PENSÃO POR MORTE

Artigo 59

O Membro para o qual a presente Parte do Convênio estiver em vigor deve assegurar às pessoas amparadas a pensão por morte – de acordo com os seguintes artigos desta Parte.

Artigo 60

1. O evento coberto deve abranger a perda dos meios de subsistência sofrida pela viúva ou filhos em consequência da morte do chefe de família; no caso da viúva, o direito à prestação pode estar subordinado à presunção de que ela é incapaz de prover ao próprio sustento.

2. A legislação nacional poderá suspender a prestação se a pessoa que a ela teria direito exercer determinadas atividades remuneradas, ou poderá diminuir as prestações, se contributivas, quando os ganhos da beneficiária ultrapassarem uma importância determinada e, se não contributivas, quando os ganhos da beneficiária ou seus outro recursos, ou os dois somados, ultrapassarem uma importância determinada.

Artigo 61

As pessoas amparadas devem abranger:

a) quer as esposas e os filhos de chefes de família pertencentes a determinadas categorias de assalariados,

perfazendo, no mínimo, 50 por cento da totalidade dos assalariados;

b) quer as esposas e os filhos dos chefes de família pertencentes a determinadas categorias da população ativa, perfazendo, no mínimo, 20 por cento da totalidade dos residentes;

c) quer todas as viúvas e todos os filhos, contanto que possuam a qualidade de residentes, que perderam o chefe de família e cujos recursos durante o evento não ultrapassarem os limites determinados de acordo com os dispositivos do Artigo 67;

d) quer, no caso de ter sido feita uma declaração nos termos do Artigo 3º, as esposas e filhos de chefes de família pertencentes a determinadas categorias de assalariados, perfazendo, no mínimo, 50 por cento da totalidade dos assalariados que trabalham em empresas industriais que empreguem 20 pessoas, pelo menos.

Artigo 62
A prestação consistirá em um pagamento periódico calculado da seguinte maneira:a) de acordo com os dispositivos do Artigo 65 ou do Artigo 66, conforme sejam preparadas categorias de assalariados ou categorias da população ativa;

b) de acordo com os dispositivos do Artigo 67 quando forem amparados todos os residentes cujos recursos durante o evento não ultrapassarem determinados limites.

Artigo 63
1. A prestação mencionada no Artigo 62, no evento coberto, deve ser assegurada, no mínimo:

a) a uma pessoa amparada cujo chefe de família houver completado, em conformidade com determinadas regras, um período de carência que pode consistir seja em 15 anos de contribuições ou de emprego, seja em 10 anos de residência;

b) quando, em princípio, as esposas e os filhos de todas as pessoas ativas forem amparados, a uma pessoa amparada cujo chefe de família houver completado um período de carência de três anos de contribuições, sob a condição de terem sido pagas em nome desse chefe de família, no decurso do período ativo de sua vida, contribuições cujo número médio anual atinja uma determinada quantia.

2. Quando a concessão da prestação mencionada no parágrafo 1 estiver subordinada à integração de um período mínimo de contribuição ou de emprego, uma prestação reduzida deve ser assegurada, pelo menos:

a) a uma pessoa amparada cujo chefe de família houver completado, de acordo com determinadas regras, um período de carência de 5 anos de contribuições ou de emprego;

b) quando, em princípio, as esposas e os filhos de todas as pessoas ativas forem amparados, a uma pessoa amparada cujo chefe de família houver completado um período de carência de 3 anos de contribuições, sob a condição de ter sido efetuado, em nome deste chefe de família, no decurso de sua vida ativa, a metade do número médio anual de contribuições ao qual se refere à alínea b do parágrafo 1 do presente artigo.

3. Os dispositivos do parágrafo 1 do presente Artigo considerar-se-ão cumpridos quando, no mínimo, uma prestação calculada em conformidade com a Parte XI, porém, segundo uma porcentagem inferior de 10 unidades à prestação indicada na tabela anexa àquela Parte para o beneficiário-padrão for assegurada a toda pessoa amparada cujo chefe de família houver completado, de acordo com determinadas regras, 5 anos de contribuições, de emprego ou de residência.

4. Uma redução proporcional da porcentagem indicada na tabela anexa à Parte XI pode ser feita quando o período de carência para a prestação que corresponde à porcentagem reduzida for superior a 5 anos de contribuições ou de emprego, porém inferior a 15 anos de contribuições ou de emprego. Uma prestação reduzida será concedida de acordo com o parágrafo 2 do presente artigo.

5. Uma duração mínima do casamento pode ser estipulada para que uma viúva sem filho, presumida incapaz de prover à própria subsistência, tenha direito à pensão por morte.

Artigo 64
As prestações mencionadas nos artigos 62 e 63 devem ser concedidas durante toda a duração do evento.

PARTE XI
CÁLCULO DOS PAGAMENTOS PERIÓDICOS

Artigo 65
1. Para todo pagamento periódico ao qual se aplica o presente artigo, o montante da prestação acrescido do montante das prestações de família concedidas durante o evento, deverá ser tal que, para o beneficiário-padrão, objeto da tabela anexa à presente Parte, seja, no mínimo, igual, para o evento em apreço, à porcentagem indicada nessa tabela com relação ao total dos ganhos anteriores do beneficiário ou de seu chefe de família e do montante das prestações às famílias concedida a uma pessoa amparada tendo os mesmos encargos de família que o beneficiário-padrão.

2. Os ganhos anteriores do beneficiário ou de seu chefe de família serão calculados em conformidade com as regras determinadas e, quando as pessoas amparadas ou seus chefes de família estiverem distribuídos em classes, de acordo com os respectivos ganhos anteriores, poderão ser calculados segundo os ganhos básicos das classes às quais pertencerem.

3. Um máximo poderá ser prescrito para o montante da prestação ou para os ganhos que são levados em conta para o cálculo da prestação, sob a condição de que esse máximo seja estabelecido de maneira a garantir o cumprimento dos dispositivos do parágrafo 1 do presente Artigo no caso em que os ganhos anteriores do beneficiário ou de seu chefe de família sejam inferiores ou iguais ao salário de um operário qualificado do sexo masculino.

4. Os ganhos anteriores do beneficiário ou de seu chefe de família, o salário do operário qualificado do sexo masculino, a prestação geral e as de família serão calculados sobre os mesmos tempos-base.

5. Para os outros beneficiários, a prestação será fixada de maneira a representar uma proporção eqüitativa da do beneficiário-padrão.

6. Para os fins da aplicação do presente artigo, um operário qualificado do sexo masculino será:

a) quer um instalador ou um torneiro na indústria mecânica, exceto a de máquinas elétricas;

b) quer um operário qualificado padrão, definido de acordo com os dispositivos do parágrafo seguinte;

c) quer uma pessoa cujos ganhos sejam iguais ou superiores aos ganhos de 75 por cento de todas as pessoas amparadas, fixados em base anual ou com base em um período mais curto, conforme o que for determinado;

d) quer uma pessoa cujos ganhos são iguais a 125 por cento dos ganhos médios de todas as pessoas amparadas.

7. O operário qualificado padrão, para a aplicação da alínea b do parágrafo precedente, será escolhido na classe que abranger o maior número de pessoas do sexo masculino amparadas pelo evento em apreço ou de chefes de família de pessoas amparadas, no ramo que ocupa o maior número destas pessoas amparadas ou destes chefes de família; com esta finalidade utilizar-se-á a classificação internacional padrão, por indústria, de todos os ramos da atividade econômica, adotada pelo Conselho Econômico e Social da Organização das Nações Unidas na sua Sétima Sessão, a 27 de agosto de 1948, que se acha reproduzida no anexo à presente Convenção, levando-se em conta quaisquer modificações por ventura introduzidas.

8. Quando as prestações variarem de uma região para outra, um operário qualificado, do sexo masculino, poderá ser escolhido em cada região de acordo com os dispositivos dos parágrafos 6 e 7 do presente artigo.

9. O salário do operário qualificado, do sexo masculino, será estipulado na base do salário para um número normal de horas de trabalho fixado por convenções coletivas ou, na falta destes, pela legislação nacional ou, ainda, em virtude desta última, pelo uso, inclusive dos abonos de carestia de vida, se for o caso; quando os salários assim fixados variarem de uma região para outra e no caso de o parágrafo 8 do presente Artigo não ser aplicável, tomar-se-á um salário médio.

10. Os montantes dos pagamentos periódicos concedidos a título de aposentadoria por velhice, em caso de acidentes de trabalho e de doenças profissionais (com exceção das que são abrangidas pela incapacidade para o trabalho), à invalidez e em caso de morte do chefe de família deverão ser reajustados sempre que houver variações sensíveis no nível geral dos ganhos devidas a variações sensíveis do custo de vida.

Artigo 66
1. Para todo pagamento periódico ao qual se aplica o presente artigo, o montante da prestação acrescido do montante das prestações de família concedidas durante o evento deverá ser tal que, para o beneficiário padrão, objeto da tabela anexa ao presente capítulo,

seja, no mínimo, igual, para o evento em apreço, à porcentagem indicada nessa tabela com relação ao total do salário do trabalhador comum, adulto do sexo masculino e do montante das prestações de família concedidas a uma pessoa amparada tendo os mesmos encargos de família que o beneficiário-padrão.

2. O salário do trabalhador comum, adulto, do sexo masculino, a prestação geral e os de família serão calculados sobre os mesmos tempos-base.

3. Para os outros beneficiários, a prestação será estipulada de forma a representar uma proporção eqüitativa da do beneficiário-padrão.

4. Para a aplicação do presente artigo, o trabalhador comum, do sexo masculino será:

a) quer um trabalhador-padrão na indústria mecânica, exceto a de máquinas elétricas;

b) quer um trabalhador-padrão, de acordo com a definição contida nos dispositivos do parágrafo seguinte.

5. O trabalhador-padrão para a aplicação da alínea b do parágrafo precedente será escolhido na classe que abranger o maior número de pessoas do sexo masculino amparadas pelo evento em apreço ou de chefes de família de pessoas amparadas, no ramo que ocupa o maior número destas pessoas amparadas ou destes chefes de família; com esta finalidade, utilizar-se-á a classificação internacional padrão, por indústria, de todos os ramos da atividade econômica, adotada pelo Conselho Econômico e Social da Organização das Nações Unidas na sua Sétima Sessão, a 27 de agosto de 1948, que se acha reproduzida no anexo à presente convenção, levando-se em conta quaisquer modificações por ventura introduzidas.

6. Quando as prestações variarem de uma região para outra, um trabalhador comum, adulto, do sexo masculino poderá ser escolhido em cada região de acordo com os dispositivos dos parágrafos 4 e 5 do presente artigo.

7. O salário do trabalhador comum, adulto, do sexo masculino será estipulado na base do salário para um número normal de horas de trabalho fixado por convenções coletivas ou, na falta destas, pela legislação nacional, ou, ainda, em virtude desta última, pelo uso inclusive dos abonos de carestia de vida, se for o caso; quando os salários assim fixados variarem de uma região para outra e, no caso de o parágrafo 6 do presente Artigo não ser aplicável, tomar-se-á um salário médio.

8. Os montantes dos pagamentos periódicos concedidos a título de aposentadoria por velhice, em caso de acidentes de trabalho e de doenças profissionais (com exceção das que são abrangidas pela incapacidade para o trabalho), à invalidez e em caso de morte do chefe de família, deverão ser reajustadas sempre que houver variações sensíveis no nível geral dos ganhos devidas a variações sensíveis do custo de vida.

Artigo 67
Para todo pagamento periódico ao qual se aplica o presente artigo:

a) o montante da prestação deve ser fixado de acordo com uma tarifa determinada ou de acordo com uma tarifa estabelecida pelas autoridades públicas competentes em conformidade com as regras determinadas;

b) o montante da prestação só pode ser reduzido na medida em que os outros recursos da família do beneficiário ultrapassarem os montantes substanciais prescritos ou fixados pelas autoridades públicas competentes de acordo com as regras determinadas;

c) o total da prestação e dos outros recursos, dedução feita dos montantes substanciais, objeto da alínea b acima, deve ser suficiente para garantir à família do beneficiário condições de vida sadias e adequadas e não deve ser inferior ao montante da prestação calculada de acordo com os dispositivos do Artigo 66;

d) os dispositivos da alínea c considerar-se-ão cumpridos se o montante total das prestações pagas em observância ao capítulo em apreço ultrapassar de, pelo menos, 30 por cento o montante total das prestações que se obteria aplicando os dispositivos do Artigo 66 e os dispositivos da:

I) alínea b do Artigo 15 para o Capítulo III;

II) alínea b do Artigo 27 para o Capítulo V;

III) alínea b do Artigo 55 para o Capítulo IX;

IV) alínea b do Artigo 51 para o Capítulo X;

Tabela (Anexa à Parte XI)

Pagamentos periódicos aos beneficiários-padrão

Parte	Evento coberto	Beneficiário-padrão	Percentagem
III	Doença	Homem tendo esposa e 2 filhos	45
IV	Desemprego	Homem tendo esposa e 2 filhos	45
V	Velhice	Homem tendo esposa em idade de aposentadoria	40
VI	Acidentes de Trabalho e Doença Profissionais:		
	Incapacidade para o trabalho	Homem tendo esposa e 2 filhos	50
	Invalidez	Homem tendo esposa e 2 filhos	50
	Sobreviventes	Viúva tendo 2 filhos	40
VIII	Maternidade	Mulher	45
IX	Invalidez	Homem tendo esposa e 2 filhos	40
X	Sobreviventes	Viúva tendo 2 filhos	40

PARTE XII
IGUALDADE DE TRATAMENTO PARA OS RESIDENTES ESTRANGEIROS

Artigo 68

1. Os residentes não nacionais devem gozar dos mesmos direitos que os residentes nacionais. Todavia, no que diz respeito às prestações ou às frações de prestações financiadas exclusivamente ou em sua maior parte pelos cofres públicos e, no que se refere aos regimes transitórios, podem ser prescritas disposições especiais relativamente aos estrangeiros e aos nacionais nascidos fora do território do Estado-Membro.

2. Nos sistemas de previdência social contributiva, cujo amparo se destina aos assalariados, as pessoas amparadas que são nacionais de um outro Membro que aceitou as obrigações decorrentes do capítulo em apreço do Convênio, devem, com relação ao referido capítulo, gozar dos mesmos direitos que os nacionais do Membro interessado. Todavia, a aplicação do presente parágrafo pode estar subordinada à existência de um acordo bilateral ou multilateral prevendo a reciprocidade.

PARTE XIII
DISPOSIÇÕES GERAIS

Artigo 69

Uma prestação à qual uma pessoa amparada teria direito em virtude da aplicação de qualquer das Partes de II a X da presente convenção pode ser suspensa de uma forma a ser determinada:

a) enquanto o interessado não se encontrar no território do Membro;

b) enquanto o interessado estiver sendo sustentado pelos cofres públicos ou às custas de uma instituição ou de um serviço de previdência social; todavia, se a prestação exceder o custo desse sustento, a diferença deve ser paga às pessoas dependentes do beneficiário;

c) quando o interessado receber em espécie uma outra prestação de seguridade social, com exceção da prestação de família e, durante todo tempo que ele receber de terceiros um auxílio em virtude da mesma eventualidade prevista, com a ressalva de que a parte suspensa da prestação não exceda a outra prestação ou o auxílio recebido de terceiros;

d) quando o interessado tiver agido fraudulentamente para obter uma prestação;

e) quando o evento for provocado por delito cometido pelo interessado;

f) quando o evento for provocado por falta intencional do interessado;

g) nos casos apropriados, quando o interessado, por negligência, deixar de se utilizar dos serviços de assistência médica ou de readaptação postos à sua disposição ou não observar as regras determinadas para a verificação do evento ou para a conduta dos beneficiários;

h) no que diz respeito à prestação de desemprego, quando o interessado deixar de se utilizar dos serviços de procura de emprego à sua disposição;

i) no que diz respeito às prestações de desemprego, quando o interessado tiver perdido seu emprego em conseqüência direta de uma paralisação de trabalho devida a um dissídio profissional ou quando tiver abandonado o trabalho espontaneamente sem justo motivo;

j) no que diz respeito à pensão por morte, enquanto a viúva viver em concubinato.

Artigo 70

1. Todo requerente deve ter o direito de apelar em caso de recusa da prestação ou de contestação quanto à qualidade ou quantidade da mesma.

2. Quando, na aplicação da presente convenção, a administração da assistência médica estiver a cargo de um departamento do Governo responsável perante o Congresso, o direito de apelar previsto no parágrafo 1 do presente artigo, pode ser substituído pelo direito de requerer o exame, por parte da autoridade competente, de toda reclamação tendo por objeto a recusa de assistência médica ou a qualidade da assistência médica recebida.

3. Quando os requerimentos forem submetidos a tribunais especiais instituídos para tratar de questões de seguridade social e nos quais as pessoas amparadas estejam representadas, o direito de apelação pode não se concedido.

Artigo 71

1. O custo das prestações concedidas em conseqüência da aplicação da presente convenção e os gastos de administração dessas prestações devem ser financiados coletivamente por meio de contribuições ou de impostos ou pelos dois meios conjuntamente, de acordo com modalidades que evitem que as pessoas de poucos recursos tenham que suportar encargos por demais pesados e levem em consideração a situação econômica do Membro e das categorias de pessoas amparadas.

2. O total das contribuições de seguro a cargo dos assalariados amparados não deve ultrapassar 50 por cento do total dos recursos destinados ao amparo dos assalariados, de suas esposas e filhos. Para verificar se esta condição está sendo cumprida, todas as prestações concedidas pelo Membro em aplicação da convenção poderão ser consideradas em conjunto, com exceção das prestações de família e em caso de acidente de trabalho e de doenças profissionais, se estas últimas estiverem afeitas a um departamento especial.

3. O Membro deve assumir uma responsabilidade geral no que diz respeito às prestações concedidas em cumprimento à presente convenção e tomar todas as medidas necessárias para atingir as finalidades visadas; deve, se preciso for, certificar-se de que os estudos e cálculos necessários referentes ao equilíbrio financeiro são periodicamente executados por atuários e, em qualquer caso, antes de qualquer modificação das prestações, da taxa de contribuições de seguro ou dos impostos destinados à cobertura dos eventos em apreço.

Artigo 72

1. Quando a administração não estiver assegurada por uma instituição regulamentada pelas autoridades públicas ou por uma repartição do Governo responsável perante o Congresso, representantes das pessoas amparadas devem tomar parte na administração ou estar ligadas a ela com atribuições consultivas, nas condições determinadas; a legislação nacional pode também prever a participação de representantes dos empregadores e das autoridades públicas.

2. O Membro deve assumir uma responsabilidade geral da boa administração das instituições e serviços que contribuem para a aplicação da presente convenção.

PARTE XIV
DISPOSIÇÕES DIVERSAS

Artigo 73

A presente Convenção não se aplicará:

a) aos eventos ocorridos antes da entrada em vigor da Parte correspondente da convenção para o Membro interessado;

b) às prestações em caso de eventos ocorridos depois da entrada em vigor da Parte correspondente da Convenção para o Membro interessado, na medida em que os direitos a estas prestações provierem de períodos anteriores à data da referida entrada em vigor.

Artigo 74

A presente Convenção não se deve considerar como implicando na revisão de quaisquer convenções já existentes.

Artigo 75

Quando assim for determinado em uma convenção adotada pela Conferência em data ulterior e que tenha por objeto uma ou várias matérias tratadas na presente, os dispositivos da presente Convenção que forem especificados na nova, cessarão de vigorar para todo Membro que ratificar esta última, desde a sua entrada em vigor para o Membro interessado.

Artigo 76

1. O Membro que ratificar a presente convenção, obriga-se a fornecer no relatório anual sobre a aplicação da convenção que deve apresentar nos termos do Artigo 22 da Constituição da Organização Internacional do Trabalho:

a) informações completas sobre a legislação que tornar efetivos os dispositivos da convenção;

b) as provas de que cumpriu as exigências estatísticas formuladas:

i) nos artigos 9º a, b, c ou d; 15 a, b ou d; 21 a ou c; 27 a, b ou d; 33 a ou b; 41 a, b ou d; 48 a, b ou c; 55 a, b ou d; 61 a, b ou d, quanto ao número de pessoas amparadas;

II) nos artigos 44, 65, 66 ou 67, no que diz respeito ao montante das prestações;

III) na alínea *a* do parágrafo 2 do Artigo 18, no que diz respeito à duração do auxílio-doença;

IV) no parágrafo 2 do Artigo 24, no que diz respeito à duração das prestações de desemprego;

V) no parágrafo 2 do Artigo 71, no que diz respeito à proporção dos recursos provenientes das contribuições de seguro dos assalariados amparados; as quais, tanto quanto possível, em conformidade com as sugestões do Conselho Administrativo da Repartição Internacional do Trabalho, a fim de se obter maior uniformidade a este respeito.

2. O Membro que ratificar a presente convenção encaminhará ao Diretor-Geral da Repartição Internacional do Trabalho, a intervalos apropriados, de acordo com as decisões do Conselho Administrativo, relatórios sobre a situação de sua legislação e de suas práticas com relação aos dispositivos das Partes de II a X que ainda não tenham sido especificados na ratificação da Convenção por sua parte, nem em notificação ulterior nos termos do Artigo 4.

Artigo 77

1. A presente convenção não se aplica nem aos marinheiros nem aos pescadores marítimos; dispositivos para o amparo dos marinheiros e dos pescadores marítimos foram adotados pela Conferência Internacional do Trabalho na Convenção sobre a Seguridade Social dos Marítimos, 1946, e, na Convenção sobre Aposentadoria dos Marítimos, 1946.

2. Um Membro pode excluir os marinheiros e os pescadores marítimos do número, quer dos assalariados, quer das pessoas da população ativa, quer dos residentes, tomados por base para o cálculo da porcentagem dos assalariados ou dos residentes que são amparados nos termos de qualquer uma das Partes de II a X abrangidos pela sua ratificação.

PARTE XV
DISPOSIÇÕES FINAIS

Artigo 78

As ratificações formais da presente convenção serão comunicadas ao Diretor-Geral da Repartição Internacional do Trabalho e por ele registradas.

Artigo 79

1. A presente convenção será obrigatória somente para os Membros da Organização Internacional do Trabalho cuja ratificação tiver sido registrada pelo Diretor-Geral.

2. Esta convenção entrará em vigor doze meses após terem sido registradas pela Diretor-Geral as ratificações de dois Membros.

3. Em seguida, a Convenção entrará em vigor para cada Membro doze meses após a data em que sua ratificação tiver sido registrada.

Artigo 80

1. As declarações comunicadas ao Diretor-Geral da Repartição Internacional do Trabalho, nos termos do parágrafo 2 do Artigo 35 da Constituição da Organização Internacional do Trabalho, deverão indicar:

a) os territórios para os quais o Membro interessado se compromete a que as disposições da convenção ou alguns de seus capítulos sejam aplicados sem modificações;

b) os territórios para os quais o Membro interessado se compromete no sentido de que os dispositivos da Convenção ou alguma de suas Partes sejam aplicadas com modificações e em que consistem tais modificações;

c) os territórios onde a Convenção não poderá ser aplicada e, nesses casos, as razões por que não pode ser aplicada;

d) os territórios para os quais reserva sua decisão na dependência de um estudo mais pormenorizado da situação dos referidos territórios.

2. Os compromissos mencionados nas alíneas a e b do primeiro parágrafo do presente Artigo formarão parte integrante da ratificação e produzirão efeitos idênticos.

3. O Membro poderá renunciar, mediante nova declaração, a todas ou à parte das restrições contidas em sua declaração anterior em virtude das alíneas b, c e d do presente artigo.

4. O Membro poderá, durante os períodos do decurso dos quais a presente Convenção pode ser denunciada, de acordo com o disposto no Artigo 82, transmitir ao Diretor-Geral uma nova declaração modificando em qualquer sentido os termos de toda declaração anterior e dando a conhecer a situação em determinados territórios.

Artigo 81

1. As declarações comunicadas ao Diretor-Geral da Repartição Internacional do Trabalho nos termos dos parágrafos 4 e 5 do Artigo 35 da Constituição da Organização Internacional do Trabalho devem indicar se os dispositivos do convênio ou Partes aos quais estes dispositivos se referem serão aplicados no território com ou sem modificações; quando a declaração indicar que os dispositivos da convenção ou de certas de suas Partes serão aplicados com a ressalva de modificações, deve especificar em que consistem as referidas modificações.

2. O Membro ou os Membros ou a autoridade internacional interessados poderão renunciar completamente ou em parte, mediante declaração ulterior, ao direito de invocar uma modificação indicada em uma declaração anterior.

3. O Membro ou os Membros ou a autoridade internacional interessados poderão, durante os períodos no decurso dos quais a convenção pode ser denunciada, de acordo com o disposto no Artigo 82, transmitir ao Diretor-Geral uma nova declaração que modifique em qualquer sentido os termos de uma declaração anterior e dando a conhecer a situação no que diz respeito à aplicação desta convenção.

Artigo 82

1. O Membro que ratificar a presente convenção, pode, ao término de um período de 10 anos após a data inicial da entrada em vigor, denunciar a mesma ou uma ou várias das Partes de II a X, mediante comunicação ao Diretor-Geral da Repartição Internacional do Trabalho, a que será por este registrada. A denúncia terá efeito somente um ano depois de ter sido registrada.

2. O Membro, que ratificar a presente convenção, e que, no prazo de um ano após a expiração do período de 10 anos mencionado no parágrafo precedente, não fizer uso da faculdade de denúncia prevista no presente artigo, ficará obrigado por um novo período de 10 anos e, em seguida, poderá denunciar o Convênio, ou uma ou

várias de suas Partes de II a X, ao término de cada período de 10 anos, nas condições previstas no presente artigo.

Artigo 83

1. O Diretor-Geral da Repartição Internacional do Trabalho notificará todos os Membros da Organização Internacional do Trabalho do registro de todas as ratificações, declarações e denúncias que lhe forem comunicadas pelos Membros da Organização.

2. Ao notificar os Membros da Organização da segunda ratificação que lhe for comunicada, o Diretor-Geral chamará a atenção dos Membros da Organização sobre a data na qual a presente convenção entrará em vigor.

Artigo 84

O Diretor-Geral da Repartição Internacional do Trabalho transmitirá ao Secretário-Geral das Nações Unidas, para o devido registro nos termos do Artigo 102 da Carta das Nações Unidas, informações completas com respeito a todas as ratificações e declarações e todos os atos de denúncia que houver registrado, de acordo com os artigos precedentes.

Artigo 85

Toda vez que julgar necessário, o Conselho Administrativo da Repartição Internacional do Trabalho apresentará à Conferência Geral um relatório sobre a aplicação da presente convenção e examinará a conveniência de inscrever na ordem do dia da Conferência a questão de sua revisão, total ou parcial.

Artigo 86

1. No caso de a Conferência adotar uma nova convenção, que importe na revisão total ou parcial, da presente Convenção e, a menos que a nova convenção disponha de modo diverso:

a) a ratificação por um Membro da nova convenção que importar na revisão, resultará, de pleno direito, não obstante o Artigo 82 acima na imediata denúncia desta última com a ressalva de que a nova convenção tenha entrado em vigor;

b) a partir da data da entrada em vigor da nova convenção que importar na revisão, a presente convenção cessará de estar aberta à ratificação por parte dos Membros.

2. Em qualquer caso, a presente convenção continuará em vigor, em sua forma e teor, para os Membros que a hajam ratificado e que não ratificarem a convenção que importar em sua revisão.

Artigo 87

As versões francesa e inglesa do texto da presente Convenção fazem igualmente fé.

ANEXO

Classificação Internacional Padrão, por Indústria, de todos os Ramos da Atividade Econômica Nomenclatura dos ramos e das classes

Ramo 0 – Agricultura, silvicultura, caça e pesca:

 01. Agricultura e criação.

 02. Silvicultura e exploração florestal.

 03. Caça, caça por meio de armadilhas e repovoamento das tapadas.

 04. Pesca.

Ramo 1 – Indústrias de extração:

 11. Extração de carvão.

 12. Extração de minérios.

 13. Petróleo bruto e gás natural.

 14. Extração de pedra para construção, barro e saibro.

 15. Extração de minérios não metalíferos, não classificados em outro lugar.

Ramo 2-3 – Indústrias manufatureiras:

 20. Indústrias de gêneros alimentícios (com exceção de bebidas).

 21. Indústrias de bebidas.

 22. Indústrias de fumo.

 23. Indústrias têxteis.

 24. Fabricação de calçados, artigos de vestuário e outros artigos feitos com matérias têxteis.

 25. Indústrias de madeira e cortiça (com exceção da indústria de móveis).

 26. Indústrias de móveis e de mobiliário.

 27. Indústrias de papel e fabricação de artefatos de papel.

 28. Tipografias, publicações e indústrias congêneres.

 29. Indústrias de couro e de artefatos de couro (com exceção de calçados).

 30. Indústrias de borracha.

 31. Indústrias químicas e de produtos químicos.

 32. Indústrias dos subprodutos do petróleo e do carvão.

 33. Indústrias de produtos minerais não metálicos (com exceção dos subprodutos do petróleo e do carvão).

 34. Indústrias metalúrgicas de base.

 35. Fabricação de artefatos de metal (com exceção de máquinas e de material de transporte).

 36. Construção de máquinas (com exceção de máquinas elétricas).

 37. Construção de máquinas, aparelhos e materiais elétricos.

 38. Construção de material de transporte.

 39. Indústrias manufatureiras diversas.

Ramo 4 – Construção:

 40. Construção.

Ramo 5 – Eletricidade, gás, água e serviços de saneamento:

 51. Eletricidade, gás e vapor.

 52. Serviços de águas e serviços de saneamento.

Ramo 6 – Comércio, Bancos, Companhias de Seguro, Empresas Imobiliárias:

 61. Comércio por atacado e a varejo.

 62. Bancos e outros estabelecimentos financeiros.

 63. Seguros.

 64. Empresas imobiliárias.

Ramo 7 – Transportes, entrepostos e comunicações:

 71. Transportes.

 72. Entrepostos e armazéns.

 73. Comunicações.

Ramo 8 – Serviços:

 81. Serviços do Governo.

 82. Serviços prestados ao público e às empresas.

 83. Serviços de recreação.

 84. Serviços pessoais.

Ramo 9 – Atividades mal definidas:

 Atividades mal definidas.

CONVENÇÃO 87 – LIBERDADE SINDICAL E PROTEÇÃO AO DIREITO DE SINDICALIZAÇÃO

NÃO RATIFICADA PELO BRASIL

Aprovada na 31ª reunião da Conferência Internacional da OIT em São Francisco, em 9 de julho de 1948. Vigência internacional em 4 de julho de 1950.

A Conferência Geral da Organização Internacional do Trabalho.

Convocada em São Francisco pelo Conselho de Administração da Repartição Internacional do Trabalho e ali reunida a 17 de junho de 1948, em sua 31ª Sessão.

Após ter decidido adotar sob forma de uma Convenção diversas propostas relativas à liberdade sindical e à proteção do direito sindical, assunto que constitui o sétimo ponto da ordem do dia da sessão.

Considerando que o Preâmbulo da Constituição da Organização Internacional do Trabalho enuncia, entre os meios suscetíveis de melhorar a condição dos traba-

lhadores e de assegurar a paz, 'a afirmação do princípio da liberdade sindical';

Considerando que a Declaração de Filadélfia proclamou novamente que 'a liberdade de expressão e de associação é uma condição indispensável a um progresso ininterrupto';

Considerando que a Conferência Internacional do Trabalho em sua 30ª Sessão adotou, por unanimidade, os princípios que devem constituir a base da regulamentação internacional;

Considerando que a Assembléia Geral das Nações Unidas, em sua Segunda Sessão, endossou esses princípios e convidou a Organização Internacional do Trabalho a prosseguir em todos os seus esforços no sentido de que seja possível adotar uma ou várias convenções internacionais;

Adota, aos nove dias de julho de mil novecentos e quarenta e oito, a Convenção seguinte, que será denominada 'Convenção sobre a Liberdade Sindical e à Proteção do Direito Sindical, 1948'.

PARTE I
LIBERDADE SINDICAL

Artigo 1
Cada Membro da Organização Internacional do Trabalho, para o qual a presente Convenção está em vigor, se compromete a tornar efetivas as disposições seguintes.

Artigo 2
Os trabalhadores e os empregadores, sem distinção de qualquer espécie, terão direito de constituir, sem autorização prévia, organizações de sua escolha, bem como o direito de se filiar a essas organizações, sob a única condição de se conformar com os estatutos das mesmas.

Artigo 3
1. As organizações de trabalhadores e de empregadores terão o direito de elaborar seus estatutos e regulamentos administrativos, de eleger livremente seus representantes, de organizar a gestão e a atividade dos mesmos e de formular seu programa de ação.

2. As autoridades públicas deverão abster-se de qualquer intervenção que possa limitar esse direito ou entravar o seu exercício legal.

Artigo 4
As organizações de trabalhadores e de empregadores não estarão sujeitas à dissolução ou à suspensão por via administrativa.

Artigo 5
As organizações de trabalhadores e de empregadores terão o direito de constituir federações e confederações, bem como o de filiar-se às mesmas, e toda organização, federação ou confederação terá o direito de filiar-se às organizações internacionais de trabalhadores e de empregadores.

Artigo 6
As disposições dos arts. 2, 3 e 4 acima se aplicarão às federações e às confederações das organizações de trabalhadores e de empregadores.

Artigo 7
A aquisição de personalidade jurídica por parte das organizações de trabalhadores e de empregadores, suas federações e confederações, não poderá estar sujeita a condições de natureza a restringir a aplicação das disposições dos arts. 2, 3 e 4 acima.

Artigo 8
1. No exercício dos direitos que lhe são reconhecidos pela presente convenção, os trabalhadores, os empregadores e suas respectivas organizações deverão da mesma forma que outras pessoas ou coletividades organizadas, respeitar a lei.

2. A legislação nacional não deverá prejudicar nem ser aplicada de modo a prejudicar as garantias previstas pela presente Convenção.

Artigo 9
1. A medida segundo a qual as garantias previstas pela presente Convenção se aplicarão às forças armadas e à polícia será determinada pela legislação nacional.

2. De acordo com os princípios estabelecidos no § 8º do art. 19 da Constituição da Organização Internacional do Trabalho a ratificação desta Convenção, por parte de um Membro, não deverá afetar qualquer lei, sentença, costume ou acordo já existentes que concedam aos membros das forças armadas e da polícia garantias previstas pela presente Convenção.

Artigo 10
Na presente Convenção, o termo 'organização' significa qualquer organização de trabalhadores ou de empre-

gadores que tenha por fim promover e defender os interesses dos trabalhadores ou dos empregadores.

PARTE II
PROTEÇÃO DO DIREITO SINDICAL

Artigo 11
Cada Membro da Organização Internacional do Trabalho para o qual a presente Convenção está em vigor, se compromete a tomar todas as medidas necessárias e apropriadas a assegurar aos trabalhadores e aos empregadores o livre exercício do direito sindical.

PARTE III
MEDIDAS DIVERSAS

Artigo 12
1. No que se refere aos territórios mencionados no art. 35 da Constituição da Organização Internacional do Trabalho, tal como foi emendada pelo Instrumento de Emenda da Constituição da Organização Internacional do Trabalho, 1946, com exclusão dos territórios citados nos §§ 4º e 5º do dito artigo assim emendado, todo Membro da Organização que ratificar a presente Convenção deverá transmitir ao Diretor-Geral da Repartição Internacional do Trabalho com a ratificação, ou no mais breve prazo possível após a ratificação, uma declaração que estabeleça:

a) os territórios aos quais se compromete a aplicar as disposições da Convenção sem modificação;

b) os territórios aos quais se compromete a aplicar as disposições da Convenção com modificações, e em que consistem tais modificações;

c) os territórios aos quais a Convenção é inaplicável e, no caso, as razões pelas quais é ela Inaplicável.

2. Os compromissos mencionados nas alíneas a e b do parágrafo 1 do presente artigo serão considerados partes integrantes da ratificação e produzirão idênticos efeitos.

3. Qualquer Membro poderá, por nova declaração, retirar, no todo ou em parte, as reservas contidas na sua declaração anterior em virtude das alíneas b, c e d do parágrafo 1 do presente artigo.

4. Qualquer Membro poderá nos períodos durante os quais a presente Convenção pode ser denunciada de acordo com as disposições do art. 16, transmitir ao Diretor-Geral uma nova declaração que modifique em qualquer outro sentido os termos de qualquer declaração anterior e estabeleça a situação relativamente a determinados territórios.

Artigo 13
1. Quando as questões tratadas pela presente Convenção forem da competência própria das autoridades de um território não metropolitano e Membro responsável pelas relações internacionais desse território, de acordo com o Governo do referido território, poderá comunicar ao Diretor-Geral da Repartição Internacional do Trabalho uma declaração de aceitação, em nome desse território, das obrigações da presente Convenção.

2. Uma declaração de aceitação das obrigações da presente Convenção será transmitida ao Diretor-Geral da Repartição Internacional do Trabalho:

a) por dois ou mais Membros da Organização, com relação a um território colocado sob sua autoridade conjunta;

b) por qualquer autoridade internacional responsável pela administração de um território em virtude das disposições da Carta das Nações Unidas ou de qualquer outra disposição em vigor, com relação a esse território.

3. As declarações transmitidas ao Diretor-Geral da Repartição Internacional do Trabalho de acordo com as disposições dos parágrafos precedentes do presente artigo, deverão indicar se as disposições da Convenção serão aplicadas no território com ou sem modificação; quando a declaração indicar que as disposições da Convenção sob reserva de modificações, ela deverá especificar em que consistem tais modificações.

4. O Membro ou os Membros ou a autoridade internacional interessados poderão, por uma declaração posterior, renunciar inteira ou parcialmente ao direito de invocar uma modificação indicada numa declaração anterior.

5. O Membro ou os Membros ou a autoridade internacional interessados poderão, nos períodos durante os quais a presente Convenção pode ser denunciada de acordo com as disposições do Artigo 16, transmitir ao Diretor-Geral da Repartição Internacional do Trabalho uma nova declaração que modifique em qualquer outro sentido os termos de qualquer declaração anterior e

estabeleça a situação no que se refere à aplicação desta Convenção.

PARTE IV
DISPOSIÇÕES FINAIS

Artigo 14
As ratificações formais da presente Convenção serão transmitidas ao Diretor-Geral da Repartição Internacional do Trabalho e por ele registradas.

Artigo 15
1. A presente Convenção obrigará somente os Membros da Organização Internacional do Trabalho cujas ratificações tenham sido registradas pelo Diretor-Geral.

2. Entrará em vigor doze meses após serem registradas pelo Diretor-Geral, as ratificações por parte de dois Membros.

3. Posteriormente esta Convenção entrará em vigor, para cada Membro, doze meses após a data de registro de sua ratificação.

Artigo 16
1. Todo Membro que tenha ratificado a presente Convenção poderá denunciá-la ao expirar o prazo de dez anos, contados da data inicial da vigência da Convenção, por meio de um ato comunicado ao Diretor-Geral da Repartição Internacional do Trabalho e por ele registrado. A denúncia somente se tornará efetiva um ano após haver sido registrada.

2. Todo Membro que tenha ratificado a presente Convenção e que no prazo de um ano após o término do período de dez anos, mencionado no parágrafo precedente, não houver feito uso da faculdade de denúncia prevista pelo presente artigo, ficará ligado por um novo período de dez anos e, posteriormente, poderá denunciar a presente Convenção ao termo de cada período de dez anos, nas condições previstas no presente artigo.

Artigo 17
1. O Diretor-Geral da Repartição Internacional do Trabalho notificará a todos os Membros da Organização Internacional do Trabalho o registro de todas as ratificações, declarações e denúncias que lhe forem transmitidas pelos Membros da Organização.

2. Ao notificar aos Membros da Organização o registro da segunda ratificação que lhe tenha sido transmitida, o Diretor-Geral chamará a atenção dos Membros da Organização para a data na qual a presente Convenção entrará em vigor.

Artigo 18
O Diretor-Geral da Repartição Internacional do Trabalho transmitirá ao Secretário-Geral das Nações Unidas, para fins de registro de acordo com o artigo 102 da Carta das Nações Unidas, informações completas a respeito de todas as ratificações, declarações, e atos de denúncia que tenha registrado de acordo com os artigos precedentes.

Artigo 19
Ao termo de cada período de dez anos, contados da entrada em vigor da presente Convenção, o Conselho de Administração da Repartição Internacional do Trabalho deverá apresentar à Conferência Geral um relatório sobre a aplicação da presente Convenção e decidirá da conveniência de ser inscrita na ordem do dia da Conferência a questão de sua revisão total ou parcial.

Artigo 20
1. Caso a Conferência adotar uma nova Convenção que implique revisão total ou parcial da presente Convenção e a menos que a nova Convenção não disponha de outro modo:

a) a ratificação, por parte de um Membro, da nova Convenção revista acarretará de pleno direito, não obstante o artigo 16 acima, denúncia imediata da presente Convenção desde que a nova Convenção revista tenha entrado em vigor;

b) a partir da data da entrada em vigor da nova Convenção revista, a presente Convenção cessará de estar aberta à ratificação por parte dos Membros.

2. A presente Convenção permanecerá, entretanto, em vigor na sua forma e teor para os Membros que a houverem ratificado e que não ratificarem a Convenção revista.

Artigo 21
As versões francesa e inglesa do texto da presente Convenção são igualmente autênticas.

CONVENÇÃO 189 – SOBRE O TRABALHO DECENTE PARA AS TRABALHADORAS E OS TRABALHADORES DOMÉSTICOS

A Conferência Geral da Organização Internacional do Trabalho,

Convocada em Genebra pelo Conselho de Administração da Organização Internacional do Trabalho, reunida nesta cidade no dia 1º de junho de 2011 em sua 100ª Reunião;

Consciente do comprometimento da Organização Internacional do Trabalho de promover o trabalho decente para todos por meio do alcance dos objetivos da Declaração da OIT sobre os Princípios e Direitos Fundamentais no Trabalho e da Declaração da OIT sobre Justiça Social para uma Globalização Equitativa;

Reconhecendo a contribuição significativa dos trabalhadores domésticos para a economia global, que inclui o aumento das possibilidades de trabalho remunerado para as trabalhadoras e trabalhadores com responsabilidades familiares, o aumento da capacidade de cuidado das pessoas de idade avançada, das crianças e das pessoas com deficiência, e um aporte substancial das transferências de renda em cada país e entre os países;

Considerando que o trabalho doméstico continua sendo subvalorizado e invisível e é executado principalmente por mulheres e meninas, muitas das quais são migrantes ou membros de comunidades desfavorecidas e, portanto, particularmente vulneráveis à discriminação em relação às condições de emprego e trabalho, bem como outros abusos de direitos humanos;

Considerando também que, em países em desenvolvimento, que historicamente têm escassas oportunidades de emprego formal, os trabalhadores domésticos constituem uma proporção significativa da força de trabalho nacional e permanecem entre os mais marginalizados; e

Recordando que convenções e recomendações internacionais do trabalho se aplicam a todos os trabalhadores, inclusive trabalhadores domésticos, a não ser que se disponha o contrário;

Observando a particular relevância, para os trabalhadores domésticos, da Convenção sobre Trabalhadores Migrantes (Revisada), 1949 (nº 97), a Convenção sobre Trabalhadores Migrantes (Disposições Complementares), 1975 (nº 143), a Convenção sobre Trabalhadores e Trabalhadoras com Responsabilidades Familiares, 1981 (nº 156), a Convenção sobre Agências Privadas de Empregos, 1997 (nº 181), e a Recomendação sobre Relacionamento Empregatício, 2006 (nº 198), bem como o Marco Multilateral da OIT para as Migrações Laborais: Princípios e diretrizes não vinculantes para uma abordagem baseada em direitos para a migração laboral (2006);

Reconhecendo as condições específicas sob as quais o trabalho doméstico é executado e que fazem com que seja desejável complementar as normas de âmbito geral com normas específicas para os trabalhadores domésticos para que possam exercer plenamente seus direitos;

Recordando outros instrumentos internacionais relevantes, como a Declaração Universal dos Direitos Humanos, o Pacto Internacional dos Direitos Civis e Políticos, o Pacto Internacional de Direitos Econômicos, Sociais e Culturais, a Convenção Internacional sobre a Eliminação de Todas as Formas de Discriminação Racial, a Convenção sobre a Eliminação de Todas as Formas de Discriminação contra a Mulher, a Convenção das Nações Unidas Contra o Crime Transnacional Organizado e, em particular, seu Protocolo para Prevenir, Suprimir e Punir o Tráfico de Pessoas, especialmente Mulheres e Crianças, assim como o Protocolo contra o Contrabando de Imigrantes por Terra, Mar e Ar, a Convenção sobre os Direitos da Criança, a Convenção Internacional sobre a Proteção dos Direitos de Todos os Trabalhadores Migrantes e seus Familiares;

Tendo decidido adotar diversas proposições relativas ao trabalho decente para os trabalhadores domésticos, questão que constitui o quarto ponto da ordem do dia da reunião; e

Tendo decidido que estas propostas devem tomar a forma de uma Convenção Internacional;

Adota, neste dia, 16 de junho do ano de dois mil e onze, a seguinte Convenção, que pode ser citada como a Convenção sobre as Trabalhadoras e os Trabalhadores Domésticos, 2011.

Artigo 1

Para o propósito desta Convenção:

(a) o termo "trabalho doméstico" designa o trabalho executado em ou para um domicílio ou domicílios;

(b) o termo "trabalhadores domésticos" designa toda pessoa, do sexo feminino ou masculino, que realiza um trabalho doméstico no marco de uma relação de trabalho;

(c) uma pessoa que executa o trabalho doméstico apenas ocasionalmente ou esporadicamente, sem que este trabalho seja uma ocupação profissional, não é considerada trabalhador doméstico.

Artigo 2

1. A presente Convenção se aplica a todos os trabalhadores domésticos.

2. Todo Membro que ratifique esta Convenção poderá, após consultar as organizações mais representativas de empregadores e trabalhadores, assim como as organizações que representem trabalhadores domésticos e organizações que representem os empregadores dos trabalhadores domésticos, quando tais organizações existam, excluir integralmente ou parcialmente do seu âmbito de aplicação:

(a) categorias de trabalhadores para as quais esteja previsto outro tipo de proteção no mínimo equivalente;

(b) categorias limitadas de trabalhadores em razão de problemas especiais de natureza substantiva que possam surgir.

3. Todo Membro que se beneficiar da possibilidade prevista no parágrafo anterior deverá, em seu primeiro relatório sobre a aplicação da Convenção de acordo com o **artigo** 22 da Constituição da Organização Internacional do Trabalho, indicar toda categoria particular de trabalhadores que tenha sido excluída em virtude do parágrafo anterior, assim como as razões para tal exclusão; e, em relatórios subsequentes, deverá especificar qualquer medida tomada visando à extensão da aplicação da Convenção aos trabalhadores em questão.

Artigo 3

1. Todo Membro deverá adotar medidas para assegurar a promoção e a proteção efetivas dos direitos humanos de todos trabalhadores domésticos, em conformidade com as disposições da presente Convenção.

2. Todo Membro deverá, no que diz respeito aos trabalhadores domésticos, adotar medidas previstas na presente Convenção para respeitar, promover e tornar realidade os princípios e direitos fundamentais no trabalho, a saber:

(a) a liberdade de associação e a liberdade sindical e o reconhecimento efetivo do direito à negociação coletiva;

(b) a eliminação de todas as formas de trabalho forçado ou obrigatório;

(c) a erradicação efetiva do trabalho infantil; e

(d) a eliminação da discriminação em matéria de emprego e ocupação.

3. Ao adotar medidas para assegurar que os trabalhadores domésticos e os empregadores dos trabalhadores domésticos usufruam da liberdade sindical, da liberdade de associação e do reconhecimento efetivo do direito à negociação coletiva, os Membros deverão proteger o direito dos trabalhadores domésticos e dos empregadores dos trabalhadores domésticos de constituir organizações, federações e confederações, que julguem pertinentes, e, a partir da condição de observar os estatutos destas organizações, afiliar-se às mesmas.

Artigo 4

1. Todo Membro deverá estabelecer uma idade mínima para os trabalhadores domésticos, em consonância com as disposições da Convenção sobre a Idade Mínima, 1973 (nº 138), e a Convenção sobre as Piores Formas de Trabalho Infantil, 1999 (nº 182), idade que não poderá ser inferior à idade mínima estabelecida na legislação nacional para os trabalhadores em geral.

2. Todo Membro deverá adotar medidas para assegurar que o trabalho realizado por trabalhadores domésticos menores de 18 anos e com idade superior à idade mínima para emprego não os impeça ou interfira em sua educação obrigatória, nem comprometa suas oportunidades para acessar o ensino superior ou uma formação profissional.

Artigo 5

Todo Membro deverá adotar medidas para assegurar que os trabalhadores domésticos gozem de uma proteção efetiva contra todas as formas de abuso, assédio e violência.

Artigo 6

Todo Membro deverá adotar medidas para assegurar que trabalhadores domésticos, como os trabalhadores em geral, usufruam de condições equitativas de emprego e condições de trabalho decente, assim como, se residem no domicílio onde trabalham, assegurar condições de vida decentes que respeitem sua privacidade.

Artigo 7

Todo Membro deverá adotar medidas para assegurar que os trabalhadores domésticos sejam informados sobre suas condições de emprego de maneira apropriada, verificável e de fácil compreensão e, preferivelmente, quando possível, por meio de contratos escritos de acordo com a legislação nacional ou acordos coletivos que incluam em particular:

(a) o nome e sobrenome do empregador e do trabalhador e os respectivos endereços;

(b) o endereço do domicílio ou domicílios de trabalho habituais;

(c) a data de início e, quando o contrato é válido por um período determinado de tempo, sua duração;

(d) o tipo de trabalho a ser executado;

(e) a remuneração, método de cálculo e periodicidade de pagamentos;

(f) as horas regulares de trabalho;

(g) as férias anuais remuneradas e os períodos de descanso diários e semanais;

(h) a provisão de alimentação e acomodação, quando for o caso;

(i) o período de experiência, quando for o caso;

(j) as condições de repatriação, quando for o caso; e

(k) as condições que regerão o término da relação de trabalho, incluindo todo o prazo de aviso prévio comunicado pelo trabalhador doméstico ou pelo empregador.

Artigo 8

1. Na legislação nacional, se deverá dispor que trabalhadores domésticos migrantes, que são contratados em um país para prestar serviços domésticos em outro país, recebam uma oferta de emprego por escrito ou contrato de trabalho, que seja válido no país onde os trabalhadores prestarão serviços, que inclua as condições de emprego assinaladas no **Artigo** 7, antes de cruzar as fronteiras nacionais para assumir o emprego sobre o qual a oferta ou o contrato dizem respeito.

2. A disposição do parágrafo anterior não se aplica aos trabalhadores que possuem liberdade de movimento em virtude de emprego sob acordos regionais, bilaterais ou multilaterais ou no marco de organizações de integração econômica regional.

3. Os Membros deverão adotar medidas para cooperar entre si no sentido de assegurar a aplicação efetiva das disposições da presente Convenção para trabalhadores domésticos migrantes.

4. Todo Membro deverá especificar, por meio da legislação ou outras medidas, as condições segundo as quais os trabalhadores domésticos migrantes terão direito à repatriação por expiração ou término do contrato de trabalho em virtude do qual foram empregados.

Artigo 9

1. Cada Membro deverá tomar medidas para assegurar que os trabalhadores domésticos:

(a) possam alcançar livremente com o empregador ou potencial empregador um acordo sobre se residirão ou não no domicílio onde trabalham;

(b) não residem no domicílio no qual trabalham não sejam obrigados a permanecer no domicílio ou acompanhar os membros do domicílio durante períodos de descanso diários ou semanais ou durante as férias anuais; e

(c) tenham o direito de manter em sua posse seus documentos de viagem e de identidade.

Artigo 10

1. Todo Membro deverá adotar medidas para garantir a igualdade de tratamento entre os trabalhadores domésticos e os trabalhadores em geral com relação às horas normais de trabalho, à compensação de horas extras, aos períodos de descanso diários e semanais e férias anuais remuneradas, em conformidade com a legislação nacional e com acordos coletivos, considerando as características específicas do trabalho doméstico.

2. O período de descanso semanal deverá ser de pelo menos 24 horas consecutivas.

3. Períodos nos quais os trabalhadores domésticos não dispõem livremente de seu tempo e permanecem à disposição do domicílio onde trabalham de maneira a atender a possíveis demandas de serviços devem ser considerados como horas de trabalho, na medida em que se determine na legislação nacional, acordos coletivos ou qualquer outro mecanismo em conformidade com a prática nacional.

Artigo 11

Todo Membro deverá adotar medidas para assegurar que trabalhadores domésticos se beneficiem de um regime de salário mínimo, onde tal regime exista, e que a remuneração seja estabelecida sem discriminação por sexo.

Artigo 12

1. Os salários dos trabalhadores domésticos deverão ser pagos diretamente em dinheiro, em intervalos regulares, não menos que uma vez por mês. A menos que a modalidade de pagamento esteja prevista na legislação nacional ou em acordos coletivos, o pagamento poderá ser realizado por transferência bancária, cheque bancário, cheque postal ou ordem de pagamento ou por outro meio de pagamento monetário legal, com o consentimento do trabalhador interessado.

2. O pagamento de uma proporção limitada da remuneração dos trabalhadores domésticos na forma de parcelas in natura poderá ser determinada na legislação nacional, em acordos coletivos ou em decisão arbitral, em condições não menos favoráveis que aquelas geralmente aplicáveis a outras categorias de trabalhadores, sempre e quando se adotem as medidas necessárias para assegurar que as prestações in natura sejam feitas com o acordo do trabalhador e sejam apropriadas para seu uso e benefício pessoal, e que o valor atribuído às mesmas seja justo e razoável.

Artigo 13

1. Todo trabalhador doméstico tem direito a um ambiente de trabalho seguro e saudável. Todo Membro, em conformidade com a legislação e a prática nacionais, deverá adotar medidas eficazes, com devida atenção às características específicas do trabalho doméstico, a fim de assegurar a segurança e saúde no trabalho dos trabalhadores domésticos.

2. As medidas referidas no parágrafo anterior poderão ser aplicadas progressivamente, em consulta com as organizações mais representativas de empregadores e trabalhadores, assim como com as organizações representativas dos trabalhadores domésticos e com as organizações representativas dos empregadores dos trabalhadores domésticos, quando tais organizações existam.

Artigo 14

1. Todo Membro deverá adotar as medidas apropriadas, com a devida atenção às características específicas do trabalho doméstico e atuando em conformidade com a legislação e a prática nacionais, para assegurar que os trabalhadores domésticos se beneficiem de condições não menos favoráveis que aquelas aplicadas aos trabalhadores em geral, com relação à proteção da seguridade social, inclusive no que diz respeito à maternidade.

2. As medidas referidas no parágrafo anterior poderão ser aplicadas progressivamente, em consulta com as organizações mais representativas de empregadores e trabalhadores, assim como com as organizações representativas dos trabalhadores domésticos e com as organizações representativas dos empregadores dos trabalhadores domésticos, quando tais organizações existam.

Artigo 15

1. Para proteger efetivamente os trabalhadores domésticos contra práticas abusivas que tenham sido contratados ou colocados no emprego por agências privadas de emprego, inclusive os migrantes, todo Membro deverá:

(a) determinar as condições que regerão o funcionamento das agências privadas de emprego que contratam ou colocam no emprego trabalhadores domésticos, em conformidade com a legislação e prática nacionais;

(b) assegurar a existência de mecanismos e procedimentos adequados para a investigação de queixas, abusos presumidos e práticas fraudulentas em decorrência das atividades das agências privadas de emprego em relação aos trabalhadores domésticos;

(c) adotar todas as medidas necessárias e apropriadas, tanto em sua jurisdição como, quando proceda, em colaboração com outros Membros, para proporcionar uma proteção adequada e prevenir os abusos contra os trabalhadores domésticos contratados ou colocados em seu território por agências privadas de emprego. Serão incluídas as leis ou regulamentos que especifiquem as obrigações respectivas da agência privada de emprego e do domicílio para com os trabalhadores domésticos e serão previstas sanções, incluída a proibição das agências privadas de emprego que incorram em práticas fraudulentas e abusos;

(d) considerar, quando se contratar os trabalhadores domésticos de um país para prestar serviços em outro país, a celebração de acordos bilaterais, regionais ou multilaterais, com a finalidade de prevenir abusos e práticas fraudulentas na contratação, colocação e no emprego; e

(e) adotar medidas para assegurar que as taxas cobradas pelas agências privadas de emprego não sejam deduzidas da remuneração dos trabalhadores domésticos.

2. Ao colocar em prática cada uma das disposições deste artigo, todo Membro deverá realizar consultas com as organizações mais representativas dos empregadores e dos trabalhadores, assim como com as organizações representativas dos trabalhadores domésticos e com as organizações representativas dos empregadores dos trabalhadores domésticos, quando tais organizações existam.

Artigo 16

Todo Membro deverá adotar, em conformidade com a legislação e prática nacionais, medidas para assegurar que todos os trabalhadores domésticos, seja em pessoa ou por meio de representantes, tenham acesso efetivo aos tribunais ou outros mecanismos de resolução de conflitos, em condições não menos favoráveis que aquelas previstas para os demais trabalhadores.

Artigo 17

1. Todo Membro deverá estabelecer mecanismos de queixa e meios eficazes e acessíveis para assegurar o cumprimento da legislação nacional relativa à proteção dos trabalhadores domésticos.

2. Todo Membro deverá formular e colocar em prática medidas relativas à inspeção do trabalho, à aplicação de normas e sanções, com a devida atenção às características específicas do trabalho doméstico, em conformidade com a legislação nacional.

3. À medida que seja compatível com a legislação nacional, tais medidas deverão especificar as condições sob as quais se poderá autorizar o acesso ao domicílio, com o devido respeito à privacidade.

Artigo 18

Todo Membro, em consulta com organizações mais representativas de empregadores e trabalhadores, deverá colocar em prática as disposições desta Convenção por meio da legislação, acordos coletivos ou outras medidas adicionais de acordo com a prática nacional, estendendo ou adaptando medidas existentes para aplicá-las também aos trabalhadores domésticos ou elaborando medidas específicas para o setor, quando apropriado.

Artigo 19

Esta Convenção não afetará disposições mais favoráveis aplicáveis a trabalhadores domésticos em virtude de outras convenções internacionais do trabalho.

Artigo 20

As ratificações formais desta Convenção serão comunicadas, para registro, ao Diretor-Geral da Organização Internacional do Trabalho.

Artigo 21

1. Esta Convenção obrigará unicamente os Membros da Organização Internacional do Trabalho cujas ratificações tiverem sido registradas pelo Diretor-Geral.

2. Esta Convenção entrará em vigor doze meses após da data de registro em que as ratificações de dois Membros tenham sido registradas pelo Diretor-Geral.

3. A partir deste momento, esta Convenção entrará em vigor para todos os Membros, doze meses após a data do registro de sua ratificação.

Artigo 22

1. Todo Membro que tenha ratificado esta Convenção poderá denunciá-la ao final de um período de dez anos, a contar da data de sua entrada em vigor, mediante comunicação ao Diretor-Geral da Organização Internacional do Trabalho, para registro. A denúncia não terá efeito antes de se completar um ano a contar da data de seu registro.

2. Todo Membro que tenha ratificado esta Convenção e que, no prazo de um ano depois de expirado o período de dez anos referido no parágrafo anterior, não tiver exercido o direito de denúncia disposto neste artigo, ficará obrigado a um novo período de dez anos e, daí em diante, poderá denunciar esta Convenção ao final de cada período de dez anos, nos termos deste artigo.

Artigo 23

1. O Diretor-Geral da Organização Internacional do Trabalho notificará todos os Membros da Organização Internacional do Trabalho sobre o registro de todas as ratificações e denúncias que lhe forem comunicadas pelos Membros da Organização.

2. Ao notificar os Membros da Organização sobre o registro da segunda ratificação que lhe tiver sido comunicada, o Diretor-Geral lhes chamará a atenção para a data na qual entrará em vigor esta Convenção.

Artigo 24

O Diretor-Geral da Organização Internacional do Trabalho comunicará ao Secretário Geral das Nações Unidas, para registro, em conformidade com o **artigo** 102 da Carta das Nações Unidas, informações completas sobre ratificações e atos de denúncia por ele registrados.

Artigo 25

O Conselho de Administração da Organização Internacional do Trabalho apresentará à Conferência Geral, quando considerar necessário, relatório sobre a aplicação desta Convenção e examinará a conveniência de incluir na ordem do dia da Conferência a questão de sua revisão total ou parcial.

Artigo 26

1. No caso de a Conferência adotar uma nova convenção que reveja total ou parcialmente esta Convenção, a menos que a nova Convenção contenha disposições em contrário:

a) a ratificação por um Membro da nova Convenção revisada implicará, ipso jure, a denúncia imediata desta Convenção, a partir do momento em que a nova Convenção revisada entrar em vigor, não obstante as disposições do **Artigo** 22 supra;

b) a partir da data de entrada em vigor da convenção revisada, esta Convenção deixará de estar sujeita a ratificação pelos Membros.

2. A presente Convenção continuará, em todo o caso, em vigor, na sua forma e conteúdo atuais, para os Membros que a ratificaram, mas não ratificarem a convenção revisada.

Artigo 27

As versões em inglês e francês do texto desta Convenção são igualmente autênticas.

LEI COMPLEMENTAR

▶ Lei Complementar 8, de 3 de dezembro de 1970

▶ Lei Complementar 75, de 20 de maio de 1993

LEIS

▶ Lei 4.375, de 17 de agosto de 1964

▶ Lei 8.112, de 11 de dezembro de 1990

▶ Lei 8.429, de 2 de junho de 1992

▶ Lei 8.745, de 9 de dezembro de 1993

▶ Lei 9.469, de 10 de julho de 1997

▶ Lei 9.962, de 22 de fevereiro de 2000

▶ Lei 10.556, de 13 de novembro de 2002

▶ Lei 10.887, de 18 de junho de 2004

▶ Lei 12.618, de 30 de abril de 2012

▶ Lei 12.772, de 28 de dezembro de 2012

▶ Lei 12.813, de 16 de maio de 2013

▶ Lei 12.990, de 9 de junho de 2014

▶ Lei 13.109, de 25 de março de 2015

▶ Lei 13.316, de 20 de julho de 2016

DECRETOS

▶ Decreto 1.480, de 3 de maio de 1995

▶ Decreto 8.737, de 3 de maio de 2016

INSTRUÇÕES NORMATIVAS

▶ Instrução Normativa 8, de 22 de agosto de 1996, do TST

▶ Instrução Normativa 12, de 12 de junho de 1997, do TST

▶ Instrução Normativa 13, de 9 de outubro de 1997, do TST

LEI 4.375, DE 17 DE AGOSTO DE 1964

Lei do Serviço Militar.

DOU 03.09.1964

Faço saber que o Congresso Nacional decreta e eu sanciono a seguinte Lei:

(...)

TÍTULO IX
DISPOSIÇÕES GERAIS

CAPÍTULO I
DOS DIREITOS DOS CONVOCADOS E RESERVISTAS

Art. 60. Os funcionários públicos federais, estaduais ou municipais, bem como os empregados, operários ou trabalhadores, qualquer que seja a natureza da entidade em que exerçam as suas atividades, quando incorporados ou matriculados em Órgão de Formação de Reserva, por motivo de convocação para prestação do Serviço Militar inicial estabelecido pelo art. 16, desde que para isso forçados a abandonarem o cargo ou emprego, terão assegurado o retorno ao cargo ou emprego respectivo, dentro dos 30 (trinta) dias que se seguirem ao licenciamento, ou término de curso, salvo se declararem, por ocasião da incorporação ou matrícula, não pretender a ele voltar.

§ 1º Esses convocados, durante o tempo em que estiverem incorporados em Órgãos Militares da Ativa ou matriculados nos de Formação de Reserva, nenhum vencimento, salário ou remuneração perceberão da organização a que pertençam.

§ 2º Perderá o direito de retorno ao emprego, cargo ou função que exercia ao ser incorporado, o convocado que engajar.

§ 3º Compete ao Comandante, Diretor ou Chefe de Organização Militar em que for incorporado ou matriculado o convocado, comunicar sua pretensão à entidade a que caiba reservar a função, cargo ou emprego e, bem assim, se for o caso, o engajamento concedido; essas comunicações deverão ser feitas dentro de 20 (vinte) dias que se seguirem à incorporação ou concessão do engajamento.

§ 4º Todo convocado matriculado em Órgão de Formação de Reserva que seja obrigado a faltar a suas atividades civis, por força de exercício ou manobras, ou reservista que seja chamado para fins de exercício de apresentação das reservas ou cerimônia cívica do Dia do Reservista, terá suas faltas abonadas para todos os efeitos.

▶ Parágrafo com redação pelo Decreto-lei 715/1969.

Art. 61. Os brasileiros, quando incorporados por motivo de convocação para manobras, exercícios, manutenção da ordem interna ou guerra, terão assegurado o retorno ao cargo, função ou emprego que exerciam ao serem convocados e garantido o direito à percepção de 2/3 (dois terços) da respectiva remuneração, durante o tempo em que permanecerem incorporados; vencerão pelo Exército, Marinha ou Aeronáutica apenas as gratificações regulamentares.

§ 1º Aos convocados fica assegurado o direito de optar pelos vencimentos, salários ou remuneração que mais lhes convenham.

§ 2º Perderá a garantia e o direito assegurado por este artigo o incorporado que obtiver engajamento.

§ 3º Compete ao Comandante, Diretor ou Chefe da Organização Militar em que for incorporado o convocado comunicar, à entidade a que caiba reservar a função, cargo ou emprego, a sua pretensão, opção quanto aos vencimentos e, se for o caso o engajamento concedido; a comunicação relativa ao retorno à função deverá ser feita dentro dos 30 (trinta) dias que se seguirem a incorporação; as mais, tão logo venham a ocorrer.

(...)

Art. 63. Os convocados contarão, de acordo com o estabelecido na Legislação Militar, para efeito de aposentadoria, o tempo de serviço ativo prestado nas Forças Armadas, quando a elas incorporados.

Parágrafo único. Igualmente será computado para efeito de aposentadoria o serviço prestado pelo convocado matriculado em Órgão de Formação de Reserva na base de 1 (um) dia para período de 8 (oito) horas de instrução, desde que concluam com aproveitamento a sua formação.

Art. 63-A. Os convocados, durante o tempo em que estiverem incorporados a organizações militares da ativa ou matriculados em órgãos de formação de reserva, inclusive para a prestação do serviço militar obrigatório, terão direito a férias.

▶ Artigo acrescido pela Lei 13.954/2019.

(...)

CAPÍTULO II
DOS DEVERES DOS RESERVISTAS

Art. 65. Constituem deveres do Reservista:

a) apresentar-se, quando convocado, no local e prazo que lhe tiverem sido determinados;

b) comunicar, dentro de 60 (sessenta) dias, pessoalmente ou por escrito, à Organização Militar mais próxima, as mudanças de residência;

c) apresentar-se, anualmente, no local e data que forem fixados, para fins de exercício de apresentação das reservas ou cerimônia cívica do Dia do Reservista;

d) comunicar à Organização Militar a que estiver vinculado, a conclusão de qualquer curso técnico ou científico, comprovada pela apresentação do respectivo instrumento legal, e bem assim, qualquer ocorrência que se relacione com o exercício de qualquer função de caráter técnico ou científico;

e) apresentar ou entregar à autoridade militar competente o documento de quitação com o Serviço Militar de que for possuidor, para fins de anotações, substituições ou arquivamento, de acordo com o prescrito nesta lei e na sua regulamentação.

CAPÍTULO III
DAS AUTORIDADES PARTICIPANTES
DA EXECUÇÃO DESTA LEI

Art. 66. Participarão da execução da presente lei:

(...)

g) as empresas, companhias e instituições de qualquer natureza.

Parágrafo único. Essa participação consistirá:

a) obrigatoriedade, na remessa de informações estabelecidas na regulamentação desta lei;

b) mediante anuência ou acordo, na instalação de postos de recrutamento e criação de outros serviços ou encargos nas repartições ou estabelecimentos civis, federais, estaduais ou municipais.

Art. 67. As autoridades ou os responsáveis pelas repartições incumbidas da fiscalização do exercício profissional não poderão conceder a carteira profissional nem registrar diplomas de profissões liberais a brasileiros, sem que esses apresentem, previamente, prova de que estão em dia com as obrigações militares, obedecido o disposto nos arts. 74 e 75 desta lei.

▶ Artigo com redação pela Lei 4.754/1965.

CAPÍTULO V
DISPOSIÇÕES DIVERSAS

Art. 73. Para efeito do Serviço Militar, cessará a incapacidade civil do menor, na data em que completar 17 (dezessete) anos.

Art. 74. Nenhum brasileiro, entre 1° de janeiro do ano em que completar 19 (dezenove), e 31 de dezembro do ano em que completar 45 (quarenta e cinco) anos de idade, poderá, sem fazer prova de que está em dia com as suas obrigações militares:

a) obter passaporte ou prorrogação de sua validade;

b) ingressar como funcionário, empregado ou associado em instituição, empresa ou associação oficial ou oficializada ou subvencionada ou cuja existência ou funcionamento dependa de autorização ou reconhecimento do Governo Federal, Estadual, dos Territórios ou Municipal;

c) assinar contrato com o Governo Federal, Estadual, dos Territórios ou Municipal;

d) prestar exame ou matricular-se em qualquer estabelecimento de ensino;

e) obter carteira profissional, matrícula ou inscrição para o exercício de qualquer função e licença de indústria e profissão;

f) inscrever-se em concurso para provimento de cargo público;

g) exercer, a qualquer título, sem distinção de categoria, ou forma de pagamento, qualquer função ou cargo público:

I – estipendiado pelos cofres públicos federais, estaduais ou municipais;

II – de entidades paraestatais e das subvencionadas ou mantidas pelo poder público;

h) receber qualquer prêmio ou favor do Governo Federal, Estadual, dos Territórios ou Municipal;

Art. 75. Constituem prova de estar o brasileiro em dia com as suas obrigações militares:

a) o Certificado de Alistamento, nos limites da sua validade;

b) o Certificado de Reservista;

c) o Certificado de Isenção;

d) o Certificado de Dispensa de Incorporação.

§ 1° Outros documentos comprobatórios da situação militar do brasileiro, poderão ser estabelecidos na regulamentação desta lei.

§ 2° A regulamentação da presente lei poderá discriminar anotações periódicas ou não, a serem feitas nos Certificados acima.

§ 3° Para os concluintes de curso de ensino superior de Medicina, Farmácia, Odontologia e Veterinária, o Certificado de Dispensa de Incorporação de que trata a alínea *d* do *caput* deste artigo deverá ser revalidado pela região militar respectiva, ratificando a dispensa, ou recolhido, no caso de incorporação, a depender da necessidade das Forças Armadas, nos termos da legislação em vigor.

▶ § 3° acrescido pela Lei 12.336/2010.

(...)

Brasília, 17 de agosto de 1964; 143° da Independência e 76° da República.

H. Castello Branco

LEI COMPLEMENTAR 8, DE 3 DE DEZEMBRO DE 1970

Institui o Programa de Formação do Patrimônio do Servidor Público, e dá outras providências.

DOU 04.12.1970

O Presidente da República:

Faço saber que o Congresso Nacional decreta e eu sanciono a seguinte Lei Complementar:

Art. 1° É instituído, na forma prevista nesta Lei Complementar, o Programa de Formação do Patrimônio do Servidor Público.

Art. 2° A União, os Estados, os Municípios, o Distrito Federal e os Territórios contribuirão para o Programa, mediante recolhimento mensal ao Banco do Brasil das seguintes parcelas:

I – União:

1% (um por cento) das receitas correntes efetivamente arrecadadas, deduzidas as transferências feitas a outras entidades da Administração Pública, a partir de 1° de julho de 1971; 1,5% (um e meio por cento) em 1972 e 2% (dois por cento) no ano de 1973 e subsequentes.

II – Estados, Municípios, Distrito Federal e Territórios:

a) 1% (um por cento) das receitas correntes próprias, deduzidas as transferências feitas a outras entidades da Administração Pública, a partir de 1° de julho de 1971; 1,5% (um e meio por cento) em 1972 e 2% (dois por cento) no ano de 1973 e subsequentes;

b) 2% (dois por cento) das transferências recebidas do Governo da União e dos Estados através do Fundo de Participações dos Estados, Distrito Federal e Municípios, a partir de 1° de julho de 1971.

Parágrafo único. Não recairá, em nenhuma hipótese, sobre as transferências de que trata este artigo, mais de uma contribuição.

Art. 3° As autarquias, empresas públicas, sociedades de economia mista e fundações, da União, dos Estados, dos Municípios, do Distrito Federal e dos Territórios contribuirão para o Programa com 0,4% (quatro décimos por cento) da receita orçamentária, inclusive transferências e receita operacional, a partir de 1° de julho de 1971; 0,6% (seis décimos por cento) em 1972 e 0,8% (oito décimos por cento) no ano de 1973 e subsequentes.

Art. 4° As contribuições recebidas pelo Banco do Brasil serão distribuídas entre todos os servidores em atividade, civis e militares, da União, dos Estados, Municípios, Distrito Federal e Territórios, bem como das suas entidades da Administração Indireta e fundações, observados os seguintes critérios:

a) 50% proporcionais ao montante da remuneração percebida pelo servidor, no período;

b) 50% em partes proporcionais aos quinquênios de serviços prestados pelo servidor.

Parágrafo único. A distribuição de que trata este artigo somente beneficiará os titulares, nas entidades mencionadas nesta Lei Complementar, de cargo ou função de provimento efetivo ou que possam adquirir estabilidade, ou de emprego de natureza não eventual, regido pela legislação trabalhista.

Art. 5° O Banco do Brasil S.A., ao qual competirá a administração do Programa, manterá contas individualizadas para cada servidor e cobrará uma comissão de serviço, tudo na forma que for estipulada pelo Conselho Monetário Nacional.

§ 1° Os depósitos a que se refere este artigo não estão sujeitos a imposto de renda ou contribuição previdenciária, nem se incorporam, para qualquer fim, à remuneração do cargo, função ou emprego.

§ 2° *Revogado pela LC 26/1975.*

a) a c) *Revogados pela LC 26/1975.*

§§ 3° a 5° *Revogados pela LC 26/1975.*

§ 6° O Banco do Brasil S.A. organizará o cadastro geral dos beneficiários desta Lei Complementar.

Art. 6° *Revogado pela LC 19/1974*

Art. 7° As importâncias creditadas nas contas do Programa de Formação do Patrimônio do Servidor Público e do Programa de Integração Social são inalienáveis e impenhoráveis, e serão obrigatoriamente transferidas de um para outro, no caso de passar o servidor, pela alteração da relação de emprego, do setor público para o privado, e vice-versa.

Art. 8° A aplicação do disposto nesta Lei complementar aos Estados e Municípios, às suas entidades da Administração Indireta e fundações, bem como aos seus servidores, dependerá de norma legislativa estadual ou municipal.

Art. 9° Esta Lei Complementar entrará em vigor na data de sua publicação, revogadas as disposições em contrário.

Brasília, 3 de dezembro de 1970; 149° da Independência e 82° da República.

Emílio G. Médici

LEI 8.112, DE 11 DE DEZEMBRO DE 1990

Dispõe sobre o regime jurídico dos servidores públicos civis da União, das autarquias e das fundações públicas federais.

DOU 12.12.1990; Republicada no DOU de 18.03.1999.

▶ Lei 9.717/1998 (Regras Gerais para a Organização e o Funcionamento dos Regimes Próprios de Previdência Social dos Servidores Públicos da União, dos Estados, do Distrito Federal e dos Municípios, dos Militares dos Estados e do Distrito Federal).
▶ Lei 9.962/2000 (Regime de Emprego Público do Pessoal da Administração).
▶ Dec. Leg. 206/2010 (Convenção 151 e Recomendação 159, da Organização Internacional do Trabalho, de 1978).

▶ Dec. 5.707/2006 (Política e Diretrizes para o Desenvolvimento de Pessoal da Administração Pública Federal Direta, Autárquica e Fundacional).
▶ Dec. 6.833/2009 (Institui o Subsistema Integrado de Atenção à Saúde do Servidor Público Federal – SIASS e o Comitê Gestor de Atenção à Saúde do Servidor).

O Presidente da República:

Faço saber que o Congresso Nacional decreta e eu sanciono a seguinte Lei:

TÍTULO I

CAPÍTULO ÚNICO
DAS DISPOSIÇÕES PRELIMINARES

Art. 1° Esta Lei institui o Regime Jurídico dos Servidores Públicos Civis da União, das autarquias, inclusive as em regime especial, e das fundações públicas federais.

▶ Lei 11.440/2006 (Regime Jurídico dos Servidores do Serviço Exterior Brasileiro).

Art. 2° Para os efeitos desta Lei, servidor é a pessoa legalmente investida em cargo público.

▶ Lei 9.962/2000 (Regime de Emprego Público do Pessoal da Administração).

Art. 3° Cargo público é o conjunto de atribuições e responsabilidades previstas na estrutura organizacional que devem ser cometidas a um servidor.

Parágrafo único. Os cargos públicos, acessíveis a todos os brasileiros, são criados por lei, com denominação própria e vencimento pago pelos cofres públicos, para provimento em caráter efetivo ou em comissão.

▶ Arts. 37, I, 48, X, 61, § 1°, II, a, e 84, VI, b, da CF.

Art. 4° É proibida a prestação de serviços gratuitos, salvo os casos previstos em lei.

TÍTULO II

DO PROVIMENTO, VACÂNCIA, REMOÇÃO, REDISTRIBUIÇÃO E SUBSTITUIÇÃO

CAPÍTULO I
DO PROVIMENTO

Seção I
Disposições gerais

Art. 5° São requisitos básicos para investidura em cargo público:

I – a nacionalidade brasileira;
▶ Arts. 12 e 13 da CF.

II – o gozo dos direitos políticos;
▶ Arts. 14 a 16 da CF.

III – a quitação com as obrigações militares e eleitorais;
▶ Art. 143, §§ 1° e 2°, da CF.

IV – o nível de escolaridade exigido para o exercício do cargo;

V – a idade mínima de 18 (dezoito) anos;

VI – aptidão física e mental.

§ 1° As atribuições do cargo podem justificar a exigência de outros requisitos estabelecidos em lei.

§ 2° Às pessoas portadoras de deficiência é assegurado o direito de se inscreverem em concurso público para provimento de cargo cujas atribuições sejam compatíveis com a deficiência de que são portadoras; para tais pessoas serão reservadas até 20% (vinte por cento) das vagas oferecidas no concurso.

▶ Art. 37, VIII, da CF.
▶ Súmula 377 do STJ.

§ 3° As universidades e instituições de pesquisa científica e tecnológica federais poderão prover seus cargos com professores, técnicos e cientistas estrangeiros, de acordo com as normas e os procedimentos desta Lei.

▶ § 3° acrescido pela Lei 9.515/1997.
▶ Art. 207, §§ 1° e 2°, da CF.

Art. 6° O provimento dos cargos públicos far-se-á mediante ato da autoridade competente de cada Poder.

Art. 7° A investidura em cargo público ocorrerá com a posse.

▶ Art. 37, II, da CF.

Art. 8° São formas de provimento de cargo público:

I – nomeação;

II – promoção;
▶ Súmula 685 do STF.

III e IV – *Revogados pela Lei 9.527/1997;*

V – readaptação;

VI – reversão;

VII – aproveitamento;

VIII – reintegração;

IX – recondução.

Seção II
Da nomeação

Art. 9º A nomeação far-se-á:

I – em caráter efetivo, quando se tratar de cargo isolado de provimento efetivo ou de carreira;

II – em comissão, inclusive na condição de interino, para cargos de confiança vagos.

▶ Inciso II com redação pela Lei 9.527/1997.

Parágrafo único. O servidor ocupante de cargo em comissão ou de natureza especial poderá ser nomeado para ter exercício, interinamente, em outro cargo de confiança, sem prejuízo das atribuições do que atualmente ocupa, hipótese em que deverá optar pela remuneração de um deles durante o período da interinidade.

▶ Parágrafo único com redação pela Lei 9.527/1997.

Art. 10. A nomeação para cargo de carreira ou cargo isolado de provimento efetivo depende de prévia habilitação em concurso público de provas ou de provas e títulos, obedecidos a ordem de classificação e o prazo de sua validade.

Parágrafo único. Os demais requisitos para o ingresso e o desenvolvimento do servidor na carreira, mediante promoção, serão estabelecidos pela lei que fixar as diretrizes do sistema de carreira na Administração Pública Federal e seus regulamentos.

▶ Parágrafo único com redação pela Lei 9.527/1997.

Seção III
Do Concurso Público

▶ Art. 37, II a IV, da CF.
▶ Dec. 6.944/2009 (Normas Gerais Relativas a Concursos Públicos).

Art. 11. O concurso será de provas ou de provas e títulos, podendo ser realizado em duas etapas, conforme dispuserem a lei e o regulamento do respectivo plano de carreira, condicionada a inscrição do candidato ao pagamento do valor fixado no edital, quando indispensável ao seu custeio, e ressalvadas as hipóteses de isenção nele expressamente previstas.

▶ Artigo com redação pela Lei 9.527/1997.
▶ Dec. 6.593/2008 (Regulamenta o art. 11 da Lei 8.112/1990).
▶ Súmulas 686 e 683 do STF.
▶ Súmula 266 do STJ.

Art. 12. O concurso público terá validade de até 2 (dois) anos, podendo ser prorrogado uma única vez, por igual período.

▶ Art. 37, II a IV, da CF.
▶ Súmula Vinculante 13 do STF.

§ 1º O prazo de validade do concurso e as condições de sua realização serão fixados em edital, que será publicado no *Diário Oficial da União* e em jornal diário de grande circulação.

§ 2º Não se abrirá novo concurso enquanto houver candidato aprovado em concurso anterior com prazo de validade não expirado.

Seção IV
Da posse e do exercício

Art. 13. A posse dar-se-á pela assinatura do respectivo termo, no qual deverão constar as atribuições, os deveres, as responsabilidades e os direitos inerentes ao cargo ocupado, que não poderão ser alterados unilateralmente, por qualquer das partes, ressalvados os atos de ofício previstos em lei.

§ 1º A posse ocorrerá no prazo de trinta dias contados da publicação do ato de provimento.

▶ § 1º com redação pela Lei 9.527/1997.

§ 2º Em se tratando de servidor, que esteja na data de publicação do ato de provimento, em licença prevista nos incisos I, III e V do art. 81, ou afastado nas hipóteses dos incisos I, IV, VI, VIII, alíneas *a, b, d, e* e *f*, IX e X do art. 102, o prazo será contado do término do impedimento.

▶ § 2º com redação pela Lei 9.527/1997.

§ 3º A posse poderá dar-se mediante procuração específica.

§ 4º Só haverá posse nos casos de provimento de cargo por nomeação.

▶ § 4º com redação pela Lei 9.527/1997.

§ 5º No ato da posse, o servidor apresentará declaração de bens e valores que constituem seu patrimônio e declaração quanto ao exercício ou não de outro cargo, emprego ou função pública.

▶ Art. 13 da Lei 8.429/1992 (Improbidade Administrativa).
▶ Lei 8.730/1993 (Declaração de Bens e Rendas para o Exercício de Cargos, Empregos e Funções nos Poderes Executivo, Legislativo e Judiciário).

§ 6º Será tornado sem efeito o ato de provimento se a posse não ocorrer no prazo previsto no § 1º deste artigo.

Art. 14. A posse em cargo público dependerá de prévia inspeção médica oficial.

Parágrafo único. Só poderá ser empossado aquele que for julgado apto física e mentalmente para o exercício do cargo.

Art. 15. Exercício é o efetivo desempenho das atribuições do cargo público ou da função de confiança.

▶ Artigo com redação pela Lei 9.527/1997.

§ 1º É de 15 (quinze) dias o prazo para a servidor empossado em cargo público entrar em exercício, contados da data da posse.

§ 2º O servidor será exonerado do cargo ou será tornado sem efeito o ato de sua designação para função de confiança, se não entrar em exercício nos prazos previstos neste artigo, observado o disposto no art. 18.

§ 3º À autoridade competente do órgão ou entidade para onde for nomeado ou designado o servidor compete dar-lhe exercício.

§ 4º O início do exercício de função de confiança coincidirá com a data de publicação do ato de designação, salvo quando o servidor estiver em licença ou afastado por qualquer outro motivo legal, hipótese em que recairá no primeiro dia útil após o término do impedimento, que não poderá exceder a 30 (trinta) dias da publicação.

Art. 16. O início, a suspensão, a interrupção e o reinício do exercício serão registrados no assentamento individual do servidor.

Parágrafo único. Ao entrar em exercício, o servidor apresentará ao órgão competente os elementos necessários ao seu assentamento individual.

Art. 17. A promoção não interrompe o tempo de exercício, que é contado no novo posicionamento na carreira a partir da data de publicação do ato que promover o servidor.

▶ Artigo com redação pela Lei 9.527/1997.

Art. 18. O servidor que deva ter exercício em outro município em razão de ter sido removido, redistribuído, requisitado, cedido ou posto em exercício provisório terá, no mínimo, 10 (dez) e, no máximo, 30 (trinta) dias de prazo, contados da publicação do ato, para a retomada do efetivo desempenho das atribuições do cargo, incluído nesse prazo o tempo necessário para o deslocamento para a nova sede.

▶ Artigo com redação pela Lei 9.527/1997.

§ 1º Na hipótese de o servidor encontrar-se em licença ou afastado legalmente, o prazo a que se refere este artigo será contado a partir do término do impedimento.

§ 2º É facultado ao servidor declinar dos prazos estabelecidos no *caput*.

Art. 19. Os servidores cumprirão jornada de trabalho fixada em razão das atribuições pertinentes aos respectivos cargos, respeitada a duração máxima do trabalho semanal de 40 (quarenta) horas e observados os limites mínimo e máximo de 6 (seis) horas e oito horas diárias, respectivamente.

▶ *Caput* com redação pela Lei 8.270/1991.
▶ Dec. 1.590/1995 (Jornada de Trabalho dos Servidores da Administração Pública Federal).

§ 1º O ocupante de cargo em comissão ou função de confiança submete-se a regime de integral dedicação ao serviço, observado o disposto no art. 120, podendo ser convocado sempre que houver interesse da Administração.

▶ § 1º com redação pela Lei 9.527/1997.

§ 2º O disposto neste artigo não se aplica à duração de trabalho estabelecida em leis especiais.

▶ § 2º com redação pela Lei 8.270/1991.

Art. 20. Ao entrar em exercício, o servidor nomeado para cargo de provimento efetivo ficará sujeito a estágio probatório por período de 24 (vinte e quatro) meses, durante o qual a sua aptidão e capacidade serão objeto de avaliação para o desempenho do cargo, observados os seguintes fatores:

▶ Art. 41 da CF.

I – assiduidade;

II – disciplina;

III – capacidade de iniciativa;

IV – produtividade;

V – responsabilidade.

§ 1º Quatro meses antes de findo o período do estágio probatório, será submetida à homologação da autoridade competente a avaliação do desempenho do servidor, realizada por comissão constituída para essa finalidade, de acordo com o que dispuser a lei ou o regulamento da respectiva carreira ou cargo, sem prejuízo da continuidade de apuração dos fatores enumerados nos incisos I a V do *caput* deste artigo.

▶ § 1º com redação pela Lei 11.784/2008.

§ 2º O servidor não aprovado no estágio probatório será exonerado ou, se estável, reconduzido ao cargo

anteriormente ocupado, observado o disposto no parágrafo único do art. 29.

§ 3º O servidor em estágio probatório poderá exercer quaisquer cargos de provimento em comissão ou funções de direção, chefia ou assessoramento no órgão ou entidade de lotação, e somente poderá ser cedido a outro órgão ou entidade para ocupar cargos de Natureza Especial, cargos de provimento em comissão do Grupo Direção e Assessoramento Superiores – DAS, de níveis 6, 5 e 4, ou equivalentes.

▶ § 3º acrescido pela Lei 9.527/1997.

§ 4º Ao servidor em estágio probatório somente poderão ser concedidas as licenças e os afastamentos previstos nos arts. 81, incisos I a IV, 94, 95 e 96, bem assim afastamento para participar de curso de formação decorrente de aprovação em concurso para outro cargo na Administração Pública Federal.

▶ § 4º acrescido pela Lei 9.527/1997.

§ 5º O estágio probatório ficará suspenso durante as licenças e os afastamentos previstos nos arts. 83, 84, § 1º, 86 e 96, bem assim na hipótese de participação em curso de formação, e será retomado a partir do término do impedimento.

▶ § 5º acrescido pela Lei 9.527/1997.

Seção V
Da estabilidade

Art. 21. O servidor habilitado em concurso público e empossado em cargo de provimento efetivo adquirirá estabilidade no serviço público ao completar 2 (dois) anos de efetivo exercício.

▶ Art. 41 da CF.
▶ Arts. 19 a 21 do ADCT.
▶ Súmula 390 do TST.

Art. 22. O servidor estável só perderá o cargo em virtude de sentença judicial transitada em julgado ou de processo administrativo disciplinar no qual lhe seja assegurada ampla defesa.

▶ Art. 5º, LV, da CF.
▶ Súmula 21 do STF.

Seção VI
Da transferência

Art. 23. *Revogado pela Lei 9.527/1997.*

Seção VII
Da readaptação

Art. 24. Readaptação é a investidura do servidor em cargo de atribuições e responsabilidades compatíveis com a limitação que tenha sofrido em sua capacidade física ou mental verificada em inspeção médica.

§ 1º Se julgado incapaz para o serviço público, o readaptando será aposentado.

§ 2º A readaptação será efetivada em cargo de atribuições afins, respeitada a habilitação exigida, nível de escolaridade e equivalência de vencimentos e, na hipótese de inexistência de cargo vago, o servidor exercerá suas atribuições como excedente, até a ocorrência de vaga.

▶ § 2º com redação pela Lei 9.527/1997.

Seção VIII
Da reversão

▶ Dec. 3.644/2000 (Regulamenta o instituto da reversão de que trata o art. 25 da Lei 8.112/1990).

Art. 25. Reversão é o retorno à atividade de servidor aposentado:

▶ Artigo com redação pela MP 2.225-45/2001.

I – por invalidez, quando junta médica oficial declarar insubsistentes os motivos da aposentadoria; ou

II – no interesse da administração, desde que:

a) tenha solicitado a reversão;

b) a aposentadoria tenha sido voluntária;

c) estável quando na atividade;

d) a aposentadoria tenha ocorrido nos 5 (cinco) anos anteriores à solicitação;

e) haja cargo vago.

§ 1º A reversão far-se-á no mesmo cargo ou no cargo resultante de sua transformação.

§ 2º O tempo em que o servidor estiver em exercício será considerado para concessão da aposentadoria.

§ 3º No caso do inciso I, encontrando-se provido o cargo, o servidor exercerá suas atribuições como excedente, até a ocorrência de vaga.

§ 4º O servidor que retornar à atividade por interesse da administração perceberá, em substituição aos proventos da aposentadoria, a remuneração do cargo que voltar a exercer, inclusive com as vantagens de natureza pessoal que percebia anteriormente à aposentadoria.

§ 5º O servidor de que trata o inciso II somente terá os proventos calculados com base nas regras atuais se permanecer pelo menos 5 (cinco) anos no cargo.

§ 6º O Poder Executivo regulamentará o disposto neste artigo.

Art. 26. A reversão far-se-á no mesmo cargo ou no cargo resultante de sua transformação.

▶ Artigo com eficácia interrompida pela MP 2.225-45/2001.

Parágrafo único. Encontrando-se provido o cargo, o servidor exercerá suas atribuições como excedente, até a ocorrência de vaga.

Art. 27. Não poderá reverter o aposentado que já tiver completado 70 (setenta) anos de idade.

Seção IX
Da reintegração

Art. 28. A reintegração é a reinvestidura do servidor estável no cargo anteriormente ocupado, ou no cargo resultante de sua transformação, quando invalidada a sua demissão por decisão administrativa ou judicial, com ressarcimento de todas as vantagens.

▶ Súmula 173 do STJ.

§ 1º Na hipótese de o cargo ter sido extinto, o servidor ficará em disponibilidade, observado o disposto nos arts. 30 e 31.

▶ Art. 41, § 3º, da CF.

§ 2º Encontrando-se provido o cargo, o seu eventual ocupante será reconduzido ao cargo de origem, sem direito à indenização ou aproveitado em outro cargo, ou, ainda, posto em disponibilidade.

▶ Art. 41, § 3º, da CF.
▶ Súmula 173 do STJ.

Seção X
Da recondução

▶ Art. 41, § 2º, da CF.

Art. 29. Recondução é o retorno do servidor estável ao cargo anteriormente ocupado e decorrerá de:

I – inabilitação em estágio probatório relativo a outro cargo;

II – reintegração do anterior ocupante.

Parágrafo único. Encontrando-se provido o cargo de origem, o servidor será aproveitado em outro, observado o disposto no art. 30.

▶ Art. 20, § 2º, desta Lei.

Seção XI
Da disponibilidade e do aproveitamento

Art. 30. O retorno à atividade de servidor em disponibilidade far-se-á mediante aproveitamento obrigatório em cargo de atribuições e vencimentos compatíveis com o anteriormente ocupado.

▶ Arts. 28, § 1º, 29, par. ún., e 37, § 2º, desta Lei.
▶ Súmula 11 do STF.

Art. 31. O órgão central do Sistema de Pessoal Civil determinará o imediato aproveitamento de servidor em disponibilidade em vaga que vier a ocorrer nos órgãos ou entidades da Administração Pública Federal.

▶ Art. 28, § 1º, desta Lei.
▶ Dec. 3.151/1999 (Prática dos Atos de Extinção e Declaração de Desnecessidade de Cargos Públicos).

Parágrafo único. Na hipótese prevista no § 3º do art. 37, o servidor posto em disponibilidade poderá ser mantido sob responsabilidade do órgão central do Sistema de Pessoal Civil da Administração Federal – SIPEC, até o seu adequado aproveitamento em outro órgão ou entidade.

▶ Parágrafo único acrescido pela Lei 9.527/1997.

Art. 32. Será tornado sem efeito o aproveitamento e cassada a disponibilidade se o servidor não entrar em exercício no prazo legal, salvo doença comprovada por junta médica oficial.

CAPÍTULO II
DA VACÂNCIA

Art. 33. A vacância do cargo público decorrerá de:

I – exoneração;

II – demissão;

III – promoção;

IV e V – *Revogados pela Lei 9.527/1997.*

VI – readaptação;

VII – aposentadoria;

VIII – posse em outro cargo inacumulável;

IX – falecimento.

Art. 34. A exoneração de cargo efetivo dar-se-á a pedido do servidor, ou de ofício.

▶ Lei 9.468/1997 (Programa de Desligamento Voluntário – PDV).
▶ Súmula 21 do STF.

Parágrafo único. A exoneração de ofício dar-se-á:

I – quando não satisfeitas as condições do estágio probatório;

▶ Art. 172, par. ún., desta Lei.

II – quando, tendo tomado posse, o servidor não entrar em exercício no prazo estabelecido.

Art. 35. A exoneração de cargo em comissão e a dispensa de função de confiança dar-se-á:

▶ *Caput* com redação pela Lei 9.527/1997.

I – a juízo da autoridade competente;

II – a pedido do próprio servidor.

Parágrafo único. *Revogado pela Lei 9.527/1997.*

CAPÍTULO III
DA REMOÇÃO E DA REDISTRIBUIÇÃO

Seção I
Da remoção

Art. 36. Remoção é o deslocamento do servidor, a pedido ou de ofício, no âmbito do mesmo quadro, com ou sem mudança de sede.

▶ Art. 20 da Lei 11.416/2006 (Carreiras dos Servidores do Poder Judiciário da União).

Parágrafo único. Para fins do disposto neste artigo, entende-se por modalidades de remoção:

▶ Parágrafo único com redação pela Lei 9.527/1997.

I – de ofício, no interesse da Administração;

II – a pedido, a critério da Administração;

III – a pedido, para outra localidade, independentemente do interesse da Administração:

a) para acompanhar cônjuge ou companheiro, também servidor público civil ou militar, de qualquer dos Poderes da União, dos Estados, do Distrito Federal e dos Municípios, que foi deslocado no interesse da Administração;

▶ Art. 142, § 3º, da CF.

b) por motivo de saúde do servidor, cônjuge, companheiro ou dependente que viva às suas expensas e conste no seu assentamento funcional, condicionada à comprovação por junta médica oficial;

c) em virtude de processo seletivo promovido, na hipótese em que o número de interessados for superior ao número de vagas, de acordo com normas preestabelecidas pelo órgão ou entidade em que aqueles estejam lotados.

Seção II
Da redistribuição

Art. 37. Redistribuição é o deslocamento de cargo de provimento efetivo, ocupado ou vago no âmbito do quadro geral de pessoal, para outro órgão ou entidade do mesmo Poder, com prévia apreciação do órgão central do SIPEC, observados os seguintes preceitos:

▶ Artigo com redação pela Lei 9.527/1997.
▶ Dec. 3.151/1999 (Prática dos Atos de Extinção e Declaração de Desnecessidade de Cargos Públicos).

I – interesse da administração;

II – equivalência de vencimentos;

III – manutenção da essência das atribuições do cargo;

IV – vinculação entre os graus de responsabilidade e complexidade das atividades;

V – mesmo nível de escolaridade, especialidade ou habilitação profissional;

VI – compatibilidade entre as atribuições do cargo e as finalidades institucionais do órgão ou entidade.

§ 1º A redistribuição ocorrerá *ex officio* para ajustamento de lotação e da força de trabalho às necessidades dos serviços, inclusive nos casos de reorganização, extinção ou criação de órgão ou entidade.

§ 2º A redistribuição de cargos efetivos vagos se dará mediante ato conjunto entre o órgão central do SIPEC e os órgãos e entidades da Administração Pública Federal envolvidos.

§ 3º Nos casos de reorganização ou extinção de órgão ou entidade, extinto o cargo ou declarada sua desnecessidade no órgão ou entidade, o servidor estável que não for redistribuído será colocado em disponibilidade, até seu aproveitamento na forma dos arts. 30 e 31.

§ 4º O servidor que não for redistribuído ou colocado em disponibilidade poderá ser mantido sob responsabilidade do órgão central do SIPEC, e ter exercício provisório, em outro órgão ou entidade, até seu adequado aproveitamento.

CAPÍTULO IV
DA SUBSTITUIÇÃO

Art. 38. Os servidores investidos em cargo ou função de direção ou chefia e os ocupantes de cargo de Natureza Especial terão substitutos indicados no regimento interno ou, no caso de omissão, previamente designados pelo dirigente máximo do órgão ou entidade.

▶ Artigo com redação pela Lei 9.527/1997.

§ 1º O substituto assumirá automática e cumulativamente, sem prejuízo do cargo que ocupa, o exercício do cargo ou função de direção ou chefia e os de Natureza Especial, nos afastamentos, impedimentos legais ou regulamentares do titular e na vacância do cargo, hipóteses em que deverá optar pela remuneração de um deles durante o respectivo período.

§ 2º O substituto fará jus à retribuição pelo exercício do cargo ou função de direção ou chefia ou de cargo de Natureza Especial, nos casos dos afastamentos ou impedimentos legais do titular, superiores a 30 (trinta) dias consecutivos, paga na proporção dos dias de efetiva substituição, que excederem o referido período.

Art. 39. O disposto no artigo anterior aplica-se aos titulares de unidades administrativas organizadas em nível de assessoria.

TÍTULO III
DOS DIREITOS E VANTAGENS

CAPÍTULO I
DO VENCIMENTO E DA REMUNERAÇÃO

Art. 40. Vencimento é a retribuição pecuniária pelo exercício de cargo público, com valor fixado em lei.

▶ Lei 8.852/1994 (Aplicação dos arts. 37, XI e XII, e 39, § 1º, da CF).
▶ Súmula 378 do STJ.

Parágrafo único. *Revogado, a partir de 14.05.2008, pela Lei 11.784/2008* (DOU 23.09.2008; Retificada no DOU de 02.10.2008).

Art. 41. Remuneração é o vencimento do cargo efetivo, acrescido das vantagens pecuniárias permanentes estabelecidas em lei.

▶ Art. 86, § 2º, desta Lei
▶ Súmula Vinculante 4 do STF.
▶ Súmulas 339, 680, 681 e 682 do STF.

§ 1º A remuneração do servidor investido em função ou cargo em comissão será paga na forma prevista no art. 62.

§ 2º O servidor investido em cargo em comissão de órgão ou entidade diversa de sua lotação receberá a remuneração de acordo com o estabelecido no § 1º do art. 93.

§ 3º O vencimento do cargo efetivo, acrescido das vantagens de caráter permanente, é irredutível.

▶ Art. 189 desta Lei

§ 4º É assegurada a isonomia de vencimentos para cargos de atribuições iguais ou assemelhadas do mesmo Poder, ou entre servidores dos três Poderes, ressalvadas as vantagens de caráter individual e as relativas à natureza ou ao local de trabalho.

▶ Art. 37, XIII, da CF.

§ 5º Nenhum servidor receberá remuneração inferior ao salário mínimo.

▶ § 5º com redação pela Lei 11.784/2008.
▶ Súmulas Vinculantes 6, 15 e 16 do STF.
▶ Súmula 378 do STJ.

Art. 42. Nenhum servidor poderá perceber, mensalmente, a título de remuneração, importância superior à soma dos valores percebidos como remuneração, em espécie, a qualquer título, no âmbito dos respectivos Poderes, pelos Ministros de Estado, por membros do Congresso Nacional e Ministros do Supremo Tribunal Federal.

▶ Art. 215 desta Lei
▶ Art. 37, XI, da CF.

Parágrafo único. Excluem-se do teto de remuneração as vantagens previstas nos incisos II a VII do art. 61.

Art. 43. *Revogado pela Lei 9.624/1998.*

Art. 44. O servidor perderá:

I – a remuneração do dia em que faltar ao serviço, sem motivo justificado;

▶ Inciso I com redação pela Lei 9.527/1997.
▶ Art. 4º, §§ 4º e 5º, do Dec. 7.003/2009 (Licença para Tratamento de Saúde do Servidor da Administração Federal).

II – a parcela de remuneração diária, proporcional aos atrasos, ausências justificadas, ressalvadas as concessões de que trata o art. 97, e saídas antecipadas, salvo na hipótese de compensação de horário, até o mês subsequente ao da ocorrência, a ser estabelecida pela chefia imediata.

▶ Inciso II com redação pela Lei 9.527/1997.

Parágrafo único. As faltas justificadas decorrentes de caso fortuito ou de força maior poderão ser compensadas a critério da chefia imediata, sendo assim consideradas como efetivo exercício.

▶ Parágrafo único acrescido pela Lei 9.527/1997.

Art. 45. Salvo por imposição legal, ou mandado judicial, nenhum desconto incidirá sobre a remuneração ou provento.

▶ Dec. 6.386/2008 (Regulamenta o art. 45 da Lei 8.112/1990).

§ 1º *Revogado pela Lei 14.509/2022.*

Serv. Públ.

§ 2º *Revogado pela Lei 14.509/2022.*

Art. 46. As reposições e indenizações ao erário, atualizadas até 30 de junho de 1994, serão previamente comunicadas ao servidor ativo, aposentado ou ao pensionista, para pagamento, no prazo máximo de 30 (trinta) dias, podendo ser parceladas, a pedido do interessado.

▶ Artigo com redação pela MP 2.225-45/2001.

§ 1º O valor de cada parcela não poderá ser inferior ao correspondente a 10% (dez por cento) da remuneração, provento ou pensão.

§ 2º Quando o pagamento indevido houver ocorrido no mês anterior ao do processamento da folha, a reposição será feita imediatamente, em uma única parcela.

§ 3º Na hipótese de valores recebidos em decorrência de cumprimento a decisão liminar, a tutela antecipada ou a sentença que venha a ser revogada ou rescindida, serão eles atualizados até a data da reposição.

Art. 47. O servidor em débito com o erário, que for demitido, exonerado ou que tiver sua aposentadoria ou disponibilidade cassada, terá o prazo de 60 (sessenta) dias para quitar o débito.

▶ Artigo com redação pela MP 2.225-45/2001.

Parágrafo único. A não quitação do débito no prazo previsto implicará sua inscrição em dívida ativa.

Art. 48. O vencimento, a remuneração e o provento não serão objeto de arresto, sequestro ou penhora, exceto nos casos de prestação de alimentos resultantes de decisão judicial.

▶ Súmula 97 do STJ.

CAPÍTULO II
DAS VANTAGENS

▶ Súmula 97 do STJ.

Art. 49. Além do vencimento, poderão ser pagas ao servidor as seguintes vantagens:

I – indenizações;

II – gratificações;

III – adicionais.

§ 1º As indenizações não se incorporam ao vencimento ou provento para qualquer efeito.

§ 2º As gratificações e os adicionais incorporam-se ao vencimento ou provento, nos casos e condições indicados em lei.

Art. 50. As vantagens pecuniárias não serão computadas, nem acumuladas, para efeito de concessão de quaisquer outros acréscimos pecuniários ulteriores, sob o mesmo título ou idêntico fundamento.

▶ Art. 37, XIV, da CF.
▶ Súmula Vinculante 4 do STF.

Seção I
Das indenizações

Art. 51. Constituem indenizações ao servidor:

I – ajuda de custo;

II – diárias;

III – transporte;

▶ Inciso III com redação pela Lei 11.355/2006.

IV – auxílio-moradia.

▶ Inciso IV acrescido pela Lei 11.355/2006.

Art. 52. Os valores das indenizações estabelecidas nos incisos I a III do art. 51 desta Lei, assim como as condições para a sua concessão, serão estabelecidos em regulamento.

▶ Artigo com redação pela Lei 11.355/2006.
▶ Dec. 3.184/1999 (Concessão de Indenização de Transporte aos Servidores Públicos da Administração Direta, Autárquica e Fundacional do Poder Executivo da União).

Subseção I
Da ajuda de custo

▶ Dec. 4.004/2001 (Concessão de Ajuda de Custo e de Transporte aos Servidores Públicos Civis da União, das Autarquias e das Fundações Públicas Federais).

Art. 53. A ajuda de custo destina-se a compensar as despesas de instalação do servidor que, no interesse do serviço, passar a ter exercício em nova sede, com mudança de domicílio em caráter permanente, vedado o duplo pagamento de indenização, a qualquer tempo, no caso de o cônjuge ou companheiro que detenha também a condição de servidor, vier a ter exercício na mesma sede.

▶ Caput com redação pela Lei 9.527/1997.

§ 1º Correm por conta da administração as despesas de transporte do servidor e de sua família, compreendendo passagem, bagagem e bens pessoais.

§ 2º À família do servidor que falecer na nova sede são asseguradas ajuda de custo e transporte para a localidade de origem, dentro do prazo de 1 (um) ano, contado do óbito.

§ 3º Não será concedida ajuda de custo nas hipóteses de remoção previstas nos incisos II e III do parágrafo único do art. 36.

▶ § 3º acrescido pela Lei 12.998/2014.

Art. 54. A ajuda de custo é calculada sobre a remuneração do servidor, conforme se dispuser em regulamento, não podendo exceder a importância correspondente a 3 (três) meses.

Art. 55. Não será concedida ajuda de custo ao servidor que se afastar do cargo, ou reassumi-lo, em virtude de mandato eletivo.

Art. 56. Será concedida ajuda de custo àquele que, não sendo servidor da União, for nomeado para cargo em comissão, com mudança de domicílio.

Parágrafo único. No afastamento previsto no inciso I do art. 93, a ajuda de custo será paga pelo órgão cessionário, quando cabível.

Art. 57. O servidor ficará obrigado a restituir a ajuda de custo quando, injustificadamente, não se apresentar na nova sede no prazo de 30 (trinta) dias.

Subseção II
Das diárias

Art. 58. O servidor que, a serviço, afastar-se da sede em caráter eventual ou transitório para outro ponto do território nacional ou para o exterior, fará jus a passagens e diárias destinadas a indenizar as parcelas de despesas extraordinárias com pousada, alimentação e locomoção urbana, conforme dispuser em regulamento.

▶ Caput com redação pela Lei 9.527/1997.

§ 1º A diária será concedida por dia de afastamento, sendo devida pela metade quando o deslocamento não exigir pernoite fora da sede, ou quando a União custear, por meio diverso, as despesas extraordinárias cobertas por diárias.

▶ § 1º com redação pela Lei 9.527/1997.

§ 2º Nos casos em que o deslocamento da sede constituir exigência permanente do cargo, o servidor não fará jus a diárias.

§ 3º Também não fará jus a diárias o servidor que se deslocar dentro da mesma região metropolitana, aglomeração urbana ou microrregião, constituídas por municípios limítrofes e regularmente instituídas, ou em áreas de controle integrado mantidas com países limítrofes, cuja jurisdição e competência dos órgãos, entidades e servidores brasileiros considera-se estendida, salvo se houver pernoite fora da sede, hipóteses em que as diárias pagas serão sempre as fixadas para os afastamentos dentro do território nacional.

▶ § 3º acrescido pela Lei 9.527/1997.

Art. 59. O servidor que receber diárias e não se afastar da sede, por qualquer motivo, fica obrigado a restituí-las integralmente, no prazo de 5 (cinco) dias.

Parágrafo único. Na hipótese de o servidor retornar à sede em prazo menor do que o previsto para o seu afastamento, restituirá as diárias recebidas em excesso, no prazo previsto no *caput*.

Subseção III
Da indenização de transporte

Art. 60. Conceder-se-á indenização de transporte ao servidor que realizar despesas com a utilização de meio próprio de locomoção para a execução de serviços externos, por força das atribuições próprias do cargo, conforme se dispuser em regulamento.

▶ Dec. 3.184/1999 (Concessão de Indenização de Transporte aos Servidores Públicos da Administração Direta, Autárquica e Fundacional do Poder Executivo da União).

Subseção IV
Do auxílio-moradia

▶ Subseção IV acrescida pela Lei 11.355/2006.
▶ O art. 158 da Lei 11.355/2006 determina que, até 30 de junho de 2008, o valor do auxílio-moradia continuará sendo de, no máximo, R$ 1.800,00 (mil e oitocentos reais).

Art. 60-A. O auxílio-moradia consiste no ressarcimento das despesas comprovadamente realizadas pelo servidor com aluguel de moradia ou com meio de hospedagem administrado por empresa hoteleira, no prazo de 1 (um) mês após a comprovação da despesa pelo servidor.

▶ Artigo acrescido pela Lei 11.355/2006.

Art. 60-B. Conceder-se-á auxílio-moradia ao servidor se atendidos os seguintes requisitos:

▶ Caput acrescido pela Lei 11.355/2006.

I – não exista imóvel funcional disponível para uso pelo servidor;

▶ Inciso I acrescido pela Lei 11.355/2006.

II – o cônjuge ou companheiro do servidor não ocupe imóvel funcional;

▶ Inciso II acrescido pela Lei 11.355/2006.

III – o servidor ou seu cônjuge ou companheiro não seja ou tenha sido proprietário, promitente comprador, cessionário ou promitente cessionário de imóvel no Município aonde for exercer o cargo, incluída a hipótese de lote edificado sem averbação de construção, nos 12 (doze) meses que antecederem a sua nomeação;

▶ Inciso III acrescido pela Lei 11.355/2006.

IV – nenhuma outra pessoa que resida com o servidor receba auxílio-moradia;

▶ Inciso IV acrescido pela Lei 11.355/2006.

V – o servidor tenha se mudado do local de residência para ocupar cargo em comissão ou função de confiança do Grupo Direção e Assessoramento Superiores – DAS, níveis 4, 5 e 6, de Natureza Especial, de Ministro de Estado ou equivalentes;

▶ Inciso V acrescido pela Lei 11.355/2006.

VI – o Município no qual assuma o cargo em comissão ou função de confiança não se enquadre nas hipóteses previstas no § 3º do art. 58 desta Lei, em relação ao local de residência ou domicílio do servidor;

▶ Inciso VI acrescido pela Lei 11.355/2006.

VII – o servidor não tenha sido domiciliado ou tenha residido no Município, nos últimos 12 (doze) meses, aonde for exercer o cargo em comissão ou função de confiança, desconsiderando-se prazo inferior a 60 (sessenta) dias dentro desse período; e

▶ Inciso VII acrescido pela Lei 11.355/2006.

VIII – o deslocamento não tenha sido por força de alteração de lotação ou nomeação para cargo efetivo;

▶ Inciso VIII acrescido pela Lei 11.355/2006.

IX – o deslocamento tenha ocorrido após 30 de junho de 2006.

▶ Inciso IX acrescido pela Lei 11.490/2007.

Parágrafo único. Para fins do disposto no inciso VII do *caput* deste artigo, não será considerado o prazo no qual o servidor estava ocupando outro cargo em comissão relacionado no inciso V do *caput* deste artigo.

▶ Parágrafo único acrescido pela Lei 11.355/2006.

Art. 60-C. *Revogado pela Lei 12.998/2014.*

Art. 60-D. O valor mensal do auxílio-moradia é limitado a 25% (vinte e cinco por cento) do valor do cargo em comissão, função comissionada ou cargo de Ministro de Estado ocupado.

▶ Artigo com redação pela Lei 11.784/2008.

§ 1º O valor do auxílio-moradia não poderá superar 25% (vinte e cinco por cento) da remuneração de Ministro de Estado. **§ 2º** Independentemente do valor do cargo em comissão ou função comissionada, fica garantido a todos os que preencherem os requisitos o ressarcimento até o valor de R$ 1.800,00 (mil e oitocentos reais).

Art. 60-E. No caso de falecimento, exoneração, colocação de imóvel funcional à disposição do servidor ou aquisição de imóvel, o auxílio-moradia continuará sendo pago por um mês.

▶ Artigo acrescido pela Lei 11.355/2006.

Seção II
Das gratificações e adicionais

▶ Art. 39, § 7º, da CF.
▶ Súmula Vinculante 4 do STF.

Art. 61. Além do vencimento e das vantagens previstas nesta Lei, serão deferidos aos servidores as seguintes retribuições, gratificações e adicionais:

▶ Caput com redação pela Lei 9.527/1997.

I – retribuição pelo exercício de função de direção, chefia e assessoramento;

▶ Inciso I com redação pela Lei 9.527/1997.

II – gratificação natalina;

III – adicional por tempo de serviço;

▶ Inciso III com eficácia interrompida pela MP 2.225-45/2001.

IV – adicional pelo exercício de atividades insalubres, perigosas ou penosas;

V – adicional pela prestação de serviço extraordinário;

VI – adicional noturno;

VII – adicional de férias;

VIII – outros, relativos ao local ou à natureza do trabalho;

IX – gratificação por encargo de curso ou concurso.

▶ Inciso IX acrescido pela Lei 11.314/2006.

Subseção I
Da retribuição pelo exercício de função de direção, chefia e assessoramento

▶ Rubrica da Subseção I com redação pela Lei 9.527/1997.

Art. 62. Ao servidor ocupante de cargo efetivo investido em função de direção, chefia ou assessoramento, cargo de provimento em comissão ou de Natureza Especial é devida retribuição pelo seu exercício.

▶ Artigo com redação pela Lei 9.527/1997.

Parágrafo único. Lei específica estabelecerá a remuneração dos cargos em comissão de que trata o inciso II do art. 9º.

Art. 62-A. Fica transformada em Vantagem Pessoal Nominalmente Identificada – VPNI a incorporação da retribuição pelo exercício de função de direção, chefia ou assessoramento, cargo de provimento em comissão ou de Natureza Especial a que se referem os arts. 3º e 10 da Lei 8.911, de 11 de julho de 1994, e o art. 3º da Lei 9.624, de 2 de abril de 1998.

▸ Artigo acrescido pela MP 2.225-45/2001.

Parágrafo único. A VPNI de que trata o *caput* deste artigo somente estará sujeita às revisões gerais de remuneração dos servidores públicos federais.

<center>Subseção II
Da gratificação natalina</center>

▸ Lei 4.090/1962 (Gratificação de Natal).

Art. 63. A gratificação natalina corresponde a 1/12 (um doze avos) da remuneração a que o servidor fizer jus no mês de dezembro, por mês de exercício no respectivo ano.

Parágrafo único. A fração igual ou superior a 15 (quinze) dias será considerada como mês integral.

Art. 64. A gratificação será paga até o dia 20 (vinte) do mês de dezembro de cada ano.

Parágrafo único. *Vetado.*

Art. 65. O servidor exonerado perceberá sua gratificação natalina, proporcionalmente aos meses de exercício, calculada sobre a remuneração do mês da exoneração.

Art. 66. A gratificação natalina não será considerada para cálculo de qualquer vantagem pecuniária.

<center>Subseção III
Do adicional por tempo de serviço</center>

Art. 67. O adicional por tempo de serviço é devido à razão de 5% (cinco por cento) a cada 5 (cinco) anos de serviço público efetivo prestado à União, às autarquias e às fundações públicas federais, observado o limite máximo de 35% (trinta e cinco por cento) incidente exclusivamente sobre o vencimento básico do cargo efetivo, ainda que investido o servidor em função ou cargo de confiança.

▸ Artigo com eficácia interrompida pela MP 2.225-45/2001.

Parágrafo único. O servidor fará jus ao adicional a partir do mês em que completar o quinquênio.

<center>Subseção IV
*Dos adicionais de insalubridade,
periculosidade ou atividades penosas*</center>

Art. 68. Os servidores que trabalhem com habitualidade em locais insalubres ou em contato permanente com substâncias tóxicas, radioativas ou com risco de vida, fazem jus a um adicional sobre o vencimento do cargo efetivo.

§ 1º O servidor que fizer jus aos adicionais de insalubridade e de periculosidade deverá optar por um deles.

§ 2º O direito ao adicional de insalubridade ou periculosidade cessa com a eliminação das condições ou dos riscos que deram causa à sua concessão.

Art. 69. Haverá permanente controle da atividade de servidores em operações ou locais considerados penosos, insalubres ou perigosos.

Parágrafo único. A servidora gestante ou lactante será afastada, enquanto durar a gestação e a lactação, das operações e locais previstos neste artigo, exercendo suas atividades em local salubre e em serviço não penoso e não perigoso.

Art. 70. Na concessão dos adicionais de atividades penosas, de insalubridade e de periculosidade, serão observadas as situações estabelecidas em legislação específica.

Art. 71. O adicional de atividade penosa será devido aos servidores em exercício em zonas de fronteira ou em localidades cujas condições de vida o justifiquem, nos termos, condições e limites fixados em regulamento.

▸ Art. 182, § 2º, desta Lei.

Art. 72. Os locais de trabalho e os servidores que operam com Raios X ou substâncias radiativas serão mantidos sob controle permanente, de modo que as doses de radiação ionizante não ultrapassem o nível máximo previsto na legislação própria.

Parágrafo único. Os servidores a que se refere este artigo serão submetidos a exames médicos a cada 6 (seis) meses.

<center>Subseção V
Do adicional por serviço extraordinário</center>

Art. 73. O serviço extraordinário será remunerado com acréscimo de 50% (cinquenta por cento) em relação à hora normal de trabalho.

▸ Art. 75, par. ún., desta Lei.
▸ Dec. 948/1993 (Regulamenta o art. 73 da Lei 8.112/1990).
▸ Dec. 3.114/1999 (Execução de Serviços Extraordinários de que tratam os arts. 73 e 74 da Lei 8.112/1990).

Art. 74. Somente será permitido serviço extraordinário para atender a situações excepcionais e temporárias, respeitado o limite máximo de 2 (duas) horas por jornada.

▸ Dec. 948/1993 (Regulamenta o art. 74 da Lei 8.112/1990).
▸ Dec. 3.114/1999 (Execução de Serviços Extraordinários de que tratam os arts. 73 e 74 da Lei 8.112/1990).

<center>Subseção VI
Do adicional noturno</center>

Art. 75. O serviço noturno, prestado em horário compreendido entre 22 (vinte e duas) horas de um dia e 5 (cinco) horas do dia seguinte, terá o valor hora acrescido de 25% (vinte e cinco por cento), computando-se cada hora como cinquenta e dois minutos e trinta segundos.

Parágrafo único. Em se tratando de serviço extraordinário, o acréscimo de que trata este artigo incidirá sobre a remuneração prevista no art. 73.

<center>Subseção VII
Do adicional de férias</center>

Art. 76. Independentemente de solicitação, será pago ao servidor, por ocasião das férias, um adicional correspondente a 1/3 (um terço) da remuneração do período das férias.

▸ Súmulas 125 e 136 do STJ.

Parágrafo único. No caso de o servidor exercer função de direção, chefia ou assessoramento, ou ocupar cargo em comissão, a respectiva vantagem será considerada no cálculo do adicional de que trata este artigo.

<center>Subseção VIII
*Da gratificação por encargo
de curso ou concurso*</center>

▸ Subseção VIII acrescida pela Lei 11.314/2006.

Art. 76-A. A Gratificação por Encargo de Curso ou Concurso é devida ao servidor que, em caráter eventual:

▸ *Caput* acrescido pela Lei 11.314/2006.
▸ Art. 98, § 4º, desta Lei.
▸ Dec. 6.114/2007 (Regulamenta o Pagamento da Gratificação por Encargo de Curso ou Concurso de que trata o art. 76-A da Lei 8.112/1990).

I – atuar como instrutor em curso de formação, de desenvolvimento ou de treinamento regularmente instituído no âmbito da administração pública federal;

▸ Art. 98, § 4º, desta Lei.

II – participar de banca examinadora ou de comissão para exames orais, para análise curricular, para correção de provas discursivas, para elaboração de questões de provas ou para julgamento de recursos intentados por candidatos;

▸ Art. 98, § 4º, desta Lei.

III – participar da logística de preparação e de realização de concurso público envolvendo atividades de planejamento, coordenação, supervisão, execução e avaliação de resultado, quando tais atividades não estiverem incluídas entre as suas atribuições permanentes;

IV – participar da aplicação, fiscalizar ou avaliar provas de exame vestibular ou de concurso público ou supervisionar essas atividades.

§ 1º Os critérios de concessão e os limites da gratificação de que trata este artigo serão fixados em regulamento, observados os seguintes parâmetros:

▸ *Caput* do § 1º acrescido pela Lei 11.314/2006.

I – o valor da gratificação será calculado em horas, observadas a natureza e a complexidade da atividade exercida;

▸ Inciso I acrescido pela Lei 11.314/2006.

II – a retribuição não poderá ser superior ao equivalente a 120 (cento e vinte) horas de trabalho anuais, ressalvada situação de excepcionalidade, devidamente justificada e previamente aprovada pela autoridade máxima do órgão ou entidade, que poderá autorizar o acréscimo de até 120 (cento e vinte) horas de trabalho anuais;

▸ Inciso II acrescido pela Lei 11.314/2006.

III – o valor máximo da hora trabalhada corresponderá aos seguintes percentuais Art. 207. Será concedida licença à servidora gestante e, incidentes sobre o maior vencimento básico da administração pública federal:

▸ *Caput* do inciso III acrescido pela Lei 11.314/2006.

a) 2,2% (dois inteiros e dois décimos por cento), em se tratando de atividades previstas nos incisos I e II do *caput* deste artigo;

▸ Alínea *a* com redação pela Lei 11.501/2007.

b) 1,2% (um inteiro e dois décimos por cento), em se tratando de atividade prevista nos incisos III e IV do *caput* deste artigo.

▸ Alínea *b* com redação pela Lei 11.501/2007.

§ 2º A Gratificação por Encargo de Curso ou Concurso somente será paga se as atividades referidas nos incisos do *caput* deste artigo forem exercidas sem prejuízo das atribuições do cargo de que o servidor for titular, devendo ser objeto de compensação de carga horária quando desempenhadas durante a jornada de trabalho, na forma do § 4º do art. 98 desta Lei.

▸ § 2º acrescido pela Lei 11.314/2006.

§ 3º A Gratificação por Encargo de Curso ou Concurso não se incorpora ao vencimento ou salário do servidor para qualquer efeito e não poderá ser utilizada como base de cálculo para quaisquer outras vantagens, inclusive para fins de cálculo dos proventos da aposentadoria e das pensões.

<center>CAPÍTULO III
DAS FÉRIAS</center>

Art. 77. O servidor fará jus a 30 (trinta) dias de férias, que podem ser acumuladas, até o máximo de 2 (dois) períodos, no caso de necessidade do serviço, ressalvadas as hipóteses em que haja legislação específica.

▸ *Caput* com redação pela Lei 9.525/1997.

§ 1º Para o primeiro período aquisitivo de férias serão exigidos 12 (doze) meses de exercício.

§ 2º É vedado levar à conta de férias qualquer falta ao serviço.

§ 3º As férias poderão ser parceladas em até três etapas, desde que assim requeridas pelo servidor, e no interesse da administração pública.

▸ § 3º acrescido pela Lei 9.525/1997.

Art. 78. O pagamento da remuneração das férias será efetuado até 2 (dois) dias antes do início do respectivo período, observando-se o disposto no § 1º deste artigo.

§§ 1º e 2º *Revogados pela Lei 9.527/1997.*

§ 3º O servidor exonerado do cargo efetivo, ou em comissão, perceberá indenização relativa ao período das férias a que tiver direito e ao incompleto, na proporção de 1/12 (um doze) avos por mês de efetivo exercício, ou fração superior a 14 (quatorze) dias.

▸ § 3º acrescido pela Lei 8.216/1991.

§ 4º A indenização será calculada com base na remuneração do mês em que for publicado o ato exoneratório.

▸ § 4º acrescido pela Lei 8.216/1991.

§ 5º Em caso de parcelamento, o servidor receberá o valor adicional previsto no inciso XVII do art. 7º da Constituição Federal quando da utilização do primeiro período.

▸ § 5º acrescido pela Lei 9.525/1997.

Art. 79. O servidor que opera direta e permanentemente com Raios X ou substâncias radioativas gozará 20 (vinte) dias consecutivos de férias, por semestre de atividade profissional, proibida em qualquer hipótese a acumulação.

Parágrafo único. *Revogado pela Lei 9.527/1997.*

Art. 80. As férias somente poderão ser interrompidas por motivo de calamidade pública, comoção interna, convocação para júri, serviço militar ou eleitoral, ou por necessidade do serviço declarada pela autoridade máxima do órgão ou entidade.

▸ Artigo com redação pela Lei 9.527/1997.
▸ Lei 8.745/1993 (Contratação por tempo determinado para atender a necessidade temporária de excepcional interesse público).

Parágrafo único. O restante do período interrompido será gozado de uma só vez, observado o disposto no art. 77.

<center>CAPÍTULO IV
DAS LICENÇAS</center>

<center>Seção I
Disposições gerais</center>

Art. 81. Conceder-se-á ao servidor licença:

▸ Art. 7º, § 9º, da Lei 10.876/2004 (Carreira de Perícia Médica da Previdência Social).

I – por motivo de doença em pessoa da família;

II – por motivo de afastamento do cônjuge ou companheiro;

III – para o serviço militar;

IV – para atividade política;

V – para capacitação;

▸ Inciso V com redação pela Lei 9.527/1997.

VI – para tratar de interesses particulares;

VII – para desempenho de mandato classista.

§ 1º A licença prevista no inciso I do *caput* deste artigo bem como cada uma de suas prorrogações serão pre-

cedidas de exame por perícia médica oficial, observado o disposto no art. 204 desta Lei.

▶ § 1º com redação pela Lei 11.907/2009.

§ 2º *Revogado pela Lei 9.527/1997.*

§ 3º É vedado o exercício de atividade remunerada durante o período de licença prevista no inciso I deste artigo.

Art. 82. A licença concedida dentro de 60 (sessenta) dias do término de outra da mesma espécie será considerada como prorrogação.

Seção II
Da licença por motivo de doença em pessoa da família

Art. 83. Poderá ser concedida licença ao servidor por motivo de doença do cônjuge ou companheiro, dos pais, dos filhos, do padrasto ou madrasta e enteado, ou dependente que viva a suas expensas e conste do seu assentamento funcional, mediante comprovação por perícia médica oficial.

▶ *Caput* com redação pela Lei 11.907/2009.
▶ Art. 9º do Dec. 7.003/2009 (Licença para Tratamento de Saúde do Servidor da Administração Federal).

§ 1º A licença somente será deferida se a assistência direta do servidor for indispensável e não puder ser prestada simultaneamente com exercício do cargo ou mediante compensação de horário, na forma do disposto no inciso II do art. 44.

▶ § 1º com redação pela Lei 9.527/1997.

§ 2º A licença de que trata o *caput*, incluídas as prorrogações, poderá ser concedida a cada período de doze meses nas seguintes condições:

▶ § 2º com redação pela Lei 12.269/2010.

I – por até 60 (sessenta) dias, consecutivos ou não, mantida a remuneração do servidor; e

II – por até 90 (noventa) dias, consecutivos ou não, sem remuneração.

§ 3º O início do interstício de 12 (doze) meses será contado a partir da data do deferimento da primeira licença concedida.

▶ § 3º com redação pela Lei 12.269/2010.
▶ O art. 24 da Lei 12.269/2010 dispõe: "Para fins de aplicação do disposto no § 3º do art. 83 da Lei 8.112/1990, com a redação dada por esta Lei, será considerado como início do interstício a data da primeira licença por motivo de doença em pessoa da família concedida a partir de 29 de dezembro de 2009".

§ 4º A soma das licenças remuneradas e das licenças não remuneradas, incluídas as respectivas prorrogações, concedidas em um mesmo período de 12 (doze) meses, observado o disposto no § 3º, não poderá ultrapassar os limites estabelecidos nos incisos I e II do § 2º.

▶ § 4º acrescido pela Lei 12.269/2010.

Seção III
Da licença por motivo de afastamento do cônjuge

Art. 84. Poderá ser concedida licença ao servidor para acompanhar cônjuge ou companheiro que foi deslocado para outro ponto do território nacional, para o exterior ou para o exercício de mandato eletivo dos Poderes Executivo e Legislativo.

§ 1º A licença será por prazo indeterminado e sem remuneração.

§ 2º No deslocamento de servidor cujo cônjuge ou companheiro também seja servidor público, civil ou militar, de qualquer dos Poderes da União, dos Estados, do Distrito Federal e dos Municípios, poderá haver exercício provisório em órgão ou entidade da Administração Federal direta, autárquica ou fundacional, desde que para o exercício de atividade compatível com o seu cargo.

▶ § 2º com redação pela Lei 9.527/1997.
▶ Art. 142, § 3º, da CF.

Seção IV
Da licença para o serviço militar

Art. 85. Ao servidor convocado para o serviço militar será concedida licença, na forma e condições previstas na legislação específica.

Parágrafo único. Concluído o serviço militar, o servidor terá até 30 (trinta) dias sem remuneração para reassumir o exercício do cargo.

Seção V
Da licença para atividade política

Art. 86. O servidor terá direito a licença, sem remuneração, durante o período que mediar entre a sua escolha em convenção partidária, como candidato a cargo eletivo, e a véspera do registro de sua candidatura perante a Justiça Eleitoral.

§ 1º O servidor candidato a cargo eletivo na localidade onde desempenha suas funções e que exerça cargo de direção, chefia, assessoramento, arrecadação ou fiscali-

zação, dele será afastado, a partir do dia imediato ao do registro de sua candidatura perante a Justiça Eleitoral, até o décimo dia seguinte ao do pleito.

▶ § 1º com redação pela Lei 9.527/1997.

§ 2º A partir do registro da candidatura e até o 10º (décimo) dia seguinte ao da eleição, o servidor fará jus à licença, assegurados os vencimentos do cargo efetivo, somente pelo período de 3 (três) meses.

▶ § 2º com redação pela Lei 9.527/1997.

Seção VI
Da licença para capacitação

▶ Rubrica da Seção VI com redação pela Lei 9.527/1997.
▶ Dec. 5.707/2006 (Política e Diretrizes para o Desenvolvimento de Pessoal da Administração Pública Federal Direta, Autárquica e Fundacional).

Art. 87. Após cada quinquênio de efetivo exercício, o servidor poderá, no interesse da Administração, afastar-se do exercício do cargo efetivo, com a respectiva remuneração, por até 3 (três) meses, para participar de curso de capacitação profissional.

▶ Artigo com redação pela Lei 9.525/1997.
▶ Art. 10 do Dec. 5.707/2006 (Política e Diretrizes para o Desenvolvimento de Pessoal da Administração Pública Federal Direta, Autárquica e Fundacional).
▶ Resolução 147/2015 do CSJT (Regulamenta os critérios da licença para capacitação, de que trata o art. 87 da Lei 8.112/1990, aos servidores do Judiciário do Trabalho de primeiro e segundo graus).

Parágrafo único. Os períodos de licença de que trata o *caput* não são acumuláveis.

Arts. 88 e 89. *Revogados pela Lei 9.527/1997.*

Art. 90. *Vetado.*

Seção VII
Da licença para tratar de interesses particulares

Art. 91. A critério da Administração, poderão ser concedidas ao servidor ocupante de cargo efetivo, desde que não esteja em estágio probatório, licenças para o trato de assuntos particulares pelo prazo de até 3 (três) anos consecutivos, sem remuneração.

▶ Artigo com redação pela MP 2.225-45/2001.

Parágrafo único. A licença poderá ser interrompida, a qualquer tempo, a pedido do servidor ou no interesse do serviço.

Seção VIII
Da licença para o desempenho de mandato classista

Art. 92. É assegurado ao servidor o direito à licença sem remuneração para o desempenho de mandato em confederação, federação, associação de classe de âmbito nacional, sindicato representativo da categoria ou entidade fiscalizadora da profissão ou, ainda, para participar de gerência ou administração em sociedade cooperativa constituída por servidores públicos para prestar serviços a seus membros, observado o disposto na alínea c do inciso VIII do art. 102 desta Lei, conforme disposto em regulamento e observados os seguintes limites:

▶ *Caput* com redação pela Lei 11.094/2005.
▶ Dec. 11.411/2023 (Regulamenta o art. 92 da Lei 8.112/1990).

I – para entidades com até 5.000 (cinco mil) associados, 2 (dois) servidores;

▶ Inciso I com redação pela Lei 12.998/2014.

II – para entidades com 5.001 (cinco mil e um) a 30.000 (trinta mil) associados, 4 (quatro) servidores;

▶ Inciso II com redação pela Lei 12.998/2014.

III – para entidades com mais de 30.000 (trinta mil) associados, 8 (oito) servidores.

▶ Inciso III com redação pela Lei 12.998/2014.

§ 1º Somente poderão ser licenciados os servidores eleitos para cargos de direção ou de representação nas referidas entidades, desde que cadastradas no órgão competente.

▶ § 1º com redação pela Lei 12.998/2014.

§ 2º A licença terá duração igual à do mandato, podendo ser renovada, no caso de reeleição.

▶ § 2º com redação pela Lei 12.998/2014.

CAPÍTULO V
DOS AFASTAMENTOS

Seção I
Do afastamento para servir a outro órgão ou entidade

Art. 93. O servidor poderá ser cedido para ter exercício em outro órgão ou entidade dos Poderes da União, dos Estados, ou do Distrito Federal e dos Municípios, nas seguintes hipóteses:

▶ *Caput* com redação pela Lei 8.270/1991.
▶ Dec. 4.050/2001 (Regulamenta o art. 93 da Lei 8.112/1990).

I – para exercício de cargo em comissão ou função de confiança;

▶ Inciso I com redação pela Lei 8.270/1991.
▶ Art. 23-A da Lei 9.637/1998 (Qualificação de Entidades como Organizações Sociais, Criação do Programa Nacional de Publicização, Extinção dos Órgãos e Entidades que menciona e Absorção de suas Atividades por Organizações Sociais).

II – em casos previstos em leis específicas.

▶ Inciso II com redação pela Lei 8.270/1991.

§ 1º Na hipótese do inciso I, sendo a cessão para órgãos ou entidades dos Estados, do Distrito Federal ou dos Municípios, o ônus da remuneração será do órgão ou entidade cessionária, mantido o ônus para o cedente nos demais casos.

▶ § 1º com redação pela Lei 8.270/1991.

§ 2º Na hipótese de o servidor cedido a empresa pública ou sociedade de economia mista, nos termos das respectivas normas, optar pela remuneração do cargo efetivo ou pela remuneração do cargo efetivo acrescida de percentual da retribuição do cargo em comissão, a entidade cessionária efetuará o reembolso das despesas realizadas pelo órgão ou entidade de origem.

▶ § 2º com redação pela Lei 11.355/2006.

§ 3º A cessão far-se-á mediante Portaria publicada no *Diário oficial da União*.

▶ § 3º com redação pela Lei 8.270/1991.

§ 4º Mediante autorização expressa do Presidente da República, o servidor do Poder Executivo poderá ter exercício em outro órgão da Administração Federal direta que não tenha quadro próprio de pessoal, para fim determinado e a prazo certo.

▶ § 4º acrescido pela Lei 8.270/1991.

§ 5º Aplica-se à União, em se tratando de empregado ou servidor por ela requisitado, as disposições dos §§ 1º e 2º deste artigo.

▶ § 5º com redação pela Lei 10.470/2002.

§ 6º As cessões de empregados de empresa pública ou de sociedade de economia mista, que receba recursos de Tesouro Nacional para o custeio total ou parcial da sua folha de pagamento de pessoal, independem das disposições contidas nos incisos I e II e §§ 1º e 2º deste artigo, ficando o exercício do empregado cedido condicionado à autorização específica do Ministério do Planejamento, Orçamento e Gestão, exceto nos casos de ocupação de cargo em comissão ou função gratificada.

▶ § 6º acrescido pela Lei 10.470/2002.

§ 7º O Ministério do Planejamento, Orçamento e Gestão, com a finalidade de promover a composição da força de trabalho dos órgãos e entidades da Administração Pública Federal, poderá determinar a lotação ou o exercício de empregado ou servidor, independentemente da observância do constante no inciso I e nos §§ 1º e 2º deste artigo.

▶ § 7º acrescido pela Lei 10.470/2002.
▶ Dec. 5.375/2005 (Aplicação do § 7º do art. 93 da Lei 8.112/1990).

Seção II
Do afastamento para exercício de mandato eletivo

Art. 94. Ao servidor investido em mandato eletivo aplicam-se as seguintes disposições:

I – tratando-se de mandato federal, estadual ou distrital, ficará afastado do cargo;

II – investido no mandato de Prefeito, será afastado do cargo, sendo-lhe facultado optar pela sua remuneração;

III – investido no mandato de vereador:

a) havendo compatibilidade de horário, perceberá as vantagens de seu cargo, sem prejuízo da remuneração do cargo eletivo;

b) não havendo compatibilidade de horário, será afastado do cargo, sendo-lhe facultado optar pela sua remuneração.

§ 1º No caso de afastamento do cargo, o servidor contribuirá para a seguridade social como se em exercício estivesse.

§ 2º O servidor investido em mandato eletivo ou classista não poderá ser removido ou redistribuído de ofício para localidade diversa daquela onde exerce o mandato.

Seção III
Do afastamento para estudo ou missão no exterior

▶ Dec. 1.387/1995 (Afastamento do País de Servidores Civis da Administração Pública Federal).

Art. 95. O servidor não poderá ausentar-se do País para estudo ou missão oficial, sem autorização do Presidente da República, Presidente dos Órgãos do Poder Legislativo e Presidente do Supremo Tribunal Federal.

§ 1º A ausência não excederá a 4 (quatro) anos, e finda a missão ou estudo, somente decorrido igual período, será permitida nova ausência.

§ 2º Ao servidor beneficiado pelo disposto neste artigo não será concedida exoneração ou licença para tratar de interesse particular antes de decorrido período igual ao do afastamento, ressalvada a hipótese de ressarcimento da despesa havida com seu afastamento.

§ 3º O disposto neste artigo não se aplica aos servidores da carreira diplomática.

§ 4º As hipóteses, condições e formas para a autorização de que trata este artigo, inclusive no que se refere à remuneração do servidor, serão disciplinadas em regulamento.

▸ § 4º acrescido pela Lei 9.527/1997.

Art. 96. O afastamento de servidor para servir em organismo internacional de que o Brasil participe ou com o qual coopere dar-se-á com perda total da remuneração.

▸ Dec. 201/1991 (Afastamento de Servidores Federais para Servir em Organismos Internacionais).
▸ Dec. 3.456/2000 (Competência do Ministro de Estado do Planejamento, Orçamento e Gestão).

Seção IV
Do afastamento para participação em programa de pós-graduação stricto sensu no país

▸ Seção IV acrescida pela Lei 11.907/2009.

Art. 96-A. O servidor poderá, no interesse da Administração, e desde que a participação não possa ocorrer simultaneamente com o exercício do cargo ou mediante compensação de horário, afastar-se do exercício do cargo efetivo, com a respectiva remuneração, para participar em programa de pós-graduação stricto sensu em instituição de ensino superior no País.

▸ Caput acrescido pela Lei 11.907/2009.

§ 1º Ato do dirigente máximo do órgão ou entidade definirá, em conformidade com a legislação vigente, os programas de capacitação e os critérios para participação em programas de pós-graduação no País, com ou sem afastamento do servidor, que serão avaliados por um comitê constituído para este fim.

▸ § 1º acrescido pela Lei 11.907/2009.

§ 2º Os afastamentos para realização de programas de mestrado e doutorado somente serão concedidos aos servidores titulares de cargos efetivos no respectivo órgão ou entidade há pelo menos 3 (três) anos para mestrado e 4 (quatro) anos para doutorado, incluído o período de estágio probatório, que não tenham se afastado por licença para tratar de assuntos particulares para gozo de licença capacitação ou com fundamento neste artigo nos 2 (dois) anos anteriores à data da solicitação de afastamento.

▸ § 2º acrescido pela Lei 11.907/2009.

§ 3º Os afastamentos para realização de programas de pós-doutorado somente serão concedidos aos servidores titulares de cargos efetivo no respectivo órgão ou entidade há pelo menos quatro anos, incluído o período de estágio probatório, e que não tenham se afastado por licença para tratar de assuntos particulares ou com fundamento neste artigo, nos quatro anos anteriores à data da solicitação de afastamento.

▸ § 3º com redação pela Lei 12.269/2010.

§ 4º Os servidores beneficiados pelos afastamentos previstos nos §§ 1º, 2º e 3º deste artigo terão que permanecer no exercício de suas funções após o seu retorno por um período igual ao do afastamento concedido.

▸ § 4º acrescido pela Lei 11.907/2009.

§ 5º Caso o servidor venha a solicitar exoneração do cargo ou aposentadoria, antes de cumprido o período de permanência previsto no § 4º deste artigo, deverá ressarcir o órgão ou entidade, na forma do art. 47 da Lei 8.112, de 11 de dezembro de 1990, dos gastos com seu aperfeiçoamento.

▸ § 5º acrescido pela Lei 11.907/2009.

§ 6º Caso o servidor não obtenha o título ou grau que justificou seu afastamento no período previsto, aplica-se o disposto no § 5º deste artigo, salvo na hipótese comprovada de força maior ou de caso fortuito, a critério do dirigente máximo do órgão ou entidade.

▸ § 6º acrescido pela Lei 11.907/2009.

§ 7º Aplica-se à participação em programa de pós-graduação no Exterior, autorizado nos termos do art. 95 desta Lei, o disposto nos §§ 1º a 6º deste artigo.

▸ § 7º acrescido pela Lei 11.907/2009.

CAPÍTULO VI
DAS CONCESSÕES

Art. 97. Sem qualquer prejuízo, poderá o servidor ausentar-se do serviço:

I – por 1 (um) dia, para doação de sangue;

II – pelo período comprovadamente necessário para alistamento ou recadastramento eleitoral, limitado, em qualquer caso, a 2 (dois) dias; e

▸ Inciso II com redação pela Lei 12.998/2014.

III – por 8 (oito) dias consecutivos em razão de:

a) casamento;

b) falecimento do cônjuge, companheiro, pais, madrasta ou padrasto, filhos, enteados, menor sob guarda ou tutela e irmãos.

▸ Art. 102 desta Lei.

Art. 98. Será concedido horário especial ao servidor estudante, quando comprovada a incompatibilidade entre o horário escolar e o da repartição, sem prejuízo do exercício do cargo.

§ 1º Para efeito do disposto neste artigo, será exigida a compensação de horário no órgão ou entidade que tiver exercício, respeitada a duração semanal do trabalho.

▸ Primitivo parágrafo único renumerado pela Lei 9.527/1997.

§ 2º Também será concedido horário especial ao servidor portador de deficiência, quando comprovada a necessidade por junta médica oficial, independentemente de compensação de horário.

▸ § 2º acrescido pela Lei 9.527/1997.

§ 3º As disposições constantes do § 2º são extensivas ao servidor que tenha cônjuge, filho ou dependente com deficiência.

▸ § 3º com redação pela Lei 13.370/2016.

§ 4º Será igualmente concedido horário especial, vinculado à compensação de horário a ser efetivada no prazo de até 1 (um) ano, ao servidor que desempenhe atividade prevista nos incisos I e II do *caput* do art. 76-A desta Lei.

▸ § 4º com redação pela Lei 11.501/2007.

Art. 99. Ao servidor estudante que mudar de sede no interesse da administração é assegurada, na localidade da nova residência ou na mais próxima, matrícula em instituição de ensino congênere, em qualquer época, independentemente de vaga.

Parágrafo único. O disposto neste artigo estende-se ao cônjuge ou companheiro, aos filhos ou enteados do servidor que vivam na sua companhia, bem como aos menores sob sua guarda, com autorização judicial.

CAPÍTULO VII
DO TEMPO DE SERVIÇO

▸ Art. 40, §§ 9º e 10, da CF.

Art. 100. É contado para todos os efeitos o tempo de serviço público federal, inclusive o prestado às Forças Armadas.

Art. 101. A apuração do tempo de serviço será feita em dias, que serão convertidos em anos, considerado o ano de 365 (trezentos e sessenta e cinco) dias.

Parágrafo único. *Revogado pela Lei 9.527/1997.*

Art. 102. Além das ausências ao serviço previstas no art. 97, são considerados como de efetivo exercício os afastamentos em virtude de:

▸ Art. 7º, § 9º, da Lei 10.876/2004 (Carreira de Perícia Médica da Previdência Social).

I – férias;

▸ Arts. 129 a 153 da CLT.

II – exercício de cargo em comissão ou equivalente, em órgão ou entidade dos Poderes da União, dos Estados, Municípios e Distrito Federal;

III – exercício de cargo ou função de governo ou administração, em qualquer parte do território nacional, por nomeação do Presidente da República;

IV – participação em programa de treinamento regularmente instituído ou em programa de pós-graduação *stricto sensu* no País, conforme dispuser o regulamento;

▸ Inciso IV com redação pela Lei 11.907/2009.
▸ Art. 9º do Dec. 5.707/2006 (Política e Diretrizes para o Desenvolvimento de Pessoal da Administração Pública Federal Direta, Autárquica e Fundacional).

V – desempenho de mandato eletivo federal, estadual, municipal ou do Distrito Federal, exceto para promoção por merecimento;

VI – júri e outros serviços obrigatórios por lei;

VII – missão ou estudo no exterior, quando autorizado o afastamento, conforme dispuser o regulamento;

▸ Inciso VII com redação pela Lei 9.527/1997.
▸ Dec. 5.707/2006 (Política e as Diretrizes para o Desenvolvimento de Pessoal da Administração Pública Federal Direta, Autárquica e Fundacional).

VIII – licença:

a) à gestante, à adotante e à paternidade;

▸ Lei 11.770/2008 (Programa Empresa Cidadã).

b) para tratamento da própria saúde, até o limite de vinte e quatro meses, cumulativo ao longo do tempo de serviço público prestado à União, em cargo de provimento efetivo;

▸ Alínea *b* com redação pela Lei 9.527/1997.

c) para o desempenho de mandato classista ou participação de gerência ou administração em sociedade cooperativa constituída por servidores para prestar serviços a seus membros, exceto para efeito de promoção por merecimento;

▸ Alínea *c* com redação pela Lei 11.094/2005.
▸ Art. 92, *caput*, desta Lei.

d) por motivo de acidente em serviço ou doença profissional;

e) para capacitação, conforme dispuser o regulamento;

▸ Alínea *e* com redação pela Lei 9.527/1997.

f) por convocação para o serviço militar;

IX – deslocamento para a nova sede de que trata o art. 18;

X – participação em competição desportiva nacional ou convocação para integrar representação desportiva nacional, no País ou no exterior, conforme disposto em lei específica;

XI – afastamento para servir em organismo internacional de que o Brasil participe ou com o qual coopere.

▸ Inciso XI acrescido pela Lei 9.527/1997.

Art. 103. Contar-se-á apenas para efeito de aposentadoria e disponibilidade:

I – o tempo de serviço público prestado aos Estados, Municípios e Distrito Federal;

II – a licença para tratamento de saúde de pessoal da família do servidor, com remuneração, que exceder a 30 (trinta) dias em período de 12 (doze) meses.

▸ Inciso II com redação pela Lei 12.269/2010.

III – a licença para atividade política, no caso do art. 86, § 2º;

IV – o tempo correspondente ao desempenho de mandato eletivo federal, estadual, municipal ou distrital, anterior ao ingresso no serviço público federal;

V – o tempo de serviço em atividade privada, vinculada à Previdência Social;

VI – o tempo de serviço relativo a tiro de guerra;

VII – o tempo de licença para tratamento da própria saúde que exceder o prazo a que se refere a alínea *b* do inciso VIII do art. 102.

▸ Inciso VII acrescido pela Lei 9.527/1997.

§ 1º O tempo em que o servidor esteve aposentado será contado apenas para nova aposentadoria.

§ 2º Será contado em dobro o tempo de serviço prestado às Forças Armadas em operações de guerra.

§ 3º É vedada a contagem cumulativa de tempo de serviço prestado concomitantemente em mais de um cargo ou função de órgão ou entidades dos Poderes da União, Estado, Distrito Federal e Município, autarquia, fundação pública, sociedade de economia mista e empresa pública.

CAPÍTULO VIII
DO DIREITO DE PETIÇÃO

Art. 104. É assegurado ao servidor o direito de requerer aos Poderes Públicos, em defesa de direito ou interesse legítimo.

Art. 105. O requerimento será dirigido à autoridade competente para decidi-lo e encaminhado por intermédio daquela a que estiver imediatamente subordinado o requerente.

Art. 106. Cabe pedido de reconsideração à autoridade de que houver expedido o ato ou proferido a primeira decisão, não podendo ser renovado.

Parágrafo único. O requerimento e o pedido de reconsideração de que tratam os artigos anteriores deverão ser despachados no prazo de 5 (cinco) dias e decididos dentro de 30 (trinta) dias.

Art. 107. Caberá recurso:

I – do indeferimento do pedido de reconsideração;

II – das decisões sobre os recursos sucessivamente interpostos.

§ 1º O recurso será dirigido à autoridade imediatamente superior à que tiver expedido o ato ou proferido a decisão, e, sucessivamente, em escala ascendente, às demais autoridades.

§ 2º O recurso será encaminhado por intermédio da autoridade a que estiver imediatamente subordinado o requerente.

Art. 108. O prazo para interposição de pedido de reconsideração ou de recurso é de 30 (trinta) dias, a contar da publicação ou da ciência, pelo interessado, da decisão recorrida.

Art. 109. O recurso poderá ser recebido com efeito suspensivo, a juízo da autoridade competente.

Parágrafo único. Em caso de provimento do pedido de reconsideração ou do recurso, os efeitos da decisão retroagirão à data do ato impugnado.

Art. 110. O direito de requerer prescreve:

I – em 5 (cinco) anos, quanto aos atos de demissão e de cassação de aposentadoria ou disponibilidade, ou que

afetem interesse patrimonial e créditos resultantes das relações de trabalho;

II – em 120 (cento e vinte) dias, nos demais casos, salvo quando outro prazo for fixado em lei.

Parágrafo único. O prazo de prescrição será contado da data da publicação do ato impugnado ou da data da ciência pelo interessado, quando o ato não for publicado.

Art. 111. O pedido de reconsideração e o recurso, quando cabíveis, interrompem a prescrição.

Art. 112. A prescrição é de ordem pública, não podendo ser relevada pela administração.

Art. 113. Para o exercício do direito de petição, é assegurada vista do processo ou documento, na repartição, ao servidor ou a procurador por ele constituído.

Art. 114. A administração deverá rever seus atos, a qualquer tempo, quando eivados de ilegalidade.

▸ Arts. 53 a 55 da Lei 9.784/1999 (Processo Administrativo Federal).

Art. 115. São fatais e improrrogáveis os prazos estabelecidos neste Capítulo, salvo motivo de força maior.

▸ Arts. 53 e 54 da Lei 9.784/1999 (Processo Administrativo Federal).

TÍTULO IV
DO REGIME DISCIPLINAR

CAPÍTULO I
DOS DEVERES

▸ Dec. 1.171/1994 (Código de Ética Profissional do Servidor Público Civil do Poder Executivo Federal).

Art. 116. São deveres do servidor:

▸ Arts. 312 e ss. do CP.
▸ Lei 8.027/1990 (Normas de conduta dos Servidores Públicos Civis da União, das Autarquias e das Fundações Públicas).
▸ Lei 8.429/1992 (Improbidade Administrativa).

I – exercer com zelo e dedicação às atribuições do cargo;

II – ser leal às instituições a que servir;

III – observar as normas legais e regulamentares;

IV – cumprir as ordens superiores, exceto quando manifestamente ilegais;

V – atender com presteza:

a) ao público em geral, prestando as informações requeridas, ressalvadas as protegidas por sigilo;

b) à expedição de certidões requeridas para defesa de direito ou esclarecimento de situações de interesse pessoal;

c) às requisições para a defesa da Fazenda Pública;

VI – levar as irregularidades de que tiver ciência em razão do cargo ao conhecimento da autoridade superior ou, quando houver suspeita de envolvimento desta, ao conhecimento de outra autoridade competente para apuração;

▸ Inciso VI com redação pela Lei 12.527/2011.

VII – zelar pela economia do material e a conservação do patrimônio público;

VIII – guardar sigilo sobre assunto da repartição;

IX – manter conduta compatível com a moralidade administrativa;

X – ser assíduo e pontual ao serviço;

XI – tratar com urbanidade as pessoas;

XII – representar contra ilegalidade, omissão ou abuso de poder.

Parágrafo único. A representação de que trata o inciso XII será encaminhada pela via hierárquica e apreciada pela autoridade superior àquela contra a qual é formulada, assegurando-se ao representante ampla defesa.

CAPÍTULO II
DAS PROIBIÇÕES

▸ Dec. 1.171/1994 (Código de Ética Profissional do Servidor Público Civil do Poder Executivo Federal).

Art. 117. Ao servidor é proibido:

▸ Art. 129 desta Lei.

I – ausentar-se do serviço durante o expediente, sem prévia autorização do chefe imediato;

▸ Dec. 1.480/1995 (Casos de Paralisações dos Serviços Públicos Federais).

II – retirar, sem prévia anuência da autoridade competente, qualquer documento ou objeto da repartição;

III – recusar fé a documentos públicos;

IV – opor resistência injustificada ao andamento de documento e processo ou execução de serviço;

V – promover manifestação de apreço ou desapreço no recinto da repartição;

VI – cometer a pessoa estranha à repartição, fora dos casos previstos em lei, o desempenho de atribuição que seja de sua responsabilidade ou de seu subordinado;

VII – coagir ou aliciar subordinados no sentido de filiarem-se a associação profissional ou sindical, ou a partido político;

VIII – manter sob sua chefia imediata, em cargo ou função de confiança, cônjuge, companheiro ou parente até o segundo grau civil;

▸ Dec. 7.203/2010 (Nepotismo no Âmbito da Administração Pública Federal).

IX – valer-se do cargo para lograr proveito pessoal ou de outrem, em detrimento da dignidade da função pública;

▸ Art. 137 desta Lei.

X – participar de gerência ou administração de sociedade privada, personificada ou não personificada, exercer o comércio, exceto na qualidade de acionista, cotista ou comanditário;

▸ Inciso X com redação pela Lei 11.784/2008.

XI – atuar, como procurador ou intermediário, junto a repartições públicas, salvo quando se tratar de benefícios previdenciários ou assistenciais de parentes até o segundo grau, e de cônjuge ou companheiro;

▸ Art. 137 desta Lei.

XII – receber propina, comissão, presente ou vantagem de qualquer espécie, em razão de suas atribuições;

XIII – aceitar comissão, emprego ou pensão de estado estrangeiro;

XIV – praticar usura sob qualquer de suas formas;

XV – proceder de forma desidiosa;

XVI – utilizar pessoal ou recursos materiais da repartição em serviços ou atividades particulares;

XVII – cometer a outro servidor atribuições estranhas ao cargo que ocupa, exceto em situações de emergência e transitórias;

XVIII – exercer quaisquer atividades que sejam incompatíveis com o exercício do cargo ou função e com o horário de trabalho;

XIX – recusar-se a atualizar seus dados cadastrais quando solicitado.

▸ Inciso XIX acrescido pela Lei 9.527/1997.

Parágrafo único. A vedação de que trata o inciso X do caput deste artigo não se aplica nos seguintes casos:

▸ Parágrafo único acrescido pela Lei 11.784/2008.

I – participação nos conselhos de administração e fiscal de empresas ou entidades em que a União detenha, direta ou indiretamente, participação no capital social ou em sociedade cooperativa constituída para prestar serviços a seus membros; e

II – gozo de licença para o trato de interesses particulares, na forma do art. 91 desta Lei, observada a legislação sobre conflito de interesses.

CAPÍTULO III
DA ACUMULAÇÃO

Art. 118. Ressalvados os casos previstos na Constituição, é vedada a acumulação remunerada de cargos públicos.

▸ Art. 37, XVI a XVIII, da CF.

§ 1º A proibição de acumular estende-se a cargos, empregos e funções em autarquias, fundações públicas, empresas públicas, sociedades de economia mista da União, do Distrito Federal, dos Estados, dos Territórios e dos Municípios.

§ 2º A acumulação de cargos, ainda que lícita, fica condicionada à comprovação da compatibilidade de horários.

§ 3º Considera-se acumulação proibida a percepção de vencimento de cargo ou emprego público efetivo com proventos da inatividade, salvo quando os cargos de que decorram essas remunerações forem acumuláveis na atividade.

▸ § 3º acrescido pela Lei 9.527/1997.

Art. 119. O servidor não poderá exercer mais de um cargo em comissão, exceto no caso previsto no parágrafo único do art. 9º, nem ser remunerado pela participação em órgão de deliberação coletiva.

▸ Caput com redação pela Lei 9.527/1997.

Parágrafo único. O disposto neste artigo não se aplica à remuneração devida pela participação em conselhos de administração e fiscal das empresas públicas e sociedades de economia mista, suas subsidiárias e controladas, bem como quaisquer empresas ou entidades em que a União, direta ou indiretamente, detenha participação no capital social, observado o que, a respeito, dispuser legislação específica.

▸ Parágrafo único com redação pela MP 2.225-45/2001.

Art. 120. O servidor vinculado ao regime desta Lei, que acumular licitamente dois cargos efetivos, quando investido em cargo de provimento em comissão, ficará afastado de ambos os cargos efetivos, salvo na hipótese em que houver compatibilidade de horário e local com

o exercício de um deles, declarada pelas autoridades máximas dos órgãos ou entidades envolvidos.

▸ Artigo com redação pela Lei 9.527/1997.

CAPÍTULO IV
DAS RESPONSABILIDADES

Art. 121. O servidor responde civil, penal e administrativamente pelo exercício irregular de suas atribuições.

▸ Art. 37, caput, da CF.

Art. 122. A responsabilidade civil decorre de ato omissivo ou comissivo, doloso ou culposo, que resulte em prejuízo ao erário ou a terceiros.

▸ Art. 37, § 6º, da CF.

§ 1º A indenização de prejuízo dolosamente causado ao erário somente será liquidada na forma prevista no art. 46, na falta de outros bens que assegurem a execução do débito pela via judicial.

§ 2º Tratando-se de dano causado a terceiros, responderá o servidor perante a Fazenda Pública, em ação regressiva.

§ 3º A obrigação de reparar o dano estende-se aos sucessores e contra eles será executada, até o limite do valor da herança recebida.

▸ Art. 8º da Lei 8.429/1992 (Sanções aplicáveis aos agentes públicos nos casos de enriquecimento ilícito no exercício de mandato, cargo, emprego ou função na administração pública direta, indireta ou fundacional).

Art. 123. A responsabilidade penal abrange os crimes e contravenções imputadas ao servidor, nessa qualidade.

▸ Arts. 312 a 327 do CP.
▸ Lei 4.898/1965 (Direito de Representação e o processo de Responsabilidade Administrativa Civil e Penal, nos casos de abuso de autoridade).

Art. 124. A responsabilidade civil administrativa resulta de ato omissivo ou comissivo praticado no desempenho do cargo ou função.

▸ Arts. 5º, XLV, e 37, § 5º, da CF.

Art. 125. As sanções civis, penais e administrativas poderão cumular-se, sendo independentes entre si.

Art. 126. A responsabilidade administrativa do servidor será afastada no caso de absolvição criminal que negue a existência do fato ou sua autoria.

▸ Arts. 65 e 386 do CPP.
▸ Art. 935 do CC.

Art. 126-A. Nenhum servidor poderá ser responsabilizado civil, penal ou administrativamente por dar ciência à autoridade superior ou, quando houver suspeita de envolvimento desta, a outra autoridade competente para apuração de informação concernente à prática de crimes ou improbidade de que tenha conhecimento, ainda que em decorrência do exercício de cargo, emprego ou função pública.

▸ Artigo acrescido pela Lei 12.527/2011.
▸ Lei 8.429/1992 (Improbidade Administrativa).

CAPÍTULO V
DAS PENALIDADES

Art. 127. São penalidades disciplinares:

I – advertência;

II – suspensão;

III – demissão;

IV – cassação de aposentadoria ou disponibilidade;

V – destituição de cargo em comissão;

VI – destituição de função comissionada.

▸ Art. 5º, XXXIX, XLVI, LIV e LV, da CF.

Art. 128. Na aplicação das penalidades serão consideradas a natureza e a gravidade da infração cometida, os danos que dela provierem para o serviço público, as circunstâncias agravantes ou atenuantes e os antecedentes funcionais.

▸ Art. 5º, LIV, da CF.

Parágrafo único. O ato de imposição da penalidade mencionará sempre o fundamento legal e a causa da sanção disciplinar.

▸ Parágrafo único acrescido pela Lei 9.527/1997.

Art. 129. A advertência será aplicada por escrito, nos casos de violação de proibição constante do art. 117, incisos I a VIII e XIX, e de inobservância de dever funcional previsto em lei, regulamentação ou norma interna, que não justifique imposição de penalidade mais grave.

▸ Artigo com redação pela Lei 9.527/1997.

Art. 130. A suspensão será aplicada em caso de reincidência das faltas punidas com advertência e de violação das demais proibições que não tipifiquem infração sujeita penalidade de demissão, não podendo exceder de 90 (noventa) dias.

§ 1º Será punido com suspensão de até 15 (quinze) dias o servidor que, injustificadamente, recusar-se a ser submetido inspeção médica determinada pela autoridade

competente, cessando os efeitos da penalidade uma vez cumprida a determinação.

§ 2º Quando houver conveniência para o serviço, a penalidade de suspensão poderá ser convertida em multa, na base de 50% (cinquenta por cento) por dia de vencimento ou remuneração, ficando o servidor obrigado a permanecer em serviço.

Art. 131. As penalidades de advertência e de suspensão terão seus registros cancelados, após o decurso de 3 (três) e 5 (cinco) anos de efetivo exercício, respectivamente, se o servidor não houver, nesse período, praticado nova infração disciplinar.

Parágrafo único. O cancelamento da penalidade não surtirá efeitos retroativos.

Art. 132. A demissão será aplicada nos seguintes casos:

> ▶ Art. 84, XIV, da CF.
> ▶ Súmula 25 do STF.
> ▶ Súmula 650 do STJ.

I – crime contra a administração pública;

> ▶ Art. 137, par. ún., desta Lei
> ▶ Arts. 312 e ss. do CP.

II – abandono de cargo;

III – inassiduidade habitual;

IV – improbidade administrativa;

> ▶ Arts. 136 e 137, par. ún., desta Lei
> ▶ Art. 34, § 4º, da CF.
> ▶ Lei 8.429/1992 (Improbidade Administrativa).
> ▶ Súmula 651 do STJ.

V – incontinência pública e conduta escandalosa, na repartição;

VI – insubordinação grave em serviço;

VII – ofensa física, em serviço, a servidor ou a particular, salvo em legítima defesa própria ou de outrem;

VIII – aplicação irregular de dinheiros públicos;

> ▶ Arts. 136 e 137, par. ún., desta Lei

IX – revelação de segredo do qual se apropriou em razão do cargo;

X – lesão aos cofres públicos e dilapidação do patrimônio nacional;

> ▶ Arts. 136 e 137, par. ún., desta Lei

XI – corrupção;

> ▶ Arts. 136 e 137, par. ún., desta Lei

XII – acumulação ilegal de cargos, empregos ou funções públicas;

XIII – transgressão dos incisos IX a XVI do art. 117.

Art. 133. Detectada a qualquer tempo a acumulação ilegal de cargos, empregos ou funções públicas, a autoridade a que se refere o art. 143 notificará o servidor, por intermédio de sua chefia imediata, para apresentar opção no prazo improrrogável de 10 (dez) dias, contados da data da ciência e, na hipótese de omissão, adotará procedimento sumário para a sua apuração e regularização imediata, cujo processo administrativo disciplinar se desenvolverá nas seguintes fases:

> ▶ Artigo com redação pela Lei 9.527/1997.

I – instauração, com a publicação do ato que constituir a comissão, a ser composta por dois servidores estáveis, e simultaneamente indicar a autoria e a materialidade da transgressão objeto da apuração;

II – instrução sumária, que compreende indiciação, defesa e relatório;

III – julgamento.

§ 1º A indicação da autoria de que trata o inciso I dar-se--á pelo nome e matrícula do servidor, e a materialidade pela descrição dos cargos, empregos ou funções públicas em situação de acumulação ilegal, dos órgãos ou entidades de vinculação, das datas de ingresso, do horário de trabalho e do correspondente regime jurídico.

§ 2º A comissão lavrará, até 3 (três) dias após a publicação do ato que a constituiu, termo de indiciação em que serão transcritas as informações de que trata o parágrafo anterior, bem como promoverá a citação pessoal do servidor indiciado, ou por intermédio de sua chefia imediata, para, no prazo de 5 (cinco) dias, apresentar defesa escrita, assegurando-se-lhe vista do processo na repartição, observado o disposto nos arts. 163 e 164.

§ 3º Apresentada a defesa, a comissão elaborará relatório conclusivo quanto à inocência ou à responsabilidade do servidor, em que resumirá as peças principais dos autos, opinará sobre a licitude da acumulação em exame, indicará o respectivo dispositivo legal e remeterá o processo à autoridade instauradora, para julgamento.

§ 4º No prazo de cinco dias, contados do recebimento do processo, a autoridade julgadora proferirá a sua decisão, aplicando-se, quando for o caso, o disposto no § 3º do art. 167.

§ 5º A opção pelo servidor até o último dia de prazo para defesa configurará sua boa-fé, hipótese em que se

converterá automaticamente em pedido de exoneração do outro cargo.

§ 6º Caracterizada a acumulação ilegal e provada a má-fé, aplicar-se-á a pena de demissão, destituição ou cassação de aposentadoria ou disponibilidade em relação aos cargos, empregos ou funções públicas em regime de acumulação ilegal, hipótese em que os órgãos ou entidades de vinculação serão comunicados.

§ 7º O prazo para conclusão do processo administrativo disciplinar submetido ao rito sumário não excederá 30 (trinta) dias, contados da data de publicação do ato que constituir a comissão, admitida a sua prorrogação por até 15 (quinze) dias, quando as circunstâncias o exigirem.

§ 8º O procedimento sumário rege-se pelas disposições deste artigo, observando-se, no que lhe for aplicável, subsidiariamente, as disposições dos Títulos IV e V desta Lei.

Art. 134. Será cassada a aposentadoria ou a disponibilidade do inativo que houver praticado, na atividade, falta punível com a demissão.

Art. 135. A destituição de cargo em comissão exercido por não ocupante de cargo efetivo será aplicada nos casos de infração sujeita às penalidades de suspensão e de demissão.

Parágrafo único. Constatada a hipótese de que trata este artigo, a exoneração efetuada nos termos do art. 35 será convertida em destituição de cargo em comissão.

Art. 136. A demissão ou a destituição de cargo em comissão, nos casos dos incisos IV, VIII, X e XI do art. 132, implica a indisponibilidade dos bens e o ressarcimento ao erário, sem prejuízo da ação penal cabível.

Art. 137. A demissão ou a destituição de cargo em comissão, por infringência do art. 117, incisos IX e XI, incompatibiliza o ex-servidor para nova investidura em cargo público federal, pelo prazo de 5 (cinco) anos.

Parágrafo único. Não poderá retornar ao serviço público federal o servidor que for demitido ou destituído do cargo em comissão por infringência do art. 132, incisos I, IV, VIII, X e XI.

> ▶ O STF, por maioria, julgou procedente a ADIN 2.975 para declarar a inconstitucionalidade deste parágrafo único (*DOU 08.01.2021*). E, por maioria, deu provimento aos embargos de declaração: "... (ii) para esclarecer a aplicabilidade da sanção prevista no art. 137, caput, da Lei 8.112/1990 às situações previstas no seu parágrafo único, cuja inconstitucionalidade foi declarada por este Tribunal, até que sobrevenha lei a dispor sobre a matéria." (DJeSTF 04.04.2023)
> ▶ Arts. 9º, 10 e 11 da Lei 8.429/1992 (Improbidade Administrativa).

Art. 138. Configura abandono de cargo a ausência intencional do servidor ao serviço por mais de 30 (trinta) dias consecutivos.

Art. 139. Entende-se por inassiduidade habitual a falta ao serviço, sem causa justificada, por 60 (sessenta) dias, interpoladamente, durante o período de 12 (doze) meses.

Art. 140. Na apuração de abandono de cargo ou inassiduidade habitual, também será adotado o procedimento sumário a que se refere o art. 133, observando-se especialmente que:

> ▶ Artigo com redação pela Lei 9.527/1997.

I – a indicação da materialidade dar-se-á:

a) na hipótese de abandono de cargo, pela indicação precisa do período de ausência intencional do servidor ao serviço superior a trinta dias;

b) no caso de inassiduidade habitual, pela indicação dos dias de falta ao serviço sem causa justificada, por período igual ou superior a 60 (sessenta) dias interpoladamente, durante o período de doze meses;

II – após a apresentação da defesa a comissão elaborará relatório conclusivo quanto à inocência ou à responsabilidade do servidor, em que resumirá as peças principais dos autos, indicará o respectivo dispositivo legal, opinará, na hipótese de abandono de cargo, sobre a intencionalidade da ausência ao serviço superior a 30 (trinta) dias e remeterá o processo à autoridade instauradora para julgamento.

Art. 141. As penalidades disciplinares serão aplicadas:

I – pelo Presidente da República, pelos Presidentes das Casas do Poder Legislativo e dos Tribunais Federais e pelo Procurador-Geral da República, quando se tratar de demissão e cassação de aposentadoria ou disponibilidade de servidor vinculado ao respectivo Poder, órgão, ou entidade;

> ▶ Art. 167, § 3º, desta Lei.
> ▶ Súmula 651 do STJ.

II – pelas autoridades administrativas de hierarquia imediatamente inferior àquelas mencionadas no inciso anterior quando se tratar de suspensão superior a 30 (trinta) dias;

III – pelo chefe da repartição e outras autoridades na forma dos respectivos regimentos ou regulamentos, nos casos de advertência ou de suspensão de até 30 (trinta) dias;

IV – pela autoridade que houver feito a nomeação, quando se tratar de destituição de cargo em comissão.

Art. 142. A ação disciplinar prescreverá:

I – em 5 (cinco) anos, quanto às infrações puníveis com demissão, cassação de aposentadoria ou disponibilidade e destituição de cargo em comissão;

II – em 2 (dois) anos, quanto à suspensão;

III – em 180 (cento e oitenta) dias, quanto à advertência.

§ 1º O prazo de prescrição começa a correr da data em que o fato se tornou conhecido.

§ 2º Os prazos de prescrição previstos na lei penal aplicam-se às infrações disciplinares capituladas também como crime.

§ 3º A abertura de sindicância ou a instauração de processo disciplinar interrompe a prescrição, até a decisão final proferida por autoridade competente.

§ 4º Interrompido o curso da prescrição, o prazo começará a correr a partir do dia em que cessar a interrupção.

> ▶ Lei 9.784/1999 (Processo Administrativo Federal).

TÍTULO V
DO PROCESSO ADMINISTRATIVO DISCIPLINAR

CAPÍTULO I
DISPOSIÇÕES GERAIS

> ▶ Lei 9.784/1999 (Processo Administrativo Federal).

Art. 143. A autoridade que tiver ciência de irregularidade no serviço público é obrigada a promover a sua apuração imediata, mediante sindicância ou processo administrativo disciplinar, assegurada ao acusado ampla defesa.

> ▶ Art. 11, II, da Lei 8.429/1992 (Improbidade Administrativa).
> ▶ Art. 17 da Lei 9.784/1999 (Processo Administrativo Federal).
> ▶ Súmula 611 do STJ.

§§ 1º e 2º *Revogados pela Lei 11.204/2005.*

§ 3º A apuração de que trata o *caput*, por solicitação da autoridade a que se refere, poderá ser promovida por autoridade de órgão ou entidade diverso daquele em que tenha ocorrido a irregularidade, mediante competência específica para tal finalidade, delegada em caráter permanente ou temporário pelo Presidente da República, pelos presidentes das Casas do Poder Legislativo e dos Tribunais Federais e pelo Procurador-Geral da República, no âmbito do respectivo Poder, órgão ou entidade, preservadas as competências para o julgamento que se seguir à apuração.

> ▶ § 3º acrescido pela Lei 9.527/1997.

Art. 144. As denúncias sobre irregularidades serão objeto de apuração, desde que contenham a identificação e o endereço do denunciante e sejam formuladas por escrito, confirmada a autenticidade.

> ▶ Art. 37, *caput*, da CF.
> ▶ Decreto 5.687/2006 (Convenção das Nações Unidas Contra a Corrupção).
> ▶ Súmula 611 do STJ.

Parágrafo único. Quando o fato narrado não configurar evidente infração disciplinar ou ilícito penal, a denúncia será arquivada, por falta de objeto.

> ▶ Arts. 2º e 50 da Lei 9.784/1999 (Processo Administrativo Federal).

Art. 145. Da sindicância poderá resultar:

I – arquivamento do processo;

II – aplicação de penalidade de advertência ou suspensão de até 30 (trinta) dias;

III – instauração de processo disciplinar.

Parágrafo único. O prazo para conclusão da sindicância não excederá 30 (trinta) dias, podendo ser prorrogado por igual período, a critério da autoridade superior.

Art. 146. Sempre que o ilícito praticado pelo servidor ensejar a imposição de penalidade de suspensão por mais de 30 (trinta) dias, de demissão, cassação de aposentadoria ou disponibilidade, ou destituição de cargo em comissão, será obrigatória a instauração de processo disciplinar.

CAPÍTULO II
DO AFASTAMENTO PREVENTIVO

Art. 147. Como medida cautelar e a fim de que o servidor não venha a influir na apuração da irregularidade, a autoridade instauradora do processo disciplinar poderá determinar o seu afastamento do exercício do cargo, pelo prazo de até 60 (sessenta) dias, sem prejuízo da remuneração.

Parágrafo único. O afastamento poderá ser prorrogado por igual prazo, findo o qual cessarão os seus efeitos, ainda que não concluído o processo.

Serv. Públ.

CAPÍTULO III
DO PROCESSO DISCIPLINAR

Art. 148. O processo disciplinar é o instrumento destinado a apurar responsabilidade de servidor por infração praticada no exercício de suas atribuições, ou que tenha relação com as atribuições do cargo em que se encontre investido.

> ▶ Lei 8.429/1992 (Improbidade Administrativa).
> ▶ Lei 9.784/1999 (Processo Administrativo Federal).

Art. 149. O processo disciplinar será conduzido por comissão composta de 3 (três) servidores estáveis designados pela autoridade competente, observado o disposto no § 3º do art. 143, que indicará, dentre eles, o seu presidente, que deverá ser ocupante de cargo efetivo superior ou do mesmo nível, ou ter nível de escolaridade igual ou superior ao do indiciado.

> ▶ *Caput* com redação pela Lei 9.527/1997.
> ▶ Art. 41 da CF.

§ 1º A Comissão terá como secretário servidor designado pelo seu presidente, podendo a indicação recair em um de seus membros.

§ 2º Não poderá participar de comissão de sindicância ou de inquérito, cônjuge, companheiro ou parente do acusado, consanguíneo ou afim, em linha reta ou colateral, até o terceiro grau.

Art. 150. A Comissão exercerá suas atividades com independência e imparcialidade, assegurado o sigilo necessário à elucidação do fato ou exigido pelo interesse da administração.

Parágrafo único. As reuniões e as audiências das comissões terão caráter reservado.

Art. 151. O processo disciplinar se desenvolve nas seguintes fases:

I – instauração, com a publicação do ato que constituir a comissão;

II – inquérito administrativo, que compreende instrução, defesa e relatório;

III – julgamento.

Art. 152. O prazo para a conclusão do processo disciplinar não excederá 60 (sessenta) dias, contados da data de publicação do ato que constituir a comissão, admitida a sua prorrogação por igual prazo, quando as circunstâncias o exigirem.

§ 1º Sempre que necessário, a comissão dedicará tempo integral aos seus trabalhos, ficando seus membros dispensados do ponto, até a entrega do relatório final.

§ 2º As reuniões da comissão serão registradas em atas que deverão detalhar as deliberações adotadas.

> ▶ Art. 5º, LXXVIII, da CF.

Seção I
Do inquérito

Art. 153. O inquérito administrativo obedecerá ao princípio do contraditório, assegurada ao acusado ampla defesa, com a utilização dos meios e recursos admitidos em direito.

> ▶ Súmula 343 do STJ.

Art. 154. Os autos da sindicância integrarão o processo disciplinar, como peça informativa da instrução.

Parágrafo único. Na hipótese de o relatório da sindicância concluir que a infração está capitulada como ilícito penal, a autoridade competente encaminhará cópia dos autos ao Ministério Público, independentemente da imediata instauração do processo disciplinar.

Art. 155. Na fase do inquérito, a comissão promoverá a tomada de depoimentos, acareações, investigações e diligências cabíveis, objetivando a coleta de prova, recorrendo, quando necessário, a técnicos e peritos, de modo a permitir a completa elucidação dos fatos.

Art. 156. É assegurado ao servidor o direito de acompanhar o processo pessoalmente ou por intermédio de procurador, arrolar e reinquirir testemunhas, produzir provas e contraprovas e formular quesitos, quando se tratar de prova pericial.

§ 1º O presidente da comissão poderá denegar pedidos considerados impertinentes, meramente protelatórios, ou de nenhum interesse para o esclarecimento dos fatos.

§ 2º Será indeferido o pedido de prova pericial, quando a comprovação do fato independer de conhecimento especial de perito.

Art. 157. As testemunhas serão intimadas a depor mediante mandado expedido pelo presidente da comissão, devendo a segunda via, com o ciente do interessado, ser anexada aos autos.

> ▶ Art. 159 desta Lei.

Parágrafo único. Se a testemunha for servidor público, a expedição do mandado será imediatamente comunicada ao chefe da repartição onde serve, com a indicação do dia e hora marcados para inquirição.

Art. 158. O depoimento será prestado oralmente e reduzido a termo, não sendo lícito à testemunha trazê-lo por escrito.

> ▶ Art. 159 desta Lei.

§ 1º As testemunhas serão inquiridas separadamente.

§ 2º Na hipótese de depoimentos contraditórios ou que se infirmem, proceder-se-á à acareação entre os depoentes.

Art. 159. Concluída a inquirição das testemunhas, a comissão promoverá o interrogatório do acusado, observados os procedimentos previstos nos arts. 157 e 158.

§ 1º No caso de mais de um acusado, cada um deles será ouvido separadamente, e sempre que divergirem em suas declarações sobre fatos ou circunstâncias, será promovida a acareação entre eles.

§ 2º O procurador do acusado poderá assistir ao interrogatório, bem como à inquirição das testemunhas, sendo-lhe vedado interferir nas perguntas e respostas, facultando-se-lhe, porém, reinquiri-las, por intermédio do presidente da comissão.

Art. 160. Quando houver dúvida sobre a sanidade mental do acusado, a comissão proporá à autoridade competente que ele seja submetido a exame por junta médica oficial, da qual participe pelo menos um médico psiquiatra.

Parágrafo único. O incidente de sanidade mental será processado em auto apartado e apenso ao processo principal, após a expedição do laudo pericial.

Art. 161. Tipificada a infração disciplinar, será formulada a indiciação do servidor, com a especificação dos fatos a ele imputados e das respectivas provas.

§ 1º O indiciado será citado por mandado expedido pelo presidente da comissão para apresentar defesa escrita, no prazo de 10 (dez) dias, assegurando-se-lhe vista do processo na repartição.

§ 2º Havendo dois ou mais indiciados, o prazo será comum e de 20 (vinte) dias.

§ 3º O prazo de defesa poderá ser prorrogado pelo dobro, para diligências reputadas indispensáveis.

§ 4º No caso de recusa do indiciado em apor o ciente na cópia da citação, o prazo para defesa contar-se-á da data declarada, em termo próprio, pelo membro da comissão que fez a citação, com a assinatura de 2 (duas) testemunhas.

Art. 162. O indiciado que mudar de residência fica obrigado a comunicar à comissão o lugar onde poderá ser encontrado.

Art. 163. Achando-se o indiciado em lugar incerto e não sabido, será citado por edital, publicado no Diário Oficial da União e em jornal de grande circulação na localidade do último domicílio conhecido, para apresentar defesa.

> ▶ Súmula 343 do STJ.

Parágrafo único. Na hipótese deste artigo, o prazo para defesa será de 15 (quinze) dias a partir da última publicação do edital.

Art. 164. Considerar-se-á revel o indiciado que, regularmente citado, não apresentar defesa no prazo legal.

> ▶ Súmula 343 do STJ.

§ 1º A revelia será declarada, por termo, nos autos do processo e devolverá o prazo para a defesa.

§ 2º Para defender o indiciado revel, a autoridade instauradora do processo designará um servidor como defensor dativo, que deverá ser ocupante de cargo efetivo superior ou do mesmo nível, ou ter nível de escolaridade igual ou superior ao do indiciado.

> ▶ § 2º com redação pela Lei 9.527/1997.

Art. 165. Apreciada a defesa, a comissão elaborará relatório minucioso, onde resumirá as peças principais dos autos e mencionará as provas em que se baseou para formar a sua convicção.

> ▶ Súmula 343 do STJ.

§ 1º O relatório será sempre conclusivo quanto à inocência ou à responsabilidade do servidor.

§ 2º Reconhecida a responsabilidade do servidor, a comissão indicará o dispositivo legal ou regulamentar transgredido, bem como as circunstâncias agravantes ou atenuantes.

Art. 166. O processo disciplinar, com o relatório da comissão, será remetido à autoridade que determinou a sua instauração, para julgamento.

Seção II
Do julgamento

Art. 167. No prazo de 20 (vinte) dias, contados do recebimento do processo, a autoridade julgadora proferirá a sua decisão.

> ▶ Súmula 651 do STJ.

§ 1º Se a penalidade a ser aplicada exceder a alçada da autoridade instauradora do processo, este será encaminhado à autoridade competente, que decidirá em igual prazo.

§ 2º Havendo mais de um indiciado e diversidade de sanções, o julgamento caberá à autoridade competente para a imposição da pena mais grave.

§ 3º Se a penalidade prevista for a demissão ou cassação de aposentadoria ou disponibilidade, o julgamento caberá às autoridades de que trata o inciso I do art. 141.

§ 4º Reconhecida pela comissão a inocência do servidor, a autoridade instauradora do processo determinará o seu arquivamento, salvo se flagrantemente contrária à prova dos autos.

> ▶ § 4º acrescido pela Lei 9.527/1997.

Art. 168. O julgamento acatará o relatório da comissão, salvo quando contrário às provas dos autos.

Parágrafo único. Quando o relatório da comissão contrariar as provas dos autos, a autoridade julgadora poderá, motivadamente, agravar a penalidade proposta, abrandá-la ou isentar o servidor de responsabilidade.

Art. 169. Verificada a ocorrência de vício insanável, a autoridade que determinou a instauração do processo ou outra de hierarquia superior declarará a sua nulidade, total ou parcial, e ordenará, no mesmo ato, a constituição de outra comissão para instauração de novo processo.

> ▶ *Caput* com redação pela Lei 9.527/1997.

§ 1º O julgamento fora do prazo legal não implica nulidade do processo.

> ▶ Súmula 592 do STJ.

§ 2º A autoridade julgadora que der causa à prescrição de que trata o art. 142, § 2º, será responsabilizada na forma do Capítulo IV do Título IV.

Art. 170. Extinta a punibilidade pela prescrição, a autoridade julgadora determinará o registro do fato nos assentamentos individuais do servidor.

Art. 171. Quando a infração estiver capitulada como crime, o processo disciplinar será remetido ao Ministério Público para instauração da ação penal, ficando trasladado na repartição.

Art. 172. O servidor que responder a processo disciplinar só poderá ser exonerado a pedido, ou aposentado voluntariamente, após a conclusão do processo e o cumprimento da penalidade, acaso aplicada.

Parágrafo único. Ocorrida a exoneração de que trata o parágrafo único, inciso I do art. 34, o ato será convertido em demissão, se for o caso.

Art. 173. Serão assegurados transporte e diárias:

I – ao servidor convocado para prestar depoimento fora da sede de sua repartição, na condição de testemunha, denunciado ou indiciado;

II – aos membros da comissão e ao secretário, quando obrigados a se deslocarem da sede dos trabalhos para a realização de missão essencial ao esclarecimento dos fatos.

Seção III
Da revisão do processo

Art. 174. O processo disciplinar poderá ser revisto, a qualquer tempo, a pedido ou de ofício, quando se aduzirem fatos novos ou circunstâncias suscetíveis de justificar a inocência do punido ou a inadequação da penalidade aplicada.

> ▶ Art. 14, § 3º, da Lei 8.429/1992 (Improbidade Administrativa).

§ 1º Em caso de falecimento, ausência ou desaparecimento do servidor, qualquer pessoa da família poderá requerer a revisão do processo.

§ 2º No caso de incapacidade mental do servidor, a revisão será requerida pelo respectivo curador.

Art. 175. No processo revisional, o ônus da prova cabe ao requerente.

Art. 176. A simples alegação de injustiça da penalidade não constitui fundamento para a revisão, que requer elementos novos, ainda não apreciados no processo originário.

Art. 177. O requerimento de revisão do processo será dirigido ao Ministro de Estado ou autoridade equivalente, que, se autorizar a revisão, encaminhará o pedido ao dirigente do órgão ou entidade onde se originou o processo disciplinar.

Parágrafo único. Deferida a petição, a autoridade competente providenciará a constituição de comissão, na forma do art. 149.

Art. 178. A revisão correrá em apenso ao processo originário.

Parágrafo único. Na petição inicial, o requerente pedirá dia e hora para a produção de provas e inquirição das testemunhas que arrolar.

Art. 179. A comissão revisora terá 60 (sessenta) dias para a conclusão dos trabalhos.

Art. 180. Aplicam-se aos trabalhos da comissão revisora, no que couber, as normas e procedimentos próprios da comissão do processo disciplinar.

Art. 181. O julgamento caberá à autoridade que aplicou a penalidade, nos termos do art. 141.

Parágrafo único. O prazo para julgamento será de 20 (vinte) dias, contados do recebimento do processo, no curso do qual a autoridade julgadora poderá determinar diligências.

Art. 182. Julgada procedente a revisão, será declarada sem efeito a penalidade aplicada, restabelecendo-se todos os direitos do servidor, exceto em relação à destituição de cargo em comissão, que será convertida em exoneração.

Parágrafo único. Da revisão do processo não poderá resultar agravamento de penalidade.

TÍTULO VI
DA SEGURIDADE SOCIAL DO SERVIDOR

CAPÍTULO I
DISPOSIÇÕES GERAIS

▶ Arts. 194 a 204 da CF.

Art. 183. A União manterá Plano de Seguridade Social para o servidor e sua família.

§ 1º O servidor ocupante de cargo em comissão que não seja, simultaneamente, ocupante de cargo ou emprego efetivo na administração pública direta, autárquica e fundacional não terá direito aos benefícios do Plano de Seguridade Social, com exceção da assistência à saúde.

▶ Primitivo parágrafo único renumerado pela Lei 10.667/2003.

§ 2º O servidor afastado ou licenciado do cargo efetivo, sem direito à remuneração, inclusive para servir em organismo oficial internacional do qual o Brasil seja membro efetivo ou do qual o país coopere, ainda que contribua para regime de previdência social no exterior, terá suspenso o seu vínculo com o regime do Plano de Seguridade Social do Servidor Público enquanto durar o afastamento ou a licença, não lhes assistindo, neste período, os benefícios do mencionado regime de providência.

▶ § 2º acrescentado acrescido pela Lei 10.667/2003.

§ 3º Será assegurada ao servidor licenciado ou afastado sem remuneração a manutenção da vinculação ao regime do Plano de Seguridade Social do Servidor Público, mediante o recolhimento mensal da respectiva contribuição, no mesmo percentual devido pelos servidores em atividade, incidente sobre a remuneração total do cargo a que faz jus no exercício de suas atribuições, computando-se, para esse efeito, inclusive, as vantagens pessoais.

▶ § 3º acrescentado acrescido pela Lei 10.667/2003.

§ 4º O recolhimento de que trata o § 3º deve ser efetuado até o segundo dia útil após a data do pagamento das remunerações dos servidores públicos, aplicando-se os procedimentos de cobrança e execução dos tributos federais quando não recolhidos na data do vencimento.

▶ § 4º acrescido pela Lei 10.667/2003.

Art. 184. O Plano de Seguridade Social visa a dar cobertura aos riscos a que estão sujeitos o servidor e sua família, e compreende um conjunto de benefícios e ações que atendam às seguintes finalidades:

I – garantir meios de subsistência nos eventos de doença, invalidez, velhice, acidente em serviço, inatividade, falecimento e reclusão;

II – proteção à maternidade, à adoção e à paternidade;

III – assistência à saúde.

Parágrafo único. Os benefícios serão concedidos nos termos e condições definidos em regulamento, observadas as disposições desta Lei.

▶ Dec. 977/1993 (Assistência pré-escolar destinada aos dependentes dos servidores públicos da Administração Pública Federal direta, autárquica e fundacional).

Art. 185. Os benefícios do Plano de Seguridade Social do servidor compreendem:

I – quanto ao servidor:

a) aposentadoria;

b) auxílio-natalidade;

c) salário-família;

d) licença para tratamento de saúde;

e) licença à gestante, à adotante e licença-paternidade;

f) licença por acidente em serviço;

g) assistência à saúde;

h) garantia de condições individuais e ambientais de trabalho satisfatórias;

II – quanto ao dependente:

a) pensão vitalícia e temporária;

b) auxílio-funeral;

c) auxílio-reclusão;

d) assistência à saúde.

§ 1º As aposentadorias e pensões serão concedidas e mantidas pelos órgãos ou entidades aos quais se encontram vinculados os servidores, observado o disposto nos arts. 189 e 224.

§ 2º O recebimento indevido de benefícios havidos por fraude, dolo ou má-fé, implicará devolução ao erário do total auferido, sem prejuízo da ação penal cabível.

CAPÍTULO II
DOS BENEFÍCIOS

Seção I
Da Aposentadoria

▶ Arts. 7º, XXIV, 40, 93, VI, e 202 da CF.

Art. 186. O servidor será aposentado:

I – por invalidez permanente, sendo os proventos integrais quando decorrentes de acidente em serviço, moléstia profissional ou doença grave, contagiosa ou incurável, especificada em lei, e proporcionais nos demais casos;

II – compulsoriamente, aos 70 (setenta) anos de idade, com proventos proporcionais ao tempo de serviço;

III – voluntariamente:

a) aos 35 (trinta e cinco) anos de serviço, se homem, e aos 30 (trinta) se mulher, com proventos integrais;

b) aos 30 (trinta) anos de efetivo exercício em funções de magistério se professor, e 25 (vinte e cinco) se professora, com proventos integrais;

c) aos 30 (trinta) anos de serviço, se homem, e aos 25 (vinte e cinco) se mulher, com proventos proporcionais a esse tempo;

d) aos 65 (sessenta e cinco) anos de idade, se homem, e aos 60 (sessenta) se mulher, com proventos proporcionais ao tempo de serviço.

§ 1º Consideram-se doenças graves, contagiosas ou incuráveis, a que se refere o inciso I deste artigo, tuberculose ativa, alienação mental, esclerose múltipla, neoplasia maligna, cegueira posterior ao ingresso no serviço público, hanseníase, cardiopatia grave, doença de Parkinson, paralisia irreversível e incapacitante, espondiloartrose anquilosante, nefropatia grave, estados avançados do mal de Paget (osteíte deformante), Síndrome de Imunodeficiência Adquirida – AIDS, e outras que a lei indicar, com base na medicina especializada.

§ 2º Nos casos de exercício de atividades consideradas insalubres ou perigosas, bem como nas hipóteses previstas no art. 71, a aposentadoria de que trata o inciso III, *a* e *c*, observará o disposto em lei específica.

§ 3º Na hipótese do inciso I o servidor será submetido à junta médica oficial, que atestará a invalidez quando caracterizada a incapacidade para o desempenho das atribuições do cargo ou a impossibilidade de se aplicar o disposto no art. 24.

▶ § 3º acrescido pela Lei 9.527/1997.

Art. 187. A aposentadoria compulsória será automática, e declarada por ato, com vigência a partir do dia imediato àquele em que o servidor atingir a idade limite de permanência no serviço ativo.

Art. 188. A aposentadoria voluntária ou por invalidez vigorará a partir da data da publicação do respectivo ato.

§ 1º A aposentadoria por invalidez será precedida de licença para tratamento de saúde, por período não excedente a 24 (vinte e quatro) meses.

§ 2º Expirado o período de licença e não estando em condições de reassumir o cargo ou de ser readaptado, o servidor será aposentado.

§ 3º O lapso de tempo compreendido entre o término da licença e a publicação do ato da aposentadoria será considerado como de prorrogação da licença.

§ 4º Para os fins do disposto no § 1º deste artigo, serão consideradas apenas as licenças motivadas pela enfermidade ensejadora da invalidez ou doenças correlacionadas.

▶ § 4º acrescido pela Lei 11.907/2009.

§ 5º A critério da Administração, o servidor em licença para tratamento de saúde ou aposentado por invalidez poderá ser convocado a qualquer momento, para avaliação das condições que ensejaram o afastamento ou a aposentadoria.

▶ § 5º acrescido pela Lei 11.907/2009.

Art. 189. O provento da aposentadoria será calculado com observância do disposto no § 3º do art. 41, e revisto na mesma data e proporção, sempre que se modificar a remuneração dos servidores em atividade.

Parágrafo único. São estendidos aos inativos quaisquer benefícios ou vantagens posteriormente concedidas aos servidores em atividade, inclusive quando decorrentes de transformação ou reclassificação do cargo ou função em que se deu a aposentadoria.

▶ Arts. 185, § 1º, e 224 desta Lei.

Art. 190. O servidor aposentado com provento proporcional ao tempo de serviço se acometido de qualquer das moléstias especificadas no § 1º do art. 186 desta Lei e, por esse motivo, for considerado inválido por junta médica oficial passará a perceber provento integral, calculado com base no fundamento legal de concessão da aposentadoria.

▶ Artigo com redação pela Lei 11.907/2009.

Art. 191. Quando proporcional ao tempo de serviço, o provento não será inferior a 1/3 (um terço) da remuneração da atividade.

Arts. 192 e 193. *Revogados pela Lei 9.527/1997.*

Art. 194. Ao servidor aposentado será paga a gratificação natalina, até o dia 20 (vinte) do mês de dezembro, em valor equivalente ao respectivo provento, deduzido o adiantamento recebido.

Art. 195. Ao ex-combatente que tenha efetivamente participado de operações bélicas, durante a Segunda Guerra Mundial, nos termos da Lei 5.315, de 12 de setembro de 1967, será concedida aposentadoria com provento integral, aos 25 (vinte e cinco) anos de serviço efetivo.

▶ Art. 53, V, do ADCT.

Seção II
Do auxílio-natalidade

Art. 196. O auxílio-natalidade é devido à servidora por motivo de nascimento de filho, em quantia equivalente ao menor vencimento do serviço público, inclusive no caso de natimorto.

§ 1º Na hipótese de parto múltiplo, o valor será acrescido de 50% (cinquenta por cento), por nascituro.

§ 2º O auxílio será pago ao cônjuge ou companheiro servidor público, quando a parturiente não for servidora.

Seção III
Do salário-família

▶ Art. 7º, XII, da CF.

Art. 197. O salário-família é devido ao servidor ativo ou ao inativo, por dependente econômico.

Parágrafo único. Consideram-se dependentes econômicos para efeito de percepção do salário-família:

I – o cônjuge ou companheiro e os filhos, inclusive os enteados até 21 (vinte e um) anos de idade ou, se estudante, até 24 (vinte e quatro) anos ou, se inválido, de qualquer idade;

II – o menor de 21 (vinte e um) anos que, mediante autorização judicial, viver na companhia e às expensas do servidor, ou do inativo;

III – a mãe e o pai sem economia própria.

Art. 198. Não se configura a dependência econômica quando o beneficiário do salário-família perceber rendimento do trabalho ou de qualquer outra fonte, inclusive pensão ou provento da aposentadoria, em valor igual ou superior ao salário mínimo.

Art. 199. Quando o pai e mãe forem servidores públicos e viverem em comum, o salário-família será pago a um deles; quando separados, será pago a um e outro, de acordo com a distribuição dos dependentes.

Parágrafo único. Ao pai e à mãe equiparam-se o padrasto, a madrasta e, na falta destes, os representantes legais dos incapazes.

Art. 200. O salário-família não está sujeito a qualquer tributo, nem servirá de base para qualquer contribuição, inclusive para a Previdência Social.

Art. 201. O afastamento do cargo efetivo, sem remuneração, não acarreta a suspensão do pagamento do salário-família.

Seção IV
Da licença para tratamento de saúde

▶ Dec. 7.003/2009 (Regulamenta a Licença para Tratamento de Saúde).

Art. 202. Será concedida ao servidor licença para tratamento de saúde, a pedido ou de ofício, com base em perícia médica, sem prejuízo da remuneração a que fizer jus.

Art. 203. A licença de que trata o art. 202 desta Lei será concedida com base em perícia oficial.

▸ *Caput com redação pela Lei 11.907/2009.*

§ 1º Sempre que necessário, a inspeção médica será realizada na residência do servidor ou no estabelecimento hospitalar onde se encontrar internado.

§ 2º Inexistindo médico no órgão ou entidade no local onde se encontra ou tenha exercício em caráter permanente o servidor, e não se configurando as hipóteses previstas nos parágrafos do art. 230, será aceito atestado passado por médico particular.

▸ *§ 2º com redação pela Lei 9.527/1997.*

§ 3º No caso do § 2º deste artigo, o atestado somente produzirá efeitos depois de recepcionado pela unidade de recursos humanos do órgão ou entidade.

▸ *§ 3º com redação pela Lei 11.907/2009.*

§ 4º A licença que exceder o prazo de 120 (cento e vinte) dias no período de 12 (doze) meses a contar do primeiro dia de afastamento será concedida mediante avaliação por junta médica oficial.

▸ *§ 4º com redação pela Lei 11.907/2009.*

§ 5º A perícia oficial para concessão da licença de que trata o *caput* deste artigo, bem como nos demais casos de perícia oficial previstos nesta Lei, será efetuada por cirurgiões-dentistas, nas hipóteses em que abranger o campo de atuação da odontologia.

▸ *§ 5º acrescido pela Lei 11.907/2009.*

Art. 204. A licença para tratamento de saúde inferior a 15 (quinze) dias, dentro de 1 (um) ano, poderá ser dispensada de perícia oficial, na forma definida em regulamento.

▸ *Artigo com redação pela Lei 11.907/2009.*

Art. 205. O atestado e o laudo da junta médica não se referirão ao nome ou natureza da doença, salvo quando se tratar de lesões produzidas por acidentes em serviço, doença profissional ou qualquer das doenças especificadas no art. 186, § 1º.

Art. 206. O servidor que apresentar indícios de lesões orgânicas ou funcionais será submetido a inspeção médica.

Art. 206-A. O servidor será submetido a exames médicos periódicos, nos termos e condições definidos em regulamento.

▸ *Caput acrescido pela Lei 11.907/2009.*
▸ *Dec. 6.856/2009 (Regulamenta o art. 206-A da Lei 8.112/1990).*

Parágrafo único. Para os fins do disposto no *caput*, a União e suas entidades autárquicas e fundacionais poderão:

▸ *Parágrafo único acrescido pela Lei 12.998/2014.*

I – prestar os exames médicos periódicos diretamente pelo órgão ou entidade à qual se encontra vinculado o servidor;

II – celebrar convênio ou instrumento de cooperação ou parceria com os órgãos e entidades da administração direta, suas autarquias e fundações;

III – celebrar convênios com operadoras de plano de assistência à saúde, organizadas na modalidade de autogestão, que possuam autorização de funcionamento do órgão regulador, na forma do art. 230; ou

IV – prestar os exames médicos periódicos mediante contrato administrativo, observado o disposto na Lei 8.666, de 21 de junho de 1993, e demais normas pertinentes.

Seção V
Da licença à gestante, à adotante e da licença-paternidade

Art. 207. Será concedida licença à servidora gestante por 120 (cento e vinte) dias consecutivos, sem prejuízo da remuneração.

▸ *Art. 7º, XVIII, da CF.*
▸ *Lei 11.770/2008 (Programa Empresa Cidadã).*
▸ *Arts. 137 a 142 do Dec. 10.854/2021 (Regulamenta a Lei 11.770/2008).*
▸ *Art. 2º, § 2º, do Dec. 6.690/2008 (Programa de Prorrogação da Licença à Gestante e à Adotante).*

§ 1º A licença poderá ter início no primeiro dia do nono mês de gestação, salvo antecipação por prescrição médica.

§ 2º No caso de nascimento prematuro, a licença terá início a partir do parto.

§ 3º No caso de natimorto, decorridos 30 (trinta) dias do evento, a servidora será submetida a exame médico, e se julgada apta, reassumirá o exercício.

§ 4º No caso de aborto atestado por médico oficial, a servidora terá direito a 30 (trinta) dias de repouso remunerado.

Art. 208. Pelo nascimento ou adoção de filhos, o servidor terá direito à licença-paternidade de 5 (cinco) dias consecutivos.

▸ *Art. 7º, XIX, da CF.*
▸ *Dec. 8.737/2016 (Instituí o Programa de Prorrogação da Licença-Paternidade para os servidores regidos pela Lei 8.112, de 11 de dezembro de 1990).*

Art. 209. Para amamentar o próprio filho, até a idade de 6 (seis) meses, a servidora lactante terá direito, durante a jornada de trabalho, a uma hora de descanso, que poderá ser parcelada em dois períodos de meia hora.

Art. 210. À servidora que adotar ou obtiver guarda judicial de criança até 1 (um) ano de idade, serão concedidos 90 (noventa) dias de licença remunerada.

▸ *Art. 2º, § 3º, II, do Dec. 6.690/2008 (Programa de Prorrogação da Licença à Gestante e à Adotante).*

Parágrafo único. No caso de adoção ou guarda judicial de criança com mais de 1 (um) ano de idade, o prazo de que trata este artigo será de 30 (trinta) dias.

Seção VI
Da licença
por acidente em serviço

Art. 211. Será licenciado, com remuneração integral, o servidor acidentado em serviço.

Art. 212. Configura acidente em serviço o dano físico ou mental sofrido pelo servidor, que se relacione, mediata ou imediatamente, com as atribuições do cargo exercido.

Parágrafo único. Equipara-se ao acidente em serviço o dano:

I – decorrente de agressão sofrida e não provocada pelo servidor no exercício do cargo;

II – sofrido no percurso da residência para o trabalho e vice-versa.

Art. 213. O servidor acidentado em serviço que necessite de tratamento especializado poderá ser tratado em instituição privada, à conta de recursos públicos.

Parágrafo único. O tratamento recomendado por junta médica oficial constitui medida de exceção e somente será admissível quando inexistirem meios e recursos adequados em instituição pública.

Art. 214. A prova do acidente será feita no prazo de 10 (dez) dias, prorrogável quando as circunstâncias o exigirem.

Seção VII
Da pensão

Art. 215. Por morte do servidor, os seus dependentes, nas hipóteses legais, fazem jus à pensão por morte, observados os limites estabelecidos no inciso XI do *caput* do art. 37 da Constituição Federal e no art. 2º da Lei 10.887, de 18 de junho de 2004.

▸ *Artigo com redação pela Lei 13.846/2019.*

Art. 216. *Revogado pela Lei 13.135/2015.*

Art. 217. São beneficiários das pensões:

I – o cônjuge;

▸ *Inciso I com redação pela Lei 13.135/2015.*

a) a e) Revogadas pela Lei 13.135/2015.

II – o cônjuge divorciado ou separado judicialmente ou de fato, com percepção de pensão alimentícia estabelecida judicialmente;

▸ *Inciso II com redação pela Lei 13.135/2015.*

a) a d) Revogadas pela Lei 13.135/2015.

III – o companheiro ou companheira que comprove união estável como entidade familiar;

▸ *Inciso III acrescido pela Lei 13.135/2015.*

IV – o filho de qualquer condição que atenda a um dos seguintes requisitos:

▸ *Inciso IV acrescido pela Lei 13.135/2015.*

a) seja menor de 21 (vinte e um) anos;

▸ *Alínea a acrescida pela Lei 13.135/2015*

b) seja inválido;

▸ *Alínea b acrescida pela Lei 13.135/2015.*

c) tenha deficiência grave; ou

▸ *Alínea c acrescida pela Lei 13.135/2015.*

d) tenha deficiência intelectual ou mental;

▸ *Alínea d com redação pela Lei 13.846/2019.*

V – a mãe e o pai que comprovem dependência econômica do servidor; e

▸ *Inciso V acrescido pela Lei 13.135/2015.*

VI – o irmão de qualquer condição que comprove dependência econômica do servidor e atenda a um dos requisitos previstos no inciso IV.

▸ *Inciso VI acrescido pela Lei 13.135/2015.*

§ 1º A concessão de pensão aos beneficiários de que tratam os incisos I a IV do *caput* exclui os beneficiários referidos nos incisos V e VI.

▸ *§ 1º com redação pela Lei 13.135/2015.*

§ 2º A concessão de pensão aos beneficiários de que trata o inciso V do *caput* exclui o beneficiário referido no inciso VI.

▸ *§ 2º com redação pela Lei 13.135/2015.*

§ 3º O enteado e o menor tutelado equiparam-se a filho mediante declaração do servidor e desde que comprovada dependência econômica, na forma estabelecida em regulamento.

▸ *§ 3º renumerado pela Lei 13.135/2015.*

§ 4º *Vetado.*

▸ *§ 4º acrescido pela Lei 13.135/2015.*

Art. 218. Ocorrendo habilitação de vários titulares à pensão, o seu valor será distribuído em partes iguais entre os beneficiários habilitados.

▸ *Caput com redação pela Lei 13.135/2015.*

§§ 1º a 3º *Revogados pela Lei 13.135/2015.*

Art. 219. A pensão por morte será devida ao conjunto dos dependentes do segurado que falecer, aposentado ou não, a contar da data:

▸ *Caput com redação pela Lei 13.846/2019.*

I – do óbito, quando requerida em até 180 (cento e oitenta dias) após o óbito, para os filhos menores de 16 (dezesseis) anos, ou em até 90 (noventa) dias após o óbito, para os demais dependentes;

▸ *Inciso I acrescido pela Lei 13.846/2019.*

II – do requerimento, quando requerida após o prazo previsto no inciso I do *caput* deste artigo; ou

▸ *Inciso II acrescido pela Lei 13.846/2019.*

III – da decisão judicial, na hipótese de morte presumida.

▸ *Inciso III acrescido pela Lei 13.846/2019.*

§ 1º A concessão da pensão por morte não será protelada pela falta de habilitação de outro possível dependente e a habilitação posterior que importe em exclusão ou inclusão de dependente só produzirá efeito a partir da data da publicação da portaria de concessão da pensão ao dependente habilitado.

▸ *Primitivo parágrafo único com redação pela Lei 13.846/2019.*

§ 2º Ajuizada a ação judicial para reconhecimento da condição de dependente, este poderá requerer a sua habilitação provisória ao benefício de pensão por morte, exclusivamente para fins de rateio dos valores com outros dependentes, vedado o pagamento da respectiva cota até o trânsito em julgado da respectiva ação, ressalvada a existência de decisão judicial em contrário.

▸ *§ 2º acrescido pela Lei 13.846/2019.*

§ 3º Nas ações em que for parte o ente público responsável pela concessão da pensão por morte, este poderá proceder de ofício à habilitação excepcional da referida pensão, apenas para efeitos de rateio, descontando-se os valores referentes a esta habilitação das demais cotas, vedado o pagamento da respectiva cota até o trânsito em julgado da respectiva ação, ressalvada a existência de decisão judicial em contrário.

▸ *§ 3º acrescido pela Lei 13.846/2019.*

§ 4º Julgada improcedente a ação prevista no § 2º ou § 3º deste artigo, o valor retido será corrigido pelos índices legais de reajustamento e será pago de forma proporcional aos demais dependentes, de acordo com as suas cotas e o tempo de duração de seus benefícios.

▸ *§ 4º acrescido pela Lei 13.846/2019.*

§ 5º Em qualquer hipótese, fica assegurada ao órgão concessor da pensão por morte a cobrança dos valores indevidamente pagos em função de nova habilitação.

▸ *§ 5º acrescido pela Lei 13.846/2019.*

Art. 220. Perde o direito à pensão por morte:

▸ *Caput com redação pela Lei 13.135/2015.*

I – após o trânsito em julgado, o beneficiário condenado pela prática de crime de que tenha dolosamente resultado a morte do servidor;

▸ *Inciso I acrescido pela Lei 13.135/2015.*

II – o cônjuge, o companheiro ou a companheira se comprovada, a qualquer tempo, simulação ou fraude no casamento ou na união estável, ou a formalização desses com o fim exclusivo de constituir benefício previdenciário, apuradas em processo judicial no qual será assegurado o direito ao contraditório e à ampla defesa.

▸ *Inciso II acrescido pela Lei 13.135/2015.*

Art. 221. Será concedida pensão provisória por morte presumida do servidor, nos seguintes casos:

I – declaração de ausência, pela autoridade judiciária competente;

II – desaparecimento em desabamento, inundação, incêndio ou acidente não caracterizado como em serviço;

III – desaparecimento no desempenho das atribuições do cargo ou em missão de segurança.

Parágrafo único. A pensão provisória será transformada em vitalícia ou temporária, conforme o caso, decorridos 5 (cinco) anos de sua vigência, ressalvado o eventual reaparecimento do servidor, hipótese em que o benefício será automaticamente cancelado.

Art. 222. Acarreta perda da qualidade de beneficiário:

I – o seu falecimento;

II – a anulação do casamento, quando a decisão ocorrer após a concessão da pensão ao cônjuge;

III – a cessação da invalidez, em se tratando de beneficiário inválido, ou o afastamento da deficiência, em se tratando de beneficiário com deficiência, respeitados os períodos mínimos decorrentes da aplicação das alíneas a e b do inciso VII do *caput* deste artigo;

▶ Inciso III com redação pela Lei 13.846/2019.

IV – o implemento da idade de 21 (vinte e um) anos, pelo filho ou irmão;

▶ Inciso IV com redação pela Lei 13.135/2015.

V – a acumulação de pensão na forma do art. 225;

VI – a renúncia expressa; e

▶ Inciso VI com redação pela Lei 13.135/2015.

VII – em relação aos beneficiários de que tratam os incisos I a III do *caput* do art. 217:

▶ Inciso VII com redação pela Lei 13.135/2015.

a) o decurso de 4 (quatro) meses, se o óbito ocorrer sem que o servidor tenha vertido 18 (dezoito) contribuições mensais ou se o casamento ou a união estável tiverem sido iniciados em menos de 2 (dois) anos antes do óbito do servidor;

▶ Alínea *a* acrescida pela Lei 13.135/2015.

b) o decurso dos seguintes períodos, estabelecidos de acordo com a idade do pensionista na data de óbito do servidor, depois de vertidas 18 (dezoito) contribuições mensais e pelo menos 2 (dois) anos após o início do casamento ou da união estável:

▶ Alínea *b* acrescida pela Lei 13.135/2015.

1) 3 (três) anos, com menos de 21 (vinte e um) anos de idade;

2) 6 (seis) anos, entre 21 (vinte e um) e 26 (vinte e seis) anos de idade;

3) 10 (dez) anos, entre 27 (vinte e sete) e 29 (vinte e nove) anos de idade;

4) 15 (quinze) anos, entre 30 (trinta) e 40 (quarenta) anos de idade;

5) 20 (vinte) anos, entre 41 (quarenta e um) e 43 (quarenta e três) anos de idade;

6) vitalícia, com 44 (quarenta e quatro) ou mais anos de idade.

§ 1º A critério da administração, o beneficiário de pensão cuja preservação seja motivada por invalidez, por incapacidade ou por deficiência poderá ser convocado a qualquer momento para avaliação das referidas condições.

▶ § 1º renumerado pela Lei 13.135/2015.

§ 2º Serão aplicados, conforme o caso, a regra contida no inciso III ou os prazos previstos na alínea *b* do inciso VII, ambos do *caput*, se o óbito do servidor decorrer de acidente de qualquer natureza ou de doença profissional ou do trabalho, independentemente do recolhimento de 18 (dezoito) contribuições mensais ou da comprovação de 2 (dois) anos de casamento ou de união estável.

▶ § 2º acrescido pela Lei 13.135/2015.

§ 3º Após o transcurso de pelo menos 3 (três) anos e desde que nesse período se verifique o incremento mínimo de um ano inteiro na média nacional única, para ambos os sexos, correspondente à expectativa de sobrevida da população brasileira ao nascer, poderão ser fixadas, em números inteiros, novas idades para os fins previstos na alínea *b* do inciso VII do *caput*, em ato do Ministro de Estado do Planejamento, Orçamento e Gestão, limitado o acréscimo na comparação com as idades anteriores ao referido incremento.

▶ § 3º acrescido pela Lei 13.135/2015.

§ 4º O tempo de contribuição a Regime Próprio de Previdência Social (RPPS) ou ao Regime Geral de Previdência Social (RGPS) será considerado na contagem das 18 (dezoito) contribuições mensais referidas nas alíneas *a* e *b* do inciso VII do *caput*.

▶ § 4º acrescido pela Lei 13.135/2015.

§ 5º Na hipótese de o servidor falecido estar, na data de seu falecimento, obrigado por determinação judicial a pagar alimentos temporários a ex-cônjuge, ex companheira ou ex-companheiro, a pensão por morte será devida pelo prazo remanescente na data do óbito, caso não incida outra hipótese de cancelamento anterior do benefício.

▶ § 5º acrescido pela Lei 13.846/2019.

§ 6º O beneficiário que não atender à convocação de que trata o § 1º deste artigo terá o benefício suspenso,

observado o disposto nos incisos I e II do *caput* do art. 95 da Lei 13.146, de 6 de julho de 2015.

▶ § 6º acrescido pela Lei 13.846/2019.

§ 7º O exercício de atividade remunerada, inclusive na condição de microempreendedor individual, não impede a concessão ou manutenção da cota da pensão de dependente com deficiência intelectual ou mental ou com deficiência grave.

▶ § 7º acrescido pela Lei 13.846/2019.

§ 8º No ato de requerimento de benefícios previdenciários, não será exigida apresentação de termo de curatela de titular ou de beneficiário com deficiência, observados os procedimentos a serem estabelecidos em regulamento.

▶ § 8º acrescido pela Lei 13.846/2019.

Art. 223. Por morte ou perda da qualidade de beneficiário, a respectiva cota reverterá para os cobeneficiários.

▶ *Caput* com redação pela Lei 13.135/2015.

I e II – *Revogados pela Lei 13.135/2015.*

Art. 224. As pensões serão automaticamente atualizadas na mesma data e na mesma proporção dos reajustes dos vencimentos dos servidores, aplicando-se o disposto no parágrafo único do art. 189.

▶ Art. 185, § 1º, desta Lei.

Art. 225. Ressalvado o direito de opção, é vedada a percepção cumulativa de pensão deixada por mais de um cônjuge ou companheiro ou companheira e de mais de 2 (duas) pensões.

▶ Artigo com redação pela Lei 13.135/2015.

Seção VIII
Do auxílio-funeral

Art. 226. O auxílio-funeral é devido à família do servidor falecido na atividade ou aposentado, em valor equivalente a um mês da remuneração ou provento.

§ 1º No caso de acumulação legal de cargos, o auxílio será pago somente em razão do cargo de maior remuneração.

§ 2º *Vetado.*

§ 3º O auxílio será pago no prazo de 48 (quarenta e oito) horas, por meio de procedimento sumaríssimo, à pessoa da família que houver custeado o funeral.

▶ O art. 3º da Lei 9.245/1995 substituiu a expressão "procedimento sumaríssimo" por "procedimento sumário".

Art. 227. Se o funeral for custeado por terceiro, este será indenizado, observado o disposto no artigo anterior.

Art. 228. Em caso de falecimento de servidor em serviço fora do local de trabalho, inclusive no exterior, as despesas de transporte do corpo correrão à conta de recursos da União, autarquia ou fundação pública.

Seção IX
Do auxílio-reclusão

▶ Art. 13 da EC 20/1998 (Sistema de Previdência Social).

Art. 229. À família do servidor ativo é devido o auxílio-reclusão, nos seguintes valores:

I – 2/3 (dois terços) da remuneração, quando afastado por motivo de prisão, em flagrante ou preventiva, determinada pela autoridade competente, enquanto perdurar a prisão;

II – metade da remuneração, durante o afastamento, em virtude de condenação, por sentença definitiva, a pena que não determine a perda de cargo.

§ 1º Nos casos previstos no inciso I deste artigo, o servidor terá direito à integralização da remuneração, desde que absolvido.

§ 2º O pagamento do auxílio-reclusão cessará a partir do dia imediato àquele em que o servidor for posto em liberdade, ainda que condicional.

§ 3º Ressalvado o disposto neste artigo, o auxílio-reclusão será devido, nas mesmas condições da pensão por morte, aos dependentes do segurado recolhido à prisão.

▶ § 3º acrescido pela Lei 13.135/2015.

CAPÍTULO III
DA ASSISTÊNCIA À SAÚDE

Art. 230. A assistência à saúde do servidor, ativo ou inativo, e de sua família compreende assistência médica, hospitalar, odontológica, psicológica e farmacêutica, terá como diretriz básica o implemento de ações preventivas voltadas para a promoção da saúde e será prestada pelo Sistema Único de Saúde – SUS, diretamente pelo órgão ou entidade ao qual estiver vinculado o servidor, ou mediante convênio ou contrato, ou ainda na forma de auxílio, mediante ressarcimento parcial do valor despendido pelo servidor, ativo ou inativo, e seus dependentes ou pensionistas com planos ou seguros

privados de assistência à saúde, na forma estabelecida em regulamento.

▶ *Caput* com redação pela Lei 11.302/2006.
▶ Dec. 4.978/2004 (Regulamenta o art. 230 da Lei 8.112/1990).
▶ Decreto S/N de 07.10.2013 (Forma de Patrocínio da União e de suas Autarquias e Fundações à GEAP – Autogestão em Saúde, para a Prestação de Serviços de Assistência à Saúde para os seus Servidores ou Empregados Ativos, Aposentados, Pensionistas, bem como para seus respectivos Grupos Familiares definidos).

§ 1º Nas hipóteses previstas nesta Lei em que seja exigida perícia, avaliação ou inspeção médica, na ausência de médico ou junta médica oficial, para a sua realização o órgão ou entidade celebrará, preferencialmente, convênio com unidades de atendimento do sistema público de saúde, entidades sem fins lucrativos declaradas de utilidade pública, ou com o Instituto Nacional do Seguro Social – INSS.

▶ § 1º com redação pela Lei 9.527/1997.

§ 2º Na impossibilidade, devidamente justificada, da aplicação do disposto no parágrafo anterior, o órgão ou entidade promoverá a contratação da prestação de serviços por pessoa jurídica, que constituirá junta médica especificamente para esses fins, indicando os nomes e especialidades dos seus integrantes, com a comprovação de suas habilitações e de que não estejam respondendo a processo disciplinar junto à entidade fiscalizadora da profissão.

▶ § 2º com redação pela Lei 9.527/1997.

§ 3º Para os fins do disposto no *caput* deste artigo, ficam a União e suas entidades autárquicas e fundacionais autorizadas a:

▶ § 3º acrescido pela Lei 11.302/2006.

I – celebrar convênios exclusivamente para a prestação de serviços de assistência à saúde para os seus servidores ou empregados ativos, aposentados, pensionistas, bem como para seus respectivos grupos familiares definidos, com entidades de autogestão por elas patrocinadas por meio de instrumentos jurídicos efetivamente celebrados e publicados até 12 de fevereiro de 2006 e que possuam autorização de funcionamento do órgão regulador, sendo certo que os convênios celebrados depois dessa data somente poderão sê-lo na forma da regulamentação específica sobre patrocínio de autogestões, a ser publicada pelo mesmo órgão regulador, no prazo de 180 (cento e oitenta) dias da vigência desta Lei, normas essas também aplicáveis aos convênios existentes até 12 de fevereiro de 2006;

II – contratar, mediante licitação, na forma da Lei 8.666, de 21 de junho de 1993, operadoras de planos e seguros privados de assistência à saúde que possuam autorização de funcionamento do órgão regulador;

III – *Vetado.*

§ 4º *Vetado.*

▶ § 4º acrescido pela Lei 11.302/2006.

§ 5º O valor do ressarcimento fica limitado ao total despendido pelo servidor ou pensionista civil com plano ou seguro privado de assistência à saúde.

▶ § 5º acrescido pela Lei 11.302/2006.

CAPÍTULO IV
DO CUSTEIO

Art. 231. *Revogado pela Lei 9.783/1999.*

TÍTULO VII

CAPÍTULO ÚNICO
DA CONTRATAÇÃO TEMPORÁRIA DE EXCEPCIONAL INTERESSE PÚBLICO

Arts. 232 a 235. *Revogados pela Lei 8.745/1993.*

TÍTULO VIII

CAPÍTULO ÚNICO
DAS DISPOSIÇÕES GERAIS

Art. 236. O Dia do Servidor Público será comemorado a vinte e oito de outubro.

Art. 237. Poderão ser instituídos, no âmbito dos Poderes Executivo, Legislativo e Judiciário, os seguintes incentivos funcionais, além daqueles já previstos nos respectivos planos de carreira:

▶ Art. 39, § 7º, da CF.

I – prêmios pela apresentação de ideias, inventos ou trabalhos que favoreçam o aumento de produtividade e a redução dos custos operacionais;

II – concessão de medalhas, diplomas de honra ao mérito, condecoração e elogio.

Art. 238. Os prazos previstos nesta Lei serão contados em dias corridos, excluindo-se o dia do começo e incluindo-se o do vencimento, ficando prorrogado, para o primeiro dia útil seguinte, o prazo vencido em dia em que não haja expediente.

Art. 239. Por motivo de crença religiosa ou de convicção filosófica ou política, o servidor não poderá ser privado de quaisquer dos seus direitos, sofrer discriminação em sua vida funcional, nem eximir-se do cumprimento de seus deveres.

Art. 240. Ao servidor público civil é assegurado, nos termos da Constituição Federal, o direito à livre associação sindical e os seguintes direitos, entre outros, dela decorrentes:

a) de ser representado pelo sindicato, inclusive como substituto processual;

b) de inamovibilidade do dirigente sindical, até um ano após o final do mandato, exceto se a pedido;

c) de descontar em folha, sem ônus para a entidade sindical a que for filiado, o valor das mensalidades e contribuições definidas em assembleia-geral da categoria;

d) e e) Revogadas pela Lei 9.527/1997.

Art. 241. Consideram-se da família do servidor, além do cônjuge e filhos, quaisquer pessoas que vivam às suas expensas e constem do seu assentamento individual.

Parágrafo único. Equipara-se ao cônjuge a companheira ou companheiro, que comprove união estável como entidade familiar.

Art. 242. Para os fins desta Lei, considera-se sede do município onde a repartição estiver instalada e onde o servidor tiver exercício, em caráter permanente.

TÍTULO IX

CAPÍTULO ÚNICO
DAS DISPOSIÇÕES TRANSITÓRIAS E FINAIS

Art. 243. Ficam submetidos ao regime jurídico instituído por esta Lei, na qualidade de servidores públicos, os servidores dos Poderes da União, dos ex-Territórios, das autarquias, inclusive as em regime especial, e das fundações públicas, regidos pela Lei 1.711, de 28 de outubro de 1952 – Estatuto dos Funcionários Públicos Civis da União, ou pela Consolidação das Leis do Trabalho, aprovada pelo Decreto-Lei 5.452, de 1º de maio de 1943, exceto os contratados por prazo determinado, cujos contratos não poderão ser prorrogados após o vencimento do prazo de prorrogação.

▸ Lei 9.962/2000 (Regime de Emprego Público do Pessoal da Administração Federal Direta, Autárquica e Fundacional).

§ 1º Os empregos ocupados pelos servidores incluídos no regime instituído por esta Lei ficam transformados em cargos, na data de sua publicação.

§ 2º As funções de confiança exercidas por pessoas não integrantes de tabela permanente do órgão ou entidade onde têm exercício ficam transformadas em cargos em comissão, e mantidas enquanto não for implantado o plano de cargos dos órgãos ou entidades na forma da lei.

§ 3º As Funções de Assessoramento Superior – FAS, exercidas por servidor integrante de quadro ou tabela de pessoal, ficam extintas na data da vigência desta Lei.

§ 4º Vetado.

§ 5º O regime jurídico desta Lei é extensivo aos serventuários da Justiça, remunerados com recursos da União, no que couber.

§ 6º Os empregos dos servidores estrangeiros com estabilidade no serviço público, enquanto não adquirirem a nacionalidade brasileira, passarão a integrar tabela em extinção, do respectivo órgão ou entidade, sem prejuízo dos direitos inerentes aos planos de carreira aos quais se encontrem vinculados os empregos.

§ 7º Os servidores públicos de que trata o *caput* deste artigo, não amparados pelo art. 19 do Ato das Disposições Constitucionais Transitórias, poderão, no interesse da Administração e conforme critérios estabelecidos em regulamento, ser exonerados mediante indenização de um mês de remuneração por ano de efetivo exercício no serviço público federal.

▸ § 7º acrescido pela Lei 9.527/1997.

§ 8º Para fins de incidência do imposto de renda na fonte e na declaração de rendimentos, serão considerados como indenizações isentas os pagamentos efetuados a título de indenização prevista no parágrafo anterior.

▸ § 8º acrescido pela Lei 9.527/1997.

§ 9º Os cargos vagos em decorrência da aplicação do disposto no § 7º poderão ser extintos pelo Poder Executivo quando considerados desnecessários.

▸ § 9º acrescido pela Lei 9.527/1997.

Art. 244. Os adicionais por tempo de serviço, já concedidos aos servidores abrangidos por esta Lei, ficam transformados em anuênio.

Art. 245. A licença especial disciplinada pelo art. 116 da Lei 1.711, de 1952, ou por outro diploma legal, fica transformada em licença-prêmio por assiduidade, na forma prevista nos arts. 87 a 90.

Art. 246. *Vetado.*

Art. 247. Para efeito do disposto no Título VI desta Lei, haverá ajuste de contas com a Previdência Social, correspondente ao período de contribuição por parte dos servidores celetistas abrangidos pelo art. 243.

▸ Artigo com redação pela Lei 8.162/1991.

Art. 248. As pensões estatutárias, concedidas até a vigência desta Lei, passam a ser mantidas pelo órgão ou entidade de origem do servidor.

Art. 249. Até a edição da lei prevista no § 1º do art. 231, os servidores abrangidos por esta Lei contribuirão na forma e nos percentuais atualmente estabelecidos para o servidor civil da União conforme regulamento próprio.

Art. 250. O servidor que já tiver satisfeito ou vier a satisfazer, dentro de 1 (um) ano, as condições necessárias para a aposentadoria nos termos do inciso II do art. 184 do antigo Estatuto dos Funcionários Públicos Civis da União, Lei 1.711, de 28 de outubro de 1952, aposentar-se-á com a vantagem prevista naquele dispositivo.

▸ Artigo vetado pelo Presidente da República e mantido pelo Congresso Nacional.

Art. 251. *Revogado pela Lei 9.527/1997.*

Art. 252. Esta Lei entra em vigor na data de sua publicação, com efeitos financeiros a partir do primeiro dia do mês subsequente.

Art. 253. Ficam revogadas a Lei 1.711, de 28 de outubro de 1952, e respectiva legislação complementar, bem como as demais disposições em contrário.

Brasília, 11 de dezembro de 1990; 169º da Independência e 102º da República.

Fernando Collor

LEI 8.429, DE 2 DE JUNHO DE 1992

Dispõe sobre as sanções aplicáveis em virtude da prática de atos de improbidade administrativa, de que trata o § 4º do art. 37 da Constituição Federal; e dá outras providências.

DOU 03.06.1992

▸ Ementa com redação pela Lei 14.230/2021.
▸ Lei 12.846/2013 (Responsabilização administrativa e civil de pessoas jurídicas pela prática de atos contra a administração pública, nacional ou estrangeira).
▸ Art. 29, § 2º, da Lei 13.303/2016 (Lei de Responsabilidade das Estatais).

O Presidente da República:

Faço saber que o Congresso Nacional decreta e eu sanciono a seguinte lei:

CAPÍTULO I
DAS DISPOSIÇÕES GERAIS

▸ Título XI do CP (Trata dos Crimes contra a Administração Pública).
▸ Lei 4.717/1965 (Ação Popular).
▸ Dec. 983/1993 (Repressão a todas as formas de improbidade administrativa).
▸ Art. 1º, V, da Lei 9.613/1998 (Lavagem de Capitais).
▸ Art. 52 da Lei 10.257/2001 (Estatuto da Cidade).

Art. 1º O sistema de responsabilização por atos de improbidade administrativa tutelará a probidade na organização do Estado e no exercício de suas funções, como forma de assegurar a integridade do patrimônio público e social, nos termos desta Lei.

▸ *Caput* com redação pela Lei 14.230/2021.
▸ Arts. 37, § 4º, e 85 da CF.
▸ Art. 84, §§ 1º e 2º, do CPP.
▸ Art. 52 da Lei 10.257/2001 (Estatuto da Cidade).

Parágrafo único. Revogado pela Lei 14.230/2021.

§ 1º Consideram-se atos de improbidade administrativa as condutas dolosas tipificadas nos arts. 9º, 10 e 11 desta Lei, ressalvados tipos previstos em leis especiais.

§ 2º Considera-se dolo a vontade livre e consciente de alcançar o resultado ilícito tipificado nos arts. 9º, 10 e 11 desta Lei, não bastando a voluntariedade do agente.

§ 3º O mero exercício da função ou desempenho de competências públicas, sem comprovação de ato doloso com fim ilícito, afasta a responsabilidade por ato de improbidade administrativa.

§ 4º Aplicam-se ao sistema da improbidade disciplinado nesta Lei os princípios constitucionais do direito administrativo sancionador.

§ 5º Os atos de improbidade violam a probidade na organização do Estado e no exercício de suas funções e a integridade do patrimônio público e social dos Poderes Executivo, Legislativo e Judiciário, bem como da administração direta e indireta, no âmbito da União, dos Estados, dos Municípios e do Distrito Federal.

§ 6º Estão sujeitos às sanções desta Lei os atos de improbidade praticados contra o patrimônio de entidade privada que receba subvenção, benefício ou incentivo, fiscal ou creditício, de entes públicos ou governamentais, previstos no § 5º deste artigo.

§ 7º Independentemente de integrar a administração indireta, estão sujeitos às sanções desta Lei os atos de improbidade praticados contra o patrimônio de entidade privada para cuja criação ou custeio o erário haja concorrido ou concorra no seu patrimônio ou receita atual, limitado o ressarcimento de prejuízos, nesse caso, à repercussão do ilícito sobre a contribuição dos cofres públicos.

§ 8º Não configura improbidade a ação ou omissão decorrente de divergência interpretativa da lei, baseada em jurisprudência, ainda que não pacificada, mesmo que não venha a ser posteriormente prevalecente nas decisões dos órgãos de controle ou dos tribunais do Poder Judiciário.

▸ §§ 1º a 8º acrescidos pela Lei 14.230/2021.
▸ O STF na ADI 7.236 deferiu parcialmente a medida cautelar, ad referendum do Plenário, para suspender a eficácia do art. 1º, § 8º, da Lei 8.429/1992. (*DJeSTF* 10.01.2023)

Art. 2º Para os efeitos desta Lei, consideram-se agente público o agente político, o servidor público e todo aquele que exerce, ainda que transitoriamente ou sem remuneração, por eleição, nomeação, designação, contratação ou qualquer outra forma de investidura ou vínculo, mandato, cargo, emprego ou função nas entidades referidas no art. 1º desta Lei.

▸ *Caput* com redação pela Lei 14.230/2021.
▸ Arts. 85, V, e 102, I, *c*, da CF.
▸ Art. 327 do CP.
▸ Lei 1.079/1950 (Crimes de responsabilidade e o respectivo processo de julgamento).

Parágrafo único. No que se refere a recursos de origem pública, sujeita-se às sanções previstas nesta Lei o particular, pessoa física ou jurídica, que celebra com a administração pública convênio, contrato de repasse, contrato de gestão, termo de parceria, termo de cooperação ou ajuste administrativo equivalente.

▸ Parágrafo único acrescido pela Lei 14.230/2021.

Art. 3º As disposições desta Lei são aplicáveis, no que couber, àquele que, mesmo não sendo agente público, induza ou concorra dolosamente para a prática do ato de improbidade.

▸ *Caput* com redação pela Lei 14.230/2021.
▸ Arts. 29 e 30 do CP.

§ 1º Os sócios, os cotistas, os diretores e os colaboradores de pessoa jurídica de direito privado não respondem pelo ato de improbidade que venha a ser imputado à pessoa jurídica, salvo se, comprovadamente, houver participação e benefícios diretos, caso em que responderão nos limites da sua participação.

§ 2º As sanções desta Lei não se aplicarão à pessoa jurídica, caso o ato de improbidade administrativa seja também sancionado como ato lesivo à administração pública de que trata a Lei 12.846, de 1º de agosto de 2013.

▸ §§ 1º e 2º acrescidos pela Lei 14.230/2021.

Arts. 4º a 6º Revogados pela Lei 14.230/2021.

Art. 7º Se houver indícios de ato de improbidade, a autoridade que conhecer dos fatos representará ao Ministério Público competente, para as providências necessárias.

▸ *Caput* com redação pela Lei 14.230/2021.

Parágrafo único. Revogado pela Lei 14.230/2021.

Art. 8º O sucessor ou o herdeiro daquele que causar dano ao erário ou que se enriquecer ilicitamente estão sujeitos apenas à obrigação de repará-lo até o limite do valor da herança ou do patrimônio transferido.

▸ *Caput* com redação pela Lei 14.230/2021.
▸ Arts. 1.792 e 1.821 do CC.

Art. 8º-A A responsabilidade sucessória de que trata o art. 8º desta Lei aplica-se também na hipótese de alteração contratual, de transformação, de incorporação, de fusão ou de cisão societária.

▸ Artigo acrescido pela Lei 14.230/2021.

Parágrafo único. Nas hipóteses de fusão e de incorporação, a responsabilidade da sucessora será restrita à obrigação de reparação integral do dano causado, até o limite do patrimônio transferido, não lhe sendo aplicáveis as demais sanções previstas nesta Lei decorrentes de atos e de fatos ocorridos antes da data da fusão ou da incorporação, exceto no caso de simulação ou de evidente intuito de fraude, devidamente comprovados.

CAPÍTULO II
DOS ATOS DE IMPROBIDADE ADMINISTRATIVA

▸ Lei 4.717/1965 (Ação Popular).
▸ Dec. 4.410/2002 (Convenção Interamericana contra a Corrupção).

▸ Art. 52 da Lei 10.257/2001 (Estatuto da Cidade).
▸ Art. 312 do CP.

Seção I
Dos atos de improbidade administrativa que importam enriquecimento ilícito

Art. 9º Constitui ato de improbidade administrativa importando em enriquecimento ilícito auferir, mediante a prática de ato doloso, qualquer tipo de vantagem patrimonial indevida em razão do exercício de cargo, de mandato, de função, de emprego ou de atividade nas entidades referidas no art. 1º desta Lei, e notadamente:

▸ *Caput* com redação pela Lei 14.230/2021.
▸ Art. 12, I, desta Lei.
▸ Art. 8º do Dec. 5.483/2005 (Regulamenta o art. 13 da Lei 8.429/1992).

I – receber, para si ou para outrem, dinheiro, bem móvel ou imóvel, ou qualquer outra vantagem econômica, direta ou indireta, a título de comissão, percentagem, gratificação ou presente de quem tenha interesse, direto ou indireto, que possa ser atingido ou amparado por ação ou omissão decorrente das atribuições do agente público;

▸ Art. 12, I, desta Lei.

II – perceber vantagem econômica, direta ou indireta, para facilitar a aquisição, permuta ou locação de bem móvel ou imóvel, ou a contratação de serviços pelas entidades referidas no artigo 1º por preço superior ao valor de mercado;

III – perceber vantagem econômica, direta ou indireta, para facilitar a alienação, permuta ou locação de bem público ou o fornecimento de serviço por ente estatal por preço inferior ao valor de mercado;

IV – utilizar, em obra ou serviço particular, qualquer bem móvel, de propriedade ou à disposição de qualquer das entidades referidas no art. 1º desta Lei, bem como o trabalho de servidores, de empregados ou de terceiros contratados por essas entidades;

▸ Inciso IV com redação pela Lei 14.230/2021.

V – receber vantagem econômica de qualquer natureza, direta ou indireta, para tolerar a exploração ou a prática de jogos de azar, de lenocínio, de narcotráfico, de contrabando, de usura ou de qualquer outra atividade ilícita, ou aceitar promessa de tal vantagem;

VI – receber vantagem econômica de qualquer natureza, direta ou indireta, para fazer declaração falsa sobre qualquer dado técnico que envolva obras públicas ou qualquer outro serviço ou sobre quantidade, peso, medida, qualidade ou característica de mercadorias ou bens fornecidos a qualquer das entidades referidas no art. 1º desta l ei;

▸ Inciso VI com redação pela Lei 14.230/2021.

VII – adquirir, para si ou para outrem, no exercício de mandato, de cargo, de emprego ou de função pública, e em razão deles, bens de qualquer natureza, decorrentes dos atos descritos no *caput* deste artigo, cujo valor seja desproporcional à evolução do patrimônio ou à renda do agente público, assegurada a demonstração pelo agente da licitude da origem dessa evolução;

▸ Inciso VII com redação pela Lei 14.230/2021.

VIII – aceitar emprego, comissão ou exercer atividade de consultoria ou assessoramento para pessoa física ou jurídica que tenha interesse suscetível de ser atingido ou amparado por ação ou omissão decorrente das atribuições do agente público, durante a atividade;

IX – perceber vantagem econômica para intermediar a liberação ou aplicação de verba pública de qualquer natureza;

X – receber vantagem econômica de qualquer natureza, direta ou indiretamente, para omitir ato de ofício, providência ou declaração a que esteja obrigado;

XI – incorporar, por qualquer forma, ao seu patrimônio bens, rendas, verbas ou valores integrantes do acervo patrimonial das entidades mencionadas no artigo 1º desta Lei;

XII – usar, em proveito próprio, bens, rendas, verbas ou valores integrantes do acervo patrimonial das entidades mencionadas no artigo 1º desta Lei.

▸ Art. 12, I, desta Lei.

Seção II
Dos atos de improbidade administrativa que causam prejuízo ao erário

Art. 10. Constitui ato de improbidade administrativa que causa lesão ao erário qualquer ação ou omissão dolosa, que enseje, efetiva e comprovadamente, perda patrimonial, desvio, apropriação, malbaratamento ou dilapidação dos bens ou haveres das entidades referidas no art. 1º desta Lei, e notadamente:

▸ *Caput* com redação pela Lei 14.230/2021.
▸ Art. 12, II, desta Lei.

▸ Arts. 32 e 31 da Lei 12.618/2012 (Regime de previdência complementar para os servidores públicos federais).

I – facilitar ou concorrer, por qualquer forma, para a indevida incorporação ao patrimônio particular, de pessoa física ou jurídica, de bens, de rendas, de verbas ou de valores integrantes do acervo patrimonial das entidades referidas no art. 1º desta Lei;

▸ Inciso I com redação pela Lei 14.230/2021.

II – permitir ou concorrer para que pessoa física ou jurídica privada utilize bens, rendas, verbas ou valores integrantes do acervo patrimonial das entidades mencionadas no artigo 1º desta Lei, sem a observância das formalidades legais ou regulamentares aplicáveis à espécie;

III – doar à pessoa física ou jurídica bem como ao ente despersonalizado, ainda que de fins educativos ou assistenciais, bens, rendas, verbas ou valores do patrimônio de qualquer das entidades mencionadas no artigo 1º desta Lei, sem observância das formalidades legais e regulamentares aplicáveis à espécie;

IV – permitir ou facilitar a alienação, permuta ou locação de bem integrante do patrimônio de qualquer das entidades referidas no artigo 1º desta Lei, ou ainda a prestação de serviço por parte delas, por preço inferior ao de mercado;

V – permitir ou facilitar a aquisição, permuta ou locação de bem ou serviço por preço superior ao de mercado;

VI – realizar operação financeira sem observância das normas legais e regulamentares ou aceitar garantia insuficiente ou inidônea;

VII – conceder benefício administrativo ou fiscal sem a observância das formalidades legais ou regulamentares aplicáveis à espécie;

VIII – frustrar a licitude de processo licitatório ou de processo seletivo para celebração de parcerias com entidades sem fins lucrativos, ou dispensá-los indevidamente, acarretando perda patrimonial efetiva;

▸ Inciso VIII com redação pela Lei 14.230/2021.

IX – ordenar ou permitir a realização de despesas não autorizadas em lei ou regulamento;

X – agir ilicitamente na arrecadação de tributo ou de renda, bem como no que diz respeito à conservação do patrimônio público;

▸ Inciso X com redação pela Lei 14.230/2021.

XI – liberar verba pública sem a estrita observância das normas pertinentes ou influir de qualquer forma para a sua aplicação irregular;

XII – permitir, facilitar ou concorrer para que terceiro se enriqueça ilicitamente;

XIII – permitir que se utilize, em obra ou serviço particular, veículos, máquinas, equipamentos ou material de qualquer natureza, de propriedade ou à disposição de qualquer das entidades mencionadas no artigo 1º desta Lei, bem como o trabalho de servidor público, empregados ou terceiros contratados por essas entidades;

▸ Art. 12, II, desta Lei.

XIV – celebrar contrato ou outro instrumento que tenha por objeto a prestação de serviços públicos por meio da gestão associada sem observar as formalidades previstas na lei;

▸ Inciso XIV acrescido pela Lei 11.107/2005.

XV – celebrar contrato de rateio de consórcio público sem suficiente e prévia dotação orçamentária, ou sem observar as formalidades previstas na lei;

▸ Inciso XV acrescido pela Lei 11.107/2005.

XVI – facilitar ou concorrer, por qualquer forma, para a incorporação, ao patrimônio particular de pessoa física ou jurídica, de bens, rendas, verbas ou valores públicos transferidos pela administração pública a entidades privadas mediante celebração de parcerias, sem a observância das formalidades legais ou regulamentares aplicáveis à espécie;

▸ Inciso XVI acrescido pela Lei 13.019/2014.

XVII – permitir ou concorrer para que pessoa física ou jurídica privada utilize bens, rendas, verbas ou valores públicos transferidos pela administração pública a entidade privada mediante celebração de parcerias, sem a observância das formalidades legais ou regulamentares aplicáveis à espécie;

▸ Inciso XVII acrescido pela Lei 13.019/2014.

XVIII – celebrar parcerias da administração pública com entidades privadas sem a observância das formalidades legais e regulamentares aplicáveis à espécie;

▸ Inciso XVIII acrescido pela Lei 13.019/2014.

XIX – agir para a configuração de ilícito na celebração, na fiscalização e na análise das prestações de contas de parcerias firmadas pela administração pública com entidades privadas;

▸ Inciso XIX com redação pela Lei 14.230/2021.

XX – liberar recursos de parcerias firmadas pela administração pública com entidades privadas sem a estrita observância das normas pertinentes ou influir de qualquer forma para a sua aplicação irregular;

▸ Inciso XX com redação pela Lei 13.204/2015.

XXI – Revogado pela Lei 14.230/2021.

XXII – conceder, aplicar ou manter benefício financeiro ou tributário contrário ao que dispõem o *caput* e o § 1º do art. 8º-A da Lei Complementar 116, de 31 de julho de 2003.

▸ Inciso XXII acrescido pela Lei 14.230/2021.

§ 1º Nos casos em que a inobservância de formalidades legais ou regulamentares não implicar perda patrimonial efetiva, não ocorrerá imposição de ressarcimento, vedado o enriquecimento sem causa das entidades referidas no art. 1º desta Lei.

§ 2º A mera perda patrimonial decorrente da atividade econômica não acarretará improbidade administrativa, salvo se comprovado ato doloso praticado com essa finalidade.

▸ §§ 1º e 2º acrescidos pela Lei 14.230/2021.

Seção II-A
Dos atos de improbidade administrativa decorrentes de concessão ou aplicação indevida de benefício financeiro ou tributário

▸ Seção II-A revogada pela Lei 14.230/2021.

Art. 10-A. *Revogado pela Lei 14.230/2021.*

Seção III
Dos atos de improbidade administrativa que atentam contra os princípios da Administração Pública

Art. 11. Constitui ato de improbidade administrativa que atenta contra os princípios da administração pública a ação ou omissão dolosa que viole os deveres de honestidade, de imparcialidade e de legalidade, caracterizada por uma das seguintes condutas:

▸ *Caput* com redação pela Lei 14.230/2021.
▸ Art. 37, *caput*, da CF.
▸ Lei 13.425/2017 (Diretrizes gerais sobre medidas de prevenção e combate a incêndio e a desastres em estabelecimentos, edificações e áreas de reunião de público).

I – Revogado pela Lei 14.230/2021.

II – Revogado pela Lei 14.230/2021.

III – revelar fato ou circunstância de que tem ciência em razão das atribuições e que deva permanecer em segredo, propiciando beneficiamento por informação privilegiada ou colocando em risco a segurança da sociedade e do Estado;

▸ Inciso III com redação pela Lei 14.230/2021.

IV – negar publicidade aos atos oficiais, exceto em razão de sua imprescindibilidade para a segurança da sociedade e do Estado ou de outras hipóteses instituídas em lei;

▸ Inciso IV com redação pela Lei 14.230/2021.

V – frustrar, em ofensa à imparcialidade, o caráter concorrencial de concurso público, de chamamento ou de procedimento licitatório, com vistas à obtenção de benefício próprio, direto ou indireto, ou de terceiros;

▸ Inciso V com redação pela Lei 14.230/2021.
▸ Arts. 37, II, III e IV, e 93 da CF.
▸ Súmula 683 do STF.

VI – deixar de prestar contas quando esteja obrigado a fazê-lo, desde que disponha das condições para isso, com vistas a ocultar irregularidades;

▸ Inciso VI com redação pela Lei 14.230/2021.

VII – revelar ou permitir que chegue ao conhecimento de terceiro, antes da respectiva divulgação oficial, teor de medida política ou econômica capaz de afetar o preço de mercadoria, bem ou serviço;

▸ Art. 12, III, desta Lei.

VIII – descumprir as normas relativas à celebração, fiscalização e aprovação de contas de parcerias firmadas pela administração pública com entidades privadas;

▸ Inciso VIII acrescido pela Lei 13.019/2014.

IX – Revogado pela Lei 14.230/2021.

X – Revogado pela Lei 14.230/2021.

XI – nomear cônjuge, companheiro ou parente em linha reta, colateral ou por afinidade, até o terceiro grau, inclusive, da autoridade nomeante ou de servidor da mesma pessoa jurídica investido em cargo de direção, chefia ou assessoramento, para o exercício de cargo em comissão ou de confiança ou, ainda, de função gratificada na administração pública direta e indireta em qualquer dos Poderes da União, dos Estados, do Distrito Federal e dos Municípios, compreendido o ajuste mediante designações recíprocas;

▸ Inciso XI acrescido pela Lei 14.230/2021.

XII – praticar, no âmbito da administração pública e com recursos do erário, ato de publicidade que contrarie o

disposto no § 1º do art. 37 da Constituição Federal, de forma a promover inequívoco enaltecimento do agente público e personalização de atos, de programas, de obras, de serviços ou de campanhas dos órgãos públicos.

▶ Inciso XII acrescido pela Lei 14.230/2021.

§ 1º Nos termos da Convenção das Nações Unidas contra a Corrupção, promulgada pelo Decreto nº 5.687, de 31 de janeiro de 2006, somente haverá improbidade administrativa, na aplicação deste artigo, quando for comprovado na conduta funcional do agente público o fim de obter proveito ou benefício indevido para si ou para outra pessoa ou entidade.

§ 2º Aplica-se o disposto no § 1º deste artigo a quaisquer atos de improbidade administrativa tipificados nesta Lei e em leis especiais e quaisquer outros tipos especiais de improbidade administrativa instituídos por lei.

§ 3º O enquadramento de conduta funcional na categoria de que trata este artigo pressupõe a demonstração objetiva da prática de ilegalidade no exercício da função pública, com a indicação das normas constitucionais, legais ou infralegais violadas.

§ 4º Os atos de improbidade de que trata este artigo exigem lesividade relevante ao bem jurídico tutelado para serem passíveis de sancionamento e independem do reconhecimento da produção de danos ao erário e de enriquecimento ilícito dos agentes públicos.

§ 5º Não se configurará improbidade a mera nomeação ou indicação política por parte dos detentores de mandatos eletivos, sendo necessária a aferição de dolo com finalidade ilícita por parte do agente.

▶ §§ 1º a 5º acrescidos pela Lei 14.230/2021.

CAPÍTULO III
DAS PENAS

Art. 12. Independentemente do ressarcimento integral do dano patrimonial, se efetivo, e das sanções penais comuns e de responsabilidade, civis e administrativas previstas na legislação específica, está o responsável pelo ato de improbidade sujeito às seguintes cominações, que podem ser aplicadas isolada ou cumulativamente, de acordo com a gravidade do fato:

▶ Caput com redação pela Lei 14.230/2021.
▶ Art. 37, § 4º, da CF.
▶ Súmula 651 do STJ.

I – na hipótese do art. 9º desta Lei, perda dos bens ou valores acrescidos ilicitamente ao patrimônio, perda da função pública, suspensão dos direitos políticos até 14 (catorze) anos, pagamento de multa civil equivalente ao valor do acréscimo patrimonial e proibição de contratar com o poder público ou de receber benefícios ou incentivos fiscais ou creditícios, direta ou indiretamente, ainda que por intermédio de pessoa jurídica da qual seja sócio majoritário, pelo prazo não superior a 14 (catorze) anos;

▶ Inciso I com redação pela Lei 14.230/2021.

II – na hipótese do art. 10 desta Lei, perda dos bens ou valores acrescidos ilicitamente ao patrimônio, se concorrer esta circunstância, perda da função pública, suspensão dos direitos políticos até 12 (doze) anos, pagamento de multa civil equivalente ao valor do dano e proibição de contratar com o poder público ou de receber benefícios ou incentivos fiscais ou creditícios, direta ou indiretamente, ainda que por intermédio de pessoa jurídica da qual seja sócio majoritário, pelo prazo não superior a 12 (doze) anos;

▶ Inciso II com redação pela Lei 14.230/2021.

III – na hipótese do art. 11 desta Lei, pagamento de multa civil de até 24 (vinte e quatro) vezes o valor da remuneração percebida pelo agente e proibição de contratar com o poder público ou de receber benefícios ou incentivos fiscais ou creditícios, direta ou indiretamente, ainda que por intermédio de pessoa jurídica da qual seja sócio majoritário, pelo prazo não superior a 4 (quatro) anos;

▶ Inciso III com redação pela Lei 14.230/2021.

IV – Revogado pela Lei 14.230/2021.

Parágrafo único. Revogado pela Lei 14.230/2021.

§ 1º A sanção de perda da função pública, nas hipóteses dos incisos I e II do caput deste artigo, atinge apenas o vínculo de mesma qualidade e natureza que o agente público ou político detinha com o poder público na época do cometimento da infração, podendo o magistrado, na hipótese do inciso I do caput deste artigo, e em caráter excepcional, estendê-la aos demais vínculos, consideradas as circunstâncias do caso e a gravidade da infração.

▶ O STF na ADI 7.236 deferiu parcialmente a medida cautelar, ad referendum do Plenário, para suspender a eficácia do art. 12, § 1º, da Lei 8.429/1992. (DJeSTF 10.01.2023)

§ 2º A multa pode ser aumentada até o dobro, se o juiz considerar que, em virtude da situação econômica do réu, o valor calculado na forma dos incisos I, II e III do caput deste artigo é ineficaz para a reprovação e prevenção do ato de improbidade.

§ 3º Na responsabilização da pessoa jurídica, deverão ser considerados os efeitos econômicos e sociais das sanções, de modo a viabilizar a manutenção de suas atividades.

§ 4º Em caráter excepcional e por motivos relevantes devidamente justificados, a sanção de proibição de contratação com o poder público pode extrapolar o ente público lesado pelo ato de improbidade, observados os impactos econômicos e sociais das sanções, de forma a preservar a função social da pessoa jurídica, conforme disposto no § 3º deste artigo.

§ 5º No caso de atos de menor ofensa aos bens jurídicos tutelados por esta Lei, a sanção limitar-se-á à aplicação de multa, sem prejuízo do ressarcimento do dano e da perda dos valores obtidos, quando for o caso, nos termos do caput deste artigo.

§ 6º Se ocorrer lesão ao patrimônio público, a reparação do dano a que se refere esta Lei deverá deduzir o ressarcimento ocorrido nas instâncias criminal, civil e administrativa que tiver por objeto os mesmos fatos.

§ 7º As sanções aplicadas a pessoas jurídicas com base nesta Lei e na Lei nº 12.846, de 1º de agosto de 2013, deverão observar o princípio constitucional do non bis in idem.

§ 8º A sanção de proibição de contratação com o poder público deverá constar do Cadastro Nacional de Empresas Inidôneas e Suspensas (CEIS) de que trata a Lei nº 12.846, de 1º de agosto de 2013, observadas as limitações territoriais contidas em decisão judicial, conforme disposto no § 4º deste artigo.

§ 9º As sanções previstas neste artigo somente poderão ser executadas após o trânsito em julgado da sentença condenatória.

§ 10. Para efeitos de contagem do prazo da sanção de suspensão dos direitos políticos, computar-se-á retroativamente o intervalo de tempo entre a decisão colegiada e o trânsito em julgado da sentença condenatória.

▶ §§ 1º a 10 acrescidos pela Lei 14.230/2021.
▶ O STF na ADI 7.236 deferiu parcialmente a medida cautelar, ad referendum do Plenário, para suspender a eficácia do art. 12, § 10, da Lei 8.429/1992. (DJeSTF 10.01.2023)

CAPÍTULO IV
DA DECLARAÇÃO DE BENS

Art. 13. A posse e o exercício de agente público ficam condicionados à apresentação de declaração de imposto de renda e proventos de qualquer natureza, que tenha sido apresentada à Secretaria Especial da Receita Federal do Brasil, a fim de ser arquivada no serviço de pessoal competente.

▶ Caput com redação pela Lei 14.230/2021.
▶ Dec. 5.483/2005 (Regulamenta o art. 13 da Lei 8.429/1992).

§ 1º Revogado pela Lei 14.230/2021.

§ 2º A declaração de bens a que se refere o caput deste artigo será atualizada anualmente e na data em que o agente público deixar o exercício do mandato, do cargo, do emprego ou da função.

▶ § 2º com redação pela Lei 14.230/2021.

§ 3º Será apenado com a pena de demissão, sem prejuízo de outras sanções cabíveis, o agente público que se recusar a prestar a declaração dos bens a que se refere o caput deste artigo dentro do prazo determinado ou que prestar declaração falsa.

▶ § 3º com redação pela Lei 14.230/2021.

§ 4º Revogado pela Lei 14.230/2021.

CAPÍTULO V
DO PROCEDIMENTO ADMINISTRATIVO E DO PROCESSO JUDICIAL

Art. 14. Qualquer pessoa poderá representar à autoridade administrativa competente para que seja instaurada investigação destinada a apurar a prática de ato de improbidade.

▶ Art. 52 da Lei 10.257/2001 (Estatuto da Cidade).
▶ Súmula 651 do STJ.

§ 1º A representação, que será escrita ou reduzida a termo e assinada, conterá a qualificação do representante, as informações sobre o fato e sua autoria e a indicação das provas de que tenha conhecimento.

§ 2º A autoridade administrativa rejeitará a representação, em despacho fundamentado, se esta não contiver as formalidades estabelecidas no § 1º deste artigo. A rejeição não impede a representação ao Ministério Público, nos termos do artigo 22 desta Lei.

§ 3º Atendidos os requisitos da representação, a autoridade determinará a imediata apuração dos fatos, observada a legislação que regula o processo administrativo disciplinar aplicável ao agente.

▶ § 3º com redação pela Lei 14.230/2021.

Art. 15. A comissão processante dará conhecimento ao Ministério Público e ao Tribunal ou Conselho de Contas da existência de procedimento administrativo para apurar a prática de ato de improbidade.

▶ Súmula 651 do STJ.

Parágrafo único. O Ministério Público ou Tribunal ou Conselho de Contas poderá, a requerimento, designar representante para acompanhar o procedimento administrativo.

Art. 16. Na ação por improbidade administrativa poderá ser formulado, em caráter antecedente ou incidente, pedido de indisponibilidade de bens dos réus, a fim de garantir a integral recomposição do erário ou do acréscimo patrimonial resultante de enriquecimento ilícito.

▶ Caput com redação pela Lei 14.230/2021.

§ 1º Revogado pela Lei 14.230/2021.

§ 1º-A O pedido de indisponibilidade de bens a que se refere o caput deste artigo poderá ser formulado independentemente da representação de que trata o art. 7º desta Lei.

▶ § 1º-A acrescido pela Lei 14.230/2021.

§ 2º Quando for o caso, o pedido de indisponibilidade de bens a que se refere o caput deste artigo incluirá a investigação, o exame e o bloqueio de bens, contas bancárias e aplicações financeiras mantidas pelo indiciado no exterior, nos termos da lei e dos tratados internacionais.

▶ § 2º com redação pela Lei 14.230/2021.

§ 3º O pedido de indisponibilidade de bens a que se refere o caput deste artigo apenas será deferido mediante a demonstração no caso concreto de perigo de dano irreparável ou de risco ao resultado útil do processo, desde que o juiz se convença da probabilidade da ocorrência dos atos descritos na petição inicial com fundamento nos respectivos elementos de instrução, após a oitiva do réu em 5 (cinco) dias.

§ 4º A indisponibilidade de bens poderá ser decretada sem a oitiva prévia do réu, sempre que o contraditório prévio puder comprovar frustrar a efetividade da medida ou houver outras circunstâncias que recomendem a proteção liminar, não podendo a urgência ser presumida.

§ 5º Se houver mais de um réu na ação, a somatória dos valores declarados indisponíveis não poderá superar o montante indicado na petição inicial como dano ao erário ou como enriquecimento ilícito.

§ 6º O valor da indisponibilidade considerará a estimativa de dano indicada na petição inicial, permitida a sua substituição por caução idônea, por fiança bancária ou por seguro-garantia judicial, a requerimento do réu, bem como a sua readequação durante a instrução do processo.

§ 7º A indisponibilidade de bens de terceiro dependerá da demonstração da sua efetiva concorrência para os atos ilícitos apurados ou, quando se tratar de pessoa jurídica, da instauração de incidente de desconsideração da personalidade jurídica, a ser processado na forma da lei processual.

§ 8º Aplica-se à indisponibilidade de bens regida por esta Lei, no que for cabível, o regime da tutela provisória de urgência da Lei nº 13.105, de 16 de março de 2015 (Código de Processo Civil).

§ 9º Da decisão que deferir ou indeferir a medida relativa à indisponibilidade de bens caberá agravo de instrumento, nos termos da Lei nº 13.105, de 16 de março de 2015 (Código de Processo Civil).

§ 10. A indisponibilidade recairá sobre bens que assegurem exclusivamente o integral ressarcimento do dano ao erário, sem incidir sobre os valores a serem eventualmente aplicados a título de multa civil ou sobre acréscimo patrimonial decorrente de atividade lícita.

§ 11. A ordem de indisponibilidade de bens deverá priorizar veículos de via terrestre, bens imóveis, bens móveis em geral, semoventes, navios e aeronaves, ações e quotas de sociedades simples e empresárias, pedras e metais preciosos e, apenas na inexistência desses, o bloqueio de contas bancárias, de forma a garantir a subsistência do acusado e a manutenção da atividade empresária ao longo do processo.

§ 12. O juiz, ao apreciar o pedido de indisponibilidade de bens do réu a que se refere o caput deste artigo, observará os efeitos práticos da decisão, vedada a adoção de medida capaz de acarretar prejuízo à prestação de serviços públicos.

§ 13. É vedada a decretação de indisponibilidade da quantia de até 40 (quarenta) salários mínimos depositados em caderneta de poupança, em outras aplicações financeiras ou em conta-corrente.

§ 14. É vedada a decretação de indisponibilidade do bem de família do réu, salvo se comprovado que o imóvel seja fruto de vantagem patrimonial indevida, conforme descrito no art. 9º desta Lei.

▸ §§ 3º a 14 acrescidos pela Lei 14.230/2021.

Art. 17. A ação para a aplicação das sanções de que trata esta Lei será proposta pelo Ministério Público e seguirá o procedimento comum previsto na Lei 13.105, de 16 de março de 2015 (Código de Processo Civil), salvo o disposto nesta Lei.

▸ *Caput* com redação pela Lei 14.230/2021.

▸ O STF nas ADIns 7.042 e 7.043, por maioria, julgou parcialmente procedente os pedidos para "declarar a inconstitucionalidade parcial, sem redução de texto, do *caput* e dos §§ 6º-A e 10-C do art. 17, assim como do *caput* e dos §§ 5º e 7º do art. 17-B, da Lei 8.429/1992, na redação dada pela Lei 14.230/2021, de modo a restabelecer a existência de legitimidade ativa concorrente e disjuntiva entre o Ministério Público e as pessoas jurídicas interessadas para a propositura da ação por ato de improbidade administrativa e para a celebração de acordos de não persecução civil; (...)" (DOU 05.09.2022).

▸ Art. 84 do CPP.

§§ 1º a 4º *Revogados pela Lei 14.230/2021.*

§ 4º-A A ação a que se refere o *caput* deste artigo deverá ser proposta perante o foro do local onde ocorrer o dano ou a pessoa jurídica prejudicada.

▸ § 4º-A acrescido pela Lei 14.230/2021.

§ 5º A propositura da ação a que se refere o *caput* deste artigo prevenirá a competência do juízo para todas as ações posteriormente intentadas que possuam a mesma causa de pedir ou o mesmo objeto.

▸ § 5º com redação pela Lei 14.230/2021.

§ 6º A petição inicial observará o seguinte:

▸ § 6º, *caput*, com redação pela Lei 14.230/2021.

I – deverá individualizar a conduta do réu e apontar os elementos probatórios mínimos que demonstrem a ocorrência das hipóteses dos arts. 9º, 10 e 11 desta Lei e de sua autoria, salvo impossibilidade devidamente fundamentada;

II – será instruída com documentos ou justificação que contenham indícios suficientes da veracidade dos fatos e do dolo imputado ou com razões fundamentadas da impossibilidade de apresentação de qualquer dessas provas, observada a legislação vigente, inclusive as disposições constantes dos arts. 77 e 80 da Lei 13.105, de 16 de março de 2015 (Código de Processo Civil).

▸ Incisos I e II acrescidos pela Lei 14.230/2021.

§ 6º-A. O Ministério Público poderá requerer as tutelas provisórias adequadas e necessárias, nos termos dos arts. 294 a 310 da Lei 13.105, de 16 de março de 2015 (Código de Processo Civil).

▸ § 6º-A acrescido pela Lei 14.230/2021.

▸ O STF nas ADIns 7.042 e 7.043, por maioria, julgou parcialmente procedente os pedidos para "declarar a inconstitucionalidade parcial, sem redução de texto, do *caput* e dos §§ 6º-A e 10-C do art. 17, assim como do *caput* e dos §§ 5º e 7º do art. 17-B, da Lei 8.429/1992, na redação dada pela Lei 14.230/2021, de modo a restabelecer a existência de legitimidade ativa concorrente e disjuntiva entre o Ministério Público e as pessoas jurídicas interessadas para a propositura da ação por ato de improbidade administrativa e para a celebração de acordos de não persecução civil; (...)" (DOU 05.09.2022).

§ 6º-B. A petição inicial será rejeitada nos casos do art. 330 da Lei 13.105, de 16 de março de 2015 (Código de Processo Civil), bem como quando não preenchidos os requisitos a que se referem os incisos I e II do § 6º deste artigo, ou ainda quando manifestamente inexistente o ato de improbidade imputado.

▸ § 6º-B acrescido pela Lei 14.230/2021.

§ 7º Se a petição inicial estiver em devida forma, o juiz mandará autuá-la e ordenará a citação dos requeridos para que a contestem no prazo comum de 30 (trinta) dias, iniciado o prazo na forma do art. 231 da Lei 13.105, de 16 de março de 2015 (Código de Processo Civil).

▸ § 7º com redação pela Lei 14.230/2021.

§§ 8º e 9º Revogados pela Lei 14.230/2021.

§ 9º-A. Da decisão que rejeitar questões preliminares suscitadas pelo réu em sua contestação caberá agravo de instrumento.

▸ § 9º-A acrescido pela Lei 14.230/2021.

§ 10. Revogado pela Lei 14.230/2021.

§ 10-A. Havendo a possibilidade de solução consensual, poderão as partes requerer ao juiz a interrupção do prazo para a contestação, por prazo não superior a 90 (noventa) dias.

▸ § 10-A acrescido pela Lei 13.964/2019.

§ 10-B. Oferecida a contestação e, se for o caso, ouvido o autor, o juiz:

I – procederá ao julgamento conforme o estado do processo, observada a eventual inexistência manifesta do ato de improbidade;

II – poderá desmembrar o litisconsórcio, com vistas a otimizar a instrução processual.

§ 10-C. Após a réplica do Ministério Público, o juiz proferirá decisão na qual indicará com precisão a tipificação do ato de improbidade administrativa imputável ao réu, sendo-lhe vedado modificar o fato principal e a capitulação legal apresentada pelo autor.

▸ O STF nas ADIns 7.042 e 7.043, por maioria, julgou parcialmente procedente os pedidos para "declarar a inconstitucionalidade parcial, sem redução de texto, do *caput* e dos §§ 6º-A e 10-C do art. 17, assim como do *caput* e dos §§ 5º e 7º do art. 17-B, da Lei 8.429/1992, na redação dada pela Lei 14.230/2021, de modo a restabelecer a existência de legitimidade ativa concorrente e disjuntiva entre o Ministério Público e as pessoas jurídicas interessadas para a propositura da ação por ato de improbidade administrativa e para a celebração de acordos de não persecução civil; (...)" (DOU 05.09.2022).

§ 10-D. Para cada ato de improbidade administrativa, deverá necessariamente ser indicado apenas um tipo dentre aqueles previstos nos arts. 9º, 10 e 11 desta Lei.

§ 10-E. Proferida a decisão referida no § 10-C deste artigo, as partes serão intimadas a especificar as provas que pretendem produzir.

§ 10-F. Será nula a decisão de mérito total ou parcial da ação de improbidade administrativa que:

I – condenar o requerido por tipo diverso daquele definido na petição inicial;

II – condenar o requerido sem a produção das provas por ele tempestivamente especificadas.

▸ §§ 10-B a 10-F acrescidos pela Lei 14.230/2021.

§ 11. Em qualquer momento do processo, verificada a inexistência do ato de improbidade, o juiz julgará a demanda improcedente.

▸ § 11 com redação pela Lei 14.230/2021.

§§ 12 e 13. Revogados pela Lei 14.230/2021.

§ 14. Sem prejuízo da citação dos réus, a pessoa jurídica interessada será intimada para, caso queira, intervir no processo.

§ 15. Se a imputação envolver a desconsideração de pessoa jurídica, serão observadas as regras previstas nos arts. 133, 134, 135, 136 e 137 da Lei 13.105, de 16 de março de 2015 (Código de Processo Civil).

§ 16. A qualquer momento, se o magistrado identificar a existência de ilegalidades ou de irregularidades administrativas a serem sanadas sem que estejam presentes todos os requisitos para a imposição das sanções aos agentes incluídos no polo passivo da demanda, poderá, em decisão motivada, converter a ação de improbidade administrativa em ação civil pública, regulada pela Lei 7.347, de 24 de julho de 1985.

§ 17. Da decisão que converter a ação de improbidade em ação civil pública caberá agravo de instrumento.

§ 18. Ao réu será assegurado o direito de ser interrogado sobre os fatos de que trata a ação, e a sua recusa ou o seu silêncio não implicarão confissão.

§ 19. Não se aplicam na ação de improbidade administrativa:

I – a presunção de veracidade dos fatos alegados pelo autor em caso de revelia;

II – a imposição do ônus da prova ao réu, na forma dos §§ 1º e 2º do art. 373 da Lei 13.105, de 16 de março de 2015 (Código de Processo Civil);

III – o ajuizamento de mais de uma ação de improbidade administrativa pelo mesmo fato, competindo ao Conselho Nacional do Ministério Público dirimir conflitos de atribuições entre membros de Ministérios Públicos distintos;

IV – o reexame obrigatório da sentença de improcedência ou de extinção sem resolução de mérito.

§ 20. A assessoria jurídica que emitiu o parecer atestando a legalidade prévia dos atos administrativos praticados pelo administrador público ficará obrigada a defendê-lo judicialmente, caso este venha a responder ação por improbidade administrativa, até que a decisão transite em julgado.

▸ O STF nas ADIns 7.042 e 7.043, por maioria, julgou parcialmente procedente os pedidos para "declarar a inconstitucionalidade parcial, com redução de texto, do § 20 do art. 17 da Lei 8.429/1992, incluído pela Lei 14.230/2021, no sentido de que não existe 'obrigatoriedade de defesa judicial'; havendo, porém, a possibilidade dos órgãos da Advocacia Pública autorizarem a realização dessa representação judicial, por parte da assessoria jurídica que emitiu o parecer atestando a legalidade prévia dos atos administrativos praticados pelo administrador público, nos termos autorizados por lei específica; (...)" (DOU 05.09.2022).

§ 21. Das decisões interlocutórias caberá agravo de instrumento, inclusive da decisão que rejeitar questões preliminares suscitadas pelo réu em sua contestação.

▸ §§ 14 a 21 acrescidos pela Lei 14.230/2021.

Art. 17-A. Vetado.

▸ Artigo acrescido pela Lei 13.964/2019.

Art. 17-B. O Ministério Público poderá, conforme as circunstâncias do caso concreto, celebrar acordo de não persecução civil, desde que dele advenham, ao menos, os seguintes resultados:

I – o integral ressarcimento do dano;

II – a reversão à pessoa jurídica lesada da vantagem indevida obtida, ainda que oriunda de agentes privados.

▸ O STF nas ADIns 7.042 e 7.043, por maioria, julgou parcialmente procedente os pedidos para "declarar a inconstitucionalidade parcial, sem redução de texto, do *caput* e dos §§ 6º-A e 10-C do art. 17, assim como do *caput* e dos §§ 5º e 7º do art. 17-B, da Lei 8.429/1992, na redação dada pela Lei 14.230/2021, de modo a restabelecer a existência de legitimidade ativa concorrente e disjuntiva entre o Ministério Público e as pessoas jurídicas interessadas para a propositura da ação por ato de improbidade administrativa e para a celebração de acordos de não persecução civil; (...)" (DOU 05.09.2022).

§ 1º A celebração do acordo a que se refere o *caput* deste artigo dependerá, cumulativamente:

I – da oitiva do ente federativo lesado, em momento anterior ou posterior à propositura da ação;

II – de aprovação, no prazo de até 60 (sessenta) dias, pelo órgão do Ministério Público competente para apreciar as promoções de arquivamento de inquéritos civis, se anterior ao ajuizamento da ação;

III – de homologação judicial, independentemente de o acordo ocorrer antes ou depois do ajuizamento da ação de improbidade administrativa.

§ 2º Em qualquer caso, a celebração do acordo a que se refere o *caput* deste artigo considerará a personalidade do agente, a natureza, as circunstâncias, a gravidade e a repercussão social do ato de improbidade, bem como as vantagens, para o interesse público, da rápida solução do caso.

§ 3º Para fins de apuração do valor do dano a ser ressarcido, deverá ser realizada a oitiva do Tribunal de Contas competente, que se manifestará, com indicação dos parâmetros utilizados, no prazo de 90 (noventa) dias.

▸ O STF na ADI 7.236 deferiu parcialmente a medida cautelar, ad referendum do Plenário, para suspender a eficácia do art. 17-B, § 3º, da Lei 8.429/1992. (DJeSTF 10.01.2023)

§ 4º O acordo a que se refere o *caput* deste artigo poderá ser celebrado no curso da investigação de apuração do ilícito, no curso da ação de improbidade ou no momento da execução da sentença condenatória.

§ 5º As negociações para a celebração do acordo a que se refere o *caput* deste artigo ocorrerão entre o Ministério Público, de um lado, e, de outro, o investigado ou demandado e o seu defensor.

▸ O STF nas ADIns 7.042 e 7.043, por maioria, julgou parcialmente procedente os pedidos para "declarar a inconstitucionalidade parcial, sem redução de texto, do *caput* e dos §§ 6º-A e 10-C do art. 17, assim como do *caput* e dos §§ 5º e 7º do art. 17-B, da Lei 8.429/1992, na redação dada pela Lei 14.230/2021, de modo a restabelecer a existência de legitimidade ativa concorrente e disjuntiva entre o Ministério Público e as pessoas jurídicas interessadas para a propositura da ação por ato de improbidade administrativa e para a celebração de acordos de não persecução civil; (...)" (DOU 05.09.2022).

§ 6º O acordo a que se refere o *caput* deste artigo poderá contemplar a adoção de mecanismos e procedimentos internos de integridade, de auditoria e de incentivo à denúncia de irregularidades e a aplicação efetiva de códigos de ética e de conduta no âmbito da pessoa jurídica, se for o caso, bem como de outras medidas em favor do interesse público e de boas práticas administrativas.

§ 7º Em caso de descumprimento do acordo a que se refere o *caput* deste artigo, o investigado ou o demandado ficará impedido de celebrar novo acordo pelo prazo de 5 (cinco) anos, contado do conhecimento pelo Ministério Público do efetivo descumprimento.

▸ O STF nas ADIns 7.042 e 7.043, por maioria, julgou parcialmente procedente os pedidos para "declarar a inconstitucionalidade parcial, sem redução de texto, do *caput* e dos §§ 6º-A e 10-C do art. 17, assim como do *caput* e dos §§ 5º e 7º do art. 17-B, da Lei 8.429/1992, na redação dada pela Lei 14.230/2021, de modo a restabelecer a existência de legitimidade ativa concorrente e disjuntiva entre o Ministério Público e as pessoas jurídicas interessadas para a propositura da ação por ato de improbidade administrativa e para a celebração de acordos de não persecução civil; (...)" (DOU 05.09.2022).

Art. 17-C. A sentença proferida nos processos a que se refere esta Lei deverá, além de observar o disposto no art. 489 da Lei 13.105, de 16 de março de 2015 (Código de Processo Civil):

I – indicar de modo preciso os fundamentos que demonstram os elementos a que se referem os arts. 9º, 10 e 11 desta Lei, que não podem ser presumidos;

II – considerar as consequências práticas da decisão, sempre que decidir com base em valores jurídicos abstratos;

III – considerar os obstáculos e as dificuldades reais do gestor e as exigências das políticas públicas a seu cargo, sem prejuízo dos direitos dos administrados e das circunstâncias práticas que houverem imposto, limitado ou condicionado a ação do agente;

Serv. Públ.

IV – considerar, para a aplicação das sanções, de forma isolada ou cumulativa:

a) os princípios da proporcionalidade e da razoabilidade;

b) a natureza, a gravidade e o impacto da infração cometida;

c) a extensão do dano causado;

d) o proveito patrimonial obtido pelo agente;

e) as circunstâncias agravantes ou atenuantes;

f) a atuação do agente em minorar os prejuízos e as consequências advindas de sua conduta omissiva ou comissiva;

g) os antecedentes do agente;

V – considerar na aplicação das sanções a dosimetria das sanções relativas ao mesmo fato já aplicadas ao agente;

VI – considerar, na fixação das penas relativamente ao terceiro, quando for o caso, a sua atuação específica, não admitida a sua responsabilização por ações ou omissões para as quais não tiver concorrido ou das quais não tiver obtido vantagens patrimoniais indevidas;

VII – indicar, na apuração da ofensa a princípios, critérios objetivos que justifiquem a imposição da sanção.

§ 1º A ilegalidade sem a presença de dolo que a qualifique não configura ato de improbidade.

§ 2º Na hipótese de litisconsórcio passivo, a condenação ocorrerá no limite da participação e dos benefícios diretos, vedada qualquer solidariedade.

§ 3º Não haverá remessa necessária nas sentenças de que trata esta Lei.

Art. 17-D. A ação por improbidade administrativa é repressiva, de caráter sancionatório, destinada à aplicação de sanções de caráter pessoal previstas nesta Lei, e não constitui ação civil, vedado seu ajuizamento para o controle de legalidade de políticas públicas e para a proteção do patrimônio público e social, do meio ambiente e de outros interesses difusos, coletivos e individuais homogêneos.

Parágrafo único. Ressalvado o disposto nesta Lei, o controle de legalidade de políticas públicas e a responsabilidade de agentes públicos, inclusive políticos, entes públicos e governamentais, por danos ao meio ambiente, ao consumidor, a bens e direitos de valor artístico, estético, histórico, turístico e paisagístico, a qualquer outro interesse difuso ou coletivo, à ordem econômica, à ordem urbanística, à honra e à dignidade de grupos raciais, étnicos ou religiosos e ao patrimônio público e social submetem-se aos termos da Lei 7.347, de 24 de julho de 1985.

▸ §§ 17-B a 17-D acrescidos pela Lei 14.230/2021.

Art. 18. A sentença que julgar procedente a ação fundada nos arts. 9º e 10 desta Lei condenará ao ressarcimento dos danos e à perda ou à reversão dos bens e valores ilicitamente adquiridos, conforme o caso, em favor da pessoa jurídica prejudicada pelo ilícito.

▸ *Caput* com redação pela Lei 14.230/2021.

§ 1º Se houver necessidade de liquidação do dano, a pessoa jurídica prejudicada procederá a essa determinação e ao ulterior procedimento para cumprimento da sentença referente ao ressarcimento do patrimônio público ou à perda ou à reversão dos bens.

§ 2º Caso a pessoa jurídica prejudicada não adote as providências a que se refere o § 1º deste artigo no prazo de 6 (seis) meses, contado do trânsito em julgado da sentença de procedência da ação, caberá ao Ministério Público proceder à respectiva liquidação do dano e ao cumprimento da sentença referente ao ressarcimento do patrimônio público ou à perda ou à reversão dos bens, sem prejuízo de eventual responsabilização pela omissão verificada.

§ 3º Para fins de apuração do valor do ressarcimento, deverão ser descontados os serviços efetivamente prestados.

§ 4º O juiz poderá autorizar o parcelamento, em até 48 (quarenta e oito) parcelas mensais corrigidas monetariamente, do débito resultante de condenação pela prática de improbidade administrativa se o réu demonstrar incapacidade financeira de saldá-lo de imediato.

▸ §§ 1º a 4º acrescidos pela Lei 14.230/2021.

Art. 18-A. A requerimento do réu, na fase de cumprimento da sentença, o juiz unificará eventuais sanções aplicadas com outras já impostas em outros processos, tendo em vista a eventual continuidade de ilícito ou a prática de diversas ilicitudes, observando o seguinte:

▸ Artigo acrescido pela Lei 14.230/2021.

I – no caso de continuidade de ilícito, o juiz promoverá a maior sanção aplicada, aumentada de 1/3 (um terço), ou a soma das penas, o que for mais benéfico ao réu;

II – no caso de prática de novos atos ilícitos pelo mesmo sujeito, o juiz somará as sanções.

Parágrafo único. As sanções de suspensão de direitos políticos e de proibição de contratar ou de receber incentivos fiscais ou creditícios do poder público observarão o limite máximo de 20 (vinte) anos.

CAPÍTULO VI
DAS DISPOSIÇÕES PENAIS

Art. 19. Constitui crime a representação por ato de improbidade contra agente público ou terceiro beneficiário quando o autor da denúncia o sabe inocente.

Pena – detenção de 6 (seis) a 10 (dez) meses e multa.

▸ Art. 339 do CP.

Parágrafo único. Além da sanção penal, o denunciante está sujeito a indenizar o denunciado pelos danos materiais, morais ou à imagem que houver provocado.

Art. 20. A perda da função pública e a suspensão dos direitos políticos só se efetivam com o trânsito em julgado da sentença condenatória.

§ 1º A autoridade judicial competente poderá determinar o afastamento do agente público do exercício do cargo, do emprego ou da função, sem prejuízo da remuneração, quando a medida for necessária à instrução processual ou para evitar a iminente prática de novos ilícitos.

▸ Primitivo parágrafo único com redação pela Lei 14.230/2021.

§ 2º O afastamento previsto no § 1º deste artigo será de até 90 (noventa) dias, prorrogáveis uma única vez por igual prazo, mediante decisão motivada.

▸ § 2º acrescido pela Lei 14.230/2021.

Art. 21. A aplicação das sanções previstas nesta Lei independe:

I – da efetiva ocorrência de dano ao patrimônio público, salvo quanto à pena de ressarcimento e às condutas previstas no art. 10 desta Lei;

▸ Inciso I com redação pela Lei 14.230/2021.
▸ Art. 37, § 5º, da CF.

II – da aprovação ou rejeição das contas pelo órgão de controle interno ou pelo Tribunal ou Conselho de Contas.

§ 1º Os atos do órgão de controle interno ou externo serão considerados pelo juiz quando tiverem servido de fundamento para a conduta do agente público.

§ 2º As provas produzidas perante os órgãos de controle e as correspondentes decisões deverão ser consideradas na formação da convicção do juiz, sem prejuízo da análise acerca do dolo na conduta do agente.

§ 3º As sentenças civis e penais produzirão efeitos em relação à ação de improbidade quando concluírem pela inexistência da conduta ou pela negativa da autoria.

§ 4º A absolvição criminal em ação que discuta os mesmos fatos, confirmada por decisão colegiada, impede o trâmite da ação da qual trata esta Lei, havendo comunicação com todos os fundamentos de absolvição previstos no art. 386 do Decreto-Lei 3.689, de 3 de outubro de 1941 (Código de Processo Penal).

▸ O STF na ADI 7.236 deferiu parcialmente a medida cautelar, ad referendum do Plenário, para suspender a eficácia do art. 21, § 4º, da Lei 8.429/1992. (*DJeSTF* 10.01.2023)

§ 5º Sanções eventualmente aplicadas em outras esferas deverão ser compensadas com as sanções aplicadas nos termos desta Lei.

▸ §§ 1º a 5º acrescidos pela Lei 14.230/2021.

Art. 22. Para apurar qualquer ilícito previsto nesta Lei, o Ministério Público, de ofício, a requerimento de autoridade administrativa ou mediante representação formulada de acordo com o disposto no art. 14 desta Lei, poderá instaurar inquérito civil ou procedimento investigativo assemelhado e requisitar a instauração de inquérito policial.

▸ *Caput* com redação pela Lei 14.230/2021.

Parágrafo único. Na apuração dos ilícitos previstos nesta Lei, será garantido ao investigado a oportunidade de manifestação por escrito e de juntada de documentos que comprovem suas alegações e auxiliem na elucidação dos fatos.

▸ Parágrafo único acrescido pela Lei 14.230/2021.

CAPÍTULO VII
DA PRESCRIÇÃO

Art. 23. A ação para a aplicação das sanções previstas nesta Lei prescreve em 8 (oito) anos, contados a partir da ocorrência do fato ou, no caso de infrações permanentes, do dia em que cessou a permanência.

▸ *Caput* com redação pela Lei 14.230/2021.

I a III – Revogados pela Lei 14.230/2021.

§ 1º A instauração de inquérito civil ou de processo administrativo para apuração dos ilícitos referidos nesta Lei suspende o curso do prazo prescricional por, no máximo, 180 (cento e oitenta) dias corridos, recomeçando a correr após a sua conclusão, caso não concluído o processo, esgotado o prazo de suspensão.

§ 2º O inquérito civil para apuração do ato de improbidade será concluído no prazo de 365 (trezentos e sessenta e cinco) dias corridos, prorrogável uma única vez por igual período, mediante ato fundamentado submetido à revisão da instância competente do órgão ministerial, conforme dispuser a respectiva lei orgânica.

§ 3º Encerrado o prazo previsto no § 2º deste artigo, a ação deverá ser proposta no prazo de 30 (trinta) dias, se não for caso de arquivamento do inquérito civil.

§ 4º O prazo da prescrição referido no *caput* deste artigo interrompe-se:

I – pelo ajuizamento da ação de improbidade administrativa;

II – pela publicação da sentença condenatória;

III – pela publicação de decisão ou acórdão de Tribunal de Justiça ou Tribunal Regional Federal que confirma sentença condenatória ou que reforma sentença de improcedência;

IV – pela publicação de decisão ou acórdão do Superior Tribunal de Justiça que confirma acórdão condenatório ou que reforma acórdão de improcedência;

V – pela publicação de decisão ou acórdão do Supremo Tribunal Federal que confirma acórdão condenatório ou que reforma acórdão de improcedência.

§ 5º Interrompida a prescrição, o prazo recomeça a correr do dia da interrupção, pela metade do prazo previsto no *caput* deste artigo.

§ 6º A suspensão e a interrupção da prescrição produzem efeitos relativamente a todos os que concorreram para a prática do ato de improbidade.

§ 7º Nos atos de improbidade conexos que sejam objeto do mesmo processo, a suspensão e a interrupção relativas a qualquer deles estendem-se aos demais.

§ 8º O juiz ou o tribunal, depois de ouvido o Ministério Público, deverá, de ofício ou a requerimento da parte interessada, reconhecer a prescrição intercorrente da pretensão sancionadora e decretá-la de imediato, caso, entre os marcos interruptivos referidos no § 4º, transcorra o prazo previsto no § 5º deste artigo.

▸ §§ 1º a 8º acrescidos pela Lei 14.230/2021.

Art. 23-A. É dever do poder público oferecer contínua capacitação aos agentes públicos e políticos que atuem com prevenção ou repressão de atos de improbidade administrativa.

Art. 23-B. Nas ações e nos acordos regidos por esta Lei, não haverá adiantamento de custas, de preparo, de emolumentos, de honorários periciais e de quaisquer outras despesas.

§ 1º No caso de procedência da ação, as custas e as demais despesas processuais serão pagas ao final.

§ 2º Haverá condenação em honorários sucumbenciais em caso de improcedência da ação de improbidade se comprovada má-fé.

Art. 23-C. Atos que ensejem enriquecimento ilícito, perda patrimonial, desvio, apropriação, malbaratamento ou dilapidação de recursos públicos dos partidos políticos, ou de suas fundações, serão responsabilizados nos termos da Lei nº 9.096, de 19 de setembro de 1995.

▸ §§ 23-A a 23-C acrescidos pela Lei 14.230/2021.
▸ O STF na ADI 7.236 deferiu parcialmente a medida cautelar, *ad referendum* do Plenário, para conferir interpretação conforme ao artigo 23-C, da Lei 8.429/1992, no sentido de que os atos que ensejem enriquecimento ilícito, perda patrimonial, desvio, apropriação, malbaratamento ou dilapidação de recursos públicos dos partidos políticos, ou de suas fundações, poderão ser responsabilizados nos termos da Lei nº 9.096/1995, mas sem prejuízo da incidência da Lei de Improbidade Administrativa. (*DJeSTF* 10.01.2023)

CAPÍTULO VIII
DAS DISPOSIÇÕES FINAIS

Art. 24. Esta Lei entra em vigor na data de sua publicação.

Art. 25. Ficam revogadas as Leis 3.164, de 1º de junho de 1957, e 3.502, de 21 de dezembro de 1958, e demais disposições em contrário.

Rio de Janeiro, 2 de junho de 1992; 171º da Independência e 104º da República.

Fernando Collor

LEI COMPLEMENTAR 75, DE 20 DE MAIO DE 1993

Dispõe sobre a organização, as atribuições e o estatuto do Ministério Público da União.

DOU 21.05.1993

▸ Lei 8.625/1993 (Lei Orgânica Nacional do Ministério Público).

O Presidente da República:

Faço saber que o Congresso Nacional decreta e eu sanciono a seguinte lei complementar:

TÍTULO I
DAS DISPOSIÇÕES GERAIS

CAPÍTULO I
DA DEFINIÇÃO, DOS PRINCÍPIOS E DAS FUNÇÕES INSTITUCIONAIS

Art. 1º O Ministério Público da União, organizado por esta lei Complementar, é instituição permanente, essencial à função jurisdicional do Estado, incumbindo-lhe a defesa da ordem jurídica, do regime democrático, dos interesses sociais e dos interesses individuais indisponíveis.

Art. 2º Incumbem ao Ministério Público as medidas necessárias para garantir o respeito dos Poderes Públicos e dos serviços de relevância pública aos direitos assegurados pela Constituição Federal.

Art. 3º O Ministério Público da União exercerá o controle externo da atividade policial tendo em vista:

a) o respeito aos fundamentos do Estado Democrático de Direito, aos objetivos fundamentais da República Federativa do Brasil, aos princípios informadores das relações internacionais, bem como aos direitos assegurados na Constituição Federal e na lei;

b) a preservação da ordem pública, da incolumidade das pessoas e do patrimônio público;

c) a prevenção e a correção de ilegalidade ou de abuso de poder;

d) a indisponibilidade da persecução penal;

e) a competência dos órgãos incumbidos da segurança pública.

Art. 4º São princípios institucionais do Ministério Público da União a unidade, a indivisibilidade e a independência funcional.

Art. 5º São funções institucionais do Ministério Público da União:

I – a defesa da ordem jurídica, do regime democrático, dos interesses sociais e dos interesses individuais indisponíveis, considerados, dentre outros, os seguintes fundamentos e princípios:

a) a soberania e a representatividade popular;

b) os direitos políticos;

c) os objetivos fundamentais da República Federativa do Brasil;

d) a indissolubilidade da União;

e) a independência e a harmonia dos Poderes da União;

f) a autonomia dos Estados, do Distrito Federal e dos Municípios;

g) as vedações impostas à União, aos Estados, ao Distrito Federal e aos Municípios;

h) a legalidade, a impessoalidade, a moralidade e a publicidade, relativas à administração pública direta, indireta ou fundacional, de qualquer dos Poderes da União;

II – zelar pela observância dos princípios constitucionais relativos:

a) ao sistema tributário, às limitações do poder de tributar, à repartição do poder impositivo e das receitas tributárias e aos direitos do contribuinte;

b) às finanças públicas;

c) à atividade econômica, à política urbana, agrícola, fundiária e de reforma agrária e ao sistema financeiro nacional;

d) à seguridade social, à educação, à cultura e ao desporto, à ciência e à tecnologia, à comunicação social e ao meio ambiente;

e) à segurança pública;

III – a defesa dos seguintes bens e interesses:

a) o patrimônio nacional;

b) o patrimônio público e social;

c) o patrimônio cultural brasileiro;

d) o meio ambiente;

e) os direitos e interesses coletivos, especialmente das comunidades indígenas, da família, da criança, do adolescente e do idoso;

IV – zelar pelo efetivo respeito dos Poderes Públicos da União, dos serviços de relevância pública e dos meios de comunicação social aos princípios, garantias, condições, direitos, deveres e vedações previstos na Constituição Federal e na lei, relativos à comunicação social;

V – zelar pelo efetivo respeito dos Poderes Públicos da União e dos serviços de relevância pública quanto:

a) aos direitos assegurados na Constituição Federal relativos às ações e aos serviços de saúde e à educação;

b) aos princípios da legalidade, da impessoalidade, da moralidade e da publicidade;

VI – exercer outras funções previstas na Constituição Federal e na lei.

§ 1º Os órgãos do Ministério Público da União devem zelar pela observância dos princípios e competências da Instituição, bem como pelo livre exercício de suas funções.

§ 2º Somente a lei poderá especificar as funções atribuídas pela Constituição Federal e por esta Lei Complementar ao Ministério Público da União, observados os princípios e normas nelas estabelecidos.

CAPÍTULO II
DOS INSTRUMENTOS DE ATUAÇÃO

Art. 6º Compete ao Ministério Público da União:

I – promover a ação direta de inconstitucionalidade e o respectivo pedido de medida cautelar;

II – promover a ação direta de inconstitucionalidade por omissão;

III – promover a arguição de descumprimento de preceito fundamental decorrente da Constituição Federal;

IV – promover a representação para intervenção federal nos Estados e no Distrito Federal;

V – promover, privativamente, a ação penal pública, na forma da lei;

VI – impetrar *Habeas Corpus* e mandado de segurança;

VII – promover o inquérito civil e a ação civil pública para:

a) a proteção dos direitos constitucionais;

b) a proteção do patrimônio público e social, do meio ambiente, dos bens e direitos de valor artístico, estético, histórico, turístico e paisagístico;

c) a proteção dos interesses individuais indisponíveis, difusos e coletivos, relativos às comunidades indígenas, à família, à criança, ao adolescente, ao idoso, às minorias étnicas e ao consumidor;

d) outros interesses individuais indisponíveis, homogêneos, sociais, difusos e coletivos;

VIII – promover outras ações, nelas incluído o mandado de injunção sempre que a falta de norma regulamentadora torne inviável o exercício dos direitos e liberdades constitucionais e das prerrogativas inerentes à nacionalidade, à soberania e à cidadania, quando difusos os interesses a serem protegidos;

▶ Lei 13.300/2016 (Mandado de Injunção Individual e Coletivo).

IX – promover ação visando ao cancelamento de naturalização, em virtude de atividade nociva ao interesse nacional;

X – promover a responsabilidade dos executores ou agentes do estado de defesa ou do estado de sítio, pelos ilícitos cometidos no período de sua duração;

XI – defender judicialmente os direitos e interesses das populações indígenas, incluídos os relativos às terras por elas tradicionalmente habitadas, propondo as ações cabíveis;

XII – propor ação civil coletiva para defesa de interesses individuais homogêneos;

XIII – propor ações de responsabilidade do fornecedor de produtos e serviços;

XIV – promover outras ações necessárias ao exercício de suas funções institucionais, em defesa da ordem jurídica, do regime democrático e dos interesses sociais e individuais indisponíveis, especialmente quanto:

a) ao Estado de Direito e às instituições democráticas;

b) à ordem econômica e financeira;

c) à ordem social;

d) ao patrimônio cultural brasileiro;

e) à manifestação de pensamento, de criação, de expressão ou de informação;

f) à probidade administrativa;

g) ao meio ambiente;

XV – manifestar-se em qualquer fase dos processos, acolhendo solicitação do juiz ou por sua iniciativa, quando entender existente interesse em causa que justifique a intervenção;

XVI – *Vetado*;

XVII – propor as ações cabíveis para:

a) perda ou suspensão de direitos políticos, nos casos previstos na Constituição Federal;

b) declaração de nulidade de atos ou contratos geradores do endividamento externo da União, de suas autarquias, fundações e demais entidades controladas pelo Poder Público Federal, ou com repercussão direta ou indireta em suas finanças;

c) dissolução compulsória de associações, inclusive de partidos políticos, nos casos previstos na Constituição Federal;

d) cancelamento de concessão ou de permissão, nos casos previstos na Constituição Federal;

e) declaração de nulidade de cláusula contratual que contrarie direito do consumidor;

XVIII – representar:

a) ao órgão judicial competente para quebra de sigilo da correspondência e das comunicações telegráficas, de dados e das comunicações telefônicas, para fins de investigação criminal ou instrução processual penal, bem como manifestar-se sobre representação a ele dirigida para os mesmos fins;

b) ao Congresso Nacional, visando ao exercício das competências deste ou de qualquer de suas Casas ou comissões;

c) ao Tribunal de Contas da União, visando ao exercício das competências deste;

d) ao órgão judicial competente, visando à aplicação de penalidade por infrações cometidas contra as normas de proteção à infância e à juventude, sem prejuízo da promoção da responsabilidade civil e penal do infrator, quando cabível;

XIX – promover a responsabilidade:

a) da autoridade competente, pelo não exercício das incumbências, constitucional e legalmente impostas ao Poder Público da União, em defesa do meio ambiente, de sua preservação e de sua recuperação;

b) de pessoas físicas ou jurídicas, em razão da prática de atividade lesiva ao meio ambiente, tendo em vista a aplicação de sanções penais e a reparação dos danos causados;

XX – expedir recomendações, visando à melhoria dos serviços públicos e de relevância pública, bem como ao respeito, aos interesses, direitos e bens cuja defesa lhe cabe promover, fixando prazo razoável para a adoção das providências cabíveis.

§ 1º Será assegurada a participação do Ministério Público da União, como instituição observadora, na forma e nas condições estabelecidas em ato do Procurador-Geral da República, em qualquer órgão da administração pública direta, indireta ou fundacional da União, que tenha atribuições correlatas às funções da Instituição.

§ 2º A lei assegurará a participação do Ministério Público da União nos órgãos colegiados estatais, federais ou do Distrito Federal, constituídos para defesa de direitos e interesses relacionados com as funções da Instituição.

Art. 7º Incumbe ao Ministério Público da União, sempre que necessário ao exercício de suas funções institucionais:

I – instaurar inquérito civil e outros procedimentos administrativos correlatos;

II – requisitar diligências investigatórias e a instauração de inquérito policial e de inquérito policial militar, podendo acompanhá-los e apresentar provas;

III – requisitar à autoridade competente a instauração de procedimentos administrativos, ressalvados os de natureza disciplinar, podendo acompanhá-los e produzir provas.

Art. 8º Para o exercício de suas atribuições, o Ministério Público da União poderá, nos procedimentos de sua competência:

I – notificar testemunhas e requisitar sua condução coercitiva, no caso de ausência injustificada;

II – requisitar informações, exames, perícias e documentos de autoridades da Administração Pública direta ou indireta;

III – requisitar da Administração Pública serviços temporários de seus servidores e meios materiais necessários para a realização de atividades específicas;

IV – requisitar informações e documentos a entidades privadas;

V – realizar inspeções e diligências investigatórias;

VI – ter livre acesso a qualquer local público ou privado, respeitadas as normas constitucionais pertinentes à inviolabilidade do domicílio;

VII – expedir notificações e intimações necessárias aos procedimentos e inquéritos que instaurar;

VIII – ter acesso incondicional a qualquer banco de dados de caráter público ou relativo a serviço de relevância pública;

IX – requisitar o auxílio de força policial.

Serv. Públ.

§ 1º O membro do Ministério Público será civil e criminalmente responsável pelo uso indevido das informações e documentos que requisitar; a ação penal, na hipótese, poderá ser proposta também pelo ofendido, subsidiariamente, na forma da lei processual penal.

§ 2º Nenhuma autoridade poderá opor ao Ministério Público, sob qualquer pretexto, a exceção de sigilo, sem prejuízo da subsistência do caráter sigiloso da informação, do registro, do dado ou do documento que lhe seja fornecido.

§ 3º A falta injustificada e o retardamento indevido do cumprimento das requisições do Ministério Público implicarão a responsabilidade de quem lhe der causa.

§ 4º As correspondências, notificações, requisições e intimações do Ministério Público quando tiverem como destinatário o Presidente da República, o Vice-Presidente da República, membro do Congresso Nacional, Ministro do Supremo Tribunal Federal, Ministro de Estado, Ministro de Tribunal Superior, Ministro do Tribunal de Contas da União ou chefe de missão diplomática de caráter permanente serão encaminhadas e levadas a efeito pelo Procurador-Geral da República ou outro órgão do Ministério Público a quem essa atribuição seja delegada, cabendo às autoridades mencionadas fixar data, hora e local em que puderem ser ouvidas, se for o caso.

§ 5º As requisições do Ministério Público serão feitas fixando-se prazo razoável de até 10 (dez) dias úteis para atendimento, prorrogável mediante solicitação justificada.

CAPÍTULO III
DO CONTROLE EXTERNO
DA ATIVIDADE POLICIAL

Art. 9º O Ministério Público da União exercerá o controle externo da atividade policial por meio de medidas judiciais e extrajudiciais, podendo:

I – ter livre ingresso em estabelecimentos policiais ou prisionais;

II – ter acesso a quaisquer documentos relativos à atividade-fim policial;

III – representar à autoridade competente pela adoção de providências para sanar a omissão indevida, ou para prevenir ou corrigir ilegalidade ou abuso de poder;

IV – requisitar à autoridade competente a instauração de inquérito policial sobre a omissão ou fato ilícito ocorrido no exercício da atividade policial;

V – promover a ação penal por abuso de poder.

Art. 10. A prisão de qualquer pessoa, por parte de autoridade federal ou do Distrito Federal e Territórios, deverá ser comunicada imediatamente ao Ministério Público competente, com indicação do lugar onde se encontra o preso e cópia dos documentos comprobatórios da legalidade da prisão.

CAPÍTULO IV
DA DEFESA DOS DIREITOS CONSTITUCIONAIS

Art. 11. A defesa dos direitos constitucionais do cidadão visa à garantia do seu efetivo respeito pelos Poderes Públicos e pelos prestadores de serviços de relevância pública.

Art. 12. O Procurador dos Direitos do Cidadão agirá de ofício ou mediante representação, notificando a autoridade questionada para que preste informação, no prazo que assinar.

Art. 13. Recebidas ou não as informações e instruído o caso, se o Procurador dos Direitos do Cidadão concluir que direitos constitucionais foram ou estão sendo desrespeitados, deverá notificar o responsável para que tome as providências necessárias a prevenir a repetição ou que determine a cessação do desrespeito verificado.

Art. 14. Não atendida, no prazo devido, a notificação prevista no artigo anterior, a Procuradoria dos Direitos do Cidadão representará ao poder ou autoridade competente para promover a responsabilidade pela ação ou omissão inconstitucionais.

Art. 15. É vedado aos órgãos de defesa dos direitos constitucionais do cidadão promover em juízo a defesa de direitos individuais lesados.

§ 1º Quando a legitimidade para a ação decorrente da inobservância da Constituição Federal, verificada pela Procuradoria, couber a outro órgão do Ministério Público, os elementos de informação ser-lhe-ão remetidos.

§ 2º Sempre que o titular do direito lesado não puder constituir advogado e a ação cabível não incumbir ao Ministério Público, o caso, com os elementos colhidos, será encaminhado à Defensoria Pública competente.

Art. 16. A lei regulará os procedimentos da atuação do Ministério Público na defesa dos direitos constitucionais do cidadão.

(...)

CAPÍTULO VII
DA ESTRUTURA

Art. 24. O Ministério Público da União compreende:

I – o Ministério Público Federal;

II – o Ministério Público do Trabalho;

III – o Ministério Público Militar;

IV – o Ministério Público do Distrito Federal e Territórios.

Parágrafo único. A estrutura básica do Ministério Público da União será organizada por regulamento, nos termos da lei.

(...)

CAPÍTULO II
DO MINISTÉRIO PÚBLICO DO TRABALHO

Seção I
Da competência,
dos órgãos e da carreira

Art. 83. Compete ao Ministério Público do Trabalho o exercício das seguintes atribuições junto aos órgãos da Justiça do Trabalho:

I – promover as ações que lhe sejam atribuídas pela Constituição Federal e pelas leis trabalhistas;

II – manifestar-se em qualquer fase do processo trabalhista, acolhendo solicitação do juiz ou por sua iniciativa, quando entender existente interesse público que justifique a intervenção;

III – promover a ação civil pública no âmbito da Justiça do Trabalho, para defesa de interesses coletivos, quando desrespeitados os direitos sociais constitucionalmente garantidos;

IV – propor as ações cabíveis para declaração de nulidade de cláusula de contrato, acordo coletivo ou convenção coletiva que viole as liberdades individuais ou coletivas ou os direitos individuais indisponíveis dos trabalhadores;

V – propor as ações necessárias à defesa dos direitos e interesses dos menores, incapazes e índios, decorrentes das relações de trabalho;

VI – recorrer das decisões da Justiça do Trabalho, quando entender necessário, tanto nos processos em que for parte, como naqueles em que oficiar como fiscal da lei, bem como pedir revisão dos Enunciados da Súmula de Jurisprudência do Tribunal Superior do Trabalho;

VII – funcionar nas sessões dos Tribunais Trabalhistas, manifestando-se verbalmente sobre a matéria em debate, sempre que entender necessário, sendo-lhe assegurado o direito de vista dos processos em julgamento, podendo solicitar as requisições e diligências que julgar convenientes;

VIII – instaurar instância em caso de greve, quando a defesa da ordem jurídica ou o interesse público assim o exigir;

IX – promover ou participar da instrução e conciliação em dissídios decorrentes da paralisação de serviços de qualquer natureza, oficiando obrigatoriamente nos processos, manifestando sua concordância ou discordância, em eventuais acordos firmados antes da homologação, resguardado o direito de recorrer em caso de violação à lei e à Constituição Federal;

X – promover mandado de injunção, quando a competência for da Justiça do Trabalho;
> Lei 13.300/2016 (Mandado de Injunção Individual e Coletivo).

XI – atuar como árbitro, se assim for solicitado pelas partes, nos dissídios de competência da Justiça do Trabalho;

XII – requerer as diligências que julgar convenientes para o correto andamento dos processos e para a melhor solução das lides trabalhistas;

XIII – intervir obrigatoriamente em todos os feitos nos segundo e terceiro graus de jurisdição da Justiça do Trabalho, quando a parte for pessoa jurídica de Direito Público, Estado estrangeiro ou organismo internacional.

Art. 84. Incumbe ao Ministério Público do Trabalho, no âmbito das suas atribuições, exercer as funções institucionais previstas nos Capítulos I, II, III e IV do Título I, especialmente:

I – integrar os órgãos colegiados previstos no § 1º do art. 6º, que lhes sejam pertinentes;

II – instaurar inquérito civil e outros procedimentos administrativos, sempre que cabíveis, para assegurar a observância dos direitos sociais dos trabalhadores;

III – requisitar à autoridade administrativa federal competente, dos órgãos de proteção ao trabalho, a instauração de procedimentos administrativos, podendo acompanhá-los e produzir provas;

IV – ser cientificado pessoalmente das decisões proferidas pela Justiça do Trabalho, nas causas em que o órgão tenha intervido ou emitido parecer escrito;

V – exercer outras atribuições que lhe forem conferidas por lei, desde que compatíveis com sua finalidade.

Art. 85. São órgãos do Ministério Público do Trabalho:

I – o Procurador-Geral do Trabalho;

II – o Colégio de Procuradores do Trabalho;

III – o Conselho Superior do Ministério Público do Trabalho;

IV – a Câmara de Coordenação e Revisão do Ministério Público do Trabalho;

V – a Corregedoria do Ministério Público do Trabalho;

VI – os Subprocuradores-Gerais do Trabalho;

VII – os Procuradores Regionais do Trabalho;

VIII – os Procuradores do Trabalho.

Art. 86. A carreira do Ministério Público do Trabalho será constituída pelos cargos de Subprocurador-Geral do Trabalho, Procurador Regional do Trabalho e Procurador do Trabalho.

Parágrafo único. O cargo inicial da carreira é o de Procurador do Trabalho e o do último nível o de Subprocurador-Geral do Trabalho.

Seção II
Do procurador-geral do trabalho

Art. 87. O Procurador-Geral do Trabalho é o Chefe do Ministério Público do Trabalho.

Art. 88. O Procurador-Geral do Trabalho será nomeado pelo Procurador-Geral da República, dentre integrantes da instituição, com mais de 35 (trinta e cinco) anos de idade e de 5 (cinco) anos na carreira, integrante de lista tríplice escolhida mediante voto plurinominal, facultativo e secreto, pelo Colégio de Procuradores para um mandato de 2 (dois) anos, permitida uma recondução, observado o mesmo processo. Caso não haja número suficiente de candidatos com mais de 5 (cinco) anos na carreira, poderá concorrer à lista tríplice quem contar mais de 2 (dois) anos na carreira.

Parágrafo único. A exoneração do Procurador-Geral do Trabalho, antes do término do mandato, será proposta ao Procurador-Geral da República pelo Conselho Superior, mediante deliberação obtida com base em voto secreto de dois terços de seus integrantes.

Art. 89. O Procurador-Geral do Trabalho designará, dentre os Subprocuradores-Gerais do Trabalho, o Vice-Procurador-Geral do Trabalho, que o substituirá em seus impedimentos. Em caso de vacância, exercerá o cargo o Vice-Presidente do Conselho Superior, até o seu provimento definitivo.

Art. 90. Compete ao Procurador-Geral do Trabalho exercer as funções atribuídas ao Ministério Público do Trabalho junto ao Plenário do Tribunal Superior do Trabalho, propondo as ações cabíveis e manifestando-se nos processos de sua competência.

Art. 91. São atribuições do Procurador-Geral do Trabalho:

I – representar o Ministério Público do Trabalho;

II – integrar, como membro nato, e presidir o Colégio de Procuradores do Trabalho, o Conselho Superior do Ministério Público do Trabalho e a Comissão de Concurso;

III – nomear o Corregedor-Geral do Ministério Público do Trabalho, segundo lista tríplice formada pelo Conselho Superior;

IV – designar um dos membros e o Coordenador da Câmara de Coordenação e Revisão do Ministério Público do Trabalho;

V – designar, observados os critérios da lei e os estabelecidos pelo Conselho Superior, os ofícios em que exercerão suas funções os membros do Ministério Público do Trabalho;

VI – designar o Chefe da Procuradoria Regional do Trabalho dentre os Procuradores Regionais do Trabalho lotados na respectiva Procuradoria Regional;

VII – decidir, em grau de recurso, os conflitos de atribuição entre os órgãos do Ministério Público do Trabalho;

VIII – determinar a abertura de correição, sindicância ou inquérito administrativo;

IX – determinar a instauração de inquérito ou processo administrativo contra servidores dos serviços auxiliares;

X – decidir processo disciplinar contra membro da carreira ou servidor dos serviços auxiliares, aplicando as sanções que sejam de sua competência;

XI – decidir, atendendo a necessidade do serviço, sobre:

a) remoção a pedido ou por permuta;

b) alteração parcial da lista bienal de designações;

XII – autorizar o afastamento de membros do Ministério Público do Trabalho, ouvido o Conselho Superior, nos casos previstos em lei;

XIII – dar posse aos membros do Ministério Público do Trabalho;

XIV – designar membro do Ministério Público do Trabalho para:

a) funcionar nos órgãos em que a participação da Instituição seja legalmente prevista, ouvido o Conselho Superior;

b) integrar comissões técnicas ou científicas, relacionadas às funções da Instituição, ouvido o Conselho Superior;

c) assegurar a continuidade dos serviços, em caso de vacância, afastamento temporário, ausência, impedimento ou suspeição do titular, na inexistência ou falta do substituto designado;

XV – homologar, ouvido o Conselho Superior, o resultado do concurso para ingresso na carreira;

XVI – fazer publicar aviso de existência de vaga, na lotação e na relação bienal de designações;

XVII – propor ao Procurador-Geral da República, ouvido o Conselho Superior, a criação e extinção de cargos da carreira e dos ofícios em que devam ser exercidas suas funções;

XVIII – elaborar a proposta orçamentária do Ministério Público do Trabalho, submetendo-a, para aprovação, ao Conselho Superior;

XIX – encaminhar ao Procurador-Geral da República a proposta orçamentária do Ministério Público do Trabalho, após sua aprovação pelo Conselho Superior;

XX – organizar a prestação de contas do exercício anterior, encaminhando-a ao Procurador-Geral da República;

XXI – praticar atos de gestão administrativa, financeira e de pessoal;

XXII – elaborar o relatório de atividades do Ministério Público do Trabalho;

XXIII – coordenar as atividades do Ministério Público do Trabalho;

XXIV – exercer outras atribuições previstas em lei.

Art. 92. As atribuições do Procurador-Geral do Trabalho, previstas no artigo anterior, poderão ser delegadas:

I – ao Coordenador da Câmara de Coordenação e Revisão, as dos incisos XIV, alínea *c*, e XXIII;

II – aos Chefes das Procuradorias Regionais do Trabalho nos Estados e no Distrito Federal, as dos incisos I, XIV, alínea *c*, XXI e XXIII.

Seção III
Do colégio de procuradores do trabalho

Art. 93. O Colégio de Procuradores do Trabalho, presidido pelo Procurador-Geral do Trabalho, é integrado por todos os membros da carreira em atividade no Ministério Público do Trabalho.

Art. 94. São atribuições do Colégio de Procuradores do Trabalho:

I – elaborar, mediante voto plurinominal, facultativo e secreto, a lista tríplice para a escolha do Procurador-Geral do Trabalho;

II – elaborar, mediante voto plurinominal, facultativo e secreto, a lista sêxtupla para a composição do Tribunal Superior do Trabalho, sendo elegíveis os membros do Ministério Público do Trabalho com mais de 10 (dez) anos na carreira, tendo mais de 35 (trinta e cinco) e menos de 65 (sessenta e cinco) anos de idade;

III – elaborar, mediante voto plurinominal, facultativo e secreto, a lista sêxtupla para os Tribunais Regionais do Trabalho, dentre os Procuradores com mais de dez anos de carreira;

IV – eleger, dentre os Subprocuradores-Gerais do Trabalho e mediante voto plurinominal, facultativo e secreto, 4 (quatro) membros do Conselho Superior do Ministério Público do Trabalho.

§ 1º Para os fins previstos nos incisos deste artigo, prescindir-se-á de reunião do Colégio de Procuradores, procedendo-se segundo dispuser o seu Regimento Interno, exigido o voto da maioria absoluta dos eleitores.

§ 2º Excepcionalmente, em caso de interesse relevante da Instituição, o Colégio de Procuradores reunir-se-á em local designado pelo Procurador-Geral do Trabalho, desde que convocado por ele ou pela maioria de seus membros.

§ 3º O Regimento Interno do Colégio de Procuradores do Trabalho disporá sobre seu funcionamento.

Seção IV
Do conselho superior do ministério público do trabalho

Art. 95. O Conselho Superior do Ministério Público do Trabalho, presidido pelo Procurador-Geral do Trabalho, tem a seguinte composição:

I – o Procurador-Geral do Trabalho e o Vice-Procurador-Geral do Trabalho, que o integram como membros natos;

II – quatro Subprocuradores-Gerais do Trabalho, eleitos para um mandato de 2 (dois) anos, pelo Colégio de Procuradores do Trabalho, mediante voto plurinominal, facultativo e secreto, permitida uma reeleição;

III – quatro Subprocuradores-Gerais do Trabalho, eleitos para um mandato de 2 (dois) anos, por seus pares, mediante voto plurinominal, facultativo e secreto, permitida uma reeleição.

§ 1º Serão suplentes dos membros de que tratam os incisos II e III os demais votados, em ordem decrescente, observados os critérios gerais de desempate.

§ 2º O Conselho Superior elegerá o seu Vice-Presidente, que substituirá o Presidente em seus impedimentos e em caso de vacância.

Art. 96. O Conselho Superior do Ministério Público do Trabalho reunir-se-á ordinariamente, uma vez por mês, em dia previamente fixado, e, extraordinariamente, quando convocado pelo Procurador-Geral do Trabalho ou por proposta da maioria absoluta de seus membros.

Art. 97. Salvo disposição em contrário, as deliberações do Conselho Superior serão tomadas por maioria de votos, presente a maioria absoluta de seus membros.

§ 1º Em caso de empate, prevalecerá o voto do Presidente, exceto em matéria de sanções, caso em que prevalecerá a solução mais favorável ao acusado.

§ 2º As deliberações do Conselho Superior serão publicadas no *Diário da Justiça*, exceto quando o Regimento Interno determinar sigilo.

Art. 98. Compete ao Conselho Superior do Ministério Público do Trabalho:

I – exercer o poder normativo no âmbito do Ministério Público do Trabalho, observados os princípios desta lei complementar, especialmente para elaborar e aprovar:

a) o seu Regimento Interno, o do Colégio de Procuradores do Trabalho e o da Câmara de Coordenação e Revisão do Ministério Público do Trabalho;

b) as normas e as instruções para o concurso de ingresso na carreira;

c) as normas sobre as designações para os diferentes ofícios do Ministério Público do Trabalho;

d) os critérios para distribuição de procedimentos administrativos e quaisquer outros feitos, no Ministério Público do Trabalho;

e) os critérios de promoção por merecimento na carreira;

f) o procedimento para avaliar o cumprimento das condições do estágio probatório;

II – indicar os integrantes da Câmara de Coordenação e Revisão do Ministério Público do Trabalho;

III – propor a exoneração do Procurador-Geral do Trabalho;

IV – destituir, por iniciativa do Procurador-Geral do Trabalho e pelo voto de 2/3 (dois terços) de seus membros, antes do término do mandato, o Corregedor-Geral;

V – elaborar a lista tríplice destinada à promoção por merecimento;

VI – elaborar a lista tríplice para Corregedor-Geral do Ministério Público do Trabalho;

VII – aprovar a lista de antiguidade do Ministério Público do Trabalho e decidir sobre as reclamações a ela concernentes;

VIII – indicar o membro do Ministério Público do Trabalho para promoção por antiguidade, observado o disposto no art. 93, II, alínea *d*, da Constituição Federal;

IX – opinar sobre a designação de membro do Ministério Público do Trabalho para:

a) funcionar nos órgãos em que a participação da Instituição seja legalmente prevista;

b) integrar comissões técnicas ou científicas relacionadas às funções da Instituição;

X – opinar sobre o afastamento temporário de membro do Ministério Público do Trabalho;

XI – autorizar a designação, em caráter excepcional, de membros do Ministério Público do Trabalho, para exercício de atribuições processuais perante juízos, tribunais ou ofícios diferentes dos estabelecidos para cada categoria;

XII – determinar a realização de correições e sindicâncias e apreciar os relatórios correspondentes;

XIII – determinar a instauração de processos administrativos em que o acusado seja membro do Ministério Público do Trabalho, apreciar seus relatórios e propor as medidas cabíveis;

XIV – determinar o afastamento do exercício de suas funções, de membro do Ministério Público do Trabalho, indiciado ou acusado em processo disciplinar, e o seu retorno;

XV – designar a comissão de processo administrativo em que o acusado seja membro do Ministério Público do Trabalho;

XVI – decidir sobre o cumprimento do estágio probatório por membro do Ministério Público do Trabalho, encaminhando cópia da decisão ao Procurador-Geral da República, quando for o caso, para ser efetivada sua exoneração;

XVII – decidir sobre remoção e disponibilidade de membro do Ministério Público do Trabalho, por motivo de interesse público;

XVIII – autorizar, pela maioria absoluta de seus membros, que o Procurador-Geral da República ajuíze a ação de perda de cargo contra membro vitalício do Ministério Público do Trabalho, nos casos previstos em lei;

XIX – opinar sobre os pedidos de reversão de membro da carreira;

XX – aprovar a proposta de lei para o aumento do número de cargos da carreira e dos ofícios;

XXI – deliberar sobre a realização de concurso para o ingresso na carreira, designar os membros da Comissão de Concurso e opinar sobre a homologação dos resultados;

XXII – aprovar a proposta orçamentária que integrará o projeto de orçamento do Ministério Público da União;

XXIII – exercer outras funções atribuídas em lei.

§ 1º Aplicam-se ao Procurador-Geral e aos demais membros do Conselho Superior as normas processuais em geral, pertinentes aos impedimentos e suspeição dos membros do Ministério Público.

§ 2º As deliberações relativas aos incisos I, alíneas *a* e, XI, XIII, XIV, XV e XVII somente poderão ser tomadas com o voto favorável de 2/3 (dois terços) dos membros do Conselho Superior.

Seção V
Da câmara de coordenação e revisão do ministério público do trabalho

Art. 99. A Câmara de Coordenação e Revisão do Ministério Público do Trabalho é um órgão de coordenação, de integração e de revisão do exercício funcional na Instituição.

Art. 100. A Câmara de Coordenação e Revisão do Ministério Público do Trabalho será organizada por ato normativo, e o Regimento Interno, que disporá sobre seu funcionamento, será elaborado pelo Conselho Superior.

Art. 101. A Câmara de Coordenação e Revisão do Ministério Público do Trabalho será composta por três membros do Ministério Público do Trabalho, sendo um indicado pelo Procurador-Geral do Trabalho e dois pelo Conselho Superior do Ministério Público do Trabalho, juntamente com seus suplentes, para um mandato de 2 (dois) anos, sempre que possível, dentre integrantes do último grau da carreira.

Art. 102. Dentre os integrantes da Câmara de Coordenação e Revisão, um deles será designado pelo Procurador-Geral para a função executiva de Coordenador.

Art. 103. Compete à Câmara de Coordenação e Revisão do Ministério Público do Trabalho:

I – promover a integração e a coordenação dos órgãos institucionais do Ministério Público do Trabalho, observado o princípio da independência funcional;

II – manter intercâmbio com órgãos ou entidades que atuem em áreas afins;

III – encaminhar informações técnico-jurídicas aos órgãos institucionais do Ministério Público do Trabalho;

IV – resolver sobre a distribuição especial de feitos e procedimentos, quando a matéria, por sua natureza ou relevância, assim o exigir;

V – resolver sobre a distribuição especial de feitos, que por sua contínua reiteração, devam receber tratamento uniforme;

VI – decidir os conflitos de atribuição entre os órgãos do Ministério Público do Trabalho.

Parágrafo único. A competência fixada nos incisos IV e V será exercida segundo critérios objetivos previamente estabelecidos pelo Conselho Superior.

Serv. Públ.

Seção VI
Da corregedoria do ministério público do trabalho

Art. 104. A Corregedoria do Ministério Público do Trabalho, dirigida pelo Corregedor-Geral, é o órgão fiscalizador das atividades funcionais e da conduta dos membros do Ministério Público.

Art. 105. O Corregedor-Geral será nomeado pelo Procurador-Geral do Trabalho dentre os Subprocuradores-Gerais do Trabalho, integrantes de lista tríplice elaborada pelo Conselho Superior, para mandato de 2 (dois) anos, renovável uma vez.

§ 1º Não poderão integrar a lista tríplice os membros do Conselho Superior.

§ 2º Serão suplentes do Corregedor-Geral os demais integrantes da lista tríplice, na ordem em que os designar o Procurador-Geral.

§ 3º O Corregedor-Geral poderá ser destituído, por iniciativa do Procurador-Geral, antes do término do mandato, pelo voto de 2/3 (dois terços) dos membros do Conselho Superior.

Art. 106. Incumbe ao Corregedor-Geral do Ministério Público:

I – participar, sem direito a voto, das reuniões do Conselho Superior;

II – realizar, de ofício ou por determinação do Procurador-Geral ou do Conselho Superior, correições e sindicâncias, apresentando os respectivos relatórios;

III – instaurar inquérito contra integrante da carreira e propor ao Conselho Superior a instauração do processo administrativo consequente;

IV – acompanhar o estágio probatório dos membros do Ministério Público do Trabalho;

V – propor ao Conselho Superior a exoneração de membro do Ministério Público do Trabalho que não cumprir as condições do estágio probatório.

Seção VII
Dos subprocuradores-gerais do trabalho

Art. 107. Os Subprocuradores-Gerais do Trabalho serão designados para oficiar junto ao Tribunal Superior do Trabalho e nos ofícios na Câmara de Coordenação e Revisão.

Parágrafo único. A designação de Subprocurador-Geral do Trabalho para oficiar em órgãos jurisdicionais diferentes do previsto para a categoria dependerá de autorização do Conselho Superior.

Art. 108. Cabe aos Subprocuradores-Gerais do Trabalho, privativamente, o exercício das funções de:

I – Corregedor-Geral do Ministério Público do Trabalho;

II – Coordenador da Câmara de Coordenação e Revisão do Ministério Público do Trabalho.

Art. 109. Os Subprocuradores-Gerais do Trabalho serão lotados nos ofícios na Procuradoria-Geral do Trabalho.

Seção VIII
Dos procuradores regionais do trabalho

Art. 110. Os Procuradores Regionais do Trabalho serão designados para oficiar junto aos Tribunais Regionais do Trabalho.

Parágrafo único. Em caso de vaga ou de afastamento de Subprocurador-Geral do Trabalho por prazo superior a 30 (trinta) dias, poderá ser convocado pelo Procurador-Geral, mediante aprovação do Conselho Superior, Procurador Regional do Trabalho para substituição.

Art. 111. Os Procuradores Regionais do Trabalho serão lotados nos ofícios nas Procuradorias Regionais do Trabalho nos Estados e no Distrito Federal.

Seção IX
Dos procuradores do trabalho

Art. 112. Os Procuradores do Trabalho serão designados para funcionar junto aos Tribunais Regionais do Trabalho e, na forma das leis processuais, nos litígios trabalhistas que envolvam, especialmente, interesses de menores e incapazes.

Parágrafo único. A designação de Procurador do Trabalho para oficiar em órgãos jurisdicionais diferentes dos previstos para a categoria dependerá de autorização do Conselho Superior.

Art. 113. Os Procuradores do Trabalho serão lotados nos ofícios nas Procuradorias Regionais do Trabalho nos Estados e no Distrito Federal.

Seção X
Das unidades de lotação e de administração

Art. 114. Os ofícios na Procuradoria-Geral do Trabalho e nas Procuradorias Regionais do Trabalho nos Estados e no Distrito Federal são unidades de lotação e de administração do Ministério Público do Trabalho.

Art. 115. A estrutura básica das unidades de lotação e de administração será organizada por regulamento, nos termos da lei.

(...)

TÍTULO III
DAS DISPOSIÇÕES ESTATUTÁRIAS ESPECIAIS

CAPÍTULO I
DA CARREIRA

Seção I
Do provimento

Art. 182. Os cargos do Ministério Público da União, salvo os de Procurador-Geral da República, Procurador-Geral do Trabalho, Procurador-Geral da Justiça Militar e Procurador-Geral de Justiça do Distrito Federal e Territórios, são de provimento vitalício e constituem as carreiras independentes de cada ramo.

Art. 183. Os cargos das classes iniciais serão providos por nomeação, em caráter vitalício, mediante concurso público específico para cada ramo.

Art. 184. A vitaliciedade somente será alcançada após 2 (dois) anos de efetivo exercício.

Art. 185. É vedada a transferência ou aproveitamento nos cargos do Ministério Público da União, mesmo de um para outro de seus ramos.

Seção II
Do concurso

Art. 186. O concurso público de provas e títulos para ingresso em cada carreira do Ministério Público da União terá âmbito nacional, destinando-se ao preenchimento de todas as vagas existentes e das que ocorrerem no prazo de eficácia.

Parágrafo único. O concurso será realizado, obrigatoriamente, quando o número de vagas exceder a 10 % (dez por cento) do quadro respectivo e, facultativamente, a juízo do Conselho Superior competente.

Art. 187. Poderão inscrever-se no concurso bacharéis em Direito há pelo menos 2 (dois) anos, de comprovada idoneidade moral.

Art. 188. O concurso obedecerá ao regulamento elaborado pelo Conselho Superior competente, observado o disposto no art. 31.

Art. 189. A Comissão de Concurso será integrada pelo Procurador-Geral, seu Presidente, por dois membros do respectivo ramo do Ministério Público e por um jurista de reputação ilibada, indicados pelo Conselho Superior e por um advogado indicado pelo Conselho Federal da Ordem dos Advogados do Brasil.

Art. 190. O edital de abertura do concurso conterá a relação dos cargos vagos, com a respectiva lotação, e fixará, para as inscrições, prazo não inferior a 30 (trinta) dias, contado de sua publicação no *Diário Oficial*.

Art. 191. Não serão nomeados os candidatos aprovados no concurso de assistência à saúde para comunidades urso, que tenham completado 65 (sessenta e cinco) anos ou que venham a ser considerados inaptos para o exercício do cargo, em exame de higidez física e mental.

Art. 192. O Procurador-Geral competente, ouvido o Conselho Superior, decidirá sobre a homologação do concurso, dentro de 30 (trinta) dias, contados da publicação do resultado final.

Art. 193. O prazo de eficácia do concurso, para efeito de nomeação, será de 2 (dois) anos contados da publicação do ato homologatório, prorrogável uma vez pelo mesmo período.

Art. 194. A nomeação dos candidatos habilitados no concurso obedecerá à ordem de classificação.

§ 1º Os candidatos aprovados, na ordem de classificação, escolherão a lotação de sua preferência, na relação das vagas que, após o resultado do concurso, o Conselho Superior decidir que devam ser providas inicialmente.

§ 2º O candidato aprovado poderá renunciar à nomeação correspondente a sua classificação, antecipadamente ou até o termo final do prazo de posse, caso em que o renunciante será deslocado para o último lugar na lista dos classificados.

Seção III
Da posse e do exercício

Art. 195. O prazo para a posse nos cargos do Ministério Público da União é de 30 (trinta) dias, contado da publicação do ato de nomeação, prorrogável por mais 60 (sessenta) dias, mediante comunicação do nomeado, antes de findo o primeiro prazo.

Parágrafo único. O empossado prestará compromisso de bem cumprir os deveres do cargo, em ato solene, presidido pelo Procurador-Geral.

Art. 196. Para entrar no exercício do cargo, o empossado terá o prazo de 30 (trinta) dias, prorrogável por igual período, mediante comunicação, antes de findo o prazo inicial.

Seção IV
Do estágio probatório

Art. 197. Estágio probatório é o período dos dois primeiros anos de efetivo exercício do cargo pelo membro do Ministério Público da União.

Art. 198. Os membros do Ministério Público da União, durante o estágio probatório, somente poderão perder o cargo mediante decisão da maioria absoluta do respectivo Conselho Superior.

Seção V
Das promoções

Art. 199. As promoções far-se-ão, alternadamente, por antiguidade e merecimento.

§ 1º A promoção deverá ser realizada até 30 (trinta) dias da ocorrência da vaga; não decretada no prazo legal, a promoção produzirá efeitos a partir do termo final dele.

§ 2º Para todos os efeitos, será considerado promovido o membro do Ministério Público da União que vier a falecer ou se aposentar sem que tenha sido efetivada, no prazo legal, a promoção que cabia por antiguidade, ou por força do § 3º do artigo subsequente.

§ 3º É facultada a recusa de promoção, sem prejuízo do critério de preenchimento da vaga recusada.

§ 4º É facultada a renúncia à promoção, em qualquer tempo, desde que haja vaga na categoria imediatamente anterior.

Art. 200. O merecimento, para efeito de promoção, será apurado mediante critérios de ordem objetiva, fixados em regulamento elaborado pelo Conselho Superior do respectivo ramo, observado o disposto no art. 31 desta lei complementar.

§ 1º À promoção por merecimento só poderão concorrer os membros do Ministério Público da União com pelo menos 2 (dois) anos de exercício na categoria e integrantes da primeira quinta parte da lista de antiguidade, salvo se não houver com tais requisitos quem aceite o lugar vago; em caso de recusa, completar-se-á a fração incluindo-se outros integrantes da categoria, na sequência da ordem de antiguidade.

§ 2º Não poderá concorrer à promoção por merecimento quem tenha sofrido penalidade de censura ou suspensão, no período de 1 (um) ano imediatamente anterior à ocorrência da vaga, em caso de censura; ou de 2 (dois) anos, em caso de suspensão.

§ 3º Será obrigatoriamente promovido quem houver figurado por três vezes consecutivas, ou cinco alternadas, na lista tríplice elaborada pelo Conselho Superior.

Art. 201. Não poderá concorrer à promoção por merecimento, até 1 (um) dia após o regresso, o membro do Ministério Público da União afastado da carreira para:

I – exercer cargo eletivo ou a ele concorrer;

II – exercer outro cargo público permitido por lei.

Art. 202. *Vetado.*

§ 1º A lista de antiguidade será organizada no primeiro trimestre de cada ano, aprovada pelo Conselho Superior e publicada no *Diário Oficial* até o último dia do mês seguinte.

§ 2º O prazo para reclamação contra a lista de antiguidade será de 30 (trinta) dias, contado da publicação.

§ 3º O desempate na classificação por antiguidade será determinado, sucessivamente, pelo tempo de serviço na respectiva carreira do Ministério Público da União, pelo tempo de serviço público federal, pelo tempo de serviço público em geral e pela idade dos candidatos, em favor do mais idoso; na classificação inicial, o primeiro desempate será determinado pela classificação no concurso.

§ 4º Na indicação à promoção por antiguidade, o Conselho Superior somente poderá recusar o mais antigo pelo voto de 2/3 (dois terços) de seus integrantes, repetindo-se a votação até fixar-se a indicação.

Seção VI
Dos afastamentos

Art. 203. Sem prejuízo dos vencimentos, vantagens, ou qualquer direito, o membro do Ministério Público da União poderá afastar-se de suas funções:

I – até 8 (oito) dias consecutivos, por motivo de casamento;

II – até 8 (oito) dias consecutivos, por motivo de falecimento de cônjuge ou companheiro, ascendente ou descendente, irmão ou pessoa que viva sob sua dependência econômica;

III – até 5 (cinco) dias úteis, para comparecimento a encontros ou congressos, no âmbito da instituição ou promovidos pela entidade de classe a que pertença, atendida a necessidade do serviço.

Art. 204. O membro do Ministério Público da União poderá afastar-se do exercício de suas funções para:

I – frequentar cursos de aperfeiçoamento e estudos, no País ou no exterior, por prazo não superior a 2 (dois) anos, prorrogável, no máximo, por igual período;

II – comparecer a seminários ou congressos, no País ou no exterior;

III – ministrar cursos e seminários destinados ao aperfeiçoamento dos membros da instituição;

IV – exercer cargo eletivo nos casos previstos em lei ou a ele concorrer, observadas as seguintes condições:

a) o afastamento será facultativo e sem remuneração, durante o período entre a escolha como candidato a cargo eletivo em convenção partidária e a véspera do registro da candidatura na Justiça Eleitoral;

b) o afastamento será obrigatório a partir do dia do registro da candidatura para a Justiça;

V – ausentar-se do País em missão oficial.

§ 1º O afastamento, salvo na hipótese do inciso IV, só se dará mediante autorização do Procurador-Geral, depois de ouvido o Conselho Superior e atendida a necessidade de serviço.

§ 2º Os casos de afastamento previstos neste artigo dar-se-ão sem prejuízo dos vencimentos, vantagens ou qualquer direito inerente ao cargo, assegurada, no caso do inciso IV, a escolha da remuneração preferida, sendo o tempo de afastamento considerado de efetivo exercício para todos os fins e efeitos de direito.

§ 3º Não se considera de efetivo exercício, para fins de estágio probatório, o período de afastamento do membro do Ministério Público da União.

§ 4º Ao membro do Ministério Público da União que haja se afastado de suas funções para o fim previsto no inciso I não será concedida exoneração ou licença para tratar de interesses particulares antes de decorrido período igual ao de afastamento, ressalvada a hipótese de ressarcimento do que houver recebido a título de vencimentos e vantagens em virtude do afastamento.

Seção VII
Da reintegração

Art. 205. A reintegração, que decorrerá de decisão judicial passada em julgado, é o reingresso do membro do Ministério Público da União na carreira, com ressarcimento dos vencimentos e vantagens deixados de perceber em razão da demissão, contando-se o tempo de serviço correspondente ao afastamento.

§ 1º O titular do cargo no qual se deva dar a reintegração será reconduzido àquele que anteriormente ocupava, o mesmo acontecendo com o titular do cargo para o qual deva ocorrer a recondução; sendo da classe inicial o cargo objeto da reintegração ou da recondução, seu titular ficará em disponibilidade, com proventos idênticos à remuneração que venceria, se em atividade estivesse.

§ 2º A disponibilidade prevista no parágrafo anterior cessará com o aproveitamento obrigatório na primeira vaga que venha a ocorrer na classe inicial.

§ 3º O reconduzido, caso tenha sido promovido por merecimento, fará jus à promoção na primeira vaga a ser provida por idêntico critério, atribuindo-se-lhe, quanto à antiguidade na classe, os efeitos de sua promoção anterior.

§ 4º O reintegrado será submetido ao exame médico exigido para o ingresso na carreira, e, verificando-se sua inaptidão para exercício do cargo, será aposentado, com as vantagens a que teria direito, se efetivada a reintegração.

Seção VIII
Da reversão e da readmissão
Arts. 206 e **207.** Vetados.

CAPÍTULO II
DOS DIREITOS

Seção I
Da vitaliciedade e da inamovibilidade

Art. 208. Os membros do Ministério Público da União, após 2 (dois) anos de efetivo exercício, só poderão ser demitidos por decisão judicial transitada em julgado.

Parágrafo único. A propositura de ação para perda de cargo, quando decorrente de proposta do Conselho Superior depois de apreciado o processo administrativo, acarretará o afastamento do membro do Ministério Público da União do exercício de suas funções, com a perda dos vencimentos e das vantagens pecuniárias do respectivo cargo.

Art. 209. Os membros do Ministério Público da União são inamovíveis, salvo motivo de interesse público, na forma desta lei complementar.

Art. 210. A remoção, para efeito desta lei complementar, é qualquer alteração de lotação.

Parágrafo único. A remoção será feita de ofício, a pedido singular ou por permuta.

Art. 211. A remoção de ofício, por iniciativa do Procurador-Geral, ocorrerá somente por motivo de interesse público, mediante decisão do Conselho Superior, pelo voto de 2/3 (dois terços) de seus membros, assegurada ampla defesa.

Art. 212. A remoção a pedido singular atenderá à conveniência do serviço, mediante requerimento apresentado nos quinze dias seguintes à publicação de aviso da existência de vaga; ou, decorrido este prazo, até 15 (quinze) dias após a publicação da deliberação do Conselho Superior sobre a realização de concurso para ingresso na carreira.

§ 1º O aviso será publicado no *Diário Oficial*, dentro de 15 (quinze) dias da vacância.

§ 2º Havendo mais de um candidato à remoção, ao fim do primeiro prazo previsto no *caput* deste artigo, será removido o de maior antiguidade; após o decurso deste prazo, prevalecerá a ordem cronológica de entrega dos pedidos.

Art. 213. A remoção por permuta será concedida mediante requerimento dos interessados.

Seção II
Das designações

Art. 214. A designação é o ato que discrimina as funções que sejam compatíveis com as previstas nesta lei complementar, para cada classe das diferentes carreiras.

Parágrafo único. A designação para o exercício de funções diferentes das previstas para cada classe, nas respectivas carreiras, somente será admitida por interesse do serviço, exigidas a anuência do designado e a autorização do Conselho Superior.

Art. 215. As designações serão feitas observados os critérios da lei e os estabelecidos pelo Conselho Superior:

I – para o exercício de função definida por esta lei complementar;

II – para o exercício de função nos ofícios definidos em lei.

Art. 216. As designações, salvo quando estabelecido outro critério por esta lei complementar, serão feitas por lista, no último mês do ano, para vigorar por um biênio, facultada a renovação.

▸ O STF, na ADIn 5.052, por maioria, julgou procedente o pedido formulado na ação direta para declarar a inconstitucionalidade parcial, sem redução de texto, dos artigos 216, *caput*, 217, *caput*, e 218, *caput*, todos da Lei Complementar 75/93, de modo a afastar qualquer interpretação que implique remoção do membro da carreira de seu ofício de lotação. (DOU 30.05.2022)

Art. 217. A alteração da lista poderá ser feita, antes do termo do prazo, por interesse do serviço, havendo:

▸ O STF, na ADIn 5.052, por maioria, julgou procedente o pedido formulado na ação direta para declarar a inconstitucionalidade parcial, sem redução de texto, dos artigos 216, *caput*, 217, *caput*, e 218, *caput*, todos da Lei Complementar 75/93, de modo a afastar qualquer interpretação que implique remoção do membro da carreira de seu ofício de lotação. (DOU 30.05.2022)

I – provimento de cargo;

II – desprovimento de cargo;

III – criação de ofício;

IV – extinção de ofício;

V – pedido do designado;

VI – pedido de permuta.

Art. 218. A alteração parcial da lista, antes do termo do prazo, quando modifique a função do designado, sem a sua anuência, somente será admitida nas seguintes hipóteses:

▸ O STF, na ADIn 5.052, por maioria, julgou procedente o pedido formulado na ação direta para declarar a inconstitucionalidade parcial, sem redução de texto, dos artigos 216, *caput*, 217, *caput*, e 218, *caput*, todos da Lei Complementar 75/93, de modo a afastar qualquer interpretação que implique remoção do membro da carreira de seu ofício de lotação. (DOU 30.05.2022)

I – extinção, por lei, da função ou ofício para o qual estava designado;

II – nova lotação, em decorrência de:

a) promoção; e

b) remoção;

III – afastamento ou disponibilidade;

IV – aprovação pelo Conselho Superior, de proposta do Procurador-Geral, pelo voto secreto de 2/3 (dois terços) de seus membros.

Parágrafo único. A garantia estabelecida neste artigo não impede a acumulação eventual de ofícios ou que sejam ampliadas as funções do designado.

Art. 219. *Vetado.*

Seção III
Das férias e licenças

Art. 220. Os membros do Ministério Público terão direito a férias de 60 (sessenta) dias por ano, contínuos ou divididos em dois períodos iguais, salvo acúmulo por necessidade de serviço e pelo máximo de 2 (dois) anos.

§ 1º Os períodos de gozo de férias dos membros do Ministério Público da União, que oficiem perante Tribunais, deverão ser simultâneos com os das férias coletivas destes, salvo motivo relevante ou o interesse do serviço.

§ 2º Independentemente de solicitação, será paga ao membro do Ministério Público da União, por ocasião das férias, importância correspondente a 1/3 (um terço) da remuneração do período em que as mesmas devam ser gozadas.

§ 3º O pagamento da remuneração das férias será efetuado até 2 (dois) dias antes do início de gozo do respectivo período, facultada a conversão de um terço das mesmas em abono pecuniário, requerido com pelo menos 60 (sessenta) dias de antecedência, nele considerado o valor do acréscimo previsto no parágrafo anterior.

§ 4º Em caso de exoneração, será devida ao membro do Ministério Público da União indenização relativa ao período de férias a que tiver direito e ao incompleto, na proporção de 1/12 (um doze avos) por mês de efetivo exercício, ou fração superior a 14 (quatorze) dias, calculada com base na remuneração do mês em que for publicado o ato exoneratório.

Art. 221. O direito a férias será adquirido após o primeiro ano de exercício.

Art. 222. Conceder-se-á aos membros do Ministério Público da União licença:

I – por motivo de doença em pessoa da família;

II – por motivo de afastamento do cônjuge ou companheiro;

III – prêmio por tempo de serviço;

IV – para tratar de interesses particulares;

V – para desempenho de mandato classista.

§ 1º A licença prevista no inciso I será precedida de exame por médico ou junta médica oficial, considerando-se pessoas da família o cônjuge ou companheiro, o padrasto, a madrasta, o ascendente, o descendente, o enteado, o colateral consanguíneo ou afim até o segundo grau civil. A licença estará submetida, ainda, às seguintes condições:

a) somente será deferida se a assistência direta do membro do Ministério Público da União for indispensável e não puder ser dada simultaneamente com o exercício do cargo;

b) será concedida sem prejuízo dos vencimentos, vantagens ou qualquer direito inerente ao cargo, salvo para contagem de tempo de serviço em estágio probatório, até 90 (noventa) dias, podendo ser prorrogada por igual prazo nas mesmas condições. Excedida a prorrogação, a licença será considerada como para tratar de interesses particulares.

§ 2º A licença prevista no inciso II poderá ser concedida quando o cônjuge ou companheiro for deslocado para outro ponto do território nacional, ou para o exterior ou para exercício de mandato eletivo dos Poderes Executivo e Legislativo; será por prazo indeterminado e sem remuneração, salvo se o membro do Ministério Público da União puder ser lotado, provisoriamente, em ofício vago no local para onde tenha se deslocado e compatível com o seu cargo, caso em que a licença será convertida em remoção provisória.

§ 3º A licença prevista no inciso III será devida após cada quinquênio ininterrupto de exercício, pelo prazo de 3 (três) meses, observadas as seguintes condições:

Serv. Públ.

a) será convertida em pecúnia em favor dos beneficiários do membro do Ministério Público da União falecido, que não a tiver gozado;

b) não será devida a quem houver sofrido penalidade de suspensão durante o período aquisitivo ou tiver gozado as licenças previstas nos incisos II e IV;

c) será concedida sem prejuízo dos vencimentos, vantagens ou qualquer direito inerente ao cargo;

d) para efeito de aposentadoria, será contado em dobro o período não gozado.

§ 4º A licença prevista no inciso IV poderá ser concedida ao membro do Ministério Público da União vitalício, pelo prazo de até 2 (dois) anos consecutivos, sem remuneração, observadas as seguintes condições:

a) poderá ser interrompida, a qualquer tempo, a pedido do interessado ou no interesse do serviço;

b) não será concedida nova licença antes de decorrido 2 (dois) anos do término da anterior.

§ 5º A licença prevista no inciso V será devida ao membro do Ministério Público da União investido em mandato em confederação, federação, associação de classe de âmbito nacional ou sindicato representativo da categoria, observadas as seguintes condições:

a) somente farão jus à licença os eleitos para cargos de direção ou representantes nas referidas entidades, até o máximo de três por entidade;

b) a licença terá duração igual à do mandato, podendo ser prorrogada no caso de reeleição, e por uma única vez;

c) será concedida sem prejuízo dos vencimentos, vantagens ou qualquer direito inerente ao cargo.

§ 6º É vedado o exercício de atividade remunerada durante o período da licença prevista no inciso I.

§ 7º A licença concedida dentro de 60 (sessenta) dias do término de outra da mesma espécie será considerada como prorrogação.

Art. 223. Conceder-se-á aos membros do Ministério Público da União, além das previstas no artigo anterior, as seguintes licenças:

I – para tratamento de saúde, a pedido ou de ofício, com base em perícia médica, observadas as seguintes condições:

a) a licença será concedida sem prejuízo dos vencimentos e vantagens do cargo;

b) a perícia será feita por médico ou junta médica oficial, se necessário, na residência do examinado ou no estabelecimento hospitalar em que estiver internado;

c) inexistindo médico oficial, será aceito atestado passado por médico particular;

d) findo o prazo da licença, o licenciado será submetido a inspeção médica oficial, que concluirá pela volta ao serviço, pela prorrogação da licença ou pela aposentadoria;

e) a existência de indícios de lesões orgânicas ou funcionais é motivo de inspeção médica;

II – por acidente em serviço, observadas as seguintes condições:

a) configura acidente em serviço o dano físico ou mental que se relacione, mediata ou imediatamente, com as funções exercidas;

b) equipara-se ao acidente em serviço o dano decorrente de agressão não provocada e sofrida no exercício funcional, bem como o dano sofrido em trânsito a ele pertinente;

c) a licença será concedida sem prejuízo dos vencimentos e vantagens inerentes ao exercício do cargo;

d) o acidentado em serviço, que necessite de tratamento especializado, não disponível em instituição pública, poderá ser tratado em instituição privada, à conta de recursos públicos, desde que o tratamento seja recomendado por junta médica oficial;

e) a prova do acidente deverá ser feita no prazo de 10 (dez) dias, contado de sua ocorrência, prorrogável quando do as circunstâncias o exigirem;

III – à gestante, por 120 (cento e vinte) dias, observadas as seguintes condições:

a) poderá ter início no primeiro dia no nono mês de gestação, salvo antecipação por prescrição médica;

b) no caso de nascimento prematuro, a licença terá início a partir do parto;

c) no caso de natimorto, decorridos trinta dias do evento a mãe será submetida a exame médico e, se julgada apta, reassumirá as suas funções;

d) em caso de aborto atestado por médico oficial, a licença dar-se-á por 30 (trinta) dias, a partir da sua ocorrência;

IV – pelo nascimento ou a adoção de filho, o pai ou adotante, até cinco dias consecutivos;

V – pela adoção ou a obtenção de guarda judicial de criança até 1 (um) ano de idade, o prazo da licença do adotante ou detentor da guarda será de 30 (trinta) dias.

Seção IV
Dos vencimentos e vantagens

Art. 224. Os membros do Ministério Público da União receberão o vencimento, a representação e as gratificações previstas em lei.

§ 1º Sobre os vencimentos incidirá a gratificação adicional por tempo de serviço, à razão de 1% (um por cento) por ano de serviço público efetivo, sendo computado o tempo de advocacia, até o máximo de 15 (quinze) anos, desde que não cumulativo com tempo de serviço público.

§ 2º *Vetado.*

§ 3º Os vencimentos serão fixados com diferença não superior a 10 % (dez por cento) de uma para outra das classes de cada carreira.

§ 4º Os Subprocuradores-Gerais do Ministério Público da União terão os mesmos vencimentos e vantagens.

Art. 225. Os vencimentos do Procurador-Geral da República são os de Subprocurador-Geral da República, acrescidos de 20% (vinte por cento), não podendo exceder os valores percebidos como remuneração, em espécie, a qualquer título, por Ministros do Supremo Tribunal Federal.

Parágrafo único. O acréscimo previsto neste artigo não se incorpora aos vencimentos do cargo de Procurador-Geral da República.

Art. 226. *Vetado.*

Art. 227. Os membros do Ministério Público da União farão jus, ainda, às seguintes vantagens:

I – ajuda de custo em caso de:

a) remoção de ofício, promoção ou nomeação que importe em alteração do domicílio legal, para atender às despesas de instalação na nova sede de exercício em valor correspondente a até 3 (três) meses de vencimentos;

b) serviço fora da sede de exercício, por período superior a 30 (trinta) dias, em valor correspondente a 1/30 (um trinta avos) dos vencimentos, pelos dias em que perdurar o serviço, sem prejuízo da percepção de diárias;

II – diárias, por serviço eventual fora da sede, de valor mínimo equivalente a 1/30 (um trinta avos) dos vencimentos para atender às despesas de locomoção, alimentação e pousada;

III – transporte:

a) pessoal e dos dependentes, bem como de mobiliário, em caso de remoção, promoção ou nomeação, previstas na alínea *a* do inciso I;

b) pessoal, no caso de qualquer outro deslocamento a serviço, fora da sede de exercício;

IV – auxílio-doença, no valor de um mês de vencimento, quando ocorrer licença para tratamento de saúde por mais de 12 (doze) meses, ou invalidez declarada no curso deste prazo;

V – salário-família;

VI – *pro labore* pela atividade de magistério, por hora-aula proferida em cursos, seminários ou outros eventos destinados ao aperfeiçoamento dos membros da instituição;

VII – assistência médico-hospitalar, extensiva aos inativos, pensionistas e dependentes, assim entendida como o conjunto de atividades relacionadas com a prevenção, conservação ou recuperação da saúde, abrangendo serviços profissionais médicos, paramédicos, farmacêuticos e odontológicos, bem como o fornecimento e a aplicação dos meios e dos cuidados essenciais à saúde;

VIII – auxílio-moradia, em caso de lotação em local cujas condições de moradia sejam particularmente difíceis ou onerosas, assim definido em ato do Procurador-Geral da República;

IX – gratificação natalina, correspondente a 1/12 (um doze avos) da remuneração a que fizer jus no mês de dezembro, por mês de exercício no respectivo ano, considerando-se como mês integral a fração igual ou superior a 15 (quinze) dias.

§ 1º A gratificação natalina será paga até o dia 20 (vinte) do mês de dezembro de cada ano.

§ 2º Em caso de exoneração antes do mês de dezembro, a gratificação natalina será proporcional aos meses de exercício e calculada com base na remuneração do mês em que ocorrer a exoneração.

§ 3º A gratificação natalina não será considerada para cálculo de qualquer vantagem pecuniária.

§ 4º Em caso de nomeação, as vantagens previstas nos incisos I, alínea *a*, e III, alínea *a*, são extensivas ao membro

do Ministério Público da União sem vínculo estatutário imediatamente precedente, desde que seu último domicílio voluntário date de mais de 12 (doze) meses.

§ 5º *Vetado.*

§ 6º A assistência médico-hospitalar de que trata o inciso VII será proporcionada pela União, de preferência através de seus serviços, de acordo com normas e condições reguladas por ato do Procurador-Geral da República, sem prejuízo da assistência devida pela previdência social.

§ 7º *Vetado.*

§ 8º À família do membro do Ministério Público da União que falecer no prazo de 1 (um) ano a partir de remoção de ofício, promoção ou nomeação de que tenha resultado mudança de domicílio legal serão devidos a ajuda de custo e o transporte para a localidade de origem, no prazo de 1 (um) ano, contado do óbito.

Art. 228. Salvo por imposição legal, ou ordem judicial, nenhum desconto incidirá sobre a remuneração ou provento e a pensão devida aos membros do Ministério Público da União ou a seus beneficiários.

§ 1º Mediante autorização do devedor, poderá haver consignação em folha de pagamento a favor de terceiro.

§ 2º As reposições e indenizações em favor do erário serão descontadas em parcelas mensais de valor não excedente à décima parte da remuneração ou provento, em valores atualizados.

Art. 229. O membro do Ministério Público da União que, estando em débito com o erário, for demitido, exonerado ou que tiver sua aposentadoria ou disponibilidade cassada, terá o prazo de 60 (sessenta) dias para quitar o débito.

Parágrafo único. Não ocorrendo a quitação do débito no prazo estabelecido neste artigo, deverá ele ser inscrito em dívida ativa.

Art. 230. A remuneração, o provento e a pensão dos membros do Ministério Público da União e de seus beneficiários não serão objeto de arresto, sequestro ou penhora, salvo em caso de dívida de alimentos, resultante de decisão judicial.

Seção V
Da aposentadoria e da pensão

Art. 231. O membro do Ministério Público da União será aposentado, compulsoriamente, por invalidez ou aos 70 (setenta) anos de idade, e facultativamente aos 30 (trinta) anos de serviço, após 5 (cinco) anos de exercício efetivo na carreira.

§ 1º Será contado como tempo de serviço para aposentadoria, não cumulativamente, até o limite de 15 (quinze) anos, o tempo de exercício da advocacia.

§ 2º O membro do Ministério Público da União poderá ainda ser aposentado, voluntariamente, aos 65 (sessenta e cinco) anos de idade, se homem, e aos sessenta, se mulher, com proventos proporcionais ao tempo de serviço.

§ 3º Ao membro do Ministério Público da União, do sexo feminino, é facultada a aposentadoria, com proventos proporcionais, aos 25 (vinte e cinco) anos de serviço.

▸ O STF, no julgamento da ADIN 994-0 *(DOU e DJU 13.10.2003)* decidiu: "julgar procedente a direta e declarar a inconstitucionalidade deste parágrafo".

§ 4º A aposentadoria por invalidez será precedida de licença para tratamento de saúde por período não excedente a 24 (vinte e quatro) meses, salvo quando o laudo médico concluir pela incapacidade definitiva para o exercício de suas funções.

§ 5º Será aposentado o membro do Ministério Público que, após 24 (vinte e quatro) meses contínuos de licença para tratamento de saúde, for considerado inválido para o exercício de suas funções, não terá efeito interruptivo desse prazo qualquer período de exercício das funções inferiores a 30 (trinta) dias.

Art. 232. Os proventos da aposentadoria serão integrais.

Parágrafo único. Para o cálculo dos proventos da aposentadoria serão considerados os vencimentos do cargo imediatamente superior ao último exercício pelo aposentado; caso a aposentadoria se dê no último nível da carreira, os vencimentos deste serão acrescidos do percentual de 20% (vinte por cento).

Art. 233. Os proventos da aposentadoria serão revistos na mesma proporção e data em que se modificar a remuneração dos membros do Ministério Público em atividade, sendo também estendidos aos inativos quaisquer benefícios e vantagens novas asseguradas à carreira, ainda que por força de transformação ou reclassificação do cargo.

Art. 234. O aposentado conservará as prerrogativas previstas no art. 18, inciso I, alínea *e* e inciso II, alínea *e*, bem como carteira de identidade especial, de acordo com o modelo aprovado pelo Procurador-Geral da República e por ele expedida, contendo expressamente tais prerrogativas e o registro da situação de aposentado.

Art. 235. A pensão por morte, devida pelo órgão previdenciário aos dependentes de membros do Ministério Público da União, corresponderá à totalidade dos vencimentos ou proventos do falecido, assegurada a revisão do benefício, na forma do art. 233.

CAPÍTULO III
DA DISCIPLINA

Seção I
Dos deveres e vedações

Art. 236. O membro do Ministério Público da União, em respeito à dignidade de suas funções e à da Justiça, deve observar as normas que regem o seu exercício e especialmente:

I – cumprir os prazos processuais;

II – guardar segredo sobre assunto de caráter sigiloso que conheça em razão do cargo ou função;

III – velar por suas prerrogativas institucionais e processuais;

IV – prestar informações aos órgãos da administração superior do Ministério Público, quando requisitadas;

V – atender ao expediente forense e participar dos atos judiciais, quando for obrigatória a sua presença; ou assistir a outros, quando conveniente ao interesse do serviço;

VI – declarar-se suspeito ou impedido, nos termos da lei;

VII – adotar as providências cabíveis em face das irregularidades de que tiver conhecimento ou que ocorrerem nos serviços a seu cargo;

VIII – tratar com urbanidade as pessoas com as quais se relacione em razão do serviço;

IX – desempenhar com zelo e probidade as suas funções;

X – guardar decoro pessoal.

Art. 237. É vedado ao membro do Ministério Público da União:

I – receber, a qualquer título e sob qualquer pretexto, honorários, percentagens ou custas processuais;

II – exercer a advocacia;

III – exercer o comércio ou participar de sociedade comercial, exceto como cotista ou acionista;

IV – exercer, ainda que em disponibilidade, qualquer outra função pública, salvo uma de magistério;

V – exercer atividade político-partidária, ressalvada a filiação e o direito de afastar-se para exercer cargo eletivo ou a ele concorrer.

▶ O STF, no julgamento da ADIN 1.371-8 *(DOU e DJU 22.10.2003)* decidiu:"julgar parcialmente procedente a ação direta, para, sem redução de texto, dar a este dispositivo, interpretação conforme à Constituição, no sentido de que a filiação partidária de membro do Ministério Público da União somente pode efetivar-se nas hipóteses de afastamento de suas funções institucionais, mediante licença, nos termos da lei".

Seção II
Dos impedimentos e suspeições

Art. 238. Os impedimentos e as suspeições dos membros do Ministério Público são os previstos em lei.

Seção III
Das sanções

Art. 239. Os membros do Ministério Público são passíveis das seguintes sanções disciplinares:

I – advertência;

II – censura;

III – suspensão;

IV – demissão; e

V – cassação de aposentadoria ou de disponibilidade.

Art. 240. As sanções previstas no artigo anterior serão aplicadas:

I – a de advertência, reservadamente e por escrito, em caso de negligência no exercício das funções;

II – a de censura, reservadamente e por escrito, em caso de reincidência em falta anteriormente punida com advertência ou de descumprimento de dever legal;

III – a de suspensão, até 45 (quarenta e cinco) dias, em caso de reincidência em falta anteriormente punida com censura;

IV – a de suspensão, de 45 (quarenta e cinco) a 90 (noventa) dias, em caso de inobservância das vedações impostas por esta lei complementar ou de reincidência em falta anteriormente punida com suspensão até 45 (quarenta e cinco) dias;

V – de demissão, nos casos de:

a) lesão aos cofres públicos, dilapidação do patrimônio nacional ou de bens confiados à sua guarda;

b) improbidade administrativa, nos termos do art. 37, § 4º, da Constituição Federal;

c) condenação por crime praticado com abuso de poder ou violação de dever para com a Administração Pública, quando a pena aplicada for igual ou superior a 2 (dois) anos;

d) incontinência pública e escandalosa que comprometa gravemente, por sua habitualidade, a dignidade da Instituição;

e) abandono de cargo;

f) revelação de assunto de caráter sigiloso, que conheça em razão do cargo ou função, comprometendo a dignidade de suas funções ou da justiça;

g) aceitação ilegal de cargo ou função pública;

h) reincidência no descumprimento do dever legal, anteriormente punido com a suspensão prevista no inciso anterior;

VI – cassação de aposentadoria ou de disponibilidade, nos casos de falta punível com demissão, praticada quando no exercício do cargo ou função.

§ 1º A suspensão importa, enquanto durar, na perda dos vencimentos e das vantagens pecuniárias inerentes ao exercício do cargo, vedada a sua conversão em multa.

§ 2º Considera-se reincidência, para os efeitos desta lei complementar, a prática de nova infração, dentro de 4 (quatro) anos após cientificado o infrator do ato que lhe tenha imposto sanção disciplinar.

§ 3º Considera-se abandono do cargo a ausência do membro do Ministério Público ao exercício de suas funções, sem causa justificada, por mais de 30 (trinta) dias consecutivos.

§ 4º Equipara-se ao abandono de cargo a falta injustificada por mais de 60 (sessenta) dias intercalados, no período de 12 (doze) meses.

§ 5º A demissão poderá ser convertida, uma única vez, em suspensão, nas hipóteses previstas nas alíneas *a* e *h* do inciso V, quando de pequena gravidade o fato ou irrelevantes os danos causados, atendido o disposto no art. 244.

Art. 241. Na aplicação das penas disciplinares, considerar-se-ão os antecedentes do infrator, a natureza e a gravidade da infração, as circunstâncias em que foi praticada e os danos que dela resultaram ao serviço ou à dignidade da Instituição ou da Justiça.

Art. 242. As infrações disciplinares serão apuradas em processo administrativo; quando lhes forem cominadas penas de demissão, de cassação de aposentadoria ou de disponibilidade, a imposição destas dependerá, também, de decisão judicial com trânsito em julgado.

Art. 243. Compete ao Procurador-Geral de cada ramo do Ministério Público da União aplicar a seus membros as penas de advertência, censura e suspensão.

Seção IV
Da prescrição

Art. 244. Prescreverá:

I – em 1 (um) ano, a falta punível com advertência ou censura;

II – em 2 (dois) anos, a falta punível com suspensão;

III – em 4 (quatro) anos, a falta punível com demissão e cassação de aposentadoria ou de disponibilidade.

Parágrafo único. A falta, prevista na lei penal como crime, prescreverá juntamente com este.

Art. 245. A prescrição começa a correr:

I – do dia em que a falta for cometida; ou

II – do dia em que tenha cessado a continuação ou permanência, nas faltas continuadas ou permanentes.

Parágrafo único. Interrompem a prescrição a instauração de processo administrativo e a citação para a ação de perda do cargo.

Seção V
Da sindicância

Art. 246. A sindicância é o procedimento que tem por objeto a coleta sumária de dados para instauração, se necessário, de inquérito administrativo.

Seção VI
Do inquérito administrativo

Art. 247. O inquérito administrativo, de caráter sigiloso, será instaurado pelo Corregedor-Geral, mediante portaria, em que designará comissão de 3 (três) membros para realizá-lo, sempre que tomar conhecimento de infração disciplinar.

§ 1º A comissão, que poderá ser presidida pelo Corregedor-Geral, será composta de integrantes da carreira, vitalícios e de classe igual ou superior à do indicado.

§ 2º As publicações relativas a inquérito administrativo conterão o respectivo número, omitido o nome do indiciado, que será cientificado pessoalmente.

Art. 248. O prazo para a conclusão do inquérito e apresentação do relatório final é de 30 (trinta) dias, prorrogável, no máximo, por igual período.

Art. 249. A comissão procederá à instrução do inquérito, podendo ouvir o indiciado e testemunhas, requisitar perícias e documentos e promover diligências, sendo-lhe facultado o exercício das prerrogativas outorgadas ao Ministério Público da União, por esta lei complementar, para instruir procedimentos administrativos.

Art. 250. Concluída a instrução do inquérito, abrir-se-á vista dos autos ao indiciado, para se manifestar, no prazo de 15 (quinze) dias.

Art. 251. A comissão encaminhará o inquérito ao Conselho Superior, acompanhado de seu parecer conclusivo, pelo arquivamento ou pela instauração de processo administrativo.

§ 1º O parecer que concluir pela instauração do processo administrativo formulará a súmula de acusação, que conterá a exposição do fato imputado, com todas as suas circunstâncias e a capitulação legal da infração.

§ 2º O inquérito será submetido à deliberação do Conselho Superior, que poderá:

I – determinar novas diligências, se o considerar insuficientemente instruído;

II – determinar o seu arquivamento;

III – instaurar processo administrativo, caso acolha a súmula de acusação;

IV – encaminhá-lo ao Corregedor-Geral, para formular a súmula da acusação, caso não acolha a proposta de arquivamento.

Seção VII
Do processo administrativo

Art. 252. O processo administrativo, instaurado por decisão do Conselho Superior, será contraditório, assegurada ampla defesa ao acusado.

§ 1º A decisão que instaurar processo administrativo designará comissão composta de 3 (três) membros escolhidos dentre os integrantes da carreira, vitalícios, e de classe igual ou superior à do acusado, indicará o presidente e mencionará os motivos de sua constituição.

§ 2º Da comissão de processo administrativo não poderá participar quem haja integrado a precedente comissão de inquérito.

§ 3º As publicações relativas a processo administrativo conterão o respectivo número, omitido o nome do acusado, que será cientificado pessoalmente.

Art. 253. O prazo para a conclusão do processo administrativo e apresentação do relatório final é de 90 (noventa) dias, prorrogável, no máximo, por 30 (trinta) dias, contados da publicação da decisão que o instaurar.

Art. 254. A citação será pessoal, com entrega de cópia da portaria, do relatório final do inquérito e da súmula da acusação, cientificado o acusado do dia, da hora e do local do interrogatório.

§ 1º Não sendo encontrado o acusado em seu domicílio, proceder-se-á à citação por edital, publicado no *Diário Oficial*, com o prazo de 15 (quinze) dias.

§ 2º O acusado, por si ou através de defensor que nomear, poderá oferecer defesa prévia, no prazo de 15 (quinze) dias, contado do interrogatório, assegurando-se-lhe vista dos autos no local em que funcione a comissão.

§ 3º Se o acusado não tiver apresentado defesa, a comissão nomeará defensor, dentre os integrantes da carreira e de classe igual ou superior à sua, reabrindo-se-lhe o prazo fixado no parágrafo anterior.

§ 4º Em defesa prévia, poderá o acusado requerer a produção de provas orais, documentais e periciais, inclusive pedir a repetição daquelas já produzidas no inquérito.

§ 5º A comissão poderá indeferir, fundamentadamente, as provas desnecessárias ou requeridas com intuito manifestamente protelatório.

Art. 255. Encerrada a produção de provas, a comissão abrirá vista dos autos ao acusado, para oferecer razões finais, no prazo de 15 (quinze) dias.

Art. 256. Havendo mais de um acusado, os prazos para defesa serão comuns e em dobro.

Art. 257. Em qualquer fase do processo, será assegurada à defesa a extração de cópia das peças dos autos.

Art. 258. Decorrido o prazo para razões finais, a comissão remeterá o processo, dentro de 15 (quinze) dias,

ao Conselho Superior, instruído com relatório dos seus trabalhos.

Art. 259. O Conselho do Ministério Público, apreciando o processo administrativo, poderá:

I – determinar novas diligências, se o considerar insuficientemente instruído, caso em que, efetivadas estas, proceder-se-á de acordo com os arts. 264 e 265;

II – propor o seu arquivamento ao Procurador-Geral;

III – propor ao Procurador-Geral a aplicação de sanções que sejam de sua competência;

IV – propor ao Procurador-Geral da República o ajuizamento de ação civil para:

a) demissão de membro do Ministério Público da União com garantia de vitaliciedade;

b) cassação de aposentadoria ou disponibilidade.

Parágrafo único. Não poderá participar da deliberação do Conselho Superior quem haja oficiado na sindicância, ou integrado as comissões do inquérito ou do processo administrativo.

Art. 260. Havendo prova da infração e indícios suficientes de sua autoria, o Conselho Superior poderá determinar, fundamentadamente, o afastamento preventivo do indiciado, enquanto sua permanência for inconveniente ao serviço ou prejudicial à apuração dos fatos.

§ 1º O afastamento do indiciado não poderá ocorrer quando ao fato imputado corresponderem somente as penas de advertência ou de censura.

§ 2º O afastamento não ultrapassará o prazo de 120 (cento e vinte) dias, salvo em caso de alcance.

§ 3º O período de afastamento será considerado como de serviço efetivo, para todos os efeitos.

Art. 261. Aplicam-se, subsidiariamente, ao processo disciplinar, as normas do Código de Processo Penal.

Seção VIII
Da revisão do processo administrativo

Art. 262. Cabe, em qualquer tempo, a revisão do processo de que houver resultado a imposição de penalidade administrativa:

I – quando se aduzam fatos ou circunstâncias suscetíveis de provar inocência ou de justificar a imposição de sanção mais branda; ou

II – quando a sanção se tenha fundado em prova falsa.

Art. 263. A instauração do processo de revisão poderá ser determinada de ofício, a requerimento do próprio interessado, ou, se falecido, do seu cônjuge ou companheiro, ascendente, descendente ou irmão.

Art. 264. O processo de revisão terá o rito do processo administrativo.

Parágrafo único. Não poderá integrar a comissão revisora quem haja atuado em qualquer fase do processo revisando.

Art. 265. Julgada procedente a revisão, será tornada sem efeito a sanção aplicada, com o restabelecimento, em sua plenitude, dos direitos por ela atingidos, exceto se for o caso de aplicar-se penalidade menor.

TÍTULO IV
DAS DISPOSIÇÕES FINAIS E TRANSITÓRIAS

(...)

Art. 281. Os membros do Ministério Público da União, nomeados antes de 5 de outubro de 1988, poderão optar entre o novo regime jurídico e o anterior à promulgação da Constituição Federal, quanto às garantias, vantagens e vedações do cargo.

Parágrafo único. A opção poderá ser exercida dentro de 2 (dois) anos, contados da promulgação desta lei complementar, podendo a retratação ser feita no prazo de 10 (dez) anos.

(...)

Art. 283. Será criada por lei a Escola Superior do Ministério Público da União, como órgão auxiliar da Instituição.

Art. 284. Poderão ser admitidos como estagiários no Ministério Público da União estudantes de Direito inscritos na Ordem dos Advogados do Brasil.

Parágrafo único. As condições de admissão e o valor da bolsa serão fixados pelo Procurador-Geral da República, sendo a atividade dos estagiários regulada pelo Conselho Superior de cada ramo.

Art. 285. *Vetado.*

Art. 286. As despesas decorrentes desta lei complementar correrão à conta das dotações constantes do Orçamento da União.

Art. 287. Aplicam-se subsidiariamente aos membros do Ministério Público da União as disposições gerais referentes aos servidores públicos, respeitadas, quando for o caso, as normas especiais contidas nesta lei complementar.

§ 1º O regime de remuneração estabelecido nesta lei complementar não prejudica a percepção de vantagens concedidas, em caráter geral, aos servidores públicos civis da União.

§ 2º O disposto neste artigo não poderá importar em restrições ao regime jurídico instituído nesta lei complementar ou na imposição de condições com ele incompatíveis.

(...)

Art. 293. Ao membro ou servidor do Ministério Público da União é vedado manter, sob sua chefia imediata, em cargo ou função de confiança, cônjuge, companheiro, ou parente até o segundo grau civil.

Art. 294. Esta lei complementar entra em vigor na data de sua publicação.

Art. 295. Revogam-se as disposições em contrário.

Brasília, 20 de maio de 1993; 172º da Independência e 105º da República.

Itamar Franco

LEI 8.745, DE 9 DE DEZEMBRO DE 1993

Dispõe sobre a contratação por tempo determinado para atender a necessidade temporária de excepcional interesse público, nos termos do inciso IX do art. 37 da Constituição Federal, e dá outras providências.

DOU 10.12.1993

O Presidente da República:

Faço saber que o Congresso Nacional decreta e eu sanciono a seguinte Lei:

Art. 1º Para atender a necessidade temporária de excepcional interesse público, os órgãos da Administração Federal direta, as autarquias e as fundações públicas poderão efetuar contratação de pessoal por tempo determinado, nas condições e prazos previstos nesta Lei.

Art. 2º Considera-se necessidade temporária de excepcional interesse público:

I – assistência a situações de calamidade pública;

II – assistência a emergências em saúde pública;
▸ Inciso II com redação pela Lei 12.314/2010.

III – realização de recenseamentos e outras pesquisas de natureza estatística efetuadas pela Fundação Instituto Brasileiro de Geografia e Estatística – IBGE;
▸ Inciso III com redação pela Lei 9.849/1999.

IV – admissão de professor substituto e professor visitante;

V – admissão de professor e pesquisador visitante estrangeiro;

VI – atividades:
▸ *Caput* do inciso VI com redação pela Lei 9.849/1999

a) especiais nas organizações das Forças Armadas para atender à área industrial ou a encargos temporários de obras e serviços de engenharia;
▸ Alínea *a* acrescentada pela Lei 9.849/1999.
▸ Art. 13 da Lei 11.314/2006 (*DOU 04.07.2006*), que autoriza a prorrogação, até 31.03.2007, dos contratos temporários firmados com base nesta alínea, vigentes na data de publicação da referida Lei, no âmbito do Comando da Aeronáutica, vinculados às atividades transferidas a ANAC pela Lei 11.182/2005.
▸ Art. 28, I, da Lei 11.490/2007 (*DOU 21.06.2007*), que autoriza a prorrogação, até 31.07.2008, dos prazos de vigência dos contratos temporários da Agência Nacional de Aviação Civil – ANAC, previstos nesta alínea.

b) de identificação e demarcação territorial;
▸ Alínea *b* com redação pela Lei 11.784/2008.

c) *Revogada pela Lei 10.667/2003.*

d) finalísticas do Hospital das Forças Armadas;
▸ Alínea *d* acrescentada pela Lei 9.849/1999.
▸ Art. 2º da Lei 12.084/2009, que autoriza o Hospital das Forças Armadas a prorrogar, em caráter excepcional, até 31.01.2010, os contratos por prazo determinado, vigentes em 31.07.2009, realizados com base nesta alínea.

e) de pesquisa e desenvolvimento de produtos destinados à segurança de sistemas de informações, sob responsabilidade do Centro de Pesquisa e Desenvolvimento para a Segurança das Comunicações – CEPESC;
▸ Alínea *e* acrescentada pela Lei 9.849/1999.

f) de vigilância e inspeção, relacionadas à defesa agropecuária, no âmbito do Ministério da Agricultura e do Abastecimento, para atendimento de situações emergenciais ligadas ao comércio internacional de produtos de origem animal ou vegetal ou de iminente risco à saúde animal, vegetal ou humana;
▸ Alínea *f* acrescentada pela Lei 9.849/1999.
▸ Art. 28, III, da Lei 11.490/2007 (*DOU 21.06.2007*), que autoriza a prorrogação, até 31.07.2008, dos prazos de vigência dos contratos temporários do Ministério da Agricultura, Pecuária e Abastecimento, previstos nesta alínea, em vigor em 29.12.2006 e que venham a expirar a partir de 1º.01.2007.

g) desenvolvidas no âmbito dos projetos do Sistema de Vigilância da Amazônia – Sivam e do Sistema de Proteção da Amazônia – SIPAM;
▸ Alínea *g* acrescentada pela Lei 9.849/1999.
▸ Art. 1º da Lei 12.501/2011, que autoriza o Ministério da Defesa a prorrogar, em caráter excepcional e respeitado o prazo limite de 31.12.2012, os contratos por tempo determinado para atender a necessidade temporária de excepcional interesse público no âmbito do Centro Gestor e Operacional do Sistema de Proteção da Amazônia – Censipam, vigentes em 1º.06.2011, firmados com fundamento no art. 2º, inciso VI, alínea *g*, da Lei 8.745/1993, independentemente da limitação do art. 4º, parágrafo único, inciso IV, daquela Lei.

h) técnicas especializadas, no âmbito de projetos de cooperação com prazo determinado, implementados mediante acordos internacionais, desde que haja, em seu desempenho, subordinação do contratado ao órgão ou entidade pública;
▸ Alínea *h* acrescentada pela Lei 10.667/2003.
▸ Art. 28, I, da Lei 11.490/2007 (*DOU 21.06.2007*), que autoriza a prorrogação, até 31.07.2008, dos prazos de vigência dos contratos temporários da Agência Nacional de Aviação Civil – ANAC, previstos nesta alínea.
▸ Art. 1º da Lei 11.661/2008, que autoriza a prorrogação, em caráter excepcional e respeitado o prazo limite de 31.07.2009, dos contratos por prazo determinado, vigentes em 27.12.2007, realizados com base nesta alínea.
▸ Art. 1º da Lei 12.084/2009, que autoriza determinados órgãos e entidades a prorrogar, em caráter excepcional, respeitado o prazo limite de 31.07.2010, os contratos por prazo determinado, vigentes em 31.07.2009, realizados com base nesta alínea.
▸ Art. 3º da Lei 12.337/2010, que autoriza determinados órgãos e entidades a prorrogar, em caráter excepcional e respeitado o prazo limite de 31.01.2011, os contratos por tempo determinado para atender a necessidade temporária de excepcional interesse público, vigentes em 29.06.2010, firmados com fundamento na alínea *h* do inciso VI do art. 2º da Lei 8.745/1993, independentemente da limitação do inciso III, daquela Lei.
▸ Art. 3º da Lei 12.337/2010, que autoriza determinados órgãos e entidades a prorrogar, em caráter excepcional e respeitado o prazo limite de 31.12.2012, os contratos por tempo determinado para atender a necessidade temporária de excepcional interesse público, vigentes em 31.01.2011, firmados com fundamento na alínea *h* do inciso VI do *caput* do art. 2º da Lei 8.745/1993, independentemente da limitação do inciso III do parágrafo único do art. 4º daquela Lei.

i) técnicas especializadas necessárias à implantação de órgãos ou entidades ou de novas atribuições definidas para organizações existentes ou as decorrentes de aumento transitório no volume de trabalho que não possam ser atendidas mediante a aplicação do art. 74 da Lei 8.112, de 11 de dezembro de 1990;
▸ Alínea *i* acrescentada pela Lei 11.784/2008.
▸ Arts. 2º e 4º do Dec. 6.479/2008 (Remuneração para as hipóteses de contratações previstas no art. 2º, inciso VI, alíneas *i, j* e *l*, da Lei 8.745/1993, e sobre o processo seletivo simplificado nas hipóteses das alíneas *i* e *j* do dispositivo citado).

j) técnicas especializadas de tecnologia da informação, de comunicação e de revisão de processos de trabalho, não alcançadas pela alínea *i* e que não se caracterizem como atividades permanentes do órgão ou entidade;
▸ Alínea *j* acrescentada pela Lei 11.784/2008.
▸ Arts. 2º e 4º do Dec. 6.479/2008 (Remuneração para as hipóteses de contratações previstas no art. 2º, inciso VI, alíneas *i, j* e *l*, da Lei 8.745/1993, e sobre o processo seletivo simplificado nas hipóteses das alíneas *i* e *j* do dispositivo citado).

l) didático-pedagógicas em escolas de governo; e
▸ Alínea *l* acrescentada pela Lei 11.784/2008.
▸ Art. 3º do Dec. 6.479/2008 (Remuneração para as hipóteses de contratações previstas no art. 2º, inciso VI, alíneas *i, j* e *l*, da Lei 8.745/1993, e sobre o processo seletivo simplificado nas hipóteses das alíneas *i* e *j* do dispositivo citado).

m) de assistência à saúde para povos indígenas e de atividades temporárias de apoio às ações de proteção etnoambiental para povos indígenas; e
▸ Alínea *m* com redação pela Lei 14.600/2023.

n) com o objetivo de atender a encargos temporários de obras e serviços de engenharia destinados à construção, à reforma, à ampliação e ao aprimoramento de estabelecimentos penais;
▸ Alínea *n* acrescida pela Lei 13.886/2019.

VII – admissão de professor, pesquisador e tecnólogo substitutos para suprir a falta de professor, pesquisador ou tecnólogo ocupante de cargo efetivo, decorrente de licença para exercer atividade empresarial relativa à inovação;
▸ Inciso VII acrescido pela Lei 10.973/2004.

VIII – admissão de pesquisador, de técnico com formação em área tecnológica de nível intermediário ou de tecnólogo, nacionais ou estrangeiros, para projeto

de pesquisa com prazo determinado, em instituição destinada à pesquisa, ao desenvolvimento e à inovação;
▸ Inciso VIII com redação pela Lei 13.243/2016.

IX – combate a emergências ambientais, na hipótese de declaração, pelo Ministro de Estado do Meio Ambiente, da existência de emergência ambiental na região específica;
▸ Inciso IX acrescido pela Lei 11.784/2008.

X – admissão de professor para suprir demandas decorrentes da expansão das instituições federais de ensino, respeitados os limites e as condições fixados em ato conjunto dos Ministérios do Planejamento, Orçamento e Gestão e da Educação.
▸ Inciso X acrescido pela Lei 12.425/2011.

XI – admissão de professor para suprir demandas excepcionais decorrentes de programas e projetos de aperfeiçoamento de médicos na área de Atenção Básica em saúde em regiões prioritárias para o Sistema Único de Saúde (SUS), mediante integração ensino-serviço, respeitados os limites e as condições fixados em ato conjunto dos Ministros de Estado do Planejamento, Orçamento e Gestão, da Saúde e da Educação.
▸ Inciso XI acrescido pela Lei 12.871/2013.

XII – admissão de profissional de nível superior especializado para atendimento a pessoas com deficiência, nos termos da legislação, matriculadas regularmente em cursos técnicos de nível médio e em cursos de nível superior nas instituições federais de ensino, em ato conjunto do Ministério do Planejamento, Desenvolvimento e Gestão e do Ministério da Educação.
▸ Inciso XII acrescido pela Lei 13.530/2017.

§ 1º A contratação de professor substituto de que trata o inciso IV do *caput* poderá ocorrer para suprir a falta de professor efetivo em razão de:
▸ § 1º com redação pela Lei 12.425/2011.

I – vacância do cargo;

II – afastamento ou licença, na forma do regulamento; ou

III – nomeação para ocupar cargo de direção de reitor, vice-reitor, pró-reitor e diretor de campus.

§ 2º O número total de professores de que trata o inciso IV do *caput* não poderá ultrapassar 20% (vinte por cento) do total de docentes efetivos em exercício na instituição federal de ensino.
▸ § 2º com redação pela Lei 12.425/2011.

§ 3º As contratações a que se refere a alínea *h* do inciso VI serão feitas exclusivamente por projeto, vedado o aproveitamento dos contratados em qualquer área da administração pública.
▸ § 3º acrescido pela Lei 10.667/2003.

§ 4º Ato do Poder Executivo disporá, para efeitos desta Lei, sobre a declaração de emergências em saúde pública.
▸ § 4º acrescido pela Lei 12.314/2010.

§ 5º A contratação de professor visitante e de professor visitante estrangeiro, de que tratam os incisos IV e V do *caput*, tem por objetivo:
▸ § 5º acrescido pela Lei 12.772/2012.

I – apoiar a execução dos programas de pós-graduação stricto sensu;

II – contribuir para o aprimoramento de programas de ensino, pesquisa e extensão;

III – contribuir para a execução de programas de capacitação docente; ou

IV – viabilizar o intercâmbio científico e tecnológico.

§ 6º A contratação de professor visitante e o professor visitante estrangeiro, de que tratam os incisos IV e V do *caput*, deverão:
▸ § 6º acrescido pela Lei 12.772/2012.

I – atender a requisitos de titulação e competência profissional; ou

II – ter reconhecido renome em sua área profissional, atestado por deliberação do Conselho Superior da instituição contratante.

§ 7º São requisitos mínimos de titulação e competência profissional para a contratação de professor visitante ou de professor visitante estrangeiro, de que tratam os incisos IV e V do *caput*:
▸ § 7º acrescido pela Lei 12.772/2012.

I – ser portador do título de doutor, no mínimo, há 2 (dois) anos;

II – ser docente ou pesquisador de reconhecida competência em sua área; e

III – ter produção científica relevante, preferencialmente nos últimos 5 (cinco) anos.

§ 8º Excepcionalmente, no âmbito das Instituições da Rede Federal de Educação Profissional, Científica e Tecnológica, poderão ser contratados professor visitante ou professor visitante estrangeiro, sem o título de

doutor, desde que possuam comprovada competência em ensino, pesquisa e extensão tecnológicos ou reconhecimento da qualificação profissional pelo mercado de trabalho, na forma prevista pelo Conselho Superior da instituição contratante.
▸ § 8º acrescido pela Lei 12.772/2012.

§ 9º A contratação de professores substitutos, professores visitantes e professores visitantes estrangeiros poderá ser autorizada pelo dirigente da instituição, condicionada à existência de recursos orçamentários e financeiros para fazer frente às despesas decorrentes da contratação e ao quantitativo máximo de contratos estabelecido para a IFE.
▸ § 9º acrescido pela Lei 12.772/2012.

§ 10. A contratação dos professores substitutos fica limitada ao regime de trabalho de 20 (vinte) horas ou 40 (quarenta) horas.
▸ § 10 acrescido pela Lei 12.772/2012.

Art. 3º O recrutamento do pessoal a ser contratado, nos termos desta Lei, será feito mediante processo seletivo simplificado sujeito a ampla divulgação, inclusive através do *Diário Oficial da União*, prescindindo de concurso público.

§ 1º A contratação para atender às necessidades decorrentes de risco iminente à saúde animal, vegetal ou humana, de calamidade pública e de emergência ambiental, fitossanitária, zoossanitária ou em saúde pública prescindirá de processo seletivo.
▸ § 1º com redação pela Lei 14.989/2024.

§ 2º A contratação de pessoal, nos casos do professor visitante referido nos incisos IV e V e nos casos das alíneas *a, d, e, g,* l e m do inciso VI e do inciso VIII do *caput* do art. 2º desta Lei, poderá ser efetivada em vista de notória capacidade técnica ou científica do profissional, mediante análise do *curriculum vitae*.
▸ § 2º com redação pela Lei 11.784/2008.

§ 3º As contratações de pessoal no caso das alíneas *h* e *i* do inciso VI do art. 2º desta Lei serão feitas mediante processo seletivo simplificado, observados os critérios e condições estabelecidos pelo Poder Executivo.
▸ § 3º com redação pela Lei 11.784/2008.
▸ Dec. 4.748/2003 (Regulamenta o processo seletivo simplificado a que se refere o § 3º do art. 3º da Lei 8.745/1993).

Art. 4º As contratações serão feitas por tempo determinado, observados os seguintes prazos máximos:
▸ *Caput* com redação pela Lei 10.667/2003.
▸ Art. 28, I e II, da Lei 11.490/2007 (*DOU* 21.06.2007), que autoriza a prorrogação, até 31.07.2008, dos prazos de vigência dos contratos temporários da Agência Nacional de Aviação Civil – ANAC e do Hospital das Forças Armadas – HFA, previstos neste artigo.
▸ Art. 173 da Lei 11.784/2008, que autoriza a prorrogação, até 31.07.2009, dos prazos de vigência dos contratos temporários das Forças Armadas – HFA, previstos neste artigo.

I – 6 (seis) meses, nos casos dos incisos I, II e IX do *caput* do art. 2º desta Lei;
▸ Inciso I com redação pela Lei 11.784/2008.

II – 1 (um) ano, nos casos dos incisos III e IV, das alíneas *d* e *f* do inciso VI e do inciso X do *caput* do art. 2º;
▸ Inciso II com redação pela Lei 12.425/2011.

III – 2 (dois) anos, nos casos das alíneas *b*, e e m do inciso VI do art. 2º;
▸ Inciso III com redação pela Lei 14.724/2023.

IV – 3 (três) anos, nos casos das alíneas *"h"* e *"l"* do inciso VI e dos incisos VII, VIII e XI do *caput* do art. 2º desta Lei;
▸ Inciso IV com redação pela Lei 12.871/2013.

V – 4 (quatro) anos, nos casos do inciso V e das alíneas *"a"*, *"g"*, *"i"*, *"j"*, *"m"* e *"n"* do inciso VI do *caput* do art. 2º desta Lei.
▸ Inciso V com redação pela Lei 14.724/2023.

Parágrafo único. É admitida a prorrogação dos contratos:
▸ *Caput* do parágrafo único com redação pela Lei 10.667/2003.

I – no caso do inciso IV, das alíneas *"b"*, *"d"* e *"f"* do inciso VI e do inciso X do *caput* do art. 2º, desde que o prazo total não exceda a 2 (dois) anos;
▸ Inciso I com redação pela Lei 12.998/2014.

II – no caso do inciso III e da alínea *e* do inciso VI do *caput* do art. 2º, desde que o prazo total não exceda a 3 (três) anos;
▸ Inciso II com redação pela Lei 12.998/2014.

III – nos casos do inciso V, das alíneas *"a"*, *"h"*, *"l"* e *"n"* do inciso VI e do inciso VIII do *caput* do art. 2º desta Lei, desde que o prazo total não exceda a 4 (quatro) anos;
▸ Inciso III com redação pela Lei 12.998/2014.

IV – nos casos das alíneas *"g"*, *"i"*, *"j"* e *"m"* do inciso VI do *caput* do art. 2º desta Lei, desde que o prazo total não exceda a 5 (cinco) anos; e
▸ Inciso IV com redação pela Lei 14.724/2023 .

V – no caso dos incisos VII e XI do *caput* do art. 2º, desde que o prazo total não exceda 6 (seis) anos; e
▸ Inciso V com redação pela Lei 12.871/2013.

VI – nos casos dos incisos I e II do *caput* do art. 2º desta Lei, pelo prazo necessário à superação da situação de calamidade pública ou das situações de emergências em saúde pública, desde que não exceda a 2 (dois) anos.
▸ Inciso VI com redação pela Lei 12.314/2010.

Art. 5º As contratações somente poderão ser feitas com observância da dotação orçamentária específica e mediante prévia autorização do Ministro de Estado do Planejamento, Orçamento e Gestão e do Ministro de Estado sob cuja supervisão se encontrar o órgão ou entidade contratante, conforme estabelecido em regulamento.
▸ *Caput* com redação pela Lei 9.849/1999.
▸ Art. 30, § 2º, da Lei 10.871/2004 (Carreiras e organização de cargos efetivos das Agências Reguladoras).

Parágrafo único. *Revogado pela Lei 9.849/1999.*

Art. 5º-A. Os órgãos e entidades contratantes encaminharão à Secretaria de Recursos Humanos do Ministério do Planejamento, Orçamento e Gestão, para controle do disposto nesta Lei, síntese dos contratos efetivados.
▸ Artigo acrescido pela Lei 10.667/2003.

Art. 6º É proibida a contratação, nos termos desta Lei, de servidores da Administração direta ou indireta da União, dos Estados, do Distrito Federal e dos Municípios, bem como de empregados ou servidores de suas subsidiárias e controladas.
▸ Art. 30, § 2º, da Lei 10.871/2004 (Carreiras e organização de cargos efetivos das Agências Reguladoras).

§ 1º Excetua-se do disposto no *caput* deste artigo, condicionada à formal comprovação da compatibilidade de horários, a contratação de:
▸ § 1º com redação pela Lei 11.123/2005.

I – professor substituto nas instituições federais de ensino, desde que o contratado não ocupe cargo efetivo integrante das carreiras de magistério de que trata a Lei 7.596, de 10 de abril de 1987;

II – profissionais de saúde em unidades hospitalares, quando administradas pelo Governo Federal e para atender às necessidades decorrentes de calamidade pública, desde que o contratado não ocupe cargo efetivo ou emprego permanente em órgão ou entidade da administração pública federal direta e indireta.

§ 2º Sem prejuízo da nulidade do contrato, a infração do disposto neste artigo importará responsabilidade administrativa da autoridade contratante e do contratado, inclusive, se for o caso, solidariedade quanto à devolução dos valores pagos ao contratado.
▸ Primitivo parágrafo único renumerado pela Lei 9.849/1999.

Art. 7º A remuneração do pessoal contratado nos termos desta Lei será fixada:

I – nos casos dos incisos IV, X e XI do *caput* do art. 2º, em importância não superior ao valor da remuneração fixada para os servidores de final de Carreira das mesmas categorias, nos planos de retribuição ou nos quadros de cargos e salários do órgão ou entidade contratante;
▸ Inciso I com redação pela Lei 12.998/2014.

II – nos casos dos incisos I a III, V, VI e VIII do *caput* do art. 2º, em importância não superior ao valor da remuneração constante dos planos de retribuição ou dos quadros de cargos e salários do serviço público, para servidores que desempenhem função semelhante, ou, não existindo a semelhança, às condições do mercado de trabalho; e
▸ Inciso II com redação pela Lei 12.998/2014.

III – no caso do inciso III do art. 2º, quando se tratar de coleta de dados, o valor da remuneração poderá ser formado por unidade produzida, desde que obedecido ao disposto no inciso II deste artigo;
▸ Inciso III acrescido pela Lei 9.849/1999.

§ 1º Para os efeitos deste artigo, não se consideram as vantagens de natureza individual dos servidores ocupantes de cargos tomados como paradigma.
▸ Primitivo parágrafo único renumerado pela Lei 10.667/2003.

§ 2º Caberá ao Poder Executivo fixar as tabelas de remuneração para as hipóteses de contratações previstas nas alíneas *h, i, j,* l e m do inciso VI do *caput* do art. 2º.
▸ § 2º com redação pela Lei 12.314/2010.

Art. 8º Ao pessoal contratado nos termos desta Lei aplica-se o disposto na Lei 8.647, de 13 de abril de 1993.
▸ Art. 30, § 5º, da Lei 10.871/2004 (Carreiras e organização de cargos efetivos das Agências Reguladoras).

Art. 9º O pessoal contratado nos termos desta Lei não poderá:
▸ Art. 30, § 5º, da Lei 10.871/2004 (Carreiras e organização de cargos efetivos das Agências Reguladoras).

I – receber atribuições, funções ou encargos não previstos no respectivo contrato;

II – ser nomeado ou designado, ainda que a título precário ou em substituição, para o exercício de cargo em comissão ou função de confiança;

III – ser novamente contratado, com fundamento nesta Lei, antes de decorridos 24 (vinte e quatro) meses do encerramento de seu contrato anterior, salvo nas hipóteses dos incisos I e IX do art. 2º desta Lei, mediante prévia autorização, conforme determina o art. 5º desta Lei.

▶ Inciso III com redação pela Lei 11.784/2008.

▶ A vedação prevista no referido dispositivo não se aplica aos contratos temporários da Fundação Nacional dos Povos Indígenas - Funai em vigor na data de publicação Lei, desde que a nova contratação ocorra por meio de processo seletivo simplificado.

Parágrafo único. *Revogado pela Lei 11.784/2008.*

Art. 10. As infrações disciplinares atribuídas ao pessoal contratado nos termos desta Lei serão apuradas mediante sindicância, concluída no prazo de 30 (trinta) dias e assegurada ampla defesa.

▶ Art. 30, § 5º, da Lei 10.871/2004 (Carreiras e organização de cargos efetivos das Agências Reguladoras).

Art. 11. Aplica-se ao pessoal contratado nos termos desta Lei o disposto nos arts. 53 e 54; 57 a 59; 63 a 80; 97; 104 a 109; 110, incisos I, *in fine*, e II, parágrafo único, a 115; 116, incisos I a V, alíneas *a* e *c*, VI a XII e parágrafo único; 117, incisos I a VI e IX a XVIII; 118 a 126; 127, incisos I, II e III, a 132, incisos I a VII, e IX a XIII; 136 a 142, incisos I, primeira parte, a III, e §§ 1º a 4º; 236; 238 a 242, da Lei 8.112, de 11 de dezembro de 1990.

▶ Art. 30, § 5º, da Lei 10.871/2004 (Carreiras e organização de cargos efetivos das Agências Reguladoras).

Art. 12. O contrato firmado de acordo com esta Lei extinguir-se á, sem direito a indenizações:

▶ Art. 30, § 5º, da Lei 10.871/2004 (Carreiras e organização de cargos efetivos das Agências Reguladoras).

I – pelo término do prazo contratual;

II – por iniciativa do contratado;

III – pela extinção ou conclusão do projeto, definidos pelo contratante, nos casos da alínea *h* do inciso VI do art. 2º.

▶ Inciso III acrescido pela Lei 10.667/2003.

§ 1º A extinção do contrato, nos casos dos incisos II e III, será comunicada com a antecedência mínima de 30 (trinta) dias.

▶ § 1º com redação pela Lei 10.667/2003.

§ 2º A extinção do contrato, por iniciativa do órgão ou entidade contratante, decorrente de conveniência administrativa, importará no pagamento ao contratado de indenização correspondente à metade do que lhe caberia referente ao restante do contrato.

Arts. 13 a 15. *Revogados pela Lei 11.440/2006.*

Art. 16. O tempo de serviço prestado em virtude de contratação nos termos desta Lei será contado para todos os efeitos.

▶ Art. 30, § 5º, da Lei 10.871/2004 (Carreiras e organização de cargos efetivos das Agências Reguladoras).

Art. 17. Esta Lei entra em vigor na data de sua publicação.

Art. 18. Revogam-se as disposições em contrário, especialmente os arts. 232 a 235 da Lei 8.112, de 11 de dezembro de 1990.

Brasília, 9 de dezembro de 1993, 172º da Independência e 105º da República.

Itamar Franco

DECRETO 1.480, DE 3 DE MAIO DE 1995

Dispõe sobre os procedimentos a serem adotados em casos de paralisações dos serviços públicos federais, enquanto não regulado o disposto no art. 37, inciso VII, da Constituição.

DOU 04.05.1995

O Presidente da República, no uso das atribuições que lhe confere o art. 84, incisos II e IV, da Constituição, e tendo em vista o disposto nos arts. 116, inciso X, e 117, inciso I, da Lei 8.112, de 11 de dezembro de 1990, decreta:

Art. 1º Até que seja editada a lei complementar a que alude o art. 37, inciso VII, da Constituição, as faltas decorrentes de participação de servidor público federal, regido pela Lei 8.112, de 11 de dezembro de 1990, em movimento de paralisação de serviços públicos não poderão, em nenhuma hipótese, ser objeto de:

I – abono;

II – compensação; ou

III – cômputo, para fins e contagem de tempo de serviço ou de qualquer vantagem que o tenha por base.

§ 1º Para os fins de aplicação do disposto neste artigo, a chefia imediata do servidor transmitirá ao órgão de pessoal respectivo a relação dos servidores cujas faltas

se enquadrem na hipótese nele prevista, discriminando, dentre os relacionados, os ocupantes de cargos em comissão e os que percebam função gratificada.

§ 2º A inobservância do disposto no parágrafo precedente implicará na exoneração ou dispensa do titular da chefia imediata, sem prejuízo do ressarcimento ao Tesouro Nacional dos valores por este despendidos em razão do ato comissivo ou omissivo, apurado em processo administrativo regular.

Art. 2º Serão imediatamente exonerados ou dispensados os ocupantes de cargos em comissão ou de funções gratificadas constantes da relação a que alude o artigo precedente.

Art. 3º No caso em que a União, autarquia ou fundação pública for citada em causa cujo objeto seja a indenização por interrupção, total ou parcial, da prestação dos serviços desenvolvidos pela Administração Pública Federal, em decorrência de movimento de paralisação, será obrigatória a denunciação à lide dos servidores que tiverem concorrido para o dano.

Parágrafo único. Compete ao Advogado-Geral da União expedir as instruções necessárias ao cumprimento do disposto neste artigo.

Art. 4º Este decreto entra em vigor na data de sua publicação.

Brasília, 3 de maio de 1995; 174º da Independência e 107º da República.

Fernando Henrique Cardoso

INSTRUÇÃO NORMATIVA 8, DE 22 DE AGOSTO DE 1996, DO TRIBUNAL SUPERIOR DO TRABALHO – TST

Uniformiza a interpretação das normas legais aplicáveis às eleições para os cargos de direção e de substituição dos Tribunais do Trabalho.

DEJT 29.08.1996

▶ Aprovada pela Resolução TST 61, de 22 de agosto de 1996.

O Órgão Especial do Tribunal Superior do Trabalho, no uso das suas atribuições legais e regimentais,

Considerando a necessidade de uniformizar a interpretação das normas legais aplicáveis às eleições para os cargos de direção e de substituição dos Tribunais do Trabalho, de modo a propiciar a todos os integrantes destes a igualdade de acesso aos postos diretivos;

Considerando as inúmeras decisões do Colendo Supremo Tribunal Federal, no sentido de que a Lei Complementar 35, de 14/3/79 (Lei Orgânica da Magistratura) foi recepcionada pela Constituição da República de 1988 e deve ser estritamente observada para efeito das eleições dos cargos de direção dos Tribunais do Trabalho (STF – RE 105.082/AM, Tribunal Pleno, Relator Min. Néri da Silveira, RTJ – 124; Reclamação 167/AM, Tribunal Pleno, Relator Min. Néri da Silveira, RTJ – 121; Representação 1.143/MA, Tribunal Pleno, Relator Min. Rafael Mayer, RTJ/105; Mandado de Segurança 20.911 – 9/PA, Tribunal Pleno, Relator Min. Octávio Gallotti, publicado no *DJ* de 30/06/1989);

Considerando a variação numérica dos cargos de direção e de substituição nos Tribunais do Trabalho;

Considerando que o Tribunal Superior do Trabalho é a instância suprema da Justiça do Trabalho, incumbindo-lhe expedir instruções e adotar providências necessárias ao bom funcionamento de todos os órgãos desta Justiça Especializada,

Edita esta Instrução Normativa para disciplinar o acesso aos cargos de direção dos Tribunais do Trabalho:

1. São cargos de direção, nos Tribunais do Trabalho, para efeito das inelegibilidades a que se refere o artigo 102 da Lei Complementar 35, de 14 de março de 1979, os exercidos pelo Presidente e pelo Corregedor.

2. São cargos de substituição, nos Tribunais do Trabalho, os exercidos pelos Vice-Presidentes e pelos Vice-Corregedores.

3. Os cargos de direção e de substituição serão preenchidos por eleição mediante escrutínio secreto e por dois anos, dentre os juízes mais antigos, em número correspondente ao dos cargos, proibida a reeleição.

4. Quem tiver exercido os cargos de direção por quatro anos, ou o de Presidente, não figurará mais entre os elegíveis, até se esgotarem todos os nomes, na ordem de antiguidade.

5. É elegível o juiz que tenha sido eleito para qualquer cargo de direção com a finalidade de completar período de mandato inferior a um ano, ou aquele que exerceu cargo de substituição por quatro anos.

6. São incompatíveis com o art. 102 da Lei Complementar 35, de 14 de março de 1979, os dispositivos do Regimento Interno de Tribunal do Trabalho que:

a) fixarem número maior de elegíveis do que o de cargos de direção ou substituição a serem preenchidos;

b) limitarem a sequencia da antiguidade, para efeito da lista de elegíveis, aos juízes integrantes da Corte à época da eleição anterior.

7. É obrigatória a aceitação do cargo, salvo recusa manifestada e aceita antes da eleição.

8. Esta Instrução Normativa entrará em vigor na data de sua publicação.

Sala de Sessões, 22 de agosto de 1996.

Luzia de Andrade Costa Freitas

Diretora-Geral de Coordenação Judiciária

INSTRUÇÃO NORMATIVA 12, DE 12 DE JUNHO DE 1997, DO TRIBUNAL SUPERIOR DO TRABALHO – TST

Estabelece procedimentos para a habilitação e o provimento de cargos da magistratura classista temporária de 1ª e 2ª instâncias da Justiça do Trabalho e dá outras providências.

DEJT 03.07.1997

▶ Aprovada pela Resolução 73, de 12 de junho de 1997.

Art. 1º O procedimento de habilitação para o provimento do cargo de juiz classista temporário da Justiça do Trabalho, de 1ª e 2ª instâncias, iniciar-se-á com a publicação de Edital pelo Presidente do Tribunal Regional do Trabalho, no *Diário Oficial* dos Estados jurisdicionados pela Região da Justiça do Trabalho, com a antecedência de, no mínimo, 120 (cento e vinte) dias do término dos mandatos dos juízes classistas temporários e respectivos suplentes, estabelecendo que as entidades sindicais interessadas, para a escolha de listas tríplices conducentes ao provimento de vagas, convoquem os seus órgãos competentes – no caso de sindicatos, suas Assembleias-Gerais – para o preenchimento dos cargos de juiz classista e respectivo suplente de Junta de Conciliação e Julgamento, e, na hipótese de federação ou sindicato com base territorial regional, suas Diretorias, para o preenchimento de cargos de juiz classista e respectivo suplente de Tribunal Regional do Trabalho.

§ 1º O Edital obedecerá ao modelo pertinente constante do anexo desta Resolução, indicando-se a origem das vagas.

§ 2º No prazo máximo de 45 (quarenta e cinco) dias após a publicação do Edital, as entidades sindicais referidas no *caput* deste artigo que desejarem participar do procedimento de habilitação, apresentarão ao juiz Presidente do TRT listas tríplices separadas para Titular e Suplente, correspondentes a cada vaga.

§ 3º Tratando-se de sindicato com base territorial regional que pretenda apresentar lista tríplice para cargo de Juiz de Tribunal Regional do Trabalho, seu presidente deverá certificar, sob as penas da lei, que a entidade não está vinculada a nenhuma federação.

Art. 2º O processo de apresentação das listas tríplices no TRT deverá ser instruído pela entidade sindical com o original ou cópia autenticado dos seguintes documentos:

I – Em relação ao procedimento de escolha das listas tríplices:

a) Edital de convocação da Assembleia-Geral, no caso de lista tríplice para preenchimento de cargo de Juiz Classista de Junta de Conciliação e Julgamento, ou da Diretoria, na hipótese de lista tríplice para preenchimento de cargo de Juiz Classista de Tribunal Regional do Trabalho, onde constem a data, o local e a hora da reunião para a escolha da lista tríplice, publicado no *Diário Oficial* do Estado jurisdicionado, ou em Jornal de grande circulação na mesma jurisdição;

b) Edital de divulgação do resultado da reunião da Assembleia-Geral ou da Diretoria, onde constem a data, o local e a hora em que foram eleitos os componentes das listas tríplices, com a relação nominal dos seus integrantes, publicado no *Diário Oficial* do Estado jurisdicionado, ou em jornal de grande circulação na mesma jurisdição;

c) Ata alusiva à escolha dos componentes da lista tríplice, consignando o número de associados do sindicato e o número dos que compareceram à Assembleia-Geral; no caso de Diretoria, o número de seus integrantes e dos que compareceram à reunião em que foram escolhidos os componentes da lista tríplice; em ambos os casos, a Ata deverá ser acompanhada da lista de assinaturas dos

presentes, com seus nomes datilografados ou em letra de forma e respectivas assinaturas;

d) Declaração, subscrita pelo Presidente da entidade sindical, afirmando, sob as penas da lei, que foram observadas todas as formalidades previstas na legislação e no estatuto da entidade sindical, quanto ao processamento da escolha da lista tríplice;

e) Declaração, firmada pelo Presidente da entidade sindical, informando, sob as penas da lei, que não pendem impugnações das listas, no âmbito da entidade sindical;

f) Ata da eleição que escolheu o Presidente, os Diretores e o Secretário da entidade sindical;

g) Exemplar do Estatuto da entidade sindical ou cópia autenticada do mesmo; e

h) Documento comprobatório da existência legal da entidade sindical.

II – Em relação a cada um dos integrantes da lista tríplice:

a) Cópia autenticada, legível, da Carteira de Identidade;

b) Em se tratando de candidato do sexo masculino, cópia autenticada, legível, do Certificado de Reservista ou de Isenção do Serviço Militar;

c) Cópia autenticada, legível, do Título de Eleitor;

d) Comprovante de que votou na última eleição ou plebiscito;

e) Certidões Negativas dos distribuidores das Justiças Federal e Estadual, cíveis, criminais e trabalhista, dos lugares em que haja residido nos últimos 5 (cinco) anos. Caso a certidão seja positiva, poderá o candidato apresentar em anexo notícia específica da ocorrência com os esclarecimentos pertinentes;

f) Declaração, de próprio punho e sob as penas da lei, da qual conste que nunca foi indiciado em inquérito policial e administrativo, bem como processado criminalmente ou, em caso contrário, notícia específica da ocorrência, acompanhada dos esclarecimentos pertinentes;

g) Certidão firmada pelo presidente ou dirigente da entidade sindical, sob as penas da lei, de ser o candidato sindicalizado e estar no exercício de atividade profissional ou econômica correspondente à categoria representada pela entidade certificante;

h) Comprovar mediante traslado da carteira de trabalho, em se tratando de empregado, ou mediante estatuto ou contrato social da empresa, na hipótese de o candidato ser empregador, o exercício da atividade profissional ou econômica por mais de 2 (dois) anos; e

i) Currículo onde constem, detalhadamente, dados pessoais e culturais, bem como exercício de cargos, empregos e funções, demonstrando as atividades eventualmente desempenhadas, com exata indicação dos períodos e locais de atuação pública ou privada, bem assim das principais autoridades ou empresas com as quais serviu ou criou, explicitando-lhes os endereços atuais.

Art. 3º O Presidente do TRT encaminhará o processo referente ao preenchimento de vaga de juiz classista de tribunal, do Regional do Trabalho ao Presidente do Tribunal Superior do Trabalho, instruído com os documentos relativos às listas tríplices.

Art. 4º Tratando-se de habilitação para o provimento de cargos de juiz classista, titular e suplente de Junta de Conciliação e Julgamento, o Edital de convocação dos sindicatos com base territorial na região consignará em que Juntas existem as vagas.

Parágrafo único. Aos integrantes de listas tríplices para Juiz Classista, titular e suplente, de Junta de Conciliação e Julgamento, aplica-se o disposto neste Ato, permitida apenas uma recondução para qualquer Junta de Conciliação e Julgamento, ainda que de outra Região.

Art. 5º Os Juízes Representantes Classistas temporários e seus respectivos Suplentes poderão tomar posse no prazo de 30 (trinta) dias, contados da publicação do ato de nomeação pelo Presidente da República ou pelo Presidente do TRT, podendo esse prazo ser prorrogado por mais 30 (trinta) dias, mediante requerimento fundamentado dirigido ao Presidente do TRT; contudo, a duração do triênio será contada do dia seguinte ao da publicação do ato de nomeação.

§ 1º Publicado o decreto de nomeação antes do término dos mandatos do titular e do suplente, o prazo do triênio dos novos titular e suplente começa a fluir no dia seguinte ao do final da investidura, aplicando-se as demais disposições previstas no *caput* deste artigo.

§ 2º Quando a nomeação for posterior ao término do triênio anterior, o triênio de investidura terá início a partir da posse.

§ 3º A posse será dada somente após:

a) a declaração de que da referida posse não decorrerá a acumulação de função, cargo ou emprego público,

incluídos os de juiz classista de qualquer instância, como titular ou suplente;

b) a declaração de não exercer atividade político-partidária;

c) declaração de que, no interregno da expedição das certidões a que se refere a letra *f* do inciso I, do artigo 2º, e a data da posse, não se alterou a sua situação judicial.

Art. 6º No afastamento definitivo de juiz classista titular de Junta de Conciliação e Julgamento ou de Tribunal Regional do Trabalho, o suplente assumirá a titularidade definitiva, para complementar o mandato, mediante convocação do Presidente do TRT.

§ 1º Será nomeado novo suplente para complementar o mandato do que assumiu a titularidade, em qualquer instância, dentre os nomes remanescentes da lista tríplice do processo original.

§ 2º Na vacância do cargo de juiz classista e de seu suplente, em primeira ou segunda instância, será nomeado novo representante classista para complementar o mandato, dentre os nomes remanescentes da lista tríplice do processo original.

Art. 7º Terminado o mandato de juiz classista titular e suplente, de JCJ ou de TRT, para cujo preenchimento de vaga foram convocadas especificamente as entidades sindicais, ficará extinto o processo de lista tríplice, sendo vedado o aproveitamento delas para outros triênios.

Art. 8º Na criação de Junta ou de TRT ou na ampliação de Corte Regional, o Juiz-Presidente do TRT, observada a viabilidade de instalação de Junta ou de funcionamento do Regional, com a nova composição, dentro do semestre respectivo, mandará publicar Edital que conceda às entidades de classe pertinentes o prazo máximo de 60 (sessenta) dias para a apresentação das listas tríplices para Titular e Suplente, não cabendo o aproveitamento de listas tríplices remanescentes.

Art. 9º Os Sindicatos e Federações de profissionais liberais concorrerão apenas às vagas de Juiz Classista ou Suplente, representantes dos trabalhadores, e desde que os indicados em listas tríplices mantenham, comprovadamente, relação de emprego nas condições do artigo 3 da Consolidação das Leis do Trabalho, para o exercício específico da atividade que corresponda à profissão liberal.

Art. 10. Os Agentes Autônomos do Comércio, integrantes do 3 Grupo da Confederação Nacional do Comércio, concorrerão apenas às vagas de Juiz Classista Titular ou Suplente, representantes dos empregadores, desde que os indicados nas listas tríplices comprovem que possuem empregados permanentes, na forma do artigo 3 da CLT.

Art. 11. Os empregados de Agentes Autônomos do Comércio, integrantes do 2 Grupo da Confederação Nacional dos Trabalhadores no Comércio, concorrerão apenas às vagas destinadas a Juiz Classista ou Suplente, representantes dos trabalhadores.

Art. 12. Os processos iniciados na vigência do Ato.TST. GP.N 594/95, de 10 de julho de 1995, com a publicação, no *Diário Oficial* do Estado e Estados jurisdicionados, do respectivo edital de convocação das entidades sindicais para apresentarem listas tríplices, ficam sujeitos às disposições nele contidas.

Art. 13. Esta Instrução entra em vigor na data de sua publicação e revoga o Ato.TST.GP. 594/95, de 10 de julho de 1995, ressalvado o disposto no art. 12, retro.

Sala de Sessões, 12 de junho de 1997.

Luzia de Andrade Costa Freitas

Diretora-Geral de Coordenação Judiciária

LEI 9.469, DE 10 DE JULHO DE 1997

Regulamenta o disposto no inciso VI do art. 4º da Lei Complementar 73, de 10 de fevereiro de 1993; dispõe sobre a intervenção da União nas causas em que figurarem, como autores ou réus, entes da administração indireta; regula os pagamentos devidos pela Fazenda Pública em virtude de sentença judiciária; revoga a Lei 8.197, de 27 de junho de 1991, e a Lei 9.081, de 19 de julho de 1995, e dá outras providências.

DOU 11.07.197

Faço saber que o Presidente da República adotou a Medida Provisória 1.561-6, de 1997, que o Congresso Nacional aprovou, e eu, Antônio Carlos Magalhães, Presidente, para os efeitos do disposto no parágrafo único do art. 62 da Constituição Federal, promulgo a seguinte Lei:

Art. 1º O Advogado-Geral da União, diretamente ou mediante delegação, e os dirigentes máximos das em-

presas públicas federais, em conjunto com o dirigente estatutário da área afeta ao assunto, poderão autorizar a realização de acordos ou transações para prevenir ou terminar litígios, inclusive os judiciais.

▸ *Caput* com redação pela Lei 13.140/2015.

§ 1º Poderão ser criadas câmaras especializadas, compostas por servidores públicos ou empregados públicos efetivos, com o objetivo de analisar e formular propostas de acordos ou transações.

▸ § 1º com redação pela Lei 13.140/2015.

§ 2º *Revogado pela Lei 12.348/2010.*

§ 3º Regulamento disporá sobre a forma de composição das câmaras de que trata o § 1º, que deverão ter como integrante pelo menos um membro efetivo da Advocacia-Geral da União ou, no caso de empresas públicas, um assistente jurídico ou ocupante de função equivalente.

▸ § 3º com redação pela Lei 13.140/2015.

§ 4º Quando o litígio envolver valores superiores aos fixados em regulamento, o acordo ou a transação, sob pena de nulidade, dependerá de prévia e expressa autorização do Advogado-Geral da União e do Ministro de Estado a cuja área de competência estiver afeto o assunto, ou ainda do Presidente da Câmara dos Deputados, do Senado Federal, do Tribunal de Contas da União, de Tribunal ou Conselho, ou do Procurador-Geral da República, no caso de interesse dos órgãos dos Poderes Legislativo e Judiciário ou do Ministério Público da União, excluídas as empresas públicas federais não dependentes, que necessitarão apenas de prévia e expressa autorização dos dirigentes de que trata o *caput*.

▸ Primitivo § 1º renumerado e com redação pela Lei 13.140/2015.

§ 5º Na transação ou acordo celebrado diretamente pela parte ou por intermédio de procurador para extinguir ou encerrar processo judicial, inclusive os casos de extensão administrativa de pagamentos postulados em juízo, as partes poderão definir a responsabilidade de cada uma pelo pagamento dos honorários dos respectivos advogados.

▸ § 5º acrescido pela Lei 13.140/2015.

Art. 1º-A. O Advogado-Geral da União poderá dispensar a inscrição de crédito, autorizar o não ajuizamento de ações e a não interposição de recursos, assim como o requerimento de extinção das ações em curso ou de desistência dos respectivos recursos judiciais, para cobrança de créditos da União e das autarquias e fundações públicas federais, observados os critérios de custos de administração e cobrança.

▸ Artigo acrescido pela Lei 11.941/2009.
▸ Súmulas 452 e 583 do STJ.

Parágrafo único. O disposto neste artigo não se aplica à Dívida Ativa da União e aos processos em que a União seja autora, ré, assistente ou oponente cuja representação judicial seja atribuída à Procuradoria-Geral da Fazenda Nacional.

Art. 1º-B. Os dirigentes máximos das empresas públicas federais poderão autorizar a não proposição de ações e a não interposição de recursos, assim como o requerimento de extinção das ações em curso ou de desistência dos respectivos recursos judiciais, para cobrança de créditos, atualizados, de valor igual ou inferior a R$ 10.000,00 (dez mil reais), em que interessadas essas entidades na qualidade de autoras, rés, assistentes ou oponentes, nas condições aqui estabelecidas.

▸ Artigo acrescido pela Lei 11.941/2009.

Parágrafo único. Quando a causa envolver valores superiores ao limite fixado neste artigo, o disposto no *caput*, sob pena de nulidade, dependerá de prévia e expressa autorização do Ministro de Estado ou do titular da Secretaria da Presidência da República a cuja área de competência estiver afeto o assunto, excluído o caso das empresas públicas não dependentes que necessitarão apenas de prévia e expressa autorização de seu dirigente máximo.

Art. 1º-C. Verificada a prescrição do crédito, o representante judicial da União, das autarquias e fundações públicas federais não efetivará a inscrição em dívida ativa dos créditos, não procederá ao ajuizamento, não recorrerá e desistirá dos recursos já interpostos.

▸ Artigo acrescido pela Lei 11.941/2009.

Art. 2º O Procurador-Geral da União, o Procurador-Geral Federal, o Procurador-Geral do Banco Central do Brasil e os dirigentes das empresas públicas federais mencionadas no *caput* do art. 1º poderão autorizar, diretamente ou mediante delegação, a realização de acordos para prevenir ou terminar, judicial ou extrajudicialmente, litígio que envolver valores inferiores aos fixados em regulamento.

▸ *Caput* com redação pela Lei 13.140/2015.

§ 1º No caso das empresas públicas federais, a delegação é restrita a órgão colegiado formalmente constituído, composto por pelo menos um dirigente estatutário.

> § 1º com redação pela Lei 13.140/2015.

§ 2º O acordo de que trata o *caput* poderá consistir no pagamento do débito em parcelas mensais e sucessivas, até o limite máximo de sessenta.

> § 2º com redação pela Lei 13.140/2015.

§ 3º O valor de cada prestação mensal, por ocasião do pagamento, será acrescido de juros equivalentes à taxa referencial do Sistema Especial de Liquidação e de Custódia – SELIC para títulos federais, acumulada mensalmente, calculados a partir do mês subsequente ao da consolidação até o mês anterior ao do pagamento e de um por cento relativamente ao mês em que o pagamento estiver sendo efetuado.

> Primitivo § 1º renumerado e com redação pela Lei 13.140/2015.

§ 4º Inadimplida qualquer parcela, após trinta dias, instaurar-se-á o processo de execução ou nele prosseguir-se-á, pelo saldo.

> Primitivo § 2º renumerado e com redação pela Lei 13.140/2015.

Art. 3º As autoridades indicadas no *caput* do art. 1º poderão concordar com pedido de desistência da ação, nas causas de quaisquer valores, desde que o autor renuncie expressamente ao direito sobre que se funda a ação (art. 269, inciso V, do Código de Processo Civil).

Parágrafo único. Quando a desistência de que trata este artigo decorrer de prévio requerimento do autor dirigido à administração pública federal para apreciação de pedido administrativo com o mesmo objeto da ação, esta não poderá negar o seu deferimento exclusivamente em razão da renúncia prevista no *caput* deste artigo.

> Parágrafo único acrescido pela Lei 11.941/2009.

Art. 4º Não havendo Súmula da Advocacia-Geral da União (arts. 4º, inciso XII, e 43, da Lei Complementar 73, de 1993), o Advogado-Geral da União poderá dispensar a propositura de ações ou a interposição de recursos judiciais quando a controvérsia jurídica estiver sendo iterativamente decidida pelo Supremo Tribunal Federal ou pelos Tribunais Superiores.

Art. 4º-A. O termo de ajustamento de conduta, para prevenir ou terminar litígios, nas hipóteses que envolvam interesse público da União, suas autarquias e fundações, firmado pela Advocacia-Geral da União, deverá conter:

> Artigo acrescido pela Lei 12.249/2010.

I – a descrição das obrigações assumidas;

II – o prazo e o modo para o cumprimento das obrigações;

III – a forma de fiscalização da sua observância;

IV – os fundamentos de fato e de direito; e

V – a previsão de multa ou de sanção administrativa, no caso de seu descumprimento.

Parágrafo único. A Advocacia-Geral da União poderá solicitar aos órgãos e entidades públicas federais manifestação sobre a viabilidade técnica, operacional e financeira das obrigações a serem assumidas em termo de ajustamento de conduta, cabendo ao Advogado-Geral da União a decisão final quanto à sua celebração.

Art. 5º A União poderá intervir nas causas em que figurarem, como autoras ou rés, autarquias, fundações públicas, sociedades de economia mista e empresas públicas federais.

> Súmula 553 do STJ.

Parágrafo único. As pessoas jurídicas de direito público poderão nas causas cuja decisão possa ter reflexos, ainda que indiretos, de natureza econômica, intervir, independentemente da demonstração de interesse jurídico, para esclarecer questões de fato e de direito, podendo juntar documentos e memoriais reputados úteis ao exame da matéria e, se for o caso, recorrer, hipótese em que, para fins de deslocamento de competência, serão consideradas partes.

Art. 6º Os pagamentos devidos pela Fazenda Pública federal, estadual ou municipal e pelas autarquias e fundações públicas, em virtude de sentença judiciária, far-se-ão, exclusivamente, na ordem cronológica da apresentação dos precatórios judiciários e à conta do respectivo crédito.

§ 1º É assegurado o direito de preferência aos credores de obrigação de natureza alimentícia, obedecida, entre eles, a ordem cronológica de apresentação dos respectivos precatórios judiciários.

> Primitivo parágrafo único renumerado pela MP 2.226/2001.
> O STF no julgamento da ADIN 2.527-9 (*DOU e DJU 11.09.2007*), decidiu deferir em parte a liminar para suspender o art. 3º da MP 2.226/2001.

§ 2º *Revogado pela Lei 13.140/2015.*

Art. 7º *Revogado pela Lei 11.941/2009.*

Art. 7º-A. As competências previstas nesta Lei aplicam-se concorrentemente àquelas específicas existentes na legislação em vigor em relação às autarquias, às fundações e às empresas públicas federais não dependentes.

> Artigo acrescido pela Lei 11.941/2009.

Art. 8º Aplicam-se as disposições desta Lei, no que couber, às ações propostas e aos recursos interpostos pelas entidades legalmente sucedidas pela União.

Art. 9º A representação judicial das autarquias e fundações públicas por seus procuradores ou advogados, ocupantes de cargos efetivos dos respectivos quadros, independe da apresentação do instrumento de mandato.

Art. 10. Aplica-se às autarquias e fundações públicas o disposto nos arts. 188 e 475, *caput*, e no seu inciso II, do Código de Processo Civil.

Art. 10-A. Ficam convalidados os acordos ou transações, em juízo, para terminar o litígio, realizados pela União ou pelas autarquias, fundações ou empresas públicas federais não dependentes durante o período de vigência da Medida Provisória 449, de 3 de dezembro de 2008, que estejam de acordo com o disposto nesta Lei.

> Artigo acrescido pela Lei 11.941/2009.

Art. 11. Ficam convalidados os atos praticados com base na Medida Provisória 1.561-5, de 15 de maio de 1997.

Art. 12. Revogam-se a Lei 8.197, de 27 de junho de 1991, e a Lei 9.081, de 19 de julho de 1995.

Art. 13. Esta Lei entra em vigor na data de sua publicação.

Congresso Nacional, 10 de julho de 1997; 176º da Independência e 109º da República.

Antônio Carlos Magalhães

INSTRUÇÃO NORMATIVA 13, DE 9 DE OUTUBRO DE 1997, DO TRIBUNAL SUPERIOR DO TRABALHO – TST

Dispõe sobre a concessão de adicional por tempo de serviço aos representantes classistas da Justiça do Trabalho e dá outras providências.

DEJT 28.10.1997; Republicada no *DEJT* de 03.11.1997
> Aprovada pela Resolução 74, de 9 de outubro de 1997.

Art. 1º Fica vedada a concessão de adicional por tempo de serviço aos representantes classistas da Justiça do Trabalho empossados a partir de 14 de outubro de 1996.

Art. 2º O adicional por tempo de serviço concedido aos representantes classistas empossados antes de 14 de outubro de 1996 deverá ser ajustado às seguintes regras:

I – não poderá ser computado o tempo de serviço prestado:

a) no exercício da advocacia;

b) a Estados, Municípios e Distrito Federal;

c) a sociedades de economia mista e empresas públicas;

d) em atividade privada, vinculada à Previdência Social;

e) em mandato eletivo federal, estadual, municipal ou distrital, anterior ao ingresso no serviço público;

f) em atividade de tiro de guerra.

II – serão observadas as disposições da Lei 8.112, de 11/12/90, e alterações posteriores.

Art. 3º Os adicionais por tempo de serviço concedidos aos representantes classistas inativos, cuja aposentadoria não tenha sido registrada pelo Tribunal de Contas da União, deverão ser adequados às disposições desta Instrução Normativa.

Art. 4º Os adicionais por tempo de serviço percebidos em conformidade com esta Instrução Normativa integrarão os proventos de aposentadoria e pensão concedidas com fundamento na Lei 6.903, de 30/03/81, e a remuneração dos representantes classistas investidos antes de 14 de outubro de 1996, nesta última hipótese somente até o término do respectivo triênio de investidura, em respeito ao princípio da irredutibilidade de vencimentos.

Art. 5º Os Órgãos da Justiça do Trabalho deverão praticar os atos previstos nesta Instrução Normativa no prazo de trinta dias a contar de sua publicação.

Art. 6º Esta Instrução Normativa entra em vigor a partir de sua publicação.

Sala de Sessões, 9 de outubro de 1997.

Luzia de Andrade Costa Freitas

LEI 9.962, DE 22 DE FEVEREIRO DE 2000

Disciplina o regime de emprego público do pessoal da Administração federal direta, autárquica e fundacional, e dá outras providências.

DOU 23.02.2000

O Presidente da República:

Faço saber que o Congresso Nacional decreta e eu sanciono a seguinte Lei:

Art. 1º O pessoal admitido para emprego público na Administração federal direta, autárquica e fundacional terá sua relação de trabalho regida pela Consolidação das Leis do Trabalho, aprovada pelo Decreto-lei 5.452, de 1º de maio de 1943, e legislação trabalhista correlata, naquilo que a lei não dispuser em contrário.

§ 1º Leis específicas disporão sobre a criação dos empregos de que trata esta Lei âmbito da Administração direta, autárquica e fundacional do Poder Executivo, bem como sobre a transformação dos atuais cargos em empregos.

§ 2º É vedado:

I – submeter ao regime de que trata esta Lei:

a) Vetada;

b) cargos públicos de provimento em comissão;

II – alcançar, nas leis a que se refere o § 1º, servidores regidos pela Lei 8.112, de 11 de dezembro de 1990, às datas das respectivas publicações.

§ 3º Estende-se o disposto no § 2º à criação de empregos ou à transformação de cargos em empregos não abrangidas pelo § 1º.

§ 4º *Vetado.*

Art. 2º A contratação de pessoal para emprego público deverá ser precedida de concurso público de provas ou de provas e títulos, conforme a natureza e a complexidade do emprego.

Art. 3º O contrato de trabalho por prazo indeterminado somente será rescindido por ato unilateral da Administração pública nas seguintes hipóteses:

I – prática de falta grave, dentre as enumeradas no art. 482 da Consolidação das Leis do Trabalho – CLT;

II – acumulação ilegal de cargos, empregos ou funções públicas;

III – necessidade de redução de quadro de pessoal, por excesso de despesa, nos termos da lei complementar a que se refere o art. 169 da Constituição Federal;

IV – insuficiência de desempenho, apurada em procedimento no qual se assegurem pelo menos um recurso hierárquico dotado de efeito suspensivo, que será apreciado em 30 (trinta) dias, e o prévio conhecimento dos padrões mínimos exigidos para continuidade da relação de emprego, obrigatoriamente estabelecidos de acordo com as peculiaridades das atividades exercidas.

Parágrafo único. Excluem-se da obrigatoriedade dos procedimentos previstos no *caput* as contratações de pessoal decorrentes da autonomia de gestão de que trata o § 8º do art. 37 da Constituição Federal.

Art. 4º Aplica-se às leis a que se refere o § 1º do art. 1º desta Lei o disposto no art. 246 da Constituição Federal.

Art. 5º Esta Lei entra em vigor na data de sua publicação.

Brasília, 22 de fevereiro de 2000; 179º da Independência e 112º da República.

Fernando Henrique Cardoso

LEI 10.556, DE 13 DE NOVEMBRO DE 2002

Dispõe sobre a inclusão dos cargos que especifica no Plano de Classificação de Cargos, instituído pela Lei 5.645, de 10 de dezembro de 1970, altera as Leis 10.486, de 4 de julho de 2002, e 5.662, de 21 de junho de 1971, e dá outras providências.

DOU 14.11.2002

Faço saber que o Presidente da República adotou a Medida Provisória 56, de 2002, que o Congresso Nacional aprovou, e eu, Ramez Tebet, Presidente da Mesa do Congresso Nacional, para os efeitos do disposto no art. 62 da Constituição Federal, com a redação dada pela Emenda constitucional 32, de 2001, promulgo a seguinte Lei:

Art. 1º Ficam incluídos nos Grupos Outras Atividades de Nível Superior e Outras Atividades de Nível Médio do Plano de Classificação de Cargos de que trata a Lei 5.645, de 10 de dezembro de 1970, as Categorias Funcionais

dos Quadros de Pessoal da Administração Pública Federal que integram as Tabelas de Especialistas, na forma do Anexo a esta Lei.

§ 1º Na aplicação do disposto neste artigo, não poderá ocorrer mudança de nível, classe e padrão.

§ 2º *Revogado pela Lei 11.355/2006.*

Art. 2º Os servidores de que trata o art. 26 da Lei 8.691, de 28 de julho de 1993, poderão manifestar-se, no prazo de sessenta dias, contado a partir da publicação desta Lei, pelo reenquadramento no cargo anteriormente ocupado, mantida a sua denominação, sem prejuízo da atual lotação ou unidade de exercício.

Parágrafo único. A partir do reenquadramento de que trata o *caput*, o servidor deixará de perceber as vantagens previstas na Lei 8.691, de 1993, e na Medida Provisória 2.229-43, de 6 de setembro de 2001, somente fazendo jus às vantagens do cargo que voltar a ocupar.

Art. 3º *Revogado pela Lei 14.204/2021, produzindo efeitos a partir de 31.03.2023.*

Art. 4º O § 3º do art. 36 da Lei 10.486, de 4 de julho de 2002, passa a vigorar com a seguinte redação:

▸ Alterações incorporadas no texto da referida Lei.

Art. 5º Para a cobrança da contribuição específica, a que se refere o inciso I do § 3º do art. 36 da Lei 10.486, de 2002, com a nova base de cálculo instituída pelo art. 4º desta Lei, observar-se-á o disposto no art. 195, § 6º, da Constituição.

Art. 6º Para o cálculo proporcional dos proventos das aposentadorias compulsórias e por invalidez, relativas aos servidores regidos pela Lei 8.112, de 11 de dezembro de 1990, serão considerados os valores das gratificações de desempenho profissional, individual ou institucional e de produtividade, percebidos no mês anterior ao do afastamento.

Parágrafo único. O disposto no *caput* não se aplica às aposentadorias por invalidez permanente decorrentes de acidente em serviço, moléstia profissional ou doença grave, contagiosa ou incurável, especificadas em lei.

Art. 7º A Lei 5.662, de 21 de junho de 1971, passa a vigorar acrescida do seguinte art. 4º-A:

▸ Alterações incorporadas no texto da referida Lei.

Art. 8º O disposto na Seção I do Capítulo I do Título III da Consolidação das Leis do Trabalho – CLT, aprovada pelo Decreto-Lei 5.452, de 1º de maio de 1943, não se aplica aos empregados da Financiadora de Estudos e Projetos – FINEP.

Parágrafo único. A jornada de trabalho dos empregados da FINEP será de oito horas diárias, perfazendo um total de quarenta horas de trabalho semanais, não podendo ser reduzida em qualquer hipótese.

Art. 9º Esta Lei entra em vigor na data da sua publicação.

Congresso Nacional, 13 de novembro de 2002; 181º da Independência e 114º da República.

▸ Deixamos de publicar o Anexo constante desta norma.

Senador Ramez Tebet

LEI 10.887, DE 18 DE JUNHO DE 2004

Dispõe sobre a aplicação de disposições da Emenda Constitucional nº 41, de 19 de dezembro de 2003, altera dispositivos das Leis 9.717, de 27 de novembro de 1998, 8.213, de 24 de julho de 1991, 9.532, de 10 de dezembro de 1997, e dá outras providências.

DOU 21.06.2004

Art. 1º No cálculo dos proventos de aposentadoria dos servidores titulares de cargo efetivo de qualquer dos Poderes da União, dos Estados, do Distrito Federal e dos Municípios, incluídas suas autarquias e fundações, previsto no § 3º do art. 40 da Constituição Federal e no art. 2º da Emenda Constitucional no 41, de 19 de dezembro de 2003, será considerada a média aritmética simples das maiores remunerações, utilizadas como base para as contribuições do servidor aos regimes de previdência a que esteve vinculado, correspondentes a 80% (oitenta por cento) de todo o período contributivo desde a competência julho de 1994 ou desde o início da contribuição, se posterior àquela competência.

§ 1º As remunerações consideradas no cálculo do valor inicial dos proventos terão os seus valores atualizados mês a mês de acordo com a variação integral do índice fixado para a atualização dos salários de contribuição considerados no cálculo dos benefícios do regime geral de previdência social.

§ 2º A base de cálculo dos proventos será a remuneração do servidor no cargo efetivo nas competências a partir

de julho de 1994 em que não tenha havido contribuição para regime próprio.

§ 3º Os valores das remunerações a serem utilizadas no cálculo de que trata este artigo serão comprovados mediante documento fornecido pelos órgãos e entidades gestoras dos regimes de previdência aos quais o servidor esteve vinculado ou por outro documento público, na forma do regulamento.

§ 4º Para os fins deste artigo, as remunerações consideradas no cálculo da aposentadoria, atualizadas na forma do § 1º deste artigo, não poderão ser:

I – inferiores ao valor do salário mínimo;

II – superiores ao limite máximo do salário de contribuição, quanto aos meses em que o servidor esteve vinculado ao regime geral de previdência social.

§ 5º Os proventos, calculados de acordo com o *caput* deste artigo, por ocasião de sua concessão, não poderão ser inferiores ao valor do salário mínimo nem exceder a remuneração do respectivo servidor no cargo efetivo em que se deu a aposentadoria.

Art. 2º Aos dependentes dos servidores titulares de cargo efetivo e dos aposentados de qualquer dos Poderes da União, dos Estados, do Distrito Federal e dos Municípios, incluídas suas autarquias e fundações, falecidos a partir da data de publicação desta Lei, será concedido o benefício de pensão por morte, que será igual:

I – à totalidade dos proventos percebidos pelo aposentado na data anterior à do óbito, até o limite máximo estabelecido para os benefícios do regime geral de previdência social, acrescida de 70% (setenta por cento) da parcela excedente a este limite; ou

II – à totalidade da remuneração do servidor no cargo efetivo na data anterior à do óbito, até o limite máximo estabelecido para os benefícios do regime geral de previdência social, acrescida de 70% (setenta por cento) da parcela excedente a este limite, se o falecimento ocorrer quando o servidor ainda estiver em atividade.

Parágrafo único. Aplica-se ao valor das pensões o limite previsto no art. 40, § 2º, da Constituição Federal.

Art. 3º Para os fins do disposto no inciso XI do art. 37 da Constituição Federal, a União, os Estados, o Distrito Federal e os Municípios instituirão sistema integrado de dados relativos às remunerações, proventos e pensões pagos aos respectivos servidores e militares, ativos e inativos, e pensionistas, na forma do regulamento.

Art. 4º A contribuição social do servidor público ativo de qualquer dos Poderes da União, incluídas suas autarquias e fundações, para a manutenção do respectivo regime próprio de previdência social, será de 11% (onze por cento), incidentes sobre:

▸ *Caput* com redação pela Lei 12.618/2012.

I – a totalidade da base de contribuição, em se tratando de servidor que tiver ingressado no serviço público até a data da publicação do ato de instituição do regime de previdência complementar para os servidores públicos federais titulares de cargo efetivo e não tiver optado por aderir a ele;

▸ Inciso I acrescido pela Lei 12.618/2012.

II – a parcela da base de contribuição que não exceder ao limite máximo estabelecido para os benefícios do regime geral de previdência social, em se tratando de servidor:

▸ Inciso II acrescido pela Lei 12.618/2012.

a) que tiver ingressado no serviço público até a data a que se refere o inciso I e tenha optado por aderir ao regime de previdência complementar ali referido; ou

▸ Alínea *a* acrescida pela Lei 12.618/2012.

b) que tiver ingressado no serviço público a partir da data a que se refere o inciso I, independentemente de adesão ao regime de previdência complementar ali referido.

▸ Alínea *b* acrescida pela Lei 12.618/2012.

§ 1º Entende-se como base de contribuição o vencimento do cargo efetivo, acrescido das vantagens pecuniárias permanentes estabelecidas em lei, os adicionais de caráter individual ou quaisquer outras vantagens, excluídas:

I – as diárias para viagens;

II – a ajuda de custo em razão de mudança de sede;

III – a indenização de transporte;

IV – o salário-família;

V – o auxílio-alimentação;

VI – o auxílio-creche;

VII – as parcelas remuneratórias pagas em decorrência de local de trabalho;

VIII – a parcela percebida em decorrência do exercício de cargo em comissão ou de função comissionada ou gratificada;

▸ Inciso VIII com redação pela Lei 12.688/2012.

IX – o abono de permanência de que tratam o § 19 do art. 40 da Constituição Federal, o § 5º do art. 2º e o § 1º

do art. 3º da Emenda Constitucional 41, de 19 de dezembro de 2003;

▸ Inciso IX com redação pela Lei 12.688/2012.

X – o adicional de férias;

▸ Inciso X acrescido pela Lei 12.688/2012.

XI – o adicional noturno;

▸ Inciso XI acrescido pela Lei 12.688/2012.

XII – o adicional por serviço extraordinário;

▸ Inciso XII acrescido pela Lei 12.688/2012.

XIII – a parcela paga a título de assistência à saúde suplementar;

▸ Inciso XIII acrescido pela Lei 12.688/2012.

XIV – a parcela paga a título de assistência pré-escolar;

▸ Inciso XIV acrescido pela Lei 12.688/2012.

XV – a parcela paga a servidor público indicado para integrar conselho ou órgão deliberativo, na condição de representante do governo, de órgão ou de entidade da administração pública do qual é servidor;

▸ Inciso XV acrescido pela Lei 12.688/2012.

XVI – o auxílio-moradia;

▸ Inciso XVI acrescido pela Lei 12.688/2012.

XVII – a Gratificação por Encargo de Curso ou Concurso, de que trata o art. 76-A da Lei 8.112, de 11 de dezembro de 1990;

▸ Inciso XVII acrescido pela Lei 12.688/2012.

XVIII – a Gratificação Temporária das Unidades dos Sistemas Estruturadores da Administração Pública Federal (GSISTE), instituída pela Lei 11.356, de 19 de outubro de 2006;

▸ Inciso XVIII acrescido pela Lei 12.688/2012.

XIX – a Gratificação Temporária do Sistema de Administração dos Recursos de Informação e Informática (GSISP), instituída pela Lei 11.907, de 2 de fevereiro de 2009;

▸ Inciso XIX com redação pela Lei 13.328/2016.

XX – a Gratificação Temporária de Atividade em Escola de Governo (GAEG), instituída pela Lei 11.907, de 2 de fevereiro de 2009;

▸ Inciso XX acrescido pela Lei 13.328/2016.

XXI – a Gratificação Específica de Produção de Radioisótopos e Radiofármacos (GEPR), instituída pela Lei 11.907, de 2 de fevereiro de 2009;

▸ Inciso XXI acrescido pela Lei 13.328/2016.

XXII – a Gratificação de Raio X;

▸ Inciso XXII com redação pela Lei 13.464/2017.

XXIII – a parcela relativa ao Bônus de Eficiência e Produtividade na Atividade Tributária e Aduaneira, recebida pelos servidores da carreira Tributária e Aduaneira da Receita Federal do Brasil;

▸ Inciso XXIII acrescido pela Lei 13.464/2017.

XXIV – a parcela relativa ao Bônus de Eficiência e Produtividade na Atividade de Auditoria-Fiscal do Trabalho, recebida pelos servidores da carreira de Auditoria-Fiscal do Trabalho.

▸ Inciso XXIV acrescido pela Lei 13.464/2017.

XXVI – o Bônus de Desempenho Institucional por Perícia Médica em Benefícios por Incapacidade (BPMBI); e

▸ Inciso XXVI acrescido pela Lei 13.846/2019.

▸ Mantivemos inciso XXVI conforme publicação oficial. Acreditamos que o correto seria XXV.

XXVI – o Bônus de Desempenho Institucional por Perícia Médica em Benefícios por Incapacidade (BPMBI);

XXVII – o Bônus de Desempenho Institucional por Análise de Benefícios com Indícios de Irregularidade do Monitoramento Operacional de Benefícios (BMOB); e

XXVIII – a Gratificação Temporária de Proteção e Defesa Civil (GPDEC).

▸ Incisos XXVI a XXVIII acrescidos pela Lei 14.875/2024.

§ 2º O servidor ocupante de cargo efetivo poderá optar pela inclusão, na base de cálculo da contribuição, de parcelas remuneratórias percebidas em decorrência de local de trabalho e do exercício de cargo em comissão ou de função comissionada ou gratificada, da Gratificação Temporária das Unidades dos Sistemas Estruturadores da Administração Pública Federal (GSISTE), da Gratificação Temporária do Sistema de Administração dos Recursos de Informação e Informática (GSISP), da Gratificação Temporária de Atividade em Escola de Governo (GAEG), da Gratificação Específica de Produção de Radioisótopos e Radiofármacos (GEPR), da Gratificação de Raio X e daquelas recebidas a título de adicional noturno ou de adicional por serviço extraordinário, para efeito de cálculo do benefício a ser concedido com fundamento no art. 40 da Constituição Federal e no art. 2º da Emenda Constitucional 41, de 19 de dezembro de 2003, respeitada, em qualquer hipótese, a limitação estabelecida no § 2º do art. 40 da Constituição Federal.

▸ § 2º com redação pela Lei 13.328/2016.

§ 2º O servidor ocupante de cargo efetivo poderá optar pela inclusão na base de cálculo da contribuição, para efeito de cálculo do benefício a ser concedido com fun-

damento no art. 40 da Constituição Federal e no art. 2º da Emenda Constitucional nº 41, de 19 de dezembro de 2003, respeitada a limitação estabelecida no § 2º do art. 40 da Constituição Federal e no art. 26 da Emenda Constitucional nº 103, de 12 de novembro de 2019, das seguintes parcelas:

▸ Caput com redação pela Lei 14.875/2024.

I – as percebidas em decorrência de local de trabalho e do exercício de cargo em comissão ou de função comissionada ou gratificada;

II – a GSISTE;

III – a GSISP;

IV – a GAEG;

V – a GEPR;

VI – a Gratificação de Raio X;

VII – as recebidas a título de adicional noturno ou de adicional por serviço extraordinário; e

VIII – a GPDEC.

▸ Incisos I a VIII acrescidos pela Lei 14.875/2024.

Art. 5º Os aposentados e os pensionistas de qualquer dos Poderes da União, incluídas suas autarquias e fundações, contribuirão com 11% (onze por cento), incidentes sobre o valor da parcela dos proventos de aposentadorias e pensões concedidas de acordo com os critérios estabelecidos no art. 40 da Constituição Federal e nos arts. 2º e 6º da Emenda Constitucional no 41, de 19 de dezembro de 2003, que supere o limite máximo estabelecido para os benefícios do regime geral de previdência social.

▸ Emenda Constitucional 47/2005.

Art. 6º Os aposentados e os pensionistas de qualquer dos Poderes da União, incluídas suas autarquias e fundações, em gozo desses benefícios na data de publicação da Emenda Constitucional no 41, de 19 de dezembro de 2003, contribuirão com 11% (onze por cento), incidentes sobre a parcela dos proventos de aposentadorias e pensões que supere 60% (sessenta por cento) do limite máximo estabelecido para os benefícios do regime geral de previdência social.

▸ Emenda Constitucional 47/2005.

Parágrafo único. A contribuição de que trata o *caput* deste artigo incidirá sobre os proventos de aposentadorias e pensões concedidas aos servidores e seus dependentes que tenham cumprido todos os requisitos para obtenção desses benefícios com base nos critérios da legislação vigente até 31 de dezembro de 2003.

Art. 7º O servidor ocupante de cargo efetivo que tenha completado as exigências para aposentadoria voluntária estabelecidas na alínea *a* do inciso III do § 1º do art. 40 da Constituição Federal, no § 5º do art. 2º ou no § 1º do art. 3º da Emenda Constitucional no 41, de 19 de dezembro de 2003, e que opte por permanecer em atividade fará jus a abono de permanência equivalente ao valor da sua contribuição previdenciária até completar as exigências para aposentadoria compulsória contidas no inciso II do § 1º do art. 40 da Constituição Federal.

Art. 8º A contribuição da União, de suas autarquias e fundações para o custeio do regime de previdência, de que trata o art. 40 da Constituição Federal, será o dobro da contribuição do servidor ativo, devendo o produto de sua arrecadação ser contabilizado em conta específica.

Parágrafo único. A União é responsável pela cobertura de eventuais insuficiências financeiras do regime decorrentes do pagamento de benefícios previdenciários.

Art. 8º-A. A responsabilidade pela retenção e recolhimento das contribuições de que tratam os arts. 4º a 6º e 8º será do dirigente e do ordenador de despesa do órgão ou entidade que efetuar o pagamento da remuneração ou do benefício.

▸ Caput acrescido pela Lei 12.350/2010.

§ 1º O recolhimento das contribuições de que trata este artigo deve ser efetuado:

▸ § 1º acrescido pela Lei 12.350/2010.

I – até o dia 15, no caso de pagamentos de remunerações ou benefícios efetuados no primeiro decêndio do mês;

▸ Inciso I acrescido pela Lei 12.350/2010.

II – até o dia 25, no caso de pagamentos de remunerações ou benefícios efetuados no segundo decêndio do mês; ou

▸ Inciso II acrescido pela Lei 12.350/2010.

III – até o dia 5 do mês posterior, no caso de pagamentos de remunerações ou benefícios efetuados no último decêndio do mês.

▸ Inciso III acrescido pela Lei 12.350/2010.

§ 2º O não recolhimento das contribuições nos prazos previstos no § 1º:

▸ § 2º acrescido pela Lei 12.350/2010.

I – enseja a aplicação dos acréscimos de mora previstos para os tributos federais; e

▸ Inciso I acrescido pela Lei 12.350/2010.

II – sujeita o responsável às sanções penais e administrativas cabíveis.

▸ Inciso II acrescido pela Lei 12.350/2010.

§ 3º A não retenção das contribuições pelo órgão pagador sujeita o responsável às sanções penais e administrativas, cabendo a esse órgão apurar os valores não retidos e proceder ao desconto na folha de pagamento do servidor ativo, do aposentado e do pensionista, em rubrica e classificação contábil específicas, podendo essas contribuições ser parceladas na forma do art. 46 da Lei 8.112, de 11 de dezembro de 1990, observado o disposto no art. 56 da Lei 9.784, de 29 de janeiro de 1999.

▸ § 3º acrescido pela Lei 12.688/2012.

§ 4º Caso o órgão público não observe o disposto no § 3º, a Secretaria da Receita Federal do Brasil formalizará representações aos órgãos de controle e constituirá o crédito tributário relativo à parcela devida pelo servidor ativo, aposentado ou pensionista.

▸ § 4º acrescido pela Lei 12.688/2012.

Art. 9º A unidade gestora do regime próprio de previdência dos servidores, prevista no art. 40, § 20, da Constituição Federal:

I – contará com colegiado, com participação paritária de representantes e de servidores dos Poderes da União, cabendo-lhes acompanhar e fiscalizar sua administração, na forma do regulamento;

II – procederá, no mínimo a cada 5 (cinco) anos, a recenseamento previdenciário, abrangendo todos os aposentados e pensionistas do respectivo regime;

III – disponibilizará ao público, inclusive por meio de rede pública de transmissão de dados, informações atualizadas sobre as receitas e despesas do respectivo regime, bem como os critérios e parâmetros adotados para garantir o seu equilíbrio financeiro e atuarial.

Art. 10. A Lei 9.717, de 27 de novembro de 1998, com a redação dada pela Medida Provisória no 2.187-13, de 24 de agosto de 2001, passa a vigorar com as seguintes alterações:

▸ Alterações incorporadas no texto da referida Lei.

Art. 11. A Lei 8.212, de 24 de julho de 1991, passa a vigorar com as seguintes alterações:

▸ Alterações incorporadas no texto da referida Lei.

Art. 12. A Lei 8.213, de 24 de julho de 1991, passa a vigorar com as seguintes alterações:

▸ Alterações incorporadas no texto da referida Lei.

Art. 13. O art. 11 da Lei 9.532, de 10 de dezembro de 1997, passa a vigorar com a seguinte redação:

(...)

Art. 14. O art. 12 da Lei 10.666, de 8 de maio de 2003, passa a vigorar com a seguinte redação:

(...)

Art. 15. Os proventos de aposentadoria e as pensões de que tratam os arts. 1º e 2º desta Lei serão reajustados, a partir de janeiro de 2008, na mesma data e índice em que se der o reajuste dos benefícios do regime geral de previdência social, ressalvados os beneficiados pela garantia de paridade de revisão de proventos de aposentadoria e pensões de acordo com a legislação vigente.

▸ Artigo com redação pela Lei 11.784/2008.

▸ O STF, por unanimidade, julgou procedente a ADIN 4.582 para conferir interpretação conforme à CF a este artigo, de modo a restringir-lhe a aplicabilidade apenas aos servidores ativos e inativos e aos pensionistas da União. DOU 08.11.2022.

Art. 16. As contribuições a que se referem os arts. 4º, 5º e 6º desta Lei serão exigíveis a partir de 20 de maio de 2004.

§ 1º Decorrido o prazo estabelecido no *caput* deste artigo, os servidores abrangidos pela isenção de contribuição referida no § 1º do art. 3º e no § 5º do art. 8º da Emenda Constitucional no 20, de 15 de dezembro de 1998, passarão a recolher contribuição previdenciária correspondente, fazendo jus ao abono a que se refere o art. 7º desta Lei.

§ 2º A contribuição de que trata o art. 1º da Lei 9.783, de 28 de janeiro de 1999, fica mantida até o início do recolhimento da contribuição a que se refere o *caput* deste artigo, para os servidores ativos.

Art. 16-A. A contribuição do Plano de Seguridade do Servidor Público (PSS), decorrente de valores pagos em cumprimento de decisão judicial, ainda que derivada de homologação de acordo, será retida na fonte, no momento do pagamento ao beneficiário ou seu repre-

sentante legal, pela instituição financeira responsável pelo pagamento, por intermédio da quitação da guia de recolhimento remetida pelo setor de precatórios do Tribunal respectivo, no caso de pagamento de precatório ou requisição de pequeno valor, ou pela fonte pagadora, no caso de implantação de rubrica específica em folha, mediante a aplicação da alíquota de 11% (onze por cento) sobre o valor pago.

▸ Caput com redação pela Lei 12.350/2010.

Parágrafo único. O recolhimento da contribuição deverá ser efetuado nos mesmos prazos previstos no § 1º do art. 8º-A, de acordo com a data do pagamento.

▸ Parágrafo único com redação pela Lei 12.688/2012.

Art. 17. Esta Lei entra em vigor na data de sua publicação.

Art. 18. Ficam revogados os §§ 3º, 4º, 5º, 6º e 7º do art. 2º, o art. 2º-A e o art. 4º da Lei 9.717, de 27 de novembro de 1998, o art. 8º da Medida Provisória no 2.187-13, de 24 de agosto de 2001, na parte em que dá nova redação ao inciso X do art. 1º, ao art. 2º e ao art. 2º-A da Lei 9.717, de 27 de novembro de 1998, e a Lei 9.783, de 28 de janeiro de 1999.

Brasília, 18 de junho de 2004; 183º da Independência e 116º da República.

Luiz Inácio Lula da Silva

Institui o regime de previdência complementar para os servidores públicos federais titulares de cargo efetivo, inclusive os membros dos órgãos que menciona; fixa o limite máximo para a concessão de aposentadorias e pensões pelo regime de previdência de que trata o art. 40 da Constituição Federal; autoriza a criação de 3 (três) entidades fechadas de previdência complementar, denominadas Fundação de Previdência Complementar do Servidor Público Federal do Poder Executivo (Funpresp-Exe), Fundação de Previdência Complementar do Servidor Público Federal do Poder Legislativo (Funpresp-Leg) e Fundação de Previdência Complementar do Servidor Público Federal do Poder Judiciário (Funpresp-Jud); altera dispositivos da Lei 10.887, de 18 de junho de 2004; e dá outras providências.

DOU 02.05.2012

A PRESIDENTA DA REPÚBLICA Faço saber que o Congresso Nacional decreta e eu sanciono a seguinte Lei:

CAPÍTULO I
DO REGIME DE PREVIDÊNCIA COMPLEMENTAR

Art. 1º É instituído, nos termos desta Lei, o regime de previdência complementar a que se referem os §§ 14, 15 e 16 do art. 40 da Constituição Federal para os servidores públicos titulares de cargo efetivo da União, suas autarquias e fundações, inclusive para os membros do Poder Judiciário, do Ministério Público da União e do Tribunal de Contas da União.

§ 1º Os servidores e os membros referidos no *caput* deste artigo que tenham ingressado no serviço público até a data anterior ao início da vigência do regime de previdência complementar poderão, mediante prévia e expressa opção, aderir ao regime de que trata este artigo, observado o disposto no art. 3º desta Lei.

▸ Parágrafo único renumerado pela Lei 13.183/2015.

§ 2º Os servidores e os membros referidos no *caput* deste artigo com remuneração superior ao limite máximo estabelecido para os benefícios do Regime Geral de Previdência Social, que venham a ingressar no serviço público a partir do início da vigência do regime de previdência complementar de que trata esta Lei, serão automaticamente inscritos no respectivo plano de previdência complementar desde a data de entrada em exercício.

▸ § 2º acrescido pela Lei 13.183/2015.

§ 3º Fica assegurado ao participante o direito de requerer, a qualquer tempo, o cancelamento de sua inscrição, nos termos do regulamento do plano de benefícios.

▸ § 3º acrescido pela Lei 13.183/2015.

§ 4º Na hipótese do cancelamento ser requerido no prazo de até noventa dias da data da inscrição, fica assegurado o direito à restituição integral das contribuições vertidas, a ser paga em até sessenta dias do pedido de cancelamento, corrigidas monetariamente.

▸ § 4º acrescido pela Lei 13.183/2015.

§ 5º O cancelamento da inscrição previsto no § 4º não constitui resgate.

▸ § 5º acrescido pela Lei 13.183/2015.

§ 6º A contribuição aportada pelo patrocinador será devolvida à respectiva fonte pagadora no mesmo prazo da devolução da contribuição aportada pelo participante.
▸ § 6º acrescido pela Lei 13.183/2015.

Art. 2º Para os efeitos desta Lei, entende-se por:

I – patrocinador: a União, suas autarquias e fundações, em decorrência da aplicação desta Lei;

II – participante: o servidor público titular de cargo efetivo da União, inclusive o membro do Poder Judiciário, do Ministério Público e do Tribunal de Contas da União, que aderir aos planos de benefícios administrados pelas entidades a que se refere o art. 4º desta Lei;

III – assistido: o participante ou o seu beneficiário em gozo de benefício de prestação continuada.

Art. 3º Aplica-se o limite máximo estabelecido para os benefícios do regime geral de previdência social às aposentadorias e pensões a serem concedidas pelo regime de previdência da União de que trata o art. 40 da Constituição Federal, observado o disposto na Lei 10.887, de 18 de junho de 2004, aos servidores e membros referidos no *caput* do art. 1º desta Lei que tiverem ingressado no serviço público:

I – a partir do início da vigência do regime de previdência complementar de que trata o art. 1º desta Lei, independentemente de sua adesão ao plano de benefícios; e

II – até a data anterior ao início da vigência do regime de previdência complementar de que trata o art. 1º desta Lei, e nele tenham permanecido sem perda do vínculo efetivo, e que exerçam a opção prevista no § 16 do art. 40 da Constituição Federal.

§ 1º É assegurado aos servidores e membros referidos no inciso II do *caput* deste artigo o direito a um benefício especial calculado com base nas contribuições recolhidas ao regime de previdência da União, dos Estados, do Distrito Federal ou dos Municípios de que trata o art. 40 da Constituição Federal, observada a sistemática estabelecida nos §§ 2º a 3º deste artigo e o direito à compensação financeira de que trata o § 9º do art. 201 da Constituição Federal, nos termos da lei.

§ 2º O benefício especial terá como referência as remunerações anteriores à data de mudança do regime, utilizadas como base para as contribuições do servidor ao regime próprio de previdência da União, e, na hipótese de opção do servidor por averbação para fins de contagem recíproca, as contribuições decorrentes de regimes próprios de previdência dos Estados, do Distrito Federal e dos Municípios, atualizadas pelo Índice Nacional de Preços ao Consumidor Amplo (IPCA), divulgado pela Fundação Instituto Brasileiro de Geografia e Estatística (IBGE), ou pelo índice que vier a substituí-lo, e será equivalente a:
▸ § 2º com redação pela Lei 14.463/2022.

I – para os termos de opção firmados até 30 de novembro de 2022, inclusive na vigência da Medida Provisória nº 1.119, de 25 de maio de 2022: a diferença entre a média aritmética simples das maiores remunerações referidas neste parágrafo correspondentes a 80% (oitenta por cento) de todo o período contributivo desde a competência de julho de 1994 ou desde a do início da contribuição, se posterior àquela competência, e o limite máximo a que se refere o *caput* deste artigo, multiplicada pelo fator de conversão; ou

II – para os termos de opção firmados a partir de 1º de dezembro de 2022, em novas aberturas de prazo de migração, se houver: a diferença entre a média aritmética simples das remunerações referidas neste parágrafo correspondentes a 100% (cem por cento) de todo o período contributivo desde a competência de julho de 1994 ou desde a do início da contribuição, se posterior àquela competência, e o limite máximo a que se refere o *caput*, multiplicada pelo fator de conversão.

§ 3º O fator de conversão a que se refere o § 2º deste artigo, cujo resultado é limitado ao máximo de 1 (um), será calculado pela fórmula FC = Tc/Tt, na qual:
▸ § 3º com redação pela Lei 14.463/2022.

I – FC: fator de conversão;

II – Tc: quantidade de contribuições mensais efetuadas para o regime próprio de previdência social da União, dos Estados, do Distrito Federal e dos Municípios de que trata o art. 40 da Constituição Federal, efetivamente pagas pelo servidor titular de cargo efetivo da União ou por membro do Poder Judiciário da União, do Tribunal de Contas da União, do Ministério Público da União ou da Defensoria Pública da União até a data da opção; e

III – Tt:

a) para os termos de opção firmados até 30 de novembro de 2022, inclusive na vigência da Medida Provisória nº 1.119, de 25 de maio de 2022:

1. igual a 455 (quatrocentos e cinquenta e cinco), quando se tratar de servidor titular de cargo efetivo da União ou membro do Poder Judiciário da União, do Tribunal de Contas da União, do Ministério Público da União ou da Defensoria Pública da União, se homem;

2. igual a 390 (trezentos e noventa), quando se tratar de servidor titular de cargo efetivo da União ou membro do Poder Judiciário da União, do Tribunal de Contas da União, do Ministério Público da União ou da Defensoria Pública da União, se mulher, ou servidor da União titular de cargo efetivo de professor da educação infantil ou do ensino fundamental; ou

3. igual a 325 (trezentos e vinte e cinco), quando se tratar de servidor titular de cargo efetivo da União de professor da educação infantil ou do ensino fundamental, se mulher; e

b) para os termos de opção firmados a partir de 1º de dezembro de 2022, em novas aberturas de prazo de migração, se houver: igual a 520 (quinhentos e vinte).

§ 4º Para os termos de opção firmados até 30 de novembro de 2022, inclusive na vigência da Medida Provisória nº 1.119, de 25 de maio de 2022, o fator de conversão será ajustado pelo órgão competente para a concessão do benefício quando, na forma prevista nas respectivas leis complementares, o tempo de contribuição exigido para concessão da aposentadoria de servidor com deficiência, ou que exerça atividade de risco, ou cujas atividades sejam exercidas sob condições especiais que prejudiquem a saúde ou a integridade física, for inferior ao Tt de que trata a alínea "a" do inciso III do § 3º deste artigo.
▸ § 4º com redação pela Lei 14.463/2022.

§ 5º O benefício especial será pago pelo órgão competente da União, por ocasião da concessão de aposentadoria, inclusive por invalidez, ou pensão por morte pelo regime próprio de previdência da União, de que trata o art. 40 da Constituição Federal, enquanto perdurar o benefício pago por esse regime, inclusive junto com a gratificação natalina.

§ 6º O benefício especial:
▸ § 6º com redação pela Lei 14.463/2022.

I – é opção que importa ato jurídico perfeito;

II – será calculado de acordo com as regras vigentes no momento do exercício da opção de que trata o § 16 do art. 40 da Constituição Federal;

III – será atualizado pelo mesmo índice aplicável ao benefício de aposentadoria ou pensão mantido pelo Regime Geral de Previdência Social;

IV – não está sujeito à incidência de contribuição previdenciária; e

V – está sujeito à incidência de imposto sobre a renda.

§ 7º O prazo para a opção de que trata o inciso II do *caput* deste artigo será de 24 (vinte e quatro) meses, contados a partir do início da vigência do regime de previdência complementar instituído no *caput* do art. 1º desta Lei.

§ 8º O exercício da opção a que se refere o inciso II do *caput* é irrevogável e irretratável, não sendo devida pela União e suas autarquias e fundações públicas qualquer contrapartida referente ao valor dos descontos já efetuados sobre a base de contribuição acima do limite previsto no *caput* deste artigo.

CAPÍTULO II
DAS ENTIDADES FECHADAS DE PREVIDÊNCIA COMPLEMENTAR

Seção I
Da criação das entidades

Art. 4º É a União autorizada a criar, observado o disposto no art. 26 e no art. 31, as seguintes entidades fechadas de previdência complementar, com a finalidade de administrar e executar planos de benefícios de caráter previdenciário nos termos das Leis Complementares nos 108 e 109, de 29 de maio de 2001:

I – a Fundação de Previdência Complementar do Servidor Público Federal do Poder Executivo (Funpresp-Exe), para os servidores públicos titulares de cargo efetivo do Poder Executivo, por meio de ato do Presidente da República;

II – a Fundação de Previdência Complementar do Servidor Público Federal do Poder Legislativo (Funpresp-Leg), para os servidores públicos titulares de cargo efetivo do Poder Legislativo e do Tribunal de Contas da União e para os membros deste Tribunal, por meio de ato conjunto dos Presidentes da Câmara dos Deputados e do Senado Federal; e

III – a Fundação de Previdência Complementar do Servidor Público Federal do Poder Judiciário (Funpresp-Jud), para os servidores públicos titulares de cargo efetivo e

para os membros do Poder Judiciário, por meio de ato do Presidente do Supremo Tribunal Federal.

§ 1º A Funpresp-Exe, a Funpresp-Leg e a Funpresp-Jud:
▸ § 1º com redação pela Lei 14.463/2022.

I – serão estruturadas na forma de fundação, com personalidade jurídica de direito privado;

II – gozarão de autonomia administrativa, financeira e gerencial; e

III – terão sede e foro no Distrito Federal.

§ 2º Por ato conjunto das autoridades competentes para a criação das fundações previstas nos incisos I a III, poderá ser criada fundação que contemple os servidores públicos de 2 (dois) ou dos 3 (três) Poderes.

§ 3º Consideram-se membros do Tribunal de Contas da União, para os efeitos desta Lei, os Ministros, os Auditores de que trata o § 4º do art. 73 da Constituição Federal e os Subprocuradores-Gerais e Procuradores do Ministério Público junto ao Tribunal de Contas da União.

Seção II
Da organização das entidades

Art. 5º A estrutura organizacional das entidades de que trata esta Lei será constituída de conselho deliberativo, conselho fiscal e diretoria executiva, observadas as disposições da Lei Complementar 108, de 29 de maio de 2001.

§ 1º Os Conselhos Deliberativos terão composição paritária e cada um será integrado por 6 (seis) membros.

§ 2º Os Conselhos Fiscais terão composição paritária e cada um deles será integrado por 4 (quatro) membros.

§ 3º Os membros dos conselhos deliberativos e dos conselhos fiscais das entidades fechadas serão designados pelos Presidentes da República e do Supremo Tribunal Federal e por ato conjunto dos Presidentes da Câmara dos Deputados e do Senado Federal, respectivamente.

§ 4º A presidência dos conselhos deliberativos será exercida pelos membros indicados pelos patrocinadores, na forma prevista no estatuto das entidades fechadas de previdência complementar.

§ 5º A presidência dos conselhos fiscais será exercida pelos membros indicados pelos participantes e assistidos, na forma prevista no estatuto das entidades fechadas de previdência complementar.

§ 6º As diretorias executivas serão compostas, no máximo, por 4 (quatro) membros, nomeados pelos conselhos deliberativos das entidades fechadas de previdência complementar.

§ 7º Vetado.

§ 8º A remuneração e as vantagens de qualquer natureza dos membros das diretorias executivas das entidades fechadas de previdência complementar serão estabelecidas pelos seus conselhos deliberativos, em valores compatíveis com os níveis prevalecentes no mercado de trabalho para profissionais de graus equivalentes de formação profissional e de especialização.
▸ § 8º com redação pela Lei 14.463/2022.

§ 9º A remuneração dos membros dos conselhos deliberativo e fiscal é limitada a 10% (dez por cento) do valor da remuneração dos membros da diretoria executiva.

§ 10. Os requisitos previstos nos incisos I a IV do art. 20 da Lei Complementar 108, de 29 de maio de 2001, estendem-se aos membros dos conselhos deliberativos e fiscais das entidades fechadas de previdência complementar.

§ 11. As entidades fechadas de previdência complementar poderão criar, observado o disposto no estatuto e regimento interno, comitês de assessoramento técnico, de caráter consultivo, para cada plano de benefícios por elas administrado, com representação paritária entre os patrocinadores e os participantes e assistidos, sendo estes eleitos pelos seus pares, com as atribuições de apresentar propostas e sugestões quanto à gestão da entidade e sua política de investimentos e à situação financeira e atuarial dos respectivos planos de benefícios e de formular recomendações prudenciais a elas relacionadas.

§ 12. Vetado.

Seção III
Disposições gerais

Art. 6º É exigida a instituição de código de ética e de conduta, inclusive com regras para prevenir conflito de interesses e proibir operações dos dirigentes com partes relacionadas, que terá ampla divulgação, especialmente entre os participantes e assistidos e as partes relacionadas, cabendo aos conselhos fiscais das entidades fechadas de previdência complementar assegurar o seu cumprimento.

Parágrafo único. Compete ao órgão fiscalizador das entidades fechadas de previdência complementar definir o universo das partes relacionadas a que se refere o *caput* deste artigo.

Art. 7º O regime jurídico de pessoal das entidades fechadas de previdência complementar referidas no art. 4º desta Lei será o previsto na legislação trabalhista.

Art. 8º As entidades fechadas de que trata o art. 4º desta Lei, observado o disposto nesta Lei e nas Leis Complementares nºs 108, de 29 de maio de 2001, e 109, de 29 de maio de 2001, submetem-se às demais normas de direito público exclusivamente no que se refere à:

▶ *Caput* com redação pela Lei 14.463/2022.

I – submissão à legislação federal sobre licitação e contratos administrativos aplicável às empresas públicas e às sociedades de economia mista;

▶ Inciso I com redação pela Lei 14.463/2022.

II – realização de concurso público para a contratação de pessoal, no caso de empregos permanentes, ou de processo seletivo, em se tratando de contrato temporário, conforme a Lei 8.745, de 9 de dezembro de 1993;

III – publicação anual, na imprensa oficial ou em sítio oficial da administração pública certificado digitalmente por autoridade para esse fim credenciada no âmbito da Infraestrutura de Chaves Públicas Brasileira (ICP Brasil), de seus demonstrativos contábeis, atuariais, financeiros e de benefícios, sem prejuízo do fornecimento de informações aos participantes e assistidos dos planos de benefícios e ao órgão fiscalizador das entidades fechadas de previdência complementar, na forma das Leis Complementares 108 e 109, de 29 de maio de 2001.

Art. 9º A administração das entidades fechadas de previdência complementar referidas no art. 4º desta Lei observará os princípios que regem a administração pública, especialmente os da eficiência e da economicidade, devendo adotar mecanismos de gestão operacional que maximizem a utilização de recursos, de forma a otimizar o atendimento aos participantes e assistidos e diminuir as despesas administrativas.

§ 1º As despesas administrativas referidas no *caput* deste artigo serão custeadas na forma dos regulamentos dos planos de benefícios, observado o disposto no *caput* do art. 7º da Lei Complementar 108, de 29 de maio de 2001, e ficarão limitadas aos valores estritamente necessários à sustentabilidade do funcionamento das entidades fechadas de previdência complementar.

§ 2º O montante de recursos destinados à cobertura das despesas administrativas será revisto ao final de cada ano, com vistas ao atendimento do disposto neste artigo.

Art. 10. As entidades fechadas de previdência complementar referidas no art. 4º desta Lei serão mantidas integralmente por suas receitas, oriundas das contribuições de patrocinadores, participantes e assistidos, dos resultados financeiros de suas aplicações e de doações e legados de qualquer natureza, observado o disposto no § 3º do art. 202 da Constituição Federal.

Art. 11. A União, suas autarquias e fundações são responsáveis, na qualidade de patrocinadores, pelo aporte de contribuições e pelas transferências às entidades fechadas de previdência complementar das contribuições descontadas dos seus servidores, observado o disposto nesta Lei e nos estatutos respectivos das entidades.

§ 1º As contribuições devidas pelos patrocinadores deverão ser pagas de forma centralizada pelos respectivos Poderes da União, pelo Ministério Público da União e pelo Tribunal de Contas da União.

§ 2º O pagamento ou a transferência das contribuições após o dia 10 (dez) do mês seguinte ao da competência:

I – enseja a aplicação dos acréscimos de mora previstos para os tributos federais; e

II – sujeita o responsável às sanções penais e administrativas cabíveis.

§ 3º As transferências referidas no *caput* deste artigo incluirão:

▶ § 3º acrescido pela Lei 14.463/2022.

I – as contratadas pelo servidor para cobertura de riscos de invalidez ou morte; e

II – as referidas no § 4º do art. 16 desta Lei.

CAPÍTULO III
DOS PLANOS DE BENEFÍCIOS

Seção I
Das linhas gerais dos planos de benefícios

Art. 12. Os planos de benefícios da Funpresp-Exe, da Funpresp-Leg e da Funpresp-Jud serão estruturados na modalidade de contribuição definida, nos termos da regulamentação estabelecida pelo órgão regulador das entidades fechadas de previdência complementar, e fi-

nanciados de acordo com os planos de custeio definidos nos termos do art. 18 da Lei Complementar 109, de 29 de maio de 2001, observadas as demais disposições da Lei Complementar 108, de 29 de maio de 2001.

§ 1º A distribuição das contribuições nos planos de benefícios e nos planos de custeio será revista sempre que necessário, para manter o equilíbrio permanente dos planos de benefícios.

§ 2º Sem prejuízo do disposto no § 3º do art. 18 da Lei Complementar 109, de 29 de maio de 2001, o valor do benefício programado será calculado de acordo com o montante do saldo da conta acumulado pelo participante, devendo o valor do benefício estar permanentemente ajustado ao referido saldo.

§ 3º Os benefícios não programados serão definidos nos regulamentos dos planos, observado o seguinte:

I – devem ser assegurados, pelo menos, os benefícios decorrentes dos eventos invalidez e morte e, se for o caso, a cobertura de outros riscos atuariais; e

II – terão custeio específico para sua cobertura.

§ 4º Na gestão dos benefícios de que trata o § 3º deste artigo, as entidades fechadas de previdência complementar referidas no art. 4º desta Lei poderão contratá-los externamente ou administrá-los em seus próprios planos de benefícios.

§ 5º A concessão dos benefícios de que trata o § 3º aos participantes ou assistidos pela entidade fechada de previdência social é condicionada à concessão do benefício pelo regime próprio de previdência social.

Art. 13. Os requisitos para aquisição, manutenção e perda da qualidade de participante, assim como os requisitos de elegibilidade e a forma de concessão, cálculo e pagamento dos benefícios, deverão constar dos regulamentos dos planos de benefícios, observadas as disposições das Leis Complementares s 108 e 109, de 29 de maio de 2001, e a regulamentação do órgão regulador das entidades fechadas de previdência complementar.

Parágrafo único. O servidor com remuneração inferior ao limite máximo estabelecido para os benefícios do regime geral de previdência social poderá aderir aos planos de benefícios administrados pelas entidades fechadas de previdência complementar de que trata esta Lei, sem contrapartida do patrocinador, cuja base de cálculo será definida nos regulamentos.

Art. 14. Poderá permanecer filiado aos respectivos planos de benefícios o participante:

I – cedido a outro órgão ou entidade da administração pública direta ou indireta da União, Estados, Distrito Federal e Municípios, inclusive suas empresas públicas e sociedades de economia mista;

II – afastado ou licenciado do cargo efetivo temporariamente, com ou sem recebimento de remuneração;

III – que optar pelo benefício proporcional diferido ou autopatrocínio, na forma do regulamento do plano de benefícios.

§ 1º Os regulamentos dos planos de benefícios disciplinarão as regras para a manutenção do custeio do plano de benefícios, observada a legislação aplicável.

§ 2º Os patrocinadores arcarão com as suas contribuições somente quando a cessão, o afastamento ou a licença do cargo efetivo implicar ônus para a União, suas autarquias e fundações.

§ 3º Havendo cessão com ônus para o cessionário, este deverá recolher às entidades fechadas de previdência complementar referidas no art. 4º desta Lei a contribuição aos planos de benefícios, nos mesmos níveis e condições que seria devida pelos patrocinadores, na forma definida nos regulamentos dos planos.

Seção II
Dos recursos garantidores

Art. 15. A aplicação dos recursos garantidores correspondentes às reservas, às provisões e aos fundos dos planos de benefícios da Funpresp-Exe, da Funpresp-Leg e da Funpresp-Jud obedecerá às diretrizes e aos limites prudenciais estabelecidos pelo Conselho Monetário Nacional (CMN).

§ 1º A gestão dos recursos garantidores dos planos de benefícios administrados pelas entidades referidas no *caput* poderá ser realizada por meio de carteira própria, carteira administrada ou fundos de investimento.

§ 2º As entidades referidas no *caput* contratarão, para a gestão dos recursos garantidores prevista neste artigo, somente instituições, administradoras de carteiras ou fundos de investimento que estejam autorizados e registrados na Comissão de Valores Mobiliários (CVM).

§ 3º A contratação das instituições a que se refere o § 2º deste artigo será feita mediante licitação, cujos contratos terão prazo total máximo de execução de 5 (cinco) anos.

§ 4º O edital da licitação prevista no § 3º estabelecerá, entre outras, disposições relativas aos limites de taxa de administração e de custos que poderão ser imputados aos fundos, bem como, no que concerne aos administradores, a solidez, o porte e a experiência em gestão de recursos.

§ 5º Cada instituição contratada na forma deste artigo poderá administrar, no máximo, 20% (vinte por cento) dos recursos garantidores correspondentes às reservas técnicas, aos fundos e às provisões.

§ 6º As instituições referidas no § 5º deste artigo não poderão ter qualquer ligação societária com outra instituição que esteja concorrendo na mesma licitação ou que já administre reservas, provisões e fundos da mesma entidade fechada de previdência complementar.

Seção III
Das contribuições

Art. 16. As contribuições do patrocinador e do participante incidirão sobre a parcela da base de contribuição que exceder o limite máximo a que se refere o art. 3º desta Lei, observado o disposto no inciso XI do art. 37 da Constituição Federal.

§ 1º Para efeitos desta Lei, considera-se base de contribuição aquela definida pelo § 1º do art. 4º da Lei 10.887, de 18 de junho de 2004, podendo o participante optar pela inclusão de parcelas remuneratórias percebidas em decorrência do local de trabalho e do exercício de cargo em comissão ou função de confiança.

§ 2º A alíquota da contribuição do participante será por ele definida anualmente, observado o disposto no regulamento do plano de benefícios.

§ 3º A alíquota da contribuição do patrocinador será igual à do participante, observado o disposto no regulamento do plano de benefícios, e não poderá exceder o percentual de 8,5% (oito inteiros e cinco décimos por cento).

§ 4º Além da contribuição normal, o participante poderá contribuir facultativamente, sem contrapartida do patrocinador, na forma do regulamento do plano.

§ 5º A remuneração do servidor, quando devida durante afastamentos considerados por lei como de efetivo exercício, será integralmente coberta pelo ente público, continuando a incidir a contribuição para o regime instituído por esta Lei.

Seção IV
Disposições especiais

Art. 17. O plano de custeio previsto no art. 18 da Lei Complementar 109, de 29 de maio de 2001, discriminará o percentual da contribuição do participante e do patrocinador, conforme o caso, para cada um dos benefícios previstos no plano de benefícios, observado o disposto no art. 6º da Lei Complementar 108, de 29 de maio de 2001.

§ 1º O plano de custeio referido no *caput* deverá prever parcela da contribuição do participante e do patrocinador com o objetivo de compor o Fundo de Cobertura de Benefícios Extraordinários (FCBE), do qual serão vertidos montantes, a título de contribuições extraordinárias, à conta mantida em favor do participante, nas hipóteses e na forma prevista nesta Lei.

§ 2º As contribuições extraordinárias a que se refere o § 1º serão vertidas nas seguintes hipóteses:

I – morte do participante;

II – invalidez do participante;

III – aposentadoria nas hipóteses dos §§ 4º e 5º do art. 40 da Constituição Federal;

IV – aposentadoria das mulheres, na hipótese da alínea *a* do inciso III do § 1º do art. 40 da Constituição Federal; e

V – sobrevivência do assistido.

§ 3º O montante do aporte extraordinário de que tratam os incisos III e IV do § 2º será equivalente à diferença entre a reserva acumulada pelo participante e o produto desta mesma reserva multiplicado pela razão entre 35 (trinta e cinco) e o número de anos de contribuição exigido para a concessão do benefício pelo regime próprio de previdência social de que trata o art. 40 da Constituição Federal.

Art. 18. As entidades fechadas de previdência complementar referidas no art. 4º desta Lei manterão controles das reservas constituídas em nome do participante, registrando contabilmente as contribuições deste e as dos patrocinadores.

CAPÍTULO IV
DO CONTROLE E DA FISCALIZAÇÃO

Art. 19. A constituição, o funcionamento e a extinção da Funpresp-Exe, da Funpresp-Leg e da Funpresp-Jud, a aplicação de seus estatutos, regulamentos dos planos de benefícios, convênios de adesão e suas respectivas

alterações, assim como as retiradas de patrocínios, dependerão de prévia e expressa autorização do órgão fiscalizador das entidades fechadas de previdência complementar.

§ 1º Serão submetidas ao órgão fiscalizador das entidades fechadas de previdência complementar:

I – as propostas de aprovação do estatuto e de instituição de planos de benefícios da entidade fechada de previdência complementar, bem como suas alterações; e

II – a proposta de adesão de novos patrocinadores a planos de benefícios em operação na entidade fechada de previdência complementar.

§ 2º No caso da Funpresp-Exe, as propostas de aprovação do estatuto, de adesão de novos patrocinadores e de instituição de planos devem estar acompanhadas de manifestação favorável do Ministério do Planejamento, Orçamento e Gestão e do Ministério da Fazenda.

§ 3º No caso da Funpresp-Leg, as propostas de aprovação do estatuto, de adesão de novos patrocinadores e de instituição de planos devem estar acompanhadas de manifestação favorável das Mesas Diretoras da Câmara dos Deputados e do Senado Federal.

§ 4º No caso da Funpresp-Jud, as propostas de aprovação do estatuto, de adesão de novos patrocinadores e de instituição de planos devem estar acompanhadas de manifestação favorável:

I – do Supremo Tribunal Federal;

II – *Vetado*.

Art. 20. A supervisão e a fiscalização da Funpresp-Exe, da Funpresp-Leg e da Funpresp-Jud e dos seus planos de benefícios competem ao órgão fiscalizador das entidades fechadas de previdência complementar.

§ 1º A competência exercida pelo órgão referido no *caput* deste artigo não exime os patrocinadores da responsabilidade pela supervisão e fiscalização sistemática das atividades das entidades fechadas de previdência complementar.

§ 2º Os resultados da supervisão e da fiscalização exercidas pelos patrocinadores serão encaminhados ao órgão mencionado no *caput* deste artigo.

Art. 21. Aplica-se, no âmbito da Funpresp-Exe, da Funpresp-Leg e da Funpresp-Jud, o regime disciplinar previsto no Capítulo VII da Lei Complementar no 109, de 29 de maio de 2001.

CAPÍTULO V
DISPOSIÇÕES FINAIS
E TRANSITÓRIAS

Art. 22. Aplica-se o benefício especial de que tratam os §§ 1º a 8º do art. 3º ao servidor público titular de cargo efetivo da União, inclusive ao membro do Poder Judiciário, do Ministério Público e do Tribunal de Contas da União, oriundo, sem quebra de continuidade, de cargo público estatutário de outro ente da federação que não tenha instituído o respectivo regime de previdência complementar e que ingresse em cargo público efetivo federal a partir da instituição do regime de previdência complementar de que trata esta Lei, considerando-se, para esse fim, o tempo de contribuição estadual, distrital ou municipal, assegurada a compensação financeira de que trata o § 9º do art. 201 da Constituição Federal.

Art. 23. Após a autorização de funcionamento da Funpresp-Exe, da Funpresp-Jud e da Funpresp-Leg, nos termos desta Lei, os servidores que deverão compor provisoriamente os conselhos deliberativos e os conselhos fiscais, dispensados da exigência da condição de participante ou assistido dos planos de benefícios das entidades fechadas de previdência complementar, serão nomeados, respectivamente, pelo Presidente da República, pelo Presidente do Supremo Tribunal Federal e por ato conjunto dos Presidentes da Câmara dos Deputados e do Senado Federal.

Parágrafo único. O mandato dos conselheiros de que trata o *caput* deste artigo será de 2 (dois) anos, durante os quais será realizada eleição direta para que os participantes e assistidos escolham os seus representantes, e os patrocinadores indicarão os seus representantes.

Art. 24. Para fins de implantação, ficam a Funpresp-Exe, a Funpresp-Leg e a Funpresp-Jud equiparadas às pessoas jurídicas a que se refere o art. 1º da Lei 8.745, de 9 de dezembro de 1993, com vistas à contratação de pessoal técnico e administrativo por tempo determinado.

§ 1º Considera-se como necessidade temporária de excepcional interesse público, para os efeitos da Lei 8.745, de 9 de dezembro de 1993, a contratação de pessoal técnico e administrativo, por tempo determinado, imprescindível ao funcionamento inicial da Funpresp-Exe, da Funpresp-Leg e da Funpresp-Jud.

§ 2º As contratações observarão o disposto no *caput* do art. 3º, no art. 6º, no inciso II do art. 7º e nos arts. 9º e 12 da Lei 8.745, de 9 de dezembro de 1993, e não poderão exceder o prazo de 24 (vinte e quatro) meses.

Art. 25. É a União autorizada, em caráter excepcional, no ato de criação das entidades fechadas de previdência complementar referidas no art. 4º, a promover aporte a título de adiantamento de contribuições futuras, necessário ao regular funcionamento inicial, no valor de:

I – Funpresp-Exe: até R$ 50.000.000,00 (cinquenta milhões de reais);

II – Funpresp-Leg: até R$ 25.000.000,00 (vinte e cinco milhões de reais); e

III – Funpresp-Jud: até R$ 25.000.000,00 (vinte e cinco milhões de reais).

Art. 26. A Funpresp-Exe, a Funpresp-Leg e a Funpresp-Jud deverão entrar em funcionamento em até 240 (duzentos e quarenta) dias após a publicação da autorização de funcionamento concedida pelo órgão fiscalizador das entidades fechadas de previdência complementar.

Art. 27. Aplicam-se ao regime de previdência complementar a que se referem os §§ 14, 15 e 16 do art. 40 da Constituição Federal as disposições das Leis Complementares nos 108 e 109, de 29 de maio de 2001.

Art. 28. Até que seja promovida a contratação na forma prevista no § 3º do art. 15 desta Lei, a totalidade dos recursos garantidores correspondentes às reservas técnicas, aos fundos e às provisões dos planos de benefícios da Funpresp-Exe, da Funpresp-Leg e da Funpresp-Jud será administrada por instituição financeira federal, mediante taxa de administração praticada a preço de mercado, vedada a cobrança de taxas de performance.

Art. 29. O *caput* do art. 4º da Lei 10.887, de 18 de junho de 2004, passa a vigorar com a seguinte redação:

▶ Alterações incorporadas no texto da referida Lei.

Art. 30. Para os fins do exercício do direito de opção de que trata o parágrafo único do art. 1º, considera-se instituído o regime de previdência complementar de que trata esta Lei a partir da data da publicação pelo órgão fiscalizador da autorização de aplicação dos regulamentos dos planos de benefícios de qualquer das entidades de que trata o art. 4º desta Lei.

Art. 31. A Funpresp-Exe, a Funpresp-Leg e a Funpresp-Jud deverão ser criadas pela União no prazo de 180 (cento e oitenta) dias, contado da publicação desta Lei, e iniciar o seu funcionamento nos termos do art. 26.

§ 1º Ultrapassados os prazos de que trata o *caput*, considera-se vigente, para todos os fins, o regime de previdência complementar de que trata esta Lei.

§ 2º Ultrapassados os prazos de que trata o *caput* sem o início do funcionamento de alguma das entidades referidas no art. 4º, os servidores e membros do respectivo Poder poderão aderir ao plano de benefícios da entidade que primeiro entrou em funcionamento até a regularização da situação.

Art. 32. Considera-se ato de improbidade, nos termos do art. 10 da Lei 8.429, de 2 de junho de 1992, o descumprimento injustificado dos prazos de que trata o art. 31.

Art. 33. Esta Lei entra em vigor:

I – quanto ao disposto no Capítulo I, na data em que forem criadas quaisquer das entidades de que trata o art. 4º, observado o disposto no art. 31; e

▶ Decreto 7.808/2012.

II – quanto aos demais dispositivos, na data de sua publicação.

Brasília, 30 de abril de 2012; 191º da Independência e 124º da República.

Dilma Rousseff

LEI 12.772, DE 28 DE DEZEMBRO DE 2012

Dispõe sobre a estruturação do Plano de Carreiras e Cargos de Magistério Federal; sobre a Carreira do Magistério Superior, de que trata a Lei 7.596, de 10 de abril de 1987; sobre o Plano de Carreira e Cargos de Magistério do Ensino Básico, Técnico e Tecnológico e sobre o Plano de Carreiras de Magistério do Ensino Básico Federal, de que trata a Lei 11.784, de 22 de setembro de 2008; sobre a contratação de professores substitutos, visitantes e estrangeiros, de que trata a Lei 8.745 de 9 de dezembro de 1993; sobre a remuneração das Carreiras e Planos Especiais do Instituto Nacional de Estudos e Pesquisas Educacionais Anísio Teixeira e do Fundo Nacional de Desenvolvimento da Educação, de que trata a Lei 11.357, de 19 de outubro de 2006; altera remuneração do Plano de Cargos Técnico-Administrativos em Educação; altera

as Leis nos 8.745, de 9 de dezembro de 1993, 11.784, de 22 de setembro de 2008, 11.091, de 12 de janeiro de 2005, 11.892, de 29 de dezembro de 2008, 11.357, de 19 de outubro de 2006, 11.344, de 8 de setembro de 2006, 12.702, de 7 de agosto de 2012, e 8.168, de 16 de janeiro de 1991; revoga o art. 4º da Lei 12.677, de 25 de junho de 2012; e dá outras providências.

DOU 31.12.2012

A Presidenta da República Faço saber que o Congresso Nacional decreta e eu sanciono a seguinte Lei:

▶ Decreto 8.239/2014.

CAPÍTULO I
DO PLANO DE CARREIRAS E CARGOS DE MAGISTÉRIO FEDERAL

Art. 1º Fica estruturado, a partir de 1º de março de 2013, o Plano de Carreiras e Cargos de Magistério Federal, composto pelas seguintes Carreiras e cargos:

I – Carreira de Magistério Superior, composta pelos cargos, de nível superior, de provimento efetivo de Professor do Magistério Superior, de que trata a Lei 7.596, de 10 de abril de 1987;

II – Cargo Isolado de provimento efetivo, de nível superior, de Professor Titular-Livre do Magistério Superior;

III – Carreira de Magistério do Ensino Básico, Técnico e Tecnológico, composta pelos cargos de provimento efetivo de Professor do Ensino Básico, Técnico e Tecnológico, de que trata a Lei 11.784, de 22 de setembro de 2008; e

IV – Cargo Isolado de provimento efetivo, de nível superior, de Professor Titular-Livre do Ensino Básico, Técnico e Tecnológico.

§ 1º A Carreira de Magistério Superior é estruturada em classes A, B, C, D e E e respectivos níveis de vencimento na forma do Anexo I.

▶ § 1º com redação pela Lei 12.863/2013.

§ 2º As classes da Carreira de Magistério Superior receberão as seguintes denominações de acordo com a titulação do ocupante do cargo:

▶ *Caput* do § 2º com redação pela Lei 12.863/2013.

I – Classe A, com as denominações de:

▶ Inciso I com redação pela Lei 12.863/2013.

a) Professor Adjunto A, se portador do título de doutor;

▶ Alínea a acrescida pela Lei 12.863/2013.

b) Professor Assistente A, se portador do título de mestre; ou

▶ Alínea b acrescida pela Lei 12.863/2013.

c) Professor Auxiliar, se graduado ou portador de título de especialista;

▶ Alínea c acrescida pela Lei 12.863/2013.

II – Classe B, com a denominação de Professor Assistente;

▶ Inciso II com redação pela Lei 12.863/2013.

III – Classe C, com a denominação de Professor Adjunto;

▶ Inciso III com redação pela Lei 12.863/2013.

IV – Classe D, com a denominação de Professor Associado; e

▶ Inciso IV com redação pela Lei 12.863/2013.

V – Classe E, com a denominação de Professor Titular.

▶ Inciso V com redação pela Lei 12.863/2013.

§ 3º A Carreira de Magistério do Ensino Básico, Técnico e Tecnológico é composta das seguintes classes, observado o Anexo I:

▶ *Caput* do § 3º com redação pela Lei 12.863/2013.

I – D I;

▶ Inciso I acrescido pela Lei 12.863/2013.

II – D II;

▶ Inciso II acrescido pela Lei 12.863/2013.

III – D III;

▶ Inciso III acrescido pela Lei 12.863/2013.

IV – D IV;

▶ Inciso IV acrescido pela Lei 12.863/2013.

V – Titular.

▶ Inciso V acrescido pela Lei 12.863/2013.

§ 4º Os Cargos Isolados do Plano de Carreiras e Cargos de Magistério Federal são estruturados em uma única classe e nível de vencimento.

▶ § 4º com redação pela Lei 12.863/2013.

§ 5º O regime jurídico dos cargos do Plano de Carreiras e Cargos de Magistério Federal é o instituído pela Lei 8.112, de 11 de dezembro de 1990, observadas as disposições desta Lei.

▶ § 5º com redação pela Lei 12.863/2013.

§ 6º Os cargos efetivos das Carreiras e Cargos Isolados de que trata o *caput* integram os Quadros de Pessoal das Instituições Federais de Ensino subordinadas ou vinculadas ao Ministério da Educação e ao Ministério da Defesa que tenham por atividade-fim o desenvolvimento e aperfeiçoamento do ensino, pesquisa e extensão,

ressalvados os cargos de que trata o § 11 do art. 108-A da Lei 11.784, de 22 de setembro de 2008, que integram o Quadro de Pessoal do Ministério do Planejamento, Orçamento e Gestão.

▸ § 6º acrescido pela Lei 12.863/2013.

Art. 2º São atividades das Carreiras e Cargos Isolados do Plano de Carreiras e Cargos de Magistério Federal aquelas relacionadas ao ensino, pesquisa e extensão e as inerentes ao exercício de direção, assessoramento, chefia, coordenação e assistência na própria instituição, além daquelas previstas em legislação específica.

§ 1º A Carreira de Magistério Superior destina-se a profissionais habilitados em atividades acadêmicas próprias do pessoal docente no âmbito da educação superior.

§ 2º A Carreira de Magistério do Ensino Básico, Técnico e Tecnológico destina-se a profissionais habilitados em atividades acadêmicas próprias do pessoal docente no âmbito da educação básica e da educação profissional e tecnológica, conforme disposto na Lei 9.394, de 20 de dezembro de 1996, e na Lei 11.892, de 29 de dezembro de 2008.

§ 3º Os Cargos Isolados de provimento efetivo objetivam contribuir para o desenvolvimento e fortalecimento de competências e alcance da excelência no ensino e na pesquisa nas Instituições Federais de Ensino – IFE.

Art. 3º A partir de 1º de março de 2013, a Carreira de Magistério do Ensino Básico, Técnico e Tecnológico e o Cargo Isolado de Professor Titular do Ensino Básico, Técnico e Tecnológico, de que tratam os incisos I e II do *caput* do art. 106 da Lei 11.784, de 2008, passam a pertencer ao Plano de Carreiras e Cargos de Magistério Federal, na forma desta Lei, observada a Tabela de Correlação constante do Anexo II, deixando de pertencer ao Plano de Carreiras de que trata o art. 105 da Lei 11.784, de 2008.

Parágrafo único. O Cargo Isolado de que trata o *caput* passa a denominar-se Professor Titular-Livre do Ensino Básico, Técnico e Tecnológico.

Art. 4º A partir de 1º de março de 2013, a Carreira de Magistério Superior do Plano Único de Classificação e Retribuição de Cargos e Empregos – PUCRCE, de que trata a Lei 7.596, de 1987, passa a pertencer ao Plano de Carreiras e Cargos de Magistério Federal de que trata esta Lei, observada a Tabela de Correlação constante do Anexo II.

Parágrafo único. Os cargos vagos da Carreira de que trata o *caput* passam a integrar o Plano de Carreiras e Cargos de Magistério Federal, e o ingresso nos cargos deverá ocorrer na forma e condições dispostas nesta Lei.

▸ Parágrafo único acrescido pela Lei 12.863/2013.

Art. 5º A partir de 1º de março de 2013, os cargos de Professor Titular da Carreira de Magistério Superior do PUCRCE passam a integrar a Classe de Professor Titular da Carreira de Magistério Superior do Plano de Carreiras e Cargos de Magistério Federal de que trata esta Lei.

Art. 6º O enquadramento no Plano de Carreiras e Cargos de Magistério Federal não representa, para qualquer efeito legal, inclusive para efeito de aposentadoria, descontinuidade em relação à Carreira, ao cargo e às atribuições atuais desenvolvidas pelos seus ocupantes.

Art. 7º O disposto neste Capítulo aplica-se, no que couber, aos aposentados e pensionistas.

CAPÍTULO II
DO INGRESSO NAS CARREIRAS E CARGOS ISOLADOS DO PLANO DE CARREIRAS E CARGOS DE MAGISTÉRIO FEDERAL

Seção I
Da carreira de magistério superior e do cargo isolado de professor titular-livre do magistério superior

Art. 8º O ingresso na Carreira de Magistério Superior ocorrerá sempre no primeiro nível de vencimento da Classe A, mediante aprovação em concurso público de provas e títulos.

▸ *Caput* com redação pela Lei 12.863/2013.

§ 1º O concurso público de que trata o *caput* tem como requisito de ingresso o título de doutor na área exigida no concurso.

▸ § 1º com redação pela Lei 12.863/2013.

§ 2º O concurso público referido no *caput* poderá ser organizado em etapas, conforme dispuser o edital de abertura do certame, que estabelecerá as características de cada etapa e os critérios eliminatórios e classificatórios.

§ 3º A IFE poderá dispensar, no edital do concurso, a exigência de título de doutor, substituindo-a pela de título de mestre, de especialista ou por diploma de graduação, quando se tratar de provimento para área de conhecimento ou em localidade com grave carência de

detentores da titulação acadêmica de doutor, conforme decisão fundamentada de seu Conselho Superior.

▸ § 3º acrescido pela Lei 12.863/2013.

§ 4º *Vetado.*

Art. 9º O ingresso no Cargo Isolado de Professor Titular-Livre do Magistério Superior ocorrerá na classe e nível únicos, mediante aprovação em concurso público de provas e títulos, no qual serão exigidos:

I – título de doutor; e

II – 10 (dez) anos de experiência ou de obtenção do título de doutor, ambos na área de conhecimento exigida no concurso, conforme disciplinado pelo Conselho Superior de cada IFE.

▸ Inciso II com redação pela Lei 12.863/2013.

§ 1º O concurso público referido no *caput* será organizado em etapas, conforme dispuser o edital de abertura do certame, e consistirá de prova escrita, prova oral e defesa de memorial.

§ 2º O edital do concurso público de que trata este artigo estabelecerá as características de cada etapa e os critérios eliminatórios e classificatórios do certame.

§ 3º O concurso para o cargo isolado de Titular-Livre será realizado por comissão especial composta, no mínimo, por 75% (setenta e cinco por cento) de profissionais externos à IFE, nos termos de ato do Ministro de Estado da Educação.

▸ § 3º acrescido pela Lei 12.863/2013.

Seção II
Da carreira de magistério do ensino básico, técnico e tecnológico e do cargo isolado de professor titular-livre do ensino básico, técnico e tecnológico

Art. 10. O ingresso nos cargos de provimento efetivo de Professor da Carreira de Magistério do Ensino Básico, Técnico e Tecnológico e da Carreira do Magistério do Ensino Básico Federal ocorrerá sempre no Nível 1 da Classe D I, mediante aprovação em concurso público de provas ou de provas e títulos.

§ 1º No concurso público de que trata o *caput*, será exigido diploma de curso superior em nível de graduação.

§ 2º O concurso público referido no *caput* poderá ser organizado em etapas, conforme dispuser o edital de abertura do certame.

§ 3º O edital do concurso público de que trata este artigo estabelecerá as características de cada etapa do concurso público e os critérios eliminatórios e classificatórios do certame.

§ 4º *Vetado.*

Art. 11. O ingresso no Cargo Isolado de Professor Titular-Livre do Ensino Básico, Técnico e Tecnológico ocorrerá na classe e nível únicos, mediante aprovação em concurso público de provas e títulos, no qual serão exigidos:

I – título de doutor; e

II – 10 (dez) anos de experiência ou de obtenção do título de doutor, ambos na área de conhecimento exigida no concurso, conforme disciplinado pelo Conselho Superior de cada IFE.

▸ Inciso II com redação pela Lei 12.863/2013.

§ 1º O concurso público referido no *caput* será organizado em etapas, conforme dispuser o edital de abertura do certame, e consistirá de prova escrita, prova oral e defesa de memorial.

§ 2º O edital do concurso público de que trata este artigo estabelecerá as características de cada etapa e os critérios eliminatórios e classificatórios do certame.

§ 3º O concurso para o cargo isolado de Titular-Livre será realizado por comissão especial composta, no mínimo, por 75% (setenta e cinco por cento) de profissionais externos à IFE, nos termos de ato do Ministro de Estado da Educação.

▸ § 3º acrescido pela Lei 12.863/2013.

CAPÍTULO III
DO DESENVOLVIMENTO NAS CARREIRAS DO PLANO DE CARREIRAS E CARGOS DE MAGISTÉRIO FEDERAL

Seção I
Da Carreira de Magistério Superior

Art. 12. O desenvolvimento na Carreira de Magistério Superior ocorrerá mediante progressão funcional e promoção.

§ 1º Para os fins do disposto no *caput*, progressão é a passagem do servidor para o nível de vencimento imediatamente superior dentro de uma mesma classe, e promoção, a passagem do servidor de uma classe para outra subsequente, na forma desta Lei.

§ 2º A progressão na Carreira de Magistério Superior ocorrerá com base nos critérios gerais estabelecidos nesta Lei e observará, cumulativamente:

I – o cumprimento do interstício de 24 (vinte e quatro) meses de efetivo exercício em cada nível; e

II – aprovação em avaliação de desempenho.

§ 3º A promoção ocorrerá observados o interstício mínimo de 24 (vinte e quatro) meses no último nível de cada Classe antecedente àquela para a qual se dará a promoção e, ainda, as seguintes condições:

I – para a Classe B, com denominação de Professor Assistente, ser aprovado em processo de avaliação de desempenho;

▸ Inciso I com redação pela Lei 12.863/2013.

II – para a Classe C, com denominação de Professor Adjunto, ser aprovado em processo de avaliação de desempenho;

▸ Inciso II com redação pela Lei 12.863/2013.

III – para a Classe D, com denominação de Professor Associado:

▸ Inciso III com redação pela Lei 12.863/2013.

a) possuir o título de doutor; e

b) ser aprovado em processo de avaliação de desempenho; e

IV – para a Classe E, com denominação de Professor Titular:

▸ Inciso IV com redação pela Lei 12.863/2013.

a) possuir o título de doutor;

b) ser aprovado em processo de avaliação de desempenho; e

c) lograr aprovação de memorial que deverá considerar as atividades de ensino, pesquisa, extensão, gestão acadêmica e produção profissional relevante, ou defesa de tese acadêmica inédita.

§ 4º As diretrizes gerais para o processo de avaliação de desempenho para fins de progressão e de promoção serão estabelecidas em ato do Ministério da Educação e do Ministério da Defesa, conforme a subordinação ou vinculação das respectivas IFE e deverão contemplar as atividades de ensino, pesquisa, extensão e gestão, cabendo aos conselhos competentes no âmbito de cada Instituição Federal de Ensino regulamentar os procedimentos do referido processo.

§ 5º O processo de avaliação para acesso à Classe E, com denominação de Titular, será realizado por comissão especial composta por, no mínimo, 75% (setenta e cinco por cento) de profissionais externos à IFE, nos termos de ato do Ministro de Estado da Educação.

▸ § 5º com redação pela Lei 12.863/2013.

§ 6º Os cursos de mestrado e doutorado, para os fins previstos neste artigo, serão considerados somente se credenciados pelo Conselho Nacional de Educação e, quando realizados no exterior, revalidados por instituição nacional competente.

Art. 13. Os docentes aprovados no estágio probatório do respectivo cargo que atenderem os seguintes requisitos de titulação farão jus a processo de aceleração da promoção:

▸ *Caput* com redação pela Lei 12.863/2013.

I – para o nível inicial da Classe B, com denominação de Professor Assistente, pela apresentação de titulação de mestre; e

▸ Inciso I com redação pela Lei 12.863/2013.

II – para o nível inicial da Classe C, com denominação de Professor Adjunto, pela apresentação de titulação de doutor.

▸ Inciso II com redação pela Lei 12.863/2013.

Parágrafo único. Aos servidores ocupantes de cargos da Carreira de Magistério Superior em 1º de março de 2013 ou na data de publicação desta Lei, se posterior, é permitida a aceleração da promoção de que trata este artigo ainda que se encontrem em estágio probatório no cargo.

Art. 13-A. O efeito financeiro da progressão e da promoção a que se refere o *caput* do art. 12 ocorrerá a partir da data em que o docente cumprir o interstício e os requisitos estabelecidos em lei para o desenvolvimento na carreira.

▸ Artigo acrescido pela Lei 13.325/2016 (*DOU 29.07.2016*), em vigor na data de sua publicação, não produzindo efeitos financeiros anteriores a 1º.08.2016.

Seção II
Da Carreira do Magistério do Ensino Básico, Técnico e Tecnológico

Art. 14. A partir da instituição do Plano de Carreiras e Cargos de Magistério Federal, o desenvolvimento na Carreira de Magistério do Ensino Básico, Técnico e Tecnológico ocorrerá mediante progressão funcional e promoção, na forma disposta nesta Lei.

§ 1º Para os fins do disposto no *caput*, progressão é a passagem do servidor para o nível de vencimento imediatamente superior dentro de uma mesma classe, e promoção, a passagem do servidor de uma classe para outra subsequente, na forma desta Lei.

§ 2º A progressão na Carreira de Magistério do Ensino Básico, Técnico e Tecnológico ocorrerá com base nos critérios gerais estabelecidos nesta Lei e observará, cumulativamente:

I – o cumprimento do interstício de 24 (vinte e quatro) meses de efetivo exercício em cada nível; e

II – aprovação em avaliação de desempenho individual.

§ 3º A promoção ocorrerá observados o interstício mínimo de 24 (vinte e quatro) meses no último nível de cada Classe antecedente àquela para a qual se dará a promoção e, ainda, as seguintes condições:

I – para a Classe D II: ser aprovado em processo de avaliação de desempenho;

II – para a Classe D III: ser aprovado em processo de avaliação de desempenho;

III – para a Classe D IV: ser aprovado em processo de avaliação de desempenho;

IV – para a Classe Titular:

a) possuir o título de doutor;

b) ser aprovado em processo de avaliação de desempenho; e

c) lograr aprovação de memorial que deverá considerar as atividades de ensino, pesquisa, extensão, gestão acadêmica e produção profissional relevante, ou de defesa de tese acadêmica inédita.

§ 4º As diretrizes gerais para o processo de avaliação de desempenho para fins de progressão e de promoção serão estabelecidas em ato do Ministério da Educação e do Ministério da Defesa, conforme a subordinação ou vinculação das respectivas IFE e deverão contemplar as atividades de ensino, pesquisa, extensão e gestão, cabendo aos conselhos competentes no âmbito de cada Instituição Federal de Ensino regulamentar os procedimentos do referido processo.

§ 5º O processo de avaliação para acesso à Classe Titular será realizado por comissão especial composta, no mínimo, por 75% (setenta e cinco por cento) de profissionais externos à IFE, e será objeto de regulamentação por ato do Ministro de Estado da Educação.

§ 6º Os cursos de mestrado e doutorado, para os fins previstos neste artigo, serão considerados somente se credenciados pelo Conselho Federal de Educação e, quando realizados no exterior, revalidados por instituição nacional competente.

Art. 15. Os docentes aprovados no estágio probatório do respectivo cargo que atenderem os seguintes requisitos de titulação farão jus a processo de aceleração da promoção:

▸ *Caput* com redação pela Lei 12.863/2013.

I – de qualquer nível da Classe D I para o nível 1 da classe D II, pela apresentação de título de especialista; e

II – de qualquer nível das Classes D I e D II para o nível 1 da classe D III, pela apresentação de título de mestre ou doutor.

Parágrafo único. Aos servidores ocupantes de cargos da Carreira de Magistério do Ensino Básico, Técnico e Tecnológico em 1º de março de 2013 ou na data de publicação desta Lei, se posterior, é permitida a aceleração da promoção de que trata este artigo ainda que se encontrem em estágio probatório no cargo.

Art. 15-A. O efeito financeiro da progressão e da promoção a que se refere o *caput* do art. 14 ocorrerá a partir da data em que o docente cumprir o interstício e os requisitos estabelecidos em lei para o desenvolvimento na carreira.

▸ Artigo acrescido pela Lei 13.325/2016 *(DOU 29.07.2016)*, em vigor na data de sua publicação, não produzindo efeitos financeiros anteriores a 1º.08.2016.

<div style="text-align:center">

CAPÍTULO IV

DA REMUNERAÇÃO DO PLANO DE CARREIRAS
E CARGOS DE MAGISTÉRIO FEDERAL

</div>

Art. 16. A estrutura remuneratória do Plano de Carreiras e Cargos de Magistério Federal possui a seguinte composição:

I – Vencimento Básico, conforme valores e vigências estabelecidos no Anexo III, para cada Carreira, cargo, classe e nível; e

II – Retribuição por Titulação – RT, conforme disposto no art. 17.

Parágrafo único. Fica divulgada, na forma do Anexo III-A, a variação dos padrões de remuneração, estabele-cidos em lei, dos cargos do Plano de Carreiras e Cargos de Magistério Federal.

▸ Parágrafo único acrescido pela Lei 13.325/2016 *(DOU 29.07.2016)*, em vigor na data de sua publicação, não produzindo efeitos financeiros anteriores a 1º.08.2016.

Art. 17. Fica instituída a RT, devida ao docente integrante do Plano de Carreiras e Cargos de Magistério Federal em conformidade com a Carreira, cargo, classe, nível e titulação comprovada, nos valores e vigência estabelecidos no Anexo IV.

§ 1º A RT será considerada no cálculo dos proventos e das pensões, na forma dos regramentos de regime previdenciário aplicável a cada caso, desde que o certificado ou o título tenham sido obtidos anteriormente à data da inativação.

§ 2º Os valores referentes à RT não serão percebidos cumulativamente para diferentes titulações ou com quaisquer outras Retribuições por Titulação, adicionais ou gratificações de mesma natureza.

Art. 18. No caso dos ocupantes de cargos da Carreira de Magistério do Ensino Básico, Técnico e Tecnológico, para fins de percepção da RT, será considerada a equivalência da titulação exigida com o Reconhecimento de Saberes e Competências – RSC.

§ 1º O RSC de que trata o *caput* poderá ser concedido pela respectiva IFE de lotação do servidor em 3 (três) níveis:

I – RSC-I;

II – RSC-II; e

III – RSC-III.

§ 2º A equivalência do RSC com a titulação acadêmica, exclusivamente para fins de percepção da RT, ocorrerá da seguinte forma:

I – diploma de graduação somado ao RSC-I equivalerá à titulação de especialização;

II – certificado de pós-graduação lato sensu somado ao RSC-II equivalerá a mestrado; e

III – titulação de mestre somada ao RSC-III equivalerá a doutorado.

§ 3º Será criado o Conselho Permanente para Reconhecimento de Saberes e Competências no âmbito do Ministério da Educação, com a finalidade de estabelecer os procedimentos para a concessão do RSC.

§ 4º A composição do Conselho e suas competências serão estabelecidas em ato do Ministro da Educação.

§ 5º O Ministério da Defesa possuirá representação no Conselho de que trata o § 3º, na forma do ato previsto no § 4º.

Art. 19. Em nenhuma hipótese, o RSC poderá ser utilizado para fins de equiparação de titulação para cumprimento de requisitos para a promoção na Carreira.

<div style="text-align:center">

CAPÍTULO V

DO REGIME DE TRABALHO DO PLANO DE CARREIRAS
E CARGOS DE MAGISTÉRIO FEDERAL

</div>

Art. 20. O Professor das IFE, ocupante de cargo efetivo do Plano de Carreiras e Cargos de Magistério Federal, será submetido a um dos seguintes regimes de trabalho:

I – 40 (quarenta) horas semanais de trabalho, em tempo integral, com dedicação exclusiva às atividades de ensino, pesquisa, extensão e gestão institucional; ou

II – tempo parcial de 20 (vinte) horas semanais de trabalho.

§ 1º Excepcionalmente, a IFE poderá, mediante aprovação de órgão colegiado superior competente, admitir a adoção do regime de 40 (quarenta) horas semanais de trabalho, em tempo integral, observando 2 (dois) turnos diários completos, sem dedicação exclusiva, para áreas com características específicas.

§ 2º O regime de 40 (quarenta) horas com dedicação exclusiva implica o impedimento do exercício de outra atividade remunerada, pública ou privada, com as exceções previstas nesta Lei.

§ 3º Os docentes em regime de 20 (vinte) horas poderão ser temporariamente vinculados ao regime de 40 (quarenta) horas sem dedicação exclusiva após a verificação de inexistência de acúmulo de cargos e da existência de recursos orçamentários e financeiros para as despesas decorrentes da alteração do regime, considerando-se o caráter especial da atribuição do regime de 40 (quarenta) horas sem dedicação exclusiva, conforme disposto no § 1º, nas seguintes hipóteses:

I – ocupação de cargo de direção, função gratificada ou função de coordenação de cursos; ou

II – participação em outras ações de interesse institucional definidas pelo conselho superior da IFE.

§ 4º O professor, inclusive em regime de dedicação exclusiva, desde que não investido em cargo em comissão ou função de confiança, poderá:

▸ *Caput* do § 4º acrescido pela Lei 12.863/2013.

I – participar dos órgãos de direção de fundação de apoio de que trata a Lei 8.958, de 20 de dezembro de 1994, nos termos definidos pelo Conselho Superior da IFE, observado o cumprimento de sua jornada de trabalho e vedada a percepção de remuneração paga pela fundação de apoio; e

▸ Inciso I acrescido pela Lei 12.863/2013.

II – ocupar cargo de dirigente máximo de fundação de apoio de que trata a Lei 8.958, de 20 de dezembro de 1994, mediante deliberação do Conselho Superior da IFE.

▸ Inciso II com redação pela Lei 13.243/2016.

Art. 20-A. Sem prejuízo da isenção ou imunidade previstas na legislação vigente, as fundações de apoio às Instituições de Ensino Superior e as Instituições Científica, Tecnológica e de Inovação (ICTs) poderão remunerar o seu dirigente máximo que:

▸ *Caput* acrescido pela Lei 13.243/2016.

I – seja não estatutário e tenha vínculo empregatício com a instituição;

▸ Inciso I acrescido pela Lei 13.243/2016.

II – seja estatutário, desde que receba remuneração inferior, em seu valor bruto, a 70% (setenta por cento) do limite estabelecido para a remuneração de servidores do Poder Executivo federal.

▸ Inciso II acrescido pela Lei 13.243/2016.

Art. 21. No regime de dedicação exclusiva, será admitida, observadas as condições da regulamentação própria de cada IFE, a percepção de:

I – remuneração de cargos de direção ou funções de confiança;

II – retribuição por participação em comissões julgadoras ou verificadoras relacionadas ao ensino, pesquisa ou extensão, quando for o caso;

III – bolsa de ensino, pesquisa, extensão ou estímulo à inovação paga por agência oficial de fomento, por fundação de apoio devidamente credenciada por IFE ou por organismo internacional amparado por ato, tratado ou convenção internacional;

▸ Inciso III com redação pela Lei 13.243/2016.

IV – bolsa pelo desempenho de atividades de formação de professores da educação básica, no âmbito da Universidade Aberta do Brasil ou de outros programas oficiais de formação de professores;

V – bolsa para qualificação docente, paga por agências oficiais de fomento ou organismos nacionais e internacionais congêneres;

VI – direitos autorais ou direitos de propriedade intelectual, nos termos da legislação própria, e ganhos econômicos resultantes de projetos de inovação tecnológica, nos termos do art. 13 da Lei 10.973, de 2 de dezembro de 2004;

VII – outras hipóteses de bolsas de ensino, pesquisa e extensão, pagas pelas IFE, nos termos de regulamentação de seus órgãos colegiados superiores;

VIII – retribuição pecuniária, na forma de pro labore ou cachê pago diretamente ao docente por ente distinto da IFE, pela participação esporádica em palestras, conferências, atividades artísticas e culturais relacionadas à área de atuação do docente;

IX – Gratificação por Encargo de Curso ou Concurso, de que trata o art. 76-A da Lei 8.112, de 1990;

X – Função Comissionada de Coordenação de Curso – FCC, de que trata o art. 7º da Lei 12.677, de 25 de junho de 2012;

▸ Inciso X com redação pela Lei 12.863/2013.

XI – retribuição pecuniária, em caráter eventual, por trabalho prestado no âmbito de projetos institucionais de ensino, pesquisa e extensão, na forma da Lei 8.958, de 20 de dezembro de 1994; e

▸ Inciso XI com redação pela Lei 12.863/2013.

XII – retribuição pecuniária por colaboração esporádica de natureza científica ou tecnológica em assuntos de especialidade do docente, inclusive em polos de inovação tecnológica, devidamente autorizada pela IFE de acordo com suas regras.

▸ Inciso XII acrescido pela Lei 12.863/2013.

§ 1º Considera-se esporádica a participação remunerada nas atividades descritas no inciso VIII do *caput*, autorizada pela IFE, que, no total, não exceda 30 (trinta) horas anuais.

§ 2º Os limites de valor e condições de pagamento das bolsas e remunerações referidas neste artigo, na ausência de disposição específica na legislação própria, serão fixados em normas da IFE.

§ 3º O pagamento da retribuição pecuniária de que trata o inciso XI do *caput* será divulgado na forma do art. 4º-A da Lei 8.958, de 20 de dezembro de 1994.

Serv. Públ.

§ 4º As atividades de que tratam os incisos XI e XII do *caput* não excederão, computadas isoladamente ou em conjunto, a 8 (oito) horas semanais ou a 416 (quatrocentas e dezesseis) horas anuais.

> ▸ § 4º com redação pela Lei 13.243/2016.

Art. 22. O Professor poderá solicitar a alteração de seu regime de trabalho, mediante proposta que será submetida a sua unidade de lotação.

§ 1º A solicitação de mudança de regime de trabalho, aprovada na unidade referida no *caput*, será encaminhada ao dirigente máximo, no caso das IFE vinculadas ao Ministério da Defesa, ou à Comissão Permanente de Pessoal Docente – CPPD de que trata o art. 26, no caso das IFE vinculadas ao Ministério da Educação, para análise e parecer, e posteriormente à decisão final da autoridade ou Conselho Superior competente.

§ 2º *Revogado* pela Lei 13.325/2016.

§ 3º Na hipótese de concessão de afastamento sem prejuízo de vencimentos, as solicitações de alteração de regime só serão autorizadas após o decurso de prazo igual ao do afastamento concedido.

CAPÍTULO VI
DO ESTÁGIO PROBATÓRIO DOS SERVIDORES DO PLANO DE CARREIRAS E CARGOS DE MAGISTÉRIO FEDERAL

Art. 23. A avaliação especial de desempenho do servidor em estágio probatório, ocupante de cargo pertencente ao Plano de Carreiras e Cargos de Magistério Federal, será realizada por Comissão de Avaliação de Desempenho designada no âmbito de cada IFE.

Parágrafo único. A Comissão de Avaliação de Desempenho deverá ser composta de docentes estáveis, com representações da unidade acadêmica de exercício do docente avaliado e do Colegiado do Curso no qual o docente ministra o maior número de aulas.

Art. 24. Além dos fatores previstos no art. 20 da Lei 8.112, de 1990, a avaliação especial de desempenho do docente em estágio probatório deverá considerar:

I – adaptação do professor ao trabalho, verificada por meio de avaliação da capacidade e qualidade no desempenho das atribuições do cargo;

II – cumprimento dos deveres e obrigações do servidor público, com estrita observância da ética profissional;

III – análise dos relatórios que documentam as atividades científico-acadêmicas e administrativas programadas no plano de trabalho da unidade de exercício e apresentadas pelo docente, em cada etapa de avaliação;

IV – a assiduidade, a disciplina, o desempenho didático-pedagógico, a capacidade de iniciativa, produtividade e responsabilidade;

V – participação no Programa de Recepção de Docentes instituído pela IFE; e

VI – avaliação pelos discentes, conforme normatização própria da IFE.

Art. 25. A avaliação de desempenho do servidor ocupante de cargo do Plano de Carreiras e Cargos de Magistério Federal em estágio probatório será realizada obedecendo:

I – o conhecimento, por parte do avaliado, do instrumento de avaliação e dos resultados de todos os relatórios emitidos pela Comissão de Avaliação de Desempenho, resguardando-se o direito ao contraditório; e

II – a realização de reuniões de avaliação com a presença de maioria simples dos membros da Comissão de Avaliação de Desempenho.

CAPÍTULO VII
DA COMISSÃO PERMANENTE DE PESSOAL DOCENTE

Art. 26. Será instituída uma Comissão Permanente de Pessoal Docente – CPPD, eleita pelos seus pares, em cada IFE, que possua, em seus quadros, pessoal integrante do Plano de Carreiras e Cargos de Magistério Federal.

> ▸ *Caput* com redação pela Lei 12.863/2013.

§ 1º À CPPD caberá prestar assessoramento ao colegiado competente ou dirigente máximo na instituição de ensino, para formulação e acompanhamento da execução da política de pessoal docente, no que diz respeito a:

I – dimensionamento da alocação de vagas docentes nas unidades acadêmicas;

II – contratação e admissão de professores efetivos e substitutos;

III – alteração do regime de trabalho docente;

IV – avaliação do desempenho para fins de progressão e promoção funcional;

V – solicitação de afastamento de docentes para aperfeiçoamento, especialização, mestrado, doutorado ou pós-doutorado; e

VI – liberação de professores para programas de cooperação com outras instituições, universitárias ou não.

§ 2º Demais atribuições e forma de funcionamento da CPPD serão objeto de regulamentação pelo colegiado superior ou dirigente máximo das instituições de ensino, conforme o caso.

§ 3º No caso das IFE subordinadas ao Ministério da Defesa, a instituição da CPPD é opcional e ficará a critério do dirigente máximo de cada IFE.

CAPÍTULO VIII
DO CORPO DOCENTE

Art. 27. O corpo docente das IFE será constituído pelos cargos efetivos integrantes do Plano de Carreiras e Cargos de que trata esta Lei e pelos Professores Visitantes, Professores Visitantes Estrangeiros e Professores Substitutos.

Art. 28. A contratação temporária de Professores Substitutos, de Professores Visitantes e de Professores Visitantes Estrangeiros será feita de acordo com o que dispõe a Lei 8.745, de 1993.

Art. 29. O art. 2º da Lei 8.745, de 1993, passa a vigorar com a seguinte redação:

> ▸ Alterações incorporadas no texto da referida Lei.

Art. 30. O ocupante de cargos do Plano de Carreiras e Cargos do Magistério Federal, sem prejuízo dos afastamentos previstos na Lei 8.112, de 1990, poderá afastar-se de suas funções, assegurados todos os direitos e vantagens a que fizer jus, para:

I – participar de programa de pós-graduação stricto sensu ou de pós-doutorado, independentemente do tempo ocupado no cargo ou na instituição;

> ▸ Inciso I com redação pela Lei 12.863/2013.

II – prestar colaboração a outra instituição federal de ensino ou de pesquisa, por período de até 4 (quatro) anos, com ônus para a instituição de origem; e

III – prestar colaboração técnica ao Ministério da Educação, por período não superior a 1 (um) ano e com ônus para a instituição de origem, visando ao apoio ao desenvolvimento de programas e projetos de relevância.

§ 1º Os afastamentos de que tratam os incisos II e III do *caput* somente serão concedidos a servidores aprovados no estágio probatório do respectivo cargo e se autorizado pelo dirigente máximo da IFE, devendo estar vinculados a projeto ou convênio com prazos e finalidades objetivamente definidos.

§ 2º Aos servidores de que trata o *caput* poderá ser concedido o afastamento para realização de programas de mestrado ou doutorado independentemente do tempo de ocupação do cargo.

§ 3º Ato do dirigente máximo ou Conselho Superior da IFE definirá, observada a legislação vigente, os programas de capacitação e os critérios para participação em programas de pós-graduação, com ou sem afastamento do servidor de suas funções.

CAPÍTULO X
DO ENQUADRAMENTO DOS SERVIDORES DA CARREIRA DE MAGISTÉRIO DO ENSINO BÁSICO FEDERAL

Art. 31. A partir de 1º de março de 2013 ou, se posterior, a partir da data de publicação desta Lei, os servidores ocupantes dos cargos da Carreira de Magistério do Ensino Básico Federal, de que trata o inciso I do art. 122 da Lei 11.784, de 2008, poderão ser enquadrados na Carreira de Magistério do Ensino Básico, Técnico e Tecnológico, de que trata esta Lei, de acordo com as respectivas atribuições, requisitos de formação profissional e posição relativa na Tabela de Correlação constante do Anexo V.

§ 1º Para fins do disposto no *caput*, os servidores ocupantes dos cargos da Carreira de Magistério do Ensino Básico Federal, de que trata a Lei 11.784, de 2008, deverão solicitar o enquadramento à respectiva IFE de lotação até 31 de julho de 2013 ou em até 90 (noventa) dias da publicação desta Lei, se esta ocorrer posteriormente àquela data, na forma do Termo de Solicitação de Enquadramento constante do Anexo VI.

§ 2º Os servidores de que trata o *caput* somente poderão formalizar a solicitação referida no § 1º se atendiam, no momento do ingresso na Carreira de Magistério do Ensino Básico Federal, aos requisitos de titulação estabelecidos para ingresso na Carreira de Magistério do Ensino Básico, Técnico e Tecnológico, conforme disposto no § 1º do art. 10.

§ 3º O enquadramento de que trata o *caput* dependerá de aprovação do Ministério da Defesa, que será res-

ponsável pela avaliação das solicitações formalizadas, observando o disposto nos §§ 1º e 2º.

§ 4º O Ministério da Defesa deliberará sobre o deferimento ou indeferimento da solicitação de enquadramento de que trata o § 1º em até 120 (cento e vinte) dias.

§ 5º No caso de deferimento, ao servidor enquadrado serão aplicadas as regras da Carreira de Magistério do Ensino Básico, Técnico e Tecnológico do Plano de Carreiras e Cargos de Magistério Federal, de que trata esta Lei, com efeitos financeiros, se houver, a partir da data de publicação do deferimento, vedados, em qualquer hipótese, efeitos financeiros retroativos.

§ 6º O servidor que não obtiver o deferimento para o enquadramento na Carreira de Magistério do Ensino Básico, Técnico e Tecnológico permanecerá na situação em que se encontrava antes da publicação desta Lei.

§ 7º Os cargos a que se refere o *caput*, enquadrados na Carreira de Magistério do Ensino Básico, Técnico e Tecnológico do Plano de Carreiras e Cargos de Magistério Federal, passam a denominar-se Professor do Magistério do Ensino Básico, Técnico e Tecnológico.

§ 8º O prazo para exercer a solicitação referida no § 1º, no caso de servidores em gozo de licença ou afastamento previstos nos arts. 81 e 102 da Lei 8.112, de 1990, será estendido em 30 (trinta) dias contados a partir do término do afastamento.

§ 9º Ao servidor titular de cargo efetivo do Plano de Carreiras de Magistério do Ensino Básico Federal cedido para órgão ou entidade no âmbito do Poder Executivo Federal aplica-se, quanto ao prazo de solicitação de enquadramento, o disposto no § 1º, podendo o servidor permanecer na condição de cedido.

§ 10. Os cargos de provimento efetivo da Carreira de Magistério do Ensino Básico Federal cujos ocupantes forem enquadrados na Carreira de Magistério do Ensino Básico, Técnico e Tecnológico permanecerão integrando o Quadro de Pessoal das Instituições Federais de Ensino subordinadas ou vinculadas ao Ministério da Defesa.

§ 11. Os cargos vagos e os que vierem a vagar da Carreira de Magistério do Ensino Básico Federal de que trata a Lei 11.784, de 2008, pertencentes aos Quadros de Pessoal das Instituições Federais de Ensino, subordinadas ou vinculadas ao Ministério da Defesa, passam a integrar a Carreira do Magistério do Ensino Básico, Técnico e Tecnológico e a denominar-se Professor do Ensino Básico, Técnico e Tecnológico, nos respectivos Quadros de Pessoal a que pertencem.

§ 12. O enquadramento e a mudança de denominação dos cargos a que se refere este artigo não representam, para qualquer efeito legal, inclusive para efeito de aposentadoria, descontinuidade em relação à Carreira, ao cargo e às atribuições atuais desenvolvidas pelos seus titulares.

CAPÍTULO XI
DA ESTRUTURA REMUNERATÓRIA DO PLANO DE CARREIRAS DE MAGISTÉRIO DO ENSINO BÁSICO FEDERAL

(...)

Art. 34. Aos servidores ocupantes de cargos da Carreira de Magistério do Ensino Básico, Técnico e Tecnológico do Plano de Carreiras e Cargos de Magistério Federal na data de 1º de março de 2013, será aplicado, para a primeira progressão ou promoção a ser realizada, observando os critérios de desenvolvimento na Carreira estabelecidos nesta Lei, o interstício de dezoito meses.

> ▸ Artigo com redação pela Lei 13.325/2016 *(DOU 29.07.2016)*, em vigor na data de sua publicação, não produzindo efeitos financeiros anteriores a 1º.08.2016.

§ 1º O interstício de que trata o *caput* não será utilizado para outras progressões ou promoções ou para servidores ingressos na Carreira após a data de 1º de março de 2013.

§ 2º As disposições de que tratam este artigo serão aplicadas uma única vez para cada servidor.

Art. 35. Anteriormente à aplicação da Tabela de Correlação do Anexo II, o titular de cargo de provimento efetivo da Carreira de Magistério Superior do PUCRCE, em 31 de dezembro de 2012, posicionado na Classe de Professor Associado daquela Carreira, será reposicionado, satisfeitos os requisitos, da seguinte forma:

I – ao Professor de que trata o *caput* que contar com no mínimo 17 (dezessete) anos de obtenção do título de doutor será concedido reposicionamento para a Classe D, com denominação de Professor Associado, nível 2;

> ▸ Inciso I com redação pela Lei 12.863/2013.

II – ao Professor de que trata o *caput* que contar com no mínimo 19 (dezenove) anos de obtenção do título de doutor será concedido reposicionamento para a Classe D, com denominação de Professor Associado, nível 3; e

▸ Inciso II com redação pela Lei 12.863/2013.

III – ao Professor de que trata o *caput* que contar com no mínimo 21 (vinte e um) anos de obtenção do título de doutor será concedido reposicionamento para a Classe D, com denominação de Professor Associado, nível 4.

▸ Inciso III com redação pela Lei 12.863/2013.

§ 1º O reposicionamento de que trata este artigo será efetuado mediante requerimento do servidor à respectiva IFE, no prazo de até 90 (noventa) dias a partir da publicação desta Lei, com a apresentação da devida comprovação do tempo de obtenção do título de doutor.

§ 2º O reposicionamento de que trata o *caput* será supervisionado pelo Ministério da Educação e pelo Ministério da Defesa, conforme a vinculação ou subordinação da IFE.

§ 3º Os efeitos do reposicionamento de que trata este artigo serão considerados por ocasião da aplicação da Tabela de Correlação do Anexo II.

§ 4º O reposicionamento de que trata este artigo não gera efeitos financeiros retroativos anteriores a 1º de março de 2013.

§ 5º O reposicionamento de que trata este artigo não se aplica aos servidores que já se encontrem no respectivo nível ou em nível superior ao qual fariam jus a serem reposicionados.

Art. 36. Aos servidores ocupantes de cargos efetivos pertencentes ao Plano de Carreiras e Cargos de Magistério Federal serão concedidos 45 (quarenta e cinco) dias de férias anuais que poderão ser gozadas parceladamente.

Art. 37. Aos servidores de que trata esta Lei, pertencentes ao Plano de Carreiras e Cargos de Magistério Federal, não se aplicam as disposições do Decreto 94.664, de 23 de julho de 1987.

Art. 38. O quantitativo de cargos de que trata o art. 110 da Lei 11.784, de 2008, vagos na data de publicação desta Lei ficam transformados em cargos de Professor Titular-Livre do Ensino Básico, Técnico e Tecnológico.

Art. 39. Ficam criados 1.200 (mil e duzentos) cargos de Professor Titular-Livre do Magistério Superior, para provimento gradual condicionado à comprovação da disponibilidade orçamentária e autorização pelo Ministério do Planejamento, Orçamento e Gestão.

Art. 40. Ficam criados 526 (quinhentos e vinte e seis) cargos de Professor Titular-Livre do Ensino Básico, Técnico e Tecnológico, para provimento gradual condicionado à comprovação da disponibilidade orçamentária e autorização do Ministério do Planejamento, Orçamento e Gestão.

(...)

Art. 49. Esta Lei entra em vigor na data de sua publicação.

Art. 50. Ficam revogados, a partir de 1º de março de 2013, ou a partir da publicação desta Lei, se posterior àquela data:

I – os arts. 106, 107, 111, 112, 113, 114, 114-A, 115, 116, 117, 120 e os Anexos LXVIII, LXXI, LXXII, LXXIII, LXXIV, LXXVII, LXXVIII, LXXIX, LXXX, LXXXIII, LXXXIV e LXXXV da Lei 11.784, de 22 de setembro de 2008;

II – os arts. 4º, 5º, 6º-A, 7º-A, 10 e os Anexos III, IV, IV-A, V.-A e V-B da Lei 11.344, de 8 de setembro de 2006; e

III – o art. 4º da Lei 12.677, de 25 de junho de 2012.

Brasília, 28 de dezembro de 2012; 191º da Independência e 124º da República.

▸ Deixamos de publicar os anexos desta Lei.

Dilma Rousseff

LEI 12.813, DE 16 DE MAIO DE 2013

Dispõe sobre o conflito de interesses no exercício de cargo ou emprego do Poder Executivo federal e impedimentos posteriores ao exercício do cargo ou emprego; e revoga dispositivos da Lei 9.986, de 18 de julho de 2000, e das Medidas Provisórias nos 2.216-37, de 31 de agosto de 2001, e 2.225-45, de 4 de setembro de 2001.

DOU 17.05.2013; retificada no DOU de 20.05.2013

A Presidenta da República Faço saber que o Congresso Nacional decreta e eu sanciono a seguinte Lei:

CAPÍTULO I
DISPOSIÇÕES GERAIS

Art. 1º As situações que configuram conflito de interesses envolvendo ocupantes de cargo ou emprego no âmbito do Poder Executivo federal, os requisitos e restrições a ocupantes de cargo ou emprego que tenham acesso a informações privilegiadas, os impedimentos posteriores ao exercício do cargo ou emprego e as competências para fiscalização, avaliação e prevenção de conflitos de interesses regulam-se pelo disposto nesta Lei.

Art. 2º Submetem-se ao regime desta Lei os ocupantes dos seguintes cargos e empregos:

I – de ministro de Estado;

II – de natureza especial ou equivalentes;

III – de presidente, vice-presidente e diretor, ou equivalentes, de autarquias, fundações públicas, empresas públicas ou sociedades de economia mista; e

IV – do Grupo-Direção e Assessoramento Superiores – DAS, níveis 6 e 5 ou equivalentes.

Parágrafo único. Além dos agentes públicos mencionados nos incisos I a IV, sujeitam-se ao disposto nesta Lei os ocupantes de cargos ou empregos cujo exercício proporcione acesso a informação privilegiada capaz de trazer vantagem econômica ou financeira para o agente público ou para terceiro, conforme definido em regulamento.

Art. 3º Para os fins desta Lei, considera-se:

I – conflito de interesses: a situação gerada pelo confronto entre interesses públicos e privados, que possa comprometer o interesse coletivo ou influenciar, de maneira imprópria, o desempenho da função pública; e

II – informação privilegiada: a que diz respeito a assuntos sigilosos ou aquela relevante ao processo de decisão no âmbito do Poder Executivo federal que tenha repercussão econômica ou financeira e que não seja de amplo conhecimento público.

Art. 4º O ocupante de cargo ou emprego no Poder Executivo federal deve agir de modo a prevenir ou a impedir possível conflito de interesses e a resguardar informação privilegiada.

§ 1º No caso de dúvida sobre como prevenir ou impedir situações que configurem conflito de interesses, o agente público deverá consultar a Comissão de Ética Pública, criada no âmbito do Poder Executivo federal, ou a Controladoria-Geral da União, conforme o disposto no parágrafo único do art. 8º desta Lei.

§ 2º A ocorrência de conflito de interesses independe da existência de lesão ao patrimônio público, bem como do recebimento de qualquer vantagem ou ganho pelo agente público ou por terceiro.

CAPÍTULO II
DAS SITUAÇÕES QUE CONFIGURAM
CONFLITO DE INTERESSES NO EXERCÍCIO
DO CARGO OU EMPREGO

Art. 5º Configura conflito de interesses no exercício de cargo ou emprego no âmbito do Poder Executivo federal:

I – divulgar ou fazer uso de informação privilegiada, em proveito próprio ou de terceiro, obtida em razão das atividades exercidas;

II – exercer atividade que implique a prestação de serviços ou a manutenção de relação de negócio com pessoa física ou jurídica que tenha interesse em decisão do agente público ou de colegiado do qual este participe;

III – exercer, direta ou indiretamente, atividade que em razão da sua natureza seja incompatível com as atribuições do cargo ou emprego, considerando-se como tal, inclusive, a atividade desenvolvida em áreas ou matérias correlatas;

IV – atuar, ainda que informalmente, como procurador, consultor, assessor ou intermediário de interesses privados nos órgãos ou entidades da administração pública direta ou indireta de qualquer dos Poderes da União, dos Estados, do Distrito Federal e dos Municípios;

V – praticar ato em benefício de interesse de pessoa jurídica de que participe o agente público, seu cônjuge, companheiro ou parentes, consanguíneos ou afins, em linha reta ou colateral, até o terceiro grau, e que possa ser por ele beneficiada ou influir em seus atos de gestão;

VI – receber presente de quem tenha interesse em decisão do agente público ou de colegiado do qual este participe fora dos limites e condições estabelecidos em regulamento; e

VII – prestar serviços, ainda que eventuais, a empresa cuja atividade seja controlada, fiscalizada ou regulada pelo ente ao qual o agente público está vinculado.

Parágrafo único. As situações que configuram conflito de interesses estabelecidas neste artigo aplicam-se aos ocupantes de cargos ou empregos mencionados no art. 2º ainda que em gozo de licença ou em período de afastamento.

CAPÍTULO III
DAS SITUAÇÕES QUE CONFIGURAM CONFLITO
DE INTERESSES APÓS O EXERCÍCIO
DO CARGO OU EMPREGO

Art. 6º Configura conflito de interesses após o exercício de cargo ou emprego no âmbito do Poder Executivo federal:

I – a qualquer tempo, divulgar ou fazer uso de informação privilegiada obtida em razão das atividades exercidas; e

II – no período de 6 (seis) meses, contado da data da dispensa, exoneração, destituição, demissão ou aposentadoria, salvo quando expressamente autorizado, conforme o caso, pela Comissão de Ética Pública ou pela Controladoria-Geral da União:

a) prestar, direta ou indiretamente, qualquer tipo de serviço a pessoa física ou jurídica com quem tenha estabelecido relacionamento relevante em razão do exercício do cargo ou emprego;

b) aceitar cargo de administrador ou conselheiro ou estabelecer vínculo profissional com pessoa física ou jurídica que desempenhe atividade relacionada à área de competência do cargo ou emprego ocupado;

c) celebrar com órgãos ou entidades do Poder Executivo federal contratos de serviço, consultoria, assessoramento ou atividades similares, vinculados, ainda que indiretamente, ao órgão ou entidade em que tenha ocupado o cargo ou emprego; ou

d) intervir, direta ou indiretamente, em favor de interesse privado perante órgão ou entidade em que haja ocupado cargo ou emprego ou com o qual tenha estabelecido relacionamento relevante em razão do exercício do cargo ou emprego.

Art. 7º *Vetado.*

CAPÍTULO IV
DA FISCALIZAÇÃO E DA AVALIAÇÃO
DO CONFLITO DE INTERESSES

Art. 8º Sem prejuízo de suas competências institucionais, compete à Comissão de Ética Pública, instituída no âmbito do Poder Executivo federal, e à Controladoria-Geral da União, conforme o caso:

I – estabelecer normas, procedimentos e mecanismos que objetivem prevenir ou impedir eventual conflito de interesses;

II – avaliar e fiscalizar a ocorrência de situações que configuram conflito de interesses e determinar medidas para a prevenção ou eliminação do conflito;

III – orientar e dirimir dúvidas e controvérsias acerca da interpretação das normas que regulam o conflito de interesses, inclusive as estabelecidas nesta Lei;

IV – manifestar-se sobre a existência ou não de conflito de interesses nas consultas a elas submetidas;

V – autorizar o ocupante de cargo ou emprego no âmbito do Poder Executivo federal a exercer atividade privada, quando verificada a inexistência de conflito de interesses ou sua irrelevância;

VI – dispensar a quem haja ocupado cargo ou emprego no âmbito do Poder Executivo federal de cumprir o período de impedimento a que se refere o inciso II do art. 6º, quando verificada a inexistência de conflito de interesses ou sua irrelevância;

VII – dispor, em conjunto com o Ministério do Planejamento, Orçamento e Gestão, sobre a comunicação pelos ocupantes de cargo ou emprego no âmbito do Poder Executivo federal de alterações patrimoniais relevantes, exercício de atividade privada ou recebimento de propostas de trabalho, contrato ou negócio no setor privado; e

VIII – fiscalizar a divulgação da agenda de compromissos públicos, conforme prevista no art. 11.

Parágrafo único. A Comissão de Ética Pública atuará nos casos que envolvam os agentes públicos mencionados nos incisos I a IV do art. 2º e a Controladoria-Geral da União, nos casos que envolvam os demais agentes, observado o disposto em regulamento.

Art. 9º Os agentes públicos mencionados no art. 2º desta Lei, inclusive aqueles que se encontram em gozo de licença ou em período de afastamento, deverão:

I – enviar à Comissão de Ética Pública ou à Controladoria-Geral da União, conforme o caso, anualmente, declaração com informações sobre situação patrimonial, participações societárias, atividades econômicas ou profissionais e indicação sobre a existência de cônjuge, companheiro ou parente, por consanguinidade ou afinidade, em linha reta ou colateral, até o terceiro grau, no exercício de atividades que possam suscitar conflito de interesses; e

II – comunicar por escrito à Comissão de Ética Pública ou à unidade de recursos humanos do órgão ou entidade respectivo, conforme o caso, o exercício de atividade privada ou o recebimento de propostas de trabalho que pretende aceitar, contrato ou negócio no setor privado, ainda que não vedadas pelas normas vigentes, estendendo-se esta obrigação ao período a que se refere o inciso II do art. 6º.

Parágrafo único. As unidades de recursos humanos, ao receber a comunicação de exercício de atividade privada ou de recebimento de propostas de trabalho, contrato ou negócio no setor privado, deverão informar ao servidor e à Controladoria-Geral da União as situações que suscitem potencial conflito de interesses entre a atividade pública e a atividade privada do agente.

CAPÍTULO V
DISPOSIÇÕES FINAIS

Art. 10. As disposições contidas nos arts. 4º e 5º e no inciso I do art. 6º estendem-se a todos os agentes públicos no âmbito do Poder Executivo federal.

Art. 11. Os agentes públicos mencionados nos incisos I a IV do art. 2º deverão, ainda, divulgar, diariamente, por meio da rede mundial de computadores – internet, sua agenda de compromissos públicos.

Art. 12. O agente público que praticar atos previstos nos arts. 5º e 6º desta Lei incorre em improbidade administrativa, na forma do art. 11 da Lei 8.429, de 2 de junho de 1992, quando não caracterizada qualquer das condutas descritas nos arts. 9º e 10 daquela Lei.

Parágrafo único. Sem prejuízo do disposto no *caput* e da aplicação das demais sanções cabíveis, fica o agente público que se encontrar em situação de conflito de interesses sujeito à aplicação da penalidade disciplinar de demissão, prevista no inciso III do art. 127 e no art. 132 da Lei 8.112, de 11 de dezembro de 1990, ou medida equivalente.

Art. 13. O disposto nesta Lei não afasta a aplicabilidade da Lei 8.112, de 11 de dezembro de 1990, especialmente no que se refere à apuração das responsabilidades e possível aplicação de sanção em razão de prática de ato que configure conflito de interesses ou ato de improbidade nela previstos.

Arts. 14 e 15. *Vetados.*

Brasília, 16 de maio de 2013; 192º da Independência e 125º da República. Dilma Rousseff

LEI 12.990, DE 9 DE JUNHO DE 2014

Reserva aos negros 20% (vinte por cento) das vagas oferecidas nos concursos públicos para provimento de cargos efetivos e empregos públicos no âmbito da administração pública federal, das autarquias, das fundações públicas, das empresas públicas e das sociedades de economia mista controladas pela União.

DOU 10.06.2014

▸ Res. 548/2015 do STF (Institui a reserva aos negros de 20% (vinte por cento) das vagas nos concursos públicos para provimento de cargos efetivos no âmbito do Supremo Tribunal Federal).
▸ Instrução Normativa 63/2015 do CNJ (Institui a reserva aos negros de 20% (vinte por cento) das vagas nos concursos públicos para provimento de cargos efetivos no âmbito do Conselho Nacional de Justiça).
▸ Ato Conjunto 2/2015 do TST e CSJT (Institui reserva para negros de 20% (vinte por cento) das vagas nos concursos públicos para provimento de cargos efetivos no âmbito do Tribunal Superior do Trabalho e do Conselho Superior da Justiça do Trabalho).
▸ Res. 7/2015 do STJ (Institui a reserva aos negros de 20% (vinte por cento) das vagas nos concursos públicos para provimento de cargos efetivos no âmbito do Superior Tribunal de Justiça).
▸ Res. 203/2015 do CNJ (Dispõe sobre a reserva aos negros, no âmbito do Poder Judiciário, de 20% (vinte por cento) das vagas oferecidas nos concursos públicos para provimento de cargos efetivos e de ingresso na magistratura).

A Presidenta da República Faço saber que o Congresso Nacional decreta e eu sanciono a seguinte Lei:

Art. 1º Ficam reservadas aos negros 20% (vinte por cento) das vagas oferecidas nos concursos públicos para provimento de cargos efetivos e empregos públicos no âmbito da administração pública federal, das autarquias, das fundações públicas, das empresas públicas e das sociedades de economia mista controladas pela União, na forma desta Lei.

§ 1º A reserva de vagas será aplicada sempre que o número de vagas oferecidas no concurso público for igual ou superior a 3 (três).

§ 2º Na hipótese de quantitativo fracionado para o número de vagas reservadas a candidatos negros, esse será aumentado para o primeiro número inteiro subsequente, em caso de fração igual ou maior que 0,5

(cinco décimos), ou diminuído para número inteiro imediatamente inferior, em caso de fração menor que 0,5 (cinco décimos).

§ 3º A reserva de vagas a candidatos negros constará expressamente dos editais dos concursos públicos, que deverão especificar o total de vagas correspondentes à reserva para cada cargo ou emprego público oferecido.

Art. 2º Poderão com correr às vagas reservadas a candidatos negros aqueles que se autodeclararem pretos ou pardos no ato da inscrição no concurso público, conforme o quesito cor ou raça utilizado pela Fundação Instituto Brasileiro de Geografia e Estatística – IBGE.

Parágrafo único. Na hipótese de constatação de declaração falsa, o candidato será eliminado do concurso e, se houver sido nomeado, ficará sujeito à anulação da sua admissão ao serviço ou emprego público, após procedimento administrativo em que lhe sejam assegurados o contraditório e a ampla defesa, sem prejuízo de outras sanções cabíveis.

Art. 3º Os candidatos negros concorrerão concomitantemente às vagas reservadas e às vagas destinadas à ampla concorrência, de acordo com a sua classificação no concurso.

§ 1º Os candidatos negros aprovados dentro do número de vagas oferecido para ampla concorrência não serão computados para efeito do preenchimento das vagas reservadas.

§ 2º Em caso de desistência de candidato negro aprovado em vaga reservada, a vaga será preenchida pelo candidato negro posteriormente classificado.

§ 3º Na hipótese de não haver número de candidatos negros aprovados suficiente para ocupar as vagas reservadas, as vagas remanescentes serão revertidas para a ampla concorrência e serão preenchidas pelos demais candidatos aprovados, observada a ordem de classificação.

Art. 4º A nomeação dos candidatos aprovados respeitará os critérios de alternância e proporcionalidade, que consideram a relação entre o número de vagas total e o número de vagas reservadas a candidatos com deficiência e a candidatos negros.

Art. 5º O órgão responsável pela política de promoção da igualdade étnica de que trata o § 1º do art. 49 da Lei 12.288, de 20 de julho de 2010, será responsável pelo acompanhamento e avaliação anual do disposto nesta Lei, nos moldes previstos no art. 59 da Lei 12.288, de 20 de julho de 2010.

Art. 6º Esta Lei entra em vigor na data de sua publicação e terá vigência pelo prazo de 10 (dez) anos.

▸ O STF, na ADI 7.654 MC, por unanimidade, referendou a decisão que concedeu a medida cautelar "para dar interpretação conforme a Constituição ao art. 6º da Lei nº 12.990, de 9 de junho de 2014, a fim de que o prazo constante no referido dispositivo legal seja entendido como marco temporal para avaliação da eficácia da ação afirmativa, determinação de prorrogação e/ou realinhamento e, caso atingido seu objetivo, previsão de medidas para seu encerramento, ficando afastada a interpretação que extinga abruptamente as cotas raciais previstas na Lei nº 12.990/2014. Ou seja, tais cotas permanecerão sendo observadas até que se conclua o processo legislativo de competência do Congresso Nacional e, subsequentemente, do Poder Executivo. Havendo esta conclusão prevalecerá a nova deliberação do Poder Legislativo, sendo reavaliado o conteúdo da presente decisão cautelar". (DOU 19.06.2024)

Parágrafo único. Esta Lei não se aplicará aos concursos cujos editais já tiverem sido publicados antes de sua entrada em vigor.

Brasília, 9 de junho de 2014; 193º da Independência e 126º da República.
Dilma Rousseff

LEI 13.109, DE 25 DE MARÇO DE 2015

Dispõe sobre a licença à gestante e à adotante, as medidas de proteção à maternidade para militares grávidas e a licença-paternidade, no âmbito das Forças Armadas.

DOU 26.03.2015

A Presidenta da República, faço saber que o Congresso Nacional decreta e eu sanciono a seguinte Lei:

Art. 1º Será concedida licença à gestante, no âmbito das Forças Armadas, conforme o previsto no inciso XVIII do art. 7º da Constituição Federal, para as militares, inclusive as temporárias, que ficarem grávidas durante a prestação do Serviço Militar.

§ 1º A licença será de 120 (cento e vinte) dias e terá início ex officio na data do parto ou durante o 9º (nono) mês de gestação, mediante requerimento da interessada, salvo em casos de antecipação por prescrição médica.

§ 2º A licença à gestante poderá ser prorrogada por 60 (sessenta) dias, nos termos de programa instituído pelo Poder Executivo federal.

§ 3º No caso de nascimento prematuro, a licença terá início a partir do parto.

§ 4º No caso de natimorto, decorridos 30 (trinta) dias do parto, a militar será submetida a inspeção de saúde e, se julgada apta, reassumirá o exercício de suas funções.

§ 5º No caso de aborto, atestado pela Junta de Inspeção de Saúde das Forças Armadas, a militar terá direito a 30 (trinta) dias de licença para tratamento de saúde própria.

Art. 2º Fica assegurado o direito à mudança de função quando as condições de saúde da militar gestante, atestadas pela Junta de Inspeção de Saúde das Forças Armadas, o exigirem, bem como o retorno à função anteriormente exercida, logo após o término da licença à gestante.

Art. 3º À militar que adotar ou obtiver a guarda judicial de criança de até 1 (um) ano de idade serão concedidos 90 (noventa) dias de licença remunerada.

▸ O STF, na ADIn 6.603, por unanimidade, declarou a inconstitucionalidade do art. 3º, caput, e §§ 1º e 2º desta Lei. (DOU 28.09.2022)

§ 1º No caso de adoção ou guarda judicial de criança com mais de 1 (um) ano de idade, o prazo de que trata o *caput* deste artigo será de 30 (trinta) dias.

§ 2º Poderá ser concedida prorrogação de 45 (quarenta e cinco) dias à militar de que trata o *caput* e de 15 (quinze) dias à militar de que trata o § 1º deste artigo, nos termos de programa instituído pelo Poder Executivo federal que garanta a prorrogação.

Art. 4º Durante o período de amamentação do próprio filho, até que este complete 6 (seis) meses de idade, a militar terá direito, durante a jornada de trabalho, a uma hora de descanso, que poderá ser parcelada em 2 (dois) períodos de meia hora.

§ 1º No caso de a gestante optar pela prorrogação da licença, de acordo com o § 2º do art. 1º desta Lei, não fará jus, durante o gozo da prorrogação, ao período de amamentação citado no *caput* deste artigo.

§ 2º A Junta de Inspeção de Saúde das Forças Armadas poderá propor a prorrogação do período de 6 (seis) meses, em razão da saúde do filho da militar.

Art. 5º Se o tempo de serviço da militar temporária for concluído durante a licença à gestante ou à adotante, a militar deverá ser licenciada ao término da referida licença e após ser julgada apta em inspeção de saúde para fins de licenciamento.

Parágrafo único. O tempo de serviço adicional cumprido pela militar temporária em função do disposto no *caput* deste artigo contará para todos os fins de direito, exceto para fins de caracterização de estabilidade conforme previsto na alínea *a* do inciso IV do art. 50 da Lei 6.880, de 9 de dezembro de 1980.

Art. 6º Pelo nascimento de filho, adoção ou obtenção de guarda judicial para fins de adoção, o militar terá licença-paternidade de 20 (vinte) dias consecutivos, vedada a prorrogação.

▸ Artigo com redação pela Lei 13.717/2018.

Art. 7º Ato do Poder Executivo disciplinará a concessão da licença à militar gestante e à militar adotante, da licença por motivo de gravidez de risco e da licença-paternidade e indicará as atividades vedadas às militares gestantes.

Art. 8º Esta Lei entra em vigor na data de sua publicação.

Brasília, 25 de março de 2015; 194º da Independência e 127º da República.
Dilma Rousseff

DECRETO 8.737, DE 3 DE MAIO DE 2016

Institui o Programa de Prorrogação da Licença-Paternidade para os servidores regidos pela Lei 8.112, de 11 de dezembro de 1990.

DOU 04.05.2016

A Presidenta da República, no uso da atribuição que lhe confere o art. 84, *caput*, inciso IV, da Constituição, e tendo em vista o disposto na Lei 11.770, de 9 de setembro de 2008,

Decreta:

Art. 1º Fica instituído o Programa de Prorrogação da Licença Paternidade para os servidores regidos pela Lei 8.112, de 11 de dezembro de 1990.

Art. 2º A prorrogação da licença-paternidade será concedida ao servidor público que requeira o benefício no prazo de dois dias úteis após o nascimento ou a ado-

Serv. Públ.

ção e terá duração de quinze dias, além dos cinco dias concedidos pelo art. 208 da Lei 8.112, de 1990.

§ 1º A prorrogação se iniciará no dia subsequente ao término da licença de que trata o art. 208 da Lei 8.112, de 1990.

§ 2º O disposto neste Decreto é aplicável a quem adotar ou obtiver guarda judicial para fins de adoção de criança.

§ 3º Para os fins do disposto no § 2º, considera-se criança a pessoa de até doze anos de idade incompletos.

Art. 3º O beneficiado pela prorrogação da licença-paternidade não poderá exercer qualquer atividade remunerada durante a prorrogação da licença-paternidade.

Parágrafo único. O descumprimento do disposto neste artigo implicará o cancelamento da prorrogação da licença e o registro da ausência como falta ao serviço.

Art. 4º O servidor em gozo de licença-paternidade na data de entrada em vigor deste Decreto poderá solicitar a prorrogação da licença, desde que requerida até o último dia da licença ordinária de cinco dias.

Art. 5º O Ministério do Planejamento, Orçamento e Gestão poderá expedir normas complementares para execução deste Decreto.

Art. 6º Este Decreto entra em vigor na data de sua publicação.

Brasília, 3 de maio de 2016; 195º da Independência e 128º da República.

Dilma Rousseff

LEI 13.316, DE 20 DE JULHO DE 2016

Dispõe sobre as carreiras dos servidores do Ministério Público da União e as carreiras dos servidores do Conselho Nacional do Ministério Público; fixa valores de sua remuneração; e revoga a Lei 11.415, de 15 de dezembro de 2006.

DOU 21.07.2016

O Vice-Presidente da República, no exercício do cargo de Presidente da República:

Faço saber que o Congresso Nacional decreta e eu sanciono a seguinte Lei:

CAPÍTULO I
DISPOSIÇÕES GERAIS

Art. 1º As carreiras dos servidores dos quadros de pessoal do Ministério Público da União passam a ser regidas por esta Lei.

Parágrafo único. Cada ramo do Ministério Público da União tem seu próprio quadro de pessoal.

Art. 2º Os quadros de pessoal efetivo do Ministério Público da União são compostos pelas seguintes carreiras, constituídas pelos respectivos cargos de provimento efetivo:

I – Analista do Ministério Público da União, de nível superior; e

II – Técnico do Ministério Público da União, de nível superior.

▶ Inciso II com redação pela Lei 14.591/2023.

Parágrafo único. Extingue-se a carreira de Auxiliar do Ministério Público da União.

Art. 3º Os cargos efetivos das carreiras referidas no art. 2º desta Lei são estruturados em classes e padrões, na forma do Anexo I desta Lei, nas diversas áreas de atividades.

Parágrafo único. As atribuições dos cargos de que trata esta Lei, as áreas de atividades e as suas especialidades serão fixadas em regulamento, nos termos do art. 28 desta Lei.

Art. 4º Integram o quadro de pessoal do Ministério Público da União as funções de confiança FC-1 a FC-3, os cargos em comissão CC-1 a CC-7 e os cargos de natureza especial, para o exercício de atribuições de direção, chefia e assessoramento, nos termos dos Anexos IV, V e VI.

§ 1º Cada ramo do Ministério Público da União destinará, no mínimo, 50% (cinquenta por cento) dos cargos em comissão aos integrantes das carreiras do Ministério Público da União, observados os requisitos de qualificação e de experiência previstos em regulamento.

§ 2º Será publicado semestralmente no *Diário Oficial da União* quadro-resumo contendo informações sobre a ocupação das funções de confiança e dos cargos em comissão.

Art. 5º No âmbito do Ministério Público da União, é vedada a designação ou a nomeação para funções de confiança e cargos em comissão de cônjuge, companheiro ou parente em linha reta, colateral ou por afinidade,

até o terceiro grau, inclusive, dos respectivos membros ou de servidor ocupante, no âmbito do mesmo ramo do Ministério Público, de cargo de direção, chefia ou assessoramento, compreendido o ajuste mediante designações ou cessões recíprocas em qualquer órgão da administração pública direta e indireta dos poderes da União, dos Estados, do Distrito Federal e dos Municípios, salvo de servidor ocupante de cargo de provimento efetivo das carreiras dos servidores do Ministério Público da União, caso em que a vedação é restrita à designação ou nomeação para exercício perante o membro ou servidor determinante da incompatibilidade.

CAPÍTULO II
DO INGRESSO NA CARREIRA

Art. 6º O ingresso nos cargos das carreiras dos servidores do Ministério Público da União far-se-á no padrão inicial da classe inicial do respectivo cargo, mediante concurso público de provas, inclusive prova prática e prova de capacidade física, se for o caso, ou de provas e títulos.

Parágrafo único. O Ministério Público da União poderá incluir, como etapa do concurso público, programa de formação de caráter eliminatório ou eliminatório e classificatório, bem como exame psicotécnico de caráter eliminatório, na forma prevista em regulamento e em edital do concurso público.

Art. 7º São requisitos de escolaridade para ingresso:

I – para o cargo de Analista, diploma de conclusão de curso superior, em nível de graduação, com habilitação legal específica, observada a disposição do parágrafo único do art. 3º desta Lei;

II – para o cargo de Técnico, diploma de conclusão de curso superior, em nível de graduação, observada a disposição do parágrafo único do art. 3º desta Lei.

▶ Inciso II com redação pela Lei 14.591/2023.

Parágrafo único. Além dos requisitos previstos neste artigo, poderão ser exigidos formação especializada, experiência ou registro profissional previstos em regulamento e constantes de edital do concurso público.

CAPÍTULO III
DO DESENVOLVIMENTO
NA CARREIRA

Art. 8º O desenvolvimento do servidor na carreira ocorrerá mediante progressão funcional e promoção.

§ 1º A progressão funcional é a movimentação do servidor de um padrão para o seguinte dentro de uma mesma classe, observado o interstício de um ano, de acordo com os critérios fixados em regulamento e com o resultado de avaliação formal de desempenho.

§ 2º A promoção é a movimentação do servidor do último padrão de uma classe para o primeiro padrão da classe seguinte, observado o interstício de um ano em relação à progressão funcional imediatamente anterior, dependendo, cumulativamente, do resultado de avaliação formal de desempenho e da participação em curso de aperfeiçoamento ou em ação ou programa de capacitação oferecidos, preferencialmente, pelo órgão, na forma prevista em regulamento.

§ 3º A progressão funcional e a promoção não acarretarão mudança de cargo.

CAPÍTULO IV
DA MOVIMENTAÇÃO

Art. 9º Ao servidor integrante das carreiras dos servidores do Ministério Público da União será permitida movimentação, a critério do chefe do Ministério Público da União, para ocupação de vagas nas diversas unidades administrativas, consoante os seguintes critérios:

I – concurso de remoção, a ser realizado de forma a atender conveniência e oportunidade da administração;

II – permuta, em qualquer período do ano, entre dois ou mais servidores das carreiras dos servidores do Ministério Público da União.

§ 1º O servidor cuja lotação for determinada em provimento inicial de cargo da carreira deverá permanecer na unidade administrativa em que foi lotado pelo prazo mínimo de um ano, só podendo ser removido nesse período no interesse da administração.

§ 2º O servidor removido por concurso de remoção ou por permuta deverá permanecer na unidade administrativa em que foi lotado pelo prazo mínimo de um ano.

§ 3º O Procurador-Geral da República regulamentará a movimentação de servidores no âmbito do Ministério Público da União.

§ 4º É vedada a movimentação de servidores, na forma deste artigo, entre o Ministério Público da União e o Conselho Nacional do Ministério Público.

CAPÍTULO V
DA REMUNERAÇÃO

Art. 10. A remuneração dos cargos de provimento efetivo das carreiras dos servidores do Ministério Público da União é composta pelo vencimento básico do cargo e pela Gratificação de Atividade do Ministério Público da União – GAMPU, acrescidos das vantagens pecuniárias permanentes estabelecidas em lei.

Art. 11. Os vencimentos básicos das carreiras dos servidores do Ministério Público da União são os constantes do Anexo II desta Lei.

Art. 12. *Revogado pela Lei 14.524/2023.*

Art. 13. A Gampu será calculada mediante aplicação do percentual de 140% (cento e quarenta por cento) sobre o vencimento básico estabelecido no Anexo II desta Lei.

§ 1º *Revogado pela Lei 14.524/2023.*

§ 2º O integrante das carreiras dos servidores do Ministério Público da União que perceber integralmente a retribuição de cargo em comissão ou de cargo de natureza especial, constantes dos Anexos V e VI desta Lei, não perceberá a gratificação de que trata este artigo.

§ 3º O servidor ocupante de cargo em comissão sem vínculo efetivo com a administração pública e o servidor requisitado não perceberão a gratificação de que trata este artigo.

§ 4º O integrante das carreiras dos servidores do Ministério Público da União cedido com fundamento nos incisos I e II do *caput* do art. 93 da Lei 8.112, de 11 de dezembro de 1990, não perceberá, durante o afastamento, a gratificação de que trata este artigo, salvo na hipótese de cessão para órgão da União ou para a Fundação de Previdência Complementar do Servidor Público Federal, na condição de optante pela remuneração do cargo efetivo.

Art. 14. O Adicional de Qualificação – AQ é destinado ao integrante das carreiras dos servidores do Ministério Público da União portador de título, diploma ou certificado de ação de treinamento, de graduação ou de pós-graduação, em sentido amplo ou estrito, nos termos de regulamento próprio.

§ 1º O adicional de que trata este artigo não será concedido quando o curso constituir requisito para ingresso no cargo.

§ 2º Para efeito do disposto neste artigo, só serão considerados os cursos reconhecidos ou ministrados por instituições de ensino credenciadas e reconhecidas pelo Ministério da Educação, na forma da legislação específica, ou fornecidos pela Escola Superior do Ministério Público da União, ressalvadas as ações de treinamento.

§ 3º Os cursos de pós-graduação *lato sensu* serão admitidos desde que com duração mínima de trezentos e sessenta horas.

§ 4º O AQ somente será considerado no cálculo dos proventos e das pensões se o título ou o diploma forem anteriores à data da inativação, excetuado, ainda, do cômputo o disposto no inciso V do art. 15 desta Lei.

Art. 15. O AQ incidirá sobre o vencimento básico do cargo efetivo do servidor, observados os seguintes percentuais:

I – 12,5% (doze inteiros e cinco décimos por cento), ao portador de título de doutor;

II – 10% (dez por cento), ao portador de título de mestre;

III – 7,5% (sete inteiros e cinco décimos por cento), ao portador de certificado de especialização;

IV – 5% (cinco por cento), ao portador de diploma de curso superior;

V – 2,5% (dois inteiros e cinco décimos por cento), para cada conjunto de ações de treinamento que totalize pelo menos cento e vinte horas, observado o limite máximo de 5% (cinco por cento).

§ 1º Em nenhuma hipótese o servidor perceberá cumulativamente mais de um percentual dentre os previstos nos incisos I a IV do *caput* deste artigo.

§ 2º Os coeficientes relativos às ações de treinamento previstas no inciso V do *caput* deste artigo serão aplicados pelo prazo de quatro anos, a contar da data de conclusão da última ação que totalizou o mínimo de cento e vinte horas.

§ 3º O AQ será devido a partir do dia da apresentação do título, diploma ou certificado.

§ 4º O integrante das carreiras dos servidores do Ministério Público da União cedido com fundamento nos incisos I e II do *caput* do art. 93 da Lei 8.112, de 11 de dezembro de 1990, não perceberá, durante o afastamento, o adicional de que trata este artigo, salvo na hipótese de cessão para órgão da União na condição de optante pela remuneração do cargo efetivo.

§ 5º Os Técnicos do Ministério Público da União e do Conselho Nacional do Ministério Público que fizerem jus ao

AQ em razão da aplicação do inciso IV do caput deste artigo terão a parcela automaticamente transformada em Vantagem Pessoal Nominalmente Identificada (VPNI), no valor de 5% (cinco por cento) sobre o vencimento básico do cargo efetivo do servidor.

§ 6º A VPNI a que se refere o § 5º deste artigo será absorvida quando o servidor que a perceber enquadrar-se nos incisos I, II e III do *caput* deste artigo.

▶ §§ 5º e 6º acrescidos pela Lei 14.591/2023.

Art. 16. A Gratificação de Perícia e a Gratificação de Projeto, ambas no valor de 35% (trinta e cinco por cento) do vencimento básico mensal, são devidas, respectivamente, ao servidor:

I – integrante da carreira de Analista, durante o período em que desenvolver perícia, mediante designação do Procurador-Geral de cada ramo do Ministério Público da União ou do órgão colegiado de coordenação e revisão, com o objetivo de subsidiar a atuação institucional em procedimento extrajudicial ou em processo judicial;

II – designado pela autoridade superior da entidade para desenvolver e implementar projeto de especial interesse da administração.

§ 1º As gratificações previstas neste artigo não poderão ser percebidas cumulativamente entre si nem acumuladas com o pagamento de hora extra.

§ 2º O servidor efetivo de outro órgão da administração pública e o exclusivamente ocupante de cargo em comissão farão jus à Gratificação de Projeto, na hipótese do inciso II deste artigo, no valor de 35% (trinta e cinco por cento) do primeiro padrão do vencimento básico mensal da carreira de Analista, caso ocupante de cargo em comissão, ou da carreira de Técnico, caso designado para função de confiança.

§ 3º O Procurador-Geral da República regulamentará as gratificações de que trata este artigo, podendo estabelecer limite de tempo de percepção e condições para a concessão.

Art. 17. A Gratificação de Atividade de Segurança – GAS é devida ao servidor que exerça funções de segurança e esteja em efetivo exercício em órgão ou unidade de segurança institucional.

§ 1º A gratificação de que trata o *caput* deste artigo corresponde a 35% (trinta e cinco por cento) do vencimento básico mensal do servidor.

§ 2º A gratificação de que trata este artigo é devida, no percentual de 25% (vinte e cinco por cento) do vencimento básico mensal, ao servidor que, sob designação do Procurador-Geral da República ou de autoridade delegada, atue em órgão ou unidade de pesquisa e análise de informação para subsidiar a atuação institucional dos membros do Ministério Público da União.

§ 3º Os servidores efetivos de outros órgãos da administração pública e os exclusivamente ocupantes de cargo em comissão farão jus à gratificação de que trata o *caput* deste artigo no valor de 35% (trinta e cinco por cento) do primeiro padrão do vencimento básico mensal da carreira de Analista, caso ocupantes de cargo em comissão, ou da carreira de Técnico, caso designado para função de confiança.

§ 4º A percepção da gratificação de que trata este artigo poderá ser condicionada à aprovação do servidor em teste de aptidão e em curso de atualização, com periodicidade e critérios definidos em regulamento.

Art. 18. A retribuição pelo exercício de função de confiança, de cargo em comissão e de cargo de natureza especial é a constante, respectivamente, dos Anexos IV, V e VI desta Lei.

§ 1º Os valores fixados nos Anexos IV, V e VI desta Lei terão efeitos financeiros a partir de 1º de junho de 2016.

§ 2º Ao servidor integrante das carreiras de que trata esta Lei e ao cedido ao Ministério Público da União, investidos em cargo em comissão ou em cargo de natureza especial, é facultado optar pela remuneração de seu cargo efetivo ou emprego permanente, acrescida de 65% (sessenta e cinco por cento) dos valores fixados no Anexo V ou no Anexo VI desta Lei.

CAPÍTULO VI
DA JORNADA DE TRABALHO

Art. 19. O servidor cumprirá jornada de trabalho fixada em regulamento, respeitada a duração máxima do trabalho semanal de quarenta horas, ressalvado, sem prejuízo da remuneração, o ocupante de:

I – cargo privativo de médico, que tem jornada semanal de vinte horas;

II – cargo da área de saúde, que tem jornada semanal de trinta horas.

Parágrafo único. O Procurador-Geral da República regulamentará o controle da jornada de trabalho, a ser realizado preferencialmente por meio eletrônico, com utilização do regime de banco de horas, sobreaviso e escala, assim como estabelecerá os limites de horas extras mensais e anuais relativos aos servidores do Ministério Público da União, observada a disponibilidade orçamentária.

CAPÍTULO VII
DISPOSIÇÕES FINAIS E TRANSITÓRIAS

Art. 20. Os quadros de pessoal dos ramos do Ministério Público da União corresponderão ao número de cargos efetivos das carreiras dos servidores do Ministério Público da União e de funções de confiança e cargos comissionados, providos e vagos, criados por lei e existentes na data da publicação desta Lei.

§ 1º Criam-se, no quadro do Ministério Público da União, os cargos de natureza especial de Secretário-Geral do Ministério Público da União e de Chefe de Gabinete do Procurador-Geral da República, com a retribuição constante do Anexo VI desta Lei.

§ 2º Cria-se, no quadro do Conselho Nacional do Ministério Público, o cargo de natureza especial de Secretário-Geral do Conselho Nacional do Ministério Público, com a retribuição constante do Anexo VI desta Lei.

Art. 21. Aos servidores efetivos, requisitados e sem vínculo do Ministério Público da União é vedado o exercício da advocacia e de consultoria técnica, ressalvado o disposto no art. 29 da Lei 8.906, de 4 de julho de 1994.

Art. 22. Os ramos do Ministério Público da União fixarão em ato próprio a distribuição dos cargos efetivos, funções de confiança e cargos em comissão nas unidades componentes de sua estrutura.

§ 1º Os Procuradores-Gerais de cada ramo de que trata este artigo são autorizados a transformar, sem aumento de despesa e sem majoração de quantitativos físicos previstos em lei, no âmbito de suas competências, as funções de confiança e os cargos em comissão de seu quadro de pessoal, bem como alterar-lhes a denominação específica, vedada a transformação de função em cargo ou vice-versa.

§ 2º A transformação prevista no § 1º somente produzirá efeitos após sua comunicação formal ao Procurador-Geral da República.

Art. 23. A vantagem pecuniária individual, instituída pela Lei 10.698, de 2 de julho de 2003, e outras parcelas que tenham por origem a citada vantagem concedida por decisão administrativa ou judicial, ainda que decorrente de sentença transitada ou não em julgado, incidentes sobre os cargos efetivos e em comissão de que trata esta Lei, ficam absorvidas a partir da implementação dos novos valores constantes dos Anexos II e V desta Lei.

Art. 24. As VPNIs de caráter permanente, incorporadas aos vencimentos, aos proventos e às pensões dos servidores do Ministério Público da União e do Conselho Nacional do Ministério Público, inclusive aquelas derivadas da incorporação de quintos ou décimos de função comissionada entre abril de 1998 e setembro de 2001, não serão reduzidas, absorvidas ou compensadas pelo reajuste dos anexos desta Lei.

▶ Artigo com redação pela Lei 14.591/2023.

Art. 25. O servidor afastado para cursar pós-graduação, no País ou no exterior, com ônus total ou parcial para a instituição, só poderá desligar-se do Ministério Público da União transcorrido o dobro do prazo do afastamento, salvo se ressarcir a remuneração percebida no período e as despesas decorrentes.

Art. 26. Caberá a cada ramo do Ministério Público da União, no âmbito de sua competência, instituir programa permanente de capacitação destinado à formação, à qualificação e ao aperfeiçoamento profissional, bem como ao desenvolvimento gerencial, visando à preparação dos servidores para desempenharem de modo mais efetivo suas atribuições.

Art. 27. As carteiras de identidade funcional emitidas pelos ramos do Ministério Público da União têm fé pública em todo o território nacional.

§ 1º Aos servidores do Ministério Público da União cujas atribuições estejam relacionadas às funções de segurança será conferida a denominação de Inspetor e Agente de Segurança Institucional, para fins de identificação funcional, nos termos do regulamento.

§ 2º Aos servidores do Ministério Público da União cujas atribuições estejam relacionadas ao desenvolvimento de perícia será conferida a denominação de Perito, para fins de identificação funcional, nos termos do regulamento.

Art. 28. O Procurador-Geral da República regulamentará o disposto nesta Lei, ouvidas as entidades sindicais, cabendo a cada ramo do Ministério Público da União expedir instruções complementares necessárias à sua aplicação.

Art. 29. Aplica-se o disposto nesta Lei às carreiras dos servidores do Conselho Nacional do Ministério Público, correndo as despesas resultantes de sua aplicação à conta das dotações orçamentárias próprias do órgão.

§ 1º O quadro de pessoal efetivo do Conselho Nacional do Ministério Público é composto pelas seguintes carreiras, constituídas pelos respectivos cargos de provimento efetivo:

I – Analista do Conselho Nacional do Ministério Público, de nível superior; e

II – Técnico do Conselho Nacional do Ministério Público, de nível superior.

▶ Inciso II com redação pela Lei 14.591/2023.

§ 2º O Procurador-Geral da República submeterá ao Congresso Nacional projeto de lei para dispor sobre as carreiras do quadro de pessoal do Conselho Nacional do Ministério Público.

§ 3º A Gratificação de Perícia, prevista no art. 16, é devida ao Analista designado pelo Conselho Nacional do Ministério Público para realização de atividade de controle externo fora do ambiente da sede de trabalho, na forma prevista em regulamento.

§ 4º Os servidores do Conselho Nacional do Ministério Público poderão aderir a plano de saúde gerido pelos ramos do Ministério Público da União, mediante transferência de valores descontados em folha e descentralização de recursos, pelo Conselho, para a cobertura das despesas correspondentes.

Art. 30. O disposto nesta Lei aplica-se aos aposentados e pensionistas, nos termos do art. 7º da Emenda Constitucional 41, de 19 de dezembro de 2003.

Art. 31. Os cargos em comissão de Assessor Nível II – CC-2, criados pelas Leis 12.931, de 26 de dezembro de 2013, 12.883, de 21 de novembro de 2013, e 12.321, de 8 de setembro de 2010, destinados ao assessoramento de membros do Ministério Público da União, são transformados em Assessor Nível IV – CC-4.

§ 1º A eficácia do disposto neste artigo é condicionada à publicação de quadro de distribuição dos cargos transformados, por ato do Procurador-Geral da República, observada a disponibilidade orçamentária e financeira e obedecido o seguinte escalonamento:

I – a partir de julho de 2016, de até setecentos cargos providos, preferencialmente alocados nos Ofícios de Subprocuradores-Gerais, Procuradores Regionais, Procuradores de Justiça e Procuradores da Justiça Militar;

II – a partir de julho de 2017, de setecentos cargos providos, alocados nos demais ofícios.

§ 2º Os cargos transformados e ainda não providos deverão observar, para seu primeiro provimento, os demais requisitos previstos pelas respectivas leis de criação referidas no *caput*.

Art. 32. As despesas resultantes da execução desta Lei correm à conta das dotações consignadas ao Ministério Público da União e ao Conselho Nacional do Ministério Público.

Art. 33. A eficácia do disposto nesta Lei é condicionada à expressa autorização em anexo próprio da lei orçamentária anual, com a respectiva dotação prévia, nos termos do § 1º do art. 169 da Constituição Federal, e ao atendimento das normas pertinentes da Lei Complementar 101, de 4 de maio de 2000.

Art. 34. Esta Lei entra em vigor na data de sua publicação.

Art. 35. Fica revogada a Lei 11.415, de 15 de dezembro de 2006.

Brasília, 20 de julho de 2016; 195º da Independência e 128º da República.

▶ Deixamos de publicar os anexos constantes desta norma.

Michel Temer

Legislação Complementar

LEIS COMPLEMENTARES

- Lei Complementar 7, de 7 de Setembro de 1970
- Lei Complementar 26, de 11 de Setembro de 1975
- Lei Complementar 103, de 14 de Julho de 2000
- Lei Complementar 110, de 29 de Junho de 2001
- Lei Complementar 123, de 14 de Dezembro de 2006
- Lei Complementar 146, de 25 de Junho de 2014
- Lei Complementar 152, de 3 de Dezembro de 2015
- Lei Complementar 167, de 24 de Abril de 2019
- Lei Complementar 182, de 1º de Junho de 2021

LEIS

- Lei 605, de 5 de Janeiro de 1949
- Lei 662, de 6 de Abril de 1949
- Lei 1.060, de 5 de Fevereiro de 1950
- Lei 1.408, de 9 de Agosto de 1951
- Lei 2.959, de 17 de Novembro de 1956
- Lei 3.030, de 19 de Dezembro de 1956
- Lei 4.090, de 13 de Julho de 1962
- Lei 4.266, de 3 de Outubro de 1963
- Lei 4.725, de 13 de Julho de 1965
- Lei 4.749, de 12 de Agosto de 1965
- Lei 4.923, de 23 de Dezembro de 1965
- Lei 5.085, de 27 de Agosto de 1966
- Lei 5.584, de 26 de Junho de 1970
- Lei 5.725, de 27 de Outubro de 1971
- Lei 5.764, de 16 de Dezembro de 1971
- Lei 6.001, de 19 de Dezembro de 1973
- Lei 6.019, de 3 de Janeiro de 1974
- Lei 6.321, de 14 de Abril de 1976
- Lei 6.404, de 15 de Dezembro de 1976
- Lei 6.708, de 30 de Outubro de 1979
- Lei 6.830, de 22 de Setembro de 1980
- Lei 6.858, de 24 de Novembro de 1980
- Lei 6.868, de 3 de Dezembro de 1980
- Lei 6.919, de 2 de Junho de 1981
- Lei 7.002, de 14 de Junho de 1982
- Lei 7.064, de 6 de Dezembro de 1982
- Lei 7.115, de 29 de Agosto de 1983
- Lei 7.238, de 29 de Outubro de 1984
- Lei 7.316, de 28 de Maio de 1985
- Lei 7.347, de 24 de Julho de 1985
- Lei 7.418, de 16 de Dezembro de 1985
- Lei 7.627, de 10 de Novembro de 1987
- Lei 7.701, de 21 de Dezembro de 1988
- Lei 7.716, de 5 de Janeiro de 1989
- Lei 7.783, de 28 de Junho de 1989
- Lei 7.853, de 24 de Outubro de 1989

- Lei 7.855, de 24 de Outubro de 1989
- Lei 8.009, de 29 de Março de 1990
- Lei 8.019, de 11 de Abril de 1990
- Lei 8.036, de 11 de Maio de 1990
- Lei 8.038, de 28 de Maio de 1990
- Lei 8.069, de 13 de Julho de 1990
- Lei 8.073, de 30 de Julho de 1990
- Lei 8.177, de 1º de Março de 1991
- Lei 8.178, de 1º de Março de 1991
- Lei 8.352, de 28 de Dezembro de 1991
- Lei 8.406, de 9 de Janeiro de 1992
- Lei 8.437, de 30 de Junho de 1992
- Lei 8.542, de 23 de Dezembro de 1992
- Lei 8.632, de 4 de Março de 1993
- Lei 8.678, de 13 de Julho de 1993
- Lei 8.716, de 11 de Outubro de 1993
- Lei 8.844, de 20 de Janeiro de 1994
- Lei 8.852, de 4 de Fevereiro de 1994
- Lei 8.984, de 7 de Fevereiro de 1995
- Lei 9.029, de 13 de Abril de 1995
- Lei 9.093, de 12 de Setembro de 1995
- Lei 9.099, de 26 de Setembro de 1995
- Lei 9.279, de 12 de Fevereiro de 1996
- Lei 9.307, de 23 de Setembro de 1996
- Lei 9.424, de 24 de Dezembro de 1996
- Lei 9.494, de 10 de Setembro de 1997
- Lei 9.504, de 30 de Setembro de 1997
- Lei 9.601, de 21 de Janeiro de 1998
- Lei 9.608, de 18 de Fevereiro de 1998
- Lei 9.609, de 19 de Fevereiro de 1998
- Lei 9.615, de 24 de Março de 1998
- Lei 9.656, de 3 de Junho de 1998
- Lei 9.715, de 25 de Novembro de 1998
- Lei 9.717, de 27 de Novembro de 1998
- Lei 9.766, de 18 de Dezembro de 1998
- Lei 9.800, de 26 de Maio de 1999
- Lei 9.867, de 10 de Novembro de 1999
- Lei 10.101, de 19 de Dezembro de 2000
- Lei 10.192, de 14 de Fevereiro de 2001
- Lei 10.259, de 12 de Julho de 2001
- Lei 10.555, de 13 de Novembro de 2002
- Lei 10.741, de 1º de Outubro de 2003
- Lei 10.770, de 21 de Novembro de 2003
- Lei 10.820, de 17 de Dezembro de 2003
- Lei 10.833, de 29 de Dezembro de 2003
- Lei 11.033, de 21 de Dezembro de 2004
- Lei 11.101, de 9 de Fevereiro de 2005
- Lei 11.340, de 7 de Agosto de 2006
- Lei 11.417, de 19 de Dezembro de 2006
- Lei 11.419, de 19 de Dezembro de 2006

- Lei 11.491, de 20 de Junho de 2007
- Lei 11.648, de 31 de Março de 2008
- Lei 11.770, de 9 de Setembro de 2008
- Lei 11.788, de 25 de Setembro de 2008
- Lei 12.016, de 7 de Agosto de 2009
- Lei 12.023, de 27 de Agosto de 2009
- Lei 12.288, de 20 de Julho de 2010
- Lei 12.395, de 16 de Março de 2011
- Lei 12.506, de 11 de Outubro de 2011
- Lei 12.514, de 28 de Outubro de 2011
- Lei 12.690, de 19 de Julho de 2012
- Lei 12.761, de 27 de Dezembro de 2012
- Lei 12.852, de 5 de Agosto de 2013
- Lei 12.965, de 23 de Abril de 2014
- Lei 12.984, de 2 de Junho de 2014
- Lei 13.043, de 13 de Novembro de 2014
- Lei 13.140, de 26 de Junho de 2015
- Lei 13.146, de 6 de Julho de 2015
- Lei 13.152, de 29 de Julho de 2015
- Lei 13.155, de 4 de Agosto de 2015
- Lei 13.189, de 19 de Novembro de 2015
- Lei 13.267, de 6 de Abril de 2016
- Lei 13.271, de 15 de Abril de 2016
- Lei 13.445, de 24 de Maio de 2017
- Lei 13.467, de 13 de Julho de 2017
- Lei 13.656, de 30 de Abril de 2018
- Lei 13.667, de 17 de Maio de 2018
- Lei 13.709, de 14 de Agosto de 2018
- Lei 13.869, de 5 de Setembro de 2019
- Lei 13.874, de 20 de Setembro de 2019
- Lei 13.979, de 6 de Fevereiro de 2020
- Lei 14.010, de 10 de Junho de 2020
- Lei 14.020, de 6 de Julho de 2020
- Lei 14.043, de 19 de Agosto de 2020
- Lei 14.075, de 22 de Outubro de 2020
- Lei 14.128, de 26 de Março de 2021
- Lei 14.133, de 1º de Abril de 2021
- Lei 14.151, de 12 de Maio de 2021
- Lei 14.297, de 5 de Janeiro de 2022
- Lei 14.397, de 8 de Julho de 2022
- Lei 14.437, de 15 de Agosto de 2022
- Lei 14.438, de 24 de Agosto de 2022
- Lei 14.442, de 2 de Setembro de 2022
- Lei 14.457, de 21 de Setembro de 2022
- Lei 14.611, de 3 de Julho de 2023
- Lei 14.759, de 21 de Dezembro de 2023

Decretos-Leis

- Decreto-Lei 229, de 28 de Fevereiro de 1967
- Decreto-Lei 368, de 19 de Dezembro de 1968
- Decreto-Lei 546, de 18 de Abril de 1969
- Decreto-Lei 691, de 18 de Julho de 1969
- Decreto-Lei 779, de 21 de Agosto de 1969

Decretos

- Decreto 85.845, de 26 de Março de 1981
- Decreto 99.684, de 8 de Novembro de 1990

- Decreto 2.067, de 12 de Novembro de 1996
- Decreto 3.298, de 20 de Dezembro de 1999
- Decreto 3.914, de 11 de Setembro de 2001
- Decreto 4.552, de 27 de Dezembro de 2002
- Decreto 4.840, de 17 de Setembro de 2003
- Decreto 5.113, de 22 de Junho de 2004
- Decreto 6.481, de 12 de Junho de 2008
- Decreto 8.426, de 1º de Abril de 2015
- Decreto 8.433, de 16 de Abril de 2015
- Decreto 9.345, de 16 de Abril de 2018
- Decreto 9.579, de 22 de Novembro de 2018
- Decreto 9.830, de 10 de Junho de 2019
- Decreto 10.488, de 16 de Setembro de 2020
- Decreto 10.854, de 10 de Novembro de 2021
- Decreto 11.496, de 19 de Abril de 2023
- Decreto 11.795, de 23 de Novembro de 2023
- Decreto 12.342, de 30 de Dezembro de 2024

DECRETO LEGISLATIVO

- Decreto Legislativo 6, de 2020

MEDIDAS PROVISÓRIAS

- Medida Provisória 2.165-36, de 23 de Agosto de 2001

RESOLUÇÕES

- Resolução 1, de 20 de Fevereiro de 2015, do Ministério do Trabalho e Emprego – MTE
- Resolução 2, de 21 de Julho de 2015, do Comitê do Programa de Proteção ao Emprego – CPPE
- Resolução 185, de 24 de Março de 2017, do Conselho Superior da Justiça do Trabalho – CSJT
- Resolução 189, de 26 de Agosto de 2021, do Conselho Superior do Ministério Público do Trabalho

RESOLUÇÕES ADMINISTRATIVAS

- Resolução Administrativa 1.276, de 22 de Novembro de 2007, do Tribunal Superior do Trabalho – TST
- Resolução Administrativa 1.340, de 1º de Junho de 2009, do Tribunal Superior do Trabalho – TST
- Resolução Administrativa 1.418, de 30 de Agosto de 2010, do Tribunal Superior do Trabalho – TST
- Resolução Administrativa 1.860, de 28 de Novembro de 2016, do Tribunal Superior do Trabalho

RESOLUÇÕES NORMATIVAS

- Resolução Normativa 122, de 3 de Agosto de 2016, do Conselho Nacional de Imigração – CNIG
- Resolução Normativa 124, de 13 de Dezembro de 2016, do Conselho Nacional de Imigração – CNIG

PORTARIAS

- Portaria 186, de 10 de Abril de 2008, do Ministério do Trabalho e Emprego – MTE
- Portaria Conjunta 20, de 18 de Junho de 2020
- Portaria 491, de 16 de Setembro de 2020
- Portaria 424, de 29 de Dezembro de 2020
- Portaria 620, de 1º de Novembro de 2021, do Ministério do Trabalho e Previdência

▶ Portaria 667, de 8 de Novembro de 2021, do Ministério do Trabalho e Previdência

▶ Portaria 671, de 8 de Novembro de 2021, do Ministério do Trabalho e Previdência

▶ Portaria 672, de 8 de Novembro de 2021, do Ministério do Trabalho e Previdência

▶ Portaria 3.714, de 24 de Novembro de 2023, do Ministério do Trabalho e Emprego – MTE

▶ Portaria 3.872, de 21 de Dezembro de 2023, do Ministério do Trabalho e Emprego – MTE

INSTRUÇÕES NORMATIVAS

▶ Instrução Normativa 3, de 5 de Março de 1993, do Tribunal Superior do Trabalho – TST

▶ Instrução Normativa 16, de 26 de Agosto de 1999, do Tribunal Superior do Trabalho – TST

▶ Instrução Normativa 17, de 17 de Dezembro de 1999, do Tribunal Superior do Trabalho – TST

▶ Instrução Normativa 18, de 17 de Dezembro de 1999, do Tribunal Superior do Trabalho – TST

▶ Instrução Normativa 19, de 27 de Abril de 2000, do Tribunal Superior do Trabalho – TST

▶ Instrução Normativa 20, de 7 de Novembro de 2002, do Tribunal Superior do Trabalho – TST

▶ Instrução Normativa 24, de 2 de Outubro de 2003, do Tribunal Superior do Trabalho – TST

▶ Instrução Normativa 27, de 16 de Fevereiro de 2005, do Tribunal Superior do Trabalho – TST

▶ Instrução Normativa 29, de 4 de Agosto de 2005, do Tribunal Superior do Trabalho – TST

▶ Instrução Normativa 30, de 13 de Setembro de 2007, do Tribunal Superior do Trabalho – TST

▶ Instrução Normativa 31, de 27 de Setembro de 2007, do Tribunal Superior do Trabalho – TST

▶ Instrução Normativa 32, de 19 de Dezembro de 2007, do Tribunal Superior do Trabalho – TST

▶ Instrução Normativa 34, de 16 de Novembro de 2009, do Tribunal Superior do Trabalho – TST

▶ Instrução Normativa 36, de 14 de Novembro de 2012, do Tribunal Superior do Trabalho – TST

▶ Instrução Normativa 38, de 10 de Novembro de 2015, do Tribunal Superior do Trabalho – TST

▶ Instrução Normativa 39, de 15 de Março de 2016, do Tribunal Superior do Trabalho – TST

▶ Instrução Normativa 40, de 15 de Março de 2016, do Tribunal Superior do Trabalho – TST

▶ Instrução Normativa 41, de 21 de Junho de 2018, do Tribunal Superior do Trabalho – TST

ATOS

▶ Ato Conjunto 10, de 28 de Junho de 2010, do Tribunal Superior do Trabalho – TST – e do Conselho Superior da Justiça do Trabalho – CSJT

▶ Ato 342, de 27 de Julho de 2010, do Tribunal Superior do Trabalho – TST

▶ Ato 491, de 23 de Setembro de 2014, do Tribunal Superior do Trabalho – TST

▶ Ato 168, de 4 de Abril de 2016, do Tribunal Superior do Trabalho – TST

▶ Ato 366, de 15 de Julho de 2024

NOTA TÉCNICA

▶ Nota Técnica 184/2012/CGRT/SRT/MTE

LEI 605, DE 5 DE JANEIRO DE 1949

Dispõe sobre o repouso semanal remunerado e o pagamento de salário, nos dias feriados civis e religiosos.

DOU 14.01.1949

▶ Art. 7º, XV, da CF.
▶ LC 150/2015 (Lei dos Domésticos).
▶ Arts. 151 a 162 do Dec. 10.854/2021 (Regulamenta a Lei 605/1949).

O Presidente da República:

Faço saber que o Congresso Nacional decreta e eu sanciono a seguinte Lei:

Art. 1º Todo empregado tem direito ao repouso semanal remunerado, de 24 horas consecutivas, preferentemente aos domingos e, nos limites das exigências técnicas das empresas, nos feriados civis e religiosos, de acordo com a tradição local.

Art. 2º Entre os empregados a que se refere esta Lei, incluem-se os trabalhadores rurais, salvo os que operem em qualquer regime de parceria, meação, ou forma semelhante de participação na produção.

Art. 3º O regime desta lei será extensivo àqueles que, sob forma autônoma, trabalhem agrupados, por intermédio de Sindicato, Caixa Portuária, ou entidade congênere. A remuneração do repouso obrigatório, nesse caso, consistirá no acréscimo de um 1/6 (um sexto) calculado sobre os salários efetivamente percebidos pelo trabalhador e paga juntamente com os mesmos.

Art. 4º É devido o repouso semanal remunerado, nos termos desta lei, aos trabalhadores das autarquias e de empresas industriais, ou sob administração da União, dos Estados e dos Municípios ou incorporadas nos seus patrimônios, que não estejam subordinados ao regime do funcionalismo público.

Art. 5º Esta Lei não se aplica às seguintes pessoas:

a) *Revogada pela Lei 11.324/2006.*

b) aos funcionários públicos da União, dos Estados e dos Municípios e aos respectivos extranumerários em serviço nas próprias repartições;

c) aos servidores de autarquias paraestatais, desde que sujeitos a regime próprio de proteção ao trabalho que lhes assegure situação análoga à dos funcionários públicos.

Parágrafo único. São exigências técnicas, para os efeitos desta Lei, as que, pelas condições peculiares às atividades da empresa, ou em razão do interesse público, tornem indispensável a continuidade do serviço.

Art. 6º Não será devida a remuneração quando, sem motivo justificado, o empregado não tiver trabalhado durante toda a semana anterior, cumprindo integralmente o seu horário de trabalho.

§ 1º São motivos justificados:

a) os previstos no art. 473 e seu parágrafo único da Consolidação das Leis do Trabalho;

b) a ausência do empregado, devidamente justificada, a critério da administração do estabelecimento;

c) a paralisação do serviço nos dias em que, por conveniência do empregador, não tenha havido trabalho;

d) a ausência do empregado, até três dias consecutivos, em virtude do seu casamento;

e) a falta do serviço com fundamento na lei sobre acidente do trabalho;

f) a doença do empregado, devidamente comprovada.

§ 2º A doença será comprovada mediante atestado de médico da instituição de previdência social a que estiver filiado o empregado, e, na falta deste e sucessivamente, de médico do Serviço Social do Comércio ou da Indústria; de médico da empresa ou por ela designado; de médico a serviço de repartição federal, estadual ou municipal incumbida de assuntos de higiene ou de saúde pública; ou não existindo estes, na localidade em que trabalhar, de médico de sua escolha.

▶ § 2º com redação pela Lei 2.761/1956.

§ 3º Nas empresas em que vigorar regime de trabalho reduzido, a frequência exigida corresponderá ao número de dias em que o empregado tiver de trabalhar.

§ 4º Durante período de emergência em saúde pública decorrente da Covid-19, a imposição de isolamento dispensará o empregado da comprovação de doença por 7 (sete) dias.

▶ § 4º acrescido pela Lei 14.128/2021.

§ 5º No caso de imposição de isolamento em razão da Covid-19, o trabalhador poderá apresentar como justificativa válida, no oitavo dia de afastamento, além do disposto neste artigo, documento de unidade de saúde do Sistema Único de Saúde (SUS) ou documento eletrônico regulamentado pelo Ministério da Saúde.

▶ § 5º acrescido pela Lei 14.128/2021.

Art. 7º A remuneração do repouso semanal corresponderá:

a) para os que trabalham por dia, semana, quinzena ou mês, à de um dia de serviço, computadas as horas extraordinárias habitualmente prestadas;

b) para os que trabalham por hora, à de sua jornada normal de trabalho, computadas as horas extraordinárias habitualmente prestadas;

c) para os que trabalham por tarefa ou peça, o equivalente ao salário correspondente às tarefas ou peças feitas durante a semana, no horário normal de trabalho, dividido pelos dias de serviço efetivamente prestados ao empregador;

d) para o empregado em domicílio, o equivalente ao quociente da divisão por seis da importância total da sua produção na semana.

§ 1º Os empregados cujos salários não sofram descontos por motivo de feriados civis ou religiosos são considerados já remunerados nesses mesmos dias de repouso, conquanto tenham direito à remuneração dominical.

§ 2º Consideram-se já remunerados os dias de repouso semanal do empregado mensalista ou quinzenalista cujo cálculo de salário mensal ou quinzenal, ou cujos descontos por faltas sejam efetuados na base do número de dias do mês ou de 30 e 15 diárias, respectivamente.

Art. 8º Exceptuados os casos em que a execução do serviço for imposta pelas exigências técnicas das empresas, é vedado o trabalho em dias feriados, civis e religiosos, garantida, entretanto, aos empregados a remuneração respectiva, observados os dispositivos dos arts. 6º e 7º desta Lei.

Art. 9º Nas atividades em que não for possível, em virtude das exigências técnicas das empresas, a suspensão do trabalho, nos dias feriados civis e religiosos, a remuneração será paga em dobro, salvo se o empregador determinar outro dia de folga.

▶ Art. 10, § 1º, da LC 150/2015 (Lei dos Domésticos).

Art. 10. Na verificação das exigências técnicas a que se referem os artigos anteriores, ter-se-ão em vista as de ordem econômica, permanentes ou ocasionais, bem como as peculiaridades locais.

Parágrafo único. O Poder Executivo, em decreto especial ou no regulamento que expedir para fiel execução desta Lei, definirá as mesmas exigências e especificará, tanto quanto possível, as empresas a elas sujeitas, ficando desde já incluídas entre elas as de serviços públicos e de transportes.

Art. 11. *Revogado pela Lei 9.093/1995.*

Art. 12. As infrações ao disposto nesta Lei serão punidas, com multa de R$ 40,25 (quarenta reais e vinte e cinco centavos) a R$ 4.025,33 (quatro mil e vinte e cinco reais e trinta e três centavos), segundo a natureza da infração, sua extensão e a intenção de quem a praticou, aplicada em dobro no caso de reincidência e oposição à fiscalização ou desacato à autoridade.

Art. 13. Serão originariamente competentes, para a imposição das multas de que trata a presente Lei, os delegados regionais do Ministério do Trabalho e, nos Estados, onde houver delegação de atribuições, a autoridade delegada.

Art. 14. A fiscalização da execução da presente Lei, o processo de autuação dos seus infratores, os recursos e a cobrança das multas reger-se-ão pelo disposto no Título VII da Consolidação das Leis do Trabalho.

Art. 15. A presente Lei entrará em vigor na data da sua publicação.

Art. 16. Revogam-se as disposições em contrário.

Rio de Janeiro, 5 de janeiro de 1949; 128º da Independência e 61º da República.

Eurico G. Dutra

LEI 662, DE 6 DE ABRIL DE 1949

Declara feriados nacionais os dias 1º de janeiro, 1º de maio, 7 de setembro, 15 de novembro e 25 de dezembro.

DOU 13.04.1949

▶ Lei 605/1949 e Dec.-lei 86/1966 (Feriados nacionais).
▶ Lei 6.802/1980 (Feriado nacional consagrado a Nossa Senhora Aparecida).
▶ Lei 7.466/1986 (Comemoração do feriado de 1º de maio – Dia do Trabalho).
▶ Decreto 83.842/1979 (Delega competência ao Ministro do Trabalho para autorizar o funcionamento de empresas aos domingos e feriados civis e religiosos).
▶ Lei 9.093/1995 (Feriados).

O Presidente da República:

Faço saber que o Congresso Nacional decreta e eu sanciono a seguinte Lei:

Art. 1º São feriados nacionais os dias 1º de janeiro, 21 de abril, 1º de maio, 7 de setembro, 2 de novembro, 15 de novembro e 25 de dezembro.

▶ Artigo com redação pela Lei 10.607/2002.

Art. 2º Só serão permitidas nos feriados nacionais atividades privadas e administrativas absolutamente indispensáveis.

Art. 3º Os chamados "pontos facultativos" que os Estados, Distrito Federal ou os Municípios decretarem não suspenderão as horas normais do ensino nem prejudicarão os atos da vida forense, dos tabeliães e dos cartórios de registro.

Art. 4º Esta Lei entrará em vigor na data de sua publicação, revogadas as disposições em contrário.

Rio de Janeiro, 6 de abril de 1949; 128º da Independência e 61º da República.

Eurico G. Dutra

LEI 1.060, DE 5 DE FEVEREIRO DE 1950

Estabelece normas para a concessão de assistência judiciária aos necessitados.

DOU 13.02.1950

▶ Art. 5º, LXXIV, da CF.
▶ Art. 4º, V, r, da Lei 10.257/2001 (Estatuto da Cidade).
▶ Art. 51 da Lei 10.741/2003 (Estatuto do Idoso).
▶ Súmula 481 do STJ.

O Presidente da República:

Faço saber que o Congresso Nacional decreta e eu sanciono a seguinte Lei:

Art. 1º Os poderes públicos federal e estadual, independentemente da colaboração que possam receber

dos municípios e da Ordem dos Advogados do Brasil – OAB, concederão assistência judiciária aos necessitados, nos termos desta Lei (*Vetado*).

▸ Artigo com redação pela Lei 7.510/1986.
▸ Arts. 5º, LXXIV, e 134 da CF.
▸ Arts. 1º, §§ 2º a 4º, e 2º, § 3º, da Lei 5.478/1968 (Ação de Alimentos).
▸ Art. 22, § 1º, e 3, XII, da Lei 8.906/1994 (Estatuto da OAB).

Arts. 2º a 4º *Revogados pela Lei 13.105/2015.*

Art. 5º O juiz, se não tiver fundadas razões para indeferir o pedido, deverá julgá-lo de plano, motivando ou não o deferimento, dentro do prazo de setenta e duas horas.

§ 1º Deferido o pedido, o juiz determinará que o serviço de assistência judiciária, organizado e mantido pelo Estado, onde houver, indique, no prazo de dois dias úteis, o advogado que patrocinará a causa do necessitado.

§ 2º Se no Estado não houver serviço de assistência judiciária, por ele mantido, caberá a indicação à Ordem dos Advogados, por suas Seções Estaduais, ou Subseções Municipais.

§ 3º Nos municípios em que não existirem subseções da Ordem dos Advogados do Brasil, o próprio juiz fará a nomeação do advogado que patrocinará a causa do necessitado.

§ 4º Será preferido para a defesa da causa o advogado que o interessado indicar e que declare aceitar o encargo.

§ 5º Nos Estados onde a Assistência Judiciária seja organizada e por eles mantida, o Defensor Público, ou quem exerça cargo equivalente, será intimado pessoalmente de todos os atos do processo, em ambas as instâncias, contando-se-lhes em dobro todos os prazos.

▸ § 5º acrescido pela Lei 7.871/1989.
▸ Art. 128, I, da LC 80/1994 (Defensoria Pública).

Arts. 6º e 7º *Revogados pela Lei 13.105/2015.*

Art. 8º Ocorrendo as circunstâncias mencionadas no artigo anterior, poderá o juiz, *ex officio*, decretar a revogação dos benefícios, ouvida a parte interessada dentro de quarenta e oito horas improrrogáveis.

Art. 9º Os benefícios da assistência judiciária compreendem todos os atos do processo até decisão final do litígio, em todas as instâncias.

Art. 10. São individuais e concedidos em cada caso ocorrente os benefícios de assistência judiciária, que se não transmitem ao cessionário de direito e se extinguem pela morte do beneficiário, podendo, entretanto, ser concedidos aos herdeiros que continuarem a demanda e que necessitarem de tais favores, na forma estabelecida nesta Lei.

Arts. 11 e 12. *Revogados pela Lei 13.105/2015.*

Art. 13. Se o assistido puder atender, em parte, as despesas do processo, o juiz mandará pagar as custas, que serão rateadas entre os que tiverem direito ao seu recebimento.

Art. 14. Os profissionais liberais designados para o desempenho do encargo de defensor ou de perito, conforme o caso, salvo justo motivo previsto em lei ou, na sua omissão, a critério da autoridade judiciária competente, são obrigados ao respectivo cumprimento, sob pena de multa de Cr$ 1.000,00 (mil cruzeiros) a Cr$ 10.000,00 (dez mil cruzeiros), sujeita ao reajustamento estabelecido na Lei 6.205, de 29 de abril de 1975, sem prejuízo da sanção disciplinar cabível.

▸ Artigo com redação pela Lei 6.465/1977.

§ 1º Na falta de indicação pela assistência ou pela própria parte, o juiz solicitará a do órgão de classe respectivo.

§ 2º A multa prevista neste artigo reverterá em benefício do profissional que assumir o encargo na causa.

Art. 15. São motivos para a recusa do mandato pelo advogado designado ou nomeado:

1º) estar impedido de exercer a advocacia;

2º) ser procurador constituído pela parte contrária ou ter com ela relações profissionais de interesse atual;

3º) ter necessidade de se ausentar da sede do juízo para atender a outro mandato anteriormente outorgado ou para defender interesses próprios inadiáveis;

4º) já haver manifestado por escrito sua opinião contrária ao direito que o necessitado pretende pleitear;

5º) haver dado à parte contrária parecer escrito sobre a contenda.

Parágrafo único. A recusa será solicitada ao juiz, que, de plano, a concederá, temporária ou definitivamente, ou a denegará.

Art. 16. Se o advogado, ao comparecer em juízo, não exibir o instrumento do mandato outorgado pelo assistido, o juiz determinará que se exarem na ata da audiência os termos da referida outorga.

Parágrafo único. O instrumento de mandato não será exigido, quando a parte for representada em juízo por advogado integrante de entidade de direito público incumbido, na forma da lei, de prestação de assistência judiciária gratuita, ressalvados:

▸ Parágrafo único acrescido pela Lei 6.248/1975.

a) os atos previstos no artigo 38 do Código de Processo Civil;

b) o requerimento de abertura de inquérito por crime de ação privada, a proposição de ação penal privada ou o oferecimento de representação por crime de ação pública condicionada.

Art. 17. *Revogado pela Lei 13.105/2015.*

Art. 18. Os acadêmicos de direito, a partir da 4ª serie, poderão ser indicados pela assistência judiciária, ou nomeados pelo juiz para auxiliar o patrocínio das causas dos necessitados, ficando sujeitos às mesmas obrigações impostas por esta Lei aos advogados.

▸ Art. 3º, § 2º, da Lei 8.906/1994 (Estatuto da OAB).

Art. 19. Esta Lei entrará em vigor trinta dias depois da sua publicação no *Diário Oficial da União,* revogadas as disposições em contrário.

Rio de Janeiro, 5 de fevereiro de 1950; 129º da Independência e 62º da República.

Eurico G. Dutra

LEI 1.408, DE 9 DE AGOSTO DE 1951

Prorroga vencimentos de prazos judiciais e dá outras providências.

DOU 13.08.1951

O Presidente da República:

Faço saber que o Congresso Nacional decreta e eu sanciono a seguinte Lei:

Art. 1º Sempre que, por motivo de ordem pública, se fizer necessário o fechamento do Foro, de edifícios anexos ou de quaisquer dependências do serviço judiciário ou o respectivo expediente tiver de ser encerrado antes da hora legal, observar-se-á o seguinte:

▸ Súmula 310 do STF.

a) os prazos serão restituídos aos interessados na medida em que houverem sido atingidos pela providência tomada;

b) as audiências, que ficarem prejudicadas, serão realizadas em outro dia mediante designação da autoridade competente.

Art. 2º O fechamento extraordinário do Foro e dos edifícios anexos e as demais medidas, a que se refere o artigo 1º, poderão ser determinadas pelo presidente dos Tribunais de Justiça, nas comarcas onde esses tribunais tiverem a sede e pelos juízes de direito nas respectivas comarcas.

Art. 3º Os prazos judiciais que se iniciarem ou vencerem a os sábados, serão prorrogados por um dia útil.

▸ Artigo com redação pela Lei 4.674/1965.
▸ Art. 798, § 3º, do CPP.

Art. 4º Se o jornal, que divulgar o expediente oficial do Foro, se publicar à tarde, serão dilatados de um dia os prazos que devam correr de sua inserção nessa folha e feitas, na véspera da realização do ato oficial, as publicações que devam ser efetuadas no dia fixado para esse ato.

Art. 5º Não haverá expediente do Foro e nos ofícios de justiça, no "Dia da Justiça", nos feriados nacionais, na terça-feira de Carnaval, na Sexta-feira Santa, e nos dias que a lei estadual designar.

▸ Art. 798, *caput,* do CPP.

Parágrafo único. Os casamentos e atos de registro civil serão realizados em qualquer dia.

Art. 6º Esta Lei entrará em vigor na data de sua publicação, revogadas as disposições em contrário.

Rio de Janeiro, 9 de agosto de 1951; 130º da Independência e 63º da República.

Getulio Vargas

LEI 2.959, DE 17 DE NOVEMBRO DE 1956

Altera o Decreto-lei 5.452, de 1º de maio de 1943 (Consolidação das Leis do Trabalho), e dispõe sobre os contratos por obra ou serviço certo.

DOU 21.11.1956

O Presidente da República:

Faço saber que o Congresso Nacional decreta e eu sanciono a seguinte Lei:

Art. 1º No contrato individual de trabalho por obra certa, as inscrições na carteira profissional do empregado serão feitas pelo construtor, desse modo constituído em empregador, desde que exerça a atividade em caráter permanente.

Art. 2º Rescindido o contrato de trabalho em face do término da obra ou serviço, tendo o empregado mais de 12 (doze) meses de serviço, ficar-lhe-á assegurada a indenização por tempo de trabalho na forma do Artigo 478 da Consolidação das Leis do Trabalho, com 30% (trinta por cento) de redução.

Art. 3º O empregador que deixar de atender a exigência do art. 1º desta lei, ficará sujeito a multa de Cr$ 500,00 (quinhentos cruzeiros) a Cr$5.000,00 (cinco mil cruzeiros), além da suspensão de suas atividades até que satisfaça a obrigação legal.

Art. 4º Esta lei entrará em vigor na data de sua publicação, revogadas as disposições em contrário.

Rio de Janeiro, 17 de novembro de 1956; 135º da Independência e 68º da República.

Juscelino Kubitschek

LEI 3.030, DE 19 DE DEZEMBRO DE 1956

Determina que não poderão exceder a 25% do salário mínimo os descontos por fornecimento de alimentação, quando preparadas pelo próprio empregador.

DOU 19.12.1956

O Presidente da República:

Faço saber que o Congresso Nacional decreta e eu sanciono a Lei:

Art. 1º Para os efeitos do art. 82 do Decreto-lei 5.452, de 1 de maio de 1943 (Consolidação das Leis do Trabalho), os descontos por fornecimento de alimentação, quando preparada pelo próprio empregador, não poderão exceder a 25% (vinte e cinco por cento) do salário mínimo.

▸ Súmula 258 do TST.

Art. 2º A disposição do art. 1º será aplicada aos trabalhadores em geral, desde que as refeições sejam preparadas e fornecidas no próprio estabelecimento empregador.

Art. 3º Esta lei entrará em vigor na data de sua publicação, revogadas as disposições em contrário.

Rio de Janeiro, 19 de dezembro de 1956; 135º da Independência e 68º da República.

Juscelino Kubitschek

LEI 4.090, DE 13 DE JULHO DE 1962

Institui a gratificação de Natal para os trabalhadores.

DOU 26.07.1962

▸ Art. 7º, VIII, da CF.
▸ Lei 4.749/1965 (Pagamento da gratificação natalina).
▸ LC 150/2015 (Lei dos Domésticos).

O Presidente da República:

Faço saber que o Congresso Nacional decreta e eu sanciono a seguinte Lei:

Art. 1º No mês de dezembro de cada ano, a todo empregado será paga, pelo empregador, uma gratificação salarial, independentemente da remuneração a que fizer jus.

§ 1º A gratificação corresponderá a 1/12 (um doze avos) da remuneração devida em dezembro, por mês de serviço, do ano correspondente.

§ 2º A fração igual ou superior a 15 (quinze) dias de trabalho será havida como mês integral para os efeitos do parágrafo anterior.

§ 3º A gratificação será proporcional:

▸ § 3º acrescido pela Lei 9.011/1995.

I – na extinção dos contratos a prazo, entre estes incluídos os de safra, ainda que a relação de emprego haja findado antes de dezembro; e

II – na cessação da relação de emprego resultante da aposentadoria do trabalhador, ainda que verificada antes de dezembro.

Art. 2º As faltas legais e justificadas ao serviço não serão deduzidas para os fins previstos no § 1º do art. 1º desta Lei.

Art. 3º Ocorrendo rescisão, sem justa causa, do contrato de trabalho, o empregado receberá a gratificação devida nos termos dos §§ 1º e 2º do art. 1º desta Lei, calculada sobre a remuneração do mês da rescisão.

Art. 4º Esta Lei entrará em vigor na data de sua publicação, revogadas as disposições em contrário.

Brasília, 13 de julho de 1962; 141º da Independência e 74º da República.

João Goulart

LEI 4.266, DE 3 DE OUTUBRO DE 1963

Institui salário-família do trabalhador e dá outras providências.

DOU 08.10.1963

▶ Dec. 53.153/1963 (Regulamenta a Lei 4.266/1963).
▶ Lei 5.559/1968 (Estende o direito ao salário-família instituído pela Lei 4.266/1963).
▶ Art. 4º do Dec. 75.207/1975 (Determina que o salário-maternidade servirá de base para o cálculo das contribuições instituídas pela Lei 4.266/1963).
▶ Arts. 65 a 70 da Lei 8.213/1991 (Planos de Benefícios da Previdência Social).

O Presidente da República:

Faço saber que o Congresso Nacional decreta e eu sanciono a seguinte Lei:

Art. 1º O salário-família, instituído por esta Lei, será devido, pelas empresas vinculadas à Previdência Social, a todo empregado, como tal definido na Consolidação das Leis do Trabalho, qualquer que seja o valor e a forma de sua remuneração, e na proporção do respectivo número de filhos.

▶ Art. 7º, XII, da CF.

Art. 2º O salário-família será pago sob a forma de uma quota percentual, calculada sobre o valor do salário mínimo local, arredondada este para o múltiplo de mil seguinte, por filho menor de qualquer condição, até 14 anos de idade.

Art. 3º O custeio do salário-família será feito mediante o sistema de compensação, cabendo a cada empresa, qualquer que seja o número e o estado civil de seus empregados, recolher, para esse fim, ao Instituto ou Institutos de Aposentadoria e Pensões a que estiver vinculada, a contribuição que for fixada em correspondência com o valor da quota percentual referida no art. 2º.

§ 1º A contribuição de que trata esse artigo corresponderá a uma percentagem incidente sobre o salário mínimo local multiplicado pelo número total de empregados da empresa, observados os mesmos prazos de recolhimento, sanções administrativas e penais e demais condições estabelecidas com relação às contribuições destinadas ao custeio da Previdência Social.

§ 2º As contribuições recolhidas pelas as empresas, nos termos deste artigo, constituirão, em cada Instituto, um "Fundo de Compensação do Salário-Família" em regime de repartição anual, cuja destinação será exclusivamente a de custeio do pagamento das quotas, não podendo a parcela relativa às respectivas despesas de administração exceder de 0,5% (meio por cento) do total do mesmo Fundo.

▶ O art. 19 da Lei 5.890/1973 dispõe: "19. Fica extinto o 'Fundo de Compensação do Salário-Família' criado pelo § 2º do artigo 3º da Lei 4.266, de 3 de outubro de 1963, mantidas as demais disposições da referida lei, passando as diferenças existentes a constituir receita ou encargo do Instituto Nacional de Previdência Social."

Art. 4º O pagamento das quotas do salário-família será feito pelas próprias empresas, mensalmente, aos seus empregados, juntamente com o do respectivo salário, nos termos do art. 2º.

§ 1º Quando os pagamentos forem semanais ou por outros períodos, as quotas serão pagas juntamente com o último relativo ao mês.

§ 2º Para efeito de pagamento das quotas, exigirão as empresas, dos empregados, as certidões de nascimento dos filhos, que a isto os habilitam.

§ 3º As certidões expedidas para os fins do § 2º deste artigo são isentas de selo, taxas ou emolumentos de qualquer espécie, assim como o reconhecimento de firmas a elas referente, quando necessário.

▶ Art. 5º, XXXIV, b, da CF.

§ 4º Dos pagamentos de quotas feitos, guardarão as empresas os respectivos comprovantes, bem como as certidões, para o efeito da fiscalização dos Institutos, no tocante ao reembolso a que se refere o art. 5º.

▶ Art. 7º, XXXIV, b, da CF.

Art. 5º As empresas serão reembolsadas, mensalmente, dos pagamentos das quotas feitos aos seus empregados, na forma desta lei, mediante desconto do valor respectivo no total das contribuições recolhidas ao Instituto ou Institutos de Aposentadoria e Pensões a que forem vinculadas.

Art. 6º A fixação do salário mínimo, de que trata o Capítulo II do Título II da Consolidação das Leis do Trabalho, terá por base unicamente as necessidades normais do trabalhador sem filhos, considerando-se atendido, com o pagamento do salário-família instituído por esta lei, o preceituado no art. 157, I, da Constituição Federal.

▶ O art. 6º refere-se a artigo da CF de 1946, que corresponde ao art. 7º, XII, da Constituição atual.

Art. 7º Ficam fixados, pelo período de 3 (três) anos, os seguintes valores relativos à presente lei:

I – de 5% (cinco por cento) para cada quota percentual a que se refere o art. 2º;

II – de 6% (seis por cento) para a contribuição de que trata o art. 3º.

§ 1º Se, findo o período previsto neste artigo, não forem revistos os valores nele fixados, continuarão a vigorar até que isto se venha a efetuar.

§ 2º A qualquer alteração no valor de um das percentagens deverá corresponder proporcionalmente o da outra, de modo a que seja assegurado o perfeito equilíbrio do custeio do sistema, no regime de repartição anual.

Art. 8º Os empregados abrangidos pela presente lei ficam excluídos do campo de aplicação do Decreto-lei 3.200, de 19 de abril de 1941, no tocante ao abono às famílias numerosas.

Art. 9º As quotas do salário-família não se incorporarão, para nenhum efeito, ao salário ou remuneração devidos aos empregados.

▶ Art. 25 da Lei 8.218/1991 (Imposto e contribuições federais).

Art. 10. Esta Lei entrará em vigor a partir do primeiro dia do mês que se seguir ao decurso de 30 (trinta) dias, contados da data de sua publicação.

Parágrafo único. Dentro do prazo referido neste artigo, o Poder Executivo expedirá o Regulamento desta Lei.

Art. 11. Revogam-se as disposições em contrário.

Brasília, 3 de outubro de 1963; 142º da Independência e 75º da República.

João Goulart

LEI 4.725, DE 13 DE JULHO DE 1965

Estabelece normas para o processo dos dissídios coletivos, e dá outras providências.

DOU 13.07.1965; Retificada no DOU de 19.07.1965

▶ Súmulas 246 e 350 do TST.

O Presidente da República:

Faço saber que o Congresso Nacional decreta e eu sanciono a seguinte Lei:

Art. 1º A Justiça do Trabalho, no processo dos dissídios coletivos, entre categorias profissionais e econômicas, observará as normas previstas na Consolidação das Leis do Trabalho (arts. 856 a 874), com as alterações subsequentes e as constantes desta Lei.

Art. 2º A sentença tomará por base o índice resultante da reconstituição do salário real médio da categoria nos últimos 24 meses anteriores ao término da vigência do último acordo ou sentença normativa, adaptando as taxas encontradas às situações configuradas pela ocorrência conjunta ou separadamente dos seguintes fatores:

▶ Artigo com redação pela Lei 4.903/1965.
▶ Art. 3º do Dec-lei 424/1969 (Nova redação a dispositivos da Consolidação das Leis do Trabalho).

a) repercussão dos reajustamentos salariais na comunidade e na economia nacional;

b) adequação do reajuste às necessidades mínimas de sobrevivência do assalariado e de sua família;

c) *Vetada*;

d) perda do poder aquisitivo médio real ocorrido entre a data da entrada da representação e a da sentença;

e) necessidade de considerar a correção de distorções salariais para assegurar adequada hierarquia salarial na categoria profissional dissidente e, subsidiariamente, no conjunto das categorias profissionais, como medida de equidade social.

§ 1º A partir de 1º de julho de 1966 se acrescentará ao índice referido neste artigo o percentual que traduza o aumento da produtividade nacional no ano anterior, segundo os dados do Conselho Nacional de Economia, observando o seu ajustamento ao aumento da produtividade da empresa ou empresas componentes da respectiva categoria econômica.

§ 2º *Vetado.*

§ 3º As normas e condições estabelecidas por sentença terão vigência a partir da data da publicação de suas conclusões no órgão oficial da Justiça do Trabalho.

Art. 3º A Justiça do Trabalho e o Ministério Público do Trabalho poderão solicitar a colaboração dos seguintes órgãos:

1 – Conselho Nacional de Economia;

2 – Fundação Getúlio Vargas;

3 – Ministério do Trabalho e Previdência Social, por seus departamentos competentes, especialmente:

a) Serviço de Estatística e Previdência do Trabalho;

b) Conselho Nacional de Política Salarial;

c) Departamento Nacional de Emprego e Salário.

Art. 4º Sendo partes, nos dissídios coletivos, empresas que dependam, para atendimento dos novos encargos salariais resultantes da sentença, da decisão de órgãos do Poder Executivo competentes para a fixação das tarifas e taxas, o juiz solicitará àqueles órgãos os cálculos de incidência de majoração salarial nos valores de taxas, como elemento elucidativo da sentença a ser proferida.

Parágrafo único. O órgão competente, para efetuar o cálculo de que trata este artigo, terá o prazo de 15 (quinze) dias para atender à solicitação do juiz.

Art. 5º Na apreciação de dissídios coletivos suscitados pelos empregados da Marinha Mercante, dos portos e da Rede Ferroviária Federal S.A., os Tribunais do Trabalho observarão as seguintes normas:

a) serão excluídos aqueles que não estão sujeitos aos preceitos da Consolidação das Leis do Trabalho (Lei 3.115, de 1957, art. 16; Lei 3.780, de 1960; Lei 4.564, de 1964) e tenham a sua remuneração fixada por lei;

b) *Vetada*;

c) não será concedido aumento salarial, se a empresa se encontrar em regime deficitário (*Vetado*).

Art. 6º Os recursos das decisões proferidas nos dissídios coletivos terão efeito meramente devolutivo.

§ 1º O Presidente do Tribunal Superior do Trabalho poderá dar efeito suspensivo ao recurso, a requerimento do recorrente em petição fundamentada. O despacho caberá agravo para o Pleno, no prazo de 5 (cinco) dias, de conformidade com o disposto no Regimento Interno do Tribunal.

▶ § 1º com redação pela Lei 4.903/1965.

§ 2º O Tribunal *ad quem* deverá julgar o recurso no prazo de 60 (sessenta) dias, improrrogavelmente.

§ 3º O provimento do recurso não importará restituição dos salários ou vantagens pagos, em execução do julgado.

Art. 7º *Revogado pela Lei 5.451/1968.*

Art. 8º O Conselho Nacional de Política Salarial, que funcionará sob a presidência do Ministro do Trabalho e Previdência Social, como órgão de assessoria do Poder Executivo na formulação e execução de sua política salarial, e cuja composição e atribuições constarão de decreto do Presidente da República, poderá, para execução dos serviços de sua Secretaria Executiva, requisitar servidores públicos, nos termos da legislação em vigor, bem como admitir pessoal temporário, sujeito às normas da Consolidação das Leis do Trabalho.

Parágrafo único. A remuneração do pessoal admitido nos termos deste artigo, bem como as gratificações a serem pagas ao pessoal requisitado, constarão de tabela anualmente aprovada pelo Ministro do Trabalho e Previdência Social, dentro do limite dos recursos atribuídos ao Conselho Nacional de Política Salarial.

Art. 9º Para atender às despesas com o funcionamento da Secretaria Executiva do Conselho Nacional de Política Salarial, fica o Poder Executivo autorizado a abrir ao Ministério do Trabalho e Previdência Social o crédito especial de Cr$ 60.000.000 (sessenta milhões de cruzeiros).

Art. 10. Os ajustamentos de salários fixados em decisões da Justiça do Trabalho, aprovados em julgamento de dissídios coletivos ou em acordos homologados, serão aplicados, automaticamente, nas mesmas condições estabelecidas para os integrantes das categorias profissionais litigantes ou interessadas, aos empregados das próprias entidades suscitantes e suscitadas, observadas as peculiaridades que lhes sejam inerentes, ficando, desde logo, autorizado o reajustamento das respectivas verbas orçamentárias.

Art. 11. A assistência aos trabalhadores prevista no art. 500 da Consolidação das Leis do Trabalho, aprovada pelo Decreto-lei 5.452, de 1º de maio de 1943, e na Lei 4.066, de 28 de maio de 1962, será gratuita, vedada aos órgãos e autoridades a quem for solicitada a cobrança de qualquer importância para o atendimento de custas, taxas, emolumentos, remuneração ou a qualquer título.

Art. 12. Nenhum reajustamento de salário será homologado ou determinado pela Justiça do Trabalho antes de decorrido um ano do último acordo ou dissídio coletivo, não sendo possível a inclusão da cláusula de antecipação do aumento salarial durante o prazo de vigência da sentença normativa.

Parágrafo único. *Revogado pelo Dec.-lei 424/1969.*

Art. 13. Esta Lei entrará em vigor na data de sua publicação, revogadas as disposições em contrário.

Brasília, 13 de julho de 1965; 144º da Independência e 77º da República.

H. Castello Branco

LEI 4.749, DE 12 DE AGOSTO DE 1965

Dispõe sobre o pagamento da gratificação prevista na Lei 4.090, de 13 de julho de 1962.

DOU 13.08.1965

▶ Art. 19 da LC 150/2015 (Lei dos Domésticos).

O Presidente da República:

Faço saber que o Congresso Nacional decreta e eu sanciono a seguinte Lei:

Art. 1º A gratificação salarial instituída pela Lei 4.090, de 13 de julho de 1962, será paga pelo empregador até o dia 20 de dezembro de cada ano, compensada a importância que, a título de adiantamento, o empregado houver recebido na forma do artigo seguinte.

Parágrafo único. *Vetado.*

Art. 2º Entre os meses de fevereiro e novembro de cada ano o empregador pagará, como adiantamento da gratificação referida no artigo precedente, de uma só vez, metade do salário recebido pelo respectivo empregado no mês anterior.

§ 1º O empregador não estará obrigado a pagar o adiantamento, no mesmo mês, a todos os seus empregados.

§ 2º O adiantamento será pago ao ensejo das férias do empregado, sempre que este o requerer no mês de janeiro do correspondente ano.

Art. 3º Ocorrendo a extinção do contrato de trabalho antes do pagamento de que trata o art. 1º desta Lei, o empregador poderá compensar o adiantamento mencionado com a gratificação devida nos termos do art. 3º da Lei 4.090, de 13 de julho de 1962, e, se não bastar, com outro crédito de natureza trabalhista que possua o respectivo empregado.

Art. 4º As contribuições devidas aos Institutos de Aposentadoria e Pensões, que incidem sobre a gratificação salarial referida nesta Lei, ficam sujeitas ao limite estabelecido na legislação de Previdência Social.

Art. 5º Aplica-se, no corrente ano, a regra estatuída no art. 2º desta Lei, podendo o empregado usar da faculdade estatuída no seu § 2º no curso dos primeiros 30 (trinta) dias de vigência desta Lei.

Art. 6º O Poder Executivo, no prazo de 30 (trinta) dias, adaptará o regulamento aprovado pelo Decreto 1.881, de 14 de dezembro de 1962, aos preceitos desta Lei.

Art. 7º Esta Lei entra em vigor na data de sua publicação.

Art. 8º Revogam-se as disposições em contrário.

Brasília, 12 de agosto de 1965; 144º da Independência e 77º da República.

H. Castello Branco

LEI 4.923, DE 23 DE DEZEMBRO DE 1965

Institui o cadastro permanente das admissões e dispensas de empregados, estabelece medidas contra o desemprego e de assistência aos desempregados, e dá outras providências.

DOU 29.12.1965; Retificada no DOU de 26.01.1966

O Presidente da República:

Faço saber que o Congresso Nacional decreta e eu sanciono a seguinte Lei:

Art. 1º Fica instituído, em caráter permanente, no Ministério do Trabalho e Previdência Social, o registro das admissões e dispensas de empregados nas empresas abrangidas pelo sistema da Consolidação das Leis do Trabalho.

▶ § 2º acrescido pela MP 2.164-41/2001.

§ 1º As empresas que dispensarem ou admitirem empregados ficam obrigadas a fazer a respectiva comunicação às Delegacias Regionais do Trabalho, mensalmente, até

o dia 7 do mês subsequente ou como estabelecido em regulamento, em relação nominal por estabelecimento, da qual constará também a indicação da Carteira de Trabalho e Previdência Social ou, para os que ainda não a possuírem, nos termos da lei, os dados indispensáveis à sua identificação pessoal.

▶ Primitivo parágrafo único renumerado pela MP 2.164-41/2001.

§ 2º O cumprimento do prazo fixado no § 1º será exigido a partir de 1º de janeiro de 2001.

▶ § 2º acrescido pela MP 2.164-41/2001.

Art. 2º A empresa que, em face de conjuntura econômica, devidamente comprovada, se encontrar em condições que recomendem, transitoriamente, a redução da jornada normal ou do número de dias do trabalho, poderá fazê-lo mediante prévio acordo com a entidade sindical representativa dos seus empregados homologado pela Delegacia Regional do Trabalho, por prazo certo não excedente de 3 (três) meses, prorrogável, nas mesmas condições, se ainda indispensável, e sempre de modo que a redução do salário mensal resultante não seja superior a 25% (vinte e cinco por cento) do salário contratual, respeitado o salário mínimo regional e reduzidas proporcionalmente a remuneração e as gratificações de gerentes e diretores.

▶ Art. 7º, VI, da CF.

§ 1º Para o fim de deliberar sobre o acordo, a entidade sindical profissional convocará assembleia geral dos empregados diretamente interessados, sindicalizados ou não, que decidirão por maioria de votos, obedecidas as normas estatutárias.

§ 2º Não havendo acordo, poderá a empresa submeter o caso à Justiça do Trabalho, por intermédio da Junta de Conciliação e Julgamento ou, em sua falta, do Juiz de Direito, com jurisdição na localidade. Da decisão de primeira instância caberá recurso ordinário, no prazo de 10 (dez) dias, para o Tribunal Regional do Trabalho da correspondente Região, sem efeito suspensivo.

▶ A Lei 5.584/1970 determinou a redução do prazo previsto neste dispositivo de 10 (dez) para 8 (oito) dias.
▶ A EC 24/1999 extinguiu a representação classista na Justiça do Trabalho, substituindo as Juntas de Conciliação e Julgamento pelas Varas da Justiça do Trabalho.

§ 3º A redução de que trata o artigo não é considerada alteração unilateral do contrato individual de trabalho para os efeitos do disposto no art. 468 da Consolidação das Leis do Trabalho.

Art. 3º As empresas que tiverem autorização para redução de tempo de trabalho, nos termos do art. 2º e seus parágrafos, não poderão, até seis meses depois da cessação desse regime, admitir novos empregados, antes de readmitirem os que tenham sido dispensados pelos motivos que hajam justificado a citada redução ou comprovarem que não atenderam, no prazo de 8 (oito) dias, ao chamado para a readmissão.

§ 1º O empregador notificará diretamente o empregado para reassumir o cargo, ou, por intermédio da sua entidade sindical, se desconhecida sua localização, correndo o prazo de 8 (oito) dias a partir da data do recebimento da notificação pelo empregado ou pelo órgão de classe, conforme o caso.

§ 2º O disposto neste artigo não se aplica aos cargos de natureza técnica.

▶ Art. 7º, VI, da CF.

Art. 4º É igualmente vedado às empresas mencionadas no art. 3º, nas condições e prazo nele contidos, trabalhar em regime de horas extraordinárias, ressalvadas estritamente as hipóteses previstas no art. 61, e seus §§ 1º e 2º, da Consolidação das Leis do Trabalho.

Art. 5º Fica o Poder Executivo autorizado a instituir, de acordo com o disposto nos artigos seguintes e na forma que for estabelecida em regulamento, um plano de assistência aos trabalhadores que, após 120 dias consecutivos de serviço na mesma empresa, se encontrem desempregados ou venham a se desempregar, por dispensa sem justa causa ou por fechamento total ou parcial da empresa.

§ 1º A assistência a que se refere este artigo será prestada pelas Delegacias Regionais do Trabalho e consistirá num auxílio, em dinheiro, não excedendo de 80% (oitenta por cento) do salário mínimo local devido, até o prazo máximo de 6 (seis) meses, a partir do mês seguinte àquele a que corresponder o número de meses computados no cálculo da indenização paga na forma da legislação trabalhista, observadas as bases que forem estabelecidas no regulamento, dentro das possibilidades do Fundo de que trata o art. 6º.

▶ § 1º com redação dada pela Lei 5.737/1971.

§ 2º Será motivo de cancelamento do pagamento do auxílio a recusa, por parte do empregado desempregado, de outro emprego apropriado ou de readmissão, na hipótese prevista no art. 3º, na empresa de que tiver sido dispensado.

§ 3º O auxílio a que se refere o § 1º não é acumulável com salário nem com quaisquer dos benefícios concedidos pela Previdência Social, não sendo, outrossim, devido quando o trabalhador tiver renda própria de qualquer natureza que lhe assegure a subsistência.

§ 4º É condição essencial à percepção do auxílio a que se refere o § 1º o registro do desempregado no órgão competente, conforme estabelecer o regulamento desta Lei.

§ 5º Nos casos de emergência ou de grave situação social, poderá o Fundo de Assistência ao Desempregado, a que se refere o art. 6º e mediante expressa autorização do Ministro do Trabalho e Previdência Social, prestar ajuda financeira a trabalhadores desempregados, na hipótese da impossibilidade do seu reemprego imediato.

▶ § 5º acrescido pelo Dec.-lei 1.107/1970.

Art. 6º Para atender ao custeio do plano a que se refere o art. 5º, fica o Poder Executivo autorizado a constituir um Fundo de Assistência ao Desempregado, pelo qual exclusivamente correrão as respectivas despesas.

Parágrafo único. A integralização do Fundo de que trata este artigo far-se-á conforme dispuser o regulamento de que trata o art. 5º:

a) pela contribuição das empresas correspondente a 1% (um por cento) sobre a base prevista no § 3º do art. 2º da Lei 4.357, de 16 de julho de 1964, ficando reduzida para 2% (dois por cento) a percentagem ali estabelecida para o Fundo de Indenizações Trabalhistas;

▶ A Lei 5.107/1966 determinou a extinção da contribuição referida neste dispositivo. A mencionada Lei foi revogada pela Lei 7.839/1989 que foi revogada pela Lei 8.036/1990.

b) por 2/3 (dois terços) da conta "Emprego e Salário" a que alude o art. 18 da Lei 4.589, de 11 de dezembro de 1964.

Art. 7º O atual Departamento Nacional de Emprego e Salário, do Ministério do Trabalho e Previdência Social, criado pelo art. 2º da Lei 4.589, de 11 de dezembro de 1964, fica desdobrado em Departamento Nacional de Mão de Obra (DNMO) e Departamento Nacional de Salário (DNS).

§ 1º Caberão ao DNMO as atribuições referidas nos itens V a X do art. 4º e no art. 20 da lei mencionada neste artigo; ao DNS as referidas nos itens I a IV e a ambos a referida no item XI do art. 4º da mesma lei.

§ 2º Caberão ainda ao DNMO as atribuições transferidas ao Ministério do Trabalho e Previdência Social, segundo o disposto nos arts. 115, item V, e 116, da Lei 4.504, de 30 de novembro de 1964 (Estatuto da Terra), na forma que se dispuser em regulamento.

§ 3º Aplica-se ao DNMO o disposto no parágrafo único do art. 3º da Lei 4.589, ficando criado um cargo de Diretor-Geral em comissão, símbolo 2-C, processando-se o respectivo custeio pela forma prevista no art. 26 da mesma lei.

§ 4º Passa a denominar-se Conselho Consultivo de Mão de Obra (CCMO) o Conselho referido no art. 5º da Lei 4.589, o qual funcionará junto ao DNMO, sob a presidência do respectivo Diretor-Geral, para os assuntos relativos a emprego.

§ 5º A atribuição mencionada no art. 6º da Lei 4.589 passa a ser exercida pelo Conselho Nacional de Política Salarial (CNPS), criado pelo art. 8º da Lei 4.725, de 13 de julho de 1965, o qual, quando reunido para exercê-la, terá a composição acrescida com os representantes das categorias econômicas e profissionais, que integram o CCMO, de que trata o § 4º deste artigo.

§ 6º Enquanto as Delegacias Regionais do Trabalho não estiverem convenientemente aparelhadas, a atribuição mencionada no item I, letras *e* e *f*, do art. 14 da Lei 4.589, continuará a cargo do IBGE, com o qual se articularão os órgãos respectivos do Ministério.

§ 7º As Delegacias Regionais do Trabalho no Estado da Guanabara e no Estado de São Paulo passarão a categoria especial, alterados os atuais cargos de Delegado Regional, símbolos 4-C e 3-C, respectivamente, para símbolo 2-C, do mesmo modo que o cargo de Diretor, símbolo 5-C, do Serviço de Estatística da Previdência e Trabalho, para símbolo 3-C.

Art. 8º O Ministério do Trabalho e Previdência Social, através do Departamento Nacional de Mão de Obra, organizará agências de colocação de mão de obra, sobretudo nas regiões mais atingidas pelo desemprego, com a colaboração, para isto, do INDA, do IBRA, das entidades sindicais de empregados e empregadores e suas delegacias, do SESI, SESC, SENAI, SENAC e LBA.

Art. 9º Ressalvada a decisão que vier a ser tomada consoante o disposto no art. 16 da Lei 4.589, de 11 de dezembro de 1964, a conta especial "Emprego e Salário" de que trata o seu art. 18, inclusive os saldos transferidos de um para outro exercício, continuará a ser utilizada, nos exercícios de 1966 e seguintes, pela forma nele

prevista, revogado seu parágrafo único, com exclusão, porém, das despesas seguintes, pela forma nele prevista, revogado seu parágrafo único, com exclusão, porém, das despesas com vencimentos e vantagens fixas do pessoal, já incluídas, de acordo com o art. 19 da mesma lei, na lei orçamentária do exercício de 1966 e observado o disposto nos parágrafos deste artigo.

§ 1º Da conta de que trata este artigo, destinar-se-ão:

a) 2/3 (dois terços), ao custeio do "Fundo de Assistência ao Desempregado", de acordo com o disposto no art. 6º da presente Lei;

b) 1/3 (um terço), para completar a instalação e para funcionamento dos órgãos criados, transformados ou atingidos pela mencionada Lei 4.589, com as alterações referidas no art. 7º desta Lei, e, em especial, para o reaparelhamento das Delegacias Regionais do Trabalho com o respectivo Serviço de Coordenação dos Órgãos Regionais e das Delegacias de Trabalho Marítimo, assim como para complementar a confecção e distribuição de Carteiras Profissionais, de modo que se lhes assegure a plena eficiência dos serviços, notadamente os da Inspeção do Trabalho, com a mais ampla descentralização local dos mesmos.

▸ Art. 5º da Lei 6.062/1974 (Desdobramento do extinto Ministério do Trabalho e Previdência Social e instalação do Ministério da Previdência e Assistência Social).

§ 2º A partir de 1º de janeiro de 1966, as atribuições referidas no art. 17 da Lei 4.589 passarão a ser exercidas pelo Departamento de Administração do Ministério do Trabalho e Previdência Social, através de seus órgãos administrativos, cabendo ao respectivo Diretor-Geral a de que trata a letra d do mesmo artigo.

§ 3º O Grupo de Trabalho de que trata o art. 17 da Lei 4.589, no prazo de 120 (cento e vinte) dias, após o encerramento do exercício, apresentará sua prestação de contas para encaminhamento ao Tribunal de Contas, de acordo com o disposto no § 1º do art. 16 do regulamento aprovado pelo Decreto 55.784, de 19 de fevereiro de 1965, promovendo no mesmo prazo a transferência de seu acervo aos órgãos competentes do Ministério.

Art. 10. A falta da comunicação a que se refere o parágrafo único do art. 1º desta Lei, no prazo ali estipulado, importará na aplicação automática de multa no valor de 1/3 (um terço) do salário mínimo regional, por empregado, de competência da Delegacia Regional do Trabalho.

▸ Artigo com redação pelo Dec.-lei 193/1967.

Parágrafo único. A multa prevista no artigo ficará reduzida para 1/9 (um nono) e 1/6 (um sexto) do salário mínimo regional por empregado, quando, antes de qualquer procedimento fiscal por parte do Ministério do Trabalho e Previdência Social, a comunicação for feita, respectivamente, dentro de 30 (trinta) ou 60 (sessenta) dias após o término do prazo fixado.

Art. 11. A empresa que mantiver empregado, não registrado, nos termos do art. 41 e seu parágrafo único da CLT, incorrerá na multa de valor igual a um salário mínimo regional, por trabalhador não registrado, acrescido de igual valor em cada reincidência.

▸ Artigo com redação pelo Dec.-lei 193/1967.

Art. 12. Dentro de 30 dias da publicação desta Lei será constituída uma Comissão de Estudo do Seguro-Desemprego, com três representantes dos trabalhadores, três dos empregadores, indicados em conjunto pelas confederações nacionais respectivas, e três do Poder Executivo, cada qual com direito a um voto, sob a presidência do Diretor-Geral do DNMO, para elaborar, no prazo de 120 (cento e vinte) dias improrrogáveis, anteprojeto de Lei de Seguro-Desemprego.

§ 1º A Comissão, tão logo instalada, utilizando os Fundos a que se refere a letra a do § 1º do art. 9º, contratará uma assessoria, composta de sociólogos, atuários, economistas, estatísticos e demais pessoal que se faça preciso, para fazer os estudos técnicos apropriados, que permitam delimitar as necessidades de seguro e possibilidades de seu funcionamento.

§ 2º O disposto nos arts. 5º, 6º, 9º e § 1º vigorará até que o Seguro-Desemprego seja estabelecido por lei federal.

§ 3º Os Fundos referidos nas letras a e b do § 1º do art. 9º, que apresentem saldo, serão transferidos à entidade que ficar com os encargos decorrentes do Seguro-Desemprego, quando este for estabelecido por lei federal.

Art. 13. O regulamento a que se refere o art. 5º será expedido pelo Poder Executivo, no prazo de 30 (trinta) dias, a contar da vigência desta Lei.

Art. 14. Esta Lei entra em vigor na data de sua publicação.

Art. 15. Revogam-se as disposições em contrário.

Brasília, 23 de dezembro de 1965; 144º da Independência e 77º da República.

H. Castello Branco

LEI 5.085, DE 27 DE AGOSTO DE 1966

Reconhece aos trabalhadores avulsos o direito a férias.

DOU 31.08.1966

▸ Dec. 80.271/1977 (Concessão de férias anuais remuneradas aos trabalhadores avulsos).

O Presidente da República:

Faço saber que o Congresso Nacional manteve e eu promulgo, nos termos da parte final do § 3º, do artigo 70, da Constituição Federal, a seguinte Lei:

Art. 1º É reconhecido aos trabalhadores avulsos, inclusive aos estivadores, conferentes e consertadores de carga e descarga, vigias portuários, arrumadores e ensacadores de café e de cacau, o direito a férias anuais remuneradas, aplicando-se aos mesmos no que couber, as disposições constantes das Seções I a V, do Capítulo IV do Título II, artigos 130 a 147, da Consolidação das Leis do Trabalho, aprovada pelo Decreto-lei 5.452, de 1º de maio de 1943.

▸ Art. 7º, XVII, da CF.

Art. 2º As férias serão pagas pelos empregadores que adicionarão ao salário normal do trabalhador avulso, uma importância destinada a esse fim.

Art. 3º Os Sindicatos representativos das respectivas categorias profissionais agirão como intermediários, recebendo as importâncias correspondentes às férias, fiscalizando o preenchimento das condições, legais e regulamentares, aquisitivas do direito, e efetuando o pagamento das férias aos trabalhadores sindicalizados ou não, que fizerem *jus* a elas.

Art. 4º O Poder Executivo, dentro de 60 (sessenta) dias, regulamentará a presente Lei, fixando o *quantum* percentual a ser acrescido ao salário para o pagamento das férias, que deverá ter em vista a relação existente entre o número de dias e horas trabalhadas e os referentes às férias, e estabelecendo a importância a ser recebida pelos Sindicatos para atender às necessárias despesas de administração.

Art. 5º Esta Lei entra em vigor na data de sua publicação.

Art. 6º Revogam-se as disposições em contrário.

Brasília, 27 de agosto de 1966; 145º da Independência e 78º da República.

H. Castello Branco

DECRETO-LEI 229, DE 28 DE FEVEREIRO DE 1967

Altera dispositivos da Consolidação das Leis do Trabalho, aprovada pelo Decreto-lei 5.452, de 1º de maio de 1943, e dá outras providências.

DOU 28.02.1967; Retificado no DOU de 09.03.1967

O Presidente da República, usando da atribuição que lhe confere o artigo 9º, § 2º, do Ato Institucional número 4, de 7 de dezembro de 1966,

Considerando a necessidade imperiosa da adaptação de diversos dispositivos da Consolidação das Leis do Trabalho às alterações decorrentes de recentes modificações de ordem administrativa no Ministério do Trabalho e Previdência Social;

Considerando o mesmo imperativo com relação a outros dispositivos de ordem processual ou atinentes à matéria de interesse da Segurança Nacional, seja pela sua própria natureza, seja pelas suas repercussões econômico-sociais, decreta:

Art. 1º Os artigos adiante indicados do Capítulo I "Da Identificação Profissional" do Título II da Consolidação das Leis do Trabalho (CLT) passam a vigorar com a seguinte redação:

▸ Alterações incorporadas no texto da referida CLT.

(...)

Art. 29. Aplicam-se ao trabalhador rural as disposições do Capítulo I do Título II da CLT, com as alterações determinadas neste Decreto-lei.

Art. 30. É vedada ao servidor do Ministério do Trabalho e Previdência Social a representação de interesse de qualquer natureza de associação sindical ou profissional no âmbito do Ministério.

Parágrafo único. Considera-se falta grave a infração do disposto neste artigo.

Art. 31. Os valores das multas ou penalidades pecuniárias previstas na Consolidação das Leis do Trabalho ficam atualizadas de acordo com a seguinte tabela, salvo os que já o houverem sido nas alterações determinadas por este Decreto-lei:

Valores referidos na CLT	Valores correspondentes calculados na base do salário mínimo regional
Cr$ 10	1/5 (um cinquenta avos) do salário mínimo
Cr$ 50	1/10 (um décimo) do salário mínimo
Cr$ 100	1/5 (um quinto) do salário mínimo
Cr$ 200	2/5 (dois quintos) do salário mínimo
Cr$ 300	3/5 (três quintos) do salário mínimo
Cr$ 400	4/5 (quatro quintos) do salário mínimo
Cr$ 500	1 (um) salário mínimo
Cr$ 1.000	2 (dois) salários mínimos
Cr$ 2.000	4 (quatro) salários mínimos
Cr$ 3.000	6 (seis) salários mínimos
Cr$ 4.000	8 (oito) salários mínimos
Cr$ 5.000	10 (dez) salários mínimos
Cr$ 10.000	20 (vinte) salários mínimos
Cr$ 50.000	100 (cem) salários mínimos

Art. 32. Serão arquivados, qualquer que seja a fase administrativa ou judicial em que se encontrem os processos relativos à infração de disposições desta Consolidação e de outras leis complementares de proteção ao trabalho, cujo valor não exceder de NCr$ 50,00 (cinquenta cruzeiros novos).

Art. 33. As atuais funções de suplente de juiz do trabalho, cujos ocupantes se encontrem em gozo de estabilidade legal por força de recondução, ficam transformadas em cargo de juiz substituto.

Art. 34. O Tribunal Superior do Trabalho e os Tribunais Regionais do Trabalho adaptarão seus regimentos internos às novas disposições desta Consolidação e promoverão as medidas cabíveis quanto à sua composição tendo em vista os dispositivos da Constituição Federal de 24 de janeiro de 1967.

Art. 35. As referências feitas na CLT:

I – ao Ministério do Trabalho, Indústria e Comércio entendem-se como concernentes ao Ministério do Trabalho e Previdência Social (MTPS);

II – a institutos de seguro social ou de previdência social e a Institutos de Aposentadoria e Pensões entendem-se como concernentes ao Instituto Nacional da Previdência Social (INPS);

III – ao Serviço de Alimentação da Previdência Social (SAPS), entendem-se como concernentes ao Departamento Nacional de Higiene e Segurança do Trabalho (DNSHT);

IV – ao Departamento Nacional do Trabalho, como autoridade julgadora de infração em primeira instância, entendem-se como concernentes às Delegacias Regionais do Trabalho.

V – a "Imposto Sindical", inclusive na denominação do Capítulo III do Título V, entendem-se como "Contribuição Sindical".

Art. 36. O Poder Executivo mandará reunir e coordenar em texto único as disposições da Consolidação das Leis do Trabalho e demais legislação complementar de proteção ao trabalho, vigentes na data deste Decreto-lei com as alterações delas resultantes, aprovando-o por Decreto, a fim de facilitar a consulta e o manuseio dos diversos textos esparsos.

Art. 37. Este Decreto-lei entrará em vigor na data de sua publicação, ficando revogados, com seus parágrafos, os artigos 45, 46, 121, 127, 128, 398, 536, 567, 568, 569 e os §§ 2º dos artigos 573 e 904 da Consolidação das Leis do Trabalho passando os § 1º destes dois últimos a parágrafos únicos, revogadas também as demais disposições em contrário.

Brasília, 28 de fevereiro de 1967; 146º da Independência e 79º da República.

H. Castello Branco

DECRETO-LEI 368, DE 19 DE DEZEMBRO DE 1968

Dispõe sobre Efeitos de Débitos Salariais e dá outras providências.

DOU 20.12.1968

O Presidente da República, usando da atribuição que lhe confere o § 1º do artigo 2º do Ato Institucional 5, de 13 de dezembro de 1968, decreta:

Art. 1º A empresa em débito salarial com seus empregados não poderá:

I – pagar honorário, gratificação, *pro labore* ou qualquer outro tipo de retribuição ou retirada a seus diretores, sócios, gerentes ou titulares da firma individual;

II – distribuir quaisquer lucros, bonificações, dividendos ou interesses a seus sócios, titulares, acionistas, ou membros de órgãos dirigentes, fiscais ou consultivos;

III – ser dissolvida.

Parágrafo único. Considera-se em débito salarial a empresa que não paga, no prazo e nas condições da lei ou do contrato, o salário devido a seus empregados.

Art. 2º A empresa em mora contumaz relativamente a salários não poderá, além do disposto no art. 1º, ser favorecida com qualquer benefício de natureza fiscal, tributária, ou financeira, por parte de órgãos da União, dos Estados ou dos Municípios, ou de que estes participem.

§ 1º Considera-se mora contumaz o atraso ou sonegação de salários devidos aos empregados, por período igual ou superior a 3 (três) meses, sem motivo grave e relevante, excluídas as causas pertinentes ao risco do empreendimento.

§ 2º Não se incluem na proibição do artigo as operações de crédito destinadas à liquidação dos débitos salariais existentes, o que deverá ser expressamente referido em documento firmado pelo responsável legal da empresa, como justificação do crédito.

Art. 3º A mora contumaz e a infração ao art. 1º serão apuradas mediante denúncia do empregado da empresa ou entidade sindical da respectiva categoria profissional, pela Delegacia Regional do Trabalho, em processo sumário, assegurada ampla defesa ao interessado.

§ 1º Encerrado o processo, o Delegado Regional do Trabalho submeterá ao Ministro do Trabalho e Previdência Social parecer conclusivo para decisão.

§ 2º A decisão que concluir pela mora contumaz será comunicada às autoridades fazendárias locais pelo Delegado Regional do Trabalho, sem prejuízo da comunicação que deverá ser feita ao Ministro da Fazenda.

Art. 4º Os diretores, sócios, gerentes, membros de órgãos fiscais ou consultivos, titulares de firma individual ou quaisquer outros dirigentes de empresa responsável por infração do disposto no art. 1º, incisos I e II, estarão sujeitos à pena de detenção de um mês a um ano.

Parágrafo único. Apurada a infração prevista neste artigo, o Delegado Regional do Trabalho representará, sob pena de responsabilidade, ao Ministério Público, para a instauração da competente ação penal.

Art. 5º No caso do inciso III do art. 1º, a empresa requererá a expedição de Certidão Negativa de Débito Salarial, a ser passada pela Delegacia Regional do Trabalho mediante prova bastante do cumprimento, pela empresa, das obrigações salariais respectivas.

Art. 6º Considera-se salário devido, para os efeitos deste Decreto-lei, a retribuição de responsabilidade direta da empresa, inclusive comissões, percentagens, gratificações, diárias para viagens e abonos, quando a sua liquidez e certeza não sofram contestação nem estejam pendentes de decisão judicial.

Art. 7º As infrações descritas no art. 1º, incisos I e II, e seu parágrafo único, sujeitam a empresa infratora a multa variável de 10 (dez) a 50% (cinquenta por cento) do débito salarial, a ser aplicada pelo Delegado Regional do Trabalho, mediante o processo previsto nos artigos 626 e seguintes da Consolidação das Leis do Trabalho, sem prejuízo da responsabilidade criminal das pessoas implicadas.

Art. 8º O Ministério do Trabalho e Previdência Social expedirá as instruções necessárias à execução deste Decreto-lei.

Art. 9º Este Decreto-lei entrará em vigor na data de sua publicação, revogadas as disposições em contrário.

Brasília, 19 de dezembro de 1968; 147º da Independência e 80º da República.

A. Costa e Silva

DECRETO-LEI 546, DE 18 DE ABRIL DE 1969

Dispõe sobre o trabalho noturno em estabelecimentos bancários, nas atividades que especifica.

DOU 22.04.1969

O Presidente da República, usando da atribuição que lhe confere o § 1º do artigo 2º do Ato Institucional 5, de 13 de dezembro de 1968, decreta:

Art. 1º É permitido, inclusive à mulher, o trabalho noturno em estabelecimento bancário, para a execução de tarefa pertinente ao movimento de compensação de cheques ou a computação eletrônica, respeitado o disposto no artigo 73, e seus parágrafos da Consolidação das Leis do Trabalho.

§ 1º A designação para o trabalho noturno dependerá de concordância expressa do empregado.

§ 2º O trabalho após as vinte e duas horas será realizado em turnos especiais, não podendo ultrapassar seis horas.

§ 3º É vedado aproveitar em outro horário o bancário que trabalhar no período da noite, bem como utilizar em tarefa noturna o que trabalhar durante o dia, facultada, contudo a adoção de horário misto, na forma prevista no § 4º do precitado artigo 73 da Consolidação das Leis do Trabalho.

§ 4º O disposto neste artigo poderá ser estendido, em casos especiais, a atividade bancária de outra natureza, mediante autorização do Ministério do Trabalho e Previdência Social.

Art. 2º Este Decreto-lei entrará em vigor na data de sua publicação, revogadas as disposições em contrário.

Brasília, 18 de abril de 1969; 148º da Independência e 81º da República.

A. Costa e Silva

DECRETO-LEI 691, DE 18 DE JULHO DE 1969

Dispõe sobre a não aplicação, aos contratos de técnicos estrangeiros, com estipulação de pagamento de salários em moeda estrangeira, de diversas disposições da legislação trabalhista, e dá outras providências.

DOU 21.07.1969; Retificado no DOU de 23.07.1969

O Presidente da República, no uso da atribuição que lhe confere o § 1º do artigo 2º do Ato Institucional 5, de 13 de dezembro de 1968, decreta:

Art. 1º Os contratos de técnicos estrangeiros domiciliados ou residentes no exterior, para execução, no Brasil, de serviços especializados, em caráter provisório, com estipulação de salários em moeda estrangeira, serão, obrigatoriamente, celebrados por prazo determinado e prorrogáveis sempre a termo certo, ficando excluídos da aplicação do disposto nos artigos 451, 452, 453, no Capítulo VII do Título IV da Consolidação das Leis do Trabalho e na Lei 5.107, de 13 de setembro de 1966, com as alterações do Decreto-lei 20, de 14 de setembro de 1966, e legislação subsequente.

Parágrafo único. A rescisão dos contratos de que trata este artigo reger-se-á pelas normas estabelecidas nos artigos 479, 480, e seu § 1º, e 481 da Consolidação das Leis do Trabalho.

Art. 2º Aos técnicos estrangeiros contratados nos termos deste Decreto-lei serão assegurados, além das vantagens previstas no contrato, apenas as garantias relativas a salário mínimo, repouso semanal remunerado, férias anuais, duração, higiene e segurança do trabalho, seguro contra acidente do trabalho e previdência social deferidas ao trabalhador que perceba salário exclusivamente em moeda nacional.

Parágrafo único. É vedada a estipulação contratual de participação nos lucros da empresa.

Art. 3º A taxa de conversão da moeda estrangeira será, para todos os efeitos, a da data do vencimento da obrigação.

Art. 4º A competência para dirimir as controvérsias oriundas das relações estabelecidas sob o regime deste Decreto-lei será da Justiça do Trabalho.

Art. 5º O presente Decreto-lei entrará em vigor na data de sua publicação, aplicando-se às relações em curso.

Art. 6º Revogam-se as disposições em contrário.

Brasília, 18 de julho de 1968; 148º da Independência e 81º da República.

A. Costa e Silva

DECRETO-LEI 779, DE 21 DE AGOSTO DE 1969

Dispõe sobre a aplicação de normas processuais trabalhistas à União Federal, aos Estados, Municípios, Distrito Federal e Autarquias ou Fundações de direito público que não explorem atividade econômica.

DOU 25.08.1969

O Presidente da República, usando das atribuições que lhe confere o § 1º do artigo 2º do Ato Institucional 5, de 13 de dezembro de 1968, decreta:

Art. 1º Nos processos perante a Justiça do Trabalho, constituem privilégio da União, dos Estados, do Distrito Federal, dos Municípios e das autarquias ou fundações de direito público federais, estaduais ou municipais que não explorem atividade econômica:

I – a presunção relativa de validade dos recibos de quitação ou pedidos de demissão de seus empregados ainda que não homologados nem submetidos à assistência mencionada nos parágrafos 1º, 2º e 3º do artigo 477 da Consolidação das Leis do Trabalho;

II – o quádruplo do prazo fixado no artigo 841, *in fine*, da Consolidação das Leis do Trabalho;

III – o prazo em dobro para recurso;

IV – a dispensa de depósito para interposição de recurso;

V – o recurso ordinário *ex officio* das decisões que lhe sejam total ou parcialmente contrárias;

VI – o pagamento de custas a final salva quanto à União Federal, que não as pagará.

Art. 2º O disposto no artigo anterior aplica-se aos processos em curso mas não acarretará a restituição de depósitos ou custas pagas para efeito de recurso até decisão passada em julgado.

Art. 3º Este Decreto-lei entra em vigor na data de sua publicação, revogadas as disposições em contrário.

Brasília, 21 de agosto de 1969; 148º da Independência e 81º da República.

A. Costa e Silva

LEI 5.584, DE 26 DE JUNHO DE 1970

Dispõe sobre normas de direito processual do trabalho, altera dispositivo da Consolidação das Leis do Trabalho, disciplina a concessão e prestação de assistência judiciária na Justiça do Trabalho e dá outras providências.

DOU 29.06.1970

O Presidente da República:

Faço saber que o Congresso Nacional decreta e eu sanciono a seguinte Lei:

Art. 1º Nos processos perante a Justiça do Trabalho, observar-se-ão os princípios estabelecidos nesta Lei.

Art. 2º Nos dissídios individuais, proposta a conciliação, e não havendo acordo, o presidente da Junta ou o Juiz, antes de passar à instrução da causa, fixar-lhe-á o valor para a determinação da alçada, se este for indeterminado no pedido.

§ 1º Em audiência, ao aduzir razões finais, poderá qualquer das partes impugnar o valor fixado e, se o juiz o mantiver, pedir revisão da decisão, no prazo de 48 (quarenta e oito) horas, ao presidente do Tribunal Regional.

§ 2º O pedido de revisão, que não terá efeito suspensivo, deverá ser instruído com a petição inicial e a Ata da Audiência, em cópia autenticada pela Secretaria da Junta, e será julgado em 48 horas, a partir do seu recebimento pelo Tribunal Regional.

§ 3º Quando o valor fixado para a causa, na forma deste artigo, não exceder de duas vezes o salário mínimo vigente na sede do Juízo, será dispensável o resumo dos depoimentos, devendo constar da Ata a conclusão da Junta quanto à matéria de fato.

§ 4º Salvo se versarem sobre matéria constitucional, nenhum recurso caberá das sentenças proferidas nos dissídios da alçada a que se refere o parágrafo anterior, considerado, para esse fim, o valor do salário mínimo à data do ajuizamento da ação.

▸ § 4º com redação pela Lei 7.402/1985.
▸ A EC 24/1999 extinguiu a representação classista na Justiça do Trabalho, substituindo as Juntas de Conciliação e Julgamento pelas Varas da Justiça do Trabalho.

Art. 3º Os exames periciais serão realizados por perito único designado pelo juiz, que fixará o prazo para entrega do laudo.

Parágrafo único. Permitir-se-á a cada parte a indicação de um assistente, cujo laudo terá que ser apresentado no mesmo prazo assinado para o perito, sob pena de ser desentranhado dos autos.

Art. 4º Nos dissídios de alçada exclusiva das Juntas e naqueles em que os empregados ou empregadores reclamarem pessoalmente, o processo poderá ser impulsionado de ofício pelo juiz.

▸ A EC 24/1999 extinguiu a representação classista na Justiça do Trabalho, substituindo as Juntas de Conciliação e Julgamento pelas Varas da Justiça do Trabalho.

Art. 5º Para exarar parecer, terá o órgão do Ministério Público da União, junto à Justiça do Trabalho, o prazo de 8 (oito) dias, contados da data em que lhe for distribuído o processo.

Art. 6º Será de 8 (oito) dias o prazo para interpor e contra-arrazoar qualquer recurso (CLT, art. 893).

Art. 7º A comprovação do depósito da condenação (CLT, art. 899, §§ 1º a 5º) terá que ser feita dentro do prazo para a interposição do recurso, sob pena de ser este considerado deserto.

Art. 8º Das decisões proferidas nos dissídios coletivos poderá a União interpor recurso, o qual será sempre recebido no efeito suspensivo quanto à parte que exceder o índice fixado pela política salarial do Governo.

Art. 9º No Tribunal Superior do Trabalho, quando o pedido do recorrente contrariar súmula de jurisprudência uniforme deste Tribunal já compendiada, poderá o relator negar prosseguimento ao recurso, indicando a correspondente súmula.

▶ Artigo com redação pela Lei 7.033/1982.

Art. 10. O art. 477 da Consolidação das Leis do Trabalho, alterado pela Lei 5.562, de 12 de dezembro de 1968, e pelo Dec.-lei 766/69, passa a vigorar com a seguinte redação:

▶ Alterações incorporadas no texto da referida Consolidação.

Art. 11. O art. 500 da Consolidação das Leis do Trabalho, revogado pela Lei 5.562, de 12 de dezembro de 1968, passa a vigorar com a seguinte redação:

▶ Alterações incorporadas no texto da referida Consolidação.

Art. 12. O art. 888 da Consolidação das Leis do Trabalho passa a vigorar com a seguinte redação:

▶ Alterações incorporadas no texto da referida Consolidação.

Art. 13. Em qualquer hipótese, a remição só será deferível ao executado se este oferecer preço igual ao valor da condenação.

Da Assistência Judiciária

Art. 14. Na Justiça do Trabalho, a assistência judiciária a que se refere a Lei 1.060, de 5 de fevereiro de 1950, será prestada pelo Sindicato da categoria profissional a que pertencer o trabalhador.

§ 1º A assistência é devida, a todo aquele que perceber salário igual ou inferior ao dobro do mínimo legal, ficando assegurado igual benefício ao trabalhador de maior salário, uma vez provado que sua situação econômica não lhe permite demandar, sem prejuízo do sustento próprio ou da família.

§ 2º A situação econômica do trabalhador será comprovada em atestado fornecido pela autoridade local do Ministério do Trabalho e Previdência Social, mediante diligência sumária, que não poderá exceder de 48 horas.

§ 3º Não havendo no local a autoridade referida no parágrafo anterior, o atestado deverá ser expedido pelo Delegado de Polícia da circunscrição onde resida o empregado.

Art. 15. Para auxiliar no patrocínio das causas, observados os arts. 50 e 72 da Lei 4.215, de 27 de abril de 1963, poderão ser designados, pelas Diretorias dos Sindicatos, Acadêmicos de Direito, a partir da 4ª série, comprovadamente matriculados em estabelecimento de ensino oficial ou sob fiscalização do Governo Federal.

Art. 16. (*Revogado pela Lei 13.725/2018*).

Art. 17. Quando, nas respectivas comarcas, não houver Juntas de Conciliação e Julgamento ou não existir Sindicato da categoria profissional do trabalhador, é atribuído aos Promotores Públicos ou Defensores Públicos o encargo de prestar a assistência judiciária prevista nesta Lei.

Parágrafo único. Na hipótese prevista neste artigo, a importância proveniente da condenação nas despesas processuais será recolhida ao Tesouro do respectivo Estado.

▶ A EC 24/1999 extinguiu a representação classista na Justiça do Trabalho, substituindo as Juntas de Conciliação e Julgamento pelas Varas da Justiça do Trabalho.

Art. 18. A assistência judiciária, nos termos da presente lei, será prestada ao trabalhador ainda que não seja associado do respectivo Sindicato.

Art. 19. Os diretores do Sindicato que, sem comprovado motivo de ordem financeira, deixarem de dar cumprimento às disposições desta Lei, ficarão sujeitos à penalidade prevista no art. 553, alínea *a*, da Consolidação das Leis do Trabalho.

Art. 20. Esta Lei entra em vigor na data de sua publicação, revogadas as disposições em contrário.

Brasília, 26 de junho de 1970; 149º da Independência e 82º da República.

Emílio G. Médici

LEI COMPLEMENTAR 7, DE 7 DE SETEMBRO DE 1970

Institui o Programa de Integração Social, e dá outras providências.

DOU 08.09.1970

O Presidente da República:

Faço saber que o Congresso Nacional decreta e eu sanciono a seguinte Lei Complementar:

Art. 1º É instituído, na forma prevista nesta Lei, o Programa de Integração Social, destinado a promover a integração do empregado na vida e no desenvolvimento das empresas.

§ 1º Para os fins desta Lei, entende-se por empresa a pessoa jurídica, nos termos da legislação do Imposto de Renda, e por empregado todo aquele assim definido pela Legislação Trabalhista.

§ 2º A participação dos trabalhadores avulsos, assim definidos os que prestam serviços a diversas empresas, sem relação empregatícia, no Programa de Integração Social, far-se-á nos termos do Regulamento a ser baixado, de acordo com o art. 11 desta Lei.

Art. 2º O Programa de que trata o artigo anterior será executado mediante Fundo de Participação, constituído por depósitos efetuados pelas empresas na Caixa Econômica Federal.

Parágrafo único. A Caixa Econômica Federal poderá celebrar convênios com estabelecimentos da rede bancária nacional, para o fim de receber os depósitos a que se refere este artigo.

Art. 3º O Fundo de Participação será constituído por duas parcelas:

a) a primeira, mediante dedução do Imposto de Renda devido, na forma estabelecida no § 1º deste artigo, processando-se o seu recolhimento ao Fundo juntamente com o pagamento do Imposto de Renda;

b) a segunda, com recursos próprios da empresa, calculados com base no faturamento, como segue:

▶ Lei Complementar 17/1973.
▶ A LC 214/2025 revogou esta alínea *b*, com produção de efeitos a partir de 1º.1.2027.

1) no exercício de 1971, 0,15%;

2) no exercício de 1972, 0,25%;

3) no exercício de 1973, 0,40%;

4) no exercício de 1974 e subsequentes, 0,50%.

§ 1º A dedução a que se refere a alínea *a* deste artigo será feita sem prejuízo do direito de utilização dos incentivos fiscais previstos na legislação em vigor e calculada com base no valor do Imposto de Renda devido, nas seguintes proporções:

a) no exercício de 1971 – 2%;

b) no exercício de 1972 – 3%;

c) no exercício de 1973 e subsequentes – 5%.

§ 2º As instituições financeiras, sociedades seguradoras e outras empresas que não realizam operações de vendas de mercadorias participarão do Programa de Integração Social com uma contribuição ao Fundo de Participação de, recursos próprios de valor idêntico do que for apurado na forma do parágrafo anterior.

§ 3º As empresas a título de incentivos fiscais estejam isentas, ou venham a ser isentadas, do pagamento do Imposto de Renda, contribuirão para o Fundo de Participação, na base de cálculo como se aquele tributo fosse devido, obedecidas as percentagens previstas neste artigo.

§ 4º As entidades de fins não lucrativos, que tenham empregados assim definidos pela legislação trabalhista, contribuirão para o Fundo na forma da lei.

§ 5º A Caixa Econômica Federal resolverá os casos omissos, de acordo com os critérios fixados pelo Conselho Monetário Nacional.

Art. 4º O Conselho Nacional poderá alterar, até 50% (cinquenta por cento), para mais ou para menos, os percentuais de contribuição de que trata o § 2º do art. 3º, tendo em vista a proporcionalidade das contribuições.

Art. 5º A Caixa Econômica Federal emitirá, em nome de cada empregado, uma Caderneta de Participação – Programa de Integração Social – movimentável na forma dos arts. 8º e 9º desta Lei.

Art. 6º A efetivação dos depósitos no Fundo correspondente à contribuição referida na alínea *b* do art. 3º será processada mensalmente a partir de 1º de julho de 1971.

Parágrafo único. A contribuição de julho será calculada com base no faturamento de janeiro; a de agosto, com base no faturamento de fevereiro; e assim sucessivamente.

Art. 7º A participação do empregado no Fundo far-se-á mediante depósitos efetuados em contas individuais abertas em nome de cada empregado, obedecidos os seguintes critérios:

a) 50% (cinquenta por cento) do valor destinado ao Fundo será dividido em partes proporcionais ao montante de salários recebidos no período);

b) os 50% (cinquenta por cento) restantes serão divididos em partes proporcionais aos quinquênios de serviços prestados pelo empregado.

§ 1º Para os fins deste artigo, a Caixa Econômica Federal, com base nas Informações fornecidas pelas empresas, no prazo de 180 (cento e oitenta) dias, contados da publicação desta Lei, organizará um Cadastro-Geral dos participantes do Fundo, na forma que for estabelecida em regulamento.

§ 2º A omissão dolosa de nome de empregado entre os participantes do Fundo sujeitará a empresa a multa, em benefício do Fundo, no valor de 10 (dez) meses de salários, devidos ao empregado cujo nome houver sido omitido.

§ 3º Igual penalidade será aplicada em caso de declaração falsa sobre o valor do salário e do tempo de serviço do empregado na empresa.

Arts. 8º e 9º *Revogados pela LC 26/1975.*

Art. 10. As obrigações das empresas, decorrentes desta Lei, são de caráter exclusivamente fiscal, não gerando direitos de natureza trabalhista nem incidência de qualquer contribuição previdenciária em relação a quaisquer prestações devidas, por lei ou por sentença judicial, ao empregado.

Parágrafo único. As importâncias incorporadas ao Fundo não se classificam como rendimento do trabalho, para qualquer efeito da legislação trabalhista, de Previdência Social ou Fiscal e não se incorporam aos salários ou gratificações, nem estão sujeitas ao imposto sobre a renda e proventos de qualquer natureza.

Art. 11. Dentro de 120 (cento e vinte) dias, a contar da vigência desta Lei, a Caixa Econômica Federal submeterá à aprovação do Conselho Monetário Nacional o regulamento do Fundo, fixando as normas para o recolhimento e a distribuição dos recursos, assim como as diretrizes e os critérios para a sua aplicação.

Parágrafo único. O Conselho Monetário Nacional pronunciar-se-á, no prazo de 60 (sessenta) dias, a contar do seu recebimento, sobre o projeto de regulamento do Fundo.

Art. 12. As disposições desta Lei não se aplicam a quaisquer entidades integrantes da Administração Pública federal, estadual ou municipal, dos Territórios e do Distrito Federal, Direta ou Indireta adotando-se, em todos os níveis, para efeito de conceituação, como entidades da Administração Indireta, os critérios constantes dos Decretos – Leis 200, de 25 de fevereiro de 1967, e 900, de 29 de setembro de 1969.

Art. 13. Esta Lei Complementar entrará em vigor na data de sua publicação.

Art. 14. Revogam-se as disposições em contrário.

Brasília, 7 de setembro de 1970; 149º da Independência e 82º da República.

Emilio G. Médici

LEI 5.725, DE 27 DE OUTUBRO DE 1971

Estabelece a permissão do desconto no salário do empregado de prestações relativas ao financiamento para aquisição de unidade habitacional, no Sistema Financeiro da Habitação.

DOU 29.10.1971; Retificada no DOU de 08.11.1971

O Presidente da República:

Faço saber que o Congresso Nacional decreta e eu sanciono a seguinte lei:

Art. 1º É permitido o desconto, no salário do empregado, das prestações correspondentes ao pagamento de dívidas contraídas para a aquisição de unidade habitacional, no Sistema Financeiro da Habitação.

Art. 2º O desconto a que se refere o artigo anterior será obrigatoriamente feito pelo empregador, a requerimento, por escrito, do empregado, constituindo garantia complementar na operação de financiamento.

Parágrafo único. Para os efeitos do artigo 4º da Lei 1.046, de 2 de janeiro de 1950, e a nova redação que lhe foi dada pela Lei 2.853/1956, poderão ser consignatárias as entidades integrantes do Sistema Financeiro da Habitação.

Leg. Compl.

Art. 3º Os Ministérios do Interior e do Trabalho e Previdência Social expedirão as instruções de regulamento da presente lei, que também se aplica aos contratos vigentes.

Art. 4º A presente lei entra em vigor na data de sua publicação.

Art. 5º Revogam-se as disposições em contrário.

Brasília, 27 de outubro de 1971; 150º da Independência e 83º da República.

Emílio G. Médici

LEI 5.764, DE 16 DE DEZEMBRO DE 1971

Define a Política Nacional de Cooperativismo, institui o regime jurídico das sociedades cooperativas, e dá outras providências.

DOU 16.12.1971

▶ Arts. 1.093 a 1.096 do CC.
▶ Lei 9.867/1999 (Criação e o funcionamento de Cooperativas Sociais, visando à integração social dos cidadãos).

CAPÍTULO I
DA POLÍTICA NACIONAL DE COOPERATIVISMO

▶ Arts. 1.093 a 1.096 do CC.
▶ Lei 6.015/1973 (Registros Públicos).
▶ LC 130/2009 (Sistema Nacional de Crédito Cooperativo).

Art. 1º Compreende-se como Política Nacional de Cooperativismo a atividade decorrente das iniciativas ligadas ao sistema cooperativo, originárias de setor público ou privado, isoladas ou coordenadas entre si, desde que reconhecido seu interesse público.

Art. 2º As atribuições do Governo Federal na coordenação e no estímulo às atividades de cooperativismo no território nacional serão exercidas na forma desta Lei e das normas que surgirem em sua decorrência.

Parágrafo único. A ação do Poder Público se exercerá, principalmente, mediante prestação de assistência técnica e de incentivos financeiros e creditórios especiais, necessários à criação, desenvolvimento e integração das entidades cooperativas.

CAPÍTULO II
DAS SOCIEDADES COOPERATIVAS

▶ Art. 5º, VIII, da CF.

Art. 3º Celebram contrato de sociedade cooperativa as pessoas que reciprocamente se obrigam a contribuir com bens ou serviços para o exercício de uma atividade econômica, de proveito comum, sem objetivo de lucro.

▶ Súmula 380 do STF.

Art. 4º As cooperativas são sociedades de pessoas, com forma e natureza jurídica próprias, de natureza civil, não sujeitas à falência, constituídas para prestar serviços aos associados, distinguindo-se das demais sociedades pelas seguintes características:

▶ Art. 1.094 do CC.

I – adesão voluntária, com número ilimitado de associados, salvo impossibilidade técnica de prestação de serviços;

II – variabilidade do capital social representado por quotas-partes;

III – limitação do número de quotas-partes do capital para cada associado, facultado, porém, o estabelecimento de critérios de proporcionalidade, se assim for mais adequado para o cumprimento dos objetivos sociais;

IV – inacessibilidade das quotas-partes do capital a terceiros, estranhos à sociedade;

V – singularidade de voto, podendo as cooperativas centrais, federações e confederações de cooperativas, com exceção das que exerçam atividade de crédito, optar pelo critério da proporcionalidade;

VI – *quorum* para o funcionamento e deliberação da Assembleia Geral baseado no número de associados e não no capital;

VII – retorno das sobras líquidas do exercício, proporcionalmente às operações realizadas pelo associado, salvo deliberação em contrário da Assembleia Geral;

VIII – indivisibilidade dos fundos de Reserva e de Assistência Técnica Educacional e Social;

IX – neutralidade política e indiscriminação religiosa, racial e social;

X – prestação de assistência aos associados, e, quando previsto nos estatutos, aos empregados da cooperativa;

XI – área de admissão de associados limitada às possibilidades de reunião, controle, operações e prestação de serviços.

CAPÍTULO III
DO OBJETIVO E CLASSIFICAÇÃO DAS SOCIEDADES COOPERATIVAS

Art. 5º As sociedades cooperativas poderão adotar por objeto qualquer gênero de serviço, operação ou atividade, assegurando-se lhes o direito exclusivo e exigindo-se lhes a obrigação do uso da expressão "cooperativa" em sua denominação.

Parágrafo único. É vedado às cooperativas o uso da expressão "Banco".

Art. 6º As sociedades cooperativas são consideradas:

I – singulares, as constituídas pelo número mínimo de vinte pessoas físicas, sendo excepcionalmente permitida a admissão de pessoas jurídicas que tenham por objeto as mesmas ou correlatas atividades econômicas das pessoas físicas ou, ainda, aquelas sem fins lucrativos;

II – cooperativas centrais ou federações de cooperativas, as constituídas de, no mínimo, três singulares, podendo, excepcionalmente, admitir associados individuais;

III – confederações de cooperativas, as constituídas, pelo menos, de três federações de cooperativas ou cooperativas centrais, da mesma ou de diferentes modalidades.

§ 1º Os associados individuais das cooperativas centrais e federações de cooperativas serão inscritos no Livro de Matrícula da sociedade e classificados em grupos visando à transformação, no futuro, em cooperativas singulares que a elas se filiarão.

§ 2º A exceção estabelecida no item II, *in fine*, do *caput* deste artigo não se aplica às centrais e federações que exerçam atividades de crédito.

Art. 7º As cooperativas singulares se caracterizam pela prestação direta de serviços aos associados.

Art. 8º As cooperativas centrais e federações de cooperativas objetivam organizar, em comum e em maior escala, os serviços econômicos e assistenciais de interesse das filiadas, integrando e orientando suas atividades, bem como facilitando a utilização recíproca dos serviços.

Parágrafo único. Para a prestação de serviços de interesse comum, é permitida a constituição de cooperativas centrais, às quais se associem outras cooperativas de objetivo e finalidades diversas.

Art. 9º As confederações de cooperativas têm por objetivo orientar e coordenar as atividades das filiadas, nos casos em que o vulto dos empreendimentos transcender o âmbito de capacidade ou conveniência de atuação das centrais e federações.

Art. 10. As cooperativas se classificam também de acordo com o objeto ou pela natureza das atividades desenvolvidas por elas ou por seus associados.

§ 1º Além das modalidades de cooperativas já consagradas, caberá ao respectivo órgão controlador apreciar e caracterizar outras que se apresentem.

§ 2º Serão consideradas mistas as cooperativas que apresentarem mais de um objeto de atividades.

§ 3º *Revogado pela LC 130/2009.*

Art. 11. As sociedades cooperativas serão de responsabilidade limitada, quando a responsabilidade do associado pelos compromissos da sociedade se limitar ao valor do capital por ele subscrito.

▶ Art. 1.095 do CC.

Art. 12. As sociedades cooperativas serão de responsabilidade ilimitada, quando a responsabilidade do associado pelos compromissos da sociedade for pessoal, solidária e não tiver limite.

▶ Art. 1.095 do CC.

Art. 13. A responsabilidade do associado para com terceiros, como membro da sociedade, somente poderá ser invocada depois de judicialmente exigida da cooperativa.

CAPÍTULO IV
DA CONSTITUIÇÃO DAS SOCIEDADES COOPERATIVAS

Art. 14. A sociedade cooperativa constitui-se por deliberação da Assembleia Geral dos fundadores, constantes da respectiva ata ou por instrumento público.

Art. 15. O ato constitutivo, sob pena de nulidade, deverá declarar:

I – a denominação da entidade, sede e objeto de funcionamento;

II – o nome, nacionalidade, idade, estado civil, profissão e residência dos associados, fundadores que o assinaram, bem como o valor e número da quota-parte de cada um;

III – aprovação do estatuto da sociedade;

IV – o nome, nacionalidade, estado civil, profissão e residência dos associados eleitos para os órgãos de administração, fiscalização e outros.

Art. 16. O ato constitutivo da sociedade e os estatutos, quando não transcritos naquele, serão assinados pelos fundadores.

Seção I
Da autorização de funcionamento

Art. 17. A cooperativa constituída na forma da legislação vigente apresentará ao respectivo órgão executivo federal de controle, no Distrito Federal, Estados ou Territórios, ou ao órgão local para isso credenciado, dentro de trinta dias da data de constituição, para fins de autorização, requerimento acompanhado de quatro vias do ato constitutivo, estatuto e lista nominativa, além de outros documentos considerados necessários.

Art. 18. Verificada, no prazo máximo de sessenta dias, a contar da data de entrada em seu protocolo, pelo respectivo órgão executivo federal de controle ou órgão local para isso credenciado, a existência de condições de funcionamento da cooperativa em constituição, bem como a regularidade da documentação apresentada, o órgão controlador devolverá, devidamente autenticadas, duas vias à cooperativa, acompanhadas de documento dirigido à Junta Comercial do Estado, onde a entidade estiver sediada, comunicando a aprovação do ato constitutivo da requerente.

§ 1º Dentro desse prazo, o órgão controlador, quando julgar conveniente, no interesse do fortalecimento do sistema, poderá ouvir o Conselho Nacional de Cooperativismo, caso em que não se verificará a aprovação automática prevista no parágrafo seguinte.

§ 2º A falta de manifestação do órgão controlador no prazo a que se refere este artigo implicará a aprovação do ato constitutivo e o seu subsequente arquivamento na Junta Comercial respectiva.

§ 3º Se qualquer das condições citadas neste artigo não for atendida satisfatoriamente, o órgão ao qual compete conceder a autorização dará ciência ao requerente, indicando as exigências a serem cumpridas no prazo de sessenta dias, findos os quais, se não atendidas, o pedido será automaticamente arquivado.

§ 4º À parte é facultado interpor da decisão proferida pelo órgão controlador, nos Estados, Distrito Federal ou Territórios, recurso para a respectiva autoridade central, dentro do prazo de trinta dias contado da data do recebimento da comunicação e, em segunda e última instância, ao Conselho Nacional de Cooperativismo, também no prazo de trinta dias, exceção feita às cooperativas de crédito, às seções de crédito das cooperativas agrícolas mistas, e às cooperativas habitacionais, hipótese em que o recurso será apreciado pelo Conselho Monetário Nacional, no tocante às duas primeiras, e pelo Banco Nacional de Habitação em relação às últimas.

§ 5º Cumpridas as exigências, deverá o despacho do deferimento ou indeferimento da autorização ser exarado dentro de sessenta dias, findos os quais, na ausência de decisão, o requerimento será considerado deferido. Quando a autorização depender de dois ou mais órgãos do Poder Público, cada um deles terá o prazo de sessenta dias para se manifestar.

§ 6º Arquivados os documentos na Junta Comercial e feita a respectiva publicação, a cooperativa adquire personalidade jurídica, tornando-se apta a funcionar.

§ 7º A autorização caducará, independentemente de qualquer despacho, se a cooperativa não entrar em atividade dentro do prazo de noventa dias contados da data em que forem arquivados os documentos na Junta Comercial.

§ 8º Cancelada a autorização, o órgão de controle expedirá comunicação à respectiva Junta Comercial, que dará baixa nos documentos arquivados.

§ 9º A autorização para funcionamento das cooperativas de habitação, das de crédito e das seções de crédito das cooperativas agrícolas mistas subordina-se ainda, à política dos respectivos órgãos normativos.

§ 10. *Revogado pela LC 130/2009.*

Art. 19. A cooperativa escolar não estará sujeita ao arquivamento dos documentos de constituição, bastando remetê-los ao Instituto Nacional de Colonização e Reforma Agrária, ou respectivo órgão local de controle, devidamente autenticados pelo diretor do estabelecimento de ensino ou a maior autoridade escolar do município, quando a cooperativa congregar associados de mais de um estabelecimento de ensino.

Art. 20. A reforma de estatutos obedecerá, no que couber, ao disposto nos artigos anteriores, observadas as prescrições dos órgãos normativos.

Seção II
Do estatuto social

Art. 21. O estatuto da cooperativa, além de atender ao disposto no artigo 4º, deverá indicar:

I – a denominação, sede, prazo de duração, área de ação, objeto da sociedade, fixação do exercício social e da data do levantamento do balanço geral;

II – os direitos e deveres dos associados, natureza de suas responsabilidades e as condições de admissão, demissão, eliminação e exclusão e as normas para sua representação nas assembleias gerais;

III – o capital mínimo, o valor da quota-parte, o mínimo de quotas-partes a ser subscrito pelo associado, o modo de integralização das quotas-partes, bem como as condições de sua retirada nos casos de demissão, eliminação ou de exclusão do associado;

IV – a forma de devolução das sobras registradas aos associados, ou do rateio das perdas apuradas por insuficiência de contribuição para cobertura das despesas da sociedade;

V – o modo de administração e fiscalização, estabelecendo os respectivos órgãos, com definição de suas atribuições, poderes e funcionamento, a representação ativa e passiva da sociedade em juízo ou fora dele, o prazo do mandato, bem como o processo de substituição dos administradores e conselheiros fiscais;

VI – as formalidades de convocação das assembleias gerais e a maioria requerida para a sua instalação e validade de suas deliberações, vedado o direito de voto aos que nelas tiverem interesse particular sem privá-los da participação nos debates;

VII – os casos de dissolução voluntária da sociedade;

VIII – o modo e o processo de alienação ou oneração de bens imóveis da sociedade;

IX – o modo de reformar o estatuto;

X – o número mínimo de associados.

XI – se a cooperativa tem poder para agir como substituta processual de seus associados, na forma do art. 88-A desta Lei.
▸ Inciso XI acrescido pela Lei 13.806/2019.

CAPÍTULO V
DOS LIVROS

Art. 22. A sociedade cooperativa deverá possuir os seguintes livros:

I – de Matrícula;

II – de Atas das Assembleias Gerais;

III – de Atas dos Órgãos de Administração;

IV – de Atas do Conselho Fiscal;

V – de presença dos Associados nas Assembleias Gerais;

VI – outros, fiscais e contábeis, obrigatórios.

Parágrafo único. É facultada a adoção de livros de folhas soltas ou fichas ou em meio digital, nos termos de regulamento do órgão competente do Poder Executivo federal.
▸ Parágrafo único com redação pela Lei 14.195/2021.

Art. 23. No Livro de Matrícula, os associados serão inscritos por ordem cronológica de admissão, dele constando:

I – o nome, idade, estado civil, nacionalidade, profissão e residência do associado;

II – a data de sua admissão e, quando for o caso, de sua demissão a pedido, eliminação ou exclusão;

III – a conta-corrente das respectivas quotas-partes do capital social.

CAPÍTULO VI
DO CAPITAL SOCIAL

Art. 24. O capital social será subdividido em quotas-partes, cujo valor unitário não poderá ser superior ao maior salário mínimo vigente no País.
▸ Lei 6.205/1975 (Descaracterização do salário mínimo como fator de correção monetária).

§ 1º Nenhum associado poderá subscrever mais de um terço do total das quotas-partes, salvo nas sociedades em que a subscrição deva ser diretamente proporcional ao movimento financeiro do cooperado ou ao quantitativo dos produtos a serem comercializados, beneficiados ou transformados, ou ainda, em relação à área cultivada ou ao número de plantas e animais em exploração.

§ 2º Não estão sujeitas ao limite estabelecido no parágrafo anterior as pessoas jurídicas de direito público que participem de cooperativas de eletrificação, irrigação e telecomunicações.

§ 3º É vedado às cooperativas distribuírem qualquer espécie de benefício às quotas-partes do capital ou estabelecer outras vantagens ou privilégios, financeiros ou não, em favor de quaisquer associados ou terceiros

excetuando-se os juros até o máximo de doze por cento ao ano que incidirão sobre a parte integralizada.

§ 4º As quotas de que trata o *caput* deixam de integrar o patrimônio líquido da cooperativa quando se tornar exigível, na forma prevista no estatuto social e na legislação vigente, a restituição do capital integralizado pelo associado, em razão do seu desligamento, por demissão, exclusão ou eliminação.
▸ § 4º acrescido pela Lei 13.097/2015.

Art. 25. Para a formação do capital social poder-se-á estipular que o pagamento das quotas-partes seja realizado mediante prestações periódicas, independentemente de chamada, por meio de contribuições ou outra forma estabelecida a critério dos respectivos órgãos executivos federais.

Art. 26. A transferência de quotas-partes será averbada no Livro de Matrícula, mediante termo que conterá as assinaturas do cedente, do cessionário e do diretor que o estatuto designar.

Art. 27. A integralização das quotas-partes e o aumento do capital social poderão ser feitos com bens avaliados previamente e após homologação em Assembleia Geral ou mediante retenção de determinada porcentagem do valor do movimento financeiro de cada associado.

§ 1º O disposto neste artigo não se aplica às cooperativas de crédito, às agrícolas mistas com seção de crédito e às habitacionais.

§ 2º Nas sociedades cooperativas em que a subscrição de capital for diretamente proporcional ao movimento ou à expressão econômica de cada associado, o estatuto deverá prever sua revisão periódica para ajustamento às condições vigentes.

CAPÍTULO VII
DOS FUNDOS

Art. 28. As cooperativas são obrigadas a constituir:

I – Fundo de Reserva destinado a reparar perdas e atender ao desenvolvimento de suas atividades, constituído com dez por cento, pelo menos, das sobras líquidas do exercício;

II – Fundo de Assistência Técnica, Educacional e Social, destinado a prestação de assistência aos associados, seus familiares e, quando previsto nos estatutos, aos empregados da cooperativa, constituído de cinco por cento, pelo menos, das sobras líquidas apuradas no exercício.

§ 1º Além dos previstos neste artigo, a Assembleia Geral poderá criar outros fundos, inclusive rotativos, com recursos destinados a fins específicos fixando o modo de formação, aplicação e liquidação.

§ 2º Os serviços a serem atendidos pelo Fundo de Assistência Técnica, Educacional e Social poderão ser executados mediante convênio com entidades públicas e privadas.

CAPÍTULO VIII
DOS ASSOCIADOS

Art. 29. O ingresso nas cooperativas é livre a todos que desejarem utilizar os serviços prestados pela sociedade, desde que adiram aos propósitos sociais e preencham as condições estabelecidas no estatuto, ressalvado o disposto no artigo 4º, item I, desta Lei.

§ 1º A admissão dos associados poderá ser restrita, a critério do órgão normativo respectivo, às pessoas que exerçam determinada atividade ou profissão, ou estejam vinculadas a determinada entidade.

§ 2º Poderão ingressar nas cooperativas de pesca e nas constituídas por produtores rurais ou extrativistas, as pessoas jurídicas que pratiquem as mesmas atividades econômicas das pessoas físicas associadas.

§ 3º Nas cooperativas de eletrificação, irrigação e telecomunicações, poderão ingressar as pessoas jurídicas que se localizem na respectiva área de operações.

§ 4º Não poderão ingressar no quadro das cooperativas os agentes de comércio e empresários que operem no mesmo campo econômico da sociedade.

Art. 30. À exceção das cooperativas de crédito e das agrícolas mistas com seção de crédito, a admissão de associados, que se efetive mediante aprovação de seu pedido de ingresso pelo órgão de administração, complementa-se com a subscrição das quotas-partes de capital social e a sua assinatura no Livro de Matrícula.

Art. 31. O associado que aceitar e estabelecer relação empregatícia com a cooperativa, perde o direito de votar e ser votado, até que sejam aprovadas as contas do exercício em que ele deixou o emprego.

Art. 32. A demissão do associado será unicamente a seu pedido.

Art. 33. A eliminação do associado é aplicada em virtude de infração legal ou estatutária, ou por fato especial

previsto no estatuto, mediante termo firmado por quem de direito no Livro de Matrícula, com os motivos que a determinaram.

Art. 34. A diretoria da cooperativa tem o prazo de trinta dias para comunicar ao interessado a sua eliminação.

Parágrafo único. Da eliminação cabe recurso, com efeito suspensivo à primeira Assembleia Geral.

Art. 35. A exclusão do associado será feita:

I – por dissolução da pessoa jurídica;

II – por morte da pessoa física;

III – por incapacidade civil não suprida;

IV – por deixar de atender aos requisitos estatutários de ingresso ou permanência na cooperativa.

Art. 36. A responsabilidade do associado perante terceiros, por compromissos da sociedade, perdura para os demitidos, eliminados ou excluídos até quando do aprovadas as contas do exercício em que se deu o desligamento.

Parágrafo único. As obrigações dos associados falecidos, contraídas com a sociedade, e as oriundas de sua responsabilidade como associado em face de terceiros, passam aos herdeiros, prescrevendo, porém, após um ano contado do dia da abertura da sucessão, ressalvados os aspectos peculiares das cooperativas de eletrificação rural e habitacionais.

Art. 37. A cooperativa assegurará a igualdade de direitos dos associados sendo-lhe defeso:

I – remunerar a quem agencie novos associados;

II – cobrar prêmios ou ágio pela entrada de novos associados ainda a título de compensação das reservas;

III – estabelecer restrições de qualquer espécie ao livre exercício dos direitos sociais.

CAPÍTULO IX
DOS ÓRGÃOS SOCIAIS

Seção I
Das assembleias gerais

Art. 38. A Assembleia Geral dos associados é o órgão supremo da sociedade, dentro dos limites legais e estatutários, tendo poderes para decidir os negócios relativos ao objeto da sociedade e tomar as resoluções convenientes ao desenvolvimento e defesa desta, e suas deliberações vinculam a todos, ainda que ausentes ou discordantes.

§ 1º As Assembleias Gerais serão convocadas com antecedência mínima de dez dias, em primeira convocação, mediante editais afixados em locais apropriados das dependências comumente mais frequentadas pelos associados, publicação em jornal e comunicação aos associados por intermédio de circulares. Não havendo no horário estabelecido, *quorum* de instalação, as assembleias poderão ser realizadas em segunda ou terceira convocações desde que assim permitam os estatutos e conste do respectivo edital, quando então será observado o intervalo mínimo de uma hora entre a realização por uma ou outra convocação.

§ 2º A convocação será feita pelo Presidente, ou por qualquer dos órgãos de administração, pelo Conselho Fiscal, ou após solicitação não atendida, por um quinto dos associados em pleno gozo dos seus direitos.

§ 3º As deliberações nas Assembleias Gerais serão tomadas por maioria de votos dos associados presentes com direito a votar.

Art. 39. É da competência das Assembleias Gerais, ordinárias ou extraordinárias, a destituição dos membros dos órgãos de administração ou fiscalização.

Parágrafo único. Ocorrendo destituição que possa afetar a regularidade da administração ou fiscalização da entidade, poderá a Assembleia designar administradores e conselheiros provisórios, até à posse dos novos, cuja eleição se efetuará no prazo máximo de trinta dias.

Art. 40. Nas Assembleias Gerais o *quorum* de instalação será o seguinte:

I – dois terços do número de associados, em primeira convocação;

II – metade mais um dos associados em segunda convocação;

III – mínimo de dez associados na terceira convocação ressalvado o caso de cooperativas centrais e federações e confederações de cooperativas, que se instalarão com qualquer número.

Art. 41. Nas Assembleias Gerais das cooperativas centrais, federações e confederações de cooperativas, a representação será feita por delegados indicados na forma dos seus estatutos e credenciados pela diretoria das respectivas filiadas.

Parágrafo único. Os grupos de associados individuais das cooperativas centrais e federações de cooperativas serão representados por um delegado, escolhido entre seus membros e credenciado pela respectiva administração.

Art. 42. Nas cooperativas singulares, cada associado presente não terá direito a mais de um voto, qualquer que seja o número de suas quotas-partes.

▸ Art. 42 com redação pela Lei 6.981/1982.

§ 1º Não será permitida a representação por meio de mandatário.

§ 2º Quando o número de associados, nas cooperativas singulares exceder a três mil, o estatuto estabelecer que os mesmos sejam representados nas Assembleias Gerais por delegados que tenham a qualidade de associados no gozo de seus direitos sociais e não exerçam cargos eletivos na sociedade.

§ 3º O estatuto determinará o número de delegados, a época e forma de sua escolha por grupos seccionais de associados de igual número e o tempo de duração da delegação.

§ 4º Admitir-se-á, também, a delegação definida no parágrafo anterior nas cooperativas singulares cujo número de associados seja inferior a três mil, desde que haja filiados residindo a mais de cinquenta quilômetros da sede.

§ 5º Os associados, integrantes de grupos seccionais, que não sejam delegados, poderão comparecer às Assembleias Gerais, privados, contudo, de voz e voto.

§ 6º As Assembleias Gerais compostas por delegados decidem sobre todas as matérias que, nos termos da lei ou dos estatutos, constituem objeto de decisão da assembleia geral dos associados.

Art. 43. Prescreve em quatro anos, a ação para anular as deliberações da Assembleia Geral viciadas de erro, dolo, fraude ou simulação, ou tomadas com violação da lei ou do estatuto, contado o prazo da data em que a Assembleia foi realizada.

▸ Arts. 138 a 150, 158 a 165 e 167 do CC.

Art. 43-A. O associado poderá participar e votar a distância em reunião ou em assembleia, que poderão ser realizadas em meio digital, nos termos do regulamento do órgão competente do Poder Executivo federal.

▸ Artigo acrescido pela Lei 14.030/2020.

Parágrafo único. A assembleia geral poderá ser realizada de forma digital, respeitados os direitos legalmente previstos de participação e de manifestação dos associados e os demais requisitos regulamentares.

Seção II
Das assembleias gerais ordinárias

Art. 44. A Assembleia Geral Ordinária, que se realizará anualmente nos três primeiros meses após o término do exercício social, deliberará sobre os seguintes assuntos que deverão constar da ordem do dia:

I – prestação de contas dos órgãos de administração acompanhada de parecer do Conselho Fiscal, compreendendo:

a) relatório da gestão;

b) balanço;

c) demonstrativo das sobras apuradas ou das perdas decorrentes da insuficiência das contribuições para cobertura das despesas da sociedade e o parecer do Conselho Fiscal;

II – destinação das sobras apuradas ou rateio das perdas decorrentes da insuficiência das contribuições para cobertura das despesas da sociedade, deduzindo-se, no primeiro caso as parcelas para os Fundos Obrigatórios;

III – eleição dos componentes dos órgãos de administração, do Conselho Fiscal e de outros, quando for o caso;

IV – quando previsto, a fixação do valor dos honorários, gratificações e cédula de presença dos membros do Conselho de Administração ou da Diretoria e do Conselho Fiscal;

V – quaisquer assuntos de interesse social, excluídos os enumerados no artigo 46.

§ 1º Os membros dos órgãos de administração e fiscalização não poderão participar da votação das matérias referidas nos itens I e IV deste artigo.

§ 2º À exceção das cooperativas de crédito e das agrícolas mistas com seção de crédito, a aprovação do relatório, balanço e contas dos órgãos de administração, desonera seus componentes de responsabilidade, ressalvados os casos de erro, dolo, fraude ou simulação, bem como a infração da lei ou do estatuto.

Seção III
Das assembleias gerais extraordinárias

Art. 45. A Assembleia Geral Extraordinária realizar-se-á sempre que necessário e poderá deliberar sobre qualquer assunto de interesse da sociedade, desde que mencionado no edital de convocação.

Art. 46. É da competência exclusiva da Assembleia Geral Extraordinária deliberar sobre os seguintes assuntos:

I – reforma do estatuto;

II – fusão, incorporação ou desmembramento;

III – mudança do objeto da sociedade;

IV – dissolução voluntária da sociedade e nomeação de liquidantes;

V – contas do liquidante.

Parágrafo único. São necessários os votos de dois terços dos associados presentes, para tornar válidas as deliberações de que trata este artigo.

Seção IV
Dos órgãos de administração

Art. 47. A sociedade será administrada por uma Diretoria ou Conselho de Administração, composto exclusivamente de associados eleitos pela Assembleia Geral, com mandato nunca superior a quatro anos, sendo obrigatória a renovação de, no mínimo, um terço do Conselho de Administração.

§ 1º O estatuto poderá criar outros órgãos necessários à administração.

§ 2º A posse dos administradores e conselheiros fiscais das cooperativas de crédito e das agrícolas mistas com seção de crédito e habitacionais fica sujeita à prévia homologação dos respectivos órgãos normativos.

Art. 48. Os órgãos de administração podem contratar gerentes técnicos ou comerciais, que não pertençam ao quadro de associados, fixando-lhes as atribuições e salários.

Art. 49. Ressalvada a legislação específica que rege as cooperativas de crédito, as seções de crédito das cooperativas agrícolas mistas e as de habitação, os administradores eleitos ou contratados não serão pessoalmente responsáveis pelas obrigações que contraírem em nome da sociedade, mas responderão solidariamente pelos prejuízos resultantes de seus atos, se procederem com culpa ou dolo.

▸ Art. 36 desta Lei.

Parágrafo único. A sociedade responderá pelos atos a que se refere a última parte deste artigo se os houver ratificado ou deles logrado proveito.

Art. 50. Os participantes de ato ou operação social em que se oculte a natureza da sociedade podem ser declarados pessoalmente responsáveis pelas obrigações em nome dela contraídas, sem prejuízo das sanções penais cabíveis.

Art. 51. São inelegíveis, além das pessoas impedidas por lei, os condenados a pena que vede, ainda que temporariamente, o acesso a cargos públicos; ou por crime falimentar, de prevaricação, peita ou suborno, concussão, peculato, ou contra a economia popular, a fé pública ou a propriedade.

Parágrafo único. Não podem compor uma mesma Diretoria ou Conselho de Administração, os parentes entre si até segundo grau, em linha reta ou colateral.

▸ Art. 56, § 1º, desta Lei.

Art. 52. O diretor ou associado que, em qualquer operação, tenha interesse oposto ao da sociedade, não pode participar das deliberações referentes a essa operação, cumprindo-lhe acusar o seu impedimento.

Art. 53. Os componentes da Administração e do Conselho fiscal, bem como os liquidantes, equiparam-se aos administradores das sociedades anônimas para efeito de responsabilidade criminal.

Art. 54. Sem prejuízo da ação que couber ao associado, a sociedade, por seus diretores, ou representada pelo associado escolhido em Assembleia Geral, terá direito de ação contra os administradores, para promover sua responsabilidade.

Art. 55. Os empregados de empresas que sejam eleitos diretores de sociedades cooperativas pelos mesmos criadas, gozarão das garantias asseguradas aos dirigentes sindicais pelo artigo 543 da Consolidação das Leis do Trabalho (Decreto-Lei 5.452, de 1º de maio de 1943).

Seção V
Do conselho fiscal

Art. 56. A administração da sociedade será fiscalizada, assídua e minuciosamente, por um Conselho Fiscal, constituído de três membros efetivos e três suplentes, todos associados eleitos anualmente pela Assembleia Geral, sendo permitida apenas a reeleição de um terço dos seus componentes.

§ 1º Não podem fazer parte do Conselho Fiscal, além dos inelegíveis enumerados no artigo 51, os parentes dos diretores até o segundo grau, em linha reta ou colateral, bem como os parentes entre si até esse grau.

▸ Art. 51, par. ún., desta Lei.

§ 2º O associado não pode exercer cumulativamente cargos nos órgãos de administração e de fiscalização.

▸ Art. 93, IV, desta Lei.

CAPÍTULO X
FUSÃO, INCORPORAÇÃO E DESMEMBRAMENTO

Art. 57. Pela fusão, duas ou mais cooperativas formam nova sociedade.

§ 1º Deliberada a fusão, cada cooperativa interessada indicará nomes para comporem comissão mista que procederá aos estudos necessários à constituição da nova sociedade, tais como o levantamento patrimonial, balanço geral, plano de distribuição de quotas-partes, destino dos fundos de reserva e outros e o projeto de estatuto.

§ 2º Aprovado o relatório da comissão mista e constituída a nova sociedade em Assembleia Geral conjunta os respectivos documentos serão arquivados, para aquisição de personalidade jurídica, na Junta Comercial competente, e duas vias dos mesmos, com a publicação do arquivamento, serão encaminhadas ao órgão executivo de controle ou ao órgão local credenciado.

▸ Arts. 45 ou 985 do CC.

§ 3º Exclui-se do disposto no parágrafo anterior a fusão que envolver cooperativas que exerçam atividades de crédito. Nesse caso, aprovado o relatório da comissão mista e constituída a nova sociedade em Assembleia Geral conjunta, a autorização para funcionar e o registro dependerão de prévia anuência do Banco Central do Brasil.

Art. 58. A fusão determina a extinção das sociedades que se unem para formar a nova sociedade que lhe sucederá nos direitos e obrigações.

Art. 59. Pela incorporação, uma sociedade cooperativa absorve o patrimônio, recebe os associados, assume as obrigações e se investe nos direitos de outra ou outras cooperativas.

Parágrafo único. Na hipótese prevista neste artigo, serão obedecidas as mesmas formalidades estabelecidas para a fusão, limitadas as avaliações ao patrimônio da ou das sociedades incorporandas.

Art. 60. As sociedades cooperativas poderão desmembrar-se em tantas quantas forem necessárias para atender aos interesses dos seus associados, podendo uma das novas entidades ser constituída como cooperativa central ou federação de cooperativas, cujas autorizações de funcionamento ou os arquivamentos serão requeridos conforme o disposto nos artigos 17 e seguintes.

Art. 61. Deliberado o desmembramento, a Assembleia designará uma comissão para estudar as providências necessárias à efetivação da medida.

§ 1º O relatório apresentado pela comissão, acompanhado dos projetos de estatutos das novas cooperativas, será apreciado em nova Assembleia especialmente convocada para esse fim.

§ 2º O plano de desmembramento preverá o rateio, entre as novas cooperativas, do ativo e passivo da sociedade desmembrada.

§ 3º No rateio previsto no parágrafo anterior, atribuir-se-á a cada nova cooperativa parte do capital social da sociedade desmembrada em quota correspondente à participação dos associados que passam a integrá-la.

§ 4º Quando uma das cooperativas for constituída como cooperativa central ou federação de cooperativas, prever-se-á o montante das quotas-partes que as associadas terão no capital social.

Art. 62. Constituídas as sociedades e observado o disposto nos artigos 17 e seguintes, proceder-se-á às transferências contábeis e patrimoniais necessárias à concretização das medidas adotadas.

CAPÍTULO XI
DA DISSOLUÇÃO E LIQUIDAÇÃO

▸ Arts. 1.033 a 1.038 do CC.

Art. 63. As sociedades cooperativas se dissolvem de pleno direito:

I – quando assim deliberar a Assembleia Geral, desde que os associados, totalizando o número mínimo exigido por esta Lei, não se disponham a assegurar a sua continuidade;

II – pelo decurso do prazo de duração;

III – pela consecução dos objetivos predeterminados;

IV – devido à alteração de sua forma jurídica;

V – pela redução do número mínimo de associados ou do capital social mínimo se, até a Assembleia Geral subsequente, realizada em prazo não inferior a seis meses, eles não forem restabelecidos;

VI – pelo cancelamento da autorização para funcionar;

VII – pela paralisação de suas atividades por mais de cento e vinte dias.

▸ Art. 93, III, desta Lei.

Parágrafo único. A dissolução da sociedade importará no cancelamento da autorização para funcionar e do registro.

Art. 64. Quando a dissolução da sociedade não for promovida voluntariamente, nas hipóteses previstas no artigo anterior, a medida poderá ser tomada judicialmente a pedido de qualquer associado ou por iniciativa do órgão executivo federal.

Art. 65. Quando a dissolução for deliberada pela Assembleia Geral, esta nomeará um liquidante ou mais, e um Conselho Fiscal de três membros para proceder à sua liquidação.

§ 1º O processo de liquidação só poderá ser iniciado após a audiência do respectivo órgão executivo federal.

§ 2º A Assembleia Geral, nos limites de suas atribuições, poderá, em qualquer época, destituir os liquidantes e os membros do Conselho Fiscal, designando os seus substitutos.

Art. 66. Em todos os atos e operações, os liquidantes deverão usar a denominação da cooperativa, seguida da expressão: "Em liquidação".

Art. 67. Os liquidantes terão todos os poderes normais de administração podendo praticar atos e operações necessários à realização do ativo e pagamento do passivo.

Art. 68. São obrigações dos liquidantes:

I – providenciar o arquivamento, na Junta Comercial, da Ata da Assembleia Geral em que foi deliberada a liquidação;

II – comunicar à administração central do respectivo órgão executivo federal e ao Banco Nacional de Crédito Cooperativo S/A., a sua nomeação, fornecendo cópia da Ata da Assembleia Geral que decidiu a matéria;

III – arrecadar os bens, livros e documentos da sociedade, onde quer que estejam;

IV – convocar os credores e devedores e promover o levantamento dos créditos e débitos da sociedade;

V – proceder nos quinze dias seguintes ao de sua investidura e com a assistência, sempre que possível, dos administradores, ao levantamento do inventário e balanço geral do ativo e passivo;

VI – realizar o ativo social para saldar o passivo e reembolsar os associados de suas quotas-partes, destinando o remanescente, inclusive o dos fundos indivisíveis, ao Banco Nacional de Crédito Cooperativo S/A;

VII – exigir dos associados a integralização das respectivas quotas-partes do capital social não realizadas, quando o ativo não bastar para solução do passivo;

VIII – fornecer aos credores a relação dos associados, se a sociedade for de responsabilidade ilimitada e se os recursos apurados forem insuficientes para o pagamento das dívidas;

IX – convocar a Assembleia Geral, cada seis meses ou sempre que necessário, para apresentar relatório e balanço do estado da liquidação e prestar contas dos atos praticados durante o período anterior;

X – apresentar à Assembleia Geral, finda a liquidação, o respectivo relatório e as contas finais;

XI – averbar, no órgão competente, a Ata da Assembleia Geral que considerar encerrada a liquidação.

Art. 69. As obrigações e as responsabilidades dos liquidantes regem-se pelos preceitos peculiares aos dos administradores da sociedade liquidanda.

Art. 70. Sem autorização da Assembleia não poderá o liquidante gravar de ônus os móveis e imóveis, contrair empréstimos, salvo quando indispensáveis para o pagamento de obrigações inadiáveis, nem prosseguir, embora para facilitar a liquidação, na atividade social.

Art. 71. Respeitados os direitos dos credores preferenciais, pagará o liquidante as dívidas sociais proporcionalmente e sem distinção entre vencidas ou não.

Art. 72. A Assembleia Geral poderá resolver, antes de ultimada a liquidação, mas depois de pagos os credores, que o liquidante faça rateios por antecipação da partilha, à medida em que se apurem os haveres sociais.

Art. 73. Solucionado o passivo, reembolsados os cooperados até o valor de suas quotas-partes e encaminhado o remanescente conforme o estatuído, convocará o liquidante Assembleia Geral para prestação final de contas.

Art. 74. Aprovadas as contas, encerra-se a liquidação e a sociedade se extingue, devendo a ata da Assembleia ser arquivada na Junta Comercial e publicada.

Parágrafo único. O associado discordante terá o prazo de trinta dias, a contar da publicação da ata, para promover a ação que couber.

Art. 75. A liquidação extrajudicial das cooperativas poderá ser promovida por iniciativa do respectivo órgão executivo federal, que designará o liquidante, e será processada de acordo com a legislação específica e demais disposições regulamentares, desde que a sociedade deixe de oferecer condições operacionais, principalmente por constatada insolvência.

§ 1º A liquidação extrajudicial, tanto quanto possível, deverá ser precedida de intervenção na sociedade.

§ 2º Ao interventor, além dos poderes expressamente concedidos no ato de intervenção, são atribuídas funções, prerrogativas e obrigações dos órgãos de administração.

Art. 76. A publicação no Diário Oficial, da ata da Assembleia Geral da sociedade, que deliberou sua liquidação, ou da decisão do órgão executivo federal quando a medida for de sua iniciativa, implicará a sustação de qualquer ação judicial contra a cooperativa, pelo prazo de um ano, sem prejuízo, entretanto, da fluência dos juros legais ou pactuados e seus acessórios.

Parágrafo único. Decorrido o prazo previsto neste artigo, sem que, por motivo relevante, esteja encerrada a liquidação, poderá ser o mesmo prorrogado, no máximo por mais um ano, mediante decisão do órgão citado no artigo, publicada, com os mesmos efeitos, no *Diário Oficial*.

Art. 77. Na realização do ativo da sociedade, o liquidante deverá:

I – mandar avaliar, por avaliadores judiciais ou de Instituições Financeiras Públicas, os bens da sociedade;

II – proceder à venda dos bens necessários ao pagamento do passivo da sociedade, observadas, no que couber, as normas constantes dos artigos 117 e 118 do Decreto-lei 7.661, de 21 de junho de 1945.

▸ Art. 142 da Lei 11.101/2005 (Recuperação Judicial e Falências).

Art. 78. A liquidação das cooperativas de crédito e da seção de crédito das cooperativas agrícolas mistas reger-se-á pelas normas próprias legais e regulamentares.

CAPÍTULO XII
DO SISTEMA OPERACIONAL DAS COOPERATIVAS

Seção I
Do ato cooperativo

Art. 79. Denominam-se atos cooperativos os praticados entre as cooperativas e seus associados, entre estes e aquelas e pelas cooperativas entre si quando associados, para a consecução dos objetivos sociais.

Parágrafo único. O ato cooperativo não implica operação de mercado, nem contrato de compra e venda de produto ou mercadoria.

▸ Súmula 262 do STJ.

Seção II
Das distribuições de despesas

Art. 80. As despesas da sociedade serão cobertas pelos associados mediante rateio na proporção direta da fruição de serviços.

Parágrafo único. A cooperativa poderá, para melhor atender à equanimidade de cobertura das despesas da sociedade, estabelecer:

I – rateio, em partes iguais, das despesas gerais da sociedade entre todos os associados, quer tenham ou não, no ano, usufruído dos serviços por ela prestados, conforme definidas no estatuto;

II – rateio, em razão diretamente proporcional, entre os associados que tenham usufruído dos serviços durante o ano, das sobras líquidas ou dos prejuízos verificados no balanço do exercício, excluídas as despesas gerais já atendidas na forma do item anterior.

Art. 81. A cooperativa que tiver adotado o critério de separar as despesas da sociedade e estabelecido o seu rateio na forma indicada no parágrafo único do artigo anterior deverá levantar separadamente as despesas gerais.

Seção III
Das operações da cooperativa

Art. 82. A cooperativa que se dedicar a vendas em comum poderá registrar-se como armazém geral, podendo também desenvolver as atividades previstas na Lei 9.973, de 29 de maio de 2000, e nessa condição expedir Conhecimento de Depósito, Warrant, Certificado de Depósito Agropecuário – CDA e Warrant Agropecuário – WA para os produtos de seus associados conservados em seus armazéns, próprios ou arrendados, sem prejuízo da emissão de outros títulos decorrentes de suas atividades normais, aplicando-se, no que couber, a legislação específica.

▸ *Caput* com redação pela Lei 11.076/2004.

§ 1º Para efeito deste artigo, os armazéns da cooperativa se equiparam aos "Armazéns Gerais", com as prerrogativas e obrigações destes, ficando os componentes do Conselho de Administração ou Diretoria Executiva, emitente do título, responsáveis pessoal e solidariamente, pela boa guarda e conservação dos produtos vinculados, respondendo criminal e civilmente pelas declarações constantes do título, como também por qualquer ação ou omissão que acarrete o desvio, deterioração ou perda dos produtos.

§ 2º Observado o disposto no § 1º, as cooperativas poderão operar unidades de armazenagem, embalagem e frigorificação, bem como armazéns gerais alfandegários, nos termos do disposto no Capítulo IV da Lei 5.025, de 10 de junho de 1966.

▸ Lei 5.025/1966 (Conselho Nacional do Comércio Exterior).

Art. 83. A entrega da produção do associado à sua cooperativa significa a outorga a esta de plenos poderes para a sua livre disposição, inclusive para gravá-la e dá-la em garantia de operações de crédito realizadas pela sociedade, salvo se, tendo em vista os usos e costumes relativos à comercialização de determinados produtos, sendo de interesse do produtor, os estatutos dispuserem de outro modo.

Art. 84. *Revogado pela LC 130/2009.*

Art. 85. As cooperativas agropecuárias e de pesca poderão adquirir produtos de não associados, agricultores, pecuaristas ou pescadores, para completar lotes destinados ao cumprimento de contratos ou suprir capacidade ociosa de instalações industriais das cooperativas que as possuem.

Art. 86. As cooperativas poderão fornecer bens e serviços a não associados, desde que tal faculdade atenda aos objetivos sociais e estejam de conformidade com a presente lei.

▸ Súmula 262 do STJ.

Parágrafo único. *Revogado pela LC 130/2009.*

Art. 87. Os resultados das operações das cooperativas com não associados, mencionados nos artigos 85 e 86, serão levados à conta do "Fundo de Assistência Técnica, Educacional e Social" e serão contabilizados em separado, de molde a permitir cálculo para incidência de tributos.

Art. 88. Poderão as cooperativas participar de sociedades não cooperativas para melhor atendimento dos próprios objetivos e de outros de caráter acessório ou complementar.

▸ *Caput* com redação pela MP 2.168-40/2001 (Programa de Revitalização de Cooperativas de Produção Agropecuária – RECOOP).

Parágrafo único. As inversões decorrentes dessa participação serão contabilizadas em títulos específicos e seus eventuais resultados positivos levados ao "Fundo de Assistência Técnica, Educacional e Social".

Art. 88-A. A cooperativa poderá ser dotada de legitimidade extraordinária autônoma concorrente para agir como substituta processual em defesa dos direitos coletivos de seus associados quando a causa de pedir versar sobre atos de interesse direto dos associados que tenham relação com as operações de mercado da cooperativa, desde que isso seja previsto em seu estatuto e haja, de forma expressa, autorização manifestada individualmente pelo associado ou por meio de assembleia geral que delibere sobre a propositura da medida judicial.

▸ Artigo acrescido pela Lei 13.806/2019.

Seção IV
Dos prejuízos

Art. 89. Os prejuízos verificados no decorrer do exercício serão cobertos com recursos provenientes do Fundo de Reserva e, se insuficiente este, mediante rateio, entre os associados, na razão direta dos serviços usufruídos, ressalvada a opção prevista no parágrafo único do artigo 80.

Seção V
Do sistema trabalhista

Art. 90. Qualquer que seja o tipo de cooperativa, não existe vínculo empregatício entre ela e seus associados.

Art. 91. As cooperativas igualam-se às demais empresas em relação aos seus empregados para os fins da legislação trabalhista e previdenciária.

CAPÍTULO XIII
DA FISCALIZAÇÃO E CONTROLE

Art. 92. A fiscalização e o controle das sociedades cooperativas, nos termos desta lei e dispositivos legais específicos, serão exercidos, de acordo com o objeto de funcionamento, da seguinte forma:

I – as de crédito e as seções de crédito das agrícolas mistas pelo Banco Central do Brasil;

II – as de habitação pelo Banco Nacional de Habitação;

III – as demais pelo Instituto Nacional de Colonização e Reforma Agrária.

§ 1º Mediante autorização do Conselho Nacional de Cooperativismo, os órgãos controladores federais, poderão solicitar, quando julgarem necessário, a colaboração de outros órgãos administrativos, na execução das atribuições previstas neste artigo.

§ 2º As sociedades cooperativas permitirão quaisquer verificações determinadas pelos respectivos órgãos de controle, prestando os esclarecimentos que lhes forem solicitados, além de serem obrigadas a remeter-lhes anualmente a relação dos associados admitidos, demitidos, eliminados e excluídos no período, cópias de atas, de balanços e dos relatórios do exercício social e parecer do Conselho Fiscal.

Art. 93. O Poder Público, por intermédio da administração central dos órgãos executivos federais competentes, por iniciativa própria ou solicitação da Assembleia Geral ou do Conselho Fiscal, intervirá nas cooperativas quando ocorrer um dos seguintes casos:

I – violação contumaz das disposições legais;

II – ameaça de insolvência em virtude de má administração da sociedade;

III – paralisação das atividades sociais por mais de cento e vinte dias consecutivos;

▶ Art. 63, VII, desta Lei.

IV – inobservância do artigo 56, § 2º.

Parágrafo único. Aplica-se, no que couber, às cooperativas habitacionais, o disposto neste artigo.

Art. 94. Observar-se-á, no processo de intervenção, a disposição constante do § 2º do artigo 75.

CAPÍTULO XIV
DO CONSELHO NACIONAL DE COOPERATIVISMO

Art. 95. A orientação geral da política cooperativista nacional caberá ao Conselho Nacional de Cooperativismo – CNC, que passará a funcionar junto ao Instituto Nacional de Colonização e Reforma Agrária – INCRA, com plena autonomia administrativa e financeira, na forma do artigo 172 do Decreto-Lei 200, de 25 de fevereiro de 1967, sob a presidência do Ministro da Agricultura e composto de oito membros indicados pelos seguintes representados:

▶ Dec. 200/1967 (Organização da Administração Federal).

I – Ministério do Planejamento e Coordenação-Geral;

II – Ministério da Fazenda, por intermédio do Banco Central do Brasil;

III – Ministério do Interior, por intermédio do Banco Nacional da Habitação;

IV – Ministério da Agricultura, por intermédio do Instituto Nacional de Colonização e Reforma Agrária – INCRA, e do Banco Nacional de Crédito Cooperativo S/A.;

V – Organização das Cooperativas Brasileiras.

Parágrafo único. A entidade referida no inciso V deste artigo contará com três elementos para fazer-se representar no Conselho.

Art. 96. O Conselho, que deverá reunir-se ordinariamente uma vez por mês, será presidido pelo Ministro da Agricultura, a quem caberá o voto de qualidade, sendo suas resoluções votadas por maioria simples, com a presença, no mínimo de três representantes dos órgãos oficiais mencionados nos itens I a IV do artigo anterior.

Parágrafo único. Nos seus impedimentos eventuais, o substituto do Presidente será o Presidente do Instituto Nacional de Colonização e Reforma Agrária.

Art. 97. Ao Conselho Nacional de Cooperativismo compete:

I – editar atos normativos para a atividade cooperativista nacional;

II – baixar normas regulamentadoras, complementares e interpretativas, da legislação cooperativista;

III – organizar e manter atualizado o cadastro geral das cooperativas nacionais;

IV – decidir, em última instância, os recursos originários de decisões do respectivo órgão executivo federal;

V – apreciar os anteprojetos que objetivam a revisão da legislação cooperativista;

VI – estabelecer condições para o exercício de quaisquer cargos eletivos de administração ou fiscalização de cooperativas;

VII – definir as condições de funcionamento do empreendimento cooperativo, a que se refere o artigo 18;

VIII – votar o seu próprio regimento;

IX – autorizar, onde houver condições, a criação de Conselhos Regionais de Cooperativismo, definindo-lhes as atribuições;

X – decidir sobre a aplicação do Fundo Nacional de Cooperativismo, nos termos do artigo 102 desta Lei;

XI – estabelecer em ato normativo ou de caso a caso, conforme julgar necessário, o limite a ser observado nas operações com não associados a que se referem os artigos 85 e 86.

Parágrafo único. As atribuições do Conselho Nacional de Cooperativismo não se estendem às cooperativas de habitação, às de crédito e às seções de crédito das cooperativas agrícolas mistas, no que forem regidas por legislação própria.

Art. 98. O Conselho Nacional de Cooperativismo – CNC contará com uma Secretaria Executiva que se incumbirá de seus encargos administrativos, podendo seu Secretário Executivo requisitar funcionários de qualquer órgão da Administração Pública.

§ 1º O Secretário Executivo do Conselho Nacional de Cooperativismo será o Diretor do Departamento de Desenvolvimento Rural do Instituto Nacional de Colonização e Reforma Agrária – INCRA, devendo o Departamento referido incumbir-se dos encargos administrativos do Conselho Nacional de Cooperativismo.

§ 2º Para os impedimentos eventuais do Secretário Executivo, este indicará à apreciação do Conselho seu substituto.

Art. 99. Compete ao Presidente do Conselho Nacional de Cooperativismo:

I – presidir as reuniões;

II – convocar as reuniões extraordinárias;

III – proferir o voto de qualidade.

Art. 100. Compete à Secretaria Executiva do Conselho Nacional de Cooperativismo:

I – dar execução às resoluções do Conselho;

II – comunicar as decisões do Conselho ao respectivo órgão executivo federal;

III – manter relações com os órgãos executivos federais, bem assim com quaisquer outros órgãos públicos ou privados, nacionais ou estrangeiros, que possam influir no aperfeiçoamento do cooperativismo;

IV – transmitir aos órgãos executivos federais e entidade superior do movimento cooperativista nacional todas as informações relacionadas com a doutrina e práticas cooperativistas de seu interesse;

V – organizar e manter atualizado o cadastro geral das cooperativas nacionais e expedir as respectivas certidões;

VI – apresentar ao Conselho, em tempo hábil, a proposta orçamentária do órgão, bem como o relatório anual de suas atividades;

VII – providenciar todos os meios que assegurem o regular funcionamento do Conselho;

VIII – executar quaisquer outras atividades necessárias ao pleno exercício das atribuições do Conselho.

Art. 101. O Ministério da Agricultura incluirá, em sua proposta orçamentária anual, os recursos financeiros solicitados pelo Conselho Nacional de Cooperativismo – CNC, para custear seu funcionamento.

Parágrafo único. As contas do Conselho Nacional de Cooperativismo – CNC, serão prestadas por intermédio do Ministério da Agricultura, observada a legislação específica que regula a matéria.

Art. 102. Fica mantido, junto ao Banco Nacional de Crédito Cooperativo S/A., o "Fundo Nacional de Cooperativismo", criado pelo Decreto-Lei 59, de 21 de novembro de 1966, destinado a prover recursos de apoio ao movimento cooperativista nacional.

§ 1º O Fundo de que trata este artigo será, suprido por:

I – dotação incluída no orçamento do Ministério da Agricultura para o fim específico de incentivos às atividades cooperativas;

II – juros e amortizações dos financiamentos realizados com seus recursos;

III – doações, legados e outras rendas eventuais;

IV – dotações consignadas pelo Fundo Federal Agropecuário e pelo Instituto Nacional de Colonização e Reforma Agrária – INCRA.

§ 2º Os recursos do Fundo, deduzido o necessário ao custeio de sua administração, serão aplicados pelo Banco Nacional de Crédito Cooperativo S/A., obrigatoriamente, em financiamento de atividades que interessem de maneira relevante o abastecimento das populações, a critério do Conselho Nacional de Cooperativismo.

§ 3º O Conselho Nacional de Cooperativismo poderá, por conta do Fundo, autorizar a concessão de estímulos ou auxílios para execução de atividades que, pela sua relevância socioeconômica, concorram para o desenvolvimento do sistema cooperativista nacional.

CAPÍTULO XV
DOS ÓRGÃOS GOVERNAMENTAIS

Art. 103. As cooperativas permanecerão subordinadas, na parte normativa, ao Conselho Nacional de Cooperativismo, com exceção das de crédito, das seções de crédito das agrícolas mistas e das de habitação, cujas normas continuarão a ser baixadas pelo Conselho Monetário Nacional, relativamente às duas primeiras, e Banco Nacional de Habitação, com relação à última, observado o disposto no artigo 92 desta Lei.

Parágrafo único. Os órgãos executivos federais, visando à execução descentralizada de seus serviços, poderão delegar sua competência, total ou parcialmente, a órgãos e entidades da administração estadual e municipal, bem como, excepcionalmente, a outros órgãos e entidades da administração federal.

Art. 104. Os órgãos executivos federais comunicarão todas as alterações havidas nas cooperativas sob a sua jurisdição ao Conselho Nacional de Cooperativismo, para fins de atualização do cadastro geral das cooperativas nacionais.

CAPÍTULO XVI
DA REPRESENTAÇÃO DO SISTEMA COOPERATIVISTA

Art. 105. A representação do sistema cooperativista nacional cabe à Organização das Cooperativas Brasileiras – OCB, sociedade civil, com sede na Capital Federal, órgão técnico-consultivo do Governo, estruturada nos termos desta Lei, sem finalidade lucrativa, competindo-lhe precipuamente:

a) manter neutralidade política e indiscriminação racial, religiosa e social;

b) integrar todos os ramos das atividades cooperativistas;

c) manter registro de todas as sociedades cooperativas que, para todos os efeitos, integram a Organização das Cooperativas Brasileiras – OCB;

d) manter serviços de assistência geral ao sistema cooperativista, seja quanto à estrutura social, seja quanto aos métodos operacionais e orientação jurídica, mediante pareceres e recomendações, sujeitas, quando for o caso, à aprovação do Conselho Nacional de Cooperativismo – CNC;

e) denunciar ao Conselho Nacional de Cooperativismo práticas nocivas ao desenvolvimento cooperativista;

f) opinar nos processos que lhe sejam encaminhados pelo Conselho Nacional de Cooperativismo;

g) dispor de setores consultivos especializados, de acordo com os ramos de cooperativismo;

h) fixar a política da organização com base nas proposições emanadas de seus órgãos técnicos;

i) exercer outras atividades inerentes à sua condição de órgão de representação e defesa do sistema cooperativista;

j) manter relações de integração com as entidades congêneres do exterior e suas cooperativas.

§ 1º A Organização das Cooperativas Brasileiras – OCB, será constituída de entidades, uma para cada Estado, Território e Distrito Federal, criadas com as mesmas características da organização nacional.

§ 2º As Assembleias Gerais do órgão central serão formadas pelos Representantes credenciados das filiadas, um por entidade, admitindo-se proporcionalidade de voto.

§ 3º A proporcionalidade de voto, estabelecida no parágrafo anterior, ficará a critério da OCB, baseando-se no número de associados – pessoas físicas e as exceções previstas nesta Lei – que compõem o quadro das cooperativas filiadas.

§ 4º A composição da Diretoria da Organização das Cooperativas Brasileiras – OCB será estabelecida em seus estatutos sociais.

§ 5º Para o exercício de cargos de Diretoria e Conselho Fiscal, as eleições se processarão por escrutínio secreto, permitida a reeleição para mais um mandato consecutivo.

Art. 106. A atual Organização das Cooperativas Brasileiras e as suas filiadas ficam investidas das atribuições e prerrogativas conferidas nesta Lei, devendo, no prazo de um ano, promover a adaptação de seus estatutos e a transferência da sede nacional.

Art. 107. As cooperativas são obrigadas, para seu funcionamento, a registrar-se na Organização das Cooperativas Brasileiras ou na entidade estadual, se houver, mediante apresentação dos estatutos sociais e suas alterações posteriores.

Parágrafo único. Por ocasião do registro, a cooperativa pagará dez por cento do maior salário mínimo vigente, se a soma do respectivo capital integralizado e fundos não exceder de duzentos e cinquenta salários mínimos, e cinquenta por cento se aquele montante for superior.

▶ Lei 6.205/1975 (Descaracterização do salário mínimo como fator de correção monetária).

Art. 108. Fica instituída, além do pagamento previsto no parágrafo único do artigo anterior, a Contribuição Cooperativista, que será recolhida anualmente pela cooperativa após o encerramento de seu exercício social, a favor da Organização das Cooperativas Brasileiras de que trata o artigo 105 desta Lei.

§ 1º A Contribuição Cooperativista constituir-se-á de importância correspondente a dois décimos por cento do valor do capital integralizado e fundos da sociedade cooperativa, no exercício social do ano anterior, sendo o respectivo montante distribuído, por metade, a suas filiadas, quando constituídas.

§ 2º No caso das cooperativas centrais ou federações, a Contribuição de que trata o parágrafo anterior será calculada sobre os fundos e reservas existentes.

§ 3º A Organização das Cooperativas Brasileiras poderá estabelecer um teto à Contribuição Cooperativista, com base em estudos elaborados pelo seu corpo técnico.

CAPÍTULO XVII
DOS ESTÍMULOS CREDITÍCIOS

Art. 109. Caberá ao Banco Nacional de Crédito Cooperativo S/A, estimular e apoiar as cooperativas, mediante concessão de financiamentos necessários ao seu desenvolvimento.

§ 1º Poderá o Banco Nacional de Crédito Cooperativo S/A, receber depósitos das cooperativas de crédito e das seções de crédito das cooperativas agrícolas mistas.

§ 2º Poderá o Banco Nacional de Crédito Cooperativo S/A, operar com pessoas físicas ou jurídicas, estranhas ao quadro social cooperativo, desde que haja benefício para as cooperativas e estas figurem na operação bancária.

§ 3º O Banco Nacional de Crédito Cooperativo S/A, manterá linhas de crédito específicas para as cooperativas, de acordo com o objeto e a natureza de suas atividades, a juros módicos e prazos adequados inclusive com sistema de garantias ajustado às peculiaridades das cooperativas a que se destinam.

§ 4º O Banco Nacional de Crédito Cooperativo S/A, manterá linha especial de crédito para financiamento de quotas-partes de capital.

Art. 110. Fica extinta a contribuição de que trata o artigo 13 do Decreto-Lei 60, de 21 de novembro de 1966, com a redação dada pelo Decreto-Lei 668, de 3 de julho de 1969.

CAPÍTULO XVIII
DAS DISPOSIÇÕES GERAIS E TRANSITÓRIAS

Art. 111. Serão considerados como renda tributável os resultados positivos obtidos pelas cooperativas nas operações de que tratam os artigos 85, 86 e 88 desta Lei.

▶ Súmula 262 do STJ.

Art. 112. O Balanço Geral e o Relatório do exercício social que as cooperativas deverão encaminhar anualmente aos órgãos de controle serão acompanhados, a juízo destes, de parecer emitido por um serviço independente de auditoria credenciado pela Organização das Cooperativas Brasileiras.

Parágrafo único. Em casos especiais, tendo em vista a sede da Cooperativa, o volume de suas operações e outras circunstâncias dignas de consideração, a exigência da apresentação do parecer pode ser dispensada.

Art. 113. Atendidas as deduções determinadas pela legislação específica, às sociedades cooperativas ficará assegurada primeira prioridade para o recebimento

de seus créditos de pessoas jurídicas que efetuem descontos na folha de pagamento de seus empregados, associados de cooperativas.

Art. 114. Fica estabelecido o prazo de trinta e seis meses para que as cooperativas atualmente registradas nos órgãos competentes reformulem os seus estatutos, no que for cabível, adaptando-os ao disposto na presente Lei.

Art. 115. As Cooperativas dos Estados, Territórios ou do Distrito Federal, enquanto não constituírem seus órgãos de representação, serão convocadas às Assembleias da OCB, como vogais, com sessenta dias de antecedência, mediante editais publicados três vezes em jornal de grande circulação local.

Art. 116. A presente Lei não altera o disposto nos sistemas próprios instituídos para as cooperativas de habitação e cooperativas de crédito, aplicando-se ainda, no que couber, o regime instituído para essas últimas às seções de crédito das agrícolas mistas.

Art. 117. Esta Lei entrará em vigor na data de sua publicação, revogadas as disposições em contrário e especificamente o Decreto-Lei 59, de 21 de novembro de 1966, bem como o Decreto 60.597, de 19 de abril de 1967.

Brasília, 16 de dezembro de 1971; 150º da Independência e 83º da República.

Emílio G. Médici

LEI 6.001, DE 19 DE DEZEMBRO DE 1973

Dispõe sobre o Estatuto do Índio.
DOU 21.12.197

O Presidente da República, faço saber que o Congresso Nacional decreta e eu sanciono a seguinte Lei:

TÍTULO I
Dos Princípios e Definições

Art. 1º Esta Lei regula a situação jurídica dos índios ou silvícolas e das comunidades indígenas, com o propósito de preservar a sua cultura e integrá-los, progressiva e harmoniosamente, à comunhão nacional.

Parágrafo único. Aos índios e às comunidades indígenas se estende a proteção das leis do País, nos mesmos termos em que se aplicam aos demais brasileiros, resguardados os usos, costumes e tradições indígenas, bem como as condições peculiares reconhecidas nesta Lei.

Art. 2º Cumpre à União, aos Estados e aos Municípios, bem como aos órgãos das respectivas administrações indiretas, nos limites de sua competência, para a proteção das comunidades indígenas e a preservação dos seus direitos:

I – estender aos índios os benefícios da legislação comum, sempre que possível a sua aplicação;

II – prestar assistência aos índios e às comunidades indígenas ainda não integrados à comunhão nacional;

III – respeitar, ao proporcionar aos índios meios para o seu desenvolvimento, as peculiaridades inerentes à sua condição;

IV – assegurar aos índios a possibilidade de livre escolha dos seus meios de vida e subsistência;

V – garantir aos índios a permanência voluntária no seu habitat, proporcionando-lhes ali recursos para seu desenvolvimento e progresso;

VI – respeitar, no processo de integração do índio à comunhão nacional, a coesão das comunidades indígenas, os seus valores culturais, tradições, usos e costumes;

VII – executar, sempre que possível mediante a colaboração dos índios, os programas e projetos tendentes a beneficiar as comunidades indígenas;

VIII – utilizar a cooperação, o espírito de iniciativa e as qualidades pessoais do índio, tendo em vista a melhoria de suas condições de vida e a sua integração no processo de desenvolvimento;

IX – garantir aos índios e comunidades indígenas, nos termos da Constituição Federal, a posse permanente das terras tradicionalmente ocupadas em 5 de outubro de 1988, reconhecendo-lhes o direito ao usufruto exclusivo das riquezas naturais e de todas as utilidades naquelas terras existentes;

▶ Inciso IX com redação pela Lei 14.701/2023, vetado pelo Presidente da República e rejeitado o veto pelo Congresso Nacional (DOU 28.12.2023).

X – garantir aos índios o pleno exercício dos direitos civis e políticos que em face da legislação lhes couberem.

Parágrafo único. *Vetado.*

Art. 3º Para os efeitos de lei, ficam estabelecidas as definições a seguir discriminadas:

I – Índio ou Silvícola – É todo indivíduo de origem e ascendência pré-colombiana que se identifica e é identificado como pertencente a um grupo étnico cujas características culturais o distinguem da sociedade nacional;

II – Comunidade Indígena ou Grupo Tribal – É um conjunto de famílias ou comunidades índias, quer vivendo em estado de completo isolamento em relação aos outros setores da comunhão nacional, quer em contatos intermitentes ou permanentes, sem contudo estarem neles integrados.

Art. 4º Os índios são considerados:

I – Isolados – Quando vivem em grupos desconhecidos ou de que se possuem poucos e vagos informes através de contatos eventuais com elementos da comunhão nacional;

II – Em vias de integração – Quando, em contato intermitente ou permanente com grupos estranhos, conservam menor ou maior parte das condições de sua vida nativa, mas aceitam algumas práticas e modos de existência comuns aos demais setores da comunhão nacional, da qual vão necessitando cada vez mais para o próprio sustento;

III – Integrados – Quando incorporados à comunhão nacional e reconhecidos no pleno exercício dos direitos civis, ainda que conservem usos, costumes e tradições característicos da sua cultura.

(...)

CAPÍTULO IV
DAS CONDIÇÕES DE TRABALHO

Art. 14. Não haverá discriminação entre trabalhadores indígenas e os demais trabalhadores, aplicando-se-lhes todos os direitos e garantias das leis trabalhistas e de previdência social.

Parágrafo único. É permitida a adaptação de condições de trabalho aos usos e costumes da comunidade a que pertencer o índio.

Art. 15. Será nulo o contrato de trabalho ou de locação de serviços realizado com os índios de que trata o artigo 4º, I.

Art. 16. Os contratos de trabalho ou de locação de serviços realizados com indígenas em processo de integração ou habitantes de parques ou colônias agrícolas dependerão de prévia aprovação do órgão de proteção ao índio, obedecendo, quando necessário, a normas próprias.

§ 1º Será estimulada a realização de contratos por equipe, ou a domicílio, sob a orientação do órgão competente, de modo a favorecer a continuidade da via comunitária.

§ 2º Em qualquer caso de prestação de serviços por indígenas não integrados, o órgão de proteção ao índio exercerá permanente fiscalização das condições de trabalho, denunciando os abusos e providenciando a aplicação das sanções cabíveis.

§ 3º O órgão de assistência ao indígena propiciará o acesso, aos seus quadros, de índios integrados, estimulando a sua especialização indigenista.

(...)

TÍTULO IV
Dos Bens e Renda do Patrimônio Indígena

Art. 39. Constituem bens do Patrimônio Indígena:

I – as terras pertencentes ao domínio dos grupos tribais ou comunidades indígenas;

II – o usufruto exclusivo das riquezas naturais e de todas as utilidades existentes nas terras ocupadas por grupos tribais ou comunidades indígenas e nas áreas a eles reservadas;

III – os bens móveis ou imóveis, adquiridos a qualquer título.

Art. 40. São titulares do Patrimônio Indígena:

I – a população indígena do País, no tocante a bens ou rendas pertencentes ou destinadas aos silvícolas, sem discriminação de pessoas ou grupos tribais;

II – o grupo tribal ou comunidade indígena determinada, quanto à posse e usufruto das terras por ele exclusivamente ocupadas, ou a ele reservadas;

III – a comunidade indígena ou grupo tribal nomeado no título aquisitivo da propriedade, em relação aos respectivos imóveis ou móveis.

Art. 41. Não integram o Patrimônio Indígena:

I – as terras de exclusiva posse ou domínio do índio ou silvícola, individualmente considerado, e o usufruto das respectivas riquezas naturais e utilidades;

II – a habitação, os móveis e utensílios domésticos, os objetos de uso pessoal, os instrumentos de trabalho e os produtos da lavoura, caça, pesca e coleta ou do trabalho em geral dos silvícolas.

Art. 42. Cabe ao órgão de assistência a gestão do Patrimônio Indígena, propiciando-se, porém, a participação dos silvícolas e dos grupos tribais na administração dos próprios bens, sendo-lhes totalmente confiado o encargo, quando demonstrem capacidade efetiva para o seu exercício.

Parágrafo único. O arrolamento dos bens do Patrimônio Indígena será permanentemente atualizado, procedendo-se à fiscalização rigorosa de sua gestão, mediante controle interno e externo, a fim de tornar efetiva a responsabilidade dos seus administradores.

Art. 43. A renda indígena é a resultante da aplicação de bens e utilidades integrantes do Patrimônio Indígena, sob a responsabilidade do órgão de assistência ao índio.

§1º A renda indígena será preferencialmente reaplicada em atividades rentáveis ou utilizada em programas de assistência ao índio.

§ 2º A reaplicação prevista no parágrafo anterior reverterá principalmente em benefício da comunidade que produziu os primeiros resultados econômicos.

Art. 44. As riquezas do solo, nas áreas indígenas, somente pelos silvícolas podem ser exploradas, cabendo-lhes com exclusividade o exercício da garimpagem, faiscação e cata das áreas referidas. (Regulamento)

Art. 45. A exploração das riquezas do subsolo nas áreas pertencentes aos índios, ou do domínio da União, mas na posse de comunidades indígenas, far-se-á nos termos da legislação vigente, observado o disposto nesta Lei.

§1º O Ministério do Interior, através do órgão competente de assistência aos índios, representará os interesses da União, como proprietária do solo, mas a participação no resultado da exploração, as indenizações e a renda devida pela ocupação do terreno, reverterão em benefício dos índios e constituirão fontes de renda indígena.

§ 2º Na salvaguarda dos interesses do Patrimônio Indígena e do bem-estar dos silvícolas, a autorização de pesquisa ou lavra, a terceiros, nas posses tribais, estará condicionada a prévio entendimento com o órgão de assistência ao índio.

Art. 46. O corte de madeira nas florestas indígenas, consideradas em regime de preservação permanente, de acordo com a letra g e § 2º, do artigo 3º, do Código Florestal, está condicionado à existência de programas ou projetos para o aproveitamento das terras respectivas na exploração agropecuária, na indústria ou no reflorestamento.

(...)

TÍTULO VII
Disposições Gerais

Art. 60. Os bens e rendas do Patrimônio Indígena gozam de plena isenção tributária.

Art. 61. São extensivos aos interesses do Patrimônio Indígena os privilégios da Fazenda Pública, quanto à impenhorabilidade de bens, rendas e serviços, ações especiais, prazos processuais, juros e custas.

Art. 62. Ficam declaradas a nulidade e a extinção dos efeitos jurídicos dos atos de qualquer natureza que tenham por objeto o domínio, a posse ou a ocupação das terras habitadas pelos índios ou comunidades indígenas.

§1º Aplica-se o disposto deste artigo às terras que tenham sido desocupadas pelos índios ou comunidades indígenas em virtude de ato ilegítimo de autoridade e particular.

§2º Ninguém terá direito a ação ou indenização contra a União, o órgão de assistência ao índio ou os silvícolas em virtude da nulidade e extinção de que trata este artigo, ou de suas consequências econômicas.

§3º Em caráter excepcional e a juízo exclusivo do dirigente do órgão de assistência ao índio, será permitida a continuação, por prazo razoável, dos efeitos dos contratos de arrendamento em vigor na data desta Lei, desde que a sua extinção acarrete graves consequências sociais.

Art. 63. Nenhuma medida judicial será concedida liminarmente em causas que envolvam interesse de silvícolas ou do Patrimônio Indígena, sem prévia audiência da União e do órgão de proteção ao índio.

Art. 64. *Vetado.*

Parágrafo único. *Vetado.*

Art. 65. O Poder Executivo fará, no prazo de cinco anos, a demarcação das terras indígenas, ainda não demarcadas.

Art. 66. O órgão de proteção ao silvícola fará divulgar e respeitar as normas da Convenção 107, promulgada pelo Decreto 58.824, de 14 julho de 1966.

Art. 67. É mantida a Lei nº 5.371, de 5 de dezembro de 1967.

Art. 68. Esta Lei entrará em vigor na data de sua publicação, revogadas as disposições em contrário.
Emílio G. Medici

LEI 6.019, DE 3 DE JANEIRO DE 1974

Dispõe sobre o trabalho temporário nas empresas urbanas e dá outras providências.

DOU 04.01.1974

▸ Lei 14.437/2022 (Programa Emergencial de Manutenção do Emprego e da Renda).
▸ Regulamento: arts. 41 a 75 do Dec. 10.854/2021.

O Presidente da República:

Faço saber que o Congresso Nacional decreta e eu sanciono a seguinte Lei:

Art. 1º As relações de trabalho na empresa de trabalho temporário, na empresa de prestação de serviços e nas respectivas tomadoras de serviço e contratante regem-se por esta Lei.
▸ Artigo com redação pela Lei 13.429/2017.

Art. 2º Trabalho temporário é aquele prestado por pessoa física contratada por uma empresa de trabalho temporário que a coloca à disposição de uma empresa tomadora de serviços, para atender à necessidade de substituição transitória de pessoal permanente ou à demanda complementar de serviços.
▸ *Caput* com redação pela Lei 13.429/2017.

§ 1º É proibida a contratação de trabalho temporário para a substituição de trabalhadores em greve, salvo nos casos previstos em lei.
▸ § 1º acrescido pela Lei 13.429/2017.

§2º Considera-se complementar a demanda de serviços que seja oriunda de fatores imprevisíveis ou, quando decorrente de fatores previsíveis, tenha natureza intermitente, periódica ou sazonal.
▸ § 2º acrescido pela Lei 13.429/2017.

Art. 3º É reconhecida a atividade da empresa de trabalho temporário, que passa a integrar o plano básico do enquadramento sindical a que se refere o art. 577, da Consolidação das Leis do Trabalho.

Art. 4º Empresa de trabalho temporário é a pessoa jurídica, devidamente registrada no Ministério do Trabalho, responsável pela colocação de trabalhadores à disposição de outras empresas temporariamente.
▸ Artigo com redação pela Lei 13.429/2017.

Art. 4º-A. Considera-se prestação de serviços a terceiros a transferência feita pela contratante da execução de quaisquer de suas atividades, inclusive sua atividade principal, à pessoa jurídica de direito privado prestadora de serviços que possua capacidade econômica compatível com a sua execução.
▸ *Caput* com redação pela Lei 13.467/2017.

§1º A empresa prestadora de serviços contrata, remunera e dirige o trabalho realizado por seus trabalhadores, ou subcontrata outras empresas para realização desses serviços.
▸ § 1º acrescido pela Lei 13.429/2017.

§ 2º Não se configura vínculo empregatício entre os trabalhadores, ou sócios das empresas prestadoras de serviços, qualquer que seja o seu ramo, e a empresa contratante.
▸ § 2º acrescido pela Lei 13.429/2017.

Art. 4º-B. São requisitos para o funcionamento da empresa de prestação de serviços a terceiros:
▸ Artigo acrescido pela Lei 13.429/2017.

I – prova de inscrição no Cadastro Nacional da Pessoa Jurídica (CNPJ);

II – registro na Junta Comercial;

III – capital social compatível com o número de empregados, observando-se os seguintes parâmetros:

a) empresas com até dez empregados – capital mínimo de R$ 10.000,00 (dez mil reais);

b) empresas com mais de dez e até vinte empregados – capital mínimo de R$ 25.000,00 (vinte e cinco mil reais);

c) empresas com mais de vinte e até cinquenta empregados – capital mínimo de R$ 45.000,00 (quarenta e cinco mil reais);

d) empresas com mais de cinquenta e até cem empregados – capital mínimo de R$ 100.000,00 (cem mil reais); e

e) empresas com mais de cem empregados – capital mínimo de R$ 250.000,00 (duzentos e cinquenta mil reais).

Art. 4º-C. São asseguradas aos empregados da empresa prestadora de serviços a que se refere o art. 4º-A desta Lei, quando e enquanto os serviços, que podem

ser de qualquer uma das atividades da contratante, forem executados nas dependências da tomadora, as mesmas condições:
▸ Artigo acrescido pela Lei 13.467/2017.

I – relativas a:

a) alimentação garantida aos empregados da contratante, quando oferecida em refeitórios;

b) direito de utilizar os serviços de transporte;

c) atendimento médico ou ambulatorial existente nas dependências da contratante ou local por ela designado;

d) treinamento adequado, fornecido pela contratada, quando a atividade o exigir.

II – sanitárias, de medidas de proteção à saúde e de segurança no trabalho e de instalações adequadas à prestação do serviço.

§ 1º Contratante e contratada poderão estabelecer, se assim entenderem, que os empregados da contratada farão jus a salário equivalente ao pago aos empregados da contratante, além de outros direitos não previstos neste artigo.

§ 2º Nos contratos que impliquem mobilização de empregados da contratada em número igual ou superior a 20% (vinte por cento) dos empregados da contratante, esta poderá disponibilizar aos empregados da contratada os serviços de alimentação e atendimento ambulatorial em outros locais apropriados e igual padrão de atendimento, com vistas a manter o pleno funcionamento dos serviços existentes.

Art. 5º Empresa tomadora de serviços é a pessoa jurídica ou entidade a ela equiparada que celebra contrato de prestação de trabalho temporário com a empresa definida no art. 4º desta Lei.
▸ Artigo com redação pela Lei 13.429/2017.

Art. 5º-A. Contratante é a pessoa física ou jurídica que celebra contrato com empresa de prestação de serviços relacionados a quaisquer de suas atividades, inclusive sua atividade principal.
▸ *Caput* com redação pela Lei 13.467/2017.

§1º É vedada à contratante a utilização dos trabalhadores em atividades distintas daquelas que foram objeto do contrato com a empresa prestadora de serviços.
▸ § 1º acrescido pela Lei 13.429/2017.

§2º Os serviços contratados poderão ser executados nas instalações físicas da empresa contratante ou em outro local, de comum acordo entre as partes.
▸ § 2º acrescido pela Lei 13.429/2017.

§ 3º É responsabilidade da contratante garantir as condições de segurança, higiene e salubridade dos trabalhadores, quando o trabalho for realizado em suas dependências ou local previamente convencionado em contrato.
▸ § 3º acrescido pela Lei 13.429/2017.

§ 4º A contratante poderá estender ao trabalhador da empresa de prestação de serviços o mesmo atendimento médico, ambulatorial e de refeição destinado aos seus empregados, existente nas dependências da contratante, ou local por ela designado.
▸ § 4º acrescido pela Lei 13.429/2017.

§ 5º A empresa contratante é subsidiariamente responsável pelas obrigações trabalhistas referentes ao período em que ocorrer a prestação de serviços, e o recolhimento das contribuições previdenciárias observará o disposto no art. 31 da Lei 8.212, de 24 de julho de 1991.
▸ § 5º acrescido pela Lei 13.429/2017.

Art. 5º-B. O contrato de prestação de serviços conterá:
▸ Artigo acrescido pela Lei 13.429/2017.

I – qualificação das partes;

II – especificação do serviço a ser prestado;

III – prazo para realização do serviço, quando for o caso;

IV – valor.

Art. 5º-C. Não pode figurar como contratada, nos termos do art. 4º-A desta Lei, a pessoa jurídica cujos titulares ou sócios tenham, nos últimos dezoito meses, prestado serviços à contratante na qualidade de empregado ou trabalhador sem vínculo empregatício, exceto se os referidos titulares ou sócios forem aposentados.
▸ Artigo acrescido pela Lei 13.467/2017.

Art. 5º-D. O empregado que for demitido não poderá prestar serviços para esta mesma empresa na qualidade de empregado de empresa prestadora de serviços antes do decurso de prazo de dezoito meses, contados a partir da demissão do empregado.
▸ Artigo acrescido pela Lei 13.467/2017.

Art. 6º São requisitos para funcionamento e registro da empresa de trabalho temporário no Ministério do Trabalho:
▸ *Caput* com redação pela Lei 13.429/2017.

a) a f) *Revogadas pela Lei 13.429/2017.*

I – prova de inscrição no Cadastro Nacional da Pessoa Jurídica (CNPJ), do Ministério da Fazenda;

▸ Inciso I acrescido pela Lei 13.429/2017.

II – prova do competente registro na Junta Comercial da localidade em que tenha sede;

▸ Inciso II acrescido pela Lei 13.429/2017.

III – prova de possuir capital social de, no mínimo, R$ 100.000,00 (cem mil reais).

▸ Inciso III acrescido pela Lei 13.429/2017.

Parágrafo único. *Revogado pela Lei 13.429/2017.*

Art. 7º A empresa de trabalho temporário que estiver funcionando na data da vigência desta Lei terá o prazo de 90 (noventa) dias para o atendimento das exigências contidas no artigo anterior.

Parágrafo único. A empresa infratora do presente artigo poderá ter o seu funcionamento suspenso, por ato do Diretor-Geral do Departamento Nacional de Mão de Obra, cabendo recurso ao Ministro de Estado, no prazo de 10 (dez) dias, a contar da publicação do ato no *Diário Oficial da União*.

Art. 8º A empresa de trabalho temporário é obrigada a fornecer ao Departamento Nacional de Mão de Obra, quando solicitada, os elementos de informação julgados necessários ao estudo do mercado de trabalho.

Art. 9º O contrato celebrado pela empresa de trabalho temporário e a tomadora de serviços será por escrito, ficará à disposição da autoridade fiscalizadora no estabelecimento da tomadora de serviços e conterá:

▸ *Caput* com redação pela Lei 13.429/2017.

I – qualificação das partes;

▸ Inciso I acrescido pela Lei 13.429/2017.

II – motivo justificador da demanda de trabalho temporário;

▸ Inciso II acrescido pela Lei 13.429/2017.

III – prazo da prestação de serviços;

▸ Inciso III acrescido pela Lei 13.429/2017.

IV – valor da prestação de serviços;

▸ Inciso IV acrescido pela Lei 13.429/2017.

V – disposições sobre a segurança e a saúde do trabalhador, independentemente do local de realização do trabalho.

▸ Inciso V acrescido pela Lei 13.429/2017.

§1º É responsabilidade da empresa contratante garantir as condições de segurança, higiene e salubridade dos trabalhadores, quando o trabalho for realizado em suas dependências ou em local por ela designado.

▸ § 1º acrescido pela Lei 13.429/2017.

§2º A contratante estenderá ao trabalhador da empresa de trabalho temporário o mesmo atendimento médico, ambulatorial e de refeição destinado aos seus empregados, existente nas dependências da contratante, ou local por ela designado.

▸ § 2º acrescido pela Lei 13.429/2017.

§ 3º O contrato de trabalho temporário pode versar sobre o desenvolvimento de atividades-meio e atividades-fim a serem executadas na empresa tomadora de serviços.

▸ § 3º acrescido pela Lei 13.429/2017.

Art. 10. Qualquer que seja o ramo da empresa tomadora de serviços, não existe vínculo de emprego entre ela e os trabalhadores contratados pelas empresas de trabalho temporário.

▸ *Caput* com redação pela Lei 13.429/2017.

§ 1º O contrato de trabalho temporário, com relação ao mesmo empregador, não poderá exceder ao prazo de cento e oitenta dias, consecutivos ou não.

▸ § 1º acrescido pela Lei 13.429/2017.

§ 2º O contrato poderá ser prorrogado por até noventa dias, consecutivos ou não, além do prazo estabelecido no § 1º deste artigo, quando comprovada a manutenção das condições que o ensejaram.

▸ § 2º acrescido pela Lei 13.429/2017.

§ 3º *Vetado.*

§ 4º Não se aplica ao trabalhador temporário, contratado pela tomadora de serviços, o contrato de experiência previsto no parágrafo único do art. 445 da Consolidação das Leis do Trabalho (CLT), aprovada pelo Decreto-Lei 5.452, de 1º de maio de 1943.

▸ § 4º acrescido pela Lei 13.429/2017.

§ 5º O trabalhador temporário que cumprir o período estipulado nos §§ 1º e 2º deste artigo somente poderá ser colocado à disposição da mesma tomadora de serviços em novo contrato temporário, após noventa dias do término do contrato anterior.

▸ § 5º acrescido pela Lei 13.429/2017.

§6º A contratação anterior ao prazo previsto no §5º deste artigo caracteriza vínculo empregatício com a tomadora.

▸ § 6º acrescido pela Lei 13.429/2017.

§7º A contratante é subsidiariamente responsável pelas obrigações trabalhistas referentes ao período em que

ocorrer o trabalho temporário, e o recolhimento das contribuições previdenciárias observará o disposto no art. 31 da Lei 8.212, de 24 de julho de 1991.

▸ § 7º acrescido pela Lei 13.429/2017.

Art. 11. O contrato de trabalho celebrado entre empresa de trabalho temporário e cada um dos assalariados colocados à disposição de uma empresa tomadora ou cliente será, obrigatoriamente, escrito e dele deverão constar, expressamente, os direitos conferidos aos trabalhadores por esta Lei.

▸ Súmula 524 do STJ.

Parágrafo único. Será nula de pleno direito qualquer cláusula de reserva, proibindo a contratação do trabalhador pela empresa tomadora ou cliente ao fim do prazo em que tenha sido colocado à sua disposição pela empresa de trabalho temporário.

Art. 12. Ficam assegurados ao trabalhador temporário os seguintes direitos:

a) remuneração equivalente à percebida pelos empregados de mesma categoria da empresa tomadora ou cliente calculados à base horária, garantida, em qualquer hipótese, a percepção do salário mínimo regional;

▸ OJ 383 da SBDI-I do TST.

b) jornada de 8 (oito) horas, remuneradas as horas extraordinárias não excedentes de duas, com acréscimo de 20% (vinte por cento);

▸ Art. 7º, XVI, da CF.

c) férias proporcionais, nos termos do art. 25 da Lei 5.107, de 13 de setembro de 1966;

▸ Art. 147 da CLT.
▸ A mencionada Lei 5.107/1966 foi revogada pela Lei 7.839/1989.
▸ Lei 8.036/1990 (Fundo de Garantia do Tempo de Serviço).

d) repouso semanal remunerado;

e) adicional por trabalho noturno;

f) indenização por dispensa sem justa causa ou término normal do contrato, correspondente a 1/12 (um doze avos) do pagamento recebido;

▸ Art. 20, IX, da Lei 8.036/1990 (Fundo de Garantia do Tempo de Serviço).

g) seguro contra acidente do trabalho;

h) proteção previdenciária nos termos do disposto na Lei Orgânica da Previdência Social, com as alterações introduzidas pela Lei 5.890, de 8 de junho de 1973 (art. 5º, item III, letra c, do Decreto 72.771, de 6 de setembro de 1973).

§1º Registrar-se-á na Carteira de Trabalho e Previdência Social do trabalhador sua condição de temporário.

§2º A empresa tomadora ou cliente é obrigada a comunicar à empresa de trabalho temporário a ocorrência de todo acidente cuja vítima seja um assalariado posto à sua disposição, considerando-se local de trabalho, para efeito da legislação específica, tanto aquele onde se efetua a prestação do trabalho quanto a sede da empresa de trabalho temporário.

Art. 13. Constituem justa causa para rescisão do contrato do trabalhador temporário os atos e circunstâncias mencionados nos arts. 482 e 483, da Consolidação das Leis do Trabalho, ocorrentes entre o trabalhador e a empresa de trabalho temporário ou entre aquele e a empresa cliente onde estiver prestando serviço.

Art. 14. As empresas de trabalho temporário são obrigadas a fornecer às empresas tomadoras ou clientes, a seu pedido, comprovante da regularidade de sua situação com o Instituto Nacional de Previdência Social.

Art. 15. A fiscalização do trabalho poderá exigir da empresa tomadora ou cliente a apresentação do contrato firmado com a empresa de trabalho temporário, e, desta última, o contrato firmado com o trabalhador, bem como a comprovação do respectivo recolhimento das contribuições previdenciárias.

▸ Súmula 524 do STJ.

Art. 16. No caso de falência da empresa de trabalho temporário, a empresa tomadora ou cliente é solidariamente responsável pelo recolhimento das contribuições previdenciárias, no tocante ao tempo em que o trabalhador esteve sob suas ordens, assim como em referência ao mesmo período, pela remuneração e indenização previstas nesta Lei.

▸ Lei 11.101/2005 (Recuperação de Empresas e Falência).

Art. 17. É defeso às empresas de prestação de serviço temporário a contratação de estrangeiros com visto provisório de permanência no País.

Art. 18. É vedado à empresa de trabalho temporário cobrar do trabalhador qualquer importância, mesmo a título de mediação, podendo apenas efetuar os descontos previstos em Lei.

Parágrafo único. A infração deste artigo importa no cancelamento do registro para funcionamento da empresa de trabalho temporário, sem prejuízo das sanções administrativas e penais cabíveis.

Art. 19. Competirá à Justiça do Trabalho dirimir os litígios entre as empresas de serviço temporário e seus trabalhadores.

▸ Súmula 524 do STJ.

Art. 19-A. O descumprimento do disposto nesta Lei sujeita a empresa infratora ao pagamento de multa.

▸ Artigo acrescido pela Lei 13.429/2017.

Parágrafo único. A fiscalização, a autuação e o processo de imposição das multas reger-se-ão pelo Título VII da Consolidação das Leis do Trabalho (CLT), aprovada pelo Decreto-lei 5.452, de 1º de maio de 1943.

Art. 19-B. O disposto nesta Lei não se aplica às empresas de vigilância e transporte de valores, permanecendo as respectivas relações de trabalho reguladas por legislação especial, e subsidiariamente pela Consolidação das Leis do Trabalho (CLT), aprovada pelo Decreto-lei 5.452, de 1º de maio de 1943.

▸ Artigo acrescido pela Lei 13.429/2017.

Art. 19-C. Os contratos em vigência, se as partes assim acordarem, poderão ser adequados aos termos desta Lei.

▸ Artigo acrescido pela Lei 13.429/2017.

Art. 20. Esta Lei entrará em vigor 60 (sessenta) dias após sua publicação, revogadas as disposições em contrário.

Brasília, 3 de janeiro de 1974; 153º da Independência e 86º da República.

Emílio G. Médici

LEI COMPLEMENTAR 26, DE 11 DE SETEMBRO DE 1975

Altera disposições da legislação que regula o Programa de Integração Social (PIS) e o Programa de Formação do Patrimônio do Servidor Público (PASEP).

DOU 12.09.1975

O Presidente da República:

Faço saber que o Congresso Nacional decreta e eu sanciono a seguinte Lei Complementar:

Art. 1º A partir do exercício financeiro a iniciar-se em 1º de julho de 1976, serão unificados, sob a denominação de PIS-PASEP, os fundos constituídos com os recursos do Programa de Integração Social (PIS) e do Programa de Formação do Patrimônio do Servidor Público (PASEP), instituídos pelas Leis Complementares 7 e 8, de 7 de setembro e de 3 de dezembro de 1970, respectivamente.

Parágrafo único. A unificação de que trata este artigo não afetará os saldos das contas individuais existentes em 30 de junho de 1976.

Art. 2º Ressalvado o disposto no parágrafo único deste artigo, são mantidos os critérios de participação dos empregados e servidores estabelecidos nos arts. 7º e 4º, respectivamente, das Leis Complementares 7 e 8, referidas, passando a ser considerado, para efeito do cálculo dos depósitos efetuados nas contas individuais, o valor global dos recursos que passarem a integrar o PIS-PASEP.

Parágrafo único. *Revogado pela Lei 13.677/2018.*

Art. 3º Após a unificação determinada no art. 1º, as contas individuais dos participantes passarão a ser creditadas:

a) pela correção monetária anual do saldo credor, obedecidos os índices aplicáveis às Obrigações Reajustáveis do Tesouro Nacional (ORTN);

b) pelos juros mínimos de 3% (três por cento) calculados anualmente sobre o saldo credor corrigido;

c) pelo resultado líquido adicional das operações realizadas com recursos do PIS-PASEP, deduzidas as despesas administrativas e as provisões de reserva cuja constituição seja indispensável.

Art. 4º As importâncias creditadas nas contas individuais dos participantes do PIS-PASEP são inalienáveis, impenhoráveis e, ressalvado o disposto nos parágrafos deste artigo, indisponíveis por seus titulares.

§1º Fica disponível a qualquer titular da conta individual dos participantes do PIS-Pasep o saque integral do seu saldo a partir de 19 de agosto de 2019.

▸ § 1º com redação pela Lei 13.932/2019.

I a VI – *Revogados pela Lei 13.932/2019.*

§§ 2º e 3º *Revogados pela Lei 13.932/2019.*

§ 4º Na hipótese de morte do titular da conta individual do PIS-Pasep, o saldo da conta será disponibilizado aos seus dependentes, de acordo com a legislação da Previdência Social e com a legislação específica relativa a servidores civis e aos militares.

▶ § 4º com redação pela Lei 13.932/2019.

§ 4º-A. Na hipótese prevista no § 4º deste artigo, quando o titular da conta individual do PIS-Pasep não possuir dependentes, o saldo da conta será disponibilizado aos seus sucessores, nos termos estabelecidos em lei.

▶ § 4º-A acrescido pela Lei 13.932/2019.

§ 5º Os saldos das contas individuais do PIS-Pasep ficarão disponíveis aos participantes de que tratam o *caput* e o § 1º deste artigo ou, na hipótese de morte do titular da conta individual, aos seus dependentes ou sucessores, observado o disposto nos §§ 4º e 4º-A deste artigo, independentemente de solicitação.

▶ § 5º com redação pela Lei 13.932/2019.

§ 6º A disponibilização dos saldos das contas individuais de que trata o § 1º deste artigo será efetuada conforme cronogramas de atendimento, critérios e forma estabelecidos pela Caixa Econômica Federal, quanto ao PIS, e pelo Banco do Brasil S.A., quanto ao Pasep.

▶ § 6º com redação pela Lei 13.932/2019.

§ 7º *Revogado pela Lei 13.932/2019.*

§ 8º Na hipótese de conta individual de titular já falecido, as pessoas referidas nos §§ 4º e 4º-A deste artigo poderão solicitar o saque do saldo existente na conta do titular independentemente de inventário, sobrepartilha ou autorização judicial, desde que haja consenso entre os dependentes ou sucessores e que estes atestem por escrito a autorização do saque e declarem não haver outros dependentes ou sucessores conhecidos.

▶ § 8º com redação pela Lei 13.932/2019.

Art. 4º-A. A Caixa Econômica Federal e o Banco do Brasil S.A. ficam autorizados a disponibilizar o saldo da conta individual do participante do PIS/Pasep em folha de pagamento ou mediante crédito automático em conta de depósito, conta-poupança ou outro arranjo de pagamento de titularidade do participante, quando este estiver enquadrado nas hipóteses normativas para saque e não houver sua prévia manifestação contrária.

▶ Artigo acrescido pela Lei 13.677/2018.

§ 1º Comprovada a morte do titular da conta individual do PIS/Pasep, aplica-se o disposto no *caput* deste artigo a seus dependentes, de acordo com a legislação da Previdência Social, quando não houver prévia manifestação contrária dos dependentes.

§ 2º Na hipótese do crédito automático de que tratam o *caput* e o § 1º deste artigo, o interessado poderá solicitar a transferência do valor para outra instituição financeira, em até 3 (três) meses após o depósito, sem pagamento de tarifa, conforme procedimento a ser definido pela Caixa Econômica Federal, quanto ao PIS, e pelo Banco do Brasil S.A., quanto ao Pasep.

§ 3º O valor a ser disponibilizado nos termos deste artigo poderá ser emitido em unidades inteiras de moeda corrente, com a suplementação das partes decimais até a unidade inteira imediatamente superior.

Art. 5º É mantido, para os recursos do PIS-PASEP, inclusive aqueles a que se refere o art. 1º da Lei Complementar 17, de 12 de dezembro de 1973, o sistema de aplicação unificada estabelecido na Lei Complementar 19, de 25 de junho de 1974.

Art. 6º O Poder Executivo regulamentará esta Lei Complementar dentro de 120 (cento e vinte) dias, contados de sua publicação.

Art. 7º Esta Lei Complementar entrará em vigor em 1º de julho de 1970, revogados os arts. 8º e seu parágrafo, e 9º, e seus §§ 1º e 2º, da Lei Complementar 7, de 7 de setembro de 1970, e os §§ 2º, 3º, 4º e 5º do art. 5º da Lei Complementar 8, de 3 de dezembro de 1970, e as demais disposições em contrário.

Brasília, 11 de setembro de 1975; 154º da Independência e 87º da República.

Ernesto Geisel

LEI 6.321, DE 14 DE ABRIL DE 1976

Dispõe sobre a dedução, do lucro tributável para fins de Imposto sobre a Renda das pessoas jurídicas, do dobro das despesas realizadas em programas de alimentação do trabalhador.

DOU 19.04.1976

▶ Arts. 166 a 182 do Dec. 10.854/2021 (Programa de Alimentação do Trabalhador).

O Presidente da República:

Faço saber que o Congresso Nacional decreta e eu sanciono a seguinte Lei:

Art. 1º As pessoas jurídicas poderão deduzir do lucro tributável, para fins de apuração do imposto sobre a renda, o dobro das despesas comprovadamente reali-zadas no período-base em programas de alimentação do trabalhador previamente aprovados pelo Ministério do Trabalho e Previdência, na forma e de acordo com os limites dispostos no decreto que regulamenta esta Lei.

▶ *Caput* com redação pela Lei 14.442/2022.

▶ Arts. 5º e 6º da Lei 9.532/1997 (Dedução do imposto de renda relativa aos incentivos fiscais).

§ 1º A dedução a que se refere o *caput* deste artigo não poderá exceder, em cada exercício financeiro, isoladamente, a 5% (cinco por cento) e cumulativamente com a dedução de que trata a Lei 6.297, de 15 de dezembro de 1975, a 10% (dez por cento) do lucro tributável.

§ 2º As despesas não deduzidas no exercício financeiro correspondente poderão ser transferidas para dedução nos dois exercícios financeiros subsequentes.

§ 3º As despesas destinadas aos programas de alimentação do trabalhador deverão abranger exclusivamente o pagamento de refeições em restaurantes e estabelecimentos similares e a aquisição de gêneros alimentícios em estabelecimentos comerciais.

§ 4º As pessoas jurídicas beneficiárias não poderão exigir ou receber:

I – qualquer tipo de deságio ou imposição de descontos sobre o valor contratado;

II – prazos de repasse ou pagamento que descaracterizem a natureza pré-paga dos valores a serem disponibilizados aos trabalhadores; ou

III – outras verbas e benefícios diretos ou indiretos de qualquer natureza não vinculados diretamente à promoção de saúde e segurança alimentar do trabalhador, no âmbito do contrato firmado com empresas emissoras de instrumentos de pagamento de auxílio-alimentação.

§ 5º A vedação de que trata o § 4º deste artigo terá vigência conforme definido em regulamento para os programas de alimentação do trabalhador.

▶ §§ 3º a 5º acrescidos pela Lei 14.442/2022.

Art. 1º-A. Os serviços de pagamentos de alimentação contratados para execução dos programas de alimentação de que trata esta Lei observarão o seguinte:

▶ Artigo acrescido pela Lei 14.442/2022.

I – a operacionalização por meio de arranjo de pagamento fechado ou aberto, devendo as empresas organizadas na forma de arranjo de pagamento fechado permitir a interoperabilidade entre si e com arranjos abertos, indistintamente, com o objetivo de compartilhar a rede credenciada de estabelecimentos comerciais, a partir de 1º de maio de 2023;

II – a portabilidade gratuita do serviço, mediante solicitação expressa do trabalhador, além de outras normas fixadas em decreto do Poder Executivo, a partir de 1º de maio de 2023;

▶ Incisos I e II acrescidos pela Lei 14.442/2022.

III – *Vetado.*

Art. 2º Os programas de alimentação a que se refere o artigo anterior deverão conferir prioridade ao atendimento dos trabalhadores de baixa renda e limitar-se-ão aos contratados pela pessoa jurídica beneficiária.

§ 1º O Ministério do Trabalho articular-se-á com o Instituto Nacional de Alimentação e Nutrição – INAN, para efeito do exame e aprovação dos programas a que se refere a presente Lei.

▶ Primitivo parágrafo único renumerado pela MP 2.164-41/2001.

§ 2º As pessoas jurídicas beneficiárias do Programa de Alimentação do Trabalhador – PAT poderão estender o benefício previsto nesse Programa aos trabalhadores por elas dispensados, no período de transição para um novo emprego, limitada a extensão ao período de 6 (seis) meses.

▶ § 2º acrescido pela MP 2.164-41/2001.

§ 3º As pessoas jurídicas beneficiárias do PAT poderão estender o benefício previsto neste Programa aos empregados que estejam com contrato suspenso para participação em curso ou programa de qualificação profissional, limitada essa extensão ao período de 5 (cinco) meses.

▶ § 3º acrescido pela MP 2.164-41/2001.

Art. 3º Não se inclui como salário de contribuição a parcela paga *in natura*, pela empresa, nos programas de alimentação aprovados pelo Ministério do Trabalho.

Art. 3º-A. A execução inadequada, o desvio ou o desvirtuamento das finalidades dos programas de alimentação do trabalhador pelas pessoas jurídicas beneficiárias ou pelas empresas registradas no Ministério do Trabalho e Previdência, sem prejuízo da aplicação de outras penalidades cabíveis pelos órgãos competentes, acarretarão:

▶ Artigo acrescido pela Lei 14.442/2022.

I – a aplicação de multa no valor de R$ 5.000,00 (cinco mil reais) a R$ 50.000,00 (cinquenta mil reais), a qual será aplicada em dobro em caso de reincidência ou de embaraço à fiscalização;

II – o cancelamento da inscrição da pessoa jurídica beneficiária ou do registro das empresas vinculadas aos programas de alimentação do trabalhador cadastradas no Ministério do Trabalho e Previdência, desde a data da primeira irregularidade passível de cancelamento, conforme estabelecido em ato específico; e

III – a perda do incentivo fiscal da pessoa jurídica beneficiária, em consequência do cancelamento previsto no inciso II deste *caput*.

§ 1º Os critérios de cálculo e os parâmetros de gradação da multa prevista no inciso I do *caput* deste artigo serão estabelecidos em ato do Ministro de Estado do Trabalho e Previdência.

§ 2º O estabelecimento que comercializa produtos não relacionados à alimentação do trabalhador e a empresa que o credenciou sujeitam-se à aplicação da multa prevista no inciso I do *caput* deste artigo.

§ 3º Na hipótese do cancelamento previsto no inciso II do *caput* deste artigo, novo registro ou inscrição perante o Ministério do Trabalho e Previdência somente poderá ser pleiteado decorrido o prazo a ser definido em regulamento.

Art. 4º O Poder Executivo regulamentará a presente Lei prazo de 60 (sessenta) dias.

Art. 5º Esta Lei entrará em vigor na data de sua publicação, revogadas as disposições em contrário.

Brasília, 14 de abril de 1976; 155º da Independência e 88º da República.

Ernesto Geisel

LEI 6.404, DE 15 DE DEZEMBRO DE 1976

Dispõe sobre as Sociedades por Ações.

DOU 17.12.1976

O Presidente da República, faço saber que o Congresso Nacional decreta e eu sanciono a seguinte Lei:

(...)

Seção IV
Deveres e Responsabilidades

(...)

Responsabilidade dos Administradores

Art. 158. O administrador não é pessoalmente responsável pelas obrigações que contrair em nome da sociedade e em virtude de ato regular de gestão; responde, porém, civilmente, pelos prejuízos que causar, quando proceder:

I – dentro de suas atribuições ou poderes, com culpa ou dolo;

II – com violação da lei ou do estatuto.

§ 1º O administrador não é responsável por atos ilícitos de outros administradores, salvo se com eles for conivente, se negligenciar em descobri-los ou se, deles tendo conhecimento, deixar de agir para impedir a sua prática. Exime-se de responsabilidade o administrador dissidente que faça consignar sua divergência em ata de reunião do órgão de administração ou, não sendo possível, dela dê ciência imediata e por escrito ao órgão da administração, no conselho fiscal, se em funcionamento, ou à assembléia-geral.

§ 2º Os administradores são solidariamente responsáveis pelos prejuízos causados em virtude do não cumprimento dos deveres impostos por lei para assegurar o funcionamento normal da companhia, ainda que, pelo estatuto, tais deveres não caibam a todos eles.

§ 3º Nas companhias abertas, a responsabilidade de que trata o § 2º ficará restrita, ressalvado o disposto no § 4º, aos administradores que, por disposição do estatuto, tenham atribuição específica de dar cumprimento àqueles deveres.

§ 4º O administrador que, tendo conhecimento do não cumprimento desses deveres por seu predecessor, ou pelo administrador competente nos termos do § 3º, deixar de comunicar o fato à assembléia-geral, tornar-se-á por ele solidariamente responsável.

§ 5º Responderá solidariamente com o administrador quem, com o fim de obter vantagem para si ou para outrem, concorrer para a prática de ato com violação da lei ou do estatuto.

Ação de Responsabilidade

Art. 159. Compete à companhia, mediante prévia deliberação da assembléia-geral, a ação de responsabilidade civil contra o administrador, pelos prejuízos causados ao seu patrimônio.

§ 1º A deliberação poderá ser tomada em assembléia-geral ordinária e, se prevista na ordem do dia, ou for conseqüência direta do assunto nela incluído, em assembléia-geral extraordinária.

§ 2º O administrador ou administradores contra os quais deva ser proposta ação ficarão impedidos e deverão ser substituídos na mesma assembléia.

§ 3º Qualquer acionista poderá promover a ação, se não for proposta no prazo de 3 (três) meses da deliberação da assembléia-geral.

§ 4º Se a assembléia deliberar não promover a ação, poderá ela ser proposta por acionistas que representem 5% (cinco por cento), pelo menos, do capital social.

§ 5º Os resultados da ação promovida por acionista deferem-se à companhia, mas esta deverá indenizá-lo, até o limite daqueles resultados, de todas as despesas em que tiver incorrido, inclusive correção monetária e juros dos dispêndios realizados.

§ 6º O juiz poderá reconhecer a exclusão da responsabilidade do administrador, se convencido de que este agiu de boa-fé e visando ao interesse da companhia.

§ 7º A ação prevista neste artigo não exclui a que couber ao acionista ou terceiro diretamente prejudicado por ato de administrador.

(...)

CAPÍTULO XIV
MODIFICAÇÃO DO CAPITAL SOCIAL

Seção I
Aumento
Competência

Art. 166. O capital social pode ser aumentado:

I - por deliberação da assembléia-geral ordinária, para correção da expressão monetária do seu valor (artigo 167);

II - por deliberação da assembléia-geral ou do conselho de administração, observado o que a respeito dispuser o estatuto, nos casos de emissão de ações dentro do limite autorizado no estatuto (artigo 168);

III - por conversão, em ações, de debêntures ou parte beneficiárias e pelo exercício de direitos conferidos por bônus de subscrição, ou de opção de compra de ações;

IV - por deliberação da assembléia-geral extraordinária convocada para decidir sobre reforma do estatuto social, no caso de inexistir autorização de aumento, ou de estar a mesma esgotada.

§ 1º Dentro dos 30 (trinta) dias subseqüentes à efetivação do aumento, a companhia requererá ao registro do comércio a sua averbação, nos casos dos números I a III, ou o arquivamento da ata da assembléia de reforma do estatuto, no caso do número IV.

§ 2º O conselho fiscal, se em funcionamento, deverá, salvo nos casos do número III, ser obrigatoriamente ouvido antes da deliberação sobre o aumento de capital.

Correção Monetária Anual

Art. 167. A reserva de capital constituída por ocasião do balanço de encerramento do exercício social e resultante da correção monetária do capital realizado (artigo 182, § 2º) será capitalizada por deliberação da assembléia-geral ordinária que aprovar o balanço.

§ 1º Na companhia aberta, a capitalização prevista neste artigo será feita sem modificação do número de ações emitidas e com aumento do valor nominal das ações, se for o caso.

§ 2º A companhia poderá deixar de capitalizar o saldo da reserva correspondente às frações de centavo do valor nominal das ações, ou, se não tiverem valor nominal, à fração inferior a 1% (um por cento) do capital social.

§ 3º Se a companhia tiver ações com e sem valor nominal, a correção do capital correspondente às ações com valor nominal será feita separadamente, sendo a reserva resultante capitalizada em benefício dessas ações.

Capital Autorizado

Art. 168. O estatuto pode conter autorização para aumento do capital social independentemente de reforma estatutária.

§ 1º A autorização deverá especificar:

a) o limite de aumento, em valor do capital ou em número de ações, e as espécies e classes das ações que poderão ser emitidas;

b) o órgão competente para deliberar sobre as emissões, que poderá ser a assembléia-geral ou o conselho de administração;

c) as condições a que estiverem sujeitas as emissões;

d) os casos ou as condições em que os acionistas terão direito de preferência para subscrição, ou de inexistência desse direito (artigo 172).

§ 2º O limite de autorização, quando fixado em valor do capital social, será anualmente corrigido pela assembléia-geral ordinária, com base nos mesmos índices adotados na correção do capital social.

§ 3º O estatuto pode prever que a companhia, dentro do limite de capital autorizado, e de acordo com plano aprovado pela assembléia-geral, outorgue opção de compra de ações a seus administradores ou empregados, ou a pessoas naturais que prestem serviços à companhia ou a sociedade sob seu controle.

(...)

CAPÍTULO XXII
CONSÓRCIO

Art. 278. As companhias e quaisquer outras sociedades, sob o mesmo controle ou não, podem constituir consórcio para executar determinado empreendimento, observado o disposto neste Capítulo.

§ 1º O consórcio não tem personalidade jurídica e as consorciadas somente se obrigam nas condições previstas no respectivo contrato, respondendo cada uma por suas obrigações, sem presunção de solidariedade.

§ 2º A falência de uma consorciada não se estende às demais, subsistindo o consórcio com as outras contratantes; os créditos que porventura tiver a falida serão apurados e pagos na forma prevista no contrato de consórcio.

(...)

Brasília, 15 de dezembro de 1976; 155º da Independência e 88º da República.

Ernesto Geisel

LEI 6.708, DE 30 DE OUTUBRO DE 1979

Dispõe sobre a correção automática dos salários, modifica a política salarial e dá outras providências.

DOU 30.10.1979

O Presidente da República:

Faço saber que o Congresso Nacional decreta e eu sanciono a seguinte Lei:

(...)

Art. 3º A correção dos valores monetários dos salários, na forma do artigo anterior, independerá de negociação coletiva e poderá ser reclamada, individualmente, pelos empregados.

§ 1º Para a correção a ser feita no mês, será utilizada a variação a que se refere o § 1º do artigo 2º, publicada no mês anterior.

§ 2º Será facultado aos Sindicatos, independente da outorga de poderes dos integrantes da respectiva categoria profissional, apresentar reclamação na qualidade de substituto processual de seus associados, com o objetivo de assegurar a percepção dos valores salariais corrigidos na forma do artigo anterior.

Art. 4º A contagem de tempo para fins de correção salarial será feita a partir da data-base da categoria profissional.

§ 1º Entende-se data-base, para fins desta Lei, a data de início de vigência de acordo ou convenção coletiva, ou sentença normativa.

§ 2º Os empregados que não estejam incluídos numa das hipóteses do parágrafo anterior terão como data-base a data de seu último aumento ou reajustamento de salário, ou na falta desta, a data de início de vigência de seu contrato de trabalho.

Art. 5º O salário do empregado admitido após a correção salarial da categoria será atualizado na subsequente revisão proporcionalmente ao número de meses a partir da admissão.

Parágrafo único. A regra do artigo não se aplica às empresas que adotem quadro de pessoal organizado em carreira e em que a correção incida sobre os respectivos níveis ou classes de salários.

Art. 6º A correção do valor monetário dos salários dos empregados, que trabalham em regime de horário parcial, será calculada proporcionalmente à correção de seu salário por hora de trabalho.

Parágrafo único. Para o cálculo da correção do salário por hora de trabalho, aplicar-se-á o disposto no artigo 2º desta Lei, substituindo-se o salário do trabalhador pelo seu salário por hora de trabalho e o salário mínimo pelo salário mínimo-hora.

Art. 7º A correção monetária a que se referem os artigos 1º e 2º desta Lei não se estende às remunerações variáveis, percebidas com base em comissões percentuais

preajustadas, aplicando-se, porém, à parte fixa do salário misto percebido pelo empregado assim remunerado.

Art. 8º A correção dos valores monetários dos salários de trabalhadores avulsos, negociados para grupos de trabalhadores, diretamente, pelas suas Entidades Sindicais, será procedida de acordo com o disposto no artigo 2º desta Lei.

Parágrafo único. No caso de trabalhadores avulsos, cuja remuneração seja disciplinada pelo conselho Nacional de Política Salarial, a data-base será a de sua última revisão salarial.

Art. 9º O empregado dispensado, sem justa causa, no período de 30 (trinta) dias que antecede a data de sua correção salarial, terá direito à indenização adicional equivalente a um salário mensal, seja ele, ou não, optante pelo Fundo de Garantia do Tempo de Serviço.

Art. 10. Ficam mantidas as datas-base das categorias profissionais para efeito de negociações coletivas com finalidade de obtenção de aumentos de salários e do estabelecimento de cláusulas que regulem condições especiais de trabalho.

Parágrafo único. Os aumentos coletivos de salários serão ajustados por um ano, não podendo ocorrer revisão, a esse título, antes de vencido aquele prazo.

Art. 11. O aumento dos salários poderá ser estipulado por convenção, acordo coletivo ou sentença normativa, com fundamento no acréscimo verificado na produtividade da categoria profissional.

§ 1º Poderão ser estabelecidos percentuais diferentes para os empregados, segundo os níveis de remuneração.

§ 2º A convenção coletiva poderá fixar níveis diversos para o aumento dos salários, em empresas de diferentes portos, sempre que razões de caráter econômico justifiquem essa diversificação, ou excluir as empresas que comprovarem sua incapacidade econômica para suportar esse aumento.

§ 3º Será facultado à empresa não excluída do campo de incidência do aumento determinado na forma deste artigo comprovar, na ação de cumprimento, sua incapacidade econômica, para efeito de sua exclusão ou colocação em nível compatível com suas possibilidades.

§ 4º As empresas empregadoras não poderão repassar, para os preços dos produtos ou serviços, o aumento de custo decorrente do aumento de salários a que se refere o *caput* desse artigo, salvo por resolução do Conselho Interministerial de Preços (CIP).

(...)

Art. 13. Os adiantamentos ou abonos concedidos pelo empregador, antes ou após a vigência desta Lei, serão deduzidos da correção salarial.

(...)

Art. 15. Os empregados que integram categorias profissionais cujas datas-base estejam compreendidas nos meses de novembro de 1978 a abril de 1979 terão seus salários corrigidos na data de início de vigência desta Lei, no percentual de 22% (vinte e dois por cento) sobre o salário vigente na data-base, compensados os aumentos concedidos na forma do artigo 13 desta Lei.

§ 1º Os salários resultantes da correção a que se refere o *caput* deste artigo servirão como base para a nova correção a ser procedida na data-base.

§ 2º Os empregados cuja data-base ocorreu no último mês de maio anterior a esta Lei terão seus salários corrigidos no mês de novembro de 1979, por percentual equivalente à variação do Índice Nacional de Preços ao Consumidor, relativo ao semestre anterior ao mês de outubro.

§ 3º A correção inicial dos salários dos empregados a que se refere o § 2º do artigo 4º desta Lei não poderá incidir sobre período superior a 6 (seis) meses, ainda que sua data-base ocorra antes de maio de 1979.

Art. 16. Os empregados integrados em categorias profissionais cuja data-base ocorra no mês de novembro terão após corrigidos na forma do artigo anterior, os salários novamente corrigidos, no percentual equivalente ao da variação do índice relativo ao semestre anterior ao mês de outubro de 1979, e que será publicado até o final do mês de novembro do mesmo ano.

Art. 17. O Poder Executivo poderá estabelecer, a partir de 1º de janeiro de 1981, periodicidade diversa da prevista no artigo 1º desta Lei.

Art. 18. O Poder Executivo, observada a legislação pertinente, ajustará a política do salário mínimo aos objetivos desta Lei.

Art. 19. A partir de 1º de maio de 1980, dar-se-á gradativa redução das regiões em que se subdivide o território nacional, a fim de que seja alcançada (*Vetado*) a unificação do salário mínimo no País.

Art. 20. As disposições da presente Lei não se aplicam aos servidores da União, dos Territórios, dos Estados e dos Municípios o de suas autarquias submetidas ao regime da Consolidação das Leis do Trabalho.

Art. 21. Fica revogada a Lei 6.147, de 29 de novembro de 1974, e demais disposições em contrário.

Art. 22. Esta lei entrará em vigor no dia 1º de novembro de 1979, independentemente de sua regulamentação pelo Poder Executivo, no prazo de 90 (noventa) dias, a contar de sua publicação.

Brasília, 30 de outubro de 1979; 158º da Independência e 91º da República.

João Figueiredo

LEI 6.830, DE 22 DE SETEMBRO DE 1980

Dispõe sobre a cobrança judicial da Dívida Ativa da Fazenda Pública e dá outras providências.

DOU 24.09.1980

O Presidente da República:

Faço saber que o Congresso Nacional decreta e eu sanciono a seguinte Lei:
 ▸ Súmula 435 do STF.

Art. 1º A execução judicial para cobrança da Dívida Ativa da União, dos Estados, do Distrito Federal, dos Municípios e respectivas autarquias será regida por esta Lei e, subsidiariamente, pelo Código de Processo Civil.
 ▸ Art. 201 do CTN.
 ▸ Súmula 507 do STF.
 ▸ Súmulas 121, 128, 153, 190 e 521 do STJ.
 ▸ Súmulas 8, 34, 40, 44, 48, 99, 112, 117, 137, 154 e 168 do TFR.

Art. 2º Constitui Dívida Ativa da Fazenda Pública aquela definida como tributária ou não tributária na Lei 4.320, de 17 de março de 1964, com as alterações posteriores, que estatui normas gerais de direito financeiro para elaboração e controle dos orçamentos e balanços da União, dos Estados, dos Municípios e do Distrito Federal.
 ▸ Art. 142 do CTN.

§ 1º Qualquer valor, cuja cobrança seja atribuída por lei às entidades de que trata o artigo 1º, será considerado Dívida Ativa da Fazenda Pública.

§ 2º A Dívida Ativa da Fazenda Pública, compreendendo a tributária e a não tributária, abrange atualização monetária, juros e multa de mora e demais encargos previstos em lei ou no contrato.
 ▸ Art. 6º, § 4º, desta Lei.
 ▸ Art. 161, § 1º, do CTN.
 ▸ Súmula 565 do STF.
 ▸ Súmulas 168 e 209 do TFR.

§ 3º A inscrição, que se constitui no ato de controle administrativo da legalidade, será feita pelo órgão competente para apurar a liquidez e certeza do crédito e suspenderá a prescrição, para todos os efeitos de direito, por cento e oitenta dias ou até a distribuição da execução fiscal, se esta ocorrer antes de findo aquele prazo.
 ▸ Arts. 8º, § 2º, e 40, *caput*, desta Lei.
 ▸ Art. 71 da CF.
 ▸ Arts. 197 a 201 do CC.
 ▸ Arts. 174 e 201 do CTN.
 ▸ Art. 1º, par. ún., da Lei 8.005/1990 (Cobrança e a atualização dos créditos do Instituto Brasileiro do Meio Ambiente e dos Recursos Naturais Renováveis – IBAMA).
 ▸ Súmula Vinculante 8 do STF.

§ 4º A Dívida Ativa da União será apurada e inscrita na Procuradoria da Fazenda Nacional.
 ▸ Art. 1º da Lei 8.022/1990 (Sistema de administração das receitas federais).
 ▸ Art. 58 da Lei 11.941/2009 (Altera a legislação tributária federal relativa ao parcelamento ordinário de débitos tributários).
 ▸ Súmula 139 do STJ.

§ 5º O Termo de Inscrição de Dívida Ativa deverá conter:
 ▸ Art. 202 do CTN.

I – o nome do devedor, dos corresponsáveis e, sempre que conhecido, o domicílio ou residência de um e de outros;

II – o valor originário da dívida, bem como o termo inicial e a forma de calcular os juros de mora e demais encargos previstos em lei ou contrato;

III – a origem, a natureza e o fundamento legal ou contratual da dívida;

IV – a indicação, se for o caso, de estar a dívida sujeita à atualização monetária, bem como o respectivo fundamento legal e o termo inicial para o cálculo;

V – a data e o número da inscrição, no Registro de Dívida Ativa; e

VI – o número do processo administrativo ou do auto de infração, se neles estiver apurado o valor da dívida.

§ 6º A Certidão de Dívida Ativa conterá os mesmos elementos do Termo de Inscrição e será autenticada pela autoridade competente.

§ 7º O Termo de Inscrição e a Certidão de Dívida Ativa poderão ser preparados e numerados por processo manual, mecânico ou eletrônico.

§ 8º Até a decisão de primeira instância, a Certidão de Dívida Ativa poderá ser emendada ou substituída, assegurada ao executado a devolução do prazo para embargos.

§ 9º O prazo para a cobrança das contribuições previdenciárias continua a ser o estabelecido no artigo 144 da Lei 3.807, de 26 de agosto de 1960.
 ▸ Arts. 173 e 174 do CTN.
 ▸ Arts. 45 e 46 da Lei 8.212/1991 (Lei Orgânica da Seguridade Social).
 ▸ Súmula 210 do STJ.

Art. 3º A Dívida Ativa regularmente inscrita goza da presunção de certeza e liquidez.
 ▸ Art. 204 do CTN.
 ▸ Súmula 279 do STJ.

Parágrafo único. A presunção a que se refere este artigo é relativa e pode ser ilidida por prova inequívoca, a cargo do executado ou de terceiro, a quem aproveite.

Art. 4º A execução fiscal poderá ser promovida contra:
 ▸ Arts. 134 e 135 do CTN.

I – o devedor;

II – o fiador;

III – o espólio;

IV – a massa;

V – o responsável, nos termos da lei, por dívidas, tributárias ou não, de pessoas físicas ou pessoas jurídicas de direito privado; e
 ▸ Súmulas 430 e 435 do STJ.

VI – os sucessores a qualquer título.

§ 1º Ressalvado o disposto no artigo 31, o síndico, o comissário, o liquidante, o inventariante e o administrador, nos casos de falência, concordata, liquidação, inventário, insolvência ou concurso de credores, se, antes de garantidos os créditos da Fazenda Pública, alienarem ou derem em garantia quaisquer dos bens administrados, respondem, solidariamente, pelo valor desses bens.
 ▸ Arts. 21 a 25 da Lei 11.101/2005 (Recuperação de Empresas e Falências).

§ 2º À Dívida Ativa da Fazenda Pública, de qualquer natureza, aplicam-se as normas relativas à responsabilidade prevista na legislação tributária, civil e comercial.

§ 3º Os responsáveis, inclusive as pessoas indicadas no § 1º deste artigo, poderão nomear bens livres e desembaraçados do devedor, tantos quantos bastem para pagar a dívida. Os bens dos responsáveis ficarão, porém, sujeitos à execução, se os do devedor forem insuficientes à satisfação da dívida.
 ▸ Súmula 44 do THJ.

§ 4º Aplica-se à Dívida Ativa da Fazenda Pública de natureza não tributária o disposto nos artigos 186 e 188 a 192 do Código Tributário Nacional.

Art. 5º A competência para processar e julgar a execução da Dívida Ativa da Fazenda Pública exclui a de qualquer outro juízo, inclusive o da falência, da concordata, da liquidação, da insolvência ou do inventário.
 ▸ Art. 29 desta Lei.
 ▸ Arts. 109, § 3º, e 114, VII e VIII, da CF.
 ▸ Lei 11.101/2005 (Recuperação Judicial e Falências).
 ▸ Súmulas 58 e 66 do STJ.
 ▸ Súmulas 40, 189 e 244 do TFR.

Art. 6º A petição inicial indicará apenas:
 ▸ Súmulas 558 e 559 do STJ.

I – o juiz a quem é dirigida;

II – o pedido; e

III – o requerimento para a citação.

§ 1º A petição inicial será instruída com a Certidão da Dívida Ativa, que dela fará parte integrante, como se estivesse transcrita.

§ 2º A petição inicial e a Certidão de Dívida Ativa poderão constituir um único documento, preparado inclusive por processo eletrônico.

§ 3º A produção de provas pela Fazenda Pública independe de requerimento na petição inicial.

§ 4º O valor da causa será o da dívida constante da certidão, com os encargos legais.

Art. 7º O despacho do juiz que deferir a inicial importa em ordem para:

I – citação, pelas sucessivas modalidades previstas no artigo 8º;

II – penhora, se não for paga a dívida, nem garantida a execução, por meio de depósito, fiança ou seguro garantia;
 ▸ Inciso II com redação pela Lei 13.043/2014.

III – arresto, se o executado não tiver domicílio ou dele se ocultar;

IV – registro da penhora ou do arresto, independentemente do pagamento de custas ou outras despesas, observado o disposto no artigo 14; e

V – avaliação dos bens penhorados ou arrestados.

Art. 8º O executado será citado para, no prazo de cinco dias, pagar a dívida com os juros e multa de mora e encargos indicados na Certidão de Dívida Ativa, ou garantir a execução, observadas as seguintes normas:
 ▸ Súmulas 393 e 414 do STJ.
 ▸ Súmula 78 do TFR.

I – a citação será feita pelo correio, com aviso de recepção, se a Fazenda Pública não a requerer por outra forma;
 ▸ Súmula 429 do STJ.

II – a citação pelo correio considera-se feita na data da entrega da carta no endereço do executado; ou, se a data for omitida, no aviso de recepção, dez dias após a entrega da carta à agência postal;
 ▸ Art. 12, § 3º, desta Lei.

III – se o aviso de recepção não retornar no prazo de quinze dias da entrega da carta à agência postal, a citação será feita por oficial de justiça ou por edital;
 ▸ Súmula 414 do STJ.
 ▸ Súmula 210 do TFR.

IV – o edital de citação será afixado na sede do juízo, publicado uma só vez no órgão oficial, gratuitamente, como expediente judiciário, com o prazo de trinta dias, e conterá, apenas, a indicação da exequente, o nome do devedor e dos corresponsáveis, a quantia devida, a natureza da dívida, a data e o número da inscrição no Registro da Dívida Ativa, o prazo e o endereço da sede do juízo.
 ▸ Súmula 210 do TFR.

§ 1º O executado ausente do País será citado por edital, com o prazo de sessenta dias.

§ 2º O despacho do juiz, que ordenar a citação, interrompe a prescrição.
 ▸ Art. 174, par. ún., I, do CTN.
 ▸ Súmula 248 do TFR.

Art. 9º Em garantia da execução, pelo valor da dívida, juros e multa de mora e encargos indicados na Certidão da Dívida Ativa, o executado poderá:

I – efetuar depósito em dinheiro, à ordem do juízo em estabelecimento oficial de crédito, que assegure atualização monetária;
 ▸ Art. 21 desta Lei.

II – oferecer fiança bancária ou seguro garantia;
 ▸ Inciso II com redação pela Lei 13.043/2014.

III – nomear bens à penhora, observada a ordem do artigo 11; ou

IV – indicar à penhora bens oferecidos por terceiros e aceitos pela Fazenda Pública.

§ 1º O executado só poderá indicar e o terceiro oferecer bem imóvel à penhora com o consentimento expresso do respectivo cônjuge.

§ 2º Juntar-se-á aos autos a prova do depósito, da fiança bancária, do seguro garantia ou da penhora dos bens do executado ou de terceiros.
 ▸ § 2º com redação pela Lei 13.043/2014.

§ 3º A garantia da execução, por meio de depósito em dinheiro, fiança bancária ou seguro garantia, produz os mesmos efeitos da penhora.
 ▸ § 3º com redação pela Lei 13.043/2014.

§ 4º Somente o depósito em dinheiro, na forma do artigo 32, faz cessar a responsabilidade pela atualização monetária e juros de mora.
 ▸ Súmula 112 do STJ.

§ 5º A fiança bancária prevista no inciso II obedecerá às condições preestabelecidas pelo Conselho Monetário Nacional.

§ 6º O executado poderá pagar parcela da dívida, que julgar incontroversa, e garantir a execução do saldo devedor.

§ 7º As garantias apresentadas na forma do inciso II do *caput* deste artigo somente serão liquidadas, no todo ou parcialmente, após o trânsito em julgado de decisão de mérito em desfavor do contribuinte, vedada a sua liquidação antecipada.
 ▸ § 7º com redação pela Lei 14.689/2023, vetado pelo Presidente da República e rejeitado o veto pelo Congresso Nacional (DOU 22.12.2023 extra C).

Art. 10. Não ocorrendo o pagamento, nem a garantia da execução de que trata o artigo 9º, a penhora poderá recair em qualquer bem do executado, exceto os que a lei declare absolutamente impenhoráveis.
 ▸ Lei 8.009/1990 (Impenhorabilidade do Bem de Família).

Art. 11. A penhora ou arresto de bens obedecerá à seguinte ordem:
 ▸ Art. 15, II, desta Lei.
 ▸ Súmula 406 do STJ.

I – dinheiro;
> ▸ Súmula 417 do STJ.

II – título da dívida pública, bem como título de crédito, que tenham cotação em Bolsa;

III – pedras e metais preciosos;

IV – imóveis;

V – navios e aeronaves;

VI – veículos;

VII – móveis ou semoventes; e

VIII – direito e ações.

§ 1º Excepcionalmente, a penhora poderá recair sobre estabelecimento comercial, industrial ou agrícola, bem como em plantações ou edifícios em construção.
> ▸ Súmula 451 do STJ.

§ 2º A penhora efetuada em dinheiro será convertida no depósito de que trata o inciso I do artigo 9º.

§ 3º O juiz ordenará a remoção do bem penhorado para depósito judicial, particular ou da Fazenda Pública exequente, sempre que esta o requerer, em qualquer fase do processo.

Art. 12. Na execução fiscal, far-se-á a intimação da penhora ao executado, mediante publicação, no órgão oficial, do ato de juntada do termo ou do auto de penhora.
> ▸ Súmula 190 do TFR.

§ 1º Nas comarcas do interior dos Estados, a intimação poderá ser feita pela remessa de cópia do termo ou do auto de penhora, pelo correio, na forma estabelecida no artigo 8º, I e II, para a citação.

§ 2º Se a penhora recair sobre o imóvel, far-se-á a intimação ao cônjuge, observadas as normas previstas para a citação.

§ 3º Far-se-á a intimação da penhora pessoalmente ao executado se, na citação feita pelo correio, o aviso de recepção não contiver a assinatura do próprio executado, ou de seu representante legal.

Art. 13. O termo ou auto de penhora conterá, também, a avaliação dos bens penhorados, efetuada por quem o lavrar.

§ 1º Impugnada a avaliação, pelo executado, ou pela Fazenda Pública, antes de publicado o edital de leilão, o juiz, ouvida a outra parte, nomeará avaliador oficial para proceder a nova avaliação dos bens penhorados.

§ 2º Se não houver, na comarca, avaliador oficial ou este não puder apresentar o laudo de avaliação no prazo de quinze dias, será nomeada pessoa ou entidade habilitada, a critério do juiz.
> ▸ Súmula 99 do TFR.

§ 3º Apresentado o laudo, o juiz decidirá de plano sobre a avaliação.

Art. 14. O oficial de justiça entregará contrafé e cópia do termo ou do auto de penhora ou arresto, com a ordem de registro de que trata o artigo 7º, IV:

I – no ofício próprio, se o bem for imóvel ou a ele equiparado;
> ▸ Art. 167, I-15, da Lei 6.015/1973 (Registros Públicos).

II – na repartição competente para emissão de certificado de registro, se for veículo;

III – na Junta Comercial, na Bolsa de Valores, e na sociedade comercial, se forem ações, debênture, parte beneficiária, quota ou qualquer outro título, crédito ou direito societário nominativo.

Art. 15. Em qualquer fase do processo, será deferida pelo juiz:
> ▸ Súmula 406 do STJ.

I – ao executado, a substituição da penhora por depósito em dinheiro, fiança bancária ou seguro garantia; e
> ▸ Inciso I com redação pela Lei 13.043/2014.

II – à Fazenda Pública, a substituição dos bens penhorados por outros, independentemente da ordem enumerada no artigo 11, bem como o reforço da penhora insuficiente.
> ▸ Súmula 406 do STJ.

Art. 16. O executado oferecerá embargos, no prazo de trinta dias, contados:

I – do depósito;

II – da juntada da prova da fiança bancária ou do seguro garantia;
> ▸ Inciso II com redação pela Lei 13.043/2014.

III – da intimação da penhora.

§ 1º Não são admissíveis embargos do executado antes de garantida a execução.
> ▸ Súmula 393 do STJ.

§ 2º No prazo dos embargos, o executado deverá alegar toda matéria útil à defesa, requerer provas e juntar aos autos os documentos e rol de testemunhas, até três, ou, a critério do juiz, até o dobro desse limite.

§ 3º Não será admitida reconvenção, nem compensação, e as exceções, salvo as de suspeição, incompetência e impedimento, serão arguidas como matéria preliminar e serão processadas e julgadas com os embargos.

Art. 17. Recebidos os embargos, o juiz mandará intimar a Fazenda, para impugná-los no prazo de trinta dias, designando, em seguida, audiência de instrução e julgamento.
> ▸ Súmula 277 do STF.

Parágrafo único. Não se realizará audiência, se os embargos versarem sobre matéria de direito ou, sendo de direito e de fato, a prova for exclusivamente documental, caso em que o juiz proferirá a sentença no prazo de trinta dias.

Art. 18. Caso não sejam oferecidos os embargos, a Fazenda Pública manifestar-se-á sobre a garantia da execução.
> ▸ Súmula 168 do TFR.

Art. 19. Não sendo embargada a execução ou sendo rejeitados os embargos, no caso de garantia prestada por terceiro, será este intimado, sob pena de contra ele prosseguir a execução nos próprios autos, para, no prazo de quinze dias:

I – remir o bem, se a garantia for real; ou

II – pagar o valor da dívida, juros e multa de mora e demais encargos, indicados na Certidão de Dívida Ativa, pelos quais se obrigou, se a garantia for fidejussória.

Art. 20. Na execução por carta, os embargos do executado serão oferecidos no juízo deprecado, que os remeterá ao juízo deprecante, para instrução e julgamento.
> ▸ Súmula 46 do STJ.

Parágrafo único. Quando os embargos tiverem por objeto vícios ou irregularidades de atos do próprio juízo deprecado, caber-lhe-á unicamente o julgamento dessa matéria.

Art. 21. Na hipótese de alienação antecipada dos bens penhorados, o produto será depositado em garantia da execução, nos termos previstos no artigo 9º, I.

Art. 22. A arrematação será precedida de edital, afixado no local do costume, na sede do juízo, e publicado em resumo, uma só vez, gratuitamente, como expediente judiciário, no órgão oficial.
> ▸ Art. 1º desta Lei.

§ 1º O prazo entre as datas de publicação do edital e do leilão não poderá ser superior a trinta, nem inferior a dez dias.

§ 2º O representante judicial da Fazenda Pública será intimado, pessoalmente, da realização do leilão, com a antecedência prevista no parágrafo anterior.

Art. 23. A alienação de quaisquer bens penhorados será feita em leilão público, no lugar designado pelo juiz.
> ▸ Súmulas 121 e 128 do STJ.

§ 1º A Fazenda Pública e o executado poderão requerer que os bens sejam leiloados englobadamente ou em lotes que indicarem.

§ 2º Cabe ao arrematante o pagamento da comissão do leiloeiro e demais despesas indicadas no edital.

Art. 24. A Fazenda Pública poderá adjudicar os bens penhorados:
> ▸ Súmula 224 do TFR.

I – antes do leilão, pelo preço da avaliação, se a execução não for embargada ou se rejeitados os embargos;

II – findo o leilão:

a) se não houver licitante, pelo preço da avaliação;

b) havendo licitantes, com preferência, em igualdade de condições com a melhor oferta, no prazo de trinta dias.

Parágrafo único. Se o preço da avaliação ou o valor da melhor oferta for superior ao dos créditos da Fazenda Pública, a adjudicação somente será deferida pelo juiz se a diferença for depositada, pela exequente, à ordem do juízo, no prazo de trinta dias.
> ▸ Art. 71 da Lei 11.941/2009 (Altera a legislação tributária federal relativa ao parcelamento ordinário de débitos tributários).

Art. 25. Na execução fiscal, qualquer intimação ao representante judicial da Fazenda Pública será feita pessoalmente.
> ▸ Súmulas 117 e 240 do TFR.

Parágrafo único. A intimação de que trata este artigo poderá ser feita mediante vista dos autos, com imediata remessa ao representante judicial da Fazenda Pública, pelo cartório ou secretaria.

Art. 26. Se, antes da decisão de primeira instância, a inscrição de Dívida Ativa for, a qualquer título, cancelada, a execução fiscal será extinta, sem qualquer ônus para as partes.
> ▸ Súmula 153 do STJ.

Art. 27. As publicações de atos processuais poderão ser feitas resumidamente ou reunir num só texto os de diferentes processos.

Parágrafo único. As publicações farão sempre referência ao número do processo no respectivo juízo e ao número da correspondente inscrição de Dívida Ativa, bem como ao nome das partes e de seus advogados, suficientes para a sua identificação.

Art. 28. O juiz, a requerimento das partes, poderá, por conveniência da unidade da garantia da execução, ordenar a reunião de processos contra o mesmo devedor.
> ▸ Súmula 515 do STJ.

Parágrafo único. Na hipótese deste artigo, os processos serão redistribuídos ao juízo da primeira distribuição.

Art. 29. A cobrança judicial da Dívida Ativa da Fazenda Pública não é sujeita a concurso de credores ou habilitação em falência, concordata, liquidação, inventário ou arrolamento.
> ▸ Art. 5º desta Lei.
> ▸ Art. 187 do CTN.
> ▸ Lei 11.101/2005 (Recuperação de Empresas e Falências).
> ▸ Súmula 244 do TFR.

Parágrafo único. O concurso de preferência somente se verifica entre pessoas jurídicas de direito público, na seguinte ordem:
> ▷ O STF, por maioria, julgou procedente a ADPF 357 para declarar a não recepção pela Constituição da República de 1988 deste parágrafo (DOU 06.07.2021).
> ▸ Art. 19, II, da CF.
> ▸ Súmula 244 do TFR.
> ▸ Súmula 497 do STJ.

I – União e suas autarquias;

II – Estados, Distrito Federal e Territórios e suas autarquias, conjuntamente e *pro rata;*

III – Municípios e suas autarquias, conjuntamente e *pro rata.*

Art. 30. Sem prejuízo dos privilégios especiais sobre determinados bens, que sejam previstos em lei, responde pelo pagamento da Dívida Ativa da Fazenda Pública a totalidade dos bens e das rendas, de qualquer origem ou natureza, do sujeito passivo, seu espólio ou sua massa, inclusive os gravados por ônus real ou cláusula de inalienabilidade ou impenhorabilidade, seja qual for a data da constituição do ônus ou da cláusula, excetuados unicamente os bens e rendas que a lei declara absolutamente impenhoráveis.
> ▸ Art. 4º desta Lei.
> ▸ Art. 184 do CTN.

Art. 31. Nos processos de falência, concordata, liquidação, inventário, arrolamento ou concurso de credores, nenhuma alienação será judicialmente autorizada sem a prova de quitação da Dívida Ativa ou a concordância da Fazenda Pública.
> ▸ Art. 187 do CTN.
> ▸ Lei 11.101/2005 (Recuperação de Empresas e Falências).

Art. 32. Os depósitos judiciais em dinheiro serão obrigatoriamente feitos:
> ▸ Art. 9º, § 4º, desta Lei.
> ▸ Súmula 112 do STJ.
> ▸ Súmula 209 do TFR.

I – na Caixa Econômica Federal, de acordo com o Decreto-Lei 1.737, de 20 de dezembro de 1979, quando relacionados com a execução fiscal proposta pela União ou suas autarquias;

II – na Caixa Econômica ou no banco oficial da unidade federativa ou, à sua falta, na Caixa Econômica Federal, quando relacionados com execução fiscal proposta pelo Estado, Distrito Federal, Municípios e suas autarquias.

§ 1º Os depósitos de que trata este artigo estão sujeitos à atualização monetária, segundo os índices estabelecidos para os débitos tributários federais.

§ 2º Após o trânsito em julgado da decisão, o depósito, monetariamente atualizado, será devolvido ao depositante ou entregue à Fazenda Pública, mediante ordem do juízo competente.

Art. 33. O juiz, de ofício, comunicará à repartição competente da Fazenda Pública, para fins de averbação no Registro da Dívida Ativa, a decisão final, transitada em julgado, que der por improcedente a execução, total ou parcialmente.

Art. 34. Das sentenças de primeira instância proferidas em execuções de valor igual ou inferior a cinquenta Obrigações do Tesouro Nacional – OTN, só se admitirão embargos infringentes e de declaração.
> ▸ Arts. 5º, LV, e 108, II, da CF.
> ▸ Súmulas 277 e 640 do STF.
> ▸ Súmulas 48 e 259 do TFR.

§ 1º Para os efeitos deste artigo, considerar-se-á o valor da dívida monetariamente atualizado e acrescido de multa e juros de mora e demais encargos legais, na data da distribuição.

§ 2º Os embargos infringentes, instruídos, ou não, com documentos novos, serão deduzidos, no prazo de dez dias perante o mesmo juízo, em petição fundamentada.

§ 3º Ouvido o embargado, no prazo de dez dias, serão os autos conclusos ao juiz, que, dentro de vinte dias, os rejeitará ou reformará a sentença.

Art. 35. Nos processos regulados por esta Lei, poderá ser dispensada a audiência de revisor, no julgamento das apelações.

▸ Arts. 102, III, e 105, III, da CF.

Art. 36. Compete à Fazenda Pública baixar normas sobre o recolhimento da Dívida Ativa respectiva, em juízo ou fora dele, e aprovar, inclusive, os modelos de documentos de arrecadação.

Art. 37. O auxiliar de justiça que, por ação ou omissão, culposa ou dolosa, prejudicar a execução, será responsabilizado, civil, penal e administrativamente.

Parágrafo único. O oficial de justiça deverá efetuar, em dez dias, as diligências que lhe forem ordenadas, salvo motivo de força maior devidamente justificado perante o juízo.

Art. 38. A discussão judicial da Dívida Ativa da Fazenda Pública só é admissível em execução, na forma desta Lei, salvo as hipóteses de mandado de segurança, ação de repetição do indébito ou ação anulatória do ato declaratório da dívida, esta precedida do depósito preparatório do valor do débito, monetariamente corrigido e acrescido dos juros e multa de mora e demais encargos.

▸ Art. 5º, XXXV, da CF.
▸ Súmula Vinculante 28 do STF.
▸ Súmula 112 do STJ.
▸ Súmula 247 do TFR.

Parágrafo único. A propositura, pelo contribuinte, da ação prevista neste artigo importa em renúncia ao poder de recorrer na esfera administrativa e desistência do recurso acaso interposto.

Art. 39. A Fazenda Pública não está sujeita ao pagamento de custas e emolumentos. A prática dos atos judiciais de seu interesse independerá de preparo ou de prévio depósito.

▸ Súmula 154 do TFR.

Parágrafo único. Se vencida, a Fazenda Pública ressarcirá o valor das despesas feitas pela parte contrária.

Art. 40. O juiz suspenderá o curso da execução, enquanto não for localizado o devedor ou encontrados bens sobre os quais possa recair a penhora, e, nesses casos, não correrá o prazo de prescrição.

▸ Art. 174 do CTN.
▸ Súmula 314 do STJ.
▸ Súmula 210 do TFR.

§ 1º Suspenso o curso da execução, será aberta vista dos autos ao representante judicial da Fazenda Pública.

§ 2º Decorrido o prazo máximo de um ano, sem que seja localizado o devedor ou encontrados bens penhoráveis, o juiz ordenará o arquivamento dos autos.

§ 3º Encontrados que sejam, a qualquer tempo, o devedor ou os bens, serão desarquivados os autos para prosseguimento da execução.

§ 4º Se da decisão que ordenar o arquivamento tiver ocorrido o prazo prescricional, o juiz, depois de ouvida a Fazenda Pública, poderá, de ofício, reconhecer a prescrição intercorrente e decretá-la de imediato.

▸ § 4º acrescido pela Lei 11.051/2004.
▸ Súmulas 314 e 409 do STJ.

§ 5º A manifestação prévia da Fazenda Pública prevista no § 4º deste artigo será dispensada no caso de cobranças judiciais cujo valor seja inferior ao mínimo fixado por ato do Ministro de Estado da Fazenda.

▸ § 5º acrescido pela Lei 11.960/2009.

Art. 41. O processo administrativo correspondente à inscrição de Dívida Ativa, à execução fiscal ou à ação proposta contra a Fazenda Pública será mantido na repartição competente, dele se extraindo as cópias autenticadas ou certidões, que forem requeridas pelas partes ou requisitadas pelo juiz ou pelo Ministério Público.

Parágrafo único. Mediante requisição do juiz à repartição competente, com dia e hora previamente marcados, poderá o processo administrativo ser exibido, na sede do juízo, pelo funcionário para esse fim designado, lavrando o serventuário termo da ocorrência, com indicação, se for o caso, das peças a serem trasladadas.

Art. 42. Revogadas as disposições em contrário, esta Lei entrará em vigor noventa dias após a data de sua publicação.

▸ Art. 1º desta Lei.

Brasília, 22 de setembro de 1980; 159º da Independência e 92º da República.

João Figueiredo

LEI 6.858, DE 24 DE NOVEMBRO DE 1980

Dispõe sobre o pagamento, aos dependentes ou sucessores, de valores não recebidos em vida pelos respectivos titulares.

DOU 25.11.1980

▸ Dec. 85.845/1981 (Regulamentação da Lei 6.858/1980).

O Presidente da República:

Faço saber que o Congresso Nacional decreta e eu sanciono a seguinte Lei:

Art. 1º Os valores devidos pelos empregadores aos empregados e os montantes das contas individuais do Fundo de Garantia do Tempo de Serviço e do Fundo de Participação PIS-PASEP, não recebidos em vida pelos respectivos titulares, serão pagos, em quotas iguais, aos dependentes habilitados perante a Previdência Social ou na forma da legislação específica dos servidores civis e militares, e, na sua falta, aos sucessores previstos na lei civil, indicados em alvará judicial, independentemente de inventário ou arrolamento.

§ 1º As quotas atribuídas a menores ficarão depositadas em caderneta de poupança, rendendo juros e correção monetária, e só serão disponíveis após o menor completar dezoito anos, salvo autorização do Juiz para aquisição de imóvel destinado à residência do menor e de sua família ou para dispêndio necessário à subsistência e educação do menor.

§ 2º Inexistindo dependentes ou sucessores, os valores de que trata este artigo reverterão em favor, respectivamente, do Fundo de Previdência e Assistência Social, do Fundo de Garantia do Tempo de Serviço ou do Fundo de Participação PIS-PASEP, conforme se tratar de quantias devidas pelo empregador ou de contas de FGTS e do Fundo PIS-PASEP.

Art. 2º O disposto nesta Lei se aplica às restituições relativas ao Imposto de Renda e outros tributos, recolhidos por pessoa física, e, não existindo outros bens sujeitos a inventário, aos saldos bancários e de contas de cadernetas de poupança e fundos de investimento de valor até quinhentas Obrigações do Tesouro Nacional.

Parágrafo único. Na hipótese de inexistirem dependentes ou sucessores do titular, os valores referidos neste artigo reverterão em favor do Fundo de Previdência e Assistência Social.

Art. 3º Esta Lei entrará em vigor na data de sua publicação.

Art. 4º Revogam-se as disposições em contrário.

Brasília, 24 de novembro de 1980; 159º da Independência e 92º da República.

João Figueiredo

LEI 6.868, DE 3 DE DEZEMBRO DE 1980

Dispensa a apresentação dos documentos que especifica, e dá outras providências.

DOU 03.12.1980

O Presidente da República:

Faço saber que o Congresso Nacional decreta e eu sanciono a seguinte Lei:

Art. 1º Ficam abolidas quaisquer exigências de apresentação de atestados de bons antecedentes, de boa conduta ou de folha corrida para fins de registro profissional perante o Ministério do Trabalho ou os órgãos fiscalizadores do exercício profissional, aceitando-se, em substituição, a declaração escrita do interessado.

Parágrafo único. A declaração substitutiva, prevista neste artigo, reputar-se-á verdadeira até prova em contrário.

Art. 2º Havendo fundadas razões de dúvida quanto à veracidade da declaração, serão desde logo solicitadas ao interessado providências para que a mesma seja dirimida, anotando-se a circunstância.

Art. 3º Verificada em qualquer tempo a ocorrência de fraude ou falsidade em prova documental ou declaração do interessado, a exigência será considerada como não satisfeita, e sem efeito o ato praticado em consequência de sua apresentação ou juntada, dando-se conhecimento do fato à autoridade competente, para instauração de processo criminal e de processo administrativo, quando couber.

Art. 4º Aplica-se à exigência da apresentação de atestado de bons antecedentes prevista no art. 380 da Consolidação das Leis do Trabalho, aprovada pelo Decreto-lei 5.452, de 1º de maio de 1943, o disposto no art. 1º desta Lei.

▸ O mencionado art. 380 da Consolidação das Leis do Trabalho foi revogado pela Lei 7.855/1989.

Art. 5º Esta Lei entrará em vigor na data de sua publicação.

Art. 6º Revogam-se as disposições em contrário.

Brasília, 3 de dezembro de 1980; 159º da Independência e 92º da República.

João Figueiredo

DECRETO 85.845, DE 26 DE MARÇO DE 1981

Regulamenta a Lei 6.858, de 24 de novembro de 1980, que dispõe sobre o pagamento, aos dependentes ou sucessores, de valores não recebidos em vida pelos respectivos titulares.

DOU 27.03.1981

O Presidente da República, usando da atribuição que lhe confere o art. 81, item III, da Constituição e tendo em vista o disposto na Lei 6.858, de 24 de novembro de 1980, e no Decreto 83.740, de 18 de julho de 1979, que instituiu a Programa Nacional de Desburocratização, decreta:

Art. 1º Os valores discriminados no parágrafo único deste artigo, não recebidos em vida pelos respectivos titulares, serão pagos, em quotas iguais, aos seus dependentes habilitados na forma do artigo 2º.

Parágrafo único. O disposto neste Decreto aplica-se aos seguintes valores:

I – quantias devidas a qualquer título pelos empregadores a seus empregados, em decorrência de relação de emprego;

II – quaisquer valores devidos, em razão de cargo ou emprego, pela União, Estado, Distrito Federal, Territórios, Municípios e suas autarquias, aos respectivos servidores;

III – saldos das contas individuais do Fundo de Garantia do Tempo de Serviço e do Fundo de Participação PIS/PASEP;

IV – restituições relativas ao imposto de renda e demais tributos recolhidos por pessoas físicas;

V – saldos de contas bancárias, saldos de cadernetas de poupança e saldos de contas de fundos de investimento, desde que não ultrapassem o valor de 500 (quinhentas) Obrigações Reajustáveis do Tesouro Nacional e não existam, na sucessão, outros bens sujeitos a inventário.

Art. 2º A condição de dependente habilitado será declarada em documento fornecido pela instituição de Previdência ou se for o caso, pelo órgão encarregado, na forma da legislação própria, do processamento do benefício por morte.

Parágrafo único. Da declaração constarão, obrigatoriamente, o nome completo, a filiação, a data de nascimento de cada um dos interessados e o respectivo grau de parentesco ou relação de dependência com o falecido.

Art. 3º À vista da apresentação da declaração de que trata o artigo 2º, o pagamento das quantias devidas será feito aos dependentes do falecido pelo empregador, repartição, entidade, órgão ou unidade civil ou militar, estabelecimento bancário, fundo de participação ou, em geral, por pessoa física ou jurídica, quem caiba efetuar o pagamento.

Art. 4º A inexistência de outros bens sujeitos a inventário, para os fins do item V, parágrafo único, do artigo 1º, será comprovada por meio de declaração, conforme modelo anexo, firmada pelos interessados perante a instituição onde esteja depositada a quantia a receber.

§ 1º As declarações feitas nos termos deste artigo ter-se-ão por verdadeiras até prova em contrário.

§ 2º A falsa declaração sujeitará o declarante às sanções previstas no Código Penal e demais cominações legais aplicáveis.

§ 3º Verificada, a qualquer tempo, a existência de fraude ou falsidade na declaração, será dado conhecimento do fato à autoridade competente, dentro de 5 (cinco) dias, para instauração de processo criminal.

Art. 5º Na falta de dependentes, farão jus ao recebimento das quotas de que trata o artigo 1º deste decreto os sucessores do titular, previstos na lei civil, indicados em alvará judicial, expedido a requerimento do interessado, independentemente de inventário ou arrolamento.

Art. 6º As quotas a que se refere o artigo 1º, atribuídas a menores, ficarão depositadas em caderneta de poupança, rendendo juros e correção monetária, e só serão disponíveis após o menor completar 18 (dezoito)

anos, salvo autorização do juiz para aquisição de imóvel destinado à residência do menor e de sua família ou para dispêndio necessário à subsistência e educação do menor.

Art. 7º Inexistindo dependentes ou sucessores, os valores de que trata o parágrafo do artigo 1º reverterão em favor, respectivamente, do Fundo de Previdência e Assistência Social, do Fundo de Garantia do Tempo de Serviço ou do Fundo de Participação PIS-PASEP, conforme se tratar de quantias devidas pelo empregador ou de contas de F.G.T.S. e do Fundo PIS-PASEP.

Art. 8º Caberá ao Banco Central do Brasil, ao Banco Nacional da Habitação, à Caixa Econômica Federal, ao Banco do Brasil S.A. e aos demais órgãos e entidades da Administração Federal, Estadual e Municipal, nas respectivas áreas de competência, orientar e fiscalizar o cumprimento deste Decreto pelas pessoas físicas e jurídicas responsáveis pelo pagamento dos valores de que trata o artigo 1º.

Art. 9º Ao Ministro Extraordinário para a Desburocratização caberá acompanhar e coordenar a execução do disposto neste decreto, assim como dirimir as dúvidas suscitadas na sua aplicação.

Art. 10. Este decreto entrará em vigor na data de sua publicação.

Art. 11. Revogam-se as disposições em contrário.

Brasília, 26 de março de 1981; 160º da Independência e 93º da República.

▸ Deixamos de publicar o anexo constante deesta norma.

João Figueiredo

LEI 6.919, DE 2 DE JUNHO DE 1981

Faculta a extensão do regime do Fundo de Garantia do Tempo de Serviço a diretores não empregados, e dá outras providências.

DOU 03.06.1981

O Presidente da República:

Faço saber que o Congresso Nacional decreta e eu sanciono a seguinte Lei:

Art. 1º As empresas sujeitas ao regime da legislação trabalhista poderão estender a seus diretores não empregados o regime do Fundo de Garantia do Tempo de Serviço (F.G.T.S.).

§ 1º As empresas que exercerem a faculdade prevista neste artigo ficarão obrigadas a depositar, até o último dia de expediente bancário do primeiro decêndio de cada mês, em nome de cada um dos Diretores abrangidos pela decisão, importância correspondente a 8% (oito por cento) da remuneração paga ou devida no mês anterior, aplicando-se, no que não contrariar esta Lei, o disposto na Lei 5.107, de 13 de setembro de 1966.

▸ § 1º com redação pela Lei 7.794/1989.

§ 2º O disposto neste artigo se aplica às sociedades comerciais e civis, às empresas públicas e sociedades de economia mista, às associações e fundações, inclusive as instituídas ou mantidas pelo Poder Público, bem como as autarquias em regime especial relativamente a seus diretores não empregados.

§ 3º A aplicação desta Lei às empresas públicas, sociedades de economia mista, fundações instituídas ou mantidas pelo Poder Público e autarquias em regime especial que possuem diretores não empregados fica sujeita a normas e diretrizes expedidas pelo Poder Executivo.

Art. 2º Para os efeitos desta Lei, considera-se diretor aquele que exerça cargo de administração previsto em lei, estatuto ou contrato social, independentemente da denominação do cargo.

Art. 3º Ao deixar o cargo por término do mandato sem que haja reeleição ou por deliberação de órgão ou da autoridade competente, o diretor poderá movimentar livremente a sua conta vinculada.

Art. 4º Se o diretor deixar o cargo por sua iniciativa, a conta vinculada poderá ser utilizada, parcial ou totalmente, nas seguintes situações:

I – aposentadoria concedida pela previdência social;

II – necessidade grave e premente, pessoal ou familiar, por motivo de doença;

III – aquisição de moradia própria, observado o disposto no artigo 10 da Lei 5.107, de 13 de setembro de 1966;

IV – aplicação de capital em atividade comercial, industrial ou agropecuária, em que se haja estabelecido;

V – aquisição de equipamento destinado ao exercício de atividade autônoma.

Parágrafo único. Mesmo sem deixar o cargo, o diretor poderá utilizar a sua conta vinculada na ocorrência das hipóteses previstas nos itens II e III deste artigo.

Art. 5º Na ocorrência de falecimento do diretor, aplicar-se-á ao valor da sua conta o disposto na Lei 6.858, de 24 de novembro de 1980.

Art. 6º No caso de o diretor ser destituído do cargo por motivo justo, a parcela da sua conta vinculada correspondente à correção monetária e aos juros capitalizados reverterá a favor do F.G.T.S.

Parágrafo único. Ocorrendo a hipótese de que trata este artigo, o valor dos depósitos somente poderá ser utilizado nos casos previstos nos artigos 4º e 5º desta Lei.

Art. 7º O disposto nesta Lei não implica em criação ou alteração de quaisquer direitos ou deveres decorrentes da relação existente entre a entidade e o diretor, salvo quanto ao nela expressamente previsto.

Art. 8º Esta Lei entrará em vigor na data de sua publicação.

Art. 9º Revogam-se as disposições em contrário.

Brasília, 2 de junho de 1981; 160º da Independência e 93º da República.

João Figueiredo

LEI 7.002, DE 14 DE JUNHO DE 1982

Autoriza a implantação de jornada noturna especial nos portos organizados, e dá outras providências.

DOU 15.06.1982

O Presidente da República:

Faço saber que o Congresso Nacional decreta e eu sanciono a seguinte Lei:

Art. 1º A administração do porto, mediante prévia aprovação da Empresa de Portos do Brasil S/A. – PORTOBRÁS, poderá adotar, para serviços de capatazias realizados no período noturno, jornada especial de trabalho de 6 (seis) horas ininterruptas, de 60 (sessenta) minutos cada.

Art. 2º A remuneração básica da jornada especial será a mesma da jornada ordinária diurna, acrescida de adicional noturno de até 50% (cinquenta por cento), incidente sobre as 6 (seis) horas trabalhadas e sua eventual hora de prorrogação.

Parágrafo único. Os valores do adicional noturno e do acréscimo da hora extraordinária serão estabelecidos em acordo coletivo de trabalho, homologado pelo Conselho Nacional de Política Salarial.

Art. 3º Esta Lei entra em vigor na data de sua publicação, revogadas as disposições em contrário.

Brasília, 14 de junho de 1982; 161º da Independência e 94º da República.

João Figueiredo

LEI 7.064, DE 6 DE DEZEMBRO DE 1982

Dispõe sobre a situação dos trabalhadores contratados ou transferidos para prestar serviços no exterior.

DOU 07.12.1982; Retificada no DOU de 13.12.1982

▸ Art. 469, § 3º, da CLT.

O Presidente da República:

Faço saber que o Congresso Nacional decreta e eu sanciono a seguinte Lei:

CAPÍTULO I
INTRODUÇÃO

▸ Súmula 207 do TST.

Art. 1º Esta Lei regula a situação de trabalhadores contratados no Brasil ou transferidos por seus empregadores para prestar serviço no exterior.

▸ *Caput* com redação pela Lei 11.962/2009.

Parágrafo único. Fica excluído do regime desta Lei:

▸ Parágrafo único com redação pela Lei 14.978/2024.

I – o empregado designado para prestar serviços de natureza transitória, por período não superior a 90 (noventa) dias, desde que:

a) tenha ciência expressa dessa transitoriedade; e

b) receba, além da passagem de ida e volta, diárias durante o período de trabalho no exterior, as quais, seja qual for o respectivo valor, não terão natureza salarial;

II – os tripulantes de cruzeiros aquaviários em águas jurisdicionais nacionais e internacionais, que são regulados pela Convenção sobre Trabalho Marítimo (CTM),

de 2006, da Organização Internacional do Trabalho (OIT), promulgada pelo Decreto nº 10.671, de 9 de abril de 2021.

CAPÍTULO II
DA TRANSFERÊNCIA

Art. 2º Para os efeitos desta Lei, considera-se transferido:

I – o empregado removido para o exterior, cujo contrato estava sendo executado no território brasileiro;

II – o empregado cedido a empresa sediada no estrangeiro, para trabalhar no exterior, desde que mantido o vínculo trabalhista com o empregador brasileiro;

III – o empregado contratado por empresa sediada no Brasil para trabalhar a seu serviço no exterior.

Art. 3º A empresa responsável pelo contrato de trabalho do empregado transferido assegurar-lhe-á, independentemente da observância da legislação do local da execução dos serviços:

I – os direitos previstos nesta Lei;

II – a aplicação da legislação brasileira de proteção ao trabalho, naquilo que não for incompatível com o disposto nesta Lei, quando mais favorável do que a legislação territorial, no conjunto de normas e em relação a cada matéria.

Parágrafo único. Respeitadas as disposições especiais desta Lei, aplicar-se-á a legislação brasileira sobre Previdência Social, Fundo de Garantia do Tempo de Serviço (FGTS) e Programa de Integração Social (PIS/PASEP).

Art. 4º Mediante ajuste escrito, empregador e empregado fixarão os valores do salário-base e do adicional de transferência.

§ 1º O salário-base ajustado na forma deste artigo fica sujeito aos reajustes e aumentos compulsórios previstos na legislação brasileira.

§ 2º O valor do salário-base não poderá ser inferior ao mínimo estabelecido para a categoria profissional do empregado.

§ 3º Os reajustes e aumentos compulsórios previstos no § 1º incidirão exclusivamente sobre os valores ajustados em moeda nacional.

Art. 5º O salário-base do contrato será obrigatoriamente estipulado em moeda nacional, mas a remuneração devida durante a transferência do empregado, computado o adicional de que trata o artigo anterior, poderá, no todo ou em parte, ser paga no exterior, em moeda estrangeira.

§ 1º Por opção escrita do empregado, a parcela da remuneração a ser paga em moeda nacional poderá ser depositada em conta bancária.

§ 2º É assegurada ao empregado, enquanto estiver prestando serviços no exterior, a conversão e remessa dos correspondentes valores para o local de trabalho, observado o disposto em regulamento.

▸ Arts. 143 a 150 do Dec. 10.854/2021 (Regulamenta o disposto nos art. 5º, § 2º, e art. 12 da Lei 7.064/1982).

Art. 6º Após 2 (dois) anos de permanência no exterior, será facultado ao empregado gozar anualmente férias no Brasil, correndo por conta da empresa empregadora, ou para a qual tenha sido cedido o custeio da viagem.

§ 1º O custeio de que trata este artigo se estende ao cônjuge e aos demais dependentes do empregado com ele residentes.

§ 2º O disposto neste artigo não se aplicará ao caso de retorno definitivo do empregado antes da época do gozo das férias.

Art. 7º O retorno do empregado ao Brasil poderá ser determinado pela empresa quando:

I – não se tornar mais necessário ou conveniente o serviço do empregado no exterior;

II – der o empregado justa causa para a rescisão do contrato.

Parágrafo único. Fica assegurado ao empregado seu retorno ao Brasil, ao término do prazo da transferência ou, antes deste, na ocorrência das seguintes hipóteses:

a) após 3 (três) anos de trabalho contínuo;

b) para atender a necessidade grave de natureza familiar, devidamente comprovada;

c) por motivo de saúde, conforme recomendação constante de laudo médico;

d) quando o empregador justa causa para a rescisão do contrato;

e) na hipótese prevista no inciso I deste artigo.

Art. 8º Cabe à empresa o custeio do retorno do empregado.

Parágrafo único. Quando o retorno se verificar, por iniciativa do empregado, ou quando der justa causa para rescisão do contrato, ficará ele obrigado ao reembolso

das respectivas despesas, ressalvados os casos previstos no parágrafo único do artigo anterior.

Art. 9º O período de duração da transferência será computado no tempo de serviço do empregado para todos os efeitos da legislação brasileira, ainda que a lei local de prestação do serviço considere essa prestação como resultante de um contrato autônomo e determine a liquidação dos direitos oriundos da respectiva cessação.

▶ Arts. 143 a 150 do Dec. 10.854/2021 (Regulamenta o disposto nos art. 5º, § 2º e 12 da Lei 7.064/1982).

§ 1º Na hipótese de liquidação de direitos prevista neste artigo, a empresa empregadora fica autorizada a deduzir esse pagamento dos depósitos do FGTS em nome do empregado, existentes na conta vinculada de que trata o art. 2º da Lei 5.107, de 13 de setembro de 1966.

§ 2º Se o saldo da conta a que se refere o parágrafo anterior não comportar a dedução ali mencionada, a diferença poderá ser novamente deduzida do saldo dessa conta quando da cessação, no Brasil, do respectivo contrato de trabalho.

§ 3º As deduções acima mencionadas, relativamente ao pagamento em moeda estrangeira, serão calculadas mediante conversão em cruzeiros ao câmbio do dia em que se operar o pagamento.

§ 4º O levantamento pelo empregador, decorrente da dedução acima prevista, dependerá de homologação judicial.

Art. 10. O adicional de transferência, as prestações *in natura*, bem como quaisquer outras vantagens a que fizer jus o empregado em função de sua permanência no exterior, não serão devidas pelo seu retorno ao Brasil.

Art. 11. Durante a prestação de serviços no exterior não serão devidas, em relação aos empregados transferidos, as contribuições referentes a: Salário-Educação, Serviço Social da Indústria, Serviço Social do Comércio, Serviço Nacional de Aprendizagem Comercial, Serviço Nacional de Aprendizagem Industrial e Instituto Nacional de Colonização e de Reforma Agrária.

CAPÍTULO III
DA CONTRATAÇÃO POR EMPRESA ESTRANGEIRA

Art. 12. A contratação de trabalhador, por empresa estrangeira, para trabalhar no exterior está condicionada a prévia autorização do Ministério do Trabalho.

▶ Arts. 143 a 150 do Dec. 10.854/2021 (Regulamenta o disposto nos art. 5º, § 2º e 12 da Lei 7.064/1982).

Art. 13. A autorização a que se refere o art. 12 somente poderá ser dada a empresa de cujo capital participe, em pelo menos 5% (cinco por cento) pessoa jurídica domiciliada no Brasil.

Art. 14. Sem prejuízo da aplicação das leis do país da prestação dos serviços, no que respeita a direitos, vantagens e garantias trabalhistas e previdenciárias, a empresa estrangeira assegurará ao trabalhador os direitos a ele conferidos neste Capítulo.

Art. 15. Correrão obrigatoriamente por conta da empresa estrangeira as despesas de viagem de ida e volta do trabalhador ao exterior, inclusive a dos dependentes com ele residentes.

Art. 16. A permanência do trabalhador no exterior não poderá ser ajustada por período superior a três anos, salvo quando for assegurado a ele e a seus dependentes o direito de gozar férias anuais no Brasil, com despesas de viagem pagas pela empresa estrangeira.

Art. 17. A empresa estrangeira assegurará o retorno definitivo do trabalhador ao Brasil quando:

I – houver terminado o prazo de duração do contrato, ou for o mesmo rescindido;

II – por motivo de saúde do trabalhador, devidamente comprovado por laudo médico oficial que o recomende.

Art. 18. A empresa estrangeira manterá no Brasil procurador bastante, com poderes especiais de representação, inclusive o de receber citação.

Art. 19. A pessoa jurídica domiciliada no Brasil a que alude o art. 13 será solidariamente responsável com a empresa estrangeira por todas as obrigações decorrentes da contratação do trabalhador.

Art. 20. O aliciamento de trabalhador domiciliado no Brasil, para trabalhar no exterior, fora do regime desta Lei, configurará o crime previsto no art. 206 do Código Penal Brasileiro.

CAPÍTULO IV
DISPOSIÇÕES COMUNS E FINAIS

Art. 21. As empresas de que trata esta Lei farão, obrigatoriamente, seguro de vida e acidentes pessoais a favor do trabalhador, cobrindo o período a partir do embarque para o exterior até o retorno ao Brasil.

Parágrafo único. O valor do seguro não poderá ser inferior a 12 vezes o valor da remuneração mensal do trabalhador.

Art. 22. As empresas a que se refere esta Lei garantirão ao empregado, no local de trabalho no exterior ou próximo a ele, serviços gratuitos e adequados de assistência médica e social.

Art. 23. Serão regulamentadas no prazo de 90 (noventa) dias as disposições dos arts. 5º, § 2º, 9º, §§ 1º a 4º, e 12.

Art. 24. Esta Lei entra em vigor na data de sua publicação, revogadas as disposições em contrário.

Brasília, 6 de dezembro de 1982; 161º da Independência e 94º da República.

João Figueiredo

LEI 7.115, DE 29 DE AGOSTO DE 1983

Dispõe sobre prova documental nos casos que indica, e dá outras providências.

DOU 30.08.1983

O Presidente da República:

Faço saber que o Congresso Nacional decreta e eu sanciono a seguinte Lei:

Art. 1º A declaração destinada a fazer prova de vida, residência, pobreza, dependência econômica, homonímia ou bons antecedentes, quando firmada pelo próprio interessado ou por procurador bastante, e sob as penas da lei, presume-se verdadeira.

Parágrafo único. O disposto neste artigo não se aplica para fins de prova em processo penal.

Art. 2º Se comprovadamente falsa a declaração, sujeitar-se-á o declarante às sanções civis, administrativas e criminais previstas na legislação aplicável.

Art. 3º A declaração mencionará expressamente a responsabilidade do declarante.

Art. 4º Esta Lei entra em vigor na data de sua publicação.

Art. 5º Revogam-se as disposições em contrário.

Brasília, 29 de agosto de 1983; 162º da Independência e 95º da República.

João Figueiredo

LEI 7.238, DE 29 DE OUTUBRO DE 1984

Correção automática de salários.

DOU 31.10.1984

Art. 1º O valor monetário dos salários será corrigido semestralmente, de acordo com Índice Nacional de Preços ao Consumidor – INPC, variando o fator de aplicação na forma desta lei.

Art. 2º A correção efetuar-se-á segundo a diversidade das faixas salariais e cumulativamente, observados os seguintes critérios:

I – até 3 (três) vezes o valor do salário mínimo, multiplicando-se o salário ajustado por um fator correspondente a 1,0 (uma unidade) da variação semestral do Índice Nacional de Preços ao Consumidor – INPC;

II – acima de 3 (três) salários mínimos aplicar-se-á, até o limite do inciso anterior, a regra nele contida e, no que exceder, o fator 0,8 (oito décimos).

§ 1º Para os fins deste artigo, o Poder Executivo publicará, mensalmente, a variação do Índice Nacional de Preços ao Consumidor – INPC, ocorrida nos seis meses anteriores.

§ 2º O Poder Executivo colocará à disposição da Justiça do Trabalho e das entidades sindicais, os elementos básicos utilizados para a fixação do Índice Nacional de Preços ao Consumidor – INPC.

Art. 3º A correção de valores monetários dos salários, na forma do artigo anterior, independerá de negociação coletiva e poderá ser reclamada, individualmente, pelos empregados.

§ 1º Para a correção a ser feita no mês, será utilizada a variação a que se refere o § 1º do artigo 2º desta lei, publicada no mês anterior.

§ 2º Será facultado aos sindicatos, independente da outorga de poderes dos integrantes da respectiva categoria profissional, apresentar reclamação na qualidade de substituto processual de seus associados, com o objetivo de assegurar a percepção dos valores salariais corrigidos na forma do artigo anterior.

Art. 4º A contagem de tempo para fins de correção salarial será feita a partir da data-base da categoria profissional.

§ 1º Entende-se por data-base, para fins desta lei, a data de início de vigência de acordo ou convenção coletiva, ou sentença normativa.

§ 2º Os empregados que não estejam incluídos numa das hipóteses do parágrafo anterior terão como data-base a data do seu último aumento ou reajustamento de salário, ou, na falta desta, a data de início de vigência de seu contrato de trabalho.

Art. 5º O salário do empregado admitido após a correção salarial da categoria será atualizado na subsequente revisão, proporcionalmente ao número de meses a partir da admissão.

Parágrafo único. A regra deste artigo não se aplica às empresas que adotem quadro de pessoal organizado em carreira, no qual a correção incida sobre os respectivos níveis ou classes de salários.

Art. 6º A correção do valor monetário dos salários dos empregados que trabalham em regime de horário parcial, será calculada proporcionalmente à correção de seu salário por hora de trabalho.

§ 1º Para o cálculo da correção do salário por hora de trabalho, aplicar-se-á o disposto no artigo 2º desta lei, substituindo-se o salário do trabalhador pelo seu salário por hora de trabalho e o salário mínimo pelo salário mínimo-hora.

§ 2º Vetado.

Art. 7º A correção monetária a que se referem os artigos 1º e 2º desta lei não se estende às remunerações variáveis, percebidas com base em comissões percentuais pré-ajustadas, aplicando-se, porém, à parte fixa do salário o misto percebido pelo empregado assim remunerado.

Art. 8º A correção dos valores monetários dos salários de trabalhadores avulsos, negociados para grupos de trabalhadores, diretamente, pela suas entidades sindicais, será efetuada de acordo com o disposto no artigo 2º desta lei.

Parágrafo único. No caso de trabalhadores avulsos, cuja remuneração seja disciplinada pelo Conselho Nacional de Política Salarial – CNPS, a data-base será a sua última revisão salarial.

Art. 9º O empregado dispensado, sem justa causa, no período de 30 (trinta) dias que antecede a data de sua correção salarial, terá direito à indenização adicional equivalente a um salário mensal, seja ele optante ou não pelo Fundo de Garantia do Tempo de Serviço – FGTS.

Art. 10. Ficam mantidas as datas bases das categorias profissionais, para efeito de negociações coletivas com finalidade de obtenção de aumento de salários e de estabelecimento de cláusulas que regulem condições especiais de trabalho.

Parágrafo único. Os aumentos coletivos de salários serão reajustados por um ano, não podendo ocorrer revisão a esse título, antes de vencido aquele prazo.

Art. 11. Mediante convenção, acordo coletivo ou sentença normativa, fica ainda facultado complementar a correção de salário a que se refere o inciso II do artigo 2º desta lei até o limite de 100% (cem por cento).

§ 1º Poderão ser estabelecidos percentuais diferentes para os empregados, segundo os níveis de remuneração.

§ 2º A convenção coletiva poderá fixar níveis diversos para a correção e o aumento dos salários, em empresas de diferentes portes, sempre que razões de caráter econômico justificarem essa diversificação, ou excluir as empresas que comprovarem sua incapacidade econômica para suportar esse aumento.

§ 3º Será facultado à empresa não excluída do campo de incidência do aumento determinado na forma deste artigo, comprovar, na ação de cumprimento, sua incapacidade econômica, para efeito de sua exclusão ou colocação em nível compatível com suas possibilidades.

Art. 12. Parcela suplementar poderá ser negociada entre empregados e empregadores, por ocasião da data-base, com fundamento no acréscimo de produtividade da categoria, parcela essa que terá por limite superior, fixado pelo Poder Executivo, a variação do Produto Interno Bruto – PIB, real per capita.

Art. 13. As empresas não poderão repassar para os preços de seus produtos ou serviços a parcela suplementar de aumento salarial de que trata o artigo anterior, sob pena de:

I – suspensão temporária de concessão de empréstimos e financiamentos por instituições financeiras oficiais;

II – revisão de concessão de incentivos fiscais e de tratamentos tributários especiais.

Art. 14. Garantida a correção automática prevista no artigo 2º desta lei, as empresas públicas, as sociedades de economia mista, as fundações instituídas ou mantidas pelo Poder Público, as entidades governamentais cujo regime de remuneração de pessoal não obedeça integralmente ao disposto na Lei 5.645, de 10 de dezembro de 1970, e legislação complementar, as empresas privadas subvencionadas pelo Poder Público, as concessionárias de serviços públicos federais e demais empresas sob controle direto ou indireto do Poder Público somente poderão celebrar contratos coletivos de trabalho, de natureza econômica, ou conceder aumentos coletivos de salários, nos termos das Resoluções do Conselho Nacional de Política Salarial – CNPS.

§ 1º As disposições deste artigo aplicam-se aos trabalhadores avulsos, cuja remuneração seja disciplinada pelo Conselho Nacional de Política Salarial.

§ 2º Quando se tratar de trabalhadores avulsos da orla marítima subordinados à Superintendência Nacional da Marinha Mercante – SUNAMAN, compete a esta rever os salários, inclusive taxas de produção.

§ 3º A inobservância das disposições deste artigo, por parte de dirigentes de entidades sujeitas à jurisdição do Tribunal de Contas da União, poderá, a critério da referida Corte, ser considerada ato irregular de gestão e acarretar, para os infratores, inabilitação temporária para o exercício de cargo em comissão ou função de confiança nos órgãos ou entidades da administração direta ou indireta e nas fundações sob supervisão ministerial.

§ 4º Na hipótese de dissídio coletivo que envolva entidade referida no *caput* deste artigo, quando couber e sob pena de inépcia, a petição inicial será acompanhada de parecer do Conselho Nacional de Política Salarial – CNPS, relativo à possibilidade, ou não, de acolhimento, sob aspectos econômicos e financeiro da proposta de acordo.

§ 5º O parecer a que se refere o parágrafo anterior deverá ser substituído pelo proferido pelo Conselho Nacional de Política Salarial – CNPS.

Art. 15. Às categorias cuja data-base tenha ocorrido nos últimos três meses anteriores a vigência desta lei, será facultada a negociação de que trata o artigo 11 quando prova documental de que, tendo sido solicitado há mais de 30 (trinta) dias, não foi da próxima correção automática semestral de salários, para viger no semestre subsequente.

Art. 16. Esta lei entra em vigor na data de sua publicação.

Art. 17. Revogam-se as disposições em contrário, em especial os artigos 24 a 42 do Decreto-Lei 2.065, de 26 de outubro de 1983.

Brasília, 29 de outubro de 1984; 163º da Independência e 96º da República.

João Figueiredo

LEI 7.316, DE 28 DE MAIO DE 1985

Atribui às entidades sindicais que integram a Confederação Nacional das Profissões Liberais o mesmo poder de representação dos sindicatos representativos das categorias profissionais diferenciadas, nas ações individuais e coletivas de competência da Justiça do Trabalho.

DOU 30.05.1985

O Presidente da República

Faço saber que o Congresso Nacional decreta e eu sanciono a seguinte Lei:

Art. 1º Nas ações individuais e coletivas de competência da Justiça do Trabalho, as entidades sindicais que se integram à Confederação Nacional das Profissões Liberais terão o mesmo poder de representação dos trabalhadores-empregados, atribuído, pela legislação em vigor, aos sindicatos representativos das categorias profissionais diferenciadas.

Art. 2º Esta Lei entra em vigor na data de sua publicação.

Art. 3º Revogam-se as disposições em contrário.

Brasília, 28 de maio de 1985; 164º da Independência e 97º da República.

José Sarney

LEI 7.347, DE 24 DE JULHO DE 1985

Disciplina a ação civil pública de responsabilidade por danos causados ao meio ambiente, ao consumidor, a bens e direitos de valor artístico, estético, histórico, turístico e paisagístico (Vetado), e dá outras providências.

DOU 25.07.1985

O Presidente da República:

Faço saber que o Congresso Nacional decreta e eu sanciono a seguinte Lei:

- ▶ Art. 129, III, da CF.
- ▶ Lei 4.717/1965 (Ação Popular).
- ▶ Lei 7.797/1989 (Fundo Nacional de Meio Ambiente).
- ▶ Art. 201, V, da Lei 8.06/1990 (Estatuto da Criança e do Adolescente – ECA).
- ▶ Art. 54, XIV, da Lei 8.906/1990 (Estatuto da Advocacia e da OAB).
- ▶ Lei 12.016/2009 (Mandado de Segurança Individual e Coletivo).
- ▶ Art. 105, V, *b*, do Regulamento Geral do Estatuto da Advocacia e da OAB.
- ▶ Súmula 489 do STJ.

Art. 1º Regem-se pelas disposições desta Lei, sem prejuízo da ação popular, as ações de responsabilidade por danos morais e patrimoniais causados:

- ▶ *Caput* com redação pela Lei 12.529/2011.
- ▶ Art. 5º, LXXIII, da CF.
- ▶ Lei 4.717/1965 (Ação Popular).
- ▶ Lei 7.853/1989 (Apoio às Pessoas Portadoras de Deficiência).
- ▶ Lei 7.913/1989 (Ação Civil Pública de Responsabilidade por Danos Causados aos Investidores no Mercado de Valores Mobiliários).
- ▶ Súmulas 37, 329 e 601 do STJ.

I – ao meio ambiente;

- ▶ Arts. 200, VIII, e 225 da CF.
- ▶ Lei 9.605/1998 (Crimes Ambientais).

II – ao consumidor;

- ▶ Arts. 81 e 90 da Lei 8.078/1990 (Código de Defesa do Consumidor – CDC).
- ▶ Súmula 643 do STF.

III – a bens e direitos de valor artístico, estético, histórico, turístico e paisagístico;

IV – a qualquer outro interesse difuso ou coletivo;

- ▶ Inciso IV acrescido pela Lei 8.078/1990.
- ▶ Arts. 208 a 224 da Lei 8.06/1990 (Estatuto da Criança e do Adolescente – ECA.
- ▶ Lei 7.853/1989 (Apoio às Pessoas Portadoras de Deficiência).

V – por infração da ordem econômica;

- ▶ Inciso V acrescido pela Lei 12.529/2011.
- ▶ Lei 7.913/1989 (Ação Civil de Responsabilidade por Danos Causados aos Investidores no Mercado de Valores Imobiliários).

VI – à ordem urbanística;

- ▶ Inciso VI acrescido pela MP 2.180-35/2001.
- ▶ Lei 10.257/2001 (Estatuto da Cidade).
- ▶ Súmula 329 do STJ.

VII – à honra e à dignidade de grupos raciais, étnicos ou religiosos;

- ▶ Inciso VII acrescido pela Lei 12.966/2014.

VIII – ao patrimônio público e social.

- ▶ Inciso VIII acrescido pela Lei 13.004/2014.

Parágrafo único. Não será cabível ação civil pública para veicular pretensões que envolvam tributos, contribuições previdenciárias, o Fundo de Garantia do Tempo de Serviço – FGTS ou outros fundos de natureza institucional cujos beneficiários podem ser individualmente determinados.

- ▶ Parágrafo único acrescido pela MP 2.180-35/2001.

Art. 2º As ações previstas nesta Lei serão propostas no foro do local onde ocorrer o dano, cujo juízo terá competência funcional para processar e julgar a causa.

- ▶ Art. 109, § 3º, da CF.
- ▶ Art. 93 da Lei 8.078/1990 (Código de Defesa do Consumidor – CDC).

Parágrafo único. A propositura da ação prevenirá a jurisdição do juízo para todas as ações posteriormente intentadas que possuam a mesma causa de pedir ou o mesmo objeto.

- ▶ Parágrafo único acrescido pela MP 2.180-35/2001.

Art. 3º A ação civil poderá ter por objeto a condenação em dinheiro ou o cumprimento de obrigação de fazer ou não fazer.

- ▶ Art. 84 da Lei 8.078/1990 (Código de Defesa do Consumidor – CDC).

Art. 4º Poderá ser ajuizada ação cautelar para os fins desta Lei, objetivando, inclusive, evitar dano ao patrimônio público e social, ao meio ambiente, ao consumidor, à honra e à dignidade de grupos raciais, étnicos ou religiosos, à ordem urbanística ou aos bens e direitos de valor artístico, estético, histórico, turístico e paisagístico.

- ▶ Artigo com redação pela Lei 13.004/2014.
- ▶ Art. 84, § 3º, da Lei 8.078/1990 (Código de Defesa do Consumidor – CDC).

Art. 5º Têm legitimidade para propor a ação principal e a ação cautelar:

- ▶ *Caput* com redação pela Lei 11.448/2007.
- ▶ Súmula 601 do STJ.

I – o Ministério Público;

- ▶ Inciso I com redação pela Lei 11.448/2007.
- ▶ Súmula 643 do STF.
- ▶ Súmula 329 do STJ.

II – a Defensoria Pública;

- ▶ Inciso II com redação pela Lei 11.448/2007.

III – a União, os Estados, o Distrito Federal e os Municípios;

- ▶ Inciso III acrescido pela Lei 11.448/2007.

IV – a autarquia, empresa pública, fundação ou sociedade de economia mista;

- ▶ Inciso IV acrescido pela Lei 11.448/2007.

V – a associação que, concomitantemente:

- ▶ Inciso V acrescido pela Lei 11.448/2007.

a) esteja constituída há pelo menos 1 (um) ano nos termos da lei civil;

- ▶ Arts. 45 e 53 do CC.

b) inclua, entre suas finalidades institucionais, a proteção ao patrimônio público e social, ao meio ambiente, ao consumidor, à ordem econômica, à livre concorrência, aos direitos de grupos raciais, étnicos ou religiosos ou ao patrimônio artístico, estético, histórico, turístico e paisagístico.

- ▶ Alínea *b* com redação pela Lei 13.004/2014.
- ▶ Art. 5º, XXI e LXX, da CF.
- ▶ Art. 82 da Lei 8.078/1990 (Código de Defesa do Consumidor – CDC).

§ 1º O Ministério Público, se não intervier no processo como parte, atuará obrigatoriamente como fiscal da lei.

- ▶ Art. 92 da Lei 8.078/1990 (Código de Defesa do Consumidor – CDC).

§ 2º Fica facultado ao Poder Público e a outras associações legitimadas nos termos deste artigo habilitar-se como litisconsortes de qualquer das partes.

§ 3º Em caso de desistência infundada ou abandono da ação por associação legitimada, o Ministério Público ou outro legitimado assumirá a titularidade ativa.

- ▶ § 3º com redação pela Lei 8.078/1990.

§ 4º O requisito da pré-constituição poderá ser dispensado pelo juiz, quando haja manifesto interesse social evidenciado pela dimensão ou característica do dano, ou pela relevância do bem jurídico a ser protegido.

- ▶ § 4º acrescido pela Lei 8.078/1990.
- ▶ Art. 82, § 1º, do CDC.

§ 5º Admitir-se-á o litisconsórcio facultativo entre os Ministérios Públicos da União, do Distrito Federal e dos Estados na defesa dos interesses e direitos de que cuida esta Lei.

- ▶ § 5º acrescido pela Lei 8.078/1990.

§ 6º Os órgãos públicos legitimados poderão tomar dos interessados compromisso de ajustamento de sua conduta às exigências legais, mediante cominações, que terá eficácia de título executivo extrajudicial.

- ▶ § 6º acrescido pela Lei 8.078/1990.
- ▶ Art. 6º do Dec. 2.181/1997 (Sistema Nacional de Defesa do Consumidor – SNDC).

Art. 6º Qualquer pessoa poderá e o servidor público deverá provocar a iniciativa do Ministério Público, ministrando-lhe informações sobre fatos que constituam objeto da ação civil e indicando-lhe os elementos de convicção.

- ▶ Art. 129, VI, da CF.
- ▶ Art. 26, I e IV, da Lei 8.625/1993 (Lei Orgânica Nacional do Ministério Público).

Art. 7º Se, no exercício de suas funções, os juízes e tribunais tiverem conhecimento de fatos que possam ensejar a propositura da ação civil, remeterão peças ao Ministério Público para as providências cabíveis.

Art. 8º Para instruir a inicial, o interessado poderá requerer às autoridades competentes as certidões e informações que julgar necessárias, a serem fornecidas no prazo de quinze dias.

§ 1º O Ministério Público poderá instaurar, sob sua presidência, inquérito civil, ou requisitar, de qualquer organismo público ou particular, certidões, informações, exames ou perícias, no prazo que assinalar, o qual não poderá ser inferior a dez dias úteis.

§ 2º Somente nos casos em que a lei impuser sigilo, poderá ser negada certidão ou informação, hipótese em que a ação poderá ser proposta desacompanhada daqueles documentos, cabendo ao juiz requisitá-los.

Art. 9º Se o órgão do Ministério Público, esgotadas todas as diligências, se convencer da inexistência de fundamento para a propositura da ação civil, promoverá o arquivamento dos autos do inquérito civil ou das peças informativas, fazendo-o fundamentadamente.

- ▶ Art. 223 da Lei 8.069/1990 (Estatuto da Criança e do Adolescente – ECA).

§ 1º Os autos do inquérito civil ou das peças de informação arquivados serão remetidos, sob pena de se incorrer em falta grave, no prazo de três dias, ao Conselho Superior do Ministério Público.

§ 2º Até que, em sessão do Conselho Superior do Ministério Público, seja homologada ou rejeitada a promoção de arquivamento, poderão as associações legitimadas apresentar razões escritas ou documentos, que serão juntados aos autos do inquérito ou anexados às peças de informação.

§ 3º A promoção de arquivamento será submetida a exame e deliberação do Conselho Superior do Ministério Público, conforme dispuser o seu regimento.

§ 4º Deixando o Conselho Superior de homologar a promoção de arquivamento, designará, desde logo, outro órgão do Ministério Público para o ajuizamento da ação.

Art. 10. Constitui crime, punido com pena de reclusão de um a três anos, mais multa de dez a mil Obrigações do Tesouro Nacional – OTN, a recusa, o retardamento ou a omissão de dados técnicos indispensáveis à propositura da ação civil, quando requisitados pelo Ministério Público.

▸ Lei 7.730/1989 (Extingue a OTN).

Art. 11. Na ação que tenha por objeto o cumprimento de obrigação de fazer ou não fazer, o juiz determinará o cumprimento da prestação da atividade devida ou a cessação da atividade nociva, sob pena de execução específica, ou de cominação de multa diária, se esta for suficiente ou compatível, independentemente de requerimento do autor.

▸ Art. 84 da Lei 8.078/1990 (Código de Defesa do Consumidor – CDC).
▸ Art. 2º, I, do Dec. 1.306/1994 (Fundo de Defesa de Direitos Difusos).

Art. 12. Poderá o juiz conceder mandado liminar, com ou sem justificação prévia, em decisão sujeita a agravo.

▸ Art. 14 desta Lei.

§ 1º A requerimento de pessoa jurídica de direito público interessada, e para evitar grave lesão à ordem, à saúde, à segurança e à economia pública, poderá o Presidente do Tribunal a que competir o conhecimento do respectivo recurso suspender a execução da liminar, em decisão fundamentada, da qual caberá agravo para uma das turmas julgadoras, no prazo de cinco dias a partir da publicação do ato.

§ 2º A multa cominada liminarmente só será exigível do réu após o trânsito em julgado da decisão favorável ao autor, mas será devida desde o dia em que se houver configurado o descumprimento.

Art. 13. Havendo condenação em dinheiro, a indenização pelo dano causado reverterá a um fundo gerido por um Conselho Federal ou por Conselhos Estaduais de que participarão necessariamente o Ministério Público e representantes da comunidade, sendo seus recursos destinados à reconstituição dos bens lesados.

§ 1º Enquanto o fundo não for regulamentado, o dinheiro ficará depositado em estabelecimento oficial de crédito, em conta com correção monetária.

▸ Primitivo parágrafo único renumerado pela Lei 12.288/2010.
▸ Lei 9.008/1995 (Conselho Federal Gestor do Fundo de Defesa de Direitos Difusos).
▸ Dec. 1.306/1994 (Fundo de Defesa de Direitos Difusos).

§ 2º Havendo acordo ou condenação com fundamento em dano causado por ato de discriminação étnica nos termos do disposto no art. 1º desta Lei, a prestação em dinheiro reverterá diretamente ao fundo de que trata o *caput* e será utilizada para ações de promoção da igualdade étnica, conforme definição do Conselho Nacional de Promoção da Igualdade Racial, na hipótese de extensão nacional, ou dos Conselhos de Promoção de Igualdade Racial estaduais ou locais, nas hipóteses de danos com extensão regional ou local, respectivamente.

▸ § 2º acrescido pela Lei 12.288/2010.

Art. 14. O juiz poderá conferir efeito suspensivo aos recursos, para evitar dano irreparável à parte.

Art. 15. Decorridos sessenta dias do trânsito em julgado da sentença condenatória, sem que a associação autora lhe promova a execução, deverá fazê-lo o Ministério Público, facultada igual iniciativa aos demais legitimados.

▸ Artigo com redação pela Lei 8.078/1990.

Art. 16. A sentença civil fará coisa julgada *erga omnes*, nos limites da competência territorial do órgão prolator, exceto se o pedido for julgado improcedente por insuficiência de provas, hipótese em que qualquer legitimado poderá intentar outra ação com idêntico fundamento, valendo-se de nova prova.

▸ Artigo com redação pela Lei 9.494/1997.
▸ Art. 103 da Lei 8.078/1990 (Código de Defesa do Consumidor – CDC).
▸ Art. 2º-A da Lei 9.494/1997 (tutela antecipada contra a Fazenda Pública).

Art. 17. Em caso de litigância de má-fé, a associação autora e os diretores responsáveis pela propositura da ação serão solidariamente condenados em honorários

advocatícios e ao décuplo das custas, sem prejuízo da responsabilidade por perdas e danos.

▸ Artigo com redação pela Lei 8.078/1990.
▸ Art. 87, par. ún., da Lei 8.078/1990 (Código de Defesa do Consumidor – CDC).

Art. 18. Nas ações de que trata esta Lei, não haverá adiantamento de custas, emolumentos, honorários periciais e quaisquer outras despesas, nem condenação da associação autora, salvo comprovada má-fé, em honorários de advogado, custas e despesas processuais.

▸ Artigo com a redação pela Lei 8.078/1990.
▸ Art. 87 da Lei 8.078/1990 (Código de Defesa do Consumidor – CDC).

Art. 19. Aplica-se à ação civil pública, prevista nesta Lei, o Código de Processo Civil, aprovado pela Lei 5.869, de 11 de janeiro de 1973, naquilo em que não contrarie suas disposições.

▸ A Lei 5.869/1973 foi revogada pela Lei 13.105/2015.

Art. 20. O fundo de que trata o artigo 13 desta Lei será regulamentado pelo Poder Executivo no prazo de noventa dias.

▸ Dec. 1.306/1994 (Fundo de Defesa de Direitos Difusos).

Art. 21. Aplicam-se à defesa dos direitos e interesses difusos, coletivos e individuais, no que for cabível, os dispositivos do Título III da Lei que instituiu o Código de Defesa do Consumidor.

▸ Artigo acrescido pela Lei 8.078/1990.
▸ Arts. 81 a 104 da Lei 8.078/1990 (Código de Defesa do Consumidor – CDC).
▸ Súmula 601 do STJ.

Art. 22. Esta Lei entra em vigor na data de sua publicação.

▸ Primitivo art. 21 renumerado pela Lei 8.078/1990.

Art. 23. Revogam-se as disposições em contrário.

▸ Primitivo art. 22 renumerado pela Lei 8.078/1990.

Brasília, 24 de julho de 1985; 164º da Independência e 97º da República.

José Sarney

LEI 7.418, DE 16 DE DEZEMBRO DE 1985

Institui o Vale-Transporte e dá outras providências.

DOU 17.12.1985

▸ Regulamento: Arts. 106 a 136 do Dec. 10.854/2021.

O Presidente da República:

Faço saber que o Congresso Nacional decreta e eu sanciono a seguinte Lei:

Art. 1º Fica instituído o vale-transporte, (*Vetado*) que o empregador, pessoa física ou jurídica, antecipará ao empregado para utilização efetiva em despesas de deslocamento residência-trabalho e vice-versa, através do sistema de transporte coletivo público, urbano ou intermunicipal e/ou interestadual com características semelhantes aos urbanos, geridos diretamente ou mediante concessão ou permissão de linhas regulares e com tarifas fixadas pela autoridade competente, excluídos os serviços seletivos e os especiais.

▸ *Caput* com redação pela Lei 7.619/1987.

§ 1º *Revogado pela Medida Provisória 2.165-36/2001.*

§ 2º *Revogado pela Lei 7.619/1987.*

Art. 2º O Vale-Transporte, concedido nas condições e limites definidos, nesta Lei, no que se refere à contribuição do empregador:

▸ Artigo renumerado pela Lei 7.619/1987.

a) não tem natureza salarial, nem se incorpora à remuneração para quaisquer efeitos;

b) não constitui base de incidência de contribuição previdenciária ou de Fundo de Garantia por Tempo de Serviço;

c) não se configura como rendimento tributável do trabalhador.

Art. 3º *Artigo renumerado pela Lei 7.619/1987 e revogado pela Lei 9.532/1997.*

Art. 4º A concessão do benefício ora instituído implica a aquisição pelo empregador dos Vales-Transporte necessários aos deslocamentos do trabalhador no percurso residência-trabalho e vice-versa, no serviço de transporte que melhor se adeque.

▸ Artigo renumerado pela Lei 7.619/1987.

Parágrafo único. O empregador participará dos gastos de deslocamento do trabalhador com a ajuda de custo equivalente à parcela que exceder a 6% (seis por cento) de seu salário básico.

Art. 5º A empresa operadora do sistema de transporte coletivo público fica obrigada a emitir e a comercializar o Vale-Transporte, ao preço da tarifa vigente, colocando-o à disposição dos empregadores em geral e assumindo os custos dessa obrigação, sem repassá-los para a tarifa dos serviços.

▸ Artigo renumerado pela Lei 7.619/1987.

§ 1º Nas regiões metropolitanas, aglomerações urbanas e microrregiões, será instalado, pelo menos, um posto de vendas para cada grupo de cem mil habitantes na localidade, que comercializarão todos os tipos de Vale-Transporte.

▸ § 1º com redação pela Lei 7.855/1989.

§ 2º Fica facultado à empresa operadora delegar a emissão e a comercialização do Vale-Transporte, bem como consorciar-se em central de vendas, para efeito de cumprimento do disposto nesta Lei.

§ 3º Para fins de cálculo do valor do Vale-Transporte, será adotada a tarifa integral do deslocamento do trabalhador, sem descontos, mesmo que previstos na legislação local.

Art. 6º O poder concedente fixará as sanções a serem aplicadas à empresa operadora que comercializar o vale diretamente ou através de delegação, no caso de falta ou insuficiência de estoque de Vales-Transporte necessários ao atendimento da demanda e ao funcionamento do sistema.

▸ Artigo renumerado pela Lei 7.619/1987.

Art. 7º Ficam resguardados os direitos adquiridos do trabalhador, se superiores aos instituídos nesta Lei, vedada a cumulação de vantagens.

▸ Artigo renumerado pela Lei 7.619/1987.

Art. 8º Asseguram-se os benefícios desta Lei ao empregador que proporcionar, por meios próprios ou contratados, em veículos adequados ao transporte coletivo, o deslocamento integral de seus trabalhadores.

▸ Artigo renumerado pela Lei 7.619/1987.

Art. 9º Os Vales-Transporte anteriores perdem sua validade decorridos 30 (trinta) dias da data de reajuste tarifário.

▸ Artigo renumerado pela Lei 7.619/1987.

Art. 10. O Poder Executivo regulamentará a presente Lei prazo de 45 (quarenta e cinco) dias.

▸ Artigo renumerado pela Lei 7.619/1987.

Art. 11. Esta Lei entra em vigor na data de sua publicação.

▸ Artigo renumerado pela Lei 7.619/1987.

Art. 12. Revogam-se as disposições em contrário.

▸ Artigo renumerado pela Lei 7.619/1987.

Brasília, 16 de dezembro de 1985; 164º da Independência e 97º da República.

José Sarney

LEI 7.627, DE 10 DE NOVEMBRO DE 1987

Dispõe sobre a eliminação de autos findos nos órgãos da Justiça do Trabalho, e dá outras providências.

DOU 11.11.1987

O Presidente da República:

Faço saber que o Congresso Nacional decreta e eu sanciono a seguinte lei:

Art. 1º Fica facilitado aos Tribunais do Trabalho determinar a eliminação, por incineração, destruição mecânica ou por outro meio adequado, de autos findos há mais de 5 (cinco) anos, contado o prazo da data do arquivamento do processo.

Art. 2º A eliminação de autos findos, nos termos do disposto no artigo anterior, será decidida pelo Tribunal Pleno, mediante proposta circunstanciada do seu Presidente.

Parágrafo único. Os feitos arquivados nas Juntas de Conciliação e Julgamento poderão ser eliminados, atendidas as mesmas condições, mediante proposta do respectivo Titular, aprovada pelo Pleno do Tribunal a que estiver o órgão subordinado.

Art. 3º Deliberada a eliminação, o Presidente do Tribunal, para conhecimento dos interessados, fará publicar a decisão em órgão oficial de imprensa, por 2 (duas) vezes, com prazo de 60 (sessenta) dias.

§ 1º É lícito às partes interessadas requerer, às suas expensas, o desentranhamento dos documentos que juntaram aos autos, certidões ou cópias de peças do processo a microfilmagem total ou parcial do mesmo.

§ 2º Se, a juízo da autoridade competente, houver, nos autos, documentos de valor histórico, serão eles recolhidos em arquivo próprio, no Tribunal respectivo.

Art. 4º Esta Lei entra em vigor na data de sua publicação.

Art. 5º Revogam-se as disposições em contrário.

Brasília, 10 de novembro de 1987; 166º da Independência e 99º da República.

José Sarney

LEI 7.701, DE 21 DE DEZEMBRO DE 1988

Dispõe sobre a especialização de Turmas dos Tribunais do Trabalho em processos coletivos e dá outras providências.

DOU 22.12.1988

O Presidente da República:

Faço saber que o Congresso Nacional decreta e eu sanciono a seguinte Lei:

Art. 1º O Tribunal Superior do Trabalho, nos processos de sua competência, será dividido em Turmas e seções especializadas para a conciliação e julgamento de dissídios coletivos de natureza econômica ou jurídica e de dissídios individuais, respeitada a paridade da representação classista.

▸ A EC 24/1999 extinguiu a representação classista na Justiça do Trabalho, substituindo as Juntas de Conciliação e Julgamento pelas Varas da Justiça do Trabalho.

Parágrafo único. O Regimento Interno do Tribunal disporá sobre a constituição e o funcionamento de cada uma das seções especializadas do Tribunal Superior do Trabalho, bem como sobre o número, composição e funcionamento das respectivas Turmas do Tribunal. Caberá ao Presidente do Tribunal Superior do Trabalho presidir os atos de julgamento das seções especializadas, delas participando o Vice-Presidente e o Corregedor-Geral, este quando não estiver ausente em função corregedora.

Art. 2º Compete à seção especializada em dissídios coletivos, ou seção normativa:

I – originariamente:

a) conciliar e julgar os dissídios coletivos que excedam a jurisdição dos Tribunais Regionais do Trabalho e estender ou rever suas próprias sentenças normativas, nos casos previstos em lei;

b) homologar as conciliações celebradas nos dissídios coletivos de que trata a alínea anterior;

c) julgar as ações rescisórias propostas contra suas sentenças normativas;

d) julgar os mandados de segurança contra os atos praticados pelo Presidente do Tribunal ou por qualquer dos Ministros integrantes da seção especializada em processo de dissídio coletivo; e

e) julgar os conflitos de competência entre Tribunais Regionais do Trabalho em processo de dissídio coletivo;

II – em última instância julgar:

a) os recursos ordinários interpostos contra as decisões proferidas pelos Tribunais Regionais do Trabalho em dissídios coletivos de natureza econômica ou jurídica;

b) os recursos ordinários interpostos contra as decisões proferidas pelos Tribunais Regionais do Trabalho em ações rescisórias de mandados de segurança pertinentes a dissídios coletivos;

c) os Embargos Infringentes interpostos contra decisão não unânime proferida em processo de dissídio coletivo de sua competência originária, salvo se a decisão atacada estiver em consonância com precedente jurisprudencial do Tribunal Superior do Trabalho ou da Súmula de sua jurisprudência predominante;

d) os Embargos de Declaração opostos aos seus acórdãos e os Agravos Regimentais pertinentes aos dissídios coletivos;

e) as suspeições arguidas contra o Presidente e demais Ministros que integram a seção, nos feitos pendentes de sua decisão; e

f) os Agravos de Instrumento interpostos contra despacho denegatório de recurso ordinário nos processos de sua competência.

Art. 3º Compete à Seção de Dissídios Individuais julgar:

I – originariamente:

a) as ações rescisórias propostas contra decisões das Turmas do Tribunal Superior do Trabalho e suas próprias, inclusive as anteriores à especialização em seções; e

b) os mandados de segurança de sua competência originária, na forma da lei.

II – em única instância:

a) os agravos regimentais interpostos em dissídios individuais; e

b) os conflitos de competência entre Tribunais Regionais e aqueles que envolvem Juízes de Direito investidos de jurisdição trabalhista e Juntas de Conciliação e Julgamento em processos de dissídio individual;

▸ A EC 24/1999 extinguiu a representação classista na Justiça do Trabalho, substituindo as Juntas de Conciliação e Julgamento pelas Varas da Justiça do Trabalho.

III – em última instância:

a) os recursos ordinários interpostos contra decisões dos Tribunais Regionais em processos de dissídio individual de sua competência originária;

b) os embargos das decisões das Turmas que divergirem entre si, ou das decisões proferidas pela Seção de Dissídios Individuais;

▸ Alínea *b* com redação pela Lei 11.496/2007.

c) os agravos regimentais de despachos denegatórios dos Presidentes das Turmas, em matéria de embargos, na forma estabelecida no Regimento Interno;

d) os Embargos de Declaração opostos aos seus acórdãos;

e) as suspeições arguidas contra o Presidente e demais Ministros que integram a seção, nos feitos pendentes de julgamento;

f) os Agravos de Instrumento interpostos contra despacho denegatório de recurso ordinário em processo de sua competência.

Art. 4º É da competência do Tribunal Pleno do Tribunal Superior do Trabalho:

a) a declaração de inconstitucionalidade ou não de lei ou de ato normativo do Poder Público;

b) aprovar os enunciados da Súmula da jurisprudência predominante em dissídios individuais;

c) julgar os incidentes de uniformização da jurisprudência em dissídios individuais;

d) aprovar os precedentes da jurisprudência predominante em dissídios coletivos;

e) aprovar as tabelas de custas e emolumentos, nos termos da lei; e

f) elaborar o Regimento Interno do Tribunal e exercer as atribuições administrativas previstas em lei ou na Constituição Federal.

Art. 5º As Turmas do Tribunal Superior do Trabalho terão, cada uma, a seguinte competência:

a) julgar os Recursos de Revista interpostos de decisões dos Tribunais Regionais do Trabalho, nos casos previstos em lei;

b) julgar, em última instância, os Agravos de Instrumento dos despachos de Presidente de Tribunal Regional que denegarem seguimento a Recurso de Revista, explicitando em que efeito a Revista deve ser processada, caso providos;

c) julgar, em última instância, os agravos regimentais; e

d) julgar os Embargos de Declaração opostos aos seus acórdãos.

Art. 6º Os Tribunais Regionais do Trabalho que funcionarem divididos em Grupos de Turmas promoverão a especialização de um deles com a competência exclusiva para a conciliação e julgamento de dissídios coletivos, na forma prevista no *caput* do art. 1º desta Lei.

Parágrafo único. O Regimento Interno disporá sobre a constituição e funcionamento do Grupo Normativo, bem como dos demais Grupos de Turmas de Tribunal Regional do Trabalho.

Art. 7º Das decisões proferidas pelo Grupo Normativo dos Tribunais Regionais do Trabalho, caberá recurso ordinário para o Tribunal Superior do Trabalho.

§ 1º O Juiz relator ou o redator designado disporá de 10 (dez) dias para redigir o acórdão.

§ 2º Não publicado o acórdão nos 20 (vinte) dias subsequentes ao julgamento, poderá qualquer dos litigantes ou o Ministério Público do Trabalho interpor recurso ordinário, fundado, apenas, na certidão de julgamento, inclusive com pedido de efeito suspensivo, pagas as custas, se for o caso. Publicado o acórdão, reabrir-se-á o prazo para o aditamento do recurso interposto.

§ 3º Interposto o recurso na forma do parágrafo anterior, deverão os recorrentes comunicar o fato à Corregedoria-Geral, para as providências legais cabíveis.

§ 4º Publicado o acórdão, quando as partes serão consideradas intimadas, seguir-se-á o procedimento recursal como previsto em lei, com a intimação pessoal do Ministério Público, por qualquer dos seus procuradores.

§ 5º Formalizado o acordo pelas partes e homologado pelo Tribunal, não caberá qualquer recurso, salvo por parte do Ministério Público.

§ 6º A sentença normativa poderá ser objeto de ação de cumprimento a partir do 20º (vigésimo) dia subsequente ao do julgamento, fundada no acórdão ou na certidão de julgamento, salvo se concedido efeito suspensivo pelo Presidente do Tribunal Superior do Trabalho.

Art. 8º O disposto no art. 7º e respectivos parágrafos desta Lei aplica-se aos demais Tribunais Regionais do Trabalho não divididos em Grupos de Turmas.

Art. 9º O efeito suspensivo deferido pelo Presidente de Tribunal Superior do Trabalho terá eficácia pelo prazo improrrogável de 120 (cento e vinte) dias contados da publicação, salvo se o recurso ordinário for julgado antes do término do prazo.

Art. 10. Nos dissídios coletivos de natureza econômica ou jurídica de competência originária ou recursal da seção normativa do Tribunal Superior do Trabalho, a sentença poderá ser objeto de ação de cumprimento com a publicação da certidão de julgamento.

Art. 11. Nos processos de dissídio coletivo, o Ministério Público emitirá parecer escrito, ou protestará pelo pronunciamento oral, na audiência ou sessão de julgamento.

Art. 12. O art. 896 da Consolidação das Leis do Trabalho – CLT, aprovada pelo Decreto-Lei 5.452, de 1º de maio de 1943, passa a ter a seguinte redação:

▸ Alterações incorporadas no texto da referida CLT.

Art. 13. O depósito recursal de que trata o art. 899 e seus parágrafos da Consolidação das Leis do Trabalho fica limitado, no recurso ordinário, a 20 (vinte) vezes o valor de referência e, no de revista, a 40 (quarenta) vezes o referido valor de referência. Será considerado valor de referência aquele vigente à data de interposição do recurso, devendo ser complementado o valor total de 40 (quarenta) valores, no caso de revista.

▸ Art. 40 da Lei 8.177/1991 (Desindexação da Economia).

Art. 14. O Regimento Interno dos Tribunais Regionais do Trabalho deverá dispor sobre a Súmula da respectiva jurisprudência predominante e sobre o incidente de uniformização, inclusive os pertinentes às leis estaduais e normas coletivas.

Art. 15. Esta Lei entra em vigor na data de sua publicação.

Art. 16. Revogam-se as disposições em contrário da Consolidação das Leis do Trabalho e da legislação especial.

Brasília, 21 de dezembro de 1988; 167º da Independência e 100º da República.

José Sarney

LEI 7.716, DE 5 DE JANEIRO DE 1989

Define os crimes resultantes de preconceitos de raça ou de cor.

▸ DOU 06.01.1989; Retificada no DOU de 09.01.1989 Art. 323, I, do CPP.
▸ Lei 12.288/2010 (Estatuto da Igualdade Racial).

O Presidente da República:

Faço saber que o Congresso Nacional decreta e eu sanciono a seguinte Lei:

Art. 1º Serão punidos, na forma desta Lei, os crimes resultantes de discriminação ou preconceito de raça, cor, etnia, religião ou procedência nacional.

▸ Artigo com redação pela Lei 9.459/1997.
▸ Art. 5º, XLII, da CF.

Art. 2º *Vetado.*

Art. 2º-A. Injuriar alguém, ofendendo-lhe a dignidade ou o decoro, em razão de raça, cor, etnia ou procedência nacional.

▸ Artigo acrescido pela Lei 14.532/2023.

Pena – reclusão, de 2 (dois) a 5 (cinco) anos, e multa.

Parágrafo único. A pena é aumentada de metade se o crime for cometido mediante concurso de 2 (duas) ou mais pessoas.

Art. 3º Impedir ou obstar o acesso de alguém, devidamente habilitado, a qualquer cargo da Administração Direta ou Indireta, bem como das concessionárias de serviços públicos:

Pena – reclusão de 2 (dois) a 5 (cinco) anos.

Parágrafo único. Incorre na mesma pena quem, por motivo de discriminação de raça, cor, etnia, religião ou procedência nacional, obstar a promoção funcional.

▸ Parágrafo único acrescido pela Lei 12.288/2010.

Art. 4º Negar ou obstar emprego em empresa privada:

Pena – reclusão de 2 (dois) a 5 (cinco) anos.

▸ Art. 203 do CP.

§ 1º Incorre na mesma pena quem, por motivo de discriminação de raça ou de cor ou práticas resultantes do preconceito de descendência ou origem nacional ou étnica:

▸ § 1º acrescido pela Lei 12.288/2010.

I – deixar de conceder os equipamentos necessários ao empregado em igualdade de condições com os demais trabalhadores;

II – impedir a ascensão funcional do empregado ou obstar outra forma de benefício profissional;

III – proporcionar ao empregado tratamento diferenciado no ambiente de trabalho, especialmente quanto ao salário.

§ 2º Ficará sujeito às penas de multa e de prestação de serviços à comunidade, incluindo atividades de promoção da igualdade racial, quem, em anúncios ou qualquer outra forma de recrutamento de trabalhadores, exigir aspectos de aparência próprios de raça ou etnia para emprego cujas atividades não justifiquem essas exigências.

▶ § 2º acrescido pela Lei 12.288/2010.

Art. 5º Recusar ou impedir acesso a estabelecimento comercial, negando-se a servir, atender ou receber cliente ou comprador:

Pena – reclusão de 1 (um) a 3 (três) anos.

Art. 6º Recusar, negar ou impedir a inscrição ou ingresso de aluno em estabelecimento de ensino público ou privado de qualquer grau:

Pena – reclusão de 3 (três) a 5 (cinco) anos.

Parágrafo único. Se o crime for praticado contra menor de 18 (dezoito) anos a pena é agravada de 1/3 (um terço).

Art. 7º Impedir o acesso ou recusar hospedagem em hotel, pensão, estalagem, ou qualquer estabelecimento similar:

Pena – reclusão de 3 (três) a 5 (cinco) anos.

Art. 8º Impedir o acesso ou recusar atendimento em restaurantes, bares, confeitarias, ou locais semelhantes abertos ao público:

Pena – reclusão de 1 (um) a 3 (três) anos.

Art. 9º Impedir o acesso ou recusar atendimento em estabelecimentos esportivos, casas de diversões, ou clubes sociais abertos ao público:

Pena – reclusão de 1 (um) a 3 (três) anos.

Art. 10. Impedir o acesso ou recusar atendimento em salões de cabeleireiros, barbearias, termas ou casas de massagem ou estabelecimentos com as mesmas finalidades:

Pena – reclusão de 1 (um) a 3 (três) anos.

Art. 11. Impedir o acesso às entradas sociais em edifícios públicos ou residenciais e elevadores ou escada de acesso aos mesmos:

Pena – reclusão de 1 (um) a 3 (três) anos.

Art. 12. Impedir o acesso ou uso de transportes públicos, como aviões, navios, barcas, barcos, ônibus, trens, metrô ou qualquer outro meio de transporte concedido:

Pena – reclusão de 1 (um) a 3 (três) anos.

Art. 13. Impedir ou obstar o acesso de alguém ao serviço em qualquer ramo das Forças Armadas:

Pena – reclusão de 2 (dois) a 4 (quatro) anos.

Art. 14. Impedir ou obstar, por qualquer meio ou forma, o casamento ou convivência familiar e social:

Pena – reclusão de 2 (dois) a 4 (quatro) anos.

Art. 15. *Vetado.*

Art. 16. Constitui efeito da condenação a perda do cargo ou função pública, para o servidor público, e a suspensão do funcionamento do estabelecimento particular por prazo não superior a 3 (três) meses.

▶ Arts. 91 e 92 do CP.

Art. 17. *Vetado.*

Art. 18. Os efeitos de que tratam os artigos 16 e 17 desta Lei não são automáticos, devendo ser motivadamente declarados na sentença.

▶ Art. 92, par. ún., do CP.

Art. 19. *Vetado.*

Art. 20. Praticar, induzir ou incitar a discriminação ou preconceito de raça, cor, etnia, religião ou procedência nacional:

▶ *Caput* com redação pela Lei 9.459/1997.
▶ Art. 22 da Lei 7.170/1983 (Segurança Nacional)

Pena – reclusão de 1 (um) a 3 (três) anos e multa.

§ 1º Fabricar, comercializar, distribuir ou veicular símbolos, emblemas, ornamentos, distintivos ou propaganda que utilizem a cruz suástica ou gamada, para fins de divulgação do nazismo.

Pena – reclusão de 2 (dois) a 5 (cinco) anos e multa.

▶ § 1º com redação pela Lei 9.459/1997.

§ 2º Se qualquer dos crimes previstos neste artigo for cometido por intermédio dos meios de comunicação social, de publicação em redes sociais, da rede mundial de computadores ou de publicação de qualquer natureza:

▶ *Caput* do § 2º com redação pela Lei 14.532/2023.

Pena – reclusão de 2 (dois) a 5 (cinco) anos e multa.

▶ Pena com redação pela Lei 9.459/1997.

§ 2º-A. Se qualquer dos crimes previstos neste artigo for cometido no contexto de atividades esportivas, religiosas, artísticas ou culturais destinadas ao público:

▶ § 2º-A acrescido pela Lei 14.532/2023.

Pena – reclusão, de 2 (dois) a 5 (cinco) anos, e proibição de frequência, por 3 (três) anos, a locais destinados a práticas esportivas, artísticas ou culturais destinados ao público, conforme o caso.

§ 2º-B. Sem prejuízo da pena correspondente à violência, incorre nas mesmas penas previstas no *caput* deste artigo quem obstar, impedir ou empregar violência contra quaisquer manifestações ou práticas religiosas.

▶ § 2º-B acrescido pela Lei 14.532/2023.

§ 3º No caso do § 2º deste artigo, o juiz poderá determinar, ouvido o Ministério Público ou a pedido deste, ainda antes do inquérito policial, sob pena de desobediência:

▶ *Caput* do § 3º com redação pela Lei 14.532/2023.

I – o recolhimento imediato ou a busca e apreensão dos exemplares do material respectivo;

▶ Inciso I acrescido pela Lei 9.459/1997.

II – a cessação das respectivas transmissões radiofônicas, televisivas, eletrônicas ou da publicação por qualquer meio;

▶ Inciso II com redação pela Lei 12.735/2012.

III – a interdição das respectivas mensagens ou páginas de informação na rede mundial de computadores.

▶ Inciso III acrescido pela Lei 12.288/2010.

§ 4º Na hipótese do § 2º, constitui efeito da condenação, após o trânsito em julgado da decisão, a destruição do material apreendido.

▶ § 4º acrescido pela Lei 9.459/1997.

Art. 20-A. Os crimes previstos nesta Lei terão as penas aumentadas de 1/3 (um terço) até a metade, quando ocorrerem em contexto ou com intuito de descontração, diversão ou recreação.

Art. 20-B. Os crimes previstos nos arts. 2º-A e 20 desta Lei terão as penas aumentadas de 1/3 (um terço) até a metade, quando praticados por funcionário público, conforme definição prevista no Decreto-Lei nº 2.848, de 7 de dezembro de 1940 (Código Penal), no exercício de suas funções ou a pretexto de exercê-las.

Art. 20-C. Na interpretação desta Lei, o juiz deve considerar como discriminatória qualquer atitude ou tratamento dado à pessoa ou a grupos minoritários que cause constrangimento, humilhação, vergonha, medo ou exposição indevida, e que usualmente não se dispensaria a outros grupos em razão da cor, etnia, religião ou procedência.

Art. 20-D. Em todos os atos processuais, cíveis e criminais, a vítima destes crimes de racismo deverá estar acompanhada de advogado ou defensor público.

▶ Arts. 20-A a 20-D acrescidos pela Lei 14.532/2023.

Art. 21. Esta Lei entra em vigor na data de sua publicação.

Art. 22. Revogam-se as disposições em contrário.

Brasília, 5 de janeiro de 1989; 168º da Independência e 101º da República.

José Sarney

LEI 7.783, DE 28 DE JUNHO DE 1989

Dispõe sobre o exercício do direito de greve, define as atividades essenciais, regula o atendimento das necessidades inadiáveis da comunidade, e dá outras providências.

DOU 29.06.1989

O Presidente da República:

Faço saber que o Congresso Nacional decreta e eu sanciono a seguinte Lei:

▶ Arts. 9º e 114, II e § 3º, da CF.
▶ Dec. 7.777/2012 (Medidas para a continuidade de atividades e serviços públicos dos órgãos e entidades da administração pública federal durante greves, paralisações ou operações de retardamento de procedimentos administrativos promovidas pelos servidores públicos federais.)
▶ Súmula 316 do STF.

Art. 1º É assegurado o direito de greve, competindo aos trabalhadores decidir sobre a oportunidade de exercê-lo e sobre os interesses que devam por meio dele defender.

Parágrafo único. O direito de greve será exercido na forma estabelecida nesta Lei.

Art. 2º Para os fins desta Lei, considera-se legítimo exercício do direito de greve a suspensão coletiva, temporária e pacífica, total ou parcial, de prestação pessoal de serviços a empregador.

Art. 3º Frustrada a negociação ou verificada a impossibilidade de recurso via arbitral, é facultada a cessação coletiva do trabalho.

Parágrafo único. A entidade patronal correspondente ou os empregadores diretamente interessados serão notificados, com antecedência mínima de 48 (quarenta e oito) horas, da paralisação.

Art. 4º Caberá à entidade sindical correspondente convocar, na forma do seu estatuto, assembleia geral que definirá as reivindicações da categoria e deliberará sobre a paralisação coletiva da prestação de serviços.

§ 1º O estatuto da entidade sindical deverá prever as formalidades de convocação e o *quorum* para a deliberação, tanto da deflagração quanto da cessação da greve.

§ 2º Na falta de entidade sindical, a assembleia geral dos trabalhadores interessados deliberará para os fins previstos no *caput*, constituindo comissão de negociação.

Art. 5º A entidade sindical ou comissão especialmente eleita representará os interesses dos trabalhadores nas negociações ou na Justiça do Trabalho.

Art. 6º São assegurados aos grevistas, dentre outros direitos:

I – o emprego de meios pacíficos tendentes a persuadir ou aliciar os trabalhadores a aderirem à greve;

II – a arrecadação de fundos e a livre divulgação do movimento.

§ 1º Em nenhuma hipótese, os meios adotados por empregados e empregadores poderão violar ou constranger os direitos e garantias fundamentais de outrem.

§ 2º É vedado às empresas adotar meios para constranger o empregado ao comparecimento ao trabalho, bem como capazes de frustrar a divulgação do movimento.

§ 3º As manifestações e atos de persuasão utilizados pelos grevistas não poderão impedir o acesso ao trabalho nem causar ameaça ou dano à propriedade ou pessoa.

Art. 7º Observadas as condições previstas nesta Lei, a participação em greve suspende o contrato de trabalho, devendo as relações obrigacionais durante o período ser regidas pelo acordo, convenção, laudo arbitral ou decisão da Justiça do Trabalho.

Parágrafo único. É vedada a rescisão do contrato de trabalho durante a greve, bem como a contratação de trabalhadores substitutos, exceto na ocorrência das hipóteses previstas nos arts. 9º e 14.

Art. 8º A Justiça do Trabalho, por iniciativa de qualquer das partes ou do Ministério Público do Trabalho, decidirá sobre a procedência, total ou parcial, ou improcedência das reivindicações, cumprindo ao Tribunal publicar, de imediato, o competente acórdão.

Art. 9º Durante a greve, o sindicato ou a comissão de negociação, mediante acordo com a entidade patronal ou diretamente com o empregador, manterá em atividade equipes de empregados com o propósito de assegurar os serviços cuja paralisação resultem em prejuízo irreparável, pela deterioração irreversível de bens, máquinas e equipamentos, bem como a manutenção daqueles essenciais à retomada das atividades da empresa quando da cessação do movimento.

Parágrafo único. Não havendo acordo, é assegurado ao empregador, enquanto perdurar a greve o direito de contratar diretamente os serviços necessários a que se refere este artigo.

Art. 10. São considerados serviços ou atividades essenciais:

I – tratamento e abastecimento de água; produção e distribuição de energia elétrica, gás e combustíveis;

II – assistência médica e hospitalar;

III – distribuição e comercialização de medicamentos e alimentos;

IV – funerários;

V – transporte coletivo;

VI – captação e tratamento de esgoto e lixo;

VII – telecomunicações;

VIII – guarda, uso e controle de substâncias radioativas, equipamentos e materiais nucleares;

IX – processamento de dados ligados a serviços essenciais;

X – controle de tráfego aéreo e navegação aérea;

▶ Inciso X com redação pela Lei 13.903/2019.

XI – compensação bancária;

XII – atividades médico-periciais relacionadas com o regime geral de previdência social e a assistência social;

▶ Inciso XII acrescido pela Lei 13.846/2019.

XIII – atividades médico-periciais relacionadas com a caracterização do impedimento físico, mental, intelectual ou sensorial da pessoa com deficiência, por meio da integração de equipes multiprofissionais e interdisciplinares, para fins de reconhecimento de direitos previstos em lei, em especial na Lei nº 13.146, de 6 de julho de 2015 (Estatuto da Pessoa com Deficiência); e

▶ Inciso XIII acrescido pela Lei 13.846/2019.

XIV – outras prestações médico-periciais da carreira de Perito Médico Federal indispensáveis ao atendimento das necessidades inadiáveis da comunidade.

▶ Inciso XIV acrescido pela Lei 13.846/2019.

XV – atividades portuárias.

▶ Inciso XV acrescido pela Lei 14.047/2020.

Art. 11. Nos serviços ou atividades essenciais, os sindicatos, os empregadores e os trabalhadores ficam obrigados, de comum acordo, a garantir, durante a greve, a prestação dos serviços indispensáveis ao atendimento das necessidades inadiáveis da comunidade.

Parágrafo único. São necessidades inadiáveis da comunidade aquelas que, não atendidas, coloquem em perigo iminente a sobrevivência, a saúde ou a segurança da população.

Art. 12. No caso de inobservância do disposto no artigo anterior, o Poder Público assegurará a prestação dos serviços indispensáveis.

Art. 13. Na greve em serviços ou atividades essenciais, ficam as entidades sindicais ou os trabalhadores, conforme o caso, obrigados a comunicar a decisão aos empregadores e aos usuários com antecedência mínima de 72 (setenta e duas) horas da paralisação.

Art. 14. Constitui abuso do direito de greve a inobservância das normas contidas na presente Lei, bem como a manutenção da paralisação após a celebração de acordo, convenção ou decisão da Justiça do Trabalho.

Parágrafo único. Na vigência de acordo, convenção ou sentença normativa não constitui abuso do exercício do direito de greve a paralisação que:

I – tenha por objetivo exigir o cumprimento de cláusula ou condição;

II – seja motivada pela superveniência de fato novo ou acontecimento imprevisto que modifique substancialmente a relação de trabalho.

Art. 15. A responsabilidade pelos atos praticados, ilícitos ou crimes cometidos, no curso da greve, será apurada, conforme o caso, segundo a legislação trabalhista, civil ou penal.

Parágrafo único. Deverá o Ministério Público, de ofício, requisitar a abertura do competente inquérito e oferecer denúncia quando houver indício da prática de delito.

Art. 16. Para os fins previstos no art. 37, inciso VII, da Constituição, lei complementar definirá os termos e os limites em que o direito de greve poderá ser exercido.

Art. 17. Fica vedada a paralisação das atividades, por iniciativa do empregador, com o objetivo de frustrar negociação ou dificultar o atendimento de reivindicações dos respectivos empregados (*lock-out*).

Parágrafo único. A prática referida no *caput* assegura aos trabalhadores o direito à percepção dos salários durante o período de paralisação.

Art. 18. Ficam revogados a Lei 4.330, de 1º de junho de 1964, o Decreto-lei 1.632, de 4 de agosto de 1978, e demais disposições em contrário.

Art. 19. Esta Lei entra em vigor na data de sua publicação.

Brasília, 28 de junho de 1989; 168º da Independência e 101º da República.

José Sarney

LEI 7.853, DE 24 DE OUTUBRO DE 1989

Dispõe sobre o apoio às pessoas portadoras de deficiência, sua integração social, sobre a Coordenadoria Nacional para Integração da Pessoa Portadora de Deficiência – CORDE, institui a tutela jurisdicional de interesses coletivos ou difusos dessas pessoas, disciplina a atuação do Ministério Público, define crimes, e dá outras providências.

DOU 25.10.1989

▶ Dec. 3.298/1999 (Regulamento da Lei 7.853/1989).

O Presidente da República:

Faço saber que o Congresso Nacional decreta e eu sanciono a seguinte Lei:

▶ Lei 10.098/2000 (normas gerais e critérios básicos para a promoção da acessibilidade das pessoas portadoras de deficiência ou com mobilidade reduzida).
▶ Dec. 3.298/1999 (Regulamento da Lei 7.853/1989).
▶ Dec. 3.956/2001 (Convenção Interamericana para Eliminação de Todas as Formas de Discriminação contra as Pessoas Portadoras de Deficiência).
▶ Dec. 6.949/2009 (Convenção Internacional sobre os Direitos das Pessoas com Deficiência).
▶ Dec. 7.611/2011 (Educação especial e atendimento educacional especializado).

▶ Dec. 7.612/2011 (Plano Nacional dos Direitos da Pessoa com Deficiência – Plano Viver sem Limite).
▶ Lei 12.933/2013 (Benefício do pagamento de meia-entrada para estudantes, idosos, pessoas com deficiência e jovens de 15 a 29 anos comprovadamente carentes em espetáculos artístico-culturais e esportivos).
▶ Súmula 552 do STJ.

Art. 1º Ficam estabelecidas normas gerais que asseguram o pleno exercício dos direitos individuais e sociais das pessoas portadoras de deficiências, e sua efetiva integração social, nos termos desta Lei.

§ 1º Na aplicação e interpretação desta Lei, serão considerados os valores básicos da igualdade de tratamento e oportunidade, da justiça social, do respeito à dignidade da pessoa humana, do bem-estar, e outros, indicados na Constituição ou justificados pelos princípios gerais de direito.

§ 2º As normas desta Lei visam garantir às pessoas portadoras de deficiência as ações governamentais necessárias ao seu cumprimento e das demais disposições constitucionais e legais que lhes concernem, afastadas as discriminações e os preconceitos de qualquer espécie, e entendida a matéria como obrigação nacional a cargo do Poder Público e da sociedade.

Art. 2º Ao Poder Público e seus órgãos cabe assegurar às pessoas portadoras de deficiência o pleno exercício de seus direitos básicos, inclusive dos direitos à educação, à saúde, ao trabalho, ao lazer, à previdência social, ao amparo à infância e à maternidade, e de outros que, decorrentes da Constituição e das leis, propiciem seu bem-estar pessoal, social e econômico.

Parágrafo único. Para o fim estabelecido no *caput* deste artigo, os órgãos e entidades da administração direta e indireta devem dispensar, no âmbito de sua competência e finalidade, aos assuntos objetos esta Lei, tratamento prioritário e adequado, tendente a viabilizar, sem prejuízo de outras, as seguintes medidas:

I – na área da educação:

a) a inclusão, no sistema educacional, da Educação Especial como modalidade educativa que abranja a educação precoce, a pré-escolar, as de 1º e 2º graus, a supletiva, a habilitação e reabilitação profissionais, com currículos, etapas e exigências de diplomação próprios;

b) a inserção, no referido sistema educacional, das escolas especiais, privadas e públicas;

c) a oferta, obrigatória e gratuita, da Educação Especial em estabelecimento público de ensino;

d) o oferecimento obrigatório de programas de Educação Especial a nível pré-escolar, em unidades hospitalares e congêneres nas quais estejam internados, por prazo igual ou superior a um ano, educandos portadores de deficiência;

e) o acesso de alunos portadores de deficiência aos benefícios conferidos aos demais educandos, inclusive material escolar, merenda escolar e bolsas de estudo;

f) a matrícula compulsória em cursos regulares de estabelecimentos públicos e particulares de pessoas portadoras de deficiência capazes de se integrarem no sistema regular de ensino;

II – na área da saúde:

a) a promoção de ações preventivas, como as referentes ao planejamento familiar, ao aconselhamento genético, ao acompanhamento da gravidez, do parto e do puerpério, à nutrição da mulher e da criança, à identificação e ao controle da gestante e do feto de alto risco, à imunização, às doenças do metabolismo e seu diagnóstico e ao encaminhamento precoce de outras doenças causadoras de deficiência;

b) o desenvolvimento de programas especiais de prevenção de acidente do trabalho e de trânsito, e de tratamento adequado a suas vítimas;

c) a criação de uma rede de serviços especializados em reabilitação e habilitação;

d) a garantia de acesso das pessoas portadoras de deficiência aos estabelecimentos de saúde públicos e privados, e de seu adequado tratamento neles, sob normas técnicas e padrões de conduta apropriados;

e) a garantia de atendimento domiciliar de saúde ao deficiente grave não internado;

f) o desenvolvimento de programas de saúde voltados para as pessoas portadoras de deficiência, desenvolvidos com a participação da sociedade e que lhes ensejam a integração social;

III – na área da formação profissional e do trabalho:

a) o apoio governamental à formação profissional, e a garantia de acesso aos serviços concernentes, inclusive aos cursos regulares voltados à formação profissional;

b) o empenho do Poder Público quanto ao surgimento e à manutenção de empregos, inclusive de tempo par-

cial, destinados às pessoas portadoras de deficiência que não tenham acesso aos empregos comuns; **c)** a promoção de ações eficazes que propiciem a inserção, nos setores públicos e privado, de pessoas portadoras de deficiência;

d) a adoção de legislação específica que discipline a reserva de mercado de trabalho, em favor das pessoas portadoras de deficiência, nas entidades da Administração Pública e do setor privado, e que regulamente a organização de oficinas e congêneres integradas ao mercado de trabalho, e a situação, nelas, das pessoas portadoras de deficiência;

IV – na área de recursos humanos:

a) a formação de professores de nível médio para a Educação Especial, de técnicos de nível médio especializados na habilitação e reabilitação, e de instrutores para formação profissional;

b) a formação e qualificação de recursos humanos que, nas diversas áreas de conhecimento, inclusive de nível superior, atendam à demanda e às necessidades reais das pessoas portadoras de deficiências;

c) o incentivo à pesquisa e ao desenvolvimento tecnológico em todas as áreas do conhecimento relacionadas com a pessoa portadora de deficiência;

V – na área das edificações:

a) a adoção e a efetiva execução de normas que garantam a funcionalidade das edificações e vias públicas, que evitem ou removam os óbices às pessoas portadoras de deficiência, permitam o acesso destas a edifícios, a logradouros e a meios de transporte.

Art. 3º As medidas judiciais destinadas à proteção de interesses coletivos, difusos, individuais homogêneos e individuais indisponíveis da pessoa com deficiência poderão ser propostas pelo Ministério Público, pela Defensoria Pública, pela União, pelos Estados, pelos Municípios, pelo Distrito Federal, por associação constituída há mais de 1 (um) ano, nos termos da lei civil, por autarquia, por empresa pública e por fundação ou sociedade de economia mista que inclua, entre suas finalidades institucionais, a proteção dos interesses e a promoção de direito da pessoa com deficiência.

▶ *Caput* com redação pela Lei 13.146/2015.
▶ Arts. 45 e 61 do CC.
▶ Art. 114, I, da Lei 6.015/1973 (Registros Públicos).
▶ Art. 5º, I e § 4º, da Lei 7.347/1985 (Ação Civil Pública).
▶ Art. 82, III, da Lei 8.078/1990 (Código de Defesa do Consumidor – CDC).

§ 1º Para instruir a inicial, o interessado poderá requerer às autoridades competentes as certidões e informações que julgar necessárias.

§ 2º As certidões e informações a que se refere o parágrafo anterior deverão ser fornecidas dentro de quinze dias da entrega, sob recibo, dos respectivos requerimentos, e só poderão ser utilizadas para a instrução da ação civil.

▶ Art. 8º, *caput*, da Lei 7.347/1985 (Ação Civil Pública).

§ 3º Somente nos casos em que o interesse público, devidamente justificado, impuser sigilo, poderá ser negada certidão ou informação.

▶ Art. 8º, § 2º, da Lei 7.347/1985 (Ação Civil Pública).

§ 4º Ocorrendo a hipótese do parágrafo anterior, a ação poderá ser proposta desacompanhada das certidões ou informações negadas, cabendo ao juiz, após apreciar os motivos do indeferimento, e, salvo quando se tratar de razão de segurança nacional, requisitar umas e outras; feita a requisição, o processo correrá em segredo de justiça, que cessará com o trânsito em julgado da sentença.

▶ Art. 6º, § 3º, do Dec.-lei 4.657/1942 (Lei de Introdução às normas do Direito Brasileiro – LINDB).

§ 5º Fica facultado aos demais legitimados ativos habilitarem-se como litisconsortes nas ações propostas por qualquer deles.

▶ Art. 5º, § 2º, da Lei 7.347/1985 (Ação Civil Pública).

§ 6º Em caso de desistência ou abandono da ação, qualquer dos colegitimados pode assumir a titularidade ativa.

▶ Art. 5º, § 3º, da Lei 7.347/1985 (Ação Civil Pública).

Art. 4º A sentença terá eficácia de coisa julgada oponível *erga omnes*, exceto no caso de haver sido a ação julgada improcedente por deficiência de prova, hipótese em que qualquer legitimado poderá intentar outra ação com idêntico fundamento, valendo-se de nova prova.

▶ Art. 6º, § 3º, do Dec.-lei 4.657/1942 (Lei de Introdução às normas do Direito Brasileiro – LINDB).
▶ Art. 18 da Lei 4.717/1965 (Ação Popular).
▶ Art. 16 da Lei 7.347/1985 (Ação Civil Pública).

§ 1º A sentença que concluir pela carência ou pela improcedência da ação fica sujeita ao duplo grau de jurisdição, não produzindo efeito senão depois de confirmada pelo tribunal.

▶ Art. 19, *caput*, da Lei 7.717/1965 (Ação Popular).

§ 2º Das sentenças e decisões proferidas contra o autor da ação e suscetíveis de recurso, poderá recorrer qualquer legitimado ativo, inclusive o Ministério Público.
> ▶ Arts. 102, III, e 105, III, da CF.

Art. 5º O Ministério Público intervirá obrigatoriamente nas ações públicas, coletivas ou individuais, em que se discutam interesses relacionados à deficiência das pessoas.
> ▶ Lei 8.625/1993 (Lei Orgânica da Magistratura).

Art. 6º O Ministério Público poderá instaurar, sob sua presidência, inquérito civil, ou requisitar, de qualquer pessoa física ou jurídica, pública ou particular, certidões, informações, exame ou perícias, no prazo que assinalar, não inferior a dez dias úteis.
> ▶ Art. 8º, § 1º, da Lei 7.347/1985 (Ação Civil Pública).

§ 1º Esgotadas as diligências, caso se convença o órgão do Ministério Público da inexistência de elementos para a propositura de ação civil, promoverá fundamentadamente o arquivamento do inquérito civil, ou das peças informativas. Neste caso, deverá remeter a reexame os autos ou as respectivas peças, em três dias, ao Conselho Superior do Ministério Público, que os examinará, deliberando a respeito, conforme dispuser seu Regimento.
> ▶ Art. 9º, §§ 1º a 3º, da Lei 7.347/1985 (Ação Civil Pública).
> ▶ Arts. 5º, III, e 43, III, da Lei 8.625/1993 (Lei Orgânica do Ministério Público).

§ 2º Se a promoção do arquivamento for reformada, o Conselho Superior do Ministério Público designará desde logo outro órgão do Ministério Público para o ajuizamento da ação.
> ▶ Art. 9º, § 4º, da Lei 7.347/1985 (Ação Civil Pública).

Art. 7º Aplicam-se à ação civil pública prevista nesta Lei, no que couber, os dispositivos da Lei 7.347, de 24 de julho de 1985.
> ▶ Art. 21 da Lei 7.347/1985 (Ação Civil Pública).

Art. 8º Constitui crime punível com reclusão de 2 (dois) a 5 (cinco) anos e multa:
> ▶ Caput com redação pela Lei 13.146/2015.

I – recusar, cobrar valores adicionais, suspender, procrastinar, cancelar ou fazer cessar inscrição de aluno em estabelecimento de ensino de qualquer curso ou grau, público ou privado, em razão de sua deficiência;
> ▶ Inciso I com redação pela Lei 13.146/2015.
> ▶ Arts. 5º, XII, 7º, XXXI, e 37, VIII, da CF.
> ▶ Lei 5.473/1968 (Provimento de Cargos).

II – obstar inscrição em concurso público ou acesso de alguém a qualquer cargo ou emprego público, em razão de sua deficiência;
> ▶ Inciso II com redação pela Lei 13.146/2015.

III – negar ou obstar emprego, trabalho ou promoção à pessoa em razão de sua deficiência;
> ▶ Inciso III com redação pela Lei 13.146/2015.

IV – recusar, retardar ou dificultar internação ou deixar de prestar assistência médico-hospitalar e ambulatorial à pessoa com deficiência.
> ▶ Inciso IV com redação pela Lei 13.146/2015.

V – deixar de cumprir, retardar ou frustrar execução de ordem judicial expedida na ação civil a que alude esta Lei;
> ▶ Inciso V com redação pela Lei 13.146/2015.

VI – recusar, retardar ou omitir dados técnicos indispensáveis à propositura da ação civil pública objeto desta Lei, quando requisitados.
> ▶ Inciso VI com redação pela Lei 13.146/2015.

§ 1º Se o crime for praticado contra pessoa com deficiência menor de 18 (dezoito) anos, a pena é agravada em 1/3 (um terço).
> ▶ § 1º acrescido pela Lei 13.146/2015.

§ 2º A pena pela adoção deliberada de critérios subjetivos para indeferimento de inscrição, de aprovação e de cumprimento de estágio probatório em concursos públicos não exclui a responsabilidade patrimonial pessoal do administrador público pelos danos causados.
> ▶ § 2º acrescido pela Lei 13.146/2015.

§ 3º Incorre nas mesmas penas quem impede ou dificulta o ingresso de pessoa com deficiência em planos privados de assistência à saúde, inclusive com cobrança de valores diferenciados.
> ▶ § 3º acrescido pela Lei 13.146/2015.

§ 4º Se o crime for praticado em atendimento de urgência e emergência, a pena é agravada em 1/3 (um terço).
> ▶ § 4º acrescido pela Lei 13.146/2015.

Art. 9º A Administração Pública Federal conferirá aos assuntos relativos às pessoas portadoras de deficiência tratamento prioritário e apropriado, para que lhes seja efetivamente ensejado o pleno exercício de seus direitos individuais e sociais, bem como sua completa integração social.
> ▶ Res. STJ 2/2005 (Prioridade no Julgamento dos Processos para Portadores de Deficiência).
> ▶ Res. CNJ 554/2007 (Julgamento Prioritário dos Processos para Pessoa Portadora de Deficiência e na Condição de que a Causa Postulada Tenha Relação com a Deficiência).

§ 1º Os assuntos a que alude este artigo serão objeto de ação, coordenada e integrada, dos órgãos da Administração Pública Federal, e incluir-se-ão em Política Nacional para Integração da Pessoa Portadora de Deficiência, na qual estejam compreendidos planos, programas e projetos sujeitos a prazos e objetivos determinados.

§ 2º Ter-se-ão como integrantes da Administração Pública Federal, para os fins desta Lei, além dos órgãos públicos, das autarquias, das empresas públicas e sociedades de economia mista, as respectivas subsidiárias e as fundações públicas.

Art. 10. A coordenação superior dos assuntos, ações governamentais e medidas referentes a pessoas portadoras de deficiência caberá à Secretaria Especial dos Direitos Humanos da Presidência da República.
> ▶ Caput com redação pela Lei 11.958/2009.

Parágrafo único. Ao órgão a que se refere este artigo caberá formular a Política Nacional para a Integração da Pessoa Portadora de Deficiência, seus planos, programas e projetos e cumprir as instruções superiores que lhes digam respeito, com a cooperação dos demais órgãos públicos.
> ▶ Parágrafo único com redação pela Lei 8.028/1990.

Art. 11. *Revogado pela Lei 8.028/1990.*

Art. 12. Compete à CORDE:

I – coordenar as ações governamentais e medidas que se refiram às pessoas portadoras de deficiência;

II – elaborar os planos, programas e projetos subsumidos na Política Nacional para a Integração de Pessoa Portadora de Deficiência, bem como propor as providências necessárias a sua completa implantação e seu adequado desenvolvimento, inclusive as pertinentes a recursos e as de caráter legislativo;

III – acompanhar e orientar a execução, pela Administração Pública Federal, dos planos, programas e projetos mencionados no inciso anterior;

IV – manifestar-se sobre a adequação à Política Nacional para a Integração da Pessoa Portadora de Deficiência dos projetos federais a ela conexos, antes da liberação dos recursos respectivos;

V – manter, com os Estados, Municípios, Territórios, o Distrito Federal, e o Ministério Público, estreito relacionamento, objetivando a concorrência de ações destinadas à integração social das pessoas portadoras de deficiência;

VI – provocar a iniciativa do Ministério Público, ministrando-lhe informações sobre fatos que constituam objeto da ação civil de que esta Lei, e indicando-lhe os elementos de convicção;

VII – emitir opinião sobre os acordos, contratos ou convênios firmados pelos demais órgãos da Administração Pública Federal, no âmbito da Política Nacional para a Integração da Pessoa Portadora de Deficiência;

VIII – promover e incentivar a divulgação e o debate das questões concernentes à pessoa portadora de deficiência, visando à conscientização da sociedade.

Parágrafo único. Na elaboração dos planos, programas e projetos a seu cargo, deverá a Corde recolher, sempre que possível, a opinião das pessoas e entidades interessadas, bem como considerar a necessidade de efetivo apoio aos entes particulares voltados para a integração social das pessoas portadoras de deficiência.

Art. 13. *Revogado pela MP 2.216-37/2001.*

Art. 14. *Vetado.*

Art. 15. Para atendimento e fiel cumprimento do que dispõe esta Lei, será reestruturada a Secretaria de Educação Especial do Ministério da Educação, e serão instituídos, no Ministério do Trabalho, no Ministério da Saúde e no Ministério da Previdência e Assistência Social, órgão encarregados da coordenação setorial dos assuntos concernentes às pessoas portadoras de deficiência.

Art. 16. O Poder Executivo adotará, nos sessenta dias posteriores à vigência desta Lei, as providências necessárias à reestruturação e ao regular funcionamento da Corde, como aquelas decorrentes do artigo anterior.

Art. 17. Serão incluídas no censo demográfico de 1990, e nos subsequentes, questões concernentes à problemática da pessoa portadora de deficiência, objetivando o conhecimento atualizado do número de pessoas portadoras de deficiência no País.

Parágrafo único. Os censos demográficos realizados a partir de 2019 incluirão as especificidades inerentes ao transtorno do espectro autista, em consonância com o § 2º do art. 1º da Lei 12.764, de 27 de dezembro de 2012.
> ▶ Parágrafo único acrescido pela Lei 13.861/2019.

Art. 18. Os órgãos federais desenvolverão, no prazo de doze meses contado da publicação desta Lei, as ações necessárias à efetiva implantação das medidas indicadas no art. 2º desta Lei.

Art. 19. Esta Lei entra em vigor na data de sua publicação.

Art. 20. Revogam-se as disposições em contrário.

Brasília, 24 de outubro de 1989; 168º da Independência e 101º da República.

José Sarney

LEI 7.855, DE 24 DE OUTUBRO DE 1989

Altera a Consolidação das Leis do Trabalho, atualiza os valores das multas trabalhistas, amplia sua aplicação, institui o Programa de Desenvolvimento do Sistema Federal de Inspeção do Trabalho e dá outras providências.

DOU 25.10.1989

O Presidente da República:

Faço saber que o Congresso Nacional decreta e eu sanciono a seguinte Lei:

Art. 1º A Consolidação das Leis do Trabalho, aprovada pelo Decreto-Lei 5.452, de 1º de maio de 1943 (CLT), passa a vigorar com as seguintes alterações:
> ▶ Alterações incorporadas no texto do referido Decreto-Lei.

Art. 2º O valor das multas administrativas decorrentes da violação das normas trabalhistas, previstas na CLT e legislação extravagante, será, na data da publicação desta Lei, triplicado e, em seguida, expresso em quantidade de BTN.

Parágrafo único. O disposto neste artigo não se aplica às multas constantes do Capítulo V do Título II da CLT, que terão seus valores convertidos em quantidades de BTN, nem às previstas no arts. 153 e 477, § 8º, com a redação dada por esta Lei.

Art. 3º Acarretarão a aplicação de multa de 160 BTN, por trabalhador prejudicado, dobrada no caso de reincidência, as infrações ao disposto:

I – na Lei 4.090, de 13 de julho de 1962, que dispõe sobre a Gratificação de Natal;

II – na Lei 5.811, de 11 de outubro de 1972, que dispõe sobre o regime de trabalho nas atividades petrolíferas;

III – na Lei 6.019, de 3 de janeiro de 1974, que dispõe sobre o trabalho temporário nas empresas urbanas;

IV – na Lei 7.183, de 5 de abril de 1984; que regula o exercício da profissão de aeronauta;

V – na Lei 7.418, de 16 de dezembro de 1985, alterada pela Lei 7.619, de 30 de setembro de 1987, que instituiu o Vale-Transporte; e

VI – no Decreto-Lei 2.284, de 10 de março de 1986, que instituiu o Seguro-Desemprego.

Art. 4º O salário pago fora dos prazos previstos em lei, acordos ou convenções coletivas e sentenças normativas sujeitará o infrator a multa administrativa de 160 BTN por trabalhador prejudicado, salvo motivo de força maior (art. 501 da CLT).

Art. 5º As multas previstas na legislação trabalhista serão, quando for o caso, e sem prejuízo das demais cominações legais, agravadas até o grau máximo, nos casos de artifício, ardil, simulação, desacato, embaraço ou resistência à ação fiscal, levando-se em conta, além das circunstâncias atenuantes ou agravantes, a situação econômico-financeira do infrator e os meios a seu alcance para cumprir a lei.

Art. 6º O valor das multas não recolhidas no prazo previsto no § 3º do art. 636 da CLT será atualizado monetariamente pelo BTN Fiscal, acrescido de juros de mora de um por cento ao mês calendário, na forma da legislação aplicada aos tributos federais, até a data do seu efetivo pagamento.

§ 1º Não será considerado reincidente o empregador que não for novamente autuado por infração ao mesmo dispositivo, decorrido dois anos da imposição da penalidade.

§ 2º A fiscalização, a autuação e o processo de imposição das multas reger-se-ão pelo Título VII da CLT.

§ 3º Será observado o critério de dupla visita nas empresas com até dez empregados, salvo quando for constatada infração por falta de registro de empregado, anotação de sua Carteira de Trabalho e Previdência Social e na ocorrência de fraude, resistência ou embaraço à fiscalização.

§ 4º Na empresa que for autuada, após obedecido o disposto no parágrafo anterior, não será mais observado o critério da dupla visita em relação ao dispositivo infringido.

Art. 7º Fica instituído o Programa de Desenvolvimento do Sistema Federal de Inspeção do trabalho, destinado a promover e desenvolver as atividades de inspeção das normas de proteção, segurança e medicina do trabalho.

§ 1º O Ministro de Estado do Trabalho estabelecerá os princípios norteadores do Programa que terá como objetivo principal assegurar o reconhecimento do vínculo empregatício do trabalhador e os direitos dele decorrentes e, para maior eficiência em sua operacionalização, fará observar o critério de rodízios dos agentes de Inspeção do Trabalho na forma prevista no Regulamento da Inspeção do Trabalho.

§ 2º O deferimento da gratificação a que se refere o Decreto-Lei 2.357, de 28 de agosto de 1987, com as alterações introduzidas pelos artigos 11 e 12 do Decreto-Lei 2.365, de 27 de outubro de 1987, é estendido aos servidores pertencentes às seguintes funcionais integrantes do Grupo Outras Atividades de Nível Superior (NS 900), instituído na conformidade da Lei 5.645, de 10 de dezembro de 1970:

▸ Arts. 2º e 12 da Lei 7.923/1989.

a) Fiscal do Trabalho – Códigos NS-933 e LT-NS-933;

b) Médico do Trabalho – Códigos NS-903 e LT-NS-903, quando no efetivo exercício de funções de inspeções de medicina do trabalho;

c) Engenheiro – Códigos NS-916 e LT-NS-916, quando no efetivo exercício de funções de inspeção da segurança do trabalho; e

d) Assistente Social – Códigos NS-930 e LT-NS-930, quando no efetivo exercício de funções de inspeção do trabalho das mulheres e menores.

§ 3º À gratificação de que trata o parágrafo anterior será atribuída até o máximo de 2.800 pontos por servidor correspondente cada ponto a 0,285% do respectivo vencimento básico, mediante ato do Ministro de Estado do Trabalho, que fixará a pontuação proporcional à jornada legal de trabalho das referidas categorias.

Art. 8º O § 1º do artigo 5º da Lei 7.418, de 16 de dezembro de 1985, modificado pela Lei 7.619, de 30 de setembro de 1987, passa a ter a seguinte redação:

▸ Alterações incorporadas no texto da referida Lei.

Art. 9º *Vetado.*

Art. 10. Os efeitos financeiros decorrentes da publicação desta Lei terão início em 1º de outubro de 1989.

Art. 11. As despesas com a execução do disposto nesta Lei correrão à conta das dotações próprias constantes do Orçamento Geral da União.

Art. 12. Esta Lei entra em vigor na data de sua publicação.

Art. 13. Revogam-se o parágrafo único do art. 16, os artigos 18, 19, 27, 28, 43, 44, 324, 374, 375, 378, 379, 380, 387, 418 e 446 da CLT e demais disposições em contrário.

Brasília, 24 de outubro de 1989; 168º da Independência e 101º da República.

José Sarney

LEI 8.009, DE 29 DE MARÇO DE 1990

Dispõe sobre a impenhorabilidade do bem de família.

DOU 30.03.1990

Faço saber que o Presidente da República adotou a Medida Provisória 143, de 1990, que o Congresso Nacional aprovou, e eu, Nelson Carneiro, Presidente do Senado Federal, para os efeitos do disposto no parágrafo único do art. 62 da Constituição Federal, promulgo a seguinte lei:

▸ Arts. 1.711 a 1.722 do CC.
▸ Súmulas 205, 364 e 449 do STJ.

Art. 1º O imóvel residencial próprio do casal, ou da entidade familiar, é impenhorável e não responderá por qualquer tipo de dívida civil, comercial, fiscal, previdenciária ou de outra natureza, contraída pelos cônjuges ou pelos pais ou filhos que sejam seus proprietários e nele residam, salvo nas hipóteses previstas nesta Lei.

▸ Súmula 486 do STJ.

Parágrafo único. A impenhorabilidade compreende o imóvel sobre o qual se assentam a construção, as plantações, as benfeitorias de qualquer natureza e todos os equipamentos, inclusive os de uso profissional, ou móveis que guarneçam a casa, desde que quitados.

Art. 2º Excluem-se da impenhorabilidade os veículos de transporte, obras de arte e adornos suntuosos.

Parágrafo único. No caso de imóvel locado, a impenhorabilidade aplica-se aos bens móveis quitados que guarneçam a residência e que sejam de propriedade do locatário, observado o disposto neste artigo.

Art. 3º A impenhorabilidade é oponível em qualquer processo de execução civil, fiscal, previdenciária, trabalhista ou de outra natureza, salvo se movido:

I – *Revogado pela LC 150/2015.*

II – pelo titular do crédito decorrente do financiamento destinado à construção ou à aquisição do imóvel, no limite dos créditos e acréscimos constituídos em função do respectivo contrato;

III – pelo credor da pensão alimentícia, resguardados os direitos, sobre o bem, do seu coproprietário que, com o devedor, integre união estável ou conjugal, observadas as hipóteses em que ambos responderão pela dívida;

▸ Inciso III com redação pela Lei 13.144/2015.

IV – para cobrança de imposto, predial ou territorial, taxas e contribuições devidas em função do imóvel familiar;

V – para execução de hipoteca sobre o imóvel oferecido como garantia real pelo casal ou pela entidade familiar;

VI – por ter sido adquirido com produto de crime ou para execução de sentença penal condenatória a ressarcimento, indenização ou perdimento de bens;

VII – por obrigação decorrente de fiança concedida em contrato de locação.

▸ Inciso VII acrescido pela Lei 8.245/1991.
▸ Súmula 549 do STJ.

Art. 4º Não se beneficiará do disposto nesta Lei aquele que, sabendo-se insolvente, adquire de má-fé imóvel mais valioso para transferir a residência familiar, desfazendo-se ou não da moradia antiga.

§ 1º Neste caso poderá o juiz, na respectiva ação do credor, transferir a impenhorabilidade para a moradia familiar anterior, ou anular-lhe a venda, liberando a mais valiosa para execução ou concurso, conforme a hipótese.

§ 2º Quando a residência familiar constituir-se em imóvel rural, a impenhorabilidade restringir-se-á à sede de moradia, com os respectivos bens móveis, e, nos casos do artigo 5º, inciso XXVI, da Constituição, à área limitada como pequena propriedade rural.

▸ Art. 5º, XXVI, da CF.

Art. 5º Para os efeitos de impenhorabilidade, de que trata esta Lei, considera-se residência um único imóvel utilizado pelo casal ou pela entidade familiar para moradia permanente.

Parágrafo único. Na hipótese de o casal, ou entidade familiar, ser possuidor de vários imóveis utilizados como residência, a impenhorabilidade recairá sobre o de menor valor, salvo se outro tiver sido registrado, para esse fim, no Registro de Imóveis e na forma do artigo 70 do Código Civil.

▸ Súmula 486 do STJ.

Art. 6º São canceladas as execuções suspensas pela Medida Provisória 143, de 8 de março de 1990, que deu origem a esta Lei.

Art. 7º Esta Lei entra em vigor na data de sua publicação.

Art. 8º Revogam-se as disposições em contrário.

Senado Federal, 29 de março de 1990; 169º da Independência e 102º da República.

Nelson Carneiro

LEI 8.019, DE 11 DE ABRIL DE 1990

Altera a legislação do Fundo de Amparo ao Trabalhador (FAT), e dá outras providências.

DOU 12.04.1990

O Presidente da República:

Faço saber que o Congresso Nacional decreta e eu sanciono a seguinte lei:

Art. 1º A arrecadação decorrente das contribuições para o Programa de Integração Social (PIS), criado pela Lei Complementar 7, de 7 de setembro de 1970, e para o Programa de Formação do Patrimônio do Servidor Público (Pasep), criado pela Lei Complementar 8, de 3 de dezembro de 1970, será destinada, a cada ano, à cobertura integral das necessidades do Fundo de Amparo ao Trabalhador (FAT), de que trata o art. 10 da Lei 7.998, de 11 de janeiro de 1990.

▸ A LC 214/2025 deu nova redação a este caput, com produção de efeitos a partir de 1º.1.2027: "Art. 1º A arrecadação correspondente a 18% (dezoito por cento) da Contribuição Social sobre Bens e Serviços – CBS e a decorrente da contribuição para o Programa de Formação do Patrimônio do Servidor Público, criado pela Lei Complementar nº 8, de 3 de dezembro de 1970, será destinada, a cada ano, à cobertura integral das necessidades do Fundo de Amparo ao Trabalhador (FAT), de que trata o art. 10 da Lei nº 7.998, de 11 de janeiro de 1990."

Art. 2º Conforme estabelece o § 1º do art. 239 da Constituição Federal, pelo menos 40% da arrecadação mencionada no artigo anterior serão repassados ao Banco Nacional de Desenvolvimento Econômico e Social (BNDES), para aplicação em programas de desenvolvimento econômico.

§ 1º Os recursos repassados ao BNDES na forma do *caput* deste artigo serão corrigidos, mensalmente, pelo Índice de Preços ao Consumidor (IPC).

§§ 2º e 3º *Revogados pela Lei 9.365/1996.*

§ 4º Correrá por conta do BNDES o risco das operações financeiras realizadas com os recursos mencionados no *caput* deste artigo.

Art. 3º *Revogado pela Lei 13.483/2017, em vigor na data de sua publicação, produzindo efeitos em 01.01.2018 (DOU 22.09.2017)*

Art. 4º A arrecadação das contribuições ao PIS a ao Pasep será efetuada através de Documento de Arrecadação de Receitas Federais (Darf), nas condições estabelecidas pela legislação em vigor.

Art. 5º A alínea *b* do inciso IV do art. 69 da Lei 7.799, de 10 de julho de 1989, passa a vigorar com a seguinte redação:

▸ Alterações incorporadas no texto da referida Lei.

Art. 6º O Tesouro Nacional repassará mensalmente recursos ao FAT, de acordo com programação financeira para atender aos gastos efetivos daquele Fundo com seguro-desemprego, abono salarial e programas de desenvolvimento econômico do BNDES.

▸ Artigo com redação pela Lei 10.199/2001.

Art. 7º O Conselho Deliberativo do Fundo de Amparo ao Trabalhador (Codefat) disciplinará os critérios e as condições para devolução ao FAT dos recursos aplicados nos depósitos especiais de que trata o *caput* do art. 9º desta Lei e daqueles repassados ao Banco Nacional de Desenvolvimento Econômico e Social (BNDES), para fins do disposto no § 1º do art. 239 da Constituição Federal.

▸ *Caput* com redação pela Lei 13.932/2019.

I a III – *Revogados pela Lei 13.932/2019.*

§§ 1º a 3º *Revogados pela Lei 13.932/2019.*

§ 4º A devolução dos recursos de que trata o *caput* deste artigo estará limitada, em cada exercício, à diferença entre o produto da arrecadação das contribuições devidas ao PIS e ao Pasep, deduzidos os recursos de que trata o § 1º do art. 239 da Constituição Federal, e os recursos necessários para o custeio do Programa de Seguro-Desemprego, o pagamento do abono salarial e o financiamento de programas de educação profissional e tecnológica, conforme estimativa do Codefat para essas arrecadações e dispêndios durante o exercício.

▸ § 4º acrescido pela Lei 13.932/2019.

Art. 8º A remuneração mencionada no parágrafo único do art. 15 da Lei 7.998, de 1990, constitui receita do FAT.

Parágrafo único. Compete ao Codefat estabelecer os prazos de recolhimento e o período-base de apuração da receita mencionada no *caput* deste artigo.

Art. 9º As disponibilidades financeiras do FAT poderão ser aplicadas em títulos do Tesouro Nacional, por intermédio do Banco Central do Brasil, e em depósitos especiais, remunerados e disponíveis para imediata movimentação, nas instituições financeiras oficiais federais de que trata o art. 15 da Lei 7.998, de 11 de janeiro de 1990.

▸ *Caput* com redação pela Lei 8.352/1991.

§ 1º Parcela das disponibilidades financeiras do FAT constitui a reserva mínima de liquidez, destinada a garantir, em tempo hábil, os recursos necessários ao pagamento das despesas referentes ao Programa do Seguro-Desemprego e do Abono de que trata o art. 239 da Constituição Federal.

▸ § 1º acrescido pela Lei 8.352/1991.

§ 2º A reserva estabelecida no § 1º deste artigo não poderá ser inferior ao montante equivalente a 3 (três) meses de pagamentos do benefício do seguro-desemprego e do abono salarial de que trata o art. 9º da Lei 7.998, de 11 de janeiro de 1990, computados por meio da média móvel dos desembolsos efetuados nos 12 (doze) meses anteriores, atualizados mensalmente pela variação do Índice Nacional de Preços ao Consumidor Amplo (IPCA), calculado pela Fundação Instituto Brasileiro de Geografia e Estatística (IBGE), ou por outro índice que vier a substituí-lo.

▸ *Caput* com redação pela Lei 13.932/2019.

I e II – *Revogados pela Lei 13.932/2019.*

§ 3º Os recursos da reserva mínima de liquidez somente poderão ser aplicados em títulos do Tesouro Nacional, por intermédio do Banco Central do Brasil.

▸ § 3º acrescido pela Lei 8.352/1991.

§ 4º No exercício de 1991, as aplicações da parcela das disponibilidades financeiras que excederem o valor da reserva mínima de liquidez em depósitos especiais no Banco do Brasil S.A. serão no montante mínimo de Cr$ 220.000.000.000,00 (duzentos e vinte bilhões de cruzeiros).

> ▶ § 4º acrescido pela Lei 8.352/1991.

§ 5º *Revogado pela Lei 13.483/2017.*

§ 6º O resultado da remuneração das disponibilidades financeiras de que trata este artigo constituirá receita do FAT.

> ▶ § 6º acrescido pela Lei 8.352/1991.

§ 7º *Revogado pela Lei 13.483/2017.*

§ 8º As condições de utilização e de recomposição da reserva mínima de liquidez do FAT de que tratam os §§ 1º e 2º deste artigo serão disciplinadas em regulamento do Codefat.

> ▶ § 8º acrescido pela Lei 13.932/2019.

Art. 10. O art. 28 da Lei 7.998, de 1990, passa a ter a seguinte redação:

> ▶ Alterações incorporadas no texto da referida Lei.

Art. 11. Os recursos do PIS e do Pasep repassados ao BNDES, ao amparo do § 1º do art. 239 da Constituição Federal, antes da vigência da Lei 7.998, de 1990, acrescidos de correção monetária pela variação do IPC e de juros de 5% ao ano, constituirão direitos do FAT e serão contabilizados na forma do disposto no art. 2º desta lei.

Art. 12. O valor do abono a ser pago pelo FAT, nos casos de empregados participantes do Fundo de Participação PIS/Pasep, corresponderá à diferença entre o salário mínimo vigente na data do respectivo pagamento e os rendimentos de suas contas individuais, apurados na forma das alíneas *b* e *c* do art. 3º da Lei Complementar 26, de 11 de agosto de 1975.

Parágrafo único. O pagamento do rendimento das contas individuais mencionadas no *caput* deste artigo é de competência do Fundo de Participação PIS/Pasep.

Art. 13. A operacionalização do Programa Seguro Desemprego, no que diz respeito às atividades de pré-triagem e habilitação de requerentes, auxílio aos requerentes e segurados na busca de novo emprego, bem assim às ações voltadas para reciclagem profissional, será executada prioritariamente em articulação com os Estados e Municípios, através do Sistema Nacional de Emprego (Sine), nos termos da lei.

Parágrafo único. O Ministério do Trabalho poderá requisitar servidores, técnicos e administrativos, da Administração Federal direta, das autarquias, das fundações públicas e do Governo do Distrito Federal, para o desempenho das tarefas previstas no *caput* deste artigo e no art. 20 da Lei 7.998, de 1990, ouvida a Secretaria de Planejamento e Coordenação da Presidência da República.

Art. 14. *Vetado.*

Art. 15. Esta lei entra em vigor na data de sua publicação.

Art. 16. Ficam revogados os arts. 16, 17 e 29 da Lei 7.998, de 1990, e demais disposições em contrário.

Brasília, 11 de abril de 1990; 169º da Independência e 102º da República.

Fernando Collor

LEI 8.036, DE 11 DE MAIO DE 1990

Dispõe sobre o Fundo de Garantia do Tempo de Serviço, e dá outras providências.

DOU 14.05.1990; Retificada no DOU de 15.05.1990

> ▶ Arts. 17 a 23 da Lei 14.437/2022 (Programa Emergencial de Manutenção do Emprego e da Renda).

O Presidente da República:

Faço saber que o Congresso Nacional decreta e eu sanciono a seguinte Lei:

Art. 1º O Fundo de Garantia do Tempo de Serviço – FGTS, instituído pela Lei 5.107, de 13 de setembro de 1966, passa a reger-se por esta Lei.

Art. 2º O FGTS é constituído pelos saldos das contas vinculadas a que se refere esta Lei e outros recursos a ele incorporados, devendo ser aplicados com atualização monetária e juros, de modo a assegurar a cobertura de suas obrigações.

§ 1º Constituem recursos incorporados ao FGTS, nos termos do *caput* deste artigo:

a) eventuais saldos apurados nos termos do art. 12, § 4º;

b) dotações orçamentárias específicas;

c) resultados das aplicações dos recursos do FGTS;

d) multas, correção monetária e juros moratórios devidos;

e) demais receitas patrimoniais e financeiras.

§ 2º As contas vinculadas em nome dos trabalhadores são absolutamente impenhoráveis.

Art. 3º O FGTS será regido por normas e diretrizes estabelecidas por um Conselho Curador, composto por representação de trabalhadores, empregadores e órgãos e entidades governamentais, na forma estabelecida pelo Poder Executivo.

> ▶ *Caput* com redação pela Lei 9.649/1998 que foi alterada pela MP 2.216-37/2001.

§ 1º A Presidência do Conselho Curador será exercida pelo Ministro de Estado do Trabalho e Previdência ou representante por ele indicado.

> ▶ § 1º com redação pela Lei 14.261/2021.

§ 2º Os Ministros de Estado e os Presidentes das entidades mencionadas neste artigo serão os membros titulares do Conselho Curador, cabendo, a cada um deles, indicar o seu respectivo suplente ao Presidente do Conselho, que os nomeará.

> ▶ § 2º com redação pela Lei 9.649/1998 e eficácia interrompida por força da MP 2.216-37/2001.

§ 3º Os representantes dos trabalhadores e dos empregadores e seus suplentes serão indicados pelas respectivas centrais sindicais e confederações nacionais, serão nomeados pelo Poder Executivo, terão mandato de 2 (dois) anos e poderão ser reconduzidos uma única vez, vedada a permanência de uma mesma pessoa como membro titular, como suplente ou, de forma alternada, como titular e suplente, por período consecutivo superior a 4 (quatro) anos no Conselho.

> ▶ § 3º com redação pela Lei 13.932/2019.

§ 4º O Conselho Curador reunir-se-á ordinariamente, a cada bimestre, por convocação de seu Presidente. Esgotado esse período, não tendo ocorrido convocação, qualquer de seus membros poderá fazê-la, no prazo de 15 (quinze) dias. Havendo necessidade, qualquer membro poderá convocar reunião extraordinária, na forma que vier a ser regulamentada pelo Conselho Curador.

§ 4º-A. As reuniões do Conselho Curador serão públicas, bem como gravadas e transmitidas ao vivo por meio do sítio do FGTS na internet, o qual também possibilitará acesso a todas as gravações das reuniões que tiverem sido efetuadas dessas reuniões, resguardada a possibilidade de tratamento sigiloso de matérias assim classificadas na forma da lei.

> ▶ § 4º-A acrescido pela Lei 13.932/2019.

§ 5º As decisões do Conselho serão tomadas com a presença da maioria simples de seus membros, tendo o Presidente voto de qualidade.

> ▶ § 5º com redação pela Lei 9.649/1998 que foi alterada pela MP 2.216-37/2001.

§ 6º As despesas porventura exigidas para o comparecimento às reuniões do Conselho constituirão ônus das respectivas entidades representadas.

§ 7º As ausências ao trabalho dos representantes dos trabalhadores no Conselho Curador, decorrentes das atividades desse órgão, serão abonadas, computando-se como jornada efetivamente trabalhada para todos os fins e efeitos legais.

§ 8º O Poder Executivo designará, entre os órgãos governamentais com representação no Conselho Curador do FGTS, aquele que lhe proporcionará estrutura administrativa de suporte para o exercício de sua competência e que atuará na função de Secretaria Executiva do colegiado, não permitido ao Presidente do Conselho Curador acumular a titularidade dessa Secretaria Executiva.

> ▶ § 8º com redação pela Lei 13.932/2019.

§ 9º Aos membros do Conselho Curador, enquanto representantes dos trabalhadores, efetivos e suplentes, é assegurada a estabilidade no emprego, da nomeação até 1 (um) ano após o término do mandato de representação, somente podendo ser demitidos por motivo de falta grave, regularmente comprovada através de processo sindical.

§ 10. Os membros do Conselho Curador do FGTS serão escolhidos dentre cidadãos de reputação ilibada e de notório conhecimento, e deverão ser atendidos os seguintes requisitos:

> ▶ § 10 acrescido pela Lei 13.932/2019.

I – ter formação acadêmica superior; e

II – não se enquadrar nas hipóteses de inelegibilidade previstas nas alíneas "a" a "q" do inciso I do *caput* do art. 1º da Lei Complementar 64, de 18 de maio de 1990.

Art. 4º O gestor da aplicação dos recursos do FGTS será o órgão do Poder Executivo responsável pela política de habitação, e caberá à Caixa Econômica Federal (CEF) o papel de agente operador.

> ▶ Artigo com redação pela Lei 13.932/2019.

Art. 5º Ao Conselho Curador do FGTS compete:

> ▶ Art. 21 da LC 150/2015 (Lei dos Domésticos).

I – estabelecer as diretrizes e os programas de alocação dos recursos do FGTS, de acordo com os critérios definidos nesta Lei, em conformidade com a política nacional de desenvolvimento urbano e as políticas setoriais de habitação popular, saneamento básico, microcrédito e infraestrutura urbana estabelecidas pelo governo federal;

> ▶ Inciso I com redação pela Lei 14.438/2022.

II – acompanhar e avaliar a gestão econômica e financeira dos recursos, bem como os ganhos sociais e o desempenho dos programas aprovados;

III – apreciar e aprovar os programas anuais e plurianuais do FGTS;

IV – aprovar as demonstrações financeiras do FGTS, com base em parecer de auditoria externa independente, antes de sua publicação e encaminhamento aos órgãos de controle, bem como da distribuição de resultados;

> ▶ Inciso IV com redação pela Lei 13.932/2019.

V – adotar as providências cabíveis para a correção de atos e fatos do gestor da aplicação e da CEF que prejudiquem o desempenho e o cumprimento das finalidades no que concerne aos recursos do FGTS;

> ▶ Inciso V com redação pela Lei 13.932/2019.

VI – dirimir dúvidas quanto à aplicação das normas regulamentares, relativas ao FGTS, nas matérias de sua competência;

VII – aprovar seu regimento interno;

VIII – fixar as normas e valores de remuneração do Agente Operador e dos Agentes Financeiros;

IX – fixar critérios para parcelamento de recolhimentos em atraso;

X – fixar critério e valor de remuneração para o exercício da fiscalização;

XI – divulgar, no *Diário Oficial da União*, todas as decisões proferidas pelo Conselho, bem como as contas do FGTS e os respectivos pareceres emitidos;

XII – fixar critérios e condições para compensação entre créditos do empregador, decorrentes de depósitos relativos a trabalhadores não optantes, com contratos extintos, e débitos resultantes de competências em atraso, inclusive aqueles que forem objeto de composição de dívida com o FGTS;

> ▶ Inciso XII acrescido pela Lei 9.711/1998.

XIII – em relação ao Fundo de Investimento do Fundo de Garantia do Tempo de Serviço – FI-FGTS:

> ▶ Inciso XIII acrescido pela Lei 11.491/2007.

a) aprovar a política de investimento do FI-FGTS por proposta do Comitê de Investimento;

b) decidir sobre o reinvestimento ou distribuição dos resultados positivos aos cotistas do FI-FGTS, em cada exercício;

c) definir a forma de deliberação, de funcionamento e a composição do Comitê de Investimento;

d) estabelecer o valor da remuneração da Caixa Econômica Federal pela administração e gestão do FI-FGTS, inclusive a taxa de risco;

e) definir a exposição máxima de risco dos investimentos do FI-FGTS;

f) estabelecer o limite máximo de participação dos recursos do FI-FGTS por setor, por empreendimento e por classe de ativo, observados os requisitos técnicos aplicáveis;

g) estabelecer o prazo mínimo de resgate das cotas e de retorno dos recursos à conta vinculada, observado o disposto no § 19 do art. 20 desta Lei;

h) aprovar o regulamento do FI-FGTS, elaborado pela Caixa Econômica Federal; e

i) autorizar a integralização de cotas do FI-FGTS pelos trabalhadores, estabelecendo previamente os limites globais e individuais, parâmetros e condições de aplicação e resgate.

XIV – *Revogado pela Lei 13.932/2019.*

XV – autorizar a aplicação de recursos do FGTS em outros fundos de investimento, no mercado de capitais e em títulos públicos e privados, com base em proposta elaborada pelo agente operador, devendo o Conselho Curador regulamentar as formas e condições do investimento, vedado o aporte em fundos nos quais o FGTS seja o único cotista;

> ▶ Inciso XV acrescido pela Lei 13.932/2019.

XVI – estipular limites às tarifas cobradas pelo agente operador ou pelos agentes financeiros na intermediação da movimentação dos recursos da conta vinculada do FGTS, inclusive nas hipóteses de que tratam os incisos V, VI e VII do *caput* do art. 20 desta Lei.

▸ Inciso XVI acrescido pela Lei 13.932/2019.

XVII – estabelecer, em relação à autorização de aplicação de recursos do FGTS em fundos garantidores de crédito e sua regulamentação quanto às formas e condições:

a) o valor da aplicação com fundamento em proposta elaborada pelo gestor da aplicação; e

b) a cada 3 (três) anos, percentual mínimo do valor proposto para aplicação na política setorial do microcrédito, respeitado o piso de 30% (trinta por cento).

▸ Inciso XVII acrescido pela Lei 14.438/2022.

§ 1º O Conselho Curador será assistido por um Comitê de Auditoria e Riscos, constituído na forma do Regimento Interno, cujas atribuições e condições abrangerão, no mínimo, aquelas estipuladas nos arts. 24 e 25, §§ 1º a 3º, da Lei 13.303, de 30 de junho de 2016, ao Comitê de Auditoria Estatutário das empresas públicas e sociedades de economia mista que forem aplicáveis, ainda que por similaridade, ao FGTS, e cujas despesas serão custeadas pelo Fundo, por meio de sua Secretaria Executiva, observado o disposto no § 3º deste artigo.

▸ § 1º acrescido pela Lei 13.932/2019.

§ 2º O Conselho Curador poderá ser assistido regularmente por pessoas naturais ou jurídicas especializadas em planejamento, em gestão de investimentos, em avaliação de programas e políticas, em tecnologia da informação ou em qualquer outra especialização julgada necessária para subsidiá-lo no exercício de suas atribuições, e as despesas decorrentes ficarão a cargo do FGTS, observado o disposto no § 3º deste artigo.

▸ § 2º acrescido pela Lei 13.932/2019.

§ 3º Os custos e despesas incorridos pelo FGTS não poderão superar limite a ser estabelecido pelo Conselho Curador, o qual observará, no mínimo, os custos por atividades, os ganhos de escala e produtividade, os avanços tecnológicos e a remuneração praticada por outros fundos no mercado de capitais, excluídos da base de cálculo aqueles cuja administradora receba remuneração específica, e incluirá:

▸ § 3º e incisos I a IV acrescidos pela Lei 13.932/2019.

I – os serviços de fiscalização, as atividades de arrecadação, de cobrança administrativa e de emissão de certidões;

II – os serviços de cobrança judicial dos créditos inscritos em dívida ativa;

III – os serviços contratados pela Secretaria Executiva para suporte às ações e decisões do Conselho Curador e do Comitê de Auditoria e Riscos, bem como os valores despendidos com terceiros;

IV – a capacitação dos gestores.

§ 4º O Conselho Curador especificará os serviços de suporte à gestão e à operação que poderão ser contratados pela Secretaria Executiva com recursos do FGTS, cabendo-lhe aprovar o montante destinado a tal finalidade no orçamento anual.

▸ § 4º acrescido pela Lei 13.932/2019.

§ 5º As auditorias externas contratadas pelo Comitê a que se refere o § 1º deste artigo não poderão prestar serviços ao agente operador durante a execução dos contratos de auditoria com o FGTS.

▸ § 5º acrescido pela Lei 13.932/2019.

§ 6º O limite de custos e despesas a que se refere o § 3º deste artigo não inclui taxas de risco de crédito e demais custos e despesas devidos ao agente operador e aos agentes financeiros.

▸ § 6º acrescido pela Lei 13.932/2019.

§ 7º O limite de que trata o § 3º deste artigo será, em cada exercício, de até 0,06% (seis centésimos por cento) do valor dos ativos do FGTS ao final do exercício anterior e, até a publicação das demonstrações financeiras, esse limite será calculado a partir de estimativas divulgadas pelo Conselho Curador para o valor dos ativos do FGTS ao final daquele exercício.

▸ § 7º com redação pela Lei 14.438/2022.

§ 8º A taxa de administração do FGTS devida ao agente operador não será superior a 0,5% (cinco décimos por cento) ao ano do valor total dos ativos do Fundo.

▸ § 8º acrescido pela Lei 13.932/2019.

§ 9º A taxa de administração de que trata a alínea "d" do inciso XIII do *caput* deste artigo não será superior a 0,5% (cinco décimos por cento) ao ano do valor total dos ativos do FI-FGTS.

▸ § 9º acrescido pela Lei 13.932/2019.

§ 10. O piso de que trata a alínea *"b"* do inciso XVII do *caput* deste artigo poderá ser revisto pelo Conselho Curador a cada 3 (três) anos.

▸ § 10 acrescido pela Lei 14.438/2022.

Art. 6º Ao gestor da aplicação compete:

▸ *Caput* com redação pela Lei 13.932/2019.

I – praticar todos os atos necessários à gestão da aplicação do Fundo, de acordo com as diretrizes e programas estabelecidos pelo Conselho Curador;

II – expedir atos normativos relativos à alocação dos recursos para implementação dos programas aprovados pelo Conselho Curador;

III – elaborar orçamentos anuais e planos plurianuais de aplicação dos recursos, discriminados por região geográfica, e submetê-los até 31 de julho ao Conselho Curador do FGTS;

▸ Inciso III com redação pela Lei 14.118/2021.

IV – acompanhar a execução dos programas de habitação popular, saneamento básico e infraestrutura urbana previstos no orçamento do FGTS e implementados pela CEF, no papel de agente operador;

▸ Inciso IV acrescido pela Lei 13.932/2019.

V – submeter à apreciação do Conselho Curador as contas do FGTS;

VI – subsidiar o Conselho Curador com estudos técnicos necessários ao aprimoramento operacional dos programas de habitação popular, saneamento básico e infraestrutura urbana;

VII – definir as metas a serem alcançadas nos programas de habitação popular, saneamento básico e infraestrutura urbana.

Art. 6º-A. Caberá ao Ministério da Saúde regulamentar, acompanhar a execução, subsidiar o Conselho Curador com estudos técnicos necessários ao seu aprimoramento operacional e definir as metas a serem alcançadas nas operações de crédito destinadas às entidades hospitalares filantrópicas, bem como a instituições que atuem no campo para pessoas com deficiência, sem fins lucrativos, que participem de forma complementar do Sistema Único de Saúde (SUS).

▸ Art. 6º-A acrescido pela Lei 13.832/2013.

Art. 6º-B. *Revogado pela Lei 14.620/2023.*

Art. 7º À Caixa Econômica Federal, na qualidade de Agente Operador, cabe:

▸ Súmula 249 do STJ.
▸ Art. 21 da LC 150/2015 (Lei dos Domésticos).

I – centralizar os recursos do FGTS, manter e controlar as contas vinculadas e emitir regularmente os extratos individuais correspondentes às contas vinculadas e participar da rede arrecadadora dos recursos do FGTS;

II – expedir atos normativos referentes aos procedimentos administrativo-operacionais dos bancos depositários, dos agentes financeiros, dos empregadores e dos trabalhadores, integrantes do sistema do FGTS;

III – definir procedimentos operacionais necessários à execução dos programas estabelecidos pelo Conselho Curador, com base nas normas e diretrizes de aplicação elaboradas pelo gestor da aplicação;

▸ Inciso III com redação pela Lei 13.932/2019.

IV – elaborar as análises jurídica e econômico-financeira dos projetos de habitação popular, infraestrutura urbana e saneamento básico a serem financiados com recursos do FGTS;

V – emitir Certificado de Regularidade do FGTS;

VI – elaborar as demonstrações financeiras do FGTS, incluídos o Balanço Patrimonial, a Demonstração do Resultado do Exercício e a Demonstração de Fluxo de Caixa, em conformidade com as Normas Contábeis Brasileiras, e encaminhá-las, até 30 de junho do exercício subsequente, ao gestor de aplicação;

▸ Inciso VI com redação pela Lei 14.438/2022.

VII – implementar atos emanados do gestor da aplicação relativos à alocação e à aplicação dos recursos do FGTS, de acordo com as diretrizes estabelecidas pelo Conselho Curador;

▸ Inciso VII com redação pela Lei 13.932/2019.

VIII – *Vetado.*

▸ Inciso VIII acrescido pela Lei 9.491/1997.

IX – garantir aos recursos alocados ao FI-FGTS, em cotas de titularidade do FGTS, a remuneração aplicável às cotas vinculadas, na forma do *caput* do art. 13 desta Lei.

▸ Inciso IX acrescido pela Lei 11.491/2007.

X – realizar todas as aplicações com recursos do FGTS por meio de sistemas informatizados e auditáveis;

▸ Inciso X acrescido pela Lei 13.932/2019.

XI – colocar à disposição do Conselho Curador, em formato digital, as informações gerenciais que estejam sob gestão do agente operador e que sejam necessárias ao desempenho das atribuições daquele colegiado.

▸ Inciso XI acrescido pela Lei 13.932/2019.

Parágrafo único. O gestor da aplicação e o agente operador deverão dar pleno cumprimento aos programas anuais em andamento, aprovados pelo Conselho Curador, e eventuais alterações somente poderão

ser processadas mediante prévia anuência daquele colegiado.

▸ Parágrafo único pela Lei 13.932/2019.

Art. 8º O gestor da aplicação, o agente operador e o Conselho Curador do FGTS serão responsáveis pelo fiel cumprimento e observância dos critérios estabelecidos nesta Lei.

▸ Artigo com redação pela Lei 13.932/2019.

Art. 9º As aplicações com recursos do FGTS serão realizadas exclusivamente segundo critérios fixados pelo Conselho Curador do FGTS e em operações que preencham os seguintes requisitos:

▸ *Caput* com redação pela Lei 13.932/2019.

I – garantias:

▸ Inciso I com redação pela Lei 9.467/1997.

a) hipotecária;

b) caução de créditos hipotecários próprios, relativos a financiamentos concedidos com recursos do Agente Financeiro;

c) caução dos créditos hipotecários vinculados aos imóveis objeto de financiamento;

d) hipoteca sobre outros imóveis de propriedade do Agente Financeiro, desde que livres e desembaraçados de quaisquer ônus;

e) cessão de créditos do agente financeiro, derivados de financiamentos concedidos com recursos próprios, garantidos por penhor ou hipoteca;

f) hipoteca sobre imóvel de propriedade de terceiros;

g) seguro de crédito;

h) garantia real ou vinculação de receitas, inclusive tarifárias, nas aplicações contratadas com pessoa jurídica de direito público ou de direito privado a ela vinculada;

i) aval em nota promissória;

j) fiança pessoal;

l) alienação fiduciária de bens móveis em garantia;

m) fiança bancária;

n) consignação de recebíveis, exclusivamente para operações de crédito destinadas às entidades hospitalares filantrópicas, bem como a instituições que atuam no campo para pessoas com deficiência, e sem fins lucrativos que participem de forma complementar do Sistema Único de Saúde (SUS), em percentual máximo a ser definido pelo Ministério da Saúde; e

▸ Alínea n com redação pela Lei 13.778/2018.

o) outras, a critério do Conselho Curador do FGTS;

▸ Primitiva alínea n reordenada pela Lei 13.778/2018.

II – correção monetária igual à das contas vinculadas;

III – taxa de juros média mínima, por projeto, de 3% a.a. (três por cento ao ano);

IV – prazo máximo de 35 (trinta e cinco) anos.

▸ Inciso IV com redação pela Lei 14.438/2022.

§ 1º A rentabilidade média das aplicações deverá ser suficiente à cobertura de todos os custos incorridos pelo Fundo e ainda à formação de reserva técnica para o atendimento de gastos eventuais não previstos, e caberá ao agente operador o risco de crédito.

▸ § 1º com redação pela Lei 13.932/2019.

§ 2º Os recursos do FGTS deverão ser aplicados em habitação, saneamento básico, infraestrutura urbana, operações de microcrédito e operações de crédito destinadas às entidades hospitalares filantrópicas, às instituições que atuem com pessoas com deficiência e às entidades sem fins lucrativos que participem do SUS de forma complementar, desde que as disponibilidades financeiras sejam mantidas em volume que satisfaça as condições de liquidez e de remuneração mínima necessárias à preservação do poder aquisitivo da moeda..

▸ § 2º com redação pela Lei 14.438/2022.

§ 3º O programa de aplicações deverá destinar:

▸ § 3º com redação pela Lei 13.778/2018.

I – no mínimo, 60% (sessenta por cento) para investimentos em habitação popular; e,

II – 5% (cinco por cento) para operações de crédito destinadas às entidades hospitalares filantrópicas, bem como a instituições que atuam no campo para pessoas com deficiência, e sem fins lucrativos que participem de forma complementar do SUS.

III – *Revogado pela Lei 14.620/2023.*

§ 3º-A. Os recursos previstos no inciso II do § 3º deste artigo não utilizados pelas entidades hospitalares filantrópicas, bem como pelas instituições que atuam no campo para pessoas com deficiência, e sem fins lucrativos que participem de forma complementar do SUS poderão ser destinados a aplicações em habitação, em saneamento básico e em infraestrutura urbana.

▸ § 3º-A acrescido pela Lei 13.778/2018.

§ 3º-B. *Revogado pela Lei 14.620/2023.*

§ 3º-C. *Revogado pela Lei 14.620/2023.*

§ 4º Os projetos de saneamento básico e infraestrutura urbana financiados com recursos do FGTS serão, preferencialmente, complementares aos programas habitacionais.

▸ § 4º acrescido pela Lei 14.438/2022.

§ 5º As garantias, nas diversas modalidades discriminadas no inciso I do *caput* deste artigo, serão admitidas singular ou supletivamente, considerada a suficiência de cobertura para os empréstimos e financiamentos concedidos.

▸ § 5º com redação pela Lei 9.467/1997.

§ 6º Mantida a rentabilidade média de que trata o § 1º, as aplicações em habitação popular poderão contemplar sistemática de desconto, direcionada em função da renda familiar do beneficiário, onde o valor do benefício seja concedido mediante redução no valor das prestações a serem pagas pelo mutuário ou pagamento de parte da aquisição ou construção de imóvel, dentre outras, a critério do Conselho Curador do FGTS.

▸ § 6º acrescido pela MP 2.197-43/2001.

§§ 6º-A e 6º-B. *Vetados.*

▸ §§ 6º-A e 6º-B acrescidos pela Lei 13.932/2019.

§ 7º Os recursos necessários para a consecução da sistemática de desconto serão destacados, anualmente, do orçamento de aplicação de recursos do FGTS, constituindo reserva específica, com contabilização própria.

▸ § 7º acrescido pela MP 2.197-43/2001.

§ 8º É da União o risco de crédito nas aplicações efetuadas até 1º de junho de 2001 pelos demais órgãos integrantes do Sistema Financeiro da Habitação – SFH e pelas entidades credenciadas pelo Banco Central do Brasil como agentes financeiros, sub-rogando-se nas garantias prestadas à Caixa Econômica Federal.

▸ § 8º acrescido pela MP 2.196-3/2001.

§ 9º A Caixa Econômica Federal, o Banco do Brasil S.A. e o Banco Nacional de Desenvolvimento Econômico e Social (BNDES) poderão atuar como agentes financeiros autorizados para aplicação dos recursos do FGTS em operações de crédito destinadas às entidades hospitalares filantrópicas, bem como a instituições que atuam no campo para pessoas com deficiência, e sem fins lucrativos que participem de forma complementar do SUS.

▸ § 9º acrescido pela Lei 13.778/2018.

§ 10. Nas operações de crédito destinadas às entidades hospitalares filantrópicas, bem como a instituições que atuam no campo para pessoas com deficiência, e sem fins lucrativos que participem de forma complementar do SUS, serão observadas as seguintes condições:

▸ § 10 acrescido pela Lei 13.778/2018.

I – a taxa de juros efetiva não será superior àquela cobrada para o financiamento habitacional na modalidade pró-cotista ou a outra que venha a substituí-la;

II – a tarifa operacional única não será superior a 0,5% (cinco décimos por cento) do valor da operação;

III – o risco das operações de crédito ficará a cargo dos agentes financeiros de que trata o § 9º deste artigo.

§ 11. As entidades hospitalares filantrópicas, bem como a instituições que atuam no campo para pessoas com deficiência, e sem fins lucrativos que participem de forma complementar do SUS deverão, para contratar operações de crédito com recursos do FGTS, atender ao disposto nos incisos II e III do *caput* do art. 4º da Lei 12.101, de 27 de novembro de 2009.

▸ § 11 acrescido pela Lei 13.778/2018.

§ 12. *Revogado pela Lei 14.620/2023.*

§ 13. Para garantir o risco em operações de microcrédito e em operações de crédito de habitação popular para famílias com renda mensal de até 2 (dois) salários mínimos, o FGTS poderá destinar, na forma estabelecida por seu Conselho Curador, observado o disposto no inciso XVII do *caput* do art. 5º desta Lei, parte dos recursos de que trata o § 7º deste artigo para a aquisição de cotas de fundos garantidores que observem o seguinte:

I – tenham natureza privada e patrimônio segregado do patrimônio dos cotistas e da própria administradora do fundo garantidor e estejam sujeitos a direitos e obrigações próprios;

II – respondam por suas obrigações até o limite dos bens e direitos que integram o seu patrimônio, vedado qualquer tipo de garantia ou aval por parte do FGTS; e

III – não paguem rendimentos a seus cotistas, assegurado o direito de resgate total ou parcial das cotas com base na situação patrimonial dos fundos em valor não superior ao montante de recursos financeiros ainda não vinculados às garantias contratadas.

§ 14. Aos recursos do FGTS destinados à aquisição de cota de fundos garantidores de que trata o § 13 deste artigo não se aplicam os requisitos de correção monetária, taxa de juros mínima e prazo máximo previstos nos incisos II, III e IV do *caput* deste artigo e de rentabilidade prevista no § 1º deste artigo.

▸ §§ 13 e 14 acrescidos pela Lei 14.438/2022.

§§ 15 a 17. *Revogados pela Lei 14.620/2023.*

Art. 9º-A. O risco das operações de crédito de que trata o § 10 do art. 9º desta Lei ficará a cargo dos agentes financeiros referidos no § 9º do art. 9º desta Lei, hipótese em que o Conselho Curador poderá definir o percentual da taxa de risco, limitado a 3% (três por cento), a ser acrescido à taxa de juros de que trata o inciso I do § 10 do art. 9º desta Lei.

▸ Art. 9º-A acrescido pela Lei 13.832/2019.

Art. 9º-B. As garantias de que trata o inciso I do *caput* do art. 9º desta Lei podem ser exigidas isolada ou cumulativamente.

▸ Art. 9º-B acrescido pela Lei 13.832/2019.

Art. 9º-C. As aplicações do FGTS em operações de crédito destinadas às entidades hospitalares filantrópicas, bem como a instituições que atuem no campo para pessoas com deficiência, sem fins lucrativos e que participem de forma complementar do SUS, ocorrerão até o final do exercício de 2022.

▸ Art. 9º-C acrescido pela Lei 13.832/2019.

Art. 10. O Conselho Curador fixará diretrizes e estabelecerá critérios técnicos para as aplicações dos recursos do FGTS, visando a:

I – exigir a participação dos contratantes de financiamentos nos investimentos a serem realizados;

II – assegurar o cumprimento, por parte dos contratantes inadimplentes, das obrigações decorrentes dos financiamentos obtidos;

III – evitar distorções na aplicação entre as regiões do País, considerando para tanto a demanda habitacional, a população e outros indicadores sociais.

Art. 11. Os recolhimentos efetuados na rede arrecadadora relativos ao FGTS serão transferidos à Caixa Econômica Federal até o primeiro dia útil subsequente à data do recolhimento, observada a regra do meio de pagamento utilizado, data em que os respectivos valores serão incorporados ao FGTS.

▸ Artigo com redação pela Lei 14.438/2022.

Art. 12. No prazo de 1 (um) ano, a contar da promulgação desta Lei, a Caixa Econômica Federal assumirá o controle de todas as contas vinculadas, nos termos do item I do art. 7º, passando os demais estabelecimentos bancários, findo esse prazo, à condição de agentes recebedores e pagadores do FGTS, mediante recebimento de tarifa, a ser fixada pelo Conselho Curador.

§ 1º Enquanto não ocorrer a centralização prevista no *caput* deste artigo, o depósito efetuado no decorrer do mês será contabilizado no saldo da conta vinculada do trabalhador, no primeiro dia útil do mês subsequente.

§ 2º Até que a Caixa Econômica Federal implemente as disposições do *caput* deste artigo, as contas vinculadas continuarão sendo abertas em estabelecimento bancário escolhido pelo empregador, dentre os para tanto autorizados pelo Banco Central do Brasil, em nome do trabalhador.

§ 3º Verificando-se mudança de emprego, até que venha a ser implementada a centralização prevista no *caput* deste artigo, a conta vinculada será transferida para o estabelecimento bancário da escolha do novo empregador.

§ 4º Os resultados financeiros auferidos pela Caixa Econômica Federal no período entre o repasse dos bancos e o depósito nas contas vinculadas dos trabalhadores destinar-se-ão à cobertura das despesas de administração do FGTS e ao pagamento da tarifa aos bancos depositários, devendo os eventuais saldos ser incorporados ao patrimônio do Fundo nos termos do art. 2º, § 1º.

§ 5º *Revogado pela Lei 14.438/2022.*

Art. 13. Os depósitos efetuados nas contas vinculadas serão corrigidos monetariamente com base nos parâmetros fixados para atualização dos saldos dos depósitos de poupança e capitalizarão juros de 3% a.a. (três por cento ao ano).

§ 1º A atualização monetária e a capitalização de juros nas contas vinculadas correrão à conta do FGTS, e a Caixa Econômica Federal efetuará o crédito respectivo no vigésimo primeiro dia de cada mês, com base no saldo existente no vigésimo primeiro dia do mês anterior, deduzidos os débitos ocorridos no período.

▸ § 1º com redação pela Lei 14.438/2022, produzindo efeitos a partir da data de início da arrecadação por meio da prestação dos serviços digitais de geração de guias a que se refere o inciso II do *caput* do art. 17 desta Lei.

§ 1º-A. Para fins do disposto no § 1º deste artigo, o depósito realizado no prazo legal será contabilizado no saldo da conta vinculada no vigésimo primeiro dia do mês de sua ocorrência.

§ 1º-B. Na hipótese de depósito realizado intempestivamente, a atualização monetária e a parcela de juros devida ao empregado comporão o saldo-base no vigésimo primeiro dia do mês imediatamente anterior, ou comporão o saldo no vigésimo primeiro dia do mês do depósito, se o depósito ocorrer nesta data.

▸ §§ 1º-A e 1º-B acrescidos pela Lei 14.438/2022, produzindo efeitos a partir da data de início da arrecadação por meio da prestação dos serviços digitais de geração de guias a que se refere o inciso II do *caput* do art. 17 desta Lei.

§ 2º No primeiro mês em que for exigível o recolhimento do FGTS no vigésimo dia, na forma prevista no art. 15 desta Lei, a atualização monetária e os juros correspondentes da conta vinculada serão realizados:

I – no décimo dia, com base no saldo existente no décimo dia do mês anterior, deduzidos os débitos ocorridos no período; e

II – no vigésimo primeiro dia, com base no saldo existente no décimo dia do mesmo mês, atualizado na forma prevista no inciso I deste parágrafo, deduzidos os débitos ocorridos no período, com a atualização monetária *pro rata die* e os juros correspondentes.

▸ § 2º com redação pela Lei 14.438/2022, produzindo efeitos a partir da data de início da arrecadação por meio da prestação dos serviços digitais de geração de guias a que se refere o inciso II do *caput* do art. 17 desta Lei.

§ 3º Para as contas vinculadas dos trabalhadores optantes existentes à data de 22 de setembro de 1971, a capitalização dos juros dos depósitos continuará a ser feita na seguinte progressão, salvo no caso de mudança de empresa, quando a capitalização dos juros passará a ser feita à taxa de 3% a.a. (três por cento ao ano):

I – 3% (três por cento), durante os dois primeiros anos de permanência na mesma empresa;

II – 4% (quatro por cento), do terceiro ao quinto ano de permanência na mesma empresa;

III – 5% (cinco por cento), do sexto ao décimo ano de permanência na mesma empresa;

IV – 6% (seis por cento), a partir do décimo primeiro ano de permanência na mesma empresa.

§ 4º O saldo das contas vinculadas é garantido pelo Governo Federal, podendo ser instituído seguro especial para esse fim.

§ 5º O Conselho Curador autorizará a distribuição de parte do resultado positivo auferido pelo FGTS, mediante crédito nas contas vinculadas de titularidade dos trabalhadores, observadas as seguintes condições, entre outras a seu critério:

▸ § 5º acrescido pela Lei 13.446/2017.

I – a distribuição alcançará todas as contas vinculadas que apresentarem saldo positivo em 31 de dezembro do exercício-base do resultado auferido, inclusive as contas vinculadas de que trata o art. 21 desta Lei;

II – a distribuição será proporcional ao saldo de cada conta vinculada em 31 de dezembro do exercício-base e deverá ocorrer até 31 de agosto do ano seguinte ao exercício de apuração do resultado; e

III – *Revogado pela Lei 13.932/2019.*

§ 6º O valor de distribuição do resultado auferido será calculado posteriormente ao valor desembolsado com o desconto realizado no âmbito do Programa Minha Casa, Minha Vida (PMCMV), de que trata a Lei 11.977, de 7 de julho de 2009.

▸ § 6º acrescido pela Lei 13.446/2017.
▸ §§ 6º-A e 6º-B acrescidos pela Lei 13.932/2019.

§ 7º O valor creditado nas contas vinculadas a título de distribuição de resultado, acrescido de juros e atualização monetária, não integrará a base de cálculo do depósito da multa rescisória de que tratam os §§ 1º e 2º do art. 18 desta Lei.

▸ § 7º acrescido pela Lei 13.446/2017.

Art. 14. Fica ressalvado o direito adquirido dos trabalhadores que, à data da promulgação da Constituição Federal de 1988, já tinham o direito à estabilidade no emprego nos termos do Capítulo V do Título IV da CLT).

§ 1º O tempo do trabalhador não optante do FGTS, anterior a 5 de outubro de 1988, em caso de rescisão sem justa causa pelo empregador, reger-se-á pelos dispositivos constantes dos arts. 477, 478 e 497 da CLT.

§ 2º O tempo de serviço anterior à atual Constituição poderá ser transacionado entre empregador e empregado, respeitado o limite mínimo de 60% (sessenta por cento) da indenização prevista.

§ 3º É facultado ao empregador desobrigar-se da responsabilidade da indenização relativa ao tempo de serviço anterior à opção, depositando na conta vinculada do trabalhador, até o último dia útil do mês previsto em lei para o pagamento de salário, o valor correspondente à indenização, aplicando-se ao depósito, no que couber, todas as disposições desta Lei.

Leg. Compl.

§ 4º Os trabalhadores poderão a qualquer momento optar pelo FGTS com efeito retroativo a 1º de janeiro de 1967 ou à data de sua admissão, quando posterior àquela.

Art. 15. Para os fins previstos nesta Lei, todos os empregadores ficam obrigados a depositar, até o vigésimo dia de cada mês, em conta vinculada, a importância correspondente a 8% (oito por cento) da remuneração paga ou devida, no mês anterior, a cada trabalhador, incluídas na remuneração as parcelas de que tratam os arts. 457 e 458 da Consolidação das Leis do Trabalho (CLT), aprovada pelo Decreto-Lei 5.452, de 1º de maio de 1943, e a Gratificação de Natal de que trata a Lei 4.090, de 13 de julho de 1962.

▸ *Caput* com redação pela Lei 14.438/2022, produzindo efeitos para fatos geradores ocorridos a partir da data de início da arrecadação por meio da prestação dos serviços digitais de geração de guias a que se refere o inciso II do *caput* do art. 17 desta Lei.

§ 1º Entende-se por empregador a pessoa física ou a pessoa jurídica de direito privado ou de direito público, da administração pública direta, indireta ou fundacional de qualquer dos Poderes, da União, dos Estados, do Distrito Federal e dos Municípios, que admitir trabalhadores a seu serviço, bem assim aquele que, regido por legislação especial, encontrar-se nessa condição ou figurar como fornecedor ou tomador de mão de obra, independente da responsabilidade solidária e/ou subsidiária a que eventualmente venha obrigar-se.

§ 2º Considera-se trabalhador toda pessoa física que prestar serviços a empregador, a locador ou tomador de mão de obra, excluídos os eventuais, os autônomos e os servidores públicos civis e militares sujeitos a regime jurídico próprio.

§ 3º Os trabalhadores domésticos poderão ter acesso ao regime do FGTS, na forma que vier a ser prevista em Lei.

§ 4º Considera-se remuneração as retiradas de diretores não empregados, quando haja deliberação da empresa, garantindo-lhes os direitos decorrentes do contrato de trabalho de que trata o art. 16.

▸ § 4º acrescido pela Lei 9.711/1998.

§ 5º O depósito de que trata o *caput* deste artigo é obrigatório nos casos de afastamento para prestação do serviço militar obrigatório e licença por acidente do trabalho.

▸ § 5º acrescido pela Lei 9.711/1998

§ 6º Não se incluem na remuneração, para os fins desta Lei, as parcelas elencadas no § 9º do art. 28 da Lei 8.212, de 24 de julho de 1991.

▸ § 6º acrescido pela Lei 9.711/1998.

§ 7º Os contratos de aprendizagem terão a alíquota a que se refere o *caput* deste artigo reduzida para 2% (dois por cento).

▸ § 7º acrescido pela Lei 10.097/2000.

Art. 16. Para efeito desta Lei, as empresas sujeitas ao regime da legislação trabalhista poderão equiparar seus diretores não empregados aos demais trabalhadores sujeitos ao regime do FGTS. Considera-se diretor aquele que exerça cargo de administração previsto em Lei, estatuto ou contrato social, independente da denominação do cargo.

Art. 17. O Poder Executivo assegurará a prestação de serviços digitais:

▸ *Caput* com redação pela Lei 13.932/2019.

I – aos trabalhadores, que incluam a prestação de informações sobre seus créditos perante o Fundo e o acionamento imediato da inspeção do trabalho em caso de inadimplemento do empregador, de forma que seja possível acompanhar a evolução de eventuais cobranças administrativas e judiciais dos valores não recolhidos;

▸ Inciso I acrescido pela Lei 13.932/2019.

II – aos empregadores, que facilitem e desburocratizem o cumprimento de suas obrigações perante o Fundo, incluídos a geração de guias, o parcelamento de débitos, a emissão sem ônus do Certificado de Regularidade do FGTS e a realização de procedimentos de restituição e compensação.

▸ Inciso II acrescido pela Lei 13.932/2019.

Parágrafo único. O desenvolvimento, a manutenção e a evolução dos sistemas e ferramentas necessários à prestação dos serviços a que se refere o *caput* deste artigo serão custeados com recursos do FGTS.

▸ Parágrafo único acrescido pela Lei 13.932/2019.

Art. 17-A. O empregador ou o responsável fica obrigado a elaborar folha de pagamento e a declarar os dados relacionados aos valores do FGTS e outras informações de interesse do poder público por meio de sistema de escrituração digital, na forma, no prazo e nas condições estabelecidos em ato do Ministro de Estado do Trabalho e Previdência.

▸ *Caput* com redação pela Lei 14.438/2022.

§ 1º As informações prestadas na forma do *caput* deste artigo constituem declaração e reconhecimento dos créditos delas decorrentes, caracterizam confissão de débito e constituem instrumento hábil e suficiente para a cobrança do crédito de FGTS.

▸ § 1º acrescido pela Lei 13.932/2019.

§ 2º O lançamento da obrigação principal e das obrigações acessórias relativas ao FGTS será efetuado de ofício pela autoridade competente, no caso de o empregador não apresentar a declaração na forma do *caput* deste artigo, e será revisto de ofício, nas hipóteses de omissão, erro, fraude ou sonegação.

▸ § 2º acrescido pela Lei 13.932/2019.

Art. 18. Ocorrendo rescisão do contrato de trabalho, por parte do empregador, ficará este obrigado a depositar na conta vinculada do trabalhador no FGTS os valores relativos aos depósitos referentes ao mês da rescisão e ao imediatamente anterior que ainda não houver sido recolhido, sem prejuízo das cominações legais.

▸ *Caput* com redação pela Lei 9.491/1997.

§ 1º Na hipótese de despedida pelo empregador sem justa causa, depositará este, na conta vinculada do trabalhador no FGTS importância igual a 40% (quarenta por cento) do montante de todos os depósitos realizados na conta vinculada durante a vigência do contrato de trabalho, atualizados monetariamente e acrescidos dos respectivos juros.

▸ § 1º com redação pela Lei 9.491/1997.
▸ LC 110/2001 (Contribuições sociais e créditos de complementos de atualização monetária em contas vinculadas do FGTS).
▸ Dec. 3.914/2001 (Regulamentação das contribuições sociais instituídas pela LC 110/2001).

§ 2º Quando ocorrer despedida por culpa recíproca ou força maior, reconhecida pela Justiça do Trabalho, o percentual de que trata o § 1º será de 20% (vinte por cento).

§ 3º As importâncias de que trata este artigo deverão constar da documentação comprobatória do recolhimento dos valores devidos a título de rescisão do contrato de trabalho, observado o disposto no art. 477 da CLT, eximindo o empregador, exclusivamente, quanto aos valores discriminados.

▸ § 3º com redação pela Lei 9.491/1997.

Art. 19. No caso de extinção do contrato de trabalho prevista no art. 14 desta Lei, serão observados os seguintes critérios:

I – havendo indenização a ser paga, o empregador, mediante comprovação do pagamento daquela, poderá sacar o saldo dos valores por ele depositados na conta individualizada do trabalhador;

II – não havendo indenização a ser paga, ou decorrido o prazo prescricional para a reclamação de direitos por parte do trabalhador, o empregador poderá levantar em seu favor o saldo da respectiva conta individualizada, mediante comprovação perante o órgão competente do Ministério do Trabalho e da Previdência Social.

▸ Súmula 210 do STJ.

Art. 19-A. É devido o depósito do FGTS na conta vinculada do trabalhador cujo contrato de trabalho seja declarado nulo nas hipóteses previstas no art. 37, § 2º, da Constituição Federal, quando mantido o direito ao salário.

▸ Artigo acrescido pela MP 2.164-41/2001.
▸ Súmula 466 do STJ.

Parágrafo único. O saldo existente em conta vinculada, oriundo de contrato declarado nulo até 28 de julho de 2001, nas condições do *caput*, que não tenha sido levantado até essa data, será liberado ao trabalhador a partir do mês de agosto de 2002.

Art. 20. A conta vinculada do trabalhador no FGTS poderá ser movimentada nas seguintes situações:

I – despedida sem justa causa, inclusive a indireta, de culpa recíproca e de força maior;

▸ Inciso I com redação pela MP 2.197-43/2001.

I-A – extinção do contrato de trabalho prevista no art. 484-A da Consolidação das Leis do Trabalho (CLT), aprovada pelo Decreto-Lei 5.452, de 1º de maio de 1943;

▸ Inciso I-A acrescido pela Lei 13.467/2017.

II – extinção total da empresa, fechamento de quaisquer de seus estabelecimentos, filiais ou agências, supressão de parte de suas atividades, declaração de nulidade do contrato de trabalho nas condições do art. 19-A, ou ainda falecimento do empregador individual sempre que qualquer dessas ocorrências implique rescisão de contrato de trabalho, comprovada por declaração escrita da empresa, suprida, quando for o caso, por decisão judicial transitada em julgado;

▸ Inciso II com redação pela MP 2.164-41/2001.

III – aposentadoria concedida pela Previdência Social;

IV – falecimento do trabalhador, sendo o saldo pago a seus dependentes, para esse fim habilitados perante a Previdência Social, segundo o critério adotado para a concessão de pensões por morte. Na falta de dependentes, farão jus ao recebimento do saldo da conta vinculada

os seus sucessores previstos na lei civil, indicados em alvará judicial, expedido a requerimento do interessado, independente de inventário ou arrolamento;

V – pagamento de parte das prestações decorrentes de financiamento habitacional concedido no âmbito do Sistema Financeiro da Habitação – SFH, desde que:

▸ Lei 8.692/1993 (Define planos de reajustamento dos encargos mensais e dos saldos devedores nos contratos de financiamentos habitacionais no âmbito do sistema financeiro da habitação).
▸ Art. 20, § 21, desta Lei.

a) o mutuário conte com o mínimo de 3 (três) anos de trabalho sob o regime do FGTS, na mesma empresa ou em empresas diferentes;

b) o valor bloqueado seja utilizado, no mínimo, durante o prazo de 12 (doze) meses;

c) o valor do abatimento atinja, no máximo, 80% (oitenta por cento) do montante da prestação;

VI – liquidação ou amortização extraordinária do saldo devedor de financiamento imobiliário, observadas as condições estabelecidas pelo Conselho Curador, dentre elas a de que o financiamento seja concedido no âmbito do SFH e haja interstício mínimo de 2 (dois) anos para cada movimentação;

▸ *Caput* do inciso VII com redação pela Lei 11.977/2009.

VII – pagamento total ou parcial do preço de aquisição de moradia própria, ou lote urbanizado de interesse social não construído, observadas as seguintes condições:

a) o mutuário deverá contar com o mínimo de 3 (três) anos de trabalho sob o regime do FGTS, na mesma empresa ou empresas diferentes;

b) seja a operação financiável nas condições vigentes para o SFH;

VIII – quando o trabalhador permanecer três anos ininterruptos fora do regime do FGTS;

▸ Inciso VIII com redação pela Lei 13.932/2019.

IX – extinção normal do contrato a termo, inclusive o dos trabalhadores temporários regidos pela Lei 6.019, de 3 de janeiro de 1974;

X – suspensão total do trabalho avulso por período igual ou superior a 90 (noventa) dias, comprovada por declaração do sindicato representativo da categoria profissional;

▸ Inciso XII acrescido pela Lei 9.491/1997.

XI – quando o trabalhador ou qualquer de seus dependentes for acometido de neoplasia maligna;

▸ Inciso XI acrescido pela Lei 8.922/1994.

XII – aplicação em quotas de Fundos Mútuos de Privatização, regidos pela Lei 6.385, de 7 de dezembro de 1976, permitida a utilização máxima de 50% (cinquenta por cento) do saldo existente e disponível em sua conta vinculada do Fundo de Garantia do Tempo de Serviço, na data em que exercer a opção;

▸ Inciso XII acrescido pela Lei 9.491/1997.

XIII – quando o trabalhador ou qualquer de seus dependentes for portador do vírus HIV;

▸ Inciso XIII acrescido pela MP 2.164-41/2001.

XIV – quando o trabalhador ou qualquer de seus dependentes estiver em estágio terminal, em razão de doença grave, nos termos do regulamento;

▸ Inciso XIV acrescido pela MP 2.164-41/2001.

XV – quando o trabalhador tiver idade igual ou superior a 70 anos;

▸ Inciso XV acrescido pela MP 2.164-41/2001.

XVI – necessidade pessoal, cuja urgência e gravidade decorra de desastre natural, conforme disposto em regulamento, observadas as seguintes condições:

▸ Inciso XVI acrescido pela Lei 10.878/2004.
▸ Dec. 5.113/2004 (Regulamenta o art. 20, XVI, da Lei 8.036/1990).

a) o trabalhador deverá ser residente em áreas comprovadamente atingidas de Município ou do Distrito Federal em situação de emergência ou em estado de calamidade pública, formalmente reconhecidos pelo Governo Federal;

b) a solicitação de movimentação da conta vinculada será admitida até 90 (noventa) dias após a publicação do ato de reconhecimento, pelo Governo Federal, da situação de emergência ou de estado de calamidade pública; e

c) o valor máximo do saque da conta vinculada será definido na forma do regulamento.

XVII – integralização de cotas do FI-FGTS, respeitado o disposto na alínea *i* do inciso XIII do art. 5º desta Lei, permitida a utilização máxima de 30% (trinta por cento) do saldo existente e disponível na data em que exercer a opção;

▸ Inciso XVII com redação pela Lei 12.087/2009.

XVIII – quando o trabalhador com deficiência, por prescrição, necessite adquirir órtese ou prótese para promoção de acessibilidade e de inclusão social.

▶ Inciso XVIII acrescido pela Lei 13.146/2015 – Estatuto da Pessoa com Deficiência.

XIX – pagamento total ou parcial do preço de aquisição de imóveis da União inscritos em regime de ocupação ou aforamento, a que se referem o art. 4º da Lei 13.240, de 30 de dezembro de 2015, e o art. 16-A da Lei 9.636, de 15 de maio de 1998, respectivamente, observadas as seguintes condições:

▶ Inciso XIX acrescido pela Lei 13.465/2017.

a) o mutuário deverá contar com o mínimo de três anos de trabalho sob o regime do FGTS, na mesma empresa ou em empresas diferentes;

b) seja a operação financiável nas condições vigentes para o Sistema Financeiro da Habitação (SFH) ou ainda por intermédio de parcelamento efetuado pela Secretaria do Patrimônio da União (SPU), mediante a contratação da Caixa Econômica Federal como agente financeiro dos contratos de parcelamento;

c) sejam observadas as demais regras e condições estabelecidas para uso do FGTS.

XX – anualmente, no mês de aniversário do trabalhador, por meio da aplicação dos valores constantes do Anexo desta Lei, observado o disposto no art. 20-D desta Lei;

▶ Inciso XX acrescido pela Lei 13.932/2019.

XXI – a qualquer tempo, quando seu saldo for inferior a R$ 80,00 (oitenta reais) e não houver ocorrido depósitos ou saques por, no mínimo, 1 (um) ano, exceto na hipótese prevista no inciso I do § 5º do art. 13 desta Lei;

▶ Inciso XXI acrescido pela Lei 13.932/2019, em vigor após decorridos 180 dias de sua publicação (*DOU 12.12.2019*).

XXII – quando o trabalhador ou qualquer de seus dependentes for, nos termos do regulamento, pessoa com doença rara, consideradas doenças raras aquelas assim reconhecidas pelo Ministério da Saúde, que apresentará, em seu sítio na internet, a relação atualizada dessas doenças.

▶ Inciso XXII acrescido pela Lei 13.932/2019, em vigor após decorridos 180 dias de sua publicação (*DOU 12.12.2019*).

§ 1º A regulamentação das situações previstas nos incisos I e II assegurará que a retirada a que faz jus o trabalhador corresponda aos depósitos efetuados na conta vinculada durante o período de vigência do último contrato de trabalho, acrescida de juros e atualização monetária, deduzidos os saques.

§ 2º O Conselho Curador disciplinará o disposto no inciso V, visando a beneficiar os trabalhadores de baixa renda e a preservar o equilíbrio financeiro do FGTS.

§ 3º O direito de adquirir moradia com recursos de FGTS, pelo trabalhador, só poderá ser exercido para um único imóvel.

§ 4º O imóvel objeto de utilização do FGTS somente poderá ser objeto de outra transação com recursos do Fundo, na forma que vier a ser regulamentada pelo Conselho Curador.

§ 5º O pagamento da retirada, após o período previsto em regulamento, implicará atualização monetária dos valores devidos.

§ 6º Os recursos aplicados em cotas de Fundos Mútuos de Privatização, referidos no inciso XII, serão destinados, nas condições aprovadas pelo CND, a aquisições de valores mobiliários, no âmbito do Programa Nacional de Desestatização, de que trata a Lei 9.491, de 1997, e de programas estaduais de desestatização, desde que, em ambos os casos, tais destinações sejam aprovadas pelo CND.

▶ § 6º com redação pela Lei 9.635/1998.

§ 7º Ressalvadas as alienações decorrentes das hipóteses de que trata o § 8º, os valores mobiliários a que se refere o parágrafo anterior só poderão ser integralmente vendidos, pelos respectivos Fundos, 6 (seis) meses após a sua aquisição, podendo ser alienada em prazo inferior parcela equivalente a 10% (dez por cento) do valor adquirido, autorizada a livre aplicação do produto dessa alienação, nos termos da Lei 6.385, de 7 de dezembro de 1976.

▶ § 7º com redação pela Lei 9.635/1998.

§ 8º As aplicações em Fundos Mútuos de Privatização e no FI-FGTS são nominativas, impenhoráveis e, salvo as hipóteses previstas nos incisos I a XI e XIII a XVI do *caput* deste artigo, indisponíveis por seus titulares.

▶ § 8º com redação pela Lei 11.491/2007.

§ 9º Decorrido o prazo mínimo de 12 (doze) meses, contados da efetiva transferência das quotas para os Fundos Mútuos de Privatização, os titulares poderão optar pelo retorno para sua conta vinculada no Fundo de Garantia do Tempo de Serviço.

▶ § 9º acrescido pela Lei 9.491/1997.

§ 10. A cada período de 6 (seis) meses, os titulares das aplicações em Fundos Mútuos de Privatização poderão transferi-las para outro fundo de mesma natureza.

▶ § 10 acrescido pela Lei 9.491/1997.

§ 11. O montante das aplicações de que trata o § 6º deste artigo ficará limitado ao valor dos créditos contra o Tesouro Nacional de que seja titular o Fundo de Garantia do Tempo de Serviço.

▶ § 11 acrescido pela Lei 9.491/1997.

§ 12. Desde que preservada a participação individual dos quotistas, será permitida a constituição de clubes de investimento, visando a aplicação em quotas de Fundos Mútuos de Privatização.

▶ § 12 acrescido pela Lei 9.491/1997

§ 13. A garantia a que alude o § 4º do art. 13 desta Lei não compreende as aplicações a que se referem os incisos XII e XVII do *caput* deste artigo.

▶ § 13 com redação pela Lei 11.491/2007.

§ 14. Ficam isentos do imposto de renda:

▶ § 14 com redação pela Lei 11.491/2007.

I – a parcela dos ganhos nos Fundos Mútuos de Privatização até o limite da remuneração das contas vinculadas de que trata o art. 13 desta Lei, no mesmo período; e

II – os ganhos do FI-FGTS e do Fundo de Investimento em Cotas – FIC, de que trata o § 19 deste artigo.

§ 15. A transferência de recursos da conta do titular no Fundo de Garantia do Tempo de Serviço em razão da aquisição de ações, nos termos do inciso XII do *caput* deste artigo, ou de cotas do FI-FGTS não afetará a base de cálculo da multa rescisória de que tratam os §§ 1º e 2º do art. 18 desta Lei.

▶ § 15 com redação pela Lei 11.491/2007.

§ 16. Os clubes de investimento a que se refere o § 12 poderão resgatar, durante os 6 (seis) primeiros meses da sua constituição, parcela equivalente a 5% (cinco por cento) das quotas adquiridas, para atendimento de seus desembolsos, autorizada a livre aplicação do produto dessa venda, nos termos da Lei 6.385, de 7 de dezembro de 1976.

▶ § 16 com redação pela Lei 9.635/1998.

§ 17. Fica vedada a movimentação da conta vinculada do FGTS nas modalidades previstas nos incisos V, VI e VII deste artigo, nas operações firmadas, a partir de 25 de junho de 1998, no caso em que o adquirente já seja proprietário ou promitente comprador de imóvel localizado no município onde resida, bem como no caso em que o adquirente detenha, em qualquer parte do País, pelo menos um financiamento nas condições do SFH.

▶ § 17 acrescido pela MP 2.197-43/2001.

§ 18. É indispensável o comparecimento pessoal do titular da conta vinculada para o pagamento da retirada nas hipóteses previstas nos incisos I, II, III, VIII, IX e X deste artigo, salvo em caso de grave moléstia comprovada por perícia médica, quando será paga a procurador especialmente constituído para esse fim.

▶ § 10 acrescido pela MP 2.197-43/2001.

§ 19. A integralização das cotas previstas no inciso XVII do *caput* deste artigo será realizada por meio de Fundo de Investimento em Cotas – FIC, constituído pela Caixa Econômica Federal especificamente para essa finalidade.

▶ § 19 acrescido pela Lei 11.491/2007.

§ 20. A Comissão de Valores Mobiliários estabelecerá os requisitos para a integralização das cotas referidas no § 19 deste artigo, devendo condicioná-la pelo menos ao atendimento das seguintes exigências:

▶ § 20 acrescido pela Lei 11.491/2007.

I – elaboração e entrega de prospecto ao trabalhador; e

II – declaração, por escrito, individual e específica, pelo trabalhador, de sua ciência quanto aos riscos do investimento que está realizando.

§ 21. As movimentações autorizadas nos incisos V e VI do *caput* serão estendidas aos contratos de participação de grupo de consórcio para aquisição de imóvel residencial, cujo bem já tenha sido adquirido pelo consorciado, na forma a ser regulamentada pelo Conselho Curador do FGTS.

▶ § 21 acrescido pela Lei 12.058/2009.

§ 22. Na movimentação das contas vinculadas a contrato de trabalho extinto até 31 de dezembro de 2015, ficam isentas as exigências de que trata o inciso VIII do *caput* deste artigo, podendo o saque, nesta hipótese, ser efetuado segundo cronograma de atendimento estabelecido pelo agente operador do FGTS.

▶ § 22 acrescido pela Lei 13.446/2017.

§ 23. As movimentações das contas vinculadas nas situações previstas nos incisos V, VI e VII do *caput* deste artigo poderão ser realizadas fora do âmbito do SFH, observados os mesmos limites financeiros das operações realizadas no âmbito desse sistema, no que se refere ao valor máximo de movimentação da conta vinculada, e os limites, critérios e condições estabelecidos pelo Conselho Curador.

▶ § 23 acrescido pela Lei 13.932/2019.

§ 24. O trabalhador poderá sacar os valores decorrentes da situação de movimentação de que trata o inciso XX do *caput* deste artigo até o último dia útil do segundo mês subsequente ao da aquisição do direito de saque.

▶ § 24 acrescido pela Lei 13.932/2019.

§ 25. O agente operador deverá oferecer, nos termos do regulamento do Conselho Curador, em plataformas de interação com o titular da conta, inclusive por meio de dispositivos móveis, opções para consulta e transferência, a critério do trabalhador, para conta de depósitos de sua titularidade em qualquer instituição financeira do Sistema Financeiro Nacional, dos recursos disponíveis para movimentação em decorrência das situações previstas neste artigo, cabendo ao agente operador estabelecer os procedimentos operacionais a serem observados.

▶ § 25 acrescido pela Lei 13.932/2019.

§ 26. As transferências de que trata o § 25 deste artigo não acarretarão a cobrança de tarifas pelo agente operador ou pelas demais instituições financeiras.

▶ § 26 acrescido pela Lei 13.932/2019.

§ 27. A critério do titular da conta vinculada do FGTS, em ato formalizado no momento da contratação do financiamento habitacional, os direitos aos saques de que trata o *caput* deste artigo poderão ser objeto de alienação ou cessão fiduciária para liquidação, amortização ou pagamento de parte das prestações decorrentes de financiamento habitacional concedido no âmbito do SFH, dispensados os prazos mencionados na alínea "b" do inciso V e o interstício mínimo de 2 (dois) anos do inciso VI, ambos deste artigo, observadas as condições estabelecidas pelo Conselho Curador, mediante caucionamento dos depósitos a serem realizados na conta vinculada do trabalhador, exceto os previstos nos § 1º e § 2º do art. 18 desta Lei.

▶ § 27 com redação pela Lei 14.620/2023.

§ 28. A vedação prevista no § 2º do art. 2º desta Lei não se aplica ao que dispõe o § 27.

▶ § 28 acrescido pela Lei 14.620/2023.

Art. 20-A. O titular de contas vinculadas do FGTS estará sujeito a somente uma das seguintes sistemáticas de saque:

▶ Artigo 20-A acrescido pela Lei 13.932/2019.

I – saque-rescisão; ou

II – saque-aniversário.

§ 1º Todas as contas do mesmo titular estarão sujeitas à mesma sistemática de saque.

▶ § 1º acrescido pela Lei 13.932/2019.

§ 2º São aplicáveis às sistemáticas de saque de que trata o *caput* deste artigo as seguintes situações de movimentação de conta:

▶ § 2º acrescido pela Lei 13.932/2019.

I – para a sistemática de saque-rescisão, as previstas no art. 20 desta Lei, à exceção da estabelecida no inciso XX do *caput* do referido artigo; e

II – para a sistemática de saque-aniversário, as previstas no art. 20 desta Lei, à exceção das estabelecidas nos incisos I, I-A, II, IX e X do *caput* do referido artigo.

Art. 20-B. O titular de contas vinculadas do FGTS estará sujeito originalmente à sistemática de saque-rescisão e poderá optar por alterá-la, observado o disposto no art. 20-C desta Lei.

▶ Artigo acrescido pela Lei 13.932/2019.

Art. 20-C. A primeira opção pela sistemática de saque-aniversário poderá ser feita a qualquer tempo e terá efeitos imediatos.

▶ Artigo acrescido pela Lei 13.932/2019.

§ 1º Caso o titular solicite novas alterações de sistemática será observado o seguinte:

▶ § 1º acrescido pela Lei 13.932/2019.

I – a alteração será efetivada no primeiro dia do vigésimo quinto mês subsequente ao da solicitação, desde que não haja cessão ou alienação de direitos futuros aos saques anuais de que trata o § 3º do art. 20-D desta Lei;

II – a solicitação poderá ser cancelada pelo titular antes da sua efetivação; e

III – na hipótese de cancelamento, a nova solicitação estará sujeita ao disposto no inciso I do *caput* deste artigo.

§ 2º Para fins do disposto no § 2º do art. 20-A desta Lei, as situações de movimentação obedecerão à sistemática a que o titular estiver sujeito no momento dos eventos que as ensejarem.

Art. 20-D. Na situação de movimentação de que trata o inciso XX do *caput* do art. 20 desta Lei, o valor do saque será determinado:

▶ Artigo acrescido pela Lei 13.932/2019.

I – pela aplicação da alíquota correspondente, estabelecida no Anexo desta Lei, à soma de todos os saldos das contas vinculadas do titular, apurados na data do débito; e

II – pelo acréscimo da parcela adicional correspondente, estabelecida no Anexo desta Lei, ao valor apurado de acordo com o disposto no inciso I do *caput* deste artigo.

§ 1º Na hipótese de o titular possuir mais de uma conta vinculada, o saque de que trata este artigo será feito na seguinte ordem:

▸ § 1º acrescido pela Lei 13.932/2019.

I – contas vinculadas relativas a contratos de trabalho extintos, com início pela conta que tiver o menor saldo; e

II – demais contas vinculadas, com início pela conta que tiver o menor saldo.

§ 2º O Poder Executivo federal, respeitada a alíquota mínima de 5% (cinco por cento), poderá alterar, até o dia 30 de junho de cada ano, os valores das faixas, das alíquotas e das parcelas adicionais constantes do Anexo desta Lei para vigência no primeiro dia do ano subsequente.

▸ § 2º acrescido pela Lei 13.932/2019.

§ 3º A critério do titular da conta vinculada do FGTS, os direitos relativos às saques anuais de que trata o *caput* deste artigo poderão ser objeto de alienação ou cessão fiduciária, nos termos do art. 66-B da Lei 4.728, de 14 de julho de 1965, em favor de qualquer instituição financeira do Sistema Financeiro Nacional, sujeitas as taxas de juros praticadas nessas operações aos limites estipulados pelo Conselho Curador, os quais serão inferiores aos limites de taxas de juros estipulados para os empréstimos consignados dos servidores públicos federais do Poder Executivo.

▸ § 3º acrescido pela Lei 13.932/2019.

§ 3º-A. *Revogado pela Lei 14.620/2023.*

§ 4º O Conselho Curador poderá regulamentar o disposto no § 3º deste artigo, com vistas ao cumprimento das obrigações financeiras de seu titular, inclusive quanto ao:

▸ § 4º acrescido pela Lei 13.932/2019.

I – bloqueio de percentual do saldo total existente nas contas vinculadas;

II – impedimento da efetivação da opção pela sistemática de saque-rescisão prevista no inciso I do § 1º do art. 20-C desta Lei; e

III – saque em favor do credor.

§ 5º As situações de movimentação de que trata o § 2º do art. 20-A desta Lei serão efetuadas com observância ao limite decorrente do bloqueio referido no § 4º deste artigo.

▸ § 5º acrescido pela Lei 13.932/2019.

§ 6º A vedação prevista no § 2º do art. 2º desta Lei não se aplica às disposições dos §§ 3º, 4º e 5º deste artigo.

▸ § 6º acrescido pela Lei 13.932/2019.

§ 7º Na hipótese de despedida sem justa causa, o trabalhador que optar pela sistemática saque-aniversário também fará jus à movimentação da parte rescisória de que tratam os §§ 1º e 2º do art. 18 desta Lei.

▸ § 7º acrescido pela Lei 13.932/2019.

Art. 21. Os saldos das contas não individualizadas e das contas vinculadas que se conservem ininterruptamente sem créditos de depósitos por mais de 5 (cinco) anos, a partir de 1º de junho de 1990, em razão de o seu titular estar fora do regime do FGTS, serão incorporados ao patrimônio do Fundo, resguardado o direito do beneficiário reclamar, a qualquer tempo, a reposição do valor transferido.

▸ Artigo com redação pela Lei 8.678/1993.

Parágrafo único. O valor, quando reclamado, será pago ao trabalhador acrescido da remuneração prevista no § 2º do art. 13 desta Lei.

Art. 22. O empregador que não realizar os depósitos nos termos dos arts. 15 e 18 desta Lei responderá pela incidência da Taxa Referencial (TR) sobre a importância correspondente.

▸ *Caput* com redação pela Lei 14.438/2022.

§ 1º Sobre o valor dos depósitos, acrescidos da TR, incidirão, ainda juros de mora de 0,5% (meio por cento) ao mês ou fração e multa, sujeitando-se, também, às obrigações e sanções previstas no Decreto-lei 368, de 19 de dezembro de 1968.

§ 2º A incidência da TR de que trata o *caput* deste artigo será cobrada por dia de atraso, tomando-se por base o índice de atualização das contas vinculadas do FGTS.

§ 2º-A. A multa referida no § 1º deste artigo será cobrada nas condições que se seguem:

I – 5% (cinco por cento), no mês de vencimento da obrigação;

II – 10% (dez por cento), a partir do mês seguinte ao do vencimento da obrigação.

§ 3º Para efeito de levantamento de débito para com o FGTS, o percentual de 8% (oito por cento) incidirá sobre o valor acrescido da TR até a data da respectiva operação.

Art. 23. Compete ao Ministério do Trabalho e Previdência a verificação do cumprimento do disposto nesta Lei, especialmente quanto à apuração dos débitos e das infrações praticadas pelos empregadores ou tomadores de serviço, que serão notificados para efetuar e comprovar os depósitos correspondentes e cumprir as demais determinações legais.

▸ *Caput* com redação pela Lei 14.438/2022.

§ 1º Constituem infrações para efeito desta Lei:

I – não depositar mensalmente o percentual referente ao FGTS, bem como os valores previstos no art. 18 desta Lei, nos prazos de que trata o § 6º do art. 477 da Consolidação das Leis do Trabalho – CLT;

▸ Inciso I com redação pela MP 2.197-43/2001.

II – *Revogado pela Lei 14.438/2022.*

III – *Revogado pela Lei 14.438/2022.*

IV – deixar de computar, para efeito de cálculo dos depósitos do FGTS, parcela componente da remuneração;

V – deixar de efetuar os depósitos e os acréscimos legais do FGTS constituído em notificação de débito, no prazo concedido pelo ato de notificação da decisão definitiva exarada no processo administrativo;

▸ Inciso V acrescido pela Lei 14.438/2022, produzindo efeitos para fatos geradores ocorridos a partir da data de início da arrecadação por meio da prestação dos serviços digitais de geração de guias a que se refere o inciso II do *caput* do art. 17 desta Lei.

VI – deixar de apresentar, ou apresentar com erros ou omissões, as informações de que trata o art. 17-A desta Lei e as demais informações legalmente exigíveis; e

▸ Inciso VI com redação pela Lei 14.438/2022, produzindo efeitos para fatos geradores ocorridos a partir da data de início da arrecadação por meio da prestação dos serviços digitais de geração de guias a que se refere o inciso II do *caput* do art. 17 desta Lei.

VII – deixar de apresentar ou de promover a retificação das informações de que trata o art. 17-A desta Lei no prazo concedido na notificação da decisão definitiva exarada no processo administrativo que reconheceu a procedência da notificação de débito decorrente de omissão, de erro, de fraude ou de sonegação constatados.

▸ Inciso VII acrescido pela Lei 14.438/2022, produzindo efeitos para fatos geradores ocorridos a partir da data de início da arrecadação por meio da prestação dos serviços digitais de geração de guias a que se refere o inciso II do *caput* do art. 17 desta Lei.

§ 1º-A. A formalização de parcelamento da integralidade do débito suspende a ação punitiva da infração prevista:

I – no inciso I do § 1º deste artigo, quando realizada anteriormente ao início de qualquer processo administrativo ou medida de fiscalização; e

II – no inciso V do § 1º deste artigo, quando realizada no prazo nele referido.

§ 1º-B. A suspensão da ação punitiva prevista no § 1º-A deste artigo será mantida durante a vigência do parcelamento, e a quitação integral dos valores parcelados extinguirá a infração.

▸ §§ 1º-A e 1º-B acrescidos pela Lei 14.438/2022, produzindo efeitos para fatos geradores ocorridos a partir da data de início da arrecadação por meio da prestação dos serviços digitais de geração de guias a que se refere o inciso II do *caput* do art. 17 desta Lei.

§ 2º Pela infração ao disposto no § 1º deste artigo, o infrator estará sujeito às seguintes multas:

▸ *Caput* do § 2º com redação pela Lei 14.438/2022, produzindo efeitos para fatos geradores ocorridos a partir da data de início da arrecadação por meio da prestação dos serviços digitais de geração de guias a que se refere o inciso II do *caput* do art. 17 desta Lei.

a) *Revogada pela Lei 14.438/2022.*

b) 30% (trinta por cento) sobre o débito atualizado apurado pela inspeção do trabalho, confessado pelo empregador ou lançado de ofício, nas hipóteses previstas nos incisos I, IV e V do § 1º deste artigo; e

▸ Alínea b com redação pela Lei 14.438/2022, produzindo efeitos para fatos geradores ocorridos a partir da data de início da arrecadação por meio da prestação dos serviços digitais de geração de guias a que se refere o inciso II do *caput* do art. 17 desta Lei.

c) de R$ 100,00 (cem reais) a R$ 300,00 (trezentos reais) por trabalhador prejudicado, nas hipóteses previstas nos incisos VI e VII do § 1º deste artigo.

▸ Alínea c acrescida pela Lei 14.438/2022, produzindo efeitos para fatos geradores ocorridos a partir da data de início da arrecadação por meio da prestação dos serviços digitais de geração de guias a que se refere o inciso II do *caput* do art. 17 desta Lei.

§ 3º Nos casos de fraude, simulação, artifício, ardil, resistência, embaraço ou desacato à fiscalização, assim como na reincidência, a multa especificada no parágrafo anterior será duplicada, sem prejuízo das demais cominações legais.

§ 3º-A. Estabelecidas a multa-base e a majoração na forma prevista nos §§ 2º e 3º deste artigo, o valor final será reduzido pela metade quando o infrator for empregador doméstico, microempresa ou empresa de pequeno porte.

▸ § 3º-A acrescido pela Lei 14.438/2022, produzindo efeitos para fatos geradores ocorridos a partir da data de início da arrecadação por meio da prestação dos serviços digitais de geração de guias a que se refere o inciso II do *caput* do art. 17 desta Lei.

§ 4º Os valores das multas, quando não recolhidas no prazo legal, serão atualizados monetariamente até a data de seu efetivo pagamento, através de sua conversão pelo BTN Fiscal.

§ 5º O processo de fiscalização, de autuação e de imposição de multas reger-se-á pelo disposto no Título VII da CLT.

▸ § 5º com redação pela Lei 13.932/2019.
▸ Súmula 210 do STJ.
▸ Súmula 206 do TST.

§ 6º Quando julgado procedente o recurso interposto na forma do Título VII da CLT, os depósitos efetuados para garantia de instância serão restituídos com os valores atualizados na forma da Lei.

§ 7º A rede arrecadadora e a Caixa Econômica Federal deverão prestar ao Ministério do Trabalho e da Previdência Social as informações necessárias à fiscalização.

Art. 23-A. A notificação do empregador relativa aos débitos com o FGTS, o início de procedimento administrativo ou a medida de fiscalização interrompem o prazo prescricional.

▸ Artigo acrescido pela Lei 13.932/2019.

§ 1º O contencioso administrativo é causa de suspensão do prazo prescricional.

▸ § 1º acrescido pela Lei 13.932/2019.

§ 2º A data de publicação da liquidação do crédito será considerada como a data de sua constituição definitiva, a partir da qual será retomada a contagem do prazo prescricional.

▸ § 2º acrescido pela Lei 13.932/2019.

§ 3º Todos os documentos relativos às obrigações perante o FGTS, referentes a todo o contrato de trabalho de cada trabalhador, devem ser mantidos à disposição da fiscalização por até 5 (cinco) anos após o fim de cada contrato.

▸ § 3º acrescido pela Lei 13.932/2019.

Art. 24. Por descumprimento ou inobservância de quaisquer das obrigações que lhe compete como agente arrecadador, pagador e mantenedor do cadastro de contas vinculadas, na forma que vier a ser regulamentada pelo Conselho Curador, fica o banco depositário sujeito ao pagamento de multa equivalente a 10% (dez por cento) do montante da conta do empregado, independentemente das demais cominações legais.

Art. 25. Poderá o próprio trabalhador, seus dependentes e sucessores, ou ainda o Sindicato a que estiver vinculado, acionar diretamente a empresa por intermédio da Justiça do Trabalho, para compeli-la a efetuar o depósito das importâncias devidas aos termos desta Lei.

Parágrafo único. A Caixa Econômica Federal e o Ministério do Trabalho e da Previdência Social deverão ser notificados da propositura da reclamação.

Art. 26. É competente a Justiça do Trabalho para julgar os dissídios entre os trabalhadores e os empregadores decorrentes da aplicação desta Lei, mesmo quando a Caixa Econômica Federal e o Ministério do Trabalho e da Previdência Social figurarem como litisconsortes.

Parágrafo único. Nas reclamatórias trabalhistas que objetivam o ressarcimento de parcelas relativas ao FGTS, ou que, direta ou indiretamente, impliquem essa obrigação de fazer, o juiz determinará que a empresa sucumbente proceda ao recolhimento imediato das importâncias devidas a tal título.

Art. 26-A. Para fins de apuração e lançamento, considera-se não quitado o valor relativo ao FGTS pago diretamente ao trabalhador, vedada a sua conversão em indenização compensatória.

▸ Artigo acrescido pela Lei 13.932/2019.

§ 1º Os débitos reconhecidos e declarados por meio de sistema de escrituração digital serão recolhidos integralmente, acrescidos dos encargos devidos.

▸ § 1º acrescido pela Lei 13.932/2019.

§ 2º Para a geração das guias de depósito, os valores devidos a título de FGTS e o período laboral a que se referem serão expressamente identificados.

▸ § 2º acrescido pela Lei 13.932/2019.

Art. 27. A apresentação do Certificado de Regularidade do FGTS, fornecido na forma do regulamento, é obrigatória nas seguintes situações:

▸ *Caput* com redação pela Lei 13.932/2019.

a) habilitação e licitação promovida por órgão da Administração Federal, Estadual e Municipal, direta, indireta ou fundacional ou por entidade controlada direta ou indiretamente pela União, Estado e Município;

b) obtenção, por parte da União, dos Estados ou dos Municípios, ou por órgãos da Administração federal, estadual ou municipal, direta, indireta ou fundacional,

▸ § 3º-A acrescido pela Lei 14.438/2022, produzindo efeitos para fatos geradores ocorridos a partir da data de início da arrecadação por meio da prestação dos serviços digitais de geração de guias a que se refere o inciso II do *caput* do art. 17 desta Lei.

ou indiretamente pela União, pelos Estados ou pelos Municípios, de empréstimos ou financiamentos realizados com lastro em recursos públicos ou oriundos do FGTS perante quaisquer instituições de crédito;

> ▸ Alínea *b* com redação pela Lei 13.805/2019.

c) obtenção de favores creditícios, isenções, subsídios, auxílios, outorga ou concessão de serviços ou quaisquer outros benefícios concedidos por órgão da Administração Federal, Estadual e Municipal, salvo quando destinados a saldar débitos para com o FGTS;

d) transferência de domicílio para o exterior;

e) registro ou arquivamento, nos órgãos competentes, de alteração ou distrato de contrato social, de estatuto, ou de qualquer documento que implique modificação na estrutura jurídica do empregador ou na sua extinção.

Art. 28. São isentos de tributos federais os atos e operações necessários à aplicação desta Lei, quando praticados pela Caixa Econômica Federal, pelos trabalhadores e seus dependentes ou sucessores, pelos empregadores e pelos estabelecimentos bancários.

Parágrafo único. Aplica-se o disposto neste artigo às importâncias devidas, nos termos desta Lei, aos trabalhadores e seus dependentes ou sucessores.

Art. 29. Os depósitos em conta vinculada, efetuados nos termos desta Lei, constituirão despesas dedutíveis do lucro operacional das empregadoras e as importâncias levantadas a seu favor implicarão receita tributável.

Art. 29-A. Quaisquer créditos relativos à correção dos saldos das contas vinculadas do FGTS serão liquidados mediante lançamento pelo agente operador na respectiva conta do trabalhador.

> ▸ Artigo acrescido pela MP 2.197-43/2001.

Art. 29-B. Não será cabível medida liminar em mandado de segurança, no procedimento cautelar ou em quaisquer outras ações de natureza cautelar ou preventiva, nem a tutela antecipada prevista nos arts. 273 e 461 do Código de Processo Civil que impliquem saque ou movimentação da conta vinculada do trabalhador no FGTS.

> ▸ Artigo acrescido pela MP 2.197-43/2001.
> ▹ Os arts. 273 e 461 referem-se ao revogado CPC de 1973.
> ▸ Arts. 294, 300 e 497 do CPC.

Art. 29-C. Nas ações entre o FGTS e os titulares de contas vinculadas, bem como naquelas em que figurem os respectivos representantes ou substitutos processuais, não haverá condenação em honorários advocatícios.

> ▸ Artigo acrescido pela MP 2.164-41/2001.
> ▹ O STF, no julgamento da ADIN 2.736 (*DJE 29.03.2011*), por unanimidade de votos, julgou procedente a ação para declarar como "inconstitucional a medida provisória que, alterando a lei, suprime condenação em honorários advocatícios, por sucumbência, nas ações entre Fundo de Garantia por Tempo de Serviço (FGTS) e titulares de contas vinculadas, bem como naquelas em que figurem os respectivos representantes ou substitutos processuais."

Art. 29-D. A penhora em dinheiro, na execução fundada em título judicial em que se determine crédito complementar de saldo de conta vinculada do FGTS, será feita mediante depósito de recursos do Fundo em conta vinculada em nome do exequente, à disposição do juízo.

> ▸ Artigo acrescido pela MP 2.197-43/2001.

Parágrafo único. O valor do depósito só poderá ser movimentado, após liberação judicial, nas hipóteses previstas no art. 20 ou para reversão ao Fundo.

Art. 30. Fica reduzida para 1,5% (um e meio por cento) a contribuição devida pelas empresas ao Serviço Social do Comércio e ao Serviço Social da Indústria e dispensadas estas entidades da subscrição compulsória a que alude o art. 21 da Lei 4.380, de 21 de agosto de 1964.

Art. 31. O Poder Executivo expedirá o Regulamento desta Lei no prazo de 60 (sessenta) dias a contar da data de sua promulgação.

Art. 32. Esta Lei entra em vigor na data de sua publicação, revogada a Lei 7.839, de 12 de outubro de 1989, e as demais disposições em contrário.

Brasília, 11 de maio de 1990; 169º da Independência e 102º da República.

Fernando Collor

LEI 8.038, DE 28 DE MAIO DE 1990

Institui normas procedimentais para os processos que especifica, perante o Superior Tribunal de Justiça e o Supremo Tribunal Federal.

DOU 29.05.1990

> ▸ Lei 11.419/2006 (Informatização do Processo Judicial).
> ▸ Res. 14/2013 do STJ (Processo Judicial Eletrônico no STJ).

O Presidente da República.

Faço saber que o Congresso Nacional decreta e eu sanciono a seguinte lei:

TÍTULO I
PROCESSOS DE COMPETÊNCIA ORIGINÁRIA

CAPÍTULO I
AÇÃO PENAL ORIGINÁRIA

Art. 1º Nos crimes de ação penal pública, o Ministério Público terá o prazo de 15 (quinze) dias para oferecer denúncia ou pedir arquivamento do inquérito ou das peças informativas.

> ▸ Art. 129 da CF.

§ 1º Diligências complementares poderão ser deferidas pelo relator, com interrupção do prazo deste artigo.

§ 2º Se o indiciado estiver preso:

a) o prazo para oferecimento da denúncia será de cinco dias;

b) as diligências complementares não interromperão o prazo, salvo se o relator, ao deferi-las, determinar o relaxamento da prisão.

> ▸ Art. 5º, LXVII, da CF.
> ▸ Art. 648, II, do CPP.

§ 3º Não sendo o caso de arquivamento e tendo o investigado confessado formal e circunstanciadamente a prática de infração penal sem violência ou grave ameaça e com pena mínima inferior a 4 (quatro) anos, o Ministério Público poderá propor acordo de não persecução penal, desde que necessário e suficiente para a reprovação e prevenção do crime, nos termos do art. 28-A do Decreto-Lei 3.689, de 3 de outubro de 1941 (Código de Processo Penal).

> ▹ § 3º acrescido pela Lei 13.964/2019, em vigor 30 dias após sua publicação (*DOU 24.12.2019 - extra*).

Art. 2º O relator, escolhido na forma regimental, será o juiz da instrução, que se realizará segundo o disposto neste capítulo, no Código de Processo Penal, no que for aplicável, e no Regimento Interno do Tribunal.

Parágrafo único. O relator terá as atribuições que a legislação processual confere aos juízes singulares.

Art. 3º Compete ao relator:

I – determinar o arquivamento do inquérito ou de peças informativas, quando o requerer o Ministério Público, ou submeter o requerimento à decisão competente do Tribunal;

II – decretar a extinção da punibilidade, nos casos previstos em lei;

> ▸ Art. 107 do CP.

III – convocar desembargadores de Turmas Criminais dos Tribunais de Justiça ou dos Tribunais Regionais Federais, bem como juízes de varas criminais da Justiça dos Estados e da Justiça Federal, pelo prazo de 6 (seis) meses, prorrogável por igual período, até o máximo de 2 (dois) anos, para a realização do interrogatório e de outros atos da instrução, na sede do tribunal ou no local onde se deva produzir o ato.

> ▸ Inciso III acrescido pela Lei 12.019/2009.

Art. 4º Apresentada a denúncia ou a queixa ao Tribunal, far-se-á a notificação do acusado para oferecer resposta no prazo de 15 (quinze) dias.

> ▸ Art. 5º, LIV, da CF.

§ 1º Com a notificação, serão entregues ao acusado cópia da denúncia ou da queixa, do despacho do relator e dos documentos por este indicados.

§ 2º Se desconhecido o paradeiro do acusado, ou se este criar dificuldades para que o oficial cumpra a diligência, proceder-se-á a sua notificação por edital, contendo o teor resumido da acusação, para que compareça ao Tribunal, em cinco dias, onde terá vista dos autos pelo prazo de 15 (quinze) dias, a fim de apresentar a resposta prevista neste artigo.

Art. 5º Se, com a resposta, forem apresentados novos documentos, será intimada a parte contrária para sobre eles se manifestar, no prazo de 5 (cinco) dias.

Parágrafo único. Na ação penal de iniciativa privada, será ouvido, em igual prazo, o Ministério Público.

> ▸ Art. 45 do CPP.

Art. 6º A seguir, o relator pedirá dia para que o Tribunal delibere sobre o recebimento, a rejeição da denúncia ou da queixa, ou a improcedência da acusação, se a decisão não depender de outras provas.

> ▸ Art. 395 do CPP.

§ 1º No julgamento de que trata este artigo, será facultada sustentação oral pelo prazo de quinze minutos, primeiro a acusação, depois a defesa.

§ 2º Encerrados os debates, o Tribunal passará a deliberar, determinando o Presidente as pessoas que poderão

permanecer no recinto, observado o disposto no inciso II do art. 12 desta lei.

Art. 7º Recebida a denúncia ou a queixa, o relator designará dia e hora para o interrogatório, mandando citar o acusado ou querelado e intimar o órgão do Ministério Público, bem como o querelante ou o assistente, se for o caso.

Art. 8º O prazo para defesa prévia será de cinco dias, contado do interrogatório ou da intimação do defensor dativo.

Art. 9º A instrução obedecerá, no que couber, ao procedimento comum do Código de Processo Penal.

§ 1º O relator poderá delegar a realização do interrogatório ou de outro ato da instrução ao juiz ou membro de tribunal com competência territorial no local de cumprimento da carta de ordem.

> ▸ Arts. 260 e 266 do CPC.

§ 2º Por expressa determinação do relator, as intimações poderão ser feitas por carta registrada com aviso de recebimento.

> ▸ Arts. 269 e 231 do CPC.

Art. 10. Concluída a inquirição de testemunhas, serão intimadas a acusação e a defesa, para requerimento de diligências no prazo de cinco dias.

Art. 11. Realizadas as diligências, ou não sendo estas requeridas nem determinadas pelo relator, serão intimadas a acusação e a defesa para, sucessivamente, apresentarem, no prazo de quinze dias, alegações escritas.

§ 1º Será comum o prazo do acusador e do assistente, bem como o dos corréus.

§ 2º Na ação penal de iniciativa privada, o Ministério Público terá vista, por igual prazo, após as alegações das partes.

§ 3º O relator poderá, após as alegações escritas, determinar de ofício a realização de provas reputadas imprescindíveis para o julgamento da causa.

Art. 12. Finda a instrução, o Tribunal procederá ao julgamento, na forma determinada pelo regimento interno, observando-se o seguinte:

I – a acusação e a defesa terão, sucessivamente, nessa ordem, prazo de uma hora para sustentação oral, assegurado ao assistente um quarto do tempo da acusação;

II – encerrados os debates, o Tribunal passará a proferir o julgamento, podendo o Presidente limitar a presença no recinto às partes e seus advogados, ou somente a estes, se o interesse público exigir.

CAPÍTULO II
RECLAMAÇÃO

Arts. 13 a 18. *Revogados pela Lei 13.105/2015.*

CAPÍTULO III
INTERVENÇÃO FEDERAL

Art. 19. A requisição de intervenção federal prevista nos incisos II e IV do artigo 36 da Constituição Federal será promovida:

I – de ofício, ou mediante pedido de Presidente de Tribunal de Justiça do Estado, ou de Presidente de Tribunal Federal, quando se tratar de prover a execução de ordem ou decisão judicial, com ressalva, conforme a matéria, da competência do Supremo Tribunal Federal ou do Tribunal Superior Eleitoral;

II – de ofício, ou mediante pedido da parte interessada, quando se tratar de prover a execução de ordem ou decisão do Superior Tribunal de Justiça;

III – mediante representação do Procurador-Geral da República, quando se tratar de prover a execução de lei federal.

Art. 20. O Presidente, ao receber o pedido:

I – tomará as providências que lhe parecerem adequadas para remover, administrativamente, a causa do pedido;

II – mandará arquivá-lo, se for manifestamente infundado, cabendo do seu despacho agravo regimental.

Art. 21. Realizada a gestão prevista no inciso I do artigo anterior, solicitadas informações à autoridade estadual e ouvido o Procurador-Geral, o pedido será distribuído a um relator.

Parágrafo único. Tendo em vista o interesse público, poderá ser permitida a presença no recinto às partes e seus advogados, ou somente a estes.

Art. 22. Julgado procedente o pedido, o Presidente do Superior Tribunal de Justiça comunicará, imediatamente, a decisão aos órgãos do poder público interessados e requisitará a intervenção ao Presidente da República.

CAPÍTULO IV
HABEAS CORPUS

Art. 23. Aplicam-se ao *Habeas Corpus* perante o Superior Tribunal de Justiça as normas do Livro III, Título II, Capítulo X do Código de Processo Penal.
▸ Art. 5º, LXVIII, da CF.

CAPÍTULO V
OUTROS PROCEDIMENTOS

Art. 24. Na ação rescisória, nos conflitos de competência, de jurisdição e de atribuições, na revisão criminal e no mandado de segurança, será aplicada a legislação processual em vigor.

Parágrafo único. No mandado de injunção e no *habeas data*, serão observadas, no que couber, as normas do mandado de segurança, enquanto não editada legislação específica.
▸ Art. 5º, LXXI e LXXII, da CF.
▸ Arts. 966 a 975 do CPC.
▸ Arts. 621 a 631 do CPP.
▸ Lei 9.507/1997 (*Habeas Data*).
▸ Lei 12.016/2009 (Mandado de Segurança Individual e Coletivo).
▸ Lei 13.300/2016 (Mandado de Injunção Individual e Coletivo).

Art. 25. Salvo quando a causa tiver por fundamento matéria constitucional, compete ao Presidente do Superior Tribunal de Justiça, a requerimento do Procurador-Geral da República ou da pessoa jurídica de direito público interessada, e para evitar grave lesão à ordem, à saúde, à segurança e à economia pública, suspender, em despacho fundamentado, a execução de liminar ou de decisão concessiva de mandado de segurança, proferida, em única ou última instância, pelos Tribunais Regionais Federais ou pelos Tribunais dos Estados e do Distrito Federal.

§ 1º O Presidente pode ouvir o impetrante, em cinco dias, e o Procurador-Geral quando não for o requerente, em igual prazo.

§ 2º Do despacho que conceder a suspensão caberá agravo regimental.

§ 3º A suspensão de segurança vigorará enquanto pender o recurso, ficando sem efeito, se a decisão concessiva for mantida pelo Superior Tribunal de Justiça ou transitar em julgado.
▸ Súmula 626 do STF.

TÍTULO II
RECURSOS

CAPÍTULO I
RECURSO EXTRAORDINÁRIO E RECURSO ESPECIAL

▸ Arts. 102, III, e 105, III, da CF.
▸ Art. 1.029 e ss., do CPC.
▸ Arts. 637 e 638 do CPP.
▸ Súmulas 5, 7, 83, 86, 126, 203, 207, 21 1, 256 e 320 do STJ.

Arts. 26 a 29. *Revogados pela Lei 13.105/2015.*

CAPÍTULO II
RECURSO ORDINÁRIO EM HABEAS CORPUS

Art. 30. O recurso ordinário para o Superior Tribunal de Justiça, das decisões denegatórias de *Habeas Corpus,* proferidas pelos Tribunais Regionais Federais ou pelos Tribunais dos Estados e do Distrito Federal, será interposto no prazo de 5 (cinco) dias, com as razões do pedido de reforma. Art. 105, II, *a*, CF.

Art. 31. Distribuído o recurso, a Secretaria, imediatamente, fará os autos com vista ao Ministério Público, pelo prazo de 2 (dois) dias.

Parágrafo único. Conclusos os autos ao relator, este submeterá o feito a julgamento independentemente de pauta.

Art. 32. Será aplicado, no que couber, ao processo e julgamento do recurso, o disposto com relação ao pedido originário de *habeas corpus.*
▸ Art. 102, I, *d* e *i*, da CF.
▸ Art. 650, I, do CPP.

CAPÍTULO III
RECURSO ORDINÁRIO E MANDADO DE SEGURANÇA

▸ Arts. 1.027 e 1.028 do CPC.

Art. 33. O recurso ordinário para o Superior Tribunal de Justiça, das decisões denegatórias de mandado de segurança, proferidas em única instância pelos Tribunais Regionais Federais ou pelos Tribunais de Estados e do Distrito Federal, será interposto no prazo de 15 (quinze) dias, com as razões do pedido de reforma.

Art. 34. Serão aplicadas, quanto aos requisitos de admissibilidade e ao procedimento no Tribunal recorrido, as regras do Código de Processo Civil relativas à apelação.
▸ Arts. 1009 e ss., do CPC.

Art. 35. Distribuído o recurso, a Secretaria, imediatamente, fará os autos com vista ao Ministério Público, pelo prazo de 5 (cinco) dias.

Parágrafo único. Conclusos os autos ao relator, este pedirá dia para julgamento.

CAPÍTULO IV
APELAÇÃO CÍVEL E AGRAVO DE INSTRUMENTO

Art. 36. Nas causas em que forem partes, de um lado, Estado estrangeiro ou organismo internacional e, de outro, município ou pessoa domiciliada ou residente no País, caberá:

I – apelação da sentença;

II – agravo de instrumento, das decisões interlocutórias.

Art. 37. Os recursos mencionados no artigo anterior serão interpostos para o Superior Tribunal de Justiça, aplicando-se-lhes, quanto aos requisitos de admissibilidade e ao procedimento, o disposto no Código de Processo Civil.
▸ Arts. 929 e ss., 1.009 a 1.044 do CPC.

TÍTULO III
DISPOSIÇÕES GERAIS

CAPÍTULO I
AÇÃO PENAL ORIGINÁRIA

Art. 38. *Revogado pela Lei 13.105/2015.*

Art. 39. Da decisão do Presidente do Tribunal, de Seção, de Turma ou de Relator que causar gravame à parte, caberá agravo para o órgão especial, Seção ou Turma, conforme o caso, no prazo de 5 (cinco) dias.
▸ Súmula 116 do STJ.

Art. 40. Haverá revisão, no Superior Tribunal de Justiça, nos seguintes processos:

I – ação rescisória;

II – ação penal originária;

III – revisão criminal.

Art. 41. Em caso de vaga ou afastamento de Ministro do Superior Tribunal de Justiça, por prazo superior a 30 (trinta) dias, poderá ser convocado Juiz de Tribunal Regional Federal ou Desembargador, para substituição, pelo voto da maioria absoluta dos seus membros.

Art. 41-A. A decisão de Turma, no Supremo Tribunal Federal e no Superior Tribunal de Justiça, será tomada pelo voto da maioria absoluta de seus membros.
▸ Artigo com redação pela Lei 14.836/2024

Parágrafo único. Em todos os julgamentos em matéria penal ou no processual penal em órgãos colegiados, havendo empate, prevalecerá a decisão mais favorável ao indivíduo imputado, proclamando-se de imediato esse resultado, ainda que, nas hipóteses de vaga aberta a ser preenchida, de impedimento, de suspeição ou de ausência, tenha sido o julgamento tomado sem a totalidade dos integrantes do colegiado.

Art. 41-B. As despesas do porte de remessa e retorno dos autos serão recolhidas mediante documento de arrecadação, de conformidade com instruções e tabela expedidas pelo Supremo Tribunal Federal e pelo Superior Tribunal de Justiça.
▸ Artigo acrescido pela Lei 9.756/1998.

Parágrafo único. A secretaria do tribunal local zelará pelo recolhimento das despesas postais.

Art. 42. Os artigos 496, 497, 498, inciso II do artigo 500, e 508 da Lei 5.869, de 11 de janeiro de 1973 – Código de Processo Civil, passam a vigorar com a seguinte redação:
▸ Alterações incorporadas no texto do referido Código.

Art. 43. Esta Lei entra em vigor na data de sua publicação.

Art. 44. Revogam-se as disposições em contrário, especialmente os artigos 541 a 546 do Código de Processo Civil e a Lei 3.396, de 2 de junho de 1958.
▸ A Lei 8.950/1994 revogou os arts. 541 a 546 do CPC.

Brasília, 28 de maio de 1990; 169º da Independência e 102º da República.

Fernando Collor

LEI 8.069, DE 13 DE JULHO DE 1990

Dispõe sobre o Estatuto da Criança e do Adolescente, e dá outras providências.

DOU 16.07.1990; Retificada no DOU de 27.09.1990
▸ Lei 12.010/2009 (Adoção).
▸ Lei 12.318/2010 (Alienação Parental).
▸ Lei 12.594/2012 (Sistema Nacional de Atendimento Socioeducativo – SINASE).
▸ Dec. 5.598/2005 (Contratação de aprendizes).

▸ Dec. 6.230/2007 (Redução da Violência contra Crianças e Adolescentes, com vistas à implementação de ações de promoção e defesa dos direitos da criança e do adolescente).
▸ Dec. 6.231/2007 (Programa de Proteção a Crianças e Adolescentes Ameaçados de Morte).

LIVRO I
PARTE GERAL

TÍTULO I
DAS DISPOSIÇÕES PRELIMINARES

Art. 1º Esta Lei dispõe sobre a proteção integral à criança e ao adolescente.
▸ Arts. 227 a 229 da CF.
▸ Lei 8.242/1991 (CONANDA).
▸ Dec. 5.089/2004 (Conselho Nacional dos Direitos da Criança e do Adolescente – CONANDA).
▸ Lei 12.852/2013 (Estatuto da Juventude).
▸ Art. 55, II, da Lei 13.445/2017 (Lei de Migração).
▸ Súmula 1 do STF.

Art. 2º Considera-se criança, para os efeitos desta Lei, a pessoa até doze anos de idade incompletos, e adolescente aquela entre doze e dezoito anos de idade.
▸ Art. 2º do CC.

Parágrafo único. Nos casos expressos em lei, aplica-se excepcionalmente este Estatuto às pessoas entre dezoito e vinte e um anos de idade.
▸ Art. 5º do CC.
▸ Art. 3º, par. ún. da Lei 13.431/2017.
▸ Súmula 605 do STJ.

Art. 3º A criança e o adolescente gozam de todos os direitos fundamentais inerentes à pessoa humana, sem prejuízo da proteção integral de que trata esta Lei, assegurando-se-lhes, por lei ou por outros meios, todas as oportunidades e facilidades, a fim de lhes facultar o desenvolvimento físico, mental, moral, espiritual e social, em condições de liberdade e de dignidade.
▸ Arts. 5º, 6º, 7º, XXV e XXXIII, e 227 a 229 da CF.

Parágrafo único. Os direitos enunciados nesta Lei aplicam-se a todas as crianças e adolescentes, sem discriminação de nascimento, situação familiar, idade, sexo, raça, etnia ou cor, religião ou crença, deficiência, condição pessoal de desenvolvimento e aprendizagem, condição econômica, ambiente social, região e local de moradia ou outra condição que diferencie as pessoas, as famílias ou a comunidade em que vivem.
▸ Parágrafo único acrescido pela Lei 13.257/2016.

Art. 4º É dever da família, da comunidade, da sociedade em geral e do Poder Público assegurar, com absoluta prioridade, a efetivação dos direitos referentes à vida, à saúde, à alimentação, à educação, ao esporte, ao lazer, à profissionalização, à cultura, à dignidade, ao respeito, à liberdade e à convivência familiar e comunitária.
▸ Arts. 5º, 6º, 7º, XXV e XXXIII, e 227 a 229 da CF.

Parágrafo único. A garantia de prioridade compreende:
a) primazia de receber proteção e socorro em quaisquer circunstâncias;

b) precedência de atendimento nos serviços públicos ou de relevância pública;
▸ Arts. 129, II, e 197 da CF.

c) preferência na formulação e na execução das políticas sociais públicas;

d) destinação privilegiada de recursos públicos nas áreas relacionadas com a proteção à infância e à juventude.

Art. 5º Nenhuma criança ou adolescente será objeto de qualquer forma de negligência, discriminação, exploração, violência, crueldade e opressão, punido na forma da lei qualquer atentado, por ação ou omissão, aos seus direitos fundamentais.
▸ Arts. 1º, III, 3º, III e IV, e 5º, III, XLIII e XLVII, e 227 da CF.

Art. 6º Na interpretação desta Lei levar-se-ão em conta os fins sociais a que ela se dirige, as exigências do bem comum, os direitos e deveres individuais e coletivos, e a condição peculiar da criança e do adolescente como pessoas em desenvolvimento.
▸ Art. 227 da CF.
▸ Art. 5º do Dec.-lei 4.657/1942 (Lei de Introdução às normas do Direito Brasileiro – LINDB).

TÍTULO II
DOS DIREITOS FUNDAMENTAIS

(...)

CAPÍTULO V
DO DIREITO À PROFISSIONALIZAÇÃO E À PROTEÇÃO NO TRABALHO

▸ Art. 207 da CF.
▸ Arts. 402 a 441 da CLT.
▸ Dec. 3.597/2000 (Promulga convenção 182 e a recomendação 190 da organização internacional do trabalho (OIT) sobre a

proibição das piores formas de trabalho infantil e a ação imediata para sua eliminação).
▶ Dec. 5.598/2005 (Regulamenta a contratação de aprendizes).

Art. 60. É proibido qualquer trabalho a menores de quatorze anos de idade, salvo na condição de aprendiz.
▶ Art. 62 desta Lei.
▶ Arts. 7º, XXXIII, e 227, § 3º, I, da CF.
▶ Dec. 5.598/2005 (Regulamenta a contratação de aprendizes).

Art. 61. A proteção ao trabalho dos adolescentes é regulada por legislação especial, sem prejuízo do disposto nesta Lei.
▶ Art. 2º desta Lei.
▶ Arts. 402 a 441 da CLT.

Art. 62. Considera-se aprendizagem a formação técnico-profissional ministrada segundo as diretrizes e bases da legislação de educação em vigor.
▶ Art. 429 da CLT.
▶ Súmula 205 do STF.

Art. 63. A formação técnico-profissional obedecerá aos seguintes princípios:
I – garantia de acesso e frequência obrigatória ao ensino regular;
▶ Art. 227, § 3º, III, da CF.
II – atividade compatível com o desenvolvimento do adolescente;
▶ Art. 62, desta Lei.
III – horário especial para o exercício das atividades.

Art. 64. Ao adolescente até quatorze anos de idade é assegurada bolsa de aprendizagem.
▶ Art. 429 da CLT.

Art. 65. Ao adolescente aprendiz, maior de quatorze anos, são assegurados os direitos trabalhistas e previdenciários.
▶ Art. 227, § 3º, III, da CF.

Art. 66. Ao adolescente portador de deficiência é assegurado trabalho protegido.
▶ Arts. 5º, XXXI, 23, II, 24, XIV, 37, VIII, e 227, § 1º, II, da CF.

Art. 67. Ao adolescente empregado, aprendiz, em regime familiar de trabalho, aluno de escola técnica, assistido em entidade governamental ou não governamental, é vedado trabalho:
▶ Arts. 62 e 68 desta Lei.
▶ Art. 7º, XXXIII, da CF.
I – noturno, realizado entre as vinte e duas horas de um dia e as cinco horas do dia seguinte;
II – perigoso, insalubre ou penoso;
▶ Arts. 189 a 197 da CLT.
III – realizado em locais prejudiciais à sua formação e ao seu desenvolvimento físico, psíquico, moral e social;
▶ Art. 69, I, desta Lei.
IV – realizado em horários e locais que não permitam a frequência à escola.
▶ Art. 63, I e III, desta Lei.

Art. 68. O programa social que tenha por base o trabalho educativo, sob responsabilidade de entidade governamental ou não governamental sem fins lucrativos, deverá assegurar ao adolescente que dele participe condições de capacitação para o exercício de atividade regular remunerada.
▶ Art. 69 desta Lei.
§ 1º Entende-se por trabalho educativo a atividade laboral em que as exigências pedagógicas relativas ao desenvolvimento pessoal e social do educando prevalecem sobre o aspecto produtivo.
§ 2º A remuneração que o adolescente recebe pelo trabalho efetuado ou a participação na venda dos produtos de seu trabalho não desfigura o caráter educativo.

Art. 69. O adolescente tem direito a profissionalização e à proteção no trabalho, observados os seguintes aspectos, entre outros:
▶ Art. 4º desta Lei.
▶ Art. 227, *caput*, da CF.
I – respeito à condição peculiar de pessoa em desenvolvimento;
II – capacitação profissional adequada ao mercado de trabalho.
(...)

Art. 266. Esta Lei entra em vigor noventa dias após sua publicação.
Parágrafo único. Durante o período de vacância deverão ser promovidas atividades e campanhas de divulgação e esclarecimentos acerca do disposto nesta Lei.

Art. 267. Revogam-se as Leis nos 4.513, de 1964, e 6.697, de 10 de outubro de 1979 (Código de Menores), e as demais disposições em contrário.
Brasília, 13 de julho de 1990; 169º da Independência e 102º da República.
Fernando Collor

LEI 8.073, DE 30 DE JULHO DE 1990

Estabelece a Política Nacional de Salários e dá outras providências.

DOU 31.07.1990

O Presidente da República:
Faço saber que o Congresso Nacional decreta e eu sanciono a seguinte lei:
Arts. 1º e 2º *Vetados.*
Art. 3º As entidades sindicais poderão atuar como substitutos processuais dos integrantes da categoria.
Parágrafo único. *Vetado.*
Art. 4º Esta lei entra em vigor na data de sua publicação.
Art. 5º Revogam-se as disposições em contrário.
Brasília, 30 de julho de 1990; 169º da Independência e 102º da República.
Fernando Collor

DECRETO 99.684, DE 8 DE NOVEMBRO DE 1990

Consolida as normas regulamentares do Fundo de Garantia do Tempo de Serviço – FGTS.

DOU 12.11.1990

O Presidente da República, no uso da atribuição que lhe confere o art. 84, inciso IV, da Constituição, decreta:
Art. 1º Fica aprovado o Regulamento Consolidado do Fundo de Garantia do Tempo de Serviço, que com este baixa.
Art. 2º Este Decreto entra em vigor na data de sua publicação.
Art. 3º Revogam-se as disposições em contrário, em especial os Decretos:
I – 59.820, de 20 de dezembro de 1966;
II – 61.405, de 28 de setembro de 1967;
III – 66.619, de 21 de maio de 1970;
IV – 66.819, de 1º de julho de 1970;
V – 66.867, de 13 de julho de 1970;
VI – 66.939, de 22 de julho de 1970;
VII – 69.265, de 22 de setembro de 1971;
VIII – 71.636, de 29 de dezembro de 1972;
IX – 72.141, de 26 de abril de 1973;
X – 73.423, de 7 de janeiro de 1974;
XI – 76.218, de 9 de setembro de 1975;
XII – 76.750, de 5 de dezembro de 1975;
XIII – 77.357, de 1º de abril de 1976;
XIV – 79.891, de 29 de junho de 1977;
XV – 84.509, de 25 de fevereiro de 1980;
XVI – 87.567, de 16 de setembro de 1982;
XVII – 90.408, de 7 de novembro de 1984;
XVIII – 92.366, de 4 de fevereiro de 1986;
XIX – 97.848, de 20 de junho de 1989; e
XX – 98.813, de 10 de janeiro de 1990.
Brasília, 8 de novembro de 1990; 169º da Independência e 102º da República.
Fernando Collor

ANEXO

REGULAMENTO DO FUNDO DE GARANTIA DO TEMPO DE SERVIÇO – FGTS

CAPÍTULO I
DAS DISPOSIÇÕES PRELIMINARES

Art. 1º Nas relações jurídicas pertinentes ao Fundo de Garantia do Tempo de Serviço – FGTS será observado o disposto neste Regulamento.
Art. 2º Para os efeitos deste Regulamento considera-se:
I – empregador, a pessoa natural ou jurídica de direito público ou privado, da Administração Pública direta, indireta ou fundacional de qualquer dos Poderes, da União, dos Estados, do Distrito Federal e dos Municípios, que admitir trabalhadores a seu serviço, bem assim aquele que, regido por legislação especial, encontrar-se nessa condição ou figurar como fornecedor ou tomador de mão de obra;
II – trabalhador, a pessoa natural que prestar serviços a empregador, excluídos os eventuais, os autônomos e

os servidores públicos civis e militares sujeitos a regime jurídico próprio.

CAPÍTULO II
DO DIREITO AO FGTS

Art. 3º A partir de 5 de outubro de 1988, o direito ao regime do FGTS é assegurado aos trabalhadores urbanos e rurais, exceto aos domésticos, independentemente de opção.
Parágrafo único. Os trabalhadores domésticos poderão ter acesso ao regime do FGTS, na forma que vier a ser prevista em Lei.
Art. 4º A opção pelo regime de que trata este Regulamento somente é admitida para o tempo de serviço anterior a 5 de outubro de 1988, podendo os trabalhadores, a qualquer tempo, optar pelo FGTS com efeito retroativo a 1º de janeiro de 1967, ou à data de sua admissão, quando posterior.
Parágrafo único. O disposto neste artigo não se aplica ao trabalhador rural (Lei 5.889, de 8 de junho de 1973), bem assim àquele:
a) que tenha transacionado com o empregador o direito a indenização, quanto ao período que foi objeto da transação; ou
b) cuja indenização pelo tempo anterior à opção já tenha sido depositada na sua conta vinculada.
Art. 5º A opção com efeito retroativo será feita mediante declaração escrita do trabalhador, com indicação do período de retroação.
§ 1º O empregador, no prazo de 48 (quarenta e oito) horas, fará as devidas anotações na Carteira de Trabalho e Previdência Social e no registro do trabalhador, comunicando ao banco depositário.
§ 2º O valor da conta vinculada em nome do empregador e individualizada em relação ao trabalhador, relativo ao período abrangido pela retroação, será transferido pelo banco depositário para a conta vinculada em nome do trabalhador.
Art. 6º O tempo de serviço anterior à opção ou a 5 de outubro de 1988 poderá ser transacionado entre empregador e empregado, respeitado o limite mínimo de 60% (sessenta por cento) da indenização simples ou em dobro, conforme o caso.
Parágrafo único. Na hipótese de que trata este artigo a transação deverá ser homologada pelo sindicato da categoria profissional, mesmo quando não houver extinção do contrato de trabalho.
Art. 7º O direito ao FGTS se estende aos diretores não empregados de empresas públicas e sociedades controladas direta ou indiretamente pela União (Lei 6.919, de 2 de junho de 1981).
Art. 8º As empresas sujeitas ao regime da legislação trabalhista poderão equiparar seus diretores não empregados aos demais trabalhadores sujeitos ao regime do FGTS.
Parágrafo único. Considera-se diretor aquele que exerça cargo de administração previsto em lei, estatuto ou contrato social, independentemente da denominação do cargo.

CAPÍTULO III
DOS EFEITOS DA RESCISÃO
OU EXTINÇÃO DO CONTRATO DE TRABALHO

Art. 9º Ocorrendo despedida sem justa causa, ainda que indireta, com culpa recíproca, por força maior ou extinção normal do contrato de trabalho a termo, inclusive a do trabalhador temporário, deverá o empregador depositar, na conta vinculada do trabalhador no FGTS, os valores relativos aos depósitos referentes ao mês da rescisão e ao imediatamente anterior, que ainda não houver sido recolhido, sem prejuízo das cominações legais cabíveis.
▶ Artigo com redação pelo Dec. 2.430/1997.
§ 1º No caso de despedida sem justa causa, ainda que indireta, o empregador depositará, na conta vinculada do trabalhador no FGTS, importância igual a 40% (quarenta por cento) do montante de todos os depósitos realizados na conta vinculada durante a vigência do contrato de trabalho, atualizados monetariamente e acrescidos dos respectivos juros, não sendo permitida, para este fim, a dedução dos saques ocorridos.
▶ § 1º com redação pelo Dec. 2.430/1997.
§ 2º Ocorrendo despedida por culpa recíproca ou força maior, reconhecida pela Justiça do Trabalho, o percentual de que trata o parágrafo precedente será de 20% (vinte por cento).
§ 3º Na determinação da base de cálculo para a aplicação dos percentuais de que tratam os parágrafos precedentes, serão computados os valores dos depósitos relati-

vos aos meses da rescisão e o imediatamente anterior, recolhidos na forma do *caput* deste artigo.

▶ § 3º com redação pelo Dec. 2.430/1997.

§ 4º O recolhimento das importâncias de que trata este artigo deverá ser comprovado quando da homologação das rescisões contratuais que exijam o pagamento da multa rescisória, bem como quando da habilitação ao saque, sempre que não for devida a homologação da rescisão, observado o disposto no art. 477 da Consolidação das Leis do Trabalho – CLT, eximindo o empregador, exclusivamente, quanto aos valores discriminados.

▶ § 4º com redação pelo Dec. 2.430/1997.

§ 5º Os depósitos de que tratam o *caput* e os §§ 1º e 2º deste artigo deverão ser efetuados nos seguintes prazos:

▶ § 5º com redação pelo Dec. 2.582/1998.

a) até o primeiro dia útil imediato ao término do contrato; ou

b) até o décimo dia, contado da data da notificação da demissão, quando da ausência do aviso-prévio, indenização do mesmo ou dispensa de seu cumprimento.

§ 6º O empregador que não realizar os depósitos previstos neste artigo, no prazo especificado no parágrafo anterior, sujeitar-se-á às cominações previstas no art. 30.

▶ § 6º acrescido pelo Dec. 2.430/1997.

§ 7º O depósito dos valores previstos neste artigo deverá ser efetuado, obrigatoriamente, na CEF ou, nas localidades onde não existam unidades daquela empresa, nos bancos conveniados, aplicando-se a estes depósitos o disposto no art. 32.

▶ § 7º acrescido pelo Dec. 2.430/1997.

§ 8º A CEF terá prazo de 10 (dez) dias úteis, após o recolhimento, para atender às solicitações de saque destes valores.

▶ § 8º acrescido pelo Dec. 2.430/1997.

§ 9º A CEF, para fins de remuneração como Agente Operador do FGTS, considerará o recolhimento desses depósitos, da multa rescisória e dos saques desses valores como movimentações distintas.

▶ § 9º acrescido pelo Dec. 2.430/1997.

Art. 10. Caberá ao banco depositário e, após a centralização, à Caixa Econômica Federal – CEF, prestar ao empregador, no prazo máximo de 5 (cinco) dias úteis da solicitação, as informações necessárias ao cumprimento do disposto nos §§ 1º e 2º do artigo precedente.

§ 1º As informações deverão discriminar os totais de depósitos efetuados pelo empregador, acrescidos dos respectivos juros e correção monetária.

§ 2º Caberá ao empregador comprovar o efetivo depósito dos valores devidos que não tenham ingressado na conta até a data da rescisão do contrato de trabalho.

Art. 11. Fica ressalvado o direito adquirido dos trabalhadores que, em 5 de outubro de 1988, já tinham o direito à estabilidade no emprego, nos termos do Capítulo V do Título IV da CLT.

Art. 12. Ocorrendo rescisão do contrato de trabalho, para a qual não tenha o trabalhador dado causa, fica assegurado, na forma do disposto nos arts. 477 a 486 e 497 da CLT, o direito à indenização relativa ao tempo de serviço anterior a 5 de outubro de 1988, que não tenha sido objeto de opção.

Art. 13. No caso de rescisão ou extinção do contrato de trabalho de empregado que conte tempo de serviço anterior a 5 de outubro de 1988 na qualidade de não optante, o empregador poderá levantar o saldo da respectiva conta individualizada, mediante:

I – comprovação do pagamento da indenização devida, quando for o caso; ou

II – autorização do Instituto Nacional de Seguro Social – INSS, quando não houver indenização a ser paga ou houver decorrido o prazo prescricional para reclamação de direitos por parte do trabalhador.

Parágrafo único. Nas hipóteses previstas neste artigo, os recursos serão liberados no prazo de 5 (cinco) dias úteis, contado da apresentação do comprovante de pagamento da indenização ou da autorização conferida pelo INSS.

Art. 14. No caso de contrato a termo, a rescisão antecipada, sem justa causa ou com culpa recíproca, equipara-se às hipóteses previstas nos §§ 1º e 2º do art. 9º, respectivamente, sem prejuízo do disposto no art. 479 da CLT.

Art. 15. Ocorrendo rescisão do contrato de trabalho, pelo empregador, por justa causa, o trabalhador demitido somente terá direito ao saque de sua conta vinculada nas hipóteses previstas nos incisos III e VIII do art. 35.

Art. 16. Equipara-se à extinção normal do contrato a termo o término do mandato do diretor não empregado (arts. 7º e 8º) não reconduzido.

CAPÍTULO IV
DAS CONTAS

Art. 17. As importâncias creditadas nas contas vinculadas em nome dos trabalhadores são impenhoráveis.

Art. 18. O saldo das contas vinculadas é garantido pelo Governo Federal, podendo ser instituído seguro especial para esse fim.

Art. 19. Os depósitos efetuados nas contas vinculadas serão corrigidos monetariamente com base nos parâmetros fixados para atualização dos saldos dos depósitos de poupança e capitalizarão juros de 3% (três por cento) ao ano.

§ 1º A correção monetária e os juros correrão à conta do FGTS.

§ 2º Para as contas vinculadas dos trabalhadores optantes, existentes em 22 de setembro de 1971, a capitalização dos juros dos depósitos continuará a ser feita levando-se em conta o período de permanência na mesma empresa, na seguinte progressão:

a) 3% (três por cento), durante os dois primeiros anos;

b) 4% (quatro por cento), do terceiro ao quinto ano;

c) 5% (cinco por cento), do sexto ao décimo ano;

d) 6% (seis por cento), a partir do décimo primeiro ano.

§ 3º O disposto no parágrafo precedente deixará de ser aplicado quando o trabalhador mudar de empresa, hipótese em que a capitalização dos juros passará a ser feita à taxa de 3% (três por cento) ao ano.

Art. 20. O crédito da atualização monetária e dos juros será efetuado na conta do trabalhador:

I – no primeiro dia útil de cada mês, com base no saldo existente no primeiro dia útil do mês anterior, até que ocorra a centralização das contas na CEF; e

II – no dia 10 de cada mês, com base no saldo existente no dia 10 do mês anterior, após a centralização prevista neste artigo.

§ 1º O saldo existente no mês anterior será utilizado como base para o cálculo dos juros e da atualização monetária após a dedução dos saques ocorridos no período, exceto os efetuados no dia do crédito.

§ 2º Caso no dia 10 não haja expediente bancário, considerar-se-á o primeiro dia útil subsequente, tanto para a realização do crédito quanto para a definição do saldo base.

Art. 21. Até o dia 14 de maio de 1991, a CEF assumirá o controle de todas as contas vinculadas, passando os demais estabelecimentos bancários, findo esse prazo, à condição de agentes recebedores e pagadores do FGTS, mediante recebimento de tarifa a ser fixada pelo Conselho Curador.

§ 1º Até que a CEF implemente as disposições deste artigo, a conta vinculada continuará sendo aberta em nome do trabalhador, em estabelecimento bancário escolhido pelo empregador.

§ 2º Verificando-se mudança de emprego, a conta vinculada será transferida para o estabelecimento bancário da escolha do novo empregador.

Art. 22. A partir do segundo mês após a centralização das contas na CEF, fica assegurado ao trabalhador o direito de receber, bimestralmente, extrato informativo da conta vinculada.

Parágrafo único. A qualquer tempo a CEF, mediante solicitação, fornecerá ao trabalhador informações sobre sua conta vinculada.

Art. 23. O banco depositário é responsável pelos lançamentos efetuados nas contas vinculadas durante o período em que estiverem sob sua administração.

Art. 24. Por ocasião da centralização na CEF, caberá ao banco depositário emitir o último extrato das contas vinculadas sob sua responsabilidade, que deverá conter, inclusive, o registro dos valores transferidos e a discriminação dos depósitos efetuados na vigência do último contrato de trabalho.

Art. 25. Após a centralização das contas na CEF o saldo de conta não individualizada e de conta vinculada sem depósito há mais de 5 (cinco) anos será incorporado ao patrimônio do FGTS, resguardado o direito do beneficiário de reclamar, a qualquer tempo, a reposição do valor transferido, mediante comprovação de ter a conta existido.

Art. 26. A empresa anotará na Carteira de Trabalho e Previdência Social o nome e endereço da agência do banco depositário.

Parágrafo único. Após a centralização das contas na CEF, a empresa ficará desobrigada da anotação de que trata este artigo.

CAPÍTULO V
DOS DEPÓSITOS

Art. 27. O empregador, ainda que entidade filantrópica, é obrigado a depositar, até o dia 7 de cada mês, em conta bancária vinculada, a importância correspondente a 8% (oito por cento) da remuneração paga ou devida no mês anterior, a cada trabalhador, incluídas as parcelas de que tratam os arts. 457 e 458 da CLT e a gratificação de Natal a que se refere a Lei 4.090, de 13 de julho de 1962, com as modificações da Lei 4.749, de 12 de agosto de 1965.

Parágrafo único. Não integram a base de cálculo para incidência do percentual de que trata este artigo:

a) a contribuição do empregador para o Vale-Transporte (Dec. 95.247, de 17 de novembro de 1987); e

▶ Referido Decreto foi revogado pelo Dec. 10.854/2021.

b) os gastos efetuados com bolsas de aprendizagem (Lei 8.069, de 13 de julho de 1990, art. 64).

Art. 28. O depósito na conta vinculada do FGTS é obrigatório também nos casos de interrupção do contrato de trabalho prevista em lei, tais como:

I – prestação de serviço militar;

II – licença para tratamento de saúde de até 15 (quinze) dias;

III – licença por acidente de trabalho;

IV – licença à gestante; e

V – licença-paternidade.

Parágrafo único. Na hipótese deste artigo, a base de cálculo será revista sempre que ocorrer aumento geral na empresa ou na categoria profissional a que pertencer o trabalhador.

Art. 29. O depósito a que se refere o art. 27 é devido, ainda, quando o empregado passar a exercer cargo de diretoria, gerência ou outro de confiança imediata do empregador.

Art. 30. O empregador que não realizar os depósitos previstos no prazo fixado no art. 27 sujeitar-se-á às obrigações e sanções previstas nos arts. 50 a 52 e responderá:

I – pela atualização monetária da importância correspondente; e

II – pelos juros de mora de 1% (um por cento) ao mês e multa de 20% (vinte por cento), incidentes sobre o valor atualizado.

§ 1º A atualização monetária será cobrada por dia de atraso, tomando-se por base os índices de variação do Bônus do Tesouro Nacional Fiscal (BTN Fiscal) ou, na falta deste, do título que vier a sucedê-lo, ou, ainda, a critério do Conselho Curador, por outro indicador da inflação diária.

§ 2º Se o débito for pago até o último dia útil do mês em que o depósito deveria ter sido efetuado, a multa será reduzida para 10% (dez por cento).

§ 3º O disposto neste artigo se aplica aos depósitos decorrentes de determinação judicial.

Art. 31. Até a centralização das contas na CEF, a apropriação na conta vinculada, para fins de atualização monetária e capitalização de juros, será feita:

I – no primeiro dia útil do mês subsequente, quando o depósito ocorrer no próprio mês em que se tornou devido;

II – no primeiro dia útil do mês do depósito, quando este ocorrer no mês subsequente àquele em que se tornou devido; e

III – no primeiro dia útil do mês do depósito, quando este ocorrer a partir do segundo mês subsequente ao em que se tornou devido, atualizado monetariamente e acrescido de juros, contados da data em que a apropriação deveria ter sido feita.

Art. 32. Os depósitos relativos ao FGTS, efetuados na rede bancária, serão transferidos à CEF no segundo dia útil subsequente à data em que tenham sido efetuados.

Art. 33. Os empregadores deverão comunicar mensalmente aos trabalhadores os valores recolhidos ao FGTS e repassar-lhes todas as informações, recebidas da CEF ou dos bancos depositários, sobre as respectivas contas vinculadas.

Art. 34. Os depósitos em conta vinculada constituirão despesas dedutíveis do lucro operacional dos empregadores e as importâncias levantadas a seu favor, receita tributável (Lei 8.036, de 11 de maio de 1990).

CAPÍTULO VI
DOS SAQUES

Art. 35. A conta vinculada do trabalhador no FGTS poderá ser movimentada nas seguintes situações:

I – despedida sem justa causa, inclusive a indireta, de culpa recíproca e por força maior, comprovada com o depósito dos valores de que tratam os §§ 1° e 2° do art. 9°;
▸ Inciso I com redação pelo Dec. 2.430/1997.

II – extinção da empresa, fechamento de quaisquer de seus estabelecimentos, filiais ou agências, supressão de parte de suas atividades, ou, ainda, falecimento do empregador individual, sempre que qualquer dessas ocorrências implique rescisão do contrato de trabalho, comprovada por declaração escrita da empresa, suprida, quando for o caso, por decisão judicial transitada em julgado;

III – aposentadoria concedida pela Previdência Social;

IV – falecimento do trabalhador;

V – pagamento de parte das prestações decorrentes de financiamento habitacional concedido no âmbito do Sistema Financeiro da Habitação – SFH, desde que:

a) o mutuário conte com o mínimo de 3 (três) anos de trabalho sob o regime do FGTS, na mesma empresa ou em empresas diferentes;

b) o valor bloqueado seja utilizado, no mínimo, durante o prazo de 12 (doze) meses; e

c) o valor de cada parcela a ser movimentada não exceda a 80% (oitenta por cento) do montante da prestação;

VI – liquidação ou amortização extraordinária do saldo devedor de financiamento imobiliário concedido no âmbito do SFH, desde que haja interstício mínimo de 2 (dois) anos para cada movimentação, sem prejuízo de outras condições estabelecidas pelo Conselho Curador;

VII – pagamento total ou parcial do preço de aquisição de moradia própria, observadas as seguintes condições:

a) conte o mutuário com o mínimo de 3 (três) anos de trabalho sob o regime do FGTS, na mesma empresa ou empresas diferentes; e

b) seja a operação financiada pelo SFH ou, se realizada fora do Sistema, preencha os requisitos para ser por ele financiada;

VIII – quando permanecer 3 (três) anos ininterruptos, a partir de 14 de maio de 1990, sem crédito de depósitos;

IX – extinção normal do contrato a termo, inclusive o dos trabalhadores temporários regidos pela Lei 6.019, de 1974;
▸ Inciso IX com redação pelo Dec. 5.860/2006.

X – suspensão do trabalho avulso por período igual ou superior a 90 (noventa) dias;
▸ Inciso X com redação pelo Dec. 5.860/2006.

XI – quando o trabalhador ou qualquer de seus dependentes for acometido de neoplasia maligna;
▸ Inciso XI acrescido pelo Dec. 5.860/2006.

XII – aplicação, na forma individual ou por intermédio de Clubes de Investimento – CI-FGTS, em quotas de Fundos Mútuos de Privatização – FMP-FGTS, conforme disposto no inciso XII do art. 20 da Lei 8.036, de 11 de maio de 1990;
▸ Inciso XII com redação pelo Dec. 5.860/2006.

XIII – quando o trabalhador ou qualquer de seus dependentes for portador do vírus HIV;
▸ Inciso XIII com redação pelo Dec. 9.345/2018.

XIV – quando o trabalhador ou qualquer de seus dependentes estiver em estágio terminal, em razão de doença grave; e
▸ Inciso XIV com redação pelo Dec. 9.345/2018.

XV – para a aquisição de órtese ou prótese, mediante prescrição médica, com vista à promoção da acessibilidade e da inclusão social do trabalhador com deficiência, observadas as condições estabelecidas pelo Agente Operador do FGTS, inclusive o valor limite movimentado por operação e o interstício mínimo entre movimentações realizadas em decorrência da referida aquisição, que não poderá ser inferior a dois anos.
▸ Inciso XV acrescido pelo Dec. 9.345/2018.

§ 1° Os depósitos em conta vinculada em nome de aposentado, em razão de novo vínculo empregatício, poderão ser sacados também no caso de rescisão do contrato de trabalho a seu pedido.

§ 2° Nas hipóteses previstas nos incisos I e II, o trabalhador somente poderá sacar os valores relativos ao último contrato de trabalho.

§ 3° O Conselho Curador disciplinará o disposto no inciso V, visando a beneficiar os trabalhadores de baixa renda e a preservar o equilíbrio financeiro do FGTS.

§ 4° A garantia a que alude o art. 18 deste Regulamento não compreende as aplicações a que se refere o inciso XII deste artigo.
▸ 4° acrescido pelo Dec. 2.430/1997.

§ 5° Os recursos automaticamente transferidos da conta do titular do FGTS em razão da aquisição da aquisição de ações, bem como os ganhos ou perdas dela decorrentes, observado o disposto na parte final do § 1° do art. 9°, não

afetarão a base de cálculo da indenização de que tratam os §§ 1° e 2° do art. 9° deste Regulamento.
▸ § 5° acrescido pelo Dec. 2.430/1997.

§ 6° Os resgates de quotas dos FMP-FGTS e dos CI-FGTS, para os casos previstos nos incisos I a IV e VI a X deste artigo, somente poderão ocorrer com autorização prévia do Agente Operador do FGTS.
▸ § 6° com redação pelo Dec. 5.860/2006.

§ 7° Nos casos previstos nos incisos IV, VI e VII, o resgate de quotas implicará retorno à conta vinculada do trabalhador do valor resultante da aplicação.
▸ § 7° acrescido pelo Dec. 2.430/1997.

§ 8° O limite de 50% (cinquenta por cento) a que se refere o inciso XII deste artigo será observado a cada aplicação e após deduzidas as utilizações anteriores que não tenham retornado ao FGTS, de modo que o somatório dos saques da espécie, atualizados, não poderá ser superior à metade do saldo atual da respectiva conta.
▸ § 8° acrescido pelo Dec. 2.430/1997.

§ 9° Na movimentação das contas vinculadas a contrato de trabalho extinto até 31 de dezembro de 2015, de que trata o § 22 do art. 20 da Lei 8.036, de 11 de maio de 1990, o cronograma de atendimento, o critério, a forma e a data limite de pagamento serão estabelecidos pelo Agente Operador do FGTS, não podendo exceder 31 de julho de 2017, sendo permitido o crédito automático para a conta poupança de titularidade do trabalhador previamente aberta na Caixa Econômica Federal, desde que o trabalhador não se manifeste negativamente.
▸ § 9° acrescido pelo Dec. 8.989/2017.

§ 9°-A. Nos casos de comprovada impossibilidade de comparecimento pessoal do titular da conta vinculada do FGTS para solicitação de movimentação de valores, o cronograma de atendimento de que trata o § 9° não poderá exceder a data de 31 de dezembro de 2018, conforme estabelecido pelo Agente Operador do FGTS.
▸ § 9°-A acrescido pelo Dec. 9.108/2017.

§ 10. Na hipótese do crédito automático de que trata o § 9°, o trabalhador poderá, até 31 de agosto de 2017, solicitar o desfazimento do crédito ou a transferência do valor para outra instituição financeira, independentemente do pagamento de qualquer tarifa, conforme procedimento a ser definido pelo Agente Operador do FGTS.
▸ § 10 acrescido pelo Dec. 8.989/2017.

§ 11. Para efeito da movimentação da conta vinculada na forma do inciso XV do caput, considera-se:
▸ § 11 acrescido pelo Dec. 9.345/2018.

a) trabalhador com deficiência – aquele que tem impedimento de longo prazo de natureza física ou sensorial; e

b) impedimento de longo prazo – aquele que produza efeitos pelo prazo mínimo de dois anos e que, em interação com uma ou mais barreiras, possa obstruir a participação plena e efetiva do trabalhador na sociedade em igualdade de condições com as demais pessoas.

Art. 36. O saque poderá ser efetuado mediante:

I – apresentação do recibo de quitação das verbas rescisórias, nos casos dos incisos I e II do artigo precedente;

II – apresentação de documento expedido pelo Instituto Nacional de Seguro Social – INSS que:

a) declare a condição de inativo, no caso de aposentadoria; ou

b) contenha a identificação e a data de nascimento de cada dependente, no caso de falecimento do trabalhador;

III – requerimento dirigido ao agente financeiro, nas hipóteses dos incisos V e VI, ou ao banco arrecadador, nos casos dos incisos VII e VIII, todos do artigo anterior;

IV – apresentação de cópia do instrumento contratual, no caso do contrato a termo;

V – declaração do sindicato representativo da categoria profissional, no caso de suspensão do trabalho avulso por período igual ou superior a 90 (noventa) dias;
▸ Inciso V com redação pelo Dec. 5.860/2006.

VI – comprovação da rescisão e da sua condição de aposentado, no caso do § 1° do art. 35;
▸ Inciso VI com redação pelo Dec. 5.860/2006.

VII – requerimento formal do trabalhador ao Administrador do FMP-FGTS, ou do CI-FGTS, ou por meio de outra forma estabelecida pelo Agente Operador do FGTS, no caso previsto no inciso XII do caput do art. 35, garantida, sempre, a aquiescência do titular da conta vinculada;
▸ Inciso VII com redação pelo Dec. 9.345/2018.

VIII – atestado de diagnóstico assinado por médico, devidamente identificado por seu registro profissional, emitido na conformidade das normas dos Conselhos Federal e Regional de Medicina, com identificação de patologia consignada no Código Internacional de Doenças – CID, e descritivo dos sintomas ou do histórico patológico pelo qual se identifique que o trabalhador ou dependente seu é portador de neoplasia maligna,

do vírus HIV ou que caracterize estágio terminal de vida em razão de doença grave, nos casos dos incisos XI, XIII e XIV do caput do art. 35; e
▸ Inciso VIII com redação pelo Dec. 9.345/2018.

IX – laudo médico que ateste a condição de pessoa com deficiência, a espécie e o grau ou o nível de deficiência, com expressa menção correspondente à classificação de referência utilizada pela Organização Mundial da Saúde – OMS, e prescrição médica que indique a necessidade de órtese ou prótese para a promoção da acessibilidade e da inclusão social do trabalhador com deficiência, ambos documentos emitidos por médico devidamente identificado por seu registro profissional, em conformidade com as normas dos Conselhos Federal e Regional de Medicina, no caso do inciso XV do caput do art. 35.
▸ Inciso IX acrescido pelo Dec. 9.345/2018.

Parágrafo único. A apresentação dos documentos de que tratam os incisos I e IV do caput deste artigo poderá ser suprida pela comunicação para fins de autorização da movimentação da conta vinculada do trabalhador, realizada com uso de certificação digital e em conformidade com os critérios estabelecidos pelo Agente Operador do FGTS.
▸ Parágrafo único acrescido pelo Dec. 5.860/2006.

Art. 37. O saque de recursos na conta vinculada incluirá, obrigatoriamente, os valores nela depositados no mês do evento, mesmo que ainda não tenham sido creditados.

Art. 38. O saldo da conta vinculada do trabalhador que vier a falecer será pago a seu dependente, para esse fim habilitado perante a Previdência Social, independentemente da autorização judicial.

§ 1° Havendo mais de um dependente habilitado, o pagamento será feito de acordo com os critérios adotados pela Previdência Social para a concessão de pensão por morte.

§ 2° As quotas atribuídas a menores ficarão depositadas em caderneta de poupança e, salvo autorização judicial, só serão disponíveis após o menor completar 18 (dezoito) anos.

§ 3° Na falta de dependentes, farão jus ao recebimento do saldo da conta vinculada os sucessores do trabalhador, na forma prevista no Código Civil, indicados em alvará judicial, expedido a requerimento do interessado, independentemente de inventário ou arrolamento.

Art. 39. O direito de utilizar os recursos creditados em conta vinculada em nome do trabalhador não poderá ser exercido simultaneamente para a aquisição de mais um imóvel.

Art. 40. O imóvel, adquirido com a utilização do FGTS, somente poderá ser objeto de outra operação com recursos do Fundo na forma que vier a ser disciplinada pelo Conselho Curador.

Art. 41. A solicitação de saque da conta vinculada será atendida no prazo de 5 (cinco) dias úteis, quando o documento for entregue na agência onde o empregador tenha efetuado o depósito do FGTS.

§ 1° Compete à CEF expedir instruções fixando prazo para os casos em que a entrega do documento não ocorra na agência mantenedora da conta ou quando o sacador solicitar que o saque seja liberado em outra agência, ou, ainda, quando o sacador optar pelo saque após o crédito de juros e atualização monetária relativos ao mês em que se verificar o pedido.

§ 2° Decorrido o prazo, sobre o valor do saque incidirá atualização monetária com base nos índices de variação do BTN Fiscal, ou outro que vier a sucedê-lo, ou, ainda, a critério do Conselho Curador, por outro indicador da inflação diária.

§ 3° No caso de valor aplicado em FMP-FGTS, e para os fins previstos nos incisos IV, VI e VII do art. 35, o prazo de 5 (cinco) dias contar-se-á a partir do retorno do valor resultante da aplicação à conta vinculada e não da data da solicitação.
▸ § 3° acrescido pelo Dec. 2.430/1997.

Art. 42. A movimentação da conta vinculada do FGTS por menor de 18 (dezoito) anos dependerá da assistência do responsável legal.

CAPÍTULO VII
DO CERTIFICADO DE REGULARIDADE

Art. 43. A regularidade da situação do empregador perante o FGTS será comprovada pelo Certificado de Regularidade do FGTS, com validade em todo o território nacional, a ser fornecido pela CEF, mediante solicitação.

Art. 44. A apresentação do Certificado de Regularidade do FGTS é obrigatória para:

I – habilitação em licitação promovida por órgãos da Administração Pública direta, indireta ou fundacional e por empresas controladas direta ou indiretamente

pela União, pelos Estados, pelo Distrito Federal e pelos Municípios;

II – obtenção de empréstimos ou financiamentos junto a quaisquer instituições financeiras públicas, por parte de órgãos e entidades da Administração Pública direta, indireta ou fundacional, bem assim empresas controladas direta ou indiretamente pela União, pelos Estados, pelo Distrito Federal e pelos Municípios;

III – obtenção de favores creditícios, isenções, subsídios, auxílios, outorga ou concessão de serviços ou quaisquer outros benefícios concedidos por órgão da Administração Pública Federal, dos Estados, do Distrito Federal e dos Municípios, salvo quando destinados a saldar débitos para com o FGTS;

IV – transferência de domicílio para o exterior; e

V – registro ou arquivamento, nos órgãos competentes, de alteração ou distrato de contrato social, de estatuto, ou de qualquer documento que implique modificação na estrutura jurídica do empregador ou na extinção da empresa.

Art. 45. Para obter o Certificado de Regularidade, o empregador deverá satisfazer as seguintes condições:

I – estar em dia com as obrigações para com o FGTS; e

II – estar em dia com o pagamento de prestação de empréstimos lastreados em recursos do FGTS.

Art. 46. O Certificado de Regularidade terá validade de até 6 (seis) meses contados da data da sua emissão.

§ 1º No caso de parcelamento de débito, a validade será de 30 (trinta) dias.

§ 2º Havendo antecipação no pagamento de parcelas, o Certificado terá validade igual ao período correspondente às prestações antecipadas, observado o prazo máximo de 6 (seis) meses.

CAPÍTULO VIII
DAS INFRAÇÕES E DAS PENALIDADES

Art. 47. Constituem infrações à Lei 8.036, de 1990:

I – não depositar mensalmente a parcela referente ao FGTS;

II – omitir informações sobre a conta vinculada do trabalhador;

III – apresentar informações ao Cadastro Nacional do Trabalhador, dos trabalhadores beneficiários, com erros ou omissões;

IV – deixar de computar, para efeito de cálculo dos depósitos do FGTS, parcela componente da remuneração;

V – deixar de efetuar os depósitos com os acréscimos legais, após notificado pela fiscalização.

Parágrafo único. Por trabalhador prejudicado o infrator estará sujeito às seguintes multas:

a) de dois a cinco BTN, nos casos dos incisos II e III; e

b) de dez a cem BTN, nos casos dos incisos I, IV e V.

Art. 48. Nos casos de fraude, simulação, artifício, ardil, resistência, embaraço ou desacato à fiscalização, assim como na reincidência, a multa especificada no artigo anterior será duplicada, sem prejuízo das demais cominações legais.

Art. 49. Os valores das multas, quando não recolhidas ao prazo legal, serão atualizados monetariamente pelo BTN Fiscal até a data de seu efetivo pagamento.

Art. 50. O empregador em mora para com o FGTS não poderá, sem prejuízo de outras disposições legais (Dec.-lei 368, de 14 de dezembro de 1968, art. 1º):

I – pagar honorário, gratificação, pró-labore, ou qualquer tipo de retribuição ou retirada a seus diretores, sócios, gerentes ou titulares de firma individual; e

II – distribuir quaisquer lucros, bonificações, dividendos ou interesses a seus sócios, titulares, acionistas, ou membros de órgãos dirigentes, fiscais ou consultivos.

Art. 51. O empregador em mora contumaz com o FGTS não poderá receber qualquer benefício de natureza fiscal, tributária ou financeira, por parte de órgão da União, dos Estados, do Distrito Federal ou dos Municípios, ou de que estes participem (Dec.-lei 368, de 1968, art. 2º).

§ 1º Considera-se mora contumaz o não pagamento de valores devidos ao FGTS por período igual ou superior a 3 (três) meses, sem motivo grave ou relevante, excluídas as causas pertinentes ao risco do empreendimento.

§ 2º Não se incluem na proibição deste artigo as operações destinadas à liquidação dos débitos existentes para com o FGTS, o que deverá ser expressamente consignado em documento firmado pelo responsável legal da empresa, como justificativa do crédito.

Art. 52. Pela infração ao disposto nos incisos I e II do art. 50, os diretores, sócios, gerentes, membros de órgãos fiscais ou consultivos, titulares de firma indivi-

dual ou quaisquer outros dirigentes de empresa estão sujeitos à pena de detenção de 1 (um) mês a 1 (um) ano (Dec.-lei 368, de 1968, art. 4º).

Parágrafo único. Apurada a infração prevista neste artigo, a autoridade competente do INSS representará, sob pena de responsabilidade, ao Ministério Público, para a instauração da competente ação penal.

Art. 53. Por descumprimento ou inobservância de quaisquer das obrigações que lhe compete como agente arrecadador, pagador ou mantenedor do cadastro de contas vinculadas, na forma que vier a ser disciplinada pelo Conselho Curador, fica o banco depositário sujeito ao pagamento de multa equivalente a 10% (dez por cento) do montante da conta do empregado, independentemente das demais cominações legais.

CAPÍTULO IX
DA FISCALIZAÇÃO

Art. 54. Compete ao Ministério do Trabalho e da Previdência Social – MTPS, por intermédio do INSS, exercer a fiscalização do cumprimento do disposto na Lei 8.036, de 1990, de acordo com este regulamento e os arts. 626 e 642 da CLT, especialmente quanto à apuração dos débitos e das infrações praticadas pelos empregadores.

Art. 55. O processo de fiscalização, de autuação e de imposição de multas reger-se-á pelo disposto no Título VII da CLT, respeitado o privilégio do FGTS à prescrição trintenária.

Art. 56. A penalidade de multa será aplicada pelo Gerente de Atendimento de Relações de Emprego, do INSS, mediante decisão fundamentada, lançada em processo administrativo, assegurada ampla defesa ao autuado.

Parágrafo único. Na fixação da penalidade a autoridade administrativa levará em conta as circunstâncias e consequências da infração, bem como ser o infrator primário ou reincidente, a sua situação econômico-financeira e os meios ao seu alcance para cumprir a lei.

Art. 57. Quando julgado procedente o recurso interposto na forma do art. 636 da CLT, os depósitos efetuados para garantia de instância serão restituídos com os valores atualizados na forma da lei.

Art. 58. A rede arrecadora e a CEF deverão prestar ao MTPS as informações necessárias à fiscalização.

CAPÍTULO X
DO FUNDO E DO SEU EXERCÍCIO FINANCEIRO

Art. 59. O FGTS é constituído pelos saldos das contas vinculadas e outros recursos a ele incorporados.

Parágrafo único. Constituem recursos incorporados ao FGTS:

a) eventuais saldos apurados nos termos do art. 68;

b) dotações orçamentárias específicas;

c) resultados de aplicações;

d) multas, correção monetária e juros moratórios auferidos; e

e) outras receitas patrimoniais e financeiras.

Art. 60. O exercício financeiro do FGTS será de 1º de janeiro a 31 de dezembro.

§ 1º No final de cada exercício financeiro será realizado balanço anual do FGTS.

§ 2º As contas do FGTS serão escrituradas em registros contábeis próprios.

CAPÍTULO XI
DA APLICAÇÃO DOS RECURSOS

Art. 61. As aplicações com recursos do FGTS poderão ser realizadas diretamente pela CEF, pelos demais órgãos integrantes do SFH e pelas entidades para esse fim credenciadas pelo Banco Central do Brasil como agentes financeiros, exclusivamente segundo critérios fixados pelo Conselho Curador, mediante operações em que sejam assegurados:

I – garantia real;

II – correção monetária igual à das contas vinculadas;

III – taxa de juros média mínima, por projeto, de 3% (três por cento) ao ano; e

IV – prazo máximo de retorno de 25 (vinte e cinco) anos.

§ 1º A rentabilidade média das aplicações deverá ser suficiente à cobertura de todos os custos incorridos pelo Fundo e ainda à formação de reserva técnica para o atendimento de gastos eventuais não previstos, sendo da CEF o risco de crédito.

§ 2º Os recursos do FGTS deverão ser aplicados em habitação, saneamento básico e infraestrutura urbana, sem prejuízo das disponibilidades financeiras que deverão ser mantidas em volume que satisfaça às condições de

liquidez e à remuneração mínima necessária à preservação do poder aquisitivo da moeda.

§ 3º O programa de aplicações deverá destinar, no mínimo, 60% (sessenta por cento) para investimentos em habitação popular.

§ 4º O Conselho Curador definirá o conceito de habitação popular considerando, em especial, a renda das famílias a serem atendidas.

§ 5º Os projetos de saneamento básico e infraestrutura urbana, financiados com recursos do FGTS, deverão ser complementares aos programas habitacionais.

§ 6º Nos financiamentos concedidos à pessoa jurídica de direito público será exigida garantia real ou vinculação de receitas.

Art. 62. O Conselho Curador fixará diretrizes e estabelecerá critérios técnicos para as aplicações dos recursos do FGTS, de forma que sejam:

I – exigida a participação dos contratantes de financiamentos nos investimentos a serem realizados;

II – assegurado o cumprimento, por parte dos contratantes, das obrigações decorrentes dos financiamentos obtidos; e

III – evitadas distorções na aplicação entre as regiões do País, considerando para tanto a demanda habitacional, a população e outros indicadores sociais.

CAPÍTULO XII
DO CONSELHO CURADOR DO FGTS

Art. 63. O FGTS será regido segundo normas e diretrizes estabelecidas por um Conselho Curador.

Art. 64. Ao Conselho Curador compete:

I – estabelecer as diretrizes e os programas de alocação de todos os recursos do FGTS, de acordo com os critérios definidos na Lei 8.036, de 1990, em consonância com a política nacional de desenvolvimento urbano e as políticas setoriais de habitação popular, saneamento básico e infraestrutura urbana estabelecidas pelo Governo Federal;

II – apreciar e aprovar os programas anuais e plurianuais do FGTS;

III – acompanhar e avaliar a gestão econômica e financeira dos recursos, bem como os ganhos sociais e o desempenho dos programas aprovados;

IV – pronunciar-se sobre as contas do FGTS, antes do seu encaminhamento aos órgãos de controle interno;

V – adotar as providências cabíveis para a correção de atos do MAS e da CEF, que prejudiquem o desempenho e o cumprimento das finalidades a que se destinam os recursos do FGTS;

VI – dirimir dúvidas quanto à aplicação das normas regulamentares, relativas ao FGTS, nas matérias de sua competência;

VII – fixar as normas e valores de remuneração do Agente Operador e dos agentes financeiros;

VIII – fixar critérios para o parcelamento de recolhimentos em atraso;

IX – fixar critérios e valor de remuneração da entidade ou órgão encarregado da fiscalização;

X – divulgar, no Diário Oficial da União, todas as decisões proferidas pelo Conselho, bem como as contas do FGTS e os respectivos pareceres emitidos; e

XI – aprovar seu Regimento Interno.

Art. 65. *Revogado pelo Dec. 9.737/2019.*

CAPÍTULO XIII
DO GESTOR DA APLICAÇÃO DO FGTS

Art. 66. Ao Ministério do Planejamento e Orçamento, na qualidade de Gestor da aplicação dos recursos do FGTS, compete:

▶ Artigo com redação pelo Dec. 1.522/1995.

I – praticar todos os atos necessários à gestão da aplicação do FGTS, de acordo com as diretrizes e programas estabelecidos pelo Conselho Curador;

II – expedir atos normativos relativos à alocação dos recursos para implementação dos programas aprovados pelo Conselho Curador;

III – definir as metas a serem alcançadas pelos programas de habitação popular, saneamento básico e infraestrutura urbana;

IV – estabelecer os critérios, procedimentos e parâmetros básicos para análise, seleção, contratação, acompanhamento e avaliação dos projetos a serem financiados com recursos do FGTS, com observância dos objetivos da política nacional de desenvolvimento urbano e das políticas setoriais de habitação popular, saneamento básico e infraestrutura urbana, estabelecidas pelo Governo Federal;

V – definir as prioridades, a metodologia e os parâmetros básicos que nortearão a elaboração dos orçamentos e planos plurianuais de aplicação dos recursos do FGTS;

VI – elaborar os orçamentos anuais e planos plurianuais de aplicação dos recursos, discriminando-os por Unidade da Federação e submetendo-os, até 31 de julho de cada ano, ao Conselho Curador;

VII – acompanhar a execução dos programas de habitação popular, saneamento básico e infraestrutura urbana, decorrentes da aplicação dos recursos do FGTS, implementando pelo Agente Operador;

VIII – subsidiar o Conselho Curador com estudos técnicos necessários ao aprimoramento dos programas de habitação popular, saneamento e infraestrutura urbana;

IX – submeter ao Conselho Curador as contas do FGTS.

Parágrafo único. O Gestor da aplicação poderá firmar convênios com os Governos dos Estados e do Distrito Federal para, por intermédio de instâncias colegiadas constituídas de representantes do governo estadual, dos governos municipais, quando houver, e da sociedade civil, em igual número, enquadrar, hierarquizar e selecionar os pleitos de operações de crédito com recursos do FGTS.

CAPÍTULO XIV
DO AGENTE OPERADOR DO FGTS

Art. 67. Cabe à CEF, na qualidade de Agente Operador do FGTS:

▶ *Caput* com redação pelo Dec. 1.522/1995.

I – centralizar os recursos do FGTS, participar da rede incumbida de sua arrecadação, manter e controlar as contas vinculadas e emitir regularmente os extratos individuais correspondentes;

▶ Inciso I com redação pelo Dec. 1.522/1995.

II – definir os procedimentos operacionais necessários à execução dos programas de habitação popular, saneamento básico e infraestrutura urbana e ao cumprimento das resoluções do Conselho Curador e dos atos normativos do Gestor da aplicação do FGTS;

▶ Inciso II com redação pelo Dec. 1.522/1995.

III – expedir atos normativos referentes aos procedimentos administrativos e operacionais dos bancos depositários, dos agentes financeiros e promotores, dos tomadores dos recursos, dos empregadores e dos trabalhadores, integrantes do sistema do FGTS;

▶ Inciso III com redação pelo Dec. 1.522/1995.

IV – analisar, sob os aspectos jurídico e de viabilidade técnica, econômica e financeira os projetos de habitação popular, infraestrutura urbana e saneamento básico a serem financiados com recursos do FGTS;

▶ Inciso IV com redação pelo Dec. 1.522/1995.

V – avaliar o desempenho e a capacidade econômico-financeira dos agentes envolvidos nas operações de crédito com recursos do FGTS;

▶ Inciso V com redação pelo Dec. 1.522/1995.

VI – conceder os créditos para as operações previamente selecionadas e hierarquizadas, desde que consideradas viáveis, de acordo com o disposto no inciso IV deste artigo, responsabilizando-se pelo acompanhamento de sua execução e zelando pela correta aplicação dos recursos;

▶ Inciso VI com redação pelo Dec. 1.522/1995.

VII – formalizar convênios com a rede bancária para recebimento de pagamento do FGTS, em conformidade com o disposto pelo Conselho Curador;

▶ Inciso VII com redação pelo Dec. 1.522/1995.

VIII – celebrar convênios e contratos, visando à aplicação dos recursos do FGTS, em conformidade com o disposto pelo Conselho Curador;

▶ Inciso VIII com redação pelo Dec. 1.522/1995.

IX – elaborar as contas do FGTS, encaminhando-as ao Gestor da aplicação;

▶ Inciso IX com redação pelo Dec. 1.522/1995.

X – implementar os atos do Gestor relativos à alocação e à aplicação dos recursos do FGTS, de acordo com as diretrizes estabelecidas pelo Conselho Curador;

▶ Inciso X com redação pelo Dec. 1.522/1995.

XI – emitir Certificado de Regularidade do FGTS;

▶ Inciso XI com redação pelo Dec. 1.522/1995.

XII – apresentar relatórios gerenciais periódicos e, sempre que solicitada, outras informações, com a finalidade de proporcionar ao Gestor da aplicação e ao Conselho Curador meios para avaliar o desempenho dos programas, nos seus aspectos físico, econômico-financeiro, social e institucional, e sua conformidade com as diretrizes governamentais;

▶ Inciso XII com redação pelo Dec. 1.522/1995.

XIII – expedir atos normativos referentes aos procedimentos administrativo-operacionais a serem observados pelos agentes administradores dos FMP-FGTS e dos CI-FGTS, no que se refere às questões relacionadas ao cadastramento, ao fluxo de informações das movimentações e a resgates de quotas;

▶ Inciso XIII acrescido pelo Dec. 2.430/1997.

XIV – determinar aos administradores dos FMP-FGTS e dos CI-FGTS o retorno das aplicações do FGTS, nos casos de falecimento do titular, de aquisição de casa própria, de amortização ou liquidação de saldo devedor de financiamento do SFH e para o cumprimento de ordem judicial.

▶ Inciso XIV acrescido pelo Dec. 2.430/1997.

Art. 68. Os resultados financeiros auferidos pela CEF, no período entre o repasse dos bancos e o depósito nas contas vinculadas dos trabalhadores, destinar-se-ão à cobertura das despesas de administração do FGTS e ao pagamento da tarifa aos bancos depositários, devendo os eventuais saldos ser incorporados ao patrimônio do Fundo, nos termos do art. 59, parágrafo único, alínea *a*.

CAPÍTULO XV
DAS DISPOSIÇÕES GERAIS

Art. 69. É competente a Justiça do Trabalho para julgar os dissídios entre os trabalhadores e os empregadores, decorrentes da aplicação da Lei 8.036, de 1990, mesmo quando a União e a CEF figurarem como litisconsortes.

Parágrafo único. Nas reclamatórias trabalhistas que objetivem o ressarcimento de parcelas relativas ao FGTS, ou que, direta ou indiretamente, impliquem essa obrigação, o juiz determinará que a empresa sucumbente proceda ao recolhimento imediato das importâncias devidas a tal título.

Art. 70. Poderá o próprio trabalhador, seus dependentes e sucessores, ou, ainda, o sindicato a que estiver vinculado, acionar diretamente a empresa para compeli-la a efetuar o depósito das importâncias devidas nos termos da Lei 8.036, de 1990.

Parágrafo único. A União e a CEF deverão ser notificadas da propositura da reclamação.

Art. 71. São isentos de tributos federais os atos e operações necessários à aplicação da Lei 8.036, de 1990, quando praticados pela CEF, pelos trabalhadores e seus dependentes ou sucessores, pelos empregadores e pelos estabelecimentos bancários.

Parágrafo único. Aplica-se o disposto neste artigo às importâncias devidas, nos termos da Lei 8.036, de 1990, aos trabalhadores e seus dependentes ou sucessores.

Art. 72. É facultado à entidade sindical representar os trabalhadores junto ao empregador, ao banco depositário ou à CEF, para obtenção de informações relativas ao FGTS.

Art. 73. É facultado ao empregador desobrigar-se da responsabilidade da indenização relativa ao tempo de serviço anterior à opção, depositando na conta vinculada do trabalhador, até o último dia útil do mês previsto em lei para o pagamento de salário, o valor correspondente à indenização, aplicando-se ao depósito, no que couber, as disposições da Lei 8.036, de 1990, e deste Regulamento.

CAPÍTULO XVI
DAS DISPOSIÇÕES FINAIS E TRANSITÓRIAS

Art. 74. O MAS, a CEF e o Conselho Curador serão responsáveis pelo fiel cumprimento e observância dos critérios estabelecidos na Lei 8.036, de 1990, e neste Regulamento.

Art. 75. O Conselho Curador expedirá os atos necessários para que seja resguardada a integridade dos direitos do trabalhador, notadamente no que se refere à atualização dos respectivos créditos e à exata informação, quando da centralização das contas do FGTS na CEF.

Art. 76. Os trabalhadores admitidos a termo e os temporários, cujos contratos se extinguiram durante a vigência da Lei 7.839/89, poderão movimentar suas contas vinculadas relativas a esses contratos, cabendo aos então empregadores fornecer os documentos necessários para o levantamento dos respectivos valores.

Art. 77. O disposto no art. 7º se aplica aos diretores não empregados das autarquias em regime especial e fundações sob supervisão ministerial (Lei 6.919/81).

Art. 78. O MAS e a CEF deverão dar pleno cumprimento aos programas anuais em andamento, aprovados pelo Conselho Curador, sendo que eventuais alterações somente poderão ser processadas mediante prévia anuência daquele colegiado.

Art. 79. Até que se cumpra o disposto no art. 29 do Ato das Disposições Constitucionais Transitórias, cabe à Procuradoria-Geral da Fazenda Nacional promover a execução judicial dos créditos da União decorrentes da aplicação de penalidades previstas na Lei 8.036, de 1990.

LEI 8.177, DE 1º DE MARÇO DE 1991

Estabelece regras para a desindexação da economia e dá outras providências.

DOU 04.03.1991; Retificada no DOU de 20.03.1991 e Republicada no DOU de 08.05.1991

▶ Súmula 295 do STJ.

O Presidente da República:

Faço saber que o Congresso Nacional decreta e eu sanciono a seguinte Lei:

Art. 1º O Banco Central do Brasil divulgará Taxa Referencial – TR, calculada a partir da remuneração mensal média líquida de impostos, dos depósitos a prazo fixo captados nos bancos comerciais, bancos de investimentos, bancos múltiplos com carteira comercial ou de investimentos, caixas econômicas, ou dos títulos públicos federais, estaduais e municipais, de acordo com metodologia a ser aprovada pelo Conselho Monetário Nacional, no prazo de 60 (sessenta) dias, e enviada ao conhecimento do Senado Federal.

§ 1º *Revogado pela Lei 8.660/1993.*

§ 2º As instituições que venham a ser utilizadas como bancos de referência, dentre elas, necessariamente, as dez maiores do País, classificadas pelo volume de depósitos a prazo fixo, estão obrigadas a fornecer as informações de que trata este artigo, segundo normas estabelecidas pelo Conselho Monetário Nacional, sujeitando-se a instituição e seus administradores, no caso de infração às referidas normas, às penas estabelecidas no art. 44 da Lei 4.595, de 31 de dezembro de 1964.

§ 3º Enquanto não aprovada a metodologia de cálculo de que trata este artigo, o Banco Central do Brasil fixará a TR.

Art. 2º O Banco Central do Brasil divulgará, para cada dia útil, a Taxa Referencial Diária TRD, correspondendo seu valor diário à distribuição *pro rata* dia da TR fixada para o mês corrente.

▶ Art. 2º da Lei 8.660/1993 (Novos critérios para a fixação da Taxa Referencial – TR).

§ 1º Enquanto não divulgada a TR relativa ao mês corrente, o valor da TRD será fixado pelo Banco Central do Brasil com base em estimativa daquela taxa.

§ 2º Divulgada a TR, a fixação da TRD nos dias úteis restantes do mês deve ser realizada de forma tal que a TRD acumulada entre o 1º dia útil do mês e o 1º dia útil do mês subsequente seja igual à TR do mês corrente.

Art. 3º Ficam extintos a partir de 1º de fevereiro de 1991:

I – o BTN Fiscal instituído pela Lei 7.799, de 10 de julho de 1989;

II – o Bônus do Tesouro Nacional – BTN de que trata o art. 5º da Lei 7.777, de 19 de junho de 1989, assegurada a liquidação dos títulos em circulação, nos seus respectivos vencimentos;

III – o Maior Valor de Referência (MVR) e as demais unidades de conta assemelhadas que são atualizadas, direta ou indiretamente, por índice de preços.

Parágrafo único. O valor do BTN e do BTN Fiscal destina-se à conversão para cruzeiros dos contratos existentes na data de publicação da Medida Provisória que deu origem a esta Lei, assim como para efeitos fiscais, é de Cr$ 126,8621.

Art. 4º A partir da vigência da Medida Provisória que deu origem a esta Lei, a Fundação Instituto Brasileiro de Geografia e Estatística deixará de calcular o Índice de Reajustes de Valores Fiscais – IRVF e o Índice da Cesta Básica – ICB, mantido o cálculo do Índice Nacional de Preços ao Consumidor – INPC.

Art. 5º A partir de 1º de março de 1991, o valor nominal das Obrigações do Tesouro Nacional – OTN, emitidas anteriormente a 15 de janeiro de 1989 (art. 6º do Decreto-lei 2.284, de 10.03.1986), dos Bônus do Tesouro Nacional – BTN, emitidos até a data de vigência da Medida Provisória que deu origem a esta Lei, das Letras do Tesouro Nacional, de Série Especial (§ 1º do art. 11 do Dec.-lei 2.376, de 25.11.1987, e dos Títulos da Dívida Agrária – TDA, será atualizado, no primeiro dia de cada mês, por índice calculado com base na TR referente ao mês anterior.

§ 1º O disposto neste artigo aplica-se também aos BTN emitidos anteriormente à vigência da Medida Provisória que deu origem a esta Lei, com cláusula de opção, ficando assegurada, por ocasião do resgate, a alternativa de atualização com base na variação da cotação do dólar norte-americano divulgada pelo Banco Central do Brasil.

§ 2º Os BTN – Série Especial, emitidos em conformidade com o § 2º do art. 9º da Lei 8.024, de 12 de abril de 1990, passam a ser atualizados, a partir de 1º de fevereiro de

1991, pela TRD, acrescidos de juros de 6% (seis por cento) ao ano, ou fração *pro rata*.

§ 3º A partir de 5 de maio de 2000, os Títulos da Dívida Agrária – TDA emitidos para desapropriação terão as seguintes remunerações:

▸ *§ 3º com redação pela MP 2.183-56/2001.*

I – 3% (três por cento) ao ano para indenização de imóvel com área de até 70 módulos fiscais;

II – 2% (dois por cento) ao ano para indenização de imóvel com área acima de 70 e até 150 módulos fiscais; e

III – 1% (um por cento) ao ano para indenização de imóvel com área acima de 150 módulos fiscais.

§ 4º Os TDA emitidos até 4 de maio de 2000 e os a serem emitidos para aquisição por compra e venda de imóveis rurais destinados à implantação de projetos integrantes do Programa Nacional de Reforma Agrária, nos termos das Leis 4.504, de 30 de novembro de 1964, e 8.629, de 25 de fevereiro de 1993, e os decorrentes de acordo judicial, em audiência de conciliação, com o objetivo de fixar a prévia e justa indenização, a ser celebrado com a União, bem como com os entes federados, mediante convênio, serão remunerados a 6% (seis por cento) ao ano.

▸ *§ 4º acrescido pela MP 2.183-56/2001.*

§ 5º Os TDA a que se referem os §§ 3º e 4º terão remuneração anual ou fração *pro rata*, mantido o seu poder liberatório nos termos da legislação em vigor, podendo, a partir de seu vencimento, ser utilizados na aquisição de ações de empresas estatais incluídas no Programa Nacional de Desestatização.

▸ *§ 5º acrescido pela MP 2.183-56/2001.*

Art. 6º Para atualização de obrigações com cláusula de correção monetária pela variação do BTN, do BTN Fiscal, das demais unidades referidas no art. 3º e dos índices mencionados no art. 4º, relativas a contratos em geral, exceto aqueles cujo objeto seja a venda de bens para entrega futura, a prestação de serviços contínuos ou futuros e a realização de obras, firmados anteriormente à Medida Provisória que deu origem a esta Lei, deverá ser observado o seguinte:

I – nos contratos que preveem índice substitutivo deverá ser adotado esse índice, exceto nos casos em que esta Lei dispuser em contrário;

▸ *Súmula 295 do STJ.*

II – nos contratos em que não houver previsão de índice substitutivo, será utilizada a TR, no caso dos contratos referentes ao BTN ou a unidade corrigida mensalmente, ou a TRD, no caso daqueles referentes ao BTN Fiscal e a unidades corrigidas diariamente.

▸ *Súmula 295 do STJ.*

Parágrafo único. Para atualização, no mês de fevereiro de 1991, dos contratos referentes ao BTN, a unidade de conta com correção mensal ou a índice de preços, deverá ser utilizado índice resultante de composição entre o índice *pro rata*, no período decorrido entre a data de aniversário do contrato no mês de janeiro de 1991 e o dia 1º de fevereiro de 1991 e a TRD entre 1º de fevereiro de 1991 e o dia de aniversário do contrato no mês de fevereiro.

Art. 7º Os saldos dos cruzados novos transferidos ao Banco Central do Brasil, na forma da Lei 8.024, de 12 de abril de 1990, serão remunerados, a partir de 1º de fevereiro de 1991 e até a data da conversão, pela TRD, acrescida de juros de 6% (seis por cento) ao ano, ou fração *pro rata* e serão, improrrogavelmente, convertidos em cruzeiros, na forma da Lei 8.024, de 12 de abril de 1990.

Art. 8º O art. 5º da Lei 7.862, de 30 de outubro de 1989, passa a vigorar com a seguinte redação:

▸ *Alterações incorporadas no texto da referida Lei.*

Art. 9º A partir de fevereiro de 1991, incidirão juros de mora equivalentes à TRD sobre os débitos de qualquer natureza para com a Fazenda Nacional, com a Seguridade Social, com o Fundo de Participação PIS-PASEP, com o Fundo de Garantia do Tempo de Serviço – FGTS e sobre os passivos de empresas concordatárias, em falência e de instituições em regime de liquidação extrajudicial, intervenção e administração especial temporária.

▸ *Caput com redação pela Lei 8.218/1991.*

§ 1º *Vetado.*

§ 2º A base de cálculo do imposto de renda incidente sobre os rendimentos produzidos por títulos e aplicações de renda fixa será determinada mediante a exclusão, do rendimento bruto, da parcela correspondente à remuneração pela TRD, verificada no período da aplicação.

Art. 10. A partir da vigência da Medida Provisória que deu origem a esta Lei, é vedado estipular, nos contratos referidos no art. 6º, cláusula de correção monetária com base em índice de preços, quando celebrados com prazo ou período de repactuação inferior a 1 (um) ano.

▸ *Súmula 295 do STJ.*

Parágrafo único. *Revogado pela 9.069/1995.*

Art. 11. É admitida a utilização da Taxa Referencial – TR como base de remuneração de contratos somente quando tenham prazo ou período de repactuação igual ou superior a 3 (três) meses.

▸ *Caput com redação pela Lei 8.660/1993.*

Parágrafo único. O Banco Central do Brasil poderá alterar o prazo mencionado neste artigo, respeitado os contratos firmados.

Art. 12. Em cada período de rendimento, os depósitos de poupança serão remunerados:

I – como remuneração básica, por taxa correspondente à acumulação das TRD, no período transcorrido entre o dia do último crédito de rendimento, inclusive, e o dia do crédito de rendimento, exclusive;

II – como remuneração adicional, por juros de:

▸ *Inciso II com redação pela Lei 12.703/2012.*

a) 0,5% (cinco décimos por cento) ao mês, enquanto a meta da taxa SELIC ao ano, definida pelo Banco Central do Brasil, for superior a 8,5% (oito inteiros e cinco décimos por cento); ou

b) 70% (setenta por cento) da meta da taxa SELIC ao ano, definida pelo Banco Central do Brasil, mensalizada, vigente na data de início do período de rendimento, nos demais casos.

§ 1º A remuneração será calculada sobre o menor saldo apresentado em cada período de rendimento.

§ 2º Para os efeitos do disposto neste artigo, considera-se período de rendimento:

I – para os depósitos de pessoas físicas e entidades sem fins lucrativos, o mês corrido, a partir da data de aniversário da conta de depósito de poupança;

II – para os demais depósitos, o trimestre corrido a partir da data de aniversário da conta de depósito de poupança.

§ 3º A data de aniversário da conta de depósito de poupança será o dia do mês de sua abertura, considerando-se a data de aniversário das contas abertas nos dias 29, 30 e 31 como o dia 1º do mês seguinte.

§ 4º O crédito dos rendimentos será efetuado:

I – mensalmente, na data de aniversário da conta, para os depósitos de pessoa física e de entidades sem fins lucrativos; e

II – trimestralmente, na data de aniversário no último mês do trimestre, para os demais depósitos.

§ 5º O Banco Central do Brasil divulgará as taxas resultantes da aplicação do contido nas alíneas *a* e *b* do inciso II do *caput* deste artigo.

▸ *§ 5º acrescido pela Lei 12.703/2012.*

Art. 13. O disposto no artigo anterior aplica-se ao crédito de rendimento realizado a partir do mês de fevereiro de 1991, inclusive.

Parágrafo único. Para o cálculo do rendimento a ser creditado no mês de fevereiro de 1991 – cadernetas mensais – e nos meses de fevereiro, março e abril – cadernetas trimestrais –, será utilizado um índice composto da variação do BTN Fiscal observado entre a data do último crédito de rendimentos, inclusive, e o dia 1º de fevereiro de 1991, e da TRD, a partir dessa data e até o dia do próximo crédito de rendimentos, exclusive.

Art. 14. *Revogado pela Lei 10.192/2001.*

Art. 15. Para os contratos já existentes, contendo cláusula expressa de utilização da Unidade Padrão de Capital – UPC como fator de atualização, esta passa a ser atualizada mediante a aplicação do índice de remuneração básica dos depósitos de poupança com data de aniversário no dia 1º.

Art. 16. O disposto no artigo anterior aplica-se à atualização da UPC a ser realizada em 1º de abril de 1991.

Art. 17. A partir de fevereiro de 1991, os saldos das contas do Fundo de Garantia por Tempo de Serviço – FGTS passam a ser remunerados pela taxa aplicável à remuneração básica dos depósitos de poupança, com data de aniversário no dia 1º, observada a periodicidade mensal para remuneração.

Parágrafo único. As taxas de juros previstas na legislação em vigor do FGTS são mantidas e consideradas como adicionais à remuneração prevista neste artigo.

Art. 18. Os saldos devedores e as prestações dos contratos celebrados até 24 de novembro de 1986, por entidades integrantes dos Sistemas Financeiros da Habitação e do Saneamento (SFH e SFS), com cláusula de atualização monetária pela variação da UPC, da OTN, do Salário Mínimo ou do Salário Mínimo de Referência, passam a partir de fevereiro de 1991, a ser atualizados pela taxa aplicável à remuneração básica dos Depósitos de Poupança com data de aniversário no dia 1º, manti-

das a periodicidade e as taxas de juros estabelecidas contratualmente.

▸ *ADIN 493 (DJU 04.09.1992).*

§ 1º Os saldos devedores e as prestações dos contratos celebrados, no período de 25 de novembro de 1986 a 31 de janeiro de 1991, pelas entidades mencionadas neste artigo, com recursos de depósitos de poupança, passam, a partir de fevereiro de 1991, a ser atualizados mensalmente pela taxa aplicável à remuneração básica dos Depósitos de Poupança, com data de aniversário no dia de assinatura dos respectivos contratos.

▸ *ADIN 493 (DJU 04.09.1992).*

§ 2º *Revogado pela Lei 13.137/2015, em vigor a partir da data de entrada em vigor da regulamentação de que trata o inciso III do § 2º do art. 95 da Lei 13.097/2015 (DOU 20.01.2015).*

§ 3º O disposto neste artigo aplica-se igualmente às operações ativas e passivas dos fundos vinculados ao SFH, ressalvado o disposto no parágrafo seguinte.

§ 4º O disposto no § 1º deste artigo aplica-se às Letras Hipotecárias emitidas e aos depósitos efetuados a qualquer título, com recursos oriundos dos Depósitos de Poupança, pelas entidades mencionadas neste artigo, junto ao Banco Central do Brasil; e às obrigações do Fundo de Compensação de Variações Salariais – FCVS.

▸ *ADIN 493 (DJU 04.09.1992).*

§ 5º As instituições financeiras detentoras de Carteira de Crédito Imobiliário ficam autorizadas a emitir letras hipotecárias, adotando-se, para efeito de remuneração básica, os índices abaixo relacionados, obedecendo o previsto na Lei 7.684, de 2 de dezembro de 1988.

▸ *§ 5º acrescido pela MP 2.181-45/2001.*

I – Índice de Remuneração da Poupança;

II – Índice Geral de Preços – Mercado (IGP-M), divulgado pela Fundação Getúlio Vargas;

III – Índice Nacional de Preços ao Consumidor (INPC), divulgado pela Fundação Instituto Brasileiro de Geografia e Estatística – IBGE;

IV – Índice Geral de Preços – Disponibilidade Interna (IGP-DI), divulgado pela Fundação Getúlio Vargas.

§ 6º As letras hipotecárias emitidas com base em índice de preços terão prazo mínimo de 60 (sessenta) meses.

▸ *§ 6º acrescido pela MP 2.181-45/2001.*

§ 7º As instituições financeiras a que se refere o § 5º deverão determinar no ato da emissão da letra hipotecária um único índice de atualização, sendo vedada cláusula de opção.

▸ *§ 7º acrescido pela MP 2.181-45/2001.*

Art. 18-A. *Revogado pela Lei 13.137/2015, em vigor a partir da data de entrada em vigor da regulamentação de que trata o inciso III do § 2º do art. 95 da Lei 13.097/2015 (DOU 20.01.2015).*

Art. 19. Os contratos celebrados a partir de 1º de fevereiro de 1991, relativos a operações realizadas por empresas construtoras e incorporadoras com adquirentes de imóveis residenciais e comerciais, poderão conter cláusula de remuneração pela taxa básica aplicável aos depósitos de poupança, desde que vinculados a financiamento junto a instituições integrantes do Sistema Brasileiro de Poupança e Empréstimo – SBPE.

Art. 20. O resultado apurado pela aplicação do critério de cálculo de atualização das operações de que trata o art. 18, lastreadas com recursos de Depósitos de Poupança e da atualização desses depósitos, na forma do disposto no parágrafo único do art. 13 desta Lei, será incorporado ao Fundo de Compensação de Variações Salariais – FCVS, nos termos das instruções a serem expedidas pelo Banco Central do Brasil.

▸ *ADIN 493 (DJU 04.09.1992).*

Art. 21. Os saldos dos contratos de financiamento celebrados até o dia 31 de janeiro de 1991, realizados com recursos dos depósitos de poupança rural, serão atualizados, no mês de fevereiro de 1991, por índice composto:

▸ *ADIN 493 (DJU 04.09.1992).*

I – da variação do BTN Fiscal observado entre a data de aniversário ou de assinatura do contrato no mês de janeiro de 1991 e o dia 1º de fevereiro de 1991; e

II – da TRD acumulada entre 1º de fevereiro de 1991 e o dia do aniversário do contrato no mês de fevereiro de 1991.

Parágrafo único. A partir do mês de março de 1991, os saldos dos contratos mencionados neste artigo serão atualizados pela remuneração básica aplicada aos depósitos de poupança com data de aniversário no dia de assinatura dos respectivos contratos.

Art. 22. Os contratos celebrados a partir de 1º de fevereiro de 1991 com recursos dos depósitos de poupança rural terão cláusulas de atualização pela remuneração básica aplicada aos depósitos de poupança com data

de aniversário no dia da assinatura dos respectivos contratos.

Art. 23. A partir de fevereiro de 1991, as prestações mensais nos contratos de financiamento firmados no âmbito do SFH, vinculados ao Plano de Equivalência Salarial por Categoria Profissional – PES/CP, serão reajustadas em função da data-base para a respectiva revisão salarial, mediante a aplicação:

▶ ADIN 493 (DJU 04.09.1992).

I – do índice derivado da taxa de remuneração básica aplicável aos depósitos de poupança livre no período, observado que:

a) nos contratos firmados até 24 de novembro de 1986, o índice a ser utilizado corresponderá àquele aplicável às contas de poupança com data de aniversário no dia 1º de cada mês;

b) nos contratos firmados a partir de 25 de novembro de 1986, o índice a ser utilizado corresponderá àquele aplicável às contas de depósitos de poupança com data de aniversário no dia da assinatura dos respectivos contratos;

II – do índice correspondente ao percentual relativo ao ganho real de salário.

§ 1º No caso de contratos enquadrados na modalidade plena do PES/CP, far-se-á, a partir do mês de fevereiro de 1991, o reajuste mensal das respectivas prestações, observado o disposto nas alíneas a e b do item I deste artigo.

§ 2º Do percentual de reajuste de que trata o *caput* deste artigo será deduzido o percentual de reajuste a que se refere o parágrafo anterior.

§ 3º É facultado ao agente financeiro aplicar, em substituição aos percentuais previstos no *caput* e § 1º deste artigo, o índice de aumento salarial da categoria profissional, quando conhecido.

Art. 24. Aos mutuários com contratos vinculados ao PES/CP, firmados a qualquer tempo, é assegurado que, na aplicação de qualquer reajuste, a participação da prestação mensal na renda atual não excederá a relação prestação/renda verificada na data da assinatura do contrato de financiamento ou da opção pelo PES, desde que efetuem a devida comprovação perante o agente financeiro, podendo ser solicitada essa revisão a qualquer tempo.

▶ ADIN 493 (DJU 04.09.1992).

§ 1º Respeitada a relação de que trata este artigo, o valor de cada prestação mensal deverá corresponder, no mínimo, ao valor da parcela mensal de juros, calculado à taxa convencionada no contrato.

§ 2º Não se aplica o disposto neste artigo às hipóteses de redução de renda por mudança de emprego ou por alteração na composição da renda familiar em decorrência da exclusão de um ou mais coadquirentes, assegurado ao mutuário, nesses casos, o direito à renegociação da dívida junto ao agente financeiro, visando a restabelecer o comprometimento inicial da renda.

§ 3º Sempre que, em virtude da aplicação do PES/CP, a prestação for reajustada em percentagem inferior àquela referida no art. 23 desta Lei, a diferença será incorporada em futuros reajustes de prestações, até o limite de que trata o *caput* deste artigo.

Art. 25. *Revogado pela Lei 9.365/1996.*

Art. 26. As operações de crédito rural contratadas junto às instituições financeiras, com recursos oriundos de depósitos à vista e com cláusula de atualização pelo índice de Preços ao Consumidor – IPC, passam a ser atualizadas pela TR, observado o disposto no art. 6º desta Lei.

Art. 27. As obrigações contratuais e pecuniárias e os títulos de crédito, inclusive duplicatas, que tenham sido constituídos no período de 1º de setembro de 1990 a 31 de janeiro de 1991, sem cláusula de reajuste ou com cláusula de correção monetária prefixada, serão deflacionados, no dia do vencimento, dividindo-se o montante expresso em cruzeiros pelo fator de deflação a que se refere o § 1º deste artigo.

§ 1º O fator de deflação será diário e calculado pela multiplicação cumulativa de 1,0116 para cada dia útil, a partir de 1º de fevereiro de 1991.

§ 2º O Banco Central do Brasil poderá alterar e, a partir da data que fixar, tornar constante o fator de deflação de que trata este artigo, desde que, neste caso, seja observado o intervalo mínimo de trinta dias entre a divulgação da alteração e sua efetiva vigência.

§ 3º Não estão sujeitas ao regime de deflação de que trata este artigo as obrigações tributárias, mensalidades escolares, mensalidades de clubes, associações e entidades sem fins lucrativos, despesas condominiais e os pagamentos em geral contra a prestação de serviços de telefonia, esgoto, fornecimento de água, energia elétrica e gás.

Art. 28. As operações realizadas em mercados a termo e de opções das bolsas de valores e de mercadorias e de futuros sujeitam-se ao regime de deflação previsto no artigo anterior, nas seguinte condições:

I – nos contratos a termo, o fator de deflação incidirá na data de vencimento, inclusive no caso de encerramento antecipado;

II – nas operações com opções, o fator de deflação incidirá sobre o preço de exercício na data em que o direito for exercido.

§ 1º O fator de deflação não incide sobre os preços das operações realizadas no mercado à vista ou disponível das bolsas de valores, de mercadorias e de futuros.

§ 2º Os contratos futuros das bolsas de valores, de mercadorias e de futuros deverão ser liquidados, compulsoriamente, no primeiro dia de pregão após a publicação da Medida Provisória que deu origem a esta Lei.

Art. 29. As entidades de previdência privada, as companhias seguradoras e as de capitalização são equiparadas às instituições financeiras e às instituições do sistema de distribuição do mercado de valores mobiliários, com relação às suas operações realizadas nos mercados financeiro e de valores mobiliários, respectivamente, inclusive em relação ao cumprimento das diretrizes do Conselho Monetário Nacional quanto às suas aplicações, para efeito de fiscalização do Banco Central do Brasil e da Comissão de Valores Mobiliários e da aplicação de penalidades previstas nas Leis 4.595, de 31 de dezembro de 1964, e 6.385, de 7 de dezembro de 1976.

Parágrafo único. O disposto neste artigo não modifica o tratamento tributário definido em lei nem a competência específica, relativamente àquelas entidades, do Ministério do Trabalho e da Previdência Social e da Superintendência de Seguros Privados, que deverão ser comunicadas sobre quaisquer irregularidades constatadas pelo Banco Central do Brasil e pela Comissão de Valores Mobiliários.

Art. 30. *Revogado pela Lei 10.179/2001.*

Art. 31. Os bancos comerciais, os bancos de desenvolvimento, os bancos múltiplos, e as caixas econômicas, com carteira comercial ou de investimento, poderão emitir Títulos de Desenvolvimento Econômico – TDE, para captação de recursos destinados ao financiamento de projetos no âmbito do Programa de Fomento à Competitividade Industrial – PFCI, aos quais terão acesso somente as empresas referidas no inciso II do art. 171 da Constituição Federal.

§ 1º Os TDE terão as seguintes características:

I – prazo: compatível com o cronograma financeiro dos projetos;

II – remuneração: TR;

III – colocação: por intermédio de instituições financeiras e do mercado de capitais, junto a investidores institucionais, pessoas físicas e jurídicas.

§ 2º O Banco Central do Brasil expedirá as instruções necessárias ao cumprimento do disposto neste artigo.

Art. 32. As receitas geradas pelos contratos de financiamento de projetos aprovados no âmbito do PFCI não constituirão base de cálculo da contribuição para o Programa de Formação do Patrimônio do Servidor Público – PASEP e para o Programa de Integração Social – PIS, bem como para o FINSOCIAL.

▶ O art. 1º do Dec. S/N de 07.05.1991 dispõe: "É declarada ineficaz a sanção ao art. 32 da Lei 8.177, de 1º de março de 1991 (...)".

Art. 33. *Revogado pela Lei 11.795/2008.*

Art. 34. *Vetado.*

Art. 35. É também, permitida a utilização dos saldos em cruzados novos, transferidos ao Banco Central do Brasil na forma do art. 9º da Lei 8.024, de 12 de abril de 1990, para fins de aquisição, exclusivamente por seus beneficiários, de unidades habitacionais de propriedade de fundações que integrem, por força da lei de sua criação, o Sistema Financeiro da Habitação – SFH, desde que tais recursos estivessem depositados, em 15 de março de 1990, em contas de poupança de titularidade do adquirente.

Parágrafo único. Às Fundações mencionadas neste artigo aplica-se o disposto no art. 11 da Lei 8.024, de 12 de abril de 1990.

Art. 36. No interesse da segurança do abastecimento de produtos agrícolas alimentares e da estabilização dos preços, é o Poder Executivo, por intermédio da Companhia Nacional de Abastecimento, autorizado a realizar operações de compra e venda de estoques de produtos básicos essenciais ao consumo da população, ao abrigo das disposições contidas no Dec. 2.300, de 21 de novembro de 1986, do art. 35 da Lei 8.171, de 17 de janeiro de 1991, do art. 3º da Lei 8.174, de 30 de janeiro

de 1991, demais legislação pertinente e respectiva regulamentação.

Art. 37. O Banco Central do Brasil enviará, trimestralmente, ao Senado Federal demonstrativos financeiros das aplicações em projetos com recursos do Programa de Fomento à Competitividade Industrial – PFCI.

Art. 38. Os saldos das contas do Fundo de Participação PIS/PASEP e as obrigações emitidas pelo Fundo Nacional de Desenvolvimento – FND serão reajustados pela TR nas épocas estabelecidas na legislação pertinente.

Art. 39. Os débitos trabalhistas de qualquer natureza, quando não satisfeitos pelo empregador nas épocas próprias assim definidas em lei, acordo ou convenção coletiva, sentença normativa ou cláusula contratual sofrerão juros de mora equivalentes à TRD acumulada no período compreendido entre a data de vencimento da obrigação e o seu efetivo pagamento.

§ 1º Aos débitos trabalhistas constantes de condenação pela Justiça do Trabalho ou decorrentes dos acordos feitos em reclamatória trabalhista, quando não cumpridos nas condições homologadas ou constantes do termo de conciliação, serão acrescidos, nos juros de mora previstos no *caput*, juros de 1% (um por cento) ao mês, contados do ajuizamento da reclamatória e aplicados *pro rata die*, ainda que não explicitados na sentença ou no termo de conciliação.

§ 2º Na hipótese da data de vencimento das obrigações de que trata este artigo ser anterior a 1º de fevereiro de 1991, os juros de mora serão calculados pela composição entre a variação acumulada do BTN Fiscal no período compreendido entre a data de vencimento da obrigação e 31 de janeiro de 1991, e a TRD acumulada entre 1º de fevereiro de 1991 e seu efetivo pagamento.

▶ O STF, por maioria, julgou procedente a ADIN 1.220 para declarar a inconstitucionalidade material deste parágrafo, com modulação temporal dos efeitos da decisão, a fim de que somente se aplique aos pagamentos de cálculos a serem homologados a partir da data de publicação da ata de julgamento. Plenário, 19.12.2019. (DJe-STF 19.02.2020).

Art. 40. O depósito recursal de que trata o art. 899 da Consolidação das Leis do Trabalho fica limitado a Cr$ 20.000.000,00 (vinte milhões de cruzeiros), nos casos de interposição de recurso ordinário, e de Cr$ 40.000.000,00 (quarenta milhões de cruzeiros), em se tratando de recurso de revista, embargos infringentes e recursos extraordinários, sendo devido a cada novo recurso interposto no decorrer do processo.

▶ Artigo com redação pela Lei 8.542/1992.

§ 1º Em se tratando de condenação imposta em ação rescisória, o depósito recursal terá, como limite máximo, qualquer que seja o recurso, o valor de Cr$ 40.000.000,00 (quarenta milhões de cruzeiros).

§ 2º A exigência de depósito aplica-se, igualmente, aos embargos, à execução e a qualquer recurso subsequente do devedor.

§ 3º O valor do recurso ordinário, quando interposto em dissídio coletivo, será equivalente ao quádruplo do previsto no *caput* deste artigo.

§ 4º Os valores previstos neste artigo serão reajustados bimestralmente pela variação acumulada do INPC do IBGE dos dois meses imediatamente anteriores.

Art. 41. *Revogado pela Lei 9.126/1995.*

Art. 42. O Poder Executivo enviará ao Congresso Nacional, até 31 de março de 1991, projeto de lei dispondo sobre a atualização das demonstrações financeiras das pessoas jurídicas de que trata a Lei 7.799, de 10 de julho de 1989, em virtude da extinção do BTN e do BTN Fiscal.

Art. 43. Esta Lei entra em vigor na data de sua publicação.

Art. 44. Revogam-se o Decreto-lei 75, de 21 de novembro de 1966, e demais disposições em contrário.

Brasília, 1º de março de 1991; 170º da Independência e 103º da República.

Fernando Collor

LEI 8.178, DE 1º DE MARÇO DE 1991

Estabelece Regras sobre Preços e Salários, e dá outras Providências.

DOU 04.03.1991

O Presidente da República:

Faço saber que o Congresso Nacional decreta e eu sanciono a seguinte Lei:

Art. 1º Os preços de bens e serviços efetivamente praticados em 30 de janeiro de 1991 somente poderão ser majorados mediante prévia e expressa autorização do Ministério da Economia, Fazenda e Planejamento.

(...)

Art. 6º No mês de fevereiro de 1991, os salários serão reajustados e terão seus valores determinados de acordo com o disposto neste artigo.

§ 1º Os salários de fevereiro de 1991, exceto os vencimentos, soldos e demais remunerações e vantagens pecuniárias de servidores públicos civis e militares da Administração Pública Federal direta, autárquica e fundacional, e as rendas mensais de benefícios pagos pela Previdência Social ou pelo Tesouro Nacional, respeitado o princípio de irredutibilidade salarial, serão calculados na forma deste artigo, ficando, com esse reajustamento e com os decorrentes dos atos a que se refere o art. 25 desta lei, atualizados até 1º de março de 1991:

a) multiplicando-se o valor do salário recebido nos últimos doze meses pelo índice de remuneração, constante do anexo desta lei, correspondente ao dia do efetivo pagamento;

b) somando-se os valores obtidos na forma da alínea anterior e dividindo-se o resultado por doze:

§ 2º Nos casos em que o efetivo pagamento do salário tiver ocorrido após o quinto dia útil do mês subsequente ao da competência do salário, considerar-se-á esta data para efeito do disposto neste artigo.

§ 3º Na hipótese de adiantamento de salário, no todo ou em parte, far-se-á a multiplicação de que trata a alínea *a* do § 1º, utilizando-se o valor do índice de remuneração correspondente ao dia do efetivo pagamento de cada parcela adiantada.

§ 4º Sem prejuízo do direito do empregado à respectiva percepção, não serão computados, no cálculo do salário de fevereiro de 1991:

a) o décimo terceiro salário ou gratificação equivalente;

b) as parcelas de natureza não habitual;

c) o abono de férias;

d) as parcelas percentuais incidentes sobre o salário.

§ 5º As parcelas percentuais referidas na alínea *d* do parágrafo anterior serão aplicadas após o cálculo do valor do salário de fevereiro de 1991, na forma do § 1º deste artigo.

Art. 7º Os vencimentos soldos e demais remunerações e vantagens pecuniárias de servidores públicos civis e militares da Administração Pública Federal, direta, autárquica e fundacional, bem como as rendas mensais de benefícios pagos pelo Tesouro Nacional, serão reajustados em nove vírgula trinta e seis por cento no mês de fevereiro de 1991.

Art. 8º Respeitado o princípio da irredutibilidade salarial, o empregador poderá efetuar, em fevereiro de 1991, ajustes nos salários de seus empregados, de modo a preservar a organização do pessoal em quadro de carreira.

Art. 9º A Política Salarial, no período de 1º de março de 1991 a 31 de agosto de 1991, compreenderá exclusivamente a concessão dos seguintes abonos, os quais não serão extensivos aos vencimentos, soldos e demais remunerações e vantagens pecuniárias de servidores públicos civis e militares da Administração Pública Federal, direta, autárquica e fundacional, e às rendas mensais de benefícios pagos pela Previdência Social ou pelo Tesouro Nacional, ressalvado o disposto no § 6º deste artigo:

I – no mês de abril de 1991, Cr$3.000,00 (três mil cruzeiros);

II – nos meses de maio, junho e julho de 1991, a variação, em cruzeiros, do custo da cesta básica, entre os meses de março e maio de 1991, acrescida de Cr$3.000,00 (três mil cruzeiros); **III –** no mês de agosto de 1991, a variação, em cruzeiros, do custo da cesta básica entre os meses de março e agosto de 1991, acrescida de Cr$3.000,00 (três mil cruzeiros).

§ 1º Da aplicação do disposto neste artigo, da parcela do salário de março de 1991 que não exceder a Cr$170.000,00 (cento e setenta mil cruzeiros), não poderá resultar abono inferior aos seguintes percentuais:

a) dez por cento não cumulativos, em maio, junho e julho;

b) vinte e um por cento em agosto.

§ 2º O valor da cesta básica, a que se referem os incisos II e III deste artigo, será de Cr$29.600,00 (vinte e nove mil e seiscentos cruzeiros), e metodologia de aferição da variação de seu custo será definida pelo Ministério da Economia, Fazenda e Planejamento, que considerará a superveniência de variações, na oferta de produtos em geral.

§ 3º O Ministério da Economia, Fazenda e Planejamento dará, previamente, conhecimento da metodologia de cálculo de aferição da variação do custo da cesta básica às entidades sindicais e ao Congresso Nacional.

§ 4º Os abonos de que trata este artigo poderão ser pagos até o dia 15 do mês subsequente ao mês em que eles são devidos.

§ 5º Os abonos-horas serão iguais ao quociente dos valores dos abonos mensais de que trata este artigo por duzentos e vinte, e os abonos diários, por trinta.

§ 6º No caso dos aposentados e pensionistas da Previdência Social, são assegurados os seguintes abonos:

a) nos meses de maio, junho e julho de 1991, para os benefícios não inferiores a Cr$17.000,00 (dezessete mil cruzeiros), o valor obtido pela aplicação do percentual da variação do índice do custo da cesta básica entre os meses de março e maio de 1991, sobre o valor do benefício em março de 1991; e para os benefícios inferiores a Cr$17.000,00 (dezessete mil cruzeiros), a variação, em cruzeiros, do custo da cesta básica entre os meses de março e maio de 1991, não podendo a soma do benefício e do abono ultrapassar o valor correspondente à soma do benefício de Cr$17.000,00 (dezessete mil cruzeiros) e do abono referente a esse benefício;

b) no mês de agosto de 1991, para os benefícios não inferiores a Cr$17.000,00 (dezessete mil cruzeiros), o valor obtido pela aplicação do percentual da variação do índice do custo da cesta básica entre os meses de março e agosto de 1991, sobre o valor do benefício em março de 1991; e para os benefícios inferiores a Cr$17.000,00 (dezessete mil cruzeiros), a variação, em cruzeiros, do custo da cesta básica, entre os meses de março e agosto de 1991, não podendo a soma do benefício e do abono ultrapassar o valor correspondente à soma do benefício de Cr$17.000,00 (dezessete mil cruzeiros), e do abono referente a esse benefício.

§ 7º Os abonos referidos neste artigo não serão incorporados, a qualquer título, aos salários, nem às rendas mensais de benefícios da Previdência Social, nem estarão sujeitos a quaisquer incidências de caráter tributário ou previdenciário.

Art. 10. *Revogado pela Lei 11.321/2006.*

Art. 11. É devido aos trabalhadores, no mês de agosto de 1990, um abono no valor de Cr$3.000,00 (três mil cruzeiros), desde que o valor do salário referente ao mês de agosto de 1990, somado ao valor do abono concedido, não ultrapasse a Cr$26.017,30 (vinte e seis mil, dezessete cruzeiros e trinta centavos).

§ 1º Se a soma referida neste artigo ultrapassar a Cr$26.017,30 (vinte e seis mil dezessete cruzeiros e trinta centavos), o abono será reduzido de forma a garantir a condição estabelecida.

§ 2º Ao abono a que se refere este artigo aplica-se o disposto no § 7º do art. 9º.

§ 3º O abono de que trata este artigo não se aplica aos trabalhadores que o tenham recebido de acordo com o disposto no art. 9º da Medida Provisória 199, de 26 de julho de 1990.

Art. 12. É devido aos trabalhadores, no mês de janeiro de 1991, um abono que será calculado nos seguintes termos:

I – excepcionalmente, no mês de janeiro de 1991, nenhum empregado receberá, entre remuneração e abono, uma quantia inferior a Cr$12.500,00 (doze mil e quinhentos cruzeiros);

II – deverá ser calculado para cada empregado e será o resultado da soma das seguintes parcelas:

a) cinco por cento da parcela da remuneração que exceder a Cr$60.000,00 (sessenta mil cruzeiros);

b) sete por cento da parcela da remuneração que exceder a Cr$36.000,00 (trinta e seis mil cruzeiros) e não exceda a Cr$60.000,00 (sessenta mil cruzeiros);

c) nove por cento da parcela da remuneração que exceder a Cr$12.000,00 (doze mil cruzeiros) e não exceder a Cr$36.000,00 (trinta e seis mil cruzeiros);

d) doze por cento da parcela da remuneração que não exceder a Cr$12.000,00 (doze mil cruzeiros);

III – a soma da remuneração e o abono não poderá exceder o valor equivalente a Cr$120.000,00 (cento e vinte mil cruzeiros).

IV – será pago, no máximo até o quinto dia útil do mês subsequente ao da publicação desta lei;

V – não será incorporado aos salários, a qualquer título;

VI – não estará sujeito a quaisquer incidência de caráter tributário ou previdenciário;

VII – não se aplica aos trabalhadores que o tenham recebido de acordo com o disposto no art. 10 da Medida Provisória 292, de 3 de janeiro de 1991.

(...)

Art. 18. O Índice de Salários Nominais Médios deverá ser calculado pela Fundação Instituto Brasileiro de Geografia e Estatística, com metodologia amplamente divulgada.

Art. 19. O disposto nesta lei não se aplica:

I – à exceção do estipulado nos arts. 7º e 11, aos vencimentos, soldos e demais remunerações e vantagens pecuniárias de servidores públicos civis e militares da Administração Pública Federal, direta, autárquica e fundacional, e às rendas mensais de benefícios pagos pelo Tesouro Nacional; e

II – à exceção do estipulado nos arts. 9º, § 6º, e 11, às rendas mensais de benefícios pagos pela Previdência Social.

Art. 20. A inobservância dos preceitos contidos nesta lei sujeitará o infrator à aplicação das sanções previstas na legislação relativa à defesa econômica, no que couber, em particular na Lei Delegada 4, de 26 de setembro de 1962, na Lei 8.137, de 27 de dezembro de 1990 e na Lei 8.158, de 8 de janeiro de 1991, sem prejuízo das demais cominações legais.

Art. 21. Os valores constantes na legislação em vigor expressos ou referenciados:

I – ao BTN ou BTN Fiscal, são convertidos pelo valor de Cr$126,8621;

II – ao MVR, são convertidos pelos valores fixados na tabela abaixo:

Valores (Cr$)	Regiões e Sub-Regiões (Tais como definidas pelo Decreto 75.679, de 29 de abril de 1975)
1.599,75	4ª, 5ª, 6ª, 7ª, 8ª, 9ª – 2ª sub-região, 10ª, 11ª, 12ª – 2ª sub-região
1.772,35	1ª, 2ª, 3ª, 9ª – 1ª sub-região, 12ª – 1ª sub-região, 20ª, 21ª
1.930,76	14ª, 17ª – 2ª sub-região, 18ª – 2ª sub-região
2.107,02	17ª – 1ª sub-região, 18ª – 1ª sub-região, 19ª
2.266,17	13ª, 15ª, 16ª, 22ª

III – aos índices de que trata o art. 4º da Lei 8.177, de 1º de março de 1991, são atualizados, de acordo com a variação correspondente ao mês de janeiro de 1991.

Art. 22. Nas operações realizadas no mercado de capitais é admitida a utilização da TR e da TRD como base para a remuneração dos respectivos contratos somente quando não tenham prazo ou período de repactuação inferior a noventa dias.

Art. 23. Serão constituídas, no prazo de trinta dias, câmaras setoriais destinadas a analisar a estrutura de custos e preços em setores e cadeias produtivas específicas para assessorar o Ministro da Economia, Fazenda e Planejamento no monitoramento da flexibilização de preços.

§ 1º As competências e a abrangência das câmaras setoriais serão definidas pelo Ministro da Economia, Fazenda e Planejamento.

§ 2º As câmaras serão compostas por membros designados por portaria do Ministro da Economia, Fazenda e Planejamento, representantes:

a) do Ministério da Economia, Fazenda e Planejamento;

b) dos empregadores dos respectivos setores produtivos;

c) dos trabalhadores dos respectivos setores produtivos ou das entidades sindicais nacionais.

Art. 24. O Ministro da Economia, Fazenda e Planejamento expedirá as instruções necessárias à execução do disposto nesta lei.

Art. 25. São convalidados os atos praticados com base nas Medidas Provisórias nos 193, de 25 de junho de 1990; 199, de 26 de julho de 1990; 211, de 24 de agosto de 1990, alterada pela Medida Provisória 219, de 4 de setembro de 1990; 234, de 26 de setembro de 1990; 256, de 26 de outubro de 1990; 273, de 28 de novembro de 1990, e 292, de 3 de janeiro de 1991.

Art. 26. O Poder Executivo, para efeito do pagamento do ano de 1990, fica autorizado a suspender, total ou parcialmente, por tempo determinado:

I – a exigência de comprovação de emprego, durante pelo menos quinze meses nos últimos vinte e quatro meses, prevista no inciso II do art. 3º da Lei 7.998, de 1990;

II – o período de carência de que trata o art. 4º daquela lei.

Parágrafo único. O disposto neste artigo aplica-se às demissões, sem justa causa, ocorridas ou que venham

a ocorrer entre 15 de março de 1990 e 15 de setembro de 1991.

Art. 27. É acrescido o parágrafo único do art. 10 da Lei 8.177, de 1º de março de 1991, com a seguinte redação:

▶ Alterações incorporadas no texto da referida Lei.

Art. 28. O Poder Executivo, dentro de sessenta dias, encaminhará ao Congresso Nacional projeto de lei dispondo sobre a proteção do valor real dos vencimentos, soldos e demais remunerações e vantagens pecuniárias dos servidores públicos civis e militares, da Administração Pública Federal, direta, autárquica e fundacional.

Art. 29. Esta lei entra em vigor na data de sua publicação.

Art. 30. Revogam-se as disposições em contrário, especialmente a Lei 8.030, de 12 de abril de 1990.

Brasília, 1º de março de 1991; 170º da Independência e 103º da República.

Fernando Collor

LEI 8.352, DE 28 DE DEZEMBRO DE 1991

Dispõe sobre as disponibilidades financeiras do Fundo de Amparo ao Trabalhador (FAT) e dá outras providências.

DOU 31.12.1991

O Presidente da República:

Faço saber que o Congresso Nacional decreta e eu sanciono a seguinte lei:

Art. 1º O art. 9º da Lei 8.019, de 11 de abril de 1990, passa a vigorar com a seguinte redação:

▶ Alterações incorporadas no texto da referida Lei.

Art. 2º O Banco do Brasil S.A. poderá utilizar os recursos originários dos depósitos especiais de que trata o art. 9º da Lei 8.019, de 11 de abril de 1990, para conceder empréstimos:

▶ *Caput* com redação pela Lei 8.458/1992.

I - ao setor rural;

▶ Inciso I com redação pela Lei 8.458/1992.

II - ao Instituto Nacional de Assistência Médica da Previdência Social (Inamps), em caráter excepcional, no exercício de 1991;

▶ Inciso II com redação pela Lei 8.458/1992.

III - ao Inamps, em caráter excepcional, no exercício de 1992, desde que sejam garantidos pelo Tesouro Nacional, mediante a entrega de títulos públicos especiais de sua emissão, com registro no Sistema Especial de Liquidação e de Custódia (Selic), administrado pelo Banco Central do Brasil, com remuneração equivalente aos encargos previstos nos respectivos empréstimos e com poder liberatório e endossáveis a partir do vencimento das operações de empréstimos por eles garantidas na hipótese de inadimplência do Inamps, ou sempre e até os valores que o FAT necessite sacar dos depósitos especiais para atender à manutenção da sua Reserva Mínima de Liquidez ou às despesas com os benefícios do seguro-desemprego e do abono de que trata o art. 239 da Constituição Federal.

▶ Inciso III acrescido pela Lei 8.458/1992.

IV - ao INAMPS (em extinção), em caráter excepcional, para pagamento de Autorização de Internação Hospitalar – AIH, e de Unidade de Cobertura Ambulatorial – UCA, no exercício de 1993, desde que garantidos pelo Tesouro Nacional, mediante lançamento de Notas do Tesouro Nacional, Série F, regulamentadas pelo Decreto 747, de 5 de fevereiro de 1993, com remuneração equivalente aos encargos previstos no respectivo empréstimo, e com poder liberatório e endossáveis a partir do vencimento das operações de empréstimos por elas garantidas, podendo, na hipótese de inadimplência do INAMPS (em extinção), ser resgatadas antecipadamente, sempre e até que os valores que o FAT necessite sacar dos depósitos especiais, para atender à manutenção de sua reserva mínima de liquidez ou às despesas com benefícios do seguro-desemprego e do abono de que trata o art. 239 da Constituição Federal.

▶ Inciso IV acrescido pela Lei 8.736/1993.

§ 1º O empréstimo de que trata o inciso II deste artigo não poderá exceder o valor corrente de Cr$ 220.000.000.000,00 (duzentos e vinte bilhões de cruzeiros), e terá prazo de vencimento até 31 de junho de 1992.

▶ § 1º com redação pela Lei 8.458/1992.

§ 2º O empréstimo de que trata o parágrafo anterior poderá ser objeto de refinanciamento, desde que oferecidas as garantias referidas no inciso III deste artigo.

▶ § 2º acrescido pela Lei 8.458/1992.

§ 3º O empréstimo de que trata o inciso III deste artigo não poderá exceder ao valor corrente de Cr$ 5.000.000.000.000,00 (cinco trilhões de cruzeiros), ou ao valor correspondente a 46% (quarenta e seis por cen-

to) do valor da diferença entre a arrecadação estimada para o exercício de 1992, na Lei 8.409, de 28 de fevereiro de 1992, sob o título de contribuição para o Fundo de Investimento Social (Finsocial) (Fonte 153) e aquela que efetivamente ocorrer durante o exercício.

▶ § 3º acrescido pela Lei 8.458/1992.

§ 4º O empréstimo de que trata o inciso IV deste artigo não poderá exceder o valor corrente de CR$ 35.000.000.000,00 (trinta e cinco bilhões de cruzeiros reais), e terá prazo de vencimento de seis meses, a contar da data da efetiva liberação dos recursos, prorrogável por igual período, no caso de não ter sido publicado até a data de vencimento do empréstimo o Quadro de Detalhamento da Despesa – QDD, referente ao exercício de 1994.

▶ § 4º com redação pela Lei 8.904/1994.
▶ Lei 8.992/1995

Art. 3º Em caráter excepcional e por prazo determinado, os trabalhadores demitidos sem justa causa no período compreendido entre 1º de janeiro de 1992 e 30 de junho de 1992 ficam dispensados, no ato do requerimento do seguro-desemprego, da comprovação do critério de habilitação de que trata o inciso II do art. 3º da Lei 7.998, de 11 de janeiro de 1990.

▶ Lei 8.845/1994.

Art. 4º O benefício do seguro-desemprego, para o trabalhador desempregado que se enquadre nas condições estabelecidas no artigo anterior, será concedido por um período máximo de três meses, de forma contínua, independentemente do período aquisitivo mencionado no parágrafo único do art. 4º da Lei 7.998, de 11 de janeiro de 1990.

Art. 5º Compete ao Banco do Brasil S.A. a execução, em caráter complementar à rede de atendimento do Ministério do Trabalho e da Previdência Social e entidades conveniadas, das atividades de pré-triagem de requerentes ao seguro-desemprego, sem prejuízo da extensão deste serviço aos demais bancos federais de que trata o art. 15 da Lei 7.998, de 11 de janeiro de 1990.

Parágrafo único. As normas e o valor da tarifa referente à remuneração dos serviços de que trata o *caput* deste artigo serão estabelecidos pelo Conselho Deliberativo do Fundo de Amparo ao Trabalhador (Codefat), mediante negociação com o Banco do Brasil S.A.

Art. 6º Esta lei entra em vigor na data de sua publicação.

Art. 7º Revogam-se as disposições em contrário.

Brasília, 28 de dezembro de 1991; 170º da Independência e 103º da República.

Fernando Collor

LEI 8.406, DE 9 DE JANEIRO DE 1992

Dispõe sobre a publicação de informações relativas ao Fundo de Garantia do Tempo de Serviço (FGTS) pelo Ministério do Trabalho e da Previdência Social e pela Caixa Econômica Federal.

DOU 10.01.1992

O Presidente da República:

Faço saber que o Congresso Nacional decreta e eu sanciono a seguinte lei:

Art. 1º O Ministério do Trabalho e da Previdência Social (MTPS) elaborará e imprimirá, após aprovação pelo Conselho Curador do Fundo de Garantia do Tempo de Serviço (FGTS), manual com as informações básicas acerca do fundo, discriminando especialmente:

I - definição dos objetivos do fundo;

II - possibilidades de utilização dos recursos depositados;

III - responsáveis pela administração do fundo e pelas informações a ele relativas;

IV - faculdade que tem o trabalhador, ou seus dependentes e sucessores, ou ainda o sindicato de sua categoria profissional para denunciar:

a) o empregador omisso no cumprimento da legislação relativa ao fundo;

b) o estabelecimento bancário pela omissão na liberação dos recursos e na prestação das informações devidas na forma da legislação pertinente;

V - faculdade para acionar judicialmente a empresa ou o banco omisso;

VI - documentos de que dispõe o trabalhador para acompanhar e fiscalizar os pagamentos das contribuições devidas ao fundo.

Parágrafo único. O manual a que se refere este artigo será distribuído pelo Ministério do Trabalho e da Previ-

dência Social no momento da emissão da Carteira de Trabalho e Previdência Social.

Art. 2º O verso do extrato do Fundo de Garantia do Tempo de Serviço fornecido pela Caixa Econômica Federal a cada trabalhador por força da Lei 8.036, de 11 de maio de 1990, deverá conter informações atualizadas, especialmente quanto:

I - às hipóteses de saques;

II - aos critérios para atualização dos recursos;

III - aos procedimentos para o levantamento dos depósitos.

Parágrafo único. Até que seja concluída a centralização das contas do FGTS na Caixa Econômica Federal, os extratos contendo as informações atualizadas serão fornecidos pelos respectivos bancos depositários.

Art. 3º Esta lei entra em vigor na data de sua publicação.

Art. 4º Revogam-se as disposições em contrário.

Brasília, 9 de janeiro de 1992; 171º da Independência e 104º da República.

Fernando Collor

LEI 8.437, DE 30 DE JUNHO DE 1992

Dispõe sobre a concessão de medidas cautelares contra atos do Poder Público e dá outras providências.

DOU 01.07.1992

O Presidente da República:

Faço saber que o Congresso Nacional decreta e eu sanciono a seguinte lei:

Art. 1º Não será cabível medida liminar contra atos do Poder Público, no procedimento cautelar ou em quaisquer outras ações de natureza cautelar ou preventiva, toda vez que providência semelhante não puder ser concedida em ações de mandado de segurança, em virtude de vedação legal.

§ 1º Não será cabível, no juízo de primeiro grau, medida cautelar inominada ou a sua liminar, quando impugnado ato de autoridade sujeita, na via de mandado de segurança, à competência originária de tribunal.

§ 2º O disposto no parágrafo anterior não se aplica aos processos de ação popular e de ação civil pública.

§ 3º Não será cabível medida liminar que esgote, no todo ou em qualquer parte, o objeto da ação.

§ 4º Nos casos em que cabível medida liminar, sem prejuízo da comunicação ao dirigente do órgão ou entidade, o respectivo representante judicial dela será imediatamente intimado.

▶ § 4º acrescido pela MP 2.180-35/2001.

§ 5º Não será cabível medida liminar que defira compensação de créditos tributários ou previdenciários.

▶ § 5º acrescido pela MP 2.180-35/2001.

Art. 2º No mandado de segurança coletivo e na ação civil pública, a liminar será concedida, quando cabível, após a audiência do representante judicial da pessoa jurídica de direito público, que deverá se pronunciar no prazo de setenta e duas horas.

Art. 3º O recurso voluntário ou *ex officio*, interposto contra sentença em processo cautelar, proferida contra pessoa jurídica de direito público ou seus agentes, que importe em outorga ou adição de vencimentos ou de reclassificação funcional, terá efeito suspensivo.

Art. 4º Compete ao presidente do tribunal, ao qual couber o conhecimento do respectivo recurso, suspender, em despacho fundamentado, a execução da liminar nas ações movidas contra o Poder Público ou seus agentes, a requerimento do Ministério Público ou da pessoa jurídica de direito público interessada, em caso de manifesto interesse público ou de flagrante ilegitimidade, e para evitar grave lesão à ordem, à saúde, à segurança e à economia públicas.

§ 1º Aplica-se o disposto neste artigo à sentença proferida em processo de ação cautelar inominada, no processo de ação popular e na ação civil pública, enquanto não transitada em julgado.

§ 2º O Presidente do Tribunal poderá ouvir o autor e o Ministério Público, em setenta e duas horas.

▶ § 2º com redação pela MP 2.180-35/2001.

§ 3º Do despacho que conceder ou negar a suspensão, caberá agravo, no prazo de cinco dias, que será levado a julgamento na sessão seguinte a sua interposição.

▶ § 3º com redação pela MP 2.180-35/2001.

§ 4º Se do julgamento do agravo de que trata o § 3º resultar a manutenção ou o restabelecimento da decisão que se pretende suspender, caberá novo pedido de sus-

pensão ao Presidente do Tribunal competente para conhecer de eventual recurso especial ou extraordinário.

▸ § 4º acrescido pela MP 2.180-35/2001.

§ 5º É cabível também o pedido de suspensão a que se refere o § 4º, quando negado provimento a agravo de instrumento interposto contra a liminar a que se refere este artigo.

▸ § 5º acrescido pela MP 2.180-35/2001.

§ 6º A interposição do agravo de instrumento contra liminar concedida nas ações movidas contra o Poder Público e seus agentes não prejudica nem condiciona o julgamento do pedido de suspensão a que se refere este artigo.

▸ § 6º acrescido pela MP 2.180-35/2001.

§ 7º O Presidente do Tribunal poderá conferir ao pedido efeito suspensivo liminar, se constatar, em juízo prévio, a plausibilidade do direito invocado e a urgência na concessão da medida.

▸ § 7º acrescido pela MP 2.180-35/2001.

§ 8º As liminares cujo objeto seja idêntico poderão ser suspensas em uma única decisão, podendo o Presidente do Tribunal estender os efeitos da suspensão a liminares supervenientes, mediante simples aditamento do pedido original.

▸ § 8º acrescido pela MP 2.180-35/2001.

§ 9º A suspensão deferida pelo Presidente do Tribunal vigorará até o trânsito em julgado da decisão de mérito na ação principal.

▸ § 9º acrescido pela MP 2.180-35/2001.

Art. 5º Esta lei entra em vigor na data de sua publicação.

Art. 6º Revogam-se as disposições em contrário.

Brasília, 30 de junho de 1992; 171º da Independência e 104º da República.

Fernando Collor

LEI 8.542, DE 23 DE DEZEMBRO DE 1992

Dispõe sobre a política nacional de salários e dá outras providências.

DOU 24.12.1992

O Vice-Presidente da República no exercício do cargo de Presidente da República:

Faço saber que o Congresso Nacional decreta e eu sanciono a seguinte Lei:

Art. 1º A política nacional de salários, respeitado o princípio da irredutibilidade, tem por fundamento a livre negociação coletiva e reger-se-á pelas normas estabelecidas nesta Lei.

§§ 1º e 2º *Revogados pela Lei 10.192/2001.*

Arts. 2º a 5º *Revogados pela Lei 8.880/1994.*

Art. 6º Salário mínimo é a contraprestação mínima devida e paga diretamente pelo empregador a todo trabalhador, por jornada normal de trabalho, capaz de satisfazer, em qualquer região do País, às suas necessidades vitais básicas e às de sua família com moradia, alimentação, educação, saúde, lazer, vestuário, higiene, transporte e previdência social.

§ 1º O salário mínimo diário corresponderá a 1/30 (um trinta avos) do salário mínimo mensal, e o salário mínimo horário a 1,220 (um duzentos e vinte avos) do salário mínimo.

§ 2º Para os trabalhadores que tenham por disposição legal a jornada máxima diária de trabalho inferior a oito horas, o salário mínimo será igual ao definido no parágrafo anterior multiplicado por oito e dividido pelo máximo legal.

Art. 7º *Revogado pela Lei 8.880/1994.*

Art. 8º O art. 40 da Lei 8.177, de 1º de março de 1991, passa a vigorar com a seguinte redação:

▸ Alterações incorporadas no texto da referida Lei.

Art. 9º *Revogado pela Lei 8.880/1994.*

Art. 10. *Revogado pela Lei 8.700/1993.*

Art. 11. Esta Lei entra em vigor na data de sua publicação.

Art. 12. Revogam-se as disposições em contrário, especialmente a Lei 8.419, de 7 de maio de 1992, e o inciso II do art. 41 da Lei 8.213, de 24 de julho de 1991, mantidos os efeitos financeiros quanto ao reajuste dos benefícios em janeiro.

▸ O mencionado art. 41 da Lei 8.213/1991 foi revogado pela Lei 11.430/2006.

Brasília, 23 de dezembro de 1992; 171º da Independência e 104º da República.

Itamar Franco

LEI 8.632, DE 4 DE MARÇO DE 1993

Concede anistia a dirigentes ou representantes sindicais punidos por motivação política.

DOU 05.03.1993

O Presidente da República:

Faço saber que o Congresso Nacional decreta e eu sanciono a seguinte lei:

Art. 1º É concedida anistia aos dirigentes ou representantes sindicais que, no período compreendido entre 5 de outubro de 1988 e a publicação desta lei, sofreram punições em virtude de motivação política, de participação em movimento reivindicatório ou outra modalidade de exercício do mandato ou representação sindical, assegurado o pagamento dos salários do período da suspensão disciplinar e, aos demitidos, a reintegração ao emprego com todos os direitos.

▸ Arts. 8º e 9º da CF.
▸ Art. 722 da CLT.
▸ Lei 7.783/1989 (Greve).

Art. 2º *Vetado.*

Art. 3º Esta lei entra em vigor na data de sua publicação.

Art. 4º Revogam-se as disposições em contrário.

Brasília, 4 de março de 1993; 172º da Independência e 105º da República.

Itamar Franco

INSTRUÇÃO NORMATIVA 3, DE 5 DE MARÇO DE 1993, DO TRIBUNAL SUPERIOR DO TRABALHO – TST

Interpreta o art. 8º da Lei 8.542, de 23.12.1992 (DOU de 24.12.1992), que trata do depósito para recurso nas ações na Justiça do Trabalho e a Lei 12.275, de 29 de junho de 2010, que altera a redação do inciso I do § 5º do art. 897 e acresce o § 7º ao art. 899, ambos da Consolidação das Leis do Trabalho – CLT, aprovada pelo Decreto-Lei 5.452, de 1º de maio de 1943.

DEJT 12.03.1993

▸ Resolução 190/2013 (Altera a IN 3/1993).

I – Os depósitos de que trata o art. 40, e seus parágrafos, da Lei 8.177/1991, com a redação dada pelo art. 8º da Lei 8.542/1992, e o depósito de que tratam o § 5º, I, do art. 897 e o § 7º do art. 899, ambos da CLT, com a redação dada pela Lei 12.275, de 29/6/2010, não têm natureza jurídica de taxa de recurso, mas de garantia do juízo recursal, que pressupõe decisão condenatória ou executória de obrigação de pagamento de Tempo em pecúnia, com valor líquido ou arbitrado.

II – No processo de conhecimento dos dissídios individuais o valor do depósito é limitado a R$ 5.889,50 (cinco mil, oitocentos e oitenta e nove reais e cinquenta centavos), ou novo valor corrigido, para o recurso ordinário, e a R$ 11.779,02 (onze mil, setecentos e setenta e nove reais e dois centavos), ou novo valor corrigido, para cada um dos recursos subsequentes, isto é, de revista, de embargos (ditos impropriamente infringentes) e extraordinário, para o Supremo Tribunal Federal, observando-se o seguinte:

a) para o recurso de agravo de instrumento, o valor do "depósito recursal corresponderá a 50% (cinquenta por cento) do valor do depósito do recurso ao qual se pretende destrancar";

b) depositado o valor total da condenação, nenhum depósito será exigido nos recursos das decisões posteriores, salvo se o valor da condenação vier a ser ampliado;

c) se o valor constante do primeiro depósito, efetuado no limite legal, é inferior ao da condenação, será devida complementação de depósito em recurso posterior, observado o valor nominal remanescente da condenação e/ou os limites legais para cada novo recurso;

d) havendo acréscimo ou redução da condenação em grau recursal, o juízo prolator da decisão arbitrará novo valor à condenação, quer para a exigibilidade de depósito ou complementação do já depositado, para o caso de recurso subsequente, quer para liberação do valor excedente decorrente da redução da condenação;

e) nos dissídios individuais singulares o depósito será efetivado pelo recorrente, mediante a utilização das guias correspondentes, na conta do empregado no FGTS – Fundo de Garantia do Tempo de Serviço, em conformidade com os §§ 4º e 5º do art. 899 da CLT, ou fora dela, desde que feito na sede do juízo e permaneça

à disposição deste, mediante guia de depósito judicial extraída pela Secretaria Judiciária;

f) nas reclamatórias plúrimas e nas em que houver substituição processual, será arbitrado o valor total da condenação, para o atendimento da exigência legal do depósito recursal, em conformidade com as alíneas anteriores, mediante guia de depósito judicial extraída pela Secretaria Judiciária do órgão em que se encontra o processo;

g) a expedição de Mandado de Citação Penhora e Avaliação em fase definitiva ou provisória de execução deverá levar em conta a dedução dos valores já depositados nos autos, em especial o depósito recursal;

h) com o trânsito em julgado da decisão que absolveu o demandado da condenação, ser-lhe-á autorizado o levantamento do valor depositado e seus acréscimos.

III – Julgada procedente ação rescisória e imposta condenação em pecúnia, será exigido um único depósito recursal, até o limite máximo de R$ 11.779,02 (onze mil, setecentos e setenta e nove reais e dois centavos), ou novo valor corrigido, dispensado novo depósito para os recursos subsequentes, salvo o depósito do agravo de instrumento, previsto na Lei 12.275/2010, observando-se o seguinte:

a) o depósito será efetivado pela parte recorrente vencida, mediante guia de depósito judicial expedida pela Secretaria Judiciária, à disposição do juízo da causa;

b) com o trânsito em julgado da decisão, se condenatória, o valor depositado e seus acréscimos serão considerados na execução; se absolutória, será liberado o levantamento do valor depositado e seus acréscimos.

IV – A exigência de depósito no processo de execução observará o seguinte:

a) a inserção da vírgula entre as expressões "...aos embargos" e "à execução..." é atribuída a erro de redação, devendo ser considerada a locução "embargos à execução";

b) dada a natureza jurídica dos embargos à execução, não será exigido depósito para a sua oposição quando o estiver suficientemente garantida a execução por depósito recursal já existente nos autos, efetivado no processo de conhecimento, que permaneceu vinculado à execução, e/ou pela nomeação ou apreensão judicial de bens do devedor, observada a ordem preferencial estabelecida em lei;

c) garantida integralmente a execução nos embargos, só haverá exigência de depósito em qualquer recurso subsequente do devedor se tiver havido elevação do valor do débito, hipótese em que o depósito recursal corresponderá ao valor do acréscimo, sem qualquer limite;

d) o depósito previsto no item anterior será efetivado pelo executado recorrente, mediante guia de depósito judicial expedida pela Secretaria Judiciária, à disposição do juízo da execução;

e) com o trânsito em julgado da decisão que liquidar a sentença condenatória, serão liberados em favor do exequente os valores disponíveis, no limite da quantia exequenda, prosseguindo, se for o caso, a execução por crédito remanescente, e autorizando-se o levantamento, pelo executado, dos valores que acaso sobejarem.

V – Nos termos da redação do § 3º do art. 40, não é exigido depósito para recurso ordinário interposto em dissídio coletivo, eis que a regra aludida atribui apenas valor ao recurso, com efeitos limitados, portanto, ao cálculo das custas processuais.

VI – Os valores alusivos aos limites de depósito recursal serão reajustados anualmente pela variação acumulada do INPC do IBGE dos doze meses imediatamente anteriores, e serão calculados e publicados no Diário Eletrônico da Justiça do Trabalho por ato do Presidente do Tribunal Superior do Trabalho, tornando-se obrigatória a sua observância a partir do quinto dia seguinte ao da publicação.

VII – Toda decisão condenatória ilíquida deverá conter o arbitramento do valor da condenação. O acréscimo de condenação em grau recursal, quando ilíquido, deverá ser arbitrado também para fins de depósito.

VIII – O depósito judicial, realizado na conta do empregado no FGTS ou em estabelecimento bancário oficial, mediante guia à disposição do juízo, será da responsabilidade da parte quanto à exatidão dos valores depositados e deverá ser comprovado, nos autos, pelo recorrente, no prazo do recurso a que se refere, independentemente da sua antecipada interposição, observado o limite do valor vigente na data da efetivação do depósito, bem como o contido no item VI, salvo no que se refere à comprovação do depósito recursal em grau de instrumento, que observará o disposto no art. 899, § 7º, da CLT, com a redação da Lei 12.275/2010.

IX – É exigido depósito recursal para o recurso adesivo, observados os mesmos critérios e procedimentos do recurso principal previsto nesta Instrução Normativa.

X – Não é exigido depósito recursal, em qualquer fase do processo ou grau de jurisdição, dos entes de direito público externo e das pessoas de direito público contempladas no Decreto-Lei 779, de 21.8.69, bem assim da massa falida e da herança jacente.

XI – Não se exigirá a efetivação de depósito em qualquer fase ou grau recursal do processo, fora das hipóteses previstas nesta Instrução Normativa.

XII – Havendo acordo para extinção do processo, as partes disporão sobre o valor depositado. Na ausência de expressa estipulação dos interessados, o valor disponível será liberado em favor da parte depositante.

LEI 8.678, DE 13 DE JULHO DE 1993

Dispõe sobre a concessão de benefício no pagamento da modalidade de saque do Fundo de Garantia do Tempo de Serviço (FGTS), prevista no art. 20, inciso VIII, da Lei 8.036, de 11 de maio de 1990, e dá outras providências.

DOU 14.07.1993

O Presidente da República:

Faço saber que o Congresso Nacional decreta e eu sanciono a seguinte lei:

Art. 1º Fica instituída, a título de bonificação, taxa adicional de juros de três por cento ao ano à remuneração dos valores disponíveis nas contas vinculadas do Fundo de Garantia do Tempo de Serviço (FGTS) que hajam permanecido sem crédito de depósito por três anos ininterruptos, a vigorar no período de 17 de maio de 1993 até trinta dias após o término do cronograma de pagamento, instituído pelo Conselho Curador do FGTS para essas contas.

Art. 2º Os recursos necessários ao cumprimento do estabelecido no artigo anterior serão obtidos pela Caixa Econômica Federal através do incremento compensatório da taxa de juros cobrada nas operações de crédito financiadas com recursos do FGTS.

Art. 3º O Conselho Curador do FGTS baixará as instruções complementares necessárias ao cumprimento desta lei, inclusive quanto aos critérios de cálculo da remuneração *pro-rata*, quando for o caso.

Art. 4º O inciso VIII do art. 20 e o art. 21 da Lei 8.036, de 11 de maio de 1990, passam a vigorar com a seguinte redação:

▸ Alterações incorporadas no texto da referida Lei.

Art. 5º Fica o Poder Executivo autorizado a publicar a versão consolidada da Lei 8.036, de 1990.

Art. 6º Esta lei entra em vigor na data de sua publicação.

Art. 7º Revogam-se o § 1º do art. 6º da Lei 8.162, de 8 de janeiro de 1991, e demais disposições em contrário.

Brasília, 13 de julho de 1993; 172º da Independência e 105º da República.

Itamar Franco

LEI 8.716, DE 11 DE OUTUBRO DE 1993

Dispõe sobre a garantia do salário mínimo e dá outras providências.

DOU 13.10.1993

▸ Arts. 1º, III e IV, e 7º, IV e VII, da CF.
▸ Arts. 78, par. ún., e 81, *caput*, da CLT.
▸ Súmula 258 do TST.

O Presidente da República:

Faço saber que o Congresso Nacional decreta e eu sanciono a seguinte Lei:

Art. 1º Aos trabalhadores que perceberem remuneração variável, fixada por comissão, peça, tarefa ou outras modalidades, será garantido um salário mensal nunca inferior ao salário mínimo.

Art. 2º A garantia assegurada pelo artigo anterior estende-se também aos trabalhadores que perceberem salário misto, integrado por parte fixa e parte variável.

Art. 3º É vedado ao empregador fazer qualquer tipo de desconto em mês subsequente a título de compensação de eventuais complementações feitas em meses anteriores para cumprimento do disposto nos arts. 1º e 2º.

Art. 4º Esta Lei entra em vigor na data de sua publicação.

Art. 5º Revogam-se as disposições em contrário.

Brasília, 11 de outubro de 1993, 172º da Independência e 105º da República.

Itamar Franco

LEI 8.844, DE 20 DE JANEIRO DE 1994

Dispõe sobre a fiscalização, apuração e cobrança judicial das contribuições e multas devidas ao Fundo de Garantia do Tempo de Serviço – FGTS.

DOU 21.01.1994

Faço saber que o Presidente da República adotou a Medida Provisória 393, de 1993, que o Congresso Nacional aprovou, e eu, Humberto Lucena, Presidente do Senado Federal, para os efeitos do disposto no parágrafo único do artigo 62 da Constituição Federal, promulgo a seguinte Lei:

Art. 1º Compete ao Ministério do Trabalho a fiscalização e a apuração das contribuições ao Fundo de Garantia do Tempo de Serviço – FGTS, bem assim a aplicação das multas e demais encargos devidos.

Parágrafo único. A Caixa Econômica Federal – CEF e a rede arrecadadora prestarão ao Ministério do Trabalho as informações necessárias ao desempenho dessas atribuições.

Art. 2º Compete à Procuradoria-Geral da Fazenda Nacional a inscrição em Dívida Ativa dos débitos para com o Fundo de Garantia do Tempo de Serviço – FGTS, bem como, diretamente ou por intermédio da Caixa Econômica Federal, mediante convênio, a representação judicial e extrajudicial do FGTS, para a correspondente cobrança, relativamente à contribuição e às multas e demais encargos previstos na legislação respectiva.

▸ *Caput* com redação pela Lei 9.467/1997.

§ 1º O Fundo de Garantia do Tempo de Serviço fica isento de custas nos processos judiciais de cobrança de seus créditos.

▸ § 1º com redação pela Lei 9.467/1997.

§ 2º As despesas, inclusive as de sucumbência, que vierem a ser incorridas pela Procuradoria-Geral da Fazenda Nacional e pela Caixa Econômica Federal, para a realização da inscrição em Dívida Ativa, do ajuizamento e do controle e acompanhamento dos processos judiciais, serão efetuadas a débito do Fundo de Garantia do Tempo de Serviço.

▸ § 2º com redação pela Lei 9.467/1997.

§ 3º Os créditos relativos ao FGTS gozam dos mesmos privilégios atribuídos aos créditos trabalhistas.

▸ § 3º com redação pela Lei 9.467/1997.

§ 4º Na cobrança judicial dos créditos do FGTS, incidirá encargo de 10% (dez por cento), que reverterá para o Fundo, para ressarcimento dos custos por ele incorridos, o qual será reduzido para 5% (cinco por cento), se o pagamento se der antes do ajuizamento da cobrança.

▸ § 4º com redação pela Lei 9.964/2000.

Art. 3º Esta Lei entra em vigor na data de sua publicação.

Senado Federal, 20 de janeiro de 1994; 173º da Independência e 106º da República.

Senador Humberto Lucena

LEI 8.852, DE 4 DE FEVEREIRO DE 1994

Dispõe sobre a aplicação dos arts. 37, incisos XI e XII, e 39, § 1º, da Constituição Federal, e dá outras providências.

DOU 07.02.1994

O Presidente da República:

Faço saber que o Congresso Nacional decreta e eu sanciono a seguinte Lei:

Art. 1º Para os efeitos desta Lei, a retribuição pecuniária devida na administração pública direta, indireta e fundacional de qualquer dos Poderes da União compreende:

I – como vencimento básico:

a) a retribuição a que se refere o art. 40 da Lei 8.112, de 11 de dezembro de 1990, devida pelo efetivo exercício do cargo, para os servidores civis por ela regidos;

▸ Lei 9.367/1996.

b) *Revogado pela Medida Provisória 2.215-10/31.8.2001.*

c) o salário básico estipulado em planos ou tabelas de retribuição ou nos contratos de trabalho, convenções, acordos ou dissídios coletivos, para os empregados de empresas públicas, de sociedades de economia mista, de suas subsidiárias, controladas ou coligadas, ou de

quaisquer empresas ou entidades de cujo capital ou patrimônio o poder público tenha o controle direto ou indireto, inclusive em virtude de incorporação ao patrimônio público;

II – como vencimentos, a soma do vencimento básico com as vantagens permanentes relativas ao cargo, emprego, posto ou graduação;

III – como remuneração, a soma dos vencimentos com os adicionais de caráter individual e demais vantagens, nestas compreendidas as relativas à natureza ou ao local de trabalho e a prevista no art. 62 da Lei 8.112, de 1990, ou outra paga sob o mesmo fundamento, sendo excluídas:

a) diárias;

b) ajuda de custo em razão de mudança de sede ou indenização de transporte;

c) auxílio-fardamento;

d) gratificação de compensação orgânica, a que se refere o art. 18 da Lei 8.237, de 1991;

e) salário-família;

f) gratificação ou adicional natalino, ou décimo terceiro salário;

g) abono pecuniário resultante da conversão de até 1/3 (um terço) das férias;

h) adicional ou auxílio natalidade;

i) adicional ou auxílio funeral;

j) adicional de férias, até o limite de 1/3 (um terço) sobre a retribuição habitual;

l) adicional pela prestação de serviço extraordinário, para atender situações excepcionais e temporárias, obedecidos os limites de duração previstos em lei, contratos, regulamentos, convenções, acordos ou dissídios coletivos e desde que o valor pago não exceda em mais de 50% (cinquenta por cento) o estipulado para a hora de trabalho na jornada normal;

m) adicional noturno, enquanto o serviço permanecer sendo prestado em horário que fundamente sua concessão;

n) adicional por tempo de serviço;

o) conversão de licença-prêmio em pecúnia facultada para os empregados de empresa pública ou sociedade de economia mista por ato normativo, estatutário ou regulamentar anterior a 1º de fevereiro de 1994;

p) adicional de insalubridade, de periculosidade ou pelo exercício de atividades penosas percebido durante o período em que o beneficiário estiver sujeito às condições ou aos riscos que deram causa à sua concessão;

q) hora repouso e alimentação e adicional de sobreaviso, a que se referem, respectivamente, o inciso II do art. 3º e o inciso II do art. 6º da Lei 5.811, de 11 de outubro de 1972;

r) outras parcelas cujo caráter indenizatório esteja definido em lei, ou seja reconhecido, no âmbito das empresas públicas e sociedades de economia mista, por ato do Poder Executivo.

▸ Alínea mantida pelo Congresso Nacional, recusa do veto.

§ 1º O disposto no inciso III abrange adiantamentos desprovidos de natureza indenizatória.

§ 2º As parcelas de retribuição excluídas do alcance do inciso III não poderão ser calculadas sobre base superior ao limite estabelecido no art. 3º.

Art. 2º Para os fins do inciso XII do art. 37 da Constituição Federal, o maior valor de vencimentos corresponderá, no Poder Executivo, a no máximo 90% (noventa por cento) da remuneração devida a Ministro de Estado.

▸ Lei 9.624/1998.

Art. 3º O limite máximo de remuneração, para os efeitos do inciso XI do art. 37 da Constituição Federal, corresponde aos valores percebidos, em espécie, a qualquer título, por membros do Congresso Nacional, Ministros de Estado e Ministros do Supremo Tribunal Federal.

▸ Lei 9.624/1998.

Parágrafo único. *Vetado.*

Art. 4º O disposto nos arts. 1º a 3º aplica-se também:

I – ao somatório das retribuições pecuniárias percebidas por servidores ou empregados cedidos ou requisitados provenientes de todas as fontes;

II – à retribuição pecuniária dos dirigentes dos órgãos e entidades da administração direta e indireta;

III – à retribuição pecuniária dos servidores do Distrito Federal, quando oficiais ou praças da Polícia Militar e do Corpo de Bombeiros Militar ou ocupantes de cargos da Polícia Civil;

IV – aos proventos da inatividade e às pensões decorrentes do falecimento de servidor público federal.

Art. 5º O Poder Legislativo, o Poder Judiciário e, no âmbito do Poder Executivo, os dirigentes de órgãos da administração direta e os responsáveis pela direção

ou presidência de entidade integrante da administração federal indireta, bem como o Ministério Público da União, adotarão as medidas indispensáveis à adequação das situações que se encontrem em desacordo com o disposto nos arts. 2º e 3º, procedendo:

I – ao ajuste dos planos ou tabelas de retribuição a que se refere a alínea *c* do inciso I do art. 1º, ou das normas que disciplinam a concessão de vantagem permanente relativa ao cargo, emprego, posto ou graduação;

II – à transformação em vantagem pessoal, nominalmente identificada, sujeita ao limite previsto no art. 3º, das parcelas que excederem o montante a que se refere o art. 2º, aplicando-se a essa vantagem os mesmos percentuais de reajuste por ocasião das revisões ou antecipações de vencimento, soldo ou salário básico, observado o disposto no § 3º do art. 6º;

▶ Inciso mantido pelo Congresso Nacional, recusa do veto.

III – à redução das remunerações ou dos proventos de aposentadoria que ultrapassarem o limite estabelecido no art. 3º, atendendo-se ao que determinam o *caput* do art. 37 da Constituição Federal e o art. 17 do Ato das Disposições Constitucionais Transitórias.

§ 1º Cumpre ao órgão ou entidade cessionário ou requisitante a adoção das providências a que se refere este artigo para os servidores ou empregados incluídos na hipótese do inciso I do art. 4º.

§ 2º As providências necessárias ao cumprimento do disposto neste artigo serão adotadas no prazo máximo de 60 (sessenta) dias, contados da publicação desta Lei, com efeitos financeiros a partir de 1º de fevereiro de 1994, ficando os responsáveis por sua execução sujeitos às sanções previstas na legislação.

Art. 6º Fica instituída Comissão com a finalidade de propor definições e especificações das atribuições dos cargos efetivos e comissionados, inclusive os de livre nomeação e exoneração, na Administração Pública Federal, no âmbito de cada Poder, visando criar condições para que seja alcançada a isonomia de vencimentos.

▶ Lei 9.367/1996.

§ 1º A Comissão, além do presidente, será composta por 11 (onze) membros e sua composição respeitará a autonomia e a harmonia entre os Poderes da União, mediante indicação de representantes do Executivo (dois), do Legislativo (dois), do Judiciário (dois), do Tribunal de Contas da União (um), do Ministério Público da União (um) e dos servidores (três), sendo cada um destes representante de entidade sindical dos servidores do respectivo Poder.

§ 2º A Comissão será presidida pelo Ministro de Estado Chefe da Secretaria da Administração Federal, a quem serão feitas as indicações para sua composição.

§ 3º Sem prejuízo do que determina no *caput*, cumpre à comissão de que trata este artigo examinar as situações decorrentes da aplicação do inciso II do art. 5º e propor soluções de caráter definitivo para seu equacionamento.

▶ § 3º mantido pelo Congresso Nacional, recusa do veto. § 4º A Comissão iniciará suas atividades no prazo de 10 (dez) dias, contados da publicação desta Lei, e concluirá os trabalhos em 90 (noventa) dias, contados do início de suas atividades.

Art. 7º No âmbito da administração direta e indireta do Poder Executivo, as Secretarias de Planejamento, Coordenação e Orçamento e da Administração Federal da Presidência da República, e o Estado Maior das Forças Armadas emitirão instruções para o cumprimento do estabelecido no art. 5º e exercerão a coordenação e fiscalização das providências necessárias à execução do disposto nesta Lei.

Art. 8º Esta Lei entra em vigor na data de sua publicação.

Brasília, 4 de fevereiro de 1994; 173º da Independência e 106º da República.

Itamar Franco

LEI 8.984, DE 7 DE FEVEREIRO DE 1995

Estende a competência da Justiça do Trabalho (art. 114 da Constituição Federal).

DOU 08.02.1995

▶ EC 45/2004 (Reforma do Judiciário).

O Presidente da República:

Faço saber que o Congresso Nacional decreta e eu sanciono a seguinte Lei:

Art. 1º Compete à Justiça do Trabalho conciliar e julgar os dissídios que tenham origem no cumprimento de convenções coletivas de trabalho ou acordos coletivos de trabalho, mesmo quando ocorram entre sindicatos ou entre sindicato de trabalhadores e empregador.

▶ Arts. 611 a 625 da CLT.

Art. 2º Esta Lei entra em vigor na data de sua publicação.

Art. 3º Revogam-se as disposições em contrário.

Brasília, 7 de fevereiro de 1995; 174º da Independência e 107º da República.

Fernando Henrique Cardoso

LEI 9.029, DE 13 DE ABRIL DE 1995

Proíbe a exigência de atestados de gravidez e esterilização, e outras práticas discriminatórias, para efeitos admissionais ou de permanência da relação jurídica de trabalho, e dá outras providências.

DOU 17.04.1995

O Presidente da República.

Faço saber que o Congresso Nacional decreta e eu sanciono a seguinte Lei:

Art. 1º É proibida a adoção de qualquer prática discriminatória e limitativa para efeito de acesso à relação de trabalho, ou de sua manutenção, por motivo de sexo, origem, raça, cor, estado civil, situação familiar, deficiência, reabilitação profissional, idade, entre outros, ressalvadas, nesse caso, as hipóteses de proteção à criança e ao adolescente previstas no inciso XXXIII do art. 7º da Constituição Federal.

▶ Artigo com redação pela Lei 13.146/2015.

Art. 2º Constituem crime as seguintes práticas discriminatórias:

I – a exigência de teste, exame, perícia, laudo, atestado, declaração ou qualquer outro procedimento relativo à esterilização ou a estado de gravidez;

II – a adoção de quaisquer medidas, de iniciativa do empregador, que configurem:

a) indução ou instigamento à esterilização genética;

b) promoção do controle de natalidade, assim não considerado o oferecimento de serviços e de aconselhamento ou planejamento familiar, realizados através de instituições públicas ou privadas, submetidas às normas do Sistema Único de Saúde – SUS.

Pena – detenção de um a dois anos e multa.

Parágrafo único. São sujeitos ativos dos crimes a que se refere este artigo:

I – a pessoa física empregadora;

II – o representante legal do empregador, como definido na legislação trabalhista;

III – o dirigente, direto ou por delegação, de órgãos públicos e entidades das administrações públicas direta, indireta e fundacional de qualquer dos Poderes da União, dos Estados, do Distrito Federal e dos Municípios.

Art. 3º Sem prejuízo do prescrito no art. 2º desta Lei e nos dispositivos legais que tipificam os crimes resultantes de preconceito de etnia, raça, cor ou deficiência, as infrações ao disposto nesta Lei são passíveis das seguintes cominações:

▶ Caput com redação pela Lei 13.146/2015.

I – multa administrativa de dez vezes o valor do maior salário pago pelo empregador, elevado em cinquenta por cento em caso de reincidência;

II – proibição de obter empréstimo ou financiamento junto a instituições financeiras oficiais.

Art. 4º O rompimento da relação de trabalho por ato discriminatório, nos moldes desta Lei, além do direito à reparação pelo dano moral, faculta ao empregado optar entre:

▶ Caput com redação pela Lei 12.288/2010.

I – a reintegração com ressarcimento integral de todo o período de afastamento, mediante pagamento das remunerações devidas, corrigidas monetariamente e acrescidas de juros legais;

▶ Inciso I com redação pela Lei 13.146/2015.

II – a percepção, em dobro, da remuneração do período de afastamento, corrigida monetariamente e acrescida dos juros legais.

Art. 5º Esta Lei entra em vigor na data de sua publicação.

Art. 6º Revogam-se as disposições em contrário.

Brasília, 13 de abril de 1995; 174º da Independência e 107º da República.

Fernando Henrique Cardoso

LEI 9.093, DE 12 DE SETEMBRO DE 1995

Dispõe sobre feriados.

DOU 13.09.1995

O Presidente da República:

Faço saber que o Congresso Nacional decreta e eu sanciono a seguinte Lei:

▶ Lei 662/1949 (Feriados Nacionais).

Art. 1º São feriados civis:

I – os declarados em lei federal;

II – a data magna do Estado fixada em lei estadual;

III – os dias do início e do término do ano do centenário de fundação do Município, fixados em lei municipal.

▶ Inciso III acrescido pela Lei 9.335/1996.

Art. 2º São feriados religiosos os dias de guarda, declarados em lei municipal, de acordo com a tradição local e em número não superior a 4 (quatro), neste incluída a Sexta-Feira da Paixão.

Art. 3º Esta Lei entra em vigor na data de sua publicação.

Art. 4º Revogam-se as disposições em contrário, especialmente o art. 11 da Lei 605, de 5 de janeiro de 1949.

Brasília, 12 de setembro de 1995; 174º da Independência e 107º da República.

Fernando Henrique Cardoso

LEI 9.099, DE 26 DE SETEMBRO DE 1995

Dispõe sobre os Juizados Especiais Cíveis e Criminais e dá outras providências.

DOU 27.09.1995

▶ Lei 10.259/2001 (Juizados Especiais Federais).
▶ Lei 12.153/2009 (Juizados Especiais da Fazenda Pública).

O Presidente da República:

Faço saber que o Congresso Nacional decreta e eu sanciono a seguinte Lei:

CAPÍTULO I
DISPOSIÇÕES GERAIS

Art. 1º Os Juizados Especiais Cíveis e Criminais, órgãos da Justiça Ordinária, serão criados pela União, no Distrito Federal e nos Territórios, e pelos Estados, para conciliação, processo, julgamento e execução, nas causas de sua competência.

▶ Art. 24, X, da CF.
▶ Art. 5º, IV, da Lei 8.078/1990 (Código de Defesa do Consumidor – CDC).

Art. 2º O processo orientar-se-á pelos critérios da oralidade, simplicidade, informalidade, economia processual e celeridade, buscando, sempre que possível, a conciliação ou a transação.

▶ Art. 13 desta Lei.
▶ Arts. 139 e 283 do CPC.

CAPÍTULO II
DOS JUIZADOS ESPECIAIS CÍVEIS

Seção I
Da competência

Art. 3º O Juizado Especial Cível tem competência para conciliação, processo e julgamento das causas cíveis de menor complexidade, assim consideradas:

I – as causas cujo valor não exceda a quarenta vezes o salário mínimo;

▶ Art. 15 desta Lei.
▶ Dec. 12.342/2024 estabelece o valor do salário mínimo de R$ 1.518,00 (mil quinhentos e dezoito reais) a partir de 1º.01.2025 (DOU 31.12.2024).

II – as enumeradas no artigo 275, inciso II, do Código de Processo Civil;

III – a ação de despejo para uso próprio;

▶ Lei 8.245/1991 (Locações).

IV – as ações possessórias sobre bens imóveis de valor não excedente ao fixado no inciso I deste artigo.

▶ Art. 31 desta Lei.
▶ Arts. 560 e 567 do CPC.

§ 1º Compete ao Juizado Especial promover a execução:

▶ Art. 52 desta Lei.

I – dos seus julgados;

II – dos títulos executivos extrajudiciais, no valor de até quarenta vezes o salário mínimo, observado o disposto no § 1º do artigo 8º desta Lei.

▶ Art. 53 desta Lei.
▶ Art. 784 do CPC.

§ 2º Ficam excluídas da competência do Juizado Especial as causas de natureza alimentar, falimentar, fiscal e de interesse da Fazenda Pública, e também as relativas a acidentes de trabalho, a resíduos e ao estado e capacidade das pessoas, ainda que de cunho patrimonial.

▶ Lei 5.478/1968 (Ação de Alimentos).
▶ Lei 6.830/1980 (Execuções Fiscais).

▶ Lei 8.213/1991 (Planos de Benefícios da Previdência Social).
▶ Lei 11.101/2005 (Recuperação de Empresas e Falências).

§ 3º A opção pelo procedimento previsto nesta Lei importará em renúncia ao crédito excedente ao limite estabelecido neste artigo, excetuada a hipótese de conciliação.

▶ Art. 21 desta Lei.

(...)

Art. 9º Nas causas de valor até vinte salários mínimos, as partes comparecerão pessoalmente, podendo ser assistidas por advogados; nas de valor superior, a assistência é obrigatória.

▶ Art. 1º, I, da Lei 8.906/1994 (Estatuto da Advocacia e da OAB).

§ 1º Sendo facultativa a assistência, se uma das partes comparecer assistida por advogado, ou se o réu for pessoa jurídica ou firma individual, terá a outra parte, se quiser, assistência judiciária prestada por órgão instituído junto ao Juizado Especial, na forma da lei local.

▶ Art. 41, § 2º, desta Lei.
▶ Art. 134 da CF.
▶ Art. 1º da Lei 1.060/1950 (Assistência Judiciária).

§ 2º O juiz alertará as partes da conveniência do patrocínio por advogado, quando a causa o recomendar.

§ 3º O mandato ao advogado poderá ser verbal, salvo quanto aos poderes especiais.

▶ Lei 8.906/1994 (Estatuto da Advocacia e da OAB).

§ 4º O réu, sendo pessoa jurídica ou titular de firma individual, poderá ser representado por preposto credenciado, munido de carta de preposição com poderes para transigir, sem haver necessidade de vínculo empregatício.

▶ § 4º com redação pela Lei 12.137/2009.
▶ Art. 47 do CC.
▶ Arts. 75, VIII, e 105 do CPC.

(...)

Seção IV
Dos Atos Processuais

Art. 12. Os atos processuais serão públicos e poderão realizar-se em horário noturno, conforme dispuserem as normas de organização judiciária.

▶ Arts. 5º, LX, e 93, IX, da CF.
▶ Arts. 155 e 172, CPC.

Art. 12-A. Na contagem de prazo em dias, estabelecido por lei ou pelo juiz, para a prática de qualquer ato processual, inclusive para a interposição de recursos, computar-se-ão somente os dias úteis.

▶ Artigo acrescido pela Lei 13.728/218.

Art. 13. Os atos processuais serão válidos sempre que preencherem as finalidades para as quais forem realizados, atendidos os critérios indicados no artigo 2º desta Lei.

▶ Art. 250, par. ún., do CPC.

§ 1º Não se pronunciará qualquer nulidade sem que tenha havido prejuízo.

§ 2º A prática de atos processuais em outras comarcas poderá ser solicitada por qualquer meio idôneo de comunicação.

▶ Art. 19 desta Lei.
▶ Arts. 206 e 230 do CPC.

§ 3º Apenas os atos considerados essenciais serão registrados resumidamente, em notas manuscritas, datilografadas, taquigrafadas ou estenotipadas. Os demais atos poderão ser gravados em fita magnética ou equivalente, que será inutilizada após o trânsito em julgado da decisão.

▶ Art. 44 desta Lei.
▶ Art. 170 do CPC.

§ 4º As normas locais disporão sobre a conservação das peças do processo e demais documentos que o instruem.

▶ Art. 159 do CPC.

(...)

Art. 62. O processo perante o Juizado Especial orientar-se-á pelos critérios da oralidade, simplicidade, informalidade, economia processual e celeridade, objetivando, sempre que possível, a reparação dos danos sofridos pela vítima e a aplicação de pena não privativa de liberdade.

▶ Artigo com redação pela Lei 13.603/2018.

(...)

Art. 96. Esta Lei entra em vigor no prazo de 60 (sessenta) dias após a sua publicação.

Art. 97. Ficam revogadas a Lei 4.611, de 02 de abril de 1965 e a Lei 7.244, de 7 de novembro de 1984.

Brasília, 26 de setembro de 1995; 174º da Independência e 107º da República.

Fernando Henrique Cardoso

LEI 9.279, DE 12 DE FEVEREIRO DE 1996

Regula direitos e obrigações relativos à propriedade industrial.

DOU 15.05.1996

O Presidente da República:

Faço saber que o Congresso Nacional decreta e eu sanciono a seguinte Lei:

Disposições Preliminares

Art. 1º Esta Lei regula direitos e obrigações relativos à propriedade industrial.

▶ Art. 5º, XXIX, da CF.

Art. 2º A proteção dos direitos relativos à propriedade industrial, considerado o seu interesse social e o desenvolvimento tecnológico e econômico do País, efetua-se mediante:

I – concessão de patentes de invenção e de modelo de utilidade;

II – concessão de registro de desenho industrial;

III – concessão de registro de marca;

IV – repressão às falsas indicações geográficas; e

V – repressão à concorrência desleal.

VI – concessão de registro para jogos eletrônicos.

▶ Inciso acrescido pela Lei 14.852/2024.

Art. 3º Aplica-se também o disposto nesta Lei:

I – ao pedido de patente ou de registro proveniente do exterior e depositado no País por quem tenha proteção assegurada por tratado ou convenção em vigor no Brasil; e

II – aos nacionais ou pessoas domiciliadas em país que assegure aos brasileiros ou pessoas domiciliadas no Brasil a reciprocidade de direitos iguais ou equivalentes.

Art. 4º As disposições dos tratados em vigor no Brasil são aplicáveis, em igualdade de condições, às pessoas físicas e jurídicas nacionais ou domiciliadas no País.

Art. 5º Consideram-se bens móveis, para os efeitos legais, os direitos de propriedade industrial.

▶ Arts. 82 a 84 do CC.

TÍTULO I
DAS PATENTES

CAPÍTULO I
DA TITULARIDADE

Art. 6º Ao autor de invenção ou modelo de utilidade será assegurado o direito de obter a patente que lhe garanta a propriedade, nas condições estabelecidas nesta Lei.

▶ Art. 49 desta Lei.

§ 1º Salvo prova em contrário, presume-se o requerente legitimado a obter a patente.

§ 2º A patente poderá ser requerida em nome próprio, pelos herdeiros ou sucessores do autor, pelo cessionário ou por aquele a quem a lei ou o contrato de trabalho ou de prestação de serviços determinar que pertença a titularidade.

§ 3º Quando se tratar de invenção ou de modelo de utilidade realizado conjuntamente por duas ou mais pessoas, a patente poderá ser requerida por todas ou qualquer delas, mediante nomeação e qualificação das demais, para ressalva dos respectivos direitos.

§ 4º O inventor será nomeado e qualificado, podendo requerer a não divulgação de sua nomeação.

▶ Arts. 39 e 107 desta Lei.

Art. 7º Se dois ou mais autores tiverem realizado a mesma invenção ou modelo de utilidade, de forma independente, o direito de obter patente será assegurado àquele que provar o depósito mais antigo, independentemente das datas de invenção ou criação.

Parágrafo único. A retirada de depósito anterior sem produção de qualquer efeito dará prioridade ao depósito imediatamente posterior.

(...)

CAPÍTULO XIV
DA INVENÇÃO E DO MODELO DE UTILIDADE REALIZADO POR EMPREGADO OU PRESTADOR DE SERVIÇO

▶ Art. 121 desta Lei.
▶ Dec. 2.553/1998 (Regulamenta os arts. 75 e 88 a 93 da Lei 9.279/1996).

Art. 88. A invenção e o modelo de utilidade pertencem exclusivamente ao empregador quando decorrerem de contrato de trabalho cuja execução ocorra no Brasil e que tenha por objeto a pesquisa ou a atividade inventiva, ou resulte esta da natureza dos serviços para os quais foi o empregado contratado.

§ 1º Salvo expressa disposição contratual em contrário, a retribuição pelo trabalho a que se refere este artigo limita-se ao salário ajustado.

§ 2º Salvo prova em contrário, consideram-se desenvolvidos na vigência do contrato a invenção ou o modelo de utilidade, cuja patente seja requerida pelo empregado até um ano após a extinção do vínculo empregatício.

Art. 89. O empregador, titular da patente, poderá conceder ao empregado, autor de invento ou aperfeiçoamento, participação nos ganhos econômicos resultantes da exploração da patente, mediante negociação com o interessado ou conforme disposto em norma da empresa.

Parágrafo único. A participação referida neste artigo não se incorpora, a qualquer título, ao salário do empregado.

Art. 90. Pertencerá exclusivamente ao empregado a invenção ou o modelo de utilidade por ele desenvolvido, desde que desvinculado do contrato de trabalho e não decorrente da utilização de recursos, meios, dados, materiais, instalações ou equipamentos do empregador.

Art. 91. A propriedade de invenção ou de modelo de utilidade será comum, em partes iguais, quando resultar da contribuição pessoal do empregado e de recursos, dados, meios, materiais, instalações ou equipamentos do empregador, ressalvada expressa disposição contratual em contrário.

§ 1º Sendo mais de um empregado, a parte que lhes couber será dividida igualmente entre todos, salvo ajuste em contrário.

§ 2º É garantido ao empregador o direito exclusivo de licença de exploração e assegurada ao empregado a justa remuneração.

§ 3º A exploração do objeto da patente, na falta de acordo, deverá ser iniciada pelo empregador dentro do prazo de um ano, contado da data de sua concessão, sob pena de passar à exclusiva propriedade do empregado a titularidade da patente, ressalvadas as hipóteses de falta de exploração por razões legítimas.

§ 4º No caso de cessão, qualquer dos cotitulares, em igualdade de condições, poderá exercer o direito de preferência.

Art. 92. O disposto nos artigos anteriores aplica-se, no que couber, às relações entre o trabalhador autônomo ou o estagiário e a empresa contratante e entre empresas contratantes e contratadas.

Art. 93. Aplica-se o disposto neste Capítulo, no que couber, às entidades da Administração Pública, direta, indireta e fundacional, federal, estadual ou municipal.

Parágrafo único. Na hipótese do artigo 88, será assegurada ao inventor, na forma e condições previstas no estatuto ou regimento interno da entidade a que se refere este artigo, premiação de parcela no valor das vantagens auferidas com o pedido ou com a patente, a título de incentivo.

(...)

Art. 242. O Poder Executivo submeterá ao Congresso Nacional projeto de lei destinado a promover, sempre que necessário, a harmonização desta Lei com a política para propriedade industrial adotada pelos demais países integrantes do MERCOSUL.

Art. 243. Esta Lei entra em vigor na data de sua publicação quanto às matérias disciplinadas nos artigos 230, 231, 232 e 239, e um ano após sua publicação quanto aos demais artigos.

Art. 244. Revogam-se a Lei 5.772, de 21 de dezembro de 1971, a Lei 6.348, de 7 de julho de 1976, os artigos 187 a 196 do Decreto-Lei 2.848, de 7 de dezembro de 1940, os artigos 169 a 189 do Decreto-Lei 7.903, de 27 de agosto de 1945, e as demais disposições em contrário.

Brasília, 14 de maio de 1996; 175º da Independência e 108º da República.

Fernando Henrique Cardoso

LEI 9.307, DE 23 DE SETEMBRO DE 1996

Dispõe sobre a arbitragem.

DOU 24.09.1996.

▶ Arts. 851 a 853 do CC.
▶ Arts. 42 e 337, § 5º, do CPC.
▶ Súmula 485 do STJ.
▶ Art. 23-A da Lei 8.987/1995 (Regime de concessão e permissão da prestação de serviços públicos, previsto no art. 175 da Constituição Federal).

O Presidente da República:

Faço saber que o Congresso Nacional decreta e eu sanciono a seguinte Lei:

CAPÍTULO I
DISPOSIÇÕES GERAIS

Art. 1º As pessoas capazes de contratar poderão valer-se da arbitragem para dirimir litígios relativos a direitos patrimoniais disponíveis.

▸ Arts. 5º, 851 e 852 do CC.

§ 1º A administração pública direta e indireta poderá utilizar-se da arbitragem para dirimir conflitos relativos a direitos patrimoniais disponíveis.

▸ § 1º acrescido pela Lei 13.129/2015.

§ 2º A autoridade ou o órgão competente da administração pública direta para a celebração de convenção de arbitragem é a mesma para a realização de acordos ou transações.

▸ § 2º acrescido pela Lei 13.129/2015.

Art. 2º A arbitragem poderá ser de direito ou de equidade, a critério das partes.

▸ Art. 140 do CPC.

§ 1º Poderão as partes escolher, livremente, as regras de direito que serão aplicadas na arbitragem, desde que não haja violação aos bons costumes e à ordem pública.

§ 2º Poderão, também, as partes convencionar que a arbitragem se realize com base nos princípios gerais de direito, nos usos e costumes e nas regras internacionais de comércio.

▸ V. arts. 4º e 5º do Dec.-lei 4.657/1942 (Lei de Introdução às normas do Direito Brasileiro – LINDB).

§ 3º A arbitragem que envolva a administração pública será sempre de direito e respeitará o princípio da publicidade.

▸ § 3º acrescido pela Lei 13.129/2015.

CAPÍTULO II
DA CONVENÇÃO DE ARBITRAGEM E SEUS EFEITOS

Art. 3º As partes interessadas podem submeter a solução de seus litígios ao juízo arbitral mediante convenção de arbitragem, assim entendida a cláusula compromissória e o compromisso arbitral.

▸ Art. 853 do CC.

Art. 4º A cláusula compromissória é a convenção através da qual as partes em um contrato comprometem-se a submeter à arbitragem os litígios que possam vir a surgir, relativamente a tal contrato.

▸ Art. 853 do CC.

§ 1º A cláusula compromissória deve ser estipulada por escrito, podendo estar inserta no próprio contrato ou em documento apartado que a ele se refira.

§ 2º Nos contratos de adesão, a cláusula compromissória só terá eficácia se o aderente tomar a iniciativa de instituir a arbitragem ou concordar, expressamente, com a sua instituição, desde que por escrito em documento anexo ou em negrito, com a assinatura ou visto especialmente para essa cláusula.

▸ §§ 3º e 4º Vetados

Art. 5º Reportando-se as partes, na cláusula compromissória, às regras de algum órgão arbitral institucional ou entidade especializada, a arbitragem será instituída e processada de acordo com tais regras, podendo, igualmente, as partes estabelecer na própria cláusula, ou em outro documento, a forma convencionada para a instituição da arbitragem.

Art. 6º Não havendo acordo prévio sobre a forma de instituir a arbitragem, a parte interessada manifestará à outra parte sua intenção de dar início à arbitragem, por via postal ou por outro meio qualquer de comunicação, mediante comprovação de recebimento, convocando-a para, em dia, hora e local certos, firmar o compromisso arbitral.

Parágrafo único. Não comparecendo a parte convocada ou, comparecendo, recusar-se a firmar o compromisso arbitral, poderá a outra parte propor a demanda de que trata o artigo 7º desta Lei, perante o órgão do Poder Judiciário a que, originariamente, tocaria o julgamento da causa.

Art. 7º Existindo cláusula compromissória e havendo resistência quanto à instituição da arbitragem, poderá a parte interessada requerer a citação da outra parte para comparecer em juízo a fim de lavrar-se o compromisso, designando o juiz audiência especial para tal fim.

▸ Arts. 13, § 2º, e 16, § 2º, desta Lei.

§ 1º O autor indicará, com precisão, o objeto da arbitragem, instruindo o pedido com o documento que contiver a cláusula compromissória.

§ 2º Comparecendo as partes à audiência, o juiz tentará, previamente, a conciliação acerca do litígio. Não obtendo sucesso, tentará o juiz conduzir as partes à celebração, de comum acordo, do compromisso arbitral.

§ 3º Não concordando as partes sobre os termos do compromisso, decidirá o juiz, após ouvir o réu, sobre

seu conteúdo, na própria audiência ou no prazo de dez dias, respeitadas as disposições da cláusula compromissória e atendendo ao disposto nos artigos 10 e 21, § 2º, desta Lei.

§ 4º Se a cláusula compromissória nada dispuser sobre a nomeação de árbitros, caberá ao juiz, ouvidas as partes, estatuir a respeito, podendo nomear árbitro único para a solução do litígio.

§ 5º A ausência do autor, sem justo motivo, à audiência designada para a lavratura do compromisso arbitral, importará a extinção do processo sem julgamento de mérito.

§ 6º Não comparecendo o réu à audiência, caberá ao juiz, ouvido o autor, estatuir a respeito do conteúdo do compromisso, nomeando árbitro único.

§ 7º A sentença que julgar procedente o pedido valerá como compromisso arbitral.

Art. 8º A cláusula compromissória é autônoma em relação ao contrato em que estiver inserta, de tal sorte que a nulidade deste não implica, necessariamente, a nulidade da cláusula compromissória.

Parágrafo único. Caberá ao árbitro decidir de ofício, ou por provocação das partes, as questões acerca da existência, validade e eficácia da convenção de arbitragem e do contrato que contenha a cláusula compromissória.

Art. 9º O compromisso arbitral é a convenção através da qual as partes submetem um litígio à arbitragem de uma ou mais pessoas, podendo ser judicial ou extrajudicial.

▸ Art. 851 do CC.

§ 1º O compromisso arbitral judicial celebrar-se-á por termo nos autos, perante o juízo ou tribunal, onde tem curso a demanda.

§ 2º O compromisso arbitral extrajudicial será celebrado por escrito particular, assinado por duas testemunhas, ou por instrumento público.

Art. 10. Constará, obrigatoriamente, do compromisso arbitral:

▸ Art. 7º, § 3º, desta Lei.

I – o nome, profissão, estado civil e domicílio das partes;

II – o nome, profissão e domicílio do árbitro, ou dos árbitros, ou, se for o caso, a identificação da entidade à qual as partes delegaram a indicação de árbitros;

III – a matéria que será objeto da arbitragem; e

IV – o lugar em que será proferida a sentença arbitral.

Art. 11. Poderá, ainda, o compromisso arbitral conter:

I – local, ou locais, onde se desenvolverá a arbitragem;

II – a autorização para que o árbitro ou os árbitros julguem por equidade, se assim for convencionado pelas partes;

III – o prazo para apresentação da sentença arbitral;

▸ Art. 12 desta Lei.

IV – a indicação da lei nacional ou das regras corporativas aplicáveis à arbitragem, quando assim convencionarem as partes;

V – a declaração da responsabilidade pelo pagamento dos honorários e das despesas com a arbitragem; e

VI – a fixação dos honorários do árbitro, ou dos árbitros.

Parágrafo único. Fixando as partes os honorários do árbitro, ou dos árbitros, no compromisso arbitral, este constituirá título executivo extrajudicial; não havendo tal estipulação, o árbitro requererá ao órgão do Poder Judiciário que seria competente para julgar, originariamente, a causa que os fixe por sentença.

Art. 12. Extingue-se o compromisso arbitral:

I – escusando-se qualquer dos árbitros, antes de aceitar a nomeação, desde que as partes tenham declarado, expressamente, não aceitar substituto;

II – falecendo ou ficando impossibilitado de dar seu voto algum dos árbitros, desde que as partes declarem, expressamente, não aceitar substituto; e

III – tendo expirado o prazo a que se refere o artigo 11, inciso III, desde que a parte interessada tenha notificado o árbitro, ou o presidente do tribunal arbitral, concedendo-lhe o prazo de dez dias para a prolação e apresentação da sentença arbitral.

▸ Art. 32, VII, desta Lei.

CAPÍTULO III
DOS ÁRBITROS

Art. 13. Pode ser árbitro qualquer pessoa capaz e que tenha a confiança das partes.

▸ Art. 5º do CC.

§ 1º As partes nomearão um ou mais árbitros, sempre em número ímpar, podendo nomear, também, os respectivos suplentes.

§ 2º Quando as partes nomearem árbitros em número par, estes estão autorizados, desde logo, a nomear mais um árbitro. Não havendo acordo, requererão as partes ao órgão do Poder Judiciário a que tocaria, originariamente, o julgamento da causa a nomeação do árbitro, aplicável, no que couber, o procedimento previsto no artigo 7º desta Lei.

§ 3º As partes poderão, de comum acordo, estabelecer o processo de escolha dos árbitros ou adotar as regras de um órgão arbitral institucional ou entidade especializada.

§ 4º As partes, de comum acordo, poderão afastar a aplicação de dispositivo do regulamento do órgão arbitral institucional ou entidade especializada que limite a escolha do árbitro único, coárbitro ou presidente do tribunal à respectiva lista de árbitros, autorizado o controle da escolha pelos órgãos competentes da instituição, sendo que, nos casos de impasse e arbitragem multiparte, deverá ser observado o que dispuser o regulamento aplicável.

▸ § 4º com redação pela Lei 13.129/2015.

§ 5º O árbitro ou o presidente do tribunal designará, se julgar conveniente, um secretário, que poderá ser um dos árbitros.

§ 6º No desempenho de sua função, o árbitro deverá proceder com imparcialidade, independência, competência, diligência e discrição.

§ 7º Poderá o árbitro ou o tribunal arbitral determinar às partes o adiantamento de verbas para despesas e diligências que julgar necessárias.

Art. 14. Estão impedidos de funcionar como árbitros as pessoas que tenham, com as partes ou com o litígio que lhes for submetido, algumas das relações que caracterizam os casos de impedimento ou suspeição de juízes, aplicando-se-lhes, no que couber, os mesmos deveres e responsabilidades, conforme previsto no Código de Processo Civil.

▸ Arts. 144 a 148 do CPC.

§ 1º As pessoas indicadas para funcionar como árbitro têm o dever de revelar, antes da aceitação da função, qualquer fato que denote dúvida justificada quanto à sua imparcialidade e independência.

§ 2º O árbitro somente poderá ser recusado por motivo ocorrido após sua nomeação. Poderá, entretanto, ser recusado por motivo anterior à sua nomeação, quando:

a) não for nomeado, diretamente, pela parte; ou

b) o motivo para a recusa do árbitro for conhecido posteriormente à sua nomeação.

Art. 15. A parte interessada em arguir a recusa do árbitro apresentará, nos termos do artigo 20, a respectiva exceção, diretamente ao árbitro ou ao presidente do tribunal arbitral, deduzindo suas razões e apresentando as provas pertinentes.

Parágrafo único. Acolhida a exceção, será afastado o árbitro suspeito ou impedido, que será substituído, na forma do artigo 16 desta Lei.

Art. 16. Se o árbitro escusar-se antes da aceitação da nomeação, ou, após a aceitação, vier a falecer, tornar-se impossibilitado para o exercício da função, ou for recusado, assumirá seu lugar o substituto indicado no compromisso, se houver.

▸ Arts. 15, par. ún., e 20, § 1º, desta Lei.

§ 1º Não havendo substituto indicado para o árbitro, aplicar-se-ão as regras do órgão arbitral institucional ou entidade especializada, se as partes as tiverem invocado na convenção de arbitragem.

§ 2º Nada dispondo a convenção de arbitragem e não chegando as partes a um acordo sobre a nomeação do árbitro a ser substituído, procederá a parte interessada da forma prevista no artigo 7º desta Lei, a menos que as partes tenham declarado, expressamente, na convenção de arbitragem, não aceitar substituto.

Art. 17. Os árbitros, quando no exercício de suas funções ou em razão delas, ficam equiparados aos funcionários públicos, para os efeitos da legislação penal.

▸ Arts. 312 a 327 do CP.

Art. 18. O árbitro é juiz de fato e de direito, e a sentença que proferir não fica sujeita a recurso ou a homologação pelo Poder Judiciário.

CAPÍTULO IV
DO PROCEDIMENTO ARBITRAL

Art. 19. Considera-se instituída a arbitragem quando aceita a nomeação pelo árbitro, se for único, ou por todos, se forem vários.

§ 1º Instituída a arbitragem e entendendo o árbitro ou o tribunal arbitral que há necessidade de explicitar questão disposta na convenção de arbitragem, será elaborado, juntamente com as partes, adendo firmado

por todos, que passará a fazer parte integrante da convenção de arbitragem.

▶ Parágrafo único renumerado e com redação pela Lei 13.129/2015.

§ 2º A instituição da arbitragem interrompe a prescrição, retroagindo à data do requerimento de sua instauração, ainda que extinta a arbitragem por ausência de jurisdição.

▶ § 2º acrescido pela Lei 13.129/2015.

Art. 20. A parte que pretender arguir questões relativas à competência, suspeição ou impedimento do árbitro ou dos árbitros, bem como nulidade, invalidade ou ineficácia da convenção de arbitragem, deverá fazê-lo na primeira oportunidade que tiver de se manifestar, após a instituição da arbitragem.

▶ Art. 15 desta Lei.

§ 1º Acolhida a arguição de suspeição ou impedimento, será o árbitro substituído nos termos do artigo 16 desta Lei, reconhecida a incompetência do árbitro ou do tribunal arbitral, bem como a nulidade, invalidade ou ineficácia da convenção de arbitragem, serão as partes remetidas ao órgão do Poder Judiciário competente para julgar a causa.

§ 2º Não sendo acolhida a arguição, terá normal prosseguimento a arbitragem, sem prejuízo de vir a ser examinada a decisão pelo órgão do Poder Judiciário competente, quando da eventual propositura da demanda de que trata o artigo 33 desta Lei.

Art. 21. A arbitragem obedecerá ao procedimento estabelecido pelas partes na convenção de arbitragem, que poderá reportar-se às regras de um órgão arbitral institucional ou entidade especializada, facultando-se, ainda, às partes delegar ao próprio árbitro, ou ao tribunal arbitral, regular o procedimento.

§ 1º Não havendo estipulação acerca do procedimento, caberá ao árbitro ou ao tribunal arbitral discipliná-lo.

§ 2º Serão, sempre, respeitados no procedimento arbitral os princípios do contraditório, da igualdade das partes, da imparcialidade do árbitro e de seu livre convencimento.

▶ Arts. 7º, § 3º, e 32, VIII, desta Lei.

§ 3º As partes poderão postular por intermédio de advogado, respeitada, sempre, a faculdade de designar quem as represente ou assista no procedimento arbitral.

§ 4º Competirá ao árbitro ou ao tribunal arbitral, no início do procedimento, tentar a conciliação das partes, aplicando-se, no que couber, o artigo 28 desta Lei.

Art. 22. Poderá o árbitro ou o tribunal arbitral tomar o depoimento das partes, ouvir testemunhas e determinar a realização de perícias ou outras provas que julgar necessárias, mediante requerimento das partes ou de ofício.

§ 1º O depoimento das partes e das testemunhas será tomado em local, dia e hora previamente comunicados, por escrito, e reduzido a termo, assinado pelo depoente, ou a seu rogo, e pelos árbitros.

§ 2º Em caso de desatendimento, sem justa causa, da convocação para prestar depoimento pessoal, o árbitro ou o tribunal arbitral levará em consideração o comportamento da parte faltosa, ao proferir sua sentença; se a ausência for de testemunha, nas mesmas circunstâncias, poderá o árbitro ou o presidente do tribunal arbitral requerer à autoridade judiciária que conduza a testemunha renitente, comprovando existência da convenção de arbitragem.

§ 3º A revelia da parte não impedirá que seja proferida a sentença arbitral.

§ 4º *Revogado pela Lei 13.129/2015.*

§ 5º Se, durante o procedimento arbitral, um árbitro vier a ser substituído fica a critério do substituto repetir as provas já produzidas.

<div align="center">

CAPÍTULO IV-A

**DAS TUTELAS CAUTELARES
E DE URGÊNCIA**

</div>

▶ Capítulo IV-A acrescido pela Lei 13.129/2015.

Art. 22-A. Antes de instituída a arbitragem, as partes poderão recorrer ao Poder Judiciário para a concessão de medida cautelar ou de urgência.

Parágrafo único. Cessa a eficácia da medida cautelar ou de urgência se a parte interessada não requerer a instituição da arbitragem no prazo de 30 (trinta) dias, contado da data de efetivação da respectiva decisão.

▶ Artigo acrescido pela Lei 13.129/2015.

Art. 22-B. Instituída a arbitragem, caberá aos árbitros manter, modificar ou revogar a medida cautelar ou de urgência concedida pelo Poder Judiciário.

Parágrafo único. Estando já instituída a arbitragem, a medida cautelar ou de urgência será requerida diretamente aos árbitros.

▶ Artigo acrescido pela Lei 13.129/2015.

<div align="center">

CAPÍTULO IV-B

DA CARTA ARBITRAL

</div>

▶ Capítulo IV-B acrescido pela Lei 13.129/2015.

Art. 22-C. O árbitro ou o tribunal arbitral poderá expedir carta arbitral para que o órgão jurisdicional nacional pratique ou determine o cumprimento, na área de sua competência territorial, de ato solicitado pelo árbitro.

Parágrafo único. No cumprimento da carta arbitral será observado o segredo de justiça, desde que comprovada a confidencialidade estipulada na arbitragem.

▶ Artigo acrescido pela Lei 13.129/2015.

<div align="center">

CAPÍTULO V

DA SENTENÇA ARBITRAL

</div>

Art. 23. A sentença arbitral será proferida no prazo estipulado pelas partes. Nada tendo sido convencionado, o prazo para a apresentação da sentença é de seis meses, contado da instituição da arbitragem ou da substituição do árbitro.

§ 1º Os árbitros poderão proferir sentenças parciais.

▶ § 1º acrescido pela Lei 13.129/2015.

§ 2º As partes e os árbitros, de comum acordo, poderão prorrogar o prazo para proferir a sentença final.

▶ Primitivo parágrafo único renumerado e com redação pela Lei 13.129/2015.

Art. 24. A decisão do árbitro ou dos árbitros será expressa em documento escrito.

§ 1º Quando forem vários os árbitros, a decisão será tomada por maioria. Se não houver acordo majoritário, prevalecerá o voto do presidente do tribunal arbitral.

§ 2º O árbitro que divergir da maioria poderá, querendo, declarar seu voto em separado.

Art. 25. *Revogado pela Lei 13.129/2015.*

Art. 26. São requisitos obrigatórios da sentença arbitral:

▶ Arts. 28 e 32, III, desta Lei.

I – o relatório, que conterá os nomes das partes e um resumo do litígio;

II – os fundamentos da decisão, onde serão analisadas as questões de fato e de direito, mencionando-se, expressamente, se os árbitros julgaram por equidade;

III – o dispositivo, em que os árbitros resolverão as questões que lhes forem submetidas e estabelecerão o prazo para o cumprimento da decisão, se for o caso; e

IV – a data e o lugar em que foi proferida.

Parágrafo único. A sentença arbitral será assinada pelo árbitro ou por todos os árbitros. Caberá ao presidente do tribunal arbitral, na hipótese de um ou alguns dos árbitros não poder ou não querer assinar a sentença, certificar tal fato.

Art. 27. A sentença arbitral decidirá sobre a responsabilidade das partes acerca das custas e despesas com a arbitragem, bem como sobre verba decorrente de litigância de má-fé, se for o caso, respeitadas as disposições da convenção de arbitragem, se houver.

▶ Arts. 79 a 81 do CPC

Art. 28. Se, no decurso da arbitragem, as partes chegarem a acordo quanto ao litígio, o árbitro ou o tribunal arbitral poderá, a pedido das partes, declarar tal fato mediante sentença arbitral, que conterá os requisitos do artigo 26 desta Lei.

▶ Art. 21, § 4º, desta Lei.

Art. 29. Proferida a sentença arbitral, dá-se por finda a arbitragem, devendo o árbitro, ou o presidente do tribunal arbitral, enviar cópia da decisão às partes, por via postal ou por outro meio qualquer de comunicação, mediante comprovação de recebimento, ou, ainda, entregando-a diretamente às partes, mediante recibo.

▶ Art. 30, par. ún., desta Lei.

Art. 30. No prazo de 5 (cinco) dias, a contar do recebimento da notificação ou da ciência pessoal da sentença arbitral, salvo se outro prazo for acordado entre as partes, a parte interessada, mediante comunicação à outra parte, poderá solicitar ao árbitro ou ao tribunal arbitral que:

▶ *Caput* com redação pela Lei 13.129/2015.

I – corrija qualquer erro material da sentença arbitral;

II – esclareça alguma obscuridade, dúvida ou contradição da sentença arbitral, ou se pronuncie sobre ponto omitido a respeito do qual devia manifestar-se a decisão.

Parágrafo único. O árbitro ou o tribunal arbitral decidirá no prazo de 10 (dez) dias ou em prazo acordado com as partes, aditará a sentença arbitral e notificará as partes na forma do art. 29.

▶ Parágrafo único com redação pela Lei 13.129/2015.

Art. 31. A sentença arbitral produz, entre as partes, e seus sucessores, os mesmos efeitos da sentença proferida pelos órgãos do Poder Judiciário e, sendo condenatória, constitui título executivo.

▶ Art. 515, VII, do CPC.

Art. 32. É nula a sentença arbitral se:

▶ Art. 33, § 2º, I, desta Lei.

I – for nula a convenção de arbitragem;

▶ Inciso I com redação pela Lei 13.129/2015.

II – emanou de quem não podia ser árbitro;

III – não contiver os requisitos do artigo 26 desta Lei;

IV – for proferida fora dos limites da convenção de arbitragem;

V – *Revogado pela Lei 13.129/2015.*

VI – comprovado que foi proferida por prevaricação, concussão ou corrupção passiva;

VII – proferida fora do prazo, respeitado o disposto no artigo 12, inciso III, desta Lei; e

VIII – forem desrespeitados os princípios de que trata o artigo 21, § 2º, desta Lei.

Art. 33. A parte interessada poderá pleitear ao órgão do Poder Judiciário competente a declaração de nulidade da sentença arbitral, nos casos previstos nesta Lei.

▶ *Caput* com redação pela Lei 13.129/2015.
▶ Art. 20, § 2º, desta Lei.

§ 1º A demanda para a declaração de nulidade da sentença arbitral, parcial ou final, seguirá as regras do procedimento comum, previstas na Lei 5.869, de 11 de janeiro de 1973 (Código de Processo Civil), e deverá ser proposta no prazo de até 90 (noventa) dias após o recebimento da notificação da respectiva sentença, parcial ou final, ou da decisão do pedido de esclarecimentos.

▶ § 1º com redação pela Lei 13.129/2015.
▶ A Lei 5.869/1973 foi revogada pela Lei 13.105/2015.

§ 2º A sentença que julgar procedente o pedido declarará a nulidade da sentença arbitral, nos casos do art. 32, e determinará, se for o caso, que o árbitro ou o tribunal profira nova sentença arbitral.

▶ § 2º com redação pela Lei 13.129/2015.

§ 3º A declaração de nulidade da sentença arbitral também poderá ser arguida mediante impugnação, conforme o art. 475-L e seguintes da Lei 5.869, de 11 de janeiro de 1973 (Código de Processo Civil), se houver execução judicial.

▶ § 3º com redação pela Lei 13.129/2015.
▶ Arts. 475-J a 475-M e 475-N, IV, do CPC.

§ 4º A parte interessada poderá ingressar em juízo para requerer a prolação de sentença arbitral complementar, se o árbitro não decidir todos os pedidos submetidos à arbitragem.

▶ § 4º acrescido pela Lei 13.129/2015.

<div align="center">

CAPÍTULO VI

**DO RECONHECIMENTO E EXECUÇÃO
DE SENTENÇAS ARBITRAIS ESTRANGEIRAS**

</div>

▶ Dec. 4.311/2002 (Convenção sobre o Reconhecimento e a Execução de Sentenças Arbitrais Estrangeiras).

Art. 34. A sentença arbitral estrangeira será reconhecida ou executada no Brasil de conformidade com os tratados internacionais com eficácia no ordenamento interno e, na sua ausência, estritamente de acordo com os termos desta Lei.

Parágrafo único. Considera-se sentença arbitral estrangeira a que tenha sido proferida fora do Território Nacional.

Art. 35. Para ser reconhecida ou executada no Brasil, a sentença arbitral estrangeira está sujeita, unicamente, à homologação do Superior Tribunal de Justiça.

▶ *Caput* com redação pela Lei 13.129/2015.
▶ Art. 105, I, i, da CF, com redação pela EC 45/2004, que passou ao STJ a competência para a homologação de sentença estrangeira.
▶ Art. 109, X, da CF.

Art. 36. Aplica-se à homologação para reconhecimento ou execução de sentença arbitral estrangeira, no que couber, o disposto nos artigos 483 e 484 do Código de Processo Civil.

▶ Arts. 960, § 2º, 961 e 965 do CPC.

Art. 37. A homologação de sentença arbitral estrangeira será requerida pela parte interessada, devendo a petição inicial conter as indicações da lei processual, conforme o artigo 282 do Código de Processo Civil, e ser instruída, necessariamente, com:

▶ O art. 282 refere-se ao revogado CPC de 1973, que corresponde ao art. 319 do CPC.

I – o original da sentença arbitral ou uma cópia devidamente certificada, autenticada pelo consulado brasileiro e acompanhada de tradução oficial;

II – o original da convenção de arbitragem ou cópia devidamente certificada, acompanhada de tradução oficial.

Art. 38. Somente poderá ser negada a homologação para o reconhecimento ou execução de sentença arbitral estrangeira, quando o réu demonstrar que:

I – as partes na convenção de arbitragem eram incapazes;

II – a convenção de arbitragem não era válida segundo a lei à qual as partes a submeteram, ou, na falta de indicação, em virtude da lei do país onde a sentença arbitral foi proferida;

III – não foi notificado da designação do árbitro ou do procedimento de arbitragem, ou tenha sido violado o princípio do contraditório, impossibilitando a ampla defesa;

IV – a sentença arbitral foi proferida fora dos limites da convenção de arbitragem, e não foi possível separar a parte excedente daquela submetida à arbitragem;

V – a instituição da arbitragem não está de acordo com o compromisso arbitral ou cláusula compromissória;

VI – a sentença arbitral não se tenha, ainda, tornado obrigatória para as partes, tenha sido anulada, ou, ainda, tenha sido suspensa por órgão judicial do país onde a sentença arbitral for prolatada.

Art. 39. A homologação para o reconhecimento ou a execução da sentença arbitral estrangeira também será denegada se o Superior Tribunal de Justiça constatar que:

▸ *Caput* com redação pela Lei 13.129/2015.
▸ Art. 105, I, *i*, da CF, com redação pela EC 45/2004, que passou ao STJ a competência para a homologação de sentença estrangeira.

I – segundo a lei brasileira, o objeto do litígio não é suscetível de ser resolvido por arbitragem;

II – a decisão ofende a ordem pública nacional.

Parágrafo único. Não será considerada ofensa à ordem pública nacional a efetivação da citação da parte residente ou domiciliada no Brasil, nos moldes da convenção de arbitragem ou da lei processual do país onde se realizou a arbitragem, admitindo-se, inclusive, a citação postal com prova inequívoca de recebimento, desde que assegure à parte brasileira tempo hábil para o exercício do direito de defesa.

▸ Súmula 429 do STJ.

Art. 40. A denegação da homologação para reconhecimento ou execução de sentença arbitral estrangeira por vícios formais, não obsta que a parte interessada renove o pedido, uma vez sanados os vícios apresentados.

CAPÍTULO VII
DISPOSIÇÕES FINAIS

Art. 41. Os artigos 267, inciso VII; 301, inciso IX; e 584, inciso III, do Código de Processo Civil passam a ter a seguinte redação:

▸ Alterações incorporadas ao texto do referido Código.
▸ O art. 584 do CPC foi revogado pela Lei 11.232/2005.

Art. 42. O artigo 520 do Código de Processo Civil passa a ter mais um inciso, com a seguinte redação:

▸ Alterações incorporadas ao texto do referido Código.

Art. 43. Esta Lei entrará em vigor sessenta dias após a data de sua publicação.

Art. 44. Ficam revogados os artigos 1.037 a 1.048 da Lei 3.071, de 1º de janeiro de 1916, Código Civil Brasileiro; os artigos 101 e 1.072 a 1.102 da Lei 5.869, de 11 de janeiro de 1973, Código de Processo Civil; e demais disposições em contrário.

▸ A Lei 3.071/1916 foi revogada pela Lei 10.406/2002 (Código Civil).

Brasília, 23 de setembro de 1996; 175º da Independência e 108º da República.

Fernando Henrique Cardoso

DECRETO 2.067, DE 12 DE NOVEMBRO DE 1996

Promulga o Protocolo de Cooperação e Assistência Jurisdicional em Matéria Civil, Comercial, Trabalhista e Administrativa.

DOU 13.11.1996

O Presidente da República, no uso das atribuições que lhe confere o art. 84, inciso VIII, da Constituição, e

Considerando que o Protocolo de Cooperação e Assistência Jurisdicional em Matéria Civil, Comercial, Trabalhista e Administrativa foi assinado pelo Brasil em 27 de junho de 1992, no âmbito do MERCOSUL;

Considerando que o Protocolo de Cooperação e Assistência Jurisdicional em Matéria Civil, Comercial, Trabalhista e Administrativa foi oportunamente submetido ao Congresso Nacional, que o aprovou por meio do Decreto Legislativo número 55, de 19 de abril de 1995;

Considerando que o ato em tela entrou em vigor internacional em 17 de março de 1996;

Considerando que o Governo brasileiro depositou a Carta de Ratificação do instrumento em epígrafe em

16 de fevereiro de 1996, passando o mesmo a vigorar, para o Brasil, em 17 de março de 1996, na forma de seu artigo 33, decreta:

Art. 1º O Protocolo de Cooperação e Assistência Jurisdicional em Matéria Civil, Comercial, Trabalhista e Administrativa, assinado em Las Lenãs, em 27 de junho de 1992, apenso por cópia ao presente Decreto, deverá ser executado e cumprido tão inteiramente como nele se contém.

Art. 2º O presente Decreto entra em vigor na data de sua publicação.

Brasília, 12 de novembro de 1996; 175º da Independência e 108º da República.

Fernando Henrique Cardoso

ANEXO AO DECRETO QUE PROMULGA O PROTOCOLO DE COOPERAÇÃO E ASSISTÊNCIA JURISDICIONAL EM MATÉRIA CIVIL, COMERCIAL, TRABALHISTA E ADMINISTRATIVA

Protocolo de Cooperação e Assistência Jurisdicional em matéria Civil, Comercial, Trabalhista e Administrativa

Os governos da República Argentina, da República Federativa do Brasil, da República do Paraguai e da República Original do Uruguai,

Considerando que o Mercado Comum do Sul (MERCOSUL), previsto no Tratado de Assunção, assinado em 26 de março de 1991, implica o compromisso dos Estados-Partes de harmonizar suas legislações nas matérias pertinentes para obter o fortalecimento do processo de integração;

Desejosos de promover e intensificar a cooperação jurisdicional em matéria civil, comercial, trabalhista e administrativa, a fim de assim contribuir para o desenvolvimento de suas relações de integração com base nos princípios do respeito à soberania nacional e à igualdade de direitos e interesses recíprocos;

Convencidos de que este Protocolo contribuirá para o tratamento equitativo dos cidadãos e resistentes permanentes dos Estados-Partes do Tratado de Assunção e lhes facilitará o livre acesso à jurisdição nos referidos Estados para a defesa de seus direitos e interesses;

Conscientes da importância de que se reveste, para o processo de integração dos Estados-Partes, a adoção de instrumentos comuns que consolidem a segurança jurídica e tenham como finalidade atingir os objetos do Tratado de Assunção, acordam:

CAPÍTULO I
COOPERAÇÃO E ASSISTÊNCIA JURISDICIONAL

Artigo 1

Os Estados-Partes comprometem-se a prestar assistência mútua e ampla cooperação jurisdicional em matéria civil, comercial, trabalhista e administrativa. A assistência jurisdicional se estenderá aos procedimentos administrativos em que se admitam recursos perante os tribunais.

CAPÍTULO II
AUTORIDADES CENTRAIS

Artigo 2

Para os efeitos do presente protocolo, cada Estado-Parte indicará uma Autoridade Central encarregada de receber e dar andamento às petições de assistência jurisdicional em matéria civil, comercial, trabalhista e administrativa. Para tanto, as Autoridades Centrais se comunicarão diretamente entre si, permitindo a intervenção de outras autoridades respectivamente competentes, sempre que seja necessário.

Os Estados-Partes, ao depositarem os instrumentos de ratificação do presente Protocolo, comunicar o fato, no mais breve prazo possível, ao Governo depositário do presente Protocolo, para que dê conhecimento aos demais Estados Partes da substituição efetuada.

CAPÍTULO III
IGUALDADE NO TRATAMENTO PROCESSUAL

Artigo 3

Os cidadãos e os residentes permanentes de um Estado-Parte gozarão, nas mesmas condições dos cidadãos e residentes permanentes do outro Estado-Parte, do livre acesso à jurisdição desse Estado para a defesa de seus direitos e interesses.

O parágrafo anterior aplicar-se-á às pessoas jurídicas constituídas, autorizadas ou registradas conforme as leis de qualquer dos Estados-Partes.

Artigo 4

Nenhuma caução ou depósito, qualquer que seja sua denominação, poderá ser imposto em razão da qualidade de cidadão ou residente permanente de outro Estado-Parte.

O parágrafo anterior aplicar-se-á às pessoas jurídicas constituídas, autorizadas ou registradas conforme as leis de qualquer dos Estados-Partes.

CAPÍTULO IV
COOPERAÇÃO EM ATIVIDADES DE SIMPLES TRÂMITE E PROBATÓRIAS

Artigo 5

Cada Estado-parte deverá enviar às autoridades jurisdicionais do outro Estado, segundo o previsto no artigo 2, cara rogatória em matéria civil, comercial trabalhista ou administrativa, quando tenha por objeto:

a) diligências de simples trâmite, tais como citações, intimações, citações como prazo definido, notificações ou outras semelhantes;

b) recebimento ou obtenção de provas.

Artigo 6

As cartas rogatórias deverão conter;

a) denominação e domicílio do órgão jurisdicional requerente;

b) individualização do expediente, com especificação do objeto e natureza do juízo e do nome e domicílio das partes;

c) cópia da petição inicial e transcrição da decisão que ordena a expedição da carta rogatória;

d) nome e domicílio do procurador da parte solicitante no Estado requerido, se houver;

e) indicação do objeto da carta rogatória, com o nome e o domicílio do destinatário da medida;

f) informação sobre o prazo de que dispõe a pessoa afetada pela medida para cumprir-se a cooperação solicitada;

g) descrição das formas ou procedimentos especiais com que haverá de cumprir-se a cooperação solicitada;

h) qualquer outra informação que facilite o cumprimento da carta rogatória.

Artigo 7

No caso de ser solicitado o recebimento de provas, a cartas rogatória deverá também conter:

a) descrição do assunto que facilite a diligência probatória;

b) nome e domicílio de testemunhas ou outras pessoas ou instruções que devam intervir;

c) texto dos interrogatórios e documentos necessários.

Artigo 8

A Carta rogatória deverá ser cumprida de oficio pela autoridade jurisdicional competente do Estado requerido, e somente poderá denegar-se quando a medida solicitada, por sua natureza, atende contra os princípios de ordem pública do Estado requerido.

O referido cumprimento não implicará o reconhecimento da jurisdição internacional do juiz do qual emana.

Artigo 9

A autoridade jurisdicional requerida terá competência para conhecer das questões que sejam sustadas do cumprimento da diligência solicitada.

Caso a autoridade jurisdicional requerida se declare incompetente para proceder à tramitação da carta rogatória, remeterá de ofício os documentos e os antecedentes do caso à autoridade jurisdicional competente do seu Estado.

Artigo 10

As cartas rogatórias e os documentos que as acompanham deverão redigir-se no idioma da autoridade requerente e são acompanhadas de uma tradução para o idioma da autoridade requerida.

Artigo 11

A autoridade requerida poderá, atendendo à solicitação da autoridade requerente, informar o lugar e a data em que a medida solicitada será cumprida, a fim de permitir que a autoridade requerente, as partes interessadas ou seus respectivos representantes possam comparecer e exercer as faculdades autorizadas pela legislação da Parte requerida.

A requerida comunicação deverá efetuar-se, com a devida antecedência, por intermédio das Autoridades Centrais dos Estados-Partes.

Artigo 12

A autoridade jurisdicional encarregada do cumprimento de uma carta rogatória aplicará sua lei interna no que se refere aos procedimentos.

Não obstante, a carta rogatória poderá ter, mediante pedido da autoridade requerente, tramitação especial, admitindo-se o cumprimento de formalidade adicionais na diligência da carta rogatória, sempre que isso não seja incompatível com a ordem pública do Estado requerido.

O cumprimento de carta rogatória deverá efetuar-se sem demora.

Artigo 13

Ao diligenciar a carta rogatória, a autoridade requerida aplicará os meios processuais coercitivos previstos na sua legislação interna, nos casos e na medida em que deva fazê-lo para cumprir uma carta precatória das autoridades de seu próprio Estado, ou um pedido apresentado com o mesmo fim por uma parte interessada.

Artigo 14

Os documentos que comprovem o cumprimento da carta rogatória serão transmitidos por intermédios das Autoridades Centrais.

Quando a carta rogatória não tiver sido cumprida integralmente ou em parte, este fato e as razões do não cumprimento deverão ser comunicados de imediato à autoridade requerente, utilizando-se o meio assinalado no parágrafo anterior.

Artigo 15

O cumprimento da carta rogatória acarretar reembolso de nenhum tipo de despesa, exceto quando sejam solicitados meios probatórios que ocasionem custos especiais, ou sejam designados peritos para intervir na diligências. Em tais casos, deverão ser registrados no texto da carta rogatória os dados da pessoa que, no Estado requerido, procederá ao pagamento ao pagamento das despesas e honorários devidos.

Artigo 16

Quando os dados relativos ao domicílio da ação ou da pessoa citada forem incompletos ou inexatos, autoridade requerida deverá esgotar todos os meios para atender ao pedido. Para tanto, poderá também solicitar ao Estado requerente os dados complementares que permitam a identificação e a localização da referida pessoa.

Artigo 17

Os trâmites pertinentes para o cumprimento da carta rogatória não existirão necessariamente a intervenção da parte solicitante, devendo ser praticados de oficio pela autoridade jurisdicional competente do Estado requerido.

CAPÍTULO V
RECONHECIMENTO E EXECUÇÃO
DE SENTENÇAS E DE LAUDOS ARBITRAIS

Artigo 18

As disposições do presente Capítulo serão aplicáveis ao reconhecimento e à execução das sentenças e dos laudos arbitrais pronunciados nas jurisdições dos Estados-partes em matéria civil, comercial, trabalhista e administrativa, e serão igualmente aplicáveis às sentenças em matéria de reparação de danos e restituição de bens pronunciadas na esfera penal.

Artigo 19

O pedido de reconhecido e execução de sentença e de laudos arbitrais por parte das autoridades jurisdicional será tramitado por via de cartas rogatórias e por intermédios da Autoridade Central.

Artigo 20

As sentenças e os laudos arbitrais a que se refere o artigo anterior terão eficácia extraterritorial nos Estados-Partes quando reunirem as seguintes condições:

a) que venham revestidos das formalidades externas necessárias que sejam considerados autênticos nos Estados de origem;

b) que estejam, assim como os documentos anexos necessários, devidamente traduzidos para o idioma oficial do Estado em que se solicita seu reconhecimento e execução;

c) que emanem de um órgão jurisdicional ou arbitral competente, segundo as normas do Estado requerido sobre jurisdição internacional;

d) que a parte contra a qual se pretende executar a decisão tenha sido devidamente citada e tenha garantido o exercício de seu direito de defesa;

e) que a decisão tenha força de coisa julgada e/ou executória no Estado em que foi ditada;

f) que claramente não contrariem os princípios de ordem pública do Estado em que se solicita seu reconhecimento e/ou execução.

Os requisitos das alíneas (a), (c), (d), (e) e (f) devem estar contidos na cópia autêntica da sentença ou do laudo arbitral.

Artigo 21

A parte que, em juízo, invoque uma sentença ou um laudo arbitral de um dos Estados-Partes deverá apresentar cópia autêntica da sentença ou do laudo arbitral com os requisitos do artigo precedente.

Artigo 22

Quando se tratar de uma sentença ou de um laudo arbitral entre as mesmas partes, fundamentado nos mesmos fatos, e que tenha o mesmo objeto de outro processo judicial ou arbitral no Estado requerido, seu reconhecimento e sua executoriedade dependerão de que a decisão não seja incompatível com outro pronunciamento anterior ou simultâneo proferido no Estado-Parte requerido.

Do mesmo modo não se reconhecerá nem se procederá à execução, quando se houver iniciado um procedimento entre as mesmas partes, fundamentado nos mesmos fatos e sobre o mesmo objeto, perante a autoridade jurisdicional que teria pronunciado a decisão da qual haja solicitação de reconhecimento.

Artigo 23

Se uma sentença ou um laudo arbitral não puder ter eficácia em sua totalidade, a autoridade jurisdicional compete do Estado requerido poderá emitir sua eficácia parcial mediante pedido da parte interessada.

Artigo 24

Os procedimento, inclusive a competência dos respectivos órgãos jurisdicionais, para fins de reconhecimento e execução das sentenças ou dos laudos arbitrais, serão regidos pela lei do Estado requerido.

CAPÍTULO VI
DOS INSTRUMENTOS PÚBLICOS E OUTROS
DOCUMENTOS

Artigo 25

Os instrumentos públicos emanados de uma Estado-Parte terão no outro a mesma força probatória que seus próprios instrumentos públicos.

Artigo 26

Os documentos emanados de autoridades jurisdicionais ou outras autoridades de um dos Estados-Partes, assim como as escrituras públicas e os documentos que certifiquem a validade, a data e a veracidade da assinatura ou a conformidade com o original, e que sejam tramitados por intermédio da Autoridade Central, ficam isentos de toda legalização análoga quando devam ser apresentados no território do outro Estado-Parte.

Artigo 27

Cada Estado-Parte remeterá, por intermédio da Autoridade Central, a pedido de outro Estado-Parte e para fins exclusivamente públicos, os traslados ou certidões dos assentos dos registros de estado civil, sem nenhum custo.

CAPÍTULO VII
INFORMAÇÕES DO DIREITO ESTRANGEIRO

Artigo 28

As Autoridades Centrais dos Estados-Partes fornecer-se-ão mutuamente, a título de cooperação judicial, e desde que não se oponham às disposições em matéria civil, comercial, trabalhista, administrativa e de direito internacional privado, sem despesa alguma.

Artigo 29

A informação a que se refere o artigo anterior poderá também ser prestada perante a jurisdição do outro Estado, por meio de documentos fornecidos pelas autoridades diplomáticas ou consulares do Estado-Parte de cujo direito se trata.

Artigo 30

O Estado que fornecer as informações sobre o sentido do alcance legal de seu direito não será responsável pela opinião emitida, nem estará obrigado a aplicar seu direito, segundo a resposta fornecida.

O Estado que receber as citadas informações não estará obrigado a aplicar, ou fazer aplicar, o direito estrangeiro segundo o conteúdo da resposta recebida.

CAPÍTULO VIII
CONSULTAS E SOLUÇÕES DE CONTROVÉRSIAS

Artigo 31

As Autoridades Centrais dos Estados-Partes realizarão consultas nas oportunidades que lhes sejam mutuamente convenientes com a finalidade de facilitar a aplicação do presente Protocolo.

Artigo 32

Os Estados-Partes numa controvérsia sobre a interpretação, a aplicação ou o i não cumprimento das disposições deste Protocolo, procurarão resolvê-la mediante negociações diretas.

Se, mediante tais negociações, não se chegar a um acordo ou se tal controvérsia for solucionada apenas parcialmente, aplicar-se-ão os procedimentos previstos no Protocolo de Brasília para a solução de Controvérsias para o Mercado Comum do Sul.

CAPÍTULO IX
DISPOSIÇÕES FINAIS

Artigo 33

O presente protocolo, parte integrante do Tratado de Assunção, entrará em vigor trinta (30) dias após a data de depósito do segundo instrumento de ratificação, e será aplicado provisoriamente a partir da data de sua assinatura.

Artigo 34

A adesão por parte de um Estado ao Tratado de Assunção implicará, a adesão ao presente Protocolo.

Artigo 35

O presente protocolo não restringirá as disposições das convenções que anteriormente tiverem sido assinada sobre a mesma matéria entre os Estados-partes, desde que não o contradigam.

Artigo 36

O Governo da República do Paraguai será o depositário do presente Protocolo e dos instrumentos de ratificação, e enviará cópias devidamente autenticadas dos mesmos aos Governos dos demais Estados-partes.

Da mesma maneira, o Governo da República do Paraguai notificará aos Governos dos outros Estados-Partes a data da entrada em vigor deste protocolo e a data de depósito dos instrumentos de ratificações.

Feito no Vale de Las Leñas, Departamento de Malargue, Provincia de Mendoza, República Argentina, aos 27 dias do mês de junho de 1992, em um original, nos idiomas espanhol e português, sendo ambos os textos igualmente autênticos.

Pelo Governo da República Argentina

Pelo Governo da República do Paraguai

Pelo Governo da República Federativa do Brasil

Pelo Governo da República Oriental do Uruguai

LEI 9.424, DE 24 DE DEZEMBRO DE 1996

Dispõe sobre o Fundo de Manutenção e Desenvolvimento do Ensino Fundamental e de Valorização do Magistério, na forma prevista no art. 60, § 7º, do Ato das Disposições Constitucionais Transitórias, e dá outras providências.

DOU 26.12.1996

O Presidente da República:

Faço saber que o Congresso Nacional decreta e eu sanciono a seguinte Lei:

Arts. 1º a 8º *Revogados pela Lei 11.494/2007.*

Art. 9º Os Estados, o Distrito Federal e os Municípios deverão, no prazo de seis meses da vigência desta Lei, dispor de novo Plano de Carreira e Remuneração do Magistério, de modo a assegurar:

> ▶ O STF no julgamento da ADI 1627 (DJE-STF 14.11.2016) declarou a inconstitucionalidade da expressão "no prazo de seis meses da vigência desta Lei".

I – a remuneração condigna dos professores do ensino fundamental público, em efetivo exercício no magistério;

II – o estímulo ao trabalho em sala de aula;

III – a melhoria da qualidade do ensino.

§ 1º Os novos planos de carreira e remuneração do magistério deverão contemplar investimentos na capacitação dos professores leigos, os quais passarão a integrar quadro em extinção, de duração de cinco anos.

§ 2º Aos professores leigos é assegurado prazo de cinco anos para obtenção da habilitação necessária ao exercício das atividades docentes.

§ 3º A habilitação a que se refere o parágrafo anterior é condição para ingresso no quadro permanente da carreira conforme os novos planos de carreira e remuneração.

Art. 10. Os Estados, o Distrito Federal e os Municípios deverão comprovar:

I – efetivo cumprimento do disposto no art. 212 da Constituição Federal;

II – apresentação de Plano de Carreira e Remuneração do Magistério, de acordo com as diretrizes emanadas do Conselho Nacional de Educação, no prazo referido no artigo anterior;

▸ O STF no julgamento da ADI 1627 (*DJE-STF 14.11.2016*) declarou a inconstitucionalidade da expressão "no prazo referido no artigo anterior".

III – fornecimento das informações solicitadas por ocasião do censo escolar, ou para fins de elaboração de indicadores educacionais.

Parágrafo único. O não cumprimento das condições estabelecidas neste artigo, ou o fornecimento de informações falsas, acarretará sanções administrativas, sem prejuízo das civis ou penais ao agente executivo que lhe der causa.

Art. 11. Os órgãos responsáveis pelos sistemas de ensino, assim como os Tribunais de Contas da União, dos Estados e Municípios, criarão mecanismos adequados à fiscalização do cumprimento pleno do disposto no art. 212 da Constituição Federal e desta Lei, sujeitando-se os Estados e o Distrito Federal à intervenção da União, e os Municípios à intervenção dos respectivos Estados, nos termos do art. 34, inciso VII, alínea e, e do art. 35, inciso III, da Constituição Federal.

Art. 12. O Ministério da Educação e do Desporto realizará avaliações periódicas dos resultados da aplicação desta Lei, com vistas à adoção de medidas operacionais e de natureza político-educacional corretivas, devendo a primeira realizar-se dois anos após sua promulgação.

Art. 13. Revogado pela Lei 11.494/2007.

Art. 14. A União desenvolverá política de estímulo às iniciativas de melhoria de qualidade do ensino, acesso e permanência na escola promovidos pelas unidades federadas, em especial aquelas voltadas às crianças e adolescentes em situação de risco social.

Art 15. O Salário-Educação, previsto no art. 212, § 5º, da Constituição Federal e devido pelas empresas, na forma em que vier a ser disposto em regulamento, é calculado com base na alíquota de 2,5% (dois e meio por cento) sobre o total de remunerações pagas ou creditadas, a qualquer título, aos segurados empregados, assim definidos no art. 12, inciso I, da Lei 8.212, de 24 de julho de 1991.

▸ Lei 9.766/1998.

§ 1º O montante da arrecadação do Salário-Educação, após a dedução de 1% (um por cento) em favor do Instituto Nacional do Seguro Social – INSS, calculado sobre o valor por ele arrecadado, será distribuído pelo Fundo Nacional de Desenvolvimento da Educação – FNDE, observada, em 90% (noventa por cento) de seu valor, a arrecadação realizada em cada Estado e no Distrito Federal, em quotas, da seguinte forma:

▸ § 1º com redação pela Lei 10.832/2003.
▸ O STF na ADPF 188, por maioria, julgou procedente a ação para dar "interpretação conforme do conjunto normativo compreendido pelo art. 15, § 1º, da Lei federal nº 9.424, de 1996, e do art. 2º da Lei federal nº 9.766, de 1998, ambas alteradas pela Lei nº 10.832, de 2003, [para] determinar que as cotas estaduais e municipais cabíveis, a título de salário-educação, sejam integralmente distribuídas, observando-se tão somente a proporcionalidade do número de alunos matriculados de forma linear", e, por unanimidade, modulou os efeitos da decisão, para que produza efeitos a partir de 1º/1/2024. (*DOU* 29.06.2022)

I – Quota Federal, correspondente a um terço do montante de recursos, que será destinada ao FNDE e aplicada no financiamento de programas e projetos voltados para a universalização do ensino fundamental, de forma a propiciar a redução dos desníveis socioeducacionais existentes entre Municípios, Estados, Distrito Federal e regiões brasileiras;

II – Quota Estadual e Municipal, correspondente a 2/3 (dois terços) do montante de recursos, que será creditada mensal e automaticamente em favor das Secretarias de Educação dos Estados, do Distrito Federal e dos Municípios para financiamento de programas, projetos e ações do ensino fundamental.

▸ Inciso II com redação pela Lei 10.832/2003.

§ 2º *Vetado.*

§ 3º Os alunos regularmente atendidos, na data da edição desta Lei, com beneficiários da aplicação realizada pelas empresas contribuintes, no ensino fundamental dos seus empregados e dependentes, à conta de deduções da contribuição social do Salário-Educação, na forma da legislação em vigor, terão, a partir de 1º de janeiro de 1997, o benefício assegurado, respeitadas as condições em que foi concedido, e vedados novos ingressos nos termos do art. 212, § 5º, da Constituição Federal.

Art. 16. Esta Lei entra em vigor em 1º de janeiro de 1997.

Art. 17. Revogam-se as disposições em contrário.

Brasília, 24 de dezembro de 1996; 175º da Independência e 108º da República.

Fernando Henrique Cardoso

LEI 9.494, DE 10 DE SETEMBRO DE 1997

Disciplina a aplicação da tutela antecipada contra a Fazenda Pública, altera a Lei 7.347, de 24 de julho de 1985, e dá outras providências.

DOU 11.09.1997

▸ Art. 151, V, do CTN.
▸ Dec. 2.346/1997 (Normas de procedimentos a serem observadas pela Administração Pública Federal em razão de decisões judiciais).

Faço saber que o Presidente da República adotou a Medida Provisória 1.570-5, de 1997, que o Congresso Nacional aprovou, e eu, Antonio Carlos Magalhães, Presidente, para os efeitos do disposto no parágrafo único do art. 62 da Constituição Federal, promulgo a seguinte Lei:

Art. 1º Aplica-se à tutela antecipada prevista nos artigos 273 e 461 do Código de Processo Civil o disposto nos artigos 5º e seu parágrafo único e 7º da Lei 4.348, de 26 de junho de 1964, no artigo 1º e seu § 4º da Lei 5.021, de 9 de junho de 1966, e nos artigos 1º, 3º e 4º da Lei 8.437, de 30 de junho de 1992.

▸ O STF, no julgamento ADECON 4 (*DJE 29.10.2014*), decidiu: julgar procedente a ação para confirmar com efeito vinculante e eficácia geral e "*ex tunc*", a inteira validade jurídico-constitucional do art. 1º da Lei 9.494, de 10.09.1997 que "*Disciplina a aplicação da tutela antecipada contra a Fazenda Pública*".
▸ As Leis 4.348/1964 e 5.021/1966 foram revogadas pela Lei 12.016/2009 (Mandado de Segurança).
▸ Lei 8.437/1992 (Medidas Cautelares).
▸ Súmula 729 do STF.

Art. 1º-A. Estão dispensadas de depósito prévio, para interposição de recurso, as pessoas jurídicas de direito público federais, estaduais, distritais e municipais.

▸ Artigo acrescido pela MP 2.180-35/2001.

Art. 1º-B. O prazo a que se refere o *caput* dos artigos 730 do Código de Processo Civil, e 884 da Consolidação das Leis do Trabalho, aprovada pelo Decreto-Lei 5.452, de 1º de maio de 1943, passa a ser de trinta dias.

▸ Artigo acrescido pela MP 2.180-35/2001.
▸ O STF deferiu a Medida Cautelar em ADECON 11-8 (*DJU 29.06.2007*) para suspender todos os processos em que se discuta a constitucionalidade do art. 1º-B da Lei 9.494/1997 acrescentado pela MP 2.180-35/2001.

Art. 1º-C. Prescreverá em cinco anos o direito de obter indenização dos danos causados por agentes de pessoas jurídicas de direito público e de pessoas jurídicas de direito privado prestadoras de serviços públicos.

▸ Artigo acrescido pela MP 2.180-35/2001.
▸ Art. 27 da Lei 8.078/1990 (Código de Defesa do Consumidor – CDC).

Art. 1º-D. Não serão devidos honorários advocatícios pela Fazenda Pública nas execuções não embargadas.

▸ Artigo acrescido pela MP 2.180-35/2001.
▸ Art. 910 do CPC.
▸ Súmula 345 do STJ.

Art. 1º-E. São passíveis de revisão, pelo Presidente do Tribunal, de ofício ou a requerimento das partes, as contas elaboradas para aferir o valor dos precatórios antes de seu pagamento ao credor.

▸ Artigo acrescido pela MP 2.180-35/2001.

Art. 1º-F. Nas condenações impostas à Fazenda Pública, independentemente de sua natureza e para fins de atualização monetária, remuneração do capital e compensação da mora, haverá a incidência uma única vez, até o efetivo pagamento, dos índices oficiais de remuneração básica e juros aplicados à caderneta de poupança.

▸ Artigo com redação pela Lei 11.960/2009.

Art. 2º O artigo 16 da Lei 7.347, de 24 de julho de 1985, passa a vigorar com a seguinte redação:

▸ Alterações incorporadas no texto da referida Lei.

Art. 2º-A. A sentença civil prolatada em ação de caráter coletivo proposta por entidade associativa, na defesa dos interesses e direitos dos seus associados, abrangerá apenas os substituídos que tenham, na data da propositura da ação, domicílio no âmbito da competência territorial do órgão prolator.

▸ Artigo acrescido pela MP 2.180-35/2001.

Parágrafo único. Nas ações coletivas propostas contra a União, os Estados, o Distrito Federal, os Municípios e suas autarquias e fundações, a petição inicial deverá obrigatoriamente estar instruída com a ata da assembleia da entidade associativa que a autorizou, acompanhada da relação nominal dos seus associados e indicação dos respectivos endereços.

Art. 2º-B. A sentença que tenha por objeto a liberação de recurso, inclusão em folha de pagamento, reclassificação, equiparação, concessão de aumento ou extensão de vantagens a servidores da União, dos Estados, do Distrito Federal e dos Municípios, inclusive de suas autarquias e fundações, somente poderá ser executada após seu trânsito em julgado.

▸ Artigo acrescido pela MP 2.180-35/2001.

Art. 3º Ficam convalidados os atos praticados com base na Medida Provisória 1.570-4, de 22 de julho de 1997.

Art. 4º Esta Lei entra em vigor na data de sua publicação.

Congresso Nacional, 10 de setembro de 1997; 176º da Independência e 109º da República.

Senador Antonio Carlos Magalhães

LEI 9.504, DE 30 DE SETEMBRO DE 1997

Estabelece normas para as eleições.

DOU 01.10.1997

O Vice-Presidente da República no exercício do cargo de Presidente da República:

Faço saber que o Congresso Nacional decreta e eu sanciono a seguinte Lei:

(...)

Art. 100. A contratação de pessoal para prestação de serviços nas campanhas eleitorais não gera vínculo empregatício com o candidato ou partido contratantes, aplicando-se à pessoa física contratada o disposto na alínea h do inciso V do art. 12 da Lei 8.212, de 24 de julho de 1991.

▸ *Caput* com redação pela Lei 13.165/2015.

Parágrafo único. Não se aplica aos partidos políticos, para fins da contratação de que trata o *caput*, o disposto no parágrafo único do art. 15 da Lei 8.212, de 24 de julho de 1991.

▸ Parágrafo único acrescido pela Lei 13.165/2015

(...)

Brasília, 30 de setembro de 1997; 176º da Independência e 109º da República.

Marco Antonio de Oliveira Maciel

LEI 9.601, DE 21 DE JANEIRO DE 1998

Dispõe sobre o contrato de trabalho por prazo determinado e dá outras providências.

DOU 22.01.1998

O Presidente da República:

Faço saber que o Congresso Nacional decreta e eu sanciono a seguinte Lei:

Art. 1º As convenções e os acordos coletivos de trabalho poderão instituir contrato de trabalho por prazo determinado, de que trata o art. 443 da Consolidação das Leis do Trabalho – CLT, independentemente das condições estabelecidas em seu § 2º, em qualquer atividade desenvolvida pela empresa ou estabelecimento, para admissões que representem acréscimo no número de empregados.

▸ Art. 70 do Dec. 10.854/2021.

§ 1º As partes estabelecerão, na convenção ou acordo coletivo referido neste artigo:

I – a indenização para as hipóteses de rescisão antecipada do contrato de que trata este artigo, por iniciativa do empregador ou do empregado, não se aplicando o disposto nos arts. 479 e 480 da CLT;

II – as multas pelo descumprimento de suas cláusulas.

§ 2º Não se aplica ao contrato de trabalho previsto neste artigo o disposto no art. 451 da CLT.

§ 3º Vetado.

§ 4º São garantidas as estabilidades provisórias da gestante; do dirigente sindical, ainda que suplente; do empregado eleito para cargo de direção de comissões internas de prevenção de acidentes; do empregado acidentado, nos termos do art. 118 da Lei 8.213, de 24 de julho de 1991, durante a vigência do contrato por prazo determinado, que não poderá ser rescindido antes do prazo estipulado pelas partes.

Art. 2º Para os contratos previstos no art. 1º, são reduzidas, por 60 (sessenta) meses, a contar da data de publicação desta Lei:

▸ *Caput* com redação pela MP 2.164-41/2001.

I – a 50% (cinquenta por cento) de seu valor vigente em 1º de janeiro de 1996, as alíquotas das contribuições sociais destinadas ao Serviço Social da Indústria – SESI, Serviço Social do Comércio – SESC, Serviço Social do Transporte – SEST, Serviço Nacional de Aprendizagem Industrial – SENAI, Serviço Nacional de Aprendizagem Comercial – SENAC, Serviço Nacional de Aprendizagem do Transporte – SENAT, Serviço Brasileiro de Apoio às Micro e Pequenas Empresas – SEBRAE e Instituto Nacional

de Colonização e Reforma Agrária – INCRA, bem como ao salário educação e para o financiamento do seguro de acidente do trabalho;

II – para 2% (dois por cento), a alíquota da contribuição para o Fundo de Garantia do Tempo de Serviço – FGTS, de que trata a Lei 8.036, de 11 de maio de 1990.

Parágrafo único. As partes estabelecerão, na convenção ou acordo coletivo, obrigação do e empregador efetuar, sem prejuízo do disposto no inciso II deste artigo, depósitos mensais vinculados, a favor do empregado, em estabelecimento bancário, com periodicidade determinada de saque.

Art. 3º O número de empregados contratados nos termos do art. 1º desta Lei observará o limite estabelecido no instrumento decorrente da negociação coletiva, não podendo ultrapassar os seguintes percentuais, que serão aplicados cumulativamente:

I – 50% (cinquenta por cento) do número de trabalhadores, para a parcela inferior a cinquenta empregados;

II – 35% (trinta e cinco por cento) do número de trabalhadores, para a parcela entre cinquenta e cento e noventa e nove empregados; e

III – 20% (vinte por cento) do número de trabalhadores, para a parcela acima de duzentos empregados.

Parágrafo único. As parcelas referidas nos incisos deste artigo serão calculadas sobre a média aritmética mensal do número de empregados contratados por prazo indeterminado do estabelecimento, nos 6 (seis) meses imediatamente anteriores ao da data de publicação desta Lei.

Art. 4º As reduções previstas no art. 2º serão asseguradas desde que, no momento da contratação:

I – o empregador esteja adimplente junto ao Instituto Nacional do Seguro Social – INSS e ao Fundo de Garantia do Tempo de Serviço – FGTS;

II – o contrato de trabalho por prazo determinado e a relação mencionada no § 3º deste artigo tenham sido depositados no Ministério do Trabalho.

§ 1º As reduções referidas neste artigo subsistirão enquanto:

I – o quadro de empregados e a respectiva folha salarial, da empresa ou estabelecimento, forem superiores às respectivas médias mensais dos 6 (seis) meses imediatamente anteriores ao da data de publicação desta Lei; e

II – o número de empregados contratados por prazo indeterminado for, no mínimo, igual à média referida no parágrafo único do art. 3º.

§ 2º O Ministério do Trabalho tornará disponíveis ao INSS e ao Agente Operador do FGTS as informações constantes da convenção ou acordo coletivo de que trata o art. 1º e do contrato de trabalho depositado, necessárias ao controle do recolhimento das contribuições mencionadas, respectivamente, nos incisos I e II do art. 2º desta Lei.

§ 3º O empregador deverá afixar, no quadro de avisos da empresa, cópias do instrumento normativo mencionado no art. 1º e da relação dos contratados, que conterá, dentre outras informações, o nome do empregado, número da Carteira de Trabalho e Previdência Social, o número de inscrição do trabalhador no Programa de Integração Social – PIS e as datas de início e de término do contrato por prazo determinado.

§ 4º O Ministro do Trabalho disporá sobre as variáveis a serem consideradas e a metodologia de cálculo das médias aritméticas mensais de que trata o § 1º deste artigo.

Art. 5º As empresas que, a partir da data de publicação desta Lei, aumentarem seu quadro de pessoal em relação à média mensal do número de empregos no período de referência mencionado no artigo anterior terão preferência na obtenção de recursos no âmbito dos programas executados pelos estabelecimentos federais de crédito, especialmente junto ao Banco Nacional de Desenvolvimento Econômico e Social – BNDES.

Art. 6º O art. 59 da Consolidação das Leis do Trabalho – CLT passa a vigorar com a seguinte redação:

▸ Alterações incorporadas no texto da referida CLT.
▸ Artigo parcialmente prejudicado por conta da nova redação do art. 59, alterado pela MP 2.164-41/2001.

Art. 7º O descumprimento, pelo empregador, do disposto nos arts. 3º e 4º desta Lei sujeita-o a multa de quinhentas Unidades Fiscais de Referência – UFIR, por trabalhador contratado nos moldes do art. 1º, que se constituirá receita adicional do Fundo de Amparo ao Trabalhador – FAT, de que trata a Lei 7.998, de 11 de janeiro de 1990.

▸ Art. 29, § 3º, da Lei 10.522/2002 (Extinguiu a UFIR).

Art. 8º O Poder Executivo regulamentará esta Lei prazo de 30 (trinta) dias, contado a partir da data de sua publicação.

Art. 9º Esta Lei entra em vigor na data de sua publicação.

Art. 10. Revogam-se as disposições em contrário.
Brasília, 21 de janeiro de 1998; 177º da Independência e 110º da República.
Fernando Henrique Cardoso

LEI 9.608, DE 18 DE FEVEREIRO DE 1998

Dispõe sobre o serviço voluntário e dá outras providências.

DOU 19.02.1998

O Presidente da República:
Faço saber que o Congresso Nacional decreta e eu sanciono a seguinte Lei:

Art. 1º Considera-se serviço voluntário, para os fins desta Lei, a atividade não remunerada prestada por pessoa física a entidade pública de qualquer natureza ou a instituição privada de fins não lucrativos que tenha objetivos cívicos, culturais, educacionais, científicos, recreativos ou de assistência à pessoa.

▸ *Caput* com redação pela Lei 13.297/2016.

Parágrafo único. O serviço voluntário não gera vínculo empregatício, nem obrigação de natureza trabalhista, previdenciária ou afim.

Art. 2º O serviço voluntário será exercido mediante a celebração de termo de adesão entre a entidade, pública ou privada, e o prestador do serviço voluntário, dele devendo constar o objeto e as condições de seu exercício.

Art. 3º O prestador do serviço voluntário poderá ser ressarcido pelas despesas que comprovadamente realizar no desempenho das atividades voluntárias.

Parágrafo único. As despesas a serem ressarcidas deverão estar expressamente autorizadas pela entidade a que for prestado o serviço voluntário.

Art. 3º-A. *Revogado, a partir de 1º.01.2008, pela Lei 11.692/2008 (DOU 11.06.2008).*

Art. 4º Esta Lei entra em vigor na data de sua publicação.

Art. 5º Revogam-se as disposições em contrário.
Brasília, 18 de fevereiro de 1998; 177º da Independência e 110º da República.
Fernando Henrique Cardoso

LEI 9.609, DE 19 DE FEVEREIRO DE 1998

Dispõe sobre a proteção da propriedade intelectual de programa de computador, sua comercialização no País, e dá outras providências.

DOU 20.02.1998; Retificada no DOU de 25.02.1998

▸ Arts. 5º, XXVII a XXIX, e 22, IV, da CF.
▸ Lei 7.232/1984 (Política Nacional de Informática).
▸ Lei 8.248/1991 (Capacitação e competitividade do setor de informática e automação).
▸ Lei 8.741/1993 (Conselho Nacional de Informática e Automação – CONIN).
▸ Dec. 1.355/1994 (Negociações Comerciais do GATT – Acordo sobre aspectos dos Direitos de Propriedade Intelectual relacionados ao Comércio).
▸ Lei 9.279/1996 (Direitos e obrigações relativos à propriedade industrial).
▸ Lei 9.610/1998 (Direitos autorais).
▸ Dec. 5.244/2004 (Conselho Nacional de Combate à Pirataria e Delitos contra a Propriedade Intelectual).
▸ Lei 12.270/2010 (Medidas de suspensão de concessões ou outras obrigações no País relativas aos direitos de propriedade intelectual e outros, em casos de descumprimento de obrigações do Acordo Constitutivo da OMC).

CAPÍTULO I
DISPOSIÇÕES PRELIMINARES

Art. 1º Programa de computador é a expressão de um conjunto organizado de instruções em linguagem natural ou codificada, contida em suporte físico de qualquer natureza, de emprego necessário em máquinas automáticas de tratamento da informação, dispositivos, instrumentos ou equipamentos periféricos, baseados em técnica digital ou análoga, para fazê-los funcionar de modo e para fins determinados.

CAPÍTULO II
DA PROTEÇÃO AOS DIREITOS
DE AUTOR E DO REGISTRO

Art. 2º O regime de proteção à propriedade intelectual de programa de computador é o conferido às obras literárias pela legislação de direitos autorais e conexos vigentes no País, observado o disposto nesta Lei.

▸ Lei 9.610/1998 (Direitos Autorais).

§ 1º Não se aplicam ao programa de computador as disposições relativas aos direitos morais, ressalvado, a qualquer tempo, o direito do autor de reivindicar a paternidade do programa de computador e o direito do autor de opor-se a alterações não autorizadas, quando estas impliquem deformação, mutilação ou outra modificação do programa de computador, que prejudiquem a sua honra ou a sua reputação.

§ 2º Fica assegurada a tutela dos direitos relativos a programa de computador pelo prazo de cinquenta anos, contados a partir de 1º de janeiro do ano subsequente ao da sua publicação ou, na ausência desta, da sua criação.

§ 3º A proteção aos direitos de que trata esta Lei independe de registro.

§ 4º Os direitos atribuídos por esta Lei ficam assegurados aos estrangeiros domiciliados no exterior, desde que o país de origem do programa conceda, aos brasileiros e estrangeiros domiciliados no Brasil, direitos equivalentes.

§ 5º Inclui-se dentre os direitos assegurados por esta Lei e pela legislação de direitos autorais e conexos vigentes no País aquele direito exclusivo de autorizar ou proibir o aluguel comercial, não sendo esse direito exaurível pela venda, licença ou outra forma de transferência da cópia do programa.

§ 6º O disposto no parágrafo anterior não se aplica aos casos em que o programa em si não seja objeto essencial do aluguel.

Art. 3º Os programas de computador poderão, a critério do titular, ser registrados em órgão ou entidade a ser designado por ato do Poder Executivo, por iniciativa do Ministério responsável pela política de ciência e tecnologia.

▸ Dec. 2.556/1998 (Regulamenta o art. 3º da Lei 9.609/1998).

§ 1º O pedido de registro estabelecido neste artigo deverá conter, pelo menos, as seguintes informações:

I – os dados referentes ao autor do programa de computador e ao titular, se distinto do autor, sejam pessoas físicas ou jurídicas;

II – a identificação e descrição funcional do programa de computador; e

III – os trechos do programa e outros dados que se considerar suficientes para identificá-lo e caracterizar sua originalidade, ressalvando-se os direitos de terceiros e a responsabilidade do Governo.

§ 2º As informações referidas no inciso III do parágrafo anterior são de caráter sigiloso, não podendo ser reveladas, salvo por ordem judicial ou a requerimento do próprio titular.

Art. 4º Salvo estipulação em contrário, pertencerão exclusivamente ao empregador, contratante de serviços ou órgão público, os direitos relativos ao programa de computador, desenvolvido e elaborado durante a vigência de contrato ou de vínculo estatutário, expressamente destinado à pesquisa e desenvolvimento, ou em que a atividade do empregado, contratado de serviço ou servidor seja prevista, ou ainda, que decorra da própria natureza dos encargos concernentes a esses vínculos.

§ 1º Ressalvado ajuste em contrário, a compensação do trabalho ou serviço prestado limitar-se-á à remuneração ou ao salário convencionado.

§ 2º Pertencerão, com exclusividade, ao empregado, contratado de serviço ou servidor os direitos concernentes a programa de computador gerado sem relação com o contrato de trabalho, prestação de serviços ou vínculo estatutário, e sem a utilização de recursos, informações tecnológicas, segredos industriais e de negócios, materiais, instalações ou equipamentos do empregador, da empresa ou entidade com a qual o empregador mantenha contrato de prestação de serviços ou assemelhados, do contratante de serviços ou órgão público.

§ 3º O tratamento previsto neste artigo será aplicado nos casos em que o programa de computador for desenvolvido por bolsistas, estagiários e assemelhados.

Art. 5º Os direitos sobre as derivações autorizadas pelo titular dos direitos de programa de computador, inclusive sua exploração econômica, pertencerão à pessoa autorizada que as fizer, salvo estipulação contratual em contrário.

Art. 6º Não constituem ofensa aos direitos do titular de programa de computador:

I – a reprodução, em um só exemplar, de cópia legitimamente adquirida, desde que se destine à cópia de salvaguarda ou armazenamento eletrônico, hipótese em que o exemplar original servirá de salvaguarda;

II – a citação parcial do programa, para fins didáticos, desde que identificados o programa e o titular dos direitos respectivos;

Leg. Compl.

III – a ocorrência de semelhança de programa a outro, preexistente, quando se der por força das características funcionais de sua aplicação, da observância de preceitos normativos e técnicos, ou de limitação de forma alternativa para a sua expressão;

IV – a integração de um programa, mantendo-se suas características essenciais, a um sistema aplicativo ou operacional, tecnicamente indispensável às necessidades do usuário, desde que para o uso exclusivo de quem a promoveu.

(...)

CAPÍTULO VI
DISPOSIÇÕES FINAIS

Art. 15. Esta Lei entra em vigor na data de sua publicação.

Art. 16. Fica revogada a Lei 7.646, de 18 de dezembro de 1987.

Brasília, 19 de fevereiro de 1998; 177º da Independência e 110º da República.

Fernando Henrique Cardoso

LEI 9.615, DE 24 DE MARÇO DE 1998

Institui normas gerais sobre desporto e dá outras providências.

DOU 25.03.1998
▸ Dec. 7.984/2013 (Regulamenta esta Lei).
▸ Dec. 8.692/2016 (Regulamenta o controle de dopagem).

O Presidente da República:

Faço saber que o Congresso Nacional decreta e eu sanciono a seguinte Lei:

CAPÍTULO I
DISPOSIÇÕES INICIAIS

Art. 1º O desporto brasileiro abrange práticas formais e não formais e obedece às normas gerais desta Lei, inspirado nos fundamentos constitucionais do Estado Democrático de Direito.

§ 1º A prática desportiva formal é regulada por normas nacionais e internacionais e pelas regras de prática desportiva de cada modalidade, aceitas pelas respectivas entidades nacionais de administração do desporto.

§ 2º A prática desportiva não formal é caracterizada pela liberdade lúdica de seus praticantes.

§ 3º Os direitos e as garantias estabelecidos nesta Lei e decorrentes dos princípios constitucionais do esporte não excluem outros oriundos de tratados e acordos internacionais firmados pela República Federativa do Brasil.
▸ § 3º acrescido pela Lei 13.322/2016.

CAPÍTULO II
DOS PRINCÍPIOS FUNDAMENTAIS

Art. 2º O desporto, como direito individual, tem como base os princípios:

I – da soberania, caracterizado pela supremacia nacional na organização da prática desportiva;

II – da autonomia, definido pela faculdade e liberdade de pessoas físicas e jurídicas organizarem-se para a prática desportiva;

III – da democratização, garantido em condições de acesso às atividades desportivas sem quaisquer distinções ou formas de discriminação;

IV – da liberdade, expresso pela livre prática do desporto, de acordo com a capacidade e interesse de cada um, associando-se ou não a entidade do setor;

V – do direito social, caracterizado pelo dever do Estado em fomentar as práticas desportivas formais e não formais;

VI – da diferenciação, consubstanciado no tratamento específico dado ao desporto profissional e não profissional;

VII – da identidade nacional, refletido na proteção e incentivo às manifestações desportivas de criação nacional;

VIII – da educação, voltado para o desenvolvimento integral do homem como ser autônomo e participante, e fomentado por meio da prioridade dos recursos públicos ao desporto educacional;

IX – da qualidade, assegurado pela valorização dos resultados desportivos, educativos e dos relacionados à cidadania e ao desenvolvimento físico e moral;

X – da descentralização, consubstanciado na organização e funcionamento harmônicos de sistemas desportivos diferenciados e autônomos para os níveis federal, estadual, distrital e municipal;

XI – da segurança, propiciado ao praticante de qualquer modalidade desportiva, quanto a sua integridade física, mental ou sensorial;

XII – da eficiência, obtido por meio do estímulo à competência desportiva e administrativa.

Parágrafo único. A exploração e a gestão do desporto profissional constituem exercício de atividade econômica sujeitando-se, especificamente, à observância dos princípios:
▸ Parágrafo único acrescido pela Lei 10.672/2003.

I – da transparência financeira e administrativa;

II – da moralidade na gestão desportiva;

III – da responsabilidade social de seus dirigentes;

IV – do tratamento diferenciado em relação ao desporto não profissional; e

V – da participação na organização desportiva do País.

CAPÍTULO III
DA NATUREZA E DAS FINALIDADES DO DESPORTO

Art. 3º O desporto pode ser reconhecido em qualquer das seguintes manifestações:

I – desporto educacional, praticado nos sistemas de ensino e em formas assistemáticas de educação, evitando-se a seletividade, a hipercompetitividade de seus praticantes, com a finalidade de alcançar o desenvolvimento integral do indivíduo e a sua formação para o exercício da cidadania e a prática do lazer;

II – desporto de participação, de modo voluntário, compreendendo as modalidades desportivas praticadas com a finalidade de contribuir para a integração dos praticantes na plenitude da vida social, na promoção da saúde e educação e na preservação do meio ambiente;

III – desporto de rendimento, praticado segundo normas gerais desta Lei e regras de prática desportiva, nacionais e internacionais, com a finalidade de obter resultados e integrar pessoas e comunidades do País e estas com as de outras nações.

IV – desporto de formação, caracterizado pelo fomento e aquisição inicial dos conhecimentos desportivos que garantam competência técnica na intervenção desportiva, com o objetivo de promover o aperfeiçoamento qualitativo e quantitativo da prática desportiva em termos recreativos, competitivos ou de alta competição.
▸ Inciso IV acrescido pela Lei 13.155/2015.

§ 1º O desporto de rendimento pode ser organizado e praticado:
▸ Primitivo parágrafo único renumerado pela Lei 13.155/2015.

I – de modo profissional, caracterizado pela remuneração pactuada em contrato formal de trabalho entre o atleta e a entidade de prática desportiva;

II – de modo não profissional, identificado pela liberdade de prática e pela inexistência de contrato de trabalho, sendo permitido o recebimento de incentivos materiais e de patrocínio.
▸ Inciso II com redação pela Lei 9.981/2000.

a) e **b)** *Revogadas pela Lei 9.981/2000.*

§ 2º *Vetado.*

CAPÍTULO IV
DO SISTEMA BRASILEIRO DO DESPORTO

Seção I
Da composição e dos objetivos

Art. 4º O Sistema Brasileiro do Desporto compreende:

I – o Ministério do Esporte;
▸ Inciso I com redação pela Lei 10.672/2003.

II – *Revogado pela Lei 10.672/2003.*

III – o Conselho Nacional do Esporte – CNE;
▸ Inciso III com redação pela Lei 10.672/2003.

IV – o sistema nacional do desporto e os sistemas de desporto dos Estados, do Distrito Federal e dos Municípios, organizados de forma autônoma e em regime de colaboração, integrados por vínculos de natureza técnica específicos de cada modalidade desportiva.

§ 1º O Sistema Brasileiro do Desporto tem por objetivo garantir a prática desportiva regular e melhorar-lhe o padrão de qualidade.

§ 2º A organização desportiva do País, fundada na liberdade de associação, integra o patrimônio cultural brasileiro e é considerada de elevado interesse social, inclusive para os fins do disposto nos incisos I e III do art. 5º da Lei Complementar 75, de 20 de maio de 1993.
▸ § 2º com redação pela Lei 10.672/2003.

§ 3º Poderão ser incluídas no Sistema Brasileiro de Desporto as pessoas jurídicas que desenvolvam práticas não formais, promovam a cultura e as ciências do desporto e formem e aprimorem especialistas.

(...)

Seção IV
Do sistema nacional do desporto

(...)

Art. 23. Os estatutos ou contratos sociais das entidades de administração do desporto, elaborados de conformidade com esta Lei, deverão obrigatoriamente regulamentar, no mínimo:
▸ *Caput* com redação pela Lei 13.155/2015.

I – instituição do Tribunal de Justiça Desportiva, nos termos desta Lei;

II – inelegibilidade, por 10 (dez) anos, de seus dirigentes para desempenho de cargos e funções eletivas ou de livre nomeação de:
▸ Inciso II com redação pela Lei 13.155/2015.

a) condenados por crime doloso em sentença definitiva;

b) inadimplentes na prestação de contas de recursos públicos em decisão administrativa definitiva;

c) inadimplentes na prestação de contas da própria entidade;

d) afastados de cargos eletivos ou de confiança de entidade desportiva ou em virtude de gestão patrimonial ou financeira irregular ou temerária da entidade;

e) inadimplentes das contribuições previdenciárias e trabalhistas;

f) falidos.

III – a garantia de representação, com direito a voto, da categoria de atletas e entidades de prática esportiva das respectivas modalidades, no âmbito dos órgãos e conselhos técnicos incumbidos da aprovação de regulamentos das competições.
▸ Inciso III com redação pela Lei 13.155/2015.

§ 1º Independentemente de previsão estatutária, é obrigatório o afastamento preventivo e imediato dos dirigentes, eleitos ou nomeados, caso incorram em qualquer das hipóteses do inciso II do *caput* deste artigo, assegurados o processo regular e a ampla defesa para a destituição.
▸ Primitivo parágrafo único renumerado pela Lei 13.155/2015.

§ 2º Os representantes dos atletas de que trata o inciso III do *caput* deste artigo deverão ser escolhidos pelo voto destes, em eleição direta, organizada pela entidade de administração do desporto, em conjunto com as entidades que os representem, observando-se, quanto ao processo eleitoral, o disposto no art. 22 desta Lei.
▸ § 2º acrescido pela Lei 13.155/2015.

Art. 24. As prestações de contas anuais de todas as entidades de administração do desporto integrantes do Sistema Nacional do Desporto serão obrigatoriamente submetidas, com parecer dos Conselhos Fiscais, às respectivas assembleias-gerais, para a aprovação final.

Parágrafo único. Todos os integrantes das assembleias-gerais terão acesso irrestrito aos documentos, informações e comprovantes de despesas de contas de que trata este artigo.

Seção V
Dos Sistemas do Desporto dos Estados, do Distrito Federal e dos Municípios
▸ Seção V com redação pela Lei 12.395/2011.

Art. 25. Os Estados e o Distrito Federal constituirão seus próprios sistemas, respeitadas as normas estabelecidas nesta Lei e a observância do processo eleitoral.

Parágrafo único. Aos Municípios é facultado constituir sistemas próprios de desporto, observado o disposto nesta Lei e, no que couber, na legislação do respectivo Estado.
▸ Parágrafo único com redação pela Lei 12.395/2011.

CAPÍTULO V
DA PRÁTICA DESPORTIVA PROFISSIONAL

Art. 26. Atletas e entidades de prática desportiva são livres para organizar a atividade profissional, qualquer que seja sua modalidade, respeitados os termos desta Lei.

Parágrafo único. Considera-se competição profissional para os efeitos desta Lei aquela promovida para obter renda e disputada por atletas profissionais cuja remuneração decorra de contrato de trabalho desportivo.
▸ Parágrafo único acrescido pela Lei 10.672/2003.

Art. 27. As entidades de prática desportiva participantes de competições profissionais e as entidades de administração de desporto ou ligas em que se organizarem, independentemente da forma jurídica adotada, sujeitam os bens particulares de seus dirigentes ao disposto no art. 50 da Lei 10.406, de 10 de janeiro de 2002,

além das sanções e responsabilidades previstas no *caput* do art. 1.017 da Lei 10.406, de 10 de janeiro de 2002, na hipótese de aplicarem créditos ou bens sociais da entidade desportiva em proveito próprio ou de terceiros.

▸ *Caput* com redação pela Lei 10.672/2003.

§ 1º *Revogado pela Lei 9.981/2000.*

▸ Primitivo parágrafo único renumerado pela Lei 9.981/2000.

§ 2º A entidade a que se refere este artigo poderá utilizar seus bens patrimoniais, desportivos ou sociais, inclusive imobiliários ou de propriedade intelectual, para integralizar sua parcela no capital de Sociedade Anônima do Futebol, ou oferecê-los em garantia, na forma de seu estatuto, ou, se omisso este, mediante aprovação de mais da metade dos associados presentes à assembleia geral especialmente convocada para deliberar o tema.

▸ § 2º com redação pela Lei 14.193/2021.

§§ 3º e 4º *Revogados pela Lei 10.672/2003.*

§ 5º O disposto no art. 23 aplica-se, no que couber, às entidades a que se refere o *caput* deste artigo.

▸ § 5º acrescido pela Lei 10.672/2003.

§ 6º Sem prejuízo de outros requisitos previstos em lei, as entidades de que trata o *caput* deste artigo somente poderão obter financiamento com recursos públicos ou fazer jus a programas de recuperação econômico--financeiros se, cumulativamente, atenderem às seguintes condições:

▸ *Caput* do § 6º com redação pela Lei 12.395/2011.

I – realizar todos os atos necessários para permitir a identificação exata de sua situação financeira;

▸ Inciso I acrescido pela Lei 10.672/2003.

II – apresentar plano de resgate e plano de investimento;

▸ Inciso II acrescido pela Lei 10.672/2003.

III – garantir a independência de seus conselhos de fiscalização e administração, quando houver;

▸ Inciso III acrescido pela Lei 10.672/2003.

IV – adotar modelo profissional e transparente; e

▸ Inciso IV acrescido pela Lei 10.672/2003.

V – apresentar suas demonstrações financeiras, juntamente com os respectivos relatórios de auditoria, nos termos definidos no inciso I do art. 46-A desta Lei.

▸ Inciso V com redação pela Lei 12.395/2011.

§ 7º Os recursos do financiamento voltados à implementação do plano de resgate serão utilizados:

▸ § 7º acrescido pela Lei 10.672/2003.

I – prioritariamente, para quitação de débitos fiscais, previdenciários e trabalhistas; e

II – subsidiariamente, para construção ou melhoria de estádio próprio ou de que se utilizam para mando de seus jogos, com a finalidade de atender a critérios de segurança, saúde e bem-estar do torcedor.

§ 8º Na hipótese do inciso II do § 7º, a entidade de prática desportiva deverá apresentar à instituição financiadora o orçamento das obras pretendidas.

▸ § 8º acrescido pela Lei 10.672/2003.

§ 9º É facultado às entidades desportivas profissionais constituírem-se regularmente em sociedade empresária, segundo um dos tipos regulados nos arts. 1.039 a 1.092 da Lei 10.406, de 10 de janeiro de 2002 – Código Civil.

▸ § 9º acrescido pela Lei 10.672/2003.

§ 10. Considera-se entidade desportiva profissional, para fins desta Lei, as entidades de prática desportiva envolvidas em competições de atletas profissionais, as ligas em que se organizarem e as entidades de administração de desporto profissional.

▸ § 10 acrescido pela Lei 10.672/2003.

§ 11. Os administradores de entidades desportivas profissionais respondem solidária e ilimitadamente pelos atos ilícitos praticados, de gestão temerária ou contrários ao previsto no contrato social ou estatuto, nos termos da Lei 10.406, de 10 de janeiro de 2002 – Código Civil.

▸ § 11 com redação pela Lei 12.395/2011.

§ 12. *Vetado.*

§ 13. Para os fins de fiscalização e controle do disposto nesta Lei, as atividades profissionais das entidades de que trata o *caput* deste artigo, independentemente da forma jurídica sob a qual estejam constituídas, equiparam-se às das sociedades empresárias.

▸ § 13 com redação pela Lei 12.395/2011.

Art. 27-A. Nenhuma pessoa física ou jurídica que, direta ou indiretamente, seja detentora de parcela do capital com direito a voto ou, de qualquer forma, participe da administração de qualquer entidade de prática desportiva poderá ter participação simultânea no capital social ou na gestão de outra entidade de prática desportiva disputante da mesma competição profissional.

▸ *Caput* acrescido pela Lei 9.981/2000.

§ 1º É vedado que duas ou mais entidades de prática desportiva disputem a mesma competição profissional das primeiras séries ou divisões das diversas modalidades desportivas quando:

▸ § 1º acrescido pela Lei 9.981/2000.

a) uma mesma pessoa física ou jurídica, direta ou indiretamente, através de relação contratual, explore, controle ou administre direitos que integrem seus patrimônios; ou

b) uma mesma pessoa física ou jurídica, direta ou indiretamente, seja detentora de parcela do capital com direito a voto ou, de qualquer forma, participe da administração de mais de uma sociedade ou associação que explore, controle ou administre direitos que integrem os seus patrimônios.

§ 2º A vedação de que trata este artigo aplica-se:

▸ § 2º acrescido pela Lei 9.981/2000.

a) ao cônjuge e aos parentes até o segundo grau das pessoas físicas; e

b) às sociedades controladoras, controladas e coligadas das mencionadas pessoas jurídicas, bem como a fundo de investimento, condomínio de investidores ou outra forma assemelhada que resulte na participação concomitante vedada neste artigo.

§ 3º Excluem-se da vedação de que trata este artigo os contratos de administração e investimentos em estádios, ginásios e praças desportivas, de patrocínio, de licenciamento de uso de marcas e símbolos, de publicidade e de propaganda, desde que não importem na administração direta ou na cogestão das atividades desportivas profissionais das entidades de prática desportiva, assim como os contratos individuais ou coletivos que sejam celebrados entre as detentoras de concessão, permissão ou autorização para exploração de serviços de radiodifusão sonora e de sons e imagens, bem como de televisão por assinatura, e entidades de prática desportiva para fins de transmissão de eventos desportivos.

▸ § 3º acrescido pela Lei 9.981/2000.

§ 4º A infringência a este artigo implicará a inabilitação da entidade de prática desportiva para percepção dos benefícios de que trata o art. 18 desta Lei.

▸ § 4º acrescido pela Lei 10.672/2003.

§ 5º As empresas detentoras de concessão, permissão ou autorização para exploração de serviço de radiodifusão sonora e de sons e imagens, bem como de televisão por assinatura, ficam impedidas de patrocinar ou veicular sua própria marca, bem como a de seus canais e dos títulos de seus programas, nos uniformes de competições das entidades desportivas.

▸ § 5º com redação pela Lei 10.672/2003.

§ 6º A violação do disposto no § 5º implicará a eliminação da entidade de prática desportiva que lhe deu causa da competição ou do torneio em que aquela se verificou, sem prejuízo das penalidades que venham a ser aplicadas pela Justiça Desportiva.

▸ § 6º acrescido pela Lei 10.672/2003.

Art. 27-B. São nulas de pleno direito as cláusulas de contratos firmados entre as entidades de prática desportiva e terceiros, ou entre estes e atletas, que possam intervir ou influenciar nas transferências de atletas ou, ainda, que interfiram no desempenho do atleta ou da entidade de prática desportiva, exceto quando objeto de acordo ou convenção coletiva de trabalho.

▸ Artigo acrescido pela Lei 12.395/2011.

Art. 27-C. São nulos de pleno direito os contratos firmados pelo atleta ou por seu representante legal com agente desportivo, pessoa física ou jurídica, bem como as cláusulas contratuais ou de instrumentos procuratórios que:

▸ Artigo acrescido pela Lei 12.395/2011.

I – resultem vínculo desportivo;

II – impliquem vinculação ou exigência de receita total ou parcial exclusiva da entidade de prática desportiva, decorrente de transferência nacional ou internacional de atleta, em vista da exclusividade de que trata o inciso I do art. 28;

III – restrinjam a liberdade de trabalho desportivo;

IV – estabeleçam obrigações consideradas abusivas ou desproporcionais;

V – infrinjam os princípios da boa-fé objetiva ou do fim social do contrato; ou

VI – versem sobre o gerenciamento de carreira de atleta em formação com idade inferior a 18 (dezoito) anos.

Art. 27-D. *Vetado.*

Art. 28. A atividade do atleta profissional é caracterizada por remuneração pactuada em contrato especial de trabalho desportivo, firmado com entidade de prática desportiva, no qual deverá constar, obrigatoriamente:

▸ *Caput* com redação pela Lei 12.395/2011.

I – cláusula indenizatória desportiva, devida exclusivamente à entidade de prática desportiva à qual está vinculado o atleta, nas seguintes hipóteses:

a) transferência do atleta para outra entidade, nacional ou estrangeira, durante a vigência do contrato especial de trabalho desportivo; ou

b) por ocasião do retorno do atleta às atividades profissionais em outra entidade de prática desportiva, no prazo de até 30 (trinta) meses; e

II – cláusula compensatória desportiva, devida pela entidade de prática desportiva ao atleta, nas hipóteses dos incisos III a V do § 5º.

§ 1º O valor da cláusula indenizatória desportiva a que se refere o inciso I do *caput* deste artigo será livremente pactuado pelas partes e expressamente quantificado no instrumento contratual:

▸ § 1º com redação pela Lei 12.395/2011.

I – até o limite máximo de 2.000 (duas mil) vezes o valor médio do salário contratual, para as transferências nacionais; e

II – sem qualquer limitação, para as transferências internacionais.

§ 2º São solidariamente responsáveis pelo pagamento da cláusula indenizatória desportiva de que trata o inciso I do *caput* deste artigo o atleta e a nova entidade de prática desportiva empregadora.

▸ *Caput* do § 2º com redação pela Lei 12.395/2011.

I a III – *Revogados pela Lei 12.395/2011.*

§ 3º O valor da cláusula compensatória desportiva a que se refere o inciso II do *caput* deste artigo será livremente pactuado entre as partes e formalizado no contrato especial de trabalho desportivo, observando-se, como limite máximo, 400 vezes o valor do salário mensal no momento da rescisão e, como limite mínimo, o valor total de salários mensais a que teria direito o atleta até o término do referido contrato.

▸ § 3º com redação pela Lei 12.395/2011.

§ 4º Aplicam-se ao atleta profissional as normas gerais da legislação trabalhista e da Seguridade Social, ressalvadas as peculiaridades constantes desta Lei, especialmente as seguintes:

▸ § 4º com redação pela Lei 12.395/2011.

I – se conveniente à entidade de prática desportiva, a concentração não poderá ser superior a 3 (três) dias consecutivos por semana, desde que esteja programada qualquer partida, prova ou equivalente, amistosa ou oficial, devendo o atleta ficar à disposição do empregador por ocasião da realização de competição fora da localidade onde tenha sua sede;

II – o prazo de concentração poderá ser ampliado, independentemente de qualquer pagamento adicional, quando o atleta estiver à disposição da entidade de administração do desporto;

III – acréscimos remuneratórios em razão de períodos de concentração, viagens, pré-temporada e participação do atleta em partida, prova ou equivalente, conforme previsão contratual;

IV – repouso semanal remunerado de 24 (vinte e quatro) horas ininterruptas, preferentemente em dia subsequente à participação do atleta na partida, prova ou equivalente, quando realizada no final de semana;

V – férias anuais remuneradas de 30 (trinta) dias, acrescidas do abono de férias, coincidentes com o recesso das atividades desportivas;

VI – jornada de trabalho desportiva normal de 44 (quarenta e quatro) horas semanais.

§ 5º O vínculo desportivo do atleta com a entidade de prática desportiva contratante constitui-se com o registro do contrato especial de trabalho desportivo na entidade de administração do desporto, tendo natureza acessória ao respectivo vínculo empregatício, dissolvendo-se, para todos os efeitos legais:

▸ § 5º com redação pela Lei 12.395/2011.

I – com o término da vigência do contrato ou o seu distrato;

II – com o pagamento da cláusula indenizatória desportiva ou da cláusula compensatória desportiva;

III – com a rescisão decorrente do inadimplemento salarial, de responsabilidade da entidade de prática desportiva empregadora, nos termos desta Lei;

IV – com a rescisão indireta, nas demais hipóteses previstas na legislação trabalhista; e

V – com a dispensa imotivada do atleta.

§ 6º *Revogado pela Lei 10.672/2003.*

§ 7º A entidade de prática desportiva poderá suspender o contrato especial de trabalho desportivo do atleta profissional, ficando dispensada do pagamento da remuneração nesse período, quando o atleta for impedido

de atuar, por prazo ininterrupto superior a 90 (noventa) dias, em decorrência de ato ou evento de sua exclusiva responsabilidade, desvinculado da atividade profissional, conforme previsto no referido contrato.

▸ § 7º com redação pela Lei 12.395/2011.

§ 8º O contrato especial de trabalho desportivo deverá conter cláusula expressa reguladora de sua prorrogação automática na ocorrência da hipótese prevista no § 7º deste artigo.

▸ § 8º acrescido pela Lei 12.395/2011.

§ 9º Quando o contrato especial de trabalho desportivo for por prazo inferior a 12 (doze) meses, o atleta profissional terá direito, por ocasião da rescisão contratual por culpa da entidade de prática desportiva empregadora, a tantos doze avos da remuneração mensal quantos forem os meses da vigência do contrato, referentes a férias, abono de férias e 13º (décimo terceiro) salário.

▸ § 9º acrescido pela Lei 12.395/2011.

§ 10. Não se aplicam ao contrato especial de trabalho desportivo os arts. 479 e 480 da Consolidação das Leis do Trabalho – CLT, aprovada pelo Decreto-lei 5.452, de 1º de maio de 1943.

▸ § 10 acrescido pela Lei 12.395/2011.

Art. 28-A. Caracteriza-se como autônomo o atleta maior de 16 anos que não mantém relação empregatícia com entidade de prática desportiva, auferindo rendimentos por conta e por meio de contrato de natureza civil.

▸ Artigo acrescido pela Lei 12.395/2011.

§ 1º O vínculo desportivo do atleta autônomo com a entidade de prática desportiva resulta de inscrição para participar de competição e não implica reconhecimento de relação empregatícia.

§ 2º A filiação ou a vinculação de atleta autônomo a entidade de administração ou a sua integração a delegações brasileiras partícipes de competições internacionais não caracteriza vínculo empregatício.

§ 3º O disposto neste artigo não se aplica às modalidades desportivas coletivas.

Art. 29. A entidade de prática desportiva formadora do atleta terá o direito de assinar com ele, a partir de 16 anos de idade, o primeiro contrato especial de trabalho desportivo, cujo prazo não poderá ser superior a 5 (cinco) anos.

▸ Caput com redação pela Lei 12.395/2011.

Parágrafo único. *Vetado.*

▸ Mantivemos parágrafo único conforme publicação oficial, pois a Lei 9.981/2000, ao alterar este artigo, não mencionou a renumeração do referido dispositivo.

§ 2º É considerada formadora de atleta a entidade de prática desportiva que:

▸ § 2º com redação pela Lei 12.395/2011.

I – forneça aos atletas programas de treinamento nas categorias de base e complementação educacional; e

II – satisfaça cumulativamente os seguintes requisitos:

a) estar o atleta em formação inscrito por ela na respectiva entidade regional de administração do desporto há, pelo menos, 1 (um) ano;

b) comprovar que, efetivamente, o atleta em formação está inscrito em competições oficiais;

c) garantir assistência educacional, psicológica, médica e odontológica, assim como alimentação, transporte e convivência familiar;

d) manter alojamento e instalações desportivas adequados, sobretudo em matéria de alimentação, higiene, segurança e salubridade;

e) manter corpo de profissionais especializados em formação técnico-desportiva;

f) ajustar o tempo destinado à efetiva atividade de formação do atleta, não superior a 4 (quatro) horas por dia, aos horários do currículo escolar ou de curso profissionalizante, além de propiciar-lhe a matrícula escolar, com exigência de frequência e satisfatório aproveitamento;

g) ser a formação do atleta gratuita e a expensas da entidade de prática desportiva;

h) comprovar que participa anualmente de competições organizadas por entidade de administração do desporto em, pelo menos, duas categorias da respectiva modalidade desportiva; e

i) garantir que o período de seleção não coincida com os horários escolares.

§ 3º A entidade nacional de administração do desporto certificará como entidade de prática desportiva formadora aquela que comprovadamente preencha os requisitos estabelecidos nesta Lei.

▸ § 3º com redação pela Lei 12.395/2011.

§ 4º O atleta não profissional em formação, maior de 14 e menor de 20 anos de idade, poderá receber auxílio financeiro da entidade de prática desportiva formadora, sob a forma de bolsa de aprendizagem livremente pactuada

mediante contrato formal, sem que seja gerado vínculo empregatício entre as partes.

▸ § 4º acrescido pela Lei 10.672/2003.

§ 5º A entidade de prática desportiva formadora fará jus a valor indenizatório se ficar impossibilitada de assinar o primeiro contrato especial de trabalho desportivo por oposição do atleta, ou quando ele se vincular, sob qualquer forma, a outra entidade de prática desportiva, sem autorização expressa da entidade de prática desportiva formadora, atendidas as seguintes condições:

▸ § 5º com redação pela Lei 12.395/2011.

I – o atleta deverá estar regularmente registrado e não pode ter sido desligado da entidade de prática desportiva formadora;

II – a indenização será limitada ao montante correspondente a 200 vezes os gastos comprovadamente efetuados com a formação do atleta, especificados no contrato de que trata o § 4º deste artigo;

III – o pagamento do valor indenizatório somente poderá ser efetuado por outra entidade de prática desportiva e deverá ser efetivado diretamente à entidade de prática desportiva formadora no prazo máximo de 15 (quinze) dias, contados da data da vinculação do atleta à nova entidade de prática desportiva, para efeito de permitir novo registro em entidade de administração do desporto.

§ 6º O contrato de formação desportiva a que se refere o § 4º deste artigo deverá incluir obrigatoriamente:

▸ § 6º com redação pela Lei 12.395/2011.

I – identificação das partes e dos seus representantes legais;

II – duração do contrato;

III – direitos e deveres das partes contratantes, inclusive garantia de seguro de vida e de acidentes pessoais para cobrir as atividades do atleta contratado; e

IV – especificação dos itens de gasto para fins de cálculo da indenização com a formação desportiva.

§ 7º A entidade de prática desportiva formadora e detentora do primeiro contrato especial de trabalho desportivo com o atleta por ela profissionalizado terá o direito de preferência para a primeira renovação deste contrato, cujo prazo não poderá ser superior a 3 (três) anos, salvo se para equiparação de proposta de terceiro.

▸ Caput com redação pela Lei 12.395/2011.

▸ I a V – *Revogados pela Lei 12.395/2011.*

§ 8º Para assegurar seu direito de preferência, a entidade de prática desportiva formadora e detentora do primeiro contrato especial de trabalho desportivo deverá apresentar, até 45 (quarenta e cinco) dias antes do término do contrato em curso, proposta ao atleta, de cujo teor deverá ser cientificada a correspondente entidade regional de administração do desporto, indicando as novas condições contratuais e os salários ofertados, devendo o atleta apresentar resposta à entidade de prática desportiva formadora, de cujo teor deverá ser notificada a referida entidade de administração, no prazo de 15 (quinze) dias contados da data do recebimento da proposta, sob pena de aceitação tácita.

▸ § 8º acrescido pela Lei 12.395/2011.

§ 9º Na hipótese de outra entidade de prática desportiva resolver oferecer proposta mais vantajosa a atleta vinculado à entidade de prática desportiva que o formou, deve-se observar o seguinte:

▸ § 9º acrescido pela Lei 12.395/2011.

I – a entidade proponente deverá apresentar à entidade de prática desportiva formadora proposta, fazendo dela constar todas as condições remuneratórias;

II – a entidade proponente deverá dar conhecimento da proposta à correspondente entidade regional de administração; e

III – a entidade de prática desportiva formadora poderá, no prazo máximo de 15 (quinze) dias, a contar do recebimento da proposta, comunicar se exercerá o direito de preferência de que trata o § 7º, nas mesmas condições oferecidas.

§ 10. A entidade de administração do desporto deverá publicar o recebimento das propostas de que tratam os §§ 7º e 8º, nos seus meios oficiais de divulgação, no prazo de 5 (cinco) dias contados da data do recebimento.

▸ § 10 acrescido pela Lei 12.395/2011.

§ 11. Caso a entidade de prática desportiva formadora oferte as mesmas condições, e, ainda assim, o atleta se oponha à renovação do primeiro contrato especial de trabalho desportivo, ela poderá exigir da nova entidade de prática desportiva contratante o valor indenizatório correspondente a, no máximo, 200 vezes o valor do salário mensal constante da proposta.

▸ § 11 acrescido pela Lei 12.395/2011.

§ 12. A contratação do atleta em formação será feita diretamente pela entidade de prática desportiva formadora, sendo vedada a sua realização por meio de terceiros.

▸ § 12 acrescido pela Lei 12.395/2011.

§ 13. A entidade de prática desportiva formadora deverá registrar o contrato de formação desportiva do atleta em formação na entidade de administração da respectiva modalidade desportiva.

▸ § 13 acrescido pela Lei 12.395/2011.

Art. 29-A. Sempre que ocorrer transferência nacional, definitiva ou temporária, de atleta profissional, até 5% (cinco por cento) do valor pago pela nova entidade de prática desportiva serão obrigatoriamente distribuídos entre as entidades de práticas desportivas que contribuíram para a formação do atleta, na proporção de:

▸ Artigo acrescido pela Lei 12.395/2011.

I – 1% (um por cento) para cada ano de formação do atleta, dos 14 aos 17 anos de idade, inclusive; e

II – 0,5% (meio por cento) para cada ano de formação, dos 18 aos 19 anos de idade, inclusive.

§ 1º Caberá à entidade de prática desportiva cessionária do atleta reter do valor a ser pago à entidade de prática desportiva cedente 5% (cinco por cento) do valor acordado para a transferência, distribuindo-os às entidades de prática desportiva que contribuíram para a formação do atleta.

§ 2º Como exceção à regra estabelecida no § 1º deste artigo, caso o atleta se desvincule da entidade de prática desportiva de forma unilateral, mediante pagamento da cláusula indenizatória desportiva prevista no inciso I do art. 28 desta Lei, caberá à entidade de prática desportiva que recebeu a cláusula indenizatória desportiva distribuir 5% (cinco por cento) de tal montante às entidades de prática desportiva responsáveis pela formação do atleta.

§ 3º O percentual devido às entidades de prática desportiva formadoras do atleta deverá ser calculado sempre de acordo com certidão a ser fornecida pela entidade nacional de administração do desporto, e os valores distribuídos proporcionalmente em até 30 (trinta) dias da efetiva transferência, cabendo-lhe exigir o cumprimento do que dispõe este parágrafo.

Art. 30. O contrato de trabalho do atleta profissional terá prazo determinado, com vigência nunca inferior a 3 (três) meses nem superior a 5 (cinco) anos.

▸ Caput com redação pela Lei 9.981/2000.

Parágrafo único. Não se aplica ao contrato especial de trabalho desportivo do atleta profissional o disposto nos arts. 445 e 451 da Consolidação das Leis do Trabalho – CLT, aprovada pelo Decreto-lei 5.452, de 1º de maio de 1943.

▸ Parágrafo único com redação pela Lei 12.395/2011.

Art. 30-A. As entidades desportivas profissionais poderão celebrar contratos de trabalho com atleta profissional por prazo determinado, no mínimo, 30 (trinta) dias, durante o ano de 2020 ou enquanto perdurar calamidade pública nacional reconhecida pelo Congresso Nacional e decorrente de pandemia de saúde pública de importância internacional.

▸ Artigo acrescido pela Lei 14.117/2021.

Art. 31. A entidade de prática desportiva empregadora que estiver com pagamento de salário ou de contrato de direito de imagem de atleta profissional em atraso, no todo ou em parte, por período igual ou superior a três meses, terá o contrato especial de trabalho desportivo daquele atleta rescindido, ficando o atleta livre para transferir-se para qualquer outra entidade de prática desportiva de mesma modalidade, nacional ou internacional, e exigir a cláusula compensatória desportiva e os haveres devidos.

▸ Caput com redação pela Lei 13.155/2015.

§ 1º São entendidos como salário, para efeitos do previsto no *caput*, o abono de férias, o décimo terceiro salário, as gratificações, os prêmios e demais verbas inclusas no contrato de trabalho.

§ 2º A mora contumaz será considerada também pelo não recolhimento do FGTS e das contribuições previdenciárias.

§ 3º *Revogado pela Lei 12.395/2011.*

§ 4º Vetado.

§ 5º O atleta com contrato especial de trabalho desportivo rescindido na forma do *caput* fica autorizado a transferir-se para outra entidade de prática desportiva, inclusive da mesma divisão, independentemente do número de partidas das quais tenha participado na competição, bem como a disputar a competição que estiver em andamento por ocasião da rescisão contratual.

▸ § 5º acrescido pela Lei 13.155/2015.

Art. 32. É lícito ao atleta profissional recusar competir por entidade de prática desportiva quando seus salários, no todo ou em parte, estiverem atrasados em dois ou mais meses.

Art. 33. *Revogado pela Lei 12.395/2011.*

Art. 34. São deveres da entidade de prática desportiva empregadora, em especial:
> ▸ *Caput com redação pela Lei 9.981/2000.*

I – registrar o contrato especial de trabalho desportivo do atleta profissional na entidade de administração da respectiva modalidade desportiva;
> ▸ Inciso I com redação pela Lei 12.395/2011.

II – proporcionar aos atletas profissionais as condições necessárias à participação nas competições desportivas, treinos e outras atividades preparatórias ou instrumentais;
> ▸ Inciso II com redação pela Lei 9.981/2000.

III – submeter os atletas profissionais aos exames médicos e clínicos necessários à prática desportiva.
> ▸ Inciso III com redação pela Lei 9.981/2000.

Art. 35. São deveres do atleta profissional, em especial:
> ▸ *Artigo com redação pela Lei 9.981/2000.*

I – participar dos jogos, treinos, estágios e outras sessões preparatórias de competições com a aplicação e dedicação correspondentes às suas condições psicofísicas e técnicas;

II – preservar as condições físicas que lhes permitam participar das competições desportivas, submetendo-se aos exames médicos e tratamentos clínicos necessários à prática desportiva;

III – exercitar a atividade desportiva profissional de acordo com as regras da respectiva modalidade desportiva e as normas que regem a disciplina e a ética desportivas.

Arts. 36 e 37. *Revogados pela Lei 9.981/2000.*

Art. 38. Qualquer cessão ou transferência de atleta profissional ou não profissional depende de sua formal e expressa anuência.
> ▸ *Artigo com redação pela Lei 9.981/2000.*

Art. 39. O atleta cedido temporariamente a outra entidade de prática desportiva que tiver os salários em atraso, no todo ou em parte, por mais de 2 (dois) meses, notificará a entidade de prática desportiva cedente para, querendo, purgar a mora, no prazo de 15 (quinze) dias, não se aplicando, nesse caso, o disposto no *caput* do art. 31 desta Lei.
> ▸ Artigo com redação pela Lei 12.395/2011.

§ 1º O não pagamento ao atleta de salário e contribuições previstas em lei por parte da entidade de prática desportiva cessionária, por 2 (dois) meses, implicará a rescisão do contrato de empréstimo e a incidência da cláusula compensatória desportiva nele prevista, a ser paga ao atleta pela entidade de prática desportiva cessionária.

§ 2º Ocorrendo a rescisão mencionada no § 1º deste artigo, o atleta deverá retornar à entidade de prática desportiva cedente para cumprir o antigo contrato especial de trabalho desportivo.

Art. 40. Na cessão ou transferência de atleta profissional para entidade de prática desportiva estrangeira observar-se-ão as instruções expedidas pela entidade nacional de título.

§ 1º As condições para transferência do atleta profissional para o exterior deverão integrar obrigatoriamente os contratos de trabalho entre o atleta e a entidade de prática desportiva brasileira que o contratou.
> ▸ Primitivo parágrafo único renumerado pela Lei 10.672/2003.

§ 2º O valor da cláusula indenizatória desportiva internacional originariamente pactuada entre o atleta e a entidade de prática desportiva cedente, independentemente do pagamento da cláusula indenizatória desportiva nacional, será devida a esta pela entidade de prática desportiva cessionária caso esta venha a concretizar transferência internacional do mesmo atleta, em prazo inferior a 3 (três) meses, caracterizando o conluio com a entidade de prática desportiva estrangeira.
> ▸ § 2º com redação pela Lei 12.395/2011.

Art. 41. A participação de atletas profissionais em seleções será estabelecida na forma como acordarem a entidade de administração convocante e a entidade de prática desportiva cedente.

§ 1º A entidade convocadora indenizará a cedente dos encargos previstos no contrato de trabalho, pelo período em que durar a convocação do atleta, sem prejuízo de eventuais ajustes celebrados entre este e a entidade convocadora.

§ 2º O período de convocação estender-se-á até a reintegração do atleta à entidade que o cedeu, apto a exercer sua atividade.

Art. 42. Pertence às entidades de prática desportiva o direito de arena, consistente na prerrogativa exclusiva de negociar, autorizar ou proibir a captação, a fixação, a emissão, a transmissão, a retransmissão ou a reprodução de imagens, por qualquer meio ou processo, de espetáculo desportivo de que participem.
> ▸ *Caput com redação pela Lei 12.395/2011.*

§ 1º Salvo convenção coletiva de trabalho em contrário, 5% (cinco por cento) da receita proveniente da exploração de direitos desportivos audiovisuais serão repassados aos sindicatos de atletas profissionais, e estes distribuirão, em partes iguais, aos atletas profissionais participantes do espetáculo, como parcela de natureza civil.
> ▸ § 1º com redação pela Lei 12.395/2011.
> ▸ § 1º-A. *Vetado.*

§ 2º O disposto neste artigo não se aplica à exibição de flagrantes de espetáculo ou evento desportivo para fins exclusivamente jornalísticos, desportivos ou educativos ou para a captação de apostas legalmente autorizadas, respeitadas as seguintes condições:
> ▸ § 2º com redação pela Lei 13.155/2015.

I – a captação das imagens para a exibição de flagrante de espetáculo ou evento desportivo dar-se-á em locais reservados, nos estádios e ginásios, para não detentores de direitos ou, caso não disponíveis, mediante o fornecimento das imagens pelo detentor de direitos locais para a respectiva mídia;

II – a duração de todas as imagens do flagrante do espetáculo ou evento desportivo exibidas não poderá exceder 3% (três por cento) do total do tempo de espetáculo ou evento;

III – é proibida a associação das imagens exibidas com base neste artigo a qualquer forma de patrocínio, propaganda ou promoção comercial.

§ 3º O espectador pagante, por qualquer meio, de espetáculo ou evento desportivo equipara-se, para todos os efeitos legais, ao consumidor, nos termos do art. 2º da Lei 8.078, de 11 de setembro de 1990.

Art. 42-A. Pertence à entidade de prática desportiva de futebol mandante o direito de arena sobre o espetáculo desportivo.
> ▸ Artigo acrescido pela Lei 14.205/2021.

§ 1º Para fins do disposto no *caput* deste artigo, o direito de arena consiste na prerrogativa exclusiva de negociar, de autorizar ou de proibir a captação, a fixação, a emissão, a transmissão, a retransmissão ou a reprodução de imagens do espetáculo desportivo, por qualquer meio ou processo.

§ 2º Serão distribuídos aos atletas profissionais, em partes iguais, 5% (cinco por cento) da receita proveniente da exploração de direitos desportivos audiovisuais do espetáculo desportivo de que trata o *caput* deste artigo.

§ 3º A distribuição da receita de que trata o § 2º deste artigo terá caráter de pagamento de natureza civil, exceto se houver disposição em contrário constante de convenção coletiva de trabalho.

§ 4º O pagamento da verba de que trata o § 2º deste artigo será realizado por intermédio dos sindicatos das respectivas categorias, que serão responsáveis pelo recebimento e pela logística de repasse aos participantes do espetáculo, no prazo de até 72 (setenta e duas) horas, contado do recebimento das verbas pelo sindicato.

§ 5º Para fins do disposto no § 2º deste artigo, quanto aos campeonatos de futebol, consideram-se atletas profissionais todos os jogadores escalados para a partida, titulares e reservas.

§ 6º Na hipótese de realização de eventos desportivos sem definição do mando de jogo, a captação, a fixação, a emissão, a transmissão, a retransmissão ou a reprodução de imagens, por qualquer meio ou processo, dependerão da anuência das entidades de prática desportiva de futebol participantes.

§ 7º As disposições deste artigo não se aplicam a contratos que tenham por objeto direitos de transmissão celebrados previamente à vigência deste artigo, os quais permanecem regidos pela legislação em vigor na data de sua celebração.

§ 8º Os contratos de que trata o § 7º deste artigo não podem atingir as entidades desportivas que não cederam seus direitos de transmissão para terceiros previamente à vigência deste artigo, as quais poderão cedê-los livremente, conforme as disposições previstas no *caput* deste artigo.

Art. 43. É vedada a participação em competições desportivas profissionais de atletas não profissionais com idade superior a 20 anos.
> ▸ Artigo com redação pela Lei 9.981/2000.

Art. 44. É vedada a prática do profissionalismo, em qualquer modalidade, quando se tratar de:

I – desporto educacional, seja nos estabelecimentos escolares de 1º e 2º graus ou superiores;

II – desporto militar;

III – menores até a idade de 16 anos completos.

Art. 45. As entidades de prática desportiva são obrigadas a contratar seguro de vida e de acidentes pessoais, vinculado à atividade desportiva, para os atletas profissionais, com o objetivo de cobrir os riscos a que eles estão sujeitos.
> ▸ Artigo com redação pela Lei 12.395/2011.

§ 1º A importância segurada deve garantir ao atleta profissional, ou ao beneficiário por ele indicado no contrato de seguro, o direito a indenização mínima correspondente ao valor anual da remuneração pactuada.

§ 2º A entidade de prática desportiva é responsável pelas despesas médico-hospitalares e de medicamentos necessários ao restabelecimento do atleta enquanto a seguradora não fizer o pagamento da indenização a que se refere o § 1º deste artigo.

Art. 46. Ao estrangeiro atleta profissional de modalidade desportiva, referido no inciso V do art. 13 da Lei 6.815, de 19 de agosto de 1980, poderá ser concedido visto, observadas as exigências da legislação específica, por prazo não excedente a 5 (cinco) anos e correspondente à duração fixada no respectivo contrato especial de trabalho desportivo, permitida uma única renovação.
> ▸ Artigo com redação pela Lei 12.395/2011.
> ▴ A Lei 6.815/1980 foi revogada pela Lei 13.445/2017 (Lei de Migração).

§ 1º É vedada a participação de atleta de nacionalidade estrangeira como integrante de equipe de competição de entidade de prática desportiva nacional nos campeonatos oficiais quando o visto de trabalho temporário recair na hipótese do inciso III do art. 13 da Lei 6.815, de 19 de agosto de 1980.
> ▴ A Lei 6.815/1980 foi revogada pela Lei 13.445/2017 (Lei de Migração).

§ 2º A entidade de administração do desporto será obrigada a exigir da entidade de prática desportiva o comprovante do visto de trabalho do atleta de nacionalidade estrangeira fornecido pelo Ministério do Trabalho e Emprego, sob pena de cancelamento da inscrição desportiva.

Art. 46-A. As ligas desportivas, as entidades de administração de desporto e as de prática desportiva envolvidas em qualquer competição de atletas profissionais, independentemente da forma jurídica adotada, ficam obrigadas a:
> ▸ *Caput com redação pela Lei 10.672/2003.*

I – elaborar suas demonstrações financeiras, separadamente por atividade econômica, de modo distinto das atividades recreativas e sociais, nos termos da lei e de acordo com os padrões e critérios estabelecidos pelo Conselho Federal de Contabilidade, e, após terem sido submetidas a auditoria independente, providenciar sua publicação, até o último dia útil do mês de abril do ano subsequente, por período não inferior a 3 (três) meses, em sítio eletrônico próprio e da respectiva entidade de administração ou liga desportiva;
> ▸ Inciso I com redação pela Lei 12.395/2011.

II – apresentar suas contas juntamente com os relatórios da auditoria de que trata o inciso I ao Conselho Nacional do Esporte – CNE, sempre que forem beneficiárias de recursos públicos, na forma do regulamento.
> ▸ Inciso II acrescido pela Lei 10.672/2003.

§ 1º Sem prejuízo da aplicação das penalidades previstas na legislação tributária, trabalhista, previdenciária, cambial, e das consequentes responsabilidades civil e penal, a infringência a este artigo implicará:
> ▸ Primitivo parágrafo único renumerado pela Lei 10.672/2003.

I – para as entidades de administração do desporto e ligas desportivas, a inelegibilidade, por 10 (dez) anos, de seus dirigentes para o desempenho de cargos ou funções eletivas ou de livre nomeação, em quaisquer das entidades ou órgãos referidos no parágrafo único do art. 13 desta Lei;

II – para as entidades de prática desportiva, a inelegibilidade, por 5 (cinco) anos, de seus dirigentes para cargos ou funções eletivas ou de livre nomeação em qualquer entidade ou empresa direta ou indiretamente vinculada às competições profissionais da respectiva modalidade desportiva.

§ 2º As entidades que violarem o disposto neste artigo ficam ainda sujeitas:
> ▸ *Caput do § 2º acrescido pela Lei 10.672/2003.*

I – ao afastamento de seus dirigentes; e
> ▸ Inciso I acrescido pela Lei 10.672/2003.

II – a nulidade de todos os atos praticados por seus dirigentes em nome da entidade, após a prática da infração, respeitado o direito de terceiros de boa-fé.
> ▸ Inciso II acrescido pela Lei 12.395/2011.

§ 3º Os dirigentes de que trata o § 2º serão sempre:
> ▸ § 3º acrescido pela Lei 10.672/2003.

I – o presidente da entidade, ou aquele que lhe faça as vezes; e

II – o dirigente que praticou a infração ainda que por omissão.
> ▸ § 4º *Vetado.*

CAPÍTULO VI
DA ORDEM DESPORTIVA

Art. 47. No âmbito de suas atribuições, os Comitês Olímpico e Paraolímpico Brasileiros e as entidades nacionais de administração do desporto têm competência para decidir, de ofício ou quando lhes forem submetidas pelos seus filiados, as questões relativas ao cumprimento das normas e regras de prática desportiva.

Art. 48. Com o objetivo de manter a ordem desportiva, o respeito aos atos emanados de seus poderes internos, poderão ser aplicadas, pelas entidades de administração do desporto e de prática desportiva, as seguintes sanções:

I – advertência;

II – censura escrita;

III – multa;

IV – suspensão;

V – desfiliação ou desvinculação.

§ 1º A aplicação das sanções previstas neste artigo não prescinde do processo administrativo no qual sejam assegurados o contraditório e a ampla defesa.

§ 2º As penalidades de que tratam os incisos IV e V deste artigo somente poderão ser aplicadas após decisão definitiva da Justiça Desportiva.

CAPÍTULO VI-A
DO CONTROLE DE DOPAGEM
▶ Capítulo VI-A acrescido pela Lei 13.322/2016.

Art. 48-A. O controle de dopagem tem por objetivo garantir o direito dos atletas e das entidades de participarem de competições livres de dopagem, promover a conservação da saúde, preservar a justiça e a igualdade entre os competidores.
▶ Artigo acrescido pela Lei 13.322/2016.

§ 1º O controle de dopagem será realizado por meio de programas harmonizados, coordenados e eficazes em nível nacional e internacional no âmbito da detecção, da punição e da prevenção da dopagem.

§ 2º Considera-se como dopagem no esporte a violação de regra antidopagem cometida por atleta, por terceiro ou por entidade.

Art. 48-B. A ABCD, órgão vinculado ao Ministério do Esporte, é a organização nacional antidopagem, a qual compete, privativamente:
▶ Artigo acrescido pela Lei 13.322/2016.

I – estabelecer a política nacional de prevenção e de combate à dopagem;

II – coordenar nacionalmente o combate de dopagem no esporte, respeitadas as diretrizes estabelecidas pelo CNE;

III – conduzir os testes de controle de dopagem, durante os períodos de competição e em seus intervalos, a gestão de resultados, de investigações e outras atividades relacionadas à antidopagem, respeitadas as atribuições de entidades internacionais previstas no Código Mundial Antidopagem;

IV – expedir autorizações de uso terapêutico, respeitadas as atribuições de entidades internacionais previstas no Código Mundial de Antidopagem;

V – certificar e identificar profissionais, órgãos e entidades para atuar no controle de dopagem;

VI – editar resoluções sobre os procedimentos técnicos de controle de dopagem, observadas as normas previstas no Código Mundial Antidopagem e a legislação correlata;

VII – manter interlocução com os organismos internacionais envolvidos com matérias relacionadas à antidopagem, respeitadas as competências dos demais órgãos da União;

VIII – divulgar e adotar as normas técnicas internacionais relacionadas ao controle de dopagem e a lista de substâncias e métodos proibidos no esporte, editada pela Agência Mundial Antidopagem; e

IX – informar à Justiça Desportiva Antidopagem as violações às regras de dopagem, participando do processo na qualidade de fiscal da legislação antidopagem.

§ 1º A ABCD poderá delegar a competência para coleta de amostras e prática de demais atos materiais relacionados ao controle de dopagem.

§ 2º No exercício das competências previstas no *caput*, a ABCD observará o disposto nos incisos VII e VIII do *caput* do art. 11.

§ 3º A ABCD poderá propor ao CNE a edição e as alterações de normas antidopagem.

§ 4º Os atos normativos da ABCD deverão ser submetidos à prévia análise da Advocacia-Geral da União.

Art. 48-C. Às demais entidades componentes do Sistema Brasileiro do Desporto incumbe a adoção, a implementação e a aplicação de regras antidopagem, nos termos estabelecidos nesta Lei e nas demais normas regulamentares expedidas pelo CNE e pela ABCD.
▶ Artigo acrescido pela Lei 13.322/2016.

CAPÍTULO VII
DA JUSTIÇA DESPORTIVA

Art. 49. A Justiça Desportiva a que se referem os §§ 1º e 2º do art. 217 da Constituição Federal e o art. 33 da Lei 8.028, de 12 de abril de 1990, regula-se pelas disposições deste Capítulo.

Art. 50. A organização, o funcionamento e as atribuições da Justiça Desportiva, limitadas ao processo e julgamento das infrações disciplinares e às competições desportivas, serão definidos nos Códigos de Justiça Desportiva, facultando-se às ligas constituir seus próprios órgãos judicantes desportivos, com atuação restrita às suas competições.
▶ *Caput* com redação pela Lei 12.395/2011.

§ 1º As transgressões relativas à disciplina e às competições desportivas sujeitam o infrator a:

I – advertência;

II – eliminação;

III – exclusão de campeonato ou torneio;

IV – indenização;

V – interdição de praça de desportos;

VI – multa;

VII – perda do mando do campo;

VIII – perda de pontos;

IX – perda de renda;

X – suspensão por partida;

XI – suspensão por prazo.

§ 2º As penas disciplinares não serão aplicadas aos menores de quatorze anos.

§ 3º As penas pecuniárias não serão aplicadas a atletas não profissionais.

§ 4º Compete às entidades de administração do desporto promover o custeio do funcionamento dos órgãos da Justiça Desportiva que funcionem junto a si.
▶ § 4º acrescido pela Lei 9.981/2000.

§ 5º A pena de suspensão de que trata o inciso XI do § 1º deste artigo não poderá ser superior a trinta anos.
▶ § 5º acrescido pela Lei 13.322/2016.

Art. 50-A. Além das sanções previstas nos incisos I a XI do § 1º do art. 50, as violações às regras antidopagem podem, ainda, sujeitar o infrator às seguintes penalidades:
▶ Artigo acrescido pela Lei 13.322/2016.

I – nulidade de títulos, premiações, pontuações, recordes e resultados desportivos obtidos pelo infrator; e

II – devolução de prêmios, troféus, medalhas e outras vantagens obtidas pelo infrator que sejam relacionadas à prática desportiva.

§ 1º Na hipótese de condenação de que trata o inciso XI do § 1º do art. 50, a Justiça Desportiva Antidopagem comunicará aos órgãos da administração pública para obter ressarcimento de eventuais recursos públicos despendidos com o atleta.

§ 2º O disposto nos §§ 2º e 3º do art. 50 aplica-se às violações das regras antidopagem.

Art. 51. O disposto nesta Lei sobre Justiça Desportiva não se aplica aos Comitês Olímpico e Paraolímpico Brasileiros.

Art. 52. Os órgãos integrantes da Justiça Desportiva são autônomos e independentes das entidades de administração do desporto de cada sistema, compondo-se do Superior Tribunal de Justiça Desportiva, funcionando junto às entidades nacionais de administração do desporto; dos Tribunais de Justiça Desportiva, funcionando junto às entidades regionais da administração do desporto, e das Comissões Disciplinares, com competência para processar e julgar as questões previstas nos Códigos de Justiça Desportiva, sempre assegurados o ampla defesa e o contraditório.
▶ *Caput* com redação pela Lei 9.981/2000.

§ 1º Sem prejuízo do disposto neste artigo, as decisões finais dos Tribunais de Justiça Desportiva são impugnáveis nos termos gerais do direito, respeitados os pressupostos processuais estabelecidos nos §§ 1º e 2º do art. 217 da Constituição Federal.

§ 2º O recurso ao Poder Judiciário não prejudicará os efeitos desportivos validamente produzidos em consequência da decisão proferida pelos Tribunais de Justiça Desportiva.

Art. 53. No Superior Tribunal de Justiça Desportiva, para julgamento envolvendo competições interestadu-

ais ou nacionais, e nos Tribunais de Justiça Desportiva, funcionarão tantas Comissões Disciplinares quantas se fizerem necessárias, compostas cada qual de 5 (cinco) membros que não pertençam aos referidos órgãos judicantes, mas sejam por estes escolhidos.
▶ *Caput* com redação pela Lei 12.395/2011.

§ 1º *Vetado.*

§ 2º A Comissão Disciplinar aplicará sanções em procedimento sumário, assegurados a ampla defesa e o contraditório.

§ 3º Das decisões da Comissão Disciplinar caberá recurso ao Tribunal de Justiça Desportiva e deste ao Superior Tribunal de Justiça Desportiva, nas hipóteses previstas nos respectivos Códigos de Justiça Desportiva.
▶ § 3º com redação pela Lei 9.981/2000.

§ 4º O recurso ao qual se refere o parágrafo anterior será recebido e processado com efeito suspensivo quando a penalidade exceder de duas partidas consecutivas ou 15 (quinze) dias.

Art. 54. O membro do Tribunal de Justiça Desportiva exerce função considerada de relevante interesse público e, sendo servidor público, terá abonadas suas faltas, computando-se como de efetivo exercício a participação nas respectivas sessões.

Art. 55. O Superior Tribunal de Justiça Desportiva e os Tribunais de Justiça Desportiva serão compostos por nove membros, sendo:
▶ *Caput* com redação pela Lei 9.981/2000.

I – dois indicados pela entidade de administração do desporto;
▶ Inciso I com redação pela Lei 9.981/2000.

II – dois indicados pelas entidades de prática desportiva que participem de competições oficiais da divisão principal;
▶ Inciso II com redação pela Lei 9.981/2000.

III – dois advogados com notório saber jurídico desportivo, indicados pela Ordem dos Advogados do Brasil;
▶ Inciso III com redação pela Lei 9.981/2000.

IV – 1 (um) representante dos árbitros, indicado pela respectiva entidade de classe;
▶ Inciso IV com redação pela Lei 12.395/2011.

V – 2 (dois) representantes dos atletas, indicados pelas respectivas entidades sindicais.
▶ Inciso V com redação pela Lei 12.395/2011.

§ 1º *Revogado pela Lei 9.981/2000.*

§ 2º O mandato dos membros dos Tribunais de Justiça Desportiva terá duração máxima de quatro anos, permitida apenas uma recondução.
▶ § 2º com redação pela Lei 9.981/2000.

§ 3º É vedado aos dirigentes desportivos das entidades de administração e das entidades de prática o exercício de cargo ou função na Justiça Desportiva, exceção feita aos membros dos conselhos deliberativos das entidades de prática desportiva.
▶ § 3º com redação pela Lei 9.981/2000.

§ 4º Os membros dos Tribunais de Justiça Desportiva poderão ser bacharéis em Direito ou pessoas de notório saber jurídico, e de conduta ilibada.
▶ § 4º com redação pela Lei 9.981/2000.

§ 5º *Vetado.*

Art. 55-A. Fica criada a Justiça Desportiva Antidopagem – JAD, composta por um Tribunal e por uma Procuradoria, dotados de autonomia e independência, e com competência para:
▶ Artigo acrescido pela Lei 13.322/2016.

I – julgar violações a regras antidopagem e aplicar as infrações a elas conexas; e

II – homologar decisões proferidas por organismos internacionais, decorrentes ou relacionadas a violações às regras antidopagem.

§ 1º A JAD funcionará junto ao CNE e será composta de forma paritária por representantes de entidades de administração do desporto, de entidades sindicais dos atletas e do Poder Executivo.

§ 2º A escolha dos membros da JAD buscará assegurar a paridade entre homens e mulheres na sua composição.

§ 3º Os membros da JAD serão auxiliados em suas decisões por equipe de peritos técnicos das áreas relacionadas ao controle de dopagem.

§ 4º A competência da JAD abrangerá as modalidades e as competições desportivas de âmbito profissional e não profissional.

§ 5º Incumbe ao CNE regulamentar a atuação da JAD.

§ 6º O mandato dos membros da JAD terá duração de três anos, permitida uma recondução por igual período.

§ 7º Não poderão compor a JAD membros que estejam no exercício de mandato em outros órgãos da Justiça Desportiva de que trata o art. 50, independentemente da modalidade.

§ 8º É vedado aos membros da JAD atuarem junto a este pelo período de um ano após o término dos respectivos mandatos.

§ 9º As atividades da JAD serão custeadas pelo Ministério do Esporte.

§ 10. Poderá ser estabelecida a cobrança de custas e emolumentos para a realização de atos processuais.

§ 11. As custas e os emolumentos de que trata o § 10 deverão ser fixadas entre R$ 100,00 (cem reais) e R$ 100.000,00 (cem mil reais), conforme a complexidade da causa, na forma da tabela aprovada pelo CNE para este fim.

§ 12. O Código Brasileiro Antidopagem – CBA e os regimentos internos do Tribunal e da Procuradoria disporão sobre a organização, o funcionamento e as atribuições da JAD.

§ 13. O disposto no § 3º do art. 55 aplica-se aos membros da JAD.

Art. 55-B. Até a entrada em funcionamento da JAD, o processo e o julgamento de infrações relativas à dopagem no esporte permanecerão sob a responsabilidade da Justiça Desportiva de que tratam os art. 49 a art. 55.
▸ Artigo acrescido pela Lei 13.322/2016.

Parágrafo único. Os processos instaurados e em trâmite na Justiça Desportiva quando da instalação da JAD permanecerão sob responsabilidade daquela até o seu trânsito em julgado, competindo-lhe a execução dos respectivos julgados.

Art. 55-C. Compete à JAD decidir sobre a existência de matéria atinente ao controle de dopagem que atraia sua competência para o processo e o julgamento da demanda.
▸ Artigo acrescido pela Lei 13.322/2016.

Parágrafo único. Não caberá recurso da decisão proferida na forma do *caput*.

(...)

CAPÍTULO X
DISPOSIÇÕES GERAIS

Art. 82. Os dirigentes, unidades ou órgãos de entidades de administração do desporto, inscritas ou não no registro de comércio, não exercem função delegada pelo Poder Público, nem são consideradas autoridades públicas para os efeitos desta Lei.

Art. 82-A. As entidades de prática desportiva de participação ou de rendimento, profissional ou não profissional, promoverão obrigatoriamente exames periódicos para avaliar a saúde dos atletas, nos termos da regulamentação.
▸ Artigo acrescido pela Lei 12.346/2010.

Art. 82-B. São obrigadas a contratar seguro de vida e de acidentes pessoais, vinculado à atividade desportiva, com o objetivo de cobrir os riscos a que os atletas estão sujeitos:
▸ Artigo acrescido pela Lei 13.155/2015.

I – as entidades de prática desportiva que mantenham equipes de treinamento de atletas não profissionais de modalidades olímpicas ou paraolímpicas, para os atletas não profissionais a ela vinculados;

II – as entidades de administração do desporto nacionais, no caso de:

a) competições ou partidas internacionais em que atletas não profissionais de modalidades olímpicas ou paraolímpicas estejam representando selecionado nacional;

b) competições nacionais de modalidades olímpicas ou paraolímpicas, para os atletas não profissionais não vinculados a nenhuma entidade de prática desportiva.

§ 1º A importância segurada deve garantir ao atleta não profissional, ou ao beneficiário por ele indicado no contrato de seguro, o direito a indenização mínima correspondente a doze vezes o valor do salário mínimo vigente ou a doze vezes o valor de contrato de imagem ou de patrocínio referentes a sua atividade desportiva, o que for maior.

§ 2º A entidade de prática desportiva é responsável pelas despesas médico-hospitalares e de medicamentos necessários ao restabelecimento do atleta enquanto a seguradora não fizer o pagamento da indenização a que se refere o § 1º deste artigo.

§ 3º As despesas com seguro a que se refere o inciso II do *caput* deste artigo serão custeadas, conforme a hipótese, com recursos oriundos da exploração de loteria destinados ao COB, ao CPB, ao CBC, à CBDE e à CBDU.
▸ § 3º com redação pela Lei 13.756/2018.

Art. 83. As entidades desportivas internacionais com sede permanente ou temporária no País receberão dos poderes públicos o mesmo tratamento dispensado às entidades nacionais de administração do desporto.

Art. 84. Será considerado como efetivo exercício, para todos os efeitos legais, o período em que o atleta servidor público civil ou militar, da Administração Pública direta, indireta, autárquica ou fundacional, estiver convocado para integrar representação nacional em treinamento ou competição desportiva no País ou no exterior.
▸ *Caput* com redação pela Lei 9.981/2000.

§ 1º O período de convocação será definido pela entidade nacional de administração da respectiva modalidade desportiva, cabendo a esta ou aos Comitês Olímpico ou Paraolímpico Brasileiros fazer a devida comunicação e solicitar ao Ministério do Esporte a competente liberação do afastamento do atleta, árbitro e assistente, cabendo ao referido Ministério comunicar a ocorrência ao órgão de origem do servidor ou militar.
▸ § 1º com redação pela Lei 12.395/2011.

§ 2º O disposto neste artigo aplica-se, também, aos profissionais especializados e dirigentes, quando indispensáveis à composição da delegação.

Art. 84-A. Todos os jogos das seleções brasileiras de futebol, em competições oficiais, deverão ser exibidos, pelo menos, em uma rede nacional de televisão aberta, com transmissão ao vivo, inclusive para as cidades brasileiras nas quais os mesmos estejam sendo realizados.
▸ Artigo acrescido pela Lei 9.981/2000.

Parágrafo único. As empresas de televisão de comum acordo, ou por rodízio, ou por arbitramento, resolverão como cumprir o disposto neste artigo, caso nenhuma delas se interesse pela transmissão. O órgão competente fará o arbitramento.

Art. 85. Os sistemas de ensino da União, dos Estados, do Distrito Federal e dos Municípios, bem como as instituições de ensino superior, definirão normas específicas para verificação do rendimento e o controle de frequência dos estudantes que integrarem representação desportiva nacional, de forma a harmonizar a atividade desportiva com os interesses relacionados ao aproveitamento e à promoção escolar.

Art. 86. É instituído o Dia do Desporto, a ser comemorado no dia 23 de junho, Dia Mundial do Desporto Olímpico.

Art. 87. A denominação e os símbolos de entidade de administração do desporto ou prática desportiva, bem como o nome ou apelido desportivo do atleta profissional, são de propriedade exclusiva dos mesmos, contando com a proteção legal, válida para todo o território nacional, por tempo indeterminado, sem necessidade de registro ou averbação no órgão competente.

Parágrafo único. A garantia legal outorgada às entidades e aos atletas referidos neste artigo permite-lhes o uso comercial de sua denominação, símbolos, nomes e apelidos.

Art. 87-A. O direito ao uso da imagem do atleta pode ser por ele cedido ou explorado, mediante ajuste contratual de natureza civil e com fixação de direitos, deveres e condições inconfundíveis com o contrato especial de trabalho desportivo.
▸ Artigo acrescido pela Lei 12.395/2011.

Parágrafo único. Quando houver, por parte do atleta, a cessão de direitos ao uso de sua imagem para a entidade de prática desportiva detentora do contrato especial de trabalho desportivo, o valor correspondente ao uso da imagem não poderá ultrapassar 40% (quarenta por cento) da remuneração total paga ao atleta, composta pela soma do salário e dos valores pagos pelo direito ao uso da imagem.
▸ Parágrafo único acrescido pela Lei 13.155/2015.

Art. 88. Os árbitros e auxiliares de arbitragem poderão constituir entidades nacionais, estaduais e do Distrito Federal, por modalidade desportiva ou grupo de modalidades, objetivando o recrutamento, a formação e a prestação de serviços às entidades de administração do desporto.
▸ *Caput* com redação pela Lei 12.395/2011.

Parágrafo único. Independentemente da constituição de sociedade ou entidades, os árbitros e seus auxiliares não terão qualquer vínculo empregatício com as entidades desportivas diretivas onde atuarem, e sua remuneração como autônomos exonera tais entidades de quaisquer outras responsabilidades trabalhistas, securitárias e previdenciárias.

Art. 89. Em campeonatos ou torneios regulares com mais de uma divisão, as entidades de administração do desporto determinarão em seus regulamentos o princípio do acesso e do descenso, observado sempre o critério técnico.

Art. 89-A. As entidades responsáveis pela organização de competições desportivas profissionais deverão disponibilizar equipes para atendimento de emergên-

cias entre árbitros e atletas, nos termos da regulamentação.
▸ Artigo acrescido pela Lei 12.346/2010.

Art. 90. É vedado aos administradores e membros de conselho fiscal de entidade de prática desportiva o exercício de cargo ou função em entidade de administração do desporto.

Arts. 90-A. e 90-B. *Vetados.*
▸ Artigos acrescidos pela Lei 10.672/2003.

Art. 90-C. As partes interessadas poderão valer-se da arbitragem para dirimir litígios relativos a direitos patrimoniais disponíveis, vedada a apreciação de matéria referente à disciplina e à competição desportiva.
▸ Artigo acrescido pela Lei 12.395/2011.

Parágrafo único. A arbitragem deverá estar prevista em acordo ou convenção coletiva de trabalho e só poderá ser instituída após a concordância expressa de ambas as partes, mediante cláusula compromissória ou compromisso arbitral.

Art. 90-D. Os atletas profissionais poderão ser representados em juízo por suas entidades sindicais em ações relativas aos contratos especiais de trabalho desportivo mantidos com as entidades de prática desportiva.
▸ Artigo acrescido pela Lei 12.395/2011.

Art. 90-E. O disposto no § 4º do art. 28 quando houver vínculo empregatício aplica-se aos integrantes da comissão técnica e da área de saúde.
▸ Artigo acrescido pela Lei 12.395/2011.

Art. 90-F. Os profissionais credenciados pelas Associações de Cronistas Esportivos têm ao em serviço têm acesso a praças, estádios e ginásios desportivos em todo o território nacional, obrigando-se a ocupar locais a eles reservados pelas respectivas entidades de administração do desporto.
▸ Artigo acrescido pela Lei 12.395/2011.

CAPÍTULO XI
DISPOSIÇÕES TRANSITÓRIAS

Art. 91. Até a edição dos Códigos da Justiça dos Desportos Profissionais e Não Profissionais continuam em vigor os atuais Códigos, com as alterações constantes desta Lei.

Art. 92. Os atuais atletas profissionais de futebol, de qualquer idade, que, na data de entrada em vigor desta Lei, estiverem com passe livre, permanecerão nesta situação, e a rescisão de seus contratos de trabalho dar-se-á nos termos dos arts. 479 e 480 da CLT.

Art. 93. O disposto no art. 28, § 2º, desta Lei somente produzirá efeitos jurídicos a partir de 26 de março de 2001, respeitados os direitos adquiridos decorrentes dos contratos de trabalho e vínculos desportivos de atletas profissionais pactuados com base na legislação anterior.
▸ Artigo com redação pela Lei 9.981/2000.

Parágrafo único. *Vetado.*

Art. 94. O disposto nos arts. 27, 27-A, 28, 29, 29-A, 30, 39, 43, 45 e no § 1º do art. 41 desta Lei será obrigatório exclusivamente para atletas e entidades de prática profissional da modalidade de futebol.
▸ *Caput* com redação pela Lei 12.395/2011.

Parágrafo único. É facultado às demais modalidades desportivas adotar os preceitos constantes dos dispositivos referidos no *caput* deste artigo.
▸ Parágrafo único com redação pela Lei 9.981/2000.

Art. 94-A. O Poder Executivo regulamentará o disposto nesta Lei, inclusive a distribuição dos recursos, gradação das multas e os procedimentos de sua aplicação.
▸ Artigo acrescido pela Lei 9.981/2000.

Art. 95. Esta Lei entra em vigor na data de sua publicação.

Art. 96. São revogados, a partir da vigência do disposto no § 2º do art. 28 desta Lei, os incisos II e V e os §§ 1º e 3º do art. 3º, os arts. 4º, 6º, 11 e 13, o § 2º do art. 15, o parágrafo único do art. 16 e os arts. 23 e 26 da Lei 6.354, de 2 de setembro de 1976; são revogadas, a partir da data de publicação desta Lei, as Leis 8.672, de 6 de julho de 1993, e 8.946, de 5 de dezembro de 1994.

Brasília, 24 de março de 1998; 177º da Independência e 110º da República.

Fernando Henrique Cardoso

LEI 9.656, DE 3 DE JUNHO DE 1998

Dispõe sobre os planos e seguros privados de assistência à saúde.

DOU 04.06.1998

O Presidente da República faço saber que o Congresso Nacional decreta e eu sanciono a seguinte Lei:

(...)

Art. 30. Ao consumidor que contribuir para produtos de que tratam o inciso I e o § 1º do art. 1º desta Lei, em decorrência de vínculo empregatício, no caso de rescisão ou exoneração do contrato de trabalho sem justa causa, é assegurado o direito de manter sua condição de beneficiário, nas mesmas condições de cobertura assistencial de que gozava quando da vigência do contrato de trabalho, desde que assuma o seu pagamento integral.

▶ *Caput* com redação pela MP 2.177-44/2001.

§ 1º O período de manutenção da condição de beneficiário a que se refere o *caput* será de um terço do tempo de permanência nos produtos de que tratam o inciso I e o § 1º do art. 1º, ou sucessores, com um mínimo assegurado de seis meses e um máximo de vinte e quatro meses.

▶ § 1º com redação pela MP 2.177-44/2001.

§ 2º A manutenção de que trata este artigo é extensiva, obrigatoriamente, a todo o grupo familiar inscrito quando da vigência do contrato de trabalho.

§ 3º Em caso de morte do titular, o direito de permanência é assegurado aos dependentes cobertos pelo plano ou seguro privado coletivo de assistência à saúde, nos termos do disposto neste artigo.

§ 4º O direito assegurado neste artigo não exclui vantagens obtidas pelos empregados decorrentes de negociações coletivas de trabalho.

§ 5º A condição prevista no *caput* deste artigo deixará de existir quando da admissão do consumidor titular em novo emprego.

▶ § 5º acrescido pela MP 2.177-44/2001.

§ 6º Nos planos coletivos custeados integralmente pela empresa, não é considerada contribuição a co-participação do consumidor, única e exclusivamente, em procedimentos, como fator de moderação, na utilização dos serviços de assistência médica ou hospitalar.

▶ § 6º acrescido pela MP 2.177-44/2001.

Art. 31. Ao aposentado que contribuir para produtos de que tratam o inciso I e o § 1º do art. 1º desta Lei, em decorrência de vínculo empregatício, pelo prazo mínimo de dez anos, é assegurado o direito de manutenção como beneficiário, nas mesmas condições de cobertura assistencial de que gozava quando da vigência do contrato de trabalho, desde que assuma o seu pagamento integral.

▶ *Caput* com redação pela MP 2.177-44/2001.

§ 1º Ao aposentado que contribuir para planos coletivos de assistência à saúde por período inferior ao estabelecido no *caput* é assegurado o direito de manutenção como beneficiário, à razão de um ano para cada ano de contribuição, desde que assuma o pagamento integral do mesmo.

▶ § 1º com redação pela MP 2.177-44/2001.

§ 2º Para gozo do direito assegurado neste artigo, observar-se-ão as mesmas condições estabelecidas nos §§ 2º, 3º, 4º, 5º e 6º do art. 30.

▶ § 2º com redação pela MP 2.177-44/2001.

§ 3º Para gozo do direito assegurado neste artigo, observar-se-ão as mesmas condições estabelecidas nos §§ 2º e 4º do art. 30.

(...)

Brasília, 3 de junho de 1998; 177º da Independência e 110º da República.

Fernando Henrique Cardoso

LEI 9.715, DE 25 DE NOVEMBRO DE 1998

Dispõe sobre as contribuições para os Programas de Integração Social e de Formação do Patrimônio do Servidor Público – PIS/PASEP, e dá outras providências.

DOU 26.11.1998

Faço saber que o Presidente da República, adotou a Medida Provisória 1.676-38, de 1998, que o Congresso Nacional aprovou, e eu, Antônio Carlos Magalhães, Presidente, para os efeitos do disposto no parágrafo único do art. 62 da Constituição Federal, promulgo a seguinte Lei:

Art. 1º Esta Lei dispõe sobre as contribuições para os Programas de Integração Social e de Formação do Patrimônio do Servidor Público – PIS/PASEP, de que tratam o art. 239 da Constituição e as Leis Complementares 7, de 7 de setembro de 1970, e 8, de 3 de dezembro de 1970.

Art. 2º A contribuição para o PIS/PASEP será apurada mensalmente:

I – pelas pessoas jurídicas de direito privado e as que lhes são equiparadas pela legislação do imposto de renda, inclusive as empresas públicas e as sociedades de economia mista e suas subsidiárias, com base no faturamento do mês;

II – *Revogado pela Medida Provisória 2158-35/2001.*

III – pelas pessoas jurídicas de direito público interno, com base no valor mensal das receitas correntes arrecadadas e das transferências correntes e de capital recebidas.

§ 1º As sociedades cooperativas, além da contribuição sobre a folha de pagamento mensal, pagarão, também, a contribuição calculada na forma do inciso I, em relação às receitas decorrentes de operações praticadas com não associados.

§ 2º Excluem-se do disposto no inciso II deste artigo os valores correspondentes à folha de pagamento das instituições ali referidas, custeadas com recursos originários dos Orçamentos Fiscal e da Seguridade Social.

§ 3º Para determinação da base de cálculo, não se incluem, entre as receitas das autarquias, os recursos classificados como receitas do Tesouro Nacional nos Orçamentos Fiscal e da Seguridade Social da União.

§ 4º *Revogado pela Medida Provisória 2158-35/2001.*

§ 5º O disposto nos §§ 2º, 3º e 4º somente se aplica a partir de 1º de novembro de 1996.

§ 6º A Secretaria do Tesouro Nacional efetuará a retenção da contribuição para o PIS/PASEP, devida sobre o valor das transferências de que trata o inciso III.

▶ § 6º acrescido pela Medida Provisória 2158-35/2001.

§ 7º Excluem-se do disposto no inciso III do *caput* deste artigo os valores de transferências decorrentes de convênio, contrato de repasse ou instrumento congênere com objeto definido.

▶ § 7º acrescido pela Lei 12.810/2013.

Art. 3º Para os efeitos do inciso I do artigo anterior considera-se faturamento a receita bruta, como definida pela legislação do imposto de renda, proveniente da venda de bens nas operações de conta própria, do preço dos serviços prestados e do resultado auferido nas operações de conta alheia.

Parágrafo único. Na receita bruta não se incluem as vendas de bens e serviços canceladas, os descontos incondicionais concedidos, o Imposto sobre Produtos Industrializados – IPI, e o imposto sobre operações relativas à circulação de mercadorias – ICMS, retido pelo vendedor dos bens ou prestador dos serviços na condição de substituto tributário.

Art. 4º *Revogado pela Medida Provisória 2158-35/2001.*

Art. 5º A contribuição mensal devida pelos fabricantes de cigarros, na condição de contribuintes e de substitutos dos comerciantes varejistas, será calculada sobre o preço fixado para venda do produto no varejo, multiplicado por um vírgula trinta e oito.

▶ Lei 11.196/2005.

Parágrafo único. O Poder Executivo poderá alterar o coeficiente a que se refere este artigo.

Art. 6º A contribuição mensal devida pelos distribuidores de derivados de petróleo e álcool etílico hidratado para fins carburantes, na condição de substitutos dos comerciantes varejistas, será calculada sobre o menor valor, no País, constante da tabela de preços máximos fixados para venda a varejo, sem prejuízo da contribuição incidente sobre suas próprias vendas.

Art. 7º Para os efeitos do inciso III do art. 2º, nas receitas correntes serão incluídas quaisquer receitas tributárias, ainda que arrecadadas, no todo ou em parte, por outra entidade da Administração Pública, e deduzidas as transferências efetuadas a outras entidades públicas.

Art. 8º A contribuição será calculada mediante a aplicação, conforme o caso, das seguintes alíquotas:

I – zero vírgula sessenta e cinco por cento sobre o faturamento;

II – um por cento sobre a folha de salários;

III – um por cento sobre o valor das receitas correntes arrecadadas e das transferências correntes e de capital recebidas.

Art. 9º À contribuição para o PIS/PASEP aplicam-se as penalidades e demais acréscimos previstos na legislação do imposto sobre a renda.

Art. 10. A administração e fiscalização da contribuição para o PIS/PASEP compete à Secretaria da Receita Federal.

Art. 11. O processo administrativo de determinação e exigência das contribuições para o PIS/PASEP, bem como o de consulta sobre a aplicação da respectiva legislação, serão regidos pelas normas do processo administrativo de determinação e exigência dos créditos tributários da União.

Art. 12. O disposto nesta Lei não se aplica às pessoas jurídicas de que trata o § 1º do art. 22 da Lei 8.212, de 24 de julho de 1991, que para fins de determinação da contribuição para o PIS/PASEP observarão legislação específica.

Art. 13. Às pessoas jurídicas que aufiram receita bruta exclusivamente da prestação de serviços, o disposto no inciso I do art. 2º somente se aplica a partir de 1º de março de 1996.

Art. 14. O disposto no inciso III do art. 8º aplica-se às autarquias somente a partir de 1º de março de 1996.

Art. 15. A contribuição do Banco Central do Brasil para o PASEP terá como base de cálculo o total das receitas correntes arrecadadas e consideradas como fonte para atender às suas dotações constantes do Orçamento Fiscal da União.

Parágrafo único. O disposto neste artigo somente se aplica a partir de 1º de novembro de 1996.

Art. 16. O art. 7º da Lei 9.138, de 29 de novembro de 1995, passa a vigorar com as seguintes alterações:

▶ Alterações incorporadas no texto da referida Lei.

Art. 17. Ficam convalidados os atos praticados com base na Medida Provisória 1.676-37, de 25 de setembro de 1998.

Art. 18. Esta Lei entra em vigor na data de sua publicação, aplicando-se aos fatos geradores ocorridos a partir de 1º de outubro de 1995.

▶ RSF 10/2005.

Congresso Nacional, 25 de novembro de 1998; 177º da Independência e 110º da República.

Senador Antônio Carlos Magalhães

LEI 9.717, DE 27 DE NOVEMBRO DE 1998

Dispõe sobre regras gerais para a organização e o funcionamento dos regimes próprios de previdência social dos servidores -públicos da União, dos Estados, do Distrito Federal e dos Municípios, dos militares dos Estados e do Distrito Federal e dá outras providências.

DOU 28.11.1998

O Presidente da República

Faço saber que o Congresso Nacional decreta e eu sanciono a seguinte Lei:

Art. 1º Os regimes próprios de previdência social dos servidores públicos da União, dos Estados, do Distrito Federal e dos Municípios, dos militares dos Estados e do Distrito Federal deverão ser organizados, baseados em normas gerais de contabilidade e atuária, de modo a garantir o seu equilíbrio financeiro e atuarial, observados os seguintes critérios:

I – realização de avaliação atuarial inicial e em cada balanço utilizando-se parâmetros gerais, para a organização e revisão do plano de custeio e benefícios;

▶ Inciso I com redação pela Medida Provisória 2.187-13/2001.

II – financiamento mediante recursos provenientes da União, dos Estados, do Distrito Federal e dos Municípios e das contribuições do pessoal civil e militar, ativo, inativo e dos pensionistas, para os seus respectivos regimes;

III – as contribuições e os recursos vinculados ao Fundo Previdenciário da União, dos Estados, do Distrito Federal e dos Municípios e as contribuições do pessoal civil e militar, ativo, inativo, e dos pensionistas, somente poderão ser utilizadas para pagamento de benefícios previdenciários dos respectivos regimes, ressalvadas as despesas administrativas estabelecidas no art. 6º, inciso VIII, desta Lei, observado os limites de gastos estabelecidos em parâmetros gerais;

▶ Inciso III com redação pela Medida Provisória 2.187-13/2001.

IV – cobertura de um número mínimo de segurados, de modo que os regimes possam garantir diretamente a totalidade dos riscos cobertos no plano de benefícios, preservando o equilíbrio atuarial sem necessidade de resseguro, conforme parâmetros gerais;

V – cobertura exclusiva a servidores públicos titulares de cargos efetivos e a militares, e a seus respectivos dependentes, de cada ente estatal, vedado o pagamento de benefícios, mediante convênios ou consórcios entre Estados, entre Estados e Municípios e entre Municípios;

VI – pleno acesso dos segurados às informações relativas à gestão do regime e participação de representantes dos servidores públicos e dos militares, ativos e inativos, nos colegiados e instâncias de decisão em que os seus interesses sejam objeto de discussão e deliberação;

VII – registro contábil individualizado das contribuições de cada servidor e dos entes estatais, conforme diretrizes gerais;

VIII – identificação e consolidação em demonstrativos financeiros e orçamentários de todas as despesas fixas e variáveis com pessoal inativo civil, militar e pensionistas,

bem como dos encargos incidentes sobre os proventos e pensões pagos;

IX - sujeição às inspeções e auditorias de natureza atuarial, contábil, financeira, orçamentária e patrimonial dos órgãos de controle interno e externo;

X - vedação de inclusão nos benefícios, para efeito de percepção destes, de parcelas remuneratórias pagas em decorrência de local de trabalho, de função de confiança ou de cargo em comissão, exceto quando tais parcelas integrarem a remuneração de contribuição do servidor que se aposentar com fundamento no art. 40 da Constituição Federal, respeitado, em qualquer hipótese, o limite previsto no § 2º do citado artigo;
▸ Inciso X com redação pela Lei 10.887/2004.

XI - vedação de inclusão nos benefícios, para efeito de percepção destes, do abono de permanência de que tratam o § 19 do art. 40 da Constituição Federal, o § 5º do art. 2º e o § 1º do art. 3º da Emenda Constitucional 41, de 19 de dezembro de 2003.
▸ Inciso XI com redação pela Lei 10.887/2004.

§ 1º Aplicam-se adicionalmente aos regimes próprios de previdência social as disposições estabelecidas no art. 6º desta Lei relativas aos fundos com finalidade previdenciária por eles instituídos.
▸ Primitivo parágrafo único com redação pela Lei 13.846/2019.

§ 2º Os regimes próprios de previdência social da União, dos Estados, do Distrito Federal e dos Municípios operacionalizarão a compensação financeira a que se referem o § 9º do art. 201 da Constituição Federal e a Lei 9.796, de 5 de maio de 1999, entre si e com o regime geral de previdência social, sob pena de incidirem nas sanções de que trata o art. 7º desta Lei.
▸ § 2º acrescido pela Lei 13.846/2019.

Art. 1º-A. O servidor público titular de cargo efetivo da União, dos Estados, do Distrito Federal e dos Municípios ou o militar dos Estados e do Distrito Federal filiado a regime próprio de previdência social, quando cedido a órgão ou entidade de outro ente da federação, com ou sem ônus para o cessionário, permanecerá vinculado ao regime de origem.
▸ Artigo acrescido pela Medida Provisória 2.187-13/2001.

Art. 2º A contribuição da União, dos Estados, do Distrito Federal e dos Municípios, incluídas suas autarquias e fundações, aos regimes próprios de previdência social a que estejam vinculados seus servidores não poderá ser inferior ao valor da contribuição do servidor ativo, nem superior ao dobro desta contribuição.
▸ Caput do artigo com redação pela Lei 10.887/2004.

§ 1º A União, os Estados, o Distrito Federal e os Municípios são responsáveis pela cobertura de eventuais insuficiências financeiras do respectivo regime próprio, decorrentes do pagamento de benefícios previdenciários.
▸ § 1º com redação pela Lei 10.887/2004.

§ 2º A União, os Estados, o Distrito Federal e os Municípios publicarão, até 30 (trinta) dias após o encerramento de cada bimestre, demonstrativo financeiro e orçamentário da receita e despesa previdenciárias acumuladas no exercício financeiro em curso.
▸ § 2º com redação pela Lei 10.887/2004.

§§ 3º a 7º Revogados pela Lei 10.887/2004.

Art. 2º-A. Revogado pela Lei 10.887/2004.

Art. 3º As alíquotas de contribuição dos servidores ativos dos Estados, do Distrito Federal e dos Municípios para os respectivos regimes próprios de previdência social não serão inferiores às dos servidores titulares de cargos efetivos da União, devendo ainda ser observadas, no caso das contribuições sobre os proventos dos inativos e sobre as pensões, as mesmas alíquotas aplicadas às remunerações dos servidores em atividade do respectivo ente estatal.
▸ Artigo com redação pela Lei 10.887/2004.

Art. 4º Revogado pela Lei 10.887/2004.

Art. 5º Os regimes próprios de previdência social dos servidores públicos da União, dos Estados, do Distrito Federal e dos Municípios, dos militares dos Estados e do Distrito Federal não poderão conceder benefícios distintos dos previstos no Regime Geral de Previdência Social, de que trata a Lei 8.213, de 24 de julho de 1991, salvo disposição em contrário da Constituição Federal.

Parágrafo único. Fica vedada a concessão de aposentadoria especial, nos termos do § 4º do art. 40 da Constituição Federal, até que lei complementar federal discipline a matéria.
▸ Parágrafo único acrescido pela Medida Provisória 2.187-13/2001.

Art. 6º Fica facultada à União, aos Estados, ao Distrito Federal e aos Municípios, a constituição de fundos integrados de bens, direitos e ativos, com finalidade previdenciária, desde que observados os critérios de que trata o art. 1º e, adicionalmente, os seguintes preceitos:

I - Revogado pela Medida Provisória 2.187-13/2001.

II - existência de conta do fundo distinta da conta do Tesouro da unidade federativa;

III - Revogado pela Medida Provisória 2.187-13/2001.

IV - aplicação de recursos, conforme estabelecido pelo Conselho Monetário Nacional;

V - vedação da utilização de recursos do fundo de bens, direitos e ativos para empréstimos de qualquer natureza, inclusive à União, aos Estados, ao Distrito Federal e aos Municípios, a entidades da administração indireta e aos respectivos segurados;

VI - vedação à aplicação de recursos em títulos públicos, com exceção de títulos do Governo Federal;

VII - avaliação de bens, direitos e ativos de qualquer natureza integrados ao fundo, em conformidade com a Lei 4.320, de 17 de março de 1964 e alterações subsequentes;

VIII - estabelecimento de limites para a taxa de administração, conforme parâmetros gerais;

IX - constituição e extinção do fundo mediante lei.

Parágrafo único. No estabelecimento das condições e dos limites para a aplicação dos recursos dos regimes próprios de previdência social, na forma do inciso IV do caput deste artigo, o Conselho Monetário Nacional deverá considerar, entre outros requisitos:
▸ Parágrafo único acrescido pela Lei 13.846/2019.

I - a natureza pública das unidades gestoras desses regimes e dos recursos aplicados, exigindo a observância dos princípios de segurança, proteção e prudência financeira;

II - a necessidade de exigência, em relação às instituições públicas ou privadas que administram, direta ou indiretamente por meio de fundos de investimento, os recursos desses regimes, da observância de critérios relacionados a boa qualidade de gestão, ambiente de controle interno, histórico e experiência de atuação, solidez patrimonial, volume de recursos sob administração e outros destinados à mitigação de riscos.

Art. 7º O descumprimento do disposto nesta Lei pelos Estados, Distrito Federal e Municípios e pelos respectivos fundos, implicará, a partir de 1º de julho de 1999:

I - suspensão das transferências voluntárias de recursos pela União;

II - impedimento para celebrar acordos, contratos, convênios ou ajustes, bem como receber empréstimos, financiamentos, avais e subvenções em geral de órgãos ou entidades da Administração direta e indireta da União;

III - suspensão de empréstimos e financiamentos por instituições financeiras federais.

IV - Revogado pela Lei 13.846/2019.

Art. 8º Os responsáveis pelos poderes, órgãos ou entidades do ente estatal, os dirigentes da unidade gestora do respectivo regime próprio de previdência social e os membros dos seus conselhos e comitês respondem diretamente por infração ao disposto nesta Lei, sujeitando-se, no que couber, ao regime disciplinar estabelecido na Lei Complementar 109, de 29 de maio de 2001, e seu regulamento, e conforme diretrizes gerais.
▸ Caput com redação pela Lei 13.846/2019.

§ 1º As infrações serão apuradas mediante processo administrativo que tenha por base o auto, a representação ou a denúncia positiva dos fatos irregulares, assegurados ao acusado o contraditório e a ampla defesa, em conformidade com diretrizes gerais.
▸ Primitivo parágrafo único com redação pela Lei 13.846/2019.

§ 2º São também responsáveis quaisquer profissionais que prestem serviços técnicos ao ente estatal e respectivo regime próprio de previdência social, diretamente ou por intermédio de pessoa jurídica contratada.
▸ § 2º acrescido pela Lei 13.846/2019.

Art. 8º-A. Os dirigentes do ente federativo instituidor do regime próprio de previdência social e da unidade gestora do regime e os demais responsáveis pelas ações de investimento e aplicação dos recursos previdenciários, inclusive os consultores, os distribuidores, a instituição financeira administradora da carteira, o fundo de investimentos que tenha recebido os recursos e seus gestores e administradores serão solidariamente responsáveis, na medida de sua participação, pelo ressarcimento dos prejuízos decorrentes de aplicação em desacordo com a legislação vigente a que tiverem dado causa.
▸ Artigo acrescido pela Lei 13.846/2019.

Art. 8º-B. Os dirigentes da unidade gestora do regime próprio de previdência social deverão atender aos seguintes requisitos mínimos:

I - não ter sofrido condenação criminal ou incidido em alguma das demais situações de inelegibilidade previstas no inciso I do caput do art. 1º da Lei Complementar 64, de 18 de maio de 1990, observados os critérios e prazos previstos na referida Lei Complementar;

II - possuir certificação e habilitação comprovadas, nos termos definidos em parâmetros gerais;

III - possuir comprovada experiência no exercício de atividade nas áreas financeira, administrativa, contábil, jurídica, de fiscalização, atuarial ou de auditoria;

IV - ter formação superior.

Parágrafo único. Os requisitos a que se referem os incisos I e II do caput deste artigo aplicam-se aos membros dos conselhos deliberativo e fiscal e do comitê de investimentos da unidade gestora do regime próprio de previdência social.

Art. 9º Compete à União, por intermédio da Secretaria Especial de Previdência e Trabalho do Ministério da Economia, em relação aos regimes próprios de previdência social e aos seus fundos previdenciários:
▸ Caput com redação pela Lei 13.846/2019.

I - a orientação, a supervisão, a fiscalização e o acompanhamento;
▸ Inciso I acrescido pela Lei 13.846/2019.

II - o estabelecimento e a publicação de parâmetros, diretrizes e critérios de responsabilidade previdenciária na sua instituição, organização e funcionamento, relativos a custeio, benefícios, atuária, contabilidade, aplicação e utilização de recursos e constituição e manutenção dos fundos previdenciários, para preservação do caráter contributivo e solidário e do equilíbrio financeiro e atuarial;
▸ Inciso II acrescido pela Lei 13.846/2019.

III - a apuração de infrações, por servidor credenciado, e a aplicação de penalidades, por órgão próprio, nos casos previstos no art. 8º desta Lei;
▸ Inciso III acrescido pela Lei 13.846/2019.

IV - a emissão do Certificado de Regularidade Previdenciária (CRP), que atestará, para os fins do disposto no art. 7º desta Lei, o cumprimento, pelos Estados, Distrito Federal e Municípios, dos critérios e exigências aplicáveis aos regimes próprios de previdência social e aos seus fundos previdenciários.
▸ Inciso IV acrescido pela Lei 13.846/2019.

Parágrafo único. A União, os Estados, o Distrito Federal e os Municípios encaminharão à Secretaria Especial de Previdência e Trabalho do Ministério da Economia, na forma, na periodicidade e nos critérios por ela definidos, dados e informações sobre o regime próprio de previdência social e seus segurados.
▸ Parágrafo único com redação pela Lei 13.846/2019.

Art. 10. No caso de extinção de regime próprio de previdência social, a União, o Estado, o Distrito Federal e os Municípios assumirão integralmente a responsabilidade pelo pagamento dos benefícios concedidos durante a sua vigência, bem como daqueles benefícios cujos requisitos necessários a sua concessão foram implementados anteriormente à extinção do regime próprio de previdência social.

Art. 11. Esta Lei entra em vigor na data de sua publicação.

Brasília, 27 de novembro de 1998; 177º da Independência e 110º da República.

Fernando Henrique Cardoso

Waldeck Ornélas

LEI 9.766, DE 18 DE DEZEMBRO DE 1998

Altera a legislação que rege o Salário-Educação, e dá outras providências.

DOU 19.12.1998

O Presidente da República:

Faço saber que o Congresso Nacional decreta e eu sanciono a seguinte Lei:

Art. 1º A contribuição social do Salário-Educação, a que se refere o art. 15 da Lei 9.424, de 24 de dezembro de 1996, obedecerá aos mesmos prazos e condições, e sujeitar-se-á às mesmas sanções administrativas ou penais e outras normas relativas às contribuições sociais e demais importâncias devidas à Seguridade Social, ressalvada a competência do Fundo Nacional de Desenvolvimento da Educação – FNDE, sobre a matéria.

§ 1º Estão isentos do recolhimento da contribuição social do Salário-Educação:

I - a União, os Estados, o Distrito Federal e os Municípios, bem como suas respectivas autarquias e fundações;

II - as instituições públicas de ensino de qualquer grau;

III – as escolas comunitárias, confessionais ou filantrópicas, devidamente registradas e reconhecidas pelo competente órgão de educação, e que atendam ao disposto no inciso II do art. 55 da Lei 8.212, de 24 de julho de 1991;

IV – as organizações de fins culturais que, para este fim, vierem a ser definidas em regulamento;

V – as organizações hospitalares e de assistência social, desde que atendam, cumulativamente, aos requisitos estabelecidos nos incisos I a V do art. 55 da Lei 8.212, de 1991.

§ 2º Integram a receita do Salário-Educação os acréscimos legais a que estão sujeitos os contribuintes em atraso.

§ 3º Entende-se por empresa, para fins de incidência da contribuição social do Salário-Educação, qualquer firma individual ou sociedade que assume o risco de atividade econômica, urbana ou rural, com fins lucrativos ou não, bem como as empresas e demais entidades públicas ou privadas, vinculadas à Seguridade Social.

Art. 2º A Quota Estadual e Municipal do Salário-Educação, de que trata o § 1º e seu inciso II do art. 15 da Lei 9.424, de 24 de dezembro de 1996, será integralmente redistribuída entre o Estado e seus Municípios de forma proporcional ao número de alunos matriculados no ensino fundamental nas respectivas redes de ensino, conforme apurado pelo censo educacional realizado pelo Ministério da Educação.

▸ Artigo com redação pela Lei 10.832/2003.

▸ O STF na ADPF 188, por maioria, julgou procedente a ação para dar "interpretação conforme do conjunto normativo compreendido pelo art. 15, § 1º, da Lei federal nº 9.424, de 1996, e do art. 2º da Lei federal nº 9.766, de 1998, ambas alteradas pela Lei nº 10.832, de 2003, [para] determinar que as cotas estaduais e municipais cabíveis, a título de salário-educação, sejam integralmente distribuídas, observando-se tão somente a proporcionalidade do número de alunos matriculados de forma linear", e, por unanimidade, modulou os efeitos da decisão, para que produza efeitos a partir de 1º/1/2024. (DOU 29.06.2022)

Parágrafo único. As contas específicas dos Estados, do Distrito Federal e dos Municípios destinadas à movimentação das Quotas do Salário-Educação serão abertas pelo FNDE e mantidas, a critério do respectivo ente federado, em instituição financeira oficial.

▸ Parágrafo único acrescido pela Lei 13.530/2017.

Art. 3º O Salário-Educação não tem caráter remuneratório na relação de emprego e não se vincula, para nenhum efeito, ao salário ou à remuneração percebida pelos empregados das empresas contribuintes.

Art. 4º A contribuição do Salário-Educação será recolhida ao Instituto Nacional do Seguro Social – INSS ou ao FNDE.

Parágrafo único. O INSS reterá, do montante por ele arrecadado, a importância equivalente a um por cento, a título de taxa de administração, creditando o restante no Banco do Brasil S.A., em favor do FNDE, para os fins previstos no art. 15, § 1º, da Lei 9.424, de 1996.

Art. 5º A fiscalização da arrecadação do Salário-Educação será realizada pelo INSS, ressalvada a competência do FNDE sobre a matéria.

Parágrafo único. Para efeito da fiscalização prevista neste artigo, seja por parte do INSS, seja por parte do FNDE, não se aplicam as disposições legais excludentes ou limitativas do direito de examinar livros, arquivos, documentos, papéis e efeitos comerciais ou fiscais, dos comerciantes, empresários, industriais ou produtores, ou da obrigação destes de exibi-los.

Art. 6º As disponibilidades financeiras dos recursos gerenciados pelo FNDE, inclusive as arrecadadas à conta do Salário-Educação, poderão ser aplicadas por intermédio de instituição financeira pública federal, na forma que vier a ser estabelecida pelo seu Conselho Deliberativo.

Art. 7º O Ministério da Educação e do Desporto fiscalizará, por intermédio do FNDE, a aplicação dos recursos provenientes do Salário-Educação, na forma do regulamento e das instruções que para este fim forem baixadas por aquela Autarquia, vedada sua destinação ao pagamento de pessoal.

▸ Medida Provisória 339/2006.

Art. 8º Os recursos do Salário Educação podem ser aplicados na educação especial, desde que vinculada ao ensino fundamental público.

▸ Medida Provisória 339/2006.

Art. 9º O Poder Executivo regulamentará esta Lei, no prazo de sessenta dias da data de sua publicação.

▸ Dec. 6.003/2006.
▸ Medida Provisória 339/2006.

Art. 10. Ficam convalidados os atos praticados com base na Medida Provisória no 1.607-24, de 19 de novembro de 1998.

Art. 11. Esta Lei entra em vigor na data de sua publicação.

Art. 12. Revoga-se a Lei 8.150, de 28 de dezembro de 1990.

Brasília, de 18 de dezembro 1998; 177º da Independência e 110º da República.

Fernando Henrique Cardoso

LEI 9.800, DE 26 DE MAIO DE 1999

Permite às partes a utilização de sistema de transmissão de dados para a prática de atos processuais.

DOU 27.05.1999

O Presidente da República:

Faço saber que o Congresso Nacional decreta e eu sanciono a seguinte Lei:

Art. 1º É permitida às partes a utilização de sistema de transmissão de dados e imagens tipo fac-símile ou outro similar, para a prática de atos processuais que dependam de petição escrita.

▸ Art. 188 do CPC.

Art. 2º A utilização de sistema de transmissão de dados e imagens não prejudica o cumprimento dos prazos, devendo os originais ser entregues em juízo, necessariamente, até cinco dias da data de seu término.

Parágrafo único. Nos atos não sujeitos a prazo, os originais deverão ser entregues, necessariamente, até cinco dias da data da recepção do material.

▸ Art. 218 do CPC.

Art. 2º A utilização de sistema de transmissão de dados e imagens não prejudica o cumprimento dos prazos, devendo os originais ser entregues em juízo ou encaminhados por meio de protocolo integrado judicial nacional, necessariamente, em até 5 (cinco) dias contados da data de seu término.

Parágrafo único. Nos atos não sujeitos a prazo, os originais deverão ser entregues em juízo ou encaminhados por meio de protocolo integrado judicial nacional, necessariamente, em até 5 (cinco) dias contados da data de recepção do material.

▸ Artigo com redação pela Lei 14.318/2022 (DOU 30.03.2022), em vigor após 730 (setecentos e trinta) dias de sua publicação oficial.

Art. 3º Os juízes poderão praticar atos de sua competência à vista de transmissões efetuadas na forma desta Lei, sem prejuízo do disposto no artigo anterior.

Art. 4º Quem fizer uso do sistema de transmissão torna-se responsável pela qualidade e fidelidade do material transmitido, e por sua entrega ao órgão judiciário.

Parágrafo único. Sem prejuízo de outras sanções, o usuário do sistema será considerado litigante de má-fé se não houver perfeita concordância entre o original remetido pelo fac-símile e o original entregue em juízo.

▸ Arts. 80 e 81 do CPC.

Art. 5º O disposto nesta Lei não obriga a que os órgãos judiciários disponham de equipamentos, para recepção.

Art. 6º Esta Lei entra em vigor trinta dias após a data de sua publicação.

Brasília, 26 de maio de 1999; 178º da Independência e 111º da República.

Fernando Henrique Cardoso

INSTRUÇÃO NORMATIVA 16, DE 26 DE AGOSTO DE 1999, DO TRIBUNAL SUPERIOR DO TRABALHO – TST

Uniformiza a interpretação da Lei 9.756, de 17 de dezembro de 1998, com relação a agravo de instrumento.

DEJT 03.09.1999

▸ Resolução TST 89/1999 (Edita a IN 16/1999).

I – O Agravo de Instrumento se rege, na Justiça do Trabalho, pelo art. 897, alínea b, §§ 2º, 4º, 5º, 6º e 7º, da Consolidação das Leis do Trabalho, pelos demais dispositivos do direito processual do trabalho e, no que omisso, pelo direito processual comum, desde que compatível com as normas e princípios daquele, na forma desta Instrução.

a) Não se aplicam aos agravos de instrumento opostos antes de 18 de dezembro de 1998, data da publicação da Lei 9.756, as disposições desse diploma legal, salvo aquelas relativas ao cancelamento da possibilidade de concessão de efeito suspensivo à revista.

II – Limitado o seu cabimento, no processo do trabalho, aos despachos que denegarem a interposição de recurso (art. 897, alínea b, da CLT), o agravo de instrumento

será dirigido à autoridade judiciária prolatora do despacho agravado, no prazo de oito dias de sua intimação, e processado em autos apartados.

§§ 1º e 2º *Revogados.*

III – O agravo não será conhecido se o instrumento não contiver as peças necessárias para o julgamento do recurso denegado, incluindo a cópia do respectivo arrazoado e da comprovação de satisfação de todos os pressupostos extrínsecos do recurso principal.

IV – O agravo de instrumento, protocolizado e autuado, será concluso ao juiz prolator do despacho agravado, para reforma ou confirmação da decisão impugnada, observada a competência estabelecida nos arts. 659, inciso VI, e 682, inciso IX, da CLT.

V – Será certificada nos autos principais a interposição do agravo de instrumento e a decisão que determina o seu processamento ou a decisão que reconsidera o despacho agravado.

VI – Mantida a decisão agravada, será intimado o agravado a apresentar contrarrazões relativas ao agravo e, simultaneamente, ao recurso principal, juntando as peças que entender necessárias para o julgamento de ambos, encaminhando-se, após, os autos do agravo ao Juízo competente.

VII – Provido o agravo, o órgão julgador deliberará quanto ao julgamento do recurso destrancado, observando-se, daí em diante, o procedimento relativo a tal recurso, com designação de relator e de revisor, se for o caso.

VIII – Da certidão de julgamento do agravo provido constará o resultado da deliberação relativa à apreciação do recurso destrancado.

IX – As peças trasladadas conterão informações que identifiquem o processo do qual foram extraídas, autenticadas uma a uma, no anverso ou verso. Tais peças poderão ser declaradas autenticas pelo próprio advogado, sob sua responsabilidade pessoal. Não será válida a cópia de despacho ou decisão que não contenha a assinatura do juiz prolator, nem as certidões subscritas por serventuário sem as informações acima exigidas. (NR)

X – Cumpre às partes providenciar a correta formação do instrumento, não comportando a omissão em conversão em diligência para suprir a ausência de peças, ainda que essenciais.

XI – O agravo de instrumento não requer preparo.

XII – A tramitação e o julgamento de agravo de instrumento no Juízo competente obedecerão à disciplina legal e ao constante dos respectivos Regimentos Internos.

XIII – O agravo de instrumento de despacho denegatório de recurso extraordinário obedecerá à disciplina especial, na forma de Resolução da Suprema Corte.

XIV – Fica revogada a Instrução Normativa 06.

Valério Augusto Freitas do Carmo

Diretor-Geral de Coordenação Judiciária

LEI 9.867, DE 10 DE NOVEMBRO DE 1999

Dispõe sobre a criação e o funcionamento de Cooperativas Sociais, visando à integração social dos cidadãos conforme específica.

DOU 11.11.1999

O Presidente da República:

Faço saber que o Congresso Nacional decreta e eu sanciono a seguinte Lei:

▸ Arts. 1.093 a 1.096 do CC.

Art. 1º As Cooperativas Sociais, constituídas com a finalidade de inserir as pessoas em desvantagens no mercado econômico, por meio do trabalho, fundamentam-se no interesse geral da comunidade em promover a pessoa humana e a integração social dos cidadãos, e incluem entre suas atividades:

I – a organização e gestão de serviços sociossanitários e educativos; e

II – o desenvolvimento de atividades agrícolas, industriais, comerciais e de serviços.

Art. 2º Na denominação e razão social das entidades a que se refere o artigo anterior, é obrigatório o uso da expressão "Cooperativa Social", aplicando-se lhes todas as normas relativas ao setor em que operarem, desde que compatíveis com os objetivos desta Lei.

Art. 3º Consideram-se pessoas em desvantagem, para os efeitos desta Lei:

I – os deficientes físicos e sensoriais;

II – os deficientes psíquicos e mentais, as pessoas dependentes de acompanhamento psiquiátrico permanente, e os egressos de hospitais psiquiátricos;

III – os dependentes químicos;

IV – os egressos de prisões;

V – *Vetado*;

VI – os condenados a penas alternativas à detenção;

VII – os adolescentes em idade adequada ao trabalho e situação familiar difícil do ponto de vista econômico social ou afetivo.

§ 1º *Vetado.*

§ 2º As Cooperativas Sociais organizarão seu trabalho, especialmente no que diz respeito a instalações, horários e jornadas, de maneira a levar em conta e minimizar as dificuldades gerais e individuais das pessoas em desvantagens que nelas trabalharem, e desenvolverá e executará programas especiais de treinamento com o objetivo de aumentar-lhes a produtividade e a independência econômica e social.

§ 3º A condição de pessoa em desvantagem deve ser atestada por documentação proveniente de órgãos da administração pública, ressalvando-se o direito à privacidade.

Art. 4º O estatuto da Cooperativa Social poderá prever uma ou mais categorias de sócios voluntários, que lhe prestem serviços gratuitamente, e não estejam incluídos na definição de pessoas em desvantagem.

Art. 5º *Vetado.*

Parágrafo único. *Vetado.*

Art. 6º Esta Lei entra em vigor na data de sua publicação.

Brasília, 10 de novembro de 1999; 178º da Independência e 111º da República.

Fernando Henrique Cardoso

INSTRUÇÃO NORMATIVA 17, DE 17 DE DEZEMBRO DE 1999, DO TRIBUNAL SUPERIOR DO TRABALHO – TST

Uniformiza a interpretação da Lei 9.756, de 17 de dezembro de 1998, com relação ao recurso de revista.

DEJT 12.01.2000

▸ Resolução TST 91/1999 (Edita a IN 17/1999).
▸ Republicada em cumprimento ao disposto no art. 2º da Resolução 184, de 14 de setembro de 2012.

I – Aplica-se ao processo do trabalho o disposto no parágrafo único do art. 120 do Código de Processo Civil, segundo a redação dada pela Lei 9.756/98, relativo ao conflito de competência, nos seguintes termos:

Havendo jurisprudência dominante no Tribunal sobre a questão suscitada, o relator poderá decidir, de plano, o conflito de competência, cabendo agravo, no prazo de oito dias, contado da intimação às partes, para o órgão recursal competente.

II – Aplica-se ao processo do trabalho o parágrafo único acrescido ao art. 481 do Código de Processo Civil, conforme redação dada pela Lei 9.756/98, no que tange à declaração de inconstitucionalidade, nos seguintes termos:

Os órgãos fracionários dos Tribunais não submeterão ao plenário, ou ao órgão especial, a arguição de inconstitucionalidade, quando já houver pronunciamento destes, ou do plenário do Supremo Tribunal Federal, sobre a questão.

III – Aplica-se ao Processo do Trabalho o artigo 557, *caput* e §§ 1º-A, 1º e 2º do Código de Processo Civil, segundo a redação dada pela Lei 9.756/98, adequando-se o prazo do agravo ao prazo de oito dias.

IV – Os beneficiários da justiça gratuita estão dispensados do recolhimento antecipado da multa prevista no § 2º do art. 557 do CPC.

V – As demais disposições oriundas de alteração do processo civil, resultantes da Lei 9.756/98, consideram-se inaplicáveis ao processo do trabalho, especialmente o disposto no art. 511, *caput*, e seu § 2º.

Sala de Sessões, 17 de dezembro de 1999.

Luzia de Andrade Costa Freitas

Diretora-Geral de Coordenação Judiciária

INSTRUÇÃO NORMATIVA 18, DE 17 DE DEZEMBRO DE 1999, DO TRIBUNAL SUPERIOR DO TRABALHO – TST

DEJT 12.01.2000

▸ Resolução TST 92/1999 (Edita a IN 18/1999).

Considera-se válida para comprovação do depósito recursal na Justiça do Trabalho a guia respectiva em que conste pelo menos o nome do Recorrente e do Recorrido; o número do processo; a designação do juízo por onde tramitou o feito e a explicitação do valor depositado, desde que autenticada pelo Banco recebedor.

Revogam-se as disposições em contrário.

Sala de Sessões, 17 de dezembro de 1999.

Luzia de Andrade Costa Freitas

Diretora-Geral de Coordenação Judiciária

DECRETO 3.298, DE 20 DE DEZEMBRO DE 1999

Regulamenta a Lei 7.853, de 24 de outubro de 1989, dispõe sobre a Política Nacional para a Integração da Pessoa Portadora de Deficiência, consolida as normas de proteção, e dá outras providências.

DOU 21.12.1999

▸ Arts. 3º, IV, e 5º, *caput*, da CF.
▸ Lei 7.853/1989 (Coordenadoria Nacional para Integração da Pessoa Portadora de Deficiência – CORDE).
▸ Lei 10.048/2000 (Apoio às pessoas portadoras de deficiência).
▸ Dec. 5.296/2004 (Regulamenta a Lei 10.048/2000).

O Presidente da República, no uso das atribuições que lhe confere o art. 84, incisos IV e VI, da Constituição, e tendo em vista o disposto na Lei 7.853, de 24 de outubro de 1989, decreta:

<center>CAPÍTULO I</center>
<center>DAS DISPOSIÇÕES GERAIS</center>

Art. 1º A Política Nacional para a Integração da Pessoa Portadora de Deficiência compreende o conjunto de orientações normativas que objetivam assegurar o pleno exercício dos direitos individuais e sociais das pessoas portadoras de deficiência.

Art. 2º Cabe aos órgãos e às entidades do Poder Público assegurar à pessoa portadora de deficiência o pleno exercício de seus direitos básicos, inclusive dos direitos à educação, à saúde, ao trabalho, ao desporto, ao turismo, ao lazer, à previdência social, à assistência social, ao transporte, à edificação pública, à habitação, à cultura, ao amparo à infância e à maternidade, e de outros que, decorrentes da Constituição e das leis, propiciem seu bem-estar pessoal, social e econômico.

Art. 3º Para os efeitos deste Decreto, considera-se:

I – deficiência – toda perda ou anormalidade de uma estrutura ou função psicológica, fisiológica ou anatômica que gere incapacidade para o desempenho de atividade, dentro do padrão considerado normal para o ser humano;

▸ Súmula 552 do STJ.

II – deficiência permanente – aquela que ocorreu ou se estabilizou durante um período de tempo suficiente para não permitir recuperação ou ter probabilidade de que se altere, apesar de novos tratamentos; e

III – incapacidade – uma redução efetiva e acentuada da capacidade de integração social, com necessidade de equipamentos, adaptações, meios ou recursos especiais para que a pessoa portadora de deficiência possa receber ou transmitir informações necessárias ao seu bem-estar pessoal e ao desempenho de função ou atividade a ser exercida.

Art. 4º É considerada pessoa portadora de deficiência a que se enquadra nas seguintes categorias:

I – deficiência física – alteração completa ou parcial de um ou mais segmentos do corpo humano, acarretando o comprometimento da função física, apresentando-se sob a forma de paraplegia, paraparesia, monoplegia, monoparesia, tetraplegia, tetraparesia, triplegia, triparesia, hemiplegia, hemiparesia, ostomia, amputação ou ausência de membro, paralisia cerebral, nanismo, membros com deformidade congênita ou adquirida, exceto as deformidades estéticas e as que não produzam dificuldades para o desempenho de funções;

▸ Inciso I com redação pelo Dec. 5.296/2004.

II – deficiência auditiva – perda bilateral, parcial ou total, de quarenta e um decibéis (dB) ou mais, aferida por audiograma nas frequências de 500Hz, 1.000Hz, 2.000Hz e 3.000Hz;

▸ Inciso II com redação pelo Dec. 5.296/2004.
▸ Súmula 552 do STJ.

III – deficiência visual – cegueira, na qual a acuidade visual é igual ou menor que 0,05 no melhor olho, com a melhor correção óptica; a baixa visão, que significa acuidade visual entre 0,3 e 0,05 no melhor olho, com a melhor correção óptica; os casos nos quais a somató-

ria da medida do campo visual em ambos os olhos for igual ou menor que 60º; ou a ocorrência simultânea de quaisquer das condições anteriores;

▸ Inciso III com redação pelo Dec. 5.296/2004.
▸ Súmula 377 do STJ.

IV – deficiência mental – funcionamento intelectual significativamente inferior à média, com manifestação antes dos dezoito anos e limitações associadas a duas ou mais áreas de habilidades adaptativas, tais como:

a) comunicação;

b) cuidado pessoal;

c) habilidades sociais;

d) utilização dos recursos da comunidade;

▸ Alínea *d* com redação pelo Dec. 5.296/2004.

e) saúde e segurança;

f) habilidades acadêmicas;

g) lazer; e

h) trabalho;

V – deficiência múltipla – associação de duas ou mais deficiências.

<center>CAPÍTULO II</center>
<center>DOS PRINCÍPIOS</center>

Art. 5º A Política Nacional para a Integração da Pessoa Portadora de Deficiência, em consonância com o Programa Nacional de Direitos Humanos, obedecerá aos seguintes princípios:

I – desenvolvimento de ação conjunta do Estado e da sociedade civil, de modo a assegurar a plena integração da pessoa portadora de deficiência no contexto socioeconômico e cultural;

II – estabelecimento de mecanismos e instrumentos legais e operacionais que assegurem às pessoas portadoras de deficiência o pleno exercício de seus direitos básicos que, decorrentes da Constituição e das leis, propiciam o seu bem-estar pessoal, social e econômico; e

III – respeito às pessoas portadoras de deficiência, que devem receber igualdade de oportunidades na sociedade por reconhecimento dos direitos que lhes são assegurados, sem privilégios ou paternalismos.

<center>CAPÍTULO III</center>
<center>DAS DIRETRIZES</center>

Art. 6º São diretrizes da Política Nacional para a Integração da Pessoa Portadora de Deficiência:

I – estabelecer mecanismos que acelerem e favoreçam a inclusão social da pessoa portadora de deficiência;

II – adotar estratégias de articulação com órgãos e entidades públicos e privados, bem assim com organismos internacionais e estrangeiros para a implantação desta Política;

III – incluir a pessoa portadora de deficiência, respeitadas as suas peculiaridades, em todas as iniciativas governamentais relacionadas à educação, à saúde, ao trabalho, à edificação pública, à previdência social, à assistência social, ao transporte, à habitação, à cultura, ao esporte e ao lazer;

IV – viabilizar a participação da pessoa portadora de deficiência em todas as fases de implementação dessa Política, por intermédio de suas entidades representativas;

V – ampliar as alternativas de inserção econômica da pessoa portadora de deficiência, proporcionando a ela qualificação profissional e incorporação no mercado de trabalho; e

VI – garantir o efetivo atendimento das necessidades da pessoa portadora de deficiência, sem o cunho assistencialista.

<center>CAPÍTULO IV</center>
<center>DOS OBJETIVOS</center>

Art. 7º São objetivos da Política Nacional para a Integração da Pessoa Portadora de Deficiência:

I – o acesso, o ingresso e a permanência da pessoa portadora de deficiência em todos os serviços oferecidos à comunidade;

II – integração das ações dos órgãos e das entidades públicos e privados nas áreas de saúde, educação, trabalho, transporte, assistência social, edificação pública, previdência social, habitação, cultura, desporto e lazer, visando à prevenção das deficiências, à eliminação de suas múltiplas causas e à inclusão social;

III – desenvolvimento de programas setoriais destinados ao atendimento das necessidades especiais da pessoa portadora de deficiência;

IV – formação de recursos humanos para atendimento da pessoa portadora de deficiência; e

V – garantia da efetividade dos programas de prevenção, de atendimento especializado e de inclusão social.

CAPÍTULO V
DOS INSTRUMENTOS

Art. 8º São instrumentos da Política Nacional para a Integração da Pessoa Portadora de Deficiência:

I – a articulação entre entidades governamentais e não governamentais que tenham responsabilidades quanto ao atendimento da pessoa portadora de deficiência, em nível federal, estadual, do Distrito Federal e municipal;

II – o fomento à formação de recursos humanos para adequado e eficiente atendimento da pessoa portadora de deficiência;

III – a aplicação da legislação específica que disciplina a reserva de mercado de trabalho, em favor da pessoa portadora de deficiência, nos órgãos e nas entidades públicos e privados;

IV – o fomento da tecnologia de bioengenharia voltada para a pessoa portadora de deficiência, bem como a facilitação da importação de equipamentos; e

V – a fiscalização do cumprimento da legislação pertinente à pessoa portadora de deficiência.

CAPÍTULO VI
DOS ASPECTOS INSTITUCIONAIS

Art. 9º Os órgãos e as entidades da Administração Pública Federal direta e indireta deverão conferir, no âmbito das respectivas competências e finalidades, tratamento prioritário e adequado aos assuntos relativos à pessoa portadora de deficiência, visando a assegurar-lhe o pleno exercício de seus direitos básicos e a efetiva inclusão social.

Art. 10. Na execução deste Decreto, a Administração Pública Federal direta e indireta atuará de modo integrado e coordenado, seguindo planos e programas, com prazos e objetivos determinados, aprovados pelo Conselho Nacional dos Direitos da Pessoa Portadora de Deficiência – CONADE.

Arts. 11 e 12. *Revogados pelo Dec. 10.177/2019.*

Art. 13. Poderão ser instituídas outras instâncias deliberativas pelos Estados, pelo Distrito Federal e pelos Municípios, que integrarão sistema descentralizado de defesa dos direitos da pessoa portadora de deficiência.

Art. 14. Incumbe ao Ministério dos Direitos Humanos, a coordenação superior, na Administração Pública Federal, dos assuntos, das atividades e das medidas que se referiram às pessoas portadoras de deficiência.

> ▸ *Caput* com redação pelo Decreto 9.494/2018.

§ 1º No âmbito do Ministério dos Direitos Humanos, compete à Secretaria Nacional dos Direitos da Pessoa com Deficiência:

> ▸ *Caput* do § 1º com redação pelo Decreto 9.494/2018.

I – exercer a coordenação superior dos assuntos, das ações governamentais e das medidas referentes à pessoa portadora de deficiência;

II – elaborar os planos, programas e projetos da Política Nacional para Integração da Pessoa Portadora de Deficiência, bem como propor as providências necessárias à sua completa implantação e ao seu adequado desenvolvimento, inclusive as pertinentes a recursos financeiros e as de caráter legislativo;

III – acompanhar e orientar a execução pela Administração Pública Federal dos planos, programas e projetos mencionados no inciso anterior;

IV – manifestar-se sobre a Política Nacional para a Integração da Pessoa Portadora de Deficiência, dos projetos federais a ela conexos, antes da liberação dos recursos respectivos;

V – manter com os Estados, o Distrito Federal, os Municípios e o Ministério Público, estreito relacionamento, objetivando a concorrência de ações destinadas à integração das pessoas portadoras de deficiência;

VI – provocar a iniciativa do Ministério Público, ministrando-lhe informações sobre fatos que constituam objeto da ação civil de que trata a Lei 7.853, de 24 de outubro de 1989, e indicando-lhe os elementos de convicção;

VII – emitir opinião sobre os acordos, contratos ou convênios firmados pelos demais órgãos da Administração Pública Federal, no âmbito da Política Nacional para a Integração da Pessoa Portadora de Deficiência; e

VIII – promover e incentivar a divulgação e o debate das questões concernentes à pessoa portadora de deficiência, visando à conscientização da sociedade.

§ 2º Na elaboração dos planos e programas a seu cargo, a CORDE deverá:

I – recolher, sempre que possível, a opinião das pessoas e entidades interessadas; e

II – considerar a necessidade de ser oferecido efetivo apoio às entidades privadas voltadas à integração social da pessoa portadora de deficiência.

CAPÍTULO VII
DA EQUIPARAÇÃO DE OPORTUNIDADES

Art. 15. Os órgãos e as entidades da Administração Pública Federal prestarão direta ou indiretamente à pessoa portadora de deficiência os seguintes serviços:

I – reabilitação integral, entendida como o desenvolvimento das potencialidades da pessoa portadora de deficiência, destinada a facilitar sua atividade laboral, educativa e social;

II – formação profissional e qualificação para o trabalho;

III – escolarização em estabelecimentos de ensino regular com a provisão dos apoios necessários, ou em estabelecimentos de ensino especial; e

IV – orientação e promoção individual, familiar e social.
(...)

Seção III
Da habilitação e da reabilitação profissional

Art. 30. A pessoa portadora de deficiência, beneficiária ou não do Regime Geral de Previdência Social, tem direito às prestações de habilitação e reabilitação profissional para capacitar-se a obter trabalho, conservá-lo e progredir profissionalmente.

Art. 31. Entende-se por habilitação e reabilitação profissional o processo orientado a possibilitar que a pessoa portadora de deficiência, a partir da identificação de suas potencialidades laborativas, adquira o nível suficiente de desenvolvimento profissional para ingresso e reingresso no mercado de trabalho e participar da vida comunitária.

Art. 32. Os serviços de habilitação e reabilitação profissional deverão estar dotados dos recursos necessários para atender toda pessoa portadora de deficiência, independentemente da origem de sua deficiência, desde que possa ser preparada para trabalho que lhe seja adequado e tenha perspectivas de obter, conservar e nele progredir.

Art. 33. A orientação profissional será prestada pelos correspondentes serviços de habilitação e reabilitação profissional, tendo em conta as potencialidades da pessoa portadora de deficiência, identificadas com base em relatório de equipe multiprofissional, que deverá considerar:

I – educação escolar efetivamente recebida e por receber;

II – expectativas de promoção social;

III – possibilidades de emprego existentes em cada caso;

IV – motivações, atitudes e preferências profissionais; e

V – necessidades do mercado de trabalho.

Seção IV
Do acesso ao trabalho

Art. 34. É finalidade primordial da política de emprego a inserção da pessoa portadora de deficiência no mercado de trabalho ou sua incorporação ao sistema produtivo mediante regime especial de trabalho protegido.

Parágrafo único. Nos casos de deficiência grave ou severa, o cumprimento do disposto no *caput* deste artigo poderá ser efetivado mediante a contratação das cooperativas sociais de que trata a Lei 9.867, de 10 de novembro de 1999.

Art. 35. São modalidades de inserção laboral da pessoa portadora de deficiência:

I – colocação competitiva: processo de contratação regular, nos termos da legislação trabalhista e previdenciária, que independe da adoção de procedimentos especiais para sua concretização, não sendo excluída a possibilidade de utilização de apoios especiais;

II – colocação seletiva: processo de contratação regular, nos termos da legislação trabalhista e previdenciária, que depende da adoção de procedimentos e apoios especiais para sua concretização; e

III – promoção do trabalho por conta própria: processo de fomento da ação de uma ou mais pessoas, mediante trabalho autônomo, cooperativado ou em regime de economia familiar, com vista à emancipação econômica e pessoal.

§ 1º As entidades beneficentes de assistência social, na forma da lei, poderão intermediar a modalidade de inserção laboral de que tratam os incisos II e III, nos seguintes casos:

I – na contratação para prestação de serviços, por entidade pública ou privada, da pessoa portadora de deficiência física, mental ou sensorial; e

II – na comercialização de bens e serviços decorrentes de programas de habilitação profissional de adolescente e adulto portador de deficiência em oficina protegida de produção ou terapêutica.

§ 2º Consideram-se procedimentos especiais os meios utilizados para a contratação de pessoa que, devido ao seu grau de deficiência, transitória ou permanente, exija condições especiais, tais como jornada variável, horário flexível, proporcionalidade de salário, ambiente de trabalho adequado às suas especificidades, entre outros.

§ 3º Consideram-se apoios especiais a orientação, a supervisão e as ajudas técnicas entre outros elementos que auxiliem ou permitam compensar uma ou mais limitações funcionais motoras, sensoriais ou mentais da pessoa portadora de deficiência, de modo a superar as barreiras da mobilidade e da comunicação, possibilitando a plena utilização de suas capacidades em condições de normalidade.

§ 4º Considera-se oficina protegida de produção a unidade que funciona em relação de dependência com entidade pública ou beneficente de assistência social, que tem por objetivo desenvolver programa de habilitação profissional para adolescente e adulto portador de deficiência, provendo-o com trabalho remunerado, com vista à emancipação econômica e pessoal relativa.

§ 5º Considera-se oficina protegida terapêutica a unidade que funciona em relação de dependência com entidade pública ou beneficente de assistência social, que tem por objetivo a integração social por meio de atividades de adaptação e capacitação para o trabalho de adolescente e adulto que devido ao seu grau de deficiência, transitória ou permanente, não possa desempenhar atividade laboral no mercado competitivo de trabalho ou em oficina protegida de produção.

§ 6º O período de adaptação e capacitação para o trabalho de adolescente e adulto portador de deficiência em oficina protegida terapêutica não caracteriza vínculo empregatício e está condicionado a processo de avaliação individual que considere o desenvolvimento biopsicossocial da pessoa.

§ 7º A prestação de serviços será feita mediante celebração de convênio ou contrato formal, entre a entidade beneficente de assistência social e o tomador de serviços, no qual constará a relação nominal dos trabalhadores portadores de deficiência colocados à disposição do tomador.

§ 8º A entidade que se utilizar do processo de colocação seletiva deverá promover, em parceria com o tomador de serviços, programas de prevenção de doenças profissionais e de redução da capacidade laboral, bem assim programas de reabilitação caso ocorram patologias ou se manifestem outras incapacidades.

Art. 36. A empresa com cem ou mais empregados está obrigada a preencher de 2 (dois) a 5% (cinco por cento) de seus cargos com beneficiários da Previdência Social reabilitados ou com pessoa portadora de deficiência habilitada, na seguinte proporção:

I – até duzentos empregados, 2% (dois por cento); II – de duzentos e um a quinhentos empregados, 3% (três por cento);

III – de quinhentos e um a mil empregados, 4% (quatro por cento); ou

IV – mais de mil empregados, 5% (cinco por cento).

§ 1º A dispensa de empregado na condição estabelecida neste artigo, quando se tratar de contrato por prazo determinado, superior a 90 (noventa) dias, e a dispensa imotivada, no contrato por prazo indeterminado, somente poderá ocorrer após a contratação de substituto em condições semelhantes.

§ 2º Considera-se pessoa portadora de deficiência habilitada aquela que concluiu curso de educação profissional de nível básico, técnico ou tecnológico, ou curso superior, com certificação ou diplomação expedida por instituição pública ou privada, legalmente credenciada pelo Ministério da Educação ou órgão equivalente, ou aquela com certificado de conclusão de processo de habilitação ou reabilitação profissional fornecido pelo Instituto Nacional do Seguro Social – INSS.

§ 3º Considera-se, também, pessoa portadora de deficiência habilitada aquela que, não tendo se submetido a processo de habilitação ou reabilitação, esteja capacitada para o exercício da função.

§ 4º A pessoa portadora de deficiência habilitada nos termos dos §§ 2º e 3º deste artigo poderá recorrer à intermediação de órgão integrante do sistema público de emprego, para fins de inclusão laboral na forma deste artigo.

§ 5º Compete ao Ministério do Trabalho e Emprego estabelecer sistemática de fiscalização, avaliação e controle

das empresas, bem como instituir procedimentos e formulários que propiciem estatísticas sobre o número de empregados portadores de deficiência e de vagas preenchidas, para fins de acompanhamento do disposto no *caput* deste artigo.

(...)

Art. 44. A análise dos aspectos relativos ao potencial de trabalho do candidato portador de deficiência obedecerá ao disposto no art. 20 da Lei 8.112, de 11 de dezembro de 1990.

Art. 45. Serão implementados programas de formação e qualificação profissional voltados para a pessoa portadora de deficiência no âmbito do Plano Nacional de Formação Profissional – PLANFOR.

Parágrafo único. Os programas de formação e qualificação profissional para pessoa portadora de deficiência terão como objetivos:

I – criar condições que garantam a toda pessoa portadora de deficiência o direito a receber uma formação profissional adequada;

II – organizar os meios de formação necessários para qualificar a pessoa portadora de deficiência para a inserção competitiva no mercado laboral; e

III – ampliar a formação e qualificação profissional sob a base de educação geral para fomentar o desenvolvimento harmônico da pessoa portadora de deficiência, assim como para satisfazer as exigências derivadas do progresso técnico, dos novos métodos de produção e da evolução social e econômica.

(...)

CAPÍTULO VIII
DA POLÍTICA DE CAPACITAÇÃO DE PROFISSIONAIS ESPECIALIZADOS

Art. 49. Os órgãos e as entidades da Administração Pública Federal direta e indireta, responsáveis pela formação de recursos humanos, devem dispensar aos assuntos objeto deste Decreto tratamento prioritário e adequado, viabilizando, sem prejuízo de outras, as seguintes medidas:

I – formação e qualificação de professores de nível médio e superior para a educação especial, de técnicos de nível médio e superior especializados na habilitação e reabilitação, e de instrutores e professores para a formação profissional;

II – formação e qualificação profissional, nas diversas áreas de conhecimento e de recursos humanos que atendam às demandas da pessoa portadora de deficiência; e

III – incentivo à pesquisa e ao desenvolvimento tecnológico em todas as áreas do conhecimento relacionadas com a pessoa portadora de deficiência.

(...)

CAPÍTULO X
DO SISTEMA INTEGRADO DE INFORMAÇÕES

Art. 55. Fica instituído, no âmbito do Ministério dos Direitos Humanos, o Sistema Nacional de Informações sobre Deficiência, sob a responsabilidade da Secretaria Nacional dos Direitos da Pessoa com Deficiência, com a finalidade de criar e manter bases de dados, reunir e difundir informação sobre a situação das pessoas portadoras de deficiência e fomentar a pesquisa e o estudo de todos os aspectos que afetem a vida dessas pessoas.
 ▸ *Caput* com redação pelo Decreto 9.494/2018.

Parágrafo único. Serão produzidas, periodicamente, estatísticas e informações, podendo esta atividade realizar-se conjuntamente com os censos nacionais, pesquisas nacionais, regionais e locais, em estreita colaboração com universidades, institutos de pesquisa e organizações para pessoas portadoras de deficiência.

CAPÍTULO XI
DAS DISPOSIÇÕES FINAIS E TRANSITÓRIAS

Art. 56. O Ministério dos Direitos Humanos, com base nas diretrizes e metas do Plano Plurianual de Investimentos, por intermédio da Secretaria Nacional dos Direitos da Pessoa com Deficiência, elaborará, em articulação com outros órgãos e entidades da Administração Pública Federal, o Plano Nacional de Ações Integradas na Área das Deficiências.
 ▸ Artigo com redação pelo Decreto 9.494/2018.

Art. 57. *Revogado pelo Decreto 10.087/2019.*

Art. 58. A CORDE desenvolverá, em articulação com órgãos e entidades da Administração Pública Federal, programas de facilitação da acessibilidade em sítios de interesse histórico, turístico, cultural e desportivo, mediante a remoção de barreiras físicas ou arquitetônicas

que impeçam ou dificultem a locomoção de pessoa portadora de deficiência ou com mobilidade reduzida.

Art. 59. Este Decreto entra em vigor na data da sua publicação.

Art. 60. Ficam revogados os Decretos 93.481, de 29 de outubro de 1986, 914, de 6 de setembro de 1993, 1.680, de 18 de outubro de 1995, 3.030, de 20 de abril de 1999, o § 2º do art. 141 do Regulamento da Previdência Social, aprovado pelo Decreto 3.048, de 6 de maio de 1999, e o Decreto 3.076, de 1º de junho de 1999.

Brasília, 20 de dezembro de 1999; 178º da Independência e 111º da República.

Fernando Henrique Cardoso

INSTRUÇÃO NORMATIVA 19, DE 27 DE ABRIL DE 2000, DO TRIBUNAL SUPERIOR DO TRABALHO – TST

Aprova normas relativas à inserção de tema na Orientação Jurisprudencial do Tribunal Superior do Trabalho.

DEJT 09.05.2000
 ▸ Resolução TST 94/2000 (Edita a IN 19/2000).

O precedente jurisprudencial deve ser inserido pela Comissão de Jurisprudência na Orientação Jurisprudencial desta Corte quando:

1 – as 5 (cinco) Turmas decidirem no mesmo sentido quanto à matéria; ou

2 – houver 3 (três) acórdãos da Seção Especializada em Dissídios Individuais e, pelo menos, 3 (três) acórdãos de 3 (três) Turmas no mesmo sentido; ou

3 – houver, pelo menos, 2 (duas) decisões unânimes de cada uma das duas Subseções da Seção Especializada em Dissídios Individuais sobre a mesma matéria; ou

4 – o Tribunal Pleno, mediante provocação da Comissão Permanente de Jurisprudência, decidir conflito entre 5 (cinco) decisões reiteradas da Subseção I Especializada em Dissídios Individuais sobre determinada tese, contrárias a decisões reiteradas de 3 (três) Turmas;

5 – os verbetes relativos a precedentes da Subseção II Especializada em Dissídios Individuais, após aprovados pela referida Subseção, serão encaminhados à Comissão Permanente de Jurisprudência para publicação na Orientação da Jurisprudência da Corte. Se a Comissão entender conveniente, submeterá a proposta da Subseção II Especializada em Dissídios Individuais ao Egrégio Tribunal Pleno;

6 – por moção subscrita por 8 (oito) Ministros e dirigida à Comissão Permanente de Jurisprudência, será submetida ao Egrégio Tribunal Pleno a proposta de retirada de tema inserto no repositório da Orientação Jurisprudencial do Tribunal Superior do Trabalho.

Sala de Sessões, 27 de abril de 2000.

Luzia de Andrade Costa Freitas

Diretora-Geral de Coordenação Judiciária

LEI COMPLEMENTAR 103, DE 14 DE JULHO DE 2000

Autoriza os Estados e o Distrito Federal a instituir o piso salarial a que se refere o inciso V do art. 7º da Constituição Federal, por aplicação do disposto no parágrafo único do seu art. 22.

DOU 17.07.2000

O Presidente da República:

Faço saber que o Congresso Nacional decreta e eu sanciono a seguinte Lei Complementar:

Art. 1º Os Estados e o Distrito Federal ficam autorizados a instituir, mediante lei de iniciativa do Poder Executivo, o piso salarial de que trata o inciso V do art. 7º da Constituição Federal para os empregados que não tenham piso salarial definido em lei federal, convenção ou acordo coletivo de trabalho.

§ 1º A autorização de que trata este artigo não poderá ser exercida:

I – no segundo semestre do ano em que se verificar eleição para os cargos de Governador dos Estados e do Distrito Federal e de Deputados Estaduais e Distritais;

II – em relação à remuneração de servidores públicos municipais.

§ 2º O piso salarial a que se refere o *caput* poderá ser estendido aos empregados domésticos.

Art. 2º Esta Lei Complementar entra em vigor na data de sua publicação.

Brasília, 14 de julho de 2000; 179º da Independência e 112º da República.

Fernando Henrique Cardoso

LEI 10.101, DE 19 DE DEZEMBRO DE 2000

Dispõe sobre a participação dos trabalhadores nos lucros ou resultados da empresa e dá outras providências.

DOU 20.12.2000
 ▸ Súmula 451 da CLT.

Faço saber que o Presidente da República adotou a Medida Provisória 1.982-77, de 2000, que o Congresso Nacional aprovou, e eu, Antonio Carlos Magalhães, Presidente, para os efeitos do disposto no parágrafo único do art. 62 da Constituição Federal, promulgo a seguinte Lei:

Art. 1º Esta Lei regula a participação dos trabalhadores nos lucros ou resultados da empresa como instrumento de integração entre o capital e o trabalho e como incentivo à produtividade, nos termos do art. 7º, inciso XI, da Constituição.

Art. 2º A participação nos lucros ou resultados será objeto de negociação entre a empresa e seus empregados, mediante um dos procedimentos a seguir descritos, escolhidos pelas partes de comum acordo:

I – comissão paritária escolhida pelas partes, integrada, também, por um representante indicado pelo sindicato da respectiva categoria;
 ▸ Inciso I com redação pela Lei 12.832/2013.

II – convenção ou acordo coletivo.

§ 1º Dos instrumentos decorrentes da negociação deverão constar regras claras e objetivas quanto à fixação dos direitos substantivos da participação e das regras adjetivas, inclusive mecanismos de aferição das informações pertinentes ao cumprimento do acordado, periodicidade da distribuição, período de vigência e prazos para revisão do acordo, podendo ser considerados, entre outros, os seguintes critérios e condições:

I – índices de produtividade, qualidade ou lucratividade da empresa;

II – programas de metas, resultados e prazos, pactuados previamente.

§ 2º O instrumento de acordo celebrado será arquivado na entidade sindical dos trabalhadores.

§ 3º Não se equipara a empresa, para os fins desta Lei:

I – a pessoa física;

II – a entidade sem fins lucrativos que, cumulativamente:

a) não distribua resultados, a qualquer título, ainda que indiretamente, a dirigentes, administradores ou empresas vinculadas;

b) aplique integralmente os seus recursos em sua atividade institucional e no País;

c) destine o seu patrimônio a entidade congênere ou ao poder público, em caso de encerramento de suas atividades;

d) mantenha escrituração contábil capaz de comprovar a observância dos demais requisitos deste inciso, e das normas fiscais, comerciais e de direito econômico que lhe sejam aplicáveis.

§ 3º-A. A não equiparação de que trata o inciso II do § 3º deste artigo não é aplicável às hipóteses em que tenham sido utilizados índices de produtividade ou qualidade ou programas de metas, resultados e prazos.
 ▸ § 3º-A acrescido pela 14.020/2020.

§ 4º Quando forem considerados os critérios e condições definidos nos incisos I e II do § 1º deste artigo:
 ▸ § 4º acrescido pela Lei 12.832/2013.

I – a empresa deverá prestar aos representantes dos trabalhadores na comissão paritária informações que colaborem para a negociação;

II – não se aplicam as metas referentes a saúde e segurança no trabalho.

§ 5º As partes podem:

I – adotar os procedimentos de negociação estabelecidos nos incisos I e II do *caput* deste artigo, simultaneamente; e

II – estabelecer múltiplos programas de participação nos lucros ou nos resultados, observada a periodicidade estabelecida pelo § 2º do art. 3º desta Lei.

§ 6º Na fixação dos direitos substantivos e das regras adjetivas, inclusive no que se refere à fixação dos valores e à utilização exclusiva de metas individuais, a autonomia

da vontade das partes contratantes será respeitada e prevalecerá em face do interesse de terceiros.

§ 7º Consideram-se previamente estabelecidas as regras fixadas em instrumento assinado:

I – anteriormente ao pagamento da antecipação, quando prevista; e

II – com antecedência de, no mínimo, 90 (noventa) dias da data do pagamento da parcela única ou da parcela final, caso haja pagamento de antecipação.

§ 8º A inobservância à periodicidade estabelecida no § 2º do art. 3º desta Lei invalida exclusivamente os pagamentos feitos em desacordo com a norma, assim entendidos:

I – os pagamentos excedentes ao segundo, feitos a um mesmo empregado, no mesmo ano civil; e

II – os pagamentos efetuados a um mesmo empregado, em periodicidade inferior a 1 (um) trimestre civil do pagamento anterior.

§ 9º Na hipótese do inciso II do § 8º deste artigo, mantém-se a validade dos demais pagamentos.

§ 10. Uma vez composta, a comissão paritária de que trata o inciso I do *caput* deste artigo dará ciência por escrito ao ente sindical para que indique seu representante no prazo máximo de 10 (dez) dias corridos, findo o qual a comissão poderá iniciar e concluir suas tratativas.

▶ §§ 5º a 10 acrescidos pela Lei 14.020/2020, vetados pela Presidência da República e rejeitados os vetos pelo Congresso Nacional.

Art. 3º A participação de que trata o art. 2º não substitui ou complementa a remuneração devida a qualquer empregado, nem constitui base de incidência de qualquer encargo trabalhista, não se lhe aplicando o princípio da habitualidade.

§ 1º Para efeito de apuração do lucro real, a pessoa jurídica poderá deduzir como despesa operacional as participações atribuídas aos empregados nos lucros ou resultados, nos termos da presente Lei, dentro do próprio exercício de sua constituição.

§ 2º É vedado o pagamento de qualquer antecipação ou distribuição de valores a título de participação nos lucros ou resultados da empresa em mais de 2 (duas) vezes no mesmo ano civil e em periodicidade inferior a 1 (um) trimestre civil.

▶ § 2º com redação pela Lei 12.832/2013.

§ 3º Todos os pagamentos efetuados em decorrência de planos de participação nos lucros ou resultados, mantidos espontaneamente pela empresa, poderão ser compensados com as obrigações decorrentes de acordos ou convenções coletivas de trabalho atinentes à participação nos lucros ou resultados.

§ 4º A periodicidade semestral mínima referida no § 2º poderá ser alterada pelo Poder Executivo, até 31 de dezembro de 2000, em função de eventuais impactos nas receitas tributárias.

§ 5º A participação de que trata este artigo será tributada pelo imposto sobre a renda exclusivamente na fonte, em separado dos demais rendimentos recebidos, no ano do recebimento ou crédito, com base na tabela progressiva anual constante do Anexo e não integrará a base de cálculo do imposto devido pelo beneficiário na Declaração de Ajuste Anual.

▶ § 5º com redação pela Lei 12.832/2013.

§ 6º Para efeito da apuração do imposto sobre a renda, a participação dos trabalhadores nos lucros ou resultados da empresa será integralmente tributada com base na tabela progressiva constante do Anexo.

▶ § 6º acrescido pela Lei 12.832/2013.

§ 7º Na hipótese de pagamento de mais de 1 (uma) parcela referente a um mesmo ano-calendário, o imposto deve ser recalculado, com base no total da participação nos lucros recebida no ano-calendário, mediante a utilização da tabela constante do Anexo, deduzindo-se do imposto assim apurado o valor retido anteriormente.

▶ § 7º acrescido pela Lei 12.832/2013.

§ 8º Os rendimentos pagos acumuladamente a título de participação dos trabalhadores nos lucros ou resultados da empresa serão tributados exclusivamente na fonte, em separado dos demais rendimentos recebidos, sujeitando-se, também de forma acumulada, ao imposto sobre a renda com base na tabela progressiva constante do Anexo.

▶ § 8º acrescido pela Lei 12.832/2013.

§ 9º Considera-se pagamento acumulado, para fins do § 8º, o pagamento da participação nos lucros relativa a mais de um ano calendário.

▶ § 9º acrescido pela Lei 12.832/2013.

§ 10. Na determinação da base de cálculo da participação dos trabalhadores nos lucros ou resultados, poderão ser deduzidas as importâncias pagas em dinheiro a título de pensão alimentícia em face das normas do Direito de Família, quando em cumprimento de decisão judicial, de acordo homologado judicialmente ou de separação

ou divórcio consensual realizado por escritura pública, desde que correspondentes a esse rendimento, não podendo ser utilizada a mesma parcela para a determinação da base de cálculo dos demais rendimentos.

▶ § 10 acrescido pela Lei 12.832/2013.

§ 11. A partir do ano-calendário de 2014, inclusive, os valores da tabela progressiva anual constante do Anexo serão reajustados no mesmo percentual de reajuste da Tabela Progressiva Mensal do imposto de renda incidente sobre os rendimentos das pessoas físicas.

▶ § 11 acrescido pela Lei 12.832/2013.

Art. 4º Caso a negociação visando à participação nos lucros ou resultados da empresa resulte em impasse, as partes poderão utilizar-se dos seguintes mecanismos de solução do litígio:

I – mediação;

II – arbitragem de ofertas finais, utilizando-se, no que couber, os termos da Lei 9.307, de 23 de setembro de 1996.

▶ Inciso II com redação pela Lei 12.832/2013.

§ 1º Considera-se arbitragem de ofertas finais aquela em que o árbitro deve restringir-se a optar pela proposta apresentada, em caráter definitivo, por uma das partes.

§ 2º O mediador ou o árbitro será escolhido de comum acordo entre as partes.

§ 3º Firmado o compromisso arbitral, não será admitida a desistência unilateral de qualquer das partes.

§ 4º O laudo arbitral terá força normativa, independentemente de homologação judicial.

Art. 5º A participação de que trata o art. 1º desta Lei, relativamente aos trabalhadores em empresas estatais, observará diretrizes específicas fixadas pelo Poder Executivo.

Parágrafo único. Consideram-se empresas estatais as empresas públicas, sociedades de economia mista, suas subsidiárias e controladas e demais empresas em que a União, direta ou indiretamente, detenha a maioria do capital social com direito a voto.

Art. 6º Fica autorizado o trabalho aos domingos nas atividades do comércio em geral, observada a legislação municipal, nos termos do inciso I do *caput* do art. 30 da Constituição Federal.

▶ Artigo com redação pela Lei 11.603/2007.

Parágrafo único. O repouso semanal remunerado deverá coincidir, pelo menos 1 (uma) vez no período máximo de 3 (três) semanas, com o domingo, respeitadas as demais normas de proteção ao trabalho e outras a serem estipuladas em negociação coletiva.

Art. 6º-A. É permitido o trabalho em feriados nas atividades do comércio em geral, desde que autorizado em convenção coletiva de trabalho e observada a legislação municipal, nos termos do inciso I do *caput* do art. 30 da Constituição Federal.

▶ Artigo acrescido pela Lei 11.603/2007.

Art. 6º-B. As infrações ao disposto nos arts. 6º e 6º-A desta Lei serão punidas com a multa prevista no art. 75 da Consolidação das Leis do Trabalho, aprovada pelo Decreto-lei 5.452, de 1º de maio de 1943.

▶ Artigo acrescido pela Lei 11.603/2007.

Parágrafo único. O processo de fiscalização, de autuação e de imposição de multas reger-se-á pelo disposto no Título VII da Consolidação das Leis do Trabalho.

Art. 7º Ficam convalidados os atos praticados com base na Medida Provisória 1.982-76, de 26 de outubro de 2000.

Art. 8º Esta Lei entra em vigor na data de sua publicação.

Congresso Nacional, 19 de dezembro de 2000; 179º da Independência e 112º da República.

Antonio Carlos Magalhães

ANEXO

Participação nos Lucros

Tabela de Tributação Exclusiva na Fonte

(EM R$)	ALÍQUOTA	(EM R$)
de 0,00 a 6.000,00	0%	-
de 6.000,01 a 9.000,00	7,5%	450,00
de 9.000,01 a 12.000,00	15%	1.125,00
de 12.000,01 a 15.000,00	22,5%	2.025,00
acima de 15.000,00	27,5%	2.775,00

Dispõe sobre medidas complementares ao Plano Real e dá outras providências.

DOU 16.02.2001

▶ Lei 9.069/1995 (Plano Real).
▶ Dec.-lei 857/1969 (Consolida e altera a legislação sobre moeda de pagamento de obrigações exequíveis no Brasil).

Faço saber que o Presidente da República adotou a Medida Provisória 2.074-73, de 2001, que o Congresso Nacional aprovou, e eu Antonio Carlos Magalhães, Presidente, para os efeitos do disposto no parágrafo único do art. 62 da Constituição Federal, promulgo a seguinte Lei:

Art. 1º As estipulações de pagamento de obrigações pecuniárias exequíveis no território nacional deverão ser feitas em Real, pelo seu valor nominal.

Parágrafo único. São vedadas, sob pena de nulidade, quaisquer estipulações de:

I – pagamento expressas ou vinculadas a ouro ou moeda estrangeira, ressalvadas as hipóteses previstas em lei ou na regulamentação editada pelo Banco Central do Brasil;

▶ Inciso I com redação pela Lei 14.286/2021, em vigor 1 ano após sua publicação (*DOU 30.12.2021*).

II – reajuste ou correção monetária expressas em, ou vinculadas a unidade monetária de conta de qualquer natureza;

III – correção monetária ou de reajuste por índices de preços gerais, setoriais ou que reflitam a variação dos custos de produção ou dos insumos utilizados, ressalvado o disposto no artigo seguinte.

Art. 2º É admitida estipulação de correção monetária ou de reajuste por índices de preços gerais, setoriais ou que reflitam a variação dos custos de produção ou dos insumos utilizados nos contratos de prazo de duração igual ou superior a um ano.

§ 1º É nula de pleno direito qualquer estipulação de reajuste ou correção monetária de periodicidade inferior a um ano.

▶ Art. 1º da MP 2.227/2001 (Estabelece exceção ao alcance do art. 2º da Lei 10.192/2001).

§ 2º Em caso de revisão contratual, o termo inicial do período de correção monetária ou reajuste, ou de nova revisão, será a data em que a anterior revisão tiver ocorrido.

▶ Art. 1º da MP 2.227/2001 (Estabelece exceção ao alcance do art. 2º da Lei 10.192/2001).

§ 3º Ressalvado o disposto no § 7º do art. 28 da Lei 9.069, de 29 de junho de 1995, e no parágrafo seguinte, são nulos de pleno direito quaisquer expedientes que, na apuração do índice de reajuste, produzam efeitos financeiros equivalentes aos de reajuste de periodicidade inferior à anual.

§ 4º Nos contratos de prazo de duração igual ou superior a 3 (três) anos, cujo objeto seja a produção de bens para entrega futura ou a aquisição de bens ou direitos a eles relativos, as partes poderão pactuar a atualização das obrigações, a cada período de 1 (um) ano, contado a partir da contratação, e no seu vencimento final, considerada a periodicidade de pagamento das prestações, e abatidos os pagamentos, atualizados da mesma forma, efetuados no período.

§ 5º O disposto no parágrafo anterior aplica-se aos contratos celebrados a partir de 28 de outubro de 1995 até 11 de outubro de 1997.

▶ A MP 2.223/2001, que interrompia a eficácia deste dispositivo, foi revogada pela Lei 10.931/2004.

§ 6º O prazo a que alude o parágrafo anterior poderá ser prorrogado mediante ato do Poder Executivo.

▶ A MP 2.223/2001, que interrompia a eficácia deste dispositivo, foi revogada pela Lei 10.931/2004.

Art. 3º Os contratos em que seja parte órgão ou entidade da Administração Pública direta ou indireta da União, dos Estados, do Distrito Federal e dos Municípios, serão reajustados ou corrigidos monetariamente de acordo com as disposições desta Lei, e, no que com ela não conflitarem, da Lei 8.666, de 21 de junho de 1993.

§ 1º A periodicidade anual nos contratos de que trata o *caput* deste artigo será contada a partir da data limite para apresentação da proposta ou do orçamento a que essa se referir.

§ 2º O Poder Executivo regulamentará o disposto neste artigo.

Art. 4º Os contratos celebrados no âmbito dos mercados referidos no § 5º do art. 27 da Lei 9.069, de 1995, inclusive as condições de remuneração da poupança financeira, bem assim no da previdência privada fechada, permanecem regidos por legislação própria.

Art. 5º Fica instituída Taxa Básica Financeira – TBF, para ser utilizada exclusivamente como base de remu-

neração de operações realizadas no mercado financeiro, de prazo de duração igual ou superior a sessenta dias.

Parágrafo único. O Conselho Monetário Nacional expedirá as instruções necessárias ao cumprimento do disposto neste artigo, podendo, inclusive, ampliar o prazo mínimo previsto no *caput*.

Art. 6º A Unidade Fiscal de Referência – UFIR, criada pela Lei 8.383, de 30 de dezembro de 1991, será reajustada:

I – semestralmente, durante o ano-calendário de 1996;

III – anualmente, a partir de 1º de janeiro de 1997.

Parágrafo único. A reconversão, para Real, dos valores expressos em UFIR, extinta em 27 de outubro de 2000, será efetuada com base no valor dessa Unidade fixado para o exercício de 2000.

> ▶ Art. 29, § 3º, da Lei 10.522/2002 (Cadastro Informativo dos créditos não quitados de órgãos e entidades federais).

Art. 7º Observado o disposto no artigo anterior, ficam extintas, a partir de 1º de julho de 1995, as unidades monetárias de conta criadas ou reguladas pelo Poder Público, exceto as unidades monetárias de conta fiscais estaduais, municipais e do Distrito Federal, que serão extintas a partir de 1º de janeiro de 1996.

> ▶ Súmula 643 do STF.

§ 1º Em 1º de julho de 1995 e em 1º de janeiro de 1996, os valores expressos, respectivamente, nas unidades monetárias de conta extintas na forma do *caput* deste artigo serão convertidos em Real, com observância do disposto no art. 44 da Lei 9.069, de 1995, no que couber.

§ 2º Os Estados, o Distrito Federal e os Municípios poderão utilizar a UFIR nas mesmas condições e periodicidade adotadas pela União, em substituição às respectivas unidades monetárias de conta fiscais extintas.

> ▶ Art. 29, § 3º, da Lei 10.522/2002 (Cadastro Informativo dos créditos não quitados de órgãos e entidades federais).

Art. 8º A partir de 1º de julho de 1995, a Fundação Instituto Brasileiro de Geografia e Estatística – IBGE deixará de calcular e divulgar o IPC-r.

§ 1º Nas obrigações e contratos em que haja estipulação de reajuste pelo IPC-r, este será substituído, a partir de 1º de julho de 1995, pelo índice previsto contratualmente para este fim.

§ 2º Na hipótese de não existir previsão de índice de preços substituto, e caso não haja acordo entre as partes, deverá ser utilizada média de índices de preços de abrangência nacional, na forma de regulamentação a ser baixada pelo Poder Executivo.

Art. 9º É assegurado aos trabalhadores, na primeira data base da respectiva categoria após julho de 1995, o pagamento de reajuste relativo à variação acumulada do IPC-r entre a última data base, anterior a julho de 1995, e junho de 1995, inclusive.

Art. 10. Os salários e as demais condições referentes ao trabalho continuam a ser fixados e revistos na respectiva data base anual, por intermédio da livre negociação coletiva.

Art. 11. Frustrada a negociação entre as partes, promovida diretamente ou através de mediador, poderá ser ajuizada a ação de dissídio coletivo.

§ 1º O mediador será designado de comum acordo pelas partes ou, a pedido destas, pelo Ministério do Trabalho e Emprego, na forma da regulamentação de que trata o § 5º deste artigo.

§ 2º A parte que se considerar sem as condições adequadas para, em situação de equilíbrio, participar da negociação direta, poderá, desde logo, solicitar ao Ministério do Trabalho e Emprego a designação de mediador, que convocará a outra parte.

§ 3º O mediador designado terá prazo de até trinta dias para a conclusão do processo de negociação, salvo acordo expresso com as partes interessadas.

§ 4º Não alcançado o entendimento entre as partes, ou recusando-se qualquer delas à mediação, lavrar-se-á ata contendo as causas motivadoras do conflito e as reivindicações de natureza econômica, documento que instruirá a representação para o ajuizamento do dissídio coletivo.

§ 5º O Poder Executivo regulamentará o disposto neste artigo.

Art. 12. No ajuizamento do dissídio coletivo, as partes deverão apresentar, fundamentadamente, suas propostas finais, que serão objeto de conciliação ou deliberação do Tribunal, na sentença normativa.

§ 1º A decisão que puser fim ao dissídio será fundamentada, sob pena de nulidade, deverá traduzir, em seu conjunto, a justa composição do conflito de interesse das partes, e guardar adequação com o interesse da coletividade.

§ 2º A sentença normativa deverá ser publicada no prazo de quinze dias da decisão do Tribunal.

Art. 13. No acordo ou convenção e no dissídio, coletivos, é vedada a estipulação ou fixação de cláusula de reajuste ou correção salarial automática vinculada a índice de preços.

§ 1º Nas revisões salariais na data base anual, serão deduzidas as antecipações concedidas no período anterior à revisão.

§ 2º Qualquer concessão de aumento salarial a título de produtividade deverá estar amparada em indicadores objetivos.

Art. 14. O recurso interposto de decisão normativa da Justiça do Trabalho terá efeito suspensivo, na medida e extensão conferidas em despacho do Presidente do Tribunal Superior do Trabalho.

Art. 15. Permanecem em vigor as disposições legais relativas à correção monetária de débitos trabalhistas, de débitos resultantes de decisão judicial, de débitos relativos a ressarcimento em virtude de inadimplemento de obrigações contratuais e do passivo de empresas e instituições sob os regimes de concordata, falência, intervenção e liquidação extrajudicial.

Art. 16. Ficam convalidados os atos praticados com base na Medida Provisória 2.074-72, de 27 de dezembro de 2000.

Art. 17. Esta Lei entra em vigor na data de sua publicação.

Art. 18. Revogam-se os §§ 1º e 2º do art. 947 do Código Civil, os §§ 1º e 2º do art. 1º da Lei 8.542, de 23 de dezembro de 1992, e o art. 14 da Lei 8.177, de 1º de março de 1991.

Congresso Nacional, 14 de fevereiro de 2001; 180º da Independência e 113º da República.

Senador Antonio Carlos Magalhães

LEI COMPLEMENTAR 110, DE 29 DE JUNHO DE 2001

Institui contribuições sociais, autoriza créditos de complementos de atualização monetária em contas vinculadas do Fundo de Garantia do Tempo de Serviço – FGTS e dá outras providências.

DOU 30.06.2001, Edição Extra

O Presidente da República:

Faço saber que o Congresso Nacional decreta e eu sanciono a seguinte Lei Complementar:

Art. 1º Fica instituída contribuição social devida pelos empregadores em caso de despedida de empregado sem justa causa, à alíquota de dez por cento sobre o montante de todos os depósitos devidos, referentes ao Fundo de Garantia do Tempo de Serviço – FGTS, durante a vigência do contrato de trabalho, acrescido das remunerações aplicáveis às contas vinculadas.

> ○ STF, em 13.06.2012, julgou conjuntamente as ADIs 2.556 e 2.568, e declarou a inconstitucionalidade do artigo 14, *caput*, no que se refere à expressão "produzindo efeitos", bem como de seus incisos I e II.

Parágrafo único. Ficam isentos da contribuição social instituída neste artigo os empregadores domésticos.

Art. 2º Fica instituída contribuição social devida pelos empregadores, à alíquota de cinco décimos por cento sobre a remuneração devida, no mês anterior, a cada trabalhador, incluídas as parcelas de que trata o art. 15 da Lei 8.036, de 11 de maio de 1990.

> ○ STF, em 13.06.2012, julgou conjuntamente as ADIs 2.556 e 2.568, e declarou a inconstitucionalidade do artigo 14, *caput*, no que se refere à expressão "produzindo efeitos", bem como de seus incisos I e II.

§ 1º Ficam isentas da contribuição social instituída neste artigo:

I – as empresas inscritas no Sistema Integrado de Pagamento de Impostos e Contribuições das Microempresas e Empresas de Pequeno Porte – SIMPLES, desde que o faturamento anual não ultrapasse o limite de R$ 1.200.000,00 (um milhão e duzentos mil reais);

II – as pessoas físicas, em relação à remuneração de empregados domésticos; e

III – as pessoas físicas, em relação à remuneração de empregados rurais, desde que sua receita bruta anual não ultrapasse o limite de R$ 1.200.000,00 (um milhão e duzentos mil reais).

§ 2º A contribuição será devida pelo prazo de sessenta meses, a contar de sua exigibilidade.

Art. 3º Às contribuições sociais de que tratam os arts. 1º e 2º aplicam-se as disposições da Lei 8.036, de 11 de maio de 1990, e da Lei 8.844, de 20 de janeiro de 1994, inclusive quanto a sujeição passiva e equiparações,

prazo de recolhimento, administração, fiscalização, lançamento, consulta, cobrança, garantias, processo administrativo de determinação e exigência de créditos tributários federais.

§ 1º As contribuições sociais serão recolhidas na rede arrecadadora e transferidas à Caixa Econômica Federal, na forma do art. 11 da Lei 8.036, de 11 de maio de 1990, e as respectivas receitas serão incorporadas ao FGTS.

§ 2º A falta de recolhimento ou o recolhimento após o vencimento do prazo sem os acréscimos previstos no art. 22 da Lei 8.036, de 11 de maio de 1990, sujeitarão o infrator à multa de setenta e cinco por cento, calculada sobre a totalidade ou a diferença da contribuição devida.

§ 3º A multa será duplicada na ocorrência das hipóteses previstas no art. 23, § 3º, da Lei 8.036, de 11 de maio de 1990, sem prejuízo das demais cominações legais.

Art. 4º Fica a Caixa Econômica Federal autorizada a creditar nas contas vinculadas do FGTS, a expensas do próprio Fundo, o complemento de atualização monetária resultante da aplicação, cumulativa, dos percentuais de dezesseis inteiros e sessenta e quatro centésimos por cento e de quarenta e quatro inteiros e oito décimos por cento, sobre os saldos das contas mantidas, respectivamente, no período de 1º de dezembro de 1988 a 28 de fevereiro de 1989 e durante o mês de abril de 1990, desde que:

I – o titular da conta vinculada firme o Termo de Adesão de que trata esta Lei Complementar;

II – até o sexagésimo terceiro mês a partir da data de publicação desta Lei Complementar, estejam em vigor as contribuições sociais de que tratam os arts. 1º e 2º; e

III – a partir do sexagésimo quarto mês da publicação desta Lei Complementar, permaneça em vigor a contribuição social de que trata o art. 1º.

Parágrafo único. O disposto nos arts. 9º, II, e 22, § 2º, da Lei 8.036, de 11 de maio de 1990, não se aplica, em qualquer hipótese, como decorrência da efetivação do crédito de complemento de atualização monetária de que trata o *caput* deste artigo.

Art. 5º O complemento de que trata o art. 4º será remunerado até o dia 10 do mês subsequente ao da publicação desta Lei Complementar, com base nos mesmos critérios de remuneração utilizados para as contas vinculadas.

Parágrafo único. O montante apurado na data a que se refere o *caput* será remunerado, a partir do dia 11 do mês subsequente ao da publicação desta Lei Complementar, com base na Taxa Referencial – TR, até que seja creditado na conta vinculada do trabalhador.

Art. 6º O Termo de Adesão a que se refere o inciso I do art. 4º, a ser firmado no prazo e na forma definidos em Regulamento, conterá:

I – a expressa concordância do titular da conta vinculada com a redução do complemento de que trata o art. 4º, acrescido da remuneração prevista no *caput* do art. 5º, nas seguintes proporções:

a) zero por cento sobre o total do complemento de atualização monetária de valor até R$ 2.000,00 (dois mil reais);

b) oito por cento sobre o total do complemento de atualização monetária de valor de R$ 2.000,01 (dois mil reais e um centavo) a R$ 5.000,00 (cinco mil reais);

c) doze por cento sobre o total do complemento de atualização monetária de valor de R$ 5.000,01 (cinco mil reais e um centavo) a R$ 8.000,00 (oito mil reais);

d) quinze por cento sobre o total do complemento de atualização monetária de valor acima de R$ 8.000,00 (oito mil reais);

II – a expressa concordância do titular da conta vinculada com a forma e os prazos do crédito na conta vinculada, especificados a seguir:

a) complemento de atualização monetária no valor total de R$ 1.000,00 (um mil reais), até junho de 2002, em uma única parcela, para os titulares de contas vinculadas que tenham firmado o Termo de Adesão até o último dia útil do mês imediatamente anterior;

b) complemento de atualização monetária no valor total de R$ 1.000,00 (um mil reais e um centavo) a R$ 2.000,00 (dois mil reais), em duas parcelas semestrais, com o primeiro crédito em julho de 2002, sendo a primeira parcela de R$ 1.000,00 (um mil reais), para os titulares de contas vinculadas que tenham firmado o Termo de Adesão até o último dia útil do mês imediatamente anterior;

c) complemento de atualização monetária no valor total de R$ 2.000,01 (dois mil reais e um centavo) a R$ 5.000,00 (cinco mil reais), em cinco parcelas semestrais, com o primeiro crédito em janeiro de 2003, para os titulares de contas vinculadas que tenham firmado o Termo de Adesão até o último dia útil do mês imediatamente anterior;

d) complemento de atualização monetária no valor total de R$ 5.000,01 (cinco mil reais e um centavo) a R$ 8.000,00 (oito mil reais), em sete parcelas semestrais, com o primeiro crédito em julho de 2003, para os titulares de contas vinculadas que tenham firmado o Termo de Adesão até o último dia útil do mês imediatamente anterior;

e) complemento de atualização monetária no valor total acima de R$ 8.000,00 (oito mil reais), em sete parcelas semestrais, com o primeiro crédito em janeiro de 2004, para os titulares de contas vinculadas que tenham firmado o Termo de Adesão até o último dia útil do mês imediatamente anterior; e

III – declaração do titular da conta vinculada, sob as penas da lei, de que não está nem ingressará em juízo discutindo os complementos de atualização monetária relativos a junho de 1987, ao período de 1º de dezembro de 1988 a 28 de fevereiro de 1989, a abril e maio de 1990 e a fevereiro de 1991.

§ 1º No caso da alínea *b* do inciso I, será creditado valor de R$ 2.000,00 (dois mil reais), quando a aplicação do percentual de redução resultar em quantia inferior a este.

§ 2º No caso da alínea *c* do inciso I, será creditado valor de R$ 4.600,00 (quatro mil e seiscentos reais), quando a aplicação do percentual de redução resultar em quantia inferior a este.

§ 3º No caso da alínea *d* do inciso I será creditado valor de R$ 7.040,00 (sete mil e quarenta reais), quando a aplicação do percentual de redução resultar em quantia inferior a este.

§ 4º Para os trabalhadores que vierem a firmar seus termos de adesão após as datas previstas nas alíneas *a* a *d* do inciso II, os créditos em suas contas vinculadas iniciar-se-ão no mês subsequente ao da assinatura do Termo de Adesão, observadas as demais regras constantes nesses dispositivos, quanto a valores, número e periodicidade de pagamento de parcelas.

§ 5º As faixas de valores mencionadas no inciso II do *caput* serão definidas pelos complementos a que se refere o art. 4º, acrescidos da remuneração prevista no *caput* do art. 5º, antes das deduções de que tratam o inciso I do *caput* e os §§ 1º e 2º.

§ 6º O titular da conta vinculada fará jus ao crédito de que trata o inciso II do *caput* deste artigo, em uma única parcela, até junho de 2002, disponível para imediata movimentação a partir desse mês, nas seguintes situações:

I – na hipótese de o titular ou qualquer de seus dependentes for acometido de neoplasia maligna, nos termos do inciso XI do art. 20 da Lei 8.036, de 11 de maio de 1990;

II – quando o titular ou qualquer de seus dependentes for portador do vírus HIV;

III – se o trabalhador, com crédito de até R$ 2.000,00 (dois mil reais), for aposentado por invalidez, em função de acidente do trabalho ou doença profissional, ou aposentado maior de sessenta e cinco anos de idade;

IV – quando o titular ou qualquer de seus dependentes for acometido de doença terminal.

§ 7º O complemento de atualização monetária de valor total acima de R$ 2.000,00 (dois mil reais) poderá, a critério do titular da conta vinculada, ser resgatado mediante entrega, em julho de 2002, ou nos seis meses seguintes, no caso de adesões que se efetuarem até dezembro de 2002, de documento de quitação com o FGTS autorizando a compra de título, lastreado nas receitas decorrentes das contribuições instituídas pelos arts. 1º e 2º desta Lei Complementar, de valor de face equivalente ao valor do referido complemento nos termos e condições estabelecidos pelo Conselho Monetário Nacional – CMN.

Art. 7º Ao titular da conta vinculada que se encontre em litígio judicial visando ao pagamento dos complementos de atualização monetária relativos a junho de 1987, dezembro de 1988 a fevereiro de 1989, abril e maio de 1990 e fevereiro de 1991, é facultado receber, na forma do art. 4º, os créditos de que trata o art. 6º, firmando transação a ser homologada no juízo competente.

Art. 8º A movimentação da conta vinculada, no que se refere ao crédito do complemento de atualização monetária, observará as condições previstas no art. 20 da Lei 8.036, de 11 de maio de 1990, inclusive nos casos em que o direito do titular à movimentação da conta tenha sido implementado em data anterior à da publicação desta Lei Complementar.

Art. 9º As despesas com as obrigações decorrentes dos montantes creditados na forma do art. 6º poderão ser diferidas contabilmente, para apropriação no resultado do balanço do FGTS, no prazo de até quinze anos, a contar da publicação desta Lei Complementar.

Art. 10. Os bancos que, no período de dezembro de 1988 a março de 1989 e nos meses de abril e maio de

1990, eram depositários das contas vinculadas do FGTS, ou seus sucessores, repassarão à Caixa Econômica Federal, até 31 de janeiro de 2002, as informações cadastrais e financeiras necessárias ao cálculo do complemento de atualização monetária de que trata o art. 4º.

§ 1º A Caixa Econômica Federal estabelecerá a forma e o cronograma dos repasses das informações de que trata o *caput* deste artigo.

§ 2º Pelo descumprimento dos prazos e das demais obrigações estipuladas com base neste artigo, os bancos de que trata o *caput* sujeitam-se ao pagamento de multa equivalente a dez por cento do somatório dos saldos das contas das quais eram depositários, remunerados segundo os mesmos critérios previstos no art. 5º.

§ 3º Os órgãos responsáveis pela auditoria integrada do FGTS examinarão e homologarão, no prazo de sessenta dias, a contar da publicação desta Lei Complementar, o aplicativo a ser utilizado na validação das informações de que trata este artigo.

Art. 11. A Caixa Econômica Federal, até 30 de abril de 2002, divulgará aos titulares de contas vinculadas os respectivos valores dos complementos de atualização monetária a que têm direito, com base nas informações cadastrais e financeiras de que trata o art. 10.

Art. 12. O Tesouro Nacional fica subsidiariamente obrigado à liquidação dos valores a que se refere o art. 4º, nos prazos e nas condições estabelecidos nos arts. 5º e 6º, até o montante da diferença porventura ocorrida entre o valor arrecadado pelas contribuições sociais de que tratam os arts. 1º e 2º e aquele necessário ao resgate dos compromissos assumidos.

Art. 13. As leis orçamentárias anuais referentes aos exercícios de 2001, 2002 e 2003 assegurarão destinação integral ao FGTS de valor equivalente à arrecadação das contribuições de que tratam os arts. 1º e 2º desta Lei Complementar.

Art. 14. Esta Lei Complementar entra em vigor na data de sua publicação, produzindo efeitos:

▸ O STF, em 13.06.2012, julgou conjuntamente as ADIs 2.556 e 2.568, e declarou a inconstitucionalidade do artigo 14, *caput*, no que se refere à expressão "produzindo efeitos", bem como de seus incisos I e II.

I – noventa dias a partir da data inicial de sua vigência, relativamente à contribuição social de que trata o art. 1º; e

▸ O STF, em 13.06.2012, julgou conjuntamente as ADIs 2.556 e 2.568, e declarou a inconstitucionalidade do artigo 14, *caput*, no que se refere à expressão "produzindo efeitos", bem como de seus incisos I e II.

II – a partir do primeiro dia do mês seguinte ao nonagésimo dia da data de início de sua vigência, no tocante à contribuição social de que trata o art. 2º.

▸ O STF, em 13.06.2012, julgou conjuntamente as ADIs 2.556 e 2.568, e declarou a inconstitucionalidade do artigo 14, *caput*, no que se refere à expressão "produzindo efeitos", bem como de seus incisos I e II.

Brasília, 29 de junho de 2001; 180º da Independência e 113º da República.

Fernando Henrique Cardoso

LEI 10.259, DE 12 DE JULHO DE 2001

Dispõe sobre a instituição dos Juizados Especiais Cíveis e Criminais no âmbito da Justiça Federal.

DOU 13.07.2001

▸ Lei 9.099/1995 (Juizados Especiais).
▸ Lei 12.153/2009 (Juizados Especiais da Fazenda Pública).
▸ Dec. 4.250/2002 (Regulamenta a representação judicial da União, autarquias, fundações e empresas públicas federais perante os Juizados Especiais Federais).
▸ Súmula 428 do STJ.

O Presidente da República:

Faço saber que o Congresso Nacional decreta e eu sanciono a seguinte Lei:

Art. 1º São instituídos os Juizados Especiais Cíveis e Criminais da Justiça Federal, aos quais se aplica, no que não conflitar com esta Lei, o disposto na Lei 9.099, de 26 de setembro de 1995.

▸ Súmula 376 do STJ.

Art. 2º Compete ao Juizado Especial Federal Criminal processar e julgar os feitos de competência da Justiça Federal relativos às infrações de menor potencial ofensivo, respeitadas as regras da conexão e continência.

▸ Artigo com redação pela Lei 11.313/2006.

Parágrafo único. Na reunião de processos, perante o juízo comum ou tribunal do júri, decorrente da aplicação das regras de conexão e continência, observar-se-ão os institutos da transação penal e da composição dos danos civis.

▸ Art. 61 da Lei 9.099/1995 (Juizados Especiais).

Art. 3º Compete ao Juizado Especial Federal Cível processar, conciliar e julgar causas de competência da Justiça Federal até o valor de sessenta salários mínimos, bem como executar as suas sentenças.

▸ Dec.12.342/2024 estabelece o valor do salário mínimo de R$ 1.518,00 (mil quinhentos e dezoito reais), a partir de 1º.1.2025 (DOU 31.12.2024).

§ 1º Não se incluem na competência do Juizado Especial Cível as causas:

▸ Súmula 376 do STJ.

I – referidas no artigo 109, incisos II, III e XI, da Constituição Federal, as ações de mandado de segurança, de desapropriação, de divisão e demarcação, populares, execuções fiscais e por improbidade administrativa e as demandas sobre direitos ou interesses difusos, coletivos ou individuais homogêneos;

II – sobre bens imóveis da União, autarquias e fundações públicas federais;

III – para a anulação ou cancelamento de ato administrativo federal, salvo o de natureza previdenciária e o de lançamento fiscal;

IV – que tenham como objeto a impugnação da pena de demissão imposta a servidores públicos civis ou de sanções disciplinares aplicadas a militares.

▸ Súmula 376 do STJ.

§ 2º Quando a pretensão versar sobre obrigações vincendas, para fins de competência do Juizado Especial, a soma de doze parcelas não poderá exceder o valor referido no artigo 3º, *caput*.

§ 3º No foro onde estiver instalada Vara do Juizado Especial, a sua competência é absoluta.

Art. 4º O Juiz poderá, de ofício ou a requerimento das partes, deferir medidas cautelares no curso do processo, para evitar dano de difícil reparação.

Art. 5º Exceto nos casos do artigo 4º, somente será admitido recurso de sentença definitiva.

Art. 6º Podem ser partes no Juizado Especial Federal Cível:

I – como autores, as pessoas físicas e as microempresas e empresas de pequeno porte, assim definidas na Lei 9.317, de 5 de dezembro de 1996;

▸ Arts. 3º e 74 da LC 123/2006 (Microempresa e Empresa de Pequeno Porte).

II – como réus, a União, autarquias, fundações e empresas públicas federais.

Art. 7º As citações e intimações da União serão feitas na forma prevista nos artigos 35 a 38 da Lei Complementar 73, de 10 de fevereiro de 1993.

Parágrafo único. A citação das autarquias, fundações e empresas públicas será feita na pessoa do representante máximo da entidade, no local onde proposta a causa, quando ali instalado seu escritório ou representação; se não, na sede da entidade.

Art. 8º As partes serão intimadas da sentença, quando não proferida na audiência em que estiver presente seu representante, por ARMP (aviso de recebimento em mão própria).

§ 1º As demais intimações das partes serão feitas na pessoa dos advogados ou dos Procuradores que oficiem nos respectivos autos, pessoalmente ou por via postal.

§ 2º Os tribunais poderão organizar serviço de intimação das partes e de recepção de petições por meio eletrônico.

Art. 9º Não haverá prazo diferenciado para a prática de qualquer ato processual pelas pessoas jurídicas de direito público, inclusive a interposição de recursos, devendo a citação para audiência de conciliação ser efetuada com antecedência mínima de 30 (trinta) dias.

Art. 10. As partes poderão designar, por escrito, representantes para a causa, advogado ou não.

▸ O STF, no julgamento da ADIN 3.168-6 (DOU 17.08.2007) decidiu, por maioria de votos, julgar parcialmente procedente a ação para dar interpretação conforme a CF, para excluir do âmbito de incidência do art. 10 da Lei 10.259/2001 os feitos de competência dos juizados especiais criminais da Justiça Federal.

Parágrafo único. Os representantes judiciais da União, autarquias, fundações e empresas públicas federais, bem como os indicados na forma do *caput*, ficam autorizados a conciliar, transigir ou desistir, nos processos da competência dos Juizados Especiais Federais.

▸ Dec. 4.250/2002 (Regulamenta a representação judicial da União, autarquias, fundações e empresas públicas federais perante os Juizados Especiais Federais).

Art. 11. A entidade pública ré deverá fornecer ao Juizado a documentação de que disponha para o esclarecimento da causa, apresentando-a até a instalação da audiência de conciliação.

Parágrafo único. Para a audiência de composição dos danos resultantes de ilícito criminal (artigos 71, 72 e 74 da Lei 9.099, de 26 de setembro de 1995), o representante

da entidade que comparecer terá poderes para acordar, desistir ou transigir, na forma do artigo 10.

Art. 12. Para efetuar o exame técnico necessário à conciliação ou ao julgamento da causa, o Juiz nomeará pessoa habilitada, que apresentará o laudo até 5 (cinco) dias antes da audiência, independentemente de intimação das partes.

§ 1º Os honorários do técnico serão antecipados à conta de verba orçamentária do respectivo Tribunal e, quando vencida na causa a entidade pública, seu valor será incluído na ordem de pagamento a ser feita em favor do Tribunal.

§ 2º Nas ações previdenciárias e relativas à assistência social, havendo designação de exame, serão as partes intimadas para, em dez dias, apresentar quesitos e indicar assistentes.

Art. 13. Nas causas de que trata esta Lei, não haverá reexame necessário.

Art. 14. Caberá pedido de uniformização de interpretação de lei federal quando houver divergência entre decisões sobre questões de direito material proferidas por Turmas Recursais na interpretação da lei.

§ 1º O pedido fundado em divergência entre Turmas da mesma Região será julgado em reunião conjunta das Turmas em conflito, sob a presidência do Juiz Coordenador.

§ 2º O pedido fundado em divergência entre decisões de turmas de diferentes regiões ou da proferida em contrariedade a súmula ou jurisprudência dominante do STJ será julgado por Turma de Uniformização, integrada por juízes de Turmas Recursais, sob a presidência do Coordenador da Justiça Federal.

§ 3º A reunião de juízes domiciliados em cidades diversas será feita pela via eletrônica.

§ 4º Quando a orientação acolhida pela Turma de Uniformização, em questões de direito material, contrariar súmula ou jurisprudência dominante no Superior Tribunal de Justiça – STJ, a parte interessada poderá provocar a manifestação deste, que dirimirá a divergência.

§ 5º No caso do § 4º, presente a plausibilidade do direito invocado e havendo fundado receio de dano de difícil reparação, poderá o relator conceder, de ofício ou a requerimento do interessado, medida liminar determinando a suspensão dos processos nos quais a controvérsia esteja estabelecida.

§ 6º Eventuais pedidos de uniformização idênticos, recebidos subsequentemente em quaisquer Turmas Recursais, ficarão retidos nos autos, aguardando-se pronunciamento do Superior Tribunal de Justiça.

§ 7º Se necessário, o relator pedirá informações ao Presidente da Turma Recursal ou Coordenador da Turma de Uniformização e ouvirá o Ministério Público, no prazo de 5 (cinco) dias. Eventuais interessados, ainda que não sejam partes no processo, poderão se manifestar, no prazo de 30 (trinta) dias.

§ 8º Decorridos os prazos referidos no § 7º, o relator incluirá o pedido em pauta na Seção, com preferência sobre todos os demais feitos, ressalvados os processos com réus presos, os *habeas corpus* e os mandados de segurança.

§ 9º Publicado o acórdão respectivo, os pedidos retidos referidos no § 6º serão apreciados pelas Turmas Recursais, que poderão exercer juízo de retratação ou declará-los prejudicados, se veicularem tese não acolhida pelo Superior Tribunal de Justiça.

§ 10. Os Tribunais Regionais, o Superior Tribunal de Justiça e o Supremo Tribunal Federal, no âmbito de suas competências, expedirão normas regulamentando a composição dos órgãos e os procedimentos a serem adotados para o processamento e o julgamento do pedido de uniformização e do recurso extraordinário.

Art. 15. O recurso extraordinário, para os efeitos desta Lei, será processado e julgado segundo o estabelecido nos §§ 4º a 9º do artigo 14, além da observância das normas do Regimento.

Art. 16. O cumprimento do acordo ou da sentença, com trânsito em julgado, que imponham obrigação de fazer, não fazer ou entrega de coisa certa, será efetuado mediante ofício do Juiz à autoridade citada para a causa, com cópia da sentença ou do acordo.

Art. 17. Tratando-se de obrigação de pagar quantia certa, após o trânsito em julgado da decisão, o pagamento será efetuado no prazo de sessenta dias, contados da entrega da requisição, por ordem do Juiz, à autoridade citada para a causa, na agência mais próxima da Caixa Econômica Federal ou do Banco do Brasil, independentemente de precatório.

§ 1º Para os efeitos do § 3º do artigo 100 da Constituição Federal, as obrigações ali definidas como de pequeno

valor, a serem pagas independentemente de precatório, terão como limite o mesmo valor estabelecido nesta Lei para a competência do Juizado Especial Federal Cível (artigo 3º, *caput*).

§ 2º Desatendida a requisição judicial, o Juiz determinará o sequestro do numerário suficiente ao cumprimento da decisão.

§ 3º São vedados o fracionamento, repartição ou quebra do valor da execução, de modo que o pagamento se faça, em parte, na forma estabelecida no § 1º deste artigo, e, em parte, mediante expedição do precatório, e a expedição de precatório complementar ou suplementar do valor pago.

§ 4º Se o valor da execução ultrapassar o estabelecido no § 1º, o pagamento far-se-á, sempre, por meio do precatório, sendo facultado à parte exequente a renúncia ao crédito do valor excedente, para que possa optar pelo pagamento do saldo sem o precatório, da forma lá prevista.

Art. 18. Os Juizados Especiais serão instalados por decisão do Tribunal Regional Federal. O Juiz presidente do Juizado designará os conciliadores por período de dois anos, admitida a recondução. O exercício dessas funções será gratuito, assegurados os direitos e prerrogativas do jurado (artigo 437 do Código de Processo Penal).

Parágrafo único. Serão instalados Juizados Especiais Adjuntos nas localidades cujo movimento forense não justifique a existência de Juizado Especial, cabendo ao Tribunal designar a Vara onde funcionará.

Art. 19. No prazo de 6 (seis) meses, a contar da publicação desta Lei, deverão ser instalados os Juizados Especiais nas capitais dos Estados e no Distrito Federal.

Parágrafo único. Na capital dos Estados, no Distrito Federal e em outras cidades onde for necessário, neste último caso, por decisão do Tribunal Regional Federal, serão instalados Juizados com competência exclusiva para ações previdenciárias.

Art. 20. Onde não houver Vara Federal, a causa poderá ser proposta no Juizado Especial Federal mais próximo do foro definido no artigo 4º da Lei 9.099, de 26 de setembro de 1995, vedada a aplicação desta Lei no juízo estadual.

Art. 21. As Turmas Recursais serão instituídas por decisão do Tribunal Regional Federal, que definirá sua composição e área de competência, podendo abranger mais de uma seção.

§§ 1º e 2º *Revogados pela Lei 12.665/2012.*

Art. 22. Os Juizados Especiais serão coordenados por Juiz do respectivo Tribunal Regional, escolhido por seus pares, com mandato de dois anos.

Parágrafo único. O Juiz Federal, quando o exigirem as circunstâncias, poderá determinar o funcionamento do Juizado Especial em caráter itinerante, mediante autorização prévia do Tribunal Regional Federal, com antecedência de 10 (dez) dias.

Art. 23. O Conselho da Justiça Federal poderá limitar, por até 3 (três) anos, contados a partir da publicação desta Lei, a competência dos Juizados Especiais Cíveis, atendendo à necessidade da organização dos serviços judiciários ou administrativos.

Art. 24. O Centro de Estudos Judiciários do Conselho da Justiça Federal e as Escolas de Magistratura dos Tribunais Regionais Federais criarão programas de informática necessários para subsidiar a instrução das causas submetidas aos Juizados e promoverão cursos de aperfeiçoamento destinados aos seus magistrados e servidores.

Art. 25. Não serão remetidas aos Juizados Especiais as demandas ajuizadas até a data de sua instalação.

Art. 26. Competirá aos Tribunais Regionais Federais prestar o suporte administrativo necessário ao funcionamento dos Juizados Especiais.

Art. 27. Esta Lei entra em vigor seis meses após a data de sua publicação.

Brasília, 12 de julho de 2001; 180º da Independência e 113º da República.

Fernando Henrique Cardoso

MEDIDA PROVISÓRIA 2.165-36, DE 23 DE AGOSTO DE 2001

Institui o Auxílio-Transporte, dispõe sobre o pagamento dos militares e dos servidores do Poder Executivo Federal, inclusive de suas autarquias, fundações, empresas públicas e sociedades de economia mista, e dá outras providências.

DOU 24.08.2001

O Presidente da República, no uso da atribuição que lhe confere o art. 62 da Constituição, adota a seguinte Medida Provisória, com força de lei:

Art. 1º Fica instituído o Auxílio-Transporte em pecúnia, pago pela União, de natureza jurídica indenizatória, destinado ao custeio parcial das despesas realizadas com transporte coletivo municipal, intermunicipal ou interestadual pelos militares, servidores e empregados públicos da Administração Federal direta, autárquica e fundacional da União, nos deslocamentos de suas residências para os locais de trabalho e vice-versa, excetuadas aquelas realizadas nos deslocamentos em intervalos para repouso ou alimentação, durante a jornada de trabalho, e aquelas efetuadas com transportes seletivos ou especiais.

§ 1º É vedada a incorporação do auxílio a que se refere este artigo aos vencimentos, à remuneração, ao provento ou à pensão.

§ 2º O Auxílio-Transporte não será considerado para fins de incidência de imposto de renda ou de contribuição para o Plano de Seguridade Social e planos de assistência à saúde.

Art. 2º O valor mensal do Auxílio-Transporte será apurado a partir da diferença entre as despesas realizadas com transporte coletivo, nos termos do art. 1º, e o desconto de seis por cento do:

I – soldo do militar;

II – vencimento do cargo efetivo ou emprego ocupado pelo servidor ou empregado, ainda que ocupante de cargo em comissão ou de natureza especial;

III – vencimento do cargo em comissão ou de natureza especial, quando se tratar de servidor ou empregado que não ocupe cargo efetivo ou emprego.

§ 1º Para fins do desconto, considerar-se-á como base de cálculo o valor do soldo ou vencimento proporcional a vinte e dois dias.

§ 2º O valor do Auxílio-Transporte não poderá ser inferior ao valor mensal da despesa efetivamente realizada com o transporte, nem superior àquele resultante do seu enquadramento em tabela definida na forma do disposto no art. 8º.

§ 3º Não fará jus ao Auxílio-Transporte o militar, o servidor ou empregado que realizar despesas com transporte coletivo igual ou inferior ao percentual previsto neste artigo.

Art. 3º O Auxílio-Transporte não será devido cumulativamente com benefício de espécie semelhante ou vantagem pessoal originária de qualquer forma de indenização ou auxílio pago sob o mesmo título ou idêntico fundamento, exceto quando o servidor ou empregado acumular licitamente outro cargo ou emprego na Administração Federal direta, autárquica e fundacional da União.

Parágrafo único. Nos casos de acumulação lícita de cargos ou empregos em que o deslocamento para o local de exercício de um deles não seja residência-trabalho por opção do servidor ou empregado, poderá ser considerado na concessão do Auxílio-Transporte o deslocamento trabalho-trabalho.

Art. 4º Farão jus ao Auxílio-Transporte os militares, os servidores ou empregados que estiverem no efetivo desempenho das atribuições do cargo ou emprego, vedado o seu pagamento quando o órgão ou a entidade proporcionar aos seus militares, servidores ou empregados o deslocamento residência-trabalho e vice-versa, por meios próprios ou contratados com fundamento nas exceções previstas em regulamento, bem como nas ausências e nos afastamentos considerados em lei como de efetivo exercício, ressalvados aqueles concedidos em virtude de:

I – cessão em que o ônus da remuneração seja do órgão ou da entidade cedente;

II – participação em programa de treinamento regularmente instituído, conforme dispuser o regulamento;

III – júri e outros serviços obrigatórios por lei.

Parágrafo único. Não será devido o Auxílio-Transporte pelo órgão ou pela entidade de origem ao servidor ou empregado cedido para empresa pública ou sociedade de economia mista, ainda que tenha optado pela remuneração do cargo efetivo ou emprego.

Art. 5º O pagamento do Auxílio-Transporte será efetuado no mês anterior ao da utilização de transporte coletivo, nos termos do art. 1º, salvo nas seguintes hipóteses, quando se farão no mês subsequente:

I – início do efetivo desempenho das atribuições de cargo ou emprego, ou reinício de exercício decorrente de encerramento de licenças ou afastamentos legais;

II – alteração na tarifa do transporte coletivo, endereço residencial, percurso ou meio de transporte utilizado, em relação à sua complementação.

§ 1º O desconto relativo ao Auxílio-Transporte do dia em que for verificada ocorrência que vede o seu pagamento será processado no mês subsequente e considerada a proporcionalidade de vinte e dois dias.

§ 2º As diárias sofrerão desconto correspondente ao Auxílio-Transporte a que fizer jus o militar, o servidor ou empregado, exceto aquelas eventualmente pagas em finais de semana e feriados, observada a proporcionalidade prevista no § 1º.

Art. 6º A concessão do Auxílio-Transporte far-se-á mediante declaração firmada pelo militar, servidor ou empregado na qual ateste a realização das despesas com transporte nos termos do art. 1º.

§ 1º Presumir-se-ão verdadeiras as informações constantes da declaração de que trata este artigo, sem prejuízo da apuração de responsabilidades administrativa, civil e penal.

§ 2º A declaração deverá ser atualizada pelo militar, servidor ou empregado sempre que ocorrer alteração das circunstâncias que fundamentam a concessão do benefício.

Art. 7º Os contratados por tempo determinado na forma da Lei 8.745, de 9 de dezembro de 1993, e os militares contratados para prestar Tarefa por Tempo Certo na forma da Lei 6.880, de 9 de dezembro de 1980, fazem jus ao Auxílio-Transporte instituído por esta Medida Provisória, observado o disposto no art. 2º.

Parágrafo único. Os contratados por tempo determinado na forma da Lei 8.745, de 1993, que forem remunerados por produção, não farão jus ao auxílio-transporte de que trata o *caput* deste artigo, e ao auxílio-alimentação a que se refere o art. 22 da Lei 8.460, de 17 de setembro de 1992.

Art. 8º A concessão do Auxílio-Transporte dar-se--á conforme o disposto em regulamento, que estabelecerá, ainda, o prazo máximo para a substituição do Vale-Transporte pelo Auxílio-Transporte em pecúnia, condicionado seu pagamento inicial à apresentação da declaração de que trata o art. 6º.

Art. 9º A partir do mês de fevereiro de 2001, o pagamento da remuneração dos militares e dos servidores do Poder Executivo Federal, inclusive de suas autarquias e fundações, bem como dos empregados das empresas públicas, das sociedades de economia mista e das demais entidades controladas direta ou indiretamente pela União, independentemente da fonte de recursos utilizada para pagamento destas despesas, será efetuado segundo regulamento a ser editado pelo Poder Executivo.

§ 1º A regulamentação de que trata o *caput* deste artigo não poderá estabelecer data de pagamento posterior ao segundo dia útil do mês subsequente ao de competência.

§ 2º Caso a data de pagamento adotada seja decorrente de acordo ou convenção coletiva de trabalho, o dirigente da empresa estatal deverá providenciar, por ocasião do próximo dissídio ou acordo coletivo, a alteração da data de pagamento, com vistas ao cumprimento do disposto no *caput* deste artigo.

Art. 10. O disposto no art. 9º aplica-se aos proventos dos aposentados, aos soldos dos militares na reserva e às pensões devidas a beneficiários de servidor e militar falecido.

Art. 11. Ficam convalidados os atos praticados com base na Medida Provisória 2.165-35, de 26 de julho de 2001.

Art. 12. Esta Medida Provisória entra em vigor na data de sua publicação.

Art. 13. Ficam revogados o § 1º do art. 1º da Lei 7.418, de 16 de dezembro de 1985, e o art. 6º da Lei 8.627, de 19 de fevereiro de 1993.

Brasília, 23 de agosto de 2001; 180º da Independência e 113º da República.

Fernando Henrique Cardoso

DECRETO 3.914, DE 11 DE SETEMBRO DE 2001

Dispõe sobre a regulamentação das contribuições sociais instituídas pela Lei Complementar 110, de 29 de junho de 2001.

DOU 12.09.2001

O Presidente da República, no uso da atribuição que lhe confere o art. 84, inciso IV, da Constituição, decreta:

Art. 1º Este Decreto dispõe sobre a regulamentação da contribuição social devida por despedida de empregado sem justa causa e da contribuição social incidente sobre a remuneração mensal do trabalhador, instituídas pelos arts. 1º e 2º da Lei Complementar 110, de 29 de junho de 2001.

Art. 2º A contribuição social que tem por fato gerador a despedida de empregado sem justa causa é devida em relação às despedidas que ocorrerem a partir de 28 de setembro de 2001, inclusive.

§ 1º A base de cálculo da contribuição é o montante dos depósitos do Fundo de Garantia do Tempo de Serviço – FGTS, acrescidos das remunerações previstas no art. 13 da Lei 8.036, de 11 de maio de 1990, bem como nos arts. 11 da Lei 7.839, de 12 de outubro de 1989, e 3º e 4º da Lei 5.107, de 13 de setembro de 1966, enquanto vigentes, devidos durante a vigência do contrato de trabalho.

§ 2º O valor do complemento de atualização monetária de que trata o art. 4º, com a remuneração prevista no art. 5º e com a redução cabível especificada no inciso I do art. 6º, todos da Lei Complementar 110, de 2001, que esteja registrado, na data da rescisão do contrato de trabalho, na conta vinculada do trabalhador que tenha firmado o Termo de Adesão a que se refere o art. 4º, inciso I, da mesma Lei Complementar, integra a base de cálculo da contribuição de que trata este artigo.

§ 3º O valor da contribuição será determinado pela aplicação da alíquota de dez por cento sobre o valor da base de cálculo especificada nos §§ 1º e 2º.

§ 4º A contribuição deve ser paga nos seguintes prazos:

I – até o primeiro dia útil imediato ao término do contrato, no caso em que o empregador concede o aviso-prévio nos termos do art. 487 da Consolidação das Leis do Trabalho – CLT; ou

II – até o décimo dia, contado da data da notificação da demissão, quando da ausência do aviso-prévio, indenização do mesmo ou dispensa de seu cumprimento.

§ 5º Os empregadores domésticos ficam isentos da contribuição social de que trata este artigo.

Art. 3º A contribuição social incidente sobre a remuneração do trabalhador é devida a partir da remuneração relativa ao mês de outubro de 2001 até a remuneração relativa ao mês de setembro de 2006.

§ 1º A contribuição incide sobre a remuneração paga ou devida, no mês anterior, a cada trabalhador.

§ 2º A base de cálculo da contribuição é o valor da remuneração paga ou devida a cada trabalhador, computadas as parcelas de que trata o art. 15 da Lei 8.036, de 1990.

§ 3º O valor do pagamento antecipado de remuneração ou de gratificação de Natal integra a base de cálculo da contribuição social relativa ao mês em que ocorrer o pagamento antecipado.

§ 4º O valor da contribuição será determinado pela aplicação da alíquota de cinco décimos por cento sobre a base de cálculo especificada nos §§ 2º e 3º.

§ 5º A contribuição incidente sobre a remuneração paga ou devida em cada mês deve ser paga até o dia 7 do mês subsequente ou, não havendo expediente bancário no dia 7, até o último dia útil que o anteceder.

§ 6º Ficam isentas da contribuição social de que trata este artigo:

I – as empresas inscritas no Sistema Integrado de Pagamento de Impostos e Contribuições das Microempresas e Empresas de Pequeno Porte – SIMPLES, desde que o faturamento anual não ultrapasse o limite de R$ 1.200.000,00 (um milhão e duzentos mil reais);

II – as pessoas físicas, em relação à remuneração de empregados domésticos; e

III – as pessoas físicas, em relação à remuneração de empregados rurais, desde que sua receita bruta anual não ultrapasse o limite de R$ 1.200.000,00 (um milhão e duzentos mil reais).

§ 7º Para os fins do disposto no § 6º, poderão ser utilizadas informações constantes dos cadastros administrados pela Secretaria da Receita Federal, na forma estabelecida em convênio.

Art. 4º O sujeito passivo das contribuições sociais de que trata este Decreto é o empregador, considerado como tal a pessoa física ou a pessoa jurídica de direito privado ou de direito público, da administração pública direta, indireta ou fundacional de qualquer dos Poderes, da União, dos Estados, do Distrito Federal e dos Municípios, que admitir trabalhadores a seu serviço, bem assim aquele que, regido por legislação especial, encontrar-se nessa condição ou figurar como fornecedor ou tomador de mão de obra, independente da responsabilidade

solidária ou subsidiária a que eventualmente venha obrigar-se.

Parágrafo único. Para os efeitos deste Decreto, considera-se empregado ou trabalhador toda pessoa física que prestar serviços a empregador, a locador ou tomador de mão de obra, excluídos os eventuais, os autônomos e os servidores públicos civis e militares sujeitos a regime jurídico próprio.

Art. 5º O pagamento das contribuições sociais de que trata este Decreto fora dos prazos estabelecidos sujeita o infrator aos acréscimos previstos no art. 22 da Lei 8.036, de 1990, e nos §§ 2º e 3º do art. 3º da Lei Complementar 110, de 2001.

Art. 6º A exigência fiscal da contribuição social, que não tenha sido paga por iniciativa do contribuinte, será formalizada em notificação de débito, lavrada por Auditor--Fiscal do Trabalho ou pela Repartição competente do Ministério do Trabalho e Emprego, nos termos de ato normativo do Ministro de Trabalho e Emprego.

Art. 7º As contribuições sociais de que trata este Decreto, inclusive os acréscimos legais correspondentes, serão pagos na rede bancária arrecadadora do FGTS, na forma a ser estabelecida pelo Agente Operador do FGTS.

§ 1º Os valores recolhidos pela rede bancária serão transferidos à Caixa Econômica Federal no segundo dia útil subsequente à data em que tenham sido recolhidos.

§ 2º A Caixa Econômica Federal procederá ao registro das receitas, relativas às contribuições sociais que lhe forem transferidas pela rede bancária, no Sistema Integrado de Administração Financeira do Governo Federal – SIAFI, na forma regulada pelo Ministério da Fazenda.

Art. 8º A falta de pagamento das contribuições de que trata este Decreto resultará no impedimento da emissão, pela Caixa Econômica Federal, do Certificado de Regularidade do FGTS, sem prejuízo das demais cominações legais cabíveis.

Art. 9º O Ministério do Trabalho e Emprego expedirá as normas para disciplinar os procedimentos de administração das contribuições sociais de que trata este Decreto.

Art. 10. Este Decreto entra em vigor na data de sua publicação.

Brasília, 11 de setembro de 2001; 180º da Independência e 113º da República.

Fernando Henrique Cardoso

INSTRUÇÃO NORMATIVA 20, DE 7 DE NOVEMBRO DE 2002, DO TRIBUNAL SUPERIOR DO TRABALHO – TST

Dispõe sobre os procedimentos para o recolhimento de custas e emolumentos devidos à União no âmbito da Justiça do Trabalho.

DEJT 27.09.2002; Republicada no DEJT de 13.12.2013

▶ Resolução TST 112, de 24.9.2002 (Edita a IN 20/2002).
▶ Resolução TST 191/2013 (altera e republica a IN 20/2002).

O Tribunal Superior do Trabalho, em sua composição Plena, Considerando o disposto na Lei 10.537, de 27 de agosto de 2002, que alterou os arts. 789 e 790 da Consolidação das Leis do Trabalho – CLT, sobre custas e emolumentos na Justiça do Trabalho, resolveu expedir as seguintes instruções:

I – O pagamento das custas e dos emolumentos no âmbito da Justiça do Trabalho deverá ser realizado, exclusivamente, mediante Guia de Recolhimento da União – GRU Judicial, em 4 (quatro) vias, sendo ônus da parte interessada realizar seu correto preenchimento, observando-se as seguintes instruções:

a) o preenchimento da GRU Judicial será online, no sítio da Secretaria do Tesouro Nacional na internet;

b) o pagamento da GRU – Judicial poderá ser efetivado em dinheiro, na Caixa Econômica Federal e no Banco do Brasil S/A, ou em cheque, apenas no Banco do Brasil S/A;

c) o campo inicial da GRU Judicial, denominado Unidade Gestora (UG), será preenchido com o código correspondente ao Tribunal Superior do Trabalho ou ao Tribunal Regional do Trabalho onde se encontra o processo. Os códigos constam do Anexo I;

d) o campo denominado Gestão será preenchido, sempre, com a seguinte numeração: 00001 – Tesouro Nacional.

II – As 4 (quatro) vias serão assim distribuídas: uma ficará retida no banco arrecadador; a segunda deverá ser anexada ao processo mediante petição do interessado; a terceira será entregue pelo interessado na secretaria

do órgão judicante; a quarta ficará na posse de quem providenciou o recolhimento.

III – É ônus da parte zelar pela exatidão do recolhimento das custas e/ou dos emolumentos, bem como requerer a juntada aos autos dos respectivos comprovantes.

IV – *Revogado.*

V – O recolhimento das custas e emolumentos será realizado nos seguintes códigos:

a) 18740-2 – STN – CUSTAS JUDICIAIS (CAIXA/BB);

b) 18770-4 – STN – EMOLUMENTOS (CAIXA/BB).

Para esses códigos de arrecadação, os pagamentos não estão submetidos à restrição de valores inferiores a R$ 10,00 (dez reais), de conformidade com a nota SRF/Corat/Codac/Dirar/174, de 14 de outubro de 2002.

VI – As secretarias das Varas do Trabalho e dos Tribunais Regionais do Trabalho informarão, mensalmente, aos setores encarregados pela elaboração da estatística do órgão, os valores de arrecadação de custas e emolumentos, baseando-se nas GRUs Judiciais que deverão manter arquivadas.

VII – *Revogado.*

VIII – O comprovante de pagamento efetuado por meio de transferência eletrônica de fundos deverá ser apresentado pela parte em duas vias: a primeira será anexada ao processo, a segunda ficará arquivada na secretaria.

VIII-A – O requerimento de restituição dos valores indevidamente recolhidos, por meio de GRU judicial, de forma total ou parcial, a título de custas processuais e/ou emolumentos, deverá ser formalizado pelo interessado na Unidade Judiciária em que tramita o processo, acompanhado dos documentos comprobatórios das alegações, juntamente com o número do CNPJ ou CPF e dos respectivos dados bancários.

IX – Nos dissídios coletivos, as partes vencidas responderão solidariamente pelo pagamento das custas.

X – Não serão fixadas, no processo de conhecimento, custas inferiores a R$ 10,64 (dez reais e sessenta e quatro centavos), ainda que o resultado do cálculo seja inferior a este valor.

XI – As custas serão satisfeitas pelo vencido, após o trânsito em julgado da decisão. Em caso de recurso, a parte deverá recolher as custas e comprovar o seu pagamento no prazo recursal.

XII – O preparo do recurso da competência do Supremo Tribunal Federal será feito no prazo e na forma do disposto no Regimento Interno daquela Corte e segundo a sua "Tabela de Custas".

XIII – No processo de execução, as custas não serão exigidas por ocasião do recurso, devendo ser suportadas pelo executado ao final.

XIV – a tabela de custas da Justiça do Trabalho, referente ao processo de execução, vigorará com os seguintes valores:

a) AUTOS DE ARREMATAÇÃO, DE ADJUDICAÇÃO E DE REMIÇÃO: 5% (cinco por cento) sobre o respectivo valor, até o máximo de R$ 1.915,38 (um mil, novecentos e quinze reais e trinta e oito centavos);

b) ATOS DOS OFICIAIS DE JUSTIÇA, POR DILIGÊNCIA CERTIFICADA:

b1) em zona urbana: R$ 11,06 (onze reais e seis centavos);

b2) em zona rural: R$ 22,13 (vinte e dois reais e treze centavos);

c) AGRAVO DE INSTRUMENTO: R$ 44,26 (quarenta e quatro reais e vinte e seis centavos);

d) AGRAVO DE PETIÇÃO: R$ 44,26 (quarenta e quatro reais e vinte e seis centavos);

e) EMBARGOS À EXECUÇÃO, EMBARGOS DE TERCEIRO E EMBARGOS À ARREMATAÇÃO: R$ 44,26 (quarenta e quatro reais e vinte e seis centavos);

f) RECURSO DE REVISTA: R$ 55,35 (cinquenta e cinco reais e trinta e cinco centavos);

g) IMPUGNAÇÃO À SENTENÇA DE LIQUIDAÇÃO: R$ 55,35 (cinquenta e cinco reais e trinta e cinco centavos);

h) DESPESA DE ARMAZENAGEM EM DEPÓSITO JUDICIAL: por dia: 0,1% (um décimo por cento) do valor da avaliação;

i) CÁLCULOS DE LIQUIDAÇÃO REALIZADOS PELO CONTADOR DO JUÍZO: Sobre o valor liquidado: 0,5% (cinco décimos por cento) até o limite de R$ 638,46 (seiscentos e trinta e oito reais e quarenta e seis centavos).

XV – A tabela de emolumentos da Justiça do Trabalho vigorará com os seguintes valores:

a) AUTENTICAÇÃO DE TRASLADO DE PEÇAS MEDIANTE CÓPIA REPROGRÁFICA APRESENTADA PELAS PARTES: por folha: R$ 0,55 (cinquenta e cinco centavos de real);

b) FOTOCÓPIA DE PEÇAS: por folha: R$ 0,28 (vinte e oito centavos de real);

c) AUTENTICAÇÃO DE PEÇAS: por folha: R$ 0,55 (cinquenta e cinco centavos de real);

d) CARTAS DE SENTENÇA, DE ADJUDICAÇÃO, DE REMIÇÃO E DE ARREMATAÇÃO: por folha: R$ 0,55 (cinquenta e cinco centavos de real);

e) CERTIDÕES: por folha: R$ 5,53 (cinco reais e cinquenta e três centavos de real)

XVI – Os emolumentos serão suportados pelo requerente.

XVII – Os órgãos da Justiça do Trabalho não estão obrigados a manter serviços de reprografia para atendimento ao público externo, tampouco autenticar fotocópias apresentadas pelas partes.

XVIII – As requisições de traslados serão atendidas sem o comprometimento das atividades normais das secretarias.

Sala de Sessões, 7 de novembro de 2002.

Valério Augusto Freitas do Carmo

Diretor-Geral de Coordenação Judiciária

LEI 10.555, DE 13 DE NOVEMBRO DE 2002

Autoriza condições especiais para o crédito de valores iguais ou inferiores a R$ 100,00, de que trata a Lei Complementar 110, de 29 de junho de 2001, e dá outras providências.

DOU 14.11.2002

Faço saber que o Presidente Da República adotou a Medida Provisória 55, de 2002, que o Congresso Nacional aprovou, e eu, Ramez Tebet, Presidente da Mesa do Congresso Nacional, para os efeitos do disposto no art. 62 da Constituição Federal, com a redação dada pela Emenda constitucional 32, de 2001, promulgo a seguinte Lei:

Art. 1º Fica a Caixa Econômica Federal autorizada a creditar em contas vinculadas específicas do Fundo de Garantia do Tempo de Serviço – FGTS, a expensas do próprio Fundo, os valores do complemento de atualização monetária de que trata o art. 4º da Lei Complementar 110, de 29 de junho de 2001, cuja importância, em 10 de julho de 2001, seja igual ou inferior a R$ 100,00 (cem reais).

§ 1º A adesão de que trata o art. 4º da Lei Complementar 110, de 2001, em relação às contas a que se refere o *caput*, será caracterizada no ato de recebimento do valor creditado na conta vinculada, dispensada a comprovação das condições de saque previstas no art. 20 da Lei 8.036, de 11 de maio de 1990.

§ 2º Caso a adesão não se realize até o final do prazo regulamentar para o seu exercício, o crédito será imediatamente revertido ao FGTS.

Art. 2º O titular de conta vinculada do FGTS, com idade igual ou superior a sessenta anos ou que vier a completar essa idade a qualquer tempo, fará jus ao crédito do complemento de atualização monetária de que trata a Lei Complementar 110, de 2001, com a redução nela prevista, em parcela única, desde que tenha firmado o termo de adesão de que trata o art. 6º do mencionado Lei Complementar.

 ▸ Artigo com redação pela Lei 10.936/2004.

Art. 2º-A. O beneficiário de titular de conta vinculada do FGTS, falecido, terá direito ao crédito do complemento de atualização monetária de que trata a Lei Complementar 110, de 2001, com a redução nela prevista, em parcela única, desde que tenha sido firmado pelo beneficiário ou pelo próprio titular o termo de adesão de que trata o art. 6º do mencionado Lei Complementar.

 ▸ Artigo acrescido pela Lei 10.936/2004.

Art. 3º Esta Lei entra em vigor na data de sua publicação.

Congresso Nacional, 13 de novembro de 2002; 181º da Independência e 114º da República.

Senador Ramez Tebet

DECRETO 4.552, DE 27 DE DEZEMBRO DE 2002

Aprova o Regulamento da Inspeção do Trabalho.

DOU 30.12.2002

O Presidente da República, no uso da atribuição que lhe confere o art. 84, inciso IV, e considerando o disposto no art. 21, inciso XXIV, ambos da Constituição, na Lei 10.593, de 06 de dezembro de 2002, e na Convenção 81 da Organização Internacional do Trabalho, aprovada pelo Decreto Legislativo 24, de 29 de maio de 1956, promulgada pelo Decreto 41.721, de 25 de junho de 1957, e revigorada pelo Decreto 95.461, de 11 de dezembro de 1987, bem como o disposto na Consolidação das Leis do Trabalho, aprovada pelo Decreto-Lei 5.452, de 1º de maio de 1943, decreta:

Art. 1º Fica aprovado o Regulamento da Inspeção do Trabalho, que a este Decreto acompanha.

Art. 2º Este Decreto entra em vigor na data da sua publicação.

Art. 3º Revogam-se os Decretos 55.841, de 15 de março de 1965, 57.819, de 15 de fevereiro de 1966, 65.557, de 21 de outubro de 1969, e 97.995, de 26 de julho de 1989.

Brasília, 27 de dezembro de 2002; 181º da Independência e 114º da República.

Fernando Henrique Cardoso

REGULAMENTO DA INSPEÇÃO DO TRABALHO

CAPÍTULO I
DA FINALIDADE

Art. 1º O Sistema Federal de Inspeção do Trabalho, a cargo do Ministério do Trabalho e Emprego, tem por finalidade assegurar, em todo o território nacional, a aplicação das disposições legais, incluindo as convenções internacionais ratificadas, os atos e decisões das autoridades competentes e as convenções, acordos e contratos coletivos de trabalho, no que concerne à proteção dos trabalhadores no exercício da atividade laboral.

CAPÍTULO II
DA ORGANIZAÇÃO

Art. 2º Compõem o Sistema Federal de Inspeção do Trabalho:

I – autoridades de direção nacional, regional ou local: aquelas indicadas em leis, regulamentos e demais atos atinentes à estrutura administrativa do Ministério do Trabalho e Emprego;

II – Auditores-Fiscais do Trabalho, nas seguintes áreas de especialização:

a) legislação do trabalho;

b) segurança do trabalsho; e

c) saúde no trabalho;

II – Auditores-Fiscais do Trabalho;

 ▸ Inciso II com redação pelo Decreto 4.870/2003.

III – Agentes de Higiene e Segurança do Trabalho, em funções auxiliares de inspeção do trabalho.

Art. 3º Os Auditores-Fiscais do Trabalho são subordinados tecnicamente à autoridade nacional competente em matéria de inspeção do trabalho.

Art. 4º Para fins de inspeção, o território de cada unidade federativa será dividido em circunscrições, e fixadas as correspondentes sedes.

Parágrafo único. As circunscrições que tiverem dois ou mais Auditores-Fiscais do Trabalho poderão ser divididas em áreas de inspeção delimitadas por critérios geográficos.

Art. 5º A distribuição dos Auditores-Fiscais do Trabalho pelas diferentes áreas de inspeção da mesma circunscrição obedecerá ao sistema de rodízio, efetuado em sorteio público, vedada a recondução para a mesma área no período seguinte.

§ 1º Os Auditores-Fiscais do Trabalho permanecerão nas diferentes áreas de inspeção pelo prazo máximo de doze meses.

§ 2º É facultado à autoridade de direção regional estabelecer programas especiais de fiscalização que contemplem critérios diversos dos estabelecidos neste artigo, desde que aprovados pela autoridade nacional competente em matéria de inspeção do trabalho.

Art. 6º Atendendo às peculiaridades ou circunstâncias locais ou, ainda, a programas especiais de fiscalização, poderá a autoridade nacional competente em matéria de inspeção do trabalho alterar os critérios fixados nos arts. 4º e 5º para estabelecer a fiscalização móvel, independentemente de circunscrição ou áreas de inspeção, definindo as normas para sua realização.

 ▸ Artigo com redação pelo Decreto 4.870/2003.

Art. 7º Compete às autoridades de direção do Sistema Federal de Inspeção do Trabalho:

I – organizar, coordenar, avaliar e controlar as atividades de auditoria e as auxiliares da inspeção do trabalho;

II – elaborar planejamento estratégico das ações da inspeção do trabalho no âmbito de sua competência;

Leg. Compl.

III – proferir decisões em processo administrativo resultante de ação de inspeção do trabalho; e

IV – receber denúncias e, quando for o caso, formulá-las e encaminhá-las aos demais órgãos do poder público.

§ 1º As autoridades de direção local e regional poderão empreender e supervisionar projetos consoante diretrizes emanadas da autoridade nacional competente em matéria de inspeção do trabalho.

§ 2º Cabe à autoridade nacional competente em matéria de inspeção do trabalho elaborar e divulgar os relatórios previstos em convenções internacionais.

Art. 8º O planejamento estratégico das ações de inspeção do trabalho será elaborado pelos órgãos competentes, considerando as propostas das respectivas unidades descentralizadas.

§ 1º O planejamento de que trata este artigo consistirá na descrição das atividades a serem desenvolvidas nas unidades descentralizadas, de acordo com as diretrizes fixadas pela autoridade nacional competente em matéria de inspeção do trabalho.

§ 2º *Revogado pelo Decreto 4.870/2003.*

CAPÍTULO III
DA INSPEÇÃO

Art. 9º A inspeção do trabalho será promovida em todas as empresas, estabelecimentos e locais de trabalho, públicos ou privados, estendendo-se aos profissionais liberais e instituições sem fins lucrativos, bem como às embarcações estrangeiras em águas territoriais brasileiras.

Art. 10. Ao Auditor-Fiscal do Trabalho será fornecida Carteira de Identidade Fiscal (CIF), que servirá como credencial privativa, com renovação quinquenal.

§ 1º Além da credencial aludida no *caput*, será fornecida credencial transcrita na língua inglesa ao Auditor-Fiscal do Trabalho, que tenha por atribuição inspecionar embarcações de bandeira estrangeira.

§ 2º A autoridade nacional competente em matéria de inspeção do trabalho fará publicar, no *Diário Oficial da União*, relação nominal dos portadores de Carteiras de Identidade Fiscal, com nome, número de matrícula e órgão de lotação.

§ 3º É proibida a outorga de identidade fiscal a quem não seja integrante da Carreira Auditoria-Fiscal do Trabalho.

Art. 11. A credencial a que se refere o art. 10 deverá ser devolvida para inutilização, sob pena de responsabilidade administrativa, nos seguintes casos:

I – posse em outro cargo público efetivo inacumulável;

II – posse em cargo comissionado de quadro diverso do Ministério do Trabalho e Emprego;

III – exoneração ou demissão do cargo de Auditor-Fiscal do Trabalho;

IV – aposentadoria; ou

V – afastamento ou licenciamento por prazo superior a seis meses.

Art. 12. A exibição da credencial é obrigatória no momento da inspeção, salvo quando o Auditor-Fiscal do Trabalho julgar que tal identificação prejudicará a eficácia da fiscalização, hipótese em que deverá fazê-lo após a verificação física.

Parágrafo único. O Auditor-Fiscal somente poderá exigir a exibição de documentos após a apresentação da credencial.

Art. 13. O Auditor-Fiscal do Trabalho, munido de credencial, tem o direito de ingressar, livremente, sem prévio aviso e em qualquer dia e horário, em todos os locais de trabalho mencionados no art. 9º.

Art. 14. Os empregadores, tomadores e intermediadores de serviços, empresas, instituições, associações, órgãos e entidades de qualquer natureza ou finalidade são sujeitos à inspeção do trabalho e ficam, pessoalmente ou por seus prepostos ou representantes legais, obrigados a franquear, aos Auditores-Fiscais do Trabalho, o acesso aos estabelecimentos, respectivas dependências e locais de trabalho, bem como exibir os documentos e materiais solicitados para fins de inspeção do trabalho.

Art. 15. As inspeções, sempre que necessário, serão efetuadas de forma imprevista, cercadas de todas as cautelas, na época e horários mais apropriados a sua eficácia.

Art. 16. As determinações para o cumprimento de ação fiscal deverão ser comunicadas por escrito, por meio de ordens de serviço.

Parágrafo único. As ordens de serviço poderão prever a realização de inspeções por grupos de Auditores-Fiscais do Trabalho.

Art. 17. Os órgãos da administração pública direta ou indireta e as empresas concessionárias ou permissionárias de serviços públicos ficam obrigadas a proporcionar efetiva cooperação aos Auditores-Fiscais do Trabalho.

Art. 18. Compete aos Auditores-Fiscais do Trabalho, em todo o território nacional:

I – verificar o cumprimento das disposições legais e regulamentares, inclusive as relacionadas à segurança e à saúde no trabalho, no âmbito das relações de trabalho e de emprego, em especial:

a) os registros em Carteira de Trabalho e Previdência Social (CTPS), visando à redução dos índices de informalidade;

b) o recolhimento do Fundo de Garantia do Tempo de Serviço (FGTS), objetivando maximizar os índices de arrecadação;

c) o cumprimento de acordos, convenções e contratos coletivos de trabalho celebrados entre empregados e empregadores; e

d) o cumprimento dos acordos, tratados e convenções internacionais ratificados pelo Brasil;

II – ministrar orientações e dar informações e conselhos técnicos aos trabalhadores e às pessoas sujeitas à inspeção do trabalho, atendidos os critérios administrativos de oportunidade e conveniência;

III – interrogar as pessoas sujeitas à inspeção do trabalho, seus prepostos ou representantes legais, bem como trabalhadores, sobre qualquer matéria relativa à aplicação das disposições legais e exigir-lhes documento de identificação;

IV – expedir notificação para apresentação de documentos;

V – examinar e extrair dados e cópias de livros, arquivos e outros documentos, que entenda necessários ao exercício de suas atribuições legais, inclusive quando mantidos em meio magnético ou eletrônico;

VI – proceder a levantamento e notificação de débitos;

VII – apreender, mediante termo, materiais, livros, papéis, arquivos e documentos, inclusive quando mantidos em meio magnético ou eletrônico, que constituam prova material de infração, ou, ainda, para exame ou instrução de processos;

VIII – inspecionar os locais de trabalho, o funcionamento de máquinas e a utilização de equipamentos e instalações;

IX – averiguar e analisar situações com risco potencial de gerar doenças ocupacionais e acidentes do trabalho, determinando as medidas preventivas necessárias;

X – notificar as pessoas sujeitas à inspeção do trabalho para o cumprimento de obrigações ou a correção de irregularidades e adoção de medidas que eliminem os riscos para a saúde e segurança dos trabalhadores, nas instalações ou métodos de trabalho;

XI – quando constatado grave e iminente risco para a saúde ou segurança dos trabalhadores, expedir a notificação a que se refere o inciso X deste artigo, determinando a adoção de medidas de imediata aplicação;

XII – coletar materiais e substâncias nos locais de trabalho para fins de análise, bem como apreender equipamentos e outros itens relacionados com a segurança e saúde no trabalho, lavrando o respectivo termo de apreensão;

XIII – propor a interdição de estabelecimento, setor de serviço, máquina ou equipamento, ou o embargo de obra, total ou parcial, quando constatar situação de grave e iminente risco à saúde ou à integridade física do trabalhador, por meio de emissão de laudo técnico que indique a situação de risco verificada e especifique as medidas corretivas que deverão ser adotadas pelas pessoas sujeitas à inspeção do trabalho, comunicando o fato de imediato à autoridade competente;

XIV – analisar e investigar as causas dos acidentes do trabalho e das doenças ocupacionais, bem como as situações com potencial para gerar tais eventos;

XV – realizar auditorias e perícias e emitir laudos, pareceres e relatórios;

▶ Inciso XV com redação pelo Dec. 4.870/2003.

XVI – solicitar, quando necessário ao desempenho de suas funções, o auxílio da autoridade policial;

XVII – lavrar termo de compromisso decorrente de procedimento especial de inspeção;

XVIII – lavrar autos de infração por inobservância de disposições legais;

XIX – analisar processos administrativos de auto de infração, notificações de débitos ou outros que lhes forem distribuídos;

XX – devolver, devidamente informados os processos e demais documentos que lhes forem distribuídos, nos prazos e formas previstos em instruções expedidas pela autoridade nacional competente em matéria de inspeção do trabalho;

XXI – elaborar relatórios de suas atividades, nos prazos e formas previstos em instruções expedidas pela autoridade nacional competente em matéria de inspeção do trabalho;

XXII – levar ao conhecimento da autoridade competente, por escrito, as deficiências ou abusos que não estejam especificamente compreendidos nas disposições legais;

XXIII – atuar em conformidade com as prioridades estabelecidas pelos planejamentos nacional e regional.

▶ Inciso XXIII com redação pelo Dec. 4.870/2003.

§ 1º *Revogado pelo Dec. 4.870/2003.*

§ 2º Aos Auditores-Fiscais do Trabalho serão ministrados regularmente cursos necessários à sua formação, aperfeiçoamento e especialização, observadas as peculiaridades regionais, conforme instruções do Ministério do Trabalho e Emprego, expedidas pela autoridade nacional competente em matéria de inspeção do trabalho.

Art. 19. É vedado às autoridades de direção do Ministério do Trabalho e Emprego:

I – conferir aos Auditores-Fiscais do Trabalho encargos ou funções diversas das que lhes são próprias, salvo se para o desempenho de cargos de direção, de funções de chefia ou de assessoramento;

II – interferir no exercício das funções de inspeção do trabalho ou prejudicar, de qualquer maneira, sua imparcialidade ou a autoridade do Auditor-Fiscal do Trabalho; e

III – conferir qualquer atribuição de inspeção do trabalho a servidor que não pertença ao Sistema Federal de Inspeção do Trabalho.

Art. 20. A obrigação do Auditor-Fiscal do Trabalho de inspecionar os estabelecimentos e locais de trabalho situados na área de inspeção que lhe compete, em virtude do rodízio de que trata o art. 6º, § 1º, não o exime do dever de, sempre que verificar, em qualquer estabelecimento, a existência de violação a disposições legais, comunicar o fato, imediatamente, à autoridade competente.

Parágrafo único. Nos casos de grave e iminente risco à saúde e segurança dos trabalhadores, o Auditor-Fiscal do Trabalho atuará independentemente de sua área de inspeção.

Art. 21. Caberá ao órgão regional do Ministério do Trabalho e Emprego promover a investigação das causas de acidentes ou doenças relacionadas ao trabalho, determinando as medidas de proteção necessárias.

Art. 22. O Auditor-Fiscal do Trabalho poderá solicitar o concurso de especialistas e técnicos devidamente qualificados, assim como recorrer a laboratórios técnico-científicos governamentais ou credenciados, a fim de assegurar a aplicação das disposições legais e regulamentares relativas à segurança e saúde no trabalho.

Art. 23. Os Auditores-Fiscais do Trabalho têm o dever de orientar e advertir as pessoas sujeitas à inspeção do trabalho e os trabalhadores quanto ao cumprimento da legislação trabalhista, e observarão o critério da dupla visita nos seguintes casos:

I – quando ocorrer promulgação ou expedição de novas leis, regulamentos ou instruções ministeriais, sendo que, com relação exclusivamente a esses atos, será feita apenas a instrução dos responsáveis;

II – quando se tratar de primeira inspeção nos estabelecimentos ou locais de trabalho recentemente inaugurados ou empreendidos;

III – quando se tratar de estabelecimento ou local de trabalho com até dez trabalhadores, salvo quando for constatada infração por falta de registro de empregado ou de anotação da CTPS, bem como na ocorrência de reincidência, fraude, resistência ou embaraço à fiscalização; e

IV – quando se tratar de microempresa e empresa de pequeno porte, na forma da lei específica.

§ 1º A autuação pelas infrações não dependerá da dupla visita após o decurso do prazo de noventa dias da vigência das disposições a que se refere o inciso I ou do efetivo funcionamento do novo estabelecimento ou local de trabalho a que se refere o inciso II.

§ 2º Após obedecido o disposto no inciso III, não será mais observado o critério de dupla visita em relação ao dispositivo infringido.

§ 3º A dupla visita será formalizada em notificação, que fixará prazo para a visita seguinte, na forma das instruções expedidas pela autoridade nacional competente em matéria de inspeção do trabalho.

Art. 24. A toda verificação em que o Auditor-Fiscal do Trabalho concluir pela existência de violação de preceito legal deve corresponder, sob pena de responsabilidade, a lavratura de auto de infração, ressalvado o disposto no art. 23 e na hipótese de instauração de procedimento especial de fiscalização.

Parágrafo único. O auto de infração não terá seu valor probante condicionado à assinatura do infrator ou de testemunhas e será lavrado no local da inspeção, salvo havendo motivo justificado que será declarado no próprio auto, quando então deverá ser lavrado no prazo de vinte e quatro horas, sob pena de responsabilidade.

Art. 25. As notificações de débitos e outras decorrentes da ação fiscal poderão ser lavradas, a critério do Auditor-Fiscal do Trabalho, no local que oferecer melhores condições.

Art. 26. Aqueles que violarem as disposições legais ou regulamentares, objeto da inspeção do trabalho, ou se mostrarem negligentes na sua aplicação, deixando de atender às advertências, notificações ou sanções da autoridade competente, poderão sofrer reiterada ação fiscal.

Parágrafo único. O reiterado descumprimento das disposições legais, comprovado mediante relatório emitido pelo Auditor-Fiscal do Trabalho, ensejará por parte da autoridade regional a denúncia do fato, de imediato, ao Ministério Público do Trabalho.

CAPÍTULO IV
DO PROCEDIMENTO ESPECIAL
PARA A AÇÃO FISCAL

Art. 27. Considera-se procedimento especial para a ação fiscal aquele que objetiva a orientação sobre o cumprimento das leis de proteção ao trabalho, bem como a prevenção o e saneamento de infrações à legislação.

Art. 28. O procedimento especial para a ação fiscal poderá ser instaurado pelo Auditor-Fiscal do Trabalho quando concluir pela ocorrência de motivo grave ou relevante que impossibilite ou dificulte o cumprimento da legislação trabalhista por pessoas ou setor econômico sujeito à inspeção do trabalho, com a anuência da chefia imediata.

§ 1º O procedimento especial para a ação fiscal iniciará com a notificação, pela chefia da fiscalização, para comparecimento das pessoas sujeitas à inspeção do trabalho, à sede da unidade descentralizada do Ministério do Trabalho e Emprego.

§ 2º A notificação deverá explicitar os motivos ensejadores da instauração do procedimento especial.

§ 3º O procedimento especial para a ação fiscal destinado à prevenção ou saneamento de infrações à legislação poderá resultar na lavratura de termo de compromisso que estipule as obrigações assumidas pelo compromissado e os prazos para seu cumprimento.

§ 4º Durante o prazo fixado no termo, o compromissado poderá ser fiscalizado para verificação de seu cumprimento, sem prejuízo da ação fiscal em atributos não contemplados no referido termo.

§ 5º Quando o procedimento especial para a ação fiscal for frustrado pelo não atendimento da convocação, pela recusa de firmar termo de compromisso ou pelo descumprimento de qualquer cláusula compromissada, serão lavrados, de imediato, os respectivos autos de infração, e poderá ser encaminhado relatório circunstanciado ao Ministério Público do Trabalho.

§ 6º Não se aplica o procedimento especial de saneamento às situações de grave e iminente risco à saúde ou à integridade física do trabalhador.

Art. 29. A chefia de fiscalização poderá, na forma de instruções expedidas pela autoridade nacional competente em matéria de inspeção do trabalho, instaurar o procedimento especial sempre que identificar a ocorrência de:

I – motivo grave ou relevante que impossibilite ou dificulte o cumprimento da legislação trabalhista pelo tomador ou intermediador de serviços;

II – situação reiteradamente irregular em setor econômico.

Parágrafo único. Quando houver ação fiscal em andamento, o procedimento especial de fiscalização deverá observar as instruções expedidas pela autoridade nacional competente em matéria de inspeção do trabalho.

Art. 30. Poderão ser estabelecidos procedimentos de fiscalização indireta, mista, ou outras que venham a ser definidas em instruções expedidas pela autoridade nacional competente em matéria de inspeção do trabalho.

§ 1º Considera-se fiscalização indireta aquela realizada por meio de sistema de notificações para apresentação de documentos nas unidades descentralizadas do Ministério do Trabalho e Emprego.

§ 2º Poderá ser adotada fiscalização indireta:

I – na execução de programa especial para a ação fiscal; ou

II – quando o objeto da fiscalização não importar necessariamente em inspeção no local de trabalho.

§ 3º Considera-se fiscalização mista aquela iniciada com a visita ao local de trabalho e desenvolvida mediante notificação para apresentação de documentos nas unidades descentralizadas do Ministério do Trabalho e Emprego.

CAPÍTULO V
DAS ATIVIDADES AUXILIARES
À INSPEÇÃO DO TRABALHO

Art. 31. São atividades auxiliares de apoio operacional à inspeção do trabalho, a cargo dos Agentes de Higiene e Segurança do Trabalho:

I – levantamento técnico das condições de segurança nos locais de trabalho, com vistas à investigação de acidentes do trabalho;

II – levantamento de dados para fins de cálculo dos coeficientes de frequência e gravidade dos acidentes;

III – avaliação qualitativa ou quantitativa de riscos ambientais;

IV – levantamento e análise das condições de risco nas pessoas sujeitas à inspeção do trabalho;

V – auxílio à realização de perícias técnicas para caracterização de insalubridade ou de periculosidade;

VI – comunicação, de imediato e por escrito, à autoridade competente de qualquer situação de risco grave e iminente à saúde ou à integridade física dos trabalhadores;

VII – participação em estudos e análises sobre as causas de acidentes do trabalho e de doenças profissionais;

VIII – colaboração na elaboração de recomendações sobre segurança e saúde no trabalho;

IX – acompanhamento das ações de prevenção desenvolvidas pela unidade descentralizada do Ministério do Trabalho e Emprego;

X – orientação às pessoas sujeitas à inspeção do trabalho sobre instalação e funcionamento das Comissões Internas de Prevenção de Acidentes (CIPA) e dimensionamento dos Serviços Especializados em Engenharia de Segurança e em Medicina do Trabalho (SESMT);

XI – prestação de assistência às CIPA;

XII – participação nas reuniões das CIPA das pessoas sujeitas à inspeção do trabalho, como representantes da unidade descentralizada do Ministério do Trabalho e Emprego;

XIII – devolução dos processos e demais documentos que lhes forem distribuídos, devidamente informados, nos prazos assinalados;

XIV – elaboração de relatório mensal de suas atividades, nas condições e nos prazos fixados pela autoridade nacional em matéria de inspeção do trabalho; e

XV – prestação de informações e orientações em plantões fiscais na área de sua competência.

§ 1º As atividades externas de que trata este artigo somente poderão ser exercidas mediante ordem de serviço expedida pela chefia de fiscalização.

§ 2º Para o desempenho das atribuições previstas neste artigo, será fornecida aos Agentes de Higiene e Segurança do Trabalho credencial específica que lhes possibilite o livre acesso aos estabelecimentos e locais de trabalho.

Art. 32. Aos Agentes de Higiene e Segurança do Trabalho poderão ser ministrados cursos necessários à sua formação, aperfeiçoamento e especialização, conforme instruções a serem expedidas pelo Ministério do Trabalho e Emprego, expedidas pela autoridade nacional competente em matéria de inspeção do trabalho.

CAPÍTULO VI
DAS DISPOSIÇÕES GERAIS

Art. 33. Os Auditores-Fiscais do Trabalho poderão participar de atividades de coordenação, planejamento, análise de processos e de desenvolvimento de programas especiais e de outras atividades internas e externas relacionadas com a inspeção do trabalho, na forma das instruções expedidas pela autoridade nacional competente em matéria de inspeção do trabalho.

Art. 34. As empresas de transportes de qualquer natureza, inclusive as exploradas pela União, Distrito Federal, Estados e Municípios, bem como as concessionárias de rodovias que cobram pedágio para o trânsito concederão passe livre aos Auditores-Fiscais do Trabalho e aos Agentes de Higiene e Segurança do Trabalho, no território nacional em conformidade com o disposto no art. 630, § 5º, da Consolidação das Leis do Trabalho (CLT), mediante a apresentação da Carteira de Identidade Fiscal.

Parágrafo único. O passe livre a que se refere este artigo abrange a travessia realizada em veículos de transporte aquaviário.

Art. 35. É vedado aos Auditores-Fiscais do Trabalho e aos Agentes de Higiene e Segurança do Trabalho:

I – revelar, sob pena de responsabilidade, mesmo na hipótese de afastamento do cargo, os segredos de fabricação ou comércio, bem como os processos de exploração de que tenham tido conhecimento no exercício de suas funções;

II – revelar informações obtidas em decorrência do exercício das suas competências;

III – revelar as fontes de informações, reclamações ou denúncias; e

IV – inspecionar os locais em que tenham qualquer interesse direto ou indireto, caso em que deverão declarar o impedimento.

Parágrafo único. Os Auditores Fiscais do Trabalho e os Agentes de Higiene e Segurança do Trabalho responderão civil, penal e administrativamente pela infração ao disposto neste artigo.

Art. 36. Configura falta grave o fornecimento ou a requisição de Carteira de Identidade Fiscal para qualquer pessoa não integrante do Sistema Federal de Inspeção do Trabalho.

Parágrafo único. É considerado igualmente falta grave o uso da Carteira de Identidade Fiscal para fins outros que não os da fiscalização.

Art. 37. Em toda unidade descentralizada do Ministério do Trabalho e Emprego em que houver Auditores-Fiscais do Trabalho deverá ser reservada uma sala para o uso exclusivo desses servidores.

Art. 38. A autoridade nacional competente em matéria de inspeção do trabalho expedirá as instruções necessárias à execução deste Regulamento.

DECRETO 4.840, DE 17 DE SETEMBRO DE 2003

Regulamenta a Medida Provisória 130, de 17 de setembro de 2003, que dispõe sobre a autorização para desconto de prestações em folha de pagamento, e dá outras providências.

DOU 18.09.2003; Retificado no DOU de 22.09.2003
▶ MP 130/2003 convertida em Lei 10.820/2003.

O Presidente da República, no uso da atribuição que lhe confere o art. 84, inciso IV, da Constituição, e tendo em vista o disposto na Medida Provisória 130, de 17 de setembro de 2003, decreta:

Art. 1º Regem-se por este Decreto os procedimentos para autorização de desconto em folha de pagamento dos valores referentes ao pagamento das prestações de empréstimos, financiamentos e operações de arrendamento mercantil concedidos por instituições financeiras e sociedades de arrendamento mercantil a empregados regidos pela Consolidação das Leis do Trabalho, aprovada pelo Decreto-Lei 5.452, de 1º de maio de 1943.

Art. 2º Para os fins deste Decreto, considera-se:

I – empregador, a pessoa jurídica assim definida pela legislação trabalhista;

II – empregado, aquele assim definido pela legislação trabalhista;

III – instituição consignatária, a instituição mencionada no art. 1º autorizada a conceder empréstimo ou financiamento ou realizar operação de arrendamento mercantil;

IV – mutuário, empregado que firma com instituição consignatária contrato de empréstimo, financiamento ou arrendamento mercantil regulado por este Decreto; e

V – verbas rescisórias, as importâncias devidas em dinheiro pelo empregador ao empregado em razão de rescisão do seu contrato de trabalho.

§ 1º Para os fins deste Decreto, considera-se remuneração básica a soma das parcelas pagas ou creditadas mensalmente em dinheiro ao empregado, excluídas:

I – diárias;

II – ajuda de custo;

III – adicional pela prestação de serviço extraordinário;

IV – gratificação natalina;

V – auxílio-natalidade;

VI – auxílio-funeral;

VII – adicional de férias;

VIII – auxílio-alimentação, mesmo se pago em dinheiro;

IX – auxílio-transporte, mesmo se pago em dinheiro; e

X – parcelas referentes a antecipação de remuneração de competência futura ou pagamento em caráter retroativo.

§ 2º Para os fins deste Decreto, considera-se remuneração disponível a parcela remanescente da remuneração básica após a dedução das consignações compulsórias, assim entendidas as efetuadas a título de:

I – contribuição para a Previdência Social oficial;

II – pensão alimentícia judicial;

III – imposto sobre rendimentos do trabalho;

IV – decisão judicial ou administrativa;

V – mensalidade e contribuição em favor de entidades sindicais;

VI – outros descontos compulsórios instituídos por lei ou decorrentes de contrato de trabalho.

§ 3º Para os fins deste Decreto, são consideradas consignações voluntárias as autorizadas pelo empregado e não relacionadas no § 2º.

Art. 3º No momento da contratação da operação, a autorização para a efetivação dos descontos permitidos neste Decreto observará, para cada mutuário, os seguintes limites:

I – a soma dos descontos referidos no art. 1º deste Decreto não poderá exceder a trinta por cento da remuneração disponível definida no § 2º do art. 2º; e

II – o total das consignações voluntárias, incluindo as referidas no art. 1º, não poderá exceder a quarenta por cento da remuneração disponível definida no § 2º do art. 2º.

Art. 4º A concessão de empréstimo, financiamento ou arrendamento será feita a critério da instituição consignatária, sendo os valores e demais condições objeto de livre negociação entre ela e o mutuário, observadas as demais disposições deste Decreto. § 1º Poderá o empregador, com a anuência da entidade sindical representativa da maioria dos empregados, firmar, com uma ou mais instituições consignatárias, acordo que defina condições gerais e demais critérios a serem observados nos empréstimos, financiamentos ou arrendamentos que venham a ser realizados com seus empregados.

§ 2º Poderão as entidades e centrais sindicais firmar, com uma ou mais instituições consignatárias, acordo que defina condições gerais e demais critérios a serem observados nos empréstimos, financiamentos ou arrendamentos que venham a ser realizados com seus representados.

§ 3º Uma vez observados pelo empregado todos os requisitos e condições definidos no acordo firmado segundo o disposto no § 1º ou no § 2º, não poderá a instituição concedente negar-se a celebrar o empréstimo, financiamento ou arrendamento mercantil.

§ 4º Para a realização das operações referidas neste Decreto, é assegurado ao empregado o direito de optar por instituição consignatária que tenha firmado acordo com o empregador, com sua entidade sindical, ou qualquer outra instituição consignatária de sua livre escolha, ficando o empregador obrigado a proceder aos descontos e repasses por ele contratados e autorizados.

§ 5º Os acordos mencionados nos §§ 1º e 2º poderão definir critérios mínimos, parâmetros e condições financeiras diferenciados por situação cadastral e demais características individuais do empregado.

§ 6º Dos acordos referidos no § 2º poderá constar, ainda, a diferenciação por empresa de critérios mínimos, parâmetros e condições financeiras.

§ 7º Os contratos de empréstimo, financiamento ou arrendamento celebrados ao amparo deste Decreto preverão obrigatoriamente prestações fixas ao longo de todo o período de amortização.

§ 7º-A. Nas hipóteses de concessão, ao amparo deste Decreto, de empréstimo ou financiamento imobiliário no âmbito do Sistema Financeiro da Habitação ou de outros sistemas ou programas destinados à aquisição de imóveis residenciais, as prestações e seus reajustamentos obedecerão às disposições contratuais celebradas entre as partes, sendo permitida a estipulação de prestações variáveis. (Incluído pelo Decreto 5.892, de 2006)

§ 8º Os acordos referidos nos §§ 1º e 2º deste artigo poderão delegar à instituição consignatária a responsabilidade de receber, processar e encaminhar ao empregador as autorizações referidas no inciso III do § 3º do art. 5º.

Art. 5º Para os fins deste Decreto, são obrigações do empregador:

I – prestar ao empregado e à instituição consignatária, mediante solicitação formal do primeiro, as informações necessárias para a contratação da operação de crédito ou arrendamento mercantil, inclusive:

a) a data habitual de pagamento mensal do salário;

b) o total já consignado em operações preexistentes;

c) as demais informações necessárias para o cálculo da margem disponível para consignação;

II – tornar disponíveis aos empregados, bem assim às respectivas entidades sindicais, as informações referentes aos custos referidos no art. 10;

III – efetuar os descontos autorizados pelo empregado em folha de pagamento e repassar o valor à instituição consignatária na forma e prazo previstos em regulamento.

§ 1º É vedado ao empregador impor ao mutuário e à instituição consignatária qualquer condição que não esteja prevista neste Decreto para a efetivação do contrato e a implementação dos descontos autorizados.

§ 2º Os descontos autorizados na forma deste Decreto terão preferência sobre outros descontos da mesma natureza que venham a ser autorizados posteriormente.

§ 3º A liberação do crédito ao mutuário somente ocorrerá após:

I – a confirmação do empregador, por escrito ou por meio eletrônico certificado, quanto à possibilidade da realização dos descontos, em função dos limites referidos no art. 3º;

II – a assinatura, por escrito ou por meio eletrônico certificado, do contrato entre o mutuário e a instituição consignatária; e

III – a outorga ao empregador, por parte do mutuário, de autorização, em caráter irrevogável e irretratável, para a consignação das prestações contratadas em folha de pagamento.

§ 4º A autorização referida no inciso III do § 3º será outorgada por escrito ou por meio eletrônico certificado, podendo a instituição consignatária processar o documento e mantê-lo sob sua guarda, na condição de fiel depositária, transmitindo as informações ao empregador por meio seguro.

§ 5º Exceto quando diversamente previsto em contrato com a anuência do empregador, a efetivação do desconto em folha de pagamento do mutuário deverá ser iniciada pelo empregador no mínimo trinta dias e no máximo sessenta dias após o recebimento da autorização referida no inciso III do § 3º.

§ 6º A autorização referida no inciso III do § 3º é nula de pleno direito na hipótese da não liberação do crédito ou do bem arrendado ao mutuário no prazo máximo de cinco dias úteis contados da data da outorga.

§ 7º A repactuação do contrato de empréstimo, financiamento ou operação de arrendamento mercantil que implique alteração do número ou do valor das prestações consignadas em folha observará o procedimento referido no § 3º.

Art. 6º O empregador é o responsável pela retenção dos valores devidos e pelo repasse às instituições consignatárias, o qual deverá ser realizado até o quinto dia útil após a data de pagamento, ao mutuário, de sua remuneração mensal.

Art. 7º O empregador, salvo disposição contratual em sentido contrário, não será corresponsável pelo pagamento dos empréstimos, financiamentos ou arrendamentos concedidos aos mutuários, mas responderá sempre, como devedor principal e solidário, perante a instituição consignatária, por valores a ela devidos, em razão de contratações por ele confirmadas na forma deste Decreto, que deixarem, por sua falha ou culpa, de serem retidos ou repassados.

Art. 8º Caberá à instituição consignatária informar ao mutuário, por escrito ou no meio eletrônico por ele indicado no ato da celebração do contrato, toda vez que o empregador deixar de repassar o valor exato do desconto mensal.

Art. 9º Na hipótese de comprovação de que o pagamento mensal do empréstimo, financiamento ou arrendamento foi descontado do mutuário e não foi repassado pelo empregador à instituição consignatária, fica ela proibida de incluir o nome do mutuário em qualquer cadastro de inadimplentes.

Art. 10. É facultado ao empregador descontar na folha de pagamento do mutuário os custos operacionais decorrentes da realização da operação objeto deste Decreto.

§ 1º Consideram-se custos operacionais do empregador:

I – tarifa bancária cobrada pela instituição financeira referente à transferência dos recursos da conta-corrente do empregador para a conta-corrente da instituição consignatária;

II – despesa com alteração das rotinas de processamento da folha de pagamento para realização da operação.

§ 2º As tarifas bancárias mencionadas no inciso I do § 1º deste artigo deverão ser iguais ou inferiores às praticadas pela instituição financeira mantenedora da conta-corrente do empregador em transações da mesma natureza.

§ 3º Cabe ao empregador, mediante comunicado interno ou mediante solicitação de empregado ou de entidade sindical, dar publicidade aos seus empregados dos custos operacionais mencionados no § 1º deste artigo previamente à realização da operação de empréstimo ou financiamento, os quais serão mantidos inalterados durante todo o período de duração da operação.

§ 4º Poderá ser prevista nos acordos referido nos § 1º e 2º do art. 4º, ou em acordo específico entre o empregador e a instituição consignatária, a absorção total ou parcial dos custos referidos no § 1º pela instituição consignatária, hipótese na qual não caberá o desconto na folha do mutuário.

§ 5º No caso dos acordos celebrados nos termos do § 2º do art. 4º, os custos de que trata o inciso II do § 1º deste artigo deverão ser negociados entre o empregador e a entidade sindical, vedada a cobrança de custos superiores aos previstos nos acordos celebrados pelo mesmo empregador nos termos do § 1º do art. 4º.

Art. 11. Cabe ao empregador informar no demonstrativo de rendimentos do empregado, de forma discriminada, o valor do desconto mensal decorrente de cada operação de empréstimo ou financiamento, bem como os custos operacionais definidos no art. 10 deste Decreto.

Art. 12. Até o integral pagamento do empréstimo ou financiamento, as autorizações dos descontos somente poderão ser canceladas mediante prévia aquiescência da instituição consignatária e do empregado.

Art. 13. Em caso de rescisão do contrato de trabalho do empregado antes do término da amortização do empréstimo, ressalvada disposição contratual em contrário, serão mantidos os prazos e encargos originalmente previstos, cabendo ao mutuário efetuar o pagamento mensal das prestações diretamente à instituição consignatária.

Art. 14. Na hipótese de entrada em gozo de benefício previdenciário temporário pelo mutuário, com suspensão do pagamento de sua remuneração por parte do empregador, cessa a obrigação deste efetuar a retenção e o repasse das prestações à instituição consignatária.

Parágrafo único. O contrato de empréstimo, financiamento ou operação de arrendamento mercantil celebrado nos termos deste Decreto conterá, obrigatoriamente, cláusula que regulamente as relações entre o mutuário e a instituição consignatária na situação prevista no *caput*.

Art. 15. O desconto da prestação para pagamento do empréstimo, financiamento ou arrendamento concedido com base neste Decreto será feito diretamente em folha de pagamento e o valor correspondente creditado a favor da instituição consignatária, independentemente de crédito e débito na conta-corrente dos mutuários.

Art. 16. Os contratos de empréstimo, financiamento ou arrendamento de que trata este Decreto poderão prever a incidência de desconto de até trinta por cento das verbas rescisórias referidas no inciso V do art. 2º para a amortização total ou parcial do saldo devedor líquido para quitação na data de rescisão do contrato de trabalho do empregado.

§ 1º Para os fins do *caput*, considera-se saldo devedor líquido para quitação o valor presente das prestações vincendas na data da amortização, descontado à taxa de juros contratualmente fixada referente ao período não utilizado em função da quitação antecipada.

§ 2º Na hipótese referida no *caput*, deverá a instituição consignatária informar ao mutuário e ao empregador, por escrito ou meio eletrônico certificado, o valor do saldo devedor líquido para quitação.

§ 3º Quando o saldo devedor líquido para quitação exceder o valor comprometido das verbas rescisórias, caberá ao mutuário efetuar o pagamento do restante diretamente à instituição consignatária, assegurada a manutenção das condições de número de prestações vincendas e taxa de juros originais, exceto se houver previsão contratual em contrário.

§ 4º Havendo previsão de vinculação de verbas rescisórias em mais de um contrato, será observada a ordem cronológica das autorizações referidas no inciso III do § 3º do art. 5º.

Art. 17. É facultada a contratação pelo mutuário de seguro em favor da instituição consignatária, junto a ela própria ou a outra instituição de sua escolha, para cobertura do risco de inadimplência nas operações de

que trata este Decreto em caso de morte, desemprego involuntário ou redução de rendimentos.

Art. 18. Este Decreto entra em vigor na data de sua publicação.

Brasília, 17 de setembro de 2003; 182º da Independência e 115º da República.

Luiz Inácio Lula da Silva

LEI 10.741, DE 1º DE OUTUBRO DE 2003

Dispõe sobre o Estatuto da Pessoa Idosa e dá outras providências.

DOU 03.10.2003

▸ Ementa com redação pela Lei 14.423/2022.
▸ Arts. 229 e 230 da CF.

O Presidente da República:

Faço saber que o Congresso Nacional decreta e eu sanciono a seguinte Lei:

TÍTULO I
DISPOSIÇÕES PRELIMINARES

Art. 1º É instituído o Estatuto da Pessoa Idosa, destinado a regular os direitos assegurados às pessoas com idade igual ou superior a 60 (sessenta) anos.

▸ Artigo com redação pela Lei 14.423/2022.

Art. 2º A pessoa idosa goza de todos os direitos fundamentais inerentes à pessoa humana, sem prejuízo da proteção integral de que trata esta Lei, assegurando-se-lhe, por lei ou por outros meios, todas as oportunidades e facilidades, para preservação de sua saúde física e mental e seu aperfeiçoamento moral, intelectual, espiritual e social, em condições de liberdade e dignidade.

▸ Artigo com redação pela Lei 14.423/2022.
▸ Arts. 5º a 7º da CF.

Art. 3º É obrigação da família, da comunidade, da sociedade e do poder público assegurar à pessoa idosa, com absoluta prioridade, a efetivação do direito à vida, à saúde, à alimentação, à educação, à cultura, ao esporte, ao lazer, ao trabalho, à cidadania, à liberdade, à dignidade, ao respeito e à convivência familiar e comunitária.

▸ Caput com redação pela Lei 14.423/2022.
▸ Art. 230 da CF.

§ 1º A garantia de prioridade compreende:

▸ Primitivo parágrafo único renumerado pela Lei 13.466/2017.

I – atendimento preferencial imediato e individualizado junto aos órgãos públicos e privados prestadores de serviços à população;

II – preferência na formulação e na execução de políticas sociais públicas específicas;

III – destinação privilegiada de recursos públicos nas áreas relacionadas com a proteção à pessoa idosa;

IV – viabilização de formas alternativas de participação, ocupação e convívio da pessoa idosa com as demais gerações;

V – priorização do atendimento da pessoa idosa por sua própria família, em detrimento do atendimento asilar, exceto dos que não a possuam ou careçam de condições de manutenção da própria sobrevivência;

VI – capacitação e reciclagem dos recursos humanos nas áreas de geriatria e gerontologia e na prestação de serviços às pessoas idosas;

▸ Incisos III a VI com redação pela Lei 14.423/2022.

VII – estabelecimento de mecanismos que favoreçam a divulgação de informações de caráter educativo sobre os aspectos biopsicossociais de envelhecimento;

VIII – garantia de acesso à rede de serviços de saúde e de assistência social locais.

IX – prioridade no recebimento da restituição do Imposto de Renda.

▸ Inciso IX acrescido pela Lei 11.765/2008.

§ 2º Entre as pessoas idosas, é assegurada prioridade especial aos maiores de 80 (oitenta) anos, atendendo-se suas necessidades sempre preferencialmente em relação às demais pessoas idosas.

▸ § 2º com redação pela Lei 14.423/2022.

(...)

TÍTULO II
DOS DIREITOS FUNDAMENTAIS

(...)

CAPÍTULO VI
DA PROFISSIONALIZAÇÃO E DO TRABALHO

Art. 26. A pessoa idosa tem direito ao exercício de atividade profissional, respeitadas suas condições físicas, intelectuais e psíquicas.

▸ Artigo com redação pela Lei 14.423/2022.

Art. 27. Na admissão da pessoa idosa em qualquer trabalho ou emprego, são vedadas a discriminação e a fixação de limite máximo de idade, inclusive para concursos, ressalvados os casos em que a natureza do cargo o exigir.

▸ Caput com redação pela Lei 14.423/2022.
▸ Súmula 683 do STF.

Parágrafo único. O primeiro critério de desempate em concurso público será a idade, dando-se preferência ao de idade mais elevada.

Art. 28. O Poder Público criará e estimulará programas de:

I – profissionalização especializada para as pessoas idosas, aproveitando seus potenciais e habilidades para atividades regulares e remuneradas;

▸ Inciso I com redação pela Lei 14.423/2022.

II – preparação dos trabalhadores para a aposentadoria, com antecedência mínima de 1 (um) ano, por meio de estímulo a novos projetos sociais, conforme seus interesses, e de esclarecimento sobre os direitos sociais e de cidadania;

III – estímulo às empresas privadas para admissão de pessoas idosas ao trabalho.

▸ Inciso III com redação pela Lei 14.423/2022.

CAPÍTULO VII
DA PREVIDÊNCIA SOCIAL

Art. 29. Os benefícios de aposentadoria e pensão do Regime Geral da Previdência Social observarão, na sua concessão, critérios de cálculo que preservem o valor real dos salários sobre os quais incidiram contribuição, nos termos da legislação vigente.

Parágrafo único. Os valores dos benefícios em manutenção serão reajustados na mesma data de reajuste do salário mínimo, *pro rata*, de acordo com suas respectivas datas de início ou do seu último reajustamento, com base em percentual definido em regulamento, observados os critérios estabelecidos pela Lei 8.213, de 24 de julho de 1991.

▸ Lei 8.213/1991 (Planos de Benefícios da Previdência Social).

Art. 30. A perda da condição de segurado não será considerada para a concessão da aposentadoria por idade, desde que a pessoa conte com, no mínimo, o tempo de contribuição correspondente ao exigido para efeito de carência na data de requerimento do benefício.

▸ Art. 3º da Lei 10.666/2003 (Concessão de aposentadoria especial ao cooperado de Cooperativa de Trabalho ou de Produção).

Parágrafo único. O cálculo do valor do benefício previsto no *caput* observará o disposto no *caput* e § 2º do art. 3º da Lei 9.876, de 26 de novembro de 1999, ou, não havendo salários de contribuição recolhidos a partir da competência de julho de 1994, o disposto no art. 35 da Lei 8.213, de 1991.

Art. 31. O pagamento de parcelas relativas a benefícios, efetuado com atraso por responsabilidade da Previdência Social, será atualizado pelo mesmo índice utilizado para os reajustamentos dos benefícios do Regime Geral de Previdência Social, verificado no período compreendido entre o mês que deveria ter sido pago e o mês do efetivo pagamento.

Art. 32. O Dia Mundial do Trabalho, 1º de maio, é a data-base dos aposentados e pensionistas.

CAPÍTULO VIII
DA ASSISTÊNCIA SOCIAL

Art. 33. A assistência social às pessoas idosas será prestada, de forma articulada, conforme os princípios e diretrizes previstos na Lei Orgânica da Assistência Social (Loas), na Política Nacional da Pessoa Idosa, no SUS e nas demais normas pertinentes.

▸ Artigo com redação pela Lei 14.423/2022.
▸ Lei 8.080/1990 (Sistema Único de Saúde – SUS).
▸ Lei 8.742/1993 (Lei Orgânica da Assistência Social).
▸ Lei 8.842/1994 (Política Nacional do Idoso e cria o Conselho Nacional do Idoso).

Art. 34. Às pessoas idosas, a partir de 65 (sessenta e cinco) anos, que não possuam meios para prover sua subsistência, nem de tê-la provida por sua família, é assegurado o benefício mensal de 1 (um) salário mínimo, nos termos da Loas.

▸ Caput com redação pela Lei 14.423/2022.
▸ Lei 8.742/1993 (Lei Orgânica da Assistência Social).
▸ Dec. 6.214/2007 (Benefício de prestação continuada da assistência social devido à pessoa com deficiência e ao idoso de que trata esta lei).
▸ Dec. 5.085/2004 (Ações continuadas de assistência social).

Parágrafo único. O benefício já concedido a qualquer membro da família nos termos do *caput* não será computado para os fins do cálculo da renda familiar *per capita* a que se refere a Loas.

Art. 35. Todas as entidades de longa permanência, ou casa-lar, são obrigadas a firmar contrato de prestação de serviços com a pessoa idosa abrigada.

▸ Art. 18 da Lei 12.101/2009 (Certificação das entidades beneficentes de assistência social; regula os procedimentos de isenção de contribuições para a seguridade social).

§ 1º No caso de entidade filantrópica, ou casa-lar, é facultada a cobrança de participação da pessoa idosa no custeio da entidade.

▸ § 1º com redação pela Lei 14.423/2022.

§ 2º O Conselho Municipal da Pessoa Idosa ou o Conselho Municipal da Assistência Social estabelecerá a forma de participação prevista no § 1º deste artigo, que não poderá exceder a 70% (setenta por cento) de qualquer benefício previdenciário ou de assistência social percebido pela pessoa idosa.

▸ § 2º com redação pela Lei 14.423/2022.

§ 3º Se a pessoa idosa for incapaz, caberá a seu representante legal firmar o contrato a que se refere o *caput* deste artigo.

Art. 36. O acolhimento de pessoas idosas em situação de risco social, por adulto ou núcleo familiar, caracteriza a dependência econômica, para os efeitos legais.

▸ Artigo com redação pela Lei 14.423/2022.
▸ Art. 118 desta Lei.

(...)

TÍTULO V
Do Acesso à Justiça

CAPÍTULO I
DISPOSIÇÕES GERAIS

Art. 69. Aplica-se, subsidiariamente, às disposições deste Capítulo, o procedimento sumário previsto no Código de Processo Civil, naquilo que não contrarie os prazos previstos nesta Lei.

Art. 70. O poder público poderá criar varas especializadas e exclusivas da pessoa idosa.

▸ Artigo com redação pela Lei 14.423/2022.

Art. 71. É assegurada prioridade na tramitação dos processos e procedimentos e na execução dos atos e diligências judiciais em que figure como parte ou interveniente pessoa com idade igual ou superior a 60 (sessenta) anos, em qualquer instância.

§ 1º O interessado na obtenção da prioridade a que alude este artigo, fazendo prova de sua idade, requererá o benefício à autoridade judiciária competente para decidir o feito, que determinará as providências a serem cumpridas, anotando-se essa circunstância em local visível nos autos do processo.

§ 2º A prioridade não cessará com a morte do beneficiado, estendendo-se em favor do cônjuge supérstite, companheiro ou companheira, com união estável, maior de 60 (sessenta) anos.

§ 3º A prioridade se estende aos processos e procedimentos na Administração Pública, empresas prestadoras de serviços públicos e instituições financeiras, ao atendimento preferencial junto à Defensoria Pública da União, dos Estados e do Distrito Federal em relação aos Serviços de Assistência Judiciária.

§ 4º Para o atendimento prioritário, será garantido à pessoa idosa o fácil acesso aos assentos e caixas, identificados com a destinação a pessoas idosas em local visível e caracteres legíveis.

▸ § 4º com redação pela Lei 14.423/2022.

§ 5º Dentre os processos de pessoas idosas, dar-se-á prioridade especial aos maiores de 80 (oitenta) anos.

▸ § 5º com redação pela Lei 14.423/2022.

(...)

TÍTULO VI
Dos Crimes

(...)

CAPÍTULO II
DOS CRIMES EM ESPÉCIE

Art. 95. Os crimes definidos nesta Lei são de ação penal pública incondicionada, não se lhes aplicando os arts. 181 e 182 do Código Penal.

▸ Art. 100 do CP.

(...)

Art. 100. Constitui crime punível com reclusão de 6 (seis) meses a 1 (um) ano e multa:

I – obstar o acesso de alguém a qualquer cargo público por motivo de idade;

II – negar a alguém, por motivo de idade, emprego ou trabalho;

(...)

Leg. Compl.

TÍTULO VII
Disposições Finais e Transitórias

(...)

Art. 117. O Poder Executivo encaminhará ao Congresso Nacional projeto de lei revendo os critérios de concessão do Benefício de Prestação Continuada previsto na Lei Orgânica da Assistência Social, de forma a garantir que o acesso ao direito seja condizente com o estágio de desenvolvimento socioeconômico alcançado pelo país.

Art. 118. Esta Lei entra em vigor decorridos 90 (noventa) dias da sua publicação, ressalvado o disposto no *caput* do art. 36, que vigorará a partir de 1º de janeiro de 2004.

Brasília, 1º de outubro de 2003; 182º da Independência e 115º da República.

Luiz Inácio Lula da Silva

INSTRUÇÃO NORMATIVA 24, DE 2 DE OUTUBRO DE 2003, DO TRIBUNAL SUPERIOR DO TRABALHO – TST

Dispõe sobre a faculdade de o Ministro Presidente do Tribunal Superior do Trabalho designar audiência prévia de conciliação, no caso de pedido de efeito suspensivo a recurso ordinário interposto à decisão normativa da Justiça do Trabalho.

DEJT 09.10.2003

▸ Resolução TST 120, de 2 de outubro de 2003 (Aprova a IN 24/2003).

O Tribunal Superior do Trabalho, em sua composição plena, no uso de suas atribuições legais e regimentais, sob a Presidência do Exmo. Sr. Ministro Francisco Fausto Paula de Medeiros, Considerando o disposto no art. 14 da Lei 10.192, de 14 de fevereiro de 2001, pelo qual foi concedida ao Presidente do Tribunal Superior do Trabalho a prerrogativa de suspender, "na medida e extensão" que entender convenientes, a eficácia de decisão normativa da Justiça do Trabalho, até o julgamento do recurso ordinário interposto em autos de dissídio coletivo;

Considerando a inexistência de regulamentação dos procedimentos a serem observados pela Presidência da Corte relativamente aos pedidos de efeito suspensivo;

Considerando a marcante característica conciliatória da Justiça do Trabalho, presente, sobretudo, na sua atuação nos dissídios coletivos;

Considerando os bons resultados alcançados com a praxe que vem sendo adotada no sentido de mediar os conflitos por ocasião do recebimento de pedido de efeito suspensivo de cláusula de sentença normativa;

Considerando a instrumentalidade do processo, resolve:

I – Ao Presidente do Tribunal Superior do Trabalho é facultada a designação de audiência de conciliação relativamente a pedido de concessão de efeito suspensivo a recurso ordinário interposto à decisão normativa da Justiça do Trabalho;

II – Poderá o Presidente do Tribunal Superior do Trabalho, antes de designar audiência prévia de conciliação, conceder ao requerido o prazo de 5 (cinco) dias, para, querendo, manifestar-se sobre o pedido de efeito suspensivo;

III – O Ministério Público do Trabalho, por intermédio da Procuradoria-Geral do Trabalho, será comunicado do dia, hora e local da realização da audiência, enquanto as partes serão notificadas;

IV – Havendo transação nessa audiência, as condições respectivas constarão de ata, facultando-se ao Ministério Público do Trabalho emitir parecer oral, sendo, em seguida, sorteado Relator, que submeterá o acordo à apreciação da Seção Especializada em Dissídios Coletivos, na primeira sessão ordinária subsequente ou em sessão extraordinária designada para esse fim;

V – O Presidente do Tribunal Superior do Trabalho poderá submeter o pedido de efeito suspensivo à apreciação da Seção Especializada em Dissídios Coletivos, desde que repute a matéria de alta relevância.

Sala de Sessões, 2 de outubro de 2003.

Valério Augusto Freitas do Carmo
Diretor-Geral de Coordenação Judiciária

LEI 10.770, DE 21 DE NOVEMBRO DE 2003

Dispõe sobre a criação de Varas do Trabalho nas Regiões da Justiça do Trabalho, define jurisdições e dá outras providências.

DOU 24.11.2003

O Presidente da República:

Faço saber que o Congresso Nacional decreta e eu sanciono a seguinte Lei:

(...)

Art. 27. A competência territorial das Varas do Trabalho atualmente existentes somente será alterada na data de instalação dos novos órgãos jurisdicionais criados por esta Lei.

§ 1º Nas localidades onde já existem Varas do Trabalho ficam mantidas as respectivas jurisdições, com as alterações desta Lei.

§ 2º Enquanto não forem efetivamente instaladas as Varas de Trabalho criadas por esta Lei, fica mantida a competência dos Juízes de Direito das respectivas áreas de jurisdição.

§ 3º No caso de emancipação de Distrito, fica mantida a jurisdição da mesma Vara do Trabalho sobre a área territorial do novo Município.

§ 4º Os processos trabalhistas existentes nas Comarcas e Municípios abrangidos por esta Lei serão remetidos para as novas Varas ora criadas após suas respectivas instalações.

Art. 28. Cabe a cada Tribunal Regional do Trabalho, no âmbito de sua Região, mediante ato próprio, alterar e estabelecer a jurisdição das Varas do Trabalho, bem como transferir-lhes a sede de um Município para outro, de acordo com a necessidade de agilização da prestação jurisdicional trabalhista.

(...)

Art. 31. Esta Lei entra em vigor na data de sua publicação.

Brasília, 21 de novembro de 2003; 182º da Independência e 115º da República.

Luiz Inácio Lula da Silva

LEI 10.820, DE 17 DE DEZEMBRO DE 2003

Dispõe sobre a autorização para desconto de prestações em folha de pagamento, e dá outras providências.

DOU 18.12.2003

O Presidente da República:

Faço saber que o Congresso Nacional decreta e eu sanciono a seguinte Lei:

Art. 1º Os empregados regidos pela Consolidação das Leis do Trabalho – CLT, aprovada pelo Decreto-Lei 5.452, de 1º de maio de 1943, poderão autorizar, de forma irrevogável e irretratável, o desconto em folha de pagamento ou na sua remuneração disponível dos valores referentes ao pagamento de empréstimos, financiamentos, cartões de crédito e operações de arrendamento mercantil concedidos por instituições financeiras e sociedades de arrendamento mercantil, quando previsto nos respectivos contratos.

▸ *Caput* com redação pela Lei 13.172/2015.

§ 1º O desconto mencionado neste artigo também poderá incidir sobre verbas rescisórias devidas pelo empregador, se assim previsto no respectivo contrato de empréstimo, financiamento, cartão de crédito ou arrendamento mercantil, até o limite de 40% (quarenta por cento), sendo 35% (trinta e cinco por cento) destinados exclusivamente a empréstimos, financiamentos e arrendamentos mercantis e 5% (cinco por cento) destinados exclusivamente à amortização de despesas contraídas por meio de cartão de crédito consignado ou à utilização com a finalidade de saque por meio de cartão de crédito consignado.

▸ § 1º com redação pela Lei 14.431/2022.

I – *Revogado pela Lei 14.431/2022.*

II – *Revogado pela Lei 14.431/2022.*

§ 2º O regulamento disporá sobre os limites de valor do empréstimo, da prestação consignável para os fins do *caput* e do comprometimento das verbas rescisórias para os fins do § 1º deste artigo.

§ 3º Os empregados de que trata o *caput* poderão solicitar o bloqueio, a qualquer tempo, de novos descontos.

▸ § 3º acrescido pela Lei 13.097/2015.

§ 4º O disposto no § 3º não se aplica aos descontos autorizados em data anterior à da solicitação do bloqueio.

▸ § 4º acrescido pela Lei 13.097/2016.

§ 5º Nas operações de crédito consignado de que trata este artigo, o empregado poderá oferecer em garantia, de forma irrevogável e irretratável:

▸ § 5º acrescido pela Lei 13.313/2016.

I – até 10% (dez por cento) do saldo de sua conta vinculada no Fundo de Garantia do Tempo de Serviço – FGTS;

II – até 100% (cem por cento) do valor da multa paga pelo empregador, em caso de despedida sem justa causa ou de despedida por culpa recíproca ou força maior, nos termos dos §§ 1º e 2º do art. 18 da Lei 8.036, de 11 de maio de 1990.

§ 6º A garantia de que trata o § 5º só poderá ser acionada na ocorrência de despedida sem justa causa, inclusive a indireta, ou de despedida por culpa recíproca ou força maior, não se aplicando, em relação à referida garantia, o disposto no § 2º do art. 2º da Lei 8.036, de 11 de maio de 1990.

▸ § 6º acrescido pela Lei 13.313/2016.

§ 7º O Conselho Curador do FGTS poderá definir o número máximo de parcelas e a taxa máxima mensal de juros a ser cobrada pelas instituições consignatárias nas operações de crédito consignado de que trata este artigo.

▸ § 7º acrescido pela Lei 13.313/2016.

§ 8º Cabe ao agente operador do FGTS definir os procedimentos operacionais necessários à execução do disposto nos §§ 5º e 6º deste artigo, nos termos do inciso II do *caput* do art. 7º da Lei 8.036, de 11 de maio de 1990.

▸ § 8º acrescido pela Lei 13.313/2016.

Art. 2º Para os fins desta Lei, considera-se:

I – empregador, a pessoa jurídica assim definida pela legislação trabalhista e o empresário a que se refere o Título I do Livro II da Parte Especial da Lei 10.406, de 10 de janeiro de 2002 – Código Civil;

▸ Inciso I com redação pela Lei 13.097/2015.

II – empregado, aquele assim definido pela legislação trabalhista;

III – instituição consignatária, a instituição autorizada a conceder empréstimo ou financiamento ou realizar operação com cartão de crédito ou de arrendamento mercantil mencionada no *caput* do art. 1º;

▸ Inciso III com redação pela Lei 13.172/2015.

IV – mutuário, empregado que firma com instituição consignatária contrato de empréstimo, financiamento, cartão de crédito ou arrendamento mercantil regulado por esta Lei;

▸ Inciso IV com redação pela Lei 13.172/2015.

V – verbas rescisórias, as importâncias devidas em dinheiro pelo empregador ao empregado em razão de rescisão do seu contrato de trabalho;

VI – instituição financeira mantenedora, a instituição a que se refere o inciso III do *caput* e que mantém as contas para crédito da remuneração disponível dos empregados;

▸ Inciso VI acrescido pela Lei 13.097/2015.

VII – desconto, ato de descontar na folha de pagamento ou em momento anterior ao do crédito devido pelo empregador ao empregado como remuneração disponível ou verba rescisória o valor das prestações assumidas em operação de empréstimo, financiamento, cartão de crédito ou arrendamento mercantil; e

▸ Inciso VII com redação pela Lei 13.172/2015.

VIII – remuneração disponível, os vencimentos, subsídios, soldos, salários ou remunerações, descontadas as consignações compulsórias.

▸ Inciso VIII acrescido pela Lei 13.097/2015.

§ 1º Para os fins desta Lei, são considerados consignações voluntárias as autorizadas pelo empregado.

§ 2º No momento da contratação da operação, a autorização para a efetivação dos descontos permitidos nesta Lei observará, para cada mutuário, os seguintes limites:

I – a soma dos descontos referidos no art. 1º desta Lei não poderá exceder a 40% (quarenta por cento) da remuneração disponível, conforme definido em regulamento;

▸ Inciso I com redação pela Lei 14.431/2022.

a) *Revogada pela Lei 14.431/2022.*

b) *Revogada pela Lei 14.431/2022.*

II – o total das consignações voluntárias, incluindo as referidas no art. 1º, não poderá exceder a 40% (quarenta por cento) da remuneração disponível, conforme definida em regulamento.

Art. 3º Para os fins desta Lei, são obrigações do empregador:

I – prestar ao empregado e à instituição consignatária, mediante solicitação formal do primeiro, as informações necessárias para a contratação da operação de crédito ou arrendamento mercantil;

II – tornar disponíveis aos empregados, bem como às respectivas entidades sindicais que as solicitem, as informações referentes aos custos referidos no § 2º; e

▶ Inciso II com redação pela Lei 13.097/2015.

III – efetuar os descontos autorizados pelo empregado, inclusive sobre as verbas rescisórias, e repassar o valor à instituição consignatária na forma e no prazo previstos em regulamento.

▶ Inciso III com redação pela Lei 13.097/2015.

§ 1º É vedado ao empregador impor ao mutuário e à instituição consignatária escolhida pelo empregado qualquer condição que não esteja prevista nesta Lei ou em seu regulamento para a efetivação do contrato e a implementação dos descontos autorizados.

§ 2º Observado o disposto em regulamento e nos casos nele admitidos, é facultado ao empregador descontar na folha de pagamento do mutuário os custos operacionais decorrentes da realização da operação objeto desta Lei.

§ 3º Cabe ao empregador informar, no demonstrativo de rendimentos do empregado, de forma discriminada, o valor do desconto mensal decorrente de cada operação de empréstimo, financiamento, cartão de crédito ou arrendamento mercantil e os custos operacionais referidos no § 2º.

▶ § 3º com redação pela Lei 13.172/2015.

§ 4º Os descontos autorizados na forma desta Lei e seu regulamento terão preferência sobre outros descontos da mesma natureza que venham a ser autorizados posteriormente.

Art. 4º

A concessão de empréstimo, financiamento, cartão de crédito ou arrendamento mercantil será feita a critério da instituição consignatária, sendo os valores e as demais condições objeto de livre negociação entre ela e o mutuário, observadas as demais disposições desta Lei e seu regulamento.

▶ Caput com redação pela Lei 13.172/2015.

§ 1º Poderá o empregador, com a anuência da entidade sindical representativa da maioria dos empregados, sem ônus para estes, firmar, com instituições consignatárias, acordo que defina condições gerais e demais critérios a serem observados nas operações de empréstimo, financiamento, cartão de crédito ou arrendamento mercantil que venham a ser realizadas com seus empregados.

▶ § 1º com redação pela Lei 13.172/2015.

§ 2º Poderão as entidades e centrais sindicais, sem ônus para os empregados, firmar, com instituições consignatárias, acordo que defina condições gerais e demais critérios a serem observados nas operações de empréstimo, financiamento, cartão de crédito ou arrendamento mercantil que venham a ser realizadas com seus representados.

▶ § 2º com redação pela Lei 13.172/2015.

§ 3º Na hipótese de ser firmado um dos acordos a que se referem os §§ 1º ou 2º e sendo observados e atendidos pelo empregado todos os requisitos e condições nele previstos, inclusive as regras de concessão de crédito, não poderá a instituição consignatária negar-se a celebrar a operação de empréstimo, financiamento, cartão de crédito ou arrendamento mercantil.

▶ § 3º com redação pela Lei 13.172/2015.

§ 4º Para a realização das operações referidas nesta Lei, é assegurado ao empregado o direito de optar por instituição consignatária que tenha firmado acordo com o empregador, com sua entidade sindical, ou qualquer outra instituição consignatária de sua livre escolha, ficando o empregador obrigado a proceder aos descontos e repasses por ele contratados e autorizados.

§ 5º No caso dos acordos celebrados nos termos do § 2º deste artigo, os custos de que trata o § 2º do art. 3º deverão ser negociados entre o empregador e a entidade sindical, sendo vedada a fixação de custos superiores aos previstos pelo mesmo empregador nos acordos referidos no § 1º deste artigo.

§ 6º Poderá ser prevista nos acordos referidos nos §§ 1º e 2º deste artigo, ou em acordo específico entre a instituição consignatária e o empregador, a absorção dos custos referidos no § 2º do art. 3º pela instituição consignatária.

§ 7º É vedada aos empregadores, entidades e centrais sindicais a cobrança de qualquer taxa ou exigência de contrapartida pela celebração ou pela anuência nos acordos referidos nos §§ 1º e 2º, bem como a inclusão neles de cláusulas que impliquem pagamento em seu favor, a qualquer título, pela realização das operações

de que trata esta Lei, ressalvado o disposto no § 2º do art. 3º.

§ 8º Fica o empregador ou a instituição consignatária obrigada a disponibilizar, inclusive em meio eletrônico, a opção de bloqueio de novos descontos.

▶ § 8º acrescido pela Lei 13.097/2015.

Art. 5º

O empregador será o responsável pelas informações prestadas, pelo desconto dos valores devidos e pelo seu repasse às instituições consignatárias, que deverá ser realizado até o quinto dia útil após a data de pagamento ao mutuário de sua remuneração disponível.

▶ Caput com redação pela Lei 13.097/2015.

§ 1º O empregador, salvo disposição contratual em contrário, não será corresponsável pelo pagamento dos empréstimos, financiamentos, cartões de crédito e arrendamentos mercantis concedidos aos seus empregados, mas responderá como devedor principal e solidário perante a instituição consignatária por valores a ela devidos em razão de contratações por ele confirmadas na forma desta Lei e de seu regulamento que deixarem, por sua falha ou culpa, de ser retidos ou repassados.

▶ § 1º com redação pela Lei 13.172/2015.

§ 2º Na hipótese de comprovação de que o pagamento mensal do empréstimo, financiamento, cartão de crédito ou arrendamento mercantil tenha sido descontado do mutuário e não tenha sido repassado pelo empregador, ou pela instituição financeira mantenedora, na forma do § 5º, à instituição consignatária, fica esta proibida de incluir o nome do mutuário em cadastro de inadimplentes.

▶ § 2º com redação pela Lei 13.172/2015.

§ 3º Na hipótese de ocorrência da situação descrita no § 2º, é cabível o ajuizamento de ação de depósito, nos termos do Capítulo II do Título I do Livro IV da Lei 5.869, de 11 de janeiro de 1973 – Código de Processo Civil, em face do empregador, ou da instituição financeira mantenedora, se responsável pelo desconto, na forma do § 5º, e de seus representantes legais.

▶ § 3º com redação pela Lei 13.097/2015.

§ 4º No caso de falência do empregador, antes do repasse das importâncias descontadas dos mutuários, fica assegurado à instituição consignatária o direito de pedir, na forma prevista em lei, a restituição das importâncias retidas.

▶ Art. 85, caput, da Lei 11.101/2005 (Recuperação de Empresas e Falência).

§ 5º O acordo firmado entre o empregador e a instituição financeira mantenedora poderá prever que a responsabilidade pelo desconto de que trata o caput será da instituição financeira mantenedora.

▶ § 5º acrescido pela Lei 13.097/2015.

Art. 6º

Os titulares de benefícios de aposentadoria e pensão do Regime Geral de Previdência Social e do benefício de prestação continuada de que trata o art. 20 da Lei nº 8.742, de 7 de dezembro de 1993, poderão autorizar que o Instituto Nacional do Seguro Social (INSS) proceda aos descontos referidos no art. 1º desta Lei e, de forma irrevogável e irretratável, que a instituição financeira na qual recebam os seus benefícios retenha, para fins de amortização, valores referentes ao pagamento mensal de empréstimos, financiamentos, cartões de crédito e operações de arrendamento mercantil por ela concedidos, quando previstos em contrato, na forma estabelecida em regulamento, observadas as normas editadas pelo INSS e ouvido o Conselho Nacional de Previdência Social.

▶ Caput com redação pela Lei 14.431/2022.

§ 1º Para os fins do caput, fica o INSS autorizado a dispor, em ato próprio, sobre:

I – as formalidades para habilitação das instituições e sociedades referidas no art. 1º;

II – os benefícios elegíveis, em função de sua natureza e forma de pagamento;

III – as rotinas a serem observadas para a prestação aos titulares de benefícios em manutenção e às instituições consignatárias das informações necessárias à consecução do disposto nesta Lei;

IV – os prazos para o início dos descontos autorizados e para o repasse das prestações às instituições consignatárias;

V – o valor dos encargos a serem cobrados para ressarcimento dos custos operacionais a ele acarretados pelas operações; e

VI – as demais normas que se fizerem necessárias.

§ 2º Em qualquer circunstância, a responsabilidade do INSS em relação às operações referidas no caput deste artigo restringe-se à:

▶ § 2º com redação pela Lei 10.953/2004.

I – retenção dos valores autorizados pelo beneficiário e repasse à instituição consignatária nas operações de desconto, não cabendo à autarquia responsabilidade solidária pelos débitos contratados pelo segurado; e

II – manutenção dos pagamentos do titular do benefício na mesma instituição financeira enquanto houver saldo devedor nas operações em que for autorizada a retenção, não cabendo à autarquia responsabilidade solidária pelos débitos contratados pelo segurado.

§ 3º É vedado ao titular de benefício que realizar qualquer das operações referidas nesta Lei solicitar a alteração da instituição financeira pagadora, enquanto houver saldo devedor em amortização.

▶ § 3º com redação pela Lei 10.953/2004.

§ 4º É facultada a transferência da consignação do empréstimo, financiamento ou arrendamento firmado pelo empregado na vigência do seu contrato de trabalho quando de sua aposentadoria, observadas as condições estabelecidas nesta Lei.

§ 5º Para os titulares de benefícios de aposentadoria e pensão do Regime Geral de Previdência Social, os descontos e as retenções referidos no caput deste artigo não poderão ultrapassar o limite de 45% (quarenta e cinco por cento) do valor dos benefícios, dos quais 35% (trinta e cinco por cento) destinados exclusivamente a empréstimos, a financiamentos e a arrendamentos mercantis, 5% (cinco por cento) destinados exclusivamente à amortização de despesas contraídas por meio de cartão de crédito consignado ou à utilização com a finalidade de saque por meio de cartão de crédito consignado e 5% (cinco por cento) destinados exclusivamente à amortização de despesas contraídas por meio de cartão consignado de benefício ou à utilização com a finalidade de saque por meio de cartão consignado de benefício.

▶ § 5º com redação pela Lei 14.601/2023.

§ 5º-A. Para os titulares do benefício de prestação continuada de que trata o art. 20 da Lei nº 8.742, de 7 de dezembro de 1993 (Lei Orgânica da Assistência Social), os descontos e as retenções referidos no caput deste artigo não poderão ultrapassar o limite de 35% (trinta e cinco por cento) do valor dos benefícios, dos quais 30% (trinta por cento) destinados exclusivamente a empréstimos, a financiamentos e a arrendamentos mercantis e 5% (cinco por cento) destinados exclusivamente à amortização de despesas contraídas por meio de cartão de crédito consignado ou cartão consignado de benefício ou à utilização com a finalidade de saque por meio de cartão de crédito consignado ou cartão consignado de benefício.

▶ § 5º-A acrescido pela Lei 14.601/2023.

§ 6º A instituição financeira que proceder à retenção de valor superior ao limite estabelecido nos §§ 5º e 5º-A deste artigo perderá todas as garantias que lhe são conferidas nesta Lei.

▶ § 6º com redação pela Lei 14.601/2023.

§ 7º Aplica-se o previsto no caput e no § 5º deste artigo aos titulares da renda mensal vitalícia prevista na Lei nº 6.179, de 11 de dezembro de 1974.

▶ § 7º com redação pela Lei 14.601/2023.

§ 8º Aos benefícios que tenham como requisito para sua concessão a preexistência do benefício de prestação continuada de que trata o art. 20 da Lei nº 8.742, de 7 de dezembro de 1993 (Lei Orgânica da Assistência Social), aplica-se o previsto no caput e no § 5º-A deste artigo.

▶ § 8º acrescido pela Lei 14.601/2023.

§ 9º As operações de empréstimos, de financiamentos e de arrendamentos mercantis de que trata o § 5º-A deste artigo deverão ser realizadas em 2 (dois) momentos, separados entre si pelo intervalo mínimo de 5 (cinco) dias úteis entre a proposta da instituição financeira e a celebração do contrato.

▶ § 9º acrescido pela Lei 14.601/2023.

Art. 6º-A.

Equiparam-se, para os fins do disposto nos arts. 1º e 6º, às operações neles referidas as que são realizadas com entidades abertas ou fechadas de previdência complementar pelos respectivos participantes ou assistidos.

▶ Artigo acrescido pela Lei 13.183/2015.

Art. 6º-B.

Revogado pela Lei 14.601/2023.

Art. 7º

O art. 115 da Lei 8.213, de 24 de julho de 1991, passa a vigorar com as seguintes alterações:

▶ Alterações incorporadas no texto da referida Lei.

Art. 8º

O Poder Executivo regulamentará o disposto nesta Lei.

Art. 9º

Esta Lei entra em vigor na data de sua publicação.

Brasília, 17 de dezembro de 2003; 182º da Independência e 115º da República.

Luiz Inácio Lula da Silva

LEI 10.833, DE 29 DE DEZEMBRO DE 2003

Altera a Legislação Tributária Federal e dá outras providências.

DOU 30.12.2003, Edição Extra

O Presidente da República:

Faço saber que o Congresso Nacional decreta e eu sanciono a seguinte Lei:

(...)

CAPÍTULO II
DAS OUTRAS DISPOSIÇÕES RELATIVAS À LEGISLAÇÃO TRIBUTÁRIA

(...)

Art. 26. O adquirente, pessoa física ou jurídica residente ou domiciliada no Brasil, ou o procurador, quando o adquirente for residente ou domiciliado no exterior, fica responsável pela retenção e recolhimento do imposto de renda incidente sobre o ganho de capital a que se refere o art. 18 da Lei 9.249, de 26 de dezembro de 1995, auferido por pessoa física ou jurídica residente ou domiciliada no exterior que alienar bens localizados no Brasil.

Art. 27. O imposto de renda sobre os rendimentos pagos, em cumprimento de decisão da Justiça Federal, mediante precatório ou requisição de pequeno valor, será retido na fonte pela instituição financeira responsável pelo pagamento e incidirá à alíquota de 3% (três por cento) sobre o montante pago, sem quaisquer deduções, no momento do pagamento ao beneficiário ou seu representante legal.

§ 1º Fica dispensada a retenção do imposto quando o beneficiário declarar à instituição financeira responsável pelo pagamento que os rendimentos recebidos são isentos ou não tributáveis, ou que, em se tratando de pessoa jurídica, esteja inscrita no Simples.

§ 2º O imposto retido na fonte de acordo com o *caput* será:

I – considerado antecipação do imposto apurado na declaração de ajuste anual das pessoas físicas; ou

II – deduzido do apurado no encerramento do período de apuração ou na data da extinção, no caso de beneficiário pessoa jurídica.

§ 3º A instituição financeira deverá, na forma, prazo e condições estabelecidas pela Secretaria da Receita Federal, fornecer à pessoa física ou jurídica beneficiária o Comprovante de Rendimentos Pagos e de Retenção do Imposto de Renda na Fonte, bem como apresentar à Secretaria da Receita Federal declaração contendo informações sobre:

> ▶ § 3º com redação pela Lei 10.865/2004.

I – os pagamentos efetuados à pessoa física ou jurídica beneficiária e o respectivo imposto de renda retido na fonte;

II – os honorários pagos a perito e o respectivo imposto de renda retido na fonte;

III – a indicação do advogado da pessoa física ou jurídica beneficiária.

§ 4º O disposto neste artigo não se aplica aos depósitos efetuados pelos Tribunais Regionais Federais antes de 1º de fevereiro de 2004.

> ▶ § 4º com redação pela Lei 10.865/2004.

Art. 28. Cabe à fonte pagadora, no prazo de 15 (quinze) dias da data da retenção de que trata o *caput* do art. 46 da Lei 8.541, de 23 de dezembro de 1992, comprovar, nos respectivos autos, o recolhimento do imposto de renda na fonte incidente sobre os rendimentos pagos em cumprimento de decisões da Justiça do Trabalho.

§ 1º Na hipótese de omissão da fonte pagadora relativamente à comprovação de que trata o *caput*, e nos pagamentos de honorários periciais, competirá ao Juízo do Trabalho calcular o imposto de renda na fonte e determinar o seu recolhimento à instituição financeira depositária do crédito.

§ 2º A não indicação pela fonte pagadora da natureza jurídica das parcelas objeto de acordo homologado perante a Justiça do Trabalho acarretará a incidência do imposto de renda na fonte sobre o valor total da avença.

§ 3º A instituição financeira deverá, na forma, prazo e condições estabelecidas pela Secretaria da Receita Federal, fornecer à pessoa física beneficiária o Comprovante de Rendimentos Pagos e de Retenção do Imposto de Renda na Fonte, bem como apresentar à Secretaria da Receita Federal declaração contendo informações sobre:

I – os pagamentos efetuados à reclamante e o respectivo imposto de renda retido na fonte, na hipótese do § 1º;

II – os honorários pagos a perito e o respectivo imposto de renda retido na fonte;

III – as importâncias pagas a título de honorários assistenciais de que trata o art. 16 da Lei 5.584, de 26 de junho de 1970;

IV – a indicação do advogado da reclamante.

Art. 29. Sujeitam-se ao desconto do imposto de renda, à alíquota de 1,5% (um inteiro e cinco décimos por cento), que será deduzido do apurado no encerramento do período de apuração, as importâncias pagas ou creditadas por pessoas jurídicas a título de prestação de serviços a outras pessoas jurídicas que explorem as atividades de prestação de serviços de assessoria creditícia, mercadológica, gestão de crédito, seleção e riscos, administração de contas a pagar e a receber.

Art. 30. Os pagamentos efetuados pelas pessoas jurídicas a outras pessoas jurídicas de direito privado, pela prestação de serviços de limpeza, conservação, manutenção, segurança, vigilância, transporte de valores e locação de mão de obra, pela prestação de serviços de assessoria creditícia, mercadológica, gestão de crédito, seleção e riscos, administração de contas a pagar e a receber, bem como pela remuneração de serviços profissionais, estão sujeitos a retenção na fonte da Contribuição Social sobre o Lucro Líquido – CSLL, da COFINS e da contribuição para o PIS/PASEP.

> ▶ A LC 214/2025 deu nova redação a este caput, com produção de efeitos a partir de 1º.1.2027: "Art. 30. Os pagamentos efetuados pelas pessoas jurídicas a outras pessoas jurídicas de direito privado, pela prestação de serviços de limpeza, conservação, manutenção, segurança, vigilância, transporte de valores e locação de mão de obra, pela prestação de serviços de assessoria creditícia, mercadológica, gestão de crédito, seleção e riscos, administração de contas a pagar e a receber, bem como pela remuneração de serviços profissionais, estão sujeitos a retenção na fonte da Contribuição Social sobre o Lucro Líquido – CSLL."

§ 1º O disposto neste artigo aplica-se inclusive aos pagamentos efetuados por:

I – associações, inclusive entidades sindicais, federações, confederações, centrais sindicais e serviços sociais autônomos;

II – sociedades simples, inclusive sociedades cooperativas;

III – fundações de direito privado; ou

IV – condomínios edilícios.

(...)

Brasília, 29 de dezembro de 2003; 182º da Independência e 115º da República.

Luiz Inácio Lula da Silva

ANEXO ÚNICO

> ▶ *Revogado pela Lei 10.925/2004 a partir do primeiro dia do quarto mês subsequente ao da publicação desta Lei (DOU 26.07.2004).*

DECRETO 5.113, DE 22 DE JUNHO DE 2004

Regulamenta o art. 20, inciso XVI, da Lei 8.036, de 11 de maio de 1990, que dispõe sobre o Fundo de Garantia do Tempo de Serviço – FGTS, e dá outras providências.

DOU 23.06.2004; Retificado no DOU de 24.06.2004

> ▶ Arts. 1º, III, e 3º, I, parte final, da CF.
> ▶ Art. 20 da Lei 8.036/1990 (Fundo de Garantia por Tempo de Serviço – FGTS).
> ▶ Dec. 99.684/1990 (Regulamenta a Lei 8.036/1990).

O Presidente da República, no uso da atribuição que lhe confere o art. 84, inciso IV, da Constituição, e tendo em vista o disposto no art. 20, inciso XVI, da Lei 8.036, de 11 de maio de 1990, decreta:

Art. 1º O titular de conta vinculada do Fundo de Garantia do Tempo de Serviço – FGTS que resida em área do Distrito Federal ou de Município, em situação de emergência ou estado de calamidade pública objeto de decreto do respectivo Governo, poderá movimentar a referida conta por motivo de necessidade pessoal, cuja urgência e gravidade decorram de desastre natural.

§ 1º Para os fins da movimentação de que trata este artigo, o decreto municipal ou do Distrito Federal que declare a situação de emergência ou o estado de calamidade pública deverá ser publicado no prazo máximo de 30 (trinta) dias, contados do primeiro dia útil seguinte ao da ocorrência do desastre natural.

§ 2º A movimentação da conta vinculada de que trata o *caput* só poderá ocorrer após o reconhecimento da situação de emergência ou do estado de calamidade pública em portaria do Ministro de Estado da Integração Nacional.

§ 3º A solicitação de movimentação será admitida até 90 (noventa) dias da publicação do ato de reconhecimento de que trata o § 2º.

Art. 2º Para os fins do disposto neste Decreto, considera-se desastre natural:

I – vendavais ou tempestades;

II – vendavais muito intensos ou ciclones extratropicais;

III – vendavais extremamente intensos, furacões, tufões ou ciclones tropicais;

IV – tornados e trombas d'água;

V – precipitações de granizos;

VI – enchentes ou inundações graduais;

VII – enxurradas ou inundações bruscas;

VIII – alagamentos; e

IX – inundações litorâneas provocadas pela brusca invasão do mar.

Parágrafo único. Para fins do disposto no inciso XVI do *caput* do art. 20 da Lei 8.036, de 11 de maio de 1990, considera-se também como natural o desastre decorrente do rompimento ou colapso de barragens que ocasione movimento de massa, com danos a unidades residenciais.

> ▶ Parágrafo único acrescido pelo Decreto 8.572/2015.

Art. 3º A comprovação da área atingida de que trata o *caput* do art. 1º será realizada mediante fornecimento à Caixa Econômica Federal, pelo Município ou pelo Distrito Federal, de declaração das áreas atingidas por desastres naturais, que deverá conter a descrição da área no seguinte padrão:

I – nome do distrito, cidade e unidade da Federação, caso todas as unidades residenciais existentes no distrito tenham sido atingidas;

II – nome do bairro, cidade e unidade da Federação, caso todas as unidades residenciais existentes no bairro tenham sido atingidas;

III – nome do logradouro, bairro ou distrito, cidade e unidade da Federação, caso a área atingida se restrinja às unidades residenciais existentes naquele logradouro; ou

IV – identificação da unidade residencial, nome do logradouro, bairro ou distrito, cidade e unidade da Federação, caso a área atingida se restrinja a determinada unidade residencial.

§ 1º Para elaboração da declaração referida no *caput*, deverá ser observada a avaliação realizada pelos órgãos de defesa civil municipal e do Distrito Federal.

§ 2º A declaração referida no *caput* deverá conter a identificação do Município atingido pelo desastre natural, as informações relativas ao decreto municipal ou do Distrito Federal e à portaria do Ministro de Estado da Integração Nacional que reconheceu a situação de emergência ou o estado de calamidade pública, e a Codificação de Desastre, Ameaças e Riscos – CODAR.

Art. 3º-A Na hipótese de situação de emergência ou estado de calamidade pública reconhecida pelo Ministério da Integração e do Desenvolvimento Regional, para Municípios com até cinquenta mil habitantes, fica dispensada a documentação comprobatória para saque do FGTS prevista no art. 3º.

> ▶ Artigo acrescido pelo Dec. 12.019/2024.

Art. 4º O valor do saque será equivalente ao saldo existente na conta vinculada, na data da solicitação, limitado à quantia correspondente a R$ 6.220,00 (seis mil duzentos e vinte reais), por evento caracterizado como desastre natural, desde que o intervalo entre uma movimentação e outra não seja inferior a doze meses.

> ▶ Artigo com redação pelo Dec. 7.664/2012.
> ▶ Art. 20 da Lei 8.036/1990 (Fundo de Garantia do Tempo de Serviço – FGTS).

Parágrafo único. Ato do Ministro de Estado do Trabalho e Emprego poderá autorizar novo saque em intervalo inferior a doze meses entre uma movimentação e outra, em casos justificados.

> ▶ Parágrafo único acrescido pelo Dec. 12.016/2024.

Art. 5º O titular da conta vinculada que não dispuser de meios para comprovação do endereço residencial poderá fazê-lo com apresentação de declaração emitida pelo Governo municipal ou do Distrito Federal, ou ainda mediante apresentação de declaração própria, cabendo à Caixa Econômica Federal verificar a veracidade da declaração em cadastros oficiais do Governo federal.

> ▶ Artigo com redação pelo Dec. 12.019/2024.

Art. 6º A Caixa Econômica Federal expedirá, no prazo de até 10 (dez) dias contados da data de publicação deste Decreto, atos normativos referentes aos procedimentos administrativos e operacionais a serem observados para a movimentação de que trata o art. 1º.

Art. 7º Este Decreto entra em vigor na data da sua publicação.

Art. 8º Fica revogado o Decreto 5.014, de 12 de março de 2004.

Brasília, 22 de junho de 2004; 183º da Independência e 116º da República.

Luiz Inácio Lula da Silva

LEI 11.033, DE 21 DE DEZEMBRO DE 2004

Altera a tributação do mercado financeiro e de capitais; institui o Regime Tributário para Incentivo à Modernização e à Ampliação da Estrutura Portuária – REPORTO; altera as Leis 10.865, de 30 de abril de 2004, 8.850, de 28 de janeiro de 1994, 8.383, de 30 de dezembro de 1991, 10.522, de 19 de julho de 2002, 9.430, de 27 de dezembro de 1996, e 10.925, de 23 de julho de 2004; e dá outras providências.

DOU 22.12.2004

O Presidente da República:

Faço saber que o Congresso Nacional decreta e eu sanciono a seguinte Lei:

Art. 1º Os rendimentos de que trata o art. 5º da Lei 9.779, de 19 de janeiro de 1999, relativamente às aplicações e operações realizadas a partir de 1º de janeiro de 2005, sujeitam-se à incidência do imposto de renda na fonte, às seguintes alíquotas:

I – 22,5% (vinte e dois inteiros e cinco décimos por cento), em aplicações com prazo de até 180 (cento e oitenta) dias;

II – 20% (vinte por cento), em aplicações com prazo de 181 (cento e oitenta e um) dias até 360 (trezentos e sessenta) dias;

III – 17,5% (dezessete inteiros e cinco décimos por cento), em aplicações com prazo de 361 (trezentos e sessenta e um) dias até 720 (setecentos e vinte) dias;

IV – 15% (quinze por cento), em aplicações com prazo acima de 720 (setecentos e vinte) dias.

§ 1º No caso de aplicações existentes em 31 de dezembro de 2004:

I – os rendimentos produzidos até essa data serão tributados nos termos da legislação então vigente;

II – em relação aos rendimentos produzidos em 2005, os prazos a que se referem os incisos I a IV do *caput* deste artigo serão contados a partir:

a) de 1º de julho de 2004, no caso de aplicação efetuada até a data da publicação desta Lei; e

b) da data da aplicação, no caso de aplicação efetuada após a data da publicação desta Lei.

§§ 2º a 7º *Revogados pela Lei 14.754/2023.* (*DOU 28.08.2023 – extra A*).

Art. 2º O disposto no art. 1º desta Lei não se aplica aos ganhos líquidos auferidos em operações realizadas em bolsas de valores, de mercadorias, de futuros, e assemelhadas, inclusive *day trade*, que permanecem sujeitos à legislação vigente e serão tributados às seguintes alíquotas:

I – 20% (vinte por cento), no caso de operação *day trade*;

II – 15% (quinze por cento), nas demais hipóteses.

§ 1º As operações a que se refere o *caput* deste artigo, exceto *day trade*, sujeitam-se à incidência do imposto de renda na fonte, à alíquota de 0,005% (cinco milésimos por cento) sobre os seguintes valores:

I – nos mercados futuros, a soma algébrica dos ajustes diários, se positiva, apurada por ocasião do encerramento da posição, antecipadamente ou no seu vencimento;

II – nos mercados de opções, o resultado, se positivo, da soma algébrica dos prêmios pagos e recebidos no mesmo dia;

III – nos contratos a termo:

a) quando houver a previsão de entrega do ativo objeto na data do seu vencimento, a diferença, se positiva, entre o preço a termo e o preço à vista na data da liquidação;

b) com liquidação exclusivamente financeira, o valor da liquidação financeira previsto no contrato;

IV – nos mercados à vista, o valor da alienação, nas operações com ações, ouro ativo financeiro e outros valores mobiliários neles negociados.

§ 2º O disposto no § 1º deste artigo:

I – não se aplica às operações de exercício de opção;

II – aplica-se às operações realizadas no mercado de balcão, com intermediação, tendo por objeto os valores mobiliários e ativos referidos no inciso IV do § 1º deste artigo, bem como às operações realizadas em mercados de liquidação futura fora de bolsa.

§ 3º As operações *day trade* permanecem tributadas, na fonte, nos termos da legislação vigente.

§ 4º Fica dispensada a retenção do imposto de que trata o § 1º deste artigo cujo valor seja igual ou inferior a R$ 1,00 (um real).

§ 5º Ocorrendo mais de uma operação no mesmo mês, realizada por uma mesma pessoa, física ou jurídica, deverá ser efetuada a soma dos valores de imposto incidente sobre todas as operações realizadas no mês, para efeito de cálculo do limite de retenção previsto no § 4º deste artigo.

§ 6º Fica responsável pela retenção do imposto de que tratam o § 1º e o inciso II do § 2º deste artigo a instituição intermediadora que receber diretamente a ordem do cliente, a bolsa que registrou as operações ou entidade responsável pela liquidação e compensação das operações, na forma regulamentada pela Secretaria da Receita Federal do Ministério da Fazenda.

§ 7º O valor do imposto retido na fonte a que se refere o § 1º deste artigo poderá ser:

I – deduzido do imposto sobre ganhos líquidos apurados no mês;

II – compensado com o imposto incidente sobre ganhos líquidos apurados nos meses subsequentes;

III – compensado na declaração de ajuste se, após a dedução de que tratam os incisos I e II deste parágrafo, houver saldo de imposto retido;

IV – compensado com o imposto devido sobre o ganho de capital na alienação de ações.

§ 8º O imposto de renda retido na forma do § 1º deste artigo deverá ser recolhido ao Tesouro Nacional até o 3º (terceiro) dia útil da semana subsequente à data da retenção.

Art. 3º Ficam isentos do imposto de renda:

I – os ganhos líquidos auferidos por pessoa física em operações no mercado à vista de ações nas bolsas de valores e em operações com ouro ativo financeiro cujo valor das alienações, realizadas em cada mês, seja igual ou inferior a R$ 20.000,00 (vinte mil reais), para o conjunto de ações e para o ouro ativo financeiro respectivamente;

II – na fonte e na declaração de ajuste anual das pessoas físicas, a remuneração produzida por letras hipotecárias, certificados de recebíveis imobiliários e letras de crédito imobiliário;

III – na fonte e na declaração de ajuste anual das pessoas físicas, os rendimentos distribuídos pelos Fundos de Investimento Imobiliário e pelos Fundos de Investimento nas Cadeias Produtivas Agroindustriais (Fiagro) cujas cotas sejam admitidas à negociação exclusivamente em bolsas de valores ou no mercado de balcão organizado;

> Inciso III com redação pela Lei 14.130/2021, vetada pelo Presidente da República e rejeitado o veto pelo Congresso Nacional.

IV – na fonte e na declaração de ajuste anual das pessoas físicas, a remuneração produzida por Certificado de Depósito Agropecuário – CDA, Warrant Agropecuário – WA, Certificado de Direitos Creditórios do Agronegócio – CDCA, Letra de Crédito do Agronegócio – LCA e Certificado de Recebíveis do Agronegócio – CRA, instituídos pelos arts. 1º e 23 da Lei 11.076, de 30 de dezembro de 2004;

> Inciso IV acrescido pela Lei 11.311/2006.

V – na fonte e na declaração de ajuste anual das pessoas físicas, a remuneração produzida pela Cédula de Produto Rural – CPR, com liquidação financeira, instituída pela Lei 8.929, de 22 de agosto de 1994, alterada pela Lei 10.200, de 14 de fevereiro de 2001, desde que negociada no mercado financeiro.

> Inciso V acrescido pela Lei 11.311/2006.

§ 1º O benefício disposto no inciso III do *caput* deste artigo:

> § 1º renumerado pela Lei 14.754/2023, em vigor a partir de 1º de janeiro de 2024.

I – será concedido somente nos casos em que os Fundos de Investimento Imobiliário ou os Fiagro possuam, no mínimo, 100 (cem) cotistas;

> Inciso I com redação pela Lei 14.754/2023, em vigor a partir de 1º de janeiro de 2024.

II – não será concedido ao cotista pessoa física titular de cotas que representem 10% (dez por cento) ou mais da totalidade das cotas emitidas pelo Fundo de Investimento Imobiliário ou pelos Fiagro, ou ainda cujas cotas lhe derem direito ao recebimento de rendimento superior a 10% (dez por cento) do total de rendimentos auferidos pelo fundo.

> Inciso II com redação pela Lei 14.130, vetada pelo Presidente da República e rejeitado o veto pelo Congresso Nacional.

III – não será concedido ao conjunto de cotistas pessoas físicas ligadas, definidas na forma da alínea "a" do inciso I do parágrafo único do art. 2º da Lei nº 9.779, de 19 de janeiro de 1999, titulares de cotas que representem 30% (trinta por cento) ou mais da totalidade das cotas emitidas pelos Fundos de Investimento Imobiliário ou pelos Fiagro, ou ainda cujas cotas lhes derem direito ao recebimento de rendimento superior a 30% (trinta por cento) do total de rendimentos auferidos pelo fundo.

> Inciso III acrescido pela Lei 14.754/2023, em vigor a partir de 1º de janeiro de 2024.

§ 2º O fundo de investimento terá prazo de até 180 (cento e oitenta) dias, contado da data da primeira integralização de cotas, para se enquadrar no disposto no inciso I do § 1º deste artigo.

§ 3º O fundo de investimento já constituído em 31 de dezembro de 2023 terá prazo até o dia 30 de junho de 2024 para se enquadrar no disposto no inciso I do § 1º deste artigo.

§ 4º Caso o fundo deixe de se enquadrar no disposto no inciso I do § 1º deste artigo, o fundo poderá manter o tratamento tributário deste artigo desde que retome a quantidade mínima de cotistas dentro de 30 (trinta) dias.

> §§ 2º a 4º acrescidos pela Lei 14.754/2023, em vigor a partir de 1º de janeiro de 2024.

Art. 4º Não se aplica o disposto nos arts. 1º e 2º desta Lei às pessoas jurídicas de que trata o art. 77, inciso I, da Lei 8.981, de 20 de janeiro de 1995, aos investidores estrangeiros referidos no art. 16 da Medida Provisória 2.189-49, de 23 de agosto de 2001, e às entidades ou fundos optantes pelo regime especial de que trata o art. 2º da Medida Provisória 2.222, de 4 de setembro de 2001, que permanecem sujeitos às normas previstas na legislação vigente.

Art. 5º Na transferência de titularidade de ações negociadas fora de bolsa, sem intermediação, a entidade encarregada de seu registro deverá exigir o documento de arrecadação de receitas federais que comprove o pagamento do imposto de renda sobre o ganho de capital incidente na alienação ou declaração do alienante sobre a inexistência de imposto devido, observadas as normas estabelecidas pela Secretaria da Receita Federal.

§ 1º Quando a transferência for efetuada antes do vencimento do prazo legal para pagamento do imposto devido, a comprovação de que trata o *caput* deste artigo deverá ocorrer em até 15 (quinze) dias após o vencimento do referido prazo, ao final do qual, caso não tenha sido realizada, a entidade deverá comunicar o fato à Secretaria da Receita Federal na forma e prazo por ela regulamentados.

§ 2º O descumprimento do disposto neste artigo sujeita a entidade à multa de 30% (trinta por cento) do valor do imposto devido.

Art. 6º Os arts. 8º e 28 da Lei 10.865, de 30 de abril de 2004, passam a vigorar com a seguinte redação:

> Alterações incorporadas no texto da referida Lei.

Art. 7º As pessoas jurídicas que aufiram as receitas de que trata o inciso XXIII do art. 10 da Lei 10.833, de 29 de dezembro de 2003, são obrigadas a instalar equipamento emissor de cupom fiscal em seus estabelecimentos, ou outro sistema equivalente para controle de receitas, na forma disciplinada pela Secretaria da Receita Federal do Brasil.

> Artigo com redação pela Lei 12.546/2011.

Art. 8º A pessoa jurídica submetida ao lucro presumido poderá, excepcionalmente, em relação ao 3º (terceiro) e 4º (quarto) trimestres-calendário de 2004, apurar o Imposto de Renda com base no lucro real trimestral, sendo definitiva a tributação pelo lucro presumido relativa aos 2 (dois) primeiros trimestres, observadas as normas estabelecidas pela Secretaria da Receita Federal.

Art. 9º Os incisos I e II do art. 1º da Lei 8.850, de 28 de janeiro de 1994, passam a vigorar com a seguinte redação:

> Alterações incorporadas no texto da referida Lei.

Art. 10. *Revogado pela Lei 11.933/2009.*

Art. 11. Sem prejuízo do disposto no inciso I do § 10 do art. 8º e no inciso I do *caput* do art. 16 da Lei 9.311, de 24 de outubro de 1996, será facultado o lançamento a débito em conta-corrente de depósito para investimento para a realização de operações com os valores mobiliários de que tratam os referidos incisos, desde

que seja mantido controle, em separado, pela institução interveniente, dos valores mobiliários adquiridos por intermédio das contas correntes de depósito à vista e de investimento.

§ 1º Os valores referentes à liquidação das operações com os valores mobiliários de que trata o *caput* deste artigo, adquiridos por intermédio de lançamento a débito em conta-corrente de depósito para investimento, serão creditados ou debitados a essa mesma conta.

§ 2º As instituições intervenientes deverão manter controles em contas segregadas que permitam identificar a origem dos recursos que serão investidos em ações e produtos derivados provenientes da conta-corrente e da conta para investimento.

Art. 12. Será dada ciência ao sujeito passivo do ato que o excluir do parcelamento de débitos com a Secretaria da Receita Federal, com a Procuradoria-Geral da Fazenda Nacional e com o Instituto Nacional do Seguro Social – INSS, de que tratam os arts. 1º e 5º da Lei 10.684, de 30 de maio de 2003, mediante publicação no *Diário Oficial da União*.

Parágrafo único. Fica dispensada a publicação de que trata o *caput* deste artigo nos casos em que for dada ciência ao sujeito passivo pessoalmente ou por via postal, com aviso de recebimento.

Art. 13. Fica instituído o Regime Tributário para Incentivo à Modernização e à Ampliação da Estrutura Portuária – REPORTO, nos termos desta Lei.

Art. 14. Serão efetuadas com suspensão do Imposto sobre Produtos Industrializados – IPI, da Contribuição para o PIS/PASEP, da Contribuição para o Financiamento da Seguridade Social – COFINS e, quando for o caso, do Imposto de Importação – II, as vendas e as importações de máquinas, equipamentos, peças de reposição e outros bens, no mercado interno, quando adquiridos ou importados diretamente pelos beneficiários do Reporto e destinados ao seu ativo imobilizado para utilização exclusiva na execução de serviços de:

▶ *Caput* com redação pela Lei 12.715/2012.
▶ A LC 214/2025 deu nova redação a este caput, com produção de efeitos a partir de 1º.1.2027: "Art. 14. Serão efetuadas com suspensão do Imposto sobre Produtos Industrializados – IPI, e, quando for o caso, do Imposto de Importação – II, as vendas e as importações de máquinas, equipamentos, peças de reposição e outros bens, no mercado interno, quando adquiridos ou importados diretamente pelos beneficiários do Reporto e destinados ao seu ativo imobilizado para utilização exclusiva na execução de serviços de:"

I – carga, descarga, armazenagem e movimentação de mercadorias e produtos;
▶ Inciso I acrescido pela Lei 12.715/2012.

II – sistemas suplementares de apoio operacional;
▶ Inciso II acrescido pela Lei 12.715/2012.

III – proteção ambiental;
▶ Inciso III acrescido pela Lei 12.715/2012.

IV – sistemas de segurança e de monitoramento de fluxo de pessoas, mercadorias, produtos, veículos e embarcações;
▶ Inciso IV acrescido pela Lei 12.715/2012.

V – dragagens; e
▶ Inciso V acrescido pela Lei 12.715/2012.

VI – treinamento e formação de trabalhadores, inclusive na implantação de Centros de Treinamento Profissional.
▶ Inciso VI acrescido pela Lei 12.715/2012.

§ 1º A suspensão do Imposto de Importação e do IPI converte-se em isenção após o decurso do prazo de 5 (cinco) anos, contado da data da ocorrência do respectivo fato gerador.

§ 2º A suspensão da contribuição para o PIS/PASEP e da COFINS converte-se em operação, inclusive de importação, sujeita a alíquota 0 (zero) após o decurso do prazo de 5 (cinco) anos, contado da data da ocorrência do respectivo fato gerador.
▶ LC 214/2025 revoga este § 2º, a partir de 1º.1.2027.

§ 3º A aplicação dos benefícios fiscais, relativos ao IPI e ao Imposto de Importação, fica condicionada à comprovação, pelo beneficiário, da quitação de tributos e contribuições federais e, no caso do IPI vinculado à importação e do Imposto de Importação, à formalização de termo de responsabilidade em relação ao crédito tributário suspenso.

§ 4º A suspensão do Imposto de Importação somente será aplicada a máquinas, equipamentos e outros bens que não possuam similar nacional.

§ 5º A transferência, a qualquer título, de propriedade dos bens adquiridos no mercado interno ou importados mediante aplicação do REPORTO, dentro do prazo fixado nos §§ 1º e 2º deste artigo, deverá ser precedida de autorização da Secretaria da Receita Federal e do recolhimento dos tributos suspensos, acrescidos de

juros e de multa de mora estabelecidos na legislação aplicável.

§ 6º A transferência a que se refere o § 5º deste artigo, previamente autorizada pela Secretaria da Receita Federal, a adquirente também enquadrado no REPORTO será efetivada com dispensa da cobrança dos tributos suspensos desde que, cumulativamente:

I – o adquirente formalize novo termo de responsabilidade a que se refere o § 3º deste artigo;

II – assuma perante a Secretaria da Receita Federal a responsabilidade pelos tributos e contribuições suspensos, desde o momento de ocorrência dos respectivos fatos geradores.

§ 7º O Poder Executivo relacionará as máquinas, equipamentos e bens objetos da suspensão referida no *caput* deste artigo.

§ 8º O disposto no *caput* deste artigo aplica-se também aos bens utilizados na execução de serviços de transporte de mercadorias em ferrovias, classificados nas posições 86.01, 86.02 e 86.06 da Nomenclatura Comum do MERCOSUL, e aos trilhos e demais elementos de vias férreas, classificados na posição 73.02 da Nomenclatura Comum do Mercosul, relacionados pelo Poder Executivo.
▶ § 8º acrescido pela Lei 11.774/2008.

§ 9º As peças de reposição citadas no *caput* deste artigo deverão ter seu valor aduaneiro igual ou superior a 20% (vinte por cento) do valor aduaneiro da máquina ou equipamento ao qual se destinam, de acordo com a Declaração de Importação – DI respectiva.
▶ § 9º acrescido pela Lei 11.726/2008.

§ 10. Os veículos adquiridos com o benefício do Reporto deverão receber identificação visual externa a ser definida pelo órgão competente do Poder Executivo.
▶ § 10 com redação dada pela Lei 12.715/2012.

§ 11. Na hipótese de utilização do bem em finalidade diversa da que motivou a suspensão de que trata o *caput* deste artigo, a sua não incorporação ao ativo imobilizado ou a ausência da identificação citada no § 10 deste artigo, o beneficiário fica sujeito à multa de 50% (cinquenta por cento) sobre o valor de aquisição do bem no mercado interno ou do respectivo valor aduaneiro.
▶ § 11 acrescido pela Lei 11.726/2008

§ 12. A aplicação da multa prevista no § 11 deste artigo não prejudica a exigência dos tributos suspensos, de outras penalidades cabíveis, bem como dos acréscimos legais.
▶ § 12 acrescido pela Lei 11.726/2008.

Art. 15. São beneficiários do Reporto o operador portuário, o concessionário de porto organizado, o arrendatário de instalação portuária de uso público e a empresa autorizada a explorar instalação portuária de uso privativo misto ou exclusivo, inclusive aquelas que operam com embarcações de *offshore*.
▶ *Caput* com redação pela Lei 12.715/2012.

§ 1º Pode ainda ser beneficiário do Reporto o concessionário de transporte ferroviário.
▶ § 1º acrescido pela Lei 11.774/2008.

§ 2º A Secretaria da Receita Federal do Brasil estabelecerá os requisitos e os procedimentos para habilitação dos beneficiários ao REPORTO, bem como para coabilitação dos fabricantes dos bens listados no § 8º do art. 14 desta Lei.
▶ § 2º com redação Lei 12.688/2012.

Art. 16. Os beneficiários do Reporto descritos no art. 15 desta Lei ficam acrescidos das empresas de dragagem definidas na Lei nº 12.815, de 5 de junho de 2013 (Lei dos Portos), dos recintos alfandegados de zona secundária e dos centros de formação profissional e treinamento multifuncional de que trata o art. 33 da Lei nº 12.815, de 5 de junho de 2013, e poderão efetuar aquisições e importações amparadas pelo Reporto até 31 de dezembro de 2028.
▶ Artigo com redação pela Lei 14.787/2023.

Art. 17. As vendas efetuadas com suspensão, isenção, alíquota 0 (zero) ou não incidência da Contribuição para o PIS/PASEP e da COFINS não impedem a manutenção, pelo vendedor, dos créditos vinculados a essas operações.
▶ A LC 214/2025 revoga este art. 17, a partir de 1º.1.2027.

Art. 18. Por um prazo de 10 (dez) anos a contar da vigência da Lei 9.432, de 8 de janeiro de 1997, não incidirá o Adicional de Frete para a Renovação da Marinha Mercante – AFRMM sobre as mercadorias cuja origem ou cujo destino seja porto localizado na Região Norte e Nordeste do país, exceto para as embarcações de casco com fundo duplo, destinadas ao transporte de combustíveis, cujo prazo será de 25 (vinte e cinco) anos.

Art. 19. O levantamento ou a autorização para depósito em conta bancária de valores decorrentes de precatório judicial somente poderá ocorrer mediante a apresentação ao juízo de certidão negativa de tributos federais, estaduais, municipais, bem como certidão de regularidade para com a Seguridade Social, o Fundo de Garantia do Tempo de Serviço – FGTS e a Dívida Ativa da União, depois de ouvida a Fazenda Pública.
▶ Vide ADIN 3.457-7, *DOU* de 09/04/2007.

Parágrafo único. Não se aplica o disposto no *caput* deste artigo:

I – aos créditos de natureza alimentar, inclusive honorários advocatícios;

II – aos créditos de valor igual ou inferior ao disposto no art. 3º da Lei 10.259, de 12 de julho de 2001, que dispõe sobre a instituição dos Juizados Especiais Cíveis e Criminais no âmbito da Justiça Federal.

Art. 20. As intimações e notificações de que tratam os arts. 36 a 38 da Lei Complementar 73, de 10 de fevereiro de 1993, inclusive aquelas pertinentes a processos administrativos, quando dirigidas a Procuradores da Fazenda Nacional, dar-se-ão pessoalmente mediante a entrega dos autos com vista.

Art. 21. Os arts. 13, 19 e 20 da Lei 10.522, de 19 de julho de 2002, passam a vigorar com a seguinte redação:
▶ Alterações incorporadas no texto da referida Lei.

Art. 22. O art. 17 da Lei 9.430, de 27 de dezembro de 1996, passa a vigorar com a seguinte redação:
▶ Alterações incorporadas no texto da referida Lei.

Art. 23. Esta Lei entra em vigor na data de sua publicação, produzindo efeitos:

I – na hipótese dos arts. 1º a 5º e 7º, a partir de 1º de janeiro de 2005;

II – na hipótese do art. 11, a partir de 1º de outubro de 2004;

III – na data de sua publicação, nas demais hipóteses.

Art. 24. Ficam revogados o art. 63 da Lei 8.383, de 30 de dezembro de 1991, a partir de 1º de janeiro de 2005, e o § 2º do art. 10 da Lei 10.925, de 23 de julho de 2004.

Brasília, 21 de dezembro de 2004; 183º da Independência e 116º da República.

Luiz Inácio Lula Da Silva

LEI 11.101, DE 9 DE FEVEREIRO DE 2005

Regula a recuperação judicial, a extrajudicial e a falência do empresário e da sociedade empresária.

DOU 09.02.2005; Edição Extra

O Presidente da República:

Faço saber que o Congresso Nacional decreta e eu sanciono a seguinte Lei:

CAPÍTULO I
DISPOSIÇÕES PRELIMINARES

Art. 1º Esta Lei disciplina a recuperação judicial, a recuperação extrajudicial e a falência do empresário e da sociedade empresária, doravante referidos simplesmente como devedor.
▶ Arts. 76 e 78 desta Lei.
▶ Arts. 966, 981 e 982 do CC.

Art. 2º Esta Lei não se aplica a:

I – empresa pública e sociedade de economia mista;
▶ Art. 195 desta Lei.

II – instituição financeira pública ou privada, cooperativa de crédito, consórcio, entidade de previdência complementar, sociedade operadora de plano de assistência à saúde, sociedade seguradora, sociedade de capitalização e outras entidades legalmente equiparadas às anteriores.
▶ Arts. 26 e 94 do Dec.-lei 73/1966 (Sistema Nacional de Seguros Privados).
▶ Art. 68 do Dec. 60.459/1967 (Regulamenta o Dec.-lei 73/1966).
▶ Art. 4º do Dec.-lei 261/1967 (Sociedade de capitalização).
▶ Art. 4º, *caput*, Lei 5.764/1971 (Política nacional de cooperativismo).
▶ Art. 1º da Lei 6.024/1976 (Intervenção e liquidação extrajudicial de instituições financeiras).
▶ Art. 278 da Lei 6.404/1976 (Sociedades por ações).
▶ Art. 187 da Lei 7.565/1986 (Código Brasileiro de Aeronáutica).
▶ Art. 23, *caput*, e § 1º da Lei 9.656/1998 (Planos e seguros privados de assistência à saúde).
▶ Art. 47 da LC 109/2001 (Previdência complementar).

Art. 3º É competente para homologar o plano de recuperação extrajudicial, deferir a recuperação judicial ou decretar a falência o juízo do local do principal estabelecimento do devedor ou da filial de empresa que tenha sede fora do Brasil.
▶ Arts. 76 e 78 desta Lei.
▶ Art. 75, § 2º do CC.

▶ Art. 3º, § 2º, da Lei 9.099/1995 (Juizados Especiais).

Art. 4º Vetado.

CAPÍTULO II
DISPOSIÇÕES COMUNS
À RECUPERAÇÃO JUDICIAL E À FALÊNCIA

Seção I
Disposições Gerais

Art. 5º Não são exigíveis do devedor, na recuperação judicial ou na falência:

I – as obrigações a título gratuito;

II – as despesas que os credores fizerem para tomar parte na recuperação judicial ou na falência, salvo as custas judiciais decorrentes de litígio com o devedor.
▶ Art. 84, IV, desta Lei.

Art. 6º A decretação da falência ou o deferimento do processamento da recuperação judicial implica:
▶ *Caput* com redação pela Lei 14.112/2020.
▶ Arts. 52, III, e 99, V, desta Lei.
▶ Arts. 202 e 1.030 do CC.
▶ Súmula 581 do STJ.

I – suspensão do curso da prescrição das obrigações do devedor sujeitas ao regime desta Lei;

II – suspensão das execuções ajuizadas contra o devedor, inclusive daquelas dos credores particulares do sócio solidário, relativas a créditos ou obrigações sujeitos à recuperação judicial ou à falência;

III – proibição de qualquer forma de retenção, arresto, penhora, sequestro, busca e apreensão e constrição judicial ou extrajudicial sobre os bens do devedor, oriunda de demandas judiciais ou extrajudiciais cujos créditos ou obrigações sujeitem-se à recuperação judicial ou à falência.
▶ Incisos I a III acrescidos pela Lei 14.112/2020.

§ 1º Terá prosseguimento no juízo no qual estiver se processando a ação que demandar quantia ilíquida.
▶ Arts. 19, § 1º, e 99, V, desta Lei.

§ 2º É permitido pleitear, perante o administrador judicial, habilitação, exclusão ou modificação de créditos derivados da relação de trabalho, mas as ações de natureza trabalhista, inclusive as impugnações a que se refere o art. 8º desta Lei, serão processadas perante a justiça especializada até a apuração do respectivo crédito, que será inscrito no quadro geral de credores pelo valor determinado em sentença.
▶ Arts. 19, § 1º, e 99, V, desta Lei.
▶ Art. 114, *caput*, da CF.

§ 3º O juiz competente para as ações referidas nos §§ 1º e 2º deste artigo poderá determinar a reserva da importância que estimar devida na recuperação judicial ou na falência, e, uma vez reconhecido líquido o direito, será o crédito incluído na classe própria.
▶ Arts. 10, § 4º, e 149, § 1º, desta Lei.

§ 4º Na recuperação judicial, as suspensões e a proibição de que tratam os incisos I, II e III do *caput* deste artigo perdurarão pelo prazo de 180 (cento e oitenta) dias, contado do deferimento do processamento da recuperação, prorrogável por igual período, uma única vez, em caráter excepcional, desde que o devedor não haja concorrido com a superação do lapso temporal.
▶ *Caput* com redação pela Lei 14.112/2020.
▶ Arts. 49, §§ 3º e 5º, e 52, III, desta Lei.

§ 4º-A. O decurso do prazo previsto no § 4º deste artigo sem a deliberação a respeito do plano de recuperação judicial proposto pelo devedor faculta aos credores a propositura de plano alternativo na forma dos §§ 4º, 5º, 6º e 7º do art. 56 desta Lei, observado o seguinte:
▶ § 4º-A acrescido pela Lei 14.112/2020.

I – as suspensões e a proibição de que tratam os incisos I, II e III do *caput* deste artigo não serão aplicáveis caso os credores não apresentem plano alternativo no prazo de 30 (trinta) dias, contado do fim do prazo referido no § 4º deste artigo ou no § 4º do art. 56 desta Lei;

II – as suspensões e a proibição de que tratam os incisos I, II e III do *caput* deste artigo perdurarão por 180 (cento e oitenta) dias contados do final do prazo referido no § 4º deste artigo, ou da realização da assembleia geral de credores referida no § 4º do art. 56 desta Lei, caso os credores apresentem plano alternativo no prazo referido no inciso I deste parágrafo ou no prazo referido no § 4º do art. 56 desta Lei.

§ 5º O disposto no § 2º deste artigo aplica-se à recuperação judicial durante o período de suspensão de que trata o § 4º deste artigo.
▶ § 5º com redação pela Lei 14.112/2020.

§ 6º Independentemente da verificação periódica perante os cartórios de distribuição, as ações que venham a ser propostas contra o devedor deverão ser comunicadas ao juízo da falência ou da recuperação judicial:
▶ Art. 286, I, do CPC.

I – pelo juiz competente, quando do recebimento da petição inicial;
▶ Arts. 319 e ss., do CPC.

II – pelo devedor, imediatamente após a citação.

§ 7º Revogado pela Lei 14.112/2020.
▶ Arts. 151, VI, 155-A, e 191-A do CTN.
▶ Lei 10.684/2003 (Parcelamento de débitos junto à SRF, à Procuradoria-Geral da Fazenda Nacional e ao INSS).

§ 7º-A. O disposto nos incisos I, II e III do *caput* deste artigo não se aplica aos créditos referidos nos §§ 3º e 4º do art. 49 desta Lei, admitida, todavia, a competência do juízo da recuperação judicial para determinar a suspensão dos atos de constrição que recaiam sobre bens de capital essenciais à manutenção da atividade empresarial durante o prazo de suspensão a que se refere o § 4º deste artigo, a qual será implementada mediante a cooperação jurisdicional, na forma do art. 69 da Lei nº 13.105, de 16 de março de 2015 (Código de Processo Civil), observado o disposto no art. 805 do referido Código.

§ 7º-B. O disposto nos incisos I, II e III do *caput* deste artigo não se aplica as execuções fiscais, admitida, todavia, a competência do juízo da recuperação judicial para determinar a substituição dos atos de constrição que recaiam sobre bens de capital essenciais à manutenção da atividade empresarial até o encerramento da recuperação judicial, a qual será implementada mediante a cooperação jurisdicional, na forma do art. 69 da Lei nº 13.105, de 16 de março de 2015 (Código de Processo Civil), observado o disposto no art. 805 do referido Código.
▶ §§ 7º-A e 7º-B acrescidos pela Lei 14.112/2020.

§ 8º A distribuição do pedido de falência ou de recuperação judicial ou a homologação de recuperação extrajudicial previne a jurisdição para qualquer outro pedido de falência, de recuperação judicial ou de homologação de recuperação extrajudicial relativo ao mesmo devedor.
▶ § 8.º com redação pela Lei 14.112/2020.
▶ Arts. 58, 59 e 240 do CPC.

§ 9º O processamento da recuperação judicial ou a decretação da falência não autoriza o administrador judicial a recusar a eficácia da convenção de arbitragem, não impedindo ou suspendendo a instauração de procedimento arbitral.

§ 10. *Vetado.*

§ 11. O disposto no § 7º-B deste artigo aplica-se, no que couber, às execuções fiscais e às execuções de ofício que se enquadrem respectivamente nos incisos VII e VIII do *caput* do art. 114 da Constituição Federal, vedados a expedição de certidão de crédito e o arquivamento das execuções para efeito de habilitação na recuperação judicial ou na falência.

§ 12. Observado o disposto no art. 300 da Lei nº 13.105, de 16 de março de 2015 (Código de Processo Civil), o juiz poderá antecipar total ou parcialmente os efeitos do deferimento do processamento da recuperação judicial.

§ 13. *Vetado.*
▶ §§ 9.º a 13 acrescidos pela Lei 14.112/2020.

Art. 6º-A. É vedado ao devedor, até a aprovação do plano de recuperação judicial, distribuir lucros ou dividendos a sócios e acionistas, sujeitando-se o infrator ao disposto no art. 168 desta Lei.
▶ Arts. 6.º-A a 6.º-C acrescidos pela Lei 14.112/2020.

Art. 6º-B. *Vetado.*

Parágrafo único. O disposto no *caput* deste artigo não se aplica na hipótese em que o ganho de capital decorra de transação efetuada com:

I – pessoa jurídica que seja controladora, controlada, coligada ou interligada; ou

II – pessoa física que seja acionista controlador, sócio, titular ou administrador da pessoa jurídica devedora.

Art. 6º-C. É vedada atribuição de responsabilidade a terceiros em decorrência do mero inadimplemento de obrigações do devedor falido ou em recuperação judicial, ressalvadas as garantias reais e fidejussórias, bem como as demais hipóteses reguladas por esta Lei.

Seção II
Da Verificação e da Habilitação de Créditos

Art. 7º A verificação dos créditos será realizada pelo administrador judicial, com base nos livros contábeis e documentos comerciais e fiscais do devedor e nos documentos que lhe forem apresentados pelos credores, podendo contar com o auxílio de profissionais ou empresas especializadas.

§ 1º Publicado o edital previsto no art. 52, § 1º, ou no parágrafo único do art. 99 desta Lei, os credores terão o prazo de 15 (quinze) dias para apresentar ao adminis-

trador judicial suas habilitações ou suas divergências quanto aos créditos relacionados.
▶ Arts. 9º, 10, 52, § 1º, III, e 99, IV, desta Lei.

§ 2º O administrador judicial, com base nas informações e documentos colhidos na forma do *caput* e do § 1º deste artigo, fará publicar edital contendo a relação de credores no prazo de 45 (quarenta e cinco) dias, contado do fim do prazo do § 1º deste artigo, devendo indicar o local, o horário e o prazo comum em que as pessoas indicadas no art. 8º desta Lei terão acesso aos documentos que fundamentaram a elaboração dessa relação.
▶ Arts. 14, 15, § 1º, 18, 22, I, e, 39 e 55 desta Lei.

Art. 7º-A. Na falência, após realizadas as intimações e publicado o edital, conforme previsto, respectivamente, no inciso XIII do *caput* e no § 1º do art. 99 desta Lei, o juiz instaurará, de ofício, para cada Fazenda Pública credora, incidente de classificação de crédito público e determinará a sua intimação eletrônica para que, no prazo de 30 (trinta) dias, apresente diretamente ao administrador judicial ou em juízo, a depender do momento processual, a relação completa de seus créditos inscritos em dívida ativa, acompanhada dos cálculos, da classificação e das informações sobre a situação atual.
▶ Artigo acrescido pela Lei 14.112/2020.

§ 1º Para efeito do disposto no *caput* deste artigo, considera-se Fazenda Pública credora aquela que conste da relação do edital previsto no § 1º do art. 99 desta Lei, ou que, após a intimação prevista no inciso XIII do *caput* do art. 99 desta Lei, alegue nos autos, no prazo de 15 (quinze) dias, possuir crédito contra o falido.

§ 2º Os créditos não definitivamente constituídos, não inscritos em dívida ativa ou com exigibilidade suspensa poderão ser informados em momento posterior.

§ 3º Encerrado o prazo de que trata o *caput* deste artigo:

I – o falido, os demais credores e o administrador judicial disporão do prazo de 15 (quinze) dias para se manifestar objeções, limitadamente, sobre os cálculos e a classificação para os fins desta Lei;

II – a Fazenda Pública, ultrapassado o prazo de que trata o inciso I deste parágrafo, será intimada para prestar, no prazo de 10 (dez) dias, eventuais esclarecimentos a respeito das manifestações previstas no referido inciso;

III – os créditos serão objeto de reserva integral até o julgamento definitivo quando rejeitados os argumentos apresentados de acordo com o inciso II deste parágrafo;

IV – os créditos incontroversos, desde que exigíveis, serão imediatamente incluídos no quadro geral de credores, observada a sua classificação;

V – o juiz, anteriormente à homologação do quadro geral de credores, concederá prazo comum de 10 (dez) dias para que o administrador judicial e a Fazenda Pública titular de crédito objeto de reserva manifestar-se sobre a situação atual desses créditos e, ao final do referido prazo, decidirá acerca da necessidade de mantê-la.

§ 4º Com relação à aplicação do disposto neste artigo, serão observadas as seguintes disposições:

I – a decisão sobre os cálculos e a classificação dos créditos para os fins do disposto nesta Lei, bem como sobre a arrecadação dos bens, a realização do ativo e o pagamento aos credores, competirá ao juízo falimentar;

II – a decisão sobre a existência, a exigibilidade e o valor do crédito, observado o disposto no inciso II do *caput* do art. 9º desta Lei e as demais regras do processo de falência, bem como sobre o eventual prosseguimento da cobrança contra os corresponsáveis, competirá ao juízo da execução fiscal;

III – a ressalva prevista no art. 76 desta Lei, ainda que o crédito reconhecido não esteja em cobrança judicial mediante execução fiscal, aplicar-se-á, no que couber, ao disposto no inciso II deste parágrafo;

IV – o administrador judicial e o juízo falimentar deverão respeitar a presunção de certeza e liquidez de que trata o art. 3º da Lei nº 6.830, de 22 de setembro de 1980, sem prejuízo do disposto nos incisos II e III deste parágrafo;

V – as execuções fiscais permanecerão suspensas até o encerramento da falência, sem prejuízo da possibilidade de prosseguimento contra os corresponsáveis;

VI – a restituição em dinheiro e a compensação serão preservadas, nos termos dos arts. 86 e 122 desta Lei; e

VII – o disposto no art. 10 desta Lei será aplicado, no que couber, aos créditos retardatários.

§ 5º Na hipótese de não apresentação da relação referida no *caput* deste artigo no prazo nele estipulado, o incidente será arquivado e a Fazenda Pública credora poderá requerer o desarquivamento, observado, no que couber, o disposto no art. 10 desta Lei.

§ 6º As disposições deste artigo aplicam-se, no que couber, às execuções fiscais e às execuções de ofício que se enquadrem no disposto nos incisos VII e VIII do *caput* do art. 114 da Constituição Federal.

§ 7º O disposto neste artigo aplica-se, no que couber, aos créditos do Fundo de Garantia do Tempo de Serviço (FGTS).

§ 8º Não haverá condenação em honorários de sucumbência no incidente de que trata este artigo.

Art. 8º No prazo de 10 (dez) dias, contado da publicação da relação referida no art. 7º, § 2º, desta Lei, o Comitê, qualquer credor, o devedor ou seus sócios ou o Ministério Público podem apresentar ao juiz impugnação contra a relação de credores, apontando a ausência de qualquer crédito ou manifestando-se contra a legitimidade, importância ou classificação de crédito relacionado.
> ▸ Arts. 177 a 179 do CPC.

Parágrafo único. Autuada em separado, a impugnação será processada nos termos dos arts. 13 a 15 desta Lei.

Art. 9º A habilitação de crédito realizada pelo credor nos termos do art. 7º, § 1º, desta Lei deverá conter:
> ▸ Art. 175 desta Lei.

I – o nome, o endereço do credor e o endereço em que receberá comunicação de qualquer ato do processo;

II – o valor do crédito, atualizado até a data da decretação da falência ou do pedido de recuperação judicial, sua origem e classificação;

III – os documentos comprobatórios do crédito e a indicação das demais provas a serem produzidas;

IV – a indicação da garantia prestada pelo devedor, se houver, e o respectivo instrumento;

V – a especificação do objeto da garantia que estiver na posse do credor.

Parágrafo único. Os títulos e documentos que legitimam os créditos deverão ser exibidos no original ou por cópias autenticadas se estiverem juntados em outro processo.
> ▸ Art. 94, § 3º, desta Lei.

Art. 10. Não observado o prazo estipulado no art. 7º, § 1º, desta Lei, as habilitações de crédito serão recebidas como retardatárias.

§ 1º Na recuperação judicial, os titulares de créditos retardatários, excetuados os titulares de créditos derivados da relação de trabalho, não terão direito a voto nas deliberações da assembleia geral de credores.
> ▸ Art. 39 desta Lei.

§ 2º Aplica-se o disposto no § 1º deste artigo ao processo de falência, salvo se, na data da realização da assembleia geral, já houver sido homologado o quadro geral de credores contendo o crédito retardatário.
> ▸ Art. 39 desta Lei.

§ 3º Na falência, os créditos retardatários perderão o direito a rateios eventualmente realizados e ficarão sujeitos ao pagamento de custas, não se computando os acessórios compreendidos entre o término do prazo e a data do pedido de habilitação.
> ▸ Art. 6º, § 3º, desta Lei.

§ 4º Na hipótese prevista no § 3º deste artigo, o credor poderá requerer a reserva de valor para satisfação de seu crédito.
> ▸ Art. 6º, § 3º, desta Lei.

§ 5º As habilitações de crédito retardatárias, se apresentadas antes da homologação do quadro geral de credores, serão recebidas como impugnação e processadas na forma dos arts. 13 a 15 desta Lei.

§ 6º Após a homologação do quadro geral de credores, aqueles que não habilitaram seu crédito poderão, observado, no que couber, o procedimento ordinário previsto no Código de Processo Civil, requerer ao juízo da falência ou da recuperação judicial a retificação do quadro geral para inclusão do respectivo crédito.
> ▸ Arts. 319 e ss., do CPC.

§ 7º O quadro geral de credores será formado com o julgamento das impugnações tempestivas e com as habilitações e as impugnações retardatárias decididas até o momento da sua formação.

§ 8º As habilitações e as impugnações retardatárias acarretarão a reserva do valor para a satisfação do crédito discutido.

§ 9º A recuperação judicial poderá ser encerrada ainda que não tenha havido a consolidação definitiva do quadro geral de credores, hipótese em que as ações incidentais de habilitação e de impugnação retardatárias

serão redistribuídas ao juízo da recuperação judicial como ações autônomas e observarão o rito comum.

§ 10. O credor deverá apresentar pedido de habilitação ou de reserva de crédito em, no máximo, 3 (três) anos, contados da data de publicação da sentença que decretar a falência, sob pena de decadência.
> ▸ §§ 7.º a 10 acrescidos pela Lei 14.112/2020.

Art. 11. Os credores cujos créditos forem impugnados serão intimados para contestar a impugnação, no prazo de 5 (cinco) dias, juntando os documentos que tiverem e indicando outras provas que reputem necessárias.
> ▸ Art. 15 desta Lei.

Art. 12. Transcorrido o prazo do art. 11 desta Lei, o devedor e o Comitê, se houver, serão intimados pelo juiz para se manifestar sobre ela no prazo comum de 5 (cinco) dias.
> ▸ Art. 15 desta Lei.

Parágrafo único. Findo o prazo a que se refere o *caput* deste artigo, o administrador judicial será intimado pelo juiz para emitir parecer no prazo de 5 (cinco) dias, devendo juntar à sua manifestação o laudo elaborado pelo profissional ou empresa especializada, se for o caso, e todas as informações existentes nos livros fiscais e demais documentos do devedor acerca do crédito, constante ou não da relação de credores, objeto da impugnação.

Art. 13. A impugnação será dirigida ao juiz por meio de petição, instruída com os documentos que tiver o impugnante, o qual indicará as provas consideradas necessárias.
> ▸ Arts. 8º, par. ún., e 10, § 5º, desta Lei.

Parágrafo único. Cada impugnação será autuada em separado, com os documentos a ela relativos, mas terão uma só autuação as diversas impugnações versando sobre o mesmo crédito.

Art. 14. Caso não haja impugnações, o juiz homologará, como quadro geral de credores, a relação dos credores de que trata o § 2º do art. 7º, ressalvado o disposto no art. 7º-A desta Lei.
> ▸ Artigo com redação pela Lei 14.112/2020.
> ▸ Arts. 8º, par. ún., e 10, § 5º, desta Lei.

Art. 15. Transcorridos os prazos previstos nos arts. 11 e 12 desta Lei, os autos de impugnação serão conclusos ao juiz, que:
> ▸ Arts. 8º, par. ún., e 10, § 5º, desta Lei.

I – determinará a inclusão no quadro geral de credores das habilitações de créditos não impugnadas, no valor constante da relação referida no § 2º do art. 7º desta Lei;

II – julgará as impugnações que entender suficientemente esclarecidas pelas alegações e provas apresentadas pelas partes, mencionando, de cada crédito, o valor e a classificação;

III – fixará, em cada uma das restantes impugnações, os aspectos controvertidos e decidirá as questões processuais pendentes;

IV – determinará as provas a serem produzidas, designando audiência de instrução e julgamento, se necessário.
> ▸ Art. 357 do CPC.

Art. 16. Para fins de rateio na falência, deverá ser formado quadro geral de credores, composto pelos créditos não impugnados constantes do edital de que trata o § 2º do art. 7º desta Lei, pelo julgamento de todas as impugnações apresentadas no prazo previsto no art. 8º desta Lei e pelo julgamento realizado até então das habilitações de crédito recebidas como retardatárias.
> ▸ *Caput* com redação pela Lei 14.112/2020.

§ 1º As habilitações retardatárias não julgadas acarretarão a reserva do valor controvertido, mas não impedirão o pagamento da parte incontroversa.

§ 2º Ainda que o quadro geral de credores não esteja formado, o rateio de pagamentos na falência poderá ser realizado desde que a classe de credores a ser satisfeita já tenha tido todas as impugnações judiciais apresentadas no prazo previsto no art. 8º desta Lei, ressalvada a reserva dos créditos controvertidos em função das habilitações retardatárias de créditos distribuídas até então e ainda não julgadas.
> ▸ §§ 1.º e 2.º acrescidos pela Lei 14.112/2020.

Parágrafo único. Sendo parcial, a impugnação não impedirá o pagamento da parte incontroversa.

Art. 17. Da decisão judicial sobre a impugnação caberá agravo.
> ▸ Arts. 1.015 a 1.020 do CPC.
> ▸ Súmula 25 do STJ.

Parágrafo único. Recebido o agravo, o relator poderá conceder efeito suspensivo à decisão que reconhece o crédito ou determinar a inscrição ou modificação

do seu valor ou classificação no quadro geral de credores, para fins de exercício de direito de voto em assembleia geral.

Art. 18. O administrador judicial será responsável pela consolidação do quadro geral de credores, a ser homologado pelo juiz, com base na relação dos credores a que se refere o art. 7º, § 2º, desta Lei e nas decisões proferidas nas impugnações oferecidas.
> ▸ Arts. 14 e 22, I, f, desta Lei.

Parágrafo único. O quadro geral, assinado pelo juiz e pelo administrador judicial, mencionará a importância e a classificação de cada crédito na data do requerimento da recuperação judicial ou da decretação da falência, será juntado aos autos e publicado no órgão oficial, no prazo de 5 (cinco) dias, contado da data da sentença que houver julgado as impugnações.

Art. 19. O administrador judicial, o Comitê, qualquer credor ou o representante do Ministério Público poderá, até o encerramento da recuperação judicial ou da falência, observado, no que couber, o procedimento ordinário previsto no Código de Processo Civil, pedir a exclusão, outra classificação ou a retificação de qualquer crédito, nos casos de descoberta de falsidade, dolo, simulação, fraude, erro essencial ou, ainda, documentos ignorados na época do julgamento do crédito ou da inclusão no quadro geral de credores.
> ▸ Arts. 319 e ss., do CPC.
> ▸ Arts. 138 a 144, 145 a 155, 158 a 165, e 167 a 184 do CC.

§ 1º A ação prevista neste artigo será proposta exclusivamente perante o juízo da recuperação judicial ou da falência ou, nas hipóteses previstas no art. 6º, §§ 1º e 2º, desta Lei, perante o juízo que tenha originariamente reconhecido o crédito.

§ 2º Proposta a ação de que trata este artigo, o pagamento ao titular do crédito por ela atingido somente poderá ser realizado mediante a prestação de caução no mesmo valor do crédito questionado.

Art. 20. As habilitações dos credores particulares do sócio ilimitadamente responsável processar-se-ão de acordo com as disposições desta Seção.
> ▸ Arts. 1.039 e 1.045 do CC.
> ▸ Art. 281 da Lei 6.404/1976 (Sociedades por ações).

Seção II-A
Das Conciliações e das Mediações Antecedentes ou Incidentais aos Processos de Recuperação Judicial
> ▸ Seção II-A acrescida pela Lei 14.112/2020.

Art. 20-A. A conciliação e a mediação deverão ser incentivadas em qualquer grau de jurisdição, inclusive no âmbito de recursos em segundo grau de jurisdição e nos Tribunais Superiores, e não implicarão a suspensão dos prazos previstos nesta Lei, salvo se houver consenso entre as partes em sentido contrário ou determinação judicial.
> ▸ Arts. 20-A a 20-D acrescidos pela Lei 14.112/2020.

Art. 20-B. Serão admitidas conciliações e mediações antecedentes ou incidentais aos processos de recuperação judicial, notadamente:

I – nas fases pré-processual e processual de disputas entre os sócios e acionistas de sociedade em dificuldade ou em recuperação judicial, bem como nos litígios que envolverem credores não sujeitos à recuperação judicial, nos termos dos §§ 3º e 4º do art. 49 desta Lei, ou credores extraconcursais;

II – em conflitos que envolverem concessionárias ou permissionárias de serviços públicos em recuperação judicial e órgãos reguladores ou entes públicos municipais, distritais, estaduais ou federais;

III – na hipótese de haver créditos extraconcursais contra empresas em recuperação judicial durante período de vigência do estado de calamidade pública, a fim de permitir a continuidade da prestação de serviços essenciais;

IV – na hipótese de negociação de dívidas e respectivas formas de pagamento entre a empresa em dificuldade e seus credores, em caráter antecedente ao ajuizamento de pedido de recuperação judicial.

§ 1º Na hipótese prevista no inciso IV do *caput* deste artigo, é facultado às empresas em dificuldade que preencham os requisitos legais para requerer recuperação judicial obter tutela de urgência cautelar, nos termos do art. 305 e seguintes da Lei nº 13.105, de 16 de março de 2015 (Código de Processo Civil), a fim de que sejam suspensas as execuções contra elas propostas pelo prazo de até 60 (sessenta) dias, para tentativa de composição com seus credores, em procedimento de mediação ou conciliação já instaurado perante o Centro Judiciário de Solução de Conflitos e Cidadania (Cejusc) do tribunal competente ou da

câmara especializada, observados, no que couber, os arts. 16 e 17 da Lei nº 13.140, de 26 de junho de 2015.

§ 2º São vedadas a conciliação e a mediação sobre a natureza jurídica e a classificação de créditos, bem como sobre critérios de votação em assembleia geral de credores.

§3º Se houver pedido de recuperação judicial ou extrajudicial, observados os critérios desta Lei, o período de suspensão previsto no § 1º deste artigo será deduzido do período de suspensão previsto no art. 6º desta Lei.'

Art. 20-C. O acordo obtido por meio de conciliação ou de mediação com fundamento nesta Seção deverá ser homologado pelo juiz competente conforme o disposto no art. 3º desta Lei.

Parágrafo único. Requerida a recuperação judicial ou extrajudicial em até 360 (trezentos e sessenta) dias contados do acordo firmado durante o período da conciliação ou da mediação pré-processual, o credor terá reconstituídos seus direitos e garantias nas condições originalmente contratadas, deduzidos os valores eventualmente pagos e ressalvados os atos validamente praticados no âmbito dos procedimentos previstos nesta Seção.

Art. 20-D. As sessões de conciliação e de mediação de que trata esta Seção poderão ser realizadas por meio virtual, desde que o Cejusc do tribunal competente ou a câmara especializada responsável disponham de meios para a sua realização.

<div align="center">

Seção III
Do Administrador Judicial e do Comitê de Credores

</div>

Art. 21. O administrador judicial será profissional idôneo, preferencialmente advogado, economista, administrador de empresas ou contador, ou pessoa jurídica especializada.

▸ Arts. 31, 33, 52, I, e 99, IX, desta Lei.
▸ Art. 1.011 do CC.

Parágrafo único. Se o administrador judicial nomeado for pessoa jurídica, declarar-se-á, no termo de que trata o art. 33 desta Lei, o nome de profissional responsável pela condução do processo de falência ou de recuperação judicial, que não poderá ser substituído sem autorização do juiz.

Art. 22. Ao administrador judicial compete, sob a fiscalização do juiz e do Comitê, além de outros deveres que esta Lei lhe impõe:

▸ Art. 23 desta Lei.
▸ Art. 1.103 do CC.

I – na recuperação judicial e na falência:

▸ Art. 22, § 2º, desta Lei.

a) enviar correspondência aos credores constantes na relação de que trata o inciso III do *caput* do art. 51, o inciso III do *caput* do art. 99 ou o inciso II do *caput* do art. 105 desta Lei, comunicando a data do pedido de recuperação judicial ou da decretação da falência, a natureza, o valor e a classificação dada ao crédito;

b) fornecer, com presteza, todas as informações pedidas pelos credores interessados;

c) dar extratos dos livros do devedor, que merecerão fé de ofício, a fim de servirem de fundamento nas habilitações e impugnações de créditos;

d) exigir dos credores, do devedor ou seus administradores quaisquer informações;

e) elaborar a relação de credores de que trata o § 2º do art. 7º desta Lei;

f) consolidar o quadro geral de credores nos termos do art. 18 desta Lei;

g) requerer ao juiz convocação da assembleia geral de credores nos casos previstos nesta Lei ou quando entender necessária sua ouvida para a tomada de decisões;

h) contratar, mediante autorização judicial, profissionais ou empresas especializadas para, quando necessário, auxiliá-lo no exercício de suas funções;

i) manifestar-se nos casos previstos nesta Lei;

j) estimular, sempre que possível, a conciliação, a mediação e outros métodos alternativos de solução de conflitos relacionados à recuperação judicial e à falência, respeitados os direitos de terceiros, na forma do § 3º do art. 3º da Lei nº 13.105, de 16 de março de 2015 (Código de Processo Civil);

k) manter endereço eletrônico na internet, com informações atualizadas sobre os processos de falência e de recuperação judicial, com a opção de consulta às peças principais do processo, salvo decisão judicial em sentido contrário;

l) manter endereço eletrônico específico para o recebimento de pedidos de habilitação ou a apresentação de

divergências, ambos em âmbito administrativo, com modelos que poderão ser utilizados pelos credores, salvo decisão judicial em sentido contrário;

m) providenciar, no prazo máximo de 15 (quinze) dias, as respostas aos ofícios e às solicitações enviadas por outros juízos e órgãos públicos, sem necessidade de prévia deliberação do juízo;

▸ Alíneas j a m acrescidas pela Lei 14.112/2020.

II – na recuperação judicial:

a) fiscalizar as atividades do devedor e o cumprimento do plano de recuperação judicial;

b) requerer a falência no caso de descumprimento de obrigação assumida no plano de recuperação;

▸ Arts. 61, § 1º, e 73, IV, desta Lei.

c) apresentar ao juiz, para juntada aos autos, relatório mensal das atividades do devedor, fiscalizando a veracidade e a conformidade das informações prestadas pelo devedor;

▸ Alínea c com redação pela Lei 14.112/2020.

d) apresentar o relatório sobre a execução do plano de recuperação, de que trata o inciso III do *caput* do art. 63 desta Lei;

e) fiscalizar o decurso das tratativas e a regularidade das negociações entre devedor e credores;

f) assegurar que devedor e credores não adotem expedientes dilatórios, inúteis ou, em geral, prejudiciais ao regular andamento das negociações;

g) assegurar que as negociações realizadas entre devedor e credores sejam regidas pelos termos convencionados entre os interessados ou, na falta de acordo, pelas regras propostas pelo administrador judicial e homologadas pelo juiz, observado o princípio da boa-fé para solução construtiva de consensos, que acarretem maior efetividade econômico-financeira e proveito social para os agentes econômicos envolvidos;

h) apresentar, para juntada aos autos, e publicar no endereço eletrônico específico relatório mensal das atividades do devedor e relatório sobre o plano de recuperação judicial, no prazo de até 15 (quinze) dias contado da apresentação do plano, fiscalizando a veracidade e a conformidade das informações prestadas pelo devedor, além de informar eventual ocorrência das condutas previstas no art. 64 desta Lei;

▸ Alíneas e a h acrescidas pela Lei 14.112/2020.

III – na falência:

▸ Arts. 99, IX, e 186 desta Lei.

a) avisar, pelo órgão oficial, o lugar e hora em que, diariamente, os credores terão à sua disposição os livros e documentos do falido;

b) examinar a escrituração do devedor;

c) relacionar os processos e assumir a representação judicial e extrajudicial, incluídos os processos arbitrais, da massa falida;

▸ Alínea com redação pela Lei 14.112/2020.

d) receber e abrir a correspondência dirigida ao devedor, entregando a ele o que não for assunto de interesse da massa;

e) apresentar, no prazo de 40 (quarenta) dias, contado da assinatura do termo de compromisso, prorrogável por igual período, relatório sobre as causas e circunstâncias que conduziram à situação de falência, no qual apontará a responsabilidade civil e penal dos envolvidos, observado o disposto no art. 186 desta Lei;

▸ Art. 22, § 4º, desta Lei.

f) arrecadar os bens e documentos do devedor e elaborar o auto de arrecadação, nos termos dos arts. 108 e 110 desta Lei;

▸ Art. 108 desta Lei.

g) avaliar os bens arrecadados;

▸ Art. 108 desta Lei.

h) contratar avaliadores, de preferência oficiais, mediante autorização judicial, para a avaliação dos bens caso entenda não ter condições técnicas para a tarefa;

i) praticar os atos necessários à realização do ativo e ao pagamento dos credores;

j) proceder à venda de todos os bens da massa falida no prazo máximo de 180 (cento e oitenta) dias, contado da data da juntada do auto de arrecadação, sob pena de destituição, salvo por impossibilidade fundamentada, reconhecida por decisão judicial;

▸ Alínea j com redação pela Lei 14.112/2020.

l) praticar todos os atos conservatórios de direitos e ações, diligenciar a cobrança de dívidas e dar a respectiva quitação;

m) remir, em benefício da massa e mediante autorização judicial, bens apenhados, penhorados ou legalmente retidos;

n) representar a massa falida em juízo, contratando, se necessário, advogado, cujos honorários serão

previamente ajustados e aprovados pelo Comitê de Credores;

o) requerer todas as medidas e diligências que forem necessárias para o cumprimento desta Lei, a proteção da massa ou a eficiência da administração;

p) apresentar ao juiz para juntada aos autos, até o 10º(décimo) dia do mês seguinte ao vencido, conta demonstrativa da administração, que especifique com clareza a receita e a despesa;

q) entregar ao seu substituto todos os bens e documentos da massa em seu poder, sob pena de responsabilidade;

r) prestar contas ao final do processo, quando for substituído, destituído ou renunciar ao cargo.

▸ Arts. 23 e 154 desta Lei.

s) arrecadar os valores dos depósitos realizados em processos administrativos ou judiciais nos quais o falido figure como parte, oriundos de penhoras, de bloqueios, de apreensões, de leilões, de alienação judicial e de outras hipóteses de constrição judicial, ressalvado o disposto nas Leis nos 9.703, de 17 de novembro de 1998, e 12.099, de 27 de novembro de 2009, e na Lei Complementar nº 151, de 5 de agosto de 2015.

▸ Alínea s) acrescida pela Lei 14.112/2020.

§ 1º As remunerações dos auxiliares do administrador judicial serão fixadas pelo juiz, que considerará a complexidade dos trabalhos a serem executados e os valores praticados no mercado para o desempenho de atividades semelhantes.

§ 2º Na hipótese da alínea d do inciso I do *caput* deste artigo, se houver recusa, o juiz, a requerimento do administrador judicial, intimará aquelas pessoas para que compareçam à sede do juízo, sob pena de desobediência, oportunidade em que as interrogará na presença do administrador judicial, tomando seus depoimentos por escrito.

§ 3º Na falência, o administrador judicial não poderá, sem autorização judicial, após ouvidos o Comitê e o devedor no prazo comum de 2 (dois) dias, transigir sobre obrigações e direitos da massa falida e conceder abatimento de dívidas, ainda que sejam consideradas de difícil recebimento.

§ 4º Se o relatório de que trata a alínea e do inciso III do *caput* deste artigo apontar responsabilidade penal de qualquer dos envolvidos, o Ministério Público será intimado para tomar conhecimento de seu teor.

▸ Art. 184 desta Lei.

Art. 23. O administrador judicial que não apresentar, no prazo estabelecido, suas contas ou qualquer dos relatórios previstos nesta Lei será intimado pessoalmente a fazê-lo no prazo de 5 (cinco) dias, sob pena de desobediência.

▸ Art. 330 do CP.

Parágrafo único. Decorrido o prazo do *caput* deste artigo, o juiz destituirá o administrador judicial e nomeará substituto para elaborar relatórios ou organizar as contas, explicitando as responsabilidades de seu antecessor.

Art. 24. O juiz fixará o valor e a forma de pagamento da remuneração do administrador judicial, observados a capacidade de pagamento do devedor, o grau de complexidade do trabalho e os valores praticados no mercado para o desempenho de atividades semelhantes.

§ 1º Em qualquer hipótese, o total pago ao administrador judicial não excederá 5% (cinco por cento) do valor devido aos credores submetidos à recuperação judicial ou do valor de venda dos bens na falência.

§ 2º Será reservado 40% (quarenta por cento) do montante devido ao administrador judicial para pagamento após atendimento do previsto nos arts. 154 e 155 desta Lei.

§ 3º O administrador judicial substituído será remunerado proporcionalmente ao trabalho realizado, salvo se renunciar sem relevante razão ou for destituído de suas funções por desídia, culpa, dolo ou descumprimento das obrigações fixadas nesta Lei, hipóteses em que não terá direito à remuneração.

§ 4º Também não terá direito a remuneração o administrador que tiver suas contas desaprovadas.

§ 5º A remuneração do administrador judicial fica reduzida ao limite de 2% (dois por cento), no caso de microempresas e empresas de pequeno porte, bem como na hipótese de que trata o art. 70-A desta Lei.

▸ § 5º acrescido pela Lei 14.112/2020.

Art. 25. Caberá ao devedor ou à massa falida arcar com as despesas relativas à remuneração do administrador judicial e das pessoas eventualmente contratadas para auxiliá-lo.

Arts. 84 e 103 desta Lei.

Art. 26. O Comitê de Credores será constituído por deliberação de qualquer das classes de credores na assembleia-geral e terá a seguinte composição:

▸ Art. 56, § 2º, desta Lei.

I – 1 (um) representante indicado pela classe de credores trabalhistas, com 2 (dois) suplentes;

II – 1 (um) representante indicado pela classe de credores com direitos reais de garantia ou privilégios especiais, com 2 (dois) suplentes;

III – 1 (um) representante indicado pela classe de credores quirografários e com privilégios gerais, com 2 (dois) suplentes;

IV – 1 (um) representante indicado pela classe de credores representantes de microempresas e empresas de pequeno porte, com 2 (dois) suplentes.

▸ Inciso IV acrescido pela LC 147/2014.

§ 1º A falta de indicação de representante por quaisquer das classes não prejudicará a constituição do Comitê, que poderá funcionar com número inferior ao previsto no *caput* deste artigo.

§ 2º O juiz determinará, mediante requerimento subscrito por credores que representem a maioria dos créditos de uma classe, independentemente da realização de assembleia:

I – a nomeação do representante e dos suplentes da respectiva classe ainda não representada no Comitê; ou

II – a substituição do representante ou dos suplentes da respectiva classe.

§ 3º Caberá aos próprios membros do Comitê indicar, entre eles, quem irá presidi-lo.

Art. 27. O Comitê de Credores terá as seguintes atribuições, além de outras previstas nesta Lei:

I – na recuperação judicial e na falência:

a) fiscalizar as atividades e examinar as contas do administrador judicial;

b) zelar pelo bom andamento do processo e pelo cumprimento da lei;

c) comunicar ao juiz, caso detecte violação dos direitos ou prejuízo aos interesses dos credores;

d) apurar e emitir parecer sobre quaisquer reclamações dos interessados;

e) requerer ao juiz a convocação da assembleia geral de credores;

f) manifestar-se nas hipóteses previstas nesta Lei;

II – na recuperação judicial:

a) fiscalizar a administração das atividades do devedor, apresentando, a cada 30 (trinta) dias, relatório de sua situação;

b) fiscalizar a execução do plano de recuperação judicial;

c) submeter à autorização do juiz, quando ocorrer o afastamento do devedor nas hipóteses previstas nesta Lei, a alienação de bens do ativo permanente, a constituição de ônus reais e outras garantias, bem como atos de endividamento necessários à continuação da atividade empresarial durante o período que antecede a aprovação do plano de recuperação judicial.

§ 1º As decisões do Comitê, tomadas por maioria, serão consignadas em livro de atas, rubricado pelo juízo, que ficará à disposição do administrador judicial, dos credores e do devedor.

§ 2º Caso não seja possível a obtenção de maioria em deliberação do Comitê, o impasse será resolvido pelo administrador judicial ou, na incompatibilidade deste, pelo juiz.

Art. 28. Não havendo Comitê de Credores, caberá ao administrador judicial ou, na incompatibilidade deste, ao juiz exercer suas atribuições.

Art. 29. Os membros do Comitê não terão sua remuneração custeada pelo devedor ou pela massa falida, mas as despesas realizadas para a realização de ato previsto nesta Lei, se devidamente comprovadas e com a autorização do juiz, serão ressarcidas atendendo às disponibilidades de caixa.

Art. 30. Não poderá integrar o Comitê ou exercer as funções de administrador judicial quem, nos últimos 5 (cinco) anos, no exercício do cargo de administrador judicial ou de membro do Comitê em falência ou recuperação judicial anterior, foi destituído, deixou de prestar contas dentro dos prazos legais ou teve a prestação de contas desaprovada.

▸ Art. 1.011, § 1º, do CC.

§ 1º Ficará também impedido de integrar o Comitê ou exercer a função de administrador judicial quem tiver relação de parentesco ou afinidade até o 3º (terceiro)

grau com o devedor, seus administradores, controladores ou representantes legais ou deles for amigo, inimigo ou dependente.

§ 2º O devedor, qualquer credor ou o Ministério Público poderá requerer ao juiz a substituição do administrador judicial ou dos membros do Comitê nomeados em desobediência aos preceitos desta Lei.

▸ Art. 31, *caput*, desta Lei.

§ 3º O juiz decidirá, no prazo de 24 (vinte e quatro) horas, sobre o requerimento do § 2º deste artigo.

Art. 31. O juiz, de ofício ou a requerimento fundamentado de qualquer interessado, poderá determinar a destituição do administrador judicial ou de quaisquer dos membros do Comitê de Credores quando verificar desobediência aos preceitos desta Lei, descumprimento de deveres, omissão, negligência ou prática de ato lesivo às atividades do devedor ou a terceiros.

§ 1º No ato de destituição, o juiz nomeará novo administrador judicial ou convocará os suplentes para recompor o Comitê.

▸ Art. 30, § 2º, desta Lei.

§ 2º Na falência, o administrador judicial substituído prestará contas no prazo de 10 (dez) dias, nos termos dos §§ 1º a 6º do art. 154 desta Lei.

Art. 32. O administrador judicial e os membros do Comitê responderão pelos prejuízos causados à massa falida, ao devedor ou aos credores por dolo ou culpa, devendo o dissidente em deliberação do Comitê consignar sua discordância em ata para eximir-se da responsabilidade.

▸ Arts. 154, § 5º, e 177 desta Lei.

Art. 33. O administrador judicial e os membros do Comitê de Credores, logo que nomeados, serão intimados pessoalmente para, em 48 (quarenta e oito) horas, assinar, na sede do juízo, o termo de compromisso de bem e fielmente desempenhar o cargo e assumir todas as responsabilidades a ele inerentes.

▸ Art. 21, par. ún., desta Lei.
▸ Art. 134, V, do CTN.

Art. 34. Não assinado o termo de compromisso no prazo previsto no art. 33 desta Lei, o juiz nomeará outro administrador judicial.

Seção IV
Da Assembleia Geral de Credores

(...)

Art. 37. A assembleia será presidida pelo administrador judicial, que designará 1 (um) secretário dentre os credores presentes.

§ 1º Nas deliberações sobre o afastamento do administrador judicial ou em outras em que haja incompatibilidade deste, a assembleia será presidida pelo credor presente que seja titular do maior crédito.

§ 2º A assembleia instalar-se-á, em 1a (primeira) convocação, com a presença de credores titulares de mais da metade dos créditos de cada classe, computados pelo valor, e em 2a (segunda) convocação, com qualquer número.

§ 3º Para participar da assembleia, cada credor deverá assinar a lista de presença, que será encerrada no momento da instalação.

§ 4º O credor poderá ser representado na assembleia geral por mandatário ou representante legal, desde que entregue ao administrador judicial, até 24 (vinte e quatro) horas antes da data prevista no aviso de convocação, documento hábil que comprove seus poderes ou a indicação das folhas dos autos do processo em que se encontre o documento.

▸ Art. 661, § 1º, do CC.

§ 5º Os sindicatos de trabalhadores poderão representar seus associados titulares de créditos derivados da legislação do trabalho ou decorrentes de acidente de trabalho que não comparecerem, pessoalmente ou por procurador, à assembleia.

▸ Lei 8.213/1991 (Previdência Social).
▸ Dec. 3.048/1999 (Regulamento da Previdência Social).
▸ § 6º Para exercer a prerrogativa prevista no § 5º deste artigo, o sindicato deverá:

I – apresentar ao administrador judicial, até 10 (dez) dias antes da assembleia, a relação dos associados que pretende representar, e o trabalhador que conste da relação de mais de um sindicato deverá esclarecer, até 24 (vinte e quatro) horas antes da assembleia, qual sindicato o representa, sob pena de não ser representado em assembleia por nenhum deles; e

II – *Vetado*.

§ 7º Do ocorrido na assembleia, lavrar-se-á ata que conterá o nome dos presentes e as assinaturas do presidente, do devedor e de 2 (dois) membros de cada uma das classes votantes, e que será entregue ao juiz,

juntamente com a lista de presença, no prazo de 48 (quarenta e oito) horas.

Art. 38. O voto do credor será proporcional ao valor de seu crédito, ressalvado, nas deliberações sobre o plano de recuperação judicial, o disposto no § 2º do art. 45 desta Lei.

▸ Art. 45, § 2º, desta Lei.

Parágrafo único. Na recuperação judicial, para fins exclusivos de votação em assembleia geral, o crédito em moeda estrangeira será convertido para moeda nacional pelo câmbio da véspera da data de realização da assembleia.

▸ Arts. 50, § 2º, e 77 desta Lei.

Art. 39. Terão direito a voto na assembleia geral as pessoas arroladas no quadro geral de credores ou, na sua falta, na relação de credores apresentada pelo administrador judicial na forma do art. 7º, § 2º, desta Lei, ou, ainda, na falta desta, na relação apresentada pelo próprio devedor nos termos dos arts. 51, incisos III e IV do *caput*, 99, inciso III do *caput*, ou 105, inciso II do *caput*, desta Lei, acrescidas, em qualquer caso, das que estejam habilitadas na data da realização da assembleia ou que tenham créditos admitidos ou alterados por decisão judicial, inclusive as que tenham obtido reserva de importâncias, observado o disposto nos §§ 1º e 2º do art. 10 desta Lei.

§ 1º Não terão direito a voto e não serão considerados para fins de verificação do quorum de instalação e de deliberação os titulares de créditos excetuados na forma dos §§ 3º e 4º do art. 49 desta Lei.

§ 2º As deliberações da assembleia geral não serão invalidadas em razão de posterior decisão judicial acerca da existência, quantificação ou classificação de créditos.

§ 3º No caso de posterior invalidação de deliberação da assembleia, ficam resguardados os direitos de terceiros de boa-fé, respondendo os credores que aprovarem a deliberação pelos prejuízos comprovados causados por dolo ou culpa.

§ 4º Qualquer deliberação prevista nesta Lei a ser realizada por meio de assembleia geral de credores poderá ser substituída, com idênticos efeitos, por:

I – termo de adesão firmado por tantos credores quantos satisfaçam o quórum de aprovação específico, nos termos estabelecidos no art. 45-A desta Lei;

II – votação realizada por meio de sistema eletrônico que reproduza as condições de tomada de voto da assembleia geral de credores; ou

III – outro mecanismo reputado suficientemente seguro pelo juiz.

§ 5º As deliberações nos formatos previstos no § 4º deste artigo serão fiscalizadas pelo administrador judicial, que emitirá parecer sobre sua regularidade, previamente à sua homologação judicial, independentemente da concessão ou não da recuperação judicial.

§ 6º O voto será exercido pelo credor no seu interesse e de acordo com o seu juízo de conveniência e poderá ser declarado nulo por abusividade somente quando manifestamente exercido para obter vantagem ilícita para si ou para outrem.

§ 7º A cessão ou a promessa de cessão do crédito habilitado deverá ser imediatamente comunicada ao juízo da recuperação judicial.

§§ 4.º a 7.º acrescidos pela Lei 14.112/2020.

Art. 40. Não será deferido provimento liminar, de caráter cautelar ou antecipatório dos efeitos da tutela, para a suspensão ou adiamento da assembleia geral de credores em razão de pendência de discussão acerca da existência, da quantificação ou da classificação de créditos.

▸ Art. 5º, XXXV, da CF.

Art. 41. A assembleia geral será composta pelas seguintes classes de credores:

▸ Art. 45 desta Lei.

I – titulares de créditos derivados da legislação do trabalho ou decorrentes de acidentes de trabalho;

▸ Art. 45, § 2º, desta Lei.
▸ Lei 8.213/1991 (Previdência Social).
▸ Dec. 3.048/1999 (Regulamento da Previdência Social).

II – titulares de créditos com garantia real;

▸ Art. 45, § 1º, desta Lei.

III – titulares de créditos quirografários, com privilégio especial, com privilégio geral ou subordinados;

▸ Art. 45, § 1º, desta Lei.

IV – titulares de créditos enquadrados como microempresa ou empresa de pequeno porte.

Inciso IV acrescido pela LC 147/2014.

§ 1º Os titulares de créditos derivados da legislação do trabalho votam com a classe prevista no inciso I do

caput deste artigo com o total de seu crédito, independentemente do valor.

§ 2º Os titulares de créditos com garantia real votam com a classe prevista no inciso II do *caput* deste artigo até o limite do valor do bem gravado e com a classe prevista no inciso III do *caput* deste artigo pelo restante do valor de seu crédito.

Art. 42. Considerar-se-á aprovada a proposta que obtiver votos favoráveis de credores que representem mais da metade do valor total dos créditos presentes à assembleia geral, exceto nas deliberações sobre o plano de recuperação judicial nos termos da alínea a do inciso I do *caput* do art. 35 desta Lei, a composição do Comitê de Credores ou forma alternativa de realização do ativo nos termos do art. 145 desta Lei.

▶ Art. 73, I, desta Lei.

Art. 43. Os sócios do devedor, bem como as sociedades coligadas, controladoras, controladas ou as que tenham sócio ou acionista com participação superior a 10% (dez por cento) do capital social do devedor ou em que o devedor ou algum de seus sócios detenham participação superior a 10% (dez por cento) do capital social, poderão participar da assembleia geral de credores, sem ter direito a voto e não serão considerados para fins de verificação do quorum de instalação e de deliberação.

Parágrafo único. O disposto neste artigo também se aplica ao cônjuge ou parente, consanguíneo ou afim, colateral até o 2º (segundo) grau, ascendente ou descendente do devedor, de administrador, do sócio controlador, de membro dos conselhos consultivo, fiscal ou semelhantes da sociedade devedora e à sociedade em que quaisquer dessas pessoas exerçam essas funções.

Art. 44. Na escolha dos representantes de cada classe no Comitê de Credores, somente os respectivos membros poderão votar.

Art. 45. Nas deliberações sobre o plano de recuperação judicial, todas as classes de credores referidas no art. 41 desta Lei deverão aprovar a proposta.

▶ Art. 58, *caput*, § 1º e II, desta Lei.

§ 1º Em cada uma das classes referidas nos incisos II e III do art. 41 desta Lei, a proposta deverá ser aprovada por credores que representem mais da metade do valor total dos créditos presentes à assembleia e, cumulativamente, pela maioria simples dos credores presentes.

§ 2º Nas classes previstas nos incisos I e IV do art. 41 desta Lei, a proposta deverá ser aprovada pela maioria simples dos credores presentes, independentemente do valor de seu crédito.

▶ § 2º com redação pela LC 147/2014.
▶ Art. 38 desta Lei.

§ 3º O credor não terá direito a voto e não será considerado para fins de verificação de quorum de deliberação se o plano de recuperação judicial não alterar o valor ou as condições originais de pagamento de seu crédito.

Art. 45-A. As deliberações da assembleia geral de credores previstas nesta Lei poderão ser substituídas pela comprovação da adesão de credores que representem mais da metade do valor dos créditos sujeitos à recuperação judicial, observadas as exceções previstas nesta Lei.

▶ Artigo acrescido pela Lei 14.112/2020.

§ 1º Nos termos do art. 56-A desta Lei, as deliberações sobre o plano de recuperação judicial poderão ser substituídas por documento que comprove o cumprimento do disposto no art. 45 desta Lei.

§ 2º As deliberações sobre a constituição do Comitê de Credores poderão ser substituídas por documento que comprove a adesão da maioria dos créditos de cada conjunto de credores previsto no art. 26 desta Lei.

§ 3º As deliberações sobre forma alternativa de realização do ativo na falência, nos termos do art. 145 desta Lei, poderão ser substituídas por documento que comprove a adesão de credores que representem 2/3 (dois termos) dos créditos.

§ 4º As deliberações no formato previsto neste artigo serão fiscalizadas pelo administrador judicial, que emitirá parecer sobre a sua regularidade, com oitiva do Ministério Público, previamente à sua homologação judicial, independentemente da concessão ou não da recuperação judicial.

Art. 46. A aprovação de forma alternativa de realização do ativo na falência, prevista no art. 145 desta Lei, dependerá do voto favorável de credores que representem 2/3 (dois terços) dos créditos presentes à assembleia.

CAPÍTULO III
DA RECUPERAÇÃO JUDICIAL

Seção I
Disposições Gerais

Art. 47. A recuperação judicial tem por objetivo viabilizar a superação da situação de crise econômico-financeira do devedor, a fim de permitir a manutenção da fonte produtora, do emprego dos trabalhadores e dos interesses dos credores, promovendo, assim, a preservação da empresa, sua função social e o estímulo à atividade econômica.

▶ Art. 170, VIII, da CF.

Art. 48. Poderá requerer recuperação judicial o devedor que, no momento do pedido, exerça regularmente suas atividades há mais de 2 (dois) anos e que atenda aos seguintes requisitos, cumulativamente:

▶ Arts. 2º, 161, 198 e 199 desta Lei.
▶ Arts. 1.071, VIII, e 1.072, § 4º, do CC.

I – não ser falido e, se o foi, estejam declaradas extintas, por sentença transitada em julgado, as responsabilidades daí decorrentes;

▶ Arts. 81 e 160 desta Lei.
▶ Art. 1.011, § 1º, do CC.
▶ Art. 191 do CTN.

II – não ter, há menos de 5 (cinco) anos, obtido concessão de recuperação judicial;

▶ Art. 58 desta Lei.

III – não ter, há menos de 5 (cinco) anos, obtido concessão de recuperação judicial com base no plano especial de que trata a Seção V deste Capítulo;

▶ Inciso III com redação pela LC 147/2014.

IV – não ter sido condenado ou não ter, como administrador ou sócio controlador, pessoa condenada por qualquer dos crimes previstos nesta Lei.

§ 1º A recuperação judicial também poderá ser requerida pelo cônjuge sobrevivente, herdeiros do devedor, inventariante ou sócio remanescente.

Primitivo parágrafo único renumerado pela Lei 12.873/2013.

▶ Arts. 96, § 1º, 97, II e 125 desta Lei.

§ 2º No caso de exercício de atividade rural por pessoa jurídica, admite-se a comprovação do prazo estabelecido no *caput* deste artigo por meio da Escrituração Contábil Fiscal (ECF), ou por meio de obrigação legal de registros contábeis que venha a substituir a ECF, entregue tempestivamente.

▶ § 2º com redação pela Lei 14.112/2020.

§ 3º Para a comprovação do prazo estabelecido no *caput* deste artigo, o cálculo do período de exercício de atividade rural por pessoa física é feito com base no Livro Caixa Digital do Produtor Rural (LCDPR), ou por meio de obrigação legal de registros contábeis que venha a substituir o LCDPR, e pela Declaração do Imposto sobre a Renda da Pessoa Física (DIRPF) e balanço patrimonial, todos entregues tempestivamente.

§ 4º Para efeito do disposto no § 3º deste artigo, no que diz respeito ao período em que não for exigível a entrega do LCDPR, admitir-se-á a entrega do livro-caixa utilizado para a elaboração da DIRPF.

§ 5º Para os fins de atendimento ao disposto nos §§ 2º e 3º deste artigo, as informações contábeis relativas a receitas, a bens, a despesas, a custos e a dívidas deverão estar organizadas de acordo com a legislação e com o padrão contábil da legislação correlata vigente, bem como guardar obediência ao regime de competência e de elaboração de balanço patrimonial por contador habilitado.

▶ §§ 3,º e 5,º acrescidos pela Lei 14.112/2020.

Art. 48-A. Na recuperação judicial de companhia aberta, serão obrigatórios a formação e o funcionamento do conselho fiscal, nos termos da Lei nº 6.404, de 15 de dezembro de 1976, enquanto durar a fase da recuperação judicial, incluído o período de cumprimento das obrigações assumidas pelo plano de recuperação.

▶ Artigo acrescido pela Lei 14.112/2020.

Art. 49. Estão sujeitos à recuperação judicial todos os créditos existentes na data do pedido, ainda que não vencidos.

§ 1º Os credores do devedor em recuperação judicial conservam seus direitos e privilégios contra os coobrigados, fiadores e obrigados de regresso.

▶ Súmula 581 do STJ.

§ 2º As obrigações anteriores à recuperação judicial observarão as condições originalmente contratadas ou definidas em lei, inclusive no que diz respeito aos encargos, salvo se de modo diverso ficar estabelecido no plano de recuperação judicial.

§ 3º Tratando-se de credor titular da posição de proprietário fiduciário de bens móveis ou imóveis, de arrendador mercantil, de proprietário ou promitente

vendedor de imóvel cujos respectivos contratos contenham cláusula de irrevogabilidade ou irretratabilidade, inclusive em incorporações imobiliárias, ou de proprietário em contrato de venda com reserva de domínio, seu crédito não se submeterá aos efeitos da recuperação judicial e prevalecerão os direitos de propriedade sobre a coisa e as condições contratuais, observada a legislação respectiva, não se permitindo, contudo, durante o prazo de suspensão a que se refere o § 4º do art. 6º desta Lei, a venda ou a retirada do estabelecimento do devedor dos bens de capital essenciais a sua atividade empresarial.

▶ Arts. 39, § 1º, 52, III, 71, I, e 161, § 1º, desta Lei.

§ 4º Não se sujeitará aos efeitos da recuperação judicial a importância a que se refere o inciso II do art. 86 desta Lei.

▶ Arts. 39, § 1º, 52, III, e 71, I, desta Lei.

§ 5º Tratando-se de crédito garantido por penhor sobre títulos de crédito, direitos creditórios, aplicações financeiras ou valores mobiliários, poderão ser substituídas ou renovadas as garantias liquidadas ou vencidas durante a recuperação judicial e, enquanto não renovadas ou substituídas, o valor eventualmente recebido em pagamento das garantias permanecerá em conta vinculada durante o período de suspensão de que trata o § 4º do art. 6º desta Lei.

▶ Art. 50, § 1º, desta Lei.

§ 6º Nas hipóteses de que tratam os §§ 2º e 3º do art. 48 desta Lei, somente estarão sujeitos à recuperação judicial os créditos que decorram exclusivamente da atividade rural e estejam discriminados nos documentos a que se referem os citados parágrafos, ainda que não vencidos.

§ 7º Não se sujeitarão aos efeitos da recuperação judicial os recursos controlados e abrangidos nos termos dos arts. 14 e 21 da Lei nº 4.829, de 5 de novembro de 1965.

§ 8º Estarão sujeitos à recuperação judicial os recursos de que trata o § 7º deste artigo que não tenham sido objeto de renegociação entre o devedor e a instituição financeira antes do pedido de recuperação judicial, na forma de ato do Poder Executivo.

§ 9º Não se enquadrará nos créditos referidos no *caput* deste artigo aquele relativo à dívida constituída nos 3 (três) últimos anos anteriores ao pedido de recuperação judicial, que tenha sido contraída com a finalidade de aquisição de propriedades rurais, bem como as respectivas garantias.

▶ §§ 6º a 9º acrescidos pela Lei 14.112/2020.

Art. 50. Constituem meios de recuperação judicial, observada a legislação pertinente a cada caso, dentre outros:

▶ Art. 53, I, desta Lei.

I – concessão de prazos e condições especiais para pagamento das obrigações vencidas ou vincendas;

II – cisão, incorporação, fusão ou transformação de sociedade, constituição de subsidiária integral, ou cessão de cotas ou ações, respeitados os direitos dos sócios, nos termos da legislação vigente;

▶ Arts. 1.113 a 1.122 do CC.
▶ Arts. 220 a 234 e 251 a 253 da Lei 6.404/1976 (Sociedades por ações).

III – alteração do controle societário;

IV – substituição total ou parcial dos administradores do devedor ou modificação de seus órgãos administrativos;

V – concessão aos credores de direito de eleição em separado de administradores e de poder de veto em relação às matérias que o plano especificar;

VI – aumento de capital social;

▶ Arts. 1.081 a 1.084 do CC.
▶ Arts. 166 a 174 da Lei 6.404/1976 (Sociedades por ações).

VII – trespasse ou arrendamento de estabelecimento, inclusive à sociedade constituída pelos próprios empregados;

▶ Arts. 1.142 a 1.149 do CC.

VIII – redução salarial, compensação de horários e redução da jornada, mediante acordo ou convenção coletiva;

IX – dação em pagamento ou novação de dívidas do passivo, com ou sem constituição de garantia própria ou de terceiro;

▶ Arts. 356 e 360 do CC.

X – constituição de sociedade de credores;

XI – venda parcial dos bens;

XII – equalização de encargos financeiros relativos a débitos de qualquer natureza, tendo como termo inicial a data da distribuição do pedido de recuperação judicial, aplicando-se inclusive aos contratos de

crédito rural, sem prejuízo do disposto em legislação específica;

XIII – usufruto da empresa;

XIV – administração compartilhada;

XV – emissão de valores mobiliários;

XVI – constituição de sociedade de propósito específico para adjudicar, em pagamento dos créditos, os ativos do devedor.

XVII – conversão de dívida em capital social;

XVIII – venda integral da devedora, desde que garantidas aos credores não submetidos ou não aderentes condições, no mínimo, equivalentes àquelas que teriam na falência, hipótese em que será, para todos os fins, considerada unidade produtiva isolada.

▸ Incisos XVII e XVIII acrescidos pela Lei 14.112/2020.

§ 1º Na alienação de bem objeto de garantia real, a supressão da garantia ou sua substituição somente serão admitidas mediante aprovação expressa do credor titular da respectiva garantia.

▸ Art. 59 desta Lei.

§ 2º Nos créditos em moeda estrangeira, a variação cambial será conservada como parâmetro de indexação da correspondente obrigação e só poderá ser afastada se o credor titular do respectivo crédito aprovar expressamente previsão diversa no plano de recuperação judicial.

§ 3º Não haverá sucessão ou responsabilidade por dívidas de qualquer natureza a terceiro credor, investidor ou novo administrador em decorrência, respectivamente, da mera conversão de dívida em capital, de aporte de novos recursos na devedora ou de substituição dos administradores desta.

§ 4º O imposto sobre a renda e a Contribuição Social sobre o Lucro Líquido (CSLL) incidentes sobre o ganho de capital resultante da alienação de bens ou direitos pela pessoa jurídica em recuperação judicial poderão ser parcelados, com atualização monetária das parcelas, observado o seguinte:

I – o disposto na Lei 10.522, de 19 de julho de 2002; e

II – a utilização, como limite, da mediana de alongamento no plano de recuperação judicial em relação aos créditos a ele sujeitos.

§ 5º O limite de alongamento de prazo a que se refere o inciso II do § 4º deste artigo será readequado na hipótese de alteração superveniente do plano de recuperação judicial.

▸ §§ 3º a 5º acrescidos pela Lei 14.112/2020.

Art. 50-A. Nas hipóteses de renegociação de dívidas de pessoa jurídica no âmbito de processo de recuperação judicial, estejam as dívidas sujeitas ou não a esta, e do reconhecimento de seus efeitos nas demonstrações financeiras das sociedades, deverão ser observadas as seguintes disposições:

▸ Artigo acrescido pela Lei 14.112/2020, vetado pelo Presidente da República e rejeitado o veto pelo Congresso Nacional.

I – a receita obtida pelo devedor não será computada na apuração da base de cálculo da Contribuição para o Programa de Integração Social (PIS) e para o Programa de Formação do Patrimônio do Servidor Público (Pasep) e da Contribuição para o Financiamento da Seguridade Social (Cofins);

▸ A LC 214/2025 revoga este inciso, a partir de 1º.1.2027.

II – o ganho obtido pelo devedor com a redução da dívida não se sujeitará ao limite percentual de que tratam os arts. 42 e 58 da Lei nº 8.981, de 20 de janeiro de 1995, na apuração do imposto sobre a renda e da CSLL; e

III – as despesas correspondentes às obrigações assumidas no plano de recuperação judicial serão consideradas dedutíveis na determinação do lucro real e da base de cálculo da CSLL, desde que não tenham sido objeto de dedução anterior.

Parágrafo único. O disposto no caput deste artigo não se aplica à hipótese de dívida com:

I – pessoa jurídica que seja controladora, controlada, coligada ou interligada; ou

II – pessoa física que seja acionista controladora, sócia, titular ou administradora da pessoa jurídica devedora.

▸ Artigo acrescido pela Lei 14.112/2020.

Seção II
Do Pedido e do Processamento da Recuperação Judicial

Art. 51. A petição inicial de recuperação judicial será instruída com:

▸ Arts. 70, § 1º, e 96, VII, desta Lei.
▸ Arts. 319 e ss. do CPC.

I – a exposição das causas concretas da situação patrimonial do devedor e das razões da crise econômico-financeira;

▸ Art. 319, III, do CPC.

II – as demonstrações contábeis relativas aos 3 (três) últimos exercícios sociais e as levantadas especialmente para instruir o pedido, confeccionadas com estrita observância da legislação societária aplicável e compostas obrigatoriamente de:

▸ Art. 163, II, desta Lei.

a) balanço patrimonial;

b) demonstração de resultados acumulados;

c) demonstração do resultado desde o último exercício social;

d) relatório gerencial de fluxo de caixa e de sua projeção;

e) descrição das sociedades de grupo societário, de fato ou de direito;

▸ Alínea e acrescida pela Lei 14.112/2020.

III – a relação nominal completa dos credores, sujeitos ou não à recuperação judicial, inclusive aqueles por obrigação de fazer ou de dar, com a indicação do endereço físico e eletrônico de cada um, a natureza, conforme estabelecido nos arts. 83 e 84 desta Lei, e o valor atualizado do crédito, com a discriminação de sua origem, e o regime dos vencimentos;

▸ Inciso III com redação pela Lei 14.112/2020.
▸ Arts. 14, 22, I, 39, 55 e 64, IV, d, desta Lei.

IV – a relação integral dos empregados, em que constem as respectivas funções, salários, indenizações e outras parcelas a que têm direito, com o correspondente mês de competência, e a discriminação dos valores pendentes de pagamento;

▸ Arts. 39 e 54 desta Lei.

V – certidão de regularidade do devedor no Registro Público de Empresas, o ato constitutivo atualizado e as atas de nomeação dos atuais administradores;

▸ Art. 48, *caput*, desta Lei.
▸ Art. 967 do CC.

VI – a relação dos bens particulares dos sócios controladores e dos administradores do devedor;

▸ Arts. 82, § 2º, e 171 desta Lei.

VII – os extratos atualizados das contas bancárias do devedor e de suas eventuais aplicações financeiras de qualquer modalidade, inclusive em fundos de investimento ou em bolsas de valores, emitidos pelas respectivas instituições financeiras;

VIII – certidões dos cartórios de protestos situados na comarca do domicílio ou sede do devedor e naquelas onde possui filial;

IX – a relação, subscrita pelo devedor, de todas as ações judiciais e procedimentos arbitrais em que este figure como parte, inclusive as de natureza trabalhista, com a estimativa dos respectivos valores demandados;

▸ Inciso IX com redação pela Lei 14.112/2020.

X – o relatório detalhado do passivo fiscal; e

XI – a relação de bens e direitos integrantes do ativo não circulante, incluídos aqueles não sujeitos à recuperação judicial, acompanhada dos negócios jurídicos celebrados com os credores de que trata o § 3º do art. 49 desta Lei.

▸ Incisos X e XI acrescidos pela Lei 14.112/2020.

§ 1º Os documentos de escrituração contábil e demais relatórios auxiliares, na forma e no suporte previstos em lei, permanecerão à disposição do juízo, do administrador judicial e, mediante autorização judicial, de qualquer interessado.

▸ Arts. 1.179 a 1.195 do CC.

§ 2º Com relação à exigência prevista no inciso II do *caput* deste artigo, as microempresas e empresas de pequeno porte poderão apresentar livros e escrituração contábil simplificados nos termos da legislação específica.

▸ Arts. 3º e 27 da LC 123/2006 (Supersimples).

§ 3º O juiz poderá determinar o depósito em cartório dos documentos a que se referem os §§ 1º e 2º deste artigo ou de cópia destes.

§ 4º Na hipótese de o ajuizamento da recuperação judicial ocorrer antes da data final de entrega do balanço correspondente ao exercício anterior, o devedor apresentará balanço prévio e juntará o balanço definitivo no prazo da lei societária aplicável.

§ 5º O valor da causa corresponderá ao montante total dos créditos sujeitos à recuperação judicial.

§ 6º Em relação ao período de que trata o § 3º do art. 48 desta Lei:

I – a exposição referida no inciso I do *caput* deste artigo deverá comprovar a crise de insolvência, caracterizada pela insuficiência de recursos financeiros ou patrimoniais com liquidez suficiente para saldar suas dívidas;

II – os requisitos do inciso II do *caput* deste artigo serão substituídos pelos documentos mencionados no § 3º do art. 48 desta Lei relativos aos últimos 2 (dois) anos.

▸ §§ 4º a 6º acrescidos pela Lei 14.112/2020.
▸ Art. 51-A. Após a distribuição do pedido de recuperação judicial, poderá o juiz, quando reputar necessário, nomear profissional de sua confiança, com capacidade técnica e idoneidade, para promover a constatação exclusivamente das reais condições de funcionamento da requerente e da regularidade e da completude da documentação apresentada com a petição inicial.
▸ Artigo acrescido pela Lei 14.112/2020.

§ 1º A remuneração do profissional de que trata o *caput* deste artigo deverá ser arbitrada posteriormente à apresentação do laudo e deverá considerar a complexidade do trabalho desenvolvido.

§ 2º O juiz deverá conceder o prazo máximo de 5 (cinco) dias para que o profissional nomeado apresente laudo de constatação das reais condições de funcionamento do devedor e da regularidade documental.

§ 3º A constatação prévia será determinada sem que seja ouvida a outra parte e sem apresentação de quesitos por qualquer das partes, com a possibilidade de o juiz determinar a realização da diligência sem a prévia ciência do devedor, quando entender que esta poderá frustrar os seus objetivos.

§ 4º O devedor será intimado do resultado da constatação prévia concomitantemente à sua intimação da decisão que deferir ou indeferir o processamento da recuperação judicial, ou que determinar a emenda da petição inicial, e poderá impugná-la mediante interposição do recurso cabível.

§ 5º A constatação prévia consistirá, objetivamente, na verificação das reais condições de funcionamento da empresa e da regularidade documental, vedado o indeferimento do processamento da recuperação judicial baseado na análise de viabilidade econômica do devedor.

§ 6º Caso a constatação prévia detecte indícios contundentes de utilização fraudulenta da ação de recuperação judicial, o juiz poderá indeferir a petição inicial, sem prejuízo de oficiar ao Ministério Público para tomada das providências criminais eventualmente cabíveis.

§ 7º Caso a constatação prévia demonstre que o principal estabelecimento do devedor não se situa na área de competência do juízo, o juiz deverá determinar a remessa dos autos, com urgência, ao juízo competente.

Art. 52. Estando em termos a documentação exigida no art. 51 desta Lei, o juiz deferirá o processamento da recuperação judicial e, no mesmo ato:

I – nomeará o administrador judicial, observado o disposto no art. 21 desta Lei;

II – determinará a dispensa da apresentação de certidões negativas para que o devedor exerça suas atividades, observado o disposto no § 3º do art. 195 da Constituição Federal e no art. 69 desta Lei;

▸ Inciso II com redação pela Lei 14.112/2020.
▸ Art. 57 desta Lei.

III – ordenará a suspensão de todas as ações ou execuções contra o devedor, na forma do art. 6º desta Lei, permanecendo os respectivos autos no juízo onde se processam, ressalvadas as ações previstas nos §§ 1º, 2º e 7º do art. 6º desta Lei e as relativas a créditos excetuados na forma dos §§ 3º e 4º do art. 49 desta Lei;

▸ Súmula 581 do STJ.

IV – determinará ao devedor a apresentação de contas demonstrativas mensais enquanto perdurar a recuperação judicial, sob pena de destituição de seus administradores;

V – ordenará a intimação eletrônica do Ministério Público e das Fazendas Públicas federal e de todos os Estados, Distrito Federal e Municípios em que o devedor tiver estabelecimento, a fim de que tomem conhecimento da recuperação judicial e informem eventuais créditos perante o devedor, para divulgação aos demais interessados.

▸ Inciso V com redação pela Lei 14.112/2020.

§ 1º O juiz ordenará a expedição de edital, para publicação no órgão oficial, que conterá:

▸ Art. 7º, § 1º, desta Lei.

I – o resumo do pedido do devedor e da decisão que defere o processamento da recuperação judicial;

II – a relação nominal de credores, em que se discrimine o valor atualizado e a classificação de cada crédito;

III – a advertência acerca dos prazos para habilitação dos créditos, na forma do art. 7º, § 1º, desta Lei, e para que os credores apresentem objeção ao plano de recuperação judicial apresentado pelo devedor nos termos do art. 55 desta Lei.

§ 2º Deferido o processamento da recuperação judicial, os credores poderão, a qualquer tempo, requerer a

convocação de assembleia geral para a constituição do Comitê de Credores ou substituição de seus membros, observado o disposto no § 2º do art. 36 desta Lei.

§ 3º No caso do inciso III do *caput* deste artigo, caberá ao devedor comunicar a suspensão aos juízos competentes.

§ 4º O devedor não poderá desistir do pedido de recuperação judicial após o deferimento de seu processamento, salvo se obtiver aprovação da desistência na assembleia geral de credores.

▶ Art. 35, I, d, desta Lei.

Seção III
Do Plano de Recuperação Judicial

Art. 53. O plano de recuperação será apresentado pelo devedor em juízo no prazo improrrogável de 60 (sessenta) dias da publicação da decisão que deferir o processamento da recuperação judicial, sob pena de convocação em falência, e deverá conter:

▶ Arts. 71 e 73, II, desta Lei.

I - discriminação pormenorizada dos meios de recuperação a ser empregados, conforme o art. 50 desta Lei, e seu resumo;

II - demonstração de sua viabilidade econômica; e

III - laudo econômico-financeiro e de avaliação dos bens e ativos do devedor, subscrito por profissional legalmente habilitado ou empresa especializada.

Parágrafo único. O juiz ordenará a publicação de edital contendo aviso aos credores sobre o recebimento do plano de recuperação e fixando o prazo para a manifestação de eventuais objeções, observado o art. 55 desta Lei.

Art. 54. O plano de recuperação judicial não poderá prever prazo superior a 1 (um) ano para pagamento dos créditos derivados da legislação do trabalho ou decorrentes de acidentes de trabalho vencidos até a data do pedido de recuperação judicial.

§ 1.º O plano não poderá, ainda, prever prazo superior a 30 (trinta) dias para o pagamento, até o limite de 5 (cinco) salários mínimos por trabalhador, dos créditos de natureza estritamente salarial vencidos nos 3 (três) meses anteriores ao pedido de recuperação judicial.

▶ Parágrafo único transformado em § 1.º pela Lei 14.112/2020.

§ 2º O prazo estabelecido no *caput* deste artigo poderá ser estendido em até 2 (dois) anos, se o plano de recuperação judicial atender aos seguintes requisitos, cumulativamente:

▶ § 2.º acrescido pela Lei 14.112/2020.

I - apresentação de garantias julgadas suficientes pelo juiz;

II - aprovação pelos credores titulares de créditos derivados da legislação trabalhista ou decorrentes de acidentes de trabalho, na forma do § 2º do art. 45 desta Lei; e

III - garantia da integralidade do pagamento dos créditos trabalhistas.

Seção IV
Do Procedimento de Recuperação Judicial

Art. 55. Qualquer credor poderá manifestar ao juiz sua objeção ao plano de recuperação judicial no prazo de 30 (trinta) dias contado da publicação da relação de credores de que trata o § 2º do art. 7º desta Lei.

▶ Arts. 52, § 1º, III, 53, par. ún., 57, 58 e 72, par. ún., desta Lei.

Parágrafo único. Caso, na data da publicação da relação de que trata o *caput* deste artigo, não tenha sido publicado o aviso previsto no art. 53, parágrafo único, desta Lei, contar-se-á da publicação deste o prazo para as objeções.

Art. 56. Havendo objeção de qualquer credor ao plano de recuperação judicial, o juiz convocará a assembleia geral de credores para deliberar sobre o plano de recuperação.

§ 1º A data designada para a realização da assembleia geral não excederá 150 (cento e cinquenta) dias contados do deferimento do processamento da recuperação judicial.

§ 2º A assembleia geral que aprovar o plano de recuperação judicial poderá indicar os membros do Comitê de Credores, na forma do art. 26 desta Lei, se já não estiver constituído.

§ 3º O plano de recuperação judicial poderá sofrer alterações na assembleia-geral, desde que haja expressa concordância do devedor e em termos que não impliquem diminuição dos direitos exclusivamente dos credores ausentes.

§ 4º Rejeitado o plano de recuperação judicial, o administrador judicial submeterá, no ato, à votação da assembleia geral de credores a concessão de prazo

de 30 (trinta) dias para que seja apresentado plano de recuperação judicial pelos credores.

▶ § 4º com redação pela Lei 14.112/2020.
▶ Arts. 58, § 1º e 73, III, desta Lei.

§ 5º A concessão do prazo a que se refere o § 4º deste artigo deverá ser aprovada por credores que representem mais da metade dos créditos presentes à assembleia geral de credores.

§ 6º O plano de recuperação judicial proposto pelos credores somente será posto em votação caso satisfeitas, cumulativamente, as seguintes condições:

I - não preenchimento dos requisitos previstos no § 1º do art. 58 desta Lei;

II - preenchimento dos requisitos previstos nos incisos I, II e III do *caput* do art. 53 desta Lei;

III - apoio por escrito de credores que representem, alternativamente:

a) mais de 25% (vinte e cinco por cento) dos créditos totais sujeitos a recuperação judicial; ou

b) mais de 35% (trinta e cinco por cento) dos créditos dos credores presentes à assembleia geral a que se refere o § 4º deste artigo;

IV - não imputação de obrigações novas, não previstas em lei ou em contratos anteriores celebrados, aos sócios do devedor;

V - previsão de isenção das garantias pessoais prestadas por pessoas naturais em relação aos créditos a serem novados e que sejam de titularidade dos credores mencionados no inciso III deste parágrafo ou daqueles que votarem favoravelmente ao plano de recuperação judicial apresentado pelos credores, não permitidas ressalvas de voto; e

VI - não imposição ao devedor ou aos seus sócios de sacrifício maior do que aquele que decorreria da liquidação na falência.

§ 7º O plano de recuperação judicial apresentado pelos credores poderá prever a capitalização dos créditos, inclusive com a consequente alteração do controle da sociedade devedora, permitido o exercício do direito de retirada pelo sócio do devedor.

§ 8º Não aprovado o disposto nos §§ 4º, 5º e 6º deste artigo, ou rejeitado o plano de recuperação judicial proposto pelos credores, o juiz convolará a recuperação judicial em falência.

§ 9º Na hipótese de suspensão da assembleia geral de credores convocada para fins de votação do plano de recuperação judicial, a assembleia deverá ser encerrada no prazo de até 90 (noventa) dias, contado da data de sua instalação.

▶ §§ 5.º a 9.º acrescidos pela Lei 14.112/2020.

Art. 56-A. Até 5 (cinco) dias antes da data de realização da assembleia geral de credores convocada para deliberar sobre o plano, o devedor poderá comprovar a aprovação dos credores por meio de termo de adesão, observado o quórum previsto no art. 45 desta Lei, e requerer a sua homologação judicial.

▶ Artigo acrescido pela Lei 14.112/2020.

§ 1.º No caso previsto no *caput* deste artigo, a assembleia geral será imediatamente dispensada, e o juiz intimará os credores para apresentarem eventuais oposições, no prazo de 10 (dez) dias, o qual substituirá o prazo inicialmente estipulado nos termos do *caput* do art. 55 desta Lei.

§ 2.º Oferecida oposição prevista no § 1º deste artigo, terá o devedor o prazo de 10 (dez) dias para manifestar-se a respeito, ouvido a seguir o administrador judicial, no prazo de 5 (cinco) dias.

§ 3.º No caso de dispensa da assembleia geral ou de aprovação do plano de recuperação judicial em assembleia-geral, as oposições apenas poderão versar sobre:

I - não preenchimento do quórum legal de aprovação;

II - descumprimento do procedimento disciplinado nesta Lei;

III - irregularidades do termo de adesão ao plano de recuperação; ou

IV - irregularidades e ilegalidades do plano de recuperação.

Art. 57. Após a juntada aos autos do plano aprovado pela assembleia geral de credores ou decorrido o prazo previsto no art. 55 desta Lei sem objeção de credores, o devedor apresentará certidões negativas de débitos tributários nos termos dos arts. 151, 205, 206 da Lei 5.172, de 25 de outubro de 1966 – Código Tributário Nacional.

▶ Arts. 151, 191-A, 205 e 206 do CTN.

Art. 58. Cumpridas as exigências desta Lei, o juiz concederá a recuperação judicial do devedor cujo plano não tenha sofrido objeção de credor nos ter-

mos do art. 55 desta Lei ou tenha sido aprovado pela assembleia geral de credores na forma dos arts. 45 ou 56-A desta Lei.

▶ *Caput* com redação pela Lei 14.112/2020.
▶ Art. 61 desta Lei.

§ 1º O juiz poderá conceder a recuperação judicial com base em plano que não obteve aprovação na forma do art. 45 desta Lei, desde que, na mesma assembleia, tenha obtido, de forma cumulativa:

I - o voto favorável de credores que representem mais da metade do valor de todos os créditos presentes à assembleia, independentemente de classes;

II - a aprovação de 3 (três) das classes de credores ou, caso haja somente 3 (três) classes com credores votantes, a aprovação de pelo menos 2 (duas) das classes ou, caso haja somente 2 (duas) classes com credores votantes, a aprovação de pelo menos 1 (uma) delas, sempre nos termos do art. 45 desta Lei;

Inciso II com redação pela Lei 14.112/2020.

III - na classe que o houver rejeitado, o voto favorável de mais de 1/3 (um terço) dos credores, computados na forma dos §§ 1º e 2º do art. 45 desta Lei.

§ 2º A recuperação judicial somente poderá ser concedida com base no § 1º deste artigo se o plano não implicar tratamento diferenciado entre os credores da classe que o houver rejeitado.

▶ Art. 191-A do CTN.

§ 3º Da decisão que conceder a recuperação judicial serão intimados eletronicamente o Ministério Público e as Fazendas Públicas federal e de todos os Estados, Distrito Federal e Municípios em que o devedor tiver estabelecimento.

▶ § 3.º acrescido pela Lei 14.112/2020.

Art. 58-A. Rejeitado o plano de recuperação proposto pelo devedor ou pelos credores e não preenchidos os requisitos estabelecidos no § 1º do art. 58 desta Lei, o juiz convolará a recuperação judicial em falência.

▶ Artigo acrescido pela Lei 14.112/2020.

Parágrafo único. Da sentença prevista no *caput* deste artigo caberá agravo de instrumento.

Art. 59. O plano de recuperação judicial implica novação dos créditos anteriores ao pedido, e obriga o devedor e todos os credores a ele sujeitos, sem prejuízo das garantias, observado o disposto no § 1º do art. 50 desta Lei.

▶ Arts. 360 a 367 do CC.
▶ Súmula 581 do STJ.

§ 1º A decisão judicial que conceder a recuperação judicial constituirá título executivo judicial, nos termos do art. 584, inciso III, do *caput* da Lei 5.869, de 11 de janeiro de 1973 – Código de Processo Civil.

▶ Art. 94, I, desta Lei.
▶ A Lei 5.869/1973 foi revogada pela Lei 13.105/2015.
▶ Art. 515 do CPC.
▶ Súmula 25 do STJ.

§ 2º Contra a decisão que conceder a recuperação judicial caberá agravo, que poderá ser interposto por qualquer credor e pelo Ministério Público.

▶ Arts. 203, § 2º, e 1.015 do CPC.

§ 3º Da decisão que conceder a recuperação judicial serão intimadas eletronicamente as Fazendas Públicas federal e de todos os Estados, Distrito Federal e Municípios em que o devedor tiver estabelecimento.

▶ § 3.º acrescido pela Lei 14.112/2020.

Art. 60. Se o plano de recuperação judicial aprovado envolver alienação judicial de filiais ou de unidades produtivas isoladas do devedor, o juiz ordenará a sua realização, observado o disposto no art. 142 desta Lei.

▶ Arts. 50, § 1º, 66 e 142 desta Lei.

Parágrafo único. O objeto da alienação estará livre de qualquer ônus e não haverá sucessão do arrematante nas obrigações do devedor, inclusive as de natureza tributária, observado o disposto no § 1º do art. 141 desta Lei.

▶ Arts. 133, §§ 1º, II, e 2º, do CTN.
▶ Arts. 448 e 449 da CLT.

Art. 60-A. A unidade produtiva isolada de que trata o art. 60 desta Lei poderá abranger bens, direitos ou ativos de qualquer natureza, tangíveis ou intangíveis, isolados ou em conjunto, incluídas participações dos sócios.

▶ Artigo acrescido pela Lei 14.112/2020.

Parágrafo único. O disposto no *caput* deste artigo não afasta a incidência do inciso VI do *caput* e do § 2º do art. 73 desta Lei.

Art. 61. Proferida a decisão prevista no art. 58 desta Lei, o juiz poderá determinar a manutenção do devedor em recuperação judicial até que sejam cumpridas todas as obrigações previstas no plano que vencerem até, no máximo, 2 (dois) anos depois da concessão da

recuperação judicial, independentemente do eventual período de carência.

▸ *Caput* com redação pela Lei 14.112/2020.
▸ Arts. 63 e 73, IV, desta Lei.

§ 1º Durante o período estabelecido no *caput* deste artigo, o descumprimento de qualquer obrigação prevista no plano acarretará a convolação da recuperação em falência, nos termos do art. 73 desta Lei.

§ 2º Decretada a falência, os credores terão reconstituídos seus direitos e garantias nas condições originalmente contratadas, deduzidos os valores eventualmente pagos e ressalvados os atos validamente praticados no âmbito da recuperação judicial.

▸ Art. 100 desta Lei.

Art. 62. Após o período previsto no art. 61 desta Lei, no caso de descumprimento de qualquer obrigação prevista no plano de recuperação judicial, qualquer credor poderá requerer a execução específica ou a falência com base no art. 94 desta Lei.

▸ Art. 59, § 1º, desta Lei.

Art. 63. Cumpridas as obrigações vencidas no prazo previsto no *caput* do art. 61 desta Lei, o juiz decretará por sentença o encerramento da recuperação judicial e determinará:

I – o pagamento do saldo de honorários ao administrador judicial, somente podendo efetuar a quitação dessas obrigações mediante prestação de contas, no prazo de 30 (trinta) dias, e aprovação do relatório previsto no inciso III do *caput* deste artigo;

▸ Art. 24 desta Lei.

II – a apuração do saldo das custas judiciais a serem recolhidas;

III – a apresentação de relatório circunstanciado do administrador judicial, no prazo máximo de 15 (quinze) dias, versando sobre a execução do plano de recuperação pelo devedor;

▸ Art. 22, II, d, desta Lei.

IV – a dissolução do Comitê de Credores e a exoneração do administrador judicial;

V – a comunicação ao Registro Público de Empresas e à Secretaria Especial da Receita Federal do Brasil do Ministério da Economia para as providências cabíveis.

▸ *Caput* com redação pela Lei 14.112/2020.
▸ Art. 69, par. ún., desta Lei.

Parágrafo único. O encerramento da recuperação judicial não dependerá da consolidação do quadro geral de credores.

▸ Parágrafo único acrescido pela Lei 14.112/2020.

Art. 64. Durante o procedimento de recuperação judicial, o devedor ou seus administradores serão mantidos na condução da atividade empresarial, sob fiscalização do Comitê, se houver, e do administrador judicial, salvo se qualquer deles:

▸ Art. 65 desta Lei.

I – houver sido condenado em sentença penal transitada em julgado por crime cometido em recuperação judicial ou falência anteriores ou por crime contra o patrimônio, a economia popular ou a ordem econômica previstos na legislação vigente;

II – houver indícios veementes de ter cometido crime previsto nesta Lei;

III – houver agido com dolo, simulação ou fraude contra os interesses de seus credores;

IV – houver praticado qualquer das seguintes condutas:

a) efetuar gastos pessoais manifestamente excessivos em relação a sua situação patrimonial;

b) efetuar despesas injustificáveis por sua natureza ou vulto, em relação ao capital ou gênero do negócio, ao movimento das operações e a outras circunstâncias análogas;

c) descapitalizar injustificadamente a empresa ou realizar operações prejudiciais ao seu funcionamento regular;

d) simular ou omitir créditos ao apresentar a relação de que trata o inciso III do *caput* do art. 51 desta Lei, sem relevante razão de direito ou amparo de decisão judicial;

V – negar-se a prestar informações solicitadas pelo administrador judicial ou pelos demais membros do Comitê;

VI – tiver seu afastamento previsto no plano de recuperação judicial.

Parágrafo único. Verificada qualquer das hipóteses do *caput* deste artigo, o juiz destituirá o administrador, que será substituído na forma prevista nos atos constitutivos do devedor ou do plano de recuperação judicial.

Art. 65. Quando do afastamento do devedor, nas hipóteses previstas no art. 64 desta Lei, o juiz convocará a assembleia geral de credores para deliberar sobre o

nome do gestor judicial que assumirá a administração das atividades do devedor, aplicando-se-lhe, no que couber, todas as normas sobre deveres, impedimentos e remuneração do administrador judicial.

§ 1º O administrador judicial exercerá as funções de gestor enquanto a assembleia geral não deliberar sobre a escolha deste.

§ 2º Na hipótese de o gestor indicado pela assembleia geral de credores recusar ou estar impedido de aceitar o encargo para gerir os negócios do devedor, o juiz convocará, no prazo de 72 (setenta e duas) horas, contado da recusa ou da declaração do impedimento nos autos, nova assembleia geral, aplicado o disposto no § 1º deste artigo.

Art. 66. Após a distribuição do pedido de recuperação judicial, o devedor não poderá alienar ou onerar bens ou direitos de seu ativo não circulante, inclusive para os fins previstos no art. 67 desta Lei, salvo mediante autorização do juiz, depois de ouvido o Comitê de Credores, se houver, com exceção daqueles previamente autorizados no plano de recuperação judicial.

▸ *Caput* com redação pela Lei 14.112/2020.

§ 1º Autorizada a alienação de que trata o *caput* deste artigo pelo juiz, observar-se-á o seguinte:

I – nos 5 (cinco) dias subsequentes à data da publicação da decisão, credores que corresponderem a mais de 15% (quinze por cento) do valor total de créditos sujeitos à recuperação judicial, comprovada a prestação da caução equivalente ao valor total da alienação, poderão manifestar ao administrador judicial, fundamentadamente, o interesse na realização da assembleia geral de credores para deliberar sobre a realização da venda;

II – nas 48 (quarenta e oito) horas posteriores ao final do prazo previsto no inciso I deste parágrafo, o administrador judicial apresentará ao juiz relatório das manifestações recebidas e, somente na hipótese de cumpridos os requisitos estabelecidos, requererá a convocação de assembleia geral de credores, que será realizada da forma mais célere, eficiente e menos onerosa, preferencialmente por intermédio dos instrumentos referidos no § 4º do art. 39 desta Lei.

§ 2º As despesas com a convocação e a realização da assembleia geral correrão por conta dos credores referidos no inciso I do § 1º deste artigo, proporcionalmente ao valor total de seus créditos.

§ 3º *Vetado.*

§ 4º O disposto no *caput* deste artigo não afasta a incidência do inciso VI do *caput* e do § 2º do art. 73 desta Lei.

▸ §§ 1.º a 4.º acrescidos pela Lei 14.112/2020.

Art. 66-A. A alienação de bens ou a garantia outorgada pelo devedor a adquirente ou a financiador de boa-fé, desde que realizada mediante autorização judicial expressa ou prevista em plano de recuperação judicial ou extrajudicial aprovado, não poderá ser anulada ou tornada ineficaz após a consumação do negócio jurídico com o recebimento dos recursos correspondentes pelo devedor.

▸ Artigo acrescido pela Lei 14.112/2020

Art. 67. Os créditos decorrentes de obrigações contraídas pelo devedor durante a recuperação judicial, inclusive aqueles relativos a despesas com fornecedores de bens ou serviços e contratos de mútuo, serão considerados extraconcursais, em caso de decretação de falência, respeitada, no que couber, a ordem estabelecida no art. 83 desta Lei.

▸ Art. 54, V, desta Lei.

Parágrafo único. O plano de recuperação judicial poderá prever tratamento diferenciado aos créditos sujeitos à recuperação judicial pertencentes a fornecedores de bens ou serviços que continuarem a provê-los normalmente após o pedido de recuperação judicial, desde que tais bens ou serviços sejam necessários para a manutenção das atividades e que o tratamento diferenciado seja adequado e razoável no que concerne à relação comercial futura.

▸ Parágrafo único com redação pela Lei 14.112/2020.
▸ Art. 83, V, desta Lei.

Art. 68. As Fazendas Públicas e o Instituto Nacional do Seguro Social – INSS poderão deferir, nos termos da legislação específica, parcelamento de seus créditos, em sede de recuperação judicial, de acordo com os parâmetros estabelecidos na Lei 5.172, de 25 de outubro de 1966 – Código Tributário Nacional.

▸ Art. 155-A do CTN.
▸ Lei 10.684/2003 (Parcelamento de débitos junto à SRF, à Procuradoria-Geral da Fazenda Nacional e ao INSS).

Parágrafo único. As microempresas e empresas de pequeno porte farão jus a prazos 20% (vinte por cento) superiores àqueles regularmente concedidos às demais empresas.

▸ Parágrafo único acrescido pela LC 147/2014.

Art. 69. Em todos os atos, contratos e documentos firmados pelo devedor sujeito ao procedimento de recuperação judicial deverá ser acrescida, após o nome empresarial, a expressão "em Recuperação Judicial".

▸ Arts. 52, II, e 191 desta Lei.

Parágrafo único. O juiz determinará ao Registro Público de Empresas e à Secretaria Especial da Receita Federal do Brasil a anotação da recuperação judicial nos registros correspondentes.

▸ Parágrafo único com redação pela Lei 14.112/2020.

Seção IV-A
Do Financiamento do Devedor e do Grupo Devedor durante a Recuperação Judicial'

▸ Seção IV-A acrescida pela Lei 14.112/2020.

Art. 69-A. Durante a recuperação judicial, nos termos dos arts. 66 e 67 desta Lei, o juiz poderá, depois de ouvido o Comitê de Credores, autorizar a celebração de contratos de financiamento com o devedor, garantidos pela oneração ou pela alienação fiduciária de bens e direitos, seus ou de terceiros, pertencentes ao ativo não circulante, para financiar as suas atividades e as despesas de reestruturação ou de preservação do valor de ativos.'

▸ Arts. 69-A a 69-F acrescidos pela Lei 14.112/2020.

Art. 69-B. A modificação em grau de recurso da decisão autorizativa da contratação do financiamento não pode alterar sua natureza extraconcursal, nos termos do art. 84 desta Lei, nem as garantias outorgadas pelo devedor em favor do financiador de boa-fé, caso o desembolso dos recursos já tenha sido efetivado.'

Art. 69-C. O juiz poderá autorizar a constituição de garantia subordinada sobre um ou mais ativos do devedor em favor do financiador de devedor em recuperação judicial, dispensando a anuência do detentor da garantia original.

§ 1º A garantia subordinada, em qualquer hipótese, ficará limitada ao eventual excesso resultante da alienação do ativo objeto da garantia original.

§ 2º O disposto no *caput* deste artigo não se aplica a qualquer modalidade de alienação fiduciária ou de cessão fiduciária.

Art. 69-D. Caso a recuperação judicial seja convolada em falência antes da liberação integral dos valores de que trata esta Seção, o contrato de financiamento será considerado automaticamente rescindido.

Parágrafo único. As garantias constituídas e as preferências serão conservadas até o limite dos valores efetivamente entregues ao devedor antes da data da sentença que convolar a recuperação judicial em falência.

Art. 69-E. O financiamento de que trata esta Seção poderá ser realizado por qualquer pessoa, inclusive credores, sujeitos ou não à recuperação judicial, familiares, sócios e integrantes do grupo do devedor.

Art. 69-F. Qualquer pessoa ou entidade pode garantir o financiamento de que trata esta Seção mediante a oneração ou a alienação fiduciária de bens e direitos, inclusive o próprio devedor e os demais integrantes do seu grupo, estejam ou não em recuperação judicial.

Seção IV-B
Da Consolidação Processual e da Consolidação Substancial'

▸ Seção IV-B acrescida pela Lei 14.112/2020.

Art. 69-G. Os devedores que atendam aos requisitos previstos nesta Lei e que integrem grupo sob controle societário comum poderão requerer recuperação judicial sob consolidação processual.

▸ Arts. 69-G a 69-L acrescidos pela Lei 14.112/2020.

§ 1º Cada devedor apresentará individualmente a documentação exigida no art. 51 desta Lei.

§ 2º O juízo do local do principal estabelecimento entre os dos devedores é competente para deferir a recuperação judicial sob consolidação processual, em observância ao disposto no art. 3º desta Lei.

§ 3º Exceto quando disciplinado de forma diversa, as demais disposições desta Lei aplicam-se aos casos de que trata esta Seção.'

Art. 69-H. Na hipótese de a documentação de cada devedor ser considerada adequada, apenas um administrador judicial será nomeado, observado o disposto na Seção III do Capítulo II desta Lei.'

Art. 69-I. A consolidação processual, prevista no art. 69-G desta Lei, acarreta a coordenação dos atos processuais, garantida a independência dos devedores, dos seus ativos e dos seus passivos.

§ 1º Os devedores proporão meios de recuperação independentes e específicos para a composição de seus passivos, admitida a sua apresentação em plano único.

§ 2º Os credores de cada devedor deliberarão em assembleias gerais de credores independentes.

§ 3º Os quóruns de instalação e de deliberação das assembleias gerais de que trata o § 2º deste artigo serão verificados, exclusivamente, em referência aos credores de cada devedor, e serão elaboradas atas para cada um dos devedores.

§ 4º A consolidação processual não impede que alguns devedores obtenham a concessão da recuperação judicial e outros tenham a falência decretada.

§ 5º Na hipótese prevista no § 4º deste artigo, o processo será desmembrado em tantos processos quantos forem necessários.'

Art. 69-J. O juiz poderá, de forma excepcional, independentemente da realização de assembleia geral, autorizar a consolidação substancial de ativos e passivos dos devedores integrantes do mesmo grupo econômico que estejam em recuperação judicial sob consolidação processual, apenas quando constatar a interconexão e a confusão entre ativos ou passivos dos devedores, de modo que não seja possível identificar a sua titularidade sem excessivo dispêndio de tempo ou de recursos, cumulativamente com a ocorrência de, no mínimo, 2 (duas) das seguintes hipóteses:

I – existência de garantias cruzadas;

II – relação de controle ou de dependência;

III – identidade total ou parcial do quadro societário; e

IV – atuação conjunta no mercado entre os postulantes.'

Art. 69-K. Em decorrência da consolidação substancial, ativos e passivos de devedores serão tratados como se pertencessem a um único devedor.

§ 1º A consolidação substancial acarretará a extinção imediata de garantias fidejussórias e de créditos detidos por um devedor em face de outro.

§ 2º A consolidação substancial não impactará a garantia real de nenhum credor, exceto mediante aprovação expressa do titular.'

Art. 69-L. Admitida a consolidação substancial, os devedores apresentarão plano unitário, que discriminará os meios de recuperação a serem empregados e será submetido a uma assembleia geral de credores para a qual serão convocados os credores dos devedores.

§ 1º As regras sobre deliberação e homologação previstas nesta Lei serão aplicadas à assembleia geral de credores a que se refere o *caput* deste artigo.

§ 2º A rejeição do plano unitário de que trata o *caput* deste artigo implicará a convolação da recuperação judicial em falência dos devedores sob consolidação substancial.

Seção V
Do Plano
de Recuperação Judicial para Microempresas
e Empresas de Pequeno Porte
▸ LC 123/2006 (Supersimples).

Art. 70. As pessoas de que trata o art. 1º desta Lei e que se incluam nos conceitos de microempresa ou empresa de pequeno porte, nos termos da legislação vigente, sujeitam-se às normas deste Capítulo.
▸ Art. 72 desta Lei.
▸ Art. 3º da LC 123/2006 (Supersimples).

§ 1º As microempresas e as empresas de pequeno porte, conforme definidas em lei, poderão apresentar plano especial de recuperação judicial, desde que afirmem sua intenção de fazê-lo na petição inicial de que trata o art. 51 desta Lei.

§ 2º Os credores não atingidos pelo plano especial não terão seus créditos habilitados na recuperação judicial.

Art. 70-A. O produtor rural de que trata o § 3º do art. 48 desta Lei poderá apresentar plano especial de recuperação judicial, nos termos desta Seção, desde que o valor da causa não exceda a R$ 4.800.000,00 (quatro milhões e oitocentos mil reais).
▸ Artigo acrescido pela Lei 14.112/2020.

Art. 71. O plano especial de recuperação judicial será apresentado no prazo previsto no art. 53 desta Lei e limitar-se-á às seguintes condições:

I – abrangerá todos os créditos existentes na data do pedido, ainda que não vencidos, excetuados os decorrentes de repasse de recursos oficiais, os fiscais e os previstos nos §§ 3º e 4º do art. 49;
▸ Inciso I com redação pela LC 147/2014.

II – preverá parcelamento em até 36 (trinta e seis) parcelas mensais, iguais e sucessivas, acrescidas de juros equivalentes à taxa Sistema Especial de Liquidação e de Custódia – SELIC, podendo conter ainda a proposta de abatimento do valor das dívidas;
▸ Inciso II com redação pela LC 147/2014.

III – preverá o pagamento da 1a (primeira) parcela no prazo máximo de 180 (cento e oitenta) dias, contado da distribuição do pedido de recuperação judicial;

IV – estabelecerá a necessidade de autorização do juiz, após ouvido o administrador judicial e o Comitê de Credores, para o devedor aumentar despesas ou contratar empregados.

Parágrafo único. O pedido de recuperação judicial com base em plano especial não acarreta a suspensão do curso da prescrição nem das ações e execuções por créditos não abrangidos pelo plano.

Art. 72. Caso o devedor de que trata o art. 70 desta Lei opte pelo pedido de recuperação judicial com base no plano especial disciplinado nesta Seção, não será convocada assembleia geral de credores para deliberar sobre o plano, e o juiz concederá a recuperação judicial se atendidas as demais exigências desta Lei.

Parágrafo único. O juiz também julgará improcedente o pedido de recuperação judicial e decretará a falência do devedor se houver objeções, nos termos do art. 55, de credores titulares de mais da metade de qualquer uma das classes de créditos previstos no art. 83, computados na forma do art. 45, todos desta Lei.
▸ Parágrafo único com redação pela LC 147/2014.

CAPÍTULO IV
DA CONVOLAÇÃO
DA RECUPERAÇÃO JUDICIAL EM FALÊNCIA

Art. 73. O juiz decretará a falência durante o processo de recuperação judicial:
▸ Art. 61, § 1º, desta Lei.

I – por deliberação da assembleia geral de credores, na forma do art. 42 desta Lei;

II – pela não apresentação, pelo devedor, do plano de recuperação no prazo do art. 53 desta Lei;

III – quando não aplicado o disposto nos §§ 4º, 5º e 6º do art. 56 desta Lei, ou rejeitado o plano de recuperação judicial proposto pelos credores, nos termos do § 7º do art. 56 e do art. 58-A desta Lei;
▸ Inciso III com redação pela Lei 14.112/2020.

IV – por descumprimento de qualquer obrigação assumida no plano de recuperação, na forma do § 1º do art. 61 desta Lei.

V – por descumprimento dos parcelamentos referidos no art. 68 desta Lei ou da transação prevista no art. 10-C da Lei 10.522, de 19 de julho de 2002; e

VI – quando identificado o esvaziamento patrimonial da devedora que implique liquidação substancial da empresa, em prejuízo de credores não sujeitos à recuperação judicial, inclusive as Fazendas Públicas.
▸ Incisos V e VI acrescidos pela Lei 14.112/2020.

§ 1º O disposto neste artigo não impede a decretação da falência por inadimplemento de obrigação não sujeita à recuperação judicial, nos termos dos incisos I ou II do *caput* do art. 94 desta Lei, ou por prática de ato previsto no inciso III do *caput* do art. 94 desta Lei.
▸ Parágrafo único transformado em § 1.º pela Lei 14.112/2020.

§ 2º A hipótese prevista no inciso VI do *caput* deste artigo não implicará a invalidade ou a ineficácia dos atos, e o juiz determinará o bloqueio do produto de eventuais alienações e a devolução ao devedor dos valores já distribuídos, os quais ficarão à disposição do juízo.

§ 3º Considera-se substancial a liquidação quando não forem reservados bens, direitos ou projeção de fluxo de caixa futuro suficientes à manutenção da atividade econômica para fins de cumprimento de suas obrigações, facultada a realização de perícia específica para essa finalidade.
▸ §§ 2º e 3º acrescidos pela Lei 14.112/2020.

Art. 74. Na convolação da recuperação em falência, os atos de administração, endividamento, oneração ou alienação praticados durante a recuperação judicial presumem-se válidos, desde que realizados na forma desta Lei.
▸ Arts. 80 e 131 desta Lei.

CAPÍTULO V
DA FALÊNCIA

Seção I
Disposições Gerais

Art. 75. A falência, ao promover o afastamento do devedor de suas atividades, visa a:
▸ *Caput* com redação pela Lei 14.112/2020.
▸ Art. 126 desta Lei.

I – preservar e a otimizar a utilização produtiva dos bens, dos ativos e dos recursos produtivos, inclusive os intangíveis, da empresa;

II – permitir a liquidação célere das empresas inviáveis, com vistas à realocação eficiente de recursos na economia; e

III – fomentar o empreendedorismo, inclusive por meio da viabilização do retorno célere do empreendedor falido à atividade econômica.
▸ Incisos I a III acrescidos pela Lei 14.112/2020.

§ 1º O processo de falência atenderá aos princípios da celeridade e da economia processual, sem prejuízo do contraditório, da ampla defesa e dos demais princípios previstos na Lei nº 13.105, de 1º de março de 2015 (Código de Processo Civil).
▸ Parágrafo único transformado em § 1.º e com redação dada pela Lei 14.112/2020.
▸ Art. 79 desta Lei.
▸ Art. 5º, LXXVIII, da CF.

§ 2º A falência é mecanismo de preservação de benefícios econômicos e sociais decorrentes da atividade empresarial, por meio da liquidação imediata do devedor e da rápida realocação útil de ativos na economia.
▸ § 2.º acrescido pela Lei 14.112/2020.

Art. 76. O juízo da falência é indivisível e competente para conhecer todas as ações sobre bens, interesses e negócios do falido, ressalvadas as causas trabalhistas, fiscais e aquelas não reguladas nesta Lei em que o falido figurar como autor ou litisconsorte ativo.
▸ Arts. 3º e 78 desta Lei.
▸ Art. 61 do CPC.
▸ Art. 187 do CTN.
▸ Art. 29, *caput*, da Lei 6.830/1980 (Execução Fiscal).

Parágrafo único. Todas as ações, inclusive as excetuadas no *caput* deste artigo, terão prosseguimento com o administrador judicial, que deverá ser intimado para representar a massa falida, sob pena de nulidade do processo.

Art. 77. A decretação da falência determina o vencimento antecipado das dívidas do devedor e dos sócios ilimitada e solidariamente responsáveis, com o abatimento proporcional dos juros, e converte todos os créditos em moeda estrangeira para a moeda do País, pelo câmbio do dia da decisão judicial, para todos os efeitos desta Lei.
▸ Arts. 333, I, 407, 1.039, 1.045 e 1.425, II, do CC.
▸ Art. 19, II, do Dec. 2.044/1908 (Letra de câmbio e nota promissória).
▸ Art. 43 do Dec. 57.663/1966 (Lei Uniforme para letras de câmbio e notas promissórias).
▸ Art. 281 da Lei 6.404/1976 (Sociedades por ações).

Art. 78. Os pedidos de falência estão sujeitos a distribuição obrigatória, respeitada a ordem de apresentação.

Parágrafo único. As ações que devam ser propostas no juízo da falência estão sujeitas a distribuição por dependência.

Art. 79. Os processos de falência e os seus incidentes preferem a todos os outros na ordem dos feitos, em qualquer instância.
▸ Art. 75, par. ún., desta Lei.

Art. 80. Considerar-se-ão habilitados os créditos remanescentes da recuperação judicial, quando definitivamente incluídos no quadro geral de credores, tendo prosseguimento as habilitações que estejam em curso.
▸ Art. 74 desta Lei.

Art. 81. A decisão que decreta a falência da sociedade com sócios ilimitadamente responsáveis também acarreta a falência destes, que ficam sujeitos aos mesmos efeitos jurídicos produzidos em relação à sociedade falida e, por isso, deverão ser citados para apresentar contestação, se assim o desejarem.
▸ Lei 6.404/1976 (Sociedades por ações).

§ 1º O disposto no *caput* deste artigo aplica-se ao sócio que tenha se retirado voluntariamente ou que tenha sido excluído da sociedade, há menos de 2 (dois) anos, quanto às dívidas existentes na data do arquivamento da alteração do contrato, no caso de não terem sido solvidas até a data da decretação da falência.
▸ Arts. 1.103 e 1.146 do CC.

§ 2º As sociedades falidas serão representadas na falência por seus administradores ou liquidantes, os quais terão os mesmos direitos e, sob as mesmas penas, ficarão sujeitos às obrigações que cabem ao falido.
▸ Art. 104 desta Lei.

Art. 82. A responsabilidade pessoal dos sócios de responsabilidade limitada, dos controladores e dos administradores da sociedade falida, estabelecida nas respectivas leis, será apurada no próprio juízo da falência, independentemente da realização do ativo e

da prova da sua insuficiência para cobrir o passivo, observado o procedimento ordinário previsto no Código de Processo Civil.

▶ Arts. 158 e 245 da Lei 6.404/1976 (Sociedades por ações).
▶ Arts. 994, § 3º, e 1.052, do CC.
▶ Arts. 319 e ss., do CPC.

§ 1º Prescreverá em 2 (dois) anos, contados do trânsito em julgado da sentença de encerramento da falência, a ação de responsabilização prevista no *caput* deste artigo.

▶ Art. 156 desta Lei.
▶ Arts. 189 e 211 do CC.

§ 2º O juiz poderá, de ofício ou mediante requerimento das partes interessadas, ordenar a indisponibilidade de bens particulares dos réus, em quantidade compatível com o dano provocado, até o julgamento da ação de responsabilização.

Art. 82-A. É vedada a extensão da falência ou de seus efeitos, no todo ou em parte, aos sócios de responsabilidade limitada, aos controladores e aos administradores da sociedade falida, admitida, contudo, a desconsideração da personalidade jurídica.

▶ Artigo acrescido pela Lei 14.112/2020.

Parágrafo único. A desconsideração da personalidade jurídica da sociedade falida, para fins de responsabilização de terceiros, grupo, sócio ou administrador por obrigação desta, somente pode ser decretada pelo juízo falimentar com a observância do art. 50 da Lei nº 10.406, de 10 de janeiro de 2002 (Código Civil) e dos arts. 133, 134, 135, 136 e 137 da Lei nº 13.105, de 16 de março de 2015 (Código de Processo Civil), não aplicada a suspensão de que trata o § 3º do art. 134 da Lei nº 13.105, de 16 de março de 2015 (Código de Processo Civil).

Seção II
Da Classificação dos Créditos

Art. 83. A classificação dos créditos na falência obedece à seguinte ordem:

▶ Arts. 67 e 149 desta Lei.
▶ Arts. 961 a 963 do CC.
▶ Súmulas 192 e 565 do STF.

I – os créditos derivados da legislação trabalhista, limitados a 150 (cento e cinquenta) salários mínimos por credor, e aqueles decorrentes de acidentes de trabalho;

▶ Inciso I com redação pela Lei 14.112/2020.
▶ Art. 83, VI, c, desta Lei.
▶ Art. 7º, XXXVIII, da CF.
▶ Art. 449, § 1º, da CLT.
▶ Art. 186, par. ún., II, do CTN.
▶ Súmula 219 do STJ.

II – os créditos gravados com direito real de garantia até o limite do valor do bem gravado;

▶ Inciso I com redação pela Lei 14.112/2020.
▶ Art. 163, § 1º, desta Lei.
▶ Arts. 1.419 e 1.422 do CC.
▶ Art. 58, *caput*, da Lei 6.404/1976 (Sociedades por ações).

III – os créditos tributários, independentemente da sua natureza e do tempo de constituição, exceto os créditos extraconcursais e as multas tributárias;

▶ Inciso III com redação pela Lei 14.112/2020.
▶ Art. 84, V, desta Lei.
▶ Arts. 186, par. ún., 187 e 188 do CTN.
▶ Súmula 192 do STF.

IV e V – *Revogados pela Lei 14.112/2020.*

VI – os créditos quirografários, a saber:

▶ Inciso VI com redação pela Lei 14.112/2020.
▶ Art. 163, § 1º, desta Lei.
▶ Art. 994, § 2º, do CC.
▶ Art. 45, § 7º, da Lei 6.404/1976 (Sociedades por ações).

a) aqueles não previstos nos demais incisos deste artigo;

b) os saldos dos créditos não cobertos pelo produto da alienação dos bens vinculados ao seu pagamento;

c) os saldos dos créditos derivados da legislação trabalhista que excederem o limite estabelecido no inciso I do *caput* deste artigo;

▶ Alíneas b e c com redação pela Lei 14.112/2020.

VII – as multas contratuais e as penas pecuniárias por infração das leis penais ou administrativas, incluídas as multas tributárias;

▶ Inciso VII com redação pela Lei 14.112/2020.
▶ Art. 186, par. ún., III, do CTN.
▶ Súmulas 191, 192 e 565 do STF.

VIII – os créditos subordinados, a saber:

▶ Inciso VIII com redação pela Lei 14.112/2020.
▶ Art. 163, § 1º, desta Lei.

a) os previstos em lei ou em contrato; e

▶ Alínea a com redação pela Lei 14.112/2020.
▶ Art. 58, § 4º, da Lei 6.404/1976 (Sociedades por ações).

b) os créditos dos sócios e dos administradores sem vínculo empregatício cuja contratação não tenha observado as condições estritamente comutativas e as práticas de mercado; e

▶ Alínea b com redação pela Lei 14.112/2020.

IX – os juros vencidos após a decretação da falência, conforme previsto no art. 124 desta Lei.

▶ Inciso IX acrescido pela Lei 14.112/2020.

§ 1º Para os fins do inciso II do *caput* deste artigo, será considerado como valor do bem objeto de garantia real a importância efetivamente arrecadada com sua venda, ou, no caso de alienação em bloco, o valor de avaliação do bem individualmente considerado.

▶ Art. 108, § 5º, desta Lei.

§ 2º Não são oponíveis à massa os valores decorrentes de direito de sócio ao recebimento de sua parcela do capital social na liquidação da sociedade.

§ 3º As cláusulas penais dos contratos unilaterais não serão atendidas se as obrigações neles estipuladas se vencerem em virtude da falência.

▶ Art. 408 do CC.

§ 4º Revogado pela Lei 14.112/2020.

§ 5º Para os fins do disposto nesta Lei, os créditos cedidos a qualquer título manterão sua natureza e classificação.

§ 6º Para os fins do disposto nesta Lei, os créditos que disponham de privilégio especial ou geral em outras normas integrarão a classe dos créditos quirografários.

▶ §§ 5.º e 6.º acrescidos pela Lei 14.112/2020.

Art. 84. Serão considerados créditos extraconcursais e serão pagos com precedência sobre os mencionados no art. 83 desta Lei, na ordem a seguir, aqueles relativos:

▶ *Caput* com redação pela Lei 14.112/2020.
▶ Art. 149 desta Lei.
▶ Art. 188 do CTN.

I – Revogado pela Lei 14.112/2020.

I-A – às quantias referidas nos arts. 150 e 151 desta Lei;

I-B – ao valor efetivamente entregue ao devedor em recuperação judicial pelo financiador, em conformidade com o disposto na Seção IV-A do Capítulo III desta Lei;

I-C – aos créditos em dinheiro objeto de restituição, conforme previsto no art. 86 desta Lei;

I-D – às remunerações devidas ao administrador judicial e aos seus auxiliares, aos reembolsos devidos a membros do Comitê de Credores, e aos créditos derivados da legislação trabalhista ou decorrentes de acidentes de trabalho relativos a serviços prestados após a decretação da falência;

I-E – às obrigações resultantes de atos jurídicos válidos praticados durante a recuperação judicial, nos termos do art. 67 desta Lei, ou após a decretação da falência;

▶ Incisos I-A a I-E acrescidos pela Lei 14.112/2020.

II – às quantias fornecidas à massa falida pelos credores;

III – às despesas com arrecadação, administração, realização do ativo, distribuição do seu produto e custas do processo de falência;

IV – às custas judiciais relativas às ações e às execuções em que a massa falida tenha sido vencida;

V – aos tributos relativos a fatos geradores ocorridos após a decretação da falência, respeitada a ordem estabelecida no art. 83 desta Lei.

▶ Incisos II a V com redação pela Lei 14.112/2020.
▶ Art. 188 do CTN.

§ 1º As despesas referidas no inciso I-A do *caput* deste artigo serão pagas pelo administrador judicial com os recursos disponíveis em caixa.

§ 2º O disposto neste artigo não afasta a hipótese prevista no art. 122 desta Lei.

▶ §§ 1.º e 2.º acrescidos pela Lei 14.112/2020.

(...)

Seção IV
Do Procedimento
para a Decretação da Falência

Art. 94. Será decretada a falência do devedor que:

▶ Arts. 62, 73, par. ún., 96 e 97 desta Lei.
▶ Arts. 2º, 7º, c, 15, I, a e 19, d, da Lei 6.024/1974 (Intervenção e liquidação extrajudicial das instituições financeiras).
▶ Art. 278, item 2, da Lei 6.404/1976 (Sociedades por ações).

I – sem relevante razão de direito, não paga, no vencimento, obrigação líquida materializada em título ou títulos executivos protestados cuja soma ultrapasse o equivalente a 40 (quarenta) salários mínimos na data do pedido de falência;

▶ Arts. 73, par. ún., 96 e 98, par. ún., desta Lei.
▶ Art. 19, II, do Dec. 2.044/1908 (Letra de câmbio e nota promissória).
▶ Art. 1º da Lei 9.492/1997 (Protestos de títulos e outros documentos de dívida).
▶ Súmula 361 do STJ.

II – executado por qualquer quantia líquida, não paga, não deposita e não nomeia à penhora bens suficientes dentro do prazo legal;

III – pratica qualquer dos seguintes atos, exceto se fizer parte de plano de recuperação judicial:

▶ Arts. 73, par. ún., e 164, § 3º, II, desta Lei.

a) procede à liquidação precipitada de seus ativos ou lança mão de meio ruinoso ou fraudulento para realizar pagamentos;

b) realiza ou, por atos inequívocos, tenta realizar, com o objetivo de retardar pagamentos ou fraudar credores, negócio simulado ou alienação de parte ou da totalidade de seu ativo a terceiro, credor ou não;

c) transfere estabelecimento a terceiro, credor ou não, sem o consentimento de todos os credores e sem ficar com bens suficientes para solver seu passivo;

▶ Art. 1.145 do CC.

d) simula a transferência de seu principal estabelecimento com o objetivo de burlar a legislação ou a fiscalização ou para prejudicar credor;

e) dá ou reforça garantia a credor por dívida contraída anteriormente sem ficar com bens livres e desembaraçados suficientes para saldar seu passivo;

f) ausenta-se sem deixar representante habilitado e com recursos suficientes para pagar os credores, abandona estabelecimento ou tenta ocultar-se de seu domicílio, do local de sua sede ou de seu principal estabelecimento;

▶ Art. 22 do CC.

g) deixa de cumprir, no prazo estabelecido, obrigação assumida no plano de recuperação judicial.

§ 1º Credores podem reunir-se em litisconsórcio a fim de perfazer o limite mínimo para o pedido de falência com base no inciso I do *caput* deste artigo.

▶ Art. 113 do CPC.

§ 2º Ainda que líquidos, não legitimam o pedido de falência os créditos que nela não se possam reclamar.

▶ Art. 5º desta Lei.

§ 3º Na hipótese do inciso I do *caput* deste artigo, o pedido de falência será instruído com os títulos executivos na forma do parágrafo único do art. 9º desta Lei, acompanhados, em qualquer caso, dos respectivos instrumentos de protesto para fim falimentar nos termos da legislação específica.

▶ Art. 23, par. ún., da Lei 9.492/1997 (Protesto de Títulos).
▶ Súmula 361 do STJ.

§ 4º Na hipótese do inciso II do *caput* deste artigo, o pedido de falência será instruído com certidão expedida pelo juízo em que se processa a execução.

§ 5º Na hipótese do inciso III do *caput* deste artigo, o pedido de falência descreverá os fatos que a caracterizam, juntando-se as provas que houver e especificando-se as que serão produzidas.

Art. 95. Dentro do prazo de contestação, o devedor poderá pleitear sua recuperação judicial.

▶ Arts. 47 a 72 desta Lei.

Art. 96. A falência requerida com base no art. 94, inciso I do *caput*, desta Lei, não será decretada se o requerido provar:

I – falsidade de título;

▶ Arts. 296 a 305 do CP.

II – prescrição;

▶ Art. 193 do CC.
▶ Art. 487, II, do CPC.

III – nulidade de obrigação ou de título;

▶ Arts. 166 e 167 do CC.

IV – pagamento da dívida;

V – qualquer outro fato que extinga ou suspenda obrigação ou não legitime a cobrança de título;

▶ Arts. 121 a 137 do CC.

VI – vício em protesto ou em seu instrumento;

Lei 9.492/1997 (Protesto de títulos e outros documentos de dívida).

VII – apresentação de pedido de recuperação judicial no prazo da contestação, observados os requisitos do art. 51 desta Lei;

VIII – cessação das atividades empresariais mais de 2 (dois) anos antes do pedido de falência, comprovada por documento hábil do Registro Público de Empresas, o qual não prevalecerá contra prova de exercício posterior ao ato registrado.

§ 1º Não será decretada a falência de sociedade anônima após liquidado e partilhado seu ativo nem do espólio após 1 (um) ano da morte do devedor.

▶ Lei 6.404/1976 (Sociedades por ações).

§ 2º As defesas previstas nos incisos I a VI do *caput* deste artigo não obstam a decretação de falência se, ao final, restarem obrigações não atingidas pelas defesas em montante que supere o limite previsto naquele dispositivo.

▶ Art. 94, I, desta Lei.

Art. 97. Podem requerer a falência do devedor:

▸ Art. 1.103, VII, do CC.
▸ Art. 17 do CPC.
▸ Art. 21, b, da Lei 6.024/1976 (Intervenção e liquidação extrajudicial das instituições financeiras).
▸ Art. 68, § 3°, c, da Lei 6.404/1976 (Sociedades por ações).

I – o próprio devedor, na forma do disposto nos arts. 105 a 107 desta Lei;

II – o cônjuge sobrevivente, qualquer herdeiro do devedor ou o inventariante;

▸ Art. 107, par. ún., desta Lei.

III – o cotista ou o acionista do devedor na forma da lei ou do ato constitutivo da sociedade;

▸ Art. 107, par. ún., desta Lei.

IV – qualquer credor.

▸ Art. 107, par. ún., desta Lei.

§ 1° O credor empresário apresentará certidão do Registro Público de Empresas que comprove a regularidade de suas atividades.

▸ Art. 967 do CC.

§ 2° O credor que não tiver domicílio no Brasil deverá prestar caução relativa às custas e ao pagamento da indenização de que trata o art. 101 desta Lei.

▸ Art. 83 do CPC.

Art. 98. Citado, o devedor poderá apresentar contestação no prazo de 10 (dez) dias.

Parágrafo único. Nos pedidos baseados nos incisos I e II do *caput* do art. 94 desta Lei, o devedor poderá, no prazo da contestação, depositar o valor correspondente ao total do crédito, acrescido de correção monetária, juros e honorários advocatícios, hipótese em que a falência não será decretada e, caso julgado procedente o pedido de falência, o juiz ordenará o levantamento do valor pelo autor.

Art. 99. A sentença que decretar a falência do devedor, dentre outras determinações:

▸ Arts. 7°, § 1°, 107 e 192, § 4°, desta Lei.
▸ Art. 1.044 do CC.
▸ Arts. 489 do CPC.
▸ Art. 215 da Lei 6.015/1973 (Registros Públicos).

I – conterá a síntese do pedido, a identificação do falido e os nomes dos que forem a esse tempo seus administradores;

II – fixará o termo legal da falência, sem poder retrotraí-lo por mais de 90 (noventa) dias contados do pedido de falência, do pedido de recuperação judicial ou do 1° (primeiro) protesto por falta de pagamento, excluindo-se, para esta finalidade, os protestos que tenham sido cancelados;

▸ Art. 129 desta Lei.
▸ Art. 15, § 2°, da Lei 6.024/1976 (Intervenção e liquidação extrajudicial das instituições financeiras).

III – ordenará ao falido que apresente, no prazo máximo de 5 (cinco) dias, relação nominal dos credores, indicando endereço, importância, natureza e classificação dos respectivos créditos, se esta já não se encontrar nos autos, sob pena de desobediência;

▸ Arts. 22, I, e 39 desta Lei.
▸ Art. 330 do CP.

IV – explicitará o prazo para as habilitações de crédito, observado o disposto no § 1° do art. 7° desta Lei;

V – ordenará a suspensão de todas as ações ou execuções contra o falido, ressalvadas as hipóteses previstas nos §§ 1° e 2° do art. 6° desta Lei;

VI – proibirá a prática de qualquer ato de disposição ou oneração de bens do falido, submetendo-os preliminarmente à autorização judicial e do Comitê, se houver, ressalvados os bens cuja venda faça parte das atividades normais do devedor se autorizada a continuação provisória nos termos do inciso XI do *caput* deste artigo;

VII – determinará as diligências necessárias para salvaguardar os interesses das partes envolvidas, podendo ordenar a prisão preventiva do falido ou de seus administradores quando requerida com fundamento em provas da prática de crime definido nesta Lei;

▸ Arts. 312 e 313 do CPP.

VIII – ordenará ao Registro Público de Empresas e à Secretaria Especial da Receita Federal do Brasil que procedam à anotação da falência no registro do devedor, para que dele constem a expressão "falido", a data da decretação da falência e a inabilitação de que trata o art. 102 desta Lei;

▸ Inciso VIII com redação pela Lei 14.112/2020.

IX – nomeará o administrador judicial, que desempenhará suas funções na forma do inciso III do *caput* do art. 22 desta Lei sem prejuízo do disposto na alínea a do inciso II do *caput* do art. 35 desta Lei;

▸ Arts. 159 e ss. do CPC.

X – determinará a expedição de ofícios aos órgãos e repartições públicas e outras entidades para que informem a existência de bens e direitos do falido;

XI – pronunciar-se-á a respeito da continuação provisória das atividades do falido com o administrador judicial ou da lacração dos estabelecimentos, observado o disposto no art. 109 desta Lei;

▸ Art. 150 desta Lei.

XII – determinará, quando entender conveniente, a convocação da assembleia geral de credores para a constituição de Comitê de Credores, podendo ainda autorizar a manutenção do Comitê eventualmente em funcionamento na recuperação judicial quando da decretação da falência;

XIII – ordenará a intimação eletrônica, nos termos da legislação vigente e respeitadas as prerrogativas funcionais, respectivamente, do Ministério Público e das Fazendas Públicas federal e de todos os Estados, Distrito Federal e Municípios em que o devedor tiver estabelecimento, para que tomem conhecimento da falência.

▸ Inciso XIII com redação pela Lei 14.112/2020.

§ 1° O juiz ordenará a publicação de edital eletrônico com a íntegra da decisão que decreta a falência e a relação de credores apresentada pelo falido.

▸ Parágrafo único transformado em § 1.° e com redação pela Lei 14.112/2020.
▸ Art. 7°, § 1°, desta Lei.

§ 2° A intimação eletrônica das pessoas jurídicas de direito público integrantes da administração pública indireta dos entes federativos referidos no inciso XIII do *caput* deste artigo será direcionada:

▸ § 2.° acrescido pela Lei 14.112/2020.

I – no âmbito federal, à Procuradoria-Geral Federal e à Procuradoria-Geral do Banco Central do Brasil;

II – no âmbito dos Estados e do Distrito Federal, à respectiva Procuradoria-Geral, à qual competirá dar ciência a eventual órgão de representação judicial específico das entidades interessadas; e

III – no âmbito dos Municípios, à respectiva Procuradoria-Geral ou, se inexistir, ao gabinete do Prefeito, à qual competirá dar ciência a eventual órgão de representação judicial específico das entidades interessadas.

§ 3° Após decretada a quebra ou convolada a recuperação judicial em falência, o administrador deverá, no prazo de até 60 (sessenta) dias, contado do termo de nomeação, apresentar, para apreciação do juiz, plano detalhado de realização dos ativos, inclusive com a estimativa de tempo não superior a 180 (cento e oitenta) dias a partir da juntada de cada auto de arrecadação, na forma do inciso III do *caput* do art. 22 desta Lei.

▸ § 3.° acrescido pela Lei 14.112/2020.

Art. 100. Da decisão que decreta a falência cabe agravo, e da sentença que julga a improcedência do pedido cabe apelação.

▸ Arts. 513 a 529 do CPC.
▸ Súmula 25 do STJ.

Art. 101. Quem por dolo requerer a falência de outrem será condenado, na sentença que julgar improcedente o pedido, a indenizar o devedor, apurando-se as perdas e danos em liquidação de sentença.

▸ Art. 97, § 2°, desta Lei.
▸ Arts. 145 a 150 e 927 do CC.

§ 1° Havendo mais de 1 (um) autor do pedido de falência, serão solidariamente responsáveis aqueles que se conduziram na forma prevista no *caput* deste artigo.

▸ Art. 5°, X, da CF.

§ 2° Por ação própria, o terceiro prejudicado também pode reclamar indenização dos responsáveis.

(...)

Seção VIII
Dos Efeitos da Decretação da Falência sobre as Obrigações do Devedor

Art. 115. A decretação da falência sujeita todos os credores, que somente poderão exercer os seus direitos sobre os bens do falido e do sócio ilimitadamente responsável na forma que esta Lei prescrever.

▸ Art. 76 desta Lei.

Art. 116. A decretação da falência suspende:

I – o exercício do direito de retenção sobre os bens sujeitos a arrecadação, os quais deverão ser entregues ao administrador judicial;

II – o exercício do direito de retirada ou de recebimento do valor de suas quotas ou ações, por parte dos sócios da sociedade falida.

▸ Art. 83, § 2°, desta Lei.

Art. 117. Os contratos bilaterais não se resolvem pela falência e podem ser cumpridos pelo administrador judicial se o cumprimento reduzir ou evitar o aumento do passivo da massa falida ou for necessário à manutenção e preservação de seus ativos, mediante autorização do Comitê.

§ 1° O contratante pode interpelar o administrador judicial, no prazo de até 90 (noventa) dias, contado da assinatura do termo de sua nomeação, para que, dentro de 10 (dez) dias, declare se cumpre ou não o contrato.

§ 2° A declaração negativa ou o silêncio do administrador judicial confere ao contraente o direito à indenização, cujo valor, apurado em processo ordinário, constituirá crédito quirografário.

▸ Art. 994, § 3°, do CC.
▸ Art. 12, § 2°, do Dec.-lei 58/1937 (Loteamento e venda de terrenos para pagamento em prestações).
▸ Art. 12, § 2°, do Dec. 3.079/1938 (Regulamenta o Dec.-lei 58/1937).
▸ Art. 30 da Lei 6.766/1979 (Parcelamento do solo urbano).

Art. 118. O administrador judicial, mediante autorização do Comitê, poderá dar cumprimento a contrato unilateral se esse fato reduzir ou evitar o aumento do passivo da massa falida ou for necessário à manutenção e preservação de seus ativos, realizando o pagamento da prestação pela qual está obrigada.

Art. 119. Nas relações contratuais a seguir mencionadas prevalecerão as seguintes regras:

I – o vendedor não pode obstar a entrega das coisas expedidas ao devedor e ainda em trânsito, se o comprador, antes do requerimento da falência, as tiver revendido, sem fraude, à vista das faturas e conhecimentos de transporte, entregues ou remetidos pelo vendedor;

II – se o devedor vendeu coisas compostas e o administrador judicial resolver não continuar a execução do contrato, poderá o comprador pôr à disposição da massa falida as coisas já recebidas, pedindo perdas e danos;

III – não tendo o devedor entregue coisa móvel ou prestado serviço que vendera ou contratara a prestações, e resolvendo o administrador judicial não executar o contrato, o crédito relativo ao valor pago será habilitado na classe própria;

IV – o administrador judicial, ouvido o Comitê, restituirá a coisa móvel comprada pelo devedor com reserva de domínio do vendedor se resolver não continuar a execução do contrato, exigindo a devolução, nos termos do contrato, dos valores pagos;

▸ Arts. 521 a 528 do CC.

V – tratando-se de coisas vendidas a termo, que tenham cotação em bolsa ou mercado, e não se executando o contrato pela efetiva entrega daquelas e pagamento do preço, prestar-se-á a diferença entre a cotação do dia do contrato e a da época da liquidação em bolsa ou mercado;

VI – na promessa de compra e venda de imóveis, aplicar-se-á a legislação respectiva;

▸ Arts. 1.417 e 1.418 do CC.
▸ Art. 12, § 2°, do Dec.-lei 58/1937 (Loteamento e venda de imóveis em prestações).
▸ Art. 12, § 2°, do Dec. 3.079/1938 (Regulamenta o Dec. lei 58/1937).
▸ Art. 30 da Lei 6.766/1979 (Parcelamento do solo urbano).

VII – a falência do locador não resolve o contrato de locação e, na falência do locatário, o administrador judicial pode, a qualquer tempo, denunciar o contrato;

VIII – caso haja acordo para compensação e liquidação de obrigações no âmbito do sistema financeiro nacional, nos termos da legislação vigente, a parte não falida poderá considerar o contrato vencido antecipadamente, hipótese em que será liquidado na forma estabelecida em regulamento, admitindo-se a compensação de eventual crédito que venha a ser apurado em favor do falido com créditos detidos pelo contratante;

IX – os patrimônios de afetação, constituídos para cumprimento de destinação específica, obedecerão ao disposto na legislação respectiva, permanecendo seus bens, direitos e obrigações separados dos do falido até o advento do respectivo termo ou até o cumprimento de sua finalidade, ocasião em que o administrador judicial arrecadará o saldo a favor da massa falida ou inscreverá na classe própria o crédito que contra ela remanescer.

▸ Art. 31-F, *caput*, da Lei 4.591/1964 (Condomínio em edificações).
▸ Lei 10.931/2004 (Patrimônio de afetação).

Art. 120. O mandato conferido pelo devedor, antes da falência, para a realização de negócios, cessará seus efeitos com a decretação da falência, cabendo ao mandatário prestar contas de sua gestão.

§ 1° O mandato conferido para representação judicial do devedor continua em vigor até que seja expressamente revogado pelo administrador judicial.

§ 2° Para o falido, cessa o mandato ou comissão que houver recebido antes da falência, salvo os que versem sobre matéria estranha à atividade empresarial.

▸ Art. 682, III, do CC.

Art. 121. As contas-correntes com o devedor consideram-se encerradas no momento de decretação da falência, verificando-se o respectivo saldo.
▸ Art. 37 da Lei 7.357/1985 (Cheque).

Art. 122. Compensam-se, com preferência sobre todos os demais credores, as dívidas do devedor vencidas até o dia da decretação da falência, provenha o vencimento da sentença de falência ou não, obedecidos os requisitos da legislação civil.
▸ Art. 77 desta Lei.

Parágrafo único. Não se compensam:

I – os créditos transferidos após a decretação da falência, salvo em caso de sucessão por fusão, incorporação, cisão ou morte; ou

II – os créditos, ainda que vencidos anteriormente, transferidos quando já conhecido o estado de crise econômico-financeira do devedor ou cuja transferência se operou com fraude ou dolo.

Art. 123. Se o falido fizer parte de alguma sociedade como sócio comanditário ou cotista, para a massa falida entrarão somente os haveres que na sociedade ele possuir e forem apurados na forma estabelecida no contrato ou estatuto social.

§ 1º Se o contrato ou o estatuto social nada disciplinar a respeito, a apuração far-se-á judicialmente, salvo se, por lei, pelo contrato ou estatuto, a sociedade tiver de liquidar-se, caso em que os haveres do falido, somente após o pagamento de todo o passivo da sociedade, entrarão para a massa falida.

§ 2º Nos casos de condomínio indivisível de que participe o falido, o bem será vendido e deduzir-se-á do valor arrecadado o que for devido aos demais condôminos, facultada a estes a compra da quota-parte do falido nos termos da melhor proposta obtida.
▸ Art. 1.044 do CC.

Art. 124. Contra a massa falida não são exigíveis juros vencidos após a decretação da falência, previstos em lei ou em contrato, se o ativo apurado não bastar para o pagamento dos credores subordinados.
▸ Art. 83, VIII, desta Lei.

Parágrafo único. Excetuam-se desta disposição os juros dos debêntures e dos créditos com garantia real, mas por eles responde, exclusivamente, o produto dos bens que constituem a garantia.
▸ Art. 83, VI, b, desta Lei.
▸ Art. 407 do CC.

Art. 125. Na falência do espólio, ficará suspenso o processo de inventário, cabendo ao administrador judicial a realização de atos pendentes em relação aos direitos e obrigações da massa falida.

Art. 126. Nas relações patrimoniais não reguladas expressamente nesta Lei, o juiz decidirá o caso atendendo à unidade, à universalidade do concurso e à igualdade de tratamento dos credores, observado o disposto no art. 75 desta Lei.

Art. 127. O credor de coobrigados solidários cujas falências sejam decretadas tem o direito de concorrer, em cada uma delas, pela totalidade do seu crédito, até recebê-lo por inteiro, quando então comunicará ao juízo.

§ 1º O disposto no *caput* deste artigo não se aplica ao falido cujas obrigações tenham sido extintas por sentença, na forma do art. 159 desta Lei.

§ 2º Se o credor ficar integralmente pago por uma ou por diversas massas coobrigadas, as que pagarem terão direito regressivo contra as demais, em proporção à parte que pagaram e àquela que cada uma tinha a seu cargo.

§ 3º Se a soma dos valores pagos ao credor em todas as massas coobrigadas exceder o total do crédito, o valor será devolvido às massas na proporção estabelecida no § 2º deste artigo.

§ 4º Se os coobrigados eram garantes uns dos outros, o excesso de que trata o § 3º deste artigo pertencerá, conforme a ordem das obrigações, às massas dos coobrigados que tiverem o direito de ser garantidas.

Art. 128. Os coobrigados solventes e os garantes do devedor ou dos sócios ilimitadamente responsáveis podem habilitar o crédito correspondente às quantias pagas ou devidas, se o credor não se habilitar no prazo legal.

Seção IX
Da Ineficácia e da Revogação
de Atos Praticados antes da Falência

Art. 129. São ineficazes em relação à massa falida, tenha ou não o contratante conhecimento do estado de crise econômico-financeira do devedor, seja ou não intenção deste fraudar credores:
▸ Art. 35 da Lei 6.024/1974 (Intervenção e liquidação extrajudicial das instituições financeiras).

I – o pagamento de dívidas não vencidas realizado pelo devedor dentro do termo legal, por qualquer meio extintivo do direito de crédito, ainda que pelo desconto do próprio título;
▸ Arts. 99, II, e 131 desta Lei.

II – o pagamento de dívidas vencidas e exigíveis realizado dentro do termo legal, por qualquer forma que não seja a prevista pelo contrato;
▸ Art. 131 desta Lei.

III – a constituição de direito real de garantia, inclusive a retenção, dentro do termo legal, tratando-se de dívida contraída anteriormente; se os bens dados em hipoteca forem objeto de outras posteriores, a massa falida receberá a parte que devia caber ao credor da hipoteca revogada;
▸ Art. 131 desta Lei.
▸ Arts. 1.419 a 1.510 do CC.

IV – a prática de atos a título gratuito, desde 2 (dois) anos antes da decretação da falência;

V – a renúncia à herança ou a legado, até 2 (dois) anos antes da decretação da falência;
▸ Arts. 1.804, 1.806 e 1.813 do CC.

VI – a venda ou transferência de estabelecimento feita sem o consentimento expresso ou o pagamento de todos os credores, a esse tempo existentes, não tendo restado ao devedor bens suficientes para solver o seu passivo, salvo se, no prazo de 30 (trinta) dias, não houver oposição dos credores, após serem devidamente notificados, judicialmente ou pelo oficial do registro de títulos e documentos;
▸ Art. 131 desta Lei.

VII – os registros de direitos reais e de transferência de propriedade entre vivos, por título oneroso ou gratuito, ou a averbação relativa a imóveis realizados após a decretação da falência, salvo se tiver havido prenotação anterior.
▸ Arts. 1.225 e ss. do CC.
▸ Art. 215 da Lei 6.015/1973 (Registros Públicos).

Parágrafo único. A ineficácia poderá ser declarada de ofício pelo juiz, alegada em defesa ou pleiteada mediante ação própria ou incidentalmente no curso do processo.

Art. 130. São revogáveis os atos praticados com a intenção de prejudicar credores, provando-se o conluio fraudulento entre o devedor e o terceiro que com ele contratar e o efetivo prejuízo sofrido pela massa falida.
▸ Arts. 132 e 164, §§ 3º, I e 5º, desta Lei.
▸ Arts. 158 a 165 do CC.
▸ Art. 369 do CPC 2015.
▸ Art. 35, *caput*, da Lei 6.024/1974 (Intervenção e liquidação extrajudicial das instituições financeiras).
▸ Art. 45, § 8º, da Lei 6.404/1976 (Sociedades por ações).

Art. 131. Nenhum dos atos referidos nos incisos I, II, III e VI do *caput* do art. 129 desta Lei que tenham sido previstos e realizados na forma definida no plano de recuperação judicial ou extrajudicial será declarado ineficaz ou revogado.
▸ Artigo com redação pela Lei 14.112/2020.
▸ Arts. 74 e 138 desta Lei.

Art. 132. A ação revocatória, de que trata o art. 130 desta Lei, deverá ser proposta pelo administrador judicial, por qualquer credor ou pelo Ministério Público no prazo de 3 (três) anos contado da decretação da falência.
▸ Art. 35 da Lei 6.024/1974 (Intervenção e liquidação extrajudicial das instituições financeiras).

Art. 133. A ação revocatória pode ser promovida:

I – contra todos os que figuraram no ato ou que por efeito dele foram pagos, garantidos ou beneficiados;

II – contra os terceiros adquirentes, se tiveram conhecimento, ao se criar o direito, da intenção do devedor de prejudicar os credores;

III – contra os herdeiros ou legatários das pessoas indicadas nos incisos I e II do *caput* deste artigo.
▸ Art. 35 da Lei 6.024/1974 (Intervenção e liquidação extrajudicial das instituições financeiras).

Art. 134. A ação revocatória correrá perante o juízo da falência e obedecerá ao procedimento ordinário previsto na Lei 5.869, de 11 de janeiro de 1973 – Código de Processo Civil.
▸ Arts. 61 e 282 e ss., do CPC 2015.
▸ Art. 35 da Lei 6.024/1974 (Intervenção e liquidação extrajudicial das instituições financeiras).

Art. 135. A sentença que julgar procedente a ação revocatória determinará o retorno dos bens à massa falida em espécie, com todos os acessórios, ou o valor de mercado, acrescidos das perdas e danos.

Parágrafo único. Da sentença cabe apelação.
▸ Arts. 1.003, § 5º e 1.009 a 1.014 do CPC 2015.

Art. 136. Reconhecida a ineficácia ou julgada procedente a ação revocatória, as partes retornarão ao

estado anterior, e o contratante de boa-fé terá direito à restituição dos bens ou valores entregues ao devedor.
▸ Art. 86, III, desta Lei.

§ 1º Na hipótese de securitização de créditos do devedor, não será declarada a ineficácia ou revogado o ato de cessão em prejuízo dos direitos dos portadores de valores mobiliários emitidos pelo securitizador.

§ 2º É garantido ao terceiro de boa-fé, a qualquer tempo, propor ação por perdas e danos contra o devedor ou seus garantes.
▸ Arts. 927 e 944 do CC.
▸ Art. 35 da Lei 6.024/1974 (Intervenção e liquidação extrajudicial das instituições financeiras).

Art. 137. O juiz poderá, a requerimento do autor da ação revocatória, ordenar, como medida preventiva, na forma da lei processual civil, o sequestro dos bens retirados do patrimônio do devedor que estejam em poder de terceiros.

Art. 138. O ato pode ser declarado ineficaz ou revogado, ainda que praticado com base em decisão judicial, observado o disposto no art. 131 desta Lei.

Parágrafo único. Revogado o ato ou declarada sua ineficácia, ficará rescindida a sentença que o motivou.
▸ Arts. 138 a 184 e 850 do CC.
▸ Arts. 494, 502 e 504 do CPC 2015.

Seção X
Da Realização do Ativo
▸ Art. 133 do CTN.

(...)

Art. 141. Na alienação conjunta ou separada de ativos, inclusive da empresa ou de suas filiais, promovida sob qualquer das modalidades de que trata o art. 142:
▸ *Caput* com redação pela Lei 14.112/2020.
▸ Art. 145, § 1º, desta Lei.

I – todos os credores, observada a ordem de preferência definida no art. 83 desta Lei, sub-rogam-se no produto da realização do ativo;

II – o objeto da alienação estará livre de qualquer ônus e não haverá sucessão do arrematante nas obrigações do devedor, inclusive as de natureza tributária, as derivadas da legislação do trabalho e as decorrentes de acidentes de trabalho.
▸ Arts. 1.483 e 1.501 do CC.

§ 1º O disposto no inciso II do *caput* deste artigo não se aplica quando o arrematante for:
▸ Art. 60, par. ún., desta Lei.
▸ Art. 131 do CTN.

I – sócio da sociedade falida, ou sociedade controlada pelo falido;

II – parente, em linha reta ou colateral até o 4º (quarto) grau, consanguíneo ou afim, do falido ou de sócio da sociedade falida; ou

III – identificado como agente do falido com o objetivo de fraudar a sucessão.

§ 2º Empregados do devedor contratados pelo arrematante serão admitidos mediante novos contratos de trabalho e o arrematante não responde por obrigações decorrentes do contrato anterior.
▸ Arts. 448 e 449 da CLT.

§ 3º A alienação nas modalidades de que trata o art. 142 desta Lei poderá ser realizada com compartilhamento de custos operacionais por 2 (duas) ou mais empresas em situação falimentar.
▸ § 3.º acrescido pela Lei 14.112/2020.

Art. 142. A alienação de bens dar-se-á por uma das seguintes modalidades:
▸ *Caput* com redação pela Lei 14.112/2020.
▸ Arts. 60, 144 e 166 desta Lei.

I – leilão eletrônico, presencial ou híbrido;
▸ Inciso I com redação pela Lei 14.112/2020.
▸ Dec. 21.981/1932 (Leiloeiro).
▸ Lei 4.021/1961 (Profissão de leiloeiro).
▸ II e III – Revogados pela Lei 14.112/2020.

IV – processo competitivo organizado promovido por agente especializado e de reputação ilibada, cujo procedimento deverá ser detalhado em relatório anexo ao plano de realização do ativo ou ao plano de recuperação judicial, conforme o caso;

V – qualquer outra modalidade, desde que aprovada nos termos desta Lei.
▸ Incisos IV e V acrescidos pela Lei 14.112/2020.
▸ §§ 1º e 2º Revogados pela Lei 14.112/2020.

§ 2º-A. A alienação de que trata o *caput* deste artigo:

I – dar-se-á independentemente de a conjuntura do mercado no momento da venda ser favorável ou desfavorável, dado o caráter forçado da venda;

II – independerá da consolidação do quadro geral de credores;

III – poderá contar com serviços de terceiros como consultores, corretores e leiloeiros;

IV – deverá ocorrer no prazo máximo de 180 (cento e oitenta) dias, contado da data da lavratura do auto de arrecadação, no caso de falência;

V – não estará sujeita à aplicação do conceito de preço vil.

▸ § 2.º-A acrescido pela Lei 14.112/2020.

§ 3º Ao leilão eletrônico, presencial ou híbrido aplicam-se, no que couber, às regras da Lei nº 13.105, de 16 de março de 2015 (Código de Processo Civil).

▸ § 3.º com redação pela Lei 14.112/2020.
▸ A Lei 5.869/1973 foi revogada pela Lei 13.105/2015.
▸ Arts. 879 e ss., do CPC.

§ 3º-A. A alienação por leilão eletrônico, presencial ou híbrido dar-se-á:

I – em primeira chamada, no mínimo pelo valor de avaliação do bem;

II – em segunda chamada, dentro de 15 (quinze) dias, contados da primeira chamada, por no mínimo 50% (cinquenta por cento) do valor de avaliação; e

III – em terceira chamada, dentro de 15 (quinze) dias, contados da segunda chamada, por qualquer preço.

§ 3º-B. A alienação prevista nos incisos IV e V do *caput* deste artigo, conforme disposições específicas desta Lei, observará o seguinte:

I – será aprovada pela assembleia geral de credores;

II – decorrerá de disposição de plano de recuperação judicial aprovado; ou

III – deverá ser aprovada pelo juiz, considerada a manifestação do administrador judicial e do Comitê de Credores, se existente.

▸ §§ 3º-A e 3º-B acrescidos pela Lei 14.112/2020.

§§ 4º a 6º *Revogados pela Lei 14.112/2020.*

§7º Em qualquer modalidade de alienação, o Ministério Público e as Fazendas Públicas serão intimados por meio eletrônico, nos termos da legislação vigente e respeitadas as respectivas prerrogativas funcionais, sob pena de nulidade.

▸ § 7º com redação pela Lei 14.112/2020.
▸ Art. 179 do CPC 2015.

§ 8º Todas as formas de alienação de bens realizadas de acordo com esta Lei serão consideradas, para todos os fins e efeitos, alienações judiciais.

▸ § 8º acrescido pela Lei 14.112/2020.

Art. 143. Em qualquer das modalidades de alienação referidas no art. 142 desta Lei, poderão ser apresentadas impugnações por quaisquer credores, pelo devedor ou pelo Ministério Público, no prazo de 48 (quarenta e oito) horas da arrematação, hipótese em que os autos serão conclusos ao juiz, que, no prazo de 5 (cinco) dias, decidirá sobre as impugnações e, julgando-as improcedentes, ordenará a entrega dos bens ao arrematante, respeitadas as condições estabelecidas no edital.

▸ Súmula 25 do STJ.

§ 1º Impugnações baseadas no valor de venda do bem somente serão recebidas se acompanhadas de oferta firme do impugnante ou de terceiro para a aquisição do bem, respeitado os termos do edital, por valor presente superior ao valor de venda, e de depósito caucionário equivalente a 10% (dez por cento) do valor oferecido.

§ 2º A oferta de que trata o § Iº deste artigo vincula o impugnante e o terceiro ofertante como se arrematantes fossem.

§ 3º Se houver mais de uma impugnação baseada no valor de venda do bem, somente terá seguimento aquela que tiver o maior valor presente entre elas.

§ 4º A suscitação infundada de vício na alienação pelo impugnante será considerada ato atentatório à dignidade da justiça e sujeitará o suscitante à reparação dos prejuízos causados e às penas previstas na Lei nº 13.105, de 16 de março de 2015 (Código de Processo Civil), para comportamentos análogos.

▸ §§ 1º a 4º acrescidos pela Lei 14.112/2020.

Art. 144. Havendo motivos justificados, o juiz poderá autorizar, mediante requerimento fundamentado do administrador judicial ou do Comitê, modalidades de alienação judicial diversas das previstas no art. 142 desta Lei.

Art. 144-A. Frustrada a tentativa de venda dos bens da massa falida e não havendo proposta concreta dos credores para assumi-los, os bens poderão ser considerados sem valor de mercado e destinados à doação.

▸ Artigo acrescido pela Lei 14.112/2020.

Parágrafo único. Se não houver interessados na doação referida no *caput* deste artigo, os bens serão devolvidos ao falido.

Art. 145. Por deliberação tomada nos termos do art. 42 desta Lei, os credores poderão adjudicar os bens alienados na falência ou adquiri-los por meio de constituição de sociedade, de fundo ou de outro veículo de investimento, com a participação, se necessária, dos atuais sócios do devedor ou de terceiros, ou mediante conversão de dívida em capital.

▸ *Caput* com redação da Lei 14.112/2020.
▸ Arts. 35, II, c, e 46 desta Lei.

§ 1º Aplica-se irrestritamente o disposto no art. 141 desta Lei à transferência dos bens à sociedade, ao fundo ou ao veículo de investimento mencionados no *caput* deste artigo.

▸ § 1º com redação da Lei 14.112/2020.

§§ 2º e 3º *Revogados pela Lei 14.112/2020.*

§ 4º Será considerada não escrita qualquer restrição convencional à venda ou à circulação das participações na sociedade, no fundo de investimento ou no veículo de investimento a que se refere o *caput* deste artigo.

▸ § 4º acrescido pela Lei 14.112/2020.

Art. 146. Em qualquer modalidade de realização do ativo adotada, fica a massa falida dispensada da apresentação de certidões negativas.

Art. 147. As quantias recebidas a qualquer título serão imediatamente depositadas em conta remunerada de instituição financeira, atendidos os requisitos da lei ou das normas de organização judiciária.

Art. 148. O administrador judicial fará constar do relatório de que trata a alínea p do inciso III do art. 22 os valores eventualmente recebidos no mês vencido, explicitando a forma de distribuição dos recursos entre os credores, observado o disposto no art. 149 desta Lei.

Seção XI
Do Pagamento aos Credores

Art. 149. Realizadas as restituições, pagos os créditos extraconcursais, na forma do art. 84 desta Lei, e consolidado o quadro geral de credores, as importâncias recebidas com a realização do ativo serão destinadas ao pagamento dos credores, atendendo à classificação prevista no art. 83 desta Lei, respeitados os demais dispositivos desta Lei e as decisões judiciais que determinam reserva de importâncias.

§ 1º Havendo reserva de importâncias, os valores a ela relativos ficarão depositados até o julgamento definitivo do crédito e, no caso de não ser este finalmente reconhecido, no todo ou em parte, os recursos depositados serão objeto de rateio suplementar entre os credores remanescentes.

▸ Art. 6º, § 3º, desta Lei.

§ 2º Os credores que não procederem, no prazo fixado pelo juiz, ao levantamento dos valores que lhes couberam em rateio serão intimados a fazê-lo no prazo de 60 (sessenta) dias, após o qual os recursos serão objeto de rateio suplementar entre os credores remanescentes.

Art. 150. As despesas cujo pagamento antecipado seja indispensável à administração da falência, inclusive na hipótese de continuação provisória das atividades previstas no inciso XI do *caput* do art. 99 desta Lei, serão pagas pelo administrador judicial com os recursos disponíveis em caixa.

▸ Art. 188 do CTN.

Art. 151. Os créditos trabalhistas de natureza estritamente salarial vencidos nos 3 (três) meses anteriores à decretação da falência, até o limite de 5 (cinco) salários mínimos por trabalhador, serão pagos tão logo haja disponibilidade em caixa.

▸ Arts. 83, I, e 86, par. ún., desta Lei.
▸ Art. 449 da CLT.

Art. 152. Os credores restituirão em dobro as quantias recebidas, acrescidas dos juros legais, se ficar evidenciado dolo ou má-fé na constituição do crédito ou da garantia.

▸ Arts. 927 e 944 do CC.

Art. 153. Pagos todos os credores, o saldo, se houver, será entregue ao falido.

Seção XII
Do Encerramento da Falência
e da Extinção das Obrigações do Falido

Art. 154. Concluída a realização de todo o ativo, e distribuído o produto entre os credores, o administrador judicial apresentará suas contas ao juiz no prazo de 30 (trinta) dias.

▸ Arts. 22, III, r, e 24, § 2º, desta Lei.

§ 1º As contas, acompanhadas dos documentos comprobatórios, serão prestadas em autos apartados que, ao final, serão apensados aos autos da falência.

▸ Art. 31, § 2º, desta Lei.

§ 2º O juiz ordenará a publicação de aviso de que as contas foram entregues e se encontram à disposição dos interessados, que poderão impugná-las no prazo de 10 (dez) dias.

§ 3º Decorrido o prazo do aviso e realizadas as diligências necessárias à apuração dos fatos, o juiz intimará o Ministério Público para manifestar-se no prazo de 5 (cinco) dias, findo o qual o administrador judicial será ouvido se houver impugnação ou parecer contrário do Ministério Público.

▸ Art. 31, § 2º, desta Lei.

§ 4º Cumpridas as providências previstas nos §§ 2º e 3º deste artigo, o juiz julgará as contas por sentença.

▸ Art. 31, § 2º, desta Lei.

§ 5º A sentença que rejeitar as contas do administrador judicial fixará suas responsabilidades, poderá determinar a indisponibilidade ou o sequestro de bens e servirá como título executivo para indenização da massa.

▸ Art. 31, § 2º, desta Lei.
▸ § 6º Da sentença cabe apelação.
▸ Art. 31, § 2º, desta Lei.
▸ Arts. 1.009 a 1.014 do CPC 2015.
▸ Súmula 25 do STJ.

Art. 155. Julgadas as contas do administrador judicial, ele apresentará o relatório final da falência no prazo de 10 (dez) dias, indicando o valor do ativo e o do produto de sua realização, o valor do passivo e o dos pagamentos feitos aos credores, e especificará justificadamente as responsabilidades com que continuará o falido.

▸ Art. 24, § 2º, desta Lei.

Art. 156. Apresentado o relatório final, o juiz encerrará a falência por sentença e ordenará a intimação eletrônica às Fazendas Públicas federal e de todos os Estados, Distrito Federal e Municípios em que o devedor tiver estabelecimento e determinará a baixa da falida no Cadastro Nacional da Pessoa Jurídica (CNPJ), expedido pela Secretaria Especial da Receita Federal do Brasil.

▸ *Caput* com redação pela Lei 14.112/2020.
▸ Súmula 147 do STF.

Parágrafo único. A sentença de encerramento será publicada por edital e dela caberá apelação.

▸ Arts. 513 a 521 do CPC 2015.
▸ Art. 191 do CTN.

Art. 157. *Revogado pela Lei 14.112/2020.*

Art. 158. Extingue as obrigações do falido:

I – o pagamento de todos os créditos;

II – o pagamento, após realizado todo o ativo, de mais de 25% (vinte e cinco por cento) dos créditos quirografários, facultado ao falido o depósito da quantia necessária para atingir a referida porcentagem se para isso não tiver sido suficiente a integral liquidação do ativo;

▸ Inciso II com redação pela Lei 14.112/2020.
▸ Art. 304 do CC.

III e IV – *Revogados pela Lei 14.112/2020.*

V – o decurso do prazo de 3 (três) anos, contado da decretação da falência, ressalvada a utilização dos bens arrecadados anteriormente, que serão destinados à liquidação para a satisfação dos credores habilitados ou com pedido de reserva realizado;

VI – o encerramento da falência nos termos dos arts. 114-A ou 156 desta Lei.

▸ Incisos V e VI acrescidos pela Lei 14.112/2020.

Art. 159. Configurada qualquer das hipóteses do art. 158 desta Lei, o falido poderá requerer ao juízo da falência que suas obrigações sejam declaradas extintas por sentença.

▸ Art. 127, § 1º, desta Lei.
▸ Art. 191 do CTN.

§ 1º A secretaria do juízo fará publicar imediatamente informação sobre a apresentação do requerimento a que se refere este artigo, e, no prazo comum de 5 (cinco) dias, qualquer credor, o administrador judicial e o Ministério Público poderão manifestar-se exclusivamente para apontar inconsistências formais e objetivas.

▸ § 1.º com redação pela Lei 14.112/2020.

§ 2º *Revogado pela Lei 14.112/2020.*

§ 3º Findo o prazo, o juiz, em 15 (quinze) dias, proferirá sentença que declare extintas todas as obrigações do falido, inclusive as de natureza trabalhista.

▸ § 3.º com redação pela Lei 14.112/2020.

§ 4º A sentença que declarar extintas as obrigações será comunicada a todas as pessoas e entidades informadas da decretação da falência.

§ 5º Da sentença cabe apelação.

▸ Arts. 1.009 a 1.014 do CPC 2015.

§ 6º Após o trânsito em julgado, os autos serão apensados aos da falência.

Art. 159-A. A sentença que declarar extintas as obrigações do falido, nos termos do art. 159 desta Lei, somente poderá ser rescindida por ação rescisória, na forma prevista na Lei nº 13.105, de 16 de março de 2015 (Código de Processo Civil), a pedido de qualquer credor, caso se verifique que o falido tenha sonegado bens, direitos ou rendimentos de qualquer espécie anteriores à data do requerimento a que se refere o art. 159 desta Lei.

▶ Artigo acrescido pela Lei 14.112/2020.

Parágrafo único. O direito à rescisão de que trata o *caput* deste artigo extinguir-se-á no prazo de 2 (dois) anos, contado da data do trânsito em julgado da sentença de que trata o art. 159 desta Lei.

Art. 160. Verificada a prescrição ou extintas as obrigações nos termos desta Lei, o sócio de responsabilidade ilimitada também poderá requerer que seja declarada por sentença a extinção de suas obrigações na falência.

CAPÍTULO VI
DA RECUPERAÇÃO EXTRAJUDICIAL

Art. 161. O devedor que preencher os requisitos do art. 48 desta Lei poderá propor e negociar com credores plano de recuperação extrajudicial.

▶ Súmula 480 do STJ.

§ 1º Estão sujeitos à recuperação extrajudicial todos os créditos existentes na data do pedido, exceto os créditos de natureza tributária e aqueles previstos no § 3º do art. 49 e no inciso II do *caput* do art. 86 desta Lei, e a sujeição dos créditos de natureza trabalhista e por acidentes de trabalho exige negociação coletiva com o sindicato da respectiva categoria profissional.

▶ § 1º com redação da Lei 14.112/2020.
▶ Art. 187 do CTN.

§ 2º O plano não poderá contemplar o pagamento antecipado de dívidas nem tratamento desfavorável aos credores que a ele não estejam sujeitos.

§ 3º O devedor não poderá requerer a homologação de plano extrajudicial, se estiver pendente pedido de recuperação judicial ou se houver obtido recuperação judicial ou homologação de outro plano de recuperação extrajudicial há menos de 2 (dois) anos.

§ 4º O pedido de homologação do plano de recuperação extrajudicial não acarretará suspensão de direitos, ações ou execuções, nem a impossibilidade do pedido de decretação de falência pelos credores não sujeitos ao plano de recuperação extrajudicial.

§ 5º Após a distribuição do pedido de homologação, os credores não poderão desistir da adesão ao plano, salvo com a anuência expressa dos demais signatários.

§ 6º A sentença de homologação do plano de recuperação extrajudicial constituirá título executivo judicial, nos termos do art. 584, inciso III do *caput*, da Lei 5.869, de 11 de janeiro de 1973 – Código de Processo Civil.

▶ A Lei 5.869/1973 foi revogada pela Lei 13.105/2015.
▶ Arts. 879 e ss., do CPC.

Art. 162. O devedor poderá requerer a homologação em juízo do plano de recuperação extrajudicial, juntando sua justificativa e o documento que contenha seus termos e condições, com as assinaturas dos credores que a ele aderiram.

▶ Arts. 163, § 6º, e 164, desta Lei.
▶ Art. 104 do CC.

Art. 163. O devedor poderá também requerer a homologação de plano de recuperação extrajudicial que obriga todos os credores por ele abrangidos, desde que assinado por credores que representem mais da metade dos créditos de cada espécie abrangidos pelo plano de recuperação extrajudicial.

▶ *Caput* com redação pela Lei 14.112/2020.
▶ Art. 164, § 3º, I, desta Lei.
▶ Art. 180 desta Lei.

§ 1º O plano poderá abranger a totalidade de uma ou mais espécies de créditos previstos no art. 83, incisos II, IV, V, VI e VIII do *caput*, desta Lei, ou grupo de credores de mesma natureza e sujeito a semelhantes condições de pagamento, e, uma vez homologado, obriga a todos os credores das espécies por ele abrangidas, exclusivamente em relação aos créditos constituídos até a data do pedido de homologação.

§ 2º Não serão considerados para fins de apuração do percentual previsto no *caput* deste artigo os créditos não incluídos no plano de recuperação extrajudicial, os quais não poderão ter seu valor ou condições originais de pagamento alteradas.

§ 3º Para fins exclusivos de apuração do percentual previsto no *caput* deste artigo:

I – o crédito em moeda estrangeira será convertido para moeda nacional pelo câmbio da véspera da data de assinatura do plano; e

II – não serão computados os créditos detidos pelas pessoas relacionadas no art. 43 deste artigo.

▶ Mantivemos "deste artigo" conforme publicação oficial. No lugar desta expressão leia-se "desta Lei".

§ 4º Na alienação de bem objeto de garantia real, a supressão da garantia ou sua substituição somente serão admitidas mediante a aprovação expressa do credor titular da respectiva garantia.

▶ Art. 50, § 1º, desta Lei.

§ 5º Nos créditos em moeda estrangeira, a variação cambial só poderá ser afastada se o credor titular do respectivo crédito aprovar expressamente previsão diversa no plano de recuperação extrajudicial.

▶ Art. 50, § 2º, desta Lei.

§ 6º Para a homologação do plano de que trata este artigo, além dos documentos previstos no *caput* do art. 162 desta Lei, o devedor deverá juntar:

I – exposição da situação patrimonial do devedor;

II – as demonstrações contábeis relativas ao último exercício social e as levantadas especialmente para instruir o pedido, na forma do inciso II do *caput* do art. 51 desta Lei; e

III – os documentos que comprovem os poderes dos subscritores para novar ou transigir, relação nominal completa dos credores, com a indicação do endereço de cada um, a natureza, a classificação e o valor atualizado do crédito, discriminando sua origem, o regime dos respectivos vencimentos e a indicação dos registros contábeis de cada transação pendente.

§ 7º O pedido previsto no *caput* deste artigo poderá ser apresentado com comprovação da anuência de credores que representem pelo menos 1/3 (um terço) de todos os créditos de cada espécie por ele abrangidos e com o compromisso de, no prazo improrrogável de 90 (noventa) dias, contado da data do pedido, atingir o quórum previsto no *caput* deste artigo, por meio de adesão expressa, facultada a conversão do procedimento em recuperação judicial a pedido do devedor.

§ 8º Aplica-se à recuperação extrajudicial, desde o respectivo pedido, a suspensão de que trata o art. 6º desta Lei, exclusivamente em relação às espécies de crédito por ele abrangidas, e somente deverá ser ratificada pelo juiz se comprovado o quórum inicial exigido pelo § 7º deste artigo.

▶ §§ 7.º e 8.º acrescidos pela Lei 14.112/2020.

Art. 164. Recebido o pedido de homologação do plano de recuperação extrajudicial previsto nos arts. 162 e 163 desta Lei, o juiz ordenará a publicação de edital eletrônico com vistas a convocar os credores do devedor para apresentação de suas impugnações ao plano de recuperação extrajudicial, observado o disposto no § 3º deste artigo.

▶ *Caput* com redação pela Lei 14.112/2020.

§ 1º No prazo do edital, deverá o devedor comprovar o envio de carta a todos os credores sujeitos ao plano, domiciliados ou sediados no país, informando a distribuição do pedido, as condições do plano e prazo para impugnação.

§ 2º Os credores terão prazo de 30 (trinta) dias, contado da publicação do edital, para impugnarem o plano, juntando a prova de seu crédito.

§ 3º Para opor-se, em sua manifestação, à homologação do plano, os credores somente poderão alegar:

I – não preenchimento do percentual mínimo previsto no *caput* do art. 163 desta Lei;

II – prática de qualquer dos atos previstos no inciso III do art. 94 ou do art. 130 desta Lei, ou descumprimento de requisito previsto nesta Lei;

III – descumprimento de qualquer outra exigência legal.

§ 4º Sendo apresentada impugnação, será aberto prazo de 5 (cinco) dias para que o devedor sobre ela se manifeste.

§ 5º Decorrido o prazo do § 4º deste artigo, os autos serão conclusos imediatamente ao juiz para apreciação de eventuais impugnações e decidirá, no prazo de 5 (cinco) dias, acerca do plano de recuperação extrajudicial, homologando-o por sentença se entender que não implica prática de atos previstos no art. 130 desta Lei e que não há outras irregularidades que recomendem sua rejeição.

§ 6º Havendo prova de simulação de créditos ou vício de representação dos credores que subscreverem o plano, a sua homologação será indeferida.

§ 7º Da sentença cabe apelação sem efeito suspensivo.

▶ Arts. 1.009 a 1.014 do CPC 2015.

§ 8º Na hipótese de não homologação do plano o devedor poderá, cumpridas as formalidades, apresentar novo pedido de homologação de plano de recuperação extrajudicial.

Art. 165. O plano de recuperação extrajudicial produz efeitos após sua homologação judicial.

§ 1º É lícito, contudo, que o plano estabeleça a produção de efeitos anteriores à homologação, desde que exclusivamente em relação à modificação do valor ou da forma de pagamento dos credores signatários.

§ 2º Na hipótese do § 1º deste artigo, caso o plano seja posteriormente rejeitado pelo juiz, devolve-se aos credores signatários o direito de exigir seus créditos nas condições originais, deduzidos os valores efetivamente pagos.

Art. 166. Se o plano de recuperação extrajudicial homologado envolver alienação judicial de filiais ou de unidades produtivas isoladas do devedor, o juiz ordenará a sua realização, observado, no que couber, o disposto no art. 142 desta Lei.

▶ Art. 133 do CTN.

Art. 167. O disposto neste Capítulo não implica impossibilidade de realização de outras modalidades de acordo privado entre o devedor e seus credores.

CAPÍTULO VI-A
DA INSOLVÊNCIA TRANSNACIONAL

▶ Capítulo VI-A acrescido pela Lei 14.112/2020.

Seção I
Disposições Gerais

Art. 167-A. Este Capítulo disciplina a insolvência transnacional, com o objetivo de proporcionar mecanismos efetivos para:

▶ Arts. 167-A a 167-Y acrescidos pela Lei 14.112/2020.

I – a cooperação entre juízes e outras autoridades competentes do Brasil e de outros países em casos de insolvência transnacional;

II – o aumento da segurança jurídica para a atividade econômica e para o investimento;

III – a administração justa e eficiente de processos de insolvência transnacional, de modo a proteger os interesses de todos os credores e dos demais interessados, inclusive do devedor;

IV – a proteção e a maximização do valor dos ativos do devedor;

V – a promoção da recuperação de empresas em crise econômico-financeira, com a proteção de investimentos e a preservação de empregos; e

VI – a promoção da liquidação dos ativos da empresa em crime econômico-financeira, com a preservação e a otimização da utilização produtiva dos bens, dos ativos e dos recursos produtivos da empresa, inclusive os intangíveis.

§ 1º Na interpretação das disposições deste Capítulo, deverão ser considerados o seu objetivo de cooperação internacional, a necessidade de uniformidade de sua aplicação e a observância da boa-fé.

§ 2º As medidas de assistência aos processos estrangeiros mencionadas neste Capítulo formam um rol meramente exemplificativo, de modo que outras medidas, ainda que previstas em leis distintas, solicitadas pelo representante estrangeiro, pela autoridade estrangeira ou pelo juízo brasileiro poderão ser deferidas pelo juiz competente ou promovidas diretamente pelo administrador judicial, com imediata comunicação nos autos.

§ 3º Em caso de conflito, as obrigações assumidas em tratados ou convenções internacionais em vigor no Brasil prevalecerão sobre as disposições deste Capítulo.

§ 4º O juiz somente poderá deixar de aplicar as disposições deste Capítulo se, no caso concreto, a sua aplicação configurar manifesta ofensa à ordem pública.

§ 5º O Ministério Público intervirá nos processos de que trata este Capítulo.

§ 6º Na aplicação das disposições deste Capítulo, será observada a competência do Superior Tribunal de Justiça prevista na alínea "i" do inciso I do *caput* do art. 105 da Constituição Federal, quando cabível.'

Art. 167-B. Para os fins deste Capítulo, considera-se:

I – processo estrangeiro: qualquer processo judicial ou administrativo, de cunho coletivo, inclusive de natureza cautelar, aberto em outro país de acordo com disposições relativas à insolvência nele vigentes, em que os bens e as atividades de um devedor estejam sujeitas a uma autoridade estrangeira, para fins de reorganização ou liquidação;

II – processo estrangeiro principal: qualquer processo estrangeiro aberto no país em que o devedor tenha o centro de seus interesses principais;

III – processo estrangeiro não principal: qualquer processo estrangeiro que não seja um processo estrangeiro principal, aberto em um país em que o devedor tenha estabelecimento ou bens;

IV – representante estrangeiro: pessoa ou órgão, inclusive o nomeado em caráter transitório, que esteja autorizado, no processo estrangeiro, a administrar

os bens ou as atividades do devedor, ou a atuar como representante do processo estrangeiro;

V – autoridade estrangeira: juiz ou autoridade administrativa que dirija ou supervisione um processo estrangeiro; e

VI – estabelecimento: qualquer local de operações em que o devedor desenvolva uma atividade econômica não transitória com o emprego de recursos humanos e de bens ou serviços.

Art. 167-C. As disposições deste Capítulo aplicam-se aos casos em que:

I – autoridade estrangeira ou representante estrangeiro solicita assistência no Brasil para um processo estrangeiro;

II – assistência relacionada a um processo disciplinado por esta Lei é pleiteada em um país estrangeiro;

III – processo estrangeiro e processo disciplinado por esta Lei relativos ao mesmo devedor estão em curso simultaneamente; ou

IV – credores ou outras partes interessadas, de outro país, têm interesse em requerer a abertura de um processo disciplinado por esta Lei, ou dele participar.'

Art. 167-D. O juízo do local do principal estabelecimento do devedor no Brasil é o competente para o reconhecimento de processo estrangeiro e para a cooperação com a autoridade estrangeira nos termos deste Capítulo.

§ 1º A distribuição do pedido de reconhecimento do processo estrangeiro previne a jurisdição para qualquer pedido de recuperação judicial, de recuperação extrajudicial ou de falência relativo ao devedor.

§ 2º A distribuição do pedido de recuperação judicial, de recuperação extrajudicial ou de falência previne a jurisdição para qualquer pedido de reconhecimento de processo estrangeiro relativo ao devedor.'

Art. 167-E. São autorizados a atuar em outros países, independentemente de decisão judicial, na qualidade de representante do processo brasileiro, desde que essa providência seja permitida pela lei do país em que tramitem os processos estrangeiros:

I – o devedor, na recuperação judicial e na recuperação extrajudicial;

II – o administrador judicial, na falência.

§ 1º Na hipótese de que trata o inciso II do *caput* deste artigo, poderá o juiz, em caso de omissão do administrador judicial, autorizar terceiro para a atuação prevista no *caput* deste artigo.

§ 2º A pedido de qualquer dos autorizados, o juízo mandará certificar a condição de representante do processo brasileiro.

Seção II
Do Acesso a Jurisdição Brasileira'

Art. 167-F. O representante estrangeiro está legitimado a postular diretamente ao juiz brasileiro, nos termos deste Capítulo.

§ 1º O pedido feito ao juiz brasileiro não sujeita o representante estrangeiro nem o devedor, seus bens e suas atividades à jurisdição brasileira, exceto no que diz respeito aos estritos limites do pedido.

§ 2º Reconhecido o processo estrangeiro, o representante estrangeiro está autorizado a:

I – ajuizar pedido de falência do devedor, desde que presentes os requisitos para isso, de acordo com esta Lei;

II – participar do processo de recuperação judicial, de recuperação extrajudicial ou de falência do mesmo devedor, em curso no Brasil;

III – intervir em qualquer processo em que o devedor seja parte, atendidas as exigências do direito brasileiro.'

Art. 167-G. Os credores estrangeiros têm os mesmos direitos conferidos aos credores nacionais nos processos de recuperação judicial, de recuperação extrajudicial ou de falência.

§ 1º Os credores estrangeiros receberão o mesmo tratamento dos credores nacionais, respeitada a ordem de classificação dos créditos prevista nesta Lei, e não serão discriminados em razão de sua nacionalidade ou da localização de sua sede, estabelecimento, residência ou domicílio, respeitado o seguinte:

I – os créditos estrangeiros de natureza tributária e previdenciária, bem como as penas pecuniárias por infração de leis penais ou administrativas, inclusive as multas tributárias devidas a Estados estrangeiros, não serão considerados nos processos de recuperação judicial e serão classificados como créditos subordinados nos processos de falência, independente-

mente de sua classificação nos países em que foram constituídos;

II – o crédito do representante estrangeiro será equiparado ao do administrador judicial nos casos em que fizer jus a remuneração, exceto quando for o próprio devedor ou seu representante;

III – os créditos que não tiverem correspondência com a classificação prevista nesta Lei serão classificados como quirografários, independentemente da classificação atribuída pela lei do país em que foram constituídos.

§ 2º O juiz deve determinar as medidas apropriadas, no caso concreto, para que os credores que não tiverem domicílio ou estabelecimento no Brasil tenham acesso às notificações e às informações dos processos de recuperação judicial, de recuperação extrajudicial ou de falência.

§ 3º As notificações e as informações aos credores que não tiverem domicílio ou estabelecimento no Brasil serão realizadas por qualquer meio considerado adequado pelo juiz, dispensada a expedição de carta rogatória para essa finalidade.

§ 4º A comunicação do início de um processo de recuperação judicial ou de falência para credores estrangeiros deverá conter as informações sobre providências necessárias para que o credor possa fazer valer seu direito, inclusive quanto ao prazo para apresentação de habilitação ou de divergência e à necessidade de os credores garantidos habilitarem seus créditos.

§ 5º O juiz brasileiro deverá expedir os ofícios e os mandados necessários ao Banco Central do Brasil para permitir a remessa ao exterior dos valores recebidos por credores domiciliados no estrangeiro.'

Seção III
Do Reconhecimento
de Processos Estrangeiros

Art. 167-H. O representante estrangeiro pode ajuizar, perante o juiz, pedido de reconhecimento do processo estrangeiro em que atua.

§ 1º O pedido de reconhecimento do processo estrangeiro deve ser acompanhado dos seguintes documentos:

I – cópia apostilada da decisão que determine a abertura do processo estrangeiro e nomeie o representante estrangeiro;

II – certidão apostilada expedida pela autoridade estrangeira que ateste a existência do processo estrangeiro e a nomeação do representante estrangeiro; ou

III – qualquer outro documento emitido por autoridade estrangeira que permita ao juiz atingir plena convicção da existência do processo estrangeiro e da identificação do representante estrangeiro.

§ 2º O pedido de reconhecimento do processo estrangeiro deve ser acompanhado por uma relação de todos os processos estrangeiros relativos ao devedor que sejam de conhecimento do representante estrangeiro.

§ 3º Os documentos redigidos em língua estrangeira devem estar acompanhados de tradução oficial para a língua portuguesa, salvo quando, sem prejuízo aos credores, for expressamente dispensada pelo juiz e substituída por tradução simples para a língua portuguesa, declarada fiel e autêntica pelo próprio advogado, sob sua responsabilidade pessoal.'

Art. 167-I. Independentemente de outras medidas, o juiz poderá reconhecer:

I – a existência do processo estrangeiro e a identificação do representante estrangeiro, a partir da decisão ou da certidão referidas no § 1º do art. 167-H desta Lei que os indicarem como tal;

II – a autenticidade de todos ou de alguns documentos juntados com o pedido de reconhecimento do processo estrangeiro, mesmo que não tenham sido apostilados;

III – o país onde se localiza o domicílio do devedor, no caso dos empresários individuais, ou o país da sede estatutária do devedor, no caso das sociedades, como seu centro de interesses principais, salvo prova em contrário.'

Art. 167-J. Ressalvado o disposto no § 4º do art. 167-A desta Lei, o juiz reconhecerá o processo estrangeiro quando:

I – o processo enquadrar-se na definição constante do inciso I do *caput* do art. 167-B desta Lei;

II – o representante que tiver requerido o reconhecimento do processo enquadrar-se na definição de representante estrangeiro constante do inciso IV do *caput* do art. 167-B desta Lei;

III – o pedido cumprir os requisitos estabelecidos no art. 167-H desta Lei; e

IV – o pedido tiver sido endereçado ao juiz, conforme o disposto no art. 167-D desta Lei.

§ 1º Satisfeitos os requisitos previstos no *caput* deste artigo, o processo estrangeiro deve ser reconhecido como:

I – processo estrangeiro principal, caso tenha sido aberto no local em que o devedor tenha o seu centro de interesses principais; ou

II – processo estrangeiro não principal, caso tenha sido aberto em local em que o devedor tenha bens ou estabelecimento, na forma definida no inciso VI do *caput* do art. 167-B desta Lei.

§ 2º Não obstante o previsto nos incisos I e II do § 1º deste artigo, o processo estrangeiro será reconhecido como processo estrangeiro não principal se o centro de interesses principais do devedor tiver sido transferido ou de outra forma manipulado com o objetivo de transferir para outro Estado a competência jurisdicional para abertura do processo.

§ 3º A decisão de reconhecimento do processo estrangeiro poderá ser modificada ou revogada, a qualquer momento, a pedido de qualquer parte interessada, se houver elementos que comprovem que os requisitos para o reconhecimento foram descumpridos, total ou parcialmente, ou deixaram de existir.

§ 4º Da decisão que acolher o pedido de reconhecimento caberá agravo, e da sentença que o julgar improcedente caberá apelação.'

Art. 167-K. Após o pedido de reconhecimento do processo estrangeiro, o representante estrangeiro deverá imediatamente informar ao juiz:

I – qualquer modificação significativa no estado do processo estrangeiro reconhecido ou no estado de sua nomeação como representante estrangeiro;

II – qualquer outro processo estrangeiro relativo ao mesmo devedor de que venha a ter conhecimento.'

Art. 167-L. Após o ajuizamento do pedido de reconhecimento do processo estrangeiro, e antes de sua decisão, o juiz poderá conceder liminarmente as medidas de tutela provisória, fundadas em urgência ou evidência, necessárias para o cumprimento desta Lei, para a proteção da massa falida ou para a eficiência da administração.

§ 1º Salvo no caso do disposto no inciso IV do *caput* do art. 107-N desta Lei, as medidas de natureza provisória encerram-se com a decisão sobre o pedido de reconhecimento.

2º O juiz poderá recusar-se a conceder as medidas de assistência provisória que possam interferir na administração do processo estrangeiro principal.

Art. 167-M. Com o reconhecimento de processo estrangeiro principal, decorrem automaticamente:

I – a suspensão do curso de quaisquer processos de execução ou de quaisquer outras medidas individualmente tomadas por credores relativas ao patrimônio do devedor, respeitadas as demais disposições desta Lei;

II – a suspensão do curso da prescrição de quaisquer execuções judiciais contra o devedor, respeitadas as demais disposições desta Lei;

III – a ineficácia de transferência, de oneração ou de qualquer forma de disposição de bens do ativo não circulante do devedor realizadas sem prévia autorização judicial.

§ 1º A extensão, a modificação ou a cessação dos efeitos previstos nos incisos I, II e III do *caput* deste artigo subordinam-se ao disposto nesta Lei.

§ 2º Os credores conservam o direito de ajuizar quaisquer processos judiciais e arbitrais, e de neles prosseguir, que visem à condenação do devedor ou ao reconhecimento ou à liquidação de seus créditos e, em qualquer caso, as medidas executórias deverão permanecer suspensas.

§ 3º As medidas previstas neste artigo não afetam os credores que não estejam sujeitos aos processos de recuperação judicial, de recuperação extrajudicial ou de falência, salvo nos limites permitidos por esta Lei.'

Art. 167-N. Com a decisão de reconhecimento do processo estrangeiro, tanto principal como não principal, o juiz poderá determinar, a pedido do representante estrangeiro e desde que necessárias para a proteção dos bens do devedor e no interesse dos credores, entre outras, as seguintes medidas:

I – a ineficácia de transferência, de oneração ou de qualquer forma de disposição de bens do ativo não circulante do devedor realizadas sem prévia autorização

judicial, caso não tenham decorrido automaticamente do reconhecimento previsto no art. 167-M desta Lei;

II – a oitiva de testemunhas, a colheita de provas ou o fornecimento de informações relativas a bens, a direitos, a obrigações, à responsabilidade e à atividade do devedor;

III – a autorização do representante estrangeiro ou de outra pessoa para administrar e/ou realizar o ativo do devedor, no todo ou em parte, localizado no Brasil;

IV – a conversão, em definitiva, de qualquer medida de assistência provisória concedida anteriormente;

V – a concessão de qualquer outra medida que seja necessária.

§ 1º Com o reconhecimento do processo estrangeiro, tanto principal como não principal, o juiz poderá, a requerimento do representante estrangeiro, autorizá-lo, ou outra pessoa nomeada por aquele, a promover a destinação do ativo do devedor, no todo ou em parte, localizado no Brasil, desde que os interesses dos credores domiciliados ou estabelecidos no Brasil estejam adequadamente protegidos.

§ 2º Ao conceder medida de assistência prevista neste artigo requerida pelo representante estrangeiro de um processo estrangeiro não principal, o juiz deverá certificar-se de que as medidas para efetivá-la se referem a bens que, de acordo com o direito brasileiro, devam ser submetidos à disciplina aplicável ao processo estrangeiro não principal, ou certificar-se de que elas digam respeito a informações nele exigidas.

Art. 167-O. Ao conceder ou denegar uma das medidas previstas nos arts. 167-L e 167-N desta Lei, bem como ao modificá-las ou revogá-las nos termos do § 2º deste artigo, o juiz deverá certificar-se de que o interesse dos credores, do devedor e de terceiros interessados será adequadamente protegido.

§ 1º O juiz poderá condicionar a concessão das medidas previstas nos arts. 167-L e 167-N desta Lei ao atendimento de condições que considerar apropriadas.

§ 2º A pedido de qualquer interessado, do representante estrangeiro ou de ofício, o juiz poderá modificar ou revogar, a qualquer momento, medidas concedidas com fundamento nos arts. 167-L e 167-N desta Lei.

§ 3º Com o reconhecimento do processo estrangeiro, tanto principal quanto não principal, o representante estrangeiro poderá ajuizar medidas com o objetivo de tornar ineficazes quaisquer atos realizados, nos termos dos arts. 129 e 130, observado ainda o disposto no art. 131, todos desta Lei.

§ 4º No caso de processo estrangeiro não principal, a ineficácia referida no § 3º deste artigo dependerá da verificação, pelo juiz, de que, de acordo com a lei brasileira, os bens devam ser submetidos à disciplina aplicável ao processo estrangeiro não principal.'

Seção IV
Da Cooperação com Autoridades
e Representantes Estrangeiros

Art. 167-P. O juiz deverá cooperar diretamente ou por meio do administrador judicial, na máxima extensão possível, com a autoridade estrangeira ou com representantes estrangeiros, na persecução dos objetivos estabelecidos no art. 167-A desta Lei.

§ 1º O juiz poderá comunicar-se diretamente com autoridades estrangeiras ou com representantes estrangeiros, ou deles solicitar informação e assistência, sem a necessidade de expedição de cartas rogatórias, de procedimento de auxílio direto ou de outras formalidades semelhantes.

§ 2º O administrador judicial, no exercício de suas funções e sob a supervisão do juiz, deverá cooperar, na máxima extensão possível, com a autoridade estrangeira ou com representantes estrangeiros, na persecução dos objetivos estabelecidos no art. 167-A desta Lei.

§ 3º O administrador judicial, no exercício de suas funções, poderá comunicar-se com as autoridades estrangeiras ou com os representantes estrangeiros.

Art. 167-Q. A cooperação a que se refere o art. 167-P desta Lei poderá ser implementada por quaisquer meios, inclusive pela:

I – nomeação de uma pessoa, natural ou jurídica, para agir sob a supervisão do juiz;

II – comunicação de informações por quaisquer meios considerados apropriados pelo juiz;

III – coordenação da administração e da supervisão dos bens e das atividades do devedor;

IV – aprovação ou implementação, pelo juiz, de acordos ou de protocolos de cooperação para a coordenação dos processos judiciais; e

V – coordenação de processos concorrentes relativos ao mesmo devedor.

Seção V
Dos Processos
Concorrentes

Art. 167-R. Após o reconhecimento de um processo estrangeiro principal, somente se iniciará no Brasil um processo de recuperação judicial, de recuperação extrajudicial ou de falência se o devedor possuir bens ou estabelecimento no País.

Parágrafo único. Os efeitos do processo ajuizado no Brasil devem restringir-se aos bens e ao estabelecimento do devedor localizados no Brasil e podem estender-se a outros, desde que esta medida seja necessária para a cooperação e a coordenação com o processo estrangeiro principal.

Art. 167-S. Sempre que um processo estrangeiro e um processo de recuperação judicial, de recuperação extrajudicial ou de falência relativos ao mesmo devedor estiverem em curso simultaneamente, o juiz deverá buscar a cooperação e a coordenação entre eles, respeitadas as seguintes disposições:

I – se o processo no Brasil já estiver em curso quando o pedido de reconhecimento do processo estrangeiro tiver sido ajuizado, qualquer medida de assistência determinada pelo juiz nos termos dos arts. 167-L ou 167-N desta Lei deve ser compatível com o processo brasileiro, e o previsto no art. 167-M desta Lei não será aplicável se o processo estrangeiro for reconhecido como principal;

II – se o processo no Brasil for ajuizado após o reconhecimento do processo estrangeiro ou após o ajuizamento do pedido de seu reconhecimento, todas as medidas de assistência concedidas nos termos dos arts. 167-L ou 167-N desta Lei deverão ser revistas pelo juiz e modificadas ou revogadas se forem incompatíveis com o processo no Brasil e, quando o processo estrangeiro for reconhecido como principal, os efeitos referidos nos incisos I, II e III do *caput* do art. 167-M serão modificados ou cessados, nos termos do § 1º do art. 167-M desta Lei, se incompatíveis com os demais dispositivos desta Lei;

III – qualquer medida de assistência a um processo estrangeiro não principal deverá restringir-se a bens e a estabelecimento que, de acordo com o ordenamento jurídico brasileiro, devam ser submetidos à disciplina aplicável ao processo estrangeiro não principal, ou a informações nele exigidas.'

Art. 167-T. Na hipótese de haver mais de um processo estrangeiro relativo ao mesmo devedor, o juiz deverá buscar a cooperação e a coordenação de acordo com as disposições dos arts. 167-P e 167-Q desta Lei, bem como observar o seguinte:

I – qualquer medida concedida ao representante de um processo estrangeiro não principal após o reconhecimento de um processo estrangeiro principal deve ser compatível com este último;

II – se um processo estrangeiro principal for reconhecido após o reconhecimento ou o pedido de reconhecimento de um processo estrangeiro não principal, qualquer medida concedida nos termos dos arts. 167-L ou 167-N desta Lei deverá ser revista pelo juiz e a modificará ou a revogar se for incompatível com o processo estrangeiro principal;

III – se, após o reconhecimento de um processo estrangeiro não principal, outro processo estrangeiro não principal for reconhecido, o juiz poderá, com a finalidade de facilitar a coordenação dos processos, conceder, modificar ou revogar qualquer medida antes concedida.'

Art. 167-U. Na ausência de prova em contrário, presume-se a insolvência do devedor cujo processo estrangeiro principal tenha sido reconhecido no Brasil.

Parágrafo único. O representante estrangeiro, o devedor ou os credores podem requerer a falência do devedor cujo processo estrangeiro principal tenha sido reconhecido no Brasil, atendidos os pressupostos previstos nesta Lei.

Art. 167-V. O juízo falimentar responsável por processo estrangeiro não principal deve prestar ao juízo principal as seguintes informações, entre outras:

I – valor dos bens arrecadados e do passivo;

II – valor dos créditos admitidos e sua classificação;

III – classificação, segundo a lei nacional, dos credores não domiciliados ou sediados nos países titulares de créditos sujeitos à lei estrangeira;

IV – relação de ações judiciais em curso de que seja parte o falido, como autor, réu ou interessado;

V – ocorrência do término da liquidação e o saldo, credor ou devedor, bem como eventual ativo remanescente.

Art. 167-W. No processo falimentar transnacional, principal ou não principal, nenhum ativo, bem ou recurso remanescente da liquidação será entregue ao falido se ainda houver passivo não satisfeito em qualquer outro processo falimentar transnacional.'

Art. 167-X. O processo de falência transnacional principal somente poderá ser finalizado após o encerramento dos processos não principais ou após a constatação de que, nesses últimos, não haja ativo líquido remanescente.'

Art. 167-Y. Sem prejuízo dos direitos sobre bens ou decorrentes de garantias reais, o credor que tiver recebido pagamento parcial de seu crédito em processo de insolvência no exterior não poderá ser pago pelo mesmo crédito em processo no Brasil referente ao mesmo devedor enquanto os pagamentos aos credores da mesma classe forem proporcionalmente inferiores ao valor já recebido no exterior.

CAPÍTULO VII
DISPOSIÇÕES PENAIS

(...)

Seção II
Disposições Comuns

Art. 179. Na falência, na recuperação judicial e na recuperação extrajudicial de sociedades, os seus sócios, diretores, gerentes, administradores e conselheiros, de fato ou de direito, bem como o administrador judicial, equiparam-se ao devedor ou falido para todos os efeitos penais decorrentes desta Lei, na medida de sua culpabilidade.

Art. 180. A sentença que decreta a falência, concede a recuperação judicial ou concede a recuperação extrajudicial de que trata o art. 163 desta Lei é condição objetiva de punibilidade das infrações penais descritas nesta Lei.

Art. 181. São efeitos da condenação por crime previsto nesta Lei:

I – a inabilitação para o exercício de atividade empresarial;
▶ Art. 102 desta Lei.
▶ Art. 972 do CC.
▶ Art. 1º, § 5º, do Dec. 1.102/1903 (Armazéns gerais).

II – o impedimento para o exercício de cargo ou função em conselho de administração, diretoria ou gerência das sociedades sujeitas a esta Lei;
▶ Art. 1.011, § 1º, do CC.

III – a impossibilidade de gerir empresa por mandato ou por gestão de negócio.

§ 1º Os efeitos de que trata este artigo não são automáticos, devendo ser motivadamente declarados na sentença, e perdurarão até 5 (cinco) anos após a extinção da punibilidade, podendo, contudo, cessar antes pela reabilitação penal.
▶ Art. 102 desta Lei.
▶ Art. 94 do CP.
▶ Arts. 743 a 750 do CPP.

§ 2º Transitada em julgado a sentença penal condenatória, será notificado o Registro Público de Empresas para que tome as medidas necessárias para impedir novo registro em nome dos inabilitados.
▶ Art. 2º, *caput*, da Lei 8.934/1994 (Registro Público de Empresas Mercantis).

Art. 182. A prescrição dos crimes previstos nesta Lei reger-se-á pelas disposições do Decreto-Lei 2.848, de 7 de dezembro de 1940 – Código Penal, começando a correr do dia da decretação da falência, da concessão da recuperação judicial ou da homologação do plano de recuperação extrajudicial.
▶ Arts. 109, 110 e 112 a 118 do CP.
▶ Súmulas 147 e 592 do STF.

Parágrafo único. A decretação da falência do devedor interrompe a prescrição cuja contagem tenha iniciado com a concessão da recuperação judicial ou com a homologação do plano de recuperação extrajudicial.

(...)

CAPÍTULO VIII
DISPOSIÇÕES FINAIS E TRANSITÓRIAS

Art. 189. Aplica-se, no que couber, aos procedimentos previstos nesta Lei, o disposto na Lei nº 13.105, de 16 de março de 2015 (Código de Processo Civil), desde que não seja incompatível com os princípios desta Lei.
▶ *Caput* com redação pela Lei 14.112/2020.

§ 1º Para os fins do disposto nesta Lei:

I – todos os prazos nela previstos ou que dela decorram serão contados em dias corridos; e

II – as decisões proferidas nos processos a que se refere esta Lei serão passíveis de agravo de instrumento, exceto nas hipóteses em que esta Lei prever de forma diversa.

§ 2º Para os fins do disposto no art. 190 da Lei nº 13.105, de 16 de março de 2015 (Código de Processo Civil), a manifestação de vontade do devedor será expressa e a dos credores será obtida por maioria, na forma prevista no art. 42 desta Lei.

▶ §§ 1º e 2º acrescidos pela Lei 14.112/2020.

Art. 189-A. Os processos disciplinados nesta Lei e os respectivos recursos, bem como os processos, os procedimentos e a execução dos atos e das diligências judiciais em que figure como parte empresário individual ou sociedade empresária em regime de recuperação judicial ou extrajudicial ou de falência terão prioridade sobre todos os atos judiciais, salvo o *habeas corpus* e as prioridades estabelecidas em leis especiais.

▶ Artigo acrescido pela Lei 14.112/2020.

Art. 190. Todas as vezes que esta Lei se referir a devedor ou falido, compreender-se-á que a disposição também se aplica aos sócios ilimitadamente responsáveis.

▶ Art. 81, *caput*, desta Lei.
▶ Arts. 1.039 e 1.045 do CC.
▶ Art. 281 da Lei 6.404/1976 (Sociedades por ações).

(...)

Art. 201. Esta Lei entra em vigor 120 (cento e vinte) dias após sua publicação.

Brasília, 9 de fevereiro de 2005; 184º da Independência e 117º da República.

Luiz Inácio Lula da Silva

INSTRUÇÃO NORMATIVA 27, DE 16 DE FEVEREIRO DE 2005, DO TRIBUNAL SUPERIOR DO TRABALHO – TST

Dispõe sobre normas procedimentais aplicáveis ao processo do trabalho em decorrência da ampliação da competência da Justiça do Trabalho pela Emenda Constitucional 45/2004.

DEJT 22.02.2005

▶ Resolução TST 126, de 16 de fevereiro de 2005 (Edita a IN 27/2005).

Art. 1º As ações ajuizadas na Justiça do Trabalho tramitarão pelo rito ordinário ou sumaríssimo, conforme previsto na Consolidação das Leis do Trabalho, excepcionando-se, apenas, as que, por disciplina legal expressa, estejam sujeitas a rito especial, tais como o Mandado de Segurança, *Habeas Corpus, Habeas Data*, Ação Rescisória, Ação Cautelar e Ação de Consignação em Pagamento.

Art. 2º A sistemática recursal a ser observada é a prevista na Consolidação das Leis do Trabalho, inclusive no tocante à nomenclatura, à alçada, aos prazos e às competências.

Parágrafo único. O depósito recursal a que se refere o art. 899 da CLT é sempre exigível como requisito extrínseco do recurso, quando houver condenação em pecúnia.

Art. 3º Aplicam-se quanto às custas as disposições da Consolidação das Leis do Trabalho.

§ 1º As custas serão pagas pelo vencido, após o trânsito em julgado da decisão.

§ 2º Na hipótese de interposição de recurso, as custas deverão ser pagas e comprovado seu recolhimento no prazo recursal (artigos 789, 789-A, 790 e 790-A da CLT).

§ 3º Salvo nas lides decorrentes da relação de emprego, é aplicável o princípio da sucumbência recíproca, relativamente às custas.

Art. 4º Aos emolumentos aplicam-se as regras previstas na Consolidação das Leis do Trabalho, conforme previsão dos artigos 789-B e 790 da CLT.

Parágrafo único. Os entes públicos mencionados no art. 790-A da CLT são isentos do pagamento de emolumentos.

▶ Parágrafo único acrescido pela Resolução 133/2005.

Art. 5º Exceto nas lides decorrentes da relação de emprego, os honorários advocatícios são devidos pela mera sucumbência.

Art. 6º Os honorários periciais serão suportados pela parte sucumbente na pretensão objeto da perícia, salvo se beneficiária da justiça gratuita.

Parágrafo único. Faculta-se ao juiz, em relação à perícia, exigir depósito prévio dos honorários, ressalvadas as lides decorrentes da relação de emprego.

Art. 7º Esta Resolução entrará em vigor na data de sua publicação.

Sala de Sessões, 16 de fevereiro de 2005.

Valério Augusto Freitas do Carmo

Diretor-Geral de Coordenação Judiciária

INSTRUÇÃO NORMATIVA 29, DE 4 DE AGOSTO DE 2005, DO TRIBUNAL SUPERIOR DO TRABALHO – TST

Dispõe sobre a prioridade na tramitação dos processos em que é parte pessoa portadora de deficiência.

DEJT 09.08.2005

▶ Resolução TST 136, de 4 de agosto de 2005 (Edita a IN 29/2005).

Considerando o teor do Ofício 427/2005/PFDC/MPF, oriundo do Ministério Público Federal – Procuradoria Federal dos Direitos dos Cidadãos, que requer prioridade de tramitação nos feitos em que estejam em causa direitos de pessoas com deficiência, e

Considerando o disposto no art. 9º da Lei 7.853, de 24 de outubro de 1989, estabelecendo que a "Administração Pública Federal conferirá aos assuntos relativos às pessoas portadoras de deficiência tratamento prioritário e apropriado, para que lhes seja efetivamente ensejado o pleno exercício de seus direitos individuais e sociais, bem como sua integração social", RESOLVE

Art. 1º Assegurar, no Tribunal Superior do Trabalho, prioridade na tramitação dos processos cuja parte ou interveniente seja pessoa portadora de deficiência, desde que a causa discutida em juízo tenha como fundamento a própria deficiência.

Parágrafo único. Considera-se pessoa portadora de deficiência a que se enquadra nas categorias definidas no art. 4º do Decreto 3.298, de 20 de dezembro de 1999.

Art. 2º A prioridade será concedida mediante requerimento da parte ou interveniente, que deverá juntar ao pedido atestado médico comprovando sua condição.

I – O pedido será dirigido ao Presidente do Tribunal Superior do Trabalho, ao Presidente de Turma ou ao relator do processo, conforme as normas de competência.

II – O atestado médico referido no *caput* deste artigo deverá indicar a deficiência, de acordo com os critérios constantes do art. 4º do Decreto 3.298/99 e art. 5º do Decreto 5.296/2004.

Art. 3º A garantia de prioridade estende-se ao atendimento imediato, nas Secretarias e Subsecretarias desta Corte, da pessoa portadora de deficiência.

Art. 4º Esta Instrução Normativa entra em vigor na data de sua publicação.

Sala de Sessões, 4 de agosto de 2005. Valério Augusto Freitas do Carmo

Diretor-Geral de Coordenação Judiciária

LEI 11.340, DE 7 DE AGOSTO DE 2006

Cria mecanismos para coibir a violência doméstica e familiar contra a mulher, nos termos do § 8º do art. 226 da Constituição Federal, da Convenção sobre a Eliminação de Todas as Formas de Discriminação contra as Mulheres e da Convenção Interamericana para Prevenir, Punir e Erradicar a Violência contra a Mulher; dispõe sobre a criação dos Juizados de Violência Doméstica e Familiar contra a Mulher; altera o Código de Processo Penal, o Código Penal e a Lei de Execução Penal; e dá outras providências.

DOU 08.08.2006

▶ Dec. 1.973/1996 (Convenção Interamericana para Prevenir, Punir e Erradicar a Violência contra a Mulher).
▶ Dec. 4.377/2002 (Convenção sobre a Eliminação de Todas as Formas de Discriminação contra a Mulher).
▶ Lei 12.227/2010 (Relatório Anual Socioeconômico da Mulher).
▶ Súmulas 542, 588 e 589 do STJ.

O Presidente da República:

Faço saber que o Congresso Nacional decreta e eu sanciono a seguinte Lei:

Art. 1º Esta Lei cria mecanismos para coibir e prevenir a violência doméstica e familiar contra a mulher, nos termos do § 8º do art. 226 da Constituição Federal, da Convenção sobre a Eliminação de Todas as Formas de Violência contra a Mulher, da Convenção Interamericana para Prevenir, Punir e Erradicar a Violência contra a Mulher e de outros tratados internacionais ratificados pela República Federativa do Brasil; dispõe sobre a criação dos Juizados de Violência Doméstica e Familiar contra a Mulher; e estabelece medidas de assistência e proteção às mulheres em situação de violência doméstica e familiar.

▶ O STF, no julgamento da ADECON 19 (*DOU e DJE* 17.02.2012), julgou procedente a ação declaratória para declarar a constitucionalidade dos artigos 1º, 33 e 41 da Lei 11.340/2006 (Lei Maria da Penha).

Art. 2º Toda mulher, independentemente de classe, raça, etnia, orientação sexual, renda, cultura, nível educacional, idade e religião, goza dos direitos fundamentais inerentes à pessoa humana, sendo-lhe asseguradas as oportunidades e facilidades para viver sem violência, preservar sua saúde física e mental e seu aperfeiçoamento moral, intelectual e social.

▶ Art. 5º, *caput*, e I, da CF.

Art. 3º Serão asseguradas às mulheres as condições para o exercício efetivo dos direitos à vida, à segurança, à saúde, à alimentação, à educação, à cultura, à moradia, ao acesso à justiça, ao esporte, ao lazer, ao trabalho, à cidadania, à liberdade, à dignidade, ao respeito e à convivência familiar e comunitária.

▶ Arts. 1º, III, e 6º da CF.

§ 1º O poder público desenvolverá políticas que visem garantir os direitos humanos das mulheres no âmbito das relações domésticas e familiares no sentido de resguardá-las de toda forma de negligência, discriminação, exploração, violência, crueldade e opressão.

§ 2º Cabe à família, à sociedade e ao poder público criar as condições necessárias para o efetivo exercício dos direitos enunciados no *caput*.

Art. 4º Na interpretação desta Lei, serão considerados os fins sociais a que ela se destina e, especialmente, as condições peculiares das mulheres em situação de violência doméstica e familiar.

TÍTULO II
DA VIOLÊNCIA DOMÉSTICA E FAMILIAR CONTRA A MULHER

(...)

CAPÍTULO II
DAS FORMAS DE VIOLÊNCIA DOMÉSTICA E FAMILIAR CONTRA A MULHER

Art. 7º São formas de violência doméstica e familiar contra a mulher, entre outras:

I – a violência física, entendida como qualquer conduta que ofenda sua integridade ou saúde corporal;

▶ Arts. 121 a 154 do CP.
▶ Súmula 600 do STJ.

II – a violência psicológica, entendida como qualquer conduta que lhe cause dano emocional e diminuição da autoestima ou que lhe prejudique e perturbe o pleno desenvolvimento ou que vise degradar ou controlar suas ações, comportamentos, crenças e decisões, mediante ameaça, constrangimento, humilhação, manipulação, isolamento, vigilância constante, perseguição contumaz, insulto, chantagem, ridicularização, exploração e limitação do direito de ir e vir ou qualquer outro meio que lhe cause prejuízo à saúde psicológica e à autodeterminação;

▶ Art. 5º, X, da CF.
▶ Arts. 146 a 149 do CP.

III – a violência sexual, entendida como qualquer conduta que a constranja a presenciar, a manter ou a participar de relação sexual não desejada, mediante intimidação, ameaça, coação ou o uso da força; que a induza a comercializar ou a utilizar, de qualquer modo, a sua sexualidade, que a impeça de usar qualquer método contraceptivo ou que a force ao matrimônio, à gravidez, ao aborto ou à prostituição, mediante coação, chantagem, suborno ou manipulação; ou que limite ou anule o exercício de seus direitos sexuais e reprodutivos;

▶ Arts. 213 a 234-C do CP.

IV – a violência patrimonial, entendida como qualquer conduta que configure retenção, subtração, destruição parcial ou total de seus objetos, instrumentos de trabalho, documentos pessoais, bens, valores e direitos

ou recursos econômicos, incluindo os destinados a satisfazer suas necessidades;

▸ Arts. 155 a 183 do CP.

V – a violência moral, entendida como qualquer conduta que configure calúnia, difamação ou injúria.

▸ Arts. 138 a 145 do CP.

TÍTULO III
DA ASSISTÊNCIA À MULHER EM SITUAÇÃO DE VIOLÊNCIA DOMÉSTICA E FAMILIAR

CAPÍTULO I
DAS MEDIDAS INTEGRADAS DE PREVENÇÃO

Art. 8º A política pública que visa coibir a violência doméstica e familiar contra a mulher far-se-á por meio de um conjunto articulado de ações da União, dos Estados, do Distrito Federal e dos Municípios e de ações não governamentais, tendo por diretrizes:

I – a integração operacional do Poder Judiciário, do Ministério Público e da Defensoria Pública com as áreas de segurança pública, assistência social, saúde, educação, trabalho e habitação;

II – a violência psicológica, entendida como qualquer conduta que lhe cause dano emocional e diminuição da autoestima ou que lhe prejudique e perturbe o pleno desenvolvimento ou que vise degradar ou controlar suas ações, comportamentos, crenças e decisões mediante ameaça, constrangimento, humilhação, manipulação, isolamento, vigilância constante, perseguição contumaz, insulto, chantagem, violação de sua intimidade, ridicularização, exploração e limitação do direito de ir e vir ou qualquer outro meio que lhe cause prejuízo à saúde psicológica e à autodeterminação;

▸ Inciso II com redação pela Lei 13.772/2018.

III – o respeito, nos meios de comunicação social, dos valores éticos e sociais da pessoa e da família, de forma a coibir os papéis estereotipados que legitimem ou exacerbem a violência doméstica e familiar, de acordo com o estabelecido no inciso III do art. 1º, no inciso IV do art. 3º e no inciso IV do art. 221 da Constituição Federal;

IV – a implementação de atendimento policial especializado para as mulheres, em particular nas Delegacias de Atendimento à Mulher;

V – a promoção e a realização de campanhas educativas de prevenção da violência doméstica e familiar contra a mulher, voltadas ao público escolar e à sociedade em geral, e a difusão desta Lei e dos instrumentos de proteção aos direitos humanos das mulheres;

VI – a celebração de convênios, protocolos, ajustes, termos ou outros instrumentos de promoção de parceria entre órgãos governamentais ou entre estes e entidades não governamentais, tendo por objetivo a implementação de programas de erradicação da violência doméstica e familiar contra a mulher;

VII – a capacitação permanente das Polícias Civil e Militar, da Guarda Municipal, do Corpo de Bombeiros e dos profissionais pertencentes aos órgãos e às áreas enunciados no inciso I quanto às questões de gênero e de raça ou etnia;

VIII – a promoção de programas educacionais que disseminem valores éticos de irrestrito respeito à dignidade da pessoa humana com a perspectiva de gênero e de raça ou etnia;

IX – o destaque, nos currículos escolares de todos os níveis de ensino, para os conteúdos relativos aos direitos humanos, à equidade de gênero e de raça ou etnia e ao problema da violência doméstica e familiar contra a mulher.

▸ Art. 3º, IV, da CF.

CAPÍTULO II
DA ASSISTÊNCIA À MULHER EM SITUAÇÃO DE VIOLÊNCIA DOMÉSTICA E FAMILIAR

Art. 9º A assistência à mulher em situação de violência doméstica e familiar será prestada de forma articulada e conforme os princípios e as diretrizes previstos na Lei Orgânica da Assistência Social, no Sistema Único de Saúde, no Sistema Único de Segurança Pública, entre outras normas e políticas públicas de proteção, e emergencialmente quando for o caso.

▸ Lei 12.845/2013 (Atendimento a vítimas de violência sexual).

§ 1º O juiz determinará, por prazo certo, a inclusão da mulher em situação de violência doméstica e familiar no cadastro de programas assistenciais do governo federal, estadual e municipal.

§ 2º O juiz assegurará à mulher em situação de violência doméstica e familiar, para preservar sua integridade física e psicológica:

I – acesso prioritário à remoção quando servidora pública, integrante da administração direta ou indireta;

II – manutenção do vínculo trabalhista, quando necessário o afastamento do local de trabalho, por até 6 (seis) meses.

III – encaminhamento à assistência judiciária, quando for o caso, inclusive para eventual ajuizamento da ação de separação judicial, de divórcio, de anulação de casamento ou de dissolução de união estável perante o juízo competente.

▸ Inciso III acrescido pela Lei 13.894/2019.

§ 3º A assistência à mulher em situação de violência doméstica e familiar compreenderá o acesso aos benefícios decorrentes do desenvolvimento científico e tecnológico, incluindo os serviços de contracepção de emergência, a profilaxia das Doenças Sexualmente Transmissíveis (DST) e da Síndrome da Imunodeficiência Adquirida (AIDS) e outros procedimentos médicos necessários e cabíveis nos casos de violência sexual.

▸ Art. 128, II, do CP.
▸ Lei 12.845/2013 (Atendimento a vítimas de violência sexual).

§ 4º Aquele que, por ação ou omissão, causar lesão, violência física, sexual ou psicológica e dano moral ou patrimonial a mulher fica obrigado a ressarcir todos os danos causados, inclusive ressarcir ao Sistema Único de Saúde (SUS), de acordo com a tabela SUS, os custos relativos aos serviços de saúde prestados para o total tratamento das vítimas em situação de violência doméstica e familiar, recolhidos os recursos assim arrecadados ao Fundo de Saúde do ente federado responsável pelas unidades de saúde que prestarem os serviços.

▸ § 4º acrescido pela Lei 13.871/2019.

§ 5º Os dispositivos de segurança destinados ao uso em caso de perigo iminente e disponibilizados para o monitoramento das vítimas de violência doméstica ou familiar amparadas por medidas protetivas terão seus custos ressarcidos pelo agressor.

▸ § 5º acrescido pela Lei 13.871/2019.

§ 6º O ressarcimento de que tratam os §§ 4º e 5º deste artigo não poderá importar ônus de qualquer natureza ao patrimônio da mulher e dos seus dependentes, nem configurar atenuante ou ensejar possibilidade de substituição da pena aplicada.

▸ § 6º acrescido pela Lei 13.871/2019.

§ 7º A mulher em situação de violência doméstica e familiar tem prioridade para matricular seus dependentes em instituição de educação básica mais próxima de seu domicílio, ou transferi-los para essa instituição, mediante a apresentação dos documentos comprobatórios do registro da ocorrência policial ou do processo de violência doméstica e familiar em curso.

▸ § 7º acrescido pela Lei 13.882/2019.

§ 8º Serão sigilosos os dados da ofendida e de seus dependentes matriculados ou transferidos conforme o disposto no § 4º deste artigo, e o acesso às informações será reservado ao juiz, ao Ministério Público e aos órgãos competentes do poder público.

▸ § 8º acrescido pela Lei 13.882/2019.

(...)

TÍTULO VII
DISPOSIÇÕES FINAIS

(...)

Art. 46. Esta Lei entra em vigor 45 (quarenta e cinco) dias após sua publicação.

Brasília, 7 de agosto de 2006; 185º da Independência e 118º da República.

Luiz Inácio Lula da Silva

LEI COMPLEMENTAR 123, DE 14 DE DEZEMBRO DE 2006

Institui o Estatuto Nacional da Microempresa e da Empresa de Pequeno Porte; altera dispositivos das Leis 8.212 e 8.213, ambas de 24 de julho de 1991, da Consolidação das Leis do Trabalho – CLT, aprovada pelo Decreto-lei 5.452, de 1º de maio de 1943, da Lei 10.189, de 14 de fevereiro de 2001, da Lei Complementar 63, de 11 de janeiro de 1990; e revoga as Leis 9.317, de 5 de dezembro de 1996, e 9.841, de 5 de outubro de 1999.

DOU 15.12.2006; Republicada no DOU de 31.01.2009, Edição Extra, 31.01.2012 e 06.03.2012

▸ O art. 5º da LC 139/2011 determinou a republicação desta norma, consolidando todas as alterações promovidas neste texto.

O Presidente da República.

Faço saber que o Congresso Nacional decreta e eu sanciono a seguinte Lei Complementar:

▸ Arts. 146, par. ún., e 179 da CF.
▸ Arts. 47, I, e 94 do ADCT.
▸ Lei 11.488/2007 (Regime Especial de Incentivos para o Desenvolvimento da Infraestrutura – REIDI).
▸ Dec. 6.038/2007 (Comitê Gestor de Tributação das Microempresas e Empresas de Pequeno Porte).

CAPÍTULO I
DISPOSIÇÕES PRELIMINARES

Art. 1º Esta Lei Complementar estabelece normas gerais relativas ao tratamento diferenciado e favorecido a ser dispensado às microempresas e empresas de pequeno porte no âmbito dos Poderes da União, dos Estados, do Distrito Federal e dos Municípios, especialmente no que se refere:

I – à apuração e recolhimento dos impostos e contribuições da União, dos Estados, do Distrito Federal e dos Municípios, mediante regime único de arrecadação, inclusive obrigações acessórias;

II – ao cumprimento de obrigações trabalhistas e previdenciárias, inclusive obrigações acessórias;

III – ao acesso a crédito e ao mercado, inclusive quanto à preferência nas aquisições de bens e serviços pelos Poderes Públicos, à tecnologia, ao associativismo e às regras de inclusão;

IV – ao cadastro nacional único de contribuintes a que se refere o inciso IV do § 1º do art. 146 da Constituição Federal.

▸ Inciso I com redação pela LC 214/2025, produzindo efeitos a partir de 1º.1.2025.

§ 1º Cabe ao Comitê Gestor do Simples Nacional (CGSN) apreciar a necessidade de revisão, a partir de 1º de janeiro de 2015, dos valores expressos em moeda nesta Lei Complementar.

▸ § 1º com redação pela LC 139/2011.

§ 2º Vetado.

§ 3º Ressalvado o disposto no Capítulo IV, toda nova obrigação que atinja as microempresas e empresas de pequeno porte deverá apresentar, no instrumento que a instituiu, especificação do tratamento diferenciado, simplificado e favorecido para cumprimento.

▸ § 3º acrescido pela LC 147/2014.

§ 4º Na especificação do tratamento diferenciado, simplificado e favorecido de que trata o § 3º, deverá constar prazo máximo, quando forem necessários procedimentos adicionais, para que os órgãos fiscalizadores cumpram as medidas necessárias à emissão de documentos, realização de vistorias e atendimento das demandas realizadas pelas microempresas e empresas de pequeno porte com o objetivo de cumprir a nova obrigação.

▸ § 4º acrescido pela LC 147/2014.

§ 5º Caso o órgão fiscalizador descumpra os prazos estabelecidos na especificação do tratamento diferenciado e favorecido, conforme o disposto no § 4º, a nova obrigação será inexigível até que seja realizada visita para fiscalização orientadora e seja reiniciado o prazo para regularização.

▸ § 5º acrescido pela LC 147/2014.

§ 6º A ausência de especificação do tratamento diferenciado, simplificado e favorecido ou da determinação de prazos máximos, de acordo com os §§ 3º e 4º, tornará a nova obrigação inexigível para as microempresas e empresas de pequeno porte.

▸ § 6º acrescido pela LC 147/2014.

§ 7º A inobservância do disposto nos §§ 3º a 6º resultará em atentado aos direitos e garantias legais asseguradas ao exercício profissional da atividade empresarial.

▸ § 7º acrescido pela LC 147/2014.

Art. 2º O tratamento diferenciado e favorecido a ser dispensado às microempresas e empresas de pequeno porte de que trata o art. 1º desta Lei Complementar será gerido pelas instâncias a seguir especificadas:

I – Comitê Gestor do Simples Nacional, vinculado ao Ministério da Fazenda, composto de 4 (quatro) representantes da União, 2 (dois) dos Estados e do Distrito Federal, 2 (dois) dos Municípios, 1 (um) do Serviço Brasileiro de Apoio às Micro e Pequenas Empresas (Sebrae) e 1 (um) das confederações nacionais de representação do segmento de microempresas e empresas de pequeno porte referidas no art. 11 da Lei Complementar nº 147, de 7 de agosto de 2014, para tratar dos aspectos tributários;

▸ Inciso I com redação pela LC 214/2025, produzindo efeitos a partir de 1º.1.2025.
▸ Dec. 6.038/2007 (Institui o Comitê Gestor de Tributação das Microempresas e Empresas de Pequeno Porte).

II – Fórum Permanente das Microempresas e Empresas de Pequeno Porte, com a participação dos órgãos federais competentes e das entidades vinculadas ao

setor, para tratar dos demais aspectos, ressalvado o disposto no inciso III do *caput* deste artigo;

▶ Inciso II com redação pela LC 128/2008.
▶ Dec. 6.174/2007 (Regulamenta o Fórum Permanente das Microempresas e Empresas de Pequeno Porte).

III – Comitê para Integração das Administrações Tributárias e Gestão da Rede Nacional para Simplificação do Registro e da Legalização de Empresas e Negócios – CGSIM, vinculado ao Ministério da Fazenda, composto por representantes da União, Estados, Municípios e Distrito Federal e demais órgãos de apoio e de registro, na forma definida pelo Poder Executivo, para tratar dos atos cadastrais tributários e do processo de registro e de legalização de empresários e de pessoas jurídicas.

▶ Inciso III com redação pela LC 214/2025, produzindo efeitos a partir de 1.º.1.2025.

§ 1º Os Comitês de que tratam os incisos I e III do *caput* deste artigo serão presididos e coordenados por representantes da União.

▶ § 1º com redação pela LC 128/2008.

§ 2º Os representantes dos Estados e do Distrito Federal nos Comitês referidos nos incisos I e III do *caput* deste artigo serão indicados pelo Conselho Nacional de Política Fazendária – CONFAZ e os dos Municípios serão indicados, um pela entidade representativa das Secretarias de Finanças das Capitais e outro pelas entidades de representação nacional dos Municípios brasileiros.

▶ § 2º com redação pela LC 128/2008.

§ 3º As entidades de representação referidas no inciso III do *caput* e no § 2º deste artigo serão aquelas regularmente constituídas há pelo menos 1 (um) ano antes da publicação desta Lei Complementar.

▶ § 3º com redação pela LC 128/2008.

§ 4º Os comitês de que tratam os incisos I e III do *caput* deste artigo elaborarão seus regimentos internos mediante resolução, observado, quanto ao CGSN, o disposto nos §§ 4º-A e 4º-B deste artigo.

▶ § 4º com redação pela LC 188/2021.

§ 4º-A. O quórum mínimo para a realização das reuniões do CGSN será de 3/4 (três quartos) dos membros, dos quais um deles será necessariamente o Presidente ou seu substituto.

▶ § 4º-A com redação pela LC 214/2025, produzindo efeitos a partir de 1.º.1.2025.

§ 4º-B. As deliberações do CGSN serão tomadas por 3/4 (três quartos) dos componentes presentes às reuniões, presenciais ou virtuais, ressalvadas as decisões que determinem a exclusão de ocupações autorizadas a atuar na qualidade de Microempreendedor Individual (MEI), quando a deliberação deverá ser unânime.

▶ §§ 4º-A e 4º-B acrescidos pela LC 188/2021.

§ 5º O Fórum referido no inciso II do *caput* deste artigo tem por finalidade orientar e assessorar a formulação e coordenação da política nacional de desenvolvimento das microempresas e empresas de pequeno porte, bem como acompanhar e avaliar a sua implantação, sendo presidido e coordenado pela Secretaria da Micro e Pequena Empresa da Presidência da República.

▶ § 5º com redação pela Lei 12.792/2013.
▶ Dec. 6.174/2007 (Institui e regulamenta o Fórum Permanente das Microempresas e Empresas de Pequeno Porte).

§ 6º Ao Comitê de que trata o inciso I do *caput* deste artigo compete regulamentar a opção, exclusão, tributação, fiscalização, arrecadação, cobrança, dívida ativa, recolhimento e demais itens relativos ao regime de que trata o art. 12 desta Lei Complementar, observadas as demais disposições desta Lei Complementar.

§ 7º Ao Comitê de que trata o inciso III do *caput* deste artigo compete, na forma da lei, regulamentar a inscrição, cadastro, abertura, alvará, arquivamento, licenças, permissão, autorização, registros e demais itens relativos à abertura, legalização e funcionamento de empresários e de pessoas jurídicas de qualquer porte, atividade econômica ou composição societária.

§ 8º Os membros do CGSN e do CGSIM serão designados pelo Ministro de Estado da Fazenda, mediante indicação dos órgãos e entidades vinculados.

§ 8º-A. Dos membros da União que compõem o CGSN, 3 (três) serão representantes da Secretaria Especial da Receita Federal do Brasil e 1 (um) do Ministério do Empreendedorismo, da Microempresa e da Empresa de Pequeno Porte ou do órgão que vier a substituí-lo.

▶ §§ 8º e 8º-A com redação pela LC 214/2025, produzindo efeitos a partir de 1.º.1.2025.

§ 8º-B. A vaga das confederações nacionais de representação do segmento de microempresas e empresas de pequeno porte no comitê de que trata o inciso I do *caput* deste artigo será ocupada em regime de rodízio anual entre as confederações.

▶ § 8º-B com acrescido pela LC 188/2021.

§ 9º O CGSN poderá determinar, com relação à microempresa e à empresa de pequeno porte optante pelo Simples Nacional, a forma, a periodicidade e o prazo:

▶ § 9º acrescido pela LC 147/2014.

I – de entrega à Secretaria da Receita Federal do Brasil – RFB de uma única declaração com dados relacionados a fatos geradores, base de cálculo e valores da contribuição para a Seguridade Social devida sobre a remuneração do trabalho, inclusive a descontada dos trabalhadores a serviço da empresa, do Fundo de Garantia do Tempo de Serviço – FGTS e outras informações de interesse do Ministério do Trabalho e Emprego – MTE, do Instituto Nacional do Seguro Social – INSS e do Conselho Curador do FGTS, observado o disposto no § 7º deste artigo; e

II – do recolhimento das contribuições descritas no inciso I e do FGTS.

§ 10. O recolhimento de que trata o inciso II do § 9º deste artigo poderá se dar de forma unificada relativamente aos tributos apurados na forma do Simples Nacional.

▶ § 10 acrescido pela LC 147/2014.

§ 11. A entrega da declaração de que trata o inciso I do § 9º substituirá, na forma regulamentada pelo CGSN, a obrigatoriedade de entrega de todas as informações, formulários e declarações a que estão sujeitas as demais empresas ou equiparados que contratam trabalhadores, inclusive relativamente ao recolhimento do FGTS, à Relação Anual de Informações Sociais e ao Cadastro Geral de Empregados e Desempregados.

▶ § 11 acrescido pela LC 147/2014.

§ 12. Na hipótese de recolhimento do FGTS na forma do inciso II do § 9º deste artigo, deve-se assegurar a transferência dos recursos e dos elementos identificadores do recolhimento ao gestor desse fundo para crédito na conta vinculada do trabalhador.

▶ § 12 acrescido pela LC 147/2014.

§ 13. O documento de que trata o inciso I do § 9º tem caráter declaratório, constituindo instrumento hábil e suficiente para a exigência dos tributos, contribuições e dos débitos fundiários que não tenham sido recolhidos resultantes das informações nele prestadas.

▶ § 13 acrescido pela LC 147/2014.

CAPÍTULO II
DA DEFINIÇÃO
DE MICROEMPRESA E DE EMPRESA

Art. 3º Para os efeitos desta Lei Complementar, consideram-se microempresas ou empresas de pequeno porte a sociedade empresária, a sociedade simples, a empresa individual de responsabilidade limitada e o empresário a que se refere o art. 966 da Lei 10.406, de 10 de janeiro de 2002 (Código Civil), devidamente registrados no Registro de Empresas Mercantis ou no Registro Civil de Pessoas Jurídicas, conforme o caso, desde que:

▶ *Caput* com redação pela LC 139/2011.

I – no caso da microempresa, aufira, em cada ano-calendário, receita bruta igual ou inferior a R$ 360.000,00 (trezentos e sessenta mil reais); e

▶ Inciso I com redação pela LC 139/2011.

II – no caso de empresa de pequeno porte, aufira, em cada ano-calendário, receita bruta superior a R$ 360.000,00 (trezentos e sessenta mil reais) e igual ou inferior a R$ 4.800.000,00 (quatro milhões e oitocentos mil reais).

▶ Inciso II com redação pela LC 155/2016, em vigor na data de sua publicação, produzindo efeitos a partir de 01.01.2018 (DOU 28.10.2016).
▶ Art. 16, § 1º desta LC.

§ 1º Considera-se receita bruta, para fins do disposto no *caput*, o produto da venda de bens e serviços nas operações de conta própria, o preço dos serviços prestados, o resultado nas operações em conta alheia e as demais receitas da atividade ou objeto principal das microempresas ou das empresas de pequeno porte, não incluídas as vendas canceladas e os descontos incondicionais concedidos.

▶ § 1º com redação pela LC 214/2025, produzindo efeitos a partir de 1.º.1.2025.
▶ A LC 214/2025 acresce o § 1º-A, com produção de efeitos a partir de 1º.1.2027: "§ 1º-A. A receita bruta de que trata o § 1º também compreende as receitas com operações com bens materiais ou imateriais, inclusive direitos, ou com serviços."

§ 2º No caso de início de atividade no próprio ano-calendário, o limite a que se refere o *caput* deste artigo será proporcional ao número de meses em que a microempresa ou a empresa de pequeno porte houver exercido atividade, inclusive as frações de meses.

§ 3º O enquadramento do empresário ou da sociedade simples ou empresária como microempresa ou empresa de pequeno porte bem como o seu desenquadramento não implicarão alteração, denúncia ou

qualquer restrição em relação a contratos por elas anteriormente firmados.

§ 4º Não poderá se beneficiar do tratamento jurídico diferenciado previsto nesta Lei Complementar, incluído o regime de que trata o art. 12 desta Lei Complementar, para nenhum efeito legal, a pessoa jurídica:

▶ *Caput* do § 4º com redação pela LC 128/2008.

I – de cujo capital participe outra pessoa jurídica;

II – que seja filial, sucursal, agência ou representação, no País, de pessoa jurídica com sede no exterior;

III – de cujo capital participe pessoa física que seja inscrita como empresário ou seja sócia de outra empresa que receba tratamento jurídico diferenciado nos termos desta Lei Complementar, desde que a receita bruta global ultrapasse o limite de que trata o inciso II do *caput* deste artigo;

IV – cujo titular ou sócio participe com mais de 10% (dez por cento) do capital de outra empresa não beneficiada por esta Lei Complementar, desde que a receita bruta global ultrapasse o limite de que trata o inciso II do *caput* deste artigo;

V – cujo sócio ou titular de fato ou de direito seja administrador ou equiparado de outra pessoa jurídica com fins lucrativos, desde que a receita bruta global ultrapasse o limite de que trata o inciso II do *caput*;

▶ Inciso V com redação pela LC 214/2025, produzindo efeitos a partir de 1.º.1.2025.

VI – constituída sob a forma de cooperativas, salvo as de consumo;

VII – que participe do capital de outra pessoa jurídica;

VIII – que exerça atividade de banco comercial, de investimento e de desenvolvimento, de caixa econômica, de sociedade de crédito, financiamento e investimento ou de crédito imobiliário, de corretora ou de distribuidora de títulos, valores mobiliários e câmbio, de empresa de arrendamento mercantil, de seguros privados e de capitalização ou de previdência complementar;

IX – resultante ou remanescente de cisão ou qualquer outra forma de desmembramento de pessoa jurídica que tenha ocorrido em um dos 5 (cinco) anos-calendário anteriores;

X – constituída sob a forma de sociedade por ações;

XI – cujos titulares ou sócios guardem, cumulativamente, com o contratante do serviço, relação de pessoalidade, subordinação e habitualidade.

▶ Inciso XI acrescido pela LC 147/2014.

XII – que tenha filial, sucursal, agência ou representação no exterior.

▶ Inciso XII acrescido pela LC 214/2025, produzindo efeitos a partir de 1.º.1.2025.

§ 5º O disposto nos incisos IV e VII do § 4º deste artigo não se aplica à participação no capital de cooperativas de crédito, bem como em centrais de compras, bolsas de subcontratação, no consórcio referido no art. 50 desta Lei Complementar e na sociedade de propósito específico prevista no art. 56 desta Lei Complementar, e em associações assemelhadas, sociedades de interesse econômico, sociedades de garantia solidária e outros tipos de sociedade, que tenham como objetivo social a defesa exclusiva dos interesses econômicos das microempresas e empresas de pequeno porte.

▶ § 5º com redação pela LC 128/2008.

§ 6º Na hipótese de a microempresa ou empresa de pequeno porte incorrer em alguma das situações previstas nos incisos do § 4º, será excluída do tratamento jurídico diferenciado previsto nesta Lei Complementar, bem como do regime de que trata o art. 12, com efeitos a partir do mês seguinte ao que incorrida a situação impeditiva.

▶ § 6º com redação pela LC 139/2011.

§ 7º Observado o disposto no § 2º deste artigo, no caso de início de atividades, a microempresa que, no ano-calendário, exceder o limite de receita bruta anual previsto no inciso I do *caput* deste artigo passa, no ano-calendário seguinte, à condição de empresa de pequeno porte.

§ 8º Observado o disposto no § 2º deste artigo, no caso de início de atividades, a empresa de pequeno porte que, no ano-calendário, não ultrapassar o limite de receita bruta anual previsto no inciso I do *caput* deste artigo passa, no ano-calendário seguinte, à condição de microempresa.

§ 9º A empresa de pequeno porte que, no ano-calendário, exceder o limite de receita bruta anual previsto no inciso II do *caput* fica excluída, no mês subsequente à ocorrência do excesso, do tratamento jurídico diferenciado previsto nesta Lei Complementar, incluído

o regime de que trata o art. 12, para todos os efeitos legais, ressalvado o disposto nos §§ 9º-A, 10 e 12.

▸ § 9º com redação pela LC 139/2011.

§ 9º-A. Os efeitos da exclusão prevista no § 9 dar-se-ão no ano-calendário subsequente se o excesso verificado em relação à receita bruta não for superior a 20% (vinte por cento) do limite referido no inciso II do *caput*.

▸ § 9º-A acrescido pela LC 139/2011.

§ 10. A empresa de pequeno porte que no decurso do ano-calendário de início de atividade ultrapassar o limite proporcional de receita bruta de que trata o § 2º estará excluída do tratamento jurídico diferenciado previsto nesta Lei Complementar, bem como do regime de que trata o art. 12 desta Lei Complementar, com efeitos retroativos ao início de suas atividades.

▸ § 10 com redação pela LC 139/2011.

§ 11. Na hipótese de o Distrito Federal, os Estados e os respectivos Municípios adotarem um dos limites previstos nos incisos I e II do *caput* do art. 19 e no art. 20, caso a receita bruta auferida pela empresa durante o ano-calendário de início de atividade ultrapasse 1/12 (um doze avos) do limite estabelecido multiplicado pelo número de meses de funcionamento nesse período, a empresa não poderá recolher o ICMS e o ISS na forma do Simples Nacional, relativos ao estabelecimento localizado na unidade da federação que os houver adotado, com efeitos retroativos ao início de suas atividades.

▸ § 11 com redação pela LC 139/2011.

▸ A LC 214/2025 dá nova redação a este § 11, com produção de efeitos a partir de 1º.1.2027: "§ 11. Na hipótese de excesso do limite previsto no art. 13- A, caso a receita bruta auferida pela empresa durante o ano-calendário de início de atividade ultrapasse 1/12 (um doze avos) do limite estabelecido multiplicado pelo número de meses de funcionamento nesse período, a empresa não poderá recolher o ICMS, o ISS e o IBS na forma do Simples Nacional, com efeitos retroativos ao início de suas atividades."

▸ A LC 214/2025 dá nova redação a este § 11, com produção de efeitos a partir de 1º.1.2033: "§ 11. Na hipótese de excesso do limite previsto no art. 13- A, caso a receita bruta auferida pela empresa durante o ano calendário de início de atividade ultrapasse 1/12 (um doze avos) do limite estabelecido multiplicado pelo número de meses de funcionamento nesse período, a empresa não poderá recolher o IBS na forma do Simples Nacional, com efeitos retroativos ao início de suas atividades."

§ 12. A exclusão de que trata o § 10 não retroagirá ao início das atividades se o excesso verificado em relação à receita bruta não for superior a 20% (vinte por cento) do respectivo limite referido naquele parágrafo, hipótese em que os efeitos da exclusão dar-se-ão no ano-calendário subsequente.

▸ § 12 com redação pela LC 139/2011.

§ 13. O impedimento de que trata o § 11 não retroagirá ao início das atividades se o excesso verificado em relação à receita bruta não for superior a 20% (vinte por cento) dos respectivos limites referidos naquele parágrafo, hipótese em que os efeitos do impedimento ocorrerão no ano-calendário subsequente.

▸ § 13 acrescido pela LC 139/2011.

▸ A LC 214/2025 dá nova redação a este § 13, com produção de efeitos a partir de 1º.1.2027: "§ 13. O impedimento de que trata o § 11 não retroagirá ao início das atividades se o excesso verificado em relação à receita bruta não for superior a 20% (vinte por cento) do limite referido naquele parágrafo, hipótese em que os efeitos do impedimento ocorrerão no ano-calendário subsequente."

§ 14. Para fins de enquadramento como microempresa ou empresa de pequeno porte, poderão ser auferidas receitas no mercado interno até o limite previsto no inciso II do *caput* ou no § 2º, conforme o caso, e, adicionalmente, receitas decorrentes da exportação de mercadorias ou serviços, inclusive quando realizada por meio de comercial exportadora ou da sociedade de propósito específico prevista no art. 56 desta Lei Complementar, desde que as receitas de exportação também não excedam os referidos limites de receita bruta anual.

▸ § 14 com redação pela LC 147/2014.

§ 15. Na hipótese do § 14, para fins de determinação da alíquota de que trata o § 1º do art. 18, da base de cálculo prevista em seu § 3º e das majorações de alíquotas previstas em seus §§ 16, 16-A, 17 e 17-A, serão consideradas separadamente as receitas brutas auferidas no mercado interno e aquelas decorrentes da exportação.

▸ § 15 com redação pela LC 147/2014.

▸ A LC 214/2025 dá nova redação a este § 15, com produção de efeitos a partir de 1º.1.2027: "§ 15. Na hipótese do § 14, para fins de determinação da alíquota de que trata o § 1º do art. 18, da base de cálculo prevista em seu § 3º e da aplicação de alíquota sobre a parcela excedente de receita bruta prevista em seus §§ 16, 16-A, 17, 17-A, 17-B e 17-C, serão consideradas separadamente as receitas brutas auferidas no mercado interno e aquelas decorrentes da exportação."

§ 16. O disposto neste artigo será regulamentado por resolução do CGSN.

▸ § 16 acrescido pela LC 147/2014.

§§ 17 e 18 *Vetados.*

§ 19. Para fins do disposto nesta Lei Complementar, devem ser consideradas todas as atividades econômicas exercidas, as receitas brutas auferidas e os débitos tributários das entidades de que trata o *caput* e o art. 18-A, ainda que em inscrições cadastrais distintas ou na qualidade de contribuinte individual, em um mesmo ano-calendário.

▸ § 19 acrescido pela LC 214/2025, produzindo efeitos a partir de 1.9.1.2025.

Art. 3º-A. Aplica-se ao produtor rural pessoa física e ao agricultor familiar conceituado na Lei 11.326, de 24 de julho de 2006, com situação regular na Previdência Social e no Município que tenham auferido receita bruta anual até o limite de que trata o inciso II do *caput* do art. 3º o disposto nos arts. 6º e 7º, nos Capítulos V a X, na Seção IV do Capítulo XI e no Capítulo XII desta Lei Complementar, ressalvadas as disposições da Lei 11.718, de 20 de junho de 2008.

▸ Artigo acrescido pela LC 147/2014.

Parágrafo único. A equiparação de que trata o *caput* não se aplica às disposições do Capítulo IV desta Lei Complementar.

Art. 3º-B. Os dispositivos desta Lei Complementar, com exceção dos dispostos no Capítulo IV, são aplicáveis a todas as microempresas e empresas de pequeno porte, assim definidas pelos incisos I e II do *caput* e § 4º do art. 3º, ainda que não enquadradas no regime tributário do Simples Nacional, por vedação ou por opção.

▸ Artigo acrescido pela LC 147/2014.

CAPÍTULO III
DA INSCRIÇÃO E DA BAIXA

Art. 4º Na elaboração de normas de sua competência, os órgãos e entidades envolvidos na abertura e fechamento de empresas, dos 3 (três) âmbitos de governo, deverão considerar a unicidade do processo de registro e de legalização de empresários e de pessoas jurídicas, para tanto devendo articular as competências próprias com aquelas dos demais membros, e buscar, em conjunto, compatibilizar e integrar procedimentos, de modo a evitar a duplicidade de exigências e garantir a linearidade do processo, da perspectiva do usuário.

§ 1º O processo de abertura, registro, alteração e baixa da microempresa e empresa de pequeno porte, bem como qualquer exigência para o início de seu funcionamento, deverão ter trâmite especial e simplificado, preferencialmente eletrônico, opcional para o empreendedor, observado o seguinte:

▸ *Caput* do § 1º com redação pela LC 147/2014.

I – poderão ser dispensados o uso da firma, com a respectiva assinatura autógrafa, o capital, requerimentos, demais assinaturas, informações relativas ao estado civil e regime de bens, bem como remessa de documentos, na forma estabelecida pelo CGSIM; e

▸ Inciso I acrescido pela LC 139/2011.

II – *Revogado pela LC 147/2014.*

§ 2º *Revogado pela LC 139/2001.*

§ 3º Ressalvado o disposto nesta Lei Complementar, ficam reduzidos a 0 (zero) todos os custos, inclusive prévios, relativos à abertura, à inscrição, ao registro, ao funcionamento, ao alvará, à licença, ao cadastro, às alterações e procedimentos de baixa e encerramento e aos demais itens relativos ao Microempreendedor Individual, incluindo os valores referentes a taxas, emolumentos e a demais contribuições relativas aos órgãos de registro, de licenciamento, sindicais, de regulamentação, de anotação de responsabilidade técnica, de vistoria e de fiscalização do exercício de profissões regulamentadas.

▸ § 3º com redação pela LC 147/2014.

§ 3º-A. O agricultor familiar, definido conforme a Lei 11.326, de 24 de julho de 2006, e identificado pela Declaração de Aptidão ao PRONAF – DAP física ou jurídica, bem como o MEI e o empreendedor de economia solidária ficam isentos de taxas e outros valores relativos à fiscalização da vigilância sanitária.

▸ § 3º-A acrescido pela LC 147/2014.

§ 4º No caso do MEI, de que trata o art. 18-A desta Lei Complementar, a cobrança associativa ou oferta de serviços privados relativos a atos de que trata o § 3º deste artigo somente poderá ser efetuada a partir de demanda prévia do próprio MEI, firmado por meio de contrato com assinatura autógrafa, observando-se que:

▸ § 4º acrescido pela LC 147/2014.

I – para a emissão de boletos de cobrança, os bancos públicos e privados deverão exigir das instituições sindicais e associativas autorização prévia específica a ser emitida pelo CGSIM;

II – o desrespeito ao disposto neste parágrafo configurará vantagem ilícita pelo induzimento ao erro em prejuízo do MEI, aplicando-se as sanções previstas em lei.

§ 5º *Vetado.*

▸ § 5º acrescido pela LC 147/2014.

§ 6º Na ocorrência de fraude no registro do Microempreendedor Individual – MEI feito por terceiros, o pedido de baixa deve ser feito por meio exclusivamente eletrônico, com efeitos retroativos à data de registro, na forma a ser regulamentada pelo CGSIM, não sendo aplicáveis os efeitos do § 1º do art. 29 desta Lei Complementar.

▸ § 6º acrescido pela LC 155/2016, em vigor na data de sua publicação, produzindo efeitos a partir de 01.01.2018 (DOU 28.10.2016).

Art. 5º Os órgãos e entidades envolvidos na abertura e fechamento de empresas, dos 3 (três) âmbitos de governo, no âmbito de suas atribuições, deverão manter à disposição dos usuários, de forma presencial e pela rede mundial de computadores, informações, orientações e ins0trumentos, de forma integrada e consolidada, que permitam pesquisas prévias às etapas de registro ou inscrição, alteração e baixa de empresários e pessoas jurídicas, de modo a prover ao usuário certeza quanto à documentação exigível e quanto à viabilidade do registro ou inscrição.

Parágrafo único. As pesquisas prévias à elaboração de ato constitutivo ou de sua alteração deverão bastar a que o usuário seja informado pelos órgãos e entidades competentes:

I – da descrição oficial do endereço de seu interesse e da possibilidade de exercício da atividade desejada no local escolhido;

II – de todos os requisitos a serem cumpridos para obtenção de licenças de autorização de funcionamento, segundo a atividade pretendida, o porte, o grau de risco e a localização; e

III – da possibilidade de uso do nome empresarial de seu interesse.

Art. 6º Os requisitos de segurança sanitária, metrologia, controle ambiental e prevenção contra incêndios, para os fins de registro e legalização de empresários e pessoas jurídicas, deverão ser simplificados, racionalizados e uniformizados pelos órgãos envolvidos na abertura e fechamento de empresas, no âmbito de suas competências.

§ 1º Os órgãos e entidades envolvidos na abertura e fechamento de empresas que sejam responsáveis pela emissão de licenças e autorizações de funcionamento somente realizarão vistorias após o início de operação do estabelecimento, quando a atividade, por sua natureza, comportar grau de risco compatível com esse procedimento.

§ 2º Os órgãos e entidades competentes definirão, em 6 (seis) meses, contados da publicação desta Lei Complementar, as atividades cujo grau de risco seja considerado alto e que exigirão vistoria prévia.

§ 3º Na falta de legislação estadual, distrital ou municipal específica relativa à definição do grau de risco da atividade aplicar-se-á resolução do CGSIM.

▸ § 3º acrescido pela LC 147/2014.

§ 4º A classificação de baixo grau de risco permite ao empresário ou à pessoa jurídica a obtenção do licenciamento de atividade mediante o simples fornecimento de dados e a substituição da comprovação prévia do cumprimento de exigências e restrições por declarações do titular ou responsável.

▸ § 4º acrescido pela LC 147/2014.

§ 5º O disposto neste artigo não é impeditivo da inscrição fiscal.

▸ § 5º acrescido pela LC 147/2014.

Art. 7º Exceto nos casos em que o grau de risco da atividade seja considerado alto, os Municípios emitirão Alvará de Funcionamento Provisório, que permitirá o início de operação do estabelecimento imediatamente após o ato de registro.

Parágrafo único. Nos casos referidos no *caput* deste artigo, poderá o Município conceder Alvará de Funcionamento Provisório para o microempreendedor individual, para microempresas e para empresas de pequeno porte:

▸ *Caput* do parágrafo único acrescido pela LC 128/2008.

I – instaladas em área ou edificação desprovidas de regulação fundiária e imobiliária, inclusive habite-se; ou

▸ Inciso I com redação pela LC 147/2014.

II – em residência do microempreendedor individual ou do titular ou sócio da microempresa ou empresa de pequeno porte, na hipótese em que a atividade não gere grande circulação de pessoas.

▸ Inciso II acrescido pela LC 128/2008.

Art. 8º Será assegurado aos empresários e pessoas jurídicas:

▶ Artigo com redação pela LC 147/2014.

I – entrada única de dados e documentos;

II – processo de registro e legalização integrado entre os órgãos e entes envolvidos, por meio de sistema informatizado que garanta:

a) sequenciamento das seguintes etapas: consulta prévia de nome empresarial e de viabilidade de localização, registro empresarial, inscrições fiscais e licenciamento de atividade;

b) criação da base nacional cadastral única de empresas;

III – identificação nacional cadastral única que corresponderá ao número de inscrição no Cadastro Nacional de Pessoas Jurídicas – CNPJ.

§ 1º O sistema de que trata o inciso II do *caput* deve garantir aos órgãos e entidades integrados:

I – compartilhamento irrestrito dos dados da base nacional única de empresas;

II – autonomia na definição das regras para comprovação do cumprimento de exigências nas respectivas etapas do processo.

§ 2º A identificação nacional cadastral única substituirá para todos os efeitos as demais inscrições, sejam elas federais, estaduais ou municipais, após a implantação do sistema a que se refere o inciso II do *caput*, no prazo e na forma estabelecidos pelo CGSIM.

§ 3º É vedado aos órgãos e entidades integrados ao sistema informatizado de que trata o inciso II do *caput* o estabelecimento de exigências não previstas em lei.

§ 4º A coordenação do desenvolvimento e da implantação do sistema de que trata o inciso II do *caput* ficará a cargo do CGSIM.

Art. 9º O registro dos atos constitutivos, de suas alterações e extinções (baixas), referentes a empresários e pessoas jurídicas em qualquer órgão dos 3 (três) âmbitos de governo ocorrerá independentemente da regularidade de obrigações tributárias, previdenciárias ou trabalhistas, principais ou acessórias, do empresário, da sociedade, dos sócios, dos administradores ou de empresas de que participem, sem prejuízo das responsabilidades do empresário, dos titulares, dos sócios ou dos administradores por tais obrigações, apuradas antes ou após o ato de extinção.

▶ *Caput* com redação pela LC 147/2014.

§ 1º O arquivamento, nos órgãos de registro, dos atos constitutivos de empresários, de sociedades empresárias e de demais equiparados que se enquadrarem como microempresa ou empresa de pequeno porte bem como o arquivamento de suas alterações são dispensados das seguintes exigências:

I – certidão de inexistência de condenação criminal, que será substituída por declaração do titular ou administrador, firmada sob as penas da lei, de não estar impedido de exercer atividade mercantil ou a administração de sociedade, em virtude de condenação criminal;

II – prova de quitação, regularidade ou inexistência de débito referente a tributo ou contribuição de qualquer natureza.

§ 2º Não se aplica às microempresas e às empresas de pequeno porte o disposto no § 2º do art. 1º da Lei 8.906, de 4 de julho de 1994.

§ 3º *Revogado pela LC 147/2014.*

§ 4º A baixa do empresário ou da pessoa jurídica não impede que, posteriormente, sejam lançados ou cobrados tributos, contribuições e respectivas penalidades, decorrentes da falta do cumprimento de obrigações ou da prática comprovada e apurada em processo administrativo ou judicial de outras irregularidades praticadas pelos empresários, pelas pessoas jurídicas ou por seus titulares, sócios ou administradores.

▶ § 4º com redação pela LC 147/2014.

§ 5º A solicitação de baixa do empresário ou da pessoa jurídica importa responsabilidade solidária dos empresários, dos titulares, dos sócios e dos administradores no período da ocorrência dos respectivos fatos geradores.

▶ § 5º com redação pela LC 147/2014.

§ 6º Os órgãos referidos no *caput* deste artigo terão o prazo de 60 (sessenta) dias para efetivar a baixa nos respectivos cadastros.

▶ § 6º acrescido pela LC 128/2008.

§ 7º Ultrapassado o prazo previsto no § 6º deste artigo sem manifestação do órgão competente, presumir-se-á a baixa dos registros das microempresas e a das empresas de pequeno porte.

▶ § 7º acrescido pela LC 128/2008.

§§ 8º a 12. *Revogados pela LC 147/2014.*

Art. 10. Não poderão ser exigidos pelos órgãos e entidades envolvidos na abertura e fechamento de empresas, dos 3 (três) âmbitos de governo:

I – excetuados os casos de autorização prévia, quaisquer documentos adicionais aos requeridos pelos órgãos executores do Registro Público de Empresas Mercantis e Atividades Afins e do Registro Civil de Pessoas Jurídicas;

II – documento de propriedade ou contrato de locação do imóvel onde será instalada a sede, filial ou outro estabelecimento, salvo para comprovação do endereço indicado;

III – comprovação de regularidade de prepostos dos empresários ou pessoas jurídicas com seus órgãos de classe, sob qualquer forma, como requisito para deferimento de ato de inscrição, alteração ou baixa de empresa, bem como para autenticação de instrumento de escrituração.

Art. 11. Fica vedada a instituição de qualquer tipo de exigência de natureza documental ou formal, restritiva ou condicionante, pelos órgãos envolvidos na abertura e fechamento de empresas, dos 3 (três) âmbitos de governo, que exceda o estrito limite dos requisitos pertinentes à essência do ato de registro, alteração ou baixa da empresa.

CAPÍTULO IV
DOS TRIBUTOS E CONTRIBUIÇÕES

Seção I
Da instituição e abrangência

Art. 12. Fica instituído o Regime Especial Unificado de Arrecadação de Tributos e Contribuições devidos pelas Microempresas e Empresas de Pequeno Porte – Simples Nacional.

§ 1º Vetado.

▶ § 1º renumerado pela LC 214/2025, produzindo efeitos a partir de 1º.1.2025.

§ 2º O Simples Nacional deve observar os princípios da simplicidade, da transparência, da justiça tributária, da cooperação e integração das administrações tributárias da União, dos Estados, do Distrito Federal e dos Municípios e a defesa do meio ambiente

§ 3º A União, os Estados, o Distrito Federal e os Municípios exercerão a administração tributária do Simples Nacional de forma integrada, nos termos e limites estabelecidos pela Constituição Federal e por esta Lei Complementar.

▶ §§ 2º e 3º acrescidos pela LC 214/2025, produzindo efeitos a partir de 1º.1.2025.

Art. 13. O Simples Nacional implica o recolhimento mensal, mediante documento único de arrecadação, dos seguintes impostos e contribuições:

I – Imposto sobre a Renda da Pessoa Jurídica – IRPJ;

II – Imposto sobre Produtos Industrializados – IPI, observado o disposto no inciso XII do § 1º deste artigo;

III – Contribuição Social sobre o Lucro Líquido – CSLL;

IV – Contribuição para o Financiamento da Seguridade Social – COFINS, observado o disposto no inciso XII do § 1º deste artigo;

▶ A LC 214/2025 revoga este inciso IV, com produção de efeitos a partir de 1º.1.2027.

V – Contribuição para o PIS/PASEP, observado o disposto no inciso XII do § 1º deste artigo;

▶ A LC 214/2025 revoga este inciso V, com produção de efeitos a partir de 1º.1.2027.

VI – Contribuição Patronal Previdenciária – CPP para a Seguridade Social, a cargo da pessoa jurídica, de que trata o art. 22 da Lei 8.212, de 24 de julho de 1991, exceto no caso da microempresa e da empresa de pequeno porte que se dediquem às atividades de prestação de serviços referidas no § 5º-C do art. 18 desta Lei Complementar.

▶ Inciso VI com redação pela LC 128/2008.
▶ Art. 18, § 5º-C, desta LC.
▶ Súmula 425 do STJ.

VII – Imposto sobre Operações Relativas à Circulação de Mercadorias e Sobre Prestações de Serviços de Transporte Interestadual e Intermunicipal e de Comunicação – ICMS.

VIII – Imposto sobre Serviços de Qualquer Natureza – ISS.

▶ A LC 214/2025 revoga estes incisos VII e VIII, com produção de efeitos a partir de 1º.1.2033.
▶ A LC 214/2025 acresce os incisos IX e X, com produção de efeitos a partir de 1º.1.2027: "IX – Imposto sobre Bens e Serviços – IBS; X – Contribuição Social sobre Bens e Serviços – CBS".

§ 1º O recolhimento na forma deste artigo não exclui a incidência dos seguintes impostos ou contribuições, devidos na qualidade de contribuinte ou responsável, em relação aos quais será observada a legislação aplicável às demais pessoas jurídicas:

I – Imposto sobre Operações de Crédito, Câmbio e Seguro, ou Relativas a Títulos ou Valores Mobiliários – IOF;

II – Imposto sobre a Importação de Produtos Estrangeiros – II;

III – Imposto sobre a Exportação, para o Exterior, de Produtos Nacionais ou Nacionalizados – IE;

IV – Imposto sobre a Propriedade Territorial Rural – ITR;

▶ Inciso IV com redação pela LC 128/2008.

V – Imposto de Renda, relativo aos rendimentos ou ganhos líquidos auferidos em aplicações de renda fixa ou variável;

VI – Imposto de Renda relativo aos ganhos de capital auferidos na alienação de bens do ativo permanente;

VII – Revogado pela LC 214/2025.

VIII – Contribuição para o Fundo de Garantia do Tempo de Serviço – FGTS;

IX – Contribuição para manutenção da Seguridade Social, relativa ao trabalhador;

X – Contribuição para a Seguridade Social, relativa à pessoa do empresário, na qualidade de contribuinte individual;

▶ A LC 214/2025 dá nova redação a estes incisos IX e X, com produção de efeitos a partir de 1º.1.2027: "IX – Imposto sobre Bens e Serviços – IBS; X – Contribuição Social sobre Bens e Serviços – CBS."

XI – Imposto de Renda relativo aos pagamentos ou créditos efetuados pela pessoa jurídica a pessoas físicas;

XII – Contribuição para o PIS/PASEP, COFINS e IPI incidentes na importação de bens e serviços;

▶ A LC 214/2025 acresceu este XII-A, com produção de efeitos a partir de 1º.1.2027: "XII-A – IBS e CBS incidentes sobre: a) a importação de bens materiais ou imateriais, inclusive direitos, ou de serviços; b) vetada."

XIII – ICMS devido:

▶ A LC 214/2025 revoga este inciso XIII, com produção de efeitos a partir de 1º.1.2033.

a) nas operações sujeitas ao regime de substituição tributária, tributação concentrada em uma única etapa (monofásica) e sujeitas ao regime de antecipação do recolhimento do imposto com encerramento de tributação, envolvendo combustíveis e lubrificantes; energia elétrica; cigarros e outros produtos derivados do fumo; bebidas; óleos e azeites vegetais comestíveis; farinha de trigo e misturas de farinha de trigo; massas alimentícias; açúcares; produtos lácteos; carnes e suas preparações; preparações à base de cereais; chocolates; produtos de padaria e da indústria de bolachas e biscoitos; sorvetes e preparados para fabricação de sorvetes em máquinas; cafés e mates, seus extratos, essências e concentrados; preparações para molhos e molhos preparados; preparações de produtos vegetais; rações para animais domésticos; veículos automotivos e automotores, suas peças, componentes e acessórios; pneumáticos; câmaras de ar e protetores de borracha; medicamentos e outros produtos farmacêuticos para uso humano ou veterinário; cosméticos; produtos de perfumaria e de higiene pessoal; papéis; plásticos; canetas e malas; cimentos; cal e argamassas; produtos cerâmicos; vidros; obras de metal e plástico para construção; telhas e caixas d'água; tintas e vernizes; produtos eletrônicos, eletroeletrônicos e eletrodomésticos; fios; cabos e outros condutores; transformadores elétricos e reatores; disjuntores; interruptores e tomadas; isoladores; para-raios e lâmpadas; máquinas e aparelhos de ar-condicionado; centrifugadores de uso doméstico; aparelhos e instrumentos de pesagem de uso doméstico; extintores; aparelhos ou máquinas de barbear; máquinas de cortar o cabelo ou de tosquiar; aparelhos de depilar, com motor elétrico incorporado; aquecedores elétricos de água para uso doméstico e termômetros; ferramentas; álcool etílico; sabões em pó e líquidos para roupas; detergentes; alvejantes; esponjas; palhas de aço e amaciantes de roupas; venda de mercadorias pelo sistema porta a porta; nas operações sujeitas ao regime de substituição tributária pelas operações anteriores; e nas prestações de serviços sujeitas aos regimes de substituição tributária e de antecipação de recolhimento do imposto com encerramento de tributação;

▶ Alínea *a* com redação pela LC 147/2014.
▶ A LC 214/2025 dá nova redação a esta alínea *a*, com produção de efeitos a partir de 1º.1.2027: "a) a importação de bens materiais ou imateriais, inclusive direitos, ou de serviços;"

b) por terceiro, a que o contribuinte se ache obrigado, por força da legislação estadual ou distrital vigente;

c) na entrada, no território do Estado ou do Distrito Federal, de petróleo, inclusive lubrificantes e combustíveis líquidos e gasosos dele derivados, bem como energia elétrica, quando não destinados à comercialização ou industrialização;

d) por ocasião do desembaraço aduaneiro;

e) na aquisição ou manutenção em estoque de mercadoria desacobertada de documento fiscal;

f) na operação ou prestação desacobertada de documento fiscal;

g) nas operações com bens ou mercadorias sujeitas ao regime de antecipação do recolhimento do imposto, nas aquisições em outros Estados e Distrito Federal:

▶ *Caput* da alínea *g* com redação pela LC 128/2008.

1. com encerramento da tributação, observado o disposto no inciso IV do § 4º do art. 18 desta Lei Complementar;

▶ Item 1 acrescido pela LC 128/2008.

2. sem encerramento da tributação, hipótese em que será cobrada a diferença entre a alíquota interna e a interestadual, sendo vedada a agregação de qualquer valor;

▶ Item 2 acrescido pela LC 128/2008.

h) nas aquisições em outros Estados e no Distrito Federal de bens ou mercadorias, não sujeitas ao regime de antecipação do recolhimento do imposto, relativo à diferença entre a alíquota interna e a interestadual;

▶ Alínea *h* acrescida pela LC 128/2008.

XIV – ISS devido:

▶ A LC 214/2025 revoga este inciso XIV, com produção de efeitos a partir de1º.1.2033.

a) em relação aos serviços sujeitos à substituição tributária ou retenção na fonte;

b) na importação de serviços;

▶ A LC 214/2025 acresce o inciso XIV-A, com produção de efeitos a partir de 1º.1.2027: "XIV-A – Imposto Seletivo – IS sobre produção, extração, comercialização ou importação de bens e serviços prejudiciais à saúde ou ao meio ambiente;"

XV – demais tributos de competência da União, dos Estados, do Distrito Federal ou dos Municípios, não relacionados nos incisos anteriores.

§ 1º-A. Os valores repassados aos profissionais de que trata a Lei 12.592, de 18 de janeiro de 2012, contratados por meio de parceria, nos termos da legislação civil, não integrarão a receita bruta da empresa contratante para fins de tributação, cabendo ao contratante a retenção e o recolhimento dos tributos devidos pelo contratado.

▶ § 1º-A acrescido pela LC 155/2016, em vigor na data de sua publicação, produzindo efeitos a partir de 01.01.2018 (DOU 28.10.2016).

§ 2º Observada a legislação aplicável, a incidência do imposto de renda na fonte, na hipótese do inciso V do § 1º deste artigo, será definitiva.

§ 3º As microempresas e empresas de pequeno porte optantes pelo Simples Nacional ficam dispensadas do pagamento das demais contribuições instituídas pela União, inclusive as contribuições para as entidades privadas de serviço social e de formação profissional vinculadas ao sistema sindical, de que trata o art. 240 da Constituição Federal, e demais entidades de serviço social autônomo.

§ 4º *Vetado.*

§ 5º A diferença entre a alíquota interna e a interestadual de que tratam as alíneas g e h do inciso XIII do § 1º deste artigo será calculada tomando-se por base as alíquotas aplicáveis às pessoas jurídicas não optantes pelo Simples Nacional.

▶ § 5º acrescido pela LC 128/2008.

§ 6º O Comitê Gestor do Simples Nacional:

▶ § 6º acrescido pela LC 128/2008.

I – disciplinará a forma e as condições em que será atribuída à microempresa ou empresa de pequeno porte optante pelo Simples Nacional a qualidade de substituta tributária; e

II – poderá disciplinar a forma e as condições em que será estabelecido o regime de antecipação do ICMS previsto na alínea g do inciso XIII do § 1º deste artigo.

▶ A LC 214/2025 revoga este inciso II, com produção de efeitos a partir de1º.1.2033.

§ 7º O disposto na alínea *a* do inciso XIII do § 1º será disciplinado por convênio celebrado pelos Estados e pelo Distrito Federal, ouvidos o CGSN e os representantes dos segmentos econômicos envolvidos.

▶ § 7º acrescido pela LC 147/2014.

§ 8º Em relação às bebidas não alcoólicas, massas alimentícias, produtos lácteos, carnes e suas preparações, preparações à base de cereais, chocolates, produtos de padaria e da indústria de bolachas e biscoitos, preparações para molhos e molhos preparados, preparações de produtos vegetais, telhas e outros produtos cerâmicos para construção e detergentes, aplica-se o disposto na alínea *a* do inciso XIII do § 1º aos fabricados em escala industrial relevante em cada segmento, observado o disposto no § 7º.

▶ § 8º acrescido pela LC 147/2014.
▶ A LC 214/2025 acresce os §§ 10 e 11, com produção de efeitos a partir de 1º.1.2027: "§ 10. É facultado ao optante pelo Simples

Nacional apurar e recolher o IBS e a CBS de acordo com o regime regular aplicável a esses tributos, hipótese em que as parcelas a eles relativas não serão cobradas pelo regime único.; § 11. A opção a que se refere o § 10 será exercida para os semestres iniciados em janeiro e julho de cada ano, sendo irretratável para cada um desses períodos, devendo ser exercida nos meses de setembro e abril imediatamente anteriores a cada semestre."

Art. 13-A. Para efeito de recolhimento do ICMS e do ISS no Simples Nacional, o limite máximo de que trata o inciso II do *caput* do art. 3º será de R$ 3.600.000,00 (três milhões e seiscentos mil reais), observado o disposto nos §§ 11, 13, 14 e 15 do mesmo artigo, nos §§ 17 e 17-A do art. 18 e no § 4º do art. 19.

▶ Artigo acrescido pela LC 155/2016, em vigor na data de sua publicação, produzindo efeitos a partir de 01.01.2018 (DOU 28.10.2016).
▶ A LC 214/2025 dá nova redação a este art. 13-A, com produção de efeitos a partir de 1º.1.2027: "Art. 13-A. Para efeito de recolhimento do ICMS, do ISS e do IBS no Simples Nacional, o limite máximo de que trata o inciso II do caput do art. 3º será de R$ 3.600.000,00 (três milhões e seiscentos mil reais), observado o disposto nos §§ 9º a 15 do mesmo artigo, e nos §§ 17 a 17-C do art. 18."
▶ A LC 214/2025 dá nova redação a este artigo, com produção de efeitos a partir de 1º.1.2033: "Art. 13-A. Para efeito de recolhimento do IBS no Simples Nacional, o limite máximo de que trata o inciso II do caput do art. 3º será de R$ 3.600.000,00 (três milhões e seiscentos mil reais), observado o disposto nos §§ 9º a 15 do mesmo artigo, e nos §§ 17 e 17-A a 17-C do art. 18."

Art. 14. Consideram-se isentos do imposto de renda, na fonte e na declaração de ajuste do beneficiário, os valores efetivamente pagos ou distribuídos ao titular ou sócio da microempresa ou empresa de pequeno porte optante pelo Simples Nacional, salvo os que corresponderem a *pró-labore*, aluguéis ou serviços prestados.

§ 1º A isenção de que trata o *caput* deste artigo fica limitada ao valor resultante da aplicação dos percentuais de que trata o art. 15 da Lei 9.249, de 26 de dezembro de 1995, sobre a receita bruta mensal, no caso de antecipação de fonte, ou da receita bruta total anual, tratando-se de declaração de ajuste, subtraído do valor devido na forma do Simples Nacional no período.

§ 2º O disposto no § 1º deste artigo não se aplica na hipótese de a pessoa jurídica manter escrituração contábil e evidenciar lucro superior àquele limite.

Art. 15. *Vetado.*

Art. 16. A opção pelo Simples Nacional da pessoa jurídica enquadrada na condição de microempresa e empresa de pequeno porte dar-se-á na forma a ser estabelecida em ato do Comitê Gestor, sendo irretratável para todo o ano-calendário.

§ 1º Para efeito de enquadramento no Simples Nacional, considerar-se-á microempresa ou empresa de pequeno porte aquela cuja receita bruta no ano-calendário anterior ao da opção esteja compreendida dentro dos limites previstos no art. 3º desta Lei Complementar.

§ 1º-A. A opção pelo Simples Nacional implica aceitação de sistema de comunicação eletrônica, destinado, dentre outras finalidades, a:

▶ § 1º-A acrescido pela LC 139/2011.

I - cientificar o sujeito passivo de quaisquer tipos de atos administrativos, incluídos os relativos ao indeferimento de opção, à exclusão do regime e a ações fiscais;

II - encaminhar notificações e intimações; e

III - expedir avisos em geral.

§ 1º-B. O sistema de comunicação eletrônica de que trata o § 1º-A será regulamentado pelo CGSN, observando-se o seguinte:

▶ § 1º-B acrescido pela LC 139/2011.

I - as comunicações serão feitas, por meio eletrônico, em portal próprio, dispensando-se a sua publicação no *Diário Oficial* e o envio por via postal;

II - a comunicação feita na forma prevista no *caput* será considerada pessoal para todos os efeitos legais;

III - a ciência por meio do sistema de que trata o § 1º-A com utilização de certificação digital ou de código de acesso possuirá os requisitos de validade;

IV - considerar-se-á realizada a comunicação no dia em que o sujeito passivo efetivar a consulta eletrônica ao teor da comunicação; e

V - na hipótese do inciso IV, nos casos em que a consulta se dê em dia não útil, a comunicação será considerada como realizada no primeiro dia útil seguinte.

§ 1º-C. A consulta referida nos incisos IV e V do § 1º-B deverá ser feita em até 45 (quarenta e cinco) dias contados da data da disponibilização da comunicação no portal a que se refere o inciso I do §1º-B, ou em prazo superior estipulado pelo CGSN, sob pena de ser considerada automaticamente realizada na data do término desse prazo.

▶ § 1º-C acrescido pela LC 139/2011.

§ 1º-D. Enquanto não editada a regulamentação de que trata o § 1º-B, os entes federativos poderão utilizar sistemas de comunicação eletrônica, com regras próprias, para as finalidades previstas no § 1º-A, podendo a referida regulamentação prever a adoção desses sistemas como meios complementares de comunicação.

▶ § 1º-D acrescido pela LC 139/2011.

§ 2º A opção de que trata o *caput* deste artigo deverá ser realizada no mês de janeiro, até o seu último dia útil, produzindo efeitos a partir do primeiro dia do ano-calendário da opção, ressalvado o disposto no § 3º deste artigo.

▶ A LC 214/2025 dá nova redação a este § 2º, com produção de efeitos a partir de 1º.1.2027: "§ 2º A opção de que trata o caput deste artigo deverá ser realizada no mês de setembro, até o seu último dia útil, produzindo efeitos a partir do primeiro dia do ano-calendário seguinte ao da opção, ressalvado o disposto no § 3º deste artigo."

§ 3º A opção produzirá efeitos a partir da data do início de atividade, desde que exercida nos termos, prazo e condições a serem estabelecidos no ato do Comitê Gestor a que se refere o *caput* deste artigo.

§ 4º Serão consideradas inscritas no Simples Nacional, em 1º de julho de 2007, as microempresas e empresas de pequeno porte regularmente optantes pelo regime tributário de que trata a Lei 9.317, de 5 de dezembro de 1996, salvo as que estiverem impedidas de optar por alguma vedação imposta por esta Lei Complementar.

▶ § 4º com redação pela LC 127/2007.
▶ A mencionada Lei 9.317/1996 foi revogada pelo art. 89 desta LC.

§ 5º O Comitê Gestor regulamentará a opção automática prevista no § 4º deste artigo.

§ 6º O indeferimento da opção pelo Simples Nacional será formalizado mediante ato da Administração Tributária segundo regulamentação do Comitê Gestor.

▶ Art. 3º, IV, do Dec. 6.038/2007 (Comitê Gestor de Tributação das Microempresas e Empresas de Pequeno Porte).

Seção II
Das vedações ao ingresso no simples nacional

Art. 17. Não poderão recolher os impostos e contribuições na forma do Simples Nacional a microempresa ou empresa de pequeno porte:

▶ *Caput* com redação pela LC 167/2019.

I - que explore atividade de prestação cumulativa e contínua de serviços de assessoria creditícia, gestão de crédito, seleção e riscos, administração de contas a pagar e a receber, gerenciamento de ativos (*asset management*) ou compra de direitos creditórios resultantes de vendas mercantis a prazo ou de prestação de serviços (*factoring*) ou que execute operações de empréstimo, de financiamento e de desconto de títulos de crédito, exclusivamente com recursos próprios, tendo como contrapartes microempreendedores individuais, microempresas e empresas de pequeno porte, inclusive sob a forma de empresa simples de crédito;

▶ Inciso I com redação pela LC 167/2019.

II – cujo titular ou sócio seja domiciliado no exterior;

▶ Inciso II com redação pela LC 214/2025, produzindo efeitos a partir de 1º.1.2025.

III - de cujo capital participe entidade da administração pública, direta ou indireta, federal, estadual ou municipal;

IV - *Revogado.*

V - que possua débito com o Instituto Nacional do Seguro Social – INSS, ou com as Fazendas Públicas Federal, Estadual ou Municipal, cuja exigibilidade não esteja suspensa;

▶ Art. 31, IV e § 2º, desta LC.

VI - que preste serviço de transporte intermunicipal e interestadual de passageiros, exceto quando na modalidade fluvial ou quando possuir características de transporte urbano ou metropolitano ou realizar-se sob fretamento contínuo em área metropolitana para o transporte de estudantes ou trabalhadores;

▶ Inciso VI com redação pela LC 147/2014.

VII - que seja geradora, transmissora, distribuidora ou comercializadora de energia elétrica;

VIII - que exerça atividade de importação ou fabricação de automóveis e motocicletas;

IX - que exerça atividade de importação de combustíveis;

X - que exerça atividade de produção ou venda no atacado de:

▶ Inciso X com redação pela LC 128/2008.

a) cigarros, cigarrilhas, charutos, filtros para cigarros, armas de fogo, munições e pólvoras, explosivos e detonantes;

b) bebidas não alcoólicas a seguir descritas:

▶ Alínea *b* com redação pela LC 155/2016, em vigor na data de sua publicação, produzindo efeitos a partir de 01.01.2018 *(DOU 28.10.2016).*

1 – Revogado pela LC 155/2016, em vigor a partir de 01.01.2018 (DOU 28.10.2016).

2 – Revogado pela LC 147/2014;

3 – Revogado pela LC 147/2014;

4 – cervejas sem álcool;

c) bebidas alcoólicas, exceto aquelas produzidas ou vendidas no atacado por:

▶ Alínea *c* acrescida pela LC 155/2016, em vigor na data de sua publicação, produzindo efeitos a partir de 01.01.2018 *(DOU 28.10.2016).*

1. micro e pequenas cervejarias;

2. micro e pequenas vinícolas;

3. produtores de licores;

4. micro e pequenas destilarias;

XI – *Revogado pela LC 147/2014,* em vigor na data de sua publicação, produzindo efeitos a partir de 1º de janeiro do primeiro ano subsequente ao da publicação desta Lei Complementar *(DOU 08.08.2014);*

XII – que realize cessão ou locação de mão de obra;

XIII – *Revogado pela LC 147/2014.*

XIV – que se dedique ao loteamento e à incorporação de imóveis;

XV – que realize atividade de locação de imóveis próprios;

▶ Inciso XV com redação pela LC 214/2025, produzindo efeitos a partir de 1º.1.2025.

XVI – com ausência de inscrição ou com irregularidade em cadastro fiscal federal, municipal ou estadual, quando exigível.

▶ Inciso XVI acrescido pela LC 139/2011.

§ 1º As vedações relativas a exercício de atividades previstas no *caput* deste artigo não se aplicam às pessoas jurídicas que se dediquem exclusivamente às atividades referidas nos §§ 5º-B a 5º-E do art. 18 desta Lei Complementar, ou as exerçam em conjunto com outras atividades que não tenham sido objeto de vedação no *caput* deste artigo.

I a XXI – *Revogados pela LC 128/2008.*

XXII – *Vetado.*

XXIII a XXVII – *Revogados pela LC 128/2008.*

XXVIII – *Vetado.*

§ 2º Também poderá optar pelo Simples Nacional a microempresa ou empresa de pequeno porte que se dedique à prestação de outros serviços que não tenham sido objeto de vedação expressa neste artigo, desde que não incorra em nenhuma das hipóteses de vedação previstas nesta Lei Complementar.

▶ § 2º com redação pela LC 127/2007.
▶ Arts. 13, VI, e 18, § 5º, desta LC.

§ 3º *Vetado.*

§ 4º Na hipótese do inciso XVI do *caput*, deverá ser observado, para o MEI, o disposto no art. 4º desta Lei Complementar.

▶ 4º acrescido pela LC 139/2011.

§ 5º As empresas que exerçam as atividades previstas nos itens da alínea *c* do inciso X do *caput* deste artigo deverão obrigatoriamente ser registradas no Ministério da Agricultura, Pecuária e Abastecimento e obedecerão também à regulamentação da Agência Nacional de Vigilância Sanitária e da Secretaria da Receita Federal do Brasil quanto à produção e à comercialização de bebidas alcoólicas.

▶ § 5º acrescido pela LC 155/2016, em vigor na data de sua publicação, produzindo efeitos a partir de 01.01.2018 *(DOU 28.10.2016).*

Seção III
Das alíquotas e base de cálculo

Art. 18. O valor devido mensalmente pela microempresa ou empresa de pequeno porte optante pelo Simples Nacional será determinado mediante aplicação das alíquotas efetivas, calculadas a partir das alíquotas nominais constantes das tabelas dos Anexos I a V desta Lei Complementar, sobre a base de cálculo que trata o § 3º deste artigo, observado o disposto no § 15 do art. 3º.

▶ *Caput* com redação pela LC 155/2016, em vigor na data de sua publicação, produzindo efeitos a partir de 01.01.2018 *(DOU 28.10.2016).*
▶ Arts. 19 e 21 desta LC.

§ 1º Para efeito de determinação da alíquota nominal, o sujeito passivo utilizará a receita bruta acumulada nos doze meses anteriores ao do período de apuração.

▶ § 1º com redação pela LC 155/2016, em vigor na data de sua publicação, produzindo efeitos a partir de 01.01.2018 *(DOU 28.10.2016).*

▶ A LC 214/2025 dá nova redação a este § 1º, com produção de efeitos a partir de 1º.1.2027: "§ 1º Para fins de determinação da alíquota nominal, o sujeito passivo utilizará a receita bruta acumulada nos doze meses antecedentes ao mês anterior ao do período de apuração."

§ 1º-A. A alíquota efetiva é o resultado de: $\dfrac{RBT12 \times Aliq - PD}{RBT12}$, em que:

▶ § 1º-A acrescido pela LC 155/2016, em vigor na data de sua publicação, produzindo efeitos a partir de 01.01.2018 *(DOU 28.10.2016).*

I – RBT12: receita bruta acumulada nos doze meses anteriores ao período de apuração;

▶ A LC 214/2025 dá nova redação a este inciso I, com produção de efeitos a partir de 1º.1.2027: "I – RBT12: receita bruta acumulada nos doze meses antecedentes ao mês anterior ao do período de apuração; "

II – Aliq: alíquota nominal constante dos Anexos I a V desta Lei Complementar;

III – PD: parcela a deduzir constante dos Anexos I a V desta Lei Complementar.

§ 1º-B. Os percentuais efetivos de cada tributo serão calculados a partir da alíquota efetiva, multiplicada pelo percentual de repartição constante dos Anexos I a V desta Lei Complementar, observando-se que:

▶ § 1º-B acrescido pela LC 155/2016, em vigor na data de sua publicação, produzindo efeitos a partir de 01.01.2018 *(DOU 28.10.2016).*

I – o percentual efetivo máximo destinado ao ISS será de 5% (cinco por cento), transferindo-se eventual diferença, de forma proporcional, aos tributos federais da mesma faixa de receita bruta anual;

II – eventual diferença centesimal entre o total dos percentuais e a alíquota efetiva será transferida para o tributo com maior percentual de repartição na respectiva faixa de receita bruta.

§ 1º-C. Na hipótese de transformação, extinção, fusão ou sucessão dos tributos referidos nos incisos IV e V do art. 13, serão mantidas as alíquotas nominais e efetivas previstas neste artigo e nos Anexos I a V desta Lei Complementar, e lei ordinária disporá sobre a repartição dos valores arrecadados para os tributos federais, sem alteração no total dos percentuais de repartição a eles devidos, e mantidos os percentuais de repartição destinados ao ICMS e ao ISS.

▶ § 1º-C acrescido pela LC 155/2016, em vigor na data de sua publicação, produzindo efeitos a partir de 01.01.2018 *(DOU 28.10.2016).*

§ 2º Em caso de início de atividade, os valores de receita bruta acumulada constantes dos Anexos I a V desta Lei Complementar devem ser proporcionalizados ao número de meses de atividade no período.

▶ § 2º com redação pela LC 155/2016, em vigor na data de sua publicação, produzindo efeitos a partir de 01.01.2018 *(DOU 28.10.2016).*

§ 3º Sobre a receita bruta auferida no mês incidirá a alíquota efetiva determinada na forma do *caput* e dos §§ 1º, 1º-A e 2º deste artigo, podendo tal incidência se dar, à opção do contribuinte, na forma regulamentada pelo Comitê Gestor, sobre a receita recebida no mês, sendo essa opção irretratável para todo o ano-calendário.

▶ § 3º com redação pela LC 155/2016, em vigor na data de sua publicação, produzindo efeitos a partir de 01.01.2018 *(DOU 28.10.2016).*
▶ A LC 214/2025 dá nova redação a este § 3º, com produção de efeitos a partir de 1º.1.2027: "§ 3º Sobre a receita bruta auferida no mês incidirá a alíquota efetiva determinada na forma do caput e dos §§ 1º, 1º-A e 2º."
▶ Art. 3º, V, do Dec. 6.038/2007 (Comitê Gestor de Tributação das Microempresas de Pequeno Porte).

§ 4º O contribuinte deverá considerar, destacadamente, para fim de pagamento, as receitas decorrentes da:

▶ § 4º com redação pela LC 147/2014.

I – revenda de mercadorias, que serão tributadas na forma do Anexo I desta Lei Complementar;

▶ A LC 214/2025 dá nova redação a este inciso I, com produção de efeitos a partir de 1º.1.2027: "I – revenda de mercadorias e da venda de mercadorias industrializadas pelo contribuinte, que serão tributadas na forma do Anexo I desta Lei Complementar, observado o inciso II;"

II – venda de mercadorias industrializadas pelo contribuinte, que serão tributadas na forma do Anexo II desta Lei Complementar;

▶ A LC 214/2025 dá nova redação a este inciso II, com produção de efeitos a partir de 1º.1.2027: "II – venda de mercadorias industrializadas pelo contribuinte sujeitas ao IPI mantido nos termos da alínea "a" do inciso III do art. 126 do Ato das Disposições Constitucionais Transitórias da Constituição Federal, de 1988, que serão tributadas na forma do Anexo II desta Lei Complementar;"

III – prestação de serviços de que trata o § 5º-B deste artigo e dos serviços vinculados à locação de bens imóveis e corretagem de imóveis desde que observado o disposto no inciso XV do art. 17, que serão tributados na forma do Anexo III desta Lei Complementar;

▶ Súmula 423 do STJ.

IV – prestação de serviços de que tratam os §§ 5º-C a 5º-F e 5º-I deste artigo, que serão tributadas na forma prevista naqueles parágrafos;

▶ Súmula 423 do STJ.

V – locação de bens móveis, que serão tributadas na forma do Anexo III desta Lei Complementar, deduzida a parcela correspondente ao ISS;

▶ Súmula 423 do STJ.

VI – atividade com incidência simultânea de IPI e de ISS, que serão tributadas na forma do Anexo II desta Lei Complementar, deduzida a parcela correspondente ao ICMS e acrescida a parcela correspondente ao ISS prevista no Anexo III desta Lei Complementar;

VII – comercialização de medicamentos e produtos magistrais produzidos por manipulação de fórmulas: O art. 13 da LC 147/2014, determina que ficam convalidados os atos referentes à apuração e ao recolhimento dos impostos e contribuições da União, dos Estados, do Distrito Federal e dos Municípios mediante regime previsto na LC 123/2006, e alterações posteriores, inclusive em relação às obrigações acessórias, pelas empresas que desenvolveram as atividades de comercialização de medicamentos produzidos por manipulação de fórmulas magistrais, até a data de publicação desta Lei Complementar.

a) sob encomenda para entrega posterior ao adquirente, em caráter pessoal, mediante prescrições de profissionais habilitados ou indicação pelo farmacêutico, produzidos no próprio estabelecimento após o atendimento inicial, que serão tributadas na forma do Anexo III desta Lei Complementar;

b) nos demais casos, quando serão tributadas na forma do Anexo I desta Lei Complementar.

§ 4º-A. O contribuinte deverá segregar, também, as receitas:

▶ § 4º-A acrescido pela LC 147/2014.

I – decorrentes de operações ou prestações sujeitas à tributação concentrada em uma única etapa (monofásica), bem como, em relação ao ICMS, que o imposto já tenha sido recolhido por substituto tributário ou por antecipação tributária com encerramento de tributação;

▶ A LC 214/2025 dá nova redação a este inciso I, com produção de efeitos a partir de 1º.1.2027: "I – decorrentes de operações ou prestações sujeitas à tributação concentrada em uma única etapa (monofásica), bem como, em relação ao ICMS, ao IBS e à CBS, que o imposto já tenha sido recolhido por substituto tributário ou por antecipação tributária com encerramento de tributação;"

II – sobre as quais houve retenção de ISS na forma do § 6º deste artigo e § 4º do art. 21 desta Lei Complementar, ou, na hipótese do § 22-A deste artigo, seja devido em valor fixo ao respectivo município;

III – sujeitas à tributação em valor fixo ou que tenham sido objeto de isenção ou redução de ISS ou de ICMS na forma prevista nesta Lei Complementar;

IV – decorrentes da exportação para o exterior, inclusive as vendas realizadas por meio de comercial exportadora ou da sociedade de propósito específico prevista no art. 56 desta Lei Complementar;

V – sobre as quais o ISS seja devido a Município diverso do estabelecimento prestador, quando será recolhido no Simples Nacional.

§ 5º As atividades industriais serão tributadas na forma do Anexo II desta Lei Complementar.

▶ § 5º com redação pela LC 128/2008.
▶ A LC 214/2025 dá nova redação a este § 5º, com produção de efeitos a partir de 1º.1.2027: "§ 5º As atividades industriais serão tributadas na forma do Anexo I desta Lei Complementar, ressalvada a venda de mercadorias industrializadas pelo contribuinte sujeitas ao IPI mantido nos termos da alínea "a" do inciso III do art. 126 do Ato das Disposições Constitucionais Transitórias da Constituição Federal, de 1988, que serão tributadas na forma do Anexo II desta Lei Complementar."

I a VII – *Revogados.*

§ 5º-A. *Revogado pela LC 147/2014.*

§ 5º-B. Sem prejuízo do disposto no § 1º do art. 17 desta Lei Complementar, serão tributadas na forma do Anexo III desta Lei Complementar as seguintes atividades de prestação de serviços:

▶ *Caput* do § 5º-B com redação pela LC 128/2008.
▶ Súmula 448 do STJ.

I – creche, pré-escola e estabelecimento de ensino fundamental, escolas técnicas, profissionais e de ensino médio, de línguas estrangeiras, de artes, cursos técnicos de pilotagem, preparatórios para concursos, gerenciais e escolas livres, exceto as previstas nos incisos II e III do § 5º-D deste artigo;

▶ Inciso I com redação pela LC 128/2008.
▶ Súmula 448 do STJ.

II – agência terceirizada de correios;
▸ Inciso II acrescido pela LC 128/2008.

III – agência de viagem e turismo;
▸ Inciso III acrescido pela LC 128/2008.

IV – centro de formação de condutores de veículos automotores de transporte terrestre de passageiros e de carga;
▸ Inciso IV acrescido pela LC 128/2008.

V – agência lotérica;
▸ Inciso V acrescido pela LC 128/2008.

VI a VIII – *Revogados pela LC 128/2008.*

IX – serviços de instalação, de reparos e de manutenção em geral, bem como de usinagem, solda, tratamento e revestimento em metais;
▸ Inciso IX com redação pela LC 128/2008.

X a XII – *Revogados pela LC 128/2008.*

XIII – transporte municipal de passageiros;
▸ Inciso XIII com redação pela LC 128/2008.

XIV – escritórios de serviços contábeis, observado o disposto nos §§ 22-B e 22-C deste artigo;
▸ Inciso XVI acrescido pela LC 128/2008.

XV – produções cinematográficas, audiovisuais, artísticas e culturais, sua exibição ou apresentação, inclusive no caso de música, literatura, artes cênicas, artes visuais, cinematográficas e audiovisuais;
▸ Inciso XV acrescido pela LC 133/2009.

XVI – fisioterapia;
▸ Inciso XVI acrescido pela LC 147/2014.

XVII – corretagem de seguros;
▸ Inciso XVII acrescido pela LC 147/2014.

XVIII – arquitetura e urbanismo;
▸ Inciso XVIII acrescido pela LC 155/2016, em vigor na data de sua publicação, produzindo efeitos a partir de 01.01.2018 (DOU 28.10.2016).

XIX – medicina, inclusive laboratorial, e enfermagem;
▸ Inciso XIX acrescido pela LC 155/2016, em vigor na data de sua publicação, produzindo efeitos a partir de 01.01.2018 (DOU 28.10.2016).

XX – odontologia e prótese dentária;
▸ Inciso XX acrescido pela LC 155/2016, em vigor na data de sua publicação, produzindo efeitos a partir de 01.01.2018 (DOU 28.10.2016).

XXI – psicologia, psicanálise, terapia ocupacional, acupuntura, podologia, fonoaudiologia, clínicas de nutrição e de vacinação e bancos de leite.
▸ Inciso XXI acrescido pela LC 155/2016, em vigor na data de sua publicação, produzindo efeitos a partir de 01.01.2018 (DOU 28.10.2016).

§ 5º-C. Sem prejuízo do disposto no § 1º do art. 17 desta Lei Complementar, as atividades de prestação de serviços seguintes serão tributadas na forma do Anexo IV desta Lei Complementar, hipótese em que não estará incluída no Simples Nacional a contribuição prevista no inciso VI do *caput* do art. 13 desta Lei Complementar, devendo ela ser recolhida segundo a legislação prevista para os demais contribuintes ou responsáveis:
▸ *Caput* do § 5º-C com redação pela LC 128/2008.

I – construção de imóveis e obras de engenharia em geral, inclusive sob a forma de subempreitada, execução de projetos e serviços de paisagismo, bem como decoração de interiores;
▸ Inciso I com redação pela LC 128/2008.

II a V – *Revogados pela LC 128/2008.*

VI – serviço de vigilância, limpeza ou conservação;
▸ Inciso VI com redação pela LC 128/2008.

VII – serviços advocatícios.
▸ Inciso VII acrescido pela LC 147/2014.

§ 5º-D. Sem prejuízo do disposto no § 1º do art. 17 desta Lei Complementar, as seguintes atividades de prestação de serviços serão tributadas na forma do Anexo III desta Lei Complementar:
▸ *Caput* do § 5º-D com redação pela LC 155/2016, em vigor na data de sua publicação, produzindo efeitos a partir de 01.01.2018 (DOU 28.10.2016).

I – administração e locação de imóveis de terceiros;
▸ Inciso I com redação pela LC 147/2014.

II – academias de dança, de capoeira, de ioga e de artes marciais;
▸ Inciso II com redação pela LC 128/2008.

III – academias de atividades físicas, desportivas, de natação e escolas de esportes;
▸ Inciso III acrescido pela LC 128/2008.

IV – elaboração de programas de computadores, inclusive jogos eletrônicos, desde que desenvolvidos em estabelecimento do optante;
▸ Inciso IV acrescido pela LC 128/2008.

V – licenciamento ou cessão de direito de uso de programas de computação;
▸ Inciso V acrescido pela LC 128/2008.

VI – planejamento, confecção, manutenção e atualização de páginas eletrônicas, desde que realizados em estabelecimento do optante;
▸ Inciso VI acrescido pela LC 128/2008.

VII e VIII – *Revogados pela LC 128/2008.*

IX – empresas montadoras de estandes para feiras;
▸ Inciso IX acrescido pela LC 128/2008.

X e XI – *Revogados pela LC 133/2009, em vigor na data de sua publicação, produzindo efeitos a partir do primeiro dia do mês seguinte à sua publicação oficial (DOU 29.12.2009).*

XII – laboratórios de análises clínicas ou de patologia clínica;
▸ Inciso XII acrescido pela LC 128/2008.

XIII – serviços de tomografia, diagnósticos médicos por imagem, registros gráficos e métodos óticos, bem como ressonância magnética;
▸ Inciso XIII acrescido pela LC 128/2008.

XIV – serviços de prótese em geral.
▸ Inciso XIV acrescido pela LC 128/2008.

§ 5º-E. Sem prejuízo do disposto no § 1º do art. 17 desta Lei Complementar, as atividades de prestação de serviços de comunicação e de transportes interestadual e intermunicipal de cargas, e de transportes autorizados no inciso VI do *caput* do art. 17, inclusive na modalidade fluvial, serão tributadas na forma do Anexo III, deduzida a parcela correspondente ao ISS e acrescida a parcela correspondente ao ICMS prevista no Anexo I.
▸ § 5º-E com redação pela LC 147/2014.
▸ A LC 214/2025 revoga este § 5º-E, com produção de efeitos a partir de 1º.1.2033.

§ 5º-F. As atividades de prestação de serviços referidas no § 2º do art. 17 desta Lei Complementar serão tributadas na forma do Anexo III desta Lei Complementar, salvo se, para alguma dessas atividades, houver previsão expressa de tributação na forma dos Anexos IV ou V desta Lei Complementar.
▸ § 5º-F com redação pela LC 155/2016, em vigor na data de sua publicação, produzindo efeitos a partir de 01.01.2018 (DOU 28.10.2016).

§ 5º-G. *Revogado pela LC 147/2014.*

§ 5º-H. A vedação de que trata o inciso XII do *caput* do art. 17 desta Lei Complementar não se aplica às atividades referidas no § 5º-C deste artigo.
▸ § 5º-H com redação pela LC 128/2008.

§ 5º-I. Sem prejuízo do disposto no § 1º do art. 17 desta Lei Complementar, as seguintes atividades de prestação de serviços serão tributadas na forma do Anexo V desta Lei Complementar:
▸ § 5º-I com redação pela LC 155/2016, em vigor na data de sua publicação, produzindo efeitos a partir de 01.01.2018 (DOU 28.10.2016).

I – *Revogado pela LC 155/2016).*

II – medicina veterinária;

III – *Revogado pela LC 155/2016).*

IV – *Revogado pela LC 155/2016).*

V – serviços de comissaria, de despachantes, de tradução e de interpretação;

VI – engenharia, medição, cartografia, topografia, geologia, geodésia, testes, suporte e análises técnicas e tecnológicas, pesquisa, design, desenho e agronomia;
▸ Inciso VI com redação pela LC 155/2016, em vigor na data de sua publicação, produzindo efeitos a partir de 01.01.2018 (DOU 28.10.2016).

VII – representação comercial e demais atividades de intermediação de negócios e serviços de terceiros;

VIII – perícia, leilão e avaliação;

IX – auditoria, economia, consultoria, gestão, organização, controle e administração;

X – jornalismo e publicidade;

XI – agenciamento, exceto de mão de obra;

XII – outras atividades do setor de serviços que tenham por finalidade a prestação de serviços decorrentes do exercício de atividade intelectual, de natureza técnica, científica, desportiva, artística ou cultural, que constitua profissão regulamentada ou não, desde que não sujeitas à tributação na forma dos Anexos III ou IV desta Lei Complementar.
▸ Inciso XII com redação pela LC 155/2016, em vigor na data de sua publicação, produzindo efeitos a partir de 01.01.2018 (DOU 28.10.2016).

§ 5º-J. As atividades de prestação de serviços a que se refere o § 5º-I serão tributadas na forma do Anexo III desta Lei Complementar caso a razão entre a folha de salários e a receita bruta da pessoa jurídica seja igual ou superior a 28% (vinte e oito por cento).
▸ § 5º-J acrescido pela LC 155/2016, em vigor na data de sua publicação, produzindo efeitos a partir de 01.01.2018 (DOU 28.10.2016).

§ 5º-K. Para o cálculo da razão a que se referem os §§ 5º-J e 5º-M, serão considerados, respectivamente, os montantes pagos e auferidos nos doze meses anteriores ao período de apuração para fins de enquadramento no regime tributário do Simples Nacional.
▸ § 5º-K acrescido pela LC 155/2016, em vigor na data de sua publicação, produzindo efeitos a partir de 01.01.2018 (DOU 28.10.2016).
▸ A LC 214/2025 dá nova redação a este § 5º-K, com produção de efeitos a partir de 1º.1.2027: "§ 5º-K. Para o cálculo da razão a que se referem os §§ 5º-J e 5º-M, serão considerados, respectivamente, os montantes pagos e auferidos nos doze meses antecedentes ao mês anterior ao do período de apuração para fins de enquadramento no regime tributário do Simples Nacional."

§ 5º-L. Vetado.

§ 5º-M. Quando a relação entre a folha de salários e a receita bruta da microempresa ou da empresa de pequeno porte for inferior a 28% (vinte e oito por cento), serão tributadas na forma do Anexo V desta Lei Complementar as atividades previstas:
▸ § 5º-M acrescido pela LC 155/2016, em vigor na data de sua publicação, produzindo efeitos a partir de 01.01.2018 (DOU 28.10.2016).

I – nos incisos XVI, XVIII, XIX, XX e XXI do § 5º-B deste artigo;

II – no § 5º-D deste artigo.

§ 6º No caso dos serviços previstos no § 2º do art. 6º da Lei Complementar 116, de 31 de julho de 2003, prestados pelas microempresas e pelas empresas de pequeno porte, o tomador do serviço deverá reter o montante correspondente na forma da legislação do município onde estiver localizado, observado o disposto no §4º do art. 21 desta Lei Complementar.
▸ § 6º com redação pela LC 128/2008.

§ 7º A sociedade de propósito específico de que trata o art. 56 desta Lei Complementar que houver adquirido mercadorias de microempresa ou empresa de pequeno porte que seja sua sócia, bem como a empresa comercial exportadora que houver adquirido mercadorias ou serviços de empresa optante pelo Simples Nacional, com o fim específico de exportação para o exterior, que, no prazo de 180 (cento e oitenta) dias, contado da data da emissão da nota fiscal pela vendedora, não comprovar o seu embarque para o exterior ficará sujeita ao pagamento de todos os impostos e contribuições que deixaram de ser pagos pela empresa vendedora, acrescidos de juros de mora e multa, de mora ou de ofício, calculados na forma da legislação relativa à cobrança do tributo não pago, aplicável à sociedade de propósito específico ou à própria comercial exportadora.
▸ § 7º com redação pela LC 147/2014.

§ 8º Para efeito do disposto no § 7º deste artigo, considera-se vencido o prazo para o pagamento na data em que a empresa vendedora deveria fazê-lo, caso a venda houvesse sido efetuada para o mercado interno.

§ 9º Relativamente à contribuição patronal previdenciária, devida pela vendedora, a sociedade de propósito específico de que trata o art. 56 desta Lei Complementar ou a comercial exportadora deverão recolher, no prazo previsto no § 8º deste artigo, o valor correspondente a 11% (onze por cento) do valor das mercadorias não exportadas nos termos do § 7º deste artigo.
▸ § 9º com redação pela LC 128/2008.

§ 10. Na hipótese do § 7º deste artigo, a sociedade de propósito específico de que trata o art. 56 desta Lei Complementar ou a empresa comercial exportadora não poderão deduzir do montante devido qualquer valor a título de crédito de Imposto sobre Produtos Industrializados – IPI da Contribuição para o PIS/PASEP ou da COFINS, decorrente da aquisição das mercadorias e serviços objeto da incidência.
▸ § 10 com redação pela LC 128/2008.
▸ A LC 214/2025 dá nova redação a este § 10, com produção de efeitos a partir de 1º.1.2027: "§ 10. Na hipótese do § 7º, a sociedade de propósito específico de que trata o art. 56 desta Lei Complementar ou a empresa comercial exportadora não poderão deduzir do montante devido qualquer valor a título de crédito de IPI, IBS e CBS, decorrente da aquisição das mercadorias e serviços objeto da incidência."

§ 11. Na hipótese do § 7º deste artigo, a sociedade de propósito específico ou a empresa comercial exportadora deverão pagar, também, os impostos e contribuições devidos nas vendas para o mercado interno, caso, por qualquer forma, tenham alienado ou utilizado as mercadorias.
▸ § 11 com redação pela LC 128/2008.

§ 12. Na apuração do montante devido no mês relativo a cada tributo, para o contribuinte que apure receitas mencionadas nos incisos I a III e V do § 4º-A deste artigo, serão consideradas as reduções relativas aos tributos já recolhidos, ou sobre os quais tenha havido tributação monofásica, isenção, redução ou, no caso

do ISS, que o valor tenha sido objeto de retenção ou seja devido diretamente ao Município.

> ▸ § 12 com redação pela LC 147/2014.

§ 13. Para efeito de determinação da redução de que trata o § 12 deste artigo, as receitas serão discriminadas em comerciais, industriais ou de prestação de serviços, na forma dos Anexos I, II, III, IV e V desta Lei Complementar.

> ▸ § 13 com redação pela LC 155/2016, em vigor na data de sua publicação, produzindo efeitos a partir de 01.01.2018 *(DOU 28.10.2016).*

§ 14. A redução no montante a ser recolhido no Simples Nacional relativo aos valores das receitas decorrentes da exportação de que trata o inciso IV do § 4º-A deste artigo corresponderá tão somente às alíquotas efetivas relativas à COFINS, à Contribuição para o PIS/PASEP, ao IPI, ao ICMS e ao ISS, apuradas com base nos Anexos I a V desta Lei Complementar.

> ▸ *Caput* do § 14 com redação pela LC 155/2016, em vigor na data de sua publicação, produzindo efeitos a partir de 01.01.2018 *(DOU 28.10.2016).*
> ▸ *A LC 214/2025 dá nova redação a este § 14, com produção de efeitos a partir de 1º.1.2027: "§ 14. Observado o disposto no § 14-A, a redução no montante a ser recolhido no Simples Nacional relativo aos valores das receitas decorrentes da exportação de que trata o inciso IV do § 4º-A deste artigo também corresponderá às alíquotas efetivas relativas ao ICMS e ao ISS, apuradas com base nos Anexos I a V desta Lei Complementar.*
> ▸ *A LC 214/2025 revoga este § 14 , com produção de efeitos a partir de 1º.1.2033.*

I e II – *Revogados pela LC 147/2014.*

> ▸ *A LC 214/2025 acresce este art. 14-A, com produção de efeitos em 1º.1.2027: "§ 14-A. A redução no montante a ser recolhido no Simples Nacional relativo aos valores das receitas decorrentes da exportação de que trata o inciso IV do § 4º-A deste artigo corresponderá às alíquotas efetivas relativas ao IPI, ao IBS e à CBS, apuradas com base nos Anexos I a V desta Lei Complementar."*

§ 15. Será disponibilizado sistema eletrônico para realização do cálculo simplificado do valor mensal devido referente ao Simples Nacional.

§ 15-A. As informações prestadas no sistema eletrônico de cálculo de que trata o § 15:

> ▸ § 15-A acrescido pela LC 139/2011.
> ▸ A LC 214/2025 revoga o § 15-A, com produção de efeitos a partir de1º.1.2027.

I – têm caráter declaratório, constituindo confissão de dívida e instrumento hábil e suficiente para a exigência dos tributos e contribuições que não tenham sido recolhidos resultantes das informações nele prestadas; e

II – deverão ser fornecidas à Secretaria da Receita Federal do Brasil até o vencimento do prazo para pagamento dos tributos devidos no Simples Nacional em cada mês, relativamente aos fatos geradores ocorridos no mês anterior.

§ 16. Na hipótese do § 12 do art. 3º, a parcela de receita bruta que exceder o montante determinado no § 10 daquele artigo estará sujeita às alíquotas máximas previstas nos Anexos I a V desta Lei Complementar, proporcionalmente, conforme o caso.

> ▸ § 16 com redação pela LC 155/2016, em vigor na data de sua publicação, produzindo efeitos a partir de 01.01.2018 *(DOU 28.10.2016).*
> ▸ A LC 214/2025 dá nova redação a este § 16, com produção de efeitos a partir de 1º.1.2027: "§ 16. Na hipótese do § 12 do art. 3º, a parcela de receita bruta que exceder o montante determinado no § 10 daquele artigo será tributada conjuntamente com a parcela que não o exceder, conforme alíquotas efetivas de que trata o § 1º-A."

§ 16-A. O disposto no § 16 aplica-se, ainda, às hipóteses de que trata o § 9º do art. 3º, a partir do mês em que ocorrer o excesso do limite da receita bruta anual e até o mês anterior aos efeitos da exclusão.

> ▸ § 16-A acrescido pela LC 139/2011.

§ 17. Na hipótese do § 13 do art. 3º, a parcela de receita bruta que exceder os montantes determinados no § 11 daquele artigo estará sujeita, em relação aos percentuais aplicáveis ao ICMS e ao ISS, às alíquotas máximas correspondentes a essas faixas previstas nos Anexos I a V desta Lei Complementar, proporcionalmente, conforme o caso.

> ▸ § 17 com redação pela LC 155/2016, em vigor na data de sua publicação, produzindo efeitos a partir de 01.01.2018 *(DOU 28.10.2016).*
> ▸ *A LC 214/2025 dá nova redação a este § 17, com produção de efeitos a partir de 1º.1.2027: "§ 17. Observado o disposto no § 17-B, na hipótese do § 13 do art. 3º, a parcela de receita bruta que exceder o montante determinado no § 11 daquele artigo, em relação aos percentuais aplicáveis ao ICMS e ao ISS, será tributada conjuntamente com a parcela que não o exceder, conforme alíquotas efetivas de que trata o § 1º-A."*
> ▸ *A LC 214/2025 revoga este § 17 com produção de efeitos a partir de 1º.1.2033.*

§ 17-A. O disposto no § 17 aplica-se, ainda, à hipótese de que trata o § 1º do art. 20, a partir do mês em que ocorrer o excesso do limite da receita bruta anual e até o mês anterior aos efeitos do impedimento.

> ▸ § 17-A acrescido pela LC 139/2011.

> ▸ *A LC 214/2025 revoga este §17-A com produção de efeitos a partir de 1º.1.2033.*
> ▸ *A LC 214/2025 acresce o § 17-B, com produção de efeitos a partir de 1º.1.2027: " § 17-B. Na hipótese do § 13 do art. 3º, a parcela de receita bruta que exceder o montante determinado no § 11 daquele artigo estará sujeita, em relação aos percentuais aplicáveis ao IBS, será tributada conjuntamente com a parcela que não o exceder, conforme alíquotas efetivas de que trata o § 1º-A."*
> ▸ *A LC 214/2025 acresce o § 17-C, com produção de efeitos a partir de 1º.1.2027: "§ 17-C. O disposto no § 17-B aplica-se, ainda, à hipótese de que trata o art. 13-A, a partir do mês em que ocorrer o excesso do limite da receita bruta anual e até o mês anterior aos efeitos do impedimento."*

§ 18. Os Estados, o Distrito Federal e os Municípios, no âmbito das respectivas competências, poderão estabelecer, na forma definida pelo Comitê Gestor, independentemente da receita bruta recebida no mês pelo contribuinte, valores fixos mensais para o recolhimento do ICMS e do ISS devido por microempresa que aufira receita bruta, no ano-calendário anterior, de até o limite máximo previsto na segunda faixa de receitas brutas anuais constantes dos Anexos I a VI, ficando a microempresa sujeita a esses valores durante todo o ano-calendário, ressalvado o disposto no § 18-A.

> ▸ § 18 com redação pela LC 147/2014.

§ 18-A. A microempresa que, no ano-calendário, exceder o limite de receita bruta previsto no § 18 fica impedida de recolher o ICMS ou o ISS pela sistemática de valor fixo, a partir do mês subsequente à ocorrência do excesso, sujeitando-se à apuração desses tributos na forma das demais empresas optantes pelo Simples Nacional.

> ▸ § 18-A acrescido pela LC 147/2014.

§ 19. Os valores estabelecidos no § 18 deste artigo não poderão exceder a 50% (cinquenta por cento) do maior recolhimento possível do tributo para a faixa de enquadramento prevista na tabela do *caput* deste artigo, respeitados os acréscimos decorrentes do tipo de atividade da empresa estabelecidos no § 5º deste artigo.

§ 20. Na hipótese em que o Estado, o Município ou o Distrito Federal concedam isenção ou redução do ICMS ou do ISS devido por microempresa ou empresa de pequeno porte, ou ainda determine recolhimento de valor fixo para esses tributos, na forma do § 18 deste artigo, será realizada redução proporcional ou ajuste do valor a ser recolhido, na forma definida em resolução do Comitê Gestor.

§ 20-A. A concessão dos benefícios de que trata o § 20 deste artigo poderá ser realizada:

> ▸ § 20-A acrescido pela LC 128/2008.

I – mediante deliberação exclusiva e unilateral do Estado, do Distrito Federal ou do Município concedente;

II – de modo diferenciado para cada ramo de atividade.

§ 20-B. A União, os Estados e o Distrito Federal poderão, em lei específica destinada à ME ou EPP optante pelo Simples Nacional, estabelecer isenção ou redução de COFINS, Contribuição para o PIS/PASEP e ICMS para produtos da cesta básica, discriminando a abrangência da sua concessão.

> ▸ § 20-B acrescido pela LC 147/2014.

§ 21. O valor a ser recolhido na forma do disposto no § 20 deste artigo, exclusivamente na hipótese de isenção, não integrará o montante a ser partilhado com o respectivo Município, Estado ou Distrito Federal.

§ 22. *Revogado pela LC 128/2008.*

§ 22-A. A atividade constante do inciso XIV do § 5º-B deste artigo recolherá ISS em valor fixo, na forma da legislação municipal.

> ▸ § 22-A acrescido pela LC 128/2008.
> ▸ A LC 214/2025 revoga § 22-A, com produção de efeitos a partir de 1º.1.2033.

§ 22-B. Os escritórios de serviços contábeis, individualmente ou por meio de suas entidades representativas de classe, deverão:

> ▸ § 22-B acrescido pela LC 128/2008.

I – promover atendimento gratuito relativo à inscrição, à opção de que trata o art. 18-A desta Lei Complementar e à primeira declaração anual simplificada da microempresa individual, podendo, para tanto, por meio de suas entidades representativas de classe, firmar convênios e acordos com a União, os Estados, o Distrito Federal e os Municípios, por intermédio dos seus órgãos vinculados;

II – fornecer, na forma estabelecida pelo Comitê Gestor, resultados de pesquisas quantitativas e qualitativas relativas às microempresas e empresas de pequeno porte optantes pelo Simples Nacional por eles atendidas;

III – promover eventos de orientação fiscal, contábil e tributária para as microempresas e empresas de

pequeno porte optantes pelo Simples Nacional por eles atendidas.

§ 22-C. Na hipótese de descumprimento das obrigações de que trata o § 22-B deste artigo, o escritório será excluído do Simples Nacional, com efeitos a partir do mês subsequente ao do descumprimento, na forma regulamentada pelo Comitê Gestor.

> ▸ § 22-C acrescido pela LC 128/2008.

§ 23. Da base de cálculo do ISS será abatido o material fornecido pelo prestador dos serviços previstos nos itens 7.02 e 7.05 da lista de serviços anexa à Lei Complementar 116, de 31 de julho de 2003.

> ▸ A LC 214/2025 revoga este § 23, com produção de efeitos a partir de 1º.1.2033.

§ 24. Para efeito de aplicação do § 5º-K, considera-se folha de salários, incluídos encargos, o montante pago, a título de remunerações a pessoas físicas decorrentes do trabalho, acrescido do montante efetivamente recolhido a título de contribuição patronal previdenciária e FGTS, incluídas as retiradas de pró-labore.

> ▸ § 24 com redação pela LC 155/2016, em vigor na data de sua publicação, produzindo efeitos a partir de 01.01.2018 *(DOU 28.10.2016).*
> ▸ *A LC 214/2025 dá nova redação a este § 24, com produção de efeitos a partir de 1º.1.2027: "§ 24. Para efeito de aplicação do § 5º-K, considera-se folha de salários, incluídos encargos, o montante pago, nos doze meses antecedentes ao mês anterior ao do período de apuração, a título de remunerações a pessoas físicas decorrentes do trabalho, acrescido do montante efetivamente recolhido a título de contribuição patronal previdenciária e FGTS, incluídas as retiradas de pró-labore.*

§ 25. Para efeito do disposto no § 24 deste artigo, deverão ser consideradas tão somente as remunerações informadas na forma prevista no inciso IV do *caput* do art. 32 da Lei 8.212, de 24 de julho de 1991.

> ▸ § 25 com redação pela LC 139/2011.

§ 26. Não são considerados, para efeito do disposto no § 24, valores pagos a título de aluguéis e de distribuição de lucros, observado o disposto no § 1º do art. 14.

> ▸ § 26 acrescido pela LC 139/2011.

§ 27. *Vetado.*

Art. 18-A. O Microempreendedor Individual – MEI poderá optar pelo recolhimento dos impostos e contribuições abrangidos pelo Simples Nacional em valores fixos mensais, independentemente da receita bruta por ele auferida no mês, na forma prevista neste artigo.

> ▸ *Caput* acrescido pela LC 128/2008.

§ 1º Para os efeitos desta Lei Complementar, considera-se MEI quem tenha auferido receita bruta, no ano-calendário anterior, de até R$ 81.000,00 (oitenta e um mil reais), que seja optante pelo Simples Nacional e que não esteja impedido de optar pela sistemática prevista neste artigo, e seja empresário individual que se enquadre na definição do art. 966 da Lei 10.406, de 10 de janeiro de 2002 (Código Civil), ou o empreendedor que exerça:

> ▸ § 1º, *caput*, com redação pela LC 188/2021.

I – as atividades de que trata o § 4º-A deste artigo;

II – as atividades de que trata o § 4º-B deste artigo estabelecidas pelo CGSN; e

III – as atividades de industrialização, comercialização e prestação de serviços no âmbito rural.

> ▸ Incisos I a III acrescidos pela LC 188/2021.

§ 2º No caso de início de atividades, o limite de que trata o § 1º será de R$ 6.750,00 (seis mil, setecentos e cinquenta reais) multiplicados pelo número de meses compreendidos entre o início da atividade e o final do respectivo ano-calendário, consideradas as frações de meses como um mês inteiro.

> ▸ § 2º com redação pela LC 155/2016, em vigor na data de sua publicação, produzindo efeitos a partir de 01.01.2018 *(DOU 28.10.2016).*

§ 3º Na vigência da opção pela sistemática de recolhimento prevista no *caput* deste artigo:

> ▸ § 3º acrescido pela LC 128/2008.

I – não se aplica o disposto no § 18 do art. 18 desta Lei Complementar;

> ▸ Inciso I acrescido pela LC 128/2008.

II – não se aplica a redução prevista no § 20 do art. 18 desta Lei Complementar ou qualquer dedução na base de cálculo;

> ▸ Inciso II acrescido pela LC 128/2008.

III – não se aplicam as isenções específicas para as microempresas e empresas de pequeno porte concedidas pelo Estado, Município ou Distrito Federal a partir de 1º de julho de 2007 que abranjam integralmente a faixa de receita bruta anual até o limite previsto no § 1º;

> ▸ Inciso III com redação pela LC 139/2011.

IV – a opção pelo enquadramento como Microempreendedor Individual importa opção pelo recolhimento da contribuição referida no inciso X do § 1º do art. 13

desta Lei Complementar na forma prevista no § 2º do art. 21 da Lei 8.212, de 24 de julho de 1991;

▶ Inciso IV acrescido pela LC 128/2008.
▶ A LC 214/2025 dá nova redação ao inciso IV e acresce as alíneas "a" e "b", com produção de efeitos a partir de 1º.1.2027: "IV – a opção pelo enquadramento como Microempreendedor Individual importa opção pelo recolhimento: a) da contribuição referida no inciso X do § 1º do art. 13 desta Lei Complementar na forma prevista no § 2º do art. 21 da Lei nº 8.212, de 24 de julho de 1991; b) do ICMS, do ISS, do IBS e da CBS nos valores fixos previstos no inciso V deste parágrafo;"
▶ A LC 214/2025 dá nova redação a esta alínea b, com produção de efeitos a partir de 1º.1.2033: "b) do IBS e da CBS nos valores fixos previstos no inciso V deste parágrafo;"

V – o MEI, com receita bruta anual igual ou inferior a R$ 81.000,00 (oitenta e um mil reais), recolherá, na forma regulamentada pelo Comitê Gestor, valor fixo mensal correspondente à soma das seguintes parcelas:

▶ *Caput* do inciso V com redação pela LC 155/2016, em vigor na data de sua publicação, produzindo efeitos a partir de 01.01.2018 (DOU 28.10.2016).
▶ A LC 214/2025 dá nova redação a este inciso V, com produção de efeitos a partir de 1º.1.2027: "V – o MEI, com receita bruta anual igual ou inferior a R$ 81.000,00 (oitenta e um mil reais), recolherá, na forma regulamentada pelo Comitê Gestor, valor mensal correspondente à soma das seguintes parcelas:"

a) R$ 45,65 (quarenta e cinco reais e sessenta e cinco centavos), a título da contribuição prevista no inciso IV deste parágrafo;

b) R$ 1,00 (um real), a título do imposto referido no inciso VII do *caput* do art. 13 desta Lei Complementar, caso seja contribuinte do ICMS; e

c) R$ 5,00 (cinco reais), a título do imposto referido no inciso VIII do *caput* do art. 13 desta Lei Complementar, caso seja contribuinte do ISS;

▶ A LC 214/2025 revoga as alíneas *b* e *c*, com produção de efeitos a partir de 1º.1.2027.
▶ A LC 214/2025 acresce estas alíneas *d* e *e*, com produção de efeitos a partir de 1º.1.2027: "d) IBS e CBS nos valores discriminados no Anexo VII desta Lei Complementar; e) ICMS e ISS nos valores discriminados no Anexo VII desta Lei Complementar;"
▶ A LC 214/2025 revoga esta alínea *e*, com produção de efeitos a partir de 1º.1.2033.

VI – sem prejuízo do disposto nos §§ 1º a 3º do art. 13, o MEI terá isenção dos tributos referidos nos incisos I a VI do *caput* daquele artigo, ressalvado o disposto no art. 18-C.

▶ Inciso VI com redação pela LC 139/2011.

§ 4º Não poderá optar pela sistemática de recolhimento prevista no *caput* deste artigo o MEI:

I – cuja atividade seja tributada na forma dos Anexos V ou VI desta Lei Complementar, salvo autorização relativa a exercício de atividade isolada na forma regulamentada pelo CGSN;

▶ Inciso I com redação pela LC 147/2014.

II – que possua mais de um estabelecimento;

III – que participe de outra empresa como titular, sócio ou administrador; ou

IV – *Revogado pela LC 155/2016).*

V – constituído na forma de *startup*.

▶ Inciso V acrescido pela LC 167/2019.

§ 4º-A. Observadas as demais condições deste artigo, poderá optar pela sistemática de recolhimento prevista no *caput* o empresário individual que exerça atividade de comercialização e processamento de produtos de natureza extrativista.

▶ § 4º-A acrescido pela LC 139/2011.

§ 4º-B. O CGSN determinará as atividades autorizadas a optar pela sistemática de recolhimento de que trata este artigo, de forma a evitar a fragilização das relações de trabalho, bem como sobre a incidência do ICMS e do ISS.

▶ § 4º-B acrescido pela LC 139/2011.
▶ A LC 214/2025 dá nova redação a este § 4º-B, com produção de efeitos a partir de 1º.1.2033: "§ 4º-B. O CGSN determinará as atividades autorizadas a optar pela sistemática de recolhimento de que trata este artigo, de forma a evitar a fragilização das relações de trabalho."

§ 5º A opção de que trata o *caput* deste artigo dar-se-á na forma a ser estabelecida em ato do Comitê Gestor, observando-se que:

▶ § 5º acrescido pelo LC 128/2008.

I – será irretratável para todo o ano-calendário;

II – deverá ser realizada no início do ano-calendário, na forma disciplinada pelo Comitê Gestor, produzindo efeitos a partir do primeiro dia do ano-calendário da opção, ressalvado o disposto no inciso III;

III – produzirá efeitos a partir da data do início de atividade desde que exercida nos termos, prazo e condições a serem estabelecidos em ato do Comitê Gestor a que se refere o *caput* deste parágrafo.

§ 6º O desenquadramento da sistemática de que trata o *caput* deste artigo será realizado de ofício ou mediante comunicação do MEI.

▶ § 6º acrescido pelo LC 128/2008.

§ 7º O desenquadramento mediante comunicação do MEI à Secretaria da Receita Federal do Brasil – RFB dar-se-á:

▶ § 7º acrescido pelo LC 128/2008.

I – por opção, que deverá ser efetuada no início do ano-calendário, na forma disciplinada pelo Comitê Gestor, produzindo efeitos a partir de 1º de janeiro do ano-calendário da comunicação;

II – obrigatoriamente, quando o MEI incorrer em alguma das situações previstas no § 4º deste artigo, devendo a comunicação ser efetuada até o último dia útil do mês subsequente àquele em que ocorrida a situação de vedação, produzindo efeitos a partir do mês subsequente ao da ocorrência da situação impeditiva;

III – obrigatoriamente, quando o MEI exceder, no ano-calendário, o limite de receita bruta previsto no § 1º deste artigo, devendo a comunicação ser efetuada até o último dia útil do mês subsequente àquele em que ocorrido o excesso, produzindo efeitos:

a) a partir de 1º de janeiro do ano-calendário subsequente ao da ocorrência do excesso, na hipótese de não ter ultrapassado o referido limite em mais de 20% (vinte por cento);

b) retroativamente a 1º de janeiro do ano-calendário da ocorrência do excesso, na hipótese de ter ultrapassado o referido limite em mais de 20% (vinte por cento);

IV – obrigatoriamente, quando o MEI exceder o limite de receita bruta previsto no § 2º deste artigo, devendo a comunicação ser efetuada até o último dia útil do mês subsequente àquele em que ocorrido o excesso, produzindo efeitos:

a) a partir de 1º de janeiro do ano-calendário subsequente ao da ocorrência do excesso, na hipótese de não ter ultrapassado o referido limite em mais de 20% (vinte por cento);

b) retroativamente ao início de atividade, na hipótese de ter ultrapassado o referido limite em mais de 20% (vinte por cento).

§ 8º O desenquadramento de ofício dar-se-á quando verificada a falta de comunicação de que trata o § 7º deste artigo.

▶ § 8º acrescido pelo LC 128/2008.

§ 9º O Empresário Individual desenquadrado da sistemática de recolhimento prevista no *caput* deste artigo passará a recolher os tributos devidos pela regra geral do Simples Nacional a partir da data de início dos efeitos do desenquadramento, ressalvado o disposto no § 10 deste artigo.

▶ § 9º acrescido pelo LC 128/2008.

§ 10. Nas hipóteses previstas nas alíneas *a* dos incisos III e IV do § 7º deste artigo, o MEI deverá recolher a diferença, sem acréscimos, em parcela única, juntamente com a da apuração do mês de janeiro do ano-calendário subsequente ao do excesso, na forma a ser estabelecida em ato do Comitê Gestor.

▶ § 10 acrescido pelo LC 128/2008.

§ 11. O valor referido na alínea *a* do inciso V do § 3º deste artigo será reajustado, na forma prevista em lei ordinária, na mesma data de reajustamento dos benefícios de que trata a Lei 8.213, de 24 de julho de 1991, de forma a manter equivalência com a contribuição de que trata o § 2º do art. 21 da Lei 8.212, de 24 de julho de 1991.

▶ § 11 acrescido pelo LC 128/2008.

§ 12. Aplica-se ao MEI que tenha optado pela contribuição na forma do § 1º deste artigo o disposto no § 4º do art. 55 e no § 2º do art. 94, ambos da Lei 8.213, de 24 de julho de 1991, exceto na opção pela complementação da contribuição previdenciária a que se refere o § 3º do art. 21 da Lei 8.212, de 24 de julho de 1991.

▶ § 12 acrescido pelo LC 128/2008.

§ 13. O MEI está dispensado, ressalvado o disposto no art. 18-C desta Lei Complementar, de:

▶ *Caput* do § 13 com redação pela LC 139/2011.

I – atender o disposto no inciso IV do *caput* do art. 32 da Lei 8.212, de 24 de julho de 1991;

▶ Inciso I acrescido pela LC 139/2011.

II – apresentar a Relação Anual de Informações Sociais (RAIS); e

▶ Inciso II acrescido pela LC 139/2011.

III – declarar ausência de fato gerador para a Caixa Econômica Federal para emissão da Certidão de Regularidade Fiscal perante o FGTS.

▶ Inciso III acrescido pela LC 139/2011.

§ 14. O Comitê Gestor disciplinará o disposto neste artigo.

▶ § 14 acrescido pelo LC 128/2008.

§ 15. A inadimplência do recolhimento do valor previsto na alínea *a* do inciso V do § 3º tem como consequência a não contagem da competência em atraso para fins

de carência para obtenção dos benefícios previdenciários respectivos.

▶ § 15 acrescido pela LC 139/2011.

§ 15-A. Ficam autorizados os Estados, o Distrito Federal e os Municípios a promover a remissão dos débitos decorrentes dos valores previstos nas alíneas *b* e *c* do inciso V do § 3º, inadimplidos isolada ou simultaneamente.

▶ § 15-A acrescido pela LC 147/2014.

§ 15-B. O MEI poderá ter sua inscrição automaticamente cancelada após período de 12 (doze) meses consecutivos sem recolhimento ou declarações, independentemente de qualquer notificação, devendo a informação ser publicada no Portal do Empreendedor, na forma regulamentada pelo CGSIM.

▶ § 15-B acrescido pela LC 147/2014.

§ 16. O CGSN estabelecerá, para o MEI, critérios, procedimentos, prazos e efeitos diferenciados para o desenquadramento da sistemática de que trata este artigo, cobrança, inscrição em dívida ativa e exclusão do Simples Nacional.

▶ § 16 acrescido pela LC 139/2011.

§ 16-A. A baixa do MEI via portal eletrônico dispensa a comunicação aos órgãos da administração pública.

▶ § 16-A acrescido pela LC 155/2016, em vigor na data de sua publicação, produzindo efeitos a partir de 01.01.2018 (DOU 28.10.2016).

§ 17. A alteração de dados no CNPJ informada pelo empresário à Secretaria da Receita Federal do Brasil equivalerá à comunicação obrigatória de desenquadramento da sistemática de recolhimento de que trata este artigo, nas seguintes hipóteses:

▶ § 17 acrescido pela LC 139/2011.

I – alteração para natureza jurídica distinta de empresário individual a que se refere o art. 966 da Lei 10.406, de 10 de janeiro de 2002 (Código Civil);

II – inclusão de atividade econômica não autorizada pelo CGSN;

III – abertura de filial.

§ 18. Os Municípios somente poderão realizar o cancelamento da inscrição do MEI caso tenham regulamentação própria de classificação de risco e o respectivo processo simplificado de inscrição e legalização, em conformidade com esta Lei Complementar e com as resoluções do CGSIM.

▶ § 18 acrescido pela LC 147/2014.

§ 19. Fica vedada aos conselhos representativos de categorias econômicas a exigência de obrigações diversas das estipuladas nesta Lei Complementar para inscrição do MEI em seus quadros, sob pena de responsabilidade.

▶ § 19 acrescido pela LC 147/2014.

§ 19-A. O MEI inscrito no conselho profissional de sua categoria na qualidade de pessoa física é dispensado de realizar nova inscrição no mesmo conselho na qualidade de empresário individual.

▶ § 19-A acrescido pela LC 155/2016, em vigor na data de sua publicação, produzindo efeitos a partir de 01.01.2018 (DOU 28.10.2016).

§ 19-B. São vedadas aos conselhos profissionais, sob pena de responsabilidade, a exigência de inscrição e a execução de qualquer tipo de ação fiscalizadora quando a ocupação do MEI não exigir registro profissional da pessoa física.

▶ § 19-B acrescido pela LC 155/2016, em vigor na data de sua publicação, produzindo efeitos a partir de 01.01.2018 (DOU 28.10.2016).

§ 20. Os documentos fiscais das microempresas e empresas de pequeno porte poderão ser emitidos diretamente por sistema nacional informatizado e pela internet, sem custos para o empreendedor, na forma regulamentada pelo Comitê Gestor do Simples Nacional.

▶ § 20 acrescido pela LC 147/2014.

§ 21. Assegurar-se-á o registro nos cadastros oficiais ao guia de turismo inscrito como MEI.

▶ § 21 acrescido pela LC 147/2014.

§ 22. Fica vedado às concessionárias de serviço público o aumento das tarifas pagas pelo MEI por conta da modificação da sua condição de pessoa física para pessoa jurídica.

▶ § 22 acrescido pela LC 147/2014.

§ 23. *Vetado.*

▶ § 23 acrescido pela LC 147/2014.

§ 24. Aplica-se ao MEI o disposto no inciso XI do § 4º do art. 3º.

▶ § 24 acrescido pela LC 147/2014.

§ 25. O MEI poderá utilizar sua residência como sede do estabelecimento, quando não for indispensável a existência de local próprio para o exercício da atividade.

▶ § 25 acrescido pela LC 154/2016.

Art. 18-B. A empresa contratante de serviços executados por intermédio do MEI mantém, em relação a esta contratação, a obrigatoriedade de recolhimento da contribuição a que se refere o inciso III do *caput* e o § 1º do art. 22 da Lei 8.212, de 24 de julho de 1991, e o cumprimento das obrigações acessórias relativas à contratação de contribuinte individual.

▸ *Caput* acrescido pela LC 128/2008.

§ 1º Aplica-se o disposto neste artigo exclusivamente em relação ao MEI que for contratado para prestar serviços de hidráulica, eletricidade, pintura, alvenaria, carpintaria e de manutenção ou reparo de veículos.

▸ § 1º com redação pela LC 147/2014.

▸ O art. 12 da LC 147/2014 determina que a redação dada pela LC 139/2011 ao § 1º do art. 18-B da LC 123/2006, para as atividades de prestação de serviços diferentes de hidráulica, eletricidade, pintura, alvenaria, carpintaria e de manutenção ou reparo de veículos, deixa de produzir efeitos financeiros a partir de 9 de fevereiro de 2012, observado o disposto no § 2º do mesmo artigo.

§ 2º O disposto no *caput* e no § 1º não se aplica quando presentes os elementos da relação de emprego, ficando a contratante sujeita a todas as obrigações dela decorrentes, inclusive trabalhistas, tributárias e previdenciárias.

▸ § 2º acrescido pela LC 139/2011.

Art. 18-C. Observado o disposto no *caput* e nos §§ 1º a 25 do art. 18-A desta Lei Complementar, poderá enquadrar-se como MEI o empresário individual ou o empreendedor que exerça as atividades de industrialização, comercialização e prestação de serviços no âmbito rural que possua um único empregado que receba exclusivamente um salário mínimo ou o piso salarial da categoria profissional.

▸ *Caput* com redação pela LC 155/2016, em vigor na data de sua publicação, produzindo efeitos a partir de 01.01.2018 (DOU 28.10.2016).

§ 1º Na hipótese referida no *caput*, o MEI:

▸ § 1º acrescido pela LC 139/2011.

I - deverá reter e recolher a contribuição previdenciária relativa ao segurado a seu serviço na forma da lei, observados prazo e condições estabelecidos pelo CGSN;

II - é obrigado a prestar informações relativas ao segurado a seu serviço, na forma estabelecida pelo CGSN; e

III - está sujeito ao recolhimento da contribuição de que trata o inciso VI do *caput* do art. 13, calculada à alíquota de 3% (três por cento) sobre o salário de contribuição previsto no *caput*, na forma e prazos estabelecidos pelo CGSN.

§ 2º Para os casos de afastamento legal do único empregado do MEI, será permitida a contratação de outro empregado, inclusive por prazo determinado, até que cessem as condições do afastamento, na forma estabelecida pelo Ministério do Trabalho e Emprego.

▸ § 2º acrescido pela LC 139/2011.

§ 3º O CGSN poderá determinar, com relação ao MEI, a forma, a periodicidade e o prazo:

▸ § 3º acrescido pela LC 139/2011.

I - de entrega à Secretaria da Receita Federal do Brasil de uma única declaração com dados relacionados a fatos geradores, base de cálculo e valores dos tributos previstos nos arts. 18-A e 18-C, da contribuição para a Seguridade Social descontada do empregado e do Fundo de Garantia do Tempo de Serviço (FGTS), e outras informações de interesse do Ministério do Trabalho e Emprego, do Instituto Nacional do Seguro Social (INSS) e do Conselho Curador do FGTS, observado o disposto no § 7º do art. 26;

II - do recolhimento dos tributos previstos nos arts. 18-A e 18-C, bem como do FGTS e da contribuição para a Seguridade Social descontada do empregado.

§ 4º A entrega da declaração única de que trata o inciso I do § 3º substituirá, na forma regulamentada pelo CGSN, a obrigatoriedade de entrega de todas as informações, formulários e declarações a que estão sujeitas as demais empresas ou equiparados que contratam empregados, inclusive as relativas ao recolhimento do FGTS, à Relação Anual de Informações Sociais (RAIS) e ao Cadastro Geral de Empregados e Desempregados (CAGED).

▸ § 4º acrescido pela LC 139/2011.

§ 5º Na hipótese de recolhimento do FGTS na forma do inciso II do § 3º, deve-se assegurar a transferência dos recursos e dos elementos identificadores do recolhimento ao gestor desse fundo para crédito na conta vinculada do trabalhador.

▸ § 5º acrescido pela LC 139/2011.

§ 6º O documento de que trata o inciso I do § 3º deste artigo tem caráter declaratório, constituindo instrumento hábil e suficiente para a exigência dos tributos e dos débitos fundiários que não tenham sido recolhidos resultantes das informações nele prestadas.

▸ § 6º acrescido pela LC 147/2014.

Art. 18-D. A tributação municipal do imposto sobre imóveis prediais urbanos deverá assegurar tratamento mais favorecido ao MEI para realização de sua atividade no mesmo local em que residir, mediante aplicação da menor alíquota vigente para aquela localidade, seja residencial ou comercial, nos termos da lei, sem prejuízo de eventual isenção ou imunidade existente.

▸ Artigo acrescido pela LC 147/2014.

Art. 18-E. O instituto do MEI é uma política pública que tem por objetivo a formalização de pequenos empreendimentos e a inclusão social e previdenciária.

▸ Artigo acrescido pela LC 147/2014.

§ 1º A formalização de MEI não tem caráter eminentemente econômico ou fiscal.

§ 2º Todo benefício previsto nesta Lei Complementar aplicável à microempresa estende-se ao MEI sempre que lhe for mais favorável.

§ 3º O MEI é modalidade de microempresa.

§ 4º É vedado impor restrições ao MEI relativamente ao exercício de profissão ou participação em licitações, em função da sua natureza jurídica, inclusive por ocasião da contratação dos serviços previstos no § 1º do art. 18-B desta Lei Complementar.

▸ § 4º com redação pela LC 155/2016, em vigor na data de sua publicação, produzindo efeitos a partir de 01.01.2018 (DOU 28.10.2016).

§ 5º O empreendedor que exerça as atividades de industrialização, comercialização e prestação de serviços no âmbito rural que efetuar seu registro como MEI não perderá a condição de segurado especial da Previdência Social.

▸ § 5º acrescido pela LC 155/2016, em vigor na data de sua publicação, produzindo efeitos a partir de 01.01.2018 (DOU 28.10.2016).

§ 6º O disposto no § 5º e o licenciamento simplificado de atividades para o empreendedor que exerça as atividades de industrialização, comercialização e prestação de serviços no âmbito rural serão regulamentados pelo CGSIM em até cento e oitenta dias.

▸ § 6º acrescido pela LC 155/2016, em vigor na data de sua publicação, produzindo efeitos a partir de 01.01.2018 (DOU 28.10.2016).

§ 7º O empreendedor que exerça as atividades de industrialização, comercialização e prestação de serviços no âmbito rural manterá todas as suas obrigações relativas à condição de produtor rural ou de agricultor familiar.

▸ § 7º acrescido pela LC 155/2016, em vigor na data de sua publicação, produzindo efeitos a partir de 01.01.2018 (DOU 28.10.2016).

Art. 18-F. Para o transportador autônomo de cargas inscrito como MEI, nos termos do art. 18-A desta Lei Complementar:

▸ Artigo acrescido pela LC 188/2021.

I - o limite da receita bruta de que trata o § 1º e o inciso V do § 3º do art. 18-A desta Lei Complementar será de R$ 251.600,00 (duzentos e cinquenta e um mil e seiscentos reais);

II - o limite será de R$ 20.966,67 (vinte mil novecentos e sessenta e seis reais e sessenta e sete centavos) multiplicados pelo número de meses compreendidos entre o início da atividade e o final do respectivo ano-calendário, consideradas as frações de meses como um mês inteiro, no caso de início de atividades de que trata o § 2º do art. 18-A desta Lei Complementar;

III - o valor mensal da contribuição de que trata o inciso X do § 1º do art. 13 desta Lei Complementar corresponderá ao valor resultante da aplicação da alíquota de 12% (doze por cento) sobre o salário-mínimo mensal.

Art. 19. Sem prejuízo da possibilidade de adoção de todas as faixas de receita previstas nos Anexos I a V desta Lei Complementar, os Estados cuja participação no Produto Interno Bruto brasileiro seja de até 1% (um por cento) poderão optar pela aplicação de sublimite para efeito de recolhimento do ICMS na forma do Simples Nacional nos respectivos territórios, para empresas com receita bruta anual de até R$ 1.800.000,00 (um milhão e oitocentos mil reais).

▸ *Caput* com redação pela LC 155/2016, produzindo efeitos na data de sua publicação, produzindo efeitos a partir de 01.01.2018 (DOU 28.10.2016).

▸ A LC 214/2025 revoga o art. 19, com produção de efeitos a partir de 1º.1.2027.

▸ Arts. 20, *caput*, § 3º e 21 desta LC.

I a III – *Revogados pela LC 155/2016, em vigor a partir de 01.01.2018 (DOU 28.10.2016).*

§ 1º A participação no Produto Interno Bruto brasileiro será apurada levando em conta o último resultado divulgado pelo Instituto Brasileiro de Geografia e Estatística ou outro órgão que o substitua.

§ 2º A opção prevista no *caput* produzirá efeitos somente para o ano-calendário subsequente, salvo deliberação do CGSN.

▸ § 2º com redação pela LC 155/2016, em vigor na data de sua publicação, produzindo efeitos a partir de 01.01.2018 (DOU 28.10.2016).

§ 3º O disposto neste artigo aplica-se ao Distrito Federal.

▸ Art. 20, § 4º, desta LC.

§ 4º Para os Estados que não tenham adotado sublimite na forma do *caput* e para aqueles cuja participação no Produto Interno Bruto brasileiro seja superior a 1% (um por cento), para efeito de recolhimento do ICMS e do ISS, observar-se-á obrigatoriamente o sublimite no valor de R$ 3.600.000,00 (três milhões e seiscentos mil reais).

▸ § 4º acrescido pela LC 155/2016, em vigor na data de sua publicação, produzindo efeitos a partir de 01.01.2018 (DOU 28.10.2016).

Art. 20. A opção feita na forma do art. 19 desta Lei Complementar pelos Estados importará adoção do mesmo limite de receita bruta anual para efeito de recolhimento na forma do ISS dos Municípios nele localizados, bem como para o do ISS devido no Distrito Federal.

▸ A LC 214/2025 revoga o art. 20, com produção de efeitos a partir de 1º.1.2027.

§ 1º A empresa de pequeno porte que ultrapassar os limites a que se referem o *caput* e o § 4º do art. 19 estará automaticamente impedida de recolher o ICMS e o ISS na forma do Simples Nacional, a partir do mês subsequente àquele em que tiver ocorrido o excesso, relativamente aos seus estabelecimentos localizados na unidade da Federação que os houver adotado, ressalvado o disposto nos §§ 11 e 13 do art. 3º.

▸ § 1º com redação pela LC 155/2016, em vigor na data de sua publicação, produzindo efeitos a partir de 01.01.2018 (DOU 28.10.2016).

§ 1º-A. Os efeitos do impedimento previsto no § 1º ocorrerão no ano-calendário subsequente se o excesso verificado não for superior a 20% (vinte por cento) dos limites referidos.

▸ § 1º-A acrescido pela LC 139/2011.

§ 2º O disposto no § 1º deste artigo não se aplica na hipótese de o Estado ou de o Distrito Federal adotarem, compulsoriamente ou por opção, a aplicação de faixa de receita bruta superior à que vinha sendo utilizada no ano-calendário em que ocorreu o excesso da receita bruta.

§ 3º Na hipótese em que o recolhimento do ICMS ou do ISS não esteja sendo efetuado por meio do Simples Nacional por força do disposto neste artigo e no art. 19 desta Lei Complementar, as faixas de receita do Simples Nacional superiores àquela que tenha sido objeto de opção pelos Estados ou pelo Distrito Federal sofrerão, para efeito de recolhimento do Simples Nacional, redução da alíquota efetiva desses impostos, apurada de acordo com os Anexos I a V desta Lei Complementar, conforme o caso.

▸ § 3º com redação pela LC 155/2016, em vigor na data de sua publicação, produzindo efeitos a partir de 01.01.2018 (DOU 28.10.2016).

§ 4º O Comitê Gestor regulamentará o disposto neste artigo e no art. 19 desta Lei Complementar.

Seção IV
Do recolhimento dos tributos devidos

Art. 21. Os tributos devidos, apurados na forma dos arts. 18 a 20 desta Lei Complementar, deverão ser pagos:

I - por meio de documento único de arrecadação, instituído pelo Comitê Gestor;

II - *Revogado.*

III - enquanto não regulamentado pelo Comitê Gestor, até o último dia útil da primeira quinzena do mês subsequente àquele a que se referir;

IV - em banco integrante da rede arrecadadora do Simples Nacional, na forma regulamentada pelo Comitê Gestor.

▸ Inciso IV com redação pela LC 127/2007.

§ 1º Na hipótese de a microempresa ou a empresa de pequeno porte possuir filiais, o recolhimento dos tributos do Simples Nacional dar-se-á por intermédio da matriz.

§ 2º Poderá ser adotado sistema simplificado de arrecadação do Simples Nacional, inclusive sem utilização da rede bancária, mediante requerimento do Estado, Distrito Federal ou Município ao Comitê Gestor.

§ 3º O valor não pago até a data do vencimento sujeitar-se-á à incidência de encargos legais na forma prevista na legislação do imposto sobre a renda.

▸ A LC 214/2025 acresce o art. 3º-A, com produção de efeitos a partir de 1º.1.2027: "§ 3º-A. Os débitos do IBS e da CBS

poderão ser extintos mediante recolhimento: I – na liquidação financeira da operação (split payment), observado o disposto nos arts. 31 a 35 da lei instituidora do IBS e da CBS; II – efetuado pelo adquirente, nos termos do art. 36 da lei instituidora do IBS e da CBS."

§ 4º A retenção na fonte de ISS das microempresas ou das empresas de pequeno porte optantes pelo Simples Nacional somente será permitida se observado o disposto no art. 3º da Lei Complementar 116, de 31 de julho de 2003, e deverá observar as seguintes normas:

▸ *Caput* do § 4º com redação pela LC 128/2008.
▸ A LC 214/2025 revoga este § 4º, com produção de efeitos a partir de 1º.1.2033.
▸ Art. 18, § 6º, desta LC.

I – a alíquota aplicável na retenção na fonte deverá ser informada no documento fiscal e corresponderá à alíquota efetiva de ISS a que a microempresa ou a empresa de pequeno porte estiver sujeita no mês anterior ao da prestação;

▸ Inciso I com redação pela LC 155/2016, em vigor na data de sua publicação, produzindo efeitos a partir de 01.01.2018 (*DOU 28.10.2016*).

II – na hipótese de o serviço sujeito à retenção ser prestado no mês de início de atividades da microempresa ou da empresa de pequeno porte, deverá ser aplicada pelo tomador a alíquota efetiva de 2% (dois por cento);

▸ Inciso II com redação pela LC 155/2016, em vigor na data de sua publicação, produzindo efeitos a partir de 01.01.2018 (*DOU 28.10.2016*).

III – na hipótese do inciso II deste parágrafo, constando-se que houve diferença entre a alíquota utilizada e a efetivamente apurada, caberá à microempresa ou empresa de pequeno porte prestadora dos serviços efetuar o recolhimento dessa diferença no mês subsequente ao do início de atividade em guia própria do Município;

▸ Inciso III acrescido pela LC 128/2008.

IV – na hipótese de a microempresa ou empresa de pequeno porte estar sujeita à tributação do ISS no Simples Nacional por valores fixos mensais, não caberá a retenção a que se refere o *caput* deste parágrafo;

▸ Inciso IV acrescido pela LC 128/2008.

V – na hipótese de a microempresa ou a empresa de pequeno porte não informar a alíquota de que tratam os incisos I e II deste parágrafo no documento fiscal, aplicar-se-á a alíquota efetiva de 5% (cinco por cento);

▸ Inciso V com redação pela LC 155/2016, em vigor na data de sua publicação, produzindo efeitos a partir de 01.01.2018 (*DOU* **28.10.2016**).

VI – não será eximida a responsabilidade do prestador de serviços quando a alíquota do ISS informada no documento fiscal for inferior à devida, hipótese em que o recolhimento dessa diferença será realizado em guia própria do Município;

▸ Inciso VI acrescido pela LC 128/2008.

VII – o valor retido, devidamente recolhido, será definitivo, não sendo objeto de partilha com os municípios, e sobre a receita de prestação de serviços que sofreu a retenção não haverá incidência de ISS a ser recolhido no Simples Nacional.

▸ Inciso VII acrescido pela LC 128/2008.

§ 4º-A. Na hipótese de que tratam os incisos I e II do § 4º, a falsidade na prestação dessas informações sujeitará o responsável, o titular, os sócios ou os administradores da microempresa e da empresa de pequeno porte, juntamente com as demais pessoas que para ela concorrerem, às penalidades previstas na legislação criminal e tributária.

▸ 4º-A acrescido pela LC 128/2011.
▸ A LC 214/2025 revoga este § 4º-A, com produção de efeitos a partir de 1º.1.2033.

§ 5º O CGSN regulará a compensação e a restituição dos valores do Simples Nacional recolhidos indevidamente ou em montante superior ao devido.

▸ § 5º com redação pela LC 139/2011.

§ 6º O valor a ser restituído ou compensado será acrescido de juros obtidos pela aplicação da taxa referencial do Sistema Especial de Liquidação e de Custódia (Selic) para títulos federais, acumulada mensalmente, a partir do mês subsequente ao do pagamento indevido ou a maior que o devido até o mês anterior ao da compensação ou restituição, e de 1% (um por cento) relativamente ao mês em que estiver sendo efetuada.

▸ § 6º acrescido pela LC 139/2011.

§ 7º Os valores compensados indevidamente serão exigidos com os acréscimos moratórios de que trata o art. 35.

▸ § 7º acrescido pela LC 139/2011.

§ 8º Na hipótese de compensação indevida, quando se comprove falsidade de declaração apresentada pelo sujeito passivo, o contribuinte estará sujeito à multa isolada aplicada no percentual previsto no inciso I do *caput* do art. 44 da Lei 9.430, de 27 de dezembro de

1996, aplicado em dobro, e terá como base de cálculo o valor total do débito indevidamente compensado.

▸ § 8º acrescido pela LC 139/2011.

§ 9º É vedado o aproveitamento de créditos não apurados no Simples Nacional, inclusive de natureza não tributária, para extinção de débitos do Simples Nacional.

▸ § 9º acrescido pela LC 139/2011.

§ 10. Os créditos apurados no Simples Nacional não poderão ser utilizados para extinção de outros débitos para com as Fazendas Públicas, salvo por ocasião da compensação de ofício oriunda de deferimento em processo de restituição ou após a exclusão da empresa do Simples Nacional.

▸ § 10 acrescido pela LC 139/2011.

§ 11. No Simples Nacional, é permitida a compensação tão somente de créditos para extinção de débitos para com o mesmo ente federado e relativos ao mesmo tributo.

▸ § 11 acrescido pela LC 139/2011.

§ 12. Na restituição e compensação no Simples Nacional serão observados os prazos de decadência e prescrição previstos na Lei 5.172, de 25 de outubro de 1966 (Código Tributário Nacional).

▸ § 12 acrescido pela LC 139/2011.

§ 13. É vedada a cessão de créditos para extinção de débitos no Simples Nacional.

▸ § 13 acrescido pela LC 139/2011.

§ 14. Aplica-se aos processos de restituição e de compensação o rito estabelecido pelo CGSN.

▸ § 14 acrescido pela LC 139/2011.
▸ A LC 214/2025 acresceu o § 14-A, com produção de efeitos a partir de 1º.1.2027: "§ 14-A. Em caso de pagamento indevido, a restituição do IBS e da CBS somente será devida ao contribuinte na hipótese em que: I – a operação não tenha gerado crédito para o adquirente dos bens ou serviços; e II – tenha sido observado o disposto no art. 166 da Lei nº 5.172, de 25 de outubro de 1966 (Código Tributário Nacional)."

§ 15. Compete ao CGSN fixar critérios, condições para rescisão, prazos, valores mínimos de amortização e demais procedimentos para parcelamento dos recolhimentos em atraso dos débitos tributários apurados no Simples Nacional, observado o disposto no § 3º deste artigo e no art. 35 e ressalvado o disposto no § 19 deste artigo.

▸ § 15 acrescido pela LC 139/2011.
▸ Art. 1º da LC 162/2018 (Institui o Pert-SN).

§ 16. Os débitos de que trata o § 15 poderão ser parcelados em até 60 (sessenta) parcelas mensais, na forma e condições previstas pelo CGSN.

▸ § 16 acrescido pela LC 139/2011.

§ 17. O valor de cada prestação mensal, por ocasião do pagamento, será acrescido de juros equivalentes à taxa referencial do Sistema Especial de Liquidação e de Custódia (Selic) para títulos federais, acumulada mensalmente, calculados a partir do mês subsequente ao da consolidação até o mês anterior ao do pagamento, e de 1% (um por cento) relativamente ao mês em que o pagamento estiver sendo efetuado, na forma regulamentada pelo CGSN.

▸ § 17 acrescido pela LC 139/2011.

§ 18. Será admitido reparcelamento de débitos constantes de parcelamento em curso ou que tenha sido rescindido, podendo ser incluídos novos débitos, na forma regulamentada pelo CGSN.

▸ § 18 acrescido pela LC 139/2011.

§ 19. Os débitos constituídos de forma isolada por parte de Estado, do Distrito Federal ou de Município, em face de ausência de aplicativo para lançamento unificado, relativo a tributo de sua competência, que não estiverem inscritos em Dívida Ativa da União, poderão ser parcelados pelo ente responsável pelo lançamento de acordo com a respectiva legislação, na forma regulamentada pelo CGSN.

▸ § 19 acrescido pela LC 139/2011.

§ 20. O pedido de parcelamento deferido importa confissão irretratável do débito e configura confissão extrajudicial.

▸ § 20 acrescido pela LC 139/2011.

§ 21. Serão aplicadas na consolidação as reduções das multas de lançamento de ofício previstas na legislação federal, conforme regulamentação do CGSN.

▸ § 21 acrescido pela LC 139/2011.

§ 22. O repasse para os entes federados dos valores pagos e da amortização dos débitos parcelados será efetuado proporcionalmente ao valor de cada tributo na composição da dívida consolidada.

▸ § 22 acrescido pela LC 139/2011.

§ 23. No caso de parcelamento de débito inscrito em dívida ativa, o devedor pagará custas, emolumentos e demais encargos legais.

▸ § 23 acrescido pela LC 139/2011.

§ 24. Implicará imediata rescisão do parcelamento e remessa do débito para inscrição em dívida ativa ou prosseguimento da execução, conforme o caso, até deliberação do CGSN, a falta de pagamento:

▸ § 24 acrescido pela LC 139/2011.

I – de 3 (três) parcelas, consecutivas ou não; ou

II – de 1 (uma) parcela, estando pagas todas as demais.

§ 25. O documento previsto no inciso I do *caput* deste artigo deverá conter a partilha discriminada de cada um dos tributos abrangidos pelo Simples Nacional, bem como os valores destinados a cada ente federado.

▸ § 25 acrescido pela LC 155/2016, em vigor na data de sua publicação, produzindo efeitos a partir de 01.01.2018 (*DOU 28.10.2016*).

Art. 21-A. A inscrição de microempresa ou empresa de pequeno porte no Cadastro Informativo dos créditos não quitados do setor público federal – CADIN, somente ocorrerá mediante notificação prévia com prazo para contestação.

▸ Artigo acrescido pela LC 147/2014.

Art. 21-B. Os Estados e o Distrito Federal deverão observar, em relação ao ICMS, o prazo mínimo de 60 (sessenta) dias, contado a partir do primeiro dia do mês do fato gerador da obrigação tributária, para estabelecer a data de vencimento do imposto devido por substituição tributária, tributação concentrada em uma única etapa (monofásica) e por antecipação tributária com ou sem encerramento de tributação, nas hipóteses em que a responsabilidade recair sobre operações ou prestações subsequentes, na forma regulamentada pelo Comitê Gestor.

▸ Artigo acrescido pela LC 147/2014.
▸ A LC 214/2025 revoga este artigo 21-B, com produção de efeitos a partir de 1º.1.2033.

Seção V
Do repasse do produto da arrecadação

Art. 22. O Comitê Gestor definirá o sistema de repasses do total arrecadado, inclusive encargos legais, para o:

I – Município ou Distrito Federal, do valor correspondente ao ISS;

II – Estado ou Distrito Federal, do valor correspondente ao ICMS;

▸ A LC 214/2025 revoga estes incisos I e II , com produção de efeitos a partir de 1º.1.2033.

III – Instituto Nacional do Seguro Social, do valor correspondente à Contribuição para manutenção da Seguridade Social.

Parágrafo único. Enquanto o Comitê Gestor não regulamentar o prazo para o repasse previsto no inciso II do *caput* deste artigo, esse será efetuado nos prazos estabelecidos nos convênios celebrados no âmbito do colegiado a que se refere a alínea *g* do inciso XII do § 2º do art. 155 da Constituição Federal.

▸ A LC 214/2025 revoga este parágrafo único, com produção de efeitos a partir de 1º.1.2027.

Seção VI
Dos créditos

Art. 23. As microempresas e as empresas de pequeno porte optantes pelo Simples Nacional não farão jus à apropriação nem transferirão créditos relativos a impostos ou contribuições abrangidos pelo Simples Nacional.

§ 1º As pessoas jurídicas e aquelas a elas equiparadas pela legislação tributária não optantes pelo Simples Nacional terão direito a crédito correspondente ao ICMS incidente sobre as suas aquisições de mercadorias de microempresa ou empresa de pequeno porte optante pelo Simples Nacional, desde que destinadas à comercialização ou industrialização e observado, como limite, o ICMS efetivamente devido pelas optantes pelo Simples Nacional em relação a essas aquisições.

▸ § 1º acrescido pela LC 128/2008.

§ 2º A alíquota aplicável ao cálculo do crédito de que trata o § 1º deste artigo deverá ser informada no documento fiscal e corresponderá ao percentual de ICMS previsto nos Anexos I ou II desta Lei Complementar para a faixa de receita bruta a que a microempresa ou a empresa de pequeno porte estiver sujeita no mês anterior ao da operação.

▸ § 2º acrescido pela LC 128/2008.

§ 3º Na hipótese de a operação ocorrer no mês de início de atividades da microempresa ou empresa de pequeno porte optante pelo Simples Nacional, a alíquota aplicável ao cálculo do crédito de que trata o § 1º deste artigo corresponderá ao percentual de ICMS referente à menor alíquota prevista nos Anexos I ou II desta Lei Complementar.

▸ § 3º acrescido pela LC 128/2008.

▶ A LC 214/2025 dá nova redação aos caputs dos §§ 1º a 3º, com produção de efeitos a partir de 1º.1.2027: "§ 1º As pessoas jurídicas e aquelas a elas equiparadas pela legislação tributária não optantes pelo Simples Nacional terão direito a crédito correspondente ao ICMS, ao IBS e à CBS incidentes sobre as suas aquisições de bens materiais ou imateriais, inclusive direitos, e de serviços de microempresa ou empresa de pequeno porte optante pelo Simples Nacional, em montante equivalente ao cobrado por meio desse regime único; § 2º A alíquota aplicável ao cálculo do crédito de que trata o § 1º deverá ser informada no documento fiscal e corresponderá aos percentuais de ICMS, IBS e CBS previstos nos Anexos I a V desta Lei Complementar para a faixa de receita bruta a que a microempresa ou a empresa de pequeno porte estiver sujeita no mês de operação; e § 3º Na hipótese de a operação ocorrer no mês de início de atividades da microempresa ou empresa de pequeno porte optante pelo Simples Nacional, a alíquota aplicável ao cálculo do crédito de que trata o § 1º corresponderá aos percentuais de ICMS, IBS e CBS referentes à menor alíquota prevista nos Anexos I a V desta Lei Complementar."

§ 4º Não se aplica o disposto nos §§ 1º a 3º deste artigo quando:

▶ § 4º acrescido pela LC 128/2008.

I – a microempresa ou a empresa de pequeno porte estiver sujeita à tributação do ICMS no Simples Nacional por valores fixos mensais;

▶ A LC 214/2025 dá nova redação a este inciso I, com produção de efeitos a partir de 1º.1.2027: "I – a microempresa ou empresa de pequeno porte estiver sujeita à tributação do ICMS no Simples Nacional por valores fixos mensais, em relação ao direito de crédito desse tributo ao adquirente;"

II – a microempresa ou a empresa de pequeno porte não informar a alíquota de que trata o § 2º deste artigo no documento fiscal;

III – houver isenção estabelecida pelo Estado ou Distrito Federal que abranja a faixa de receita bruta a que a microempresa ou a empresa de pequeno porte estiver sujeita no mês da operação;

IV – o remetente da operação ou prestação considerar, por opção, que a alíquota determinada na forma do caput e dos §§ 1º e 2º do art. 18 desta Lei Complementar deverá incidir sobre a receita recebida no mês.

▶ A LC 214/2025 revoga este inciso IV, com produção de efeitos a partir de 1º.1.2027.

§ 5º Mediante deliberação exclusiva e unilateral dos Estados e do Distrito Federal, poderá ser concedido às pessoas jurídicas e àquelas a elas equiparadas pela legislação tributária não optantes pelo Simples Nacional crédito correspondente ao ICMS incidente sobre os insumos utilizados nas mercadorias adquiridas de indústria optante pelo Simples Nacional, sendo vedado o estabelecimento de diferenciação no valor do crédito em razão da procedência dessas mercadorias.

▶ § 5º acrescido pela LC 128/2008.
▶ A LC 214/2025 revoga este § 5º, com produção de efeitos a partir de 1º.1.2033.

§ 6º O Comitê Gestor do Simples Nacional disciplinará o disposto neste artigo.

▶ § 6º acrescido pela LC 128/2008.

Art. 24. As microempresas e as empresas de pequeno porte optantes pelo Simples Nacional não poderão utilizar ou destinar qualquer valor a título de incentivo fiscal.

§ 1º Não serão consideradas quaisquer alterações em bases de cálculo, alíquotas e percentuais ou outros fatores que alterem o valor de imposto ou contribuição apurado na forma do Simples Nacional, estabelecidas pela União, Estado, Distrito Federal ou Município, exceto as previstas ou autorizadas nesta Lei Complementar.

▶ Primitivo parágrafo único acrescido pela LC 139/2011, transformado em § 1º pela LC 155/2016.

§ 2º Vetado.

▶ § 2º acrescido pela LC 155/2016.

<center>Seção VII
Das obrigações fiscais acessórias</center>

Art. 25. A microempresa ou empresa de pequeno porte optante pelo Simples Nacional deverá apresentar anualmente à Secretaria da Receita Federal do Brasil declaração única e simplificada de informações socioeconômicas e fiscais, que deverá ser disponibilizada aos órgãos de fiscalização tributária e previdenciária, observados prazo e modelo aprovados pelo CGSN e observado o disposto no § 15-A do art. 18.

▶ Caput com redação pela LC 139/2011.
▶ A LC 214/2025 dá nova redação a este caput, com produção de efeitos a partir de 1º.1.2027: "Art. 25. As informações relativas aos fatos geradores do Simples Nacional deverão ser prestadas pela microempresa ou empresa de pequeno porte optante no mês subsequente ao de sua ocorrência, no prazo estabelecido para o pagamento dos respectivos tributos, no sistema eletrônico de cálculo de que trata o § 15 do art. 18, mediante declaração simplificada transmitida à Secretaria Especial da Receita Federal do Brasil, observado, em relação às informações, o modelo aprovado pelo CGSN."

§ 1º A declaração de que trata o caput deste artigo constitui confissão de dívida e instrumento hábil e suficiente para a exigência dos tributos e contribuições que não tenham sido recolhidos resultantes das informações nela prestadas.

▶ § 1º acrescido pela LC 128/2008.

§ 2º A situação de inatividade deverá ser informada na declaração de que trata o caput deste artigo, na forma regulamentada pelo Comitê Gestor.

▶ § 2º acrescido pela LC 128/2008.
▶ A LC 214/2025 dá nova redação a este § 2º, com produção de efeitos a partir de 1º.1.2027: "§ 2º A declaração de que trata o caput conterá as informações socioeconômicas e fiscais do optante conforme forma e prazos definidos pelo CGSN."

§ 3º Para efeito do disposto no § 2º deste artigo, considera-se em situação de inatividade a microempresa ou a empresa de pequeno porte que não apresente mutação patrimonial e atividade operacional durante todo o ano-calendário.

▶ § 3º acrescido pela LC 128/2008.
▶ A LC 214/2025 revoga o § 3º, com produção de efeitos a partir de 1º.1.2027.

§ 4º A declaração de que trata o caput deste artigo, relativa ao MEI definido no art. 18-A desta Lei Complementar, conterá, para efeito do disposto no art. 3º da Lei Complementar 63, de 11 de janeiro de 1990, tão somente as informações relativas à receita bruta total sujeita ao ICMS, sendo vedada a instituição de declarações adicionais em decorrência da referida Lei Complementar.

▶ § 4º acrescido pela LC 128/2008.
▶ A LC 214/2025 revoga o § 4º, com produção de efeitos a partir de 1º.1.2027.

§ 5º A declaração de que trata o caput, a partir das informações relativas ao ano-calendário de 2012, poderá ser prestada por meio da declaração de que trata o § 15-A do art. 18 desta Lei Complementar, na periodicidade e prazos definidos pelo CGSN.

▶ § 5º acrescido pela LC 147/2014.
▶ A LC 214/2025 revoga o § 5º, com produção de efeitos a partir de 1º.1.2027.
▶ A LC 214/2025 acresce os §§ 6º a 9º, com produção de efeitos a partir de 1º.1.2027: "§ 6º A Secretaria da Receita Federal do Brasil poderá apresentar ao optante declaração assistida no sistema eletrônico de que trata o caput, na forma e prazo previstos pelo CGSN; § 7º A declaração assistida realizada nos termos do § 6º deste artigo, caso o contribuinte a confirme ou não realize ajustes, constitui confissão de dívida em relação às operações ocorridas no período; § 8º Na ausência de manifestação do contribuinte sobre a declaração assistida no prazo de que trata o caput, presume-se correto o saldo apurado e considera-se constituído o crédito tributário; e § 9º O disposto nos §§ 6º a 8º não afasta a prerrogativa de lançamento de ofício de crédito tributário relativo a diferenças posteriormente verificadas pela administração tributária."

Art. 25-A. Os dados dos documentos fiscais e declarações de qualquer espécie serão compartilhados entre as administrações tributárias da União, dos Estados, do Distrito Federal e dos Municípios, na forma estabelecida pelo CGSN.

Art. 25-B. O MEI, definido no art. 18-A, deverá apresentar anualmente à Secretaria Especial da Receita Federal do Brasil declaração única e simplificada de informações socioeconômicas e fiscais, observados prazo e modelo aprovados pelo CGSN.

Parágrafo único. As informações da declaração referida no caput têm caráter declaratório, constituindo confissão de dívida e instrumento hábil e suficiente para a exigência dos tributos e contribuições que não tenham sido recolhidos resultantes das informações nela prestadas.

▶ Arts. 25-A e 25-B acrescidos pela LC 214/2025, produzindo efeitos a partir de 1º.1.2025.

Art. 26. As microempresas e empresas de pequeno porte optantes pelo Simples Nacional ficam obrigadas a:

I – emitir documento fiscal de venda ou prestação de serviço, de acordo com instruções expedidas pelo Comitê Gestor;

II – manter em boa ordem e guarda os documentos que fundamentaram a apuração dos impostos e contribuições devidos e o cumprimento das obrigações acessórias a que se referem os arts. 25 e 25-B desta Lei Complementar enquanto não decorrido o prazo decadencial e não prescritas eventuais ações que lhes sejam pertinentes.

▶ Inciso II com redação pela LC 214/2025, produzindo efeitos a partir de 1º.1.2025.

§ 1º O MEI fará a comprovação da receita bruta mediante apresentação do registro de vendas ou de prestação de serviços na forma estabelecida pelo CGSN, ficando dispensado da emissão do documento fiscal previsto no inciso I do caput, ressalvadas as hipóteses de emissão obrigatória previstas pelo referido Comitê.

▶ Caput do § 1º com redação pela LC 139/2011.

▶ A LC 214/2025 dá nova redação a este § 1º, com produção de efeitos a partir de 1º.1.2027: § 1º O MEI fará a comprovação da receita bruta mediante apresentação do registro de vendas ou de prestação de serviços na forma estabelecida pelo CGSN.

I a III – Revogados pela LC 128/2008.

§ 2º As demais microempresas e as empresas de pequeno porte, além do disposto nos incisos I e II do caput deste artigo, deverão, ainda, manter o livro-caixa em que será escriturada sua movimentação financeira e bancária.

§ 3º A exigência das declarações a que se referem os arts. 25 e 25-B não desobriga a prestação de informações relativas a terceiros.

▶ § 3º com redação pela LC 214/2025, produzindo efeitos a partir de 1º.1.2025.

§ 4º É vedada a exigência de obrigações tributárias acessórias relativas aos tributos apurados na forma do Simples Nacional além daquelas estipuladas pelo CGSN e atendidas por meio do Portal do Simples Nacional, bem como, o estabelecimento de exigências adicionais e unilaterais pelos entes federativos, exceto os programas de cidadania fiscal.

▶ § 4º com redação pela LC 147/2014.
▶ Art. 3º, XIX, do Dec. 6.038/2007 (Comitê Gestor de Tributação das Microempresas e Empresas de Pequeno Porte).

§ 4º-A. A escrituração fiscal digital ou obrigação equivalente não poderá ser exigida da microempresa ou empresa de pequeno porte optante pelo Simples Nacional, salvo se, cumulativamente, houver:

▶ § 4º-A acrescido pela LC 147/2014.

I – autorização específica do CGSN, que estabelecerá as condições para a obrigatoriedade;

II – disponibilização por parte da administração tributária estipulante de programa gratuito para uso da empresa optante.

▶ Inciso II com redação pela LC 214/2025, produzindo efeitos a partir de 1º.1.2025.

§ 4º-B. A exigência de apresentação de livros fiscais em meio eletrônico aplicar-se-á somente na hipótese de substituição da entrega em meio convencional, cuja obrigatoriedade tenha sido prévia e especificamente estabelecida pelo CGSN.

▶ § 4º-B acrescido pela LC 147/2014.

§ 4º-C. Até a implantação de sistema nacional uniforme estabelecido pelo CGSN com compartilhamento de informações com os entes federados, permanece válida norma publicada por ente federado até o primeiro trimestre de 2014 que tenha veiculado exigência vigente de a microempresa ou empresa de pequeno porte apresentar escrituração fiscal digital ou obrigação equivalente.

▶ § 4º-C acrescido pela LC 147/2014.

§ 5º As microempresas e empresas de pequeno porte ficam sujeitas à entrega de declaração eletrônica que deva conter os dados referentes aos serviços prestados ou tomados de terceiros, na conformidade do que dispuser o Comitê Gestor.

§ 6º Na hipótese do § 1º deste artigo:

▶ § 6º acrescido pela LC 128/2008.

I – deverão ser anexados ao registro de vendas ou de prestação de serviços, na forma regulamentada pelo Comitê Gestor, os documentos fiscais comprobatórios das entradas de mercadorias e serviços tomados referentes ao período, bem como os documentos fiscais relativos às operações ou prestações realizadas eventualmente emitidos;

▶ Inciso I acrescido pela LC 128/2008.

II – será obrigatória a emissão de documento fiscal nas vendas e nas prestações de serviços realizadas pelo MEI para destinatário cadastrado no Cadastro Nacional da Pessoa Jurídica (CNPJ), ficando dispensado desta emissão para o consumidor final.

▶ Inciso II com redação pela LC 139/2011.
▶ A LC 214/2025 dá nova redação a este inciso II, com produção de efeitos a partir de 1º.1.2027: II – será obrigatória a emissão de documento fiscal nas vendas e nas prestações de serviços realizadas pelo MEI.

§ 7º Cabe ao CGSN dispor sobre a exigência da certificação digital para o cumprimento de obrigações principais e acessórias por parte da microempresa, inclusive o MEI, ou empresa de pequeno porte optante pelo Simples Nacional, inclusive para o recolhimento do FGTS.

▶ § 7º acrescido pela LC 139/2011.

§ 8º O CGSN poderá disciplinar sobre a disponibilização, no portal do SIMPLES Nacional, de documento fiscal eletrônico de venda ou de prestação de serviço para o MEI, microempresa ou empresa de pequeno porte optante pelo Simples Nacional.

▶ § 8º acrescido pela LC 147/2014.

§ 9º O desenvolvimento e a manutenção das soluções de tecnologia, capacitação e orientação aos usuários

relativas ao disposto no § 8º, bem como as demais relativas ao Simples Nacional, poderão ser apoiadas pelo Serviço Brasileiro de Apoio às Micro e Pequenas Empresas – SEBRAE.

▶ § 9º acrescido pela LC 147/2014.
▶ O art. 11 da LC 147/2014 determina que um representante da Confederação Nacional das Microempresas e Empresas de Pequeno Porte – COMICRO e um da Confederação Nacional das Micro e Pequenas Empresas e dos Empreendedores Individuais – CONAMPE passam a integrar o Conselho Deliberativo do Serviço Brasileiro de Apoio às Micro e Pequenas Empresas – SEBRAE.

§ 10. O ato de emissão ou de recepção de documento fiscal por meio eletrônico estabelecido pelas administrações tributárias, em qualquer modalidade, de entrada, de saída ou de prestação, na forma estabelecida pelo CGSN, representa sua própria escrituração fiscal e elemento suficiente para a fundamentação e a constituição do crédito tributário.

▶ § 10 acrescido pela LC 147/2014.
▶ A LC 214/2025 dá nova redação a este § 10º, com produção de efeitos a partir de 1º.1.2027: "§ 10. O ato de emissão ou de recepção de documento fiscal por meio eletrônico estabelecido pelas administrações tributárias, em qualquer modalidade, de entrada, de saída ou de prestação, na forma estabelecida pelo CGSN, representa sua própria escrituração fiscal e elemento suficiente para a fundamentação e a constituição do crédito tributário, possuindo caráter declaratório e constituindo confissão do valor devido dos tributos."

§ 11. Os dados dos documentos fiscais de qualquer espécie podem ser compartilhados entre as administrações tributárias da União, Estados, Distrito Federal e Municípios e, quando emitidos por meio eletrônico, na forma estabelecida pelo CGSN, a microempresa ou empresa de pequeno porte optante pelo Simples Nacional fica desobrigada de transmitir seus dados às administrações tributárias.

▶ § 11 acrescido pela LC 147/2014.

§ 12. As informações a serem prestadas relativas ao ICMS devido na forma prevista nas alíneas *a*, *g* e *h* do inciso XIII do § 1º do art. 13 serão fornecidas por meio de aplicativo único.

▶ § 12 acrescido pela LC 147/2014.
▶ A LC 214/2025 revoga este § 12, com produção de efeitos a partir de 1º.1.2033.

§ 12-A. A escrituração fiscal, nos termos do § 4º-A, acarreta a dispensa de prestação da informação prevista no § 12.

▶ § 12-A acrescido pela LC 214/2025, produzindo efeitos a partir de 1º.1.2025.

§ 13. Fica estabelecida a obrigatoriedade de utilização de documentos fiscais eletrônicos estabelecidos pelo CONFAZ nas operações e prestações relativas ao ICMS efetuadas por microempresas e empresas de pequeno porte nas hipóteses previstas nas alíneas *a*, *g* e *h* do inciso XIII do § 1º do art. 13.

▶ § 13 acrescido pela LC 147/2014.
▶ A LC 214/2025 revoga estes §§ 13 e 14, com produção de efeitos a partir de 1º.1.2033.

§ 14. Os aplicativos necessários ao cumprimento do disposto nos §§ 12 e 13 deste artigo serão disponibilizados, de forma gratuita, no portal do Simples Nacional.

▶ § 14 acrescido pela LC 147/2014.
▶ A LC 214/2025 revoga estes §§ 13 e 14, com produção de efeitos a partir de 1º.1.2033.

§ 15. O CGSN regulamentará o disposto neste artigo.

▶ § 15 acrescido pela LC 147/2014.

Art. 27. As microempresas e empresas de pequeno porte optantes pelo Simples Nacional poderão, opcionalmente, adotar contabilidade simplificada para os registros e controles das operações realizadas, conforme regulamentação do Comitê Gestor.

Seção VIII
Da exclusão do Simples Nacional

▶ Art. 3º, XXII, do Dec. 6.038/2007 (Comitê Gestor de Tributação das Microempresas e Empresas de Pequeno Porte.

Art. 28. A exclusão do Simples Nacional será feita de ofício ou mediante comunicação das empresas optantes.

Parágrafo único. As regras previstas nesta seção e o modo de sua implementação serão regulamentados pelo Comitê Gestor.

Art. 29. A exclusão de ofício das empresas optantes pelo Simples Nacional dar-se-á quando:

I – verificada a falta de comunicação de exclusão obrigatória;

II – for oferecido embaraço à fiscalização, caracterizado pela negativa não justificada de exibição de livros e documentos a que estiverem obrigadas, bem como pelo não fornecimento de informações sobre bens, movimentação financeira, negócio ou atividade que estiverem intimadas a apresentar, e nas demais hipóteses que autorizam a requisição de auxílio da força pública;

III – for oferecida resistência à fiscalização, caracterizada pela negativa de acesso ao estabelecimento, ao domicílio fiscal ou a qualquer outro local onde desenvolvam suas atividades ou se encontrem bens de sua propriedade;

IV – a sua constituição ocorrer por interpostas pessoas;

V – tiver sido constatada prática reiterada de infração ao disposto nesta Lei Complementar;

VI – a empresa for declarada inapta, na forma dos arts. 81 e 82 da Lei 9.430, de 27 de dezembro de 1996, e alterações posteriores;

VII – comercializar mercadorias objeto de contrabando ou descaminho;

VIII – houver falta de escrituração do livro-caixa ou não permitir a identificação da movimentação financeira, inclusive bancária;

IX – for constatado que durante o ano-calendário o valor das despesas pagas supera em 20% (vinte por cento) o valor de ingressos de recursos no mesmo período, excluído o ano de início de atividade;

X – for constatado que durante o ano-calendário o valor das aquisições de mercadorias para comercialização ou industrialização, ressalvadas hipóteses justificadas de aumento de estoque, for superior a 80% (oitenta por cento) dos ingressos de recursos no mesmo período, excluído o ano de início de atividade;

XI – houver descumprimento reiterado da obrigação contida no inciso I do *caput* do art. 26;

▶ Inciso XI com redação pela LC 139/2011.

XII – omitir de forma reiterada da folha de pagamento da empresa ou de documento de informações previsto pela legislação previdenciária, trabalhista ou tributária, segurado empregado, trabalhador avulso ou contribuinte individual que lhe preste serviço.

▶ Inciso XII com redação pela LC 139/2011.

§ 1º Nas hipóteses previstas nos incisos II a XII do *caput* deste artigo, a exclusão produzirá efeitos a partir do próprio mês em que incorridas, impedindo a opção pelo regime diferenciado e favorecido desta Lei Complementar pelos próximos 3 (três) anos-calendário seguintes.

▶ § 1º com redação pela LC 127/2007.

§ 2º O prazo de que trata o § 1º deste artigo será elevado para 10 (dez) anos caso seja constatada a utilização de artifício, ardil ou qualquer outro meio fraudulento que induza ou mantenha a fiscalização em erro, com o fim de suprimir ou reduzir o pagamento de tributo apurável segundo o regime especial previsto nesta Lei Complementar.

§ 3º A exclusão de ofício será realizada na forma regulamentada pelo Comitê Gestor, cabendo o lançamento dos tributos e contribuições apurados aos respectivos entes tributantes.

§ 4º *Revogado pela LC 128/2008.*

§ 5º A competência para exclusão de ofício do Simples Nacional obedece ao disposto no art. 33, e o julgamento administrativo, ao disposto no art. 39, ambos desta Lei Complementar.

§ 6º Nas hipóteses de exclusão previstas no *caput*, a notificação:

▶ § 6º com redação pela LC 139/2011.

I – será efetuada pelo ente federativo que promoveu a exclusão; e

II – poderá ser feita por meio eletrônico, observada a regulamentação do CGSN.

§ 7º *Revogado pela LC 139/2011.*

§ 8º A notificação de que trata o § 6º aplica-se ao indeferimento da opção pelo Simples Nacional.

▶ § 8º com redação pela LC 139/2011.

§ 9º Considera-se prática reiterada, para fins do disposto nos incisos V, XI e XII do *caput*:

▶ § 9º acrescido pela LC 139/2011.

I – a ocorrência, em 2 (dois) ou mais períodos de apuração, consecutivos ou alternados, de idênticas infrações, inclusive de natureza acessória, verificada em relação aos últimos 5 (cinco) anos-calendário, formalizadas por intermédio de auto de infração ou notificação de lançamento; ou

II – a segunda ocorrência de idênticas infrações, caso seja constatada a utilização de artifício, ardil ou qualquer outro meio fraudulento que induza ou mantenha a fiscalização em erro, com o fim de suprimir ou reduzir o pagamento de tributo.

Art. 30. A exclusão do Simples Nacional, mediante comunicação das microempresas ou das empresas de pequeno porte, dar-se-á:

I – por opção;

II – obrigatoriamente, quando elas incorrerem em qualquer das situações de vedação previstas nesta Lei Complementar; ou

III – obrigatoriamente, quando ultrapassado, no ano-calendário de início de atividade, o limite proporcional de receita bruta de que trata o § 2º do art. 3º;

▶ Inciso III com redação pela LC 139/2011.

IV – obrigatoriamente, quando ultrapassado, no ano-calendário, o limite de receita bruta previsto no inciso II do *caput* do art. 3º, quando não estiver no ano-calendário de início de atividade.

▶ Inciso IV acrescido pela LC 139/2011.

§ 1º A exclusão deverá ser comunicada à Secretaria da Receita Federal:

I – na hipótese do inciso I do *caput* deste artigo, até o último dia útil do mês de janeiro;

II – na hipótese do inciso II do *caput* deste artigo, até o último dia útil do mês subsequente àquele em que ocorrida a situação de vedação;

III – na hipótese do inciso III do *caput*:

▶ Caput do inciso III com redação pela LC 139/2011.

a) até o último dia útil do mês seguinte àquele em que tiver ultrapassado em mais de 20% (vinte por cento) o limite proporcional de que trata o § 10 do art. 3º; ou

▶ Alínea *a* acrescida pela LC 139/2011.
▶ Art. 36 desta LC.

b) até o último dia útil do mês de janeiro do ano-calendário subsequente ao de início de atividades, caso o excesso seja inferior a 20% (vinte por cento) do respectivo limite;

▶ Alínea *b* acrescida pela LC 139/2011.
▶ Art. 36 desta LC.

IV – na hipótese do inciso IV do *caput*:

▶ Inciso IV acrescido pela LC 139/2011.

a) até o último dia útil do mês subsequente à ultrapassagem em mais de 20% (vinte por cento) do limite de receita bruta previsto no inciso II do *caput* do art. 3º; ou

b) até o último dia útil do mês de janeiro do ano-calendário subsequente, na hipótese de não ter ultrapassado em mais de 20% (vinte por cento) o limite de receita bruta previsto no inciso II do *caput* do art. 3º.

§ 2º A comunicação de que trata o *caput* deste artigo dar-se-á na forma a ser estabelecida pelo Comitê Gestor.

§ 3º A alteração de dados no CNPJ, informada pela ME ou EPP à Secretaria da Receita Federal do Brasil, equivalerá à comunicação obrigatória de exclusão do Simples Nacional nas seguintes hipóteses:

▶ § 3º acrescido pela LC 139/2011.

I – alteração de natureza jurídica para Sociedade Anônima, Sociedade Empresária em Comandita por Ações, Sociedade em Conta de Participação ou Estabelecimento, no Brasil, de Sociedade Estrangeira;

II – inclusão de atividade econômica vedada à opção pelo Simples Nacional;

III – inclusão de sócio pessoa jurídica;

IV – inclusão de sócio domiciliado no exterior;

V – cisão parcial; ou

VI – extinção da empresa.

Art. 31. A exclusão das microempresas ou das empresas de pequeno porte do Simples Nacional produzirá efeitos:

I – na hipótese do inciso I do *caput* do art. 30 desta Lei Complementar, a partir de 1º de janeiro do ano-calendário subsequente, ressalvado o disposto no § 4º deste artigo;

II – na hipótese do inciso II do *caput* do art. 30 desta Lei Complementar, a partir do mês seguinte da ocorrência da situação impeditiva;

III – na hipótese do inciso III do *caput* do art. 30 desta Lei Complementar:

a) desde o início das atividades;

b) a partir de 1º de janeiro do ano-calendário subsequente, na hipótese de não ter ultrapassado em mais de 20% (vinte por cento) o limite proporcional de que trata o § 10 do art. 3º;

▶ Alínea *b* com redação pela LC 139/2011.

IV – na hipótese do inciso V do *caput* do art. 17 desta Lei Complementar, a partir do ano-calendário subsequente ao da ciência da comunicação da exclusão;

V – na hipótese do inciso IV do *caput* do art. 30:

▶ Inciso V acrescido pela LC 139/2011.

a) a partir do mês subsequente à ultrapassagem em mais de 20% (vinte por cento) do limite de receita bruta previsto no inciso II do art. 3º;

b) a partir de 1º de janeiro do ano-calendário subsequente, na hipótese de não ter ultrapassado em

mais de 20% (vinte por cento) o limite de receita bruta previsto no inciso II do art. 3º.

§ 1º Na hipótese prevista no inciso III do *caput* do art. 30 desta Lei Complementar, a microempresa ou empresa de pequeno porte não poderá optar, no ano-calendário subsequente ao do início de atividades, pelo Simples Nacional.

§ 2º Na hipótese dos incisos V e XVI do *caput* do art. 17, será permitida a permanência da pessoa jurídica como optante pelo Simples Nacional mediante a comprovação da regularização do débito ou do cadastro fiscal no prazo de até 30 (trinta) dias contados a partir da ciência da comunicação da exclusão.

▸ § 2º com redação pela LC 139/2011.

§ 3º O CGSN regulamentará os procedimentos relativos ao impedimento de recolher o ICMS e o ISS na forma do Simples Nacional, em face da ultrapassagem dos limites estabelecidos na forma dos incisos I ou II do art. 19 e do art. 20.

▸ § 3º com redação pela LC 139/2011.
▸ A LC 214/2025 dá nova redação a este § 3º, com produção de efeitos a partir de 1º.1.2027: "§ 3º O CGSN regulamentará os procedimentos relativos ao impedimento de recolher o ICMS, o ISS ou o IBS na forma do Simples Nacional, em face da ultrapassagem do limite estabelecido na forma do art. 13-A."
▸ A LC 214/2025 dá nova redação a este § 3º, com produção de efeitos a partir de 1º.1.2033: "§ 3º O CGSN regulamentará os procedimentos relativos ao impedimento de recolher o IBS na forma do Simples Nacional, em face da ultrapassagem do limite estabelecido na forma do art. 13-A."

§ 4º No caso de a microempresa ou a empresa de pequeno porte ser excluída do Simples Nacional no mês de janeiro, na hipótese do inciso I do *caput* do art. 30 desta Lei Complementar, os efeitos da exclusão dar-se-ão nesse mesmo ano.

§ 5º Na hipótese do inciso II do *caput* deste artigo, uma vez que o motivo da exclusão deixe de existir, havendo a exclusão retroativa de ofício no caso do inciso I do *caput* do art. 29 desta Lei Complementar, o efeito desta dar-se-á a partir do mês seguinte ao da ocorrência da situação impeditiva, limitado, porém, ao último dia do ano-calendário em que a referida situação deixou de existir.

▸ § 5º acrescido pela LC 128/2008.

Art. 32. As microempresas ou as empresas de pequeno porte excluídas do Simples Nacional sujeitar-se-ão, a partir do período em que se processarem os efeitos da exclusão, às normas de tributação aplicáveis às demais pessoas jurídicas.

§ 1º Para efeitos do disposto no *caput* deste artigo, na hipótese da alínea *a* do inciso III do *caput* do art. 31 desta Lei Complementar, a microempresa ou a empresa de pequeno porte desenquadrada ficará sujeita ao pagamento da totalidade ou diferença dos respectivos impostos e contribuições, devidos de conformidade com as normas gerais de incidência, acrescidos, tão somente, de juros de mora, quando efetuado antes do início de procedimento de ofício.

§ 2º Para efeito do disposto no *caput* deste artigo, o sujeito passivo poderá optar pelo recolhimento do imposto de renda e da Contribuição Social sobre o Lucro Líquido na forma do lucro presumido, lucro real trimestral ou anual.

§ 3º Aplica-se o disposto no *caput* e no § 1º em relação ao ICMS e ao ISS à empresa impedida de recolher esses impostos na forma do Simples Nacional, em face da ultrapassagem dos limites a que se referem os incisos I e II do *caput* do art. 19, relativamente ao estabelecimento localizado na unidade da Federação que os houver adotado.

▸ § 3º acrescido pela LC 139/2011.
▸ A LC 214/2025 dá nova redação a este § 3º, com produção de efeitos a partir de 1º.1.2027: "§ 3º Aplica-se o disposto no caput e no § 1º em relação ao ICMS, ao ISS e ao IBS à empresa impedida de recolher esses impostos na forma do Simples Nacional, em face da ultrapassagem do limite a que se refere o art. 13-A."
▸ A LC 214/2025 dá nova redação a este § 3º, com produção de efeitos a partir de 1º.1.2033: "§ 3º Aplica-se o disposto no caput e no § 1º em relação ao IBS à empresa impedida de recolher esses impostos na forma do Simples Nacional, em face da ultrapassagem do limite a que se refere o art. 13-A."

Seção IX
Da fiscalização

Art. 33. A competência para fiscalizar o cumprimento das obrigações principais e acessórias relativas ao Simples Nacional e para verificar a ocorrência das hipóteses previstas no art. 29 desta Lei Complementar é da Secretaria da Receita Federal e das Secretarias de Fazenda ou de Finanças do Estado ou do Distrito Federal, segundo a localização do estabelecimento, e, tratando-se de prestação de serviços incluídos na competência tributária municipal, a competência será também do respectivo Município.

§ 1º As Secretarias de Fazenda ou Finanças dos Estados poderão celebrar convênio com os Municípios de sua jurisdição para atribuir a estes a fiscalização a que se refere o *caput* deste artigo.

§ 1º-A. Dispensa-se o convênio de que trata o § 1º na hipótese de ocorrência de prestação de serviços sujeita ao ISS por estabelecimento localizado no Município.

▸ § 1º-A acrescido pela LC 139/2011.

§ 1º-B. A fiscalização de que trata o *caput*, após iniciada, poderá abranger todos os demais estabelecimentos da microempresa ou da empresa de pequeno porte, independentemente da atividade por eles exercida ou de sua localização, na forma e condições estabelecidas pelo CGSN.

▸ § 1º-B acrescido pela LC 139/2011.

§ 1º-C. As autoridades fiscais de que trata o *caput* têm competência para efetuar o lançamento de todos os tributos previstos nos incisos I a VIII do art. 13, apurados na forma do Simples Nacional, relativamente a todos os estabelecimentos da empresa, independentemente do ente federado instituidor.

▸ § 1º-C acrescido pela LC 139/2011.

§ 1º-D. A competência para autuação por descumprimento de obrigação acessória é privativa da administração tributária perante a qual a obrigação deveria ter sido cumprida.

▸ § 1º-D acrescido pela LC 139/2011.

§ 2º Na hipótese de a microempresa ou empresa de pequeno porte exercer alguma das atividades de prestação de serviços previstas no § 5º-C do art. 18 desta Lei Complementar, caberá à Secretaria da Receita Federal do Brasil a fiscalização da Contribuição para a Seguridade Social, a cargo da empresa, de que trata o art. 22 da Lei 8.212, de 24 de julho de 1991.

▸ § 2º com redação pela LC 128/2008.

§ 3º O valor não pago, apurado em procedimento de fiscalização, será exigido em lançamento de ofício pela autoridade competente que realizou a fiscalização.

§ 4º O Comitê Gestor disciplinará o disposto neste artigo.

Seção X
Da omissão de receita

Art. 34. Aplicam-se à microempresa e à empresa de pequeno porte optantes pelo Simples Nacional todas as presunções de omissão de receita existentes nas legislações de regência dos impostos e contribuições incluídos no Simples Nacional.

§ 1º É permitida a prestação de assistência mútua e a permuta de informações entre a Fazenda Pública da União e as dos Estados, do Distrito Federal e dos Municípios, relativas às microempresas e às empresas de pequeno porte, para fins de planejamento ou de execução de procedimentos fiscais ou preparatórios.

▸ § 1º acrescido pela LC 155/2016, em vigor na data de sua publicação, produzindo efeitos a partir de 01.01.2018 (DOU 28.10.2016).

§ 2º Vetado.

§ 3º Sem prejuízo de ação fiscal individual, as administrações tributárias poderão utilizar procedimento de notificação prévia visando à autorregularização, na forma e nos prazos a serem regulamentados pelo CGSN, que não constituirá início de procedimento fiscal.

▸ § 3º acrescido pela LC 155/2016, em vigor na data de sua publicação, produzindo efeitos a partir de 01.01.2018 (DOU 28.10.2016).

§ 4º Vetado.

Seção XI
Dos acréscimos legais

Art. 35. Aplicam-se aos impostos e contribuições devidos pela microempresa e pela empresa de pequeno porte, inscritos na Dívida Ativa, as normas relativas aos juros e multa de mora e de ofício previstas para o imposto de renda, inclusive, quando for o caso, em relação ao ICMS e ao ISS.

▸ A LC 214/2025 dá nova redação a este artigo, com produção de efeitos a partir de 1º.1.2033: "Art. 35. Aplicam-se aos impostos e contribuições devidos pela microempresa e pela empresa de pequeno porte, inscritos na Dívida Ativa, as normas relativas aos juros e multa de mora e de ofício previstas para o imposto de renda."

Art. 36. A falta de comunicação, quando obrigatória, da exclusão da pessoa jurídica do Simples Nacional, nos prazos determinados no § 1º do art. 30 desta Lei Complementar, sujeitará a pessoa jurídica a multa correspondente a 10% (dez por cento) do total dos impostos e contribuições devidos de conformidade com o Simples Nacional no mês que anteceder o início dos efeitos da exclusão, não inferior a R$ 200,00 (duzentos reais), insuscetível de redução.

▸ Artigo com redação pela LC 128/2008.

Art. 36-A. A falta de comunicação, quando obrigatória, do desenquadramento do microempreendedor individual da sistemática de recolhimento prevista no art. 18-A desta Lei Complementar nos prazos determinados em seu § 7º sujeitará o microempreendedor individual a multa no valor de R$ 50,00 (cinquenta reais), insuscetível de redução.

▸ Artigo acrescido pela LC 128/2008.

Art. 37. A imposição das multas de que trata esta Lei Complementar não exclui a aplicação das sanções previstas na legislação penal, inclusive em relação a declaração falsa, adulteração de documentos e emissão de nota fiscal em desacordo com a operação efetivamente praticada, a que estão sujeitos o titular ou sócio da pessoa jurídica.

Art. 38. O sujeito passivo que deixar de apresentar a Declaração Simplificada da Pessoa Jurídica a que se refere o art. 25 desta Lei Complementar, no prazo fixado, ou que a apresentar com incorreções ou omissões, será intimado a apresentar declaração original, no caso de não apresentação, ou a prestar esclarecimentos, nos demais casos, no prazo estipulado pela autoridade fiscal, na forma definida pelo Comitê Gestor, e sujeitar-se-á às seguintes multas:

▸ A LC 214/2025 dá nova redação a este caput, com produção de efeitos a partir de 1º.1.2027: "Art. 38. O Microempreendedor Individual que deixar de apresentar a Declaração Simplificada a que se refere o art. 25-B desta Lei Complementar, no prazo fixado, ou que a apresentar com incorreções ou omissões, será intimado a apresentar declaração original, no caso de não-apresentação, ou a prestar esclarecimentos, nos demais casos, na forma e prazos definidos pelo Comitê Gestor, e sujeitar-se-á às seguintes multas:"

I – de 2% (dois por cento) ao mês-calendário ou fração, incidentes sobre o montante dos tributos e contribuições informados na Declaração Simplificada da Pessoa Jurídica, ainda que integralmente pago, no caso de falta de entrega da declaração ou entrega após o prazo, limitada a 20% (vinte por cento), observado o disposto no § 3º deste artigo;

▸ A LC 214/2025 dá nova redação a este inciso I, com produção de efeitos a partir de 1º.1.2027: "I – de 2% (dois por cento) ao mês-calendário ou fração, incidentes sobre o montante dos tributos e contribuições informados na Declaração Simplificada, ainda que integralmente pago, no caso de falta de entrega da declaração ou entrega após o prazo, limitada a 20% (vinte por cento), observado o disposto no § 3º deste artigo;"

II – de R$ 100,00 (cem reais) para cada grupo de 10 (dez) informações incorretas ou omitidas.

▸ A LC 214/2025 revoga este inciso II, com produção de efeitos a partir de 1º.1.2027.

§ 1º Para efeito de aplicação da multa prevista no inciso I do *caput* deste artigo, será considerado como termo inicial o dia seguinte ao término do prazo originalmente fixado para a entrega da declaração e como termo final a data da efetiva entrega ou, no caso de não apresentação, da lavratura do auto de infração.

§ 2º Observado o disposto no § 3º deste artigo, as multas serão reduzidas:

I – à metade, quando a declaração for apresentada após o prazo, mas antes de qualquer procedimento de ofício;

II – a 75% (setenta e cinco por cento), se houver a apresentação da declaração no prazo fixado em intimação.

§ 3º A multa mínima a ser aplicada será de R$ 200,00 (duzentos reais).

▸ § 3º com redação pela LC 128/2008.
▸ A LC 214/2025 dá nova redação a este § 3º, com produção de efeitos a partir de 1º.1.2027: "§ 3º A multa mínima a ser aplicada será de R$ 50,00 (cinquenta reais)."

§ 4º Considerar-se-á não entregue a declaração que não atender às especificações técnicas estabelecidas pelo Comitê Gestor.

§ 5º Na hipótese do § 4º deste artigo, o sujeito passivo será intimado a apresentar nova declaração, no prazo de 10 (dez) dias, contados da ciência da intimação, e sujeitar-se-á à multa prevista no inciso I do *caput* deste artigo, observado o disposto nos §§ 1º a 3º deste artigo.

§ 6º A multa mínima de que trata o § 3º deste artigo a ser aplicada ao Microempreendedor Individual na vigência da opção de que trata o art. 18-A desta Lei Complementar será de R$ 50,00 (cinquenta reais).

▸ § 6º acrescido pela LC 128/2008.
▸ A LC 214/2025 revoga este § 6º, com produção de efeitos a partir de 1º.1.2027.

Art. 38-A. O sujeito passivo que deixar de prestar informações no sistema eletrônico de cálculo de que trata o § 15 do art. 18, no prazo previsto no § 15-A do mesmo artigo, ou que as prestar com incorreções ou omissões, será intimado a fazê-lo, sob pena de apresentação, ou a prestar esclarecimentos, nos demais casos, no prazo estipulado pela autoridade fiscal, na

forma definida pelo CGSN, e sujeitar-se-á às seguintes multas, para cada mês de referência:

▸ Artigo acrescido pela LC 139/2011.
▸ A LC 214/2025 dá nova redação a este caput, com produção de efeitos a partir de 1º.1.2027: "Art. 38-A. O sujeito passivo que deixar de prestar as informações previstas no art. 25, no prazo referido em seu caput, ou que as prestar com incorreções ou omissões, será intimado a fazê-lo, no caso de não apresentação, ou a prestar esclarecimentos, nos demais casos, no prazo estipulado pela autoridade fiscal, na forma definida pelo CGSN, e sujeitar-se-á às seguintes multas, para cada mês de referência:"

I – de 2% (dois por cento) ao mês-calendário ou fração, a partir do dia seguinte ao término do prazo originalmente fixado para a entrega da declaração, incidentes sobre o montante dos impostos e contribuições decorrentes das informações prestadas no sistema eletrônico de cálculo de que trata o § 15 do art. 18, ainda que integralmente pago, no caso de ausência de prestação de informações ou sua efetuação após o prazo, limitada a 20% (vinte por cento), observado o disposto no § 2º deste artigo; e

▸ Inciso I com redação pela LC 214/2025, produzindo efeitos a partir de 1º.1.2025.

II – de R$ 20,00 (vinte reais) para cada grupo de 10 (dez) informações incorretas ou omitidas.

§ 1º Para fins de aplicação da multa prevista no inciso I do *caput*, será considerado como termo inicial o dia seguinte ao término do prazo originalmente fixado para a entrega da declaração e como termo final a data da efetiva prestação ou, no caso de não prestação, da lavratura do auto de infração.

▸ § 1º com redação pela LC 214/2025, produzindo efeitos a partir de 1º.1.2025.

§ 2º A multa mínima a ser aplicada será de R$ 50,00 (cinquenta reais) para cada mês de referência.

§ 3º Observado o disposto no § 2º, as multas serão reduzidas:

▸ *Caput* do § 3º com redação pela LC 214/2025, produzindo efeitos a partir de 1º.1.2025.

I – à metade, quando a declaração for apresentada após o prazo, mas antes de qualquer procedimento de ofício;

II – a 75% (setenta e cinco por cento), caso haja apresentação da declaração no prazo fixado em intimação.

▸ Incisos I e II acrescidos pela LC 214/2025, produzindo efeitos a partir de 1º.1.2025.

§ 4º O CGSN poderá estabelecer data posterior à prevista no inciso I do *caput* e no § 1º.

§ 5º Considerar-se-á não entregue a declaração que não atender às especificações técnicas estabelecidas pelo CGSN.

§ 6º Na hipótese prevista no § 5º, o sujeito passivo será intimado a apresentar nova declaração, no prazo de 10 (dez) dias, contado da ciência da intimação, e sujeitar-se-á à multa prevista no inciso I do *caput*, observado o disposto nos §§ 1º e 2º.

▸ §§ 5º e 6º acrescidos pela LC 214/2025, produzindo efeitos a partir de 1º.1.2025.

Art. 38-B. As multas relativas à falta de prestação ou à incorreção no cumprimento de obrigações acessórias para com os órgãos e entidades federais, estaduais, distritais e municipais, quando em valor fixo ou mínimo, e na ausência de previsão legal de valor específicos e mais favoráveis para MEI, microempresa ou empresa de pequeno porte, terão redução de:

▸ Artigo acrescido pela LC 147/2014.

I – 90% (noventa por cento) para os MEI;

II – 50% (cinquenta por cento) para as microempresas ou empresas de pequeno porte optantes pelo Simples Nacional.

Parágrafo único. As reduções de que tratam os incisos I e II do *caput* não se aplicam na:

I – hipótese de fraude, resistência ou embaraço à fiscalização;

II – ausência de pagamento da multa no prazo de 30 (trinta) dias após a notificação.

Seção XII
Do processo administrativo fiscal

▸ Dec. 70.235/1972 (Processo Administrativo Fiscal).

Art. 39. O contencioso administrativo relativo ao Simples Nacional será de competência do órgão julgador integrante da estrutura administrativa do ente federativo que efetuar o lançamento, o indeferimento da opção ou a exclusão de ofício, observados os dispositivos legais atinentes aos processos administrativos fiscais desse ente.

▸ *Caput* com redação pela LC 139/2011.
▸ Arts. 29, § 5º, e 55 desta LC.

§ 1º O Município poderá, mediante convênio, transferir a atribuição de julgamento exclusivamente ao respectivo Estado em que se localiza.

§ 2º No caso em que o contribuinte do Simples Nacional exerça atividades incluídas no campo de incidência do ICMS e do ISS e seja apurada omissão de receita de que não se consiga identificar a origem, a autuação será feita utilizando a maior alíquota prevista nesta Lei Complementar, e a parcela autuada que não seja correspondente aos tributos e contribuições federais será rateada entre Estados e Municípios ou Distrito Federal.

§ 3º Na hipótese referida no § 2º deste artigo, o julgamento caberá ao Estado ou ao Distrito Federal.

§ 4º A intimação eletrônica dos atos do contencioso administrativo observará o disposto nos §§ 1º-A a 1º-D do art. 16.

▸ § 4º com redação pela LC 139/2011.

§ 5º A impugnação relativa ao indeferimento da opção ou à exclusão poderá ser decidida em órgão diverso do previsto no *caput*, na forma estabelecida pela respectiva administração tributária.

▸ § 5º acrescido pela LC 139/2011.

§ 6º Na hipótese prevista no § 5º, o CGSN poderá disciplinar procedimentos e prazos, bem como, no processo de exclusão, prever efeito suspensivo na hipótese de apresentação de impugnação, defesa ou recurso.

▸ § 6º acrescido pela LC 139/2011.

Art. 40. As consultas relativas ao Simples Nacional serão solucionadas pela Secretaria da Receita Federal, salvo quando se referirem a tributos e contribuições de competência estadual ou municipal, que serão solucionadas conforme a respectiva competência tributária, na forma disciplinada pelo Comitê Gestor.

▸ Art. 55, § 4º, desta LC.

Seção XIII
Do processo judicial

Art. 41. Os processos relativos a impostos e contribuições abrangidos pelo Simples Nacional serão ajuizados em face da União, que será representada em juízo pela Procuradoria-Geral da Fazenda Nacional, observado o disposto no § 5º deste artigo.

▸ *Caput* com redação pela LC 128/2008.

§ 1º Os Estados, Distrito Federal e Municípios prestarão auxílio à Procuradoria-Geral da Fazenda Nacional, em relação aos tributos de sua competência, na forma a ser disciplinada por ato do Comitê Gestor.

§ 2º Os créditos tributários oriundos da aplicação desta Lei Complementar serão apurados, inscritos em Dívida Ativa da União e cobrados judicialmente pela Procuradoria-Geral da Fazenda Nacional, observado o disposto no inciso V do § 5º deste artigo.

▸ § 2º com redação pela LC 139/2011.

§ 3º Mediante convênio, a Procuradoria-Geral da Fazenda Nacional poderá delegar aos Estados e Municípios a inscrição em dívida ativa estadual e municipal e a cobrança judicial dos tributos estaduais e municipais a que se refere esta Lei Complementar.

§ 4º Aplica-se o disposto neste artigo aos impostos e contribuições que não tenham sido recolhidos resultantes das informações prestadas nas declarações a que se referem os arts. 25 e 25-B.

▸ *Caput* do § 4º com redação pela LC 214/2025, produzindo efeitos a partir de 1º.1.2025.

I – no sistema eletrônico de cálculo dos valores devidos no Simples Nacional de que trata o § 15 do art. 18;

II – na declaração a que se refere o art. 25.

▸ A LC 214/2025 revoga estes incisos I e II, com produção de efeitos a partir de 1º.1.2027.

§ 5º Excetuam-se do disposto no *caput* deste artigo:

▸ *Caput* § 5º acrescido pela LC 128/2008.

I – os mandados de segurança nos quais se impugnem atos de autoridade coatora pertencente a Estado, Distrito Federal ou Município;

▸ Inciso I acrescido pela LC 128/2008.

II – as ações que tratem exclusivamente de tributos de competência dos Estados, do Distrito Federal ou dos Municípios, as quais serão propostas em face desses entes federativos, representados em juízo por suas respectivas procuradorias;

▸ Inciso II acrescido pela LC 128/2008.

III – as ações promovidas na hipótese de celebração do convênio de que trata o § 3º deste artigo;

▸ Inciso III acrescido pela LC 128/2008.

IV – o crédito tributário decorrente de auto de infração lavrado exclusivamente em face de descumprimento de obrigação acessória, observado o disposto no § 1º-D do art. 33;

▸ Inciso IV acrescido pela LC 139/2011.

V – o crédito tributário relativo ao ICMS e ao ISS de que tratam as alíneas *b* e *c* do inciso V do § 3º do art. 18-A desta Lei Complementar.

▸ Inciso V com redação pela LC 147/2014.

▸ A LC 214/2025 revoga este inciso V, com produção de efeitos a partir de 1º.1.2033.
▸ A LC 214/2025 acresce o inciso VI, com produção de efeitos a partir de 1º.1.2027: "VI – o crédito tributário relativo ao IBS."

CAPÍTULO V
DO ACESSO AOS MERCADOS

Seção I
Das aquisições públicas

▸ Primitiva Seção Única renomeada pela LC 147/2014.
▸ Dec. 6.204/2007 (Regulamenta o tratamento favorecido, diferenciado e simplificado para as microempresas e empresas de pequeno porte nas contratações públicas de bens, serviços e obras, no âmbito da administração pública federal).
▸ Art. 28, § 1º, da Lei 13.303/2016 (Lei de Responsabilidade das Estatais).

Art. 42. Nas licitações públicas, a comprovação de regularidade fiscal e trabalhista das microempresas e das empresas de pequeno porte somente será exigida para efeito de assinatura do contrato.

▸ Artigo com redação pela LC 155/2016, em vigor na data de sua publicação, produzindo efeitos a partir de 01.01.2018 (DOU 28.10.2016).
▸ Lei 8.666/1993 (Licitação e Contratos Administrativos).

Art. 43. As microempresas e as empresas de pequeno porte, por ocasião da participação em certames licitatórios, deverão apresentar toda a documentação exigida para efeito de comprovação de regularidade fiscal e trabalhista, mesmo que esta apresente alguma restrição.

▸ *Caput* com redação pela LC 155/2016, em vigor na data de sua publicação, produzindo efeitos a partir de 01.01.2018 (DOU 28.10.2016).

§ 1º Havendo alguma restrição na comprovação da regularidade fiscal e trabalhista, será assegurado o prazo de cinco dias úteis, cujo termo inicial corresponderá ao momento em que o proponente for declarado vencedor do certame, prorrogável por igual período, a critério da administração pública, para regularização da documentação, para pagamento ou parcelamento do débito e para emissão de eventuais certidões negativas ou positivas em efeito de certidão negativa.

▸ § 1º com redação pela LC 155/2016, em vigor na data de sua publicação, produzindo efeitos a partir de 01.01.2018 (DOU 28.10.2016).

§ 2º A não regularização da documentação, no prazo previsto no § 1º deste artigo, implicará decadência do direito à contratação, sem prejuízo das sanções previstas no art. 81 da Lei 8.666, de 21 de junho de 1993, sendo facultado à Administração convocar os licitantes remanescentes, na ordem de classificação, para a assinatura do contrato, ou revogar a licitação.

Art. 44. Nas licitações será assegurada, como critério de desempate, preferência de contratação para as microempresas e empresas de pequeno porte.

§ 1º Entende-se por empate aquelas situações em que as propostas apresentadas pelas microempresas e empresas de pequeno porte sejam iguais ou até 10% (dez por cento) superiores à proposta mais bem classificada.

§ 2º Na modalidade de pregão, o intervalo percentual estabelecido no § 1º deste artigo será de até 5% (cinco por cento) superior ao melhor preço.

▸ Art. 3º da Lei 8.666/1993 (Licitação e Contratos Públicos).

Art. 45. Para efeito do disposto no art. 44 desta Lei Complementar, ocorrendo o empate, proceder-se-á da seguinte forma:

I – a microempresa ou empresa de pequeno porte mais bem classificada poderá apresentar proposta de preço inferior àquela considerada vencedora do certame, situação em que será adjudicado em seu favor o objeto licitado;

II – não ocorrendo a contratação da microempresa ou empresa de pequeno porte, na forma do inciso I do *caput* deste artigo, serão convocadas as remanescentes que porventura se enquadrem na hipótese dos §§ 1º e 2º do art. 44 desta Lei Complementar, na ordem classificatória, para o exercício do mesmo direito;

III – no caso de equivalência dos valores apresentados pelas microempresas e empresas de pequeno porte que se encontrem nos intervalos estabelecidos nos §§ 1º e 2º do art. 44 desta Lei Complementar, será realizado sorteio entre elas para que se identifique aquela que primeiro poderá apresentar melhor oferta.

§ 1º Na hipótese da não contratação nos termos previstos no *caput* deste artigo, o objeto licitado será adjudicado em favor da proposta originalmente vencedora do certame.

§ 2º O disposto neste artigo somente se aplicará quando a melhor oferta inicial não tiver sido apresentada por microempresa ou empresa de pequeno porte.

§ 3º No caso de pregão, a microempresa ou empresa de pequeno porte mais bem classificada será convocada para apresentar nova proposta no prazo máximo de 5 (cinco) minutos após o encerramento dos lances, sob pena de preclusão.

Art. 46. A microempresa e a empresa de pequeno porte titular de direitos creditórios decorrentes de empenhos liquidados por órgãos e entidades da União, Estados, Distrito Federal e Município não pagos em até 30 (trinta) dias contados da data de liquidação poderão emitir cédula de crédito microempresarial.

▶ Lei 6.840/1980 (Títulos de Crédito Comercial).

Parágrafo único. *Revogado pela LC 147/2014.*

Art. 47. Nas contratações públicas da administração direta e indireta, autárquica e fundacional, federal, estadual e municipal, deverá ser concedido tratamento diferenciado e simplificado para as microempresas e empresas de pequeno porte objetivando a promoção do desenvolvimento econômico e social no âmbito municipal e regional, a ampliação da eficiência das políticas públicas e o incentivo à inovação tecnológica.

▶ Artigo com redação pela LC 147/2014.

Parágrafo único. No que diz respeito às compras públicas, enquanto não sobrevier legislação estadual, municipal ou regulamento específico de cada órgão mais favorável à microempresa e empresa de pequeno porte, aplica-se a legislação federal.

Art. 48. Para o cumprimento do disposto no art. 47 desta Lei Complementar, a administração pública:

▶ Caput com redação pela LC 147/2014.

I – deverá realizar processo licitatório destinado exclusivamente à participação de microempresas e empresas de pequeno porte nos itens de contratação cujo valor seja de até R$ 80.000,00 (oitenta mil reais);

II – poderá, em relação aos processos licitatórios destinados à aquisição de obras e serviços, exigir dos licitantes a subcontratação de microempresa ou empresa de pequeno porte;

III – deverá estabelecer, em certames para aquisição de bens de natureza divisível, cota de até 25% (vinte e cinco por cento) do objeto para a contratação de microempresas e empresas de pequeno porte.

§ 1º *Revogado pela LC 147/2014.*

§ 2º Na hipótese do inciso II do *caput* deste artigo, os empenhos e pagamentos do órgão ou entidade da administração pública poderão ser destinados diretamente às microempresas e empresas de pequeno porte subcontratadas.

§ 3º Os benefícios referidos no *caput* deste artigo poderão, justificadamente, estabelecer a prioridade de contratação para as microempresas e empresas de pequeno porte sediadas local ou regionalmente, até o limite de 10% (dez por cento) do melhor preço válido.

▶ § 3º acrescido pela LC 147/2014.

Art. 49. Não se aplica o disposto nos arts. 47 e 48 desta Lei Complementar quando:

I – *Revogado pela LC 147/2014.*

II – não houver um mínimo de 3 (três) fornecedores competitivos enquadrados como microempresas ou empresas de pequeno porte sediados local ou regionalmente e capazes de cumprir as exigências estabelecidas no instrumento convocatório;

III – o tratamento diferenciado e simplificado para as microempresas e empresas de pequeno porte não for vantajoso para a administração pública ou representar prejuízo ao conjunto ou complexo do objeto a ser contratado;

IV – a licitação for dispensável ou inexigível, nos termos dos arts. 24 e 25 da Lei 8.666, de 21 de junho de 1993, excetuando-se as dispensas tratadas pelos incisos I e II do art. 24 da mesma Lei, nas quais a compra deverá ser feita preferencialmente de microempresas e empresas de pequeno porte, aplicando-se o disposto no inciso I do art. 48.

▶ Inciso IV com redação pela LC 147/2014.

Seção II
Acesso ao mercado externo

▶ Seção II acrescida pela LC 147/2014.

Art. 49-A. A microempresa e a empresa de pequeno porte beneficiárias do SIMPLES usufruirão de regime de exportação que contemplará procedimentos simplificados de habilitação, licenciamento, despacho aduaneiro e câmbio, na forma do regulamento.

▶ Artigo acrescido pela LC 147/2014.

Parágrafo único. As pessoas jurídicas prestadoras de serviço de logística internacional, quando contratadas pelas empresas descritas nesta Lei Complementar, estão autorizadas a realizar atividades relativas a licenciamento administrativo, despacho aduaneiro,

consolidação e desconsolidação de carga e a contratar seguro, câmbio, transporte e armazenagem de mercadorias, objeto da prestação do serviço, de forma simplificada e por meio eletrônico, na forma de regulamento.

▶ Parágrafo único com redação pela LC 155/2016, em vigor na data de sua publicação, produzindo efeitos a partir de 01.01.2018 (DOU 28.10.2016).

Art. 49-B. *Vetado.*

CAPÍTULO VI
DA SIMPLIFICAÇÃO DAS RELAÇÕES DE TRABALHO

Seção I
Da segurança e da medicina do trabalho

Art. 50. As microempresas e as empresas de pequeno porte serão estimuladas pelo poder público e pelos Serviços Sociais Autônomos a formar consórcios para acesso a serviços especializados em segurança e medicina do trabalho.

Seção II
Das obrigações trabalhistas

Art. 51. As microempresas e as empresas de pequeno porte são dispensadas:

I – da afixação de Quadro de Trabalho em suas dependências;

II – da anotação das férias dos empregados nos respectivos livros ou fichas de registro;

III – de empregar e matricular seus aprendizes nos cursos dos Serviços Nacionais de Aprendizagem;

IV – da posse do livro intitulado "Inspeção do Trabalho"; e

V – de comunicar ao Ministério do Trabalho e Emprego a concessão de férias coletivas.

Art. 52. O disposto no art. 51 desta Lei Complementar não dispensa as microempresas e as empresas de pequeno porte dos seguintes procedimentos:

I – anotações na Carteira de Trabalho e Previdência Social – CTPS;

II – arquivamento dos documentos comprobatórios de cumprimento das obrigações trabalhistas e previdenciárias, enquanto não prescreverem essas obrigações;

III – apresentação da Guia de Recolhimento do Fundo de Garantia do Tempo de Serviço e Informações à Previdência Social – GFIP;

IV – apresentação das Relações Anuais de Empregados e da Relação Anual de Informações Sociais – RAIS e do Cadastro Geral de Empregados e Desempregados – CAGED.

Parágrafo único. *Vetado.*

Art. 53. *Revogado pela LC 127/2007.*

Seção III
Do acesso à justiça do trabalho

Art. 54. É facultado ao empregador de microempresa ou de empresa de pequeno porte fazer-se substituir ou representar perante a Justiça do Trabalho por terceiros que conheçam dos fatos, ainda que não possuam vínculo trabalhista ou societário.

▶ Art. 843, § 1º, da CLT.

CAPÍTULO VII
DA FISCALIZAÇÃO ORIENTADORA

Art. 55. A fiscalização, no que se refere aos aspectos trabalhista, metrológico, sanitário, ambiental, de segurança, de relações de consumo e de uso e ocupação do solo das microempresas e das empresas de pequeno porte, deverá ser prioritariamente orientadora quando a atividade ou situação, por sua natureza, comportar grau de risco compatível com esse procedimento.

▶ Caput com redação pela LC 155/2016, em vigor na data de sua publicação, produzindo efeitos a partir de 01.01.2018 (DOU 28.10.2016).

§ 1º Será observado o critério de dupla visita para lavratura de autos de infração, salvo quando for constatada infração por falta de registro de empregado ou anotação da Carteira de Trabalho e Previdência Social – CTPS, ou, ainda, na ocorrência de reincidência, fraude, resistência ou embaraço à fiscalização.

§ 2º *Vetado.*

§ 3º Os órgãos e entidades competentes definirão, em 12 (doze) meses, as atividades e situações cujo grau de risco seja considerado alto, as quais não se sujeitarão ao disposto neste artigo.

§ 4º O disposto neste artigo não se aplica ao processo administrativo fiscal relativo a tributos, que se dará na forma dos arts. 39 e 40 desta Lei Complementar.

§ 5º O disposto no § 1º aplica-se à lavratura de multa pelo descumprimento de obrigações acessórias relativas às matérias do *caput*, inclusive quando previsto seu cumprimento de forma unificada com matéria de outra natureza, exceto a trabalhista.

▶ § 5º acrescido pela LC 147/2014.

§ 6º A inobservância do critério de dupla visita implica nulidade do auto de infração lavrado sem cumprimento ao disposto neste artigo, independentemente da natureza principal ou acessória da obrigação.

▶ § 6º acrescido pela LC 147/2014.

§ 7º Os órgãos e entidades da administração pública federal, estadual, distrital e municipal deverão observar o princípio do tratamento diferenciado, simplificado e favorecido por ocasião da fixação de valores decorrentes de multas e demais sanções administrativas.

▶ § 7º acrescido pela LC 147/2014.

§ 8º A inobservância do disposto no *caput* deste artigo implica atentado aos direitos e garantias legais assegurados ao exercício profissional da atividade empresarial.

▶ § 8º acrescido pela LC 147/2014.

§ 9º O disposto no *caput* deste artigo não se aplica a infrações relativas à ocupação irregular da reserva de faixa não edificável, de área destinada a equipamentos urbanos, de áreas de preservação permanente e nas faixas de domínio público das rodovias, ferrovias e dutovias ou de vias e logradouros públicos.

▶ § 9º acrescido pela LC 147/2014.

CAPÍTULO VIII
DO ASSOCIATIVISMO

Seção Única
Da sociedade de propósito específico formada por microempresas e empresas de pequeno porte optantes pelo Simples Nacional

Art. 56. As microempresas ou as empresas de pequeno porte poderão realizar negócios de compra e venda de bens e serviços para os mercados nacional e internacional, por meio de sociedade de propósito específico, nos termos e condições estabelecidos pelo Poder Executivo federal.

▶ Caput com redação pela LC 147/2014.
▶ Lei 11.079/2004 (Parceria Público-Privada – PPP).

§ 1º Não poderão integrar a sociedade de que trata o *caput* deste artigo pessoas jurídicas não optantes pelo Simples Nacional.

▶ § 1º com redação pela LC 128/2008.

§ 2º A sociedade de propósito específico de que trata este artigo:

▶ Caput do § 2º com redação pela LC 128/2008.

I – terá seus atos arquivados no Registro Público de Empresas Mercantis;

▶ Inciso I acrescido pela LC 128/2008.

II – terá por finalidade realizar:

▶ Inciso II acrescido pela LC 128/2008.

a) operações de compras para revenda às microempresas ou empresas de pequeno porte que sejam suas sócias;

b) operações de venda de bens adquiridos das microempresas e empresas de pequeno porte que sejam suas sócias para pessoas jurídicas que não sejam suas sócias;

III – poderá exercer atividades de promoção dos bens referidos na alínea *b* do inciso II deste parágrafo;

▶ Inciso III acrescido pela LC 128/2008.

IV – apurará o imposto de renda das pessoas jurídicas com base no lucro real, devendo manter a escrituração dos livros Diário e Razão;

▶ Inciso IV acrescido pela LC 128/2008.

V – apurará a COFINS e a Contribuição para o PIS/PASEP de modo não cumulativo;

▶ Inciso V acrescido pela LC 128/2008.

VI – exportará, exclusivamente, bens a ela destinados pelas microempresas e empresas de pequeno porte que dela façam parte;

▶ Inciso VI acrescido pela LC 128/2008.

VII – será constituída como sociedade limitada;

▶ Inciso VII acrescido pela LC 128/2008.

VIII – deverá, nas revendas às microempresas ou empresas de pequeno porte que sejam suas sócias, observar preço no mínimo igual ao das aquisições realizadas para revenda; e

▶ Inciso VIII acrescido pela LC 128/2008.

IX – deverá, nas revendas de bens adquiridos de microempresas ou empresas de pequeno porte que sejam suas sócias, observar preço no mínimo igual ao das aquisições desses bens.

▶ Inciso IX acrescido pela LC 128/2008.

§ 3º A aquisição de bens destinados à exportação pela sociedade de propósito específico não gera direito a

créditos relativos a impostos ou contribuições abrangidos pelo Simples Nacional.

▶ § 3º acrescido pela LC 128/2008.

§ 4º A microempresa ou a empresa de pequeno porte não poderá participar simultaneamente de mais de uma sociedade de propósito específico de que trata este artigo.

▶ § 4º acrescido pela LC 128/2008.

§ 5º A sociedade de propósito específico de que trata este artigo não poderá:

▶ § 5º acrescido pela LC 128/2008.

I – ser filial, sucursal, agência ou representação, no País, de pessoa jurídica com sede no exterior;

II – ser constituída sob a forma de cooperativas, inclusive de consumo;

III – participar do capital de outra pessoa jurídica;

IV – exercer atividade de banco comercial, de investimentos e de desenvolvimento, de caixa econômica, de sociedade de crédito, financiamento e investimento ou de crédito imobiliário, de corretora ou de distribuidora de títulos, valores mobiliários e câmbio, de empresa de arrendamento mercantil, de seguros privados e de capitalização ou de previdência complementar;

V – ser resultante ou remanescente de cisão ou qualquer outra forma de desmembramento de pessoa jurídica que tenha ocorrido em um dos 5 (cinco) anos-calendário anteriores;

VI – exercer a atividade vedada às microempresas e empresas de pequeno porte optantes pelo Simples Nacional.

§ 6º A inobservância do disposto no § 4º deste artigo acarretará a responsabilidade solidária das microempresas ou empresas de pequeno porte sócias da sociedade de propósito específico de que trata este artigo na hipótese em que seus titulares, sócios ou administradores conhecessem ou devessem conhecer tal inobservância.

▶ § 6º acrescido pela LC 128/2008.

§ 7º O Poder Executivo regulamentará o disposto neste artigo até 31 de dezembro de 2008.

▶ § 7º acrescido pela LC 128/2008.

§ 8º *Vetado.*

DO ESTÍMULO AO CRÉDITO E À CAPITALIZAÇÃO

Seção I
Disposições gerais

Art. 57. O Poder Executivo federal proporá, sempre que necessário, medidas no sentido de melhorar o acesso das microempresas e empresas de pequeno porte aos mercados de crédito e de capitais, objetivando a redução do custo de transação, a elevação da eficiência alocativa, o incentivo ao ambiente concorrencial e a qualidade do conjunto informacional, em especial o acesso e a portabilidade das informações cadastrais relativas ao crédito.

Art. 58. Os bancos comerciais públicos e os bancos múltiplos públicos com carteira comercial, a Caixa Econômica Federal e o Banco Nacional do Desenvolvimento Econômico e Social – BNDES manterão linhas de crédito específicas para as microempresas e para as empresas de pequeno porte, vinculadas à reciprocidade social, devendo o montante disponível e suas condições de acesso ser expressos nos respectivos orçamentos e amplamente divulgados.

▶ *Caput* com redação pela LC 155/2016, em vigor na data de sua publicação, produzindo efeitos a partir de 01.01.2018 *(DOU 28.10.2016).*

§ 1º As instituições mencionadas no *caput* deste artigo deverão publicar, juntamente com os respectivos balanços, relatório circunstanciado dos recursos alocados às linhas de crédito referidas no *caput* e daqueles efetivamente utilizados, consignando, obrigatoriamente, as justificativas do desempenho alcançado.

▶ § 1º com redação pela LC 155/2016, em vigor na data de sua publicação, produzindo efeitos a partir de 01.01.2018 *(DOU 28.10.2016).*

§ 2º O acesso às linhas de crédito específicas previstas no *caput* deste artigo deverá ter tratamento simplificado e ágil, com divulgação ampla das respectivas condições e exigências.

▶ § 2º acrescido pela LC 147/2014.

§ 3º *Vetado.*

§ 4º O Conselho Monetário Nacional – CMN regulamentará o percentual mínimo de direcionamento dos recursos de que trata o *caput*, inclusive no tocante aos recursos de que trata a alínea *b* do inciso III do art. 10 da Lei 4.595, de 31 de dezembro de 1964.

▶ § 4º acrescido pela LC 155/2016, em vigor na data de sua publicação, produzindo efeitos a partir de 01.01.2018 *(DOU 28.10.2016).*

Art. 58-A. Os bancos públicos e privados não poderão contabilizar, para cumprimento de metas, empréstimos realizados a pessoas físicas, ainda que sócios de empresas, como disponibilização de crédito para microempresas e empresas de pequeno porte.

▶ Artigo acrescido pela LC 147/2014.

Art. 59. As instituições referidas no *caput* do art. 58 desta Lei Complementar devem se articular com as respectivas entidades de apoio e representação das microempresas e empresas de pequeno porte, no sentido de proporcionar e desenvolver programas de treinamento, desenvolvimento gerencial e capacitação tecnológica.

Art. 60. *Vetado.*

Art. 60-A. Poderá ser instituído Sistema Nacional de Garantias de Crédito pelo Poder Executivo, com o objetivo de facilitar o acesso das microempresas e empresas de pequeno porte a crédito e demais serviços das instituições financeiras, o qual, na forma de regulamento, proporcionará a elas tratamento diferenciado, favorecido e simplificado, sem prejuízo de atendimento a outros públicos-alvo.

▶ Artigo acrescido pela LC 127/2007.

Parágrafo único. O Sistema Nacional de Garantias de Crédito integrará o Sistema Financeiro Nacional.

Art. 60-B. Os fundos garantidores de risco de crédito empresarial que possuam participação da União na composição do seu capital atenderão, sempre que possível, as operações de crédito que envolvam microempresas e empresas de pequeno porte, definidas na forma do art. 3º desta Lei.

▶ Artigo acrescido pela LC 147/2014.

Art. 60-C. *Vetado.*

▶ Artigo acrescido pela LC 147/2014.

Art. 61. Para fins de apoio creditício às operações de comércio exterior das microempresas e das empresas de pequeno porte, serão utilizados os parâmetros de enquadramento ou outros instrumentos de alta significância para as microempresas, empresas de pequeno porte exportadoras segundo o porte de empresas, aprovados pelo Mercado Comum do Sul – MERCOSUL.

Art. 61-A. Para incentivar as atividades de inovação e os investimentos produtivos, a sociedade enquadrada como microempresa ou empresa de pequeno porte, nos termos desta Lei Complementar, poderá admitir o aporte de capital, que não integrará o capital social da empresa.

▶ Artigo acrescido pela LC 155/2016, em vigor na data de sua publicação, produzindo efeitos a partir de 01.01.2017 *(DOU 28.10.2016).*

§ 1º As finalidades de fomento a inovação e investimentos produtivos deverão constar do contrato de participação, com vigência não superior a sete anos.

§ 2º O aporte de capital poderá ser realizado por pessoa física, por pessoa jurídica ou por fundos de investimento, conforme regulamento da Comissão de Valores Mobiliários, que serão denominados investidores-anjos.

▶ § 2º com redação pela LC 182/2021.

§ 3º A atividade constitutiva do objeto social é exercida unicamente por sócios regulares, em seu nome individual e sob sua exclusiva responsabilidade.

§ 4º O investidor-anjo:

I – não será considerado sócio nem terá qualquer direito a gerência ou a voto na administração da empresa, resguardada a possibilidade de participação nas deliberações em caráter estritamente consultivo, conforme pactuação contratual;

▶ Inciso I com redação pela LC 182/2021.

II – não responderá por qualquer dívida da empresa, inclusive em recuperação judicial, não se aplicando a ele o art. 50 da Lei 10.406, de 10 de janeiro de 2002 – Código Civil;

III – será remunerado por seus aportes, nos termos do contrato de participação, pelo prazo máximo de 7 (sete) anos;

▶ Inciso III com redação pela LC 182/2021.

IV – poderá exigir dos administradores as contas justificadas de sua administração e, anualmente, o inventário, o balanço patrimonial e o balanço de resultado econômico; e

V – poderá examinar, a qualquer momento, os livros, os documentos e o estado do caixa e da carteira da sociedade, exceto se houver pactuação contratual que determine época própria para isso.

▶ Incisos IV e V com redação pela LC 182/2021.

§ 5º Para fins de enquadramento da sociedade como microempresa ou empresa de pequeno porte, os valores de capital aportado não são considerados receitas da sociedade.

§ 6º As partes contratantes poderão:

I – estipular remuneração periódica, ao final de cada período, ao investidoranjo, conforme contrato de participação; ou

II – prever a possibilidade de conversão do aporte de capital em participação societária.

▶ Incisos I e II acrescidos pela LC 182/2021.

§ 7º O investidor-anjo somente poderá exercer o direito de resgate depois de decorridos, no mínimo, 2 (dois) anos do aporte de capital, ou prazo superior estabelecido no contrato de participação, e seus haveres serão pagos na forma prevista no art. 1.031 da Lei 10.406, de 10 de janeiro de 2002 (Código Civil), não permitido ultrapassar o valor investido devidamente corrigido por índice previsto em contrato.

▶ § 7º acrescido pela LC 182/2021.

§ 8º O disposto no § 7º deste artigo não impede a transferência da titularidade do aporte para terceiros.

§ 9º A transferência da titularidade do aporte para terceiro alheio à sociedade dependerá do consentimento dos sócios, salvo estipulação contratual expressa em contrário.

§ 10. O Ministério da Fazenda poderá regulamentar a tributação sobre retirada do capital investido.

Art. 61-B. A emissão e a titularidade de aportes especiais não impedem a fruição do Simples Nacional.

▶ Artigo acrescido pela LC 155/2016, em vigor na data de sua publicação, produzindo efeitos a partir de 01.01.2017 *(DOU 28.10.2016).*

Art. 61-C. Caso os sócios decidam pela venda da empresa, o investidor-anjo terá direito de preferência na aquisição, bem como direito de venda conjunta da titularidade do aporte de capital, nos mesmos termos e condições que forem ofertados aos sócios regulares.

▶ Artigo acrescido pela LC 155/2016, em vigor na data de sua publicação, produzindo efeitos a partir de 01.01.2017 *(DOU 28.10.2016).*

Art. 61-D. Os fundos de investimento poderão aportar capital como investidoresanjos em microempresas e em empresas de pequeno porte, conforme regulamentação da Comissão de Valores Mobiliários.

▶ Artigo com redação pela LC 182/2021.

Seção I-A
Da sociedade de garantia solidária
e da sociedade de contragarantia

▶ Epígrafe acrescida pela LC 169/2019, em vigor 180 dias após sua publicação *(DOU 3.12.2019).*

Art. 61-E. É autorizada a constituição de sociedade de garantia solidária (SGS), sob a forma de sociedade por ações, para a concessão de garantia a seus sócios participantes.

▶ Artigo acrescido pela LC 169/2019, em vigor 180 dias após sua publicação *(DOU 3.12.2019).*

§ 1º *Vetado.*

§ 2º *Vetado.*

§ 3º Os atos da sociedade de garantia solidária serão arquivados no Registro Público de Empresas Mercantis e Atividades Afins.

§ 4º É livre a negociação, entre sócios participantes, de suas ações na respectiva sociedade de garantia solidária, respeitada a participação máxima que cada sócio pode atingir.

§ 5º Podem ser admitidos como sócios participantes os pequenos empresários, microempresários e microempreendedores e as pessoas jurídicas constituídas por esses associados.

§ 6º *Vetado.*

§ 7º Sem prejuízo do disposto nesta Lei Complementar, aplicam-se à sociedade de garantia solidária as disposições da lei que rege as sociedades por ações.

Art. 61-F. O contrato de garantia solidária tem por finalidade regular a concessão da garantia pela sociedade ao sócio participante, mediante o recebimento de taxa de remuneração pelo serviço prestado, devendo fixar as cláusulas necessárias ao cumprimento das obrigações do sócio beneficiário perante a sociedade.

▶ Artigo acrescido pela LC 169/2019, em vigor 180 dias após sua publicação *(DOU 3.12.2019).*

Parágrafo único. Para a concessão da garantia, a sociedade de garantia solidária poderá exigir contragarantia por parte do sócio participante beneficiário, respeitados os princípios que orientam a existência daquele tipo de sociedade.

Art. 61-G. A sociedade de garantia solidária pode conceder garantia sobre o montante de recebíveis de seus sócios participantes que sejam objeto de securitização.

▶ Artigo acrescido pela LC 169/2019, em vigor 180 dias após sua publicação (*DOU 3.12.2019*).

Art. 61-H. É autorizada a constituição de sociedade de contragarantia, que tem como finalidade o oferecimento de contragarantias à sociedade de garantia solidária, nos termos a serem definidos por regulamento.

▶ Artigo acrescido pela LC 169/2019, em vigor 180 dias após sua publicação (*DOU 3.12.2019*).

Art. 61-I. A sociedade de garantia solidária e a sociedade de contragarantia integrarão o Sistema Financeiro Nacional e terão sua constituição, organização e funcionamento disciplinados pelo Conselho Monetário Nacional, observado o disposto nesta Lei Complementar.

▶ Artigo acrescido pela LC 169/2019, em vigor 180 dias após sua publicação (*DOU 3.12.2019*).

Seção II
Das responsabilidades
do Banco Central do Brasil

Art. 62. O Banco Central do Brasil disponibilizará dados e informações das instituições financeiras integrantes do Sistema Financeiro Nacional, inclusive por meio do Sistema de Informações de Crédito – SCR, de modo a ampliar o acesso ao crédito para microempresas e empresas de pequeno porte e fomentar a competição bancária.

▶ *Caput* com redação pela LC 147/2014.

§ 1º O disposto no *caput* deste artigo alcança a disponibilização de dados e informações específicas relativas ao histórico de relacionamento bancário e creditício das microempresas e das empresas de pequeno porte, apenas aos próprios titulares.

§ 2º O Banco Central do Brasil poderá garantir o acesso simplificado, favorecido e diferenciado dos dados e informações constantes no § 1º deste artigo aos seus respectivos interessados, podendo a instituição optar por realizá-lo por meio das instituições financeiras, com as quais o próprio cliente tenha relacionamento.

Seção III
Das condições de acesso aos depósitos especiais do
Fundo de Amparo ao Trabalhador – FAT

Art. 63. O CODEFAT poderá disponibilizar recursos financeiros por meio da criação de programa específico para as cooperativas de crédito de cujos quadros de cooperados participem microempreendedores, empreendedores de microempresa e empresa de pequeno porte bem como suas empresas.

Parágrafo único. Os recursos referidos no *caput* deste artigo deverão ser destinados exclusivamente às microempresas e empresas de pequeno porte.

▶ Lei 7.998/1990 (Seguro-Desemprego).

Seção IV – Vetado.

▶ Seção IV acrescida pela LC 155/2016.

CAPÍTULO X
DO ESTÍMULO À INOVAÇÃO

Seção I
Disposições gerais

Art. 64. Para os efeitos desta Lei Complementar considera-se:

I – inovação: a concepção de um novo produto ou processo de fabricação, bem como a agregação de novas funcionalidades ou características ao produto ou processo que implique melhorias incrementais e efetivo ganho de qualidade ou produtividade, resultando em maior competitividade no mercado;

II – agência de fomento: órgão ou instituição de natureza pública ou privada que tenha entre os seus objetivos o financiamento de ações que visem a estimular e promover o desenvolvimento da ciência, da tecnologia e da inovação;

III – Instituição Científica e Tecnológica – ICT: órgão ou entidade da administração pública que tenha por missão institucional, dentre outras, executar atividades de pesquisa básica ou aplicada de caráter científico ou tecnológico;

IV – núcleo de inovação tecnológica: núcleo ou órgão constituído por uma ou mais ICT com a finalidade de gerir sua política de inovação;

V – instituição de apoio: instituições criadas sob o amparo da Lei 8.958, de 20 de dezembro de 1994, com a finalidade de dar apoio a projetos de pesquisa, ensino e extensão e de desenvolvimento institucional, científico e tecnológico;

VI – instrumentos de apoio tecnológico para a inovação: qualquer serviço disponibilizado presencialmente ou na internet que possibilite acesso a informações, orientações, bancos de dados de soluções de infor-

mações, respostas técnicas, pesquisas e atividades de apoio complementar desenvolvidas pelas instituições previstas nos incisos II a V deste artigo.

▶ Inciso VI acrescido pela LC 147/2014.

Seção II
Do Apoio à Inovação e do Inova Simples da Empresa
Simples de Inovação

▶ *Epígrafe com redação pela LC 167/2019.*

Art. 65. A União, os Estados, o Distrito Federal e os Municípios, e as respectivas agências de fomento, as ICT, os núcleos de inovação tecnológica e as instituições de apoio manterão programas específicos para as microempresas e para as empresas de pequeno porte, inclusive quando estas revestirem a forma de incubadoras, observando-se o seguinte:

I – as condições de acesso serão diferenciadas, favorecidas e simplificadas;

II – o montante disponível e suas condições de acesso deverão ser expressos nos respectivos orçamentos e amplamente divulgados.

§ 1º As instituições deverão publicar, juntamente com as respectivas prestações de contas, relatório circunstanciado das estratégias para maximização da participação do segmento, assim como dos recursos alocados às ações referidas no *caput* deste artigo e aqueles efetivamente utilizados, consignando, obrigatoriamente, as justificativas do desempenho alcançado no período.

§ 2º As pessoas jurídicas referidas no *caput* deste artigo terão por meta a aplicação de, no mínimo, 20% (vinte por cento) dos recursos destinados à inovação para o desenvolvimento de tal atividade nas microempresas ou nas empresas de pequeno porte.

§ 3º Os órgãos e entidades integrantes da administração pública federal, estadual e municipal atuantes em pesquisa, desenvolvimento ou capacitação tecnológica terão por meta efetivar suas aplicações, no percentual mínimo fixado neste artigo, em programas e projetos de apoio às microempresas ou às empresas de pequeno porte, transmitindo ao Ministério da Ciência, Tecnologia e Inovação, no primeiro trimestre de cada ano, informação relativa aos valores alocados e a respectiva relação percentual em relação ao total dos recursos destinados para esse fim.

▶ § 3º com redação pela LC 147/2014.

§ 4º Ficam autorizados a reduzir a 0 (zero) as alíquotas dos impostos e contribuições a seguir indicados, incidentes na aquisição, ou importação, de equipamentos, máquinas, aparelhos, instrumentos, acessórios, sobressalentes e ferramentas que os acompanhem, na forma definida em regulamento, quando adquiridos, ou importados, diretamente por microempresas ou empresas de pequeno porte para incorporação ao seu ativo imobilizado.

▶ *Caput* do § 4º com redação pela LC 128/2008.

I – a União, em relação ao IPI, à COFINS, à Contribuição para o PIS/PASEP, à COFINS-Importação e à Contribuição para o PIS/PASEP-Importação; e

▶ Inciso I acrescido pela LC 128/2008.
▶ A LC 214/2025 dá nova redação a este inciso I, com produção de efeitos a partir de 1º.1.2027: "I – a União, em relação ao IPI;"

II – os Estados e o Distrito Federal, em relação ao ICMS.

▶ Inciso II acrescido pela LC 128/2008.
▶ A LC 214/2025 revoga este inciso II, com produção de efeitos a partir de 1º.1.2033.

§ 5º A microempresa ou empresa de pequeno porte, adquirente de bens com o benefício previsto no § 4º deste artigo, fica obrigada, nas hipóteses previstas em regulamento, a recolher os impostos e contribuições que deixaram de ser pagos, acrescidos de juros e multa, de mora ou de ofício, contados a partir da data da aquisição, no mercado interno, ou do registro da declaração de importação – DI, calculados na forma da legislação que rege a cobrança do tributo não pago.

▶ § 5º acrescido pela LC 128/2008.

§ 6º Para efeito da execução do orçamento previsto neste artigo, os órgãos e instituições poderão alocar os recursos destinados à criação e ao custeio de ambientes de inovação, incluindo incubadoras, parques e centros vocacionais tecnológicos, laboratórios metrológicos, de ensaio, de pesquisa ou apoio ao treinamento, bem como custeio de bolsas de extensão e remuneração de professores, pesquisadores e agentes envolvidos nas atividades de apoio tecnológico complementar.

▶ § 6º acrescido pela LC 147/2014.

Art. 65-A. Fica criado o Inova Simples, regime especial simplificado que concede às iniciativas empresariais de caráter incremental ou disruptivo que se autodeclarem como empresas de inovação tratamento diferenciado com vistas a estimular sua criação, forma-

lização, desenvolvimento e consolidação como agentes indutores de avanços tecnológicos e da geração de emprego e renda.

▶ Artigo com redação pela LC 182/2021.

§ 1º *Revogado pela LC 182/2021.*

§ 2º *Revogado pela LC 182/2021.*

§ 3º O tratamento diferenciado a que se refere o *caput* deste artigo consiste na fixação de rito sumário para abertura e fechamento de empresas sob o regime do Inova Simples, que se dará de forma simplificada e automática, no mesmo ambiente digital do portal da Rede Nacional para a Simplificação do Registro e da Legalização de Empresas e Negócios (Redesim), em sítio eletrônico oficial do governo federal, por meio da utilização de formulário digital próprio, disponível em janela ou ícone intitulado Inova Simples.

§ 4º Os titulares de empresa submetida ao regime do Inova Simples preencherão cadastro básico com as seguintes informações:

I – qualificação civil, domicílio e CPF;

II – descrição do escopo da intenção empresarial inovadora, que utilize modelos de negócios inovadores para a geração de produtos ou serviços, e definição do nome empresarial, que conterá a expressão 'Inova Simples (I.S.)';

▶ Inciso II com redação pela LC 182/2021.

III – autodeclaração, sob as penas da lei, de que o funcionamento da empresa submetida ao regime do Inova Simples não produzirá poluição, barulho e aglomeração de tráfego de veículos, para fins de caracterizar baixo grau de risco, nos termos do § 4º do art. 6º desta Lei Complementar;

IV – definição do local da sede, que poderá ser comercial, residencial ou de uso misto, sempre que não proibido pela legislação municipal ou distrital, admitindo-se a possibilidade de sua instalação em locais onde funcionam parques tecnológicos, instituições de ensino, empresas juniores, incubadoras, aceleradoras e espaços compartilhados de trabalho na forma de *coworking*; e

V – em caráter facultativo, a existência de apoio ou validação de instituto técnico, científico ou acadêmico, público ou privado, bem como de incubadoras, aceleradoras e instituições de ensino, nos parques tecnológicos e afins.

§ 5º Realizado o correto preenchimento das informações, será gerado automaticamente número de CNPJ específico, em nome da denominação da empresa Inova Simples, em código próprio Inova Simples.

§ 6º A empresa submetida ao regime do Inova Simples constituída na forma deste artigo deverá abrir, imediatamente, conta bancária de pessoa jurídica, para fins de captação e integralização de capital, proveniente de aporte próprio de seus titulares ou de investidor domiciliado no exterior, de linha de crédito público ou privado e de outras fontes previstas em lei.

§ 7º No portal da Redesim, no espaço destinado ao preenchimento de dados do Inova Simples, será disponibilizado ícone que direcionará a ambiente virtual do Instituto Nacional da Propriedade Industrial (INPI), do qual constarão orientações para o depósito de pedido de patente ou de registro de marca.

§ 8º O exame dos pedidos de patente ou de registro de marca, nos termos deste artigo, que tenham sido depositados por empresas participantes do Inova Simples será realizado em caráter prioritário.

▶ §§ 7º e 8º com redação pela LC 182/2021.

§ 9º *Revogado pela LC 182/2021.*

§ 10. É permitida a comercialização experimental do serviço ou produto até o limite fixado para o MEI nesta Lei Complementar.

§ 11. Na eventualidade de não lograr êxito no desenvolvimento do escopo pretendido, a baixa do CNPJ será automática, mediante procedimento de autodeclaração no portal da Redesim.

§ 12. *Vetado.*

§ 13. O disposto neste artigo será regulamentado pelo Comitê Gestor do Simples Nacional.

Art. 66. No primeiro trimestre do ano subsequente, os órgãos e entidades a que alude o art. 67 desta Lei Complementar transmitirão ao Ministério da Ciência e Tecnologia relatório circunstanciado dos projetos realizados, compreendendo a análise do desempenho alcançado.

Art. 67. Os órgãos congêneres ao Ministério da Ciência e Tecnologia estaduais e municipais deverão elaborar e divulgar relatório anual indicando o valor dos recursos recebidos, inclusive por transferência de terceiros, que foram aplicados diretamente ou por

organizações vinculadas, por Fundos Setoriais e outros, no segmento das microempresas e empresas de pequeno porte, retratando e avaliando os resultados obtidos e indicando as previsões de ações e metas para ampliação de sua participação no exercício seguinte.

Seção III
Do apoio à certificação

▶ Seção III acrescida pela LC 155/2016, em vigor na data de sua publicação, produzindo efeitos a partir de 01.01.2018 (DOU 28.10.2016).

Art. 67-A. O órgão competente do Poder Executivo
disponibilizará na internet informações sobre certificação de qualidade de produtos e processos para microempresas e empresas de pequeno porte.

▶ Artigo acrescido pela LC 155/2016, em vigor na data de sua publicação, produzindo efeitos a partir de 01.01.2018 (DOU 28.10.2016).

Parágrafo único. Os órgãos da administração direta e indireta e as entidades certificadoras privadas, responsáveis pela criação, regulação e gestão de processos de certificação de qualidade de produtos e processos, deverão, sempre que solicitados, disponibilizar ao órgão competente do Poder Executivo informações referentes a procedimentos e normas aplicáveis aos processos de certificação em seu escopo de atuação.

CAPÍTULO XI
DAS REGRAS CIVIS E EMPRESARIAIS

Seção I
Das regras civis

Subseção I
Do pequeno empresário

Art. 68. Considera-se pequeno empresário, para
efeito de aplicação do disposto nos arts. 970 e 1.179 da Lei 10.406, de 10 de janeiro de 2002 (Código Civil), o empresário individual caracterizado como microempresa na forma desta Lei Complementar que aufira receita bruta anual até o limite previsto no § 1º do art. 18-A.

▶ Artigo com redação pela LC 139/2011.

Subseção II
Vetada

Art. 69. *Vetado.*

Seção II
Das deliberações sociais e
da estrutura organizacional

Art. 70. As microempresas e as empresas de peque-
no porte são desobrigadas da realização de reuniões e assembleias em qualquer das situações previstas na legislação civil, as quais serão substituídas por deliberação representativa do primeiro número inteiro superior à metade do capital social.

§ 1º O disposto no *caput* deste artigo não se aplica caso haja disposição contratual em contrário, caso ocorra hipótese de justa causa que enseje a exclusão de sócio ou caso um ou mais sócios ponham em risco a continuidade da empresa em virtude de atos de inegável gravidade.

§ 2º Nos casos referidos no § 1º deste artigo, realizar-se-á reunião ou assembleia de acordo com a legislação civil.

Art. 71. Os empresários e as sociedades de que
trata esta Lei Complementar, nos termos da legislação civil, ficam dispensados da publicação de qualquer ato societário.

Seção III
Do nome empresarial

Art. 72. *Revogado pela LC 155/2016, em vigor a partir*
de 01.01.2018 (DOU 28.10.2016).

Seção IV
Do protesto de títulos

▶ Lei 9.492/1997 (Protesto de Títulos).

Art. 73. O protesto de título, quando o devedor for
microempresário ou empresa de pequeno porte, é sujeito às seguintes condições:

I – sobre os emolumentos do tabelião não incidirão quaisquer acréscimos a título de taxas, custas e contribuições para o Estado ou Distrito Federal, carteira de previdência, fundo de custeio de atos gratuitos, fundos especiais do Tribunal de Justiça, bem como de associação de classe, criados ou que venham a ser criados sob qualquer título ou denominação, ressalvada a cobrança do devedor das despesas de correio, condução e publicação de edital para realização da intimação;

II – para o pagamento do título em cartório, não poderá ser exigido cheque de emissão de estabelecimento

bancário, mas, feito o pagamento por meio de cheque, de emissão de estabelecimento bancário ou não, a quitação dada pelo tabelionato de protesto será condicionada à efetiva liquidação do cheque;

III – o cancelamento do registro de protesto, fundado no pagamento do título, será feito independentemente de declaração de anuência do credor, salvo no caso de impossibilidade de apresentação do original protestado;

IV – para os fins do disposto no *caput* e nos incisos I, II e III do *caput* deste artigo, o devedor deverá provar sua qualidade de microempresa ou de empresa de pequeno porte perante o tabelionato de protestos de títulos, mediante documento expedido pela Junta Comercial ou pelo Registro Civil das Pessoas Jurídicas, conforme o caso;

V – quando o pagamento do título ocorrer com cheque sem a devida provisão de fundos, serão automaticamente suspensos pelos cartórios de protesto, pelo prazo de 1 (um) ano, todos os benefícios previstos para o devedor neste artigo, independentemente da lavratura e registro do respectivo protesto.

Art. 73-A. São vedadas cláusulas contratuais relati-
vas à limitação da emissão ou circulação de títulos de crédito ou direitos creditórios originados de operações de compra e venda de produtos e serviços por microempresas e empresas de pequeno porte.

▶ Artigo acrescido pela LC 147/2014.

CAPÍTULO XII
DO ACESSO À JUSTIÇA

Seção I
Do acesso
aos Juizados Especiais

Art. 74. Aplica-se às microempresas e às empresas
de pequeno porte de que trata esta Lei Complementar o disposto no § 1º do art. 8º da Lei 9.099, de 26 de setembro de 1995, e no inciso I do *caput* do art. 6º da Lei 10.259, de 12 de julho de 2001, as quais, assim como as pessoas físicas capazes, passam a ser admitidas como proponentes de ação perante o Juizado Especial, excluídos os cessionários de direito de pessoas jurídicas.

Art. 74-A. O Poder Judiciário, especialmente por
meio do Conselho Nacional de Justiça – CNJ, e o Ministério da Justiça implementarão medidas para disseminar o tratamento diferenciado e favorecido às microempresas e empresas de pequeno porte em suas respectivas áreas de competência.

▶ Artigo acrescido pela LC 147/2014.

Seção II
Da Conciliação Prévia,
Mediação e Arbitragem

▶ Lei 9.307/1996 (Arbitragem).

Art. 75. As microempresas e empresas de pequeno
porte deverão ser estimuladas a utilizar os institutos de conciliação prévia, mediação e arbitragem para solução dos seus conflitos.

§ 1º Serão reconhecidos de pleno direito os acordos celebrados no âmbito das comissões de conciliação prévia.

▶ Arts. 625-A a 625-H da CLT.

§ 2º O estímulo a que se refere o *caput* deste artigo compreenderá campanhas de divulgação, serviços de esclarecimento e tratamento diferenciado, simplificado e favorecido no tocante aos custos administrativos e honorários cobrados.

Seção III
Das parcerias

▶ Seção III acrescida pela LC 128/2008.

Art. 75-A. Para fazer face às demandas originárias
do estímulo previsto nos arts. 74 e 75 desta Lei Complementar, entidades privadas, públicas, inclusive o Poder Judiciário, poderão firmar parcerias entre si, objetivando a instalação ou utilização de ambientes propícios para a realização dos procedimentos inerentes a busca da solução de conflitos.

▶ Artigo acrescido pela LC 128/2008.

Art. 75-B. *Vetado.*

CAPÍTULO XIII
DO APOIO E DA REPRESENTAÇÃO

Art. 76. Para o cumprimento do disposto nesta Lei
Complementar, bem como para desenvolver e acompanhar políticas públicas voltadas às microempresas e empresas de pequeno porte, o poder público, em consonância com o Fórum Permanente das Microempresas e Empresas de Pequeno Porte, sob a coordenação da Secretaria da Micro e Pequena Empresa da

Presidência da República, deverá incentivar e apoiar a criação de fóruns com participação dos órgãos públicos competentes e das entidades vinculadas ao setor.

▶ Artigo com redação pela Lei 12.792/2013.

Parágrafo único. A Secretaria da Micro e Pequena Empresa da Presidência da República coordenará com as entidades representativas das microempresas e empresas de pequeno porte a implementação dos fóruns regionais nas unidades da federação.

Art. 76-A. As instituições de representação e apoio
empresarial deverão promover programas de sensibilização, de informação, de orientação e apoio, de educação fiscal, de regularidade dos contratos de trabalho e de adoção de sistemas informatizados e eletrônicos, como forma de estímulo à formalização de empreendimentos, de negócios e empregos, à ampliação da competitividade e à disseminação do associativismo entre as microempresas, os microempreendedores individuais, as empresas de pequeno porte e equiparados.

▶ Artigo acrescido pela LC 147/2014.

CAPÍTULO XIV
DISPOSIÇÕES FINAIS E TRANSITÓRIAS

Art. 77. Promulgada esta Lei Complementar, o Comi-
tê Gestor expedirá, em 30 (trinta) meses, as instruções que se fizerem necessárias à sua execução.

▶ *Caput* com redação pela LC 128/2008.
▶ Art. 3º, XXVII, do Dec. 6.038/2007 (Comitê Gestor de Tributação das Microempresas de Pequeno Porte).

§ 1º O Ministério do Trabalho e Emprego, a Secretaria da Receita Federal, a Secretaria da Receita Previdenciária, os Estados, o Distrito Federal e os Municípios deverão editar, em 1 (um) ano, as leis e demais atos necessários para assegurar o pronto e imediato tratamento jurídico diferenciado, simplificado e favorecido às microempresas e às empresas de pequeno porte.

§ 2º A administração direta e indireta federal, estadual e municipal e as entidades paraestatais acordarão, no prazo previsto no § 1º deste artigo, as providências necessárias à adaptação dos respectivos atos normativos ao disposto nesta Lei Complementar.

▶ § 2º com redação pela LC 128/2008.

§ 3º *Vetado.*

§ 4º O Comitê Gestor regulamentará o disposto no inciso I do § 6º do art. 13 desta Lei Complementar até 31 de dezembro de 2008.

▶ § 4º acrescido pela LC 128/2008.

§ 5º A partir de 1º de janeiro de 2009, perderão eficácia as substituições tributárias que não atenderem à disciplina estabelecida na forma do § 4º deste artigo.

▶ § 5º acrescido pela LC 128/2008.

§ 6º O Comitê de que trata o inciso III do *caput* do art. 2º desta Lei Complementar expedirá, até 31 de dezembro de 2009, as instruções que se fizerem necessárias relativas a sua competência.

▶ § 6º acrescido pela LC 128/2008.

Art. 78. *Revogado pela LC 128/2008.*

Art. 79. Será concedido, para ingresso no Simples
Nacional, parcelamento, em até 100 (cem) parcelas mensais e sucessivas, dos débitos com o Instituto Nacional do Seguro Social – INSS, ou com as Fazendas Públicas federal, estadual ou municipal, de responsabilidade da microempresa ou empresa de pequeno porte e de seu titular ou sócio, com vencimento até 30 de junho de 2008.

▶ *Caput* com redação pela LC 128/2008.
▶ Art. 3º, XXVIII, do Dec. 6.038/2007 (Comitê Gestor de Tributação das Microempresas e Empresas de Pequeno Porte).

§ 1º O valor mínimo da parcela mensal será de R$ 100,00 (cem reais), considerados isoladamente os débitos para com a Fazenda Nacional, para com a Seguridade Social, para com a Fazenda dos Estados, dos Municípios ou do Distrito Federal.

§ 2º Esse parcelamento alcança inclusive débitos inscritos em dívida ativa.

§ 3º O parcelamento será requerido à respectiva Fazenda para com a qual o sujeito passivo esteja em débito.

§ 3º-A. O parcelamento deverá ser requerido no prazo estabelecido em regulamentação do Comitê Gestor.

▶ § 3º-A acrescido pela LC 128/2008.

§ 4º Aplicam-se ao disposto neste artigo as demais regras vigentes para parcelamento de tributos e contribuições federais, na forma regulamentada pelo Comitê Gestor.

§§ 5º a 8º *Vetados pela LC 127/2007.*

§ 9º O parcelamento de que trata o *caput* deste artigo não se aplica na hipótese de reingresso de microempresa ou empresa de pequeno porte no Simples Nacional.

▶ § 9º acrescido pela LC 128/2008.

Art. 79-A. *Vetado pela LC 127/2007.*

Art. 79-B. Excepcionalmente para os fatos geradores ocorridos em julho de 2007, os tributos apurados na forma dos arts. 18 a 20 desta Lei Complementar deverão ser pagos até o último dia útil de agosto de 2007.
▸ Artigo acrescido pela LC 127/2007.

Art. 79-C. A microempresa e a empresa de pequeno porte que, em 30 de junho de 2007, se enquadravam no regime previsto na Lei 9.317, de 5 de dezembro de 1996, e que não ingressaram no regime previsto no art. 12 desta Lei Complementar sujeitar-se-ão, a partir de 1º de julho de 2007, às normas de tributação aplicáveis às demais pessoas jurídicas.
▸ Artigo acrescido pela LC 127/2007.

§ 1º Para efeito do disposto no *caput* deste artigo, o sujeito passivo poderá optar pelo recolhimento do Imposto sobre a Renda da Pessoa Jurídica – IRPJ e da Contribuição Social sobre o Lucro Líquido – CSLL na forma do lucro real, trimestral ou anual, ou do lucro presumido.

§ 2º A opção pela tributação com base no lucro presumido dar-se-á pelo pagamento, no vencimento, do IRPJ e da CSLL devidos, correspondente ao 3º (terceiro) trimestre de 2007 e, no caso do lucro real anual, com o pagamento do IRPJ e da CSLL relativos ao mês de julho de 2007 com base na estimativa mensal.

Art. 79-D. Excepcionalmente, para os fatos geradores ocorridos entre 1º de julho de 2007 e 31 de dezembro de 2008, as pessoas jurídicas que exerçam atividade sujeita simultaneamente à incidência do IPI e do ISS deverão recolher o ISS diretamente ao Município em que este imposto é devido até o último dia útil de fevereiro de 2009, aplicando-se, até esta data, o disposto no parágrafo único do art. 100 da Lei 5.172, de 25 de outubro de 1966 – Código Tributário Nacional – CTN.
▸ Artigo acrescido pela LC 128/2008.

Art. 79-E. A empresa de pequeno porte optante pelo Simples Nacional em 31 de dezembro de 2017 que durante o ano-calendário de 2017 auferir receita bruta total anual entre R$ 3.600.000,01 (três milhões, seiscentos mil reais e um centavo) e R$ 4.800.000,00 (quatro milhões e oitocentos mil reais) continuará automaticamente incluída no Simples Nacional com efeitos a partir de 1º de janeiro de 2018, ressalvado o direito de exclusão por comunicação da optante.
▸ Artigo com redação pela LC 155/2016, em vigor na data de sua publicação, produzindo efeitos a partir de 01.01.2018 (DOU 28.10.2016).

Art. 80. O art. 21 da Lei 8.212, de 24 de julho de 1991, fica acrescido dos seguintes §§ 2º e 3º, passando o parágrafo único a vigorar como § 1º:
▸ Alterações incorporadas no texto da referida Lei.

Art. 81. O art. 45 da Lei 8.212, de 24 de julho de 1991, passa a vigorar com as seguintes alterações:
▸ Alterações incorporadas no texto da referida Lei.

Art. 82. A Lei 8.213, de 24 de julho de 1991, passa a vigorar com as seguintes alterações:
▸ Alterações incorporadas no texto da referida Lei.

Art. 83. O art. 94 da Lei 8.213, de 24 de julho de 1991, fica acrescido do seguinte § 2º, passando o parágrafo único a vigorar como § 1º:
▸ Alterações incorporadas no texto da referida Lei.

Art. 84. O art. 58 da Consolidação das Leis do Trabalho – CLT, aprovada pelo Decreto-Lei 5.452, de 1º de maio de 1943, passa a vigorar acrescido do seguinte § 3º:
▸ Alterações incorporadas no texto da referida Lei.

Art. 85. *Vetado.*

Art. 85-A. Caberá ao Poder Público Municipal designar Agente de Desenvolvimento para a efetivação do disposto nesta Lei Complementar, observadas as especificidades locais.
▸ *Caput* acrescido pela LC 128/2008.

§ 1º A função de Agente de Desenvolvimento caracteriza-se pelo exercício de articulação das ações públicas para a promoção do desenvolvimento local e territorial, mediante ações locais ou comunitárias, individuais ou coletivas, que visem ao cumprimento das disposições e diretrizes contidas nesta Lei Complementar, sob supervisão do órgão gestor local responsável pelas políticas de desenvolvimento.

§ 2º O Agente de Desenvolvimento deverá preencher os seguintes requisitos:
▸ *Caput* do § 2º acrescido pela LC 128/2008.

I – residir na área da comunidade em que atuar;
▸ Inciso I acrescido pela LC 128/2008.

II – haver concluído, com aproveitamento, curso de qualificação básica para a formação de Agente de Desenvolvimento; e
▸ Inciso II acrescido pela LC 128/2008.

III – possuir formação ou experiência compatível com a função a ser exercida;
▸ Inciso III com redação pela LC 147/2014.

IV – ser preferencialmente servidor efetivo do Município.
▸ Inciso IV acrescido pela LC 147/2014.

§ 3º A Secretaria da Micro e Pequena Empresa da Presidência da República juntamente com as entidades municipalistas e de apoio e representação empresarial prestarão suporte aos referidos agentes na forma de capacitação, estudos e pesquisas, publicações, promoção de intercâmbio de informações e experiências.
▸ § 3º com redação Lei 12.792/2013.

Art. 86. As matérias tratadas nesta Lei Complementar que não sejam reservadas constitucionalmente a lei complementar poderão ser objeto de alteração por lei ordinária.

Art. 87. O § 1º do art. 3º da Lei Complementar 63, de 11 de janeiro de 1990, passa a vigorar com a seguinte redação:
▸ Alterações incorporadas no texto da referida Lei Complementar.

Art. 87-A. Os Poderes Executivos da União, Estados, Distrito Federal e Municípios expedirão, anualmente, até o dia 30 de novembro, cada um, em seus respectivos âmbitos de competência, decretos de consolidação da regulamentação aplicável relativamente às microempresas e empresas de pequeno porte.
▸ Artigo acrescido pela LC 147/2014.
▸ A LC 214/2025 acresce este art. 87-B, com produção de efeitos a partir de 1º.1.2027: "Art. 87-B. Para os efeitos da opção de que trata o § 2º do art. 16, para o ano-calendário de 2027, a opção de que trata o caput do art. 16 será exercida no mês de setembro de 2026."

Art. 88. Esta Lei Complementar entra em vigor na data de sua publicação, ressalvado o regime de tributação das microempresas e empresas de pequeno porte, que entra em vigor em 1º de julho de 2007.

Art. 89. Ficam revogadas, a partir de 1º de julho de 2007, a Lei 9.317, de 5 de dezembro de 1996, e a Lei 9.841, de 5 de outubro de 1999.

Brasília, 14 de dezembro de 2006; 185º da Independência e 118º da República.
▸ Deixamos de publicar o Anexo constante desta norma.

Luiz Inácio Lula da Silva

LEI 11.417, DE 19 DE DEZEMBRO DE 2006

Regulamenta o art. 103-A da Constituição Federal e altera a Lei 9.784, de 29 de janeiro de 1999, disciplinando a edição, a revisão e o cancelamento de enunciado de súmula vinculante pelo Supremo Tribunal Federal, e dá outras providências.

DOU 20.12.2006

O Presidente da República:

Faço saber que o Congresso Nacional decreta e eu sanciono a seguinte Lei:

Art. 1º Esta Lei disciplina a edição, a revisão e o cancelamento de enunciado de súmula vinculante pelo Supremo Tribunal Federal e dá outras providências.

Art. 2º O Supremo Tribunal Federal poderá, de ofício ou por provocação, após reiteradas decisões sobre matéria constitucional, editar enunciado de súmula que, a partir de sua publicação na imprensa oficial, terá efeito vinculante em relação aos demais órgãos do Poder Judiciário e à administração pública direta e indireta, nas esferas federal, estadual e municipal, bem como proceder à sua revisão ou cancelamento, na forma prevista nesta Lei.
▸ Art. 5º, LXXVIII, da CF.

§ 1º O enunciado da súmula terá por objeto a validade, a interpretação e a eficácia de normas determinadas, acerca das quais haja, entre órgãos judiciários ou entre esses e a administração pública, controvérsia atual que acarrete grave insegurança jurídica e relevante multiplicação de processos sobre idêntica questão.

§ 2º O Procurador-Geral da República, nas propostas que não houver formulado, manifestar-se-á previamente à edição, revisão ou cancelamento de enunciado de súmula vinculante.

§ 3º A edição, a revisão e o cancelamento de enunciado de súmula com efeito vinculante dependerão de decisão tomada por 2/3 (dois terços) dos membros do Supremo Tribunal Federal, em sessão plenária.

§ 4º No prazo de 10 (dez) dias após a sessão em que editar, rever ou cancelar enunciado de súmula com efeito vinculante, o Supremo Tribunal Federal fará publicar, em seção especial do *Diário da Justiça* e do *Diário Oficial da União*, o enunciado respectivo.

Art. 3º São legitimados a propor a edição, a revisão ou o cancelamento de enunciado de súmula vinculante:

I – o Presidente da República;

II – a Mesa do Senado Federal;

III – a Mesa da Câmara dos Deputados;

IV – o Procurador-Geral da República;

V – o Conselho Federal da Ordem dos Advogados do Brasil;

VI – o Defensor Público Geral da União;

VII – partido político com representação no Congresso Nacional;

VIII – confederação sindical ou entidade de classe de âmbito nacional;

IX – a Mesa de Assembleia Legislativa ou da Câmara Legislativa do Distrito Federal;

X – o Governador de Estado ou do Distrito Federal;

XI – os Tribunais Superiores, os Tribunais de Justiça de Estados ou do Distrito Federal e Territórios, os Tribunais Regionais Federais, os Tribunais Regionais do Trabalho, os Tribunais Regionais Eleitorais e os Tribunais Militares.

§ 1º O Município poderá propor, incidentalmente ao curso de processo em que seja parte, a edição, a revisão ou o cancelamento de enunciado de súmula vinculante, o que não autoriza a suspensão do processo.

§ 2º No procedimento de edição, revisão ou cancelamento de enunciado da súmula vinculante, o relator poderá admitir, por decisão irrecorrível, a manifestação de terceiros na questão, nos termos do Regimento Interno do Supremo Tribunal Federal.

Art. 4º A súmula com efeito vinculante tem eficácia imediata, mas o Supremo Tribunal Federal, por decisão de 2/3 (dois terços) dos seus membros, poderá restringir os efeitos vinculantes ou decidir que só tenha eficácia a partir de outro momento, tendo em vista razões de segurança jurídica ou de excepcional interesse público.

Art. 5º Revogada ou modificada a lei em que se fundou a edição de enunciado de súmula vinculante, o Supremo Tribunal Federal, de ofício ou por provocação, procederá à sua revisão ou cancelamento, conforme o caso.

Art. 6º A proposta de edição, revisão ou cancelamento de enunciado de súmula vinculante não autoriza a suspensão dos processos em que se discuta a mesma questão.

Art. 7º Da decisão judicial ou do ato administrativo que contrariar enunciado de súmula vinculante, negar-lhe vigência ou aplicá-lo indevidamente caberá reclamação ao Supremo Tribunal Federal, sem prejuízo dos recursos ou outros meios admissíveis de impugnação.

§ 1º Contra omissão ou ato da administração pública, o uso da reclamação só será admitido após esgotamento das vias administrativas.

§ 2º Ao julgar procedente a reclamação, o Supremo Tribunal Federal anulará o ato administrativo ou cassará a decisão judicial impugnada, determinando que outra seja proferida com ou sem aplicação da súmula, conforme o caso.

(...)

Art. 10. O procedimento de edição, revisão ou cancelamento de enunciado de súmula com efeito vinculante obedecerá, subsidiariamente, ao disposto no Regimento Interno do Supremo Tribunal Federal.

Art. 11. Esta Lei entra em vigor 3 (três) meses após a sua publicação.

Brasília, 19 de dezembro de 2006; 185º da Independência e 118º da República.

Luiz Inácio Lula da Silva

LEI 11.419, DE 19 DE DEZEMBRO DE 2006

Dispõe sobre a informatização do processo judicial; altera a Lei 5.869, de 11 de janeiro de 1973 – Código de Processo Civil; e dá outras providências.

DOU 20.12.2006

▸ Art. 5º, LXXVIII, da CF.
▸ Lei 8.038/1990 (Ritos para os processos que especifica, perante o STJ e o STF).

O Presidente da República:

Faço saber que o Congresso Nacional decreta e eu sanciono a seguinte Lei:

CAPÍTULO I
DA INFORMATIZAÇÃO DO PROCESSO JUDICIAL

Art. 1º O uso de meio eletrônico na tramitação de processos judiciais, comunicação de atos e transmissão de peças processuais será admitido nos termos desta Lei.

§ 1º Aplica-se o disposto nesta Lei, indistintamente, aos processos civil, penal e trabalhista, bem como aos juizados especiais, em qualquer grau de jurisdição.

§ 2º Para o disposto nesta Lei, considera-se:

I – meio eletrônico qualquer forma de armazenamento ou tráfego de documentos e arquivos digitais;

II – transmissão eletrônica toda forma de comunicação a distância com a utilização de redes de comunicação, preferencialmente a rede mundial de computadores;

III – assinatura eletrônica as seguintes formas de identificação inequívoca do signatário:

a) assinatura digital baseada em certificado digital emitido por Autoridade Certificadora credenciada, na forma de lei específica;

b) mediante cadastro de usuário no Poder Judiciário, conforme disciplinado pelos órgãos respectivos.

Art. 2º O envio de petições, de recursos e a prática de atos processuais em geral por meio eletrônico serão admitidos mediante uso de assinatura eletrônica, na forma do art. 1º desta Lei, sendo obrigatório o credenciamento prévio no Poder Judiciário, conforme disciplinado pelos órgãos respectivos.

§ 1º O credenciamento no Poder Judiciário será realizado mediante procedimento no qual esteja assegurada a adequada identificação presencial do interessado.

§ 2º Ao credenciado será atribuído registro e meio de acesso ao sistema, de modo a preservar o sigilo, a identificação e a autenticidade de suas comunicações.

§ 3º Os órgãos do Poder Judiciário poderão criar um cadastro único para o credenciamento previsto neste artigo.

Art. 3º Consideram-se realizados os atos processuais por meio eletrônico no dia e hora do seu envio ao sistema do Poder Judiciário, do que deverá ser fornecido protocolo eletrônico.

Parágrafo único. Quando a petição eletrônica for enviada para atender prazo processual, serão consideradas tempestivas as transmitidas até as 24 (vinte e quatro) horas do seu último dia.

CAPÍTULO II
DA COMUNICAÇÃO ELETRÔNICA DOS ATOS PROCESSUAIS

Art. 4º Os tribunais poderão criar *Diário da Justiça eletrônico*, disponibilizado em sítio da rede mundial de computadores, para publicação de atos judiciais e administrativos próprios e dos órgãos a eles subordinados, bem como comunicações em geral.

§ 1º O sítio e o conteúdo das publicações de que trata este artigo deverão ser assinados digitalmente com base em certificado emitido por Autoridade Certificadora credenciada na forma da lei específica.

§ 2º A publicação eletrônica na forma deste artigo substitui qualquer outro meio e publicação oficial, para quaisquer efeitos legais, à exceção dos casos que, por lei, exigem intimação ou vista pessoal.

§ 3º Considera-se como data da publicação o primeiro dia útil seguinte ao da disponibilização da informação no *Diário da Justiça eletrônico*.

§ 4º Os prazos processuais terão início no primeiro dia útil que seguir ao considerado como data da publicação.

§ 5º A criação do *Diário da Justiça eletrônico* deverá ser acompanhada de ampla divulgação, e o ato administrativo correspondente será publicado durante 30 (trinta) dias no diário oficial em uso.

Art. 5º As intimações serão feitas por meio eletrônico em portal próprio aos que se cadastrarem na forma do art. 2º desta Lei, dispensando-se a publicação no órgão oficial, inclusive eletrônico.

§ 1º Considerar-se-á realizada a intimação no dia em que o intimando efetivar a consulta eletrônica ao teor da intimação, certificando-se nos autos a sua realização.

§ 2º Na hipótese do § 1º deste artigo, nos casos em que a consulta se dê em dia não útil, a intimação será considerada como realizada no primeiro dia útil seguinte.

§ 3º A consulta referida nos §§ 1º e 2º deste artigo deverá ser feita em até 10 (dez) dias corridos contados da data do envio da intimação, sob pena de considerar-se a intimação automaticamente realizada na data do término desse prazo.

§ 4º Em caráter informativo, poderá ser efetivada remessa de correspondência eletrônica, comunicando o envio da intimação e a abertura automática do prazo processual nos termos do § 3º deste artigo, aos que manifestarem interesse por esse serviço.

§ 5º Nos casos urgentes em que a intimação feita na forma deste artigo possa causar prejuízo a quaisquer das partes ou nos casos em que for evidenciada qualquer tentativa de burla ao sistema, o ato processual deverá ser realizado por outro meio que atinja a sua finalidade, conforme determinado pelo juiz.

§ 6º As intimações feitas na forma deste artigo, inclusive da Fazenda Pública, serão consideradas pessoais para todos os efeitos legais.

Art. 6º Observadas as formas e as cautelas do art. 5º desta Lei, as citações, inclusive da Fazenda Pública, excetuadas as dos Direitos Processuais Criminal e Infracional, poderão ser feitas por meio eletrônico, desde que a íntegra dos autos seja acessível ao citando.

Art. 7º As cartas precatórias, rogatórias, de ordem e, de um modo geral, todas as comunicações oficiais que transitem entre órgãos do Poder Judiciário, bem como entre os deste e os dos demais Poderes, serão feitas preferencialmente por meio eletrônico.

CAPÍTULO III
DO PROCESSO ELETRÔNICO

Art. 8º Os órgãos do Poder Judiciário poderão desenvolver sistemas eletrônicos de processamento de ações judiciais por meio de autos total ou parcialmente digitais, utilizando, preferencialmente, a rede mundial de computadores e acesso por meio de redes internas e externas.

Parágrafo único. Todos os atos processuais do processo eletrônico serão assinados eletronicamente na forma estabelecida nesta Lei.

Art. 9º No processo eletrônico, todas as citações, intimações e notificações, inclusive da Fazenda Pública, serão feitas por meio eletrônico, na forma desta Lei.

§ 1º As citações, intimações, notificações e remessas que viabilizem o acesso à íntegra do processo correspondente serão consideradas vista pessoal do interessado para todos os efeitos legais.

§ 2º Quando, por motivo técnico, for inviável o uso do meio eletrônico para a realização de citação, intimação ou notificação, esses atos processuais poderão ser praticados segundo as regras ordinárias, digitalizando-se o documento físico, que deverá ser posteriormente destruído.

Art. 10. A distribuição da petição inicial e a juntada da contestação, dos recursos e das petições em geral, todos em formato digital, nos autos de processo eletrônico, podem ser feitas diretamente pelos advogados públicos e privados, sem necessidade da intervenção do cartório ou secretaria judicial, situação em que a autuação deverá se dar de forma automática, fornecendo-se recibo eletrônico de protocolo.

§ 1º Quando o ato processual tiver que ser praticado em determinado prazo, por meio de petição eletrônica, serão considerados tempestivos os efetivados até as 24 (vinte e quatro) horas do último dia.

§ 2º No caso do § 1º deste artigo, se o Sistema do Poder Judiciário se tornar indisponível por motivo técnico, o prazo fica automaticamente prorrogado para o primeiro dia útil seguinte à resolução do problema.

§ 3º Os órgãos do Poder Judiciário deverão manter equipamentos de digitalização e de acesso à rede mundial de computadores à disposição dos interessados para distribuição de peças processuais.

Art. 11. Os documentos produzidos eletronicamente e juntados aos processos eletrônicos com garantia da origem e de seu signatário, na forma estabelecida nesta Lei, serão considerados originais para todos os efeitos legais.

§ 1º Os extratos digitais e os documentos digitalizados e juntados aos autos pelos órgãos da Justiça e seus auxiliares, pelo Ministério Público e seus auxiliares, pelas procuradorias, pelas autoridades policiais, pelas repartições públicas em geral e por advogados públicos e privados têm a mesma força probante dos originais, ressalvada a alegação motivada e fundamentada de adulteração antes ou durante o processo de digitalização.

§ 2º A arguição de falsidade do documento original será processada eletronicamente na forma da lei processual em vigor.

§ 3º Os originais dos documentos digitalizados, mencionados no § 2º deste artigo, deverão ser preservados pelo seu detentor até o trânsito em julgado da sentença ou, quando admitida, até o final do prazo para interposição de ação rescisória.

§ 4º *Vetado.*

§ 5º Os documentos cuja digitalização seja tecnicamente inviável devido ao grande volume ou por motivo de ilegibilidade deverão ser apresentados ao cartório ou secretaria ou encaminhados por meio de protocolo integrado judicial nacional no prazo de 10 (dez) dias contado do envio de petição eletrônica comunicando o fato, os quais serão devolvidos à parte após o trânsito em julgado.

▶ § 5º com redação pela Lei 14.318/2022 (DOU 30.03.2022), em vigor após 730 (setecentos e trinta) dias de sua publicação oficial.

§ 6º Os documentos digitalizados juntados em processo eletrônico estarão disponíveis para acesso por meio da rede externa pelas respectivas partes processuais, pelos advogados, independentemente de procuração nos autos, pelos membros do Ministério Público e pelos magistrados, sem prejuízo da possibilidade de visualização nas secretarias dos órgãos julgadores, à exceção daqueles que tramitarem em segredo de justiça.

▶ § 6º com redação pela Lei 13.793/2019.

§ 7º Os sistemas de informações pertinentes a processos eletrônicos devem possibilitar que advogados, procuradores e membros do Ministério Público cadastrados, mas não vinculados a processo previamente identificado, acessem automaticamente todos os atos e documentos processuais armazenados em meio eletrônico, desde que demonstrado interesse para fins apenas de registro, salvo nos casos de processos em segredo de justiça.

▶ § 7º acrescido pela Lei 13.793/2019.

Art. 12. A conservação dos autos do processo poderá ser efetuada total ou parcialmente por meio eletrônico.

§ 1º Os autos dos processos eletrônicos deverão ser protegidos por meio de sistemas de segurança de acesso e armazenados em meio que garanta a preservação e integridade dos dados, sendo dispensada a formação de autos suplementares.

§ 2º Os autos de processos eletrônicos que tiverem de ser remetidos a outro juízo ou instância superior que não disponham de sistema compatível deverão ser impressos em papel, autuados na forma dos arts. 166 a 168 da Lei 5.869, de 11 de janeiro de 1973 – Código de Processo Civil, ainda que de natureza criminal ou trabalhista, ou pertinentes a juizado especial.

▶ Os artigos 166 a 168 referem-se ao revogado CPC de 1973, que correspondem aos arts. 206 a 208 do CPC.

§ 3º No caso do § 2º deste artigo, o escrivão ou o chefe de secretaria certificará os autores ou a origem dos documentos produzidos nos autos, acrescentando, ressalvada a hipótese de existir segredo de justiça, a forma pela qual o banco de dados poderá ser acessado para aferir a autenticidade das peças e das respectivas assinaturas digitais.

§ 4º Feita a autuação na forma estabelecida no § 2º deste artigo, o processo seguirá a tramitação legalmente estabelecida para os processos físicos.

§ 5º A digitalização de autos em mídia não digital, em tramitação ou já arquivados, será precedida de publicação de editais de intimações ou da intimação pessoal das partes e de seus procuradores, para que, no prazo preclusivo de 30 (trinta) dias, se manifestem sobre o desejo de manterem pessoalmente a guarda de algum dos documentos originais.

Art. 13. O magistrado poderá determinar que sejam realizados por meio eletrônico a exibição e o envio de dados e de documentos necessários à instrução do processo.

§ 1º Consideram-se cadastros públicos, para os efeitos deste artigo, dentre outros existentes ou que venham a ser criados, ainda que mantidos por concessionárias de serviço público ou empresas privadas, os que contenham informações indispensáveis ao exercício da função judicante.

§ 2º O acesso de que trata este artigo dar-se-á por qualquer meio tecnológico disponível, preferentemente o de menor custo, considerada sua eficiência.

§ 3º *Vetado.*

CAPÍTULO IV
DISPOSIÇÕES GERAIS E FINAIS

Art. 14. Os sistemas a serem desenvolvidos pelos órgãos do Poder Judiciário deverão usar, preferencialmente, programas com código aberto, acessíveis ininterruptamente por meio da rede mundial de computadores, priorizando-se a sua padronização.

Parágrafo único. Os sistemas devem buscar identificar os casos de ocorrência de prevenção, litispendência e coisa julgada.

▶ Art. 5º, XXXV, da CF.
▶ Art. 485, V, do CPC/2015.
▶ Art. 95 do CPP.

Art. 15. Salvo impossibilidade que comprometa o acesso à justiça, a parte deverá informar, ao distribuir a petição inicial de qualquer ação judicial, o número no cadastro de pessoas físicas ou jurídicas, conforme o caso, perante a Secretaria da Receita Federal.

▶ Súmula 558 do STJ.

Parágrafo único. Da mesma forma, as peças de acusação criminais deverão ser instruídas pelos membros do Ministério Público ou pelas autoridades policiais com os números de registros dos acusados no Instituto Nacional de Identificação do Ministério da Justiça, se houver.

Art. 16. Os livros cartorários e demais repositórios dos órgãos do Poder Judiciário poderão ser gerados e armazenados em meio totalmente eletrônico.

Art. 17. *Vetado.*

Art. 18. Os órgãos do Poder Judiciário regulamentarão esta Lei, no que couber, no âmbito de suas respectivas competências.

Art. 19. Ficam convalidados os atos processuais praticados por meio eletrônico até a data de publicação desta Lei, desde que tenham atingido sua finalidade e não tenha havido prejuízo para as partes.

Art. 20. A Lei 5.869, de 11 de janeiro de 1973 – Código de Processo Civil, passa a vigorar com as seguintes alterações:

▶ Alterações incorporadas no texto do referido Código.

Art. 21. Vetado.

Art. 22. Esta Lei entra em vigor 90 (noventa) dias depois de sua publicação.

Brasília, 19 de dezembro de 2006; 185º da Independência e 118º da República.

Luiz Inácio Lula da Silva

LEI 11.491, DE 20 DE JUNHO DE 2007

Institui o Fundo de Investimento do Fundo de Garantia do Tempo de Serviço FI-FGTS, altera a Lei 8.036, de 11 de maio de 1990, e dá outras providências.

DOU 21.06.2007.

O Presidente da República, faço saber que o Congresso Nacional decreta e eu sanciono a seguinte Lei:

Art. 1º Fica criado o Fundo de Investimento do Fundo de Garantia do Tempo de Serviço – FI-FGTS, caracterizado pela aplicação de recursos do FGTS, destinado a investimentos em empreendimentos dos setores de energia, rodovia, ferrovia, hidrovia, porto e saneamento, de acordo com as diretrizes, critérios e condições que dispuser o Conselho Curador do FGTS.

§ 1º O FI-FGTS terá patrimônio próprio, segregado do patrimônio do FGTS, e será disciplinado por instrução da Comissão de Valores Mobiliários – CVM.

§ 2º A administração e a gestão do FI-FGTS serão da Caixa Econômica Federal, na qualidade de Agente Operador do FGTS, cabendo ao Comitê de Investimento – CI, a ser constituído pelo Conselho Curador do FGTS, a aprovação dos investimentos.

§ 3º Na hipótese de extinção do FI-FGTS, o seu patrimônio total será distribuído aos cotistas na proporção de suas participações, observado o disposto no inciso VIII do *caput* do art. 7º e no § 8º do art. 20, ambos da Lei 8.036, de 11 de maio de 1990, com a redação dada por esta Lei.

Art. 2º Fica autorizada a aplicação de R$ 5.000.000.000,00 (cinco bilhões de reais) do patrimônio líquido do FGTS para integralização de cotas do FI-FGTS.

Parágrafo único. Após a aplicação integral dos recursos de que trata o *caput* deste artigo, poderá a Caixa Econômica Federal propor ao Conselho Curador do FGTS a aplicação sucessiva de parcelas adicionais de até R$ 5.000.000.000,00 (cinco bilhões de reais) cada, até ser atingido o valor limite equivalente a 80%

(oitenta por cento) do patrimônio líquido do FGTS registrado em 31 de dezembro do exercício anterior àquele em que se der a autorização para a integralização das cotas.

▶ Parágrafo único com redação pela Lei 12.087/2009.

Art. 3º A Lei 8.036, de 11 de maio de 1990, passa a vigorar com as seguintes alterações:

▶ Alterações processadas no corpo da Lei 8.036/1990.

Art. 4º *Vetado.*

Art. 5º Esta Lei entra em vigor na data de sua publicação.

Brasília, 20 de junho de 2007; 186º da Independência e 119º da República.

Luiz Inácio Lula da Silva

INSTRUÇÃO NORMATIVA 30, DE 13 DE SETEMBRO DE 2007, DO TRIBUNAL SUPERIOR DO TRABALHO – TST

Regulamenta, no âmbito da Justiça do Trabalho, a Lei 11.419, de 19 de dezembro de 2006, que dispõe sobre a informatização do processo judicial.

DEJT 02.10.2007

▶ Resolução
▶ TST 140, de 13 de setembro de 2007 (Edita a IN 30/2007).

CAPÍTULO I
INFORMATIZAÇÃO DO PROCESSO JUDICIAL NO ÂMBITO DA JUSTIÇA DO TRABALHO

Art. 1º O uso de meio eletrônico na tramitação de processos judiciais, comunicação de atos e transmissão de peças processuais, na Justiça do Trabalho, será disciplinado pela presente instrução normativa.

Art. 2º Os Tribunais Regionais do Trabalho disponibilizarão em suas dependências e nas Varas do Trabalho, para os usuários dos serviços de peticionamento eletrônico que necessitarem, equipamentos de acesso à rede mundial de computadores e de digitalização do processo, para a distribuição de peças processuais.

Parágrafo único. Os Tribunais Regionais do Trabalho terão o prazo de um ano da publicação da presente instrução normativa para atenderem ao disposto no presente artigo.

CAPÍTULO II
ASSINATURA ELETRÔNICA

Art. 3º No âmbito da Justiça do Trabalho, o envio de petições, de recursos e a prática de atos processuais em geral por meio eletrônico serão admitidos mediante uso de assinatura eletrônica.

Art. 4º A assinatura eletrônica, no âmbito da Justiça do Trabalho, será admitida sob as seguintes modalidades:

I – assinatura digital, baseada em certificado digital emitido pela ICP-Brasil, com uso de cartão e senha;

II – assinatura cadastrada, obtida perante o Tribunal Superior do Trabalho ou Tribunais Regionais do Trabalho, com fornecimento de *login* e senha.

§ 1º Para o uso de qualquer das duas modalidades de assinatura eletrônica, o usuário deverá se credenciar previamente perante o Tribunal Superior do Trabalho ou o Tribunal Regional do Trabalho com jurisdição sobre a cidade em que tenha domicílio, mediante o preenchimento de formulário eletrônico, disponibilizado no Portal da Justiça do Trabalho (Portal-JT).

§ 2º No caso de assinatura digital, em que a identificação presencial já se realizou perante a Autoridade Certificadora, o credenciamento se dará pela simples identificação do usuário por meio de seu certificado digital e remessa do formulário devidamente preenchido.

§ 3º No caso da assinatura cadastrada, o interessado deverá comparecer, pessoalmente, perante o órgão do Tribunal no qual deseje cadastrar sua assinatura eletrônica, munido do formulário devidamente preenchido, obtendo senhas e informações para a operacionalização de sua assinatura eletrônica.

§ 4º Ao credenciado será atribuído registro e meio de acesso ao sistema, de modo a preservar o sigilo (mediante criptografia de senha), a identificação e a autenticidade de suas comunicações.

§ 5º Alterações de dados cadastrais poderão ser feitas pelos usuários, a qualquer momento, na seção respectiva do Portal-JT.

§ 6º O credenciamento implica a aceitação das normas estabelecidas nesta Instrução Normativa e a

responsabilidade do credenciado pelo uso indevido da assinatura eletrônica.

CAPÍTULO III
SISTEMA DE PETICIONAMENTO ELETRÔNICO

Art. 5º A prática de atos processuais por meio eletrônico pelas partes, advogados e peritos será feita, na Justiça do Trabalho, através do Sistema Integrado de Protocolização e Fluxo de Documentos Eletrônicos (e-DOC).

§ 1º O e-DOC é um serviço de uso facultativo, disponibilizado no Portal-JT, na Internet.

§ 2º *Revogado.*

§ 3º O sistema do e-DOC deverá buscar identificar, dentro do possível, os casos de ocorrência de prevenção, litispendência e coisa julgada.

§ 4º A parte desassistida de advogado que desejar utilizar o sistema do e-DOC deverá se cadastrar, antes, nos termos desta Instrução Normativa.

Art. 6º As petições, acompanhadas ou não de anexos, apenas serão aceitas em formato PDF (*Portable Document Format*), no tamanho máximo, por operação, de 5 Megabytes.

▶ *Caput* com redação pela Resolução 196/2015.

Parágrafo único. Não se admitirá o fracionamento de petição, tampouco dos documentos que a acompanham, para fins de transmissão.

Art. 7º O envio da petição por intermédio do e-DOC dispensa a apresentação posterior dos originais ou de fotocópias autenticadas, inclusive aqueles destinados à comprovação de pressupostos de admissibilidade do recurso.

Art. 8º O acesso ao e-DOC depende da utilização, pelo usuário, da sua assinatura eletrônica.

Parágrafo único. Salvo impossibilidade que comprometa o acesso à justiça, a parte deverá informar, ao distribuir a petição inicial de qualquer ação judicial em meio eletrônico, o número no cadastro de pessoas físicas ou jurídicas, conforme o caso, perante a Secretaria da Receita Federal.

Art. 9º O Sistema Integrado de Protocolização e Fluxo de Documentos Eletrônicos (e-DOC), no momento do recebimento da petição, expedirá recibo ao remetente, que servirá como comprovante de entrega da petição e dos documentos que a acompanharam.

§ 1º Constarão do recibo as seguintes informações:

I – o número de protocolo da petição gerado pelo Sistema;

II – o número do processo e o nome das partes, se houver, o assunto da petição e o órgão destinatário da petição, informados pelo remetente;

III – a data e o horário do recebimento da petição no Tribunal, conforme o horário oficial de Brasília;

▶ Inciso III com redação pela Res. 215/2016 do TST.

IV – as identificações do remetente da petição e do usuário que assinou eletronicamente o documento.

§ 2º O usuário poderá consultar no e-DOC as petições e documentos que tenham sido enviados há menos de dois anos, bem como os respectivos recibos.

▶ § 2º com redação pela Resolução 196/2015.

Art. 9º-A. O sistema armazenará em sua base de dados, por dois anos, cópias de segurança dos documentos transmitidos por intermédio do e-Doc, prazo após o qual serão excluídas.

▶ Artigo acrescido pela Resolução 196/2015.

Art. 10. Incumbe aos Tribunais, por intermédio das respectivas unidades administrativas responsáveis pela recepção das petições transmitidas pelo e-DOC:

I – imprimir as petições e seus documentos, caso existentes, anexando-lhes o comprovante de recepção gerado pelo Sistema, enquanto não generalizada a virtualização do processo, que dispensará os autos físicos;

II – verificar, diariamente, no sistema informatizado, a existência de petições eletrônicas pendentes de processamento.

Art. 11. São de exclusiva responsabilidade dos usuários:

I – o sigilo da assinatura digital, não sendo oponível, em qualquer hipótese, alegação de seu uso indevido;

II – a equivalência entre os dados informados para o envio (número do processo e unidade judiciária) e os constantes da petição remetida;

III – as condições das linhas de comunicação e acesso ao seu provedor da Internet;

IV – a edição da petição e anexos em conformidade com as restrições impostas pelo serviço, no que se refere à formatação e tamanho do arquivo enviado;

V – o acompanhamento da divulgação dos períodos em que o serviço não estiver disponível em decorrência de manutenção no sítio do Tribunal.

§ 1º A não obtenção, pelo usuário, de acesso ao Sistema, além de eventuais defeitos de transmissão ou recepção de dados, não serve de escusa para o descumprimento dos prazos legais.

§ 2º Deverão os Tribunais informar, nos respectivos sítios, os períodos em que, eventualmente, o sistema esteve indisponível.

Art. 12. Consideram-se realizados os atos processuais por meio eletrônico no dia e hora do seu recebimento pelo sistema do e-DOC.

§ 1º Quando a petição eletrônica for enviada para atender prazo processual, serão consideradas tempestivas as transmitidas até as 24 (vinte e quatro) horas do seu último dia.

§ 2º Incumbe ao usuário observar como referência o horário oficial de Brasília, atentando para os fusos horários existentes no país.

> ▸ § 2º com redação pela Res. 215/2016 do TST.

§ 3º Não serão considerados, para efeito de tempestividade, o horário da conexão do usuário à Internet, o horário do acesso ao sítio do Tribunal, tampouco os horários consignados nos equipamentos do remetente e da unidade destinatária, mas o de recebimento no órgão da Justiça do Trabalho.

Art. 13. O uso inadequado do e-DOC que venha a causar prejuízo às partes ou à atividade jurisdicional importa bloqueio do cadastramento do usuário, a ser determinado pela autoridade judiciária competente.

<div style="text-align:center">

CAPÍTULO IV

COMUNICAÇÃO E INFORMAÇÃO DOS ATOS PROCESSUAIS

NO PORTAL DA JUSTIÇA DO TRABALHO

</div>

Art. 14. O Portal da Justiça do Trabalho (Portal-JT) é o sítio corporativo da instituição, abrangendo todos os Tribunais trabalhistas do país, gerenciado pelo Conselho Superior da Justiça do Trabalho e operado pelo Tribunal Superior do Trabalho e pelos Tribunais Regionais do Trabalho, incluindo, entre outras funcionalidades:

I – o Diário da Justiça do Trabalho Eletrônico (DJT), para publicação de atos judiciais e administrativos dos Tribunais e Varas do Trabalho;

II – Sistemas de Pesquisa de Jurisprudência, de Legislação Trabalhista e Atos Normativos da Justiça do Trabalho, de acompanhamento processual, de acervo bibliográfico, com Banco de Dados Geral integrado pelos julgados e atos administrativos de todos os Tribunais trabalhistas do país;

III – Informações gerais sobre os Tribunais e Varas do Trabalho, incluindo memória da Justiça do Trabalho, dados estatísticos, magistrados, concursos e licitações, entre outros;

IV – Informações sobre o Conselho Superior da Justiça do Trabalho (CSJT), incluindo seu Regimento Interno, suas resoluções e decisões, além de seus integrantes e estrutura do órgão;

V – Informações sobre a Escola Nacional de Formação e Aperfeiçoamento de Magistrados do Trabalho (ENAMAT), incluindo quadro diretivo, de professores, de alunos e de cursos, bem como disponibilizando ambiente para o ensino à distância;

VI – Sistemas de Assinatura Eletrônica, Peticionamento Eletrônico (e-DOC) e de Carta Eletrônica (CE).

VII – Informações sobre a Corregedoria-Geral da Justiça do Trabalho.

Parágrafo único. O conteúdo das publicações de que trata este artigo deverá ser assinado digitalmente, na forma desta Instrução Normativa.

Art. 15. A publicação eletrônica no DJT substitui qualquer outro meio e publicação oficial, para quaisquer efeitos legais, à exceção dos casos em que, por lei, exigem intimação ou vista pessoal.

§ 1º Os atos processuais praticados pelos magistrados trabalhistas a serem publicados no DJT serão assinados digitalmente no momento de sua prolação.

§ 2º Considera-se como data da publicação o primeiro dia útil seguinte ao da disponibilização da informação no DJT.

§ 3º Os prazos processuais terão início no primeiro dia útil que seguir ao considerado como data da publicação.

Art. 16. As intimações serão feitas por meio eletrônico no Portal-JT aos que se credenciarem na forma desta Instrução Normativa, dispensando-se a publicação no órgão oficial, inclusive eletrônico.

§ 1º Considerar-se-á realizada a intimação no dia em que o intimando efetivar a consulta eletrônica ao teor da intimação, certificando-se nos autos a sua realização.

§ 2º Na hipótese do § 1º deste artigo, nos casos em que a consulta se dê em dia não útil, a intimação será considerada como realizada no primeiro dia útil seguinte.

§ 3º A consulta referida nos §§ 1º e 2º deste artigo deverá ser feita em até 10 (dez) dias corridos contados da data do envio da intimação, sob pena de considerar-se a intimação automaticamente realizada na data do término desse prazo.

§ 4º A intimação de que trata este artigo somente será realizada nos processos em que todas as partes estejam credenciadas na forma desta Instrução Normativa, de modo a uniformizar a contagem dos prazos processuais.

§ 5º Nos casos urgentes em que a intimação feita na forma deste artigo possa causar prejuízo a quaisquer das partes ou nos casos em que for evidenciada qualquer tentativa de burla ao sistema, o ato processual deverá ser realizado por outro meio que atinja a sua finalidade, conforme determinado pelo juiz.

§ 6º As intimações feitas na forma deste artigo, inclusive da Fazenda Pública, serão consideradas pessoais para todos os efeitos legais.

§ 7º Observadas as formas e as cautelas deste artigo, as citações, inclusive da Fazenda Pública, poderão ser feitas por meio eletrônico, desde que a íntegra dos autos seja acessível ao citando.

Art. 17. As cartas precatórias, rogatórias e de ordem, no âmbito da Justiça do Trabalho, serão transmitidas exclusivamente de forma eletrônica, através do Sistema de Carta Eletrônica (CE) já referido, com dispensa da remessa física de documentos.

§ 1º A utilização do Sistema de Carta Eletrônica fora do âmbito da Justiça do Trabalho dependerá da aceitação pelos demais órgãos do Poder Judiciário.

§ 2º Eventuais falhas na transmissão eletrônica dos dados não desobriga os magistrados e serventuários do cumprimento dos prazos legais, cabendo, nesses casos, a utilização de outros meios previstos em lei para a remessa das cartas.

Art. 18. As petições e demais documentos referentes às cartas precatórias, rogatórias e de ordem, não apresentadas pelas partes em meio eletrônico, serão digitalizados e inseridos no Sistema de Carta Eletrônica.

Art. 19. Os documentos em meio físico, em poder do Juízo deprecado, deverão ser adequadamente organizados e arquivados, obedecidos os critérios estabelecidos na Lei 8.159, de 8 de janeiro de 1991, e no Decreto 4.073, de 3 de janeiro de 2002.

Parágrafo único. Poderá o Juízo deprecante, em casos excepcionais, solicitar o documento físico em poder do Juízo deprecado.

Art. 20. Serão certificados nos autos principais todos os fatos relevantes relativos ao andamento da carta, obtidos junto ao sistema Carta Eletrônica (CE), com impressão e juntada apenas dos documentos essenciais à instrução do feito, nos casos de autos em papel.

Art. 21. Os Tribunais Regionais do Trabalho ficarão obrigados a comunicar à Presidência do Conselho Superior da Justiça do Trabalho qualquer alteração na competência territorial de suas Varas do Trabalho.

<div style="text-align:center">

CAPÍTULO V

PROCESSO ELETRÔNICO

</div>

Art. 22. Na Justiça do Trabalho, os atos processuais do processo eletrônico serão assinados eletronicamente na forma estabelecida nesta Instrução Normativa.

Art. 23. No processo eletrônico, todas as citações, intimações e notificações, inclusive da Fazenda Pública, serão feitas por meio eletrônico.

§ 1º As citações, intimações, notificações e remessas que viabilizem o acesso à íntegra do processo correspondente serão consideradas vista pessoal do interessado para todos os efeitos legais.

§ 2º Quando, por motivo técnico, for inviável o uso do meio eletrônico para a realização de citação, intimação ou notificação, esses atos processuais poderão ser praticados segundo as regras ordinárias, digitalizando-se o documento físico, que deverá ser posteriormente destruído.

Art. 24. A distribuição da petição inicial e a juntada da contestação, dos recursos e das petições em geral, todos em formato digital, nos autos de processo

eletrônico, podem ser feitas diretamente pelos advogados públicos e privados, sem necessidade da intervenção do cartório ou secretaria judicial, situação em que a autuação deverá se dar de forma automática, fornecendo-se o recibo eletrônico de protocolo.

§ 1º Quando o ato processual tiver que ser praticado em determinado prazo, por meio de petição eletrônica, serão considerados tempestivos os efetivados até as 24 (vinte e quatro) horas do último dia.

§ 2º No caso do § 1º deste artigo, se o serviço respectivo do Portal-JT se tornar indisponível por motivo técnico que impeça a prática do ato no termo final do prazo, este fica automaticamente prorrogado para o primeiro dia útil seguinte à resolução do problema.

Art. 25. Os documentos produzidos eletronicamente e juntados aos processos eletrônicos com garantia da origem e de seu signatário, na forma estabelecida nesta Instrução Normativa, serão considerados originais para todos os efeitos legais.

§ 1º Os extratos digitais e os documentos digitalizados e juntados aos autos pelos órgãos da Justiça do Trabalho e seus auxiliares, pelo Ministério Público e seus auxiliares, pelas procuradorias, pelas autoridades policiais, pelas repartições públicas em geral e por advogados públicos e privados têm a mesma força probante dos originais, ressalvada a alegação motivada e fundamentada de adulteração antes ou durante o processo de digitalização.

§ 2º A arguição de falsidade do documento original será processada eletronicamente na forma da lei processual em vigor.

§ 3º Os originais dos documentos digitalizados, mencionados no § 1º deste artigo, deverão ser preservados pelo seu detentor até o trânsito em julgado da sentença ou, quando admitida, até o final do prazo para interposição de ação rescisória.

§ 4º Os documentos cuja digitalização seja tecnicamente inviável devido ao grande volume ou por motivo de ilegibilidade deverão ser apresentados ao cartório ou secretaria no prazo de 10 (dez) dias contados do envio de petição eletrônica comunicando o fato, os quais serão devolvidos à parte após o trânsito em julgado.

§ 5º Os documentos digitalizados juntados em processo eletrônico somente estarão disponíveis para acesso por meio da rede externa para suas respectivas partes processuais e para o Ministério Público, respeitado o disposto em lei para as situações de sigilo e de segredo de justiça.

Art. 26. A conservação dos autos do processo poderá ser efetuada total ou parcialmente por meio eletrônico.

§ 1º Os autos dos processos eletrônicos serão protegidos por meio de sistemas de segurança de acesso e armazenados de forma a preservar a integridade dos dados, sendo dispensada a formação de autos suplementares.

§ 2º Os autos de processos eletrônicos que tiverem de ser remetidos a outro juízo ou instância superior que não disponham de sistema compatível deverão ser impressos em papel e autuados na forma dos arts. 166 a 168 do CPC.

§ 3º No caso do § 2º deste artigo, o escrivão ou o chefe de secretaria certificará os autores ou a origem dos documentos produzidos nos autos, acrescentando, ressalvada a hipótese de existir segredo de justiça, a forma pela qual o banco de dados poderá ser acessado para aferir a autenticidade das peças e das respectivas assinaturas digitais.

§ 4º Feita a autuação na forma estabelecida no § 2º deste artigo, o processo seguirá a tramitação legalmente estabelecida para os processos físicos.

§ 5º A digitalização de autos em mídia não digital, em tramitação ou já arquivados, será precedida de publicação de editais de intimações ou da intimação pessoal das partes e de seus procuradores, para que, no prazo preclusivo de 30 (trinta) dias, se manifestem sobre o desejo de manterem pessoalmente a guarda de algum dos documentos originais.

Art. 27. O magistrado poderá determinar que sejam realizados por meio eletrônico a exibição e o envio de dados e de documentos necessários à instrução do processo.

§ 1º Consideram-se cadastros públicos, para os efeitos deste artigo, dentre outros existentes ou que venham a ser criados, ainda que mantidos por concessionárias de serviço público ou empresas privadas, os que contenham informações indispensáveis ao exercício da função judicante.

§ 2º O acesso de que trata este artigo dar-se-á por qualquer meio tecnológico disponível, preferentemente o de menor custo, considerada sua eficiência.

CAPÍTULO VI
DISPOSIÇÕES GERAIS, FINAIS E TRANSITÓRIAS

Art. 28. Os credenciamentos de assinatura eletrônica já feitos pelos Tribunais Regionais do Trabalho antes da publicação desta Instrução Normativa e que estejam em desacordo com as regras nela estabelecidas terão validade por 180 (cento e oitenta) dias da última publicação desta Resolução, devendo os interessados promover o credenciamento adequado até essa data.

Art. 29. Os casos omissos desta Instrução Normativa serão resolvidos pelos Presidentes dos Tribunais, no âmbito de suas esferas de competência.

Art. 30. Para efeito do disposto no § 5º do art. 4º da Lei 11.419, de 19 de dezembro de 2006, a presente Instrução Normativa será publicada durante 30 (trinta) dias no Diário Oficial em uso, dando-lhe ampla divulgação.

Art. 31. A presente Instrução Normativa entra em vigor 90 (noventa) dias após a sua última publicação, revogada a Instrução Normativa 28 desta Corte.

Sala de sessões, 13 de setembro de 2007.

Ana Lúcia Rego Queiroz
Secretária do Tribunal Pleno e da Seção Especializada em Dissídios Coletivos

INSTRUÇÃO NORMATIVA 31, DE 27 DE SETEMBRO DE 2007, DO TRIBUNAL SUPERIOR DO TRABALHO – TST

Regulamenta a forma de realização do depósito prévio em ação rescisória de que trata o art. 836 da CLT, com redação dada pela Lei 11.495, de 22 de junho de 2007.

DEJT 09.10.2007

▶ Resolução TST 141, de 27 de setembro de 2007 (Edita a IN 31/2007).

Art. 1º O depósito prévio em ação rescisória de que trata o art. 836 da CLT, com redação dada pela Lei 11.495, de 22 de junho de 2007, deverá ser realizado na forma preconizada na Instrução Normativa 21 desta Corte, observando-se as seguintes peculiaridades quanto ao preenchimento da guia de acolhimento de depósito judicial:

I – nos campos relativos à identificação do processo deverão ser informados os dados do processo em que foi proferida a decisão rescindenda;

II – o campo "Tipo de Depósito" deverá ser preenchido com o número 1 (primeiro depósito), ainda que outros depósitos judiciais tenham sido efetuados no processo originário;

III – o campo "Motivo do Depósito" deverá ser preenchido com o número 4 (Outros).

Art. 2º O valor da causa da ação rescisória que visa desconstituir decisão da fase de conhecimento corresponderá:

I – no caso de improcedência, ao valor dado à causa do processo originário ou aquele que for fixado pelo Juiz;

II – no caso de procedência, total ou parcial, ao respectivo valor arbitrado à condenação.

Art. 3º O valor da causa da ação rescisória que visa desconstituir decisão da fase de execução corresponderá ao valor apurado em liquidação de sentença.

Art. 4º O valor da causa da ação rescisória, quer objetive desconstituir decisão da fase de conhecimento ou decisão da fase De execução, será reajustado pela variação cumulada do INPC do IBGE até a data do seu ajuizamento.

Art. 5º O valor depositado será revertido em favor do réu, a título de multa, caso o pedido deduzido na ação rescisória seja julgado improcedente.

Art. 6º O depósito prévio não será exigido da massa falida e quando o autor perceber salário igual ou inferior ao dobro do mínimo legal, ou declarar, sob as penas da lei, que não está em condições de pagar as custas do processo sem prejuízo do sustento próprio ou de sua família.

Art. 7º Esta Instrução Normativa entra em vigor na data de sua publicação.

Sala de Sessões, 27 de setembro de 2007.

Ana Lúcia Rego Queiroz
Secretária do Tribunal Pleno

RESOLUÇÃO ADMINISTRATIVA 1.276, DE 22 DE NOVEMBRO DE 2007, DO TRIBUNAL SUPERIOR DO TRABALHO – TST

Dispõe sobre a criação, composição e competência do Órgão Especial do Tribunal Superior do Trabalho, e sobre a competência do Tribunal Pleno.

DEJT 27.11.2007

O Egrégio Pleno do Tribunal Superior do Trabalho, em sessão ordinária hoje realizada, sob a Presidência do Exmo. Sr. Ministro Rider Nogueira de Brito, Presidente do Tribunal, presentes os Exmos. Srs. Ministros Milton de Moura França, Vice-Presidente, João Oreste Dalazen, Corregedor-Geral da Justiça do Trabalho, Vantuil Abdala, Carlos Alberto Reis de Paula, Antônio José de Barros Levenhagen, Ives Gandra da Silva Martins Filho, João Batista Brito Pereira, Maria Cristina Irigoyen Peduzzi, José Simpliciano Fontes de Faria Fernandes, Emmanoel Pereira, Aloysio Corrêa da Veiga, Horácio Raymundo de Senna Pires, Rosa Maria Weber Candiota da Rosa, Luiz Philippe Vieira de Mello Filho, Alberto Luiz Bresciani de Fontan Pereira, Maria de Assis Calsing, Dora Maria da Costa, Pedro Paulo Teixeira Manus, Fernando Eizo Ono, Guilherme Augusto Caputo Bastos, Márcio Eurico Vitral Amaro, Walmir Oliveira da Costa e Maurício Godinho Delgado e a Exma. Sra. Subprocuradora-Geral do Trabalho, Dr.ª Maria Guiomar Sanches de Mendonça,

Considerando o disposto no inciso XI do art. 93 da Constituição Federal, o qual estabelece que, nos tribunais com número superior a vinte e cinco julgadores, poderá ser constituído órgão especial, com o mínimo de onze e o máximo de vinte e cinco membros, para o exercício das atribuições administrativas e jurisdicionais delegadas da competência do tribunal pleno, provendo-se metade das vagas por antiguidade e a outra metade por eleição pelo Tribunal Pleno, resolve:

Art. 1º Fica criado o Órgão Especial do Tribunal Superior do Trabalho, que será integrado pelos 7 (sete) Ministros mais antigos, incluídos os Membros da Direção, e por 7 (sete) Ministros eleitos pelo Tribunal Pleno. Os Ministros integrantes do Órgão Especial comporão também outras Seções do Tribunal.

Parágrafo único. O quórum para o funcionamento do Órgão Especial é de 8 (oito) Ministros, sendo necessária maioria absoluta quando a deliberação se der sobre disponibilidade ou aposentadoria de Magistrado.

Art. 2º Compete ao Órgão Especial:

I – em matéria judiciária:

a) processar e julgar as reclamações destinadas à preservação da competência dos órgãos do Tribunal, assim considerados aqueles mencionados no art. 61 do Regimento Interno do Tribunal Superior do Trabalho, ou a garantir a autoridade de suas decisões;

b) julgar mandado de segurança impetrado contra atos do Presidente ou de qualquer Ministro do Tribunal, ressalvada a competência das Seções Especializadas;

c) julgar os recursos interpostos de decisões dos Tribunais Regionais do Trabalho em mandado de segurança de interesse de Juízes e servidores da Justiça do Trabalho;

d) julgar os recursos interpostos de decisão em matéria de concurso para a Magistratura do Trabalho;

e) julgar os recursos ordinários interpostos a agravo regimental e a mandado de segurança que tenha apreciado despacho de Presidente de Tribunal Regional em sede de precatório; e

f) deliberar sobre as demais matérias jurisdicionais não incluídas na competência dos outros Órgãos do Tribunal.

II – em matéria administrativa:

a) proceder à abertura e ao encerramento do semestre judiciário, respectivamente no primeiro e no último dia útil de cada período;

b) eleger os Membros do Conselho da Ordem do Mérito Judiciário do Trabalho e os das Comissões previstas no Regimento Interno do Tribunal Superior do Trabalho;

c) aprovar e emendar o Regulamento Geral da Secretaria do Tribunal Superior do Trabalho, o Regimento da Corregedoria-Geral da Justiça do Trabalho, o Regulamento da Ordem do Mérito Judiciário do Trabalho, os Estatutos da Escola Nacional de Formação e Aperfeiçoamento de Magistrados do Trabalho – ENAMAT e

o Regimento Interno do Conselho Superior da Justiça do Trabalho – CSJT;

d) opinar sobre propostas de alterações da legislação trabalhista, inclusive processual, quando entender que deve manifestar-se oficialmente;

e) propor ao Legislativo, após a deliberação do Conselho Superior da Justiça do Trabalho, a criação, extinção ou modificação da composição de Tribunais Regionais do Trabalho e Varas do Trabalho, assim como a alteração de jurisdição e de sede destes;

f) propor ao Legislativo a criação, extinção e transformação de cargos e funções públicas e a fixação dos respectivos vencimentos ou gratificações;

g) escolher, mediante escrutínio secreto e pelo voto da maioria absoluta dos seus Membros, Juízes de Tribunal Regional para substituir temporariamente Ministro do Tribunal;

h) aprovar a lista dos admitidos na Ordem do Mérito Judiciário do Trabalho;

i) aprovar as instruções dos concursos para provimento dos cargos do Quadro de Pessoal do Tribunal e homologar seu resultado final;

j) aprovar a lotação das funções comissionadas do Quadro de Pessoal do Tribunal;

l) conceder licença, férias e outros afastamentos aos Membros do Tribunal;

m) fixar e rever as diárias e as ajudas de custo do Presidente, dos Ministros e servidores do Tribunal;

n) designar as comissões temporárias para exame e elaboração de estudo sobre matéria relevante, respeitada a competência das comissões permanentes;

o) baixar instruções de concurso para provimento dos cargos de Juiz do Trabalho Substituto;

p) examinar as matérias encaminhadas pelo Conselho Superior da Justiça do Trabalho;

q) julgar os recursos de decisões ou atos do Presidente do Tribunal em matéria administrativa;

r) julgar os recursos interpostos das decisões dos Tribunais Regionais do Trabalho em processo administrativo disciplinar envolvendo magistrado, estritamente para controle da legalidade;

s) julgar agravos regimentais interpostos contra decisões proferidas pelo Corregedor-Geral da Justiça do Trabalho; e

t) julgar os recursos ordinários em agravos regimentais interpostos contra decisões proferidas em reclamações correicionais ou em pedidos de providências, que envolvam impugnações de cálculos de precatórios.

Art. 3º Compete ao Tribunal Pleno:

I – eleger, por escrutínio secreto, o Presidente e o Vice-Presidente do Tribunal Superior do Trabalho, o Corregedor-Geral da Justiça do Trabalho, 7 (sete) Ministros para integrar o Órgão Especial, o Diretor, o Vice-Diretor e os Membros do Conselho Consultivo da Escola Nacional de Formação e Aperfeiçoamento de Magistrados do Trabalho – ENAMAT, os Ministros Membros do Conselho Superior da Justiça do Trabalho – CSJT e respectivos suplentes e os Membros do Conselho Nacional de Justiça – CNJ;

II – dar posse aos Membros eleitos para os cargos de Direção do Tribunal Superior do Trabalho, aos Ministros nomeados para o Tribunal, aos Membros da Direção e do Conselho Consultivo da Escola Nacional de Formação e Aperfeiçoamento de Magistrados do Trabalho – ENAMAT;

III – escolher os integrantes das listas para preenchimento das vagas de Ministro do Tribunal;

IV – deliberar sobre prorrogação do prazo para a posse no cargo de Ministro do Tribunal Superior do Trabalho e o início do exercício;

V – decidir sobre declaração de inconstitucionalidade de lei ou ato normativo do Poder Público, quando aprovada a arguição pelas Seções Especializadas ou Turmas;

VI – aprovar, modificar ou revogar, em caráter de urgência e com preferência na pauta, Súmula da Jurisprudência predominante em dissídios individuais e os Precedentes Normativos da Seção Especializada em Dissídios Coletivos; e

VII – aprovar e emendar o Regimento Interno do Tribunal Superior do Trabalho.

Art. 4º Para o funcionamento do Tribunal Pleno é exigida a presença de, no mínimo, 14 (quatorze) Ministros, sendo necessária maioria absoluta quando a deliberação se der sobre:

I – escolha dos nomes que integrarão a lista destinada ao preenchimento da vaga de Ministro do Tribunal, observado o disposto no art. 4º, § 2º, inc. II, do Regimento Interno do Tribunal Superior do Trabalho;

II – aprovação de Emenda Regimental;

III – eleição dos Ministros para os cargos de Direção do Tribunal;

IV – aprovação, revisão ou cancelamento de Súmula ou de Precedente Normativo; e

V – declaração de inconstitucionalidade de lei ou de ato normativo do poder público.

Parágrafo único. Será tomada por dois terços dos votos dos Ministros do Tribunal Pleno a deliberação preliminar referente à existência de relevante interesse público que fundamente a proposta de edição de Súmula, dispensadas as exigências regimentais, nos termos previstos no Regimento Interno do Tribunal Superior do Trabalho.

Art. 5º As atividades de apoio ao Órgão Especial serão realizadas pela Secretaria do Tribunal Pleno e da Seção Especializada em Dissídios Coletivos, que passa a se denominar Secretaria do Tribunal Pleno, do Órgão Especial e da Seção Especializada em Dissídios Coletivos.

Art. 6º Esta Resolução Administrativa entra em vigor na data de sua publicação.

Brasília, 22 de novembro de 2007.

Rider de Brito

Ministro Presidente do Tribunal Superior do Trabalho

INSTRUÇÃO NORMATIVA 32, DE 19 DE DEZEMBRO DE 2007, DO TRIBUNAL SUPERIOR DO TRABALHO – TST

Uniformiza procedimentos para a expedição de Precatórios e Requisições de Pequeno Valor no âmbito da Justiça do Trabalho e dá outras providências.

DEJT 10.01.2008

▶ Resolução TST 145, de 19.12.2007 (Edita a IN 32/2007).

Art. 1º Os pagamentos devidos pelas Fazendas Públicas Federal, Estadual, Distrital ou Municipal, em virtude de sentença judicial transitada em julgado, serão realizados exclusivamente na ordem de apresentação dos precatórios e à conta dos créditos respectivos, na forma da lei.

Parágrafo único. Não estão sujeitos à expedição de precatórios os pagamentos de obrigações definidas em lei como de pequeno valor.

Art. 2º É obrigatória a inclusão, no orçamento das entidades de Direito Público, de verba necessária ao pagamento de seus débitos oriundos de sentenças transitadas em julgado, constantes de precatórios judiciários, apresentados até 1º de julho, fazendo-se o pagamento até o final do exercício seguinte, quando terão seus valores atualizados monetariamente.

Art. 3º Reputa-se de pequeno valor o crédito cuja Importância atualizada, por beneficiário, seja igual ou inferior a:

I – 60 (sessenta) salários mínimos, se a devedora for a Fazenda Pública Federal;

II – 40 (quarenta) salários mínimos, ou o valor estipulado pela legislação local, se as devedoras forem as Fazendas Públicas Estadual e Distrital; e

III – 30 (trinta) salários mínimos, ou o valor estipulado pela legislação local, se a devedora for a Fazenda Pública Municipal.

Art. 4º Ao credor de importância superior à estabelecida na definição de pequeno valor, fica facultado renunciar ao crédito do valor excedente e optar pelo pagamento do saldo dispensando-se o precatório.

§ 1º Não é permitido o fracionamento do valor da execução relativamente ao mesmo beneficiário, de modo que se faça o pagamento, em parte, por intermédio de requisição de pequeno valor e, em parte, mediante expedição de precatório.

§ 2º Na hipótese de crédito de valor aproximado ao de pequeno valor legalmente previsto, o Presidente do Tribunal ou o Juízo Auxiliar de Conciliação de Precatórios consultará o credor quanto ao interesse em renunciar parcialmente ao crédito de modo a afastar a necessidade de expedição do precatório.

Art. 5º As requisições de pagamento que decorram de precatório ou as de pequeno valor, quando a devedora for a União, serão expedidas pelo Juiz

da execução e dirigidas ao presidente do Tribunal, a quem compete:

a) examinar a regularidade formal da requisição;

b) corrigir, de ofício ou a requerimento das partes, inexatidões materiais ou retificar erros de cálculos, vinculados à utilização de critério em descompasso com a lei ou com o título executivo judicial, desde que o critério não haja sido objeto de debate quer na fase de conhecimento, quer na fase de execução;

c) expedir o ofício requisitório; e

d) zelar pela obediência à ordem de preferência de pagamento dos créditos, na hipótese de precatórios.

Art. 6º Nos casos de créditos de pequeno valor de responsabilidade das Fazendas Públicas Estadual, Distrital ou Municipal, as requisições serão encaminhadas pelo Juiz da execução ao próprio devedor.

Art. 7º Na hipótese de reclamação plúrima será considerado o valor devido a cada litisconsorte, expedindo-se, simultaneamente, se for o caso:

a) requisições de pequeno valor em favor dos exequentes cujos créditos não ultrapassam os limites definidos no art. 3º desta Instrução; e

b) requisições mediante precatório para os demais credores.

Parágrafo único. Os honorários advocatícios e periciais serão considerados parcela autônoma, não se somando ao crédito dos exequentes para fins de classificação do requisitório de pequeno valor.

Art. 8º É vedado requisitar pagamento em execução provisória.

Art. 9º O Juiz da execução informará na requisição os seguintes dados constantes do processo:

I – número do processo;

II – nomes das partes e de seus procuradores;

III – nomes dos beneficiários e respectivos números no CPF ou no CNPJ, inclusive quando se tratar de advogados, peritos e outros;

IV – natureza do crédito (comum ou alimentar) e espécie da requisição (RPV ou precatório);

▶ Não houve publicação do inciso V até a data de fechamento desta edição.

VI – valor individualizado por beneficiário e valor total da requisição;

VII – data-base considerada para efeito de atualização monetária dos valores; e

VIII – data do trânsito em julgado da sentença ou acórdão.

Parágrafo único. Ausentes quaisquer dos dados especificados, o Tribunal restituirá a requisição à origem, para regularização.

Art. 10. Os precatórios e as requisições de pequeno valor serão processados nos próprios autos do processo que os originaram.

Art. 11. O pagamento das requisições obedecerá estritamente à ordem cronológica de apresentação nos Tribunais.

Art. 12. Os valores destinados aos pagamentos decorrentes de precatórios e de requisições de pequeno valor serão depositados em instituição bancária oficial, abrindo-se conta remunerada e individualizada para cada beneficiário.

Art. 13. Incumbirá ao Juiz da execução comunicar ao Presidente do Tribunal ou ao Juízo Auxiliar de Conciliação de Precatórios, no prazo de 05 (cinco) dias, a efetivação do pagamento ao credor.

Art. 14. O Presidente do Tribunal, exclusivamente na hipótese de preterição do direito de precedência do credor, fica autorizado a proceder ao sequestro de verba do devedor, desde que requerido pelo exequente e depois de ouvido o Ministério Público.

Art. 15. As requisições de pequeno valor – RPV encaminhadas ao devedor deverão ser pagas no prazo de 60 (sessenta) dias.

Parágrafo único. Na hipótese de não cumprimento da requisição judicial, o Juiz determinará o sequestro do numerário suficiente ao cumprimento da decisão.

Art. 16. Os Tribunais Regionais do Trabalho instituirão Juízo Auxiliar de Conciliação de Precatórios, com o objetivo de incluir em pauta, observada a ordem cronológica de apresentação, os precatórios e as requisições de pequeno valor (RPV) já consignadas em precatórios, para tentativa de acordo.

Parágrafo único. Caberá ao Juízo Auxiliar de Conciliação de Precatórios, sem prejuízo de outras atribuições, o controle da listagem da ordem preferencial dos credores, a realização de cálculos, o acompanhamento de contas bancárias e a celebração de convênios entre

os entes públicos devedores e o Tribunal Regional do Trabalho, para repasse mensal de verbas necessárias ao pagamento dos precatórios.

Art. 17. Será designado pelo Presidente do Tribunal um Juiz do Trabalho substituto para atuar no Juízo Auxiliar de Conciliação de Precatórios.

§ 1º O Juízo Auxiliar de Conciliação de Precatórios determinará a inclusão em pauta de todos os precatórios, observada a ordem cronológica, para tentativa de conciliação.

§ 2º As partes e seus procuradores serão convocados para audiência de conciliação, que poderá ser realizada apenas com a presença dos procuradores, desde que possuam poderes para transigir, receber e dar quitação.

§ 3º O Ministério Público do Trabalho será comunicado do dia, local e horário da realização da audiência de conciliação.

Art. 18. As partes poderão, a qualquer tempo, solicitar a reinclusão do precatório em pauta, para nova tentativa de conciliação.

Art. 19. Os precatórios conciliados serão quitados, na ordem cronológica, observando-se o repasse realizado pelo ente público devedor.

Art. 20. Os precatórios que não foram objeto de conciliação serão pagos na ordem cronológica de apresentação.

Art. 21. Frustrada a tentativa de conciliação referente a precatório cujo prazo para pagamento já venceu os autos serão encaminhados à Presidência do Tribunal, para deliberar sobre eventual pedido de intervenção.

Art. 22. O Presidente do Tribunal deverá fundamentar a decisão relativa ao encaminhamento do pedido de intervenção, justificando a necessidade da adoção da medida excepcional.

Art. 23. O pedido de intervenção deverá ser instruído, obrigatoriamente, com as seguintes peças:

a) petição do credor, dirigida ao Presidente do Tribunal Regional do Trabalho, requerendo o encaminhamento do pedido de intervenção ao Supremo Tribunal Federal ou ao Tribunal de Justiça, conforme o caso;

b) impugnação do ente público ao pedido, se houver;

c) manifestação do Ministério Público do Trabalho da Região;

d) decisão fundamentada do Presidente do Tribunal Regional do Trabalho relativa à admissibilidade do encaminhamento do pedido de intervenção; e

e) ofício requisitório que permita a verificação da data de expedição do precatório e o ano de sua inclusão no orçamento.

Parágrafo único. O pedido de intervenção em Estado-membro será encaminhado ao Supremo Tribunal Federal por intermédio da Corregedoria-Geral da Justiça do Trabalho, enquanto o pedido de intervenção em município será enviado diretamente pelo Presidente do Tribunal Regional do Trabalho ao Tribunal de Justiça do respectivo Estado.

Art. 24. Fica revogada a Resolução 67, de 10 de abril de 1997, que aprovou a Instrução Normativa 11.

Art. 25. Esta Resolução entra em vigor na data de sua publicação.

Brasília, 19 de dezembro de 2007.

Min. Rider Nogueira de Brito

Ministro Presidente do Tribunal Superior do Trabalho

LEI 11.648, DE 31 DE MARÇO DE 2008

Dispõe sobre o reconhecimento formal das centrais sindicais para os fins que especifica, altera a Consolidação das Leis do Trabalho – CLT, aprovada pelo Decreto-lei 5.452, de 1º de maio de 1943, e dá outras providências.

DOU 31.03.2008; Edição Extra

O Presidente da República:

Faço saber que o Congresso Nacional decreta e eu sanciono a seguinte Lei:

Art. 1º A central sindical, entidade de representação geral dos trabalhadores, constituída em âmbito nacional, terá as seguintes atribuições e prerrogativas:

I – coordenar a representação dos trabalhadores por meio das organizações sindicais a ela filiadas; e

II – participar de negociações em fóruns, colegiados de órgãos públicos e demais espaços de diálogo so-

cial que possuam composição tripartite, nos quais estejam em discussão assuntos de interesse geral dos trabalhadores.

Parágrafo único. Considera-se central sindical, para os efeitos do disposto nesta Lei, a entidade associativa de direito privado composta por organizações sindicais de trabalhadores.

Art. 2º Para o exercício das atribuições e prerrogativas a que se refere o inciso II do *caput* do art. 1º desta Lei, a central sindical deverá cumprir os seguintes requisitos:

I – filiação de, no mínimo, 100 (cem) sindicatos distribuídos nas 5 (cinco) regiões do País;

II – filiação em pelo menos 3 (três) regiões do País de, no mínimo, 20 (vinte) sindicatos em cada uma;

III – filiação de sindicatos em, no mínimo, 5 (cinco) setores de atividade econômica; e

IV – filiação de sindicatos que representem, no mínimo, 7% (sete por cento) do total de empregados sindicalizados em âmbito nacional.

Parágrafo único. O índice previsto no inciso IV do *caput* deste artigo será de 5% (cinco por cento) do total de empregados sindicalizados em âmbito nacional no período de 24 (vinte e quatro) meses a contar da publicação desta Lei.

Art. 3º A indicação pela central sindical de representantes nos fóruns tripartites, conselhos e colegiados de órgãos públicos a que se refere o inciso II do *caput* do art. 1º desta Lei será em número proporcional ao índice de representatividade previsto no inciso IV do *caput* do art. 2º desta Lei, salvo acordo entre centrais sindicais.

§ 1º O critério de proporcionalidade, bem como a possibilidade de acordo entre as centrais, previsto no *caput* deste artigo não poderá prejudicar a participação de outras centrais sindicais que atenderem aos requisitos estabelecidos no art. 2º desta Lei.

§ 2º A aplicação do disposto no *caput* deste artigo deverá preservar a paridade de representação de trabalhadores e empregadores em qualquer organismo mediante o qual sejam levadas a cabo as consultas.

Art. 4º A aferição dos requisitos de representatividade de que trata o art. 2º desta Lei será realizada pelo Ministério do Trabalho e Emprego.

§ 1º O Ministro de Estado do Trabalho e Emprego, mediante consulta às centrais sindicais, poderá baixar instruções para disciplinar os procedimentos necessários à aferição dos requisitos de representatividade, bem como para alterá-los com base na análise dos índices de sindicalização dos sindicatos filiados às centrais sindicais.

§ 2º Ato do Ministro de Estado do Trabalho e Emprego divulgará, anualmente, relação das centrais sindicais que atendem aos requisitos de que trata o art. 2º desta Lei, indicando seus índices de representatividade.

Art. 5º Os arts. 589, 590, 591 e 593 da Consolidação das Leis do Trabalho – CLT, aprovada pelo Decreto-lei 5.452, de 1º de maio de 1943, passam a vigorar com a seguinte redação:

▸ Alterações incorporadas no texto da referida CLT.

Art. 6º *Vetado.*

Art. 7º Os arts. 578 a 610 da Consolidação das Leis do Trabalho – CLT, aprovada pelo Decreto-lei 5.452, de 1º de maio de 1943, vigorarão até que a lei venha a disciplinar a contribuição negocial, vinculada ao exercício efetivo da negociação coletiva e à aprovação em assembleia geral da categoria.

Art. 8º Esta Lei entra em vigor na data de sua publicação.

Brasília, 31 de março de 2008; 187º da Independência e 120º da República.

Luiz Inácio Lula da Silva

PORTARIA 186, DE 10 DE ABRIL DE 2008, DO MINISTÉRIO DO TRABALHO E EMPREGO – MTE

Procedimentos administrativos para pedidos de registro sindical no Ministério do Trabalho e Emprego.

DOU 14.04.2008

O Ministro do Trabalho e Emprego, no uso das suas atribuições legais e tendo em vista o disposto no art. 87, parágrafo único, inciso II, da Constituição, no Título V da Consolidação das Leis do Trabalho, aprovada pelo Decreto-lei 5.452, de 1º de maio de 1943, e na Súmula 677, do Supremo Tribunal Federal, resolve:

Art. 1º Os pedidos de registro sindical no Ministério do Trabalho e Emprego – MTE observarão os procedimentos administrativos previstos nesta Portaria.

CAPÍTULO I

DOS PEDIDOS DE REGISTRO SINDICAL E DE ALTERAÇÃO ESTATUTÁRIA

Seção I

Da solicitação e análise dos pedidos

Art. 2º Para a solicitação de registro, a entidade sindical deverá acessar o Sistema do Cadastro Nacional de Entidades Sindicais – CNES, disponível no endereço eletrônico www.mte.gov.br, e seguir as instruções ali constantes para a emissão do formulário de pedido de registro.

§ 1º Após a transmissão dos dados e confirmação do envio eletrônico do pedido, o interessado deverá protocolizar, para formação de processo administrativo, unicamente na Superintendência Regional do Trabalho e Emprego – SRTE da unidade da Federação onde se localiza a sede da entidade sindical, sendo vedada a remessa via postal, os seguintes documentos:

I – requerimento original gerado pelo Sistema, assinado pelo representante legal da entidade;

II – edital de convocação dos membros da categoria para a assembleia geral de fundação ou ratificação de fundação da entidade, do qual conste a indicação nominal de todos os municípios, estados e categorias pretendidas, publicado, simultaneamente, no Diário Oficial da União e em jornal de grande circulação diária na base territorial, com antecedência mínima de 10 (dez) dias da realização da assembleia para as entidades com base municipal, intermunicipal ou estadual e de 30 (trinta) dias para as entidades com base interestadual ou nacional;

III – ata da assembleia geral de fundação da entidade e eleição, apuração e posse da diretoria, com a indicação do nome completo e número do Cadastro Pessoas Físicas – CPF dos representantes legais da entidade requerente, acompanhada de lista contendo o nome completo e assinatura dos presentes;

IV – estatuto social, aprovado em assembleia geral e registrado em cartório, que deverá conter os elementos identificadores da representação pretendida, em especial a categoria ou categorias representadas e a base territorial;

V – comprovante original de pagamento da Guia de Recolhimento da União – GRU, relativo ao custo das publicações no Diário Oficial da União, conforme indicado em portaria ministerial, devendo-se utilizar as seguintes referências: UG 380918, Gestão 00001 e Código de recolhimento 68888-6, referência 38091800001-3947;

VI – certidão de inscrição do solicitante no Cadastro Nacional de Pessoa jurídica – CNPJ, com natureza jurídica específica; e

VII – comprovante de endereço em nome da entidade.

§ 2º O processo será encaminhado preliminarmente à Seção de Relações do Trabalho da SRTE, para efetuar a conferência dos documentos que acompanham o pedido de registro sindical e encaminhá-lo, por meio de despacho, à Coordenação-Geral de Registro Sindical da Secretaria de Relações do Trabalho – CGRS para fins de análise.

Art. 3º A entidade sindical que pretenda registrar alteração estatutária referente a categoria e/ou base territorial, deverá estar com cadastro ativo no CNES e protocolizar na SRTE do local onde se encontre sua sede, os seguintes documentos, além dos previstos nos incisos V, VI e VII do § 1º do art. 2º desta Portaria, vedada a remessa via postal ou o protocolo na sede do Ministério do Trabalho e Emprego:

▸ *Caput* com redação pelo art. 1º da Portaria 2.451/2011.

I – requerimento original gerado pelo Sistema, assinado pelo representante legal da entidade;

▸ Inciso I com redação pelo art. 1º da Portaria 2.451/2011.

II – edital de convocação dos membros das categorias representada e pretendida para a assembleia geral de alteração estatutária da entidade, do qual conste a indicação nominal de todos os municípios, estados e categorias pretendidas, publicado, simultaneamente, no Diário Oficial da União e em jornal de grande circulação diária na base territorial, com antecedência mínima de 10 (dez) dias da realização da assembleia para as entidades com base municipal, intermunicipal ou estadual e de 30 (trinta) dias para as entidades com base interestadual ou nacional;

III – ata da assembleia geral de alteração estatutária da entidade e eleição, apuração e posse da diretoria, com a indicação do nome completo e número do Cadastro Pessoas Físicas – CPF dos representantes legais da entidade requerente, acompanhada de lista contendo o nome completo e assinatura dos presentes; e

IV – estatuto social, aprovado em assembleia geral e registrado em cartório, do qual deverá constar a base e categoria ao final representada.

§ 1º As fusões ou incorporações de entidades sindicais são consideradas alterações estatutárias.

▸ § 1º renumerado e com redação pelo art. 2º da Portaria 2.451/2011.

§ 2º A solicitação de registro de alteração estatutária deverá ser preenchida no Sistema do Cadastro Nacional de Entidades Sindicais – CNES, disponível no endereço eletrônico www.mte.gov.br.

▸ § 2º acrescido pelo art. 2º da Portaria 2.451/2011.

§ 3º Não será permitida a tramitação de mais de uma solicitação de registro de alteração estatutária simultaneamente.

▸ § 3º acrescido pelo art. 2º da Portaria 2.451/2011.

Art. 4º Os pedidos de registro sindical ou de alteração estatutária serão analisados na CGRS, que verificará se os representados constituem categoria, nos termos da Lei, bem como a existência, no CNES, de outras entidades sindicais representantes da mesma categoria, na mesma base territorial da entidade requerente.

Art. 5º O pedido será arquivado pelo Secretário de Relações do Trabalho, com base em análise fundamentada da CGRS nos seguintes casos:

I – não caracterização de categoria econômica ou profissional para fins de organização sindical, nos termos da legislação pertinente;

II – insuficiência ou irregularidade dos documentos apresentados, na forma dos arts. 2º, 3º e 22;

III – coincidência total de categoria e base territorial do sindicato postulante com sindicato registrado no CNES;

IV – quando a base territorial requerida englobar o local da sede de sindicato, registrado no CNES, representante de idêntica categoria; e

V – quando o pedido for protocolado em desconformidade com o § 1º do art. 2º.

§ 1º Nos pedidos de registro e de alteração estatutária de federações e confederações, será motivo de arquivamento, ainda, a falta de preenchimento dos requisitos previstos no Capítulo IV desta Portaria.

§ 2º A análise de que trata o inciso I deste artigo deverá identificar todos os elementos exigidos por Lei para a caracterização de categoria econômica, profissional ou específica.

Seção II

Da publicação do pedido

Art. 6º Após a verificação, pela CGRS, da regularidade dos documentos apresentados e a análise de que tratam os arts. 4º e 5º, o pedido de registro sindical ou de alteração estatutária será publicado no *Diário Oficial da União*, para fins de publicidade e abertura de prazo para impugnações.

Art. 7º Quando for constatada a existência de dois ou mais pedidos de registro ou alteração estatutária com coincidência total ou parcial de base territorial e categoria, proceder-se-á da seguinte forma:

I – caso ambos tenham protocolizados com a documentação completa, deve-se publicar pela ordem de data do protocolo do pedido; e

II – nos pedidos de registro ou de alteração estatutária, anteriores a esta Portaria, que tenham sido protocolizados com a documentação incompleta, deverá ser publicado primeiramente aquele que, em primeiro lugar, protocolizar a documentação completa.

Parágrafo único. Nos casos descritos neste artigo, se as partes interessadas estiverem discutindo o conflito de representação na via judicial, os processos ficarão suspensos, nos termos do art. 16.

Art. 8º Serão publicadas no Diário Oficial da União e devidamente certificadas no processo as decisões de arquivamento, das quais poderá o interessado apresentar recurso administrativo, na forma do Capítulo XV da Lei 9.784, de 29 de janeiro de 1999 (LGL\1999\107).

CAPÍTULO II
DAS IMPUGNAÇÕES

Seção I
Da publicação e dos requisitos para impugnações

Art. 9º Publicado o pedido de registro sindical ou de alteração estatutária, a entidade sindical de mesmo grau, registrada no CNES, que entenda coincidentes sua representação e a do requerente, poderá apresentar impugnação, no prazo de 30 (trinta) dias, contado da data da publicação de que trata art. 6º, diretamente no protocolo do Ministério do Trabalho e Emprego, sendo vedada impugnação por qualquer outro meio, devendo instruí-la com os seguintes documentos, além dos previstos nos incisos V, VI e VII do § 1º do art. 2º desta Portaria:

I – requerimento, que deverá indicar claramente o objeto do conflito e configurar a coincidência de base territorial e de categoria;

II – documento comprobatório do registro sindical expedido pelo MTE, com identificação da base territorial e da categoria representada, ressalvada ao interessado a utilização da faculdade prevista no art. 37 da Lei 9.784, de 1999;

III – estatuto social atualizado, aprovado em assembleia geral da categoria;

IV – ata de apuração de votos do último processo eleitoral;

V – ata de posse da atual diretoria; e

VI – formulário de atualização sindical extraído do endereço eletrônico www.mte.gov.br, devidamente preenchido e assinado.

§ 1º A entidade sindical impugnante que estiver com suas informações atualizadas no CNES fica dispensada da apresentação dos documentos previstos nos incisos III a VI do *caput* deste artigo.

§ 2º Não serão aceitas impugnações coletivas, apresentadas por meio do mesmo documento por um impugnante a mais de um pedido ou por vários impugnantes ao mesmo pedido.

Seção II
Da análise dos pedidos de impugnação

Art. 10. As impugnações serão submetidas ao procedimento previsto na Seção III deste Capítulo, exceto nos seguintes casos, em que serão arquivadas pelo Secretário de Relações do Trabalho, após análise da CGRS:

I – inobservância do prazo previsto no *caput* do art. 9º;

II – ausência de registro sindical do impugnante, exceto se seu pedido de registro ou de alteração estatutária já houver sido publicado no *Diário Oficial da União*, mesmo que se encontre sobrestado, conforme § 5º do art. 13;

III – apresentação por diretoria de sindicato com mandato vencido;

IV – inexistência de comprovante de pagamento da taxa de publicação;

V – não coincidência de base territorial e categoria entre impugnante e impugnado;

VI – impugnação apresentada por entidade de grau diverso da entidade impugnada, salvo por mandato;

VII – na hipótese de desmembramento, que ocorre quando a base territorial do impugnado é menor que a do impugnante, desde que não englobe o município da sede do sindicato impugnante e não haja coincidência de categoria específica;

VIII – na ocorrência de dissociação de categorias ecléticas, similares ou conexas, para a formação de entidade com representação de categoria mais específica;

IX – ausência ou irregularidade de qualquer dos documentos previstos no art. 9º; e

X – perda do objeto da impugnação, ocasionada pela retificação do pedido da entidade impugnada.

§ 1º A decisão de arquivamento será fundamentada e publicada no *Diário Oficial da União*, dela cabendo recurso administrativo, na forma do Capítulo XV da Lei 9.784, de 1999.

§ 2º O pedido de desistência de impugnação somente será admitido por meio de documentos originais, protocolizados neste Ministério, devidamente assinados pelo representante legal da entidade com mandato válido, vedada a sua apresentação por fax ou e-mail, devendo sua legalidade ser analisada pela CGRS antes da decisão do Secretário de Relações do Trabalho.

Seção III
Da autocomposição

Art. 11. A CGRS deverá informar ao Secretário de Relações do Trabalho as impugnações não arquivadas, na forma do art. 10, para notificação das partes com vistas à autocomposição.

Art. 12. Serão objeto do procedimento previsto nesta Seção:

I – os pedidos de registro impugnados, cujas impugnações não tenham sido arquivadas nos termos do art. 10; e

II – os casos previstos no inciso II do art. 7º.

Art. 13. Serão notificados, na forma do § 3º do art. 26 da Lei 9.784, de 1999, os representantes legais das entidades impugnantes e impugnadas, para comparecimento a reunião destinada à autocomposição, que será realizada no âmbito da SRT ou da Superintendência Regional do Trabalho e Emprego da sede da entidade impugnada, com antecedência mínima de 15 (quinze) dias da data da reunião.

§ 1º O Secretário de Relações do Trabalho ou o servidor por ele designado iniciará o procedimento previsto no *caput* deste artigo, convidando as partes para se pronunciarem sobre as bases de uma possível conciliação.

§ 2º Será lavrada ata circunstanciada da reunião, assinada por todos os presentes com poder de decisão, da qual conste o resultado da tentativa de acordo.

§ 3º As ausências serão consignadas pelo servidor responsável pelo procedimento e atestadas pelos demais presentes à reunião.

§ 4º O acordo entre as partes fundamentará a concessão do registro ou da alteração estatutária pleiteada, que será concedido após a apresentação de cópia do estatuto social das entidades, registrado em cartório, com as modificações decorrentes do acordo, cujos termos serão anotados no registro de todas as entidades envolvidas no CNES, na forma do Capítulo V.

§ 5º Não havendo acordo entre as partes, o pedido ficará sobrestado até que a Secretaria de Relações do Trabalho seja notificada do inteiro teor de acordo judicial ou extrajudicial ou decisão judicial que decida a controvérsia.

§ 6º Considerar-se-á dirimido o conflito quando a entidade impugnada retirar, de seu estatuto, o objeto da controvérsia claramente definido, conforme disposto no inciso I do art. 9º.

§ 7º O pedido de registro será arquivado se a entidade impugnada, devidamente notificada, não comparecer à reunião prevista neste artigo.

§ 8º Será arquivada a impugnação e concedido o registro sindical ou de alteração estatutária se a única entidade impugnante, devidamente notificada, não comparecer à reunião prevista neste artigo.

§ 9º Havendo mais de uma impugnação, serão arquivadas as impugnações das entidades que não comparecerem à reunião, mantendo-se o procedimento em relação às demais entidades impugnantes presentes.

§ 10. As reuniões de que trata este artigo serão públicas, devendo a pauta respectiva ser publicada em local visível, acessível aos interessados, com antecedência mínima de 5 (cinco) dias da data da sua realização.

CAPÍTULO III
DO REGISTRO

Seção I
Da concessão

Art. 14. O registro sindical ou de alteração estatutária será concedido com fundamento em análise técnica da SRT, nas seguintes situações:

I – decorrido o prazo previsto no art. 9º sem que tenham sido apresentadas impugnações ao pedido;

II – arquivamento das impugnações, nos termos do art. 10;

III – acordo entre as partes; e

IV – determinação judicial dirigida ao Ministério do Trabalho e Emprego.

Art. 15. A concessão de registro sindical ou de alteração estatutária será publicada no *Diário Oficial da União*, cujos dados serão incluídos no CNES, os quais deverão ser permanentemente atualizados, na forma das instruções expedidas pela Secretaria de Relações do Trabalho.

Parágrafo único. A SRT expedirá, após a publicação da concessão do registro ou da alteração estatutária, certidão com os dados constantes do CNES.

Seção II
Da suspensão dos pedidos

Art. 16. Os processos de registro ou de alteração estatutária ficarão suspensos, neles não se praticando quaisquer atos, nos seguintes casos:

I – por determinação judicial;

II – na hipótese prevista no parágrafo único do art. 7º;

III – durante o procedimento disposto na Seção III do Capítulo II;

IV – no período compreendido entre o acordo previsto no § 4º do art. 13 e a entrega, na SRT, dos respectivos estatutos sociais com as alterações decorrentes do acordo firmado entre as partes;

V – quando as entidades que tiveram seus registros anotados, na forma do Capítulo V, deixarem de enviar, no prazo previsto no § 2º do art. 25, novo estatuto social, registrado em cartório, com a representação sindical devidamente atualizada; e

VI – na redução, pela federação ou confederação, do número mínimo legal de entidades filiadas, conforme previsto no § 3º do art. 20; e

VII – se o interessado deixar de promover os atos que lhe competem, no prazo de trinta dias, após regularmente notificado para sanear eventuais irregularidades.

Seção III
Do cancelamento

Art. 17. O registro sindical ou a alteração estatutária somente será cancelado nos seguintes casos:

I – por ordem judicial que determine ao Ministério do Trabalho e Emprego o cancelamento do registro, fundada na declaração de ilegitimidade da entidade para representar a categoria ou de nulidade dos seus atos constitutivos;

II – administrativamente, se constatado vício de legalidade no processo de concessão, assegurados ao interessado o contraditório e a ampla defesa, bem como observado o prazo decadencial previsto no art. 53 da Lei 9.784, de 1999;

III – a pedido da própria entidade, nos termos do art. 18; e

IV – na ocorrência de fusão ou incorporação entre duas ou mais entidades, devidamente comprovadas com a apresentação do registro em cartório e após a publicação do registro da nova entidade.

Art. 18. Quando a forma de dissolução da entidade sindical não estiver prevista em seu estatuto social, o pedido de cancelamento do registro no CNES deverá ser instruído com os seguintes documentos:

I – edital de convocação de assembleia específica da categoria para fins de deliberação acerca do cancelamento do registro sindical, publicado na forma do inciso II do § 1º do art. 2º desta Portaria; e

II – ata de assembleia da categoria da qual conste como pauta a dissolução da entidade e a autorização de cancelamento do registro sindical.

Art. 19. O cancelamento do registro de entidade sindical deverá ser publicado no Diário Oficial da União e será anotado, juntamente com o motivo, no CNES, cabendo o custeio da publicação ao interessado, se for a pedido, em conformidade com o custo da publicação previsto em portaria específica deste Ministério.

CAPÍTULO IV
DAS ENTIDADES DE GRAU SUPERIOR

Seção I
Da formação e do registro

Art. 20. Para pleitear registro no CNES, as federações e confederações deverão organizar-se na forma dos arts. 534 e 535 da Consolidação das Leis do Trabalho, aprovada pelo Decreto-lei 5.452, de 1º de maio de 1943 e das leis específicas.

§ 1º Para o registro sindical ou de alteração estatutária, a federação deverá comprovar ter sido constituída por, no mínimo, 5 (cinco) sindicatos registrados no CNES.

§ 2º A confederação deverá comprovar, para fins de registro sindical ou de alteração estatutária, ser formada pelo número mínimo de três federações registradas no CNES.

§ 3º O requisito do número mínimo de filiados para a constituição de entidades de grau superior previsto na CLT (LGL\1943\5) deverá ser mantido pela entidade respectiva.

§ 4º A inobservância do § 3º deste artigo importará na suspensão do registro da entidade sindical de grau

superior até que seja suprida a exigência legal, garantida a entidade atingida pela restrição manifestação prévia, no prazo de 10 (dez) dias, contado da intimação realizada para essa finalidade.

Art. 21. A filiação de uma entidade de grau inferior a mais de uma entidade de grau superior não poderá ser considerada para fins de composição do número mínimo previsto em lei para a criação ou manutenção de uma federação ou confederação.

Parágrafo único. As entidades de grau superior coordenam o somatório das entidades a elas filiadas, devendo, sempre que possível, sua denominação corresponder fielmente a sua representatividade.

Art. 22. Os pedidos de registro sindical e de alterações estatutárias de federações e confederações serão instruídos com os seguintes documentos, além dos previstos nos incisos V, VI e VII do § 1º do art. 2º desta Portaria:

I – requerimento original gerado pelo Sistema, assinado pelo representante legal da entidade;

▸ Inciso I com redação pelo art. 1º da Portaria 2.451/2011.

II – estatutos das entidades que pretendam criar a federação ou confederação, registrado em cartório, contendo autorização para criação de entidade de grau superior, ou editais de convocação de assembleia geral específica para autorização de entidade de grau superior, publicado no *Diário Oficial da União* com antecedência mínima de 30 (trinta) dias da data da assembleia;

III – edital de convocação dos conselhos de representantes das entidades fundadoras da entidade de grau superior, para assembleia geral de ratificação da fundação da entidade, publicado no *Diário Oficial da União* com antecedência mínima de 30 (trinta) dias da data da assembleia, do qual conste a ratificação da fundação, a filiação das entidades e a aprovação do estatuto;

IV – ata da assembleia geral de ratificação de fundação da entidade constando a eleição, apuração e posse da diretoria, com a indicação do nome completo e número do Cadastro Pessoas Físicas – CPF dos representantes legais da entidade requerente, acompanhada de lista contendo o nome completo e assinatura dos presentes;

V – estatuto social, aprovado em assembleia geral e registrado em cartório;

VI – comprovante de registro sindical no CNES das entidades fundadoras da entidade de grau superior; e

VII – nas alterações estatutárias de entidade superior, o objeto da alteração deverá constar do edital e da ata da assembleia geral.

Seção II
Das impugnações

Art. 23. Os pedidos de registro ou de alteração estatutária de federações e confederações poderão ser objeto de impugnação por entidades do mesmo grau cujas entidades filiadas constem da formação da nova entidade.

§ 1º A análise das impugnações, na forma da Seção II do Capítulo II, verificará se a criação da nova entidade ou a alteração estatutária viola o princípio da unicidade sindical e, ainda, se reduz o número mínimo de entidades filiadas necessário à manutenção de entidade registrada no CNES.

§ 2º Configurar-se-á conflito de representação sindical entre entidades de grau superior quando houver a coincidência entre a base territorial dos sindicatos ou federações fundadoras da nova entidade com os filiados da entidade preexistente.

Art. 24. Na verificação do conflito de representação, será realizado o procedimento previsto na Seção III do Capítulo II.

Parágrafo único. Na ocorrência de redução de número mínimo de filiados da entidade de grau superior, o processo de registro sindical ficará suspenso, até que conste do CNES nova filiação de entidade de grau inferior, que componha o número mínimo previsto na CLT (LGL\1943\5).

CAPÍTULO V
DA ANOTAÇÃO NO CNES

Art. 25. Quando a publicação de concessão de registro sindical ou de alteração estatutária no *Diário Oficial da União* implicar exclusão de categoria ou base territorial de entidade sindical registrada no CNES, a modificação será anotada no registro da entidade

preexistente, para que conste, de forma atualizada, a sua representação.

§ 1º A entidade sindical cuja categoria ou base territorial for atingida pela restrição poderá apresentar manifestação escrita, no prazo de 10 (dez) dias, contado da publicação de que trata o *caput* deste artigo, exceto se atuar como impugnante no processo de registro sindical ou de alteração estatutária.

§ 2º A anotação no CNES será publicada no *Diário Oficial da União*, devendo a entidade que tiver seu cadastro anotado juntar, em trinta dias, novo estatuto social do qual conste sua representação devidamente atualizada, sob pena de suspensão do processo de registro sindical, nos termos do inciso V do art. 16.

Art. 26. Para a fiel correspondência entre o trâmite dos processos de registro sindical e de alteração estatutária e os dados do CNES, neste serão anotados todos os atos praticados no curso dos processos.

Parágrafo único. Será procedida a anotação no CNES, após 30 (trinta) dias da apresentação do estatuto retificado, no registro da entidade que celebrou acordo com base no procedimento previsto na Seção III do Capítulo II, permanecendo suspenso o registro da entidade que não cumpriu o disposto no inciso IV do art. 16.

CAPÍTULO VI
DISPOSIÇÕES FINAIS

Art. 27. Os documentos previstos no § 1º do art. 2º serão conferidos pelas Seções de Relações do Trabalho das Superintendências Regionais do Trabalho no prazo máximo de 30 (trinta) dias da data de recebimento do processo.

Parágrafo único. Os documentos relacionados nesta Portaria serão apresentados em originais ou cópias, desde que apresentadas juntamente com os originais para conferência e visto do servidor.

Art. 28. Os processos administrativos de registro sindical e de alteração estatutária deverão ser concluídos no prazo máximo de 180 (cento e oitenta) dias, ressalvada a hipótese de atraso devido a providências a cargo do interessado, devidamente justificadas nos autos.

Art. 29. As entidades sindicais deverão manter seu cadastro no CNES atualizado no que se refere a dados cadastrais, diretoria e filiação a entidades de grau superior, conforme instruções constantes do endereço eletrônico www.mte.gov.br.

Art. 30. A contagem dos prazos previstos nesta Portaria será feita na forma prevista no Capítulo XVI da Lei 9.784, de 1999.

Art. 31. A SRT deverá providenciar a publicação, no Diário Oficial da União, dos atos relativos aos pedidos de registro sindical e de alteração estatutária, tais como arquivamento, admissibilidade de impugnação, suspensão, cancelamento, concessão e anotação no CNES.

Art. 32. Caberá aos interessados promover as diligências necessárias junto ao Poder Judiciário, a fim de que o Ministério do Trabalho e Emprego seja notificado para cumprimento de decisão judicial.

Art. 33. Esta Portaria entra em vigor na data de sua publicação e se aplica a todos os processos em curso neste Ministério.

Art. 34. Revoga-se a Portaria 343, de 4 de maio de 2000.

Carlos Lupi
Ministro do Trabalho e Emprego

DECRETO 6.481, DE 12 DE JUNHO DE 2008

Regulamenta os artigos 3º, alínea d, e 4º da Convenção 182 da Organização Internacional do Trabalho (OIT) que trata da proibição das piores formas de trabalho infantil e ação imediata para sua eliminação, aprovada pelo Decreto Legislativo 178, de 14 de dezembro de 1999, e promulgada pelo Decreto 3.597, de 12 de setembro de 2000, e dá outras providências.

DOU 13.06.2008; Retificado no DOU de 23.10.2008

O Presidente da República, no uso das atribuições que lhe confere o art. 84, inciso IV, da Constituição, e tendo em vista o disposto nos artigos 3º, alínea d, e 4º

da Convenção 182 da Organização Internacional do Trabalho (OIT), decreta:

Art. 1º Fica aprovada a Lista das Piores Formas de Trabalho Infantil (Lista TIP), na forma do Anexo, de acordo com o disposto nos artigos 3º, *d*, e 4º da Convenção 182 da Organização Internacional do Trabalho – OIT, aprovada pelo Decreto Legislativo 178, de 14 de dezembro de 1999 e promulgada pelo Decreto 3.597, de 12 de setembro de 2000.

Art. 2º Fica proibido o trabalho do menor de dezoito anos nas atividades descritas na Lista TIP, salvo nas hipóteses previstas neste decreto.

§ 1º A proibição prevista no *caput* poderá ser elidida:

I – na hipótese de ser o emprego ou trabalho, a partir da idade de dezesseis anos, autorizado pelo Ministério do Trabalho e Emprego, após consulta às organizações de empregadores e de trabalhadores interessadas, desde que fiquem plenamente garantidas a saúde, a segurança e a moral dos adolescentes; e

II – na hipótese de aceitação de parecer técnico circunstanciado, assinado por profissional legalmente habilitado em segurança e saúde no trabalho, que ateste a não exposição a riscos que possam comprometer a saúde, a segurança e a moral dos adolescentes, depositado na unidade descentralizada do Ministério do Trabalho e Emprego da circunscrição onde ocorrerem as referidas atividades.

§ 2º As controvérsias sobre a efetiva proteção dos adolescentes envolvidos em atividades constantes do parecer técnico referido no § 1º, inciso II, serão objeto de análise por órgão competente do Ministério do Trabalho e Emprego, que tomará as providências legais cabíveis.

§ 3º A classificação de atividades, locais e trabalhos prejudiciais à saúde, à segurança e à moral, nos termos da Lista TIP, não é extensiva aos trabalhadores maiores de dezoito anos.

Art. 3º Os trabalhos técnicos ou administrativos serão permitidos, desde que fora das áreas de risco à saúde, à segurança e à moral, ao menor de dezoito e maior de dezesseis anos e ao maior de quatorze e menor de dezesseis, na condição de aprendiz.

Art. 4º Para fins de aplicação das alíneas *a*, *b* e *c* do artigo 3º da Convenção 182, da OIT, integram as piores formas de trabalho infantil:

I – todas as formas de escravidão ou práticas análogas, tais como venda ou tráfico, cativeiro ou sujeição por dívida, servidão, trabalho forçado ou obrigatório;

II – a utilização, demanda, oferta, tráfico ou aliciamento para fins de exploração sexual comercial, produção de pornografia ou atuações pornográficas;

III – a utilização, recrutamento e oferta de adolescente para outras atividades ilícitas, particularmente para a produção e tráfico de drogas; e

IV – o recrutamento forçado ou compulsório de adolescente para ser utilizado em conflitos armados.

Art. 5º A Lista TIP será periodicamente examinada e, se necessário, revista em consulta com as organizações de empregadores e de trabalhadores interessadas.

Parágrafo único. Compete ao Ministério do Trabalho e Emprego organizar os processos de exame e consulta a que se refere o *caput*.

Art. 6º Este Decreto entra em vigor noventa dias após a data de sua publicação.

Brasília, 12 de junho de 2008; 187º da Independência e 120º da República.

▸ Deixamos de publicar o anexo.

Luiz Inácio Lula Da Silva

LEI 11.770, DE 9 DE SETEMBRO DE 2008

Cria o Programa Empresa Cidadã, destinado à prorrogação da licença-maternidade mediante concessão de incentivo fiscal, e altera a Lei 8.212, de 24 de julho de 1991.

DOU 10.09.2008

▸ Art. 7º, XVIII, da CF.
▸ Arts. 392 e 392-A da CLT.
▸ Dec. 6.690/2008 (Programa de Prorrogação da Licença à Gestante e à Adotante e Critérios de Adesão).
▸ Arts. 137 a 142 do Dec. 10.854/2021 (Regulamenta a Lei 11.770/2008).

O Presidente da República: Faço saber que o Congresso Nacional decreta e eu sanciono a seguinte Lei:

Art. 1º É instituído o Programa Empresa Cidadã, destinado a prorrogar:

▸ *Caput* com redação pela Lei 13.257/2016.

I – por 60 (sessenta) dias a duração da licença-maternidade prevista no inciso XVIII do *caput* do art. 7º da Constituição Federal;

▸ Inciso I acrescido pela Lei 13.257/2016.

II – por 15 (quinze) dias a duração da licença-paternidade, nos termos desta Lei, além dos 5 (cinco) dias estabelecidos no § 1º do art. 10 do Ato das Disposições Constitucionais Transitórias.

▸ Inciso II acrescido pela Lei 13.257/2016.

§ 1º A prorrogação de que trata este artigo:

▸ *Caput* com redação pela Lei 13.257/2016.

I – será garantida à empregada da pessoa jurídica que aderir ao Programa, desde que a empregada a requeira até o final do primeiro mês após o parto, e será concedida imediatamente após a fruição da licença-maternidade de que trata o inciso XVIII do *caput* do art. 7º da Constituição Federal;

▸ Inciso I acrescido pela Lei 13.257/2016.

II – será garantida ao empregado da pessoa jurídica que aderir ao Programa, desde que o empregado a requeira no prazo de 2 (dois) dias úteis após o parto e comprove participação em programa ou atividade de orientação sobre paternidade responsável.

▸ Inciso II acrescido pela Lei 13.257/2016.

§ 2º A prorrogação será garantida, na mesma proporção, à empregada e ao empregado que adotar ou obtiver guarda judicial para fins de adoção de criança.

▸ § 2º com redação pela Lei 13.257/2016.

§ 3º A prorrogação de que trata o inciso I do *caput* deste artigo poderá ser compartilhada entre a empregada e o empregado requerente, desde que ambos sejam empregados de pessoa jurídica aderente ao Programa e que a decisão seja adotada conjuntamente, na forma estabelecida em regulamento.

▸ § 3º acrescido pela Lei 14.457/2022.

§ 4º Na hipótese prevista no § 3º deste artigo, a prorrogação poderá ser usufruída pelo empregado da pessoa jurídica que aderir ao Programa somente após o término da licença-maternidade, desde que seja requerida com 30 (trinta) dias de antecedência.

▸ § 4º acrescido pela Lei 14.457/2022.

Art. 1º-A. Fica a empresa participante do Programa Empresa Cidadã autorizada a substituir o período de prorrogação da licença-maternidade de que trata o inciso I do *caput* do art. 1º desta Lei pela redução de jornada de trabalho em 50% (cinquenta por cento) pelo período de 120 (cento e vinte) dias.

▸ Artigo acrescido pela Lei 14.457/2022.

§ 1º São requisitos para efetuar a substituição de que trata o *caput* deste artigo:

I – pagamento integral do salário à empregada ou ao empregado pelo período de 120 (cento e vinte) dias; e

II – acordo individual firmado entre o empregador e a empregada ou o empregado interessados em adotar a medida.

§ 2º A substituição de que trata o *caput* deste artigo poderá ser concedida na forma prevista no § 3º do art. 1º desta Lei.

Art. 2º É a administração pública, direta, indireta e fundacional, autorizada a instituir programa que garanta prorrogação da licença maternidade para suas servidoras, nos termos do que prevê o art. 1º desta Lei.

▸ Dec. 6.690/2008 (Programa de Prorrogação da Licença à Gestante e à Adotante, estabelece os critérios de adesão ao Programa).

Art. 3º Durante o período de prorrogação da licença-maternidade e da licença-paternidade:

▸ *Caput* com redação pela Lei 13.257/2016.

I – a empregada terá direito à remuneração integral, nos mesmos moldes devidos no período de percepção do salário-maternidade pago pelo Regime Geral de Previdência Social (RGPS);

▸ Inciso I acrescido pela Lei 13.257/2016.

II – o empregado terá direito à remuneração integral.

▸ Inciso II acrescido pela Lei 13.257/2016.

Art. 4º No período de prorrogação da licença-maternidade e da licença-paternidade de que trata esta Lei, a empregada e o empregado não poderão exercer nenhuma atividade remunerada, e a criança deverá ser mantida sob seus cuidados.

▸ *Caput* com redação pela Lei 13.257/2016.

Parágrafo único. Em caso de descumprimento do disposto no *caput* deste artigo, a empregada e o empregado perderão o direito à prorrogação.

▸ Parágrafo único com redação pela Lei 13.257/2016.

Art. 5º A pessoa jurídica tributada com base no lucro real poderá deduzir do imposto devido, em cada período de apuração, o total da remuneração integral da empregada e do empregado pagos nos dias de prorrogação de sua licença-maternidade e

de sua licença-paternidade, vedada a dedução como despesa operacional.

▸ *Caput* com redação pela Lei 13.257/2016.

Parágrafo único. *Vetado.*

Art. 6º *Vetado.*

Art. 7º O Poder Executivo, com vistas no cumprimento do disposto no inciso II do *caput* do art. 5º e nos arts. 12 e 14 da Lei Complementar 101, de 4 de maio de 2000, estimará o montante da renúncia fiscal decorrente do disposto nesta Lei e o incluirá no demonstrativo a que se refere o § 6º do art. 165 da Constituição Federal, que acompanhará o projeto de lei orçamentária cuja apresentação se der após decorridos 60 (sessenta) dias da publicação desta Lei.

Art. 8º Esta Lei entra em vigor na data de sua publicação, produzindo efeitos a partir do primeiro dia do exercício subsequente àquele em que for implementado o disposto no seu art. 7º.

Brasília, 9 de setembro de 2008; 187º da Independência e 120º da República.

Luiz Inácio Lula da Silva

LEI 11.788, DE 25 DE SETEMBRO DE 2008

Dispõe sobre o estágio de estudantes; altera a redação do art. 428 da Consolidação das Leis do Trabalho – CLT, aprovada pelo Decreto-lei 5.452, de 1º de maio de 1943, e a Lei 9.394, de 20 de dezembro de 1996; revoga as Leis 6.494, de 7 de dezembro de 1977, e 8.859, de 23 de março de 1994, o parágrafo único do art. 82 da Lei 9.394, de 20 de dezembro de 1996, e o art. 6º da Medida Provisória 2.164-41, de 24 de agosto de 2001; e dá outras providências.

DOU 26.09.2008

O Presidente da República:

Faço saber que o Congresso Nacional decreta e eu sanciono a seguinte Lei:

CAPÍTULO I
DA DEFINIÇÃO, CLASSIFICAÇÃO E RELAÇÕES DE ESTÁGIO

Art. 1º Estágio é ato educativo escolar supervisionado, desenvolvido no ambiente de trabalho, que visa à preparação para o trabalho produtivo de educandos que estejam frequentando o ensino regular em instituições de educação superior, de educação profissional, de ensino médio, da educação especial e dos anos finais do ensino fundamental, na modalidade profissional da educação de jovens e adultos.

§ 1º O estágio faz parte do projeto pedagógico do curso, além de integrar o itinerário formativo do educando.

§ 2º O estágio visa ao aprendizado de competências próprias da atividade profissional e à contextualização curricular, objetivando o desenvolvimento do educando para a vida cidadã e para o trabalho.

Art. 2º O estágio poderá ser obrigatório ou não obrigatório, conforme determinação das diretrizes curriculares da etapa, modalidade e área de ensino e do projeto pedagógico do curso.

§ 1º Estágio obrigatório é aquele definido como tal no projeto do curso, cuja carga horária é requisito para aprovação e obtenção de diploma.

§ 2º Estágio não obrigatório é aquele desenvolvido como atividade opcional, acrescida à carga horária regular e obrigatória.

§ 3º Na educação superior, as atividades de extensão, de monitorias, de iniciação científica e de intercâmbio no exterior desenvolvidas pelo estudante poderão ser equiparadas ao estágio em caso de previsão no projeto pedagógico do curso.

▸ § 3º com redação pela Lei 14.913/2024.

Art. 3º O estágio, tanto na hipótese do § 1º do art. 2º desta Lei quanto na prevista no § 2º do mesmo dispositivo, não cria vínculo empregatício de qualquer natureza, observados os seguintes requisitos:

I – matrícula e frequência regular do educando em curso de educação superior, de educação profissional, de ensino médio, da educação especial e nos anos finais do ensino fundamental, na modalidade profissional da educação de jovens e adultos e atestados pela instituição de ensino;

II – celebração de termo de compromisso entre o educando, a parte concedente do estágio e a instituição de ensino;

III – compatibilidade entre as atividades desenvolvidas no estágio e aquelas previstas no termo de compromisso.

§ 1º O estágio, como ato educativo escolar supervisionado, deverá ter acompanhamento efetivo pelo professor orientador da instituição de ensino e por supervisor da parte concedente, comprovado por vistos nos relatórios referidos no inciso IV do *caput* do art. 7º desta Lei e por menção de aprovação final.

§ 2º O descumprimento de qualquer dos incisos deste artigo ou de qualquer obrigação contida no termo de compromisso caracteriza vínculo de emprego do educando com a parte concedente do estágio para todos os fins da legislação trabalhista e previdenciária.

Art. 4º As disposições desta Lei relativas aos estágios aplicam-se aos estudantes estrangeiros ou brasileiros regularmente matriculados em cursos superiores no País, autorizados ou reconhecidos, ou no exterior, observado o prazo do visto temporário de estudante, na forma da legislação aplicável.

▸ Artigo com redação pela Lei 14.913/2024.

Art. 5º As instituições de ensino e as partes cedentes de estágio podem, a seu critério, recorrer a serviços de agentes de integração públicos e privados, mediante condições acordadas em instrumento jurídico apropriado, devendo ser observada, no caso de contratação com recursos públicos, a legislação que estabelece as normas gerais de licitação.

§ 1º Cabe aos agentes de integração, como auxiliares no processo de aperfeiçoamento do instituto do estágio:

I – identificar oportunidades de estágio;

II – ajustar suas condições de realização;

III – fazer o acompanhamento administrativo;

IV – encaminhar negociação de seguros contra acidentes pessoais;

V – cadastrar os estudantes.

§ 2º É vedada a cobrança de qualquer valor dos estudantes, a título de remuneração pelos serviços referidos nos incisos deste artigo.

§ 3º Os agentes de integração serão responsabilizados civilmente se indicarem estagiários para a realização de atividades não compatíveis com a programação curricular estabelecida para cada curso, assim como estagiários matriculados em cursos ou instituições para as quais não há previsão de estágio curricular.

Art. 6º O local de estágio pode ser selecionado a partir de cadastro de partes cedentes, organizado pelas instituições de ensino ou pelos agentes de integração.

CAPÍTULO II
DA INSTITUIÇÃO DE ENSINO

Art. 7º São obrigações das instituições de ensino, em relação aos estágios de seus educandos:

I – celebrar termo de compromisso com o educando ou com seu representante ou assistente legal, quando ele for absoluta ou relativamente incapaz, e com a parte concedente, indicando as condições de adequação do estágio à proposta pedagógica do curso, à etapa e modalidade da formação escolar do estudante e ao horário e calendário escolar;

II – avaliar as instalações da parte concedente do estágio e sua adequação à formação cultural e profissional do educando;

III – indicar professor orientador, da área a ser desenvolvida no estágio, como responsável pelo acompanhamento e avaliação das atividades do estagiário;

IV – exigir do educando a apresentação periódica, em prazo não superior a 6 (seis) meses, de relatório das atividades;

V – zelar pelo cumprimento do termo de compromisso, reorientando o estagiário para outro local em caso de descumprimento de suas normas;

VI – elaborar normas complementares e instrumentos de avaliação dos estágios de seus educandos;

VII – comunicar à parte concedente do estágio, no início do período letivo, as datas de realização de avaliações escolares ou acadêmicas;

Parágrafo único. O plano de atividades do estagiário, elaborado em acordo das 3 (três) partes a que se refere o inciso II do *caput* do art. 3º desta Lei, será incorporado ao termo de compromisso por meio de aditivos à medida que for avaliado, progressivamente, o desempenho do estudante.

Art. 8º É facultado às instituições de ensino celebrar com entes públicos e privados convênio de concessão de estágio, nos quais se explicitem o processo educativo compreendido nas atividades programadas para seus educandos e as condições de que tratam os arts. 6º a 14 desta Lei.

Parágrafo único. A celebração de convênio de concessão de estágio entre a instituição de ensino e a parte concedente não dispensa a celebração do termo de compromisso de que trata o inciso II do *caput* do art. 3º desta Lei.

CAPÍTULO III
DA PARTE CONCEDENTE

Art. 9º As pessoas jurídicas de direito privado e os órgãos da administração pública direta, autárquica e fundacional de qualquer dos Poderes da União, dos Estados, do Distrito Federal e dos Municípios, bem como profissionais liberais de nível superior devidamente registrados em seus respectivos conselhos de fiscalização profissional, podem oferecer estágio, observadas as seguintes obrigações:

I – celebrar termo de compromisso com a instituição de ensino e o educando, zelando por seu cumprimento;

II – ofertar instalações que tenham condições de proporcionar ao educando atividades de aprendizagem social, profissional e cultural;

III – indicar funcionário de seu quadro de pessoal, com formação ou experiência profissional na área de conhecimento desenvolvida no curso do estagiário, para orientar e supervisionar até 10 (dez) estagiários simultaneamente;

IV – contratar em favor do estagiário seguro contra acidentes pessoais, cuja apólice seja compatível com valores de mercado, conforme fique estabelecido no termo de compromisso;

V – por ocasião do desligamento do estagiário, entregar termo de realização do estágio com indicação resumida das atividades desenvolvidas, dos períodos e da avaliação de desempenho;

VI – manter à disposição da fiscalização documentos que comprovem a relação de estágio;

VII – enviar à instituição de ensino, com periodicidade mínima de 6 (seis) meses, relatório de atividades, com vista obrigatória ao estagiário.

§ 1º No caso de estágio obrigatório, a responsabilidade pela contratação do seguro de que trata o inciso IV do *caput* deste artigo poderá, alternativamente, ser assumida pela instituição de ensino.

> ▸ § 1º renumerado pela Lei 14.913/2024.

§ 2º O termo de compromisso referido no inciso I do caput deste artigo também poderá ser celebrado com a instituição de ensino superior:

> ▸ § 2º acrescido pela Lei 14.913/2024.

I – a que esteja vinculado o intercambista estrangeiro;

II – em que se realizar o intercâmbio, no caso de estudante brasileiro intercambista.

CAPÍTULO IV
DO ESTAGIÁRIO

Art. 10. A jornada de atividade em estágio será definida de comum acordo entre a instituição de ensino, a parte concedente e o aluno estagiário ou seu representante legal, devendo constar do termo de compromisso ser compatível com as atividades escolares e não ultrapassar:

I – 4 (quatro) horas diárias e 20 (vinte) horas semanais, no caso de estudantes de educação especial e dos anos finais do ensino fundamental, na modalidade profissional de educação de jovens e adultos;

II – 6 (seis) horas diárias e 30 (trinta) horas semanais, no caso de estudantes do ensino superior, da educação profissional de nível médio e do ensino médio regular.

§ 1º O estágio relativo a cursos que alternam teoria e prática, nos períodos em que não estão programadas aulas presenciais, poderá ter jornada de até 40 (quarenta) horas semanais, desde que isso esteja previsto no projeto pedagógico do curso e da instituição de ensino.

§ 2º Se a instituição de ensino adotar verificações de aprendizagem periódicas ou finais, nos períodos de avaliação, a carga horária do estágio será reduzida pelo menos à metade, segundo estipulado no termo de compromisso, para garantir o bom desempenho do estudante.

Art. 11. A duração do estágio, na mesma parte concedente, não poderá exceder 2 (dois) anos, exceto quando se tratar de estagiário portador de deficiência.

Art. 12. O estagiário poderá receber bolsa ou outra forma de contraprestação que venha a ser acordada, sendo compulsória a sua concessão, bem como a do auxílio-transporte, na hipótese de estágio não obrigatório.

§ 1º A eventual concessão de benefícios relacionados a transporte, alimentação e saúde, entre outros, não caracteriza vínculo empregatício.

§ 2º Poderá o educando inscrever-se e contribuir como segurado facultativo do Regime Geral de Previdência Social.

Art. 13. É assegurado ao estagiário, sempre que o estágio tenha duração igual ou superior a 1 (um) ano, período de recesso de 30 (trinta) dias, a ser gozado preferencialmente durante suas férias escolares.

§ 1º O recesso de que trata este artigo deverá ser remunerado quando o estagiário receber bolsa ou outra forma de contraprestação.

§ 2º Os dias de recesso previstos neste artigo serão concedidos de maneira proporcional, nos casos de o estágio ter duração inferior a 1 (um) ano.

Art. 14. Aplica-se ao estagiário a legislação relacionada à saúde e segurança no trabalho, sendo sua implementação de responsabilidade da parte concedente do estágio.

CAPÍTULO V
DA FISCALIZAÇÃO

Art. 15. A manutenção de estagiários em desconformidade com esta Lei caracteriza vínculo de emprego do educando com a parte concedente do estágio para todos os fins da legislação trabalhista e previdenciária.

§ 1º A instituição privada ou pública que reincidir na irregularidade de que trata este artigo ficará impedida de receber estagiários por 2 (dois) anos, contados da data da decisão definitiva do processo administrativo correspondente.

§ 2º A penalidade de que trata o § 1º deste artigo limita-se à filial ou agência em que for cometida a irregularidade.

CAPÍTULO VI
DAS DISPOSIÇÕES GERAIS

Art. 16. O termo de compromisso deverá ser firmado pelo estagiário ou com seu representante ou assistente legal e pelos representantes legais da parte concedente e da instituição de ensino, vedada a atuação dos agentes de integração a que se refere o art. 5º desta Lei como representante de qualquer das partes.

Art. 17. O número máximo de estagiários em relação ao quadro de pessoal das entidades concedentes de estágio deverá atender às seguintes proporções:

I – de 1 (um) a 5 (cinco) empregados: 1 (um) estagiário;

II – de 6 (seis) a 10 (dez) empregados: até 2 (dois) estagiários;

III – de 11 (onze) a 25 (vinte e cinco) empregados: até 5 (cinco) estagiários;

IV – acima de 25 (vinte e cinco) empregados: até 20% (vinte por cento) de estagiários.

§ 1º Para efeito desta Lei, considera-se quadro de pessoal o conjunto de trabalhadores empregados existentes no estabelecimento do estágio.

§ 2º Na hipótese de a parte concedente contar com várias filiais ou estabelecimentos, os quantitativos previstos nos incisos deste artigo serão aplicados a cada um deles.

§ 3º Quando o cálculo do percentual disposto no inciso IV do *caput* deste artigo resultar em fração, poderá ser arredondado para o número inteiro imediatamente superior.

§ 4º Não se aplica o disposto no *caput* deste artigo aos estágios de nível superior e de nível médio profissional.

§ 5º Fica assegurado às pessoas portadoras de deficiência o percentual de 10% (dez por cento) das vagas oferecidas pela parte concedente do estágio.

Art. 18. A prorrogação dos estágios contratados antes do início da vigência desta Lei apenas poderá ocorrer se ajustada às suas disposições.

Art. 19. O art. 428 da Consolidação das Leis do Trabalho – CLT, aprovada pelo Decreto-Lei 5.452, de 1º de maio de 1943, passa a vigorar com as seguintes alterações:

> ▸ Alterações incorporadas no texto da referida CLT.

Art. 20. O art. 82 da Lei 9.394, de 20 de dezembro de 1996, passa a vigorar com a seguinte redação:

> ▸ Alterações incorporadas no texto da referida Lei.

Art. 21. Esta Lei entra em vigor na data de sua publicação.

Art. 22. Revogam-se as Leis 6.494, de 7 de dezembro de 1977, e 8.859, de 23 de março de 1994, o parágrafo único do art. 82 da Lei 9.394, de 20 de dezembro de 1996, e o art. 6º da Medida Provisória 2.164-41, de 24 de agosto de 2001.

Brasília, 25 de setembro de 2008; 187º da Independência e 120º da República.

Luiz Inácio Lula da Silva

RESOLUÇÃO ADMINISTRATIVA 1.340, DE 1º DE JUNHO DE 2009, DO TRIBUNAL SUPERIOR DO TRABALHO – TST

Referenda ato da Presidência que autoriza o Presidente do Tribunal a decidir, monocraticamente, os agravos de instrumento em recurso de revista e os recursos de revista pendentes de distribuição, nas hipóteses que especifica.

DEJT 08.06.2009

O Egrégio Órgão Especial do Tribunal Superior do Trabalho, em sessão ordinária hoje realizada, sob a Presidência do Exmo. presentes os Exmos. Ministros João Oreste Dalazen, Vice-Presidente, Antônio José Barros Levenhagen, Ives Gandra da Silva Martins Filho, João Batista Brito Pereira, Maria Cristina Irigoyen Peduzzi, José Simpliciano Fontes de Faria Fernandes, Renato de Lacerda Paiva, Emmanoel Pereira, Lelio Bentes Corrêa, Aloysio Corrêa da Veiga e Horácio Raymundo de Senna Pires e a Exma. Subprocuradora-Geral do Trabalho, Dr.ª Maria Guiomar Sanches de Mendonça, Sr. Ministro Milton de Moura França, Presidente do Tribunal, resolveu:

Referendar o ATO.SETPOEDC.GP. 310/2009, praticado pela Presidência *ad referendum* do Órgão Especial, nos termos a seguir transcritos: "ATO.SETPOEDC.GP 310/2009 – Autoriza o Presidente do Tribunal a decidir, monocraticamente, os agravos de instrumento em recurso de revista e os recursos de revista pendentes de distribuição, nas hipóteses que especifica".

O Presidente do Tribunal Superior do Trabalho, no uso de suas atribuições legais e regimentais, ad referendum do Órgão Especial, Considerando o disposto no art. 5º, Inciso LXXVIII, da Constituição da República, que assegura às partes o direito a razoável duração do processo e os meios que garantam a celeridade de sua tramitação, resolveu:

Art. 1º Fica o Presidente do Tribunal autorizado a decidir, monocraticamente, os agravos de instrumento em recurso de revista e os recursos de revista pendentes de distribuição que não preencham os pressupostos extrínsecos de admissibilidade.

Art. 2º Compete, ainda, ao Presidente, antes da distribuição:

I – negar provimento a agravo de instrumento manifestamente incabível;

II – negar provimento ao agravo de instrumento na hipótese de o recurso de revista não atender os pressupostos extrínsecos de admissibilidade;

III – negar provimento ao agravo de instrumento para manter o despacho que denegou seguimento ao recurso de revista, por estar a decisão do Tribunal Regional em conformidade com súmula ou orientação jurisprudencial de direito material, da Corte.

Art. 3º Os embargos de declaração serão julgados pelo Presidente.

Parágrafo único. Postulando o embargante efeito modificativo, os embargos de declaração serão convertidos em agravo, em face dos princípios da fungibilidade e celeridade processual, e distribuídos no âmbito das Turmas do Tribunal.

Art. 4º Havendo interposição de agravo contra a decisão da Presidência, o processo será distribuído no âmbito das Turmas do Tribunal.

Art. 5º Este Ato entra em vigor na data de sua publicação, ficando revogadas as Resoluções Administrativas 1171/2006, 1185/2006 e 1242/2007.

Brasília, 1º de junho de 2009.

Milton de Moura França

Ministro Presidente do Tribunal Superior do Trabalho

Leg. Compl.

LEI 12.016, DE 7 DE AGOSTO DE 2009

Disciplina o mandado de segurança individual e coletivo e dá outras providências.

DOU 10.08.2009

▸ Arts. 5º, LXIX e LXX, 102, I, *d*, e II, *a*, 105, I, *b*, e II, *b*, 108, I, *c*, 109, VIII, e 121, § 4º, V, da CF.
▸ Lei 8.437/1992 (Medidas Cautelares).
▸ Lei 9.494/1997 (Tutela antecipada contra a Fazenda Pública).
▸ Lei 13.300/2016 (Mandado de Injunção Individual e Coletivo).
▸ Súmulas 622 a 632 do STF.
▸ Súmulas 41 e 460 do STJ.

O Presidente da República.

Faço saber que o Congresso Nacional decreta e eu sanciono a seguinte Lei:

Art. 1º Conceder-se-á mandado de segurança para proteger direito líquido e certo, não amparado por *habeas corpus* ou *habeas data*, sempre que, ilegalmente ou com abuso de poder, qualquer pessoa física ou jurídica sofrer violação ou houver justo receio de sofrê-la por parte de autoridade, seja de que categoria for e sejam quais forem as funções que exerça.

▸ Art. 5º, LXVIII, LXIX e LXX, da CF.
▸ Art. 647 e ss. do CPP.
▸ Lei 9.507/1997 (*Habeas data*).
▸ Súmula 460 do STJ.
▸ Súmula 625 do STF.

§ 1º Equiparam-se às autoridades, para os efeitos desta Lei, os representantes ou órgãos de partidos políticos e os administradores de entidades autárquicas, bem como os dirigentes de pessoas jurídicas ou as pessoas naturais no exercício de atribuições do poder público, somente no que disser respeito a essas atribuições.

▸ Súmula 333 do STJ.

§ 2º Não cabe mandado de segurança contra os atos de gestão comercial praticados pelos administradores de empresas públicas, de sociedade de economia mista e de concessionárias de serviço público.

§ 3º Quando o direito ameaçado ou violado couber a várias pessoas, qualquer delas poderá requerer o mandado de segurança.

Art. 2º Considerar-se-á federal a autoridade coatora se as consequências de ordem patrimonial do ato contra o qual se requer o mandado houverem de ser suportadas pela União ou entidade por ela controlada.

Art. 3º O titular de direito líquido e certo decorrente de direito, em condições idênticas, de terceiro poderá impetrar mandado de segurança a favor do direito originário, se o seu titular não o fizer, no prazo de 30 (trinta) dias, quando notificado judicialmente.

Parágrafo único. O exercício do direito previsto no *caput* deste artigo submete-se ao prazo fixado no art. 23 desta Lei, contado da notificação.

Art. 4º Em caso de urgência, é permitido, observados os requisitos legais, impetrar mandado de segurança por telegrama, radiograma, fax ou outro meio eletrônico de autenticidade comprovada.

§ 1º Poderá o juiz, em caso de urgência, notificar a autoridade por telegrama, radiograma ou outro meio que assegure a autenticidade do documento e a imediata ciência pela autoridade.

▸ Art. 11 desta Lei.

§ 2º O texto original da petição deverá ser apresentado nos 5 (cinco) dias úteis seguintes.

§ 3º Para os fins deste artigo, em se tratando de documento eletrônico, serão observadas as regras da Infraestrutura de Chaves Públicas Brasileira – ICP-Brasil.

▸ Lei 11.419/2006 (Informatização do processo judicial).

Art. 5º Não se concederá mandado de segurança quando se tratar:

I – de ato do qual caiba recurso administrativo com efeito suspensivo, independentemente de caução;

▸ Art. 5º, XXXV, da CF.
▸ Súmula 429 do STF.

II – de decisão judicial da qual caiba recurso com efeito suspensivo;

▸ Súmula 267 do STF.
▸ Súmula 202 do STJ.

III – de decisão judicial transitada em julgado.

▸ Súmula 268 do STF.

Parágrafo único. *Vetado.*

Art. 6º A petição inicial, que deverá preencher os requisitos estabelecidos pela lei processual, será apresentada em 2 (duas) vias com os documentos que instruírem a primeira reproduzidos na segunda e indicará, além da autoridade coatora, a pessoa jurídica que esta integra, à qual se acha vinculada ou da qual exerce atribuições.

§ 1º No caso em que o documento necessário à prova do alegado se ache em repartição ou estabelecimento público ou em poder de autoridade que se recuse a fornecê-lo por certidão ou de terceiro, o juiz ordenará, preliminarmente, por ofício, a exibição desse documento em original ou em cópia autêntica e marcará, para o cumprimento da ordem, o prazo de 10 (dez) dias. O escrivão extrairá cópias do documento para juntá-las à segunda via da petição.

▸ Art. 438 do CPC.

§ 2º Se a autoridade que tiver procedido dessa maneira for a própria coatora, a ordem far-se-á no próprio instrumento da notificação.

§ 3º Considera-se autoridade coatora aquela que tenha praticado o ato impugnado ou da qual emane a ordem para a sua prática.

▸ Súmula 627 do STF.

§ 4º *Vetado.*

§ 5º Denega-se o mandado de segurança nos casos previstos pelo art. 267 da Lei 5.869, de 11 de janeiro de 1973 – Código de Processo Civil.

▸ O art. 267 refere-se ao revogado CPC de 1973, que corresponde aos art. 485 do CPC/2015.

§ 6º O pedido de mandado de segurança poderá ser renovado dentro do prazo decadencial, se a decisão denegatória não lhe houver apreciado o mérito.

▸ Art. 23 desta Lei.

Art. 7º Ao despachar a inicial, o juiz ordenará:

▸ Art. 319 do CPC.

I – que se notifique o coator do conteúdo da petição inicial, enviando-lhe a segunda via apresentada com as cópias dos documentos, a fim de que, no prazo de 10 (dez) dias, preste as informações;

▸ Art. 12 desta Lei.

II – que se dê ciência do feito ao órgão de representação judicial da pessoa jurídica interessada, enviando-lhe cópia da inicial sem documentos, para que, querendo, ingresse no feito;

III – que se suspenda o ato que deu motivo ao pedido, quando houver fundamento relevante e do ato impugnado puder resultar a ineficácia da medida, caso seja finalmente deferida, sendo facultado exigir do impetrante caução, fiança ou depósito, com o objetivo de assegurar o ressarcimento à pessoa jurídica.

▸ Art. 151, IV, do CTN.
▸ Súmula 405 do STF.

§ 1º Da decisão do juiz de primeiro grau que conceder ou denegar a liminar caberá agravo de instrumento, observado o disposto na Lei 5.869, de 11 de janeiro de 1973 – Código de Processo Civil.

▸ Art. 1.016 e ss. do CPC.
▸ A Lei 5.869/1973 foi revogada pela Lei 13.105/2015.

§ 2º Não será concedida medida liminar que tenha por objeto a compensação de créditos tributários, a entrega de mercadorias e bens provenientes do exterior, a reclassificação ou equiparação de servidores públicos e a concessão de aumento ou a extensão de vantagens ou pagamento de qualquer natureza.

▸ O STF, por maioria, julgou parcialmente procedente a ADIN 4.296 para declarar a inconstitucionalidade deste parágrafo. (DOU 28.06.2021)
▸ Art. 170-A do CTN
▸ Lei 2.770/1956 (Medidas liminares nas ações e procedimentos judiciais que visem à liberação de bens, mercadorias ou coisas de procedência estrangeira).
▸ Art. 1º, § 4º, da Lei 8.437/1992 (Medidas Cautelares).
▸ Art. 2º-B da Lei 9.494/1997 (Tutela antecipada contra a Fazenda Pública).
▸ Súmulas 212 e 213 do STJ.

§ 3º Os efeitos da medida liminar, salvo se revogada ou cassada, persistirão até a prolação da sentença.

§ 4º Deferida a medida liminar, o processo terá prioridade para julgamento.

§ 5º As vedações relacionadas com a concessão de liminares previstas neste artigo se estendem à tutela antecipada a que se referem os arts. 273 e 461 da Lei 5.869, de 11 de janeiro de 1973 – Código de Processo Civil.

▸ A Lei 5.869/1973 foi revogada pela Lei 13.105/2015.
▸ Arts. 300 e 497 e ss., do CPC.

Art. 8º Será decretada a perempção ou caducidade da medida liminar *ex officio* ou a requerimento do Ministério Público quando, concedida a medida, o impetrante criar obstáculo ao normal andamento do processo ou deixar de promover, por mais de 3 (três) dias úteis, os atos e as diligências que lhe cumprirem.

▸ Súmula 631 do STF.

Art. 9º As autoridades administrativas, no prazo de 48 (quarenta e oito) horas da notificação da medida liminar, remeterão ao Ministério ou órgão a que se acham subordinadas e ao Advogado-Geral da União ou a quem tiver a representação judicial da União, do Estado, do Município ou da entidade apontada como coatora cópia autenticada do mandado notificatório, assim como indicações e elementos outros necessários às providências a serem tomadas para a eventual suspensão da medida e defesa do ato apontado como ilegal ou abusivo de poder.

Art. 10. A inicial será desde logo indeferida, por decisão motivada, quando não for o caso de mandado de segurança ou lhe faltar algum dos requisitos legais ou quando decorrido o prazo legal para a impetração.

§ 1º Do indeferimento da inicial pelo juiz de primeiro grau caberá apelação e, quando a competência para o julgamento do mandado de segurança couber originariamente a um dos tribunais, do ato do relator caberá agravo para o órgão competente do tribunal que integre.

▸ Arts. 1.009 a 1.012 do CPC.
▸ Súmula 41 do STJ.

§ 2º O ingresso de litisconsorte ativo não será admitido após o despacho da petição inicial.

Art. 11. Feitas as notificações, o serventuário em cujo cartório corra o feito juntará aos autos cópia autêntica dos ofícios endereçados ao coator e ao órgão de representação judicial da pessoa jurídica interessada, bem como a prova da entrega a estes ou da sua recusa em aceitá-los ou dar recibo e, no caso do art. 4º desta Lei, a comprovação da remessa.

Art. 12. Findo o prazo a que se refere o inciso I do *caput* do art. 7º desta Lei, o juiz ouvirá o representante do Ministério Público, que opinará, dentro do prazo improrrogável de 10 (dez) dias.

Parágrafo único. Com ou sem o parecer do Ministério Público, os autos serão conclusos ao juiz, para a decisão, a qual deverá ser necessariamente proferida em 30 (trinta) dias.

Art. 13. Concedido o mandado, o juiz transmitirá em ofício, por intermédio do oficial do juízo, ou pelo correio, mediante correspondência com aviso de recebimento, o inteiro teor da sentença à autoridade coatora e à pessoa jurídica interessada.

Parágrafo único. Em caso de urgência, poderá o juiz observar o disposto no art. 4º desta Lei.

Art. 14. Da sentença, denegando ou concedendo o mandado, cabe apelação.

▸ Arts. 1.009 a 1.012 do CPC.
▸ Súmula 405 do STF.
▸ Súmulas 169 e 177 do STJ.

§ 1º Concedida a segurança, a sentença estará sujeita obrigatoriamente ao duplo grau de jurisdição.

▸ Art. 496 do CPC.

§ 2º Estende-se à autoridade coatora o direito de recorrer.

§ 3º A sentença que conceder o mandado de segurança pode ser executada provisoriamente, salvo nos casos em que for vedada a concessão da medida liminar.

▸ Art. 7º, § 2º, desta Lei.
▸ Arts. 513 e 520 do CPC.

§ 4º O pagamento de vencimentos e vantagens pecuniárias assegurados em sentença concessiva de mandado de segurança a servidor público da administração direta ou autárquica federal, estadual e municipal somente será efetuado relativamente às prestações que se vencerem a contar da data do ajuizamento da inicial.

Art. 15. Quando, a requerimento de pessoa jurídica de direito público interessada ou do Ministério Público e para evitar grave lesão à ordem, à saúde, à segurança e à economia públicas, o presidente do tribunal ao qual couber o conhecimento do respectivo recurso suspender, em decisão fundamentada, a execução da liminar e da sentença, dessa decisão caberá agravo, sem efeito suspensivo, no prazo de 5 (cinco) dias, que será levado a julgamento na sessão seguinte à sua interposição.

▸ Art. 25 da Lei 8.038/1990 (Normas procedimentais para os processos perante o STJ e o STF).
▸ Art. 4º da Lei 8.437/1992 (Medidas Cautelares).
▸ Súmula 626 do STF.

§ 1º Indeferido o pedido de suspensão ou provido o agravo a que se refere o *caput* deste artigo, caberá novo pedido de suspensão ao presidente do tribunal competente para conhecer de eventual recurso especial ou extraordinário.

§ 2º É cabível também o pedido de suspensão a que se refere o § 1º deste artigo, quando negado provimento a agravo de instrumento interposto contra a liminar a que se refere este artigo.

§ 3º A interposição de agravo de instrumento contra liminar concedida nas ações movidas contra o poder público e seus agentes não prejudica nem condiciona o julgamento do pedido de suspensão a que se refere este artigo.

§ 4º O presidente do tribunal poderá conferir ao pedido efeito suspensivo liminar se constatar, em juízo prévio, a plausibilidade do direito invocado e a urgência na concessão da medida.

§ 5º As liminares cujo objeto seja idêntico poderão ser suspensas em uma única decisão, podendo o presidente do tribunal estender os efeitos da suspensão a liminares supervenientes, mediante simples aditamento do pedido original.

Art. 16. Nos casos de competência originária dos tribunais, caberá ao relator a instrução do processo, sendo assegurada a defesa oral na sessão do julgamento do mérito ou do pedido liminar.

▸ *Caput* com redação pela Lei 13.676/2018.
▸ Súmula 624 do STF.

Parágrafo único. Da decisão do relator que conceder ou denegar a medida liminar caberá agravo ao órgão competente do tribunal que integre.

▸ Súmula 622 do STF.

Art. 17. Nas decisões proferidas em mandado de segurança e nos respectivos recursos, quando não publicado, no prazo de 30 (trinta) dias, contado da data do julgamento, o acórdão será substituído pelas respectivas notas taquigráficas, independentemente de revisão.

Art. 18. Das decisões em mandado de segurança proferidas em única instância pelos tribunais cabe recurso especial e extraordinário, nos casos legalmente previstos, e recurso ordinário, quando a ordem for denegada.

▸ Arts. 102, III, e 105, III, da CF.
▸ Arts. 1.027 a 1.043 do CPC/2015.
▸ Arts. 33 a 35 da Lei 8.038/1990 (Normas procedimentais para os processos perante o STJ e o STF).

Art. 19. A sentença ou o acórdão que denegar mandado de segurança, sem decidir o mérito, não impedirá que o requerente, por ação própria, pleiteie os seus direitos e os respectivos efeitos patrimoniais.

▸ Súmulas 271 e 304 do STF.

Art. 20. Os processos de mandado de segurança e os respectivos recursos terão prioridade sobre todos os atos judiciais, salvo *habeas corpus*.

§ 1º Na instância superior, deverão ser levados a julgamento na primeira sessão que se seguir à data em que forem conclusos ao relator.

§ 2º O prazo para a conclusão dos autos não poderá exceder de 5 (cinco) dias.

Art. 21. O mandado de segurança coletivo pode ser impetrado por partido político com representação no Congresso Nacional, na defesa de seus interesses legítimos relativos a seus integrantes ou à finalidade partidária, ou por organização sindical, entidade de classe ou associação legalmente constituída e em funcionamento há, pelo menos, 1 (um) ano, em defesa de direitos líquidos e certos da totalidade, ou de parte, dos seus membros ou associados, na forma dos seus estatutos e desde que pertinentes às suas finalidades, dispensada, para tanto, autorização especial.

▸ Art. 5º, LXX, da CF.
▸ Súmulas 629 e 630 do STF.

Parágrafo único. Os direitos protegidos pelo mandado de segurança coletivo podem ser:

I – coletivos, assim entendidos, para efeito desta Lei, os transindividuais, de natureza indivisível, de que seja titular grupo ou categoria de pessoas ligadas entre si ou com a parte contrária por uma relação jurídica básica;

II – individuais homogêneos, assim entendidos, para efeito desta Lei, os decorrentes de origem comum e da atividade ou situação específica da totalidade ou de parte dos associados ou membros do impetrante.

▸ Art. 2º-A da Lei 9.494/1997 (Tutela antecipada contra a Fazenda Pública).
▸ Súmula 630 do STF.

Art. 22. No mandado de segurança coletivo, a sentença fará coisa julgada limitadamente aos membros do grupo ou categoria substituídos pelo impetrante.

▸ Art. 81 da Lei 8.078/1990 (Código de Defesa do Consumidor – CDC).
▸ Art. 2º-A da Lei 9.494/1997 (Tutela antecipada contra a Fazenda Pública).

§ 1º O mandado de segurança coletivo não induz litispendência para as ações individuais, mas os efeitos da coisa julgada não beneficiarão o impetrante a título individual se não requerer a desistência de seu mandado de segurança no prazo de 30 (trinta) dias a contar da ciência comprovada da impetração da segurança coletiva.

§ 2º No mandado de segurança coletivo, a liminar só poderá ser concedida após a audiência do representante judicial da pessoa jurídica de direito público,

que deverá se pronunciar no prazo de 72 (setenta e duas) horas.

▸ O STF, por maioria, julgou parcialmente procedente a ADIN 4.296 para declarar a inconstitucionalidade deste parágrafo. (DOU 28.06.2021)
▸ Art. 2º da Lei 8.437/1992 (Medidas Cautelares).

Art. 23. O direito de requerer mandado de segurança extinguir-se-á decorridos 120 (cento e vinte) dias, contados da ciência, pelo interessado, do ato impugnado.

▸ Art. 6º, § 6º, desta Lei.
▸ Súmula 632 do STF.

Art. 24. Aplicam-se ao mandado de segurança os arts. 46 a 49 da Lei 5.869, de 11 de janeiro de 1973 – Código de Processo Civil.

▸ Súmula 631 do STF.
▸ Os arts. 46 a 49 referem-se ao revogado CPC de 1973, que correspondem aos arts. 113 a 118 do CPC/2015.

Art. 25. Não cabem, no processo de mandado de segurança, a interposição de embargos infringentes e a condenação ao pagamento dos honorários advocatícios, sem prejuízo da aplicação de sanções no caso de litigância de má-fé.

▸ Súmulas 294, 512 e 597 do STF.
▸ Súmulas 105 e 169 do STJ.

Art. 26. Constitui crime de desobediência, nos termos do art. 330 do Decreto-lei 2.848, de 7 de dezembro de 1940, o não cumprimento das decisões proferidas em mandado de segurança, sem prejuízo das sanções administrativas e da aplicação da Lei 1.079, de 10 de abril de 1950, quando cabíveis.

Art. 27. Os regimentos dos tribunais e, no que couber, as leis de organização judiciária deverão ser adaptados às disposições desta Lei prazo de 180 (cento e oitenta) dias, contado da sua publicação.

Art. 28. Esta Lei entra em vigor na data de sua publicação.

Art. 29. Revogam-se as Leis 1.533, de 31 de dezembro de 1951, 4.166, de 4 de dezembro de 1962, 4.348, de 26 de junho de 1964, 5.021, de 9 de junho de 1966; o art. 3º da Lei 6.014, de 27 de dezembro de 1973, o art. 1º da Lei 6.071, de 3 de julho de 1974, o art. 12 da Lei 6.978, de 19 de janeiro de 1982, e o art. 2º da Lei 9.259, de 9 de janeiro de 1996.

Brasília, 7 de agosto de 2009; 188º da Independência e 121º da República.

Luiz Inácio Lula da Silva

LEI 12.023, DE 27 DE AGOSTO DE 2009

Dispõe sobre as atividades de movimentação de mercadorias em geral e sobre o trabalho avulso.

DOU 28.08.2009; Retificada no DOU de 02.09.2009

O Presidente da República:

Faço saber que o Congresso Nacional decreta e eu sanciono a seguinte Lei:

Art. 1º As atividades de movimentação de mercadorias em geral exercidas por trabalhadores avulsos, para os fins desta Lei, são aquelas desenvolvidas em áreas urbanas ou rurais sem vínculo empregatício, mediante intermediação obrigatória do sindicato da categoria, por meio de Acordo ou Convenção Coletiva de Trabalho para execução das atividades.

Parágrafo único. A remuneração, a definição das funções, a composição de equipes e as demais condições de trabalho serão objeto de negociação entre as entidades representativas dos trabalhadores avulsos e dos tomadores de serviços.

Art. 2º São atividades da movimentação de mercadorias em geral:

I – cargas e descargas de mercadorias a granel e ensacados, costura, pesagem, embalagem, enlonamento, ensaque, arrasto, posicionamento, acomodação, reordenamento, reparação da carga, amostragem, arrumação, remoção, classificação, empilhamento, transporte com empilhadeiras, paletização, ova e desova de vagões, carga e descarga em feiras livres e abastecimento de lenha em secadores e caldeiras;

II – operações de equipamentos de carga e descarga;

III – pré-limpeza e limpeza em locais necessários à viabilidade das operações ou à sua continuidade.

Parágrafo único. *Vetado.*

Art. 3º As atividades de que trata esta Lei serão exercidas por trabalhadores com vínculo empregatício ou em regime de trabalho avulso nas empresas tomadoras do serviço.

Art. 4º O sindicato elaborará a escala de trabalho e as folhas de pagamento dos trabalhadores avulsos, com a indicação do tomador do serviço e dos trabalhadores que participaram da operação, devendo prestar, com relação a estes, as seguintes informações:

I – os respectivos números de registros ou cadastro no sindicato;

II – o serviço prestado e os turnos trabalhados;

III – as remunerações pagas, devidas ou creditadas a cada um dos trabalhadores, registrando-se as parcelas referentes a:

a) repouso remunerado;

b) Fundo de Garantia por Tempo de Serviço;

c) 13º salário;

d) férias remuneradas mais 1/3 (um terço) constitucional;

e) adicional de trabalho noturno;

f) adicional de trabalho extraordinário.

Art. 5º São deveres do sindicato intermediador:

I – divulgar amplamente as escalas de trabalho dos avulsos, com a observância do rodízio entre os trabalhadores;

II – proporcionar equilíbrio na distribuição das equipes e funções, visando à remuneração em igualdade de condições de trabalho para todos e a efetiva participação dos trabalhadores não sindicalizados;

III – repassar aos respectivos beneficiários, no prazo máximo de 72 (setenta e duas) horas úteis, contadas a partir do seu arrecadamento, os valores devidos e pagos pelos tomadores do serviço, relativos à remuneração do trabalhador avulso;

IV – exibir para os tomadores da mão de obra avulsa e para as fiscalizações competentes os documentos que comprovem o efetivo pagamento das remunerações devidas aos trabalhadores avulsos;

V – zelar pela observância das normas de segurança, higiene e saúde no trabalho;

VI – firmar Acordo ou Convenção Coletiva de Trabalho para normatização das condições de trabalho.

§ 1º Em caso de descumprimento do disposto no inciso III deste artigo, serão responsáveis, pessoal e solidariamente, os dirigentes da entidade sindical.

§ 2º A identidade de cadastro para a escalação não será a carteira do sindicato e não assumirá nenhuma outra forma que possa dar ensejo à distinção entre trabalhadores sindicalizados e não sindicalizados para efeito de acesso ao trabalho.

Art. 6º São deveres do tomador de serviços:

I – pagar ao sindicato os valores devidos pelos serviços prestados ou dias trabalhados, acrescidos dos percentuais relativos a repouso remunerado, 13º salário e férias acrescidas de 1/3 (um terço), para viabilizar o pagamento do trabalhador avulso, bem como os percentuais referentes aos adicionais extraordinários e noturnos;

II – efetuar o pagamento a que se refere o inciso I, no prazo máximo de 72 (setenta e duas) horas úteis, contadas a partir do encerramento do trabalho requisitado;

III – recolher os valores devidos ao Fundo de Garantia por Tempo de Serviço, acrescido dos percentuais relativos ao 13º salário, férias, encargos fiscais, sociais e previdenciários, observando o prazo legal.

Art. 7º A liberação das parcelas referentes ao 13º salário e às férias, depositadas nas contas individuais vinculadas e o recolhimento do FGTS e dos encargos fiscais e previdenciários serão efetuados conforme regulamentação do Poder Executivo.

Art. 8º As empresas tomadoras do trabalho avulso respondem solidariamente pela efetiva remuneração do trabalho contratado e são responsáveis pelo recolhimento dos encargos fiscais e sociais, bem como das contribuições ou de outras importâncias devidas à Seguridade Social, no limite do uso que fizerem do trabalho avulso intermediado pelo sindicato.

Art. 9º As empresas tomadoras do trabalho avulso são responsáveis pelo fornecimento dos Equipamentos de Proteção Individual e por zelar pelo cumprimento das normas de segurança no trabalho.

Art. 10. A inobservância dos deveres estipulados nos arts. 5º e 6º sujeita os respectivos infratores à multa administrativa no valor de R$ 500,00 (quinhentos reais) por trabalhador avulso prejudicado.

Parágrafo único. O processo de fiscalização, notificação, autuação e imposição de multas reger-se-á pelo disposto no Título VII da Consolidação das Leis

do Trabalho – CLT, aprovada pelo Decreto-lei 5.452, de 1º de maio de 1943.

Art. 11. Esta Lei não se aplica às relações de trabalho regidas pela Lei 8.630, de 25 de fevereiro de 1993, e pela Lei 9.719, de 27 de novembro de 1998.

Art. 12. Esta Lei entra em vigor 30 (trinta) dias após sua publicação.

Brasília, 27 de agosto de 2009; 188º da Independência e 121º da República.

Luiz Inácio Lula da Silva

INSTRUÇÃO NORMATIVA 34, DE 16 DE NOVEMBRO DE 2009, DO TRIBUNAL SUPERIOR DO TRABALHO – TST

Dispõe sobre a guia a ser utilizada, na Justiça do Trabalho, para o recolhimento do depósito prévio destinado à propositura de ação anulatória de débito fiscal resultante de penalidade administrativa imposta por autoridade do Ministério do Trabalho e Emprego.

DEJT 20.11.2009

▸ Resolução TST 164, de 16.11.2009 (Edita a IN 34/2009).

Art. 1º Na Justiça do Trabalho, o depósito prévio para o ajuizamento de ação anulatória de débito fiscal, resultante de penalidade administrativa imposta por autoridade do Ministério do Trabalho e Emprego, será efetuado em guia definida em instrução normativa específica da Secretaria da Receita Federal do Brasil, presentemente objeto do Anexo I da Instrução Normativa 421/2004-SRF.

Art. 2º Esta Instrução Normativa entrará em vigor na data de sua publicação.

Brasília, 16 de novembro de 2009.

Ministro Milton de Moura França
Presidente do Tribunal Superior do Trabalho

ATO CONJUNTO 10, DE 28 DE JUNHO DE 2010, DO TRIBUNAL SUPERIOR DO TRABALHO – TST – E DO CONSELHO SUPERIOR DA JUSTIÇA DO TRABALHO – CSJT

Regulamenta a transmissão de peças processuais, por meio eletrônico, entre os Tribunais Regionais do Trabalho e o Tribunal Superior do Trabalho e dá outras providências.

DEJT 28.06.2010

O Presidente do Tribunal Superior do Trabalho e do Conselho Superior da Justiça do Trabalho, no uso de suas atribuições legais e regimentais,

Considerando a Lei 11.419, de 19 de dezembro de 2006, que dispõe sobre a informatização do processo judicial,

Considerando a Instrução Normativa 30 do Tribunal Superior do Trabalho, resolve:

Art. 1º Os Tribunais Regionais do Trabalho e o Tribunal Superior do Trabalho transmitirão as peças processuais digitalizadas ou produzidas em ambiente eletrônico por meio do Sistema de Remessa de Peças Processuais – e-Remessa.

§ 1º O Sistema estará disponível na Rede Corporativa de Serviços de Dados para Acesso IP do Judiciário (Rede JT).

§ 2º O Sistema poderá ser acessado pelos órgãos usuários 24 horas por dia, para envio de peças processuais e consulta de informações.

§ 3º A remessa de peças processuais deverá ser, preferencialmente, diária, a fim de permitir melhor desempenho do sistema e-Remessa.

Art. 2º As peças processuais a serem transmitidas pelo e-Remessa deverão estar no formato *Portable Document Format* (PDF).

Parágrafo único. As peças processuais deverão digitalizadas com a utilização de *software* que garanta a qualidade dos documentos no que se refere à nitidez, legibilidade, alinhamento e correta orientação para leitura, e deverão ser armazenadas em arquivo monocromático, com resolução de trezentos pontos por polegada, sendo facultados o reconhecimento ótico de caracteres de texto nas imagens e a indicação dos marcadores que identificam as peças.

▸ Parágrafo único com redação pelo Ato Conjunto TST/CSJT 32/2016.

Art. 3º Os arquivos relativos a processos serão identificados com a classe processual no órgão remetente, o número do processo no formato definido pela Resolução 65 do CNJ e a qualificação, nessa ordem, separados por pontos (Classe.Numeração_CNJ.Qualificação).

§ 1º O Tribunal remetente utilizará, no campo relativo à qualificação, as seguintes letras identificadoras: "P" para arquivo principal das peças processuais; "A" para arquivo relativo aos apensos; "D" para arquivo de documentos; "L" para arquivo de processo em diligência; "N" para o arquivo de processos retornando para novo julgamento.

§ 2º Em todos os arquivos deverá constar certidão que identifique o órgão responsável pela produção, criação ou geração do documento para remessa eletrônica.

Art. 4º O arquivo relativo à petição será identificado na forma do *caput* do artigo anterior, tendo a letra "T" como identificador da qualificação.

Parágrafo único. Cada petição deverá ser remetida em arquivo único, e, no caso de várias petições relativas ao mesmo processo, cada uma deverá ser remetida em arquivo separado.

Art. 5º A baixa de processos transitados em julgado será feita com as peças produzidas no TST, sendo facultado ao TRT optar pelo recebimento da íntegra do processo.

Parágrafo único. Nos processos em diligência serão transmitidas as peças produzidas no TST e o seu retorno será realizado com a remessa das peças geradas pelo TRT.

Art. 6º O e-Remessa estará disponível a partir da publicação deste ato, cabendo aos Tribunais Regionais do Trabalho providenciar a adequação de seus sistemas informatizados, com suporte técnico da Secretaria de Tecnologia da Informação – SETIN do Tribunal Superior do Trabalho.

§ 1º A partir de 2 de agosto de 2010, todos os processos deverão ser enviados ao TST apenas por meio do e-Remessa.

§ 2º O TST poderá solicitar o envio de autos físicos, no caso de ilegibilidade dos documentos digitalizados.

Art. 7º Os processos de todas as classes deverão ser enviados na íntegra, à exceção do Recurso de Revista, que poderá ser remetido ao TST sem as peças relativas às provas.

Art. 8º Qualquer erro no envio de arquivos, seja por remessa indevida ou incompleta, deverá ser comunicado oficialmente ao órgão destinatário, preferencialmente através do Sistema de Malote Digital.

Parágrafo único. No âmbito do TST, a comunicação deverá ser dirigida à Coordenadoria de Processos Eletrônicos – CPE.

Art. 9º Os processos físicos em tramitação no TST que forem digitalizados e Incluídos no fluxo eletrônico serão devolvidos ao TRT de origem.

Art. 10. O presente Ato entrará em vigor na data de sua publicação e revoga os Atos 673/GDGSET.GP, de 29 de outubro de 2009; 740/GDGSET.GP, de 25 de novembro de 2008; 494/GDGSET.GP, de 16 de julho de 2008,182/GDGSET.GP, de 4 de março de 2008.

Brasília, 28 de junho de 2010.

Ministro MILTON DE MOURA FRANÇA

LEI 12.288, DE 20 DE JULHO DE 2010

Institui o Estatuto da Igualdade Racial; altera as Leis 7.716, de 5 de janeiro de 1989, 9.029, de 13 de abril de 1995, 7.347, de 24 de julho de 1985, e 10.778, de 24 de novembro de 2003.

DOU 21.07.2010

▸ Arts. 3º, IV, 4º, VIII, e 5º, XLI e XLII, da CF.
▸ Lei 7.716/1989 (Racismo).
▸ Declaração Universal dos Direitos Humanos.
▸ Dec. 65.810/1969 (Eliminação de todas as Formas de Discriminação Racial).
▸ Dec. 678/1992 (Pacto de São José da Costa Rica).

O Presidente da República.

Faço saber que o Congresso Nacional decreta e eu sanciono a seguinte Lei:

TÍTULO I
DISPOSIÇÕES PRELIMINARES

Art. 1º Esta Lei institui o Estatuto da Igualdade Racial, destinado a garantir à população negra a efetivação da igualdade de oportunidades, a defesa dos direitos étnicos individuais, coletivos e difusos e o combate à discriminação e às demais formas de intolerância étnica.

Parágrafo único. Para efeito deste Estatuto, considera-se:

I – discriminação racial ou étnico-racial: toda distinção, exclusão, restrição ou preferência baseada em raça, cor, descendência ou origem nacional ou étnica que tenha por objeto anular ou restringir o reconhecimento, gozo ou exercício, em igualdade de condições, de direitos humanos e liberdades fundamentais nos campos político, econômico, social, cultural ou em qualquer outro campo da vida pública ou privada;

▸ Lei 7.716/1989 (Racismo).

II – desigualdade racial: toda situação injustificada de diferenciação de acesso e fruição de bens, serviços e oportunidades, nas esferas pública e privada, em virtude de raça, cor, descendência ou origem nacional ou étnica;

III – desigualdade de gênero e raça: assimetria existente no âmbito da sociedade que acentua a distância social entre mulheres negras e os demais segmentos sociais;

IV – população negra: o conjunto de pessoas que se autodeclaram pretas e pardas, conforme o quesito cor ou raça usado pela Fundação Instituto Brasileiro de Geografia e Estatística (IBGE), ou que adotam autodefinição análoga;

V – políticas públicas: as ações, iniciativas e programas adotados pelo Estado no cumprimento de suas atribuições institucionais;

VI – ações afirmativas: os programas e medidas especiais adotados pelo Estado e pela iniciativa privada para a correção das desigualdades raciais e para a promoção da igualdade de oportunidades.

Art. 2º É dever do Estado e da sociedade garantir a igualdade de oportunidades, reconhecendo a todo cidadão brasileiro, independentemente da etnia ou da cor da pele, o direito à participação na comunidade, especialmente nas atividades políticas, econômicas, empresariais, educacionais, culturais e esportivas, defendendo sua dignidade e seus valores religiosos e culturais.

▸ Arts. 3º e 4º, VIII, da CF.
▸ Dec. 591/1992 (Pacto Internacional sobre Direitos Econômicos, Sociais e Culturais).
▸ Dec. 592/1992 (Pacto Internacional sobre Direitos Civis e Políticos).

Art. 3º Além das normas constitucionais relativas aos princípios fundamentais, aos direitos e garantias fundamentais e aos direitos sociais, econômicos e culturais, o Estatuto da Igualdade Racial adota como diretriz político-jurídica a inclusão das vítimas de desigualdade étnico-racial, a valorização da igualdade de étnica e o fortalecimento da identidade nacional brasileira.

Art. 4º A participação da população negra, em condição de igualdade de oportunidade, na vida econômica, social, política e cultural do País será promovida, prioritariamente, por meio de:

I – inclusão nas políticas públicas de desenvolvimento econômico e social;

II – adoção de medidas, programas e políticas de ação afirmativa;

III – modificação das estruturas institucionais do Estado para o adequado enfrentamento e a superação das desigualdades étnicas decorrentes do preconceito e da discriminação étnica;

IV – promoção de ajustes normativos para aperfeiçoar o combate à discriminação étnica e às desigualdades étnicas em todas as suas manifestações individuais, institucionais e estruturais;

V – eliminação dos obstáculos históricos, socioculturais e institucionais que impedem a representação da diversidade étnica nas esferas pública e privada;

VI – estímulo, apoio e fortalecimento de iniciativas oriundas da sociedade civil direcionadas à promoção da igualdade de oportunidades e ao combate às desigualdades étnicas, inclusive mediante a implementação de incentivos e critérios de condicionamento e prioridade no acesso aos recursos públicos;

VII – implementação de programas de ação afirmativa destinados ao enfrentamento das desigualdades étnicas no tocante à educação, cultura, esporte e

lazer, saúde, segurança, trabalho, moradia, meios de comunicação de massa, financiamentos públicos, acesso à terra, à Justiça, e outros.

Parágrafo único. Os programas de ação afirmativa constituir-se-ão em políticas públicas destinadas a reparar as distorções e desigualdades sociais e demais práticas discriminatórias adotadas, nas esferas pública e privada, durante o processo de formação social do País.

▶ Art. 56 desta Lei.

Art. 5º Para a consecução dos objetivos desta Lei, é instituído o Sistema Nacional de Promoção da Igualdade Racial (SINAPIR), conforme estabelecido no Título III.

TÍTULO II
DOS DIREITOS FUNDAMENTAIS

(...)

CAPÍTULO V
DO TRABALHO

▶ Art. 7º da CF.

Art. 38. A implementação de políticas voltadas para a inclusão da população negra no mercado de trabalho será de responsabilidade do poder público, observando-se:

I – o instituído neste Estatuto;

II – os compromissos assumidos pelo Brasil ao ratificar a Convenção Internacional sobre a Eliminação de Todas as Formas de Discriminação Racial, de 1965;

▶ Dec. 65.810/1969 (Convenção Internacional sobre a Eliminação de todas as Formas de Discriminação Racial).
▶ Dec. 4.738/2003 (Declaração facultativa prevista no art. 14 da Convenção Internacional sobre a Eliminação de todas as formas de Discriminação Racial).

III – os compromissos assumidos pelo Brasil ao ratificar a Convenção 111, de 1958, da Organização Internacional do Trabalho (OIT), que trata da discriminação no emprego e na profissão;

▶ Dec. 62.150/1968 (Convenção 111 da OIT – Discriminação em Matéria de Emprego e Profissão).

IV – os demais compromissos formalmente assumidos pelo Brasil perante a comunidade internacional.

Art. 39. O poder público promoverá ações que assegurem a igualdade de oportunidades no mercado de trabalho para a população negra, inclusive mediante a implementação de medidas visando à promoção da igualdade nas contratações do setor público e o incentivo à adoção de medidas similares nas empresas e organizações privadas.

§ 1º A igualdade de oportunidades será lograda mediante a adoção de políticas e programas de formação profissional, de emprego e de geração de renda voltados para a população negra.

§ 2º As ações visando a promover a igualdade de oportunidades na esfera da administração pública far-se-ão por meio de normas estabelecidas ou a serem estabelecidas em legislação específica e em seus regulamentos.

§ 3º O poder público estimulará, por meio de incentivos, a adoção de iguais medidas pelo setor privado.

§ 4º As ações de que trata o *caput* deste artigo assegurarão o princípio da proporcionalidade de gênero entre os beneficiários.

§ 5º Será assegurado o acesso ao crédito para a pequena produção, nos meios rural e urbano, com ações afirmativas para mulheres negras.

§ 6º O poder público promoverá campanhas de sensibilização contra a marginalização da mulher negra no trabalho artístico e cultural.

§ 7º O poder público promoverá ações com o objetivo de elevar a escolaridade e a qualificação profissional nos setores da economia que contem com alto índice de ocupação por trabalhadores negros de baixa escolarização.

§ 8º Os registros administrativos direcionados a órgãos e entidades da Administração Pública, a empregadores privados e a trabalhadores que lhes sejam subordinados conterão campos destinados a identificar o segmento étnico e racial a que pertence o trabalhador retratado no respectivo documento, com utilização do critério da autoclassificação em grupos previamente delimitados.

▶ § 8º acrescido pela Lei 14.553/2023.

§ 9º Sem prejuízo de extensão obrigatória a outros documentos ou registros de mesma natureza identificados em regulamento, aplica-se o disposto no § 8º deste artigo a:

▶ § 9º acrescido pela Lei 14.553/2023.

I – formulários de admissão e demissão no emprego;

II – formulários de acidente de trabalho;

III – instrumentos de registro do Sistema Nacional de Emprego (Sine), ou de estrutura que venha a suceder-lhe em suas finalidades;

IV – Relação Anual de Informações Sociais (Rais), ou outro documento criado posteriormente com conteúdo e propósitos a ela assemelhados;

V – documentos, inclusive os disponibilizados em meio eletrônico, destinados à inscrição de segurados e dependentes no Regime Geral de Previdência Social;

VI – questionários de pesquisas levadas a termo pela Fundação Instituto Brasileiro de Geografia e Estatística (IBGE), ou por órgão ou entidade posteriormente incumbida das atribuições imputadas a essa autarquia.

Art. 40. O Conselho Deliberativo do Fundo de Amparo ao Trabalhador (CODEFAT) formulará políticas, programas e projetos voltados para a inclusão da população negra no mercado de trabalho e orientará a destinação de recursos para seu financiamento.

Art. 41. As ações de emprego e renda, promovidas por meio de financiamento para constituição e ampliação de pequenas e médias empresas e de programas de geração de renda, contemplarão o estímulo à promoção de empresários negros.

Parágrafo único. O poder público estimulará as atividades voltadas ao turismo étnico com enfoque nos locais, monumentos e cidades que retratem a cultura, os usos e os costumes da população negra.

Art. 42. O Poder Executivo federal poderá implementar critérios para provimento de cargos em comissão e funções de confiança destinados a ampliar a participação de negros, buscando reproduzir a estrutura da distribuição étnica nacional ou, quando for o caso, estadual, observados os dados demográficos oficiais.

(...)

TÍTULO III
DO SISTEMA NACIONAL DE PROMOÇÃO DA IGUALDADE RACIAL (SINAPIR)

▶ Dec. 8.136/2013 (Regulamento do Sistema Nacional de Promoção da Igualdade Racial – SINAPIR).

CAPÍTULO I
DISPOSIÇÃO PRELIMINAR

Art. 47. É instituído o Sistema Nacional de Promoção da Igualdade Racial (SINAPIR) como forma de organização e de articulação voltadas à implementação do conjunto de políticas e serviços destinados a superar as desigualdades étnicas existentes no País, prestados pelo poder público federal.

§ 1º Os Estados, o Distrito Federal e os Municípios poderão participar do SINAPIR mediante adesão.

§ 2º O poder público federal incentivará a sociedade e a iniciativa privada a participar do SINAPIR.

(...)

CAPÍTULO V
DO FINANCIAMENTO DAS INICIATIVAS DE PROMOÇÃO DA IGUALDADE RACIAL

Art. 56. Na implementação dos programas e das ações constantes dos planos plurianuais e dos orçamentos anuais da União, deverão ser observadas as políticas de ação afirmativa a que se refere o inciso VII do art. 4º desta Lei e outras políticas públicas que tenham como objetivo promover a igualdade de oportunidades e a inclusão social da população negra, especialmente no que tange a:

I – promoção da igualdade de oportunidades em educação, emprego e moradia;

II – financiamento de pesquisas, nas áreas de educação, saúde e emprego, voltadas para a melhoria da qualidade de vida da população negra;

III – incentivo à criação de programas e veículos de comunicação destinados à divulgação de matérias relacionadas aos interesses da população negra;

IV – incentivo à criação e à manutenção de microempresas administradas por pessoas autodeclaradas negras;

V – iniciativas que incrementem o acesso e a permanência das pessoas negras na educação fundamental, média, técnica e superior;

VI – apoio a programas e projetos dos governos estaduais, distrital e municipais e de entidades da sociedade civil voltados para a promoção da igualdade de oportunidades para a população negra;

VII – apoio a iniciativas em defesa da cultura, da memória e das tradições africanas e brasileiras.

§ 1º O Poder Executivo federal é autorizado a adotar medidas que garantam, em cada exercício, a transparência na alocação e na execução dos recursos necessários ao financiamento das ações previstas neste Estatuto, explicitando, entre outros, a proporção dos recursos orçamentários destinados aos programas de promoção da igualdade, especialmente nas áreas de educação, saúde, emprego e renda, desenvolvimento agrário, habitação popular, desenvolvimento regional, cultura, esporte e lazer.

§ 2º Durante os 5 (cinco) primeiros anos, a contar do exercício subsequente à publicação deste Estatuto, os órgãos do Poder Executivo federal que desenvolvem políticas e programas nas áreas referidas no § 1º deste artigo discriminarão em seus orçamentos anuais a participação nos programas de ação afirmativa referidos no inciso VII do art. 4º desta Lei.

§ 3º O Poder Executivo é autorizado a adotar as medidas necessárias para a adequada implementação do disposto neste artigo, podendo estabelecer patamares de participação crescente dos programas de ação afirmativa nos orçamentos anuais a que se refere o § 2º deste artigo.

§ 4º O órgão colegiado do Poder Executivo federal responsável pela promoção da igualdade racial acompanhará e avaliará a programação das ações referidas neste artigo nas propostas orçamentárias da União.

Art. 57. Sem prejuízo da destinação de recursos ordinários, poderão ser consignados nos orçamentos fiscal e da seguridade social para financiamento das ações de que trata o art. 56:

I – transferências voluntárias dos Estados, do Distrito Federal e dos Municípios;

II – doações voluntárias de particulares;

III – doações de empresas privadas e organizações não governamentais, nacionais ou internacionais;

IV – doações voluntárias de fundos nacionais ou internacionais;

V – doações de Estados estrangeiros, por meio de convênios, tratados e acordos internacionais.

TÍTULO IV
DISPOSIÇÕES FINAIS

Art. 58. As medidas instituídas nesta Lei não excluem outras em prol da população negra que tenham sido ou venham a ser adotadas no âmbito da União, dos Estados, do Distrito Federal ou dos Municípios.

Art. 59. O Poder Executivo federal criará instrumentos para aferir a eficácia social das medidas previstas nesta Lei e efetuará seu monitoramento constante, com a emissão e a divulgação de relatórios periódicos, inclusive pela rede mundial de computadores.

(...)

Art. 65. Esta Lei entra em vigor 90 (noventa) dias após a data de sua publicação.

Brasília, 20 de julho de 2010; 189º da Independência e 122º da República.

Luiz Inácio Lula da Silva

ATO 342, DE 27 DE JULHO DE 2010, DO TRIBUNAL SUPERIOR DO TRABALHO – TST

Regulamenta o processo judicial eletrônico no âmbito do Tribunal Superior do Trabalho.

DEJT 29.07.2010; Republicada no DEJT de 01.09.2010 e 30.11.2010.

O Presidente do Tribunal Superior do Trabalho, no uso de suas atribuições legais e regimentais,

Considerando a Instrução Normativa 30, que regulamenta, no âmbito da Justiça do Trabalho, a Lei 11.419, de 19 de dezembro de 2006;

Considerando o Ato Conjunto TST/CSJT 10, de 28 de junho de 2010, que regulamenta a transmissão de peças processuais, por meio eletrônico, entre os Tribunais Regionais do Trabalho e o Tribunal Superior do Trabalho e dá outras providências, resolve:

Da Tramitação do Processo Eletrônico no TST

Art. 1º Os processos judiciais que ingressarem no Tribunal Superior do Trabalho, a partir de 2 de agosto de 2010, tramitarão em meio eletrônico.

Art. 2º O processo judicial eletrônico, para os fins deste Ato, será formado pelos arquivos enviados pelos

Leg. Compl.

Tribunais Regionais do Trabalho, na forma prevista no Ato Conjunto TST/CSJT 10/2010, petições e documentos apresentados pelas partes, atos processuais praticados nesta Corte e pareceres emitidos pelo Ministério Público do Trabalho.

▶ Ato Conjunto 10/2010, do TST e do CSJT (Transmissão de peças processuais digitalizadas ou produzidas em ambiente eletrônico).

Art. 3° Os atos processuais praticados pelos Ministros e servidores do TST serão assinados eletronicamente, nos termos da Lei 11.419/2006.

Art. 4° As peças processuais apresentadas pelas partes continuarão a ser protocoladas pelos meios hoje disponíveis, até o desenvolvimento de ferramentas eletrônicas específicas.

Art. 5° As petições apresentadas em meio físico, vinculadas a processos eletrônicos, serão digitalizadas pela Coordenadoria de Cadastramento Processual e mantidas em guarda provisória por um ano, podendo ser retiradas pelas partes após o sexto mês.

§ 1° Transcorrido o prazo de um ano de sua apresentação, as petições serão eliminadas.

▶ Primitivo parágrafo único renumerado pelo Ato 559/2010.

§ 2° As peças em meio físico apresentadas pelas partes da tribuna das salas de sessões, vinculadas a processos eletrônicos, serão encaminhadas à Coordenadoria de Cadastramento Processual para os procedimentos descritos no *caput* e no § 1°.

▶ § 2° acrescentado pelo Ato 559/2010.

Art. 6.° A remessa do processo eletrônico ao TRT de origem para diligências ou baixa definitiva obedecerá ao disposto no Ato Conjunto TST/CSJT 10/2010, de 28 de junho de 2010.

Da Visualização dos Processos

por Usuários Externos

Art. 7° A visualização dos processos eletrônicos é um serviço disponível no sítio do TST a advogados e procuradores, mediante cadastro, e, não possui efeito de intimação.

Art. 8° São considerados usuários externos os advogados, procuradores e demais representantes judiciais dos entes públicos.

Parágrafo único. As procuradorias poderão indicar servidores para acessar o sistema de visualização de processos eletrônicos.

Art. 9° Os procuradores do Ministério Público do Trabalho deverão anexar, por meio eletrônico, o seu parecer.

Parágrafo único. Os pareceres anexados aos processos serão assinados eletronicamente, na forma da Lei 11.419/2006.

Art. 10. As secretarias dos órgãos judicantes e a Coordenadoria de Recursos manterão, em suas dependências, terminais de computadores disponíveis para visualização do processo eletrônico, sendo facultada a gravação da íntegra do processo em dispositivo eletrônico.

Parágrafo único. A visualização dos processos eletrônicos que tramitam em segredo de justiça estará disponível apenas às partes e aos seus procuradores constituídos no feito.

Do Cadastro de Advogados

Art. 11. O cadastro de advogado regularmente inscrito na OAB será realizado com o preenchimento de formulário disponível no sistema de visualização de peças, no sítio do TST (www.tst.jus.br).

▶ Artigo com redação determinada pelo Ato 415/2010.

§ 1° A validação é realizada mediante o comparecimento do usuário à Secretaria Judiciária do TST, munido do original dos documentos indicados no formulário, vedada a possibilidade da validação por despachante ou procurador.

§ 2° O usuário que preencher o cadastro utilizando o certificado digital (ICP-Brasil) fica dispensado da validação presencial.

§ 3° Validado o cadastro, o advogado será credenciado e, receberá, no endereço eletrônico indicado no formulário, o *login* e a senha para acesso ao sistema.

Do Cadastro de Procuradores

e Servidores Autorizados

Art. 12. As procuradorias deverão encaminhar previamente à Secretaria Judiciária, por meio do endereço eletrônico segjud@tst.jus.br, a relação de procuradores e de servidores autorizados a realizar o cadastro com os dados constantes da tabela contida no Anexo deste Ato.

▶ Artigo com redação pelo Ato 19/2021, do TST.

Art. 13. O cadastro de procuradores e de servidores autorizados será realizado com a inserção do respectivo CPF em campo específico do sistema de visualização de peças disponível no sítio do TST.

Parágrafo único. Após a validação do cadastro pela Secretaria Judiciária, o procurador ou o servidor autorizado será credenciado e, receberá, no endereço eletrônico corporativo indicado, o *login* e a senha para visualização dos processos.

Disposições Finais e Transitórias

Art. 14. Os esclarecimentos sobre o conteúdo ilegível de peças digitalizadas ou a sua ausência no arquivo eletrônico, desde que comprometam a análise do processo, deverão ser solicitados, via Malote Digital, pelas Secretarias dos Órgãos Judicantes, Secretaria da Corregedoria-Geral da Justiça do Trabalho, Secretaria Judiciária ou Coordenadoria de Recursos, por determinação dos Ministros, ao Tribunal que mantém a guarda dos processos físicos.

▶ Artigo com redação pelo Ato 559/2010.

Art. 15. As intimações pessoais, exigidas por força de lei, serão realizadas pelo meio hoje disponível até o desenvolvimento de ferramenta própria para intimação eletrônica.

Parágrafo único. As peças a que se refere o *caput* serão digitalizadas e anexadas ao processo eletrônico pela unidade responsável pela expedição do ofício.

Art. 16. As alterações no cadastro de advogados, procuradores e servidores das procuradorias deverão ser comunicadas à Secretaria Judiciária do TST por meio do endereço eletrônico segjud@tst.jus.br.

▶ Artigo com redação pelo Ato 19/2021, do TST.

Art. 17. Os feitos pendentes na data do início de vigência deste Ato continuarão a tramitar em autos físicos, permitida a sua conversão para meio eletrônico, mediante a digitalização dos autos.

§ 1° Realizada a conversão, o processo passa a tramitar exclusivamente em meio eletrônico.

§ 2° A conversão deverá ser certificada nos autos eletrônicos e nos físicos.

§ 3° Os processos físicos em tramitação no TST que forem incluídos no fluxo eletrônico serão devolvidos ao TRT de origem e aqueles relativos à competência originária desta Corte serão arquivados.

§ 4° O processo físico que tramite conjuntamente com o processo eletrônico deverá ser digitalizado e incluído no fluxo eletrônico pelas Secretarias dos Órgãos Judicantes, Secretaria da Corregedoria-Geral da Justiça do Trabalho ou Coordenadoria de Recursos, mediante despacho dos Ministros.

▶ § 4° acrescido pelo Ato 559/2010.

Art. 18. Os casos não previstos neste Ato deverão ser submetidos, formalmente, à apreciação da Presidência do Tribunal.

Art. 19. Este Ato entra em vigor em 2 de agosto de 2010 e revoga o Ato 677/TST.SEJUD.GP, de 4 de novembro de 2009.

Publique-se.

Brasília, 27 de julho de 2010.

▶ Deixamos de publicar o anexo constante desta norma.

Ministro Milton de Moura França
Presidente do Tribunal Superior do Trabalho

RESOLUÇÃO ADMINISTRATIVA 1.418, DE 30 DE AGOSTO DE 2010, DO TRIBUNAL SUPERIOR DO TRABALHO – TST

Regulamenta o processamento do Agravo de Instrumento interposto de despacho que negar seguimento a recurso de competência do Tribunal Superior do Trabalho.

DeJT 31.08.2010

O Egrégio Órgão Especial do Tribunal Superior do Trabalho, em sessão extraordinária hoje realizada, sob a Presidência do Exmo. Sr. Ministro Milton de Moura França, Presidente do Tribunal, presentes os Exmos Srs. Ministros João Oreste Dalazen, Vice-Presidente, Antônio José de Barros Levenhagen, Ives Gandra Martins Filho, Brito Pereira, Maria Cristina Irigoyen Peduzzi, Renato de Lacerda Paiva, Emmanoel Pereira, Lelio Bentes Corrêa, Aloysio Corrêa da Veiga, Horácio de Senna Pires, Rosa Maria Weber Candiota da Rosa e Luiz Philippe Vieira de Mello Filho e o Exmo. Sr. Vice-Procurador-Geral do Trabalho, Dr. Jeferson Luiz Pereira Coelho,

Considerando o Ato SEJUD.GP 342/2010, que implantou e regulamentou o processo eletrônico no âmbito do Tribunal Superior do Trabalho, por força da Lei 11.419, de 19 de dezembro de 2006;

Considerando que, em razão dessa nova realidade normativa, já não há mais razão para o trâmite de processos físicos nesta Corte;

Considerando que a existência do processo judicial eletrônico deve substituir o processo físico e que a coexistência de ambos resulta em duplicidade antieconômica;

Considerando a digitalização de processos, pelos Tribunais Regionais, para a remessa ao Tribunal Superior do Trabalho, conforme previsto no Ato Conjunto TST. CSJT 10/2010;

Considerando que a remessa eletrônica de processos dos Tribunais Regionais para o Tribunal Superior do Trabalho não impede o prosseguimento dos procedimentos concernentes à execução na origem, resolveu:

Art. 1° O agravo de instrumento interposto de despacho que negar seguimento a recurso para o Tribunal Superior do Trabalho deve ser processado nos autos do recurso denegado.

Art. 2° Após a juntada da petição de agravo de instrumento, o processo será concluso ao juiz prolator do despacho agravado, para sua reforma ou confirmação.

§ 1° Mantido o despacho e não havendo outro recurso admitido, o agravo de instrumento será autuado no TRT.

§ 2° Havendo agravo de instrumento e também recurso admitido, o processo será remetido ao TST com a classe processual anterior à interposição dos recursos, cabendo ao TST proceder à devida autuação do processo.

Art. 3° Nos processos em que haja agravo de instrumento e também recurso admitido, se provido o agravo, publicar-se-á certidão para efeito de intimação das partes, dela constando que o julgamento de ambos os recursos dar-se-á na primeira sessão ordinária subsequente à data da publicação, determinando-se ainda a reautuação do processo e a alteração dos registros.

§ 1° Julgados os recursos, será lavrado um único acórdão, que consignará também os fundamentos do provimento do agravo de instrumento, fluindo a partir da data da publicação do acórdão o prazo para interposição de recursos.

§ 2° Se não for conhecido ou provido o agravo de instrumento, será de imediato julgado o recurso, com lavratura de um único acórdão, que consignará os fundamentos de ambas as decisões.

Art. 4° Interposto apenas agravo de instrumento, se lhe for dado provimento, observar-se-á o procedimento descrito no art. 3°, § 1°.

Art. 5° Esta Resolução Administrativa entra em vigor na data da sua publicação.

Brasília, 30 de agosto de 2010.

Ministro Milton de Moura França
Presidente do Tribunal Superior do Trabalho

LEI 12.395, DE 16 DE MARÇO DE 2011

Altera as Leis 9.615, de 24 de março de 1998, que institui normas gerais sobre desporto, e 10.891, de 9 de julho de 2004, que institui a Bolsa-Atleta; cria os Programas Atleta Pódio e Cidade Esportiva; revoga a Lei 6.354, de 2 de setembro de 1976; e dá outras providências.

Presidenta da República, faço saber que o Congresso Nacional decreta e eu sanciono a seguinte Lei:

Art. 1° Os arts. 5°, 6°, 8°, 10, 11, 12-A, 13, 14, 16, 18, 25, 27, 28, 29, 30, 31, 34, 39, 40, 42, 45, 46, 46-A, 50, 53, 55, 56, 57, 84, 88, 91 e 94 da Lei 9.615, de 24 de março de 1998, passam a vigorar com a seguinte redação:

▶ Alterações incorporadas no texto da referida Lei.

Art. 2° A Lei 9.615, de 24 de março de 1998, passa a vigorar acrescida dos seguintes arts. 27-B, 27-C, 28-A, 29-A, 56-A, 56-B, 56-C, 87-A, 90-C, 90-D, 90-E e 90-F:

▶ Alterações incorporadas no texto da referida Lei.

Art. 3° Os arts. 1°, 3° e 5° da Lei 10.891, de 9 de julho de 2004, passam a vigorar com a seguinte redação:

▶ Alterações incorporadas no texto da referida Lei.

Art. 4° A Lei 10.891, de 9 de julho de 2004, passa a vigorar acrescida dos seguintes arts. 4°-A, 7°-A e 8°-A:

▶ Alterações incorporadas no texto da referida Lei.

Art. 5° Fica instituído o Programa Atleta Pódio destinado aos atletas praticantes do esporte de alto ren-

dimento em modalidades olímpicas e paraolímpicas individuais.

§ 1º O Programa Atleta Pódio garantirá aos atletas beneficiados apoio supletivo visando ao seu máximo desempenho esportivo para representação oficial do Brasil em competições esportivas internacionais e será destinado aos atletas de alto rendimento nas modalidades dos programas olímpico e paraolímpico.

§ 2º Não serão beneficiados os atletas pertencentes à categoria máster ou similar.

Art. 6º O Programa Atleta Pódio tem como finalidade melhorar o resultado esportivo de atletas brasileiros em competições internacionais, por meio das seguintes ações:

I – viabilização de equipe técnica multidisciplinar para planejamento, treinamento e acompanhamento dos atletas selecionados;

II – viabilização da participação em competições internacionais;

III – realização de treinamentos e intercâmbios internacionais;

IV – fornecimento de equipamentos e materiais esportivos de alta performance.

Parágrafo único. As ações listadas nos incisos I a IV não são necessariamente cumulativas e serão viabilizadas por meio de convênios celebrados entre o Ministério do Esporte e o Comitê Olímpico Brasileiro – COB, Comitê Paraolímpico Brasileiro – CPB ou entidades nacionais de administração do desporto.

Art. 7º Para pleitear o ingresso no Programa Atleta Pódio, o atleta deverá preencher, cumulativamente, os seguintes requisitos:

I – estar em plena atividade esportiva;

II – estar vinculado a uma entidade de prática esportiva ou a alguma entidade nacional de administração do desporto;

III – declarar se recebe qualquer tipo de patrocínio de pessoas jurídicas, públicas ou privadas, o valor efetivamente recebido e qual a vigência do contrato, entendendo-se por patrocínio todo e qualquer valor pecuniário eventual ou regular diverso do salário, assim como qualquer tipo de apoio em troca de vinculação de marca;

IV – estar ranqueado na respectiva entidade internacional entre os 20 (vinte) primeiros colocados do mundo em sua modalidade ou prova específica e ser indicado pelas respectivas entidades nacionais de administração do desporto em conjunto com o Comitê Olímpico Brasileiro – COB ou Comitê Paraolímpico Brasileiro – CPB e o Ministério do Esporte;

V – encaminhar, para aprovação, plano esportivo, conforme critérios e modelos a serem estabelecidos pelo Ministério do Esporte.

Art. 8º Os atletas serão beneficiados para um ciclo olímpico completo, sendo que a sua permanência no Programa Atleta Pódio será reavaliada anualmente, estando condicionada ao cumprimento do plano esportivo previamente aprovado pelo Ministério do Esporte e à permanência no ranqueamento, conforme disposto no inciso IV do art. 7º.

§ 1º Para efeito desta Lei, ciclo olímpico e paraolímpico é o período de 4 (quatro) anos compreendido entre a realização de 2 (dois) Jogos Olímpicos ou 2 (dois) Jogos Paraolímpicos, de verão ou de inverno, ou o que restar até a realização dos próximos Jogos Olímpicos ou Jogos Paraolímpicos.

§ 2º A concessão de Bolsa-Atleta na Categoria Atleta Pódio está obrigatoriamente vinculada à participação no Programa Atleta Pódio.

Art. 9º As despesas decorrentes do Programa Atleta Pódio correrão à conta de recursos orçamentários específicos alocados ao Ministério do Esporte e no limite de suas dotações.

Art. 10. O plano esportivo de que trata o inciso V do art. 7º deverá estar de acordo com o modelo e os critérios específicos para a respectiva modalidade esportiva, a serem definidos pelo Ministério do Esporte.

Art. 11. As formas e os prazos para a inscrição dos interessados na obtenção das ações previstas nos incisos I a IV do art. 7º, bem como para a prestação de contas dos recursos financeiros recebidos e dos resultados esportivos propostos e alcançados pelos atletas beneficiados, serão fixados em regulamento.

Art. 12. Fica instituído o Programa Cidade Esportiva, destinado aos Municípios brasileiros incentivadores do esporte de alto rendimento em modalidades olímpicas e paraolímpicas, na forma do regulamento.

Parágrafo único. O Programa Cidade Esportiva poderá ser estendido aos Estados e ao Distrito Federal.

Art. 13. O Programa Cidade Esportiva tem como finalidade reconhecer iniciativas públicas locais e regionais de apoio ao desenvolvimento do esporte olímpico e paraolímpico brasileiro e fomentar novas iniciativas públicas no mesmo sentido, na forma do regulamento.

Art. 14. Para pleitear o reconhecimento de que trata o art. 13 e o apoio do Programa Cidade Esportiva, o Município deverá preencher os requisitos a serem definidos pelo Poder Executivo.

Art. 15. O Programa Cidade Esportiva será realizado por meio de instrumento convenial entre a União e os entes federados participantes.

Parágrafo único. As despesas decorrentes do Programa Cidade Esportiva referentes à parcela da União correrão à conta de recursos orçamentários específicos alocados ao Ministério do Esporte e no limite de suas dotações.

Art. 16. Fica criada a Rede Nacional de Treinamento, vinculada ao Ministério do Esporte, composta por centros de treinamento de alto rendimento, nacionais, regionais ou locais, articulada para o treinamento de modalidades dos programas olímpico e paraolímpico, desde a base até a elite esportiva.

Art. 17. A Rede Nacional de Treinamento fomentará o desenvolvimento regional e local de talentos e jovens atletas, em coordenação com o Comitê Olímpico Brasileiro – COB e o Comitê Paraolímpico Brasileiro – CPB, além de centros regionais e locais, na forma e condições definidas em ato do Ministro de Estado do Esporte.

Art. 18. O Poder Executivo publicará no Diário Oficial da União texto consolidado da Lei 9.615, de 24 de março de 1998.

Art. 19. Ficam revogados:

I – o § 4º do art. 5º, o parágrafo único do art. 8º, o inciso II do art. 18, os incisos I a III do § 2º do art. 28, os incisos I a V do § 7º do art. 29, o § 3º do art. 31, o art. 33, os incisos I e II do § 3º do art. 56 e os incisos III e IV do art. 57 da Lei 9.615, de 24 de março de 1998;

II – a Lei 6.354, de 2 de setembro de 1976.

Art. 20. Esta Lei entra em vigor na data de sua publicação.

Brasília, 16 de março de 2011; 190º da Independência e 123º da República.

▸ Deixamos de publicar o anexo constante desta norma.

Dilma Rousseff

LEI 12.506, DE 11 DE OUTUBRO DE 2011

Dispõe sobre o aviso prévio e dá outras providências.

DOU 13.10.2011

A Presidenta da República:

Faço saber que o Congresso Nacional decreta e eu sanciono a seguinte Lei:

Art. 1º O aviso prévio, de que trata o Capítulo VI do Título IV da Consolidação das Leis do Trabalho – CLT, aprovada pelo Decreto-Lei 5.452, de 1º de maio de 1943, será concedido na proporção de 30 (trinta) dias aos empregados que contem até 1 (um) ano de serviço na mesma empresa.

Parágrafo único. Ao aviso prévio previsto neste artigo serão acrescidos 3 (três) dias por ano de serviço prestado na mesma empresa, até o máximo de 60 (sessenta) dias, perfazendo um total de até 90 (noventa) dias.

Art. 2º Esta Lei entra em vigor na data de sua publicação.

Brasília, 11 de outubro de 2011; 190º da Independência e 123º da República.

Dilma Rousseff

NOTA TÉCNICA 184/2012/CGRT/SRT/MTE

Trata da aplicação da Lei 12.506/2012.

(...)

III. Conclusão:

Em síntese, estes são os entendimentos que submete-se à consideração superior para fins de aprovação:

1) a lei não poderá retroagir para alcançar a situação de aviso prévio já iniciado;

2) a proporcionalidade de que trata o parágrafo único do art. 1.º da norma sob comento aplica-se, exclusivamente, em benefício do empregado;

3) o acréscimo de 3 (três) dias por ano de serviço prestado ao mesmo empregador, computar-se-á a partir do momento em que a relação contratual supere um ano na mesma empresa;

4) a jornada reduzida ou a faculdade de ausência no trabalho, durante o aviso prévio, previstas no art. 488 da CLT, não foram alteradas pela Lei 12.506/2011;

5) a projeção do aviso prévio integra o tempo de serviço para todos os fins legais;

6) recaindo o término do aviso prévio proporcional nos trinta dias que antecedem a data base, faz jus o empregado despedido à indenização prevista na Lei 7.238/1984; e

7) As cláusulas pactuadas em acordo ou convenção coletiva que tratam do aviso prévio proporcional deverão ser observadas, desde que respeitada a proporcionalidade mínima prevista na Lei 12.506, de 2011.

André Luis Grandizoli

Secretário Adjunto da Secretaria das Relações do Trabalho

Aprovo o conteúdo da Nota Técnica 184/2012/CGRT/SRT/MTE.

Zilmara David de Alencar de Alencar

Secretária de Relações do Trabalho

Brasília, 7 de maio de 2012

LEI 12.514, DE 28 DE OUTUBRO DE 2011

Dá nova redação ao art. 4º da Lei 6.932, de 7 de julho de 1981, que dispõe sobre as atividades do médico-residente; e trata das contribuições devidas aos conselhos profissionais em geral.

DOU 31.10.2011

A Presidenta da República

Faço saber que o Congresso Nacional decreta e eu sanciono a seguinte Lei:

Art. 1º O art. 4º da Lei 6.932, de 7 de julho de 1981, passa a vigorar com a seguinte redação:

▸ Alterações incorporadas no texto da referida Lei.

Art. 2º O art. 26 da Lei 9.250, de 26 de dezembro de 1995, passa a vigorar acrescido do seguinte parágrafo único:

▸ Referida Lei não foi selecionada para constar nesta obra.

Art. 3º As disposições aplicáveis para valores devidos a conselhos profissionais, quando não existir disposição a respeito em lei específica, são as constantes desta Lei.

Parágrafo único. Aplica-se esta Lei também aos conselhos profissionais quando lei específica:

I – estabelecer a cobrança de valores expressos em moeda ou unidade de referência não mais existente;

II – não especificar valores, mas delegar a fixação para o próprio conselho.

Art. 4º Os Conselhos cobrarão:

I – multas por violação da ética, conforme disposto na legislação;

II – anuidades; e

III – outras obrigações definidas em lei especial.

Parágrafo único. O inadimplemento ou o atraso no pagamento das anuidades previstas no inciso II do *caput* deste artigo não ensejará a suspensão do registro ou o impedimento de exercício da profissão.

▸ Parágrafo único acrescido pela Lei 14.195/2021.

Art. 5º O fato gerador das anuidades é a existência de inscrição no conselho, ainda que por tempo limitado, ao longo do exercício.

Art. 6º As anuidades cobradas pelo conselho serão no valor de:

I – para profissionais de nível superior: até R$ 500,00 (quinhentos reais);

II – para profissionais de nível técnico: até R$ 250,00 (duzentos e cinquenta reais); e

III – para pessoas jurídicas, conforme o capital social, os seguintes valores máximos:

a) até R$ 50.000,00 (cinquenta mil reais): R$ 500,00 (quinhentos reais);

b) acima de R$ 50.000,00 (cinquenta mil reais) e até R$ 200.000,00 (duzentos mil reais): R$ 1.000,00 (mil reais);

c) acima de R$ 200.000,00 (duzentos mil reais) e até R$ 500.000,00 (quinhentos mil reais): R$ 1.500,00 (mil e quinhentos reais);

d) acima de R$ 500.000,00 (quinhentos mil reais) e até R$ 1.000.000,00 (um milhão de reais): R$ 2.000,00 (dois mil reais);

e) acima de R$ 1.000.000,00 (um milhão de reais) e até R$ 2.000.000,00 (dois milhões de reais): R$ 2.500,00 (dois mil e quinhentos reais);

f) acima de R$ 2.000.000,00 (dois milhões de reais) e até R$ 10.000.000,00 (dez milhões de reais): R$ 3.000,00 (três mil reais);

g) acima de R$ 10.000.000,00 (dez milhões de reais): R$ 4.000,00 (quatro mil reais).

§ 1º Os valores das anuidades serão reajustados de acordo com a variação integral do Índice Nacional de Preços ao Consumidor – INPC, calculado pela Fundação Instituto Brasileiro de Geografia e Estatística – IBGE, ou pelo índice oficial que venha a substituí-lo.

§ 2º O valor exato da anuidade, o desconto para profissionais recém-inscritos, os critérios de isenção para profissionais, as regras de recuperação de créditos, as regras de parcelamento, garantido o mínimo de 5 (cinco) vezes, e a concessão de descontos para pagamento antecipado ou à vista, serão estabelecidos pelos respectivos conselhos federais.

Art. 7º Os Conselhos poderão, nos termos e nos limites de norma do respectivo Conselho Federal, independentemente do disposto no art. 8º desta Lei e sem renunciar ao valor devido, deixar de cobrar:
> ▸ *Caput* com redação pela Lei 14.195/2021.

I – administrativamente, os valores definidos como irrisórios; ou

II – judicialmente, os valores considerados irrecuperáveis, de difícil recuperação ou com custo de cobrança superior ao valor devido.
> ▸ Incisos I e II acrescidos pela Lei 14.195/2021.

Art. 8º Os Conselhos não executarão judicialmente dívidas, de quaisquer das origens previstas no art. 4º desta Lei, com valor total inferior a 5 (cinco) vezes o constante do inciso I do *caput* do art. 6º desta Lei, observado o disposto no seu § 1º.
> ▸ *Caput* com redação pela Lei 14.195/2021.

§ 1º O disposto no *caput* deste artigo não obsta ou limita a realização de medidas administrativas de cobrança, tais como a notificação extrajudicial, a inclusão em cadastros de inadimplentes e o protesto de certidões de dívida ativa.

§ 2º Os executivos fiscais de valor inferior ao previsto no *caput* deste artigo serão arquivados, sem baixa na distribuição das execuções fiscais, sem prejuízo do disposto no art. 40 da Lei 6.830, de 22 de setembro de 1980.
> ▸ §§ 1º e 2º acrescidos pela Lei 14.195/2021.

Art. 9º A existência de valores em atraso não obsta o cancelamento ou a suspensão do registro a pedido.

Art. 10. O percentual da arrecadação destinado ao conselho regional e ao conselho federal respectivo é o constante da legislação específica.

Art. 11. O valor da Taxa de Anotação de Responsabilidade Técnica – ART, prevista na Lei 6.496, de 7 de dezembro de 1977, não poderá ultrapassar R$ 150,00 (cento e cinquenta reais).

Parágrafo único. O valor referido no *caput* será atualizado, anualmente, de acordo com a variação integral do Índice Nacional de Preços ao Consumidor – INPC, calculado pela Fundação Instituto Brasileiro de Geografia e Estatística – IBGE, ou índice oficial que venha a substituí-lo.

Art. 12. Esta Lei entra em vigor na data de sua publicação.

Brasília, 28 de outubro de 2011; 190º da Independência e 123º da República.

Dilma Rousseff

LEI 12.690, DE 19 DE JULHO DE 2012

Dispõe sobre a organização e o funcionamento das Cooperativas de Trabalho; institui o Programa Nacional de Fomento às Cooperativas de Trabalho – PRONACOOP; e revoga o parágrafo único do art. 442 da Consolidação das Leis do Trabalho – CLT, aprovada pelo Decreto-Lei 5.452, de 1º de maio de 1943.

DOU 20.07.2012

A Presidenta da República:

Faço saber que o Congresso Nacional decreta e eu sanciono a seguinte Lei:

CAPÍTULO I
DAS COOPERATIVAS DE TRABALHO

Art. 1º A Cooperativa de Trabalho é regulada por esta Lei e, no que com ela não colidir, pelas Leis 5.764, de 16 de dezembro de 1971, e 10.406, de 10 de janeiro de 2002 – Código Civil.

Parágrafo único. Estão excluídas do âmbito desta Lei:

I – as cooperativas de assistência à saúde na forma da legislação de saúde suplementar;

II – as cooperativas que atuam no setor de transporte regulamentado pelo poder público e que detenham, por si ou por seus sócios, a qualquer título, os meios de trabalho;

III – as cooperativas de profissionais liberais cujos sócios exerçam as atividades em seus próprios estabelecimentos; e

IV – as cooperativas de médicos cujos honorários sejam pagos por procedimento.

Art. 2º Considera-se Cooperativa de Trabalho a sociedade constituída por trabalhadores para o exercício de suas atividades laborativas ou profissionais com proveito comum, autonomia e autogestão para obterem melhor qualificação, renda, situação socioeconômica e condições gerais de trabalho.

§ 1º A autonomia de que trata o *caput* deste artigo deve ser exercida de forma coletiva e coordenada, mediante a fixação, em Assembleia Geral, das regras de funcionamento da cooperativa e da forma de execução dos trabalhos, nos termos desta Lei.

§ 2º Considera-se autogestão o processo democrático no qual a Assembleia Geral define as diretrizes para o funcionamento e as operações da cooperativa, e os sócios decidem sobre a forma de execução dos trabalhos, nos termos da lei.

Art. 3º A Cooperativa de Trabalho rege-se pelos seguintes princípios e valores:

I – adesão voluntária e livre;

II – gestão democrática;

III – participação econômica dos membros;

IV – autonomia e independência;

V – educação, formação e informação;

VI – intercooperação;

VII – interesse pela comunidade;

VIII – preservação dos direitos sociais, do valor social do trabalho e da livre-iniciativa;

IX – não precarização do trabalho;

X – respeito às decisões de assembleia, observado o disposto nesta Lei;

XI – participação na gestão em todos os níveis de decisão de acordo com o previsto em lei e no Estatuto Social.

Art. 4º A Cooperativa de Trabalho pode ser:

I – de produção, quando constituída por sócios que contribuem com trabalho para a produção em comum de bens e a cooperativa detém, a qualquer título, os meios de produção; e

II – de serviço, quando constituída por sócios para a prestação de serviços especializados a terceiros, sem a presença dos pressupostos da relação de emprego.

Parágrafo único. *Vetado.*

Art. 5º A Cooperativa de Trabalho não pode ser utilizada para intermediação de mão de obra subordinada.

Parágrafo único. *Vetado.*

Art. 6º A Cooperativa de Trabalho poderá ser constituída com número mínimo de 7 (sete) sócios.

Art. 7º A Cooperativa de Trabalho deve garantir aos sócios os seguintes direitos, além de outros que a Assembleia Geral venha a instituir:

I – retiradas não inferiores ao piso da categoria profissional e, na ausência deste, não inferiores ao salário mínimo, calculadas de forma proporcional às horas trabalhadas ou às atividades desenvolvidas;

II – duração do trabalho normal não superior a 8 (oito) horas diárias e 44 (quarenta e quatro) horas semanais, exceto quando a atividade, por sua natureza, demandar a prestação de trabalho por meio de plantões ou escalas, facultada a compensação de horários;

III – repouso semanal remunerado, preferencialmente aos domingos;

IV – repouso anual remunerado;

V – retirada para o trabalho noturno superior à do diurno;

VI – adicional sobre a retirada para as atividades insalubres ou perigosas;

VII – seguro de acidente de trabalho.

§ 1º Não se aplica o disposto nos incisos III e IV do *caput* deste artigo nos casos em que as operações entre o sócio e a cooperativa sejam eventuais, salvo decisão assemblear em contrário.

§ 2º A Cooperativa de Trabalho buscará meios, inclusive mediante provisionamento de recursos, com base em critérios que devem ser aprovados em Assembleia Geral, para assegurar os direitos previstos nos incisos I, III, IV, V, VI e VII do *caput* deste artigo e outros que a Assembleia Geral venha a instituir.

§ 3º A Cooperativa de Trabalho, além dos fundos obrigatórios previstos em lei, poderá criar, em Assembleia Geral, outros fundos, inclusive rotativos, com recursos destinados a fins específicos, fixando o modo de formação, custeio, aplicação e liquidação.

§ 4º *Vetado.*

§ 5º A Cooperativa de Trabalho constituída nos termos do inciso I do *caput* do art. 4º desta Lei poderá, em Assembleia Geral Extraordinária, estabelecer carência na fruição dos direitos previstos nos incisos I e VII do *caput* deste artigo.

§ 6º As atividades identificadas com o objeto social da Cooperativa de Trabalho prevista no inciso II do *caput* do art. 4º desta Lei, quando prestadas fora do estabelecimento da cooperativa, deverão ser submetidas a uma coordenação com mandato nunca superior a 1 (um) ano ou ao prazo estipulado para a realização dessas atividades, eleita em reunião específica pelos sócios que se disponham a realizá-las, em que serão expostos os requisitos para sua consecução, os valores contratados e a retribuição pecuniária de cada sócio partícipe.

Art. 8º As Cooperativas de Trabalho devem observar as normas de saúde e segurança do trabalho previstas na legislação em vigor e em atos normativos expedidos pelas autoridades competentes.

Art. 9º O contratante da Cooperativa de Trabalho prevista no inciso II do *caput* do art. 4º desta Lei responde solidariamente pelo cumprimento das normas de saúde e segurança do trabalho quando os serviços forem prestados no seu estabelecimento ou em local por ele determinado.

CAPÍTULO II
DO FUNCIONAMENTO
DAS COOPERATIVAS DE TRABALHO

Art. 10. A Cooperativa de Trabalho poderá adotar por objeto social qualquer gênero de serviço, operação ou atividade, desde que previsto no seu Estatuto Social.

§ 1º É obrigatório o uso da expressão "Cooperativa de Trabalho" na denominação social da cooperativa.

§ 2º A Cooperativa de Trabalho não poderá ser impedida de participar de procedimentos de licitação pública que tenham por escopo os mesmos serviços, operações e atividades previstas em seu objeto social.

§ 3º A admissão de sócios na cooperativa estará limitada consoante as possibilidades de reunião, abrangência das operações, controle e prestação de serviços e congruente com o objeto estatuído.

§ 4º Para o cumprimento dos seus objetivos sociais, o sócio poderá exercer qualquer atividade da cooperativa, conforme deliberado em Assembleia Geral.

Art. 11. Além da realização da Assembleia Geral Ordinária e Extraordinária para deliberar nos termos dos e sobre os assuntos previstos na Lei 5.764, de 16 de dezembro de 1971, e no Estatuto Social, a Cooperativa de Trabalho deverá realizar anualmente, no mínimo, mais uma Assembleia Geral Especial para deliberar, entre outros assuntos especificados no edital de convocação, sobre gestão da cooperativa, disciplina, direitos e deveres dos sócios, planejamento e resultado econômico dos projetos e contratos firmados e organização do trabalho.

§ 1º O destino das sobras líquidas ou o rateio dos prejuízos será decidido em Assembleia Geral Ordinária.

§ 2º As Cooperativas de Trabalho deverão estabelecer, em Estatuto Social ou Regimento Interno, incentivos à participação efetiva dos sócios na Assembleia Geral e eventuais sanções em caso de ausências injustificadas.

§ 3º O *quorum* mínimo de instalação das Assembleias Gerais será de:

I - 2/3 (dois terços) do número de sócios, em primeira convocação;

II - metade mais 1 (um) dos sócios, em segunda convocação;

III - 50 (cinquenta) sócios ou, no mínimo, 20% (vinte por cento) do total de sócios, prevalecendo o menor número, em terceira convocação, exigida a presença de, no mínimo, 4 (quatro) sócios para as cooperativas que possuam até 19 (dezenove) sócios matriculados.

§ 4º As decisões das assembleias serão consideradas válidas quando contarem com a aprovação da maioria absoluta dos sócios presentes.

§ 5º Comprovada fraude ou vício nas decisões das assembleias, serão elas nulas de pleno direito, aplicando-se, conforme o caso, a legislação civil e penal.

§ 6º A Assembleia Geral Especial de que trata este artigo deverá ser realizada no segundo semestre do ano.

Art. 12. A notificação dos sócios para participação das assembleias será pessoal e ocorrerá com antecedência mínima de 10 (dez) dias de sua realização.

§ 1º Na impossibilidade de notificação pessoal, a notificação dar-se-á por via postal, respeitada a antecedência prevista no *caput* deste artigo.

§ 2º Na impossibilidade de realização das notificações pessoal e postal, os sócios serão notificados mediante edital afixado na sede e em outros locais previstos nos estatutos e publicado em jornal de grande circulação na região da sede da cooperativa ou na região onde ela exerça suas atividades, respeitada a antecedência prevista no *caput* deste artigo.

Art. 13. É vedado à Cooperativa de Trabalho distribuir verbas de qualquer natureza entre os sócios, exceto a retirada devida em razão do exercício de sua atividade como sócio ou retribuição por conta de reembolso de despesas comprovadamente realizadas em proveito da Cooperativa.

Art. 14. A Cooperativa de Trabalho deverá deliberar, anualmente, na Assembleia Geral Ordinária, sobre a adoção ou não de diferentes faixas de retirada dos sócios.

Parágrafo único. No caso de fixação de faixas de retirada, a diferença entre as de maior e as de menor valor deverá ser fixada na Assembleia.

Art. 15. O Conselho de Administração será composto por, no mínimo, 3 (três) sócios, eleitos pela Assembleia Geral, para um prazo de gestão não superior a 4 (quatro) anos, sendo obrigatória a renovação de, no mínimo, 1/3 (um terço) do colegiado, ressalvada a hipótese do art. 16 desta Lei.

Art. 16. A Cooperativa de Trabalho constituída por até 19 (dezenove) sócios poderá estabelecer, em Estatuto Social, composição para o Conselho de Administração e para o Conselho Fiscal distinta da prevista nesta Lei e no art. 56 da Lei 5.764, de 16 de dezembro de 1971, assegurados, no mínimo, 3 (três) conselheiros fiscais.

Art. 17. Cabe ao Ministério do Trabalho e Emprego, no âmbito de sua competência, a fiscalização do cumprimento do disposto nesta Lei.

§ 1º A Cooperativa de Trabalho que intermediar mão de obra subordinada e os contratantes de seus serviços estarão sujeitos à multa de R$ 500,00 (quinhentos reais) por trabalhador prejudicado, dobrada na reincidência, a ser revertida em favor do Fundo de Amparo ao Trabalhador – FAT.

§ 2º Presumir-se-á intermediação de mão de obra subordinada a relação contratual estabelecida entre a empresa contratante e as Cooperativas de Trabalho que não cumprirem o disposto no § 6º do art. 7º desta Lei.

§ 3º As penalidades serão aplicadas pela autoridade competente do Ministério do Trabalho e Emprego, de acordo com o estabelecido no Título VII da Consolidação das Leis do Trabalho – CLT, aprovada pelo Decreto-Lei 5.452, de 1º de maio de 1943.

Art. 18. A constituição ou utilização de Cooperativa de Trabalho para fraudar deliberadamente a legislação trabalhista, previdenciária e o disposto nesta Lei acarretará aos responsáveis as sanções penais, cíveis e administrativas cabíveis, sem prejuízo da ação judicial visando à dissolução da Cooperativa.

§ 1º *Vetado.*

§ 2º Fica inelegível para qualquer cargo em Cooperativa de Trabalho, pelo período de até 5 (cinco) anos, contado a partir da sentença transitada em julgado, o sócio, dirigente ou o administrador condenado pela prática das fraudes elencadas no *caput* deste artigo.

Art. 19. É instituído, no âmbito do Ministério do Trabalho e Emprego, o Programa Nacional de Fomento às Cooperativas de Trabalho – PRONACOOP, com a finalidade de promover o desenvolvimento e a melhoria do desempenho econômico e social da Cooperativa de Trabalho.

Parágrafo único. O PRONACOOP tem como finalidade apoiar:

I - a produção de diagnóstico e plano de desenvolvimento institucional para as Cooperativas de Trabalho dele participantes;

II - a realização de acompanhamento técnico visando ao fortalecimento financeiro, de gestão, de organização do processo produtivo ou de trabalho, bem como à qualificação dos recursos humanos;

III - a viabilização de linhas de crédito;

IV - o acesso a mercados e à comercialização da produção;

V - o fortalecimento institucional, a educação cooperativista e a constituição de cooperativas centrais, federações e confederações de cooperativas;

VI - outras ações que venham a ser definidas por seu Comitê Gestor no cumprimento da finalidade estabelecida no *caput* deste artigo.

Art. 20. É criado o Comitê Gestor do PRONACOOP, com as seguintes atribuições:

I - acompanhar a implementação das ações previstas nesta Lei;

II - estabelecer as diretrizes e metas para o PRONACOOP;

III - definir as normas operacionais para o PRONACOOP;

IV - propor o orçamento anual do PRONACOOP;

V e VI - *Vetados.*

§ 1º O Comitê Gestor terá composição paritária entre o governo e entidades representativas do cooperativismo de trabalho.

§ 2º O número de membros, a organização e o funcionamento do Comitê Gestor serão estabelecidos em regulamento.

Art. 21. O Ministério do Trabalho e Emprego poderá celebrar convênios, acordos, ajustes e outros instrumentos que objetivem a cooperação técnico-científica com órgãos do setor público e entidades privadas sem fins lucrativos, no âmbito do PRONACOOP.

Art. 22. As despesas decorrentes da implementação do PRONACOOP correrão à conta das dotações orçamentárias consignadas anualmente ao Ministério do Trabalho e Emprego.

Art. 23. Os recursos destinados às linhas de crédito do PRONACOOP serão provenientes:

I - do Fundo de Amparo ao Trabalhador – FAT;

II - de recursos orçamentários da União; e

III - de outros recursos que venham a ser alocados pelo poder público.

Parágrafo único. O Conselho Deliberativo do Fundo de Amparo ao Trabalhador – CODEFAT definirá as diretrizes para a aplicação, no âmbito do PRONACOOP, dos recursos oriundos do Fundo de Amparo ao Trabalhador – FAT.

Art. 24. As instituições financeiras autorizadas a operar com os recursos do PRONACOOP poderão realizar operações de crédito destinadas a empreendimentos inscritos no Programa sem a exigência de garantias reais, que poderão ser substituídas por garantias alternativas, observadas as condições estabelecidas em regulamento.

Parágrafo único. *Vetado.*

Art. 25. *Vetado.*

Art. 26. É instituída a Relação Anual de Informações das Cooperativas de Trabalho – RAICT, a ser preenchida pelas Cooperativas de Trabalho, anualmente, com informações relativas ao anobase anterior.

Parágrafo único. O Poder Executivo regulamentará o modelo de formulário da RAICT, os critérios para entrega das informações e as responsabilidades institucionais sobre a coleta, processamento, acesso e divulgação das informações.

Art. 27. A Cooperativa de Trabalho constituída antes da vigência desta Lei terá prazo de 12 (doze) meses, contado de sua publicação, para adequar seus estatutos às disposições nela previstas.

Art. 28. A Cooperativa de Trabalho prevista no inciso II do *caput* do art. 4º desta Lei constituída antes da vigência desta Lei terá prazo de 12 (doze) meses, contado de sua publicação, para assegurar aos sócios as garantias previstas nos incisos I, IV, V, VI e VII do *caput* do art. 7º desta Lei, conforme deliberado em Assembleia Geral.

Art. 29. Esta Lei entra em vigor na data de sua publicação.

Art. 30. *Vetado.*

Brasília, 19 de julho de 2012; 191º da Independência e 124º da República.

Dilma Rousseff

INSTRUÇÃO NORMATIVA 36, DE 14 DE NOVEMBRO DE 2012, DO TRIBUNAL SUPERIOR DO TRABALHO – TST

Regulamenta, na Justiça do Trabalho, o acolhimento e o levantamento de depósitos judiciais.

DEJT 31.01.2013
▶ Resolução TST 188, de 14.11.12.2012 (Edita a IN 36/2012).

TÍTULO I
DO ACOLHIMENTO DE DEPÓSITOS JUDICIAIS

Art. 1º Os depósitos judiciais na Justiça do Trabalho, a exceção dos depósitos recursais, serão realizados em conta judicial pelos seguintes meios disponíveis:

I - depósito direto em espécie ou cheque;

II - boleto bancário;

III - transferência eletrônica disponível – TED;

IV - penhora eletrônica de dinheiro (Sistema BACEN-JUD);

V - cartão de crédito ou débito.

Art. 2º os depósitos judiciais, de que trata o artigo anterior, serão efetivados pelo interessado diretamente na instituição financeira depositária (Banco do Brasil S.A. e Caixa Econômica Federal), utilizando-se obrigatoriamente dos modelos padronizados de guia constantes dos anexos desta Instrução Normativa.

§ 1º Os valores discriminados em campos de detalhamento na guia são exclusivamente informativos e de responsabilidade do depositante.

§ 2º As responsabilidades do Banco do Brasil S.A. e da Caixa Econômica Federal limitam-se ao processamento e a contabilização do valor global ao depósito.

§ 3º Na hipótese de boleto bancário, o depositante poderá efetuar o depósito em qualquer agência da rede bancária do Brasil ou correspondente bancário.

Art. 3º As guias de depósito poderão ser obtidas pelo interessado na secretaria da Vara do Trabalho ou no Tribunal, quando não houver o serviço de emissão de guia de depósito fornecido pelos Tribunais do Trabalho nos seus portais na Rede Mundial de Computadores – internet.

Parágrafo único. Quando do fornecimento e preenchimento de guia de depósito no portal na rede mundial de computadores – internet, as informações cadastrais e valores disponíveis nas respectivas bases de dados serão capturadas automaticamente dos sistemas dos Tribunais.

Art. 4º É permitido o uso do cartão de crédito ou de débito para recolhimento de depósitos judiciais, sempre sem ônus para os Tribunais e com ônus para o devedor.

Parágrafo único. Em caso de desfazimento de transações por contestação do usuário do cartão de crédito, de acordo com as regras contratuais, os autos do processo serão conclusos ao juízo para decisão.

Art. 5º O depositante que optar pelo recolhimento via transferência eletrônica disponível – TED deverá obter o código "ID" (identificação de depósito) mediante o preenchimento da guia de depósito eletrônico ou boleto bancário nos portais dos Tribunais, do Banco do Brasil S.A. ou da Caixa Econômica Federal.

§ 1º Nesta opção o depositante deverá informar o "ID" ao banco de seu relacionamento que, de posse dele, realizará a transferência do recurso via transferência eletrônica disponível – TED.

§ 2º Realizada a transferência, o Banco do Brasil S.A. ou a Caixa Econômica Federal efetuará o depósito com todos os dados informados e tornará disponível o recibo respectivo via rede mundial de computadores – internet, no sítio do Banco do Brasil S.A. ou da Caixa Econômica Federal.

Art. 6º Uma vez disponível a guia de depósito eletrônica ou o boleto bancário com "ID" no portal do respectivo Tribunal, as instituições financeiras ficam dispensadas de fornecê-la.

Art. 7º Obtido o "ID" no portal do Tribunal, os dados da guia de depósito eletrônico ou do boleto bancário serão encaminhados pelo Tribunal à instituição financeira encarregada do recebimento, por transferência de arquivo via FTP ou de informação via WebService, com garantia de autenticidade, conforme previsto nos Manuais anexos a esta Instrução Normativa.

Parágrafo único. Os modelos dos arquivos, as informações trocadas via WebService e o cálculo do "ID" das guias ou boletos bancários respeitarão os critérios estabelecidos nos Manuais anexos a esta Instrução Normativa.

Art. 8º O recibo deverá ser apresentado pelo depositante nos autos do processo a que se referir o depósito.

Parágrafo único. A comprovação ficará dispensada quando o depósito for realizado na forma do art. 7º, hipótese em que o Banco do Brasil S.A. e a Caixa Econômica Federal, imediatamente após o processamento bancário de cada dia útil, encaminharão aos Tribunais arquivo eletrônico ou fornecerão via WebService informações trocadas dos depósitos do período, devendo a secretaria da Vara do Trabalho ou o Tribunal juntar aos autos do respectivo processo, no mesmo dia do recebimento do arquivo, o comprovante das informações dos depósitos encaminhados eletronicamente pelas instituições financeiras.

Art. 9º Os depósitos judiciais oriundos do sistema BACENJUD, cartão de crédito ou débito, bem como os depósitos em lote feitos por empresas conveniadas com o Banco do Brasil S.A. ou Caixa Econômica Federal, deverão ser encaminhados aos tribunais em arquivo próprio ou via WebService, após o processamento bancário de cada dia útil, para juntada do comprovante nos autos do respectivo processo.

Parágrafo único. No depósito judicial oriundo do sistema BACENJUD, o fornecimento do "ID" será de responsabilidade do Banco Central do Brasil; no depósito judicial feito por empresas conveniadas com o Banco do Brasil S.A. ou a Caixa Econômica Federal o fornecimento do "ID" será de responsabilidade dessas instituições financeiras; e nos demais casos o "ID" será gerado pelo Tribunal.

TÍTULO II
DO LEVANTAMENTO DE DEPÓSITOS JUDICIAIS

Art. 10. O levantamento de depósitos judiciais será feito sempre por alvará de levantamento.

Parágrafo único. Os tribunais deverão utilizar os modelos padronizados de alvarás de levantamento constantes nos anexos desta Instrução Normativa.

Art. 11. A secretaria da Vara do Trabalho ou o Tribunal poderá gerar, a qualquer momento, os alvarás de levantamento, sempre vinculados a uma guia de depósito com saldo confirmado pelo respectivo banco depositário.

Art. 12. Após a geração de um alvará de levantamento, o Tribunal deverá remeter ao banco depositário as informações do alvará gerado através de transferência de arquivo via WebService, conforme padrões definidos nos anexos desta Instrução Normativa.

Art. 13. Será de responsabilidade do Tribunal o controle dos usuários autorizados a emitir os alvarás de levantamento, sendo recomendado seguir os padrões de assinatura eletrônica estipulados no art. 1º, § 2º, III, da Lei 11.419/2006.

Parágrafo único. No caso de alvarás de levantamento processados via WebService pelo BANCO DO BRASIL S.A. será necessário o certificado pessoal (A3) emitido por autoridade certificadora credenciada pelo ICP-Brasil.

Art. 14. Será de responsabilidade do Banco do Brasil S.A. e da Caixa Econômica Federal certificar-se de que os arquivos ou informações de alvarás de levantamento recebidos para cumprimento foram enviados pelo Tribunal que assina o arquivo ou a informação transmitida.

Art. 15. Os valores constantes dos alvarás de levantamento poderão ser sacados em qualquer agência do banco depositário.

§ 1º Os saques reger-se-ão pelas normas aplicáveis aos depósitos bancários, com prazo de até 24 (vinte e quatro) horas para a agência efetuar o pagamento, a contar da apresentação dos documentos de identificação ao gerente.

§ 2º Os saques deverão ser realizados pessoalmente pelo beneficiário indicado como sacador no alvará de levantamento de valores.

§ 3º Diante da necessidade de representação do beneficiário, a eventual habilitação de procurador, tutor ou curador deverá ocorrer nos autos do processo, devendo a Vara do Trabalho ou o Tribunal, quando for o caso, cancelar o alvará de levantamento de valores anteriormente emitido para em seguida emitir um novo alvará figurando o representante como beneficiário.

Art. 16. Os valores constantes dos alvarás de levantamento poderão ser creditados automaticamente em conta corrente ou poupança de titularidade do beneficiário, ainda que em instituição financeira diversa de onde o depósito esteja custodiado, incumbindo ao credor prover a despesa da transferência nas hipóteses em que o crédito não remanescer na instituição financeira onde o depósito esteja custodiado.

▶ *Caput* com redação pela Res. 213/2016 do TST.

Parágrafo único. Fica autorizada a instituição financeira em que custodiado o depósito a deduzir do valor levantado o custo do crédito automático apenas nas hipóteses de transferência para instituição financeira diversa de onde o depósito esteja custodiado.

▶ Parágrafo único acrescido pela Res. 213/2016 do TST.

Art. 17. O Tribunal poderá enviar à instituição financeira ordem de cancelamento do alvará de levantamento transmitido, devendo aguardar o retorno do cumprimento da ordem para confirmar ou não a operação em seu sistema de gerenciamento de processos.

Parágrafo único. A instituição financeira deverá fornecer retorno imediato do sucesso ou não da execução da ordem de cancelamento.

Art. 18. O valor constante do alvará de levantamento será corrigido pelo índice aplicado à conta objeto do pagamento, a partir da data de atualização nele informada.

Parágrafo único. Caso a data de atualização não seja informada no alvará, o banco depositário pagará o valor nominal informado, sem qualquer atualização.

Art. 19. O Tribunal poderá enviar alvará de levantamento de todo o saldo remanescente na conta, no entanto, deverá controlar em seu sistema de gerenciamento de processos se todas as ordens de levantamento emitida, referentes àqueles depósitos, já foram cumpridas.

TITULO III
DAS DISPOSIÇÕES GERAIS E TRANSITÓRIAS

Art. 20. As instituições financeiras deverão fornecer aos Tribunais ferramenta para consulta dos saldos disponíveis nas contas judiciais ativas e inativas, emitindo relatórios gerenciais consolidados, conforme prazo de inatividade definido pelo respectivo Tribunal.

Art. 21. O Conselho Superior da Justiça do Trabalho designará um Comitê Gestor, que contará com a participação de representantes das instituições financeiras oficiais depositárias, para tratar dos assuntos referentes à integração bancária.

Art. 22. Os Tribunais do Trabalho deverão, no prazo de 60 dias a contar da publicação desta norma, adaptar os seus sistemas internos e portais na Rede Mundial de Computadores – Internet para cumprimento do disposto nesta Instrução Normativa.

Art. 23. O Conselho Superior da Justiça do Trabalho atualizará os anexos desta Instrução Normativa sempre que necessário para a adequada evolução dos controles de acolhimento e levantamento de depósitos judiciais.

Art. 24. Esta Instrução Normativa entrará em vigor na data da sua publicação, revogando-se a Instrução Normativa 33/2008.

Considerando que a matéria tem ampla repercussão no primeiro e segundo graus de jurisdição, terá vigência até que o Conselho Superior da Justiça do Trabalho edite Resolução dispondo a respeito.

Brasília, 14 de novembro de 2012.

Ministro João Oreste Dalazen

Presidente do Tribunal Superior do Trabalho

LEI 12.761, DE 27 DE DEZEMBRO DE 2012

Institui o Programa de Cultura do Trabalhador; cria o vale-cultura; altera as Leis 8.212, de 24 de julho de 1991, e 7.713, de 22 de dezembro de 1988, e a Consolidação das Leis do Trabalho – CLT, aprovada pelo Decreto-Lei 5.452, de 1º de maio de 1943; e dá outras providências.

DOU 27.12.2012; Edição Extra

▶ Dec. 8.084/2013 (Regulamenta a Lei 12.761/2012).

A Presidenta da República:

Faço saber que o Congresso Nacional decreta e eu sanciono a seguinte Lei:

Art. 1º Fica instituído, sob a gestão do Ministério da Cultura, o Programa de Cultura do Trabalhador, destinado a fornecer aos trabalhadores meios para o exercício dos direitos culturais e acesso às fontes da cultura.

Art. 2º O Programa de Cultura do Trabalhador tem os seguintes objetivos:

I – possibilitar o acesso e a fruição dos produtos e serviços culturais;

II – estimular a visitação a estabelecimentos culturais e artísticos; e

III – incentivar o acesso a eventos e espetáculos culturais e artísticos.

§ 1º Para os fins deste Programa, são definidos os serviços e produtos culturais da seguinte forma:

I – serviços culturais: atividades de cunho artístico e cultural fornecidas por pessoas jurídicas, cujas características se enquadrem nas áreas culturais previstas no § 2º; e

II – produtos culturais: materiais de cunho artístico, cultural e informativo, produzidos em qualquer formato ou mídia por pessoas físicas ou jurídicas, cujas características se enquadrem nas áreas culturais previstas no § 2º.

§ 2º Consideram-se áreas culturais para fins do disposto nos incisos I e II do § 1º:

I – artes visuais;

II – artes cênicas;

III – audiovisual;

IV – literatura, humanidades e informação;

V – música; e

VI – patrimônio cultural.

§ 3º O Poder Executivo poderá ampliar as áreas culturais previstas no § 2º.

Art. 3º Fica criado o vale-cultura, de caráter pessoal e intransferível, válido em todo o território nacional, para acesso e fruição de produtos e serviços culturais, no âmbito do Programa de Cultura do Trabalhador.

Art. 4º O vale-cultura será confeccionado e comercializado por empresas operadoras e disponibilizado aos usuários pelas empresas beneficiárias para ser utilizado nas empresas recebedoras.

Art. 5º Para os efeitos desta Lei, entende-se por:

I – empresa operadora: pessoa jurídica cadastrada no Ministério da Cultura, possuidora do Certificado de Inscrição no Programa de Cultura do Trabalhador e autorizada a produzir e comercializar o vale-cultura;

II – empresa beneficiária: pessoa jurídica optante pelo Programa de Cultura do Trabalhador e autorizada a distribuir o vale cultura a seus trabalhadores com vínculo empregatício;

▶ Inciso II com redação pela Lei 12.868/2013.

III – usuário: trabalhador com vínculo empregatício com a empresa beneficiária;

IV – empresa recebedora: pessoa jurídica habilitada pela empresa operadora para receber o vale-cultura como forma de pagamento de serviço ou produto cultural.

Art. 6º O vale-cultura será fornecido aos usuários pelas empresas beneficiárias e disponibilizado preferencialmente por meio magnético, com o seu valor expresso em moeda corrente, na forma do regulamento.

Parágrafo único. Somente será admitido o fornecimento do vale-cultura impresso quando comprovadamente inviável a adoção do meio magnético.

Art. 7º O vale-cultura deverá ser fornecido ao trabalhador que perceba até 5 (cinco) salários mínimos mensais.

Parágrafo único. Os trabalhadores com renda superior a 5 (cinco) salários mínimos poderão receber o vale-cultura, desde que garantido o atendimento à

totalidade dos empregados com a remuneração prevista no *caput*, na forma que dispuser o regulamento.

Art. 8º O valor mensal do vale-cultura, por usuário, será de R$ 50,00 (cinquenta reais).

§ 1º O trabalhador de que trata o *caput* do art. 7º poderá ter descontado de sua remuneração o percentual máximo de 10% (dez por cento) do valor do vale-cultura, na forma definida em regulamento.

§ 2º Os trabalhadores que percebem mais de 5 (cinco) salários mínimos poderão ter descontados de sua remuneração, em percentuais entre 20% (vinte por cento) e 90% (noventa por cento) do valor do vale-cultura, de acordo com a respectiva faixa salarial, obedecido o disposto no parágrafo único do art. 7º e na forma que dispuser o regulamento.

§ 3º É vedada, em qualquer hipótese, a reversão do valor do vale-cultura em pecúnia.

§ 4º O trabalhador de que trata o art. 7º poderá optar pelo não recebimento do vale-cultura, mediante procedimento a ser definido em regulamento.

Art. 9º Os prazos de validade e condições de utilização do vale-cultura serão definidos em regulamento.

Art. 10. Até o exercício de 2017, ano-calendário de 2016, o valor despendido a título de aquisição do vale-cultura poderá ser deduzido do imposto sobre a renda devido pela pessoa jurídica beneficiária tributada com base no lucro real.

§ 1º A dedução de que trata o *caput* fica limitada a 1% (um por cento) do imposto sobre a renda devido, observado o disposto no § 4º do art. 3º da Lei 9.249, de 26 de dezembro de 1995.

§ 2º A pessoa jurídica inscrita no Programa de Cultura do Trabalhador como beneficiária, de que trata o inciso II do art. 5º, poderá deduzir o valor despendido a título de aquisição do vale-cultura como despesa operacional para fins de apuração do imposto sobre a renda, desde que tributada com base no lucro real.

§ 3º A pessoa jurídica deverá adicionar o valor deduzido como despesa operacional, de que trata o § 2º, para fins de apuração da base de cálculo da Contribuição Social sobre o Lucro Líquido – CSLL.

§ 4º As deduções de que tratam os §§ 1º e 2º somente se aplicam em relação ao valor do vale-cultura distribuído ao usuário.

§ 5º *Revogado pela Lei 12.872/2013.*

Art. 11. A parcela do valor do vale-cultura cujo ônus seja da empresa beneficiária:

I – não tem natureza salarial nem se incorpora à remuneração para quaisquer efeitos;

II – não constitui base de incidência de contribuição previdenciária ou do Fundo de Garantia do Tempo de Serviço – FGTS; e

III – não se configura como rendimento tributável do trabalhador.

Art. 12. A execução inadequada do Programa de Cultura do Trabalhador ou qualquer ação que acarrete desvio de suas finalidades pela empresa operadora ou pela empresa beneficiária acarretará cumulativamente:

I – cancelamento do Certificado de Inscrição no Programa de Cultura do Trabalhador;

II – pagamento do valor que deixou de ser recolhido relativo ao imposto sobre a renda, à contribuição previdenciária e ao depósito para o FGTS;

III – aplicação de multa correspondente a duas vezes o valor da vantagem recebida indevidamente no caso de dolo, fraude ou simulação;

IV – perda ou suspensão de participação em linhas de financiamento em estabelecimentos oficiais de crédito pelo período de 2 (dois) anos;

V – proibição de contratar com a administração pública pelo período de até 2 (dois) anos; e

VI – suspensão ou proibição de usufruir de benefícios fiscais pelo período de até 2 (dois) anos.

Art. 13. O § 9º do art. 28 da Lei 8.212, de 24 de julho de 1991, passa a vigorar acrescido da seguinte alínea *y*:

▸ Alterações incorporadas no texto da referida Lei.

Art. 14. O § 2º do art. 458 da Consolidação das Leis do Trabalho – CLT passa a vigorar acrescido do seguinte inciso:

▸ Alterações incorporadas no texto da referida Lei.

(...)

Art. 16. O Poder Executivo regulamentará esta Lei prazo de 60 (sessenta) dias, contados da data de sua publicação.

Art. 17. Esta Lei entra em vigor na data de sua publicação.

Brasília, 27 de dezembro de 2012; 191º da Independência e 124º da República.

Dilma Rousseff

LEI 12.852, DE 5 DE AGOSTO DE 2013

Institui o Estatuto da Juventude e dispõe sobre os direitos dos jovens, os princípios e diretrizes das políticas públicas de juventude e o Sistema Nacional de Juventude – SINAJUVE.

DOU 06.08.2013

▸ Dec. 8.537/2015 (Dispõe sobre o benefício da meia-entrada).

A Presidenta da República.

Faço saber que o Congresso Nacional decreta e eu sanciono a seguinte Lei:

TÍTULO I
DOS DIREITOS E DAS POLÍTICAS PÚBLICAS DE JUVENTUDE

CAPÍTULO I
DOS PRINCÍPIOS E DIRETRIZES DAS POLÍTICAS PÚBLICAS DE JUVENTUDE

Art. 1º Esta Lei institui o Estatuto da Juventude e dispõe sobre os direitos dos jovens, os princípios e diretrizes das políticas públicas de juventude e o Sistema Nacional de Juventude – SINAJUVE.

§ 1º Para os efeitos desta Lei, são consideradas jovens as pessoas com idade entre 15 (quinze) e 29 (vinte e nove) anos de idade.

§ 2º Aos adolescentes com idade entre 15 (quinze) e 18 (dezoito) anos aplica-se a Lei 8.069, de 13 de julho de 1990 – Estatuto da Criança e do Adolescente, e, excepcionalmente, este Estatuto, quando não conflitar com as normas de proteção integral do adolescente.

(...)

Seção III
Do direito à profissionalização, ao trabalho e à renda

Art. 14. O jovem tem direito à profissionalização, ao trabalho e à renda, exercido em condições de liberdade, equidade e segurança, adequadamente remunerado e com proteção social.

Art. 15. A ação do poder público na efetivação do direito do jovem à profissionalização, ao trabalho e à renda contempla a adoção das seguintes medidas:

I – promoção de formas coletivas de organização para o trabalho, de redes de economia solidária e da livre associação;

II – oferta de condições especiais de jornada de trabalho por meio de:

a) compatibilização entre os horários de trabalho e de estudo;

b) oferta dos níveis, formas e modalidades de ensino em horários que permitam a compatibilização da frequência escolar com o trabalho regular;

III – criação de linha de crédito especial destinada aos jovens empreendedores;

IV – atuação estatal preventiva e repressiva quanto à exploração e precarização do trabalho juvenil;

V – adoção de políticas públicas voltadas para a promoção do estágio, aprendizagem e trabalho para a juventude;

VI – apoio ao jovem trabalhador rural na organização da produção da agricultura familiar e dos empreendimentos familiares rurais, por meio das seguintes ações:

a) estímulo à produção e à diversificação de produtos;

b) fomento à produção sustentável baseada na agroecologia, nas agroindústrias familiares, na integração entre lavoura, pecuária e floresta e no extrativismo sustentável;

c) investimento em pesquisa de tecnologias apropriadas à agricultura familiar e aos empreendimentos familiares rurais;

d) estímulo à comercialização direta da produção da agricultura familiar, aos empreendimentos familiares rurais e à formação de cooperativas;

e) garantia de projetos de infraestrutura básica de acesso e escoamento de produção, priorizando a melhoria das estradas e do transporte;

f) promoção de programas que favoreçam o acesso ao crédito, à terra e à assistência técnica rural;

VII – apoio ao jovem trabalhador com deficiência, por meio das seguintes ações:

a) estímulo à formação e à qualificação profissional em ambiente inclusivo;

b) oferta de condições especiais de jornada de trabalho;

c) estímulo à inserção no mercado de trabalho por meio da condição de aprendiz.

Art. 16. O direito à profissionalização e à proteção no trabalho dos adolescentes com idade entre 15 (quinze) e 18 (dezoito) anos de idade será regido pelo disposto na Lei 8.069, de 13 de julho de 1990 – Estatuto da Criança e do Adolescente, e em leis específicas, não se aplicando o previsto nesta Seção.

(...)

Art. 48. Esta Lei entra em vigor após decorridos 180 (cento e oitenta) dias de sua publicação oficial.

Brasília, 5 de agosto de 2013; 192º da Independência e 125º da República.

Dilma Rousseff

LEI 12.965, DE 23 DE ABRIL DE 2014

Estabelece princípios, garantias, direitos e deveres para o uso da Internet no Brasil.

DOU 24.04.2014

A Presidenta da República:

Faço saber que o Congresso Nacional decreta e eu sanciono a seguinte Lei:

CAPÍTULO I
DISPOSIÇÕES PRELIMINARES

Art. 1º Esta Lei estabelece princípios, garantias, direitos e deveres para o uso da internet no Brasil e determina as diretrizes para atuação da União, dos Estados, do Distrito Federal e dos Municípios em relação à matéria.

Art. 2º A disciplina do uso da internet no Brasil tem como fundamento o respeito à liberdade de expressão, bem como:

I – o reconhecimento da escala mundial da rede;

II – os direitos humanos, o desenvolvimento da personalidade e o exercício da cidadania em meios digitais;

III – a pluralidade e a diversidade;

IV – a abertura e a colaboração;

V – a livre-iniciativa, a livre concorrência e a defesa do consumidor; e

VI – a finalidade social da rede.

Art. 3º A disciplina do uso da internet no Brasil tem os seguintes princípios:

I – garantia da liberdade de expressão, comunicação e manifestação de pensamento, nos termos da Constituição Federal;

II – proteção da privacidade;

III – proteção dos dados pessoais, na forma da lei;

IV – preservação e garantia da neutralidade de rede;

V – preservação da estabilidade, segurança e funcionalidade da rede, por meio de medidas técnicas compatíveis com os padrões internacionais e pelo estímulo ao uso de boas práticas;

VI – responsabilização dos agentes de acordo com suas atividades, nos termos da lei;

VII – preservação da natureza participativa da rede;

VIII – liberdade dos modelos de negócios promovidos na internet, desde que não conflitem com os demais princípios estabelecidos nesta Lei.

Parágrafo único. Os princípios expressos nesta Lei não excluem outros previstos no ordenamento jurídico pátrio relacionados à matéria ou nos tratados internacionais em que a República Federativa do Brasil seja parte.

Art. 4º A disciplina do uso da internet no Brasil tem por objetivo a promoção:

I – do direito de acesso à internet a todos;

II – do acesso à informação, ao conhecimento e à participação na vida cultural e na condução dos assuntos públicos;

III – da inovação e do fomento à ampla difusão de novas tecnologias e modelos de uso e acesso; e

IV – da adesão a padrões tecnológicos abertos que permitam a comunicação, a acessibilidade e a interoperabilidade entre aplicações e bases de dados.

Art. 5º Para os efeitos desta Lei, considera-se:

Leg. Compl.

I – internet: o sistema constituído do conjunto de protocolos lógicos, estruturado em escala mundial para uso público e irrestrito, com a finalidade de possibilitar a comunicação de dados entre terminais por meio de diferentes redes;

II – terminal: o computador ou qualquer dispositivo que se conecte à internet;

III – endereço de protocolo de internet (endereço IP): o código atribuído a um terminal de uma rede para permitir sua identificação, definido segundo parâmetros internacionais;

IV – administrador de sistema autônomo: a pessoa física ou jurídica que administra blocos de endereço IP específicos e o respectivo sistema autônomo de roteamento, devidamente cadastrada no ente nacional responsável pelo registro e distribuição de endereços IP geograficamente referentes ao País;

V – conexão à internet: a habilitação de um terminal para envio e recebimento de pacotes de dados pela internet, mediante a atribuição ou autenticação de um endereço IP;

VI – registro de conexão: o conjunto de informações referentes à data e hora de início e término de uma conexão à internet, sua duração e o endereço IP utilizado pelo terminal para o envio e recebimento de pacotes de dados;

VII – aplicações de internet: o conjunto de funcionalidades que podem ser acessadas por meio de um terminal conectado à internet; e

VIII – registros de acesso a aplicações de internet: o conjunto de informações referentes à data e hora de uso de uma determinada aplicação de internet a partir de um determinado endereço IP.

Art. 6° Na interpretação desta Lei serão levados em conta, além dos fundamentos, princípios e objetivos previstos, a natureza da internet, seus usos e costumes particulares e sua importância para a promoção do desenvolvimento humano, econômico, social e cultural.

CAPÍTULO II
DOS DIREITOS E GARANTIAS DOS USUÁRIOS

Art. 7° O acesso à internet é essencial ao exercício da cidadania, e ao usuário são assegurados os seguintes direitos:

I – inviolabilidade da intimidade e da vida privada, sua proteção e indenização pelo dano material ou moral decorrente de sua violação;

II – inviolabilidade e sigilo do fluxo de suas comunicações pela internet, salvo por ordem judicial, na forma da lei;

III – inviolabilidade e sigilo de suas comunicações privadas armazenadas, salvo por ordem judicial;

IV – não suspensão da conexão à internet, salvo por débito diretamente decorrente de sua utilização;

V – manutenção da qualidade contratada da conexão à internet;

VI – informações claras e completas constantes dos contratos de prestação de serviços, com detalhamento sobre o regime de proteção aos registros de conexão e aos registros de acesso a aplicações de internet, bem como sobre práticas de gerenciamento da rede que possam afetar sua qualidade;

VII – não fornecimento a terceiros de seus dados pessoais, inclusive registros de conexão, e de acesso a aplicações de internet, salvo mediante consentimento livre, expresso e informado ou nas hipóteses previstas em lei;

VIII – informações claras e completas sobre coleta, uso, armazenamento, tratamento e proteção de seus dados pessoais, que somente poderão ser utilizados para finalidades que:

a) justifiquem sua coleta;

b) não sejam vedadas pela legislação; e

c) estejam especificadas nos contratos de prestação de serviços ou em termos de uso de aplicações de internet;

IX – consentimento expresso sobre coleta, uso, armazenamento e tratamento de dados pessoais, que deverá ocorrer de forma destacada das demais cláusulas contratuais;

X – exclusão definitiva dos dados pessoais que tiver fornecido a determinada aplicação de internet, a seu requerimento, ao término da relação entre as partes, ressalvadas as hipóteses de guarda obrigatória de registros previstos nesta Lei e na que dispõe sobre a proteção de dados pessoais;

▸ inciso X com redação pela Lei 13.709/2018

XI – publicidade e clareza de eventuais políticas de uso dos provedores de conexão à internet e de aplicações de internet;

XII – acessibilidade, consideradas as características físicomotoras, perceptivas, sensoriais, intelectuais e mentais do usuário, nos termos da lei; e

XIII – aplicação das normas de proteção e defesa do consumidor nas relações de consumo realizadas na internet.

Art. 8° A garantia do direito à privacidade e à liberdade de expressão nas comunicações é condição para o pleno exercício do direito de acesso à internet.

Parágrafo único. São nulas de pleno direito as cláusulas contratuais que violem o disposto no *caput*, tais como aquelas que:

I – impliquem ofensa à inviolabilidade e ao sigilo das comunicações privadas, pela internet; ou

II – em contrato de adesão, não ofereçam como alternativa ao contratante a adoção do foro brasileiro para solução de controvérsias decorrentes de serviços prestados no Brasil.

CAPÍTULO III
DA PROVISÃO DE CONEXÃO E
DE APLICAÇÕES DE INTERNET

Seção I
Da neutralidade de rede

Art. 9° O responsável pela transmissão, comutação ou roteamento tem o dever de tratar de forma isonômica quaisquer pacotes de dados, sem distinção por conteúdo, origem e destino, serviço, terminal ou aplicação.

§ 1° A discriminação ou degradação do tráfego será regulamentada nos termos das atribuições privativas do Presidente da República previstas no inciso IV do art. 84 da Constituição Federal, para a fiel execução desta Lei, ouvidos o Comitê Gestor da Internet e a Agência Nacional de Telecomunicações, e somente poderá decorrer de:

I – requisitos técnicos indispensáveis à prestação adequada dos serviços e aplicações; e

II – priorização de serviços de emergência.

§ 2° Na hipótese de discriminação ou degradação do tráfego prevista no § 1°, o responsável mencionado no *caput* deve:

I – abster-se de causar dano aos usuários, na forma do art. 927 da Lei 10.406, de 10 de janeiro de 2002 – Código Civil;

II – agir com proporcionalidade, transparência e isonomia;

III – informar previamente de modo transparente, claro e suficientemente descritivo aos seus usuários sobre as práticas de gerenciamento e mitigação de tráfego adotadas, inclusive as relacionadas à segurança da rede; e

IV – oferecer serviços em condições comerciais não discriminatórias e abster-se de praticar condutas anticoncorrenciais.

§ 3° Na provisão de conexão à internet, onerosa ou gratuita, bem como na transmissão, comutação ou roteamento, é vedado bloquear, monitorar, filtrar ou analisar o conteúdo dos pacotes de dados, respeitado o disposto neste artigo.

Seção II
Da proteção aos registros, aos dados pessoais e às comunicações privadas

Art. 10. A guarda e a disponibilização dos registros de conexão e de acesso a aplicações de internet de que trata esta Lei, bem como de dados pessoais e do conteúdo de comunicações privadas, devem atender à preservação da intimidade, da vida privada, da honra e da imagem das partes direta ou indiretamente envolvidas.

§ 1° O provedor responsável pela guarda somente será obrigado a disponibilizar os registros mencionados no *caput*, de forma autônoma ou associados a dados pessoais ou a outras informações que possam contribuir para a identificação do usuário ou do terminal, mediante ordem judicial, na forma do disposto na Seção IV deste Capítulo, respeitado o disposto no art. 7°.

§ 2° O conteúdo das comunicações privadas somente poderá ser disponibilizado mediante ordem judicial, nas hipóteses e na forma que a lei estabelecer, respeitado o disposto nos incisos II e III do art. 7°.

§ 3° O disposto no *caput* não impede o acesso aos dados cadastrais que informem qualificação pessoal, filiação e endereço, na forma da lei, pelas autoridades

administrativas que detenham competência legal para a sua requisição.

§ 4° As medidas e os procedimentos de segurança e de sigilo devem ser informados pelo responsável pela provisão de serviços de forma clara e atender a padrões definidos em regulamento, respeitado seu direito de confidencialidade quanto a segredos empresariais.

Art. 11. Em qualquer operação de coleta, armazenamento, guarda e tratamento de registros, de dados pessoais ou de comunicações por provedores de conexão e de aplicações de internet em que pelo menos um desses atos ocorra em território nacional, deverão ser obrigatoriamente respeitados a legislação brasileira e os direitos à privacidade, à proteção dos dados pessoais e ao sigilo das comunicações privadas e dos registros.

§ 1° O disposto no *caput* aplica-se aos dados coletados em território nacional e ao conteúdo das comunicações, desde que pelo menos um dos terminais esteja localizado no Brasil.

§ 2° O disposto no *caput* aplica-se mesmo que as atividades sejam realizadas por pessoa jurídica sediada no exterior, desde que oferte serviço ao público brasileiro ou pelo menos uma integrante do mesmo grupo econômico possua estabelecimento no Brasil.

§ 3° Os provedores de conexão e de aplicações de internet deverão prestar, na forma da regulamentação, informações que permitam a verificação quanto ao cumprimento da legislação brasileira referente à coleta, à guarda, ao armazenamento ou ao tratamento de dados, bem como quanto ao respeito à privacidade e ao sigilo de comunicações.

§ 4° Decreto regulamentará o procedimento para apuração de infrações ao disposto neste artigo.

Art. 12. Sem prejuízo das demais sanções cíveis, criminais ou administrativas, as infrações às normas previstas nos arts. 10 e 11 ficam sujeitas, conforme o caso, às seguintes sanções, aplicadas de forma isolada ou cumulativa:

I – advertência, com indicação de prazo para adoção de medidas corretivas;

II – multa de até 10% (dez por cento) do faturamento do grupo econômico no Brasil no seu último exercício, excluídos os tributos, considerados a condição econômica do infrator e o princípio da proporcionalidade entre a gravidade da falta e a intensidade da sanção;

III – suspensão temporária das atividades que envolvam os atos previstos no art. 11; ou

IV – proibição de exercício das atividades que envolvam os atos previstos no art. 11.

Parágrafo único. Tratando-se de empresa estrangeira, responde solidariamente pelo pagamento da multa de que trata o *caput* sua filial, sucursal, escritório ou estabelecimento situado no País.

Subseção I
Da guarda de registros de conexão

Art. 13. Na provisão de conexão à internet, cabe ao administrador de sistema autônomo respectivo o dever de manter os registros de conexão, sob sigilo, em ambiente controlado e de segurança, pelo prazo de 1 (um) ano, nos termos do regulamento.

§ 1° A responsabilidade pela manutenção dos registros de conexão não poderá ser transferida a terceiros.

§ 2° A autoridade policial ou administrativa ou o Ministério Público poderá requerer cautelarmente que os registros de conexão sejam guardados por prazo superior ao previsto no *caput*.

§ 3° Na hipótese do § 2°, a autoridade requerente terá o prazo de 60 (sessenta) dias, contados a partir do requerimento, para ingressar com o pedido de autorização judicial de acesso aos registros previstos no *caput*.

§ 4° O provedor responsável pela guarda dos registros deverá manter sigilo em relação ao requerimento previsto no § 2°, que perderá sua eficácia caso o pedido de autorização judicial seja indeferido ou não tenha sido protocolado no prazo previsto no § 3°.

§ 5° Em qualquer hipótese, a disponibilização ao requerente dos registros de que trata este artigo deverá ser precedida de autorização judicial, conforme disposto na Seção IV deste Capítulo.

§ 6° Na aplicação de sanções pelo descumprimento ao disposto neste artigo, serão consideradas a natureza e a gravidade da infração, os danos dela resultantes, eventual vantagem auferida pelo infrator, as circunstâncias agravantes, os antecedentes do infrator e a reincidência.

Subseção II

Da guarda de registros de acesso a aplicações de internet na provisão de conexão

Art. 14. Na provisão de conexão, onerosa ou gratuita, é vedado guardar os registros de acesso a aplicações de internet.

Subseção III

Da guarda de registros de acesso a aplicações de internet na provisão de aplicações

Art. 15. O provedor de aplicações de internet constituído na forma de pessoa jurídica e que exerça essa atividade de forma organizada, profissionalmente e com fins econômicos deverá manter os respectivos registros de acesso a aplicações de internet, sob sigilo, em ambiente controlado e de segurança, pelo prazo de 6 (seis) meses, nos termos do regulamento.

§ 1º Ordem judicial poderá obrigar, por tempo certo, os provedores de aplicações de internet que não estão sujeitos ao disposto no *caput* a guardarem registros de acesso a aplicações de internet, desde que se trate de registros relativos a fatos específicos em período determinado.

§ 2º A autoridade policial ou administrativa ou o Ministério Público poderão requerer cautelarmente a qualquer provedor de aplicações de internet que os registros de acesso a aplicações de internet sejam guardados, inclusive por prazo superior ao previsto no *caput*, observado o disposto nos §§ 3º e 4º do art. 13.

§ 3º Em qualquer hipótese, a disponibilização ao requerente dos registros de que trata este artigo deverá ser precedida de autorização judicial, conforme disposto na Seção IV deste Capítulo.

§ 4º Na aplicação de sanções pelo descumprimento ao disposto neste artigo, serão considerados a natureza e a gravidade da infração, os danos dela resultantes, eventual vantagem auferida pelo infrator, as circunstâncias agravantes, os antecedentes do infrator e a reincidência.

Art. 16. Na provisão de aplicações de internet, onerosa ou gratuita, é vedada a guarda:

I – dos registros de acesso a outras aplicações de internet sem que o titular dos dados tenha consentido previamente, respeitado o disposto no art. 7º; ou

II – de dados pessoais que sejam excessivos em relação à finalidade para a qual foi dado consentimento pelo seu titular, exceto nas hipóteses previstas na Lei que dispõe sobre a proteção de dados pessoais.

▸ Inciso II com redação pela Lei 13.709/2018.

Art. 17. Ressalvadas as hipóteses previstas nesta Lei, a opção por não guardar os registros de acesso a aplicações de internet não implica responsabilidade sobre danos decorrentes do uso desses serviços por terceiros.

Seção III

Da responsabilidade por danos decorrentes de conteúdo gerado por terceiros

Art. 18. O provedor de conexão à internet não será responsabilizado civilmente por danos decorrentes de conteúdo gerado por terceiros.

Art. 19. Com o intuito de assegurar a liberdade de expressão e impedir a censura, o provedor de aplicações de internet somente poderá ser responsabilizado civilmente por danos decorrentes de conteúdo gerado por terceiros se, após ordem judicial específica, não tomar as providências para, no âmbito e nos limites técnicos do seu serviço e dentro do prazo assinalado, tornar indisponível o conteúdo apontado como infringente, ressalvadas as disposições legais em contrário.

§ 1º A ordem judicial de que trata o *caput* deverá conter, sob pena de nulidade, identificação clara e específica do conteúdo apontado como infringente, que permita a localização inequívoca do material.

§ 2º A aplicação do disposto neste artigo para infrações a direitos de autor ou a direitos conexos depende de previsão legal específica, que deverá respeitar a liberdade de expressão e demais garantias previstas no art. 5º da Constituição Federal.

§ 3º As causas que versem sobre ressarcimento por danos decorrentes de conteúdos disponibilizados na internet relacionados à honra, à reputação ou a direitos de personalidade, bem como sobre a indisponibilização desses conteúdos por provedores de aplicações de internet, poderão ser apresentadas perante os juizados especiais.

§ 4º O juiz, inclusive no procedimento previsto no § 3º, poderá antecipar, total ou parcialmente, os efeitos da tutela pretendida no pedido inicial, existindo prova inequívoca do fato e considerado o interesse da coletividade na disponibilização do conteúdo na internet, desde que presentes os requisitos de verossimilhança da alegação do autor e de fundado receio de dano irreparável ou de difícil reparação.

Art. 20. Sempre que tiver informações de contato do usuário diretamente responsável pelo conteúdo a que se refere o art. 19, caberá ao provedor de aplicações de internet comunicar-lhe os motivos e informações relativos à indisponibilização de conteúdo, com informações que permitam o contraditório e a ampla defesa em juízo, salvo expressa previsão legal ou expressa determinação judicial fundamentada em contrário.

Parágrafo único. Quando solicitado pelo usuário que disponibilizou o conteúdo tornado indisponível, o provedor de aplicações de internet que exerce essa atividade de forma organizada, profissionalmente e com fins econômicos substituirá o conteúdo tornado indisponível pela motivação ou pela ordem judicial que deu fundamento à indisponibilização.

Art. 21. O provedor de aplicações de internet que disponibilize conteúdo gerado por terceiros será responsabilizado subsidiariamente pela violação da intimidade decorrente da divulgação, sem autorização de seus participantes, de imagens, de vídeos ou de outros materiais contendo cenas de nudez ou de atos sexuais de caráter privado quando, após o recebimento de notificação pelo participante ou seu representante legal, deixar de promover, de forma diligente, no âmbito e nos limites técnicos do seu serviço, a indisponibilização desse conteúdo.

Parágrafo único. A notificação prevista no *caput* deverá conter, sob pena de nulidade, elementos que permitam a identificação específica do material apontado como violador da intimidade do participante e a verificação da legitimidade para apresentação do pedido.

Seção IV

Da requisição judicial de registros

Art. 22. A parte interessada poderá, com o propósito de formar conjunto probatório em processo judicial cível ou penal, em caráter incidental ou autônomo, requerer ao juiz que ordene ao responsável pela guarda o fornecimento de registros de conexão ou de registros de acesso a aplicações de internet.

Parágrafo único. Sem prejuízo dos demais requisitos legais, o requerimento deverá conter, sob pena de inadmissibilidade:

I – fundados indícios da ocorrência do ilícito;

II – justificativa motivada da utilidade dos registros solicitados para fins de investigação ou instrução probatória; e

III – período ao qual se referem os registros.

Art. 23. Cabe ao juiz tomar as providências necessárias à garantia do sigilo das informações recebidas e à preservação da intimidade, da vida privada, da honra e da imagem do usuário, podendo determinar segredo de justiça, inclusive quanto aos pedidos de guarda de registro.

CAPÍTULO IV

DA ATUAÇÃO DO PODER PÚBLICO

Art. 24. Constituem diretrizes para a atuação da União, dos Estados, do Distrito Federal e dos Municípios no desenvolvimento da internet no Brasil:

I – estabelecimento de mecanismos de governança multiparticipativa, transparente, colaborativa e democrática, com a participação do governo, do setor empresarial, da sociedade civil e da comunidade acadêmica;

II – promoção da racionalização da gestão, expansão e uso da internet, com participação do Comitê Gestor da internet no Brasil;

III – promoção da racionalização e da interoperabilidade tecnológica dos serviços de governo eletrônico, entre os diferentes Poderes e âmbitos da Federação, para permitir o intercâmbio de informações e a celeridade de procedimentos;

IV – promoção da interoperabilidade entre sistemas e terminais diversos, inclusive entre os diferentes âmbitos federativos e diversos setores da sociedade;

V – adoção preferencial de tecnologias, padrões e formatos abertos e livres;

VI – publicidade e disseminação de dados e informações públicos, de forma aberta e estruturada;

VII – otimização da infraestrutura das redes e estímulo à implantação de centros de armazenamento, gerenciamento e disseminação de dados no País, promovendo a qualidade técnica, a inovação e a difusão das aplicações de internet, sem prejuízo à abertura, à neutralidade e à natureza participativa;

VIII – desenvolvimento de ações e programas de capacitação para uso da internet;

IX – promoção da cultura e da cidadania; e

X – prestação de serviços públicos de atendimento ao cidadão de forma integrada, eficiente, simplificada e por múltiplos canais de acesso, inclusive remotos.

Art. 25. As aplicações de internet de entes do poder público devem buscar:

I – compatibilidade dos serviços de governo eletrônico com diversos terminais, sistemas operacionais e aplicativos para seu acesso;

II – acessibilidade a todos os interessados, independentemente de suas capacidades físico-motoras, perceptivas, sensoriais, intelectuais, mentais, culturais e sociais, resguardados os aspectos de sigilo e restrições administrativas e legais;

III – compatibilidade tanto com a leitura humana quanto com o tratamento automatizado das informações;

IV – facilidade de uso dos serviços de governo eletrônico; e

V – fortalecimento da participação social nas políticas públicas.

Art. 26. O cumprimento do dever constitucional do Estado na prestação da educação, em todos os níveis de ensino, inclui a capacitação, integrada a outras práticas educacionais, para o uso seguro, consciente e responsável da internet como ferramenta para o exercício da cidadania, a promoção da cultura e o desenvolvimento tecnológico.

Art. 27. As iniciativas públicas de fomento à cultura digital e de promoção da internet como ferramenta social devem:

I – promover a inclusão digital;

II – buscar reduzir as desigualdades, sobretudo entre as diferentes regiões do País, no acesso às tecnologias da informação e comunicação e no seu uso; e

III – fomentar a produção e circulação de conteúdo nacional.

Art. 28. O Estado deve, periodicamente, formular e fomentar estudos, bem como fixar metas, estratégias, planos e cronogramas, referentes ao uso e desenvolvimento da internet no País.

CAPÍTULO V

DISPOSIÇÕES FINAIS

Art. 29. O usuário terá a opção de livre escolha na utilização de programa de computador em seu terminal para exercício do controle parental de conteúdo entendido por ele como impróprio a seus filhos menores, desde que respeitados os princípios desta Lei e a Lei 8.069, de 13 de julho de 1990 – Estatuto da Criança e do Adolescente.

Parágrafo único. Cabe ao poder público, em conjunto com os provedores de conexão e de aplicações de internet e a sociedade civil, promover a educação e fornecer informações sobre o uso dos programas de computador previstos no *caput*, bem como para a definição de boas práticas para a inclusão digital de crianças e adolescentes.

Art. 30. A defesa dos interesses e dos direitos estabelecidos nesta Lei poderá ser exercida em juízo, individual ou coletivamente, na forma da lei.

Art. 31. Até a entrada em vigor da lei específica prevista no § 2º do art. 19, a responsabilidade do provedor de aplicações de internet por danos decorrentes de conteúdo gerado por terceiros, quando se tratar de infração a direitos de autor ou a direitos conexos, continuará a ser disciplinada pela legislação autoral vigente aplicável na data da entrada em vigor desta Lei.

Art. 32. Esta Lei entra em vigor após decorridos 60 (sessenta) dias de sua publicação oficial.

Brasília, 23 de abril de 2014; 193º da Independência e 126º da República.

Dilma Rousseff

LEI 12.984, DE 2 DE JUNHO DE 2014

Define o crime de discriminação dos portadores do vírus da imunodeficiência humana (HIV) e doentes de aids.

DOU 03.06.2014

A Presidenta da República:

Faço saber que o Congresso Nacional decreta e eu sanciono a seguinte Lei:

Art. 1º Constitui crime punível com reclusão, de 1 (um) a 4 (quatro) anos, e multa, as seguintes condutas discriminatórias contra o portador do HIV e o doente de aids, em razão da sua condição de portador ou de doente:

I – recusar, procrastinar, cancelar ou segregar a inscrição ou impedir que permaneça como aluno em creche ou estabelecimento de ensino de qualquer curso ou grau, público ou privado;

II – negar emprego ou trabalho;

III – exonerar ou demitir de seu cargo ou emprego;

IV – segregar no ambiente de trabalho ou escolar;

V – divulgar a condição do portador do HIV ou de doente de aids, com intuito de ofender-lhe a dignidade;

VI – recusar ou retardar atendimento de saúde.

Art. 2º Esta Lei entra em vigor na data de sua publicação.

Brasília, 2 de junho de 2014; 193º da Independência e 126º da República.

Dilma Rousseff

LEI COMPLEMENTAR 146, DE 25 DE JUNHO DE 2014

Estende a estabilidade provisória prevista na alínea b do inciso II do art. 10 do Ato das Disposições Constitucionais Transitórias à trabalhadora gestante, nos casos de morte desta, a quem detiver a guarda de seu filho.

DOU 26.06.2014, Edição Extra

A Presidenta da República:

Faço saber que o Congresso Nacional decreta e eu sanciono a seguinte Lei Complementar:

Art. 1º O direito prescrito na alínea *b* do inciso II do art. 10 do Ato das Disposições Constitucionais Transitórias, nos casos em que ocorrer o falecimento da genitora, será assegurado a quem detiver a guarda do seu filho.

Art. 2º Esta Lei Complementar entra em vigor na data de sua publicação.

Brasília, 25 de junho de 2014; 193º da Independência e 126º da República.

Dilma Rousseff

ATO 491, DE 23 DE SETEMBRO DE 2014, DO TRIBUNAL SUPERIOR DO TRABALHO – TST

Fixa parâmetros procedimentais para dar efetividade à Lei 13.015/2014, que altera a Consolidação das Leis do Trabalho (CLT), para dispor sobre o processamento de recursos no âmbito da Justiça do Trabalho

DJE – TST 23.09.2014; Republicado no DJE – TST de 29.09.2014

▶ Resolução Administrativa 1.699/2014 do TST (Referenda o Ato 491/2014 do TST).

O Presidente do Tribunal Superior do Trabalho, no uso das atribuições legais e regimentais, *ad referendum* do Órgão Especial, considerando a edição da Lei 13.015, de 21 de julho de 2014, que instituiu novos requisitos para a admissibilidade de recursos no âmbito da Justiça do Trabalho e introduz a sistemática do recurso repetitivo; considerando a necessidade de fixação de parâmetros procedimentais mínimos para dar efetividade à referida lei, resolve:

Art. 1º A Lei 13.015, de 21 de julho de 2014, aplica-se aos recursos interpostos das decisões publicadas a partir da data de sua vigência.

Parágrafo único. As normas procedimentais da Lei 13.015/2014 e as que não afetarem o direito processual adquirido de qualquer das partes aplicam-se aos recursos interpostos anteriormente à data de sua vigência, em especial as que regem o sistema de julgamento de recursos de revista repetitivos, o efeito interruptivo dos embargos de declaração e a afetação do recurso de embargos ao Tribunal Pleno do TST, dada a relevância da matéria (art. 7º).

Art. 2º Sem prejuízo da competência do Ministro Relator do recurso de embargos prevista no § 3º do artigo 894 da CLT, o Presidente de Turma, na forma do

Regimento Interno do Tribunal Superior do Trabalho, denegar-lhe-á seguimento nas hipóteses ali previstas e quando a divergência apresentada não se revelar atual, nos termos do § 2º do mesmo dispositivo legal.

Art. 3º Para efeito de aplicação dos §§ 4º e 5º do artigo 896 da CLT, persistindo decisão conflitante com a jurisprudência já uniformizada do Tribunal Regional do Trabalho de origem, deverão os autos retornar à instância a quo para sua adequação à súmula regional ou à tese jurídica prevalecente no Tribunal Regional do Trabalho, desde que não conflitante com súmula ou orientação jurisprudencial do Tribunal Superior do Trabalho.

Art. 4º A comprovação da existência da súmula regional ou da tese jurídica prevalecente no Tribunal Regional do Trabalho e não conflitante com súmula ou orientação jurisprudencial do Tribunal Superior do Trabalho servirá para os efeitos do artigo 896, a, da CLT, desde que regularmente demonstrada sua fonte de publicação.

Art. 5º No caso de decisão regional em consonância com súmula ou orientação jurisprudencial do Tribunal Superior do Trabalho, o Relator denegará seguimento ao recurso.

Art. 6º Os Tribunais Regionais do Trabalho deverão manter e dar publicidade a suas súmulas e teses jurídicas prevalecentes mediante banco de dados, organizando-as por questão jurídica decidida e divulgando-as, preferencialmente, na rede mundial de computadores.

Arts. 7º a 22. *Revogados pela Res. 201/2015 do TST.*

Art. 23. A dispensa de depósito recursal a que se refere o § 8º do artigo 899 da CLT não será aplicável aos casos em que o agravo de instrumento se refira a uma parcela de condenação, pelo menos, que não seja objeto de arguição de contrariedade a súmula ou a orientação jurisprudencial do Tribunal Superior do Trabalho.

Parágrafo único. Quando a arguição a que se refere o *caput* deste artigo revelar-se manifestamente infundada, temerária ou artificiosa, o agravo de instrumento será considerado deserto.

Publique-se.

Ministro Antônio José de Barros Levenhagen
Presidente do Tribunal Superior do Trabalho

LEI 13.043, DE 13 DE NOVEMBRO DE 2014

Dispõe sobre os fundos de índice de renda fixa, sobre a responsabilidade tributária na integralização de cotas de fundos ou clubes de investimento por meio da entrega de ativos financeiros, sobre a tributação das operações de empréstimos de ativos financeiros e sobre a isenção de imposto sobre a renda na alienação de ações de empresas pequenas e médias; prorroga o prazo de que trata a Lei 12.431, de 24 de junho de 2011; altera as Leis 10.179, de 6 de fevereiro de 2001, 12.431, de 24 de junho de 2011, 9.718, de 27 de novembro de 1998, 10.637, de 30 de dezembro de 2002, 10.833, de 29 de dezembro de 2003, 12.996, de 18 de junho de 2014, 11.941, de 27 de maio de 2009, 12.249, de 11 de junho de 2010, 10.522, de 19 de julho de 2002, 12.546, de 14 de dezembro de 2011, 11.774, de 17 de setembro de 2008, 12.350, de 20 de dezembro de 2010, 9.430, de 27 de dezembro de 1996, 11.977, de 7 de julho de 2009, 12.409, de 25 de maio de 2011, 5.895, de 19 de junho de 1973, 11.948, de 16 de junho de 2009, 12.380, de 10 de janeiro de 2011, 12.087, de 11 de novembro de 2009, 12.712, de 30 de agosto de 2012, 12.096, de 24 de novembro de 2009, 11.079, de 30 de dezembro de 2004, 11.488, de 15 de junho de 2007, 6.830, de 22 de setembro de 1980, 9.532, de 10 de dezembro de 1997, 11.196, de 21 de novembro de 2005, 10.147, de 21 de dezembro de 2000, 12.860, de 11 de setembro de 2013, 9.393, de 19 de dezembro de 1996, 9.250, de 26 de dezembro de 1995, 12.598, de 21 de março de 2012, 12.715, de 17 de setembro 2012, 11.371, de 28 de novembro de 2006, 9.481, de 13 de agosto de 1997, 12.688, de 18 de julho de 2012, 12.101, de 27 de novembro de 2009, 11.438, de 29 de dezembro de 2006, 11.478, de 29 de maio de 2007, 12.973, de 13 de maio de 2014, 11.033, de 21 de dezembro de 2004, 9.782, de 26 de janeiro de 1999, 11.972, de 6 de julho de 2009, 5.991, de 17 de dezembro de 1973, 10.406, de 10 de janeiro de 2002, 9.514, de 20 de novembro

de 1997, 11.775, de 17 de setembro de 2008, 10.150, de 21 de dezembro de 2000, e 10.865, de 30 de abril de 2004, e o Decreto-Lei 911, de 1º de outubro de 1969; revoga dispositivos do Decreto-Lei 1.569, de 8 de agosto de 1977, das Leis 5.010, de 30 de maio de 1966, e 8.666, de 21 de junho de 1993, da Medida Provisória 2.158-35, de 24 de agosto de 2001, e do Decreto-Lei 1.598, de 26 de dezembro de 1977; e dá outras providências.

DOU 14.11.2014; Republicada no DOU de 14.11.2014, Edição Extra

O Vice-presidente da República, no exercício do cargo de Presidente da República:

Faço saber que o Congresso Nacional decreta e eu sanciono a seguinte Lei:

CAPÍTULO I
DA LEGISLAÇÃO FISCAL E FINANCEIRA

(...)

Seção VIII
Do aproveitamento de créditos fiscais no pagamento de débitos e demais disposições sobre parcelamentos

Art. 33. O contribuinte com parcelamento que contenha débitos de natureza tributária, vencidos até 31 de dezembro de 2013, perante a Secretaria da Receita Federal do Brasil – RFB ou a Procuradoria-Geral da Fazenda Nacional – PGFN poderá, mediante requerimento, utilizar créditos próprios de prejuízos fiscais e de base de cálculo negativa da CSLL, apurados até 31 de dezembro de 2013 e declarados até 30 de junho de 2014, para quitação antecipada dos débitos parcelados.

§ 1º Os créditos de prejuízo fiscal e de base de cálculo negativa da CSLL poderão ser utilizados, nos termos do *caput*, entre empresas controladora e controlada, de forma direta ou indireta, ou entre empresas que sejam controladas direta ou indiretamente por uma mesma empresa, em 31 de dezembro de 2013, domiciliadas no Brasil, desde que se mantenham nesta condição até a data da opção pela quitação antecipada.

▶ Art. 153 da Lei 13.097/2013 (Reduz a zero as alíquotas da Contribuição para o PIS/PASEP, da COFINS, da Contribuição para o PIS/Pasep-Importação e da Cofins-Importação incidentes sobre a receita de vendas e na importação de partes utilizadas em aerogeradores).

§ 2º Poderão ainda ser utilizados pelo contribuinte a que se refere o *caput* os créditos de prejuízo fiscal e de base de cálculo negativa da CSLL do responsável ou corresponsável pelo crédito tributário que deu origem ao parcelamento.

§ 3º Os créditos das empresas de que tratam os §§ 1º e 2º somente poderão ser utilizados após a utilização total dos créditos próprios.

§ 4º A opção de que trata o *caput* deverá ser feita mediante requerimento apresentado em até 15 (quinze) dias após a publicação desta Lei, observadas as seguintes condições:

I – pagamento em espécie equivalente a, no mínimo, 30% (trinta por cento) do saldo do parcelamento; e

II – quitação integral do saldo remanescente mediante a utilização de créditos de prejuízos fiscais e de base de cálculo negativa da contribuição social sobre o lucro líquido.

§ 5º Para fins de aplicação deste artigo, o valor do crédito a ser utilizado para a quitação de que trata o inciso II do § 4º será determinado mediante a aplicação das seguintes alíquotas:

I – 25% (vinte e cinco por cento) sobre o montante do prejuízo fiscal;

II – 15% (quinze por cento) sobre a base de cálculo negativa da CSLL, no caso das pessoas jurídicas de seguros privados, das de capitalização e das referidas nos incisos I a VII, IX e X do § 1º do art. 1º da Lei Complementar no 105, de 10 de janeiro de 2001; e

III – 9% (nove por cento) sobre a base de cálculo negativa da CSLL, no caso das demais pessoas jurídicas.

§ 6º O requerimento de que trata o § 4º suspende a exigibilidade das parcelas até ulterior análise dos créditos utilizados.

§ 7º A RFB dispõe do prazo de 5 (cinco) anos para análise dos créditos indicados para a quitação.

§ 8º Na hipótese de indeferimento dos créditos, no todo ou em parte, será concedido o prazo de 30 (trinta) dias para o contribuinte, o responsável ou o corresponsável promover o pagamento em espécie do saldo remanescente do parcelamento.

§ 9º A falta do pagamento de que trata o § 8º implicará rescisão do parcelamento e prosseguimento da cobrança dos débitos remanescentes.

§ 10. Aos débitos parcelados de acordo com as regras descritas arts. 1º a 13 da Lei 11.941, de 27 de maio de 2009, o disposto nos §§ 1º a 3º do art. 7º daquela Lei somente é aplicável para os valores pagos em espécie, nos termos do inciso I do § 4º deste artigo.

§ 11. A RFB e a PGFN editarão os atos necessários à execução dos procedimentos de que trata este artigo.

§ 12. Para os fins do disposto no § 1º, inclui-se também como controlada a sociedade na qual a participação da controladora seja igual ou inferior a 50% (cinquenta por cento), desde que existente acordo de acionistas que assegure de modo permanente a preponderância individual ou comum nas deliberações sociais, assim como o poder individual ou comum de eleger a maioria dos administradores.

Art. 34. A Lei 12.996, de 18 de junho de 2014, passa a vigorar com as seguintes alterações:
▸ Alterações incorporadas no texto da referida Lei.

Art. 35. *Vetado.*

Art. 36. Na hipótese de indeferimento dos créditos de prejuízos fiscais e de bases de cálculo negativas da CSLL utilizados para liquidar os débitos parcelados com base no art. 3º da Medida Provisória 470, de 13 de outubro de 2009, e nos arts. 1º a 13 da Lei 11.941, de 27 de maio de 2009, cabe manifestação de inconformidade que observará o rito do Decreto 70.235, de 6 de março de 1972.

Parágrafo único. O contribuinte será intimado a pagar o saldo remanescente do parcelamento no prazo de 30 (trinta) dias da intimação do indeferimento dos créditos de prejuízos fiscais e de bases de cálculo negativas da CSLL ou da intimação da última decisão administrativa no processo administrativo fiscal de que trata o *caput*.

Art. 37. O art. 43 da Lei 12.431, de 24 de junho de 2011, passa a vigorar com as seguintes alterações:
▸ Alterações incorporadas no texto da referida Lei.

Art. 38. Não serão devidos honorários advocatícios, bem como qualquer sucumbência, em todas as ações judiciais que, direta ou indiretamente, vierem a ser extintas em decorrência de adesão aos parcelamentos previstos na Lei 11.941, de 27 de maio de 2009, inclusive nas reaberturas de prazo operadas pelo disposto no art. 17 da Lei 12.865, de 9 de outubro de 2013, no art. 93 da Lei 12.973, de 13 de maio de 2014, no art. 2º da Lei 12.996, de 18 de junho de 2014, e no art. 65 da Lei 12.249, de 11 de junho de 2010.

Parágrafo único. O disposto no *caput* aplica-se somente:

I – aos pedidos de desistência e renúncia protocolados a partir de 10 de julho de 2014; ou

II – aos pedidos de desistência e renúncia já protocolados, mas cujos valores de que trata o *caput* não tenham sido pagos até 10 de julho de 2014.

Art. 39. O art. 10 da Lei 11.941, de 27 de maio de 2009, passa a vigorar acrescido do seguinte § 2º, renumerando-se o atual parágrafo único para § 1º:
▸ Alterações incorporadas no texto da referida Lei.

Art. 40. O art. 127 da Lei 12.249, de 11 de junho de 2010, passa a vigorar com a seguinte alteração:
▸ Alterações incorporadas no texto da referida Lei.

Art. 41. Os débitos relativos à Contribuição Provisória sobre Movimentação ou Transmissão de Valores e de Créditos e Direitos de Natureza Financeira – CPMF podem ser parcelados nos termos da Lei 12.996, de 18 junho de 2014, não se aplicando a vedação contida no art. 15 da Lei 9.311, de 24 de outubro de 1996.

Art. 42. Os débitos para com a Fazenda Nacional relativos ao Imposto sobre a Renda das Pessoas Jurídicas – IRPJ e à Contribuição Social sobre o Lucro Líquido – CSLL decorrentes do ganho de capital ocorrido até 31 de dezembro de 2008 pela alienação de ações que tenham sido originadas da conversão de títulos patrimoniais de associações civis sem fins lucrativos, poderão ser:
▸ A Lei 13.097/2015 republicou o texto original do *caput* desse artigo sem alterações (*DOU 20.01.2015*).
▸ Portaria Conjunta SRFB/PGFN 148/2015 (Dispõe sobre o pagamento ou o parcelamento de débitos para com a Fazenda Nacional, relativos ao Imposto sobre a Renda da Pessoa Jurídica e à Contribuição Social sobre o Lucro Líquido decorrentes de ganho de capital).

I – pagos à vista com redução de 100% (cem por cento) das multas de mora e de ofício e de 100% (cem por cento) dos juros de mora;
▸ A Lei 13.097/2015 republicou o texto original desse inciso sem alterações (*DOU 20.01.2015*).

II – parcelados em até 60 (sessenta) prestações, sendo 20% (vinte por cento) de entrada e o restante em parcelas mensais, com redução de 80% (oitenta por cento) da multa isolada e das multas de mora e de ofício, de 40% (quarenta por cento) dos juros de mora.
▸ Inciso II com redação pela Lei 13.097/2015.

§ 1º Na hipótese do *caput*, fica remitido, sob condição resolutória até que se efetive o pagamento de que trata o inciso I ou seja quitado o parcelamento de que trata o inciso II, o valor do IRPJ e da CSLL incidente sobre a parcela do ganho de capital relativa a diferença entre o valor atribuído à ação na subscrição de capital e considerado na apuração do referido ganho, ainda que em eventual lançamento de ofício, e o valor verificado na data de início das negociações da ação em operação regular em bolsa de valores, independentemente da existência de cláusula de restrição de comercialização ou transferência.
▸ § 1º com redação pela Lei 13.097/2015.

§ 2º O disposto neste artigo aplica-se à totalidade dos débitos, constituídos ou não, com exigibilidade suspensa ou não, inscritos ou não em Dívida Ativa da União, mesmo que em fase de execução fiscal já ajuizada, ou que tenham sido objeto de parcelamento anterior não integralmente quitado, ainda que excluído por falta de pagamento.
▸ § 2º com redação pela Lei 13.097/2015.

§ 3º Para efeito de consolidação dos débitos de que trata o *caput*, após o ajuste referido no § 1º, poderão ser deduzidos os valores do IRPJ e da CSLL que tenham sido recolhidos, até 31 de dezembro de 2013, em função da alienação posterior das ações decorrentes da conversão de títulos patrimoniais de associações civis sem fins lucrativos pelo próprio sujeito passivo, por empresa controladora ou por empresa controlada de forma direta, desde que:
▸ § 3º com redação pela Lei 13.097/2015.

I – tenha sido utilizado o custo original dos respectivos títulos patrimoniais na apuração do ganho;
▸ Inciso I acrescido pela Lei 13.097/2015.

II – seja limitado ao valor do IRPJ e da CSLL incidentes sobre o ganho de capital apurado considerando como valor de venda o valor verificado das ações na data de início das negociações em operação regular em bolsa de valores.
▸ Inciso II acrescido pela Lei 13.097/2015.

§ 4º Os depósitos existentes vinculados aos débitos a serem pagos ou parcelados nos termos deste artigo serão automaticamente convertidos em pagamento definitivo, aplicando-se as reduções previstas no *caput* ao saldo remanescente a ser pago ou parcelado.
▸ § 4º com redação pela Lei 13.097/2015.

§ 5º O contribuinte poderá, mediante requerimento, utilizar créditos de prejuízos fiscais e de base negativa da Contribuição Social sobre o Lucro Líquido – CSLL próprios, apurados até 31 de dezembro de 2013 e declarados até 30 de junho de 2014, para a quitação do saldo remanescente dos débitos após as reduções previstas no *caput*.
▸ § 5º com redação pela Lei 13.097/2015.

§ 6º Para usufruir dos benefícios previstos neste artigo, a pessoa jurídica deverá comprovar a desistência expressa e irrevogável de todas as ações judiciais que tenham por objeto os débitos que serão pagos ou parcelados na forma deste artigo e renunciar a qualquer alegação de direito sobre as quais se fundam as referidas ações.
▸ § 6º com redação pela Lei 13.097/2015.

§ 7º As reduções previstas no *caput* não serão cumulativas com quaisquer outras reduções admitidas em lei.
▸ § 7º com redação pela Lei 13.097/2015.

§ 8º Na hipótese de anterior concessão de redução de multas ou de juros em percentuais diversos dos estabelecidos no *caput*, prevalecerão os percentuais nele referidos, aplicados sobre o saldo original das multas ou dos juros.
▸ § 8º com redação pela Lei 13.097/2015.

§ 9º Enquanto não consolidada a dívida, em relação às parcelas mensais referidas no inciso II do *caput*, o contribuinte deve calcular e recolher mensalmente o valor equivalente ao montante dos débitos objeto do parcelamento dividido pelo número de prestações pretendidas.
▸ § 9º com redação pela Lei 13.097/2015.

I e II – *Revogados pela Lei 13.097/2015.*

§ 10. O pagamento ou o pedido de parcelamento deverá ser efetuado até o 15º (décimo quinto) dia após a publicação desta Lei e independerá de apresentação de garantia, mantidas aquelas decorrentes de débitos transferidos de outras modalidades de parcelamento ou de execução fiscal.

▸ § 10 com redação pela Lei 13.097/2015.

§ 11. Implicará imediata rescisão do parcelamento, com cancelamento dos benefícios concedidos, a falta de pagamento:
▸ § 11 com redação pela Lei 13.097/2015.

I – de 3 (três) parcelas, consecutivas ou não; ou

II – de até 2 (duas) prestações, estando pagas todas as demais ou estando vencida a última prestação do parcelamento.

§ 12. É considerada inadimplida a parcela parcialmente paga.
▸ § 12 com redação pela Lei 13.097/2015.

§ 13. Rescindido o parcelamento:
▸ § 13 com redação pela Lei 13.097/2015.

I – será efetuada a apuração do valor original do débito, restabelecendo-se os acréscimos legais na forma da legislação aplicável à época da ocorrência dos respectivos fatos geradores;

II – serão deduzidas do valor referido no inciso I as prestações pagas.

§ 14. Aplica-se ao parcelamento de que trata este artigo o disposto no *caput* e nos §§ 2º e 3º do art. 11, no art. 12, no *caput* do art. 13 e no inciso IX do art. 14 da Lei 10.522, de 19 de julho de 2002.
▸ § 14 acrescido pela Lei 13.097/2015.

§ 15. Ao parcelamento de que trata este artigo não se aplicam:
▸ § 15 acrescido pela Lei 13.097/2015.

I – o § 1º do art. 3º da Lei 9.964, de 10 de abril de 2000; e

II – o § 10 do art. 1º da Lei 10.684, de 30 de maio de 2003.

§ 16. Não será computado na base de cálculo do IRPJ, da CSLL, do PIS e da COFINS a parcela equivalente à redução do valor do montante principal dos tributos, das multas, dos juros e dos encargos legais em decorrência do disposto neste artigo.
▸ § 16 acrescido pela Lei 13.097/2015.

§ 17. A Secretaria da Receita Federal do Brasil e a Procuradoria-Geral da Fazenda Nacional, no âmbito de suas competências, editarão os atos necessários à execução do parcelamento de que trata este artigo.
▸ § 17 acrescido pela Lei 13.097/2015.

Art. 43. A Lei 10.522, de 19 de julho de 2002, passa a vigorar acrescida do seguinte art. 10-A:
▸ Alterações incorporadas no texto da referida Lei.

Art. 44. A Secretaria da Receita Federal do Brasil e a Procuradoria-Geral da Fazenda Nacional, inclusive por meio de ato conjunto quando couber, editarão os atos necessários à efetivação do disposto nesta Seção.

Seção IX
Do Fundo de Garantia do Tempo de Serviço – FGTS

Art. 45. Não serão inscritos em Dívida Ativa os débitos de um mesmo devedor com o Fundo de Garantia do Tempo de Serviço – FGTS cujo valor consolidado seja igual ou inferior a R$ 1.000,00 (mil reais).

Art. 46. Não serão ajuizadas execuções fiscais para a cobrança de débitos de um mesmo devedor com o FGTS cujo valor consolidado seja igual ou inferior a R$ 20.000,00 (vinte mil reais).

Parágrafo único. Entende-se por valor consolidado o resultante da atualização do débito originário, somado aos encargos e acréscimos legais ou contratuais, vencidos até a data da apuração.

Art. 47. Ficam cancelados os débitos com o FGTS inscritos em Dívida Ativa de valor consolidado igual ou inferior a R$ 100,00 (cem reais).

Art. 48. O Procurador da Fazenda Nacional requererá o arquivamento, sem baixa na distribuição, das execuções fiscais de débitos com o FGTS, cujo valor consolidado seja igual ou inferior a R$ 20.000,00 (vinte mil reais), desde que não conste dos autos garantia, integral ou parcial, útil à satisfação do crédito.

Art. 49. O disposto nesta Seção não prejudica o direito conferido ao trabalhador de buscar a satisfação do crédito fundiário de que é titular, qualquer que seja o valor, mediante o ajuizamento de reclamação trabalhista, nos termos do art. 25 da Lei 8.036, de 11 de maio de 1990.

(...)

CAPÍTULO III
DISPOSIÇÕES FINAIS

(...)

Art. 113. Esta Lei entra em vigor na data de sua publicação, exceto:

Leg. Compl.

I – os arts. 21 a 28, que entram em vigor a partir da data de publicação do ato do Poder Executivo que estabelecer o percentual de que trata o *caput* do art. 22;

II – os arts. 1º a 15, 30 a 32, 97, 106 e os artigos da Seção XXI do Capítulo I, que entram em vigor a partir de 1º de janeiro de 2015;

III – os arts. 16-A a 16-C da Lei 12.431, de 24 de junho de 2011, incluídos pelo art. 86, que entram em vigor a partir de 1º de janeiro de 2015;

IV – os seguintes dispositivos, que entram em vigor a partir do primeiro dia do quarto mês subsequente ao da publicação desta Lei;

a) os incisos XII e XIII do *caput* do art. 7º da Lei 12.546, de 14 de dezembro de 2011, com redação dada pelo art. 50, e os arts. 51 a 53; e

b) o art. 98 e os artigos das Seções XVI, XVII, XIX e XX do Capítulo I.

Art. 114. Ficam revogados:

I – os incisos IV e V do *caput* do art. 1º da Lei 10.179, de 6 de fevereiro de 2001;

II – o § 3º do art. 20 da Lei 10.522, de 19 de julho de 2002;

III – as seguintes alíneas do art. 76 da Lei 10.833, de 29 de dezembro de 2003:

a) a, b e f do inciso I do *caput;*

b) c do inciso II do *caput;*

c) e do inciso III do *caput;*

IV a VI – *Vetados.*

VII – os §§ 3º e 4º do art. 16 da Lei 12.431, de 24 de junho de 2011;

VIII – o parágrafo único do art. 5º do Decreto Lei 1.569, de 8 de agosto de 1977;

IX – o inciso I do art. 15 da Lei 5.010, de 30 de maio de 1966.

Brasília, 13 de novembro de 2014; 193º da Independência e 126ª da República.

▸ Deixamos de publicar os anexos constantes desta norma.

Michel Temer

RESOLUÇÃO 1, DE 20 DE FEVEREIRO DE 2015, DO MINISTÉRIO DO TRABALHO E EMPREGO – MTE

Dispõe sobre o Sistema de Escrituração Digital das Obrigações Fiscais, Previdenciárias e Trabalhistas (eSocial).

DOU 24.02.2015

▸ Res. 2/2016 do Comitê Diretivo do eSocial/MF (Sistema de Escrituração Digital das Obrigações Fiscais, Previdenciárias e Trabalhistas – eSocial).

O Comitê Gestor do e-social, no uso das atribuições previstas no art. 5º do Decreto 8.373, de 11 de dezembro de 2014, e, considerando o disposto no art. 41 da Consolidação das Leis do Trabalho, aprovada pelo Decreto-Lei 5.452, de 1º de maio de 1943, no art. 1º da Lei 4.923, de 23 de dezembro de 1965, no art. 14-A da Lei 5.889, de 8 de junho de 1973, no art. 8º da Lei 6.019, de 3 de janeiro de 1974, no art. 11 do Decreto-Lei 1.968, de 23 de novembro de 1982, no art. 24 da Lei 7.998 de 11 de janeiro de 1990, no art. 23 da Lei 8.036 de 11 de maio de 1990, nos incisos I, III e IV do *caput* e nos §§ 2º, 9º e 10 do art. 32 da Lei 8.212, de 24 de julho de 1991, nos arts. 22, 29-A e 58 da Lei 8.213, de 24 de julho de 1991, no art. 9º da Lei 9.717, de 27 de novembro de 1998, no art. 16 da Lei 9.779, de 19 de janeiro de 1999, nos arts. 219, 1.179 e 1.180 da Lei 10.406, de 10 de janeiro de 2002, nos arts. 10 e 11 da Medida Provisória 2.200-2, de 24 de agosto de 2001, no § 3º do art. 1º e no art. 3º da Lei 10.887, de 18 de junho de 2004, no art. 4º da Lei 12.023, de 27 de agosto de 2009, no Decreto 97.936, de 10 de julho de 1989, no Decreto 3.048, de 6 de maio de 1999 e no Decreto 6.022, de 22 de janeiro de 2007, resolve:

Art. 1º Fica regulamentado o *eSocial* como instrumento de unificação da prestação das informações referentes à escrituração das obrigações fiscais, previdenciárias e trabalhistas, que padroniza sua transmissão, validação, armazenamento e distribuição, constituindo Ambiente Nacional, composto por:

I – escrituração digital contendo os livros digitais com informações fiscais, previdenciárias e trabalhistas;

II – sistemas para preenchimento, geração, transmissão, recepção, validação e distribuição da escrituração; e

III – repositório nacional contendo o armazenamento das informações.

Parágrafo único. As informações prestadas pelos empregadores serão enviadas ao Fundo de Garantia do Tempo de Serviço – FGTS e armazenadas no ambiente nacional.

Art. 2º O *eSocial* é composto pelo registro de informações fiscais, previdenciárias e trabalhistas agrupadas em eventos que contêm:

I – dados cadastrais dos empregadores, inclusive domésticos, da empresa e a eles equiparados em legislação específica e dos segurados especiais;

II – dados cadastrais e contratuais de trabalhadores, incluídos os relacionados ao registro de empregados;

III – dados cadastrais, funcionais e remuneratórios dos servidores titulares de cargos efetivos amparados em regime próprio de previdência social, de todos os poderes, órgãos e entidades do respectivo ente federativo, suas autarquias e fundações, dos magistrados, dos membros do Tribunal de Contas, dos membros do Ministério Público e dos militares;

IV – dados cadastrais dos dependentes dos empregados, inclusive domésticos, dos trabalhadores avulsos e dos segurados dos regimes geral e próprios de previdência social;

V – dados relacionados às comunicações de acidente de trabalho, às condições ambientais do trabalho e do monitoramento da saúde do trabalhador e dos segurados relacionados no inciso III;

VI – dados relacionados à folha de pagamento e outros fatos geradores, bases de cálculo e valores devidos de contribuições previdenciárias, contribuições sociais de que trata a Lei Complementar 110, de 29 de junho de 2001, contribuições sindicais, FGTS e imposto sobre renda retido na fonte; e

VII – outras informações de interesse dos órgãos e entidades integrantes do Comitê Gestor do *eSocial*, no âmbito de suas competências.

§ 1º Os órgãos partícipes disciplinarão os procedimentos e os efeitos para que as informações prestadas no *eSocial* componham a base de cálculo para a apuração dos débitos delas decorrentes e a base de dados para fins de cálculo e concessão de benefícios previdenciários e trabalhistas em atos administrativos específicos das autoridades competentes.

§ 2º O disposto no *caput* não dispensa os obrigados ao *eSocial* da manutenção, sob sua guarda e responsabilidade, dos documentos, na forma e prazos previstos na legislação aplicável.

§ 3º As informações previdenciárias constantes do *eSocial* referem-se ao Regime Geral de Previdência Social e aos regimes próprios de previdência social previstos no art. 1º da Lei 9.717 de 27 de novembro de 1998.

§ 4º Os dados de que trata o inciso III do *caput* referem-se a ativos, aposentados, transferidos para reserva remunerada, reformados ou reincluídos, seus dependentes e pensionistas, devendo abranger também as informações de outras categorias de segurados amparados em regime próprio de previdência social com fundamento em decisão judicial ou em legislação específica do ente federativo.

Art. 3º Os eventos que compõem o *eSocial* obedecerão as regras constantes no Manual de Orientação do *eSocial* e serão transmitidos ao Ambiente Nacional nos seguintes prazos:

I – eventos iniciais e tabelas do empregador:

a) as informações relativas à identificação do empregador, de seus estabelecimentos e obras de construção civil deverão ser enviadas previamente à transmissão de outras informações;

b) as informações relativas às tabelas do empregador, que representam um conjunto de regras específicas necessárias para validação dos eventos do *eSocial*, como as rubricas da folha de pagamento, informações de processos administrativos e judiciais, lotações, relação de cargos, carreiras, patentes e funções, jornada de trabalho, horário contratual, ambientes de trabalho e outras necessárias para verificação da integridade dos eventos periódicos e não periódicos deverão ser enviadas previamente à transmissão de qualquer evento que requeira essas informações;

c) as informações relativas aos vínculos trabalhistas e funcionais mantidos no momento do início da obrigatoriedade da utilização do *eSocial* deverão ser transmitidas antes do envio de qualquer evento periódico ou não periódico e até o final do 1º (primeiro) mês de sua obrigatoriedade; e

d) as informações de atualização de identificação do empregador, dos estabelecimentos e das obras

de construção civil de que trata a alínea *a* deverão ser enviadas até o dia 7 (sete) do mês subsequente ao de ocorrência da alteração, ou previamente à transmissão de qualquer evento que requeira essas informações para validação, o que ocorrer primeiro.

II – livro de eventos não periódicos:

a) as informações do registro preliminar de admissão do trabalhador devem ser enviadas até o final do dia imediatamente anterior ao do início da prestação do serviço, observado o disposto no § 1º deste artigo;

b) as informações da admissão do trabalhador e de ingresso e reingresso do servidor público de todos os poderes, órgãos e entidades do respectivo ente federativo vinculados ao Regime Geral de Previdência Social, suas autarquias e fundações, devem ser enviadas antes da transmissão de qualquer outro evento relativo a esse trabalhador ou até o dia 7 (sete) do mês subsequente ao da sua ocorrência, observado o disposto no § 2º deste artigo;

c) as informações de ingresso e reingresso do servidor titular de cargo efetivo de todos os poderes, órgãos e entidades do respectivo ente federativo, suas autarquias e fundações, amparado por Regime Próprio de Previdência Social, do magistrado, do membro do Tribunal de Contas, do membro do Ministério Público e do militar, devem ser enviadas antes da transmissão de qualquer outro evento relativo a esses segurados ou até o dia 7 (sete) do mês subsequente ao da sua ocorrência;

d) as informações da comunicação de acidente de trabalho devem ser enviadas até o 1º (primeiro) dia útil seguinte ao da ocorrência e, em caso de morte, de imediato;

e) as informações de desligamento devem ser enviadas até o 1º (primeiro) dia útil seguinte à data do desligamento, no caso de aviso prévio trabalhado ou do término de contrato por prazo determinado;

f) as informações de desligamento devem ser enviadas até 10 (dez) dias seguintes à data do desligamento nos casos não previstos na alínea *e* deste inciso;

g) as informações do aviso prévio devem ser enviadas em até 10 dias de sua comunicação ao empregado;

h) as informações do afastamento temporário ocasionado por acidente do trabalho, agravo de saúde ou doença decorrentes do trabalho com duração de até 30 (trinta) dias devem ser enviadas até o dia 7 (sete) do mês subsequente;

i) as informações do afastamento temporário ocasionado por acidente de qualquer natureza, agravo de saúde ou doença não relacionados ao trabalho com duração de 3 (três) a 30 (trinta) dias devem ser enviadas até o dia 7 (sete) do mês subsequente;

j) as informações do afastamento temporário ocasionado por acidente de trabalho, acidente de qualquer natureza, agravo de saúde ou doença com duração superior a 30 (trinta) dias devem ser enviadas até o 31º dia da sua ocorrência, caso não tenha transcorrido o prazo previsto nas alíneas *h* ou *i;*

k) as informações dos afastamentos temporários ocasionados pelo mesmo acidente ou doença que ocorrerem dentro do prazo de 60 (sessenta) dias e tiverem em sua totalidade duração superior a 30 (trinta) dias, independente da duração individual de cada afastamento, deverão ser enviados em conjunto até o 31º dia do afastamento, caso não tenha transcorrido o prazo previsto nas alíneas *h* ou *i;*

l) as informações dos eventos não periódicos não relacionados nas alíneas *a* a *k* devem ser enviadas até o dia 7 (sete) do mês subsequente ao da sua ocorrência ou antes do envio dos eventos mensais de remuneração a que se relacionem, observado o disposto no § 2º deste artigo; e

m) as informações dos afastamentos temporários e desligamentos do servidor titular de cargo efetivo de todos os poderes, órgãos e entidades do respectivo ente federativo, suas autarquias e fundações, amparado por Regime Próprio de Previdência Social, do magistrado, do membro do Tribunal de Contas, do membro do Ministério Público e do militar, devem ser enviadas antes do evento que contém a remuneração devida no mês a que se refere o afastamento, ou até o dia 20 (vinte) do mês subsequente ao que ocorrerem quando não for devida remuneração na competência.

III – livro de eventos periódicos:

a) as informações das folhas de pagamento contendo as remunerações devidas aos empregados, trabalhadores avulsos e contribuintes individuais, bem como os correspondentes totais, base de cálculo e valores devidos de contribuições previdenciárias, contribui-

ções sociais de que trata a Lei Complementar 110, de 2001, contribuições sindicais, FGTS e imposto sobre a renda devem ser enviadas até o dia 7 (sete) do mês subsequente ao que se refiram;

b) as informações de folha de pagamento contendo os pagamentos realizados a todos os trabalhadores, deduções e os valores devidos do imposto de renda retido na fonte devem ser transmitidas até o dia 7 (sete) do mês subsequente ao do pagamento;

c) as informações relacionadas à comercialização da produção rural pelo segurado especial e pelo produtor rural pessoa física, com as correspondentes deduções, bases de cálculo e os valores devidos e retidos, devem ser transmitidas até o dia 7 (sete) do mês subsequente ao que se refiram; e

d) as informações das remunerações e benefícios devidos e dos pagamentos realizados ao servidor titular de cargo efetivo de todos os poderes, órgãos e entidades do respectivo ente federativo, suas autarquias e fundações, amparado por regime próprio de previdência social, do magistrado, do membro do Tribunal de Contas, do membro do Ministério Público e do militar, bem como as bases de cálculo e valores devidos pelos segurados, beneficiários e pelo ente federativo devidas contribuições previdenciárias, devem ser enviadas até o dia 7 (sete) do mês subsequente ao que ocorrerem.

§ 1º O empregador pode optar por enviar todas as informações de admissão do trabalhador até o final do dia imediatamente anterior ao do início da prestação do serviço ficando, nesse caso, dispensado do envio das informações do registro preliminar do trabalhador.

§ 2º Antecipa-se o vencimento dos prazos de envio para o dia útil imediatamente anterior quando não houver expediente bancário nas datas indicadas nas alíneas b c, f, h a k e m do inciso II e no inciso III.

§ 3º Antecipa-se o vencimento do prazo de envio para o dia 7 (sete) do mês subsequente quando o 10º dia corrido de que trata a alínea f do inciso II deste artigo for posterior ao dia 7 (sete).

§ 4º As informações de remuneração do empregado referentes ao mês anterior, de que trata a alínea a do inciso III deste artigo, devem ser enviadas previamente às informações de desligamento deste empregado, nas hipóteses em que os vencimentos dos prazos previstos para envio do desligamento ocorram antes do dia 7 (sete) do mês subsequente.

§ 5º Na ausência de fatos geradores que obrigam o envio dos eventos periódicos previstos no inciso III, o obrigado ao eSocial deve enviar um evento específico informando que não possui movimento na primeira competência em que essa situação ocorrer, devendo tal informação ser ratificada na competência janeiro de cada ano enquanto permanecer essa situação.

§ 6º Os eventos que compõem o eSocial devem ser transmitidos mediante autenticação e assinatura digital utilizando-se certificado digital válido no âmbito da Infraestrutura de Chaves Públicas Brasileiras (ICP-Brasil).

§ 7º Terão as rotinas de autenticação disciplinadas no Manual de Orientação do eSocial, não se aplicando o § 6º deste artigo, o Micro Empreendedor Individual – MEI com empregado, o segurado especial e os obrigados relacionados a seguir que possuam até 7 (sete) empregados:

I – empregadores domésticos;

II – micro e pequenas empresas optantes pelo Simples Nacional;

III – contribuinte individual equiparado à empresa; e

IV – produtor rural pessoa física.

§ 8º A transmissão e a assinatura digital dos eventos poderão ser feitas por procuradores com poderes outorgados de acordo com modelos adotados pelos órgãos e entidades integrantes do Comitê Gestor do eSocial.

§ 9º Aquele que deixar de prestar as informações no prazo fixado ou que a apresentar com incorreções ou omissões ficará sujeito às penalidades previstas na legislação.

Art. 4º O tratamento diferenciado, simplificado e favorecido a ser dispensado às empresas optantes pelo Regime Especial Unificado de Arrecadação de Tributos e Contribuições devidos pelas Microempresas e Empresas de Pequeno Porte – Simples Nacional, MEI com empregado, ao empregador doméstico, ao segurado especial e ao produtor rural pessoa física será definido em atos específicos.

Art. 5º Fica aprovada a versão 2.0 do Manual de Orientação do eSocial, disponível no sítio eletrônico do eSocial na Internet, no endereço <http://www. eSocial.gov.br>.

Art. 6º Os órgãos e entidades integrantes do Comitê Gestor do eSocial regulamentarão, no âmbito de suas competências, o disposto nesta Resolução.

Art. 7º Esta Resolução entra em vigor na data de sua publicação.

José Alberto Reynaldo Maia Alves Filho
Ministério do Trabalho e Emprego

LEI 13.140, DE 26 DE JUNHO DE 2015

Dispõe sobre a mediação entre particulares como meio de solução de controvérsias e sobre a autocomposição de conflitos no âmbito da administração pública; altera a Lei 9.469, de 10 de julho de 1997, e o Decreto 70.235, de 6 de março de 1972; e revoga o § 2º do art. 6º da Lei 9.469, de 10 de julho de 1997.

DOU 29.06.2015

A Presidenta da República:

Faço saber que o Congresso Nacional decreta e eu sanciono a seguinte Lei:

Art. 1º Esta Lei dispõe sobre a mediação como meio de solução de controvérsias entre particulares e sobre a autocomposição de conflitos no âmbito da administração pública.

Parágrafo único. Considera-se mediação a atividade técnica exercida por terceiro imparcial sem poder decisório, que, escolhido ou aceito pelas partes, as auxilia e estimula a identificar ou desenvolver soluções consensuais para a controvérsia.

CAPÍTULO I
DA MEDIAÇÃO

Seção I
Disposições gerais

Art. 2º A mediação será orientada pelos seguintes princípios:

I – imparcialidade do mediador;

II – isonomia entre as partes;

III – oralidade;

IV – informalidade;

V – autonomia da vontade das partes;

VI – busca do consenso;

VII – confidencialidade;

VIII – boa-fé.

§ 1º Na hipótese de existir previsão contratual de cláusula de mediação, as partes deverão comparecer à primeira reunião de mediação.

§ 2º Ninguém será obrigado a permanecer em procedimento de mediação.

Art. 3º Pode ser objeto de mediação o conflito que verse sobre direitos disponíveis ou sobre direitos indisponíveis que admitam transação.

§ 1º A mediação pode versar sobre todo o conflito ou parte dele.

§ 2º O consenso das partes envolvendo direitos indisponíveis, mas transigíveis, deve ser homologado em juízo, exigida a oitiva do Ministério Público.

Seção II
Dos mediadores

Subseção I
Disposições comuns

Art. 4º O mediador será designado pelo tribunal ou escolhido pelas partes.

§ 1º O mediador conduzirá o procedimento de comunicação entre as partes, buscando o entendimento e o consenso e facilitando a resolução do conflito.

§ 2º Aos necessitados será assegurada a gratuidade da mediação.

Art. 5º Aplicam-se ao mediador as mesmas hipóteses legais de impedimento e suspeição do juiz.

Parágrafo único. A pessoa designada para atuar como mediador tem o dever de revelar às partes, antes da aceitação da função, qualquer fato ou circunstância que possa suscitar dúvida justificada em relação à sua imparcialidade para mediar o conflito, oportunidade em que poderá ser recusada por qualquer delas.

Art. 6º O mediador fica impedido, pelo prazo de um ano, contado do término da última audiência em que atuou, de assessorar, representar ou patrocinar qualquer das partes.

Art. 7º O mediador não poderá atuar como árbitro nem funcionar como testemunha em processos judiciais ou arbitrais pertinentes a conflito em que tenha atuado como mediador.

Art. 8º O mediador e todos aqueles que o assessoram no procedimento de mediação, quando no exercício de suas funções ou em razão delas, são equiparados a servidor público, para os efeitos da legislação penal.

Subseção II
Dos mediadores extrajudiciais

Art. 9º Poderá funcionar como mediador extrajudicial qualquer pessoa capaz que tenha a confiança das partes e seja capacitada para fazer mediação, independentemente de integrar qualquer tipo de conselho, entidade de classe ou associação, ou nele inscrever-se.

Art. 10. As partes poderão ser assistidas por advogados ou defensores públicos.

Parágrafo único. Comparecendo uma das partes acompanhada de advogado ou defensor público, o mediador suspenderá o procedimento, até que todas estejam devidamente assistidas.

Subseção III
Dos mediadores judiciais

Art. 11. Poderá atuar como mediador judicial a pessoa capaz, graduada há pelo menos dois anos em curso de ensino superior de instituição reconhecida pelo Ministério da Educação e que tenha obtido capacitação em escola ou instituição de formação de mediadores, reconhecida pela Escola Nacional de Formação e Aperfeiçoamento de Magistrados – ENFAM ou pelos tribunais, observados os requisitos mínimos estabelecidos pelo Conselho Nacional de Justiça em conjunto com o Ministério da Justiça.

Art. 12. Os tribunais criarão e manterão cadastros atualizados dos mediadores habilitados e autorizados a atuar em mediação judicial.

§ 1º A inscrição no cadastro de mediadores judiciais será requerida pelo interessado ao tribunal com jurisdição na área em que pretenda exercer a mediação.

§ 2º Os tribunais regulamentarão o processo de inscrição e desligamento de seus mediadores.

Art. 13. A remuneração devida aos mediadores judiciais será fixada pelos tribunais e custeada pelas partes, observado o disposto no § 2º do art. 4º desta Lei.

Seção III
Do procedimento de mediação

Subseção I
Disposições comuns

Art. 14. No início da primeira reunião de mediação, e sempre que julgar necessário, o mediador deverá alertar as partes acerca das regras de confidencialidade aplicáveis ao procedimento.

Art. 15. A requerimento das partes ou do mediador, e com anuência daquelas, poderão ser admitidos outros mediadores para funcionarem no mesmo procedimento, quando isso for recomendável em razão da natureza e da complexidade do conflito.

Art. 16. Ainda que haja processo arbitral ou judicial em curso, as partes poderão submeter-se à mediação, hipótese em que requererão ao juiz ou árbitro a suspensão do processo por prazo suficiente para a solução consensual do litígio.

§ 1º É irrecorrível a decisão que suspende o processo nos termos requeridos de comum acordo pelas partes.

§ 2º A suspensão do processo não obsta a concessão de medidas de urgência pelo juiz ou pelo árbitro.

Art. 17. Considera-se instituída a mediação na data para a qual for marcada a primeira reunião de mediação.

Parágrafo único. Enquanto transcorrer o procedimento de mediação, ficará suspenso o prazo prescricional.

Art. 18. Iniciada a mediação, as reuniões posteriores com a presença das partes somente poderão ser marcadas com a sua anuência.

Art. 19. No desempenho de sua função, o mediador poderá reunir-se com as partes, em conjunto ou separadamente, bem como solicitar das partes as informações que entender necessárias para facilitar o entendimento entre aquelas.

Art. 20. O procedimento de mediação será encerrado com a lavratura do seu termo final, quando for celebrado acordo ou quando não se justificarem novos esforços para a obtenção de consenso, seja por declaração do mediador nesse sentido ou por manifestação de qualquer das partes.

Parágrafo único. O termo final de mediação, na hipótese de celebração de acordo, constitui título executivo extrajudicial e, quando homologado judicialmente, título executivo judicial.

Subseção II
Da mediação extrajudicial

Art. 21. O convite para iniciar o procedimento de mediação extrajudicial poderá ser feito por qualquer meio de comunicação e deverá estipular o escopo proposto para a negociação, a data e o local da primeira reunião.

Parágrafo único. O convite formulado por uma parte à outra considerar-se-á rejeitado se não for respondido em até trinta dias da data de seu recebimento.

Art. 22. A previsão contratual de mediação deverá conter, no mínimo:

I – prazo mínimo e máximo para a realização da primeira reunião de mediação, contado a partir da data de recebimento do convite;

II – local da primeira reunião de mediação;

III – critérios de escolha do mediador ou equipe de mediação;

IV – penalidade em caso de não comparecimento da parte convidada à primeira reunião de mediação.

§ 1º A previsão contratual pode substituir a especificação dos itens acima enumerados pela indicação de regulamento, publicado por instituição idônea prestadora de serviços de mediação, no qual constem critérios claros para a escolha do mediador e realização da primeira reunião de mediação.

§ 2º Não havendo previsão contratual completa, deverão ser observados os seguintes critérios para a realização da primeira reunião de mediação:

I – prazo mínimo de dez dias úteis e prazo máximo de três meses, contados a partir do recebimento do convite;

II – local adequado a uma reunião que possa envolver informações confidenciais;

III – lista de cinco nomes, informações de contato e referências profissionais de mediadores capacitados; a parte convidada poderá escolher, expressamente, qualquer um dos cinco mediadores e, caso a parte convidada não se manifeste, considerar-se-á aceito o primeiro nome da lista;

IV – o não comparecimento da parte convidada à primeira reunião de mediação acarretará a assunção por parte desta de cinquenta por cento das custas e honorários sucumbenciais caso venha a ser vencedora em procedimento arbitral ou judicial posterior, que envolva o escopo da mediação para a qual foi convidada.

§ 3º Nos litígios decorrentes de contratos comerciais ou societários que não contenham cláusula de mediação, o mediador extrajudicial somente cobrará por seus serviços caso as partes decidam assinar o termo inicial de mediação e permanecer, voluntariamente, no procedimento de mediação.

Art. 23. Se, em previsão contratual de cláusula de mediação, as partes se comprometerem a não iniciar procedimento arbitral ou processo judicial durante certo prazo ou até o implemento de determinada condição, o árbitro ou o juiz suspenderá o curso da arbitragem ou da ação pelo prazo previamente acordado ou até o implemento dessa condição.

Parágrafo único. O disposto no *caput* não se aplica às medidas de urgência em que o acesso ao Poder Judiciário seja necessário para evitar o perecimento de direito.

Subseção III
Da mediação judicial

Art. 24. Os tribunais criarão centros judiciários de solução consensual de conflitos, responsáveis pela realização de sessões e audiências de conciliação e mediação, pré-processuais e processuais, e pelo desenvolvimento de programas destinados a auxiliar, orientar e estimular a autocomposição.

Parágrafo único. A composição e a organização do centro serão definidas pelo respectivo tribunal, observadas as normas do Conselho Nacional de Justiça.

Art. 25. Na mediação judicial, os mediadores não estarão sujeitos à prévia aceitação das partes, observado o disposto no art. 5º desta Lei.

Art. 26. As partes deverão ser assistidas por advogados ou defensores públicos, ressalvadas as hipóteses previstas nas Leis 9.099, de 26 de setembro de 1995, e 10.259, de 12 de julho de 2001.

Parágrafo único. Aos que comprovarem insuficiência de recursos será assegurada assistência pela Defensoria Pública.

Art. 27. Se a petição inicial preencher os requisitos essenciais e não for o caso de improcedência liminar do pedido, o juiz designará audiência de mediação.

Art. 28. O procedimento de mediação judicial deverá ser concluído em até sessenta dias, contados da

primeira sessão, salvo quando as partes, de comum acordo, requererem sua prorrogação.

Parágrafo único. Se houver acordo, os autos serão encaminhados ao juiz, que determinará o arquivamento do processo e, desde que requerido pelas partes, homologará o acordo, por sentença, e o termo final da mediação e determinará o arquivamento do processo.

Art. 29. Solucionado o conflito pela mediação antes da citação do réu, não serão devidas custas judiciais finais.

Seção IV
Da confidencialidade e suas exceções

Art. 30. Toda e qualquer informação relativa ao procedimento de mediação será confidencial em relação a terceiros, não podendo ser revelada sequer em processo arbitral ou judicial salvo se as partes expressamente decidirem de forma diversa ou quando sua divulgação for exigida por lei ou necessária para cumprimento de acordo obtido pela mediação.

§ 1º O dever de confidencialidade aplica-se ao mediador, às partes, a seus prepostos, advogados, assessores técnicos e a outras pessoas de sua confiança que tenham, direta ou indiretamente, participado do procedimento de mediação, alcançando:

I – declaração, opinião, sugestão, promessa ou proposta formulada por uma parte à outra na busca de entendimento para o conflito;

II – reconhecimento de fato por qualquer das partes no curso do procedimento de mediação;

III – manifestação de aceitação de proposta de acordo apresentada pelo mediador;

IV – documento preparado unicamente para os fins do procedimento de mediação.

§ 2º A prova apresentada em desacordo com o disposto neste artigo não será admitida em processo arbitral ou judicial.

§ 3º Não está abrigada pela regra de confidencialidade a informação relativa à ocorrência de crime de ação pública.

§ 4º A regra da confidencialidade não afasta o dever de as pessoas discriminadas no *caput* prestarem informações à administração tributária após o termo final da mediação, aplicando-se aos seus servidores a obrigação de manterem sigilo das informações compartilhadas nos termos do art. 198 da Lei 5.172, de 25 de outubro de 1966 – Código Tributário Nacional.

Art. 31. Será confidencial a informação prestada por uma parte em sessão privada, não podendo o mediador revelá-la às demais, exceto se expressamente autorizado.

CAPÍTULO II
DA AUTOCOMPOSIÇÃO DE CONFLITOS EM QUE FOR PARTE PESSOA JURÍDICA DE DIREITO PÚBLICO

Seção I
Disposições comuns

Art. 32. A União, os Estados, o Distrito Federal e os Municípios poderão criar câmaras de prevenção e resolução administrativa de conflitos, no âmbito dos respectivos órgãos da Advocacia Pública, onde houver, com competência para:

I – dirimir conflitos entre órgãos e entidades da administração pública;

II – avaliar a admissibilidade dos pedidos de resolução de conflitos, por meio de composição, no caso de controvérsia entre particular e pessoa jurídica de direito público;

III – promover, quando couber, a celebração de termo de ajustamento de conduta.

§ 1º O modo de composição e funcionamento das câmaras de que trata o *caput* será estabelecido em regulamento de cada ente federado.

§ 2º A submissão do conflito às câmaras de que trata o *caput* é facultativa e será cabível apenas nos casos previstos no regulamento do respectivo ente federado.

§ 3º Se houver consenso entre as partes, o acordo será reduzido a termo e constituirá título executivo extrajudicial.

§ 4º Não se incluem na competência dos órgãos mencionados no *caput* deste artigo as controvérsias que somente possam ser resolvidas por atos ou concessão de direitos sujeitos a autorização do Poder Legislativo.

§ 5º Compreendem-se na competência das câmaras de que trata o *caput* a prevenção e a resolução de conflitos que envolvam equilíbrio econômico-financeiro de contratos celebrados pela administração com particulares.

Art. 33. Enquanto não forem criadas as câmaras de mediação, os conflitos poderão ser dirimidos nos

termos do procedimento de mediação previsto na Subseção I da Seção III do Capítulo I desta Lei.

Parágrafo único. A Advocacia Pública da União, dos Estados, do Distrito Federal e dos Municípios, onde houver, poderá instaurar, de ofício ou mediante provocação, procedimento de mediação coletiva de conflitos relacionados à prestação de serviços públicos.

Art. 34. A instauração de procedimento administrativo para a resolução consensual de conflito no âmbito da administração pública suspende a prescrição.

§ 1º Considera-se instaurado o procedimento quando o órgão ou entidade pública emitir juízo de admissibilidade, retroagindo a suspensão da prescrição à data de formalização do pedido de resolução consensual do conflito.

§ 2º Em se tratando de matéria tributária, a suspensão da prescrição deverá observar o disposto na Lei 5.172, de 25 de outubro de 1966 – Código Tributário Nacional.

Seção II
Dos conflitos envolvendo a administração pública federal direta, suas autarquias e fundações

Art. 35. As controvérsias jurídicas que envolvam a administração pública federal direta, suas autarquias e fundações poderão ser objeto de transação por adesão, com fundamento em:

I – autorização do Advogado-Geral da União, com base na jurisprudência pacífica do Supremo Tribunal Federal ou de tribunais superiores; ou

II – parecer do Advogado-Geral da União, aprovado pelo Presidente da República.

§ 1º Os requisitos e as condições da transação por adesão serão definidos em resolução administrativa própria.

§ 2º Ao fazer o pedido de adesão, o interessado deverá juntar prova de atendimento aos requisitos e às condições estabelecidos na resolução administrativa.

§ 3º A resolução administrativa terá efeitos gerais e será aplicada aos casos idênticos, tempestivamente habilitados mediante pedido de adesão, ainda que solucione apenas parte da controvérsia.

§ 4º A adesão implicará renúncia do interessado ao direito sobre o qual se fundamenta a ação ou o recurso, eventualmente pendentes, de natureza administrativa ou judicial, no que tange aos pontos compreendidos pelo objeto da resolução administrativa.

§ 5º Se o interessado for parte em processo judicial inaugurado por ação coletiva, a renúncia ao direito sobre o qual se fundamenta a ação deverá ser expressa, mediante petição dirigida ao juiz da causa.

§ 6º A formalização de resolução administrativa destinada à transação por adesão não implica a renúncia tácita à prescrição nem sua interrupção ou suspensão.

Art. 36. No caso de conflitos que envolvam controvérsia jurídica entre órgãos ou entidades de direito público que integram a administração pública federal, a Advocacia-Geral da União deverá realizar composição extrajudicial do conflito, observados os procedimentos previstos em ato do Advogado-Geral da União.

§ 1º Na hipótese do *caput*, se não houver acordo quanto à controvérsia jurídica, caberá ao Advogado-Geral da União dirimi-la, com fundamento na legislação afeta.

§ 2º Nos casos em que a resolução da controvérsia implicar o reconhecimento da existência de créditos da União, de suas autarquias e fundações em face de pessoas jurídicas de direito público federais, a Advocacia-Geral da União poderá solicitar ao Ministério do Planejamento, Orçamento e Gestão a adequação orçamentária para quitação das dívidas reconhecidas como legítimas.

§ 3º A composição extrajudicial do conflito não afasta a apuração de responsabilidade do agente público que deu causa à dívida, sempre que se verificar que sua ação ou omissão constitui, em tese, infração disciplinar.

§ 4º Nas hipóteses em que a matéria objeto do litígio esteja sendo discutida em ação de improbidade administrativa ou sobre ela haja decisão do Tribunal de Contas da União, a conciliação de que trata o *caput* dependerá da anuência expressa do juiz da causa ou do Ministro Relator.

Art. 37. É facultado aos Estados, ao Distrito Federal e aos Municípios, suas autarquias e fundações públicas, bem como às empresas públicas e sociedades de economia mista federais, submeter seus litígios com órgãos ou entidades da administração pública federal à Advocacia-Geral da União, para fins de composição extrajudicial do conflito.

Art. 38. Nos casos em que a controvérsia jurídica seja relativa a tributos administrados pela Secretaria

da Receita Federal do Brasil ou a créditos inscritos em dívida ativa da União:

I – não se aplicam as disposições dos incisos II e III do *caput* do art. 32;

II – as empresas públicas, sociedades de economia mista e suas subsidiárias que explorem atividade econômica de produção ou comercialização de bens ou de prestação de serviços em regime de concorrência não poderão exercer a faculdade prevista no art. 37;

III – quando forem partes as pessoas a que alude o *caput* do art. 36:

a) a submissão do conflito à composição extrajudicial pela Advocacia-Geral da União implica renúncia do direito de recorrer ao Conselho Administrativo de Recursos Fiscais;

b) a redução ou o cancelamento do crédito dependerá de manifestação conjunta do Advogado-Geral da União e do Ministro de Estado da Fazenda.

Parágrafo único. O disposto neste artigo não afasta a competência do Advogado-Geral da União prevista nos incisos VI, X e XI do art. 4º da Lei Complementar 73, de 10 de fevereiro de 1993, e na Lei 9.469, de 10 de julho de 1997.

> ▶ Parágrafo único com redação pela Lei 13.327/2016 *(DOU 29.07.2016),* em vigor na data de sua publicação, produzindo efeitos a partir de 1º.08.2016.

Art. 39. A propositura de ação judicial em que figurem concomitantemente nos polos ativo e passivo órgãos ou entidades de direito público que integrem a administração pública federal deverá ser previamente autorizada pelo Advogado-Geral da União.

Art. 40. Os servidores e empregados públicos que participarem do processo de composição extrajudicial do conflito, somente poderão ser responsabilizados civil, administrativa ou criminalmente quando, mediante dolo ou fraude, receberem qualquer vantagem patrimonial indevida, permitirem ou facilitarem sua recepção por terceiro, ou para tal concorrerem.

> ▶ Lei 14.057/2020 (Acordo com credores para pagamento com desconto de precatórios federais e acordo terminativo de litígio contra a Fazenda Pública).

CAPÍTULO III
DISPOSIÇÕES FINAIS

Art. 41. A Escola Nacional de Mediação e Conciliação, no âmbito do Ministério da Justiça, poderá criar banco de dados sobre boas práticas em mediação, bem como manter relação de mediadores e de instituições de mediação.

Art. 42. Aplica-se esta Lei, no que couber, às outras formas consensuais de resolução de conflitos, tais como mediações comunitárias e escolares, e àquelas levadas a efeito nas serventias extrajudiciais, desde que no âmbito de suas competências.

Parágrafo único. A mediação nas relações de trabalho será regulada por lei própria.

Art. 43. Os órgãos e entidades da administração pública poderão criar câmaras para a resolução de conflitos entre particulares, que versem sobre atividades por eles reguladas ou supervisionadas.

(...)

Art. 46. A mediação poderá ser feita pela internet ou por outro meio de comunicação que permita a transação à distância, desde que as partes estejam de acordo.

Parágrafo único. É facultado à parte domiciliada no exterior submeter-se à mediação segundo as regras estabelecidas nesta Lei.

Art. 47. Esta Lei entra em vigor após decorridos cento e oitenta dias de sua publicação oficial.

Art. 48. Revoga-se o § 2º do art. 6º da Lei 9.469, de 10 de julho de 1997.

Brasília, 26 de junho de 2015; 194º da Independência e 127º da República.

Dilma Rousseff

LEI 13.146, DE 6 DE JULHO DE 2015

Institui a Lei Brasileira de Inclusão da Pessoa com Deficiência (Estatuto da Pessoa com Deficiência).

DOU 07.07.2015

> ▶ Decreto 6.949/2009 (Convenção Internacional sobre os Direitos das Pessoas com Deficiência).
> ▶ Lei 12.764/2012 (Proteção dos Direitos da Pessoa com Transtorno do Espectro Autista).

A Presidenta da República:

Faço saber que o Congresso Nacional decreta e eu sanciono a seguinte Lei:

LIVRO I
PARTE GERAL

TÍTULO I
DISPOSIÇÕES PRELIMINARES

CAPÍTULO I
DISPOSIÇÕES GERAIS

Art. 1º É instituída a Lei Brasileira de Inclusão da Pessoa com Deficiência (Estatuto da Pessoa com Deficiência), destinada a assegurar e a promover, em condições de igualdade, o exercício dos direitos e das liberdades fundamentais por pessoa com deficiência, visando à sua inclusão social e cidadania.

Parágrafo único. Esta Lei tem como base a Convenção sobre os Direitos das Pessoas com Deficiência e seu Protocolo Facultativo, ratificados pelo Congresso Nacional por meio do Decreto Legislativo 186, de 9 de julho de 2008, em conformidade com o procedimento previsto no § 3º do art. 5º da Constituição da República Federativa do Brasil, em vigor para o Brasil, no plano jurídico externo, desde 31 de agosto de 2008, e promulgados pelo Decreto 6.949, de 25 de agosto de 2009, data de início de sua vigência no plano interno.

Art. 2º Considera-se pessoa com deficiência aquela que tem impedimento de longo prazo de natureza física, mental, intelectual ou sensorial, o qual, em interação com uma ou mais barreiras, pode obstruir sua participação plena e efetiva na sociedade em igualdade de condições com as demais pessoas.

§ 1º A avaliação da deficiência, quando necessária, será biopsicossocial, realizada por equipe multiprofissional e interdisciplinar e considerará:

I – os impedimentos nas funções e nas estruturas do corpo;

II – os fatores socioambientais, psicológicos e pessoais;

III – a limitação no desempenho de atividades; e

IV – a restrição de participação.

§ 2º O Poder Executivo criará instrumentos para avaliação da deficiência.

§ 3º O exame médico-pericial componente da avaliação biopsicossocial da deficiência de que trata o § 1º deste artigo poderá ser realizado com o uso de tecnologia de telemedicina ou por análise documental conforme situações e requisitos definidos em regulamento.

> ▶ § 3º acrescido pela Lei 14.724/2023.

Art. 2º-A. É instituído o cordão de fita com desenhos de girassóis como símbolo nacional de identificação de pessoas com deficiências ocultas.

> ▶ Artigo acrescido pela Lei 14.624/2023.

§ 1º O uso do símbolo de que trata o *caput* deste artigo é opcional, e sua ausência não prejudica o exercício de direitos e garantias previstos em lei.

§ 2º A utilização do símbolo de que trata o *caput* deste artigo não dispensa a apresentação de documento comprobatório da deficiência, caso seja solicitado pelo atendente ou pela autoridade competente.

(...)

CAPÍTULO II
DA IGUALDADE E DA NÃO DISCRIMINAÇÃO

Art. 4º Toda pessoa com deficiência tem direito à igualdade de oportunidades com as demais pessoas e não sofrerá nenhuma espécie de discriminação.

§ 1º Considera-se discriminação em razão da deficiência toda forma de distinção, restrição ou exclusão, por ação ou omissão, que tenha o propósito ou o efeito de prejudicar, impedir ou anular o reconhecimento ou o exercício dos direitos e das liberdades fundamentais de pessoa com deficiência, incluindo a recusa de adaptações razoáveis e de fornecimento de tecnologias assistivas.

§ 2º A pessoa com deficiência não está obrigada à fruição de benefícios decorrentes de ação afirmativa.

(...)

Art. 7º É dever de todos comunicar à autoridade competente qualquer forma de ameaça ou de violação aos direitos da pessoa com deficiência.

Parágrafo único. Se, no exercício de suas funções, os juízes e os tribunais tiverem conhecimento de fatos que caracterizem as violações previstas nesta Lei, devem remeter peças ao Ministério Público para as providências cabíveis.

Art. 8º É dever do Estado, da sociedade e da família assegurar à pessoa com deficiência, com prioridade, a efetivação dos direitos referentes à vida, à saúde, à sexualidade, à paternidade e à maternidade, à alimentação, à habitação, à educação, à profissionalização, ao trabalho, à previdência social, à habilitação e à reabilitação, ao transporte, à acessibilidade, à cultura, ao desporto, ao turismo, ao lazer, à informação, à comunicação, aos avanços científicos e tecnológicos, à dignidade, ao respeito, à liberdade, à convivência familiar e comunitária, entre outros decorrentes da Constituição Federal, da Convenção sobre os Direitos das Pessoas com Deficiência e seu Protocolo Facultativo e das leis e de outras normas que garantam seu bem-estar pessoal, social e econômico.

Seção Única
Do atendimento prioritário

Art. 9º A pessoa com deficiência tem direito a receber atendimento prioritário, sobretudo com a finalidade de:

(...)

VI – recebimento de restituição de imposto de renda;

VII – tramitação processual e procedimentos judiciais e administrativos em que for parte ou interessada, em todos os atos e diligências.

§ 1º Os direitos previstos neste artigo são extensivos ao acompanhante da pessoa com deficiência ou ao seu atendente pessoal, exceto quanto ao disposto nos incisos VI e VII deste artigo.

(...)

CAPÍTULO VI
DO DIREITO AO TRABALHO

Seção I
Disposições gerais

Art. 34. A pessoa com deficiência tem direito ao trabalho de sua livre escolha e aceitação, em ambiente acessível e inclusivo, em igualdade de oportunidades com as demais pessoas.

§ 1º As pessoas jurídicas de direito público, privado ou de qualquer natureza são obrigadas a garantir ambientes de trabalho acessíveis e inclusivos.

§ 2º A pessoa com deficiência tem direito, em igualdade de oportunidades com as demais pessoas, a condições justas e favoráveis de trabalho, incluindo igual remuneração por trabalho de igual valor.

§ 3º É vedada restrição ao trabalho da pessoa com deficiência e qualquer discriminação em razão de sua condição, inclusive nas etapas de recrutamento, seleção, contratação, admissão, exames admissional e periódico, permanência no emprego, ascensão profissional e reabilitação profissional, bem como exigência de aptidão plena.

§ 4º A pessoa com deficiência tem direito à participação e ao acesso a cursos, treinamentos, educação continuada, planos de carreira, promoções, bonificações e incentivos profissionais oferecidos pelo empregador, em igualdade de oportunidades com os demais empregados.

§ 5º É garantida aos trabalhadores com deficiência acessibilidade em cursos de formação e de capacitação.

Art. 35. É finalidade primordial das políticas públicas de trabalho e emprego promover e garantir condições de acesso e de permanência da pessoa com deficiência no campo de trabalho.

Parágrafo único. Os programas de estímulo ao empreendedorismo e ao trabalho autônomo, incluídos o cooperativismo e o associativismo, devem prever a participação da pessoa com deficiência e a disponibilização de linhas de crédito, quando necessárias.

Seção II
Da habilitação profissional
e reabilitação profissional

Art. 36. O poder público deve implementar serviços e programas completos de habilitação profissional e de reabilitação profissional para que a pessoa com deficiência possa ingressar, continuar ou retornar ao campo do trabalho, respeitados sua livre escolha, sua vocação e seu interesse.

§ 1º Equipe multidisciplinar indicará, com base em critérios previstos no § 1º do art. 2º desta Lei, programa de habilitação ou de reabilitação que possibilite à pessoa com deficiência restaurar sua capacidade e habilidade profissional ou adquirir novas capacidades e habilidades de trabalho.

§ 2º A habilitação profissional corresponde ao processo destinado a propiciar à pessoa com deficiência aquisição de conhecimentos, habilidades e aptidões para exercício de profissão ou de ocupação, permitin-

do nível suficiente de desenvolvimento profissional para ingresso no campo de trabalho.

§ 3º Os serviços de habilitação profissional, de reabilitação profissional e de educação profissional devem ser dotados de recursos necessários para atender a toda pessoa com deficiência, independentemente de sua característica específica, a fim de que ela possa ser capacitada para trabalho que lhe seja adequado e ter perspectivas de obtê-lo, de conservá-lo e de nele progredir.

§ 4º Os serviços de habilitação profissional, de reabilitação profissional e de educação profissional deverão ser oferecidos em ambientes acessíveis e inclusivos.

§ 5º A habilitação profissional e a reabilitação profissional devem ocorrer articuladas com as redes públicas e privadas, especialmente de saúde, de ensino e de assistência social, em todos os níveis e modalidades, em entidades de formação profissional ou diretamente com o empregador.

§ 6º A habilitação profissional pode ocorrer em empresas por meio de prévia formalização do contrato de emprego da pessoa com deficiência, que será considerada para o cumprimento da reserva de vagas prevista em lei, desde que por tempo determinado e concomitante com a inclusão profissional na empresa, observado o disposto em regulamento.

§ 7º A habilitação profissional e a reabilitação profissional atenderão à pessoa com deficiência.

Seção III
Da inclusão da pessoa com deficiência no trabalho

Art. 37. Constitui modo de inclusão da pessoa com deficiência no trabalho a colocação competitiva, em igualdade de oportunidades com as demais pessoas, nos termos da legislação trabalhista e previdenciária, na qual devem ser atendidas as regras de acessibilidade, o fornecimento de recursos de tecnologia assistiva e a adaptação razoável no ambiente de trabalho.

Parágrafo único. A colocação competitiva da pessoa com deficiência pode ocorrer por meio de trabalho com apoio, observadas as seguintes diretrizes:

I – prioridade no atendimento à pessoa com deficiência com maior dificuldade de inserção no campo de trabalho;

II – provisão de suportes individualizados que atendam a necessidades específicas da pessoa com deficiência, inclusive a disponibilização de recursos de tecnologia assistiva, de agente facilitador e de apoio no ambiente de trabalho;

III – respeito ao perfil vocacional e ao interesse da pessoa com deficiência apoiada;

IV – oferta de aconselhamento e de apoio aos empregadores, com vistas à definição de estratégias de inclusão e de superação de barreiras, inclusive atitudinais;

V – realização de avaliações periódicas;

VI – articulação intersetorial das políticas públicas;

VII – possibilidade de participação de organizações da sociedade civil.

Art. 38. A entidade contratada para a realização de processo seletivo público ou privado para cargo, função ou emprego está obrigada à observância do disposto nesta Lei e em outras normas de acessibilidade vigentes.

CAPÍTULO VII
DO DIREITO À ASSISTÊNCIA SOCIAL

Art. 39. Os serviços, os programas, os projetos e os benefícios no âmbito da política pública de assistência social à pessoa com deficiência e sua família têm como objetivo a garantia da segurança de renda, da acolhida, da habilitação e da reabilitação, do desenvolvimento da autonomia e da convivência familiar e comunitária, para a promoção do acesso a direitos e da plena participação social.

§ 1º A assistência social à pessoa com deficiência, nos termos do *caput* deste artigo, deve envolver conjunto articulado de serviços do âmbito da Proteção Social Básica e da Proteção Social Especial, ofertados pelo Suas, para a garantia de seguranças fundamentais no enfrentamento de situações de vulnerabilidade e de risco, por fragilização de vínculos e ameaça ou violação de direitos.

§ 2º Os serviços socioassistenciais destinados à pessoa com deficiência em situação de dependência deverão contar com cuidadores sociais para prestar-lhe cuidados básicos e instrumentais.

Art. 40. É assegurado à pessoa com deficiência que não possua meios para prover sua subsistência nem

de tê-la provida por sua família o benefício mensal de 1 (um) salário mínimo, nos termos da Lei 8.742, de 7 de dezembro de 1993.

CAPÍTULO VIII
DO DIREITO À PREVIDÊNCIA SOCIAL

Art. 41. A pessoa com deficiência segurada do Regime Geral de Previdência Social (RGPS) tem direito à aposentadoria nos termos da Lei Complementar 142, de 8 de maio de 2013.

(...)

TÍTULO IV
DA CIÊNCIA E TECNOLOGIA

Art. 77. O poder público deve fomentar o desenvolvimento científico, a pesquisa e a inovação e a capacitação tecnológicas, voltados à melhoria da qualidade de vida e ao trabalho da pessoa com deficiência e sua inclusão social.

§ 1º O fomento pelo poder público deve priorizar a geração de conhecimentos e técnicas que visem à prevenção e ao tratamento de deficiências e ao desenvolvimento de tecnologias assistiva e social.

§ 2º A acessibilidade e as tecnologias assistiva e social devem ser fomentadas mediante a criação de cursos de pós-graduação, a formação de recursos humanos e a inclusão do tema nas diretrizes de áreas do conhecimento.

(...)

LIVRO II
PARTE ESPECIAL

TÍTULO I
DO ACESSO À JUSTIÇA

CAPÍTULO I
DISPOSIÇÕES GERAIS

Art. 79. O poder público deve assegurar o acesso da pessoa com deficiência à justiça, em igualdade de oportunidades com as demais pessoas, garantindo, sempre que requeridos, adaptações e recursos de tecnologia assistiva.

§ 1º A fim de garantir a atuação da pessoa com deficiência em todo o processo judicial, o poder público deve capacitar os membros e os servidores que atuam no Poder Judiciário, no Ministério Público, na Defensoria Pública, nos órgãos de segurança pública e no sistema penitenciário quanto aos direitos da pessoa com deficiência.

§ 2º Devem ser assegurados à pessoa com deficiência submetida a medida restritiva de liberdade todos os direitos e garantias a que fazem jus os apenados sem deficiência, garantida a acessibilidade.

§ 3º A Defensoria Pública e o Ministério Público tomarão as medidas necessárias à garantia dos direitos previstos nesta Lei.

Art. 80. Devem ser oferecidos todos os recursos de tecnologia assistiva disponíveis para que a pessoa com deficiência tenha garantido o acesso à justiça, sempre que figure em um dos polos da ação ou atue como testemunha, partícipe da lide posta em juízo, advogado, defensor público, magistrado ou membro do Ministério Público.

Parágrafo único. A pessoa com deficiência tem garantido o acesso ao conteúdo de todos os atos processuais de seu interesse, inclusive no exercício da advocacia.

Art. 81. Os direitos da pessoa com deficiência serão garantidos por ocasião da aplicação de sanções penais.

Art. 82. *Vetado.*

Art. 83. Os serviços notariais e de registro não podem negar ou criar óbices ou condições diferenciadas à prestação de seus serviços em razão de deficiência do solicitante, devendo reconhecer sua capacidade legal plena, garantida a acessibilidade.

Parágrafo único. O descumprimento do disposto no *caput* deste artigo constitui discriminação em razão de deficiência.

CAPÍTULO II
DO RECONHECIMENTO
IGUAL PERANTE A LEI

Art. 84. A pessoa com deficiência tem assegurado o direito ao exercício de sua capacidade legal em igualdade de condições com as demais pessoas.

§ 1º Quando necessário, a pessoa com deficiência será submetida à curatela, conforme a lei.

§ 2º É facultado à pessoa com deficiência a adoção de processo de tomada de decisão apoiada.

§ 3º A definição de curatela de pessoa com deficiência constitui medida protetiva extraordinária, proporcional às necessidades e às circunstâncias de cada caso, e durará o menor tempo possível.

§ 4º Os curadores são obrigados a prestar, anualmente, contas de sua administração ao juiz, apresentando o balanço do respectivo ano.

Art. 85. A curatela afetará tão somente os atos relacionados aos direitos de natureza patrimonial e negocial.

§ 1º A definição da curatela não alcança o direito ao próprio corpo, à sexualidade, ao matrimônio, à privacidade, à educação, à saúde, ao trabalho e ao voto.

§ 2º A curatela constitui medida extraordinária, devendo constar da sentença as razões e motivações de sua definição, preservados os interesses do curatelado.

§ 3º No caso de pessoa em situação de institucionalização, ao nomear curador, o juiz deve dar preferência a pessoa que tenha vínculo de natureza familiar, afetiva ou comunitária com o curatelado.

Art. 86. Para emissão de documentos oficiais, não será exigida a situação de curatela da pessoa com deficiência.

Art. 87. Em casos de relevância e urgência e a fim de proteger os interesses da pessoa com deficiência em situação de curatela, será lícito ao juiz, ouvido o Ministério Público, de ofício ou a requerimento do interessado, nomear, desde logo, curador provisório, o qual estará sujeito, no que couber, às disposições do Código de Processo Civil.

(...)

Art. 94. Terá direito a auxílio-inclusão, nos termos da lei, a pessoa com deficiência moderada ou grave que:

▸ Arts. 26-A a 26-H da Lei 8.742/1993.

I – receba o benefício de prestação continuada previsto no art. 20 da Lei 8.742, de 7 de dezembro de 1993, e que passe a exercer atividade remunerada que a enquadre como segurado obrigatório do RGPS;

II – tenha recebido, nos últimos 5 (cinco) anos, o benefício de prestação continuada previsto no art. 20 da Lei 8.742, de 7 de dezembro de 1993, e que exerça atividade remunerada que a enquadre como segurado obrigatório do RGPS.

Art. 95. É vedado exigir o comparecimento de pessoa com deficiência perante os órgãos públicos quando seu deslocamento, em razão de sua limitação funcional e de condições de acessibilidade, imponha-lhe ônus desproporcional e indevido, hipótese na qual serão observados os seguintes procedimentos:

I – quando for de interesse do poder público, o agente promoverá o contato necessário com a pessoa com deficiência em sua residência;

II – quando for de interesse da pessoa com deficiência, ela apresentará solicitação de atendimento domiciliar ou fará representar-se por procurador constituído para essa finalidade.

Parágrafo único. É assegurado à pessoa com deficiência atendimento domiciliar pela perícia médica e social do Instituto Nacional do Seguro Social (INSS), pelo serviço público de saúde ou pelo serviço privado de saúde, contratado ou conveniado, que integre o SUS e pelas entidades da rede socioassistencial integrantes do Suas, quando seu deslocamento, em razão de sua limitação funcional e de condições de acessibilidade, imponha-lhe ônus desproporcional e indevido.

(...)

Art. 97. A Consolidação das Leis do Trabalho (CLT), aprovada pelo Decreto-Lei 5.452, de 1º de maio de 1943, passa a vigorar com as seguintes alterações:

▸ Alterações incorporadas no texto da referida Lei.

(...)

Art. 101. A Lei 8.213, de 24 de julho de 1991, passa a vigorar com as seguintes alterações:

▸ Alterações incorporadas no texto da referida Lei.

(...)

Art. 124. O § 1º do art. 2º desta Lei deverá entrar em vigor em até 2 (dois) anos, contados da entrada em vigor desta Lei.

Art. 125. Devem ser observados os prazos a seguir discriminados, a partir da entrada em vigor desta Lei, para o cumprimento dos seguintes dispositivos:

I – incisos I e II do § 2º do art. 28, 48 (quarenta e oito) meses;

II – § 6° do art. 44, 84 (oitenta e quatro) meses;

▶ Inciso II com redação Lei 14.159/2021

III – art. 45, 24 (vinte e quatro) meses;

IV – art. 49, 48 (quarenta e oito) meses.

Art. 126. Prorroga-se até 31 de dezembro de 2021 a vigência da Lei 8.989, de 24 de fevereiro de 1995.

Art. 127. Esta Lei entra em vigor após decorridos 180 (cento e oitenta) dias de sua publicação oficial.

Brasília, 6 de julho de 2015; 194° da Independência e 127° da República.

Dilma Rousseff

RESOLUÇÃO 2, DE 21 DE JULHO DE 2015, DO COMITÊ DO PROGRAMA DE PROTEÇÃO AO EMPREGO – CPPE

Estabelece regras e procedimentos para a adesão e o funcionamento do Programa de Proteção ao Emprego – PPE.

DOU 22.07.2015

O Comitê do Programa de Proteção ao Emprego – CPPE, no uso das atribuições que lhe conferem os artigos 3° e 6° do Decreto 8.479, de 6 de julho de 2015, e tendo em vista o disposto na Medida Provisória 680, de 6 de julho de 2015, resolve:

Art. 1° Estabelecer as regras e os procedimentos para a adesão e o funcionamento do Programa de Proteção ao Emprego – PPE.

Art. 2° A solicitação de adesão ao PPE deverá ser dirigida à Secretaria Executiva do Comitê do Programa de Proteção ao Emprego – SE-CPPE.

Art. 3° Para aderir ao PPE, a empresa deverá:

I – apresentar solicitação de Adesão ao Programa de Proteção ao Emprego, conforme modelo de formulário aprovado pela SECPPE, devidamente preenchido;

II – comprovar registro no Cadastro Nacional da Pessoa Jurídica – CNPJ há, no mínimo, dois anos;

III – demonstrar a regularidade fiscal, previdenciária e relativa ao Fundo de Garantia do Tempo de Serviço – FGTS, por meio da apresentação da Certidão de Débitos Relativos a Créditos Tributários Federais e à Dívida Ativa da União e do Certificado de Regularidade do Fundo de Garantia do Tempo de Serviço – CRF/FGTS;

IV – comprovar a sua situação de dificuldade econômico financeira; e

V – apresentar Requerimento de Registro e demais documentos necessários para o registro e registro do Acordo Coletivo de Trabalho Específico – ACTE no Sistema Mediador do Ministério do Trabalho e Emprego, conforme instruções normativas da Secretaria de Relações do Trabalho.

§ 1° Para fins do disposto no inciso II do *caput*, em caso de solicitação de adesão por filial de empresa, poderá ser considerado o tempo de registro no CNPJ da matriz.

§ 2° A regularidade de que trata o inciso III do *caput* deverá ser observada durante todo o período de adesão ao PPE, como condição para permanência no programa.

Art. 4° Será considerada em situação de dificuldade econômico-financeira, para fins do disposto no inciso IV do *caput* do art. 3°, a empresa cujo Indicador Líquido de Empregos – ILE for igual ou inferior a 1%, apurado com base nas informações da empresa disponíveis no Cadastro Geral de Empregados e Desempregados – CAGED.

§ 1° O ILE consiste no percentual representado pela diferença entre admissões e desligamentos, acumulada nos doze meses anteriores ao da solicitação de adesão ao PPE, em relação ao estoque de empregados.

§ 2° Para fins de apuração do ILE, será considerado o estoque de empregados verificado no 13° mês anterior ao da solicitação de adesão ao PPE.

Art. 5° O Acordo Coletivo de Trabalho Específico – ACTE de que trata o inciso V do *caput* do art. 3°, a ser celebrado com o sindicato dos trabalhadores representativos da categoria da atividade econômica preponderante da empresa, deverá ser registrado no sistema Mediador, nos termos do art. 614 do Decreto-Lei 5.452, de 1° de maio de 1943 – Consolidação das Leis do Trabalho, e conter, no mínimo:

I – o período pretendido de adesão ao PPE;

II – o percentual de redução da jornada de trabalho, limitado a trinta por cento, com redução proporcional do salário;

III – os estabelecimentos ou os setores da empresa a serem abrangidos pelo PPE;

IV – a previsão de constituição de comissão paritária composta por representantes do empregador e dos empregados abrangidos pelo PPE para acompanhamento e fiscalização do Programa e do acordo.

V – a relação dos empregados abrangidos, anexada ao Acordo, contendo nomes, números de inscrição no Cadastro Nacional de Pessoas Físicas – CPF e no Programa de Integração Social – PIS e demais dados necessários ao registro do ACTE no MTE e pagamento do Benefício PPE.

§ 1° O ACTE deverá ser aprovado em assembleia dos empregados a serem abrangidos pelo Programa.

§ 2° Para a pactuação do ACTE, a empresa demonstrará ao sindicato que foram esgotados os períodos de férias, inclusive coletivas, e os bancos de horas.

§ 3° Previamente à celebração do ACTE, a empresa fornecerá ao sindicato as informações econômico-financeiras a serem apresentadas para adesão ao PPE.

§ 4° As alterações no ACTE referentes a prazo, setores abrangidos e percentual de redução de jornada e salário, bem como as prorrogações da adesão, deverão ser registradas no sistema Mediador do Ministério do Trabalho e Emprego e submetidas à análise da SECPPE.

§ 5° Eventuais alterações na relação de empregados abrangidos deverão ser encaminhadas à SE-CPPE, com aprovação da comissão paritária de que trata o inciso IV do *caput*, em arquivo com o mesmo formato da relação inicialmente apresentada.

§ 6° O ACTE deverá prever percentual único de redução de salário para os empregados por ele abrangidos.

§ 7° A redução temporária da jornada de trabalho poderá ter duração de até seis meses, podendo ser prorrogada, desde que o período total não ultrapasse doze meses.

Art. 6° As solicitações de adesão ao PPE serão recebidas e analisadas pela SE-CPPE, que decidirá em caráter final e informará os resultados às empresas solicitantes.

Parágrafo único. A aprovação das solicitações de adesão ao PPE dependerá da disponibilidade orçamentária e financeira do Fundo de Amparo ao Trabalhador – FAT, o qual custeará o pagamento do Benefício PPE.

Art. 7° As empresas que aderirem ao PPE ficam proibidas de dispensar arbitrariamente ou sem justa causa os empregados que tiverem sua jornada de trabalho temporariamente reduzida enquanto vigorar a adesão ao PPE e, após o seu término, durante o prazo equivalente a um terço do período de adesão.

Art. 8° No período de adesão ao PPE, a empresa não poderá contratar empregados para executar, total ou parcialmente, as mesmas atividades exercidas pelos trabalhadores abrangidos pelo Programa, exceto nos casos de reposição ou aproveitamento de concluinte de curso de aprendizagem na empresa, nos termos do art. 429 da Consolidação das Leis do Trabalho, desde que o novo empregado também seja abrangido pela adesão.

Art. 9° Será excluída do PPE e ficará impedida de aderir novamente a empresa que:

I – descumprir os termos do ACTE relativo à redução temporária da jornada de trabalho ou qualquer outro dispositivo da Medida Provisória 680, de 2015, ou de sua regulamentação; ou

II – cometer fraude no âmbito do PPE.

Parágrafo único. Em caso de fraude no âmbito do PPE, a empresa ficará obrigada a restituir ao FAT os recursos recebidos, devidamente corrigidos, e a pagar multa administrativa correspondente a cem por cento desse valor, a ser aplicada conforme o Título VII do Consolidação das Leis do Trabalho e revertida ao FAT.

Art. 10. Caberá à SE-CPPE a adoção de providências, expedição de orientações e celebração de instrumentos necessários ao cumprimento do disposto nesta Resolução, podendo submeter ao CPPE os casos omissos e as dúvidas suscitadas quanto à aplicação desta Resolução.

Art. 11. As empresas que não atenderem o requisito estabelecido no art. 4° poderão apresentar à SE-CPPE outras informações que julgarem relevantes para comprovar sua situação de dificuldade econômico-financeira, a fim de subsidiarem eventual aprimoramento das regras e procedimentos do Programa pelo CPPE.

Art. 12. Esta Resolução entra em vigor na data de sua publicação.

Manoel Dias

Coordenador

LEI 13.152, DE 29 DE JULHO DE 2015

Dispõe sobre a política de valorização do salário mínimo e dos benefícios pagos pelo Regime Geral de Previdência Social (RGPS) para o período de 2016 a 2019.

DOU 30.07.2015

▶ Dec. 9.661/2019 regulamenta esta lei.
▶ Dec. 12.342/2024 estabelece o valor do salário mínimo de R$ 1.518,00 (mil quinhentos e dezoito reais), a partir de 1°.1.2025 (DOU 31.12.2024).

A Presidenta da República:

Faço saber que o Congresso Nacional decreta e eu sanciono a seguinte Lei:

Art. 1° São estabelecidas as diretrizes a vigorar entre 2016 e 2019, inclusive, a serem aplicadas em 1° de janeiro do respectivo ano, para:

I – a política de valorização do salário mínimo; e

II – *Vetado*.

§ 1° Os reajustes para a preservação do poder aquisitivo do salário mínimo corresponderão à variação do Índice Nacional de Preços ao Consumidor (INPC), calculado e divulgado pela Fundação Instituto Brasileiro de Geografia e Estatística (IBGE), acumulada nos 12 (doze) meses anteriores ao mês do reajuste.

§ 2° Na hipótese de não divulgação do INPC referente a um ou mais meses compreendidos no período do cálculo até o último dia útil imediatamente anterior à vigência do reajuste, o Poder Executivo estimará os índices dos meses não disponíveis.

§ 3° Verificada a hipótese de que trata o § 2°, os índices estimados permanecerão válidos para os fins desta Lei, sem qualquer revisão, sendo os eventuais resíduos compensados no reajuste subsequente, sem retroatividade.

§ 4° A título de aumento real, serão aplicados os seguintes percentuais:

I – em 2016, será aplicado o percentual equivalente à taxa de crescimento real do Produto Interno Bruto (PIB), apurada pelo IBGE, para o ano de 2014;

II – em 2017, será aplicado o percentual equivalente à taxa de crescimento real do PIB, apurada pelo IBGE, para o ano de 2015;

III – em 2018, será aplicado o percentual equivalente à taxa de crescimento real do PIB, apurada pelo IBGE, para o ano de 2016; e

IV – em 2019, será aplicado o percentual equivalente à taxa de crescimento real do PIB, apurada pelo IBGE, para o ano de 2017.

§ 5° Para fins do disposto no § 4°, será utilizada a taxa de crescimento real do PIB para o ano de referência, divulgada pelo IBGE até o último dia útil do ano imediatamente anterior ao de aplicação do respectivo aumento real.

§ 6° *Vetado*.

Art. 2° Os reajustes e os aumentos fixados na forma do art. 1° serão estabelecidos pelo Poder Executivo, por meio de decreto, nos termos desta Lei.

Parágrafo único. O decreto do Poder Executivo a que se refere o *caput* divulgará a cada ano os valores mensal, diário e horário do salário mínimo decorrentes do disposto neste artigo, correspondendo o valor diário a 1/30 (um trinta avos) e o valor horário a 1/220 (um duzentos e vinte avos) do valor mensal.

Art. 3° *Vetado*.

Art. 4° Esta Lei entra em vigor na data de sua publicação.

Brasília, 29 de julho de 2015; 194° da Independência e 127° da República.

Dilma Rousseff

LEI 13.155, DE 4 DE AGOSTO DE 2015

Estabelece princípios e práticas de responsabilidade fiscal e financeira e de gestão transparente e democrática para entidades desportivas profissionais de futebol; institui parcelamentos especiais para recuperação de dívidas pela União, cria a Autoridade

Leg. Compl.

Pública de Governança do Futebol – APFUT; dispõe sobre a gestão temerária no âmbito das entidades desportivas profissionais; cria a Loteria Exclusiva – LOTEX; altera as Leis 9.615, de 24 de março de 1998, 8.212, de 24 de julho de 1991, 10.671, de 15 de maio de 2003, 10.891, de 9 de julho de 2004, 11.345, de 14 de setembro de 2006, e 11.438, de 29 de dezembro de 2006, e os Decretos-Leis 3.688, de 3 de outubro de 1941, e 204, de 27 de fevereiro de 1967; revoga a Medida Provisória 669, de 26 de fevereiro de 2015; cria programa de iniciação esportiva escolar; e dá outras providências.

DOU 05.08.2015

▸ Dec. 8.642/2015 (Dispõe sobre Autoridade Pública de Governança do Futebol – APFUT, criada pela Lei 13.155, de 4 de agosto de 2015, e dá outras providências)
▸ Resolução 788/2015 do CCFGTS (Estabelece normas para parcelamento de débito de contribuições devidas ao FGTS no âmbito do Programa de Modernização da Gestão e de Responsabilidade Fiscal do Futebol Brasileiro – PROFUT)

A Presidenta da República:

Faço saber que o Congresso Nacional decreta e eu sanciono a seguinte Lei:

Art. 1º Esta Lei de Responsabilidade Fiscal do Esporte – LRFE estabelece princípios e práticas de responsabilidade fiscal e financeira e de gestão transparente e democrática para entidades desportivas profissionais de futebol, cria o Programa de Modernização da Gestão e de Responsabilidade Fiscal do Futebol Brasileiro e dispõe sobre a gestão temerária no âmbito das referidas entidades.

CAPÍTULO I

DO PROGRAMA DE MODERNIZAÇÃO DA GESTÃO E DE RESPONSABILIDADE FISCAL DO FUTEBOL BRASILEIRO – PROFUT

Seção I

Disposições gerais

Art. 2º Fica criado o Programa de Modernização da Gestão e de Responsabilidade Fiscal do Futebol Brasileiro – PROFUT, com o objetivo de promover a gestão transparente e democrática e o equilíbrio financeiro das entidades desportivas profissionais de futebol.

Parágrafo único. Para os fins desta Lei, consideram-se entidade desportiva profissional de futebol a entidade de prática desportiva envolvida em competições de atletas profissionais, nos termos dos arts. 26 e 28 da Lei 9.615, de 24 de março de 1998, as ligas em que se organizarem e as respectivas entidades de administração de desporto profissional.

Art. 3º A adesão ao PROFUT dar-se-á com o requerimento das entidades desportivas profissionais de futebol ao parcelamento de que trata a Seção II deste Capítulo.

Parágrafo único. Para aderir ao PROFUT, as entidades desportivas profissionais de futebol deverão apresentar os seguintes documentos:

I – estatuto social ou contrato social e atos de designação e responsabilidade de seus gestores;

II – demonstrações financeiras e contábeis, nos termos da legislação aplicável; e

III – relação das operações de antecipação de receitas realizadas, assinada pelos dirigentes e pelo conselho fiscal.

Art. 4º Para que as entidades desportivas profissionais de futebol mantenham-se no PROFUT, serão exigidas as seguintes condições:

I – regularidade das obrigações trabalhistas e tributárias federais correntes, vencidas a partir da data de publicação desta Lei, inclusive as retenções legais, na condição de responsável tributário, na forma da lei;

II – fixação do período do mandato de seu presidente ou dirigente máximo e demais cargos eletivos em até quatro anos, permitida uma única recondução;

III – comprovação da existência e autonomia do seu conselho fiscal;

IV – proibição de antecipação ou comprometimento de receitas referentes a períodos posteriores ao término da gestão ou do mandato, salvo:

a) o percentual de até 30% (trinta por cento) das receitas referentes ao 1º (primeiro) ano do mandato subsequente; e

b) em substituição a passivos onerosos, desde que implique redução do nível de endividamento;

V – redução do défice, nos seguintes prazos:

a) a partir de 1º de janeiro de 2017, para até 10% (dez por cento) de sua receita bruta apurada no ano anterior; e

b) a partir de 1º de janeiro de 2019, para até 5% (cinco por cento) de sua receita bruta apurada no ano anterior;

VI – publicação das demonstrações contábeis padronizadas, separadamente, por atividade econômica e por modalidade esportiva, de modo distinto das atividades recreativas e sociais, após terem sido submetidas a auditoria independente;

VII – cumprimento dos contratos e regular pagamento dos encargos relativos a todos os profissionais contratados, referentes a verbas atinentes a salários, de Fundo de Garantia do Tempo de Serviço – FGTS, contribuições previdenciárias, de pagamento das obrigações contratuais e outras havidas com os atletas e demais funcionários, inclusive direito de imagem, ainda que não guardem relação direta com o salário;

VIII – previsão, em seu estatuto ou contrato social, do afastamento imediato e inelegibilidade, pelo período de, no mínimo, cinco anos, de dirigente ou administrador que praticar ato de gestão irregular ou temerária;

IX – demonstração de que os custos com folha de pagamento e direitos de imagem de atletas profissionais de futebol não superam 80% (oitenta por cento) da receita bruta anual das atividades do futebol profissional; e

X – manutenção de investimento mínimo na formação de atletas e no futebol feminino e oferta de ingressos a preços populares, mediante a utilização dos recursos provenientes:

a) da remuneração pela cessão de direitos de que trata o inciso I do § 2º do art. 28 desta Lei; e

b) *Vetado.*

§ 1º Sem prejuízo do disposto nos incisos I a VIII do *caput* deste artigo, no caso de entidade de administração do desporto, será exigida a representação da categoria de atletas no âmbito dos órgãos e conselhos técnicos incumbidos da aprovação de regulamentos das competições.

§ 2º As entidades deverão publicar, em sítio eletrônico próprio, documentos que atestem o cumprimento do disposto nos incisos I a X do *caput* deste artigo, garantido o sigilo acerca dos valores pagos a atletas e demais profissionais contratados.

§ 3º Para os fins do disposto no inciso III do *caput* deste artigo, será considerado autônomo o conselho fiscal que tenha asseguradas condições de instalação, de funcionamento e de independência, garantidas, no mínimo, por meio das seguintes medidas:

I – escolha de seus membros mediante voto ou outro sistema estabelecido previamente à escolha;

II – exercício de mandato de seus membros, do qual somente possam ser destituídos nas condições estabelecidas previamente ao seu início e determinadas por órgão distinto daquele sob a sua fiscalização; e

III – existência de regimento interno que regule o seu funcionamento.

§ 4º As entidades desportivas profissionais com faturamento anual inferior a uma vez e meia o teto do faturamento da empresa de pequeno porte de que trata o inciso II do art. 3º da Lei Complementar 123, de 14 de dezembro de 2006, ficam dispensadas do cumprimento do disposto nos incisos V e IX do *caput* deste artigo e, quanto ao disposto no inciso VI do *caput* deste artigo, ficam autorizadas a contratar contador para o exercício da função de auditor independente.

§ 5º Não constitui descumprimento da condição prevista no inciso VII do *caput* deste artigo a existência de débitos em discussão judicial.

§ 6º As demonstrações contábeis de que trata o inciso VI do *caput* deste artigo deverão explicitar, além de outros valores exigidos pela legislação e pelas normas contábeis, os referentes a:

I – receitas de transmissão e de imagem;

II – receitas de patrocínios, publicidade, luva e marketing;

III – receitas com transferência de atletas;

IV – receitas de bilheteria;

V – receitas e despesas com atividades sociais da entidade;

VI – despesas totais com modalidade desportiva profissional;

VII – despesas com pagamento de direitos econômicos de atletas;

VIII – despesas com pagamento de direitos de imagem de atletas;

IX – despesas com modalidades desportivas não profissionais; e

X – receitas decorrentes de repasses de recursos públicos de qualquer natureza, origem e finalidade.

Art. 5º A entidade de administração do desporto ou liga que organizar competição profissional de futebol deverá:

I – publicar, em sítio eletrônico próprio, sua prestação de contas e demonstrações contábeis padronizadas, após terem sido submetidas a auditoria independente;

II – garantir a representação da categoria de atletas no âmbito dos órgãos e conselhos técnicos incumbidos da aprovação de regulamentos das competições;

III – assegurar a existência e a autonomia do seu conselho fiscal;

IV – estabelecer em seu estatuto ou contrato social:

a) mandato de até quatro anos para seu presidente ou dirigente máximo e demais cargos eletivos, permitida uma única recondução; e

b) a representação da categoria de atletas no âmbito dos órgãos e conselhos técnicos incumbidos da aprovação de regulamentos das competições;

V – prever, em seu regulamento geral de competições, no mínimo, as seguintes sanções para o descumprimento das condições previstas nos incisos I a X do *caput* do art. 4º desta Lei:

a) advertência; e

b) proibição de registro de contrato especial de trabalho desportivo, para os fins do disposto no § 5º do art. 28 da Lei 9.615, de 24 de março de 1998.

Parágrafo único. A aplicação das penalidades de que tratam as alíneas a e b do inciso V do *caput* deste artigo não tem natureza desportiva ou disciplinar e prescinde de decisão prévia da Justiça Desportiva.

Seção II

Do parcelamento especial de débitos das entidades desportivas profissionais de futebol perante a união

Subseção I

Disposições Gerais

Art. 6º As entidades desportivas profissionais de futebol que aderirem ao PROFUT poderão parcelar os débitos na Secretaria da Receita Federal do Brasil do Ministério da Fazenda, na Procuradoria-Geral da Fazenda Nacional e no Banco Central do Brasil, e os débitos previstos na Subseção II, no Ministério do Trabalho e Emprego.

§ 1º O disposto neste artigo aplica-se aos débitos tributários ou não tributários, cujos fatos geradores tenham ocorrido até a data de publicação desta Lei, constituídos ou não, inscritos ou não como dívida ativa, mesmo que em fase de execução fiscal ajuizada, ou que tenham sido objeto de parcelamento anterior, não integralmente quitado, ainda que cancelado por falta de pagamento.

§ 2º O requerimento de parcelamento implica confissão irrevogável e irretratável dos débitos abrangidos pelo parcelamento e configura confissão extrajudicial, podendo a entidade de prática desportiva profissional, a seu critério, não incluir no parcelamento débitos que se encontrem em discussão na esfera administrativa ou judicial, estejam ou não submetidos à causa legal de suspensão de exigibilidade.

§ 3º Para inclusão no parcelamento de que trata este Capítulo de débitos que se encontrem vinculados à discussão administrativa ou judicial, submetidos ou não à hipótese legal de suspensão, o devedor deverá desistir de forma irrevogável, até o prazo final para adesão, de impugnações ou recursos administrativos, de ações judiciais propostas ou de qualquer defesa em sede de execução fiscal e, cumulativamente, renunciar a quaisquer alegações de direito sobre as quais se fundam os processos administrativos e as ações judiciais, observado o disposto na parte final do § 2º deste artigo.

§ 4º O devedor poderá ser intimado, a qualquer tempo, pelo órgão ou autoridade competente a comprovar que protocolou requerimento de extinção dos processos, com resolução do mérito.

Art. 7º A dívida objeto do parcelamento será consolidada, no âmbito de cada órgão responsável pela cobrança, na data do pedido, e deverá ser paga em até duzentas e quarenta parcelas, com redução de 70% (setenta por cento) das multas, 40% (quarenta

por cento) dos juros e 100% (cem por cento) dos encargos legais.

§ 1º O valor das parcelas de que trata este artigo não poderá ser inferior a R$ 3.000,00 (três mil reais).

§ 2º As reduções previstas no *caput* deste artigo não serão cumulativas com outras reduções admitidas em lei.

§ 3º Na hipótese de anterior concessão de redução de multas ou de juros em percentuais diversos dos estabelecidos no *caput* deste artigo, prevalecerão os percentuais nele referidos, aplicados sobre o saldo original das multas ou dos juros.

§ 4º Enquanto não consolidado o parcelamento, a entidade desportiva deverá calcular e recolher, mensalmente, parcela equivalente ao montante dos débitos objeto do parcelamento dividido pelo número de prestações indicado no requerimento de parcelamento, observado o disposto no § 1º deste artigo.

§ 5º O valor de cada uma das parcelas, determinado na forma deste artigo, será acrescido de juros obtidos pela aplicação da taxa referencial do Sistema Especial de Liquidação e de Custódia – SELIC para títulos federais, acumulada mensalmente, calculados a partir do mês subsequente ao da consolidação até o mês anterior ao do pagamento, e de 1% (um por cento) relativamente ao mês em que o pagamento estiver sendo efetuado.

§ 6º A entidade desportiva profissional de futebol poderá reduzir:

I – em 50% (cinquenta por cento), o valor da 1ª (primeira) a 24ª (vigésima quarta) prestações mensais;

II – em 25% (vinte e cinco por cento), o valor da 25ª (vigésima quinta) a 48ª (quadragésima oitava) prestações mensais; e

III – em 10% (dez por cento), o valor da 49ª (quadragésima nona) a 60ª (sexagésima) prestações mensais.

§ 7º As prestações vencerão no último dia útil de cada mês.

§ 8º Por ocasião da consolidação, será exigida a regularidade de todas as prestações devidas desde o mês de adesão até o mês anterior ao da conclusão da consolidação dos débitos parcelados nos termos do disposto neste artigo.

Art. 8º Na hipótese de os débitos a serem parcelados estarem vinculados a depósitos administrativos ou judiciais, os percentuais de redução previstos no *caput* do art. 7º desta Lei serão aplicados sobre o valor do débito atualizado à época do depósito e somente incidirão sobre o valor das multas de mora e de ofício, das multas isoladas, dos juros de mora e do encargo legal efetivamente depositados.

Art. 9º O requerimento de parcelamento deverá ser apresentado até o último dia útil do terceiro mês subsequente ao da publicação desta Lei.

§ 1º O deferimento do parcelamento não autoriza o levantamento de garantias eventualmente existentes, as quais somente poderão ser liberadas após a quitação do parcelamento ao qual o débito garantido esteja vinculado, exceto a penhora de dinheiro, em espécie ou em depósito ou aplicação em instituição financeira, o qual poderá, a requerimento da entidade desportiva, ser utilizado para quitação automática do saldo da dívida ou de parcelas vincendas de que trata o *caput* do art. 7º desta Lei.

§ 2º *Vetado.*

§ 3º *Vetado.*

Art. 10. Não serão devidos honorários advocatícios ou qualquer verba de sucumbência nas ações judiciais que, direta ou indiretamente, vierem a ser extintas em decorrência de adesão ao parcelamento de que trata esta Seção.

Art. 11. Ao parcelamento de que trata esta Seção não se aplica o disposto no § 1º do art. 3º da Lei 9.964, de 10 de abril de 2000, e no § 10 do art. 1º da Lei 10.684, de 30 de maio de 2003.

Subseção II
Das Condições Específicas para o Parcelamento de Débitos relativos ao FGTS e às Contribuições instituídas pela Lei Complementar 110, de 29 de junho de 2001

Art. 12. As dívidas das entidades desportivas profissionais de futebol relativas ao FGTS e às contribuições instituídas pela Lei Complementar no 110, de 29 de junho de 2001, poderão ser parceladas em até cento e oitenta prestações mensais, observadas as condições estabelecidas nesta Subseção.

§ 1º O deferimento dos parcelamentos de débitos será feito pelo Ministério do Trabalho e Emprego ou pela Procuradoria-Geral da Fazenda Nacional, diretamente, ou por intermédio da Caixa Econômica Federal, mediante autorização.

§ 2º As reduções previstas no *caput* do art. 7º desta Lei não se aplicam aos débitos relativos ao FGTS destinados à cobertura de importâncias devidas aos trabalhadores.

§ 3º Nas hipóteses em que o trabalhador fizer jus à utilização de valores de sua conta vinculada ao FGTS durante o período de vigência do parcelamento, a entidade deverá, sob pena de rescisão, antecipar os recolhimentos relativos ao trabalhador, podendo observar o valor da parcela vigente para realizar as antecipações.

§ 4º O valor do débito, para fins de quitação da parcela e do saldo remanescente do parcelamento, será atualizado conforme a Lei 8.036, de 11 de maio de 1990.

Art. 13. Os depósitos existentes vinculados aos débitos a serem parcelados nos termos desta Lei serão automaticamente convertidos em renda para o FGTS após aplicação das reduções para pagamento à vista.

Parágrafo único. No caso previsto no *caput* deste artigo, deve o juiz determinar à Caixa Econômica Federal que proceda à emissão da guia própria e providencie sua quitação com os valores depositados.

Art. 14. O pedido de parcelamento deferido constitui confissão de dívida e instrumento hábil e suficiente para a exigência do crédito devido ao FGTS.

Art. 15. Ao parcelamento dos débitos de que trata esta Subseção aplica-se o disposto na Subseção I, exceto o disposto no art. 8º desta Lei, cabendo ao Conselho Curador do FGTS, nos termos do inciso IX do art. 5º da Lei 8.036, de 11 de maio de 1990, a determinação dos demais critérios a serem aplicados ao parcelamento.

Subseção III
Da rescisão do parcelamento

Art. 16. Implicará imediata rescisão do parcelamento, com cancelamento dos benefícios concedidos:

I – o descumprimento do disposto no art. 4º desta Lei, observado o disposto nos arts. 21 a 24 desta Lei;

II – a falta de pagamento de três parcelas; ou

III – a falta de pagamento de até duas prestações, se extintas todas as demais ou vencida a última prestação do parcelamento.

Parágrafo único. É considerada inadimplida a parcela parcialmente paga.

Art. 17. Rescindido o parcelamento:

I – será efetuada a apuração do valor original do débito, restabelecendo-se os acréscimos legais na forma da legislação aplicável à época da ocorrência dos fatos geradores; e

II – será deduzido do valor referido no inciso I deste artigo o valor correspondente às prestações extintas.

Art. 18. Na hipótese de rescisão do parcelamento, a entidade desportiva de que trata o parágrafo único do art. 2º desta Lei não poderá beneficiar-se de incentivo ou benefício fiscal previsto na legislação federal nem poderá receber repasses de recursos públicos federais da administração direta ou indireta pelo prazo de dois anos, contado da data da rescisão.

CAPÍTULO II
DA AUTORIDADE PÚBLICA DE GOVERNANÇA DO FUTEBOL – APFUT

Seção I
Disposições gerais

Art. 19. Fica criada, no âmbito do Ministério do Esporte, a Autoridade Pública de Governança do Futebol – APFUT, sem aumento de despesa, com as seguintes competências:

I – fiscalizar as obrigações previstas no art. 4º desta Lei e, em caso de descumprimento, comunicar ao órgão federal responsável para fins de exclusão do PROFUT;

II – expedir regulamentação sobre procedimento de fiscalização do cumprimento das condições previstas nos incisos II a X do *caput* do art. 4º desta Lei;

III – requisitar informações e documentos às entidades desportivas profissionais; e

IV – elaborar e aprovar o seu regimento interno.

§ 1º A Apfut contará com a participação de representantes do Poder Executivo federal e da sociedade civil, garantida a participação paritária de atletas, dirigentes, treinadores e árbitros, na forma do regulamento.

§ 2º Na fiscalização do cumprimento das obrigações de que trata o inciso I do *caput* deste artigo, a Apfut poderá fixar prazos para que sejam sanadas irregularidades.

§ 3º O apoio e o assessoramento técnico à Apfut serão prestados pelo Ministério do Esporte.

§ 4º Decreto do Poder Executivo federal disporá sobre a organização e o funcionamento da Apfut, inclusive sobre os procedimentos e ritos necessários ao exercício de sua finalidade.

Seção II
Da apuração de eventual descumprimento das condições previstas no art. 4º desta lei

Art. 20. Para apurar eventual descumprimento das condições previstas no art. 4º desta Lei, a Apfut agirá de ofício ou quando provocada mediante denúncia fundamentada.

§ 1º São legitimados para apresentar a denúncia referida no *caput* deste artigo:

I – a entidade nacional ou regional de administração do desporto;

II – a entidade desportiva profissional;

III – o atleta profissional vinculado à entidade desportiva profissional denunciada;

IV – a associação ou o sindicato de atletas profissionais;

V – a associação ou o sindicato de empregados de entidade desportiva profissional;

VI – a associação ou o sindicato de empregados das entidades de que tratam os incisos I e II do art. 45 desta Lei; e

VII – o Ministério do Trabalho e Emprego.

§ 2º A Apfut poderá averiguar teor de denúncia noticiada em pelo menos dois veículos de grande circulação, se a considerar fundamentada.

Art. 21. No caso de denúncia recebida, relacionada a eventual descumprimento das condições previstas no art. 4º desta Lei, a Apfut deverá, nos termos do regulamento, notificar a entidade beneficiária do parcelamento para apresentar sua defesa no prazo de quinze dias.

Art. 22. Esgotado o prazo para apresentação de defesa e recebimento das informações, a Apfut decidirá motivadamente acerca do descumprimento do disposto no art. 4º desta Lei, podendo:

I – arquivar a denúncia;

II – advertir a entidade desportiva profissional;

III – advertir a entidade desportiva profissional e fixar prazo de até cento e oitenta dias para que regularize a situação objeto da denúncia; ou

IV – comunicar o fato ao órgão federal responsável pelo parcelamento para que este proceda à efetiva exclusão do parcelamento.

Art. 23. A Apfut poderá deixar de realizar a comunicação a que se refere o inciso IV do *caput* do art. 22 desta Lei, caso:

I – a entidade desportiva profissional, quando cabível:

a) adote mecanismos de responsabilização pessoal dos dirigentes e membros de conselho que tiverem dado causa às irregularidades; e

b) regularize a situação que tenha motivado a advertência;

II – a entidade de administração do desporto ou liga aplique a sanção prevista na alínea *b* do inciso V do *caput* do art. 5º.

CAPÍTULO III
DA GESTÃO TEMERÁRIA NAS ENTIDADES DESPORTIVAS PROFISSIONAIS DE FUTEBOL

Art. 24. Os dirigentes das entidades desportivas profissionais de futebol, independentemente da forma jurídica adotada, têm seus bens particulares sujeitos ao disposto no art. 50 da Lei 10.406, de 10 de janeiro de 2002 – Código Civil.

§ 1º Para os fins do disposto nesta Lei, dirigente é todo aquele que exerça, de fato ou de direito, poder de decisão na gestão da entidade, inclusive seus administradores.

§ 2º Os dirigentes de entidades desportivas profissionais respondem solidária e ilimitadamente pelos atos ilícitos praticados e pelos atos de gestão irregular ou temerária ou contrários ao previsto no contrato social ou estatuto.

§ 3º O dirigente que, tendo conhecimento do não cumprimento dos deveres estatutários ou contratuais por seu predecessor ou pelo administrador competente, deixar de comunicar o fato ao órgão estatutário competente será responsabilizado solidariamente.

Art. 25. Consideram-se atos de gestão irregular ou temerária praticados pelo dirigente aqueles que revelem desvio de finalidade na direção da entidade ou que gerem risco excessivo e irresponsável para seu patrimônio, tais como:

I – aplicar créditos ou bens sociais em proveito próprio ou de terceiros;

II – obter, para si ou para outrem, vantagem a que não faz jus e de que resulte ou possa resultar prejuízo para a entidade desportiva profissional;

III – celebrar contrato com empresa da qual o dirigente, seu cônjuge ou companheiro, ou parentes, em linha reta, colateral ou por afinidade, até o terceiro grau, sejam sócios ou administradores, exceto no caso de contratos de patrocínio ou doação em benefício da entidade desportiva;

IV – receber qualquer pagamento, doação ou outra forma de repasse de recursos oriundos de terceiros que, no prazo de até um ano, antes ou depois do repasse, tenham celebrado contrato com a entidade desportiva profissional;

V – antecipar ou comprometer receitas referentes a períodos posteriores ao término da gestão ou do mandato, salvo:

a) o percentual de até 30% (trinta por cento) das receitas referentes ao primeiro ano do mandato subsequente; ou

b) em substituição a passivos onerosos, desde que implique redução do nível de endividamento;

VI – formar défice ou prejuízo anual acima de 20% (vinte por cento) da receita bruta apurada no ano anterior;

VII – atuar com inércia administrativa na tomada de providências que assegurem a diminuição dos défices fiscal e trabalhista determinados no art. 4º desta Lei; e

VIII – não divulgar de forma transparente informações de gestão aos associados e torcedores.

§ 1º Em qualquer hipótese, o dirigente não será responsabilizado caso:

I – não tenha agido com culpa grave ou dolo; ou

II – comprove que agiu de boa-fé e que as medidas realizadas visavam a evitar prejuízo maior à entidade.

§ 2º Para os fins do disposto no inciso IV do *caput* deste artigo, também será considerado ato de gestão irregular ou temerária o recebimento de qualquer pagamento, doação ou outra forma de repasse de recursos por:

I – cônjuge ou companheiro do dirigente;

II – parentes do dirigente, em linha reta, colateral ou por afinidade, até o terceiro grau; e

III – empresa ou sociedade civil da qual o dirigente, seu cônjuge ou companheiro ou parentes, em linha reta, colateral ou por afinidade, até o terceiro grau, sejam sócios ou administradores.

§ 3º Para os fins do disposto no inciso VI do *caput* deste artigo, não serão considerados atos de gestão irregular ou temerária o aumento de endividamento decorrente de despesas relativas ao planejamento e à execução de obras de infraestrutura, tais como estádios e centros de treinamento, bem como a aquisição de terceiros dos direitos que envolvam a propriedade plena de estádios e centros de treinamento:

I – desde que haja previsão e comprovação de elevação de receitas capazes de arcar com o custo do investimento; e

II – desde que estruturados na forma de financiamento-projeto, por meio de sociedade de propósito específico, constituindo um investimento de capital economicamente separável das contas da entidade.

Art. 26. Os dirigentes que praticarem atos de gestão irregular ou temerária poderão ser responsabilizados por meio de mecanismos de controle social internos da entidade, sem prejuízo da adoção das providências necessárias à apuração das eventuais responsabilidades civil e penal.

§ 1º Na ausência de disposição específica, caberá à assembleia geral da entidade deliberar sobre a instauração de procedimentos de apuração de responsabilidade.

§ 2º A assembleia geral poderá ser convocada por 15% (quinze por cento) dos associados com direito a voto para deliberar sobre a instauração de procedimento de apuração de responsabilidade dos dirigentes, caso,

após três meses da ciência do ato tido como de gestão irregular ou temerária:

I – não tenha sido instaurado o referido procedimento; ou

II – não tenha sido convocada assembleia geral para deliberar sobre os procedimentos internos de apuração da responsabilidade.

§ 3º Caso constatada a responsabilidade, o dirigente será considerado inelegível por dez anos para cargos eletivos em qualquer entidade desportiva profissional.

Art. 27. Compete à entidade desportiva profissional, mediante prévia deliberação da assembleia geral, adotar medida judicial cabível contra os dirigentes para ressarcimento dos prejuízos causados ao seu patrimônio.

§ 1º Os dirigentes contra os quais deva ser proposta medida judicial ficarão impedidos e deverão ser substituídos na mesma assembleia.

§ 2º O impedimento previsto no § 1º deste artigo será suspenso caso a medida judicial não tenha sido proposta após três meses da deliberação da assembleia geral.

<div align="center">

CAPÍTULO IV

DAS LOTERIAS
</div>

Art. 28. Fica o Poder Executivo federal autorizado a instituir a Loteria Instantânea Exclusiva – LOTEX, tendo como tema marcas, emblemas, hinos, símbolos, escudos e similares relativos às entidades de prática desportiva da modalidade futebol, implementada em meio físico ou virtual.

§ 1º A loteria de que trata o *caput* deste artigo será autorizada pelo Ministério da Fazenda e executada diretamente, pela Caixa Econômica Federal, ou indiretamente, mediante concessão.

§ 2º Poderá participar do concurso de prognóstico a entidade de prática desportiva da modalidade futebol que, cumulativamente:

I – ceder os direitos de uso de sua denominação, marca, emblema, hino, símbolos e similares para divulgação e execução do concurso; e

II – publicar demonstrações financeiras nos termos do inciso VI do art. 4º desta Lei.

§ 3º *Vetado.*

§§ 4º e 5º *Revogado pela Lei 13.756/2018.*

§ 6º *Vetado.*

§ 7º *Vetado.*

Art. 29. *Vetado.*

Art. 30. *Vetado.*

<div align="center">

CAPÍTULO V

DO REGIME ESPECIAL DE TRIBUTAÇÃO DAS SOCIEDADES EMPRESÁRIAS DESPORTIVAS PROFISSIONAIS
</div>

Art. 31. *Vetado.*

Art. 32. *Vetado.*

Art. 33. *Vetado.*

Art. 34. *Vetado.*

Art. 35. *Vetado.*

Art. 36. *Vetado.*

(...)

<div align="center">

CAPÍTULO VII

DISPOSIÇÕES FINAIS E TRANSITÓRIAS
</div>

Art. 44. Aplicam-se a todas entidades desportivas previstas no parágrafo único do art. 13 da Lei 9.615, de 24 de março de 1998, o disposto nos arts. 24 a 27 desta Lei.

Art. 45. Observadas as condições de ingresso referidas no parágrafo único do art. 3º desta Lei, poderão aderir aos parcelamentos a que se refere a Seção II do Capítulo I desta Lei:

I – as entidades nacionais e regionais de administração do desporto referidas nos incisos III e IV do parágrafo único do art. 13 da Lei 9.615, de 24 de março de 1998; e

II – as entidades de prática desportiva referidas no inciso VI do parágrafo único do art. 13 da Lei 9.615, de 24 de março de 1998, que não estejam envolvidas em competições de atletas profissionais, nos termos dos arts. 26 e 28 da referida Lei.

§ 1º As entidades referidas no inciso I do *caput* deste artigo deverão observar as condições de manutenção previstas nos incisos I, II, III, VI, VII e VIII do *caput* do art. 4º desta Lei e no inciso I do *caput* do art. 5º desta Lei.

§ 2º As entidades referidas no inciso II do *caput* deste artigo deverão observar as condições de manutenção previstas nos incisos I, II, III, VI, VII e VIII do *caput* do art. 4º desta Lei.

§ 3º As condições previstas nos §§ 1º e 2º deste artigo serão fiscalizadas pela Apfut, que comunicará aos órgãos federais responsáveis os casos de descumprimento, para fins de exclusão do parcelamento e providências cabíveis quanto à isenção fiscal.

§ 4º O Poder Executivo regulamentará de forma diferenciada este artigo.

§ 5º *Vetado.*

Art. 46. Serão exigidas:

I – a partir da entrada em vigor desta Lei, as condições previstas nos incisos I a VII do *caput* do art. 4º desta Lei; e

II – a partir de 1º de janeiro de 2016, as condições previstas:

a) nos incisos VIII a X do *caput* do art. 4º desta Lei; e

b) no parágrafo único do art. 4º desta Lei.

Art. 47. A Secretaria da Receita Federal do Brasil do Ministério da Fazenda, o Ministério do Trabalho e Emprego, a Procuradoria-Geral da Fazenda Nacional e a Procuradoria-Geral do Banco Central do Brasil, no âmbito de suas atribuições, editarão as normas necessárias à execução dos parcelamentos previstos nesta Lei.

Parágrafo único. O Poder Executivo divulgará, semestralmente, o valor da arrecadação de receitas resultante da adesão aos parcelamentos de que trata esta Lei, detalhado no menor nível possível, observado o disposto no art. 198 da Lei 5.172, de 25 de outubro de 1966 – Código Tributário Nacional.

Art. 48. *Vetado.*

Art. 49. *Vetado.*

Art. 50. Ficam os Tribunais Regionais do Trabalho, ou outro órgão definido por determinação dos próprios Tribunais, autorizados a instaurar o Regime Centralizado de Execução (Ato Trabalhista) para as entidades desportivas de que trata o § 10 do art. 27 da Lei 9.615, de 24 de março de 1998.

Art. 51. *Vetado.*

Art. 52. Esta Lei entra em vigor na data de sua publicação.

Art. 53. Fica revogada a Medida Provisória 669, de 26 de fevereiro de 2015.

Brasília, 4 de agosto de 2015; 194º da Independência e 127º da República.

Dilma Rousseff

<div align="center">

INSTRUÇÃO NORMATIVA 38, DE 10 DE NOVEMBRO DE 2015, DO TRIBUNAL SUPERIOR DO TRABALHO – TST
</div>

Regulamenta o procedimento do Incidente de Julgamento dos Recursos de Revista e de Embargos repetitivos à Subseção I Especializada em Dissídios Individuais (SBDI-1) do Tribunal Superior do Trabalho.

DEJT 17.11.2015

▶ Resolução TST 201, de 10 de novembro de 2015 (Edita a IN 38/2015).

Art. 1º As normas do Código de Processo Civil relativas ao julgamento dos recursos extraordinário e especial repetitivos aplicam-se, no que couber, ao recurso de revista e ao recurso de embargos repetitivos (CLT, artigos 894, II e 896 da CLT).

Art. 2º Havendo multiplicidade de recursos de revista ou de embargos para a Subseção de Dissídios Individuais I (SbDI-1) fundados em idêntica questão de direito, a questão poderá ser afetada a essa Subseção ou ao Tribunal Pleno, por decisão da maioria simples de seus membros, mediante requerimento de um dos Ministros que a compõem, considerando a relevância da matéria ou a existência de entendimentos divergentes entre os Ministros dessa Subseção ou das Turmas do Tribunal.

§ 1º O requerimento fundamentado de um dos Ministros da Subseção de Dissídios Individuais I de afetação da questão a ser julgada em incidente de recursos repetitivos deverá indicar um ou mais recursos de revista ou de embargos representativos da controvérsia e ser formulado por escrito diretamente ao Presidente da SbDI-1 ou, oralmente, em questão preliminar suscitada quando do julgamento de processo incluído na pauta de julgamentos da Subseção.

§ 2º De forma concorrente, quando a Turma do Tribunal Superior do Trabalho entender necessária a adoção do procedimento de julgamento de recursos de revista repetitivos, seu Presidente deverá submeter ao Presidente da Subseção de Dissídios Individuais I a proposta de afetação do recurso de revista, para os efeitos dos artigos 896-B e 896-C da CLT.

§ 3º O Presidente da Subseção submeterá a proposta de afetação ao colegiado, se formulada por escrito, no prazo máximo de 30 dias de seu recebimento, ou de imediato, se suscitada em questão preliminar, quando do julgamento de determinado processo pela SbDI-1, após o que:

I – acolhida a proposta, por maioria simples, o colegiado também decidirá se a questão será analisada pela própria SbDI-1 ou pelo Tribunal Pleno;

II – acolhida a proposta, a desistência da ação ou do recurso não impede a análise da questão objeto de julgamento de recursos repetitivos;

III – na hipótese do inciso I, o processo será distribuído a um relator e a um revisor do órgão jurisdicional correspondente, para sua tramitação nos termos do artigo 896-C da CLT;

IV – rejeitada a proposta, se for o caso, os autos serão devolvidos ao órgão julgador respectivo, para que o julgamento do recurso prossiga regularmente.

§ 4º Não será admitida sustentação oral versando, de forma específica, sobre a proposta de afetação.

§ 5º A critério do Presidente da Subseção, as propostas de afetação formuladas por escrito por um dos Ministros da Subseção de Dissídios Individuais I ou pelo Presidente de Turma do Tribunal Superior do Trabalho poderão ser apreciadas pela SbDI-1 por meio eletrônico, nos termos e para os efeitos do § 3º, I, deste artigo, do que serão as partes cientificadas pelo Diário da Justiça.

§ 6º Caso surja alguma divergência entre os integrantes do colegiado durante o julgamento eletrônico, este ficará imediatamente suspenso, devendo a proposta de afetação ser apreciada em sessão presencial.

Art. 3º O Presidente da Subseção de Dissídios Individuais I que afetar processo para julgamento sob o rito dos recursos repetitivos deverá expedir comunicação aos demais Presidentes de Turma, que poderão afetar outros processos sobre a questão para julgamento conjunto, a fim de conferir ao órgão julgador visão global da questão.

Art. 4º Somente poderão ser afetados recursos representativos da controvérsia que sejam admissíveis e que, a critério do relator do incidente de julgamento dos recursos repetitivos, contenham abrangente argumentação e discussão a respeito da questão a ser decidida.

Parágrafo único. O relator desse incidente não fica vinculado às propostas de afetação de que trata o artigo anterior, podendo recusá-las por desatenderem aos requisitos previstos no *caput* deste artigo e, ainda, selecionar outros recursos representativos da controvérsia.

Art. 5º Selecionados os recursos, o relator, na Subseção Especializada em Dissídios Individuais ou no Tribunal Pleno, constatada a presença do pressuposto do *caput* do art. 896-C da CLT, proferirá decisão de afetação, sempre fundamentada, na qual:

I – identificará com precisão a questão a ser submetida a julgamento;

II – poderá determinar a suspensão dos recursos de revista ou de embargos de que trata o § 5º do artigo 896-C da CLT;

III – poderá solicitar aos Tribunais Regionais do Trabalho informações a respeito da controvérsia, a serem prestadas no prazo de 15 (quinze) dias, e requisitar aos Presidentes ou Vice-Presidentes dos Tribunais Regionais do Trabalho a remessa de até dois recursos de revista representativos da controvérsia;

IV – concederá o prazo de 15 (quinze) dias para a manifestação escrita das pessoas, órgãos ou entidades interessados na controvérsia, que poderão ser admitidos como *amici curiae*.

V – informará aos demais Ministros sobre a decisão de afetação;

VI – poderá conceder vista ao Ministério Público e às partes, nos termos e para os efeitos do § 9º do artigo 896-C da CLT.

Art. 6º O Presidente do Tribunal Superior do Trabalho oficiará os Presidentes dos Tribunais Regionais do Trabalho, com cópia da decisão de afetação, para que suspendam os recursos de revista interpostos em casos idênticos aos afetados como recursos repetitivos e

ainda não encaminhados a este Tribunal, bem como os recursos ordinários interpostos contra as sentenças proferidas em casos idênticos aos afetados como recursos repetitivos, até o pronunciamento definitivo do Tribunal Superior do Trabalho.

Art. 7º Caberá ainda ao Presidente do Tribunal de origem, caso receba a requisição de que trata o inciso III do artigo 5º desta Instrução Normativa, admitir até dois recursos representativos da controvérsia, os quais serão encaminhados ao Tribunal Superior do Trabalho.

Art. 8º Se, após receber os recursos de revista selecionados pelo Presidente ou Vice-Presidente do Tribunal Regional do Trabalho, não se proceder à sua afetação, o relator, no Tribunal Superior do Trabalho, comunicará o fato ao Presidente ou Vice-Presidente que os houver enviado, para que seja revogada a decisão de suspensão referida no artigo 896-C, § 4º, da CLT.

Art. 9º As partes deverão ser intimadas da decisão de suspensão de seu processo, a ser proferida pelo respectivo relator.

§ 1º A parte poderá requerer o prosseguimento de seu processo se demonstrar a intempestividade do recurso nele interposto ou a existência de distinção entre a questão de direito a ser decidida no seu processo e aquela a ser julgada sob o rito dos recursos repetitivos.

§ 2º O requerimento a que se refere o § 1º será dirigido:

I – ao juiz, se o processo sobrestado estiver em primeiro grau;

II – ao relator, se o processo sobrestado estiver no tribunal de origem;

III – ao relator do acórdão recorrido, se for sobrestado recurso de revista no tribunal de origem;

IV – ao relator, no Tribunal Superior do Trabalho, do recurso de revista ou de embargos cujo processamento houver sido sobrestado.

§ 3º A outra parte deverá ser ouvida sobre o requerimento, no prazo de cinco dias.

§ 4º Reconhecida a distinção no caso:

I – dos incisos I, II e IV do § 2º, o próprio juiz ou relator dará prosseguimento ao processo;

II – do inciso III do § 2º, o relator comunicará a decisão ao presidente ou ao vice-presidente que houver determinado o sobrestamento, para que este dê normal prosseguimento ao processo.

§ 5º A decisão que resolver o requerimento a que se refere o § 1º é irrecorrível de imediato, nos termos do artigo 893, § 1º, da CLT.

Art. 10. Para instruir o procedimento, pode o relator fixar data para, em audiência pública, ouvir depoimentos de pessoas com experiência e conhecimento na matéria, sempre que entender necessário o esclarecimento de questões ou circunstâncias de fato subjacentes à controvérsia objeto do incidente de recursos repetitivos.

§ 1º O relator poderá também admitir, tanto na audiência pública quanto no curso do procedimento, a manifestação, como *amici curiae*, de pessoas, órgãos ou entidades com interesse na controvérsia, considerando a relevância da matéria e assegurando o contraditório e a isonomia de tratamento.

§ 2º A manifestação de que trata o § 1º somente será admitida até a inclusão do processo em pauta.

Art. 11. Os recursos afetados deverão ser julgados no prazo de um ano e terão preferência sobre os demais feitos.

§ 1º Na hipótese de não ocorrer o julgamento no prazo de um ano a contar da publicação da decisão de que trata o artigo 5º desta Instrução Normativa, cessam automaticamente, em todo o território nacional, a afetação e a suspensão dos processos, que retomarão seu curso normal.

§ 2º Ocorrendo a hipótese do § 1º, é permitida, nos termos e para os efeitos do artigo 2º desta Instrução Normativa e do artigo 896-C da CLT, a formulação de outra proposta de afetação de processos representativos da controvérsia para instauração e julgamento de recursos repetitivos para ser apreciada e decidida pela SbDI-1 deste Tribunal.

Art. 12. O conteúdo do acórdão paradigma abrangerá a análise de todos os fundamentos da tese jurídica discutida, favoráveis e contrários.

Parágrafo único. É vedado ao órgão colegiado decidir, para os fins do artigo 896-C da CLT, questão não delimitada na decisão de afetação.

Art. 13. Decidido o recurso representativo da controvérsia, os órgãos jurisdicionais respectivos declararão prejudicados os demais recursos versando

sobre idêntica controvérsia ou os decidirão, aplicando a tese firmada.

Parágrafo único. Quando os recursos requisitados do Tribunal Regional do Trabalho contiverem outras questões além daquela que é objeto da afetação, caberá ao órgão jurisdicional competente, em acórdão específico para cada processo, decidir esta em primeiro lugar e depois as demais.

Art. 14. Publicado o acórdão paradigma:

I – o Presidente ou Vice-Presidente do Tribunal de origem negará seguimento aos recursos de revista sobrestados na origem, se o acórdão recorrido coincidir com a orientação do Tribunal Superior do Trabalho;

II – o órgão que proferiu o acórdão recorrido, na origem, reexaminará o processo de competência originária ou o recurso anteriormente julgado, na hipótese de o acórdão recorrido contrariar a orientação do Tribunal Superior do Trabalho;

III – os processos porventura suspensos em primeiro e segundo graus de jurisdição retomarão o curso para julgamento e aplicação da tese firmada pelo Tribunal Superior do Trabalho.

Art. 15. Para fundamentar a decisão de manutenção do entendimento, o órgão que proferiu o acórdão recorrido deverá demonstrar a existência de distinção, por se tratar de caso particularizado por hipótese fática distinta ou questão jurídica não examinada, a impor solução diversa.

§ 1º Na hipótese de que trata o *caput* deste artigo, o recurso de revista será submetido a novo exame de sua admissibilidade pelo Presidente ou Vice-Presidente do Tribunal Regional, retomando o processo o seu curso normal.

§ 2º Realizado o juízo de retratação, com alteração do acórdão divergente, o Tribunal de origem, se for o caso, decidirá as demais questões ainda não decididas, cujo enfrentamento se tornou necessário em decorrência da alteração.

§ 3º Quando for alterado o acórdão divergente na forma do § 1º e o recurso anteriormente interposto versar sobre outras questões, o Presidente ou Vice-Presidente do Tribunal Regional, independentemente de ratificação do recurso, procederá a novo juízo de admissibilidade, retomando o processo o seu curso normal.

Art. 16. A parte poderá desistir da ação em curso no primeiro grau de jurisdição, antes de proferida a sentença, se a questão nela discutida for idêntica à resolvida pelo recurso representativo da controvérsia.

§ 1º Se a desistência ocorrer antes de oferecida a defesa, a parte, se for o caso, ficará dispensada do pagamento de custas e de honorários de advogado.

§ 2º A desistência apresentada nos termos do *caput* deste artigo independe de consentimento do reclamado, ainda que apresentada contestação.

Art. 17. Caberá revisão da decisão firmada em julgamento de recursos repetitivos quando se alterar a situação econômica, social ou jurídica, caso em que será respeitada a segurança jurídica das relações firmadas sob a égide da decisão anterior, podendo o Tribunal Superior do Trabalho modular os efeitos da decisão que a tenha alterado.

Art. 18. Caso a questão afetada e julgada sob o rito dos recursos repetitivos também contenha questão constitucional, a decisão proferida pelo Tribunal Pleno não obstará o conhecimento de eventuais recursos extraordinários sobre a questão constitucional.

Art. 19. Aos recursos extraordinários interpostos perante o Tribunal Superior do Trabalho será aplicado o procedimento previsto no Código de Processo Civil para o julgamento dos recursos extraordinários repetitivos, cabendo ao Presidente do Tribunal Superior do Trabalho selecionar um ou mais recursos representativos da controvérsia e encaminhá-los ao Supremo Tribunal Federal, sobrestando os demais até o pronunciamento definitivo da Corte, na forma ali prevista.

Art. 20. Quando o julgamento dos embargos à SbDI-1 envolver relevante questão de direito, com grande repercussão social, sem repetição em múltiplos processos mas a respeito da qual seja conveniente a prevenção ou a composição de divergência entre as turmas ou os demais órgãos fracionários do Tribunal Superior do Trabalho, poderá a SbDI-1, por iniciativa de um de seus membros e após a aprovação da maioria de seus integrantes, afetar o seu julgamento ao Tribunal Pleno.

Leg. Compl.

Parágrafo único. Aplica-se a este incidente, no que couber, o que esta Instrução Normativa dispõe sobre o incidente de julgamento de recursos repetitivos.

Art. 21. O Tribunal Superior do Trabalho deverá manter e dar publicidade às questões de direito objeto dos recursos repetitivos já julgados, pendentes de julgamento ou já reputadas sem relevância, bem como daquelas objeto das decisões proferidas por sua composição plenária, nos termos do § 13 do artigo 896 da CLT e do artigo 20 desta Instrução Normativa.

Parágrafo único. As decisões, organizadas por questão jurídica julgada, serão divulgadas, preferencialmente, na rede mundial de computadores e constarão do Banco Nacional de Jurisprudência Uniformizadora – BANJUR, instituído pelo artigo 7º da Instrução Normativa 37/2015, aprovada pela Resolução 195, de 02.03.2015, do Tribunal Superior do Trabalho.

Art. 22. Após a publicação da presente Instrução Normativa, ficam expressamente revogados os artigos 7º a 22 do Ato 491/SEGJUD.GP, de 23 de setembro de 2014.

Ministro Antônio José de Barros Levenhagen
Presidente do Tribunal Superior do Trabalho

LEI 13.189, DE 19 DE NOVEMBRO DE 2015

Institui o Programa Seguro-Emprego (PSE).

DOU 20.11.2015
▶ Ementa com redação pela Lei 13.456/2017.

A Presidente da República,

Faço saber que o Congresso Nacional decreta e eu sanciono a seguinte Lei:

Art. 1º Fica instituído o Programa Seguro-Emprego (PSE), com os seguintes objetivos:
▶ *Caput* com redação pela Lei 13.456/2017.

I – possibilitar a preservação dos empregos em momentos de retração da atividade econômica;

II – favorecer a recuperação econômico-financeira das empresas;

III – sustentar a demanda agregada durante momentos de adversidade, para facilitar a recuperação da economia;

IV – estimular a produtividade do trabalho por meio do aumento da duração do vínculo empregatício; e

V – fomentar a negociação coletiva e aperfeiçoar as relações de emprego.

Parágrafo único. O PSE consiste em ação para auxiliar os trabalhadores na preservação do emprego, nos termos do inciso II do *caput* do art. 2º da Lei 7.998, de 11 de janeiro de 1990.
▶ Parágrafo único com redação pela Lei 13.456/2017.

Art. 2º Podem aderir ao PSE as empresas de todos os setores em situação de dificuldade econômico-financeira que celebrarem acordo coletivo de trabalho específico de redução de jornada e de salário.
▶ *Caput* com redação pela Lei 13.456/2017.

§ 1º A adesão ao PSE pode ser feita perante o Ministério do Trabalho até o dia 31 de dezembro de 2017, observado o prazo máximo de permanência de vinte e quatro meses, na forma definida em regulamento, respeitada a data de extinção do programa.
▶ § 1º com redação pela Lei 13.456/2017.

§ 2º Têm prioridade de adesão ao PSE, observados os critérios definidos pelo Poder Executivo federal:
▶ § 2º com redação pela Lei 13.456/2017.

I – a empresa que demonstre observar a cota de pessoas com deficiência;
▶ Inciso I acrescido pela Lei 13.456/2017.

II – as microempresas e empresas de pequeno porte; e
▶ Inciso II acrescido pela Lei 13.456/2017.

III – a empresa que possua em seus quadros programa de reinserção profissional de egressos do sistema penitenciário.
▶ Inciso III acrescido pela Lei 13.456/2017.

§ 3º As microempresas e as empresas de pequeno porte poderão contar com o apoio técnico do Serviço Brasileiro de Apoio às Micro e Pequenas Empresas (Sebrae), conforme disposto em regulamento.
▶ § 3º acrescido pela Lei 13.456/2017.

Art. 3º Poderão aderir ao PSE as empresas que se enquadrem nas condições estabelecidas pelo Comitê do Programa de Proteção ao Emprego, criado pelo Decreto 8.479, de 6 de julho de 2015, independentemente do setor econômico, e que cumprirem os seguintes requisitos:

▶ *Caput* com redação pela Lei 13.456/2017.
▶ Dec. 8.479/2021 foi revogado pelo Dec. 10.854/2021.

I – celebrar e apresentar acordo coletivo de trabalho específico, nos termos do art. 5º;

II – apresentar ao Ministério do Trabalho solicitação de adesão ao PSE;
▶ Inciso II com redação pela Lei 13.456/2017.

III – apresentar a relação dos empregados abrangidos, especificando o salário individual;

IV – ter registro no Cadastro Nacional da Pessoa Jurídica – CNPJ há, no mínimo, dois anos;

V – comprovar a regularidade fiscal, previdenciária e relativa ao Fundo de Garantia do Tempo de Serviço – FGTS; e

VI – comprovar a situação de dificuldade econômico-financeira, fundamentada no Indicador Líquido de Empregos (ILE), considerando-se nesta situação a empresa cujo ILE seja igual ou inferior ao percentual a ser definido em ato do Poder Executivo federal, apurado com base nas informações disponíveis no Cadastro Geral de Empregados e Desempregados (CAGED), consistindo o ILE no percentual representado pela diferença entre admissões e demissões acumulada nos doze meses anteriores ao da solicitação de adesão ao PSE dividida pelo número de empregados no mês anterior ao início desse período.
▶ Inciso VI com redação pela Lei 13.456/2017.

§ 1º Para fins do disposto no inciso IV do *caput*, em caso de solicitação de adesão por filial de empresa, pode ser considerado o tempo de registro no CNPJ da matriz.

§ 2º A regularidade de que trata o inciso V do *caput* deste artigo deverá ser observada durante o período de adesão do PSE, como condição para permanência no Programa.
▶ § 2º com redação pela Lei 13.456/2017.

§ 3º No cálculo do indicador de que trata o inciso VI do *caput* deste artigo, não serão computados os eventos de transferência por entrada, de transferência por saída e de admissão ou desligamento de aprendizes.
▶ § 3º acrescido pela Lei 13.456/2017.

Art. 4º Os empregados de empresas que aderirem ao PSE e tiverem o seu salário reduzido, nos termos do art. 5º desta Lei, fazem jus à compensação pecuniária equivalente a 50% (cinquenta por cento) do valor da redução salarial e limitada a 65% (sessenta e cinco por cento) do valor máximo da parcela do seguro-desemprego, enquanto perdurar o período de redução temporária da jornada de trabalho.
▶ *Caput* com redação pela Lei 13.456/2017.

§ 1º Ato do Poder Executivo federal deve dispor sobre a forma de pagamento da compensação pecuniária de que trata o *caput*, custeada pelo Fundo de Amparo ao Trabalhador – FAT.

§ 2º O valor do salário pago pelo empregador, após a redução de que trata o *caput* do art. 5º, não pode ser inferior ao valor do salário mínimo.

Art. 5º O acordo coletivo de trabalho específico para adesão ao PSE, celebrado entre a empresa e o sindicato de trabalhadores representativo da categoria da atividade econômica preponderante da empresa, pode reduzir em até 30% (trinta por cento) a jornada e o salário.
▶ *Caput* com redação pela Lei 13.456/2017.

§ 1º O acordo deve ser aprovado em assembleia dos trabalhadores abrangidos pelo programa e deve dispor sobre:

I – número total de empregados abrangidos pela redução e sua identificação;

II – estabelecimentos ou setores específicos da empresa abrangidos;

III – percentual de redução da jornada e redução proporcional ou menor do salário;

IV – período pretendido de adesão ao PSE e de redução temporária da jornada de trabalho, que deve ter duração de até seis meses, podendo ser prorrogado por períodos de seis meses, desde que o período total não ultrapasse vinte e quatro meses;
▶ Inciso IV com redação pela Lei 13.456/2017.

V – período de garantia no emprego, que deve ser equivalente, no mínimo, ao período de redução de jornada acrescido de um terço;

VI – constituição de comissão paritária, composta por representantes do empregador e dos empregados abrangidos pelo PSE, para acompanhar e fiscalizar o cumprimento do acordo e do Programa, exceto nas microempresas e empresas de pequeno porte.
▶ Inciso VI com redação pela Lei 13.456/2017.

§ 2º O acordo coletivo de trabalho específico de que trata este artigo não disporá sobre outras condições

de trabalho que não aquelas decorrentes da adesão ao PSE.
▶ § 2º com redação pela Lei 13.456/2017.

§ 3º A empresa deve demonstrar ao sindicato que foram esgotados os bancos de horas, além de fornecer as informações econômico-financeiras.

§ 4º É facultada a celebração de acordo coletivo múltiplo de trabalho específico a grupo de microempresas e empresas de pequeno porte, do mesmo setor econômico, com o sindicato de trabalhadores representativo da categoria da atividade econômica preponderante.

§ 5º Na hipótese do § 4º, a comissão paritária de que trata o inciso VI do § 1º será composta por representantes do empregador e do sindicato de trabalhadores que celebrar o acordo coletivo múltiplo de trabalho específico.

§ 6º Para fins dos incisos I e II do § 1º, o acordo deve abranger todos os empregados da empresa ou, no mínimo, os empregados de setor ou estabelecimento específico.

§ 7º Para fins do disposto no § 4º deste artigo, cada microempresa ou empresa de pequeno porte deverá demonstrar individualmente o cumprimento dos requisitos exigidos para adesão ao PSE, com o apoio técnico do Serviço Brasileiro de Apoio às Micro e Pequenas Empresas (SEBRAE).
▶ § 7º com redação pela Lei 13.456/2017.

§ 8º A redução de que trata o *caput* está condicionada à celebração de acordo coletivo de trabalho específico com o sindicato de trabalhadores representativo da categoria, observado o disposto no art. 511 da Consolidação das Leis do Trabalho – CLT, aprovada pelo Decreto-Lei 5.452, de 1º de maio de 1943.

§ 9º O número total de trabalhadores e de setores abrangidos pelo Programa de que tratam os incisos I e II do § 1º deste artigo e a redução do percentual de que trata o inciso III do § 1º deste artigo poderão ser alterados durante o período de adesão ao Programa, desde que aprovados em assembleia dos trabalhadores abrangidos pelo Programa, dispensada a formalização de termo aditivo ao acordo, observados os critérios a serem estabelecidos em ato do Poder Executivo federal.
▶ § 9º acrescido pela Lei 13.456/2017.

Art. 6º A empresa que aderir ao PSE fica proibida de:
▶ *Caput* com redação pela Lei 13.456/2017.

I – dispensar arbitrariamente ou sem justa causa os empregados que tiverem sua jornada de trabalho temporariamente reduzida enquanto vigorar a adesão ao PSE e, após o seu término, durante o prazo equivalente a um terço do período de adesão; e
▶ Inciso I com redação pela Lei 13.456/2017.

II – contratar empregado para executar, total ou parcialmente, as mesmas atividades exercidas por empregado abrangido pelo programa, exceto nas hipóteses de: **a)** reposição;

b) aproveitamento de concluinte de curso de aprendizagem na empresa, nos termos do art. 429 da Consolidação das Leis do Trabalho – CLT, aprovada pelo Decreto-Lei 5.452, de 1º de maio de 1943.

c) efetivação de estagiário;
▶ Alínea c acrescida pela Lei 13.456/2017

d) contratação de pessoas com deficiência ou idosas; e
▶ Alínea d acrescida pela Lei 13.456/2017

e) contratação de egresso dos sistemas prisional e de medidas socioeducativas.
▶ Alínea e acrescida pela Lei 13.456/2017

§ 1º Nas hipóteses de contratação previstas no inciso II do *caput* deste artigo, o empregado deve ser abrangido pelo acordo coletivo de trabalho específico.
▶ § 1º com redação pela Lei 13.456/2017.

§ 2º Durante o período de adesão, é proibida a realização de horas extraordinárias pelos empregados abrangidos pelo programa.

Art. 7º A empresa pode denunciar o PSE a qualquer momento, desde que comunique o ato ao sindicato que celebrou o acordo coletivo de trabalho específico, aos seus trabalhadores e ao Poder Executivo federal, com antecedência mínima de trinta dias, demonstrando as razões e a superação da situação de dificuldade econômico-financeira.
▶ *Caput* com redação pela Lei 13.456/2017.

§ 1º Somente após o prazo de trinta dias, pode a empresa exigir o cumprimento da jornada integral de trabalho.

§ 2º Deve ser mantida a garantia de emprego, nos termos da adesão original ao PSE e aos seus acréscimos.
▶ § 2º com redação pela Lei 13.456/2017.

§ 3º Somente após seis meses da denúncia, pode a empresa aderir novamente ao PSE, caso demonstre

que enfrenta nova situação de dificuldade econômico-financeira.

> ▶ § 3º com redação pela Lei 13.456/2017.

Art. 8º Fica excluída do PSE e impedida de aderir ao Programa novamente a empresa que:

> ▶ *Caput* com redação pela Lei 13.456/2017.

I – descumprir os termos do acordo coletivo de trabalho específico relativo à redução temporária da jornada de trabalho ou qualquer outro dispositivo desta Lei ou de sua regulamentação;

II – cometer fraude no âmbito do PSE, assim entendida como a situação em que empresa obtiver, para si ou para outrem, vantagem ilícita, em prejuízo alheio, induzindo ou mantendo alguém em erro, mediante artifício, ardil ou qualquer outro meio fraudulento, relativamente ao Programa, como atos praticados quanto à burla das condições e dos critérios para adesão e permanência no Programa, fornecimento de informações não verídicas, apresentação de documentos falsos ou desvio dos recursos da compensação financeira do Programa destinada aos empregados abrangidos; ou

> ▶ Inciso II com redação pela Lei 13.456/2017.

III – for condenada por decisão judicial transitada em julgado ou autuada administrativamente após decisão final no processo administrativo por prática de trabalho análogo ao de escravo, trabalho infantil ou degradante.

§ 1º A empresa que descumprir o acordo coletivo ou as normas relativas ao PSE fica obrigada a restituir ao FAT os recursos recebidos, devidamente corrigidos, e a pagar multa administrativa correspondente a 100% (cem por cento) desse valor, calculada em dobro no caso de fraude, a ser aplicada conforme o Título VII da Consolidação das Leis do Trabalho (CLT), aprovada pelo Decreto-Lei 5.452, de 1º de maio de 1943, e revertida ao FAT.

> ▶ § 1º com redação pela Lei 13.456/2017.

§ 2º Para fins do disposto no inciso II do *caput*, a denúncia de que trata o art. 7º não é considerada descumprimento dos termos do acordo coletivo de trabalho específico.

§ 3º Para fins da correção dos recursos de que trata o § 1º deste artigo, o valor a ser restituído ao FAT, por ocasião do pagamento, será acrescido de juros equivalentes à taxa referencial do Sistema Especial de Liquidação e de Custódia (Selic) para títulos federais, calculada na forma de capitalização simples, ou seja, pela soma aritmética dos valores mensais da taxa Selic, adicionando-se 1% (um por cento) no último mês de atualização e utilizando-se para o cálculo do débito o Sistema Débito Web disponibilizado no sítio eletrônico do Tribunal de Contas da União.

> ▶ § 3º acrescido pela Lei 13.456/2017.

Art. 9º A compensação pecuniária integra as parcelas remuneratórias para efeito do disposto no inciso I do art. 22 e no § 8º do art. 28 da Lei 8.212, de 24 de julho de 1991, e do disposto no art. 15 da Lei 8.036, de 11 de maio de 1990.

Art. 10. Permanecem regidas pela Medida Provisória 680, de 6 de julho de 2015, as adesões ao PPE já aprovadas, aplicando-se esta Lei às solicitações de adesão ou de prorrogação em tramitação na data de sua publicação ou protocoladas a partir dessa data, sendo facultadas às empresas a prorrogação dos prazos e a adoção das demais condições previstas nesta Lei mediante aditivo ao acordo coletivo de trabalho específico.

Art. 11. O PSE extingue-se em 31 de dezembro de 2018.

> ▶ Artigo com redação pela Lei 13.456/2017.

Art. 11-A. Até o final do mês de fevereiro de cada exercício, o Poder Executivo federal estabelecerá o limite máximo anual para as despesas totais do PSE, observados os parâmetros econômicos oficiais utilizados na gestão fiscal.

> ▶ Artigo acrescido pela Lei 13.456/2017.

§ 1º Para fins de estimativa do cálculo das despesas totais referidas no *caput* deste artigo, será considerado o somatório do estoque de benefícios concedidos com os novos benefícios a serem desembolsados no exercício.

§ 2º A gestão fiscal de que trata o *caput* deste artigo compreende a elaboração dos orçamentos anuais e as avaliações de receitas e despesas para cumprimento do disposto no art. 9º da Lei Complementar 101, de 4 de maio de 2000.

§ 3º O Poder Executivo federal, por meio de regulamento, poderá fixar orçamento do PSE dedicado exclusivamente a microempresas e empresas de pequeno porte.

Art. 11-B. O Ministério do Trabalho enviará semestralmente, pelo período de duração do PSE, aos Ministérios da Fazenda e do Planejamento, Desenvolvimento e Gestão e à Casa Civil da Presidência da República, informações que permitam avaliar a efetividade do PSE como política pública em relação aos objetivos pretendidos.

> ▶ Artigo acrescido pela Lei 13.456/2017.

Art. 12. Esta Lei entra em vigor na data de sua publicação, com exceção do disposto no art. 9º, quanto à Lei 8.212, de 24 de julho de 1991, que entra em vigor no dia 1º de novembro de 2015.

Brasília, 19 de novembro de 2015; 194º da Independência e 127º da República.

Dilma Rousseff

LEI COMPLEMENTAR 152, DE 3 DE DEZEMBRO DE 2015

Dispõe sobre a aposentadoria compulsória por idade, com proventos proporcionais, nos termos do inciso II do § 1º do art. 40 da Constituição Federal.

DOU 04.12.2015

A Presidenta da República:

Faço saber que o Congresso Nacional decreta e eu promulgo, nos termos do parágrafo 5º do art. 66 da Constituição, a seguinte Lei Complementar:

Art. 1º Esta Lei Complementar dispõe sobre a aposentadoria compulsória por idade, com proventos proporcionais, no âmbito da União, dos Estados, do Distrito Federal e dos Municípios, dos agentes públicos aos quais se aplica o inciso II do § 1º do art. 40 da Constituição Federal.

Art. 2º Serão aposentados compulsoriamente, com proventos proporcionais ao tempo de contribuição, aos 75 (setenta e cinco) anos de idade:

I – os servidores titulares de cargos efetivos da União, dos Estados, do Distrito Federal e dos Municípios, incluídas suas autarquias e fundações;

II – os membros do Poder Judiciário;

III – os membros do Ministério Público;

IV – os membros das Defensorias Públicas;

V – os membros dos Tribunais e dos Conselhos de Contas.

Parágrafo único. Aos servidores do Serviço Exterior Brasileiro, regidos pela Lei 11.440, de 29 de dezembro de 2006, o disposto neste artigo será aplicado progressivamente à razão de 1 (um) ano adicional de limite para aposentadoria compulsória ao fim de cada 2 (dois) anos, a partir da vigência desta Lei Complementar, até o limite de 75 (setenta e cinco) anos previsto no *caput*.

Art. 3º Revoga-se o inciso I do art. 1º da Lei Complementar 51, de 20 de dezembro de 1985.

Art. 4º Esta Lei Complementar entra em vigor na data de sua publicação.

Brasília, 3 de dezembro de 2015; 194º da Independência e 127º da República.

Dilma Rousseff

INSTRUÇÃO NORMATIVA 39, DE 15 DE MARÇO DE 2016, DO TRIBUNAL SUPERIOR DO TRABALHO – TST

Dispõe sobre as normas do Código de Processo Civil de 2015 aplicáveis e inaplicáveis ao Processo do Trabalho, de forma não exaustiva.

DEJT 16.03.2016

> ▶ Resolução TST 203, de 15 de março de 2016 (Edita a IN 39/2016).

Art. 1º Aplica-se o Código de Processo Civil, subsidiária e supletivamente, ao Processo do Trabalho, em caso de omissão e desde que haja compatibilidade com as normas e princípios do Direito Processual do Trabalho, na forma dos arts. 769 e 889 da CLT e do art. 15 da Lei 13.105, de 17.03.2015.

§ 1º Observar-se-á, em todo caso, o princípio da irrecorribilidade em separado das decisões interlocutórias, de conformidade com o art. 893, § 1º da CLT e Súmula 214 do TST.

§ 2º O prazo para interpor e contra-arrazoar todos os recursos trabalhistas, inclusive agravo interno e agra-

vo regimental, é de oito dias (art. 6º da Lei 5.584/70 e art. 893 da CLT), exceto embargos de declaração (CLT, art. 897-A).

Art. 2º Sem prejuízo de outros, não se aplicam ao Processo do Trabalho, em razão de inexistência de omissão ou por incompatibilidade, os seguintes preceitos do Código de Processo Civil:

I – art. 63 (modificação da competência territorial e eleição de foro);

II – art. 190 e parágrafo único (negociação processual);

III – art. 219 (contagem de prazos em dias úteis);

IV – art. 334 (audiência de conciliação ou de mediação);

V – art. 335 (prazo para contestação);

VI – art. 362, III (adiamento da audiência em razão de atraso injustificado superior a 30 minutos);

VII – art. 373, §§ 3º e 4º (distribuição diversa do ônus da prova por convenção das partes);

VIII – *Revogado pela IN 41/2018 do TST;*

IX – art. 942 e parágrafos (prosseguimento de julgamento não unânime de apelação);

X – art. 944 (notas taquigráficas para substituir acórdão);

XI – art. 1.010, § 3º (desnecessidade de o juízo a quo exercer controle de admissibilidade na apelação);

XII – arts. 1043 e 1044 (embargos de divergência);

XIII – art. 1070 (prazo para interposição de agravo).

Art. 3º Sem prejuízo de outros, aplicam-se ao Processo do Trabalho, em face de omissão e compatibilidade, os preceitos do Código de Processo Civil que regulam os seguintes temas:

I – art. 76, §§ 1º e 2º (saneamento de incapacidade processual ou de irregularidade de representação);

II – art. 138 e parágrafos (*amicus curiae*);

III – art. 139, exceto a parte final do inciso V (poderes, deveres e responsabilidades do juiz);

IV – art. 292, V (valor pretendido na ação indenizatória, inclusive a fundada em dano moral);

V – art. 292, § 3º (correção de ofício do valor da causa);

VI – arts. 294 a 311 (tutela provisória);

VII – art. 373, §§ 1º e 2º (distribuição dinâmica do ônus da prova);

VIII – art. 485, § 7º (juízo de retratação no recurso ordinário);

IX – art. 489 (fundamentação da sentença);

X – art. 496 e parágrafos (remessa necessária);

XI – arts. 497 a 501 (tutela específica);

XII – arts. 536 a 538 (cumprimento de sentença que reconheça a exigibilidade de obrigação de fazer, de não fazer ou de entregar coisa);

XIII – arts. 789 a 796 (responsabilidade patrimonial);

XIV – art. 805 e parágrafo único (obrigação de o executado indicar outros meios mais eficazes e menos onerosos para promover a execução);

XV – art. 833, incisos e parágrafos (bens impenhoráveis);

XVI – art. 835, incisos e §§ 1º e 2º (ordem preferencial de penhora);

XVII – art. 836, §§ 1º e 2º (procedimento quando não encontrados bens penhoráveis);

XVIII – art. 841, §§ 1º e 2º (intimação da penhora);

XIX – art. 854 e parágrafos (BacenJUD);

XX – art. 895 (pagamento parcelado do lanço);

XXI – art. 916 e parágrafos (parcelamento do crédito exequendo);

XXII – art. 918 e parágrafo único (rejeição liminar dos embargos à execução);

XXIII – arts. 926 a 928 (jurisprudência dos tribunais);

XXIV – art. 940 (vista regimental);

XXV – art. 947 e parágrafos (incidente de assunção de competência);

XXVI – arts. 966 a 975 (ação rescisória);

XXVII – arts. 988 a 993 (reclamação);

XXVIII – arts. 1013 a 1014 (efeito devolutivo do recurso ordinário – força maior);

XXIX – art. 1021 (salvo quanto ao prazo do agravo interno).

Art. 4º Aplicam-se ao Processo do Trabalho as normas do CPC que regulam o princípio do contraditório, em especial os artigos 9º e 10, no que vedam a decisão surpresa.

§ 1º Entende-se por "decisão surpresa" a que, no julgamento final do mérito da causa, em qualquer grau de

jurisdição, aplicar fundamento jurídico ou embasar-se em fato não submetido à audiência prévia de uma ou de ambas as partes.

§ 2º Não se considera "decisão surpresa" a que, à luz do ordenamento jurídico nacional e dos princípios que informam o Direito Processual do Trabalho, as partes tinham obrigação de prever, concernente às condições da ação, aos pressupostos de admissibilidade de recurso e aos pressupostos processuais, salvo disposição legal expressa em contrário.

Art. 5º Aplicam-se ao Processo do Trabalho as normas do art. 356, §§ 1º a 4º, do CPC que regem o julgamento antecipado parcial do mérito, cabendo recurso ordinário de imediato da sentença.

Art. 6º *Revogado pela IN 41/2018 do TST;*

Art. 7º Aplicam-se ao Processo do Trabalho as normas do art. 332 do CPC, com as necessárias adaptações à legislação processual trabalhista, cumprindo ao juiz do trabalho julgar liminarmente improcedente o pedido que contrariar:

I – enunciado de súmula do Supremo Tribunal Federal ou do Tribunal Superior do Trabalho (CPC, art. 927, inciso V);

II – acórdão proferido pelo Supremo Tribunal Federal ou pelo Tribunal Superior do Trabalho em julgamento de recursos repetitivos (CLT, art. 896-B; CPC, art. 1046, § 4º);

III – entendimento firmado em incidente de resolução de demandas repetitivas ou de assunção de competência;

IV – enunciado de súmula de Tribunal Regional do Trabalho sobre direito local, convenção coletiva de trabalho, acordo coletivo de trabalho, sentença normativa ou regulamento empresarial de observância obrigatória em área territorial que não exceda à jurisdição do respectivo Tribunal (CLT, art. 896, *b*, a *contrario sensu*).

Parágrafo único. O juiz também poderá julgar liminarmente improcedente o pedido se verificar, desde logo, a ocorrência de decadência.

Art. 8º Aplicam-se ao Processo do Trabalho as normas dos arts. 976 a 986 do CPC que regem o incidente de resolução de demandas repetitivas (IRDR).

§ 1º Admitido o incidente, o relator suspenderá o julgamento dos processos pendentes, individuais ou coletivos, que tramitam na Região, no tocante ao tema objeto de IRDR, sem prejuízo da instrução integral das causas e do julgamento dos eventuais pedidos distintos e cumulativos igualmente deduzidos em tais processos, inclusive, se for o caso, do julgamento antecipado parcial do mérito.

§ 2º Do julgamento do mérito do incidente caberá recurso de revista para o Tribunal Superior do Trabalho, dotado de efeito meramente devolutivo, nos termos dos arts. 896 e 899 da CLT.

§ 3º Apreciado o mérito do recurso, a tese jurídica adotada pelo Tribunal Superior do Trabalho será aplicada no território nacional a todos os processos, individuais ou coletivos, que versem sobre idêntica questão de direito.

Art. 9º O cabimento dos embargos de declaração no Processo do Trabalho, para impugnar qualquer decisão judicial, rege-se pelo art. 897-A da CLT e, supletivamente, pelo Código de Processo Civil (arts. 1022 a 1025; §§ 2º, 3º e 4º do art. 1026), excetuada a garantia de prazo em dobro para litisconsortes (§ 1º do art. 1023).

Parágrafo único. A omissão para fins do prequestionamento ficto a que alude o art. 1025 do CPC dá-se no caso de o Tribunal Regional do Trabalho, mesmo instado mediante embargos de declaração, recusar-se a emitir tese sobre questão jurídica pertinente, na forma da Súmula 297, item III, do Tribunal Superior do Trabalho.

Art. 10. Aplicam-se ao Processo do Trabalho as normas do parágrafo único do art. 932 do CPC, §§ 1º a 4º do art. 938 e §§ 2º e 7º do art. 1007.

Parágrafo único. *Revogado pela Res. 218/2017 do TST.*

Art. 11. Não se aplica ao Processo do Trabalho a norma do art. 459 do CPC no que permite a inquirição direta das testemunhas pela parte (CLT, art. 820).

Art. 12. Aplica-se ao Processo do Trabalho o parágrafo único do art. 1034 do CPC. Assim, admitido o recurso de revista por um fundamento, devolve-se ao Tribunal Superior do Trabalho o conhecimento dos demais fundamentos para a solução apenas do capítulo impugnado.

Art. 13. Por aplicação supletiva do art. 784, I (art. 15 do CPC), o cheque e a nota promissória emitidos em reconhecimento de dívida inequivocamente de natureza trabalhista também são títulos extrajudiciais para efeito de execução perante a Justiça do Trabalho, na forma do art. 876 e segs. da CLT.

Art. 14. Não se aplica ao Processo do Trabalho o art. 165 do CPC, salvo nos conflitos coletivos de natureza econômica (Constituição Federal, art. 114, §§ 1º e 2º).

Art. 15. O atendimento à exigência legal de fundamentação das decisões judiciais (CPC, art. 489, § 1º) no Processo do Trabalho observará o seguinte:

I – por força dos arts. 332 e 927 do CPC, adaptados ao Processo do Trabalho, para efeito dos incisos V e VI do § 1º do art. 489 considera-se "precedente" apenas:

a) acórdão proferido pelo Supremo Tribunal Federal ou pelo Tribunal Superior do Trabalho em julgamento de recursos repetitivos (CLT, art. 896-B; CPC, art. 1046, § 4º);

b) entendimento firmado em incidente de resolução de demandas repetitivas ou de assunção de competência;

c) decisão do Supremo Tribunal Federal em controle concentrado de constitucionalidade;

d) tese jurídica prevalecente em Tribunal Regional do Trabalho e não conflitante com súmula ou orientação jurisprudencial do Tribunal Superior do Trabalho (CLT, art. 896, § 6º);

e) decisão do plenário, do órgão especial ou de seção especializada competente para uniformizar a jurisprudência do tribunal a que o juiz estiver vinculado ou do Tribunal Superior do Trabalho.

II – para os fins do art. 489, § 1º, incisos V e VI do CPC, considerar-se-ão unicamente os precedentes referidos no item anterior, súmulas do Supremo Tribunal Federal, orientação jurisprudencial e súmula do Tribunal Superior do Trabalho, súmula de Tribunal Regional do Trabalho não conflitante com súmula ou orientação jurisprudencial do TST, que contenham explícita referência aos fundamentos determinantes da decisão (*ratio decidendi*).

III – não ofende o art. 489, § 1º, inciso IV do CPC a decisão que deixar de apreciar questões cujo exame haja ficado prejudicado em razão da análise anterior de questão subordinante.

IV – o art. 489, § 1º, IV, do CPC não obriga o juiz ou o Tribunal a enfrentar os fundamentos jurídicos invocados pela parte, quando já tenham sido examinados na formação dos precedentes obrigatórios ou nos fundamentos determinantes de enunciado de súmula.

V – decisão que aplica a tese jurídica firmada em precedente, nos termos do item I, não precisa enfrentar os fundamentos já analisados na decisão paradigma, sendo suficiente, para fins de atendimento das exigências constantes no art. 489, § 1º, do CPC, a correlação fática e jurídica entre o caso concreto e aquele apreciado no incidente de solução concentrada;

VI – é ônus da parte, para os fins do disposto no art. 489, § 1º, V e VI, do CPC, identificar os fundamentos determinantes ou demonstrar a existência de distinção no caso em julgamento ou a superação do entendimento, sempre que invocar precedente ou enunciado de súmula.

Art. 16. Para efeito de aplicação do § 5º do art. 272 do CPC, não é causa de nulidade processual a intimação realizada na pessoa de advogado regularmente habilitado nos autos, ainda que conste pedido expresso para que as comunicações dos atos processuais sejam feitas em nome de outro advogado, se o profissional indicado não se encontra previamente cadastrado no Sistema de Processo Judicial Eletrônico, impedindo a serventia judicial de atender ao requerimento de envio da intimação direcionada. A decretação de nulidade não pode ser acolhida em favor da parte que lhe deu causa (CPC, art. 276).

Art. 17. Sem prejuízo da inclusão do devedor no Banco Nacional de Devedores Trabalhistas (CLT, art. 642-A), aplicam-se à execução trabalhista as normas dos artigos 495, 517 e 782, §§ 3º, 4º e 5º do CPC, que tratam respectivamente da hipoteca judiciária, do protesto de decisão judicial e da inclusão do nome do executado em cadastros de inadimplentes.

Art. 18. Esta Instrução Normativa entrará em vigor na data da sua publicação.

Ministro Ives Gandra da Silva Martins Filho
Presidente do Tribunal Superior do Trabalho

INSTRUÇÃO NORMATIVA 40, DE 15 DE MARÇO DE 2016, DO TRIBUNAL SUPERIOR DO TRABALHO – TST

Dispõe sobre o cabimento de agravo de instrumento em caso de admissibilidade parcial de recurso de revista no Tribunal Regional do Trabalho e dá outras providências.

DEJT 17.03.2016

▸ Resolução TST 205, de 15.03.2016 (Aprova a IN 40/2016).

Art. 1º Admitido apenas parcialmente o recurso de revista, constitui ônus da parte impugnar, mediante agravo de instrumento, o capítulo denegatório da decisão, sob pena de preclusão.

§ 1º Se houver omissão no juízo de admissibilidade do recurso de revista quanto a um ou mais temas, é ônus da parte interpor embargos de declaração para o órgão prolator da decisão embargada supri-la (CPC, art. 1024, § 2º), sob pena de preclusão.

§ 2º Incorre em nulidade a decisão regional que se abstiver de exercer controle de admissibilidade sobre qualquer tema objeto de recurso de revista, não obstante interpostos embargos de declaração (CF/88, art. 93, inciso IX e § 1º do art. 489 do CPC de 2015).

§ 3º No caso do parágrafo anterior, sem prejuízo da nulidade, a recusa do Presidente do Tribunal Regional do Trabalho a emitir juízo de admissibilidade sobre qualquer tema equivale à decisão denegatória. É ônus da parte, assim, após a intimação da decisão dos embargos de declaração, impugná-la mediante agravo de instrumento (CLT, art. 896, § 12), sob pena de preclusão.

§ 4º Faculta-se ao Ministro Relator, por decisão irrecorrível (CLT, art. 896, § 5º, por analogia), determinar a restituição do agravo de instrumento ao Presidente do Tribunal Regional do Trabalho de origem para que complemente o juízo de admissibilidade, desde que interpostos embargos de declaração.

Art. 1º-A Cabe agravo interno da decisão que negar seguimento ao recurso de revista interposto contra acórdão que esteja em conformidade com entendimento do Tribunal Superior do Trabalho, exarado nos regimes de julgamento de recursos repetitivos, de resolução de demandas repetitivas e assunção de competência, de acordo com os arts. 988, § 5º, 1.030, § 2º, e 1.021 do CPC, aplicáveis ao processo do trabalho, conforme art. 896-B da CLT.

▸ *Caput* acrescido pela Res. 224/2024.

§ 1º Havendo no recurso de revista capítulo distinto que não se submeta à situação prevista no caput deste artigo, constitui ônus da parte impugnar, simultaneamente, mediante agravo de instrumento, a fração da decisão denegatória respectiva, sob pena de preclusão.

§ 2º Na hipótese da interposição simultânea de que trata o parágrafo anterior, o processamento do agravo de instrumento ocorrerá após o julgamento do agravo interno pelo órgão colegiado competente.

§ 3º Caso o agravo interno seja provido, dar-se-á seguimento, na forma da lei, ao recurso de revista quanto ao capítulo objeto da insurgência; na hipótese de o agravo interno ser desprovido, nenhum recurso caberá dessa decisão regional.

§ 4º As reclamações fundadas em usurpação de competência do Tribunal Superior do Trabalho ou desrespeito às suas decisões em casos concretos (CPC, art. 988, I e II) não se submetem ao procedimento estabelecido neste artigo, conforme expressa disposição do § 5º, II, do art. 988 do CPC.

▸ §§ 1º a 4º acrescidos pela Res. 224/2024.

§ 5º As disposições contidas neste artigo aplicam-se às decisões de admissibilidade publicadas a partir do 90º dia após o início de sua vigência, que deverá ocorrer na data da publicação.

▸ § 5º com redação pelo Ato TST.GP 08/2025.

Art. 2º Após a vigência do Código de Processo Civil de 2015, subsiste o Incidente de Uniformização de Jurisprudência da CLT (art. 896, §§ 3º, 4º, 5º e 6º), observado o procedimento previsto no regimento interno do Tribunal Regional do Trabalho.

Art. 3º A presente instrução normativa vigerá a partir de sua publicação, exceto o art. 1º, que vigorará a partir de 15 de abril de 2016.

Ministro Ives Gandra da Silva Martins Filho
Presidente do Tribunal Superior do Trabalho

LEI 13.267, DE 6 DE ABRIL DE 2016

Disciplina a criação e a organização das associações denominadas empresas juniores, com funcionamento perante instituições de ensino superior.

DOU 07.07.2016

A Presidenta da República:

Faço saber que o Congresso Nacional decreta e eu sanciono a seguinte Lei:

Art. 1º Esta Lei disciplina a criação e a organização das associações denominadas empresas juniores, com funcionamento perante instituições de ensino superior.

Art. 2º Considera-se empresa júnior a entidade organizada nos termos desta Lei, sob a forma de associação civil gerida por estudantes matriculados em cursos de graduação de instituições de ensino superior, com o propósito de realizar projetos e serviços que contribuam para o desenvolvimento acadêmico e profissional dos associados, capacitando-os para o mercado de trabalho.

§ 1º A empresa júnior será inscrita como associação civil no Registro Civil das Pessoas Jurídicas e no Cadastro Nacional da Pessoa Jurídica.

§ 2º A empresa júnior vincular-se-á a instituição de ensino superior e desenvolverá atividades relacionadas ao campo de abrangência de pelo menos um curso de graduação indicado no estatuto da empresa júnior, nos termos do estatuto ou do regimento interno da instituição de ensino superior, vedada qualquer forma de ligação partidária.

Art. 3º Poderão integrar a empresa júnior estudantes regularmente matriculados na instituição de ensino superior e no curso de graduação a que a entidade seja vinculada, desde que manifestem interesse, observados os procedimentos estabelecidos no estatuto.

§ 1º *Vetado.*

§ 2º Os estudantes matriculados em curso de graduação e associados à respectiva empresa júnior exercem trabalho voluntário, nos termos da Lei 9.608, de 18 de fevereiro de 1998.

Art. 4º A empresa júnior somente poderá desenvolver atividades que atendam a pelo menos uma das seguintes condições:

I – relacionem-se aos conteúdos programáticos do curso de graduação ou dos cursos de graduação a que se vinculem;

II – constituam atribuição da categoria profissional correspondente à formação superior dos estudantes associados à entidade.

§ 1º As atividades desenvolvidas pela empresa júnior deverão ser orientadas e supervisionadas por professores e profissionais especializados, e a empresa, desde que devidamente reconhecida nos termos do art. 9º, terá gestão autônoma em relação à direção da faculdade, ao centro acadêmico e a qualquer outra entidade acadêmica.

§ 2º A empresa júnior poderá cobrar pela elaboração de produtos e pela prestação de serviços independentemente de autorização do conselho profissional regulamentador de sua área de atuação profissional, ainda que esse seja regido por legislação específica, desde que essas atividades sejam acompanhadas por professores orientadores da instituição de ensino superior ou supervisionadas por profissionais habilitados.

Art. 5º A empresa júnior, cujos fins são educacionais e não lucrativos, terá, além de outros específicos, os seguintes objetivos:

I – proporcionar a seus membros as condições necessárias para a aplicação prática dos conhecimentos teóricos referentes à respectiva área de formação profissional, dando-lhes oportunidade de vivenciar o mercado de trabalho em caráter de formação para o exercício da futura profissão e aguçando-lhes o espírito crítico, analítico e empreendedor;

II – aperfeiçoar o processo de formação dos profissionais em nível superior;

III – estimular o espírito empreendedor e promover o desenvolvimento técnico, acadêmico, pessoal e profissional de seus membros associados por meio de contato direto com a realidade do mercado de trabalho, desenvolvendo atividades de consultoria e de assessoria a empresários e empreendedores,

com a orientação de professores e profissionais especializados;

IV – melhorar as condições de aprendizado em nível superior, mediante a aplicação da teoria dada em sala de aula na prática do mercado de trabalho no âmbito dessa atividade de extensão;

V – proporcionar aos estudantes a preparação e a valorização profissionais por meio da adequada assistência de professores e especialistas;

VI – intensificar o relacionamento entre as instituições de ensino superior e o meio empresarial;

VII – promover o desenvolvimento econômico e social da comunidade ao mesmo tempo em que fomenta o empreendedorismo de seus associados.

Art. 6º Para atingir seus objetivos, caberá à empresa júnior:

I – promover o recrutamento, a seleção e o aperfeiçoamento de seu pessoal com base em critérios técnicos;

II – realizar estudos e elaborar diagnósticos e relatórios sobre assuntos específicos inseridos em sua área de atuação;

III – assessorar a implantação das soluções indicadas para os problemas diagnosticados;

IV – promover o treinamento, a capacitação e o aprimoramento de graduandos em suas áreas de atuação;

V – buscar a capacitação contínua nas atividades de gerenciamento e desenvolvimento de projetos;

VI – desenvolver projetos, pesquisas e estudos, em nível de consultoria, assessoramento, planejamento e desenvolvimento, elevando o grau de qualificação dos futuros profissionais e colaborando, assim, para aproximar o ensino superior da realidade do mercado de trabalho;

VII – fomentar, na instituição a que seja vinculada, cultura voltada para o estímulo ao surgimento de empreendedores, com base em política de desenvolvimento econômico sustentável;

VIII – promover e difundir o conhecimento por meio de intercâmbio com outras associações, no Brasil e no exterior.

Art. 7º É vedado à empresa júnior:

I – captar recursos financeiros para seus integrantes por intermédio da realização de seus projetos ou de qualquer outra atividade;

II – propagar qualquer forma de ideologia ou pensamento político-partidário.

§ 1º A renda obtida com os projetos e serviços prestados pela empresa júnior deverá ser revertida exclusivamente para o incremento das atividades-fim da empresa.

§ 2º É permitida a contratação de empresa júnior por partidos políticos para a prestação de serviços de consultoria e de publicidade.

Art. 8º A empresa júnior deverá comprometer-se a:

I – exercer suas atividades em regime de livre e leal concorrência;

II – exercer suas atividades segundo a legislação específica aplicável à sua área de atuação e segundo os acordos e as convenções da categoria profissional correspondente;

III – promover, com outras empresas juniores, o intercâmbio de informações de natureza comercial, profissional e técnica sobre estrutura e projetos;

IV – cuidar para que não se faça publicidade ou propaganda comparativa, por qualquer meio de divulgação, que deprecie, desabone ou desacredite a concorrência;

V – integrar os novos membros por meio de política previamente definida, com períodos destinados à qualificação e à avaliação;

VI – captar clientela com base na qualidade dos serviços e na competitividade dos preços, vedado o aliciamento ou o desvio desleal de clientes da concorrência, bem como o pagamento de comissões e outras benesses a quem os promova.

Art. 9º O reconhecimento de empresa júnior por instituição de ensino superior dar-se-á conforme as normas internas dessa instituição e nos termos deste artigo.

§ 1º Competirá ao órgão colegiado da unidade de ensino da instituição de ensino superior a aprovação do plano acadêmico da empresa júnior, cuja elaboração deverá contar com a participação do professor orientador e dos estudantes envolvidos na iniciativa júnior.

§ 2º O plano acadêmico indicará, entre outros, os seguintes aspectos educacionais e estruturais da empresa júnior e da instituição de ensino superior:

I – reconhecimento da carga horária dedicada pelo professor orientador;

II – suporte institucional, técnico e material necessário ao início das atividades da empresa júnior.

§ 3º A instituição de ensino superior é autorizada a ceder espaço físico a título gratuito, dentro da própria instituição, que servirá de sede para as atividades de assessoria e consultoria geridas pelos estudantes empresários juniores.

§ 4º As atividades da empresa júnior serão inseridas no conteúdo acadêmico da instituição de ensino superior preferencialmente como atividade de extensão.

§ 5º Competirá ao órgão colegiado da instituição de ensino superior criar normas para disciplinar sua relação com a empresa júnior, assegurada a participação de representantes das empresas juniores na elaboração desse regramento.

Art. 10. Esta Lei entra em vigor na data de sua publicação.

Brasília, 6 de abril de 2016; 195º da Independência e 128º da República.

Dilma Rousseff

DECRETO 8.426, DE 1º DE ABRIL DE 2015

Restabelece as alíquotas da Contribuição para o PIS/PASEP e da COFINS incidentes sobre receitas financeiras auferidas pelas pessoas jurídicas sujeitas ao regime de apuração não cumulativa das referidas contribuições.

DOU 01.04.2015

A Presidenta da República, no uso da atribuição que lhe confere o art. 84, *caput*, inciso IV, da Constituição, e tendo em vista o disposto no § 2º do art. 27 da Lei 10.865, de 30 de abril de 2004, decreta:

Art. 1º Ficam restabelecidas para 0,65% (sessenta e cinco centésimos por cento) e 4% (quatro por cento), respectivamente, as alíquotas da Contribuição para os Programas de Integração Social e de Formação do Patrimônio do Servidor Público – PIS/PASEP e da Contribuição para o Financiamento da Seguridade Social – COFINS incidentes sobre receitas financeiras, inclusive decorrentes de operações realizadas para fins de hedge, auferidas pelas pessoas jurídicas sujeitas ao regime de apuração não cumulativa das referidas contribuições.

§ 1º Aplica-se o disposto no *caput* inclusive às pessoas jurídicas que tenham apenas parte de suas receitas submetidas ao regime de apuração não cumulativa da Contribuição para o PIS/PASEP e da COFINS.

§ 2º Ficam mantidas em 1,65% (um inteiro e sessenta e cinco centésimos por cento) e 7,6% (sete inteiros e seis décimos por cento), respectivamente, as alíquotas da Contribuição para o PIS/PASEP e da COFINS aplicáveis aos juros sobre o capital próprio.

§ 3º Ficam mantidas em zero as alíquotas das contribuições de que trata o *caput* incidentes sobre receitas financeiras decorrentes de variações monetárias, em função da taxa de câmbio, de:

▶ § 3º acrescido pelo Dec. 8.451/2015.

I – operações de exportação de bens e serviços para o exterior; e

II – obrigações contraídas pela pessoa jurídica, inclusive empréstimos e financiamentos.

§ 4º Ficam mantidas em zero as alíquotas das contribuições de que trata o *caput* incidentes sobre receitas financeiras decorrentes de operações de cobertura (*hedge*) realizadas em bolsa de valores, de mercadorias e de futuros ou no mercado de balcão organizado destinadas exclusivamente à proteção contra riscos inerentes às oscilações de preço ou de taxas quando, cumulativamente, o objeto do contrato negociado:

▶ § 4º acrescido pelo Dec. 8.451/2015

a) estiver relacionado com as atividades operacionais da pessoa jurídica; e

b) destinar-se à proteção de direitos ou obrigações da pessoa jurídica.

Art. 2º Este Decreto entra em vigor na data de sua publicação, produzindo efeitos a partir de 1º de julho de 2015.

Art. 3º Fica revogado, a partir de 1º de julho de 2015, o Decreto 5.442, de 9 de maio de 2005.

Brasília, 1º de abril de 2015; 194º da Independência e 127º da República.

Dilma Rousseff

DECRETO 8.433, DE 16 DE ABRIL DE 2015

Dispõe sobre a regulamentação dos art. 9º a art. 12, art. 17 e art. 22 da Lei 13.103, de 2 de março de 2015.

DOU 17.04.2015

A Presidenta da República, no uso da atribuição que lhe confere o art. 84, *caput*, incisos IV e VI, alínea *a*, da Constituição, e tendo em vista o disposto na Lei 13.103, de 2 de março de 2015, decreta:

Art. 1º Este Decreto regulamenta a Lei 13.103, de 2 de março de 2015, que dispõe sobre o exercício da profissão de motorista.

Art. 2º Os veículos de transporte de carga que circularem vazios ficam isentos da cobrança de pedágio sobre os eixos que mantiverem suspensos.

§ 1º Os órgãos ou entidades competentes da União, dos Estados, do Distrito Federal e dos Municípios disporão sobre as medidas técnicas e operacionais para viabilizar a isenção de que trata o *caput*.

§ 2º Até a implementação das medidas a que se refere o § 1º, consideram-se vazios os veículos de transporte de carga que transpuserem as praças de pedágio com um ou mais eixos que mantiverem suspensos, ressalvada a fiscalização da condição pela autoridade com circunscrição sobre a via ou ao seu agente designado na forma do § 4º do art. 280 da Lei 9.503, de 23 de setembro de 1997 – Código de Trânsito Brasileiro.

§ 3º Para as vias rodoviárias federais concedidas, a regulamentação de que trata o § 1º será publicada pela Agência Nacional de Transportes Terrestres – ANTT no prazo máximo de cento e oitenta dias, contado da publicação deste Decreto, observada a viabilidade econômica e o interesse público.

§ 4º Regulamentações específicas fixarão os prazos para o cumprimento das medidas pelas concessionárias de rodovias.

Art. 3º As penalidades a que se refere o art. 22 da Lei 13.103, de 2015, ficam convertidas em advertências, conforme os procedimentos estabelecidos:

I – pelo Ministério do Trabalho e Emprego, no caso das infrações ao disposto na Lei 12.619, de 30 de abril de 2012, de que trata o inciso I do *caput* do art. 22 da Lei 13.103, de 2015; e

II – pelos órgãos competentes para aplicar penalidades, no caso das infrações ao Código de Trânsito Brasileiro de que tratam os incisos I e II do *caput* do art. 22 da Lei 13.103, de 2015.

§ 1º As penalidades decorrentes das infrações de trânsito de que tratam os incisos I e II do *caput* do art. 22 da Lei 13.103, de 2015, são aquelas previstas no inciso XXIII do *caput* do art. 230 e no inciso V do *caput* do art. 231 do Código de Trânsito Brasileiro, respectivamente.

§ 2º A restituição de valores pagos pelas penalidades referidas no *caput* deverá ser solicitada por escrito e autuada em processo administrativo específico junto ao órgão responsável pelo recolhimento.

Art. 4º Compete ao Ministério do Trabalho e Emprego regulamentar as condições de segurança, sanitárias e de conforto nos locais de espera, de repouso e de descanso dos motoristas profissionais de transporte rodoviário de passageiros e de cargas, conforme disposto no art. 9º da Lei 13.103, de 2 de março de 2015; e

Parágrafo único. Para os procedimentos de reconhecimento como ponto de parada e descanso, os órgãos de que trata o § 3º do art. 11 da Lei 13.103, de 2015, observarão o cumprimento da regulamentação de que trata o *caput*.

Art. 5º Compete ao Conselho Nacional de Trânsito – Contran regulamentar:

I – os modelos de sinalização, de orientação e de identificação dos locais de espera, de repouso e de descanso dos motoristas profissionais de transporte rodoviário de passageiros e de cargas, observadas as disposições do § 3º do art. 11 da Lei 13.103, de 2015; e

II – o uso de equipamentos para a verificação se o veículo se encontra vazio e os demais procedimentos a serem adotados para a fiscalização de trânsito e o cumprimento das disposições do art. 17 da Lei 13.103, de 2015, no prazo máximo de cento e oitenta dias, contado da publicação deste Decreto.

Art. 6º A regulamentação das disposições dos incisos I ao IV do *caput* do art. 10, do art. 11 e do art. 12 da Lei 13.103, de 2015, compete:

I – à ANTT, para as rodovias por ela concedidas; e

II – ao Departamento Nacional de Infraestrutura de Transportes – DNIT, para as demais rodovias federais.

Parágrafo único. A outorga de permissão de uso de bem público nas faixas de domínio a que se refere o inciso IV do *caput* do art. 10 da Lei 13.103, de 2015, compete ao órgão com jurisdição sobre a via, observados os requisitos e as condições por ele estabelecidos.

Art. 7º Este Decreto entra em vigor na data de sua publicação.

Brasília, 16 de abril de 2015; 194º da Independência e 127º da República.

Dilma Rousseff

ATO 168, DE 4 DE ABRIL DE 2016, DO TRIBUNAL SUPERIOR DO TRABALHO – TST

Dispõe sobre os pedidos de mediação e conciliação pré-processual de conflitos coletivos no âmbito do Tribunal Superior do Trabalho.

DEJT 05.04.2016; republicado DEJT 07.12.2022

O Presidente do Tribunal Superior do Trabalho, no uso das atribuições legais e regimentais,

Considerando a competência do Ministro Vice-Presidente para conciliar em Dissídios Coletivos (art. 36, IV, do RITST);

Considerando o disposto no art. 764 da CLT, o qual estabelece a valorização da conciliação como forma de solução de conflitos, incentivando o Judiciário a buscar todos os meios adequados e eficientes para a busca da solução conciliatória;

Considerando o êxito da Vice-Presidência do TST durante o biênio 2014/2016 na solução e prevenção de conflitos coletivos por meio de tratativas pré-processuais, inclusive no sentido de evitar o ajuizamento de dissídios e proporcionar a mais ampla pacificação social no âmbito das categorias profissionais e econômicas submetidas a tal procedimento;

Considerando que a Resolução 125 do CNJ estimula a valorização dos meios adequados de solução de conflitos enquanto política Judiciária;

Considerando os fundamentos invocados no Ato Conjunto TST.CSJT.GP N.º 009, de 11 de março de 2016;

Considerando a importância e necessidade de prevenção dos conflitos coletivos de trabalho; Resolve:

Art. 1º Fica instituído por meio do presente ato o procedimento de mediação e conciliação pré-processual em dissídios coletivos, a ser conduzido e processado no âmbito da Vice-Presidência do Tribunal Superior do Trabalho.

Art. 2º Podem ser submetidos ao procedimento de mediação e conciliação pré-processual as relações jurídicas passíveis de submissão a dissídio coletivo de natureza econômica, jurídica ou de greve.

Art. 3º A mediação e conciliação pré-processual pode ser requerida por iniciativa de qualquer das partes potenciais de dissídios coletivos.

Art. 4º O pedido de mediação e conciliação pré-processual deverá ser apresentado em petição pela parte interessada, observado o seguinte

▶ Artigo com redação pelo ATO TST.GP 515/2024.

I – distribuição via Sistema PJe, com a escolha da classe Reclamação Pré-Processual (11875);

II – a petição deverá conter na primeira folha, de forma expressa, a expressão "Pedido de Mediação e Conciliação Pré-Processual";

III – a petição deverá contar com o relato das tratativas voltadas à solução conciliatória, realizadas até a apresentação do pedido de mediação e conciliação pré-processual;

IV – a tramitação deverá ser realizada no Gabinete da VicePresidência na Seção Especializada em Dissídios Coletivos Gabinete do Sistema PJe.

Parágrafo único. O pedido de mediação e conciliação pré-processual deverá ser acompanhado dos seguintes documentos:

I – pauta de reivindicações da categoria profissional;

II – proposta da categoria econômica ou empresa;

III – atas das reuniões voltadas à tentativa de solução conciliatória;

IV – dados da entidade sindical potencialmente suscitada em eventual dissídio coletivo proposto pelo requerente da mediação e conciliação préprocessual;

V – instrumentos normativos vigentes.

Art. 5º Recebido o pedido de mediação e conciliação pré-processual, a Vice-Presidência do Tribunal poderá designar audiência e o Núcleo de Apoio à Conciliação e Políticas Públicas (NACOPP/TST-CSJT) providenciará a notificação das partes acerca do dia, hora e local da audiência de mediação, conforme pauta previamente estabelecida e todos os atos de impulso do procedimento de mediação pré-processual.

▶ Caput com redação pela Res. Administrativa 2.398/2022.

§ 1º As audiências de conciliação serão realizadas na sede do Tribunal Superior do Trabalho, sob a condução do Ministro Vice-Presidente do Tribunal.

§ 2º Serão resumidos em ata os trâmites da audiência, bem como os acordos ou propostas de acordos.

§ 3º O Ministro Vice-Presidente do Tribunal poderá convidar o Procurador-Geral do Trabalho para participar da audiência a que se refere o *caput*.

Art. 6º A tramitação da mediação e conciliação pré-processual, bem como prazos eventualmente estabelecidos, serão definidos em decisão específica proferida nos autos do procedimento ou na ata de audiência.

Art. 7º Os advogados das partes poderão visualizar as peças produzidas no pedido de mediação e conciliação pré-processual, desde que realize cadastro no sistema de visualização de autos do Tribunal Superior do Trabalho, nos termos do Ato nº 342/SEGJUD.GP, de 27 de julho de 2010.

Parágrafo único. O cadastro de advogado regularmente inscrito na OAB será realizado com o preenchimento de formulário disponível no sistema de visualização de peças, no site do Tribunal Superior do Trabalho (www.tst.jus.br).

Art. 8º Os incidentes no âmbito da mediação e conciliação pré-processual ou situações não previstas neste Ato serão resolvidos pela Vice-Presidência do Tribunal.

Art. 9º A Coordenadoria de Estatística e Pesquisas do Tribunal Superior do Trabalho manterá dados estatísticos referentes aos pedidos de mediação e conciliação pré-processual.

Art. 10. Este Ato entra em vigor na data de sua publicação.

Ministro Ives Gandra da Silva Martins Filho

LEI 13.271, DE 15 DE ABRIL DE 2016

Dispõe sobre a proibição de revista íntima de funcionárias nos locais de trabalho e trata da revista íntima em ambientes prisionais.

DOU 18.04.2016

A Presidente da República, faço saber que o Congresso Nacional decreta e eu sanciono a seguinte Lei:

Art. 1º As empresas privadas, os órgãos e entidades da administração pública, direta e indireta, ficam proibidos de adotar qualquer prática de revista íntima de suas funcionárias e de clientes do sexo feminino.

Art. 2º Pelo não cumprimento do art. 1º, ficam os infratores sujeitos a:

I – multa de R$ 20.000,00 (vinte mil reais) ao empregador, revertidos aos órgãos de proteção dos direitos da mulher;

II – multa em dobro do valor estipulado no inciso I, em caso de reincidência, independentemente da indenização por danos morais e materiais e sanções de ordem penal.

Art. 3º *Vetado.*

Art. 4º Esta Lei entra em vigor na data de sua publicação.

Brasília, 15 de abril de 2016; 195º da Independência e 128º da República.

Dilma Rousseff

Leg. Compl.

RESOLUÇÃO NORMATIVA 122, DE 3 DE AGOSTO DE 2016, DO CONSELHO NACIONAL DE IMIGRAÇÃO – CNIG

Dispõe sobre a concessão de permanência no Brasil a estrangeiro considerado vítima de tráfico de pessoas e/ou de trabalho análogo ao de escravo.

DOU 22.08.2016

O Conselho Nacional de Imigração, instituído pela Lei 6.815, de 19 de agosto de 1980 e organizado pela Lei 10.683, de 28 de maio de 2003, no uso das atribuições que lhe confere o Decreto 840, de 22 de junho de 1993, resolve:

Art. 1º Ao estrangeiro que esteja no Brasil em situação de vulnerabilidade, vítima de tráfico de pessoas e/ou de trabalho análogo ao de escravo, apurado por eventual investigação ou processo em curso, poderá ser concedida permanência, nos termos da legislação vigente, condicionada por até cinco anos à fixação no território nacional.

Art. 2º Para fins desta Resolução, será considerado tráfico de pessoas, conforme definido no art. 3º, alínea *a* do Protocolo Adicional à Convenção das Nações Unidas contra o Crime Organizado Transnacional Relativo à Prevenção, Repressão e Punição do Tráfico de Pessoas, em especial Mulheres e Crianças, promulgado pelo Decreto 5.017, de 12 de março de 2004: "O recrutamento, o transporte, a transferência, o alojamento ou o acolhimento de pessoas, recorrendo à ameaça ou uso da força ou a outras formas de coação, ao rapto, à fraude, ao engano, ao abuso de autoridade ou à situação de vulnerabilidade ou à entrega ou aceitação de pagamentos ou benefícios para obter o consentimento de uma pessoa que tenha autoridade sobre outra para fins de exploração. A exploração incluirá, no mínimo, a exploração da prostituição de outrem ou outras formas de exploração sexual, o trabalho ou serviços forçados, escravatura ou práticas similares à escravatura, a servidão ou a remoção de órgãos".

Art. 3º Para fins desta Resolução, será considerado trabalho análogo ao de escravo, conforme definido no art. 149 do Decreto-Lei 2.848, de 7 de dezembro de 1940 (Código Penal): "Reduzir alguém a condição análoga à de escravo, quer submetendo-o a trabalhos forçados ou a jornada exaustiva, quer sujeitando-o a condições degradantes de trabalho, quer restringindo, por qualquer meio, sua locomoção em razão de dívida contraída com o empregador ou preposto".

Art. 4º O pedido de permanência, objeto desta Resolução, oriundo das autoridades policial ou judicial ou do Ministério Público ou da Defensoria Pública ou da Auditoria Fiscal do Trabalho com atuação em casos que envolvam vítimas estrangeiras será encaminhado ao Ministério da Justiça e Cidadania, que poderá autorizar, de imediato, sua permanência no país.

Parágrafo único. Na hipótese de o estrangeiro encontrar-se em situação migratória irregular, o Ministério da Justiça e Cidadania poderá autorizar de imediato sua permanência, em caráter provisório, a título especial.

Art. 5º Outros órgãos públicos envolvidos no atendimento às vítimas de tráfico de pessoas e/ou de trabalho análogo ao de escravo, além dos relacionados no art. 4º, poderão encaminhar relatório circunstanciado ao Ministério da Justiça e Cidadania recomendando a concessão de permanência nos termos desta Resolução.

§ 1º O relatório circunstanciado a que se refere o *caput* deste artigo deverá estar fundamentado à luz da Política Nacional de Enfrentamento ao Tráfico de Pessoas, aprovada pelo Decreto 5.948, de 26 de outubro de 2006, especificando os indícios de que o estrangeiro se enquadra na situação de vítima de tráfico de pessoas, ou do Plano Nacional para a Erradicação do Trabalho Escravo, especificando os indícios de que o estrangeiro se enquadra na situação de vítima de trabalho análogo ao de escravo.

§ 2º O pedido, a que alude o *caput* deste artigo, será encaminhado com brevidade ao Conselho Nacional de Imigração, que decidirá sobre a concessão de permanência na forma do art. 1º desta Resolução, à luz dos seguintes requisitos:

I – que o estrangeiro esteja numa situação de vulnerabilidade social ou econômica ou psicológica, dentre outras, que, no seu país de origem, possibilite uma revitimização, independentemente de colaborar com a investigação ou processo; ou

II – que o estrangeiro, na condição de vítima do crime de tráfico de pessoas, esteja coagido ou exposto a gra-

ve ameaça em razão de colaborar com a investigação ou processo no Brasil ou em outro país; ou

III – que, em virtude da violência sofrida, o estrangeiro necessita de assistência de um dos serviços prestados no Brasil, independentemente de colaborar com a investigação ou processo.

Art. 6º Para instrução do pedido na forma desta Resolução, deverão ser juntados os seguintes documentos, além de outros que possam ser necessários à análise do pleito:

I – passaporte ou documento oficial apto à identificação do solicitante;

II – declaração, sob as penas da lei, de que não responde a processo nem possui condenação penal no Brasil nem no exterior.

Art. 7º Fica revogada a Resolução Normativa 93, de 21 de dezembro de 2010.

Art. 8º Esta Resolução Normativa entra em vigor na data de sua publicação.
Paulo Sérgio de Almeida
Presidente do Conselho

RESOLUÇÃO ADMINISTRATIVA 1.860, DE 28 DE NOVEMBRO DE 2016, DO TRIBUNAL SUPERIOR DO TRABALHO – TST

Regulamenta o julgamento em ambiente eletrônico, por meio do Plenário Virtual, em todos os órgãos judicantes do Tribunal Superior do Trabalho – TST.

DEJT 09.12.2016

O Egrégio Tribunal Pleno do Tribunal Superior do Trabalho, em sessão ordinária hoje realizada, sob a Presidência do Excelentíssimo Ministro Ives Gandra da Silva Martins Filho, Presidente do Tribunal, presentes os Excelentíssimos Ministros Emmanoel Pereira, Vice-Presidente do Tribunal, João Oreste Dalazen, Antonio José de Barros Levenhagen, João Batista Brito Pereira, Maria Cristina Irigoyen Peduzzi, Aloysio Corrêa da Veiga, Maria de Assis Calsing, Dora Maria da Costa, Guilherme Augusto Caputo Bastos, Márcio Eurico Vitral Amaro, Walmir Oliveira da Costa, Maurício Godinho Delgado, Kátia Magalhães Arruda, Augusto César Leite de Carvalho, José Roberto Freire Pimenta, Delaíde Alves Miranda Arantes, Alexandre de Souza Agra Belmonte, Douglas Alencar, Maria Helena Mallmann e a Excelentíssima Subprocuradora-Geral do Trabalho, Dr.ª Maria Guiomar Sanches de Mendonça,
Considerando a necessidade de se aperfeiçoarem os procedimentos internos no âmbito do Tribunal Superior do Trabalho para maximizar o julgamento de temas e a uniformização da jurisprudência trabalhista,
Considerando o princípio da razoável duração do processo, que dá concreção ao do efetivo acesso à justiça,
Considerando a necessidade de aprimorar e racionalizar o tempo despendido durante as sessões de julgamento e de se otimizar a função jurisdicional,
Considerando a possibilidade da adoção de medidas alternativas voltadas à desburocratização e racionalização de atos para uma tutela jurisdicional efetiva, inclusive por meio eletrônico, como já realizado pelo STF e CNJ,
Considerando que os avanços tecnológicos permitem a implantação de ferramentas de trabalho com maior grau de automação, o que imprime maior agilidade e qualidade no processamento dos feitos, resolve:

Art. 1º Os processos de competência jurisdicional desta Corte poderão, a critério do Ministro Relator, ser submetidos a julgamento em ambiente eletrônico não presencial, por meio de sessões realizadas em Plenário Virtual, observadas as respectivas competências dos órgãos judicantes e o que dispõe o art. 6º desta Resolução.

§ 1º O Presidente de cada órgão judicante poderá indicar à secretaria judiciária à qual vinculado as classes processuais em que, preferencialmente, o julgamento ocorrerá em ambiente de Plenário Virtual, determinando que os processos sejam distribuídos com esse marcador, excetuados aqueles em que, a critério do Ministro Relator, serão encaminhados à pauta presencial.

§ 2º Ficam excluídos do Plenário Virtual os processos a serem apreciados pela Seção de Dissídios Coletivos.

Art. 2º As sessões presenciais e virtuais dos órgãos judicantes poderão ser publicadas na mesma pauta, respeitado o prazo de no mínimo 5 (cinco) dias entre a

data da sua publicação no Diário Eletrônico da Justiça do Trabalho e o início do julgamento.

§ 1º Na publicação da pauta no *Diário Eletrônico da Justiça do Trabalho* haverá a distinção dos processos que serão julgados em meio eletrônico daqueles que serão julgados na sessão presencial.

§ 2º Ainda que publicados em pauta única, as sessões virtuais terão encerramento à 0 (zero) hora do dia útil anterior ao da sessão presencial correspondente.

§ 3º Quando a pauta for composta apenas por processos indicados a julgamento em sessão virtual, as partes serão cientificadas no *Diário Eletrônico da Justiça do Trabalho* sobre a data e o horário de início e de encerramento da sessão.

§ 4º As sessões virtuais serão disponibilizadas para consulta em portal específico no sítio eletrônico do Tribunal, no qual será registrada a eventual remessa do processo para julgamento presencial, o resultado final da votação ou a sua retirada de pauta.
▶ § 4º com redação pelo Ato TST.GP 101/2017.

Art. 3º Em ambiente eletrônico próprio, denominado Plenário Virtual, serão lançados os votos do relator e dos demais Ministros.

§ 1º O sistema liberará automaticamente os votos dos processos encaminhados para julgamento em ambiente virtual, assegurando-se aos demais Ministros componentes do órgão judicante, no Plenário Virtual, o período de 7 (sete) dias corridos anteriores ao encerramento da votação previsto no art. 2º, § 2º desta Resolução, para análise e manifestação até o encerramento da sessão virtual.

§ 2º O início da sessão de julgamento definirá a composição do órgão judicante.
▶ § 2º com redação pelo Ato TST.GP 101/2017.

a) os processos em que houver impedimento, suspeição ou afastamento temporário de um dos componentes da composição do órgão judicante serão remetidos automaticamente à sessão presencial quando houver prejuízo ao quórum de votação;
▶ Alínea a acrescida pelo Ato TST.GP 101/2017.

b) os processos da relatoria do Ministro afastado temporariamente serão retirados de pauta pelo Presidente do órgão judicante;
▶ Alínea b acrescida pelo Ato TST.GP 101/2017.

c) após o início da sessão, os processos em que houver pedido de desistência, pedido de conciliação ou informação sobre a realização de acordo poderão, a critério do relator, ser retirados de pauta.
▶ Alínea c acrescida pelo Ato TST.GP 101/2017.

§ 3º As opções de voto serão as seguintes:
I – convergente com o Ministro Relator;
II – convergente com o Ministro Relator, com ressalva de entendimento;
III – divergente do Relator.

§ 4º Eleita qualquer das opções do parágrafo anterior, o Ministro poderá inserir em campo próprio do plenário virtual destaque pela relevância do tema, razões de divergência ou de ressalva de entendimento e o sistema emitirá aviso automático aos demais gabinetes componentes do órgão judicante;

§ 5º Serão automaticamente excluídos do ambiente eletrônico e remetidos à sessão presencial:
I – os processos com destaque ou pedido de vista por um ou mais integrantes do Colegiado para julgamento presencial;
II – os processos com registro de voto divergente ao do Ministro Relator;
III – os destacados pelo membro do Ministério Público do Trabalho até o fim do julgamento virtual;
IV – os processos que tiverem pedido de sustentação oral ou preferência, desde que requerido em até 24 horas antes do início da sessão virtual.
V – nas hipóteses da alínea a, § 2º, do art. 3º.
▶ Inciso V acrescido pelo Ato TST.GP 101/2017.

§ 6º Considerar-se-á que acompanhou o Ministro Relator o Ministro que não se pronunciar no prazo previsto no § 1º, hipótese em que a decisão proferida será considerada unânime, independentemente de eventual ressalva de entendimento.

§ 7º O Ministro Relator e os demais componentes poderão a qualquer tempo, mesmo com a votação iniciada, independentemente de ter votado em meio eletrônico, remeter o processo para julgamento presencial.

§ 8º O Ministério Público, na condição de custos legis, terá assegurado o direito de acesso aos votos dos processos encaminhados para julgamento em meio eletrônico.

§ 9º As decisões do plenário virtual serão consignadas em certidão, que será juntada aos autos eletrônicos, na qual constará:

▸ § 9º acrescido pelo Ato TST.GP 101/2017.

I – a identificação, o número do processo e o nome das partes;

II – o nome do Ministro que presidiu a sessão de julgamento;

III – o nome do Relator e dos Ministros que participaram do julgamento;

IV – os impedimentos e suspeições dos Ministros para o julgamento; e

V – o período da sessão virtual.

Art. 4º Na hipótese de conversão de processo publicado para julgamento em pauta virtual para julgamento presencial, os Ministros poderão renovar ou modificar seus votos.

Art. 5º O portal de acompanhamento dos julgamentos em meio eletrônico não disponibilizará os votos do relator ou razões de divergência ou convergência. Os votos somente serão tornados públicos depois de concluído seu julgamento, com a publicação do acórdão.

Art. 6º As classes processuais que podem ser objeto de julgamento em Plenário Virtual ficam inicialmente limitadas a agravos de instrumento, agravos internos e embargos de declaração.

Parágrafo único. Após 6 (seis) meses de implantação do Plenário Virtual no âmbito desta Corte, o Tribunal poderá autorizar a extensão a outras classes processuais.

Art. 7º Esta Resolução entra em vigor na data de sua publicação.

Ministro Ives Gandra da Silva Martins Filho
Presidente do Tribunal Superior do Trabalho

RESOLUÇÃO NORMATIVA 124, DE 13 DE DEZEMBRO DE 2016, DO CONSELHO NACIONAL DE IMIGRAÇÃO – CNIG

Dispõe sobre a transformação da condição migratória temporária de estudante para condição migratória temporária de trabalho.

DOU 22.12.2016

O Conselho Nacional de Imigração, instituído pela Lei 6.815, de 19 de agosto de 1980 e organizado pela Lei 10.683, de 28 de maio de 2003, no uso das atribuições que lhe confere o Decreto 840, de 22 de junho de 1993 e tendo em vista o disposto no artigo 69-A do Decreto 86.715, de 10 de dezembro de 1981, com a alteração efetuada pelo Decreto 8.757, de 10 de maio de 2016, resolve:

Art. 1º O estudante, titular do visto temporário previsto no art. 22, inciso IV, do Decreto 86.715, de 10 de dezembro de 1981, poderá solicitar ao Ministério do Trabalho a autorização para transformar sua condição migratória para temporária de trabalho, nos termos das disposições do Ministério da Educação, nas seguintes hipóteses:

I – ao término de curso de graduação ou pós-graduação realizado integral ou parcialmente no Brasil; e

II – durante a realização de curso de graduação ou pós-graduação no Brasil.

Art. 2º A solicitação para a transformação da condição migratória de que trata o art. 1º, inciso I, poderá ser feita em até doze meses após o término do curso, com a apresentação de cópias dos seguintes documentos:

I – cédula de identidade de estrangeiro válida;

II – certificado de conclusão de curso de graduação ou pós-graduação emitido por instituição de ensino brasileira reconhecidos pelo Ministério da Educação;

III – histórico escolar do curso de graduação ou pós-graduação;

IV – contrato de trabalho conforme modelo em anexo;

V – contrato ou estatuto social da empresa contratante, e;

VI – taxa de autorização de trabalho.

§ 1º As atividades da função prevista no contrato de trabalho apresentado deverão ter conexidade ou similaridade ao currículo escolar do titular do visto.

§ 2º O Ministério do Trabalho publicará o ato de autorização de transformação da condição migratória no *Diário Oficial da União* e o encaminhará ao Ministério da Justiça e Cidadania.

§ 3º A nova condição migratória temporária de trabalho será válida pelo prazo de até dois anos, podendo

haver a transformação da estada em permanente, caso aplicáveis os requisitos legais.

§ 4º O disposto neste artigo não se aplica a estudante participante dos programas Estudantes-Convênio de Graduação (PEC-G) e Estudantes-Convênio de Pós-Graduação (PEC-PG) do Governo Federal.

Art. 3º A solicitação de transformação da condição migratória de que trata o art. 1º, inciso II, poderá ser feita pelo titular do visto temporário, obtido no exterior, previsto no art. 22, inciso IV do Decreto 86.715/81, após seis meses do início de curso de graduação ou pós-graduação no Brasil, mediante apresentação de cópia dos seguintes documentos:

I – passaporte ou cédula de identidade de estrangeiro válida;

II – comprovante de matrícula e aproveitamento escolar em curso de graduação ou pós-graduação emitido por instituição de ensino brasileira reconhecidos pelo Ministério da Educação;

III – contrato de trabalho conforme modelo anexo;

IV – contrato ou estatuto social da empresa contratante; e

V – taxa de autorização de trabalho.

§ 1º O Ministério do Trabalho publicará o ato de autorização de transformação da condição migratória no *Diário Oficial da União* e o encaminhará ao Ministério da Justiça e Cidadania.

§ 2º A nova condição migratória temporária de trabalho será válida pelo prazo de um ano, podendo ser prorrogada, enquanto durar o curso de graduação ou pós-graduação, no limite do prazo estipulado pela instituição de ensino, mediante a apresentação de cópia dos seguintes documentos:

I – comprovante de matrícula e aproveitamento escolar em curso de graduação ou pós-graduação emitido por instituição de ensino brasileira reconhecidos pelo Ministério da Educação;

II – contrato de trabalho vigente.

§ 3º A apresentação do documento estabelecido no inciso II do § 2º deste artigo poderá ser postergada, a pedido do titular do visto, por até seis meses.

§ 4º Após a transformação da condição migratória de que trata o *caput* deste artigo, havendo motivo justificado, o titular do visto poderá solicitar a reversão à situação migratória anterior.

§ 5º A aplicação do disposto no parágrafo anterior não mais permite uma nova solicitação de transformação de situação migratória de que trata o *caput* deste artigo.

§ 6º O procedimento previsto neste artigo não se aplica ao titular do visto que efetuar matrícula em novo curso de graduação após o término do curso de graduação anterior.

§ 7º Após o término do curso de graduação ou pós-graduação, a condição temporária de trabalho prevista neste artigo poderá ser alterada para aquela prevista no art. 1º, inciso I desta Resolução, cumpridos os requisitos previstos nesse dispositivo normativo.

Art. 4º A presente Resolução Normativa não se aplica a beneficiário de bolsa de estudo que tenha como condição o não exercício de atividade remunerada.

Art. 5º Esta Resolução Normativa entra em vigor na data de sua publicação.

▸ Deixamos de publicar o anexo constante desta norma.

Paulo Sérgio de Almeida
Presidente do Conselho

RESOLUÇÃO 185, DE 24 DE MARÇO DE 2017, DO CONSELHO SUPERIOR DA JUSTIÇA DO TRABALHO – CSJT

Dispõe sobre a padronização do uso, governança, infraestrutura e gestão do Sistema Processo Judicial Eletrônico (PJe) instalado na Justiça do Trabalho e dá outras providências.

DEJT 05.04.2017, republicada no DEJT de 08.04.2021

O Conselho Superior da Justiça do Trabalho, em sessão ordinária hoje realizada, sob a presidência do Exmo. Ministro Conselheiro Presidente Ives Gandra da Silva Martins Filho, presentes os Exmos. Ministros Conselheiros Renato de Lacerda Paiva, Guilherme Augusto Caputo Bastos, Márcio Eurico Vitral Amaro e Walmir Oliveira da Costa; os Exmos. Desembargadores Conselheiros Francisco José Pinheiro Cruz, Maria das Graças Cabral Viegas Paranhos, Gracio Ricardo Barboza Petrone e Fabio Túlio Correia Ribeiro;

a Exma. Vice-Procuradora-Geral do Trabalho, Dra. Cristina Aparecida Ribeiro Brasiliano; e o Exmo. Diretor Administrativo no exercício da Vice-Presidência da Associação Nacional dos Magistrados da Justiça do Trabalho – ANAMATRA, Juiz Paulo da Cunha Boal;

Considerando as diretrizes contidas na Lei 11.419, de 19 de dezembro de 2006, que dispõe sobre a informatização do processo judicial;

Considerando o caráter de generalidade da regulamentação do Conselho Nacional de Justiça (CNJ) que instituiu o Sistema Processo Judicial Eletrônico – PJe como sistema informatizado de processo judicial no âmbito do Poder Judiciário e estabelece os parâmetros para o seu funcionamento;

Considerando a necessidade de regulamentar a prática eletrônica de atos processuais conforme as especificidades do Pje instalado na Justiça do Trabalho e as disposições de direito processual do trabalho e da Lei 13.105/15 – Código de Processo Civil (CPC);

Considerando a importância de se padronizar e aperfeiçoar as estruturas de governança, infraestrutura, gestão e uso do PJe à realidade dos Tribunais Regionais do Trabalho (TRTs);

Considerando as disposições aplicadas ao direito processual do trabalho, que atribuem ao Conselho Nacional de Justiça e, supletivamente, aos tribunais, a competência para regulamentar a prática e a comunicação oficial de atos processuais por meio eletrônico, além de velar pela compatibilidade dos sistemas, disciplinando a incorporação progressiva de novos avanços tecnológicos, na forma dos arts. 193 a 199 do CPC; e

Considerando a decisão proferida no processo CSJT-AN-7304-40.2014.5.90.0000, resolve:

Ratificar a instituição do Sistema Processo Judicial Eletrônico (PJe) instalado na Justiça do Trabalho como sistema informatizado único para a tramitação de processos judiciais, estabelecendo os parâmetros para sua governança, infraestrutura, gestão e prática eletrônica de atos processuais, dando outras providências, na forma a seguir:

CAPÍTULO I
DO PROCESSO JUDICIAL ELETRÔNICO INSTALADO NA JUSTIÇA DO TRABALHO

Seção I
Das disposições gerais

Art. 1º A tramitação do processo judicial no âmbito da Justiça do Trabalho e a prática eletrônica de atos processuais, nos termos da Lei 11.419/06, dos arts. 193 a 199 do CPC, e 847, parágrafo único, da CLT serão realizadas exclusivamente por intermédio do Sistema Processo Judicial Eletrônico (PJe) instalado na Justiça do Trabalho, regulamentado por esta Resolução.

▸ Artigo com redação pela Res. CSJT 241/2019.

Art. 2º Para o disposto nesta Resolução considera-se que:

I – "Sistema satélite" é aquele periférico ao PJe, que com ele tenha relação e/ou integração negocial, funcional ou técnica e que tenha sido homologado e distribuído pelo Conselho Superior da Justiça do Trabalho (CSJT) para funcionamento conjunto;

II – "Arquivo eletrônico que utilize linguagem padronizada de marcação genérica" é todo aquele que, independente do sufixo que designe seu formato ou função no computador, seja capaz de descrever diversos tipos de dados, gerando metadados;

III – "Usuários externos" do PJe são as partes, estagiários e membros da Advocacia e do Ministério Público, defensores públicos, peritos, leiloeiros, as sociedades de advogados, os terceiros intervenientes e outros auxiliares da justiça; e

IV – "Usuários internos" do PJe são os magistrados e servidores da Justiça do Trabalho, bem como outros a que se reconhecer acesso às funcionalidades internas do Sistema, tais como estagiários e prestadores de serviço.

Art. 3º Os atos processuais terão sua produção, registro, visualização, tramitação, controle e publicação exclusivamente em meio eletrônico e serão assinados digitalmente, contendo elementos que permitam identificar o usuário responsável pela sua prática.

§ 1º A cópia de documento extraída dos autos eletrônicos deverá conter elementos que permitam verificar a sua autenticidade no endereço referente à consulta pública do PJe, cujo acesso também será disponibilizado nos sítios do Conselho Superior da Justiça do

Trabalho (CSJT) e dos Tribunais Regionais do Trabalho (TRTs) na rede mundial de computadores.

§ 2º Os usuários são responsáveis pela exatidão das informações prestadas, quando de seu credenciamento, assim como pela guarda, sigilo e utilização da assinatura digital, não sendo oponível, em qualquer hipótese, alegação de uso indevido, nos termos da Medida Provisória 2.200-2, de 24 de agosto de 2001.

Seção II
Do Acesso

Art. 4º As partes ou terceiros interessados desassistidos de advogado poderão apresentar peças processuais e documentos em papel, segundo as regras ordinárias, nos locais competentes para recebê-los, que serão inseridos nos autos eletrônicos pela unidade de judiciária, em arquivo eletrônico que utilize linguagem padronizada de marcação genérica.

Art. 5º O credenciamento dos usuários no PJe dar-se-á pela identificação do usuário por meio de seu certificado digital e remessa do formulário eletrônico disponibilizado no portal de acesso ao PJe, devidamente preenchido e assinado digitalmente.

§ 1º O credenciamento da sociedade de advogados dar-se-á pela remessa do formulário eletrônico disponibilizado no portal de acesso ao PJe, devidamente preenchido e assinado digitalmente, dispensando-se a identificação do usuário por meio de seu certificado digital.

§ 2º As alterações de dados cadastrais poderão ser feitas pelos próprios usuários, a qualquer momento, utilizando funcionalidade específica do PJe para este fim, salvo as informações obtidas de bancos de dados credenciados, como Receita Federal, Justiça Eleitoral e Ordem dos Advogados do Brasil – OAB -, que deverão ser atualizadas diretamente nas respectivas fontes.

§ 3º O credenciamento implica a aceitação:

I – de remessa ao usuário, pelo CSJT de pesquisas relacionadas ao uso do PJe;

II – de remessa ao usuário, pelo PJe de informações referentes aos processos;

III – das normas estabelecidas nesta Resolução;

IV – das demais normas que vierem a regulamentar o uso do PJe no âmbito da Justiça do Trabalho; e

V – da responsabilidade do credenciado pelo uso indevido da assinatura eletrônica.

§ 4º O credenciamento na forma prevista neste artigo não dispensa:

I – a habilitação de todo advogado e sociedade de advogados nos autos eletrônicos em que atuarem; e

II – a juntada de procuração para postular em Juízo, na forma do art. 104 do CPC.

§ 5º A habilitação nos autos eletrônicos para representação das partes, tanto no polo ativo como no polo passivo, efetivar-se-á mediante requerimento específico de habilitação pelo advogado e habilitando-se apenas aquele que peticionar, em qualquer grau de jurisdição.

§ 6º Poderão ser habilitados os advogados e sociedades de advogados que requeiram, desde que haja pedido e constem da procuração ou substabelecimento, na forma do art. 105 do CPC.

§ 7º É atribuição do magistrado determinar, por despacho ou delegação de ato ordinatório, a alteração da autuação para inativação de advogado indevidamente habilitado, ou que deixou de representar quaisquer das partes.

§ 8º O peticionamento de habilitação nos autos deve ser utilizado apenas para o cadastramento específico do advogado ou da sociedade de advogados no processo, ficando disponível para juntada, como anexos, somente os tipos de documentos de "representação judicial" e de "identificação das partes".

§ 9º O peticionamento avulso deve ser utilizado somente por advogados que não tenham poderes nos autos para representar qualquer das partes, na forma do art. 107, inciso I, do CPC. (Redação dada pela Resolução CSJT n. 241, de 31 de maio de 2019)

§ 10. O advogado que fizer o requerimento para que as intimações sejam dirigidas a este ou à sociedade de advogados a que estiver vinculado, deverá requerer a habilitação automática nos autos, peticionando com o respectivo certificado digital.

Art. 6º O uso e a concessão de certificados digitais institucionais no âmbito da Justiça do Trabalho de primeiro e segundo graus observarão o disposto na Resolução CSJT 164, de 18 de março de 2016.

Subseção I
Dos Perfis de Usuário

Art. 7º Os usuários terão acesso às funcionalidades do PJe de acordo com o perfil que lhes for atribuído no Sistema.

§ 1º A uniformização dos perfis de usuários será definida em ato do Presidente do CSJT, observadas a natureza de sua atuação na relação jurídico-processual e a padronização da estrutura organizacional e de pessoal dos órgãos da Justiça do Trabalho de primeiro e segundo graus prevista na Resolução CSJT 296/2021.

▸ § 1º com redação pela Res. CSJT 332/2022.

§ 2º Faculta-se aos Tribunais Regionais do Trabalho a atribuição de perfil aos usuários de forma diversa da estabelecida pelo § 1º deste artigo, quando definida em ato do Presidente do TRT respectivo, desde que ouvidos o Comitê Gestor Regional (CGRPJe) e a Secretaria de Tecnologia da Informação e Comunicação do CSJT.

▸ § 2º com redação pela Res. CSJT 332/2022.

Art. 8º Apenas por ato do presidente do CSJT, ouvido o Comitê Gestor Nacional do PJe instalado na Justiça do Trabalho (CGNPJe), serão:

I – criadas, excluídas ou alteradas as permissões dos perfis de usuários do PJe;

II – excluídos os perfis de usuários já existentes no PJe; e

III – criados novos perfis de usuários do PJe.

Art. 9º Caberá ao magistrado gestor da unidade judiciária, na forma do art. 7º desta Resolução e em estrita observância à função desempenhada por cada servidor, definir os perfis dos usuários nela lotados.

§ 1º Aos estagiários apenas poderá ser atribuído o perfil "estagiário", vedando-se qualquer outra definição.

§ 2º É vedada a definição de perfil de diretor, assessor ou chefe de gabinete aos usuários que não ocupam a referida função, salvo quanto a seus substitutos imediatos, ressalvada a hipótese do art. 7.º, § 2º desta Resolução e observado o § 1º deste artigo.

§ 3º Nas localidades em que houver central de mandados o perfil de oficial de justiça deverá ser definido para os usuários que executam as atividades nas respectivas centrais.

▸ § 3º com redação pela Res. CSJT 241/2019.

Subseção II
Da Disponibilidade

Art. 10. A disponibilidade do PJe, garantida apenas aos acessos de internet protocol (IP) nacionais, será aferida na forma definida pelo Conselho Nacional de Justiça – CNJ –, havendo, quanto às interrupções:

I – registro em relatório de indisponibilidade do funcionamento; e

II – divulgação ao público, no sítio do Tribunal respectivo, na rede mundial de computadores;

III – *Revogado pela Res. CSJT 249/ 2019.*

IV – *Revogado pela Res. CSJT 249/ 2019.*

§ 1º O relatório de que trata o *caput* deste artigo deverá conter, pelo menos, as seguintes informações:

I – data, hora e minuto de início da indisponibilidade;

II – data, hora e minuto de término da indisponibilidade;

III – serviços que ficaram indisponíveis; e

IV – assinatura digital do responsável pela unidade de tecnologia da informação do TRT, ou a quem este delegar, com efeito de certidão, devendo estar acessível, preferencialmente, em tempo real, ou, no máximo, até as 12h do dia seguinte ao da indisponibilidade.

▸ Inciso IV com redação pela Res. CSJT 241/2019.

§ 2º Os Tribunais Regionais do Trabalho manterão o controle dos registros no PJe acerca de feriados, da ausência de expediente forense, da prática de atos e da suspensão de prazos prevista nos arts. 214 e 220 do CPC.

Art. 10-A. É vedada a consulta de informações processuais, realizada por usuários externos, em volume e frequência que afete total ou parcialmente a disponibilidade do PJe.

▸ Artigo acrescido pela Res. CSJT 249/2019.

Parágrafo único. Caberá aos administradores do PJe nos Tribunais Regionais do Trabalho adotarem todas as medidas necessárias à garantia do desempenho e/ou disponibilidade no uso regular do Sistema, inclusive bloqueando o acesso de usuários específicos, definitiva ou temporariamente, se a situação assim ensejar.

Art. 11. Os manuais do PJe para todos os usuários, informações gerais das versões e informações de sistemas satélites do PJe serão divulgadas e atualizadas constantemente, inclusive para pessoas com deficiência, no sítio https://pje.csjt.jus.br/manual.

Art. 12. Ato do presidente do CSJT definirá o tamanho máximo dos arquivos e extensões suportadas pelo PJe.

§ 1º O PJe deve dispor de funcionalidade que permita o uso exclusivo de documento digital que utilize linguagem padronizada de marcação genérica, garantindo-se, de todo modo, a faculdade do peticionamento inicial e incidental mediante juntada de arquivo eletrônico portable document format (.pdf) padrão ISO-19005 (PDF/A), sempre com a identificação do tipo de petição a que se refere, a indicação do Juízo a que é dirigida, nomes e prenomes das partes e número do processo.

§ 2º *Revogado pela Res. CSJT 249/ 2019.*

§ 3º O Agrupamento de documentos em um mesmo arquivo eletrônico portable document format (.pdf) sempre deverá corresponder a documentos de mesmo tipo, com classificação disponível no PJe.

§ 4º Autoriza-se o uso do tipo "documento diverso" apenas para agrupamento de documentos que não contenham tipo de documento específico no PJe.

§ 5º Nas hipóteses dos parágrafos 3º e 4º deste artigo, sempre haverá o preenchimento do campo "descrição", identificando-se resumidamente a informação correspondente ao conteúdo dos documentos agrupados, além dos períodos a que se referem, vedando-se a descrição que não possibilite a correta identificação do conteúdo do arquivo.

Art. 13. Os usuários externos poderão juntar quantos arquivos se fizerem necessários à ampla e integral atividade probatória, observado o art. 12 desta Resolução e demais atos normativos referentes à matéria.

§ 1º Os arquivos juntados aos autos devem ser legíveis, com orientação visual correta e utilizar descrição que identifique, resumidamente, os documentos neles contidos e, se for o caso, os períodos a que se referem, e, individualmente considerados, devem trazer os documentos da mesma espécie, ordenados cronologicamente.

§ 1º com redação pela Res. CSJT 249/2019.

§ 2º O campo "descrição" deve ser automaticamente preenchido pelo sistema com o mesmo nome do "tipo de documento", mas sempre passível de edição pelo usuário, exceto quando o tipo de petição for "manifestação" ou o tipo de documento for "documento diverso", porquanto, nestes casos, o preenchimento do campo descrição deverá ser feito pelo usuário.

▸ § 2º com redação pela Res. CSJT 249/2019.

Art. 14. As petições, manifestações e documentos serão juntados automaticamente, independentemente de ato de servidor da justiça, na forma do art. 228, § 2º, do CPC.

Parágrafo único. Fica dispensada a certificação da juntada, pelo usuário interno, nas hipóteses do *caput* deste artigo.

Art. 15. As petições e os documentos enviados sem observância às normas desta Resolução poderão ser excluídos por expressa determinação do magistrado, com o registro respectivo, assinalando-se, se for o caso, novo prazo para a adequada apresentação da petição, e em se tratando de petição inicial, será observada a regra prevista no art. 321 e parágrafo único do CPC.

Artigo com redação pela Res. CSJT 249/2019.

§ 1º Na exclusão de petição incidental dever-se-á tornar indisponível todo o documento a ela anexado.

§ 2º Sendo a exclusão de que trata este artigo referente à petição cujo tipo gere movimento estatístico, deverá ser precedida de pronunciamento do magistrado, com o registro do movimento correspondente à solução dada ao incidente ou recurso.

Art. 16. *Revogado pela Res. CSJT 241/2019.*

Seção I
Da Prática Eletrônica dos Atos Processuais

Art. 17. No processo eletrônico, as citações, intimações e notificações, inclusive as destinadas à União, Estados, Distrito Federal, Municípios e suas respectivas autarquias e fundações de direito público serão feitas por meio eletrônico, sem prejuízo da publicação no Diário Eletrônico da Justiça do Trabalho (DEJT) nas hipóteses previstas em lei.

Leg. Compl.

§ 1º O cadastro das partes deverá ser efetivado pela inserção do CPF ou CNPJ respectivo.

§ 2º As citações, intimações e notificações destinadas à União, Estados, Distrito Federal, Municípios e suas respectivas autarquias e fundações de direito público serão realizadas perante os órgãos responsáveis por sua representação processual.

§ 3º É vedada às sociedades de advogados a prática eletrônica de atos processuais, sendo considerada usuária externa apenas para recebimento de intimações, na forma dos arts. 106, I e 272, § 2º, do CPC.

§ 4º O Sistema deverá permitir o cadastramento de pessoas jurídicas de direito privado com o status similar à "Procuradoria" no PJe, conforme regulamentação da Corregedoria-Geral da Justiça do Trabalho.

▸ § 4º acrescido pela Res. CSJT 241/2019.

Art. 18. No expediente de notificação inicial ou de citação constará indicação da forma de acesso ao inteiro teor da petição inicial no endereço referente à consulta pública do PJe, cujo acesso também será disponibilizado nos sítios dos TRTs e do CSJT na rede mundial de computadores.

Parágrafo único. As notificações iniciais e intimações poderão ser assinadas digitalmente pelo próprio sistema.

Parágrafo único acrescido pela Res. CSJT 241/2019.

Art. 19. A distribuição da ação e a juntada da resposta, dos recursos e das petições em geral, todos em formato digital, nos autos de processo eletrônico, serão feitas diretamente por aquele que tenha capacidade postulatória, sem necessidade da intervenção da secretaria judicial, de forma automática.

▸ *Caput* com redação pela Res. CSJT 241/2019.

§ 1º A petição inicial conterá, além dos requisitos do art. 840, § 1º, da CLT, a indicação do CPF ou CNPJ das partes, na forma do art. 15, *caput*, da Lei 11.419/2006.

▸ § 1º redação pela Res. CSJT 241/2019.

§ 2º É de responsabilidade exclusiva do autor cadastrar corretamente todos os assuntos abordados na petição inicial, bem como indicar a correta e precisa atividade econômica do réu exercida pelo autor, conforme opções disponibilizadas pelo Sistema.

▸ § 2º com redação pela Res. CSJT 241/2019.

§ 3º No lançamento de dados do processo pelo usuário externo, além dos dados contidos no § 2º, sempre que possível serão fornecidos, na forma do art. 31, II, da Consolidação dos Provimentos da Corregedoria-Geral da Justiça do Trabalho (CPCGJT) e do art. 2º do Provimento 61/2017 da Corregedoria Nacional de Justiça:

▸ § 3º com redação pela Res. CSJT 241/2019.

I – o CEI (Cadastro Específico do INSS contendo número da matrícula do empregador pessoa física);

▸ Incisos I a IX com redação pela Res. CSJT 241/2019.

II – o Número de Identificação do Trabalhador (NIT) perante o INSS;

III – o PIS ou PASEP;

IV – o número da CTPS do empregado;

V – o CNAE (Classificação Nacional de Atividades Econômicas – código do ramo de atividade) do empregador;

VI – profissão;

VII – nacionalidade;

VIII – estado civil, existência de união estável e filiação;

IX – e-mail (correio eletrônico)

§ 4º O PJe fornecerá, na distribuição da ação, o número atribuído ao processo, o órgão julgador para o qual foi distribuída e, se for o caso, o local, a data e o horário de realização da audiência, da qual estará a parte autora imediatamente intimada.

▸ § 4º com redação pela Res. CSJT 241/2019.

Art. 20. A funcionalidade do PJe que indica a ocorrência de possível prevenção somente deve distribuir o processo ao Juízo presumidamente prevento, cabendo ao magistrado a análise do feito, com o pronunciamento em que reconheça a regularidade da distribuição, ou recuse a prevenção.

§ 1º O PJe deve dispor de funcionalidade que indique a existência de possível litispendência e coisa julgada, sem prejuízo livre distribuição ou distribuição por prevenção, nos termos do *caput* deste artigo.

§ 2º Nas classes processuais que exigem a indicação de processo de referência, em qualquer grau de jurisdição, haverá distribuição para o Juízo do processo de referência, exceto no ajuizamento de ação rescisória, cabendo ao magistrado reconhecer a regularidade da distribuição ou recusá-la.

§ 3º Nas classes recursais será observada a distribuição por prevenção ao relator para eventual recurso subsequente, interposto no mesmo processo ou em processo conexo, na forma do art. 930, parágrafo único, do CPC, observada a compensação.

§ 4º *Revogado pela Res. CSJT 241/2019.*

Art. 21. A distribuição de ação, inclusive incidental, será unicamente por meio eletrônico, mesmo na hipótese de ações cautelares, tutelas de urgência e embargos de terceiros, quando ajuizados em processos que tramitam em meio físico.

Parágrafo único. A atribuição dos pesos na distribuição deverá ser realizada pela Corregedoria-Geral da Justiça do Trabalho, após ouvido o Comitê Gestor Nacional do PJe instalado na Justiça do Trabalho.

▸ Parágrafo único acrescido pela Res. CSJT 241/2019.

Art. 22. A contestação ou a reconvenção e seus respectivos documentos deverão ser protocolados no PJe até a realização da proposta de conciliação infrutífera, com a utilização de equipamento próprio, sendo automaticamente juntados, facultada a apresentação de defesa oral, na forma do art. 847 da CLT.

▸ Artigo e parágrafos com redação pela Res. CSJT 241/2019.

§ 1º No expediente de notificação inicial ou de citação constará recomendação para que a contestação ou a reconvenção e os documentos que as acompanham sejam protocolados no PJe com pelo menos 48h de antecedência da audiência.

§ 2º O autor poderá atribuir segredo de justiça ao processo no momento da propositura da ação, cabendo ao magistrado, após a distribuição, decidir sobre a manutenção ou exclusão dessa situação, nos termos do art. 189 do CPC e art. 770, *caput*, da CLT.

§ 3º Com exceção da petição inicial, as partes poderão atribuir sigilo às petições e documentos, nos termos do parágrafo único do art. 773 do CPC.

§ 4º Com exceção da defesa, da reconvenção e dos documentos que os acompanham, o magistrado poderá determinar a exclusão de petições e documentos indevidamente protocolados sob sigilo, observado o art. 15 desta Resolução.

§ 5º O réu poderá atribuir sigilo à contestação e à reconvenção, bem como aos documentos que as acompanham, devendo o magistrado retirar o sigilo caso frustada a tentativa conciliatória.

§ 6º Os cálculos de liquidação de sentença iniciada a partir de 1º de janeiro de 2021, apresentados por usuários internos e peritos designados pelo juiz, deverão ser juntados obrigatoriamente em PDF e com o arquivo "pjc" exportado pelo PJe-Calc.

▸ § 6º com redação pela Res. CSJT 284/2021.

§ 7º Os cálculos juntados pelos demais usuários externos deverão ser apresentados em PDF e, a critério dos interessados, preferencialmente acompanhados do arquivo "pjc" exportado pelo PJe-Calc.

▸ § 7º acrescido pela Res. CSJT 284/2021.

§ 8º Nos casos de que trata o § 7º, a Secretaria da Vara deverá lançar no PJe os valores efetivamente devidos, conforme cálculos de liquidação homologados, atualizando tais registros sempre que necessário.

▸ § 8º acrescido pela Res. CSJT 284/2021.

Art. 23. As audiências serão sempre reduzidas a termo e o arquivo eletrônico que utilize linguagem padronizada de marcação genérica daí decorrente será ao final da audiência:

I – imediatamente assinado pelo magistrado, impossibilitando a alteração de sua forma e conteúdo; ou

II – facultativamente enviado ao PJe, imediatamente após o término da audiência, também impossibilitando a alteração de sua forma e conteúdo e deflagrando o procedimento dos parágrafos 1.º e 2.º deste artigo.

§ 1º Após o envio do arquivo eletrônico que utilize linguagem padronizada de marcação genérica referido no *caput* para o PJe, a secretaria, imediatamente após o término da audiência, realizará o lançamento dos movimentos processuais, encaminhando-o para assinatura digital pelo magistrado.

▸ § 1º com redação pela Res. CSJT 241/2019.

§ 2º O magistrado assinará eletronicamente o arquivo eletrônico que utilize linguagem padronizada de marcação genérica referido no *caput* até o primeiro dia útil subsequente ao término da sessão.

§ 3º Na hipótese de celebração de acordo e impossibilidade de assinatura do arquivo eletrônico que utilize linguagem padronizada de marcação genérica referido no *caput*, havendo requerimento da parte, a ata deverá ser impressa, assinada manualmente pelas partes e magistrado e, então, digitalizada e inserida no PJe.

▸ § 3º com redação pela Res. CSJT 241/2019.

§ 4º *Revogado pela Res. CSJT 332/2022.*

§ 5º *Revogado pela Res. CSJT 332/2022.*

Art. 24. Os tipos de classe, petição, documentos, movimentos e complementos de movimentos disponibilizados no PJe devem corresponder aos previstos nas tabelas processuais unificadas publicadas pelo CNJ, cujas alterações serão realizadas apenas pela Coordenação Técnica do Sistema PJe (CTPJe) no CSJT e disponibilizadas a cada nova versão do Sistema.

Art. 25. *Revogado pela Res. CSJT 241/2019.*

Art. 26. Fica dispensada a formação de autos suplementares em casos de exceção de impedimento ou suspeição, agravos de instrumento, agravos regimentais e agravo previsto no art. 1.021 do CPC, exceto quanto:

I – ao agravo de instrumento em mandado de segurança, na forma do art. 7º, § 1º, da Lei 12.016/09; e

II – ao pedido de revisão do valor da causa, na forma do art. 2º, § 2º, da Lei 5.584/70.

Art. 27. As atas de sessões deverão ser lavradas pela secretaria e aprovadas pelo presidente do respectivo órgão colegiado, com envio para publicação na forma do art. 3º desta Resolução.

▸ Artigo com redação pela Res. CSJT 241/2019.

Art. 28. Durante o recesso judiciário e o período de suspensão de prazo processual, previstos no art. 775-A da CLT, serão mantidas as disponibilizações no DEJT, observado os termos do art. 4º, §§ 3º e 4º, da Lei 11.419/2006 e a regulamentação do CNJ sobre expediente forense no período natalino e suspensão dos prazos processuais.

▸ Artigo com redação pela Res. CSJT 241/2019.

CAPÍTULO III
DO SUPORTE, DESEMPENHO E INFRAESTRUTURA

Art. 29. Ato do presidente do CSJT definirá a política de suporte, padronização e atualização da infraestrutura tecnológica do PJe nos órgãos da Justiça do Trabalho de primeiro e segundo graus.

Art. 30. Os eventos que afetem a disponibilidade e desempenho do PJe serão de responsabilidade exclusiva do Tribunal Regional do Trabalho, quando for constatado que a sua infraestrutura tecnológica é dissonante da política de padronização e atualização da infraestrutura tecnológica que suporta o Sistema nos órgãos da Justiça do Trabalho de primeiro e segundo graus.

Parágrafo único. Em situações críticas, assim definidas em ato do presidente do CSJT, enquanto não houver a atualização da infraestrutura tecnológica do PJe, o Tribunal Regional do Trabalho também se responsabilizará pela eventual demora ou atraso na solução de problemas que impactem a operação do Sistema.

Art. 31. Os TRTs constituirão equipe específica de testes, composta pelo CGRPJe, além de servidores da área judiciária e magistrados de 1º e 2º graus, inclusive pessoas com deficiência para, com apoio do setor de tecnologia da informação, realizar todas as aferições e experimentos necessários à verificação do pleno funcionamento das novas versões do Sistema disponibilizadas pelo CSJT.

Parágrafo único. A migração para novas versões do PJe somente ocorrerá após a realização e homologação das aferições em ambiente idêntico ao de produção, incluindo testes de acessibilidade, carga, rajada, desempenho e infraestrutura nos respectivos TRTs, bem como o envio dos resultados à Coordenação Técnica do PJe no CSJT.

Art. 32. Os TRTs manterão equipe de tecnologia da informação exclusivamente dedicada ao atendimento de demandas do PJe.

Parágrafo único. A equipe possuirá competência técnica ao menos em análise de infraestrutura, desenvolvimento, suporte e dados, sendo composta de modo a se adequar ao porte do TRT, observadas a Resolução CSJT 296/2021 e a Resolução do CNJ, que instituiu a Estratégia Nacional de Tecnologia da Informação e Comunicação do Poder Judiciário (ENTIC-JUD).

▸ Parágrafo único com redação pela Res. CSJT 332/2022.

Art. 33. Em casos excepcionais poderá o magistrado ou administrador do Sistema, mediante determinação expressa e fundamentada nos autos, adicionar, excluir ou alterar os movimentos e seus complementos registrados no PJe, devendo, em qualquer caso o Sistema registrar as modificações com movimentos próprios.

▸ Artigo e parágrafos com redação pela Res. CSJT 241/2019.

§ 1º Nos casos em que houver alteração ou exclusão de movimentos deverão ser comunicados desse fato o Comitê Gestor Regional do e-Gestão e a Corregedoria Regional.

§ 2º As petições e documentos identificados com o tipo incorreto poderão ser alterados pela secretaria, devendo, nesse caso, ser lançado o movimento

correspondente sinalizando a alteração, porém sem modificação da data de juntada.

Art. 34. O PJe deve dispor de funcionalidade que permita identificar o usuário que promover exclusão, inclusão e alteração de dados, arquivos baixados, bem como o momento de sua ocorrência.

Art. 35. Todos os documentos inseridos no PJe que não forem assinados ou protocolados no prazo de 60 (sessenta) dias a partir de sua criação, serão excluídos do Sistema.
▸ Artigo com redação pela Res. CSJT 241/2019.

Art. 36. Os processos arquivados definitivamente poderão ser migrados das bases de dados do PJe e salvos em base desconectada do acesso imediato às informações do Sistema, podendo retornar ao acervo original mediante requerimento ou determinação de magistrado.
▸ Artigo com redação pela Res. CSJT 241/2019.

Art. 37. Quando tecnicamente viável, as funcionalidades do Sistema poderão ser offline.

CAPÍTULO IV
DA ADMINISTRAÇÃO

Art. 38. A administração do PJe instalado na Justiça do Trabalho caberá à Presidência do CSJT, em nível nacional, e à Presidência dos Tribunais Regionais do Trabalho em cada TRT.
▸ *Caput* com redação pela Res. CSJT 332/2022.

§ 1º O Comitê Gestor Nacional e os Comitês Gestores Regionais do PJe, compostos por usuários internos e externos, atuarão como instância de governança para apoiar a administração do sistema.

§ 2º A Vice-Presidência do CSJT e a Corregedoria-Geral da Justiça do Trabalho serão consultadas quanto à evolução do sistema em matérias relacionadas às suas respectivas competências.
▸ §§ 1º e 2º acrescidos pela Res. CSJT 332/2022.

Seção I
Do Comitê Gestor Nacional
do PJe (CGNPJe) Instalado na
Justiça do Trabalho

Art. 39. Ao CGNPJe caberá propor estratégias de evolução e integração do PJe instalado na Justiça do Trabalho e normas, observadas as seguintes diretrizes:
▸ *Caput* com redação pela Res. CSJT 332/2022.

I – garantia da adequação do PJe aos requisitos legais e às necessidades da Justiça do Trabalho, até mesmo no que diz respeito ao desempenho, à escalabilidade e à otimização da infraestrutura tecnológica do Sistema;

II – fomento e promoção da colaboração entre órgãos e entidades, com vistas ao compartilhamento de esforços e recursos voltados ao desenvolvimento e à evolução do PJe, bem como à integração de outros Sistemas ao PJe; e

III – padronização do PJe nos órgãos da Justiça do Trabalho.

IV – *Revogado pela Res. CSJT 332/2022.*

V – *Revogado pela Res. CSJT 332/2022.*

§ 1º O CGNPJe poderá propor normas regulamentadoras do PJe ao Presidente do CSJT.

§ 2º O CGNPJe desempenhará, de forma cumulativa, as atribuições descritas na Portaria CNJ 252, de 18 de novembro de 2020, que dispõe sobre o Modelo de Governança e Gestão da Plataforma Digital do Poder Judiciário – PDPJ-Br.
▸ §§ 1º e 2º acrescidos pela Res. CSJT 332/2022.

Art. 40. O CGNPJe será composto por:

I – um magistrado indicado pelo presidente do CSJT, que exercerá a Coordenação Nacional Executiva do PJe (CNEPJe);
▸ Inciso I com redação pela Res. CSJT 241/2019.

II – um presidente ou corregedor de TRT, indicado pelo Colégio de Presidentes e Corregedores de Tribunais Regionais do Trabalho (COLEPRECOR);

III – um secretário ou diretor de tecnologia da informação de TRT, designado pelo presidente do CSJT;

IV – um servidor da Coordenadoria de Gestão Documental do CSJT, designado pelo presidente do CSJT;

V – secretário de tecnologia da informação e comunicação do CSJT;

VI – secretário de tecnologia da informação do TST;

VII – um advogado, indicado pelo presidente do Conselho Federal da Ordem dos Advogados do Brasil (OAB);

VIII – um advogado público, indicado pela Advocacia Geral da União (AGU);

IX – um membro do Ministério Público do Trabalho (MPT), indicado pelo procurador-geral do trabalho;

X – um representante da Presidência do Tribunal Superior do Trabalho.
▸ Inciso X acrescido pela Res. CSJT 216 2018;

XI – um representante da Corregedoria-Geral da Justiça do Trabalho; e
▸ Inciso XI acrescido pela Res. CSJT 216 2018;

XII – secretário-geral do Conselho Superior da Justiça do Trabalho.
▸ Inciso XII acrescido pela Res. CSJT 216 2018;

XIII – juiz auxiliar da Presidência do CSJT, que o coordenará;
▸ Inciso XIII acrescido pela Res. CSJT 332/2022.

§ 1º Ato da Presidência designará os membros do CGNPJe.

§ 2º No início de sua gestão, o Presidente do CSJT deverá convalidar a composição do CGNPJe.
▸ §§ 1º e 2º acrescidos pela Res. CSJT 332/2022.

Subseção I
Da Coordenação Nacional Executiva do PJe (CNEPJe)

Art. 41. A CNEPJe exercerá as seguintes atribuições:
▸ *Caput* com redação pela Res. CSJT 332/2022.

I – planejar e coordenar ações decorrentes das deliberações da administração do PJe;

II – propor ações de capacitação para os usuários do PJe;

III – propor os mecanismos de monitoramento, especificação, desenvolvimento e manutenção do sistema para a administração do PJe;

IV – propor os planos de implantação de novas versões do sistema;

V – coordenar as atividades do Grupo Nacional de Negócio;

VI – acompanhar o cumprimento das diretrizes utilizadas para especificação, desenvolvimento, testes, homologação, implantação e integridade de operação do PJe;

VII – propor projetos para o portfólio do PJe e opinar sobre sua priorização;

VIII – monitorar o escopo funcional do PJe no que concerne às particularidades da Justiça do Trabalho;

IX – analisar propostas de melhoria e correção de defeitos no PJe, observado o disposto na Portaria de Governança CNJ 26/2015;

X – avaliar tecnicamente os requisitos do PJe, conciliando as necessidades dos usuários internos e externos;

XI – propor ações de desenvolvimento, manutenção e tratamento de incidentes do PJe;
▸ Incisos I a XI com redação pela Res. CSJT 332/2022.

XII – homologar funcionalidades e versões do PJe, podendo delegar tal atribuição ao Grupo Nacional de Negócio;

XIII – analisar, para subsidiar as instâncias de governança no CSJT, os cronogramas dos TRTs para implantação do PJe em unidades judiciárias; e

XIV – propor ações de comunicação social vinculadas às atividades do PJe.
▸ Incisos XIII e XIV com redação pela Res. CSJT 332/2022.

Art. 42. A Secretaria-Geral do CSJT definirá os procedimentos para o suporte administrativo e técnico às atividades desenvolvidas pela CNEPJe.
▸ Artigo com redação pela Res. CSJT 332/2022.

Art. 43. As Comissões, os Comitês e os Grupos relacionados às atividades do PJe na Justiça do Trabalho terão suas atribuições e composição definidas por ato do Presidente do CSJT.
▸ *Caput* com redação pela Res. CSJT 332/2022.

Parágrafo único. A relação das atribuições constará dos atos de que trata o *caput* deste artigo de forma complementar às resoluções do CSJT.
▸ Parágrafo único acrescido pela Res. CSJT 332/2022.

Seção II
Dos Comitês Gestores Regionais (CGRPJe)

Art. 44. Compete aos Comitês Gestores Regionais – CGRPJe desempenhar as seguintes atribuições:
▸ *Caput* com redação pela Res. CSJT 332/2022.

I – propor as estratégias locais que envolvam a estrutura, a implementação e o funcionamento do PJe, de acordo com as diretrizes fixadas pelo CGNPJe;

II – avaliar a necessidade de manutenção corretiva e evolutiva do PJe e encaminhar as sugestões de alteração ao CGNPJe;

III – opinar sobre a organização da estrutura de atendimento às demandas dos usuários internos e externos do PJe;

IV – propor ações de controle e monitoramento, no que diz respeito à integridade das informações, da segurança e da adequação da infraestrutura mínima recomendada;

V – monitorar a integridade do PJe, no que diz respeito à taxonomia e às classes processuais, propondo ações corretivas, se necessário;

VI – propor ao CGNPJe ações para aprimoramento do PJe, informando a disponibilidade para assumir a condução dos correspondentes projetos de desenvolvimento, quando possível;

VII – propor e avaliar ações locais de comunicação social vinculadas às atividades do PJe;

VIII – apresentar proposta de plano de ação regional para a implantação do Sistema e migração dos sistemas legados para o PJe;

IX – acompanhar a execução do plano de ação regional, após a aprovação do presidente do TRT, verificando se as atividades desenvolvidas estão adequadas e em consonância com o planejamento traçado;

X – monitorar e avaliar periodicamente os resultados do plano de ação regional, com vistas a melhorar a sua qualidade, eficiência e eficácia, aprimorando a execução e corrigindo eventuais falhas;

XI – zelar pela conformidade da infraestrutura que suporta o PJe no TRT com a política de padronização e atualização da infraestrutura tecnológica instituída pelo CSJT;

XII – avaliar o risco da atribuição de perfil aos usuários do PJe de forma diversa à prevista no art. 7º, § 1º, desta Resolução, alertando o presidente do TRT respectivo acerca do impacto potencial no desempenho do Sistema;
▸ Incisos I a XII com redação pela Res. CSJT 332/2022.

XIII – garantir o alinhamento entre os roteiros de atendimento de 1º nível dos usuários no TRT aos definidos pela Coordenação Nacional Executiva e Coordenação Técnica do PJe;

XIV – encaminhar semestralmente à CNEPJe, no formato e meio indicados pelo CSJT, relação contendo o nome dos servidores de atendimento e suporte, bem como as estatísticas do trabalho executado no período;

XV – avaliar o risco da atribuição de perfil aos usuários do PJe de forma diversa à prevista no art. 7º, § 1º, desta Resolução, alertando o presidente do TRT respectivo acerca do impacto potencial no desempenho do Sistema; e

XVI – coibir a implantação de sistemas ou módulos que mantenham integração com o PJe, sem prévia anuência e autorização do CSJT, na forma do Acordo de Cooperação Técnica ACT CNJ/CSJT10/2016 e da Portaria de Governança CNJ26/2015.

Art. 45. Cada CGRPJe será composto pelo menos, por:

I – um desembargador, que o presidirá;

II – um magistrado titular de Vara do Trabalho;

III – um magistrado auxiliar de Vara do Trabalho;

IV – um servidor da área judiciária, lotado no 2º grau;

V – um servidor diretor de secretaria de Vara do Trabalho;

VI – um servidor oficial de justiça;

VII – um servidor calculista;

VIII – o secretário ou diretor de tecnologia da informação do TRT;

IX – um advogado indicado pela OAB, da secção respectiva, ou pelo Conselho Federal em caso de jurisdição regional em mais de um Estado;

X – um advogado público, indicado pelo Procurador-Geral do Estado em que sediado o TRT; e

XI – um membro do MPT, indicado pela Procuradoria Regional do Trabalho (PRT).

§ 1º Os membros dos CGRPJe serão designados por ato do presidente do TRT.

§ 2º O membro do CGRPJe elencado no inciso I presidirá os trabalhos e designará, dentre os magistrados elencados nos incisos II e III, aquele que exercerá a Coordenação Executiva Regional (CERPJe).

§ 3º O CGRPJe poderá delegar as atribuições dos incisos I, II, IV, X e XI do art. 44 desta Resolução à CERPJe, a qual agirá sempre ad referendum do CGRPJe, e a este prestando contas de suas ações, mensalmente, nas reuniões do CGRPJe.

§ 4º O presidente do CGRPJe encaminhará à CNEPJe o calendário anual de reuniões ordinárias e, ao final de cada mês, a cópia da ata de reunião.

§ 5º Os presidentes dos TRTs divulgarão e manterão atualizadas no sítio do TRT as atas das reuniões e a relação dos integrantes do CGRPJe, da equipe de sustentação e da equipe de desenvolvimento remoto,

referenciando os atos que definiram ou alteraram as suas composições.

Subseção I
Do Administrador do PJe

Art. 46. Compete ao presidente do TRT designar servidores que exercerão a função de administrador do PJe, no 1° e 2° graus, observado o mínimo de:

I – dois servidores da tecnologia da informação para, com o apoio da área de infraestrutura, exercer as atividades relacionadas à configuração de novas versões disponibilizadas pelo CSJT, atualização de fluxos, parametrização, testes preliminares e correções no PJe;

II – dois servidores da área judiciária, para o módulo de 2.° grau, com experiência de atuação em áreas como a presidência, vice-presidência, corregedoria, vice-corregedoria, gabinete e secretaria de órgão colegiado;

III – dois servidores da área judiciária, para o módulo de 1.° grau, com experiência de atuação em áreas como secretaria de Vara e gabinete de magistrado.

§ 1° A critério do presidente do TRT, observado o impacto no desempenho do Sistema, poderá ser ampliado o número de administradores do PJe, além dos quantitativos indicados nos incisos anteriores, dando-se ciência à CNEPJe.

§ 2° Além dos servidores indicados pelo presidente do TRT, também deverão exercer a função de administrador do PJe os magistrados integrantes do CGRPJe.

§ 3° O perfil de administrador do PJe poderá ter acesso a todas as funcionalidades destinadas aos diretores, assessores e chefes de gabinete em todas as unidades e órgãos de 1° e 2° graus a que estiverem vinculados.

Subseção II
Da Capacitação dos Usuários

Art. 47. Os TRTs promoverão investimentos para a formação e aperfeiçoamento dos usuários, inclusive pessoas com deficiência, com o objetivo de prepará-los para o aproveitamento adequado do PJe.

§ 1° Os servidores de tecnologia da informação serão capacitados para a programação, desenvolvimento, suporte e sustentação da arquitetura e infraestrutura do PJe, inclusive quanto aos aspectos de acessibilidade, bem como em metodologia de desenvolvimento de software e sistema de gestão de chamados definidos pela Coordenação Técnica do PJe no CSJT.

§ 2° Os magistrados de primeiro e segundo graus bem como os servidores usuários do PJe serão capacitados para o uso do PJe, tanto no que se refere à prática eletrônica de atos processuais (regras de negócio) como no que se refere ao conhecimento das funcionalidades do Sistema, observando-se os temas prioritários indicados pelo CSJT.

▸ § 2° com redação pela Res. CSJT 332/2022.

§ 3° Sem prejuízo do disposto no § 2° deste artigo, bem como no desenvolvimento de outras expertises, os magistrados de 1° e 2° graus, bem como os servidores usuários do PJe serão capacitados conforme ações formativas envolvendo o processo judicial eletrônico, a critérios das Escolas Judiciais.

▸ § 3° com redação pela Res. CSJT 241/2019.

§ 4° O CSJT coordenará a formalização de parcerias com as Escolas Superiores de Advocacia (ESA), Procuradorias Regionais do Trabalho (PRTs), entre outras, para promover a capacitação dos usuários externos, ressalvada a competência da Enamat.

▸ § 4° com redação pela Res. CSJT 332/2022.

§ 5° O CSJT indicará aos Tribunais Regionais do Trabalho e à Enamat os temas prioritários de capacitação dos usuários, preferencialmente no terceiro trimestre de cada ano.

▸ § 5° com redação pela Res. CSJT 332/2022.

§ 6° As Escolas Judiciais encaminharão à Presidência do CSJT, em dezembro de cada ano, as informações sobre as capacitações no PJe, com os seguintes dados:

▸ Caput com redação pela Res. CSJT 332/2022.

I – o resultado do plano anual de treinamentos executados para os magistrados e servidores, incluindo as avaliações dos treinamentos e instrutores;

II – o planejamento anual de treinamentos vindouros, contendo:

a) a indicação da quantidade de usuários capacitados e a capacitar;

b) as atividades desenvolvidas e a desenvolver; e

c) as horas-aula cumpridas e a cumprir.

III – o nome e o currículo dos instrutores que ministraram e ministrarão os cursos.

Art. 48. Sem prejuízo do disposto no art. 47 desta Resolução, o CSJT promoverá, anualmente:

I – um encontro, de caráter técnico, voltado ao debate do nivelamento, atualização e renovação da infraestrutura tecnológica que suporta o PJe;

▸ Incisos I a III com redação pela Res. CSJT 241/2019.

II – um encontro, de caráter técnico, voltado ao fomento e transferência de conhecimento da manutenção corretiva e evolutiva do PJe, por meio de desenvolvimento do código do Sistema, inclusive quanto aos aspectos de acessibilidade;

III – uma reunião voltada à gestão e governança do PJe, com a participação dos presidentes dos CGRPJe e CERPJe dos TRTs.

Parágrafo único. *Revogado pela Res. CSJT 332/2022*

§ 1° A CNEPJe deverá elaborar proposta dos eventos de que trata este artigo até o mês de dezembro de cada ano, para inclusão no planejamento anual de capacitação da Secretaria de Tecnologia da Informação e Comunicação.

§ 2° Os eventos ocorrerão, preferencialmente, em modalidade telepresencial.

§ 3° As programações dos eventos com ônus de instrutoria, deslocamentos, entre outros, deverão ser submetidas à Presidência do CSJT.

▸ §§ 1° a 3° acrescidos pela Res. CSJT 332/2022.

Art. 49. *Revogado pela Res. CSJT 241/2019.*

CAPÍTULO V
DA IMPLANTAÇÃO

Art. 50. A implantação do PJe poderá ocorrer:

I – a partir da fase de conhecimento, com a superação dos atuais sistemas de gestão das informações processuais mantidos pelo TRT; e

II – a partir das fases de liquidação ou execução, após o trânsito em julgado do título e para os processos de classes executivas.

Art. 51. A partir da implantação do PJe em unidade judiciária, fica vedada a utilização de quaisquer outros sistemas de peticionamento eletrônico relativo aos processos que tramitam no PJe, inclusive o Sistema Integrado de Protocolização e Fluxo de Documentos Eletrônicos – e-Doc.

Parágrafo único. O descumprimento da determinação constante do *caput* implicará no descarte dos documentos recebidos, que não constarão de registro algum e não produzirão qualquer efeito legal.

Seção I
Da Migração dos Sistemas Legados para o PJe

Art. 52. No cadastramento do processo físico ou eletrônico, oriundo de sistema legado do TRT, no módulo "Cadastramento do Conhecimento, Liquidação e Execução (CCLE)" do PJe, poderão ser juntados ou transferidos arquivos de documentos existentes no banco de dados local.

▸ *Caput* com redação pela Res. CSJT 241/2019.

Parágrafo único. Caberá à Corregedoria-Geral da Justiça do Trabalho regulamentar o uso desta ferramenta.

Parágrafo único com redação pela Res. CSJT 241/2019.

Art. 53. *Revogado pela Res. CSJT 241/2019.*

Art. 54. *Revogado pela Res. CSJT 241/2019.*

Art. 55. O magistrado deverá conceder prazo razoável para que a parte adote as providências necessárias à regular tramitação do feito no PJe, inclusive credenciamento dos advogados no Sistema e habilitação automática nos autos, nos termos do art. 76 do CPC.

Art. 56. A migração dos sistemas legados para o PJe somente ocorrerá após a realização, pelo TRT, de testes de carga, rajada, desempenho e infraestrutura em ambiente idêntico ao de produção, acrescido dos processos migrados, assegurando-se a disponibilidade do Sistema e encaminhadas as aferições, para anuência, à CNEPJe.

CAPÍTULO VI
DAS DISPOSIÇÕES FINAIS E TRANSITÓRIAS

Art. 57. *Revogado pela Res. CSJT 241/2019.*

Art. 58. As intervenções que impliquem alterações estruturais do PJe não previstas nesta Resolução somente poderão ser promovidas quando:

I – observem os aspectos de acessibilidade; e

II – autorizadas pelo presidente do CSJT.

Art. 59. Os Estados, Distrito Federal, Municípios e suas respectivas autarquias e fundações públicas de direito privado e de direito público informarão aos presidentes dos TRTs o CNPJ de cadastro dos órgãos responsáveis por sua representação processual.

§ 1° Os presidentes dos TRTs informarão às unidades judiciárias o CNPJ de que trata o *caput* deste artigo, para que se dê cumprimento ao art. 17 desta Resolução.

§ 2° O cadastro da União deverá corresponder a:

I – CNPJ 26.994.558/0001-23 – UNIÃO FEDERAL (AGU);

II – CNPJ 05.489.410/0001-61 – UNIÃO FEDERAL (PGF); e

III – CNPJ 00.394.460/0001-41 – UNIÃO FEDERAL (PGFN).

§ 3° O cadastro do MPT será nacionalmente unificado, conforme definido em ato do presidente do CSJT.

§ 4° O cadastro da representação de pessoas jurídicas de direito privado no PJe será feito regionalmente, conforme requerimento acompanhado da documentação necessária apresentados pelo interessado, conforme ato do Corregedor-Geral da Justiça do Trabalho.

▸ § 4° acrescido pela Res. CSJT 241/2019.

Art. 60. O PJe deve dispor de comunicação entre bases de dados dos TRTs, fazendo-se a expedição das cartas precatórias e de ordem também em meio eletrônico e, quando da devolução ao Juízo deprecante, será encaminhada certidão constando o seu cumprimento, com a materialização apenas de peças essenciais à compreensão dos atos realizados.

§ 1° Havendo na localidade mais de uma Vara do Trabalho com a mesma competência territorial, as cartas precatórias e de ordem recebidas serão distribuídas aleatoriamente pelo Sistema.

▸ § 1° com redação pela Res. CSJT 241/2019.

§ 2° O acompanhamento da carta precatória deverá ser realizado por meio da consulta pública com login e senha no PJe, registrando-se nos autos principais o procedimento e o andamento atualizado da carta precatória, ficando vedada a emissão de comunicação para este fim.

Art. 61. É vedada a criação de novas soluções de informática para o processo judicial e realização de investimentos nos sistemas eventualmente existentes nos TRTs, bem como a respectiva implantação em unidades judiciárias de 1.° e 2.° graus.

§ 1° A vedação contida no *caput* deste artigo se aplica inclusive às manutenções necessárias ao funcionamento dos sistemas já implantados.

§ 2° O CSJT manterá, no sistema de gestão de demandas do PJe no CSJT, portfólio dos sistemas satélites do PJe, possibilitando e fomentando o diálogo entre TRTs.

Art. 62. As Varas do Trabalho criadas por lei e os postos avançados deverão ser instalados com a concomitante implantação do PJe.

Art. 63. O magistrado resolverá as questões relativas ao uso do PJe em cada caso concreto não previsto nesta Resolução e demais atos normativos referentes à matéria, ouvido previamente o CGRPJe, ressalvados os casos de urgência.

Art. 64. O CSJT promoverá as adequações do PJe aos termos desta Resolução, inclusive quanto aos aspectos de acessibilidade até 31/12/2020.

▸ Artigo com redação pela Res. CSJT 241/2019.

Art. 65. Sem prejuízo das disposições desta Resolução, bem como do prazo estabelecido no art. 64 desta Resolução, o CSJT promoverá as adequações do PJe aos termos:

I – da Resolução do CNJ que institui o Modelo de Requisitos para Sistemas Informatizados de Gestão de Processos e Documentos do Poder Judiciário (Moreq-jus); e

II – da Resolução do CNJ que orienta a adequação das atividades dos órgãos do Poder Judiciário e de seus serviços auxiliares às determinações exaradas pela Convenção Internacional sobre os Direitos das Pessoas com Deficiência e seu Protocolo Facultativo e pela Lei Brasileira de Inclusão da Pessoa com Deficiência.

Art. 66. Fica vedada a identificação do processo judicial eletrônico (PJe) como sistema de propriedade da Justiça do Trabalho, bem como o uso da sigla "PJe-JT".

Art. 67. *Revogado pela Res. CSJT 332/2022.*

Art. 68. *Revogado pela Res. CSJT 332/2022.*

Parágrafo único. *Revogado pela Res. CSJT 241/2019.*

Art. 69. Esta Resolução entra em vigor na data de sua publicação, revogando-se as disposições em contrário, em especial a Resolução CSJT 136, de 25 de abril de 2014.

Brasília, 24 de março de 2017.

Ministro Ives Gandra da Silva Martins Filho

Presidente do Conselho Superior da Justiça do Trabalho

LEI 13.445, DE 24 DE MAIO DE 2017

Institui a Lei de Migração.

DOU 25.05.2017

O Presidente da República:

Faço saber que o Congresso Nacional decreta e eu sanciono a seguinte Lei:

CAPÍTULO I
DISPOSIÇÕES PRELIMINARES

Seção I
Disposições Gerais

Art. 1º Esta Lei dispõe sobre os direitos e os deveres do migrante e do visitante, regula a sua entrada e estada no País e estabelece princípios e diretrizes para as políticas públicas para o emigrante.

§ 1º Para os fins desta Lei, considera-se:

I – *Vetado.*

II – imigrante: pessoa nacional de outro país ou apátrida que trabalha ou reside e se estabelece temporária ou definitivamente no Brasil;

III – emigrante: brasileiro que se estabelece temporária ou definitivamente no exterior;

IV – residente fronteiriço: pessoa nacional de país limítrofe ou apátrida que conserva a sua residência habitual em município fronteiriço de país vizinho;

V – visitante: pessoa nacional de outro país ou apátrida que vem ao Brasil para estadas de curta duração, sem pretensão de se estabelecer temporária ou definitivamente no território nacional;

VI – apátrida: pessoa que não seja considerada como nacional por nenhum Estado, segundo a sua legislação, nos termos da Convenção sobre o Estatuto dos Apátridas, de 1954, promulgada pelo Decreto 4.246, de 22 de maio de 2002, ou assim reconhecida pelo Estado brasileiro.

§ 2º *Vetado.*

Art. 2º Esta Lei não prejudica a aplicação de normas internas e internacionais específicas sobre refugiados, asilados, agentes e pessoal diplomático ou consular, funcionários de organização internacional e seus familiares.

Seção II
Dos Princípios e das Garantias

Art. 3º A política migratória brasileira rege-se pelos seguintes princípios e diretrizes:

I – universalidade, indivisibilidade e interdependência dos direitos humanos;

II – repúdio e prevenção à xenofobia, ao racismo e a quaisquer formas de discriminação;

III – não criminalização da migração;

IV – não discriminação em razão dos critérios ou dos procedimentos pelos quais a pessoa foi admitida em território nacional;

V – promoção de entrada regular e de regularização documental;

VI – acolhida humanitária;

VII – desenvolvimento econômico, turístico, social, cultural, esportivo, científico e tecnológico do Brasil;

VIII – garantia do direito à reunião familiar;

IX – igualdade de tratamento e de oportunidade ao migrante e a seus familiares;

X – inclusão social, laboral e produtiva do migrante por meio de políticas públicas;

XI – acesso igualitário e livre do migrante a serviços, programas e benefícios sociais, bens públicos, educação, assistência jurídica integral pública, trabalho, moradia, serviço bancário e seguridade social;

XII – promoção e difusão de direitos, liberdades, garantias e obrigações do migrante;

XIII – diálogo social na formulação, na execução e na avaliação de políticas migratórias e promoção da participação cidadã do migrante;

XIV – fortalecimento da integração econômica, política, social e cultural dos povos da América Latina, mediante constituição de espaços de cidadania e de livre circulação de pessoas;

XV – cooperação internacional com Estados de origem, de trânsito e de destino de movimentos migratórios, a fim de garantir efetiva proteção aos direitos humanos do migrante;

XVI – integração e desenvolvimento das regiões de fronteira e articulação de políticas públicas regionais capazes de garantir efetividade aos direitos do residente fronteiriço;

XVII – proteção integral e atenção ao superior interesse da criança e do adolescente migrante;

XVIII – observância ao disposto em tratado;

XIX – proteção ao brasileiro no exterior;

XX – migração e desenvolvimento humano no local de origem, como direitos inalienáveis de todas as pessoas;

XXI – promoção do reconhecimento acadêmico e do exercício profissional no Brasil, nos termos da lei; e

XXII – repúdio a práticas de expulsão ou de deportação coletivas.

Art. 4º Ao migrante é garantida no território nacional, em condição de igualdade com os nacionais, a inviolabilidade do direito à vida, à liberdade, à igualdade, à segurança e à propriedade, bem como são assegurados:

I – direitos e liberdades civis, sociais, culturais e econômicos;

II – direito à liberdade de circulação em território nacional;

III – direito à reunião familiar do migrante com seu cônjuge ou companheiro e seus filhos, familiares e dependentes;

IV – medidas de proteção a vítimas e testemunhas de crimes e de violações de direitos;

V – direito de transferir recursos decorrentes de sua renda e economias pessoais a outro país, observada a legislação aplicável;

VI – direito de reunião para fins pacíficos;

VII – direito de associação, inclusive sindical, para fins lícitos;

VIII – acesso a serviços públicos de saúde e de assistência social e à previdência social, nos termos da lei, sem discriminação em razão da nacionalidade e da condição migratória;

IX – amplo acesso à justiça e à assistência jurídica integral gratuita aos que comprovarem insuficiência de recursos;

X – direito à educação pública, vedada a discriminação em razão da nacionalidade e da condição migratória;

XI – garantia de cumprimento de obrigações legais e contratuais trabalhistas e de aplicação das normas de proteção ao trabalhador, sem discriminação em razão da nacionalidade e da condição migratória;

XII – isenção das taxas de que trata esta Lei, mediante declaração de hipossuficiência econômica, na forma de regulamento;

XIII – direito de acesso à informação e garantia de confidencialidade quanto aos dados pessoais do migrante, nos termos da Lei 12.527, de 18 de novembro de 2011;

XIV – direito a abertura de conta bancária;

XV – direito de sair, de permanecer e de reingressar em território nacional, mesmo enquanto pendente pedido de autorização de residência, de prorrogação de estada ou de transformação de visto em autorização de residência; e

XVI – direito do imigrante de ser informado sobre as garantias que lhe são asseguradas para fins de regularização migratória.

§ 1º Os direitos e as garantias previstos nesta Lei serão exercidos em observância ao disposto na Constituição Federal, independentemente da situação migratória, observado o disposto no § 4º deste artigo, e não excluem outros decorrentes de tratado de que o Brasil seja parte.

§§ 2º a 4º *Vetados.*

CAPÍTULO II
DA SITUAÇÃO DOCUMENTAL DO MIGRANTE E DO VISITANTE

Seção I
Dos documentos de viagem

Art. 5º São documentos de viagem:

I – passaporte;

II – *laissez-passer;*

III – autorização de retorno;

IV – salvo-conduto;

V – carteira de identidade de marítimo;

VI – carteira de matrícula consular;

VII – documento de identidade civil ou documento estrangeiro equivalente, quando admitidos em tratado;

VIII – certificado de membro de tripulação de transporte aéreo; e

IX – outros que vierem a ser reconhecidos pelo Estado brasileiro em regulamento.

§ 1º Os documentos previstos nos incisos I, II, III, IV, V, VI e IX, quando emitidos pelo Estado brasileiro, são de propriedade da União, cabendo a seu titular a posse direta e o uso regular.

§ 2º As condições para a concessão dos documentos de que trata o § 1º serão previstas em regulamento.

Seção II
Dos vistos

Subseção I
Disposições Gerais

Art. 6º O visto é o documento que dá a seu titular expectativa de ingresso em território nacional.

Parágrafo único. *Vetado.*

Art. 7º O visto será concedido por embaixadas, consulados gerais, consulados, vice-consulados e, quando habilitados pelo órgão competente do Poder Executivo, por escritórios comerciais e de representação do Brasil no exterior.

Parágrafo único. Excepcionalmente, os vistos diplomático, oficial e de cortesia poderão ser concedidos no Brasil.

Art. 8º Poderão ser cobrados taxas e emolumentos consulares pelo processamento do visto.

Art. 9º Regulamento disporá sobre:

I – requisitos de concessão de visto, bem como de sua simplificação, inclusive por reciprocidade;

II – prazo de validade do visto e sua forma de contagem;

III – prazo máximo para a primeira entrada e para a estada do imigrante e do visitante no País;

IV – hipóteses e condições de dispensa recíproca ou unilateral de visto e de taxas e emolumentos consulares por seu processamento; e

V – solicitação e emissão de visto por meio eletrônico.

Parágrafo único. A simplificação e a dispensa recíproca de visto ou de cobrança de taxas e emolumentos consulares por seu processamento poderão ser definidas por comunicação diplomática.

Art. 10. Não se concederá visto:

I – a quem não preencher os requisitos para o tipo de visto pleiteado;

II – a quem comprovadamente ocultar condição impeditiva de concessão de visto ou de ingresso no País; ou

III – a menor de 18 (dezoito) anos desacompanhado ou sem autorização de viagem por escrito dos responsáveis legais ou de autoridade competente.

Art. 11. Poderá ser denegado visto a quem se enquadrar em pelo menos um dos casos de impedimento definidos nos incisos I, II, III, IV e IX do art. 45.

Parágrafo único. A pessoa que tiver visto brasileiro denegado será impedida de ingressar no País enquanto permanecerem as condições que ensejaram a denegação.

Subseção II
Dos tipos de visto

Art. 12. Ao solicitante que pretenda ingressar ou permanecer em território nacional poderá ser concedido visto:

I – de visita;

II – temporário;

III – diplomático;

IV – oficial;

V – de cortesia.

Subseção III
Do visto de visita

Art. 13. O visto de visita poderá ser concedido ao visitante que venha ao Brasil para estada de curta duração, sem intenção de estabelecer residência, nos seguintes casos:

I – turismo;

II – negócios;

III – trânsito;

IV – atividades artísticas ou desportivas; e

V – outras hipóteses definidas em regulamento.

§ 1º É vedado ao beneficiário de visto de visita exercer atividade remunerada no Brasil.

§ 2º O beneficiário de visto de visita poderá receber pagamento do governo, de empregador brasileiro ou de entidade privada a título de diária, ajuda de custo, cachê, pró-labore ou outras despesas com a viagem,

bem como concorrer a prêmios, inclusive em dinheiro, em competições desportivas ou em concursos artísticos ou culturais.

§ 3º O visto de visita não será exigido em caso de escala ou conexão em território nacional, desde que o visitante não deixe a área de trânsito internacional.

<div align="center">Subseção IV
Do visto temporário</div>

Art. 14. O visto temporário poderá ser concedido ao imigrante que venha ao Brasil com o intuito de estabelecer residência por tempo determinado e que se enquadre em pelo menos uma das seguintes hipóteses:

I – o visto temporário tenha como finalidade:

a) pesquisa, ensino ou extensão acadêmica;

b) tratamento de saúde;

c) acolhida humanitária;

d) estudo;

e) trabalho;

f) férias-trabalho;

g) prática de atividade religiosa ou serviço voluntário;

h) realização de investimento ou de atividade com relevância econômica, social, científica, tecnológica ou cultural;

i) reunião familiar;

j) atividades artísticas ou desportivas com contrato por prazo determinado;

II – o imigrante seja beneficiário de tratado em matéria de vistos;

III – outras hipóteses definidas em regulamento.

§ 1º O visto temporário para pesquisa, ensino ou extensão acadêmica poderá ser concedido ao imigrante com ou sem vínculo empregatício com a instituição de pesquisa ou de ensino brasileira, exigida, na hipótese de vínculo, a comprovação de formação superior compatível ou equivalente reconhecimento científico.

§ 2º O visto temporário para tratamento de saúde poderá ser concedido ao imigrante e a seu acompanhante, desde que o imigrante comprove possuir meios de subsistência suficientes.

§ 3º O visto temporário para acolhida humanitária poderá ser concedido ao apátrida ou ao nacional de qualquer país em situação de grave ou iminente instabilidade institucional, de conflito armado, de calamidade de grande proporção, de desastre ambiental ou de grave violação de direitos humanos ou de direito internacional humanitário, ou em outras hipóteses, na forma de regulamento.

§ 4º O visto temporário para estudo poderá ser concedido ao imigrante que pretenda vir ao Brasil para frequentar curso regular ou realizar estágio ou intercâmbio de estudo ou de pesquisa.

§ 5º Observadas as hipóteses previstas em regulamento, o visto temporário para trabalho poderá ser concedido ao imigrante que venha exercer atividade laboral, com ou sem vínculo empregatício no Brasil, desde que comprove oferta de trabalho formalizada por pessoa jurídica em atividade no País, dispensada esta exigência se o imigrante comprovar titulação em curso de ensino superior ou equivalente.

§ 6º O visto temporário para férias-trabalho poderá ser concedido ao imigrante maior de 16 (dezesseis) anos que seja nacional de país que conceda idêntico benefício ao nacional brasileiro, em termos definidos por comunicação diplomática.

§ 7º Não se exigirá do marítimo que ingressar no Brasil em viagem de longo curso ou em cruzeiros marítimos pela costa brasileira o visto temporário de que trata a alínea *e* do inciso I do *caput*, bastando a apresentação da carteira internacional de marítimo, nos termos de regulamento.

§ 8º É reconhecida ao imigrante a quem se tenha concedido visto temporário para trabalho a possibilidade de modificação do local de exercício de sua atividade laboral.

§ 9º O visto para realização de investimento poderá ser concedido ao imigrante que aporte recursos em projeto com potencial para geração de empregos ou de renda no País.

§ 10. *Vetado.*

<div align="center">Subseção V
Dos vistos diplomático, oficial e de cortesia</div>

Art. 15. Os vistos diplomático, oficial e de cortesia serão concedidos, prorrogados ou dispensados na forma desta Lei e de regulamento.

Parágrafo único. Os vistos diplomático e oficial poderão ser transformados em autorização de residência, o que importará cessação de todas as prerrogativas, privilégios e imunidades decorrentes do respectivo visto.

Art. 16. Os vistos diplomático e oficial poderão ser concedidos a autoridades e funcionários estrangeiros que viajem ao Brasil em missão oficial de caráter transitório ou permanente, representando Estado estrangeiro ou organismo internacional reconhecido.

§ 1º Não se aplica ao titular dos vistos referidos no *caput* o disposto na legislação trabalhista brasileira.

§ 2º Os vistos diplomático e oficial poderão ser estendidos aos dependentes das autoridades referidas no *caput*.

Art. 17. O titular de visto diplomático ou oficial somente poderá ser remunerado por Estado estrangeiro ou organismo internacional, ressalvado o disposto em tratado que contenha cláusula específica sobre o assunto.

Parágrafo único. O dependente de titular de visto diplomático ou oficial poderá exercer atividade remunerada no Brasil, sob o amparo da legislação trabalhista brasileira, desde que seja nacional de país que assegure reciprocidade de tratamento ao nacional brasileiro, por comunicação diplomática.

Art. 18. O empregado particular titular de visto de cortesia somente poderá exercer atividade remunerada para o titular de visto diplomático, oficial ou de cortesia ao qual esteja vinculado, sob o amparo da legislação trabalhista brasileira.

Parágrafo único. O titular de visto diplomático, oficial ou de cortesia será responsável pela saída de seu empregado do território nacional.

<div align="center">Seção III
Do registro e da identificação civil do imigrante e dos detentores de vistos diplomático, oficial e de cortesia</div>

Art. 19. O registro consiste na identificação civil por dados biográficos e biométricos, e é obrigatório a todo imigrante detentor de visto temporário ou de autorização de residência.

§ 1º O registro gerará número único de identificação que garantirá o pleno exercício dos atos da vida civil.

§ 2º O documento de identidade do imigrante será expedido com base no número único de identificação.

§ 3º Enquanto não for expedida identificação civil, o documento comprobatório de que o imigrante a solicitou à autoridade competente garantirá ao titular o acesso aos direitos disciplinados nesta Lei.

Art. 20. A identificação civil de solicitante de refúgio, de asilo, de reconhecimento de apatridia e de acolhimento humanitário poderá ser realizada com a apresentação dos documentos de que o imigrante dispuser.

Art. 21. Os documentos de identidade emitidos até a data de publicação desta Lei continuarão válidos até sua total substituição.

Art. 22. A identificação civil, o documento de identidade e as formas de gestão da base cadastral dos detentores de vistos diplomático, oficial e de cortesia atenderão a disposições específicas previstas em regulamento.

<div align="center">CAPÍTULO III
DA CONDIÇÃO JURÍDICA DO MIGRANTE E DO VISITANTE</div>

(...)

<div align="center">Seção IV
Da autorização de residência</div>

Art. 30. A residência poderá ser autorizada, mediante registro, ao imigrante, ao residente fronteiriço ou ao visitante que se enquadre em uma das seguintes hipóteses:

I – a residência tenha como finalidade:

a) pesquisa, ensino ou extensão acadêmica;

b) tratamento de saúde;

c) acolhida humanitária;

d) estudo;

e) trabalho;

f) férias-trabalho;

g) prática de atividade religiosa ou serviço voluntário;

h) realização de investimento ou de atividade com relevância econômica, social, científica, tecnológica ou cultural;

i) reunião familiar;

II – a pessoa:

a) seja beneficiária de tratado em matéria de residência e livre circulação;

b) seja detentora de oferta de trabalho;

c) já tenha possuído a nacionalidade brasileira e não deseje ou não reúna os requisitos para readquiri-la;

d) Vetado;

e) seja beneficiária de refúgio, de asilo ou de proteção ao apátrida;

f) seja menor nacional de outro país ou apátrida, desacompanhado ou abandonado, que se encontre nas fronteiras brasileiras ou em território nacional;

g) tenha sido vítima de tráfico de pessoas, de trabalho escravo ou de violação de direito agravada por sua condição migratória;

h) esteja em liberdade provisória ou em cumprimento de pena no Brasil;

III – outras hipóteses definidas em regulamento.

§ 1º Não se concederá a autorização de residência a pessoa condenada criminalmente no Brasil ou no exterior por sentença transitada em julgado, desde que a conduta esteja tipificada na legislação penal brasileira, ressalvados os casos em que:

I – a conduta caracterize infração de menor potencial ofensivo;

II – *Vetado*; ou

III – a pessoa se enquadre nas hipóteses previstas nas alíneas *b, c* e *i* do inciso I e na alínea *a* do inciso II do *caput* deste artigo.

§ 2º O disposto no § 1º não obsta progressão de regime de cumprimento de pena, nos termos da Lei 7.210, de 11 de julho de 1984, ficando a pessoa autorizada a trabalhar quando assim exigido pelo novo regime de cumprimento de pena.

§ 3º Nos procedimentos conducentes ao cancelamento de autorização de residência e no recurso contra a negativa de concessão de autorização de residência devem ser respeitados o contraditório e a ampla defesa.

Art. 31. Os prazos e o procedimento da autorização de residência de que trata o art. 30 serão dispostos em regulamento, observado o disposto nesta Lei.

§ 1º Será facilitada a autorização de residência nas hipóteses das alíneas *a* e *e* do inciso I do art. 30 desta Lei, devendo a deliberação sobre a autorização ocorrer em prazo não superior a 60 (sessenta) dias, a contar de sua solicitação.

§ 2º Nova autorização de residência poderá ser concedida, nos termos do art. 30, mediante requerimento.

§ 3º O requerimento de nova autorização de residência após o vencimento do prazo da autorização anterior implicará aplicação da sanção prevista no inciso II do art. 109.

§ 4º O solicitante de refúgio, de asilo ou de proteção ao apátrida fará jus a autorização provisória de residência até a obtenção de resposta ao seu pedido.

§ 5º Poderá ser concedida autorização de residência independentemente da situação migratória.

Art. 32. Poderão ser cobradas taxas pela autorização de residência.

Art. 33. Regulamento disporá sobre a perda e o cancelamento da autorização de residência em razão de fraude ou de ocultação de condição impeditiva de concessão de visto, de ingresso ou de permanência no País, observado procedimento administrativo que garanta o contraditório e a ampla defesa.

Art. 34. Poderá ser negada autorização de residência com fundamento nas hipóteses previstas nos incisos I, II, III, IV e IX do art. 45.

Art. 35. A posse ou a propriedade de bem no Brasil não confere o direito de obter visto ou autorização de residência em território nacional, sem prejuízo do disposto sobre visto para realização de investimento.

Art. 36. O visto de visita ou de cortesia poderá ser transformado em autorização de residência, mediante requerimento e registro, desde que satisfeitos os requisitos previstos em regulamento.

(...)

<div align="center">CAPÍTULO VII
DO EMIGRANTE</div>

<div align="center">Seção I
Das políticas públicas para os emigrantes</div>

Art. 77. As políticas públicas para os emigrantes observarão os seguintes princípios e diretrizes:

I – proteção e prestação de assistência consular por meio das representações do Brasil no exterior;

II – promoção de condições de vida digna, por meio, entre outros, da facilitação do registro consular e da prestação de serviços consulares relativos às áreas de educação, saúde, trabalho, previdência social e cultura;

III – promoção de estudos e pesquisas sobre os emigrantes e as comunidades de brasileiros no exterior, a fim de subsidiar a formulação de políticas públicas;

IV – atuação diplomática, nos âmbitos bilateral, regional e multilateral, em defesa dos direitos do emigrante brasileiro, conforme o direito internacional;

V – ação governamental integrada, com a participação de órgãos do governo com atuação nas áreas temáticas mencionadas nos incisos I, II, III e IV, visando a assistir as comunidades brasileiras no exterior; e

VI – esforço permanente de desburocratização, atualização e modernização do sistema de atendimento, com o objetivo de aprimorar a assistência ao emigrante.

Seção II
Dos direitos do emigrante

Art. 78. Todo emigrante que decida retornar ao Brasil com ânimo de residência poderá introduzir no País, com isenção de direitos de importação e de taxas aduaneiras, os bens novos ou usados que um viajante, em compatibilidade com as circunstâncias de sua viagem, puder destinar para seu uso ou consumo pessoal e profissional, sempre que, por sua quantidade, natureza ou variedade, não permitam presumir importação ou exportação com fins comerciais ou industriais.

Art. 79. Em caso de ameaça à paz social e à ordem pública por grave ou iminente instabilidade institucional ou de calamidade de grande proporção na natureza, deverá ser prestada especial assistência ao emigrante pelas representações brasileiras no exterior.

Art. 80. O tripulante brasileiro contratado por embarcação ou armadora estrangeira, de cabotagem ou a longo curso e com sede ou filial no Brasil, que explore economicamente o mar territorial e a costa brasileira terá direito a seguro a cargo do contratante, válido para todo o período da contratação, conforme o disposto no Registro de Embarcações Brasileiras (REB), contra acidente de trabalho, invalidez total ou parcial e morte, sem prejuízo de benefícios de apólice mais favorável vigente no exterior.

(...)

CAPÍTULO IX
DAS INFRAÇÕES E DAS PENALIDADES ADMINISTRATIVAS

Art. 106. Regulamento disporá sobre o procedimento de apuração das infrações administrativas e seu processamento e sobre a fixação e a atualização das multas, em observância ao disposto nesta Lei.

Art. 107. As infrações administrativas previstas neste Capítulo serão apuradas em processo administrativo próprio, assegurados o contraditório e a ampla defesa e observadas as disposições desta Lei.

§ 1º O cometimento simultâneo de duas ou mais infrações importará cumulação das sanções cabíveis, respeitados os limites estabelecidos nos incisos V e VI do art. 108.

§ 2º A multa atribuída por dia de atraso ou por excesso de permanência poderá ser convertida em redução equivalente do período de autorização de estada para o visto de visita, em caso de nova entrada no País.

Art. 108. O valor das multas tratadas neste Capítulo considerará:

I – as hipóteses individualizadas nesta Lei;

II – a condição econômica do infrator, a reincidência e a gravidade da infração;

III – a atualização periódica conforme estabelecido em regulamento;

IV – o valor mínimo individualizável de R$ 100,00 (cem reais);

V – o valor mínimo de R$ 100,00 (cem reais) e o máximo de R$ 10.000,00 (dez mil reais) para infrações cometidas por pessoa física;

VI – o valor mínimo de R$ 1.000,00 (mil reais) e o máximo de R$ 1.000.000,00 (um milhão de reais) para infrações cometidas por pessoa jurídica, por ato infracional.

Art. 109. Constitui infração, sujeitando o infrator às seguintes sanções:

I – entrar em território nacional sem estar autorizado:

Sanção: deportação, caso não saia do País ou não regularize a situação migratória no prazo fixado;

II – permanecer em território nacional depois de esgotado o prazo legal da documentação migratória:

Sanção: multa por dia de excesso e deportação, caso não saia do País ou não regularize a situação migratória no prazo fixado;

III – deixar de se registrar, dentro do prazo de 90 (noventa) dias do ingresso no País, quando for obrigatória a identificação civil:

Sanção: multa;

IV – deixar o imigrante de se registrar, para efeito de autorização de residência, dentro do prazo de 30 (trinta) dias, quando orientado a fazê-lo pelo órgão competente:

Sanção: multa por dia de atraso;

V – transportar para o Brasil pessoa que esteja sem documentação migratória regular:

Sanção: multa por pessoa transportada;

VI – deixar a empresa transportadora de atender a compromisso de manutenção da estada ou de promoção da saída do território nacional de quem tenha sido autorizado ao ingresso condicional no Brasil por não possuir a devida documentação migratória:

Sanção: multa;

VII – furtar-se ao controle migratório, na entrada ou saída do território nacional:

Sanção: multa.

Art. 110. As penalidades aplicadas serão objeto de pedido de reconsideração e de recurso, nos termos de regulamento.

Parágrafo único. Serão respeitados o contraditório, a ampla defesa e a garantia de recurso, assim como a situação de hipossuficiência do migrante ou do visitante.

CAPÍTULO X
DISPOSIÇÕES FINAIS E TRANSITÓRIAS

Art. 111. Esta Lei não prejudica direitos e obrigações estabelecidos por tratados vigentes no Brasil e que sejam mais benéficos ao migrante e ao visitante, em particular os tratados firmados no âmbito do Mercosul.

Art. 112. As autoridades brasileiras serão tolerantes quanto ao uso do idioma do residente fronteiriço e do imigrante quando eles se dirigirem a órgãos ou repartições públicas para reclamar ou reivindicar os direitos decorrentes desta Lei.

Art. 113. As taxas e emolumentos consulares são fixados em conformidade com a tabela anexa a esta Lei.

§ 1º Os valores das taxas e emolumentos consulares poderão ser ajustados pelo órgão competente da administração pública federal, de forma a preservar o interesse nacional ou a assegurar a reciprocidade de tratamento.

§ 2º Não serão cobrados emolumentos consulares pela concessão de:

I – vistos diplomáticos, oficiais e de cortesia; e

II – vistos em passaportes diplomáticos, oficiais ou de serviço, ou equivalentes, mediante reciprocidade de tratamento a titulares de documento de viagem similar brasileiro.

§ 3º Não serão cobrados taxas e emolumentos consulares pela concessão de vistos ou para a obtenção de documentos para regularização migratória aos integrantes de grupos vulneráveis e indivíduos em condição de hipossuficiência econômica.

§ 4º Vetado.

Art. 114. Regulamento poderá estabelecer competência para órgãos do Poder Executivo disciplinarem aspectos específicos desta Lei.

Art. 115. O Decreto-Lei 2.848, de 7 de dezembro de 1940 (Código Penal), passa a vigorar acrescido do seguinte art. 232-A:

"Promoção de migração ilegal

Art. 232-A. Promover, por qualquer meio, com o fim de obter vantagem econômica, a entrada ilegal de estrangeiro em território nacional ou de brasileiro em país estrangeiro:

Pena – reclusão, de 2 (dois) a 5 (cinco) anos, e multa.

§ 1º Na mesma pena incorre quem promover, por qualquer meio, com o fim de obter vantagem econômica, a saída de estrangeiro do território nacional para ingressar ilegalmente em país estrangeiro.

§ 2º A pena é aumentada de 1/6 (um sexto) a 1/3 (um terço) se:

I – o crime é cometido com violência; ou

II – a vítima é submetida a condição desumana ou degradante.

§ 3º A pena prevista para o crime será aplicada sem prejuízo das correspondentes às infrações conexas."

Art. 116. Vetado.

Art. 117. O documento conhecido por Registro Nacional de Estrangeiro passa a ser denominado Registro Nacional Migratório.

Art. 118. Vetado.

Art. 119. O visto emitido até a data de entrada em vigor desta Lei poderá ser utilizado até a data prevista de expiração de sua validade, podendo ser transformado ou ter seu prazo de estada prorrogado, nos termos de regulamento.

Art. 120. A Política Nacional de Migrações, Refúgio e Apatridia terá a finalidade de coordenar e articular ações setoriais implementadas pelo Poder Executivo federal em regime de cooperação com os Estados, o Distrito Federal e os Municípios, com participação de organizações da sociedade civil, organismos internacionais e entidades privadas, conforme regulamento.

§ 1º Ato normativo do Poder Executivo federal poderá definir os objetivos, a organização e a estratégia de coordenação da Política Nacional de Migrações, Refúgio e Apatridia.

§ 2º Ato normativo do Poder Executivo federal poderá estabelecer planos nacionais e outros instrumentos para a efetivação dos objetivos desta Lei e a coordenação entre órgãos e colegiados setoriais.

§ 3º Com vistas à formulação de políticas públicas, deverá ser produzida informação quantitativa e qualitativa, de forma sistemática, sobre os migrantes, com a criação de banco de dados.

Art. 121. Na aplicação desta Lei, devem ser observadas as disposições da Lei 9.474, de 22 de julho de 1997, nas situações que envolvam refugiados e solicitantes de refúgio.

Art. 122. A aplicação desta Lei não impede o tratamento mais favorável assegurado por tratado em que a República Federativa do Brasil seja parte.

Art. 123. Ninguém será privado de sua liberdade por razões migratórias, exceto nos casos previstos nesta Lei.

Art. 124. Revogam-se:

I – a Lei 818, de 18 de setembro de 1949; e

II – a Lei 6.815, de 19 de agosto de 1980 (Estatuto do Estrangeiro).

Art. 125. Esta Lei entra em vigor após decorridos 180 (cento e oitenta) dias de sua publicação oficial.

Brasília, 24 de maio de 2017; 196º da Independência e 129º da República.

▸ Deixamos de publicar o Anexo constante desta norma.

Michel Temer

LEI 13.467, DE 13 DE JULHO DE 2017

Altera a Consolidação das Leis do Trabalho (CLT), aprovada pelo Decreto-Lei 5.452, de 1º de maio de 1943, e as Leis 6.019, de 3 de janeiro de 1974, 8.036, de 11 de maio de 1990, e 8.212, de 24 de julho de 1991, a fim de adequar a legislação às novas relações de trabalho.

DOU 14.07.2017

O Presidente da República:

Faço saber que o Congresso Nacional decreta e eu sanciono a seguinte Lei:

Art. 1º A Consolidação das Leis do Trabalho (CLT), aprovada pelo Decreto-Lei 5.452, de 1º de maio de 1943, passa a vigorar com as seguintes alterações:

▸ Alterações incorporadas no texto da referida Consolidação.

Art. 2º A Lei 6.019, de 3 de janeiro de 1974, passa a vigorar com as seguintes alterações:

▸ Alterações incorporadas no texto da referida Lei.

Art. 3º O art. 20 da Lei 8.036, de 11 de maio de 1990, passa a vigorar acrescido do seguinte inciso I-A:

▸ Alterações incorporadas no texto da referida Lei.

Art. 4º O art. 28 da Lei 8.212, de 24 de julho de 1991, passa a vigorar com as seguintes alterações:

▸ Alterações incorporadas no texto da referida Lei.

Art. 5º Revogam-se:

I – os seguintes dispositivos da Consolidação das Leis do Trabalho (CLT), aprovada pelo Decreto-Lei 5.452, de 1º de maio de 1943:

a) § 3º do art. 58;

b) § 4º do art. 59;

c) art. 84;

d) art. 86;

e) art. 130-A;

f) § 2º do art. 134;

g) § 3º do art. 143;

h) parágrafo único do art. 372;

i) art. 384;

j) §§ 1º, 3º e 7º do art. 477;

k) art. 601;

l) art. 604;

m) art. 792;

n) parágrafo único do art. 878;

o) §§ 3º, 4º, 5º e 6º do art. 896;

p) § 5º do art. 899;

II – a alínea *a* do § 8º do art. 28 da Lei 8.212, de 24 de julho de 1991;

III – o art. 2º da Medida Provisória 2.226, de 4 de setembro de 2001.

Art. 6º Esta Lei entra em vigor após decorridos cento e vinte dias de sua publicação oficial.

Brasília, 13 de julho de 2017; 196º da Independência e 129º da República.

Michel Temer

DECRETO 9.345, DE 16 DE ABRIL DE 2018

Altera o Regulamento do Fundo de Garantia do Tempo de Serviço – FGTS, aprovado pelo Decreto 99.684, de 8 de novembro de 1990, para dispor sobre as normas de movimentação da conta vinculada do FGTS para aquisição de órtese e prótese pelo trabalhador com deficiência.

DOU 17.04.2018

O Presidente da República, no uso da atribuição que lhe confere o art. 84, *caput*, inciso VI, alínea *a*, da Constituição, decreta:

Art. 1º O Regulamento do Fundo de Garantia do Tempo de Serviço, aprovado pelo Decreto 99.684, de 8 de novembro de 1990, passa a vigorar com as seguintes alterações:

▶ Alterações incorporadas no texto do referido Decreto.

Art. 2º Regulamentados os instrumentos para a avaliação da deficiência, em cumprimento ao disposto no § 2º do art. 2º da Lei 13.146, de 6 de julho de 2015, as normas deste Decreto permanecem vigentes no que a regulamentação específica não dispuser em contrário.

Art. 3º O Agente Operador do FGTS editará, no prazo de até cento e vinte dias, contado da data da publicação deste Decreto, atos normativos referentes aos procedimentos administrativos e operacionais a serem observados para a movimentação das contas vinculadas para a aquisição de órtese ou prótese, com vista à promoção da acessibilidade e da inclusão social do trabalhador com deficiência, nos termos do disposto no inciso XV do *caput* do art. 35 do Decreto 99.684, de 1990.

Art. 4º Este Decreto entra em vigor na data de sua publicação.

Brasília, 16 de abril de 2018; 197º da Independência e 130º da República.

Michel Temer

LEI 13.656, DE 30 DE ABRIL DE 2018

Isenta os candidatos que especifica do pagamento de taxa de inscrição em concursos para provimento de cargo efetivo ou emprego permanente em órgãos ou entidades da administração pública direta e indireta da União.

DOU 02.05.2018

O Presidente da República:

Faço saber que o Congresso Nacional decreta e eu sanciono a seguinte Lei:

Art. 1º São isentos do pagamento de taxa de inscrição em concursos públicos para provimento de cargo efetivo ou emprego permanente em órgãos ou entidades da administração pública direta e indireta de qualquer dos Poderes da União:

I – os candidatos que pertençam a família inscrita no Cadastro Único para Programas Sociais (CadÚnico), do Governo Federal, cuja renda familiar mensal *per capita* seja inferior ou igual a meio salário mínimo nacional;

II – os candidatos doadores de medula óssea em entidades reconhecidas pelo Ministério da Saúde.

Parágrafo único. O cumprimento dos requisitos para a concessão da isenção deverá ser comprovado pelo candidato no momento da inscrição, nos termos do edital do concurso.

Art. 2º Sem prejuízo das sanções penais cabíveis, o candidato que prestar informação falsa com o intuito de usufruir da isenção de que trata o art. 1º estará sujeito a:

I – cancelamento da inscrição e exclusão do concurso, se a falsidade for constatada antes da homologação de seu resultado;

II – exclusão da lista de aprovados, se a falsidade for constatada após a homologação do resultado e antes da nomeação para o cargo;

III – declaração de nulidade do ato de nomeação, se a falsidade for constatada após a sua publicação.

Art. 3º O edital do concurso deverá informar sobre a isenção de que trata esta Lei e sobre as sanções aplicáveis aos candidatos que venham a prestar informação falsa, referidas no art. 2º.

Art. 4º A isenção de que trata esta Lei não se aplica aos concursos públicos cujos editais tenham sido publicados anteriormente à sua vigência.

Art. 5º Esta Lei entra em vigor na data de sua publicação.

Brasília, 30 de abril de 2018; 197º da Independência e 130º da República.

Michel Temer

LEI 13.667, DE 17 DE MAIO DE 2018

Dispõe sobre o Sistema Nacional de Emprego (Sine), criado pelo Decreto 76.403, de 8 de outubro de 1975.

DOU 18.05.2018

O Presidente da República:

Faço saber que o Congresso Nacional decreta e eu sanciono a seguinte Lei:

Art. 1º Esta Lei dispõe sobre o Sistema Nacional de Emprego (Sine), nos termos do inciso XVI do *caput* do art. 22 da Constituição Federal.

Parágrafo único. O Sine será financiado e gerido pela União e pelas esferas de governo que a ele aderirem, observado o disposto nesta Lei.

CAPÍTULO I
Das Diretrizes
do Sistema Nacional de Emprego

Art. 2º São diretrizes do Sine:

I – a otimização do acesso ao trabalho decente, exercido em condições de liberdade, equidade, dignidade e segurança, e a sistema de educação e de qualificação profissional e tecnológica;

II – a integração de suas ações e de seus serviços nas distintas esferas de governo em que se fizer presente;

III – a execução descentralizada das ações e dos serviços referidos no inciso II do *caput* deste artigo, em consonância com normas e diretrizes editadas em âmbito nacional;

IV – o compartilhamento da gestão, do financiamento e de recursos técnicos entre as esferas de governo que o integrem;

V – a participação de representantes da sociedade civil em sua gestão;

VI – a integração e a sistematização das informações e pesquisas sobre o mercado formal e informal de trabalho, com vistas a subsidiar a operacionalização de suas ações e de seus serviços no âmbito da União e das esferas de governo que dele participem;

VII – a adequação entre a oferta e a demanda de força de trabalho em todos os níveis de ocupação e qualificação;

VIII – a integração técnica e estatística com os sistemas de educação e de qualificação profissional e tecnológica, com vistas à elaboração, à implementação e à avaliação das respectivas políticas;

IX – a padronização do atendimento, da organização e da oferta de suas ações e de seus serviços no âmbito das esferas de governo participantes, respeitadas as especificidades regionais e locais;

X – a melhoria contínua da qualidade dos serviços ofertados, de forma eficiente, eficaz, efetiva e sustentável, especialmente por meio do desenvolvimento de aplicativos e de soluções tecnológicas a serem ofertados aos trabalhadores;

XI – a articulação permanente com a implementação das demais políticas públicas, com ênfase nas destinadas à população em condições de vulnerabilidade social.

CAPÍTULO II
DA ORGANIZAÇÃO

Art. 3º O Sine será gerido e financiado, e suas ações e serviços serão executados, conjuntamente pelo Ministério do Trabalho e por órgãos específicos integrados à estrutura administrativa das esferas de governo que dele participem, na forma estabelecida por esta Lei.

§ 1º O Conselho Deliberativo do Fundo de Amparo ao Trabalhador (Codefat), instituído pela Lei 7.998, de 11 de janeiro de 1990, constitui instância regulamentadora do Sine, sem prejuízo do disposto no § 2º deste artigo.

§ 2º O Codefat e os Conselhos do Trabalho, Emprego e Renda instituídos pelas esferas de governo que aderirem ao Sine constituirão instâncias deliberativas do Sistema.

Art. 4º São unidades de atendimento do Sine, de funcionamento contínuo:

I – as Superintendências Regionais do Trabalho e as unidades implantadas por instituições federais autorizadas pelo Codefat;

II – as unidades instituídas pelas esferas de governo que integrarem o Sine.

§ 1º O Codefat poderá autorizar outras unidades, de funcionamento contínuo ou não, para atendimento do Sine.

§ 2º O atendimento ao trabalhador, requerente ou não requerente do seguro-desemprego, será obrigatoriamente realizado por meio de ações e serviços integrados de orientação, recolocação e qualificação profissional, para auxiliá-lo na busca ou preservação do emprego ou estimular seu empreendedorismo, podendo o Codefat dispor sobre a exceção de oferta básica não integrada de ações e serviços.

§ 3º As unidades de atendimento integrantes do Sine deverão ser objeto de padronização de acordo com os níveis de abrangência das ações e dos serviços nelas prestados, observados os critérios estabelecidos pelo Codefat.

Art. 5º Nos termos estabelecidos pelo Codefat, os Conselhos do Trabalho, Emprego e Renda poderão autorizar a constituição de consórcios públicos para executar as ações e os serviços do Sine, devendo os consórcios ser submetidos à prévia avaliação do Ministério do Trabalho.

CAPÍTULO III
Das Competências

Art. 6º Compete simultaneamente à União e às esferas de governo que aderirem ao Sine:

I – prover o pessoal e a infraestrutura necessários à execução das ações e dos serviços do Sine, com observância das normas técnicas de acessibilidade da Associação Brasileira de Normas Técnicas (ABNT), bem como financiá-lo, por meio de repasses fundo a fundo;

▶ Inciso I com redação pela Lei 14.992/2024.

III – administrar os recursos orçamentários e financeiros de seus fundos do trabalho;

IV – acompanhar, avaliar e divulgar informações sobre o mercado formal e informal de trabalho;

V – alimentar sistemas integrados e informatizados destinados a colher dados relacionados ao mercado formal e informal de trabalho;

VI – subsidiar a elaboração de normas técnicas e o estabelecimento de padrões de qualidade e parâmetros de custos destinados a nortear as ações e os serviços abrangidos pelo Sine;

VII – elaborar plano de ações e serviços do Sine, bem como a respectiva proposta orçamentária, os quais deverão ser submetidos, conforme a esfera de governo, à aprovação do Codefat ou do respectivo Conselho do Trabalho, Emprego e Renda;

VIII – participar da formulação e da execução da política de formação e desenvolvimento de pessoal especificamente voltado a prestar serviços no âmbito do Sine;

IX – disponibilizar informações referentes às ações e aos serviços executados;

X – propor medidas para aperfeiçoamento e modernização do Sine à coordenação nacional do Sistema.

Art. 7º Compete à União:

I – exercer, por intermédio do Ministério do Trabalho, a coordenação nacional do Sine, com supervisão, monitoramento e avaliação das ações e dos serviços do Sistema executados por ela e pelas esferas de governo que a ele aderirem;

II – executar, em caráter privativo, os seguintes serviços e ações integrados ao Sine:

a) concessão do seguro-desemprego e do abono salarial;

b) identificação dos trabalhadores;

c) coordenação da certificação profissional;

d) manutenção de cadastro de instituições habilitadas a qualificar os trabalhadores;

III – apoiar e assessorar tecnicamente as esferas de Governo que aderirem ao Sine;

IV – estimular a constituição de consórcios públicos municipais e fornecer-lhes suporte técnico, para viabilização das ações e serviços do Sine.

V – integrar ao Sine a base de dados do Sistema Nacional de Cadastro da Pessoa com Transtorno do Espectro Autista (SisTEA), previsto no Decreto nº 12.115, de 17 de julho de 2024, sob a responsabilidade do Ministério dos Direitos Humanos e da Cidadania, com vistas à intermediação de vagas de emprego e contratos de aprendizagem, nos termos da Lei nº 10.097, de 19 de dezembro de 2000.
▶ Inciso V acrescido pela Lei 14.992/2024.

Parágrafo único. A União poderá executar, em caráter suplementar, as ações e os serviços do Sine de competência das demais esferas de governo, tenham ou não a ele aderido.

Art. 8º Compete aos Estados que aderirem ao Sine:

I – exercer, por intermédio de órgão específico integrado à sua estrutura administrativa, a coordenação estadual do Sine, com supervisão, monitoramento e avaliação das ações e dos serviços a eles atribuídos;

II – executar as ações e os serviços do Sine na ausência de atuação dos Municípios ou de consórcios públicos municipais;

III – estimular os Municípios e os consórcios que eles venham a constituir, e fornecer-lhes suporte técnico e financeiro, para viabilização das ações e serviços do Sine.

Parágrafo único. Os Estados poderão executar, em caráter suplementar, as ações e os serviços do Sine de competência dos Municípios.

Art. 9º Compete aos Municípios que aderirem ao Sine, sem prejuízo de outras atividades que lhes sejam distribuídas pelo Codefat:

I – exercer, por intermédio de órgão específico integrado à sua estrutura administrativa, a coordenação municipal do Sine, com supervisão, monitoramento e avaliação das ações e dos serviços a eles atribuídos;

II – habilitar o trabalhador à percepção de seguro-desemprego;

III – intermediar o aproveitamento da mão de obra;

IV – cadastrar os trabalhadores desempregados em sistema informatizado acessível ao conjunto das unidades do Sine;

V – prestar apoio à certificação profissional;

VI – promover a orientação e a qualificação profissional;

VII – prestar assistência a trabalhadores resgatados de situação análoga à de escravo e às mulheres em situação de violência doméstica e familiar;
▶ Inciso VII com redação pela Lei 14.542/2023.

VIII – fomentar o empreendedorismo, o crédito para a geração de trabalho, emprego e renda, o microcrédito produtivo orientado e o assessoramento técnico ao trabalho autônomo, autogestionário ou associado

IX – fomentar iniciativas para a inclusão de pessoas com deficiência no mercado de trabalho, incluindo a realização de feiras de emprego e a sensibilização de empregadores para a contratação de pessoas com deficiência.
▶ Inciso IX acrescido pela Lei 14.992/2024.

§1º As mulheres em situação de violência doméstica e familiar terão prioridade no atendimento pelo Sine, às quais serão reservadas 10% (dez por cento) das vagas ofertadas para intermediação.

§ 2º Na hipótese de não preenchimento das vagas reservadas nos termos previstos no § 1º deste artigo por ausência de mulheres em situação de violência doméstica e familiar, as vagas remanescentes pode-

rão ser preenchidas por mulheres e, se não houver, pelo público em geral.
▶ §§ 1º e 2º acrescidos pela Lei 14.542/2023.

Art. 10. O Distrito Federal, se aderir ao Sine, exercerá, cumulativamente, no âmbito de seu território, as competências dos Estados e dos Municípios.

<center>CAPÍTULO IV</center>
<center>DO FINANCIAMENTO E DA FISCALIZAÇÃO</center>

Art. 11. As despesas com a organização, a implementação, a manutenção, a modernização e a gestão do Sine correrão por conta dos seguintes recursos:

I – provenientes do Fundo de Amparo ao Trabalhador (FAT);

II – aportados pelas esferas de governo que aderirem ao Sine;

III – outros que lhe sejam destinados.

Parágrafo único. A União e as esferas de governo que aderirem ao Sine poderão realizar operações externas de natureza financeira, autorizadas pelo Senado Federal, para captação de recursos direcionados aos respectivos fundos do trabalho.

Art. 12. As esferas de governo que aderirem ao Sine deverão instituir fundos do trabalho próprios para financiamento e transferências automáticas de recursos no âmbito do Sistema, observada a regulamentação do Codefat.

§1º Constituem condição para as transferências automáticas dos recursos de que trata esta Lei às esferas de governo que aderirem ao Sine a instituição e o funcionamento efetivo de:

I – Conselho do Trabalho, Emprego e Renda, constituído de forma tripartite e paritária por representantes dos trabalhadores, dos empregadores e do governo, observadas as disposições desta Lei;

II – fundo do trabalho, orientado e controlado pelo respectivo Conselho do Trabalho, Emprego e Renda;

III – plano de ações e serviços, aprovado na forma estabelecida pelo Codefat.

§ 2º Constitui condição para a transferência de recursos do FAT às esferas de governo que aderirem ao Sine a comprovação orçamentária da existência de recursos próprios destinados à área do trabalho e alocados aos respectivos fundos, adicionados aos recebidos do FAT.

§3º As despesas com o funcionamento dos Conselhos do Trabalho, Emprego e Renda, exceto as de pessoal, poderão ser custeadas por recursos alocados ao fundo do trabalho, observadas as deliberações do Codefat.

Art. 13. O financiamento de programas, projetos, ações e serviços do Sine será efetivado por meio de transferências automáticas entre os fundos do trabalho ou mediante a alocação de recursos próprios nesses fundos por parte da União e das esferas de governo que aderirem ao Sistema.

Parágrafo único. *Vetado.*

Art. 14. Para a definição dos valores a serem repassados pela União às esferas de governo que aderirem ao Sine, serão observados os critérios aprovados pelo Codefat e as disponibilidades orçamentárias e financeiras.

§ 1º Caberá ao Ministério do Trabalho, na qualidade de coordenador nacional do Sine, propor ao Codefat os critérios de que trata o *caput* deste artigo.

§ 2º Caberá ao Codefat estabelecer as condições de financiamento do Sine e de aplicação de seus recursos.

Art. 15. *Vetado.*

Art. 16. O Ministério do Trabalho, na forma estabelecida pelo Codefat, apoiará financeiramente, com as dotações orçamentárias existentes, o aprimoramento da gestão descentralizada das ações e dos serviços do Sine, por meio do Índice de Gestão Descentralizada do Sine (IGD-Sine), destinado ao custeio de despesas correntes e de capital.

Parágrafo único. É vedada a utilização dos recursos repassados a título de IGD-Sine para pagamento de pessoal efetivo e de gratificações de qualquer natureza a servidor público federal, estadual, municipal ou do Distrito Federal.

Art. 17. Os recursos financeiros destinados ao Sine serão depositados em conta especial de titularidade do fundo do trabalho e movimentados com a fiscalização do respectivo Conselho do Trabalho, Emprego e Renda.

§1º O Ministério do Trabalho acompanhará a conformidade da aplicação dos recursos do FAT transferidos automaticamente às esferas de governo que aderirem

ao Sine, observada a programação orçamentária aprovada para cada ente federativo.

§ 2º Sem prejuízo de outras sanções cabíveis em decorrência da legislação, constitui crime, sujeito à pena de reclusão de 3 (três) meses a 1 (um) ano, o emprego irregular, ou em finalidades diversas das previstas nesta Lei, de verbas, de rendas públicas ou de recursos do Sine.

Art. 18. Caberá à esfera de governo que aderir ao Sine a responsabilidade pela correta utilização dos recursos de seu fundo do trabalho, bem como pelo controle e pelo acompanhamento dos programas, dos projetos, dos benefícios, das ações e dos serviços vinculados ao Sistema, independentemente de ações do órgão repassador dos recursos.

Art. 19. A utilização dos recursos federais descentralizados para os fundos do trabalho das esferas de governo que aderirem ao Sine será anualmente declarada pelos entes recebedores ao ente responsável pela transferência automática, mediante relatório de gestão que comprove a execução das ações, na forma do regulamento, a ser submetido à apreciação do respectivo Conselho do Trabalho, Emprego e Renda.

Parágrafo único. O ente responsável pela transferência automática poderá requisitar informações referentes à aplicação dos recursos transferidos, para fins de análise e acompanhamento de sua utilização.

<center>CAPÍTULO V</center>
<center>DISPOSIÇÕES FINAIS E TRANSITÓRIAS</center>

Art. 20. A denominação Sistema Nacional de Emprego, a sigla Sine e as suas marcas ou logomarcas, utilizadas separada ou conjuntamente, são consideradas bens públicos nacionais e não poderão ser objeto de nenhum tipo de registro de propriedade ou de domínio, por pessoas físicas ou jurídicas.

Art. 21. É garantida, às esferas de governo que aderirem ao Sine, a participação no Codefat, mediante a indicação de representantes – titular e suplente –, efetivada, conforme o caso, pelo Fórum Nacional de Secretarias Estaduais do Trabalho (Fonset) ou pelo Fórum Nacional de Secretarias Municipais do Trabalho (Fonsemt).

Parágrafo único. A participação de representantes – titular e suplente – das Superintendências Regionais do Trabalho nos Conselhos de Trabalho, Emprego e Renda instituídos pelos Estados e pelo Distrito Federal é condição para a adesão dessas esferas de governo ao Sine.

Art. 22. Os entes públicos que tenham Convênio Plurianual do Sine (CP-Sine) e Convênio Plurianual de Qualificação Social e Profissional (CP-QSP) vigentes à data de publicação desta Lei terão o prazo de 12 (doze) meses para se adaptar à nova organização do Sine e constituir os seus fundos do trabalho.

§ 1º Durante o período previsto no *caput* deste artigo, as transferências de recursos relacionados ao Sine observarão, em caráter transitório, os termos dos convênios vigentes, os quais poderão ser objeto de termos aditivos para garantir a continuidade da execução das ações e serviços do Sistema durante esse período.

§ 2º A adesão de novos entes públicos ao Sine somente poderá ocorrer 12 (doze) meses após a data de entrada em vigor desta Lei, de acordo com cronograma aprovado pelo Codefat.

Art. 23. O Sine, criado pelo Decreto 76.403, de 8 de outubro de 1975, passa a ser regido pelas disposições desta Lei e pela regulamentação do Codefat.

Art. 24. Esta Lei entra em vigor na data de sua publicação.

Brasília, 17 de maio de 2018; 197º da Independência e 130º da República.

Michel Temer

<div style="border:1px solid black; text-align:center;">

INSTRUÇÃO NORMATIVA 41, DE 21 DE JUNHO DE 2018, DO TRIBUNAL SUPERIOR DO TRABALHO – TST

</div>

Dispõe sobre a aplicação das normas processuais da Consolidação das Leis do Trabalho alteradas pela Lei 13.467, de 13 de julho de 2017.

DEJT 21.06.2018
▶ *Resolução TST 221, de 21 de junho de 2018 (Edita a IN 41/2018).*

Art. 1º A aplicação das normas processuais previstas na Consolidação das Leis do Trabalho, alteradas pela Lei 13.467, de 13 de julho de 2017, com eficácia

Leg. Compl.

a partir de 11 de novembro de 2017, é imediata, sem atingir, no entanto, situações pretéritas iniciadas ou consolidadas sob a égide da lei revogada.

Art. 2º O fluxo da prescrição intercorrente conta-se a partir do descumprimento da determinação judicial a que alude o § 1º do art. 11-A da CLT, desde que feita após 11 de novembro de 2017 (Lei 13.467/2017).

Art. 3º A obrigação de formar o litisconsórcio necessário a que se refere o art. 611-A, § 5º, da CLT dar-se-á nos processos iniciados a partir de 11 de novembro de 2017 (Lei 13.467/2017).

Art. 4º O art. 789, *caput*, da CLT aplica-se nas decisões que fixem custas, proferidas a partir da entrada em vigor da Lei 13.467/2017.

Art. 5º O art. 790-B, *caput* e §§ 1º a 4º, da CLT, não se aplica aos processos iniciados antes de 11 de novembro de 2017 (Lei 13.467/2017).

Art. 6º Na Justiça do Trabalho, a condenação em honorários advocatícios sucumbenciais, prevista no art. 791-A, e parágrafos, da CLT, será aplicável apenas às ações propostas após 11 de novembro de 2017 (Lei 13.467/2017). Nas ações propostas anteriormente, subsistem as diretrizes do art. 14 da Lei 5.584/1970 e das Súmulas nos 219 e 329 do TST.

Art. 7º Os arts. 793-A, 793-B e 793-C, § 1º, da CLT têm aplicação autônoma e imediata.

Art. 8º A condenação de que trata o art. 793-C, *caput*, da CLT, aplica-se apenas às ações ajuizadas a partir de 11 de novembro de 2017 (Lei 13.467/2017).

Art. 9º O art. 793-C, §§ 2º e 3º, da CLT tem aplicação apenas nas ações ajuizadas a partir de 11 de novembro de 2017 (Lei 13.467/2017).

Art. 10. O disposto no *caput* do art. 793-D será aplicável às ações ajuizadas a partir de 11 de novembro de 2017 (Lei 13.467/2017).

Parágrafo único. Após a colheita da prova oral, a aplicação da multa à testemunha dar-se-á na sentença e será precedida de instauração de incidente mediante o qual o juiz indicará o ponto ou os pontos controvertidos no depoimento, assegurados o contraditório, a defesa, com os meios a ela inerentes, além de possibilitar a retratação.

Art. 11. A exceção de incompetência territorial, disciplinada no art. 800 da CLT, é imediatamente aplicável aos processos trabalhistas em curso, desde que o recebimento da notificação seja posterior a 11 de novembro de 2017 (Lei 13.467/2017).

Art. 12. Os arts. 840 e 844, §§ 2º, 3º e 5º, da CLT, com as redações dadas pela Lei 13.467, de 13 de julho de 2017, não retroagirão, aplicando-se, exclusivamente, às ações ajuizadas a partir de 11 de novembro de 2017.

§ 1º Aplica-se o disposto no art. 843, § 3º, da CLT somente às audiências trabalhistas realizadas após 11 de novembro de 2017.

§ 2º Para fim do que dispõe o art. 840, §§ 1º e 2º, da CLT, o valor da causa será estimado, observando-se, no que couber, o disposto nos arts. 291 a 293 do Código de Processo Civil.

§ 3º Nos termos do art. 843, § 3º, e do art. 844, § 5º, da CLT, não se admite a cumulação das condições de advogado e preposto.

Art. 13. A partir da vigência da Lei 13.467/2017, a iniciativa do juiz na execução de que trata o art. 878 da CLT e no incidente de desconsideração da personalidade jurídica a que alude o art. 855-A da CLT ficará limitada aos casos em que as partes não estiverem representadas por advogado.

Art. 14. A regra inscrita no art. 879, § 2º, da CLT, quanto ao dever de o juiz conceder prazo comum de oito dias para impugnação fundamentada da conta de liquidação, não se aplica à liquidação de julgado iniciada antes de 11 de novembro de 2017.

Art. 15. O prazo previsto no art. 883-A da CLT, para as medidas de execução indireta nele especificadas, aplica-se somente às execuções iniciadas a partir de 11 de novembro de 2017.

Art. 16. O art. 884, § 6º, da CLT aplica-se às entidades filantrópicas e seus diretores, em processos com execuções iniciadas após 11 de novembro de 2017.

Art. 17. O incidente de desconsideração da personalidade jurídica, regulado pelo CPC (artigos 133 a 137), aplica-se ao processo do trabalho, com as inovações trazidas pela Lei 13.467/2017.

Art. 18. O dever de os Tribunais Regionais do Trabalho uniformizarem a sua jurisprudência faz incidir, subsidiariamente ao processo do trabalho, o art. 926 do CPC, por meio do qual os Tribunais deverão manter sua jurisprudência íntegra, estável e coerente.

§ 1º Os incidentes de uniformização de jurisprudência suscitados ou iniciados antes da vigência da Lei 13.467/2017, no âmbito dos Tribunais Regionais do Trabalho ou por iniciativa de decisão do Tribunal Superior do Trabalho, deverão observar e serão concluídos sob a égide da legislação vigente ao tempo da interposição do recurso, segundo o disposto nos respectivos Regimentos Internos.

§ 2º Aos recursos de revista e de agravo de instrumento no âmbito do Tribunal Superior do Trabalho, conclusos aos relatores e ainda não julgados até a edição da Lei 13.467/17, não se aplicam as disposições contidas nos §§ 3º a 6º do artigo 896 da Consolidação das Leis do Trabalho.

§ 3º As teses jurídicas prevalecentes e os enunciados de Súmulas decorrentes do julgamento dos incidentes de uniformização de jurisprudência suscitados ou iniciados anteriormente à edição da Lei 13.467/2017, no âmbito dos Tribunais Regionais do Trabalho, conservam sua natureza vinculante à luz dos arts. 926, §§ 1º e 2º, e 927, III e V, do CPC.

Art. 19. O exame da transcendência seguirá a regra estabelecida no art. 246 do Regimento Interno do Tribunal Superior do Trabalho, incidindo apenas sobre os acórdãos proferidos pelos Tribunais Regionais do Trabalho publicados a partir de 11 de novembro de 2017, excluídas as decisões em embargos de declaração.

Art. 20. As disposições contidas nos §§ 4º, 9º, 10 e 11 do artigo 899 da CLT, com a redação dada pela Lei 13.467/2017, serão observadas para os recursos interpostos contra as decisões proferidas a partir de 11 de novembro de 2017.

Art. 21. Esta Instrução Normativa entrará em vigor na data da sua publicação. Ficam revogados os art. 2º, VIII, e 6º da Instrução Normativa 39/2016 do TST.

João Batista Brito Pereira
Ministro Presidente do Tribunal Superior do Trabalho

LEI 13.709, DE 14 DE AGOSTO DE 2018

Lei Geral de Proteção de Dados Pessoais (LGPD)
▶ Ementa com redação pela Lei 13.853/2019.

DOU 15.08.2018

O Presidente da República:
Faço saber que o Congresso Nacional decreta e eu sanciono a seguinte Lei:

CAPÍTULO I
DISPOSIÇÕES PRELIMINARES

Art. 1º Esta Lei dispõe sobre o tratamento de dados pessoais, inclusive nos meios digitais, por pessoa natural ou por pessoa jurídica de direito público ou privado, com o objetivo de proteger os direitos fundamentais de liberdade e de privacidade e o livre desenvolvimento da personalidade da pessoa natural.

Parágrafo único. As normas gerais contidas nesta Lei são de interesse nacional e devem ser observadas pela União, Estados, Distrito Federal e Municípios.
▶ Parágrafo único acrescido pela Lei 13.853/2019.

Art. 2º A disciplina da proteção de dados pessoais tem fundamentos:

I – o respeito à privacidade;

II – a autodeterminação informativa;

III – a liberdade de expressão, de informação, de comunicação e de opinião;

IV – a inviolabilidade da intimidade, da honra e da imagem;

V – o desenvolvimento econômico e tecnológico e a inovação;

VI – a livre iniciativa, a livre concorrência e a defesa do consumidor; e

VII – os direitos humanos, o livre desenvolvimento da personalidade, a dignidade e o exercício da cidadania pelas pessoas naturais.

Art. 3º Esta Lei aplica-se a qualquer operação de tratamento realizada por pessoa natural ou por pessoa jurídica de direito público ou privado, independentemente do meio, do país de sua sede ou do país onde estejam localizados os dados, desde que:

I – a operação de tratamento seja realizada no território nacional;

II – a atividade de tratamento tenha por objetivo a oferta ou o fornecimento de bens ou serviços ou o tratamento de dados de indivíduos localizados no território nacional; ou
▶ Inciso II com redação pela Lei 13.853/2019.

III – os dados pessoais objeto do tratamento tenham sido coletados no território nacional.

§ 1º Consideram-se coletados no território nacional os dados pessoais cujo titular nele se encontre no momento da coleta.

§ 2º Excetua-se do disposto no inciso I deste artigo o tratamento de dados previsto no inciso IV do *caput* do art. 4º desta Lei.

Art. 4º Esta Lei não se aplica ao tratamento de dados pessoais:

I – realizado por pessoa natural para fins exclusivamente particulares e não econômicos;

II – realizado para fins exclusivamente:

a) jornalístico e artísticos; ou

b) acadêmicos, aplicando-se a esta hipótese os arts. 7º e 11 desta Lei;

III – realizado para fins exclusivos de:

a) segurança pública;

b) defesa nacional;

c) segurança do Estado; ou

d) atividades de investigação e repressão de infrações penais; ou

IV – provenientes de fora do território nacional e que não sejam objeto de comunicação, uso compartilhado de dados com agentes de tratamento brasileiros ou objeto de transferência internacional de dados com outro país que não o de proveniência, desde que o país de proveniência proporcione grau de proteção de dados pessoais adequado ao previsto nesta Lei.

§ 1º O tratamento de dados pessoais previsto no inciso III será regido por legislação específica, que deverá prever medidas proporcionais e estritamente necessárias ao atendimento do interesse público, observados o devido processo legal, os princípios gerais de proteção e os direitos do titular previstos nesta Lei.

§ 2º É vedado o tratamento dos dados a que se refere o inciso III do *caput* deste artigo por pessoa de direito privado, exceto em procedimentos sob tutela de pessoa jurídica de direito público, que serão objeto de informe específico à autoridade nacional e que deverão observar a limitação imposta no § 4º deste artigo.

§ 3º A autoridade nacional emitirá opiniões técnicas ou recomendações referentes às exceções previstas no inciso III do *caput* deste artigo e deverá solicitar aos responsáveis relatórios de impacto à proteção de dados pessoais.

§ 4º Em nenhum caso a totalidade dos dados pessoais de banco de dados de que trata o inciso III do *caput* deste artigo poderá ser tratada por pessoa de direito privado, salvo por aquela que possua capital integralmente constituído pelo poder público.
▶ § 4º com redação pela Lei 13.853/2019.

Art. 5º Para os fins desta Lei, considera-se:

I – dado pessoal: informação relacionada a pessoa natural identificada ou identificável;

II – dado pessoal sensível: dado pessoal sobre origem racial ou étnica, convicção religiosa, opinião política, filiação a sindicato ou a organização de caráter religioso, filosófico ou político, dado referente à saúde ou à vida sexual, dado genético ou biométrico, quando vinculado a uma pessoa natural;

III – dado anonimizado: dado relativo a titular que não possa ser identificado, considerando a utilização de meios técnicos razoáveis e disponíveis na ocasião de seu tratamento;

IV – banco de dados: conjunto estruturado de dados pessoais, estabelecido em um ou em vários locais, em suporte eletrônico ou físico;

V – titular: pessoa natural a quem se referem os dados pessoais que são objeto de tratamento;

VI – controlador: pessoa natural ou jurídica, de direito público ou privado, a quem competem as decisões referentes ao tratamento de dados pessoais;

VII – operador: pessoa natural ou jurídica, de direito público ou privado, que realiza o tratamento de dados pessoais em nome do controlador;

VIII – encarregado: pessoa indicada pelo controlador e operador para atuar como canal de comunicação entre o controlador, os titulares dos dados e a Autoridade Nacional de Proteção de Dados (ANPD);
▶ Inciso VIII com redação pela Lei 13.853/2019.

IX – agentes de tratamento: o controlador e o operador;

X – tratamento: toda operação realizada com dados pessoais, como as que se referem a coleta, produção, recepção, classificação, utilização, acesso, reprodução, transmissão, distribuição, processamento, arqui-

vamento, armazenamento, eliminação, avaliação ou controle da informação, modificação, comunicação, transferência, difusão ou extração;

XI – anonimização: utilização de meios técnicos razoáveis e disponíveis no momento do tratamento, por meio dos quais um dado perde a possibilidade de associação, direta ou indireta, a um indivíduo;

XII – consentimento: manifestação livre, informada e inequívoca pela qual o titular concorda com o tratamento de seus dados pessoais para uma finalidade determinada;

XIII – bloqueio: suspensão temporária de qualquer operação de tratamento, mediante guarda do dado pessoal ou do banco de dados;

XIV – eliminação: exclusão de dado ou de conjunto de dados armazenados em banco de dados, independentemente do procedimento empregado;

XV – transferência internacional de dados: transferência de dados pessoais para país estrangeiro ou organismo internacional do qual o país seja membro;

XVI – uso compartilhado de dados: comunicação, difusão, transferência internacional, interconexão de dados pessoais ou tratamento compartilhado de bancos de dados pessoais por órgãos e entidades públicos no cumprimento de suas competências legais, ou entre esses e entes privados, reciprocamente, com autorização específica, para uma ou mais modalidades de tratamento permitidas por esses entes públicos, ou entre entes privados;

XVII – relatório de impacto à proteção de dados pessoais: documentação do controlador que contém a descrição dos processos de tratamento de dados pessoais que podem gerar riscos às liberdades civis e aos direitos fundamentais, bem como medidas, salvaguardas e mecanismos de mitigação de risco;

XVIII – órgão de pesquisa: órgão ou entidade da administração pública direta ou indireta ou pessoa jurídica de direito privado sem fins lucrativos legalmente constituída sob as leis brasileiras, com sede e foro no País, que inclua em sua missão institucional ou em seu objetivo social ou estatutário a pesquisa básica ou aplicada de caráter histórico, científico, tecnológico ou estatístico; e

> ▸ Inciso XVIII com redação pela Lei 13.853/2019.

XIX – autoridade nacional: órgão da administração pública responsável por zelar, implementar e fiscalizar o cumprimento desta Lei em todo o território nacional.

> ▸ Inciso XIX com redação pela Lei 13.853/2019.

Art. 6° As atividades de tratamento de dados pessoais deverão observar a boa-fé e os seguintes princípios:

I – finalidade: realização do tratamento para propósitos legítimos, específicos, explícitos e informados ao titular, sem possibilidade de tratamento posterior de forma incompatível com essas finalidades;

II – adequação: compatibilidade do tratamento com as finalidades informadas ao titular, de acordo com o contexto do tratamento;

III – necessidade: limitação do tratamento ao mínimo necessário para a realização de suas finalidades, com abrangência dos dados pertinentes, proporcionais e não excessivos em relação às finalidades do tratamento de dados;

IV – livre acesso: garantia, aos titulares, de consulta facilitada e gratuita sobre a forma e a duração do tratamento, bem como sobre a integralidade de seus dados pessoais;

V – qualidade dos dados: garantia, aos titulares, de exatidão, clareza, relevância e atualização dos dados, de acordo com a necessidade e para o cumprimento da finalidade de seu tratamento;

VI – transparência: garantia, aos titulares, de informações claras, precisas e facilmente acessíveis sobre a realização do tratamento e os respectivos agentes de tratamento, observados os segredos comercial e industrial;

VII – segurança: utilização de medidas técnicas e administrativas aptas a proteger os dados pessoais de acessos não autorizados e de situações acidentais ou ilícitas de destruição, perda, alteração, comunicação ou difusão;

VIII – prevenção: adoção de medidas para prevenir a ocorrência de danos em virtude do tratamento de dados pessoais;

IX – não discriminação: impossibilidade de realização do tratamento para fins discriminatórios ilícitos ou abusivos;

X – responsabilização e prestação de contas: demonstração, pelo agente, da adoção de medidas eficazes e capazes de comprovar a observância e o cumprimento das normas de proteção de dados pessoais e, inclusive, da eficácia dessas medidas.

<div align="center">CAPÍTULO II
DO TRATAMENTO DE DADOS PESSOAIS</div>

<div align="center">Seção I</div>
<div align="center">Dos requisitos para o tratamento de dados pessoais</div>

Art. 7° O tratamento de dados pessoais somente poderá ser realizado nas seguintes hipóteses:

I – mediante o fornecimento de consentimento pelo titular;

II – para o cumprimento de obrigação legal ou regulatória pelo controlador;

III – pela administração pública, para o tratamento e uso compartilhado de dados necessários à execução de políticas públicas previstas em leis e regulamentos ou respaldadas em contratos, convênios ou instrumentos congêneres, observadas as disposições do Capítulo IV desta Lei;

IV – para a realização de estudos por órgão de pesquisa, garantida, sempre que possível, a anonimização dos dados pessoais;

V – quando necessário para a execução de contrato ou de procedimentos preliminares relacionados a contrato do qual seja parte o titular, a pedido do titular dos dados;

VI – para o exercício regular de direitos em processo judicial, administrativo ou arbitral, esse último nos termos da Lei 9.307, de 23 de setembro de 1996 (Lei de Arbitragem);

VII – para a proteção da vida ou da incolumidade física do titular ou de terceiro;

VIII – para a tutela da saúde, exclusivamente, em procedimento realizado por profissionais de saúde, serviços de saúde ou autoridade sanitária;

> ▸ Inciso VIII com redação pela Lei 13.853/2019.

IX – quando necessário para atender aos interesses legítimos do controlador ou de terceiro, exceto no caso de prevalecerem direitos e liberdades fundamentais do titular que exijam a proteção dos dados pessoais; ou

X – para a proteção do crédito, inclusive quanto ao disposto na legislação pertinente.

§§ 1° e 2° *Revogados pela Lei 13.853/2019.*

§ 3° O tratamento de dados pessoais cujo acesso é público deve considerar a finalidade, a boa-fé e o interesse público que justificaram sua disponibilização.

§ 4° É dispensada a exigência do consentimento previsto no *caput* deste artigo para os dados tornados manifestamente públicos pelo titular, resguardados os direitos do titular e os princípios previstos nesta Lei.

§ 5° O controlador que obteve o consentimento referido no inciso I do *caput* deste artigo que necessitar comunicar ou compartilhar dados pessoais com outros controladores deverá obter consentimento específico do titular para esse fim, ressalvadas as hipóteses de dispensa do consentimento previstas nesta Lei.

§ 6° A eventual dispensa da exigência do consentimento não desobriga os agentes de tratamento das demais obrigações previstas nesta Lei, especialmente da observância dos princípios gerais e da garantia dos direitos do titular.

§ 7° O tratamento posterior dos dados pessoais a que se referem os §§ 3° e 4° deste artigo poderá ser realizado para novas finalidades, desde que observados os propósitos legítimos e específicos para o novo tratamento e a preservação dos direitos do titular, assim como os fundamentos e os princípios previstos nesta Lei.

> ▸ § 7° acrescido pela Lei 13.853/2019.

Art. 8° O consentimento previsto no inciso I do art. 7° desta Lei deverá ser fornecido por escrito ou por outro meio que demonstre a manifestação de vontade do titular.

§ 1° Caso o consentimento seja fornecido por escrito, esse deverá constar de cláusula destacada das demais cláusulas contratuais.

§ 2° Cabe ao controlador o ônus da prova de que o consentimento foi obtido em conformidade com o disposto nesta Lei.

§ 3° É vedado o tratamento de dados pessoais mediante vício de consentimento.

§ 4° O consentimento deverá referir-se a finalidades determinadas, e as autorizações genéricas para o tratamento de dados pessoais serão nulas.

§ 5° O consentimento pode ser revogado a qualquer momento mediante manifestação expressa do titular, por procedimento gratuito e facilitado, ratificados os tratamentos realizados sob amparo do consentimento anteriormente manifestado enquanto não houver requerimento de eliminação, nos termos do inciso VI do *caput* do art. 18 desta Lei.

§ 6° Em caso de alteração de informação referida nos incisos I, II, III ou V do art. 9° desta Lei, o controlador deverá informar ao titular, com destaque de forma específica do teor das alterações, podendo o titular, nos casos em que o seu consentimento é exigido, revogá-lo caso discorde da alteração.

Art. 9° O titular tem direito ao acesso facilitado às informações sobre o tratamento de seus dados, que deverão ser disponibilizadas de forma clara, adequada e ostensiva acerca de, entre outras características previstas em regulamentação para o atendimento do princípio do livre acesso:

I – finalidade específica do tratamento;

II – forma e duração do tratamento, observados os segredos comercial e industrial;

III – identificação do controlador;

IV – informações de contato do controlador;

V – informações acerca do uso compartilhado de dados pelo controlador e a finalidade;

VI – responsabilidades dos agentes que realizarão o tratamento; e

VII – direitos do titular, com menção explícita aos direitos contidos no art. 18 desta Lei.

§ 1° Na hipótese em que o consentimento é requerido, esse será considerado nulo caso as informações fornecidas ao titular tenham conteúdo enganoso ou abusivo ou não tenham sido apresentadas previamente com transparência, de forma clara e inequívoca.

§ 2° Na hipótese em que o consentimento é requerido, se houver mudanças da finalidade para o tratamento de dados pessoais não compatíveis com o consentimento original, o controlador deverá informar previamente o titular sobre as mudanças de finalidade, podendo o titular revogar o consentimento, caso discorde das alterações.

§ 3° Quando o tratamento de dados pessoais for condição para o fornecimento de produto ou de serviço ou para o exercício de direito, o titular será informado com destaque sobre esse fato e sobre os meios pelos quais poderá exercer os direitos do titular elencados no art. 18 desta Lei.

Art. 10. O legítimo interesse do controlador somente poderá fundamentar tratamento de dados pessoais para finalidades legítimas, consideradas a partir de situações concretas, que incluem, mas não se limitam a:

I – apoio e promoção de atividades do controlador; e

II – proteção, em relação ao titular, do exercício regular de seus direitos ou prestação de serviços que o beneficiem, respeitadas as legítimas expectativas dele e os direitos e liberdades fundamentais, nos termos desta Lei.

§ 1° Quando o tratamento for baseado no legítimo interesse do controlador, somente os dados pessoais estritamente necessários para a finalidade pretendida poderão ser tratados.

§ 2° O controlador deverá adotar medidas para garantir a transparência do tratamento de dados baseado em seu legítimo interesse.

§ 3° A autoridade nacional poderá solicitar ao controlador relatório de impacto à proteção de dados pessoais, quando o tratamento tiver como fundamento seu interesse legítimo, observados os segredos comercial e industrial.

<div align="center">Seção II</div>
<div align="center">Do tratamento de dados pessoais sensíveis</div>

Art. 11. O tratamento de dados pessoais sensíveis somente poderá ocorrer nas seguintes hipóteses:

I – quando o titular ou seu responsável legal consentir, de forma específica e destacada, para finalidades específicas;

II – sem fornecimento de consentimento do titular, nas hipóteses em que for indispensável para:

a) cumprimento de obrigação legal ou regulatória pelo controlador;

b) tratamento compartilhado de dados necessários à execução, pela administração pública, de políticas públicas previstas em leis ou regulamentos;

<div align="right">Leg. Compl.</div>

c) realização de estudos por órgão de pesquisa, garantida, sempre que possível, a anonimização dos dados pessoais sensíveis;

d) exercício regular de direitos, inclusive em contrato e em processo judicial, administrativo e arbitral, este último nos termos da Lei 9.307, de 23 de setembro de 1996 (Lei de Arbitragem);

e) proteção da vida ou da incolumidade física do titular ou de terceiro;

f) tutela da saúde, exclusivamente, em procedimento realizado por profissionais de saúde, serviços de saúde ou autoridade sanitária; ou

▶ Alínea f com redação pela Lei 13.853/2019.

g) garantia da prevenção à fraude e à segurança do titular, nos processos de identificação e autenticação de cadastro em sistemas eletrônicos, resguardados os direitos mencionados no art. 9º desta Lei e exceto no caso de prevalecerem direitos e liberdades fundamentais do titular que exijam a proteção dos dados pessoais.

§ 1º Aplica-se o disposto neste artigo a qualquer tratamento de dados pessoais que revele dados pessoais sensíveis e que possa causar dano ao titular, ressalvado o disposto em legislação específica.

§ 2º Nos casos de aplicação do disposto nas alíneas "a" e "b" do inciso II do *caput* deste artigo pelos órgãos e pelas entidades públicas, será dada publicidade à referida dispensa de consentimento, nos termos do inciso I do *caput* do art. 23 desta Lei.

§ 3º A comunicação ou o uso compartilhado de dados pessoais sensíveis entre controladores com objetivo de obter vantagem econômica poderá ser objeto de vedação ou de regulamentação por parte da autoridade nacional, ouvidos os órgãos setoriais do Poder Público, no âmbito de suas competências.

§ 4º É vedada a comunicação ou o uso compartilhado entre controladores de dados pessoais sensíveis referentes à saúde com objetivo de obter vantagem econômica, exceto nas hipóteses relativas à prestação de serviços de saúde, de assistência farmacêutica e de assistência à saúde, desde que observado o § 5º deste artigo, incluídos os serviços auxiliares de diagnose e terapia, em benefício dos interesses dos titulares de dados, e para permitir:

▶ § 4º com redação pela Lei 13.853/2019.

I – a portabilidade de dados quando solicitada pelo titular; ou

▶ Inciso I acrescido pela Lei 13.853/2019.

II – as transações financeiras e administrativas resultantes do uso e da prestação dos serviços de que trata este parágrafo.

▶ Inciso II acrescido pela Lei 13.853/2019.

§ 5º É vedado às operadoras de planos privados de assistência à saúde o tratamento de dados de saúde para a prática de seleção de riscos na contratação de qualquer modalidade, assim como na contratação e exclusão de beneficiários.

▶ § 5º acrescido pela Lei 13.853/2019.

Art. 12. Os dados anonimizados não serão considerados dados pessoais para os fins desta Lei, salvo quando o processo de anonimização ao qual foram submetidos for revertido, utilizando exclusivamente meios próprios, ou quando, com esforços razoáveis, puder ser revertido.

§ 1º A determinação do que seja razoável deve levar em consideração fatores objetivos, tais como custo e tempo necessários para reverter o processo de anonimização, de acordo com as tecnologias disponíveis, e a utilização exclusiva de meios próprios.

§ 2º Poderão ser igualmente considerados como dados pessoais, para os fins desta Lei, aqueles utilizados para formação do perfil comportamental de determinada pessoa natural, se identificada.

§ 3º A autoridade nacional poderá dispor sobre padrões e técnicas utilizados em processos de anonimização e realizar verificações acerca de sua segurança, ouvido o Conselho Nacional de Proteção de Dados Pessoais.

Art. 13. Na realização de estudos em saúde pública, os órgãos de pesquisa poderão ter acesso a bases de dados pessoais, que serão tratados exclusivamente dentro do órgão e estritamente para a finalidade de realização de estudos e pesquisas e mantidos em ambiente controlado e seguro, conforme práticas de segurança previstas em regulamento específico e que incluam, sempre que possível, a anonimização ou pseudonimização dos dados, bem como considerem os devidos padrões éticos relacionados a estudos e pesquisas.

§ 1º A divulgação dos resultados ou de qualquer excerto do estudo ou da pesquisa de que trata o *caput* deste artigo em nenhuma hipótese poderá revelar dados pessoais.

§ 2º O órgão de pesquisa será o responsável pela segurança da informação prevista no *caput* deste artigo, não permitida, em circunstância alguma, a transferência dos dados a terceiro.

§ 3º O acesso aos dados de que trata este artigo será objeto de regulamentação por parte da autoridade nacional e das autoridades da área de saúde e sanitárias, no âmbito de suas competências.

§ 4º Para os efeitos deste artigo, a pseudonimização é o tratamento por meio do qual um dado perde a possibilidade de associação, direta ou indireta, a um indivíduo, senão pelo uso de informação adicional mantida separadamente pelo controlador em ambiente controlado e seguro.

Seção III
Do tratamento de dados pessoais de crianças e de adolescentes

Art. 14. O tratamento de dados pessoais de crianças e de adolescentes deverá ser realizado em seu melhor interesse, nos termos deste artigo e da legislação pertinente.

§ 1º O tratamento de dados pessoais de crianças deverá ser realizado com o consentimento específico e em destaque dado por pelo menos um dos pais ou pelo responsável legal.

§ 2º No tratamento de dados de que trata o § 1º deste artigo, os controladores deverão manter pública a informação sobre os tipos de dados coletados, a forma de sua utilização e os procedimentos para o exercício dos direitos a que se refere o art. 18 desta Lei.

§ 3º Poderão ser coletados dados pessoais de crianças sem o consentimento a que se refere o § 1º deste artigo quando a coleta for necessária para contatar os pais ou o responsável legal, utilizados uma única vez e sem armazenamento, ou para sua proteção, e em nenhum caso poderão ser repassados a terceiro sem o consentimento de que trata o § 1º deste artigo.

§ 4º Os controladores não deverão condicionar a participação dos titulares de que trata o § 1º deste artigo em jogos, aplicações de internet ou outras atividades ao fornecimento de informações pessoais além das estritamente necessárias à atividade.

§ 5º O controlador deve realizar todos os esforços razoáveis para verificar que o consentimento a que se refere o § 1º deste artigo foi dado pelo responsável pela criança, consideradas as tecnologias disponíveis.

§ 6º As informações sobre o tratamento de dados referidas neste artigo deverão ser fornecidas de maneira simples, clara e acessível, consideradas as características físico-motoras, perceptivas, sensoriais, intelectuais e mentais do usuário, com uso de recursos audiovisuais quando adequado, de forma a proporcionar a informação necessária aos pais ou ao responsável legal e adequada ao entendimento da criança.

Seção IV
Do término do tratamento de dados

Art. 15. O término do tratamento de dados pessoais ocorrerá nas seguintes hipóteses:

I – verificação de que a finalidade foi alcançada ou de que os dados deixaram de ser necessários ou pertinentes ao alcance da finalidade específica almejada;

II – fim do período de tratamento;

III – comunicação do titular, inclusive no exercício de seu direito de revogação do consentimento conforme disposto no § 5º do art. 8º desta Lei, resguardado o interesse público; ou

IV – determinação da autoridade nacional, quando houver violação ao disposto nesta Lei.

Art. 16. Os dados pessoais serão eliminados após o término de seu tratamento, no âmbito e nos limites técnicos das atividades, autorizada a conservação para as seguintes finalidades:

I – cumprimento de obrigação legal ou regulatória pelo controlador;

II – estudo por órgão de pesquisa, garantida, sempre que possível, a anonimização dos dados pessoais;

III – transferência a terceiro, desde que respeitados os requisitos de tratamento de dados dispostos nesta Lei; ou

IV – uso exclusivo do controlador, vedado seu acesso por terceiro, e desde que anonimizados os dados.

CAPÍTULO III
DOS DIREITOS DO TITULAR

Art. 17. Toda pessoa natural tem assegurada a titularidade de seus dados pessoais e garantidos os direitos fundamentais de liberdade, de intimidade e de privacidade, nos termos desta Lei.

Art. 18. O titular dos dados pessoais tem direito a obter do controlador, em relação aos dados do titular por ele tratados, a qualquer momento e mediante requisição:

I – confirmação da existência de tratamento;

II – acesso aos dados;

III – correção de dados incompletos, inexatos ou desatualizados;

IV – anonimização, bloqueio ou eliminação de dados desnecessários, excessivos ou tratados em desconformidade com o disposto nesta Lei;

V – portabilidade dos dados a outro fornecedor de serviço ou produto, mediante requisição expressa, de acordo com a regulamentação da autoridade nacional, observados os segredos comercial e industrial;

▶ Inciso V com redação pela Lei 13.853/2019.

VI – eliminação dos dados pessoais tratados com o consentimento do titular, exceto nas hipóteses previstas no art. 16 desta Lei;

VII – informação das entidades públicas e privadas com as quais o controlador realizou uso compartilhado de dados;

VIII – informação sobre a possibilidade de não fornecer consentimento e sobre as consequências da negativa;

IX – revogação do consentimento, nos termos do § 5º do art. 8º desta Lei.

§ 1º O titular dos dados pessoais tem o direito de peticionar em relação aos seus dados contra o controlador perante a autoridade nacional.

§ 2º O titular pode opor-se a tratamento realizado com fundamento em uma das hipóteses de dispensa de consentimento, em caso de descumprimento ao disposto nesta Lei.

§ 3º Os direitos previstos neste artigo serão exercidos mediante requerimento expresso do titular ou de representante legalmente constituído, a agente de tratamento.

§ 4º Em caso de impossibilidade de adoção imediata da providência de que trata o § 3º deste artigo, o controlador enviará ao titular resposta em que poderá:

I – comunicar que não é agente de tratamento dos dados e indicar, sempre que possível, o agente; ou

II – indicar as razões de fato ou de direito que impedem a adoção imediata da providência.

§ 5º O requerimento referido no § 3º deste artigo será atendido sem custos para o titular, nos prazos e nos termos previstos em regulamento.

§ 6º O responsável deverá informar, de maneira imediata, aos agentes de tratamento com os quais tenha realizado uso compartilhado de dados a correção, a eliminação, a anonimização ou o bloqueio dos dados, para que repitam idêntico procedimento, exceto nos casos em que esta comunicação seja comprovadamente impossível ou implique esforço desproporcional.

▶ § 6º com redação pela Lei 13.853/2019.

§ 7º A portabilidade dos dados pessoais a que se refere o inciso V do *caput* deste artigo não inclui dados que já tenham sido anonimizados pelo controlador.

§ 8º O direito a que se refere o § 1º deste artigo também poderá ser exercido perante os organismos de defesa do consumidor.

Art. 19. A confirmação de existência ou o acesso a dados pessoais serão providenciados, mediante requisição do titular:

I – em formato simplificado, imediatamente; ou

II – por meio de declaração clara e completa, que indique a origem dos dados, a inexistência de registro, os critérios utilizados e a finalidade do tratamento, observados os segredos comercial e industrial, fornecida no prazo de até 15 (quinze) dias, contado da data do requerimento do titular.

§ 1º Os dados pessoais serão armazenados em formato que favoreça o exercício do direito de acesso.

§ 2º As informações e os dados poderão ser fornecidos, a critério do titular:

I – por meio eletrônico, seguro e idôneo para esse fim; ou

II – sob forma impressa.

§ 3º Quando o tratamento tiver origem no consentimento do titular ou em contrato, o titular poderá solicitar cópia eletrônica integral de seus dados pessoais, observados os segredos comercial e industrial, nos termos de regulamentação da autoridade nacional, em formato que permita a sua utilização subsequente, inclusive em outras operações de tratamento.

§ 4º A autoridade nacional poderá dispor de forma diferenciada acerca dos prazos previstos nos incisos I e II do *caput* deste artigo para os setores específicos.

Art. 20. O titular dos dados tem direito a solicitar a revisão de decisões tomadas unicamente com base em tratamento automatizado de dados pessoais que afetem seus interesses, incluídas as decisões destinadas a definir o seu perfil pessoal, profissional, de consumo e de crédito ou os aspectos de sua personalidade.

▸ *Caput* com redação pela Lei 13.853/2019.

§ 1º O controlador deverá fornecer, sempre que solicitadas, informações claras e adequadas a respeito dos critérios e dos procedimentos utilizados para a decisão automatizada, observados os segredos comercial e industrial.

§ 2º Em caso de não oferecimento de informações de que trata o § 1º deste artigo baseado na observância de segredo comercial e industrial, a autoridade nacional poderá realizar auditoria para verificação de aspectos discriminatórios em tratamento automatizado de dados pessoais.

§ 3º. Vetado.

▸ § 3º acrescido pela Lei 13.853/2019.

Art. 21. Os dados pessoais referentes ao exercício regular de direitos pelo titular não podem ser utilizados em seu prejuízo.

Art. 22. A defesa dos interesses e dos direitos dos titulares de dados poderá ser exercida em juízo, individual ou coletivamente, na forma do disposto na legislação pertinente, acerca dos instrumentos de tutela individual e coletiva.

CAPÍTULO IV
DO TRATAMENTO DE DADOS PESSOAIS PELO PODER PÚBLICO

Seção I
Das regras

Art. 23. O tratamento de dados pessoais pelas pessoas jurídicas de direito público referidas no parágrafo único do art. 1º da Lei 12.527, de 18 de novembro de 2011 (Lei de Acesso à Informação), deverá ser realizado para o atendimento de sua finalidade pública, na persecução do interesse público, com o objetivo de executar as competências legais ou cumprir as atribuições legais do serviço público, desde que:

I – sejam informadas as hipóteses em que, no exercício de suas competências, realizam o tratamento de dados pessoais, fornecendo informações claras e atualizadas sobre a previsão legal, a finalidade, os procedimentos e as práticas utilizadas para a execução dessas atividades, em veículos de fácil acesso, preferencialmente em seus sítios eletrônicos;

II – *Vetado*; e

III – seja indicado um encarregado quando realizarem operações de tratamento de dados pessoais, nos termos do art. 39 desta Lei; e

▸ Inciso III com redação pela Lei 13.853/2019.

IV – Vetado.

▸ Inciso IV acrescido pela Lei 13.853/2019.

§ 1º A autoridade nacional poderá dispor sobre as formas

de publicidade das operações de tratamento.

§ 2º O disposto nesta Lei não dispensa as pessoas jurídicas mencionadas no *caput* deste artigo de instituir as autoridades de que trata a Lei 12.527, de 18 de novembro de 2011 (Lei de Acesso à Informação).

§ 3º Os prazos e procedimentos para exercício dos direitos do titular perante o Poder Público observarão o disposto em legislação específica, em especial as disposições constantes da Lei 9.507, de 12 de novembro de 1997 (Lei do Habeas Data), da Lei 9.784, de 29 de janeiro de 1999 (Lei Geral do Processo Administrativo), e da Lei 12.527, de 18 de novembro de 2011 (Lei de Acesso à Informação).

§ 4º Os serviços notariais e de registro exercidos em caráter privado, por delegação do Poder Público, terão o mesmo tratamento dispensado às pessoas jurídicas referidas no *caput* deste artigo, nos termos desta Lei.

§ 5º Os órgãos notariais e de registro devem fornecer acesso aos dados por meio eletrônico para a administração pública, tendo em vista as finalidades de que trata o *caput* deste artigo.

Art. 24. As empresas públicas e as sociedades de economia mista que atuam em regime de concorrência, sujeitas ao disposto no art. 173 da Constituição Federal, terão o mesmo tratamento dispensado às pessoas jurídicas de direito privado particulares, nos termos desta Lei.

Parágrafo único. As empresas públicas e as sociedades de economia mista, quando estiverem operacionalizando políticas públicas e no âmbito da execução delas, terão o mesmo tratamento dispensado aos órgãos e às entidades do Poder Público, nos termos deste Capítulo.

Art. 25. Os dados deverão ser mantidos em formato interoperável e estruturado para o uso compartilhado, com vistas à execução de políticas públicas, à prestação de serviços públicos, à descentralização da atividade pública e à disseminação e ao acesso das informações pelo público em geral.

Art. 26. O uso compartilhado de dados pessoais pelo Poder Público deve atender a finalidades específicas de execução de políticas públicas e atribuição legal pelos órgãos e pelas entidades públicas, respeitados os princípios de proteção de dados pessoais elencados no art. 6º desta Lei.

§ 1º É vedado ao Poder Público transferir a entidades privadas dados pessoais constantes de bases de dados a que tenha acesso, exceto:

I – em casos de execução descentralizada de atividade pública que exija a transferência, exclusivamente para esse fim específico e determinado, observado o disposto na Lei 12.527, de 18 de novembro de 2011 (Lei de Acesso à Informação);

II – *Vetado*;

III – nos casos em que os dados forem acessíveis publicamente, observadas as disposições desta Lei.

IV – quando houver previsão legal ou a transferência for respaldada em contratos, convênios ou instrumentos congêneres; ou

▸ Inciso IV acrescido pela Lei 13.853/2019.

V – na hipótese de a transferência dos dados objetivar exclusivamente a prevenção de fraudes e irregularidades, ou proteger e resguardar a segurança e a integridade do titular dos dados, desde que vedado o tratamento para outras finalidades.

▸ Inciso V acrescido pela Lei 13.853/2019.

§ 2º Os contratos e convênios de que trata o § 1º deste artigo deverão ser comunicados à autoridade nacional.

Art. 27. A comunicação ou o uso compartilhado de dados pessoais de pessoa jurídica de direito público a pessoa de direito privado será informado à autoridade nacional e dependerá de consentimento do titular, exceto:

I – nas hipóteses de dispensa de consentimento previstas nesta Lei;

II – nos casos de uso compartilhado de dados, em que será dada publicidade nos termos do inciso I do *caput* do art. 23 desta Lei; ou

III – nas exceções constantes do § 1º do art. 26 desta Lei.

Parágrafo único. A informação à autoridade nacional de que trata o *caput* deste artigo será objeto de regulamentação.

Art. 28. *Vetado*.

Art. 29. A autoridade nacional poderá solicitar, a qualquer momento, aos órgãos e às entidades do poder público a realização de operações de tratamento de dados pessoais, informações específicas sobre o âmbito e a natureza dos dados e outros detalhes do tratamento realizado e poderá emitir parecer técnico complementar para garantir o cumprimento desta Lei.

▸ Artigo com redação pela Lei 13.853/2019.

Art. 30. A autoridade nacional poderá estabelecer normas complementares para as atividades de comunicação e de uso compartilhado de dados pessoais.

Seção II
Da responsabilidade

Art. 31. Quando houver infração a esta Lei em decorrência do tratamento de dados pessoais por órgãos públicos, a autoridade nacional poderá enviar informe com medidas cabíveis para fazer cessar a violação.

Art. 32. A autoridade nacional poderá solicitar a agentes do Poder Público a publicação de relatórios de impacto à proteção de dados pessoais e sugerir a

adoção de padrões e de boas práticas para os tratamentos de dados pessoais pelo Poder Público.

CAPÍTULO V
DA TRANSFERÊNCIA INTERNACIONAL DE DADOS

Art. 33. A transferência internacional de dados pessoais somente é permitida nos seguintes casos:

I – para países ou organismos internacionais que proporcionem grau de proteção de dados pessoais adequado ao previsto nesta Lei;

II – quando o controlador oferecer e comprovar garantias de cumprimento dos princípios, dos direitos do titular e do regime de proteção de dados previstos nesta Lei, na forma de:

a) cláusulas contratuais específicas para determinada transferência;

b) cláusulas-padrão contratuais;

c) normas corporativas globais;

d) selos, certificados e códigos de conduta regularmente emitidos;

III – quando a transferência for necessária para a cooperação jurídica internacional entre órgãos públicos de inteligência, de investigação e de persecução, de acordo com os instrumentos de direito internacional;

IV – quando a transferência for necessária para a proteção da vida ou da incolumidade física do titular ou de terceiro;

V – quando a autoridade nacional autorizar a transferência;

VI – quando a transferência resultar em compromisso assumido em acordo de cooperação internacional;

VII – quando a transferência for necessária para a execução de política pública ou atribuição legal do serviço público, sendo dada publicidade nos termos do inciso I do *caput* do art. 23 desta Lei;

VIII – quando o titular tiver fornecido o seu consentimento específico e em destaque para a transferência, com informação prévia sobre o caráter internacional da operação, distinguindo claramente esta de outras finalidades; ou

IX – quando necessário para atender as hipóteses previstas nos incisos II, V e VI do art. 7º desta Lei.

Parágrafo único. Para os fins do inciso I deste artigo, as pessoas jurídicas de direito público referidas no parágrafo único do art. 1º da Lei 12.527, de 18 de novembro de 2011 (Lei de Acesso à Informação), no âmbito de suas competências legais, e responsáveis, no âmbito de suas atividades, poderão requerer à autoridade nacional a avaliação do nível de proteção a dados pessoais conferido por país ou organismo internacional.

Art. 34. O nível de proteção de dados do país estrangeiro ou do organismo internacional mencionado no inciso I do *caput* do art. 33 desta Lei será avaliado pela autoridade nacional, que levará em consideração:

I – as normas gerais e setoriais da legislação em vigor no país de destino ou no organismo internacional;

II – a natureza dos dados;

III – a observância dos princípios gerais de proteção de dados pessoais e direitos dos titulares previstos nesta Lei;

IV – a adoção de medidas de segurança previstas em regulamento;

V – a existência de garantias judiciais e institucionais para o respeito aos direitos de proteção de dados pessoais; e

VI – outras circunstâncias específicas relativas à transferência.

Art. 35. A definição do conteúdo de cláusulas-padrão contratuais, bem como a verificação de cláusulas contratuais específicas para uma determinada transferência, normas corporativas globais ou selos, certificados e códigos de conduta, a que se refere o inciso II do *caput* do art. 33 desta Lei, será realizada pela autoridade nacional.

§ 1º Para a verificação do disposto no *caput* deste artigo, deverão ser considerados os requisitos, as condições e as garantias mínimas para a transferência que observem os direitos, as garantias e os princípios desta Lei.

§ 2º Na análise de cláusulas contratuais, de documentos ou de normas corporativas globais submetidas à aprovação da autoridade nacional, poderão ser requeridas informações suplementares ou realizadas diligências de verificação quanto às operações de tratamento, quando necessário.

§ 3º A autoridade nacional poderá designar organismos de certificação para a realização do previsto no *caput* deste artigo, que permanecerão sob sua fiscalização nos termos definidos em regulamento.

§ 4º Os atos realizados por organismo de certificação poderão ser revistos pela autoridade nacional e, caso em desconformidade com esta Lei, submetidos a revisão ou anulados.

§ 5º As garantias suficientes de observância dos princípios gerais de proteção e dos direitos do titular referidas no *caput* deste artigo serão também analisadas de acordo com as medidas técnicas e organizacionais adotadas pelo operador, de acordo com o previsto nos §§ 1º e 2º do art. 46 desta Lei.

Art. 36. As alterações nas garantias apresentadas como suficientes de observância dos princípios gerais de proteção e dos direitos do titular referidas no inciso II do art. 33 desta Lei deverão ser comunicadas à autoridade nacional.

CAPÍTULO VI
DOS AGENTES DE TRATAMENTO DE DADOS PESSOAIS

Seção I
Do controlador e do operador

Art. 37. O controlador e o operador devem manter registro das operações de tratamento de dados pessoais que realizarem, especialmente quando baseado no legítimo interesse.

Art. 38. A autoridade nacional poderá determinar ao controlador que elabore relatório de impacto à proteção de dados pessoais, inclusive de dados sensíveis, referente a suas operações de tratamento de dados, nos termos de regulamento, observados os segredos comercial e industrial.

Parágrafo único. Observado o disposto no *caput* deste artigo, o relatório deverá conter, no mínimo, a descrição dos tipos de dados coletados, a metodologia utilizada para a coleta e para a garantia da segurança das informações e a análise do controlador com relação a medidas, salvaguardas e mecanismos de mitigação de risco adotados.

Art. 39. O operador deverá realizar o tratamento segundo as instruções fornecidas pelo controlador, que verificará a observância das próprias instruções e das normas sobre a matéria.

Art. 40. A autoridade nacional poderá dispor sobre padrões de interoperabilidade para fins de portabilidade, livre acesso aos dados e segurança, assim como sobre o tempo de guarda dos registros, tendo em vista especialmente a necessidade e a transparência.

Seção II
Do encarregado pelo tratamento de dados pessoais

Art. 41. O controlador deverá indicar encarregado pelo tratamento de dados pessoais.

§ 1º A identidade e as informações de contato do encarregado deverão ser divulgadas publicamente, de forma clara e objetiva, preferencialmente no sítio eletrônico do controlador.

§ 2º As atividades do encarregado consistem em:

I – aceitar reclamações e comunicações dos titulares, prestar esclarecimentos e adotar providências;

II – receber comunicações da autoridade nacional e adotar providências;

III – orientar os funcionários e os contratados da entidade a respeito das práticas a serem tomadas em relação à proteção de dados pessoais; e

IV – executar as demais atribuições determinadas pelo controlador ou estabelecidas em normas complementares.

§ 3º A autoridade nacional poderá estabelecer normas complementares sobre a definição e as atribuições do encarregado, inclusive hipóteses de dispensa da necessidade de sua indicação, conforme a natureza e o porte da entidade ou o volume de operações de tratamento de dados.

§ 4º *Vetado.*

▶ § 4º acrescido pela Lei 13.853/2019.

Seção III
Da responsabilidade e do ressarcimento de danos

Art. 42. O controlador ou o operador que, em razão do exercício de atividade de tratamento de dados pessoais, causar a outrem dano patrimonial, moral, individual ou coletivo, em violação à legislação de proteção de dados pessoais, é obrigado a repará-lo.

§ 1º A fim de assegurar a efetiva indenização ao titular dos dados:

I – o operador responde solidariamente pelos danos causados pelo tratamento quando descumprir as obrigações da legislação de proteção de dados ou quando não tiver seguido as instruções lícitas do controlador, hipótese em que o operador equipara-se ao controlador, salvo nos casos de exclusão previstos no art. 43 desta Lei;

II – os controladores que estiverem diretamente envolvidos no tratamento do qual decorreram danos ao titular dos dados respondem solidariamente, salvo nos casos de exclusão previstos no art. 43 desta Lei.

§ 2º O juiz, no processo civil, poderá inverter o ônus da prova a favor do titular dos dados quando, a seu juízo, for verossímil a alegação, houver hipossuficiência para fins de produção de prova ou quando a produção de prova pelo titular resultar-lhe excessivamente onerosa.

§ 3º As ações de reparação por danos coletivos que tenham por objeto a responsabilização nos termos do *caput* deste artigo podem ser exercidas coletivamente em juízo, observado o disposto na legislação pertinente.

§ 4º Aquele que reparar o dano ao titular tem direito de regresso contra os demais responsáveis, na medida de sua participação no evento danoso.

Art. 43. Os agentes de tratamento só não serão responsabilizados quando provarem:

I – que não realizaram o tratamento de dados pessoais que lhes é atribuído;

II – que, embora tenham realizado o tratamento de dados pessoais que lhes é atribuído, não houve violação à legislação de proteção de dados; ou

III – que o dano é decorrente de culpa exclusiva do titular dos dados ou de terceiro.

Art. 44. O tratamento de dados pessoais será irregular quando deixar de observar a legislação ou quando não fornecer a segurança que o titular dele pode esperar, consideradas as circunstâncias relevantes, entre as quais:

I – o modo pelo qual é realizado;

II – o resultado e os riscos que razoavelmente dele se esperam;

III – as técnicas de tratamento de dados pessoais disponíveis à época em que foi realizado.

Parágrafo único. Responde pelos danos decorrentes da violação da segurança dos dados o controlador ou o operador que, ao deixar de adotar as medidas de segurança previstas no art. 46 desta Lei, der causa ao dano.

Art. 45. As hipóteses de violação do direito do titular no âmbito das relações de consumo permanecem sujeitas às regras de responsabilidade previstas na legislação pertinente.

CAPÍTULO VII
DA SEGURANÇA E DAS BOAS PRÁTICAS

Seção I
Da segurança e do sigilo de dados

Art. 46. Os agentes de tratamento devem adotar medidas de segurança, técnicas e administrativas aptas a proteger os dados pessoais de acessos não autorizados e de situações acidentais ou ilícitas de destruição, perda, alteração, comunicação ou qualquer forma de tratamento inadequado ou ilícito.

§ 1º A autoridade nacional poderá dispor sobre padrões técnicos mínimos para tornar aplicável o disposto no *caput* deste artigo, considerados a natureza das informações tratadas, as características específicas do tratamento e o estado atual da tecnologia, especialmente no caso de dados pessoais sensíveis, assim como os princípios previstos no *caput* do art. 6º desta Lei.

§ 2º As medidas de que trata o *caput* deste artigo deverão ser observadas desde a fase de concepção do produto ou do serviço até a sua execução.

Art. 47. Os agentes de tratamento ou qualquer outra pessoa que intervenha em uma das fases do tratamento obriga-se a garantir a segurança da informação prevista nesta Lei em relação aos dados pessoais, mesmo após o seu término.

Art. 48. O controlador deverá comunicar à autoridade nacional e ao titular a ocorrência de incidente de segurança que possa acarretar risco ou dano relevante aos titulares.

§ 1º A comunicação será feita em prazo razoável, conforme definido pela autoridade nacional, e deverá mencionar, no mínimo:

I – a descrição da natureza dos dados pessoais afetados;

II – as informações sobre os titulares envolvidos;

III – a indicação das medidas técnicas e de segurança utilizadas para a proteção dos dados, observados os segredos comercial e industrial;

IV – os riscos relacionados ao incidente;

V – os motivos da demora, no caso de a comunicação não ter sido imediata; e

VI – as medidas que foram ou que serão adotadas para reverter ou mitigar os efeitos do prejuízo.

§ 2º A autoridade nacional verificará a gravidade do incidente e poderá, caso necessário para a salvaguarda dos direitos dos titulares, determinar ao controlador a adoção de providências, tais como:

I – ampla divulgação do fato em meios de comunicação; e

II – medidas para reverter ou mitigar os efeitos do incidente.

§ 3º No juízo de gravidade do incidente, será avaliada eventual comprovação de que foram adotadas medidas técnicas adequadas que tornem os dados pessoais afetados ininteligíveis, no âmbito e nos limites técnicos de seus serviços, para terceiros não autorizados a acessá-los.

Art. 49. Os sistemas utilizados para o tratamento de dados pessoais devem ser estruturados de forma a atender aos requisitos de segurança, aos padrões de boas práticas e de governança e aos princípios gerais previstos nesta Lei e às demais normas regulamentares.

Seção II
Das boas práticas e da governança

Art. 50. Os controladores e operadores, no âmbito de suas competências, pelo tratamento de dados pessoais, individualmente ou por meio de associações, poderão formular regras de boas práticas e de governança que estabeleçam as condições de organização, o regime de funcionamento, os procedimentos, incluindo reclamações e petições de titulares, as normas de segurança, os padrões técnicos, as obrigações específicas para os diversos envolvidos no tratamento, as ações educativas, os mecanismos internos de supervisão e de mitigação de riscos e outros aspectos relacionados ao tratamento de dados pessoais.

§ 1º Ao estabelecer regras de boas práticas, o controlador e o operador levarão em consideração, em relação ao tratamento e aos dados, a natureza, o escopo, a finalidade e a probabilidade e a gravidade dos riscos e dos benefícios decorrentes de tratamento de dados do titular.

§ 2º Na aplicação dos princípios indicados nos incisos VII e VIII do *caput* do art. 6º desta Lei, o controlador, observados a estrutura, a escala e o volume de suas operações, bem como a sensibilidade dos dados tratados e a probabilidade e a gravidade dos danos para os titulares dos dados, poderá:

I – implementar programa de governança em privacidade que, no mínimo:

a) demonstre o comprometimento do controlador em adotar processos e políticas internas que assegurem o cumprimento, de forma abrangente, de normas e boas práticas relativas à proteção de dados pessoais;

b) seja aplicável a todo o conjunto de dados pessoais que estejam sob seu controle, independentemente do modo como se realizou sua coleta;

c) seja adaptado à estrutura, à escala e ao volume de suas operações, bem como à sensibilidade dos dados tratados;

d) estabeleça políticas e salvaguardas adequadas com base em processo de avaliação sistemática de impactos e riscos à privacidade;

e) tenha o objetivo de estabelecer relação de confiança com o titular, por meio de atuação transparente e que assegure mecanismos de participação do titular;

f) esteja integrado a sua estrutura geral de governança e estabeleça e aplique mecanismos de supervisão internos e externos;

g) conte com planos de resposta a incidentes e remediação; e

h) seja atualizado constantemente com base em informações obtidas a partir de monitoramento contínuo e avaliações periódicas;

II – demonstrar a efetividade de seu programa de governança em privacidade quando apropriado e, em especial, a pedido da autoridade nacional ou de outra entidade responsável por promover o cumprimento de boas práticas ou códigos de conduta, os quais, de forma independente, promovam o cumprimento desta Lei.

§ 3º As regras de boas práticas e de governança deverão ser publicadas e atualizadas periodicamente e poderão ser reconhecidas e divulgadas pela autoridade nacional.

Art. 51. A autoridade nacional estimulará a adoção de padrões técnicos que facilitem o controle pelos titulares dos seus dados pessoais.

CAPÍTULO VIII
DA FISCALIZAÇÃO

Seção I
Das sanções administrativas

Art. 52. Os agentes de tratamento de dados, em razão das infrações cometidas às normas previstas nesta Lei, ficam sujeitos às seguintes sanções administrativas aplicáveis pela autoridade nacional:

▸ Artigo retificado no DOU de 15.08.2018 – Edição Extra.

I – advertência, com indicação de prazo para adoção de medidas corretivas;

II – multa simples, de até 2% (dois por cento) do faturamento da pessoa jurídica de direito privado, grupo ou conglomerado no Brasil no seu último exercício, excluídos os tributos, limitada, no total, a R$ 50.000.000,00 (cinquenta milhões de reais) por infração;

III – multa diária, observado o limite total a que se refere o inciso II;

IV – publicização da infração após devidamente apurada e confirmada a sua ocorrência;

V – bloqueio dos dados pessoais a que se refere a infração até a sua regularização;

VI – eliminação dos dados pessoais a que se refere a infração;

VII – Vetado;

VIII – Vetado;

IX – Vetado.

X – suspensão parcial do funcionamento do banco de dados a que se refere a infração pelo período máximo de 6 (seis) meses, prorrogável por igual período, até a regularização da atividade de tratamento pelo controlador;

XI – suspensão do exercício da atividade de tratamento dos dados pessoais a que se refere a infração pelo período máximo de 6 (seis) meses, prorrogável por igual período;

XII – proibição parcial ou total do exercício de atividades relacionadas a tratamento de dados.

▸ Incisos X a XII acrescidos pela Lei 13.853/2019, vetados pelo presidente da República e rejeitados os vetos pelo Congresso Nacional.

§ 1º As sanções serão aplicadas após procedimento administrativo que possibilite a oportunidade da ampla defesa, de forma gradativa, isolada ou cumulativa, de acordo com as peculiaridades do caso concreto e considerados os seguintes parâmetros e critérios:

I – a gravidade e a natureza das infrações e dos direitos pessoais afetados;

II – a boa-fé do infrator;

III – a vantagem auferida ou pretendida pelo infrator;

IV – a condição econômica do infrator;

V – a reincidência;

VI – o grau do dano;

VII – a cooperação do infrator;

VIII – a adoção reiterada e demonstrada de mecanismos e procedimentos internos capazes de minimizar o dano, voltados ao tratamento seguro e adequado de dados, em consonância com o disposto no inciso II do § 2º do art. 48 desta Lei;

IX – a adoção de política de boas práticas e governança;

X – a pronta adoção de medidas corretivas; e

XI – a proporcionalidade entre a gravidade da falta e a intensidade da sanção.

§ 2º O disposto neste artigo não substitui a aplicação de sanções administrativas, civis ou penais definidas na Lei 8.078, de 11 de setembro de 1990, e em legislação específica.

▸ § 2º com redação pela Lei 13.853/2019.

§ 3º O disposto nos incisos I, IV, V, VI, X, XI e XII do caput deste artigo poderá ser aplicado às entidades e aos órgãos públicos, sem prejuízo do disposto na Lei 8.112, de 11 de dezembro de 1990, na Lei 8.429, de 2 de junho de 1992, e na Lei 12.527, de 18 de novembro de 2011.

▸ § 3º com redação pela Lei 13.853/2019, vetado pelo presidente da República e rejeitados os vetos pelo Congresso Nacional.

§ 4º No cálculo do valor da multa de que trata o inciso II do caput deste artigo, a autoridade nacional poderá considerar o faturamento total da empresa ou grupo de empresas, quando não dispuser do valor do faturamento no ramo de atividade empresarial em que ocorreu a infração, definido pela autoridade nacional, ou quando o valor for apresentado de forma incompleta ou não for demonstrado de forma inequívoca e idônea.

§ 5º O produto da arrecadação das multas aplicadas pela ANPD, inscritas ou não em dívida ativa, será destinado ao Fundo de Defesa de Direitos Difusos de que tratam o art. 13 da Lei 7.347, de 24 de julho de 1985, e a Lei 9.008, de 21 de março de 1995.

▸ § 5º acrescido pela Lei 13.853/2019.

§ 6º As sanções previstas nos incisos X, XI e XII do caput deste artigo serão aplicadas:

▸ § 6º acrescido pela Lei 13.853/2019, vetado pelo presidente da República e rejeitado o veto pelo Congresso Nacional.

I – somente após já ter sido imposta ao menos 1 (uma) das sanções de que tratam os incisos II, III, IV, V e VI do caput deste artigo para o mesmo caso concreto; e

II – em caso de controladores submetidos a outros órgãos e entidades com competências sancionatórias, ouvidos esses órgãos.

§ 7º Os vazamentos individuais ou os acessos não autorizados de que trata o caput do art. 46 desta Lei poderão ser objeto de conciliação direta entre controlador e titular e, caso não haja acordo, o controlador estará sujeito à aplicação das penalidades de que trata este artigo.

▸ § 7º acrescido pela Lei 13.853/2019.

Art. 53. A autoridade nacional definirá, por meio de regulamento próprio sobre sanções administrativas a infrações a esta Lei, que deverá ser objeto de consulta pública, as metodologias que orientarão o cálculo do valor-base das sanções de multa.

§ 1º As metodologias a que se refere o caput deste artigo devem ser previamente publicadas, para ciência dos agentes de tratamento, e devem apresentar objetivamente as formas e dosimetrias para o cálculo do valor-base das sanções de multa, que deverão conter fundamentação detalhada de todos os seus elementos, demonstrando a observância dos critérios previstos nesta Lei.

§ 2º O regulamento de sanções e metodologias correspondentes deve estabelecer as circunstâncias e as condições para a adoção de multa simples ou diária.

Art. 54. O valor da sanção de multa diária aplicável às infrações a esta Lei deve observar a gravidade da falta e a extensão do dano ou prejuízo causado e ser fundamentado pela autoridade nacional.

Parágrafo único. A intimação da sanção de multa diária deverá conter, no mínimo, a descrição da obrigação imposta, o prazo razoável e estipulado pelo órgão para o seu cumprimento e o valor da multa diária a ser aplicada pelo seu descumprimento.

CAPÍTULO IX
DA AUTORIDADE NACIONAL DE PROTEÇÃO DE DADOS (ANPD) E DO CONSELHO NACIONAL DE PROTEÇÃO DE DADOS PESSOAIS E DA PRIVACIDADE

Seção I
Da Autoridade Nacional de Proteção de Dados (ANPD)

Art. 55. Vetado.

Art. 55-A. Fica criada a Autoridade Nacional de Proteção de Dados (ANPD), autarquia de natureza especial, dotada de autonomia técnica e decisória, com patrimônio próprio e com sede e foro no Distrito Federal.

▸ Caput com redação pela Lei 14.460/2022.

§§ 1º a 3º Revogados pela Lei 14.460/2022.

Art. 55-B. Revogado pela Lei 14.460/2022.

Art. 55-C. A ANPD é composta de:

▸ Artigo acrescido pela Lei 13.853/2019, em vigor em 28.12.2018.

I – Conselho Diretor, órgão máximo de direção;

II – Conselho Nacional de Proteção de Dados Pessoais e da Privacidade;

III – Corregedoria;

IV – Ouvidoria;

V – Revogado pela Lei 14.460/2022;

V-A – Procuradoria; e

▸ Inciso V-A acrescido pela Lei 14.460/2022.

VI – unidades administrativas e unidades especializadas necessárias à aplicação do disposto nesta Lei.

Art. 55-D. O Conselho Diretor da ANPD será composto de 5 (cinco) diretores, incluído o Diretor-Presidente.

▸ Artigo acrescido pela Lei 13.853/2019, em vigor em 28.12.2018.

§ 1º Os membros do Conselho Diretor da ANPD serão escolhidos pelo Presidente da República e por ele nomeados, após aprovação pelo Senado Federal, nos termos da alínea 'f' do inciso III do art. 52 da Constituição Federal, e ocuparão cargo em comissão do Grupo-Direção e Assessoramento Superiores – DAS, no mínimo, de nível 5.

§ 2º Os membros do Conselho Diretor serão escolhidos dentre brasileiros que tenham reputação ilibada, nível superior de educação e elevado conceito no campo de especialidade dos cargos para os quais serão nomeados.

§ 3º O mandato dos membros do Conselho Diretor será de 4 (quatro) anos.

§ 4º Os mandatos dos primeiros membros do Conselho Diretor nomeados serão de 2 (dois), de 3 (três), de 4 (quatro), de 5 (cinco) e de 6 (seis) anos, conforme estabelecido no ato de nomeação.

§ 5º Na hipótese de vacância do cargo no curso do mandato de membro do Conselho Diretor, o prazo remanescente será completado pelo sucessor.

Art. 55-E. Os membros do Conselho Diretor somente perderão seus cargos em virtude de renúncia, condenação judicial transitada em julgado ou pena de demissão decorrente de processo administrativo disciplinar.

▸ Artigo acrescido pela Lei 13.853/2019, em vigor em 28.12.2018.

§ 1º Nos termos do caput deste artigo, cabe ao Ministro de Estado Chefe da Casa Civil da Presidência da República instaurar o processo administrativo disciplinar, que será conduzido por comissão especial constituída por servidores públicos federais estáveis.

§ 2º Compete ao Presidente da República determinar o afastamento preventivo, somente quando assim recomendado pela comissão especial de que trata o § 1º deste artigo, e proferir o julgamento."

Art. 55-F. Aplica-se aos membros do Conselho Diretor, após o exercício do cargo, o disposto no art. 6º da Lei 12.813, de 16 de maio de 2013.

▸ Artigo acrescido pela Lei 13.853/2019, em vigor em 28.12.2018.

Parágrafo único. A infração ao disposto no caput deste artigo caracteriza ato de improbidade administrativa.

Art. 55-G. Ato do Presidente da República disporá sobre a estrutura regimental da ANPD.

▸ Artigo acrescido pela Lei 13.853/2019, em vigor em 28.12.2018.

§ 1º Até a data de entrada em vigor de sua estrutura regimental, a ANPD receberá o apoio técnico e administrativo da Casa Civil da Presidência da República para o exercício de suas atividades.

§ 2º O Conselho Diretor disporá sobre o regimento interno da ANPD.

Art. 55-H. Os cargos em comissão e as funções de confiança da ANPD serão remanejados de outros órgãos e entidades do Poder Executivo federal.

▸ Artigo acrescido pela Lei 13.853/2019, em vigor em 28.12.2018.

Art. 55-I. Os ocupantes dos cargos em comissão e das funções de confiança da ANPD serão indicados pelo Conselho Diretor e nomeados ou designados pelo Diretor-Presidente.

▸ Artigo acrescido pela Lei 13.853/2019, em vigor em 28.12.2018.

Art. 55-J. Compete à ANPD:

▸ Artigo acrescido pela Lei 13.853/2019, em vigor em 28.12.2018.

I – zelar pela proteção dos dados pessoais, nos termos da legislação;

II – zelar pela observância dos segredos comercial e industrial, observada a proteção de dados pessoais e do sigilo das informações quando protegido por lei ou quando a quebra do sigilo violar os fundamentos do art. 2º desta Lei;

III – elaborar diretrizes para a Política Nacional de Proteção de Dados Pessoais e da Privacidade;

IV – fiscalizar e aplicar sanções em caso de tratamento de dados realizado em descumprimento à legislação, mediante processo administrativo que assegure o contraditório, a ampla defesa e o direito de recurso;

V – apreciar petições de titular contra controlador após comprovada pelo titular a apresentação de reclamação ao controlador não solucionada no prazo estabelecido em regulamentação;

VI – promover na população o conhecimento das normas e das políticas públicas sobre proteção de dados pessoais e das medidas de segurança;

VII – promover e elaborar estudos sobre as práticas nacionais e internacionais de proteção de dados pessoais e privacidade;

VIII – estimular a adoção de padrões para serviços e produtos que facilitem o exercício de controle dos titulares sobre seus dados pessoais, os quais deverão levar em consideração as especificidades das atividades e o porte dos responsáveis;

IX – promover ações de cooperação com autoridades de proteção de dados pessoais de outros países, de natureza internacional ou transnacional;

X – dispor sobre as formas de publicidade das operações de tratamento de dados pessoais, respeitados os segredos comercial e industrial;

XI – solicitar, a qualquer momento, às entidades do poder público que realizem operações de tratamento de dados pessoais informe específico sobre o âmbito, a natureza dos dados e os demais detalhes do tratamento realizado, com a possibilidade de emitir parecer técnico complementar para garantir o cumprimento desta Lei;

XII – elaborar relatórios de gestão anuais acerca de suas atividades;

XIII – editar regulamentos e procedimentos sobre proteção de dados pessoais e privacidade, bem como sobre relatórios de impacto à proteção de dados pessoais para os casos em que o tratamento representar alto risco à garantia dos princípios gerais de proteção de dados pessoais previstos nesta Lei;

XIV – ouvir os agentes de tratamento e a sociedade em matérias de interesse relevante e prestar contas sobre suas atividades e planejamento;

XV – arrecadar e aplicar suas receitas e publicar, no relatório de gestão a que se refere o inciso XII do *caput* deste artigo, o detalhamento de suas receitas e despesas;

XVI – realizar auditorias, ou determinar sua realização, no âmbito da atividade de fiscalização de que trata o inciso IV e com a devida observância do disposto no inciso II do *caput* deste artigo, sobre o tratamento de dados pessoais efetuado pelos agentes de tratamento, incluído o poder público;

XVII – celebrar, a qualquer momento, compromisso com agentes de tratamento para eliminar irregularidade, incerteza jurídica ou situação contenciosa no âmbito de processos administrativos, de acordo com o previsto no Decreto-Lei 4.657, de 4 de setembro de 1942;

XVIII – editar normas, orientações e procedimentos simplificados e diferenciados, inclusive quanto aos prazos, para que microempresas e empresas de pequeno porte, bem como iniciativas empresariais de caráter incremental ou disruptivo que se autodeclarem startups ou empresas de inovação, possam adequar-se a esta Lei;

XIX – garantir que o tratamento de dados de idosos seja efetuado de maneira simples, clara, acessível e adequada ao seu entendimento, nos termos desta Lei e da Lei 10.741, de 1º de outubro de 2003 (Estatuto do Idoso);

XX – deliberar, na esfera administrativa, em caráter terminativo, sobre a interpretação desta Lei, as suas competências e os casos omissos;

XXI – comunicar às autoridades competentes as infrações penais das quais tiver conhecimento;

XXII – comunicar aos órgãos de controle interno o descumprimento do disposto nesta Lei por órgãos e entidades da administração pública federal;

XXIII – articular-se com as autoridades reguladoras públicas para exercer suas competências em setores específicos de atividades econômicas e governamentais sujeitas à regulação; e

XXIV – implementar mecanismos simplificados, inclusive por meio eletrônico, para o registro de reclamações sobre o tratamento de dados pessoais em desconformidade com esta Lei.

§ 1º Ao impor condicionantes administrativas ao tratamento de dados pessoais por agente de tratamento privado, sejam eles limites, encargos ou sujeições, a ANPD deve observar a exigência de mínima intervenção, assegurados os fundamentos, os princípios e os direitos dos titulares previstos no art. 170 da Constituição Federal e nesta Lei.

§ 2º Os regulamentos e as normas editados pela ANPD devem ser precedidos de consulta e audiência públicas, bem como de análises de impacto regulatório.

§ 3º A ANPD e os órgãos e entidades públicos responsáveis pela regulação de setores específicos da atividade econômica e governamental devem coordenar suas atividades, nas correspondentes esferas de atuação, com vistas a assegurar o cumprimento de suas atribuições com a maior eficiência e promover o adequado funcionamento dos setores regulados, conforme legislação específica, e o tratamento de dados pessoais, na forma desta Lei.

§ 4º A ANPD manterá fórum permanente de comunicação, inclusive por meio de cooperação técnica, com órgãos e entidades da administração pública responsáveis pela regulação de setores específicos da atividade econômica e governamental, a fim de facilitar as competências regulatória, fiscalizatória e punitiva da ANPD.

§ 5º No exercício das competências de que trata o *caput* deste artigo, a autoridade competente deverá zelar pela preservação do segredo empresarial e do sigilo das informações, nos termos da lei.

§ 6º As reclamações colhidas conforme o disposto no inciso V do *caput* deste artigo poderão ser analisadas de forma agregada, e as eventuais providências delas decorrentes poderão ser adotadas de forma padronizada."

Art. 55-K. A aplicação das sanções previstas nesta Lei compete exclusivamente à ANPD, e suas competências prevalecerão, no que se refere à proteção de dados pessoais, sobre as competências correlatas de outras entidades ou órgãos da administração pública.

▸ Artigo acrescido pela Lei 13.853/2019, em vigor em 28.12.2018.

Parágrafo único. A ANPD articulará sua atuação com outros órgãos e entidades com competências sancionatórias e normativas afetas ao tema de proteção de dados pessoais e será o órgão central de interpretação desta Lei e do estabelecimento de normas e diretrizes para a sua implementação.

Art. 55-L. Constituem receitas da ANPD:

▸ Artigo acrescido pela Lei 13.853/2019, em vigor em 28.12.2018.

I – as dotações, consignadas no orçamento geral da União, os créditos especiais, os créditos adicionais, as transferências e os repasses que lhe forem conferidos;

II – as doações, os legados, as subvenções e outros recursos que lhe forem destinados;

III – os valores apurados na venda ou aluguel de bens móveis e imóveis de sua propriedade;

IV – os valores apurados em aplicações no mercado financeiro das receitas previstas neste artigo;

V – *Vetado*;

VI – os recursos provenientes de acordos, convênios ou contratos celebrados com entidades, organismos ou empresas, públicos ou privados, nacionais ou internacionais;

VII – o produto da venda de publicações, material técnico, dados e informações, inclusive para fins de licitação pública.

Art. 55-M. Constituem o patrimônio da ANPD os bens e os direitos:

▸ Artigo acrescido pela Lei 14.460/2022.

I – que lhe forem transferidos pelos órgãos da Presidência da República; e

II – que venha a adquirir ou a incorporar.

Art. 56. *Vetado*.

Art. 57. *Vetado*.

Seção II
**Do Conselho Nacional de Proteção
de Dados Pessoais e da Privacidade**

Art. 58. *Vetado*.

Art. 58-A. O Conselho Nacional de Proteção de Dados Pessoais e da Privacidade será composto de 23 (vinte e três) representantes, titulares e suplentes, dos seguintes órgãos:

▸ Artigo acrescido pela Lei 13.853/2019, em vigor em 28.12.2018.

I – 5 (cinco) do Poder Executivo federal;

II – 1 (um) do Senado Federal;

III – 1 (um) da Câmara dos Deputados;

IV – 1 (um) do Conselho Nacional de Justiça;

V – 1 (um) do Conselho Nacional do Ministério Público;

VI – 1 (um) do Comitê Gestor da Internet no Brasil;

VII – 3 (três) de entidades da sociedade civil com atuação relacionada à proteção de dados pessoais;

VIII – 3 (três) de instituições científicas, tecnológicas e de inovação;

IX – 3 (três) de confederações sindicais representativas das categorias econômicas do setor produtivo;

X – 2 (dois) de entidades representativas do setor empresarial relacionado à área de tratamento de dados pessoais; e

XI – 2 (dois) de entidades representativas do setor laboral.

§ 1º Os representantes serão designados por ato do Presidente da República, permitida a delegação.

§ 2º Os representantes de que tratam os incisos I, II, III, IV, V e VI do *caput* deste artigo e seus suplentes serão indicados pelos titulares dos respectivos órgãos e entidades da administração pública.

§ 3º Os representantes de que tratam os incisos VII, VIII, IX, X e XI do *caput* deste artigo e seus suplentes:

I – serão indicados na forma de regulamento;

II – não poderão ser membros do Comitê Gestor da Internet no Brasil;

III – terão mandato de 2 (dois) anos, permitida 1 (uma) recondução.

§ 4º A participação no Conselho Nacional de Proteção de Dados Pessoais e da Privacidade será considerada prestação de serviço público relevante, não remunerada.

Art. 58-B. Compete ao Conselho Nacional de Proteção de Dados Pessoais e da Privacidade:

▸ Artigo acrescido pela Lei 13.853/2019, em vigor em 28.12.2018.

I – propor diretrizes estratégicas e fornecer subsídios para a elaboração da Política Nacional de Proteção de Dados Pessoais e da Privacidade e para a atuação da ANPD;

II – elaborar relatórios anuais de avaliação da execução das ações da Política Nacional de Proteção de Dados Pessoais e da Privacidade;

III – sugerir ações a serem realizadas pela ANPD;

IV – elaborar estudos e realizar debates e audiências públicas sobre a proteção de dados pessoais e da privacidade; e

V – disseminar o conhecimento sobre a proteção de dados pessoais e da privacidade à população.

Art. 59. *Vetado*.

CAPÍTULO X
DISPOSIÇÕES FINAIS E TRANSITÓRIAS

Art. 60. A Lei 12.965, de 23 de abril de 2014 (Marco Civil da Internet), passa a vigorar com as seguintes alterações:

▸ Alterações incorporadas no texto da referida Lei.

Art. 61. A empresa estrangeira será notificada e intimada de todos os atos processuais previstos nesta Lei, independentemente de procuração ou de disposição contratual ou estatutária, na pessoa do agente ou representante ou pessoa responsável por sua filial, agência, sucursal, estabelecimento ou escritório instalado no Brasil.

Art. 62. A autoridade nacional e o Instituto Nacional de Estudos e Pesquisas Educacionais Anísio Teixeira (Inep), no âmbito de suas competências, editarão regulamentos específicos para o acesso a dados tratados pela União para o cumprimento do disposto no § 2º do art. 9º da Lei 9.394, de 20 de dezembro de 1996 (Lei de Diretrizes e Bases da Educação Nacional), e aos referentes ao Sistema Nacional de Avaliação da Educação Superior (Sinaes), de que trata a Lei 10.861, de 14 de abril de 2004.

Art. 63. A autoridade nacional estabelecerá normas sobre a adequação progressiva de bancos de dados constituídos até a data de entrada em vigor desta Lei, consideradas a complexidade das operações de tratamento e a natureza dos dados.

Art. 64. Os direitos e princípios expressos nesta Lei não excluem outros previstos no ordenamento jurídico pátrio relacionados à matéria ou nos tratados internacionais em que a República Federativa do Brasil seja parte.

Art. 65. Esta Lei entra em vigor:

▸ Artigo com redação pela Lei 13.853/2019.

I – dia 28 de dezembro de 2018, quanto aos arts. 55-A, 55-B, 55-C, 55-D, 55-E, 55-F, 55-G, 55-H, 55-I, 55-J, 55-K, 55-L, 58-A e 58-B; e

▸ Inciso I acrescido pela Lei 13.853/2019.

I–A – dia 1º de agosto de 2021, quanto aos arts. 52, 53 e 54;

▸ Inciso I–A acrescido pela Lei 14.010/2020.

II – 24 (vinte e quatro) meses após a data de sua publicação, quanto aos demais artigos.

▸ Inciso II acrescido pela Lei 13.853/2019.

Brasília, 14 de agosto de 2018; 197º da Independência e 130º da República.

Michel Temer

DECRETO 9.579, DE 22 DE NOVEMBRO DE 2018

Consolida atos normativos editados pelo Poder Executivo federal que dispõem sobre a temática do lactente, da criança e do adolescente e do aprendiz, e sobre o Conselho Nacional dos Direitos da Criança e do Adolescente, o Fundo Nacional para a Criança e o Adolescente e os programas federais da criança e do adolescente, e dá outras providências

DOU 23.11.2018.

O PRESIDENTE DA REPÚBLICA, no uso da atribuição que lhe confere o art. 84, *caput*, inciso IV, da Constituição, e tendo em vista o disposto na Lei Complementar 95, de 26 de fevereiro de 1998, e na Lei 8.069, de 13 de julho de 1990 – Estatuto da Criança e do Adolescente, DECRETA:

TÍTULO I
DISPOSIÇÕES PRELIMINARES

Art. 1º Este Decreto consolida os atos normativos editados pelo Poder Executivo federal que dispõem sobre a temática da criança e do adolescente, em observância ao disposto na Lei Complementar 95, de 26 de fevereiro de 1998, e no Decreto 9.191, de 1º de novembro de 2017.

§ 1º Para os fins do disposto neste Decreto, considera-se consolidação a reunião de atos normativos pertinentes a determinada matéria em um único diploma legal, com a revogação formal daqueles atos normativos incorporados à consolidação e sem a modificação do alcance nem da interrupção da força normativa dos dispositivos consolidados, nos termos do disposto no art. 13, § 1º, da Lei Complementar 95, de 1998, e no art. 45 do Decreto 9.191, de 2017.

§ 2º A consolidação de atos normativos tem por objetivo eliminar do ordenamento jurídico brasileiro normas de conteúdo idêntico ou divergente, observado o disposto no art. 46 do Decreto 9.191, de 2017.

Art. 2º Para fins do disposto neste Decreto, considera-se criança a pessoa com até doze anos de idade incompletos e adolescente a pessoa entre doze e dezoito anos de idade, em observância ao disposto na Lei 8.069, de 13 de julho de 1990 – Estatuto da Criança e do Adolescente.

Parágrafo único. Nas hipóteses previstas em lei, o disposto neste Decreto se aplica, excepcionalmente, às pessoas entre dezoito e vinte e um anos.

(...)

CAPÍTULO V
DO DIREITO À PROFISSIONALIZAÇÃO

Seção I
Das atividades voluntárias

Art. 42. Crianças e Adolescentes poderão participar de atividades voluntárias, desde que acompanhados ou expressamente autorizados pelos pais ou responsáveis, observado o disposto na legislação específica de proteção à criança e ao adolescente, conforme o disposto no art. 15 do Decreto 9.149, de 28 de agosto de 2017.

Seção II
Do aprendiz

Art. 43. Nas relações jurídicas pertinentes à contratação de aprendizes, será observado o disposto neste Capítulo.

Art. 44. Para fins do disposto neste Capítulo, considera-se aprendiz a pessoa maior de quatorze anos e menor de vinte e quatro anos, inscrita em programa de aprendizagem, que celebra contrato de aprendizagem, nos termos do art. 428 da Consolidação das Leis do Trabalho, aprovada pelo Decreto-Lei nº 5.452, de 1º de maio de 1943.

▸ *Caput* com redação pelo Decreto 11.479/2023.

Parágrafo único. A idade máxima prevista no *caput* não se aplica a aprendizes com deficiência.

▸ *Parágrafo único com redação pelo Decreto 11.479/2023.*

§§ 1º e 2º *Revogados pelo Decreto 11.479/2023.*

Seção III
Do contrato de aprendizagem

Art. 45. Considera-se contrato de aprendizagem o contrato de trabalho especial, ajustado por escrito e por prazo determinado não superior a dois anos, em que o empregador se compromete a assegurar ao aprendiz formação técnico-profissional metódica compatível com o seu desenvolvimento físico, moral e psicológico e o aprendiz se compromete a executar, com zelo e diligência, as tarefas necessárias a sua formação.

▸ *Caput* com redação pelo Decreto 11.479/2023.

I e II – *Revogados pelo Decreto 11.479/2023.*

Parágrafo único. *Revogado pelo Decreto 11.061/2022.*

§§ 1º a 5º *Revogados pelo Decreto 11.479/2023.*

Art. 46. A validade do contrato de aprendizagem profissional pressupõe:

▸ *Caput* com redação pelo Decreto 11.061/2022.

I – a anotação na Carteira de Trabalho e Previdência Social;

II – a matrícula e a frequência do aprendiz à escola, na hipótese de este não ter concluído o ensino médio; e

II – a inscrição em programa de aprendizagem profissional desenvolvido sob a orientação de entidade qualificada em formação técnico-profissional metódica.

▸ Incisos I a III acrescidos pelo Decreto 11.061/2022. Mantivemos a numeração dos incisos conforme a publicação oficial.

Parágrafo único. A comprovação da escolaridade de aprendiz com deficiência psicossocial considerará, sobretudo, as habilidades e as competências relacionadas com a profissionalização.

▸ Parágrafo único acrescido pelo Decreto 11.061/2022.

Art. 47. O descumprimento das disposições legais e regulamentares importará a nulidade do contrato de aprendizagem, nos termos do disposto no art. 9º da CLT, aprovada pelo Decreto-Lei 5.452, de 1943, situação em que fica estabelecido o vínculo empregatício diretamente com o empregador responsável pelo cumprimento da cota de aprendizagem.

Parágrafo único. O disposto no *caput* não se aplica, quanto ao vínculo, a pessoa jurídica de direito público.

Seção IV
Da formação técnico-profissional e das entidades qualificadas em formação técnico-profissional metódica

Subseção I
Da formação técnico-profissional

Art. 48. A formação técnico-profissional metódica será realizada por meio de programas de aprendizagem profissional organizados e desenvolvidos sob a orientação e a responsabilidade das entidades a que se refere o art. 50.

▸ *Caput* com redação pelo Decreto 11.061/2022.

Parágrafo único. *Revogado pelo Decreto 11.061/2022.*

Art. 49. A formação técnico-profissional do aprendiz obedecerá aos seguintes princípios:

I – garantia de acesso e frequência obrigatória no ensino básico;

▸ Inciso I com redação pelo Decreto 11.061/2022.

II – horário especial para o exercício das atividades; e

III – qualificação profissional adequada ao mercado de trabalho.

▸ Inciso III com redação pelo Decreto 11.061/2022.

Parágrafo único. Ao aprendiz com idade inferior a dezoito anos é assegurado o respeito à sua condição peculiar de pessoa em desenvolvimento.

Art. 49-A. O Ministério do Trabalho e Previdência divulgará mapeamento regionalizado e por setor econômico da demanda por formação profissional para auxiliar as entidades qualificadas em formação técnico-profissional metódica a que se refere o art. 50 no desenvolvimento pedagógico dos programas de aprendizagem profissional.

▸ Artigo acrescido pelo Decreto 11.061/2022, em vigor a partir de 01.01.2023.

Art. 49-B. Os serviços nacionais de aprendizagem divulgarão os perfis profissionais utilizados para desenvolvimento dos programas de aprendizagem profissional.

▸ Artigo acrescido pelo Decreto 11.061/2022.

Art. 49-C. O Ministério do Trabalho e Previdência criará repositório de programas de aprendizagem profissional, por meio da disponibilização voluntária de experiências pedagógicas exitosas, conforme disposto em ato próprio.

▸ Artigo acrescido pelo Decreto 11.061/2022, em vigor a partir de 01.01.2023.

Subseção II
Das entidades qualificadas em formação técnico-profissional metódica

Art. 50. Consideram-se entidades qualificadas em formação técnico-profissional metódica:

I – os serviços nacionais de aprendizagem, assim identificados:

a) Serviço Nacional de Aprendizagem Industrial – Senai;

b) Serviço Nacional de Aprendizagem Comercial – Senac;

c) Serviço Nacional de Aprendizagem Rural – Senar;

d) Serviço Nacional de Aprendizagem do Transporte – Senat; e

e) Serviço Nacional de Aprendizagem do Cooperativismo – Sescoop;

II – as escolas técnicas de educação;

▸ Inciso II com redação pelo Decreto 11.479/2023.

III – as entidades sem fins lucrativos que tenham por objetivos a assistência ao adolescente e à educação profissional, registradas no conselho municipal dos direitos da criança e do adolescente; e

▸ Inciso III com redação pelo Decreto 11.061/2022.

IV – as entidades de prática desportiva das diversas modalidades filiadas ao Sistema Nacional do Desporto e aos sistemas de desporto estaduais, distrital e municipais.

▸ Inciso IV acrescido pelo Decreto 11.061/2022

§ 1º As entidades de que trata o *caput* disporão de estrutura adequada ao desenvolvimento dos programas de aprendizagem profissional, de forma a manter a qualidade do processo de ensino e a acompanhar e avaliar os resultados.

▸ *Caput* do § 1º com redação pelo Decreto 11.479/2023.

I a IV – *Revogados pelo Decreto 11.479/2023.*

§ 2º As entidades de que trata o *caput* disporão de estrutura adequada ao desenvolvimento dos programas de aprendizagem profissional, de forma a manter a qualidade do processo de ensino e a acompanhar e avaliar os resultados.

§ 3º O Ministro de Estado do Trabalho e Previdência editará, ouvido o Ministério da Educação, normas complementares para dispor sobre a avaliação da competência das entidades a que se referem os incisos III e IV do *caput*.

▸ §§ 2º e 3º com redação pelo Decreto 11.061/2022.

§ 4º Compete ao Ministério do Trabalho e Previdência:

I – instituir e manter cadastro nacional das entidades qualificadas em formação técnico-profissional metódica; e

II – disciplinar a compatibilidade entre o conteúdo e a duração do programa de aprendizagem profissional, com vistas a garantir a qualidade técnico-profissional.

§ 5º As entidades de que trata o *caput* manterão o cadastro atualizado dos aprendizes matriculados em seus cursos em plataforma eletrônica gerida pelo Ministério do Trabalho e Previdência.

▸ §§ 4º e 5º acrescidos pelo Decreto 11.061/2022, em vigor a partir de 01.01.2023.

Seção V
Da contratação de aprendiz

Subseção I
Da obrigatoriedade da contratação de aprendiz

Art. 51. Estabelecimentos de qualquer natureza são obrigados a empregar e matricular nos cursos oferecidos pelos serviços nacionais de aprendizagem o número de aprendizes equivalente a cinco por cento, no mínimo, e quinze por cento, no máximo, dos trabalhadores existentes em cada estabelecimento cujas funções demandem formação profissional.

§ 1º Para o cálculo da porcentagem a que se refere o *caput*, as frações de unidade serão arredondadas para o número inteiro subsequente, hipótese que permite a admissão de aprendiz.

§ 2º Para fins do disposto neste Capítulo, considera-se estabelecimento todo complexo de bens organizado para o exercício de atividade econômica ou social do empregador, que se submeta ao regime da CLT, aprovada pelo Decreto-Lei 5.452, de 1943.

§ 3º O Ministério do Trabalho e Emprego disponibilizará sistema eletrônico que permita aos estabelecimentos a emissão de certidão de cumprimento de cota de aprendiz para a comprovação do atendimento às exigências estabelecidas na Lei nº 14.133, de 1º de abril de 2021.

▸ § 3º acrescido pelo Decreto 11.479/2023.

Art. 51-A. *Revogado pelo Decreto 11.479/2023.*

Art. 51-B. *Revogado pelo Decreto 11.479/2023.*

Art. 51-C. *Revogado pelo Decreto 11.479/2023.*

Art. 52. Deverão ser incluídas no cálculo da porcentagem do número de aprendizes a que se refere o *caput* do art. 51 todas as funções que demandem formação profissional, independentemente de serem proibidas para menores de dezoito anos, considerada a Classificação Brasileira de Ocupações do Ministério do Trabalho e Emprego.

▸ *Caput* com redação pelo Decreto 11.479/2023.

Parágrafo único. Ficam excluídas do cálculo as funções que:

▸ Parágrafo único acrescido pelo Decreto 11.479/2023.

I – demandem, para o seu exercício, habilitação profissional de nível técnico ou superior;

II – estejam caracterizadas como cargos de direção, de gerência ou de confiança, nos termos do disposto no inciso II do *caput* e no parágrafo único do art. 62 e no § 2º do art. 224 da Consolidação das Leis do Trabalho, aprovada pelo Decreto-Lei nº 5.452, de 1943.

§§ 1º e 2º *Revogados pelo Decreto 11.479/2023.*

Art. 53. A contratação de aprendizes deverá atender, prioritariamente, aos adolescentes com idade entre quatorze e dezoito anos, exceto quando:

▸ Artigo com redação pelo Decreto 11.479/2023.

I – as atividades ocorrerem no interior do estabelecimento e sujeitarem os aprendizes à insalubridade ou à periculosidade sem que se possa elidir o risco ou realizá-las integralmente em ambiente simulado;

II – a lei exigir, para o desempenho das atividades práticas, licença ou autorização vedada para pessoa com idade inferior a dezoito anos; e

III – a natureza das atividades práticas for incompatível com o desenvolvimento físico, psicológico ou moral dos adolescentes aprendizes.

Parágrafo único. *Revogado pelo Decreto 11.061/2022.*

§ 1º As atividades práticas da aprendizagem a que se refere o *caput* poderão ser atribuídas, quando for o caso, a jovens aprendizes com idade entre dezoito e vinte e quatro anos.

▸ § 1º acrescido pelo Decreto 11.479/2023.

§ 2º A seleção de aprendizes deverá priorizar a inclusão de jovens e adolescentes em situação de vulnerabilidade ou risco social, tais como:

▸ § 2º acrescido pelo Decreto 11.479/2023.

I – adolescentes egressos do sistema socioeducativo ou em cumprimento de medidas socioeducativas;

II – jovens em cumprimento de pena no sistema prisional;

III – jovens e adolescentes cujas famílias sejam beneficiárias de programas de transferência de renda;

IV – jovens e adolescentes em situação de acolhimento institucional;

V – jovens e adolescentes egressos do trabalho infantil;

VI – jovens e adolescentes com deficiência;

VII – jovens e adolescentes matriculados em instituição de ensino da rede pública, em nível fundamental, médio regular ou médio técnico, incluída a modalidade de educação de jovens e adultos; e

VIII – jovens desempregados e com ensino fundamental ou médio concluído em instituição de ensino da rede pública.

Art. 53-A. *Revogado pelo Decreto 11.479/2023.*

Art. 53-B. *Revogado pelo Decreto 11.479/2023.*

Art. 54. Ficam excluídos do cálculo da porcentagem do número de aprendizes a que se refere o *caput* do art. 51:

▸ *Caput* com redação pelo Decreto 11.479/2023.

I – os empregados que executem os serviços prestados sob o regime de trabalho temporário instituído pela Lei nº 6.019, de 3 de janeiro de 1974; e

▸ Inciso I com redação pelo Decreto 11.479/2023.

II – os aprendizes já contratados.

▸ Inciso II com redação pelo Decreto 11.479/2023.

III e IV – *Revogados pelo Decreto 11.479/2023.*

Parágrafo único. Na hipótese de empresas que prestem serviços especializados para terceiros, independentemente do local onde sejam executados, os empregados serão considerados exclusivamente para o cálculo da porcentagem da empresa prestadora.

▸ Parágrafo único com redação pelo Decreto 11.479/2023.

§§ 1º e 2º *Revogados pelo Decreto 11.479/2023.*

Art. 54-A. *Revogado pelo Decreto 11.479/2023.*

Art. 55. As entidades qualificadas em formação técnico-profissional metódica, nos termos do disposto no art. 50, poderão suprir a demanda dos estabeleci-mentos na hipótese de os serviços nacionais de aprendizagem não oferecerem cursos ou vagas suficientes.

▸ Artigo com redação pelo Decreto 11.479/2023.

Parágrafo único. A insuficiência de cursos ou vagas a que se refere o *caput* será verificada pela inspeção do trabalho.

Art. 56. Ficam dispensadas da contratação de aprendizes:

I – as microempresas e as empresas de pequeno porte, nos termos do disposto no inciso III do *caput* do art. 51 da Lei Complementar 123, de 14 de dezembro de 2006; e

II – as entidades sem fins lucrativos que tenham por objetivo a educação profissional, nos termos do disposto no § 1º-A do art. 429 da Consolidação das Leis do Trabalho, aprovada pelo Decreto-Lei 5.452, de 1943.

▸ Incisos I e II acrescidos pelo Decreto 11.061/2022.

Subseção II
Das espécies de contratação do aprendiz

Art. 57. A contratação do aprendiz deverá ser efetivada diretamente pelo estabelecimento a que se refere o *caput* do art. 51, que assumirá a condição de empregador e deverá inscrever o aprendiz em programa de aprendizagem a ser ministrado pelas entidades de que trata o art. 50.

▸ *Caput* com redação pelo Decreto 11.479/2023.

I e II – *Revogados pelo Decreto 11.479/2023.*

§ 1º Na hipótese de impossibilidade de contratação direta pelo estabelecimento, para fins do cumprimento da cota referente ao número de aprendizes prevista no *caput* do art. 51, a contratação poderá ser feita, supletivamente, pelas entidades sem fins lucrativos a que se refere o inciso III do *caput* do art. 50, desde que haja prévia celebração de contrato com o estabelecimento.

▸ § 1º com redação pelo Decreto 11.479/2023.

§ 2º O contrato de que trata o § 1º deverá conter, entre outras, as seguintes obrigações:

▸ § 2º com redação pelo Decreto 11.479/2023.

I – a entidade sem fins lucrativos, simultaneamente ao desenvolvimento do programa de aprendizagem:

a) assumirá a condição de empregador, com os ônus dela decorrentes; e

b) assinará a Carteira de Trabalho e Previdência Social do aprendiz, na qual anotará, no espaço destinado às anotações gerais, a informação de que o contrato de trabalho decorre de contrato firmado com determinado estabelecimento para fins do cumprimento de sua cota de aprendizagem; e

II – o estabelecimento assumirá a obrigação de proporcionar ao aprendiz a experiência prática da formação técnico-profissional metódica a que este será submetido.

Art. 57-A. *Revogado pelo Decreto 11.479/2023.*

Art. 57-B. *Revogado pelo Decreto 11.479/2023.*

Art. 58. A contratação do aprendiz por empresas públicas e sociedades de economia mista ocorrerá:

▸ *Caput* com redação pelo Decreto 11.061/2022.

I – de forma direta, nos termos do disposto no *caput* do art. 57, por meio da realização de processo seletivo, divulgado pela publicação de edital; ou

▸ Inciso I com redação pelo Decreto 11.479/2023.

II – nos termos do disposto no § 1º do art. 57.

▸ Inciso II com redação pelo Decreto 11.479/2023.

Parágrafo único. Não se aplica o disposto neste Capítulo à contratação do aprendiz por órgãos e entidades da administração pública direta, autárquica e fundacional, que observará regulamento específico.

▸ Parágrafo único com redação pelo Decreto 11.479/2023.

Seção VI
Dos direitos trabalhistas
e das obrigações acessórias

Subseção I
Da remuneração

Art. 59. Ao aprendiz, exceto se houver condição mais favorável, será garantido o salário mínimo-hora.

Parágrafo único. Para fins do disposto neste Capítulo, entende-se por condição mais favorável aquela estabelecida no contrato de aprendizagem ou prevista em convenção ou acordo coletivo de trabalho, em que se especifique o salário mais favorável ao aprendiz e o piso regional de que trata a Lei Complementar 103, de 14 de julho de 2000.

Subseção II
Da jornada

Art. 60. A jornada de trabalho do aprendiz não excederá seis horas diárias.

§ 1º Para os aprendizes que já tenham concluído o ensino fundamental, a jornada de trabalho poderá ser de até oito horas diárias, desde que nessa carga horária sejam computadas as horas destinadas à aprendizagem teórica.

§ 2º A jornada semanal do aprendiz inferior a vinte e cinco horas não caracterizará trabalho em regime de tempo parcial, de que trata o art. 58-A da CLT, aprovada pelo Decreto-Lei 5.452, de 1943.

§§ 3º e 4º *Revogados pelo Decreto 11.479/2023.*

Art. 61. São vedadas a prorrogação e a compensação de jornada de trabalho.

Art. 62. A jornada de trabalho do aprendiz compreenderá as horas destinadas às atividades teóricas e práticas, simultâneas ou não, estabelecidas no plano do curso pela entidade qualificada em formação técnico-profissional metódica.

▸ Artigo com redação pelo Decreto 11.479/2023.

Art. 63. Na hipótese de o aprendiz menor de dezoito anos ser empregado em mais de um estabelecimento, as horas da jornada de trabalho em cada um dos estabelecimentos serão totalizadas.

Parágrafo único. Para estabelecer a jornada de trabalho do aprendiz menor de dezoito anos, a entidade qualificada em formação técnico-profissional metódica considerará os direitos assegurados pela Lei 8.069, de 1990 – Estatuto da Criança e do Adolescente.

Subseção III
Das atividades teóricas e práticas

Art. 64. As aulas teóricas do programa de aprendizagem deverão ocorrer em ambiente físico adequado ao ensino e com meios didáticos apropriados.

§ 1º As atividades teóricas poderão ocorrer sob a forma de aulas demonstrativas na entidade qualificada em formação técnico-profissional metódica ou no ambiente de trabalho, hipótese em que será vedada qualquer atividade laboral do aprendiz, ressalvado o manuseio de materiais, ferramentas, instrumentos e assemelhados.

▸ § 1º com redação pelo Decreto 11.061/2022

§ 2º É vedado ao responsável pelo cumprimento da cota de aprendizagem cometer ao aprendiz atividades diversas daquelas previstas no programa de aprendizagem.

Art. 64-A. *Revogado pelo Decreto 11.479/2023.*

Art. 65. As aulas práticas deverão ser desenvolvidas de acordo com as disposições do programa de aprendizagem e poderão ocorrer:

▸ *Caput* com redação pelo Decreto 11.479/2023.

I – na entidade qualificada em formação técnico-profissional metódica; ou

▸ Inciso I com redação pelo Decreto 11.479/2023.

II – no estabelecimento contratante ou concedente da experiência prática do aprendiz.

▸ Inciso II com redação pelo Decreto 11.479/2023.

III a VI – *Revogados pelo Decreto 11.479/2023.*

§ 1º A entidade responsável pelo programa de aprendizagem fornecerá aos empregadores e ao Ministério do Trabalho e Emprego, quando solicitado, cópia do projeto pedagógico do programa.

▸ § 1º com redação pelo Decreto 11.479/2023.

§ 2º Na hipótese do inciso II do *caput*, o estabelecimento, ouvida a entidade qualificada em formação técnico-profissional metódica, designará um empregado monitor responsável:

▸ § 2º com redação pelo Decreto 11.479/2023.

I – pela coordenação de exercícios práticos; e

II – pelo acompanhamento das atividades do aprendiz no estabelecimento, em conformidade com o disposto no programa de aprendizagem.

§ 3º Para fins da experiência prática de acordo com a organização curricular do programa de aprendizagem, o empregador que mantenha mais de um estabelecimento no mesmo Município poderá centralizar as atividades práticas correspondentes em um de seus estabelecimentos.

▸ § 3º com redação pelo Decreto 11.479/2023.

§ 4º *Revogado pelo Decreto 11.479/2023.*

Art. 65-A. *Revogado pelo Decreto 11.479/2023.*

Art. 65-B. *Revogado pelo Decreto 11.479/2023.*

Art. 65-C. *Revogado pelo Decreto 11.479/2023.*

Art. 66. O estabelecimento contratante cujas peculiaridades da atividade ou dos locais de trabalho constituam embaraço à realização das aulas práticas poderá:

> ▸ *Caput com redação pelo Decreto 11.479/2023.*

I – ministrar as aulas práticas exclusivamente nas entidades qualificadas em formação técnico-profissional, às quais caberá o acompanhamento pedagógico das aulas; ou

> ▸ *Inciso I acrescido pelo Decreto 11.479/2023.*

II – requerer junto à unidade descentralizada do Ministério do Trabalho e Emprego a assinatura de termo de compromisso para o cumprimento da cota de aprendizagem em entidade concedente da experiência prática do aprendiz.

> ▸ *Inciso II acrescido pelo Decreto 11.479/2023.*

§ 1º Compete ao Ministério do Trabalho e Emprego definir:

> ▸ *§ 1º com redação pelo Decreto 11.479/2023.*

I – *os setores da economia em que a aula prática poderá ser ministrada nas entidades concedentes; e*

II – *o processamento do pedido de assinatura de termo de compromisso.*

§ 2º Para fins do disposto neste Capítulo, consideram-se entidades concedentes da experiência prática do aprendiz:

I – órgãos públicos;

II – organizações da sociedade civil, nos termos do disposto no art. 2º da Lei 13.019, de 31 de julho de 2014; e

III – unidades do sistema nacional de atendimento socioeducativo.

§ 3º No caso do inciso II do *caput*, o estabelecimento contratante e a entidade qualificada por ele já contratada deverão firmar, conjuntamente, parceria com uma das entidades concedentes referidas no § 2º para a realização das aulas práticas.

> ▸ *§ 3º com redação pelo Decreto 11.479/2023.*

§ 4º Para fins do adimplemento integral da cota de aprendizagem, os percentuais a serem cumpridos, em qualquer das modalidades previstas nos incisos I e II do *caput*, deverão constar do termo de compromisso firmado com o Ministério do Trabalho e Emprego, observados:

> ▸ *§ 4º com redação pelo Decreto 11.479/2023*

I – os limites previstos na Seção IV do Capítulo IV do Título III da Consolidação das Leis do Trabalho, aprovada pelo Decreto-Lei nº 5.452, de 1943; e

II – a contratação do percentual mínimo de que trata o *caput* do art. 51.

§ 5º *Revogado pelo Decreto 11.479/2023.*

> ▸ *I a VIII – Revogados pelo Decreto 11.061/2022.*

§ 6º *Revogado pelo Decreto 11.061/2022.*

Art. 66-A. O Ministério do Trabalho e Emprego poderá autorizar a execução de programas de aprendizagem profissional experimentais.

> ▸ *Artigo acrescido pelo Decreto 11.479/2023.*

§ 1º Entende-se por programas de aprendizagem profissional experimentais os programas demandados pelo mercado de trabalho que possuam características inovadoras em relação à formação técnico-profissional metódica dos programas de aprendizagem regulares, desde que estejam de acordo com as normas previstas na Consolidação das Leis do Trabalho, aprovada pelo Decreto-Lei nº 5.452, de 1943.

§ 2º A entidade qualificada em formação técnico-profissional metódica deverá encaminhar ao Ministério do Trabalho e Emprego o projeto pedagógico do programa de aprendizagem profissional experimental, acompanhado do plano de avaliação de impacto da metodologia, que deverá considerar os indicadores de empregabilidade.

§ 3º Para o desenvolvimento dos programas de aprendizagem profissional experimentais poderão ser firmadas parcerias com:

I – outras entidades qualificadas em formação técnico-profissional metódica;

II – entidades que tenham por objetivo a qualificação profissional; ou

III – entidades que sejam reconhecidas pelo desenvolvimento de competências profissionais em sua área de atuação.

§ 4º As entidades qualificadas em formação técnico-profissional metódica que comprovarem a inserção no mercado de trabalho de, no mínimo, oitenta por cento dos aprendizes concluintes do programa de aprendizagem experimental terão autorização especial concedida anualmente pelo Ministério do Trabalho e Emprego para continuar a ofertar o programa,

desde que comprovem a manutenção dos índices de empregabilidade dos aprendizes egressos em percentual superior ao estabelecido neste parágrafo.

§ 5º Ato do Ministro de Estado do Trabalho e Emprego regulamentará o disposto neste artigo.

<hr>

Subseção IV
Do Fundo de Garantia do Tempo de Serviço

Art. 67. A alíquota da contribuição ao Fundo de Garantia do Tempo de Serviço corresponderá a dois por cento da remuneração paga ou devida, no mês anterior, ao aprendiz, nos termos do disposto no § 7º do art. 15 da Lei 8.036, de 11 de maio de 1990.

> ▸ *Artigo com redação pelo Decreto 11.061/2022.*

Parágrafo único. *Revogado pelo Decreto 11.061/2022.*

<hr>

Subseção V
Das férias

Art. 68. As férias do aprendiz coincidirão, preferencialmente, com as férias escolares, vedado ao empregador estabelecer período diverso daquele definido no programa de aprendizagem.

<hr>

Subseção VI
Dos efeitos dos instrumentos coletivos de trabalho

Art. 69. As convenções e os acordos coletivos apenas estenderão suas cláusulas sociais ao aprendiz quando expressamente previsto e desde que não excluam ou reduzam o alcance dos dispositivos tutelares que lhes são aplicáveis.

<hr>

Subseção VII
Do vale-transporte

Art. 70. É assegurado ao aprendiz o direito ao benefício previsto na Lei 7.418, de 16 de dezembro de 1985, que institui o vale-transporte.

<hr>

Subseção VIII
Das hipóteses de extinção e rescisão de contrato de aprendizagem

Art. 71. O contrato de aprendizagem será extinto:

> ▸ *Caput com redação pelo Decreto 11.479/2023.*

I – no seu termo;

II – quando o aprendiz completar vinte e quatro anos, exceto se for aprendiz com deficiência; ou

III – antecipadamente, nas seguintes hipóteses:

a) desempenho insuficiente ou inadaptação do aprendiz;

b) falta disciplinar grave;

c) ausência injustificada à escola que implique perda do ano letivo; e

d) a pedido do aprendiz.

IV e V – *Revogados pelo Decreto 11.479/2023.*

Parágrafo único. *Revogado pelo Decreto 11.061/2022.*

§ 1º Nas hipóteses de extinção e rescisão do contrato de aprendizagem, o empregador deverá contratar novo aprendiz, nos termos do disposto neste Decreto, sob pena de infração ao disposto no art. 429 da Consolidação das Leis do Trabalho, aprovada pelo Decreto-Lei nº 5.452, de 1943.

§ 2º O desempenho insuficiente ou a inadaptação do aprendiz referente às atividades do programa de aprendizagem de que trata a alínea "a" do inciso III do *caput* será caracterizado por meio de laudo de avaliação elaborado pela entidade qualificada em formação técnico-profissional metódica.

> ▸ *§§ 1º e 2º com redação pelo Decreto 11.479/2023.*

§ 3º A falta disciplinar grave de que trata a alínea "b" do inciso III do *caput* será caracterizada por quaisquer das hipóteses previstas no art. 482 da Consolidação das Leis do Trabalho, aprovada pelo Decreto-Lei nº 5.452, de 1943.

§ 4º A ausência injustificada às aulas que implique perda do ano letivo, de que trata a alínea "c" do inciso III do *caput*, será caracterizada por meio de declaração da instituição de ensino.

> ▸ *§§ 3º e 4º acrescidos pelo Decreto 11.479/2023.*

Art. 72. *Revogado pelo Decreto 11.061/2022.*

Art. 73. O disposto nos art. 479 e art. 480 da CLT, aprovada pelo Decreto-Lei 5.452, de 1943, não se aplica às hipóteses de extinção do contrato a que se refere o art. 71.

<hr>

Seção IV
Do certificado de qualificação profissional de aprendizagem

Art. 74. Aos aprendizes que concluírem os programas de aprendizagem com aproveitamento será concedido pela entidade qualificada em formação técnico-profissional metódica o certificado de qualificação profissional.

Art. 75. O certificado de qualificação profissional a que se refere o art. 74 deverá enunciar o título e o perfil profissional para a ocupação em que o aprendiz tenha sido qualificado.

<hr>

Seção V
Do Programa de Reconhecimento de Boas Práticas na Aprendizagem Profissional, do Programa Embaixadores da Aprendizagem Profissional e do Censo da Aprendizagem Profissional

> ▸ *Seção V acrescida pelo Decreto 11.061/2022.*

Art. 75-A. Fica instituído o Programa de Reconhecimento de Boas Práticas na Aprendizagem Profissional com os objetivos de:

> ▸ *Artigo 75-A acrescido pelo Decreto 11.061/2022.*

I – reconhecer as boas práticas das entidades qualificadas em formação técnicoprofissional

metódica, observados:

a) os índices de empregabilidade dos aprendizes egressos;

b) o atendimento de jovens em situação de vulnerabilidade social; e

c) o alinhamento dos programas de aprendizagem profissional à demanda do mercado de trabalho;

II – reconhecer as boas práticas dos estabelecimentos cumpridores da cota de aprendizagem profissional, observados:

a) os índices de empregabilidade dos aprendizes egressos; e

b) o atendimento de jovens em situação de vulnerabilidade social; e

III – reconhecer aprendizes que se destaquem no exercício das atividades teóricas e práticas do programa de aprendizagem profissional.

Parágrafo único. *Revogado pelo Decreto 11.479/2023.*

§ 1º O reconhecimento dos objetivos previstos no *caput* ocorrerá por meio de:

I – concessão do Prêmio Parceiros da Aprendizagem Profissional; e

II – divulgação, pelo Ministério do Trabalho e Emprego, da classificação das entidades qualificadas em formação técnico-profissional metódica e dos estabelecimentos cumpridores da cota de aprendizagem profissional.

§ 2º O Ministério do Trabalho e Emprego regulamentará o Programa de Reconhecimento de Boas Práticas na Aprendizagem Profissional.

> ▸ *§§ 1º e 2º acrescidos pelo Decreto 11.479/2023.*

Art. 75-B. O Ministério do Trabalho e Emprego regulamentará o Programa Embaixadores da Aprendizagem Profissional, com a finalidade de ampliar o engajamento da sociedade no aumento de vagas e na boa execução da aprendizagem profissional.

> ▸ *Caput com redação pelo Decreto 11.479/2023.*

I a III – *Revogados pelo Decreto 11.479/2023.*

Parágrafo único. *Revogado pelo Decreto 11.479/2023.*

§ 1º Poderão ser designados como embaixadores da aprendizagem cidadãos, nacionais ou estrangeiros, que tenham praticado ações relevantes nessa área, para auxiliar o Ministério do Trabalho e Emprego na divulgação e na articulação da aprendizagem profissional no âmbito local.

§ 2º A designação de que trata o § 1º será feita por ato do Ministro de Estado do Trabalho e Emprego e poderá ocorrer por unidade federativa ou nacionalmente.

§ 3º O exercício da função de embaixador da aprendizagem é considerado prestação de serviço público relevante, não remunerada.

> ▸ *§§ 1º a 3º acrescidos pelo Decreto 11.479/2023.*

Art. 75-C. *Revogado pelo Decreto 11.479/2023.*

Art. 75-D. *Revogado pelo Decreto 11.479/2023.*

(...)

Art. 127. Este Decreto entra em vigor na data de sua publicação.

Brasília, 22 de novembro de 2018; 197º da Independência e 130º da República.

Michel Temer

LEI COMPLEMENTAR 167, DE 24 DE ABRIL DE 2019

Dispõe sobre a Empresa Simples de Crédito (ESC) e altera a Lei 9.613, de 3 de março de 1998 (Lei de Lavagem de Dinheiro), a Lei 9.249, de 26 de dezembro de 1995, e a Lei Complementar 123, de 14 de dezembro de 2006 (Lei do Simples Nacional), para regulamentar a ESC e instituir o Inova Simples.

DOU 25.04.2019

O Presidente da República. Faço saber que o Congresso Nacional decreta e eu sanciono a seguinte Lei Complementar:

Art. 1º A Empresa Simples de Crédito (ESC), de âmbito municipal ou distrital, com atuação exclusivamente no Município de sua sede e em Municípios limítrofes, ou, quando for o caso, no Distrito Federal e em Municípios limítrofes, destina-se à realização de operações de empréstimo, de financiamento e de desconto de títulos de crédito, exclusivamente com recursos próprios, tendo como contrapartes microempreendedores individuais, microempresas e empresas de pequeno porte, nos termos da Lei Complementar 123, de 14 de dezembro de 2006 (Lei do Simples Nacional).

Art. 2º A ESC deve adotar a forma de empresa individual de responsabilidade limitada (Eireli), empresário individual ou sociedade limitada constituída exclusivamente por pessoas naturais e terá por objeto social exclusivo as atividades enumeradas no art. 1º desta Lei Complementar.

§ 1º O nome empresarial de que trata o *caput* deste artigo conterá a expressão "Empresa Simples de Crédito", e não poderá constar dele, ou de qualquer texto de divulgação de suas atividades, a expressão "banco" ou outra expressão identificadora de instituição autorizada a funcionar pelo Banco Central do Brasil.

§ 2º O capital inicial da ESC e os posteriores aumentos de capital deverão ser realizados integralmente em moeda corrente.

§ 3º O valor total das operações de empréstimo, de financiamento e de desconto de títulos de crédito da ESC não poderá ser superior ao capital realizado.

§ 4º A mesma pessoa natural não poderá participar de mais de uma ESC, ainda que localizadas em Municípios distintos ou sob a forma de filial.

Art. 3º É vedada à ESC a realização de:

I – qualquer captação de recursos, em nome próprio ou de terceiros, sob pena de enquadramento no crime previsto no art. 16 da Lei 7.492, de 16 de junho de 1986 (Lei dos Crimes contra o Sistema Financeiro Nacional); e

II – operações de crédito, na qualidade de credora, com entidades integrantes da administração pública direta, indireta e fundacional de qualquer dos poderes da União, dos Estados, do Distrito Federal e dos Municípios.

Art. 4º A receita bruta anual da ESC não poderá exceder o limite de receita bruta para Empresa de Pequeno Porte (EPP) definido na Lei Complementar 123, de 14 de dezembro de 2006 (Lei do Simples Nacional).

Parágrafo único. Considera-se receita bruta, para fins do disposto no *caput* deste artigo, a remuneração auferida pela ESC com a cobrança de juros, inclusive quando cobertos pela venda do valor do bem objeto de alienação fiduciária.

Art. 5º Nas operações referidas no art. 1º desta Lei Complementar, devem ser observadas as seguintes condições:

I – a remuneração da ESC somente pode ocorrer por meio de juros remuneratórios, vedada a cobrança de quaisquer outros encargos, mesmo sob a forma de tarifa;

II – a formalização do contrato deve ser realizada por meio de instrumento próprio, cuja cópia deverá ser entregue à contraparte da operação;

III – a movimentação dos recursos deve ser realizada exclusivamente mediante débito e crédito em contas de depósito de titularidade da ESC e da pessoa jurídica contraparte na operação.

§ 1º A ESC poderá utilizar o instituto da alienação fiduciária em suas operações de empréstimo, de financiamento e de desconto de títulos de crédito.

§ 2º A ESC deverá providenciar a anotação, em bancos de dados, de informações de adimplemento e de inadimplemento de seus clientes, na forma da legislação em vigor.

§ 3º É condição de validade das operações de que trata o *caput* deste artigo o registro delas em entidade registradora autorizada pelo Banco Central do Brasil ou pela Comissão de Valores Mobiliários, nos termos do art. 28 da Lei 12.810, de 15 de maio de 2013.

§ 4º Não se aplicam à ESC as limitações à cobrança de juros previstas no Decreto 22.626, de 7 de abril de 1933 (Lei da Usura), e no art. 591 da Lei 10.406, de 10 de janeiro de 2002 (Código Civil).

Art. 6º É facultado ao Banco Central do Brasil, não constituindo violação ao dever de sigilo, o acesso às informações decorrentes do registro de que trata o § 3º do art. 5º desta Lei Complementar, para fins estatísticos e de controle macroprudencial do risco de crédito.

Art. 7º As ESCs estão sujeitas aos regimes de recuperação judicial e extrajudicial e ao regime falimentar regulados pela Lei 11.101, de 9 de fevereiro de 2005 (Lei de Falências).

Art. 8º A ESC deverá manter escrituração com observância das leis comerciais e fiscais e transmitir a Escrituração Contábil Digital (ECD) por meio do Sistema Público de Escrituração Digital (Sped).

Art. 9º Constitui crime o descumprimento do disposto no art. 1º, no § 3º do art. 2º, no art. 3º e no *caput* do art. 5º desta Lei Complementar.

Pena – reclusão, de 1 (um) a 4 (quatro) anos, e multa.

Art. 10. O Serviço Brasileiro de Apoio às Micro e Pequenas Empresas (Sebrae) poderá apoiar a constituição e o fortalecimento das ESCs.

Art. 11. O art. 9º da Lei 9.613, de 3 de março de 1998 (Lei de Lavagem de Dinheiro), passa a vigorar com a seguinte redação:

▶ Referida Lei não foi selecionada para constar nesta obra.

Art. 12. Os arts. 15 e 20 da Lei 9.249, de 26 de dezembro de 1995, passam a vigorar com a seguinte redação:

▶ Referida Lei não foi selecionada para constar nesta obra.

Art. 13. A Lei Complementar 123, de 14 de dezembro de 2006 (Lei do Simples Nacional), passa a vigorar com as seguintes alterações:

▶ Alterações incorporadas no texto da referida Lei Complementar.

Art. 14. Esta Lei Complementar entra em vigor na data de sua publicação.

Brasília, 24 de abril de 2019; 198º da Independência e 131º da República.

Jair Messias Bolsonaro

DECRETO 9.830, DE 10 DE JUNHO DE 2019

Regulamenta o disposto nos art. 20 ao art. 30 do Decreto-Lei 4.657, de 4 de setembro de 1942, que institui a Lei de Introdução às normas do Direito brasileiro.

DOU 11.06.2019

O Presidente da República, no uso das atribuições que lhe confere o art. 84, *caput*, incisos IV e VI, alínea "a", da Constituição, e tendo em vista o disposto nos art. 20 ao art. 30 do Decreto-Lei 4.657, de 4 de setembro de 1942, decreta:

CAPÍTULO I
DISPOSIÇÕES PRELIMINARES

Objeto

Art. 1º Este Decreto regulamenta o disposto nos art. 20 ao art. 30 do Decreto-Lei 4.657, de 4 de setembro de 1942, que institui a Lei de Introdução às normas do Direito brasileiro.

CAPÍTULO II
DA DECISÃO

Motivação e decisão

Art. 2º A decisão será motivada com a contextualização dos fatos, quando cabível, e com a indicação dos fundamentos de mérito e jurídicos.

§ 1º A motivação da decisão conterá os seus fundamentos e apresentará a congruência entre as normas e os fatos que a embasaram, de forma argumentativa.

§ 2º A motivação indicará as normas, a interpretação jurídica, a jurisprudência ou a doutrina que a embasaram.

§ 3º A motivação poderá ser constituída por declaração de concordância com o conteúdo de notas técnicas, pareceres, informações, decisões ou propostas que precederam a decisão.

Motivação e decisão baseadas em valores jurídicos abstratos

Art. 3º A decisão que se basear exclusivamente em valores jurídicos abstratos observará o disposto no art. 2º e as consequências práticas da decisão.

§ 1º Para fins do disposto neste Decreto, consideram-se valores jurídicos abstratos aqueles previstos em normas jurídicas com alto grau de indeterminação e abstração.

§ 2º Na indicação das consequências práticas da decisão, o decisor apresentará apenas aquelas consequências práticas que, no exercício diligente de sua atuação, consiga vislumbrar diante dos fatos e fundamentos de mérito e jurídicos.

§ 3º A motivação demonstrará a necessidade e a adequação da medida imposta, inclusive consideradas as possíveis alternativas e observados os critérios de adequação, proporcionalidade e de razoabilidade.

Motivação e decisão na invalidação

Art. 4º A decisão que decretar invalidação de atos, contratos, ajustes, processos ou normas administrativos observará o disposto no art. 2º e indicará, de modo expresso, as suas consequências jurídicas e administrativas.

§ 1º A consideração das consequências jurídicas e administrativas é limitada aos fatos e fundamentos de mérito e jurídicos que se espera do decisor no exercício diligente de sua atuação.

§ 2º A motivação demonstrará a necessidade e a adequação da medida imposta, consideradas as possíveis alternativas e observados os critérios de proporcionalidade e de razoabilidade.

§ 3º Quando cabível, a decisão a que se refere o *caput* indicará, na modulação de seus efeitos, as condições para que a regularização ocorra de forma proporcional e equânime e sem prejuízo aos interesses gerais.

§ 4º Na declaração de invalidade de atos, contratos, ajustes, processos ou normas administrativos, o decisor poderá, consideradas as consequências jurídicas e administrativas da decisão para a administração pública e para o administrado:

I – restringir os efeitos da declaração; ou

II – decidir que sua eficácia se iniciará em momento posteriormente definido.

§ 5º A modulação dos efeitos da decisão buscará a mitigação dos ônus ou das perdas dos administrados ou da administração pública que sejam anormais ou excessivos em função das peculiaridades do caso.

Revisão quanto à validade por mudança de orientação geral

Art. 5º A decisão que determinar a revisão quanto à validade de atos, contratos, ajustes, processos ou normas administrativos cuja produção de efeitos esteja em curso ou que tenha sido concluída levará em consideração as orientações gerais da época.

§ 1º É vedado declarar inválida situação plenamente constituída devido à mudança posterior de orientação geral.

§ 2º O disposto no § 1º não exclui a possibilidade de suspensão de efeitos futuros de relação em curso.

§ 3º Para fins do disposto neste artigo, consideram-se orientações gerais as interpretações e as especificações contidas em atos públicos de caráter geral ou em jurisprudência judicial ou administrativa majoritária e as adotadas por prática administrativa reiterada e de amplo conhecimento público.

§ 4º A decisão a que se refere o *caput* será motivada na forma do disposto nos art. 2º, art. 3º ou art. 4º.

Motivação e decisão na nova interpretação de norma de conteúdo indeterminado

Art. 6º A decisão administrativa que estabelecer interpretação ou orientação nova sobre norma de conteúdo indeterminado e impuser novo dever ou novo condicionamento de direito, preverá regime de transição, quando indispensável para que o novo dever ou o novo condicionamento de direito seja cumprido de modo proporcional, equânime e eficiente e sem prejuízo aos interesses gerais.

§ 1º A instituição do regime de transição será motivada na forma do disposto nos art. 2º, art. 3º ou art. 4º.

§ 2º A motivação considerará as condições e o tempo necessário para o cumprimento proporcional, equânime e eficiente do novo dever ou do novo condicionamento de direito e os eventuais prejuízos aos interesses gerais.

§ 3º Considera-se nova interpretação ou nova orientação aquela que altera o entendimento anterior consolidado.

Regime de transição

Art. 7º Quando cabível, o regime de transição preverá:

I – os órgãos e as entidades da administração pública e os terceiros destinatários;

Leg. Compl.

II – as medidas administrativas a serem adotadas para adequação à interpretação ou à nova orientação sobre norma de conteúdo indeterminado; e

III – o prazo e o modo para que o novo dever ou novo condicionamento de direito seja cumprido.

Interpretação de normas sobre gestão pública

Art. 8º Na interpretação de normas sobre gestão pública, serão considerados os obstáculos, as dificuldades reais do agente público e as exigências das políticas públicas a seu cargo, sem prejuízo dos direitos dos administrados.

§ 1º Na decisão sobre a regularidade de conduta ou a validade de atos, contratos, ajustes, processos ou normas administrativos, serão consideradas as circunstâncias práticas que impuseram, limitaram ou condicionaram a ação do agente público.

§ 2º A decisão a que se refere o § 1º observará o disposto nos art. 2º, art. 3º ou art. 4º.

Compensação

Art. 9º A decisão do processo administrativo poderá impor diretamente à pessoa obrigada compensação por benefícios indevidos ou prejuízos anormais ou injustos resultantes do processo ou da conduta dos envolvidos, com a finalidade de evitar procedimentos contenciosos de ressarcimento de danos.

§ 1º A decisão do processo administrativo é de competência da autoridade pública, que poderá exigir compensação por benefícios indevidamente fruídos pelo particular ou por prejuízos resultantes do processo ou da conduta do particular.

§ 2º A compensação prevista no *caput* será motivada na forma do disposto nos art. 2º, art. 3º ou art. 4º e será precedida de manifestação das partes obrigadas sobre seu cabimento, sua forma e, se for o caso, seu valor.

§ 3º A compensação poderá ser efetivada por meio do compromisso com os interessados a que se refere o art. 10.

<div align="center">CAPÍTULO III

DOS INSTRUMENTOS</div>

Compromisso

Art. 10. Na hipótese de a autoridade entender conveniente para eliminar irregularidade, incerteza jurídica ou situações contenciosas na aplicação do direito público, poderá celebrar compromisso com os interessados, observada a legislação aplicável e as seguintes condições:

I – após oitiva do órgão jurídico;

II – após realização de consulta pública, caso seja cabível; e

III – presença de razões de relevante interesse geral.

§ 1º A decisão de celebrar o compromisso a que se refere o *caput* será motivada na forma do disposto no art. 2º.

§ 2º O compromisso:

I – buscará solução proporcional, equânime, eficiente e compatível com os interesses gerais;

II – não poderá conferir desoneração permanente de dever ou condicionamento de direito reconhecido por orientação geral; e

III – preverá:

a) as obrigações das partes;

b) o prazo e o modo para seu cumprimento;

c) a forma de fiscalização quanto a sua observância;

d) os fundamentos de fato e de direito;

e) a sua eficácia de título executivo extrajudicial; e

f) as sanções aplicáveis em caso de descumprimento.

§ 3º O compromisso firmado somente produzirá efeitos a partir de sua publicação.

§ 4º O processo que subsidiar a decisão de celebrar o compromisso será instruído com:

I – o parecer técnico conclusivo do órgão competente sobre a viabilidade técnica, operacional e, quando for o caso, sobre as obrigações orçamentário-financeiras a serem assumidas;

II – o parecer conclusivo do órgão jurídico sobre a viabilidade jurídica do compromisso, que conterá a análise da minuta proposta;

III – a minuta do compromisso, que conterá as alterações decorrentes das análises técnica e jurídica previstas nos incisos I e II; e

IV – a cópia de outros documentos que possam auxiliar na decisão de celebrar o compromisso.

§ 5º Na hipótese de o compromisso depender de autorização do Advogado-Geral da União e de Ministro de Estado, nos termos do disposto no § 4º do art. 1º ou no art. 4º-A da Lei 9.469, de 10 de julho de 1997, ou ser

firmado pela Advocacia-Geral da União, o processo de que trata o § 3º será acompanhado de manifestação de interesse da autoridade máxima do órgão ou da entidade da administração pública na celebração do compromisso.

§ 6º Na hipótese de que trata o § 5º, a decisão final quanto à celebração do compromisso será do Advogado-Geral da União, nos termos do disposto no parágrafo único do art. 4º-A da Lei 9.469, de 1997.

Termo de ajustamento de gestão

Art. 11. Poderá ser celebrado termo de ajustamento de gestão entre os agentes públicos e os órgãos de controle interno da administração pública com a finalidade de corrigir falhas apontadas em ações de controle, aprimorar procedimentos, assegurar a continuidade da execução do objeto, sempre que possível, e garantir o atendimento do interesse geral.

§ 1º A decisão de celebrar o termo de ajustamento de gestão será motivada na forma do disposto no art. 2º.

§ 2º Não será celebrado termo de ajustamento de gestão na hipótese de ocorrência de dano ao erário praticado por agentes públicos que agirem com dolo ou erro grosseiro.

§ 3º A assinatura de termo de ajustamento de gestão será comunicada ao órgão central do sistema de controle interno.

<div align="center">CAPÍTULO IV

DA RESPONSABILIZAÇÃO DO AGENTE PÚBLICO</div>

Responsabilização na hipótese de dolo ou erro grosseiro

Art. 12. O agente público somente poderá ser responsabilizado por suas decisões ou opiniões técnicas se agir ou se omitir com dolo, direto ou eventual, ou cometer erro grosseiro, no desempenho de suas funções.

§ 1º Considera-se erro grosseiro aquele manifesto, evidente e inescusável praticado com culpa grave, caracterizado por ação ou omissão com elevado grau de negligência, imprudência ou imperícia.

§ 2º Não será configurado dolo ou erro grosseiro do agente público se não restar comprovada, nos autos do processo de responsabilização, situação ou circunstância fática capaz de caracterizar o dolo ou o erro grosseiro.

§ 3º O mero nexo de causalidade entre a conduta e o resultado danoso não implica responsabilização, exceto se comprovado o dolo ou o erro grosseiro do agente público.

§ 4º A complexidade da matéria e das atribuições exercidas pelo agente público serão consideradas em eventual responsabilização do agente público.

§ 5º O montante do dano ao erário, ainda que expressivo, não poderá, por si só, ser elemento para caracterizar o erro grosseiro ou o dolo.

§ 6º A responsabilização pela opinião técnica não se estende de forma automática ao decisor que a adotou como fundamento de decidir e somente se configurará se estiverem presentes elementos suficientes para o decisor aferir o dolo ou o erro grosseiro da opinião técnica ou se houver conluio entre os agentes.

§ 7º No exercício do poder hierárquico, só responderá por culpa in vigilando aquele cuja omissão caracterizar erro grosseiro ou dolo.

§ 8º O disposto neste artigo não exime o agente público de atuar de forma diligente e eficiente no cumprimento dos seus deveres constitucionais e legais.

Análise de regularidade da decisão

Art. 13. A análise da regularidade da decisão não poderá substituir a atribuição do agente público, dos órgãos ou das entidades da administração pública no exercício de suas atribuições e competências, inclusive quanto à definição de políticas públicas.

§ 1º A atuação de órgãos de controle privilegiará ações de prevenção antes de processos sancionadores.

§ 2º A eventual estimativa de prejuízo causado ao erário não poderá ser considerada isolada e exclusivamente como motivação para se concluir pela irregularidade de atos, contratos, ajustes, processos ou normas administrativos.

Direito de regresso, defesa judicial e extrajudicial

Art. 14. No âmbito do Poder Executivo federal, o direito de regresso previsto no § 6º do art. 37 da Constituição somente será exercido na hipótese de o agente público ter agido com dolo ou erro grosseiro em suas decisões ou opiniões técnicas, nos termos do disposto no art. 28 do Decreto-Lei 4.657, de 1942, com observância aos princípios constitucionais da proporcionalidade e da razoabilidade.

Art. 15. O agente público federal que tiver que se defender, judicial ou extrajudicialmente, por ato ou conduta praticada no exercício regular de suas atribuições institucionais, poderá solicitar à Advocacia-Geral da União que avalie a verossimilhança de suas alegações e a consequente possibilidade de realizar sua defesa, nos termos do disposto no art. 22 da Lei 9.028, de 12 de abril de 1995, e nas demais normas de regência.

Decisão que impuser sanção ao agente público

Art. 16. A decisão que impuser sanção ao agente público considerará:

I – a natureza e a gravidade da infração cometida;

II – os danos que dela provierem para a administração pública;

III – as circunstâncias agravantes ou atenuantes;

IV – os antecedentes do agente;

V – o nexo de causalidade; e

VI – a culpabilidade do agente.

§ 1º A motivação da decisão a que se refere o *caput* observará o disposto neste Decreto.

§ 2º As sanções aplicadas ao agente público serão levadas em conta na dosimetria das demais sanções da mesma natureza e relativas ao mesmo fato.

Art. 17. O disposto no art. 12 não afasta a possibilidade de aplicação de sanções previstas em normas disciplinares, inclusive nos casos de ação ou de omissão culposas de natureza leve.

<div align="center">CAPÍTULO V

DA SEGURANÇA JURÍDICA NA APLICAÇÃO DAS NORMAS</div>

Consulta pública para edição de atos normativos

Art. 18. Revogado pelo Decreto 12.002/2024.

Segurança jurídica na aplicação das normas

Art. 19. As autoridades públicas atuarão com vistas a aumentar a segurança jurídica na aplicação das normas, inclusive por meio de normas complementares, orientações normativas, súmulas, enunciados e respostas a consultas.

Parágrafo único. Os instrumentos previstos no *caput* terão caráter vinculante em relação ao órgão ou à entidade da administração pública a que se destinarem, até ulterior revisão.

Parecer do Advogado-Geral da União e de consultorias jurídicas e súmulas da Advocacia-Geral da União

Art. 20. O parecer do Advogado-Geral da União de que tratam os art. 40 e art. 41 da Lei Complementar 73, 10 de fevereiro de 1993, aprovado pelo Presidente da República e publicado no Diário Oficial da União juntamente com o despacho presidencial, vincula os órgãos e as entidades da administração pública federal, que ficam obrigados a lhe dar fiel cumprimento.

§ 1º O parecer do Advogado-Geral da União aprovado pelo Presidente da República, mas não publicado, obriga apenas as repartições interessadas, a partir do momento em que dele tenham ciência.

§ 2º Os pareceres de que tratam o *caput* e o § 1º têm prevalência sobre outros mecanismos de uniformização de entendimento.

Art. 21. Os pareceres das consultorias jurídicas e dos órgãos de assessoramento jurídico, de que trata o art. 42 da Lei Complementar 73, de 1993, aprovados pelo respectivo Ministro de Estado, vinculam o órgão e as respectivas entidades vinculadas.

Orientações normativas

Art. 22. A autoridade que representa órgão central de sistema poderá editar orientações normativas ou enunciados que vincularão os órgãos setoriais e seccionais.

§ 1º As controvérsias jurídicas sobre a interpretação de norma, instrução ou orientação de órgão central de sistema poderão ser submetidas à Advocacia-Geral da União.

§ 2º A submissão à Advocacia-Geral da União de que trata o § 1º será instruída com a posição do órgão jurídico do órgão central de sistema, do órgão jurídico que divergiu e dos outros órgãos que se pronunciaram sobre o caso.

Enunciados

Art. 23. A autoridade máxima de órgão ou da entidade da administração pública poderá editar enunciados que vinculem o próprio órgão ou a entidade e os seus órgãos subordinados.

Transparência

Art. 24. Compete aos órgãos e às entidades da administração pública manter atualizados, em seus sítios

eletrônicos, as normas complementares, as orientações normativas, as súmulas e os enunciados a que se referem os art. 19 ao art. 23.

Vigência

Art. 25. Este Decreto entra em vigor na data de sua publicação.

Brasília, 10 de junho de 2019; 198º da Independência e 131º da República.

Jair Messias Bolsonaro

LEI 13.869, DE 5 DE SETEMBRO DE 2019

Dispõe sobre os crimes de abuso de autoridade; altera a Lei 7.960, de 21 de dezembro de 1989, a Lei 9.296, de 24 de julho de 1996, a Lei 8.069, de 13 de julho de 1990, e a Lei 8.906, de 4 de julho de 1994; e revoga a Lei 4.898, de 9 de dezembro de 1965, e dispositivos do Decreto-Lei 2.848, de 7 de dezembro de 1940 (Código Penal).

DOU 05.09.2019 e retificado em 18.09.2019

O Presidente da República, faço saber que o Congresso Nacional decreta e eu sanciono a seguinte Lei:

CAPÍTULO I
DISPOSIÇÕES GERAIS

Art. 1º Esta Lei define os crimes de abuso de autoridade, cometidos por agente público, servidor ou não, que, no exercício de suas funções ou a pretexto de exercê-las, abuse do poder que lhe tenha sido atribuído.

§ 1º As condutas descritas nesta Lei constituem crime de abuso de autoridade quando praticadas pelo agente com a finalidade específica de prejudicar outrem ou beneficiar a si mesmo ou a terceiro, ou, ainda, por mero capricho ou satisfação pessoal.

§ 2º A divergência na interpretação de lei ou na avaliação de fatos e provas não configura abuso de autoridade.

CAPÍTULO II
DOS SUJEITOS DO CRIME

Art. 2º É sujeito ativo do crime de abuso de autoridade qualquer agente público, servidor ou não, da administração direta, indireta ou fundacional de qualquer dos Poderes da União, dos Estados, do Distrito Federal, dos Municípios e de Território, compreendendo, mas não se limitando a:

I – servidores públicos e militares ou pessoas a eles equiparadas;

II – membros do Poder Legislativo;

III – membros do Poder Executivo;

IV – membros do Poder Judiciário;

V – membros do Ministério Público;

VI – membros dos tribunais ou conselhos de contas.

Parágrafo único. Reputa-se agente público, para os efeitos desta Lei, todo aquele que exerce, ainda que transitoriamente ou sem remuneração, por eleição, nomeação, designação, contratação ou qualquer outra forma de investidura ou vínculo, mandato, cargo, emprego ou função em órgão ou entidade abrangidos pelo *caput* deste artigo.

CAPÍTULO III
DA AÇÃO PENAL

Art. 3º Os crimes previstos nesta Lei são de ação penal pública incondicionada.

▶ Artigo vetado pelo Presidente da República e rejeitado o veto pelo Congresso Nacional (*DOU 27.09.2019 – Edição extra A*)

§ 1º Será admitida ação privada se a ação penal pública não for intentada no prazo legal, cabendo ao Ministério Público aditar a queixa, repudiá-la e oferecer denúncia substitutiva, intervir em todos os termos do processo, fornecer elementos de prova, interpor recurso e, a todo tempo, no caso de negligência do querelante, retomar a ação como parte principal.

§ 2º A ação privada subsidiária será exercida no prazo de 6 (seis) meses, contado da data em que se esgotar o prazo para oferecimento da denúncia.

CAPÍTULO IV
DOS EFEITOS DA CONDENAÇÃO E DAS PENAS RESTRITIVAS DE DIREITOS

Seção I
Dos Efeitos da Condenação

Art. 4º São efeitos da condenação:

I – tornar certa a obrigação de indenizar o dano causado pelo crime, devendo o juiz, a requerimento do ofendido, fixar na sentença o valor mínimo para reparação dos danos causados pela infração, considerando os prejuízos por ele sofridos;

II – a inabilitação para o exercício de cargo, mandato ou função pública, pelo período de 1 (um) a 5 (cinco) anos;

III – a perda do cargo, do mandato ou da função pública.

Parágrafo único. Os efeitos previstos nos incisos II e III do *caput* deste artigo são condicionados à ocorrência de reincidência em crime de abuso de autoridade e não são automáticos, devendo ser declarados motivadamente na sentença.

Seção II
Das Penas Restritivas de Direitos

Art. 5º As penas restritivas de direitos substitutivas das privativas de liberdade previstas nesta Lei são:

I – prestação de serviços à comunidade ou a entidades públicas;

II – suspensão do exercício do cargo, da função ou do mandato, pelo prazo de 1 (um) a 6 (seis) meses, com a perda dos vencimentos e das vantagens;

III – *Vetado.*

Parágrafo único. As penas restritivas de direitos podem ser aplicadas autônoma ou cumulativamente.

CAPÍTULO V
DAS SANÇÕES DE NATUREZA CIVIL E ADMINISTRATIVA

Art. 6º As penas previstas nesta Lei serão aplicadas independentemente das sanções de natureza civil ou administrativa cabíveis.

Parágrafo único. As notícias de crimes previstos nesta Lei que descreverem falta funcional serão informadas à autoridade competente com vistas à apuração.

Art. 7º As responsabilidades civil e administrativa são independentes da criminal, não se podendo mais questionar sobre a existência ou a autoria do fato quando essas questões tenham sido decididas no juízo criminal.

Art. 8º Faz coisa julgada no âmbito civil, assim como no administrativo disciplinar, a sentença penal que reconhecer ter sido o ato praticado em estado de necessidade, em legítima defesa, em estrito cumprimento de dever legal ou no exercício regular de direito.

CAPÍTULO VI
DOS CRIMES E DAS PENAS

Art. 9º Decretar medida de privação da liberdade em manifesta desconformidade com as hipóteses legais:

▶ Artigo vetado pelo Presidente da República e rejeitado o veto pelo Congresso Nacional (*DOU 27.09.2019 – Edição extra A*)

Pena – detenção, de 1 (um) a 4 (quatro) anos, e multa.

Parágrafo único. Incorre na mesma pena a autoridade judiciária que, dentro de prazo razoável, deixar de:

I – relaxar a prisão manifestamente ilegal;

II – substituir a prisão preventiva por medida cautelar diversa ou de conceder liberdade provisória, quando manifestamente cabível;

III – deferir liminar ou ordem de *habeas corpus*, quando manifestamente cabível.

Art. 10. Decretar a condução coercitiva de testemunha ou investigado manifestamente descabida ou sem prévia intimação de comparecimento ao juízo:

Pena – detenção, de 1 (um) a 4 (quatro) anos, e multa.

Art. 11. *Vetado.*

Art. 12. Deixar injustificadamente de comunicar prisão em flagrante à autoridade judiciária no prazo legal:

Pena – detenção, de 6 (seis) meses a 2 (dois) anos, e multa.

Parágrafo único. Incorre na mesma pena quem:

I – deixa de comunicar, imediatamente, a execução de prisão temporária ou preventiva à autoridade judiciária que a decretou;

II – deixa de comunicar, imediatamente, a prisão de qualquer pessoa e o local onde se encontra à sua família ou à pessoa por ela indicada;

III – deixa de entregar ao preso, no prazo de 24 (vinte e quatro) horas, a nota de culpa, assinada pela autoridade, com o motivo da prisão e os nomes do condutor e das testemunhas;

IV – prolonga a execução de pena privativa de liberdade, de prisão temporária, de prisão preventiva, de medida de segurança ou de internação, deixando, sem motivo justo e excepcionalíssimo, de executar o alvará de soltura imediatamente após recebido ou de promover a soltura do preso quando esgotado o prazo judicial ou legal.

Art. 13. Constranger o preso ou o detento, mediante violência, grave ameaça ou redução de sua capacidade de resistência, a:

I – exibir-se ou ter seu corpo ou parte dele exibido à curiosidade pública;

II – submeter-se à situação vexatória ou a constrangimento não autorizado em lei;

III – produzir prova contra si mesmo ou contra terceiro:

▶ Inciso III vetado pelo Presidente da República e rejeitado o veto pelo Congresso Nacional (*DOU 27.09.2019 – Edição extra A*)

Pena – detenção, de 1 (um) a 4 (quatro) anos, e multa, sem prejuízo da pena cominada à violência.

Art. 14. *Vetado.*

Art. 15. Constranger a depor, sob ameaça de prisão, pessoa que, em razão de função, ministério, ofício ou profissão, deva guardar segredo ou resguardar sigilo:

▶ Provimento 201/2020, do CFOAB, dispõe sobre a participação da OAB no cumprimento do disposto neste artigo.

Pena – detenção, de 1 (um) a 4 (quatro) anos, e multa.

Parágrafo único. Incorre na mesma pena quem prossegue com o interrogatório:

▶ Parágrafo único vetado pelo Presidente da República e rejeitado o veto pelo Congresso Nacional (*DOU 27.09.2019 – Edição extra A*)

I – de pessoa que tenha decidido exercer o direito ao silêncio; ou

II – de pessoa que tenha optado por ser assistida por advogado ou defensor público, sem a presença de seu patrono.

Violência Institucional

Art. 15-A. Submeter a vítima de infração penal ou a testemunha de crimes violentos a procedimentos desnecessários, repetitivos ou invasivos, que a leve a reviver, sem estrita necessidade:

I – a situação de violência; ou

II – outras situações potencialmente geradoras de sofrimento ou estigmatização:

Pena – detenção, de 3 (três) meses a 1 (um) ano, e multa.

§ 1º Se o agente público permitir que terceiro intimide a vítima de crimes violentos, gerando indevida revitimização, aplica-se a pena aumentada de 2/3 (dois terços).

§ 2º Se o agente público intimidar a vítima de crimes violentos, gerando indevida revitimização, aplica-se a pena em dobro.

▶ Artigo acrescido pela Lei 14.321/2022.

Art. 16. Deixar de identificar-se ou identificar-se falsamente ao preso por ocasião de sua captura ou quando deva fazê-lo durante sua detenção ou prisão:

▶ Artigo vetado pelo Presidente da República e rejeitado o veto pelo Congresso Nacional (*DOU 27.09.2019 – Edição extra A*)

Pena – detenção, de 6 (seis) meses a 2 (dois) anos, e multa.

Parágrafo único. Incorre na mesma pena quem, como responsável por interrogatório em sede de procedimento investigatório de infração penal, deixa de identificar-se ao preso ou atribui a si mesmo falsa identidade, cargo ou função.

▶ Parágrafo único vetado pelo Presidente da República e o veto rejeitado pelo Congresso Nacional (*DOU 27.09.2019 – Edição extra A*)

Art. 17. *Vetado.*

Art. 18. Submeter o preso a interrogatório policial durante o período de repouso noturno, salvo se capturado em flagrante delito ou se ele, devidamente assistido, consentir em prestar declarações:

Pena – detenção, de 6 (seis) meses a 2 (dois) anos, e multa.

Art. 19. Impedir ou retardar, injustificadamente, o envio de pleito de preso à autoridade judiciária competente para a apreciação da legalidade de sua prisão ou das circunstâncias de sua custódia:

Pena – detenção, de 1 (um) a 4 (quatro) anos, e multa.

Parágrafo único. Incorre na mesma pena o magistrado que, ciente do impedimento ou da demora, deixa de tomar as providências tendentes a saná-lo ou, não sendo competente para decidir sobre a prisão, deixa de enviar o pedido à autoridade judiciária que o seja.

Art. 20. Impedir, sem justa causa, a entrevista pessoal e reservada do preso com seu advogado:

▶ Artigo vetado pelo Presidente da República e rejeitado o veto pelo Congresso Nacional (*DOU 27.09.2019 – Edição extra A*).

▶ Provimento 201/2020, do CFOAB, dispõe sobre a participação da OAB no cumprimento do disposto neste artigo.

Pena – detenção, de 6 (seis) meses a 2 (dois) anos, e multa.

Parágrafo único. Incorre na mesma pena quem impede o preso, o réu solto ou o investigado de entrevistar-se pessoal e reservadamente com seu advogado ou defensor, por prazo razoável, antes de audiência judicial, e de sentar-se ao seu lado e com ele comunicar-se durante a audiência, salvo no curso de interrogatório ou no caso de audiência realizada por videoconferência.

Art. 21. Manter presos de ambos os sexos na mesma cela ou espaço de confinamento:

Pena – detenção, de 1 (um) a 4 (quatro) anos, e multa.

Parágrafo único. Incorre na mesma pena quem mantém, na mesma cela, criança ou adolescente na companhia de maior de idade ou em ambiente inadequado, observado o disposto na Lei 8.069, de 13 de julho de 1990 (Estatuto da Criança e do Adolescente).

Art. 22. Invadir ou adentrar, clandestina ou astuciosamente, ou à revelia da vontade do ocupante, imóvel alheio ou suas dependências, ou nele permanecer nas mesmas condições, sem determinação judicial ou fora das condições estabelecidas em lei:

Pena – detenção, de 1 (um) a 4 (quatro) anos, e multa.

§ 1º Incorre na mesma pena, na forma prevista no *caput* deste artigo, quem:

I – coage alguém, mediante violência ou grave ameaça, a franquear-lhe o acesso a imóvel ou suas dependências;

II – *Vetado;*

III – cumpre mandado de busca e apreensão domiciliar após as 21h (vinte e uma horas) ou antes das 5h (cinco horas).

§ 2º Não haverá crime se o ingresso for para prestar socorro, ou quando houver fundados indícios que indiquem a necessidade do ingresso em razão de situação de flagrante delito ou de desastre.

Art. 23. Inovar artificiosamente, no curso de diligência, de investigação ou de processo, o estado de lugar, de coisa ou de pessoa, com o fim de eximir-se de responsabilidade ou de responsabilizar criminalmente alguém ou agravar-lhe a responsabilidade:

Pena – detenção, de 1 (um) a 4 (quatro) anos, e multa.

Parágrafo único. Incorre na mesma pena quem pratica a conduta com o intuito de:

I – eximir-se de responsabilidade civil ou administrativa por excesso praticado no curso de diligência;

II – omitir dados ou informações ou divulgar dados ou informações incompletos para desviar o curso da investigação, da diligência ou do processo.

Art. 24. Constranger, sob violência ou grave ameaça, funcionário ou empregado de instituição hospitalar pública ou privada a admitir para tratamento pessoa cujo óbito já tenha ocorrido, com o fim de alterar local ou momento de crime, prejudicando sua apuração:

Pena – detenção, de 1 (um) a 4 (quatro) anos, e multa, além da pena correspondente à violência.

Art. 25. Proceder à obtenção de prova, em procedimento de investigação ou fiscalização, por meio manifestamente ilícito:

Pena – detenção, de 1 (um) a 4 (quatro) anos, e multa.

Parágrafo único. Incorre na mesma pena quem faz uso de prova, em desfavor do investigado ou fiscalizado, com prévio conhecimento de sua ilicitude.

Art. 26. *Vetado.*

Art. 27. Requisitar instauração ou instaurar procedimento investigatório de infração penal ou administrativa, em desfavor de alguém, à falta de qualquer indício da prática de crime, de ilícito funcional ou de infração administrativa:

Pena – detenção, de 6 (seis) meses a 2 (dois) anos, e multa.

Parágrafo único. Não há crime quando se tratar de sindicância ou investigação preliminar sumária, devidamente justificada.

Art. 28. Divulgar gravação ou trecho de gravação sem relação com a prova que se pretenda produzir, expondo a intimidade ou a vida privada ou ferindo a honra ou a imagem do investigado ou acusado:

Pena – detenção, de 1 (um) a 4 (quatro) anos, e multa.

Art. 29. Prestar informação falsa sobre procedimento judicial, policial, fiscal ou administrativo com o fim de prejudicar interesse de investigado:

Pena – detenção, de 6 (seis) meses a 2 (dois) anos, e multa.

Parágrafo único. *Vetado.*

Art. 30. Dar início ou proceder à persecução penal, civil ou administrativa sem justa causa fundamentada ou contra quem sabe inocente:

▶ Artigo vetado pelo Presidente da República e rejeitado o veto pelo Congresso Nacional (*DOU 27.09.2019 – Edição extra A*)

Pena – detenção, de 1 (um) a 4 (quatro) anos, e multa.

Art. 31. Estender injustificadamente a investigação, procrastinando-a em prejuízo do investigado ou fiscalizado:

Pena – detenção, de 6 (seis) meses a 2 (dois) anos, e multa.

Parágrafo único. Incorre na mesma pena quem, inexistindo prazo para execução ou conclusão de procedimento, o estende de forma imotivada, procrastinando o em prejuízo do investigado ou do fiscalizado.

Art. 32. Negar ao interessado, seu defensor ou advogado acesso aos autos de investigação preliminar, ao termo circunstanciado, ao inquérito ou a qualquer outro procedimento investigatório de infração penal, civil ou administrativa, assim como impedir a obtenção de cópias, ressalvado o acesso a peças relativas a diligências em curso, ou que indiquem a realização de diligências futuras, cujo sigilo seja imprescindível:

▶ Artigo vetado pelo Presidente da República e rejeitado o veto pelo Congresso Nacional (*DOU 27.09.2019 – Edição extra A*).
▶ Provimento 201/2020, do CFOAB, dispõe sobre a participação da OAB no cumprimento do disposto neste artigo.

Pena – detenção, de 6 (seis) meses a 2 (dois) anos, e multa.

Art. 33. Exigir informação ou cumprimento de obrigação, inclusive o dever de fazer ou de não fazer, sem expresso amparo legal:

Pena – detenção, de 6 (seis) meses a 2 (dois) anos, e multa.

Parágrafo único. Incorre na mesma pena quem se utiliza de cargo ou função pública ou invoca a condição de agente público para se eximir de obrigação legal ou para obter vantagem ou privilégio indevido.

Art. 34. *Vetado.*

Art. 35. *Vetado.*

Art. 36. Decretar, em processo judicial, a indisponibilidade de ativos financeiros em quantia que extrapole exorbitantemente o valor estimado para a satisfação da dívida da parte e, ante a demonstração, pela parte, da excessividade da medida, deixar de corrigi-la:

Pena – detenção, de 1 (um) a 4 (quatro) anos, e multa.

Art. 37. Demorar demasiada e injustificadamente no exame de processo de que tenha requerido vista em órgão colegiado, com o intuito de procrastinar seu andamento ou retardar o julgamento:

▶ Provimento 201/2020, do CFOAB, dispõe sobre a participação da OAB no cumprimento do disposto neste artigo.

Pena – detenção, de 6 (seis) meses a 2 (dois) anos, e multa.

Art. 38. Antecipar o responsável pelas investigações, por meio de comunicação, inclusive rede social, atribuição de culpa, antes de concluídas as apurações e formalizada a acusação:

▶ Artigo vetado pelo Presidente da República e rejeitado o veto pelo Congresso Nacional (*DOU 27.09.2019 – Edição extra A*)

Pena – detenção, de 6 (seis) meses a 2 (dois) anos, e multa.

CAPÍTULO VII
DO PROCEDIMENTO

Art. 39. Aplicam-se ao processo e ao julgamento dos delitos previstos nesta Lei, no que couber, as disposições do Decreto-Lei 3.689, de 3 de outubro de 1941 (Código de Processo Penal), e da Lei 9.099, de 26 de setembro de 1995.

CAPÍTULO VIII
DISPOSIÇÕES FINAIS

Art. 40. O art. 2º da Lei 7.960, de 21 de dezembro de 1989, passa a vigorar com a seguinte redação:

▶ Alterações incorporadas no texto da referida Lei.

Art. 41. O art. 10 da Lei 9.296, de 24 de julho de 1996, passa a vigorar com a seguinte redação:

▶ Alterações incorporadas no texto da referida Lei.

Art. 42. A Lei 8.069, de 13 de julho de 1990 (Estatuto da Criança e do Adolescente), passa a vigorar acrescida do seguinte art. 227-A:

▶ Alterações incorporadas no texto da referida Lei.

Art. 43. A Lei 8.906, de 4 de julho de 1994, passa a vigorar acrescida do seguinte art. 7º-B:

▶ Artigo vetado pelo Presidente da República e rejeitado o veto pelo Congresso Nacional (*DOU 27.09.2019 – Edição extra A*)
▶ Alterações incorporadas no texto da referida Lei.

Art. 44. Revogam-se a Lei 4.898, de 9 de dezembro de 1965, e o § 2º do art. 150 e o art. 350, ambos do Decreto-Lei 2.848, de 7 de dezembro de 1940 (Código Penal).

Art. 45. Esta Lei entra em vigor após decorridos 120 (cento e vinte) dias de sua publicação oficial.

Brasília, 5 de setembro de 2019; 198 da Independência e 131º da República.

Jair Messias Bolsonaro

LEI 13.874, DE 20 DE SETEMBRO DE 2019

Institui a Declaração de Direitos de Liberdade Econômica; estabelece garantias de livre mercado; altera as Leis 10.406, de 10 de janeiro de 2002 (Código Civil), 6.404, de 15 de dezembro de 1976, 11.598, de 3 de dezembro de 2007, 12.682, de 9 de julho de 2012, 6.015, de 31 de dezembro de 1973, 10.522, de 19 de julho de 2002, 8.934, de 18 de novembro de 1994, o Decreto-Lei 9.760, de 5 de setembro de 1946 e a Consolidação das Leis do Trabalho, aprovada pelo Decreto-Lei 5.452, de 1º de maio de 1943; revoga a Lei Delegada 4, de 26 de setembro de 1962, a Lei 11.887, de 24 de dezembro de 2008, e dispositivos do Decreto-Lei 73, de 21 de novembro de 1966; e dá outras providências.

DOU 20.09.2019 – extra B

O Presidente da República, faço saber que o Congresso Nacional decreta e eu sanciono a seguinte Lei:

CAPÍTULO I
DISPOSIÇÕES GERAIS

Art. 1º Fica instituída a Declaração de Direitos de Liberdade Econômica, que estabelece normas de proteção à livre iniciativa e ao livre exercício de atividade econômica e disposições sobre a atuação do Estado como agente normativo e regulador, nos termos do inciso IV do *caput* do art. 1º, do parágrafo único do art. 170 e do *caput* do art. 174 da Constituição Federal.

§ 1º O disposto nesta Lei será observado na aplicação e na interpretação do direito civil, empresarial, econômico, urbanístico e do trabalho nas relações jurídicas que se encontrem no seu âmbito de aplicação e na ordenação pública, inclusive sobre exercício das profissões, comércio, juntas comerciais, registros públicos, trânsito, transporte e proteção ao meio ambiente.

§ 2º Interpretam-se em favor da liberdade econômica, da boa-fé e do respeito aos contratos, aos investimentos e à propriedade todas as normas de ordenação pública sobre atividades econômicas privadas.

§ 3º O disposto neste Capítulo e nos Capítulos II e III desta Lei não se aplica ao direito tributário e ao direito financeiro, ressalvado o disposto no inciso X do *caput* do art. 3º desta Lei.

▶ § 3º com redação pela Lei 14.195/2021.

§ 4º O disposto nos arts. 1º, 2º, 3º e 4º desta Lei constitui norma geral de direito econômico, conforme o disposto no inciso I do *caput* e nos §§ 1º, 2º, 3º e 4º do art. 24 da Constituição Federal, e será observado para todos os atos públicos de liberação da atividade econômica executados pelos Estados, pelo Distrito Federal e pelos Municípios, nos termos do § 2º deste artigo.

§ 5º O disposto no inciso IX do *caput* do art. 3º desta Lei não se aplica aos Estados, ao Distrito Federal e aos Municípios, exceto se:

I – o ato público de liberação da atividade econômica for derivado ou delegado por legislação ordinária federal; ou

II – o ente federativo ou o órgão responsável pelo ato decidir vincular-se ao disposto no inciso IX do *caput* do art. 3º desta Lei por meio de instrumento válido e próprio.

§ 6º Para fins do disposto nesta Lei, consideram-se atos públicos de liberação a licença, a autorização, a concessão, a inscrição, a permissão, o alvará, o cadastro, o credenciamento, o estudo, o plano, o registro e os demais atos exigidos, sob qualquer denominação, por órgão ou entidade da administração pública na aplicação de legislação, como condição para o exercício de atividade econômica, inclusive o início, a continuação e o fim para a instalação, a construção, a operação, a produção, o funcionamento, o uso, o exercício ou a realização, no âmbito público ou privado, de atividade, serviço, estabelecimento, profissão, instalação, operação, produto, equipamento, veículo, edificação e outros.

Art. 2º São princípios que norteiam o disposto nesta Lei:

▶ Art. 170, CF.

I – a liberdade como uma garantia no exercício de atividades econômicas;

II – a boa-fé do particular perante o poder público;

III – a intervenção subsidiária e excepcional do Estado sobre o exercício de atividades econômicas; e

IV – o reconhecimento da vulnerabilidade do particular perante o Estado.

Parágrafo único. Regulamento disporá sobre os critérios de aferição para afastamento do inciso IV

do *caput* deste artigo, limitados a questões de má-fé, hipersuficiência ou reincidência.

<div align="center">CAPÍTULO II</div>
<div align="center">DA DECLARAÇÃO DE DIREITOS DE LIBERDADE ECONÔMICA</div>

Art. 3º São direitos de toda pessoa, natural ou jurídica, essenciais para o desenvolvimento e o crescimento econômicos do País, observado o disposto no parágrafo único do art. 170 da Constituição Federal:

I – desenvolver atividade econômica de baixo risco, para a qual se valha exclusivamente de propriedade privada própria ou de terceiros consensuais, sem a necessidade de quaisquer atos públicos de liberação da atividade econômica;

II – desenvolver atividade econômica em qualquer horário ou dia da semana, inclusive feriados, sem que para isso esteja sujeita a cobranças ou encargos adicionais, observadas:

a) as normas de proteção ao meio ambiente, incluídas as de repressão à poluição sonora e à perturbação do sossego público;

b) as restrições advindas de contrato, de regulamento condominial ou de outro negócio jurídico, bem como as decorrentes das normas de direito real, incluídas as de direito de vizinhança; e

c) a legislação trabalhista;

III – definir livremente, em mercados não regulados, o preço de produtos e de serviços como consequência de alterações da oferta e da demanda;

IV – receber tratamento isonômico de órgãos e de entidades da administração pública quanto ao exercício de atos de liberação da atividade econômica, hipótese em que o ato de liberação estará vinculado aos mesmos critérios de interpretação adotados em decisões administrativas análogas anteriores, observado o disposto em regulamento;

V – gozar de presunção de boa-fé nos atos praticados no exercício da atividade econômica, para os quais as dúvidas de interpretação do direito civil, empresarial, econômico e urbanístico serão resolvidas de forma a preservar a autonomia privada, exceto se houver expressa disposição legal em contrário;

VI – desenvolver, executar, operar ou comercializar novas modalidades de produtos e de serviços quando as normas infralegais se tornarem desatualizadas por força de desenvolvimento tecnológico consolidado internacionalmente, nos termos estabelecidos em regulamento, que disciplinará os requisitos para aferição da situação concreta, os procedimentos, o momento e as condições dos efeitos;

VII – *Vetado*;

VIII – ter a garantia de que os negócios jurídicos empresariais paritários serão objeto de livre estipulação das partes pactuantes, de forma a aplicar todas as regras de direito empresarial apenas de maneira subsidiária ao avençado, exceto normas de ordem pública;

IX – ter a garantia de que, nas solicitações de atos públicos de liberação da atividade econômica que se sujeitam ao disposto nesta Lei, apresentados todos os elementos necessários à instrução do processo, o particular será cientificado expressa e imediatamente do prazo máximo estipulado para a análise de seu pedido e de que, transcorrido o prazo fixado, o silêncio da autoridade competente importará aprovação tácita para todos os efeitos, ressalvadas as hipóteses expressamente vedadas em lei;

X – arquivar qualquer documento por meio de microfilme ou por meio digital, conforme técnica e requisitos estabelecidos em regulamento, hipótese em que se equiparará a documento físico para todos os efeitos legais e para a comprovação de qualquer ato de direito público;

XI – não ser exigida medida ou prestação compensatória ou mitigatória abusiva, em sede de estudos de impacto ou outras liberações de atividade econômica no direito urbanístico, entendida como aquela que:

a) Vetada;

b) requeira medida que já era planejada para execução antes da solicitação pelo particular, sem que a atividade econômica altere a demanda para execução da referida medida;

c) utilize-se do particular para realizar execuções que compensem impactos que existiriam independentemente do empreendimento ou da atividade econômica solicitada;

d) requeira a execução ou prestação de qualquer tipo para áreas ou situação além daquelas diretamente impactadas pela atividade econômica; ou

e) mostre-se sem razoabilidade ou desproporcional, inclusive utilizada como meio de coação ou intimidação; e

XII – não ser exigida pela administração pública direta ou indireta certidão sem previsão expressa em lei.

§ 1º Para fins do disposto no inciso I do *caput* deste artigo:

I – ato do Poder Executivo federal disporá sobre a classificação de atividades de baixo risco a ser observada na ausência de legislação estadual, distrital ou municipal específica;

II – na hipótese de ausência de ato do Poder Executivo federal de que trata o inciso I deste parágrafo, será aplicada resolução do Comitê para Gestão da Rede Nacional para a Simplificação do Registro e da Legalização de Empresas e Negócios (CGSIM), independentemente da aderência do ente federativo à Rede Nacional para a Simplificação do Registro e da Legalização de Empresas e Negócios (Redesim); e

III – na hipótese de existência de legislação estadual, distrital ou municipal sobre a classificação de atividades de baixo risco, o ente federativo que editar ou tiver editado norma específica encaminhará notificação ao Ministério da Economia sobre a edição de sua norma.

§ 2º A fiscalização do exercício do direito de que trata o inciso I do *caput* deste artigo será realizada posteriormente, de ofício ou como consequência de denúncia encaminhada à autoridade competente.

§ 3º O disposto no inciso III do *caput* deste artigo não se aplica:

I – às situações em que o preço de produtos e de serviços seja utilizado com a finalidade de reduzir o valor do tributo, de postergar a sua arrecadação ou de remeter lucros em forma de custos ao exterior; e

II – à legislação de defesa da concorrência, aos direitos do consumidor e às demais disposições protegidas por lei federal.

§ 4º *Revogado pela Lei 14.011/2020.*

§ 5º O disposto no inciso VIII do *caput* deste artigo não se aplica à empresa pública e à sociedade de economia mista definidas nos arts. 3º e 4º da Lei 13.303, de 30 de junho de 2016.

§ 6º O disposto no inciso IX do *caput* deste artigo não se aplica quando:

I – versar sobre questões tributárias de qualquer espécie ou de concessão de registro de marcas;

II – a decisão importar em compromisso financeiro da administração pública; e

III – houver objeção expressa em tratado em vigor no País.

§ 7º A aprovação tácita prevista no inciso IX do *caput* deste artigo não se aplica quando a titularidade da solicitação for de agente público ou de seu cônjuge, companheiro ou parente em linha reta ou colateral, por consanguinidade ou afinidade, até o 3º (terceiro) grau, dirigida a autoridade administrativa ou política do próprio órgão ou entidade da administração pública em que desenvolva suas atividades funcionais.

§ 8º O prazo a que se refere o inciso IX do *caput* deste artigo será definido pelo órgão ou pela entidade da administração pública solicitada, observados os princípios da impessoalidade e da eficiência e os limites máximos estabelecidos em regulamento.

§ 9º *Vetado*.

§ 10. O disposto no inciso XI do *caput* deste artigo não se aplica às situações de acordo resultantes de ilicitude.

§ 11. Para os fins do inciso XII do *caput* deste artigo, é ilegal delimitar prazo de validade de certidão emitida sobre fato imutável, inclusive sobre óbito.

<div align="center">CAPÍTULO III</div>
<div align="center">DAS GARANTIAS DE LIVRE-INICIATIVA</div>

Art. 4º É dever da administração pública e das demais entidades que se vinculam a esta Lei, no exercício de regulamentação de norma pública pertencente à legislação sobre a qual esta Lei versa, exceto se em estrito cumprimento à previsão explícita em lei, evitar o abuso do poder regulatório de maneira a, indevidamente:

I – criar reserva de mercado ao favorecer, na regulação, grupo econômico, ou profissional, em prejuízo dos demais concorrentes;

II – redigir enunciados que impeçam a entrada de novos competidores nacionais ou estrangeiros no mercado;

III – exigir especificação técnica que não seja necessária para atingir o fim desejado;

IV – redigir enunciados que impeçam ou retardem a inovação e a adoção de novas tecnologias, processos ou modelos de negócios, ressalvadas as situações consideradas em regulamento como de alto risco;

V – aumentar os custos de transação sem demonstração de benefícios;

VI – criar demanda artificial ou compulsória de produto, serviço ou atividade profissional, inclusive de uso de cartórios, registros ou cadastros;

VII – introduzir limites à livre formação de sociedades empresariais ou de atividades econômicas;

VIII – restringir o uso e o exercício da publicidade e propaganda sobre um setor econômico, ressalvadas as hipóteses expressamente vedadas em lei federal; e

IX – exigir, sob o pretexto de inscrição tributária, requerimentos de outra natureza de maneira a mitigar os efeitos do inciso I do *caput* do art. 3º desta Lei.

Art. 4º-A. É dever da administração pública e das demais entidades que se sujeitam a esta Lei, na aplicação da ordenação pública sobre atividades econômicas privadas:

▶ Artigo acrescido pela Lei 14.195/2021.

I – dispensar tratamento justo, previsível e isonômico entre os agentes econômicos;

II – proceder à lavratura de autos de infração ou aplicar sanções com base em termos subjetivos ou abstratos somente quando estes forem propriamente regulamentados por meio de critérios claros, objetivos e previsíveis; e

III – observar o critério de dupla visita para lavratura de autos de infração decorrentes do exercício de atividade considerada de baixo ou médio risco.

§ 1º Os órgãos e as entidades competentes, na forma do inciso II do *caput* deste artigo, editarão atos normativos para definir a aplicação e a incidência de conceitos subjetivos ou abstratos por meio de critérios claros, objetivos e previsíveis, observado que:

I – nos casos de imprescindibilidade de juízo subjetivo para a aplicação da sanção, o ato normativo determinará o procedimento para sua aplicação, de forma a garantir a maior previsibilidade e impessoalidade possível;

II – a competência da edição dos atos normativos infralegais equivalentes a que se refere este parágrafo poderá ser delegada pelo Poder competente conforme sua autonomia, bem como pelo órgão ou pela entidade responsável pela lavratura do auto de infração.

§ 2º Para os fins administrativos, controladores e judiciais, consideram-se plenamente atendidos pela administração pública os requisitos previstos no inciso II do *caput* deste artigo, quando a advocacia pública, no âmbito da União, dos Estados, do Distrito Federal e dos Municípios, nos limites da respectiva competência, tiver previamente analisado o ato de que trata o § 1º deste artigo.

§ 3º Os órgãos e as entidades deverão editar os atos normativos previstos no § 1º deste artigo no prazo de 4 (quatro) anos, podendo o Poder Executivo estabelecer prazo inferior em regulamento.

§ 4º O disposto no inciso II do *caput* deste artigo aplica-se exclusivamente ao ato de lavratura decorrente de infrações referentes a matérias nas quais a atividade foi considerada de baixo ou médio risco, não se aplicando a órgãos e a entidades da administração pública que não a tenham assim classificado, de forma direta ou indireta, de acordo com os seguintes critérios:

I – direta, quando realizada pelo próprio órgão ou entidade da administração pública que procede à lavratura; e

II – indireta, quando o nível de risco aplicável decorre de norma hierarquicamente superior ou subsidiária, por força de lei, desde que a classificação refira-se explicitamente à matéria sobre a qual se procederá a lavratura.

<div align="center">CAPÍTULO IV</div>
<div align="center">DA ANÁLISE DE IMPACTO REGULATÓRIO</div>

Art. 5º As propostas de edição e de alteração de atos normativos de interesse geral de agentes econômicos ou de usuários dos serviços prestados, editadas por órgão ou entidade da administração pública federal, incluídas as autarquias e as fundações públicas, serão precedidas da realização de análise de impacto regulatório, que conterá informações e dados sobre os possíveis efeitos do ato normativo para verificar a razoabilidade do seu impacto econômico.

▶ Decreto 10.411/2020, regulamenta a análise de impacto regulatório, de que trata este artigo.

Parágrafo único. Regulamento disporá sobre a data de início da exigência de que trata o *caput* deste artigo e sobre o conteúdo, a metodologia da análise de impacto regulatório, os quesitos mínimos a serem objeto de

exame, as hipóteses em que será obrigatória sua realização e as hipóteses em que poderá ser dispensada.

CAPÍTULO V
DAS ALTERAÇÕES LEGISLATIVAS E DISPOSIÇÕES FINAIS

Art. 6º Fica extinto o Fundo Soberano do Brasil (FSB), fundo especial de natureza contábil e financeira, vinculado ao Ministério da Economia, criado pela Lei 11.887, de 24 de dezembro de 2008.

Art. 7º A Lei 10.406, de 10 de janeiro de 2002 (Código Civil), passa a vigorar com as seguintes alterações:
 ▸ Alterações inseridas na referida Lei.

Art. 8º O art. 85 da Lei 6.404, de 15 de dezembro de 1976, passa a vigorar com as seguintes alterações:
 ▸ Referida Lei não foi selecionada para a presente obra.

Art. 9º O art. 4º da Lei 11.598, de 3 de dezembro de 2007, passa a vigorar acrescido do seguinte § 5º:

Referida Lei não foi selecionada para a presente obra.

Art. 10. A Lei 12.682, de 9 de julho de 2012, passa a vigorar acrescida do seguinte art. 2º-A:
 ▸ Referida Lei não foi selecionada para a presente obra.

Art. 11. O Decreto-Lei 9.760, de 5 de setembro de 1946, passa a vigorar com as seguintes alterações:
 ▸ Referida Lei não foi selecionada para a presente obra.

Art. 12. O art. 1º da Lei 6.015, de 31 de dezembro de 1973, passa a vigorar acrescido do seguinte § 3º:
 ▸ Referida Lei não foi selecionada para a presente obra.

Art. 13. A Lei 10.522, de 19 de julho de 2002, passa a vigorar com as seguintes alterações:
 ▸ Alterações inseridas na referida Lei.

Art. 14. A Lei 8.934, de 18 de novembro de 1994, passa a vigorar com as seguintes alterações:

Referida Lei não foi selecionada para a presente obra.

Art. 15. A Consolidação das Leis do Trabalho, aprovada pelo Decreto-Lei 5.452, de 1º de maio de 1943, passa a vigorar com as seguintes alterações:
 ▸ Alterações inseridas na referida Lei.

Art. 16. O Sistema de Escrituração Digital das Obrigações Fiscais, Previdenciárias e Trabalhistas (eSocial) será substituído, em nível federal, por sistema simplificado de escrituração digital de obrigações previdenciárias, trabalhistas e fiscais.

Parágrafo único. Aplica-se o disposto no *caput* deste artigo às obrigações acessórias à versão digital gerenciadas pela Receita Federal do Brasil do Livro de Controle de Produção e Estoque da Secretaria Especial da Receita Federal do Brasil (Bloco K).

Art. 17. Ficam resguardados a vigência e a eficácia ou os efeitos dos atos declaratórios do Procurador-Geral da Fazenda Nacional, aprovados pelo Ministro de Estado respectivo e editados até a data de publicação desta Lei, nos termos do inciso II do *caput* do art. 19 da Lei 10.522, de 19 de julho de 2002.

Art. 18. A eficácia do disposto no inciso X do *caput* do art. 3º desta Lei fica condicionada à regulamentação em ato do Poder Executivo federal, observado que:

I – para documentos particulares, qualquer meio de comprovação da autoria, integridade e, se necessário, confidencialidade de documentos em forma eletrônica é válido, desde que escolhido de comum acordo pelas partes ou aceito pela pessoa a quem for oposto o documento; e

II – independentemente de aceitação, o processo de digitalização que empregar o uso da certificação no padrão da Infraestrutura de Chaves Públicas Brasileira (ICP-Brasil) terá garantia de integralidade, autenticidade e confidencialidade para documentos públicos e privados.

Art. 19. Ficam revogados:

I – a Lei Delegada 4, de 26 de setembro de 1962;

II – os seguintes dispositivos do Decreto-Lei 73, de 21 de novembro de 1966:

a) inciso III do *caput* do art. 5º; e

b) inciso X do *caput* do art. 32;

III – a Lei 11.887, de 24 de dezembro de 2008;

IV – *Vetado*;

V – os seguintes dispositivos da Consolidação das Leis do Trabalho, aprovada pelo Decreto-Lei 5.452, de 1º de maio de 1943:

a) art. 17;

b) art. 20;

c) art. 21;

d) art. 25;

e) art. 26;

f) art. 30;

g) art. 31;

h) art. 32;

i) art. 33;

j) art. 34;

k) inciso II do art. 40;

l) art. 53;

m) art. 54;

n) art. 56;

o) art. 141;

p) parágrafo único do art. 415;

q) art. 417;

r) art. 419;

s) art. 420;

t) art. 421;

u) art. 422; e

v) art. 633.

VI – os seguintes dispositivos da Lei 8.934, de 18 de novembro de 1994:

a) parágrafo único do art. 2º;

b) inciso VIII do *caput* do art. 35;

c) art. 43; e

d) parágrafo único do art. 47.

Art. 20. Esta Lei entra em vigor:

I – *Vetado*;

II – na data de sua publicação, para os demais artigos.
Brasília, 20 de setembro de 2019; 198º da Independência e 131º da República.

Jair Messias Bolsonaro

LEI 13.979, DE 6 DE FEVEREIRO DE 2020

Dispõe sobre as medidas para enfrentamento da emergência de saúde pública de importância internacional decorrente do coronavírus responsável pelo surto de 2019.

DOU 07.02.2020

O PRESIDENTE DA REPÚBLICA Faço saber que o Congresso Nacional decreta e eu sanciono a seguinte Lei:

Art. 1º Esta Lei dispõe sobre as medidas que poderão ser adotadas para enfrentamento da emergência de saúde pública de importância internacional decorrente do coronavírus responsável pelo surto de 2019.

§ 1º As medidas estabelecidas nesta Lei objetivam a proteção da coletividade.

§ 2º Ato do Ministro de Estado da Saúde disporá sobre a duração da situação de emergência de saúde pública de que trata esta Lei.

§ 3º O prazo de que trata o § 2º deste artigo não poderá ser superior ao declarado pela Organização Mundial de Saúde.

Art. 2º Para fins do disposto nesta Lei, considera-se:

I – isolamento: separação de pessoas doentes ou contaminadas, ou de bagagens, meios de transporte, mercadorias ou encomendas postais afetadas, de outros, de maneira a evitar a contaminação ou a propagação do coronavírus; e

II – quarentena: restrição de atividades ou separação de pessoas suspeitas de contaminação das pessoas que não estejam doentes, ou de bagagens, contêineres, animais, meios de transporte ou mercadorias suspeitos de contaminação, de maneira a evitar a possível contaminação ou a propagação do coronavírus.

Parágrafo único. As definições estabelecidas pelo Artigo 1 do Regulamento Sanitário Internacional, constante do Anexo ao Decreto 10.212, de 30 de janeiro de 2020, aplicam-se ao disposto nesta Lei, no que couber.

Art. 3º Para enfrentamento da emergência de saúde pública de importância internacional de que trata esta Lei, as autoridades poderão adotar, no âmbito de suas competências, entre outras, as seguintes medidas:
 ▸ *Caput* com redação pela Lei 14.035/2020.
 ▸ O STF, por maioria, referendou a concessão parcial de cautelar na ADIN 6.625 para conferir interpretação conforme à CF a este artigo, "a fim de excluir de seu âmbito de aplicação as medidas extraordinárias previstas nos arts. 3º, 3º-A, 3º-B, 3º-C, 3º-D, 3º-E, 3º-F, 3º- G, 3º-H e 3º-J, inclusive dos respectivos parágrafos, incisos e alíneas (...)" (*DOU* 16.03.2021).

I – isolamento;

II – quarentena;

III – determinação de realização compulsória de:

a) exames médicos;

b) testes laboratoriais;

c) coleta de amostras clínicas;

d) vacinação e outras medidas profiláticas; ou

 ▸ O STF, por maioria, julgou parcialmente procedentes as ADINs 6.586 e 6.587 para conferir interpretação conforme à CF a esta alínea: "(i) A vacinação compulsória não significa vacinação forçada, porquanto facultada sempre a recusa do usuário, podendo, contudo, ser implementada por meio de medidas indiretas, as quais compreendem, dentre outras, a restrição ao exercício de certas atividades ou à frequência de determinados lugares, desde que previstas em lei, ou dela decorrentes, e (i) tenham como base evidências científicas e análises estratégicas pertinentes, (ii) venham acompanhadas de ampla informação sobre a eficácia, segurança e contraindicações dos imunizantes, (iii) respeitem a dignidade humana e os direitos fundamentais das pessoas, (iv) atendam aos critérios de razoabilidade e proporcionalidade e (v) sejam as vacinas distribuídas universal e gratuitamente; e (II) tais medidas, com as limitações acima expostas, podem ser implementadas tanto pela União como pelos Estados, Distrito Federal e Municípios, respeitadas as respectivas esferas de competência" (*DOU 08.02.2021*).

e) tratamentos médicos específicos;

III-A – uso obrigatório de máscaras de proteção individual;
 ▸ Inciso III-A acrescido pela Lei 14.019/2020.

IV – estudo ou investigação epidemiológica;

V – exumação, necropsia, cremação e manejo de cadáver;

VI – restrição excepcional e temporária, por rodovias, portos ou aeroportos, de:
 ▸ Inciso VI com redação pela Lei 14.035/2020.

a) entrada e saída do País; e

b) locomoção interestadual e intermunicipal.

VII – requisição de bens e serviços de pessoas naturais e jurídicas, hipótese em que será garantido o pagamento posterior de indenização justa; e

VIII – autorização excepcional e temporária para a importação de produtos sujeitos à vigilância sanitária sem registro na Anvisa, desde que:

VIII – autorização excepcional e temporária para a importação e distribuição de quaisquer materiais, medicamentos, equipamentos e insumos da área de saúde sujeitos à vigilância sanitária sem registro na Anvisa considerados essenciais para auxiliar no combate à pandemia do coronavírus, desde que:
 ▸ Inciso VIII com redação pela Lei 14.006/2020.

a) registrados por pelo menos 1 (uma) das seguintes autoridades sanitárias estrangeiras e autorizados à distribuição comercial em seus respectivos países:
 ▸ Alínea *a* com redação pela Lei 14.006/2020.

1. Food and Drug Administration (FDA);
 ▸ Itens 1 a 4 acrescidos pela Lei 14.006/2020.

2. European Medicines Agency (EMA);

3. Pharmaceuticals and Medical Devices Agency (PMDA);

4. National Medical Products Administration (NMPA);

b) Revogada pela Lei 14.006/2020.

§ 1º As medidas previstas neste artigo somente poderão ser determinadas com base em evidências científicas e em análises sobre as informações estratégicas em saúde e deverão ser limitadas no tempo e no espaço ao mínimo indispensável à promoção e à preservação da saúde pública.

§ 2º Ficam assegurados às pessoas afetadas pelas medidas previstas neste artigo:

I – o direito de serem informadas permanentemente sobre o seu estado de saúde e a assistência à família conforme regulamento;

II – o direito de receberem tratamento gratuito;

III – o pleno respeito à dignidade, aos direitos humanos e às liberdades fundamentais das pessoas, conforme preconiza o Artigo 3 do Regulamento Sanitário Internacional, constante do Anexo ao Decreto 10.212, de 30 de janeiro de 2020.

§ 3º Será considerada falta justificada ao serviço público ou à atividade laboral privada o período de ausência decorrente das medidas previstas neste artigo.

§ 4º As pessoas deverão sujeitar-se ao cumprimento das medidas previstas neste artigo, e o descumprimento delas acarretará responsabilização, nos termos previstos em lei.

§ 5º Ato do Ministro de Estado da Saúde:

I – disporá sobre as condições e os prazos aplicáveis às medidas previstas nos incisos I e II do *caput* deste artigo; e

II – Revogado pela Lei 14.006/2020.

§ 6º Ato conjunto dos Ministros de Estado da Saúde, da Justiça e Segurança Pública e da Infraestrutura disporá sobre as medidas previstas no inciso VI do *caput* deste artigo, observado o disposto no inciso I do § 6º-B deste artigo.
 ▸ § 6º com redação pela Lei 14.035/2020.

§ 6º-B. As medidas previstas no inciso VI do *caput* deste artigo deverão ser precedidas de recomendação técnica e fundamentada:

I –da Agência Nacional de Vigilância Sanitária (Anvisa), em relação à entrada e saída do País e à locomoção interestadual; ou

II –do respectivo órgão estadual de vigilância sanitária, em relação à locomoção intermunicipal.

§ 6º-C. *Vetado.*

§ 6º-D. *Vetado.*

§ 7º As medidas previstas neste artigo poderão ser adotadas:

I – pelo Ministério da Saúde, exceto o constante do inciso VIII do *caput* deste artigo;

▸ Inciso I com redação pela Lei 14.006/2020.

II – pelos gestores locais de saúde, desde que autorizados pelo Ministério da Saúde, nas hipóteses dos incisos I, II, III-A, V e VI do *caput* deste artigo;

▸ Inciso II com redação pela Lei 14.035/2020.

III – pelos gestores locais de saúde, nas hipóteses dos incisos III, IV e VII do *caput* deste artigo.

IV – pela Anvisa, na hipótese do inciso VIII do *caput* deste artigo.

▸ Inciso IV acrescido pela Lei 14.006/2020.

§ 7º-A. A autorização de que trata o inciso VIII do *caput* deste artigo deverá ser concedida pela Anvisa em até 72 (setenta e duas) horas após a submissão do pedido à Agência, dispensada a autorização de qualquer outro órgão da administração pública direta ou indireta para os produtos que especifica, sendo concedida automaticamente caso esgotado o prazo sem manifestação.

▸ § 7º-A acrescido pela Lei 14.006/2020, vetado pelo Presidente da República e rejeitado o veto pelo Congresso Nacional.

§ 7º-B. O médico que prescrever ou ministrar medicamento cuja importação ou distribuição tenha sido autorizada na forma do inciso VIII do *caput* deste artigo deverá informar ao paciente ou ao seu representante legal que o produto ainda não tem registro na Anvisa e foi liberado por ter sido registrado por autoridade sanitária estrangeira.

▸ § 7º-B acrescido pela Lei 14.006/2020.

§ 7º-C. Os serviços públicos e atividades essenciais, cujo funcionamento deverá ser resguardado quando adotadas as medidas previstas neste artigo, incluem os relacionados ao atendimento a mulheres em situação de violência doméstica e familiar, nos termos da Lei 11.340, de 7 de agosto de 2006, a crianças, a adolescentes, a pessoas idosas e a pessoas com deficiência vítimas de crimes tipificados na Lei 8.069, de 13 de julho de 1990 (Estatuto da Criança e do Adolescente), na Lei 10.741, de 1º de outubro de 2003 (Estatuto do Idoso), na Lei 13.146, de 6 de julho de 2015 (Estatuto da Pessoa com Deficiência), e no Decreto-Lei 2.848, de 7 de dezembro de 1940 (Código Penal).

▸ § 7º-C acrescido pela Lei 14.022/2020.

§ 8º Na ausência da adoção de medidas de que trata o inciso II do § 7º deste artigo, ou até sua superveniência, prevalecerão as determinações:

I – do Ministério da Saúde em relação aos incisos I, II, III, IV, V e VII do *caput* deste artigo; e

II – do ato conjunto de que trata o § 6º em relação às medidas previstas no inciso VI do *caput* deste artigo.

§ 9º A adoção das medidas previstas neste artigo deverá resguardar o abastecimento de produtos e o exercício e o funcionamento de serviços públicos e de atividades essenciais, assim definidos em decreto da respectiva autoridade federativa.

§ 10. As medidas a que se referem os incisos I, II e VI do *caput*, observado o disposto nos incisos I e II do § 6º-B deste artigo, quando afetarem a execução de serviços públicos e de atividades essenciais, inclusive os regulados, concedidos ou autorizados, somente poderão ser adotadas em ato específico e desde que haja articulação prévia com o órgão regulador ou o poder concedente ou autorizador.

§ 11. É vedada a restrição à ação de trabalhadores que possa afetar o funcionamento de serviços públicos e de atividades essenciais, definidos conforme previsto no § 9º deste artigo, e as cargas de qualquer espécie que possam acarretar desabastecimento de gêneros necessários à população.

▸ §§ 8º a 11 acrescidos pela Lei 14.035/2020.

Art. 3º-A. É obrigatório manter boca e nariz cobertos por máscara de proteção individual, conforme a legislação sanitária e na forma de regulamentação estabelecida pelo Poder Executivo federal, para circulação em espaços públicos e privados acessíveis ao público, em vias públicas e em transportes públicos coletivos, bem como em:

▸ Artigo acrescido pela Lei 14.019/2020.

▸ O STF, por maioria, referendou a concessão parcial de cautelar na ADIN 6.625 para conferir interpretação conforme à CF a este artigo, "a fim de excluir de seu âmbito de aplicação as medidas extraordinárias previstas nos arts. 3º, 3º-A, 3º-B, 3º-C, 3º-D, 3º-E, 3º-F, 3º- G, 3º-H e 3º-J, inclusive dos respectivos parágrafos, incisos e alíneas (...)" (*DOU* 16.03.2021).

I – veículos de transporte remunerado privado individual de passageiros por aplicativo ou por meio de táxis;

II – ônibus, aeronaves ou embarcações de uso coletivo fretados;

III – estabelecimentos comerciais e industriais, templos religiosos, estabelecimentos de ensino e demais locais fechados em que haja reunião de pessoas.

▸ Inciso III vetado pelo Presidente da República e rejeitado o veto pelo Congresso Nacional.

§ 1º O descumprimento da obrigação prevista no *caput* deste artigo acarretará a imposição de multa definida e regulamentada pelo ente federado competente, devendo ser consideradas como circunstâncias agravantes na gradação da penalidade:

I – ser o infrator reincidente;

II – ter a infração ocorrido em ambiente fechado.

§ 2º A definição e a regulamentação referidas no § 1º deste artigo serão efetuadas por decreto ou por ato administrativo do respectivo Poder Executivo, que estabelecerá as autoridades responsáveis pela fiscalização da obrigação prevista no *caput* e pelo recolhimento da multa prevista no § 1º deste artigo.

▸ §§ 1º e 2º vetados pelo Presidente da República e rejeitado o veto pelo Congresso Nacional.

§§ 3º a 5º Vetados.

§ 6º Em nenhuma hipótese será exigível a cobrança da multa pelo descumprimento da obrigação prevista no *caput* deste artigo às populações vulneráveis economicamente.

▸ § 6º vetado pelo Presidente da República e rejeitado o veto pelo Congresso Nacional.

§ 7º A obrigação prevista no *caput* deste artigo será dispensada no caso de pessoas com transtorno do espectro autista, com deficiência intelectual, com deficiências sensoriais ou com quaisquer outras deficiências que as impeçam de fazer o uso adequado de máscara de proteção facial, conforme declaração médica, que poderá ser obtida por meio digital, bem como no caso de crianças com menos de 3 (três) anos de idade.

▸ § 7º acrescido pela Lei 14.019/2020.

§ 8º As máscaras a que se refere o *caput* deste artigo podem ser artesanais ou industriais.

▸ § 8º acrescido pela Lei 14.019/2020.

Art. 3º-B. Os estabelecimentos em funcionamento durante a pandemia da Covid-19 são obrigados a fornecer gratuitamente a seus funcionários e colaboradores máscaras de proteção individual, ainda que de fabricação artesanal, sem prejuízo de outros equipamentos de proteção individual estabelecidos pelas normas de segurança e saúde do trabalho.

▸ Artigo acrescido pela Lei 14.019/2020, vetado pelo Presidente da República e rejeitado o veto pelo Congresso Nacional.

▸ O STF, por maioria, referendou a concessão parcial de cautelar na ADIN 6.625 para conferir interpretação conforme à CF a este artigo, "a fim de excluir de seu âmbito de aplicação as medidas extraordinárias previstas nos arts. 3º, 3º-A, 3º-B, 3º-C, 3º-D, 3º-E, 3º-F, 3º- G, 3º-H e 3º-J, inclusive dos respectivos parágrafos, incisos e alíneas (...)" (*DOU 16.03.2021*).

§ 1º O descumprimento da obrigação prevista no *caput* deste artigo acarretará a imposição de multa definida e regulamentada pelos entes federados, observadas na gradação da penalidade:

I – a reincidência do infrator;

II – a ocorrência da infração em ambiente fechado, hipótese que será considerada como circunstância agravante;

III – a capacidade econômica do infrator.

§ 2º O disposto no § 1º deste artigo será regulamentado por decreto ou por ato administrativo do respectivo Poder Executivo, que estabelecerá as autoridades responsáveis pela fiscalização da obrigação prevista no *caput* e pelo recolhimento da multa prevista no § 1º deste artigo.

▸ §§ 1º e 2º vetados pelo Presidente da República e rejeitado o veto pelo Congresso Nacional.

§§ 3º a 4º Vetados.

§ 5º Os órgãos, entidades e estabelecimentos a que se refere este artigo deverão afixar cartazes informativos sobre a forma de uso correto de máscaras e o número máximo de pessoas permitidas ao mesmo tempo dentro do estabelecimento, nos termos de regulamento.

▸ Artigo acrescido pela Lei 14.019/2020.

▸ O STF, por unanimidade, julgou procedente as ADPFs 714, 715 e 718 a fim de que seja restabelecida a plena vigência normativa do § 5º do art. 3º-B e do art. 3º-F da Lei 13.979/2020, na redação conferida pela Lei 14.019, de 2 de julho de 2020" (*DOU 23.02.2021*)

§ 6º *Vetado.*

Art. 3º-C. As multas previstas no § 1º do art. 3º-A e no § 1º do art. 3º-B desta Lei somente serão aplicadas na ausência de normas estaduais ou municipais que estabeleçam multa com hipótese de incidência igual ou semelhante.

▸ Artigo acrescido pela Lei 14.019/2020, vetado pelo Presidente da República e rejeitado o veto pelo Congresso Nacional.

▸ O STF, por maioria, referendou a concessão parcial de cautelar na ADIN 6.625 para conferir interpretação conforme à CF a este artigo, "a fim de excluir de seu âmbito de aplicação as medidas extraordinárias previstas nos arts. 3º, 3º-A, 3º-B, 3º-C, 3º-D, 3º-E, 3º-F, 3º- G, 3º-H e 3º-J, inclusive dos respectivos parágrafos, incisos e alíneas (...)" (*DOU 16.03.2021*).

Art. 3º-D. Os valores recolhidos das multas previstas no § 1º do art. 3º-A e no § 1º do art. 3º-B desta Lei deverão ser utilizados obrigatoriamente em ações e serviços de saúde.

▸ Artigo acrescido pela Lei 14.019/2020, vetado pelo Presidente da República e rejeitado o veto pelo Congresso Nacional.

▸ O STF, por maioria, referendou a concessão parcial de cautelar na ADIN 6.625 para conferir interpretação conforme à CF a este artigo, "a fim de excluir de seu âmbito de aplicação as medidas extraordinárias previstas nos arts. 3º, 3º-A, 3º-B, 3º-C, 3º-D, 3º-E, 3º-F, 3º- G, 3º-H e 3º-J, inclusive dos respectivos parágrafos, incisos e alíneas (...)" (*DOU 16.03.2021*).

Parágrafo único. Os valores recolhidos deverão ser informados em portais de transparência ou, na falta destes, em outro meio de publicidade, para fins de prestação de contas.

Art. 3º-E. É garantido o atendimento preferencial em estabelecimentos de saúde aos profissionais de saúde e aos profissionais da segurança pública, integrantes dos órgãos previstos no art. 144 da Constituição Federal, diagnosticados com a Covid-19, respeitados os protocolos nacionais de atendimento médico.

▸ Artigo acrescido pela Lei 14.019/2020.

▸ O STF, por maioria, referendou a concessão parcial de cautelar na ADIN 6.625 para conferir interpretação conforme à CF a este artigo, "a fim de excluir de seu âmbito de aplicação as medidas extraordinárias previstas nos arts. 3º, 3º-A, 3º-B, 3º-C, 3º-D, 3º-E, 3º-F, 3º- G, 3º-H e 3º-J, inclusive dos respectivos parágrafos, incisos e alíneas (...)" (*DOU 16.03.2021*).

Art. 3º-F. É obrigatório o uso de máscaras de proteção individual nos estabelecimentos prisionais e nos estabelecimentos de cumprimento de medidas socioeducativas, observado o disposto no *caput* do art. 3º-B desta Lei.

▸ Artigo acrescido pela Lei 14.019/2020.

▸ O STF, por unanimidade, julgou procedente as ADPFs 714, 715 e 718 "a fim de que seja restabelecida a plena vigência normativa do § 5º do art. 3º-B e do art. 3º-F da Lei 13.979/2020, na redação conferida pela Lei 14.019, de 2 de julho de 2020" (DOU 23.02.2021)

▸ O STF, por maioria, referendou a concessão parcial de cautelar na ADIN 6.625 para conferir interpretação conforme à CF a este artigo, "a fim de excluir de seu âmbito de aplicação as medidas extraordinárias previstas nos arts. 3º, 3º-A, 3º-B, 3º-C, 3º-D, 3º-E, 3º-F, 3º- G, 3º-H e 3º-J, inclusive dos respectivos parágrafos, incisos e alíneas (...)" (*DOU 16.03.2021*).

Art. 3º-G. As concessionárias e empresas de transporte público deverão atuar em colaboração com o poder público na fiscalização do cumprimento das normas de utilização obrigatória de máscaras de proteção individual, podendo inclusive vedar, nos terminais e meios de transporte por elas operados, a entrada de passageiros em desacordo com as normas estabelecidas pelo respectivo poder concedente.

▸ Artigo acrescido pela Lei 14.019/2020.

▸ O STF, por maioria, referendou a concessão parcial de cautelar na ADIN 6.625 para conferir interpretação conforme à CF a este artigo, "a fim de excluir de seu âmbito de aplicação as medidas extraordinárias previstas nos arts. 3º, 3º-A, 3º-B, 3º-C, 3º-D, 3º-E, 3º-F, 3º- G, 3º-H e 3º-J, inclusive dos respectivos parágrafos, incisos e alíneas (...)" (*DOU 16.03.2021*).

Parágrafo único. O poder público concedente regulamentará o disposto neste artigo, inclusive em relação ao estabelecimento de multas pelo seu descumprimento.

Art. 3º-H. Os órgãos e entidades públicos, por si, por suas empresas, concessionárias ou permissionárias ou por qualquer outra forma de empreendimento, bem como o setor privado de bens e serviços, deverão adotar medidas de prevenção à proliferação de doenças, como a assepsia de locais de circulação de pessoas e do interior de veículos de toda natureza usados em serviço e a disponibilização aos usuários de produtos higienizantes e saneantes.

▸ Artigo acrescido pela Lei 14.019/2020.

▸ O STF, por maioria, referendou a concessão parcial de cautelar na ADIN 6.625 para conferir interpretação conforme à CF a este artigo, "a fim de excluir de seu âmbito de aplicação as medidas extraordinárias previstas nos arts. 3º, 3º-A, 3º-B, 3º-C, 3º-D, 3º-E, 3º-F, 3º- G, 3º-H e 3º-J, inclusive dos respectivos parágrafos, incisos e alíneas (...)" (*DOU 16.03.2021*).

Parágrafo único. Incorrerá em multa, a ser definida e regulamentada pelo Poder Executivo do ente federado competente, o estabelecimento autorizado a

funcionar durante a pandemia da Covid-19 que deixar de disponibilizar álcool em gel a 70% (setenta por cento) em locais próximos a suas entradas, elevadores e escadas rolantes.

▶ Parágrafo único vetado pelo Presidente da República e rejeitado o veto pelo Congresso Nacional.

Art. 3º-I. *Vetado.*
▶ Artigo acrescido pela Lei 14.019/2020.

Art. 3º-J. Durante a emergência de saúde pública decorrente do coronavírus responsável pelo surto de 2019, o poder público e os empregadores ou contratantes adotarão, imediatamente, medidas para preservar a saúde e a vida de todos os profissionais considerados essenciais ao controle de doenças e à manutenção da ordem pública.

▶ Artigo acrescido pela Lei 14.023/2020.
▶ O STF, por maioria, referendou a concessão parcial de cautelar na ADIN 6.625 para conferir interpretação conforme à CF a este artigo, "a fim de excluir de seu âmbito de aplicação as medidas extraordinárias previstas nos arts. 3º, 3º-A, 3º-B, 3º-C, 3º-D, 3º-E, 3º-F, 3º- G, 3º-H e 3º-J, inclusive dos respectivos parágrafos, incisos e alíneas (...)" (DOU 16.03.2021).

§ 1º Para efeitos do disposto no *caput* deste artigo, são considerados profissionais essenciais ao controle de doenças e à manutenção da ordem pública:

I – médicos;

II – enfermeiros;

III – fisioterapeutas, terapeutas ocupacionais, fonoaudiólogos e profissionais envolvidos nos processos de habilitação e reabilitação;

IV – psicólogos;

V – assistentes sociais;

VI – policiais federais, civis, militares, penais, rodoviários e ferroviários e membros das Forças Armadas;

VII – agentes socioeducativos, agentes de segurança de trânsito e agentes de segurança privada;

VIII – brigadistas e bombeiros civis e militares;

IX – vigilantes que trabalham em unidades públicas e privadas de saúde;

X – assistentes administrativos que atuam no cadastro de pacientes em unidades de saúde;

XI – agentes de fiscalização;

XII – agentes comunitários de saúde;

XIII – agentes de combate às endemias;

XIV – técnicos e auxiliares de enfermagem;

XV – técnicos, tecnólogos e auxiliares em radiologia e operadores de aparelhos de tomografia computadorizada e de ressonância nuclear magnética;

XVI – maqueiros, maqueiros de ambulância e padioleiros;

XVII – cuidadores e atendentes de pessoas com deficiência, de pessoas idosas ou de pessoas com doenças raras;

XVIII – biólogos, biomédicos e técnicos em análises clínicas;

XIX – médicos-veterinários;

XX – coveiros, atendentes funerários, motoristas funerários, auxiliares funerários e demais trabalhadores de serviços funerários e de autópsias;

XXI – profissionais de limpeza;

XXII – profissionais que trabalham na cadeia de produção de alimentos e bebidas, incluídos os insumos;

XXIII – farmacêuticos, bioquímicos e técnicos em farmácia;

XXIV – cirurgiões-dentistas, técnicos em saúde bucal e auxiliares em saúde bucal;

XXV – aeronautas, aeroviários e controladores de voo;

XXVI – motoristas de ambulância;

XXVII – guardas municipais;

XXVIII – profissionais dos Centros de Referência de Assistência Social (Cras) e dos Centros de Referência Especializados de Assistência Social (Creas);

XXIX – servidores públicos que trabalham na área da saúde, inclusive em funções administrativas;

XXX – outros profissionais que trabalhem ou sejam convocados a trabalhar nas unidades de saúde durante o período de isolamento social ou que tenham contato com pessoas ou com materiais que ofereçam risco de contaminação pelo novo coronavírus.

§ 2º O poder público e os empregadores ou contratantes fornecerão, gratuitamente, os equipamentos de proteção individual (EPIs) recomendados pela Anvisa aos profissionais relacionados no § 1º deste artigo que estiverem em atividade e em contato direto com portadores ou possíveis portadores do novo coronavírus, considerados os protocolos indicados para cada situação.

§ 3º Os profissionais essenciais ao controle de doenças e à manutenção da ordem pública que estiverem em contato direto com portadores ou possíveis portadores do novo coronavírus terão prioridade para fazer testes de diagnóstico da Covid-19 e serão tempestivamente tratados e orientados sobre sua condição de saúde e sobre sua aptidão para retornar ao trabalho.

Art. 4º É dispensável a licitação para aquisição ou contratação de bens, serviços, inclusive de engenharia, e insumos destinados ao enfrentamento da emergência de saúde pública de importância internacional de que trata esta Lei.

▶ *Caput* com redação pela Lei 14.035/2020.

§ 1º A dispensa de licitação a que se refere o *caput* deste artigo é temporária e aplica-se apenas enquanto perdurar a emergência de saúde pública de importância internacional decorrente do coronavírus.

§ 2º Todas as aquisições ou contratações realizadas com base nesta Lei serão disponibilizadas, no prazo máximo de 5 (cinco) dias úteis, contado da realização do ato, em site oficial específico na internet, observados, no que couber, os requisitos previstos no § 3º do art. 8º da Lei 12.527, de 18 de novembro de 2011, com o nome do contratado, o número de sua inscrição na Secretaria da Receita Federal do Brasil, o prazo contratual, o valor e o respectivo processo de aquisição ou contratação, além das seguintes informações:

▶ § 2º com redação pela Lei 14.035/2020.

I – o ato que autoriza a contratação direta ou o extrato decorrente do contrato;

II – a discriminação do bem adquirido ou do serviço contratado e o local de entrega ou de prestação;

III – o valor global do contrato, as parcelas do objeto, os montantes pagos e o saldo disponível ou bloqueado, caso exista;

IV – as informações sobre eventuais aditivos contratuais;

▶ Incisos I a IV com redação pela Lei 14.035/2020.

V – a quantidade entregue em cada unidade da Federação durante a execução do contrato, nas contratações de bens e serviços.

▶ Inciso V acrescido pela Lei 14.035/2020.

VI – as atas de registros de preços das quais a contratação se origine.

▶ Inciso VI acrescido pela Lei 14.065/2020.

§ 3º Na situação excepcional de, comprovadamente, haver uma única fornecedora do bem ou prestadora do serviço, será possível a sua contratação, independentemente da existência de sanção de impedimento ou de suspensão de contratar com o poder público.

▶ § 3º acrescido pela Lei 14.035/2020.

§ 3º-A. No caso de que trata o § 3º deste artigo, é obrigatória a prestação de garantia nas modalidades previstas no art. 56 da Lei 8.666, de 21 de junhode 1993, que não poderá exceder a 10% (dez por cento) do valor do contrato.

▶ § 3º-A acrescido pela Lei 14.035/2020.

§ 4º Na hipótese de dispensa de licitação a que se refere o *caput* deste artigo, quando se tratar de compra ou de contratação por mais de um órgão ou entidade, poderá ser utilizado o sistema de registro de preços, previsto no inciso II do *caput* do art. 15 da Lei 8.666, de 21 de junho de 1993.

§ 5º Nas situações abrangidas pelo § 4º deste artigo, o ente federativo poderá aplicar o regulamento federal sobre registro de preços se não houver regulamento que lhe seja especificamente aplicável.

§ 6º O órgão ou entidade gerenciador da compra estabelecerá prazo entre 2 (dois) e 8 (oito) dias úteis, contado da data de divulgação da intenção de registro de preço, para que outros órgãos e entidades manifestem interesse em participar do sistema de registro de preços realizado nos termos dos §§ 4º e 5º deste artigo.

§ 7º O disposto nos §§ 2º e 3º do art. 4º-E desta Lei não se aplica a sistema de registro de preços fundamentado nesta Lei.

§ 8º Nas contratações celebradas após 30 (trinta) dias da assinatura da ata de registro de preços, a estimativa de preços será refeita, com o intuito de verificar se os preços registrados permanecem compatíveis com os praticados no âmbito dos órgãos e entidades da administração pública, nos termos do inciso VI do § 1º do art. 4º-E desta Lei.

▶ §§ 4º a 8º acrescidos pela Lei 14.065/2020.

Art. 4º-A. A aquisição ou contratação de bens e serviços, inclusive de engenharia, a que se refere o *caput* do art. 4º desta Lei, não se restringe a equipamentos novos, desde que o fornecedor se responsabilize pelas plenas condições de uso e de funcionamento do objeto contratado.

Art. 4º-B. Nas dispensas de licitação decorrentes do disposto nesta Lei, presumem-se comprovadas as condições de:

I – ocorrência de situação de emergência;

II – necessidade de pronto atendimento da situação de emergência;

III – existência de risco à segurança de pessoas, de obras, de prestação de serviços, de equipamentos e de outros bens, públicos ou particulares; e

IV – limitação da contratação à parcela necessária ao atendimento da situação de emergência.

Art. 4º-C. Para a aquisição ou contratação de bens, serviços, inclusive de engenharia, e insumos necessários ao enfren-tamento da emergência de saúde pública de que trata esta Lei, não será exigida a elaboração de estudos preliminares quando se tratar de bens e de serviços comuns.

Art. 4º-D. O gerenciamento de riscos da contratação somente será exigível durante a gestão do contrato."

Art. 4º-E. Nas aquisições ou contratações de bens, serviços e insumos necessários ao enfrentamento da emergência de saúde pública de importância internacional de que trata esta Lei, será admitida a apresentação de termo de referência simplificado ou de projeto básico simplificado.

§ 1º O termo de referência simplificado ou o projeto básico simplificado referidos no *caput* deste artigo conterá:

I – declaração do objeto;

II – fundamentação simplificada da contratação;

III – descrição resumida da solução apresentada;

IV – requisitos da contratação;

V – critérios de medição e de pagamento;

VI – estimativa de preços obtida por meio de, no mínimo, 1 (um) dos seguintes parâmetros:

a) Portal de Compras do Governo Federal;

b) pesquisa publicada em mídia especializada;

c) sites especializados ou de domínio amplo;

d) contratações similares de outros entes públicos; ou

e) pesquisa realizada com os potenciais fornecedores;

VII – adequação orçamentária.

§ 2º Excepcionalmente, mediante justificativa da autoridade competente, será dispensada a estimativa de preços de que trata o inciso VI do § 1º deste artigo.

§ 3º Os preços obtidos a partir da estimativa de que trata o inciso VI do § 1º deste artigo não impedem a contratação pelo poder público por valores superiores decorrentes de oscilações ocasionadas pela variação de preços, desde que observadas as seguintes condições:

I – negociação prévia com os demais fornecedores, segundo a ordem de classificação, para obtenção de condições mais vantajosas; e

II – efetiva fundamentação, nos autos da contratação correspondente, da variação de preços praticados no mercado por motivo superveniente.

Art. 4º-F. Na hipótese de haver restrição de fornecedores ou de prestadores de serviço, a autoridade competente, excepcionalmente e mediante justificativa, poderá dispensar a apresentação de documentação relativa à regularidade fiscal ou, ainda, o cumprimento de 1 (um) ou mais requisitos de habilitação, ressalvados a exigência de apresentação de prova de regularidade trabalhista e o cumprimento do disposto no inciso XXXIII do *caput* do art. 7º da Constituição Federal.

Art. 4º-G. Nos casos de licitação na modalidade pregão, eletrônico ou presencial, cujo objeto seja a aquisição ou con-tratação de bens, serviços e insumos necessários ao enfrentamento da emergência de saúde pública de importância internacional de que trata esta Lei, os prazos dos procedimentos licitatórios serão reduzidos pela metade.

§ 1º Quando o prazo original de que trata o *caput* deste artigo for número ímpar, este será arredondado para o número inteiro antecedente.

§ 2º Os recursos dos procedimentos licitatórios somente terão efeito devolutivo.

§ 3º Fica dispensada a realização de audiência pública a que se refere o art. 39 da Lei 8.666, de 21 de junho de 1993, para as licitações de que trata o *caput* deste artigo.

§ 4º As licitações de que trata o *caput* deste artigo realizadas por meio de sistema de registro de preços serão consideradas compras nacionais e observarão o disposto em regulamento editado pelo Poder Executivo

federal, observado o prazo estabelecido no § 6º do art. 4º desta Lei.

> § 4º acrescido pela Lei 14.065/2020.

Art. 4º-H. Os contratos regidos por esta Lei terão prazo de duração de até 6 (seis) meses e poderão ser prorrogados por períodos sucessivos, enquanto vigorar o Decreto Legislativo 6, de 20 de março de 2020, respeitados os prazos pactuados.

Art. 4º-I. Para os contratos decorrentes dos procedimentos previstos nesta Lei, a administração pública poderá prever que os contratados fiquem obrigados a aceitar, nas mesmas condições contratuais, acréscimos ou supressões ao objeto contratado de até 50% (cinquenta por cento) do valor inicial atualizado do contrato.

> Artigos 4º-C a 4º-I acrescidos pela Lei 14.035/2020.

Art. 4º-J. Os órgãos e entidades da administração pública federal poderão aderir a ata de registro de preços gerenciada por órgão ou entidade estadual, distrital ou municipal em procedimentos realizados nos termos desta Lei, até o limite, por órgão ou entidade, de 50% (cinquenta por cento) dos quantitativos dos itens do instrumento convocatório e registrados na ata de registro de preços para o órgão gerenciador e para os órgãos participantes.

Parágrafo único. As contratações decorrentes das adesões à ata de registro de preços de que trata o *caput* deste artigo não poderão exceder, na totalidade, ao dobro do quantitativo de cada item registrado na ata de registro de preços para o órgão gerenciador e para os órgãos participantes, independentemente do número de órgãos não participantes que aderirem.

> Artigo acrescido pela Lei 14.065/2020.

Art. 4º-K. Os órgãos de controle interno e externo priorizarão a análise e a manifestação quanto à legalidade, à legitimidade e à economicidade das despesas decorrentes dos contratos ou das aquisições realizadas com fundamento nesta Lei.

Parágrafo único. Os tribunais de contas devem atuar para aumentar a segurança jurídica na aplicação das normas desta Lei, inclusive por meio de respostas a consultas.

> Artigo acrescido pela Lei 14.065/2020.

Art. 5º Toda pessoa colaborará com as autoridades sanitárias na comunicação imediata de:

I – possíveis contatos com agentes infecciosos do coronavírus;

II – circulação em áreas consideradas como regiões de contaminação pelo coronavírus.

Art. 5º-A. Enquanto perdurar o estado de emergência de saúde internacional decorrente do coronavírus responsável pelo surto de 2019:

> Artigo acrescido pela Lei 14.022/2020.

I – os prazos processuais, a apreciação de matérias, o atendimento às partes e a concessão de medidas protetivas que tenham relação com atos de violência doméstica e familiar cometidos contra mulheres, crianças, adolescentes, pessoas idosas e pessoas com deficiência serão mantidos, sem suspensão;

II – o registro da ocorrência de violência doméstica e familiar contra a mulher e de crimes cometidos contra criança, adolescente, pessoa idosa ou pessoa com deficiência poderá ser realizado por meio eletrônico ou por meio de

número de telefone de emergência designado para tal fim pelos órgãos de segurança pública;

Parágrafo único. Os processos de que trata o inciso I do *caput* deste artigo serão considerados de natureza urgente.

Art. 5º-B. O receituário médico ou odontológico de medicamentos sujeitos a prescrição e de uso contínuo será válido pelo menos enquanto perdurarem as medidas de isolamento para contenção do surto da Covid-19.

> Artigo acrescido pela Lei 14.028/2020.

§ 1º O disposto no *caput* não se aplica ao receituário de medicamentos sujeitos ao controle sanitário especial, que seguirá a regulamentação da Anvisa.

§ 2º *Vetado.*

Art. 6º É obrigatório o compartilhamento entre órgãos e entidades da administração pública federal, estadual, distrital e municipal de dados essenciais à identificação de pessoas infectadas ou com suspeita de infecção pelo coronavírus, com a finalidade exclusiva de evitar a sua propagação.

§ 1º A obrigação a que se refere o *caput* deste artigo estende-se às pessoas jurídicas de direito privado quando os dados forem solicitados por autoridade sanitária.

§ 2º O Ministério da Saúde manterá dados públicos e atualizados sobre os casos confirmados, suspeitos e em investigação, relativos à situação de emergência pública sanitária, resguardando o direito ao sigilo das informações pessoais.

I – na execução de serviços de engenharia, o valor estabelecido na alínea "a" do inciso I do *caput* do art. 23 da Lei 8.666, de 21 de junho de 1993; e

II – nas compras em geral e outros serviços, o valor estabelecido na alínea "a" do inciso II do *caput* do art. 23 da Lei 8.666, de 1993.

Parágrafo único. Fica suspenso o transcurso dos prazos prescricionais para aplicação de sanções administrativas previstas na Lei 8.112, de 1990, na Lei 9.873, de 1999, na Lei 12.846, de 2013, e nas demais normas aplicáveis a empregados públicos.

Art. 6º-A. Para a concessão de suprimento de fundos e por item de despesa, e para as aquisições e as contratações a que se refere o *caput* do art. 4º desta Lei, quando a movimentação for realizada por meio de Cartão de Pagamento do Governo, ficam estabelecidos os seguintes limites:

> Artigo acrescido pela Lei 14.035/2020.

I – na execução de serviços de engenharia, o valor estabelecido na alínea "a" do inciso I do *caput* do art. 23 da Lei 8.666, de 21 de junho de 1993; e

II – nas compras em geral e em outros serviços, o valor estabelecido na alínea "a" do inciso II do *caput* do art. 23 da Lei 8.666, de 21 de junho de 1993.

Art. 7º O Ministério da Saúde editará os atos necessários à regulamentação e operacionalização do disposto nesta Lei.

Art. 8º Esta Lei vigorará enquanto estiver vigente o Decreto Legislativo 6, de 20 de março de 2020, observado o disposto no art. 4º-H desta Lei.

> Artigo com redação pela Lei 14.035/2020.

Art. 9º Esta Lei entra em vigor na data de sua publicação.

Brasília, 6 de fevereiro de 2020; 199º da Independência e 132º da República.

Jair Messias Bolsonaro

DECRETO LEGISLATIVO 6, DE 2020

Reconhece, para os fins do art. 65 da Lei Complementar 101, de 4 de maio de 2000, a ocorrência do estado de calamidade pública, nos termos da solicitação do Presidente da República encaminhada por meio da Mensagem 93, de 18 de março de 2020.

DOU 20.3.2019 – extra C

O Congresso Nacional decreta:

Art. 1º Fica reconhecida, exclusivamente para os fins do art. 65 da Lei Complementar 101, de 4 de maio de 2000, notadamente para as dispensas do atingimento dos resultados fiscais previstos no art. 2º da Lei 13.898, de 11 de novembro de 2019, e da limitação de empenho de que trata o art. 9º da Lei Complementar 101, de 4 de maio de 2000, a ocorrência do estado de calamidade pública, com efeitos até 31 de dezembro de 2020, nos termos da solicitação do Presidente da República encaminhada por meio da Mensagem 93, de 18 de março de 2020.

Art. 2º Fica constituída Comissão Mista no âmbito do Congresso Nacional, composta por 6 (seis) deputados e 6 (seis) senadores, com igual número de suplentes, com o objetivo de acompanhar a situação fiscal e a execução orçamentária e financeira das medidas relacionadas à emergência de saúde pública de importância internacional relacionada ao coronavírus (Covid-19).

§ 1º Os trabalhos poderão ser desenvolvidos por meio virtual, nos termos definidos pela Presidência da Comissão.

§ 2º A Comissão realizará, mensalmente, reunião com o Ministério da Economia, para avaliar a situação fiscal e a execução orçamentária e financeira das medidas relacionadas à emergência de saúde pública de importância internacional relacionada ao coronavírus (Covid-19).

§ 3º Bimestralmente, a Comissão realizará audiência pública com a presença do Ministro da Economia, para apresentação e avaliação de relatório circunstanciado da situação fiscal e da execução orçamentária e finan-

ceira das medidas relacionadas à emergência de saúde pública de importância internacional relacionada ao coronavírus (Covid-19), que deverá ser publicado pelo Poder Executivo antes da referida audiência.

Art. 3º Este Decreto Legislativo entra em vigor na data de sua publicação.

Senado Federal, em 20 de março de 2020.

Senador Antonio Anastasia

LEI 14.010, DE 10 DE JUNHO DE 2020

Dispõe sobre o Regime Jurídico Emergencial e Transitório das relações jurídicas de Direito Privado (RJET) no período da pandemia do coronavírus (Covid-19).

DOU 12.06.2020

O PRESIDENTE DA REPÚBLICA Faço saber que o Congresso Nacional decreta e eu sanciono a seguinte Lei:

CAPÍTULO I
DISPOSIÇÕES GERAIS

Art. 1º Esta Lei institui normas de caráter transitório e emergencial para a regulação de relações jurídicas de Direito Privado em virtude da pandemia do coronavírus (Covid-19).

Parágrafo único. Para os fins desta Lei, considera-se 20 de março de 2020, data da publicação do Decreto Legislativo 6, como termo inicial dos eventos derivados da pandemia do coronavírus (Covid-19).

Art. 2º A suspensão da aplicação das normas referidas nesta Lei não implica sua revogação ou alteração.

CAPÍTULO II
DA PRESCRIÇÃO E DECADÊNCIA

Art. 3º Os prazos prescricionais consideram-se impedidos ou suspensos, conforme o caso, a partir da entrada em vigor desta Lei até 30 de outubro de 2020.

§ 1º Este artigo não se aplica enquanto perdurarem as hipóteses específicas de impedimento, suspensão e interrupção dos prazos prescricionais previstas no ordenamento jurídico nacional.

§ 2º Este artigo aplica-se à decadência, conforme ressalva prevista no art. 207 da Lei 10.406, de 10 de janeiro de 2002 (Código Civil).

CAPÍTULO III
DAS PESSOAS JURÍDICAS DE DIREITO PRIVADO

Art. 4º As pessoas jurídicas de direito privado referidas nos incisos I a III do art. 44 do Código Civil deverão observar as restrições à realização de reuniões e assembleias presenciais até 30 de outubro de 2020, durante a vigência desta Lei, observadas as determinações sanitárias das autoridades locais.

> Vetado pelo Presidente da República e rejeitado o veto pelo Congresso Nacional.

Art. 5º A assembleia geral, inclusive para os fins do art. 59 do Código Civil, até 30 de outubro de 2020, poderá ser realizada por meios eletrônicos, independentemente de previsão nos atos constitutivos da pessoa jurídica.

Parágrafo único. A manifestação dos participantes poderá ocorrer por qualquer meio eletrônico indicado pelo administrador, que assegure a identificação do participante e a segurança do voto, e produzirá todos os efeitos legais de uma assinatura presencial.

CAPÍTULO IV

Art. 6º As consequências decorrentes da pandemia do coronavírus (Covid-19) nas execuções dos contratos, incluídas as previstas no art. 393 do Código Civil, não terão efeitos jurídicos retroativos.

> Vetado pelo Presidente da República e rejeitado o veto pelo Congresso Nacional.

Art. 7º Não se consideram fatos imprevisíveis, para os fins exclusivos dos arts. 317, 478, 479 e 480 do Código Civil, o aumento da inflação, a variação cambial, a desvalorização ou a substituição do padrão monetário.

> Vetado pelo Presidente da República e o veto foi rejeitado pelo Congresso Nacional.

§ 1º As regras sobre revisão contratual previstas na Lei 8.078, de 11 de setembro de 1990 (Código de Defesa do Consumidor), e na Lei 8.245, de 18 de outubro de 1991, não se sujeitam ao disposto no *caput* deste artigo.

§ 2º Para os fins desta Lei, as normas de proteção ao consumidor não se aplicam às relações contratuais subordinadas ao Código Civil, incluindo aquelas estabelecidas exclusivamente entre empresas ou empresários.

CAPÍTULO V
DAS RELAÇÕES DE CONSUMO

Art. 8º Até 30 de outubro de 2020, fica suspensa a aplicação do art. 49 do Código de Defesa do Consumidor na hipótese de entrega domiciliar (delivery) de produtos perecíveis ou de consumo imediato e de medicamentos.

CAPÍTULO VI
DAS LOCAÇÕES DE IMÓVEIS URBANOS

Art. 9º Não se concederá liminar para desocupação de imóvel urbano nas ações de despejo, a que se refere o art. 59, § 1º, incisos I, II, V, VII, VIII e IX, da Lei 8.245, de 18 de outubro de 1991, até 30 de outubro de 2020.
▶ Vetado pelo Presidente da República e rejeitado o veto pelo Congresso Nacional.

CAPÍTULO VII
DA USUCAPIÃO

Art. 10. Suspendem-se os prazos de aquisição para a propriedade imobiliária ou mobiliária, nas diversas espécies de usucapião, a partir da entrada em vigor desta Lei até 30 de outubro de 2020.

CAPÍTULO VIII
DOS CONDOMÍNIOS EDILÍCIOS

Art. 11. *Vetado.*

Art. 12. A assembleia condominial, inclusive para os fins dos arts. 1.349 e 1.350 do Código Civil, e a respectiva votação poderão ocorrer, em caráter emergencial, até 30 de outubro de 2020, por meios virtuais, caso em que a manifestação de vontade de cada condômino será equiparada, para todos os efeitos jurídicos, à sua assinatura presencial.

Parágrafo único. Não sendo possível a realização de assembleia condominial na forma prevista no *caput*, os mandatos de síndico vencidos a partir de 20 de março de 2020 ficam prorrogados até 30 de outubro de 2020.

Art. 13. É obrigatória, sob pena de destituição do síndico, a prestação de contas regular de seus atos de administração.

CAPÍTULO IX
DO REGIME CONCORRENCIAL

Art. 14. Ficam sem eficácia os incisos XV e XVII do § 3º do art. 36 e o inciso IV do art. 90 da Lei 12.529, de 30 de novembro de 2011, em relação a todos os atos praticados e com vigência de 20 de março de 2020 até 30 de outubro de 2020 ou enquanto durar o estado de calamidade pública reconhecido pelo Decreto Legislativo 6, de 20 de março de 2020.

§ 1º Na apreciação, pelo órgão competente, das demais infrações previstas no art. 36 da Lei 12.529, de 30 de novembro de 2011, caso praticadas a partir de 20 de março de 2020, e enquanto durar o estado de calamidade pública reconhecido pelo Decreto Legislativo 6, de 20 de março de 2020, deverão ser consideradas as circunstâncias extraordinárias decorrentes da pandemia do coronavírus (Covid-19).

§ 2º A suspensão da aplicação do inciso IV do art. 90 da Lei 12.529, de 30 de novembro de 2011, referida no *caput*, não afasta a possibilidade de análise posterior do ato de concentração ou de apuração de infração à ordem econômica, na forma do art. 36 da Lei 12.529, de 2011, dos acordos que não forem necessários ao combate ou à mitigação das consequências decorrentes da pandemia do coronavírus (Covid-19).

CAPÍTULO X
DO DIREITO DE FAMÍLIA E SUCESSÕES

Art. 15. Até 30 de outubro de 2020, a prisão civil por dívida alimentícia, prevista no art. 528, § 3º e seguintes da Lei 13.105, de 16 de março de 2015 (Código de Processo Civil), deverá ser cumprida exclusivamente sob a modalidade domiciliar, sem prejuízo da exigibilidade das respectivas obrigações.

Art. 16. O prazo do art. 611 do Código de Processo Civil para sucessões abertas a partir de 1º de fevereiro de 2020 terá seu termo inicial dilatado para 30 de outubro de 2020.

Parágrafo único. O prazo de 12 (doze) meses do art. 611 do Código de Processo Civil, para que seja ultimado o processo de inventário e de partilha, caso iniciado antes de 1º de fevereiro de 2020, ficará suspenso a partir da entrada em vigor desta Lei até 30 de outubro de 2020.

CAPÍTULO XI

Art. 17. *Vetado.*
Art. 18. *Vetado.*

CAPÍTULO XII
DISPOSIÇÕES FINAIS

Art. 19. *Vetado.*

Art. 20. O *caput* do art. 65 da Lei 13.709, de 14 de agosto de 2018, passa a vigorar acrescido do seguinte inciso I-A:
▶ Alterações inseridas na referida Lei.

Art. 21. Esta Lei entra em vigor na data de sua publicação.

Brasília, 10 de junho de 2020; 199 da Independência e 132 da República.

Jair Messias Bolsonaro

PORTARIA CONJUNTA 20, DE 18 DE JUNHO DE 2020

Estabelece as medidas a serem observadas visando à prevenção, controle e mitigação dos riscos de transmissão da COVID-19 nos ambientes de trabalho (orientações gerais).

DOU 19.06.2020

O SECRETÁRIO ESPECIAL DE PREVIDÊNCIA E TRABALHO DO MINISTÉRIO DA ECONOMIA e o MINISTRO DE ESTADO DA SAÚDE INTERINO, no uso das atribuições que lhes conferem o art. 71 do Decreto 9.745, de 8 de abril de 2020, e os incisos I e II do parágrafo único do art. 87 da Constituição, respectivamente, e tendo em vista o disposto na Lei 13.979, de 6 de fevereiro de 2020, que dispõe sobre as medidas para enfrentamento da emergência de saúde pública de importância internacional decorrente do coronavírus (COVID-19) responsável pelo surto de 2019, resolvem:

Art. 1º Aprovar, na forma prevista no Anexo I desta Portaria, as medidas necessárias a serem observadas pelas organizações visando à prevenção, controle e mitigação dos riscos de transmissão da COVID-19 em ambientes de trabalho, de forma a preservar a segurança e a saúde dos trabalhadores, os empregos e a atividade econômica.

§ 1º As medidas previstas nesta portaria não se aplicam aos serviços de saúde, para os quais devem ser observadas as orientações e regulamentações específicas, e poderão ser revistas ou atualizadas por meio de portaria conjunta, a qualquer momento em razão dos avanços no conhecimento e controle da pandemia.

§ 2º O disposto nessa Portaria não determina ou autoriza a abertura de estabelecimento, apenas apresenta conjunto de disposições a serem observadas por aqueles que se encontrarem em funcionamento.

Art. 2º O disposto nesta Portaria não autoriza o descumprimento, pelas organizações:

I – das normas regulamentadoras de segurança e saúde no trabalho;

II – das demais regulamentações sanitárias aplicáveis;

III – de outras disposições que, no âmbito de suas competências, sejam incluídas em regulamentos sanitários dos Estados, Distrito Federal ou Municípios; e

IV – de medidas de saúde, higiene e segurança do trabalho oriundas de convenções e acordos coletivos de trabalho.

Art. 3º Orientações setoriais complementares poderão ser emitidas pela Secretaria de Trabalho da Secretaria Especial de Previdência e Trabalho do Ministério da Economia ou pelo Ministério da Saúde, no âmbito de suas competências.

Art. 4º As disposições contidas nesta Portaria são de observância obrigatória pelos órgãos integrantes da estrutura organizacional da Secretaria Especial de Previdência e Trabalho do Ministério da Economia e do Ministério da Saúde, pelas entidades da administração pública federal indireta a este vinculadas, nos termos do Decreto nº 9.960, de 1º de janeiro de 2019, e por seus respectivos agentes públicos, durante o enfrentamento do estado de calamidade pública reconhecido pelo Decreto Legislativo 6, de 20 de março de 2020, e da emergência de saúde pública de importância internacional decorrente do coronavírus (COVID-19), decretada pelo Ministro de Estado da Saúde, em 3 de fevereiro de 2020, nos termos do disposto na Lei 13.979, de 6 de fevereiro de 2020, com a finalidade de prevenção contra a COVID-19.

Art. 5º Esta Portaria entra em vigor:

I – quanto ao item 7.2 do Anexo I, em quinze dias;

II – quanto aos demais dispositivos, na data de sua publicação e produzirá efeitos até o término da declaração de emergência em saúde pública, previsto na Portaria nº 188/GM/MS, de 2020.

BRUNO BIANCO LEAL
Secretário Especial de Previdência e Trabalho do Ministério da Economia
EDUARDO PAZUELLO
Ministro de Estado da Saúde Interino

ANEXO I
▶ Anexo I com redação pela Portaria MTP/MS 17/2022.

Medidas para prevenção, controle e mitigação dos riscos de transmissão do coronavírus (Covid-19) em ambientes de trabalho

1. Medidas gerais

1.1 A organização deve adotar medidas necessárias para prevenção, controle e mitigação dos riscos de transmissão da Covid-19 nos ambientes de trabalho.

1.2 As medidas devem incluir:

a) medidas de prevenção nos ambientes de trabalho, nas áreas comuns da organização, como refeitórios, banheiros, vestiários, áreas de descanso e no transporte de trabalhadores, quando fornecido pela organização;

b) ações para identificação precoce e afastamento dos trabalhadores com sinais e sintomas compatíveis com a Covid-19;

c) procedimentos para que os trabalhadores possam reportar à organização, inclusive de forma remota, sinais ou sintomas compatíveis com a Covid-19 ou contato com caso confirmado da doença; e

d) instruções sobre higiene das mãos e etiqueta respiratória.

1.3 A organização deve informar aos trabalhadores sobre a Covid-19, as formas de contágio, os sinais, os sintomas e os cuidados necessários para a redução da transmissão no ambiente de trabalho e na comunidade.

1.3.1 A organização deve estender essas informações aos trabalhadores terceirizados e de outras organizações que adentrem o estabelecimento.

2. Conduta em relação aos casos suspeitos e confirmados da Covid-19 e seus contatantes

2.1 Considera-se caso confirmado o trabalhador nas seguintes situações:

a) Síndrome Gripal (SG) ou Síndrome Respiratória Aguda Grave (SRAG), conforme definição do Ministério da Saúde, associada à anosmia (disfunção olfativa) ou à ageusia aguda (disfunção gustatória) sem outra causa pregressa, e para o qual não foi possível confirmar Covid-19 por outro critério;

b) SG ou SRAG com histórico de contato próximo ou domiciliar de caso confirmado de Covid-19, nos quatorze dias anteriores ao aparecimento dos sinais e sintomas;

c) SG ou SRAG com resultado de exame laboratorial que confirme Covid-19, de acordo com as orientações do Ministério da Saúde;

d) indivíduo assintomático com resultado de exame laboratorial que confirme Covid-19, de acordo com as orientações do Ministério da Saúde; ou

e) SG ou SRAG ou óbito por SRAG para o qual não foi possível confirmar Covid-19 por critério laboratorial, mas que apresente alterações nos exames de imagem de pulmão sugestivas de Covid-19, de acordo com as orientações do Ministério da Saúde.

2.2 Considera-se caso suspeito todo o trabalhador que apresente quadro compatível com SG ou SRAG, conforme definição do Ministério da Saúde.

2.2.1 É considerado trabalhador com quadro de SG aquele com pelo menos dois dos seguintes sinais e sintomas:

I – febre (mesmo que referida);

II – tosse;

III – dificuldade respiratória;

IV – distúrbios olfativos e gustativos;

V – calafrios;

VI – dor de garganta e de cabeça;

VII – coriza; ou

VIII – diarreia.

2.2.2 É considerado trabalhador com quadro de SRAG aquele que além da SG apresente:

I – dispneia e/ou desconforto respiratório ou pressão ou dor persistente no tórax; ou

II – saturação de oxigênio menor que 95% em ar ambiente ou coloração azulada (cianose) dos lábios ou no rosto.

2.3 Considera-se contatante próximo de caso confirmado da Covid-19 o trabalhador assintomático que esteve próximo de caso confirmado de Covid-19, entre dois dias antes e dez dias após o início dos sinais ou

sintomas ou a data da coleta do exame de confirmação laboratorial (caso confirmado assintomático) do caso, em uma das situações:

a) teve contato durante mais de quinze minutos a menos de um metro de distância, com um caso confirmado, sem ambos utilizarem máscara facial ou a utilizarem de forma incorreta;

b) teve um contato físico direto, como aperto de mãos e abraços, com caso confirmado, sem ambos utilizarem máscara facial ou a utilizarem de forma incorreta;

c) permaneceu a menos de um metro de distância durante transporte por mais de quinze minutos, sem ambos utilizarem máscara facial ou a utilizarem de forma incorreta; ou

d) compartilhou o mesmo ambiente domiciliar com um caso confirmado, incluídos dormitórios e alojamentos.

2.4 A organização deve afastar das atividades laborais presenciais, por dez dias, os trabalhadores considerados casos confirmados de Covid-19.

2.4.1 A organização pode reduzir o afastamento desses trabalhadores das atividades laborais presenciais para sete dias desde que estejam sem febre há 24 horas, sem o uso de medicamento antitérmicos, e com remissão dos sinais e sintomas respiratórios.

2.4.2 A organização deve considerar como primeiro dia de isolamento de caso confirmado o dia seguinte ao dia do início dos sintomas ou da coleta do teste por método molecular (RT-PCR ou RT-LAMP) ou do teste de antígeno.

2.5 A organização deve afastar das atividades laborais presenciais, por dez dias, os trabalhadores considerados contatantes próximos de casos confirmados de Covid-19.

2.5.1 O período de afastamento dos contatantes próximos de caso confirmado de Covid-19 deve ser considerado a partir do último dia de contato entre os contatantes próximos e o caso confirmado.

2.5.2 A organização pode reduzir o afastamento desses trabalhadores das atividades laborais presenciais para sete dias desde que tenha sido realizado teste por método molecular (RT-PCR ou RT-LAMP) ou teste de antígeno a partir do quinto dia após o contato, se o resultado do teste for negativo.

2.5.3 Não é obrigatório o afastamento das atividades laborais presenciais dos trabalhadores considerados contatantes próximos de casos confirmados de Covid-19 que estejam com vacinação completa, de acordo com o esquema vacinal recomendado pelo Ministério da Saúde.

2.5.4 Os contatantes próximos que residem com caso confirmado de Covid-19 devem apresentar documento comprobatório da doença do caso confirmado.

2.6 A organização deve afastar das atividades laborais presenciais, por 10 dias, os trabalhadores considerados casos suspeitos de Covid-19.

2.6.1 A organização pode reduzir o afastamento desses trabalhadores das atividades laborais presenciais para sete dias desde que estejam sem febre há 24 horas, sem o uso de medicamento antitérmicos, e com remissão dos sinais e sintomas respiratórios.

2.6.2 A organização deve considerar como primeiro dia de isolamento de caso suspeito o dia seguinte ao dia do início dos sintomas.

2.6.3 Os trabalhadores afastados nos termos do subitem 2.6 poderão retornar às suas atividades laborais presenciais antes do período determinado de afastamento quando teste por método molecular (RT-PCR ou RT-LAMP) ou teste de antígeno, realizado a partir do 5º dia, descartar a Covid-19 de acordo com as orientações do Ministério da Saúde.

2.7 O autoteste para detecção de antígeno do SARS-CoV-2 tem apenas caráter de triagem e orientação e não pode ser utilizado para fins de afastamento ou de retorno ao trabalho.

2.8 A organização deve orientar seus empregados afastados do trabalho nos termos dos subitens 2.4, 2.5 e 2.6 a permanecer em suas residências, assegurada a manutenção da remuneração durante o afastamento.

2.9 A organização deve estabelecer procedimentos para identificação de casos suspeitos, incluídos canais para comunicação com os trabalhadores referente ao aparecimento de sinais ou sintomas compatíveis com a Covid-19, e sobre contato com caso confirmado ou suspeito da Covid-19.

2.10 A organização deve levantar informações sobre os contatantes próximos, as atividades, o local de trabalho e as áreas comuns frequentadas pelos trabalhadores com Covid-19.

2.11 A organização deve, na ocorrência de casos confirmados da Covid-19, reavaliar a implementação das medidas de prevenção indicadas.

2.12 A organização deve manter registro atualizado à disposição dos órgãos de fiscalização com informações sobre:

a) trabalhadores por faixa etária;

b) trabalhadores com condições clínicas de risco para desenvolvimento de complicações que podem estar relacionadas a quadros mais graves da Covid-19, de acordo com o subitem 2.13, não permitida a especificação da doença e preservado o sigilo;

c) casos confirmados;

d) trabalhadores contatantes próximos afastados; e

e) medidas tomadas para a adequação dos ambientes de trabalho para a prevenção da Covid-19.

2.13 São consideradas condições clínicas de risco para desenvolvimento de complicações da Covid-19:

a) cardiopatias graves ou descompensadas (insuficiência cardíaca, infartados, revascularizados, portadores de arritmias, hipertensão arterial sistêmica descompensada);

b) pneumopatias graves ou descompensadas (dependentes de oxigênio, portadores de asma moderada/grave, Doença Pulmonar Obstrutiva Crônica – DPOC);

c) imunodeprimidos;

d) doentes renais crônicos em estágio avançado (graus 3, 4 e 5);

e) diabéticos, conforme juízo clínico; e

f) gestantes de alto risco.

3. Higiene das mãos e etiqueta respiratória

3.1 Todos os trabalhadores devem ser orientados sobre a higienização correta e frequente das mãos com utilização de água e sabonete ou, caso não seja possível a lavagem das mãos, com sanitizante adequado como álcool a 70%.

3.2 Devem ser disponibilizados recursos para a higienização das mãos próximos aos locais de trabalho, incluído água, sabonete líquido, toalha de papel descartável e lixeira, cuja abertura não demande contato manual, ou sanitizante adequado para as mãos, como álcool a 70%.

3.3 Deve haver orientação sobre o não compartilhamento de toalhas e produtos de uso pessoal.

3.4 Os trabalhadores devem ser orientados sobre evitar tocar boca, nariz, olhos e rosto com as mãos e sobre praticar etiqueta respiratória, incluído utilizar lenço descartável para higiene nasal, cobrir nariz e boca ao espirrar ou tossir e higienizar as mãos após espirrar ou tossir.

4. Distanciamento social

4.1 A organização deve adotar medidas para aumentar o distanciamento e diminuir o contato pessoal entre trabalhadores e entre esses e o público externo.

4.2 Deve ser mantida distância mínima de um metro entre os trabalhadores e entre os trabalhadores e o público.

4.2.1 Se o distanciamento físico de ao menos um metro não puder ser implementado para reduzir o risco de transmissão entre trabalhadores, clientes, usuários, contratados e visitantes, além das demais medidas previstas neste Anexo, deve-se:

a) para as atividades desenvolvidas em postos fixos de trabalho, manter o uso de máscara cirúrgica ou de tecido, observado o item 8 e seus subitens, e adotar divisórias impermeáveis ou fornecer proteção facial do tipo viseira plástica (face shield) ou óculos de proteção; e

b) para as demais atividades, manter o uso de máscara cirúrgica ou de tecido, observado o item 8 e seus subitens.

4.3 Devem ser adotadas medidas para limitação de ocupação de elevadores, escadas e ambientes restritos, incluídas instalações sanitárias e vestiários.

4.4 A organização deve demarcar e reorganizar os locais e espaços para filas e esperas com, no mínimo, um metro de distância entre as pessoas.

4.5 Pode ser adotado teletrabalho ou em trabalho remoto, a critério do empregador, observando as orientações das autoridades de saúde.

5. Higiene e limpeza dos ambientes

5.1 A organização deve promover a higienização e limpeza dos locais de trabalho sempre que houver a designação de um trabalhador para ocupar o posto de trabalho de outro.

6. Ventilação dos locais de trabalho e áreas comuns

6.1 A ventilação natural dos locais de trabalho e das áreas comuns deve ser privilegiada como medida para aumentar ao máximo a exaustão e a troca de ar dos recintos, observada a viabilidade técnica ou operacional.

6.2 Em ambientes climatizados, a organização deve utilizar o modo de renovação de ar do equipamento, a fim de evitar a recirculação de ar interior.

6.2.1 As manutenções preventivas e corretivas dos equipamentos de climatização devem ser realizadas em atendimento às orientações dos fabricantes e às normas técnicas vigentes.

6.2.2 Quando utilizado sistema de climatização do tipo split, recomenda-se que as portas e janelas sejam mantidas abertas ou que seja adicionado sistema de renovação de ar, observada a viabilidade técnica ou operacional.

6.3 Os sistemas de exaustão instalados devem ser mantidos em funcionamento durante o horário de expediente.

7. Trabalhadores do grupo de risco

7.1 Para os trabalhadores com 60 anos ou mais ou que apresentem condições clínicas de risco para desenvolvimento de complicações da Covid-19, quando não adotado teletrabalho ou em trabalho remoto a critério do empregador, devem ser fornecidas máscaras cirúrgicas ou máscaras do tipo PFF2 (N95) ou equivalentes.

8. Equipamentos de Proteção Individual (EPI) e outros equipamentos de proteção

8.1 A organização deve orientar os trabalhadores sobre o uso, higienização, descarte e substituição das máscaras e outros equipamentos de proteção, bem como sobre suas limitações de proteção contra a Covid-19, seguidas as orientações do fabricante, quando houver, e as recomendações pertinentes dos Ministérios do Trabalho e Previdência e da Saúde.

8.1.1 As máscaras cirúrgicas e de tecido não são consideradas EPI nos termos definidos na Norma Regulamentadora 6 (NR-06) – Equipamento de Proteção Individual e não substituem os EPI para proteção respiratória, quando indicado seu uso.

8.2 Máscaras cirúrgicas ou de tecido devem ser fornecidas para todos os trabalhadores e seu uso exigido em ambientes compartilhados ou naqueles em que haja contato com outros trabalhadores ou público quando o nível de alerta de saúde na unidade da federação estiver nos níveis 3 ou 4 na semana epidemiológica antecedente, segundo a publicação "Avaliação de Risco no Cenário da Covid-19", na Seção "Situação Epidemiológica da Covid-19 por Unidade Federativa e Regiões/Brasil", disponível no endereço eletrônico https://www.gov.br/saude/pt-br/coronavirus/avaliacao-de-risco-para-covid-19.

8.2.1 Considera-se como níveis de alerta de saúde:

a) Nível 1 (Baixo) menos de 25 casos por 100.000 pessoas em 14 dias;

b) Nível 2 (Moderado) de 25 a 150 casos por 100.000 pessoas em 14 dias;

c) Nível 3 (Alto) de 151 a 499 casos por 100.000 pessoas em 14 dias; e

d) Nível 4 (Muito alto) mais de 500 casos por 100.000 pessoas em 14 dias.

8.2.2 As máscaras cirúrgicas ou de tecido devem ser substituídas, no mínimo, a cada quatro horas de uso ou quando estiverem sujas ou úmidas.

8.2.3 As máscaras de tecido devem ser confeccionadas e higienizadas de acordo com as recomendações do Ministério da Saúde.

8.2.4 Ficam dispensados o uso e o fornecimento das máscaras cirúrgicas ou de tecido de que tratam os itens 4.2.1, 7.1 e 8.2 desta Portaria nas unidades laborativas em que, por decisão do ente federativo em que estiverem situadas, não for obrigatório o uso das mesmas em ambientes fechados.

8.3 Os profissionais do serviço médico da organização, quando houver, devem receber EPI ou outros equipamentos de proteção, de acordo com os riscos, incluindo proteção respiratória tipo máscara PFF2 (N95), em conformidade com as orientações e regulamentos do Ministério do Trabalho e Previdência e do Ministério da Saúde.

9. Refeitórios e bebedouros

9.1 É vedado o compartilhamento de copos, pratos e talheres, sem higienização.

9.2 Devem ser implementadas medidas de controle, como:

a) condições para higienização das mãos antes de se servir ou fornecimento de luvas descartáveis;

b) higienização ou troca frequentes de utensílios de cozinha de uso compartilhado, como conchas, pegadores e colheres; e

c) instalação de protetor salivar sobre as estruturas de autosserviço.

9.3 A organização deve realizar higienização e limpeza frequentes das superfícies das mesas, bancadas e cadeiras.

9.4 A organização deve promover nos refeitórios espaçamento mínimo de um metro entre as pessoas com marcação e delimitação de espaços na fila, e nas mesas.

9.4.1 Quando o distanciamento frontal ou transversal não for observado nas mesas, devem ser utilizadas barreiras físicas que possuam altura de, no mínimo, um metro e cinquenta centímetros em relação ao solo.

9.5 A organização deve distribuir os trabalhadores em diferentes horários nos locais de refeição.

9.6 Deve ser entregue jogo de utensílios higienizados, como talheres e guardanapo de papel, embalados individualmente.

9.7 Todos os bebedouros do tipo jato inclinado devem ser adaptados de modo que somente seja possível o consumo de água com o uso de copo descartável ou recipiente de uso individual.

10. Vestiários

10.1 Deve-se evitar aglomeração de trabalhadores na entrada, na saída e durante a utilização do vestiário.

10.1.1 A organização deve orientar os trabalhadores para manter a distância de um metro entre si durante a sua utilização.

10.2 A organização deve orientar os trabalhadores sobre a ordem de desparamentação de vestimentas e equipamentos, de modo que o último equipamento de proteção a ser retirado seja a máscara.

10.3 Devem ser disponibilizados pia com água e sabonete líquido e toalha descartável ou dispensadores de sanitizante adequado para as mãos, como álcool a 70%, na entrada e na saída dos vestiários.

11. Transporte de trabalhadores fornecido pela organização para deslocamento entre residência e trabalho

11.1 Devem ser implantados procedimentos para comunicação, identificação e afastamento de trabalhadores com sintomas da Covid-19 antes do embarque no transporte para o trabalho, quando fornecido pelo empregador, de maneira a impedir o embarque de pessoas sintomáticas ou contatantes próximos de casos confirmados de Covid-19, incluídos terceirizados da organização de fretamento.

11.2 O embarque de trabalhadores no veículo deve ser condicionado ao uso de máscara de proteção, que deve ser utilizada durante toda a permanência no veículo.

11.3 Os trabalhadores devem ser orientados a evitar aglomeração no embarque e no desembarque do veículo de transporte, e devem ser implantadas medidas que garantam distanciamento mínimo de um metro entre eles.

11.4 A organização deve obedecer à capacidade máxima de lotação de passageiros, limitada ao número de assentos do veículo.

11.5 Deve-se manter preferencialmente a ventilação natural dentro dos veículos e, quando for necessária a utilização do sistema de ar-condicionado, deve-se evitar a recirculação do ar.

11.6 Os assentos e demais superfícies do veículo mais frequentemente tocadas pelos trabalhadores devem ser higienizados regularmente.

11.7 A organização deve manter registro dos trabalhadores que utilizam o transporte, listados por veículo e viagem.

12. Serviços Especializados em Engenharia de Segurança e em Medicina do Trabalho (SESMT) e Comissão Interna de Prevenção de Acidentes (CIPA)

12.1 SESMT e CIPA, quando existentes, devem participar das ações de prevenção implementadas pela organização.

12.2 Os trabalhadores de atendimento de saúde do SESMT, como enfermeiros, auxiliares e médicos, devem receber EPI de acordo com os riscos a que estejam expostos, em conformidade com as orientações e regulamentações dos Ministérios do Trabalho e Previdência e da Saúde.

13. Medidas para retomada das atividades

13.1 Quando houver a paralisação das atividades de determinado setor ou do próprio estabelecimento, decorrente da Covid-19 devem ser adotados os seguintes procedimentos antes do retorno das atividades:

a) assegurar a adoção das medidas de prevenção previstas neste Anexo e que possíveis situações que possam ter favorecido a contaminação dos trabalhadores nos ambientes de trabalho tenham sido corrigidas;

b) higienizar e desinfectar o local de trabalho, as áreas comuns e os veículos utilizados;

c) reforçar a comunicação aos trabalhadores sobre as medidas de prevenção à Covid-19; e

d) reforçar o monitoramento dos trabalhadores para garantir o afastamento dos casos confirmados, suspeitos e contatantes próximos de casos confirmados da Covid-19.

13.1.1 Não deve ser exigida testagem laboratorial para a Covid-19 de todos os trabalhadores como condição para retomada das atividades do setor ou do estabelecimento, por não haver, até o momento da edição deste Anexo, recomendação técnica para esse procedimento.

13.1.1.1 Quando adotada a testagem de trabalhadores, esta deve ser realizada de acordo com as recomendações do Ministério da Saúde em relação à indicação, metodologia e interpretação dos resultados.

LEI 14.020, DE 6 DE JULHO DE 2020

Institui o Programa Emergencial de Manutenção do Emprego e da Renda; dispõe sobre medidas complementares para enfrentamento do estado de calamidade pública reconhecido pelo Decreto Legislativo 6, de 20 de março de 2020, e da emergência de saúde pública de importância internacional decorrente do coronavírus, de que trata a Lei 13.979, de 6 de fevereiro de 2020; altera as Leis nos 8.213, de 24 de julho de 1991, 10.101, de 19 de dezembro de 2000, 12.546, de 14 de dezembro de 2011, 10.865, de 30 de abril de 2004, e 8.177, de 1º de março de 1991; e dá outras providências.

DOU 07.07.2020

O PRESIDENTE DA REPÚBLICA Faço saber que o Congresso Nacional decreta e eu sanciono a seguinte Lei:

CAPÍTULO I
DISPOSIÇÕES PRELIMINARES

Art. 1º Esta Lei institui o Programa Emergencial de Manutenção do Emprego e da Renda e dispõe sobre medidas complementares para enfrentamento do estado de calamidade pública reconhecido pelo Decreto Legislativo 6, de 20 de março de 2020, e da emergência de saúde pública de importância internacional decorrente do coronavírus, de que trata a Lei 13.979, de 6 de fevereiro de 2020.

CAPÍTULO II
DO PROGRAMA EMERGENCIAL
DE MANUTENÇÃO DO EMPREGO E DA RENDA

Seção I
Da Instituição, dos Objetivos
e das Medidas do Programa Emergencial de
Manutenção do Emprego e da Renda

Art. 2º Fica instituído o Programa Emergencial de Manutenção do Emprego e da Renda, com aplicação durante o estado de calamidade pública a que se refere o art. 1º desta Lei e com os seguintes objetivos:

I – preservar o emprego e a renda;

II – garantir a continuidade das atividades laborais e empresariais;

III – reduzir o impacto social decorrente das consequências do estado de calamidade pública e da emergência de saúde pública.

Art. 3º São medidas do Programa Emergencial de Manutenção do Emprego e da Renda:

I – o pagamento do Benefício Emergencial de Preservação do Emprego e da Renda;

II – a redução proporcional de jornada de trabalho e de salário; e

III – a suspensão temporária do contrato de trabalho.

Parágrafo único. O disposto no *caput* deste artigo não se aplica, no âmbito da União, dos Estados, do Distrito Federal e dos Municípios, aos órgãos da administração pública direta e indireta, às empresas públicas e às sociedades de economia mista, inclusive às suas subsidiárias, e aos organismos internacionais.

Art. 4º Compete ao Ministério da Economia coordenar, executar, monitorar e avaliar o Programa Emergencial de Manutenção do Emprego e da Renda e editar normas complementares necessárias à sua execução.

Parágrafo único. O Ministério da Economia divulgará semanalmente, por meio eletrônico, as informações detalhadas sobre os acordos firmados, o número de empregados e empregadores beneficiados, bem como divulgará o quantitativo de demissões e admissões mensais realizados no País.

Seção II
Do Benefício Emergencial
de Preservação do Emprego e da Renda

Art. 5º Fica criado o Benefício Emergencial de Preservação do Emprego e da Renda, a ser pago nas seguintes hipóteses:

I – redução proporcional de jornada de trabalho e de salário; e

II – suspensão temporária do contrato de trabalho.

§ 1º O Benefício Emergencial de Preservação do Emprego e da Renda será custeado com recursos da União.

§ 2º O Benefício Emergencial de Preservação do Emprego e da Renda será de prestação mensal e devido a partir da data do início da redução da jornada de trabalho e do salário ou da suspensão temporária do contrato de trabalho, observadas as seguintes disposições:

I – o empregador informará ao Ministério da Economia a redução da jornada de trabalho e do salário ou a suspensão temporária do contrato de trabalho, no prazo de 10 (dez) dias, contado da data da celebração do acordo;

II – a primeira parcela será paga no prazo de 30 (trinta) dias, contado da data da celebração do acordo, desde que a celebração do acordo seja informada no prazo a que se refere o inciso I deste parágrafo; e

III – o Benefício Emergencial de Preservação do Emprego e da Renda será pago exclusivamente enquanto durar a redução da jornada de trabalho e do salário ou a suspensão temporária do contrato de trabalho.

§ 3º Caso a informação de que trata o inciso I do § 2º deste artigo não seja prestada no prazo previsto no referido dispositivo:

I – o empregador ficará responsável pelo pagamento da remuneração no valor anterior à redução da jornada de trabalho e do salário ou à suspensão temporária do contrato de trabalho do empregado, inclusive dos respectivos encargos sociais e trabalhistas, até que a informação seja prestada;

II – a data de início do Benefício Emergencial de Preservação do Emprego e da Renda será fixada na data em que a informação tenha sido efetivamente prestada, e o benefício será devido pelo restante do período pactuado; e

III – a primeira parcela, observado o disposto no inciso II deste parágrafo, será paga no prazo de 30 (trinta) dias, contado da data em que a informação tiver sido efetivamente prestada.

§ 4º Ato do Ministério da Economia disciplinará a forma de:

I – transmissão das informações e das comunicações pelo empregador; e

II – concessão e pagamento do Benefício Emergencial de Preservação do Emprego e da Renda.

§ 5º O recebimento do Benefício Emergencial de Preservação do Emprego e da Renda não impedirá a concessão e não alterará o valor do seguro-desemprego a que o empregado vier a ter direito, desde que cumpridos os requisitos previstos na Lei 7.998, de 11 de janeiro de 1990, no momento de eventual dispensa.

§ 6º O Benefício Emergencial de Preservação do Emprego e da Renda será operacionalizado e pago pelo Ministério da Economia.

§ 7º Serão inscritos em dívida ativa da União os créditos constituídos em decorrência de Benefício Emergencial de Preservação do Emprego e da Renda pago indevidamente ou além do devido, hipótese em que se aplicará o disposto na Lei 6.830, de 22 de setembro de 1980, para a execução judicial.

Art. 6º O valor do Benefício Emergencial de Preservação do Emprego e da Renda terá como base de cálculo o valor mensal do seguro-desemprego a que o empregado teria direito, nos termos do art. 5º da Lei 7.998, de 11 de janeiro de 1990, observadas as seguintes disposições:

I – na hipótese de redução de jornada de trabalho e de salário, será calculado aplicando-se sobre a base de cálculo o percentual da redução; e

II – na hipótese de suspensão temporária do contrato de trabalho, terá valor mensal:

a) equivalente a 100% (cem por cento) do valor do seguro-desemprego a que o empregado teria direito, na hipótese prevista no *caput* do art. 8º desta Lei; ou

b) equivalente a 70% (setenta por cento) do valor do seguro-desemprego a que o empregado teria direito, na hipótese prevista no § 5º do art. 8º desta Lei.

§ 1º O Benefício Emergencial de Preservação do Emprego e da Renda será pago ao empregado independentemente do:

I – cumprimento de qualquer período aquisitivo;

II – tempo de vínculo empregatício; e

III – número de salários recebidos.

§ 2º O Benefício Emergencial de Preservação do Emprego e da Renda não será devido ao empregado que esteja:

I – ocupando cargo ou emprego público ou cargo em comissão de livre nomeação e exoneração ou seja titular de mandato eletivo; ou

II – em gozo:

a) de benefício de prestação continuada do Regime Geral de Previdência Social ou dos regimes próprios de previdência social, ressalvado o disposto no parágrafo único do art. 124 da Lei 8.213, de 24 de julho de 1991;

b) do seguro-desemprego, em qualquer de suas modalidades; e

c) da bolsa de qualificação profissional de que trata o art. 2º-A da Lei 7.998, de 11 de janeiro de 1990.

§ 3º O empregado com mais de um vínculo formal de emprego poderá receber cumulativamente um Benefício Emergencial de Preservação do Emprego e da Renda para cada vínculo com redução proporcional de jornada de trabalho e de salário ou com suspensão temporária do contrato de trabalho, observado o valor previsto no *caput* do art. 18 e o disposto no § 3º do art. 18, se houver vínculo na modalidade de contrato intermitente, nos termos do § 3º do art. 443 da CLT, aprovada pelo Decreto-Lei 5.452, de 1º de maio de 1943.

§ 4º Nos casos em que o cálculo do benefício emergencial resultar em valores decimais, o valor a ser pago deverá ser arredondado para a unidade inteira imediatamente superior.

Seção III
Da Redução Proporcional
de Jornada de Trabalho e de Salário

Art. 7º Durante o estado de calamidade pública a que se refere o art. 1º desta Lei, o empregador poderá acordar a redução proporcional de jornada de trabalho e de salário de seus empregados, de forma setorial, departamental, parcial ou na totalidade dos postos de trabalho, por até 90 (noventa) dias, prorrogáveis por prazo determinado em ato do Poder Executivo, observados os seguintes requisitos:

▶ Decretos 10.422/2020, 10.470/2020 e 10.517/2020 prorrogam os prazos para celebrar os acordos previstos neste artigo.

I – preservação do valor do salário-hora de trabalho;

II – pactuação, conforme o disposto nos arts. 11 e 12 desta Lei, por convenção coletiva de trabalho, acordo coletivo de trabalho ou acordo individual escrito entre empregador e empregado; **e**

III – na hipótese de pactuação por acordo individual escrito, encaminhamento da proposta de acordo ao empregado com antecedência de, no mínimo, 2 (dois) dias corridos, e redução da jornada de trabalho e do salário exclusivamente nos seguintes percentuais:

a) 25% (vinte e cinco por cento);

b) 50% (cinquenta por cento);

c) 70% (setenta por cento).

§ 1º A jornada de trabalho e o salário pago anteriormente serão restabelecidos no prazo de 2 (dois) dias corridos, contado da:

I – cessação do estado de calamidade pública;

II – data estabelecida como termo de encerramento do período de redução pactuado; ou

III – data de comunicação do empregador que informe ao empregado sua decisão de antecipar o fim do período de redução pactuado.

§ 2º Durante o período de redução proporcional de jornada de trabalho e de salário, a contribuição de que tratam o art. 20 da Lei 8.212, de 24 de julho de 1991, e o art. 28 da Emenda Constitucional 103, de 12 de novembro de 2019, poderá ser complementada na forma do art. 20 desta Lei.

§ 3º Respeitado o limite temporal do estado de calamidade pública a que se refere o art. 1º desta Lei, o Poder Executivo poderá prorrogar o prazo máximo de redução proporcional de jornada de trabalho e

de salário previsto no *caput* deste artigo, na forma do regulamento.

Seção IV
Da Suspensão Temporária
do Contrato de Trabalho

Art. 8º Durante o estado de calamidade pública a que se refere o art. 1º desta Lei, o empregador poderá acordar a suspensão temporária do contrato de trabalho de seus empregados, de forma setorial, departamental, parcial ou na totalidade dos postos de trabalho, pelo prazo máximo de 60 (sessenta) dias, fracionável em 2 (dois) períodos de até 30 (trinta) dias, podendo ser prorrogado por prazo determinado em ato do Poder Executivo.

▶ Decretos 10.422/2020, 10.470/2020 e 10.517/2020 prorrogam os prazos para celebrar os acordos previstos neste artigo.

§ 1º A suspensão temporária do contrato de trabalho será pactuada, conforme o disposto nos arts. 11 e 12 desta Lei, por convenção coletiva de trabalho, acordo coletivo de trabalho ou acordo individual escrito entre empregador e empregado, devendo a proposta de acordo, nesta última hipótese, ser encaminhada ao empregado com antecedência de, no mínimo, 2 (dois) dias corridos.

§ 2º Durante o período de suspensão temporária do contrato de trabalho, o empregado:

I – fará jus a todos os benefícios concedidos pelo empregador aos seus empregados; e

II – ficará autorizado a contribuir para o Regime Geral de Previdência Social na qualidade de segurado facultativo, na forma do art. 20 desta Lei.

§ 3º O contrato de trabalho será restabelecido no prazo de 2 (dois) dias corridos, contado da:

I – cessação do estado de calamidade pública;

II – data estabelecida como termo de encerramento do período de suspensão pactuado; ou

III – data de comunicação do empregador que informe ao empregado sua decisão de antecipar o fim do período de suspensão pactuado.

§ 4º Se, durante o período de suspensão temporária do contrato de trabalho, o empregado mantiver as atividades de trabalho, ainda que parcialmente, por meio de teletrabalho, trabalho remoto ou trabalho a distância, ficará descaracterizada a suspensão temporária do contrato de trabalho, e o empregador estará sujeito:

I – ao pagamento imediato da remuneração e dos encargos sociais e trabalhistas referentes a todo o período;

II – às penalidades previstas na legislação em vigor; e

III – às sanções previstas em convenção coletiva ou acordo coletivo de trabalho.

§ 5º A empresa que tiver auferido, no ano-calendário de 2019, receita bruta superior a R$ 4.800.000,00 (quatro milhões e oitocentos mil reais) somente poderá suspender o contrato de trabalho de seus empregados mediante o pagamento de ajuda compensatória mensal no valor de 30% (trinta por cento) do valor do salário do empregado, durante o período de suspensão temporária do contrato de trabalho pactuado, observado o disposto neste artigo e no art. 9º desta Lei.

§ 6º Respeitado o limite temporal do estado de calamidade pública a que se refere o art. 1º desta Lei, o Poder Executivo poderá prorrogar o prazo máximo de suspensão temporária do contrato de trabalho previsto no *caput* deste artigo, na forma do regulamento.

Seção V
Das Disposições Comuns às Medidas do Programa
Emergencial de Manutenção do Emprego e da Renda

Art. 9º O Benefício Emergencial de Preservação do Emprego e da Renda poderá ser acumulado com o pagamento, pelo empregador, de ajuda compensatória mensal, em decorrência da redução proporcional de jornada de trabalho e de salário ou da suspensão temporária de contrato de trabalho de que trata esta Lei.

§ 1º A ajuda compensatória mensal de que trata o *caput* deste artigo:

I – deverá ter o valor definido em negociação coletiva ou no acordo individual escrito pactuado;

II – terá natureza indenizatória;

III – não integrará a base de cálculo do imposto sobre a renda retido na fonte ou da declaração de ajuste anual do imposto sobre a renda da pessoa física do empregado;

IV – não integrará a base de cálculo da contribuição previdenciária e dos demais tributos incidentes sobre a folha de salários;

V – não integrará a base de cálculo do valor dos depósitos no Fundo de Garantia do Tempo de Serviço (FGTS), instituído pela Lei 8.036, de 11 de maio de 1990, e pela Lei Complementar 150, de 1º de junho de 2015; e

VI – poderá ser:

a) considerada despesa operacional dedutível na determinação do lucro real e da base de cálculo da Contribuição Social sobre o Lucro Líquido (CSLL) das pessoas jurídicas tributadas pelo lucro real;

b) Vetado;

c) Vetado;

d) Vetado.

§ 2º Na hipótese de redução proporcional de jornada de trabalho e de salário, a ajuda compensatória prevista no *caput* deste artigo não integrará o salário devido pelo empregador e observará o disposto no § 1º deste artigo.

§ 3º O disposto no inciso VI do § 1º deste artigo aplica-se às ajudas compensatórias mensais pagas a partir do mês de abril de 2020.

Art. 10. Fica reconhecida a garantia provisória no emprego ao empregado que receber o Benefício Emergencial de Preservação do Emprego e da Renda, previsto no art. 5º desta Lei, em decorrência da redução da jornada de trabalho e do salário ou da suspensão temporária do contrato de trabalho de que trata esta Lei, nos seguintes termos:

I – durante o período acordado de redução da jornada de trabalho e do salário ou de suspensão temporária do contrato de trabalho;

II – após o restabelecimento da jornada de trabalho e do salário ou do encerramento da suspensão temporária do contrato de trabalho, por período equivalente ao acordado para a redução ou a suspensão; e

III – no caso da empregada gestante, por período equivalente ao acordado para a redução da jornada de trabalho e do salário ou a suspensão temporária do contrato de trabalho, contado a partir do término do período da garantia estabelecida na alínea "b" do inciso II do *caput* do art. 10 do Ato das Disposições Constitucionais Transitórias.

§ 1º A dispensa sem justa causa que ocorrer durante o período de garantia provisória no emprego previsto no *caput* deste artigo sujeitará o empregador ao pagamento, além das parcelas rescisórias previstas na legislação em vigor, de indenização no valor de:

I – 50% (cinquenta por cento) do salário a que o empregado teria direito no período de garantia provisória no emprego, na hipótese de redução de jornada de trabalho e de salário igual ou superior a 25% (vinte e cinco por cento) e inferior a 50% (cinquenta por cento);

II – 75% (setenta e cinco por cento) do salário a que o empregado teria direito no período de garantia provisória no emprego, na hipótese de redução de jornada de trabalho e de salário igual ou superior a 50% (cinquenta por cento) e inferior a 70% (setenta por cento); ou

III – 100% (cem por cento) do salário a que o empregado teria direito no período de garantia provisória no emprego, nas hipóteses de redução de jornada de trabalho e de salário em percentual igual ou superior a 70% (setenta por cento) ou de suspensão temporária do contrato de trabalho.

§ 2º O disposto neste artigo não se aplica às hipóteses de pedido de demissão ou dispensa por justa causa do empregado.

Art. 11. As medidas de redução proporcional de jornada de trabalho e de salário ou de suspensão temporária do contrato de trabalho de que trata esta Lei poderão ser celebradas por meio de negociação coletiva, observado o disposto nos arts. 7º e 8º desta Lei e no § 1º deste artigo.

§ 1º A convenção coletiva ou o acordo coletivo de trabalho poderão estabelecer redução de jornada de trabalho e de salário em percentuais diversos dos previstos no inciso III do *caput* do art. 7º desta Lei.

§ 2º Na hipótese prevista no § 1º deste artigo, o Benefício Emergencial de Preservação do Emprego e da Renda, de que tratam os arts. 5º e 6º desta Lei, será devido nos seguintes termos:

I – sem percepção do Benefício Emergencial de Preservação do Emprego e da Renda para a redução de jornada e de salário inferior a 25% (vinte e cinco por cento);

II – no valor de 25% (vinte e cinco por cento) sobre a base de cálculo prevista no art. 6º desta Lei para a redução de jornada e de salário igual ou superior a 25% (vinte e cinco por cento) e inferior a 50% (cinquenta por cento);

III – no valor de 50% (cinquenta por cento) sobre a base de cálculo prevista no art. 6º desta Lei para a redução de

jornada e de salário igual ou superior a 50% (cinquenta por cento) e inferior a 70% (setenta por cento); e

IV – no valor de 70% (setenta por cento) sobre a base de cálculo prevista no art. 6º desta Lei para a redução de jornada e de salário igual ou superior a 70% (setenta por cento).

§ 3º As convenções coletivas ou os acordos coletivos de trabalho celebrados anteriormente poderão ser renegociados para adequação de seus termos, no prazo de 10 (dez) dias corridos, contado da data de publicação desta Lei.

Art. 12. As medidas de que trata o art. 3º desta Lei serão implementadas por meio de acordo individual escrito ou de negociação coletiva aos empregados:

I – com salário igual ou inferior a R$ 2.090,00 (dois mil e noventa reais), na hipótese de o empregador ter auferido, no ano-calendário de 2019, receita bruta superior a R$ 4.800.000,00 (quatro milhões e oitocentos mil reais);

II – com salário igual ou inferior a R$ 3.135,00 (três mil, cento e trinta e cinco reais), na hipótese de o empregador ter auferido, no ano-calendário de 2019, receita bruta igual ou inferior a R$ 4.800.000,00 (quatro milhões e oitocentos mil reais); ou

III – portadores de diploma de nível superior e que percebam salário mensal igual ou superior a 2 (duas) vezes o limite máximo dos benefícios do Regime Geral de Previdência Social.

§ 1º Para os empregados não enquadrados no *caput* deste artigo, as medidas de que trata o art. 3º desta Lei somente poderão ser estabelecidas por convenção coletiva ou acordo coletivo de trabalho, salvo nas seguintes hipóteses, nas quais se admite a pactuação por acordo individual escrito:

I – redução proporcional de jornada de trabalho e de salário de 25% (vinte e cinco por cento), prevista na alínea "a" do inciso III do *caput* do art. 7º desta Lei;

II – redução proporcional de jornada de trabalho e de salário ou suspensão temporária do contrato de trabalho quando do acordo não resultar diminuição do valor total recebido mensalmente pelo empregado, incluídos neste valor o Benefício Emergencial de Preservação do Emprego e da Renda, a ajuda compensatória mensal e, em caso de redução da jornada, o salário pago pelo empregador em razão das horas de trabalho.

§ 2º Para os empregados que se encontrem em gozo do benefício de aposentadoria, a implementação das medidas de redução proporcional de jornada de trabalho e de salário ou suspensão temporária do contrato de trabalho por acordo individual escrito somente será admitida quando, além do enquadramento em alguma das hipóteses de autorização do acordo individual de trabalho previstas no *caput* ou no § 1º deste artigo, houver o pagamento, pelo empregador, de ajuda compensatória mensal, observado o disposto no art. 9º desta Lei e as seguintes condições:

I – o valor da ajuda compensatória mensal a que se refere este parágrafo deverá ser, no mínimo, equivalente ao do benefício que o empregado receberia se não houvesse a vedação prevista na alínea "a" do inciso II do § 2º do art. 6º desta Lei;

II – na hipótese de empresa que se enquadre no § 5º do art. 8º desta Lei, o total pago a título de ajuda compensatória mensal deverá ser, no mínimo, igual à soma do valor previsto naquele dispositivo com o valor mínimo previsto no inciso I deste parágrafo.

§ 3º Os atos necessários à pactuação dos acordos individuais escritos de que trata este artigo poderão ser realizados por quaisquer meios físicos ou eletrônicos eficazes.

§ 4º Os acordos individuais de redução de jornada de trabalho e de salário ou de suspensão temporária do contrato de trabalho, pactuados nos termos desta Lei, deverão ser comunicados pelos empregadores ao respectivo sindicato da categoria profissional, no prazo de até 10 (dez) dias corridos, contado da data de sua celebração.

§ 5º Se, após a pactuação de acordo individual na forma deste artigo, houver a celebração de convenção coletiva ou acordo coletivo de trabalho com cláusulas conflitantes com as do acordo individual, deverão ser observadas as seguintes regras:

I – a aplicação das condições estabelecidas no acordo individual em relação ao período anterior ao da negociação coletiva;

II – a partir da entrada em vigor da convenção coletiva ou do acordo coletivo de trabalho, a prevalência das condições estipuladas na negociação coletiva, naquilo em que conflitarem com as condições estipuladas no acordo individual.

§ 6º Quando as condições do acordo individual forem mais favoráveis ao trabalhador, prevalecerão sobre a negociação coletiva.

Art. 13. A redução proporcional de jornada de trabalho e de salário ou a suspensão temporária do contrato de trabalho, quando adotadas, deverão resguardar o exercício e o funcionamento dos serviços públicos e das atividades essenciais de que tratam a Lei 7.783, de 28 de junho de 1989, e a Lei 13.979, de 6 de fevereiro de 2020.

Art. 14. As irregularidades constatadas pela Auditoria-Fiscal do Trabalho quanto aos acordos de redução proporcional de jornada de trabalho e de salário ou de suspensão temporária do contrato de trabalho de que trata esta Lei sujeitam os infratores à multa prevista no art. 25 da Lei 7.998, de 11 de janeiro de 1990.

Parágrafo único. O processo de fiscalização, de notificação, de autuação e de imposição de multas decorrente desta Lei observará o disposto no Título VII da CLT, aprovada pelo Decreto-Lei 5.452, de 1º de maio de 1943, não se aplicando o critério da dupla visita.

Art. 15. O disposto nesta Lei aplica-se aos contratos de trabalho de aprendizagem e aos de jornada parcial.

Art. 16. O tempo máximo de redução proporcional de jornada e de salário e de suspensão temporária do contrato de trabalho, ainda que sucessivos, não poderá ser superior a 90 (noventa) dias, respeitado o prazo máximo de que trata o art. 8º desta Lei, salvo se, por ato do Poder Executivo, for estabelecida prorrogação do tempo máximo dessas medidas ou dos prazos determinados para cada uma delas.

Parágrafo único. Respeitado o limite temporal do estado de calamidade pública de que trata o art. 1º desta Lei, o Poder Executivo poderá prorrogar o prazo máximo das medidas previstas no *caput* deste artigo, na forma do regulamento.

CAPÍTULO III
DISPOSIÇÕES FINAIS

Art. 17. Durante o estado de calamidade pública de que trata o art. 1º desta Lei:

I – o curso ou o programa de qualificação profissional de que trata o art. 476-A da CLT, aprovada pelo Decreto-Lei 5.452, de 1º de maio de 1943, poderá ser oferecido pelo empregador exclusivamente na modalidade não presencial, e terá duração não inferior a 1 (um) mês e não superior a 3 (três) meses;

II – poderão ser utilizados meios eletrônicos para atendimento aos requisitos formais previstos no Título VI da CLT, aprovada pelo Decreto-Lei 5.452, de 1º de maio de 1943, inclusive para convocação, deliberação, decisão, formalização e publicidade de convenção coletiva ou acordo coletivo de trabalho;

III – os prazos previstos no Título VI da CLT, aprovada pelo Decreto-Lei 5.452, de 1º de maio de 1943, ficarão reduzidos pela metade;

IV – *Vetado*; e

V – a dispensa sem justa causa do empregado pessoa com deficiência será vedada.

Art. 18. O empregado com contrato de trabalho intermitente, nos termos do § 3º do art. 443 da CLT, aprovada pelo Decreto-Lei 5.452, de 1º de maio de 1943, formalizado até a data de publicação da Medida Provisória 936, de 1º de abril de 2020, faz jus ao benefício emergencial mensal no valor de R$ 600,00 (seiscentos reais), pelo período de 3 (três) meses.

§ 1º O benefício emergencial mensal de que trata este artigo é devido a partir da data de publicação da Medida Provisória 936, de 1º de abril de 2020, e deve ser pago em até 30 (trinta) dias a contar da referida data.

§ 2º Aplica-se ao benefício emergencial mensal previsto neste artigo o disposto nos §§ 1º, 6º e 7º do art. 5º e nos §§ 1º e 2º do art. 6º desta Lei.

§ 3º A existência de mais de um contrato de trabalho intermitente, nos termos do § 3º do art. 443 da CLT, aprovada pelo Decreto-Lei 5.452, de 1º de maio de 1943, não gera direito à concessão de mais de um benefício emergencial mensal.

§ 4º Ato do Ministério da Economia disciplinará a concessão e o pagamento do benefício emergencial mensal de que trata este artigo, e o Poder Executivo fica autorizado a prorrogar o período de concessão desse benefício, na forma do regulamento, respeitado o limite temporal do estado de calamidade pública a que se refere o art. 1º desta Lei.

§ 5º O benefício emergencial mensal de que trata este artigo não pode ser acumulado com o pagamento de outro auxílio emergencial, devendo ser garantido o direito ao melhor benefício.

§ 6º Durante o período de recebimento do benefício emergencial mensal de que trata este artigo, o empregado com contrato de trabalho intermitente fica autorizado a contribuir facultativamente para o Regime Geral de Previdência Social, na forma do art. 20 desta Lei.

Art. 19. O disposto no Capítulo VII da Medida Provisória 927, de 22 de março de 2020, não autoriza o descumprimento das normas regulamentadoras de segurança e saúde no trabalho pelo empregador, aplicadas as ressalvas ali previstas apenas nas hipóteses excepcionadas.

Art. 20. Ressalvado o disposto na alínea "b" do inciso II do § 2º do art. 21 da Lei 8.212, de 24 de julho de 1991, as alíquotas das contribuições facultativas de que tratam o § 2º do art. 7º, o inciso II do § 2º do art. 8º e o § 6º do art. 18 desta Lei, serão de:

I – 7,5% (sete inteiros e cinco décimos por cento), para valores de até 1 (um) salário mínimo;

II – 9% (nove por cento), para valores acima de 1 (um) salário mínimo até R$ 2.089,60 (dois mil e oitenta e nove reais e sessenta centavos);

III – 12% (doze por cento), para valores de R$ 2.089,61 (dois mil e oitenta e nove reais e sessenta e um centavos) até R$ 3.134,40 (três mil, cento e trinta e quatro reais e quarenta centavos); e

IV – 14% (quatorze por cento), para valores de R$ 3.134,41 (três mil, cento e trinta e quatro reais e quarenta e um centavos) até o limite de R$ 6.101,06 (seis mil, cento e um reais e seis centavos).

§ 1º As contribuições de que trata o *caput* deste artigo devem ser recolhidas por iniciativa própria do segurado até o dia 15 do mês seguinte ao da competência.

§ 2º Na hipótese de suspensão temporária do contrato de trabalho, as alíquotas previstas nos incisos I, II, III e IV do *caput* deste artigo serão aplicadas de forma progressiva sobre o valor declarado pelo segurado, observados os limites mínimo e máximo a que se referem os §§ 3º e 5º do art. 28 da Lei 8.212, de 24 de julho de 1991, incidindo cada alíquota sobre a faixa de valores compreendida nos respectivos limites.

§ 3º Na hipótese de redução proporcional de jornada de trabalho e de salário e na hipótese de que trata o art. 18 desta Lei, as alíquotas previstas nos incisos I, II, III e IV do *caput* deste artigo serão aplicadas de forma progressiva sobre a faixa de valores compreendida nos respectivos limites, incidindo sobre o somatório da remuneração declarada na forma do inciso IV do *caput* do art. 32 da Lei 8.212, de 24 de julho de 1991, e do valor declarado pelo segurado, observados:

I – os limites previstos nos §§ 3º e 5º do art. 28 da Lei 8.212, de 24 de julho de 1991;

II – a incidência das alíquotas dos incisos I, II, III e IV do *caput* deste artigo primeiramente sobre a remuneração e, em seguida, sobre o valor declarado;

III – o recolhimento apenas das alíquotas incidentes sobre o valor declarado pelo segurado, sem prejuízo da contribuição de que tratam o art. 20 da Lei 8.212, de 24 de julho de 1991, e o art. 28 da Emenda Constitucional 103, de 12 de novembro de 2019.

§ 4º Não recebida a informação de que trata o inciso IV do *caput* do art. 32 da Lei 8.212, de 24 de julho de 1991, a tempo de ser calculada e paga a contribuição no prazo de que trata o § 1º deste artigo, será considerado provisoriamente como remuneração, para fins do disposto no § 3º deste artigo, o valor da remuneração anterior à redução proporcional de jornada de trabalho menos o valor da redução remuneratória pactuada ou, no caso do empregado com contrato de trabalho intermitente, será considerado que não houve remuneração.

§ 5º Recebida a informação de remuneração de que trata o inciso IV do *caput* do art. 32 da Lei 8.212, de 24 de julho de 1991, após recolhimento de contribuição facultativa na forma do § 4º deste artigo, a contribuição incidente sobre o valor declarado será recalculada, considerados o critério disposto no § 3º deste artigo e os limites de que tratam os §§ 3º e 5º do art. 28 da Lei 8.212, de 24 de julho de 1991, e eventual excedente deverá ser devolvido ao segurado atualizado pela variação do Índice Nacional de Preços ao Consumidor (INPC) ou, em caso de insuficiência do valor recolhido para o salário de contribuição reconhecido, o segurado deve ser notificado para complementação facultativa, na forma do regulamento.

§ 6º Os valores previstos nos incisos I, II, III e IV do *caput* deste artigo serão reajustados, a partir da data de entrada em vigor desta Lei, na mesma data e com o mesmo índice em que se der o reajuste dos benefícios do Regime Geral de Previdência Social, ressalvados aqueles vinculados ao salário mínimo, aos quais se aplica a legislação específica.

§ 7º Será devolvido ao segurado, no prazo de até 60 (sessenta) dias contado da data de publicação desta Lei, o valor correspondente à diferença entre as contribuições eventualmente recolhidas com fundamento no inciso II do § 2º do art. 8º da Medida Provisória 936, de 1º de abril de 2020, e no caput ou inciso I do § 2º do art. 21 da Lei 8.212, de 24 de julho de 1991, e as contribuições devidas com fundamento neste artigo, atualizado pela variação do INPC.

Art. 21. Considera-se salário de contribuição, além das parcelas de que tratam os incisos I, II e IV do caput do art. 28 da Lei 8.212, de 24 de julho de 1991, o valor declarado e objeto de recolhimento pelo segurado na forma do art. 20 desta Lei, observado o limite máximo a que se refere o § 5º do art. 28 da Lei 8.212, de 24 de julho de 1991.

Art. 22. A empregada gestante, inclusive a doméstica, poderá participar do Programa Emergencial de Manutenção do Emprego e da Renda, observadas as condições estabelecidas nesta Lei.

§ 1º Ocorrido o evento caracterizador do início do benefício de salário-maternidade, nos termos do art. 71 da Lei 8.213, de 24 de julho de 1991:

I – o empregador deverá efetuar a imediata comunicação ao Ministério da Economia, nos termos estabelecidos no ato de que trata o § 4º do art. 5º desta Lei;

II – a aplicação das medidas de que trata o art. 3º desta Lei será interrompida; e

III – o salário-maternidade será pago à empregada nos termos do art. 72 da Lei 8.213, de 24 de julho de 1991, e à empregada doméstica nos termos do inciso I do caput do art. 73 da referida Lei, considerando-se como remuneração integral ou último salário de contribuição os valores a que teriam direito sem a aplicação das medidas previstas nos incisos II e III do caput do art. 3º desta Lei.

§ 2º Aplica-se o disposto neste artigo ao segurado ou segurada da Previdência Social que adotar ou obtiver guarda judicial para fins de adoção, observado o art. 71-A da Lei 8.213, de 24 de julho de 1991, devendo o salário-maternidade ser pago diretamente pela Previdência Social.

Art. 23. Empregador e empregado podem, em comum acordo, optar pelo cancelamento de aviso prévio em curso.

Parágrafo único. Em caso de cancelamento do aviso prévio nos termos deste artigo, as partes podem, na forma desta Lei, adotar as medidas do Programa Emergencial de Manutenção do Emprego e da Renda.

Art. 24. Os acordos de redução proporcional de jornada de trabalho e de salário e de suspensão temporária do contrato de trabalho celebrados entre empregadores e empregados, em negociação coletiva ou individual, com base na Medida Provisória 936, de 1º de abril de 2020, regem-se pelas disposições da referida Medida Provisória.

Parágrafo único. A norma interpretativa expressa no § 5º do art. 12 desta Lei aplica-se, inclusive, aos acordos firmados na vigência da Medida Provisória 936, de 1º de abril de 2020.

Art. 25. Durante a vigência do estado de calamidade pública a que se refere o art. 1º desta Lei, será garantida a opção pela repactuação das operações de empréstimos, de financiamentos, de cartões de crédito e de arrendamento mercantil concedidas por instituições financeiras e sociedades de arrendamento mercantil e contraídas com o desconto em folha de pagamento ou na remuneração disponível de que trata a Lei 10.820, de 17 de dezembro de 2003, nos termos e condições deste artigo, aos seguintes mutuários:

I – o empregado que sofrer redução proporcional de jornada de trabalho e de salário;

II – o empregado que tiver a suspensão temporária do contrato de trabalho;

III – o empregado que, por meio de laudo médico acompanhado de exame de testagem, comprovar a contaminação pelo novo coronavírus.

§ 1º Na hipótese de repactuação, será garantido o direito à redução das prestações referidas no art. 1º da Lei 10.820, de 17 de dezembro de 2003, na mesma proporção de sua redução salarial, para os mutuários de que trata o inciso I do caput deste artigo.

§ 2º Será garantido prazo de carência de até 90 (noventa) dias, à escolha do mutuário.

§ 3º As condições financeiras de juros, encargos remuneratórios e garantias serão mantidas, salvo no caso em que a instituição consignatária entenda pertinente a diminuição de tais juros e demais encargos remuneratórios.

Art. 26. Os empregados que forem dispensados até 31 de dezembro de 2020 e que tenham contratado operações de empréstimos, de financiamentos, de cartões de crédito e de arrendamento mercantil concedidas por instituições financeiras e sociedades de arrendamento mercantil e contraídas com o desconto em folha de pagamento ou na remuneração disponível de que trata a Lei 10.820, de 17 de dezembro de 2003, terão direito à novação dessas operações para um contrato de empréstimo pessoal, com o mesmo saldo devedor anterior e as mesmas condições de taxa de juros, encargos remuneratórios e garantias originalmente pactuadas, acrescida de carência de até 120 (cento e vinte) dias.

Art. 27. Vetado.

Art. 28. Vetado.

Art. 29. Não se aplica o disposto no art. 486 da CLT, aprovada pelo Decreto-Lei 5.452, de 1º de maio de 1943, na hipótese de paralisação ou suspensão de atividades empresariais determinada por ato de autoridade municipal, estadual ou federal para o enfrentamento do estado de calamidade pública reconhecido pelo Decreto Legislativo 6, de 20 de março de 2020, e da emergência de saúde pública de importância internacional decorrente do coronavírus, de que trata a Lei 13.979, de 6 de fevereiro de 2020.

Art. 30. Vetado.

Art. 31. A Lei 8.213, de 24 de julho de 1991, passa a vigorar com as seguintes alterações:
▸ Alterações inseridas na referida Lei.

Art. 32. O art. 2º da Lei 10.101, de 19 de dezembro de 2000, passa a vigorar com a seguinte redação:
▸ Vetado pelo Presidente da República e rejeitado o veto pelo Congresso Nacional.
▸ Alterações inseridas na referida Lei.

Art. 33. A Lei 12.546, de 14 de dezembro de 2011, passa a vigorar com as seguintes alterações:
▸ Vetado pelo Presidente da República e rejeitado o veto pelo Congresso Nacional.
▸ Referida Lei não foi selecionada para constar na presente obra.

Art. 34. Vetado.

Art. 35. Vetado.

Art. 36. Vetado.

Art. 37. Vetado.

Art. 38. Revogam-se os incisos I, II e III do caput e o parágrafo único do art. 117 da Lei 8.213, de 24 de julho de 1991.

Art. 39. Esta Lei entra em vigor na data de sua publicação.

Brasília, 6 de julho de 2020; 199 da Independência e 132 da República.

Jair Messias Bolsonaro

LEI 14.043, DE 19 DE AGOSTO DE 2020

Institui o Programa Emergencial de Suporte a Empregos; altera as Leis 9.430, de 27 de dezembro de 1996, e 13.999, de 18 de maio de 2020; e dá outras providências.

DOU 20.8.2020

O PRESIDENTE DA REPÚBLICA Faço saber que o Congresso Nacional decreta e eu sanciono a seguinte Lei:

CAPÍTULO I
DISPOSIÇÕES PRELIMINARES

Art. 1º Fica instituído o Programa Emergencial de Suporte a Empregos, destinado à realização de operações de crédito com os seguintes agentes econômicos, com a finalidade de pagamento de folha salarial de seus empregados ou de verbas trabalhistas, na forma desta Lei:

I – empresários;

II – sociedades simples;

III – sociedades empresárias e sociedades cooperativas, exceto as sociedades de crédito;

IV – organizações da sociedade civil, definidas no inciso I do caput do art. 2º da Lei 13.019, de 31 de julho de 2014, e no inciso IV do caput do art. 44 da Lei 10.406, de 10 de janeiro de 2002 (Código Civil); e

V – empregadores rurais, definidos no art. 3º da Lei 5.889, de 8 de junho de 1973.

CAPÍTULO II
DO PROGRAMA EMERGENCIAL
DE SUPORTE A EMPREGOS

Art. 2º O Programa Emergencial de Suporte a Empregos é destinado aos agentes econômicos a que se refere o art. 1º desta Lei com receita bruta anual superior a R$ 360.000,00 (trezentos e sessenta mil reais) e igual ou inferior a R$ 50.000.000,00 (cinquenta milhões de reais), calculada com base no exercício de 2019.

§ 1º As linhas de crédito concedidas no âmbito do Programa:

I – abrangerão até 100% (cem por cento) da folha de pagamento do contratante, pelo período de 4 (quatro) meses, limitadas ao valor equivalente a até 2 (duas) vezes o salário – mínimo por empregado; e

II – serão destinadas exclusivamente às finalidades previstas no art. 1º desta Lei.

§ 2º Poderão participar do Programa todas as instituições financeiras sujeitas à supervisão do Banco Central do Brasil.

§ 3º As pessoas a que se refere o art. 1º desta Lei que contratarem as linhas de crédito no âmbito do Programa assumirão contratualmente as seguintes obrigações:

I – fornecer informações verídicas;

II – não utilizar os recursos para finalidade distinta do pagamento de seus empregados;

III – efetuar o pagamento de seus empregados com os recursos do Programa, por meio de transferência para a conta de depósito, para a conta – salário ou para a conta de pagamento pré – paga de titularidade de cada um deles, mantida em instituição autorizada a funcionar pelo Banco Central do Brasil; e

IV – não rescindir sem justa causa o contrato de trabalho de seus empregados, no período compreendido entre a data da contratação da linha de crédito e o sexagésimo dia após a liberação dos valores referentes à última parcela da linha de crédito pela instituição financeira.

§ 4º Caso a folha de pagamento seja processada por instituição financeira participante do Programa, o pagamento de que trata o inciso III do § 3º deste artigo dar – se – á mediante depósito direto feito pela instituição financeira nas contas dos empregados.

§ 5º A vedação a que se refere o inciso IV do § 3º deste artigo incidirá na mesma proporção do total da folha de pagamento que, por opção do contratante, tiver sido paga com recursos do Programa.

§ 6º O não atendimento a qualquer das obrigações de que tratam os §§ 3º, 4º e 5º deste artigo implica o vencimento antecipado da dívida.

Art. 3º O Programa Emergencial de Suporte a Empregos poderá ser utilizado para financiar a quitação das seguintes verbas trabalhistas devidas pelos contratantes:

I – Vetado;

II – Vetado; e

III – verbas rescisórias pagas ou pendentes de adimplemento decorrentes de demissões sem justa causa ocorridas entre a data de publicação da Lei 13.979, de 6 de fevereiro de 2020, e a data de publicação desta Lei, incluídos os eventuais débitos relativos ao Fundo de Garantia do Tempo de Serviço (FGTS) correspondentes, para fins de recontratação do empregado demitido.

§ 1º Os contratantes que optarem pela modalidade de financiamento de que trata este artigo não poderão estar com suas atividades encerradas, com falência decretada ou em estado de insolvência civil.

§ 2º Não estão sujeitas ao financiamento de que trata este artigo as verbas trabalhistas de natureza exclusivamente indenizatória ou que tenham como fato gerador o trabalho escravo ou infantil.

§ 3º Vetado.

§ 4º Vetado.

§ 5º Vetado.

§ 6º Vetado.

§ 7º A contratação das linhas de crédito previstas neste artigo, observado o disposto no § 6º deste artigo, constitui confissão de dívida irrevogável e irretratável e implica a renúncia tácita a qualquer impugnação ou recurso em relação ao montante principal devido, às verbas sucumbenciais e às respectivas contribuições previdenciárias decorrentes da condenação ou do acordo homologado.

§ 8º Vetado.

§ 9º Vetado.

§ 10. Os agentes econômicos a que se refere o art. 1º desta Lei que contratarem o financiamento para os fins de que trata este artigo assumirão contratualmente as seguintes obrigações:

I – fornecer informações atualizadas e verídicas;

II – não utilizar os recursos para finalidade distinta da quitação dos débitos referidos no caput deste artigo; e

III – manter, na hipótese prevista no inciso III do caput deste artigo, o vínculo empregatício do trabalhador readmitido pelo período de, no mínimo, 60 (sessenta) dias.

§ 11. O não atendimento a qualquer das obrigações de que trata o § 10 deste artigo implica o vencimento antecipado da dívida.

Art. 4º As instituições financeiras participantes do Programa Emergencial de Suporte a Empregos deverão assegurar que os recursos sejam utilizados exclusivamente para os fins previstos nos arts. 2º e 3º desta Lei.

Parágrafo único. A obrigação de que trata o *caput* deste artigo será cumprida pelas instituições financeiras participantes do Programa por meio da inclusão das obrigações de que tratam o § 3º e o § 10 do art. 3º desta Lei no instrumento que formalizar a contratação da operação de crédito.

Art. 5º Nas operações de crédito contratadas no âmbito do Programa Emergencial de Suporte a Empregos:

I – 15% (quinze por cento) do valor de cada financiamento serão custeados com recursos próprios das instituições financeiras participantes; e

II – 85% (oitenta e cinco por cento) do valor de cada financiamento serão custeados com recursos da União alocados ao Programa.

Parágrafo único. O risco de inadimplemento das operações de crédito e as eventuais perdas financeiras decorrentes serão suportados na mesma proporção da participação estabelecida no *caput* deste artigo.

Art. 6º As instituições financeiras participantes do Programa Emergencial de Suporte a Empregos poderão formalizar operações de crédito no âmbito do Programa até 31 de outubro de 2020, observados os seguintes requisitos:

I – taxa de juros de 3,75% (três inteiros e setenta e cinco centésimos por cento) ao ano sobre o valor concedido;

II – carência de 6 (seis) meses para início do pagamento, com capitalização de juros durante esse período; e

III – prazo de 36 (trinta e seis) meses para o pagamento, já incluído o prazo de carência de que trata o inciso II do *caput* deste artigo.

Parágrafo único. É vedada às instituições financeiras participantes do Programa a cobrança de tarifas por saques, totais ou parciais, ou pela transferência a outras contas dos valores creditados nas contas dos empregados com recursos do Programa.

Art. 7º Para fins de concessão de crédito no âmbito do Programa Emergencial de Suporte a Empregos, as instituições financeiras dele participantes observarão políticas próprias de crédito e poderão considerar eventuais restrições em sistemas de proteção ao crédito na data da contratação e registros de inadimplência no sistema de informações de crédito mantido pelo Banco Central do Brasil nos 6 (seis) meses anteriores à contratação, sem prejuízo do disposto na legislação vigente.

§ 1º Para fins de contratação das operações de crédito no âmbito do Programa, as instituições financeiras privadas e públicas estaduais dele participantes ficam dispensadas de observar as seguintes disposições:

I – § 1º do art. 362 da CLT, aprovada pelo Decreto-Lei 5.452, de 1º de maio de 1943;

II – inciso IV do § 1º do art. 7º da Lei 4.737, de 15 de julho de 1965;

III – alíneas b e c do *caput* do art. 27 da Lei 8.036, de 11 de maio de 1990;

IV – alínea a do inciso I do *caput* do art. 47 da Lei 8.212, de 24 de julho de 1991;

V – art. 10 da Lei 8.870, de 15 de abril de 1994;

VI – art. 1º da Lei 9.012, de 30 de março de 1995;

VII – art. 20 da Lei 9.393, de 19 de dezembro de 1996; e

VIII – art. 6º da Lei 10.522, de 19 de julho de 2002.

§ 2º Aplica-se às instituições financeiras públicas federais a dispensa prevista no § 1º deste artigo, observado o disposto na Lei 13.898, de 11 de novembro de 2019.

Art. 8º Na hipótese de inadimplemento do contratante, as instituições financeiras participantes do Programa Emergencial de Suporte a Empregos farão a cobrança da dívida em nome próprio, em conformidade com as suas políticas de crédito, e recolherão os valores recuperados ao Banco Nacional de Desenvolvimento Econômico e Social (BNDES), que os restituirá à União, observados os mesmos critérios de atualização previstos no § 1º do art. 9º desta Lei.

§ 1º Na cobrança do crédito inadimplido, lastreado em recursos públicos, não se admitirá, por parte das instituições financeiras participantes do Programa, a adoção de procedimento para recuperação de crédito menos rigoroso do que aqueles usualmente empregados nas próprias operações de crédito.

§ 2º As instituições financeiras participantes do Programa arcarão com todas as despesas necessárias para a recuperação dos créditos inadimplidos.

§ 3º As instituições financeiras participantes do Programa, em conformidade com as suas políticas de crédito, deverão empregar os melhores esforços e adotar os procedimentos necessários à recuperação dos créditos no âmbito do Programa e não poderão interromper ou negligenciar o acompanhamento.

§ 4º As instituições financeiras participantes do Programa serão responsáveis pela veracidade das informações fornecidas e pela exatidão dos valores a serem reembolsados à União, por intermédio do BNDES.

§ 5º A repartição dos recursos recuperados observará a proporção de participação estabelecida no art. 5º desta Lei.

§ 6º As instituições financeiras participantes do Programa deverão leiloar, após o período de amortização da última parcela passível de vencimento no âmbito do Programa, observados os limites, as condições e os prazos estabelecidos no ato de que trata o § 8º deste artigo, todos os créditos eventualmente remanescentes a título de recuperação e recolher o saldo final à União por intermédio do BNDES.

§ 7º Após a realização do último leilão de que trata o § 6º deste artigo pelas instituições financeiras participantes do Programa, a parcela do crédito lastreado em recursos públicos eventualmente não alienada será considerada extinta de pleno direito.

§ 8º Ato do Conselho Monetário Nacional estabelecerá mecanismos de controle e de aferição de resultados quanto ao cumprimento do disposto nos §§ 4º, 5º, 6º e 7º deste artigo e os limites, as condições e os prazos para a realização de leilão dos créditos de que tratam os §§ 6º e 7º deste artigo.

CAPÍTULO III

DA TRANSFERÊNCIA DE RECURSOS DA UNIÃO PARA O BANCO NACIONAL DE DESENVOLVIMENTO ECONÔMICO E SOCIAL (BNDES) E DA ATUAÇÃO DO BNDES COMO AGENTE FINANCEIRO DA UNIÃO

Art. 9º Fica o Poder Executivo autorizado a transferir até R$ 17.000.000.000,00 (dezessete bilhões de reais) da União para o BNDES, destinados à execução do Programa Emergencial de Suporte a Empregos.

§ 1º Os recursos transferidos ao BNDES são de titularidade da União e serão remunerados, pro rata die, pela:

I – taxa média referencial do Sistema Especial de Liquidação e de Custódia (Selic), enquanto mantidos nas disponibilidades do BNDES; e

II – taxa de juros de 3,75% (três inteiros e setenta e cinco centésimos por cento) ao ano, enquanto aplicados nas operações de crédito contratadas no âmbito do Programa.

§ 2º O aporte de que trata o *caput* deste artigo não transferirá a propriedade dos recursos ao BNDES, que permanecerão de titularidade da União, de acordo com instrumento firmado entre as partes.

Art. 10. O BNDES atuará como agente financeiro da União no Programa Emergencial de Suporte a Empregos.

§ 1º A atuação do BNDES será a título gratuito.

§ 2º Caberá ao BNDES, na condição de agente financeiro da União:

I – realizar os repasses dos recursos da União às instituições financeiras que protocolarem no BNDES operações de crédito a serem contratadas no âmbito do Programa;

II – receber os reembolsos de recursos das instituições financeiras participantes do Programa decorrentes dos repasses;

III – repassar à União, no prazo de 30 (trinta) dias, contado da data do recebimento, os reembolsos de recursos recebidos; e

IV – prestar as informações solicitadas pela Secretaria do Tesouro Nacional da Secretaria Especial de Fazenda do Ministério da Economia e pelo Banco Central do Brasil.

§ 3º Ato do BNDES regulamentará os aspectos operacionais referentes ao protocolo das operações de crédito.

§ 4º Os eventuais recursos aportados ao BNDES pela União e não repassados às instituições financeiras participantes para o Programa até o término do prazo para formalização dos contratos serão devolvidos à União no prazo de 30 (trinta) dias, observado o disposto no inciso I do § 1º do art. 9º desta Lei.

§ 5º A partir de 30 de setembro de 2020, a União poderá demandar a devolução de até 50% (cinquenta por cento) dos recursos não repassados às instituições financeiras, os quais deverão ser devolvidos em até 30 (trinta) dias após a solicitação.

Art. 11. Na hipótese de a operação de crédito protocolada no BNDES atender aos requisitos formais

do Programa Emergencial de Suporte a Empregos, não haverá cláusula del credere nem remuneração às instituições financeiras participantes do Programa, e o risco de crédito da parcela das operações de crédito lastreadas em recursos públicos ficará a cargo da União.

Art. 12. O BNDES não se responsabilizará pela solvabilidade das instituições financeiras participantes do Programa Emergencial de Suporte a Empregos nem pela sua atuação na realização das operações de crédito, especialmente quanto ao cumprimento da finalidade dessas operações, dos requisitos exigidos para a sua realização e das condições de recuperação dos créditos lastreados em recursos públicos.

Art. 13. Nas hipóteses de falência, de liquidação extrajudicial ou de intervenção em instituição financeira participante do Programa Emergencial de Suporte a Empregos, a União ficará sub - rogada automaticamente, de pleno direito, na proporção estabelecida no inciso II do *caput* do art. 5º desta Lei, nos créditos e garantias constituídos em favor da instituição financeira, decorrentes das respectivas operações de crédito lastreadas em recursos públicos realizadas no âmbito do Programa.

Parágrafo único. Caberá ao BNDES informar à União os dados relativos às operações de crédito lastreadas em recursos públicos realizadas no âmbito do Programa, com vistas ao seu encaminhamento ao liquidante, ao interventor ou ao juízo responsável ou, ainda, à cobrança judicial dos valores envolvidos.

Art. 14. No caso do emprestador de títulos, ações e outros valores mobiliários, não constitui fato gerador do imposto sobre a renda a liquidação do empréstimo efetivada pela devolução do mesmo título, ação ou valor mobiliário de mesma classe, espécie e emissor.

Parágrafo único. Quando a operação for liquidada por meio de entrega de numerário, o ganho líquido ou rendimento será representado pela diferença positiva entre o valor da liquidação financeira do empréstimo e o custo médio de aquisição dos títulos, ações e outros valores mobiliários.

CAPÍTULO IV

DA REGULAÇÃO E DA SUPERVISÃO DAS OPERAÇÕES DE CRÉDITO REALIZADAS NO ÂMBITO DO PROGRAMA EMERGENCIAL SE SUPORTE A EMPREGOS

Art. 15. Compete ao Banco Central do Brasil fiscalizar o cumprimento, pelas instituições financeiras participantes do Programa Emergencial de Suporte a Empregos, das condições estabelecidas para as operações de crédito realizadas no âmbito do Programa.

Art. 16. O Conselho Monetário Nacional e o Banco Central do Brasil, no âmbito de suas competências, poderão regulamentar os aspectos necessários para operacionalizar e para fiscalizar as instituições financeiras participantes do Programa Emergencial de Suporte a Empregos quanto ao disposto nesta Lei, observado o disposto na Lei 13.506, de 13 de novembro de 2017.

Parágrafo único. A regulamentação prevista no *caput* deste artigo deverá prever um sistema de garantia mínima e suficiente para as operações, de forma simplificada e sem entraves burocráticos, de modo a facilitar o acesso ao crédito.

CAPÍTULO V

DISPOSIÇÕES FINAIS

Art. 17. *Vetado.*

Art. 18. A Lei 9.430, de 27 de dezembro de 1996, passa a vigorar acrescida do seguinte art. 9º-A:

Alterações inseridas na referida Lei.

Art. 19. O art. 2º da Lei 13.999, de 18 de maio de 2020, passa a vigorar acrescido do seguinte § 11:

Alterações inseridas na referida Lei.

Art. 20. A União poderá aumentar sua participação no Fundo Garantidor de Operações (FGO), adicionalmente aos recursos previstos no art. 6º da Lei 13.999, de 18 de maio de 2020, em R$ 12.000.000.000,00 (doze bilhões de reais), para a concessão de garantias no âmbito do Programa Nacional de Apoio às Microempresas e Empresas de Pequeno Porte (Pronampe).

Art. 21. Esta Lei entra em vigor na data de sua publicação.

Brasília, 19 de agosto de 2020; 199 da Independência e 132 da República.

Jair Messias Bolsonaro

DECRETO 10.488, DE 16 DE SETEMBRO DE 2020

Regulamenta a Medida Provisória 1.000, de 2 de setembro de 2020, que institui o auxílio emergencial residual para enfrentamento da emergência de saúde pública de importância internacional decorrente do coronavírus (covid-19) responsável pelo surto de 2019, altera o Decreto 10.316, de 7 de abril de 2020, e dá outras providências.

DOU 16.9.2020 – Edição extra

O PRESIDENTE DA REPÚBLICA, no uso das atribuições que lhe confere o art. 84, *caput*, incisos IV e VI, alínea "a", da Constituição, e tendo em vista o disposto na Medida Provisória 1.000, de 2 de setembro de 2020, decreta:

Art. 1º Este Decreto regulamenta o auxílio emergencial residual de que trata a Medida Provisória 1.000, de 2 de setembro de 2020.

Art. 2º Para fins do disposto neste Decreto, considera-se:

I – empregado formal – o empregado remunerado com contrato de trabalho formalizado nos termos do disposto na Consolidação das Leis do Trabalho, aprovada pelo Decreto-Lei 5.452, de 1º de maio de 1943, e o agente público, independentemente da relação jurídica, inclusive o ocupante de cargo temporário ou função temporária ou de cargo em comissão de livre nomeação e exoneração e o titular de mandato eletivo;

II – renda familiar – a soma dos rendimentos brutos auferidos por todos os membros da unidade nuclear composta por um ou mais indivíduos, eventualmente ampliada por outros indivíduos que contribuam para o rendimento ou que tenham suas despesas atendidas por aquela unidade familiar, todos moradores em um mesmo domicílio;

III – família monoparental com mulher provedora – grupo familiar chefiado por mulher sem cônjuge ou companheiro, com, no mínimo, uma pessoa menor de dezoito anos de idade; e

IV – mãe adolescente – mulher com idade de doze a dezessete anos que tenha, no mínimo, um filho.

§ 1º Não são considerados empregados formais, para fins do disposto no inciso I do *caput*, aqueles que deixaram de receber remuneração há três meses ou mais, ainda que possuam contrato de trabalho formalizado nos termos do disposto na Consolidação das Leis do Trabalho, aprovada pelo Decreto-Lei 5.452, de 1943.

§ 2º Não serão incluídos no cálculo da renda familiar mensal de que trata o inciso II do *caput* os rendimentos percebidos de programas de transferência de renda federal previstos na Lei 10.836, de 9 de janeiro de 2004, e o auxílio de que trata o art. 2º da Lei 13.982, de 2 de abril de 2020.

§ 3º Para fins do disposto neste Decreto, a renda familiar per capita é a razão entre a renda familiar mensal e o total de indivíduos na família.

Art. 3º O auxílio emergencial residual no valor de R$ 300,00 (trezentos reais) será pago em até quatro parcelas mensais ao trabalhador beneficiário do auxílio emergencial de que trata o art. 2º da Lei 13.982, de 2020, observado o disposto no art. 4º deste Decreto.

Parágrafo único. Para fins do disposto no *caput*, também serão considerados beneficiários do auxílio emergencial de que trata o art. 2º da Lei 13.982, de 2020, os trabalhadores considerados elegíveis em razão de decisão judicial que tenha determinado o pagamento, a implantação ou a concessão do referido benefício.

Art. 4º O auxílio emergencial residual de que trata este Decreto não será devido ao trabalhador que, no momento da verificação dos critérios de elegibilidade:

I – tenha vínculo de emprego formal ativo adquirido após o recebimento do auxílio emergencial de que trata o art. 2º da Lei 13.982, de 2020;

II – receba benefício previdenciário ou assistencial ou o benefício do seguro-desemprego ou de programa de transferência de renda federal, adquirido após o recebimento do auxílio emergencial de que trata o art. 2º da Lei 13.982, de 2020, ressalvados os benefícios do Programa Bolsa Família, de que trata a Lei 10.836, de 2004;

III – aufira renda familiar mensal per capita acima de meio salário-mínimo e renda familiar mensal total acima de três salários-mínimos;

IV – seja residente no exterior;

V – tenha recebido, no ano de 2019, rendimentos tributáveis acima de R$ 28.559,70 (vinte e oito mil quinhentos e cinquenta e nove reais e setenta centavos);

VI – tinha, em 31 de dezembro de 2019, a posse ou a propriedade de bens ou direitos, incluída a terra nua, de valor total superior a R$ 300.000,00 (trezentos mil reais);

VII – tenha recebido, no ano de 2019, rendimentos isentos, não tributáveis ou tributados exclusivamente na fonte, cuja soma tenha sido superior a R$ 40.000,00 (quarenta mil reais);

VIII – tenha sido incluído, no ano de 2019, como dependente de declarante do Imposto sobre a Renda da Pessoa Física enquadrado nas hipóteses previstas nos incisos V, VI ou VII, na condição de:

a) cônjuge;

b) companheiro com o qual o contribuinte tenha filho ou com o qual conviva há mais de cinco anos; ou

c) filho ou enteado:

1. com menos de vinte e um anos de idade; ou

2. com menos de vinte e quatro anos de idade que esteja matriculado em estabelecimento de ensino superior ou de ensino técnico de nível médio;

IX – esteja preso em regime fechado;

X – tenha menos de dezoito anos de idade, exceto no caso de mães adolescentes; ou

XI – possua indicativo de óbito nas bases de dados do Governo federal.

Parágrafo único. É obrigatória a inscrição do trabalhador no Cadastro de Pessoas Físicas – CPF para o pagamento do auxílio emergencial residual e a sua situação deverá estar regularizada junto à Secretaria Especial da Receita Federal do Brasil do Ministério da Economia para o efetivo crédito do referido auxílio, exceto no caso de trabalhadores integrantes de famílias beneficiárias do Programa Bolsa Família, de que trata a Lei 10.836, de 2004.

Art. 5º O recebimento do auxílio emergencial residual está limitado a duas cotas por família.

§ 1º A mulher provedora de família monoparental receberá duas cotas do auxílio emergencial residual.

§ 2º O auxílio emergencial residual, quando se tratar de família monoparental com mulher provedora, será pago exclusivamente à chefe de família, após o pagamento da última parcela do auxílio emergencial de que trata o art. 2º da Lei 13.982, de 2020, ainda que haja outra pessoa elegível no grupo familiar.

§ 3º Não será permitida a cumulação simultânea do auxílio emergencial residual com qualquer outro auxílio emergencial federal.

§ 4º É permitido o recebimento do auxílio emergencial de que trata o art. 2º da Lei 13.982, de 2020, e de um auxílio emergencial residual por membros elegíveis distintos de um mesmo grupo familiar, observado o disposto no § 2º.

Art. 6º Para a execução do disposto neste Decreto, compete:

I – ao Ministério da Cidadania:

a) gerir o auxílio emergencial residual para todos os beneficiários;

b) ordenar as despesas para a implementação do auxílio emergencial residual;

c) compartilhar a base de dados de famílias beneficiárias do Programa Bolsa Família, de que trata a Lei 10.836, de 2004, com a empresa pública federal de processamento de dados;

d) compartilhar a base de dados do auxílio emergencial de que trata o art. 2º da Lei 13.982, de 2020, com a empresa pública federal de processamento de dados e com o agente pagador;

e) compartilhar a base de dados do Cadastro Único para Programas Sociais do Governo Federal – CadÚnico com a empresa pública federal de processamento de dados; e

f) editar atos para a regulamentação do auxílio emergencial residual; e

II – ao Ministério da Economia: autorizar empresa pública federal de processamento de dados a utilizar as bases de dados previstas neste Decreto necessárias para a verificação dos critérios de elegibilidade dos beneficiários, e a repassar o resultado dos cruzamentos realizados à instituição financeira pública federal responsável.

Art. 7º Os critérios de elegibilidade de que trata o art. 4º serão avaliados para fins de concessão do auxílio emergencial residual, observadas as seguintes regras:

I – ser maior de dezoito anos de idade, exceto no caso de mães adolescentes:

a) em 2 de abril de 2020, para os trabalhadores beneficiários do CadÚnico, considerados as informações constantes da base de dados do CadÚnico na referida data;

b) na data da extração do CadÚnico de referência para a geração da folha mensal do Programa Bolsa Família, de que trata a Lei 10.836, de 2004, para os beneficiários do referido Programa; ou

c) na data da avaliação de elegibilidade do auxílio emergencial residual para trabalhadores beneficiários do auxílio emergencial de que trata o art. 2º da Lei 13.982, de 2020, inscritos por meio das plataformas digitais da Caixa Econômica Federal;

II – não ter vínculo de emprego formal ativo ou, na hipótese de haver vínculo de emprego formal ativo, ter deixado de receber remuneração há três meses ou mais, anteriores ao mês de referência do Cadastro Nacional de Informações Sociais – CNIS utilizado;

III – não estar na condição de agente público, a ser verificada por meio do CNIS, da Relação Anual de Informações Sociais, do Sistema Integrado de Administração de Pessoal e da base de mandatos eletivos do Tribunal Superior Eleitoral, sem prejuízo de eventual verificação em outras bases de dados oficiais;

IV – não ser titular do seguro-desemprego ou de benefício previdenciário ou assistencial no mês de referência do CNIS utilizado ou de programa de transferência de renda federal, ressalvado os benefícios do Programa Bolsa Família, de que trata a Lei 10.836, de 2004;

V – não ter renda familiar per capita acima de meio salário-mínimo e renda familiar mensal total acima de três salários-mínimos, conforme:

a) as declarações fornecidas por ocasião do requerimento do auxílio emergencial de que trata o art. 2º da Lei 13.982, de 2020; ou

b) as informações registradas no CadÚnico em 2 de abril de 2020:

1. para os beneficiários do Programa Bolsa Família, de que trata a Lei 10.836, de 2004; e

2. para os cidadãos cadastrados no CadÚnico que tiveram a concessão automática do referido auxílio emergencial;

VI – não estar preso em regime fechado, conforme a verificação do regime de cumprimento de pena a ser realizada a partir de bases de dados do Conselho Nacional de Justiça e do Ministério da Justiça e Segurança Pública; e

VII – não possuir indicativo de óbito no Sistema Nacional de Informações de Registro Civil – Sirc ou no Sistema de Controle de Óbitos – Sisobi.

§ 1º Não estão impedidos de receber o auxílio emergencial residual estagiários, residentes médicos e multiprofissionais, beneficiários de bolsa de estudos da Coordenação de Aperfeiçoamento de Pessoal de Nível Superior – Capes, de assistência estudantil, do Fundo de Financiamento Estudantil – Fies e de benefícios análogos.

§ 2º A Secretaria Especial da Receita Federal do Brasil do Ministério da Economia disponibilizará as bases de dados necessárias para a verificação das hipóteses a que se referem os incisos V, VI, VII e VIII do *caput* do art. 4º, fornecidas por meio de respostas binárias quando se tratar de informação protegida por sigilo.

§ 3º Para fins do disposto neste Decreto, a caracterização dos grupos familiares, inclusive para definição da família monoparental com mulher provedora, será feita com base:

I – nas declarações fornecidas por ocasião do requerimento do auxílio emergencial de que trata o art. 2º da Lei 13.982, de 2020; ou

II – nas informações registradas no CadÚnico em 2 de abril de 2020:

a) para os beneficiários do Programa Bolsa Família, de que trata a Lei 10.836, de 2004; e

b) para os cidadãos cadastrados no CadÚnico que tiveram a concessão automática do auxílio emergencial de que trata o art. 2º da Lei 13.982, de 2020, desconsideradas eventuais atualizações cadastrais realizadas após essa data.

§ 4º A renda familiar a que se refere o inciso V do *caput* poderá ser verificada a partir de cruzamentos com as bases de dados do Governo federal.

Art. 8º O auxílio emergencial residual será concedido, independentemente de requerimento, no mês subsequente à última parcela recebida do auxílio emergencial de que trata o art. 2º da Lei 13.982, de 2020, desde que o trabalhador beneficiário atenda ao disposto no art. 4º.

Parágrafo único. Os trabalhadores não beneficiários do auxílio emergencial de que trata o art. 2º da Lei 13.982, de 2020, não poderão solicitar, por qualquer meio, o auxílio emergencial residual.

Art. 9º As informações de que trata o art. 7º serão disponibilizadas pelos órgãos detentores das respectivas bases de dados.

§ 1º Quando se tratar de informação protegida por sigilo, as informações a que se refere o *caput* serão fornecidas por meio de respostas binárias.

§ 2º Para fins do disposto no § 2º do art. 7º e neste artigo, considera-se resposta binária aquela que se limita a informar sobre o cumprimento ou não do requisito legal de elegibilidade, sem mencionar dados pessoais ou financeiros do trabalhador, tais como renda familiar ou valores efetivamente recebidos em determinado período.

Art. 10. Após a concessão do auxílio emergencial residual, para que seja dada continuidade ao pagamento do benefício, o trabalhador beneficiário não poderá:

I – ter adquirido vínculo de emprego formal após a concessão do auxílio emergencial residual;

II – receber benefício previdenciário ou assistencial ou benefício do seguro-desemprego ou de programa de transferência de renda federal após a concessão do auxílio emergencial residual, ressalvados os benefícios do Programa Bolsa Família, de que trata a Lei 10.836, de 2004; ou

III – ter indicativo de óbito no Sirc ou no Sisobi.

Parágrafo único. O cumprimento das condições de que trata o *caput* será verificado mensalmente, na forma prevista no art. 7º.

Art. 11. O auxílio emergencial residual será devido até 31 de dezembro de 2020, independentemente do número de parcelas recebidas pelo beneficiário.

Art. 12. O número de parcelas devidas ao trabalhador beneficiário dependerá da data de concessão do auxílio emergencial residual, limitado a quatro parcelas.

Parágrafo único. Caso não seja possível verificar a elegibilidade ao auxílio emergencial residual em razão da ausência de informações fornecidas pelo Poder Público, serão devidas, de forma retroativa, as parcelas a que o trabalhador fizer jus.

Art. 13. O auxílio emergencial residual será, preferencialmente, operacionalizado e pago pelos mesmos meios e mecanismos utilizados para o pagamento do auxílio de que trata o art. 2º da Lei 13.982, de 2020.

§ 1º Fica vedado à instituição financeira efetuar descontos ou compensações que impliquem a redução do valor do auxílio emergencial residual, a pretexto de recompor saldos negativos ou de saldar dívidas preexistentes do beneficiário, hipótese em que será válido o mesmo critério para qualquer tipo de conta bancária em que houver opção de transferência pelo beneficiário.

§ 2º A instituição responsável pela operacionalização do pagamento fica autorizada a repassar, semanalmente, a órgãos e entidades públicas federais os dados e as informações relativos aos pagamentos realizados e os relativos à viabilização dos pagamentos e à operação do auxílio emergencial residual, inclusive o número da conta bancária, o número de inscrição no CPF e o Número de Identificação Social – NIS, respeitado o sigilo bancário.

§ 3º A transferência de recursos à instituição pagadora para o pagamento do auxílio emergencial residual deverá ocorrer até 30 de dezembro de 2020.

Art. 14. Para o pagamento do auxílio emergencial residual devido aos beneficiários do Programa Bolsa Família, de que trata a Lei 10.836, de 2004, serão observadas as seguintes regras:

I – a concessão do auxílio emergencial residual será feita, alternativamente, por meio do número de inscrição no CPF ou do NIS;

II – o pagamento do auxílio emergencial residual será feito em favor do responsável pela unidade familiar, conforme as informações constantes da inscrição no CadÚnico, inclusive na hipótese de o benefício gerado ser proveniente da situação de outro integrante da família;

III – o saque do auxílio emergencial residual poderá ser feito por meio das modalidades conta contábil, prevista no inciso III do § 12 do art. 2º da Lei 10.836, de 2004, ou por meio de conta de depósito, inclusive por meio de poupança social digital nas modalidades autorizadas pelo Ministério da Cidadania;

IV – os recursos não sacados das poupanças sociais digitais abertas e não movimentadas no prazo de duzentos e setenta dias retornarão para a União;

V – serão mantidas as ações de transferência direta de renda pelos Governos estaduais, municipais ou

distrital, integradas ao Programa Bolsa Família, de que trata a Lei 10.836, de 2004, para as famílias beneficiárias pactuadas; e

VI – o calendário de pagamentos do auxílio emergencial residual será idêntico ao calendário de pagamentos vigente para as famílias beneficiárias do Programa Bolsa Família, de que trata a Lei 10.836, de 2004.

§ 1º Para fins de pagamento do auxílio emergencial residual de que trata o *caput*, serão utilizadas as informações constantes da base de dados do CadÚnico em 15 de agosto de 2020, para verificar o responsável pela unidade familiar daquelas famílias que tiveram membros elegíveis em todas as folhas de pagamento do auxílio emergencial residual.

§ 2º O prazo de que trata o inciso IV do *caput* poderá ser alterado em ato do Ministro de Estado da Cidadania.

Art. 15. O valor do auxílio emergencial residual devido à família beneficiária do Programa Bolsa Família, de que trata a Lei 10.836, de 2004, será calculado pela diferença entre o valor total previsto para a família a título do auxílio emergencial residual e o valor a ser pago à família a título de benefício do Programa Bolsa Família no mês de referência.

§ 1º Na hipótese de o valor da soma dos benefícios financeiros percebidos pela família beneficiária do Programa Bolsa Família ser igual ou maior do que o valor do auxílio emergencial residual devido, serão pagos apenas os benefícios referentes ao Programa Bolsa Família.

§ 2º O disposto no *caput* não será aplicado na hipótese de um dos membros da família beneficiária do Programa Bolsa Família ainda receber parcela do auxílio emergencial de que trata o art. 2º da Lei 13.982, de 2020, hipótese em que os benefícios do Programa Bolsa Família permanecerão suspensos e o valor do auxílio emergencial residual será de R$ 300,00 (trezentos reais) para o titular que lhe fizer jus ou de R$ 600,00 (seiscentos reais) para a mulher provedora de família monoparental.

Art. 16. O pagamento aos trabalhadores elegíveis ao auxílio emergencial residual, exceto aos beneficiários do Programa Bolsa Família, de que trata a Lei 10.836, de 2004, será feito da seguinte forma:

I – por meio de conta depósito ou poupança de titularidade do trabalhador; ou

II – por meio de conta poupança social digital, aberta automaticamente pela instituição financeira pública federal responsável, de titularidade do trabalhador.

§ 1º A conta do tipo poupança social digital de que trata o inciso II do *caput* terá as seguintes características:

I – dispensa da apresentação de documentos;

II – isenção de cobrança de tarifas de manutenção, observada a regulamentação específica estabelecida pelo Conselho Monetário Nacional; e

III – no mínimo, uma transferência eletrônica de valores ao mês sem custos para conta bancária mantida em qualquer instituição financeira habilitada a operar pelo Banco Central do Brasil.

§ 2º A conta do tipo poupança social digital a que se refere o inciso II do *caput* não poderá ser movimentada por meio de cartão eletrônico, cheque ou ordem de pagamento, exceto para os beneficiários do Programa Bolsa Família, que poderão utilizar o cartão do Programa para realização de saques.

§ 3º A instituição financeira pública federal responsável abrirá somente uma conta por CPF para pagamento do auxílio emergencial residual, e somente o fará quando não houver uma conta da mesma natureza aberta em nome do titular.

§ 4º Na hipótese de a conta indicada pelo trabalhador não ser validada pela instituição financeira pública federal responsável, esta fica autorizada a abrir automaticamente conta do tipo poupança social digital.

Art. 17. Os recursos não sacados das poupanças sociais digitais abertas e não movimentadas no prazo de duzentos e setenta dias retornarão para a União.

Art. 18. Eventuais contestações decorrentes de inelegibilidade ou cancelamento do auxílio emergencial residual poderão ser efetuadas na forma a ser estabelecida em ato do Ministro de Estado da Cidadania.

Art. 19. As decisões judiciais referentes a pagamento de despesas relativas ao auxílio emergencial residual serão encaminhadas diretamente ao Ministério da Cidadania pelos órgãos de contencioso da Advocacia-Geral da União, acompanhadas de manifestação jurídica ou de parecer de força executória para cumprimento.

Parágrafo único. Na hipótese de pedido dos órgãos de contencioso da Advocacia-Geral da União ou de

questionamento jurídico do Ministério da Cidadania, a Consultoria Jurídica do Ministério da Cidadania deverá se manifestar acerca do cumprimento da decisão de que trata o *caput*.

Art. 20. O Decreto 10.316, de 7 de abril de 2020, passa a vigorar com as seguintes alterações:

Alterações inseridas no referido Decreto.

Art. 21. O Ministério da Cidadania poderá editar atos complementares necessários à implementação do auxílio emergencial residual de que trata este Decreto.

Art. 22. Este Decreto entra em vigor na data de sua publicação.

Brasília, 16 de setembro de 2020; 199º da Independência e 132º da República.

Jair Messias Bolsonaro

PORTARIA 491, DE 16 DE SETEMBRO DE 2020

Regulamenta os procedimentos de que trata o Decreto 10.488/2020, a respeito do auxílio emergencial residual instituído pela Medida Provisória 1.000, de 2 de setembro de 2020.

DOU 16.09.2020

O MINISTRO DE ESTADO DA CIDADANIA, no uso das atribuições que lhe confere o art. 87, parágrafo único, inciso IV, da Constituição Federal, tendo em vista o disposto na Lei 10.836, de 9 de janeiro de 2004; art. 23 da Lei 13.844, de 18 de junho de 2019; art. 2º do Decreto 5.209, de 17 de setembro de 2004; e art. 5º do Decreto 6.135, de 26 de junho de 2007; e

CONSIDERANDO a Declaração de Emergência em Saúde Pública de Importância Internacional pela Organização Mundial da Saúde em 30 de janeiro de 2020, em decorrência da Infecção Humana pelo novo Coronavírus (COVID-19);

CONSIDERANDO a Portaria/MS 188, de 4 de fevereiro de 2020, que declarou a Emergência em Saúde Pública de Importância Nacional (ESPIN), em decorrência da Infecção Humana pelo novo Coronavírus (COVID-19), resolve:

Art. 1º Regulamentar os procedimentos de que trata o Decreto 10.488, de 2020, a respeito do auxílio emergencial residual instituído pela Medida Provisória 1.000, de 2 de setembro de 2020.

Art. 2º O auxílio emergencial residual será concedido aos trabalhadores beneficiários do auxílio emergencial de que trata a Lei 13.982, de 2020, que cumprirem os critérios estabelecidos pela Medida Provisória 1.000, de 2020, nos seguintes termos:

I – os trabalhadores que integram famílias beneficiárias do Programa Bolsa Família – PBF presentes na folha de pagamento de abril de 2020 serão selecionados automaticamente considerando os requisitos da Medida Provisória 1.000, de 2020, e o respectivo auxílio será pago para o Responsável pela Unidade Familiar, observado o disposto no art. 6º;

II – os trabalhadores incluídos em famílias cadastradas no Cadastro Único até 02 de abril de 2020 serão selecionados automaticamente considerando os requisitos da Medida Provisória 1.000, de 2020, e o respectivo auxílio será pago para o trabalhador; e

III – os demais trabalhadores inscritos via plataformas digitais e considerados elegíveis ao recebimento do auxílio emergencial de que trata o art. 2º da Lei 13.982, de 2020, serão selecionados automaticamente considerando os requisitos da Medida Provisória 1.000, de 2020, e o respectivo auxílio será pago para o trabalhador.

§ 1º A seleção automática dos trabalhadores beneficiários considerará aqueles para os quais o Ministério da Cidadania tenha autorizado o pagamento da quinta parcela do auxílio emergencial de que trata da Lei 13.982, de 2020, e será feita mensalmente, até o final do prazo previsto no art. 1º da Medida Provisória 1.000, de 2020.

§ 2º Serão devidas 02 (duas) cotas do auxílio emergencial residual à mulher provedora de família monoparental beneficiária do auxílio emergencial de que trata da Lei 13.982, de 2020, considerando:

I – as declarações fornecidas por ocasião do requerimento do auxílio emergencial de que trata o art. 2º da Lei 13.982, de 2020; ou

II – as informações registradas no Cadastro Único de 2 de abril de 2020, para os beneficiários do Programa Bolsa Família e cidadãos cadastrados no Cadastro

Único que tiveram a concessão automática do auxílio emergencial de que trata da Lei 13.982, de 2020.

§ 3º O recebimento do auxílio emergencial residual está limitado a duas cotas por família, de maneira que:

I – a mulher provedora de família monoparental tem preferência para o recebimento de duas cotas, não podendo, nessa hipótese, haver um segundo beneficiário no grupo familiar; e

II – somente poderá haver dois beneficiários num mesmo grupo familiar se ambos receberem cotas simples.

Art. 3º A verificação dos critérios de elegibilidade necessária ao pagamento do auxílio emergencial residual, previstos do art. 4º do Decreto 10.488, será realizada pelo agente operador, conforme estabelecido em contrato, por meio do cruzamento das bases de informações fornecidas pelos órgãos federais e na forma prevista no art. 7º do mesmo decreto.

§ 1º A condição de residente no exterior poderá ser verificada das seguintes formas:

I – por meio da Base de residentes no exterior do Ministério da Justiça e Segurança Pública – MJSP através de extração das bases de dados dos sistemas STI – Sistema de Tráfego Internacional e SINPA – Sistema Nacional de Passaportes, nas quais constam as informações dos cidadãos que saíram do país há mais de 12 meses; ou

II – por meio da base de dados de CPFs da Receita Federal do Brasil, na qual constam informações dos cidadãos que declararam possuir domicílio fiscal no exterior.

§ 2º Os serviços realizados entre o agente operador e o Ministério da Cidadania nos termos do *caput*, incluindo verificação dos critérios de manutenção do pagamento de que trata o art. 10 do Decreto 10.488, de 2020, serão formalizados mediante contrato de prestação de serviços.

§ 3º Em caso de não atendimento aos critérios dispostos no art. 4º do Decreto 10.488, de 2020, o trabalhador será considerado inelegível ao benefício.

§ 4º Em caso de não atendimento aos critérios de manutenção do pagamento dispostos art. 10 do Decreto 10.488, de 2020, o pagamento do benefício será cancelado.

Art. 4º Para a operacionalização do auxílio emergencial residual, a Dataprev poderá atuar como agente operador, conforme termos e condições estabelecidos em contrato firmado com o Ministério da Cidadania para a operacionalização do auxílio emergencial de que trata a Lei 13.982, de 2020, podendo realizar, dentre outras atividade estabelecidas em contrato, as seguintes atividades de tratamento das informações que lhe forem disponibilizadas:

I – verificação dos critérios de elegibilidade dispostos no art. 4º do Decreto 10.488, de 2020, por meio do cruzamento entre as bases cedidas pelos órgãos federais;

II – seleção de beneficiários e concessão do auxílio emergencial residual, com as informações necessárias ao pagamento;

III – verificação dos critérios de manutenção do pagamento dispostos no art. 10 do Decreto 10.488, de 2020, por meio do cruzamento entre as bases cedidas pelos órgãos federais;

IV – acompanhamento, ateste e retorno ao Ministério da Cidadania das operações de pagamentos executadas pelo agente pagador; e

V – disponibilização de informação em plataforma digital para acompanhamento pelo cidadão das análises de elegibilidade e dos critérios de manutenção do pagamento do auxílio emergencial residual, bem como para acompanhamento do pagamento das parcelas do auxílio emergencial residual.

Art. 5º Para a operacionalização do auxílio emergencial residual, a CAIXA poderá atuar como agente operador e pagador, conforme termos e condições estabelecidos em contrato firmado com o Ministério da Cidadania para a operacionalização do auxílio emergencial de que trata a Lei 13.982, de 2020, podendo realizar, dentre outras estabelecidas em contrato, as seguintes atividades:

I – disponibilização de informação em plataforma digital para acompanhamento pelo cidadão das análises de elegibilidade e dos critérios de manutenção do pagamento do auxílio emergencial residual, bem como para acompanhamento do pagamento das parcelas do auxílio emergencial residual;

II – geração de arquivo contendo a relação de pagamentos do auxílio emergencial residual e respectivos retornos de processamento;

III – realização das operações de pagamento aos beneficiários do auxílio emergencial residual, com retorno do processamento ao Ministério da Cidadania;

IV – disponibilização de rede de canais de pagamento compatível com as necessidades de pagamento do auxílio emergencial residual; e

V – disponibilização de atendimento telefônico automatizado, por meio de unidade de resposta audível, para orientação aos cidadãos.

Art. 6º O auxílio emergencial residual será pago diretamente ao beneficiário de família do PBF, nas seguintes situações:

I – caso a família beneficiária tenha tido os benefícios do PBF cancelados a partir de maio de 2020;

II – caso o beneficiário tenha sido excluído do Cadastro Único a partir de 2 de abril de 2020; ou

III – quando a concessão for realizada por decisão judicial.

Art. 7º Para o cálculo da diferença a que se refere o *caput* do art. 15 do Decreto 10.488, de 2020, será considerado o valor total dos benefícios do PBF no mês de referência, excetuados eventuais valores retroativos.

Art. 8º Para fins de concessão e manutenção do recebimento do auxílio emergencial residual, os beneficiários de que tratam os incisos II e III do art. 2º desta Portaria que passaram a integrar famílias beneficiárias do PBF terão a verificação de elegibilidade realizada segundo os procedimentos aplicáveis aos respectivos públicos de origem conforme definição prevista nos incisos II e III do art. 2º.

Art. 9º A CAIXA divulgará, por ato próprio, o calendário de pagamentos do auxílio emergencial residual definido pelo Ministério da Cidadania, exceto para o público do PBF, cujo pagamento observará calendário já estabelecido para o Programa.

Art. 10. Esta Portaria entra em vigor na data de sua publicação.

Onyx Dornelles Lorenzoni

LEI 14.075, DE 22 DE OUTUBRO DE 2020

Dispõe sobre a conta do tipo poupança social digital; e altera as Leis 13.982, de 2 de abril de 2020, e 14.058, de 17 de setembro de 2020.

DOU 23.10.2020

O Presidente da República. Faço saber que o Congresso Nacional decreta e eu sanciono a seguinte Lei:

Art. 1º Esta Lei dispõe sobre a conta do tipo poupança social digital.

Art. 2º A conta do tipo poupança social digital possuirá as seguintes características:

I – observância das disposições legais e regulamentares aplicáveis às contas de depósitos de poupança, no que couber;

II – dispensa de apresentação de documentos dos titulares que tenham sido previamente cadastrados pela instituição financeira, pelo agente operador ou pelo órgão público responsável;

III – admissão de assinatura digital de contratos e de declarações, observada a sua regulamentação;

IV – movimentação preferencialmente pelos canais digitais, com a possibilidade de, a critério da instituição financeira, ser emitido cartão físico para sua movimentação;

V – possibilidade de recebimento de outros créditos além dos depósitos decorrentes de pagamento de benefícios sociais de responsabilidade da União, dos Estados, do Distrito Federal e dos Municípios;

VI – limite total de ingressos mensais no valor de até R$ 5.000,00 (cinco mil reais), com a possibilidade de o beneficiário, a qualquer tempo, realizar a complementação dos dados cadastrais e requerer a ampliação dos serviços e dos limites;

VII – isenção de cobrança de tarifas de manutenção, observada a regulamentação específica editada pelo Conselho Monetário Nacional;

VIII – disponibilidade de, no mínimo, 3 (três) transferências eletrônicas de valores ao mês, sem custos, para conta mantida em qualquer instituição autorizada a operar pelo Banco Central do Brasil;

IX – possibilidade de ser usada para o pagamento de boletos bancários e de contas de instituições conveniadas e para outras modalidades de movimentação, na forma prevista em regulamentação do Banco Central do Brasil;

X – possibilidade de, a qualquer tempo e sem custo, ser:

a) convertida em conta de depósito à vista ou de poupança em nome do titular; e

b) encerrada pelo beneficiário de forma simplificada, pelos mesmos canais de atendimento remoto disponíveis para a sua movimentação.

§ 1º O Conselho Monetário Nacional poderá aumentar o valor previsto no inciso VI do *caput* deste artigo.

§ 2º A instituição financeira que efetuar a abertura automática da conta de que trata este artigo não poderá utilizar os dados pessoais, bancários ou fiscais fornecidos por órgãos da administração pública ou por outras instituições do sistema financeiro para outros fins, nem os ceder a terceiros, exceto mediante autorização expressa do interessado.

§ 3º A instituição financeira que efetuar a abertura automática de conta do tipo poupança social digital deverá disponibilizar ferramenta de consulta informatizada, por meio de sítio eletrônico e de aplicativo, que permita ao cidadão verificar a existência de conta do tipo poupança social digital aberta em seu nome, a partir de seu registro no Cadastro de Pessoas Físicas (CPF) da Secretaria Especial da Receita Federal do Brasil do Ministério da Economia e de seus dados pessoais.

§ 4º É vedado às instituições financeiras efetuar descontos ou qualquer espécie de compensação que impliquem a redução do valor do benefício a pretexto de recompor saldo negativo ou de saldar dívidas preexistentes.

Art. 3º A conta do tipo poupança social digital poderá ser aberta de forma automática para o pagamento:

I – do auxílio emergencial previsto no § 9º do art. 2º da Lei 13.982, de 2 de abril de 2020;

II – dos benefícios previstos nos arts. 5º e 18 da Lei 14.020, de 6 de julho de 2020;

III – do abono de que trata o § 3º do art. 239 da Constituição Federal;

IV – do saque pelos trabalhadores titulares de contas vinculadas ao Fundo de Garantia do Tempo de Serviço (FGTS) decorrentes das situações:

a) previstas no *caput* do art. 6º da Medida Provisória 946, de 7 de abril de 2020, observado o disposto nos §§ 3º, 4º e 5º do referido artigo;

b) tratadas nos incisos XVI e XX do *caput* do art. 20 da Lei 8.036, de 11 de maio de 1990; e

c) estabelecidas no *caput* do art. 20 da Lei nº 8.036, de 11 de maio de 1990, a critério do Conselho Curador do FGTS, ou em lei específica, quando o saque for realizado por grande quantidade de trabalhadores;

 ▶ Alínea c com redação pela Lei 14.544/2023.

V – de depósitos decorrentes de pagamento de benefícios sociais de responsabilidade da União, dos Estados, do Distrito Federal e dos Municípios, excluídos os benefícios previdenciários; e

 ▶ Inciso V com redação pela Lei 14.544/2023.

VI – das indenizações do Seguro Obrigatório para Proteção de Vítimas de Acidentes de Trânsito (SPVAT);

 ▶ Inciso VI com redação pela LC 207/2024.

VII – de incentivo financeiro-educacional ao estudante para permanência e conclusão escolar no ensino médio público.

 ▶ Inciso VII com redação pela Lei 14.818/2024, em vigor após decorridos 10 dias de sua publicação oficial (DOU 17.01.2024)

§ 1º Na hipótese de que trata a alínea "a" do inciso IV do *caput* deste artigo, os valores provenientes do FGTS permanecerão disponíveis para movimentação pelo trabalhador até 30 de novembro de 2020 e, caso não sejam sacados, retornarão à conta vinculada no FGTS de titularidade do trabalhador, situação em que a rentabilidade aplicável à conta vinculada no período será garantida pela Caixa Econômica Federal.

§ 2º Os valores retornados à conta vinculada de titularidade do trabalhador no FGTS, nos termos do § 1º deste artigo, poderão ser sacados na forma estabelecida no art. 6º da Medida Provisória 946, de 7 de abril de 2020, mediante solicitação expressa do trabalhador ao agente operador do FGTS.

§ 3º Nas hipóteses de que tratam as alíneas "b" e "c" do inciso IV do *caput* deste artigo, os valores provenientes do FGTS permanecerão disponíveis para movimentação pelo trabalhador pelo prazo de 90 (noventa) dias, conforme cronograma estabelecido pela Caixa Econômica Federal, e caso não sejam sacados, retornarão à conta vinculada no FGTS de titularidade do trabalhador.

§ 4º Em caso de retorno dos valores à conta vinculada no FGTS, nos termos do § 1º deste artigo, a Caixa Econômica Federal garantirá a rentabilidade aplicável aos valores retornados no período.

§ 5º Para o pagamento de benefícios previdenciários por meio da conta do tipo poupança social digital, o beneficiário deverá autorizar expressamente a abertura de conta ou a utilização de conta já aberta em seu nome.

Art. 4º O interstício entre movimentações e as demais disposições regulamentares relativas ao inciso XVI do *caput* do art. 20 da Lei 8.036, de 11 de maio de 1990, não serão aplicados ao saque de recursos das contas vinculadas no FGTS previsto no art. 6º da Medida Provisória 946, de 7 de abril de 2020.

Art. 5º A atribuição da Caixa Econômica Federal estabelecida no § 3º do art. 6º da Medida Provisória 946, de 7 de abril de 2020, estende-se às contas do tipo poupança social digital que receberem recursos oriundos das contas vinculadas no FGTS.

Art. 6º O art. 2º da Lei 13.982, de 2 de abril de 2020, passa a vigorar com as seguintes alterações:

▸ Alterações inseridas na referida Lei.

Art. 7º O art. 2º da Lei 14.058, de 17 de setembro de 2020, passa a vigorar com as seguintes alterações:

▸ Alterações inseridas na referida Lei.

Art. 8º Esta Lei entra em vigor na data de sua publicação.

Brasília, 22 de outubro de 2020; 199 da Independência e 132 da República.

Jair Messias Bolsonaro

PORTARIA 424, DE 29 DE DEZEMBRO DE 2020

Fixa as novas idades de que tratam a alínea "b" do inciso VII do art. 222 da Lei 8.112, de 11 de dezembro de 1990, e a alínea "c" do inciso V do § 2º do art. 77 da Lei 8.213, de 24 de julho de 1991.

DOU 30.12.2020

O MINISTRO DE ESTADO DA ECONOMIA, SUBSTITUTO, no uso da atribuição que lhe foi conferida pelo § 3º do art. 222 da Lei 8.112, de 11 de dezembro de 1990, e pelo § 2º-B do art. 77 da Lei 8.213, de 24 de julho de 1991, resolve:

Art. 1º O direito à percepção de cada cota individual da pensão por morte, nas hipóteses de que tratam a alínea "b" do inciso VII do art. 222 da Lei 8.112, de 11 de dezembro de 1990, e a alínea "c" do inciso V do § 2º do art. 77 da Lei 8.213, de 24 de julho de 1991, cessará, para o cônjuge ou o companheiro, com o transcurso dos seguintes períodos, estabelecidos de acordo com a idade do beneficiário na data de óbito do segurado, se o óbito ocorrer depois de vertidas dezoito contribuições mensais e pelo menos dois anos após o início do casamento ou da união estável:

I – três anos, com menos de vinte e dois anos de idade;

II – seis anos, entre vinte e dois e vinte e sete anos de idade;

III – dez anos, entre vinte e oito e trinta anos de idade;

IV – quinze anos, entre trinta e um e quarenta e um anos de idade;

V – vinte anos, entre quarenta e dois e quarenta e quatro anos de idade;

VI – vitalícia, com quarenta e cinco ou mais anos de idade.

Art. 2º Esta Portaria entra em vigor em 1º de janeiro de 2021.

Marcelo Pacheco Dos Guaranys

LEI 14.128, DE 26 DE MARÇO DE 2021

Dispõe sobre compensação financeira a ser paga pela União aos profissionais e trabalhadores de saúde que, durante o período de emergência de saúde pública de importância nacional decorrente da disseminação do novo coronavírus (SARS-CoV-2), por terem trabalhado no atendimento direto a pacientes acometidos pela Covid-19, ou realizado visitas domiciliares em determinado período de tempo, no caso de agentes comunitários de saúde ou de combate a endemias, tornarem-se permanentemente incapacitados para o trabalho, ou ao seu cônjuge ou companheiro, aos seus dependentes e aos seus herdeiros necessários, em caso de óbito; e altera a Lei 605, de 5 de janeiro de 1949.

DOU 26.3.2021 – Edição extra D

O PRESIDENTE DA REPÚBLICA Faço saber que o Congresso Nacional decreta e eu promulgo, nos termos do parágrafo 5º do art. 66 da Constituição Federal, a seguinte Lei:

Art. 1º Esta Lei dispõe sobre compensação financeira a ser paga pela União aos profissionais e trabalhadores

de saúde que, durante o período de emergência de saúde pública de importância nacional decorrente da disseminação do novo coronavírus (SARS-CoV-2), por terem trabalhado no atendimento direto a pacientes acometidos pela Covid-19, ou realizado visitas domiciliares em determinado período de tempo, no caso de agentes comunitários de saúde ou de combate a endemias, tornarem-se permanentemente incapacitados para o trabalho, ou ao seu cônjuge ou companheiro, aos seus dependentes e aos seus herdeiros necessários, em caso de óbito.

Parágrafo único. Para os fins desta Lei, considera-se:

I – profissional ou trabalhador de saúde:

a) aqueles cujas profissões, de nível superior, são reconhecidas pelo Conselho Nacional de Saúde, além de fisioterapeutas, nutricionistas, assistentes sociais e profissionais que trabalham com testagem nos laboratórios de análises clínicas;

b) aqueles cujas profissões, de nível técnico ou auxiliar, são vinculadas às áreas de saúde, incluindo os profissionais que trabalham com testagem nos laboratórios de análises clínicas;

c) os agentes comunitários de saúde e de combate a endemias;

d) aqueles que, mesmo não exercendo atividades-fim nas áreas de saúde, auxiliam ou prestam serviço de apoio presencialmente nos estabelecimentos de saúde para a consecução daquelas atividades, no desempenho de atribuições em serviços administrativos, de copa, de lavanderia, de limpeza, de segurança e de condução de ambulâncias, entre outros, além dos trabalhadores dos necrotérios e dos coveiros; e

e) aqueles cujas profissões, de nível superior, médio e fundamental, são reconhecidas pelo Conselho Nacional de Assistência Social, que atuam no Sistema Único de Assistência Social;

II – dependentes: aqueles assim definidos pelo art. 16 da Lei 8.213, de 24 de julho de 1991;

III – Espin-Covid-19: estado de emergência de saúde pública de importância nacional, declarado pela Portaria do Ministério da Saúde 188, de 3 de fevereiro de 2020, em decorrência da infecção humana pelo novo coronavírus (SARS-CoV-2), que se encerrará com a publicação de ato do Ministro de Estado da Saúde, na forma dos §§ 2º e 3º do *caput* do art. 1º da Lei 13.979, de 6 de fevereiro de 2020.

Art. 2º A compensação financeira de que trata esta Lei será concedida:

I – ao profissional ou trabalhador de saúde referido no inciso I do parágrafo único do art. 1º desta Lei que ficar incapacitado permanentemente para o trabalho em decorrência da Covid-19;

II – ao agente comunitário de saúde e de combate a endemias que ficar incapacitado permanentemente para o trabalho em decorrência da Covid-19, por ter realizado visitas domiciliares em razão de suas atribuições durante o Espin-Covid-19;

III – ao cônjuge ou companheiro, aos dependentes e aos herdeiros necessários do profissional ou trabalhador de saúde que, falecido em decorrência da Covid-19, tenha trabalhado no atendimento direto aos pacientes acometidos por essa doença, ou realizado visitas domiciliares em razão de suas atribuições, no caso de agentes comunitários de saúde ou de combate a endemias, durante o Espin-Covid-19.

§ 1º Presume-se a Covid-19 como causa da incapacidade permanente para o trabalho ou óbito, mesmo que não tenha sido a causa única, principal ou imediata, desde que mantido o nexo temporal entre a data de início da doença e a ocorrência da incapacidade permanente para o trabalho ou óbito, se houver:

I – diagnóstico de Covid-19 comprovado mediante laudos de exames laboratoriais; ou

II – laudo médico que ateste quadro clínico compatível com a Covid-19.

§ 2º A presença de comorbidades não afasta o direito ao recebimento da compensação financeira de que trata esta Lei.

§ 3º A concessão da compensação financeira nas hipóteses de que tratam os incisos I e II do *caput* deste artigo estará sujeita à avaliação de perícia médica realizada por servidores integrantes da carreira de Perito Médico Federal.

§ 4º A compensação financeira de que trata esta Lei será devida inclusive nas hipóteses de óbito ou incapacidade permanente para o trabalho superveniente à declaração do fim do Espin-Covid-19 ou anterior à data de publicação desta Lei, desde que a infecção pelo

novo coronavírus (Sars-CoV-2) tenha ocorrido durante o Espin-Covid-19, na forma do § 1º do *caput* deste artigo.

Art. 3º A compensação financeira de que trata esta Lei será composta de:

I – 1 (uma) única prestação em valor fixo de R$ 50.000,00 (cinquenta mil reais), devida ao profissional ou trabalhador de saúde incapacitado permanentemente para o trabalho ou, em caso de óbito deste, ao seu cônjuge ou companheiro, aos seus dependentes e aos seus herdeiros necessários, sujeita, nesta hipótese, a rateio entre os beneficiários;

II – 1 (uma) única prestação de valor variável devida a cada um dos dependentes menores de 21 (vinte e um) anos, ou 24 (vinte e quatro) anos se cursando curso superior, do profissional ou trabalhador de saúde falecido, cujo valor será calculado mediante a multiplicação da quantia de R$ 10.000,00 (dez mil reais) pelo número de anos inteiros e incompletos que faltarem, para cada um deles, na data do óbito do profissional ou trabalhador de saúde, para atingir a idade de 21 (vinte e um) anos completos, ou 24 (vinte e quatro) anos se cursando curso superior.

§ 1º A prestação variável de que trata o inciso II do *caput* deste artigo será devida aos dependentes com deficiência do profissional ou trabalhador de saúde falecido, independentemente da idade, no valor resultante da multiplicação da quantia de R$ 10.000,00 (dez mil reais) pelo número mínimo de 5 (cinco) anos.

§ 2º No caso de óbito do profissional ou trabalhador de saúde, se houver mais de uma pessoa a ser beneficiada, a compensação financeira de que trata o inciso I do *caput* deste artigo será destinada, mediante o respectivo rateio em partes iguais, ao cônjuge ou companheiro e a cada um dos dependentes e herdeiros necessários.

§ 3º A integralidade da compensação financeira, considerada a soma das parcelas devidas, quando for o caso, será dividida, para o fim de pagamento, em 3 (três) parcelas mensais e sucessivas de igual valor.

§ 4º No caso de óbito do profissional ou trabalhador de saúde, será agregado o valor relativo às despesas de funeral à compensação financeira de que trata o inciso I do *caput* deste artigo, na forma disposta em regulamento.

Art. 4º A compensação financeira de que trata esta Lei será concedida após a análise e o deferimento de requerimento com esse objetivo dirigido ao órgão competente, na forma de regulamento.

Art. 5º A compensação financeira de que trata esta Lei possui natureza indenizatória e não poderá constituir base de cálculo para a incidência de imposto de renda ou de contribuição previdenciária.

Parágrafo único. O recebimento da compensação financeira de que trata esta Lei não prejudica o direito ao recebimento de benefícios previdenciários ou assistenciais previstos em lei.

Art. 6º A compensação financeira de que trata esta Lei será paga pelo órgão competente para sua administração e concessão com recursos do Tesouro Nacional.

Parágrafo único. O Tesouro Nacional colocará à disposição do órgão a que se refere o *caput* deste artigo, à conta de dotações próprias consignadas no orçamento da União, os recursos necessários ao pagamento das compensações financeiras de acordo com a programação financeira da União.

Art. 7º O art. 6º da Lei 605, de 5 de janeiro de 1949, passa a vigorar acrescido dos seguintes §§ 4º e 5º:

▸ Alterações inseridas na referida Lei.

Art. 8º Esta Lei entra em vigor na data de sua publicação.

Brasília, 26 de março de 2020; 200º da Independência e 133º da República.

Jair Messias Bolsonaro

LEI 14.133, DE 1º DE ABRIL DE 2021

Lei de Licitações e Contratos Administrativos.

DOU 01.04.2021 – Edição extra-F

O Presidente da República, faço saber que o Congresso Nacional decreta e eu sanciono a seguinte Lei:

TÍTULO I
DISPOSIÇÕES PRELIMINARES

CAPÍTULO I
DO ÂMBITO DE APLICAÇÃO DESTA LEI

Art. 1º Esta Lei estabelece normas gerais de licitação e contratação para as Administrações Públicas diretas, autárquicas e fundacionais da União, dos Estados, do Distrito Federal e dos Municípios, e abrange:

I – os órgãos dos Poderes Legislativo e Judiciário da União, dos Estados e do Distrito Federal e os órgãos do Poder Legislativo dos Municípios, quando no desempenho de função administrativa;

II – os fundos especiais e as demais entidades controladas direta ou indiretamente pela Administração Pública.

§ 1º Não são abrangidas por esta Lei as empresas públicas, as sociedades de economia mista e as suas subsidiárias, regidas pela Lei 13.303, de 30 de junho de 2016, ressalvado o disposto no art. 178 desta Lei.

§ 2º As contratações realizadas no âmbito das repartições públicas sediadas no exterior obedecerão às peculiaridades locais e aos princípios básicos estabelecidos nesta Lei, na forma de regulamentação específica a ser editada por ministro de Estado.

§ 3º Nas licitações e contratações que envolvam recursos provenientes de empréstimo ou doação oriundos de agência oficial de cooperação estrangeira ou de organismo financeiro de que o Brasil seja parte, podem ser admitidas:

I – condições decorrentes de acordos internacionais aprovados pelo Congresso Nacional e ratificados pelo Presidente da República;

II – condições peculiares à seleção e à contratação constantes de normas e procedimentos das agências ou dos organismos, desde que:

a) sejam exigidas para a obtenção do empréstimo ou doação;

b) não conflitem com os princípios constitucionais em vigor;

c) sejam indicadas no respectivo contrato de empréstimo ou doação e tenham sido objeto de parecer favorável do órgão jurídico do contratante do financiamento previamente à celebração do referido contrato;

d) *Vetado*.

§ 4º A documentação encaminhada ao Senado Federal para autorização do empréstimo de que trata o § 3º deste artigo deverá fazer referência às condições contratuais que incidam na hipótese do referido parágrafo.

§ 5º As contratações relativas à gestão, direta e indireta, das reservas internacionais do País, inclusive as de serviços conexos ou acessórios a essa atividade, serão disciplinadas em ato normativo próprio do Banco Central do Brasil, assegurada a observância dos princípios estabelecidos no *caput* do art. 37 da Constituição Federal.

Art. 2º Esta Lei aplica-se a:

I – alienação e concessão de direito real de uso de bens;

II – compra, inclusive por encomenda;

III – locação;

IV – concessão e permissão de uso de bens públicos;

V – prestação de serviços, inclusive os técnico-profissionais especializados;

VI – obras e serviços de arquitetura e engenharia;

VII – contratações de tecnologia da informação e de comunicação.

Art. 3º Não se subordinam ao regime desta Lei:

I – contratos que tenham por objeto operação de crédito, interno ou externo, e gestão de dívida pública, incluídas as contratações de agente financeiro e a concessão de garantia relacionadas a esses contratos;

II – contratações sujeitas a normas previstas em legislação própria.

Art. 4º Aplicam-se às licitações e contratos disciplinados por esta Lei as disposições constantes dos arts. 42 a 49 da Lei Complementar 123, de 14 de dezembro de 2006.

§ 1º As disposições a que se refere o *caput* deste artigo não são aplicadas:

I – no caso de licitação para aquisição de bens ou contratação de serviços em geral, ao item cujo valor estimado for superior à receita bruta máxima admitida para fins de enquadramento como empresa de pequeno porte;

II – no caso de contratação de obras e serviços de engenharia, às licitações cujo valor estimado for superior à receita bruta máxima admitida para fins de enquadramento como empresa de pequeno porte.

§ 2º A obtenção de benefícios a que se refere o *caput* deste artigo fica limitada às microempresas e às empresas de pequeno porte que, no ano-calendário de realização da licitação, ainda não tenham celebrado contratos com a Administração Pública cujos valores somados extrapolem a receita bruta máxima admitida para fins de enquadramento como empresa de pequeno porte, devendo o órgão ou entidade exigir do licitante declaração de observância desse limite na licitação.

§ 3º Nas contratações com prazo de vigência superior a 1 (um) ano, será considerado o valor anual do contrato na aplicação dos limites previstos nos §§ 1º e 2º deste artigo.

CAPÍTULO II
DOS PRINCÍPIOS

Art. 5º Na aplicação desta Lei, serão observados os princípios da legalidade, da impessoalidade, da moralidade, da publicidade, da eficiência, do interesse público, da probidade administrativa, da igualdade, do planejamento, da transparência, da eficácia, da segregação de funções, da motivação, da vinculação ao edital, do julgamento objetivo, da segurança jurídica, da razoabilidade, da competitividade, da proporcionalidade, da celeridade, da economicidade e do desenvolvimento nacional sustentável, assim como as disposições do Decreto-Lei 4.657, de 4 de setembro de 1942 (Lei de Introdução às Normas do Direito Brasileiro).

CAPÍTULO III
DAS DEFINIÇÕES

Art. 6º Para os fins desta Lei, consideram-se:

I – órgão: unidade de atuação integrante da estrutura da Administração Pública;

II – entidade: unidade de atuação dotada de personalidade jurídica;

III – Administração Pública: administração direta e indireta da União, dos Estados, do Distrito Federal e dos Municípios, inclusive as entidades com personalidade jurídica de direito privado sob controle do poder público e as fundações por ele instituídas ou mantidas;

IV – Administração: órgão ou entidade por meio do qual a Administração Pública atua;

V – agente público: indivíduo que, em virtude de eleição, nomeação, designação, contratação ou qualquer outra forma de investidura ou vínculo, exerce mandato, cargo, emprego ou função em pessoa jurídica integrante da Administração Pública;

VI – autoridade: agente público dotado de poder de decisão;

VII – contratante: pessoa jurídica integrante da Administração Pública responsável pela contratação;

VIII – contratado: pessoa física ou jurídica, ou consórcio de pessoas jurídicas, signatária de contrato com a Administração;

IX – licitante: pessoa física ou jurídica, ou consórcio de pessoas jurídicas, que participa ou manifesta a intenção de participar de processo licitatório, sendo-lhe equiparável, para os fins desta Lei, o fornecedor ou o prestador de serviço que, em atendimento à solicitação da Administração, oferece proposta;

X – compra: aquisição remunerada de bens para fornecimento de uma só vez ou parceladamente, considerada imediata aquela com prazo de entrega de até 30 (trinta) dias da ordem de fornecimento;

XI – serviço: atividade ou conjunto de atividades destinadas a obter determinada utilidade, intelectual ou material, de interesse da Administração;

XII – obra: toda atividade estabelecida, por força de lei, como privativa das profissões de arquiteto e engenheiro que implica intervenção no meio ambiente por meio de um conjunto harmônico de ações que, agregadas, formam um todo que inova o espaço físico da natureza ou acarreta alteração substancial das características originais de bem imóvel;

XIII – bens e serviços comuns: aqueles cujos padrões de desempenho e qualidade podem ser objetivamente definidos pelo edital, por meio de especificações usuais de mercado;

XIV – bens e serviços especiais: aqueles que, por sua alta heterogeneidade ou complexidade, não podem ser descritos na forma do inciso XIII do *caput* deste artigo, exigida justificativa prévia do contratante;

XV – serviços e fornecimentos contínuos: serviços contratados e compras realizadas pela Administração Pública para a manutenção da atividade administrativa, decorrentes de necessidades permanentes ou prolongadas;

XVI – serviços contínuos com regime de dedicação exclusiva de mão de obra: aqueles cujo modelo de execução contratual exige, entre outros requisitos, que:

a) os empregados do contratado fiquem à disposição nas dependências do contratante para a prestação dos serviços;

b) o contratado não compartilhe os recursos humanos e materiais disponíveis de uma contratação para execução simultânea de outros contratos;

c) o contratado possibilite a fiscalização pelo contratante quanto à distribuição, controle e supervisão dos recursos humanos alocados aos seus contratos;

XVII – serviços não contínuos ou contratados por escopo: aqueles que impõem ao contratado o dever de realizar a prestação de um serviço específico em período predeterminado, podendo ser prorrogado, desde que justificadamente, pelo prazo necessário à conclusão do objeto;

XVIII – serviços técnicos especializados de natureza predominantemente intelectual: aqueles realizados em trabalhos relativos a:

a) estudos técnicos, planejamentos, projetos básicos e projetos executivos;

b) pareceres, perícias e avaliações em geral;

c) assessorias e consultorias técnicas e auditorias financeiras e tributárias;

d) fiscalização, supervisão e gerenciamento de obras e serviços;

e) patrocínio ou defesa de causas judiciais e administrativas;

f) treinamento e aperfeiçoamento de pessoal;

g) restauração de obras de arte e de bens de valor histórico;

h) controles de qualidade e tecnológico, análises, testes e ensaios de campo e laboratoriais, instrumentação e monitoramento de parâmetros específicos de obras e do meio ambiente e demais serviços de engenharia que se enquadrem na definição deste inciso;

XIX – notória especialização: qualidade de profissional ou de empresa cujo conceito, no campo de sua especialidade, decorrente de desempenho anterior, estudos, experiência, publicações, organização, aparelhamento, equipe técnica ou outros requisitos relacionados com suas atividades, permite inferir que o seu trabalho é essencial e reconhecidamente adequado à plena satisfação do objeto do contrato;

XX – estudo técnico preliminar: documento constitutivo da primeira etapa do planejamento de uma contratação que caracteriza o interesse público envolvido e a sua melhor solução e dá base ao anteprojeto, ao termo de referência ou ao projeto básico a serem elaborados caso se conclua pela viabilidade da contratação;

XXI – serviço de engenharia: toda atividade ou conjunto de atividades destinadas a obter determinada utilidade, intelectual ou material, de interesse para a Administração e que, não enquadradas no conceito de obra a que se refere o inciso XII do *caput* deste artigo, são estabelecidas, por força de lei, como privativas das profissões de arquiteto e engenheiro ou de técnicos especializados, que compreendem:

a) serviço comum de engenharia: todo serviço de engenharia que tem por objeto ações, objetivamente padronizáveis em termos de desempenho e qualidade, de manutenção, de adequação e de adaptação de bens móveis e imóveis, com preservação das características originais dos bens;

b) serviço especial de engenharia: aquele que, por sua alta heterogeneidade ou complexidade, não pode se enquadrar na definição constante da alínea "a" deste inciso;

XXII – obras, serviços e fornecimentos de grande vulto: aqueles cujo valor estimado supera R$ 200.000.000,00 (duzentos milhões de reais);

XXIII – termo de referência: documento necessário para a contratação de bens e serviços, que deve conter os seguintes parâmetros e elementos descritivos:

a) definição do objeto, incluídos sua natureza, os quantitativos, o prazo do contrato e, se for o caso, a possibilidade de sua prorrogação;

b) fundamentação da contratação, que consiste na referência aos estudos técnicos preliminares correspondentes ou, quando não for possível divulgar esses estudos, no extrato das partes que não contiverem informações sigilosas;

c) descrição da solução como um todo, considerado todo o ciclo de vida do objeto;

d) requisitos da contratação;

e) modelo de execução do objeto, que consiste na definição de como o contrato deverá produzir os resultados pretendidos desde o seu início até o seu encerramento;

f) modelo de gestão do contrato, que descreve como a execução do objeto será acompanhada e fiscalizada pelo órgão ou entidade;

g) critérios de medição e de pagamento;

h) forma e critérios de seleção do fornecedor;

i) estimativas do valor da contratação, acompanhadas dos preços unitários referenciais, das memórias de cálculo e dos documentos que lhe dão suporte, com os parâmetros utilizados para a obtenção dos preços e para os respectivos cálculos, que devem constar de documento separado e classificado;

j) adequação orçamentária;

XXIV – anteprojeto: peça técnica com todos os subsídios necessários à elaboração do projeto básico, que deve conter, no mínimo, os seguintes elementos:

a) demonstração e justificativa do programa de necessidades, avaliação de demanda do público-alvo, motivação técnico-econômico-social do empreendimento, visão global dos investimentos e definições relacionadas ao nível de serviço desejado;

b) condições de solidez, de segurança e de durabilidade;

c) prazo de entrega;

d) estética do projeto arquitetônico, traçado geométrico e/ou projeto da área de influência, quando cabível;

e) parâmetros de adequação ao interesse público, de economia na utilização, de facilidade na execução, de impacto ambiental e de acessibilidade;

f) proposta de concepção da obra ou do serviço de engenharia;

g) projetos anteriores ou estudos preliminares que embasaram a concepção proposta;

h) levantamento topográfico e cadastral;

i) pareceres de sondagem;

j) memorial descritivo dos elementos da edificação, dos componentes construtivos e dos materiais de construção, de forma a estabelecer padrões mínimos para a contratação;

XXV – projeto básico: conjunto de elementos necessários e suficientes, com nível de precisão adequado para definir e dimensionar a obra ou o serviço, ou o complexo de obras ou de serviços objeto da licitação, elaborado com base nas indicações dos estudos técnicos preliminares, que assegure a viabilidade técnica e o adequado tratamento do impacto ambiental do empreendimento e que possibilite a avaliação do custo da obra e a definição dos métodos e do prazo de execução, devendo conter os seguintes elementos:

a) levantamentos topográficos e cadastrais, sondagens e ensaios geotécnicos, ensaios e análises laboratoriais, estudos socioambientais e demais dados e levantamentos necessários para execução da solução escolhida;

b) soluções técnicas globais e localizadas, suficientemente detalhadas, de forma a evitar, por ocasião da elaboração do projeto executivo e da realização das obras e montagem, a necessidade de reformulações ou variantes quanto à qualidade, ao preço e ao prazo inicialmente definidos;

c) identificação dos tipos de serviços a executar e dos materiais e equipamentos a incorporar à obra, bem como das suas especificações, de modo a assegurar os melhores resultados para o empreendimento e a segurança executiva na utilização do objeto, para os fins a que se destina, considerados os riscos e os perigos identificáveis, sem frustrar o caráter competitivo para a sua execução;

d) informações que possibilitem o estudo e a definição de métodos construtivos, de instalações provisórias e de condições organizacionais para a obra, sem frustrar o caráter competitivo para a sua execução;

e) subsídios para montagem do plano de licitação e gestão da obra, compreendidos a sua programação, a estratégia de suprimentos, as normas de fiscalização e outros dados necessários em cada caso;

f) orçamento detalhado do custo global da obra, fundamentado em quantitativos de serviços e fornecimentos propriamente avaliados, obrigatório exclusivamente para os regimes de execução previstos nos incisos I, II, III, IV e VII do *caput* do art. 46 desta Lei;

XXVI – projeto executivo: conjunto de elementos necessários e suficientes à execução completa da obra, com o detalhamento das soluções previstas no projeto básico, a identificação de serviços, de materiais e de equipamentos a serem incorporados à obra, bem como suas especificações técnicas, de acordo com as normas técnicas pertinentes;

XXVII – matriz de riscos: cláusula contratual definidora de riscos e de responsabilidades entre as partes e caracterizadora do equilíbrio econômico-financeiro inicial do contrato, em termos de ônus financeiro decorrente de eventos supervenientes à contratação, contendo, no mínimo, as seguintes informações:

a) listagem de possíveis eventos supervenientes à assinatura do contrato que possam causar impacto em seu equilíbrio econômico-financeiro e previsão de eventual necessidade de prolação de termo aditivo por ocasião de sua ocorrência;

b) no caso de obrigações de resultado, estabelecimento das frações do objeto com relação às quais haverá liberdade para os contratados inovarem em soluções metodológicas ou tecnológicas, em termos de modificação das soluções previamente delineadas no anteprojeto ou no projeto básico;

c) no caso de obrigações de meio, estabelecimento preciso das frações do objeto com relação às quais não haverá liberdade para os contratados inovarem em soluções metodológicas ou tecnológicas, devendo haver obrigação de aderência entre a execução e a solução predefinida no anteprojeto ou no projeto básico, consideradas as características do regime de execução no caso de obras e serviços de engenharia;

XXVIII – empreitada por preço unitário: contratação da execução da obra ou do serviço por preço certo de unidades determinadas;

XXIX – empreitada por preço global: contratação da execução da obra ou do serviço por preço certo e total;

XXX – empreitada integral: contratação de empreendimento em sua integralidade, compreendida a totalidade das etapas de obras, serviços e instalações necessárias, sob inteira responsabilidade do contratado até sua entrega ao contratante em condições de entrada em operação, com características adequadas às finalidades para as quais foi contratado e atendidos os requisitos técnicos e legais para sua utilização com segurança estrutural e operacional;

XXXI – contratação por tarefa: regime de contratação de mão de obra para pequenos trabalhos por preço certo, com ou sem fornecimento de materiais;

XXXII – contratação integrada: regime de contratação de obras e serviços de engenharia em que o contratado é responsável por elaborar e desenvolver os projetos básico e executivo, executar obras e serviços de engenharia, fornecer bens ou prestar serviços especiais e realizar montagem, teste, pré-operação e as demais operações necessárias e suficientes para a entrega final do objeto;

XXXIII – contratação semi-integrada: regime de contratação de obras e serviços de engenharia em que o contratado é responsável por elaborar e desenvolver o projeto executivo, executar obras e serviços de engenharia, fornecer bens ou prestar serviços especiais e realizar montagem, teste, pré-operação e as demais operações necessárias e suficientes para a entrega final do objeto;

XXXIV – fornecimento e prestação de serviço associado: regime de contratação em que, além do fornecimento do objeto, o contratado responsabiliza-se por sua operação, manutenção ou ambas, por tempo determinado;

XXXV – licitação internacional: licitação processada em território nacional na qual é admitida a participação de licitantes estrangeiros, com a possibilidade de cotação de preços em moeda estrangeira, ou licitação na qual o objeto contratual pode ou deve ser executado no todo ou em parte em território estrangeiro;

XXXVI – serviço nacional: serviço prestado em território nacional, nas condições estabelecidas pelo Poder Executivo federal;

XXXVII – produto manufaturado nacional: produto manufaturado produzido no território nacional de acordo com o processo produtivo básico ou com as regras de origem estabelecidas pelo Poder Executivo federal;

XXXVIII – concorrência: modalidade de licitação para contratação de bens e serviços especiais e de obras e serviços comuns e especiais de engenharia, cujo critério de julgamento poderá ser:

a) menor preço;

b) melhor técnica ou conteúdo artístico;

c) técnica e preço;

d) maior retorno econômico;

e) maior desconto;

XXXIX – concurso: modalidade de licitação para escolha de trabalho técnico, científico ou artístico, cujo critério de julgamento será o de melhor técnica ou conteúdo artístico, e para concessão de prêmio ou remuneração ao vencedor;

XL – leilão: modalidade de licitação para alienação de bens imóveis ou de bens móveis inservíveis ou legalmente apreendidos a quem oferecer o maior lance;

XLI – pregão: modalidade de licitação obrigatória para aquisição de bens e serviços comuns, cujo critério de julgamento poderá ser o de menor preço ou o de maior desconto;

XLII – diálogo competitivo: modalidade de licitação para contratação de obras, serviços e compras em que a Administração Pública realiza diálogos com licitantes previamente selecionados mediante critérios objetivos, com o intuito de desenvolver uma ou mais alternativas capazes de atender às suas necessidades, devendo os licitantes apresentar proposta final após o encerramento dos diálogos;

XLIII – credenciamento: processo administrativo de chamamento público em que a Administração Pública convoca interessados em prestar serviços ou fornecer bens para que, preenchidos os requisitos necessários, se credenciem no órgão ou na entidade para executar o objeto quando convocados;

XLIV – pré-qualificação: procedimento seletivo prévio à licitação, convocado por meio de edital, destinado à análise das condições de habilitação, total ou parcial, dos interessados ou do objeto;

XLV – sistema de registro de preços: conjunto de procedimentos para realização, mediante contratação direta ou licitação nas modalidades pregão ou concorrência, de registro formal de preços relativos à prestação de serviços, a obras e à aquisição e locação de bens para contratações futuras;

XLVI – ata de registro de preços: documento vinculativo e obrigacional, com característica de compromisso para futura contratação, no qual são registrados o objeto, os preços, os fornecedores, os órgãos participantes e as condições a serem praticadas, conforme as disposições contidas no edital da licitação, no aviso ou instrumento de contratação direta e nas propostas apresentadas;

XLVII – órgão ou entidade gerenciadora: órgão ou entidade da Administração Pública responsável pela condução do conjunto de procedimentos para registro de preços e pelo gerenciamento da ata de registro de preços dele decorrente;

XLVIII – órgão ou entidade participante: órgão ou entidade da Administração Pública que participa dos procedimentos iniciais da contratação para registro de preços e integra a ata de registro de preços;

XLIX – órgão ou entidade não participante: órgão ou entidade da Administração Pública que não participa dos procedimentos iniciais da licitação para registro de preços e não integra a ata de registro de preços;

L – comissão de contratação: conjunto de agentes públicos indicados pela Administração, em caráter permanente ou especial, com a função de receber, examinar e julgar documentos relativos às licitações e aos procedimentos auxiliares;

LI – catálogo eletrônico de padronização de compras, serviços e obras: sistema informatizado, de gerenciamento centralizado e com indicação de preços, destinado a permitir a padronização de itens a serem adquiridos pela Administração Pública e que estarão disponíveis para a licitação;

LII – sítio eletrônico oficial: sítio da internet, certificado digitalmente por autoridade certificadora, no qual o ente federativo divulga de forma centralizada as informações e os serviços de governo digital dos seus órgãos e entidades;

LIII – contrato de eficiência: contrato cujo objeto é a prestação de serviços, que pode incluir a realização de obras e o fornecimento de bens, com o objetivo de proporcionar economia ao contratante, na forma de redução de despesas correntes, remunerado o contratado com base em percentual da economia gerada;

LIV – seguro-garantia: seguro que garante o fiel cumprimento das obrigações assumidas pelo contratado;

LV – produtos para pesquisa e desenvolvimento: bens, insumos, serviços e obras necessários para atividade de pesquisa científica e tecnológica, desenvolvimento de tecnologia ou inovação tecnológica, discriminados em projeto de pesquisa;

LVI – sobrepreço: preço orçado para licitação ou contratado em valor expressivamente superior aos preços

referenciais de mercado, seja de apenas 1 (um) item, se a licitação ou a contratação for por preços unitários de serviço, seja do valor global do objeto, se a licitação ou a contratação for por tarefa, empreitada por preço global ou empreitada integral, semi-integrada ou integrada;

LVII – superfaturamento: dano provocado ao patrimônio da Administração, caracterizado, entre outras situações, por:

a) medição de quantidades superiores às efetivamente executadas ou fornecidas;

b) deficiência na execução de obras e de serviços de engenharia que resulte em diminuição da sua qualidade, vida útil ou segurança;

c) alterações no orçamento de obras e de serviços de engenharia que causem desequilíbrio econômico--financeiro do contrato em favor do contratado;

d) outras alterações de cláusulas financeiras que gerem recebimentos contratuais antecipados, distorção do cronograma físico-financeiro, prorrogação injustificada do prazo contratual com custos adicionais para a Administração ou reajuste irregular de preços;

LVIII – reajustamento em sentido estrito: forma de manutenção do equilíbrio econômico-financeiro de contrato consistente na aplicação do índice de correção monetária previsto no contrato, que deve retratar a variação efetiva do custo de produção, admitida a adoção de índices específicos ou setoriais;

LIX – repactuação: forma de manutenção do equilíbrio econômico-financeiro de contrato utilizada para serviços contínuos com regime de dedicação exclusiva de mão de obra ou predominância de mão de obra, por meio da análise da variação dos custos contratuais, devendo estar prevista no edital com data vinculada à apresentação das propostas, para os custos decorrentes do mercado, e com data vinculada ao acordo, à convenção coletiva ou ao dissídio coletivo ao qual o orçamento esteja vinculado, para os custos decorrentes da mão de obra;

LX – agente de contratação: pessoa designada pela autoridade competente, entre servidores efetivos ou empregados públicos dos quadros permanentes da Administração Pública, para tomar decisões, acompanhar o trâmite da licitação, dar impulso ao procedimento licitatório e executar quaisquer outras atividades necessárias ao bom andamento do certame até a homologação.

CAPÍTULO IV
DOS AGENTES PÚBLICOS

Art. 7º Caberá à autoridade máxima do órgão ou da entidade, ou a quem as normas de organização administrativa indicarem, promover gestão por competências e designar agentes públicos para o desempenho das funções essenciais à execução desta Lei que preencham os seguintes requisitos:

I – sejam, preferencialmente, servidor efetivo ou empregado público dos quadros permanentes da Administração Pública;

II – tenham atribuições relacionadas a licitações e contratos ou possuam formação compatível ou qualificação atestada por certificação profissional emitida por escola de governo criada e mantida pelo poder público; e

III – não sejam cônjuge ou companheiro de licitantes ou contratados habituais da Administração nem tenham com eles vínculo de parentesco, colateral ou por afinidade, até o terceiro grau, ou de natureza técnica, comercial, econômica, financeira, trabalhista e civil.

§ 1º A autoridade referida no *caput* deste artigo deverá observar o princípio da segregação de funções, vedada a designação do mesmo agente público para atuação simultânea em funções mais suscetíveis a riscos, de modo a reduzir a possibilidade de ocultação de erros e de ocorrência de fraudes na respectiva contratação.

§ 2º O disposto no *caput* e no § 1º deste artigo, inclusive os requisitos estabelecidos, também se aplica aos órgãos de assessoramento jurídico e de controle interno da Administração.

Art. 8º A licitação será conduzida por agente de contratação, pessoa designada pela autoridade competente, entre servidores efetivos ou empregados públicos dos quadros permanentes da Administração Pública, para tomar decisões, acompanhar o trâmite da licitação, dar impulso ao procedimento licitatório e executar quaisquer outras atividades necessárias ao bom andamento do certame até a homologação.

§ 1º O agente de contratação será auxiliado por equipe de apoio e responderá individualmente pelos atos que

praticar, salvo quando induzido a erro pela atuação da equipe.

§ 2º Em licitação que envolva bens ou serviços especiais, desde que observados os requisitos estabelecidos no art. 7º desta Lei, o agente de contratação poderá ser substituído por comissão de contratação formada por, no mínimo, 3 (três) membros, que responderão solidariamente por todos os atos praticados pela comissão, ressalvado o membro que expressar posição individual divergente fundamentada e registrada em ata lavrada na reunião em que houver sido tomada a decisão.

§ 3º As regras relativas à atuação do agente de contratação e da equipe de apoio, ao funcionamento da comissão de contratação e à atuação de fiscais e gestores de contratos de que trata esta Lei serão estabelecidas em regulamento, e deverá ser prevista a possibilidade de eles contarem com o apoio dos órgãos de assessoramento jurídico e de controle interno para o desempenho das funções essenciais à execução desta Lei.

> ► Decreto 11.246/2022 regulamenta este parágrafo, para dispor sobre as regras para a atuação do agente de contratação e da equipe de apoio, o funcionamento da comissão de contratação e a atuação dos gestores e fiscais de contratos, no âmbito da administração pública federal direta, autárquica e fundacional.

§ 4º Em licitação que envolva bens ou serviços especiais cujo objeto não seja rotineiramente contratado pela Administração, poderá ser contratado, por prazo determinado, serviço de empresa ou de profissional especializado para assessorar os agentes públicos responsáveis pela condução da licitação.

§ 5º Em licitação na modalidade pregão, o agente responsável pela condução do certame será designado pregoeiro.

Art. 9º É vedado ao agente público designado para atuar na área de licitações e contratos, ressalvados os casos previstos em lei:

I – admitir, prever, incluir ou tolerar, nos atos que praticar, situações que:

a) comprometam, restrinjam ou frustrem o caráter competitivo do processo licitatório, inclusive nos casos de participação de sociedades cooperativas;

b) estabeleçam preferências ou distinções em razão da naturalidade, da sede ou do domicílio dos licitantes;

c) sejam impertinentes ou irrelevantes para o objeto específico do contrato;

II – estabelecer tratamento diferenciado de natureza comercial, legal, trabalhista, previdenciária ou qualquer outra entre empresas brasileiras e estrangeiras, inclusive no que se refere a moeda, modalidade e local de pagamento, mesmo quando envolvido financiamento de agência internacional;

III – opor resistência injustificada ao andamento dos processos e, indevidamente, retardar ou deixar de praticar ato de ofício, ou praticá-lo contra disposição expressa em lei.

§ 1º Não poderá participar, direta ou indiretamente, da licitação ou da execução do contrato agente público de órgão ou entidade licitante ou contratante, devendo ser observadas as situações que possam configurar conflito de interesses no exercício ou após o exercício do cargo ou emprego, nos termos da legislação que disciplina a matéria.

§ 2º As vedações de que trata este artigo estendem-se a terceiro que auxilie a condução da contratação na qualidade de integrante de equipe de apoio, profissional especializado ou funcionário ou representante de empresa que preste assessoria técnica.

Art. 10. Se as autoridades competentes e os servidores públicos que tiverem participado dos procedimentos relacionados às licitações e aos contratos de que trata esta Lei precisarem defender-se nas esferas administrativa, controladora ou judicial em razão de ato praticado com estrita observância de orientação constante em parecer jurídico elaborado na forma do § 1º do art. 53 desta Lei, a advocacia pública promoverá, a critério do agente público, sua representação judicial ou extrajudicial.

§ 1º Não se aplica o disposto no *caput* deste artigo quando:

I – *Vetado*;

II – provas da prática de atos ilícitos dolosos constarem nos autos do processo administrativo ou judicial.

§ 2º Aplica-se o disposto no *caput* deste artigo inclusive na hipótese de o agente público não mais ocupar o cargo, emprego ou função em que foi praticado o ato questionado.

(...)

Seção II
Das Modalidades de Licitação

(...)

Subseção III
Dos Serviços em Geral

Art. 47. As licitações de serviços atenderão aos princípios:

I – da padronização, considerada a compatibilidade de especificações estéticas, técnicas ou de desempenho;

II – do parcelamento, quando for tecnicamente viável e economicamente vantajoso.

§ 1º Na aplicação do princípio do parcelamento deverão ser considerados:

I – a responsabilidade técnica;

II – o custo para a Administração de vários contratos frente às vantagens da redução de custos, com divisão do objeto em itens;

III – o dever de buscar a ampliação da competição e de evitar a concentração de mercado.

§ 2º Na licitação de serviços de manutenção e assistência técnica, o edital deverá definir o local de realização dos serviços, admitida a exigência de deslocamento de técnico ao local da repartição ou a exigência de que o contratado tenha unidade de prestação de serviços em distância compatível com as necessidades da Administração.

Art. 48. Poderão ser objeto de execução por terceiros as atividades materiais acessórias, instrumentais ou complementares aos assuntos que constituam área de competência legal do órgão ou da entidade, vedado à Administração ou a seus agentes, na contratação do serviço terceirizado:

I – indicar pessoas expressamente nominadas para executar direta ou indiretamente o objeto contratado;

II – fixar salário inferior ao definido em lei ou em ato normativo a ser pago pelo contratado;

III – estabelecer vínculo de subordinação com funcionário de empresa prestadora de serviço terceirizado;

IV – definir forma de pagamento mediante exclusivo reembolso dos salários pagos;

V – demandar a funcionário de empresa prestadora de serviço terceirizado a execução de tarefas fora do escopo do objeto da contratação;

VI – prever em edital exigências que constituam intervenção indevida da Administração na gestão interna do contratado.

Parágrafo único. Durante a vigência do contrato, é vedado ao contratado contratar cônjuge, companheiro ou parente em linha reta, colateral ou por afinidade, até o terceiro grau, de dirigente do órgão ou entidade contratante ou de agente público que desempenhe função na licitação ou atue na fiscalização ou na gestão do contrato, devendo essa proibição constar expressamente do edital de licitação.

Art. 49. A Administração poderá, mediante justificativa expressa, contratar mais de uma empresa ou instituição para executar o mesmo serviço, desde que essa contratação não implique perda de economia de escala, quando:

I – o objeto da contratação puder ser executado de forma concorrente e simultânea por mais de um contratado; e

II – a múltipla execução for conveniente para atender à Administração.

Parágrafo único. Na hipótese prevista no *caput* deste artigo, a Administração deverá manter o controle individualizado da execução do objeto contratual relativamente a cada um dos contratados.

Art. 50. Nas contratações de serviços com regime de dedicação exclusiva de mão de obra, o contratado deverá apresentar, quando solicitado pela Administração, sob pena de multa, comprovação do cumprimento das obrigações trabalhistas e com o Fundo de Garantia do Tempo de Serviço (FGTS) em relação aos empregados diretamente envolvidos na execução do contrato, em especial quanto ao:

I – registro de ponto;

II – recibo de pagamento de salários, adicionais, horas extras, repouso semanal remunerado e décimo terceiro salário;

III – comprovante de depósito do FGTS;

IV – recibo de concessão e pagamento de férias e do respectivo adicional;

V – recibo de quitação de obrigações trabalhistas e previdenciárias dos empregados dispensados até a data da extinção do contrato;

VI – recibo de pagamento de vale-transporte e vale-alimentação, na forma prevista em norma coletiva.

(...)

<div align="center">

CAPÍTULO V

DO JULGAMENTO

</div>

(...)

<div align="center">

CAPÍTULO VI

DA HABILITAÇÃO

</div>

Art. 62. A habilitação é a fase da licitação em que se verifica o conjunto de informações e documentos necessários e suficientes para demonstrar a capacidade do licitante de realizar o objeto da licitação, dividindo-se em:

I – jurídica;

II – técnica;

III – fiscal, social e trabalhista;

IV – econômico-financeira.

Art. 63. Na fase de habilitação das licitações serão observadas as seguintes disposições:

I – poderá ser exigida dos licitantes a declaração de que atendem aos requisitos de habilitação, e o declarante responderá pela veracidade das informações prestadas, na forma da lei;

II – será exigida a apresentação dos documentos de habilitação apenas pelo licitante vencedor, exceto quando a fase de habilitação anteceder a de julgamento;

III – serão exigidos os documentos relativos à regularidade fiscal, em qualquer caso, somente em momento posterior ao julgamento das propostas, e apenas do licitante mais bem classificado;

IV – será exigida do licitante declaração de que cumpre as exigências de reserva de cargos para pessoa com deficiência e para reabilitado da Previdência Social, previstas em lei e em outras normas específicas.

§ 1º Constará do edital de licitação cláusula que exija dos licitantes, sob pena de desclassificação, declaração de que suas propostas econômicas compreendem a integralidade dos custos para atendimento dos direitos trabalhistas assegurados na Constituição Federal, nas leis trabalhistas, nas normas infralegais, nas convenções coletivas de trabalho e nos termos de ajustamento de conduta vigentes na data de entrega das propostas.

§ 2º Quando a avaliação prévia do local de execução for imprescindível para o conhecimento pleno das condições e peculiaridades do objeto a ser contratado, o edital de licitação poderá prever, sob pena de inabilitação, a necessidade de o licitante atestar que conhece o local e as condições de realização da obra ou serviço, assegurado a ele o direito de realização de vistoria prévia.

§ 3º Para os fins previstos no § 2º deste artigo, o edital de licitação sempre deverá prever a possibilidade de substituição da vistoria por declaração formal assinada pelo responsável técnico do licitante acerca do conhecimento pleno das condições e peculiaridades da contratação.

§ 4º Para os fins previstos no § 2º deste artigo, se os licitantes optarem por realizar vistoria prévia, a Administração deverá disponibilizar data e horário diferentes para os eventuais interessados.

Art. 64. Após a entrega dos documentos para habilitação, não será permitida a substituição ou a apresentação de novos documentos, salvo em sede de diligência, para:

I – complementação de informações acerca dos documentos já apresentados pelos licitantes e desde que necessária para apurar fatos existentes à época da abertura do certame;

II – atualização de documentos cuja validade tenha expirado após a data de recebimento das propostas.

§ 1º Na análise dos documentos de habilitação, a comissão de licitação poderá sanar erros ou falhas que não alterem a substância dos documentos e sua validade jurídica, mediante despacho fundamentado, registrado e acessível a todos, atribuindo-lhes eficácia para fins de habilitação e classificação.

§ 2º Quando a fase de habilitação anteceder a de julgamento e já tiver sido encerrada, não caberá exclusão de licitante por motivo relacionado à habilitação, salvo em razão de fatos supervenientes ou só conhecidos após o julgamento.

Art. 65. As condições de habilitação serão definidas no edital.

§ 1º As empresas criadas no exercício financeiro da licitação deverão atender a todas as exigências da habilitação e ficarão autorizadas a substituir os demonstrativos contábeis pelo balanço de abertura.

§ 2º A habilitação poderá ser realizada por processo eletrônico de comunicação a distância, nos termos dispostos em regulamento.

Art. 66. A habilitação jurídica visa a demonstrar a capacidade de o licitante exercer direitos e assumir obrigações, e a documentação a ser apresentada por ele limita-se à comprovação de existência jurídica da pessoa e, quando cabível, de autorização para o exercício da atividade a ser contratada.

Art. 67. A documentação relativa à qualificação técnico-profissional e técnico-operacional será restrita a:

I – apresentação de profissional, devidamente registrado no conselho profissional competente, quando for o caso, detentor de atestado de responsabilidade técnica por execução de obra ou serviço de características semelhantes, para fins de contratação;

II – certidões ou atestados, regularmente emitidos pelo conselho profissional competente, quando for o caso, que demonstrem capacidade operacional na execução de serviços similares de complexidade tecnológica e operacional equivalente ou superior, bem como documentos comprobatórios emitidos na forma do § 3º do art. 88 desta Lei;

III – indicação do pessoal técnico, das instalações e do aparelhamento adequados e disponíveis para a realização do objeto da licitação, bem como da qualificação de cada membro da equipe técnica que se responsabilizará pelos trabalhos;

IV – prova do atendimento de requisitos previstos em lei especial, quando for o caso;

V – registro ou inscrição na entidade profissional competente, quando for o caso;

VI – declaração de que o licitante tomou conhecimento de todas as informações e das condições locais para o cumprimento das obrigações objeto da licitação.

§ 1º A exigência de atestados será restrita às parcelas de maior relevância ou valor significativo do objeto da licitação, assim consideradas as que tenham valor individual igual ou superior a 4% (quatro por cento) do valor total estimado da contratação.

§ 2º Observado o disposto no *caput* e no § 1º deste artigo, será admitida a exigência de atestados com quantidades mínimas de até 50% (cinquenta por cento) das parcelas de que trata o referido parágrafo, vedadas limitações de tempo e de locais específicos relativas aos atestados.

§ 3º Salvo na contratação de obras e serviços de engenharia, as exigências a que se referem os incisos I e II do *caput* deste artigo, a critério da Administração, poderão ser substituídas por outra prova de que o profissional ou a empresa possui conhecimento técnico e experiência prática na execução de serviço de características semelhantes, hipótese em que as provas alternativas aceitáveis deverão ser previstas em regulamento.

§ 4º Serão aceitos atestados ou outros documentos hábeis emitidos por entidades estrangeiras quando acompanhados de tradução para o português, salvo se comprovada a inidoneidade da entidade emissora.

§ 5º Em se tratando de serviços contínuos, o edital poderá exigir certidão ou atestado que demonstre que o licitante tenha executado serviços similares ao objeto da licitação, em períodos sucessivos ou não, por um prazo mínimo, que não poderá ser superior a 3 (três) anos.

§ 6º Os profissionais indicados pelo licitante na forma dos incisos I e III do *caput* deste artigo deverão participar da obra ou serviço objeto da licitação, e será admitida a sua substituição por profissionais de experiência equivalente ou superior, desde que aprovada pela Administração.

§ 7º Sociedades empresárias estrangeiras atenderão à exigência prevista no inciso V do *caput* deste artigo por meio da apresentação, no momento da assinatura do contrato, da solicitação de registro perante a entidade profissional competente no Brasil.

§ 8º Será admitida a exigência da relação dos compromissos assumidos pelo licitante que importem

em diminuição da disponibilidade do pessoal técnico referido nos incisos I e III do *caput* deste artigo.

§ 9º O edital poderá prever, para aspectos técnicos específicos, que a qualificação técnica seja demonstrada por meio de atestados relativos a potencial subcontratado, limitado a 25% (vinte e cinco por cento) do objeto a ser licitado, hipótese em que mais de um licitante poderá apresentar atestado relativo ao mesmo potencial subcontratado.

§ 10. Em caso de apresentação por licitante de atestado de desempenho anterior emitido em favor de consórcio do qual tenha feito parte, se o atestado ou o contrato de constituição do consórcio não identificar a atividade desempenhada por cada consorciado individualmente, serão adotados os seguintes critérios na avaliação de sua qualificação técnica:

I – caso o atestado tenha sido emitido em favor de consórcio homogêneo, as experiências atestadas deverão ser reconhecidas para cada empresa consorciada na proporção quantitativa de sua participação no consórcio, salvo nas licitações para contratação de serviços técnicos especializados de natureza predominantemente intelectual, em que todas as experiências atestadas deverão ser reconhecidas para cada uma das empresas consorciadas;

II – caso o atestado tenha sido emitido em favor de consórcio heterogêneo, as experiências atestadas deverão ser reconhecidas para cada consorciado de acordo com os respectivos campos de atuação, inclusive nas licitações para contratação de serviços técnicos especializados de natureza predominantemente intelectual.

§ 11. Na hipótese do § 10 deste artigo, para fins de comprovação do percentual de participação do consorciado, caso este não conste expressamente do atestado ou da certidão, deverá ser juntada ao atestado ou à certidão cópia do instrumento de constituição do consórcio.

§ 12. Na documentação de que trata o inciso I do *caput* deste artigo, não serão admitidos atestados de responsabilidade técnica de profissionais que, na forma de regulamento, tenham dado causa à aplicação das sanções previstas nos incisos III e IV do *caput* do art. 156 desta Lei em decorrência de orientação proposta, de prescrição técnica ou de qualquer ato profissional de sua responsabilidade.

Art. 68. As habilitações fiscal, social e trabalhista serão aferidas mediante a verificação dos seguintes requisitos:

I – a inscrição no Cadastro de Pessoas Físicas (CPF) ou no Cadastro Nacional da Pessoa Jurídica (CNPJ);

II – a inscrição no cadastro de contribuintes estadual e/ou municipal, se houver, relativo ao domicílio ou sede do licitante, pertinente ao seu ramo de atividade e compatível com o objeto contratual;

III – a regularidade perante a Fazenda federal, estadual e/ou municipal do domicílio ou sede do licitante, ou outra equivalente, na forma da lei;

IV – a regularidade relativa à Seguridade Social e ao FGTS, que demonstre cumprimento dos encargos sociais instituídos por lei;

V – a regularidade perante a Justiça do Trabalho;

VI – o cumprimento do disposto no inciso XXXIII do art. 7º da Constituição Federal.

§ 1º Os documentos referidos nos incisos do *caput* deste artigo poderão ser substituídos ou supridos, no todo ou em parte, por outros meios hábeis a comprovar a regularidade do licitante, inclusive por meio eletrônico.

§ 2º A comprovação de atendimento do disposto nos incisos III, IV e V do *caput* deste artigo deverá ser feita na forma da legislação específica.

Art. 69. A habilitação econômico-financeira visa a demonstrar a aptidão econômica do licitante para cumprir as obrigações decorrentes do futuro contrato, devendo ser comprovada de forma objetiva, por coeficientes e índices econômicos previstos no edital, devidamente justificados no processo licitatório, e será restrita à apresentação da seguinte documentação:

I – balanço patrimonial, demonstração de resultado de exercício e demais demonstrações contábeis dos 2 (dois) últimos exercícios sociais;

II – certidão negativa de feitos sobre falência expedida pelo distribuidor da sede do licitante.

§ 1º A critério da Administração, poderá ser exigida declaração, assinada por profissional habilitado da área contábil, que ateste o atendimento pelo licitante dos índices econômicos previstos no edital.

§ 2º Para o atendimento do disposto no *caput* deste artigo, é vedada a exigência de valores mínimos de

faturamento anterior e de índices de rentabilidade ou lucratividade.

§ 3º É admitida a exigência da relação dos compromissos assumidos pelo licitante que importem em diminuição de sua capacidade econômico-financeira, excluídas parcelas já executadas de contratos firmados.

§ 4º A Administração, nas compras para entrega futura e na execução de obras e serviços, poderá estabelecer no edital a exigência de capital mínimo ou de patrimônio líquido mínimo equivalente a até 10% (dez por cento) do valor estimado da contratação.

§ 5º É vedada a exigência de índices e valores não usualmente adotados para a avaliação de situação econômico-financeira suficiente para o cumprimento das obrigações decorrentes da licitação.

§ 6º Os documentos referidos no inciso I do *caput* deste artigo limitar-se-ão ao último exercício no caso de a pessoa jurídica ter sido constituída há menos de 2 (dois) anos.

Art. 70. A documentação referida neste Capítulo poderá ser:

I – apresentada em original, por cópia ou por qualquer outro meio expressamente admitido pela Administração;

II – substituída por registro cadastral emitido por órgão ou entidade pública, desde que previsto no edital e que o registro tenha sido feito em obediência ao disposto nesta Lei;

III – dispensada, total ou parcialmente, nas contratações para entrega imediata, nos valores inferiores a 1/4 (um quarto) do limite para dispensa de licitação para compras em geral e nas contratações de produto para pesquisa e desenvolvimento até o valor de R$ 300.000,00 (trezentos mil reais).

Parágrafo único. As empresas estrangeiras que não funcionem no País deverão apresentar documentos equivalentes, na forma de regulamento emitido pelo Poder Executivo federal.

(...)

CAPÍTULO VI
DA EXECUÇÃO DOS CONTRATOS

Art. 115. O contrato deverá ser executado fielmente pelas partes, de acordo com as cláusulas avençadas e as normas desta Lei, e cada parte responderá pelas consequências de sua inexecução total ou parcial.

§ 1º É proibido à Administração retardar imotivadamente a execução de obra ou serviço, ou de suas parcelas, inclusive na hipótese de posse do respectivo chefe do Poder Executivo ou de novo titular no órgão ou entidade contratante.

§ 2º *Vetado.*

§ 3º *Vetado.*

§ 4º Nas contratações de obras e serviços de engenharia, sempre que a responsabilidade pelo licenciamento ambiental for da Administração, a manifestação prévia ou licença prévia, quando cabíveis, deverão ser obtidas antes da divulgação do edital.

> § 4º vetado pelo Presidente da República, rejeitado o veto pelo Congresso Nacional.

§ 5º Em caso de impedimento, ordem de paralisação ou suspensão do contrato, o cronograma de execução será prorrogado automaticamente pelo tempo correspondente, anotadas tais circunstâncias mediante simples apostila.

§ 6º Nas contratações de obras, verificada a ocorrência do disposto no § 5º deste artigo por mais de 1 (um) mês, a Administração deverá divulgar, em sítio eletrônico oficial e em placa a ser afixada em local da obra de fácil visualização pelos cidadãos, aviso público de obra paralisada, com o motivo e o responsável pela inexecução temporária do objeto do contrato e a data prevista para o reinício da sua execução.

§ 7º Os textos com as informações de que trata o § 6º deste artigo deverão ser elaborados pela Administração.

Art. 116. Ao longo de toda a execução do contrato, o contratado deverá cumprir a reserva de cargos prevista em lei para pessoa com deficiência, para reabilitado da Previdência Social ou para aprendiz, bem como as reservas de cargos previstas em outras normas específicas.

Parágrafo único. Sempre que solicitado pela Administração, o contratado deverá comprovar o cumprimento da reserva de cargos a que se refere o *caput* deste artigo, com a indicação dos empregados que preencherem as referidas vagas.

Art. 117. A execução do contrato deverá ser acompanhada e fiscalizada por 1 (um) ou mais fiscais do contrato, representantes da Administração especialmente designados conforme requisitos estabelecidos no art. 7º desta Lei, ou pelos respectivos substitutos, permitida a contratação de terceiros para assisti-los e subsidiá-los com informações pertinentes a essa atribuição.

§ 1º O fiscal do contrato anotará em registro próprio todas as ocorrências relacionadas à execução do contrato, determinando o que for necessário para a regularização das faltas ou dos defeitos observados.

§ 2º O fiscal do contrato informará a seus superiores, em tempo hábil para a adoção das medidas convenientes, a situação que demandar decisão ou providência que ultrapasse sua competência.

§ 3º O fiscal do contrato será auxiliado pelos órgãos de assessoramento jurídico e de controle interno da Administração, que deverão dirimir dúvidas e subsidiá--lo com informações relevantes para prevenir riscos na execução contratual.

§ 4º Na hipótese da contratação de terceiros prevista no *caput* deste artigo, deverão ser observadas as seguintes regras:

I – a empresa ou o profissional contratado assumirá responsabilidade civil objetiva pela veracidade e pela precisão das informações prestadas, firmará termo de compromisso de confidencialidade e não poderá exercer atribuição própria e exclusiva de fiscal de contrato;

II – a contratação de terceiros não eximirá de responsabilidade o fiscal do contrato, nos limites das informações recebidas do terceiro contratado.

Art. 118. O contratado deverá manter preposto aceito pela Administração no local da obra ou do serviço para representá-lo na execução do contrato.

Art. 119. O contratado será obrigado a reparar, corrigir, remover, reconstruir ou substituir, a suas expensas, no total ou em parte, o objeto do contrato em que se verificarem vícios, defeitos ou incorreções resultantes de sua execução ou de materiais nela empregados.

Art. 120. O contratado será responsável pelos danos causados diretamente à Administração ou a terceiros em razão da execução do contrato, e não excluirá nem reduzirá essa responsabilidade a fiscalização ou o acompanhamento pelo contratante.

Art. 121. Somente o contratado será responsável pelos encargos trabalhistas, previdenciários, fiscais e comerciais resultantes da execução do contrato.

§ 1º A inadimplência do contratado em relação aos encargos trabalhistas, fiscais e comerciais não transferirá à Administração a responsabilidade pelo seu pagamento e não poderá onerar o objeto do contrato nem restringir a regularização e o uso das obras e das edificações, inclusive perante o registro de imóveis, ressalvada a hipótese prevista no § 2º deste artigo.

§ 2º Exclusivamente nas contratações de serviços contínuos com regime de dedicação exclusiva de mão de obra, a Administração responderá solidariamente pelos encargos previdenciários e subsidiariamente pelos encargos trabalhistas se comprovada falha na fiscalização do cumprimento das obrigações do contratado.

§ 3º Nas contratações de serviços contínuos com regime de dedicação exclusiva de mão de obra, para assegurar o cumprimento de obrigações trabalhistas pelo contratado, a Administração, mediante disposição em edital ou em contrato, poderá, entre outras medidas:

I – exigir caução, fiança bancária ou contratação de seguro-garantia com cobertura para verbas rescisórias inadimplidas;

II – condicionar o pagamento à comprovação de quitação das obrigações trabalhistas vencidas relativas ao contrato;

III – efetuar o depósito de valores em conta vinculada;

IV – em caso de inadimplemento, efetuar diretamente o pagamento das verbas trabalhistas, que serão deduzidas do pagamento devido ao contratado;

V – estabelecer que os valores destinados a férias, a décimo terceiro salário, a ausências legais e a verbas rescisórias dos empregados do contratado que participarem da execução dos serviços contratados serão pagos pelo contratante ao contratado somente na ocorrência do fato gerador.

§ 4º Os valores depositados na conta vinculada a que se refere o inciso III do § 3º deste artigo são absolutamente impenhoráveis.

§ 5º O recolhimento das contribuições previdenciárias observará o disposto no art. 31 da Lei 8.212, de 24 de julho de 1991.

Art. 122. Na execução do contrato e sem prejuízo das responsabilidades contratuais e legais, o contratado poderá subcontratar partes da obra, do serviço ou do fornecimento até o limite autorizado, em cada caso, pela Administração.

§ 1º O contratado apresentará à Administração documentação que comprove a capacidade técnica do subcontratado, que será avaliada e juntada aos autos do processo correspondente.

§ 2º Regulamento ou edital de licitação poderão vedar, restringir ou estabelecer condições para a subcontratação.

§ 3º Será vedada a subcontratação de pessoa física ou jurídica, se aquela ou os dirigentes desta mantiverem vínculo de natureza técnica, comercial, econômica, financeira, trabalhista ou civil com dirigente do órgão ou entidade contratante ou com agente público que desempenhe função na licitação ou atue na fiscalização ou na gestão do contrato, ou se deles forem cônjuge, companheiro ou parente em linha reta, colateral, ou por afinidade, até o terceiro grau, devendo essa proibição constar expressamente do edital de licitação.

Art. 123. A Administração terá o dever de explicitamente emitir decisão sobre todas as solicitações e reclamações relacionadas à execução dos contratos regidos por esta Lei, ressalvados os requerimentos manifestamente impertinentes, meramente protelatórios ou de nenhum interesse para a boa execução do contrato.

Parágrafo único. Salvo disposição legal ou cláusula contratual que estabeleça prazo específico, concluída a instrução do requerimento, a Administração terá o prazo de 1 (um) mês para decidir, admitida a prorrogação motivada por igual período.

(...)

CAPÍTULO III
DO CONTROLE DAS CONTRATAÇÕES

Art. 169. As contratações públicas deverão submeter-se a práticas contínuas e permanentes de gestão de riscos e de controle preventivo, inclusive mediante adoção de recursos de tecnologia da informação e, além de estar subordinadas ao controle social, sujeitar--se-ão às seguintes linhas de defesa:

I – primeira linha de defesa, integrada por servidores e empregados públicos, agentes de licitação e autoridades que atuam na estrutura de governança do órgão ou entidade;

II – segunda linha de defesa, integrada pelas unidades de assessoramento jurídico e de controle interno do próprio órgão ou entidade;

III – terceira linha de defesa, integrada pelo órgão central de controle interno da Administração e pelo tribunal de contas.

§ 1º Na forma de regulamento, a implementação das práticas a que se refere o *caput* deste artigo será de responsabilidade da alta administração do órgão ou entidade e levará em consideração os custos e os benefícios decorrentes de sua implementação, optando-se pelas medidas que promovam relações íntegras e confiáveis, com segurança jurídica para todos os envolvidos, e que produzam o resultado mais vantajoso para a Administração, com eficiência, eficácia e efetividade nas contratações públicas.

§ 2º Para a realização de suas atividades, os órgãos de controle deverão ter acesso irrestrito aos documentos e às informações necessárias à realização dos trabalhos, inclusive aos documentos classificados pelo órgão ou entidade nos termos da Lei 12.527, de 18 de novembro de 2011, e o órgão de controle com o qual foi compartilhada eventual informação sigilosa tornar--se-á corresponsável pela manutenção do seu sigilo.

§ 3º Os integrantes das linhas de defesa a que se referem os incisos I, II e III do *caput* deste artigo observarão o seguinte:

I – quando constatarem simples impropriedade formal, adotarão medidas para o seu saneamento e para a mitigação de riscos de sua nova ocorrência, preferencialmente com o aperfeiçoamento dos controles preventivos e com a capacitação dos agentes públicos responsáveis;

II – quando constatarem irregularidade que configure dano à Administração, sem prejuízo das medidas previstas no inciso I deste § 3º, adotarão as providências necessárias para a apuração das infrações administrativas, observadas a segregação de funções e a necessidade de individualização das condutas, bem como remeterão ao Ministério Público competente cópias

dos documentos cabíveis para a apuração dos ilícitos de sua competência.

Art. 170. Os órgãos de controle adotarão, na fiscalização dos atos previstos nesta Lei, critérios de oportunidade, materialidade, relevância e risco e considerarão as razões apresentadas pelos órgãos e entidades responsáveis e os resultados obtidos com a contratação, observado o disposto no § 3º do art. 169 desta Lei.

§ 1º As razões apresentadas pelos órgãos e entidades responsáveis deverão ser encaminhadas aos órgãos de controle até a conclusão da fase de instrução do processo e não poderão ser desentranhadas dos autos.

§ 2º A omissão na prestação das informações não impedirá as deliberações dos órgãos de controle nem retardará a aplicação de qualquer de seus prazos de tramitação e de deliberação.

§ 3º Os órgãos de controle desconsiderarão os documentos impertinentes, meramente protelatórios ou de nenhum interesse para o esclarecimento dos fatos.

§ 4º Qualquer licitante, contratado ou pessoa física ou jurídica poderá representar aos órgãos de controle interno ou ao tribunal de contas competente contra irregularidades na aplicação desta Lei.

Art. 171. Na fiscalização de controle será observado o seguinte:

I – viabilização de oportunidade de manifestação aos gestores sobre possíveis propostas de encaminhamento que terão impacto significativo nas rotinas de trabalho dos órgãos e entidades fiscalizados, a fim de que eles disponibilizem subsídios para avaliação prévia da relação entre custo e benefício dessas possíveis proposições;

II – adoção de procedimentos objetivos e imparciais e elaboração de relatórios tecnicamente fundamentados, baseados exclusivamente nas evidências obtidas e organizados de acordo com as normas de auditoria do respectivo órgão de controle, de modo a evitar que interesses pessoais e interpretações tendenciosas interfiram na apresentação e no tratamento dos fatos levantados;

III – definição de objetivos, nos regimes de empreitada por preço global, empreitada integral, contratação semi-integrada e contratação integrada, atendidos os requisitos técnicos, legais, orçamentários e financeiros, de acordo com as finalidades da contratação, devendo, ainda, ser perquirida a conformidade do preço global com os parâmetros de mercado para o objeto contratado, considerada inclusive a dimensão geográfica.

§ 1º Ao suspender cautelarmente o processo licitatório, o tribunal de contas deverá pronunciar-se definitivamente sobre o mérito da irregularidade que tenha dado causa à suspensão no prazo de 25 (vinte e cinco) dias úteis, contado da data do recebimento das informações a que se refere o § 2º deste artigo, prorrogável por igual período uma única vez, e definirá objetivamente:

I – as causas da ordem de suspensão;

II – o modo como será garantido o atendimento do interesse público obstado pela suspensão da licitação, no caso de objetos essenciais ou de contratação por emergência.

§ 2º Ao ser intimado da ordem de suspensão do processo licitatório, o órgão ou entidade deverá, no prazo de 10 (dez) dias úteis, admitida a prorrogação:

I – informar as medidas adotadas para cumprimento da decisão;

II – prestar todas as informações cabíveis;

III – proceder à apuração de responsabilidade, se for o caso.

§ 3º A decisão que examinar o mérito da medida cautelar a que se refere o § 1º deste artigo deverá definir as medidas necessárias e adequadas, em face das alternativas possíveis, para o saneamento do processo licitatório, ou determinar a sua anulação.

§ 4º O descumprimento do disposto no § 2º deste artigo ensejará a apuração de responsabilidade e a obrigação de reparação de prejuízo causado ao erário.

Art. 172. *Vetado.*

Art. 173. Os tribunais de contas deverão, por meio de suas escolas de contas, promover eventos de capacitação para os servidores efetivos e empregados públicos designados para o desempenho das funções essenciais à execução desta Lei, incluídos cursos presenciais e a distância, redes de aprendizagem, seminários e congressos sobre contratações públicas.

TÍTULO V
DISPOSIÇÕES GERAIS

CAPÍTULO I
DO PORTAL NACIONAL
DE CONTRATAÇÕES PÚBLICAS (PNCP)

(...)

CAPÍTULO III
DISPOSIÇÕES TRANSITÓRIAS E FINAIS

(...)

Art. 183. Os prazos previstos nesta Lei serão contados com exclusão do dia do começo e inclusão do dia do vencimento e observarão as seguintes disposições:

I – os prazos expressos em dias corridos serão computados de modo contínuo;

II – os prazos expressos em meses ou anos serão computados de data a data;

III – nos prazos expressos em dias úteis, serão computados somente os dias em que ocorrer expediente administrativo no órgão ou entidade competente.

§ 1º Salvo disposição em contrário, considera-se dia do começo do prazo:

I – o primeiro dia útil seguinte ao da disponibilização da informação na internet;

II – a data da juntada aos autos do aviso de recebimento, quando a notificação for pelos correios.

§ 2º Considera-se prorrogado o prazo até o primeiro dia útil seguinte se o vencimento cair em dia em que não houver expediente, se o expediente for encerrado antes da hora normal ou se houver indisponibilidade da comunicação eletrônica.

§ 3º Na hipótese do inciso II do *caput* deste artigo, se no mês do vencimento não houver o dia equivalente àquele do início do prazo, considera-se como termo o último dia do mês.

Art. 184. Aplicam-se as disposições desta Lei, no que couber e na ausência de norma específica, aos convênios, acordos, ajustes e outros instrumentos congêneres celebrados por órgãos e entidades da Administração Pública, na forma estabelecida em regulamento do Poder Executivo federal.

§ 1º *Vetado.*

§ 2º Quando, verificada qualquer das hipóteses da alínea d do inciso II do *caput* do art. 124 desta Lei, o valor global inicialmente pactuado demonstrar-se insuficiente para a execução do objeto, poderão ser:

I – utilizados saldos de recursos ou rendimentos de aplicação financeira;

II – aportados novos recursos pelo concedente;

III – reduzidas as metas e as etapas, desde que isso não comprometa a fruição ou a funcionalidade do objeto pactuado.

§ 3º São permitidos ajustes nos instrumentos celebrados com recursos de transferências voluntárias, para promover alterações em seu objeto, desde que:

I – isso não importe transposição, remanejamento ou transferência de recursos de uma categoria de programação para outra ou de um órgão para outro;

II – seja apresentada justificativa objetiva pelo convenente; e

III – quando se tratar de obra, seja mantido o que foi pactuado quanto a suas características.

§ 4º *Vetado.*

▸ §§ 2º a 4º acrescidos pela Lei 14.770/2023.

Art. 184-A. À celebração, à execução, ao acompanhamento e à prestação de contas dos convênios, contratos de repasse e instrumentos congêneres em que for parte a União, com valor global de até R$ 1.500.000,00 (um milhão e quinhentos mil reais), aplicar-se-á o seguinte regime simplificado:

▸ Artigo acrescido pela Lei 14.770/2023.

I – o plano de trabalho aprovado conterá parâmetros objetivos para caracterizar o cumprimento do objeto;

II – a minuta dos instrumentos deverá ser simplificada;

III – *Vetado*;

IV – a verificação da execução do objeto ocorrerá mediante visita de constatação da compatibilidade com o plano de trabalho.

§ 1º O acompanhamento pela concedente ou mandatária será realizado pela verificação dos boletins de medição e fotos georreferenciadas registradas pela empresa executora e pelo convenente do Transferegov e por vistorias *in loco*, realizadas considerando o marco de execução de 100% (cem por cento) do cronograma físico, podendo ocorrer outras vistorias, quando necessárias.

§ 2º Não haverá análise nem aceite de termo de referência, anteprojeto, projeto, orçamento, resultado do processo licitatório ou outro documento necessário para o início da execução do objeto, e caberá à concedente ou mandatária verificar o cumprimento do objeto pactuado ao final da execução do instrumento.

▸ § 2º vetado pelo Presidente da República e rejeitado o veto pelo Congresso Nacional (*DOU* 22.05.2024).

§ 3º *Vetado.*

§ 4º O regime simplificado de que trata este artigo aplica-se aos convênios, contratos de repasse e instrumentos congêneres celebrados após a publicação desta Lei.

Art. 185. Aplicam-se às licitações e aos contratos regidos pela Lei 13.303, de 30 de junho de 2016, as disposições do Capítulo II-B do Título XI da Parte Especial do Decreto-Lei 2.848, de 7 de dezembro de 1940 (Código Penal).

Art. 186. Aplicam-se as disposições desta Lei subsidiariamente à Lei 8.987, de 13 de fevereiro de 1995, à Lei 11.079, de 30 de dezembro de 2004, e à Lei 12.232, de 29 de abril de 2010.

Art. 187. Os Estados, o Distrito Federal e os Municípios poderão aplicar os regulamentos editados pela União para execução desta Lei.

Art. 188. *Vetado.*

Art. 189. Aplica-se esta Lei às hipóteses previstas na legislação que façam referência expressa à Lei 8.666, de 21 de junho de 1993, à Lei 10.520, de 17 de julho de 2002, e aos arts. 1º a 47-A da Lei 12.462, de 4 de agosto de 2011.

Art. 190. O contrato cujo instrumento tenha sido assinado antes da entrada em vigor desta Lei continuará a ser regido de acordo com as regras previstas na legislação revogada.

Art. 191. Até o decurso do prazo de que trata o inciso II do *caput* do art. 193, a Administração poderá optar por licitar ou contratar diretamente de acordo com esta Lei ou de acordo com as leis citadas no referido inciso, e a opção escolhida deverá ser indicada expressamente no edital ou no aviso ou instrumento de contratação direta, vedada a aplicação combinada desta Lei com as citadas no referido inciso.

Parágrafo único. Na hipótese do *caput* deste artigo, se a Administração optar por licitar de acordo com as leis citadas no inciso II do *caput* do art. 193 desta Lei, o contrato respectivo será regido pelas regras nelas previstas durante toda a sua vigência.

Art. 192. O contrato relativo a imóvel do patrimônio da União ou de suas autarquias e fundações continuará regido pela legislação pertinente, aplicada esta Lei subsidiariamente.

Art. 193. Revogam-se:

I – os arts. 89 a 108 da Lei 8.666, de 21 de junho de 1993, na data de publicação desta Lei;

II – em 30 de dezembro de 2023:

▸ Inciso II com redação pela Lei Complementar 198/2023.

a) a Lei nº 8.666, de 21 de junho de 1993;

b) a Lei nº 10.520, de 17 de julho de 2002; e

c) os arts. 1º a 47-A da Lei nº 12.462, de 4 de agosto de 2011.

Art. 194. Esta Lei entra em vigor na data de sua publicação.

Brasília, 1º de abril de 2021; 200º da Independência e 133º da República.

Jair Messias Bolsonaro

LEI 14.151, DE 12 DE MAIO DE 2021

Dispõe sobre o afastamento da empregada gestante das atividades de trabalho presencial durante a emergência de saúde pública de importância nacional decorrente do novo coronavírus.

DOU 02.06.2021

O Presidente da República, faço saber que o Congresso Nacional decreta e eu sanciono a seguinte Lei:

Art. 1º Durante a emergência de saúde pública de importância nacional decorrente do coronavírus SARS-CoV-2, a empregada gestante que ainda não tenha sido totalmente imunizada contra o referido agente infeccioso, de acordo com os critérios definidos pelo Ministério da Saúde e pelo Plano Nacional de Imunizações (PNI), deverá permanecer afastada das atividades de trabalho presencial.

▸ *Caput* com redação pela Lei 14.311/2022.

§ 1º A empregada gestante afastada nos termos do *caput* deste artigo ficará à disposição do empregador para exercer as atividades em seu domicílio, por meio de teletrabalho, trabalho remoto ou outra forma de trabalho a distância, sem prejuízo de sua remuneração.

▸ Parágrafo único renumerado para § 1º, e com redação pela Lei 14.311/2022.

§ 2º Para o fim de compatibilizar as atividades desenvolvidas pela empregada gestante na forma do § 1º deste artigo, o empregador poderá, respeitadas as competências para o desempenho do trabalho e as condições pessoais da gestante para o seu exercício, alterar as funções por ela exercidas, sem prejuízo de sua remuneração integral e assegurada a retomada da função anteriormente exercida, quando retornar ao trabalho presencial.

§ 3º Salvo se o empregador optar por manter o exercício das suas atividades nos termos do § 1º deste artigo, a empregada gestante deverá retornar à atividade presencial nas seguintes hipóteses:

I – após o encerramento do estado de emergência de saúde pública de importância nacional decorrente do coronavírus SARS-CoV-2;

II – após sua vacinação contra o coronavírus SARS-CoV-2, a partir do dia em que o Ministério da Saúde considerar completa a imunização;

III – mediante o exercício de legítima opção individual pela não vacinação contra o coronavírus SARS-CoV-2 que lhe tiver sido disponibilizada, conforme o calendário divulgado pela autoridade de saúde e mediante o termo de responsabilidade de que trata o § 6º deste artigo;

IV – (*Vetado*).

§ 4º (*Vetado*).

§ 5º (*Vetado*).

§ 6º Na hipótese de que trata o inciso III do § 3º deste artigo, a empregada gestante deverá assinar termo de responsabilidade e de livre consentimento para exercício do trabalho presencial, comprometendo-se a cumprir todas as medidas preventivas adotadas pelo empregador.

§ 7º O exercício da opção a que se refere o inciso III do § 3º deste artigo é uma expressão do direito fundamental da liberdade de autodeterminação individual, e não poderá ser imposta à gestante que fizer a escolha pela não vacinação qualquer restrição de direitos em razão dela.

▸ §§ 2º a 7º acrescidos pela Lei 14.311/2022.

Art. 2º Esta Lei entra em vigor na data de sua publicação.

Brasília, 12 de maio de 2021; 200º da Independência e 133º da República.

Jair Messias Bolsonaro

LEI COMPLEMENTAR 182, DE 1º DE JUNHO DE 2021

Institui o marco legal das startups e do empreendedorismo inovador; e altera a Lei 6.404, de 15 de dezembro de 1976, e a Lei Complementar 123, de 14 de dezembro de 2006.

DOU 02.06.2021

O PRESIDENTE DA REPÚBLICA Faço saber que o Congresso Nacional decreta e eu sanciono a seguinte Lei Complementar:

CAPÍTULO I
DAS DEFINIÇÕES, DOS PRINCÍPIOS E DAS DIRETRIZES FUNDAMENTAIS

Art. 1º Esta Lei Complementar institui o marco legal das startups e do empreendedorismo inovador.

Parágrafo único. Esta Lei Complementar:

I – estabelece os princípios e as diretrizes para a atuação da administração pública no âmbito da União, dos Estados, do Distrito Federal e dos Municípios;

II – apresenta medidas de fomento ao ambiente de negócios e ao aumento da oferta de capital para investimento em empreendedorismo inovador; e

III – disciplina a licitação e a contratação de soluções inovadoras pela administração pública.

Art. 2º Para os efeitos desta Lei Complementar, considera-se:

I – investidor-anjo: investidor que não é considerado sócio nem tem qualquer direito a gerência ou a voto na administração da empresa, não responde por qualquer obrigação da empresa e é remunerado por seus aportes;

II – ambiente regulatório experimental (sandbox regulatório): conjunto de condições especiais simplificadas para que as pessoas jurídicas participantes possam receber autorização temporária dos órgãos ou das entidades com competência de regulamentação setorial para desenvolver modelos de negócios inovadores e testar técnicas e tecnologias experimentais, mediante o cumprimento de critérios e de limites previamente estabelecidos pelo órgão ou entidade reguladora e por meio de procedimento facilitado.

Art. 3º Esta Lei Complementar é pautada pelos seguintes princípios e diretrizes:

I – reconhecimento do empreendedorismo inovador como vetor de desenvolvimento econômico, social e ambiental;

II – incentivo à constituição de ambientes favoráveis ao empreendedorismo inovador, com valorização da segurança jurídica e da liberdade contratual como premissas para a promoção do investimento e do aumento da oferta de capital direcionado a iniciativas inovadoras;

III – importância das empresas como agentes centrais do impulso inovador em contexto de livre mercado;

IV – modernização do ambiente de negócios brasileiro, à luz dos modelos de negócios emergentes;

V – fomento ao empreendedorismo inovador como meio de promoção da produtividade e da competitividade da economia brasileira e de geração de postos de trabalho qualificados;

VI – aperfeiçoamento das políticas públicas e dos instrumentos de fomento ao empreendedorismo inovador;

VII – promoção da cooperação e da interação entre os entes públicos, entre os setores público e privado e entre empresas, como relações fundamentais para a conformação de ecossistema de empreendedorismo inovador efetivo;

VIII – incentivo à contratação, pela administração pública, de soluções inovadoras elaboradas ou desenvolvidas por startups, reconhecidos o papel do Estado no fomento à inovação e as potenciais oportunidades de economicidade, de benefício e de solução de problemas públicos com soluções inovadoras; e

IX – promoção da competitividade das empresas brasileiras e da internacionalização e da atração de investimentos estrangeiros.

CAPÍTULO II
DO ENQUADRAMENTO DE EMPRESAS *STARTUPS*

Art. 4º São enquadradas como startups as organizações empresariais ou societárias, nascentes ou em operação recente, cuja atuação caracteriza-se pela inovação aplicada a modelo de negócios ou a produtos ou serviços ofertados.

§ 1º Para fins de aplicação desta Lei Complementar, são elegíveis para o enquadramento na modalidade de tratamento especial destinada ao fomento de startup o empresário individual, a empresa individual de responsabilidade limitada, as sociedades empresárias, as sociedades cooperativas e as sociedades simples:

I – com receita bruta de até R$ 16.000.000,00 (dezesseis milhões de reais) no ano-calendário anterior ou de R$ 1.333.334,00 (um milhão, trezentos e trinta e três mil trezentos e trinta e quatro reais) multiplicado pelo número de meses de atividade no ano-calendário anterior, quando inferior a 12 (doze) meses, independentemente da forma societária adotada;

II – com até 10 (dez) anos de inscrição no Cadastro Nacional da Pessoa Jurídica (CNPJ) da Secretaria Especial da Receita Federal do Brasil do Ministério da Economia; e

III – que atendam a um dos seguintes requisitos, no mínimo:

a) declaração em seu ato constitutivo ou alterador e utilização de modelos de negócios inovadores para a geração de produtos ou serviços, nos termos do inciso IV do *caput* do art. 2º da Lei 10.973, de 2 de dezembro de 2004; ou

b) enquadramento no regime especial Inova Simples, nos termos do art. 65-A da Lei Complementar 123, de 14 de dezembro de 2006.

§ 2º Para fins de contagem do prazo estabelecido no inciso II do § 1º deste artigo, deverá ser observado o seguinte:

I – para as empresas decorrentes de incorporação, será considerado o tempo de inscrição da empresa incorporadora;

II – para as empresas decorrentes de fusão, será considerado o maior tempo de inscrição entre as empresas fundidas; e

III – para as empresas decorrentes de cisão, será considerado o tempo de inscrição da empresa cindida, na hipótese de criação de nova sociedade, ou da empresa que a absorver, na hipótese de transferência de patrimônio para a empresa existente.

CAPÍTULO III
DOS INSTRUMENTOS DE INVESTIMENTO EM INOVAÇÃO

Art. 5º As startups poderão admitir aporte de capital por pessoa física ou jurídica, que poderá resultar ou não em participação no capital social da startup, a depender da modalidade de investimento escolhida pelas partes.

§ 1º Não será considerado como integrante do capital social da empresa o aporte realizado na startup por meio dos seguintes instrumentos:

I – contrato de opção de subscrição de ações ou de quotas celebrado entre o investidor e a empresa;

II – contrato de opção de compra de ações ou de quotas celebrado entre o investidor e os acionistas ou sócios da empresa;

III – debênture conversível emitida pela empresa nos termos da Lei 6.404, de 15 de dezembro de 1976;

IV – contrato de mútuo conversível em participação societária celebrado entre o investidor e a empresa;

V – estruturação de sociedade em conta de participação celebrada entre o investidor e a empresa;

VI – contrato de investimento-anjo na forma da Lei Complementar 123, de 14 de dezembro de 2006;

VII – outros instrumentos de aporte de capital em que o investidor, pessoa física ou jurídica, não integre formalmente o quadro de sócios da startup e/ou não tenha subscrito qualquer participação representativa do capital social da empresa.

§ 2º Realizado o aporte por qualquer das formas previstas neste artigo, a pessoa física ou jurídica somente será considerada quotista, acionista ou sócia da startup após a conversão do instrumento do aporte em efetiva e formal participação societária.

§ 3º Os valores recebidos por empresa e oriundos dos instrumentos jurídicos estabelecidos neste artigo serão registrados contabilmente, de acordo com a natureza contábil do instrumento.

Art. 6º A Comissão de Valores Mobiliários (CVM) estabelecerá em regulamento as regras para aporte de capital na forma do art. 5º desta Lei Complementar por parte de fundos de investimento.

Art. 7º *Vetado*.

Art. 8º O investidor que realizar o aporte de capital a que se refere o art. 5º desta Lei Complementar:

I – não será considerado sócio ou acionista nem possuirá direito a gerência ou a voto na administração da empresa, conforme pactuação contratual;

II – não responderá por qualquer dívida da empresa, inclusive em recuperação judicial, e a ele não se estenderá o disposto no art. 50 da Lei 10.406, de 10 de janeiro de 2002 (Código Civil), no art. 855-A da Consolidação das Leis do Trabalho (CLT), aprovada pelo Decreto-Lei 5.452, de 1º de maio de 1943, nos arts. 124, 134 e 135 da Lei 5.172, de 25 de outubro de 1966 (Código Tributário Nacional), e em outras disposições atinentes à desconsideração da personalidade jurídica existentes na legislação vigente.

Parágrafo único. As disposições do inciso II do *caput* deste artigo não se aplicam às hipóteses de dolo, de fraude ou de simulação com o envolvimento do investidor.

CAPÍTULO IV
DO FOMENTO À PESQUISA, AO DESENVOLVIMENTO E À INOVAÇÃO

Art. 9º As empresas que possuem obrigações de investimento em pesquisa, desenvolvimento e inovação, decorrentes de outorgas ou de delegações firmadas por meio de agências reguladoras, ficam autorizadas a cumprir seus compromissos com aporte de recursos em startups por meio de:

I – fundos patrimoniais de que trata a Lei 13.800, de 4 de janeiro de 2019, destinados à inovação, na forma do regulamento;

II – Fundos de Investimento em Participações (FIP), autorizados pela CVM, nas categorias:

a) capital semente;

b) empresas emergentes; e

c) empresas com produção econômica intensiva em pesquisa, desenvolvimento e inovação; e

III - investimentos em programas, em editais ou em concursos destinados a financiamento, a aceleração e a escalabilidade de startups, gerenciados por instituições públicas, tais como empresas públicas direcionadas ao desenvolvimento de pesquisa, inovação e novas tecnologias, fundações universitárias, entidades paraestatais e bancos de fomento que tenham como finalidade o desenvolvimento de empresas de base tecnológica, de ecossistemas empreendedores e de estímulo à inovação.

§ 1º O disposto no *caput* deste artigo não se aplica aos percentuais mínimos legais ou contratuais estabelecidos para serem aportados em fundos públicos.

§ 2º O representante legal do FIP, do fundo patrimonial ou da instituição pública que receber recursos nos termos do *caput* deste artigo emitirá certificado comprobatório para fins de eficácia liberatória quanto às obrigações legais ou contratuais de investimento em pesquisa, desenvolvimento e inovação, na exata proporção do seu aporte, por ocasião:

I - da efetiva transferência do recurso ao fundo patrimonial, após a celebração de instrumento de transferência de recursos, no valor das despesas qualificadas para esse fim;

II - do efetivo comprometimento do recurso, após a assinatura do boletim de subscrição do FIP, nos termos do regulamento editado pela CVM; e

III - do efetivo recebimento do recurso pela instituição pública para efetivação de programas e de editais direcionados às atividades referidas no inciso III do *caput* do art. 9º desta Lei Complementar.

§ 3º Para que o fundo patrimonial ou o FIP capte recursos perante as empresas que possuem obrigações legais ou contratuais de investimento em pesquisa, desenvolvimento e inovação, e para que essa captação tenha eficácia liberatória quanto às obrigações, a sua destinação estará adstrita às diretivas indicadas pela entidade setorial responsável por fiscalizar tais obrigações.

Art. 10. Ato do Poder Executivo federal regulamentará a forma de prestação de contas do FIP, do fundo patrimonial ou da instituição pública que receber recursos nos termos do art. 9º desta Lei Complementar e a fiscalização das obrigações legais ou contratuais de investimento em pesquisa, desenvolvimento e inovação.

CAPÍTULO V
DOS PROGRAMAS DE AMBIENTE REGULATÓRIO EXPERIMENTAL
(SANDBOX REGULATÓRIO)

Art. 11. Os órgãos e as entidades da administração pública com competência de regulamentação setorial poderão, individualmente ou em colaboração, no âmbito de programas de ambiente regulatório experimental (sandbox regulatório), afastar a incidência de normas sob sua competência em relação à entidade regulada ou aos grupos de entidades reguladas.

§ 1º A colaboração a que se refere o *caput* deste artigo poderá ser firmada entre os órgãos e as entidades, observadas suas competências.

§ 2º Entende-se por ambiente regulatório experimental (sandbox regulatório) o disposto no inciso II do *caput* do art. 2º desta Lei Complementar.

§ 3º O órgão ou a entidade a que se refere o *caput* deste artigo disporá sobre o funcionamento do programa de ambiente regulatório experimental e estabelecerá:

I - os critérios para seleção ou para qualificação do regulado;

II - a duração e o alcance da suspensão da incidência das normas; e

III - as normas abrangidas.

CAPÍTULO VI
DA CONTRATAÇÃO DE SOLUÇÕES INOVADORAS PELO ESTADO

Seção I
Disposições Gerais

Art. 12. As licitações e os contratos a que se refere este Capítulo têm por finalidade:

I - resolver demandas públicas que exijam solução inovadora com emprego de tecnologia; e

II - promover a inovação no setor produtivo por meio do uso do poder de compra do Estado.

§ 1º Os órgãos e as entidades da administração pública direta, autárquica e fundacional de quaisquer dos Poderes da União, dos Estados, do Distrito Federal e dos Municípios subordinam-se ao regime disposto neste Capítulo.

§ 2º As empresas públicas, as sociedades de economia mista e suas subsidiárias poderão adotar, no que couber, as disposições deste Capítulo, nos termos do regulamento interno de licitações e contratações de que trata o art. 40 da Lei 13.303, de 30 de junho de 2016, e seus conselhos de administração poderão estabelecer valores diferenciados para os limites de que tratam o § 2º do art. 14 e o § 3º do art. 15 desta Lei Complementar.

§ 3º Os valores estabelecidos neste Capítulo poderão ser anualmente atualizados pelo Poder Executivo federal, de acordo com o Índice Nacional de Preços ao Consumidor Amplo (IPCA) ou outro que venha a substituí-lo.

Seção II
Da Licitação

Art. 13. A administração pública poderá contratar pessoas físicas ou jurídicas, isoladamente ou em consórcio, para o teste de soluções inovadoras por elas desenvolvidas ou a ser desenvolvidas, com ou sem risco tecnológico, por meio de licitação na modalidade especial regida por esta Lei Complementar.

§ 1º A delimitação do escopo da licitação poderá restringir-se à indicação do problema a ser resolvido e dos resultados esperados pela administração pública, incluídos os desafios tecnológicos a serem superados, dispensada a descrição de eventual solução técnica previamente mapeada e suas especificações técnicas, e caberá aos licitantes propor diferentes meios para a resolução do problema.

§ 2º O edital da licitação será divulgado, com antecedência de, no mínimo, 30 (trinta) dias corridos até a data de recebimento das propostas:

I - em sítio eletrônico oficial centralizado de divulgação de licitações ou mantido pelo ente público licitante; e

II - no diário oficial do ente federativo.

§ 3º As propostas serão avaliadas e julgadas por comissão especial integrada por, no mínimo, 3 (três) pessoas de reputação ilibada e reconhecido conhecimento no assunto, das quais:

I - 1 (uma) deverá ser servidor público integrante do órgão ou a qual o serviço está sendo contratado; e

II - 1 (uma) deverá ser professor de instituição pública de educação superior na área relacionada ao tema da contratação.

§ 4º Os critérios para julgamento das propostas deverão considerar, sem prejuízo de outros definidos no edital:

I - o potencial de resolução do problema pela solução proposta e, se for o caso, da provável economia para a administração pública;

II - o grau de desenvolvimento da solução proposta;

III - a viabilidade e a maturidade do modelo de negócio da solução;

IV - a viabilidade econômica da proposta, considerados os recursos financeiros disponíveis para a celebração dos contratos; e

V - a demonstração comparativa de custo e benefício da proposta em relação às opções funcionalmente equivalentes.

§ 5º O preço indicado pelos proponentes para execução do objeto será critério de julgamento somente na forma disposta nos incisos IV e V do § 4º deste artigo.

§ 6º A licitação poderá selecionar mais de uma proposta para a celebração do contrato de que trata o art. 14 desta Lei Complementar, hipótese em que caberá ao edital limitar a quantidade de propostas selecionáveis.

§ 7º A análise da documentação relativa aos requisitos de habilitação será posterior à fase de julgamento das propostas e contemplará somente os proponentes selecionados.

§ 8º Ressalvado o disposto no § 3º do art. 195 da Constituição Federal, a administração pública poderá, mediante justificativa expressa, dispensar, no todo ou em parte:

I - a documentação de habilitação de que tratam os incisos I, II e III, bem como a regularidade fiscal prevista no inciso IV do *caput* do art. 27 da Lei 8.666, de 21 de junho de 1993; e

II - a prestação de garantia para a contratação.

§ 9º Após a fase de julgamento das propostas, a administração pública poderá negociar com os selecionados as condições econômicas mais vantajosas para a administração e os critérios de remuneração que serão adotados, observado o disposto no § 3º do art. 14 desta Lei Complementar.

§ 10. Encerrada a fase de julgamento e de negociação de que trata o § 9º deste artigo, na hipótese de o preço ser superior à estimativa, a administração pública poderá, mediante justificativa expressa, com base na demonstração comparativa entre o custo e o benefício da proposta, aceitar o preço ofertado, desde que seja superior em termos de inovações, de redução do prazo de execução ou de facilidade de manutenção ou operação, limitado ao valor máximo que se propõe a pagar.

Seção III
Do Contrato Público para Solução Inovadora

Art. 14. Após homologação do resultado da licitação, a administração pública celebrará Contrato Público para Solução Inovadora (CPSI) com as proponentes selecionadas, com vigência limitada a 12 (doze) meses, prorrogável por mais um período de até 12 (doze) meses.

§ 1º O CPSI deverá conter, entre outras cláusulas:

I - as metas a serem atingidas para que seja possível a validação do êxito da solução inovadora e a metodologia para a sua aferição;

II - a forma e a periodicidade da entrega à administração pública de relatórios de andamento da execução contratual, que servirão de instrumento de monitoramento, e do relatório final a ser entregue pela contratada após a conclusão da última etapa ou meta do projeto;

III - a matriz de riscos entre as partes, incluídos os riscos referentes a caso fortuito, força maior, risco tecnológico, fato do príncipe e álea econômica extraordinária;

IV - a definição da titularidade dos direitos de propriedade intelectual das criações resultantes do CPSI; e

V - a participação nos resultados de sua exploração, assegurados às partes os direitos de exploração comercial, de licenciamento e de transferência da tecnologia de que são titulares.

§ 2º O valor máximo a ser pago à contratada será de R$ 1.600.000,00 (um milhão e seiscentos mil reais) por CPSI, sem prejuízo da possibilidade de o edital de que trata o art. 13 desta Lei Complementar estabelecer limites inferiores.

§ 3º A remuneração da contratada deverá ser feita de acordo com um dos seguintes critérios:

I - preço fixo;

II - preço fixo mais remuneração variável de incentivo;

III - reembolso de custos sem remuneração adicional;

IV - reembolso de custos mais remuneração variável de incentivo; ou

V - reembolso de custos mais remuneração fixa de incentivo.

§ 4º Nas hipóteses em que houver risco tecnológico, os pagamentos serão efetuados proporcionalmente aos trabalhos executados, de acordo com o cronograma físico-financeiro aprovado, observado o critério de remuneração previsto contratualmente.

§ 5º Com exceção das remunerações variáveis de incentivo vinculadas ao cumprimento das metas contratuais, a administração pública deverá efetuar o pagamento conforme o critério adotado, ainda que os resultados almejados não sejam atingidos em decorrência do risco tecnológico, sem prejuízo da rescisão antecipada do contrato caso seja comprovada a inviabilidade técnica ou econômica da solução.

§ 6º Na hipótese de a execução do objeto ser dividida em etapas, o pagamento relativo a cada etapa poderá adotar critérios distintos de remuneração.

§ 7º Os pagamentos serão feitos após a execução dos trabalhos, e, a fim de garantir os meios financeiros para que a contratada implemente a etapa inicial do projeto, a administração pública deverá prever em edital o pagamento antecipado de uma parcela do preço anteriormente ao início da execução do objeto, mediante justificativa expressa.

§ 8º Na hipótese prevista no § 7º deste artigo, a administração pública certificar-se-á da execução da etapa inicial e, se houver inexecução injustificada, exigirá a devolução do valor antecipado ou efetuará as glosas necessárias nos pagamentos subsequentes, se houver.

Seção IV
Do Contrato de Fornecimento

Art. 15. Encerrado o contrato de que trata o art. 14 desta Lei Complementar, a administração pública poderá celebrar com a mesma contratada, sem nova licitação, contrato para o fornecimento do produto, do processo ou da solução resultante do CPSI ou, se for o caso, para integração da solução à infraestrutura

tecnológica ou ao processo de trabalho da administração pública.

§ 1º Na hipótese prevista no § 6º do art. 13 desta Lei Complementar, quando mais de uma contratada cumprir satisfatoriamente as metas estabelecidas no CPSI, o contrato de fornecimento será firmado, mediante justificativa, com aquela cujo produto, processo ou solução atenda melhor às demandas públicas em termos de relação de custo e benefício com dimensões de qualidade e preço.

§ 2º A vigência do contrato de fornecimento será limitada a 24 (vinte e quatro) meses, prorrogável por mais um período de até 24 (vinte e quatro) meses.

§ 3º Os contratos de fornecimento serão limitados a 5 (cinco) vezes o valor máximo definido no § 2º do art. 14 desta Lei Complementar para o CPSI, incluídas as eventuais prorrogações, hipótese em que o limite poderá ser ultrapassado nos casos de reajuste de preços e dos acréscimos de que trata o § 1º do art. 65 da Lei 8.666, de 21 de junho de 1993.

CAPÍTULO VII
DISPOSIÇÕES FINAIS

Art. 16. A Lei 6.404, de 15 de dezembro de 1976, passa a vigorar com as seguintes alterações:
> Alterações inseridas na referida Lei.

Art. 17. A Lei Complementar 123, de 14 de dezembro de 2006, passa a vigorar com as seguintes alterações:
> Alterações inseridas na referida Lei Complementar.

Art. 18. Ficam revogados os seguintes dispositivos:

I – incisos I e II do *caput* do art. 294 da Lei 6.404, de 15 de dezembro de 1976; e

II – os §§ 1º, 2º e 9º do art. 65-A da Lei Complementar 123, de 14 de dezembro de 2006.

Art. 19. Esta Lei Complementar entra em vigor após decorridos 90 (noventa) dias de sua publicação oficial.

Brasília, 1º de junho de 2021; 200º da Independência e 133º da República.

Jair Messias Bolsonaro

RESOLUÇÃO 189,
DE 26 DE AGOSTO DE 2021, DO CSMPT

Institui a Lista Nacional de Condenações Judiciais Relacionadas ao Tráfico de Pessoas e ao Trabalho Análogo ao Escravo em medidas judiciais intentadas pelo MPT.

DOU 03.09.2021

O Conselho Superior do Ministério Público do Trabalho, no uso das atribuições que conferidas pelo inciso I do art. 98 da Lei Complementar 75, de 20 de maio de 1993, e com base no PGEA 20.02.1503.0000078/2020-11 e no PGEA 000044.2017.15.903/7, resolve:

I – Considerando o interesse social na divulgação de dados relacionados ao combate ao trabalho escravo e ao enfrentamento ao tráfico de pessoas, nos termos da Lei 12.527, de 18 de novembro de 2011;

II – Considerando que essa divulgação poderá atenuar ou reduzir prática dessas condutas, resolve:

Dar publicidade às condenações de pessoas jurídicas ou físicas por seu envolvimento com o trabalho escravo e com o tráfico de pessoas, a qual seguirá os seguintes trâmites:

Art. 1º Instituir a Lista Nacional de Condenações Judiciais Relacionadas ao Tráfico de Pessoas e ao Trabalho Análogo ao Escravo em medidas judiciais intentadas pelo MPT.

Art. 2º A lista será integrada por pessoas físicas e jurídicas condenadas por decisões judiciais não sigilosas, proferidas em qualquer grau de jurisdição, e que contenham o reconhecimento, incidental ou na parte dispositiva, de responsabilidade por tráfico de pessoas ou trabalho análogo ao de escravo.

Art. 3º A lista será publicada no sítio eletrônico do Ministério Público do Trabalho.

Art. 4º As pessoas físicas e jurídicas serão excluídas da lista nas seguintes hipóteses:

I – Decretação de nulidade da decisão judicial condenatória;

II – Decretação de segredo de Justiça da decisão judicial condenatória;

III – Reforma da decisão judicial condenatória com expresso afastamento do reconhecimento, seja incidental ou na parte dispositiva, de responsabilidade por tráfico de pessoas ou trabalho análogo ao de escravo;

IV – Nas hipóteses de extinção do processo sem resolução de mérito previstas no art. 485 do CPC;

V – Nas hipóteses de resolução de mérito, previstas no art. 487 do CPC, diversa da condenação judicial ou do reconhecimento da procedência do pedido.

Art. 5º As pessoas físicas e jurídicas excluídas da lista nela poderão ser reincluídas nas hipóteses de:

I – Proferimento de nova decisão judicial em conformidade com o art. 2º desta Resolução;

II – Liberação de segredo de Justiça decretado.

Art. 6º O Procurador-Geral do Trabalho designará membros – titulares e suplentes, com mandado improrrogável de dois anos – para integrar a Comissão de Gestão da Lista – com atribuições para analisar a documentação relativa à aferição dos critérios de inclusão ou de exclusão de pessoas físicas e jurídicas e deliberar sobre a matéria.

§ 1º Integrarão a Comissão de Gestão da Lista:

I – O Coordenador Nacional da Coordenadoria Nacional de Erradicação do Trabalho Escravo e Enfrentamento ao Tráfico de Pessoas (Conaete), que a presidirá;

II – O Vice-Coordenador Nacional da Conaete;

III – Um representante da Câmara de Coordenação e Revisão (CCR);

IV – Um representante da Coordenação de Recursos Judiciais (CRJ); e

V – Dois representantes do colegiado da Conaete, sendo um Procurador do Trabalho e um Procurador Regional do Trabalho.

§ 2º Caberá ao membro oficiante, registrar, em campo apropriado no MPTDigital, as condenações indicadas no art. 2º desta Resolução.

§ 3º A ocorrência identificada no § 2º será analisada, em 20 dias corridos, pela Comissão de Gestão da Lista, para fins de inclusão ou exclusão de pessoas físicas ou jurídicas.

§ 4º A Comissão de Gestão da Lista adotará as providências necessárias para a inclusão ou exclusão de pessoas físicas ou jurídicas da lista quando constatadas situações indicadas nos arts. 2º ou 4º desta Resolução, independentemente do procedimento descrito no § 2º do *caput*, com ciência ao membro oficiante.

Art. 7º As pessoas físicas e jurídicas, incluídas na lista, poderão recorrer ao Procurador-Geral do Trabalho, se sua inclusão estiver em desacordo com esta Resolução;

§ 1º O Procurador-Geral ouvirá a Comissão de Gestão da Lista e decidirá no prazo de 30 (trinta) dias, contados da interposição do recurso.

§ 2º O objeto do recurso será a existência, ou não, do reconhecimento da responsabilidade por tráfico de pessoas ou de trabalho análogo, na decisão divulgada, seja incidental ou na parte dispositiva, ou quanto à ocorrência de ao menos 1 (uma) das hipóteses indicadas no art. 4º desta Resolução.

Art. 8º Os Sistemas Eletrônicos do Ministério Público do Trabalho, depois de adaptados, possibilitarão o registro das informações indicadas no § 2º do art. 6º desta Resolução.

Art. 9º A primeira divulgação da lista ocorrerá no prazo de 180 (cento e oitenta) dias, a contar da publicação desta Resolução.

Parágrafo único. A lista poderá ser republicada a cada trimestre ou sempre que houver modificação em seu conteúdo.

Art. 10. Os casos omissos serão decididos pelo Procurador-Geral do Trabalho, ouvida a Comissão de Gestão da Lista.

Art. 11. O Procurador-Geral do Trabalho poderá expedir portaria regulamentando o disposto nesta Resolução.

Art. 12. Revoga-se a Resolução 168, de 24 de junho de 2019.

Art. 13. Esta Resolução entra em vigor na data de sua publicação.

José de Lima Ramos Pereira
Presidente do Conselho

PORTARIA 620,
DE 1º DE NOVEMBRO DE 2021, do MTP

DOU 01.11.2021 – extra D

O Ministro De Estado Do Trabalho e Previdência, no uso das atribuições que lhes conferem o Decreto 10.761,

de 2 de agosto de 2021, e o inciso II do parágrafo único do art. 87 da Constituição. (...) resolve:

Art. 1º É proibida a adoção de qualquer prática discriminatória e limitativa para efeito de acesso à relação de trabalho, ou de sua manutenção, por motivo de sexo, origem, raça, cor, estado civil, situação familiar, deficiência, reabilitação profissional, idade, entre outros, ressalvadas, nesse caso, as hipóteses de proteção à criança e ao adolescente previstas no inciso XXXIII do art. 7º da Constituição Federal, nos termos da Lei 9029, de 13 de abril de 1995.

> O STF deferiu medida cautelar nas ADPFs 898, 900, 901 e 905 para suspender este dispositivo (DJSTF 16.11.2021).

§ 1º Ao empregador é proibido, na contratação ou na manutenção do emprego do trabalhador, exigir quaisquer documentos discriminatórios ou obstativos para a contratação, especialmente comprovante de vacinação, certidão negativa de reclamatória trabalhista, teste, exame, perícia, laudo, atestado ou declaração relativos à esterilização ou a estado de gravidez.

> O STF deferiu medida cautelar nas ADPFs 898, 900, 901 e 905 para suspender este dispositivo (DJSTF 16.11.2021).

§ 2º Considera-se prática discriminatória a obrigatoriedade de certificado de vacinação em processos seletivos de admissão de trabalhadores, assim como a demissão por justa causa de empregado em razão da não apresentação de certificado de vacinação.

> O STF deferiu medida cautelar nas ADPFs 898, 900, 901 e 905 para suspender este dispositivo (DJSTF 16.11.2021).

Art. 2º O empregador deve estabelecer e divulgar orientações ou protocolos com a indicação das medidas necessárias para prevenção, controle e mitigação dos riscos de transmissão da COVID-19 nos ambientes de trabalho, incluindo a respeito da política nacional de vacinação e promoção dos efeitos da vacinação para redução do contágio da COVID-19.

Parágrafo único. Os empregadores poderão estabelecer políticas de incentivo à vacinação de seus trabalhadores.

Art. 3º Com a finalidade de assegurar a preservação das condições sanitárias no ambiente de trabalho, os empregadores poderão oferecer aos seus trabalhadores a testagem periódica que comprove a não contaminação pela Covid-19 ficando os trabalhadores, neste caso, obrigados à realização de testagem ou a apresentação de cartão de vacinação.

> O STF deferiu medida cautelar nas ADPFs 898, 900, 901 e 905 para suspender este dispositivo (DJSTF 16.11.2021).

Parágrafo único. Aplicam-se os demais normativos e orientações do Ministério da Saúde e do Trabalho e Previdência quanto à prevenção, controle e mitigação dos riscos de transmissão da COVID-19 nos ambientes de trabalho.

Art. 4º O rompimento da relação de trabalho por ato discriminatório, nos termos do art. 1º da presente Portaria e da Lei 9029, de 13 de abril de 1995, além do direito à reparação pelo dano moral, faculta ao empregado optar entre:

> O STF deferiu medida cautelar nas ADPFs 898, 900, 901 e 905 para suspender este dispositivo (DJSTF 16.11.2021).

I – a reintegração com ressarcimento integral de todo o período de afastamento, mediante pagamento das remunerações devidas, corrigidas monetariamente e acrescidas de juros legais;

> O STF deferiu medida cautelar nas ADPFs 898, 900, 901 e 905 para suspender este dispositivo (DJSTF 16.11.2021).

II – a percepção, em dobro, da remuneração do período de afastamento, corrigida monetariamente e acrescida dos juros legais.

> O STF deferiu medida cautelar nas ADPFs 898, 900, 901 e 905 para suspender este dispositivo (DJSTF 16.11.2021).

Art. 5º Esta Portaria entra em vigor na data de sua publicação.

Onyx Dornelles Lorenzoni

DECRETO 10.854,
DE 10 DE NOVEMBRO DE 2021

Regulamenta disposições relativas à legislação trabalhista e institui o Programa Permanente de Consolidação, Simplificação e Desburocratização de Normas Trabalhistas Infralegais e o Prêmio Nacional Trabalhista, e altera o Decreto 9.580, de 22 de novembro de 2018.

DOU 11.11.2021

O Presidente da República, no uso das atribuições que lhe confere o art. 84, *caput*, incisos IV e VI, alínea "a", da Constituição, e tendo em vista o disposto na Consolidação das Leis do Trabalho, aprovada pelo Decreto-Lei 5.452, de 1º de maio de 1943, decreta:

TÍTULO I
DISPOSIÇÕES PRELIMINARES

Art. 1º Este Decreto regulamenta disposições relativas à legislação trabalhista sobre os seguintes temas:

I – Programa Permanente de Consolidação, Simplificação e Desburocratização de Normas Trabalhistas Infralegais;

II – Prêmio Nacional Trabalhista;

III – Domicílio Eletrônico Trabalhista - DET e livro de Inspeção do Trabalho eletrônico;
> ▸ Inciso III com redação pelo Dec. 11.905/2024.

IV – fiscalização das normas de proteção ao trabalho e de segurança e saúde no trabalho;

V – diretrizes para elaboração e revisão das normas regulamentadoras de segurança e saúde no trabalho;

VI – certificado de aprovação do equipamento de proteção individual, nos termos do disposto no art. 167 da Consolidação das Leis do Trabalho, aprovada pelo Decreto-Lei 5.452, de 1º de maio de 1943;

VII – registro eletrônico de controle de jornada, nos termos do disposto no art. 74 da Consolidação das Leis do Trabalho, aprovada pelo Decreto-Lei 5.452, de 1943;

VIII – mediação de conflitos coletivos de trabalho;

IX – empresas prestadoras de serviços a terceiros, nos termos do disposto na Lei 6.019, de 3 de janeiro de 1974;

X – trabalho temporário, nos termos do disposto na Lei 6.019, de 3 de janeiro de 1974;

XI – gratificação de Natal, nos termos do disposto na Lei 4.090, de 13 de julho de 1962, e na Lei 4.749, de 12 de agosto de 1965;

XII – relações individuais e coletivas de trabalho rural, nos termos do disposto na Lei 5.889, de 8 de junho de 1973;

XIII – vale-transporte, nos termos do disposto na Lei 7.418, de 16 de dezembro de 1985;

XIV – Programa Empresa Cidadã, destinado à prorrogação da licença-maternidade e da licença-paternidade, nos termos do disposto na Lei 11.770, de 9 de setembro de 2008;

XV – situação de trabalhadores contratados ou transferidos para prestar serviços no exterior, nos termos do disposto no § 2º do art. 5º, nos § 1º a § 4º o art. 9º e no art. 12 da Lei 7.064, de 6 de dezembro de 1982;

XVI – repouso semanal remunerado e pagamento de salário nos feriados civis e religiosos, nos termos do disposto na Lei 605, de 5 de janeiro de 1949;

XVII – Relação Anual de Informações Sociais – RAIS; e

XVIII – Programa de Alimentação do Trabalhador – PAT.

TÍTULO II
DISPOSIÇÕES GERAIS

CAPÍTULO I
DO PROGRAMA PERMANENTE DE CONSOLIDAÇÃO, SIMPLIFICAÇÃO E DESBUROCRATIZAÇÃO DE NORMAS TRABALHISTAS INFRALEGAIS

Art. 2º Fica instituído o Programa Permanente de Consolidação, Simplificação e Desburocratização de Normas Trabalhistas Infralegais no âmbito do Ministério do Trabalho e Previdência.

Art. 3º O Programa Permanente de Consolidação, Simplificação e Desburocratização de Normas Trabalhistas Infralegais abrangerá iniciativas de revisão, compilação e consolidação de normas trabalhistas infralegais.

Parágrafo único. A revisão da legislação trabalhista infralegal consiste no exame dos atos normativos pertinentes a serem integrados, quanto ao mérito, à oportunidade, à conveniência e à compatibilização da matéria neles tratada com as políticas e as diretrizes do Governo federal e com o marco regulatório vigente.

Art. 4º A compilação e a consolidação dos atos normativos em vigor vinculados à área trabalhista obedecerão ao disposto no Decreto 9.191, de 1º de novembro de 2017, e no Decreto 10.139, de 28 de novembro de 2019.

Art. 5º São objetivos gerais do Programa Permanente de Consolidação, Simplificação e Desburocratização de Normas Trabalhistas Infralegais:

I – promover a conformidade às normas trabalhistas infralegais e o direito ao trabalho digno;

II – buscar a simplificação e a desburocratização do marco regulatório trabalhista, de modo a observar o respeito aos direitos trabalhistas e a redução dos custos de conformidade das empresas;

III – promover a segurança jurídica;

IV – alcançar marco regulatório trabalhista infralegal harmônico, moderno e dotado de conceitos claros, simples e concisos;

V – aprimorar a interação do Ministério do Trabalho e Previdência com os administrados;

VI – ampliar a transparência do arcabouço normativo aos trabalhadores, aos empregadores, às entidades sindicais e aos operadores do direito por meio do acesso simplificado ao marco regulatório trabalhista infralegal;

VII – promover a integração das políticas de trabalho e de previdência; e

VIII – melhorar o ambiente de negócios, o aumento da competitividade e a eficiência do setor público, para a geração e a manutenção de empregos.

Art. 6º São objetivos específicos do Programa Permanente de Consolidação, Simplificação e Desburocratização de Normas Trabalhistas Infralegais:

I – triar e catalogar a legislação trabalhista infralegal com matérias conexas ou afins;

II – garantir, por meio da articulação entre as áreas, que o repositório de normas

trabalhistas infralegais seja disponibilizado em ambiente único e digital, constantemente atualizado;

III – promover a participação social, inclusive por meio de consultas públicas;

IV – buscar a harmonização das normas trabalhistas e previdenciárias infralegais; e

V – revogar atos normativos exauridos ou tacitamente revogados.

Art. 7º As normas trabalhistas infralegais analisadas no âmbito do Programa Permanente de Consolidação, Simplificação e Desburocratização de Normas Trabalhistas Infralegais serão organizadas e compiladas em coletâneas, de acordo com os seguintes temas:

I – legislação trabalhista, relações de trabalho e políticas públicas de trabalho;

II – segurança e saúde no trabalho;

III – inspeção do trabalho;

IV – procedimentos de multas e recursos de processos administrativos trabalhistas;

V – convenções e recomendações da Organização Internacional do Trabalho – OIT;

VI – profissões regulamentadas; e

VII – normas administrativas.

Parágrafo único. O Ministério do Trabalho e Previdência poderá incluir outros temas para a organização de normas infralegais relacionados à sua área de atuação.

Art. 8º Os atos normativos infralegais de natureza trabalhista editados pelo Ministério do Trabalho e Previdência deverão ser incorporados aos atos normativos consolidados ou revistos de acordo com os temas de que trata o art. 7º.

§ 1º É vedada a edição de atos normativos autônomos quando houver ato normativo consolidado ou compilado que trate do mesmo tema.

§ 2º Os atos normativos infralegais de matéria trabalhista a serem editados pelo Ministério do Trabalho e Previdência, incluídos aqueles relativos à inspeção do trabalho, deverão ser redigidos com clareza, precisão e ordem lógica, e apresentarão conceitos técnicos e objetivos, em observância ao disposto no Decreto 9.191, de 2017, e no Decreto 10.139, de 2019.

§ 3º Apenas serão admitidos os atos normativos inferiores a decreto editados nos termos do disposto no art. 2º do Decreto 10.139, de 2019.

§ 4º Quaisquer outros documentos existentes, no âmbito da Secretaria de Trabalho do Ministério do Trabalho e Previdência, que não tenham adotado a denominação prevista no art. 2º do Decreto 10.139, de 2019, tais como manuais, recomendações, ofícios circulares, diretrizes e congêneres, perderão validade a partir da data de publicação deste Decreto.

Art. 9º O Ministério do Trabalho e Previdência avaliará e monitorará, a cada biênio, os resultados obtidos quanto à aderência aos objetivos específicos do Programa Permanente de Consolidação, Simplificação e Desburocratização de Normas Trabalhistas Infralegais previstos no art. 6º.

CAPÍTULO II
DO PRÊMIO NACIONAL TRABALHISTA

Art. 10. Fica instituído o Prêmio Nacional Trabalhista, com a finalidade de estimular a pesquisa nas áreas de direito do trabalho, segurança e saúde no trabalho, economia do trabalho, auditoria-fiscal do trabalho,

além de temas correlatos a serem estabelecidos pelo Ministério do Trabalho e Previdência.

§ 1º O regulamento do Prêmio Nacional Trabalhista será editado pelo Ministério do Trabalho e Previdência, do qual deverá constar, no mínimo:

I – os critérios de avaliação;

II – as categorias; e

III – as ações laureadas.

§ 2º O Ministério do Trabalho e Previdência coordenará a implementação do Prêmio Nacional Trabalhista.

§ 3º A Secretaria de Trabalho do Ministério do Trabalho e Previdência será responsável pelo apoio técnico e administrativo necessário à implementação do Prêmio Nacional Trabalhista.

§ 4º As despesas decorrentes da execução do Prêmio Nacional Trabalhista serão custeadas por meio de recursos oriundos de parcerias estabelecidas com entidades públicas ou privadas.

CAPÍTULO III
DO DOMICÍLIO ELETRÔNICO TRABALHISTA E DO LIVRO DE INSPEÇÃO DO TRABALHO ELETRÔNICO
> ▸ Capítulo com redação pelo Dec. 11.905/2024.

Art. 11. O Domicílio Eletrônico Trabalhista - DET, instituído pelo art. 628-A da Consolidação das Leis do Trabalho, aprovada pelo Decreto-Lei nº 5.452, de 1943, é destinado a:
> ▸ Artigo com redação pelo Dec. 11.905/2024.

I – cientificar o empregador de quaisquer atos administrativos, ações fiscais, intimações e avisos em geral; e

II – receber a documentação eletrônica exigida do empregador no curso das ações fiscais ou na apresentação de defesa e de recurso no âmbito de processos administrativos.

§ 1º O DET é aplicado a todos aqueles sujeitos à inspeção do trabalho, que tenham ou não empregado.

§ 2º As comunicações eletrônicas de que trata o § 1º do art. 628-A da Consolidação das Leis do Trabalho, aprovada pelo Decreto-Lei nº 5.452, de 1943, serão realizadas por meio do DET.

§ 3º As comunicações eletrônicas de que trata o § 2º dispensa a sua publicação no Diário Oficial da União e o seu envio por via postal e são consideradas pessoais para todos os efeitos legais.

§ 4º O acesso ao DET ocorrerá com a utilização de certificado digital, código de acesso ou autenticação por sistema oficial.

§ 5º A ciência das comunicações eletrônicas será verificada automaticamente por meio do DET, e a ausência de consulta das comunicações eletrônicas por parte do empregador, no prazo regulamentar, configurará ciência tácita.

§ 6º A ciência das comunicações eletrônicas dos empregadores que não aderirem ao DET será presumida.
> ▸ §§ 3º a 6º acrescidos pelo Dec. 11.905/2024.

Art. 12. Revogado pelo Dec. 11.905/2024.

Art. 13. São princípios do DET:
> ▸ Caput com redação pelo Dec. 11.905/2024.

I – presunção de boa-fé;

II – racionalização e simplificação do cumprimento das obrigações trabalhistas e das obrigações não tributárias impostas pela legislação previdenciária;

III – eliminação de formalidades e exigências desnecessárias ou superpostas;

IV – padronização de procedimentos e transparência; e

V – conformidade com a legislação trabalhista e previdenciária, inclusive quanto às normas de segurança e saúde do trabalhador.

Art. 14. O livro Inspeção do Trabalho, de que trata o § 1º do art. 628 da Consolidação das Leis do Trabalho, aprovada pelo Decreto-Lei nº 5.452, de 1943, será adotado em formato eletrônico como uma das funcionalidades do DET, em substituição ao livro impresso, e passará a ser denominado Livro de Inspeção do Trabalho Eletrônico - eLIT.
> ▸ Caput com redação pelo Dec. 11.905/2024.
> ▸ Incisos I a X revogados pelo Dec. 11.905/2024.

Art. 15. A Art. 15. O DET será regulamentado e disponibilizado gratuitamente pelo Ministério do Trabalho e Emprego.
> ▸ Caput com redação pelo Dec. 11.905/2024.

Parágrafo único. As funcionalidades do DET serão implementadas de forma gradual, conforme cronograma estabelecido pelo Ministério do Trabalho e Emprego.
> ▸ Parágrafo único acrescido pelo Dec. 11.905/2024.

CAPÍTULO IV
DA FISCALIZAÇÃO DAS NORMAS DE PROTEÇÃO AO TRABALHO E DE SAÚDE E SEGURANÇA NO TRABALHO

Art. 16. Compete exclusivamente aos Auditores-Fiscais do Trabalho do Ministério do Trabalho e Previdência, autoridades trabalhistas no exercício de suas atribuições legais, nos termos do disposto na Lei 10.593, de 6 de dezembro de 2002, a fiscalização do cumprimento das normas de proteção ao trabalho e de saúde e segurança no trabalho.

Art. 17. A autoridade nacional, as autoridades máximas regionais e as autoridades regionais em matéria de inspeção do trabalho serão Auditores-Fiscais do Trabalho.

Parágrafo único. Ato do Ministro de Estado do Trabalho e Previdência disporá sobre as autoridades a que se refere o *caput*.

Seção I
Das denúncias sobre irregularidades e dos pedidos de fiscalização trabalhista

Art. 18. A Subsecretaria de Inspeção de Trabalho da Secretaria de Trabalho do Ministério do Trabalho e Previdência receberá denúncias sobre irregularidades trabalhistas e pedidos de fiscalização por meio de canais eletrônicos.

§ 1º Os canais eletrônicos poderão ser utilizados por:

I – trabalhadores;

II – órgãos e entidades públicas;

III – entidades sindicais;

IV – entidades privadas; e

V – outros interessados.

§ 2º As denúncias sobre irregularidades trabalhistas e pedidos de fiscalização serão recebidas e tratadas pela inspeção do trabalho, e poderão:

I – ser utilizadas como fonte de informações nas fases de elaboração e execução do planejamento da inspeção do trabalho; e

II – ter prioridade em situações específicas, na forma estabelecida em ato do Ministro de Estado do Trabalho e Previdência, especialmente quando envolverem indícios de:

a) risco grave e iminente à segurança e à saúde de trabalhadores;

b) ausência de pagamento de salário;

c) trabalho infantil; ou

d) trabalho análogo ao de escravo.

§ 3º As denúncias que envolvam apenas o não pagamento de rubrica específica do salário ou de diferenças rescisórias e aquelas que envolvam o atraso de salários quitados no momento de análise da denúncia não se incluem nas hipóteses previstas na alínea "b" do inciso II do § 2º.

§ 4º Compete às chefias em matéria de inspeção do trabalho a designação de Auditor-Fiscal do Trabalho para o atendimento das demandas externas recebidas pelos canais eletrônicos a que se refere o *caput*.

§ 5º A execução das atividades e dos projetos previstos no planejamento da inspeção do trabalho terão prioridade em relação àquelas provenientes de denúncias, requisições ou pedidos de fiscalização, exceto quanto ao disposto no inciso II do § 2º e nas determinações judiciais.

§ 6º Em observância ao disposto no § 3º do art. 8º da Lei Complementar 75, de 20 de maio de 1993, a chefia em matéria de inspeção do trabalho deverá justificar e comunicar a justificativa quando da falta do atendimento de requisições do Ministério Público.

§ 7º A Subsecretaria de Inspeção de Trabalho da Secretaria de Trabalho do Ministério do Trabalho e Previdência poderá celebrar termo de entendimento com órgãos interessados com vistas à melhor articulação entre o planejamento e a execução das ações fiscais e o atendimento a requisições ou pedidos de fiscalização.

§ 8º Será garantida a confidencialidade da identidade dos usuários dos canais eletrônicos de que trata o *caput*, hipótese em que será vedado a qualquer pessoa que obtiver acesso à referida informação revelar a sua origem ou a fonte da fiscalização, que ficará sujeita a penalidade prevista em legislação específica.

§ 9º Na impossibilidade de uso ou acesso aos canais eletrônicos de que trata o *caput*, poderão ser admitidos outros meios para recebimento de denúncias sobre irregularidades trabalhistas.

Seção II
Da atuação estratégica e preventiva da inspeção do trabalho

Art. 19. O planejamento da inspeção do trabalho contemplará atuação estratégica por meio de ações especiais setoriais para a prevenção de acidentes de trabalho, de doenças relacionadas ao trabalho e de irregularidades trabalhistas, a partir da análise dos dados de acidentalidade e adoecimento ocupacionais e do mercado de trabalho, na forma estabelecida em ato do Ministro de Estado do Trabalho e Previdência.

§ 1º A atuação estratégica por meio das ações especiais setoriais incluirá a realização de ações coletivas para prevenção e saneamento das irregularidades.

§ 2º As ações coletivas para prevenção e saneamento de irregularidades são iniciativas fora do âmbito das ações de fiscalização, que permitem o diálogo setorial e interinstitucional, e a construção coletiva de soluções.

§ 3º São ações coletivas para prevenção, dentre outras:

I – o estabelecimento de parcerias com entidades representativas de trabalhadores e empregadores;

II – o compartilhamento de diagnóstico setorial sobre os índices de informalidade, acidentalidade e adoecimento ocupacionais;

III – a realização de eventos de orientação às representações das partes interessadas;

IV – a elaboração de cartilhas e manuais;

V – a promoção do diálogo social por meio da realização de encontros periódicos para construção coletiva de soluções para a superação dos problemas identificados;

VI – a realização de visita técnica de instrução, no âmbito das competências previstas no inciso II do *caput* do art. 18 do Regulamento da Inspeção do Trabalho, aprovado pelo Decreto 4.552, de 27 de dezembro de 2002, e da Convenção 81 da OIT, nos termos do disposto no Decreto 10.088, de 5 de novembro de 2019; e

VII – a atuação integrada com outros órgãos da administração pública federal, estadual, distrital e municipal, com vistas ao compartilhamento de informações e à atuação conjunta na construção coletiva de soluções para os problemas concernentes a cada área de atuação.

§ 4º O monitoramento das ações coletivas para prevenção a que se refere o § 3º será realizado na forma estabelecida pelo responsável de cada projeto.

§ 5º A visita técnica de instrução a que se refere o inciso VI do § 3º consiste m atividade excepcional coletiva relacionada ao objeto do projeto ou da ação especial setorial, agendada previamente pela autoridade nacional ou máxima regional em matéria de inspeção do trabalho.

§ 6º Não caberá lavratura de auto de infração no âmbito das ações coletivas de prevenção previstas neste artigo.

Seção III
Da autuação pela inspeção do trabalho

Art. 20. Incumbe exclusivamente à autoridade máxima regional em matéria de inspeção do trabalho a aplicação de multas, na forma prevista no art. 634 da Consolidação das Leis do Trabalho, aprovada pelo Decreto-Lei 5.452, de 1943, e em ato do Ministro de Estado do Trabalho e Previdência.

§ 1º A análise de defesa administrativa, sempre que os meios técnicos permitirem, será feita em unidade federativa diferente daquela onde tiver sido lavrado o auto de infração.

§ 2º O sistema de distribuição aleatória de processos para análise, decisão e aplicação de multas será disciplinado na forma estabelecida em ato do Ministro de Estado do Trabalho e Previdência de que trata o *caput*.

Art. 21. O auto de infração lavrado pelo Auditor-Fiscal do Trabalho deverá indicar expressamente os dispositivos legais e infralegais ou as cláusulas de instrumentos coletivos que houverem sido infringidos.

Parágrafo único. Serão nulos os autos de infração ou as decisões de autoridades que não observarem o disposto neste artigo, independentemente da natureza principal ou acessória da obrigação.

Art. 22. É vedado ao Auditor-Fiscal do Trabalho determinar o cumprimento de exigências que constem apenas de manuais, notas técnicas, ofícios circulares ou atos congêneres.

Art. 23. A não observância ao disposto no art. 22 poderá ensejar a apuração de responsabilidade administrativa do Auditor-Fiscal do Trabalho, nos termos do disposto no art. 121 e no art. 143 da Lei 8.112, de 11 de dezembro de 1990.

CAPÍTULO V
DAS DIRETRIZES PARA ELABORAÇÃO E REVISÃO DAS NORMAS REGULAMENTADORAS DE SEGURANÇA E SAÚDE NO TRABALHO

Art. 24. São diretrizes para elaboração e revisão das normas regulamentadoras de segurança e saúde no trabalho, nos termos do disposto no art. 200 da Consolidação das Leis do Trabalho, aprovada pelo Decreto-Lei 5.452, de 1943, no art. 13 da Lei 5.889, de 1973, e no art. 9º da Lei 9.719, de 27 de novembro de 1998:

I – redução dos riscos inerentes ao trabalho, prevenção de acidentes de trabalho e doenças ocupacionais e promoção da segurança e saúde do trabalhador;

II – a dignidade da pessoa humana, o valor social do trabalho, a valorização do trabalho humano, o livre exercício da atividade econômica e a busca do pleno emprego, nos termos do disposto nos incisos III e IV do *caput* do art. 1º e nos incisos IV e VIII do *caput* do art. 170 da Constituição;

III – o embasamento técnico ou científico, a atualidade das normas com o estágio corrente de desenvolvimento tecnológico e a compatibilidade dos marcos regulatórios brasileiro e internacionais;

IV – a harmonização, a consistência, a praticidade, a coerência e a uniformização das normas;

V – a transparência, a razoabilidade e a proporcionalidade no exercício da competência normativa;

VI – a simplificação e a desburocratização do conteúdo das normas regulamentadoras; e

VII – a intervenção subsidiária e excepcional do Estado sobre o exercício de atividades econômicas, nos termos do disposto no inciso III do *caput* do art. 2º da Lei 13.874, de 2019, incluído o tratamento diferenciado à atividade econômica de baixo risco à saúde e à segurança no ambiente de trabalho.

Parágrafo único. Poderá ser previsto tratamento diferenciado e favorecido para as microempresas e empresas de pequeno porte, nos termos do disposto no inciso IX do *caput* do art. 170 da Constituição, e na Lei Complementar 123, de 2006, quando o nível de risco ocupacional assim permitir.

Art. 25. São vedadas as seguintes condutas na elaboração e na revisão de normas regulamentadoras, exceto se em estrito cumprimento a previsão legal:

I – criar reserva de mercado ao favorecer segmento econômico em detrimento de concorrentes;

II – exigir especificação técnica que não seja necessária para atingir o fim pretendido; e

III – redigir enunciados que impeçam ou retardem a inovação e a adoção de novas tecnologias, processos ou modelos de negócios, observado o disposto no inciso I do *caput* do art. 24.

Art. 26. A atuação normativa relacionada à segurança e à saúde no trabalho deverá compreender todas as atividades e situações de trabalho e priorizará as situações de alto risco ocupacional e aquelas com maior propensão a gerar adoecimentos e acidentes de trabalho graves, em especial aqueles que gerem incapacidades permanentes para o trabalho ou que sejam fatais.

Art. 27. As normas regulamentadoras serão redigidas com clareza, precisão e ordem lógica, e apresentarão conceitos técnicos e objetivos, em observância ao disposto no Decreto 9.191, de 2017, e no Decreto 10.139, de 2019.

Art. 28. A elaboração e a revisão das normas regulamentadoras de segurança e saúde no trabalho incluirão mecanismos de consulta à sociedade em geral e às organizações sindicais mais representativas de trabalhadores e empregadores, seja por meio de procedimentos de audiência e consulta pública, seja por consulta à Comissão Tripartite Paritária Permanente, instituída pelo Decreto 9.944, de 30 de julho de 2019.

Art. 29. A Secretaria de Trabalho do Ministério do Trabalho e Previdência poderá solicitar à Fundação Jorge Duprat Figueiredo – Fundacentro, a elaboração de parecer com a indicação de parâmetros técnicos, estudos e pesquisas nacionais e internacionais atualizados sobre a área a ser regulada para instruir o processo de elaboração ou revisão de normas regulamentadoras.

CAPÍTULO VI
DO CERTIFICADO DE APROVAÇÃO DO EQUIPAMENTO DE PROTEÇÃO INDIVIDUAL

Art. 30. O equipamento de proteção individual somente poderá ser comercializado com a obtenção do certificado de aprovação, nos termos do disposto no art. 167 da Consolidação das Leis do Trabalho, aprovada pelo Decreto-Lei 5.452, de 1943, emitido pela

Secretaria de Trabalho do Ministério do Trabalho e Previdência.

§ 1º Ato do Ministro de Estado do Trabalho e Previdência disporá sobre os procedimentos e os requisitos técnicos para emissão, renovação ou alteração do certificado de aprovação de que trata o *caput*.

§ 2º O certificado de aprovação de equipamento de proteção individual será emitido por meio de sistema eletrônico simplificado.

§ 3º As informações prestadas e as documentações e os relatórios apresentados serão de responsabilidade do requerente e serão considerados para fins de emissão do certificado.

§ 4º Os autores de declarações ou informações falsas ou que apresentarem documentos falsificados ficam sujeitos às penas previstas nos art. 297 a art. 299 do Decreto-Lei 2.848, de 7 de dezembro de 1940 – Código Penal.

CAPÍTULO VII
DO REGISTRO ELETRÔNICO DE CONTROLE DE JORNADA

Art. 31. O registro eletrônico de controle de jornada, nos termos do disposto no art. 74 da Consolidação das Leis do Trabalho, aprovada pelo Decreto-Lei 5.452, de 1943, será realizado por meio de sistemas e de equipamentos que atendam aos requisitos técnicos, na forma estabelecida em ato do Ministro de Estado do Trabalho e Previdência, de modo a coibir fraudes, a permitir o desenvolvimento de soluções inovadoras e a garantir a concorrência entre os ofertantes desses sistemas.

§ 1º Os procedimentos de análise de conformidade dos equipamentos e sistemas de que trata o *caput* considerarão os princípios da temporalidade, da integridade, da autenticidade, da irrefutabilidade, da pessoalidade e da auditabilidade, na forma estabelecida em ato do Ministro de Estado do Trabalho e Previdência.

§ 2º Os equipamentos e os sistemas de registro eletrônico de jornada, sem prejuízo do disposto no *caput*, registrarão fielmente as marcações efetuadas e atenderão aos seguintes critérios:

I – não permitir:

a) alteração ou eliminação dos dados registrados pelo empregado;

b) restrições de horário às marcações de ponto; e

c) marcações automáticas de ponto, tais como horário predeterminado ou horário contratual;

II – não exigir autorização prévia para marcação de sobrejornada; e

III – permitir:

a) pré-assinalação do período de repouso; e

b) assinalação de ponto por exceção à jornada regular de trabalho.

Art. 32. Para fins de fiscalização, os sistemas de registro eletrônico de jornada de que trata o art. 31 deverão:

I – permitir a identificação de empregador e empregado; e

II – possibilitar a extração do registro fiel das marcações realizadas pelo empregado.

CAPÍTULO VIII
DA MEDIAÇÃO DE CONFLITOS COLETIVOS DE TRABALHO

Art. 33. A mediação de conflitos coletivos de natureza trabalhista, quando exercida no âmbito do Ministério do Trabalho e Previdência, observará o disposto neste Capítulo.

Art. 34. Os trabalhadores, por intermédio de entidades sindicais representantes, e os empregadores, por si ou por intermédio de entidades sindicais representantes, poderão solicitar à Secretaria de Trabalho do Ministério do Trabalho e Previdência a realização de mediação, com vistas à composição de conflito coletivo.

Art. 35. A designação de mediador de que trata o art. 34 será sem ônus para as partes e recairá sobre servidor público em exercício no Ministério do Trabalho e Previdência, inclusive integrantes da carreira de Auditor-Fiscal do Trabalho.

Art. 36. Na hipótese de haver consenso entre as partes, o mediador deverá lavrar a ata de mediação, que terá natureza de título executivo extrajudicial, nos termos do disposto no inciso II, in fine, do *caput* do art. 784 da Lei 13.105, de 16 de março de 2015 – Código de Processo Civil.

Parágrafo único. Na hipótese de não entendimento entre as partes, o mediador deverá:

I – encerrar o processo administrativo de mediação; e

II – lavrar a ata de mediação.

Art. 37. O Ministério do Trabalho e Previdência disporá sobre ferramentas eletrônicas ou digitais e programas de fomento à composição individual e coletiva em conflitos trabalhistas que visem à redução da judicialização trabalhista.

Art. 38. Ato do Ministro de Estado do Trabalho e Previdência disporá sobre os procedimentos necessários ao cumprimento do disposto neste Capítulo.

CAPÍTULO IX
DAS EMPRESAS PRESTADORAS DE SERVIÇOS A TERCEIROS

Art. 39. Considera-se prestação de serviços a terceiros a transferência feita pela contratante da execução de quaisquer de suas atividades, inclusive de sua atividade principal, à pessoa jurídica de direito privado prestadora de serviços que possua capacidade econômica compatível com a sua execução.

§ 1º A empresa prestadora de serviços contrata, remunera e dirige o trabalho realizado por seus trabalhadores ou subcontrata outras empresas para realização desses serviços.

§ 2º Não configura vínculo empregatício a relação trabalhista entre os trabalhadores ou sócios das empresas prestadoras de serviços, independentemente do ramo de suas atividades, e a empresa contratante.

§ 3º A verificação de vínculo empregatício e de infrações trabalhistas, quando se tratar de trabalhador terceirizado, será realizada contra a empresa prestadora dos serviços e não em relação à empresa contratante, exceto nas hipóteses de infração previstas nos § 7º e § 8º e quando for comprovada fraude na contratação da prestadora, situação em que deverá ser indicado o dispositivo da Lei 6.019, de 1974, que houver sido infringido.

§ 4º Na hipótese de configuração de vínculo empregatício com a empresa contratante, o reconhecimento do vínculo deverá ser precedido da caracterização individualizada dos seguintes elementos da relação de emprego:

I – não eventualidade;

II – subordinação jurídica;

III – onerosidade; e

IV – pessoalidade.

§ 5º A mera identificação do trabalhador na cadeia produtiva da contratante ou o uso de ferramentas de trabalho ou de métodos organizacionais e operacionais estabelecidos pela contratante não implicará a existência de vínculo empregatício.

§ 6º A caracterização da subordinação jurídica deverá ser demonstrada no caso concreto e incorporará a submissão direta, habitual e reiterada do trabalhador aos poderes diretivo, regulamentar e disciplinar da empresa contratante, dentre outros.

§ 7º A empresa contratante é subsidiariamente responsável pelas obrigações trabalhistas referentes ao período em que ocorrer a prestação de serviços, e o recolhimento das contribuições previdenciárias observará o disposto no art. 31 da Lei 8.212, de 24 de julho de 1991.

§ 8º A empresa contratante será responsável pelas infrações relacionadas às condições de segurança, higiene e salubridade dos trabalhadores quando o trabalho for realizado nas suas dependências ou em local previamente convencionado em contrato, observado o disposto no § 3º do art. 5º-A da Lei 6.019, de 1974.

Art. 40. A responsabilidade subsidiária pelas obrigações trabalhistas referentes ao período em que ocorrer a prestação de serviços não implicará qualquer tipo de desconsideração da cadeia produtiva quanto ao vínculo empregatício entre o empregado da empresa prestadora de serviços e a empresa contratante.

Parágrafo único. É vedada a caracterização de grupo econômico pela mera identidade de sócios, hipótese em que será necessária, para a sua configuração, conforme o disposto no § 3º do art. 2º da Consolidação das Leis do Trabalho, aprovada pelo Decreto-Lei 5.452, de 1943, a demonstração:

I – do interesse integrado;

II – da efetiva comunhão de interesses; e

III – da atuação conjunta das empresas que o integrem.

CAPÍTULO X
DO TRABALHO TEMPORÁRIO

Art. 41. Considera-se trabalho temporário, nos termos do disposto na Lei 6.019, de 1974, aquele prestado por pessoa natural contratada por empresa de trabalho temporário que a coloca à disposição de empresa toma-

dora de serviços ou cliente para atender à necessidade de substituição transitória de pessoal permanente ou à demanda complementar de serviços.

Art. 42. O trabalho temporário não se confunde com a prestação de serviços a terceiros de que trata o art. 4º-A da Lei 6.019, de 1974.

Art. 43. Para fins do disposto neste Capítulo, considera-se:

I – empresa de trabalho temporário – pessoa jurídica, devidamente registrada no Ministério do Trabalho e Previdência, responsável pela colocação de trabalhadores temporários à disposição de outras empresas, tomadoras de serviços ou clientes que deles necessite temporariamente;

II – empresa tomadora de serviços ou cliente – pessoa jurídica ou entidade a ela equiparada que, em decorrência de necessidade de substituição transitória de pessoal permanente ou de demanda complementar de serviços, celebre contrato de prestação de serviços de colocação à disposição de trabalhadores temporários com empresa de trabalho temporário;

III – trabalhador temporário – pessoa natural contratada por empresa de trabalho temporário colocada à disposição de empresa tomadora de serviços ou cliente, destinada a atender à necessidade de substituição transitória de pessoal permanente ou à demanda complementar de serviços;

IV – demanda complementar de serviços – demanda proveniente de fatores imprevisíveis ou, quando decorrente de fatores previsíveis, que tenha natureza intermitente, periódica ou sazonal;

V – substituição transitória de pessoal permanente – substituição de trabalhador permanente da empresa tomadora de serviços ou cliente afastado por motivo de suspensão ou interrupção do contrato de trabalho, tais como férias, licenças e outros afastamentos previstos em lei;

VI – contrato individual de trabalho temporário – contrato de trabalho individual escrito celebrado entre o trabalhador e a empresa de trabalho temporário; e

VII – contrato de prestação de serviços de colocação à disposição de trabalhador temporário – contrato escrito celebrado entre empresa de trabalho temporário e empresa tomadora de serviços ou cliente para a prestação de serviços de colocação de trabalhadores temporários de que trata o art. 9º da Lei 6.019, de 1974.

Parágrafo único. Não se considera demanda complementar de serviços as demandas:

I – contínuas ou permanentes; e

II – decorrentes da abertura de filiais.

Art. 44. A empresa de trabalho temporário tem por finalidade a colocação de trabalhadores temporários à disposição de empresa tomadora de serviços ou cliente que deles necessite temporariamente.

Art. 45. O pedido de registro da empresa de trabalho temporário, observadas as normas complementares estabelecidas em ato do Ministro de Estado do Trabalho e Previdência, deverá ser instruído com os seguintes documentos:

I – prova de constituição da pessoa jurídica e registro na junta comercial da localidade em que a empresa tiver sede;

II – prova de possuir capital social de, no mínimo, R$ 100.000,00 (cem mil reais).

Art. 46. A empresa de trabalho temporário deverá, quando solicitado pelo Ministério do Trabalho e Previdência, fornecer as informações consideradas necessárias para subsidiar a análise do mercado de trabalho.

Parágrafo único. O fornecimento das informações a que se refere o *caput* poderá ser substituído pelo uso do Sistema de Escrituração Digital das Obrigações Fiscais, Previdenciárias e Trabalhistas – eSocial, na forma estabelecida em ato do Ministro de Estado do Trabalho e Previdência.

Art. 47. O cadastramento dos trabalhadores temporários será feito junto ao Ministério do Trabalho e Previdência.

Art. 48. Compete à empresa de trabalho temporário remunerar e assistir os trabalhadores temporários quanto aos seus direitos assegurados, observado o disposto nos art. 60 a art. 63.

Art. 49. A empresa de trabalho temporário fica obrigada a anotar, em relação ao trabalhador temporário, nas anotações gerais da Carteira de Trabalho e Previdência Social, ou em meio eletrônico que vier a substituí-la, a sua condição de temporário, na forma estabelecida em ato do Ministro de Estado do Trabalho e Previdência.

Art. 50. A empresa de trabalho temporário fica obrigada a apresentar à inspeção do trabalho, quando solicitado, o contrato celebrado com o trabalhador temporário, a comprovação do recolhimento das contribuições previdenciárias e os demais documentos comprobatórios do cumprimento das obrigações estabelecidas neste Capítulo.

Art. 51. A empresa de trabalho temporário fica obrigada a discriminar, separadamente, em nota fiscal, os valores pagos a título de obrigações trabalhistas e fiscais e a taxa de agenciamento de colocação à disposição dos trabalhadores temporários.

Art. 52. É vedado à empresa de trabalho temporário ter ou utilizar, em seus serviços, trabalhador temporário, exceto quando:

I – o trabalhador for contratado por outra empresa de trabalho temporário; e

II – for comprovada a necessidade de substituição transitória de pessoal permanente ou demanda complementar de serviços.

Art. 53. É vedado à empresa de trabalho temporário cobrar do trabalhador qualquer valor, inclusive a título de mediação de mão de obra.

§ 1º A empresa de trabalho temporário poderá apenas efetuar os descontos previstos em lei.

§ 2º A infração ao disposto neste artigo acarretará o cancelamento do registro para funcionamento da empresa de trabalho temporário, sem prejuízo das sanções administrativas e penais cabíveis.

Art. 54. A empresa tomadora de serviços ou cliente manterá, em seu estabelecimento, e apresentará à inspeção do trabalho, quando solicitado, o contrato de prestação de serviços de colocação à disposição de trabalhadores temporários celebrado com a empresa de trabalho temporário.

Art. 55. É responsabilidade da empresa tomadora de serviços ou cliente garantir as condições de segurança, higiene e salubridade dos trabalhadores quando o trabalho for realizado em suas dependências ou em local por ela designado.

Art. 56. A empresa tomadora de serviços ou cliente estenderá ao trabalhador temporário, colocado à sua disposição, os mesmos atendimentos médico, ambulatorial e de refeição destinados aos seus empregados existentes em suas dependências ou em local por ela designado.

Art. 57. Não existe vínculo empregatício, independentemente do ramo da empresa tomadora de serviços ou cliente, entre esta e os trabalhadores contratados pelas empresas de trabalho temporário.

Art. 58. A empresa tomadora de serviços ou cliente exercerá o poder técnico, disciplinar e diretivo sobre os trabalhadores temporários colocados à sua disposição.

Art. 59. O contrato de trabalho temporário poderá dispor sobre o desenvolvimento de atividades-meio e atividades-fim a serem executadas na empresa tomadora de serviços ou cliente.

Art. 60. Ao trabalhador temporário serão assegurados os seguintes direitos:

I – remuneração equivalente àquela percebida pelos empregados da mesma categoria da empresa tomadora de serviços ou cliente, calculada à base horária, de modo a garantir, em qualquer hipótese, o salário-mínimo regional;

II – pagamento de férias proporcionais, calculado na base de um doze avos do último salário percebido, por mês trabalhado, nas hipóteses de:

a) dispensa sem justa causa;

b) pedido de demissão; ou

c) término normal do contrato individual de trabalho temporário;

III – Fundo de Garantia do Tempo de Serviço – FGTS, na forma prevista em lei;

IV – benefícios e serviços da Previdência Social;

V – seguro de acidente do trabalho; e

VI – anotação da sua condição de trabalhador temporário em sua Carteira de Trabalho e Previdência Social, em anotações gerais.

Parágrafo único. Para fins do disposto no inciso II do caput, será considerada como mês completo a fração igual ou superior a quinze dias.

Art. 61. A jornada de trabalho para os trabalhadores temporários será de, no máximo, oito horas diárias.

§ 1º A jornada de trabalho poderá ter duração superior a oito horas diárias na hipótese de a empresa tomadora de serviços ou cliente utilizar jornada de trabalho específica.

§ 2º As horas que excederem à jornada de trabalho serão remuneradas com acréscimo de, no mínimo, cinquenta por cento.

Art. 62. Será assegurado ao trabalhador temporário o acréscimo de, no mínimo, vinte por cento de sua remuneração quando trabalhar no período noturno.

Art. 63. Será assegurado ao trabalhador temporário o descanso semanal remunerado, nos termos do disposto na Lei 605, de 1949.

Art. 64. Não se aplica ao trabalhador temporário:

I – o contrato de experiência previsto no parágrafo único do art. 445 da Consolidação das Leis do Trabalho, aprovada pelo Decreto-Lei 5.452, de 1943; e

II – a indenização prevista no art. 479 da Consolidação das Leis do Trabalho, aprovada pelo Decreto-Lei 5.452, de 1943.

Art. 65. A empresa de trabalho temporário celebrará contrato individual de trabalho temporário por escrito com o trabalhador colocado à disposição da empresa tomadora ou cliente, do qual constarão expressamente:

I – os direitos conferidos ao trabalhador temporário decorrentes da sua condição; e

II – a indicação da empresa tomadora de serviços ou cliente.

Art. 66. O prazo de duração do contrato individual de trabalho temporário não será superior a cento e oitenta dias corridos, independentemente da prestação de serviço ocorrer em dias consecutivos ou não.

Parágrafo único. O contrato, comprovada a manutenção das condições que ensejaram a contratação temporária, poderá ser prorrogado apenas uma vez, além do prazo previsto no caput, por até noventa dias corridos, independentemente de a prestação de trabalho ocorrer em dias consecutivos ou não.

Art. 67. O trabalhador temporário que cumprir os períodos estabelecidos no art. 66 somente poderá ser colocado à disposição da mesma empresa tomadora de serviços ou cliente em novo contrato temporário após o período de noventa dias, contado da data do término do contrato anterior.

Parágrafo único. A contratação anterior ao prazo previsto no caput caracterizará vínculo empregatício entre o trabalhador e a empresa tomadora de serviços ou cliente.

Art. 68. É nula de pleno direito qualquer cláusula proibitiva da contratação do trabalhador temporário pela empresa tomadora de serviço ou cliente.

Art. 69. Constituem justa causa para rescisão do contrato do trabalhador temporário os atos e as circunstâncias de que tratam os art. 482 e art. 483 da Consolidação das Leis do Trabalho, aprovada pelo Decreto-Lei 5.452, de 1943, que ocorram entre o trabalhador e a empresa de trabalho temporário ou entre o trabalhador e a empresa tomadora de serviços ou cliente.

Art. 70. O contrato individual de trabalho temporário não se confunde com o contrato por prazo determinado previsto no art. 443 da Consolidação das Leis do Trabalho, aprovada pelo Decreto-Lei 5.452, de 1943, e na Lei 9.601, de 21 de janeiro de 1998.

Art. 71. Para a prestação de serviços de colocação de trabalhadores temporários à disposição de outras empresas, é obrigatória a celebração de contrato por escrito entre a empresa de trabalho temporário e a empresa tomadora de serviços ou cliente, do qual constarão expressamente:

I – a qualificação das partes;

II – a justificativa da demanda de trabalho temporário;

III – o prazo estabelecido para a prestação de serviços;

IV – o valor estabelecido para a prestação de serviços; e

V – as disposições sobre a segurança e a saúde do trabalhador, independentemente do local em que seja prestado o serviço.

§ 1º O valor da prestação de serviços de que trata o inciso IV do caput consiste na taxa de agenciamento da prestação de serviço de colocação à disposição de trabalhadores temporários. § 2º A justificativa da demanda de trabalho temporário de que trata o inciso II do caput consiste na descrição do fato ensejador da contratação de trabalho temporário.

Art. 72. A descrição da justificativa da demanda de trabalho temporário e a quantidade necessária de trabalhadores serão demonstradas pela empresa de trabalho temporário ou pela empresa tomadora de serviços ou cliente, observado o disposto nos art. 65 e art. 66 e nas normas complementares editadas em ato do Ministro de Estado do Trabalho e Previdência.

Art. 73. Compete à Justiça do Trabalho dirimir os litígios que envolvam a relação de trabalho entre empresa de trabalho temporário, empresa tomadora de serviços ou cliente e trabalhador temporário.

Art. 74. A empresa tomadora de serviços ou cliente responderá subsidiariamente pelas obrigações trabalhistas referentes ao período em que for realizado o trabalho temporário.

Parágrafo único. Na hipótese de falência da empresa de trabalho temporário, a empresa tomadora de serviços ou cliente responderá solidariamente pelas verbas relativas ao período para o qual o trabalhador tiver sido contratado.

Art. 75. A empresa tomadora de serviços ou cliente fica obrigada a comunicar à empresa de trabalho temporário a ocorrência de acidente cuja vítima seja trabalhador temporário colocado à sua disposição, nos termos do disposto no § 2º do art. 12 da Lei 6.019, de 1974.

CAPÍTULO XI
DA GRATIFICAÇÃO DE NATAL

Art. 76. O pagamento da gratificação de Natal, nos termos do disposto na Lei 4.090, de 1962, e na Lei 4.749, de 1965, será efetuado pelo empregador até o dia vinte de dezembro de cada ano, e terá como base a remuneração devida nesse mês, de acordo com o tempo de serviço do empregado no ano em curso.

§ 1º A gratificação corresponderá a um doze avos da remuneração devida em dezembro, por mês de serviço, do ano correspondente.

§ 2º Para fins do disposto no § 1º, será considerada como mês completo a fração igual ou superior a quinze dias.

Art. 77. A gratificação de Natal para os empregados que recebem salário variável, a qualquer título, será calculada na base de um onze avos da soma dos valores variáveis devidos nos meses trabalhados até novembro de cada ano e será adicionada àquela que corresponder à parte do salário contratual fixo, quando houver.

Parágrafo único. Até o dia dez de janeiro de cada ano, computada a parcela do mês de dezembro, o cálculo da gratificação de Natal será revisto para um doze avos do total devido no ano anterior, de forma a se processar a correção do valor da respectiva gratificação com o pagamento ou a compensação das possíveis diferenças.

Art. 78. O empregador pagará, entre os meses de fevereiro e novembro de cada ano, como adiantamento da gratificação de Natal, em parcela única, metade do salário recebido pelo empregado no mês anterior ao do pagamento.

§ 1º Para os empregados que recebem salário variável, a qualquer título, o adiantamento da gratificação de Natal será calculado na base da soma dos valores variáveis devidos nos meses trabalhados até o mês anterior ao do pagamento e será adicionada àquela que corresponder à parte do salário contratual fixo, quando houver.

§ 2º O empregador não fica obrigado a pagar o adiantamento da gratificação de Natal a todos os seus empregados no mesmo mês.

§ 3º O valor que o empregado houver recebido a título de adiantamento da gratificação de Natal será deduzido do valor da gratificação devida.

§ 4º Nas hipóteses em que o empregado for admitido no curso do ano ou, durante este, não permanecer à disposição do empregador durante todos os meses, o adiantamento corresponderá à metade de um doze avos da remuneração, por mês de serviço ou fração superior a quinze dias.

Art. 79. O adiantamento da gratificação de Natal será pago por ocasião das férias do empregado, sempre que esse o requerer no mês de janeiro do ano correspondente.

Art. 80. Quando parte da remuneração for paga em utilidades, o valor da quantia efetivamente descontada e correspondente a essas, será computado para fixação da respectiva gratificação.

Art. 81. As faltas legais e as faltas justificadas ao serviço, na forma prevista nos art. 76 e art. 77, não serão deduzidas.

Art. 82. Caso o contrato de trabalho seja extinto, exceto na hipótese de rescisão com justa causa, o empregado receberá a gratificação devida, na forma prevista no art. 76, calculada sobre a remuneração do respectivo mês.

Parágrafo único. Caso a extinção do contrato de trabalho ocorra antes do pagamento de que trata o art. 76, o empregador poderá compensar o adiantamento a que se refere o art. 78 com o valor da gratificação devida na

hipótese de rescisão e, se não bastar, com outro crédito de natureza trabalhista que o empregado possua.

CAPÍTULO XII
DAS RELAÇÕES INDIVIDUAIS E COLETIVAS DE TRABALHO RURAL

Art. 83. Este Capítulo disciplina a aplicação das normas reguladoras do trabalho rural, nos termos do disposto na Lei 5.889, de 1973.

Art. 84. Para fins do disposto neste Capítulo, considera-se empregador rural a pessoa natural ou jurídica, proprietária ou não, que explore atividade agroeconômica, em caráter permanente ou temporário, diretamente ou por meio de prepostos e com auxílio de empregados.

§ 1º Equipara-se ao empregador rural:

I – a pessoa natural ou jurídica que, habitualmente, em caráter profissional, e por conta de terceiros, execute serviços de natureza agrária, mediante a utilização do trabalho de outrem; e

II – o consórcio simplificado de produtores rurais de que trata o art. 25-A da Lei 8.212, de 1991.

§ 2º Sempre que uma ou mais empresas, embora cada uma delas tenha personalidade jurídica própria, estiverem sob direção, controle ou administração de outra, ou ainda quando, mesmo guardando cada uma sua autonomia, integrem grupo econômico ou financeiro rural, serão responsáveis solidariamente nas obrigações decorrentes da relação de emprego.

§ 3º Considera-se como atividade agroeconômica, além da exploração industrial em estabelecimento agrário no compreendido na Consolidação das Leis do Trabalho, aprovada pelo Decreto-Lei 5.452, de 1943, a exploração do turismo rural ancilar à exploração agroeconômica.

§ 4º Para fins do disposto no § 3º, consideram-se como exploração industrial em estabelecimento agrário as atividades que compreendem o primeiro tratamento dos produtos agrários in natura sem transformá-los em sua natureza, tais como:

I – o beneficiamento, a primeira modificação e o preparo dos produtos agropecuários e hortigranjeiros e das matérias-primas de origem animal ou vegetal para posterior venda ou industrialização; e

II – o aproveitamento dos subprodutos provenientes das operações de preparo e modificação dos produtos in natura de que trata o inciso I.

§ 5º Para fins do disposto no § 3º, não se considera indústria rural aquela que, ao operar a primeira modificação do produto agrário, transforme a sua natureza a ponto de perder a condição de matéria-prima.

Art. 85. Para fins do disposto neste Capítulo, empregado rural é toda pessoa natural que, em propriedade rural ou prédio rústico, preste serviços de natureza não eventual a empregador rural, sob a dependência deste e mediante o pagamento de salário.

Art. 86. As relações de trabalho rural serão reguladas pela Lei 5.889, de 1973, e, naquilo que não dispuser em contrário, pela Consolidação das Leis do Trabalho, aprovada pelo Decreto-Lei 5.452, de 1943, e pela legislação especial.

Art. 87. Os contratos de trabalho rural, individuais ou coletivos, estabelecerão, conforme os usos, as praxes e os costumes de cada região, o início e o término normal da jornada de trabalho, cuja duração não poderá exceder a oito horas diárias.

§ 1º Será obrigatória, em qualquer trabalho contínuo de duração superior a seis horas, a concessão de intervalo mínimo de uma hora para repouso ou alimentação, observados os usos e os costumes da região.

§ 2º Os intervalos para repouso ou alimentação não serão computados na duração da jornada de trabalho.

Art. 88. Haverá período mínimo de onze horas consecutivas para descanso entre duas jornadas de trabalho.

Art. 89. A duração diária da jornada de trabalho poderá ser acrescida de horas extras, em número não excedente a duas horas, por acordo individual, convenção coletiva ou acordo coletivo de trabalho.

§ 1º Deverá constar, obrigatoriamente, de acordo individual, convenção coletiva ou acordo coletivo de trabalho a importância da remuneração da hora suplementar que será, no mínimo, cinquenta por cento superior à da hora normal.

§ 2º Poderá ser dispensado o acréscimo de salário se, por força de acordo ou convenção coletiva de trabalho, o excesso de horas em um dia for compensado pela diminuição correspondente em outro dia, de maneira que não exceda, no período máximo de um ano, à soma das jornadas semanais de trabalho previstas, nem seja ultrapassado o limite máximo de dez horas diárias.

§ 3º É lícito o regime de compensação de jornada estabelecido por acordo individual, tácito ou escrito, para a compensação no mesmo mês.

Art. 90. A duração da jornada de trabalho poderá, caso ocorra necessidade imperiosa, exceder ao limite legal ou convencionado, seja por motivo de força maior, seja para atender à realização ou à conclusão de serviços inadiáveis ou cuja inexecução possa acarretar prejuízo manifesto.

§ 1º Nas hipóteses previstas no *caput*, o excesso poderá ser exigido independentemente de convenção coletiva ou acordo coletivo de trabalho.

§ 2º Nas hipóteses de excesso de horário por motivo de força maior, a remuneração da hora excedente será de, no mínimo, cinquenta por cento superior à hora normal.

§ 3º Nas demais hipóteses de excesso previstas no *caput*, as horas que excederem à jornada de trabalho serão remuneradas com acréscimo de, no mínimo, cinquenta por cento, e o trabalho não poderá exceder a doze horas, desde que a lei não estabeleça expressamente outro limite.

§ 4º A duração da jornada de trabalho, sempre que ocorrer interrupção resultante de causas acidentais ou de força maior que determinem a impossibilidade de sua realização, poderá ser prorrogada pelo tempo necessário até o máximo de duas horas, durante o número de dias indispensáveis à recuperação do tempo perdido, desde que não exceda a dez horas diárias, em período não superior a quarenta e cinco dias por ano, sujeita essa recuperação à autorização prévia da autoridade competente.

Art. 91. Nos serviços intermitentes, não serão computados como de exercício efetivo os intervalos entre uma e outra parte da execução da tarefa diária, o que deverá ser expressamente ressalvado nos registros referentes à Carteira de Trabalho e Previdência Social.

Parágrafo único. Considera-se serviço intermitente aquele que, por sua natureza, seja normalmente executado em duas ou mais etapas diárias distintas, desde que haja interrupção da jornada de trabalho de, no mínimo, cinco horas, entre uma e outra parte da execução da tarefa.

Art. 92. O trabalho noturno acarretará acréscimo de vinte e cinco por cento sobre a remuneração normal da hora diurna.

Parágrafo único. Para fins do disposto no *caput*, considera-se trabalho noturno aquele executado entre:

I – as vinte horas de um dia e as quatro horas do dia seguinte, na atividade pecuária; e

II – as vinte e uma horas de um dia e as cinco horas do dia seguinte, na lavoura.

Art. 93. Fica proibido o trabalho noturno, perigoso ou insalubre a menores de dezoito anos de idade, além daqueles proibidos pela Lei 8.069, de 13 de julho de 1990 – Estatuto da Criança e do Adolescente, e pelo Decreto 6.481, de 12 de junho de 2008.

Parágrafo único. Fica proibida qualquer espécie de trabalho a menores de dezesseis anos de idade, exceto quanto à contratação de jovem a partir de quatorze anos de idade na condição de aprendiz.

Art. 94. Aplicam-se aos trabalhadores rurais sem vínculo empregatício que prestem serviços a empregadores rurais, dentre outras, as normas referentes:

I – à segurança e à saúde no trabalho;

II – à jornada de trabalho;

III – ao trabalho noturno; e

IV – ao trabalho do menor de idade.

Art. 95. No salário do empregado, além das hipóteses de determinação legal ou decisão judicial, somente poderão ser efetuados os seguintes descontos, calculados sobre o salário-mínimo:

I – até o limite de vinte por cento, pela ocupação da morada;

II – até o limite de vinte e cinco por cento, pelo fornecimento de alimentação; e

III – valores de adiantamentos em dinheiro.

§ 1º As deduções de que trata o *caput* deverão ser previamente autorizadas pelo empregado, sem o que serão nulas de pleno direito.

§ 2º Para fins do disposto no inciso I do *caput*, considera-se morada a habitação fornecida pelo empregador, a qual, atendidas as condições peculiares de cada região, satisfaça os requisitos de salubridade e higiene estabelecidos em normas editadas em ato do Ministro de Estado do Trabalho e Previdência.

§ 3º O desconto previsto no inciso I do *caput*, sempre que mais de um empregado residir na mesma morada, deverá ser dividido proporcionalmente pelo número total de empregados, vedada, em qualquer hipótese, a moradia coletiva de famílias.

§ 4º O empregado, rescindido ou extinto o contrato de trabalho, será obrigado a desocupar a morada fornecida pelo empregador no prazo de trinta dias, contado da data do término da relação laboral.

Art. 96. Considera-se safrista o trabalhador que se obriga à prestação de serviços por meio de contrato de safra.

Parágrafo único. Considera-se contrato de safra aquele que tenha a sua duração dependente de variações estacionais das atividades agrárias, assim entendidas as tarefas normalmente executadas no período compreendido entre o preparo do solo para o cultivo e a colheita.

Art. 97. O empregador, expirado normalmente o contrato de safra, deverá pagar ao safreiro, a título de indenização do tempo de serviço, o valor correspondente a um doze avos do salário mensal por mês de serviço.

Parágrafo único. Será considerada como mês completo a fração superior a quatorze dias.

Art. 98. O aviso prévio, nos termos do disposto no Capítulo VI do Título IV da Consolidação das Leis do Trabalho, aprovada pelo Decreto-Lei 5.452, de 1943, será concedido na proporção de trinta dias aos empregados que contem com até um ano de serviço ao mesmo empregador.

Parágrafo único. Ao aviso prévio de que trata o *caput* serão acrescidos três dias por ano de serviço prestado na mesma empresa, até o máximo de sessenta dias, com o total de até noventa dias.

Art. 99. O empregado rural terá direito a um dia por semana, sem prejuízo do recebimento de seu salário integral, para procurar outro trabalho durante o prazo do aviso prévio na hipótese de a rescisão ter sido formalizada pelo empregador.

Art. 100. A aposentadoria por idade concedida ao empregado rural, na forma prevista na legislação, não acarretará rescisão de contrato de trabalho, nem constituirá justa causa para a sua dispensa.

Art. 101. A plantação subsidiária ou intercalar a cargo do empregado, quando de interesse também do empregador, será objeto de contrato em separado.

§ 1º Se houver necessidade de contratação de safreiros nas hipóteses previstas no *caput*, os encargos dela decorrentes serão de responsabilidade do empregador.

§ 2º O resultado anual a que tiver direito o empregado rural, em dinheiro ou em produto in natura, não poderá ser computado como parte correspondente ao salário-mínimo na remuneração geral do empregado durante o ano agrícola.

Art. 102. O empregador rural que tiver a seu serviço, nos limites de sua propriedade, mais de cinquenta trabalhadores de qualquer natureza, com família, fica obrigado a possuir e conservar em funcionamento escola primária, inteiramente gratuita, para os menores dependentes, com tantas classes quantas sejam os grupos de quarenta crianças em idade escolar.

Art. 103. A pretensão quanto a créditos resultantes das relações de trabalho prescreverá em cinco anos, até o limite de dois anos após a extinção do contrato de trabalho.

Parágrafo único. O disposto no *caput* não se aplica ao menor de dezoito anos de idade.

Art. 104. Ato do Ministro de Estado do Trabalho e Previdência estabelecerá as normas de segurança e saúde no trabalho a serem observadas nos locais de trabalho rural.

Art. 105. As infrações ao disposto neste Capítulo acarretarão a aplicação da multa prevista no art. 18 da Lei 5.889, de 1973.

§ 1º As infrações ao disposto na Consolidação das Leis do Trabalho, aprovada pelo Decreto-Lei 5.452, de 1943, e à legislação esparsa cometidas contra o trabalhador rural acarretarão a aplicação das multas nelas previstas.

§ 2º As penalidades serão aplicadas pela autoridade competente do Ministério do Trabalho e Previdência, observado o disposto no Título VII da Consolidação das Leis do Trabalho, aprovada pelo Decreto-Lei 5.452, de 1943.

CAPÍTULO XIII
DO VALE-TRANSPORTE

Art. 106. São beneficiários do vale-transporte, nos termos do disposto na Lei 7.418, de 1985, os trabalhadores em geral, tais como:

I – os empregados, assim definidos no art. 3º da Consolidação das Leis do Trabalho, aprovada pelo Decreto-Lei 5.452, de 1943;

II – os empregados do subempreiteiro, o subempreiteiro e o empreiteiro principal, nos termos do disposto no art. 455 da Consolidação das Leis do Trabalho, aprovada pelo Decreto-Lei 5.452, de 1943;

III – os trabalhadores temporários, assim definidos no art. 2º da Lei 6.019, de 1974;

IV – os atletas profissionais, de que trata a Lei 9.615, de 24 de março de 1998;

V – os empregados domésticos, assim definidos no art. 1º da Lei Complementar 150, de 1º de junho de 2015; e

VI – os empregados a domicílio, para os deslocamentos indispensáveis à prestação do trabalho e à percepção de salários e os necessários ao desenvolvimento das relações com o empregador.

Art. 107. O vale-transporte constitui benefício que o empregador antecipará ao trabalhador para a utilização efetiva em despesas de deslocamento residência trabalho e vice-versa.

Parágrafo único. Entende-se como deslocamento a soma dos segmentos componentes da viagem do beneficiário, por um ou mais meios de transporte, entre a sua residência e o local de trabalho.

Art. 108. O vale-transporte é utilizável em todas as formas de transporte público coletivo urbano ou, ainda, intermunicipal e interestadual de caráter urbano, estabelecidas na forma prevista na Lei 12.587, de 3 de janeiro de 2012, operado diretamente pelo Poder Público ou por empresa por ele delegada, em linhas regulares e com tarifas estabelecidas pela autoridade competente.

Parágrafo único. O disposto no *caput* não se aplica aos serviços de transporte privado coletivo e transporte público individual.

Art. 109. O empregador que proporcionar, por meios próprios ou contratados, em veículos adequados ao transporte coletivo, o deslocamento residência--trabalho e vice-versa de seus trabalhadores fica desobrigado de fornecer-lhes vale-transporte.

Parágrafo único. Caso o empregador forneça ao trabalhador transporte próprio ou fretado que não cubra integralmente os seus deslocamentos, o vale-transporte deverá ser fornecido para os segmentos da viagem não abrangidos pelo referido transporte.

Art. 110. É vedado ao empregador substituir o vale--transporte por antecipação em dinheiro ou qualquer outra forma de pagamento, exceto quanto ao empregador doméstico, ressalvado o disposto no parágrafo único.

Parágrafo único. Nas hipóteses de indisponibilidade operacional da empresa operadora e de falta ou insuficiência de estoque de vale-transporte necessário ao atendimento da demanda e ao funcionamento do sistema, o beneficiário será ressarcido pelo empregador na folha de pagamento imediata quanto à parcela correspondente, quando tiver efetuado a despesa para o seu deslocamento por conta própria.

Art. 111. Quanto à contribuição do empregador, o vale-transporte:

I – não tem natureza salarial, nem se incorpora à remuneração do beneficiário para quaisquer efeitos;

II – não constitui base de incidência de contribuição previdenciária ou do FGTS;

III – não é considerado para fins de pagamento da gratificação de Natal a que se refere o Capítulo XI; e

IV – não configura rendimento tributável do beneficiário.

Art. 112. O empregado, para exercer o direito de receber o vale-transporte, informará ao empregador, por escrito ou por meio eletrônico:

I – o seu endereço residencial; e

II – os serviços e os meios de transporte mais adequados ao seu deslocamento residência-trabalho e vice-versa.

§ 1º A informação de que trata o *caput* deverá ser atualizada sempre que ocorrer alteração, sob pena de suspensão do benefício até o cumprimento dessa exigência.

§ 2º O beneficiário firmará termo de compromisso de utilizar o vale-transporte exclusivamente para o deslocamento efetivo residência-trabalho e vice-versa.

§ 3º A declaração falsa e o uso indevido do vale-transporte constituem falta grave.

Art. 113. É vedada a acumulação do benefício do vale-transporte com outras vantagens relativas ao transporte do beneficiário, ressalvado o disposto no parágrafo único do art. 109.

Art. 114. O vale-transporte será custeado:

I – pelo beneficiário, na parcela equivalente a seis por cento de seu salário básico ou vencimento, excluídos quaisquer adicionais ou vantagens; e

II – pelo empregador, no que exceder à parcela de que trata o inciso I.

Parágrafo único. O empregador fica autorizado a descontar mensalmente o valor da parcela de que trata o inciso I do *caput* do salário básico ou vencimento do empregado que utilizar o vale-transporte.

Art. 115. O valor da parcela a ser suportada pelo beneficiário será descontado proporcionalmente à quantidade de vale-transporte concedida para o período a que se refere o salário básico ou vencimento e por ocasião de seu pagamento, exceto se houver disposição em contrário em convenção ou acordo coletivo.

Art. 116. O empregado poderá, na hipótese de a despesa com o seu deslocamento ser inferior a seis por cento do salário básico ou vencimento, optar pelo recebimento antecipado do vale-transporte, cujo valor será integralmente descontado por ocasião do pagamento do salário básico ou vencimento.

Art. 117. A base de cálculo para determinação da parcela custeada pelo beneficiário será:

I – o salário ou o vencimento, excluídos quaisquer adicionais ou vantagens; e

II – o montante percebido no período, nas seguintes hipóteses:

a) quando se tratar de trabalhador remunerado por tarefa ou serviço feito; ou

b) quando se tratar de remuneração constituída exclusivamente de comissões, percentagens, gratificações, gorjetas ou equivalentes.

Art. 118. O poder concedente ou o órgão de gerência com jurisdição sobre os serviços de transporte público coletivo urbano, intermunicipal ou interestadual de caráter urbano, respeitado o disposto na legislação federal, editará normas complementares para operacionalização do sistema do vale-transporte.

Parágrafo único. Os órgãos a que se refere o *caput* ficam responsáveis pelo controle do sistema do vale--transporte.

Art. 119. Fica a empresa operadora do sistema de transporte coletivo público coletivo obrigada a:

I – emitir e comercializar o vale-transporte ao preço da tarifa pública vigente;

II – disponibilizar o vale-transporte aos empregadores; e

III – assumir os custos das obrigações a que se referem os incisos I e II, sem repassá-los para a tarifa pública dos serviços.

§ 1º A emissão e a comercialização do vale-transporte poderão também ser efetuadas pelo órgão de gerência ou pelo poder concedente, quando este tiver a competência legal para emissão de passes.

§ 2º Na hipótese prevista no § 1º, é vedada a emissão e a comercialização de vale-transporte simultaneamente pelo poder concedente e pelo órgão de gerência.

§ 3º A delegação ou a transferência da atribuição de emitir e comercializar o vale-transporte não afasta a proibição de repassar os custos para a tarifa pública dos serviços.

Art. 120. As empresas operadoras, nas hipóteses de delegação previstas no § 1º do art. 119 ou de constituição de consórcio, deverão submeter os instrumentos de delegação ao poder concedente ou ao órgão de gerência para que procedam à emissão e à comercialização de vale-transporte.

Art. 121. Nas hipóteses previstas no art. 120, as empresas operadoras responderão solidariamente com a pessoa jurídica delegada ou pelos atos do consórcio em razão de faltas ou falhas no serviço.

Art. 122. O responsável por emitir e comercializar o vale-transporte garantirá a segurança e a eficácia dos meios eletrônicos disponibilizados aos usuários e fornecerá informações para conferência das viagens e dos valores repassados pelo empregador.

Art. 123. A comercialização do vale-transporte ocorrerá em centrais ou postos de venda estrategicamente distribuídos na cidade onde será utilizado.

Parágrafo único. Nas hipóteses em que o sistema local de transporte público for operado por diversas empresas ou por meios diferentes, com ou sem integração, os postos de vendas comercializarão todos os tipos de vale-transporte.

Art. 124. A concessão do benefício obriga o empregador a adquirir vale-transporte em quantidade e tipo de serviço que melhor se adequar ao deslocamento do beneficiário.

Parágrafo único. A aquisição do vale-transporte será feita antecipadamente e à vista, proibidos quaisquer descontos, e limitada à quantidade estritamente necessária ao atendimento dos beneficiários.

Art. 125. O cálculo do valor do vale-transporte considerará o valor da tarifa integral, relativa ao deslocamento do beneficiário, por um ou mais meios de transporte, mesmo que a legislação local preveja descontos de tarifa.

Parágrafo único. Para fins do disposto no *caput*, não são considerados descontos as reduções tarifárias decorrentes de integração de serviços.

Art. 126. A venda do vale-transporte será comprovada por meio de recibo emitido pela vendedora, o qual conterá:

I – o período a que se refere;

II – a quantidade de vale-transporte vendida e de beneficiários a quem se destina; e

III – o nome, o endereço e o número de inscrição da empresa compradora no Cadastro Nacional de Pessoas Jurídicas – CNPJ.

Art. 127. O vale-transporte poderá ser emitido conforme as peculiaridades e as conveniências locais, para utilização por linha, empresa, sistema ou outros aspectos recomendados pela experiência local.

Art. 128. O responsável por emitir e comercializar o vale-transporte poderá adotar a forma que melhor lhe convier à segurança e à facilidade de distribuição.

Parágrafo único. O vale-transporte poderá ser emitido na forma de bilhetes simples ou múltiplos, talões, cartelas, fichas, cartão digital ou quaisquer processos similares, eletrônicos ou digitais.

Art. 129. Quando o vale-transporte for emitido para utilização em sistema determinado de transporte ou para valer entre duas ou mais operadoras, será de aceitação compulsória, nos termos previstos em acordo previamente firmado.

§ 1º O responsável por emitir e comercializar o vale--transporte pagará às empresas operadoras os créditos no prazo de vinte e quatro horas, facultado às partes pactuar prazo maior.

§ 2º O responsável por emitir e comercializar o vale--transporte deverá apresentar, mensalmente, demonstrativos financeiros dessa atividade ao órgão de gerência, que observará o disposto no art. 132.

Art. 130. As empresas operadoras ficam obrigadas a manter permanentemente sistema de registro e controle do número de vale-transporte emitido, comercializado e utilizado, ainda que a atividade seja exercida por delegação ou por meio de consórcio.

Art. 131. O vale-transporte, na hipótese de alteração do valor da tarifa de serviços, poderá:

I – ser utilizado pelo beneficiário, no prazo estabelecido pelo poder concedente; ou

II – ser trocado, sem ônus, pelo empregador, no prazo de trinta dias, contado da data de alteração do valor da tarifa.

Art. 132. O poder concedente ou o órgão de gerência informará mensalmente ao órgão da administração pública federal responsável pela gestão do Sistema Nacional de Informações da Mobilidade Urbana, estatísticas que permitam avaliação em âmbito nacional, em caráter permanente, da utilização do vale-transporte.

Art. 133. As operadoras informarão, mensalmente, nos termos exigidos pelas normas locais, o volume de vale-transporte emitido, comercializado e utilizado, a fim de permitir a avaliação local do sistema, além de outros dados que venham a ser julgados convenientes à consecução desse objetivo.

Art. 134. Nos atos de concessão, permissão ou autorização de emissão e comercialização de vale-transporte, serão previstas sanções às empresas operadoras que emitirem ou comercializarem o vale-transporte diretamente, por meio de delegação ou consórcio, em quantidade insuficiente ao atendimento da demanda.

Art. 135. As sanções de que trata o art. 134 serão estabelecidas em valor proporcional às quantidades solicitadas e não fornecidas, e serão agravadas em caso de reincidência.

Art. 136. O valor efetivamente pago e comprovado pelo empregador, pessoa jurídica, na aquisição de vale-transporte, poderá ser deduzido como despesa operacional, nos termos do disposto no art. 384 do Decreto 9.580, de 22 de novembro de 2018.

CAPÍTULO XIV
DO PROGRAMA EMPRESA CIDADÃ

Art. 137. O Programa Empresa Cidadã, instituído pela Lei 11.770, de 2008, é destinado a prorrogar:

I – por sessenta dias, a duração da licença-maternidade, prevista no inciso XVIII do *caput* do art. 7º da Constituição; e

II – por quinze dias, a duração da licença-paternidade, prevista na Lei 11.770, de 2008, além dos cinco dias estabelecidos no § 1º do art. 10 do Ato das Disposições Constitucionais Transitórias.

§ 1º A prorrogação de que trata o *caput*:

I – será garantida à empregada da pessoa jurídica que aderir ao Programa Empresa Cidadã, desde que a empregada a requeira até o fim do primeiro mês após o parto, e será concedida no dia subsequente à fruição da licença-maternidade de que trata o inciso XVIII do *caput* do art. 7º da Constituição; e

II – será garantida ao empregado da pessoa jurídica que aderir ao Programa Empresa Cidadã, desde que o empregado a requeira no prazo de dois dias úteis após o parto e comprove a participação em programa ou atividade de orientação sobre paternidade responsável.§ 2º O disposto neste artigo aplica-se à empregada ou ao empregado de pessoa jurídica que adotar ou obtiver guarda judicial para fins de adoção de criança.

§ 3º A prorrogação de que trata este artigo será devida, inclusive, no caso de parto antecipado.

Art. 138. As pessoas jurídicas poderão aderir ao Programa Empresa Cidadã por meio de requerimento dirigido à Secretaria Especial da Receita Federal do Brasil do Ministério da Economia.

Art. 139. A pessoa jurídica participante do Programa Empresa Cidadã observará as regras de dedução de imposto sobre a renda previstas no art. 648 do Decreto 9.580, de 2018.

Art. 140. A empregada e o empregado, no período de prorrogação da licença-maternidade, da licença-paternidade e da licença à adotante de que tratam este Capítulo, não poderão exercer qualquer atividade remunerada, exceto na hipótese de contrato de trabalho simultâneo firmado previamente.

Parágrafo único. O descumprimento do disposto no *caput* ensejará a perda do direito à prorrogação de licença-maternidade, da licença-paternidade e da licença à adotante de que tratam este Capítulo.

Art. 141. Durante o período de prorrogação da licença-maternidade, da licença-paternidade e da licença à adotante:

I – a empregada terá direito à remuneração integral, nos mesmos moldes devidos no período de percepção do salário-maternidade pago pelo Regime Geral de Previdência Social; e

II – o empregado terá direito à remuneração integral.

Art. 142. A Secretaria Especial da Receita Federal do Brasil do Ministério da Economia e o Instituto Nacional do Seguro Social – INSS poderão editar, no âmbito de suas competências, normas complementares necessárias ao cumprimento do disposto neste Capítulo.

CAPÍTULO XV
DA SITUAÇÃO DE TRABALHADORES CONTRATADOS OU TRANSFERIDOS PARA PRESTAR SERVIÇOS NO EXTERIOR

Art. 143. Este Capítulo regulamenta a situação de trabalhadores contratados ou transferidos para prestar serviços no exterior, nos termos do disposto no § 2º do art. 5º, no art. 9º e no art. 12 da Lei 7.064, de 1982.

Art. 144. O empregado contratado no País ou transferido por seus empregadores para prestar serviços no exterior, enquanto estiver a prestar serviços no estrangeiro, poderá converter e remeter para o local de trabalho, no todo ou em parte, os valores correspondentes à remuneração paga em moeda nacional.

Art. 145. As remessas de que trata o art. 144 serão feitas por meio de instituição financeira autorizada a funcionar pelo Banco Central do Brasil que opere em câmbio, por meio de requerimento escrito do empre-

gado ou de seu procurador, instruído com declaração da empresa empregadora, da qual deverão constar:

I – o valor da remuneração paga ao empregado;

II – o local da prestação de serviços no exterior;

III – o número da Carteira de Trabalho e Previdência Social para empregadores não declarantes do eSocial; e

IV – o número de inscrição do empregado no cadastro de contribuintes.

Parágrafo único. As remessas de que trata o *caput* ficarão sujeitas à fiscalização do Banco Central do Brasil.

Art. 146. Os valores pagos pela empresa empregadora a que se refere o art. 144, na liquidação de direitos estabelecidos pela lei do local da prestação de serviços no exterior, poderão ser deduzidos dos depósitos do FGTS em nome do empregado existentes na conta vinculada, nos termos do disposto na Lei 8.036, de 11 de maio de 1990.

§ 1º O levantamento, pela empresa empregadora, dos valores correspondentes à liquidação de direitos, efetuada em conformidade com o disposto na lei do local da prestação de serviços no exterior, será efetivada à vista do alvará expedido em decorrência da homologação judicial.

§ 2º A homologação dos valores a serem deduzidos ocorrerá por meio da apresentação, pela empresa empregadora, de cópia autenticada da documentação comprobatória da liquidação dos direitos do empregado no exterior, traduzida por tradutor juramentado.

§ 3º O juiz, requerida a homologação, determinará à instituição financeira depositária da conta vinculada que informe, no prazo de três dias úteis, contado da data da notificação, o valor existente na conta vinculada do empregado na data do pedido de homologação.

Art. 147. A homologação deverá consignar o valor, em moeda estrangeira, a ser deduzido e o alvará autorizará o levantamento do seu valor correspondente em moeda nacional, junto à instituição financeira depositária, que efetuará a conversão ao câmbio do dia em que efetivar o pagamento.

§ 1º Na hipótese em que a liquidação de direitos do empregado tiver sido efetuada em moeda que não tenha paridade direta com a moeda nacional, o dólar comercial dos Estados Unidos da América será utilizado como moeda de conversão.

§ 2º A empresa empregadora deverá apresentar o alvará a que se refere o *caput* no prazo de dois dias úteis, contado da data da sua expedição, sob pena de correrem à sua conta as variações cambiais posteriores à data de expedição do alvará.

Art. 148. Caso o saldo existente na conta vinculada do FGTS em nome do empregado não seja suficiente para a dedução integral dos valores correspondentes aos direitos liquidados pela empresa no exterior, a diferença poderá ser recolhida por meio de nova dedução dessa conta, quando da cessação, no País, do contrato de trabalho, por meio da expedição de novo alvará, independentemente de nova homologação.

Art. 149. A contratação de trabalhador por empresa estrangeira para trabalhar no exterior fica condicionada à autorização do Ministério do Trabalho e Previdência.

Parágrafo único. Ato do Ministro de Estado Ministério do Trabalho e Previdência disporá sobre a concessão da autorização de que trata o *caput*, observado o disposto no art. 150.

Art. 150. A empresa que requerer a autorização a que se refere o art. 149 deverá comprovar:

I – a sua existência jurídica, em conformidade com as leis do país onde estiver sediada;

II – a participação de pessoa jurídica domiciliada no País em, no mínimo, cinco

por cento do seu capital social;

III – a existência de procurador legalmente constituído no País, com poderes especiais de representação, inclusive de receber citação; e

IV – a solidariedade da pessoa jurídica a que se refere o inciso II, no cumprimento das obrigações da empresa estrangeira decorrentes da contratação do empregado.

CAPÍTULO XVI
DO REPOUSO SEMANAL REMUNERADO E DO PAGAMENTO DE SALÁRIO NOS FERIADOS CIVIS E RELIGIOSOS

Art. 151. Este Capítulo dispõe sobre o repouso semanal remunerado e o pagamento de salário nos feriados civis e religiosos, nos termos do disposto na Lei 605, de 1949.

Art. 152. Todo empregado tem direito a um descanso semanal remunerado de vinte e quatro horas consecutivas, preferencialmente aos domingos e, nos limites das exigências técnicas das empresas, nos feriados civis e religiosos, de acordo com a tradição local.

Art. 153. São feriados e, como tais, obrigam ao repouso remunerado em todo o território nacional, aqueles que a lei determinar.

Parágrafo único. Será também obrigatório o repouso remunerado nos dias de feriados locais, até o máximo de quatro, desde que declarados como tais por lei municipal.

Art. 154. Comprovado o cumprimento das exigências técnicas, nos termos do disposto no art. 1º da Lei 605, de 1949, será admitido o trabalho nos dias de repouso, garantida a remuneração correspondente.

§ 1º Para fins do disposto neste Capítulo, constituem exigências técnicas aquelas que, em razão do interesse público ou das condições peculiares às atividades da empresa ou ao local onde estas atuem, tornem indispensável a continuidade do trabalho, em todos ou alguns de seus serviços.

§ 2º Nos serviços que exijam trabalho aos domingos, com exceção dos elencos teatrais e congêneres, será estabelecida escala de revezamento, mensalmente organizada, que constará de quadro sujeito à fiscalização.

§ 3º Nos serviços em que for permitido o trabalho nos dias de repouso, a remuneração dos empregados que trabalharem nesses dias será paga em dobro, exceto se a empresa determinar outro dia de folga.

§ 4º Ato do Ministro de Estado do Trabalho e Previdência concederá, em caráter permanente, permissão para o trabalho nos dias de repouso às atividades que se enquadrarem nas exigências técnicas de que trata o *caput*.

Art. 155. Será admitido, excepcionalmente, o trabalho em dia de repouso quando:

I – ocorrer motivo de força maior; ou

II – para atender à realização ou à conclusão de serviços inadiáveis ou cuja inexecução possa acarretar prejuízo manifesto, a empresa obtiver autorização prévia da autoridade competente em matéria de trabalho, com discriminação do período autorizado, o qual, de cada vez, não excederá a sessenta dias.

Art. 156. Nos dias de repouso em que for permitido o trabalho, é vedada às empresas a execução de serviços que não se enquadrem nos motivos determinantes da permissão.

Art. 157. A remuneração do repouso semanal corresponderá:

I – para os que trabalham por dia, semana, quinzena ou mês, à de um dia de trabalho, computadas as horas extras habitualmente prestadas;

II – para os que trabalham por hora, à sua jornada de trabalho, computadas as horas extras habitualmente prestadas;

III – para os que trabalham por tarefa ou peça, ao salário correspondente às tarefas ou peças feitas durante a semana, no horário normal de trabalho, dividido pelos dias de serviço efetivamente prestados ao empregador; e

IV – para os empregados em domicílio, ao quociente da divisão por seis do valor total da sua produção na semana.

§ 1º Os empregados cujos salários não sofram descontos por motivo de feriados civis ou religiosos são considerados já remunerados nesses mesmos dias de repouso, conquanto tenham direito à remuneração dominical.

§ 2º Consideram-se já remunerados os dias de repouso semanal do empregado mensalista ou quinzenalista cujo cálculo de salário mensal ou quinzenal ou cujos descontos por falta sejam efetuados com base no número de dias do mês ou de trinta e quinze diárias respectivamente.

Art. 158. O trabalhador que, sem motivo justificado ou em razão de punição disciplinar, não tiver trabalhado durante toda a semana e cumprido integralmente o seu horário de trabalho perderá a remuneração do dia de repouso.

§ 1º Nas empresas em que vigorar regime de trabalho reduzido, a frequência exigida corresponderá ao número de dias em que houver trabalho.

§ 2º As ausências decorrentes de férias não prejudicarão a frequência exigida.

§ 3º Não serão acumuladas a remuneração do repouso semanal e a do feriado civil ou religioso que recaírem no mesmo dia.

§ 4º Considera-se semana, para fins de pagamento de remuneração, o período de segunda-feira a domingo que antecede o dia determinado como repouso semanal remunerado.

Art. 159. Para fins do disposto no art. 158, consideram-se motivos justificados:

I – os motivos previstos no art. 473 da Consolidação das Leis do Trabalho, aprovada pelo Decreto-Lei 5.452, de 1943;

II – a ausência justificada do empregado, a critério da administração do estabelecimento, por meio da apresentação de documento por ela fornecido;

III – a paralisação do serviço nos dias em que, por conveniência do empregador, não tenha havido expediente de trabalho;

IV – a falta ao serviço, com fundamento na legislação sobre acidente do trabalho; e

V – a ausência do empregado durante os primeiros quinze dias consecutivos ao de afastamento da atividade por motivo de doença, observado o disposto no art. 60 da Lei 8.213, de 24 de julho de 1991.

Parágrafo único. A ausência do empregado por motivo de doença deverá ser comprovada por meio da apresentação de atestado médico, nos termos do disposto na Lei 605, de 1949.

Art. 160. As infrações ao disposto neste Capítulo acarretarão a aplicação da multa prevista no art. 12 da Lei 605, de 1949.

Art. 161. As autoridades regionais em matéria de inspeção do trabalho são originariamente competentes para a aplicação das multas de que trata este Capítulo.

Art. 162. A fiscalização do cumprimento do disposto neste Capítulo e o processo de autuação de seus infratores observarão o disposto no Título VII da Consolidação das Leis do Trabalho, aprovada pelo Decreto-Lei 5.452, de 1943.

CAPÍTULO XVII
DA RELAÇÃO ANUAL DE INFORMAÇÕES SOCIAIS

Art. 163. A RAIS conterá elementos destinados a suprir as necessidades de controle, de estatística e de informações das entidades governamentais da área social, e subsidiar o pagamento do abono salarial, nos termos do disposto na Lei 7.998, de 11 de janeiro de 1990.

§ 1º As informações relativas à RAIS serão declaradas:

I – pelas pessoas jurídicas inscritas no CNPJ da Secretaria Especial da Receita Federal do Brasil do Ministério da Economia; e

II – pelas pessoas naturais que tenham mantido empregados contratados no período referente às informações, exceto empregado doméstico.

§ 2º Ato do Ministro de Estado do Trabalho e Previdência disporá sobre a forma de captação e processamento da RAIS.

Art. 164. A RAIS conterá as informações periodicamente solicitadas pelas instituições vinculadas ao Ministério do Trabalho e Previdência, especialmente em relação:

I – ao cumprimento da legislação relativa ao Programa de Integração Social e para o Programa de Formação do Patrimônio do Servidor Público – PIS/Pasep;

II – às exigências da legislação de nacionalização do trabalho;

III – ao fornecimento de subsídios para controle dos registros relativos ao FGTS;

IV – à viabilização da concessão do pagamento do abono salarial; e

V – à coleta de dados indispensáveis à elaboração dos estudos técnicos, de natureza estatística e atuarial, dos serviços especializados do Ministério do Trabalho e Previdência.

Art. 165. A RAIS identificará:

I – o empregador, pelo número de inscrição:

a) no CNPJ;

b) no Cadastro Nacional de Obras; e

c) no Cadastro de Atividade Econômica da Pessoa Física;

II – a pessoa jurídica de direito público e o órgão público, pelo número de inscrição no CNPJ; e

III – o empregado, pelo número de inscrição no Cadastro de Pessoas Físicas – CPF.

CAPÍTULO XVIII
DO PROGRAMA DE ALIMENTAÇÃO DO TRABALHADOR

Art. 166. Este Capítulo dispõe sobre a regulamentação do PAT, de que trata a Lei 6.321, de 14 de abril de 1976.

Art. 167. A gestão compartilhada do PAT caberá ao Ministério do Trabalho e Previdência, à Secretaria Especial da Receita Federal do Brasil do Ministério da Economia e ao Ministério da Saúde.

§ 1º Compete ao Ministério do Trabalho e Previdência regulamentar a adesão e fiscalizar os aspectos trabalhistas relacionados ao PAT.

§ 2º Compete à Secretaria Especial da Receita Federal do Brasil do Ministério da Economia regulamentar e fiscalizar os aspectos tributários relacionados ao PAT.

§ 3º Compete ao Ministério da Saúde e ao Ministério do Trabalho e Previdência regulamentar conjuntamente os aspectos relacionados à promoção da saúde e à segurança alimentar e nutricional do PAT.

§ 4º Compete ao Ministério do Trabalho e Previdência, à Secretaria Especial da Receita Federal do Brasil do Ministério da Economia e ao Ministério da Saúde, no âmbito de suas competências, editar normas complementares para disciplinar a aplicação do disposto neste Capítulo.

Art. 168. Para usufruir dos correspondentes benefícios fiscais relacionados ao PAT, a pessoa jurídica beneficiária deverá requerer a sua inscrição no Ministério do Trabalho e Previdência.

Art. 169. Para fins de execução do PAT, a pessoa jurídica beneficiária poderá:

I – manter serviço próprio de refeições;

II – distribuir alimentos; ou

III – firmar contrato com entidades de alimentação coletiva.

Art. 170. As entidades de alimentação coletiva a que se refere o inciso III do *caput* do art. 169 serão registradas no PAT nas seguintes categorias:

I – fornecedora de alimentação coletiva:

a) operadora de cozinha industrial e fornecedora de refeições preparadas transportadas;

b) administradora de cozinha da contratante; e

c) fornecedora de cestas de alimento e similares para transporte individual; e

II – facilitadora de aquisição de refeições ou gêneros alimentícios:

a) emissora PAT – facilitadora que exerça a atividade de emissão de moeda eletrônica para atendimento dos pagamentos no âmbito do PAT; ou

b) credenciadora PAT – facilitadora que exerça a atividade de credenciamento para aceitação da moeda eletrônica emitida para atendimento dos pagamentos no âmbito do PAT.

§ 1º As facilitadoras de aquisição de refeições ou gêneros alimentícios podem emitir ou credenciar a aceitação dos seguintes produtos:

I – instrumentos de pagamento para aquisição de refeições em restaurantes e estabelecimentos similares (refeição convênio); e

II – instrumentos de pagamento para aquisição de gêneros alimentícios em estabelecimentos comerciais (alimentação convênio).

§ 2º Para o credenciamento de estabelecimentos comerciais, as empresas de que trata a alínea "b" do inciso II do *caput* deverão verificar:

I – a documentação referente ao cumprimento das normas de vigilância sanitária;

II – se o estabelecimento está enquadrado e desenvolve atividade classificada na Classificação Nacional de Atividades Econômicas referente à comercialização de refeição ou de gêneros alimentícios; e

III – a regularidade da inscrição e da situação cadastral de pessoa jurídica.

§ 3º A não observância ao disposto no § 2º ensejará a aplicação de penalidades para a empresa credenciadora PAT, na forma estabelecida em ato do Ministro de Estado do Trabalho e Previdência.

Art. 171. A pessoa jurídica beneficiária do PAT poderá abranger todos os trabalhadores de sua empresa e atender prioritariamente aqueles de baixa renda.

Art. 172. A pessoa jurídica beneficiária do PAT observará as regras de dedução de imposto sobre a renda previstas nos art. 383, art. 641 e art. 642 do Decreto 9.580, de 2018.

Parágrafo único. O benefício concedido pela empresa beneficiária do PAT deverá possuir o mesmo valor para todos os seus trabalhadores.

Art. 173. As pessoas jurídicas beneficiárias do PAT deverão dispor de programas destinados a promover e monitorar a saúde e a aprimorar a segurança alimentar e nutricional de seus trabalhadores, como direito humano à alimentação adequada, na forma estabelecida em ato conjunto do Ministro de Estado da Saúde e do Ministro de Estado do Trabalho e Emprego.

▸ *Caput* com redação pelo Dec. 11.678/2023.

Parágrafo único. Os programas de que trata o *caput*, destinados a monitorar a saúde e aprimorar a segurança alimentar e nutricional dos trabalhadores, deverão promover ações relativas à alimentação adequada e saudável, com diretrizes e metas sob responsabilidade das pessoas jurídicas beneficiárias.

▸ Parágrafo único acrescido pelo Dec. 11.678/2023.

Art. 174. O serviço de pagamento de alimentação deverá ser operacionalizado por meio de arranjo de pagamento, estabelecido nos termos do disposto no inciso I do *caput* do art. 6º da Lei 12.865, de 9 de outubro de 2013, o qual observará, no mínimo, as seguintes regras:

I – os recursos a serem repassados ao trabalhador pela pessoa jurídica beneficiária para utilização no âmbito do PAT:

a) deverão ser mantidos em conta de pagamentos, de titularidade do trabalhador, na forma de moeda eletrônica, e serão escriturados separadamente de quaisquer outros recursos do trabalhador eventualmente mantidos na mesma instituição de pagamento; e

b) deverão ser utilizados exclusivamente para o pagamento de refeição em restaurantes e estabelecimentos similares ou para a aquisição de gêneros alimentícios em estabelecimentos comerciais, conforme a modalidade do produto, e deverão ser escriturados separadamente;

II – são vedadas as seguintes transações na conta de pagamentos de que trata a alínea "a" do inciso I:

a) saque de recursos; e

b) execução de ordens de transferência do saldo escriturado separadamente para fins de execução do PAT; e

III – o valor do benefício concedido ao trabalhador, na forma de recursos aportados em conta de pagamento de que trata a alínea "a" do inciso I, independentemente de ter havido o desconto de sua participação, poderá ser integralmente utilizado pelo trabalhador após a rescisão do seu contrato com a pessoa jurídica beneficiária do programa.

§ 1º O arranjo de pagamento de que trata o *caput* poderá ser aberto ou fechado.

▸ Este parágrafo entra em vigor dezoito meses após a data de publicação deste decreto (DOU 11.11.2021).

§ 2º Caberá à pessoa jurídica beneficiária orientar devidamente os seus trabalhadores sobre a utilização correta dos instrumentos de pagamento referidos no *caput*.

§ 3º A pessoa jurídica beneficiária será responsável pelas irregularidades a que der causa na execução do PAT na forma prevista neste Capítulo.

Art. 175. As pessoas jurídicas beneficiárias, no âmbito do contrato firmado com fornecedoras de alimentação ou facilitadora de aquisição de refeições ou gêneros alimentícios, não poderão exigir ou receber qualquer tipo de deságio ou imposição de descontos sobre o valor contratado, prazos de repasse que descaracterizem a natureza pré-paga dos valores a serem disponibilizados aos trabalhadores, ou outras verbas e benefícios diretos ou indiretos de qualquer natureza não vinculados diretamente à promoção de saúde e segurança alimentar do trabalhador.

§ 1º O disposto no *caput* não se aplica aos contratos vigentes até que tenha sido encerrado o contrato ou até que tenha decorrido o prazo de dezoito meses, contado da data de publicação deste Decreto, o que ocorrer primeiro.

§ 2º O descumprimento da vedação prevista no *caput* implicará no cancelamento da inscrição da pessoa jurídica beneficiária do PAT.

§ 3º É vedada a prorrogação de contrato em desconformidade com o disposto neste artigo.

§ 4º As verbas e os benefícios diretos e indiretos de que trata o *caput*:

▸ § 4º acrescido pelo Dec. 11.678/2023.

I – não poderão incluir o pagamento de notas fiscais, faturas ou boletos pelas facilitadoras, inclusive por meio de programas de pontuação ou similares; e

II – deverão estar associados aos programas de que trata o art. 173.

Art. 175-A. Na execução do serviço de pagamento de alimentação de que trata o art. 174, são vedados quaisquer programas de recompensa que envolvam operações de cashback.

▸ Artigo acrescido pelo Dec. 11.678/2023.

Parágrafo único. Para fins do disposto neste Decreto, consideram-se operações de cashback aquelas que envolvam programa de recompensas em que o consumidor receba de volta, em dinheiro, parte do valor pago ao adquirir produto ou contratar serviço, após o pagamento integral à empresa fornecedora ou prestadora.

Art. 176. As facilitadoras de aquisição de refeições ou gêneros alimentícios são responsáveis, no âmbito de sua atuação, pelo monitoramento do cumprimento das regras do PAT.

Art. 177. As empresas facilitadoras de aquisição de refeições ou gêneros alimentícios organizadas na forma de arranjo de pagamento fechado deverão permitir a interoperabilidade entre si e com arranjos abertos, indistintamente, com o objetivo de compartilhar a rede credenciada de estabelecimentos comerciais.

▸ Este artigo entra em vigor dezoito meses após a data de publicação deste decreto (DOU 11.11.2021).

Art. 178. A parcela paga in natura pela pessoa jurídica beneficiária, no âmbito do PAT, ou disponibilizada na forma de instrumentos de pagamento, vedado o seu pagamento em dinheiro:

I – não tem natureza salarial;

II – não se incorpora à remuneração para quaisquer efeitos; e

III – não constitui base de incidência do FGTS.

Art. 179. A execução inadequada, o desvio ou o desvirtuamento das finalidades do PAT pelas pessoas jurídicas beneficiárias ou pelas empresas registradas no Ministério do Trabalho e Previdência, sem prejuízo da aplicação de outras penalidades cabíveis pelos órgãos competentes, acarretará:

I – o cancelamento da inscrição da pessoa jurídica ou do registro da empresa fornecedora ou facilitadora de aquisição de refeições ou gêneros alimentícios no PAT, desde a data da primeira irregularidade passível de cancelamento, conforme estabelecido em ato específico; e

II – a perda do incentivo fiscal da pessoa jurídica beneficiária pela Secretaria Especial da Receita Federal do Brasil do Ministério da Economia, em consequência do cancelamento de que trata o inciso I.

Art. 180. O Ministério do Trabalho e Previdência e o Ministério da Economia deverão elaborar periodicamente estudos de avaliação do PAT, com análise dos custos, efetividade, alcance e aceitação dos instrumentos de pagamento.

Art. 181. As denúncias sobre irregularidades na execução do PAT deverão ser registradas por meio dos canais de denúncias disponibilizados pelo Ministério do Trabalho e Emprego.

▸ Artigo com redação pelo Dec. 11.678/2023.

Parágrafo único. A relação dos estabelecimentos comerciais credenciados pelas credenciadoras PAT, além de outras informações necessárias à fiscalização do trabalho, será disponibilizada em meio eletrônico, na forma estabelecida em ato do Ministro de Estado do Trabalho e Emprego.

▸ Parágrafo único acrescido pelo Dec. 11.678/2023.
▸ §§ 1º e 2º do art. 181 revogados pelo Dec. 11.678/2023.

Art. 182. As instituições que mantiverem as contas de pagamento de que trata a alínea "a" do inciso I *caput* do art. 174 assegurarão a portabilidade dos valores creditados nas referidas contas.

▸ *Caput* com redação pelo Dec. 11.678/2023.

§ 1º A portabilidade de que trata o *caput* consiste na transferência dos valores creditados em conta de pagamento relativos aos arranjos de pagamento de que trata o art. 174 para conta de pagamento de titularidade do mesmo trabalhador que:

I – seja mantida por instituição diversa;

II – possua a mesma natureza; e

III – refira-se ao mesmo produto.

§ 2º A portabilidade de que trata o *caput* abrangerá o saldo e todos os valores que venham a ser creditados na conta de pagamento.

§ 3º A portabilidade de que trata o *caput* ocorrerá por solicitação expressa do trabalhador e será gratuita, vedada qualquer cobrança pela execução do serviço.

§ 4º Para fins de execução da portabilidade de que trata o *caput*, o trabalhador informará, por impresso ou eletrônico, os dados da conta de pagamento para a qual os recursos serão transferidos à instituição em que o seu benefício houver sido creditado pela empresa beneficiária.

§ 5º As informações relativas aos dados da conta de pagamento de que trata o § 4º poderão ser fornecidas, por solicitação do trabalhador, pela instituição destinatária dos recursos.

§ 6º A portabilidade de que trata o *caput* poderá ser cancelada, a qualquer tempo, por solicitação do trabalhador.

§ 7º O cancelamento da portabilidade de que trata o § 6º será efetivado:

I – no mês imediatamente posterior à solicitação, na hipótese de esta ter sido realizada com antecedência mínima de cinco dias úteis da data do créditos dos valores; e

II – no segundo mês após a solicitação, nas demais hipóteses.

§ 8º A portabilidade de que trata o *caput* poderá ser objeto de acordo ou convenção coletiva.

§ 9º O não cumprimento das condições para a portabilidade de que trata o *caput* ensejará a aplicação das sanções de que trata a Lei nº 6.321, de 14 de abril de 1976, às instituições que mantiverem as contas de pagamento.

§ 10. Ato do Ministro de Estado do Trabalho e Emprego poderá dispor sobre as condições de operacionalização da portabilidade de que trata o *caput*, observadas as disposições deste Decreto.

▸ §§ 1º a 10 acrescidos pelo Dec. 11.678/2023.

Art. 182-A. Os arranjos de pagamento referidos neste Capítulo observarão normas previstas na regulamentação específica, conforme diretrizes estabelecidas pelo Conselho Monetário Nacional – CMN, nos termos do § 4º do art. 6º da Lei nº 12.865, de 9 de outubro de 2013.

▸ Artigo acrescido pelo Dec. 11.678/2023.

TÍTULO III
DISPOSIÇÕES FINAIS

Art. 183. O Ministério do Trabalho e Previdência deverá ser consultado previamente quando da revisão periódica da lista oficial de doenças relacionadas ao trabalho, nos termos do disposto no inciso VII do § 3º do art. 6º da Lei 8.080, de 19 de setembro de 1990, para manifestação técnica quanto aos aspectos trabalhistas e previdenciários correlatos.

Parágrafo único. A atualização da lista oficial de doenças relacionadas ao trabalho será efetuada com base em critério epidemiológico ou técnico-científico consolidado.

Art. 184. Fica autorizado o armazenamento, em meio eletrônico, óptico ou equivalente, de documentos relativos a deveres e obrigações trabalhistas, incluídos aqueles relativos a normas regulamentadoras de saúde e segurança no trabalho, compostos por dados ou por imagens, nos termos do disposto no art. 2º-A da Lei 12.682, de 9 de julho de 2012, no Decreto 10.278, de 18 de março de 2020, no inciso X do *caput* do art. 3º da Lei 13.874, de 2019, e na Lei 13.709, de 14 de agosto de 2018.

Art. 185. O Ministério do Trabalho e Previdência definirá os critérios para criação e manutenção de Gerências Regionais do Trabalho e Agências Regionais do Trabalho das Superintendências Regionais do Trabalho, observado o quantitativo de unidades previsto na estrutura organizacional, de modo a considerar:

I – a disponibilidade de recursos financeiros, de pessoal e de estrutura física;

II – a disponibilidade de oferta de serviços da Secretaria de Trabalho do Ministério do Trabalho e Previdência em meio eletrônico;

III – a existência de agências do Sistema Nacional de Emprego – SINE; e

IV – as seguintes características do Município:

a) o tamanho da população;

b) o quantitativo de vínculos empregatícios ativos;

c) o quantitativo de estabelecimentos comerciais;

d) o recebimento de investimentos que possam gerar considerável expansão do mercado de trabalho local;

e) a classificação do Município como polo de região de influência, em conformidade com a classificação estabelecida pelo Instituto Brasileiro de Geografia e Estatística – IBGE;

f) a localização do Município em região de fronteira; e

g) a existência de instrumento de cooperação com órgãos da administração pública municipal, distrital ou estadual para oferta dos serviços da Secretaria de Trabalho do Ministério do Trabalho e Previdência.

§ 1º Serão considerados os dados da região administrativa ou da área de abrangência, quando se tratar de alocação de Gerência Regional do Trabalho ou Agência Regional do Trabalho nas capitais dos Estados ou no Distrito Federal.

§ 2º Deverá ser privilegiada, previamente à alocação de novas Gerências e Agências Regionais do Trabalho, a formalização de parcerias com agências do SINE ou com órgãos da administração pública municipal, distrital ou estadual.

§ 3º Os serviços de emissão de Carteira de Trabalho e Previdência Social e de concessão de seguro-desemprego serão oferecidos prioritariamente em meio eletrônico.

§ 4º Os serviços de que trata o § 3º poderão ser oferecidos, excepcionalmente, por meio de unidades descentralizadas do trabalho, quando houver indisponibilidade de cobertura de rede de dados, elevado grau de analfabetismo ou baixa taxa de inclusão digital, na forma estabelecida em ato do Ministro de Estado do Trabalho e Previdência.

Art. 186. O Decreto 9.580, de 2018, passa a vigorar com as seguintes alterações:

▸ Referida norma não foi selecionada para a presente obra.

Art. 187. Ficam revogados:

I – o Decreto 27.048, de 12 de agosto de 1949;

II – o Decreto 1.881, de 14 de dezembro de 1962;

III – o Decreto 57.155, de 3 de novembro de 1965;

IV – o Decreto 62.530, de 16 de abril de 1968;

V – o Decreto 62.568, de 19 de abril de 1968;

VI – o Decreto 63.912, de 26 de dezembro de 1968;

VII – o Decreto 65.166, de 16 de setembro de 1969;

VIII – o Decreto 66.075, de 15 de janeiro de 1970;

IX – o Decreto 73.626, de 12 de fevereiro de 1974;

X – o Decreto 76.403, de 8 de outubro de 1975;

XI – o Decreto 76.900, de 23 de dezembro de 1975;

XII – o Decreto 83.842, de 14 de agosto de 1979;

XIII – o Decreto 89.339, de 31 de janeiro de 1984;

XIV – o Decreto 94.591, de 10 de julho de 1987;

XV – o Decreto 95.247, de 17 de novembro de 1987;

XVI – o Decreto 99.378, de 11 de julho de 1990;

XVII – o Decreto 5, de 14 de janeiro de 1991;

XVIII – o Decreto de 25 de junho de 1991, que altera o Decreto 97.936, de 10 de julho de 1989, que instituiu o Cadastro Nacional do Trabalhador, modificado pelo Decreto 99.378, de 11 de julho de 1990;

XIX – o Decreto de 14 de agosto de 1991, que inclui a Indústria Têxtil em geral entre as atividades com funcionamento permanente aos domingos e feriados civis e religiosos;

XX – o Decreto 349, de 21 de novembro de 1991;

XXI – o Decreto 1.338, de 14 de dezembro de 1994;

XXII – o Decreto 1.572, de 28 de julho de 1995;

XXIII – o Decreto 2.101, de 23 de dezembro de 1996;

XXIV – o Decreto 2.490, de 4 de fevereiro de 1998;

XXV – o art. 9º do Decreto 2.880, de 15 de dezembro de 1998;

XXVI – o Decreto 7.052, de 23 de dezembro de 2009;

XXVII – o Decreto 7.421, de 31 de dezembro de 2010;

XXVIII – o Decreto 7.721, de 16 de abril de 2012;

XXIX – os art. 6º a art. 10 do Decreto 7.943, de 5 de março de 2013;

XXX – o Decreto 8.479, de 6 de julho de 2015;

XXXI – o Decreto 9.127, de 16 de agosto de 2017;

XXXII – o Decreto 9.513, de 27 de setembro de 2018;

XXXIII – o parágrafo único do art. 644 do Decreto 9.580, de 2018; e

XXXIV – o Decreto 10.060, de 14 de outubro de 2019.

Art. 188. Este Decreto entra em vigor:

I – dezoito meses após a data de sua publicação, quanto:

a) ao § 1º do art. 174;

b) ao art. 177; e

c) ao art. 182; e

II – trinta dias após a data de sua publicação, quanto aos demais dispositivos.

Brasília, 10 de novembro de 2021; 200º da Independência e 133º da República.

Jair Messias Bolsonaro

PORTARIA 667, DE 8 DE NOVEMBRO DE 2021, DO MTP

Aprova normas para a organização e tramitação dos processos de auto de infração, de notificação de débito do Fundo de Garantia do Tempo de Serviço – FGTS e da Contribuição Social; regulamenta o Sistema Eletrônico de Processo Administrativo Trabalhista; estabelece parâmetros para a aplicação das multas administrativas de valor variável, previstas na legislação trabalhista; e disciplina os procedimentos administrativos de emissão da certidão de débitos, oferta de vista, extração de cópia, verificação anual dos processos administrativos e procedimento para autorização do saque de FGTS pelo empregador, quando recolhido a empregados não optantes.

DOU 11.11.2021, retificado em 07.12.2021

O Ministro de Estado do Trabalho e Previdência, no uso da atribuição que lhe confere o art. 87, parágrafo único, inciso II, da Constituição, resolve:

Art. 1º São regidos por esta Portaria:

I – a organização e a tramitação dos processos administrativos de auto de infração e de notificação de débito do Fundo de Garantia do Tempo de Serviço – FGTS e da Contribuição Social, na forma estabelecida pelo Título VII da Consolidação das Leis do Trabalho – CLT, aprovada pelo Decreto-Lei 5.452, de 1º de maio de 1943;

II – o Sistema Eletrônico de Processo Administrativo Trabalhista para o trâmite de autos de infração e de notificações de débito do FGTS e da Contribuição Social e a prática de atos processuais eletrônicos;

III – a imposição de multas administrativas previstas na legislação trabalhista;

IV – a emissão da Certidão de Débitos Trabalhistas;

V – o procedimento para autorização do saque de FGTS pelo empregador, quando recolhido a empregados não optantes; e

VI – os procedimentos administrativos de oferta de vista e cópia e de verificação anual dos processos físicos.

(...)

TÍTULO III
DA IMPOSIÇÃO DE MULTAS ADMINISTRATIVAS PREVISTAS NA LEGISLAÇÃO TRABALHISTA

CAPÍTULO I
DA GRADAÇÃO DAS MULTAS

Art. 74. As multas administrativas previstas na legislação trabalhista serão aplicadas conforme os critérios e valores constantes dos Anexos I, II, III e IV desta Portaria, expressos em moeda corrente nacional.

Parágrafo único. A aplicação de multa por infração às normas sujeitas à fiscalização trabalhista será, obrigatoriamente, precedida da lavratura de auto de infração, nos termos das orientações expedidas pela Subsecretaria de Inspeção do Trabalho da Secretaria de Trabalho do Ministério do Trabalho e Previdência.

Art. 75. As multas administrativas calculadas conforme critérios variáveis, quando a lei não determinar sua imposição pelo valor máximo, serão graduadas, observando-se os seguintes parâmetros, conforme previsto nas respectivas bases legais:

I – natureza da infração;

II – intenção do infrator;

III – meios ao alcance do infrator para cumprir a lei;

IV – extensão da infração; e

V – situação econômico-financeira do infrator.

Parágrafo único. O valor final da multa administrativa variável será calculado aplicando-se o percentual fixo de vinte por cento do valor máximo previsto na lei, acrescidos os seguintes percentuais:

a) de oito a quarenta por cento, conforme o porte econômico do infrator, conforme item II da Tabela "A" do Anexo III;

b) de quarenta por cento, conforme a extensão da infração, às infrações relacionadas na alínea "a" do item III da Tabela "A" do Anexo III; e

c) de oito a quarenta por cento, conforme a extensão da infração, às demais infrações, conforme alínea "b" do item III da Tabela "A" do Anexo III.

CAPÍTULO II
DAS MULTAS COM CRITÉRIOS VARIÁVEIS DE CÁLCULO E PARÂMETROS DE GRADAÇÃO ESPECÍFICOS

Seção I
Das disposições preliminares

Art. 76. As multas com critérios variáveis de cálculo e parâmetros de gradação específicos encontram-se elencadas no Anexo IV desta Portaria.

Parágrafo único. Às multas de segurança e medicina do trabalho, previstas no art. 201 da Consolidação das Leis do Trabalho – CLT, aprovada pelo Decreto-Lei 5.452, de 1943, e às multas de segurança e medicina do trabalho portuário, previstas na Lei 9.719, de 1998, aplicam-se os critérios de gradação previstos na Norma Regulamentadora 28 – NR 28.

Seção II
Da penalidade pelo descumprimento da obrigação de declaração da Relação Anual de Informações Sociais – RAIS

Subseção I
Das obrigações cumpridas por meio do envio de informações pelo GDRAIS ou GDRAIS Genérico

Art. 77. O empregador que não entregar a Relação Anual de Informações Sociais - RAIS no prazo legal ficará sujeito à multa prevista no art. 25 da Lei nº 7.998, a ser cobrada em valores monetários a partir de R$ 440,07 (quatrocentos e quarenta reais e sete centavos), acrescidos de R$ 110,01 (cento e dez reais e um centavo) por bimestre de atraso, contados até a data de entrega da RAIS respectiva ou da lavratura do auto de infração, se esse ocorrer primeiro.

▶ *Caput com redação pela Port. 66/2024, do MTE.*

Parágrafo único. O valor da multa resultante da aplicação do previsto no *caput*, quando decorrente da lavratura de auto de infração, deverá ser acrescido de percentuais, em relação ao valor máximo da multa prevista no art. 25 da Lei 7.998, de 1990, a critério da autoridade julgadora, na seguinte proporção:

I – de zero a quatro por cento: para empresas com zero a vinte e cinco empregados;

II – de cinco a oito por cento: para empresas com vinte e seis a cinquenta empregados;

III – de nove a doze por cento: para empresas com cinquenta e um a cem empregados;

IV – de treze a dezesseis por cento: para empresas com cento e um a quinhentos empregados; e

V – de dezessete a vinte por cento: para empresas com mais de quinhentos empregados.

Art. 78. O empregador que omitir informações ou prestar declaração falsa ou inexata ficará sujeito à multa prevista no art. 25 da Lei nº 7.998, de 1990, a ser cobrada em valores monetários a partir de R$ 440,07 (quatrocentos e quarenta reais e sete centavos), acrescidos de R$ 27,50 (vinte e sete reais e cinquenta centavos) por empregado omitido ou declarado falsa ou inexatamente.

▶ *Caput com redação pela Port. 66/2024, do MTE.*

Art. 79. O valor resultante da aplicação do disposto nos art. 77 e art. 78 será dobrado se o atraso na entrega ou correção do erro ou omissão ultrapassar o último dia do ano de exercício para entrega da RAIS em referência.

Art. 80. As multas previstas nesta Subseção serão aplicadas em dobro no caso de reincidência, oposição à fiscalização ou desacato à autoridade.

Subseção II
Das obrigações cumpridas por meio do envio de informações pelo eSocial, no que concerne à RAIS

Art. 81. O empregador obrigado ao Sistema Simplificado de Escrituração Digital das Obrigações Previdenciárias, Trabalhistas e Fiscais - eSocial que não prestar as informações na forma e prazo estabelecidos em normatização específica, ou apresentá-las com incorreções ou omissões, ficará sujeito à multa prevista no art. 25 da Lei nº 7.998, de 1990, a ser cobrada em valores monetários a partir de R$ 440,07 (quatrocentos e quarenta reais e sete centavos), acrescidos de:

▶ *Caput com redação pela Port. 66/2024, do MTE.*

I – R$ 440,07 (quatrocentos e quarenta reais e sete centavos) por trabalhador prejudicado em relação às informações previstas nos seguintes dispositivos do art. 145 da Portaria MTP nº 671, de 8 de novembro de 2021:

▶ *Inciso I redação pela Port. 66/2024, do MTE.*

a) alíneas "a", "b" e "d" do inciso I;

b) alíneas "a" e "c" dos incisos II e III;

c) alínea "a" dos incisos IV, VII, IX, X e XI; e

d) alíneas "a" e "b" dos incisos V e VI e VIII;

II – R$ 146,69 (cento e quarenta e seis reais e sessenta e nove centavos) por trabalhador prejudicado em relação às informações previstas nos seguintes dispositivos do art. 145 da Portaria MTP nº 671, de 2021:

▶ *Inciso II redação pela Port. 66/2024, do MTE.*

a) alínea "c" dos incisos I, V, VI e VIII;

b) alínea "b" dos incisos II, III, IX e X; e

c) alíneas "b" e "c" dos incisos IV e VII; e

III – R$ 103,39 (cento e três reais e trinta e nove centavos) por trabalhador prejudicado em relação às informações previstas nos seguintes dispositivos do art. 145 da Portaria MTP nº 671, de 2021:

▶ *Inciso III redação pela Port. 66/2024, do MTE.*

a) alínea "e" do inciso I;

b) alínea "d" dos incisos II, III, IV, V, VI, VII e VIII;

c) alínea "c" dos incisos IX e X; e

d) alínea "b" do inciso XI.

§ 1º O valor máximo das multas previstas no *caput* é de R$ 44.007,30 (quarenta e quatro mil e sete reais e trinta centavos), aplicadas em dobro em caso de reincidência, oposição à fiscalização ou desacato à autoridade.

▶ *§ 1º redação pela Port. 66/2024, do MTE.*

§ 2º O valor da multa de que trata este artigo será reduzido em quarenta por cento, respeitado o limite mínimo legal, nos casos em que as informações forem prestadas ou corrigidas espontaneamente após o prazo assinalado para cumprimento da obrigação e antes de qualquer procedimento de ofício instaurado pela Auditoria-Fiscal do Trabalho.

§ 3º O valor da multa de que trata este artigo será reduzido em vinte por cento, respeitado o limite mínimo legal, nos casos em que as informações forem prestadas ou corrigidas após a instauração de qualquer procedimento de ofício, observado o prazo fixado pelo Auditor-Fiscal do Trabalho.

▶ *§§ 1º a 3º com redação pela Port. 4.098/2022.*

§ 4º O cálculo da multa de que trata este artigo deve considerar a seguinte ordem:

▶ *§ 4º acrescido pela Port. 4.098/2022.*

I – cômputo dos valores mencionados nos incisos I a III do *caput*;

II – cômputo das agravantes mencionadas no § 1º, quando cabível, observando-se a regra do art. 87; e

III – cômputo de desconto, com os percentuais indicados nos § 2º e no § 3º, quando cabível.

§ 5º A concessão de qualquer desconto previsto neste artigo está condicionada à correção de todos os itens irregulares.

▶ *§ 5º acrescido pela Port. 4.098/2022.*

Seção III
Da penalidade pelo descumprimento das obrigações relativas ao programa do Seguro-Desemprego

Art. 82. As multas variáveis a que se refere o art. 25 da Lei 7.998, de 1990, especificamente quanto à infração de fraude ao seguro-desemprego, serão calculadas em conformidade com os critérios previstos no Capítulo I deste Título.

Art. 83. O empregador que, no ato da dispensa, deixar de fornecer ao empregado, devidamente preenchidos, o requerimento do seguro-desemprego e a Comunicação de Dispensa, ficará sujeito à multa prevista no art. 25 da Lei nº 7.998, de 1990, a ser cobrada em valores monetários a partir de R$ 440,07 (quatrocentos e quarenta reais e sete centavos), por empregado prejudicado.

▶ *Caput com redação pela Port. 66/2024, do MTE.*

§ 1º O valor monetário previsto no *caput* deverá ser acrescido de percentuais, a critério da autoridade julgadora, na seguinte proporção:

I – até vinte por cento: para empresas com até vinte e cinco empregados;

II – de vinte e um a quarenta por cento: para empresas com vinte e cinco a cinquenta empregados;

III – de quarenta e um a sessenta por cento: para empresas com cinquenta e um a cem empregados;

IV – de sessenta e um a oitenta por cento: para empresas com cento e um a quinhentos empregados; e

V – de oitenta e um a cem por cento – para empresas com mais de quinhentos empregados.

§ 2º A aplicação das penalidades a que se refere este artigo fica sujeita às agravantes previstas no art. 25 da Lei 7.998, de 1990.

Seção IV

Da penalidade por infração ao disposto no art. 93 da Lei 8.213, de 24 julho de 1991

Art. 84. A multa por infração ao disposto no art. 93 da Lei 8.213, de 1991, será calculada na seguinte proporção:

I – para empresas com até duzentos empregados, multiplicar o número de trabalhadores portadores de deficiência ou beneficiários reabilitados que deixaram de ser contratados pelo valor mínimo legal, acrescido de zero a vinte por cento;

II – para empresas com duzentos e um a quinhentos empregados, multiplicar o número de trabalhadores portadores de deficiência ou beneficiários reabilitados que deixaram de ser contratados pelo valor mínimo legal, acrescido de vinte a trinta por cento;

III – para empresas com quinhentos e um a mil empregados, multiplicar o número de trabalhadores portadores de deficiência ou beneficiários reabilitados que deixaram de ser contratados pelo valor mínimo legal, acrescido de trinta a quarenta por cento; e

IV – para empresas com mais de mil empregados, multiplicar o número de trabalhadores portadores de deficiência ou beneficiários reabilitados que deixaram de ser contratados pelo valor mínimo legal, acrescido de quarenta a cinquenta por cento.

§ 1º O valor mínimo legal a que se referem os incisos I a IV está previsto no art. 133 da Lei 8.213, de 1991.

§ 2º O valor resultante da aplicação dos parâmetros previstos neste artigo não poderá ultrapassar o máximo estabelecido no art. 133 da Lei 8.213, de 1991.

CAPÍTULO III
DA CONVERSÃO EM ADVERTÊNCIA DAS PENALIDADES POR INFRAÇÃO AO DISPOSTO NA LEI 12.619, DE 30 DE ABRIL DE 2012

Art. 85. Ficam convertidas em sanção de advertência as penalidades decorrentes de infrações ao disposto na Seção IV-A no Capítulo I da Consolidação das Leis do Trabalho – CLT, aprovada pelo Decreto-Lei 5.452, de 1943, ocorridas até a data de publicação da Lei 13.103, de 2 de março de 2015, conforme determinação de seu art. 22.

§ 1º Os processos em trâmite que se enquadrarem na hipótese do *caput* receberão análise sumária.

§ 2º Após o cumprimento do § 1º, se os autos forem considerados procedentes, as multas serão convertidas em sanção de advertência e a unidade regional de multas e recursos na qual tramita o processo notificará o empregador da decisão, por meio de publicação no Diário Oficial da União.

§ 3º As multas quitadas que se referem às infrações descritas no *caput* poderão ser restituídas mediante solicitação do administrado, a ser protocolada na unidade regional de multas e recursos em que o processo tramitou, para verificação dos requisitos legais e encaminhamento de ofício à Secretaria Especial da Receita Federal do Brasil do Ministério da Economia.

CAPÍTULO IV
DAS DISPOSIÇÕES GERAIS SOBRE MULTAS

Art. 86. Às multas com critério de cálculo variável, para as quais não haja parâmetro de gradação específico, aplica-se o disposto no Capítulo I do Título III.

Art. 87. Quando cabível o agravamento da multa, este ocorrerá uma única vez, ainda que concorra mais de uma agravante.

Parágrafo único. Quando a lei contiver previsão expressa de aplicação da multa em dobro, esta poderá exceder o seu valor máximo, salvo disposição em contrário.

Art. 88. As infrações à Lei 6.224, de 14 de julho de 1975, para as quais não esteja prevista penalidade específica, serão punidas de acordo com os critérios fixados para casos semelhantes na Consolidação das Leis do Trabalho – CLT, aprovada pelo Decreto-Lei 5.452, de 1943.

TÍTULO IV
DOS DEMAIS PROCEDIMENTOS ADMINISTRATIVOS

CAPÍTULO I
DA OFERTA DE VISTA E EXTRAÇÃO DE CÓPIA DE PROCESSOS ADMINISTRATIVOS FISCAIS QUE TRAMITAM EM MEIO FÍSICO

Art. 89. O sujeito passivo ou seu representante legal, devidamente constituído e identificado, tem direito à vista do processo administrativo fiscal e a obter cópia reprográfica dos dados e documentos que o integram, nos casos de processos cuja tramitação esteja ocorrendo em meio físico.

§ 1º Os pedidos de vista ou de cópia de processos não suspendem nem interrompem os prazos processuais.

§ 2º É vedada a vista e o fornecimento de cópia de documento classificado como sigiloso ou restrito a terceiros.

§ 3º Não será fornecida cópia de documento protegido por direito autoral ou daqueles cujo estado de conservação não se recomende a reprodução, salvo, neste último caso, se o meio utilizado para a extração da cópia, às expensas do interessado, não implicar em dano ao respectivo documento.

§ 4º O indeferimento de acesso a documento constante de processo administrativo fiscal ou a cópia de documento, nas hipóteses dos § 2º e § 3º, deverá ser fundamentado pela autoridade competente.

§ 5º Nenhuma cópia de documento sem assinatura ou despacho não publicado, quando for o caso, poderá ser fornecida, salvo por autorização expressa da autoridade competente.

Art. 90. O interessado ou seu representante legal deverão preencher e assinar requerimento que contenha o nome, número do CPF, dados de contato, e a identificação dos documentos ou processos que pretende ter vista ou extrair cópia.

§ 1º No caso de requerimento de vista, as unidades responsáveis atenderão ao interessado ou ao seu representante legal no prazo de três dias úteis após o seu recebimento.

§ 2º Quando for requerida cópia de documentos ou de processos, as unidades responsáveis têm prazo de três dias úteis após seu recebimento para comunicar ao interessado ou ao seu representante legal a quantidade de folhas do processo ou do documento e informar-lhe o custo total da reprodução.

§ 3º As unidades responsáveis terão prazo de três dias para providenciar a cópia requerida após a comprovação, pelo interessado, do pagamento.

§ 4º Nas hipóteses de que tratam os §§ 1º a 3º, o interessado será comunicado imediatamente, mediante contato telefônico ou outro meio hábil apontado no ato do preenchimento do requerimento, para que ele ou pessoa devidamente habilitada e identificada possa providenciar o que lhe compete.

§ 5º Quando se tratar de documento essencial ao não perecimento de direitos, assim declarado pelo interessado ou seu representante legal, a chefia do órgão administrativo determinará que as cópias solicitadas sejam fornecidas imediatamente.

§ 6º Não sendo possível fornecer, imediatamente, as cópias solicitadas, na forma disposta no § 5º, o órgão ou entidade deverá providenciá-las em prazo não superior a um dia útil.

Art. 91. É assegurado ao advogado identificado, conforme prescreve os incisos XII e XV do art. 7º da Lei 8.906, de 4 de julho de 1994, o acesso às informações, mesmo sem procuração, exceto quando se tratar de documento sujeito a sigilo ou restrito.

Parágrafo único. A retirada de autos de processos findos deverá obedecer ao prazo de dez dias, previsto no inciso XVI do art. 7º da Lei 8.906, de 2014, a contar da data da sua retirada.

Art. 92. O acesso a processos que se encontrem distribuídos ao Auditor-Fiscal do Trabalho para análise ou saneamento, e conclusos para despacho ou decisão da autoridade competente será facultado após a conclusão do ato pelo agente competente ou após o esgotamento do prazo fixado para a sua prática.

Parágrafo único. A chefia do órgão deverá, para evitar perecimento de direito, em despacho fundamentado, fornecer o acesso e possibilitar a extração de cópia de processos e documentos que se encontrem em qualquer fase.

Art. 93. O interessado ou seu representante legal deverão declarar, na última folha do processo ou documento correspondente, o atendimento a seu requerimento assim que lhe for concedida a vista ou a cópia requerida.

Parágrafo único. Caso não seja feita, por qualquer motivo, a declaração a que se refere o *caput*, o servidor responsável pelo atendimento ao interessado certificará nos autos o ocorrido.

Art. 94. O pagamento do custo da reprodução será efetuado por Guia de Recolhimento da União – GRU, disponível no endereço eletrônico http://consulta.tesouro.fazenda.gov.br/gru_novosite/gru_simples.asp, e deverá ser preenchida e recolhido o seu valor pelo interessado em favor da unidade correspondente, por meio dos seguintes códigos, vedada a execução desse encargo:

I – campo UG: código da unidade gestora, conforme Anexo V desta Portaria;

II – campo gestão: 00001;

III – campo código: 18855-7 e

IV – campo número de referência: xxxxxx000010279, onde os primeiros seis dígitos correspondem ao código da unidade gestora, específico para cada unidade descentralizada, conforme Anexo II desta Portaria.

Art. 95. Caso a unidade responsável não disponha de serviço reprográfico, fica autorizada a extração das cópias no estabelecimento mais próximo, hipótese em que o interessado será acompanhado por um servidor e custeará integral e diretamente o valor devido ao prestador do serviço.

Art. 96. Todos os requerimentos, comprovantes de recolhimento de GRU e certificação deverão ser juntados aos processos correspondentes.

Art. 97. O valor unitário da cópia reprográfica em preto e branco será de R$ 0,20 (vinte centavos) e poderá ser atualizado sempre que houver alteração dos custos administrativos envolvidos na prestação do serviço.

Parágrafo único. Estará isento de ressarcir os custos previstos no *caput* todo aquele cuja situação econômica não lhe permita fazê-lo sem prejuízo do sustento próprio ou da família, declarada nos termos da Lei 7.115, de 29 de agosto de 1983.

Art. 98. O acesso e a obtenção de cópia dos processos eletrônicos são regulados pelo Capítulo II do Título II desta Portaria, que trata "Do acesso ao sistema eletrônico de processo administrativo trabalhista".

CAPÍTULO II
DA CERTIDÃO DE DÉBITOS TRABALHISTAS

Art. 99. A Certidão de Débitos Trabalhistas, a ser emitida pela Coordenação-Geral de Recursos, constituirá prova de regularidade em relação ao cumprimento da legislação trabalhista, tendo como base as informações da situação do empregador quanto a infrações e débitos decorrentes de ações da fiscalização do trabalho registradas em sistema informatizado oficial de multas e recursos trabalhistas.

§ 1º A certidão será solicitada e emitida eletronicamente.

§ 2º No caso de empregadores inscritos no CNPJ, a certidão abrangerá todos os estabelecimentos do empregador.

§ 3º A certidão emitida em decorrência de determinação judicial produzirá os mesmos efeitos da certidão eletrônica prevista neste artigo.

Art. 100. A Certidão de Débitos Trabalhistas não substitui o cadastro dos empregadores que tenham submetido trabalhadores a condições análogas às de escravo.

Art. 101. A Certidão de Débitos Trabalhistas será emitida nas seguintes modalidades:

I – Certidão Negativa;

II – Certidão Positiva; e

III – Certidão Positiva com Efeito de Negativa.

Art. 102. A Certidão Negativa será emitida quando inexistir processo administrativo decorrente da lavratura de auto de infração ou se houver apenas processos em andamento ou arquivados por improcedência ou por pagamento da multa.

Art. 103. A Certidão Positiva será emitida quando existir processo administrativo com débito de multa definitivamente constituído, inclusive quando houver encaminhamento à Procuradoria-Geral da Fazenda Nacional, e conterá informações sobre os processos para os quais existam débitos ativos e exigíveis.

§ 1º As informações relativas aos processos encaminhados para inscrição em dívida ativa serão obtidas mediante integração entre os sistemas da Coordenação-Geral de Recursos e da Procuradoria-Geral da Fazenda Nacional, que disponibilizará a situação atualizada dos créditos inscritos.

§ 2º Até a integração mencionada no § 1º esteja disponível, a certidão expedida pela Coordenação-Geral de Recursos refletirá sempre a última situação ocorrida em cadastros administrados pelo emitente, de modo que a situação atualizada dos processos após o envio à Procuradoria-Geral da Fazenda Nacional poderá ser obtida junto ao respectivo órgão.

Art. 104. A Certidão Positiva com Efeito de Negativa será emitida quando houver decisão judicial que discuta o mérito da autuação e sua cobrança esteja suspensa.

Art. 105. A certidão conterá, obrigatoriamente, a hora e a data de emissão e o respectivo código de controle, podendo sua autenticidade ser confirmada no endereço eletrônico nela informado.

(...)

Art. 133. Esta Portaria entra em vigor em 10 de dezembro de 2021.

Onyx Dornelles Lorenzoni

ANEXO I
TABELA DE MULTAS ADMINISTRATIVAS COM CRITÉRIOS FIXOS DE CÁLCULO
(Valores em Reais – R$)
▶ Anexo I com redação pela Port. 66/2024, do MTE.

Natureza	Capitulação da infração	Base legal	Valor	Observações
Obrigatoriedade da CTPS	CLT, art.13	CLT, art. 55	R$ 416,18	
Anotação de CTPS - Demais empregadores	CLT, art. 29	CLT, art. 29-A	R$ 3.058,28	Por empregado que não teve sua CTPS anotada no prazo, acrescido de igual valor em cada reincidência
Anotação de CTPS - ME ou EPP	CLT, art. 29	CLT, art. 29-A, §1º	R$ 815,54	Por empregado que não teve sua CTPS anotada no prazo, acrescido de igual valor em cada reincidência
Anotações de CPTS previstas no § 2º do art. 29	CLT, art. 29, § 2º	CLT, art. 29-B	R$ 611,66	Por empregado que não teve sua CTPS anotada no prazo
Anotação desabonadora na CTPS	CLT, art. 29, § 4º	CLT, art. 29, § 5º, c/c art. 52	R$ 208,09	
Registro de empregado - Lei nº 13.467, de 2017	CLT, art. 41	CLT, art. 47	R$ 3.101,73	Por empregado não registrado, acrescido de igual valor em cada reincidência
Registro de empregado - Lei nº 13.467, de 2017 - ME/EPP	CLT, art. 41	CLT, art. 47, §1º	R$ 827,13	Por empregado não registrado, acrescido de igual valor em cada reincidência
Falta de atualização ou preenchimento incompleto LRE/FRE - Lei nº 13.467, de 2017	CLT, art. 41, parágrafo único	CLT, art. 47-A	R$ 620,35	Por empregado prejudicado
Venda CTPS (igual ou semelhante)	CLT, art. 51	CLT, art. 51	R$ 1.248,55	
Extravios ou inutilização CTPS	CLT, art. 52	CLT, art. 52	R$ 208,09	
Férias	CLT, art. 129 ao art. 152	CLT, art. 153	R$ 176,03	Por empregado em situação irregular, dobrado em caso de reincidência, embaraço ou resistência à fiscalização, emprego de artifício ou simulação com o objetivo de fraudar a lei
Trabalho do menor (criança, adolescente e aprendiz)	CLT, art. 402 ao art. 441	CLT, art. 434	R$ 416,18	Por menor irregular até o máximo de R$ 2.080,90, salvo no caso de reincidência, em que esse total poderá ser elevado ao dobro
Anotação indevida na CTPS do menor	CLT, art. 435	CLT, art. 435	R$ 416,18	
Contrato individual de trabalho	CLT, art. 442 ao art. 508	CLT, art. 510	R$ 416,18	Dobrado na reincidência
Atraso pagamento de salário	CLT, art. 459, § 1º	art. 4º, Lei nº 7.855/1989	R$ 176,03	Por trabalhador prejudicado
Não pagamento verbas rescisórias prazo previsto	CLT, art. 477, § 6º	CLT, art. 477, § 8º	R$ 176,03	Por empregado prejudicado
13º salário	Lei nº 4.090/1962, c/c Lei nº 4.749/1965	Lei nº 7.855/1989, art. 3º	R$ 176,03	Por trabalhador prejudicado, dobrado na reincidência
Entrega de CAGED com atraso até 30 dias	Lei nº 4.923/1965	Lei nº 4.923/1965, art. 10	R$ 4,62	Por empregado
Entrega de CAGED com atraso de 31 até 60 dias	Lei nº 4.923/1965	Lei nº 4.923/1965, art. 10	R$ 6,94	Por empregado
Entrega de CAGED com atraso acima de 60 dias	Lei nº 4.923/1965	Lei nº 4.923/1965, art. 10	R$ 13,88	Por empregado
Atividade petrolífera	Lei nº 5.811/1972	Lei nº 7.855/1989, art. 3º	R$ 176,03	Por trabalhador prejudicado, dobrado na reincidência
Trabalhador rural	Lei nº 5.889/1973	Lei nº 5.889/1989, art. 18 com redação dada pela MPV nº 2164-41/2001	R$ 392,89	Por empregado em situação irregular
Trabalhador temporário	Lei nº 6.019/1974	Lei nº 7.855/1989, art. 3º	R$ 176,03	Por trabalhador prejudicado, dobrado na reincidência
Propagandista e vendedor de produtos farmacêuticos	Lei nº 6.224/1975, art. 3º	Lei nº 6.224/1975, art. 4º, c/c CLT, art. 434	R$ 416,18	Por menor irregular até o máximo de R$ 2.080,90, salvo no caso de reincidência, em que esse total poderá ser elevado ao dobro
Propagandista e vendedor de produtos farmacêuticos	Lei nº 6.224/1975, art. 2º, caput	Lei nº 6.224/1975, art. 4º, c/c CLT, art. 510	R$ 416,18	Dobrado na reincidência
Vale-transporte	Lei nº 7.418/1985	Lei nº 7.855/1989, art. 3º	R$ 176,03	Por trabalhador prejudicado, dobrado na reincidência
Contrato de trabalho por prazo determinado	Lei nº 9.601/1998, art. 3º e art. 4º	Lei nº 9.601/1998, art. 7º	R$ 550,09	
Trabalhador avulso	Lei nº 12.023/2009	Lei nº 12.023/2009, art. 10	R$ 516,95	Por trabalhador avulso prejudicado
Cooperativa de trabalho	Lei nº 12.690/2012	Lei nº 12.690/2012, Art. 17, § 1º	R$ 516,95	Por trabalhador prejudicado, dobrada na reincidência
Programa Seguro-Emprego	Lei nº 13.189/2015	Lei nº 13.189/2015, Art. 8º, §1º	100%	Percentual incidente sobre os recursos recebidos do FAT. Aplicada em dobro no caso de fraude
Prática discriminatória	Lei nº 9.029/1995	Lei nº 9.029/1995, art. 3º, inciso I		10 (dez) vezes o maior salário pago pelo empregador
FGTS - falta de depósito referente a competências posteriores à implantação do FGTS Digital	Lei nº 8.036, de 1990, art. 23, § 1º, inciso I	Lei nº 8.036, de 1990, art. 23, § 2º, "b", com redação dada pela Lei nº 14.438, de 2022	30%	Percentual incidente sobre o débito do FGTS referente à competência posterior à implantação do FGTS Digital. O valor será dobrado na reincidência, fraude, simulação, artifício, ardil, resistência, embaraço ou desacato

Natureza	Capitulação da infração	Base legal	Valor	Observações
FGTS - deixar de computar parcela de remuneração referentes às competências posteriores à implantação do FGTS Digital	Lei nº 8.036, de 1990, art. 23, § 1º, inciso IV	Lei nº 8.036, de 1990, art.23, § 2º, "b", com redação dada pela Lei nº 14.438, de 2022	30%	Percentual incidente sobre o débito do FGTS referente à competência posterior à implantação do FGTS Digital. O valor será dobrado na reincidência, fraude, simulação, artifício, ardil, resistência, embaraço ou desacato
FGTS - deixar de efetuar depósito referente à débito constituído em notificação de débito referente à competências posteriores à implantação do FGTS Digital	Lei nº 8.036, de 1990, art. 23, § 1º, inciso V, com redação dada pela Lei nº 14.438, de 2022	Lei nº 8.036, de 1990, art.23, § 2º, "b", com redação dada pela Lei nº 14.438, de 2022	30%	Percentual incidente sobre o débito do FGTS referente à competência posterior à implantação do FGTS Digital. O valor será dobrado na reincidência, fraude, simulação, artifício, ardil, resistência, embaraço ou desacato

ANEXO II

Tabela das multas administrativas com critérios variáveis de cálculo

(Valores em Reais – R$)

▶ Anexo II com redação pela Port. 66/2024, do MTE.

Natureza	Capitulação da infração	Base legal	Valor Mínimo	Valor Máximo	Observações
Duração do trabalho	CLT, art. 57 ao art. 74	CLT, art. 75	R$ 41,61	R$ 4.161,83	Dobrado na reincidência, oposição ou desacato
Salário mínimo	CLT, art. 76 ao art. 126	CLT, art. 120	R$ 41,61	R$ 1.664,73	Dobrado na reincidência
Durações e condições especiais do trabalho	CLT, art. 224 ao art. 350	CLT, art. 351	R$ 41,61	R$ 4.161,83	Dobrado na reincidência, oposição ou desacato
Nacionalização do trabalho	CLT, art. 352 ao art. 371	CLT, art. 364	R$ 83,24	R$ 8.323,64	
Trabalho da mulher	CLT, art. 372 ao art. 400	CLT, art. 401	R$ 83,24	R$ 832,37	Aplicada no grau máximo se ficar apurado o emprego de artifício ou simulação para fraudar a aplicação dos dispositivos e nos casos de reincidência
Organização sindical	CLT art. 511 ao art. 552	CLT art. 553, alínea "a"	R$ 83,24	R$ 4.161,83	Dobrado na reincidência
Contribuição sindical	CLT, art. 578 ao art. 610	CLT, art. 598	R$ 8,32	R$ 8.323,64	
Fiscalização	CLT, art. 626 ao art. 642	CLT, art. 630, § 6º	R$ 208,09	R$ 2.080,91	
Lock-out e greve	CLT, art. 722, "*caput*"	CLT, art. 722, alínea "a"	R$ 4.161,83	R$ 41.618,22	Aplicação em dobro para concessionário de serviço público
Repouso semanal remunerado e em feriados	Lei nº 605/1949	Lei nº 605/1949, art. 12, com redação dada pela Lei nº 12.544/2011	R$ 41,61	R$ 4.161,83	Aplicada em dobro no caso de reincidência e oposição à fiscalização ou desacato à autoridade
Músicos	Lei nº 3.857/1960	Lei nº 3.857/1960, art. 56	R$ 83,24	R$ 832,37	Aplicada em dobro na reincidência
Publicitário	Lei nº 4.680/1965, artigos 8º, 9º e 12 e Decreto nº 57.690/1966, art. 13, parágrafo único	Lei nº 4.680/1965, art. 16, alínea "a"	R$ 4,17	R$ 416,18	
Atuário	Decreto-Lei nº 806/1969	Decreto-Lei nº 806/1969, art. 10	R$ 29,48	R$ 294,78	Dobrada em cada reincidência, oposição à fiscalização ou desacato a autoridade
Jornalista	Decreto-Lei nº 972/1969	Decreto-Lei nº 972/1969, art. 13	R$ 58,95	R$ 589,56	
Abono salarial e seguro-desemprego	Lei nº 7.998/1990, art. 24	Lei nº 7.998/1990, art. 25	R$ 440,07	R$ 44.007,30	Dobrado em caso de caso de reincidência, oposição à fiscalização ou desacato à autoridade
FGTS - falta de depósito referente a competências anteriores à implantação do FGTS Digital	Lei nº 8.036/1990, art. 23, § 1º, inciso I	Lei nº 8.036/1990, art.23, § 2º, "b"	R$ 11,00	R$ 110,02	Por empregado dobrado na reincidência, fraude, simulação, artifício, ardil, resistência, embaraço ou desacato
FGTS - omitir informações sobre a conta vinculada do trabalhador referentes às competências anteriores à implantação do FGTS	Lei nº 8.036/1990, art. 23, § 1º, inciso II	Lei nº 8.036/1990, art. 23, § 2º, "a"	R$ 2,20	R$ 5,50	Por empregado dobrado na reincidência, fraude, simulação, artifício, ardil, resistência, embaraço ou desacato
FGTS - apresentar informações ao Cadastro Nacional do Trabalhador com erros e omissões referentes às competências anteriores à implantação do FGTS	Lei nº 8.036/1990, art. 23, § 1º, inciso III	Lei nº 8.036/1990, art.23, § 2º, "a"	R$ 2,20	R$ 5,50	Por empregado dobrado na reincidência, fraude, simulação, artifício, ardil, resistência, embaraço ou desacato
FGTS - deixar de computar parcela de remuneração referentes às competências anteriores à implantação do FGTS	Lei nº 8.036/1990, art. 23, § 1º, inciso IV	Lei nº 8.036/1990, art.23, § 2º, "b"	R$ 11,00	R$ 110,02	Por empregado dobrado na reincidência, fraude, simulação, artifício, ardil, resistência, embaraço ou desacato
FGTS - deixar de efetuar depósito referente à débito constituído em notificação de débito referente à competências posteriores à implantação do FGTS Digital	Lei nº 8.036/1990, art. 23, § 1º, inciso V	Lei nº 8.036/1990, art.23, § 2º, "b"	R$ 11,00	R$ 110,02	Por empregado dobrado na reincidência, fraude, simulação, artifício, ardil, resistência, embaraço ou desacato
FGTS - deixar de apresentar ou apresentar com erros ou omissões as informações de que trata do art. 17-A	Lei nº 8.036, de 1990, art. 23, § 1º, inciso VI, com redação dada pela Lei nº 14.438, de 2022	Lei nº 8.036, de 1990, art. 23, § 2º, "c", com redação dada pela Lei nº 14.438, de 2022	R$ 103,39	R$ 310,17	Por empregado dobrado na reincidência, fraude, simulação, artifício, ardil, resistência, embaraço ou desacato

Natureza	Capitulação da infração	Base legal	Valor Mínimo	Valor Máximo	Observações
FGTS - deixar de apresentar ou promover a retificação das informações de que trata o art. 17-A no prazo concedido em notificação	Lei nº 8.036, de 1990, art. 23, § 1º, inciso VII, com redação dada pela Lei nº 14.438, de 2022	Lei nº 8.036, de 1990, art. 23, § 2º, "c", com redação dada pela Lei nº 14.438, de 2022	R$ 103,39	R$ 310,17	Por empregado dobrado na reincidência, fraude, simulação, artifício, ardil, resistência, embaraço ou desacato
Transporte aquaviário	Lei nº 9.432/1997	Lei nº 9.432/1997, art. 15, I	R$ 0,00	R$ 10,34	Por tonelada de arqueação bruta da embarcação
Trabalho portuário	Lei nº 9.719/1998, art. 7º, "caput"	Lei nº 9.719/1998, art. 10, inciso I	R$ 178,87	R$ 1.788,66	Dobrada em caso de reincidência, oposição à fiscalização e desacato à autoridade
Trabalho portuário	Lei nº 9.719/1998, art. 7º, parágrafo único e demais artigos, exceto art. 7º, "caput" e artigo 9º	Lei nº 9.719/1998, art. 10, inciso III	R$ 356,70	R$ 3.566,99	Por trabalhador mantido em situação irregular, dobrada em caso de reincidência, oposição à fiscalização e desacato à autoridade
Motociclistas profissionais	Lei nº 12.436/2011	Lei nº 12.436/2011, art. 2º	R$ 310,17	R$ 3.101,73	Aplicada no grau máximo se ficar apurado o emprego de artifício ou simulação para fraudar a aplicação dos dispositivos e nos casos de reincidência
Trabalho portuário	Lei nº 12.815/2013, art. 36, art. 39 e art. 42	Lei nº 12.815/2013, art. 51 c/c Lei nº 9.719/1998, art. 10, I	R$ 178,87	R$ 1.788,66	Dobrada em caso de reincidência, oposição à fiscalização e desacato à autoridade
Trabalho portuário	Lei nº 12.815/2013, art. 40, "caput" e § 3º	Lei nº 12.815/2013, art. 52 c/c Lei nº 9.719/1998, art. 10, III	R$ 356,70	R$ 3.566,99	Por trabalhador mantido em situação irregular, dobrada em caso de reincidência, oposição à fiscalização e desacato à autoridade
Aeronauta	Lei nº 13.475/2017	Lei nº 13.475/2017, art. 77 c/c CLT, art. 351	R$ 41,61	R$ 4.161,83	Dobrado na reincidência, oposição ou desacato
Programa de alimentação do trabalhador	Lei nº 6.321/76, art. 3º-A, "caput" e § 2º, com redação dada pela Lei nº 14.442/2022	Lei nº 6.321/76, art. 3º-A, inciso I, com redação dada pela Lei nº 14.442/2022	R$ 5.097,13	R$ 50.971,34	Dobrado em caso de reincidência ou de embaraço à fiscalização
Publicitário	Lei nº 4.680/1965, art. 11, parágrafo único	Lei nº 4.680/1965, art. 16, alínea "b"	10% sobre o valor do negócio publicitário realizado	50% sobre o valor do negócio publicitário realizado	
Mora salarial contumaz	Decreto-Lei nº 368/1968, art. 1º, I e II	Decreto-Lei nº 368/1968, art. 7º	10% do valor do débito salarial	50% do valor do débito salarial	
Mora contumaz de FGTS	Lei nº 8.036/1990, art. 22, § 1º, c/c Decreto-Lei nº 368/1968, art. 1º, I e II	Decreto-Lei nº 368/1968, art. 7º	10% do valor do débito para com o FGTS	50% do valor do débito para com o FGTS	

ANEXO III

▸ Anexo III com redação pela Port. 66/2024, do MTE.

A) Tabela de gradação das Multas com Critérios Variáveis de Cálculo

Critérios	Valor a ser atribuído
I – Natureza da infração Intenção do infrator de praticar a infração Meios ao alcance do infrator para cumprir a lei	20% do valor máximo previsto para a multa, equivalente ao conjunto dos três critérios. Obs.: Percentual fixo aplicável a todas as infrações, conforme tabela "B" deste Anexo.
II – Porte Econômico do Infrator	De 8% a 40% do valor máximo previsto para a multa, conforme tabela "C" deste Anexo.
III – Extensão da Infração	De 8% a 40% do valor máximo previsto para a multa, conforme critérios abaixo: **a)** 40% do valor máximo previsto para a multa, quando se tratar de infração a: **i)** Capítulos II e III do Título II da CLT (Duração do Trabalho e Salário Mínimo); **ii)** Capítulos I e III do Título III da CLT (Disposições especiais sobre duração e condições de trabalho e Proteção do Trabalho da Mulher); **iii)** Capítulo I do Título VII da CLT (Fiscalização, Autuação e Imposição de Multas); e **iv)** Art. 23 da Lei nº 8.036, de 1990 (FGTS). **b)** de 8% a 40% do valor máximo previsto para a multa aplicável às demais infrações, conforme tabela "C" deste Anexo.
Obs.: O valor da multa corresponderá à soma dos valores resultantes da aplicação dos percentuais relativos aos três níveis de critérios acima (I, II e III).	

B) Tabela do Percentual Fixo (20%) Aplicável a Todas as Infrações

Base Legal					
Arts. 75, 351 e 553 da CLT e art. 12 da Lei nº 605/1949.	Art. 120 da CLT.	Arts. 364 e 598 da CLT.	Art. 401 da CLT.	Art. 630, § 6º, da CLT.	Art. 722, alínea "a", da CLT.
Arts. 75, 351 e 553 da CLT e art. 12 da Lei nº 605/1949.	Art. 120 da CLT.	Arts. 364 e 598 da CLT.	Art. 401 da CLT.	Art. 630, § 6º, da CLT.	Art. 722, alínea "a", da CLT.
R$ 832,37 R$ 332,95		R$ 1.664,73	R$ 166,47	R$ 416,18	R$ 8.323,64

Base Legal					
Art. 56 da Lei nº 3.857/1960.	Art. 16, alínea "a", da Lei nº 4.680/1965.	Art. 10 do Decreto-Lei nº 806/1969.	Art. 13 do Decreto-Lei nº 972/1969.	Art. 3º-A, I, da Lei nº 6.321/1976.	Art. 25 da Lei nº 7.998/1990.
R$ 166,47	R$ 83,24	R$ 58,96	R$ 117,91	R$ 10.194,27	R$ 8.801,46

Base Legal					
Art. 23, § 2º "a", da Lei nº 8.036/1990.	Art. 23, § 2º, "b", da Lei nº 8.036/1990.	Art. 23, § 2º, "c", da Lei nº 8.036/1990.	Art. 15, I, da Lei nº 9.432/1997.	Art. 10, I, da Lei nº 9.719/1998.	Art. 10, III, da Lei nº 9.719/1998.
R$ 1,10	R$ 22,00	R$ 62,03	R$ 2,07	R$ 357,73	R$ 713,40

Base Legal
Art. 2º da Lei nº 12.436/2011.
R$ 620,35

C) Tabela em R$ de Gradação de Multas de Valor Variável Aplicável aos Critérios II e III

Quantidade de Empregados	%	Base Legal					
		Arts. 75, 351 e 553 da CLT e art. 12 da Lei nº 605/1949.	Art. 120 da CLT.	Arts. 364 e 598 da CLT.	Art. 401 da CLT.	Art. 630, § 6º, da CLT.	Art. 722, alínea "a", da CLT.
de 01 a 10	8	R$ 332,95	R$ 133,18	R$ 665,89	R$ 66,59	R$ 166,47	R$ 3.329,46
de 11 a 30	16	R$ 665,89	R$ 266,36	R$ 1.331,78	R$ 133,18	R$ 332,95	R$ 6.658,92
de 31 a 60	24	R$ 998,84	R$ 399,53	R$ 1.997,67	R$ 199,77	R$ 499,42	R$ 9.988,37
de 61 a 100	32	R$ 1.331,78	R$ 532,71	R$ 2.663,56	R$ 266,36	R$ 665,89	R$ 13.317,83
acima de 100	40	R$ 1.664,73	R$ 665,89	R$ 3.329,46	R$ 332,95	R$ 832,36	R$ 16.647,29

Quantidade de Empregados	%	Base Legal					
		Art. 56 da Lei nº 3.857/1960.	Art. 16, alínea "a", da Lei nº 4.680/1965.	Art. 10 do Decreto-Lei nº 806/1969.	Art. 13 do Decreto-Lei nº 972/1969.	Art. 3º-A, I, da Lei nº 6.321/1976.	Art. 25 da Lei nº 7.998/1990.
de 01 a 10	8	R$ 66,59	R$ 33,29	R$ 23,58	R$ 47,16	R$ 4.077,71	R$ 3.520,58
de 11 a 30	16	R$ 133,18	R$ 66,59	R$ 47,16	R$ 94,33	R$ 8.155,41	R$ 7.041,17
de 31 a 60	24	R$ 199,77	R$ 99,88	R$ 70,75	R$ 141,49	R$ 12.233,12	R$ 10.561,75
de 61 a 100	32	R$ 266,36	R$ 133,18	R$ 94,33	R$ 188,66	R$ 16.310,83	R$ 14.082,33
acima de 100	40	R$ 332,95	R$ 166,47	R$ 117,91	R$ 235,82	R$ 20.388,53	R$ 17.602,92

Quantidade de Empregados	%	Base Legal					
		Art. 23, § 2º "a", da Lei nº 8.036/1990.	Art. 23, § 2º, "b", da Lei nº 8.036/1990.	Art. 23, § 2º, "c", da Lei nº 8.036/1990.	Art. 15, I, da Lei nº 9.432/1997.	Art. 10, I, da Lei nº 9.719/1998.	Art. 10, III, da Lei nº 9.719/1998.
de 01 a 10	8	R$ 0,44	R$ 8,80	R$ 24,81	R$ 0,83	R$ 143,09	R$ 285,36
de 11 a 30	16	R$ 0,88	R$ 17,60	R$ 49,63	R$ 1,65	R$ 286,19	R$ 570,72
de 31 a 60	24	R$ 1,32	R$ 26,40	R$ 74,44	R$ 2,48	R$ 429,28	R$ 856,08
de 61 a 100	32	R$ 1,76	R$ 35,21	R$ 99,26	R$ 3,31	R$ 572,37	R$ 1.141,44
acima de 100	40	R$ 2,20	R$ 44,01	R$ 124,07	R$ 4,14	R$ 715,47	R$ 1.426,79

Quantidade de Empregados	%	Base Legal
		Art. 2º da Lei nº 12.436/2011.
de 01 a 10	8	R$ 248,14
de 11 a 30	16	R$ 496,28
de 31 a 60	24	R$ 744,41
de 61 a 100	32	R$ 992,55
acima de 100	40	R$ 1.240,69

Leg. Compl.

ANEXO IV
Tabela das Multas Administrativas com Critérios Variáveis de Cálculo
Parâmetros Especiais de Gradação
(Valores em Reais – R$)
▸ Anexo IV com redação pela Port. 66/2024, do MTE.

Natureza	Capitulação da infração	Base legal	Valor Mínimo	Valor Máximo	Observações
Segurança do Trabalho	CLT, art. 154 ao art. 200	CLT, art. 201	R$ 693,11	R$ 6.935,56	Valor máximo em caso de reincidência, embaraço ou resistência à fiscalização, emprego de artifício ou simulação com o objetivo de fraudar a lei
Medicina do Trabalho	CLT, art. 154 ao art. 200	CLT, art. 201	R$ 415,87	R$ 4.160,89	Valor máximo em caso de reincidência, embaraço ou resistência à fiscalização, emprego de artifício ou simulação com o objetivo de fraudar a lei
Radialista	Lei nº 6.615/1978	Lei nº 6.615/1978, art. 27	R$ 117,91	R$ 1.179,11	R$ 58,96 por empregado. Valor máximo na reincidência, embaraço ou resistência, artifício ou simulação com objetivo de fraudar a lei
Artista	Lei nº 6.533/1978	Lei nº 6.533/1978, art. 33	R$ 117,91	R$ 1.179,11	R$ 58,96 por empregado. Valor máximo na reincidência, embaraço ou resistência, artifício ou simulação com objetivo de fraudar a lei
RAIS: não entregar a declaração no prazo legal pelo GDRAIS ou GDRAIS Genérico	Lei nº 7.998/1990, art. 24	Lei nº 7.998/1990, art. 25	R$ 440,07	R$ 44.007,30	Dobrado em caso de caso de reincidência, oposição à fiscalização ou desacato à autoridade.
RAIS: omitir informação, ou prestar declaração falsa ou inexata pelo GDRAIS ou GDRAIS Genérico	Lei nº 7.998/1990, art. 24	Lei nº 7.998/1990, art. 25	R$ 440,07	R$ 44.007,30	Dobrado em caso de caso de reincidência, oposição à fiscalização ou desacato à autoridade.
RAIS: deixar de prestar informações ao eSocial na forma e prazo estabelecidos em normatização específica.	Lei nº 7.998, de 1990, art. 24	Lei nº 7.998, de 1990, art. 25	R$ 440,07	R$ 44.007,30	Dobrado em caso de caso de reincidência, oposição à fiscalização ou desacato à autoridade. Redução de 40% ou 20%, respeitado o mínimo legal, caso as informações sejam prestadas ou corrigidas antes de procedimento fiscal ou após determinação do Auditor-Fiscal do Trabalho, respectivamente.
Seguro-desemprego: não entregar as guias em caso de demissão sem justa causa.	Lei nº 7.998/1990, art. 24	Lei nº 7.998/1990, art. 25	R$ 440,07	R$ 44.007,30	Dobrado em caso de caso de reincidência, oposição à fiscalização ou desacato à autoridade
Segurança do Trabalho Portuário	Lei nº 9.719/1998, art. 9º	Lei nº 9.719/1998, art. 10, II	R$ 594,50	R$ 5.944,98	Dobrada em caso de reincidência, oposição à fiscalização e desacato à autoridade
Medicina do Trabalho Portuário	Lei nº 9.719/1998, art. 9º	Lei nº 9.719/1998, art. 10, II	R$ 356,70	R$ 3.566,99	Dobrada em caso de reincidência, oposição à fiscalização e desacato à autoridade
Pessoa com Deficiência - PCD	Lei nº 8.213/1991, art. 93	Lei nº 8.213/1991, art. 133			Os valores mínimo e máximo previstos no art. 133 da Lei nº 8.213/1991 são atualizados por ato do Ministério da Economia.

PORTARIA 671, DE 8 DE NOVEMBRO DE 2021, DO MTP

Regulamenta disposições relativas à legislação trabalhista, à inspeção do trabalho, às políticas públicas e às relações de trabalho.

DOU 11.11.2021, retificado em 08.12.2021

O Ministro de Estado do Trabalho e Previdência, no uso da atribuição que lhe confere o art. 87, *caput*, parágrafo único, inciso II da Constituição, resolve:

Art. 1º A presente Portaria visa disciplinar matérias referentes à legislação trabalhista, à inspeção do trabalho, às políticas públicas e às relações de trabalho no que se refere a:

I – Carteira de Trabalho e Previdência Social – CTPS;

II – contrato de trabalho, em especial:

a) registro de empregados e anotações na CTPS;

b) trabalho autônomo;

c) trabalho intermitente;

d) consórcio de empregadores rurais; e

e) contrato e nota contratual de músicos profissionais, artistas e técnicos de espetáculos de diversões;

III – contrato de parceria entre os salões de beleza e os profissionais;

IV – autorização de contratação de trabalhador por empresa estrangeira para trabalhar no exterior;

V – jornada de trabalho, em especial:

a) autorização transitória para trabalho aos domingos e feriados;

b) autorização permanente para trabalho aos domingos e feriados; e

c) prorrogação de jornada em atividades insalubres;

d) anotação da hora de entrada e de saída em registro manual, mecânico ou eletrônico;

VI – apuração de parcelas variáveis de remuneração;

VII – efeitos de débitos salariais, de mora de Fundo de Garantia do Tempo de Serviço – FGTS, de mora contumaz salarial e de mora contumaz de FGTS;

VIII – local para guarda e assistência dos filhos no período da amamentação;

IX – reembolso-creche;

X – registro profissional;

XI – registro de empresa de trabalho temporário;

XII – sistemas e cadastros, em especial:

a) Domicílio Eletrônico Trabalhista – DET e Livro de Inspeção do Trabalho Eletrônico – eLIT;
▸ Alínea *a* com redação pela Port. MTE 3.869/2023.

b) substituição de informações nos sistemas do Cadastro Geral de Empregados e Desempregados – CAGED e da Relação Anual de Informações Sociais – RAIS;

c) RAIS;

d) CAGED;

e) disponibilização e utilização de informações contidas nas bases de dados do CAGED, da RAIS, do Seguro-Desemprego, do Benefício Emergencial de Preservação do Emprego e da Renda – BEm e do Novo Benefício Emergencial de Preservação do Emprego e da Renda – Novo Bem;

f) cadastro de empregados por meio da Caixa Econômica Federal; e

g) Classificação Brasileira de Ocupações – CBO;

XIII – medidas contra a discriminação no trabalho;

XIV – trabalho em condições análogas às de escravo;

XV – atividades de direção, assessoramento e apoio político-partidário;

XVI – entidades sindicais e instrumentos coletivos de trabalho, em especial:

a) registro no Cadastro Nacional de Entidades Sindicais – CNES e certidão sindical;

b) recolhimento e distribuição da contribuição sindical urbana;

c) registro de instrumentos coletivos de trabalho; e

d) mediação na negociação coletiva de natureza trabalhista;

XVII – fiscalização orientadora em microempresas e empresas de pequeno porte;

XVIII – simulação de rescisão contratual e levantamento do FGTS em fraude à lei;

Incisos VI a XVII com redação pela Port. 4.198/2022 do MTP.

XIX – procedimentos e requisitos para o cadastro das entidades autorizadas a operar ou participar do Programa Nacional de Microcrédito Produtivo Orientado – PNMPO;

XX – diretrizes para execução da aprendizagem profissional e o Cadastro Nacional de Aprendizagem Profissional – CNAP; e

XXI – diretrizes para execução da modalidade qualificação presencial no âmbito do Programa Brasileiro de Qualificação Social e Profissional – QUALIFICAÇÃO BRASIL.

▸ Incisos XIX a XXI acrescidos pela Port. 4.198/2022 do MTP.

CAPÍTULO I
DA CARTEIRA DE TRABALHO E PREVIDÊNCIA SOCIAL

Art. 2º A CTPS é o documento onde estão registrados os dados relativos ao contrato de trabalho de um trabalhador.

Parágrafo único. A CTPS tem como identificação única do trabalhador o número de inscrição no Cadastro de Pessoas Físicas – CPF.

Art. 3º A CTPS emitida em meio eletrônico, de que trata o art. 14 da Consolidação das Leis do Trabalho, aprovada pelo Decreto-Lei 5.452, de 1º de maio de 1943 – CLT, é denominada Carteira de Trabalho Digital.

§ 1º Para fins do disposto no Decreto-Lei 5.452, de 1943 – CLT, a Carteira de Trabalho Digital é equivalente à CTPS emitida em meio físico.

§ 2º A Carteira de Trabalho Digital é previamente emitida a todos os inscritos no CPF, sendo necessária sua habilitação.

§ 3º A Carteira de Trabalho Digital não se equipara aos documentos de identificação civis de que trata o art. 2º da Lei 12.037, de 1º de outubro 2009.

Art. 4º A habilitação da Carteira de Trabalho Digital é realizada por meio de:

I – aplicativo eletrônico específico, denominado Carteira de Trabalho Digital, disponibilizado gratuitamente para dispositivos móveis; e

II – serviço específico da Carteira de Trabalho Digital diretamente no portal gov.br.

Art. 5º A CTPS em meio físico é emitida por meio do sistema informatizado de emissão de Carteira de Trabalho e Previdência Social.

§ 1º A CTPS não será emitida para menor de quatorze anos ou para falecido, exceto quando houver ordem ou autorização judicial, e será obrigatório o lançamento no sistema informatizado e a anotação do número do mandado judicial no campo de anotações gerais da CTPS.

§ 2º Excepcionalmente, quando o trabalhador indocumentado tenha sido vítima de tráfico de pessoas, de trabalho escravo ou de violação de direitos agravada por sua condição migratória e que tenha sido resgatado em ação fiscal conduzida por Auditor-Fiscal do Trabalho, poderá ser emitida CTPS provisória, em meio físico, fora do sistema informatizado de que trata o *caput*, com validade máxima e improrrogável de três meses, com base em declarações verbais do interessado, firmadas por duas testemunhas.

§ 3º No período de validade da CTPS provisória, de que trata o § 2º, deverão ser tomadas providências para a identificação completa do trabalhador resgatado e o encaminhamento às unidades responsáveis para emissão de documento definitivo.

Art. 6º Para os empregadores que têm a obrigação de uso do Sistema Simplificado de Escrituração Digital das Obrigações Previdenciárias, Trabalhistas e Fiscais – eSocial, a comunicação pelo empregado do número de inscrição no CPF equivale à apresentação da Carteira de Trabalho Digital e dispensa a emissão de recibo pelo empregador.

§ 1º O trabalhador deverá ter acesso às informações de seu contrato de trabalho na Carteira de Trabalho Digital após o processamento das respectivas anotações.

§ 2º A CTPS deverá ser utilizada, em caráter excepcional, pelos empregados das pessoas jurídicas de direito público da administração direta, autárquica e fundacional, que adotem o regime jurídico previsto no Decreto-Lei 5.452, de 1943 – CLT, bem como das organizações internacionais, das fundações públicas de direito privado, dos consórcios públicos, dos fundos públicos e das comissões polinacionais enquanto estes entes não forem obrigadas ao envio de eventos periódicos ao eSocial.

▸ § 2º com redação pela Port. 895/2021 do MTP.

Art. 7º Compete ao Ministério do Trabalho e Previdência, por meio da Secretaria de Trabalho, definir os modelos de CTPS para brasileiros e estrangeiros.

Art. 8º A emissão da CTPS será realizada nas unidades descentralizadas do Ministério do Trabalho e Previdência.

§ 1º Poderão, ainda, emitir a CTPS, mediante convênio, os órgãos federais, estaduais e municipais da administração direta ou indireta.

§ 2º A CTPS será entregue pessoalmente ao interessado, mediante identificação digital, no prazo máximo de até quinze dias úteis, contados a partir da data constante no protocolo de atendimento.

§ 3º Excepcionalmente, a CTPS poderá ser entregue a terceiro, mediante apresentação de procuração particular, com reconhecimento de firma, específica para retirada da CTPS.

Art. 9º Para emissão da CTPS, o interessado deverá apresentar, pessoalmente, os seguintes documentos:

I – brasileiros:

a) documento oficial de identificação civil que contenha:

1. nome do interessado;

2. Município e Estado de nascimento;

3. filiação; e

4. nome e número do documento com órgão emissor e data de emissão; e

b) CPF;

II – estrangeiros:

a) CPF; e

b) Carteira de Registro Nacional Migratório, Documento Provisório de Registro Nacional Migratório ou Protocolo expedido pela Polícia Federal.

Parágrafo único. Todos os documentos apresentados pelo interessado deverão ser originais e legíveis.

Art. 10. A fotografia, a assinatura e a identificação digital do requerente serão capturadas pelo próprio sistema no momento do procedimento de identificação, obedecidos os padrões de qualidade.

Parágrafo único. Em casos de localidades que não dispõem de sistema informatizado de emissão da CTPS, o requerente apresentará uma fotografia 3cm x 4cm recente.

Art. 11. A personalização e a emissão da CTPS para imigrantes será feita, exclusivamente, pelas unidades descentralizadas do Ministério do Trabalho e Previdência.

Art. 12. Os acordos de cooperação técnica de emissão de CTPS, celebrados com base na Portaria MTE 369, de 13 de março de 2013, que ainda estejam vigentes, poderão ser renovados até a implementação definitiva do eSocial.

CAPÍTULO II
DO CONTRATO DE TRABALHO

Seção I
Do registro de empregados
e das anotações na Carteira de Trabalho
e Previdência Social

Art. 13. O registro de empregados de que trata o art. 41 do Decreto-Lei 5.452, de 1943 – CLT, ressalvado o disposto no art. 17, e as anotações na Carteira de Trabalho Digital de que trata o art. 29 do Decreto-Lei 5.452, de 1943 – CLT, deverão ser realizados pelo empregador por meio do eSocial.

Parágrafo único. Na hipótese do § 2º do art. 6º, as anotações de que tratam o *caput* serão feitas pelo empregador na CTPS.

Art. 14. O registro de empregados é composto por dados relativos à admissão no emprego, duração e efetividade do trabalho, férias, acidentes e demais circunstâncias que interessem à proteção do trabalhador e deverão ser informados nos seguintes prazos:

I – até o dia anterior ao início das atividades do trabalhador:

a) número do CPF;

b) data de nascimento;

c) data de admissão;

d) matrícula do empregado;

e) categoria do trabalhador, conforme classificação adotada pelo eSocial;

f) natureza da atividade (urbano ou rural);

g) código da CBO;

h) valor do salário contratual; e

i) tipo de contrato de trabalho em relação ao seu prazo, com a indicação do término quando se tratar de contrato por prazo determinado;

II – até o dia quinze do mês subsequente ao mês em que o empregado foi admitido:

a) nome completo, sexo, grau de instrução, endereço, nacionalidade, etnia, raça, e, desde que requerido pelo empregado, o nome social;

▸ Alínea *a* com redação pela Port. 3.784/2023 do MTE, em vigor a partir de 02.01.2024.

b) descrição do cargo e, quando for o caso, da função;

c) descrição do salário variável, quando for o caso;

d) nome e dados cadastrais dos dependentes;

e) horário de trabalho ou informação de enquadramento conforme disposto no art. 62 do Decreto-Lei 5.452, de 1943 – CLT;

f) identificação do estabelecimento ao qual o empregado está vinculado ou, no caso do empregado doméstico, identificação do endereço onde o trabalhador exerce suas atividades;

g) informação de empregado com deficiência ou reabilitado, constatado em laudo caracterizador de deficiência ou em certificado de reabilitação, bem como se a contratação está sendo computada na cota de pessoa com deficiência;

h) indicação do empregador para o qual a contratação de aprendiz está sendo computada no cumprimento da cota, nos casos em que a contratação é feita por entidade sem fins lucrativos;

i) identificação do alvará judicial em caso de contratação de trabalhadores com idade inferior à legalmente permitida;

j) data de inclusão do empregado doméstico no FGTS, nos casos de admissão anterior a 1º de outubro de 2015, ou data de opção pelo FGTS, nos casos de admissão anterior a 5 de outubro de 1988, para os demais empregados;

▸ Alínea *j* com redação pela Port. 3.784/2023 do MTE, em vigor a partir de 02.01.2024.

k) informação relativa a registro sob ação fiscal ou por força de decisão judicial, quando for o caso;

l) número do Cadastro Nacional de Pessoas Jurídicas – CNPJ do sindicato representativo da categoria preponderante da empresa ou da categoria diferenciada e, se houver, a sua data-base;

m) condição de ingresso no Brasil do trabalhador de nacionalidade estrangeira e indicação se sua permanência no País é por prazo determinado ou indeterminado;

n) indicação da existência de cláusula assecuratória do direito recíproco de rescisão e a descrição do fato ao qual se vincula o término do contrato por prazo determinado, se for o caso;

o) tipo de admissão, conforme classificação adotada pelo eSocial; e

p) data do ingresso na sucessora, CNPJ da sucedida e matrícula do trabalhador na sucedida em caso de transferência;

III – até o dia quinze do mês seguinte ao da ocorrência:

a) alterações cadastrais e contratuais de que tratam as alíneas "e" a "h" do inciso I e as alíneas "a" a "i" e "l" a "n" do inciso II;

▸ Alínea a com redação pela Port. 3.784/2023 do MTE, em vigor a partir de 02.01.2024.

b) alteração contratual de que trata a alínea "i" do inciso I quando houver indeterminação do prazo do contrato de trabalho originalmente firmado por prazo

determinado cujo termo estava vinculado à ocorrência de um fato;

c) e **d)** Revogadas pela Portaria 3.784/2023 do MTE.

e) afastamentos temporários descritos no Anexo I;

f) informações relativas ao monitoramento da saúde do trabalhador e ao exame toxicológico a que deve se submeter o motorista profissional empregado, observado no § 9º;

> ▸ Alínea *f* com redação pela Port. 617/2024 do MTE, em vigor a partir de 1º.08.2024.

g) informações relativas às condições ambientais de trabalho;

h) transferência de empregados para empresas do mesmo grupo econômico, consórcio, ou por motivo de sucessão, fusão, incorporação ou cisão de empresas;

i) cessão de empregado, com indicação da data da cessão, CNPJ do cessionário e existência de ônus para o cedente;

j) reintegração ao emprego; e

k) treinamentos, capacitações, exercícios simulados e outras anotações que obrigatoriamente devam constar no registro do empregado por força das normas regulamentadoras;

IV – no décimo sexto dia do afastamento:

a) por acidente ou doença relacionados ou não ao trabalho, com duração superior a quinze dias; e

b) por acidente ou doença relacionados ou não ao trabalho, com qualquer duração, que ocorrerem dentro do prazo de sessenta dias pelo mesmo motivo que gerou a incapacidade, e tiverem em sua totalidade duração superior a quinze dias;

V – de imediato:

a) o acidente de trabalho ou doença profissional que resulte morte; e

b) afastamento por acidente ou doença relacionados ou não ao trabalho, com qualquer duração, quando ocorrer dentro do prazo de sessenta dias do retorno de afastamento anterior pelo mesmo motivo que tenha gerado a incapacidade, gerador do recebimento de auxílio-doença;

VI – até o primeiro dia útil seguinte ao da ocorrência:

a) o acidente de trabalho e a doença profissional que não resulte morte; e

b) a prorrogação do contrato por prazo determinado, com indicação da data de término; e

VII – até o décimo dia seguinte ao da ocorrência, os dados de desligamento quando acarretar extinção do vínculo empregatício, observado o disposto no § 6º do *caput*, com a indicação da data e do motivo do desligamento, da data do aviso prévio e, se indenizado, da data projetada para término do contrato de trabalho, bem como se o empregado participou de programa de demissão voluntária ou incentivada.

> ▸ Inciso VII com redação pela Port. 3.784/2023 do MTE, em vigor a partir de 02.01.2024.

§ 1º O registro do empregado será feito pelo empregador pessoa jurídica identificado pelo número de inscrição no CNPJ raiz e pelo empregador pessoa física identificado pelo número de inscrição no CPF.

§ 2º O número do recibo eletrônico emitido pelo eSocial quando da recepção e validação dos eventos correspondentes neste artigo, comprova o cumprimento das obrigações previstas neste artigo, quando houver a opção pelo registro eletrônico de empregados de que trata o art. 16.

> ▸ § 2º com redação pela Port. 4.198/2022 do MTP.

§ 3º O registro do empregado deverá ser mantido com as informações corretas e atualizadas, hipótese em que a omissão ou a prestação de declaração falsa ou inexata será considerada infração, nos termos do art. 47-A do Decreto-Lei nº 5.452, de 1943 – CLT.

> ▸ § 3º com redação pela Port. 3.784/2023 do MTE, em vigor a partir de 02.01.2024.

§ 4º A matrícula de que trata a alínea "d" do inciso I do *caput* refere-se a cada um dos contratos de trabalho do empregado e será única por empregador, vedada a reutilização.

§ 5º Na hipótese da alínea "b" do inciso IV do *caput*, todos os afastamentos ainda não informados que forem utilizados no cômputo dos quinze dias de afastamento, deverão ser informados no prazo estipulado no dispositivo.

§ 6º A contagem do prazo de que trata o inciso VII do *caput* exclui o dia do desligamento e inclui o do vencimento.

§7º A prestação das informações previstas na alínea "*a*" dos incisos V e VI do *caput*, somente será exigível a partir do início da obrigatoriedade do envio dos eventos de segurança e saúde do trabalho ao eSocial.

> ▸ § 7º com redação pela Port. 895/2021, do MTP.

§8º A prestação das informações previstas nas alíneas "*f*" e "*g*" do inciso III do *caput* somente será exigível a partir da data de substituição do Perfil Profissiográfico Previdenciário – PPP, de que trata o § 4º do art. 58 da Lei 8.213, de 24 de julho de 1991, em meio físico pelo PPP em meio eletrônico.

> ▸ § 8º acrescido pela Port. 895/2021, do MTP.

§ 9º Com relação às informações previstas no *caput*, inciso III, alínea "f", considera-se como data da ocorrência:

> ▸ *Caput* com redação pela Port. 617/2024 do MTE, em vigor a partir de 1º.08.2024.

a) a da emissão do atestado de saúde ocupacional, exceto em relação ao exame admissional, caso em que a data da ocorrência será considerada como sendo a data da admissão do empregado; e

b) em se tratando de exame toxicológico, a de sua realização, exceto em relação ao exame toxicológico pré-admissional, caso em que a data da ocorrência será considerada como sendo a data da admissão do empregado.

> ▸ Alíneas *a* e *b* acrescidas pela Port. 617/2024 do MTE, em vigor a partir de 1º.08.2024.

§ 10. O descumprimento do disposto no inciso I do *caput*, constatado em ação fiscal, enseja a abertura do procedimento administrativo previsto no § 8º do art. 15.

> ▸ § 10 acrescido pela Port. 4.370/2022 do MTP, em vigor em 01.02.2023.

Art. 15. O empregador anotará na CTPS do empregado os seguintes dados:

I – até cinco dias úteis contados da data de admissão:

a) data de admissão;

b) código da CBO;

c) valor do salário contratual;

d) tipo de contrato de trabalho em relação ao seu prazo, com a indicação do término, na hipótese de contrato por prazo determinado; e

e) categoria do trabalhador, conforme classificação adotada pelo eSocial.

II – até o dia quinze do mês subsequente ao que o empregado foi admitido:

a) descrição do cargo ou função;

b) descrição do salário variável, quando for o caso;

c) identificação do estabelecimento ao qual o empregado está vinculado ou, no caso do empregado doméstico, identificação do endereço onde o trabalhador exerce suas atividades;

d) a estimativa de gorjeta, quando for o caso;

e) em se tratando de aprendiz, o arco ocupacional ou o itinerário formativo utilizado com seus respectivos códigos CBO, quando for o caso;

f) descrição do fato ao qual se vincula o término do contrato por prazo determinado, se for o caso;

g) tipo de admissão, conforme classificação adotada pelo eSocial; e

h) data do ingresso na sucessora e CNPJ da sucedida em caso de transferência; e

III – até o dia quinze do mês seguinte ao da ocorrência:

a) alterações contratuais de que tratam as alíneas "b", "c" e "e" do inciso I e o inciso II do *caput*;

b) alteração contratual de que trata a alínea "d" do inciso I do *caput* quando houver indeterminação do prazo do contrato de trabalho originalmente firmado por prazo determinado cujo termo estava vinculado à ocorrência de um fato;

c) gozo de férias;

d) transferência de empregados para empresas do mesmo grupo econômico, consórcio, ou por motivo de sucessão, fusão, incorporação ou cisão de empresas;

e) cessão de empregado, com indicação da data da cessão e CNPJ do cessionário;

f) reintegração ao emprego; e

g) anotações previstas nas normas regulamentadoras;

IV – até o primeiro dia útil seguinte ao da ocorrência da prorrogação do contrato por prazo determinado, com indicação da data de término; e

V – até o décimo dia seguinte ao da ocorrência, os dados de desligamento, quando acarretar extinção do vínculo empregatício, observado o disposto no § 6º do art. 14, com a indicação da respectiva data, e se houver aviso prévio indenizado, a data projetada para término do contrato de trabalho.

> ▸ Inciso V com redação pela Port. 1.486/2022, do MTP.

§ 1º O envio das informações previstas e prazos estabelecidos no art. 14 dispensa o reenvio para fins de anotação na CTPS.

§ 2º As anotações previstas neste artigo serão disponibilizadas ao trabalhador por meio do aplicativo Carteira de Trabalho Digital ou de página eletrônica específica, após o processamento dos respectivos registros, e constituem prova do vínculo de emprego para o trabalhador, inclusive perante a Previdência Social.

§3º Não poderão compor a Carteira de Trabalho Digital informações que contrariem o disposto no § 4º do art. 29 do Decreto-Lei 5.452, de 1943 – CLT.

§4º A anotação da condição de trabalhador temporário na CTPS, em atendimento ao disposto no § 1º do art. 12 da Lei 6.019, de 3 de janeiro 1974, será efetivada pela empresa de trabalho temporário com as informações e nos prazos previstos neste artigo.

> ▸ § 4º com redação pela Port. 4.198/2022 do MTP.

§ 5º Na hipótese de trabalhador temporário, as informações previstas na alínea "c" do inciso II do *caput* correspondem à identificação do estabelecimento da empresa de trabalho temporário, bem como do estabelecimento da empresa tomadora de serviços aos quais o trabalhador está vinculado.

§ 6º O cumprimento das obrigações previstas no § 2º do art. 29 e no § 3º do art. 135, ambos do Decreto-Lei nº 5.452, de 1943 – CLT, ocorrerá mediante o envio das informações relacionadas nos incisos III, IV e V do *caput* deste artigo.

> ▸ § 6º acrescido pela Port. 4.198/2022 do MTP.

§7º O número do recibo eletrônico emitido pelo eSocial quando da recepção e validação dos eventos correspondentes comprova o cumprimento das obrigações previstas neste artigo.

> ▸ § 7º acrescido pela Port. 4.198/2022 do MTP.

§ 8º O descumprimento do disposto no inciso I do *caput*, constatado em ação fiscal, enseja a abertura do procedimento administrativo de anotação da CTPS, previsto no § 3º do art. 29 do Decreto-Lei nº 5.452, de 1º de maio de 1943 – CLT, que será instaurado por meio da lavratura do correspondente auto de infração.

> ▸ § 8º acrescido pela Port. 4.370/2022 do MTP, em vigor em 01.02.2023.

§9º A CTPS do empregado deverá ser mantida com as informações corretas e atualizadas, hipótese em que a omissão ou a prestação de declaração falsa ou inexata será considerada infração, nos termos do art. 29-B do Decreto-Lei nº 5.452, de 1943 – CLT.

> ▸ § 9º acrescido pela Port. 3.784/2023 do MTE, em vigor a partir de 02.01.2024.

Art. 15-A. O produtor rural pessoa física, proprietário ou não, que explore diretamente atividade agroeconômica que contrate trabalhador rural por pequeno prazo na forma prevista no inciso II do § 3º do art. 14-A da Lei nº 5.889, de 1973 fica dispensado, em relação a esse trabalhador, de cumprir as disposições contidas nesta Seção.

> ▸ Artigo acrescido pela Port. 3.784/2023 do MTE, em vigor a partir de 02.01.2024.

Art. 16. Para a utilização de sistema de registro eletrônico de empregados previsto no art. 41 do Decreto-Lei 5.452, de 1943 – CLT é obrigatório o uso do eSocial, vedados outros meios de registro.

Parágrafo único. O disposto no *caput* não se aplica aos empregadores ainda não obrigados ao eSocial.

Art. 17. O empregador já obrigado ao eSocial que optar por não realizar o registro dos empregados por meio eletrônico anotará, nos mesmos prazos, as informações previstas no art. 14 em livro ou ficha de registro, que permanecerá no estabelecimento ao qual o trabalhador estiver vinculado.

§1º As anotações serão feitas sem abreviaturas, e serão ressalvadas, ao final de cada assentamento, as emendas, entrelinhas, rasuras ou qualquer circunstância que possa gerar dúvida.

§ 2º O empregador fornecerá cartão de identificação que contenha nome completo, número do CPF, cargo e matrícula aos empregados registrados em livro ou ficha e que trabalhem em local diverso do estabelecimento ao qual estão vinculados.

Art. 18. As informações relativas às admissões, necessárias ao Programa do Seguro-Desemprego, nos termos do inciso I do art. 7º e do art. 24 da Lei nº 7.998, de 11 de janeiro de 1990, previstas no inciso I do art. 14 desta Portaria, deverão ser prestadas pelo empregador:

> ▸ Artigo com redação pela Port. 4.370/2022 do MTP em vigor em 01.02.2023.

I – até o dia anterior ao início das atividades do trabalhador; ou

II – no prazo estipulado em notificação para comprovação do registro do empregado, lavrada em ação fiscal conduzida por Auditor-Fiscal do Trabalho, no caso

de descumprimento da obrigação prevista no inciso I, e sem prejuízo dos autos de infração previstos no art. 29 e art. 41 do Decreto-Lei nº 5.452, de 1º de maio de 1943 – CLT.

Parágrafo único. Confirmada a existência do vínculo de emprego, em decisão administrativa irrecorrível do auto de infração, previsto no art. 29 ou no art. 41 da do Decreto-Lei nº 5.452, de 1º de maio de 1943 – CLT, as informações relativas ao vínculo serão lançadas de ofício no eSocial pela Subsecretaria de Inspeção do Trabalho da Secretaria de Trabalho, caso não tenham sido prestadas pelo empregador, e passarão a integrar as anotações da CTPS Digital e as demais bases de dados do Ministério do Trabalho e Previdência, nos termos do § 3º do art. 29 do Decreto-Lei 5.452, de 1º de maio de 1943 – CLT.

▸ Parágrafo único acrescido pela Port. 4.370/2022 do MTP, em vigor em 01.02.2023.

Art. 19. As pessoas jurídicas de direito público da administração direta, autárquica e fundacional, que adotem o regime jurídico previsto no Decreto-Lei 5.452, de 1943 – CLT, bem como as organizações internacionais, as fundações públicas de direito privado, os consórcios públicos, os fundos públicos e as comissões polinacionais terão prazo até a data de início do envio dos eventos periódicos ao eSocial para enviar ao referido sistema as informações relativas:

▸ *Caput* com redação pela Port. 895/2021, do MTP.

I – aos contratos de trabalho em vigor na data de 22 de novembro de 2021, inclusive os suspensos ou interrompidos;

II – aos eventos de desligamentos ocorridos entre a data de 22 de novembro de 2021 e a data de início da obrigatoriedade do envio dos eventos periódicos ao eSocial; e

III – à situação cadastral e contratual do vínculo na data do início da obrigatoriedade do envio dos eventos periódicos ao eSocial.

▸ Incisos I a III acrescidos pela Port. 895/2021, do MTP.

§ 1º As pessoas e entes descritos no *caput* estão dispensados de enviar ao eSocial as atualizações cadastrais e contratuais do vínculo ocorridas entre a data de 22 de novembro de 2021 e a data de início da obrigatoriedade do envio dos eventos periódicos ao eSocial, ressalvado o disposto nos incisos II e III do *caput*.

§ 2º As pessoas e entes descritos no *caput* poderão optar pelo registro eletrônico de empregados por meio do eSocial a partir do início da obrigatoriedade do envio de eventos periódicos ao eSocial.

▸ §§ 1º e 2º acrescidos pela Port. 895/2021, do MTP.

Art. 20. Até que seja obrigatória a utilização do sistema de escrituração digital previsto no art. 16 da Lei 13.874, de 20 de setembro de 2019, e obedecido o cronograma de faseamento dos grupos de eventos, ficam as obrigações constantes dos art. 14 e art. 15 condicionadas às seguintes disposições:

I – para fins de cumprimento da obrigação relacionada ao registro de empregado:

a) as informações previstas nas alíneas "d" a "i" do inciso I do *caput* do art. 14 podem ser prestadas até o dia 15 do mês subsequente ao que o empregado foi admitido; e

b) as informações constantes na alínea "k" do inciso III do *caput* do art. 14 não precisam ser prestadas;

II – para fins de cumprimento da obrigação relacionada à anotação da CTPS:

a) as informações previstas nas alíneas "b" a "e" do inciso I do *caput* do art. 15 podem ser prestadas até o dia 15 do mês subsequente ao que o empregado foi admitido; e

b) as informações constantes na alínea "g" do inciso III do *caput* do art. 15 não precisam ser prestadas.

Art. 21. Aos empregadores ainda não obrigados a utilizar o eSocial, o registro de empregados de que trata o art. 41 do Decreto-Lei 5.452, de 1943 – CLT, será realizado com as seguintes informações:

I – nome do empregado, data de nascimento, filiação, nacionalidade e naturalidade;

II – número e série da CTPS;

III – número de identificação do cadastro no Programa de Integração Social – PIS ou no Programa de Formação do Patrimônio do Serviço Público – PASEP;

IV – data de admissão;

V – cargo e função;

VI – remuneração;

VII – jornada de trabalho;

VIII – férias;

IX – acidente do trabalho e doenças profissionais, quando houver; e

X – condição de pessoa reabilitada ou com deficiência e respectivo tipo de deficiência, quando for o caso.

Parágrafo único. O registro de empregado deverá estar atualizado e obedecerá à numeração sequencial por estabelecimento.

Art. 22. O empregador não obrigado ao eSocial poderá efetuar o registro de empregados em sistema informatizado que garanta a segurança, a inviolabilidade, a manutenção e a conservação das informações e que:

I – mantenha registro individual em relação a cada empregado;

II – mantenha registro original, individualizado por empregado, acrescido das retificações ou das averbações, quando for o caso; e

III – assegure, a qualquer tempo, o acesso da fiscalização trabalhista às informações, por meio de tela, impressão de relatório e meio magnético.

§ 1º O sistema conterá rotinas autoexplicativas, para facilitar o acesso e o conhecimento dos dados registrados.

§ 2º As informações e relatórios deverão conter data e hora do lançamento, atestada a sua veracidade por meio de rubrica e identificação do empregador ou de seu representante legal nos documentos impressos.

§ 3º O sistema possibilitará à fiscalização o acesso às informações e dados dos últimos doze meses.

§ 4º As informações anteriores a doze meses poderão ser apresentadas no prazo de dois a oito dias via terminal de vídeo ou relatório ou por meio magnético, a critério do Auditor-Fiscal do Trabalho.

Art. 23. O empregador não obrigado ao eSocial poderá adotar ficha de anotações, exceto quanto às datas de admissão e de extinção do contrato de trabalho, que deverão ser anotadas na própria CTPS.

Parágrafo único. O empregador poderá, a qualquer tempo, solicitar a atualização e o fornecimento, impresso ou digital, de dados constantes na sua ficha de anotações.

Seção II
Do trabalhador autônomo

Art. 24. Esta Seção estabelece regras relativas à contratação do trabalhador autônomo, conforme disposto no art. 442-B do Decreto-Lei 5.452, de 1943 – CLT.

Art. 25. A contratação do autônomo, cumpridas todas as formalidades legais, com ou sem exclusividade, de forma contínua ou não, afasta a qualidade de empregado prevista no art. 3º do Decreto-Lei 5.452, de 1943 – CLT.

Parágrafo único. Não caracteriza a qualidade de empregado o fato de o autônomo prestar serviços a apenas um tomador de serviços.

Art. 26. O autônomo poderá prestar serviços de qualquer natureza a outros tomadores de serviços que exerçam ou não a mesma atividade econômica, sob qualquer modalidade de contrato de trabalho, inclusive como autônomo.

Art. 27. Fica garantida ao autônomo a possibilidade de recusa de realizar atividade demandada pelo contratante, ressalvada a possibilidade de aplicação de cláusula de penalidade, pela recusa, caso prevista em contrato.

Art. 28. Presente a subordinação jurídica, será reconhecido o vínculo empregatício, ainda que o trabalhador preste serviços por meio de pessoa jurídica.

Parágrafo único. A caracterização da subordinação jurídica deverá ser demonstrada no caso concreto, comprovada a submissão direta, habitual e reiterada do trabalhador aos poderes diretivo, regulamentar e disciplinar da empresa contratante, entre outros.

Seção III
Do trabalhador intermitente

Art. 29. Esta Seção estabelece regras relativas ao contrato de trabalho para prestação de trabalho intermitente, nos termos do § 3º do art. 443 do Decreto-Lei 5.452, de 1943 – CLT.

Art. 30. O contrato de trabalho intermitente, de que trata o art. 452-A do Decreto-Lei 5.452, de 1943 – CLT, será celebrado por escrito, ainda que previsto em acordo coletivo de trabalho ou convenção coletiva, e conterá:

I – identificação, assinatura e domicílio ou sede das partes;

II – valor da hora ou do dia de trabalho, que não será inferior ao valor horário ou diário do salário mínimo, nem inferior àquele devido aos demais empregados do estabelecimento que exerçam a mesma função, assegurada a remuneração do trabalho noturno superior à do diurno; e

III – o local e o prazo para o pagamento da remuneração.

Art. 31. O empregado, mediante prévio acordo com o empregador, poderá usufruir suas férias em até três períodos, nos termos do § 1º e do § 3º do art. 134 do Decreto-Lei 5.452, de 1943 – CLT.

Art. 32. Na hipótese de o período de convocação exceder um mês, o pagamento das parcelas a que se referem o § 6º do art. 452-A do Decreto-Lei 5.452, de 1943 – CLT, não poderá ser estipulado por período superior a um mês, e deverá ser pagas até o quinto dia útil do mês seguinte ao trabalhado, de acordo com o previsto no § 1º do art. 459 da referida lei.

Art. 33. A remuneração horária ou diária do trabalhador intermitente pode ser superior à paga aos demais trabalhadores da empresa contratados a prazo indeterminado, dadas as características especiais do contrato de trabalho intermitente.

Art. 34. Serão considerados cumpridos os prazos de convocação ao trabalho e resposta ao chamado, previstos no § 1º e § 2º do art. 452-A do Decreto-Lei 5.452, de 1943 – CLT, quando constatada a prestação dos serviços pelo trabalhador intermitente.

Art. 35. É facultado às partes convencionar por meio do contrato de trabalho intermitente:

I – locais de prestação de serviços;

II – turnos para os quais o empregado será convocado para prestar serviços; e

III – formas e instrumentos de convocação e de resposta para a prestação de serviços.

Art. 36. Para fins do disposto no § 3º do art. 443 do Decreto-Lei 5.452, de 1943 – CLT, considera-se período de inatividade o intervalo temporal distinto daquele para o qual o empregado intermitente haja sido convocado e tenha prestado serviços nos termos do § 1º do art. 452-A da referida lei.

§ 1º Durante o período de inatividade, o empregado poderá prestar serviços de qualquer natureza a outros tomadores de serviço, que exerçam ou não a mesma atividade econômica, utilizando contrato de trabalho intermitente ou outra modalidade de contrato de trabalho.

§ 2º No contrato de trabalho intermitente, o período de inatividade não será considerado tempo à disposição do empregador, não será remunerado, hipótese em que ficará descaracterizado o contrato de trabalho intermitente se houver remuneração por tempo à disposição no período de inatividade.

Art. 37. As verbas rescisórias e o aviso prévio serão calculados com base na média dos valores recebidos pelo empregado no curso do contrato de trabalho intermitente.

Art. 38. No contrato de trabalho intermitente, o empregador efetuará o recolhimento das contribuições previdenciárias próprias e do empregado e o depósito do FGTS com base nos valores pagos no período mensal e fornecerá ao empregado comprovante do cumprimento dessas obrigações.

Art. 39. A comissão de representantes dos empregados a que se refere o Título IV-A do Decreto-Lei 5.452, de 1943 – CLT, não substituirá a função do sindicato de defender os direitos e os interesses coletivos ou individuais da categoria, inclusive em questões judiciais ou administrativas, hipótese em que será obrigatória a participação dos sindicatos em negociações coletivas de trabalho, nos termos dos incisos III e VI do *caput* do art. 8º da Constituição.

Seção IV
Do consórcio de empregadores rurais

Art. 40. Considera-se consórcio de empregadores rurais a união de produtores rurais, pessoas físicas, com a finalidade única de contratar, gerir e demitir trabalhadores para prestação de serviços, exclusivamente, aos seus integrantes.

Art. 41. O Auditor-Fiscal do Trabalho, quando da fiscalização em propriedade rural em que haja prestação de trabalho a produtores rurais consorciados, procederá ao levantamento físico, com o objetivo de identificar os trabalhadores encontrados em atividade e distinguir os empregados diretos do produtor e aqueles comuns ao grupo consorciado.

Art. 42. Feito o levantamento físico e tendo o Auditor-Fiscal do Trabalho identificado trabalhadores contratados por consórcio de empregadores rurais, solicitará os seguintes documentos, que estarão centralizados no local de administração do consórcio:

I – matrícula do Cadastro de Atividade Econômica da Pessoa Física – CAEPF;

II – pacto de solidariedade, conforme disposto no art. 265 da Lei 10.406, de 10 de janeiro de 2002 – Código Civil, registrado em cartório de títulos e documentos;

III – documentos relativos à administração do consórcio, inclusive de outorga de poderes pelos produtores a um deles para contratar e gerir a mão de obra a ser utilizada nas propriedades integrantes do grupo;

IV – livro, ficha ou sistema de registro de empregados, na hipótese de não utilização de sistema eletrônico; e

V – demais documentos necessários à atuação fiscal.

§ 1º O nome especificado na matrícula referida no inciso I do *caput* deverá constar como empregador no registro do empregado e em todos os documentos decorrentes do contrato único de prestação de trabalho entre cada trabalhador e os produtores rurais consorciados.

§ 2º No pacto de solidariedade, em que os produtores rurais se responsabilizarão solidariamente pelas obrigações trabalhistas e previdenciárias decorrentes da contratação dos trabalhadores comuns, constará a identificação de todos os consorciados com:

I – nome completo;

II – CPF;

III – documento de identidade;

IV – matrícula CAEPF;

V – endereço e domicílio; e

VI – endereço das propriedades rurais onde os trabalhadores exercerão atividades.

Art. 43. Constatada a violação de preceito legal pelo consórcio de empregadores rurais, o Auditor-Fiscal do Trabalho deverá lavrar o competente auto de infração em nome contido no CPF do produtor que encabeça a matrícula, e no histórico do auto de infração, o CPF dos demais produtores que constam no pacto de solidariedade e do CAEPF, e demais informações necessárias à caracterização da prestação de trabalho a produtores consorciados.

§ 1º O Auditor-Fiscal do Trabalho, sempre que possível, deverá juntar ao auto de infração a cópia do CAEPF e do pacto de solidariedade, a fim de garantir a identificação de todos os produtores rurais.

§ 2º A infração do disposto ao *caput* do art. 41 do Decreto-Lei 5.452, de 1943 – CLT, ensejará a lavratura do competente auto de infração em nome do proprietário ou possuidor da propriedade em que o empregado sem registro for encontrado em atividade.

Seção V
Do contrato e da nota contratual de músicos profissionais, artistas e técnicos de espetáculos de diversões

Art. 44. Conforme disposições da Lei 3.857, de 22 de dezembro de 1960, e da Lei 6.533, de 24 de maio de 1978, ficam aprovados os modelos de instrumentos contratuais para contratação de músicos profissionais, artistas e técnicos de espetáculos de diversões, denominados:

I – contrato de trabalho por prazo determinado ou indeterminado, conforme modelo disponível no portal gov.br; e

II – nota contratual para substituição ou para prestação de serviço caracteristicamente eventual de músicos, artistas e técnicos de espetáculos de diversões, conforme modelo disponível no portal gov.br.

▶ Incisos I e II com redação pela Port. 1.486/2022, do MTP.

Parágrafo único. Os modelos citados nos incisos I e II do *caput* serão obrigatórios na contratação desses profissionais.

Art. 45. O contrato de trabalho e a nota contratual deverão ser devidamente preenchidos na forma dos incisos I e II do art. 44, conforme o caso, e constituirão documento comprobatório de rendimentos do músico, artista ou técnico em espetáculos de diversões contratado.

▶ Artigo com redação pela Port. 1.486/2022, do MTP.

Art. 46. A nota contratual constituirá o instrumento de contrato a ser utilizado em casos de substituição ou para prestação de serviço caracteristicamente eventual de músico, artista ou técnico em espetáculos de diversões, por prazo não superior a sete dias consecutivos, vedada a utilização desse mesmo profissional,

nos sessenta dias subsequentes, por essa forma, pelo mesmo empregador.

Art. 47. Os instrumentos contratuais, conforme modelo aprovado por esta Seção, poderão ser disponibilizados aos trabalhadores por suas entidades sindicais representativas e deverão ser gerados:

I – para contratação de músicos, em quatro vias, constituído da:

a) primeira, que ficará em poder do contratante, a ser disponibilizado à Inspeção do Trabalho;

b) segunda, para entrega ao contratado;

c) terceira, para envio à Ordem dos Músicos do Brasil; e

d) quarta, para envio à entidade sindical representativa da categoria;

II – para contração de artistas e técnicos em espetáculos de diversões, em três vias, constituído da:

a) primeira, que ficará em poder do contratante, a ser disponibilizado à Inspeção do Trabalho;

b) segunda, para entrega ao contratado; e

c) terceira, para envio à entidade sindical representativa da categoria.

Art. 48. O não cumprimento dos dispositivos da presente Seção sujeitará os infratores às sanções previstas em lei.

CAPÍTULO III
DO CONTRATO DE PARCERIA ENTRE SALÕES DE BELEZA E OS PROFISSIONAIS

Art. 49. Este Capítulo dispõe sobre a homologação de contratos de parceria entre salões de beleza e profissionais que desempenham as atividades de cabeleireiro, de barbeiro, de esteticista, de manicure, de pedicure, de depilador e de maquiador pelo Ministério do Trabalho e Previdência, conforme o disposto no § 8º do art. 1-A da Lei 12.592, de 18 de janeiro de 2012.

Art. 50. A homologação dos contratos de parceria de que trata o art. 49 compete aos Superintendentes Regionais das unidades descentralizadas do Ministério do Trabalho e Previdência, na ausência de sindicato da categoria profissional e laboral.

§ 1º A homologação deve ser feita, perante duas testemunhas, pelo Superintendente Regional do Trabalho da unidade da Federação na qual se dará a execução do contrato de parceria, após a verificação do cumprimento dos requisitos estabelecidos no art. 51.

§ 2º A análise e homologação dos contratos de parceria de que trata o *caput* poderá ser objeto de delegação, observado o disposto no § 1º do *caput*.

Art. 51. Para fins de homologação, os contratos de parceria deverão conter as seguintes cláusulas:

I – percentual das retenções pelo salão-parceiro dos valores recebidos por cada serviço prestado pelo profissional-parceiro;

II – obrigação, por parte do salão-parceiro, de retenção e de recolhimento dos tributos e contribuições sociais e previdenciárias devidos pelo profissional-parceiro em decorrência da atividade deste na parceria;

III – condições e periodicidade do pagamento do profissional-parceiro, por tipo de serviço oferecido;

IV – direitos do profissional-parceiro quanto ao uso de bens materiais necessários ao desempenho das atividades profissionais e sobre o acesso e circulação nas dependências do estabelecimento;

V – possibilidade de rescisão unilateral do contrato, no caso de não subsistir interesse na sua continuidade, mediante aviso prévio de, no mínimo, trinta dias;

VI – responsabilidades de ambas as partes com a manutenção e higiene de materiais e equipamentos, das condições de funcionamento do negócio e do bom atendimento aos clientes; e

VII – obrigação, por parte do profissional-parceiro, de manutenção da regularidade de sua inscrição perante as autoridades fazendárias.

Art. 52. O Superintendente Regional do Trabalho, em caso de ausência de sindicato da categoria profissional, prestará assistência ao profissional-parceiro, com auxílio da Seção de Relações do Trabalho, localizados no âmbito da Superintendência Regional do Trabalho.

CAPÍTULO IV
DA AUTORIZAÇÃO DE CONTRATAÇÃO DE TRABALHADOR POR EMPRESA ESTRANGEIRA PARA TRABALHAR NO EXTERIOR

Art. 53. Este Capítulo trata da autorização de contratação de trabalhador por empresa estrangeira para

trabalhar no exterior, conforme o disposto no art. 12 da Lei 7.064, de 6 de dezembro de 1982.

Art. 54. O pedido de autorização deverá ser formulado pela empresa interessada, em língua portuguesa, e remetido à Subsecretaria de Relações de Trabalho da Secretaria de Trabalho do Ministério do Trabalho e Previdência, por meio do portal gov.br, instruído com os seguintes documentos:

I – comprovação de sua existência jurídica, segundo as leis do país no qual é sediada, consularizada e traduzida para a língua portuguesa, por tradutor oficial juramentado;

II – comprovação de que pessoa jurídica domiciliada no Brasil detenha pelo menos cinco por cento de participação em seu capital social;

III – constituição de procurador no Brasil, com poderes especiais de representação, inclusive o de receber citação; e

IV – contrato individual de trabalho, em língua portuguesa, contemplando os preceitos da Lei 7.064, de 1982.

Parágrafo único. A empresa brasileira de que trata o inciso II do *caput* responderá solidariamente com a empresa estrangeira pelos encargos e obrigações decorrentes da contratação do trabalhador.

Art. 55. A autorização para contratação de trabalhador, por empresa estrangeira, de que trata este Capítulo terá validade de até três anos.

Parágrafo único. Nos casos em que for ajustada permanência do trabalhador no exterior por período superior a três anos ou nos casos de renovação do contrato de trabalho, a empresa estrangeira requererá a prorrogação da autorização, junto com:

I – os documentos elencados no art. 54 devidamente atualizados;

II – a comprovação da concessão dos benefícios de que tratam os art. 21 e art. 22 da Lei 7.064, de 1982; e

III – a comprovação do gozo de férias anuais, no Brasil, do empregado e de seus dependentes, com despesas de viagens pagas pela empresa estrangeira, na forma do art. 6º da Lei 7.064, de 1982.

CAPÍTULO V
DA JORNADA DE TRABALHO

Seção I
Da autorização transitória para trabalho aos domingos e feriados

Art. 56. A autorização transitória para trabalho aos domingos e feriados civis e religiosos a que se refere o parágrafo único do art. 68 do Decreto-Lei 5.452, de 1943 – CLT, será regida de acordo com os procedimentos previstos nesta Seção.

Parágrafo único. A autorização a que se refere o *caput* poderá ser concedida nas seguintes hipóteses:

I – para atender à realização ou conclusão de serviços inadiáveis ou necessidade imperiosa de serviço; e

II – quando a inexecução das atividades puder acarretar prejuízo manifesto.

Art. 57. A autorização de que trata o art. 56 será concedida pelo chefe da unidade descentralizada da Inspeção do Trabalho, com circunscrição no local da prestação de serviço, mediante fundamentação técnica que leve à conclusão pela realização ou conclusão de serviços inadiáveis ou cuja inexecução possa acarretar prejuízo manifesto à requerente.

Parágrafo único. A autorização transitória poderá ser concedida pelo prazo de até sessenta dias.

Art. 58. O requerimento para solicitar a autorização transitória deverá ser instruído por laudo técnico fundamentado, com indicação da necessidade de ordem técnica e os setores que exigem a continuidade do trabalho.

§ 1º Nos serviços que exijam trabalho aos domingos, com exceção quanto aos elencos teatrais, será estabelecida escala de revezamento, mensalmente organizada e sujeito à fiscalização.

§ 2º O repouso semanal remunerado deverá coincidir, pelo menos uma vez no período máximo de sete semanas, com o domingo, respeitadas as demais normas de proteção ao trabalho.

§ 3º Nas atividades do comércio em geral, o repouso semanal remunerado deverá coincidir, pelo menos uma vez no período máximo de três semanas, com o domingo, respeitadas as demais normas de proteção ao trabalho e outras a serem estipuladas em negociação coletiva, nos termos da Lei 10.101, de 19 de dezembro de 2000.

Art. 59. A autorização transitória poderá ser cancelada a qualquer momento pelo chefe da unidade descentralizada da Inspeção do Trabalho, após oitiva da empresa, mediante despacho fundamentado e baseado em relatório da Inspeção do Trabalho, desde que observada a ocorrência de uma das seguintes hipóteses no curso da referida autorização:

I – descumprimento das exigências constantes desta Seção;

II – infração nos atributos de jornada e descanso, constatada pela Inspeção do Trabalho; ou

III – situação de grave e iminente risco à segurança e saúde do trabalhador constatada pela Inspeção do Trabalho.

Art. 60. Deferida a autorização transitória para trabalho aos domingos e feriados, o início das atividades das empresas nestes dias independe de inspeção prévia.

Art. 61. A escala de revezamento será efetuada por livre escolha do empregador.

Seção II
Da autorização permanente para trabalho aos domingos e feriados

Art. 62. É concedida, em caráter permanente, autorização para o trabalho aos domingos e feriados, de que tratam os art. 68 e art. 70 do Decreto-Lei 5.452, de 1943 – CLT, às atividades constantes do Anexo IV desta Portaria.

Art. 63. Os § 1º, § 2º e § 3º do art. 58 também se aplicam à autorização permanente para trabalho aos domingos e feriados.

Seção III
Da prorrogação de jornada em atividade insalubre

Art. 64. Nas atividades insalubres, quaisquer prorrogações de jornada só poderão ser praticadas mediante autorização da chefia da unidade de segurança e saúde no trabalho da unidade descentralizada da Inspeção do Trabalho correspondente, salvo nas hipóteses de:

I – jornada de doze horas de trabalho por trinta e seis horas ininterruptas de descanso; ou

II – haver acordo ou convenção coletiva de trabalho autorizando expressamente a prorrogação.

Art. 65. O pedido de autorização para a prorrogação de jornada em atividade insalubre será apresentado, por meio do portal gov.br, com as seguintes informações:

I – identificação do empregador e do estabelecimento, que contenha:
a) razão social;
b) CNPJ;
c) endereço;
d) CNAE; e
e) número de empregados;

II – indicação das funções, setores e turnos cuja jornada será prorrogada, com o número de empregados alcançados pela prorrogação;

III – descrição da jornada de trabalho ordinária e a indicação do tempo de prorrogação pretendido; e

IV – relação dos agentes insalubres, com identificação da fonte, nível ou concentração e descrição das medidas de controle adotadas.

Art. 66. A análise do pedido deve considerar o possível impacto da prorrogação na saúde dos trabalhadores alcançados.

Art. 67. O deferimento do pedido está condicionado ao atendimento dos seguintes requisitos:

I – inexistência de autos de infração às normas regulamentadoras, de graduação 13 e 14 nos termos da NR-28, no setor da empresa abrangido pelo pedido de autorização, no período de dois anos;

II – inexistência de acidente de trabalho no setor da empresa abrangido pelo pedido de autorização, no período de dois anos, com consequências:
a) significativa – lesão à integridade física ou à saúde, que implique em incapacidade temporária por prazo superior a quinze dias;
b) severa – que prejudique a integridade física ou a saúde, que provoque lesão ou sequela permanente; ou
c) fatal;

III – adoção de sistema de pausas durante o trabalho, quando previstas em norma regulamentadora, e cumprimento das condições para concessão dessas pausas; e

IV – cumprimento dos intervalos previstos na legislação.

Art. 68. Não será admitida prorrogação de jornada em atividades com exposição a agentes cuja caracterização da insalubridade ocorra por meio de avaliação quantitativa, salvo em situações transitórias e desde que sejam implementadas medidas adicionais de proteção do trabalhador contra a exposição ao agente nocivo.

Art. 69. A análise do pedido será feita por meio de análise documental e consulta aos sistemas de informação da Inspeção do Trabalho, referentes a ações fiscais anteriormente realizadas e, caso seja necessário, complementada por inspeção no estabelecimento do empregador.

Art. 70. A validade da autorização será determinada pela autoridade que a conceder, nunca superior a cinco anos.

Art. 71. A autorização deve ser cancelada sempre que for verificado o não atendimento às condições estabelecidas no art. 67.

Seção IV
Da anotação da hora de entrada e de saída em registro manual, mecânico ou eletrônico

Art. 72. A anotação da hora de entrada e de saída em registro manual, mecânico ou eletrônico, de que trata o art. 74 Decreto-Lei 5.452, de 1943 – CLT, é regida por esta Seção.

Subseção I
Do controle de jornada eletrônico

Art. 73. Sistema de registro eletrônico de ponto é o conjunto de equipamentos e programas informatizados destinados à anotação da hora de entrada e de saída dos trabalhadores em registro eletrônico, de que trata o § 2º do art. 74 do Decreto-Lei 5.452, de 1943 – CLT.

Art. 74. O sistema de registro eletrônico de ponto deve registrar fielmente as marcações efetuadas, não sendo permitida qualquer ação que desvirtue os fins legais a que se destina, tais como:

▸ *Caput com redação pela Port. 1.486/2022, do MTP.*

I – restrições de horário à marcação do ponto;

II – marcação automática do ponto, utilizando-se horários predeterminados ou o horário contratual, não se confundindo com o registro por exceção previsto no art. 74, § 4º, do Decreto-Lei 5.452, de 1943 – CLT;

III – exigência, por parte do sistema, de autorização prévia para marcação de sobrejornada; e

IV – existência de qualquer dispositivo que permita a alteração dos dados registrados pelo empregado.

Art. 75. No caso de opção de anotação do horário de trabalho em registro eletrônico, é obrigatório o uso de um dos seguintes tipos de sistema de registro eletrônico de ponto:

I – sistema de registro eletrônico de ponto convencional: composto pelo registrador eletrônico de ponto convencional – REP-C e pelo Programa de Tratamento de Registro de Ponto;

II – sistema de registro eletrônico de ponto alternativo: composto pelo registrador eletrônico de ponto alternativo – REP-A e pelo Programa de Tratamento de Registro de Ponto;

III – sistema de registro eletrônico de ponto via programa: composto pelo registrador eletrônico de ponto via programa – REP-P, pelos coletores de marcações, pelo armazenamento de registro de ponto e pelo Programa de Tratamento de Registro de Ponto.

Parágrafo único. Coletores de marcações são equipamentos, dispositivos físicos ou programas (softwares) capazes de receber e transmitir para o REP-P as informações referentes às marcações de ponto.

Art. 76. O REP-C é o equipamento de automação monolítico, identificado pelo seu número de fabricação e cujo modelo possui certificado de conformidade especificado no art. 90, utilizado exclusivamente para o registro de jornada de trabalho e com capacidade para emitir documentos decorrentes da relação do trabalho e realizar controles de natureza fiscal trabalhista, referentes à entrada e à saída de empregados nos locais de trabalho.

§ 1º O REP-C deve estar sempre no local da prestação de serviço e disponível para pronta extração e impressão de dados pelo Auditor-Fiscal do Trabalho.

§ 2º O empregador que adquirir o REP-C não poderá aliená-lo para empresa que não pertença ao seu grupo econômico.

§ 3º O REP-C somente poderá conter empregados do mesmo empregador, excetuados os seguintes casos:

I – registro de jornada do trabalhador temporário regido pela Lei 6.019, de 3 de janeiro de 1974 no REP-C do tomador de serviços; e

II – empresas de um mesmo grupo econômico, nos termos do § 2º do art. 2º do Decreto-Lei 5.452, de 1943 – CLT, que podem determinar a consignação das marcações de ponto no mesmo REP-C dos seus empregados que compartilhem o mesmo local de trabalho ou que estejam trabalhando em outra empresa do mesmo grupo econômico.

§ 4º Ocorrendo alguma das situações mencionadas nos incisos I e II do § 3º, o Programa de Tratamento de Registro de Ponto deverá identificar o empregado e considerar as respectivas marcações para o controle de ponto da empresa empregadora.

Art. 77. O REP-A é o conjunto de equipamentos e programas de computador que tem sua utilização destinada ao registro da jornada de trabalho, autorizado por convenção ou acordo coletivo de trabalho.

§ 1º Para fins de fiscalização, o sistema de registro eletrônico de ponto que utilize REP-A deverá:

I – permitir a identificação de empregador e empregado; e

II – disponibilizar, no local da fiscalização ou de forma remota, a extração eletrônica ou impressão do registro fiel das marcações realizadas pelo empregado.

§ 2º O REP-A somente poderá ser utilizado durante a vigência da convenção ou acordo coletivo de trabalho autorizador, sendo vedada a ultratividade conforme o § 3º do art. 614 do Decreto-Lei 5.452, de 1943 – CLT.

Art. 78. O REP-P é o programa (software) executado em servidor dedicado ou em ambiente de nuvem com certificado de registro nos termos do art. 91, utilizado exclusivamente para o registro de jornada e com capacidade para emitir documentos decorrentes da relação do trabalho e realizar controles de natureza fiscal trabalhista, referentes à entrada e à saída de empregados nos locais de trabalho.

Art. 79. O REP-C e o REP-P, definidos no art. 76 e no art. 78, devem emitir ou disponibilizar acesso ao comprovante de registro de ponto do trabalhador, que tem como objetivo comprovar o registro de marcação realizada pelo empregado, contendo no mínimo as seguintes informações:

I – cabeçalho contendo o título "Comprovante de Registro de Ponto do Trabalhador";

II – Número Sequencial de Registro – NSR;

III – identificação do empregador contendo nome, CNPJ/CPF e CEI/CAEPF/CNO, caso exista;

IV – local da prestação do serviço ou endereço do estabelecimento ao qual o empregado esteja vinculado, quando exercer atividade externa ou em instalações de terceiros;

V – identificação do trabalhador contendo nome e CPF;

VI – data e horário do respectivo registro;

VII – modelo e número de fabricação, no caso de REP-C, ou número de registro no Instituto Nacional da Propriedade Industrial, no caso de REP-P;

VIII – código hash (SHA-256) da marcação, exclusivamente para o REP-P; e

IX – assinatura eletrônica contemplando todos os dados descritos nos incisos I a VIII, no caso de comprovante impresso.

Art. 80. O comprovante de registro de ponto do trabalhador pode ter o formato impresso ou de arquivo eletrônico.

Parágrafo único. Caso o comprovante de registro de ponto do trabalhador tenha o formato eletrônico:

I – o arquivo deve ter o formato Portable Document Format – PDF e ser assinado eletronicamente conforme art. 87 e art. 88;

II – ao trabalhador deve ser disponibilizado, por meio de sistema eletrônico, acesso ao comprovante após cada marcação, independentemente de prévia solicitação e autorização; e

III – o empregador deve possibilitar a extração, pelo empregado, dos comprovantes de registro de ponto das marcações realizadas, no mínimo, nas últimas quarenta e oito horas.

Art. 81. Todos os tipos de sistema de registro eletrônico de ponto devem gerar o Arquivo Fonte de Dados, conforme especificações disponíveis no portal gov.br.

▸ *Caput com redação pela Port. 1.486/2022, do MTP.*

§ 1º No caso de REP-C, o Arquivo Fonte de Dados deve ser gravado em dispositivo externo de memória, por meio de porta de saída padrão USB externa, denominada Porta Fiscal, de uso exclusivo pelo Auditor-Fiscal do Trabalho.

Leg. Compl.

§ 2º No caso de REP-A e REP-P, o Arquivo Fonte de Dados deve ser prontamente gerado e entregue, quando solicitado pelo Auditor-Fiscal do Trabalho.

Art. 82. O programa de tratamento de registro de ponto é o conjunto de rotinas informatizadas que tem por função tratar os dados relativos à marcação dos horários de entrada e saída contidas no Arquivo Fonte de Dados, gerando o relatório Espelho de Ponto Eletrônico e o Arquivo Eletrônico de Jornada.

Parágrafo único. A função de tratamento dos dados se limitará a acrescentar informações para complementar eventuais omissões no registro de ponto, inclusive ausências e movimentações do banco de horas, ou indicar marcações indevidas.

Art. 83. O programa de tratamento de registro de ponto, independentemente do sistema de registro eletrônico de ponto utilizado, deve gerar:

▸ *Caput* com redação pela Port. 1.486/2022, do MTP.

I – o Arquivo Eletrônico de Jornada, conforme especificações disponíveis no portal gov.br; e

II – o relatório Espelho de Ponto Eletrônico, conforme art. 84.

▸ Incisos I e II acrescidos pela Port. 1.486/2022, do MTP.

Parágrafo único. *Revogado pela Port. 1.486/2022, do MTP.*

Art. 84. O relatório Espelho de Ponto Eletrônico gerado pelo programa de tratamento de registro de ponto deve conter, no mínimo, as seguintes informações:

I – identificação do empregador contendo nome, CNPJ/CPF e CEI/CAEPF/CNO, caso exista;

II – identificação do trabalhador contendo nome, CPF, data de admissão e cargo/função;

III – data de emissão e período do relatório Espelho de Ponto Eletrônico;

IV – horário e jornada contratual do empregado;

V – marcações efetuadas no REP e marcações tratadas (incluídas, desconsideradas e pré-assinaladas) no Programa de Tratamento de Registro de Ponto; e

VI – duração das jornadas realizadas (considerando o horário noturno reduzido, se for o caso).

Parágrafo único. O trabalhador deverá ter acesso às informações constantes do relatório Espelho de Ponto Eletrônico por meio de sistema informatizado, mensalmente de forma eletrônica ou impressa ou em prazo inferior, a critério da empresa.

Art. 85. O empregador deverá disponibilizar os arquivos eletrônicos gerados e relatórios emitidos pelo programa de tratamento de registro de ponto ao Auditor-Fiscal do Trabalho, quando solicitados, no prazo mínimo de dois dias, a critério deste.

Art. 86. A assinatura eletrônica será utilizada como meio de comprovação da autoria e integridade de documentos eletrônicos gerados pelo sistema de registro eletrônico de ponto e pelo programa de tratamento de registro de ponto, nos termos do art. 10 da Medida Provisória 2.200-2, de 24 de agosto de 2001.

§ 1º A assinatura eletrônica, do fabricante ou do desenvolvedor, deve ser atribuída às saídas geradas pelo REP: Arquivo Fonte de Dados, Comprovante de Registro de Ponto do Trabalhador e, no caso do REP-C, Relação Instantânea de Marcações.

▸ Primitivo parágrafo único transformado em § 1º com redação pela Port. 4.198/2022 do MTP.

§ 2º A assinatura eletrônica, do desenvolvedor ou do empregador, deve ser atribuída à saída gerada pelo Programa de Tratamento de Registro de Ponto: Arquivo Eletrônico de Jornada.

▸ § 2º acrescido pela Port. 4.198/2022 do MTP.

Art. 87. As assinaturas eletrônicas geradas pelo REP-C devem seguir as disposições dos Requisitos de Avaliação da Conformidade para registrador eletrônico de ponto publicados pelo Instituto Nacional de Metrologia, Qualidade e Tecnologia – I N M E T R O.

Art. 88. As assinaturas eletrônicas geradas pelo REP-A, REP-P e programa de tratamento de registro de ponto devem utilizar certificados digitais válidos e emitidos por autoridade certificadora integrante da Infraestrutura de Chaves Públicas Brasileira – ICP-Brasil, constituindo-se em assinaturas eletrônicas qualificadas, nos termos da Lei 14.063, de 23 de setembro de 2020.

§ 1º As assinaturas eletrônicas geradas pelo REP-P para o Comprovante de Registro de Ponto do Trabalhador emitido em arquivo eletrônico devem ser no padrão PAdES (PDF Advanced Electronic Signature).

§ 2º As assinaturas eletrônicas geradas pelo REP-A, REP-P e programa de tratamento de registro de ponto para o Arquivo Fonte de Dados e o Arquivo Eletrônico de Jornada devem ser no padrão CAdES (CMS Advanced Electronic Signature) e devem ser armazenadas em um arquivo no formato p7s destacado (detached).

▸ §§ 1º e 2º acrescidos pela Port. 1.486/2022, do MTP.

Art. 89. Os fabricantes ou desenvolvedores de sistema de registro de ponto e de programa de tratamento de registro de ponto deverão fornecer à empresa usuária do seu equipamento ou programa o documento denominado Atestado Técnico e Termo de Responsabilidade, assinado pelo responsável técnico pelo equipamento ou programa e pelo responsável legal da empresa fabricante ou desenvolvedora, afirmando expressamente que seu equipamento ou programa atende às determinações desta Seção.

§ 1º O Atestado Técnico e Termo de Responsabilidade deve ser emitido conforme modelo e especificações disponíveis no portal gov.br.

▸ § 1º com redação pela Port. 1.486/2022, do MTP.

§ 2º O Atestado Técnico e Termo de Responsabilidade deve ser emitido na forma de documento eletrônico, nos termos do art. 10 da Medida Provisória 2.200-2, de 2001, e possuir assinatura eletrônica qualificada, nos termos do inciso III do art. 4º da Lei 14.063, de 2020, pertencente exclusivamente à pessoa física.

§ 3º O arquivo eletrônico que contém o Atestado Técnico e Termo de Responsabilidade deve ter o formato Portable Document Format – PDF, com assinatura no padrão PAdES (PDF Advanced Electronic Signature), e o empregador deverá mantê-lo para apresentação à Inspeção do Trabalho.

▸ § 3º com redação pela Port. 1.486/2022, do MTP.

§ 4º O empregador somente poderá utilizar o sistema de registro de ponto e de programa de tratamento de registro de ponto se possuir o Atestado Técnico e Termo de Responsabilidade emitido pelos fabricantes ou desenvolvedores dos equipamentos ou programas.

§ 5º O Atestado Técnico e Termo de Responsabilidade referente ao REP-C deve conter o nome do algoritmo de hash, a chave pública e o nome do algoritmo de criptografia assimétrica utilizados na assinatura eletrônica definida no art. 87.

Art. 90. O REP-C deve ser submetido à análise de conformidade, seguindo os Requisitos de Avaliação da Conformidade para registrador eletrônico de ponto publicados pelo INMETRO, com emissão de certificado de conformidade atestando o atendimento ao art. 76 e aos requisitos elencados no Anexo VIII.

Parágrafo único. Qualquer alteração no REP-C certificado, inclusive nos programas residentes, ensejará novo processo de certificação e registro.

Art. 91. O REP-P deve possuir certificado de registro de programa de computador no Instituto Nacional da Propriedade Industrial, atender ao art. 78 e aos requisitos elencados no Anexo IX.

Art. 92. Os fabricantes de REP-C deverão se cadastrar junto ao Ministério do Trabalho e Previdência e solicitar o registro de cada um dos modelos que produzirem.

Parágrafo único. Para o registro de modelo de REP-C, o fabricante deverá apresentar o certificado de conformidade previsto no art. 90 e o Atestado Técnico e Termo de Responsabilidade previsto no art. 89.

Art. 92-A. Fica delegada ao INMETRO atribuição para:

▸ Artigo acrescido pela Port. 4.198/2022 do MTP.

I – coordenar a elaboração dos Requisitos de Avaliação da Conformidade para o REP-C, mediante assessoria do Ministério do Trabalho e Previdência;

II – fiscalizar, em todo território nacional, diretamente e por meio das entidades de direito público, com ele conveniadas, com base na Lei 9.933, de 20 de dezembro de 1999, o cumprimento das disposições formais contidas no Capítulo VII do Título II do Decreto nº 10.854, de 10 de novembro de 2021, das disposições relativas ao REP-C contidas neste Capítulo e das demais disposições relativas à avaliação da conformidade para REP-C; e

III – planejar, desenvolver e implementar os programas de avaliação da conformidade para o REP-C no âmbito do Sistema Brasileiro de Normalização, Metrologia e Qualidade Industrial – SINMETRO.

Subseção II
Do controle de jornada manual ou mecânico

Art. 93. O registro manual deve espelhar a real jornada praticada pelo trabalhador, vedada a mera assinalação do horário contratual, salvo a possibilidade de pré-assinalação do período de repouso, autorizada pelo art. 74, § 2º, do Decreto-Lei 5.452, de 1943 – CLT.

Parágrafo único. É permitida a utilização de registro de ponto manual por exceção à jornada regular de trabalho, mediante acordo individual escrito, convenção coletiva ou acordo coletivo de trabalho.

Art. 94. O registro mecânico deve espelhar a real jornada praticada pelo trabalhador, registrada por processo mecânico que consigne as marcações de ponto de forma impressa e indelével, em cartão individual, sendo permitida a pré-assinalação do período de repouso.

Parágrafo único. É permitida a utilização de registro de ponto mecânico por exceção à jornada regular de trabalho, mediante acordo individual escrito, convenção coletiva ou acordo coletivo de trabalho.

Art. 95. Quando a empresa adotar registro de ponto manual ou mecânico e a jornada de trabalho for executada integralmente fora do estabelecimento do empregador, o horário de trabalho constará de ficha ou papeleta, que ficará em poder do empregado, devendo ser restituída ao empregador após o término do período de apuração do ponto.

Subseção III
Das disposições transitórias

Art. 96. Os modelos de registradores eletrônicos de ponto já certificados na vigência da Portaria MTE 1.510, de 21 de agosto de 2009, poderão continuar a ser fabricados, bem como utilizados pelos empregadores.

§ 1º Os registradores eletrônicos de ponto especificados no *caput* podem continuar a gerar o Arquivo Fonte de Dados em conformidade com o leiaute especificado à época de sua certificação.

§ 2º Com relação à geração do arquivo mencionado no § 1º, o preenchimento do campo de doze caracteres reservado ao Programa de Integração Social – PIS para inclusão de empregados nos registradores eletrônicos de ponto certificados nos termos da Portaria MTE 1.510, de 2009, deve ser preenchido da seguinte forma:

I – empregados que possuem PIS: colocar "0" na primeira posição do campo e o PIS completo nas próximas onze posições ou informar o PIS completo nas onze primeiras posições e preencher com espaço na última posição;

▸ Inciso I com redação pela Port. 1.486/2022, do MTP.

II – empregados que não possuem PIS e o REP não faz validação do PIS: colocar "9" na primeira posição e o CPF completo nas próximas onze posições; e

III – empregados que não possuem PIS e o REP faz validação do PIS: colocar "8" na primeira posição, os dez primeiros dígitos do CPF nas posições seguintes e na última posição, o dígito verificador do PIS considerando os dez primeiros dígitos do C P F.

Art. 97. Os desenvolvedores de programa de tratamento de registro de ponto e usuários terão até 11 de janeiro de 2023 para se adequarem às exigências do art. 83.

▸ *Caput* com redação pela Port. 3.717/2022, do MTP.

Parágrafo único. No caso de sistema alternativo eletrônico de controle de jornada autorizado por acordo ou convenção coletiva de trabalho, firmado sob a vigência da Portaria MTE 373, de 25 de fevereiro de 2011, não serão exigidos o arquivo eletrônico e o relatório especificados no art. 83.

▸ Parágrafo único acrescido pela Port. 1.486/2022, do MTP.

Art. 97-A. O prazo definido no art. 97 também se aplica aos fabricantes ou desenvolvedores de REP-A, especificamente para a geração do Arquivo Fonte de Dados.

▸ Artigo acrescido pela Port. 1.486/2022, do MTP.

Subseção IV
Das disposições finais

Art. 98. Comprovada a adulteração de horários marcados pelo trabalhador ou a existência de dispositivos, programas ou sub-rotinas que permitam a adulteração dos reais dados do controle de jornada ou parametrizações e bloqueios na marcação, o Auditor-Fiscal do Trabalho deverá apreender documentos e equipamentos, copiar programas e dados que julgar necessários para comprovação do ilícito.

Art. 99. Equipara-se ao fabricante ou desenvolvedor nacional, para efeitos

desta Seção, o importador que legalmente introduzir no Brasil qualquer um dos tipos de sistema de registro eletrônico de ponto definidos nesta Seção.

Parágrafo único. O manual do usuário, o Atestado Técnico e Termo de Responsabilidade, a documentação técnica e as informações constantes no sistema de registro eletrônico de ponto importado devem ser redigidos em língua portuguesa.

Art. 100. O empregador deve fornecer os dados constantes em sistemas eletrônicos admitidos pela

legislação que possibilitem a aferição da jornada de trabalho dos empregados, a exemplo dos sistemas de rastreamento via satélite, quando solicitados pelo Auditor-Fiscal do Trabalho.

Art. 101. O empregador e as empresas envolvidas no tratamento dos dados devem observar as disposições da Lei 13.709, de 14 agosto de 2018 – Lei Geral de Proteção de Dados Pessoais.

CAPÍTULO V-A
DA APURAÇÃO DE PARCELAS VARIÁVEIS DA REMUNERAÇÃO
▸ Capítulo acrescido pela Port. 4.198/2022 do MTP.

Art. 101-A. Este Capítulo dispõe sobre a forma de apuração e o prazo de pagamento das parcelas variáveis que compõem a remuneração do trabalhador, em especial aquelas relativas ao trabalho realizado após o dia vinte de cada mês.
▸ Artigo acrescido pela Port. 4.198/2022 do MTP.

Art. 101-B. Não constitui infração ao disposto no § 1º do art. 459 do Decreto-Lei 5.452, de 1943 – CLT, o pagamento, no prazo para quitação do salário do mês subsequente, das seguintes verbas:
▸ Artigo acrescido pela Port. 4.198/2022 do MTP.

I – parcelas variáveis da remuneração do empregado relativas ao trabalho realizado após o dia vinte de cada mês; e

II – devoluções de descontos decorrentes de faltas, atrasos e de saídas antecipadas, quando justificados após o dia vinte de cada mês.

§ 1º Para fins do disposto neste artigo, entende-se por parcela variável aquela cuja aferição dependa de parâmetros quantitativos relacionados à jornada ou à produtividade do empregado, tais como horas extraordinárias, comissões, gorjetas e produção.

§2º Para os empregados remunerados exclusivamente por comissão ou produção, cuja admissão ou retorno ao trabalho ocorrer após o dia vinte do mês, fica garantido o salário mínimo ou piso da categoria, proporcionais aos dias trabalhados, a ser pago até o quinto dia útil do mês subsequente ao da admissão ou retorno.

§ 3º Não se consideram parcelas variáveis da remuneração, para fins do disposto neste artigo, o salário decorrente da jornada regular do empregado, ainda que horista, diarista ou semanalista.

CAPÍTULO VI
DOS EFEITOS DE DÉBITOS SALARIAIS, DE MORA DE FGTS, DE MORA CONTUMAZ SALARIAL E DE MORA CONTUMAZ DE FGTS

Art. 102. Para os efeitos do Decreto-Lei 368, de 19 de dezembro de 1968, do § 1º do art. 22 da Lei 8.036, de 11 de maio de 1990, e do art. 50 ao art. 52 do Decreto 99.684, de 8 de novembro de 1990, considera-se:

I – em débito salarial o empregador que se mantém inadimplente na obrigação de pagar salário a seus empregados:

a) após vencido o prazo estipulado em lei, contrato, convenção ou acordo coletivo de trabalho para seu pagamento; ou

b) em desacordo com as condições previstas em lei, contrato, convenção ou acordo coletivo de trabalho para seu pagamento;

II – em mora do FGTS o empregador que se mantém inadimplente na obrigação de depositar o FGTS aos trabalhadores após vencido o prazo legal de recolhimento das parcelas devidas, no todo ou em parte;

III – em mora contumaz salarial o empregador que estiver em débito salarial, por período igual ou superior a três meses, sem motivo grave ou relevante, excluídas as causas pertinentes ao risco da atividade econômica; e

IV – em mora contumaz de FGTS o empregador que estiver em mora do FGTS, por período igual ou superior a três meses, sem motivo grave ou relevante, excluídas as causas pertinentes ao risco da atividade econômica.

Parágrafo único. Para fins do disposto neste Capítulo, considera-se:

I – salário – quaisquer parcelas devidas ou pagas diretamente pelo empregador como contraprestação do serviço do empregado, observados os art. 457 e art. 458 do Decreto-Lei 5.452, de 1943 – CLT, cuja natureza salarial é reconhecida pelo empregador e cuja liquidez e certeza é incontroversa;

II – parcela de FGTS – a importância mensal ou rescisória de FGTS, total ou parcial, devida ao trabalhador, conforme percentuais e bases de cálculo estabelecidas em lei, incidente sobre verbas cuja liquidez e certeza são incontroversas; e

III – motivo grave ou relevante – situação ou ocorrência de força maior, nos termos do art. 501 do Decreto-Lei 5.452, de 1943 – CLT.

Art. 103. O empregador em débito salarial ou em mora de FGTS não poderá, sem prejuízo de outras disposições legais:

I – pagar honorário, gratificação, pro labore ou qualquer outro tipo de retribuição ou retirada a seus diretores, sócios, gerentes ou titulares da firma individual; e

II – distribuir quaisquer lucros, bonificações, dividendos ou interesses a seus sócios, titulares, acionistas, ou membros de órgãos dirigentes, fiscais ou consultivos.

Art. 104. O empregador em mora contumaz salarial ou mora contumaz de FGTS não poderá, além do disposto no art. 103, ser favorecido com qualquer benefício de natureza fiscal, tributária, ou financeira, por parte de órgãos da união, dos estados ou dos municípios, ou de que estes participem.

Parágrafo único. Não se incluem na proibição de que trata o *caput* as operações de crédito destinadas à liquidação dos débitos salariais ou do FGTS existentes, o que deverá ser expressamente consignado em documento firmado pelo responsável legal do empregador, como justificativa do crédito.

Art. 105. Em toda fiscalização que tiver por objeto a verificação de débito salarial ou de FGTS, o Auditor-Fiscal do Trabalho, mediante ordem de serviço específica, poderá averiguar a ocorrência de:

I – infrações ao disposto no art. 103; e

II – situação de mora contumaz salarial ou de mora contumaz de FGTS.

Art. 106. O Auditor-Fiscal do Trabalho poderá, no decorrer de fiscalização, averiguar de ofício as infrações ao art. 103 e a ocorrência de situação de mora contumaz salarial ou de mora contumaz de FGTS, ainda que a fiscalização não tenha sido realizada mediante ordem de serviço específica.

Art. 107. A constatação de infrações ao disposto no art. 103 ensejará a lavratura dos correspondentes autos de infração pelo Auditor-Fiscal do Trabalho.

§ 1º Quando constatar situação de débito salarial, o Auditor-Fiscal do Trabalho fará constar no histórico do auto de infração:

I – indicação de pelo menos um empregado prejudicado pela infração;

II – o valor total do débito salarial do empregador à época da infração;

III – descrição da incidência da situação fática às disposições do inciso I ou do inciso III do *caput* do art. 102;

IV – caráter não controvertido das parcelas de natureza salarial, nos termos do inciso I do parágrafo único do art. 102; e

V – comprovantes, conforme o caso, de:

a) pagamento de honorário, gratificação, pró labore ou qualquer outro tipo de retribuição ou retirada a seus diretores, sócios, gerentes ou titulares da firma individual à época da infração; ou

b) distribuição de lucros, bonificações, dividendos ou interesses a seus sócios, titulares, acionistas, ou membros de órgãos dirigentes, fiscais ou consultivos à época da infração.

§ 2º Quando constatar situação de mora de FGTS, o Auditor-Fiscal do Trabalho fará constar no histórico do auto de infração:

I – indicação de pelo menos um empregado prejudicado pela infração;

II – o valor total do débito do FGTS do empregador à época da infração, hipótese em que deverá, anexar ao auto de infração cópia da primeira página da Notificação de Débito de FGTS e Contribuição Social – NDFC e do respectivo relatório de débitos por competência;

III – descrição da incidência da situação fática às disposições do inciso II ou do inciso IV do art. 102;

IV – caráter não controvertido das verbas sobre as quais incidem o FGTS, nos termos do inciso II do parágrafo único do art. 102; e

V – comprovantes, conforme o caso, de:

a) pagamento de honorário, gratificação, pró labore, ou qualquer tipo de retribuição ou retirada a seus diretores, sócios, gerentes ou titulares de firma individual à época da infração; ou

b) distribuir quaisquer lucros, bonificações, dividendos ou interesses a seus sócios, titulares, acionistas, ou membros de órgãos dirigentes, fiscais ou consultivos à época da infração.

Art. 108. Quando o Auditor-Fiscal do Trabalho constatar situação de mora salarial contumaz ou de mora contumaz de FGTS, será emitido, se essa situação não for regularizada no curso da ação fiscal, termo de notificação de mora contumaz.

Parágrafo único. O termo de notificação de mora contumaz será emitido sem prejuízo à lavratura de NDFC e de autos de infração pertinentes, inclusive os previstos no art. 107.

Art. 109. O termo de notificação de mora contumaz será emitido em duas vias, e conterá os seguintes elementos:

I – nome, inscrição, endereço e CEP do empregador ou responsável, constantes dos cadastros de pessoa física ou jurídica da Receita Federal do Brasil;

II – relação de empregados prejudicados e respectivos valores em débito pelo empregador, por competência;

III – descrição da incidência da situação fática às disposições do inciso III ou do inciso IV do art. 102, conforme o caso;

IV – caráter não controvertido das parcelas de natureza salarial, nos termos do inciso I ou do inciso II do parágrafo único do art. 102, conforme o caso;

V – indicação da ausência de motivo grave ou relevante para justificar a mora contumaz, nos termos do inciso III e do inciso IV do *caput* e do inciso III do parágrafo único do art. 102;

VI – relação dos documentos examinados e dos obtidos por meio magnético ou digital, além das fontes de consulta a sistemas informatizados;

VII – ciência do prazo para apresentação de defesa e indicação do local para sua entrega;

VIII – local e data;

IX – assinatura e identificação do Auditor-Fiscal do Trabalho, com nome e número da Carteira de Identidade Fiscal; e

X – assinatura e identificação do empregador ou responsável, seu representante ou preposto.

§ 1º O termo de notificação de mora contumaz será instruído, quando possível, com cópia integral dos autos de infração pertinentes, inclusive os previstos no art. 107 e com cópia integral de NDFC correlata, no caso de mora contumaz de FGTS.

§ 2º Quando o termo de notificação de mora contumaz estiver instruído com cópia dos autos de infração pertinentes e com cópia da NDFC correlata, no caso de mora contumaz de FGTS, é dispensável ao Auditor-Fiscal do Trabalho apresentar os elementos constantes do inciso IV e do inciso VI do *caput*.

Art. 110. Uma via do termo de notificação de mora contumaz será entregue no protocolo da unidade de exercício do Auditor-Fiscal do Trabalho para instauração de processo administrativo, em até dois dias úteis, contados de sua lavratura.

Parágrafo único. Serão instaurados processos administrativos distintos decorrentes de termos de notificação de mora contumaz emitidos em decorrência de situações de mora contumaz salarial e de mora contumaz de FGTS, ainda que emitidos em face do mesmo empregador na mesma ação fiscal.

Art. 111. Aos processos administrativos originados pelo termo de notificação de mora contumaz será aplicado, naquilo em que for compatível, a organização, tramitação e procedimentos dos processos administrativos de autos de infração, previstos na legislação específica.

Parágrafo único. O julgamento do processo compete:

I – em primeira instância, ao chefe da unidade regional de multas e recursos das unidades descentralizadas do Ministério do Trabalho e Previdência; e

II – em segunda instância, ao Coordenador-Geral de Recursos da Secretaria de Trabalho.

Art. 112. Os processos administrativos de auto de infração ou de NDFC a que se refere o § 1º do art. 109 serão reunidos e distribuídos por dependência, em regime de prioridade.

§ 1º Na hipótese de haver decisão em algum dos processos reunidos na forma do *caput* que lhe dê destinação processual diferente dos demais, este processo seguirá sua destinação específica, e essa situação deverá ser certificada no processo originado pelo termo de notificação de mora contumaz.

§ 2º A pendência de decisão definitiva nos processos administrativos de auto de infração pertinente ou de NDFC obsta a prolação da decisão acerca da mora contumaz.

Art. 113. A comprovação inequívoca de quitação integral dos débitos salariais ou do FGTS indicados no termo de notificação de mora contumaz, inclusive mediante termo de parcelamento, no caso do FGTS,

operam o encerramento do processo, sem prejuízo aos processos administrativos de autos de infração e de NDFC.

Art. 114. A decisão que julgar o termo de notificação de mora contumaz poderá ser:

I – pela procedência, ainda que a irregularidade fique demonstrada apenas quanto a uma parte dos empregados e de seus respectivos salários ou FGTS, conforme o caso, ou do período descrito no termo de notificação de mora contumaz, desde que este seja igual ou superior a três meses;

II – pela improcedência, quando a situação narrada não se enquadrar nas hipóteses previstas no inciso III e no inciso IV do *caput* do art. 102; ou

III – pelo arquivamento, quando constatada a hipótese do art. 113.

Parágrafo único. Não caberá recurso de ofício das decisões de improcedência ou arquivamento do Termo de Mora Contumaz.

Art. 115. Para fins das restrições previstas no art. 2º do Decreto-Lei 368, de 1968, e no art. 51 do Decreto 99.684, de 1990, o chefe da unidade regional de multas e recursos expedirá comunicação da decisão definitiva que concluir pela mora contumaz ao Secretário Especial de Fazenda do Ministério da Economia e às autoridades fazendárias estadual e municipal do local de origem do processo.

Art. 116. Após a decisão definitiva pela procedência das infrações ao art. 103, o chefe da unidade regional de multas e recursos representará ao Ministério Público Federal para instauração da ação penal competente, sob pena de responsabilidade.

Parágrafo único. A representação referida no *caput* deve ser instruída com cópia integral dos processos de autos de infração pertinentes e de NDFC correlata, conforme o caso, e do processo originado pelo termo de notificação de mora contumaz, quando instaurado.

Art. 117. Deixa de ser exigível a certidão prevista no art. 5º do Decreto-Lei n. 368, de 1968, para os fins ali previstos, consoante o disposto no art. 7º-A da Lei 11.598, de 3 de dezembro de 2007.

<div style="text-align:center">

CAPÍTULO VII

DO LOCAL PARA GUARDA E ASSISTÊNCIA DOS FILHOS NO PERÍODO DA AMAMENTAÇÃO

</div>

Art. 118. As exigências de instalação de local apropriado para guarda sob vigilância e assistência de filhos no período da amamentação, de que trata o § 1º do art. 389 do Decreto-Lei 5.452, de 1943 – CLT, constam deste Capítulo.

Art. 119. Os estabelecimentos em que trabalharem pelo menos trinta mulheres, com mais de dezesseis anos de idade, deverão ter local apropriado onde seja permitido às empregadas guardar sob vigilância e assistência os seus filhos no período de amamentação.

§ 1º O local a que se refere o *caput* obedecerá aos seguintes requisitos:

I – berçário com área mínima de três metros quadrados por criança, devendo haver, entre os berços e entre estes e as paredes, a distância mínima de cinquenta centímetros;

II – saleta de amamentação provida de cadeiras ou bancos-encosto para que as mulheres possam amamentar seus filhos em adequadas condições de higiene e conforto;

III – cozinha dietética para o preparo de mamadeiras ou suplementos dietéticos para a criança ou para as mães;

IV – o piso e as paredes deverão ser revestidos de material impermeável e lavável; e

V – instalações sanitárias para uso das mães e do pessoal do berçário.

§ 2º O número de leitos no berçário obedecerá à proporção de um leito para cada grupo de trinta empregadas.

Art. 120. A exigência de que trata o *caput* do art. 119 poderá ser suprida se o estabelecimento mantiver creche diretamente ou mediante convênios com outras entidades públicas ou privadas.

Parágrafo único. A creche deverá estar situada, de preferência, nas proximidades da residência das empregadas ou dos estabelecimentos.

<div style="text-align:center">

CAPÍTULO VIII

DO REEMBOLSO-CRECHE

</div>

Art. 121. Ficam as empresas e empregadores autorizados a adotar o sistema de reembolso-creche, em substituição à exigência contida no § 1º do art. 389 do Decreto-Lei 5.452, de 1943 – CLT, desde que obedeçam às seguintes exigências:

I – o reembolso-creche deverá cobrir, integralmente, as despesas efetuadas com o pagamento da creche de livre escolha da empregada-mãe, ou outra modalidade de prestação de serviços desta natureza, pelo menos até os seis meses de idade da criança, nas condições, prazos e valor estipulados em acordo ou convenção coletiva, sem prejuízo do cumprimento dos demais preceitos de prestação à maternidade;

II – o benefício deverá ser concedido a toda empregada-mãe, independentemente do número de mulheres do estabelecimento, e sem prejuízo do cumprimento dos demais preceitos de proteção à maternidade;

III – as empresas e empregadores deverão dar ciência às empregadas da existência do sistema e dos procedimentos necessários para a utilização do benefício, com a afixação de avisos em locais visíveis e de fácil acesso para os empregados, ou por meio de comunicação escrita ou por meio eletrônico; e

IV – o reembolso-creche deverá ser efetuado até o terceiro dia útil da entrega do comprovante das despesas efetuadas, pela empregada-mãe, com a mensalidade da creche.

Art. 122. A implantação do sistema de reembolso-creche dependerá de prévia estipulação em acordo ou convenção coletiva.

<div style="text-align:center">

CAPÍTULO IX

DO REGISTRO PROFISSIONAL

</div>

Art. 123. A solicitação de registros profissionais à Secretaria de Trabalho do Ministério do Trabalho e Previdência deverá ser realizada por meio de sistema eletrônico disponível no endereço https://www.gov.br/pt-br/servicos/registrar-se-comoprofissional-para-atividades-exigidas-em-lei.

Parágrafo único. Para os efeitos da emissão do registro profissional, será considerado crime de falsidade, com as penalidades previstas na Lei 2.848, de 7 de dezembro de 1940 – Código Penal, prestar informações falsas ou apresentar documentos por qualquer forma falsificados.

Art. 124. O processamento das atividades de concessão dos registros profissionais será realizado por meio do Sistema Informatizado de Registro Profissional – Sirpweb e aprovados os modelos de documentos emitidos pelo sistema.

Art. 124-A. A concessão dos registros profissionais será realizada pelas Superintendências Regionais do Trabalho.

Parágrafo único. A concessão dos registros profissionais poderá ser desempenhada pelas Gerências Regionais do Trabalho e pelas Agências Regionais do Trabalho, de acordo com suas capacidades operacionais, conforme determinação do Superintendente Regional do Trabalho.

▸ Artigo acrescido pela Port. 4.198/2022 do MTP.

Art. 125. Da decisão de indeferimento de pedido de registro profissional caberá recurso, no prazo de dez dias, dirigido ao Superintendente Regional do Trabalho, o qual, caso não reconsidere a decisão no prazo de cinco dias, o encaminhará ao Coordenador-Geral de Políticas de Trabalho e Renda para decisão final.

▸ Artigo com redação pela Port. 4.198/2022 do MTP.

Art. 125-A. À Coordenação de Canais Digitais da Coordenação-Geral de Políticas de Trabalho e Renda da Subsecretaria de Políticas Públicas de Trabalho caberá:

▸ Artigo acrescido pela Port. 4.198/2022 do MTP.

I – coordenar e orientar as atividades relacionadas à concessão de registro profissional;

II – orientar e acompanhar a concessão de registro profissional, de competência das unidades descentralizadas do Ministério do Trabalho e Previdência, padronizando os procedimentos de acordo com a legislação em vigor; e

III – analisar e informar, quando em grau de recurso, os processos de registro profissional.

Art. 125-B. As Superintendências Regionais do Trabalho deverão:

▸ Artigo acrescido pela Port. 4.198/2022 do MTP.

I – coordenar, supervisionar, acompanhar e avaliar a execução das atividades relacionadas à concessão de registro profissional;

II – processar o cadastramento, controle e emissão de registro profissional, conforme legislação em vigor;

III – receber e encaminhar à Coordenação de Canais Digitais da Coordenação-Geral de Políticas de Trabalho e Renda da Subsecretaria de Políticas Públicas de Trabalho os recursos contra indeferimento de pedidos de registro profissional; e

IV – emitir certidões de registro profissional.

<div style="text-align:center">

Seção I

Dos artistas e técnicos em espetáculos de diversões e dos músicos

</div>

Art. 126. A inscrição dos contratantes de artistas e técnicos em espetáculos de diversões e dos músicos, de que trata o art. 4º da Lei 6.533, de 1978, será efetuado por meio do portal gov.br.

Art. 127. O exercício da profissão de artista ou de técnico em espetáculos de diversões depende de prévio registro na Secretaria de Trabalho do Ministério do Trabalho e Previdência, na forma do art. 123.

Parágrafo único. O registro de crianças e adolescentes com idade inferior a dezesseis anos ficará condicionado à juntada do alvará judicial de autorização para o trabalho do Juizado da Infância e Juventude.

Art. 128. As instruções contidas nesta Seção não se aplicam às realizações artísticas que se constituírem em espetáculos amadoristas, sem fins lucrativos.

<div style="text-align:center">

Seção II

Do técnico de segurança do trabalho

</div>

Art. 129. O exercício da profissão de técnico de segurança do trabalho depende de prévio registro na Secretaria de Trabalho do Ministério do Trabalho e Previdência, na forma do art. 123."

Art. 130. As atividades do técnico de segurança do trabalho são:

I – informar ao empregador, através de parecer técnico, sobre os riscos existentes nos ambientes de trabalho e orientá-lo sobre as medidas de eliminação e neutralização;

II – informar aos trabalhadores sobre os riscos da sua atividade e das medidas de eliminação e neutralização;

III – analisar os métodos e os processos de trabalho e identificar os fatores de risco de acidentes do trabalho, doenças profissionais e do trabalho e a presença de agentes ambientais agressivos ao trabalhador e propor a eliminação ou o controle;

IV – executar os procedimentos de segurança e higiene do trabalho e avaliar os resultados alcançados, a fim de adequar as estratégias utilizadas de maneira a integrar o processo prevencionista em uma planificação e beneficiar o trabalhador;

V – executar programas de prevenção de acidentes do trabalho, doenças profissionais e do trabalho nos ambientes de trabalho com a participação dos trabalhadores, com o objetivo de acompanhar e avaliar seus resultados, sugerir constante atualização dos mesmos e estabelecer procedimentos a serem seguidos;

VI – promover debates, encontros, campanhas, seminários, palestras, reuniões, treinamentos e utilizar outros recursos de ordem didática e pedagógica com o objetivo de divulgar as normas de segurança e higiene do trabalho, assuntos técnicos, administrativos e prevencionistas, com vistas a evitar acidentes do trabalho, doenças profissionais e do trabalho;

VII – executar as normas de segurança referentes a projetos de construção, ampliação, reforma, arranjos físicos e de fluxos, com vistas à observância das medidas de segurança e higiene do trabalho, inclusive por terceiros;

VIII – encaminhar aos setores e áreas competentes normas, regulamentos, documentação, dados estatísticos, resultados de análises e avaliações, materiais de apoio técnico, educacional e outros de divulgação para conhecimento e autodesenvolvimento do trabalhador;

IX – indicar, solicitar e inspecionar equipamentos de proteção contra incêndio, recursos audiovisuais e didáticos e outros materiais considerados indispensáveis, de acordo com a legislação vigente, dentro das qualidades e especificações técnicas recomendadas, e avaliar seu desempenho;

X – cooperar com as atividades do meio ambiente, orientar quanto ao tratamento e destinação dos resíduos industriais, incentivar e conscientizar o trabalhador da sua importância para a vida;

XI – orientar as atividades desenvolvidas por empresas contratadas, quanto aos procedimentos de segurança e higiene do trabalho, previstos na legislação ou constantes em contratos de prestação de serviço;

XII – executar as atividades ligadas à segurança e higiene do trabalho com o uso de métodos e de técnicas científicas, com observação de dispositivos legais e institucionais que objetivem a eliminação, controle ou redução permanente dos riscos de acidentes do trabalho e a melhoria das condições do ambiente,

para preservar a integridade física e mental dos trabalhadores;

XIII – levantar e estudar os dados estatísticos de acidentes do trabalho, doenças profissionais e do trabalho, calcular a frequência e a gravidade destes para ajustes das ações prevencionistas, normas, regulamentos e outros dispositivos de ordem técnica, que permitam a proteção coletiva e individual;

XIV – articular-se e colaborar com os setores responsáveis pelos recursos humanos, a fim de fornecer-lhes resultados de levantamentos técnicos de riscos das áreas e atividades para subsidiar a adoção de medidas de prevenção a nível de pessoal;

XV – informar aos trabalhadores e ao empregador sobre as atividades insalubres, perigosas e penosas existentes na empresa, seus riscos específicos, e as medidas e alternativas de eliminação ou neutralização dos mesmos;

XVI – avaliar as condições ambientais de trabalho e emitir parecer técnico que subsidie o planejamento e a organização do trabalho de forma segura para o trabalhador;

X VII – articular-se e colaborar com os órgãos e entidades ligados à prevenção de acidentes do trabalho, doenças profissionais e do trabalho; e

XVIII – participar de seminários, treinamentos, congressos e cursos, com vistas ao intercâmbio e ao aperfeiçoamento profissional.

Seção III
Do historiador

Art. 131. O registro do profissional historiador, conforme previsto no art. 7º da Lei 14.038, de 17 de agosto de 2020, será efetuado por meio do portal gov.br.

Art. 132. O exercício da profissão de historiador, em todo o território nacional, é assegurado aos:

I – portadores de diploma de curso superior em História, expedido por instituição regular de ensino;

II – portadores de diploma de curso superior em História, expedido por instituição estrangeira e revalidado no Brasil, de acordo com a legislação;

III – portadores de diploma de mestrado ou doutorado em História, expedido por instituição regular de ensino ou por instituição estrangeira e revalidado no Brasil, de acordo com a legislação;

IV – portadores de diploma de mestrado ou doutorado obtido em programa de pós-graduação reconhecido pela Coordenação de Aperfeiçoamento de Pessoal de Nível Superior – CAPES que tenha linha de pesquisa dedicada à História; e

V – profissionais diplomados em outras áreas que tenham exercido, comprovadamente, há mais de cinco anos, a profissão de Historiador, até a data da promulgação da Lei 14.038, de 2020.

§ 1º Na hipótese do inciso V do *caput*, será comprovado o exercício regular das atribuições mencionadas no art. 4º da Lei 14.038, de 2020, em empresas ou instituições públicas ou privadas compatíveis com as atividades de pesquisa, ensino ou similares na área de história.

§ 2º A comprovação de que trata o § 1º pode ser por meio de registro na carteira de trabalho ou documento oficial emitido por empregador, original ou em cópia autenticada, que ateste o trabalho regular como historiador, na forma da lei.

CAPÍTULO X
DO REGISTRO E DAS ATIVIDADES DE EMPRESAS DE TRABALHO TEMPORÁRIO

Art. 133. A solicitação de registro de empresa de trabalho temporário, de que trata o art. 4º da Lei 6.019, de 1974, deverá ser realizada por meio do portal gov.br.

Art. 134. A solicitação deve ser instruída com os seguintes documentos:

▸ *Caput* com redação pela Port. 4.198/2022 do MTP.

I – prova de inscrição no CNPJ;

II – prova do competente registro na Junta Comercial da localidade em que a empresa tenha sede; e

III – prova de possuir capital social de, no mínimo, R$ 100.000,00 (cem mil reais).

Art. 135. A Coordenação-Geral de Relações do Trabalho da Subsecretaria de Relações do Trabalho da Secretaria de Trabalho do Ministério do Trabalho e Previdência é a unidade competente para analisar as solicitações de registro de empresa de trabalho temporário.

§ 1º Compete ao Coordenador-Geral de Relações do Trabalho decidir sobre a solicitação de registro de empresa de trabalho temporário.

§ 2º Na falta ou constatada irregularidade nos documentos previstos no art. 134, a empresa será notificada para saneamento no prazo de trinta dias.

§ 3º As irregularidades não sanadas ensejarão o arquivamento do processo.

§ 4º Da decisão de indeferimento a que se refere o § 3º caberá recurso, no prazo de dez dias, dirigido ao Coordenador-Geral de Relações do Trabalho, o qual, caso não reconsidere sua decisão no prazo de cinco dias, o encaminhará ao Subsecretário de Relações do Trabalho, para decisão final.

Art. 136. Deferido o pedido, será encaminhado o número de registro à empresa por meio de correio eletrônico.

§ 1º As empresas de trabalho temporário deverão manter seus dados atualizados junto ao Ministério do Trabalho e Previdência.

§ 2º O registro de empresa de trabalho temporário será cancelado, a pedido da própria empresa ou de ofício, quando houver o descumprimento de quaisquer dos requisitos constantes no art. 134.

▸ §§ 1º e 2º acrescidos pela Port. 4.198/2022 do MTP.

Art. 136-A. O registro da empresa de trabalho temporário será cancelado de ofício quando:

▸ Artigo acrescido pela Port. 4.198/2022 do MTP.

I – for comprovada cobrança de qualquer importância ao trabalhador, conforme parágrafo único do art. 18 da Lei 6.019, de 1974; ou

II – a empresa deixar de cumprir quaisquer dos requisitos previstos no art. 6º da Lei 6.019, de 1974.

§ 1º O cancelamento de ofício será realizado pelo Coordenador-Geral de Relações do Trabalho.

§ 2º Da decisão de cancelamento de ofício caberá recurso, no prazo de dez dias, dirigido ao Coordenador-Geral de Relações do Trabalho, o qual, caso não reconsidere sua decisão no prazo de dez dias, o encaminhará ao Subsecretário de Relações do Trabalho, para decisão final.

Art. 137. As empresas de trabalho temporário deverão prestar informações relativas à celebração de contratos de trabalho temporário por meio do eSocial.

Art. 138. O contrato de trabalho temporário firmado com empresa de trabalho temporário sem registro na Secretaria de Trabalho do Ministério do Trabalho e Previdência será considerado nulo de pleno direito, nos termos do art. 9º do Decreto-Lei 5.452, de 1943 – CLT.

Art. 139. O recrutamento e a seleção de trabalhadores temporários são atividades exclusivas da empresa de trabalho temporário, ainda que em local onde não tenha filial, agência ou escritório.

CAPÍTULO XI
DOS SISTEMAS E CADASTROS

Seção I
Do Domicílio Eletrônico Trabalhista – DET e do Livro de Inspeção do Trabalho Eletrônico – eLIT

Art. 140. O Domicílio Eletrônico Trabalhista – DET, instituído pelo art. 628-A da Consolidação das Leis do Trabalho, do Decreto-Lei nº 5.452, de 1943 – CLT, é instrumento oficial de comunicação e de prestação de serviços digitais entre a Inspeção do Trabalho e o empregador, e será disponibilizado pelo Ministério do Trabalho e Emprego através de acesso digital.

▸ *Caput* com redação pela Port. MTE 3.869/2023.

Parágrafo único. O DET aplica-se a todos aqueles que estiverem sujeitos à Inspeção do Trabalho, tenham ou não empregados.

▸ Parágrafo único acrescido pela Port. MTE 3.869/2023
▸ §§ 1º a 5º *Revogados pela Port. MTE 3.869/2023.*

Art. 140-A. O eLIT, nos termos do disposto no § 1º do art. 628 do Decreto-Lei nº 5.452, de 1943 – CLT, será adotado na forma eletrônica como uma das funcionalidades do DET, em substituição ao livro impresso, e passará a ser denominado Livro de Inspeção do Trabalho Eletrônico – eLIT.

Art. 140-B. O DET destina-se, entre outras finalidades, a:

I – cientificar o empregador de quaisquer atos administrativos, procedimentos fiscais, intimações, notificações, decisões proferidas no contencioso administrativo e avisos em geral;

II – permitir o envio, pelo empregador, de documentação eletrônica e em formato digital exigida em razão da instauração de procedimento administrativo ou de medida de fiscalização, bem como, em integração com os sistemas de processo eletrônico, permitir a apresentação de defesa e recursos no âmbito desses processos;

III – assinalar prazos para o atendimento de exigências realizadas em procedimentos administrativos ou em medidas de fiscalização;

IV – viabilizar, sem ônus, a emissão de certidões, inclusive relacionadas a infrações administrativas trabalhistas, a débitos de FGTS, e ao cumprimento de obrigações relacionadas à legislação trabalhista;

V – disponibilizar ferramentas gratuitas e interativas para elaboração de autodiagnóstico trabalhista e para avaliação de riscos em matéria de segurança e saúde no trabalho;

VI – disponibilizar consulta à legislação trabalhista;

VII – simplificar os procedimentos de pagamento de multas administrativas e obrigações trabalhistas;

VIII – registrar os atos de fiscalização e o lançamento de seus resultados;

IX – possibilitar a consulta, pelos empregadores, de informações relativas às fiscalizações registradas no âmbito do Sistema Federal de Inspeção do Trabalho, bem como os trâmites de processos administrativos trabalhistas em que figurem como parte interessada; e

X – ministrar orientações, informações e conselhos técnicos para o cumprimento da legislação trabalhista, atendidos os critérios administrativos de oportunidade e conveniência.

§ 1º É vedada a utilização do DET para a publicação de:

▸ § 1º acrescido pela Port. MTE 1.630/2024.

I – comunicações de caráter político-partidário;

II – comunicações de escopo amplo, do tipo broadcast ou não pessoal; ou

III – publicidade de atos, programas e obras dos órgãos públicos, mesmo as de caráter educativo, informativo ou de orientação social.

§ 2º Para fins do disposto no § 1º, considera-se:

I – comunicação político-partidária: toda mensagem que vise divulgar ações e entregas de um indivíduo, partido ou grupo político; e

II – comunicação de escopo amplo, do tipo broadcast ou não pessoal: comunicação não específica e não individualizada de alto alcance do governo em canais digitais que vise divulgar ações ou sensibilizar a população.

Art. 140-C. O acesso ao DET será realizado mediante autenticação por meio da conta gov.br, com o nível de segurança prata ou ouro, para os serviços previstos no artigo 628-A do Decreto-Lei nº 5.452, de 1943 – CLT.

§ 1º O empregador poderá outorgar poderes a outra pessoa, por meio do Sistema de Procuração Eletrônica, para acesso ao DET.

§ 2º Os atos praticados por meio do DET serão registrados no sistema com identificação do empregador, da data e do horário em que foram praticados.

▸ Arts. 140-A a 140-C acrescidos pela Port. MTE 3.869/2023.

Art. 141. É de responsabilidade do empregador:

▸ *Caput* com redação pela Port. MTE 3.869/2023.

I – manter o acesso ao seu provedor de internet e a configuração do computador utilizado nas transmissões eletrônicas;

II – consultar o DET para fins de ciência das comunicações realizadas em sua caixa postal;

III – verificar a regular transmissão e assegurar-se do efetivo recebimento das petições e documentos pelo sistema do DET; e

IV – informar e manter atualizado pelo menos um endereço postal eletrônico (e-mail), a fim de possibilitar o envio automático de mensagens com alertas, informando a existência de comunicações a serem recebidas na caixa postal do DET.

▸ Incisos I a IV acrescidos pela Port. MTE 3.869/2023.

Parágrafo único. As mensagens de alertas descritas no inciso IV poderão ser disponibilizadas aos empregadores, adicionalmente, por meio de outros sistemas oficiais de prestação ou consultas de informações.

▸ Parágrafo único com redação pela Port. MTE 3.869/2023.

Art. 142. O empregador será considerado ciente da comunicação entregue na Caixa Postal do DET:

▸ *Caput* com redação pela Port. MTE 3.869/2023.

I – no dia em que for realizada a consulta eletrônica de seu teor; ou

▸ Inciso I acrescido pela Port. MTE 3.869/2023

II – automaticamente, no primeiro dia após o período de quinze dias corridos, quando não houver sido realizada a consulta de seu teor.

▸ Inciso II com redação pela Port. MTE 1.630/2024.

§ 1º A ciência automática tratada no inciso II do *caput* restará caracterizada ainda que o usuário não mantenha o cadastro atualizado ou não consulte o DET

para fins de ciência das comunicações realizadas em sua caixa postal.

§ 2º As comunicações eletrônicas realizadas por meio da caixa postal do DET, são consideradas pessoais para todos os efeitos legais e dispensam a sua publicação no Diário Oficial da União e o envio por via postal.

§ 3º São de inteira responsabilidade do empregador a observância dos prazos, o teor e a integridade dos arquivos enviados ao DET.

▸ §§ 1º a 3º com redação pela Port. MTE 3.869/2023.

§ 4º A existência da caixa postal do DET não afasta a possibilidade da Secretaria de Inspeção do Trabalho regulamentar outros meios legais de comunicação e interação com o usuário, inclusive para apresentação de documentos.

▸ § 4º com redação pela Port. MTE 1.630/2024.

§ 5º O prazo a que se refere o inciso II do caput será contado excluindo o dia do começo e incluindo o dia do vencimento.

§ 6º O início da contagem de dias e a ciência automática de que tratam o inciso II do caput não ocorrerão em sábados, domingos, feriados nacionais e pontos facultativos nacionais integrais ou de meio expediente.

▸ §§ 5º e 6º acrescidos pela Port. MTE 1.630/2024.

Art. 142-A. Os documentos digitais enviados ou recebidos com a utilização do DET deverão ser produzidos ou reproduzidos nos formatos eletrônicos exigidos pela Inspeção do Trabalho.

§ 1º As normas dispostas nesta Seção não afastam a aplicação e observância das regras específicas estabelecidas pela Portaria MTP nº 667, de 2021.

§ 2º Caso o arquivo a ser transmitido pelo DET ultrapasse o tamanho máximo suportado e não seja possível o seu fracionamento, deverá o usuário apresentar requerimento eletrônico fundamentado, via SEI, endereçado à autoridade regional competente, no mesmo prazo assinalado para apresentação do documento.

§ 3º Os documentos digitais enviados pelo empregador serão considerados recebidos pelo DET no dia e na hora do recebimento pelo sistema, de acordo com o horário oficial de Brasília, mediante fornecimento de recibo eletrônico de protocolo que os identifique.

§ 4º O recibo eletrônico de protocolo de envio dos documentos pelo empregador por meio do DET não atesta o fiel cumprimento da exigência fiscal, fato que será posteriormente avaliado pela autoridade competente.

§ 5º O empregador é responsável, nos termos da legislação civil, penal e administrativa, pelo conteúdo, integridade e autenticidade do documento digital enviado por meio do DET e por sua fiel correspondência ao documento original.

§ 6º Incumbirá ao empregador que produzir documento digital ou digitalizado e realizar sua remessa pelo DET zelar pela qualidade deste, especialmente quanto à sua legibilidade.

§ 7º O documento digitalizado enviado pelo usuário terá valor de cópia simples.

§ 8º A autoridade competente poderá exigir, a seu critério, a exibição do original de documento digitalizado pelo tempo que perdurar o seu direito de rever os atos praticados.

§ 9º Os arquivos eletrônicos que contenham artefatos maliciosos poderão ser rejeitados automaticamente pelo sistema, com informação ao usuário das razões para a rejeição, sem prejuízo de apuração de responsabilidade por eventuais prejuízos causados à Administração Pública.

Art. 142-B. A disponibilidade do DET será garantida apenas aos acessos de internet protocol (IP) nacionais, diariamente, das seis às vinte horas, no horário oficial de Brasília.

§ 1º Os atos a serem praticados por meio do DET com assinalação de prazo deverão ser cumpridos até as vinte horas do último dia, salvo se a autoridade competente indicar horário anterior a este.

§ 2º Quando ocorrer indisponibilidade do sistema para transmissão eletrônica de documentos por motivo técnico entre as dezenove e vinte horas do último dia do prazo, esse será prorrogado automaticamente para o dia útil seguinte.

§ 3º Não caracterizam indisponibilidade as falhas de transmissão de dados entre as estações de trabalho do público externo e a rede de comunicação pública, assim como a impossibilidade técnica que decorra de falhas nos equipamentos ou programas dos usuários.

§ 4º A indisponibilidade a que se refere o § 2º será registrada em relatório de interrupção de funcionamento,

acessível ao público por meio do sítio eletrônico do sistema.

§ 5º Este artigo não se aplica aos atos processuais inerentes ao processo administrativo eletrônico trabalhista de autos de infração e de notificações de débito de FGTS e de contribuição social, regidos pela Portaria MTP nº 667, de 2021.

Art. 142-C. As funcionalidades do DET serão implantadas de forma gradual e não geram para o usuário o direito de exigir a utilização de ferramentas que ainda não estiverem disponíveis.

Parágrafo único. A Secretaria de Inspeção do Trabalho publicará o cronograma e a forma de implantação do DET, que poderá ser escalonado por unidades da federação, setores econômicos, entre outros critérios.

▸ Arts. 142-A a 142-C acrescidos pela Port. MTE 3.869/2023.
▸ §§ 5º e 6º revogados pela Port. MTE 3.869/2023.

Art. 143. O não cumprimento dos dispositivos da presente Seção configurará infração ao § 1º do art. 628 e o § 4º do art. 630 do Decreto-Lei 5.452, de 1943 – CLT, e sujeitará os infratores às respectivas penalidades previstas no § 6º do art. 630 do referido diploma legal.

Seção II
Da substituição de prestação de informações nos sistemas CAGED e RAIS

Art. 144. A obrigação da comunicação de admissões e dispensas instituída pela Lei 4.923, de 23 de novembro de 1965, CAGED, passa a ser cumprida por meio do eSocial a partir da competência de janeiro 2020 para as empresas ou pessoas físicas equiparadas a empresas, mediante o envio das seguintes informações:

I – data da admissão, número de inscrição do trabalhador no CPF e salário contratual, que deverão ser prestadas até o dia imediatamente anterior ao do início das atividades do trabalhador;

▸ Inciso I com redação pela Port. 3.784/2023 do MTE, em vigor a partir de 02.01.2024.

II – Revogado pela Port. 3.784/2023 do MTE, em vigor a partir de 02.01.2024.

III – data da extinção do vínculo empregatício e motivo da rescisão do contrato de trabalho, que deverão ser prestadas até o décimo dia seguinte ao da sua ocorrência, observado o disposto no § 6º do art. 14;

IV – Revogado pela Port. 3.784/2023 do MTE, em vigor a partir de 02.01.2024.

V – último salário do empregado, que deverá ser prestada até o dia quinze do mês seguinte em que ocorrer a alteração salarial;

VI – transferência de entrada e transferência de saída entre empregadores, com a identificação do sucessor, do sucedido e da data da transferência, que deverão ser prestadas até o dia quinze do mês seguinte a ocorrência;

▸ Inciso VI com redação pela Port. 3.784/2023 do MTE, em vigor a partir de 02.01.2024.

VII – reintegração, que deverá ser prestada até o dia quinze do mês seguinte a ocorrência; e

VIII – local de trabalho, horário contratual, informação de deficiência, quando houver, até o dia quinze do mês subsequente à admissão.

§ 1º A substituição da obrigação contida no caput para as pessoas jurídicas de direito público da administração direta, autárquica e fundacional, que adotem o regime jurídico previsto no Decreto-Lei 5.452, de 1943 – CLT, bem como as organizações internacionais, as fundações públicas de direito privado, os consórcios públicos, os fundos públicos e as comissões polinacionais, ocorrerá na data de início da obrigatoriedade de envio dos eventos periódicos ao eSocial.

▸ Primitivo parágrafo único com redação pela Port. 895/2021, do MPT.

§ 2º As pessoas e entidades descritas no § 1º, até que estejam obrigadas a prestar as informações previstas no caput ao eSocial, deverão prestar as informações por meio do sistema CAGED, conforme Manual de Orientação do CAGED publicado no portal gov.br.

▸ § 2º acrescido pela Port. 895/2021, do MPT.

Art. 145. A obrigação contida no art. 24 da Lei nº 7.998, de 1990, combinada com o Capítulo XVII do Título II do Decreto 10.854, de 10 de novembro de 2021, que instituiu a RAIS, passa a ser cumprida por meio do eSocial, a partir do ano-base 2019, pelos obrigados à transmissão das seguintes informações de seus trabalhadores ao eSocial, referentes a todo o ano-base:

▸ Caput com redação pela Port. 4.198/2022 do MTP.

I – em relação aos empregados:

a) até o dia imediatamente anterior ao do início das atividades do empregado, observado o disposto no § 9º;

▸ Alínea a com redação pela Port. 3.784/2023 do MTE, em vigor a partir de 02.01.2024.

1. número do CPF;

2. datas de nascimento e de admissão;

3. categoria do empregado, conforme classificação adotada pelo eSocial;

4. natureza da atividade e código da CBO;

5. valor do salário contratual; e

6. tipo de contrato em relação ao seu prazo;

b) até o dia quinze do mês subsequente ao do início das atividades do empregado:

1. local de trabalho;

2. horário contratual;

3. condição de pessoa com deficiência, quando aplicável; e

▸ 2 e 3 com redação pela Port. 3.784/2023 do MTE, em vigor a partir de 02.01.2024.

4. etnia e raça;

▸ 4 acrescido pela Port. 3.784/2023 do MTE, em vigor a partir de 02.01.2024.

c) até o décimo dia subsequente ao desligamento, observado o disposto no § 6º do art. 14:

1. data e motivo do desligamento, incluídas a data do aviso prévio e da projeção em caso de aviso prévio indenizado;

2. os valores das verbas rescisórias devidas; e

▸ 1 e 2 com redação pela Port. 3.784/2023 do MTE, em vigor a partir de 02.01.2024.

3. participação do empregado em programa de demissão voluntária ou incentivada;

▸ 3 acrescido pela Port. 3.784/2023 do MTE, em vigor a partir de 02.01.2024.

d) até o dia quinze do mês subsequente ao da ocorrência:

1. transferência de entrada e transferência de saída entre empregadores, com a identificação do sucessor, do sucedido e da data da transferência;

2. data de reintegração ao emprego;

3. as alterações contratuais relativas aos itens 3, 4, 5 e 6 da alínea "a" e 1 e 2 da alínea "b", todos do inciso I;

▸ 1 a 3 com redação pela Port. 3.784/2023 do MTE, em vigor a partir de 02.01.2024.

4. as alterações cadastrais relativas aos itens 3 e 4 da alínea "b", do inciso I; e

5. afastamentos temporários descritos no Anexo I.

▸ 4 e 5 acrescidos pela Port. 3.784/2023 do MTE, em vigor a partir de 02.01.2024.

e) até o dia quinze do mês subsequente ao vencido, observado o disposto no § 1º, os valores de parcelas integrantes e não integrantes das remunerações mensais, com a correspondente discriminação e individualização das parcelas e descontos;

f) no décimo sexto dia do afastamento por acidente ou doença relacionados ou não ao trabalho, com duração superior a quinze dias ou por acidente ou doença relacionados ou não ao trabalho, com qualquer duração, que ocorrerem dentro do prazo de sessenta dias pelo mesmo motivo que gerou a incapacidade, e tiverem em sua totalidade duração superior a quinze dias; e

g) no dia do início de afastamento por acidente ou doença relacionados ou não ao trabalho, com qualquer duração, quando ocorrer dentro do prazo de sessenta dias do retorno de afastamento anterior pelo mesmo motivo que tenha gerado a incapacidade, gerador do recebimento de auxílio-doença.

▸ Alíneas f e g acrescidas pela Port. 3.784/2023 do MTE, em vigor a partir de 02.01.2024.

II – em relação aos servidores da administração pública direta, indireta ou fundacional, das esferas federal, estadual, municipal ou do Distrito Federal, não regidos pelo Decreto-Lei 5.452, de 1943 – CLT, e aos militares das Forças Armadas, dos Estados e do Distrito Federal:

a) até o dia quinze do mês subsequente à data do ingresso no serviço público:

1. número do CPF;

2. datas de nascimento e data de ingresso no serviço público;

3. categoria do servidor público ou militar, conforme classificação adotada pelo eSocial;

4. código da CBO;

5. local de trabalho;

6. condição da pessoa com deficiência, quando aplicável; e

▸ 5 e 6 com redação pela Port. 3.784/2023 do MTE, em vigor a partir de 02.01.2024.

7. etnia e raça;

▸ 7 acrescido pela Port. 3.784/2023 do MTE, em vigor a partir de 02.01.2024.

b) dados do desligamento, com data e motivo, que deverão ser declarados até o dia quinze do mês subsequente ao desligamento;

c) até o dia quinze do mês subsequente ao da ocorrência:

1. transferência de entrada e transferência de saída, com a identificação do sucessor, do sucedido e da data da transferência;

2. data de reintegração ao serviço público;

3. as alterações contratuais relativas aos itens 3, 4 e 5 da alínea "b" do inciso II;

▸ 1 a 3 com redação pela Port. 3.784/2023 do MTE, em vigor a partir de 02.01.2024.

4. as alterações cadastrais relativas aos itens 6 e 7 da alínea "a", do inciso II;

5. afastamento de servidor vinculado ao RGPS por acidente ou doença relacionada ao trabalho, com duração não superior a quinze dias; e

6. afastamentos temporários descritos no Anexo I-A.

▸ 4 a 6 acrescidos pela Port. 3.784/2023 do MTE, em vigor a partir de 02.01.2024.

d) valores de parcelas integrantes e não integrantes das remunerações mensais, com a correspondente discriminação e individualização das parcelas e descontos, que deverão ser declarados até o dia quinze do mês subsequente ao vencido;

e) no décimo sexto dia do afastamento de servidor vinculado ao RGPS por acidente ou doença relacionados ou não ao trabalho, com duração superior a quinze dias ou por acidente ou doença relacionados ou não ao trabalho, com qualquer duração, que ocorrerem dentro do prazo de sessenta dias pelo mesmo motivo que gerou a incapacidade, e tiverem em sua totalidade duração superior a quinze dias;

f) no dia do início de afastamento de servidor vinculado ao RGPS por acidente ou doença relacionados ou não ao trabalho, com qualquer duração, quando ocorrer dentro do prazo de sessenta dias do retorno de afastamento anterior pelo mesmo motivo que tenha gerado a incapacidade, gerador do recebimento de auxílio-doença.

▸ Alíneas e e f acrescidas pela Port. 3.784/2023 do MTE, em vigor a partir de 02.01.2024.

III – em relação aos trabalhadores temporários regidos pela Lei 6.019, de 1974:

a) até o dia quinze do mês subsequente à referida data de início:

1. número do CPF;

2. datas de nascimento e de início das atividades;

3. categoria do trabalhador temporário, conforme classificação adotada pelo eSocial;

4. código da CBO;

5. identificação do estabelecimento da tomadora de serviços ao qual o trabalhador está vinculado;

6. local da prestação de serviço;

7. hipótese legal e descrição do fato que justifica a contratação do trabalho temporário e, quando for o caso, número do CPF do trabalhador substituído; e

▸ 6 e 7 com redação pela Port. 3.784/2023 do MTE, em vigor a partir de 02.01.2024.

8. etnia e raça;

▸ 8 acrescido pela Port. 3.784/2023 do MTE, em vigor a partir de 02.01.2024.

b) até o décimo dia seguinte ao da sua ocorrência, observado o disposto no § 6º do art. 14:

1. data e motivo do desligamento; e

2. os valores das verbas rescisórias devidas;

c) Revogada pela Port. 3.784/2023 do MTE, em vigor a partir de 02.01.2024.

1. transferência de entrada e transferência de saída entre empresas de trabalho temporário, com a identificação do sucessor, do sucedido e da data da transferência;

2. data de reintegração ao emprego

▸ 1 e 2 com redação pela Port. 3.784/2023 do MTE, em vigor a partir de 02.01.2024.

3. as alterações contratuais relativas aos itens 3, 4, 5, 6 e 7 da alínea "a" do inciso III;

4. as alterações cadastrais relativas ao item 8 da alínea "a", do inciso III; e

5. afastamentos temporários descritos no Anexo I.

▸ 4 e 5 acrescidos pela Port. 3.784/2023 do MTE, em vigor a partir de 02.01.2024.

d) Revogada pela Port. 3.784/2023 do MTE, em vigor a partir de 02.01.2024.

e) no décimo sexto dia do afastamento por acidente ou doença relacionados ou não ao trabalho, com duração superior a quinze dias ou por acidente ou doença relacionados ou não ao trabalho, com qualquer duração, que ocorrerem dentro do prazo de sessenta dias pelo mesmo motivo que gerou a incapacidade, e tiverem em sua totalidade duração superior a quinze dias; e

f) no dia do início de afastamento por acidente ou doença relacionados ou não ao trabalho, com qualquer duração, quando ocorrer dentro do prazo de sessenta dias do retorno de afastamento anterior pelo mesmo motivo que tenha gerado a incapacidade, gerador do recebimento de auxílio-doença.

▸ Alíneas e e f acrescidas pela Port. 3.784/2023 do MTE, em vigor a partir de 02.01.2024.

IV – em relação aos diretores não empregados:

a) até o dia quinze do mês subsequente à da posse no cargo:

1. número do CPF;

2. datas de nascimento e de posse no cargo;

3. categoria do diretor não empregado, conforme classificação adotada pelo eSocial;

4. código da CBO;

5. data de opção pelo FGTS, se for o caso; e

▸ 4 e 5 com redação pela Port. 3.784/2023 do MTE, em vigor a partir de 02.01.2024.

6. etnia e raça;

▸ 6 acrescido pela Port. 3.784/2023 do MTE, em vigor a partir de 02.01.2024.

b) até o décimo dia seguinte ao da sua ocorrência, observado o disposto no § 6º do art. 14, quando houver opção pelo FGTS:

1. data e motivo do desligamento; e

2. os valores das verbas rescisórias;

c) a data do desligamento, que deverá ser declarada até o dia quinze do mês subsequente ao vencido, observado o disposto no § 6º do art. 14, quando não houver opção pelo FGTS; e

d) valores de parcelas integrantes e não integrantes das remunerações mensais, com a correspondente discriminação e individualização das parcelas e descontos, que deverão ser declarados até o dia quinze do mês subsequente ao vencido, observado o disposto no § 1º;

e) até o dia quinze do mês subsequente ao da ocorrência:

▸ Alínea e acrescida pela Port. 3.784/2023 do MTE, em vigor a partir de 02.01.2024.

1. as alterações cadastrais relativas ao item 6 da alínea "a", do inciso IV; e

2. afastamento para exercício de mandato sindical;

V – em relação aos dirigentes sindicais que recebem remuneração de entidade sindical:

a) até o dia quinze do mês subsequente ao do início do mandato:

1. número do CPF;

2. datas de nascimento e de início do mandato sindical;

3. categoria do dirigente sindical, conforme classificação adotada pelo Social;

4. código da CBO; e

▸ 3 e 4 com redação pela Port. 3.784/2023 do MTE, em vigor a partir de 02.01.2024.

5. etnia e raça

▸ 5 acrescido pela Port. 3.784/2023 do MTE, em vigor a partir de 02.01.2024.

b) até o dia quinze do mês subsequente ao do início do mandato:

1. identificação do cedente;

2. categoria do trabalhador;

3. data de admissão ou ingresso;

4. matrícula; e

5. regimes trabalhista e previdenciário;

c) dados do desligamento, com data e motivo, que deverão ser declarados até o dia quinze do mês subsequente ao desligamento; e

d) valores de parcelas integrantes e não integrantes das remunerações mensais, com a correspondente discriminação e individualização das parcelas e descontos, que deverão ser declarados até o dia quinze do mês subsequente ao vencido;

▸ Incisos I a V com redação pela Port. 4.198/2022 do MTP.

e) até o dia quinze do mês subsequente ao da ocorrência, as alterações cadastrais relativas ao item 5 da alínea "a" do inciso V do *caput*;

▸ Alínea e acrescida pela Port. 3.784/2023 do MTE, em vigor a partir de 02.01.2024.

VI – em relação aos trabalhadores cedidos:

a) até o dia quinze do mês subsequente ao do início das atividades no cessionário:

1. número do CPF;

2. datas de nascimento e de início das atividades no cessionário;

3. categoria do trabalhador cedido, conforme classificação adotada pelo eSocial;

4. código da CBO; e

▸ 3 e 4 com redação pela Port. 3.784/2023 do MTE, em vigor a partir de 02.01.2024.

5. etnia e raça;

▸ 5 acrescido pela Port. 3.784/2023 do MTE, em vigor a partir de 02.01.2024.

b) até o dia quinze do mês subsequente ao do início das atividades no cessionário:

1. identificação do cedente;

2. categoria do trabalhador;

3. data de admissão ou ingresso;

4. matrícula; e

5. regimes trabalhista e previdenciário;

c) data do desligamento que deverá ser declarada até o dia quinze do mês subsequente ao desligamento; e

d) valores de parcelas integrantes e não integrantes das remunerações mensais, com a correspondente discriminação e individualização das parcelas e descontos, que deverão ser declarados até o dia quinze do mês subsequente ao vencido;

e) até o dia quinze do mês subsequente ao da ocorrência:

1. as alterações cadastrais relativas ao item 5 da alínea "a" do inciso VI;

2. afastamento ou licença sem remuneração quando ocorrer durante todo o mês calendário; e

3. afastamento ou licença com remuneração, quando sua duração for superior a 30 (trinta) dias.

▸ Alínea e acrescida pela Port. 3.784/2023 do MTE, em vigor a partir de 02.01.2024.

VII – em relação aos trabalhadores avulsos portuários e não portuários:

a) até o dia quinze do mês subsequente ao do ingresso no OGMO ou no sindicato:

1. número do CPF;

2. datas de nascimento e de ingresso no OGMO – Órgão Gestor de Mão de Obra ou no sindicato;

3. categoria do trabalhador avulso portuário ou não portuário, conforme classificação adotada pelo eSocial;

4. código da CBO; e

▸ 3 e 4 com redação pela Port. 3.784/2023 do MTE, em vigor a partir de 02.01.2024.

5. etnia e raça;

▸ 5 acrescido pela Port. 3.784/2023 do MTE, em vigor a partir de 02.01.2024.

b) data de início da inatividade, quando superior a noventa dias, que deve ser declarada no nonagésimo primeiro dia do início da inatividade;

c) data de término da inatividade de que trata a alínea "b" deste inciso, que deverá ser declarada até o dia quinze do mês subsequente ao da sua ocorrência; e

d) valores de parcelas integrantes e não integrantes das remunerações mensais, com a correspondente discriminação e individualização das parcelas e descontos, que deverão ser declarados até o dia quinze do mês subsequente ao vencido;

e) até o dia quinze do mês subsequente ao da ocorrência:

1. as alterações cadastrais relativas ao item 5 da alínea "a" do inciso VII; e

2. afastamentos temporários descritos no Anexo I-B;

f) no décimo sexto dia do afastamento por acidente ou doença relacionados ou não ao trabalho, com duração superior a quinze dias ou por acidente ou doença relacionados ou não ao trabalho, com qualquer duração, que ocorrerem dentro do prazo de sessenta dias pelo mesmo motivo que gerou a incapacidade, e tiverem em sua totalidade duração superior a quinze dias.

g) no dia do início de afastamento por acidente ou doença relacionados ou não ao trabalho, com qualquer duração, quando ocorrer dentro do prazo de sessenta dias do retorno de afastamento anterior pelo mesmo motivo que tenha gerado a incapacidade, gerador do recebimento de auxílio-doença

Leg. Compl.

▸ Alíneas *e* a *g* acrescidas pela Port. 3.784/2023 do MTE, em vigor a partir de 02.01.2024.

VIII – em relação aos estagiários:
▸ Inciso VIII em vigor em 01.01.2024.

a) até o dia quinze do mês subsequente ao do início do estágio:

1. número do CPF;

2. data de nascimento;

3. data de início do estágio;

4. data prevista para o término do estágio;

5. categoria do estagiário, conforme classificação adotada pelo eSocial;

6. nível e natureza do estágio; e
▸ 5 e 6 com redação pela Port. 3.784/2023 do MTE, em vigor a partir de 02.01.2024.

7. etnia e raça;
▸ 7 acrescido pela Port. 3.784/2023 do MTE, em vigor a partir de 02.01.2024.

b) identificação da instituição de ensino e quando for o caso, CNPJ do agente de integração e CPF do supervisor do estágio, que deverão ser declarados até o dia quinze do mês subsequente ao do início do estágio;

c) data do término do estágio que deverá ser declarada até o dia quinze do mês subsequente ao referido término; e

d) valores de parcelas integrantes e não integrantes das remunerações mensais, com a correspondente discriminação e individualização das parcelas e descontos, que deverão ser declarados até o dia quinze do mês subsequente ao vencido;
▸ Alínea *d* com redação pela Port. 3.784/2023 do MTE, em vigor a partir de 02.01.2024.

e) até o dia quinze do mês subsequente ao da ocorrência:

1. alterações cadastrais relativas ao item 7 da alínea "a" do inciso VIII; e

2. gozo de recesso;
▸ Alínea *e* acrescida pela Port. 3.784/2023 do MTE, em vigor a partir de 02.01.2024.

IX – em relação aos médicos residentes:
▸ Inciso IX em vigor em 01.01.2024.

a) até o dia quinze do mês subsequente ao do início da residência:

1. número do CPF;

2. data de nascimento;

3. data de início da residência;

4. categoria do médico residente, conforme classificação adotada pelo eSocial; e
▸ 3 e 4 com redação pela Port. 3.784/2023 do MTE, em vigor a partir de 02.01.2024.

5. etnia e raça;
▸ 5 acrescido pela Port. 3.784/2023 do MTE, em vigor a partir de 02.01.2024.

b) data do término da residência que deverá ser declarada até o dia quinze do mês subsequente ao referido término;

c) valores de parcelas integrantes e não integrantes das remunerações mensais, com a correspondente discriminação e individualização das parcelas e descontos, que deverão ser declarados até o dia quinze do mês subsequente ao vencido;
▸ Alínea *c* com redação pela Port. 3.784/2023 do MTE, em vigor a partir de 02.01.2024.

d) até o dia quinze do mês subsequente ao da ocorrência:
▸ Alínea *d* acrescida pela Port. 3.784/2023 do MTE, em vigor a partir de 02.01.2024.

1. alterações cadastrais relativas ao item 5 da alínea "a" do inciso IX; e

2. gozo de recesso;

X – em relação aos cooperados de cooperativas de trabalho e de cooperativas de produção:
▸ Inciso X em vigor em 01.01.2024.

a) até o dia quinze do mês subsequente ao do início da prestação do serviço:

1. número do CPF;

2. data de nascimento;

3. data de início da prestação de serviço;

4. categoria do cooperado, conforme classificação adotada pelo eSocial; e
▸ 3 e 4 com redação pela Port. 3.784/2023 do MTE, em vigor a partir de 02.01.2024.

5. etnia e raça;
▸ 5 acrescido pela Port. 3.784/2023 do MTE, em vigor a partir de 02.01.2024.

b) data do término da prestação do serviço que deverá ser declarada até o dia quinze do mês subsequente ao referido término; e

c) valores de parcelas integrantes e não integrantes das remunerações mensais, com a correspondente discriminação e individualização das parcelas e descontos, que deverão ser declarados até o dia quinze do mês subsequente ao vencido;
▸ Alínea *c* com redação pela Port. 3.784/2023 do MTE, em vigor a partir de 02.01.2024.

d) até o dia quinze do mês subsequente ao da ocorrência, as alterações cadastrais relativas ao item 5 da alínea "a" do inciso X do *caput*;
▸ Alínea *d* acrescida pela Port. 3.784/2023 do MTE, em vigor a partir de 02.01.2024.

XI – em relação aos trabalhadores autônomos, incluídos os transportadores autônomos:
▸ Inciso XI em vigor em 01.01.2024.

a) até o dia quinze do mês subsequente ao da prestação do serviço:

1. número do CPF;

2. datas de nascimento;

3. categoria do trabalhador autônomo, conforme classificação adotada pelo eSocial;

4. código da CBO; e

5. natureza da atividade, se urbano ou rural;

b) valores de parcelas integrantes e não integrantes das remunerações mensais, com a correspondente discriminação e individualização das parcelas e descontos, que deverão ser declarados até o dia quinze do mês subsequente ao vencido;.
▸ Alínea *b* com redação pela Port. 3.784/2023 do MTE, em vigor a partir de 02.01.2024.
▸ Incisos VI a XI acrescidos pela Port. 4.198/2022 do MTP.

§ 1º Ocorrendo rescisão de contrato de trabalho do primeiro ao quarto dia de cada mês, o envio das informações constantes nas alíneas "e" do inciso I, "d" do inciso III e "d" do inciso IV, relativas ao mês anterior à rescisão, deverá ocorrer até o décimo dia seguinte ao do desligamento.

§ 2º Até a data da implantação do FGTS Digital, a prestação das informações de que trata a alínea "e" do inciso I, pelo MEI – Microempreendedor Individual e pelo segurado especial deverão ser prestadas até o dia sete do mês seguinte ao vencido.
▸ §§ 1º e 2º com redação pela Port. 4.198/2022 do MTP.

§ 3º Os obrigados cuja declaração da RAIS foi substituída pelo envio das informações ao eSocial e que se enquadrarem na situação "sem movimento", assim definida no Manual de Orientação do eSocial, devem declarar esse fato até o dia quinze do mês subsequente:

I – ao do início da situação, quando ocorrer após início da obrigatoriedade do envio dos eventos periódicos ao eSocial;

II – ao da constituição do obrigado, quando a referida situação ocorrer após início da obrigatoriedade de envio dos eventos periódicos ao eSocial; ou

III – ao do início obrigatoriedade do envio dos eventos periódicos ao eSocial, quando a referida situação for preexistente.

§ 4º O recibo da RAIS poderá ser emitido mediante solicitação do declarante desde que atendidas as seguintes condições no ano-base, relativas aos trabalhadores mencionados nos incisos do *caput*:
▸ § 4º em vigor em 01.01.2024.

I – existência de trabalhador ativo no eSocial em pelo menos um dia do ano-base, ainda que afastado;

II – envio de evento de fechamento de folha referente a pelo menos uma competência com trabalhador ativo no ano-base; e

III – inexistência de evento de registro preliminar de trabalhador sem o correspondente evento complementar, quando houver informação de remuneração para esse trabalhador no ano-base.

§ 5º O recibo da RAIS negativa poderá ser emitido mediante solicitação do declarante desde que atendidas as seguintes condições relativas aos trabalhadores mencionados nos incisos do *caput*:
▸ § 5º em vigor em 01.01.2024.

I – inexistência de trabalhador ativo e de evento remuneratório no ano-base; e

II – último evento periódico enviado pelo declarante tenha sido um evento de fechamento de folha indicando a inexistência de informações relativas à remuneração de trabalhador, ainda que este evento tenha sido enviado em ano-base anterior.

§ 6º Os recibos de que tratam os §§ 4º e 5º serão emitidos por CNPJ básico ou CPF e não comprovam a regularidade das informações prestadas.
▸ § 6º em vigor em 01.01.2024.

§ 7º Enquanto não forem atendidos os requisitos estabelecidos no *caput* deste artigo, a obrigação contida no art. 24 da Lei 7.998, de 1990, combinada com o Capítulo XVII do Título II do Decreto nº 10.854, de 2021, deve ser cumprida por meio do GDRAIS, observado o disposto no Manual de Orientação do correspondente ano-base, publicado no portal gov.br.
▸ §§ 3º a 7º acrescidos pela Port. 4.198/2022 do MTP.

§ 8º As informações relativas à etnia e raça devem ser obrigatoriamente prestadas nas inclusões, alterações ou retificações cadastrais dos trabalhadores ocorridas a partir de 1º de janeiro de 2024, respeitando o critério de autodeclaração do trabalhador, em conformidade com a classificação utilizada pelo Instituto Brasileiro de Geografia e Estatística – IBGE.

§ 9º O produtor rural pessoa física pode enviar as informações de que trata a alínea "a" do inciso I deste artigo até o dia 15 do mês seguinte ao do início das atividades, caso a admissão se refira a trabalhador rural por pequeno prazo contratado na forma prevista no inciso II do § 3º do art. 14-A da Lei nº 5.889, de 1973.
▸ §§ 8º e 9º acrescidos pela Port. 3.784/2023 do MTE, em vigor a partir de 02.01.2024.

Art. 146. O empregador obrigado ao eSocial que não prestar as informações na forma e prazo estabelecidos no art. 145 ou apresentá-las com incorreções ou omissões ficará sujeito à multa prevista no art. 25 da Lei 7.998, de 1990.

Seção III
Da relação anual de informações sociais – RAIS

Art. 147. A declaração da RAIS pelas empresas e empregadores que não se enquadram no art. 145, deverá observar os procedimentos estabelecidos nesta Seção.

§ 1º Orientações adicionais quanto à declaração da RAIS de cada ano-base constarão de Manual de Orientação, que será publicado no mês de janeiro de cada ano, no portal www.rais.gov.br.

§ 2º A declaração deverá ser fornecida por meio eletrônico, mediante utilização do programa gerador de arquivos da RAIS – GDRAIS, que poderá ser obtido no endereço eletrônico de que trata o § 1º.

§ 3º Os estabelecimentos ou entidades que não tiveram vínculos laborais no ano-base poderão fazer a declaração acessando a opção – RAIS NEGATIVA – on-line – disponível no endereço eletrônico de que trata o § 1º.

§ 4º A entrega da RAIS é isenta de tarifa.

Art. 148. Estão obrigados a declarar a RAIS, por meio do GDRAIS:

I – empregadores urbanos e rurais, conforme definido no art. 2º do Decreto-Lei 5.452, de 1943 – CLT, e no art. 3º da Lei 5.889, de 8 de junho de 1973, respectivamente;

II – filiais, agências, sucursais, representações ou quaisquer outras formas de entidades vinculadas à pessoa jurídica domiciliada no exterior;

III – autônomos ou profissionais liberais que tenham mantido empregados no ano-base;

IV – órgãos e entidades da administração direta, autárquica e fundacional dos governos federal, estadual, do Distrito Federal e municipal;

V – conselhos profissionais, criados por lei, com atribuições de fiscalização do exercício profissional, e as entidades paraestatais;

VI – condomínios e sociedades civis; e

VII – cartórios extrajudiciais e consórcios de empresas.

§ 1º O estabelecimento inscrito no CNPJ que não manteve empregados ou que permaneceu inativo no ano-base está obrigado a entregar a RAIS – RAIS NEGATIVA – e preencher apenas os dados a ele pertinentes.

§ 2º A exigência de apresentação da RAIS NEGATIVA a que se refere o § 1º do *caput* não se aplica ao microempreendedor individual de que trata o § 1º do art. 18-A da Lei Complementar 123, de 14 de dezembro de 2006.

§ 3º Para as empresas e empregadores já obrigados à prestação de informações ao eSocial, nos termos do art. 145, o cumprimento da obrigação contida no art. 24 da Lei 7.998, de 1990, será feito exclusivamente pelo eSocial.

Art. 149. O empregador, ou aquele legalmente responsável pela prestação das informações, relacionará na RAIS de cada estabelecimento os vínculos laborais havidos ou em curso no ano-base, e não apenas os existentes em 31 de dezembro, que abranjam:

I – empregados urbanos e rurais, contratados por prazo indeterminado ou determinado, ou para prestação de trabalho intermitente;

II – trabalhadores temporários, regidos pela Lei 6.019, de 1974;

III – diretores sem vínculo empregatício para os quais o estabelecimento tenha optado pelo recolhimento do FGTS;

IV – servidores da administração pública direta ou indireta federal, estadual, do Distrito Federal ou municipal e das fundações supervisionadas;

V – servidores públicos não-efetivos, demissíveis ad nutum ou admitidos por meio de legislação especial, não regidos pelo Decreto-Lei 5.452, de 1943 – CLT;

VI – empregados dos cartórios extrajudiciais;

VII – trabalhadores avulsos, aqueles que prestam serviços de natureza urbana ou rural a diversas empresas, sem vínculo empregatício, com a intermediação obrigatória do sindicato da categoria, nos termos da Lei 12.023, de 27 de agosto de 2009, ou do órgão gestor de mão de obra, nos termos da Lei 12.815, de 5 de junho de 2013;

VIII – trabalhadores com contrato de trabalho por prazo determinado, regidos pela Lei 9.601, de 21 de janeiro de 1998;

IX – aprendiz contratado nos termos do art. 428 do Decreto-Lei 5.452, de 1943 – CLT, regulamentado pelo Decreto 9.579, de 22 de novembro de 2018;

X – trabalhadores com contrato de trabalho por tempo determinado, regidos pela Lei 8.745, de 9 de dezembro de 1993;

XI – trabalhadores rurais, regidos pela Lei 5.889, de 1973;

XII – trabalhadores com contrato de trabalho por prazo determinado, regidos por lei estadual;

XIII – trabalhadores com contrato de trabalho por prazo determinado, regidos por lei municipal;

XIV – servidores e trabalhadores licenciados;

XV – servidores públicos cedidos e requisitados; e

XVI – dirigentes sindicais.

Art. 150. É obrigatória a utilização de certificado digital válido, padrão ICP Brasil, para a transmissão da declaração da RAIS por todos os estabelecimentos que possuem a partir de dez vínculos, e para o envio de arquivos que contenham dez vínculos ou mais.

Parágrafo único. As declarações poderão ser transmitidas com o certificado digital:

I – de pessoa jurídica, emitido em nome do estabelecimento, tipo eCNPJ; ou

II – do responsável pela entrega da declaração, do tipo eCPF ou eCNPJ.

Art. 151. O recibo de entrega será gerado em cinco dias úteis após a entrega da declaração, por meio do endereço eletrônico http://www.rais.gov.br – opção "declaração Já Entregue"/"Impressão de Recibo de Entrega".

Art. 152. A empresa deverá manter em sua guarda, e poderá utilizar de armazenamento em meio eletrônico, óptico ou equivalente, no prazo de cinco anos a contar da data de envio, cópia do arquivo e do recibo de entrega da RAIS, para fins de comprovação perante a fiscalização do trabalho.

Parágrafo único. O Auditor-Fiscal do Trabalho somente poderá exigir a apresentação dos documentos previstos no *caput* se as informações não estiverem disponíveis nos sistemas internos do Ministério do Trabalho e Previdência.

Art. 153. A RAIS de exercícios anteriores deverá ser declarada com a utilização do aplicativo GDRAIS Genérico e os valores das remunerações deverão ser apresentados na moeda vigente no respectivo ano-base.

Parágrafo único. É obrigatória a utilização de certificado digital válido padrão ICP Brasil para a transmissão da declaração da RAIS de exercícios anteriores, exceto para a transmissão da RAIS NEGATIVA.

Art. 154. A cópia da declaração da RAIS, de qualquer ano-base, poderá ser solicitada pelo estabelecimento declarante por meio do portal de serviços do governo federal no endereço www.gov.br.

Art. 155. O empregador que não entregar a RAIS, omitir informação ou prestar declaração falsa ou inexata fica sujeito às penalidades previstas em legislação específica.

Seção IV
Do cadastro geral de empregados e desempregados – CAGED

Art. 156. Os empregadores, que não se enquadrem no art. 144, deverão seguir as instruções para prestação de informações previstas nesta Seção para fins do:

I – CAGED, instituído pela Lei 4.923, de 1965; e

II – Seguro-Desemprego, nos termos do inciso I do art. 7º e do art. 24 da Lei 7.998, de 1990.

Art. 157. O Aplicativo do CAGED Informatizado – ACI será utilizado para gerar e analisar o arquivo do CAGED, pelas empresas nas quais tenha ocorrido movimentação de empregados regidos pelo Decreto-Lei 5.452, de 1943 – CLT.

§ 1º O arquivo gerado será enviado ao Ministério do Trabalho e Previdência por meio do portal gov.br.

§ 2º A empresa deverá manter em sua guarda e poderá utilizar de armazenamento em meio eletrônico, óptico ou equivalente, no prazo de cinco anos a contar da data de envio, cópia do arquivo, do recibo de entrega e do extrato da movimentação processada, para fins de comprovação perante a fiscalização do trabalho.

§ 3º O Auditor-Fiscal do Trabalho somente poderá exigir a apresentação dos documentos previstos no § 2º se as informações não estiverem disponíveis nos sistemas internos do Ministério do Trabalho e Previdência.

§ 4º As empresas que possuem mais de um estabelecimento devem remeter ao Ministério do Trabalho e Previdência arquivos específicos para cada estabelecimento.

Art. 158. É obrigatória a utilização de certificado digital válido, padrão ICP Brasil, para a transmissão da declaração do CAGED por todos os estabelecimentos que possuem dez ou mais trabalhadores no 1º dia do mês de movimentação.

Parágrafo único. As declarações poderão ser transmitidas com o certificado digital:

I – de pessoa jurídica, emitido em nome do estabelecimento, tipo e CNPJ; ou

II – do responsável pela entrega da declaração, do tipo eCPF ou eCNPJ.

Art. 159. As informações prestadas fora do prazo deverão ser declaradas obrigatoriamente com a utilização de certificado digital válido padrão ICP Brasil.

Art. 160. As informações de que trata o inciso I do *caput* do art. 156 deverão ser prestadas à Secretaria de Trabalho do Ministério do Trabalho e Previdência até o dia sete do mês subsequente àquele em que ocorreu a movimentação de empregados.

Art. 161. Para os fins a que se refere o inciso II do *caput* do art. 156, as informações relativas a admissões deverão ser prestadas:

I – na data de início das atividades do empregado, quando este estiver em percepção do Seguro-Desemprego ou cujo requerimento esteja em tramitação; e

II – no prazo estipulado em notificação para comprovação do registro do empregado, lavrada em ação fiscal conduzida por Auditor-Fiscal do Trabalho.

Parágrafo único. As informações a que se refere este artigo suprirão os fins referidos no inciso I do art. 156, o que dispensará a obrigação a que se refere o art. 136, relativamente às admissões informadas.

Art. 162. O empregador que não prestar as informações no prazo previsto no art. 160 e art. 161, omitir informações ou prestar declaração falsa ou inexata, ficará sujeito às penalidades previstas em legislação específica.

Parágrafo único. Além das penalidades administrativas, os responsáveis por meios fraudulentos na habilitação ou na percepção do Seguro-Desemprego serão punidos civil e criminalmente, nos termos da lei.

Seção V
Da disponibilização e utilização de informações – CAGED, RAIS, Seguro-Desemprego e Benefício Emergencial de Preservação do Emprego e da Renda

Art. 163. Essa Seção disciplina os procedimentos para a disponibilização e a utilização de dados constantes nas bases de dados:

I – do CAGED, instituído pela Lei 4.923, de 1965;

II – da RAIS, instituída pelo Decreto 76.900, de 1975;

III – do Seguro-Desemprego, instituído pela Lei 7.998, de 1990;

IV – do Benefício Emergencial de Preservação do Emprego e da Renda – BEm, instituído pela Lei 14.020, de 6 de julho de 2020; e

V – do Novo Benefício Emergencial de Preservação do Emprego e da Renda – Novo BEm, instituído pela Medida Provisória 1.045, de 27 de abril de 2021.

Art. 164. Para fins desta Seção considera-se:

I – dado pessoal – dado relacionada a pessoa natural identificada ou identificável;

II – dado anonimizado – dado relativo a titular que não possa ser identificado, considerando a utilização de meios técnicos razoáveis e disponíveis na ocasião de seu tratamento;

III – gestor de dados – órgão ou entidade responsável pela governança de determinado conjunto de dados;

IV – solicitante de dados – órgão ou entidade que solicita ao gestor de dados a permissão de acesso aos dados;

V – usuário de dados – órgão ou entidade que utiliza dados após ser concedida permissão de acesso pelo gestor dos dados; e

VI – instrumento de cooperação para disponibilização de dados – ajuste realizado por meio de acordo de cooperação técnica ou acordo de cooperação a ser celebrado entre solicitante de dados e Ministério do Trabalho e Previdência, no uso de suas atribuições, com vias de formalizar o acesso aos dados pessoais, conforme modelos disponíveis no portal gov.br.

▸ Inciso VI com redação pela Port. 1.486/2022, do MTP.

Parágrafo único. A Secretaria de Trabalho do Ministério do Trabalho e Previdência é, para os efeitos desta Seção, a gestora de dados.

Art. 165. Os dados pessoais registrados nas bases de dados de que tratam o art. 163 têm acesso restrito e somente poderão ser utilizados em conformidade com a Lei 12.527, de 18 de novembro de 2011, e a Lei 13.709, de 14 de agosto de 2018, para as finalidades previstas no instrumento de cooperação acordado entre as partes de que trata o inciso VI do art. 164.

Parágrafo único. Os instrumentos de cooperação para disponibilização de dados deverão ser comunicados à Autoridade Nacional de Proteção de Dados – ANPD, nos termos do § 2º do art. 26 da Lei 13.709, de 2018.

Art. 166. As informações constantes das bases de dados de que tratam o art. 163 que não permitam a identificação de pessoas e sem nenhuma restrição de acesso serão disponibilizadas por meio do portal gov.br, em divulgação pública e garantida a qualquer interessado, na forma da legislação específica.

Art. 167. A solicitação de acesso a dados pessoais constantes nas bases de dados de que tratam o art. 163 será realizada por meio de formulário específico, disponível no portal gov.br, deverá ser acompanhado pelos seguintes documentos:

I – número de CPF ou cópia do documento de identificação internacional do solicitante;

II – CNPJ, contrato social ou documento correspondente do órgão ou entidade;

III – ofício ou carta contendo solicitação do órgão ou entidade interessada; e

IV – plano de trabalho, conforme modelos disponíveis no portal gov.br, que abranja os elementos a seguir:

▸ Inciso IV, *caput*, com redação pela Port. 1.486/2022, do MTP.

a) as justificativas para a disponibilização dos dados pessoais, conforme missão institucional;

b) o objetivo da utilização dos dados pessoais; e

c) o objeto da solicitação.

V – na hipótese de o solicitante ser organização da sociedade civil, regida pela Lei 13.019, de 31 de julho de 2014, a solicitação também deverá ser acompanhada:

▸ Inciso V acrescido pela Port. 1.486/2022, do MTP.

a) dos documentos previstos no art. 34 da Lei 13.019, de 2014; e

b) da declaração que ateste que:

1. a entidade se enquadra na definição de organização da sociedade civil, nos termos do disposto no art. 2º da Lei 13.019, de 2014;

2. a entidade é regida por normas de organização interna cujos objetivos são voltados à promoção de atividades e finalidades de relevância pública e social, nos termos do disposto no inciso I do art. 33 da Lei 13.019, de 2014; e

3. a solicitação não se enquadra nos impedimentos previstos nos art. 39 e art. 40 da Lei 13.019, de 2014.

§ 1º Após o recebimento da documentação, o gestor de dados se manifestará a respeito da completude dos documentos.

§ 2º Na hipótese de conformidade da solicitação, o gestor de dados formalizará processo administrativo junto ao Sistema Eletrônico de Informações – SEI.

§ 3º A solicitação de dados pessoais será submetida a:

I – análise de mérito quanto aos seus objetivos, pertinência, conveniência e necessidade da utilização de dados pessoais para a realização do projeto proposto; e

II – análise quanto à materialidade do instrumento de cooperação e quanto à sua conformidade com esta Portaria.

▸ Inciso II com redação pela Port. 1.486/2022, do MTP.

Leg. Compl.

§ 4º Para efeitos da alínea "a" do inciso V do *caput*, o solicitante apresentará cópia do estatuto social e de eventuais alterações estatutárias, devidamente registrados, não substituíveis por certidão de existência jurídica expedida pelo cartório de registro civil.

> § 4º acrescido pela Port. 1.486/2022, do MTP.

Art. 168. Após deferimento da solicitação pelo gestor de dados, nos termos do § 3º do art. 167, o solicitante terá o prazo de trinta dias para manifestar anuência no instrumento de cooperação.

Parágrafo único. Caso o prazo do *caput* seja exaurido sem manifestação, o processo será arquivado.

Art. 169. Para formalização de instrumento de cooperação de que trata o inciso VI do art. 164, o representante legal da instituição deverá assinar Termo de Compromisso e Manutenção de Sigilo, conforme modelo disponível no portal gov.br.

> Artigo com redação pela Port. 1.486/2022, do MTP.

Art. 170. O solicitante de dados deverá providenciar tradução juramentada do instrumento de cooperação, caso seja necessária sua reprodução em língua estrangeira.

Art. 171. O instrumento de cooperação para disponibilização dos dados pessoais deverá ser assinado pelo representante legal da instituição partícipe e pelo representante do Ministério do Trabalho e Previdência com competência para celebrar acordo de cooperação técnica ou acordo de cooperação.

Art. 172. O instrumento de cooperação será publicado pelo gestor de dados, na forma de extrato, até o quinto dia útil do mês subsequente ao da sua assinatura, no Diário Oficial da União, conforme disposto no parágrafo único do art. 61 da Lei 8.666, de 21 de junho de 1993.

Parágrafo único. Os dados pessoais serão disponibilizados, preferencialmente, de forma anonimizada, nos termos do inciso II do art. 164, respeitados os limites estabelecidos pela Lei 13.709, de 2018.

Art. 173. O gestor de dados disponibilizará ao usuário de dados o arquivo contendo as informações solicitadas, de acordo com o formato e o leiaute acordado entre os partícipes, mediante entrega de Termo de Compromisso e Manutenção de Sigilo assinado pelo usuário de dados, conforme modelo disponível em portal gov.br.

> Caput com redação pela Port. 1.486/2022, do MTP.

I e II – *Revogados pela Port. 1.486/2022, do MTP.*

Art. 174. O instrumento de cooperação para disponibilização dos dados pessoais terá vigência máxima de trinta e seis meses, podendo ser prorrogado por igual período, por meio de Termo Aditivo, desde que haja interesse dos partícipes.

Art. 175. Os usuários de dados deverão informar ao gestor de dados sobre a substituição dos signatários dos Termos de Compromisso e Manutenção de Sigilo, tal como dos responsáveis pelo acompanhamento dos respectivos planos de trabalho relacionados ao instrumento de cooperação para disponibilização de dados pessoais.

Art. 176. Cópia do produto técnico, como relatório, estudo ou pesquisa, elaborado no âmbito do instrumento de cooperação, deverá ser entregue ao gestor de dados em meio eletrônico.

Art. 177. A utilização indevida dos dados pessoais disponibilizados na forma desta Seção e do instrumento de cooperação acarretará a aplicação das sanções previstas no art. 52 da Lei 13.709, de 2018, além de outras previstas em lei, respeitados os princípios do contraditório, da ampla defesa e do devido processo legal.

§ 1º Sempre que ocorrer a utilização indevida dos dados pessoais, a Autoridade Nacional de Proteção de Dados será comunicada para a aplicação das sanções de que tratam o *caput*.

§ 2º Entende-se como utilização indevida toda e qualquer exposição de dados que represente violação à privacidade das pessoas naturais que constam nas bases de dados de que tratam o art. 133, estando vedado o repasse de dados pessoais para pessoas físicas, jurídicas ou para a sociedade em geral, sem motivações fundamentais na legislação ou em decisão judicial.

§ 3º A suspeita da utilização indevida dos dados pessoais poderá acarretar, temporariamente, a suspensão do instrumento de cooperação que disponibiliza o acesso aos dados, enquanto o processo administrativo ou judicial de investigação perdurar, conforme decisão fundamentada do Secretário de Trabalho.

§ 4º Sem prejuízo das sanções de que tratam o *caput*, a comprovação de utilização indevida dos dados pes-

soais poderá ocasionar a rescisão do instrumento de cooperação.

§ 5º Nos casos em que a utilização indevida dos dados resultar em rescisão do instrumento de cooperação, o gestor de dados, observando os critérios de oportunidade e conveniência, se reservará ao direito de não firmar novo instrumento de cooperação com o solicitante de dados por até cinco anos.

§ 6º Da decisão administrativa pela suspensão de acesso aos dados ou rescisão do instrumento de cooperação caberá recurso dirigido à autoridade que proferiu a decisão, a qual, se não a reconsiderar no prazo de cinco dias, o encaminhará à autoridade superior, nos prazos e termos previstos na Lei 9.784, de 29 de janeiro de 1999.

Art. 178. A disponibilização de dados pessoais para utilização por parte de órgãos e entidades da administração pública federal observará o Decreto 10.046, de 09 de outubro de 2019, dispensada a necessidade de estabelecer instrumento de cooperação.

Art. 178-A. O disposto neste Capítulo se aplica, no que couber, à disponibilização e à utilização de dados pessoais por organizações internacionais que tenham memorando de entendimento ou instrumento congênere vigente que objetive a cooperação entre o Ministério do Trabalho e Previdência e o organismo internacional.

Parágrafo único. Serão indeferidas solicitações de dados formuladas por entidades ou organizações internacionais que não tenham em vigência memorando de entendimento ou instrumento congênere, nos termos do *caput*.

Art. 178-B. A disponibilização e a utilização dos dados pessoais de que tratam este Capítulo por universidades ou institutos de pesquisas internacionais deverá ser precedida de parceria ou de instrumento congênere, celebrada com universidade ou instituição de pesquisa nacional que assuma as responsabilidades e obrigações previstas neste Capítulo.

> Artigos 178-A e 178-B acrescidos pela Port. 1.486/2022, do MTP.

Seção VI
Do cadastro de empregados na Caixa Econômica Federal

Art. 179. As pessoas jurídicas ou a ela equiparadas deverão cadastrar os empregados admitidos, mediante documento próprio, na Caixa Econômica Federal que tomará as medidas necessárias para a efetivação do cadastramento.

Seção VII
Da Classificação Brasileira de Ocupações

Art. 180. Fica aprovada a Classificação Brasileira de Ocupações – CBO – para uso em todo o território nacional.

§ 1º A CBO é um sistema de classificação de ocupações que tem o objetivo de retratar as diversas atividades laborais existentes no País, de forma padronizada, para fins de levantamentos estatísticos e usos nos registros administrativos.

§ 2º A CBO é utilizada nos registros administrativos, para fins classificatórios, sem efeitos de regulamentação profissional.

§ 3º A inclusão de uma ocupação na CBO não implica em regulamentação da referida profissão.

§ 4º A inclusão de uma ocupação na CBO independe e não se confunde com a regulamentação da referida profissão.

§ 5º A CBO não tipifica nem caracteriza vínculos trabalhistas de qualquer natureza e não implica obrigações decorrentes da mudança da nomenclatura do cargo exercido pelo trabalhador.

Art. 181. Na inclusão de ocupações na CBO deverão ser definidos:

I – código – código numérico de identificação;

II – título – nomenclatura pela qual a ocupação é conhecida;

III – descrição – descrição textual das principais atividades desenvolvidas na ocupação, agregadas algumas características do trabalho usualmente necessárias para desenvolvê-las.

§ 1º O título de que trata o inciso II do *caput* admite a definição de múltiplos nomes para a mesma ocupação, considerados os diferentes nomes tratados como sinônimos.

§ 2º A identificação de níveis de qualificação e educação formal entre as características do trabalho, na descrição de que trata o inciso III do *caput* não implica que estas sejam obrigatórias para o exercício da ocupação.

Art. 182. Políticas públicas, registros administrativos e sistemas governamentais poderão utilizar os códigos, títulos e descrições definidos na CBO para consecução de seus objetivos.

Parágrafo único. A CBO não incorporará na definição das ocupações marcadores ou descrições específicas definidas por políticas públicas, registros administrativos ou sistemas governamentais.

Art. 183. A atualização da CBO será feita anualmente de acordo com metodologia a ser definida pela Secretaria de Trabalho do Ministério do Trabalho e Previdência.

Art. 184. A CBO e suas atualizações serão disponibilizadas no portal gov.br.

Seção IX
Do Quadro Brasileiro de Qualificações

> Seção IX acrescida pela Port. 4.198/2022 do MTP.

Art. 184-A. Fica aprovado o Quadro Brasileiro de Qualificações – QBQ, conjunto de informações que descreve o preparo necessário ao trabalhador para o desempenho de cada ocupação descrita na Classificação Brasileira de Ocupações.

> Artigo acrescido pela Port. 4.198/2022 do MTP.

§ 1º São objetivos do Quadro Brasileiro de Qualificações:

I – definir o nível de qualificação compatível com cada ocupação da Classificação Brasileira de Ocupações;

II – garantir a transparência da associação entre qualificações e ocupações, a fim de possibilitar a identificação e a comparabilidade das diferentes formas de educação e formação e de sua adequação ao mercado de trabalho;

III – possibilitar aos trabalhadores a identificação de diferentes ocupações adequadas às suas qualificações;

IV – possibilitar aos empregadores a identificação da qualificação necessária aos trabalhadores para preenchimento das vagas de trabalho abertas;

V – definir referenciais para os resultados de aprendizagem associados aos diferentes níveis de qualificação;

VI – subsidiar a análise de programas de aprendizagem profissional a serem incluídos no Catálogo Nacional de Programas de Aprendizagem Profissional – CONAP;

VII – subsidiar a análise de programas de qualificação profissional a serem ofertados por instituições de educação profissional; e

VIII – viabilizar o intercâmbio de informações e de experiências entre sistemas de qualificação profissional do Brasil e de outros países.

§ 2º O Quadro Brasileiro de Qualificações serve de referência para as políticas públicas e as demais ações do Ministério do Trabalho e Previdência, e deve ser observado para:

I – priorização das ocupações a serem atualizadas na CBO a cada ano;

II – identificação da compatibilidade entre vagas e trabalhadores na política de intermediação de mão de obra; e

III – adequação das políticas de qualificação profissional, inclusive aprendizagem profissional.

(...)

Art. 184-E. O Quadro Brasileiro de Qualificações será disponibilizado no portal gov.br.

> Artigo acrescido pela Port. 4.198/2022 do MTP.

CAPÍTULO XII
DAS MEDIDAS CONTRA A DISCRIMINAÇÃO NO TRABALHO

Art. 185. Este capítulo trata da proibição de práticas discriminatórias no âmbito das relações de trabalho, previstas na Lei 7.716, de 5 de janeiro de 1989, na Lei 9.029, de 13 de abril de 1995, na Lei 12.984, de 2 de junho de 2014, na Lei 13.146, de 06 de julho de 2015 e no art. 373-A do Decreto-Lei 5.452, de 1943 – CLT.

Art. 186. O disposto neste capítulo abrange todos os trabalhadores que atuem sob todas as formas ou modalidades, e em todos os locais de trabalho, inclusive:

I – as pessoas que exercem qualquer emprego ou ocupação;

II – as pessoas em formação, incluídos os estagiários e aprendizes;

III – os voluntários;

IV – as pessoas que estão à procura de um emprego e os candidatos a um emprego; e

V – os trabalhadores desligados ou suspensos do trabalho.

Seção I
Da vedação de práticas discriminatórias

Art. 187. As seguintes práticas discriminatórias são vedadas ao empregador para fins de seleção, contratação, remuneração, promoção, formação profissional e manutenção do emprego, além de outras previstas em legislações específicas:

I – considerar como variável determinante idade, raça, cor, etnia, sexo, situação familiar, religião, procedência nacional, condição de portador do vírus da imunodeficiência adquirida – HIV, condição de pessoa com deficiência ou reabilitada, entre outras previstas na legislação; e

II – fazer exigência de quaisquer documentos com fins discriminatórios ou obstativos, como certidão negativa de reclamatória trabalhista, teste, exame, perícia, laudo, atestado ou declaração relativos à esterilização ou a estado de gravidez;

Art. 188. As políticas, programas e projetos desenvolvidos no âmbito da Secretaria de Trabalho deverão contemplar ações de estímulo a inclusão da população negra do mercado de trabalho na forma prevista no Capítulo V da Lei 12.288, de 20 de julho de 2010.

Art. 189. As práticas discriminatórias referidas nesta norma são passíveis das sanções previstas nas respectivas legislações específicas.

Seção II
Das orientações sobre o combate à discriminação relacionada ao HIV e a Aids nos locais de trabalho

Art. 190. Os seguintes princípios gerais aplicam-se a todas as ações relativas ao HIV e à Aids no mundo do trabalho:

I – a resposta ao HIV e à Aids será reconhecida como uma contribuição para a concretização dos direitos humanos, das liberdades fundamentais e da igualdade de gênero para todos, incluídos os trabalhadores, suas famílias e dependentes;

II – o HIV e a Aids devem ser reconhecidos e tratados como uma questão que afeta o local de trabalho, a ser incluída entre os elementos essenciais da resposta nacional para a pandemia, com plena participação das organizações de empregadores e trabalhadores;

III – não pode haver discriminação ou estigmatização dos trabalhadores, em particular as pessoas que buscam e as que se candidatam a um emprego, em razão do seu estado sorológico relativo ao HIV, real ou suposto, ou do fato de pertencerem a regiões do mundo ou a segmentos da população considerados sob maior risco ou maior vulnerabilidade à infecção pelo HIV;

IV – a prevenção de todos os meios de transmissão do HIV deve ser uma prioridade fundamental;

V – os trabalhadores, suas famílias e seus dependentes necessitam ter acesso a serviços de prevenção, tratamento, atenção e apoio em relação a HIV e Aids, e o local de trabalho deve desempenhar papel relevante na facilitação do acesso a esses serviços;

VI – a participação dos trabalhadores e o seu envolvimento na concepção, implementação e avaliação dos programas nacionais sobre o local de trabalho devem ser reconhecidos e reforçados;

VII – os trabalhadores devem beneficiar-se de programas de prevenção do risco específico de transmissão pelo HIV no trabalho e de outras doenças transmissíveis associadas, como a tuberculose;

VIII – os trabalhadores, suas famílias e seus dependentes devem gozar de proteção da sua privacidade, incluída a confidencialidade relacionada ao HIV e à Aids, em particular no que diz respeito ao seu próprio estado sorológico para o HIV;

IX – nenhum trabalhador pode ser obrigado a realizar o teste de HIV ou revelar seu estado sorológico para o HIV;

X – as medidas relativas ao HIV e à Aids no mundo do trabalho integram todas as políticas relacionadas ao trabalho; e

XI – proteção dos trabalhadores em ocupações particularmente expostas ao risco de transmissão do HIV.

Art. 191. Na elaboração de suas normas, políticas e programas, o Ministério do Trabalho e Previdência deverá considerar o Repertório de Recomendações Práticas da OIT sobre o HIV/Aids e o Mundo do Trabalho, de 2001 e suas revisões posteriores, os outros instrumentos pertinentes da Organização Internacional do Trabalho e demais diretrizes internacionais adotadas sobre o assunto.

Art. 192. O estado sorológico de HIV, real ou suposto, não pode ser motivo de qualquer discriminação para a contratação ou manutenção do emprego, ou

para a busca da igualdade de oportunidades compatíveis com as disposições da Convenção sobre a Discriminação em Emprego e Profissão, de 1958, da Organização Internacional do Trabalho.

Art. 193. O estado sorológico de HIV, real ou suposto, não pode ser causa de rompimento da relação de trabalho.

Parágrafo único. As ausências temporárias do trabalho por motivo de doença ou para prestar cuidados relacionadas ao HIV e à Aids devem ser tratadas da mesma maneira que as ausências por outros motivos de saúde.

Art. 194. Às pessoas com doenças relacionadas ao HIV não deve ser negada a possibilidade de continuar a realizar seu trabalho enquanto são clinicamente aptas a fazê-lo, mediante acomodações razoáveis sempre que necessário.

Parágrafo único. Devem ser estimuladas medidas para realocar essas pessoas em atividades adaptadas às suas capacidades, apoiada sua requalificação profissional para o caso de procurarem outro trabalho ou facilitar o seu retorno ao trabalho.

Art. 195. Deverão ser tomadas medidas no local de trabalho, ou por meio dele, para reduzir a transmissão do HIV e atenuar o seu impacto, como:

I – garantir o respeito aos direitos humanos e às liberdades fundamentais;

II – assegurar a igualdade de gênero;

III – garantir ações para prevenir e proibir a violência e o assédio no local de trabalho;

IV – promover a participação ativa de mulheres e homens na resposta ao HIV e à Aids;

V – promover o envolvimento de todos os trabalhadores, independentemente da orientação sexual ou porque façam ou não parte de grupos vulneráveis; e

VI – garantir a efetiva confidencialidade dos dados pessoais, inclusive dos dados médicos.

Art. 196. As estratégias de prevenção devem ser adaptadas aos ambientes e processos de trabalho, além de levar em consideração aspectos econômicos, sociais, culturais e de gênero.

Art. 197. Os programas de prevenção devem garantir:

I – informações relevantes, oportunas e atualizadas a todos, em um formato e linguagem culturalmente adequados, mediante os diferentes canais de comunicação disponíveis;

II – programas de educação abrangente, de modo a ajudar homens e mulheres a compreender e reduzir o risco de todas as formas de infecção pelo HIV, inclusive a transmissão de mãe para filho, e entender a importância da mudança de comportamentos de risco associados à infecção;

III – medidas efetivas de segurança e saúde no trabalho;

IV – medidas para incentivar os trabalhadores a conhecer o seu próprio estado sorológico, mediante aconselhamento e teste voluntário; particular, preservativos masculinos e femininos e, quando adequado, informações sobre seu uso correto, além do acesso a medidas de profilaxia pós-exposição; e

V – orientação quanto a medidas para reduzir comportamentos de alto risco, inclusive dos grupos mais expostos a risco, com vistas a diminuir a incidência do HIV.

Art. 198. Os testes diagnósticos devem ser voluntários e livres de qualquer coerção, respeitadas as diretrizes internacionais em matéria de confidencialidade, aconselhamento e consentimento.

Art. 199. Caracteriza-se como prática discriminatória exigir aos trabalhadores, incluídos os migrantes, às pessoas que procuram emprego e aos candidatos a trabalho, testes para HIV ou quaisquer outras formas de diagnóstico de HIV.

§ 1º Não será permitida, direta ou indiretamente, nos exames médicos por ocasião da admissão, mudança de função, avaliação periódica, retorno, demissão ou outros ligados à relação de emprego, a testagem do trabalhador quanto ao HIV.

§ 2º O disposto no § 1º não obsta que campanhas ou programas de prevenção da saúde estimulem os trabalhadores a conhecer seu estado sorológico quanto ao HIV por meio de orientações e exames voluntários, sem vínculo com a relação de trabalho e sempre resguardada a privacidade quanto ao conhecimento dos resultados.

Art. 200. Os resultados dos testes de HIV devem ser confidenciais e não devem comprometer o acesso ao

emprego, à estabilidade, à segurança no emprego ou a oportunidades para o avanço profissional.

Art. 201. Os trabalhadores, incluídos os migrantes, os desempregados e os candidatos a emprego, não devem ser coagidos a fornecer informações relacionadas ao HIV sobre si mesmos ou os outros.

Art. 202. O trânsito dos trabalhadores migrantes ou daqueles que pretendem migrar em função do emprego não deve ser impedido com base no seu status sorológico para o HIV, real ou suposto.

Art. 203. O ambiente de trabalho deve ser seguro e saudável, a fim de prevenir a transmissão do HIV no local de trabalho.

Art. 204. As ações de segurança e saúde destinadas a prevenir a exposição dos trabalhadores ao HIV no trabalho devem incluir precauções universais, como:

I – medidas de prevenção de riscos e acidentes, como as relacionadas à organização do trabalho e ao controle de técnicas e práticas de trabalho;

II – equipamentos de proteção individual, quando apropriado;

III – medidas de controle ambiental e profilaxia pós-exposição; e

IV – outras medidas de segurança para minimizar o risco de infecção pelo HIV e pela tuberculose, especialmente em profissões de maior risco, como as do setor da saúde.

Art. 205. Quando existir a possibilidade de exposição ao HIV no local de trabalho, os trabalhadores devem receber informação e orientação sobre os modos de transmissão e os procedimentos para evitar a exposição e a infecção, resguardado o sigilo médico e a intimidade do trabalhador.

Art. 206. As medidas de sensibilização devem enfatizar que o HIV não é transmitido por simples contato físico e que a presença de uma pessoa vivendo com HIV não deve ser considerada como uma ameaça no local de trabalho.

CAPÍTULO XIII
DO TRABALHO ESCRAVO

Seção I
Das condições análogas à escravidão

Art. 207. Considera-se em condição análoga à de escravo o trabalhador submetido, de forma isolada ou conjuntamente, a:

I – trabalho forçado;

II – jornada exaustiva;

III – condição degradante de trabalho;

IV – restrição, por qualquer meio, de locomoção em razão de dívida contraída com empregador ou preposto, no momento da contratação ou no curso do contrato de trabalho; ou

V – retenção no local de trabalho em razão de:

a) cerceamento do uso de qualquer meio de transporte;

b) manutenção de vigilância ostensiva; ou

c) apoderamento de documentos ou objetos pessoais.

Parágrafo único. O trabalho realizado em condição análoga à de escravo, sob todas as formas, constitui atentado aos direitos humanos fundamentais e à dignidade do trabalhador e é dever do Auditor-Fiscal do Trabalho combater a sua prática.

Art. 208. Para os fins previstos neste Capítulo:

I – trabalho forçado – é o exigido sob ameaça de sanção física ou psicológica e para o qual o trabalhador não tenha se oferecido ou no qual não deseje permanecer espontaneamente;

II – jornada exaustiva – toda forma de trabalho, de natureza física ou mental, que, por sua extensão ou intensidade, acarrete violação de direito fundamental do trabalhador, notadamente os relacionados à segurança, à saúde, ao descanso e ao convívio familiar e social;

III – condição degradante de trabalho – qualquer forma de negação da dignidade humana pela violação de direito fundamental do trabalhador, notadamente os dispostos nas normas de proteção do trabalho e de segurança, higiene e saúde no trabalho;

IV – restrição, por qualquer meio, da locomoção do trabalhador em razão de dívida – limitação ao direito fundamental de ir e vir ou de encerrar a prestação do trabalho, em razão de débito imputado pelo empregador ou preposto ou da indução ao endividamento com terceiros;

V – cerceamento do uso de qualquer meio de transporte – toda forma de limitação ao uso de meio de

transporte existente, particular ou público, possível de ser utilizado pelo trabalhador para deixar local de trabalho ou de alojamento;

VI – vigilância ostensiva no local de trabalho é qualquer forma de controle ou fiscalização, direta ou indireta, por parte do empregador ou preposto, sobre a pessoa do trabalhador que o impeça de deixar local de trabalho ou alojamento; e

VII – apoderamento de documentos ou objetos pessoais é qualquer forma de posse ilícita do empregador ou preposto sobre documentos ou objetos pessoais do trabalhador.

§ 1º Os conceitos estabelecidos neste artigo serão observados para fins de concessão de seguro-desemprego, conforme o disposto na Lei 10.608, de 20 de dezembro de 2002 e nas Resoluções do Conselho Deliberativo do Fundo de Amparo ao Trabalhador – CODEFAT, bem como para inclusão de pessoas físicas ou jurídicas no cadastro de empregadores que tenham submetido trabalhadores à condição análoga à de escravo.

§ 2º Os conceitos estabelecidos neste artigo deverão ser observados pelo Auditor-Fiscal do Trabalho em qualquer ação fiscal direcionada para erradicação do trabalho em condição análoga à de escravo ou em ações fiscais em que for identificada condição análoga à de escravo, independentemente da atividade laboral, seja o trabalhador nacional ou estrangeiro, inclusive quando envolver a exploração de trabalho doméstico ou de trabalho sexual.

Art. 209. Aplica-se o disposto neste Capítulo aos casos em que o Auditor-Fiscal do Trabalho identifique tráfico de pessoas para fins de exploração de trabalho em condição análoga à de escravo, desde que presente qualquer das hipóteses previstas no art. 208.

Art. 210. Considera-se tráfico de pessoas para fins de exploração de trabalho em condição análoga à de escravo o recrutamento, o transporte, a transferência, o alojamento ou o acolhimento de pessoas, mediante ameaça ou uso da força ou outras formas de coação, rapto, fraude, engano, abuso de autoridade ou situação de vulnerabilidade ou entrega ou aceitação de pagamentos ou benefícios para obter o consentimento de uma pessoa que tenha autoridade sobre outra.

Seção II
Da fiscalização

Art. 211. O Ministério do Trabalho e Previdência e suas unidades descentralizadas, deverão prover a Inspeção do Trabalho de todos os recursos necessários para a fiscalização e combate ao trabalho em condições análogas às de escravo, cujo combate será prioritário em seus planejamentos e ações.

Art. 212. As ações fiscais para erradicação do trabalho em condição análoga à de escravo serão planejadas e coordenadas pela Subsecretaria de Inspeção do Trabalho da Secretaria de Trabalho, que as realizará diretamente, por intermédio das equipes do Grupo Especial de Fiscalização Móvel de combate ao trabalho escravo, e pelas unidades descentralizadas da Inspeção do Trabalho, por meio de grupos ou equipes de fiscalização.

§ 1º A Subsecretaria de Inspeção do Trabalho e as suas unidades descentralizadas priorizarão em seus planejamentos a realização de ações fiscais para a identificação e resgate de trabalhadores submetidos a condições análogas à de escravo.

§ 2º As ações fiscais previstas no *caput* deverão prever a participação de representantes da Polícia Federal, Polícia Rodoviária Federal, Polícia Militar Ambiental, Polícia Militar, Polícia Civil, ou outra autoridade policial que garanta a segurança da fiscalização.

Art. 213. Com vistas a proporcionar o acolhimento de trabalhador submetido a condição análoga à de escravo, seu acompanhamento psicossocial e o acesso a políticas públicas, o Auditor-Fiscal do Trabalho deverá, no curso da ação fiscal:

I – orientar os trabalhadores a realizar sua inscrição no Cadastro Único da Assistência Social e encaminhá-los para o órgão local responsável pelo cadastramento, sempre que possível;

II – comunicar a situação de trabalhadores submetidos a condição análoga à de escravo ao órgão gestor responsável pela política de assistência social local, a fim de que os trabalhadores e suas famílias sejam encaminhadas ao Centro de Referência Especializado de Assistência Social para realizar o atendimento socioassistencial; e

III – comunicar os demais órgãos ou entidades da sociedade civil eventualmente existentes na região voltados para o atendimento de vítimas de trabalho análogo ao de escravo.

§ 1º Os procedimentos previstos nos incisos I a III do *caput* não serão adotados quando implicarem risco ao trabalhador.

§ 2º Caso se verifique que os procedimentos previstos nos incisos I a III do *caput* implicam risco de prejuízo ao sigilo da fiscalização, o Auditor-Fiscal do Trabalho poderá adotá-los ao final da ação.

Art. 214. A identificação de trabalho em condição análoga à de escravo em qualquer ação fiscal ensejará a adoção dos procedimentos previstos nos § 1º e § 2º do art. 2º-C da Lei 7.998, de 1990, e o Auditor-Fiscal do Trabalho deverá resgatar o trabalhador que estiver submetido a essa condição e emitir o Requerimento do Seguro-Desemprego do Trabalhador Resgatado.

Art. 215. Nos termos da legislação vigente, o trabalhador resgatado terá direito à percepção de três parcelas de seguro-desemprego, mediante comprovação da condição análoga à de escravo por ação fiscal dos Auditores-Fiscais do Trabalho.

Art. 216. O Auditor-Fiscal do Trabalho habilitado no sistema de concessão de seguro-desemprego cadastrará os dados do trabalhador resgatado para fins de concessão do benefício, conforme instruções do Ministério do Trabalho e Previdência.

Art. 217. Os dados de trabalhadores imigrantes vítimas de tráfico de pessoas ou de trabalho análogo ao de escravo deverão ser encaminhados para concessão de autorização de residência, prevista no art. 30 da Lei 13.445, de 24 de maio de 2017, observados os procedimentos estipulados pelo Ministério da Justiça e Segurança Pública.

§ 1º O Auditor-Fiscal do Trabalho responsável pelo resgate deverá solicitar à Chefia de Fiscalização o encaminhamento desses casos à Divisão de Fiscalização para Erradicação do Trabalho em Condições Análogas à de Escravo da Subsecretaria de Inspeção do Trabalho, para que o Ministério da Justiça e Segurança Pública seja oficiado para providenciar a concessão da residência permanente de que trata o *caput*.

§ 2º A solicitação de que trata o § 1º será devidamente instruída com pedido de autorização imediata de residência permanente formulado pelo Auditor-Fiscal do Trabalho responsável pelo resgate.

Art. 218. Quando o Auditor-Fiscal do Trabalho identificar a ocorrência de uma ou mais hipóteses previstas no art. 208, deverá lavrar auto de infração conclusivo a respeito da constatação de trabalho em condição análoga à de escravo, descrevendo de forma circunstanciada e pormenorizada os fatos que fundamentaram a caracterização.

Parágrafo único. A Subsecretaria de Inspeção do Trabalho e a Coordenação-Geral de Recursos da Secretaria de Trabalho adotarão as providências necessárias para a identificação dos autos de infração e demais documentos relacionados na mesma ação fiscal, de forma a propiciar a tramitação conjunta e prioritária do processo.

Art. 219. Da lavratura do auto de infração pelo Auditor-Fiscal do Trabalho com base na Portaria Interministerial MTPS/MMIRDH 4, de 11 de maio de 2016, será assegurado ao administrado o exercício do contraditório e da ampla defesa, na forma do que determinam os incisos LIV e LV do art. 5º da Constituição e a Lei 9.784, de 1999.

Art. 220. Verificado pelo Auditor-Fiscal do Trabalho o não recolhimento do FGTS ou Contribuição Social de que trata a Lei Complementar 110, de 29 de junho de 2001, deverá ser emitida NDFC.

Art. 221. Os procedimentos de fiscalização de que trata este Capítulo serão disciplinados pelo Ministério do Trabalho e Previdência, com subsídios da Subsecretaria de Inspeção do Trabalho, por meio de Instrução Normativa.

Seção III
Do relatório de fiscalização

Art. 222. O Auditor-Fiscal do Trabalho deverá obrigatoriamente providenciar a elaboração de relatório de fiscalização nas situações em que for identificada a prática de quaisquer dos tipos infracionais previstos no art. 207 e nas ações fiscais que tenham sido motivadas por denúncia ou investigação deste ilícito, ainda que não se confirme a submissão de trabalhadores a condições análogas às de escravo.

§ 1º O relatório de fiscalização conterá, entre outras informações:

I – identificação do empregador (nome ou razão social, CPF ou CNPJ);

II – endereço do estabelecimento;

III – atividade econômica conforme a Classificação Nacional de Atividades Econômicas – CNAE;

IV – número de trabalhadores alcançados pela ação fiscal;

V – número de trabalhadores registrados na ação fiscal;

VI – número de trabalhadores em condição análoga à de escravo;

VII – número de trabalhadores resgatados;

VIII – número de trabalhadores menores de dezesseis anos encontrados;

IX – número de trabalhadores menores de dezoito e maiores de dezesseis anos encontrados;

X – número de trabalhadores menores de dezesseis anos em condição análoga à de escravo;

XI – número de trabalhadores menores de dezoito e maiores de dezesseis anos em condição análoga à de escravo;

XII – número de crianças e adolescentes submetidos a piores formas de trabalho infantil;

XIII – valor bruto das verbas rescisórias;

XIV – valor líquido de rescisões recebido pelos trabalhadores;

XV – número de mulheres em condição análoga à de escravo;

XVI – número de estrangeiros em condição análoga à de escravo;

XVII – número de estrangeiros resgatados;

XVIII – número de indígenas em condição análoga à de escravo;

XIX – número de indígenas resgatados;

XX – indicação da constatação de trabalho análogo ao de escravo urbano ou rural;

XXI – indicação da existência de indícios de tráfico de pessoas para exploração de trabalho em condições análogas à de escravo;

XXII – indicação das modalidades de trabalho análogo ao de escravo encontradas, conforme previsto nos incisos I a VII do art. 208;

XXIII – indicação do número do auto de infração conclusivo a respeito da constatação de trabalho em condição análoga à de escravo, previsto no art. 219;

XXIV – cópias dos autos de infração lavrados;

XXV – cópias dos termos de apreensão de documentos emitidos; e

XXVI – indicação da existência de indícios de exploração sexual.

Art. 223. O relatório de fiscalização deverá ser elaborado em até cinco dias úteis, a contar do término da ação fiscal, e será encaminhado ao chefe da fiscalização para imediata remessa à Subsecretaria de Inspeção do Trabalho.

Art. 224. O relatório de fiscalização em que houver a caracterização do trabalho em condições análogas às de escravo será disponibilizado ao autuado após solicitação endereçada ao chefe de fiscalização da Superintendência Regional do Trabalho responsável pela circunscrição em que foi constatado o ilícito.

Parágrafo único. A Subsecretaria de Inspeção do Trabalho encaminhará os relatórios de fiscalização em que houver a caracterização do trabalho em condições análogas às de escravo ao Ministério Público Federal para as providências cabíveis.

Seção IV
Da divulgação do cadastro de empregadores que tenham submetido trabalhadores a condições análogas à de escravo

Art. 225. O cadastro de empregadores previsto na Portaria Interministerial MTPS/MMIRDH 4, de 2016, será divulgado no endereço eletrônico do Ministério do Trabalho e Previdência e conterá a relação de pessoas físicas e jurídicas autuadas em ação fiscal que tenha sido identificado trabalhadores submetidos a condições análogas à de escravo.

§ 1º A inclusão do empregador somente ocorrerá após a prolação de decisão administrativa irrecorrível de procedência do auto de infração lavrado na ação fiscal em razão da constatação de submissão de trabalhadores a condições análogas à de escravo.

§ 2º A organização e divulgação do cadastro ficará a cargo da Divisão de Fiscalização para Erradicação do Trabalho Escravo da Subsecretaria de Inspeção

do Trabalho, cuja divulgação será realizada na forma do *caput*.

§ 3º A Assessoria de Comunicação e demais órgãos do Ministério do Trabalho e Previdência deverão garantir todos os meios necessários para que a Subsecretaria de Inspeção do Trabalho possa realizar a divulgação do Cadastro prevista no *caput* e no art. 2º da Portaria Interministerial MTPS/MMIRDH 4, de 2016.

<div align="center">

CAPÍTULO XIV

DAS ATIVIDADES DE DIREÇÃO, ASSESSORAMENTO E DE APOIO POLÍTICO PARTIDÁRIO

</div>

Art. 226. Este capítulo estabelece regras voltadas à execução do art. 44-A da Lei 9.096, de 19 de setembro de 1995, no âmbito das competências normativas do Ministério do Trabalho e Previdência.

Art. 227. Às atividades de direção, de assessoramento e de apoio político-partidário, assim definidas em normas internas de organização, exercidas nos órgãos, institutos e fundações dos partidos políticos não se aplica o regime jurídico previsto no Decreto-Lei 5.452, de 1943 – CLT.

Parágrafo único. As atividades descritas no *caput* não geram vínculo empregatício quando remuneradas com valor mensal igual ou superior a duas vezes o limite máximo do benefício do regime geral de previdência social.

Art. 228. Normas internas dos partidos políticos disciplinarão, entre outros, os seguintes aspectos:

I – as atividades de direção, assessoramento e apoio político-partidário a serem desempenhadas com base nessa modalidade de contratação;

II – a quantidade ou os critérios para as contratações a serem realizadas por diretório ou unidade partidária;

III – as hipóteses de alteração, suspensão, interrupção e extinção do contrato;

IV – as vantagens, os direitos, os deveres, as proibições e as responsabilidades dos contratados;

V – as obrigações do contratante para com os contratados; e

VI – os prazos de vigência das contratações e a possibilidade ou não de prorrogação.

Art. 229. É permitida a contratação, na modalidade tratada por este Capítulo, de pessoas que foram empregadas em órgãos, institutos e fundações dos partidos políticos, sem exigência de prazo mínimo entre a extinção do contrato de trabalho e a nova contratação.

Art. 230. As obrigações previdenciárias para essa modalidade de contratação obedecerão ao disposto na alínea "f" do inciso V do art. 11 da Lei 8.213, de 24 de julho de 1991, para aqueles que exercem atividades de direção, e ao disposto na alínea "g" do mesmo inciso, para as atividades de assessoramento e apoio político-partidário.

Art. 231. Aplicam-se subsidiariamente às atividades descritas no art. 227, as disposições dos arts. 593 e seguintes da Lei 10.406, de 2002 – Código Civil, que tratam da prestação de serviço.

Arts. 232 a 285. *Revogados pela Portaria MTE 3.472/2023.*

<div align="center">

Subseção I

Do Cadastro de Entidades Sindicais Especiais

▶ Subseção I acrescida pela Port. 4.198/2022 do MTP.

</div>

Art. 285-A. Esta Subseção estabelece os procedimentos administrativos para o Cadastro de Entidades Sindicais Especiais – CESE no Ministério do Trabalho e Previdência.

Art. 285-B. O Cadastro de Entidades Sindicais Especiais trata de inscrição das entidades sindicais que não representam categorias profissionais ou econômicas, mas que representam os grupos mencionados no inciso VII do *caput* e no parágrafo único, ambos do art. 8º da Constituição Federal.

Parágrafo único. A inscrição no Cadastro de Entidades Sindicais Especiais possui efeito meramente cadastral, sem gerar os efeitos previstos nos incisos II, IV, VI e VIII do art. 8º da Constituição Federal e nos Títulos V, VI e VI-A do Decreto-Lei 5.452, de 1943 – CLT.

Art. 285-C. O procedimento de cadastro disposto no art. 285-B deverá ser realizado por meio do portal gov.br.

Art. 285-D. A solicitação de Cadastro de Entidades Sindicais Especiais deverá ser instruída com os seguintes documentos:

I – requerimento assinado pelo representante legal da entidade;

II – edital de convocação dos membros da representação pleiteada para a assembleia geral de fundação ou ratificação da fundação da entidade, do qual constem a área de abrangência e representação pretendidas, publicado no *Diário Oficial da União* com antecedência mínima de cinco dias da realização da assembleia;

III – ata da assembleia geral de fundação ou de ratificação de fundação com a descrição da área de abrangência e representação aprovada, que deverá apresentar:

a) registro em cartório;

b) lista de presença;

c) finalidade da assembleia;

d) a data, o horário e o local de realização; e

e) os nomes completos, os números de registro no CPF e as respectivas assinaturas dos participantes;

IV – declaração da entidade de que os dirigentes foram regularmente eleitos nos termos do estatuto, que deverá constar:

a) indicação da data de início e término do mandato;

b) nome completo do dirigente eleito, com o respectivo número de inscrição no CPF;

c) função dos dirigentes da entidade requerente;

d) indicação do número de filiados na data da eleição; e

e) indicação da entidade à qual pretende se filiar;

V – estatuto social, aprovado em assembleia geral e registrado em cartório, que deverá conter os elementos identificadores da representação pretendida, em especial o grupo representado e a área de abrangência;

VI – certidão de inscrição do solicitante no Cadastro Nacional de Pessoa jurídica – CNPJ, com natureza jurídica específica; e

VII – comprovante de endereço em nome da entidade.

Art. 285-E. A Coordenação-Geral de Registro Sindical da Subsecretaria de Relações de Trabalho da Secretaria de Trabalho do Ministério do Trabalho e Previdência efetuará a conferência e análise dos documentos que instruem o pedido de inscrição de entidades sindicais especiais.

§ 1º O deferimento das solicitações ficará condicionado ao cumprimento do art. 285-D.

§ 2º A insuficiência ou irregularidade de documentação prevista no art. 285-D ensejará o indeferimento da solicitação.

Art. 285-F. Deferida a inscrição, a Coordenação-Geral de Registro Sindical da Subsecretaria de Relações de Trabalho da Secretaria de Trabalho do Ministério do Trabalho e Previdência expedirá Certidão de Inscrição no Cadastro de Entidades Sindicais Especiais, em que serão anotados os dados da entidade.

Art. 285-G. O teor e a integridade dos documentos digitalizados são de responsabilidade do interessado, que responderá nos termos da legislação civil, penal e administrativa por eventuais fraudes.

Art. 285-H. As entidades sindicais especiais deverão manter seu cadastro no Cadastro de Entidades Sindicais Especiais atualizado no que se refere a dados cadastrais, diretoria e filiação a Centrais Sindicais.

Parágrafo único. A solicitação de atualização deverá ser acompanhada dos seguintes documentos:

I – declaração da entidade, nos termos do inciso IV do art. 285-D, quando a atualização se referir a dados de diretoria ou de filiação ou desfiliação; e

II – comprovante de endereço em nome da entidade, nos termos do inciso VII do art. 285-D, quando a atualização se referir a dados de localização.

Art. 285-I. Caso haja decisão judicial relativa a assuntos de inscrição de entidades sindicais especiais, caberá aos interessados promover as diligências necessárias junto ao Poder Judiciário, a fim de que o Ministério do Trabalho seja devidamente notificado.

▶ Arts. 285-A a 285-I acrescidos pela Port. 4.198/2022 do MTP.

<div align="center">

Seção II

Do recolhimento e da distribuição da contribuição sindical urbana

</div>

Art. 286. A Contribuição Sindical Urbana – CSU, quando devida por trabalhadores e empregadores, deverá ser recolhida por meio da rede bancária, nos termos do disposto nos art. 589 a art. 591 do Decreto-Lei 5.452, de 1943 – CLT.

Art. 287. A Guia de Recolhimento da Contribuição Sindical Urbana – GRCSU disponível para preenchimento no endereço eletrônico gov.br/trabalho e no https://caixa.gov.br é o documento hábil para a quitação dos valores devidos a título de CSU.

Art. 288. Na hipótese de haver empresas que possuam estabelecimentos localizados em base territorial sindical distinta da matriz, o recolhimento da CSU será efetuado por estabelecimento.

Art. 289. A distribuição, pela Caixa Econômica Federal, dos valores da CSU para as entidades sindicais e para a Conta Especial Emprego e Salário – CEES observará o disposto nos art. 589 a art. 591 do Decreto-Lei 5.452, de 1943 – CLT, e será efetuada de acordo com as filiações da entidade sindical constantes no CNES, no dia do efetivo pagamento da CSU pelo contribuinte.

Art. 290. A Caixa Econômica Federal deverá disponibilizar mensalmente ao Ministério do Trabalho e Previdência, por meio de arquivo eletrônico, as informações constantes nas GRCSU e as relativas aos valores distribuídos e respectivos destinatários, bem como relatório anual consolidado.

<div align="center">

Seção III

Do registro de instrumentos coletivos de trabalho

</div>

Art. 291. Considera-se instrumento coletivo de trabalho a convenção coletiva, os acordos coletivos e respectivos termos aditivos, nos termos do Título VI do Decreto-Lei 5.452, de 1943 – CLT.

Art. 292. O registro dos instrumentos coletivos de trabalho deverá ser efetuado por meio do portal gov.br, observados os requisitos formais e de legitimidade previstos no Título VI do Decreto-Lei 5.452, de 1943 – CLT.

Art. 293. As Federações ou, na falta destas, as Confederações representativas de categorias econômicas ou profissionais são legítimas para celebrar instrumento coletivo de trabalho para reger as relações das categorias a elas vinculadas ou filiadas, quando:

I – inorganizadas em sindicatos, no âmbito de suas representações, conforme disposto no § 2º do art. 611 do Decreto-Lei 5.452, de 1943 – CLT; ou

II – comprovadamente autorizadas pelas respectivas entidades sindicais representadas para pactuar em seu nome.

Parágrafo único. Para a solicitação de registro de instrumento coletivo de trabalho, a entidade sindical signatária deverá estar com o cadastro ativo e o mandato da diretoria atualizado no CNES.

▶ Parágrafo único com redação pela Port. 4.198/2022 do MTP.

Art. 294. As cláusulas do instrumento coletivo de trabalho deverão ser inseridas sem numeração, sendo necessário informar para cada uma o grupo, subgrupo e o título específico a que pertence.

Art. 295. O conteúdo das cláusulas do instrumento coletivo de trabalho não poderá divergir das informações inseridas nas abas específicas de representação, categoria, abrangência, data-base e assembleia.

Art. 296. Para o deferimento do registro, a solicitação deverá estar acompanhada da cópia da ata da assembleia que aprovou o respectivo instrumento.

Art. 297. As notificações relacionadas a solicitação de registro do instrumento coletivo de trabalho serão feitas eletronicamente, e serão de responsabilidade das partes o acompanhamento por meio do portal gov.br.

Art. 298. O requerimento de registro do instrumento coletivo de trabalho será analisado:

I – pela Coordenação-Geral de Relação do Trabalho, quando se tratar de instrumento coletivo de trabalho com abrangência nacional ou interestadual; ou

II – pela unidade de relações do trabalho da unidade descentralizada de trabalho do Estado abrangido pelo instrumento coletivo de trabalho, nos demais casos.

Art. 299. Após o protocolo, as solicitações de registro de instrumento coletivo de trabalho serão passíveis de retificação nas seguintes situações:

I – quando não cumpridas as formalidades dos art. 292, art. 294, art. 295 e art. 296;

II – ausência de assinatura no requerimento de registro;

III – ausência de comprovação, por Federação ou Confederação, de outorga para negociar em nome da entidade sindical que lhe é vinculada;

IV – ausência de comprovação de representação válida;

V – indicação de categoria não representada pelos signatários; e

VI – ausência ou inconsistências nos anexos exigidos.

§ 1º A outorga de que trata o inciso III do *caput* poderá ser comprovada mediante previsão de delegação da entidade representada constante de seu estatuto, por procuração, ou de ata de assembleia da categoria que aprove a referida representação.

§ 2º As partes signatárias serão notificadas para, no prazo de trinta dias, prorrogáveis por igual período, a

contar do recebimento da respectiva notificação, sanar as irregularidades identificadas.

> § 2º com redação pela Port. 4.198/2022 do MTP.

Art. 300. As solicitações serão indeferidas e arquivadas sem o devido registro do instrumento coletivo de trabalho quando não atendido o disposto no § 2º do art. 299.

Art. 301. Das decisões administrativas denegatórias de registro, caberá recurso administrativo, no prazo de dez dias, a contar da notificação da referida decisão.

Art. 302. O recurso administrativo será dirigido à autoridade que proferiu a decisão, que, se não a reconsiderar no prazo de cinco dias, o encaminhará ao:

I – Subsecretário de Relações de Trabalho, quando se tratar de instrumento coletivo de trabalho com abrangência nacional ou interestadual; e

II – Coordenador-Geral de Relações do trabalho nos demais casos.

Art. 303. Os instrumentos coletivos registrados ficarão disponíveis para consulta de qualquer interessado no portal gov.br.

Seção IV
Da mediação de conflitos de natureza trabalhista

Art. 304. Os trabalhadores, por intermédio das respectivas entidades sindicais representantes, e empregadores, por si ou por intermédio das respectivas entidades sindicais representantes, poderão solicitar à Secretaria de Trabalho do Ministério do Trabalho e Previdência a realização de mediação, com vistas à composição de conflito.

Parágrafo único. A unidade de relações do trabalho, diante de relevante interesse público da atividade, poderá convidar as partes para reunião de mediação.

> Parágrafo único acrescido pela Port. 4.198/2022 do MTP.

Art. 305. A solicitação de mediação deverá ser efetuada por meio do portal de serviços do governo federal no portal gov.br e após a transmissão será dirigida:

I – ao chefe da unidade de relações de trabalho da unidade descentralizada de trabalho local, quando se tratar de mediação em conflito de âmbito municipal, intermunicipal ou estadual; ou

II – à Subsecretaria de Relações do Trabalho do Ministério do Trabalho e Previdência, na hipótese de mediação em conflito de âmbito nacional ou interestadual.

Parágrafo único. Para a solicitação de mediação, a entidade sindical deverá estar com o cadastro ativo e o mandato da diretoria atualizado no CNES.

> Parágrafo único com redação pela Port. 4.198/2022 do MTP.

Art. 306. A mediação, gratuita para as partes, será realizada:

I – por servidor lotado na unidade competente em matéria de relações do trabalho;

II – pelo titular da unidade descentralizada de trabalho correspondente;

III – por Auditor-Fiscal do Trabalho, sob concordância da chefia a que estiver vinculado; ou

IV – pelo Subsecretário de Relações de Trabalho.

Parágrafo único. A competência contida no inciso II do *caput* poderá ser delegada, pelo titular da unidade, a servidor com comprovada experiência em mediação.

> Parágrafo único acrescido pela Port. 4.198/2022 do MTP.

Art. 307. As solicitações serão analisadas no prazo de até trinta dias, a contar do recebimento.

§ 1º As notificações relacionadas ao pedido de mediação serão feitas eletronicamente e serão de responsabilidade das partes o seu acompanhamento por meio do portal gov.br.

§ 2º É permitida a realização de mediação não presencial conduzida pelo mediador através do emprego de recursos tecnológicos de transmissão de sons e imagens em tempo real, com o resultado reduzido a termo.

Art. 308. A ausência injustificada da parte solicitante à mediação ensejará o arquivamento do processo, exceto se a outra parte solicitar a sua continuidade.

CAPÍTULO XVI
DA FISCALIZAÇÃO ORIENTADORA EM MICROEMPRESAS E EMPRESAS DE PEQUENO PORTE

Art. 309. Este Capítulo estabelece as situações que, por sua natureza, não sujeitam as microempresas e empresas de pequeno porte à fiscalização prioritariamente orientadora, prevista no art. 55 da Lei Complementar 123, de 2006.

Art. 310. O benefício da dupla visita não será aplicado quando constatado trabalho em condições análogas às de escravo ou trabalho infantil, bem como para as infrações relacionadas a:

I – atraso no pagamento de salário; e

II – acidente de trabalho, no que tange aos fatores diretamente relacionados ao evento, com consequência:

a) significativa – lesão à integridade física ou à saúde, que implique em incapacidade temporária por prazo superior a quinze dias;

b) severa – que prejudique a integridade física ou a saúde, que provoque lesão ou sequela permanente; ou

c) fatal;

III – risco grave e iminente à segurança e saúde do trabalhador, conforme irregularidades indicadas em relatório técnico, nos termos da Norma Regulamentadora – NR 3, aprovada pela Portaria SEPRT 1.068, de 23 de setembro de 2019; e

IV – descumprimento de embargo ou interdição.

(...)

CAPÍTULO XVII
DA SIMULAÇÃO DE RESCISÃO CONTRATUAL E LEVANTAMENTO DO FGTS EM FRAUDE À LEI

Art. 311. A Inspeção do Trabalho dará tratamento prioritário, entre os atributos de rotina, à constatação de casos simulados de rescisão do contrato de trabalho sem justa causa, seguida de recontratação do mesmo trabalhador ou de sua permanência na empresa sem a formalização do vínculo, presumida, em tais casos, como conduta fraudulenta do empregador para fins de aplicação dos § 2º e § 3º do art. 23 da Lei 8.036, de 1990.

Art. 312. Considera-se fraudulenta a rescisão seguida de recontratação ou de permanência do trabalhador em serviço quando ocorrida dentro dos noventa dias subsequentes à data em que formalmente a rescisão se operou.

Art. 313. Constatada a prática da rescisão fraudulenta, o Auditor Fiscal do Trabalho levantará todos os casos de rescisão ocorridos nos últimos vinte e quatro meses para verificar se a hipótese pode ser apenada em conformidade com o art. 312.

Parágrafo único. O levantamento a que se refere o *caput* envolverá também a possibilidade de ocorrência de fraude ao seguro-desemprego, hipótese em que será concomitantemente aplicada a sanção prevista no art. 25 da Lei 7.998, de 1990.

(...)

CAPÍTULO XVIII
DA APRENDIZAGEM PROFISSIONAL E DO CADASTRO NACIONAL DE APRENDIZAGEM PROFISSIONAL

Seção I
Das disposições preliminares

(...)

Arts. 314 a 397. *Revogados pela Port. MTE 3.872/2023, em vigor a partir de 1º de fevereiro de 2024.*

CAPÍTULO XIX
DISPOSIÇÕES FINAIS

Art. 398. O empregador poderá utilizar controle único e centralizado dos documentos sujeitos à inspeção do trabalho, à exceção do registro de empregados, do registro de horário de trabalho e de outros documentos estabelecidos em normas específicas, que deverão permanecer em cada estabelecimento.

Parágrafo único. A exibição dos documentos passíveis de centralização deverá ser feita no prazo de dois a oito dias, a critério do Auditor-Fiscal do Trabalho.

(...)

Art. 401. Esta Portaria entra em vigor:

I – quanto à Seção IV do Capítulo V e ao Capítulo XVIII, em 10 de fevereiro de 2022;

II – quanto aos demais dispositivos, em 10 de dezembro de 2021.

Onyx Dornelles Lorenzoni

> Deixamos de publicar os Anexos a esta Portaria.

PORTARIA 672,
DE 8 DE NOVEMBRO DE 2021, DO MTP

Disciplina os procedimentos, programas e condições de segurança e saúde no trabalho e dá outras providências.

DOU 11.11.2021

O Ministro do Trabalho e Previdência, no uso das atribuições que lhe confere o art. 87, *caput*, parágrafo único, inciso II da Constituição, e tendo em vista o disposto no art. 155 e art. 200 da Consolidação das Leis do Trabalho – CLT, aprovada pelo Decreto-Lei 5.452, de 1º de maio de 1943, e no art. 48-A da Lei 13.844, de 18 de junho de 2019, resolve:

(...)

CAPÍTULO III
DA SEGURANÇA E SAÚDE DOS MOTORISTAS PROFISSIONAIS DO TRANSPORTE RODOVIÁRIO DE CARGAS E COLETIVO DE PASSAGEIROS

Seção I
Das condições mínimas de segurança, sanitárias e de conforto nos locais de espera, de repouso e de descanso dos motoristas profissionais de transporte rodoviário de passageiros e de cargas

Art. 47. As condições mínimas de segurança, sanitárias e de conforto nos locais de espera, de repouso e de descanso dos motoristas profissionais de transporte rodoviário de passageiros e de cargas devem atender ao disposto neste Capítulo, nos termos da Lei 13.103, de 02 de março de 2015.

Art. 48. As instalações sanitárias devem:

I – ser separadas por sexo;

II – possuir gabinetes sanitários privativos, dotados de portas de acesso que impeçam o devassamento, com dispositivo de fechamento, além de cesta de lixo e papel higiênico;

III – dispor de lavatórios dotados de materiais para higienização e secagem das mãos;

IV – ser dotadas de chuveiros com água fria e quente;

V – seguir a proporção mínima de um gabinete sanitário, um chuveiro e um lavatório, por sexo, para cada vinte vagas ou fração, considerando a quantidade de vagas no estacionamento destinadas ao atendimento dos motoristas profissionais de transporte;

VI – ser providos de rede de iluminação; e

VII – ser mantidas em adequadas condições de higiene, conservação, funcionamento e organização.

§ 1º Os vasos sanitários devem possuir assento com tampa.

§ 2º O local dos chuveiros pode ser separado daquele destinado às instalações com gabinetes sanitários e lavatórios.

§ 3º Nas instalações sanitárias masculinas é permitida a instalação adicional de mictórios.

§ 4º As instalações sanitárias femininas podem ser reduzidas em até setenta por cento da proporção prevista no inciso V, nos locais em que houver baixa demanda de usuárias, desde que assegurada a existência de pelo menos uma instalação sanitária feminina.

§ 5º Para cumprimento do disposto neste Capítulo não é permitida a utilização de banheiros químicos.

Art. 49. Os compartimentos destinados aos chuveiros devem:

I – ser individuais;

II – ser dotados de portas de acesso que impeçam o devassamento, com dispositivo de fechamento;

III – possuir ralos sifonados com sistema de escoamento que impeça a comunicação das águas servidas entre os compartimentos e que escoe toda a água do piso; e

IV – dispor de suporte para sabonete e cabide para toalha.

Art. 50. Medidas adequadas devem ser adotadas para garantir que o esgotamento das águas utilizadas não seja fonte de contaminação.

Art. 51. Os ambientes para refeições, quando existirem, podem ser de uso exclusivo ou compartilhado com o público em geral, devendo sempre:

I – ser dotados de mesas e assentos;

II – ser mantidos em adequadas condições de higiene, limpeza e conforto; e

III – permitir acesso fácil às instalações sanitárias e às fontes de água potável.

Art. 52. Poderá ser permitido que os usuários dos locais de espera, de repouso e de descanso utilizem a própria caixa ou cozinha ou equipamento similar para preparo de suas refeições, desde que em local que não comprometa as condições de segurança do estabelecimento.

Art. 53. Deve ser disponibilizada, gratuitamente, água potável em quantidade suficiente, por meio de copos individuais, bebedouro ou outro equipamento similar que garanta as mesmas condições.

Art. 54. Todo local de espera, de repouso e de descanso deve conter sinalização informando as áreas destinadas ao estacionamento de veículos, bem como a indicação da localização das instalações sanitárias e, quando existirem, dos ambientes de refeição.

Art. 55. Todo local de espera, de repouso e de descanso deve possuir vigilância ou monitoramento eletrônico.

Art. 56. O local de espera, de repouso e de descanso que exigir dos usuários pagamento de taxa para permanência do veículo deve ser cercado e possuir controle de acesso.

Art. 57. A venda, o fornecimento e o consumo de bebidas alcoólicas nos locais de espera, de repouso e de descanso deve respeitar o disposto na Lei nº 11.705, de 19 de junho de 2008.

Art. 58. É vedado o ingresso e a permanência de crianças e adolescentes nos locais de espera, de repouso e de descanso, salvo quando acompanhados pelos responsáveis ou por eles autorizados.

Art. 59. Aos estabelecimentos de propriedade do transportador, do embarcador ou do consignatário de cargas, bem como nos casos em que esses mantiverem com os proprietários destes locais contratos que os obriguem a disponibilizar locais de espera, de repouso e de descanso aos motoristas profissionais, aplicam-se as normas regulamentadoras de segurança e saúde no trabalho.

Seção II
Da realização dos exames toxicológicos por motoristas profissionais

Art. 60. A realização dos exames toxicológicos previstos no art. 168, § 6º e § 7º, bem como no art. 235-B, VII, da Consolidação das Leis do Trabalho – CLT, aprovada pelo Decreto-Lei nº 5.452, de 1943, por motoristas profissionais do transporte rodoviário coletivo de passageiros e do transporte rodoviário de cargas, na condição de motorista empregado, é regulamentada por esta Seção.

▸ *Caput com redação pela Port. 612/2024, do MTE.*

Parágrafo único. O registro da aplicação do exame toxicológico de que trata o caput será realizado com a transmissão das seguintes informações ao Sistema Simplificado de Escrituração Digital das Obrigações Previdenciárias, Trabalhistas e Fiscais – eSocial:

▸ *Parágrafo único acrescido pela Port. 612/2024 do MTE, em vigor a partir de 1º de agosto de 2024.*

I – identificação do trabalhador pela matrícula e CPF;

II – data da realização do exame toxicológico;

III – CNPJ do laboratório;

IV – código do exame toxicológico; e

V – nome e CRM do médico responsável.

Art. 61. Os exames toxicológicos serão custeados pelo empregador e realizados:

▸ *Caput com redação pela Port. 612/2024 do MTE.*

a) previamente à admissão;

b) periodicamente, no mínimo a cada 2 (dois) anos e 6 (seis) meses, na forma do Anexo VI; e

c) por ocasião do desligamento.

▸ *Alíneas a a c acrescidas pela Port. 612/2024 do MTE.*

§ 1º Os exames toxicológicos devem:

I – ter janela de detecção para consumo de substâncias psicoativas, com análise retrospectiva mínima de noventa dias, para substâncias que causem dependência ou, comprovadamente, comprometam a capacidade de direção, podendo ser utilizado, para essa finalidade, o exame toxicológico previsto na Lei 9.503, de 23 de setembro de 1997 – Código de Trânsito Brasileiro, desde que realizado nos últimos sessenta dias; e

II – ser realizados e avaliados em conformidade com os parâmetros estabelecidos pelo Conselho Nacional de Trânsito, em especial a Resolução CONTRAN nº 923, de 28 de março de 2022, ou norma posterior que a venha substituir e;

▸ *Inciso II com redação pela Port. 612/2024 do MTE.*

III – ser realizados por laboratórios com acreditação ISO 17025.

▸ *Inciso III acrescido pela Port. 612/2024 do MTE.*

§ 2º Os exames toxicológicos não devem:

I – constar de atestados de saúde ocupacional; e

II – estar vinculados à definição de aptidão do trabalhador para admissão ou demissão.

▸ *Incisos I e II com redação pela Port. 612/2024 do MTE.*

III – estar vinculados à definição de aptidão do trabalhador.

Art. 62. A validade do exame toxicológico será de sessenta dias, a partir da data da coleta da amostra, podendo seu resultado ser utilizado neste período para todos os fins de que trata o caput do art. 61.

§ 1º O exame toxicológico previsto pela Lei nº 9.503, de 1997 – Código de Trânsito Brasileiro, desde que realizado nos últimos 60 (sessenta) dias, poderá ser utilizado para os fins do disposto no caput do art. 61.

§ 2º O empregador poderá fazer coincidir a realização do exame toxicológico periódico, previsto no art. 235-B, VII, da CLT, com a realização do exame toxicológico previsto no art. 148-A, § 2º, da Lei nº 9.503, de 1997, realizado após a admissão, cujos resultados poderão ser aproveitados para os fins do disposto no caput do art. 61, enquanto perdurar o contrato de emprego do motorista profissional.

§ 3º O empregador custeará o exame toxicológico periódico previsto no art. 148-A, § 2º, da Lei nº 9.503, de 1997, caso opte por aproveitar seus resultados para os fins trabalhistas ou, ainda, reembolsar o motorista empregado que os tenha assumido.

▸ *§§ 1º a 3º acrescidos pela Port. 612/2024 do MTE.*

Parágrafo único. *Revogado pela Port. 612/2024 do MTE.*

Art. 62-A. O empregador, diante de resultado positivo em exame toxicológico periódico, providenciará a avaliação clínica do motorista empregado quanto à possível existência de dependência química de substâncias que comprometam a capacidade de direção.

▸ *Artigo acrescido pela Port. 612/2024 do MTE.*

§ 1º Quando a avaliação clínica realizada indicar quadro de dependência química, a organização deverá:

a) emitir a Comunicação de Acidente do Trabalho – CAT, caso haja suspeita de que a dependência tenha origem ocupacional;

b) afastar o empregado do trabalho;

c) encaminhar o empregado à Previdência Social, para avaliação de incapacidade e definição da conduta previdenciária a ser definida após a realização da perícia; e

d) reavaliar, se for o caso, os riscos ocupacionais e as medidas de prevenção pertinentes no Programa de Gerenciamento de Riscos – PGR;

§ 2º O empregador poderá desenvolver programa de controle de uso de droga e de bebida alcoólica entre seus motoristas profissionais empregados, dando-lhes ampla ciência, conforme previsto no art. 235-B, VII, da CLT.

§ 3º O empregador poderá realizar a avaliação do desenvolvimento de quadro de dependência química, em relação a qualquer de seus motoristas profissionais empregados, no âmbito do programa de controle de uso de droga e de bebida alcoólica, a ser instituído conforme previsto no art. 235-B, VII, da CLT.

Art. 62-B. O programa de controle de uso de droga e de bebida alcoólica, previsto no art. 235-B, VII, da CLT, a ser instituído pelo empregador, poderá ser contemplado no Programa de Gerenciamento de Riscos, conforme disposto na Norma Regulamentadora nº 1 – NR 01, com medida de controle dos riscos no ambiente de trabalho correlacionados ao uso de substâncias psicoativas que causem dependência ou que, comprovadamente, comprometam a capacidade de direção.

▸ *Artigo acrescido pela Port. 612/2024 do MTE.*

Art. 62-C. A Inspeção do Trabalho, no exercício regular de suas atribuições, verificará o cumprimento dos dispositivos que disciplinam a realização de exames toxicológicos previstos nesta Portaria, inclusive o registro de sua aplicação, realizado conforme previsto no art. 60, parágrafo único.

▸ *Artigo acrescido pela Port. 612/2024 do MTE.*

Art. 63. É assegurado ao trabalhador que realiza exame toxicológico o direito à contraprova e à confidencialidade dos resultados dos exames.

Parágrafo único. Os laboratórios devem entregar ao trabalhador laudo laboratorial detalhado em que conste a relação de substâncias testadas, bem como seus respectivos resultados.

Art. 64. Os laboratórios devem disponibilizar médico revisor para proceder à interpretação do laudo laboratorial e emissão do relatório médico, sendo facultado ao empregador optar por outro médico revisor de sua escolha.

§ 1º Cabe ao médico revisor emitir relatório médico, concluindo pelo uso indevido, ou não, de substância psicoativa.

§ 2º O médico revisor deve considerar, dentre outras situações, além dos níveis da substância detectada no exame, o uso de medicamento prescrito, devidamente comprovado.

§ 3º O médico revisor deve possuir conhecimentos para interpretação dos resultados laboratoriais.

§ 4º O relatório médico emitido pelo médico revisor deve conter:

I – nome e CPF do trabalhador;

II – data da coleta da amostra;

III – número de identificação do exame;

IV – identificação do laboratório que realizou o exame;

V – data da emissão do laudo laboratorial;

VI – data da emissão do relatório; e

VII – assinatura e número de inscrição no Conselho Regional de Medicina – CRM.

§ 5º O relatório médico deve concluir pelo uso indevido, ou não, de substância psicoativa, sem indicação de níveis ou tipo de substância identificada.

▸ *§ 5º com redação pela Port. 612/2024 do MTE.*

§ 6º O trabalhador deve entregar ao empregador o relatório médico emitido pelo médico revisor em até quinze dias corridos após o recebimento.

(...)

Art. 157. Esta Portaria entra em vigor no dia 10 de dezembro de 2021.

Onyx Dornelles Lorenzoni

▸ *Deixamos de publicar os Anexos a esta Portaria.*

LEI 14.297, DE 5 DE JANEIRO DE 2022

Dispõe sobre medidas de proteção asseguradas ao entregador que presta serviço por intermédio de empresa de aplicativo de entrega durante a vigência da emergência em saúde pública decorrente do coronavírus responsável pela covid-19.

DOU 06.01.2022

O Presidente da República, faço saber que o Congresso Nacional decreta e eu sanciono a seguinte Lei:

Art. 1º Esta Lei dispõe sobre medidas de proteção asseguradas ao entregador que presta serviço por intermédio de empresa de aplicativo de entrega durante a vigência, no território nacional, da emergência de saúde pública decorrente do coronavírus responsável pela covid-19.

Parágrafo único. As medidas previstas nesta Lei devem ser asseguradas até que seja declarado o término da Emergência em Saúde Pública de Importância Nacional (Fspin) em decorrência da infecção humana pelo coronavírus Sars-CoV-2.

Art. 2º Para os fins desta Lei, considera-se:

I – empresa de aplicativo de entrega: empresa que possui como principal atividade a intermediação, por meio de plataforma eletrônica, entre o fornecedor de produtos e serviços de entrega e o seu consumidor;

II – entregador: trabalhador que presta serviço de retirada e entrega de produtos e serviços contratados por meio da plataforma eletrônica de aplicativo de entrega.

Art. 3º A empresa de aplicativo de entrega deve contratar seguro contra acidentes, sem franquia, em benefício do entregador nela cadastrado, exclusivamente para acidentes ocorridos durante o período de retirada e entrega de produtos e serviços, devendo cobrir, obrigatoriamente, acidentes pessoais, invalidez permanente ou temporária e morte.

Parágrafo único. Na hipótese de o entregador prestar serviços para mais de uma empresa de aplicativo de entrega, a indenização, no caso de acidente, será paga pelo seguro contratado pela empresa para a qual o entregador prestava o serviço no momento do acidente.

Art. 4º A empresa de aplicativo de entrega deve assegurar ao entregador afastado em razão de infecção pelo coronavírus responsável pela covid-19 assistência financeira pelo período de 15 (quinze) dias, o qual pode ser prorrogado por mais 2 (dois) períodos de 15 (quinze) dias, mediante apresentação do comprovante ou do laudo médico a que se refere o § 2º deste artigo.

§ 1º A assistência financeira prevista no *caput* deste artigo deve ser calculada de acordo com a média dos 3 (três) últimos pagamentos mensais recebidos pelo entregador.

§ 2º A concessão da assistência financeira prevista no *caput* deste artigo está condicionada à apresentação de comprovante de resultado positivo para covid-19 – obtido por meio de exame RT-PCR – ou de laudo médico que ateste condição decorrente da covid-19 que justifique o afastamento.

Art. 5º A empresa de aplicativo de entrega deve fornecer ao entregador informações sobre os riscos do coronavírus responsável pela covid-19 e os cuidados necessários para se prevenir do contágio e evitar a disseminação da doença.

§ 1º Caberá à empresa de aplicativo de entrega disponibilizar máscaras e álcool em gel ou outro material higienizante aos entregadores, para proteção pessoal durante as entregas.

§ 2º O cumprimento do disposto no § 1º deste artigo pela empresa de aplicativo de entrega poderá ser feito por meio de repasse ou reembolso das despesas efetuadas pelo entregador.

§ 3º *Vetado*.

Art. 6º A empresa fornecedora do produto ou do serviço deverá:

I – *Vetado*;

II – permitir que o entregador utilize as instalações sanitárias de seu estabelecimento; e

III – garantir o acesso do entregador à água potável.

Art. 7º A empresa de aplicativo de entrega e a empresa fornecedora do produto ou do serviço deverão adotar prioritariamente forma de pagamento por meio da internet.

Parágrafo único. *Vetado*.

Art. 8º Do contrato ou do termo de registro celebrado entre a empresa de aplicativo de entrega e o entregador deverão constar expressamente as hipóteses de bloqueio, de suspensão ou de exclusão da conta do entregador da plataforma eletrônica.

§ 1º A aplicação da exclusão de conta prevista no *caput* deste artigo será precedida de comunicação prévia, com antecedência mínima de 3 (três) dias úteis, e será acompanhada das razões que a motivaram, que deverão ser devidamente fundamentadas, preservadas a segurança e a privacidade do usuário da plataforma eletrônica.

§ 2º O prazo previsto no § 1º deste artigo não se aplica aos casos de ameaça à segurança e à integridade da plataforma eletrônica, dos fornecedores e dos consumidores, em razão de suspeita de prática de infração penal prevista na legislação vigente.

Art. 9º O descumprimento desta Lei pela empresa de aplicativo de entrega ou pela empresa que utiliza serviços de entrega implica, nos termos definidos em regulamento:

I – a aplicação de advertência; e

II – o pagamento de multa administrativa no valor de R$ 5.000,00 (cinco mil reais) por infração cometida, em caso de reincidência.

Art. 10. Os benefícios e as conceituações previstos nesta Lei não servirão de base para caracterização da natureza jurídica da relação entre os entregadores e as empresas de aplicativo de entrega.

Art. 11. Esta Lei entra em vigor na data de sua publicação.

Brasília, 5 de janeiro de 2022; 201º da Independência e 134º da República.

Jair Messias Bolsonaro

LEI 14.397, DE 8 DE JULHO DE 2022

Anistia infrações e anula multas por atraso na entrega da Guia de Recolhimento do Fundo de Garantia do Tempo de Serviço e Informações à Previdência Social (GFIP).

DOU 08.07.2022 – ed. extra

O Presidente da República

Faço saber que o Congresso Nacional decreta e eu promulgo, nos termos do parágrafo 5º do art. 66 da Constituição Federal, a seguinte Lei:

Art. 1º Ficam anistiadas as infrações e anuladas as multas por atraso na entrega da Guia de Recolhimento do Fundo de Garantia do Tempo de Serviço e Informações à Previdência Social (GFIP), previstas, respectivamente, na Lei 8.036, de 11 de maio de 1990, e no art. 32-A da Lei 8.212, de 24 de julho de 1991, constituído ou não o crédito, inscrito ou não em dívida ativa, referente a fatos geradores ocorridos até a data de publicação desta Lei.

Parágrafo único. O disposto no *caput* deste artigo:

I – aplica-se exclusivamente aos casos em que tenha sido apresentada a GFIP com informações e sem fato gerador de recolhimento do Fundo de Garantia do Tempo de Serviço (FGTS); e

II – não implica restituição ou compensação de quantias pagas.

Art. 2º Esta Lei entra em vigor na data de sua publicação.

Brasília, 8 de julho de 2022; 201º da Independência e 134º da República.

Jair Messias Bolsonaro

LEI 14.437, DE 15 DE AGOSTO DE 2022

Autoriza o Poder Executivo federal a dispor sobre a adoção, por empregados e empregadores, de medidas trabalhistas alternativas e sobre o Programa Emergencial de Manutenção do Emprego e da Renda, para enfrentamento das consequências sociais e econômicas de estado de calamidade pública em âmbito nacional ou em âmbito estadual, distrital ou municipal reconhecido pelo Poder Executivo federal.

DOU 16.08.2022

Faço saber que o Presidente da República adotou a Medida Provisória 1.109, de 2022, que o Congresso Nacional aprovou, e eu, Rodrigo Pacheco, Presidente da Mesa do Congresso Nacional, para os efeitos do disposto no art. 62 da Constituição Federal, com a redação dada pela Emenda Constitucional 32, combinado com o art. 12 da Resolução 1, de 2002-CN, promulgo a seguinte Lei:

CAPÍTULO I
DISPOSIÇÕES PRELIMINARES

Art. 1º Esta Lei autoriza o Poder Executivo federal a dispor sobre a adoção, por empregados e empregadores, de medidas trabalhistas alternativas e sobre o Programa Emergencial de Manutenção do Emprego e da Renda, para enfrentamento das consequências sociais e econômicas de estado de calamidade pública em âmbito nacional ou em âmbito estadual, distrital ou municipal reconhecido pelo Poder Executivo federal.

§ 1º São objetivos desta Lei:

I – preservar o emprego e a renda;

II – garantir a continuidade das atividades laborais, empresariais e das organizações da sociedade civil sem fins lucrativos; e

III – reduzir o impacto social decorrente das consequências de estado de calamidade pública em âmbito nacional ou em âmbito estadual, distrital ou municipal reconhecido pelo Poder Executivo federal.

§ 2º As medidas previstas no *caput* deste artigo poderão ser adotadas exclusivamente:

I – para trabalhadores em grupos de risco; e

II – para trabalhadores de áreas específicas dos entes federativos atingidos por estado de calamidade pública.

CAPÍTULO II
DAS MEDIDAS TRABALHISTAS ALTERNATIVAS PARA ENFRENTAMENTO DE ESTADO DE CALAMIDADE PÚBLICA

Seção I
Disposições Gerais

Art. 2º Poderão ser adotadas, por empregados e empregadores, para a preservação do emprego, a sustentabilidade de mercado de trabalho e o enfrentamento das consequências de estado de calamidade pública em âmbito nacional ou em âmbito estadual, distrital ou municipal reconhecido pelo Poder Executivo federal, as seguintes medidas trabalhistas alternativas:

I – o teletrabalho;

II – a antecipação de férias individuais;

III – a concessão de férias coletivas;

IV – o aproveitamento e a antecipação de feriados;

V – o banco de horas; e

VI – a suspensão da exigibilidade dos recolhimentos do Fundo de Garantia do Tempo de Serviço (FGTS).

§ 1º A adoção das medidas previstas no *caput* deste artigo observará o disposto em ato do Ministério do Trabalho e Previdência, que estabelecerá, entre outros parâmetros, o prazo em que as medidas trabalhistas alternativas poderão ser adotadas.

§ 2º O prazo a que se refere o § 1º deste artigo será de até 90 (noventa) dias, prorrogável enquanto durar o estado de calamidade pública em âmbito nacional ou em âmbito estadual, distrital ou municipal reconhecido pelo Poder Executivo federal.

Seção II
Do Teletrabalho

Art. 3º O empregador poderá, a seu critério, durante o prazo previsto no ato do Ministério do Trabalho e Previdência de que trata o art. 2º desta Lei, alterar o regime de trabalho presencial para teletrabalho ou trabalho remoto, além de determinar o retorno ao regime de trabalho presencial, independentemente da existência de acordos individuais ou coletivos, dispensado o registro prévio da alteração no contrato individual de trabalho.

§ 1º Para fins do disposto nesta Lei, considera-se teletrabalho ou trabalho remoto a definição constante do art. 75-B da Consolidação das Leis do Trabalho, aprovada pelo Decreto-Lei 5.452, de 1º de maio de 1943.

§ 2º A alteração de que trata o *caput* deste artigo será notificada ao empregado com antecedência de, no mínimo, 48 (quarenta e oito) horas, por escrito ou por meio eletrônico.

§ 3º As disposições relativas à responsabilidade pela aquisição, pela manutenção ou pelo fornecimento dos equipamentos tecnológicos e da infraestrutura necessária e adequada à prestação de teletrabalho ou de trabalho remoto e as disposições relativas ao reembolso de despesas efetuadas pelo empregado serão previstas em contrato escrito, firmado previamente ou no prazo de 30 (trinta) dias, contado da data da mudança do regime de trabalho.

§ 4º Na hipótese de o empregado não possuir os equipamentos tecnológicos ou a infraestrutura necessária e adequada à prestação de teletrabalho ou de trabalho remoto:

I – o empregador poderá fornecer os equipamentos em regime de comodato e custear os serviços de infraestrutura, que não caracterizarão verba de natureza salarial; ou

II – o período da jornada normal de trabalho será computado como tempo de trabalho à disposição do empregador, na impossibilidade do oferecimento do regime de comodato de que trata o inciso I deste parágrafo.

§ 5º O tempo de uso de equipamentos tecnológicos e de infraestrutura necessária e bem como de softwares, de ferramentas digitais ou de aplicações de internet utilizados para o teletrabalho ou o trabalho remoto, fora da jornada de trabalho normal do empregado não constitui tempo à disposição ou regime de prontidão ou de sobreaviso, exceto se houver previsão em acordo individual ou em acordo ou convenção coletiva de trabalho.

§ 6º Aplica-se ao teletrabalho e ao trabalho remoto de que trata este artigo o disposto no inciso III do *caput* do art. 62 da Consolidação das Leis do Trabalho, aprovada pelo Decreto-Lei 5.452, de 1º de maio de 1943.

Art. 4º Fica permitida a adoção do regime de teletrabalho ou de trabalho remoto para estagiários e aprendizes, nos termos desta Seção.

Art. 5º O regime de teletrabalho ou de trabalho remoto não se confunde nem se equipara à ocupação de operador de telemarketing ou de teleatendimento.

Seção III
Da Antecipação de Férias Individuais

Art. 6º O empregador informará ao empregado, durante o prazo previsto no ato do Ministério do Trabalho e Previdência de que trata o art. 2º desta Lei, sobre a antecipação de suas férias com antecedência de, no mínimo, 48 (quarenta e oito) horas, por escrito ou por meio eletrônico, com a indicação do período a ser gozado pelo empregado.

§ 1º As férias antecipadas nos termos do *caput* deste artigo:

I – não poderão ser gozadas em períodos inferiores a 5 (cinco) dias corridos; e

II – poderão ser concedidas por ato do empregador, ainda que o período aquisitivo a que se referem não tenha transcorrido.

§ 2º O empregado e o empregador poderão, adicionalmente, negociar a antecipação de períodos futuros de férias, por meio de acordo individual escrito.

Art. 7º O empregador poderá, durante o prazo previsto no ato do Ministério do Trabalho e Previdência de que trata o art. 2º desta Lei, suspender as férias e as licenças não remuneradas dos profissionais da área de saúde ou daqueles que desempenham funções essenciais, por meio de comunicação formal da decisão ao trabalhador por escrito ou, preferencialmente, por meio eletrônico, com antecedência de 48 (quarenta e oito) horas.

Art. 8º O adicional de 1/3 (um terço) relativo às férias concedidas durante o prazo previsto no ato do Ministério do Trabalho e Previdência de que trata o art. 2º desta Lei poderá ser pago após a sua concessão, a critério do empregador, até a data em que é devida a gratificação natalina prevista no art. 1º da Lei 4.749, de 12 de agosto de 1965.

Art. 9º A conversão de 1/3 (um terço) do período das férias em abono pecuniário dependerá da anuência do empregador, hipótese em que o pagamento poderá ser efetuado até a data de que trata o art. 8º desta Lei.

Art. 10. O pagamento da remuneração das férias concedidas durante o prazo previsto no ato do Ministério do Trabalho e Previdência de que trata o art. 2º desta Lei poderá ser efetuado até o quinto dia útil do mês subsequente ao do início do gozo das férias, hipótese em que não se aplica o disposto no art. 145 da Consolidação das Leis do Trabalho, aprovada pelo Decreto-Lei 5.452, de 1º de maio de 1943.

Art. 11. Na hipótese de rescisão do contrato de trabalho, os valores das férias, individuais ou coletivas, ainda não adimplidos serão pagos juntamente com as verbas rescisórias devidas.

Parágrafo único. No caso de pedido de demissão, as férias antecipadas gozadas cujo período não tenha sido adquirido serão descontadas das verbas rescisórias devidas ao empregado.

Seção IV
Da Concessão de Férias Coletivas

Art. 12. O empregador poderá, a seu critério, durante o prazo previsto no ato do Ministério do Trabalho e Previdência de que trata o art. 2º desta Lei, conceder férias coletivas a todos os empregados ou a setores da empresa e deverá notificar o conjunto de empregados afetados, por escrito ou por meio eletrônico, com antecedência de, no mínimo, 48 (quarenta e oito) horas, hipótese em que não se aplicam o limite máximo de períodos anuais e o limite mínimo de dias corridos previstos na Consolidação das Leis do Trabalho, aprovada pelo Decreto-Lei 5.452, de 1º de maio de 1943, permitida a concessão por prazo superior a 30 (trinta) dias.

Art. 13. Aplica-se às férias coletivas o disposto no § 1º do art. 6º, nos arts. 8º, 9º e 10 e no parágrafo único do art. 11 desta Lei.

Art. 14. Na hipótese de que trata esta Seção, ficam dispensadas a comunicação prévia ao órgão local do Ministério do Trabalho e Previdência e a comunicação aos sindicatos representativos da categoria profissional de que trata o art. 139 da Consolidação das Leis do Trabalho, aprovada pelo Decreto-Lei 5.452, de 1º de maio de 1943.

Seção V
Do Aproveitamento e da Antecipação de Feriados

Art. 15. Os empregadores poderão, durante o prazo previsto no ato do Ministério do Trabalho e Previdência de que trata o art. 2º desta Lei, antecipar o gozo de feriados federais, estaduais, distritais e municipais, incluídos os religiosos, e deverão notificar, por escrito ou por meio eletrônico, o conjunto de empregados beneficiados, com antecedência de, no mínimo, 48 (quarenta e oito) horas, com a indicação expressa dos feriados aproveitados.

Parágrafo único. Os feriados a que se refere o *caput* deste artigo poderão ser utilizados para compensação do saldo em banco de horas.

Seção VI
Do Banco de Horas

Art. 16. Ficam autorizadas, durante o prazo previsto no ato do Ministério do Trabalho e Previdência de que trata o art. 2º desta Lei, a interrupção das atividades pelo empregador e a constituição de regime especial de compensação de jornada, por meio de banco de horas, em favor do empregador ou do empregado, estabelecido por meio de acordo individual ou coletivo escrito, para a compensação no prazo de até 18 (dezoito) meses, contado da data de encerramento do período estabelecido no ato do Ministério do Trabalho e Previdência.

§ 1º A compensação de tempo para recuperação do período interrompido poderá ser feita por meio da prorrogação de jornada em até 2 (duas) horas, a qual não poderá exceder 10 (dez) horas diárias e poderá ser realizada aos finais de semana, observado o disposto no art. 68 da Consolidação das Leis do Trabalho, aprovada pelo Decreto-Lei 5.452, de 1º de maio de 1943.

§ 2º A compensação do saldo de horas poderá ser determinada pelo empregador independentemente de convenção coletiva ou de acordo individual ou coletivo.

§ 3º As empresas que desempenham atividades essenciais poderão, durante o prazo previsto no ato do Ministério do Trabalho e Previdência de que trata o art. 2º desta Lei, constituir regime especial de compensação de jornada por meio de banco de horas independentemente da interrupção de suas atividades.

Seção VII
Da Suspensão da Exigibilidade dos Recolhimentos
do Fundo de Garantia do Tempo de Serviço

Art. 17. O ato do Ministério do Trabalho e Previdência de que trata o art. 2º desta Lei poderá suspender a exigibilidade dos recolhimentos do FGTS de até 4 (quatro) competências, relativos aos estabelecimentos dos empregadores situados em Municípios alcançados por estado de calamidade pública reconhecido pelo Poder Executivo federal.

Parágrafo único. Os empregadores poderão fazer uso da prerrogativa prevista no *caput* deste artigo independentemente:

I – do número de empregados;

II – do regime de tributação;

III – da natureza jurídica;

IV – do ramo de atividade econômica; e

V – da adesão prévia.

Art. 18. O depósito das competências suspensas poderá ser realizado de forma parcelada, sem a incidência da atualização, da multa e dos encargos previstos no art. 22 da Lei 8.036, de 11 de maio de 1990.

§ 1º Os depósitos referentes às competências suspensas serão realizados em até 6 (seis) parcelas, nos prazos e nas condições estabelecidos no ato do Ministério do Trabalho e Previdência, na data prevista para o recolhimento mensal devido, conforme disposto no *caput* do art. 15 da Lei 8.036, de 11 de maio de 1990.

§ 2º Até que o disposto no art. 17-A da Lei 8.036, de 11 de maio de 1990, seja regulamentado e produza efeitos, para usufruir da prerrogativa prevista no *caput* deste artigo, o empregador fica obrigado a declarar as informações na data prevista em ato do Ministério do Trabalho e Previdência, nos termos do inciso IV do *caput* do art. 32 da Lei 8.212, de 24 de julho de 1991, observado que:

I – as informações prestadas constituirão declaração e reconhecimento dos créditos delas decorrentes, caracterizarão confissão de débito e constituirão instrumento hábil e suficiente para a cobrança do crédito de FGTS;

II – os valores não declarados nos termos deste parágrafo não terão sua exigibilidade suspensa e obrigarão o pagamento integral da multa e dos encargos devidos nos termos do art. 22 da Lei 8.036, de 11 de maio de 1990, sem possibilidade de realização do parcelamento de que trata o *caput* deste artigo.

§ 3º Para os depósitos de FGTS realizados nos termos do *caput* deste artigo, a atualização monetária e a capitalização dos juros de que trata o art. 13 da Lei 8.036, de 11 de maio de 1990, incidentes sobre os valores devidos na competência originária, correrão à conta do FGTS.

Art. 19. Na hipótese de rescisão do contrato de trabalho que autorize o saque do FGTS, a suspensão prevista no art. 17 desta Lei resolver-se-á em relação ao respectivo empregado, e ficará o empregador obrigado:

I – ao recolhimento dos valores de FGTS cuja exigibilidade tenha sido suspensa nos termos desta Lei, sem incidência da multa e dos encargos devidos na forma do art. 22 da Lei 8.036, de 11 de maio de 1990, desde que seja efetuado no prazo legal; e

II – ao depósito dos valores previstos no art. 18 da Lei 8.036, de 11 de maio de 1990.

Parágrafo único. Na hipótese prevista no *caput* deste artigo, as eventuais parcelas vincendas terão a sua data de vencimento antecipada para o prazo aplicável ao recolhimento previsto no art. 18 da Lei 8.036, de 11 de maio de 1990.

Art. 20. Os valores de FGTS cuja exigibilidade tenha sido suspensa nos termos do art. 17 desta Lei, caso inadimplidos nos prazos fixados na forma desta Lei, estarão sujeitos à multa e aos encargos devidos nos termos do art. 22 da Lei 8.036, de 11 de maio de 1990, desde a data originária de vencimento fixada no *caput* do art. 15 da Lei 8.036, de 11 de maio de 1990.

Art. 21. Na hipótese de suspensão da exigibilidade de que trata o art. 17 desta Lei, o prazo prescricional dos débitos relativos aos depósitos do FGTS vencidos até a data de publicação do ato do Ministério do Traba-

lho e Previdência de que trata o art. 2º desta Lei ficará suspenso por 120 (cento e vinte) dias.

Art. 22. O inadimplemento das parcelas previstas no § 1º do art. 18 e a não quitação do FGTS nos termos do art. 19 desta Lei ensejarão o bloqueio da emissão do certificado de regularidade do FGTS.

Art. 23. Na hipótese de suspensão da exigibilidade de que trata o art. 17 desta Lei, os prazos dos certificados de regularidade do FGTS emitidos até a data de publicação do ato do Ministério do Trabalho e Previdência de que trata o art. 2º desta Lei ficarão prorrogados por 90 (noventa) dias.

CAPÍTULO III
DO PROGRAMA EMERGENCIAL DE MANUTENÇÃO DO EMPREGO E DA RENDA EM ESTADO DE CALAMIDADE PUBLICA

Seção I
Da Instituição, dos Objetivos e das Medidas do
Programa Emergencial de Manutenção do Emprego
e da Renda

Art. 24. O Poder Executivo federal poderá instituir o Programa Emergencial de Manutenção do Emprego e da Renda, para o enfrentamento das consequências sociais e econômicas de estado de calamidade pública em âmbito nacional ou em âmbito estadual, distrital ou municipal reconhecido pelo Poder Executivo federal.

§ 1º A adoção do Programa Emergencial de Manutenção do Emprego e da Renda observará o disposto no regulamento, que estabelecerá a forma e o prazo durante o qual o Programa poderá ser adotado, observadas as disponibilidades financeiras e orçamentárias.

§ 2º O prazo a que se refere o § 1º deste artigo será de até 90 (noventa) dias, prorrogável enquanto durar o estado de calamidade pública em âmbito nacional ou em âmbito estadual, distrital ou municipal reconhecido pelo Poder Executivo federal.

Art. 25. São medidas do Programa Emergencial de Manutenção do Emprego e da Renda:

I – o pagamento do Benefício Emergencial de Manutenção do Emprego e da Renda (BEm);

II – a redução proporcional da jornada de trabalho e do salário; e

III – a suspensão temporária do contrato de trabalho.

Parágrafo único. O disposto no *caput* deste artigo não se aplica:

I – no âmbito da União, dos Estados, do Distrito Federal e dos Municípios:

a) aos órgãos da administração pública direta e indireta; e

b) às empresas públicas e às sociedades de economia mista, inclusive às suas subsidiárias; e

II – aos organismos internacionais.

Art. 26. Compete ao Ministério do Trabalho e Previdência coordenar, executar, monitorar e fiscalizar o Programa Emergencial de Manutenção do Emprego e da Renda e editar as normas complementares necessárias à sua execução.

Parágrafo único. O Ministério do Trabalho e Previdência divulgará, por meio eletrônico, informações detalhadas sobre os acordos firmados, com o número de empregados e empregadores beneficiados.

Seção II
Do Benefício Emergencial de Manutenção do
Emprego e da Renda

Art. 27. O BEm será pago nas hipóteses de:

I – redução proporcional da jornada de trabalho e do salário; e

II – suspensão temporária do contrato de trabalho.

§ 1º O BEm será custeado com recursos da União, mediante disponibilidade orçamentária.

§ 2º O BEm será de prestação mensal e devido a partir da data do início da redução da jornada de trabalho e do salário ou da suspensão temporária do contrato de trabalho, observadas as seguintes disposições:

I – o empregador informará ao Ministério do Trabalho e Previdência a redução da jornada de trabalho e do salário ou a suspensão temporária do contrato de trabalho, no prazo de 10 (dez) dias, contado da data da celebração do acordo;

II – a primeira parcela será paga no prazo de 30 (trinta) dias, contado da data da celebração do acordo, desde que a celebração do acordo seja informada no prazo a que se refere o inciso I deste parágrafo; e

III – o benefício será pago exclusivamente enquanto durar a redução da jornada de trabalho e do salário ou a suspensão temporária do contrato de trabalho.

§ 3º Caso a informação de que trata o inciso I do § 2º deste artigo não seja prestada no prazo previsto no referido inciso:

I – o empregador ficará responsável pelo pagamento da remuneração no valor anterior à redução da jornada de trabalho e do salário ou à suspensão temporária do contrato de trabalho do empregado, inclusive dos respectivos encargos sociais e trabalhistas, até que a informação seja prestada;

II – a data de início do BEm será estabelecida na data em que a informação tenha sido efetivamente prestada, e o benefício será devido pelo restante do período pactuado; e

III – a primeira parcela, observado o disposto no inciso II deste parágrafo, será paga no prazo de 30 (trinta) dias, contado da data em que a informação tiver sido efetivamente prestada.

§ 4º Ato do Ministério do Trabalho e Previdência disciplinará a forma de:

I – transmissão das informações e das comunicações pelo empregador;

II – concessão e pagamento do BEm; e

III – interposição de recurso contra as decisões proferidas em relação ao BEm.

§ 5º As notificações e as comunicações referentes ao BEm poderão ser realizadas exclusivamente por meio digital, mediante a ciência do interessado, o cadastramento em sistema próprio e a utilização de certificado digital da Infraestrutura de Chaves Públicas Brasileira (ICP-Brasil) ou o uso de login e senha, conforme estabelecido em ato do Ministério do Trabalho e Previdência.

§ 6º O devido recebimento do BEm não impedirá a concessão nem alterará o valor do seguro-desemprego a que o empregado vier a ter direito, desde que cumpridos os requisitos previstos na Lei 7.998, de 11 de janeiro de 1990, no momento de eventual dispensa.

§ 7º O BEm será operacionalizado e pago pelo Ministério do Trabalho e Previdência.

Art. 28. O valor do BEm terá como base de cálculo o valor da parcela do seguro-desemprego a que o empregado teria direito, nos termos do art. 5º da Lei 7.998, de 11 de janeiro de 1990, observadas as seguintes disposições:

I – na hipótese de redução da jornada de trabalho e do salário, será calculado com a aplicação do percentual da redução sobre a base de cálculo; e

II – na hipótese de suspensão temporária do contrato de trabalho, terá valor mensal:

a) equivalente a 100% (cem por cento) do valor do seguro-desemprego a que o empregado teria direito, na hipótese prevista no *caput* do art. 30 desta Lei; ou

b) equivalente a 70% (setenta por cento) do valor do seguro-desemprego a que o empregado teria direito, na hipótese prevista no § 6º do art. 30 desta Lei.

§ 1º O BEm será pago ao empregado independentemente do:

I – cumprimento de qualquer período aquisitivo;

II – tempo de vínculo empregatício; e

III – número de salários recebidos.

§ 2º O BEm não será devido ao empregado que:

I – seja ocupante de cargo ou emprego público ou cargo em comissão de livre nomeação e exoneração, ou seja titular de mandato eletivo; ou

II – esteja em gozo:

a) de benefício de prestação continuada do Regime Geral de Previdência Social ou dos regimes próprios de previdência social, ressalvados os benefícios de pensão por morte e de auxílio-acidente;

b) do seguro-desemprego, em quaisquer de suas modalidades; ou

c) da bolsa de qualificação profissional de que trata o art. 2º-A da Lei 7.998, de 11 de janeiro de 1990.

§ 3º O empregado com mais de um vínculo formal de emprego poderá receber cumulativamente 1 (um) BEm para cada vínculo com redução proporcional da jornada de trabalho e do salário ou com suspensão temporária do contrato de trabalho.

§ 4º Nos casos em que o cálculo do BEm resultar em valores decimais, o valor a ser pago deverá ser arredondado para a unidade inteira imediatamente superior.

§ 5º O empregado com contrato de trabalho intermitente a que se refere o § 3º do art. 443 da Consolidação

das Leis do Trabalho, aprovada pelo Decreto-Lei 5.452, de 1º de maio de 1943, não faz jus ao BEm.

§ 6º O BEm do aprendiz:

I – poderá ser acumulado com o benefício de prestação continuada de que trata o art. 20 da Lei 8.742, de 7 de dezembro de 1993; e

II – não será computado para fins de cálculo da renda familiar per capita para a concessão ou a manutenção do benefício de prestação continuada de que trata o art. 20 da Lei 8.742, de 7 de dezembro de 1993.

§ 7º Fica suspenso o prazo a que se refere o § 2º do art. 21-A da Lei 8.742, de 7 de dezembro de 1993, durante o recebimento do BEm pelo aprendiz.

Seção III
Da Redução Proporcional da Jornada de Trabalho e do Salário

Art. 29. O empregador, na forma e no prazo previstos no regulamento de que trata o art. 24 desta Lei, poderá acordar a redução proporcional da jornada de trabalho e do salário de seus empregados, de forma setorial, departamental, parcial ou na totalidade dos postos de trabalho, observados os seguintes requisitos:

I – preservação do valor do salário-hora de trabalho;

II – pactuação, conforme o disposto nos arts. 33 e 34 desta Lei, por convenção coletiva de trabalho, por acordo coletivo de trabalho ou por acordo individual escrito entre empregador e empregado; e

III – na hipótese de pactuação por acordo individual escrito, encaminhamento da proposta de acordo ao empregado com antecedência de, no mínimo, 2 (dois) dias corridos e redução da jornada de trabalho e do salário somente nos seguintes percentuais:

a) 25% (vinte e cinco por cento);

b) 50% (cinquenta por cento); ou

c) 70% (setenta por cento).

Parágrafo único. A jornada de trabalho e o salário pago anteriormente serão restabelecidos no prazo de 2 (dois) dias corridos, contado da:

I – cessação do estado de calamidade pública;

II – data estabelecida como termo de encerramento do período de redução pactuado; ou

III – data de comunicação do empregador que informe ao empregado a sua decisão de antecipar o fim do período de redução pactuado.

Seção IV
Da Suspensão Temporária do Contrato de Trabalho

Art. 30. O empregador, na forma e no prazo previstos no regulamento de que trata o art. 24 desta Lei, poderá acordar a suspensão temporária do contrato de trabalho de seus empregados, de forma setorial, departamental, parcial ou na totalidade dos postos de trabalho.

§ 1º A suspensão temporária do contrato de trabalho será pactuada, conforme o disposto nos arts. 33 e 34 desta Lei, por convenção coletiva de trabalho, por acordo coletivo de trabalho ou por acordo individual escrito entre empregador e empregado.

§ 2º Na hipótese de acordo individual escrito entre empregador e empregado, a proposta deverá ser encaminhada ao empregado com antecedência de, no mínimo, 2 (dois) dias corridos.

§ 3º O empregado, durante o período de suspensão temporária do contrato de trabalho:

I – fará jus a todos os benefícios concedidos pelo empregador aos seus empregados; e

II – ficará autorizado a recolher para o Regime Geral de Previdência Social na qualidade de segurado facultativo.

§ 4º O contrato de trabalho será restabelecido no prazo de 2 (dois) dias corridos, contado da:

I – cessação do estado de calamidade pública;

II – data estabelecida como termo de encerramento do período de suspensão pactuado; ou

III – data de comunicação do empregador que informe ao empregado a sua decisão de antecipar o fim do período de suspensão pactuado.

§ 5º Se durante o período de suspensão temporária do contrato de trabalho o empregado mantiver as atividades de trabalho, ainda que parcialmente, por meio de teletrabalho, trabalho remoto ou trabalho a distância, ficará descaracterizada a suspensão temporária do contrato de trabalho, e o empregador estará sujeito:

I – ao pagamento imediato da remuneração e dos encargos sociais referentes a todo o período;

II – às penalidades previstas na legislação; e

III – às sanções previstas em convenção coletiva ou em acordo coletivo de trabalho.

§ 6º A empresa que tiver auferido, no ano-calendário anterior ao estado de calamidade pública de que trata o art. 1º desta Lei, receita bruta superior ao limite máximo previsto no inciso II do *caput* do art. 3º da Lei Complementar 123, de 14 de dezembro de 2006, somente poderá suspender o contrato de trabalho de seus empregados mediante o pagamento de ajuda compensatória mensal no valor de 30% (trinta por cento) do valor do salário do empregado, durante o período de suspensão temporária do contrato de trabalho pactuado, observado o disposto neste artigo e no art. 31 desta Lei.

Seção V
Das Disposições Comuns às Medidas do Programa Emergencial de Manutenção do Emprego e da Renda

Art. 31. O BEm poderá ser acumulado com o pagamento, pelo empregador, de ajuda compensatória mensal, em decorrência da redução proporcional da jornada de trabalho e do salário ou da suspensão temporária do contrato de trabalho de que trata esta Lei.

§ 1º A ajuda compensatória mensal de que trata o *caput* deste artigo:

I – deverá ter o valor definido em negociação coletiva ou no acordo individual escrito pactuado; e

II – não integrará a base de cálculo do valor dos depósitos do FGTS, instituído pela Lei 8.036, de 11 de maio de 1990, e de que trata a Lei Complementar 150, de 1º de junho de 2015.

§ 2º Na hipótese de redução proporcional da jornada de trabalho e do salário, a ajuda compensatória prevista no *caput* não integrará o salário devido pelo empregador e observará o disposto no § 1º deste artigo.

Art. 32. Fica reconhecida a garantia provisória no emprego ao empregado que receber o BEm em decorrência da redução da jornada de trabalho e do salário ou da suspensão temporária do contrato de trabalho de que trata esta Lei, nos seguintes termos:

I – durante o período acordado de redução da jornada de trabalho e do salário ou de suspensão temporária do contrato de trabalho;

II – após o restabelecimento da jornada de trabalho e do salário ou do encerramento da suspensão temporária do contrato de trabalho, por período equivalente ao acordado para a redução ou a suspensão; e

III – no caso da empregada gestante, por período equivalente ao acordado para a suspensão temporária do contrato de trabalho, contado da data do término do período da garantia estabelecida na alínea "b" do inciso II do *caput* do art. 10 do Ato das Disposições Constitucionais Transitórias.

§ 1º A dispensa sem justa causa que ocorrer durante o período de garantia provisória no emprego de que trata o *caput* deste artigo sujeitará o empregador ao pagamento, além das parcelas rescisórias previstas na legislação, de indenização no valor de:

I – 50% (cinquenta por cento) do salário a que o empregado teria direito no período de garantia provisória no emprego, na hipótese de redução da jornada de trabalho e do salário igual ou superior a 25% (vinte e cinco por cento) e inferior a 50% (cinquenta por cento);

II – 75% (setenta e cinco por cento) do salário a que o empregado teria direito no período de garantia provisória no emprego, na hipótese de redução da jornada de trabalho e do salário igual ou superior a 50% (cinquenta por cento) e inferior a 70% (setenta por cento); e

III – 100% (cem por cento) do salário a que o empregado teria direito no período de garantia provisória no emprego, nas hipóteses de redução da jornada de trabalho e do salário em percentual igual ou superior a 70% (setenta por cento) ou de suspensão temporária do contrato de trabalho.

§ 2º Os prazos da garantia provisória no emprego decorrente dos acordos de redução proporcional da jornada de trabalho e do salário ou de suspensão do contrato de trabalho com base em regulamento editado na forma do art. 24 desta Lei ficarão suspensos na hipótese de recebimento do benefício com fundamento em um regulamento posterior, também expedido na forma do art. 24 desta Lei, durante o recebimento do BEm de que trata esse regulamento posterior, e somente retomarão a sua contagem após o encerramento do período da garantia de emprego de que trata o regulamento posterior.

§ 3º O disposto neste artigo não se aplica às hipóteses de pedido de demissão, de extinção do contrato de trabalho por acordo nos termos do art. 484-A da Con-

solidação das Leis do Trabalho, aprovada pelo Decreto-Lei 5.452, de 1º de maio de 1943, ou de dispensa por justa causa do empregado.

Art. 33. As medidas de redução proporcional da jornada de trabalho e do salário ou de suspensão temporária do contrato de trabalho de que trata esta Lei poderão ser celebradas por meio de negociação coletiva, observado o disposto no § 1º deste artigo e nos arts. 29 e 30 desta Lei.

§ 1º A convenção coletiva ou o acordo coletivo de trabalho poderão estabelecer redução da jornada de trabalho e do salário em percentuais diversos daqueles previstos no inciso III do *caput* do art. 29 desta Lei.

§ 2º Na hipótese prevista no § 1º deste artigo, o BEm será devido nos seguintes termos:

I – sem percepção do benefício, para a redução da jornada de trabalho e do salário inferior a 25% (vinte e cinco por cento);

II – no valor de 25% (vinte e cinco por cento) sobre a base de cálculo prevista no art. 28 desta Lei, para a redução da jornada de trabalho e do salário igual ou superior a 25% (vinte e cinco por cento) e inferior a 50% (cinquenta por cento);

III – no valor de 50% (cinquenta por cento) sobre a base de cálculo prevista no art. 28 desta Lei, para a redução da jornada de trabalho e do salário igual ou superior a 50% (cinquenta por cento) e inferior a 70% (setenta por cento); e

IV – no valor de 70% (setenta por cento) sobre a base de cálculo prevista no art. 28 desta Lei, para a redução da jornada de trabalho e do salário igual ou superior a 70% (setenta por cento).

§ 3º As convenções coletivas ou os acordos coletivos de trabalho celebrados anteriormente à publicação do regulamento de que trata o art. 24 desta Lei poderão ser renegociados para adequação de seus termos no prazo de 10 (dez) dias corridos, contado da data de publicação do regulamento.

Art. 34. As medidas de que trata o art. 25 desta Lei serão implementadas por meio de acordo individual escrito ou de negociação coletiva aos empregados:

I – com salário igual ou inferior a metade do limite máximo dos benefícios do Regime Geral de Previdência Social; ou

II – com diploma de nível superior que percebam salário mensal igual ou superior a 2 (duas) vezes o limite máximo dos benefícios do Regime Geral de Previdência Social.

§ 1º Para os empregados que não se enquadrem no disposto no *caput* deste artigo, as medidas de que trata o art. 25 desta Lei somente poderão ser estabelecidas por convenção coletiva ou por acordo coletivo de trabalho, exceto nas seguintes hipóteses, nas quais se admite a pactuação por acordo individual escrito:

I – redução proporcional da jornada de trabalho e do salário de 25% (vinte e cinco por cento), de que trata a alínea "a" do inciso III do *caput* do art. 29 desta Lei; ou

II – redução proporcional da jornada de trabalho e do salário ou suspensão temporária do contrato de trabalho, quando o acordo não resultar diminuição do valor total recebido mensalmente pelo empregado, incluídos o valor do BEm, a ajuda compensatória mensal e, em caso de redução da jornada de trabalho, o salário pago pelo empregador em razão das horas trabalhadas pelo empregado.

§ 2º Para os empregados que se encontrem em gozo do benefício de aposentadoria, a implementação das medidas de redução proporcional da jornada de trabalho e do salário ou de suspensão temporária do contrato de trabalho por acordo individual escrito somente será admitida quando, além do enquadramento em alguma das hipóteses de autorização do acordo individual de trabalho previstas no *caput* ou no § 1º deste artigo, houver o pagamento, pelo empregador, de ajuda compensatória mensal, observados o disposto no art. 31 desta Lei e as seguintes condições:

I – o valor da ajuda compensatória mensal a que se refere este parágrafo deverá ser, no mínimo, equivalente ao valor do BEm que o empregado receberia se não houvesse a vedação prevista na alínea "a" do inciso II do § 2º do art. 28 desta Lei; e

II – o valor total pago a título de ajuda compensatória mensal deverá ser, no mínimo, igual à soma do valor previsto no § 6º do art. 30 desta Lei com o valor mínimo previsto no inciso I deste parágrafo, na hipótese de empresa que se enquadre no disposto naquele dispositivo.

§ 3º Os atos necessários à pactuação dos acordos individuais escritos de que trata este artigo poderão ser realizados por meios físicos ou eletrônicos.

§ 4º Os acordos individuais de redução da jornada de trabalho e do salário ou de suspensão temporária do contrato de trabalho, pactuados nos termos desta Lei, deverão ser comunicados pelos empregadores ao sindicato da categoria profissional, no prazo de 10 (dez) dias corridos, contado da data de sua celebração.

§ 5º Se, após a pactuação de acordo individual na forma prevista neste artigo, houver a celebração de convenção coletiva ou de acordo coletivo de trabalho com cláusulas conflitantes com as cláusulas do acordo individual, deverão ser observadas as seguintes regras:

I – a aplicação das condições estabelecidas no acordo individual em relação ao período anterior ao período da negociação coletiva; e

II – a prevalência das condições estipuladas na negociação coletiva, naquilo em que conflitarem com as condições estabelecidas no acordo individual, a partir da data de entrada em vigor da convenção coletiva ou do acordo coletivo de trabalho.

§ 6º As condições do acordo individual prevalecerão sobre a negociação coletiva se forem mais favoráveis ao trabalhador.

Art. 35. A redução proporcional da jornada de trabalho e do salário ou a suspensão temporária do contrato de trabalho, quando adotada, deverá resguardar o exercício e o funcionamento dos serviços públicos e das atividades essenciais de que trata a Lei 7.783, de 28 de junho de 1989.

Art. 36. As irregularidades constatadas pela Auditoria-Fiscal do Trabalho do Ministério do Trabalho e Previdência quanto aos acordos de redução proporcional da jornada de trabalho e do salário ou de suspensão temporária do contrato de trabalho de que trata esta Lei sujeitam os infratores à multa prevista no art. 25 da Lei 7.998, de 11 de janeiro de 1990.

Parágrafo único. O processo de fiscalização, de notificação, de autuação e de imposição de multas decorrente das disposições desta Lei observará o disposto no Título VII da Consolidação das Leis do Trabalho, aprovada pelo Decreto-Lei 5.452, de 1º de maio de 1943, hipótese em que não se aplica o critério da dupla visita.

Art. 37. O disposto neste Capítulo aplica-se aos contratos de trabalho celebrados até a data de publicação do regulamento de que trata o art. 24 desta Lei.

Parágrafo único. O disposto no *caput* deste artigo aplica-se aos contratos de trabalho de aprendizagem e de jornada parcial.

Art. 38. O trabalhador que receber indevidamente parcela do BEm estará sujeito à compensação automática com eventuais parcelas devidas do referido benefício relativas ao mesmo acordo ou a acordos diversos ou com futuras parcelas de abono salarial de que trata a Lei 7.998, de 11 de janeiro de 1990, ou de seguro-desemprego a que tiver direito, na forma prevista no art. 25-A da referida Lei, conforme estabelecido em ato do Ministério do Trabalho e Previdência, garantido ao trabalhador o direito de ciência prévia sobre a referida compensação.

Art. 39. O empregador e o empregado poderão, em comum acordo, optar pelo cancelamento de aviso prévio em curso.

Parágrafo único. Na hipótese de cancelamento do aviso prévio na forma prevista no *caput* deste artigo, as partes poderão adotar as medidas do Programa Emergencial de Manutenção do Emprego e da Renda.

Seção VI
Da Operacionalização do Pagamento do Benefício Emergencial de Manutenção do Emprego e da Renda

Art. 40. Fica dispensada a licitação para contratação da Caixa Econômica Federal e do Banco do Brasil S.A. para a operacionalização do pagamento do BEm.

Art. 41. O beneficiário poderá receber o BEm na instituição financeira em que possuir conta-poupança ou conta de depósito à vista, exceto conta-salário, desde que autorize o empregador a informar os seus dados bancários quando prestadas as informações de que trata o inciso I do § 2º do art. 27 desta Lei.

§ 1º Na hipótese de não validação ou de rejeição do crédito na conta indicada, inclusive pelas instituições financeiras destinatárias das transferências, ou na ausência da indicação de que trata o *caput* deste artigo, a Caixa Econômica Federal e o Banco do Brasil S.A. poderão utilizar outra conta-poupança de titularidade do beneficiário, identificada por meio de processo de

levantamento e conferência da coincidência de dados cadastrais para o pagamento do BEm.

§ 2º Na hipótese de não ser localizada conta-poupança de titularidade do beneficiário na forma prevista no § 1º deste artigo, a Caixa Econômica Federal e o Banco do Brasil S.A. poderão realizar o pagamento do BEm por meio de conta digital, de abertura automática, em nome do beneficiário, com as seguintes características:

I – dispensa de apresentação de documentos pelo beneficiário;

II – isenção de cobrança de tarifas de manutenção;

III – direito a, no mínimo, 3 (três) transferências eletrônicas de valores e a 1 (um) saque ao mês, sem custos, para conta mantida em instituição autorizada a operar pelo Banco Central do Brasil; e

IV – vedação à emissão de cheque.

§ 3º É vedado às instituições financeiras, independentemente da modalidade de conta utilizada para pagamento do BEm, efetuar descontos, compensações ou pagamentos de débitos de qualquer natureza, mesmo a pretexto de recompor saldo negativo ou de saldar dívidas preexistentes, que impliquem a redução do valor do benefício.

§ 4º Os recursos relativos ao BEm creditados nos termos do § 2º deste artigo e não movimentados no prazo de 1 (um) ano, contado da data do depósito, retornarão para a União.

Art. 42. O Ministério do Trabalho e Previdência editará os atos complementares necessários à execução do disposto nos arts. 40 e 41 desta Lei.

CAPÍTULO IV
DISPOSIÇÕES FINAIS

Art. 43. Durante o prazo previsto no ato do Ministério do Trabalho e Previdência de que trata o art. 2º desta Lei, o curso ou o programa de qualificação profissional de que trata o art. 476-A da Consolidação das Leis do Trabalho, aprovada pelo Decreto-Lei 5.452, de 1º de maio de 1943, poderá ser oferecido pelo empregador exclusivamente na modalidade não presencial e terá duração de, no mínimo, 1 (um) mês e, no máximo, 3 (três) meses.

§ 1º A suspensão do contrato de trabalho para a realização do curso de qualificação de que trata o *caput* deste artigo poderá ser realizada por acordo individual escrito, quando houver o pagamento pelo empregador de ajuda compensatória mensal em valor equivalente à diferença entre a remuneração do empregado e a bolsa de qualificação.

§ 2º O pagamento da ajuda compensatória de que trata o § 1º deste artigo observará o disposto no § 1º do art. 31 desta Lei.

§ 3º Se, após a pactuação de acordo individual na forma prevista no § 1º deste artigo, houver a celebração de convenção coletiva ou de acordo coletivo de trabalho com cláusulas conflitantes com as cláusulas do acordo individual, deverão ser observadas as seguintes regras:

I – a aplicação das condições estabelecidas no acordo individual em relação ao período anterior ao período da negociação coletiva; e

II – a prevalência das condições estipuladas na negociação coletiva, naquilo em que conflitarem com as condições estabelecidas no acordo individual, a partir da data de entrada em vigor da convenção coletiva ou do acordo coletivo de trabalho.

§ 4º As condições do acordo individual prevalecerão sobre a negociação coletiva se forem mais favoráveis ao trabalhador.

Art. 44. Durante o prazo previsto no regulamento de que trata o art. 2º desta Lei, fica permitida a utilização de meios eletrônicos para cumprimento dos requisitos formais previstos no Título VI da Consolidação das Leis do Trabalho, aprovada pelo Decreto-Lei 5.452, de 1º de maio de 1943, inclusive para convocação, deliberação, decisão, formalização e publicidade de convenção ou de acordo coletivo de trabalho.

Art. 45. Durante o prazo previsto no ato do Ministério do Trabalho e Previdência de que trata o art. 2º desta Lei, os prazos previstos no Título VI da Consolidação das Leis do Trabalho, aprovada pelo Decreto-Lei 5.452, de 1º de maio de 1943, ficam reduzidos pela metade.

Art. 46. O disposto nesta Lei aplica-se também:

I – às relações de trabalho regidas:

a) pela Lei 6.019, de 3 de janeiro de 1974; e

b) pela Lei 5.889, de 8 de junho de 1973; e

II – no que couber, às relações regidas pela Lei Complementar 150, de 1º de junho de 2015, tais como as disposições referentes ao Programa Emergencial de

Manutenção do Emprego e da Renda, à redução de jornada, ao banco de horas e às férias.

Art. 47. Esta Lei entra em vigor na data de sua publicação.

Congresso Nacional, em 15 de agosto de 2022; 201º da Independência e 134º da República.

Senador Rodrigo Pacheco

LEI 14.438, DE 24 DE AGOSTO DE 2022

Institui o Programa de Simplificação do Microcrédito Digital para Empreendedores (SIM Digital); promove alterações na gestão e nos procedimentos de recolhimento do Fundo de Garantia do Tempo de Serviço (FGTS); altera a Consolidação das Leis do Trabalho (CLT), aprovada pelo Decreto-Lei 5.452, de 1º de maio de 1943, e as Leis 8.212, de 24 de julho de 1991, 11.196, de 21 de novembro de 2005, 8.036, de 11 de maio de 1990, 13.636, de 20 de março de 2018, e 14.118, de 12 de janeiro de 2021; e revoga dispositivo da Lei 8.213, de 24 de julho de 1991.

DOU 25.08.2022

O Presidente da República

Faço saber que o Congresso Nacional decreta e eu sanciono a seguinte Lei:

Art. 1º Esta Lei institui o Programa de Simplificação do Microcrédito Digital para Empreendedores (SIM Digital) e promove alterações na gestão e nos procedimentos de recolhimento do Fundo de Garantia do Tempo de Serviço (FGTS), bem como altera a Consolidação das Leis do Trabalho (CLT), aprovada pelo Decreto-Lei nº 5.452, de 1º de maio de 1943, e as Leis nºs 8.212, de 24 de julho de 1991, 11.196, de 21 de novembro de 2005, 8.036, de 11 de maio de 1990, 13.636, de 20 de março de 2018, e 14.118, de 12 de janeiro de 2021, para estabelecer medidas de estímulo ao empreendedorismo popular e à formalização dos pequenos negócios.

(...)

CAPÍTULO II

DO APRIMORAMENTO DA GESTÃO E DOS PROCEDIMENTOS DE RECOLHIMENTO DO FUNDO DE GARANTIA DO TEMPO DE SERVIÇO (FGTS) E DO EMPREGO DOS RECURSOS DO FUNDO PARA A AQUISIÇÃO DE COTAS DE FUNDOS GARANTIDORES DE CRÉDITO

Art. 10. Fica o empregador doméstico obrigado a:

I – pagar a remuneração devida ao empregado doméstico até o sétimo dia do mês seguinte ao da competência; e

II – arrecadar e recolher a contribuição prevista no inciso I do *caput* do art. 34 da Lei Complementar nº 150, de 1º de junho de 2015, e a arrecadar e recolher as contribuições, os depósitos e o imposto a seu cargo de que tratam os incisos II, III, IV, V e VI do *caput* do art. 34 da Lei Complementar nº 150, de 1º de junho de 2015, até o vigésimo dia do mês seguinte ao da competência.

§ 1º Os valores previstos nos incisos I, II, III e VI do *caput* do art. 34 da Lei Complementar nº 150, de 1º de junho de 2015, não recolhidos até a data de vencimento ficarão sujeitos à incidência de encargos legais na forma prevista na legislação do imposto sobre a renda.

§ 2º Os valores previstos nos incisos IV e V do *caput* do art. 34 da Lei Complementar nº 150, de 1º de junho de 2015, referentes ao FGTS não recolhidos até a data de vencimento serão corrigidos e terão a incidência de multa, conforme disposto na Lei nº 8.036, de 11 de maio de 1990.

(...)

Art. 19. Esta Lei entra em vigor na data de sua publicação e produzirá efeitos:

I – a partir da data de início da arrecadação por meio da prestação dos serviços digitais de geração de guias a que se refere o inciso II do *caput* do art. 17 da Lei nº 8.036, de 11 de maio de 1990:

a) quanto às alterações promovidas no art. 13 da Lei nº 8.036, de 11 de maio de 1990; e

b) para fatos geradores ocorridos a partir da data prevista neste inciso:

1. quanto às alterações promovidas nos arts. 15 e 23, exceto em relação ao *caput*, da Lei nº 8.036, de 11 de maio de 1990; e

2. quanto aos arts. 10, 11 e 12 desta Lei; e

II – na data de sua publicação, quanto aos demais dispositivos.

Brasília, 24 de agosto de 2022; 201º da Independência e 134º da República.

Jair Messias Bolsonaro

LEI 14.442, DE 2 DE SETEMBRO DE 2022

Dispõe sobre o pagamento de auxílio-alimentação ao empregado e altera a Lei 6.321, de 14 de abril de 1976, e a Consolidação das Leis do Trabalho, aprovada pelo Decreto-Lei 5.452, de 1º de maio de 1943.

DOU 05.09.2022

O Presidente da República

Faço saber que o Congresso Nacional decreta e eu sanciono a seguinte Lei:

Art. 1º Esta Lei dispõe sobre o pagamento de auxílio-alimentação ao empregado, bem como altera a Lei 6.321, de 14 de abril de 1976, e a Consolidação das Leis do Trabalho, aprovada pelo Decreto-Lei 5.452, de 1º de maio de 1943.

Art. 2º As importâncias pagas pelo empregador a título de auxílio-alimentação de que trata o § 2º do art. 457 da Consolidação das Leis do Trabalho, aprovada pelo Decreto-Lei 5.452, de 1º de maio de 1943, deverão ser utilizadas para o pagamento de refeições em restaurantes e estabelecimentos similares ou para a aquisição de gêneros alimentícios em estabelecimentos comerciais.

Art. 3º O empregador, ao contratar pessoa jurídica para o fornecimento do auxílio-alimentação de que trata o art. 2º desta Lei, não poderá exigir ou receber:

I – qualquer tipo de deságio ou imposição de descontos sobre o valor contratado;

II – prazos de repasse ou pagamento que descaracterizem a natureza pré-paga dos valores a serem disponibilizados aos empregados; ou

III – outras verbas e benefícios diretos ou indiretos de qualquer natureza não vinculados diretamente à promoção de saúde e segurança alimentar do empregado, no âmbito de contratos firmados com empresas emissoras de instrumentos de pagamento de auxílio-alimentação.

§ 1º A vedação de que trata o *caput* deste artigo não se aplica aos contratos de fornecimento de auxílio-alimentação vigentes, até seu encerramento ou até que tenha decorrido o prazo de 14 (quatorze) meses, contado da data de publicação desta Lei, o que ocorrer primeiro.

§ 2º É vedada a prorrogação de contrato de fornecimento de auxílio-alimentação em desconformidade com o disposto no *caput* deste artigo.

Art. 4º A execução inadequada, o desvio ou o desvirtuamento das finalidades do auxílio-alimentação de que trata o § 2º do art. 457 da Consolidação das Leis do Trabalho, aprovada pelo Decreto-Lei 5.452, de 1º de maio de 1943, pelos empregadores ou pelas empresas emissoras de instrumentos de pagamento de auxílio-alimentação, sem prejuízo da aplicação de outras penalidades cabíveis pelos órgãos competentes, acarretara a aplicação de multa no valor de R$ 5.000,00 (cinco mil reais) a R$ 50.000,00 (cinquenta mil reais), a qual será aplicada em dobro em caso de reincidência ou de embaraço à fiscalização.

§ 1º Os critérios de cálculo e os parâmetros de gradação da multa prevista no *caput* deste artigo serão estabelecidos em ato do Ministro de Estado do Trabalho e Previdência.

§ 2º O estabelecimento que comercializa produtos não relacionados à alimentação do empregado e a empresa que o credenciou sujeitam-se à aplicação da multa prevista no *caput* deste artigo.

Art. 5º A Lei 6.321, de 14 de abril de 1976, passa a vigorar com as seguintes alterações:

▸ Alterações inseridas na referida Lei.

Art. 6º A Consolidação das Leis do Trabalho, aprovada pelo Decreto-Lei 5.452, de 1º de maio de 1943, passa a vigorar com as seguintes alterações:

▸ Alterações inseridas na CLT.

Art. 7º Vetado.

Art. 8º Esta Lei entra em vigor na data de sua publicação.

Brasília, 2 de setembro de 2022; 201º da Independência e 134º da República.

Jair Messias Bolsonaro

LEI 14.457, DE 21 DE SETEMBRO DE 2022

Institui o Programa Emprega + Mulheres; e altera a Consolidação das Leis do Trabalho, aprovada pelo Decreto-Lei 5.452, de 1º de maio de 1943, e as Leis 11.770, de 9 de setembro de 2008, 13.999, de 18 de maio de 2020, e 12.513, de 26 de outubro de 2011.

DOU 22.09.2022

O Presidente da República

Faço saber que o Congresso Nacional decreta e eu sanciono a seguinte Lei:

CAPÍTULO I

DO PROGRAMA EMPREGA + MULHERES

Art. 1º Fica instituído o Programa Emprega + Mulheres, destinado à inserção e à manutenção de mulheres no mercado de trabalho por meio da implementação das seguintes medidas:

I – para apoio à parentalidade na primeira infância:

a) pagamento de reembolso-creche; e

b) manutenção ou subvenção de instituições de educação infantil pelos serviços sociais autônomos;

II – para apoio à parentalidade por meio da flexibilização do regime de trabalho:

a) teletrabalho;

b) regime de tempo parcial;

c) regime especial de compensação de jornada de trabalho por meio de banco de horas;

d) jornada de 12 (doze) horas trabalhadas por 36 (trinta e seis) horas ininterruptas de descanso, quando a atividade permitir;

e) antecipação de férias individuais; e

f) horários de entrada e de saída flexíveis;

III – para qualificação de mulheres, em áreas estratégicas para a ascensão profissional:

a) suspensão do contrato de trabalho para fins de qualificação profissional; e

b) estímulo à ocupação das vagas em cursos de qualificação dos serviços nacionais de aprendizagem por mulheres e priorização de mulheres hipossuficientes vítimas de violência doméstica e familiar;

IV – para apoio ao retorno ao trabalho das mulheres após o término da licença-maternidade:

a) suspensão do contrato de trabalho de pais empregados para acompanhamento do desenvolvimento dos filhos; e

b) flexibilização do usufruto da prorrogação da licença-maternidade, conforme prevista na Lei 11.770, de 9 de setembro de 2008;

V – reconhecimento de boas práticas na promoção da empregabilidade das mulheres, por meio da instituição do Selo Emprega + Mulher;

VI – prevenção e combate ao assédio sexual e a outras formas de violência no âmbito do trabalho; e

VII – estímulo ao microcrédito para mulheres.

Parágrafo único. Para os efeitos desta Lei, parentalidade é o vínculo socioafetivo maternal, paternal ou qualquer outro que resulte na assunção legal do papel de realizar as atividades parentais, de forma compartilhada entre os responsáveis pelo cuidado e pela educação das crianças e dos adolescentes, nos termos do parágrafo único do art. 22 da Lei 8.069, de 13 de julho de 1990 (Estatuto da Criança e do Adolescente).

CAPÍTULO II

DO APOIO À PARENTALIDADE NA PRIMEIRA INFÂNCIA

Seção I
Do Reembolso-Creche

Art. 2º Ficam os empregadores autorizados a adotar o benefício de reembolso-creche, de que trata a alínea "s" do § 9º do art. 28 da Lei 8.212, de 24 de julho de 1991, desde que cumpridos os seguintes requisitos:

I – ser o benefício destinado ao pagamento de creche ou de pré-escola de livre escolha da empregada ou do empregado, bem como ao ressarcimento de gastos com outra modalidade de prestação de serviços de mesma natureza, comprovadas as despesas realizadas;

II – ser o benefício concedido à empregada ou ao empregado que possua filhos com até 5 (cinco) anos e 11 (onze) meses de idade, sem prejuízo dos demais preceitos de proteção à maternidade;

III – ser dada ciência pelos empregadores às empregadas e aos empregados da existência do benefício e dos procedimentos necessários à sua utilização; e

IV – ser o benefício oferecido de forma não discriminatória e sem a sua concessão configurar premiação.

Parágrafo único. Ato do Poder Executivo federal disporá sobre os limites de valores para a concessão do reembolso-creche e as modalidades de prestação de serviços aceitas, incluído o pagamento de pessoa física.

Art. 3º A implementação do reembolso-creche ficará condicionada à formalização de acordo individual, de acordo coletivo ou de convenção coletiva de trabalho.

Parágrafo único. O acordo ou a convenção a que se refere o *caput* deste artigo estabelecerá condições, prazos e valores, sem prejuízo do cumprimento dos demais preceitos de proteção à maternidade.

Art. 4º Os valores pagos a título de reembolso-creche:

I – não possuem natureza salarial;

II – não se incorporam à remuneração para quaisquer efeitos;

III – não constituem base de incidência de contribuição previdenciária ou do Fundo de Garantia do Tempo de Serviço (FGTS); e

IV – não configuram rendimento tributável da empregada ou do empregado.

Art. 5º Os estabelecimentos em que trabalharem pelo menos 30 (trinta) mulheres com mais de 16 (dezesseis) anos de idade terão local apropriado onde seja permitido às empregadas guardar sob vigilância e assistência os seus filhos no período da amamentação.

Parágrafo único. Os empregadores que adotarem o benefício do reembolso-creche previsto nos arts. 2º, 3º e 4º desta Lei para todos os empregados e empregadas que possuam filhos com até 5 (cinco) anos e 11 (onze) meses de idade ficam desobrigados da instalação de local apropriado para a guarda e a assistência de filhos de empregadas no período da amamentação, nos termos do *caput* deste artigo.

Da Manutenção ou Subvenção de Instituições de Educação Infantil pelos Serviços Sociais Autônomos

Art. 6º Os seguintes serviços sociais autônomos poderão, observado o disposto em suas leis de regência e regulamentos, manter instituições de educação infantil destinadas aos dependentes dos empregados e das empregadas vinculados à atividade econômica a eles correspondente:

I – Serviço Social da Indústria (Sesi), de que trata o Decreto-Lei 9.403, de 25 de junho de 1946;

II – Serviço Social do Comércio (Sesc), de que trata o Decreto-Lei 9.853, de 13 de setembro de 1946; e

III – Serviço Social do Transporte (Sest), de que trata a Lei 8.706, de 14 de setembro de 1993.

DO APOIO À PARENTALIDADE POR MEIO DA FLEXIBILIZAÇÃO DO REGIME DE TRABALHO

Do Teletrabalho

Art. 7º Na alocação de vagas para as atividades que possam ser efetuadas por meio de teletrabalho, trabalho remoto ou trabalho a distância, nos termos do Capítulo II-A do Título II da Consolidação das Leis do Trabalho, aprovada pelo Decreto-Lei 5.452, de 1º de maio de 1943, os empregadores deverão conferir prioridade:

I – às empregadas e aos empregados com filho, enteado ou criança sob guarda judicial com até 6 (seis) anos de idade; e

II – às empregadas e aos empregados com filho, enteado ou pessoa sob guarda com deficiência, sem limite de idade.

Da Flexibilização do Regime de Trabalho e das Férias

Art. 8º No âmbito dos poderes diretivo e gerencial dos empregadores, e considerada a vontade expressa dos empregados e das empregadas, haverá prioridade na concessão de uma ou mais das seguintes medidas de flexibilização da jornada de trabalho aos empregados e às empregadas que tenham filho, enteado ou pessoa sob sua guarda com até 6 (seis) anos de idade ou com deficiência, com vistas a promover a conciliação entre o trabalho e a parentalidade:

I – regime de tempo parcial, nos termos do art. 58-A da Consolidação das Leis do Trabalho, aprovada pelo Decreto-Lei 5.452, de 1º de maio de 1943;

II – regime especial de compensação de jornada de trabalho por meio de banco de horas, nos termos do art. 59 da Consolidação das Leis do Trabalho, aprovada pelo Decreto-Lei 5.452, de 1º de maio de 1943;

III – jornada de 12 (doze) horas trabalhadas por 36 (trinta e seis) horas ininterruptas de descanso, nos termos do art. 59-A da Consolidação das Leis do Trabalho, aprovada pelo Decreto-Lei 5.452, de 1º de maio de 1943;

IV – antecipação de férias individuais; e

V – horários de entrada e de saída flexíveis.

§ 1º As medidas de que tratam os incisos I e IV do *caput* deste artigo somente poderão ser adotadas até o segundo ano:

I – do nascimento do filho ou enteado;

II – da adoção; ou

III – da guarda judicial.

§ 2º As medidas de que trata este artigo deverão ser formalizadas por meio de acordo individual, de acordo coletivo ou de convenção coletiva de trabalho.

§ 3º O prazo fixado no § 1º deste artigo aplica-se inclusive para o empregado ou a empregada que tiver filho, enteado ou pessoa sob guarda judicial com deficiência.

Do Regime Especial de Compensação de Jornada de Trabalho por meio de Banco de Horas

Art. 9º Na hipótese de rescisão do contrato de trabalho de empregado ou empregada em regime de compensação de jornada por meio de banco de horas, as horas acumuladas ainda não compensadas serão:

I – descontadas das verbas rescisórias devidas ao empregado ou à empregada, na hipótese de banco de horas em favor do empregador, quando a demissão for a pedido e o empregado ou empregada não tiver interesse ou não puder compensar a jornada devida durante o prazo do aviso prévio; ou

II – pagas juntamente com as verbas rescisórias, na hipótese de banco de horas em favor do empregado ou da empregada.

Da Antecipação de Férias Individuais

Art. 10. A antecipação de férias individuais poderá ser concedida ao empregado ou à empregada que se enquadre nos critérios estabelecidos no § 1º do art. 8º desta Lei, ainda que não tenha transcorrido o seu período aquisitivo.

Parágrafo único. As férias antecipadas não poderão ser usufruídas em período inferior a 5 (cinco) dias corridos.

Art. 11. Para as férias concedidas na forma prevista no art. 10 desta Lei, o empregador poderá optar por efetuar o pagamento do adicional de 1/3 (um terço) de férias após a sua concessão, até a data em que for devida a gratificação natalina prevista no art. 1º da Lei 4.749, de 12 de agosto de 1965.

Art. 12. O pagamento da remuneração da antecipação das férias na forma do art. 10 desta Lei poderá ser efetuado até o quinto dia útil do mês subsequente ao início do gozo das férias, hipótese em que não se aplicará o disposto no art. 145 da Consolidação das Leis do Trabalho, aprovada pelo Decreto-Lei 5.452, de 1º de maio de 1943.

Art. 13. Na hipótese de rescisão do contrato de trabalho, os valores das férias ainda não usufruídas serão pagos juntamente com as verbas rescisórias devidas.

Parágrafo único. Na hipótese de período aquisitivo não cumprido, as férias antecipadas e usufruídas serão descontadas das verbas rescisórias devidas ao empregado no caso de pedido de demissão.

Dos Horários de Entrada e Saída Flexíveis

Art. 14. Quando a atividade permitir, os horários fixos da jornada de trabalho poderão ser flexibilizados ao empregado ou à empregada que se enquadre nos critérios estabelecidos no *caput* do art. 8º desta Lei.

Parágrafo único. A flexibilização de que trata o *caput* deste artigo ocorrerá em intervalo de horário previamente estabelecido, considerados os limites inicial e final de horário de trabalho diário.

DAS MEDIDAS PARA QUALIFICAÇÃO DE MULHERES

Da Suspensão do Contrato de Trabalho para Qualificação Profissional

Art. 15. Mediante requisição formal da empregada interessada, para estimular a qualificação de mulheres e o desenvolvimento de habilidades e de competências em áreas estratégicas ou com menor participação feminina, o empregador poderá suspender o contrato de trabalho para participação em curso ou em programa de qualificação profissional oferecido pelo empregador.

§ 1º Na hipótese prevista no *caput* deste artigo, a suspensão do contrato de trabalho será formalizada por meio de acordo individual, de acordo coletivo ou de convenção coletiva de trabalho, nos termos do art. 476-A da Consolidação das Leis do Trabalho, aprovada pelo Decreto-Lei 5.452, de 1º de maio de 1943.

§ 2º O curso ou o programa de qualificação profissional oferecido pelo empregador priorizará áreas que promovam a ascensão profissional da empregada ou áreas com baixa participação feminina, tais como ciência, tecnologia, desenvolvimento e inovação.

§ 3º Durante o período de suspensão do contrato de trabalho, a empregada fará jus à bolsa de qualificação profissional de que trata o art. 2º-A da Lei 7.998, de 11 de janeiro de 1990.

§ 4º Além da bolsa de qualificação profissional, durante o período de suspensão do contrato de trabalho, o empregador poderá conceder à empregada ajuda compensatória mensal, sem natureza salarial.

§ 5º Para fins de pagamento da bolsa de qualificação profissional, o empregador encaminhará ao Ministério do Trabalho e Previdência os dados referentes às empregadas que terão o contrato de trabalho suspenso.

§ 6º Se ocorrer a dispensa da empregada no transcurso do período de suspensão ou nos 6 (seis) meses subsequentes ao seu retorno ao trabalho, o empregador pagará à empregada, além das parcelas indenizatórias previstas na legislação, multa a ser estabelecida em convenção ou em acordo coletivo, que será de, no mínimo, 100% (cem por cento) sobre o valor da última remuneração mensal anterior à suspensão do contrato de trabalho.

Do Estímulo à Ocupação das Vagas de Gratuidade dos Serviços Sociais Autônomos

Art. 16. As entidades dos serviços nacionais de aprendizagem, observadas suas leis de regência e regulamentos, mediante a celebração de ajustes e de parcerias com a União, poderão implementar medidas que estimulem a matrícula de mulheres em cursos de qualificação, em todos os níveis e áreas de conhecimento.

§ 1º Se ocorrer a celebração dos termos de ajustes ou de parcerias a que se refere o *caput* deste artigo, os serviços nacionais de aprendizagem desenvolverão ferramentas de monitoramento e estratégias para a inscrição e a conclusão dos cursos por mulheres, especialmente nas áreas de ciência, de tecnologia, de desenvolvimento e de inovação.

§ 2º Para fins do disposto no *caput* deste artigo, serão priorizadas as mulheres hipossuficientes vítimas de violência doméstica e familiar com registro de ocorrência policial.

DO APOIO AO RETORNO AO TRABALHO APÓS O TÉRMINO DA LICENÇA-MATERNIDADE

Da Suspensão do Contrato de Trabalho de Pais Empregados

Art. 17. Mediante requisição formal do empregado interessado, o empregador poderá suspender o contrato de trabalho do empregado com filho cuja mãe tenha encerrado o período da licença-maternidade para:

I – prestar cuidados e estabelecer vínculos com os filhos;

II – acompanhar o desenvolvimento dos filhos; e

III – apoiar o retorno ao trabalho de sua esposa ou companheira.

§ 1º A suspensão do contrato de trabalho ocorrerá nos termos do art. 476-A da Consolidação das Leis do Trabalho, aprovada pelo Decreto-Lei 5.452, de 1º de maio de 1943, para participação em curso ou em programa de qualificação profissional oferecido pelo emprega-

dor, formalizada por meio de acordo individual, de acordo coletivo ou de convenção coletiva de trabalho.

§ 2º A suspensão do contrato de trabalho será efetuada após o término da licença-maternidade da esposa ou companheira do empregado.

§ 3º O curso ou o programa de qualificação profissional deverá ser oferecido pelo empregador, terá carga horária máxima de 20 (vinte) horas semanais e será realizado exclusivamente na modalidade não presencial, preferencialmente, de forma assíncrona.

§ 4º A limitação prevista no § 2º do art. 476-A da Consolidação das Leis do Trabalho, aprovada pelo Decreto-Lei 5.452, de 1º de maio de 1943, não se aplica à suspensão do contrato de trabalho de que trata este artigo.

§ 5º O empregado fará jus à bolsa de qualificação profissional de que trata o art. 2º-A da Lei 7.998, de 11 de janeiro de 1990.

§ 6º Além da bolsa de qualificação profissional, durante o período de suspensão do contrato de trabalho, o empregador poderá conceder ao empregado ajuda compensatória mensal, sem natureza salarial.

§ 7º Se ocorrer a dispensa do empregado no transcurso do período de suspensão ou nos 6 (seis) meses subsequentes ao seu retorno ao trabalho, o empregador pagará ao empregado, além das parcelas indenizatórias previstas na legislação em vigor, multa a ser estabelecida em convenção ou em acordo coletivo, que será de, no mínimo, 100% (cem por cento) sobre o valor da última remuneração mensal anterior à suspensão do contrato.

Art. 18. São deveres do empregador:

I – dar ampla divulgação aos seus empregados sobre a possibilidade de apoiar o retorno ao trabalho de suas esposas ou companheiras após o término do período da licença-maternidade;

II – orientar sobre os procedimentos necessários para firmar acordo individual para suspensão do contrato de trabalho com qualificação; e

III – promover ações periódicas de conscientização sobre parentalidade responsiva e igualitária para impulsionar a adoção da medida pelos seus empregados.

Art. 19. Para fins de pagamento da bolsa de qualificação profissional, o empregador encaminhará ao Ministério do Trabalho e Previdência os dados referentes aos empregados que terão o contrato de trabalho suspenso para apoiar o retorno ao trabalho de suas esposas ou companheiras.

Seção II
Das Alterações no Programa Empresa Cidadã

Art. 20. A Lei 11.770, de 9 de setembro de 2008, passa a vigorar com as seguintes alterações:

‣ Alterações inseridas na referida Lei.

CAPÍTULO VI
DAS REGRAS PARA FORMALIZAÇÃO DE ACORDOS INDIVIDUAIS

Art. 21. A opção por acordo individual para formalizar as medidas previstas no art. 3º, no § 2º do art. 8º, no § 1º do art. 15 e no § 1º do art. 17 desta Lei somente poderá ser realizada:

‣ Artigo vetado pelo Presidente da República e rejeitado o veto pelo Congresso Nacional (DOU 22.12.2022).

I – nos casos de empresas ou de categorias de trabalhadores para as quais não haja acordo coletivo ou convenção coletiva de trabalho celebrados; ou

II – se houver acordo coletivo ou convenção coletiva de trabalho celebrados, se o acordo individual a ser celebrado contiver medidas mais vantajosas à empregada ou ao empregado que o instrumento coletivo vigente.

Art. 22. Tanto na priorização para vagas em regime de teletrabalho, trabalho remoto ou trabalho a distância quanto na adoção das medidas de flexibilização e de suspensão do contrato de trabalho previstas nos Capítulos III, IV e V desta Lei, deverá sempre ser levada em conta a vontade expressa da empregada ou do empregado beneficiado pelas medidas de apoio ao exercício da parentalidade.

CAPÍTULO VII
DAS MEDIDAS DE PREVENÇÃO E DE COMBATE AO ASSÉDIO SEXUAL E A OUTRAS FORMAS DE VIOLÊNCIA NO ÂMBITO DO TRABALHO

Art. 23. Para a promoção de um ambiente laboral sadio, seguro e que favoreça a inserção e a manutenção de mulheres no mercado de trabalho, as empresas com Comissão Interna de Prevenção de Acidentes e de Assédio (Cipa) deverão adotar as seguintes medidas, além de outras que entenderem necessárias, com

vistas à prevenção e ao combate ao assédio sexual e às demais formas de violência no âmbito do trabalho:

I – inclusão de regras de conduta a respeito do assédio sexual e de outras formas de violência nas normas internas da empresa, com ampla divulgação do seu conteúdo aos empregados e às empregadas;

II – fixação de procedimentos para recebimento e acompanhamento de denúncias, para apuração dos fatos e, quando for o caso, para aplicação de sanções administrativas aos responsáveis diretos e indiretos pelos atos de assédio sexual e de violência, garantido o anonimato da pessoa denunciante, sem prejuízo dos procedimentos jurídicos cabíveis;

III – inclusão de temas referentes à prevenção e ao combate ao assédio sexual e a outras formas de violência nas atividades e nas práticas da Cipa; e

IV – realização, no mínimo a cada 12 (doze) meses, de ações de capacitação, de orientação e de sensibilização dos empregados e das empregadas de todos os níveis hierárquicos da empresa sobre temas relacionados à violência, ao assédio, à igualdade e à diversidade no âmbito do trabalho, em formatos acessíveis, apropriados e que apresentem máxima efetividade de tais ações.

§ 1º O recebimento de denúncias a que se refere o inciso II do *caput* deste artigo não substitui o procedimento penal correspondente, caso a conduta denunciada pela vítima se encaixe na tipificação de assédio sexual contida no art. 216-A do Decreto-Lei 2.848, de 7 de dezembro de 1940 (Código Penal), ou em outros crimes de violência tipificados na legislação brasileira.

§ 2º O prazo para adoção das medidas previstas nos incisos I, II, III e IV do *caput* deste artigo é de 180 (cento e oitenta) dias após a entrada em vigor desta Lei.

CAPÍTULO VIII
DO SELO EMPREGA + MULHER

Art. 24. Fica instituído o Selo Emprega + Mulher.

§ 1º São objetivos do Selo Emprega + Mulher:

I – reconhecer as empresas que se destaquem pela organização, pela manutenção e pelo provimento de creches e pré-escolas para atender às necessidades de suas empregadas e de seus empregados; e

II – reconhecer as boas práticas de empregadores que visem, entre outros objetivos:

a) ao estímulo à contratação, à ocupação de postos de liderança e à ascensão profissional de mulheres, especialmente em áreas com baixa participação feminina, tais como ciência, tecnologia, desenvolvimento e inovação;

b) à divisão igualitária das responsabilidades parentais;

c) à promoção da cultura de igualdade entre mulheres e homens;

d) à oferta de acordos flexíveis de trabalho;

e) à concessão de licenças para mulheres e homens que permitam o cuidado e a criação de vínculos com seus filhos;

f) ao efetivo apoio às empregadas de seu quadro de pessoal e das que prestem serviços no seu estabelecimento em caso de assédio, violência física ou psicológica ou qualquer violação de seus direitos no local de trabalho; e

g) à implementação de programas de contratação de mulheres desempregadas em situação de violência doméstica e familiar e de acolhimento e de proteção às suas empregadas em situação de violência doméstica e familiar.

§ 2º Para fins do disposto neste artigo, consideram-se violência doméstica e familiar contra a mulher as ações ou as omissões previstas no art. 5º da Lei 11.340, de 7 de agosto de 2006 (Lei Maria da Penha).

Art. 25. As microempresas e as empresas de pequeno porte que receberem o Selo Emprega + Mulher serão beneficiadas com estímulos creditícios adicionais, nos termos dos incisos I e II do § 5º do art. 3º da Lei 13.999, de 18 de maio de 2020.

Art. 26. As empresas que se habilitarem para o recebimento do Selo Emprega + Mulher deverão prestar contas anualmente quanto ao atendimento dos requisitos previstos nesta Lei.

Art. 27. A pessoa jurídica detentora do Selo Emprega + Mulher poderá utilizá-lo para os fins de divulgação de sua marca, produtos e serviços, vedada a extensão do uso para grupo econômico ou em associação com outras empresas que não detenham o selo.

Art. 28. Ato do Ministro de Estado do Trabalho e Previdência disporá sobre o regulamento completo do Selo Emprega + Mulher.

CAPÍTULO IX
DO ESTÍMULO AO MICROCRÉDITO PARA MULHERES

Art. 29. Nas operações de crédito do Programa de Simplificação do Microcrédito Digital para Empreendedores (SIM Digital), de que trata a Lei 14.438, de 24 de agosto de 2022, serão aplicadas condições diferenciadas, exclusivamente quando os beneficiários forem:

I – mulheres que exerçam alguma atividade produtiva ou de prestação de serviços, urbana ou rural, de forma individual ou coletiva, na condição de pessoas naturais;

II – mulheres, na condição de pessoas naturais e de microempreendedoras individuais no âmbito do Programa Nacional de Microcrédito Produtivo Orientado (PNMPO).

§ 1º A primeira linha de crédito a ser concedida à beneficiária pessoa natural corresponderá ao valor máximo de R$ 2.000,00 (dois mil reais) e, às microempreendedoras individuais, de R$ 5.000,00 (cinco mil reais), considerada a soma de todos os contratos de operação, ativos e inativos, efetuados no âmbito do SIM Digital.

§ 2º A taxa de juros máxima será correspondente a 85% (oitenta e cinco por cento) da taxa máxima permitida pelo Conselho Monetário Nacional para operações de microcrédito, e o prazo será de até 30 (trinta) meses para o pagamento.

§ 3º A cobertura da garantia a ser prestada pelos fundos garantidores, observado o disposto na Lei 14.438, de 24 de agosto de 2022, será de até 85% (oitenta e cinco por cento) do valor desembolsado em cada operação incluída nas carteiras garantidas, e o limite de cobertura será de 80% (oitenta por cento) do total de desembolsos efetuados nas operações das carteiras, sempre que forem formadas exclusivamente por mulheres, nas condições dos incisos I e II do *caput* deste artigo, observados as atenuantes de risco aplicáveis e o disposto nos regulamentos dos fundos.

CAPÍTULO X
DISPOSIÇÕES FINAIS

Art. 30. Às mulheres empregadas é garantido igual salário em relação aos empregados que exerçam idêntica função prestada ao mesmo empregador, nos termos dos arts. 373-A e 461 da Consolidação das Leis do Trabalho, aprovada pelo Decreto-Lei 5.452, de 1º de maio de 1943.

Art. 31. O Sistema Nacional de Emprego (Sine) implementará iniciativas com vistas à melhoria da empregabilidade de mulheres, especialmente daquelas:

I – que tenham filho, enteado ou guarda judicial de crianças de até 5 (cinco) anos de idade;

II – que sejam chefe de família monoparental; ou

III – com deficiência ou com filho com deficiência.

Art. 32. A Consolidação das Leis do Trabalho, aprovada pelo Decreto-Lei 5.452, de 1º de maio de 1943, passa a vigorar com as seguintes alterações:

‣ Alterações inseridas na CLT.

Art. 33. O art. 3º da Lei 13.999, de 18 de maio de 2020, passa a vigorar acrescido do seguinte § 5º:

‣ Referida Lei não foi selecionada para esta obra.

Art. 34. O *caput* do art. 2º da Lei 12.513, de 26 de outubro de 2011, passa a vigorar acrescido do seguinte inciso V:

‣ Alterações inseridas na referida Lei.

Art. 35. Esta Lei entra em vigor na data de sua publicação.

Brasília, 21 de setembro de 2022; 201º da Independência e 134º da República.

Jair Messias Bolsonaro

**DECRETO 11.496,
DE 19 DE ABRIL DE 2023**

Dispõe sobre o Conselho Nacional do Trabalho, a Comissão Nacional de Erradicação do Trabalho Infantil, a Comissão Tripartite Paritária Permanente, o Conselho Deliberativo do Fundo de Amparo ao Trabalhador, o Conselho Curador do Fundo de Garantia do Tempo de Serviço e o Fórum Nacional de Microcrédito.

DOU 20.04.2023

O Presidente da República, no uso da atribuição que lhe confere o art. 84, *caput*, inciso VI, alínea "a", da Constituição, decreta:

CAPÍTULO I
DO OBJETO

Art. 1º Este Decreto dispõe sobre os seguintes colegiados do âmbito do Ministério do Trabalho e Emprego:

I – o Conselho Nacional do Trabalho;

II – a Comissão Nacional de Erradicação do Trabalho Infantil;

III – a Comissão Tripartite Paritária Permanente;

IV – o Conselho Deliberativo do Fundo de Amparo ao Trabalhador – CODEFAT, de que trata o art. 18 da Lei nº 7.998, de 11 de janeiro de 1990;

V – o Conselho Curador do Fundo de Garantia do Tempo de Serviço - Conselho Curador do FGTS, de que trata o art. 3º da Lei nº 8.036, de 11 de maio de 1990;

VI – o Fórum Nacional de Microcrédito, de que trata a Lei nº 13.636, de 20 de março de 2018; e
▸ Incisos V e VI com redação pelo Dec. 11.876/2024.

VII – o Fórum Nacional da Aprendizagem Profissional.
▸ Inciso VII acrescido pelo Dec. 11.876/2024.

CAPÍTULO II
DO CONSELHO NACIONAL DO TRABALHO

Art. 2º O Conselho Nacional do Trabalho, colegiado de natureza consultiva, é composto de forma tripartite, observada a paridade entre os representantes do Governo federal, dos trabalhadores e dos empregadores.

Art. 3º Ao Conselho Nacional do Trabalho compete:

I – propor políticas e ações para modernizar as relações de trabalho;

II – estimular a negociação coletiva e o diálogo social como mecanismos de solução de conflitos;

III – promover o entendimento entre trabalhadores e empregadores e buscar soluções em temas estratégicos relativos às relações de trabalho;

IV – propor diretrizes para a elaboração dos planos, dos programas e das normas sobre políticas públicas em matéria trabalhista, de competência do Ministério do Trabalho e Emprego;

V – propor estudos e analisar normas complementares que tratem das condições e das relações de trabalho; e

VI – pronunciar-se sobre outros assuntos que lhe sejam submetidos, no âmbito de sua competência.

Art. 4º O Conselho Nacional do Trabalho é composto por trinta e seis representantes, dos quais:

I – doze do Governo federal;

II – doze dos empregadores; e

III – doze dos trabalhadores.

§ 1º Cada membro do Conselho Nacional do Trabalho terá um suplente, que o substituirá em suas ausências e seus impedimentos.

§ 2º Os membros de que trata o inciso I do *caput* e os respectivos suplentes serão indicados pelos titulares dos seguintes órgãos:

I – três pelo Ministério do Trabalho e Emprego;

II – um pela Casa Civil da Presidência da República;

III – um pelo Ministério da Agricultura e Pecuária;

IV – um pelo Ministério do Desenvolvimento, Indústria, Comércio e Serviços;

V – um pelo Ministério dos Direitos Humanos e da Cidadania;

VI – um pelo Ministério da Gestão e da Inovação em Serviços Públicos;

VII – um pelo Ministério da Igualdade Racial;

VIII – um pelo Ministério das Mulheres;

IX – um pelo Ministério da Previdência Social; e

X – um pelo Ministério das Relações Exteriores.

§ 3º Os membros de que trata o inciso II do *caput* e os respectivos suplentes serão indicados pelas doze confederações empresariais com registro ativo no Cadastro Nacional de Entidades Sindicais com maior número de sindicatos filiados.

§ 4º Os membros de que trata o inciso III do *caput* e os respectivos suplentes serão indicados pelas centrais sindicais que atenderem aos requisitos de representatividade de que trata o art. 2º da Lei nº 11.648, de 31 de março de 2008, observado o disposto no art. 3º da referida Lei.

§ 5º Um dos representantes do Ministério do Trabalho e Emprego, indicado pelo Ministro de Estado do Trabalho e Emprego, será o Presidente do Conselho Nacional do Trabalho.

§ 6º O Conselho Nacional do Trabalho poderá convidar representantes de órgãos e entidades, públicos e privados, para participar de suas reuniões, sem direito a voto.

Art. 5º O regimento interno do Conselho Nacional do Trabalho será elaborado pelo seu Presidente e aprovado pela maioria absoluta de seus membros.

Art. 6º O Conselho Nacional do Trabalho se reunirá, em caráter ordinário, uma vez a cada trimestre e, em caráter extraordinário, mediante convocação do seu Presidente ou da maioria de seus membros.

Parágrafo único. O quórum de reunião do Conselho Nacional do Trabalho é de maioria absoluta e o quórum de aprovação é de maioria simples.

Art. 7º O Presidente do Conselho Nacional do Trabalho poderá instituir grupos de trabalho específicos com o objetivo de auxiliar no cumprimento das competências de que trata o art. 3º.

§ 1º Os grupos de trabalho serão aprovados e terão seus objetivos específicos definidos pelo Conselho Nacional do Trabalho.

§ 2º Os membros dos grupos de trabalho serão indicados pelos membros do Conselho Nacional do Trabalho.

§ 3º O funcionamento, o quantitativo de membros e a duração dos grupos de trabalho e o número de grupos em operação simultânea serão definidos no regimento interno do Conselho Nacional do Trabalho.

Art. 8º A Secretaria-Executiva do Conselho Nacional do Trabalho será exercida pelo Ministério do Trabalho e Emprego.

CAPÍTULO III
DA COMISSÃO NACIONAL DE ERRADICAÇÃO DO TRABALHO INFANTIL

Art. 9º A Comissão Nacional de Erradicação do Trabalho Infantil, colegiado de natureza consultiva, é composta por representantes do Governo federal, dos trabalhadores e dos empregadores, observada a paridade entre eles, e da sociedade civil, do sistema de justiça e de organismos internacionais.

Art. 10. À Comissão Nacional de Erradicação do Trabalho Infantil compete:

I – elaborar proposta de plano nacional para a prevenção e a erradicação do trabalho infantil e para proteção ao adolescente trabalhador;

II – monitorar e avaliar a execução do plano nacional para a prevenção e a erradicação do trabalho infantil e para proteção ao adolescente trabalhador;

III – monitorar, avaliar e propor políticas específicas relacionadas com a erradicação do trabalho infantil;

IV – propor a elaboração de estudos e pesquisas e incentivar a realização de campanhas relacionadas com a erradicação do trabalho infantil;

V – monitorar e avaliar a aplicação das convenções internacionais sobre o trabalho infantil, e, caso necessário, elaborar propostas para adequações legislativas; e

VI – manifestar-se acerca de matérias atinentes ao tema do trabalho infantil.

Art. 11. A Comissão Nacional de Erradicação do Trabalho Infantil tem a seguinte estrutura:

I – Plenário;

II – Coordenação;

III – Secretaria-Executiva; e

IV – grupos de trabalho.

Art. 12. A Comissão Nacional de Erradicação do Trabalho Infantil é composta por vinte e um representantes, dos quais:

I – seis do Governo federal;

II – seis dos empregadores;

III – seis dos trabalhadores;

IV – um do sistema de justiça; e

V – dois da sociedade civil organizada.

§ 1º Cada membro da Comissão Nacional de Erradicação do Trabalho Infantil terá um suplente, que o substituirá em suas ausências e seus impedimentos.

§ 2º Os membros de que trata o inciso I do *caput* e os respectivos suplentes serão indicados pelos titulares dos seguintes órgãos:

I – Ministério do Trabalho e Emprego, que a coordenará;

II – Ministério do Desenvolvimento e Assistência Social, Família e Combate à Fome;

III – Ministério dos Direitos Humanos e da Cidadania;

IV – Ministério da Educação;

V – Ministério da Justiça e Segurança Pública; e

VI – Ministério da Saúde.

§ 3º Os membros de que trata o inciso II do *caput* e os respectivos suplentes, serão indicados pelas seis confederações empresariais com registro ativo no

Cadastro Nacional de Entidades Sindicais com maior número de sindicatos filiados.

§ 4º Os membros de que trata o inciso III do *caput* e os respectivos suplentes serão indicados pelas centrais sindicais que atenderem aos requisitos de representatividade de que trata o art. 2º da Lei nº 11.648, de 2008, observado o disposto no art. 3º da referida Lei.

§ 5º O membro da Comissão Nacional de Erradicação do Trabalho Infantil de que trata o inciso IV do *caput* e o respectivo suplente serão indicados pelo titular do Ministério Público do Trabalho.

§ 6º Os membros da Comissão Nacional de Erradicação do Trabalho Infantil de que trata o inciso V do *caput* e os respectivos suplentes serão indicados pelos seguintes colegiados com participação da sociedade civil organizada:

I – Conselho Nacional dos Direitos da Criança e do Adolescente – CONANDA; e

II – Fórum Nacional de Prevenção e Erradicação do Trabalho Infantil – FNPETI.

§ 7º Serão convidados permanentes da Comissão Nacional de Erradicação do Trabalho Infantil, sem direito a voto, os seguintes organismos internacionais:

I – Organização Internacional do Trabalho – OIT; e

II – Fundo das Nações Unidas para a Infância – UNICEF.

Art. 13. Os membros da Comissão Nacional de Erradicação do Trabalho Infantil e os respectivos suplentes serão indicados pelos titulares dos órgãos e das entidades que representam e poderão ser substituídos a qualquer tempo.

Art. 14. A Comissão Nacional de Erradicação do Trabalho Infantil poderá instituir grupos de trabalho com o objetivo de estudar e elaborar propostas sobre temas específicos.

§ 1º Os membros dos grupos de trabalho serão indicados pelos membros da Comissão Nacional de Erradicação do Trabalho Infantil.

§ 2º Os grupos de trabalho terão caráter temporário e duração não superior a sessenta dias, prorrogável igual período.

Art. 15. A Secretaria-Executiva da Comissão Nacional de Erradicação do Trabalho Infantil será exercida pelo Ministério do Trabalho e Emprego.

Art. 16. A Comissão Nacional de Erradicação do Trabalho Infantil se reunirá, em caráter ordinário, uma vez a cada bimestre e, em caráter extraordinário, mediante convocação do seu Coordenador ou da maioria de seus membros.

§ 1º O quórum de reunião da Comissão Nacional de Erradicação do Trabalho Infantil é de maioria absoluta e o quórum de aprovação é de maioria simples.

§ 2º Na hipótese de empate, além do voto ordinário, o Coordenador da Comissão Nacional de Erradicação do Trabalho Infantil terá o voto de qualidade.

§ 3º O Coordenador da Comissão Nacional de Erradicação do Trabalho Infantil poderá convidar especialistas e representantes de outros órgãos e entidades, públicos e privados, para participar de suas reuniões, sem direito a voto.

Art. 17. O regimento interno da Comissão Nacional de Erradicação do Trabalho Infantil será elaborado pelo seu Coordenador e aprovado pela maioria absoluta de seus membros.

CAPÍTULO IV
DA COMISSÃO TRIPARTITE PARITÁRIA PERMANENTE

Art. 18. A Comissão Tripartite Paritária Permanente, colegiado de natureza consultiva, é composta por representantes do Governo federal, dos trabalhadores e dos empregadores, observada a paridade entre eles.

Art. 19. À Comissão Tripartite Paritária Permanente compete:

I – propor a elaboração de estudos e ações na área de segurança e saúde no trabalho;

II – propor medidas de compatibilização entre a proteção ao trabalhador e o desenvolvimento econômico do País;

III – estimular o diálogo entre governo, trabalhadores e empregadores;

IV – participar do processo de elaboração e revisão das normas regulamentadoras de segurança e saúde no trabalho; e

V – acompanhar pesquisas e eventos científicos relativos à prevenção de acidentes e a doenças relacionadas ao trabalho.

Art. 20. A Comissão Tripartite Paritária Permanente é composta por vinte e um representantes, dos quais:

I – sete do Governo federal;

II – sete dos empregadores; e

III – sete dos trabalhadores.

§ 1º Cada membro da Comissão Tripartite Paritária Permanente terá um suplente, que o substituirá em suas ausências e seus impedimentos.

§ 2º Os membros de que trata o inciso I do *caput* e os respectivos suplentes serão indicados pelos titulares dos seguintes órgãos e entidade:

I – três pelo Ministério do Trabalho e Emprego;

II – um pela Fundação Jorge Duprat Figueiredo de Segurança e Medicina do Trabalho – Fundacentro;

III – um pelo Ministério do Desenvolvimento, Indústria, Comércio e Serviços;

IV – um pelo Ministério da Previdência Social; e

V – um pelo Ministério da Saúde.

§ 3º Um dos representantes do Ministério do Trabalho e Emprego, indicado pelo Ministro de Estado do Trabalho e Emprego, será o Presidente da Comissão Tripartite Paritária Permanente.

§ 4º Os membros de que trata o inciso II do *caput* e os respectivos suplentes serão indicados pelas sete confederações empresariais com registro ativo no Cadastro Nacional de Entidades Sindicais com maior número de sindicatos filiados.

§ 5º Os membros de que trata o inciso III do *caput* e os respectivos suplentes serão indicados pelas centrais sindicais que atendam aos requisitos de representatividade de que trata o art. 2º da Lei nº 11.648, de 2008, observado o disposto no art. 3º da referida Lei.

§ 6º Os membros suplentes de que tratam o § 4º e o § 5º poderão ser indicados por entidade diferente da entidade que houver indicado o membro titular, definida em comum acordo entre as confederações empresariais ou as centrais sindicais, conforme o caso.

Art. 21. A Comissão Tripartite Paritária Permanente se reunirá, em caráter ordinário, quatro vezes por ano e, em caráter extraordinário, mediante convocação do seu Presidente ou da maioria de seus membros.

§ 1º O quórum de reunião da Comissão Tripartite Paritária Permanente é de maioria absoluta e o quórum de aprovação é de maioria simples.

§ 2º A ausência de representantes dos empregadores ou dos trabalhadores não obsta a deliberação sobre os assuntos previstos na pauta da reunião, desde que a convocação tenha sido feita regularmente a todos os membros.

§ 3º O presidente da Comissão Tripartite Paritária Permanente poderá convidar até seis especialistas, representantes de outros órgãos, entidades ou organismos internacionais, para participar de suas reuniões e das comissões temáticas de que tratam o art. 23, sem direito a voto.

Art. 22. O regimento interno da Comissão Tripartite Paritária Permanente será elaborado pelo seu Presidente e aprovado pela maioria absoluta de seus membros.

Art. 23. A Comissão Tripartite Paritária Permanente é composta também pelas seguintes comissões temáticas, com o objetivo de monitorar, avaliar e propor políticas específicas relacionadas com a segurança e a saúde no trabalho:

I – Comissão Nacional Tripartite de Agentes Químicos Ocupacionais; e

II – Comissão Nacional Tripartite de Acompanhamento da Política Nacional de Segurança e Saúde no Trabalho.

§ 1º O Presidente da Comissão Tripartite Paritária Permanente designará os Presidentes das comissões temáticas.

§ 2º Os membros das comissões temáticas de que tratam o *caput* e os respectivos suplentes serão designados nos termos do disposto no art. 46.

Art. 24. À Comissão Nacional Tripartite de Agentes Químicos Ocupacionais compete:

I – elaborar pareceres sobre questões relacionadas com agentes químicos ocupacionais;

II – elaborar estudos técnicos sobre os valores de referência a serem utilizados como Limites de Exposição Ocupacional – LEO e sobre os valores de referência dos Indicadores Biológicos de Exposição – IBE para agentes químicos;

III – propor à Comissão Tripartite Paritária Permanente atos normativos de competência do Ministro de Estado do Trabalho e Emprego e ações não normativas, relacionados com agentes químicos ocupacionais; e

IV – promover debates e estudos científicos sobre risco químico ocupacional.

§ 1º A Comissão Nacional Tripartite de Agentes Químicos Ocupacionais é composta por vinte e um representantes, observada a paridade, dos quais:

I – sete do Governo federal;

II – sete dos empregadores, indicados na forma prevista no § 4º do art. 20; e

III – sete dos trabalhadores, indicados na forma prevista no § 5º do art. 20.

§ 2º Cada membro da Comissão Nacional Tripartite de Agentes Químicos Ocupacionais terá um suplente, que o substituirá em suas ausências e seus impedimentos.

§ 3º Os membros de que trata o inciso I do § 1º e os respectivos suplentes serão indicados pelos titulares dos seguintes órgãos e entidade:

I – três pelo Ministério do Trabalho e Emprego;

II – um pela Fundacentro;

III – um pelo Ministério do Desenvolvimento, Indústria, Comércio e Serviços;

IV – um pelo Ministério da Previdência Social; e

V – um pelo Ministério da Saúde.

§ 4º Um dos representantes do Ministério do Trabalho e Emprego, indicado pelo Ministro de Estado do Trabalho e Emprego, será o Presidente da Comissão Nacional Tripartite de Agentes Químicos Ocupacionais.

§ 5º Os membros da Comissão Nacional Tripartite de Agentes Químicos Ocupacionais e os respectivos suplentes deverão ser profissionais com:

I – formação de nível superior em Química; ou

II – outra formação de nível superior com pós-graduação, lato ou stricto sensu, em Toxicologia, Epidemiologia, Medicina do Trabalho, Engenharia de Segurança do Trabalho ou Higiene Ocupacional.

Art. 25. À Comissão Nacional Tripartite de Acompanhamento da Política Nacional de Segurança e Saúde no Trabalho compete:

I – monitorar, avaliar e propor políticas específicas relacionadas com a segurança e a saúde no trabalho;

II – monitorar, avaliar, elaborar proposta e apresentar relatório anual consolidado sobre a execução do Plano Nacional de Segurança e Saúde no Trabalho;

III – acompanhar e propor ações específicas relativas às taxas de acidentalidade e a outros indicadores de segurança e saúde no trabalho;

IV – participar da organização da campanha nacional de prevenção de acidentes de trabalho;

V – elaborar plano de comunicação para formação da cultura de prevenção de acidentes de trabalho;

VI – propor a reestruturação da formação em saúde do trabalhador e em segurança no trabalho;

VII – promover incentivo à capacitação e à educação continuada de trabalhadores; e

VIII – promover agenda integrada de estudos e de pesquisas em segurança e saúde no trabalho.

§ 1º A Comissão Nacional Tripartite de Acompanhamento da Política Nacional de Segurança e Saúde no Trabalho é composta por vinte e um representantes, observada a paridade, dos quais:

I – sete do Governo federal;

II – sete dos empregadores, indicados na forma prevista no § 4º do art. 20; e

III – sete dos trabalhadores, indicados na forma prevista no § 5º do art. 20.

§ 2º Cada membro da Comissão Nacional Tripartite de Acompanhamento da Política Nacional de Segurança e Saúde no Trabalho terá um suplente, que o substituirá em suas ausências e seus impedimentos.

§ 3º Os membros de que trata o inciso I do § 1º e os respectivos suplentes serão indicados pelos titulares dos seguintes órgãos e entidade:

I – três pelo Ministério do Trabalho e Emprego;

II – um pela Fundacentro;

III – um pelo Ministério da Educação;

IV – um pelo Ministério da Previdência Social; e

V – um pelo Ministério da Saúde.

§ 4º Um dos representantes do Ministério do Trabalho e Emprego, indicado pelo Ministro de Estado do Trabalho e Emprego, será o Presidente da Comissão Nacional Tripartite de Acompanhamento da Política Nacional de Segurança e Saúde no Trabalho.

Art. 26. As manifestações das comissões temáticas a que se refere o art. 23 serão ratificadas pela Comissão Tripartite Paritária Permanente, na forma estabelecida em seu regimento interno.

Art. 27. O Presidente da Comissão Tripartite Paritária Permanente poderá instituir:

I – grupo de estudo tripartite, com o objetivo de aprofundar estudos sobre segurança e saúde no trabalho;

II – grupo de trabalho tripartite específico, com o objetivo de auxiliar no cumprimento das competências de que trata o art. 19; e

III – Comissão Nacional Tripartite Temática, com o objetivo de acompanhar a implementação de alterações nas normas regulamentadoras, inclusive por meio de estudos dos efeitos da implementação, estudos de impacto da norma na redução de acidentes e doenças relacionadas com o trabalho e propostas de ajuste em atos normativos de competência do Ministro de Estado do Trabalho e Emprego.

§ 1º Os seus objetivos específicos, o funcionamento e, quando for o caso, a duração do grupo de estudo tripartite, do grupo de trabalho tripartite e da Comissão Nacional Tripartite Temática serão definidos pelo Presidente da Comissão Tripartite Paritária Permanente, ouvida a Comissão Tripartite Paritária Permanente.

§ 2º O grupo de estudo tripartite, o grupo de trabalho tripartite e a Comissão Nacional Tripartite Temática:

I – serão compostos por três a sete membros de cada representação; e

II – serão coordenados por representantes do Ministério do Trabalho e Emprego.

Art. 28. A Secretaria-Executiva da Comissão Tripartite Paritária Permanente será exercida pela Secretaria de Inspeção do Trabalho do Ministério do Trabalho e Emprego.

(...)

CAPÍTULO VIII
DISPOSIÇÕES FINAIS

Art. 45. Os membros dos colegiados de que trata este Decreto, de suas comissões temáticas e de seus grupos de trabalho que se encontrarem no Distrito Federal se reunirão presencialmente ou por videoconferência, e os membros que se encontrarem em outros entes federativos participarão da reunião, preferencialmente, por meio de videoconferência, facultada a realização de reunião presencial, quando necessário.

▸ *Caput* com redação pelo Dec. 11.876/2024.

§ 1º Caberá aos Presidentes e ao Coordenador dos colegiados de que trata este Decreto definir o meio de realização das reuniões.

▸ § 1º renumerado pelo Dec. 11.876/2024.

§ 2º Aplica-se ao Fórum Nacional da Aprendizagem Profissional a regra específica de que trata o art. 44-F quanto ao meio de realizações das reuniões.

▸ § 2º acrescido pelo Dec. 11.876/2024.

Art. 46. Os membros titulares e suplentes dos colegiados de que trata este Decreto serão designados em ato do Ministro de Estado do Trabalho e Emprego.

Art. 47. A Consultoria Jurídica do Ministério do Trabalho e Emprego prestará assessoramento jurídico ao CODEFAT e ao Conselho Curador do FGTS e seus integrantes comparecerão às reuniões dos referidos colegiados.

Art. 48. A participação nos colegiados de que trata este Decreto, nas suas comissões temáticas e nos seus grupos de trabalho será considerada prestação de serviço público relevante, não remunerada.

Art. 49. Os colegiados de que trata este Decreto elaborarão relatório anual de suas atividades, que conterá a avaliação da produção e dos resultados alcançados.

§ 1º Os relatórios de que trata o *caput* serão encaminhados ao Ministro de Estado do Trabalho e Emprego no prazo de trinta dias, contado da data de realização da última reunião anual do colegiado.

§ 2º O relatório anual das atividades da Comissão Tripartite Paritária Permanente conterá, no mínimo, a agenda regulatória prevista e os resultados alcançados e será encaminhado ao Ministro de Estado do Trabalho e Emprego no prazo de sessenta dias, contado da data de realização da última reunião anual.

Art. 50. Os mandatos dos membros do CODEFAT e do Conselho Curador do FGTS em curso na data de publicação deste Decreto terão sua duração assegurada conforme o previsto no momento da designação.

Art. 51. Ficam revogados:

I – o Decreto nº 9.161, de 26 de setembro de 2017; e

II – o Decreto nº 10.905, de 20 de dezembro de 2021.

Art. 52. Este Decreto entra em vigor na data de sua publicação.

Brasília, 19 de abril de 2023; 202º da Independência e 135º da República.

Luiz Inácio Lula da Silva

LEI 14.611, DE 3 DE JULHO DE 2023

Dispõe sobre a igualdade salarial e de critérios remuneratórios entre mulheres e homens; e altera a Consolidação das Leis do Trabalho, aprovada pelo Decreto-Lei nº 5.452, de 1º de maio de 1943.

DOU 04.07.2023

O Presidente da República

Faço saber que o Congresso Nacional decreta e eu sanciono a seguinte Lei:

Art. 1º Esta Lei dispõe sobre a igualdade salarial e de critérios remuneratórios, nos termos da regulamentação, entre mulheres e homens para a realização de trabalho de igual valor ou no exercício da mesma função e altera a Consolidação das Leis do Trabalho, aprovada pelo Decreto-Lei nº 5.452, de 1º de maio de 1943.

Art. 2º A igualdade salarial e de critérios remuneratórios entre mulheres e homens para a realização de trabalho de igual valor ou no exercício da mesma função é obrigatória e será garantida nos termos desta Lei.

Art. 3º O art. 461 da Consolidação das Leis do Trabalho, aprovada pelo Decreto-Lei nº 5.452, de 1º de maio de 1943, passa a vigorar com a seguinte redação:

▶ Alteração processada na CLT.

Art. 4º A igualdade salarial e de critérios remuneratórios entre mulheres e homens será garantida por meio das seguintes medidas:

I – estabelecimento de mecanismos de transparência salarial e de critérios remuneratórios;

II – incremento da fiscalização contra a discriminação salarial e de critérios remuneratórios entre mulheres e homens;

III – disponibilização de canais específicos para denúncias de discriminação salarial;

IV – promoção e implementação de programas de diversidade e inclusão no ambiente de trabalho que abranjam a capacitação de gestores, de lideranças e de empregados a respeito do tema da equidade entre homens e mulheres no mercado de trabalho, com aferição de resultados; e

V – fomento à capacitação e à formação de mulheres para o ingresso, a permanência e a ascensão no mercado de trabalho em igualdade de condições com os homens.

Art. 5º Fica determinada a publicação semestral de relatórios de transparência salarial e de critérios remuneratórios pelas pessoas jurídicas de direito privado com 100 (cem) ou mais empregados, observada a proteção de dados pessoais de que trata a Lei nº 13.709, de 14 de agosto de 2018 (Lei Geral de Proteção de Dados Pessoais).

§ 1º Os relatórios de transparência salarial e de critérios remuneratórios conterão dados anonimizados e informações que permitam a comparação objetiva entre salários, remunerações e a proporção de ocupação de cargos de direção, gerência e chefia preenchidos por mulheres e homens, acompanhada de informações que possam fornecer dados estatísticos sobre outras possíveis desigualdades decorrentes de raça, etnia, nacionalidade e idade, observada a legislação de proteção de dados pessoais e regulamento específico.

§ 2º Nas hipóteses em que for identificada desigualdade salarial ou de critérios remuneratórios, independentemente do descumprimento do disposto no art. 461 da Consolidação das Leis do Trabalho, aprovada pelo Decreto-Lei nº 5.452, de 1º de maio de 1943, a pessoa jurídica de direito privado apresentará e implementará plano de ação para mitigar a desigualdade, com metas e prazos, garantida a participação de representantes das entidades sindicais e de representantes dos empregados nos locais de trabalho.

§ 3º Na hipótese de descumprimento do disposto no *caput* deste artigo, será aplicada multa administrativa cujo valor corresponderá a até 3% (três por cento) da folha de salários do empregador, limitado a 100 (cem) salários mínimos, sem prejuízo das sanções aplicáveis aos casos de discriminação salarial e de critérios remuneratórios entre mulheres e homens.

§ 4º O Poder Executivo federal disponibilizará de forma unificada, em plataforma digital de acesso público, observada a proteção de dados pessoais de que trata a Lei nº 13.709, de 14 de agosto de 2018 (Lei Geral de Proteção de Dados Pessoais), além das informações previstas no § 1º deste artigo, indicadores atualizados periodicamente sobre mercado de trabalho e renda desagregados por sexo, inclusive indicadores de violência contra a mulher, de vagas em creches públicas, de acesso à formação técnica e superior e

de serviços de saúde, bem como demais dados públicos que impactem o acesso ao emprego e à renda pelas mulheres e que possam orientar a elaboração de políticas públicas.

Art. 6º Ato do Poder Executivo instituirá protocolo de fiscalização contra a discriminação salarial e de critérios remuneratórios entre mulheres e homens.

Art. 7º Esta Lei entra em vigor na data de sua publicação.

Brasília, 3 de julho de 2023; 202º da Independência e 135º da República.

Luiz Inácio Lula da Silva

DECRETO 11.795, DE 23 DE NOVEMBRO DE 2023

Regulamenta a Lei nº 14.611, de 3 de julho de 2023, que dispõe sobre igualdade salarial e de critérios remuneratórios entre mulheres e homens.

DOU 23.11.2023 EXTRA B

O Presidente da República, no uso da atribuição que lhe confere o art. 84, *caput*, inciso IV, da Constituição, e tendo em vista o disposto na Lei nº 14.611, de 3 de julho de 2023, decreta:

Art. 1º Este Decreto regulamenta a Lei nº 14.611, de 3 de julho de 2023, em relação aos mecanismos de transparência salarial e de critérios remuneratórios, para dispor sobre:

I – o Relatório de Transparência Salarial e de Critérios Remuneratórios; e

II – o Plano de Ação para Mitigação da Desigualdade Salarial e de Critérios Remuneratórios entre Mulheres e Homens.

Parágrafo único. As medidas previstas neste Decreto aplicam-se às pessoas jurídicas de direito privado com cem ou mais empregados que tenham sede, filial ou representação no território brasileiro, constituídas de fato ou de direito.

Art. 2º O Relatório de Transparência Salarial e de Critérios Remuneratórios de que trata o inciso I do *caput* do art. 1º tem por finalidade a comparação objetiva entre salários, remunerações e a proporção de ocupação de cargos e deve contemplar, no mínimo, as seguintes informações:

I – o cargo ou a ocupação contida na Classificação Brasileira de Ocupações – CBO, com as respectivas atribuições; e

II – o valor:

a) do salário contratual;

b) do décimo terceiro salário;

c) das gratificações;

d) das comissões;

e) das horas extras;

f) dos adicionais noturno, de insalubridade, de penosidade, de periculosidade, dentre outros;

g) do terço de férias;

h) do aviso prévio trabalhado;

i) relativo ao descanso semanal remunerado;

j) das gorjetas; e

k) relativo às demais parcelas que, por força de lei ou norma coletiva de trabalho,

componham a remuneração do trabalhador.

§ 1º Ato do Ministério do Trabalho e Emprego estabelecerá as informações que deverão constar do Relatório de que trata o *caput* e disporá sobre o formato e o procedimento para o seu envio.

§ 2º Os dados e as informações constantes dos Relatórios deverão ser:

I – anonimizados, observada a proteção de dados pessoais de que trata a Lei nº 13.709, de 14 de agosto de 2018; e

II – enviados por meio de ferramenta informatizada disponibilizada pelo Ministério do Trabalho e Emprego.

§ 3º O Relatório de que trata o *caput* deverá ser publicado nos sítios eletrônicos das próprias empresas, nas redes sociais ou em instrumentos similares, garantida a ampla

divulgação para seus empregados, colaboradores e público em geral.

§ 4º A publicação dos Relatórios deverá ocorrer nos meses de março e

setembro, conforme detalhado em ato do Ministério do Trabalho e Emprego.

§ 5º Para fins de fiscalização ou averiguação cadastral, o Ministério do Trabalho e Emprego poderá solicitar às empresas informações complementares às contidas no Relatório.

Art. 3º Verificada a desigualdade salarial e de critérios remuneratórios entre mulheres e homens pelo Ministério do Trabalho e Emprego, as empresas com cem ou mais empregados deverão elaborar e implementar Plano de Ação para Mitigação da Desigualdade Salarial e de Critérios Remuneratórios entre Mulheres e Homens, que deverá estabelecer:

I – as medidas a serem adotadas, as metas e os prazos; e

II – a criação de programas relacionados à:

a) capacitação de gestores, lideranças e empregados a respeito do tema da equidade entre mulheres e homens no mercado de trabalho;

b) promoção da diversidade e inclusão no ambiente de trabalho; e

c) capacitação e formação de mulheres para o ingresso, a permanência e a ascensão no mercado de trabalho em igualdade de condições com os homens.

§ 1º Na elaboração e na implementação do Plano de Ação de que trata o *caput*, deverá ser garantida a participação de representantes das entidades sindicais e dos empregados, preferencialmente, na forma definida em norma coletiva de trabalho.

§ 2º Na ausência de previsão específica em norma coletiva de trabalho, a participação referida no § 1º se dará, preferencialmente, por meio da comissão de empregados estabelecida nos termos dos art. 510-A a art. 510-D da Consolidação das Leis do Trabalho, aprovada pelo Decreto-Lei nº 5.452, de 1º de maio de 1943.

§ 3º Na hipótese do § 2º, a empresa que tiver entre cem e duzentos empregados poderá promover procedimento eleitoral específico para instituir uma comissão que garanta a participação efetiva de representantes dos empregados.

Art. 4º Compete ao Ministério do Trabalho e Emprego:

I – disponibilizar ferramenta informatizada para:

a) o envio dos Relatórios de Transparência Salarial e de Critérios Remuneratórios

pelas empresas; e

b) a divulgação dos Relatórios e de outros dados e informações sobre o acesso ao emprego e à renda pelas mulheres;

II – notificar, quando verificada desigualdade salarial e de critérios remuneratórios entre mulheres e homens, por meio da Auditoria-Fiscal do Trabalho, as empresas para que elaborem, no prazo de noventa dias, o Plano de Ação para Mitigação da Desigualdade Salarial e de Critérios Remuneratórios entre Mulheres e Homens;

III – disponibilizar canal específico para recebimento de denúncias relacionadas à discriminação salarial e de critérios remuneratórios entre mulheres e homens;

IV – fiscalizar o envio dos Relatórios de Transparência Salarial e de Critérios Remuneratórios pelas empresas; e

V – analisar as informações contidas nos Relatórios de Transparência Salarial e de Critérios Remuneratórios.

Art. 5º Compete conjuntamente ao Ministério das Mulheres e ao Ministério do Trabalho e Emprego:

I – dispor sobre outras medidas e orientações complementares que visem a garantir a implementação do disposto na Lei nº 14.611, de 2023; e

II – monitorar os dados e o impacto da política pública e a avaliação dos seus resultados.

Art. 6º Este Decreto entra em vigor na data de sua publicação.

Brasília, 23 de novembro de 2023; 202º da Independência e 135º da República.

Luiz Inácio Lula da Silva

PORTARIA MTE 3.714, DE 24 DE NOVEMBRO DE 2023

Regulamenta o Decreto nº 11.795, de 23 de novembro de 2023, que dispõe sobre a igualdade salarial e de critérios remuneratórios entre mulheres e homens, em especial o Relatório de Transparência Salarial e de Critérios Remuneratórios, o Plano de Ação para Mitigação da Desigualdade Salarial e de Critérios Remuneratórios, o protocolo de fiscalização contra a discriminação salarial e de critérios remuneratórios entre mulheres e homens e a disponibiliza-

Leg. Compl.

ção de canais específicos para denúncias de discriminação salarial. (Processo nº 19955.201311/2023-38).

DOU 27.11.2023

O MINISTRO DE ESTADO DO TRABALHO E EMPREGO, no uso da atribuição que lhe confere o art. 87, parágrafo único, incisos I e II, da Constituição, resolve:

Art. 1º Esta Portaria estabelece procedimentos administrativos para a atuação do Ministério do Trabalho e Emprego em relação aos mecanismos de transparência salarial e de critérios remuneratórios de que trata o art. 1º do Decreto nº 11.795, de 23 de novembro de 2023.

DO RELATÓRIO DE TRANSPARÊNCIA SALARIAL E DE CRITÉRIOS REMUNERATÓRIOS

Art. 2º O Relatório de Transparência Salarial e de Critérios Remuneratórios será elaborado pelo Ministério do Trabalho e Emprego com base nas informações prestadas pelos empregadores ao Sistema de Escrituração Fiscal Digital das Obrigações Fiscais, Previdenciárias e Trabalhistas- eSocial e as informações complementares coletadas na aba Igualdade Salarial e de Critérios Remuneratórios a ser implementada na área do empregador do Portal Emprega Brasil.

Art. 3º O Relatório de Transparência Salarial e de Critérios Remuneratórios será composto por duas seções, contendo cada uma, as seguintes informações:

I – Seção I – dados extraídos do eSocial:

a) dados cadastrais do empregador;

b) número total de trabalhadores empregados da empresa e por estabelecimento;

c) número total de trabalhadores empregados separados por sexo, raça e etnia,

com os respectivos valores do salário contratual e do valor da remuneração mensal; e

d) cargos ou ocupações do empregador, contidos na Classificação Brasileira de Ocupações (CBO); e

II – Seção II – dados extraídos do Portal Emprega Brasil:

a) existência ou inexistência de quadro de carreira e plano de cargos e salários;

b) critérios remuneratórios para acesso e progressão ou ascensão dos empregados;

c) existência de incentivo à contratação de mulheres;

d) identificação de critérios adotados pelo empregador para promoção a cargos de chefia, de gerência e de direção; e

e) existência de iniciativas ou de programas, do empregador, que apoiem o compartilhamento de obrigações familiares.

Parágrafo único. O valor da remuneração de que trata a alínea "c", do inciso I do caput, deverá conter:

I – salário contratual;

II – décimo terceiro salário;

III – gratificações;

IV – comissões;

V – horas extras;

VI – adicionais noturno, de insalubridade, de penosidade, de periculosidade, dentre outros;

VII – terço de férias;

VIII – aviso prévio trabalhado;

IX – descanso semanal remunerado;

X – gorjetas; e

XI – demais parcelas que, por força de lei ou de norma coletiva de trabalho, componham a remuneração do trabalhador.

Art. 4º A publicação do Relatório de Transparência Salarial e de Critérios Remuneratórios deverá ser feita pelos empregadores em seus sítios eletrônicos, em suas redes sociais ou um instrumentos similares, sempre em local visível, garantida a ampla divulgação por seus empregados, trabalhadores e público em geral.

Art. 5º O Ministério do Trabalho e Emprego coletará os dados inseridos no eSocial pelos empregadores, bem como as informações complementares por eles prestadas e publicará o Relatório de Transparência Salarial e de Critérios Remuneratórios, nos meses de março e setembro de cada ano, na plataforma do Programa de Disseminação das Estatísticas do Trabalho.

Parágrafo único. As informações complementares a que se refere o caput serão prestadas pelos empregadores, em ferramenta informatizada disponibilizada pelo Ministério do Trabalho e Emprego, nos meses de fevereiro e agosto de cada ano, relativas ao primeiro e ao segundo semestres, respectivamente.

Art. 6º A publicação do Relatório de Transparência Salarial e de Critérios Remuneratórios, pelo Ministério do Trabalho e Emprego, será obrigatória após a disponibilização da aba Igualdade Salarial e de Critérios Remuneratórios a ser implementada na área do empregador do Portal Emprega Brasil.

DO PLANO DE AÇÃO PARA MITIGAÇÃO DA DESIGUALDADE SALARIAL E DE CRITÉRIOS REMUNERATÓRIOS ENTRE MULHERES E HOMENS

Art. 7º Após a publicação do Relatório de Transparência Salarial e de Critérios Remuneratórios, nos termos do Decreto nº 11.795, de 2023, verificada a desigualdade salarial e de critérios de remuneração, os empregadores serão notificados, pela Auditoria-Fiscal do Trabalho, para que elaborem, no prazo de noventa dias, o Plano de Ação para Mitigação da Desigualdade Salarial e de Critérios Remuneratórios entre Mulheres e Homens.

§ 1º A notificação a que se refere o caput será realizada a partir da implementação do Domicílio Eletrônico Trabalhista, nos termos do artigo 628-A da Consolidação das Leis do Trabalho- CLT, aprovada pelo Decreto-Lei nº 5.452, de 1º de maio de 1943, ressalvados os procedimentos administrativos de fiscalização previstos ou iniciados nos termos da Instrução Normativa MTP nº 2, de 8 de novembro de 2021.

§ 2º O prazo para apresentação do Plano de Ação para Mitigação da Desigualdade Salarial e de Critérios Remuneratórios correrá a partir da primeira notificação, nos termos do inciso II do art. 4º do Decreto nº 11.795, de 2023.

§ 3º O Plano de Ação para Mitigação da Desigualdade Salarial e de Critérios Remuneratórios entre Mulheres e Homens de que trata o caput poderá ser elaborado e armazenado em meio digital com certificado digital emitido no âmbito da Infraestrutura de Chaves Públicas Brasileira (ICP-Brasil).

§ 4º Uma cópia do Plano de Ação para Mitigação da Desigualdade Salarial e de Critérios Remuneratórios entre Mulheres e Homens deverá ser depositada na entidade sindical representativa da categoria profissional.

Art. 8º O Plano de Ação para Mitigação da Desigualdade Salarial e de Critérios Remuneratórios entre Mulheres e Homens deverá conter:

I – medidas a serem adotadas com escala de prioridade;

II – metas, prazos e mecanismos de aferição de resultados;

III – planejamento anual com cronograma de execução; e

IV – avaliação das medidas com periodicidade mínima semestral.

Art. 9º O Plano de Ação para Mitigação da Desigualdade Salarial e de Critérios Remuneratórios entre Mulheres e Homens deverá prever, inclusive, a criação de programas de:

I – capacitação de gestores, lideranças e empregados a respeito do tema da equidade entre mulheres e homens no mercado de trabalho;

II – promoção de diversidade e inclusão no ambiente de trabalho; e

III – capacitação e formação de mulheres para o ingresso, permanência e ascensão no mercado de trabalho em igualdade de condições com os homens.

DO PROTOCOLO DE FISCALIZAÇÃO CONTRA A DISCRIMINAÇÃO SALARIAL E DE CRITÉRIOS REMUNERATÓRIOS ENTRE MULHERES E HOMENS

Art. 10. O protocolo de fiscalização contra a discriminação salarial e de critérios remuneratórios entre mulheres e homens será definido pela Secretaria de Inspeção do Trabalho, sem prejuízo dos procedimentos fiscais decorrentes da Lei nº 9.029, de 13 de abril de 1995.

DOS CANAIS DE DENÚNCIA

Art. 11. Denúncias relacionadas à discriminação salarial e de critérios remuneratórios serão apresentadas, preferencialmente, em canal específico disponível no aplicativo da Carteira de Trabalho Digital, sem prejuízo de outros que venham a ser criados para esta finalidade.

Art. 12. Esta Portaria entra em vigor em 1º de dezembro de 2023.

Luiz Marinho

LEI 14.663, DE 28 DE AGOSTO DE 2023

DOU 28.08.2023 extra

Define o valor do salário mínimo a partir de 1º de maio de 2023; estabelece a política de valorização permanente do salário mínimo a vigorar a partir de 1º de janeiro de 2024; e altera os valores da tabela mensal do Imposto sobre a Renda da Pessoa Física de que trata o art. 1º da Lei nº 11.482, de 31 de maio de 2007, e os valores de dedução previstos no art. 4º da Lei nº 9.250, de 26 de dezembro de 1995.

O PRESIDENTE DA REPÚBLICA Faço saber que o Congresso Nacional decreta e eu sanciono a seguinte Lei:

Art. 1º Esta Lei define o valor do salário mínimo a partir de 1º de maio de 2023, estabelece a política de valorização permanente do salário mínimo a vigorar a partir de 1º de janeiro de 2024, e altera os valores da tabela mensal do Imposto sobre a Renda da Pessoa Física (IRPF) previstos no art. 1º da Lei nº 11.482, de 31 de maio de 2007, e os valores de dedução previstos no art. 4º da Lei nº 9.250, de 26 de dezembro de 1995.

Art. 2º O valor do salário mínimo será de R$ 1.320,00 (mil trezentos e vinte reais) a partir de 1º de maio de 2023.

Parágrafo único. Em decorrência do disposto no caput deste artigo, os valores diário e horário do salário mínimo corresponderão a R$ 44,00 (quarenta e quatro reais) e a R$ 6,00 (seis reais), respectivamente, a partir de 1º de maio de 2023.

Art. 3º Ficam estabelecidas as diretrizes para a política de valorização do salário mínimo a vigorar a partir de 2024, inclusive, a serem aplicadas em 1º de janeiro do respectivo ano, considerado que o valor decorrerá da soma do índice de medida da inflação do ano anterior, para a preservação do poder aquisitivo, com o índice correspondente ao crescimento do Produto Interno Bruto (PIB) de 2 (dois) anos anteriores, para fins de aumento real, conforme apuração nos termos deste artigo.

§ 1º Os reajustes para a preservação do poder aquisitivo do salário mínimo corresponderão à variação do Índice Nacional de Preços ao Consumidor (INPC), calculado e divulgado pela Fundação Instituto Brasileiro de Geografia e Estatística (IBGE), acumulada nos 12 (doze) meses encerrados em novembro do exercício anterior ao do reajuste.

§ 2º Na hipótese de não divulgação do INPC referente a um ou mais meses compreendidos no período do cálculo até o último dia útil imediatamente anterior à vigência do reajuste, o Poder Executivo federal estimará os índices dos meses não disponíveis.

§ 3º Verificada a hipótese de que trata o § 2º deste artigo, os índices estimados permanecerão válidos para os fins do disposto nesta Lei, sem qualquer revisão, e os eventuais resíduos serão compensados no reajuste subsequente, sem retroatividade.

§ 4º Para fins de aumento real, será aplicado, a partir de 2024, o percentual equivalente à taxa de crescimento real do PIB do segundo ano anterior ao da fixação do valor do salário mínimo, apurada pelo IBGE até o último dia útil do ano e divulgada no ano anterior ao de aplicação do aumento real.

§ 5º Em caso de taxa de crescimento real negativa do PIB, o salário mínimo será reajustado apenas pelo índice previsto no § 1º deste artigo vigente à época.

§ 6º Nos casos em que o cálculo do valor do salário mínimo resultar em valores decimais, o valor a ser pago será arredondado para a unidade inteira imediatamente superior.

Art. 4º Os reajustes e os aumentos fixados na forma do art. 3º desta Lei serão estabelecidos pelo Poder Executivo federal por meio de decreto, nos termos desta Lei.

Parágrafo único. O ato a que se refere o caput deste artigo divulgará, a cada ano, os valores mensal, diário e horário do salário mínimo decorrentes do disposto no caput deste artigo, observado que o valor diário corresponderá a 1/30 (um trinta avos) e o valor horário a 1/220 (um duzentos e vinte avos) do valor mensal.

Art. 5º O art. 1º da Lei nº 11.482, de 31 de maio de 2007, passa a vigorar com as seguintes alterações:

"Art. 1º

IX – a partir do mês de abril do ano-calendário de 2015 até o mês de abril do ano-calendário de 2023:

...

X – a partir do mês de maio do ano-calendário de 2023:

Tabela Progressiva Mensal		
Base de Cálculo (R$)	Alíquota (R$)	Parcela a Deduzir do IR (R$)
Até 2.112,00	0	0
De 2.112,01 até 2.826,65	7,5	158,40
De 2.826,66 até 3.751,05	15	370,40
De 3.751,06 até 4.664,68	22,5	651,73
Acima de 4.664,68	27,5	884,96

..(NR)

" (NR)

Art. 6º O art. 4º da Lei nº 9.250, de 26 de dezembro de 1995, passa a vigorar com as seguintes alterações, numerado o parágrafo único como § 1º:

"Art. 4º ..

§ 1º ..

§ 2º Alternativamente às deduções de que trata o *caput* deste artigo, poderá ser utilizado desconto simplificado mensal, correspondente a 25% (vinte e cinco por cento) do valor máximo da faixa com alíquota zero da tabela progressiva mensal, caso seja mais benéfico ao contribuinte, dispensadas a comprovação da despesa e a indicação de sua espécie." (NR)

Art. 7º Fica revogada, a partir de 1º de maio de 2023, a Medida Provisória nº 1.143, de 12 de dezembro de 2022.

Art. 8º Esta Lei entra em vigor na data de sua publicação.

Brasília, 28 de agosto de 2023; 202o da Independência e 135o da República.

Luiz Inácio Lula da Silva

PORTARIA MTE 3.872, DE 21 DE DEZEMBRO DE 2023

Dispõe sobre a aprendizagem profissional, o Cadastro Nacional de Aprendizagem Profissional e o Catálogo Nacional da Aprendizagem Profissional. (Processo nº 19968.100086/2023-74).

DOU 22.12.2023

O MINISTRO DE ESTADO DO TRABALHO E EMPREGO, no uso da atribuição que lhe confere o art. 87, parágrafo único, inciso IV, da Constituição, e tendo em vista o disposto no Decreto nº 9.579, de 22 de novembro de 2018, no art. 1º, *caput*, inciso XI, do Anexo I do Decreto nº 11.779, de 13 de novembro de 2023, resolve:

CAPÍTULO I
DISPOSIÇÕES PRELIMINARES

Art. 1º Esta Portaria dispõe sobre a aprendizagem profissional, o Cadastro Nacional de Aprendizagem Profissional - CNAP e o Catálogo Nacional da Aprendizagem Profissional - CONAP.

Art. 2º Para os fins desta Portaria, considera-se:

I - Cadastro Nacional de Aprendizagem Profissional - CNAP - banco de dados nacional, mantido pelo Ministério do Trabalho e Emprego, que contém informações sobre a habilitação das entidades formadoras, os cursos de aprendizagem profissional e os aprendizes;

II - Catálogo Nacional de Programas de Aprendizagem Profissional - CONAP - relação dos programas de aprendizagem profissional, que orientarão a elaboração e oferta dos cursos de aprendizagem profissional por parte das entidades formadoras;

III - Quadro Brasileiro de Qualificações - QBQ - instrumento para análise do mercado de trabalho e para formulação de políticas públicas de trabalho, emprego e renda, que permite mapear conhecimentos, habilidades e atitudes para cada ocupação constante na Classificação Brasileira de Ocupações - CBO;

IV - programa de aprendizagem profissional - modelo inserido no CONAP, que expressa a conexão entre as atividades teóricas e práticas, identificadas nas ocupações da CBO e referenciados no QBQ;

V - tipos de programas de aprendizagem profissional, que podem ser ofertados com base no CONAP:

a) tipo ocupação - programa de aprendizagem profissional destinado a qualificar o aprendiz em determinada e específica atividade profissional, reconhecida e classificada pelo Ministério do Trabalho e Emprego na CBO;

b) tipo arco ocupacional - programa de aprendizagem profissional incluído no CONAP destinado a qualificar o aprendiz para determinado agrupamento de ocupações que possuam base técnica próxima e características complementares; e

c) tipo múltiplas ocupações - programa de aprendizagem profissional incluído no CONAP destinado a qualificar o aprendiz para determinado agrupamento de ocupações variadas;

VI - programas experimentais para aprendizagem profissional - iniciativas inovadoras de formação técnico-profissional metódica com o objetivo principal de abordagens dinâmicas e criativas, que permitam a exploração de novas metodologias e a adaptação às mudanças e evoluções do ambiente profissional, avançados sobre modelos tradicionais de aprendizagem e que ofereçam alternativas mais personalizadas, interativas e práticas;

VII - curso de aprendizagem profissional - conjunto de atividades teóricas de um programa de aprendizagem, elaboradas e executadas por determinada entidade formadora, com o objetivo de desenvolver conhecimentos, habilidades e atitudes requeridas para o pleno exercício de ocupação constante na CBO;

VIII - curso de aprendizagem profissional na modalidade presencial - conjunto de atividades teóricas do contrato de aprendizagem que são desenvolvidas presencialmente;

IX - curso de aprendizagem profissional na modalidade a distância - conjunto de atividades teóricas do contrato de aprendizagem que são desenvolvidas por mediação de tecnologia de informação e comunicação, de forma síncronas, realizadas em tempo real, salvo em caso de cursos de nível técnico;

X - curso de aprendizagem profissional modelo híbrido - conjunto de atividades teóricas do contrato de aprendizagem que são desenvolvidas com a combinação das modalidades presencial e a distância;

XI - pré-aprendizagem - curso de livre oferta por instituições que prestem atendimento ao público prioritário previsto no art. 53 do Decreto nº 9.579, de 22 de novembro de 2018, sem ônus ao beneficiário, com finalidade de mitigar deficiências de competência educacional, emocional, social e cognitiva, com vistas a interligar o processo de pré-formação para o mundo do trabalho;

XII - atividades de qualificação complementares - executadas na modalidade presencial ou a distância, que ampliem os conhecimentos e habilidades dos aprendizes, tais quais encontros temáticos, visitas culturais, entre outros, que devem estar previamente estipulados no plano de curso;

XIII - competências da Economia 4.0 - competências em tecnologias alicerçadas na utilização e construção de novos cursos e processos centrados em tecnologias digitais, que tratem de programação, internet das coisas, big data, inteligência artificial, automação, robótica, computação em nuvens, machine learning, makers e artes digitais, entre outras habilidades digitais;

XIV - entidades formadoras - entidades qualificadas em formação técnico profissional metódica, conforme disposto no art. 430, do Decreto-Lei nº 5.452, de 1º de maio de 1943 - Consolidação das Leis Trabalhistas - CLT;

XV - entidades concedentes da experiência prática - órgãos públicos e organizações da sociedade civil, nos termos do disposto no art. 2º Marco Regulatório da Organizações da Sociedade Civil - MROSC, regulamentado pela Lei nº 13.019, de 31 de julho de 2014, e as unidades do sistema nacional de atendimento socioeducativo que, nos termos do art. 66 do Decreto nº 9.579, de 2018, podem ser entidades nas quais os aprendizes executem as atividades práticas do contrato de aprendizagem;

XVI - unidade vinculada às escolas técnicas de educação públicas - unidade vinculada administrativamente a uma entidade formadora do tipo escola técnica de educação pública, matriz ou filial, em que são realizadas as atividades teóricas dos cursos de aprendizagem profissional em endereço diverso da entidade matriz ou filial, mas que utilize o mesmo Cadastro Nacional de Pessoa Jurídica - CNPJ da entidade a qual está vinculada;

XVII - contratação direta - contratação do aprendiz efetivada pelo estabelecimento cumpridor da cota de aprendizagem, nos termos do disposto no art. 431 da CLT;

XVIII - contratação indireta - contratação do aprendiz efetivada por entidades sem fins lucrativos ou por entidades de prática desportiva a serviço do estabelecimento cumpridor da cota, nos termos do disposto no art. 431 da CLT;

XIX - atendimento psicossocial - modelo que considera a complexidade e a integralidade do aprendiz como sujeito socialmente construído e que tem por finalidade identificar e acompanhar, ao longo do curso, situações individuais de sofrimento psíquico e saúde mental, e o contexto social, econômico e cultural do território em que vive, permitindo intervenções para o restabelecimento de direitos à convivência familiar e comunitária e a melhoria das condições de vida desse sujeito;

XX - instrutores - empregados de nível superior, técnico ou médio com comprovada competência técnica referente ao saber operativo de atividades inerentes à respectiva formação profissional;

XXI - tutores - profissionais que atuam na educação profissional e tecnológica, a fim de promover o gerenciamento de cursos, por meio de ferramentas síncronas, que permitem o suporte dos processos de ensino e de aprendizagem, com a capacidade de mediar o processo de aprendizagem em um ambiente virtual;

XXII - aprendiz egresso - aprendiz que concluiu o curso de aprendizagem profissional, com aproveitamento, e teve o contrato de aprendizagem extinto no seu termo; e

XXIII - modalidade alternativa de cumprimento de cota - contratação dos aprendizes efetivada nos termos do disposto no art. 66 do Decreto nº 9.579, de 2018, por meio de assinatura de Termo de Compromisso entre o estabelecimento e o Ministério do Trabalho e Emprego.

CAPÍTULO II
DISPOSIÇÕES GERAIS

Seção I
Do Cadastro Nacional de Aprendizagem Profissional – CNAP

Art. 3º A habilitação das entidades formadoras, o cadastro de cursos de aprendizagem profissional e o cadastro dos aprendizes no CNAP serão efetuados por meio de sistema informatizado disponibilizado pelo Ministério do Trabalho e Emprego.

Art. 4º Após a habilitação, as entidades formadoras cadastrarão no CNAP os cursos de aprendizagem profissional e os aprendizes matriculados, nos termos do disposto nesta Portaria.

Art. 5º A Secretaria de Qualificação Emprego e Renda concederá acesso à Secretaria de Inspeção do Trabalho ao sistema informatizado destinado ao cadastramento das entidades formadoras, dos cursos de aprendizagem profissional e dos aprendizes.

Seção II
Das entidades formadoras

Art. 6º Consideram-se entidades formadoras:

I - os Serviços Nacionais de Aprendizagem, assim identificados:

a) Serviço Nacional de Aprendizagem Industrial - Senai;

b) Serviço Nacional de Aprendizagem Comercial - Senac;

c) Serviço Nacional de Aprendizagem Rural - Senar;

d) Serviço Nacional de Aprendizagem do Transporte - Senat; e

e) Serviço Nacional de Aprendizagem do Cooperativismo - Sescoop;

II - escolas técnicas de educação;

III - entidades sem fins lucrativos que tenham por objetivos a assistência ao adolescente e à educação profissional, registradas no Conselho Municipal dos Direitos da Criança e do Adolescente - CMDCA; e

IV - entidades de prática desportiva das diversas modalidades filiadas ao Sistema Nacional do Desporto e aos Sistemas de Desporto dos Estados, do Distrito Federal e dos Municípios.

Parágrafo único. As escolas técnicas de educação, previstas no Capítulo III da Lei nº 9.394, de 20 de dezembro de 1996, para fins do disposto nesta Portaria, compreendem:

I - as instituições de educação profissional públicas dos sistemas de ensino federal, estaduais, municipais e distrital; e

II - as instituições privadas que legalmente ofertem educação profissional de nível técnico, nos termos do disposto na Seção IV-A do Capítulo II do Título V da Lei nº 9.394, de 1996.

Art. 7º Cabe à entidade formadora elaborar mecanismos de acompanhamento e avaliação dos programas de aprendizagem durante a vigência de todo o contrato de aprendizagem, mediante registro documental das atividades teóricas e práticas, com a participação do aprendiz e do estabelecimento cumpridor da cota de aprendizagem.

Parágrafo único. Na hipótese do cumprimento alternativo de cotas, previsto no art. 66 do Decreto nº 9.579, de 2018, o acompanhamento das atividades práticas deverá ser realizado junto à entidade concedente das atividades práticas.

Art. 8º Será instituído, por ato do Secretário de Qualificação e Fomento à Geração de Emprego e Renda, selo de excelência da aprendizagem profissional, destinado às entidades formadoras que comprovem alta taxa de empregabilidade dos aprendizes egressos de seus cursos de aprendizagem profissional.

Seção III
Da habilitação das entidades formadoras e do cadastramento de cursos

Art. 9º Para requerimento da habilitação como entidade formadora e do cadastramento de cursos de aprendizagem profissional, devem ser apresentadas as seguintes informações e documentos:

I – quando se tratar de entidades formadoras dos Serviços Nacionais de Aprendizagem ou de escolas técnicas públicas de educação:

a) razão social e número de inscrição no CNPJ;

b) endereço, município e Unidade da Federação – UF;

c) programa de aprendizagem vinculado;

d) nome do curso;

e) modalidade do curso, se presencial, a distância ou híbrido;

f) faixa etária;

g) carga horária das atividades teóricas, básica e específica, e das atividades práticas;

h) relação de instrutores e demais profissionais de apoio direto ao curso;

i) relação das disciplinas ou das competências profissionais a serem desenvolvidas no curso, incluídos ementa e carga horária; e

j) plano do curso adequado aos princípios e diretrizes desta Portaria;

II – quando se tratar de escolas técnicas privadas de educação:

a) os itens descritos nas alíneas "a" a "j" do inciso I do *caput*;

b) comprovante de endereço;

c) calendário de referência a ser adotado no curso, que identifique a organização curricular com a distribuição da carga horária entre atividades teóricas inicial, básica e específica, e atividades práticas juntamente, com o modelo do contrato de aprendizagem;

d) detalhamento e comprovação da estrutura física e tecnológica adequada, disponibilizada para o desenvolvimento do curso de aprendizagem profissional;

e) material didático que será utilizado no curso de aprendizagem;

f) atos constitutivos e última alteração; e

g) comprovante de autorização para oferta de educação profissional de nível técnico, correlata ao curso de aprendizagem para o qual solicita habilitação, emitido pelo Conselho Estadual de Educação, referente ao local de atuação;

III – quando se tratar de entidades sem fins lucrativos, nos termos do inciso III do *caput* do art. 6º:

a) itens descritos nas alíneas "a" a "f" do inciso II do *caput*;

b) protocolo de inscrição do curso de aprendizagem no CMDCA do município de atuação, inclusive quando se tratar de filial de uma entidade; e

c) registro da entidade no CMDCA; e

IV – quando se tratar de entidades de prática desportiva, mencionadas no inciso IV do *caput* do art. 6º:

a) os itens descritos nas alíneas "a" a "f" do inciso II do *caput*; e

b) comprovante de filiação ao sistema nacional do desporto ou sistema de desporto dos estados, do Distrito Federal e dos municípios.

§ 1º A relação de instrutores e demais profissionais de apoio deverá informar o perfil profissional, o nível de escolaridade e o quantitativo de instrutores e profissionais de apoio.

§ 2º A estrutura física a ser disponibilizada para os cursos de aprendizagem profissional poderá ser própria, alugada ou cedida, com ou sem ônus, devendo ser apresentada, se aplicável, a comprovação do termo de disponibilização firmado.

§ 3º As filiais de entidade sem fins lucrativos, de que tratam inciso III do *caput* do art. 6º, que não possuam registro no CMDCA, poderão atuar desde que apresentem o registro do CMDCA da entidade matriz para ministrar cursos de aprendizagem profissional vedados aos menores de dezoito anos de idade.

§ 4º Para a habilitação das entidades e cadastramento dos cursos no CNAP, as informações e documentos listados neste artigo serão exigidas por Município, sempre que necessário.

Art. 10. As entidades formadoras contarão com estrutura adequada ao desenvolvimento dos cursos de aprendizagem, de forma a manter a qualidade do processo de ensino e acompanhar e avaliar os resultados.

§ 1º Para atender à exigência prevista no *caput*, nos cursos de aprendizagem na modalidade presencial, as entidades formadoras devem:

I – manter quadro de pessoal técnico-docente devidamente qualificado para a execução do curso de aprendizagem, adequado ao conteúdo pedagógico, duração, quantidade e perfil dos participantes e identificação dos mecanismos de contratação e permanência de educadores no quadro profissional, com especificação do profissional da entidade responsável pelo acompanhamento das atividades práticas dos aprendizes na empresa, com no mínimo:

a) 1 (um) instrutor no quadro de pessoal para cada turma de até 50 (cinquenta) aprendizes matriculados, sendo possível sua atuação em mais de uma turma, desde que não haja conflito de horários; e

b) 1 (um) coordenador pedagógico no quadro de pessoal com formação superior na área de educação ou área correlata, em cada Unidade da Federação onde atuar;

II – manter quadro de pessoal de apoio psicossocial aos aprendizes, com, no mínimo:

a) 1 (um) psicólogo e/ou um assistente social no quadro de pessoal em regime integral de jornada, responsável pelo atendimento psicossocial aos aprendizes, por unidade de execução das aulas teóricas; e

b) as unidades presenciais da entidade formadora com até 500 (quinhentos) aprendizes matriculados ficam dispensadas da contratação a que se refere a alínea "a" do inciso II do § 1º, desde que a entidade formadora assegure a oferta de atendimento psicossocial remoto, com psicólogos ou assistentes sociais em quantidade suficiente e diretamente vinculados ao quadro de pessoal da entidade formadora, e que sejam cumpridas rigorosamente as diretrizes de atendimento psicológico remoto emitidas pelo Conselho Federal de Psicologia;

III – possuir material didático e demais ferramentas de aprendizagem, adequados a cada curso, elaborados previamente ao cadastramento do curso;

IV – elaborar mecanismos de acompanhamento e avaliação do programa de aprendizagem, mediante registro documental das atividades teóricas e práticas, com a participação do aprendiz e da empresa;

V – elaborar mecanismos para propiciar a inserção dos aprendizes no mercado de trabalho após o término do contrato de aprendizagem; e

VI – contar com infraestrutura física, como equipamentos, instrumentos e instalações necessárias para as ações do programa com adequação aos conteúdos, à duração e à quantidade e ao perfil dos participantes, incluindo espaço exclusivamente dedicado ao atendimento psicossocial dos aprendizes.

§ 2º Para atender à exigência prevista no *caput*, nos cursos de aprendizagem na modalidade a distância, as entidades formadoras devem:

I – observar os itens relacionados nos incisos I a IV do § 1º;

II – implementar programa permanente de capacitação para instrutores, tutores e corpo técnico-administrativo, voltado para metodologias e ferramentas de educação a distância;

III – manter em seu quadro fixo de pessoal, no mínimo um profissional responsável pela tecnologia da informação com formação superior na área de tecnologia, responsável pela plataforma digital e pela garantia de cumprimento da Lei nº 13.709, de 14 de agosto de 2018 – Lei Geral de Proteção de Dados Pessoais – LGPD;

IV – manter em seu quadro fixo de pessoal, no mínimo:

a) 1 (um) psicólogo em período integral para apoio de aspectos psicossociais individuais e em contextos familiares dos aprendizes dos cursos à distância, disponível para atendimento remoto, observadas rigorosamente as diretrizes de atendimento psicológico remoto emitidas pelo Conselho Federal de Psicologia;

b) 1 (um) pedagogo com formação para ministrar Ensino a Distância – EAD, no mínimo em nível de extensão universitária, para supervisão de aspectos pedagógicos dos aprendizes dos cursos à distância;

V – manter linha telefônica na modalidade Discagem Direta Gratuita – DDG, a fim de possibilitar o contato direto do aprendiz com a entidade formadora de maneira gratuita para o aprendiz;

VI – manter disponibilidade de suporte ao aprendiz para solução imediata de problemas relacionados à plataforma digital;

VII – manter plataforma digital que permita o controle de frequência e o horário sem possibilidade de adulterações;

VIII – manter plataforma digital que permita interação do aprendiz com o instrutor e tutor, por meio de, no mínimo, duas diferentes funcionalidades, como chat em tempo real, fóruns de discussão, sistema de envio de arquivos, entre outros; e

IX – garantir acesso à internet de alta velocidade nos polos de apoio presencial.

Art. 11. O Departamento de Políticas de Trabalho para a Juventude da Secretaria de Qualificação Emprego e Renda analisará o requerimento a que se refere o art. 9º, no prazo de 45 (quarenta e cinco) dias, e decidirá:

I – pelo deferimento do requerimento, quando verificar a adequação nas informações e documentos apresentados ao pedido presencial; ou

II – pelo indeferimento do requerimento, quando identificar alguma inadequação nas informações ou documentos apresentados.

§ 1º Caso a inadequação nas informações ou documentos apresentados seja sanável, o Departamento de Políticas de Trabalho para a Juventude da Secretaria de Qualificação Emprego e Renda poderá solicitar ao requerente ajustes para fins de saneamento do requerimento.

§ 2º Em caso de solicitação de ajustes, o prazo limite para análise, de até 45 (quarenta e cinco) dias, reinicia a contagem a partir do retorno do processo para reanálise.

§ 3º A Secretaria de Inspeção do Trabalho poderá analisar a adequação à legislação das entidades formadoras e dos cursos de aprendizagem durante o processo de habilitação e cadastramento, a fim de verificar possíveis irregularidades que impliquem a não aprovação dos requerimentos.

Art. 12. A habilitação da entidade formadora terá validade de quatro anos e poderá ser renovada mediante novo requerimento.

§ 1º Caso a entidade formadora perca a habilitação por decurso do prazo previsto no *caput* ou por suspensão, nos termos do art. 47, a entidade não poderá cadastrar cursos nem disponibilizar novas vagas de aprendizagem profissional até que esteja novamente habilitada.

§ 2º Os cursos de aprendizagem profissional inscritos no CNAP terão validade de dois anos, contados da data de autorização pelo Departamento de Políticas de Trabalho para a Juventude da Secretaria de Qualificação Emprego e Renda.

§ 3º Quando expirada a validade da habilitação da entidade formadora, e sua habilitação não tenha sido renovada, os cursos aprovados perderão a validade juntamente com a perda de validade da entidade formadora, permitida a continuidade das turmas em andamento até a conclusão do curso.

Seção IV
Do Catálogo Nacional da Aprendizagem Profissional – CONAP

Subseção I
Dos programas de aprendizagem profissional

Art. 13. Os programas de aprendizagem profissional serão estruturados por eixos tecnológicos e disponibilizados no CONAP pela Secretaria de Qualificação Emprego e Renda.

Parágrafo único. Os programas do CONAP serão organizados por ocupação, arco ocupacional ou múltiplas ocupações.

Art. 14. O CONAP apresentará para cada programa de aprendizagem:

I – eixo tecnológico estruturante no qual está enquadrado;

II – tipo do programa;

III – nome do programa;

IV – faixa etária permitida;

V – CBO associada ao programa;

VI – carga horária teórica e prática, mínima e máxima;

VII – competências profissionais que envolvam conhecimentos, habilidades e atitudes mais relevantes referenciadas no QBQ; e

VIII – trilhas formativas relacionadas ao programa de aprendizagem profissional, com sugestões de formação continuada, baseadas nos Catálogos Nacionais do Ministério da Educação e no CONAP.

Art. 15. As entidades poderão recomendar a inclusão de novo programa de aprendizagem no CONAP, inclusive de caráter experimental.

Art. 16. Os programas de aprendizagem profissional serão compostos pelas atividades práticas e pelas atividades teóricas, que poderão ser cursos aprovados no CNAP ou inseridos quando regulamentados pelos Catálogos Nacionais do Ministério da Educação, nos termos do Capítulo III da Lei nº 9.394, de 1996.

Subseção II

Dos programas experimentais de aprendizagem profissional

Art. 17. Compete ao Ministério do Trabalho e Emprego autorizar a execução de programas de aprendizagem experimentais demandados pelo mundo do trabalho, que possuam características inovadoras em relação à formação técnico-profissional metódica dos programas de aprendizagem regulares, mediante a apresentação pela entidade formadora de:

I – projeto pedagógico do programa de aprendizagem experimental;

II – plano de avaliação de impacto da metodologia, que deverá considerar os indicadores de empregabilidade; e

III – detalhamento das possíveis parcerias a serem firmadas com outras entidades qualificadas em formação técnico-profissional metódica, com entidades que tenham por objetivo a qualificação profissional ou com entidades que sejam reconhecidas pelo desenvolvimento de competências profissionais em sua área de atuação, quando aplicável.

Parágrafo único. Após a autorização, os programas experimentais serão monitorados e avaliados pelo Ministério do Trabalho e Emprego até a conclusão de turma ou turmas-piloto e, a depender dos resultados, publicados como programas no CONAP.

Seção V

Dos cursos de aprendizagem profissional

Subseção I

Das diretrizes

Art. 18. Os cursos de aprendizagem profissional ofertados pelas entidades formadoras estarão vinculados aos programas de aprendizagem listados no CONAP e observarão as seguintes diretrizes:

I – qualificação social e profissional alinhada às demandas atuais e futuras do mercado de trabalho;

II – desenvolvimento pessoal, social e profissional do adolescente, do jovem e da pessoa com deficiência, na qualidade de trabalhador e de cidadão;

III – desenvolvimento de competências socioemocionais;

IV – desenvolvimento das competências requeridas para o desempenho das ocupações objeto do programa de aprendizagem;

V – qualificação social e profissional adequada à diversidade dos adolescentes, dos jovens e das pessoas com deficiência, consideradas suas vulnerabilidades sociais;

VI – garantia da acessibilidade dos espaços físicos e de comunicação, e da adequação da metodologia e da organização do trabalho às peculiaridades do aprendiz, de forma a garantir condições de acesso, permanência, participação e aprendizagem da pessoa com deficiência;

VII – caracterizar-se, preferencialmente, como parte integrante de uma trilha formativa;

VIII – contribuir para a elevação do nível de aprendizado e da permanência escolar;

IX – articulação de esforços nas áreas de educação, do trabalho e emprego, do esporte e lazer, da cultura, da ciência e tecnologia e da assistência social;

X – abordagem contextualizada dos seguintes conteúdos:

a) comunicação oral e escrita e leitura e compreensão de textos;

b) raciocínio lógico-matemático, noções de interpretação e análise de dados estatísticos;

c) noções de direitos trabalhistas e previdenciários, de saúde e segurança no trabalho, de direitos humanos, da Lei nº 8.069, de 13 de julho de 1990 – Estatuto da Criança e do Adolescente – ECA e da Lei nº 12.852, de 5 de agosto de 2013 – Estatuto da Juventude;

d) cooperativismo e empreendedorismo autogestionário, com enfoque na juventude;

e) educação financeira;

f) noções e competências para economia verde e azul;

g) informações sobre os impactos das novas tecnologias no mundo do trabalho; e

h) inclusão digital, letramento digital e ferramentas de produtividade tais como editores de texto, planilhas, apresentações;

XI – abordagem dos Objetivos de Desenvolvimento Sustentável – ODS da Agenda 2030 da Organização das Nações Unidas – ONU e de temas contemporâneos que afetam a vida humana em escala local, regional e global, preferencialmente na forma transversal e integradora; e

XII – desenvolvimento de projeto de vida que inclua o processo de orientação profissional.

Art. 19. Os cursos ou partes de cursos da educação profissional de nível técnico, nos termos do Capítulo III da Lei nº 9.394, de 1996, poderão ser reconhecidos como atividade teórica do programa de aprendizagem profissional, quando ofertados por instituições de ensino devidamente regularizadas perante o respectivo órgão competente do sistema de ensino e cadastradas no CNAP.

§ 1º Os cursos de aprendizagem referidos no *caput* deverão vincular-se à ocupação codificada na CBO, respeitada a compatibilidade temática do curso com as atividades práticas a serem exercidas.

§ 2º O contrato de aprendizagem poderá ser celebrado após o início do curso regular de nível técnico, a qualquer tempo, desde que seja garantido o mínimo de quatrocentas horas de atividades teóricas, a partir da celebração do contrato de aprendizagem.

§ 3º As instituições de ensino registrarão no CNAP a carga horária e as disciplinas do curso de nível técnico que comporão as atividades teóricas do curso de aprendizagem profissional.

§ 4º O curso de aprendizagem profissional que integra curso técnico certificará o aprendiz em ao menos uma ocupação profissional.

§ 5º Aos cursos de aprendizagem profissional ofertados na forma do *caput* não se aplica o disposto no art. 18 e no § 1º do art. 21.

Subseção II

Das atividades teóricas e práticas

Art. 20. O contrato de aprendizagem profissional contempla as atividades teóricas, básicas e específicas, e as atividades práticas.

Parágrafo único. As atividades teóricas e práticas da formação do aprendiz serão pedagogicamente articuladas entre si, com complexidade progressiva, a fim de possibilitar ao aprendiz o desenvolvimento profissional, de sua cidadania e da compreensão do mercado do trabalho.

Art. 21. A carga horária das atividades teóricas representará:

I – no mínimo 20% (vinte por cento) da carga horária total ou no mínimo 400 (quatrocentas) horas, o que for maior; e

II – no máximo 50% (cinquenta por cento) da carga horária total do curso de aprendizagem.

§ 1º As atividades teóricas do contrato de aprendizagem serão desenvolvidas pela entidade formadora, que deve ministrar, no mínimo, 10% (dez por cento) da carga horária teórica no início do contrato, na modalidade presencial, e antes do encaminhamento do aprendiz para as atividades práticas.

§ 2º As atividades teóricas iniciais podem ser realizadas na modalidade a distância, desde que sejam disponibilizados os equipamentos, acesso à internet e suporte presencial necessários ao acompanhamento das aulas fornecidas, sem qualquer tipo de ônus para os aprendizes.

§ 3º A distribuição da carga horária ao longo do programa, entre atividades teóricas e práticas, ficará a critério

da entidade formadora e do estabelecimento cumpridor da cota de aprendizagem, conforme previsto no contrato de aprendizagem profissional.

§ 4º Caso o curso de aprendizagem profissional seja presencial, poderão ser desenvolvidos até 10% (dez por cento) da carga horária teórica em atividades de qualificação complementares, desde que:

a) integre a carga horária teórica específica do curso de aprendizagem; e

b) esteja prevista no plano de curso.

§ 5º A entidade formadora poderá ministrar no máximo 10% (dez por cento) da carga horária teórica na modalidade a distância, caso os cursos sejam presenciais.

Art. 22. A carga horária das atividades teóricas específicas, relativa à ocupação objeto do curso de aprendizagem profissional, corresponderá a, no mínimo, 50% (cinquenta por cento) do total da carga horária das atividades teóricas.

Art. 23. As atividades teóricas do curso de aprendizagem profissional ocorrerão em ambiente físico adequado ao ensino e à aprendizagem e com meios didáticos apropriados.

Parágrafo único. As atividades teóricas poderão ocorrer sob a forma de aulas demonstrativas, na forma de prática laboratorial na entidade formadora ou no ambiente de trabalho, vedada qualquer atividade laboral do aprendiz, ressalvado o manuseio de materiais, ferramentas, instrumentos e assemelhados, desde que previamente estipulados no plano de curso.

Art. 24. Os técnicos do estabelecimento cumpridor de cota poderão ministrar aulas e treinamento aos aprendizes, sendo as atividades computadas na carga horária das atividades práticas do programa de aprendizagem.

Art. 25. As atividades práticas do programa poderão ser desenvolvidas, total ou parcialmente, em ambiente simulado, quando essenciais à especificidade da ocupação objeto do curso, ou quando o local de trabalho não oferecer condições de segurança e saúde ao aprendiz.

Art. 26. Os aprendizes dos estabelecimentos de prestação de serviços a terceiros poderão realizar as atividades práticas dos contratos de aprendizagem profissional no estabelecimento tomador do serviço terceirizado.

§ 1º O disposto no *caput* estará previsto no contrato ou em instrumento congênere firmado entre os estabelecimentos de prestação de serviço e o de tomador do serviço terceirizado.

§ 2º Os estabelecimentos de prestação de serviços a terceiros designarão um monitor como responsável por acompanhar as atividades práticas dos aprendizes.

§ 3º O monitor manterá contato permanente com a entidade formadora, a quem recorrerá antes da tomada de qualquer decisão ou providência.

§ 4º O disposto no *caput* não transfere o vínculo do aprendiz para o estabelecimento no qual serão realizadas as atividades práticas, tampouco o aprendiz passa a ser computado na cota do referido estabelecimento.

§ 5º A ausência de previsão do disposto no *caput* em contrato ou em instrumento congênere, firmado entre o estabelecimento de prestação de serviços a terceiros e a empresa contratante do serviço terceirizado, não afasta a obrigação de cumprimento da cota de aprendizagem do estabelecimento de prestação de serviço, previsto no art. 429 da CLT.

§ 6º Na hipótese do direcionamento previsto no *caput*, tal fato constará no contrato de aprendizagem e no cadastro do aprendiz, e será informado nos sistemas eletrônicos oficiais competentes.

Art. 27. O empregador que mantiver um ou mais estabelecimentos em um mesmo município poderá centralizar as atividades práticas correspondentes em um ou mais estabelecimentos do município, ou em municípios limítrofes, desde que não resulte prejuízo ao aprendiz.

§ 1º Mediante requerimento fundamentado do estabelecimento, a Auditoria-Fiscal do Trabalho poderá autorizar a realização das atividades práticas em estabelecimento da mesma empresa situado em municípios não limítrofes, desde que todos os estabelecimentos envolvidos na centralização estejam na mesma Unidade da Federação.

§ 2º A centralização não transfere o vínculo do aprendiz para o estabelecimento no qual serão realizadas as atividades práticas, tampouco o aprendiz passa a ser computado na cota do referido estabelecimento.

Leg. Compl.

§ 3º Na hipótese de centralização das atividades práticas, nos termos do *caput*, tal fato constará no contrato de aprendizagem e no cadastro do aprendiz, e será informado nos sistemas eletrônicos oficiais competentes.

§ 4º Para que ocorra a centralização das atividades práticas deverá haver a anuência da entidade qualificadora.

Art. 28. As atividades teóricas presenciais de um curso cadastrado em um município poderão ser ofertadas a estabelecimentos cumpridores de cota localizados em município diverso, desde que:

I – haja transporte público regular ou concedido pela empresa, disponível ao aprendiz nos horários de entrada e saída das atividades teóricas;

II – o tempo de deslocamento do aprendiz seja compatível com a frequência à escola regular, caso o aprendiz não tenha concluído o ensino médio, respeitado o gozo do descanso interjornada; e

III – o tempo de deslocamento da residência do aprendiz até o local das atividades teóricas observe o princípio da razoabilidade.

Parágrafo único. Mediante requerimento fundamentado do estabelecimento, a Auditoria-Fiscal do Trabalho poderá autorizar a inscrição do aprendiz em curso presencial localizado em município diverso, independentemente das disposições do *caput*, quando constatar ausência de prejuízo ao aprendiz diante do caso concreto.

Art. 29. O local das atividades práticas do programa de aprendizagem profissional estará previsto no contrato de aprendizagem, sendo admitidos:

I – o estabelecimento cumpridor da cota;

II – o estabelecimento que centraliza as atividades práticas, nos termos do disposto no art. 27;

III – a entidade formadora;

IV – as entidades concedentes da experiência prática, nos moldes do disposto no art. 66 do Decreto nº 9.579, de 2018; e

V – o estabelecimento tomador do serviço terceirizado.

Parágrafo único. Para a prática em entidades de que trata o inciso IV do *caput*, é obrigatória a autorização em Termo de Compromisso com a Auditoria-Fiscal do Trabalho.

Art. 30. Quando as atividades práticas ocorrerem no estabelecimento cumpridor da cota de aprendizagem, será formalmente designado pelo estabelecimento, ouvida a entidade formadora, um empregado monitor responsável pela coordenação e acompanhamento das atividades práticas do aprendiz no estabelecimento, em conformidade com o disposto no programa de aprendizagem profissional.

Art. 31. As atividades teóricas e práticas serão realizadas em ambientes adequados ao desenvolvimento dos respectivos programas de aprendizagem profissional.

Parágrafo único. Aos estabelecimentos e às entidades formadoras responsáveis pelos programas de aprendizagem cabem oferecer aos aprendizes condições de segurança e saúde, além de condições de acessibilidade às pessoas com deficiência, observadas as disposições previstas no art. 157 e art. 405 da CLT, do art. 2º do Decreto nº 6.481, de 12 de junho de 2008, do art. 3º da Lei nº 13.146, de 6 de julho de 2015, e das Normas Regulamentadoras de Segurança e Saúde no Trabalho.

Subseção III
Dos cursos de aprendizagem profissional na modalidade a distância

Art. 32. O cadastro do curso de aprendizagem profissional na modalidade a distância será justificado pela entidade formadora e submetido à análise do Departamento de Políticas de Trabalho para a Juventude da Secretaria de Qualificação, Emprego e Renda, que concederá autorização quando o número potencial de contratação for inferior a cem aprendizes no município.

Parágrafo único. A Secretaria de Inspeção do Trabalho poderá analisar a adequação à legislação dos cursos de aprendizagem profissional na modalidade a distância durante o processo de cadastramento, verificando possíveis irregularidades que impliquem a não aprovação do requerimento.

Art. 33. A entidade formadora que pretende realizar aprendizagem na modalidade a distância terá, pelo menos, um curso de aprendizagem profissional na modalidade presencial em atividade na Unidade da Federação, devidamente cadastrado no CNAP e com aprendizes em curso.

§ 1º As entidades formadoras de aprendizagem profissional estabelecerão e manterão um polo presencial, na mesma Unidade da Federação da oferta do curso na modalidade a distância, que ofereça apoio direto aos aprendizes, e que conte com a presença de profissionais devidamente qualificados e habilitados, dedicados aos cursos a distância, inclusive com o acompanhamento de psicólogo.

§ 2º O polo presencial de apoio direto ao aprendiz será um ambiente adequado e acolhedor, com espaço favorável para que o aprendiz possa buscar apoio emocional, orientação e acompanhamento individualizado durante todo o período de sua formação profissional.

§ 3º A entidade formadora de aprendizagem profissional deverá disponibilizar os recursos e a infraestrutura necessários para o funcionamento adequado do polo presencial de apoio direto ao aprendiz.

Art. 34. A entidade formadora deverá utilizar-se do polo presencial na Unidade da Federação para realizar visitas in loco em cada estabelecimento contratante para verificar a execução das atividades do contrato de aprendizagem, em intervalo nunca maior do que noventa dias.

§ 1º As visitas in loco previstas no *caput* serão registradas em relatórios, assinados pelo representante da entidade formadora, do estabelecimento cumpridor da cota e do aprendiz, que aponte eventuais inconformidades encontradas e as medidas adotadas.

§ 2º Os relatórios permanecerão armazenados na sede da entidade formadora e serão integralmente disponibilizados à Auditoria-Fiscal do Trabalho sempre que solicitados.

Art. 35. Os cursos de aprendizagem profissional na modalidade a distância seguirão as seguintes disposições:

I – o projeto pedagógico do curso preverá avaliações, elaboradas pelas entidades formadoras, controle de participação on-line e de jornada presencial, caso existam;

II – a plataforma utilizada para desenvolvimento do curso de aprendizagem profissional a distância propiciará:

a) controle de participação on-line e de jornada;

b) a interatividade entre instrutores, tutores e aprendizes;

c) o monitoramento do acesso e da permanência do aprendiz desde o ingresso na plataforma virtual até a conclusão das atividades previstas, inclusive monitoramento da falta de acesso e sua justificativa;

d) o processo de avaliação qualitativa da plataforma e do curso a ser realizado pelos aprendizes; e

e) os relatórios e os painéis com indicadores e dados que permitam o monitoramento da execução do curso de aprendizagem profissional; e

III – os materiais didáticos utilizados serão adequados ao conteúdo do curso e disponibilizados para pesquisa e apoio ao aprendiz.

§ 1º Os cursos de aprendizagem profissional desenvolvidos a distância estarão adequados aos princípios e diretrizes desta Portaria.

§ 2º As atividades teóricas dos cursos de aprendizagem na modalidade a distância serão desenvolvidas sob responsabilidade da entidade formadora e ocorrerão em local por ela designado.

§ 3º Na hipótese de atividades teóricas na modalidade a distância ocorrerem no ambiente de trabalho, é vedada qualquer atividade prática ao aprendiz.

Art. 36. A entidade formadora, ao cadastrar os cursos de aprendizagem na modalidade a distância, apresentará as informações e os documentos elencados no art. 9º, exceto o previsto na alínea "d" do inciso II do *caput* do referido artigo.

Parágrafo único. No cadastro dos cursos de aprendizagem na modalidade a distância será necessária a apresentação do detalhamento e da comprovação da estrutura física do polo presencial da Unidade da Federação correspondente, nos termos do disposto no § 1º do art. 33.

Art. 37. A entidade formadora que pretende realizar cursos de aprendizagem na modalidade a distância submeterá a plataforma de ensino a distância à autorização do Ministério do Trabalho e Emprego.

§ 1º Após a autorização da plataforma, a entidade formadora apenas requisitará novo processo de autorização da ferramenta na hipótese de alteração dos itens previstos nos incisos do art. 38.

§ 2º A autorização de uso da plataforma de ensino a distância concedida à entidade formadora matriz se

estenderá às suas filiais e às unidades vinculadas às escolas técnicas de educação pública.

Art. 38. A solicitação de autorização da plataforma de ensino a distância será acompanhada de:

I – descrição das soluções tecnológicas de apoio ao processo de ensino-aprendizagem, inclusive das dirigidas às pessoas com deficiência;

II – descrição do mecanismo de interatividade entre o instrutor e o aprendiz, e entre o tutor e o aprendiz;

III – descrição dos painéis ou relatórios gerenciais de acompanhamento do curso;

IV – descrição da metodologia e da ferramenta de avaliação qualitativa da plataforma e do curso a serem utilizados pelos aprendizes;

V – descrição dos mecanismos que permitam o controle de acesso e de permanência do aprendiz na plataforma;

VI – link e senhas de acesso à plataforma da entidade para o Departamento de Políticas de Trabalho para a Juventude da Secretaria de Qualificação Emprego e Renda e para a Secretaria de Inspeção do Trabalho com perfil que permita o acompanhamento e o monitoramento do curso; e

VII – manual de uso do ambiente virtual.

Art. 39. O Departamento de Políticas de Trabalho para a Juventude da Secretaria de Qualificação Emprego e Renda analisará, no prazo de quarenta e cinco dias, o requerimento de autorização de plataforma de ensino a distância e o requerimento de cadastro do curso de aprendizagem na modalidade a distância, e decidirá:

I – pelo deferimento do requerimento e consequente autorização da plataforma de ensino a distância e da execução do curso de aprendizagem na modalidade a distância, quando verificar a adequação nas informações e documentos apresentados pelo requerente; ou

II – pelo indeferimento do requerimento, quando identificar alguma inadequação nas informações ou documentos apresentados.

§ 1º Caso a inadequação nas informações ou documentos apresentados seja sanável, o Departamento de Políticas de Trabalho para a Juventude da Secretaria de Qualificação Emprego e Renda poderá solicitar ao requerente ajustes para fins de saneamento do requerimento.

§ 2º Em caso de solicitação de ajustes, o prazo limite para análise, de até 45 dias, reinicia a contagem a partir do retorno do processo para reanálise.

Art. 40. O Ministério do Trabalho e Emprego poderá autorizar a execução de cursos de aprendizagem profissional na modalidade a distância, independentemente do cumprimento dos requisitos dispostos nesta subseção, nos casos de estado de calamidade pública ou de emergência, declarados pela autoridade pública competente nacional ou local.

Art. 41. Os cursos ou parte de cursos da educação profissional de nível técnico, nos termos do disposto no Capítulo III da Lei nº 9.394, de 1996, reconhecidos como atividade teórica do curso de aprendizagem profissional, conforme disposto no art. 19, poderão ser executados na modalidade a distância.

Parágrafo único. Aos cursos previstos no *caput* cabe a obediência às suas regulamentações específicas, observadas as disposições previstas na Subseção III da Seção V do Capítulo II.

Subseção IV
Dos cursos de aprendizagem profissional no modelo híbrido

Art. 42. Os cursos para aprendizagem profissional no modelo híbrido poderão ser ofertados apenas no contexto do programa Economia 4.0.

§ 1º Os cursos para aprendizagem profissional no modelo híbrido serão ofertados exclusivamente pra maiores de dezoito anos, que tenham concluído o ensino médio.

§ 2º Os cursos ofertados no modelo híbrido combinarão atividades presenciais e atividades a distância.

§ 3º A carga horária total dos cursos será dividida em, no máximo, 70% (setenta por cento) a distância e, no mínimo, 30% (trinta por cento) presencial.

§ 4º Para que os cursos de aprendizagem profissional sejam autorizados no modelo híbrido, no mínimo 70% (setenta por cento) da carga horária teórica será destinada ao desenvolvimento das competências da Economia 4.0.

§ 5º As atividades presenciais dos cursos no modelo híbrido proporcionarão aos aprendizes o acesso

assistido aos conteúdos teóricos e práticos, a fim de permitir a interação com instrutores qualificados, troca de experiências com outros aprendizes e a realização de atividades práticas relacionadas às competências da Economia 4.0.

Subseção V
Dos cursos de aprendizagem profissional em parceria

Art. 43. Poderão ser desenvolvidos cursos de aprendizagem profissional em parceria somente aqueles que envolvam, no máximo, duas entidades formadoras habilitadas no CNAP.

§ 1º Quando a lei exigir formação profissional específica para o exercício de uma ocupação ministrada obrigatoriamente por entidade não elencada no rol de entidades formadoras, a parceria para o desenvolvimento do curso de aprendizagem profissional pode ser excepcionalmente firmada entre a entidade formadora e a entidade legalmente autorizada para a oferta da formação profissional.

§ 2º Os cursos em parceria serão cadastrados no CNAP por uma das entidades formadoras, apresentada a justificativa da necessidade da parceria, o detalhamento das atribuições e das responsabilidades e o termo de parceria assinado por ambas as entidades.

§ 3º Não será considerado curso em parceria aquele em que uma das entidades formadoras se limita ao registro e a anotação da Carteira de Trabalho e Previdência Social – CTPS do aprendiz.

§ 4º Em caso de constatação, pela Auditoria-Fiscal do Trabalho, de desvirtuamento da parceria, a aprendizagem será descaracterizada e o curso ou a habilitação da entidade formadora serão suspensos, nos moldes dos procedimentos de suspensão previstos nesta Portaria.

Seção VI
Do cadastro dos aprendizes

Art. 44. As entidades formadoras ficam obrigadas a cadastrar no CNAP os aprendizes vinculados aos cursos de aprendizagem.

§ 1º No cadastro do aprendiz serão indicados:

I – nome e número do curso em que está vinculado; e

II – nome e Cadastro de Pessoa Física – CPF do aprendiz.

§ 2º Os dados dos aprendizes listados no § 1º serão informados semestralmente até o último dia útil do mês subsequente, com referência à situação dos aprendizes no último dia do semestre, conforme calendário divulgado pelo Ministério do Trabalho e Emprego.

§ 3º O Departamento de Políticas de Trabalho para a Juventude da Secretaria de Qualificação Emprego e Renda realizará monitoramento da inserção dos dados dos aprendizes no CNAP.

Seção VII
Da suspensão de entidades formadoras e cursos de aprendizagem profissional

Art. 45. Compete ao Departamento de Políticas de Trabalho para a Juventude da Secretaria de Qualificação Emprego e Renda suspender a habilitação da entidade formadora habilitada e dos cursos de aprendizagem profissional cadastrados no CNAP.

1º Quando os motivos que justifiquem a suspensão da habilitação da entidade ou suspensão dos cursos de aprendizagem profissional forem relacionados ao processo de habilitação da entidade formadora ou à formação técnico profissional do contrato de aprendizagem, caberá ao Departamento de Políticas de Trabalho para a Juventude da Secretaria de Qualificação Emprego e Renda iniciar o processo de suspensão, conforme disposto no art. 51.

§ 2º Quando os motivos que justifiquem a suspensão da habilitação da entidade ou suspensão dos cursos de aprendizagem profissional forem relacionados à matéria trabalhista do contrato de aprendizagem, caberá à Auditoria-Fiscal do Trabalho iniciar o processo de suspensão, conforme art. 52.

§ 3º Quando em ação fiscal forem verificados motivos que justifiquem a suspensão da habilitação da entidade ou suspensão dos cursos de aprendizagem profissional relacionados à formação técnico profissional do contrato de aprendizagem, a Superintendência Regional do Trabalho deverá informar à Secretaria de Inspeção do Trabalho para que comunique ao Departamento de Políticas de Trabalho para a Juventude da Secretaria de Qualificação Emprego e Renda para que seja iniciado o processo de suspensão, nos termos do disposto no art. 52.

Art. 46. As entidades habilitadas serão suspensas, quando:

I – identificada irregularidade legal ou regulamentar de dois ou mais cursos de aprendizagem profissional;

II – verificada irregularidade nas informações e documentos apresentados no cadastro da entidade formadora; ou

III – identificada execução em desacordo com as informações constantes do CNAP e com as disposições previstas nas Seções II e V do Capítulo II.

§ 1º Quando se tratar de suspensão de uma entidade formadora do tipo escola técnica de educação pública matriz ou filial, serão suspensas automaticamente suas unidades vinculadas.

§ 2º A entidade com a habilitação suspensa não poderá, durante o período de suspensão:

I – cadastrar novos cursos de aprendizagem; e

II – disponibilizar novas vagas de aprendizagem.

Art. 47. Os cursos de aprendizagem profissional cadastrados no CNAP serão suspensos, quando:

I – identificada irregularidade legal ou regulamentar dos cursos de aprendizagem;

II – verificada irregularidade nas informações e nos documentos apresentados no cadastro do curso de aprendizagem; ou

III – identificada execução em desacordo com as informações constantes do CNAP e com as disposições previstas na Seção V do Capítulo II.

Parágrafo único. A entidade que possuir curso de aprendizagem suspenso não poderá, durante o período de suspensão:

I – disponibilizar novas vagas de aprendizagem do curso suspenso; e

II – realizar o cadastramento de novos cursos de aprendizagem para a mesma ocupação ou que contenha a mesma ocupação.

Art. 48. A entidade com a habilitação suspensa, ou que possua algum curso suspenso, não poderá cadastrar cursos na modalidade a distância em nível nacional.

Art. 49. Os motivos que justifiquem a suspensão da habilitação da entidade ou suspensão dos cursos de aprendizagem profissional devem ser fundamentados e disponibilizados aos interessados.

Art. 50. Caso a irregularidade seja verificada por ato de iniciativa do Departamento de Políticas de Trabalho para a Juventude da Secretaria de Qualificação Emprego e Renda, este comunicará à entidade formadora, via ofício ou de forma eletrônica, que deverá se manifestar no prazo de dez dias, contado do recebimento da notificação.

§ 1º Caso a manifestação da entidade formadora seja acatada pelo Departamento de Políticas de Trabalho para a Juventude da Secretaria de Qualificação Emprego e Renda, o processo de suspensão da habilitação da entidade formadora ou do curso perderá o objeto e será arquivado.

§ 2º Caso a manifestação da entidade formadora não seja acatada pelo Departamento de Políticas de Trabalho para a Juventude da Secretaria de Qualificação Emprego e Renda, a entidade formadora receberá uma notificação de suspensão, a qual permanecerá vigente até que seja sanada a irregularidade constatada.

§ 3º A entidade poderá recorrer da suspensão de sua habilitação ou da suspensão dos seus cursos ao Secretário de Emprego e Renda, no prazo de dez dias, contado da notificação de suspensão.

Art. 51. A reincidência da suspensão da habilitação da entidade formadora ou suspensão do curso de aprendizagem profissional pelo mesmo motivo durante o período de doze meses implicará a suspensão da habilitação da entidade formadora ou do curso por um ano.

Seção VIII
Do procedimento de suspensão de entidades formadoras e cursos de aprendizagem profissional por irregularidade verificada pela Inspeção do Trabalho

Art. 52. Caso a irregularidade seja verificada por ato de iniciativa da Auditoria-Fiscal do Trabalho, o Auditor-Fiscal do Trabalho, durante a ação fiscal, comunicará a irregularidade à entidade formadora, pessoalmente ou via notificação, inclusive eletrônica, a qual deverá se manifestar no prazo de dez (10) dias, contados do dia útil seguinte à comunicação da irregularidade.

§ 1º Caso a manifestação da entidade formadora seja acatada pelo Auditor-Fiscal do Trabalho, a ação fiscal não resultará em suspensão da habilitação da entidade ou do curso de aprendizagem profissional.

§ 2º Caso a entidade formadora não se manifeste ou a manifestação não seja acatada pelo Auditor-Fiscal do Trabalho, ela será devidamente notificada do encaminhamento para suspensão da entidade formadora ou do curso.

§ 3º O Auditor-Fiscal do Trabalho requisitará a suspensão no CNAP ao Departamento de Políticas de Trabalho para a Juventude da Secretaria de Qualificação Emprego e Renda, com ciência à chefia imediata e ao Departamento de Fiscalização do Trabalho da Secretaria de Inspeção do Trabalho, que deverá proceder à suspensão no prazo de dois dias úteis, sem análise da requisição.

Art. 53. A suspensão de habilitação da entidade ou de cursos de aprendizagem profissional no Cadastro Nacional de Aprendizagem Profissional – CNAP não elide a lavratura de autos de infração por descumprimento dos dispositivos da legislação trabalhista relacionados à situação analisada.

Seção IX
Do procedimento de levantamento de suspensão de entidades formadoras e cursos de aprendizagem profissional por irregularidade verificada pela Inspeção do Trabalho

Art. 54. O requerimento de levantamento de suspensão de habilitação da entidade qualificadora ou de curso de aprendizagem profissional deverá ser feito no Sistema Eletrônico de Informações – SEI, na modalidade usuário externo, ou um outro sistema eletrônico que venha a ser criado para essa finalidade.

Art. 55. Após a sua abertura, o processo deverá ser encaminhado para o Auditor-Fiscal do Trabalho que participou da ação que suspendeu a habilitação da entidade qualificadora ou curso de aprendizagem profissional para conhecimento.

Parágrafo único. No caso de impedimento legal do Auditor-Fiscal do Trabalho, o processo deverá ser destinado e emitido para o coordenador regional da atividade de inclusão de aprendizes no mercado de trabalho da unidade descentralizada.

Art. 56. Cumpre ao Auditor-Fiscal do Trabalho, em 30 (trinta) dias a contar do recebimento do processo, produzir relatório circunstanciado sobre as providências e medidas adotadas pela entidade e demais documentos submetidos à Inspeção do Trabalho, manifestando-se conclusivamente sobre a manutenção ou o levantamento da suspensão da habilitação da entidade qualificadora ou curso de aprendizagem profissional.

§ 1º O Auditor-Fiscal do Trabalho poderá solicitar informações e documentos complementares à entidade qualificadora, entrevistar as pessoas sujeitas à Inspeção do Trabalho, seus prepostos ou representantes legais, bem como trabalhadores e realizar inspeções in loco, dentro do prazo de 30 (trinta) dias para sua análise.

§ 2º O relatório circunstanciado conterá, dentre outras informações julgadas necessárias, a indicação do cumprimento, ou não, das inadequações que ensejaram a suspensão de habilitação da entidade qualificadora ou curso de aprendizagem profissional e deverá ser entregue ao empregador.

Art. 57. O relatório circunstanciado que conclua pelo levantamento da suspensão de habilitação da entidade qualificadora ou dos cursos de aprendizagem profissional deverá ser inserido no mesmo processo que deu início ao procedimento, e encaminhado ao Departamento de Políticas de Trabalho para a Juventude da Secretaria de Qualificação Emprego e Renda para proceder ao levantamento da suspensão.

Seção X
Do Recurso contra suspensão ou negativa de levantamento de suspensão de entidades formadoras e cursos de aprendizagem profissional por irregularidade verificada pela Inspeção do Trabalho

Art. 58. Em face dos atos do Auditor-Fiscal do Trabalho relativos à suspensão de entidades formadoras e cursos de aprendizagem profissional por irregularidade verificada pela Inspeção do Trabalho cabe a interposição de recurso administrativo ao Departamento de Fiscalização do Trabalho da Secretaria de Inspeção do Trabalho.

Art. 59. O recurso é cabível em face:

I – do encaminhamento para suspensão da entidade formadora ou do curso; ou

II – da manutenção de suspensão de habilitação da entidade qualificadora ou curso de aprendizagem profissional diante de pedido de levantamento.

Art. 60. O recurso deverá ser protocolizado através do peticionamento eletrônico, por usuário externo do Sistema Eletrônico de Informações – SEI, indicando a unidade da federação em que ocorreu a ação fiscal que deu ensejo à suspensão, no prazo de 10 (dez) dias contados do dia útil seguinte à ciência do administrado do ato contra o qual ele deseja recorrer.

Parágrafo único. Caso o recurso tenha por objeto a manutenção de suspensão diante de pedido de levantamento, dele deverá ser apresentado no mesmo processo administrativo originado no sistema SEI pela apresentação do requerimento de levantamento.

Art. 61. O recurso administrativo interposto deve ser submetido à análise de seus pressupostos de admissibilidade pelo Departamento de Fiscalização do Trabalho da Secretaria de Inspeção do Trabalho.

§ 1º Na análise dos pressupostos de admissibilidade serão consideradas a tempestividade, a legitimidade e a representação.

§ 2º Não conhecido o recurso, o processo deverá ser arquivado na unidade onde foi interposto.

Art. 62. O Departamento de Fiscalização do Trabalho da Secretaria de Inspeção do Trabalho apreciará e decidirá sobre o recurso administrativo, inclusive quanto a sua admissibilidade, no prazo de 30 dias de seu recebimento.

Art. 63. O advento de levantamento de suspensão de habilitação da entidade qualificadora ou curso de aprendizagem profissional de processo em análise recursal deverá ser comunicado, de imediato, pela unidade de origem ao Departamento de Fiscalização do Trabalho da Secretaria de Inspeção do Trabalho, que declarará a perda do objeto do recurso relativamente ao item corrigido.

Art. 64. A decisão do Departamento de Fiscalização do Trabalho da Secretaria de Inspeção do Trabalho será inserida no processo e retornará à unidade de origem, que comunicará o teor da decisão ao empregador.

CAPÍTULO III
DA MODALIDADE ALTERNATIVA DE CUMPRIMENTO DE COTA

Art. 65. O estabelecimento contratante, cujas peculiaridades da atividade ou do local de trabalho constituam embaraço à realização das atividades práticas, poderá requerer junto ao Ministério do Trabalho e Emprego a assinatura de Termo de Compromisso para o cumprimento da cota em entidade concedente da experiência prática do aprendiz, nos termos do disposto no art. 66 do Decreto nº 9.579, de 2018.

§ 1º Os estabelecimentos mencionados no *caput* são aqueles que desenvolvem atividades relacionadas aos seguintes setores econômicos:

I – asseio e conservação;

II – segurança privada;

III – transporte de carga;

IV – transporte de valores;

V – transporte coletivo, urbano, intermunicipal, interestadual;

VI – construção pesada;

VII – limpeza urbana;

VIII – transporte aquaviário e marítimo;

IX – atividades agropecuárias;

X – empresas de terceirização de serviços;

XI – atividades de telemarketing;

XII – comercialização de combustíveis; e

XIII – empresas cujas atividades desenvolvidas preponderantemente estejam previstas na Lista das Piores Formas de Trabalho Infantil – Lista TIP, aprovada pelo Decreto nº 6.481, de 12 de junho de 2008.

§ 2º O Ministério do Trabalho e Emprego poderá acatar a solicitação de outros setores que se enquadrarem na hipótese prevista no art. 66 do Decreto nº 9.579, de 2018.

§ 3º O processamento do pedido de assinatura de Termo de Compromisso se dará junto à Superintendência Regional do Trabalho do Ministério do Trabalho e Emprego da Unidade da Federação em que o estabelecimento estiver situado.

§ 4º O Termo de Compromisso previsto no *caput* será assinado pelo Auditor-Fiscal do Trabalho responsável pela ação fiscal, pela chefia imediata e pelo estabelecimento contratante.

§ 5º O Termo de Compromisso preverá a obrigatoriedade de contratação de jovens e adolescentes em situação de vulnerabilidade ou risco social, tais como:

a) adolescentes egressos do sistema socioeducativo ou em cumprimento de medidas socioeducativas;

b) jovens em cumprimento de pena no sistema prisional;

c) jovens e adolescentes cujas famílias sejam beneficiárias de programas de transferência de renda;

d) jovens e adolescentes em situação de acolhimento institucional;

e) jovens e adolescentes egressos do trabalho infantil;

f) jovens e adolescentes com deficiência;

g) jovens e adolescentes matriculados na rede pública de ensino, em nível fundamental, médio regular ou médio técnico, inclusive na modalidade de Educação de Jovens e Adultos – EJA; e

h) jovens desempregados e com ensino fundamental ou médio concluído na rede pública.

§ 6º As partes poderão eleger, no Termo de Compromisso, o perfil prioritário dos jovens e adolescentes a serem contemplados.

§ 7º Os percentuais a serem cumpridos na forma alternativa e no sistema regular constarão do Termo de Compromisso firmado com Auditor-Fiscal do Trabalho, para conferência do adimplemento integral da cota de aprendizagem.

§ 8º Firmado o Termo de Compromisso com o Auditor-Fiscal do Trabalho, o estabelecimento contratante e a entidade formadora firmarão conjuntamente parceria com uma das entidades concedentes para a realização das atividades práticas.

§ 9º Caberá à entidade formadora o acompanhamento pedagógico da etapa prática.

CAPÍTULO IV
DA COTA DE APRENDIZAGEM PROFISSIONAL

Art. 66. Os estabelecimentos de qualquer natureza, que tenham pelo menos sete empregados contratados nas funções que demandam formação profissional, ficam obrigados a contratar aprendizes, nos termos do disposto no art. 429 da CLT.

§ 1º Para o cálculo da cota de aprendizagem profissional, entende-se por estabelecimento todo complexo de bens organizado para o exercício de atividade econômica ou social do empregador, que se submeta ao regime celetista.

§ 2º As pessoas físicas que exerçam atividade econômica que possuam empregados regidos pela CLT, inclusive o empregador rural, estão enquadradas no conceito de estabelecimento previsto no art. 429.

§ 3º Os estabelecimentos condominiais, associações, sindicatos, igrejas, entidades filantrópicas, cartórios e afins, conselhos profissionais e outros, embora não exerçam atividades econômicas, estão enquadrados no conceito de estabelecimento, uma vez que exercem atividades sociais e contratam empregados pelo regime previsto na CLT.

§ 4º As entidades da administração pública direta, autárquica e fundacional que contratem empregados na forma direta pelo regime celetista estão obrigadas ao cumprimento do art. 429 da CLT, limitando-se, a base de cálculo da cota, nesse caso, aos empregados contratados pelo referido regime cujas funções demandem formação profissional, nos termos do art. 429 da CLT.

§ 5º A exclusão de funções que integram a base de cálculo da cota de aprendizes constitui objeto ilícito de convenção ou acordo coletivo de trabalho, em consonância com o disposto nos incisos XXIII e XXIV do art. 611-B da CLT.

§ 6º As entidades sem fins lucrativos e as entidades de práticas desportivas não estão obrigadas a observância do percentual máximo previsto no art. 429 da CLT na hipótese de contratação indireta prevista no art. 431 da CLT.

Art. 67. É facultativa a contratação de aprendizes para:

I – as microempresas e as empresas de pequeno porte, optantes ou não pelo Regime Especial Unificado de Arrecadação de Tributos e Contribuições devidos pelas Microempresas e Empresas de Pequeno Porte – Simples Nacional; e

II – as entidades sem fins lucrativos que tenham por objetivo a educação profissional nos termos do disposto no art. 430 da CLT, inscritas no CNAP com curso cadastrado.

§ 1º Para comprovação do enquadramento como microempresa ou empresa de pequeno porte, o Auditor-

-Fiscal do Trabalho solicitará que o estabelecimento comprove o cumprimento dos requisitos previstos nos incisos do *caput* do art. 3º da Lei Complementar nº 123, de 14 de dezembro de 2006, por meio de apresentação de documentos que atestem:

I – registro no órgão competente; e

II – faturamento anual dentro dos limites legais.

§ 2º Os estabelecimentos que, embora dispensados da obrigação de contratar aprendizes, decidam pela contratação, observarão todas as normas da aprendizagem profissional, inclusive o percentual máximo previsto no art. 429 da CLT.

§ 3º Os estabelecimentos de que tratam o §2º estão desobrigados do cumprimento do percentual mínimo previsto no art. 429 da CLT.

CAPÍTULO V
DO CONTRATO DE APRENDIZAGEM PROFISSIONAL

Seção I
Dos elementos formais do contrato de aprendizagem profissional

Art. 68. O contrato de aprendizagem indicará expressamente:

I – os termos inicial e final, necessariamente coincidentes com o prazo do curso de aprendizagem;

II – nome e número do curso em que o aprendiz está vinculado e matriculado, com indicação da carga horária teórica e prática e obediência aos critérios estabelecidos na regulamentação do Ministério do Trabalho e Emprego;

III – a função, as jornadas diária e semanal, de acordo com a carga horária estabelecida no curso de aprendizagem, e o horário das atividades teóricas e práticas;

IV – a remuneração pactuada;

V – os dados do empregador, do aprendiz e da entidade formadora;

VI – o local de execução das atividades teóricas e práticas do curso de aprendizagem;

VII – a descrição das atividades práticas que o aprendiz desenvolverá durante o curso de aprendizagem; e

VIII – o calendário de aulas teóricas e práticas do curso de aprendizagem.

§ 1º O limite de dois anos do contrato de aprendizagem não se aplica às pessoas com deficiência, desde que o tempo excedente seja fundamentado em aspectos relacionados à deficiência, vedada em qualquer caso a contratação de aprendiz por prazo indeterminado.

§ 2º O contrato de aprendizagem será assinado pelo responsável do estabelecimento cumpridor da cota e pelo aprendiz, que será assistido por seu responsável legal, se menor de dezoito anos de idade.

§ 3º O prazo contratual garantirá o cumprimento integral da carga horária das atividades teóricas e práticas do curso de aprendizagem.

§ 4º Aos contratos de aprendizagem em que as atividades teóricas sejam desenvolvidas em conformidade com o disposto no art. 19, os termos inicial e final do curso de aprendizagem podem não coincidir com o início e final do curso de formação técnico-profissional.

Art. 69. A contratação indireta de aprendizes, efetuada por entidades sem fins lucrativos que tenham por objetivo a assistência ao adolescente e a educação profissional ou pelas entidades de prática desportiva, conforme previsto no art. 431 da CLT, exige a formalização prévia de contrato ou de convênio entre o estabelecimento, que deve cumprir a cota e a entidade contratante indireta.

§ 1º Na hipótese de contratação indireta prevista no *caput*, a entidade sem fins lucrativos ou a entidade de prática desportiva assume a condição de empregador, na forma simultânea ao desenvolvimento do curso de aprendizagem, cabendo-lhe:

I – cumprir a legislação trabalhista em sua totalidade e no que concerne à aprendizagem profissional;

II – informar nos sistemas eletrônicos oficiais competentes que se trata de contratação indireta, especificando a razão social e o CNPJ do estabelecimento cumpridor da cota; e

III – desenvolver o curso de aprendizagem constante do CNAP.

§ 2º O estabelecimento, na contratação indireta, obriga-se a proporcionar a experiência prática para a formação técnico-profissional do aprendiz.

§ 3º Devem constar, nos registros e contratos de aprendizagem firmados pelas entidades sem fins lucrativos ou pelas entidades de prática desportiva com os aprendizes, a razão social, o endereço e o número de

inscrição no CNPJ do estabelecimento responsável pelo cumprimento da cota.

Art. 70. O código da ocupação vinculada ao curso de aprendizagem constará no contrato de trabalho do aprendiz e ser anotado em sua CTPS.

§ 1º Na hipótese de o curso ser associado a mais de uma ocupação, constará na CTPS do aprendiz o código da ocupação com a melhor condição salarial.

§ 2º Na hipótese de a contratação acontecer nos moldes do § 1º do *caput*, serão especificadas no contrato de aprendizagem e no campo observações da CTPS as demais ocupações associadas.

Art. 71. O contrato de aprendizagem será extinto:

I – no seu termo final;

II – automaticamente, quando o aprendiz completar vinte e quatro anos, exceto para as pessoas com deficiência; e

III – antecipadamente, nas seguintes hipóteses:

a) desempenho insuficiente ou inadaptação do aprendiz, que devem ser comprovados mediante laudo de avaliação elaborado pela entidade formadora, a quem cabe a sua supervisão e avaliação, após consulta ao estabelecimento no qual se realiza as atividades práticas da aprendizagem;

b) falta disciplinar grave prevista no art. 482 da CLT;

c) ausência injustificada à escola que implique perda do ano letivo, comprovada por meio de declaração do estabelecimento de ensino;

d) a pedido do aprendiz;

e) fechamento do estabelecimento, quando não houver a possibilidade de transferência do aprendiz sem que isso lhe gere prejuízos;

f) morte do empregador constituído em empresa individual; e

g) rescisão indireta.

§ 1º Aplica-se o disposto no art. 479 da CLT somente às hipóteses de extinção do contrato previstas nas alíneas "e", "f" e "g" do inciso III do *caput* deste artigo.

§ 2º Não se aplica o disposto no art. 480 da CLT às hipóteses de extinção do contrato, previstas nas alíneas "a" a "g" do inciso III do *caput* deste artigo.

§ 3º A diminuição do quadro de pessoal da empresa, ainda que em razão de dificuldades financeiras ou de conjuntura econômica desfavorável, não autoriza a rescisão antecipada dos contratos de aprendizagem em curso, que devem ser cumpridos até o seu termo final.

§ 4º Ao término do contrato de aprendizagem, na hipótese de haver continuidade do vínculo, o contrato passa a vigorar por prazo indeterminado, com todos os direitos dele decorrentes, bastando que sejam formalizadas as devidas alterações contratuais e realizados os ajustes quanto às obrigações trabalhistas.

§ 5º O laudo de avaliação a que se refere a alínea "a" do inciso III do *caput* será emitido de forma prévia à dispensa do aprendiz e observará os seguintes requisitos mínimos:

I – identificar o aprendiz, a função, o estabelecimento onde são realizadas as atividades práticas, o empregador, a data de início e de previsão de término do contrato;

II – descrever os fatos motivadores da determinação de dispensa por desempenho insuficiente ou inadaptação;

III – concluir de forma clara e direta sobre o desligamento do aprendiz por desempenho insuficiente ou inadaptação; e

IV – ser assinado por profissional legalmente habilitado da entidade formadora.

Art. 72. Nos estabelecimentos em que sejam desenvolvidas atividades em ambientes ou funções proibidas a menores de dezoito anos, serão contratados aprendizes na faixa etária entre dezoito e vinte e quatro anos ou pessoas com deficiência maiores de dezoito anos.

Art. 73. A transferência do aprendiz entre matriz e filial, entre filiais ou entre estabelecimentos do mesmo grupo econômico é permitida, desde que haja concordância do aprendiz e da entidade formadora, e não acarrete prejuízos ao aprendiz, ao processo pedagógico e ao horário da escola regular.

§ 1º A transferência deve ser formalizada mediante elaboração de um termo aditivo ao contrato de aprendizagem e ser informada nos sistemas eletrônicos oficiais competentes pelos estabelecimentos envolvidos.

§ 2º Ocorrida a transferência, o aprendiz contratado deixa de ser computado na cota do estabelecimento

de origem e passa a ser computado na cota do estabelecimento para o qual foi transferido.

Seção II
Dos direitos do aprendiz

Subseção I
Das férias

Art. 74. O período de férias do aprendiz será definido no calendário das atividades teóricas e práticas do contrato de aprendizagem, observados os seguintes critérios:

I – para o aprendiz com idade inferior a dezoito anos, deve coincidir, obrigatoriamente, com um dos períodos de férias escolares; e

II – para o aprendiz com idade igual ou superior a dezoito anos, deve coincidir, preferencialmente, com as férias escolares, em conformidade com o disposto no art. 68 do Decreto nº 9.579, de 2018.

§ 1º Ao aprendiz é permitido o parcelamento das férias, nos termos do disposto no § 1º do art. 134 da CLT.

§ 2º Nos contratos de aprendizagem com prazo de dois anos de duração, é obrigatório o gozo das férias adquiridas no primeiro período aquisitivo.

Art. 75. As férias coletivas concedidas aos demais empregados do estabelecimento serão consideradas como licença remunerada, não sendo consideradas como período de férias para o aprendiz, quando:

I – divergirem do período de férias previsto no curso de aprendizagem;

II – não coincidirem com o período de férias escolares para os aprendizes menores de dezoito anos de idade; ou

III – houver atividades teóricas na entidade formadora durante o período das férias coletiva.

Parágrafo único. Nas hipóteses de licença remunerada previstas nos incisos I e II do *caput*, o aprendiz deverá continuar a frequentar as atividades teóricas, caso estas estejam sendo ministradas.

Subseção II
Da jornada de trabalho

Art. 76. Aplica-se à jornada do aprendiz, nas atividades práticas e teóricas, o disposto nos art. 66, art. 71 e art. 72 da CLT, bem como o descanso semanal remunerado de vinte e quatro horas consecutivas.

Art. 77. A duração da jornada de trabalho do aprendiz não excederá seis horas diárias, durante a qual poderão ser desenvolvidas atividades teóricas e práticas ou apenas uma delas, nos limites dos parâmetros estabelecidos no curso de aprendizagem.

§ 1º Para os aprendizes que completaram o ensino fundamental, é permitida a jornada de até oito horas diárias, desde que nela sejam incluídas atividades teóricas, na proporção prevista no contrato e no curso de aprendizagem, computado na jornada o tempo de deslocamento entre os locais da teoria e da prática.

§ 2º A prorrogação e a compensação da jornada de trabalho são vedadas ao aprendiz, em qualquer caso, não se aplicando as hipóteses previstas nos incisos I e II do art. 413 da CLT.

§ 3º A fixação do horário de trabalho do aprendiz será feita pelo estabelecimento, em conjunto a entidade formadora, com respeito à carga horária estabelecida no curso de aprendizagem e ao horário escolar.

§ 4º As atividades devem ser desenvolvidas em horário que não prejudique a frequência à escola do aprendiz com idade inferior a dezoito anos, nos termos do disposto no art. 427 da CLT e do inciso III do art. 63 da Lei nº 8.069, de 1990.

Art. 78. A fixação da jornada de trabalho do aprendiz será feita pelo estabelecimento cumpridor da cota de aprendizagem em conjunto com a entidade formadora, com respeito à carga horária estabelecida no curso de aprendizagem e ao horário escolar, se for o caso.

§ 1º A jornada de trabalho e os dias de descanso estarão especificados no contrato de aprendizagem e previstos no calendário, e observarão as diretrizes e os limites estabelecidos em legislação específica para os trabalhadores nas ocupações de referência do respectivo contrato de aprendizagem, proibidas, em qualquer caso, a prorrogação e a compensação da jornada de trabalho.

§ 2º Aos aprendizes são vedadas horas extras, banco de horas e trabalho aos feriados.

Art. 79. O teletrabalho, ou trabalho remoto, quando adotado nos contratos de aprendizagem, deverá:

I – observar as regras da aprendizagem profissional, inclusive o previsto no art. 80;

II – ser compatível com as atividades práticas do contrato de aprendizagem; e

III – ser adotado aos empregados do setor no qual o aprendiz estiver alocado, vedada a adoção dessa modalidade de trabalho exclusivamente aos aprendizes.

Art. 80. A formação profissional, nas modalidades presencial, a distância ou híbrido, será inteiramente gratuita para o aprendiz, vedada a cobrança de matrícula, mensalidades, material didático, uniforme, equipamentos tecnológicos ou ônus de qualquer natureza, inclusive para o aprendiz matriculado em cursos de formação técnico-profissional, durante o período de vigência do contrato de aprendizagem profissional.

Subseção III
Da remuneração

Art. 81. Ao aprendiz é garantido, preservada a condição mais benéfica:

I – o salário mínimo hora, considerado para tal fim o valor do salário mínimo nacional;

II – o salário mínimo regional fixado em lei, para os estados que adotam o piso regional; ou

III – o piso da categoria previsto em instrumento normativo, quando houver previsão expressa de aplicabilidade ao aprendiz.

Parágrafo único. O aprendiz maior de dezoito anos que labore em ambiente insalubre ou perigoso ou cuja jornada seja cumprida em horário noturno faz jus ao recebimento dos respectivos adicionais.

Subseção IV
Das licenças e afastamentos

Art. 82. É assegurado à aprendiz gestante o direito à estabilidade provisória prevista na alínea "b" do inciso II do art. 10 do Ato das Disposições Constitucionais Transitórias da Constituição Federal.

§ 1º Durante o período da licença maternidade, a aprendiz se afastará de suas atividades, garantindo o retorno ao mesmo curso de aprendizagem, caso ainda esteja em andamento, hipótese na qual a entidade formadora certificará a aprendiz pelos módulos que concluir com aproveitamento.

§ 2º Na hipótese de o contrato de aprendizagem alcançar o seu termo final durante o período de garantia provisória de emprego, o estabelecimento contratante promoverá um aditivo ao contrato, prorrogando-o até o último dia do período da garantia provisória, ainda que tal medida resulte em contrato superior a dois anos ou mesmo que a aprendiz alcance vinte e quatro anos.

§ 3º Na situação prevista no § 2º, devem permanecer inalterados todos os pressupostos do contrato inicial, inclusive jornada de trabalho, horário de trabalho, função, salário e recolhimentos dos respectivos encargos, mantida a aprendiz exclusivamente em atividades práticas.

Art. 83. As regras previstas no art. 82 se aplicam também à garantia provisória de emprego acidentária, prevista no art. 118 da Lei nº 8.213, de 24 de julho de 1991.

Art. 84. As regras previstas no art. 472 da CLT para afastamento em razão de serviço militar obrigatório ou outro encargo público se aplicam aos contratos de aprendizagem.

Parágrafo único. Para que o período de afastamento dos casos descritos no *caput* não seja computado, é necessário haver acordo prévio entre todas as partes interessadas, incluída a entidade formadora, que elaborará um cronograma de reposição de atividades referente a tal período.

Seção III
Demais direitos e restrições do contrato de aprendizagem

Art. 85. As entidades formadoras devem observar, ao elaborar os cursos de aprendizagem, as proibições de trabalho aos menores de dezoito anos nas atividades descritas na Lista TIP, aprovada pelo Decreto nº 6.481, de 2008, especialmente nas definições de faixa etária de público, na previsão de afastamento dos riscos que possam comprometer a saúde, a segurança e a moral dos adolescentes na previsão de execução das atividades práticas em ambiente simulado.

Art. 86. Não é permitido que o aprendiz participe de eleição para dirigente sindical, nem para cargo de direção de comissões internas de prevenção de aci-

dentes de trabalho, por serem encargos incompatíveis com o contrato de aprendizagem.

CAPÍTULO VI
DAS COMPETÊNCIAS

Art. 87. Compete à Secretaria de Qualificação Emprego e Renda:

I – operacionalizar, monitorar, aperfeiçoar e atualizar o CNAP;

II – regular a oferta de programas e cursos de aprendizagem profissional, por meio do CONAP;

III – habilitar as entidades formadoras no CNAP;

IV – autorizar a execução de cursos de aprendizagem profissional na modalidade a distância;

V – suspender as entidades formadoras habilitadas e os cursos de aprendizagem profissional cadastrados no CNAP;

VI – divulgar os programas no CONAP, as entidades formadoras habilitadas e os cursos de aprendizagem profissional cadastrados no CNAP;

VII – monitorar e avaliar, sistematicamente, a aprendizagem profissional, particularmente em termos de empregabilidade, dando transparência a seus resultados;

VIII – promover o diálogo social, em âmbito nacional, com vistas a dar visibilidade e sustentabilidade ao instituto como política pública de Estado;

IX – estabelecer parcerias com instituições de pesquisa sobre o mercado de trabalho e com as que ofertam educação profissional e tecnológica para fins de atualização do CONAP, considerada a necessidade de qualificação para a inclusão produtiva de jovens em uma perspectiva de longo prazo;

X – articular e desenvolver parcerias com a iniciativa privada e com as entidades formadoras, com o objetivo de dar oportunidade aos jovens em situação de maior vulnerabilidade socioeducacionais;

XI – apoiar tecnicamente estados e municípios na criação de redes locais de apoio, promoção, monitoramento e avalição de programas e ações direcionadas à inclusão de adolescentes e jovens em situação de alta vulnerabilidade socioeducacional;

XII – mobilizar a administração direta, autárquica e fundacional nas esferas federal, estaduais, distrital e municipais, entidades formadoras, empregadores, trabalhadores, sociedade civil e jovens, com vistas a ampliar o número de contratos e a diversidade da oferta de programas de aprendizagem; e

XIII – celebrar termos de intenções ou instrumentos congêneres, com órgãos da administração pública direta, autarquias, fundações, empresas, entidades de classe, associações, organismos internacionais para fins de fomentar a aprendizagem profissional no país.

Art. 88. Compete à Secretaria de Inspeção do Trabalho:

I – orientar as entidades formadoras em questões relacionadas à matéria trabalhista, inclusive durante o processo de habilitação das entidades e cadastramento dos cursos de aprendizagem profissional, para a adequação à legislação trabalhista;

II – realizar eventos, ações setoriais, reuniões, visitas técnicas de instrução e notificações recomendatórias com vistas a estimular o cumprimento das disposições legais e regulamentares da aprendizagem profissional;

III – verificar a adequação à legislação das entidades formadoras e dos cursos de aprendizagem durante o processo de habilitação das entidades formadoras e validação dos cursos de aprendizagem, indicando à Secretaria de Qualificação Emprego e Renda, por meio de seu Departamento de Políticas de Trabalho para a Juventude, possíveis irregularidades que impliquem a não aprovação dos requerimentos;

IV – promover ações de divulgação sobre as normas legais e regulamentares da aprendizagem profissional, relacionadas à matéria trabalhista, nos termos do disposto no inciso II do art. 18 do Decreto nº 4.552, de 27 de dezembro de 2002, tais como elaboração de manuais, guias, cartilhas e cursos;

V – realizar a fiscalização dos estabelecimentos e das entidades formadoras a fim de verificar o cumprimento das disposições legais e regulamentares, nos termos do disposto no inciso XV do art. 18 do Decreto nº 4.552, de 2002;

VI – autorizar a realização de atividades práticas em estabelecimento da mesma empresa, situado em municípios diversos não limítrofes, desde que na mesma Unidade da Federação;

VII – autorizar a realização de atividades práticas em entidades concedentes da experiência prática, nos termos do disposto no art. 66 do Decreto nº 9.579, de 2018;

VIII – iniciar o processo de suspensão da habilitação da entidade ou suspensão dos cursos de aprendizagem profissional, quando os motivos forem relacionados à matéria trabalhista do contrato de aprendizagem;

IX – firmar Termo de Compromisso, nos termos do disposto no art. 627-A da CLT e no art. 66 do Decreto nº 9.579, de 2018;

X – disponibilizar sistema eletrônico que permita aos estabelecimentos a emissão de certidão de cumprimento de cota de aprendiz para a comprovação do atendimento às exigências estabelecidas na Lei nº 14.133, de 1º de abril de 2021;

XI – divulgar o potencial de contratação de aprendizes por município e por setor econômico;

XII – promover o diálogo social, em âmbito nacional, com vistas a dar visibilidade e sustentabilidade ao instituto da Aprendizagem Profissional, em parceria com a Secretaria de Qualificação Emprego e Renda;

XIII – articular e desenvolver compromissos com a iniciativa privada e com as entidades formadoras, com o objetivo de dar oportunidade aos jovens em situação de maior vulnerabilidade socioeducacionais, em colaboração com a Secretaria de Qualificação Emprego e Renda;

XIV – apoiar tecnicamente estados e municípios na criação de redes locais de apoio, promoção, monitoramento e avalição de programas e ações direcionadas à inclusão de adolescentes e jovens em situação de alta vulnerabilidade socioeducacional, em articulação com a Secretaria de Qualificação Emprego e Renda; e

XV – mobilizar a administração direta, autárquica e fundacional nas esferas federal, estaduais, distrital e municipais, entidades formadoras, empregadores, trabalhadores, sociedade civil e jovens, com vistas a ampliar o número de contratos e a diversidade da oferta de programas de aprendizagem, conjuntamente a Secretaria de Qualificação Emprego e Renda.

CAPÍTULO VII
DISPOSIÇÕES FINAIS

Art. 89. Os contratos de aprendizagem efetuados com base em cursos validados até a entrada em vigência desta Portaria serão executados até o seu término, sem necessidade de adequação às novas regras.

Art. 90. Os cursos validados até a entrada em vigência desta Portaria poderão iniciar novas turmas em até 1 (um) ano após o início da vigência desta Portaria, ou até a data de término de sua validade, devendo ser respeitado o prazo que ocorrer primeiro.

Art. 91. As entidades formadoras deverão ser inscritas no CNPJ, na Unidade da Federação em que pretende atuar, nos termos da Instrução Normativa RFB nº 2.119, de 6 de dezembro de 2022.

Parágrafo único. O disposto no *caput* não se aplica às entidades formadoras regulamentadas pelo Ministério da Educação e fundações, que seguirão as normas respectivas aplicáveis.

Art. 92. A Secretaria de Qualificação Emprego e Renda atualizará o CONAP vigente com as disposições desta Portaria.

Art. 93. Ficam revogados:

I – os art. 314 a art. 397 da Portaria MTP nº 671, de 8 de novembro de 2021; e

II – a Portaria MTE nº 3.544, de 19 de outubro de 2023.

Art. 94. Esta Portaria entra em vigor em 1º de fevereiro de 2024.

Luiz Marinho

LEI 14.759, DE 21 DE DEZEMBRO DE 2023

Declara feriado nacional o Dia Nacional de Zumbi e da Consciência Negra.

DOU de 22.12.2023, retificado no DOU de 22.12.2023 extra.

O PRESIDENTE DA REPÚBLICA Faço saber que o Congresso Nacional decreta e eu sanciono a seguinte Lei:

Art. 1º Fica declarado feriado nacional o dia 20 de novembro, para a celebração do Dia Nacional de Zumbi e da Consciência Negra.

Art. 2º Esta Lei entra em vigor na data de sua publicação.

Luiz Inácio Lula da Silva

Brasília, 21 de dezembro de 2023; 202o da Independência e 135o da República.

ATO 366, DE 15 DE JULHO DE 2024, DO TRIBUNAL SUPERIOR DO TRABALHO – TST

Divulga os novos valores referentes aos limites de depósito recursal previstos no artigo 899 da CLT.

O Ministro Presidente do Tribunal Superior do Trabalho, no uso de suas atribuições legais e regimentais, considerando o disposto no item VI da Instrução Normativa n.º 3 desta Corte, resolve:

Art. 1º Os novos valores referentes aos limites de depósito recursal previstos no artigo 899 da Consolidação das Leis do Trabalho, reajustados pela variação acumulada do INPC/IBGE, no período de julho de 2023 a junho de 2024, serão de:

a) R$ 13.133,46 (treze mil cento e trinta e três reais e quarenta e seis centavos), no caso de interposição de Recurso Ordinário;

b) R$ 26.266,92 (vinte e seis mil duzentos e sessenta e seis reais e noventa e dois centavos), no caso de interposição de Recurso de Revista e Embargos;

c) R$ 26.266,92 (vinte e seis mil duzentos e sessenta e seis reais e noventa e dois centavos), no caso de interposição de Recurso em Ação Rescisória.

Art. 2º Os valores fixados no artigo anterior serão de observância obrigatória a partir de 1º de agosto de 2024.

Lelio Bentes Corrêa
Ministro Presidente do Tribunal Superior do Trabalho

DECRETO 12.342, DE 30 DE DEZEMBRO DE 2024

DOU 31.12.2024

Dispõe sobre o valor do salário mínimo a vigorar a partir de 1º de janeiro de 2025.

O Presidente da República, no uso da atribuição que lhe confere o art. 84, caput, inciso IV, da Constituição, e tendo em vista o disposto na Lei nº 14.663, de 28 de agosto de 2023, e no art. 4º da Lei nº 15.077, de 27 de dezembro de 2024, decreta:

Art. 1º partir de 1º de janeiro de 2025, o valor do salário mínimo será de R$ 1.518,00 (mil quinhentos e dezoito reais).

Parágrafo único. Em decorrência do disposto no caput, o valor diário do salário mínimo corresponderá a R$ 50,60 (cinquenta reais e sessenta centavos) e o valor horário, a R$ 6,90 (seis reais e noventa centavos).

Art. 2º Este Decreto entra em vigor em 1º de janeiro de 2025.

Brasília, 30 de dezembro de 2024; 203º da Independência e 136º da República.

Luiz Inácio Lula da Silva

Leg. Compl.

Normas Regulamentadoras de Segurança e Medicina

▶ Portaria 3.214/1978
- ■ NR-4 – SESMT
- ■ NR-5 – CIPA
- ■ NR-6 – EPI
- ■ NR-7 – PCMSO
- ■ NR-15 – Atividades e Operações Insalubres
- ■ NR-16 – Atividades e Operações Perigosas

Portaria 3.214, de 8 de junho de 1978

Aprova as Normas Regulamentadoras – NR – do Capítulo V, Título II, da Consolidação das Leis do Trabalho, relativas à Segurança e Medicina do Trabalho.

NR-4 – SERVIÇOS ESPECIALIZADOS EM SEGURANÇA E MEDICINA DO TRABALHO

▶ NR-4 com redação pela Portaria MTP 2.318/2022 (DOU 12.08.2022), em vigor 90 dias após sua publicação.
▶ Art. 4º da Portaria MTP 2.318/2022.

4.1 Objetivo

4.1.1 Esta Norma estabelece os parâmetros e os requisitos para constituição e manutenção dos Serviços Especializados em Segurança e Medicina do Trabalho – SESMT, com a finalidade de promover a saúde e proteger a integridade do trabalhador.

4.2 Campo de aplicação

4.2.1 As organizações e os órgãos públicos da administração direta e indireta, bem como os órgãos dos Poderes Legislativo e Judiciário e do Ministério Público, que possuam empregados regidos pelo Decreto-Lei nº 5.452, de 1º de maio de 1943 – Consolidação das Leis do Trabalho – CLT, devem constituir e manter os SESMT, no local de trabalho, nos termos definidos nesta NR.

4.2.2 Nos termos previstos em lei, aplica-se o disposto nesta NR a outras relações jurídicas de trabalho.

4.3 Competência, composição e funcionamento

4.3.1 Compete aos SESMT:

a) elaborar ou participar da elaboração do inventário de riscos;

b) acompanhar a implementação do plano de ação do Programa de Gerenciamento de Riscos – PGR;

c) implementar medidas de prevenção de acordo com a classificação de risco do PGR e na ordem de prioridade estabelecida na Norma Regulamentadora nº 01 (NR-01) – Disposições Gerais e Gerenciamento de Riscos Ocupacionais;

d) elaborar plano de trabalho e monitorar metas, indicadores e resultados de segurança e saúde no trabalho;

e) responsabilizar-se tecnicamente pela orientação quanto ao cumprimento do disposto nas NR aplicáveis às atividades executadas pela organização;

f) manter permanente interação com a Comissão Interna de Prevenção de Acidentes e de Assédio – CIPA, quando existente;

▶ Alínea f com redação pela Portaria 4.219, de 20.12.2022 (DOU 22.12.2022), em vigor em 20.03.2023.

g) promover a realização de atividades de orientação, informação e conscientização dos trabalhadores para a prevenção de acidentes e doenças relacionadas ao trabalho;

h) propor, imediatamente, a interrupção das atividades e a adoção de medidas corretivas e/ou de controle quando constatar condições ou situações de trabalho que estejam associadas a grave e iminente risco para a segurança ou a saúde dos trabalhadores;

i) conduzir ou acompanhar as investigações dos acidentes e das doenças relacionadas ao trabalho, em conformidade com o previsto no PGR;

j) compartilhar informações relevantes para a prevenção de acidentes e de doenças relacionadas ao trabalho com outros SESMT de uma mesma organização, assim como a CIPA, quando por esta solicitado; e

k) acompanhar e participar nas ações do Programa de Controle Médico de Saúde Ocupacional – PCMSO, nos termos da Norma Regulamentadora nº 07 (NR-07).

4.3.2 O SESMT deve ser composto por médico do trabalho, engenheiro de segurança do trabalho, técnico de segurança do trabalho, enfermeiro do trabalho e auxiliar/técnico em enfermagem do trabalho, obedecido o Anexo II.

4.3.3 Os profissionais integrantes do SESMT devem possuir formação e registro profissional em conformidade com o disposto na regulamentação da profissão e nos instrumentos normativos emitidos pelo respectivo conselho profissional, quando existente.

4.3.4 O SESMT deve ser coordenado por um dos profissionais integrantes deste serviço.

4.3.5 O técnico de segurança do trabalho e o auxiliar/técnico de enfermagem do trabalho devem dedicar quarenta e quatro horas por semana para as atividades do SESMT, de acordo com o estabelecido no Anexo II, observadas as disposições, inclusive relativas à duração do trabalho, de legislação pertinente, de acordo ou de convenção coletiva de trabalho.

4.3.6 Na modalidade de SESMT individual, caso a organização possua mais de um técnico de segurança do trabalho, conforme dimensionamento previsto nesta NR, as escalas de trabalho devem ser estabelecidas de forma a garantir o atendimento por pelo menos um desses profissionais em cada turno que atingir cento e um ou mais trabalhadores, para a atividade de grau de risco 3, e cinquenta ou mais trabalhadores, para a atividade de grau de risco 4, sem implicar em acréscimo no número de profissionais previstos no Anexo II.

4.3.7 O engenheiro de segurança do trabalho, o médico do trabalho e o enfermeiro do trabalho devem dedicar três horas (meio período) ou seis horas (tempo integral) por semana, para as atividades do SESMT, de acordo com o estabelecido no Anexo II, respeitada a legislação pertinente em vigor, durante o horário de expediente do estabelecimento.

4.3.7.1 Relativamente aos profissionais referidos no item 4.3.7, para cumprimento das atividades dos SESMT em tempo integral, a organização pode contratar mais de um profissional, desde que cada um dedique, no mínimo, a metade da carga horária semanal.

4.3.8 Aos profissionais do SESMT é vedado o exercício de atividades que não façam parte das atribuições previstas no item 4.3.1 desta NR e em outras NR, durante o horário de atuação neste serviço.

4.3.9 A organização deve garantir os meios e recursos necessários para o cumprimento dos objetivos e atribuições do SESMT.

4.4 Modalidades

4.4.1 O SESMT deve ser constituído nas modalidades individual, regionalizado ou estadual.

4.4.1.1 O SESMT, independentemente de sua modalidade, deve atender estabelecimentos da mesma unidade da federação, ressalvado o previsto no item 4.4.5.

4.4.2 A organização deve constituir SESMT individual quando possuir estabelecimento enquadrado no Anexo II desta NR.

4.4.3 A organização deve constituir SESMT regionalizado quando possuir estabelecimento que se enquadre no Anexo II e outro(s) estabelecimento(s) que não se enquadre(m), devendo o primeiro estender a assistência em segurança e saúde aos demais e considerar o somatório de trabalhadores atendidos no seu dimensionamento, bem como o disposto no item 4.5.1 e seus subitens.

4.4.3.1 Havendo mais de um estabelecimento que se enquadre no Anexo II, a empresa pode constituir mais de um SESMT regionalizado.

4.4.4 A organização deve constituir SESMT estadual quando o somatório de trabalhadores de todos os estabelecimentos da mesma unidade da federação alcance os limites previstos no Anexo II, desde que nenhum estabelecimento individualmente se enquadre, observado o disposto no item 4.5.1 e seus subitens.

4.4.5 Uma ou mais organizações de mesma atividade econômica, localizadas em um mesmo município ou em municípios limítrofes, ainda que em diferentes unidades da federação, cujos estabelecimentos se enquadrem no Anexo II, podem constituir SESMT compartilhado, organizado pelas próprias interessadas ou na forma definida em acordo ou convenção coletiva de trabalho.

▶ Art. 5º da Portaria MTP 2.318/2022.

4.4.5.1 O SESMT compartilhado pode ser estendido a organizações cujos estabelecimentos não se enquadrem no Anexo II, devendo considerar no dimensionamento o somatório dos trabalhadores assistidos e o disposto no item 4.5.1 e seus subitens.

4.4.5.2 Os trabalhadores assistidos pelo SESMT compartilhado não integram a base de cálculo para dimensionamento de outras modalidades de SESMT.

4.5 Dimensionamento

4.5.1 O dimensionamento do SESMT vincula-se ao número de empregados da organização e ao maior grau de risco entre a atividade econômica principal e atividade econômica preponderante no estabelecimento, nos termos dos Anexos I e II, observadas as exceções previstas nesta NR.

4.5.1.1 A atividade econômica principal é a constante no Cadastro Nacional de Pessoa Jurídica – CNPJ.

4.5.1.2 A atividade econômica preponderante é aquela que ocupa o maior número de trabalhadores.

4.5.1.2.1 Em atividades econômicas distintas com o mesmo número de trabalhadores, deve ser considerada como preponderante aquela com maior grau de risco.

4.5.2 Na contratação de empresa prestadora de serviços a terceiros, o SESMT da contratante deve ser dimensionado considerando o número total de empregados da contratante e trabalhadores das contratadas, quando o trabalho for realizado de forma não eventual nas dependências da contratante ou local previamente convencionado em contrato, observado o disposto no item 4.5.1 e seus subitens.

4.5.2.1 Considera-se, para fins desta NR, trabalho eventual aquele decorrente de evento futuro e incerto.

4.5.2.2 Excluem-se do dimensionamento do SESMT da contratante os trabalhadores das contratadas atendidos pelos SESMT das contratadas.

4.5.3 O dimensionamento do SESMT regionalizado ou estadual com estabelecimentos de graus de risco diversos deve considerar o somatório dos trabalhadores de todos os estabelecimentos atendidos.

4.5.3.1 Para estabelecimentos graus de risco 1 e 2 de Microempresas – ME e Empresas de Pequeno Porte – EPP, deve ser considerado o somatório da metade do número de trabalhadores desses estabelecimentos.

4.5.4 Para fins de dimensionamento, os canteiros de obras e as frentes de trabalho com menos de mil trabalhadores e situados na mesma unidade da federação não são considerados como estabelecimentos, mas como integrantes da empresa de engenharia principal responsável, a quem cabe organizar os SESMT.

4.5.4.1 Para fins de aplicação do item 4.5.4:

a) os engenheiros de segurança do trabalho, os médicos do trabalho e os enfermeiros do trabalho podem ficar centralizados; e

b) o dimensionamento para os técnicos de segurança do trabalho e auxiliares/técnicos de enfermagem do trabalho deve ser feito por canteiro de obra ou frente de trabalho, conforme o Anexo II.

4.5.4.2 A organização deve garantir que o SESMT atenda, no exercício de suas competências, a todos os canteiros de obras e frentes de trabalho.

4.5.5 Quando se tratar de empreiteiras, considera-se estabelecimento, para fins de aplicação desta NR, o local em que os seus empregados estiverem exercendo suas atividades.

4.5.6 Para as organizações que já possuem SESMT constituído, em qualquer uma das suas modalidades, em caso de aumento no dimensionamento decorrente da contratação de trabalhadores por prazo determinado, o SESMT deve ser complementado durante o período de aumento para atender ao disposto no Anexo II.

4.6 Registro

4.6.1 A organização deve registrar os SESMT de que trata esta NR por meio de sistema eletrônico disponível no portal gov.br.

4.6.1.1 A organização deve informar e manter atualizados os seguintes dados:

a) número de Cadastro de Pessoa Física – CPF dos profissionais integrantes do SESMT;

b) qualificação e número de registro dos profissionais;

c) grau de risco estabelecido, conforme item 4.5.1 e seus subitens e o número de trabalhadores atendidos, por estabelecimento; e

d) horário de trabalho dos profissionais do SESMT.

4.7 Disposições finais

4.7.1 As organizações que forem obrigadas a constituir SESMT, nos termos desta NR, e Serviço Especializado em Segurança e Saúde no Trabalho Rural – SESTR, nos termos da Norma Regulamentadora nº 31 (NR-31) – Segurança e Saúde no Trabalho na Agricultura, Pecuária, Silvicultura, Exploração Florestal e Aquicultura, podem optar em constituir apenas um destes serviços, considerando o somatório de trabalhadores de ambas as atividades.

4.7.2 A organização que constituir SESMT é responsável pelo cumprimento desta NR, devendo assegurar a isenção técnica e o exercício profissional dos integrantes do SESMT.

4.7.3 A organização deve indicar, entre os médicos do SESMT, um responsável pelo PCMSO.

Anexo I
Relação da Classificação Nacional de Atividades Econômicas – CNAE (Versão 2.0), com correspondente Grau de Risco – GR
Anexo II
Dimensionamento do SESMT

ANEXOS I e II

> https://uqr.to/1et2v

NR-5 – COMISSÃO INTERNA DE PREVENÇÃO DE ACIDENTES E DE ASSÉDIO – CIPA

▸ Título alterado pela Portaria 4.219, de 20.12.2022 (DOU 22.12.2022), em vigor em 20.03.2023.
▸ NR-5 com redação dada pela Portaria 422, de 07.10.2021. DOU de 08.10.2021.

5.1 Objetivo

5.1.1 Esta norma regulamentadora – NR estabelece os parâmetros e os requisitos da Comissão Interna de Prevenção de Acidentes e de Assédio – CIPA tendo por objetivo a prevenção de acidentes e doenças relacionadas ao trabalho, de modo a tornar compatível permanentemente o trabalho com a preservação da vida e promoção da saúde do trabalhador.

▸ Item 5.1.1 com redação pela Portaria 4.219, de 20.12.2022 (DOU 22.12.2022), em vigor em 20.03.2023.

5.2 Campo de aplicação

5.2.1 As organizações e os órgãos públicos da administração direta e indireta, bem como os órgãos dos Poderes Legislativo, Judiciário e Ministério Público, que possuam empregados regidos pela Consolidação das Leis do Trabalho – CLT, devem constituir e manter CIPA.

5.2.2 Nos termos previstos em lei, aplica-se o disposto nesta NR a outras relações jurídicas de trabalho.

5.3 Atribuições

5.3.1 A CIPA tem por atribuições:

a) acompanhar o processo de identificação de perigos e avaliação de riscos, bem como a adoção de medidas de prevenção implementadas pela organização;

b) registrar a percepção dos riscos dos trabalhadores, em conformidade com o subitem 1.5.3.3 da NR-1, por meio do mapa de risco ou outra técnica ou ferramenta apropriada à sua escolha, sem ordem de preferência, com assessoria do Serviço Especializado em Segurança e em Medicina do Trabalho – SESMT, onde houver;

c) verificar os ambientes e as condições de trabalho, visando identificar situações que possam trazer riscos para a segurança e saúde dos trabalhadores;

d) elaborar e acompanhar plano de trabalho que possibilite a ação preventiva em segurança e saúde no trabalho;

e) participar no desenvolvimento e implementação de programas relacionados à segurança e saúde no trabalho;

f) acompanhar a análise dos acidentes e doenças relacionadas ao trabalho, nos termos da NR-1, e propor, quando for o caso, medidas para a solução dos problemas identificados;

g) requisitar à organização as informações sobre questões relacionadas à segurança e saúde dos trabalhadores, incluindo as Comunicações de Acidente de Trabalho – CAT emitidas pela organização, resguardados o sigilo médico e as informações pessoais;

h) propor ao SESMT, quando houver, ou à organização, a análise das condições ou situações de trabalho nas quais considere haver risco grave e iminente à segurança e saúde dos trabalhadores e, se for o caso, a interrupção das atividades até a adoção das medidas corretivas e de controle;

i) promover, anualmente, em conjunto com o SESMT, onde houver, a Semana Interna de Prevenção de Acidentes do Trabalho – SIPAT, conforme programação definida pela CIPA; e

j) incluir temas referentes à prevenção e ao combate ao assédio sexual e a outras formas de violência no trabalho nas suas atividades e práticas.

▸ Alínea j acrescida pela Portaria 4.219, de 20.12.2022 (DOU 22.12.2022), em vigor em 20.03.2023.

5.3.2 Cabe à organização:

a) proporcionar aos membros da CIPA os meios necessários ao desempenho de suas atribuições, garantindo tempo suficiente para a realização das tarefas constantes no plano de trabalho;

b) permitir a colaboração dos trabalhadores nas ações da CIPA; e

c) fornecer à CIPA, quando requisitadas, as informações relacionadas às suas atribuições.

5.3.3 Cabe aos trabalhadores indicar à CIPA, ao SESMT e à organização situações de riscos e apresentar sugestões para melhoria das condições de trabalho.

5.3.4 Cabe ao Presidente da CIPA:

a) convocar os membros para as reuniões; e

b) coordenar as reuniões, encaminhando à organização e ao SESMT, quando houver, as decisões da comissão.

5.3.5 Cabe ao Vice-Presidente substituir o Presidente nos seus impedimentos eventuais ou nos seus afastamentos temporários.

5.3.6 O Presidente e o Vice-Presidente da CIPA, em conjunto, terão as seguintes atribuições:

a) coordenar e supervisionar as atividades da CIPA, zelando para que os objetivos propostos sejam alcançados; e

b) divulgar as decisões da CIPA a todos os trabalhadores do estabelecimento.

5.4 Constituição e estruturação

5.4.1 A CIPA será constituída por estabelecimento e composta de representantes da organização e dos empregados, de acordo com o dimensionamento previsto no Quadro I desta NR, ressalvadas as disposições para setores econômicos específicos.

5.4.2 As CIPA das organizações que operem em regime sazonal devem ser dimensionadas tomando-se por base a média aritmética do número de trabalhadores do ano civil anterior e obedecido o disposto no Quadro I desta NR.

5.4.3 Os representantes da organização na CIPA, titulares e suplentes, serão por ela designados.

5.4.4 Os representantes dos empregados, titulares e suplentes, serão eleitos em escrutínio secreto, do qual participem, independentemente de filiação sindical, exclusivamente os empregados interessados.

5.4.5 A organização designará, entre seus representantes, o Presidente da CIPA, e os representantes eleitos dos empregados escolherão, entre os titulares, o vice-presidente.

5.4.6 O mandato dos membros eleitos da CIPA terá a duração de um ano, permitida uma reeleição.

5.4.7 Os membros da CIPA, eleitos e designados, serão empossados no primeiro dia útil após o término do mandato anterior.

5.4.8 A organização deve fornecer cópias das atas de eleição e posse aos membros titulares e suplentes da CIPA.

5.4.9 Quando solicitada, a organização encaminhará a documentação referente ao processo eleitoral da CIPA, podendo ser em meio eletrônico, ao sindicato dos trabalhadores da categoria preponderante, no prazo de até dez dias.

5.4.10 A CIPA não poderá ter seu número de representantes reduzido, bem como não poderá ser desativada pela organização, antes do término do mandato de seus membros, ainda que haja redução do número de empregados, exceto no caso de encerramento das atividades do estabelecimento.

5.4.11 É vedada à organização, em relação ao integrante eleito da CIPA:

a) a alteração de suas atividades normais na organização que prejudique o exercício de suas atribuições; e

b) a transferência para outro estabelecimento, sem a sua anuência, ressalvado o disposto nos parágrafos primeiro e segundo do art. 469 da CLT.

5.4.12 É vedada a dispensa arbitrária ou sem justa causa do empregado eleito para cargo de direção da CIPA, desde o registro de sua candidatura até um ano após o final de seu mandato.

5.4.12.1 O término do contrato de trabalho por prazo determinado não caracteriza dispensa arbitrária ou sem justa causa do empregado eleito para cargo de direção da CIPA.

5.4.13 Quando o estabelecimento não se enquadrar no disposto no Quadro I e não for atendido por SESMT, nos termos da Norma Regulamentadora nº 4 (NR-4), a organização nomeará um representante da organização entre seus empregados para auxiliar na execução das ações de prevenção em segurança e saúde no trabalho, podendo ser adotados mecanismos de participação dos empregados, por meio de negociação coletiva.

5.4.13.1 No caso de atendimento pelo SESMT, este deverá desempenhar as atribuições da CIPA.

5.4.13.2 O microempreendedor individual – MEI está dispensado de nomear o representante previsto no item 5.4.13.

5.4.14 A nomeação de empregado como representante da organização e sua forma de atuação devem ser formalizadas anualmente pela organização.

5.4.15 A nomeação de empregado como representante da organização não impede o seu ingresso na CIPA, quando da sua constituição, seja como representante do empregador ou como dos empregados.

5.5 Processo eleitoral

5.5.1 Compete ao empregador convocar eleições para escolha dos representantes dos empregados na CIPA, no prazo mínimo de sessenta dias antes do término do mandato em curso.

5.5.1.1 A organização deve comunicar, com antecedência, podendo ser por meio eletrônico, com confirmação de entrega, o início do processo eleitoral ao sindicato da categoria preponderante.

5.5.2 O Presidente e o Vice-Presidente da CIPA constituirão dentre seus membros a comissão eleitoral, que será a responsável pela organização e acompanhamento do processo eleitoral.

5.5.2.1 Nos estabelecimentos onde não houver CIPA, a comissão eleitoral será constituída pela organização.

5.5.3 O processo eleitoral deve observar as seguintes condições:

a) publicação e divulgação de edital de convocação da eleição e abertura de prazos para inscrição de candidatos, em locais de fácil acesso e visualização, podendo ser em meio físico ou eletrônico;

b) inscrição e eleição individual, sendo que o período mínimo para inscrição será de quinze dias corridos;

c) liberdade de inscrição para todos os empregados do estabelecimento, independentemente de setores ou locais de trabalho, com fornecimento de comprovante em meio físico ou eletrônico;

d) garantia de emprego até a eleição para todos os empregados inscritos;

e) publicação e divulgação da relação dos empregados inscritos, em locais de fácil acesso e visualização, podendo ser em meio físico ou eletrônico;

f) realização da eleição no prazo mínimo de trinta dias antes do término do mandato da CIPA, quando houver;

g) realização de eleição em dia normal de trabalho, respeitando os horários de turnos e em horário que possibilite a participação da maioria dos empregados do estabelecimento;

h) voto secreto;

i) apuração dos votos, em horário normal de trabalho, com acompanhamento de representante da organização e dos empregados, em número a ser definido pela comissão eleitoral, facultado o acompanhamento dos candidatos; e

j) organização da eleição por meio de processo que garanta tanto a segurança do sistema como a confidencialidade e a precisão do registro dos votos.

5.5.4 Na hipótese de haver participação inferior a cinquenta por cento dos empregados na votação, não haverá a apuração dos votos e a comissão eleitoral deverá prorrogar o período de votação para o dia subsequente, computando-se os votos já registrados no dia anterior, a qual será considerada válida com a participação de, no mínimo, um terço dos empregados.

5.5.4.1 Constatada a participação inferior a um terço dos empregados no segundo dia de votação, não haverá a apuração dos votos e a comissão eleitoral deverá prorrogar o período de votação para o dia subsequente, computando-se os votos já registrados nos dias anteriores, a qual será considerada válida com a participação de qualquer número de empregados.

5.5.4.2 A prorrogação referida nos subitens 5.5.4 e 5.5.4.1 deve ser comunicada ao sindicato da categoria profissional preponderante.

5.5.5 As denúncias sobre o processo eleitoral deverão ser protocolizadas na unidade descentralizada de inspeção do trabalho, até trinta dias após a data da divulgação do resultado da eleição da CIPA.

5.5.5.1 Compete à autoridade máxima regional em matéria de inspeção do trabalho, confirmadas irregularidades no processo eleitoral, determinar a sua correção ou proceder à anulação, quando for o caso.

5.5.5.2 Em caso de anulação somente da votação, a organização convocará nova votação, no prazo de dez dias, a contar da data de ciência, garantidas as inscrições anteriores.

5.5.5.3 Nos demais casos, a decisão da autoridade máxima regional em matéria de inspeção do trabalho determinará os atos atingidos, as providências e os prazos a serem adotados, atendidos os prazos previstos nesta NR.

5.5.5.4 Quando a anulação se der antes da posse dos membros da CIPA, ficará assegurada a prorrogação do mandato anterior, quando houver, até a complementação do processo eleitoral.

5.5.6 Assumirão a condição de membros titulares e suplentes os candidatos mais votados.

5.5.7 Em caso de empate, assumirá aquele que tiver maior tempo de serviço no estabelecimento.

5.5.8 Os candidatos votados e não eleitos serão relacionados na ata de eleição e apuração, em ordem decrescente de votos, possibilitando nomeação posterior, em caso de vacância de suplentes.

5.6 Funcionamento

5.6.1 A CIPA terá reuniões ordinárias mensais, de acordo com o calendário preestabelecido.

5.6.1.1 A critério da CIPA, nas Microempresas – ME e Empresas de Pequeno Porte – EPP, graus de risco 1 e 2, as reuniões poderão ser bimestrais.

5.6.2 As reuniões ordinárias da CIPA serão realizadas na organização, preferencialmente, de forma presencial, podendo a participação ocorrer de forma remota.

5.6.2.1 A data e o horário das reuniões serão acordadas entre os seus membros, observando os turnos e as jornadas de trabalho.

5.6.3 As reuniões da CIPA terão atas assinadas pelos presentes.

5.6.3.1 As atas das reuniões devem ser disponibilizadas a todos os integrantes da CIPA, podendo ser por meio eletrônico.

5.6.3.2 As deliberações e encaminhamentos das reuniões da CIPA devem ser disponibilizadas a todos os empregados, em quadro de aviso ou por meio eletrônico.

5.6.4 As reuniões extraordinárias devem ser realizadas quando:

a) ocorrer acidente do trabalho grave ou fatal; ou

b) houver solicitação de uma das representações.

5.6.5 Para cada reunião ordinária ou extraordinária, os membros da CIPA designarão o secretário responsável por redigir a ata.

5.6.6 O membro titular perderá o mandato, sendo substituído por suplente, quando faltar a mais de quatro reuniões ordinárias sem justificativa.

5.6.7 A vacância definitiva de cargo, ocorrida durante o mandato, será suprida por suplente, obedecida a ordem de colocação decrescente que consta na ata de eleição, devendo os motivos ser registrados em ata de reunião.

5.6.7.1 Caso não existam mais suplentes, durante os primeiros seis meses do mandato, a organização deve realizar eleição extraordinária para suprir a vacância, que somente será considerada válida com a participação de, no mínimo, um terço dos trabalhadores.

5.6.7.1.1 Os prazos da eleição extraordinária serão reduzidos à metade dos prazos previstos no processo eleitoral definidos nesta NR.

5.6.7.1.2 As demais exigências estabelecidas para o processo eleitoral devem ser atendidas.

5.6.7.2 No caso de afastamento definitivo do presidente, a organização indicará o substituto, em dois dias úteis, preferencialmente entre os membros da CIPA.

5.6.7.3 No caso de afastamento definitivo do vice-presidente, os membros titulares da representação dos empregados, escolherão o substituto, entre seus titulares, em dois dias úteis.

5.6.7.4 O mandato do membro eleito em processo eleitoral extraordinário deve ser compatibilizado com o mandato dos demais membros da Comissão.

5.6.7.5 O treinamento de membro eleito em processo extraordinário deve ser realizado no prazo máximo de trinta dias, contado a partir da data da posse.

5.6.8 As decisões da CIPA serão, preferencialmente, por consenso.

5.6.8.1 Não havendo consenso, a CIPA deve regular o procedimento de votação e o pedido de reconsideração da decisão.

5.7 Treinamento

5.7.1 A organização deve promover treinamento para o representante nomeado previsto no item 5.4.13 desta NR e para os membros da CIPA, titulares e suplentes, antes da posse.

5.7.1.1 O treinamento de CIPA, em primeiro mandato, será realizado no prazo máximo de trinta dias, contados a partir da data da posse.

5.7.2 O treinamento deve contemplar, no mínimo, os seguintes itens:

a) estudo do ambiente, das condições de trabalho, bem como, dos riscos originados do processo produtivo;

b) noções sobre acidentes e doenças relacionadas ao trabalho, decorrentes das condições de trabalho e da exposição aos riscos existentes no estabelecimento e suas medidas de prevenção;

c) metodologia de investigação e análise de acidentes e doenças relacionadas ao trabalho;

d) princípios gerais de higiene do trabalho e de medidas de prevenção dos riscos;

e) noções sobre as legislações trabalhista e previdenciária relativas à segurança e saúde no trabalho;

f) noções sobre a inclusão de pessoas com deficiência e reabilitados nos processos de trabalho;

g) organização da CIPA e outros assuntos necessários ao exercício das atribuições da Comissão; e

h) prevenção e combate ao assédio sexual e a outras formas de violência no trabalho.

▸ Alínea *h* acrescida pela Portaria 4.219, de 20.12.2022 (*DOU 22.12.2022*), em vigor em 20.03.2023.

5.7.3 O treinamento realizado há menos de dois anos, contados da conclusão do curso, pode ser aproveitado na mesma organização, observado o estabelecido na NR-1.

5.7.4 O treinamento deve ter carga horária mínima de:

a) oito horas para estabelecimentos de grau de risco 1;

b) doze horas para estabelecimentos de grau de risco 2;

c) dezesseis horas para estabelecimentos de grau de risco 3; e

d) vinte horas para estabelecimentos de grau de risco 4.

5.7.4.1 A carga horária do treinamento deve ser distribuída em, no máximo, oito horas diárias.

5.7.4.2 Para a modalidade presencial deve ser observada a seguinte carga horária mínima do treinamento:

a) quatro horas para estabelecimentos de grau de risco 2; e

b) oito horas para estabelecimentos de grau de risco 3 e 4.

5.7.4.3 A carga horária do treinamento dos estabelecimentos de grau de risco 1 e do representante nomeado da organização pode ser realizada integralmente na modalidade de ensino à distância ou semipresencial, nos termos da NR-1.

5.7.4.4 O treinamento realizado integralmente na modalidade de ensino à distância deve contemplar os riscos específicos do estabelecimento, nos termos do subitem 5.7.2.

5.7.4.5 O integrante do SESMT fica dispensado do treinamento da CIPA.

5.8 CIPA das organizações contratadas para prestação de serviços

5.8.1 A organização de prestação de serviços deve constituir CIPA centralizada, quando o número total de seus empregados na unidade da Federação se enquadrar no disposto no Quadro I desta NR.

5.8.1.1 Quando a organização contratada para prestação de serviços a terceiros exercer suas atividades em estabelecimento de contratante enquadrado em grau de riscos 3 ou 4 e o número total de seus empregados no estabelecimento da contratante se enquadrar no disposto no Quadro I desta NR, deve constituir CIPA própria neste estabelecimento, considerando o grau de risco da contratante.

5.8.1.1.1 A organização contratada está dispensada da constituição da CIPA própria, no caso de prestação de serviços a terceiros com até centro e oitenta dias de duração.

5.8.1.2 O número total de empregados da organização contratada para prestação de serviços, para efeito de dimensionamento da CIPA centralizada, deve desconsiderar os empregados alcançados por CIPA própria.

5.8.2 A organização contratada para prestação de serviços, quando desobrigada de constituir CIPA própria, deve nomear um representante da organização para cumprir os objetivos desta NR, se possuir cinco ou mais empregados no estabelecimento da contratante.

5.8.2.1 A nomeação de representante da organização em estabelecimento onde há empregado membro de CIPA centralizada é dispensada.

5.8.2.2 O estabelecido no subitem 5.8.2 não exclui o disposto no subitem 5.4.13 quanto ao estabelecimento sede da organização contratada para a prestação de serviços.

5.8.2.3 A nomeação do representante da organização contratada para a prestação de serviços deve ser feita entre os empregados que exercem suas atividades no estabelecimento.

5.8.3 A organização contratada para a prestação de serviços deve garantir que a CIPA centralizada mantenha

interação entre os estabelecimentos nos quais possua empregados.

5.8.3.1 A organização deve garantir a participação dos representantes nomeados na CIPA nas reuniões da CIPA centralizada.

5.8.3.2 A organização deve dar condições aos integrantes da CIPA centralizada de atuarem nos estabelecimentos que não possuem representante nomeado, atendido o disposto no subitem 5.6.2.

5.8.4 O representante nomeado das organizações contratadas para a prestação de serviço deve participar de treinamento de acordo com o grau de risco da contratante.

5.8.5 A CIPA da prestadora de serviços a terceiros, constituída nos termos do subitem 5.8.1.1, será considerada encerrada, para todos os efeitos, quando encerradas as suas atividades no estabelecimento.

5.8.6 A organização contratante deve exigir da organização prestadora de serviços a nomeação do representante da organização, na forma prevista no subitem 5.8.2.

5.8.7 A contratante deve convidar a contratada para participar da reunião da CIPA da contratante, com a finalidade de integrar as ações de prevenção, sempre que as organizações atuarem em um mesmo estabelecimento.

5.8.7.1 A contratada deve indicar um representante da CIPA ou o representante nomeado da organização para participar da reunião da CIPA da contratante.

5.9 Disposições finais

5.9.1 A contratante adotará medidas para que as contratadas, sua CIPA, os representantes nomeados das organizações e os demais trabalhadores lotados naquele estabelecimento recebam informações sobre os riscos presentes nos ambientes de trabalho, bem como sobre as medidas de prevenção, em conformidade com o Programa de Gerenciamento de Riscos, previsto na NR 1.

5.9.2 Toda a documentação referente à CIPA deve ser mantida no estabelecimento, à disposição da inspeção do trabalho, pelo prazo mínimo de cinco anos.

5.9.3 Na hipótese de haver alteração do grau de risco do estabelecimento, o redimensionamento da CIPA deve ser efetivado na próxima eleição.

QUADRO I

Dimensionamento de CIPA

Quadro I – Dimensionamento da CIPA

GRAU de RISCO*	Nº de INTEGRANTES da CIPA	0 a 19	20 a 29	30 a 50	51 a 80	81 a 100	101 a 120	121 a 140	141 a 300	301 a 500	501 a 1000	1001 a 2500	2501 a 5000	5001 a 10.000	Acima de 10.000 para cada grupo de 2500 acrescentar
NÚMERO DE EMPREGADOS NO ESTABELECIMENTO															
1	Efetivos					1	1	1	1	2	4	5	6	8	1
	Suplentes					1	1	1	1	2	3	4	5	6	1
2	Efetivos				1	1	2	2	3	4	5	6	8	10	1
	Suplentes				1	1	1	1	2	3	4	5	6	8	1
3	Efetivos		1	1	2	2	2	3	4	5	6	8	10	12	2
	Suplentes		1	1	1	1	1	2	2	4	4	6	8	8	2
4	Efetivos		1	2	3	3	4	4	4	5	6	9	11	13	2
	Suplentes		1	1	2	2	2	2	3	4	5	7	8	10	2

* Grau de Risco conforme estabelecido no Quadro I da NR-4 – Relação da Classificação Nacional de Atividades Econômicas – CNAE (Versão 2.0), com correspondente Grau de Risco² – GR para fins de dimensionamento do Serviço Especializado em Segurança e em Medicina do Trabalho – SESMT.

ANEXO I DA NR-5 – CIPA DA INDÚSTRIA DA CONSTRUÇÃO

Sumário

1. Objetivo
2. Campo de aplicação
3. Disposições gerais

1. Objetivo

1.1 Este anexo estabelece requisitos específicos para a Comissão Interna de Prevenção de Acidentes e de Assédio – CIPA da indústria da construção.

▶ Item 1.1 com redação pela Portaria 4.219, de 20.12.2022 (*DOU* 22.12.2022), em vigor em 20.03.2023.

2. Campo de aplicação

2.1 As disposições estabelecidas neste Anexo se aplicam às organizações previstas no subitem 18.2.1 da Norma Regulamentadora nº 18 – Condições de Segurança e Saúde no Trabalho na Indústria da Construção.

3. Disposições gerais

3.1. A organização responsável pela obra deve constituir a CIPA por canteiro de obras, quando o número de empregados se enquadrar no dimensionamento previsto no Quadro I, observadas as disposições gerais desta Norma.

3.1.1 Quando o canteiro de obras não se enquadrar no dimensionamento previsto no Quadro I da NR-5, a organização responsável pela obra deverá nomear, entre seus empregados do local, no mínimo, um representante para cumprir os objetivos desta NR.

3.1.2 A organização responsável pela obra está dispensada de constituir CIPA por frente de trabalho.

3.1.3 Quando existir frente de trabalho, independentemente da quantidade de empregados próprios no local, a organização responsável pela obra deverá nomear, entre seus empregados, no mínimo, um representante, que exerça suas atividades na frente de trabalho ou no canteiro de obras, para cumprir os objetivos desta NR.

3.1.3.1 O representante nomeado da organização responsável pela obra pode ser nomeado como representante para mais de uma frente de trabalho.

3.2 Na hipótese de haver, no canteiro de obras ou na frente de trabalho, organização prestadora de serviços a terceiros, essa deve nomear, no mínimo, um representante da organização para cumprir os objetivos desta NR, quando possuir cinco ou mais empregados próprios no local.

3.2.1 A nomeação do representante da organização prestadora de serviços a terceiros, no canteiro de obras ou na frente de trabalho, deve ser feita entre os empregados que, obrigatoriamente, exercem suas atividades no local.

3.2.2 A organização responsável pela obra deve exigir da organização prestadora de serviços a terceiros que presta serviços no canteiro de obras ou na frente de trabalho a nomeação do representante, quando essa alcançar o mínimo previsto no item 3.2.

3.2.3 A organização que presta serviços a terceiros nos canteiros de obras ou frentes de trabalho, quando o dimensionamento se enquadrar no Quadro I da NR-5, considerando o número total de empregados nos diferentes locais de trabalho, deve constituir uma CIPA centralizada.

3.2.3.1 O dimensionamento da CIPA centralizada da organização prestadora de serviços a terceiros nos canteiros de obras ou frentes de trabalho, deve levar em consideração o número de empregados da organização distribuídos nos diferentes locais de trabalho onde presta serviços, tendo como limite territorial, para o dimensionamento da CIPA Centralizada, a unidade da Federação.

3.2.3.1.1 A organização deve garantir que a CIPA centralizada mantenha interação entre os canteiros de obras e frentes de trabalho onde atua na unidade da Federação.

3.3 Obras com até cento e oitenta dias de duração estão dispensadas da constituição da CIPA, devendo a Comunicação Prévia de Obra ser enviada ao sindicato dos trabalhadores da categoria preponderante do local, no prazo máximo de dez dias, a partir de seu registro eletrônico no Sistema de Comunicação Prévia de Obras – SCPO.

3.3.1 Para obras com até cento e oitenta dias de duração, a organização responsável pela obra deverá nomear, no mínimo, um representante da organização para cumprir os objetivos desta NR, aplicando-se o disposto no subitem 3.1.2 quando existir frente de trabalho.

3.3.2 Para obras com até cento e oitenta dias de duração, havendo no canteiro de obras ou na frente de trabalho organização prestadora de serviços a terceiros, essa deverá nomear, no mínimo, um representante da organização para cumprir os objetivos desta NR, quando possuir cinco ou mais empregados próprios no local.

3.4 A escolha do representante nomeado compete à organização, observado o disposto nos itens 5.4.14 e 5.4.15.

3.4.1 A organização deve fornecer ao representante nomeado cópia da sua nomeação.

3.5 Os membros da CIPA do canteiro de obras devem participar de treinamento, conforme estabelecido nesta Norma.

3.5.1 O representante nomeado deve participar de treinamento, com carga horária mínima de oito horas, considerando o disposto no item 1.7 da NR-1 e observadas as disposições gerais dessa Norma, com o seguinte conteúdo:

a) noções de prevenção de acidentes e doenças relacionadas ao trabalho;

b) estudo do ambiente e das condições de trabalho, dos riscos originados no processo produtivo e das medidas de prevenção, de acordo com a etapa da obra;

c) noções sobre a legislação trabalhista e previdenciária relativas à segurança e saúde no trabalho; e

d) prevenção e combate ao assédio sexual e a outras formas de violência no trabalho.

▶ Alínea *d* acrescida pela Portaria 4.219, de 20.12.2022 (*DOU* 22.12.2022), em vigor em 20.03.2023.

3.5.1.1 A validade do treinamento do representante nomeado deverá atender ao disposto nessa Norma, podendo ser, dentro do prazo de validade e para a organização que promoveu o treinamento, aproveitado em diferentes canteiros de obras ou frentes de trabalho.

3.5.1.2 É permitida a convalidação do treinamento do representante por diferentes organizações, desde que atendido o disposto no item 1.7 da NR-1.

3.6 A organização responsável pela obra deve coordenar, observadas as disposições gerais desta Norma, o trabalho da CIPA, quando existente no canteiro de obras e, quando aplicável, do representante nomeado pela organização.

3.6.1 A organização responsável pela obra deve promover a integração entre a CIPA, quando existente, e o representante nomeado quando aplicável, no canteiro de obras e na frente de trabalho, observadas as disposições gerais dessa Norma.

3.6.2. A participação dos membros da CIPA e do representante nas reuniões, para cumprir os objetivos dessa Norma, deve atender ao disposto em sua parte geral.

3.7 A CIPA do canteiro de obras será considerada encerrada, para todos os efeitos, quando as atividades da obra forem finalizadas.

3.7.1 Consideram-se finalizadas as atividades da obra, para os efeitos de aplicação do disposto nessa Norma,

quando todas as suas etapas previstas em projetos estiverem concluídas.

3.7.2 A conclusão da obra deverá ser formalizada em documento próprio pelo responsável técnico da obra e cuja cópia deve ser encaminhada – física ou eletronicamente – ao sindicato da categoria dos trabalhadores predominante no estabelecimento.

NR-6 – EQUIPAMENTOS DE PROTEÇÃO INDIVIDUAL – EPI

▸ NR 06 com redação pela Portaria MTP 2.175/2022 (DOU 05.08.2022), em vigor 180 dias após sua publicação.
▸ A redação anterior da NR 06, pela Portaria SIT 25/2001 está disponível no material suplementar online desta obra.

6.1 Objetivo

6.1.1 O objetivo desta Norma Regulamentadora – NR é estabelecer os requisitos para aprovação, comercialização, fornecimento e utilização de Equipamentos de Proteção Individual – EPI.

6.2 Campo de aplicação

6.2.1 As disposições desta NR se aplicam às organizações que adquiram EPI, aos trabalhadores que os utilizam, assim como aos fabricantes e importadores de EPI.

6.2.1.1 Para os fins de aplicação desta NR considera-se fabricante a pessoa jurídica estabelecida em território nacional que fabrica o EPI ou o manda projetar ou fabricar, assumindo a responsabilidade pela fabricação, desempenho, garantia e assistência técnica pós-venda, e que o comercializa sob seu nome ou marca.

6.2.1.2 Para os fins de aplicação desta NR considera-se importador a pessoa jurídica estabelecida em território nacional que, sob seu nome ou marca, importa e assume a responsabilidade pela comercialização, desempenho, garantia e assistência técnica pós-venda do EPI.

6.2.1.2.1 Equiparam-se a importador o adquirente da importação por conta e ordem de terceiro e o encomendante predeterminado da importação por encomenda previstos na legislação nacional.

6.3 Disposições gerais

6.3.1 Para os fins de aplicação desta NR considera-se EPI o dispositivo ou produto de uso individual utilizado pelo trabalhador, concebido e fabricado para oferecer proteção contra os riscos ocupacionais existentes no ambiente de trabalho, conforme previsto no Anexo I.

6.3.2 Entende-se como Equipamento Conjugado de Proteção Individual todo aquele utilizado pelo trabalhador, composto por vários dispositivos que o fabricante tenha conjugado contra um ou mais riscos ocupacionais existentes no ambiente de trabalho.

6.3.3 As solicitações para que os produtos que não estejam relacionados no Anexo I sejam considerados como EPI, bem como as propostas para reexame daqueles ora elencados, devem ser avaliadas pelo órgão de âmbito nacional competente em matéria de segurança e saúde no trabalho.

6.4 Comercialização e utilização

6.4.1 O EPI, de fabricação nacional ou importado, só pode ser posto à venda ou utilizado com a indicação do Certificado de Aprovação – CA, expedido pelo órgão de âmbito nacional competente em matéria de segurança e saúde no trabalho.

6.5 Responsabilidades da organização

6.5.1 Cabe à organização, quanto ao EPI:

a) adquirir somente o aprovado pelo órgão de âmbito nacional competente em matéria de segurança e saúde no trabalho;

b) orientar e treinar o empregado;

c) fornecer ao empregado, gratuitamente, EPI adequado ao risco, em perfeito estado de conservação e funcionamento, nas situações previstas no subitem 1.5.5.1.2 da Norma Regulamentadora nº 01 (NR-01) – Disposições Gerais e Gerenciamento de Riscos Ocupacionais, observada a hierarquia das medidas de prevenção;

d) registrar o seu fornecimento ao empregado, podendo ser adotados livros, fichas ou sistema eletrônico, inclusive, por sistema biométrico;

e) exigir seu uso;

f) responsabilizar-se pela higienização e manutenção periódica, quando aplicáveis esses procedimentos, em conformidade com as informações fornecidas pelo fabricante ou importador;

g) substituir imediatamente, quando danificado ou extraviado; e

h) comunicar ao órgão de âmbito nacional competente em matéria de segurança e saúde no trabalho qualquer irregularidade observada.

6.5.1.1 O sistema eletrônico, para fins de registro de fornecimento de EPI, caso seja adotado, deve permitir a extração de relatórios.

6.5.1.2 Quando inviável o registro de fornecimento de EPI descartável e creme de proteção, cabe à organização garantir sua disponibilização, na embalagem original, em quantidade suficiente para cada trabalhador nos locais de trabalho, assegurando-se imediato fornecimento ou reposição.

6.5.1.2.1 Caso não seja mantida a embalagem original, deve-se disponibilizar no local de fornecimento as informações de identificação do produto, nome do fabricante ou importador, lote de fabricação, data de validade e CA do EPI.

6.5.1.3 A organização pode estabelecer procedimentos específicos para a higienização, manutenção periódica e substituição de EPI, referidas nas alíneas "f" e "g" do item 6.5.1, com a correspondente informação aos empregados envolvidos, nos termos do capítulo 6.7.

6.5.2 A organização deve selecionar os EPI, considerando:

a) a atividade exercida;

b) as medidas de prevenção em função dos perigos identificados e dos riscos ocupacionais avaliados;

c) o disposto no Anexo I;

d) a eficácia necessária para o controle da exposição ao risco;

e) as exigências estabelecidas em normas regulamentadoras e nos dispositivos legais;

f) a adequação do equipamento ao empregado e o conforto oferecido, segundo avaliação do conjunto de empregados; e

g) a compatibilidade, em casos que exijam a utilização simultânea de vários EPI, de maneira a assegurar as respectivas eficácias para proteção contra os riscos existentes.

6.5.2.1 A seleção do EPI deve ser registrada, podendo integrar ou ser referenciada no Programa de Gerenciamento de Riscos – PGR.

6.5.2.1.1 Para as organizações dispensadas de elaboração do PGR, deve ser mantido registro que especifique as atividades exercidas e os respectivos EPI.

6.5.2.2 A seleção do EPI deve ser realizada pela organização com a participação do Serviço Especializado em Engenharia de Segurança e em Medicina do Trabalho – SESMT, quando houver, após ouvidos empregados usuários e a Comissão Interna de Prevenção de Acidentes e de Assédio – CIPA ou nomeado.

▸ Subitem 6.5.2.2 com redação pela Portaria 4.219, de 20.12.2022 (DOU 22.12.2022), em vigor em 20.03.2023.

6.5.2.3 A seleção do EPI deve ser revista nas situações previstas no subitem 1.5.4.4.6 da NR-01, quando couber.

6.5.3 A seleção, uso e manutenção de EPI deve, ainda, considerar os programas e regulamentações relacionados a EPI.

6.5.4 A seleção do EPI deve considerar o uso de óculos de segurança de sobrepor em conjunto com lentes corretivas ou a adaptação do EPI, sem ônus para o empregado, quando for necessária a utilização de correção visual pelo empregado no desempenho de suas funções.

6.6 Responsabilidades do trabalhador

6.6.1 Cabe ao trabalhador, quanto ao EPI:

a) usar o fornecido pela organização, observado o disposto no item 6.5.2;

b) utilizar apenas para a finalidade a que se destina;

c) responsabilizar-se pela limpeza, guarda e conservação;

d) comunicar à organização quando extraviado, danificado ou qualquer alteração que o torne impróprio para uso; e

e) cumprir as determinações da organização sobre o uso adequado.

6.7 Treinamentos e informações em segurança e saúde no trabalho

6.7.1 As informações e treinamentos referidos nesta NR devem atender às disposições da NR-01.

6.7.2 Quando do fornecimento de EPI, a organização deve assegurar a prestação de informações, observadas as recomendações do manual de instruções fornecidas pelo fabricante ou importador do EPI, em especial sobre:

a) descrição do equipamento e seus componentes;

b) risco ocupacional contra o qual o EPI oferece proteção;

c) restrições e limitações de proteção;

d) forma adequada de uso e ajuste;

e) manutenção e substituição; e

f) cuidados de limpeza, higienização, guarda e conservação.

6.7.2.1 A organização deve realizar treinamento acerca do EPI a ser fornecido, quando as características do EPI requeiram, observada a atividade realizada e as exigências estabelecidas em normas regulamentadoras e nos dispositivos legais.

6.8 Responsabilidades de fabricantes e importadores

6.8.1 Cabe ao fabricante e ao importador de EPI:

a) comercializar ou colocar à venda somente o EPI portador de CA, emitido pelo órgão de âmbito nacional competente em matéria de segurança e saúde no trabalho;

b) comercializar o EPI com manual de instruções em língua portuguesa, orientando sua utilização, manutenção, processos de limpeza e higienização, restrição e demais referências ao seu uso;

c) comercializar o EPI com as marcações previstas nesta norma;

d) responsabilizar-se pela manutenção da qualidade do EPI que deu origem ao CA; e

e) promover, quando solicitado e se tecnicamente possível, a adaptação do EPI detentor de CA para pessoas com deficiência, preservando a sua eficácia.

6.8.1.1 As informações sobre os processos de limpeza e higienização do EPI devem indicar, quando for o caso, o número de higienizações acima da qual não é possível garantir a manutenção da proteção original, sendo necessária a substituição do equipamento.

6.8.1.2 Salvo disposição em contrário da norma técnica de avaliação, o manual de instruções do EPI pode ser disponibilizado em meio eletrônico, desde que presentes na embalagem final ou no próprio EPI:

a) a descrição;

b) os materiais de composição;

c) as instruções de uso;

d) a indicação de proteção oferecida;

e) as restrições e as limitações do equipamento; e

f) o meio de acesso eletrônico ao manual completo do equipamento.

6.9 Certificado de Aprovação – CA

6.9.1 Os procedimentos para emissão e renovação de CA são estabelecidos em regulamento emitido pelo órgão de âmbito nacional competente em matéria de segurança e saúde no trabalho.

6.9.2 O CA concedido ao EPI tem validade vinculada ao prazo da avaliação da conformidade definida em regulamento emitido pelo órgão de âmbito nacional competente em matéria de segurança e saúde no trabalho.

6.9.2.1 O EPI deve ser comercializado com o CA válido.

6.9.2.1.1 Após adquirido, o fornecimento do EPI deve observar as condições de armazenamento e o prazo de validade do equipamento informados pelo fabricante ou importador.

6.9.3 Todo EPI deve apresentar, em caracteres indeléveis, legíveis e visíveis, marcações com o nome comercial do fabricante ou do importador, o lote de fabricação e o número do CA.

6.9.3.1 Na impossibilidade de cumprir o determinado no item 6.9.3, pode ser autorizada forma alternativa de gravação, devendo esta constar do CA.

6.9.4 É vedada a cessão de uso do CA emitido a determinado fabricante ou importador para que outro fabricante ou importador o utilize sem que se submeta ao procedimento regular para a obtenção de CA próprio, ressalvados os casos de matriz e filial.

TEXTO NOVO: 6.9.4 É vedada a cessão de uso do CA emitido a determinado fabricante ou importador para que outro fabricante ou importador o utilize sem que se submeta ao procedimento regular para a obtenção de CA próprio.

▸ Item com redação pela Port. 57/2025, em vigor a partir de 6 meses a contar da data de sua publicação (DOU 17.01.2025).

6.9.5 A adaptação do EPI para uso por pessoa com deficiência feita pelo fabricante ou importador detentor do CA, prevista no item 6.8.1, não invalida o certificado já emitido, sendo desnecessária a emissão de novo CA.

6.10 Competências

6.10.1 Cabe ao órgão de âmbito nacional competente em matéria de segurança e saúde no trabalho:

a) estabelecer os regulamentos para aprovação de EPI;

b) emitir ou renovar o CA;

c) fiscalizar a qualidade do EPI;

d) solicitar o recolhimento de amostras de EPI ao órgão regional competente em matéria de segurança e saúde no trabalho; e

e) suspender e cancelar o CA.

6.10.1.1 Caso seja identificada alguma irregularidade ou em caso de denúncia fundamentada, o órgão de âmbito nacional competente em matéria de segurança e saúde no trabalho pode requisitar amostras de EPI ao fabricante ou importador.

ANEXO I

LISTA DE EQUIPAMENTOS DE PROTEÇÃO INDIVIDUAL

A – EPI PARA PROTEÇÃO DA CABEÇA

A.1 – Capacete:

a) capacete para proteção contra impactos de objetos sobre o crânio;

b) capacete para proteção contra choques elétricos; e

c) capacete para proteção do crânio e face contra agentes térmicos.

A.2 – Capuz ou balaclava:

a) capuz para proteção do crânio e pescoço contra agentes térmicos;

b) capuz para proteção do crânio, face e pescoço contra agentes químicos;

c) capuz para proteção do crânio e pescoço contra agentes abrasivos e escoriantes; e

d) capuz para proteção do crânio e pescoço contra umidade proveniente de operações com utilização de água.

B – EPI PARA PROTEÇÃO DOS OLHOS E FACE

B.1 – Óculos:

a) óculos para proteção dos olhos contra impactos de partículas volantes;

b) óculos para proteção dos olhos contra luminosidade intensa;

c) óculos para proteção dos olhos contra radiação ultravioleta;

d) óculos para proteção dos olhos contra radiação infravermelha; e

e) óculos de tela para proteção limitada dos olhos contra impactos de partículas volantes (em cumprimento à decisão judicial proferida nos autos 2008.38.11.001984-6, em trâmite na 2ª Vara do Juizado Especial Federal da Subseção Judiciária de Divinópolis/MG).

B.2 – Protetor facial:

a) protetor facial para proteção da face contra impactos de partículas volantes;

b) protetor facial para proteção dos olhos contra luminosidade intensa;

c) protetor facial para proteção da face contra radiação infravermelha;

d) protetor facial para proteção da face contra radiação ultravioleta; e

e) protetor facial para proteção da face contra agentes térmicos.

B.3 – Máscara de solda para proteção dos olhos e face contra impactos de partículas volantes, radiação ultravioleta, radiação infravermelha e luminosidade intensa.

C – EPI PARA PROTEÇÃO AUDITIVA

C.1 – Protetor auditivo:

a) protetor auditivo circum-auricular para proteção do sistema auditivo contra níveis de pressão sonora superiores ao estabelecido na NR-15, Anexos nº 1 e 2;

b) protetor auditivo de inserção para proteção do sistema auditivo contra níveis de pressão sonora superiores ao estabelecido na NR-15, Anexos nº 1 e 2; e

c) protetor auditivo semiauricular para proteção do sistema auditivo contra níveis de pressão sonora superiores ao estabelecido na NR-15, Anexos nº 1 e 2.

D – EPI PARA PROTEÇÃO RESPIRATÓRIA

D.1 – Respirador purificador de ar não motorizado:

a) peça semifacial filtrante para partículas PFF1 para proteção das vias respiratórias contra poeiras e névoas;

b) peça semifacial filtrante para partículas PFF2 para proteção das vias respiratórias contra poeiras, névoas e fumos;

c) peça semifacial filtrante para partículas PFF3 para proteção das vias respiratórias contra poeiras, névoas, fumos e radionuclídeos;

d) peça um quarto facial ou semifacial com filtros para partículas classe P1, para proteção das vias respiratórias contra poeiras e névoas; peça um quarto facial, semifacial ou facial inteira com filtros para partículas classe

P2, para proteção das vias respiratórias contra poeira, névoas e fumos, ou com filtros para partículas classe P3, para proteção das vias respiratórias contra poeiras, névoas, fumos ou radionuclídeos; e

e) peça um quarto facial, semifacial ou facial inteira com filtros químicos para proteção das vias respiratórias contra gases e vapores; ou com filtros combinados para proteção das vias respiratórias contra gases e vapores e/ou material particulado.

D.2 – Respirador purificador de ar motorizado:

a) sem vedação facial tipo touca com anteparo tipo protetor facial, capuz ou capacete com filtros para partículas para proteção das vias respiratórias contra material particulado; ou com filtros químicos para proteção contra gases e vapores; ou com filtros combinados para proteção contra material particulado e/ou gases e vapores; e

b) com vedação facial tipo peça semifacial ou facial inteira com filtros para partículas para proteção das vias respiratórias contra material particulado; ou com filtros químicos para proteção contra gases e vapores; ou com filtros combinados para proteção contra material particulado e/ou gases e vapores.

D.3 – Respirador de adução de ar tipo linha de ar comprimido:

a) sem vedação facial de fluxo contínuo tipo capuz, protetor facial ou capacete, para proteção das vias respiratórias em atmosferas com concentração de oxigênio maior que 12,5% ao nível do mar;

b) sem vedação facial de fluxo contínuo tipo capuz ou capacete, para proteção das vias respiratórias em operações de jateamento e em atmosferas com concentração de oxigênio maior que 12,5% ao nível do mar;

c) com vedação facial de fluxo contínuo tipo peça semifacial ou facial inteira, para proteção das vias respiratórias em atmosferas com concentração de oxigênio maior que 12,5% ao nível do mar;

d) de demanda com ou sem pressão positiva, com peça semifacial ou facial inteira, para proteção das vias respiratórias em atmosferas com concentração de oxigênio maior que 12,5% ao nível do mar; e

e) de demanda com pressão positiva, com peça facial inteira, combinado com cilindro auxiliar para fuga, para proteção das vias respiratórias em atmosferas Imediatamente Perigosas à Vida e à Saúde – IPVS.

D.4 – Respirador de adução de ar tipo máscara autônoma:

a) de circuito aberto de demanda com pressão positiva, com peça facial inteira, para proteção das vias respiratórias em atmosferas IPVS; e

b) de circuito fechado de demanda com pressão positiva, com peça facial inteira, para proteção das vias respiratórias em atmosferas IPVS.

D.5 – Respirador de fuga:

a) tipo purificador de ar para fuga, com bocal e pinça nasal, capuz ou peça facial, para proteção das vias respiratórias contra gases e vapores, quando utilizado com filtros químicos ou combinados, ou contra material particulado, quando utilizado com filtros para partículas ou combinados, em condições de escape de atmosferas perigosas com concentração de oxigênio maior que 18% ao nível do mar; e

b) tipo máscara autônoma para fuga, com bocal e pinça nasal, capuz ou peça facial inteira, para proteção das vias respiratórias em condições de escape de atmosferas IPVS.

E – EPI PARA PROTEÇÃO DO TRONCO

E.1 – Vestimentas:

a) vestimenta para proteção do tronco contra agentes térmicos;

b) vestimenta para proteção do tronco contra agentes mecânicos;

c) vestimenta para proteção do tronco contra agentes químicos;

d) vestimenta para proteção do tronco contra radiação ionizante;

e) vestimenta para proteção do tronco contra umidade proveniente de precipitação pluviométrica; e

f) vestimenta para proteção do tronco contra umidade proveniente de operações com utilização de água.

E.2 – Colete à prova de balas de uso permitido para vigilantes que trabalhem portando arma de fogo, para proteção do tronco contra agentes mecânicos.

F – EPI PARA PROTEÇÃO DOS MEMBROS SUPERIORES

F.1 – Luvas:

a) luvas para proteção das mãos contra agentes abrasivos e escoriantes;

b) luvas para proteção das mãos contra agentes cortantes e perfurantes;

c) luvas para proteção das mãos contra choques elétricos;

d) luvas para proteção das mãos contra agentes térmicos;

e) luvas para proteção das mãos contra agentes biológicos;

f) luvas para proteção das mãos contra agentes químicos;

g) luvas para proteção das mãos contra vibrações;

h) luvas para proteção contra umidade proveniente de operações com utilização de água; e

i) luvas para proteção das mãos contra radiação ionizante.

F.2 – Creme protetor de segurança para proteção dos membros superiores contra agentes químicos.

F.3 – Manga:

a) manga para proteção do braço e do antebraço contra choques elétricos;

b) manga para proteção do braço e do antebraço contra agentes abrasivos e escoriantes;

c) manga para proteção do braço e do antebraço contra agentes cortantes e perfurantes;

d) manga para proteção do braço e do antebraço contra umidade proveniente

de operações com utilização de água;

e) manga para proteção do braço e do antebraço contra agentes térmicos; e

f) manga para proteção do braço e do antebraço contra agentes químicos.

F.4 – Braçadeira:

a) braçadeira para proteção do antebraço contra agentes cortantes; e

b) braçadeira para proteção do antebraço contra agentes escoriantes.

F.5 – Dedeira para proteção dos dedos contra agentes abrasivos e escoriantes.

G – EPI PARA PROTEÇÃO DOS MEMBROS INFERIORES

G.1 – Calçado:

a) calçado para proteção contra impactos de quedas de objetos sobre os artelhos;

b) calçado para proteção dos pés contra choques elétricos;

c) calçado para proteção dos pés contra agentes térmicos;

d) calçado para proteção dos pés contra agentes abrasivos e escoriantes;

e) calçado para proteção dos pés contra agentes cortantes e perfurantes;

f) calçado para proteção dos pés e pernas contra umidade proveniente de operações com utilização de água; e

g) calçado para proteção dos pés e pernas contra agentes químicos.

G.2 – Meia para proteção dos pés contra baixas temperaturas.

G.3 – Perneira:

a) perneira para proteção da perna contra agentes abrasivos e escoriantes;

b) perneira para proteção da perna contra agentes cortantes e perfurantes;

c) perneira para proteção da perna contra agentes térmicos;

d) perneira para proteção da perna contra agentes químicos; e

e) perneira para proteção da perna contra umidade proveniente de operações com utilização de água.

G.4 – Calça:

a) calça para proteção das pernas contra agentes abrasivos e escoriantes;

b) calça para proteção das pernas contra agentes cortantes e perfurantes;

c) calça para proteção das pernas contra agentes químicos;

d) calça para proteção das pernas contra agentes térmicos;

e) calça para proteção das pernas contra umidade proveniente de operações com utilização de água; e

f) calça para proteção das pernas contra umidade proveniente de precipitação pluviométrica.

H – EPI PARA PROTEÇÃO DO CORPO INTEIRO

H.1 – Macacão:

a) macacão para proteção do tronco e membros superiores e inferiores contra agentes térmicos;

b) macacão para proteção do tronco e membros superiores e inferiores contra agentes químicos;

c) macacão para proteção do tronco e membros superiores e inferiores contra umidade proveniente de operações com utilização de água; e

d) macacão para proteção do tronco e membros superiores e inferiores contra umidade proveniente de precipitação pluviométrica.

H.2 – Vestimenta de corpo inteiro:

a) vestimenta para proteção de todo o corpo contra agentes químicos;

b) vestimenta condutiva para proteção de todo o corpo contra choques elétricos;

c) vestimenta para proteção de todo o corpo contra umidade proveniente de operações com utilização de água; e

d) vestimenta para proteção de todo o corpo contra umidade proveniente de precipitação pluviométrica.

I – EPI PARA PROTEÇÃO CONTRA QUEDAS COM DIFERENÇA DE NÍVEL

I.1 – Cinturão de segurança com dispositivo trava-queda para proteção do usuário contra quedas em operações com movimentação vertical ou horizontal.

I.2 – Cinturão de segurança com talabarte:

a) cinturão de segurança com talabarte para proteção do usuário contra riscos de queda em trabalhos em altura; e

b) cinturão de segurança com talabarte para proteção do usuário contra riscos de queda no posicionamento em trabalhos em altura.

GLOSSÁRIO

Adquirente da importação por conta e ordem de terceiro: a pessoa jurídica que realiza transação comercial de compra e venda da mercadoria no exterior, em seu nome e com recursos próprios, e contrata o importador por conta e ordem para promover o despacho aduaneiro de importação.

Aprovação de EPI: emissão do CA pelo órgão nacional competente em matéria de segurança e saúde no trabalho.

Avaliação de conformidade: demonstração de que os requisitos especificados são atendidos.

Certificado de Aprovação: documento emitido pelo órgão nacional competente em matéria de segurança e saúde no trabalho autorizando a comercialização e utilização do EPI no território nacional.

Encomendante predeterminado: a pessoa jurídica que contrata o importador por encomenda para realizar a transação comercial de compra e venda de mercadoria estrangeira a ser importada, o despacho aduaneiro de importação e a revenda ao próprio encomendante predeterminado.

Higienização: remoção de contaminantes que necessitam de cuidados ou procedimentos específicos. Contempla os processos de descontaminação e desinfecção.

Limpeza: remoção de sujidades e resíduos de forma manual ou mecânica, utilizando produtos de uso comum, tais como água, detergente, sabão ou sanitizante.

Nome comercial: Para fins desta NR, é considerada a razão social ou nome fantasia, que conste no Cadastro Nacional da Pessoa Jurídica – CNPJ, emitido pela Receita Federal do Brasil, ou, ainda, marca registrada da qual o fabricante ou importador do EPI seja o detentor.

Sistema biométrico: Para fins desta NR, é considerado o sistema que analisa características físicas para identificar de forma inequívoca um indivíduo, como por exemplo impressão digital, reconhecimento facial e íris.

NR-7 – PROGRAMA DE CONTROLE MÉDICO DE SAÚDE OCUPACIONAL – PCMSO

▶ Redação pela Portaria 6.734/2020, em vigor a partir de 03.01.2022 (vigência prorrogada pela Portaria 8.873/2021)

ANEXO I – Monitoração da exposição ocupacional a agentes químicos

ANEXO II – Controle médico ocupacional da exposição a níveis de pressão sonora elevados

ANEXO III – Controle radiológico e espirométrico da exposição a agentes químicos

ANEXO IV – Controle médico ocupacional de exposição a condições hiperbáricas

ANEXO V – Controle médico ocupacional da exposição a substâncias químicas cancerígenas e a radiações ionizantes

Glossário

7.1 OBJETIVO

7.1.1 Esta Norma Regulamentadora – NR estabelece diretrizes e requisitos para o desenvolvimento do Programa de Controle Médico de Saúde Ocupacional – PCMSO nas organizações, como o objetivo de proteger e preservar a saúde de seus empregados em relação aos riscos ocupacionais, conforme avaliação de riscos do Programa de Gerenciamento de Risco – PGR da organização.

7.2 CAMPO DE APLICAÇÃO

7.2.1 Esta Norma se aplica às organizações e aos órgãos públicos da administração direta e indireta, bem como aos órgãos dos poderes legislativo e judiciário e ao Ministério Público, que possuam empregados regidos pela Consolidação das Leis do Trabalho – CLT.

7.3 DIRETRIZES

7.3.1 O PCMSO é parte integrante do conjunto mais amplo de iniciativas da organização no campo da saúde de seus empregados, devendo estar harmonizado com o disposto nas demais NR.

7.3.2 São diretrizes do PCMSO:

a) rastrear e detectar precocemente os agravos à saúde relacionados ao trabalho;

b) detectar possíveis exposições excessivas a agentes nocivos ocupacionais;

c) definir a aptidão de cada empregado para exercer suas funções ou tarefas determinadas;

d) subsidiar a implantação e o monitoramento da eficácia das medidas de prevenção adotadas na organização;

e) subsidiar análises epidemiológicas e estatísticas sobre os agravos à saúde e sua relação com os riscos ocupacionais;

f) subsidiar decisões sobre o afastamento de empregados de situações de trabalho que possam comprometer sua saúde;

g) subsidiar a emissão de notificações de agravos relacionados ao trabalho, de acordo com a regulamentação pertinente;

h) subsidiar o encaminhamento de empregados à Previdência Social;

i) acompanhar de forma diferenciada o empregado cujo estado de saúde possa ser especialmente afetado pelos riscos ocupacionais;

j) subsidiar a Previdência Social nas ações de reabilitação profissional;

k) subsidiar ações de readaptação profissional;

l) controlar da imunização ativa dos empregados, relacionada a riscos ocupacionais, sempre que houver recomendação do Ministério da Saúde.

7.3.2.1 O PCMSO deve incluir ações de:

a) vigilância passiva da saúde ocupacional, a partir de informações sobre a demanda espontânea de empregados que procurem serviços médicos;

b) vigilância ativa da saúde ocupacional, por meio de exames médicos dirigidos que incluam, além dos exames previstos nesta NR, a coleta de dados sobre sinais e sintomas de agravos à saúde relacionados aos riscos ocupacionais.

7.3.2.2 O PCMSO não deve ter caráter de seleção de pessoal.

7.4 RESPONSABILIDADES

7.4.1 Compete ao empregador:

a) garantir a elaboração e efetiva implantação do PCMSO;

b) custear sem ônus para o empregado todos os procedimentos relacionados ao PCMSO;

c) indicar médico do trabalho responsável pelo PCMSO.

7.5 PLANEJAMENTO

7.5.1 O PCMSO deve ser elaborado considerando os riscos ocupacionais identificados e classificados pelo PGR.

7.5.2 Inexistindo médico do trabalho na localidade, a organização pode contratar médico de outra especialidade como responsável pelo PCMSO.

7.5.3 O PCMSO deve incluir a avaliação do estado de saúde dos empregados em atividades críticas, como definidas nesta Norma, considerando os riscos envolvidos em cada situação e a investigação de patologias que possam impedir o exercício de tais atividades com segurança.

7.5.4 A organização deve garantir que o PCMSO:

a) descreva os possíveis agravos à saúde relacionados aos riscos ocupacionais identificados e classificados no PGR;

b) contenha planejamento de exames médicos clínicos e complementares necessários, conforme os riscos ocupacionais identificados, atendendo ao determinado nos Anexos desta NR;

c) contenha os critérios de interpretação e planejamento das condutas relacionadas aos achados dos exames médicos;

d) seja conhecido e atendido por todos os médicos que realizarem os exames médicos ocupacionais dos empregados;

e) inclua relatório analítico sobre o desenvolvimento do programa, conforme o subitem 7.6.2 desta NR.

7.5.5 O médico responsável pelo PCMSO, caso observe inconsistências no inventário de riscos da organização, deve reavaliá-las em conjunto com os responsáveis pelo PGR.

7.5.6 O PCMSO deve incluir a realização obrigatória dos exames médicos:

a) admissional;

b) periódico;

c) de retorno ao trabalho;

d) de mudança de riscos ocupacionais;

e) demissional.

7.5.7 Os exames médicos de que trata o subitem 7.5.6 compreendem exame clínico e exames complementares, realizados de acordo com as especificações desta e de outras NR.

7.5.8 O exame clínico deve obedecer aos prazos e à seguinte periodicidade:

I – no exame admissional: ser realizado antes que o empregado assuma suas atividades;

II – no exame periódico: ser realizado de acordo com os seguintes intervalos:

a) para empregados expostos a riscos ocupacionais identificados e classificados no PGR e para portadores de doenças crônicas que aumentem a susceptibilidade tais riscos:

1. a cada ano ou a intervalos menores, a critério do médico responsável;

2. de acordo com a periodicidade especificada no Anexo IV desta Norma, relativo a empregados expostos a condições hiperbáricas;

b) para os demais empregados, o exame clínico deve ser realizado a cada dois anos.

7.5.9 No exame de retorno ao trabalho, o exame clínico deve ser realizado antes que o empregado reassuma suas funções, quando ausente por período igual ou superior a 30 (trinta) dias por motivo de doença ou acidente, de natureza ocupacional ou não.

7.5.9.1 No exame de retorno ao trabalho, a avaliação médica deve definir a necessidade de retorno gradativo ao trabalho.

7.5.10 O exame de mudança de risco ocupacional deve, obrigatoriamente, ser realizado antes da data da mudança, adequando-se o controle médico aos novos riscos.

7.5.11 No exame demissional, o exame clínico deve ser realizado em até 10 (dez) dias contados do término do contrato, podendo ser dispensado caso o exame clínico ocupacional mais recente tenha sido realizado há menos de 135 (centro e trinta e cinco) dias, para as organizações graus de risco 1 e 2, e há menos de 90 dias, para as organizações graus de risco 3 e 4.

7.5.12 Os exames complementares laboratoriais previstos nesta NR devem ser executados por laboratório que atenda ao disposto na RDC/Anvisa 302/2005, no que se refere aos procedimentos de coleta, acondicionamento, transporte e análise, e interpretados com base nos critérios constantes nos Anexos desta Norma e são obrigatórios quando:

a) o levantamento preliminar do PGR indicar a necessidade de medidas de prevenção imediatas;

b) houver exposições ocupacionais acima dos níveis de ação determinados na NR-09 ou se a classificação de riscos do PGR indicar.

7.5.12.1 O momento da coleta das amostras biológicas deve seguir o determinado nos Quadros 1 e 2 do Anexo I desta NR.

7.5.12.2 Quando a organização realizar o armazenamento e o transporte das amostras, devem ser seguidos os procedimentos recomendados pelo laboratório contratado.

7.5.13 Os exames previstos nos Quadros 1 e 2 do Anexo I desta NR devem ser realizados a cada seis meses, podendo ser antecipados ou postergados por até 45 (quarenta e cinco) dias, a critério do médico responsável, mediante justificativa técnica, a fim de que os exames sejam realizados em situações mais representativas da exposição do empregado ao agente.

7.5.14 Para as atividades realizadas de forma sazonal, a periodicidade dos exames constantes nos Quadros 1 e 2 do Anexo I desta NR pode ser anual, desde que realizada em concomitância com o período da execução da atividade.

7.5.15 Os exames previstos no Quadro 1 do Anexo I desta NR não serão obrigatórios nos exames admissional, de retorno ao trabalho, de mudança de risco ocupacional e demissional.

7.5.16 Os empregados devem ser informados, durante o exame clínico, das razões da realização dos exames complementares previstos nesta NR e do significado dos resultados de tais exames.

7.5.17 No exame admissional, a critério do médico responsável, poderão ser aceitos exames complementares realizados nos 90 (noventa) dias anteriores, exceto quando definidos prazos diferentes nos Anexos desta NR.

7.5.18 Podem ser realizados outros exames complementares, a critério do médico responsável, desde que relacionados aos riscos ocupacionais classificados no PGR e tecnicamente justificados no PCMSO.

7.5.19 Para cada exame clínico ocupacional realizado, o médico emitirá Atestado de Saúde Ocupacional – ASO, que deve ser comprovadamente disponibilizado ao empregado, devendo ser fornecido em meio físico quando solicitado.

7.5.19.1 O ASO deve conter no mínimo:

a) razão social e CNPJ ou CAEPF da organização;

b) nome completo do empregado, o número de seu CPF e sua função;

c) a descrição dos perigos ou fatores de risco identificados e classificados no PGR que necessitem de controle médico previsto no PCMSO, ou a sua inexistência;

d) indicação e data de realização dos exames ocupacionais clínicos e complementares a que foi submetido o empregado;

e) definição de apto ou inapto para a função do empregado;

f) o nome e número de registro profissional do médico responsável pelo PCMSO, se houver;

g) data, número de registro profissional e assinatura do médico que realizou o exame clínico.

7.5.19.2 A aptidão para trabalho em atividades específicas, quando assim definido em Normas Regulamentadoras e seus Anexos, deve ser consignada no AS O.

7.5.19.3 Quando forem realizados exames complementares sem tenha ocorrido exame clínico, a organização emitirá recibo de entrega do resultado do exame, devendo o recibo ser fornecido ao empregado em meio físico, quando solicitado.

7.5.19.4 Sendo verificada a possibilidade de exposição excessiva a agentes listados no Quadro 1 do Anexo I desta NR, o médico do trabalho responsável pelo PCMSO deve informar o fato aos responsáveis pelo PGR para reavaliação dos riscos ocupacionais e das medidas de prevenção.

7.5.19.5 Constatada ocorrência ou agravamento de doença relacionada ao trabalho ou alteração que revele disfunção orgânica por meio dos exames complementares do Quadro 2 do Anexo I, dos demais Anexos desta NR ou dos exames complementares incluídos com base no subitem 7.5.18 da presente NR, caberá à organização, após informada pelo médico responsável pelo PCMSO:

a) emitir a Comunicação de Acidente do Trabalho – CAT;

b) afastar o empregado da situação, ou do trabalho, quando necessário;

c) encaminhar o empregado à Previdência Social, quando houver afastamento do trabalho superior a 15 (quinze) dias, para avaliação de incapacidade e definição de conduta previdenciária;

d) reavaliar os riscos ocupacionais e as medidas de prevenção pertinentes no PGR.

7.5.19.6 O empregado, em uma das situações previstas nos subitens 7.5.19.4 ou 7.5.19.5, deve ser submetido a exame clínico e informado sobre o significado dos exames alterados e condutas necessárias.

7.5.19.6.1 O médico responsável pelo PCMSO deve avaliar a necessidade de realização de exames médicos em outros empregados sujeitos às mesmas situações de trabalho.

7.6 DOCUMENTAÇÃO

7.6.1 Os dados dos exames clínicos e complementares deverão ser registrados em prontuário médico individual sob a responsabilidade do médico responsável pelo PCMSO, ou do médico responsável pelo exame, quando a organização estiver dispensada de PCMSO.

7.6.1.1 O prontuário do empregado deve ser mantido pela organização, no mínimo, por 20 (vinte) anos após o seu desligamento, exceto em caso de previsão diversa constante nos Anexos desta NR.

7.6.1.2 Em caso de substituição do médico responsável pelo PCMSO, a organização deve garantir que os prontuários médicos sejam formalmente transferidos para seu sucessor.

7.6.1.3 Podem ser utilizados prontuários médicos em meio eletrônico desde que atendidas as exigências do Conselho Federal de Medicina.

7.6.2 O médico responsável pelo PCMSO deve elaborar relatório analítico do Programa, anualmente, considerando a data do último relatório, contendo, no mínimo:

a) o número de exames clínicos realizados;

b) o número e tipos de exames complementares realizados;

c) estatística de resultados anormais dos exames complementares, categorizados por tipo do exame e por unidade operacional, setor ou função;

d) incidência e prevalência de doenças relacionadas ao trabalho, categorizadas por unidade operacional, setor ou função;

e) informações sobre o número, tipo de eventos e doenças informadas nas CAT, emitidas pela organização, referentes a seus empregados;

f) análise comparativa em relação ao relatório anterior e discussão sobre as variações nos resultados.

7.6.3 A organização deve garantir que o médico responsável pelo PCMSO considere, na elaboração do relatório analítico, os dados dos prontuários médicos a ele transferidos, se for o caso.

7.6.4 Caso o médico responsável pelo PCMSO não tenha recebido os prontuários médicos ou considere as informações insuficientes, deve informar o ocorrido no relatório analítico.

7.6.5 O relatório analítico deve ser apresentado e discutido com os responsáveis por segurança e saúde no trabalho da organização, incluindo a CIPA, quando existente, para que as medidas de prevenção necessárias sejam adotadas na organização.

7.6.6 As organizações de graus de risco 1 e 2 com até 25 (vinte e cinco) empregados e as organizações de graus de risco 3 e 4 com até 10 (dez) empregados podem elaborar relatório analítico apenas com as informações solicitadas nas alíneas "a" e "b" do subitem 7.6.2.

7.7 MICROEMPREENDEDOR INDIVIDUAL – MEI, MICROEMPRESA – ME E EMPRESA DE PEQUENO PORTE – EPP

7.7.1 As MEI, ME e EPP desobrigadas de elaborar PCMSO, de acordo com o subitem 1.8.6 da NR-01, devem realizar e custear exames médicos ocupacionais admissionais, demissionais e periódicos, a cada dois anos, de seus empregados.

7.7.1.1 Os empregados devem ser encaminhados pela organização, para realização dos exames médicos ocupacionais, a:

a) médico do trabalho; ou

b) serviço médico especializado em medicina do trabalho, devidamente registrado, de acordo com a legislação.

7.7.2 A organização deve informar, ao médico do trabalho ou ao serviço médico especializado em medicina do trabalho, que está dispensada da elaboração do PCMSO, de acordo com a NR-01, e que a função que o empregado exerce ou irá exercer não apresenta riscos ocupacionais.

7.7.3 Para cada exame clínico ocupacional, o médico que realizou o exame emitirá ASO, que deve ser disponibilizado ao empregado, mediante recibo, em meio físico, quando assim solicitado, e atender ao subitem 7.5.19.1 desta NR.

7.7.4 O relatório analítico não será exigido para:

a) Microempreendedores Individuais – MEI;

b) ME e EPP dispensadas da elaboração do PCMSO.

ANEXO I

▶ (Anexo I atualizado pela Portaria MTP 567/2022 (DOU 01.04.2022), em vigor 60 (sessenta) dias após a sua publicação.)

MONITORAÇÃO DA EXPOSIÇÃO OCUPACIONAL A AGENTES QUÍMICOS

QUADRO 1 – Indicadores Biológicos de Exposição Excessiva (IBE/EE)*					
Substância	Número CAS	Indicador(es)	Momento da Coleta	Valor do IBE/EE	Observações
1,1,1 Tricloroetano	71-55-6	1,1,1 Tricloroetano no ar exalado final ou	AJFS	40 ppm	-
		Ácido tricloroacético na urina ou	FJFS	10 mg/L	NE
		Tricloroetanol total na urina ou	FJFS	30 mg/L	NE
		Tricloroetanol total no sangue	FJFS	1 mg/L	NE
1,3 butadieno	106-99-0	1,2 dihidro-4 (nacetilcisteína) butano na urina	FJ	2,5 mg/L	EPNE
1,6 diisocianato de hexametileno (HDI)	822-06-0	1,6 hexametilenodia mina na urina	FJ	15 µg/g creat.	NE
2-butoxietanol	111-76-2	Ácido butoxiacético na urina (BAA) (H)	FJ	200 mg/g creat.	-
2-metoxietanol e	109-86-4	Ácido 2-metóxiacético na urina	FJFS	1 mg/g creat.	-

* ppm – partes de vapor ou gás por milhão de partes de ar contaminado.

** mg/m³ – miligramas por metro cúbico de ar.

*** O benzeno foi retirado desta Tabela conforme Portaria ns 3, de 10-03-1994. *DOU* de 16-03-1994.

QUADRO 1 – Indicadores Biológicos de Exposição Excessiva (IBE/EE)*					
Substância	Número CAS	Indicador(es)	Momento da Coleta	Valor do IBE/EE	Observações
2-metoxietilacetato	109-49-6				
2-propanol	67-63-0	Acetona na urina	FJFS	40 mg/L	EPNE, NE
2,4 e 2,6 Tolueno diisocianato (puros ou em mistura dos dois isômeros)	58484-9 9108-7	Isômeros 2,4 e 2,6 toluenodiamino na urina(H) (soma dos isômeros)	FJ	5 µg/g creat.	NE
Acetona	67-64-1	Acetona na urina	FJ	25 mg/L	NE
Anilina	62-53-3	p-amino-fenol na urina(H) ou	FJ	50 mg/L	EPNE, NE
		metahemoglobina no sangue	FJ	1,5% da hemoglobina	EPNE, NE
Arsênico elementar e seus compostos inorgânicos solúveis, exceto arsina e arsenato de gálio	7440-38-2	Arsênico inorgânico mais metabólitos metilados na urina	FS	35 µg/L	EPNE
Benzeno	71-43-2	Ácido s-fenilmercaptúrico (S-PMA) na urina ou	FJ	45 µg/g creat.	EPNE, NF
		Ácido trans-transmucônico (TTMA) na urina	FJ	750 µg/g creat. Observação: para a siderurgia será mantida a regra atualmente vigente.	EPNE, NE
Chumbo tetraetila	78-00-2	Chumbo na urina	FJ	50 µg/L	-
Ciclohexanona	108-94-1	1,2 ciclohexanodiol (H) na urina ou	FJFS	80 mg/L	NE
		Ciclohexanol (H) na urina	FJ	8 mg/L	NE
Clorobenzeno	108-90-7	4clorocatecol(H) na urina ou	FJFS	100 mg/g creat.	NE
		p-clorofenol (H) na urina	FJFS	20 mg/g creat.	NE
Cobalto e seus compostos inorgânicos, incluindo óxidos de cobalto, mas não combinados com carbeto de tungstênio	7440-48-4	Cobalto na urina	FJFS	15 µg/L	NE
Cromo hexavalente (compostos solúveis)	7440-47-3	Cromo na urina ou	FJFS	25 µg/L	-
		Cromo na urina	AJ-FJ (Aumento durante a Jornada)	10 µg/L	-
Diclorometano	75-09-2	Diclorometano na urina	FJ	0,3 mg/L	-
Estireno	100-42-5	Soma dos ácidos mandélico e fenilglioxílico na urina ou	FJ	400 mg/g creat.	NE
		Estireno na urina	FJ	40 µg/L	-
Etilbenzeno	100-41-4	Soma dos ácidos mandélico e fenilglioxílico na urina	FJ	0,15 g/g creat.	NE
Etoxietanol e Etoxietilacetato	1. 111-15-9	Ácido etoxiacético na urina	FJFS	100 mg/g creat.	-
Fenol	108-95-2	Fenol(H) na urina	FJ	250 mg/g creat.	EPNE, NE
Furfural	98-01-1	Ácido furóico(H) na urina	FJ	200 mg/L	NE
Indutores de Metahemoglobina		Metahemoglobina no sangue	FJ	1,5% da hemoglobina	EPNE, NE
Mercúrio metálico	7439-97-6	Mercúrio na urina	AJ	20 µg/g creat.	EPNE
Metanol	67-56-1	Metanol na urina	FJ	15 mg/L	EPNE, NE
Metil butil cetona	591-78-6	2,5 hexanodiona(SH) (2,5HD) na urina	FJFS	0,4 mg/L	-
Metiletilcetona (MEK)	78-93-3	MEK na urina	FJ	2 mg/L	NE
Metilisobutilcetona (MIBK)	108-10-1	MIBK na urina	FJ	1 mg/L	-
Monóxido de carbono	630-08-0	Carboxihemoglobina no sangue ou	FJ	3,5% da hemoglobina	EPNE, NE, NF
		Monóxido de carbono no ar exalado final	FJ	20 ppm	EPNE, NE, NF
n-hexano	110-54-3	2,5 hexanodiona(SH) (2,5HD) na urina	FJ	0,5 mg/L	-
Nitrobenzeno	98-95-3	Metahemoglobina no sangue	FJ	1,5% da hemoglobina	EPNE, NE
N-metil-2-pirrolidona	872-50-4	5-hidroxi-n-metil-2-pirrolidona(SH) na urina	FJ	100 mg/L	-
N,N Dimetilacetamida	127-19-5	Nmetilacetamida na urina	FJFS	30 mg/g creat.	-
N,N Dimetilformamida	68-12-2	Nmetilformamida total1 na urina 1(soma da N- metilformamida e N-(hidroximetil)-N- metilformamida) ou	FJ	30 mg/L	-
		N-Acetil-S-(N- metilcarbemoil) cisteína na urina	FJFS	30 mg/L	
Óxido de etileno	75-21-8	Adutos de N-(2-hidroxietil) valina (HEV) em hemoglobina	NC	5.000 pmol/g hemog.	NE
Sulfeto de carbono	75-15-0	Ácido 2-tioxotiazolidina 4 carboxílico (TTCA) na urina	FJ	0,5 mg/g creat.	EPNE, NE

QUADRO 1 – Indicadores Biológicos de Exposição Excessiva (IBE/EE)*

Substância	Número CAS	Indicador(es)	Momento da Coleta	Valor do IBE/EE	Observações
Tetracloroetileno	127-18-4	Tetracloretile no ar exalado final ou	AJ	3 ppm	-
		Tetracloroetieno no sangue	AJ	0,5 mg/L	-
Tetrahidrofurano	109-99-9	Tetrahidrofurano na Urina	FJ	2 mg/L	-
Tolueno	108-88-3	Tolueno no sangue ou	AJFS	0,02 mg/L	-
		Tolueno na urina ou	FJ	0,03 mg/L	-
		Orto-cresol na urina(H)	FJ	0,3 mg/g creat.	EPNE
Tricloroetileno	79-01-6	Ácido tricloroacético na urina ou	FJFS	15 mg/L	NE
		Tricloroetanol no sangue(SH)	FJFS	0,5 mg/L	NE
Xilenos	9547-6 10642-3 10838-3 1330-27-7	Ácido metilhipúrico na urina	FJ	1,5 g/g creat.	-

*São indicadores de exposição excessiva (EE) aqueles que não têm caráter diagnóstico ou significado clínico. Avaliam a absorção dos agentes por todas as vias de exposição e indicam, quando alterados, após descartadas outras causas não ocupacionais que justifiquem o achado, a possibilidade de exposição acima dos limites de exposição ocupacional. As amostras devem ser colhidas nas jornadas de trabalho em que o trabalhador efetivamente estiver exposto ao agente a ser monitorado.

QUADRO 2 – Indicadores Biológicos de Exposição com Significado Clínico (IBE/SC)*

Substância	NúmeroCAS	Indicador	Coleta	Valor do IBE/SC	Observações
Cádmio e seus compostos inorgânicos	7440-43-9	Cádmio na urina	NC	5 µg/g creat.	-
Chumbo e seus compostos inorgânicos	7439-92-1	Chumbo no sangue (Pb-S) e	NC	60 µg/100ml(M)	EPNE
		Ácido Delta Amino Levulínico na urina (ALA-U)	NC	10 mg/g creat.	EPNE, PNE
Inseticidas inibidores da Colinesterase		Atividade da acetilcolinesterase eritrocitária ou	FJ	70% da atividade basal (#)	NE
		Atividade da butilcolinesterase no plasma ou soro	FJ	60% da atividade basal (#)	NE
Flúor, ácido fluorídrico e fluoretos inorgânicos		Fluoreto urinário	AJ48	2 mg/L	EPNE

(*) Indicadores biológicos com significado clínico (SC) evidenciam disfunções orgânicas e efeitos adversos à saúde.

(#) A atividade basal é a atividade enzimática pré-ocupacional e deve ser estabelecida com o empregado afastado por pelo menos 30 (trinta) dias da exposição a inseticidas inibidores da colinesterase.

(M) Mulheres em idade fértil, com valores de Chumbo no sangue (Pb-S) a partir de 30 µg/100ml, devem ser afastadas da exposição ao agente.

Abreviaturas

IBE/EE – Indicadores Biológicos de Exposição Excessiva

IBE/SC – Indicadores Biológicos de Exposição com Significado Clínico µg/g creat. – Microgramas por grama de creatinina µg/L – Microgramas por litro

AJ – Antes da Jornada

AJ-FJ – Diferença pré e pós-jornada

AJ48 – Antes da jornada com no mínimo 48 horas sem exposição

AJFS – Início da última jornada de trabalho da semana

EPNE – Encontrado em populações não expostas ocupacionalmente

FJ – Final de jornada de trabalho

FJFS – Final do último dia de jornada da semana

FS – Após 4 ou 5 jornadas de trabalho consecutivas

H – Método analítico exige hidrólise para este IBE/EE

SH – O método analítico deve ser realizado sem hidrólise para este IBE/EE mg/L – Miligramas por litro

NC – Não crítica (pode ser colhido a qualquer momento desde que o trabalhador esteja trabalhando nas últimas semanas)

NE – Não específico (pode ser encontrado por exposições a outras substâncias)

NF – Valores para não fumantes (fumantes apresentam valores basais elevados deste indicador que inviabilizam a interpretação)

pmol/g hemog – Picomoles por grama de hemoglobina

ppm – Partes por milhão

ANEXO II

CONTROLE MÉDICO OCUPACIONAL DA EXPOSIÇÃO A NÍVEIS DE PRESSÃO SONORA ELEVADOS

1. Este Anexo estabelece diretrizes para avaliação e controle médico ocupacional da audição de empregados expostos a níveis de pressão sonora elevados.

2. Devem ser submetidos a exames audiométricos de referência e seqüenciais todos os empregados que exerçam ou exercerão suas atividades em ambientes cujos níveis de pressão sonora estejam acima dos níveis de ação, conforme informado no PGR da organização, independentemente do uso de protetor auditivo.

* ppm – partes de vapor ou gás por milhão de partes de ar contaminado.

** mg/m³ – miligramas por metro cúbico de ar.

2.1 Compõem os exames audiológicos de referência e seqüenciais:

a) anamnese clínico-ocupacional;

b) exame otológico;

c) exame audiométrico realizado segundo os termos previstos neste Anexo;

d) outros exames audiológicos complementares solicitados a critério médico.

3. Exame audiométrico

3.1 O exame audiométrico será realizado em cabina audiométrica, cujos níveis de pressão sonora não ultrapassem os níveis máximos permitidos, de acordo com a norma técnica ISO 8253-1.

3.1.1 Nas empresas em que existir ambiente acusticamente tratado, que atenda à norma técnica ISO 8253-1, a cabina audiométrica poderá ser dispensada.

3.2 O audiômetro deve ser submetido a procedimentos de verificação e controle periódico do seu funcionamento, incluindo:

I – aferição acústica anual;

II – calibração acústica:

a) sempre que a aferição acústica indicar alteração;

b) quando houver recomendação de prazo pelo fabricante;

c) a cada 5 (cinco) anos, se não houver indicação do fabricante.

III – aferição biológica precedendo a realização dos exames audiométricos.

3.2.1 Os procedimentos constantes das alíneas "a" e "b" acima devem seguir o preconizado na norma técnica ISO 8253-1, e os resultados devem ser incluídos em certificado de aferição e/ou calibração que acompanhará o equipamento.

3.2.1.1 Na impossibilidade da realização do exame audiométrico nas condições previstas no item 3.1, o responsável pela execução do exame avaliará a viabilidade de sua realização em ambiente silencioso, por meio do exame audiométrico em 2 (dois) indivíduos, cujos limiares auditivos sejam conhecidos, detectados

em exames audiométricos de referência atuais, e que não haja diferença de limiar auditivo, em qualquer freqüência e em qualquer um dos 2 (dois) indivíduos examinados, acima de 5 (cinco) dB (NA) (nível de audição em decibéis).

3.3 O exame audiométrico deve ser executado por médico ou fonoaudiólogo, conforme resoluções dos respectivos conselhos federais profissionais.

3.4 O empregado deve permanecer em repouso auditivo por um período mínimo de 14 horas até o exame audiométrico.

3.5 O resultado do exame audiométrico deve ser registrado e conter, no mínimo:

a) nome, idade, CPF e função do empregado;

b) razão social da organização e CNPJ ou CPF;

c) tempo de repouso auditivo cumprido para a realização do exame audiométrico;

d) nome do fabricante, modelo e data da última aferição acústica do audiômetro;

e) traçado audiométrico e símbolos, conforme indicados neste Anexo;

f) nome, número de registro no conselho regional e assinatura do profissional responsável pelo exame audiométrico.

3.6 O exame audiométrico deve ser realizado, sempre, pela via aérea nas freqüências de 500, 1.000, 2.000. 3.000, 4.000, e 8.000 Hz.

3.6.1 No caso de alteração detectada no teste pela via aérea, a audiometria deve ser feita, também, por via óssea, nas freqüências de 500, 1.000, 2.000, 3.000 e 4.000 Hz, ou ainda segundo a avaliação do profissional responsável pela execução do exame.

3.6.2 Segundo a avaliação do profissional responsável, no momento da execução do exame, podem ser determinados os Limiares de Reconhecimento de Fala – LRF.

4. Periodicidade dos exames audiométricos

4.1 O exame audiométrico deve ser realizado, no mínimo:

a) na admissão;

b) anualmente, tendo como referência o exame da alínea "a" acima;

c) na demissão.

4.1.1 Na demissão pode ser aceito exame audiométrico realizado até 120 (cento e vinte) dias antes da data de finalização do contrato de trabalho.

4.2 O intervalo entre os exames audiométricos pode ser reduzido a critério do médico do trabalho responsável pelo PCMSO.

4.3 O empregado deve ser submetido a exame audiométrico de referência e a exames audiométricos sequenciais na forma descrita nos subitens seguintes.

4.3.1 Exame audiométrico de referência é aquele com o qual os exames sequenciais serão comparados e que deve ser realizado:

a) quando não houver um exame audiométrico de referência prévio;

b) quando algum exame audiométrico sequencial apresentar alteração significativa em relação ao exame de referência.

4.3.2 Exame audiométrico sequencial é aquele que será comparado com o exame de referência e se aplica a todo

empregado que já possua um exame audiométrico de referência prévio.

5. Interpretação dos resultados dos exames audiométricos

5.1 São considerados dentro dos limites aceitáveis, para efeito deste Anexo, os casos cujos audiogramas mostram limiares auditivos menores ou iguais a 25 (vinte e cinco) dB (NA) em todas as frequências examinadas.

5.2 São considerados sugestivos de Perda Auditiva Induzida por Níveis de Pressão Sonora Elevados (PAINPSE) os casos cujos audiogramas, nas frequências de 3.000 e/ou 4.000 e/ou 6.000 Hz, apresentem limiares auditivos acima de 25 (vinte e cinco) dB (NA) e mais elevados do que nas outras frequências testadas, estando estas comprometidas ou não, tanto no teste da via aérea quanto da via óssea, em um ou em ambos os lados.

5.2.1 Não são consideradas alterações sugestivas de PAINPSE aquelas que não se enquadrem nos critérios definidos no item 5.2 acima.

5.3 São considerados sugestivos de desencadeamento de PAINPSE os casos em que os limiares auditivos em todas as frequências testadas no exame audiométrico de referência e no sequencial permaneçam menores ou iguais a 25 (vinte e cinco) dB (NA), mas a comparação do audiograma sequencial com o de referência mostra evolução que preencha um dos critérios abaixo:

a) a diferença entre as médias aritméticas dos limiares auditivos no grupo de frequências de 3.000, 4.000 e 6.000 Hz igual a ou ultrapassa 10 (dez) dB (NA);

b) a piora em pelo menos uma das frequências de 3.000, 4.000 ou 6.000 Hz igual a ou ultrapassa 15 (quinze) dB (NA).

5.3.1 São considerados também sugestivos de desencadeamento de PAINPSE os casos em que apenas o exame audiométrico de referência apresente limiares auditivos em todas as frequências testadas menores ou iguais a 25 (vinte e cinco) dB (NA), e a comparação do audiograma seqüencial com o de referência preencha um dos critérios abaixo:

a) a diferença entre as médias aritméticas dos limiares auditivos no grupo de freqüências de 3.000, 4.000 e 6.000 Hz igual a ou ultrapassa 10 (dez) dB (NA);

b) a piora em pelo menos uma das frequências de 3.000, 4.000 ou 6.000 Hz igual a ou ultrapassa 15 dB (NA).

5.4 São considerados sugestivos de agravamento da PAINPSE os casos já confirmados em exame audiométrico de referência e nos quais a comparação de exame audiométrico seqüencial com o de referência mostra evolução que preenche um dos critérios abaixo:

a) a diferença entre as médias aritméticas dos limiares auditivos no grupo de frequências de 500, 1.000 e 2.000 Hz, ou no grupo de frequências de 3.000, 4.000 e 6.000 Hz igual a ou ultrapassa 10 (dez) dB (NA);

b) a piora em uma frequência isolada igual a ou ultrapassa 15 (quinze) dB (NA).

5.5 Para fins deste Anexo, o exame audiométrico de referência deve permanecer como tal até que algum dos exames audiométricos sequenciais demonstre desencadeamento ou agravamento de PAINPSE.

5.5.1 O exame audiométrico sequencial que venha a demonstrar desencadeamento ou agravamento de PAINPSE passará a ser, a partir de então, o novo exame audiométrico de referência.

6. O diagnóstico conclusivo, o diagnóstico diferencial e a definição da aptidão para a função ou atividade, na suspeita de PAINPSE, são atribuições do médico do trabalho responsável pelo PCMSO.

7. Devem ser motivo de especial atenção empregados expostos a substâncias ototóxicas e/ou vibração, de forma isolada ou simultanea à exposição a ruído potencialmente nocivo à audição.

8. A PAINPSE, por si só, não é indicativa de inaptidão para o trabalho, devendo-se levar em consideração na análise de cada caso, além do traçado audiométrico ou da evolução sequencial de exames audiométricos, os seguintes fatores:

a) a história clínica e ocupacional do empregado;

b) o resultado da otoscopia e de outros testes audiológicos complementares;

c) a idade do empregado;

d) os tempos de exposição pregressa e atual a níveis de pressão sonora elevados;

e) os níveis de pressão sonora a que o empregado estará, está ou esteve exposto no exercício do trabalho;

f) a demanda auditiva do trabalho ou da função;

g) a exposição não ocupacional a níveis de pressão sonora elevados;

h) a exposição ocupacional a outro(s) agente(s) de risco ao sistema auditivo;

i) a exposição não ocupacional a outro(s) agentes de risco ao sistema auditivo;

j) a capacitação profissional do empregado examinado;

k) os programas de conservação auditiva aos quais tem ou terá acesso o empregado.

9. Nos casos de desencadeamento ou agravamento de PAINPSE, conforme os critérios deste Anexo, o médico do trabalho responsável pelo PCMSO deve:

a) definir a aptidão do empregado para a função;

b) incluir o caso no Relatório Analítico do PCMSO;

c) participar da implantação, aprimoramento e controle de programas que visem à conservação auditiva e prevenção da progressão da perda auditiva do empregado acometido e de outros expostos a riscos ocupacionais à audição, levando-se em consideração, inclusive, a exposição à vibração e a agentes ototóxicos ocupacionais;

d) disponibilizar cópias dos exames audiométricos aos empregados.

10. Nos casos em que o exame audiométrico de referência demonstre alterações cuja evolução esteja em desacordo com os moldes definidos neste Anexo para PAINPSE, o médico do trabalho responsável pelo PCMSO deve:

a) verificar a possibilidade da presença concomitante de mais de um tipo de agressão ao sistema auditivo;

b) orientar e encaminhar o empregado para avaliação especializada;

c) definir sobre a aptidão do empregado para função;

d) participar da implantação e aprimoramento de programas que visem à conservação auditiva e prevenção da progressão da perda auditiva do empregado acometido e de outros expostos a riscos ocupacionais à audição, levando-se em consideração, inclusive, a exposição à vibração e a agentes ototóxicos ocupacionais;

e) disponibilizar cópias dos exames audiométricos aos empregados.

MODELO DE FORMULÁRIO PARA REGISTRO DE TRAÇADO AUDIOMÉTRICO

ORELHA DIREITA

Frequência em KHZ

NÍVEL DE AUDIÇÃO EM dD	-10	0,25	0,5	1	2	3	4	6	8
0									
10									
20									
30									
40									
50									
60									
70									
80									
90									
100									
110									
120									
130									

D

D

ORELHA ESQUERDA
Frequência em KHZ

	-10		0,25	0,5	1		2		3		4		6		8
0															
10															
20															
30															
40															
50															
60															
70															
80															
90															
100															
110															
120															
130															

NÍVEL DE AUDIÇÃO EM dD

Observação: A distância entre cada oitava de freqüência deve corresponder a uma variação de 20 dB no eixo do nível de audição (D).

SÍMBOLOS PARA REGISTROS DE AUDIOMETRIAS

SÍMBOLOS*

	ORELHA DIREITA	ORELHA ESQUERDA
RESPOSTAS PRESENTES Via de Condução Aérea Via de Condução Óssea	O <	X >
RESPOSTAS PRESENTES Via de Condução Aérea Via de Condução Óssea	O <	X >

Observações:

a) Os símbolos referentes à via de condução aérea devem ser ligados por meio de linhas contínuas para a orelha direita e linhas interrompidas para a orelha esquerda.
b) Os símbolos de condução óssea não devem ser interligados.
c) No caso do uso de cores: a cor vermelha deve ser usada para os símbolos referentes à orelha direita; a cor azul deve ser usada para os símbolos referentes à orelha esquerda.

ANEXO III

▸ (Anexo III atualizado pela Portaria MTP 567/2022 (DOU 01.04.2022), em vigor 60 (sessenta) dias após a sua publicação.)

CONTROLE RADIOLÓGICO E ESPIROMÉTRICO DA EXPOSIÇÃO A AGENTES QUÍMICOS

1. A organização deve atender às obrigações de periodicidade, condições técnicas e parâmetros mínimos definidos neste Anexo para a realização de:

a) Radiografias de Tórax – RXTP em programas de controle médico em saúde ocupacional de empregados expostos a poeiras minerais, de acordo com os critérios da Organização Internacional do Trabalho – OIT;

b) Espirometrias para avaliação da função respiratória em empregados expostos a poeiras minerais e para avaliação de empregados com indicação de uso de equipamentos individuais de proteção respiratória.

2. RADIOGRAFIAS DE TÓRAX PARA APOIO AO DIAGNÓSTICO DE PNEUMOCONIOSES

2.1 Os procedimentos para realização de RXTP devem atender às diretrizes da Resolução da Diretoria Colegiada – RDC n° 330, de 20 de dezembro de 2019, que dispõe sobre o uso dos raios X diagnósticos em todo o território nacional, ou suas revisões mais recentes.

2.2 Os equipamentos utilizados para realização de RXTP devem possuir as seguintes características:

a) gerador monofásico de alta frequência de preferência e/ou trifásico de 6 a 12 pulsos, no mínimo de 500 mA;

b) tubo de raios X – 30/50;

c) filtro de alumínio de 3 a 5 mm;

d) grade fixa com distância focal de 1,50 m;

e) razão da grade 10:1 com mais de 100 colunas;

f) razão da grade 12:1 com 100 colunas.

2.2.1 A unidades móveis de raios X podem utilizar equipamentos de 300 mA (trezentos miliamperes) desde que o gerador tenha potência mínima de 30 kW (trinta quilowatts).

2.2.2 No caso de utilização de equipamentos para RXTP em unidades móveis, devem ser cumpridas, além do exigido acima, as seguintes condições:

a) dispor de alvará específico para funcionamento da unidade transportável de raios X;

b) ser realizado por profissional legalmente habilitado e sob a supervisão de responsável técnico nos termos da RDC já referida;

c) dispor de Laudo Técnico emitido por profissional legalmente habilitado, comprovando que os equipamentos utilizados atendem ao exigido neste Anexo.

2.3 A técnica radiológica para RXTP deve observar os seguintes padrões:

a) foco fino (0,6 a 1,2 mm);

b) 100 mA ou 200 mA (tubo de alta rotação);

c) tempo – 0,01 a 0,02 ou 0,03 segundos;

d) constante – 40 ou 50 kV (quilovolts).

2.4 O processamento dos filmes deve ser realizado por processadora automática e que atenda às exigências dos órgãos ambientais responsáveis.

2.5 A identificação dos filmes radiográficos utilizados em radiologia convencional deve incluir, no canto superior direito do filme radiográfico, a data da realização do exame, o número de ordem do serviço ou do prontuário do empregado e nome completo do empregado ou as iniciais do nome completo.

2.6 A leitura radiológica deve ser descritiva e, para a interpretação e emissão dos laudos dos RXTP, devem ser utilizados, obrigatoriamente, os critérios da OIT na sua revisão mais recente e a coleção de radiografias-padrão da OIT.

2.6.1 Em casos selecionados, a critério clínico, pode ser realizada a Tomografia Computadorizada de Alta Resolução de Tórax.

2.6.2 As leituras radiológicas devem ser anotadas em Folha de Leitura Radiológica que contenha a identificação da radiografia e do leitor, informações sobre a qualidade da imagem e os itens da classificação.

2.7 O laudo do exame radiológico deve ser assinado por um ou mais de um, em caso de múltiplas leituras, dos seguintes profissionais:

a) médico radiologista com título de especialista ou registro de especialidade no Conselho Regional de Medicina e com qualificação e/ou certificação em Leitura Radiológica das Pneumoconioses – Classificação Radiológica da OIT, por meio de curso/módulo específico;

b) médicos de outras especialidades, que possuam título ou registro de especialidade no Conselho Regional de Medicina em Pneumologia, Medicina do Trabalho ou Clínica Médica (ou uma das suas subespecialidades) e que possuam qualificação e/ou certificação em Leitura Radiológica das Pneumoconioses – Classificação Radiológica da OIT, por meio de curso/módulo específico.

2.8 As certificações são concedidas por aprovação nos exames do National Institute for Occupational Safety and Health – NIOSH ou pelo exame "AIR-Pneumo", sendo que, em caso de certificação concedida pelo exame do NIOSH, o profissional também pode ser denominado "Leitor B".

2.9 Sistemas de radiologia digital do tipo CR ou DR podem ser utilizados para a obtenção de imagens radiológicas do tórax para fins de interpretação radiológica da OIT.

2.9.1 Os parâmetros físicos para obtenção de RXTP de qualidade técnica adequada, utilizando-se equipamentos de radiologia digital, devem ser similares aos da radiologia convencional.

2.9.2 A identificação dos filmes digitais deve conter, no mínimo, a data da realização do exame, número de ordem do serviço ou do prontuário do paciente e nome completo do paciente ou as iniciais do nome completo.

2.10 A Interpretação Radiológica de radiografias digitais deve seguir os critérios da OIT.

2.10.1 Imagens geradas em sistemas de radiologia digital (CR ou DR) e transferidas para monitores só podem ser interpretadas com as radiografias-padrão em monitor anexo.

2.10.2 Os monitores utilizados para exibição da radiografia a ser interpretada e das radiografias-padrão devem ser de qualidade diagnóstica, possuir resolução mínima de 3 megapixels e 21" (54 cm) de exibição diagonal por imagem.

2.10.3 Imagens digitais impressas em filmes radiológicos devem ser interpretadas com as radiografias-padrão em formato impresso, em negatoscópios.

2.10.4 Não é permitida a interpretação de radiografias digitais, para fins de classificação radiológica da OIT, nas seguintes condições:

a) radiografias em monitores comparadas com as radiografias-padrão em negatoscópio, ou o inverso;

b) radiografias digitais impressas em filmes radiológicos com reduções menores do que 2/3 do tamanho original;

c) radiografias digitais impressas em papel fotográfico;

d) imagens originadas no sistema de radiografia convencional que foram digitalizadas por scanner e, posteriormente, impressas ou exibidas em tela.

2.11 Os serviços que ofertem radiologia digital devem assegurar a confidencialidade dos arquivos eletrônicos e de dados dos trabalhadores submetidos a RXTP admissionais, periódicos e demissionais, para fins da classificação radiológica da OIT, por meio de procedimentos técnicos e administrativos adequados.

2.12 RXTP obtidas pelo método convencional devem ser guardadas em filmes radiológicos, em formato original.

2.13 Imagens obtidas por sistemas digitais (CR ou DR) devem ser armazenadas nos seguintes formatos:

a) impressas em filmes radiológicos cuja redução máxima seja equivalente a 2/3 do tamanho original; ou

b) em mídia digital, gravadas em formato DICOM e acompanhadas de visualizador (viewer) de imagens radiológicas.

2.14 A guarda das imagens deve ter sua responsabilidade definida e documentada.

2.15 São responsáveis pela guarda o médico do trabalho responsável pelo PCMSO ou, no caso de a empresa possuir serviço próprio, o responsável pelo serviço de radiologia.

2.15.1 A guarda das imagens refere-se às radiografias de cunho ocupacional, admissionais, periódicas e demissionais, bem como a eventuais radiografias cujas alterações sejam suspeitas ou atribuíveis à exposição ocupacional.

2.16 O tempo de guarda dos exames deve obedecer aos critérios definidos na NR-07.

2.17 Cabe ao empregador, após o término do contrato de trabalho envolvendo exposição ao asbesto, disponibilizar a realização periódica de exames médicos de controle durante, no mínimo, trinta anos, sem custos aos trabalhadores.

2.17.1 Estes exames, incluindo raios X de Tórax, devem ser realizados com a seguinte periodicidade:

a) a cada três anos para trabalhadores com período de exposição até doze anos;

b) a cada dois anos para trabalhadores com período de exposição de mais de doze a vinte anos; e

c) anual para trabalhadores com período de exposição superior a vinte anos.

2.17.2 O trabalhador receberá, por ocasião da demissão e retornos posteriores, comunicação da data e local da próxima avaliação médica.

QUADRO 1 – PERIODICIDADE DOS EXAMES RADIOLÓGICOS PARA EMPREGADOS EXPOSTOS A POEIRA CONTENDO SÍLICA, ASBESTO OU CARVÃO MINERAL

Empresas com medições quantitativas periódicas	Radiografia de tórax
LSC* £ 10% LEO**	- na admissão; e
	- na demissão, se o último exame foi realizado há mais de 2 anos.
LSC > 10% e £ 50% LEO	- na admissão;
	- a cada 5 anos até os 15 anos de exposição, e, após, a cada 3 anos; e
	- na demissão, se o último exame foi realizado há mais de 2 anos.
LSC > 50% e £ 100% LEO	- na admissão;
	- a cada 3 anos até 15 anos de exposição, e, após, a cada 2 anos; e
	- na demissão, se o último exame foi realizado há mais de 1 ano.
LSC > 100% LEO	- na admissão;
	- a cada ano de exposição; e
	- na demissão, se o último exame foi realizado há mais de 1 ano.
Empresas sem avaliações quantitativas	- na admissão;
	- a cada 2 anos até 15 anos de exposição, e, após, a cada ano; e
	- na demissão, se o último exame foi realizado há mais de 1 ano.

*SC = Limite superior do intervalo de confiança da média aritmética estimada para uma distribuição lognormal com confiança estatística de 95%.

**LEO = Limite de exposição ocupacional.

▶ **NOTA 1:** Trabalhadores que apresentarem Leitura Radiológica 0/1 ou mais deverão ser avaliados por profissionais médicos especializados.
▶ **NOTA 2:** Para trabalhadores que tenham a sua exposição diminuída, mas que estiveram expostos a concentrações superiores por um ano ou mais, deverá ser mantido o mesmo intervalo de exames radiológicos do período de maior exposição.

QUADRO 2 – PERIODICIDADE DOS EXAMES RADIOLÓGICOS PARA EMPREGADOS EXPOSTOS A POEIRAS CONTENDO PARTÍCULAS INSOLÚVEIS OU POUCO SOLÚVEIS DE BAIXA TOXICIDADE E NÃO CLASSIFICADAS DE OUTRA FORMA*

Empresas com medições quantitativas periódicas de poeira respirável	Radiografia de tórax
LSC* £ 10% LEO**	- na admissão.
LSC > 10% e £ 100% LEO	- na admissão;
	- após 5 anos de exposição; e
	- repetir a critério clínico.
LSC > 100% LEO	- na admissão; e
	- a cada 5 anos.
Empresas sem avaliações quantitativas	- na admissão; e
	- a cada 5 anos.

*LSC = Limite superior do intervalo de confiança da média aritmética estimada para uma distribuição lognormal com confiança estatística de 95%

**LEO = Limite de exposição ocupacional

***Para ser classificado como PNOS (particles not otherwise specified), o material particulado sólido deve ter as seguintes características (ACGIH, 2017):

a) não possuir um LEO definido;

b) ser insolúvel ou pouco solúvel na água (ou preferencialmente no fluido pulmonar, se esta informação estiver disponível);

c) ter baixa toxicidade, isto é, não ser citotóxico, genotóxico ou quimicamente reativo com o tecido pulmonar, não ser emissor de radiação ionizante, não ser sensibilizante, não causar efeitos tóxicos além de inflamação ou mecanismo de sobrecarga.

1. Cabe ao empregador, após o término do contrato de trabalho envolvendo exposição ao asbesto, disponibilizar a realização periódica de exames médicos de controle durante, no mínimo, 30 (trinta) anos, sem custos aos trabalhadores.

1.1 Estes exames, incluindo raios X de Tórax, devem ser realizados com a seguinte periodicidade:

a) a cada 3 (três) anos para trabalhadores com período de exposição até 12 (doze) anos;

b) a cada 2 (dois) anos para trabalhadores com período de exposição de mais de 12 (doze) a 20 (vinte) anos;

c) anual para trabalhadores com período de exposição superior a 20 (vinte) anos.

2. O trabalhador receberá, por ocasião da demissão e retornos posteriores, comunicação da data e local da próxima avaliação médica.

3. ESPIROMETRIAS OCUPACIONAIS

3.1 Os empregados expostos ocupacionalmente a poeiras minerais indicadas no inventário de riscos do PGR devem ser submetidos a espirometria nos exames médicos admissional e a cada dois anos.

3.2 Os empregados expostos ocupacionalmente a outros agentes agressores pulmonares* indicados no inventário de riscos do PGR, que não as poeiras minerais, deverão ser submetidos a espirometria se desenvolverem sinais ou sintomas respiratórios.

3.3 Nas funções com indicação de uso de equipamentos individuais de proteção respiratória, os empregados com histórico de doença respiratória crônica ou sinais e sintomas respiratórios devem ser submetidos a espirometria no exame médico admissional ou no exame de mudança de risco.

3.4 No caso da constatação de alteração espirométrica, o médico do trabalho responsável pelo PCMSO deve:

a) investigar possíveis relações do resultado com as exposições ocupacionais; e

b) avaliar a necessidade de encaminhamento para avaliação médica especializada.

3.5 Nos exames pós-demissionais em empregados expostos ao asbesto, a periodicidade da espirometria deve ser a mesma do exame radiológico.

3.6 A organização deve garantir que a execução e a interpretação das espirometrias sigam as padronizações constantes nas Diretrizes do Consenso Brasileiro sobre Espirometria na sua mais recente versão.

3.7 A interpretação do exame e o laudo da espirometria devem ser feitos por médico.

*"Outros agentes agressores pulmonares" referem-se a agentes químicos que possam ser inalados na forma de partículas, fumos, névoas ou vapores e que sejam considerados como sensibilizantes e/ou irritantes pelos critérios constantes no Sistema Globalmente Harmonizado de Classificação e Rotulagem de Produtos Químicos – GHS.

QUADRO 3 – POEIRAS CONTENDO PARTÍCULAS INSOLÚVEIS OU POUCO SOLÚVEIS DE BAIXA TOXICIDADE E NÃO CLASSIFICADAS DE OUTRA FORMA

Empresas com medições quantitativas periódicas	
CLSC <=10% LEO*	RX na admissão somente.
10% LEO < CLSC** <50% LEO	RX na admissão e após 5 anosCaso normal, repetir somente a critério clínico.
50% LEO < CLSC < 100% LEO	RX na admissão e após 5 anosCaso normal, repetir somente a critério clínico.
CLSC>100% LEO	RX na admissão e a cada 5 anos.
Empresas sem avaliações quantitativas	RX na admissão e a cada 5 anos.
1.1.1	1.1.2

*LEO = Limite de exposição ocupacional

**CLSC (95%) ou percentil 95 = Concentração calculada estatisticamente com Limite superior de confiança 95%

3. ESPIROMETRIAS OCUPACIONAIS

3.1. Os empregados expostos ocupacionalmente a poeiras minerais e empregados com indicação de uso de equipamentos individuais de proteção respiratória devem ser submetidos a espirometria nos exames médicos admissional e periódicos a cada dois anos.

3.1.1 No caso de constatação de espirometrias com alterações, independentemente da causa, a periodicidade deve ser reduzida para anual ou inferior, a critério médico.

3.1.2 Nos exames pós-demissionais em empregados expostos ao asbesto, a periodicidade da espirometria deve ser a mesma do exame radiológico.

3.2. No caso da constatação de alteração espirométrica, o médico do trabalho responsável pelo PCMSO deve investigar possíveis relações do resultado com exposições ocupacionais no ambiente de trabalho.

3.3. A organização deve garantir que a execução e a interpretação das espirometrias sigam as padronizações constantes nas Diretrizes do Consenso Brasileiro sobre Espirometria na sua mais recente versão.

3.4. A interpretação do exame e o laudo da espirometria devem ser feitos por médico.

ANEXO IV

▶ (Anexo IV atualizado pela Portaria MTP 567/2022 (DOU 01.04.2022), em vigor 60 (sessenta) dias após a sua publicação.)

CONTROLE MÉDICO OCUPACIONAL DE EXPOSIÇÃO A CONDIÇÕES HIPERBÁRICAS

1. TRABALHADOR NA INDÚSTRIA DA CONSTRUÇÃO EXPOSTO A CONDIÇÕES HIPERBÁRICAS

1.1 É obrigatória a realização de exames médicos, dentro dos padrões estabelecidos neste Anexo, para o exercício de atividade sob pressão atmosférica elevada (pressão hiperbárica).

1.2. Os exames médicos para trabalhadores candidatos a trabalho em pressões hiperbáricas deverão ser avaliados por médico qualificado.

1.3. O atestado de aptidão terá validade por 6 (seis) meses.

1.4 O trabalhador não pode sofrer mais que uma compressão num período de 24 (vinte e quatro) horas.

1.5 Profissionais que realizem liberação de base dentro dos tubulões de ar comprimido em jornadas de curta duração, de até 30 minutos, podem ser submetidos a mais de uma compressão em menos de 24 horas e até o máximo de três compressões.

1.6 O trabalhador não pode ser exposto à pressão superior a 4,4 ATA, exceto em caso de emergência, sob supervisão direta do médico qualificado.

1.7 A duração do período de trabalho sob ar comprimido não pode ser superior a 8 (oito) horas, em pressões de trabalho de 1,0 a 2,0 ATA; a 6 (seis) horas, em pressões de trabalho de 2,1 a 3,5 ATA; e a 4 (quatro) horas, em pressão de trabalho de 3,6 a 4,4 ATA.

1.8 Após a descompressão, os trabalhadores devem ser obrigados a permanecer, no mínimo, por 2 (duas) horas, no canteiro de obra, cumprindo um período de observação médica.

1.9 O local adequado para o cumprimento do período de observação deve ser designado pelo médico do trabalho responsável pelo PCMSO ou pelo médico qualificado.

1.10 O médico qualificado deve manter disponibilidade para contato enquanto houver trabalho sob ar comprimido, sendo que, em caso de acidente de trabalho, deve ser providenciada assistência, bem como local apropriado para atendimento médico.

1.11 Todo empregado que trabalhe sob ar comprimido deve ter um prontuário médico, no qual devem ser registrados os dados relativos aos exames realizados.

1.12 Em caso de ausência ao trabalho por mais de 15 (quinze) dias ou afastamento por doença, o empregado, ao retornar, deve ser submetido a novo exame médico, com emissão de ASO.

1.13 Em caso de ausência ao trabalho por doença, por até 15 (quinze) dias, o empregado deve ser submetido a novo exame clínico supervisionado pelo médico qualificado, sem a necessidade da emissão de um novo ASO.

1.14 Se durante o processo de compressão o empregado apresentar queixas, dores no ouvido ou cabeça, a compressão deve ser imediatamente interrompida com redução gradual da pressão na campânula até que o empregado se recupere.

1.14.1 Caso não ocorra a recuperação, a descompressão deve continuar até a pressão atmosférica, retirando-se, então, o empregado e encaminhando-o ao serviço médico.

1.15 Todo empregado que vá exercer trabalho sob ar comprimido deve ser orientado quanto aos riscos decorrentes da atividade e às precauções que devem ser tomadas.

1.16 A capacidade física de empregados para trabalho em condições hiperbáricas deve ser avaliada antes do início das atividades e supervisionada por médico qualificado.

1.17 É proibido o trabalho de menores de 18 anos em qualquer ambiente hiperbárico.

1.18 Devem ser realizados os seguintes exames complementares quando da realização do admissional e periódico, para trabalho em pressões hiperbáricas:

a) radiografia de tórax em visão anteroposterior e de perfil: admissional e anual;

b) eletrocardiograma: admissional e anual;

c) hemograma completo: admissional e anual;

d) grupo sanguíneo e fator RH: apenas admissional;

e) dosagem de glicose sanguínea: admissional e anual;

f) radiografia bilateral das articulações escapuloumerais, coxofemorais e de joelhos: admissional e bienal;

g) audiometria: admissional, seis meses após o início da atividade, e, a seguir, anualmente;

h) eletroencefalograma: apenas admissional;

i) espirometria: admissional e bienal.

1.18.1 A critério médico, outros exames complementares poderão ser solicitados a qualquer tempo.

1.19 A descompressão deve ser realizada segundo as tabelas constantes deste Anexo.

1.20 Deve ser disponibilizada uma câmara hiperbárica de tratamento, 24 horas por dia, 7 dias por semana, situada a uma distância tal que o trabalhador seja atendido em, no máximo, 1 (uma) hora após a ocorrência.

1.21 O empregador deve garantir a disponibilidade, no local de trabalho, de recursos médicos, incluindo oxigênio medicinal de superfície, e de pessoal necessário para os primeiros socorros, em casos de acidentes descompressivos ou outros eventos que comprometam a saúde dos trabalhadores na frente de trabalho, sendo que o planejamento desses recursos cabe ao médico do trabalho responsável pelo PCMSO ou ao médico qualificado.

1.22 O tratamento recompressivo deve ser conduzido sob supervisão do médico qualificado.

1.23 Em relação à ventilação, à temperatura e à qualidade do ar, devem ser observadas as seguintes condições:

a) durante a permanência dos trabalhadores na câmara de trabalho ou na campânula ou eclusa, a ventilação deve ser contínua, à razão de, no mínimo, 30 (trinta) pés cúbicos/min./homem;

b) a temperatura, no interior da campânula ou eclusa e da câmara de trabalho, não deve exceder a 27 °C (vinte e sete graus centígrados);

c) a qualidade do ar deve ser mantida dentro dos padrões de pureza a seguir: monóxido de carbono menor que 20 ppm; dióxido de carbono menor que 2.500 ppm; óleo menor que 5 mg/m³ (PT>2atm); material particulado menor que 3 g/m³ (PT<2atm);

d) oxigênio maior que 20% (vinte por cento).

1.24 A compressão deve ser realizada a uma vazão máxima de 0,3 atm no primeiro minuto e não poderá exceder 0,7 atm nos minutos subsequentes.

1.25 Não é permitido à organização submeter o empregado a voos ou elevações acima de 700 metros nas 24 (vinte e quatro) horas que sucederem um mergulho seco.

2. GUIAS INTERNOS DE CÂMARAS HIPERBÁRICAS MULTIPLACE

2.1 Esta categoria profissional deve ser avaliada com os mesmos critérios clínicos e de exames complementares do item "1. TRABALHADOR NA INDÚSTRIA DA CONS-

TRUÇÃO EXPOSTO A CONDIÇÕES HIPERBÁRICAS" deste Anexo.

2.2 Esta categoria profissional pode ser submetida a até 2 (duas) exposições em 24 (vinte e quatro) horas, sob supervisão do médico qualificado.

2.3 Não é permitido à organização submeter o empregado a voos ou elevações acima de 700 metros nas 24 (vinte e quatro) horas que sucederem um mergulho seco.

3. MERGULHADORES PROFISSIONAIS

3.1. Para mergulho profissional, as atividades devem ser acompanhadas e orientadas por médico qualificado com conhecimento de fisiologia de mergulho, escolha de misturas gasosas, diagnóstico e tratamento de doenças e acidentes ligados ao mergulho.

3.2. Todos os mergulhos devem ser registrados, incluindo a identificação dos mergulhadores participantes e os dados técnicos de pressões, tempos e composição do gás respirado.

3.3. Nos mergulhos em que se utilize mistura gasosa diferente do ar, devem ser obedecidas medidas específicas para evitar enganos, troca de cilindros e erros na execução de paradas de descompressão.

3.4. Os exames médicos ocupacionais dos empregados em mergulho profissional devem ser realizados:

a) por ocasião da admissão;

b) a cada 6 (seis) meses, para todo o pessoal em efetiva atividade de mergulho;

c) após acidente ocorrido no desempenho de atividade de mergulho ou doença grave;

d) em situações especiais outros exames podem ser solicitados a critério médico.

3.5 Devem ser realizados os seguintes exames complementares quando da realização do admissional e periódico, para mergulho profissional:

a) radiografia de tórax em visão anteroposterior e de perfil: admissional e anual;

b) eletrocardiograma ou teste ergométrico de esforço, a critério médico: anual;

c) ecocardiograma: apenas admissional;

d) teste ergométrico de esforço: admissional;

e) hemograma completo: admissional e anual;

f) grupo sanguíneo e fator RH: apenas admissional;

g) dosagem de glicose sanguínea: admissional e anual;

h) radiografia bilateral das articulações escapuloumerais, coxofemorais e de joelhos: admissional e bienal, que poderão ser substituídos, a critério médico, por Ressonância Nuclear Magnética ou Tomografia Computadorizada;

i) audiometria: admissional, seis meses após o início da atividade e, a seguir, anualmente;

j) eletroencefalograma: admissional;

k) espirometria: admissional e bienal;

l) acuidade visual: admissional e anual.

3.6 A critério médico, outros exames complementares e pareceres de outros profissionais de saúde podem ser solicitados a qualquer tempo.

3.7 É vedada a atividade de mergulho para gestantes e lactantes.

3.8 A compressão e a descompressão devem ser definidas pelo médico qualificado responsável pelo mergulho.

3.9 Todas as embarcações para trabalho de mergulho profissional devem ter, a bordo, uma câmara hiperbárica de tratamento para atendimento de doenças ou acidentes de mergulho.

3.10 Os tratamentos de doenças ou acidentes de mergulho devem estar a cargo de médico qualificado.

3.11 Para os mergulhos realizados a partir de bases em terra, deve se disponibilizada uma câmara hiperbárica de tratamento, 24 horas por dia, 7 dias por semana, para que o mergulhador seja atendido em, no máximo, 1 hora após a ocorrência.

3.12 O empregador deve garantir a disponibilidade, no local de trabalho, de recursos médicos, incluindo oxigênio medicinal de superfície, e de pessoal necessário para os primeiros socorros, em casos de acidentes descompressivos ou outros eventos que comprometam a saúde dos trabalhadores na frente de trabalho, sendo que o planejamento desses recursos cabe ao médico qualificado.

3.13 A segurança de mergulho deve seguir a NORMAM-15/DPC em sua última revisão.

3.14 Não é permitido à organização submeter o empregado a voos ou elevações acima de 700 metros nas 24 horas que sucederem um mergulho raso, ou 48 horas para mergulho saturado.

3.15 O tratamento recompressivo deve ser conduzido sob supervisão do médico qualificado.

TABELAS DE DESCOMPRESSÃO
PARA O TRABALHO NA INDÚSTRIA DA CONSTRUÇÃO

TABELA 1 – PRESSÃO DE TRABALHO DE 1 A 1,9 ATA			
PERÍODO DE TRABALHO (HORAS)	ESTÁGIO DE DESCOMPRESSÃO 1,3 ATA	TEMPO TOTAL DE DESCOMPRESSÃO (**)	
0 a 6:00	4 min	4 min	Linha 1
6:00 a 8:00	14 min	14 min	Linha 2
+ de 8:00 (**)	30 min	30 min	Linha 3

TABELA 2 – PRESSÃO DE TRABALHO DE 2,0 A 2,9 ATA											
TABELA 2.1 – PERÍODO DE TRABALHO DE 30 MINUTOS A 1 HORA											
PRESSÃO DE TRABALHO*** (ATA)	ESTÁGIO DE DESCOMPRESSÃO (ATA)*									TEMPO TOTAL DE DESCOMPRESSÃO** (min.)	
	2,8	2,6	2,4	2,2	2,0	1,8	1,6	1,4	1,2		
2,0 a 2,2										-	Linha 4
2,2 a 2,4										-	Linha 5
2,4 a 2,6									5	5	Linha 6
2,6 a 2,8									10	10	Linha 7
2,8 a 2,9								5	15	20	Linha 8
TABELA 2.2 – PERÍODO DE TRABALHO DE 1 HORA A 1 HORA E 30 MINUTOS											
2,0 a 2,2										-	Linha 9
2,2 a 2,4									5	5	Linha 10
2,4 a 2,6									10	10	Linha 11
2,6 a 2,8								5	15	20	Linha 12
2,8 a 2,9								5	20	35	Linha 13
TABELA 2.3 – PERÍODO DE TRABALHO DE 1 HORA E 30 MINUTOS A 2 HORAS											
2,0 a 2,2									5	5	Linha 14
2,2 a 2,4									10	10	Linha 15
2,4 a 2,6								5	20	25	Linha 16
2,6 a 2,8								10	30	40	Linha 17
2,8 a 2,9							5	15	35	55	Linha 18
TABELA 2.4 – PERÍODO DE TRABALHO DE 2 HORAS A 2 HORAS E 30 MINUTOS											
2,0 a 2,2									5	5	Linha 19
2,2 a 2,4									20	20	Linha 20
2,4 a 2,6								5	30	35	Linha 21
2,6 a 2,8								15	40	55	Linha 22
2,8 a 2,9							5	25	40	70	Linha 23
TABELA 2.5 – PERÍODO DE TRABALHO DE 2 HORAS E 30 MINUTOS A 3 HORAS											
2,0 a 2,2									10	10	Linha 24
2,2 a 2,4								5	20	25	Linha 25
2,4 a 2,6								10	35	45	Linha 26
2,6 a 2,8							5	20	40	65	Linha 27
2,8 a 2,9							10	30	40	80	Linha 28

TABELA 2.6 – PERÍODO DE TRABALHO DE 3 HORAS A 4 HORAS

Pressão de trabalho (ATA)	2,6	2,4	2,2	2,0	1,8	1,6	1,4	1,2	Tempo total	Linha
2,0 a 2,2								15	15	Linha 29
2,2 a 2,4							5	30	35	Linha 30
2,4 a 2,6							15	40	55	Linha 31
2,6 a 2,8						5	25	45	75	Linha 32
2,8 a 2,9					5	15	30	45	95	Linha 33

TABELA 2.7 – PERÍODO DE TRABALHO DE 4 HORAS A 6 HORAS

Pressão de trabalho (ATA)	2,6	2,4	2,2	2,0	1,8	1,6	1,4	1,2	Tempo total	Linha
2,0 a 2,2								20	20	Linha 34
2,2 a 2,4							5	35	40	Linha 35
2,4 a 2,6						5	20	40	65	Linha 36
2,6 a 2,8						10	30	45	85	Linha 37
2,8 a 2,9					5	20	35	45	105	Linha 38

TABELA 3 – PRESSÃO DE TRABALHO DE 3,0 A 4,4 ATA

TABELA 3.1 – PERÍODO DE TRABALHO DE 0 A 30 MINUTOS

PRESSÃO DE TRABALHO*** (ATA)	ESTÁGIO DE DESCOMPRESSÃO (ATA)*								TEMPO TOTAL DE DESCOMPRESSÃO** (min.)	
	2,6	2,4	2,2	2,0	1,8	1,6	1,4	1,2		
3,0 a 3,2								5	5	Linha 39
3,2 a 3,4								5	5	Linha 40
3,4 a 3,6								5	5	Linha 41
3,6 a 3,8								5	5	Linha 42
3,8 a 4,0							5	5	10	Linha 43
4,0 a 4,2							5	5	10	Linha 44
4,2 a 4,4							5	10	15	Linha 45

TABELA 3.2 – PERÍODO DE TRABALHO DE 30 MINUTOS A 1 HORA

Pressão (ATA)	2,6	2,4	2,2	2,0	1,8	1,6	1,4	1,2	Tempo total	Linha
3,0 a 3,2							5	15	20	Linha 46
3,2 a 3,4							5	20	25	Linha 47
3,4 a 3,6							10	25	35	Linha 48
3,6 a 3,8						5	10	35	50	Linha 49
3,8 a 4,0						5	15	40	60	Linha 50
4,0 a 4,2					5	5	20	40	70	Linha 51
4,2 a 4,4					5	10	25	40	80	Linha 52

TABELA 3.3 – PERÍODO DE TRABALHO DE 1 HORA A 1 HORA E 30 MINUTOS

Pressão (ATA)	2,6	2,4	2,2	2,0	1,8	1,6	1,4	1,2	Tempo total	Linha
3,0 a 3,2						5	10	35	50	Linha 53
3,2 a 3,4						5	20	35	60	Linha 54
3,4 a 3,6						10	25	40	75	Linha 55
3,6 a 3,8					5	10	30	45	90	Linha 56
3,8 a 4,0					5	20	35	45	105	Linha 57
4,0 a 4,2				5	10	20	35	45	115	Linha 58
4,2 a 4,4				5	15	25	35	45	125	Linha 59

TABELA 3.4 – PERÍODO DE TRABALHO DE 1 HORA E 30 MINUTOS A 2 HORAS

Pressão (ATA)	2,6	2,4	2,2	2,0	1,8	1,6	1,4	1,2	Tempo total	Linha
3,0 a 3,2						5	25	40	70	Linha 60
3,2 a 3,4					5	10	30	40	85	Linha 61
3,4 a 3,6					5	20	35	40	100	Linha 62
3,6 a 3,8				5	10	25	35	40	115	Linha 63
3,8 a 4,0				5	15	30	35	45	130	Linha 64
4,0 a 4,2			5	10	20	30	**35**	45	145	Linha 66
4,2 a 4,4			5	15	25	30	35	45	155	Linha 67

TABELA 3.5 – PERÍODO DE TRABALHO DE 2 HORAS A 2 HORAS E 30 MINUTOS

Pressão (ATA)	2,6	2,4	2,2	2,0	1,8	1,6	1,4	1,2	Tempo total	Linha
3,0 a 3,2					5	10	30	45	90	Linha 68
3,2 a 3,4					5	20	35	45	105	Linha 69
3,4 a 3,6				5	10	25	35	45	120	Linha 70
3,6 a 3,8				5	20	30	35	45	135	Linha 71
3,8 a 4,0			5	10	20	30	35	45	145	Linha 72
4,0 a 4,2		5	5	15	25	30	35	45	160	Linha 73
4,2 a 4,4		5	10	20	25	30	40	45	175	Linha 74

TABELA 3.6 – PERÍODO DE TRABALHO DE 2 HORAS E 30 MINUTOS A 3 HORAS

Pressão (ATA)	2,6	2,4	2,2	2,0	1,8	1,6	1,4	1,2	Tempo total	Linha
3,0 a 3,2					5	15	35	40	95	Linha 75
3,2 a 3,4					10	25	35	45	115	Linha 76
3,4 a 3,6				5	15	30	35	45	130	Linha 77
3,6 a 3,8			5	10	20	30	35	45	145	Linha 78
3,8 a 4,0			5	20	25	30	35	45	160	Linha 79
4,0 a 4,2		5	10	20	25	30	40	45	175	Linha 80
4,2 a 4,4	5	5	15	25	25	30	40	45	190	Linha 81

TABELA 3.7 – PERÍODO DE TRABALHO DE 3 HORAS A 4 HORAS

Pressão (ATA)	2,6	2,4	2,2	2,0	1,8	1,6	1,4	1,2	Tempo total	Linha
3,0 a 3,2					10	20	35	45	110	Linha 82
3,2 a 3,4				5	15	25	40	45	130	Linha 83

PRESSÃO DE TRABALHO*** (ATA)	ESTÁGIO DE DESCOMPRESSÃO (ATA)*								TEMPO TOTAL DE DESCOMPRESSÃO** (min.)	
	2,6	2,4	2,2	2,0	1,8	1,6	1,4	1,2		
TABELA 3 – PRESSÃO DE TRABALHO DE 3,0 A 4,4 ATA										
TABELA 3.1 – PERÍODO DE TRABALHO DE 0 A 30 MINUTOS										
3,4 a 3,6			5	5	25	30	40	45	150	Linha 84
3,6 a 3,8			5	15	25	30	40	45	160	Linha 85
3,8 a 4,0		5	10	20	25	30	40	45	175	Linha 86
4,0 a 4,2	5	5	15	25	25	30	40	45	190	Linha 87
4,2 a 4,4	5	15	20	25	30	30	40	45	210	Linha 88
TABELA 3.8 – PERÍODO DE TRABALHO DE 4 HORAS A 6 HORAS										
3,0 a 3,2				5	10	25	40	50	130	Linha 89
3,2 a 3,4				10	20	30	40	55	155	Linha 90
3,4 a 3,6			5	15	25	30	45	60	180	Linha 91
3,6 a 3,8		5	10	20	25	30	45	70	205	Linha 92
3,8 a 4,0		10	15	20	30	40	50	80	245****	Linha 93

NOTAS:

(*) A descompressão tanto para o 1º estágio quanto entre os estágios subsequentes deve ser feita a velocidade não superior a 0,4 atm/minuto.

(**) Não está incluído o tempo entre estágios.

(***) Para os valores limites de pressão de trabalho, use a maior descompressão.

(****) O período de trabalho mais o tempo de descompressão (incluindo o tempo entre os estágios) não deverá exceder a 12 horas.

ANEXO V

CONTROLE MÉDICO OCUPACIONAL DA EXPOSIÇÃO A SUBSTÂNCIAS QUÍMICAS CANCERÍGENAS E A RADIAÇÕES IONIZANTES

1 OBJETIVOS

1.1 Estabelecer diretrizes e parâmetros complementares no PCMSO para vigilância da saúde dos empregados expostos ocupacionalmente a substâncias químicas cancerígenas e a radiações ionizantes, de acordo com as informações fornecidas pelo Programa de Gerenciamento de Risco – PGR, visando à prevenção e à detecção do câncer e de lesões e alterações pré-cancerígenas relacionadas ao trabalho.

2 CAMPO DE APLICAÇÃO

2.1 O presente Anexo aplica-se às organizações que produzam, transportem, armazenem, utilizem ou manipulem substâncias químicas cancerígenas, com registro CAS, conforme indicadas no Inventário de Riscos do PGR, misturas líquidas contendo concentração igual ou maior que 0,1% (zero vírgula um por cento) em volume dessas substâncias, ou mistura gasosa contendo essas substâncias, e às organizações nas quais os processos de trabalho exponham seus empregados a radiações ionizantes.

3 DIRETRIZES

3.1 O médico do trabalho responsável deve registrar no PCMSO as atividades e funções na organização com exposição ocupacional a radiações ionizantes e a substâncias químicas cancerígenas, identificadas e classificadas no PGR.

3.1.1 O médico responsável pelo PCMSO deve orientar os médicos que realizam o exame clínico desses empregados sobre a importância da identificação de lesões e alterações clínicas ou laboratoriais que possam estar relacionadas à exposição ocupacional a substâncias químicas cancerígenas e a radiações ionizantes.

4 SUBSTÂNCIAS QUÍMICAS CANCERÍGENAS

4.1 Os prontuários médicos dos empregados expostos a substâncias químicas cancerígenas devem ser mantidos por período mínimo de 40 (quarenta) anos após o desligamento do empregado.

4.1.1 Os exames complementares para os empregados expostos a agentes químicos cancerígenos, conforme informado no PGR da organização, são obrigatórios quando a exposição ocupacional estiver acima de 10% (dez por cento) dos limites de exposição ocupacional, ou quando não houver avaliação ambiental, e devem ser executados e interpretados com base nos critérios constantes nesta NR.

4.2 Benzeno

4.2.1 As ações de vigilância da saúde dos empregados expostos a benzeno devem seguir o disposto na Instrução Normativa Nº 2, de 20 de dezembro de 1995, da SSST/Ministério do Trabalho, e na Portaria de Consolidação Nº 5, Anexos LXVIII, LXIX, LXX e LXXI, de 28 de setembro de 2017, do Ministério da Saúde.

5 RADIAÇÕES IONIZANTES

5.1 Os empregados devem ser avaliados, no exame médico admissional, de retorno ao trabalho ou de mudança de risco, quanto à sua aptidão para exercer atividades em áreas controladas ou supervisionadas, de acordo com as informações do PGR e a classificação da Comissão Nacional de Energia Nuclear – CNEN (Norma CNEN NN 3.01) para áreas de trabalho com radiação ou material radioativo.

5.1.1 A informação sobre aptidão ou inaptidão para exercer atividade com exposição a radiação ou material radioativo deve ser consignada no ASO do empregado.

5.2 No caso de exposição ocupacional acima do limite de dose anual de radiação ionizante, efetiva ou equivalente, deve ser realizada nova avaliação médica do empregado para definição sobre a sua continuidade na atividade, quando deve ser emitido novo ASO.

5.3 No caso de exposição ocupacional acidental a níveis elevados de radiação ionizante, deve ser realizada nova avaliação médica, com coleta de hemograma completo imediatamente e 24 horas após a exposição.

5.4 Os prontuários médicos dos empregados expostos a radiações ionizantes devem ser mantidos até a data em que o empregado completará 75 anos e, pelo menos, por período mínimo de 30 (trinta) anos após o desligamento do empregado.

GLOSSÁRIO

ATA: abreviação de Atmosfera de Pressão Absoluta Unidade de pressão que considera a pressão manométrica e a pressão atmosférica ambiente.

Atividades críticas: aquelas que exijam avaliação médica específica para definir a aptidão do empregado.

Câmara hiperbárica de tratamento: câmara que, independentemente da câmara de trabalho, é usada para tratamento de indivíduos que adquiram doença descompressiva ou embolia e é diretamente supervisionada por médico qualificado; constitui Vaso de Pressão para Ocupação Humana – VPOH, do tipo multipaciente (para mais de uma pessoa).

Câmara de superfície: uma câmara hiperbárica especialmente projetada para ser utilizada na descompressão dos mergulhadores, requerida pela operação ou pelo tratamento hiperbárico.

Câmara de trabalho: espaço ou compartimento com pressão superior à pressão atmosférica, onde o trabalho é realizado.

Câmara submersível de pressão atmosférica: câmara resistente à pressão externa, especialmente projetada para uso submerso, na qual os seus ocupantes permanecem submetidos à pressão atmosférica.

Campânula: câmara através da qual o trabalhador passa do ar livre para a câmara de trabalho do tubulão e vice-versa O termo é utilizado nos trabalhos em tubulões de ar comprimido e define a câmara onde o trabalhador permanece aguardando enquanto a pressão é aumentada no início da atividade laboral, e onde a pressão é diminuída no final da atividade laboral.

Descompressão: o conjunto de procedimentos, por meio do qual um mergulhador elimina do seu organismo o excesso de gases inertes absorvidos durante determinadas condições hiperbáricas, sendo tais procedimentos absolutamente necessários no seu retorno à pressão atmosférica.

Eclusa de pessoal: câmara através da qual o trabalhador passa do ar livre para a câmara de trabalho em túneis pressurizados e vice-versa; termo utilizado nos trabalhos em perfuração de túneis, também conhecidas como "Shield", em referência ao nome da marca do equipamento de perfuração de túneis, que tem acoplada uma câmara hiperbárica para a compressão É a câmara onde o trabalhador aguarda enquanto a pressão é aumentada no início da atividade laboral, e onde a pressão é diminuída no final da atividade laboral.

Encarregado de ar comprimido: profissional treinado e conhecedor das técnicas empregadas nos trabalhos em condições hiperbáricas, designado pela organização como o responsável imediato pelos empregados e por toda a operação de ar comprimido, incluindo pessoal e equipamento.

Guia interno: profissional de saúde ou mergulhador profissional que é pressurizado juntamente com o paciente.

Médico qualificado: médico com habilitação em medicina hiperbárica.

Mergulhador: trabalhador qualificado para utilização de equipamentos de mergulho com suprimento de gás respiratório, em ambiente submerso.

Misturas respiratórias artificiais: misturas de oxigênio, hélio ou outros gases, apropriadas à respiração durante os trabalhos submersos, quando não seja indicado o uso do ar natural.

Operador de eclusa ou de campânula: trabalhador previamente treinado nas manobras de compressão e descompressão das eclusas ou campânulas, responsável pelo controle da pressão no seu interior, tanto no tubulão quanto na eclusa de pessoal.

Operação de mergulho: toda aquela que envolve trabalhos submersos e que se estende desde os procedimentos iniciais de preparação até o final do período de observação, determinado pelo médico qualificado responsável pelo mergulho.

Período de trabalho: tempo em que o trabalhador permanece sob condição hiperbárica excluindo-se o tempo de descompressão Na atividade de mergulho é chamado "tempo de fundo".

Poeiras contendo partículas insolúveis ou pouco solúveis de baixa toxicidade e não classificadas de outra forma: também chamadas de "poeiras incômodas", "biologicamente inertes", "partículas não classificadas de outra forma" – PNOC e que, quando inaladas em quantidades excessivas, podem contribuir para doenças pulmonares.

Pressão Máxima de Trabalho – PMT: a maior pressão de ar à qual o trabalhador é exposto durante sua jornada de trabalhoEsta pressão é aquela que deve ser considerada na programação da descompressão.

Trabalhos sob ar comprimido: os efetuados em ambientes onde o trabalhador é obrigado a suportar pressões maiores que a atmosférica, e onde se exige cuidadosa descompressão, de acordo com padrões técnicos estabelecidos.

Tratamento recompressivo: tratamento de emergência em câmara hiperbárica multipaciente, realizado ou supervisionado exclusivamente por médico qualificado e acompanhado diretamente por guia interno junto ao paciente.

Tubulão de ar comprimido: equipamento para fundações com estrutura vertical, que se estende abaixo da superfície da água ou solo, no interior do qual os trabalhadores devem penetrar, entrando pela campânula, para uma pressão maior que atmosférica. A atmosfera pressurizada opõe-se à pressão da água e permite trabalho em seu interior.

Túnel pressurizado: escavação abaixo da superfície do solo, cujo maior eixo faz um ângulo não superior a 45° (quarenta e cinco graus) com a horizontal, fechado nas duas extremidades, em cujo interior haja pressão superior a uma atmosfera.

NR-15 – ATIVIDADES E OPERAÇÕES INSALUBRES

▸ NR-15 com redação pela Portaria nº 3.214/1978.

15.1 São consideradas atividades ou operações insalubres as que se desenvolvem:

15.1.1 Acima dos limites de tolerância previstos nos anexos nºs 1, 2, 3, 5, 11 e 12;

15.1.2 (Revogado pela Portaria nº 3.751/1990.)

15.1.3 Nas atividades mencionadas nos anexos nºs 6, 13 e 14.

15.1.4 Comprovadas através de laudo de inspeção do local de trabalho, constantes dos anexos números 7, 8, 9 e 10.

15.1.5 Entende-se por Limite de Tolerância, para os fins desta Norma, a concentração ou intensidade máxima ou mínima, relacionada com a natureza e o tempo de exposição ao agente, que não causará dano à saúde do trabalhador, durante a sua vida laboral.

15.2 O exercício de trabalho em condições de insalubridade, de acordo com os subitens do item anterior, assegura ao trabalhador a percepção de adicional, incidente sobre o salário mínimo da região, equivalente a:

15.2.1 40% (quarenta por cento), para insalubridade de grau máximo;

15.2.2 20% (vinte por cento), para insalubridade de grau médio;

15.2.3 10% (dez por cento), para insalubridade de grau mínimo;

15.3 No caso de incidência de mais de um fator de insalubridade, será apenas considerado o de grau mais elevado, para efeito de acréscimo salarial, sendo vedada a percepção cumulativa.

15.4 A eliminação ou neutralização da insalubridade determinará a cessação do pagamento do adicional respectivo.

15.4.1 A eliminação ou neutralização da insalubridade deverá ocorrer:

a) com a adoção de medida de ordem geral que conserve o ambiente de trabalho dentro dos limites de tolerância;

b) com a utilização de equipamento de proteção individual.

15.4.1.1 Cabe a autoridade regional competente em matéria de segurança e saúde do trabalhador, comprovada a insalubridade por laudo técnico de engenharia de segurança do trabalho ou médico do trabalho, devidamente habilitado, fixar adicional devido aos empregados expostos à insalubridade quando impraticável sua eliminação ou neutralização.

Subitem 15.4.1.1 com redação dada pela Portaria nº 3, de 1º-7-1992.

15.4.1.2 A eliminação ou neutralização da insalubridade ficará caracterizada através de avaliação pericial por órgão competente, que comprove a inexistência de risco à saúde do trabalhador.

15.5 É facultado às empresas e aos sindicatos das categorias profissionais interessadas requererem ao Ministério do Trabalho, através das DRTs, a realização de perícia em estabelecimento ou setor deste, com o objetivo de caracterizar e classificar ou determinar atividade insalubre.

15.5.1 Nas perícias requeridas às Delegacias Regionais do Trabalho, desde que comprovada a insalubridade, o perito do Ministério do Trabalho indicará o adicional devido.

15.6 O perito descreverá no laudo a técnica e a aparelhagem utilizadas.

15.7 O disposto no item 15.5 não prejudica a ação fiscalizadora do MTb, nem a realização *ex-officio* da perícia, quando solicitado pela Justiça, nas localidades onde não houver perito.

Brasília, 8 de junho de 1978

Roberto Raphael Weber

Subsecretário

NR-15 – ANEXO Nº 1

LIMITES DE TOLERÂNCIA PARA RUÍDO CONTÍNUO OU INTERMITENTE

NÍVEL DE RUÍDO dB (A)	MÁXIMA EXPOSIÇÃO DIÁRIA PERMISSÍVEL
85	8 horas
86	7 horas
87	6 horas
88	5 horas
89	4 horas e 30 minutos
90	4 horas
91	3 horas e 30 minutos
92	3 horas
93	2 horas e 40 minutos
94	2 horas e 15 minutos
95	2 horas
96	1 hora e 45 minutos
98	1 hora e 15 minutos
100	1 hora
102	45 minutos
104	35 minutos
105	30 minutos
106	25 minutos
108	20 minutos
110	15 minutos
112	10 minutos
114	08 minutos
115	07 minutos

1. Entende-se por Ruído Contínuo ou intermitente, para os fins de aplicação de Limites de Tolerância, o ruído que não seja ruído de impacto.

2. Os níveis de ruído contínuo ou intermitente devem ser medidos em decibéis (dB) com instrumento de nível de pressão sonora operando no circuito de compensação "A" e circuito de resposta lenta (SLOW). As leituras devem ser feitas próximas ao ouvido do trabalhador.

3. Os tempos de exposição aos níveis de ruído não devem exceder os limites de tolerância fixados no Quadro deste anexo.

4. Para os valores encontrados de nível de ruído intermediário será considerada a máxima exposição diária permissível relativa ao nível imediatamente mais elevado.

5. Não é permitida exposição a níveis de ruído acima de 115 dB(A) para indivíduos que não estejam adequadamente protegidos.

6. Se durante a jornada de trabalho ocorrerem dois ou mais períodos de exposição a ruído de diferentes níveis, devem ser considerados os seus efeitos combinados, de forma que, se a soma das seguintes frações:

$$\frac{C_1}{T_1} + \frac{C_2}{T_2} + \frac{C_3}{T_3} + \cdots + \frac{C_n}{T_n}$$

exceder a unidade, a exposição estará acima do limite de tolerância.

Na equação acima Cn indica o tempo total em que o trabalhador fica exposto a um nível de ruído específico e Tn indica a máxima exposição diária permissível a este nível, segundo o Quadro deste Anexo.

7. As atividades ou operações que exponham os trabalhadores a níveis de ruído, contínuo ou intermitente, superiores a 115 dB(A), sem proteção adequada, oferecerão risco grave e iminente.

NR-15 – ANEXO Nº 2

LIMITES DE TOLERÂNCIA PARA RUÍDOS DE IMPACTO

1. Entende-se por ruído de impacto aquele que apresenta picos de energia acústica de duração inferior a 1 (um) segundo, a intervalos superiores a 1 (um) segundo.

2. Os níveis de impacto deverão ser avaliados em decibéis (dB), com medidor de nível de pressão sonora operando no circuito linear e circuito de resposta para impacto. As leituras devem ser feitas próximas ao ouvido do trabalhador. O limite de tolerância para ruído de impacto será de 130 dB(LINEAR). Nos intervalos entre os picos, o ruído existente deverá ser avaliado como ruído contínuo.

3. Em caso de não se dispor de medidor do nível de pressão sonora com circuito de resposta para impacto, será válida a leitura feita no circuito de resposta rápida (FAST) e circuito de compensação "C". Neste caso, o limite de tolerância será de 120 dB(C).

4. As atividades ou operações que exponham, os trabalhadores, sem proteção adequada, a níveis de ruído de impacto superiores a 140 dB(LINEAR), medidos do circuito de resposta para impacto, ou superiores a 130 dB(C), medidos no circuito de resposta rápida (FAST), oferecerão risco grave e iminente. (C=115.052-9/I=4/T=S)

NR-15 – ANEXO Nº 3

LIMITES DE TOLERÂNCIA PARA EXPOSIÇÃO AO CALOR

▸ Redação pela Port. 1.359/2019.

Sumário:

1. Objetivos

2. Caracterização da atividade ou operação insalubre

3. Laudo Técnico para caracterização da exposição ocupacional ao calor

1. Objetivos

1.1 O objetivo deste Anexo é estabelecer critério para caracterizar as atividades ou operações insalubres decorrentes da exposição ocupacional ao calor em ambientes fechados ou ambientes com fonte artificial de calor.

Este Anexo não se aplica a atividades ocupacionais realizadas a céu aberto sem fonte artificial de calor.

2. Caracterização da atividade ou operação insalubre

2.1 A avaliação quantitativa do calor deverá ser realizada com base na metodologia e procedimentos descritos na Norma de Higiene Ocupacional NHO 06 (2ª edição – 2017) da FUNDACENTRO nos seguintes aspectos:

a) determinação de sobrecarga térmica por meio do índice IBUTG – Índice de Bulbo Úmido Termômetro de Globo;

b) equipamentos de medição e formas de montagem, posicionamento e procedimentos de uso dos mesmos nos locais avaliados;

c) procedimentos quanto à conduta do avaliador; e

d) medições e cálculos.

2.2 A taxa metabólica deve ser estimada com base na comparação da atividade realizada pelo trabalhador com as opções apresentadas no Quadro 2 deste Anexo.

2.2.1 Caso uma atividade específica não esteja apresentada no Quadro 2 deste Anexo, o valor da taxa metabólica deverá ser obtido por associação com atividade similar ao referido Quadro.

2.3 São caracterizadas como insalubres as atividades ou operações realizadas em ambientes fechados ou ambientes com fonte artificial de calor sempre que o IBUTG (médio) medido ultrapassar os limites de exposição ocupacional estabelecidos com base no Índice de Bulbo Úmido Termômetro de Globo apresentados no Quadro 1 (⁻IBUTG_MÁX) e determinados a partir da taxa

metabólica das atividades, apresentadas no Quadro 2, ambos deste Anexo.

2.4 O Índice de Bulbo Úmido Termômetro de Globo Médio – ¯IBUTG e a Taxa Metabólica Média – ¯M, a serem considerados na avaliação da exposição ao calor, devem ser aqueles que, obtidos no período de 60 (sessenta) minutos corridos, resultem na condição mais crítica de exposição.

2.4.1 A avaliação quantitativa deve ser representativa da exposição, devendo ser desconsideradas as situações de exposições eventuais ou não rotineiras nas quais os trabalhadores não estejam expostos diariamente.

2.5 Os limites de exposição ocupacional ao calor, ¯(IBUTG_MÁX, estão apresentados no Quadro 1 deste Anexo para os diferentes valores de taxa metabólica média (¯M).

2.6 As situações de exposição ocupacional ao calor, caracterizadas como insalubres, serão classificadas em grau médio.

3. Laudo Técnico para caracterização da exposição ocupacional ao calor

3.1 A caracterização da exposição ocupacional ao calor deve ser objeto de laudo técnico que contemple, no mínimo, os seguintes itens:

a) introdução, objetivos do trabalho e justificativa;

b) avaliação dos riscos, descritos no item 2.3 do Anexo nº 3 da NR 09;

c) descrição da metodologia e critério de avaliação, incluindo locais, datas e horários das medições;

d) especificação, identificação dos aparelhos de medição utilizados e respectivos certificados de calibração conforme a NHO 06 da FUNDACENTRO, quando utilizado o medidor de IBUTG;

e) avaliação dos resultados;

f) descrição e avaliação de medidas de controle eventualmente já adotadas; e

g) conclusão com a indicação de caracterização ou não de insalubridade.

Quadro 1 – Limite de exposição ocupacional ao calor
▸ Optamos por não publicar no livro impresso, disponível para consulta no material suplementar online.

Quadro 2 – Taxa metabólica por tipo de atividade
▸ Optamos por não publicar no livro impresso, disponível para consulta no material suplementar *online*.

NR-15 – ANEXO Nº 4

▸ Anexo 4 revogado pela Portaria nº 3.751, de 23-11-1990.

NR-15 – ANEXO Nº 5

LIMITES DE TOLERÂNCIA PARA RADIAÇÕES IONIZANTES

Nas atividades ou operações onde trabalhadores possam ser expostos a radiações ionizantes, os limites de tolerância, os princípios, as obrigações e controles básicos para a proteção do homem e do seu meio ambiente contra possíveis efeitos indevidos causados pela radiação ionizante, são os constantes da Norma CNEN-NN-3.01: "Diretrizes Básicas de Proteção Radiológica", de março de 2014, aprovada pela Resolução CNEN 164/2014, ou daquela que venha a substituí-la.
▸ Redação dada pela Portaria 1.084, de 18.12.2018.

NR-15 – ANEXO Nº 6

▸ Deixamos de publicar o Anexo 6 da NR 15 (Trabalho em condições hiperbáricas), disponível no material suplementar *on-line* para *download*.

NR-15 – ANEXO Nº 7

RADIAÇÕES NÃO IONIZANTES

1. Para os efeitos desta norma, são radiações não ionizantes as microondas, ultravioletas e laser.

2. As operações ou atividades que exponham os trabalhadores às radiações não ionizantes, sem a proteção adequada, serão consideradas insalubres, em decorrência de laudo de inspeção realizada no local de trabalho.

3. As atividades ou operações que exponham os trabalhadores às radiações da luz negra (ultravioleta na faixa – 400-320 nanômetros), não serão consideradas insalubres.

NR-15 – ANEXO Nº 8

▸ Anexo 8 com redação pela Portaria nº 1.297/2014.

VIBRAÇÃO

1. Objetivos

1.1 Estabelecer critérios para caracterização da condição de trabalho insalubre decorrente da exposição às Vibrações de Mãos e Braços (VMB) e Vibrações de Corpo Inteiro (VCI).

1.2 Os procedimentos técnicos para a avaliação quantitativa das VCI e VMB são os estabelecidos nas Normas de Higiene Ocupacional da FUNDACENTRO.

2. Caracterização e classificação da insalubridade

2.1 Caracteriza-se a condição insalubre caso seja superado o limite de exposição ocupacional diária a VMB correspondente a um valor de aceleração resultante de exposição normalizada (aren) de 5 m/s2.

2.2 Caracteriza-se a condição insalubre caso sejam superados quaisquer dos limites de exposição ocupacional diária a VCI:

a) valor da aceleração resultante de exposição normalizada (aren) de 1,1 m/s2;

b) valor da dose de vibração resultante (VDVR) de 21,0 m/s1,75.

2.2.1 Para fins de caracterização da condição insalubre, o empregador deve comprovar a avaliação dos dois parâmetros acima descritos.

2.3 As situações de exposição a VMB e VCI superiores aos limites de exposição ocupacional são caracterizadas como insalubres em grau médio.

2.4 A avaliação quantitativa deve ser representativa da exposição, abrangendo aspectos organizacionais e ambientais que envolvam o trabalhador no exercício de suas funções.

2.5 A caracterização da exposição deve ser objeto de laudo técnico que contemple, no mínimo, os seguintes itens:

a) objetivo e datas em que foram desenvolvidos os procedimentos;

b) descrição e resultado da avaliação preliminar da exposição, realizada de acordo com o item 4 do Anexo 1 da NR-9;
▸ Alínea *b* com redação pela Portaria 426/2021, do MTP.

c) metodologia e critérios empregados, inclusas a caracterização da exposição e representatividade da amostragem;

d) instrumentais utilizados, bem como o registro dos certificados de calibração;

e) dados obtidos e respectiva interpretação;

f) circunstâncias específicas que envolveram a avaliação;

g) descrição das medidas preventivas e corretivas eventualmente existentes e indicação das necessárias, bem como a comprovação de sua eficácia;

h) conclusão.

NR-15 – ANEXO Nº 9

FRIO

1. As atividades ou operações executadas no interior de câmaras frigoríficas, ou em locais que apresentem condições similares, que exponham os trabalhadores ao frio, sem a proteção adequada, serão consideradas insalubres em decorrência de laudo de inspeção realizada no local de trabalho.

NR-15 – ANEXO Nº 10

UMIDADE

1. As atividades ou operações executadas em locais alagados ou encharcados, com umidade excessiva, capazes de produzir danos à saúde dos trabalhadores, serão consideradas insalubres em decorrência de laudo de inspeção realizada no local de trabalho.

NR-15 – ANEXO Nº 11

AGENTES QUÍMICOS CUJA INSALUBRIDADE É CARACTERIZADA POR LIMITE DE TOLERÂNCIA E INSPEÇÃO NO LOCAL DE TRABALHO

1. Nas atividades ou operações nas quais os trabalhadores ficam expostos a agentes químicos, a caracterização de insalubridade ocorrerá quando forem ultrapassados os limites de tolerância constantes no Quadro Nº 1 deste Anexo.

2. Todos os valores fixados no Quadro Nº 1 – Tabela de Limites de Tolerância – são válidos para absorção apenas por via respiratória.

3. Todos os valores fixados no Quadro Nº 1 como "Asfixiantes Simples" determinam que nos ambientes de trabalho, em presença destas substâncias a concentração mínima de oxigênio deverá ser dezoito por cento em volume. As situações nas quais a concentração de oxigênio estiver abaixo deste valor serão consideradas de risco grave e iminente.

4. Na coluna "VALOR TETO" estão assinalados os agentes químicos cujos limites de tolerância não podem ser ultrapassados em momento algum da jornada de trabalho.

5. Na coluna "ABSORÇÃO TAMBÉM PELA PELE" estão assinalados os agentes químicos que podem ser absorvidos, por via cutânea, e portanto exigindo na sua manipulação, o uso de luvas adequadas, além do EPI necessário à proteção de outras partes do corpo.

6. A avaliação das concentrações dos agentes químicos através de métodos de amostragem instantânea, de leitura direta ou não, deverá ser feita pelo menos em 10 (dez) amostragens, para cada ponto ao nível respiratório do trabalhador. Entre cada uma das amostragens deverá haver um intervalo de, no mínimo, 20 (vinte) minutos.

7. Cada uma das concentrações obtidas nas referidas amostragens não deverá ultrapassar os valores obtidos na equação que segue, sob pena de ser considerada situação de risco grave e iminente.

Valor máximo = L.T X FD

Onde:

L.T. = limite de tolerância para o agente químico, segundo o Quadro Nº 1.

F.D. = fator de desvio, segundo definido no Quadro Nº 2.

QUADRO Nº 2

L.T.			F.D.
(ppm	ou	mg/m³)	
000	a	1000	3,00
100	a	1000	2,00
100	a	1000	1,50
100	a	1000	1,25
acima	de	1000	1,10

8. O limite de tolerância será considerado excedido quando a média aritmética das concentrações ultrapassar os valores fixados no Quadro Nº 1.

9. Para os agentes químicos que tenham "VALOR TETO" assinalado no Quadro Nº 1 (TABELA DE LIMITES DE TOLERÂNCIA) considerar-se-á excedido o limite de tolerância, quando qualquer uma das concentrações obtidas nas amostragens ultrapassar os valores fixados no mesmo Quadro.

10. Os limites de tolerância fixados no Quadro nº 1 são válidos para jornadas de trabalho de até 48 horas por semana, inclusive.

10.1 Para jornadas de trabalho que excedam as 48 horas semanais dever-se-á cumprir o disposto no art. 60 da CLT.

QUADRO Nº 1

TABELA DE LIMITES DE TOLERÂNCIA

AGENTES QUÍMICOS	Valor teto	Absorção também p/ pele	Até 48 horas/semanas		Grau de Insalubridade a ser considerado no caso de sua caracterização
			ppm*³	mg/m³***⁴	
Acetaldeído			78	140	máximo
Acetato de cellosolve		+	78	420	médio
Acetato de éter monoetílico de etileno glicol (vide acetato de cellosolve)			-	-	-
Acetato de etila			310	1090	mínimo
Acetato de 2-etóxi etila (vide acetato de cellosolve)			-	-	-
Acetileno			Asfixiante	simples	-
Acetona			780	1870	mínimo
Acetonitrila			30	55	máximo
Ácido acético			8	20	médio
Ácido cianídrico		+	8	9	máximo
Ácido clorídrico	+		4	5,5	máximo
Ácido crómico (névoa)			-	0,04	máximo
Ácido etanoico (vide ácido acético)			-	-	-
Ácido fluorídrico			2,5	1,5	máximo
Ácido fórmico			4	7	médio
Ácido metanoico (vide ácido fórmico)			-	-	-
Acrilato de metila		+	8	27	máximo
Acrilonitrila		+	16	35	máximo
Álcool isoamílico			78	280	mínimo
Álcool n-butílico	+	+	40	115	máximo
Álcool isobutílico			40	115	médio
Álcool sec-butílico (2-butanol)			115	350	médio
Álcool terc-butílico			78	235	médio
Álcool etílico			780	1480	mínimo
Álcool furfurílico		+	4	15,5	médio
Álcool metil amílico (vide metil isobutil carbinol)			-	-	-
Álcool metílico		+	156	200	máximo
Álcool n-propílico		+	156	390	médio
Álcool isopropílico		+	310	765	médio
Aldeído acético (vide acetaldeído)			-	-	-
Aldeído fórmico (vide formaldeído)			-	-	-
Amônia			20	14	médio
Anidrido sulfuroso (vide dióxido de enxofre)			-	-	-
Anilina		+	4	15	máximo
Argônio			Asfixiante	simples	-
Arsina (arsenamina)			0,04	0,16	máximo

Brometo de etila			156	695	máximo
Brometo de metila		+	12	47	máximo
Bromo			0,08	0,6	máximo
Bromoetano (vide brometo de etila)			-	-	-
Bromofórmio		+	0,4	4	médio
Bromometano (vide brometo de metila)			-	-	-
1,3 Butadieno			780	1720	médio
n-Butano			470	1090	médio
n-Butanol (vide álcool n-butílico)			-	-	-
sec-Butanol (vide álcool sec-butílico)			-	-	-
Butanona (vide metil etil cetona)			-	-	-
l-Butanotiol (vide butil mercaptana)			-	-	-
n-Butilamina	+	+	4	12	máximo

* ppm – partes de vapor ou gás por milhão de partes de ar contaminado.
** mg/m³ – miligramas por metro cúbico de ar.

AGENTES QUÍMICOS	Valor teto	Absorção também p/ pele	Até 48 horas/semanas		Grau de Insalubridade a ser considerado no caso de sua caracterização
			ppm*³	mg/m³**⁴	
Butil cellosolve		+	39	190	médio
n-Butil mercaptana			0,4	1,2	médio
2-Butóxi etanol (vide butil cellosolve)			-	-	-
Cellosolve (vide 2-etóxi etanol)			-	-	-
Chumbo			-	0,1	máximo
Cianeto de metila (vide acetonitrila)			-	-	-
Cianeto de vinila (vide acrilonitrila)			-	-	-
Cianogênio			8	16	máximo
Ciclohexano			235	820	médio
Ciclohexanol			40	160	máximo
Ciclohexilamina		+	8	32	máximo
Cloreto de carbonila (vide fosgênio)			-	-	-
Cloreto de etila			780	2030	médio
Cloreto de fenlla (vide cloro benzeno)			-	-	-
Cloreto de metila			78	165	máximo
Cloreto de metileno			156	560	máximo
Cloreto de vinila	+		156	398	máximo
Cloreto de vinilideno			8	31	máximo
Cloro			0,8	2,3	máximo
Clorobenzeno			59	275	médio
Clorobromometano			156	820	máximo
Cloroetano (vide cloreto de etila)			-	-	-
Cloroetileno (vide cloreto de vinila)			-	-	-
Clorodifluometano (Freon 22)			780	2730	mínimo
Clorofórmio			20	94	máximo
I-Cloro I-nitropropano			16	78	máximo
Cloroprene		+	20	70	máximo
Cumeno		+	39	190	máximo
Decaborano		+	0,04	0,25	máximo
Demeton		+	0,008	0,08	máximo
Diamina (vide hidrazina)			-	-	-
Diborano			0,08	0,08	máximo
1,2-Dibramoetano		+	16	110	médio
o-Diclorobenzeno			39	235	máximo
Diclorodifluormetano (Freon 12)	+		780	3860	mínimo
1,1 Dicloroetano			156	640	médio
1,2 Dicloroetano			39	156	máximo
1,1 Dicloroetileno (vide clórelo de vinilideno)			-	-	-
1,2 Dicloroetileno			155	615	médio
Diclorometano (vide cloreto de metileno)			-	-	-
1,1-Dicloro-I-nitroetano	+		8	47	máximo
1,2 Dicloropropano			59	275	máximo
Diclorotetrafluoretano (Freon 114)			780	5460	mínimo
Dietil amina			20	59	médio
Dietil éter (vide peter etílico)			-	-	-
2,4 Diisocianato de tolueno (TDI)	+		0,016	0,11	máximo
Diisopropilamina		+	4	16	máximo
Dimetilacetamida		+	8	28	máximo
Dimetilamina			8	14	médio
Dimetilformamida			8	24	médio
1.1 Dimetil hidraniza		+	0,4	0,8	máximo
Dióxido de carbono			3900	7020	mínimo
Dióxido de cloro			0,08	0,25	máximo
Dióxido de enxofre			4	10	máximo
Dióxido de nitrogênio	+		4	7	máximo
Dissulfeto de carbono		+	16	47	máximo

AGENTES QUÍMICOS	Valor teto	Absorção também p/ pele	Até 48 horas/semanas		Grau de Insalubridade a ser considerado no caso de sua caracterização
			ppm*[3]	mg/m³**[4]	
Estibina			0,08	0,4	máximo
Estireno			78	328	médio
Etanal (vide acetaldeído)			-	-	
Etano			Asfixiante	simples	-
Etano (vide álcool etílico)			-	-	-
Etanotiol (vide etil mercaptana)			-	-	-
Éter decloroetílico		+	4	24	máximo
Éter etílico			310	940	médio
Éter monobutílico do etileno glicol (vide butil cellosolve)			-	-	-
Éter monoetílico do etileno glicol (vide cellosolve)			-	-	-
Éter monometílico do etileno glicol (vide metil cellosolve)			-	-	-
Etilamina			8	14	máximo
Etilbenzeno			78	340	médio
Etileno			Asfixiante	simples	-
Etilenoimina		+	0,4	0,8	máximo
Etil mercaptana			0,4	0,8	médio
n-Etil morfolina		+	16	74	médio
2-Etoxietanol		+	78	290	médio
Fenol		+	4	15	máximo
Fluortriclorometano (Freon 11)			780	4370	médio
Formaldeído (formol)	+		1,6	2,3	máximo
Fosfina (Fosfamina)			0,23	0,3	máximo
Fosgênio			0,08	0,3	máximo
Freon 11 (vide fluortriclorometano)			-	-	-
Freon 12 (vide diclorodifluormetano)			-	-	-
Freon 22 (vide clorodifluormetano)			-	-	-
Freon 113 (vide 1,1,2 tricloro-1,2,2-tri-fluoretano)			-	-	-
Freon 114 (vide diclorotetrafluoretano)			-	-	-
Gás amoníaco (vide amônia)			-	-	-
Gás carbónico (vide dióxido de carbono)			-	-	-
Gás cianídrico (vide ácido cianídrico)			-	-	-
Gás clorídrico (vide ácido clorídrico)			-	-	-
Gás sulfídrico			8	12	máximo
Hélio			Asfixiante	simples	-
Hidrazina		+	0,08	0,08	máximo
Hidreto de antimônio (vide Estibina)			-	-	-
Hidrogênio			Asfixiante	simples	-
Isobutanol (vide álcool Isobutílico)			-	-	-
Isopropilamina			4	9,5	médio
Isopropil benzeno (vide cumeno)			-	-	-
Mercúrio (todas as formas exceto orgânicas)			-	0,04	máximo
Metacrilato de metila			78	320	mínimo
Metano			Asfixiante	simples	-
Metanol (vide álcool metílico)			-	-	-
Metilamina			8	9,5	máximo
Metil cellosolve		+	20	60	máximo
Metil ciclohexa			39	180	médio
Metil clorofórmio			275	1480	médio
Metil demeton		+	-	0,4	máximo
Metil etil cetona			155	460	médio
Metil isobutilcarbinol		+	20	78	máximo
Metil mercaptana (metanotiol)			0,4	0,8	médio
2-Metóxil etanol (vide metil cellosolve)			-	-	-
Monometil hidrazina	+	+	0,16	0,27	máximo
Monóxido de carbono			39	43	máximo
Negro de Fumo[5]			-	3,5	máximo

* ppm – partes de vapor ou gás por milhão de partes de ar contaminado.

** mg/m³ – miligramas por metro cúbico de ar.

² Ver Portaria nº 9, de 9-10-1992.

AGENTES QUÍMICOS	Valor teto	Absorção também p/ pele	Até 48 horas/semanas		Grau de Insalubridade a ser considerado no caso de sua caracterização
			ppm*³	mg/m³***⁴	
Neônio			Asfixiante	simples	-
Níquel carbonila (níquel tetracarbonila)			0,04	0,28	máximo
Nitrato de n-propila			20	85	máximo
Nitroetano			78	245	médio
Nitrometano			78	195	máximo
1-Nitropropano			20	70	médio
2-Nitropropano			20	70	médio
Óxido de etileno			39	70	máximo
Óxido nítrico (NO)			20	23	máximo
Óxido nitroso (N2O)			Asfixiante	simples	-
Ozona			0,08	0,16	máximo
Pentaborano			0,004	0,008	máximo
n-Pentano			470	1400	mínimo
Percloroetileno		+	78	525	médio
Piridina			4	12	médio
n-Propanol			Asfixiante	simples	-
n-Propanol (vide álcool n-propílico)			-	-	-
iso-Propanol (vide álcool isopropílico)			-	-	-
Propanoma (vide acetona)			-	-	-
Propileno			Asfixiante	simples	-
Propileno imina		+	1.6	4	máximo
Sulfato de dimetila	+	+	0,08	0,4	máximo
Sulfeto de hidrogénio (vide gás sulfídrico)			-	-	-
Systox (vide demeton)			-	-	-
1,1,2, 2, Tetrabromoetano			0,8	11	médio
Tetracloreto de carbono		+	8	50	máximo
Tetracloroetano		+	4	27	máximo
Tetracloroetileno (vide percloroetileno)			-	-	-
Tetraidrofurano			156	460	máximo
Tolueno (toluol)		+	78	290	médio
Tolueno – 2,4 – diisocianato (TDI) (vide 2,4 diisocianato de tolueno)			asbesto. -	-	-
Tribromometano (vide bromofórmio)			-	-	-
Tricloreto de vinila (vide 1, 1, 2 tricloroetano)			-	-	-
1,1,1 Tricloroetano (vide metil clorofórmio)			-	-	-
1,1,2 Tricloroetano		+	8	35	médio
Ticloroetileno			78	420	máximo
Triclorometano (vide clorofórmio)			-	-	-
1,2,3 Tricloropropano			40	235	máximo
1,1,2 Tricloro -1,2,2 trifluoretano (Freon113)			780	5930	médio
Trietilamina			20	78	máximo
Trifluormonobromometano			780	4760	médio
Vinilbenzeno (vide estireno)			-	-	-
Xileno (xilol)		+	78	340	médio

NR-15 – ANEXO Nº 12

LIMITES DE TOLERÂNCIA PARA POEIRAS MINERAIS
Asbestos

▸ Asbestos acrescido pela Portaria nº 1/1991.

1. O presente anexo aplica-se a todas e quaisquer atividades nas quais os trabalhadores estão expostos ao asbesto no exercício do trabalho.

1.1 Entende-se por "asbesto", também denominado amianto, a forma fibrosa dos silicatos minerais pertencentes aos grupos de rochas metamórficas das serpentinas, isto é, a crisotila (asbesto branco), e dos anfibólios, isto é, a actinolita, a amosita (asbesto marrom), a antofi-

lita, a crocidolita (asbesto azul), a tremolita ou qualquer mistura que contenha um ou vários destes minerais.

1.2 Entende-se por "exposição ao asbesto" a exposição no trabalho às fibras de asbesto respiráveis ou poeira de asbesto em suspensão no ar originada pelo asbesto ou por minerais, materiais ou produtos que contenham asbesto.

1.3 Entende-se por "fornecedor" de asbesto o produtor e/ou distribuidor da matéria-prima "in natura".

2. Sempre que dois ou mais empregadores, embora cada um deles com personalidade jurídica própria, levem a cabo atividades em um mesmo local de trabalho, serão, para efeito de aplicação dos dispositivos legais previstos neste anexo, solidariamente responsáveis contratante(s) e contratado(s).

2.1 Compete à(s) contratante(s) garantir os dispositivos legais previstos neste anexo por parte do(s) contratado(s).

3. Cabe ao empregador elaborar normas de procedimento a serem adotadas em situações de emergência, informando os trabalhadores convenientemente, inclusive com treinamento específico.

3.1 Entende-se por "situações de emergência" qualquer evento não programado dentro do processo habitual de trabalho que implique no agravamento da exposição dos trabalhadores.

4. Fica proibida a utilização de qualquer tipo de asbesto do grupo anfibólio e dos produtos que contenham estas fibras.

4.1 A autoridade competente, após consulta prévia às organizações mais representativas de empregadores e de trabalhadores interessados, poderá autorizar o uso de anfibólios, desde que a substituição não seja exequível e sempre que sejam garantidas as medidas de proteção à saúde dos trabalhadores.

5. Fica proibida a pulverização (spray) de todas as formas de asbesto.

6. Fica proibido o trabalho de menores de dezoito anos em setores onde possa haver exposição à poeira de asbesto.

7. As empresas (públicas ou privadas) que produzem, utilizam ou comercializam fibras de asbesto e as responsáveis pela remoção de sistemas que contêm ou podem liberar fibras de asbesto para o ambiente deverão ter seus estabelecimentos cadastrados junto ao Ministério do Trabalho e da Previdência Social/Instituto Nacional de Seguridade Social, através de seu setor competente em matéria de segurança e saúde do trabalhador.

7.1 O referido cadastro será obtido mediante a apresentação do modelo Anexo I.

7.2 O número de cadastro obtido será obrigatoriamente apresentado quando da aquisição da matéria-prima junto ao fornecedor.

7.3 O fornecedor de asbesto só poderá entregar a matéria-prima a empresas cadastradas.

7.4 Os Órgãos Públicos responsáveis pela autorização da importação de fibras de asbesto só poderão fornecer a guia de importação a empresas cadastradas.

7.5 O cadastro deverá ser atualizado obrigatoriamente a cada dois anos.

8. Antes de iniciar os trabalhos de remoção e/ou demolição, o empregador e/ou contratado, em conjunto com a representação dos trabalhadores, deverão elaborar um plano de trabalho onde sejam especificadas as medidas a serem tomadas, inclusive as destinadas a:

a) proporcionar toda proteção necessária aos trabalhadores;

b) limitar o desprendimento da poeira de asbesto no ar;

c) prever a eliminação dos resíduos que contenham asbesto.

9. Será de responsabilidade dos fornecedores de asbesto, assim como dos fabricantes e fornecedores de produtos contendo asbesto, a rotulagem adequada e suficiente, de maneira facilmente compreensível pelos trabalhadores e usuários interessados.

9.1 A rotulagem deverá conter, conforme modelo Anexo II:

– a letra minúscula "a" ocupando 40% (quarenta por cento) da área total da etiqueta;

– caracteres: "Atenção: contém amianto", "Respirar poeira de amianto é prejudicial à saúde", e "Evite risco: siga as instruções de uso".

9.2 A rotulagem deverá, sempre que possível, ser impressa no produto, em cor contrastante, de forma visível e legível.

10. Todos os produtos contendo asbesto deverão ser acompanhados de "instrução de uso" com, no mínimo, as seguintes informações: tipo de asbesto, risco à saúde e doenças relacionadas, medidas de controle e proteção adequada.

11. O empregador deverá realizar a avaliação ambiental de poeira de asbesto nos locais de trabalho em intervalos não superiores a seis meses.

11.1 Os registros das avaliações deverão ser mantidos por um período não inferior a 30 (trinta) anos.

11.2 Os representantes indicados pelos trabalhadores acompanharão o processo de avaliação ambiental.

11.3 Os trabalhadores e/ou seus representantes têm o direito de solicitar avaliação ambiental complementar nos locais de trabalho e/ou impugnar os resultados das avaliações junto à autoridade competente.

11.4 O empregador é obrigado a afixar o resultado dessas avaliações em quadro próprio de avisos para conhecimento dos trabalhadores.

12. O limite de tolerância para fibras respiráveis de asbesto crisotila é de 2,0 f/cm³.

12.1 Entende-se por "fibras respiráveis de asbesto" aquelas com diâmetro inferior a 3 micrômetros, comprimento maior que 5 micrômetros e relação entre comprimento e diâmetro igual ou superior a 3.1. (Item com redação pela Portaria nº 22/1994)

13. A avaliação ambiental será realizada pelo método do filtro de membrana, utilizando-se aumentos de 400 a 500X, com iluminação de contraste de fase.

13.1 Serão contadas as fibras respiráveis conforme subitem 12.1 independente de estarem ou não ligadas ou agregadas a outras partículas;

13.2 O método de avaliação a ser utilizado será definido pela ABNT/INMETRO.

13.3 Os laboratórios que realizarem análise de amostras ambientais de fibras dispersas no ar devem atestar a participação em programas de controle de qualidade laboratorial e sua aptidão para proceder às análises requeridas pelo método do filtro de membrana. (Item com redação pela Portaria nº 22/1994)

14. O empregador deverá fornecer gratuitamente toda vestimenta de trabalho que poderá ser contaminada por asbesto, não podendo esta ser utilizada fora dos locais de trabalho.

14.1 O empregador será responsável pela limpeza, manutenção e guarda da vestimenta de trabalho, bem como dos EPIs utilizados pelo trabalhador.

14.2 A troca de vestimenta de trabalho será feita com frequência mínima de duas vezes por semana.

15. O empregador deverá dispor de vestiário duplo para os trabalhadores expostos ao asbesto.

15.1 Entende-se por "vestiário duplo" a instalação que oferece uma área para guarda de roupa pessoal e outra, isolada, para guarda da vestimenta de trabalho, ambas com comunicação direta com a bateria de chuveiros.

15.2 As demais especificações de construção e instalação obedecerão as determinações das demais Normas Regulamentadoras.

16. Ao final de cada jornada diária de trabalho, o empregador deverá criar condições para troca de roupa e banho do trabalhador.

17. O empregador deverá eliminar os resíduos que contêm asbesto, de maneira que não se produza nenhum risco à saúde dos trabalhadores e da população em geral, de conformidade com as disposições legais previstas pelos órgãos competentes do meio ambiente e outros que porventura venham a regulamentar a matéria.

18. Todos os trabalhadores que desempenham ou tenham funções ligadas à exposição ocupacional ao asbesto serão submetidos a exames médicos previstos no subitem 7.1.3 da NR-7, sendo que por ocasião da admissão, demissão e anualmente devem ser realizados, obrigatoriamente, exames complementares incluindo, além da avaliação clínica, telerradiografia de tórax e prova de função pulmonar (espirometria).

18.1 A técnica utilizada na realização das telerradiografias de tórax deverá obedecer ao padrão determinado pela Organização Internacional do Trabalho, especificado na Classificação Internacional de Radiografias de Pneumoconioses (OIT-1980).

18.2 As empresas ficam obrigadas a informar aos trabalhadores examinados, em formulário próprio, os resultados dos exames realizados.

19. Cabe ao empregador, após o término do contrato de trabalho envolvendo exposição ao asbesto, manter disponível a realização periódica de exames médicos de controle dos trabalhadores, durante 30 anos.

19.1 Estes exames deverão ser realizados com a seguinte periodicidade:

a) a cada 3 anos para trabalhadores com período de exposição de 0 a 12 anos;

b) a cada 2 anos para trabalhadores com período de exposição de 12 a 20 anos;

c) anual para trabalhadores com período de exposição superior a 20 anos.

19.2 O trabalhador receberá, por ocasião da demissão e retornos posteriores, comunicação da data e local da próxima avaliação médica.

20. O empregador deve garantir informações e treinamento dos trabalhadores, com frequência mínima anual, priorizando os riscos e as medidas de proteção e controle devidos à exposição ao asbesto.

20.1 Os programas de prevenção já previstos em Lei (curso da CIPA, SIPAT etc.) devem conter informações específicas sobre os riscos de exposição ao asbesto.

21. Os prazos de notificações e os valores das infrações estão especificados no Anexo III.

22. As exigências contidas neste anexo entrarão em vigor em 180 (cento e oitenta dias) a contar da data de sua publicação, revogadas as disposições em contrário.

JOSÉ OLYMPIO DE FREITAS AZEVEDO

ANEXO I
MODELO DO CADASTRO
DOS UTILIZADORES DO ASBETO

▸ Deixamos de publicar o Modelo do Cadastro dada a especificidade da matéria. Íntegra disponível em Material Suplementar *on-line* para *download*.

ANEXO II

ANEXO III

Item e Subitem	Prazo	Infração
– 2.1	P4	I4
– 3	P2	I2
– 4	P1	I4
– 5	P1	I4
– 6	P1	I4
– 7, 7.2, 7.4	P1	I3
– 8	P2	I3
– 9, 9.1, 9.2	P4	I3
– 10	P4	I3
– 11, 11.1, 11.2	P4	I3
e 11.4	P4	I4
– 12	P3	I3
– 14, 14.1, 14.2	P4	I3
– 15	P1	I1
– 16	P4	I4
– 17	P3	I2
– 18, 18.2	P1	I1
– 19, 19.1	P1	I1
– 20, 20.1		

Manganês e seus compostos
▸ Manganês acrescido pela Portaria nº 8/1992.

1. O limite de tolerância, para as operações com manganês e seus compostos referente à extração, tratamento, moagem, transporte do minério, ou ainda outras operações com exposição a poeiras de manganês ou de seus compostos é de até 5 mg/m³ no ar, para jornada de até 8 horas por dia.

2. O limite de tolerância, para as operações com manganês e seus compostos referente a metalurgia de minerais de manganês, fabricação de compostos de manganês, fabricação de baterias e pilhas secas, fabricação de vidros especiais e cerâmicas, fabricação e uso de eletrodos de solda, fabricação de produtos químicos, tintas e fertilizantes, ou ainda outras operações com exposição a fumos de manganês ou de seus compostos é de até 1 mg/m³ no ar, para jornada de até 8 horas por dia.

3. Sempre que os limites de tolerância forem ultrapassados as atividades e operações com o manganês e seus compostos serão consideradas como insalubres no grau máximo.

4. O pagamento do adicional de insalubridade por parte do empregador não o desobriga da adoção de medidas de prevenção e controle que visem minimizar os riscos dos ambientes de trabalho.

5. As avaliações de concentração ambiental e caracterização da insalubridade somente poderá ser realizada por Engenheiro de Segurança do Trabalho ou Médico do Trabalho conforme previsto no Art. 195 da CLT.

6. As seguintes recomendações e medidas de prevenção de controle são indicadas para as operações com manganês e seus compostos, independentemente dos limites de tolerância terem sido ultrapassados ou não:

– Substituição de perfuração a seco por processos úmidos.

– Perfeita ventilação após detonações, antes de se reiniciarem os trabalhos.

– Ventilação adequada, durante os trabalhos, em áreas confinadas.

– Uso de equipamentos de proteção respiratória com filtros mecânicos para áreas contaminadas.

– Uso de equipamentos de proteção respiratória com linha de ar mandado, para trabalhos, por pequenos períodos, em áreas altamente contaminadas.

– Uso de máscaras autônomas para casos especiais e treinamentos específicos;

– Rotatividade das atividades e turnos de trabalho para os perfuradores e outras atividades penosas.

– Controle da poeira a níveis abaixo dos permitidos.

7. As seguintes precauções de ordem médica e de higiene são de caráter obrigatório para todos os trabalhadores expostos as operações com manganês e seus compostos, independentemente dos limites de tolerância terem sido ultrapassados ou não:

– Exames médicos pré-admissionais e periódicos.

– Exames adicionais para as causas absenteísmo prolongado, doença, acidentes ou outros casos.

– Não admissão de empregado portador de lesões respiratórias orgânicas do sistema nervosos central e disfunções sanguíneas para trabalhos em exposição ao manganês.

– Exames periódicos de acordo com os tipos de atividades de cada trabalhador, variando de períodos de 3 a 6 meses para os trabalhos de subsolo e de 6 meses a anualmente para os trabalhadores de superfície.

– Análises biológicas de sangue.

– Afastamento imediato de pessoas com sintomas de intoxicação ou alterações neurológicas ou psicológicas.

– Banho obrigatório após a jornada de trabalho.

– Troca de roupas de passeio/serviço/ passeio.

– Proibição de se tomarem refeições nos locais de trabalho.

Sílica Livre Cristalizada

1. O limite de tolerância, expresso em milhões de partículas por decímetro cúbico, é dado pela seguinte fórmula:

$$LT = \frac{8,5}{\% \text{ quartzo} + 10} \quad \text{mppdc (milhões de partículas por decímetro cúbico)}$$

Esta fórmula é válida para amostras tomadas com "impactador" (impinger) no nível da zona respiratória e contadas pela técnica de campo claro. A porcentagem de quartzo é a quantidade determinada através de amostras em suspensão aérea.

2. O limite de tolerância para poeira respirável, expresso em mg/m³, é dado pela seguinte fórmula:

$$LT = \frac{8}{\% \text{ quartzo} + 2} \quad mg/m^3$$

3. Tanto a concentração como a porcentagem de quartzo, para a aplicação deste limite, devem ser determinadas a partir da porção que passa por um seletor com as características do Quadro nº 1.

QUADRO Nº 1

Diâmetro Aerodinâmico (um) (esfera de densidade unitária)		% de passagem pelo seletor
menor ou igual a	00,2	90 (zero)
	0 2,5	75 (zero)
	0 3,5	50 (zero)
	0 5,0	25 (zero)
	10,0	0 (zero)

4. O Limite de Tolerância para poeira total (respirável e não respirável), expresso em mg/m³, é dado pela seguinte fórmula:

$$LT = \frac{24}{\% \text{ quartzo} + 3} \quad mg/m^3$$

5. Sempre será entendido que "Quartzo" significa sílica livre cristalizada.

6. Os limites de tolerância fixados no item 4 são válidos para jornadas de trabalhos de até 48 horas por semana, inclusive.

6.1 Para jornadas de trabalho que excedam a 48 horas semanais os limites deverão ser reduzidos, sendo estes fixados pela autoridade competente.

7. Fica proibido o processo de trabalho de jateamento que utilize areia seca ou úmida como abrasivo. (Item com redação pela Portaria nº 99/2004)

8. As máquinas e ferramentas utilizadas nos processos de corte e acabamento de rochas ornamentais devem ser dotadas de sistema de umidificação capaz de minimizar ou eliminar a geração de poeira decorrente de seu funcionamento. (Item com redação pela Portaria nº 43/2008)

NR-15 – ANEXO Nº 13

AGENTES QUÍMICOS

1. Relação das atividades e operações, envolvendo agentes químicos, consideradas insalubres em decorrência de inspeção realizada no local de trabalho. Excluam-se desta relação as atividades ou operações com os agentes químicos constantes dos Anexos 11 e 12.

ARSÊNICO

Insalubridade de grau máximo

Extração e manipulação de arsênico e preparação de seus compostos. Fabricação de tintas à base de arsênico.

Fabricação de produtos parasiticidas, inseticidas e raticidas contendo compostos de arsênico.

Pintura a pistola com pigmentos de compostos de arsênico, em recintos limitados ou fechados.

Preparação do "Secret".

Produção de Trióxido de Arsênico.

Insalubridade de grau médio

Bronzeamento em negro e verde com compostos de arsênico.

Conservação de peles e plumas; depilação de peles à base de compostos de arsênico.

Descoloração de vidros e cristais à base de compostos de arsênico.

Emprego de produtos parasiticidas, inseticidas e raticidas à base de compostos de arsênico.

Fabricação de cartas de jogar, papéis pintados e flores artificiais à base de compostos de arsênico.

Metalurgia de minérios arsenicais (ouro, prata, chumbo, zinco, níquel, antimônio, cobalto e ferro).

Operações de galvanotécnica à base de compostos de arsênico.

Pintura manual (pincel, rolo e escova) com pigmentos de compostos de arsênico em recintos limitados ou fechados, exceto com pincel capilar.

Insalubridade de grau mínimo

Empalhamento de animais à base de compostos de arsênico.

Fabricação de tafetá "siré".

Pintura a pistola ou manual com pigmentos de compostos de arsênico ao ar livre.

CARVÃO

Insalubridade de grau máximo

Trabalho permanente no subsolo em operações de corte, furação e desmonte, de carregamento no local de desmonte, em atividades de manobra, nos pontos de transferência de carga e de viradores.

Insalubridade de grau médio

Demais atividades permanentes do subsolo compreendendo serviços, tais como: de operações de locomotiva, condutores, engatadores, bombeiros, madeireiros, trilheiros e eletricistas.

Insalubridade de grau mínimo

Atividades permanentes de superfície nas operações a seco, com britadores, peneiras, classificadores, carga e descarga de silos, de transportadores de correia e de teleféricos.

CHUMBO

Insalubridade de grau máximo

Fabricação de compostos de chumbo, carbonato, arseniato, cromato mínio, litargírio e outros.

Fabricação de esmaltes, vernizes, cores, pigmentos, tintas, unguentos, óleos, pastas, líquidos e pós à base de compostos de chumbo.

Fabricação e restauração de acumuladores, pilhas e baterias elétricas contendo compostos de chumbo.

Fabricação e emprego de chumbo tetraetila e chumbo tetrametila.

Fundição e laminação de chumbo, de zinco velho, cobre e latão.

Limpeza, raspagem e reparação de tanques de mistura, armazenamento e demais trabalhos com gasolina contendo chumbo tetraelita.

Pintura a pistola com pigmentos de compostos de chumbo em recintos limitados ou fechados.

Vulcanização de borracha pelo litargírio ou outros compostos de chumbo.

Insalubridade de grau médio

Aplicação e emprego de esmaltes, vernizes, cores, pigmentos, tintas, unguentos, óleos, pastas, líquidos e pós à base de compostos de chumbo.

Fabricação de porcelana com esmaltes de compostos de chumbo.

Pintura e decoração manual (pincel, rolo e escova) com pigmentos de compostos de chumbo (exceto pincel capilar), em recintos limitados ou fechados.

Tinturaria e estamparia com pigmentos à base de compostos de chumbo.

Insalubridade de grau mínimo

Pintura a pistola ou manual com pigmentos de compostos de chumbo ao ar livre.

CROMO

Insalubridade de grau máximo

Fabricação de cromatos e bicromatos.

Pintura a pistola com pigmentos de compostos de cromo, em recintos limitados ou fechados.

Insalubridade de grau médio

Cromagem eletrolítica dos metais.

Fabricação de palitos fosfóricos à base de compostos de cromo (preparação da pasta e trabalho nos secadores).

Manipulação de cromatos e bicromatos.

Pintura manual com pigmentos de compostos de cromo em recintos limitados ou fechados (exceto pincel capilar).

Preparação por processos fotomecânicos de clichês para impressão à base de compostos de cromo.

Tanagem a cromo.

FÓSFORO

Insalubridade de grau máximo

Extração e preparação do fósforo branco e seus compostos.

Fabricação de defensivos fosforados e organofosforados.

Fabricação de projéteis incendiários, explosivos e gases asfixiantes à base de fósforo branco.

Insalubridade de grau médio

Emprego de defensivos organofosforados.

Fabricação de bronze fosforado.

Fabricação de mechas fosforadas para lâmpadas de mineiros.

HIDROCARBONETOS E OUTROS COMPOSTOS DE CARBONO

Insalubridade de grau máximo

Destilação do alcatrão e da hulha.

Destilação do petróleo.

Manipulação de alcatrão, breu betume, antraceno, óleos minerais, óleo queimado, parafina ou outras substâncias cancerígenas afins.

▸ A Portaria nº 9, de 9-10-1992, exclui deste item a manipulação de negro de fumo.

Fabricação de fenóis, cresóis, naftóis, nitroderivados, aminoderivados, derivados halogenados e outras substâncias tóxicas derivadas de hidrocarbonetos cíclicos.

Pintura a pistola com esmaltes, tintas, vernizes e solventes contendo hidrocarbonetos aromáticos.

Insalubridade de grau médio

Emprego de defensivos organoclorados: DDT (Diclorodifeniltricloretano), DDD (Diclorodifenildicloretano), Metoxicloro (Dimetoxidifeniltricloretano), BHC (Hexacloreto de Benzeno) e seus compostos e Isômeros.

Emprego de defensivos derivados do ácido-carbônico.

Emprego de aminoderivados de hidrocarbonetos aromáticos (homólogos da anilina).

Emprego de cresol, naftaleno e derivados tóxicos.

Emprego de isocianatos na formação de poliuretanas (lacas dedesmodur e desmofem, lacas de dupla com-

posição, lacas protetoras de madeira e metais, adesivos especiais e outros produtos à base de polisocianetos e poliuretanas).

▶ Provável redação conforme Quadro V da Portaria nº 491, citada.

Emprego de produtos contendo hidrocarbonetos aromáticos como solventes ou em limpeza de peças.

Fabricação de artigos de borracha, de produtos para impermeabilização e de tecidos impermeáveis à base de hidrocarbonetos.

Fabricação de linóleos, celuloides, lacas, tintas, esmaltes, vernizes, solventes, colas, artefatos de ebonite, guta-percha, chapéus de palha e outros à base de hidrocarbonetos.

Limpeza de peças ou motores com óleo diesel aplicado sob pressão (nebulização).

Pintura a pincel com esmaltes, tintas e vernizes em solventes contendo hidrocarbonetos aromáticos.

MERCÚRIO

Insalubridade de grau máximo

Fabricação e manipulação de compostos orgânicos de mercúrio.

SILICATOS

Insalubridade de grau máximo

Operações que desprendam poeira de silicatos em trabalhos permanentes no subsolo, em minas e túneis (operações de corte, furação, desmonte, carregamento e outras atividades exercidas no local do desmonte, e britagem no subsolo).

Operações de extração, trituração e moagem de talco.

Fabricação de material refratário, como refratários para forma chaminés e cadinhos; recuperação de resíduos.

SUBSTÂNCIAS CANCERÍGENAS

▶ Item com redação pela Portaria nº 14/1995.

Para as substâncias ou processos a seguir relacionados, não deve ser permitida nenhuma exposição ou contato, por qualquer via:

– 4-amino difenil (p-xenilamina);

– Produção de benzidina;

– Beta-naftilamina;

– 4-nitrodifenil;

Entende-se por nenhuma exposição ou contato, hermetizar o processo ou operação, através dos melhores métodos praticáveis de engenharia, sendo que o trabalhador deve ser protegido adequadamente de modo a não permitir nenhum contato com o carcinogênico.

Sempre que os processos ou operações não forem hermetizados, será considerada como situação de risco grave e iminente para o trabalhador.

Para o Benzeno, deve ser observado o disposto no Anexo 13-A.

NR-15 – ANEXO 13-A

▶ Anexo 13-A com redação pela Portaria nº 14/1995.

Benzeno

1. O presente Anexo tem como objetivo regulamentar ações, atribuições e procedimentos de prevenção da exposição ocupacional ao benzeno, visando à proteção da saúde do trabalhador, visto tratar-se de um produto comprovadamente cancerígeno.

2. O presente Anexo se aplica a todas as empresas que produzem, transportam, armazenam, utilizam ou manipulam benzeno e suas misturas líquidas contendo 1% (hum por cento) ou mais de volume e aquelas por elas contratadas, no que couber.

2.1 O presente Anexo não se aplica às atividades de armazenamento, transporte, distribuição, venda e uso de combustíveis derivados de petróleo.

3. Fica proibida a utilização do benzeno, a partir de 1 de janeiro de 1997, para qualquer emprego, exceto nas indústrias e laboratórios que:

a) o produzem;

b) o utilizem em processos de síntese química;

c) o empreguem em combustíveis derivados de petróleo;

d) o empreguem em trabalhos de análise ou investigação realizados em laboratório, quando não for possível sua substituição;

e) (Revogado pela Portaria nº 203/2011).

3.1 (Revogado pela Portaria nº 203/2011).

3.2 As empresas que utilizam benzeno em atividades que não as identificadas nas alíneas do item 3, e que apresentem inviabilidade técnica ou econômica de sua substituição deverão comprová-la quando da elabora-

ção do Programa de Prevenção da Exposição Ocupacional ao Benzeno – PPEOB.

3.3 Subitem revogado pela Portaria nº 291/2011.

a) Alínea revogada pela Portaria nº 291/2011.

b) Alínea revogada pela Portaria nº 291/2011.

c) Alínea revogada pela Portaria nº 291/2011.

d) Alínea revogada pela Portaria nº 291/2011.

4. As empresas que produzem, transportam, armazenam, utilizam ou manipulam benzeno e suas misturas líquidas contendo 1% (um por cento) ou mais de volume devem cadastrar seus estabelecimentos no DSST. (Item 4 com redação pela Portaria nº 203/2011)

4.1. Para o cadastramento previsto no item 4, a empresa deverá apresentar ao DSST as seguintes informações: (Subitem 4.1 com redação pela Portaria nº 203/2011)

a) identificação da Empresa (nome, endereço, CGC, ramo de atividade e Classificação Nacional de Atividades Econômicas – CNAE);

b) número de trabalhadores por estabelecimento;

c) nome das empresas fornecedoras de benzeno, quando for o caso;

d) utilização a que se destina o benzeno;

e) quantidade média de processamento mensal.

f) Documento-base do PPEOB. (Alínea acrescida pela Portaria nº 203/2011)

4.1.1 Somente serão cadastradas as instalações concluídas e aptas a operar. (Subitem acrescido pela Portaria nº 203/2011)

4.1.2 Para o cadastramento de empresas e instituições que utilizam benzeno apenas em seus laboratórios, processos de análise ou pesquisa, quando não for possível a sua substituição, a solicitação deve ser acompanhada de declaração assinada pelos responsáveis legal e técnico da empresa ou instituição, com justificativa sobre a inviabilidade da substituição. (Subitem com redação pela Portaria nº 291/2011)

4.1.2.1 O PPEOB do laboratório de empresas ou instituições enquadradas no subitem 4.1.2 deve ser mantido à disposição da fiscalização no local de trabalho, não sendo necessário o seu encaminhamento para o Departamento de Segurança e Saúde no Trabalho – DSST. (Subitem com redação pela Portaria nº 291/2011)

4.2. A comprovação de cadastramento deverá ser apresentada quando da aquisição do benzeno junto ao fornecedor.

4.3. As fornecedoras de benzeno só poderão comercializar o produto para empresas cadastradas.

4.4 As empresas constantes deverão manter, por 10 (dez) anos, uma relação atualizada das empresas por elas contratadas que atuem nas áreas incluídas na caracterização prevista no PPEOB, contendo:

– identificação da contratada;

– período de contratação;

– atividade desenvolvida;

– número de trabalhadores.

4.5 O cadastramento da empresa ou instituição poderá ser suspenso em caso de infração à legislação do benzeno, de acordo com os procedimentos previstos em portaria específica. (Subitem com redação pela Portaria nº 203/2011)

4.6 As alterações de instalações que impliquem modificação na utilização a que se destina o benzeno e a quantidade média de processamento mensal devem ser informadas ao DSST, para fins de atualização dos dados de cadastramento da empresa. (C=115.097-9/I=2/T=S) Subitem 4.6 com redação dada pela Portaria nº 203, de 28-1-2011. *DOU* de 1º-2-2011.

5. As empresas que produzem, transportam, armazenam, utilizam ou manipulam benzeno em suas misturas líquidas contendo 1% (um por cento) ou mais do volume devem apresentar ao DSST o documento-base do PPEOB, juntamente com as informações previstas no subitem 4.1. (Item com redação pela Portaria nº 203/2011).

5.1 (Revogado pela Portaria nº 203/2011).

5.2 O PPEOB elaborado pela empresa, deve representar o mais elevado grau de compromisso de sua diretoria com os princípios e diretrizes da prevenção da exposição dos trabalhadores ao benzeno devendo:

a) ser formalizado através de ato administrativo oficial do ocupante do cargo gerencial mais elevado;

b) ter indicação de um Responsável pelo Programa que responderá pelo mesmo junto aos Órgãos Públicos, às representações dos trabalhadores específicas para o benzeno e ao Sindicato profissional da categoria.

5.3 No PPEOB deverão estar relacionados os empregados responsáveis pela sua execução, com suas respectivas atribuições e competências.

5.4 O PPEOB, além do estabelecido na NR-01, deve conter:

- caracterização das instalações contendo benzeno ou misturas que o contenham em concentração maior do que um por cento em volume;

- avaliação das concentrações de benzeno para verificação da exposição ocupacional e vigilância do ambiente de trabalho, segundo o Anexo IX (Avaliação das Concentrações de Benzeno em Ambientes de Trabalho) da Instrução Normativa – IN nº 2, de 8 de novembro de 2021;

- ações de vigilância à saúde dos trabalhadores próprios e de terceiros, segundo o Anexo X (Vigilância da Saúde dos Trabalhadores na Prevenção da Exposição Ocupacional ao Benzeno) da Instrução Normativa – IN nº 2, de 2021;

- descrição do cumprimento das determinações deste anexo e acordos coletivos referentes ao benzeno;

- procedimentos para o arquivamento dos resultados de avaliações ambientais previstas no Anexo IX (Avaliação das Concentrações de Benzeno em Ambientes de Trabalho) da Instrução Normativa – IN nº 02, de 2021, por quarenta anos;

- adequação da proteção respiratória ao disposto no Programa de Proteção Respiratória, em conformidade com o Capítulo II da Portaria MTP nº 672, de 8 de novembro de 2021;

- definição dos procedimentos operacionais de manutenção, atividades de apoio e medidas de organização do trabalho necessárias para a prevenção da exposição ocupacional ao benzeno. Nos procedimentos de manutenção deverão ser descritos os de caráter emergencial, rotineiros e preditivos, objetivando minimizar possíveis vazamentos ou emissões fugitivas;

- levantamento de todas as situações em que possam ocorrer concentrações elevadas de benzeno, com dados qualitativos e quantitativos que contribuam para a avaliação ocupacional dos trabalhadores;

- procedimentos para proteção coletiva e individual dos trabalhadores, do risco de exposição ao benzeno nas situações críticas verificadas no item anterior, através de medidas tais como: organização do trabalho, sinalização apropriada, isolamento de área, treinamento específico, ventilação apropriada, proteção respiratória adequada e proteção para evitar contato com a pele;

- descrição dos procedimentos usuais nas operações de drenagem, lavagem, purga de equipamentos, operação manual de válvulas, transferências, limpezas, controle de vazamentos, partidas e paradas de unidades que requeiram procedimentos rigorosos de controle de emanação de vapores e prevenção de contato direto do trabalhador com o benzeno;

- descrição dos procedimentos e recursos necessários para o controle da situação de emergência, até o retorno à normalidade;

- cronograma detalhado das mudanças que deverão ser realizadas na empresa para a prevenção da exposição ocupacional ao benzeno e a adequação ao Valor de Referência Tecnológico;

- exigências contratuais pertinentes, que visem adequar as atividades de empresas contratadas à observância do Programa de contratante; e

- procedimentos específicos de proteção para o trabalho do menor de dezoito anos, mulheres grávidas ou em período de amamentação.

▶ Item 5.4 com redação pela Portaria MTP 806/2022.

6. Valor de Referência Tecnológico – VRT se refere à concentração de benzeno no ar considerada exequível do ponto de vista técnico, definido em processo de negociação tripartite. O VRT deve ser considerado como referência para os programas de melhoria contínua das condições dos ambientes de trabalho. O cumprimento do VRT é obrigatório e não exclui risco à saúde.

6.1 O princípio da melhoria contínua parte do reconhecimento de que o benzeno é uma substância comprovadamente carcinogênica, para a qual não existe limite seguro de exposição. Todos os esforços devem ser dispendidos continuamente no sentido de buscar a tecnologia mais adequada para evitar a exposição do trabalhador ao benzeno.

6.2 Para fins de aplicação do contido neste Anexo, é definida uma categoria de VRT: a VRT-MPT, que corresponde à concentração média de benzeno no ar ponderada pelo tempo, para uma jornada de trabalho de oito horas, obtida na zona de respiração dos trabalhadores, individualmente ou de Grupos Homogêneos de Exposição

– GHE, conforme definido no Anexo IX (Avaliação das Concentrações de Benzeno em Ambientes de Trabalho) da Instrução Normativa – IN nº 2, de 2021.

▸ Item 6.2 com redação pela Portaria MTP 806/2022.

6.2.1 Os valores Limites de Concentração – LC a serem utilizados no Anexo IX (Avaliação das Concentrações de Benzeno em Ambientes de Trabalho) da Instrução Normativa – IN nº 2, de 2021, para o cálculo do Índice de Julgamento "I", são os VRT-MPT estabelecidos a seguir.

▸ Item 6.2.1 com redação pela Portaria MTP 806/2022.

7. Os valores estabelecidos para os VRT-MPT são:

– 1,0 (um) ppm para as empresas abrangidas por este Anexo (com exceção das empresas siderúrgicas, as produtoras de álcool anidro e aquelas que deverão substituir o benzeno a partir de 1-1-97).

– 2,5 (dois e meio) ppm para as empresas siderúrgicas.

7.1 O Fator de Conversão da concentração de benzeno de ppm para mg/m³ é: 1 ppm = 3,19 mg/m³ nas condições de 25ºC, 101 kPa ou 1 atm.

7.2 Os prazos de adequação das empresas aos referidos VRT-MPT serão acordados entre as representações de trabalhadores, empregadores e de governo.

7.3 Situações consideradas de maior risco ou atípicas devem ser obrigatoriamente avaliadas segundo critérios de julgamento profissional que devem estar especificados no relatório da avaliação.

7.4 As avaliações ambientais deverão seguir o disposto no Anexo IX (Avaliação das Concentrações de Benzeno em Ambientes de Trabalho) da Instrução Normativa – IN nº 2, de 2021.

▸ Item 7.4 com redação pela Portaria MTP 806/2022.

8. Entende-se como Vigilância da Saúde o conjunto de ações e procedimentos que visam a detecção, o mais precocemente possível, de efeitos nocivos induzidos pelo benzeno à saúde dos trabalhadores.

8.1 Estas ações e procedimentos deverão seguir o disposto no Anexo X (Vigilância da Saúde dos Trabalhadores na Prevenção da Exposição Ocupacional ao Benzeno) da Instrução Normativa – IN nº 2, de 2021.

▸ Item 8.1 com redação pela Portaria MTP 806/2022.

9. As empresas abrangidas pelo presente Anexo, e aquelas por elas contratadas, quando couber, deverão garantir a constituição de representação específica dos trabalhadores para o benzeno objetivando acompanhar a elaboração, implantação e desenvolvimento do Programa de Prevenção da Exposição Ocupacional ao Benzeno.

9.1. A organização, constituição, atribuições e treinamento desta representação serão acordadas entre as representações dos trabalhadores e empregadores.

10. Os trabalhadores das empresas abrangidas pelo presente Anexo, e aquelas por elas contratadas, com risco de exposição ao benzeno, deverão participar de treinamento sobre os cuidados e as medidas de prevenção.

11. As áreas, recipientes, equipamentos e pontos com risco de exposição ao benzeno deverão ser sinalizadas com os dizeres – "PERIGO: PRESENÇA DE BENZENO – RISCO À SAÚDE" e o acesso a estas áreas deverá ser restringido a pessoas autorizadas.

12. A informação sobre os riscos do benzeno à saúde deve ser permanente, colocando-se à disposição dos trabalhadores uma "Ficha de Informações de Segurança sobre Benzeno", sempre atualizada.

13. Será de responsabilidade dos fornecedores de benzeno, assim como dos fabricantes e fornecedores de produtos contendo benzeno, a rotulagem adequada, destacando a ação cancerígena do produto, de maneira facilmente compreensível pelos trabalhadores e usuários, incluindo obrigatoriamente instrução de uso, riscos à saúde e doenças relacionadas, medidas de controle adequadas, em cores contrastantes, de forma legível e visível.

14. Quando da ocorrência de situações de Emergência, situação anormal que pode resultar em uma imprevista liberação de benzeno que possa exceder o VRT-MPT, devem ser adotados os seguintes procedimentos:

a) após a ocorrência de emergência, deve-se assegurar que a área envolvida tenha retornado à condição anterior através de monitorizações sistemáticas. O tipo de monitorização deverá ser avaliado dependendo da situação envolvida.

b) caso haja dúvidas das condições das áreas deve-se realizar uma bateria padronizada de avaliação ambiental nos locais e dos grupos homogêneos de exposição envolvidos nestas áreas;

c) o registro da emergência deve ser feito segundo o roteiro que se segue: – descrição da emergência –

descrever as condições em que a emergência ocorreu indicando:

– atividade;

– local, data e hora da emergência;

– causas da emergência;

– planejamento feito para o retorno à situação normal;

– medidas para evitar reincidências;

– providências tomadas a respeito dos trabalhadores expostos.

15. Os dispositivos estabelecidos nos itens anteriores, decorrido o prazo para sua aplicação, são de autuação imediata, dispensando prévia notificação, enquadrando-se na categoria "I-4", prevista na NR 28.

OPERAÇÕES DIVERSAS

Insalubridade de grau máximo

Operações com cádmio e seus compostos: extração, tratamento, preparação de ligas, fabricação e emprego de seus compostos, solda com cádmio, utilização em fotografia com luz ultravioleta, em fabricação de vidros, como antioxidante, em revestimentos metálicos, e outros produtos.

Operações com as seguintes substâncias:

– Éter bis (cloro-metílico)
– Benzopireno
– Berílio
– Cloreto de dimetil-carbamila
– 3,3' – dicloro-benzidina
– Dióxido de vinil ciclohexano
– Epicloridrina
– Hexametilfosforamida
– 4,4' – metileno bis (2-cloro analina)
– 4,4' – metileno dianilina
– Nitrosaminas
– Propano sultone
– Beta-propiolactona
– Tálio.

Produção de trióxido de Amônio Ustulação de Sulfeto de Níquel.

Insalubridade de grau médio

Aplicação a pistola de tintas de alumínio.

Fabricação de pós de alumínio (trituração e moagem).

Fabricação de emetina e pulverização de ipeca.

Fabricação e manipulação de ácido oxálico, nítrico e sulfúrico, bromídrico, fosfórico, pícrico.

Metalização a pistola.

Operações com o timbó.

Operações com bagaço de cana nas fases de grande exposição a poeira.

Operações de galvanoplastia: douração, prateação, niquelagem, cromagem, zincagem, cobreagem, anodização de alumínio.

Telegrafia e radiotelegrafia, manipulação em aparelhos do tipo Morse e recepção de sinais em fones.

Trabalhos com escórias de Thomás: remoção, trituração, moagem e acondicionamento.

Trabalho de retirada, raspagem a seco e queima de pinturas.

Trabalhos na extração de sal (salinas).

Fabricação e manuseio de álcalis cáusticos.

Insalubridade de grau mínimo

Fabricação e transporte de cal e cimento nas fases de grande exposição a poeiras.

Trabalhos de carregamento, descarregamento ou remoção de enxofre ou sulfitos em geral, em sacos ou granel.

AGENTES BIOLÓGICOS

▸ Revogado pela Portaria nº 12/1979.

NR-15 – ANEXO Nº 14 – AGENTES BIOLÓGICOS

▸ Anexo 14 acrescido pela Portaria nº 12/1979.

Relação das atividades que envolvem agentes biológicos, cuja insalubridade é caracterizada pela avaliação qualitativa.

Insalubridade de grau máximo

Trabalhos ou operações, em contato permanente, com:

– pacientes em isolamento por doenças infectocontagiosas, bem como objetos de seu uso, não previamente esterilizados;

– carnes, glândulas, vísceras, sangue, ossos, couros, pelos e dejeções de animais portadores de doenças infectocontagiosas (carbunculose, brucelose, tuberculose);

– esgotos (galerias e tanques); e

– lixo urbano (coleta e industrialização).

Insalubridade de grau médio

Trabalhos e operações em contato permanente com pacientes, animais ou com material infecto contagiante, em:

– hospitais, serviços de emergência, enfermarias, ambulatórios, postos de vacinação e outros estabelecimentos destinados aos cuidados da saúde humana (aplica-se unicamente ao pessoal que tenha contato com os pacientes, bem como aos que manuseiam objetos de uso desses pacientes, não previamente esterilizados);

– hospitais, ambulatórios, postos de vacinação e outros estabelecimentos destinados ao atendimento e tratamento de animais (aplica-se apenas ao pessoal que tenha contato com tais animais);

– contato em laboratórios, com animais destinados ao preparo de soro, vacinas e outros produtos;

– laboratórios de análise clínica e histopatologia (aplica-se tão só ao pessoal técnico);

– gabinetes de autópsias, de anatomia e histoanatomo-patologia (aplica-se somente ao pessoal técnico);

– cemitérios (exumação de corpos);

– estábulos e cavalariças; e

– resíduos de animais deteriorados.

GRAUS DE INSALUBRIDADE [6]

Anexo	Atividade ou operações que exponham o trabalhador a	Percentual
1	Níveis de ruído contínuo ou intermitente superiores aos limites de tolerância fixados no Quadro constante do Anexo nº 1 e no item 6 do mesmo Anexo.	20%
2	Níveis de ruído de impacto superiores aos limites de tolerância fixados nos itens 2 e 3 do Anexo nº 2.	20%
3	Exposição ao calor com valores de I.B.U.T.G. superiores aos limites de tolerância fixados nos Quadros nºs 1 e 2.	20%
4[9]		
5	Níveis de radiações ionizantes com radioatividade superior aos limites de tolerância fixados neste Anexo.	40%
6	Trabalho sob condições hiperbáricas.	40%
7	Radiações não ionizantes consideradas insalubres em decorrência de inspeção realizada no local de trabalho.	20%
8	Vibrações consideradas insalubres em decorrência de inspeção realizada no local de trabalho.	20%
9	Frio considerado insalubre em decorrência de inspeção realizada no local de trabalho.	20%
10	Umidade considerada insalubre em decorrência de inspeção realizada no local de trabalho.	20%
11	Agentes químicos cujas concentrações sejam superiores aos limites de tolerância fixados no Quadro nº I.	10%, 20% e 40%

[6] Revogado pela Portaria nº 3.751, de 23-11-1990. DOU de 26-11-1990.

Anexo	Atividade ou operações que exponham o trabalhador a	Percentual
12	Poeiras minerais cujas concentrações sejam superiores aos limites de tolerância fixados neste Anexo.	40%
13	Atividades ou operações, envolvendo agentes químicos, consideradas insalubridades em decorrência de inspeção realizada no local de trabalho.	10%, 20% e 40%
14	Agentes biológicos.	20% e 40%

NR-16 – ATIVIDADES E OPERAÇÕES PERIGOSAS

16.1 São consideradas atividades e operações perigosas as constantes dos Anexos desta Norma Regulamentadora – NR.

▶ *Item 16.1 com redação dada pela Portaria 1.565, de 13.10.2014. DOU 14.10.2014.*

16.2 O exercício de trabalho em condições de periculosidade assegura ao trabalhador a percepção de adicional de 30% (trinta por cento), incidente sobre o salário, sem os acréscimos resultantes de gratificações, prêmios ou participação nos lucros da empresa. (C=116.001-0/I=1/T=S)

16.2.1 O empregado poderá optar pelo adicional de insalubridade que porventura lhe seja devido.

16.3 É responsabilidade do empregador a caracterização ou a descaracterização da periculosidade, mediante laudo técnico elaborado por Médico do Trabalho ou Engenheiro de Segurança do Trabalho, nos termos do artigo 195 da CLT.

▶ *Item 16.3 com redação dada pela Portaria 1.565, de 13.10.2014. DOU 14.10.2014.*

16.4 O disposto no item 16.3 não prejudica a ação fiscalizadora do Ministério do Trabalho, nem a realização ex officio da perícia.

16.5 Para os fins desta Norma Regulamentadora (NR) são consideradas atividades ou operações perigosas as executadas com explosivos sujeitos a:

a) Degradação química ou autocatalítica;

b) Ação de agentes exteriores, tais como calor, umidade, faíscas, fogo, fenômenos sísmicos, choque e atritos.

16.6 As operações de transporte de inflamáveis líquidos ou gasosos liquefeitos, em quaisquer vasilhames e a granel, são consideradas em condições de periculosidade, com exclusão para o transporte em pequenas quantidades, até o limite de 200 (duzentos) litros para os inflamáveis líquidos e 135 (cento e trinta e cinco) quilos para os inflamáveis gasosos liquefeitos.

16.6.1 As quantidades de inflamáveis, contidas nos tanques de consumo próprio dos veículos não serão consideradas para efeito desta Norma.

16.6.1.1 Não se aplica o item 16.6 desta NR às quantidades de inflamáveis contidas nos tanques de combustíveis originais de fábrica e suplementares, e àqueles para consumo próprio de veículos de carga e de transporte coletivo de passageiros, de máquinas e de equipamentos, certificados pelo órgão competente, e nos equipamentos de refrigeração de carga.

▶ *Subitem com redação pela Port. MTE 1.418/2024.*

16.7 Para efeito desta Norma Regulamentadora considera-se líquido combustível todo aquele que possua ponto de fulgor maior que 60°C (sessenta graus Celsius) e menor ou igual a 93°C (noventa e três graus Celsius).

▶ *Item 16.7 com redação dada pela Portaria 312, de 23.03.2012. DOU 26.03.2012.*

16.8 Todas as áreas de risco previstas nesta NR devem ser delimitadas, sob responsabilidade do empregador. (C=116.029-0/I=3/T=S)

▶ *Item 16-8 com redação dada pela Portaria 25, de 29.12.1994.*

NR-16 – ANEXO I

Atividades e Operações Perigosas com Explosivos[7]

1. São consideradas atividades ou operações perigosas as enumeradas no Quadro 1, seguinte:

Quadro 1

ATIVIDADES	ADICIONAL DE 30%
a) no armazenamento de explosivos	Todos os trabalhadores nessa atividade ou que permaneçam na área de risco
b) no transporte de explosivos	Todos os trabalhadores nessa atividade
c) na operação de escorva dos cartuchos de explosivos	Todos os trabalhadores nessa atividade
d) na operação de carregamento de explosivos	Todos os trabalhadores nessa atividade
e) na detonação	Todos os trabalhadores nessa atividade
f) na verificação de detonações falhadas	Todos os trabalhadores nessa atividade
g) na queima e destruição de explosivos deteriorados	Todos os trabalhadores nessa atividade
h) nas operações de manuseio de explosivos	Todos os trabalhadores nessa atividade

2. O trabalhador, cuja atividade esteja enquadrada nas hipóteses acima discriminadas, faz jus ao adicional de 30% (trinta por cento) sobre o salário, sem os acréscimos resultantes de gratificações, prêmios ou participações nos lucros da empresa, sendo-lhe ressalvado o direito de opção por adicional de insalubridade eventualmente devido.

3. São consideradas áreas de risco:

a) nos locais de armazenagem de pólvoras químicas, artifícios pirotécnicos e produtos químicos usados na fabricação de misturas explosivas ou de fogos de artifício, a área compreendida no Quadro 2.

Quadro 2

QUANTIDADE ARMAZENADA EM QUILOS	FAIXA DE TERRENO ATÉ A DISTÂNCIA MÁXIMA DE
até 4 500	45 metros
mais de 4 500 até 45 000	90 metros
mais de 45 000 até 90 000	110 metros
mais de 90 000 até 225 000*	180 metros

▶ *Quantidade máxima que não pode ser ultrapassada.*

b) Nos locais de armazenagem de explosivos iniciadores, a área compreendida no Quadro 3.

Quadro 3

QUANTIDADE ARMAZENADA EM QUILOS		FAIXA DE TERRENO ATÉ A DISTÂNCIA MÁXIMA DE
0 até	20	75 metros
mais de 20 até	200	220 metros
mais de 200 até	900	300 metros
mais de 900 até	2 200	370 metros
mais de 2 200 até	4 500	460 metros
mais de 4 500 até	6 800	500 metros
mais de 6 800 até	9 000*	530 metros

▶ *Quantidade máxima que não pode ser ultrapassada.*

c) Nos locais de armazenagem de explosivos de ruptura e pólvoras mecânicas (pólvora negra e pólvora chocolate ou parda), área de operação compreendida no Quadro 4.

Quadro 4

QUANTIDADE ARMAZENADA EM QUILOS			FAIXA DE TERRENO ATÉ A DISTÂNCIA MÁXIMA DE
	até	23	45 metros
mais de	23 até	45	75 metros
mais de	45 até	90	110 metros
mais de	90 até	135	160 metros
mais de	135 até	180	200 metros
mais de	180 até	225	220 metros
mais de	225 até	270	250 metros
mais de	270 até	300	265 metros
mais de	300 até	360	280 metros
mais de	360 até	400	300 metros
mais de	400 até	450	310 metros
mais de	450 até	680	345 metros
mais de	680 até	900	365 metros
mais de	900 até	1 300	405 metros
mais de	1 300 até	1 800	435 metros
mais de	1 800 até	2 200	460 metros
mais de	2 200 até	2 700	480 metros
mais de	2 700 até	3 100	490 metros
mais de	3 100 até	3 600	510 metros
mais de	3 600 até	4 000	520 metros
mais de	4 000 até	4 500	530 metros
mais de	4 500 até	6 800	570 metros
mais de	6 800 até	9 000	620 metros
mais de	9 000 até	11 300	660 metros
mais de	11 300 até	13 600	700 metros
mais de	13 600 até	18 100	780 metros
mais de	18 100 até	22 600	860 metros
mais de	22 600 até	34 000	1 000 metros
mais de	34 000 até	45 300	1 100 metros
mais de	45 300 até	68 000	1 150 metros
mais de	68 000 até	90 700	1 250 metros
mais de	90 700 até	113 300	1 350 metros

d) Quando se tratar de depósitos barricados ou entrincheirados, para o efeito da delimitação de área de risco, as distâncias previstas no Quadro 4 podem ser reduzidas à metade.
e) Será obrigatória a existência física de delimitação da área de risco, assim entendido qualquer obstáculo que impeça o ingresso de pessoas não autorizadas.

NR-16 – ANEXO II

Atividades e Operações Perigosas com Inflamáveis

1. São consideradas atividades ou operações perigosas, conferindo aos trabalhadores que se dedicam a essas atividades ou operações, bem como àqueles que operam na área de risco (adicional de 30% (trinta por cento), as realizadas:

ATIVIDADES	ADICIONAL DE 30%
a. na produção, transporte, processamento e armazenagem de gás liquefeito.	todos os trabalhadores nessas atividades ou que operam na área de risco.
b. no transporte e armazenagem de inflamáveis líquidos e gasosos liquefeitos e de vasilhames vazios não desgaseificados ou decantados.	todos os trabalhadores da área de operação.
c. nos pontos de reabastecimento de aeronaves.	todos os trabalhadores da área de operação.
d. nos locais de carregamento de navios-tanques, vagões-tanques e caminhões-tanques e enchimento de vasilhames, com inflamáveis líquidos ou gasosos liquefeitos.	todos os trabalhadores nessas atividades ou que operam na área de risco.
e. nos locais de descarga de navios-tanques, vagões-tanques e caminhões-tanques com inflamáveis líquidos ou gasosos liquefeitos ou de vasilhames vazios não desgaseificados ou decantados.	todos os trabalhadores nessas atividades ou que operam na área de risco.
f. nos serviços de operações e manutenção de navios-tanques, vagões-tanques, caminhões-tanques, bombas e vasilhames, com inflamáveis líquidos ou gasosos liquefeitos, ou vazios não desgaseificados ou decantados.	todos os trabalhadores nessas atividades ou que operam na área de risco.

ATIVIDADES	ADICIONAL DE 30%
g. nas operações de desgaseificação, decantação e reparos de vasilhames não desgaseificados ou decantados.	todos os trabalhadores nessas atividades ou que operam na área de risco.
h. nas operações de teste de aparelhos de consumo de gás e seus equipamentos.	todos os trabalhadores nessas atividades ou que operam na área de risco.
i. no transporte de inflamáveis líquidos e gasosos liquefeitos em caminhão-tanque.	motorista e ajudantes.
j. no transporte de vasilhames (em caminhões de carga), contendo inflamáveis líquidos, em quantidade total igual ou superior a 200 litros, quando não observado o disposto nos subitens 4.1 e 4.2 deste Anexo.[5]	motorista e ajudantes.
l. no transporte de vasilhames (em carreta ou caminhão de carga), contendo inflamável gasoso e líquido, em quantidade total, igual ou superior a 135 quilos.	motorista e ajudantes.
m. na operação em postos de serviço e bombas de abastecimento de inflamáveis líquidos.	operador de bomba e trabalhadores que operam na área de risco.

2. Para os efeitos desta Norma Regulamentadora (NR) entende-se como:6

I – Serviços de operação e manutenção de embarcações, vagões-tanques, caminhões-tanques, bombas e vasilhames de inflamáveis:

a) atividades de inspeção, calibração, medição, contagem de estoque e colheita de amostra em tanques ou quaisquer vasilhames cheios;

b) serviços de vigilância, de arrumação de vasilhames vazios não desgaseificados, de bombas propulsoras em recintos fechados e de superintendência;

c) atividade de manutenção, reparos, lavagem, pintura de embarcações, tanques, viaturas de abastecimento e de quaisquer vasilhames cheios de inflamáveis ou vazios, não desgaseificados;

d) atividade de desgaseificação e lavagem de embarcações, tanques, viaturas, bombas de abastecimento ou quaisquer vasilhames que tenham contido inflamáveis líquidos;

e) quaisquer outras atividades de manutenção ou operação, tais como: serviço de almoxarifado, de escritório, de laboratório de inspeção de segurança, de conferência de estoque, de ambulatório médico, de engenharia, de oficinas em geral, de caldeiras, de mecânica, de eletricidade, de soldagem, de enchimento, fechamento e arrumação de quaisquer vasilhames com substâncias consideradas inflamáveis, desde que essas atividades sejam executadas dentro de áreas consideradas perigosas, *ad referendum* do Ministério do Trabalho.

II – Serviços de operações e manutenção de embarcações, vagões-tanques, caminhões-tanques e vasilhames de inflamáveis gasosos liquefeitos;

a) Atividades de inspeção nos pontos de vazamento eventual no sistema de depósito de distribuição e de medição de tanques pelos processos de escapamento direto:

b) serviços de superintendência;

c) atividades de manutenção das instalações da frota de caminhões-tanques, executadas dentro da área e em torno dos pontos de escapamento normais ou eventuais;

d) atividades de decantação, desgaseificação, lavagem, reparos, pinturas e areação de tanques, cilindros e botijões cheios de G.L.P.;

e) quaisquer outras atividades de manutenção ou operações, executadas dentro das áreas consideradas perigosas pelo Ministério do Trabalho.

III – Armazenagem de inflamáveis líquidos em tanques ou vasilhames:

a) quaisquer atividades executadas dentro da bacia de segurança dos tanques;

b) arrumação de tambores ou latas ou quaisquer outras atividades executadas dentro do prédio de armazenamento de inflamáveis ou em recintos abertos e com vasilhames cheios de inflamável ou não, desgaseificado ou decantado.

IV – Armazenamento de inflamáveis gasosos liquefeitos em tanques ou vasilhames:

a) arrumação de vasilhames ou quaisquer outras atividades executadas dentro do prédio de armazenamento de inflamáveis ou em recintos abertos e com vasilhames cheios de inflamáveis ou vazios não desgaseificados ou decantados.

V – Operações em postos de serviço e bombas de abastecimento de inflamáveis líquidos:

a) Atividades ligadas diretamente ao abastecimento de viaturas com motor de explosão.

VI – Outras atividades tais como: manutenção, de lubrificação, lavagem de viaturas, mecânica, eletricidade, escritório de vendas e gerência, *ad referendum* do Ministério do Trabalho.

VII – Enchimento de quaisquer vasilhames (tambores, latas), com inflamáveis líquidos:

a) atividades de enchimento, fechamento e arrumação de latas ou caixas com latas.

VIII – Enchimento de quaisquer vasilhames (cilindros, botijões) com inflamáveis gasosos liquefeitos:

a) atividade de enchimento, pesagem, inspeção, estiva e arrumação de cilindros ou botijões cheios de G.L.P.;

b) outras atividades executadas dentro da área considerada perigosa, *ad referendum* do Ministério do Trabalho.

3. São consideradas áreas de risco:

ATIVIDADES	ÁREA DE RISCO
a. poços de petróleo em produção de gás.	círculo com raio de 30 metros, no mínimo, com centro na boca do poço.
b. unidade de processamento das refinarias.	faixa de 30 metros de largura, no mínimo, contornando a área de operação.
c. outros locais de refinaria onde se realizam operações com inflamáveis em estado de volatilização ou possibilidade de volatilização decorrente de falha ou defeito dos sistemas de segurança e fechamento de válvulas.	faixa de 15 metros de largura, no mínimo, contornando a área de operação.
d. tanques de inflamáveis líquidos.	toda a bacia de segurança.
e. tanques elevados de inflamáveis gasosos.	círculo com raio de 3 metros com centro nos pontos de vazamento eventual (válvulas, registros, dispositivos de medição por escapamento, gaxetas).
f. carga e descarga de inflamáveis líquidos contidos em navios, chatas e batelões.	afastamento de 15 metros da beira do cais, durante a operação, com extensão correspondente ao comprimento da embarcação.
g. abastecimento de aeronaves.	toda a área de operação.
h. enchimento de vagões-tanques e caminhões-tanques com inflamáveis líquidos.	círculo com raio de 15 metros com centro nas bocas de enchimento dos tanques.
i. enchimento de vagões-tanques e caminhões-tanques com inflamáveis gasosos liquefeitos.	círculo com raio de 7,5 metros com centro nos pontos de vazamento eventual (válvulas e registros).
j. enchimento de vasilhames com inflamáveis gasosos liquefeitos.	círculo com raio de 15 metros com centro nos bicos de enchimento.
l. enchimento de vasilhames com inflamáveis líquidos, em locais abertos.	círculo com raio de 7,5 metros com centro nos bicos de enchimento.
m. enchimento de vasilhames com inflamáveis líquidos, em recinto fechado.	toda a área interna do recinto.
n. manutenção de viaturas-tanques, bombas e vasilhames que continham inflamável líquido.	local de operação, acrescido de faixa de 7,5 metros de largura em torno dos seus pontos externos.

7 Alínea "j" com redação dada pela Portaria 545, de 10.07.2000. *DOU* 11.07.2000.

ATIVIDADES	ÁREA DE RISCO
o. desgaseificação, decantação e reparos de vasilhames não desgaseificados ou decantados, utilizados no transporte de inflamáveis.	local de operação, acrescido de faixa de 7,5 metros de largura em torno dos seus pontos externos.
p. testes em aparelhos de consumo de gás e seus equipamentos.	local de operação, acrescido de faixa de 7,5 metros de largura em torno dos seus pontos externos.
q. abastecimento de inflamáveis.	toda a área de operação, abrangendo, no mínimo, círculo com raio de 7,5 metros com centro no ponto de abastecimento e o círculo com raio de 7,5 metros com centro na bomba de abastecimento da viatura e faixa de 7,5 metros de largura para ambos os lados da máquina.
r. armazenamento de vasilhames que contenham inflamáveis líquidos ou vazios não desgaseificados ou decantados em locais abertos.	faixa de 3 metros de largura em torno dos seus pontos externos.
s. armazenamento de vasilhames que contenham inflamáveis líquidos ou vazios não desgaseificados, ou decantados, em recinto fechado.	toda a área interna do recinto.
t. carga e descarga de vasilhames contendo inflamáveis líquidos ou vasilhames vazios não desgaseificados ou decantados, transportados por navios, chatas ou batelões.	afastamento de 3 metros da beira do cais, durante a operação, com extensão correspondente ao comprimento da embarcação.

4. Não caracterizam periculosidade, para fins de percepção de adicional:

4.1 o manuseio, a armazenagem e o transporte de líquidos inflamáveis em embalagens certificadas, simples, compostas ou combinadas, desde que obedecidos os limites consignados no Quadro I abaixo, independentemente do número total de embalagens manuseadas, armazenadas ou transportadas, sempre que obedecidas as Normas Regulamentadoras expedidas pelo Ministério do Trabalho e Emprego, a Norma NBR 11564/91 e a legislação sobre produtos perigosos relativa aos meios de transporte utilizados;[1]

4.2 o manuseio, a armazenagem e o transporte de recipientes de até cinco litros, lacrados na fabricação, contendo líquidos inflamáveis, independentemente do número total de recipientes manuseados, armazenados ou transportados, sempre que obedecidas as Normas Regulamentadoras expedidas pelo Ministério do Trabalho e Emprego e a legislação sobre produtos perigosos relativa aos meios de transporte utilizados.

Quadro I[8]

Capacidade Máxima para Embalagens de Líquidos Inflamáveis				
Embalagem Combinada				
Embalagem Interna	Embalagem Externa	Grupo de Embalagens* I	Grupo de Embalagens* II	Grupo de Embalagens* III
Recipiente de **Vidro** com mais de 5 e até 10 Litros; **Plástico** com mais de 5 e até 30 litros; **Metal** com mais de 5 e 40 litros.	**Tambores de:**			
	Metal	250 Kg	400 Kg	400 Kg
	Plástico	250 Kg	400 Kg	400 Kg
	Madeira compensada	150 Kg	400 Kg	400 Kg
	Fibra	75 Kg	400 Kg	400 Kg
	Caixas			
	Aço ou alumínio	250 Kg	400 Kg	400 Kg
	Madeira natural ou compensada	150 Kg	400 Kg	400 Kg
	Madeira aglomerada	75 Kg	400 Kg	400 Kg
	Papelão	75 Kg	400 Kg	400 Kg
	Plástico flexível	60 Kg	60 Kg	60 Kg
	Plástico rígido	150 Kg	400 Kg	400 Kg
	Bombonas			
	Aço ou alumínio	120 Kg	120 Kg	120 Kg
	Plástico	120 Kg	120 Kg	120 Kg
Embalagens Simples				
		Grupo de Embalagens* I	Grupo de Embalagens* II	Grupo de Embalagens* III
Tambores				
Aço, tampa não removível		250 L		
Aço, tampa removível		250 L**		
Alumínio, tampa não removível		250 L		
Alumínio, tampa removível		250 L**	450 L	450 L
Outros metais, tampa não removível		250 L		
Outros metais, tampa removível		250 L**		
Plástico, tampa não removível		250 L**		
Plástico, tampa removível		250 L**		

8 Acrescentado pela Portaria 545, de 10.07.2000. *DOU* 11.07.2000.
* Conforme definições NBR 11564 – ABNT.

Capacidade Máxima para Embalagens de Líquidos Inflamáveis			
Embalagens Simples			
	Grupo de Embalagens* I	**Grupo de Embalagens*** II	**Grupo de Embalagens*** III
Bombonas			
Aço, tampa não removível	60 L		
Aço, tampa removível	60 L**		
Alumínio, tampa não removível	60 L		
Alumínio, tampa removível	60 L**	60 L	60 L
Outros metais, tampa não removível	60 L		
Outros metais, tampa removível	60 L**		
Plástico, tampa não removível	60 L		
Plástico, tampa removível	60 L**		

Embalagens Compostas			
	Grupo de Embalagens* I	**Grupo de Embalagens*** I	**Grupo de Embalagens*** I
Plástico com tambor externo de aço ou alumínio Plástico com tambor externo de fibra, plástico ou compensado	250 L	250 L	250 L
Plástico com engradado ou caixa externa de aço ou alumínio ou madeira externa ou caixa externa de compensado ou de cartão ou de plástico rígido	120 L	250 L	250 L
Vidro com tambor externo de aço, alumínio, fibra, compensado, plástico flexível	60 L	60 L	60 L
Caixa de aço, alumínio, madeira, papelão ou compensado	60 L	60 L	60 L

* Conforme definições NBR 11564 – ABNT.

** Somente para substâncias com viscosidade maior que 200 mm²/seg.

Glossário

Bombonas: elementos de metal ou plástico, com seção retangular ou poligonal.

Caixas: elementos com faces retangulares ou poligonais, feitas de metal, madeira, papelão, plástico flexível, plástico rígido ou outros materiais compatíveis.

Embalagens ou Embalagens Simples: recipientes ou quaisquer outros componentes ou materiais necessários para embalar, com a função de conter e proteger líquidos inflamáveis.

Embalagens Combinadas: uma combinação de embalagens, consistindo em uma ou mais embalagens internas acondicionadas numa embalagem externa.

Embalagens Compostas: consistem em uma embalagem externa e um recipiente interno, construídos de tal forma que o recipiente interno e a embalagem externa formam uma unidade que permanece integrada, que se enche, manuseia, armazena, transporta e esvazia como tal.

Embalagens Certificadas: são aquelas aprovadas nos ensaios e padrões de desempenho fixados para embalagens, da NBR 11564/91.

Embalagens Externas: são a proteção exterior de uma embalagem composta ou combinada, juntamente com quaisquer outros componentes necessários para conter e proteger recipientes ou embalagens.

Embalagens Internas: são as que, para serem manuseadas, armazenadas ou transportadas, necessitam de uma embalagem externa.

Grupo de Embalagens: os líquidos inflamáveis classificam-se para fins de embalagens segundo 3 grupos, conforme o nível de risco:

• Grupo de Embalagens I – alto risco
• Grupo de Embalagens II – risco médio
• Grupo de Embalagens III – baixo risco

Para efeito de classificação de Grupo de Embalagens, segundo o risco, adotar-se-á a classificação descrita na tabela do item 4 – Relação de Produtos Perigosos, da Portaria 204, de 20 de maio de 1997, do Ministério dos Transportes.

Lacrados: fechados, no processo de envazamento, de maneira estanque para que não venham a apresentar vazamentos nas condições normais de manuseio, armazenamento ou transporte, assim como decorrentes de variações de temperatura, umidade ou pressão ou sob os efeitos de choques e vibrações.

Líquidos Inflamáveis: para os efeitos do adicional de periculosidade estão definidos na NR 20 – Portaria 3.214/78.

Recipientes: elementos de contenção, com quaisquer meios de fechamento, destinados a receber e conter líquidos inflamáveis.

Exemplos: latas, garrafas etc.

Tambores: elementos cilíndricos de fundo plano ou convexo, feitos de metal, plástico, madeira, fibra ou outros materiais adequados. Esta definição inclui, também, outros formatos, excluídas bombonas. Por exemplo: redondo de bocal cintado ou em formato de balde.

Atividades e Operações Perigosas com Exposição a Roubos ou Outras Espécies de Violência Física nas Atividades Profissionais de Segurança Pessoal ou Patrimonial

1. As atividades ou operações que impliquem em exposição dos profissionais de segurança pessoal ou patrimonial a roubos ou outras espécies de violência física são consideradas perigosas.[1]

2. São considerados profissionais de segurança pessoal ou patrimonial os trabalhadores que atendam a uma das seguintes condições:

a) empregados das empresas prestadoras de serviço nas atividades de segurança privada ou que integrem serviço orgânico de segurança privada, devidamente registradas e autorizadas pelo Ministério da Justiça, conforme Lei 7.102/83 e suas alterações posteriores.

b) empregados que exercem a atividade de segurança patrimonial ou pessoal em instalações metroviárias, ferroviárias, portuárias, rodoviárias, aeroportuárias e de bens públicos, contratados diretamente pela administração pública direta ou indireta.

3. As atividades ou operações que expõem os empregados a roubos ou outras espécies de violência física, desde que atendida uma das condições do item 2, são as constantes do quadro a seguir:

ATIVIDADES OU OPERAÇÕES	DESCRIÇÃO
Vigilância patrimonial	Segurança patrimonial e/ou pessoal na preservação do patrimônio em estabelecimentos públicos ou privados e da incolumidade física de pessoas.
Segurança de eventos	Segurança patrimonial e/ou pessoal em espaços públicos ou privados, de uso comum do povo.
Segurança nos transportes coletivos	Segurança patrimonial e/ou pessoal nos transportes coletivos e em suas respectivas instalações.
Segurança ambiental e florestal	Segurança patrimonial e/ou pessoal em áreas de conservação de fauna, flora natural e de reflorestamento.
Transporte de valores	Segurança na execução do serviço de transporte de valores.
Escolta armada	Segurança no acompanhamento de qualquer tipo de carga ou de valores.
Segurança pessoal	Acompanhamento e proteção da integridade física de pessoa ou de grupos.
Supervisão/fiscalização Operacional	Supervisão e/ou fiscalização direta dos locais de trabalho para acompanhamento e orientação dos vigilantes.
Telemonitoramento/telecontrole	Execução de controle e/ou monitoramento de locais, através de sistemas eletrônicos de segurança.

NR-16 – ANEXO IV

Atividades e Operações Perigosas com Energia Elétrica[7]

1. Têm direito ao adicional de periculosidade os trabalhadores:

a) que executam atividades ou operações em instalações ou equipamentos elétricos energizados em alta tensão;

b) que realizam atividades ou operações com trabalho em proximidade, conforme estabelece a NR-10;

c) que realizam atividades ou operações em instalações ou equipamentos elétricos energizados em baixa tensão no sistema elétrico de consumo – SEC, no caso de descumprimento do item 10.2.8 e seus subitens da NR-10 – Segurança em Instalações e Serviços em Eletricidade;

d) das empresas que operam em instalações ou equipamentos integrantes do sistema elétrico de potência – SEP, bem como suas contratadas, em conformidade com as atividades e respectivas áreas de risco descritas no quadro I deste anexo.

2. Não é devido o pagamento do adicional nas seguintes situações:

a) nas atividades ou operações no sistema elétrico de consumo em instalações ou equipamentos elétricos desenergizados e liberados para o trabalho, sem possibilidade de energização acidental, conforme estabelece a NR-10;

b) nas atividades ou operações em instalações ou equipamentos elétricos alimentados por extrabaixa tensão;

c) nas atividades ou operações elementares realizadas em baixa tensão, tais como o uso de equipamentos elétricos energizados e os procedimentos de ligar e desligar circuitos elétricos, desde que os materiais e equipamentos elétricos estejam em conformidade com as normas técnicas oficiais estabelecidas pelos órgãos competentes e, na ausência ou omissão destas, as normas internacionais cabíveis.

3. O trabalho intermitente é equiparado à exposição permanente para fins de pagamento integral do adicional de periculosidade nos meses em que houver exposição, excluída a exposição eventual, assim considerado o caso fortuito ou que não faça parte da rotina.

4. Das atividades no sistema elétrico de potência – SEP

4.1 Para os efeitos deste anexo entende-se como atividades de construção, operação e manutenção de redes de linhas aéreas ou subterrâneas de alta e baixa tensão integrantes do SEP:

a) montagem, instalação, substituição, conservação, reparos, ensaios e testes de: verificação, inspeção, levantamento, supervisão e fiscalização; fusíveis, condutores, para-raios, postes, torres, chaves, muflas, isoladores, transformadores, capacitores, medidores, reguladores de tensão, religadores, seccionalizadores, carrier (onda portadora via linhas de transmissão), cruzetas, relé e braço de iluminação pública, aparelho de medição gráfica, bases de concreto ou alvenaria de torres, postes e estrutura de sustentação de redes e linhas aéreas e demais componentes das redes aéreas;

b) corte e poda de árvores;

c) ligações e cortes de consumidores;

d) manobras aéreas e subterrâneas de redes e linhas;

e) manobras em subestação;

f) testes de curto em linhas de transmissão;

g) manutenção de fontes de alimentação de sistemas de comunicação;

h) leitura em consumidores de alta tensão;

i) aferição em equipamentos de medição;

j) medidas de resistências, lançamento e instalação de cabo contrapeso;

k) medidas de campo eletromagnético, rádio, interferência e correntes induzidas;

l) testes elétricos em instalações de terceiros em faixas de linhas de transmissão (oleodutos, gasodutos etc.);

m) pintura de estruturas e equipamentos;

n) verificação, inspeção, inclusive aérea, fiscalização, levantamento de dados e supervisão de serviços técnicos;

o) montagem, instalação, substituição, manutenção e reparos de: barramentos, transformadores, disjuntores, chaves e seccionadoras, condensadores, chaves a óleo, transformadores para instrumentos, cabos subterrâneos e subaquáticos, painéis, circuitos elétricos, contatos, muflas e isoladores e demais componentes de redes subterrâneas;

p) construção civil, instalação, substituição e limpeza de: valas, bancos de dutos, dutos, condutos, canaletas, galerias, túneis, caixas ou poços de inspeção, câmaras;

q) medição, verificação, ensaios, testes, inspeção, fiscalização, levantamento de dados e supervisões de serviços técnicos.

4.2 Para os efeitos deste anexo entende-se como atividades de construção, operação e manutenção nas usinas, unidades geradoras, subestações e cabinas de distribuição em operações, integrantes do SEP:

a) montagem, desmontagem, operação e conservação de: medidores, relés, chaves, disjuntores e religadoras, caixas de controle, cabos de força, cabos de controle, barramentos, baterias e carregadores, transformadores, sistemas anti-incêndio e de resfriamento, bancos de capacitores, reatores, reguladores, equipamentos eletrônicos, eletromecânico e eletroeletrônicos, painéis, para-raios, áreas de circulação, estruturas-suporte e demais instalações e equipamentos elétricos;

b) construção de: valas de dutos, canaletas, bases de equipamentos, estruturas, condutos e demais instalações;

c) serviços de limpeza, pintura e sinalização de instalações e equipamentos elétricos;

d) ensaios, testes, medições, supervisão, fiscalizações e levantamentos de circuitos e equipamentos elétricos, eletrônicos de telecomunicações e telecontrole.

Quadro I

ATIVIDADES	ÁREAS DE RISCO
I. Atividades, constantes no item 4.1, de construção, operação e manutenção de redes de linhas aéreas ou subterrâneas de alta e baixa tensão integrantes do SEP, energizados ou desenergizados, mas com possibilidade de energização acidental ou por falha operacional.	**a)** estruturas, condutores e equipamentos de linhas aéreas de transmissão, subtransmissão e distribuição, incluindo plataformas e cestos aéreos usados para execução dos trabalhos; **b)** pátio e salas de operação de subestações; **c)** cabines de distribuição; **d)** estruturas, condutores e equipamentos de redes de tração elétrica, incluindo escadas, plataformas e cestos aéreos usados para execução dos trabalhos; **e)** valas, bancos de dutos, canaletas, condutores, recintos internos de caixas, poços de inspeção, câmaras, galerias, túneis, estruturas terminais e aéreas de superfície correspondentes; **f)** áreas submersas em rios, lagos e mares.
II. Atividades, constantes no item 4.2, de construção, operação e manutenção nas usinas, unidades geradoras, subestações e cabinas de distribuição em operações, integrantes do SEP, energizados ou desenergizados, mas com possibilidade de energização acidental ou por falha operacional.	**a)** pontos de medição e cabinas de distribuição, inclusive de consumidores; **b)** salas de controles, casa de máquinas, barragens de usinas e unidades geradoras; **c)** pátios e salas de operações de subestações, inclusive consumidoras.

[9] Anexo 4 com redação dada pela Portaria 1.078, de 16.07.2014. *DOU* 17.07.2014.

ATIVIDADES	ÁREAS DE RISCO
III. Atividades de inspeção, testes, ensaios, calibração, medição e reparos em equipamentos e materiais elétricos, eletrônicos, eletromecânicos e de segurança individual e coletiva em sistemas elétricos de potência de alta e baixa tensão.	**a)** áreas das oficinas e laboratórios de testes e manutenção elétrica, eletrônica e eletromecânica onde são executados testes, ensaios, calibração e reparos de equipamentos energizados ou passíveis de energização acidental; **b)** sala de controle e casas de máquinas de usinas e unidades geradoras;
	c) pátios e salas de operação de subestações, inclusive consumidoras; **d)** salas de ensaios elétricos de alta tensão; **e)** sala de controle dos centros de operações.
IV. Atividades de treinamento em equipamentos ou instalações integrantes do SEP, energizadas ou desenergizadas, mas com possibilidade de energização acidental ou por falha operacional.	**a)** todas as áreas descritas nos itens anteriores.

NR-16 – ANEXO V

▶ *Em virtude de decisão judicial, proferida por meio de acórdão da 5ª Turma do Tribunal Regional Federal da 1ª Região, transitado em julgado, proferido em sede da ação 0018311-63.2017.4.01.3400, foi declarada a nulidade da Portaria MTE n.º 1.565/2014 (ATIVIDADES PERIGOSAS EM MOTOCICLETA), a fim de que seja determinado o reinício do procedimento de regulamentação.*

Atividades Perigosas em Motocicleta

1. As atividades laborais com utilização de motocicleta ou motoneta no deslocamento de trabalhador em vias públicas são consideradas perigosas.

2. Não são consideradas perigosas, para efeito deste anexo:

a) a utilização de motocicleta ou motoneta exclusivamente no percurso da residência para o local de trabalho ou deste para aquela;

b) as atividades em veículos que não necessitem de emplacamento ou que não exijam carteira nacional de habilitação para conduzi-los;

c) as atividades em motocicleta ou motoneta em locais privados;

d) as atividades com uso de motocicleta ou motoneta de forma eventual, assim considerado o fortuito, ou o que, sendo habitual, dá-se por tempo extremamente reduzido.

Anexo[10]
Atividades e operações perigosas com radiações ionizantes ou substâncias radioativas atividades/áreas de risco

ATIVIDADES	ÁREAS DE RISCO
1. Produção, utilização, processamento, transporte, guarda, estocagem e manuseio de materiais radioativos, selados e não selados, de estado físico e forma química quaisquer, naturais ou artificiais, incluindo:	Minas e depósitos de materiais radioativos. Plantas-piloto e usinas de beneficiamento de minerais radioativos. Outras áreas sujeitas a risco potencial devido às radiações ionizantes.
1.1 Prospecção, mineração, operação, beneficiamento e processamento de minerais radioativos.	Lixiviação de minerais radioativos para a produção de concentrados de urânio e tório. Purificação de concentrados e conversão em outras formas para uso como combustível nuclear.
1.2 Produção, transformação e tratamento de materiais nucleares para o ciclo do combustível nuclear.	Produção de fluoretos de urânio para a produção de hexafluoreto e urânio metálico. Instalações para enriquecimento isotópico e reconversão. Fabricação do elemento combustível nuclear. Instalações para armazenamento dos elementos combustíveis usados. Instalações para o retratamento do combustível irradiado. Instalações para o tratamento e deposições, provisórias e finais, dos rejeitos radioativos naturais e artificiais.
1.3 Produção de radioisótopos para uso em medicina, agricultura, agropecuária, pesquisa científica e tecnológica.	Laboratórios para a produção de radioisótopos e moléculas marcadas.
1.4 Produção de Fontes Radioativas.	Instalações para tratamento do material radioativo e confecção de fontes. Laboratórios de testes, ensaios e calibração de fontes, detectores e monitores de radiação, com fontes radioativas.
1.5 Testes, ensaios e calibração de detectores e monitores de radiação com fontes de radiação.	Laboratórios de ensaios para materiais radioativos. Laboratórios de radioquímica.
1.6 Descontaminação de superfícies, instrumentos, máquinas, ferramentas, utensílios de laboratório, vestimentas e de quaisquer outras áreas ou bens duráveis contaminados com material radioativo.	Laboratórios para descontaminação de peças e materiais radioativos. Coleta de rejeitos radioativos em instalações, prédios e em áreas abertas. Lavanderia para roupas contaminadas. Transporte de materiais e rejeitos radioativos, condicionamento, estocagens e sua deposição.
1.7 Separação isotópica e processamento radioquímico.	Instalações para tratamento, condicionamento, contenção, estabilização, estocagem e deposição de rejeitos radioativos. Instalações para retenção de rejeitos radioativos.
1.8 Manuseio, condicionamento, liberação, monitoração, estabilização, inspeção, retenção e deposição de rejeitos radioativos.	Sítio de rejeitos. Instalações para estocagem de produtos radioativos para posterior aproveitamento.

[10] Redação dada pela Portaria 518, de 04.04.2003. O art. 2º da referida Portaria dispõe: "Art. 2º O trabalho nas condições enunciadas no quadro a que se refere o artigo 1º, assegura ao empregado o adicional de periculosidade de que trata o § 1º do art. 193 da Consolidação das Leis do Trabalho – CLT, aprovada pelo Decreto-lei 5.452, de 1º de maio de 1943".

ATIVIDADES	ÁREAS DE RISCO
2. Atividades de operação e manutenção de reatores nucleares, incluindo:	Edifícios de reatores. Edifícios de estocagem de combustível.
2.1 Montagem, instalação, substituição e inspeção de elementos combustíveis.	Instalações de tratamento e estocagem de rejeitos radioativos.
2.2 Manutenção de componentes integrantes do reator e dos sistemas hidráulicos mecânicos e elétricos, irradiados, contaminados ou situados em áreas de radiação.	Instalações para tratamento de água de reatores e separação e contenção de produtos radioativos. Salas de operação de reatores. Salas de amostragem de efluentes radioativos.
2.3 Manuseio de amostras irradiadas.	Laboratórios de medidas de radiação.
2.4 Experimentos utilizando canais de irradiação.	Outras áreas sujeitas a risco potencial às radiações ionizantes passíveis de serem atingidas por dispersão de produtos voláteis.
2.5 Medição de radiação, levantamento de dados radiológicos e nucleares, ensaios, testes, inspeções, fiscalização e supervisão de trabalhos técnicos.	Laboratórios semiquentes e quentes. Minas de urânio e tório. Depósitos de minerais radioativos e produtos do tratamento de minerais radioativos.
2.6 Segregação, manuseio, tratamento, acondicionamento e armazenamento de rejeitos radioativos.	Coletas de materiais e peças radioativas, materiais contaminados com radioisótopos e águas radioativas.
3. Atividades de operação e manutenção de aceleradores de partículas, incluindo:	Áreas de irradiação de alvos.
3.1 Montagem, instalação, substituição e manutenção de componentes irradiados ou contaminados.	Oficinas de manutenção de componentes irradiados ou contaminados. Salas de operação de aceleradores.
3.2 Processamento de alvos irradiados.	Laboratórios para tratamento de alvos irradiados e separação de radioisótopos.
3.3 Experimentos com feixes de partículas.	Laboratórios de testes com radiação e medidas nucleares.
3.4 Medição de radiação, levantamento de dados radiológicos e nucleares, testes, inspeções e supervisão de trabalhos técnicos.	Áreas de tratamento e estocagem de rejeitos radioativos.
3.5 Segregação, manuseio, tratamento, acondicionamento e armazenamento de rejeitos radioativos.	Laboratórios de processamento de alvos irradiados.
4. Atividades de operação com aparelhos de raios X, com irradiadores de radiação gama, radiação beta ou radiação de nêutrons, incluindo:	Salas de irradiação e de operação de aparelhos de raios-X e de irradiadores gama, beta ou nêutrons.
4.1 Diagnóstico médico e odontológico.	Laboratórios de testes, ensaios e calibração com as fontes de radiação descritas.
4.2 Radioterapia.	
4.3 Radiografia industrial, gamagrafia e neutronradiografia.	Manuseio de fontes.
4.4 Análise de materiais por difratometria.	Manuseio do equipamento.
4.5 Testes, ensaios e calibração de detectores e monitores de radiação.	Manuseio de fontes e amostras radioativas.
4.6 Irradiação de alimentos.	Manuseio de fontes e instalações para a irradiação de alimentos.
4.7 Esterilização de instrumentos médico-hospitalares.	Manuseio de fontes e instalações para a operação.
4.8 Irradiação de espécimes minerais e biológicos.	Manuseio de amostras irradiadas.
4.9 Medição de radiação, levantamento de dados radiológicos, ensaios, testes, inspeções, fiscalização de trabalhos técnicos.	Laboratórios de ensaios e calibração de fontes e materiais radioativos.
5. Atividades de medicina nuclear.	Salas de diagnóstico e terapia com medicina nuclear.
5.1 Manuseio e aplicação de radioisótopos para diagnóstico médico e terapia.	Enfermaria de pacientes, sob treinamento com radioisótopos. Enfermaria de pacientes contaminados com radioisótopos em observação e sob tratamento de descontaminação.
5.2 Manuseio de fontes seladas para aplicação em braquiterapia.	Área de tratamento e estocagem de rejeitos radioativos.
5.3 Obtenção de dados biológicos de pacientes com radioisótopos incorporados.	Manuseio de materiais biológicos contendo radioisótopos ou moléculas marcadas.
5.4 Segregação, manuseio, tratamento, acondicionamento e estocagem de rejeitos radioativos.	Laboratórios para descontaminação e coleta de rejeitos radioativos.
6. Descomissionamento de instalações nucleares e radioativas, que inclui:	Áreas de instalações nucleares e radioativas contaminadas e com rejeitos.
6.1 Todas as descontaminações radioativas inerentes.	Depósitos provisórios e definitivos de rejeitos radioativos.
6.2 Gerenciamento dos rejeitos radioativos existentes, ou sejam: tratamento e acondicionamento dos rejeitos líquidos, sólidos, gasosos e aerossóis; transporte e deposição dos mesmos.	Instalações para contenção de rejeitos radioativos. Instalações para asfaltamento de rejeitos radioativos. Instalações para cimentação de rejeitos radioativos.
7. Descomissionamento de minas, moinhos e usinas de tratamento de minerais radioativos.	Tratamento de rejeitos minerais. Repositório de rejeitos naturais (bacia de contenção de rádio e outros radioisótopos). Deposição de gangas e rejeitos de mineração.

▶ Nota Explicativa, acrescida pela Portaria 595/2015:
1. Não são consideradas perigosas, para efeito deste anexo, as atividades desenvolvidas em áreas que utilizam equipamentos móveis de Raios X para diagnóstico médico.
2. Áreas tais como emergências, centro de tratamento intensivo, sala de recuperação e leitos de internação não são classificadas como salas de irradiação em razão do uso do equipamento móvel de Raios X.

Legislação Previdenciária

LEI COMPLEMENTAR

▶ Lei Complementar 108, de 29 de maio de 2001

▶ Lei Complementar 109, de 29 de maio de 2001

▶ Lei Complementar 142, de 8 de maio de 2013

LEIS

▶ Lei 6.696, de 8 de outubro de 1979

▶ Lei 7.998, de 11 de janeiro de 1990

▶ Lei 8.212, de 24 de julho de 1991

▶ Lei 8.213, de 24 de julho de 1991

▶ Lei 8.742, de 7 de dezembro de 1993

▶ Lei 10.779, de 25 de novembro de 2003

▶ Lei 13.483, de 21 de setembro de 2017

▶ Lei 13.485, de 2 de outubro de 2017

▶ Lei 13.846, de 18 de junho de 2019

▶ Lei 14.131, de 30 de março de 2021

▶ Lei 14.724, de 14 de Novembro de 2023

DECRETO

▶ Decreto 3.048, de 6 de maio de 1999

▶ Decreto 8.424, de 31 de março de 2015

▶ Decreto 10.410, de 30 de junho de 2020

▶ Decreto 10.620, de 5 de fevereiro de 2021

PORTARIAS

▶ Portaria Interministerial 822, de 30 de setembro de 2015 – MF, MPS e MTE

▶ Portaria Conjunta 1, de 3 de janeiro de 2017, do Ministério do Desenvolvimento Social e Agrário – MDS

▶ Portaria Conjunta 53, de 2 de setembro de 2020

▶ Portaria MTP 220, de 2 de fevereiro de 2022

▶ Portaria 1.408, de 2 de fevereiro de 2022

▶ Portaria DTI/INSS 105, de 21 de novembro de 2023

▶ Portaria PRESS/INSS 1.634, de 24 de novembro de 2023

▶ Portaria Interministerial MPS/MF 6, de 10 de janeiro 2025882

ATO

▶ Ato Declaratório Interpretativo 6, de 24 de novembro de 2017, da Secretaria da Receita Federal do Brasil – SRFB

LEI 6.696, DE 8 DE OUTUBRO DE 1979

Equipara no tocante à Previdência Social urbana, os ministros de confissão religiosa e os membros de institutos de vida consagrada, congregação ou ordem religiosa aos trabalhadores autônomos e dá outras providências.

DOU 09.10.1979

O Presidente da República

Faço saber que o Congresso Nacional decreta e eu sanciono a seguinte Lei:

Art. 1º Os §§ 1º e 2º, do artigo 5º, da Lei 3.807, de 26 de agosto de 1960, passam a vigorar com a redação seguinte:

"§ 1º São equiparados aos trabalhadores autônomos:

I – os empregados de representações estrangeiras e os dos organismos oficiais estrangeiros ou internacionais que funcionem no Brasil, salvo os obrigatoriamente sujeitos a regime próprio de Previdência Social;

II – os ministros de confissão religiosa, e os membros de institutos de vida consagrada e de congregação ou ordem religiosa, estes quando por elas mantidos, salvo se:

a) filiados obrigatoriamente à Previdência Social em razão de outra atividade;

b) filiados obrigatoriamente a outro regime oficial de Previdência Social, militar ou civil, ainda que na condição de inativo.

§ 2º As pessoas referidas no artigo 3º que exerçam outro emprego ou atividade compreendida no regime desta Lei são obrigatoriamente segurados, no que concerne ao referido emprego ou atividade, ressalvado o disposto na letra *b*, do item II, do § 1º, deste artigo."

Art. 2º O disposto no item II, do § 1º, do artigo 5º, da Lei 3.807, de 26 de agosto de 1960, na redação dada pelo artigo 1º desta Lei, não se aplica aos ministros de confissão religiosa e membros de institutos de vida consagrada, congregação ou ordem religiosa com mais de 60 (sessenta) anos de idade na data do início da vigência desta Lei, salvo se já filiados, facultativamente, antes de completar aquela idade.

Art 3º Os ministros de confissão religiosa e membros de institutos de vida consagrada, congregação ou ordem religiosa que já venham contribuindo na qualidade de segurados facultativos da previdência social e que se encontrem em qualquer das situações das letras *a* e *b* do item II do § 1º do artigo 5º da Lei 3.807, de 26 de agosto de 1960, na redação dada pelo artigo 1º desta Lei, podem, independentemente da idade, permanecer naquela qualidade ou optar pela equiparação a trabalhador autônomo.

Art. 4º Os ministros de confissão religiosa e os membros de institutos de vida consagrada, congregação ou ordem religiosa não equiparados a trabalhador autônomo por já terem completado 60 (sessenta) anos de idade:

I – poderão filiar-se facultativamente;

II – farão jus à renda mensal vitalícia instituída pela Lei 6.179, de 11 de dezembro de 1974, ao implementarem os requisitos nela exigidos, ressalvada a percepção de benefício pecuniário de entidade de Previdência Social circunscrita à organização religiosa a que estiver subordinada como participante, dispensada a comprovação de ausência de rendimentos.

Art. 5º O parágrafo único, do artigo 6º, da Lei 3.807, de 26 de agosto de 1960, passa a vigorar com a redação seguinte:

"**Parágrafo único.** Quem exercer mais de um emprego ou atividade deve contribuir obrigatoriamente para a Previdência Social em relação a todos os empregos ou atividade, nos termos desta Lei, ressalvado o disposto no item II e sua letra "a", do § 1º, do artigo 5º."

Art. 6º O artigo 161 da Lei 3.807, de 26 de agosto de 1960, com a redação dada pela Lei 5.890, de 8 de junho de 1973, passa a vigorar com a redação seguinte:

"Art. 161. O recolhimento das contribuições devidas pelos segurados, referidos no item II, do § 1º, do artigo 5º, pode ser efetuado pelas entidades religiosas a que pertençam, ou pelo próprio interessado.

Parágrafo único. Não se aplicam às entidade religiosas, referidas nesta Lei, o disposto nos §§ 1º e 2º do artigo 69."

Art. 7º Fica assegurado aos ministros e ex-ministros de confissão religiosa ou aos membros e ex-membros de institutos de vida consagrada, congregação ou ordem religiosa, de que trata o item II, do § 1º, do artigo 5º, da Lei 3.807, de 26 de agosto de 1960, se o requererem no prazo de 180 (cento e oitenta) dias da vigência desta Lei, o direito de computar o tempo de serviço anterior, prestado às respectivas instituições religiosas, para efeito da Previdência Social, mediante indenização ao órgão previdenciário das contribuições não recolhidas no período correspondente, na forma já estabelecida em regulamento, dispensada a multa automática.

Parágrafo único. O segurado facultativo, atendido o disposto no artigo 2º desta Lei, ministro de confissão religiosa ou membro de instituto de vida consagrada, pelo tempo de serviço averbado e sobre o qual não tenha contribuído.

Art. 8º Esta Lei entrará em vigor na data de sua publicação.

Art. 9º Revogam-se as disposições em contrário.

Brasília, em 8 de outubro de 1979; 158º da Independência e 91º da República.

João Baptista de Figueiredo

LEI 7.998, DE 11 DE JANEIRO DE 1990

Regula o Programa do Seguro-Desemprego, o Abono Salarial, institui o Fundo de Amparo ao Trabalhador (FAT), e dá outras providências.

DOU 12.01.1990

▶ Art. 26 da LC 150/2015 (Lei dos Domésticos).

O Presidente da República:

Faço saber que o Congresso Nacional decreta e eu sanciono a seguinte Lei:

Art. 1º Esta Lei regula o Programa do Seguro-Desemprego e o abono de que tratam o inciso II do art. 7º, o inciso IV do art. 201 e o art. 239, da Constituição Federal, bem como institui o Fundo de Amparo ao Trabalhador (FAT).

Do Programa de Seguro-Desemprego

Art. 2º O Programa de Seguro-Desemprego tem por finalidade:

I – prover assistência financeira temporária ao trabalhador desempregado em virtude de dispensa sem justa causa, inclusive a indireta, e ao trabalhador comprovadamente resgatado de regime de trabalho forçado ou da condição análoga à de escravo;

▶ Inciso I com redação pela Lei 10.608/2002.

II – auxiliar os trabalhadores na busca ou preservação do emprego, promovendo, para tanto, ações integradas de orientação, recolocação e qualificação profissional.

▶ Inciso II com redação pela MP 2.164-41/2001.
▶ Lei 13.189/2015 (Institui o Programa de Proteção ao Emprego)

Art. 2º-A. Para efeito do disposto no inciso II do art. 2º, fica instituída a bolsa de qualificação profissional, a ser custeada pelo Fundo de Amparo ao Trabalhador – FAT, à qual fará jus o trabalhador que estiver com o contrato de trabalho suspenso em virtude de participação em curso ou programa de qualificação profissional oferecido pelo empregador, em conformidade com o disposto em convenção ou acordo coletivo celebrado para este fim.

▶ Artigo acrescido pela MP 2.164-41/2001.

Art. 2º-B. *Revogado pela Lei 13.134/2015.*

Art. 2º-C. O trabalhador que vier a ser identificado como submetido a regime de trabalho forçado ou reduzido a condição análoga à de escravo, em decorrência de ação de fiscalização do Ministério do Trabalho e Emprego, será dessa situação resgatado e terá direito à percepção de três parcelas de seguro-desemprego no valor de um salário mínimo cada, conforme o disposto no § 2º deste artigo.

▶ Artigo acrescido pela Lei 10.608/2002.

§ 1º O trabalhador resgatado nos termos do deste artigo será encaminhado, pelo Ministério do Trabalho e Emprego, para qualificação profissional e recolocação no mercado de trabalho, por meio do Sistema Nacional de Emprego – SINE, na forma estabelecida pelo Conselho Deliberativo do Fundo de Amparo ao Trabalhador – CODEFAT.

§ 2º Caberá ao CODEFAT, por proposta do Ministro de Estado do Trabalho e Emprego, estabelecer os procedimentos necessários ao recebimento do benefício previsto no *caput* deste artigo, observados os respectivos limites de comprometimento dos recursos do FAT, ficando vedado ao mesmo trabalhador o recebimento

do benefício, em circunstâncias similares, nos 12 (doze) meses seguintes à percepção da última parcela.

Art. 3º Terá direito à percepção do seguro-desemprego o trabalhador dispensado sem justa causa que comprove:

I – ter recebido salários de pessoa jurídica ou de pessoa física a ela equiparada, relativos a:

▶ Inciso I com redação pela Lei 13.134/2015.

a) pelo menos 12 (doze) meses nos últimos 18 (dezoito) meses imediatamente anteriores à data de dispensa, quando da primeira solicitação;

▶ Alínea *a* acrescida pela Lei 13.134/2015.

b) pelo menos 9 (nove) meses nos últimos 12 (doze) meses imediatamente anteriores à data de dispensa, quando da segunda solicitação; e

▶ Alínea *b* acrescida pela Lei 13.134/2015.

c) cada um dos 6 (seis) meses imediatamente anteriores à data de dispensa, quando das demais solicitações;

▶ Alínea *c* acrescida pela Lei 13.134/2015.

II – *Revogado pela Lei 13.134/2015.*

III – não estar em gozo de qualquer benefício previdenciário de prestação continuada, previsto no Regulamento dos Benefícios da Previdência Social, excetuado o auxílio-acidente e o auxílio suplementar previstos na Lei 6.367, de 19 de outubro de 1976, bem como o abono de permanência em serviço previsto na Lei 5.890, de 8 de junho de 1973;

IV – não estar em gozo do auxílio-desemprego; e

V – não possuir renda própria de qualquer natureza suficiente à sua manutenção e de sua família.

VI – matrícula e frequência, quando aplicável, nos termos do regulamento, em curso de formação inicial e continuada ou de qualificação profissional habilitado pelo Ministério da Educação, nos termos do art. 18 da Lei nº 12.513, de 26 de outubro de 2011, ofertado por meio da Bolsa-Formação Trabalhador concedida no âmbito do Programa Nacional de Acesso ao Ensino Técnico e Emprego (PRONATEC), instituído pela Lei nº 12.513, de 26 de outubro de 2011, ou de vagas gratuitas na rede de educação profissional e tecnológica.

▶ Inciso VI acrescido pela Lei 13.134/2015.

§ 1º A União poderá condicionar o recebimento da assistência financeira do Programa de Seguro-Desemprego à comprovação da matrícula e da frequência do trabalhador segurado em curso de formação inicial e continuada ou qualificação profissional, com carga horária mínima de 160 (cento e sessenta) horas.

▶ § 1º acrescido pela Lei 12.513/2011.

§ 2º O Poder Executivo regulamentará os critérios e requisitos para a concessão da assistência financeira do Programa de Seguro-Desemprego nos casos previstos no § 1º, considerando a disponibilidade de bolsas-formação no âmbito do PRONATEC ou de vagas gratuitas na rede de educação profissional e tecnológica para o cumprimento da condicionalidade pelos respectivos beneficiários.

▶ § 2º acrescido pela Lei 12.513/2011.

§ 3º A oferta de bolsa para formação dos trabalhadores de que trata este artigo considerará, entre outros critérios, a capacidade de oferta, a reincidência no recebimento do benefício, o nível de escolaridade e a faixa etária do trabalhador.

▶ § 3º acrescido pela Lei 12.513/2011.

§ 4º O registro como Microempreendedor Individual – MEI, de que trata o art. 18-A da Lei Complementar 123, de 14 de dezembro de 2006, não comprovará renda própria suficiente à manutenção da família, exceto se demonstrado na declaração anual simplificada da microempresa individual.

▶ § 4º acrescido pela LC 155/2016, em vigor na data de sua publicação, produzindo efeitos a partir de 01.01.2018 (DOU 28.10.2016).

Art. 3º-A. A periodicidade, os valores, o cálculo do número de parcelas e os demais procedimentos operacionais de pagamento da bolsa de qualificação profissional, nos termos do art. 2º-A desta Lei, bem como os pré-requisitos para habilitação serão os mesmos adotados em relação ao benefício do Seguro-Desemprego, exceto quanto à dispensa sem justa causa.

▶ Artigo acrescido pela MP 2.164-41/2001.

Art. 4º O benefício do seguro-desemprego será concedido ao trabalhador desempregado, por período máximo variável de 3 (três) a 5 (cinco) meses, de forma contínua ou alternada, a cada período aquisitivo, contados da data de dispensa que deu origem à última habilitação, cuja duração será definida pelo Conselho Deliberativo do Fundo de Amparo ao Trabalhador (CODEFAT).

▶ *Caput* com redação pela Lei 13.134/2015.

§ 1º O benefício do seguro-desemprego poderá ser retomado a cada novo período aquisitivo, satisfeitas as condições arroladas nos incisos I, III, IV e V do *caput* do art. 3º.

▶ § 1º com redação pela Lei 13.134/2015.

§ 2º A determinação do período máximo mencionado no *caput* observará a seguinte relação entre o número de parcelas mensais do benefício do seguro-desemprego e o tempo de serviço do trabalhador nos 36 (trinta e seis) meses que antecederem a data de dispensa que originou o requerimento do seguro-desemprego, vedado o cômputo de vínculos empregatícios utilizados em períodos aquisitivos anteriores:

▶ § 2º com redação pela Lei 13.134/2015.

I – para a primeira solicitação:

▶ Inciso I acrescido pela Lei 13.134/2015.

a) 4 (quatro) parcelas, se o trabalhador comprovar vínculo empregatício com pessoa jurídica ou pessoa física a ela equiparada de, no mínimo, 12 (doze) meses e, no máximo, 23 (vinte e três) meses, no período de referência; ou

▶ Alínea *a* com redação pela Lei 13.134/2015.

b) 5 (cinco) parcelas, se o trabalhador comprovar vínculo empregatício com pessoa jurídica ou pessoa física a ela equiparada de, no mínimo, 24 (vinte e quatro) meses, no período de referência.

▶ Alínea *b* com redação pela Lei 13.134/2015.

II – para a segunda solicitação:

▶ Inciso II com redação pela Lei 13.134/2015.

a) 3 (três) parcelas, se o trabalhador comprovar vínculo empregatício com pessoa jurídica ou pessoa física a ela equiparada de, no mínimo, 9 (nove) meses e, no máximo, 11 (onze) meses, no período de referência;

▶ Alínea *a* com redação pela Lei 13.134/2015.

b) 4 (quatro) parcelas, se o trabalhador comprovar vínculo empregatício com pessoa jurídica ou pessoa física a ela equiparada de, no mínimo, 12 (doze) meses e, no máximo, 23 (vinte e três) meses, no período de referência;

▶ Alínea *b* com redação pela Lei 13.134/2015.

c) 5 (cinco) parcelas, se o trabalhador comprovar vínculo empregatício com pessoa jurídica ou pessoa física a ela equiparada de, no mínimo, 24 (vinte e quatro) meses, no período de referência;

▶ Alínea *c* acrescida pela Lei 13.134/2015.

III – a partir da terceira solicitação:

▶ Inciso III com redação pela Lei 13.134/2015.

a) 3 (três) parcelas, se o trabalhador comprovar vínculo empregatício com pessoa jurídica ou pessoa física a ela equiparada de, no mínimo, 6 (seis) meses e, no máximo, 11 (onze) meses, no período de referência;

▶ Alínea *a* com redação pela Lei 13.134/2015.

b) 4 (quatro) parcelas, se o trabalhador comprovar vínculo empregatício com pessoa jurídica ou pessoa física a ela equiparada de, no mínimo, 12 (doze) meses e, no máximo, 23 (vinte e três) meses, no período de referência; ou

▶ Alínea *b* com redação pela Lei 13.134/2015.

c) 5 (cinco) parcelas, se o trabalhador comprovar vínculo empregatício com pessoa jurídica ou pessoa física a ela equiparada de, no mínimo, 24 (vinte e quatro) meses, no período de referência.

▶ Alínea *c* com redação pela Lei 13.134/2015.

§ 3º A fração igual ou superior a 15 (quinze) dias de trabalho será havida como mês integral para os efeitos do § 2º.

▶ § 3º com redação pela Lei 13.134/2015.

§ 4º Nos casos em que o cálculo da parcela do seguro desemprego resultar em valores decimais, o valor a ser pago deverá ser arredondado para a unidade inteira imediatamente superior.

▶ § 4º com redação pela Lei 13.134/2015.

§ 5º O período máximo de que trata o *caput* poderá ser excepcionalmente prolongado por até 2 (dois) meses, para grupos específicos de segurados, a critério do CODEFAT, desde que o gasto adicional representado por esse prolongamento não ultrapasse, em cada semestre, 10% (dez por cento) do montante da reserva mínima de liquidez de que trata o § 2º do art. 9º da Lei 8.019, de 11 de abril de 1990.

▶ § 5º com redação pela Lei 13.134/2015.

§ 6º Na hipótese de prolongamento do período máximo de percepção do benefício do seguro-desemprego, o CODEFAT observará, entre outras variáveis, a evolução geográfica e setorial das taxas de desemprego no País e o tempo médio de desemprego grupos específicos de trabalhadores.

▶ § 6º com redação pela Lei 13.134/2015.

§ 7º O CODEFAT observará as estatísticas do mercado de trabalho, inclusive o tempo médio de permanência no emprego, por setor, e recomendará ao Ministro de Estado do Trabalho e Emprego a adoção de políticas públicas que julgar adequadas à mitigação da alta rotatividade no emprego.

▶ § 7º acrescido pela Lei 13.134/2015.

Art. 4º-A. *Vetado.*

▶ Artigo acrescido pela Lei 13.134/2015.

Art. 5º O valor do benefício será fixado em Bônus do Tesouro Nacional (BTN), devendo ser calculado segundo 3 (três) faixas salariais, observados os seguintes critérios:

I – até 300 BTN, multiplicar-se-á o salário médio dos últimos 3 (três) meses pelo fator 0,8 (oito décimos);

II – de 300 a 500 BTN aplicar-se-á, até o limite do inciso anterior, a regra nele contida e, no que exceder, o fator 0,5 (cinco décimos);

III – acima de 500 BTN, o valor do benefício será igual a 340 BTN.

§ 1º Para fins de apuração do benefício, será considerada a média dos salários dos últimos três meses anteriores à dispensa, devidamente convertidos em BTN pelo valor vigente nos respectivos meses trabalhados.

§ 2º O valor do benefício não poderá ser inferior ao valor do salário mínimo.

§ 3º No pagamento dos benefícios, considerar-se-á:

I – o valor do BTN ou do salário mínimo do mês imediatamente anterior, para benefícios colocados à disposição do beneficiário até o dia 10 (dez) do mês;

II – o valor do BTN ou do salário mínimo do próprio mês, para benefícios colocados à disposição do beneficiário após o dia 10 (dez) do mês.

Art. 6º O seguro-desemprego é direito pessoal e intransferível do trabalhador, podendo ser requerido a partir do sétimo dia subsequente à rescisão do contrato de trabalho.

Art. 7º O pagamento do benefício do seguro-desemprego será suspenso nas seguintes situações:

I – admissão do trabalhador em novo emprego;

II – início de percepção de benefício de prestação continuada da Previdência Social, exceto o auxílio-acidente, o auxílio suplementar e o abono de permanência em serviço;

III – início de percepção de auxílio-desemprego.

IV – recusa injustificada por parte do trabalhador desempregado em participar de ações de recolocação de emprego, conforme regulamentação do CODEFAT.

▶ Inciso IV acrescido pela Lei 13.134/2015.

Art. 7º-A. O pagamento da bolsa de qualificação profissional será suspenso se ocorrer a rescisão do contrato de trabalho.

▶ Artigo acrescido pela MP 2.164-41/2001.

Art. 8º O benefício do seguro-desemprego será cancelado:

▶ Artigo com redação pela Lei 12.513/2011.

I – pela recusa por parte do trabalhador desempregado de outro emprego condizente com sua qualificação registrada ou declarada e com sua remuneração anterior;

II – por comprovação de falsidade na prestação das informações necessárias à habilitação;

III – por comprovação de fraude visando à percepção indevida do benefício do seguro-desemprego; ou

IV – por morte do segurado.

§ 1º Nos casos previstos nos incisos I a III deste artigo, será suspenso por um período de 2 (dois) anos, ressalvado o prazo de carência, o direito do trabalhador à percepção do seguro-desemprego, dobrando-se este período em caso de reincidência.

§ 2º O benefício poderá ser cancelado na hipótese de o beneficiário deixar de cumprir a condicionalidade de que trata o § 1º do art. 3º desta Lei, na forma do regulamento.

Art. 8º-A. O benefício da bolsa de qualificação profissional será cancelado nas seguintes situações:

▶ Artigo acrescido pela MP 2.164-41/2001.

I – fim da suspensão contratual e retorno ao trabalho;

II – por comprovação de falsidade na prestação das informações necessárias à habilitação;

III – por comprovação de fraude visando à percepção indevida da bolsa de qualificação profissional;

IV – por morte do beneficiário.

Art. 8º-B. Na hipótese prevista no § 5º do art. 476-A da Consolidação das Leis do Trabalho – CLT, as parcelas da bolsa de qualificação profissional que o empregado tiver recebido serão descontadas das parcelas do benefício do Seguro-Desemprego a que fizer jus, sendo-lhe garantido, no mínimo, o recebimento de uma parcela do Seguro-Desemprego.

▶ Artigo acrescido pela MP 2.164-41/2001.

Art. 8º-C. Para efeito de habilitação ao Seguro-Desemprego, desconsiderar-se-á o período de suspensão contratual de que trata o art. 476-A da CLT, para o cálculo dos períodos de que tratam os incisos I e II do art. 3º desta Lei.

▶ Artigo acrescido pela MP 2.164-41/2001.

Do Abono Salarial

Art. 9º É assegurado o recebimento de abono salarial anual, no valor máximo de 1 (um) salário mínimo vigente na data do respectivo pagamento, aos empregados que:

▶ *Caput* com redação pela Lei 13.134/2015, com produção de efeitos financeiros a partir do exercício financeiro de 2016.

I – tenham percebido, de empregadores que contribuem para o Programa de Integração Social (PIS) ou para o Programa de Formação do Patrimônio do Servidor Público (PASEP), até dois salários mínimos médios de remuneração mensal no período trabalhado e que tenham exercido atividade remunerada pelo menos durante 30 dias no ano-base;

II – estejam cadastrados há pelo menos cinco anos no Fundo de Participação PIS-PASEP ou no Cadastro Nacional do Trabalhador.

§ 1º No caso de beneficiários integrantes do Fundo de Participação PIS-PASEP, serão computados no valor do abono salarial os rendimentos proporcionados pelas respectivas contas individuais.

▶ Primitivo parágrafo único renumerado pela Lei 13.134/2015.

§ 2º O valor do abono salarial anual de que trata o *caput* será calculado na proporção de 1/12 (um doze avos) do valor do salário mínimo vigente na data do respectivo pagamento, multiplicado pelo número de meses trabalhados no ano correspondente.

▶ § 2º acrescido pela Lei 13.134/2015 (DOU 17.06.2015), produzindo efeitos financeiros a partir do exercício de 2016.

§ 3º A fração igual ou superior a 15 (quinze) dias de trabalho será contada como mês integral para os efeitos do § 2º deste artigo.

▶ § 3º acrescido pela Lei 13.134/2015, com produção de efeitos financeiros a partir do exercício financeiro de 2016 (DOU 17.06.2015).

§ 4º O valor do abono salarial será emitido em unidades inteiras de moeda corrente, com a suplementação das partes decimais até a unidade inteira imediatamente superior.

▶ § 4º acrescido pela Lei 13.134/2015, com produção de efeitos financeiros a partir do exercício financeiro de 2016. (DOU 17.06.2015).

Art. 9º-A. O abono será pago pelo Banco do Brasil S.A. e pela Caixa Econômica Federal mediante:

▶ Artigo acrescido pela Lei 13.134/2015.

I – depósito em nome do trabalhador;

II – saque em espécie; ou

III – folha de salários.

§ 1º Ao Banco do Brasil S.A. caberá o pagamento aos servidores e empregados dos contribuintes mencionados no art. 14 do Decreto-Lei 2.052, de 3 de agosto de 1983, e à Caixa Econômica Federal, aos empregados dos contribuintes a que se refere o art. 15 desse Decreto-Lei.

§ 2º As instituições financeiras pagadoras manterão em seu poder, à disposição das autoridades fazendárias, por processo que possibilite sua imediata recuperação, os comprovantes de pagamentos efetuados.

Do Fundo de Amparo ao Trabalhador

Art. 10. É instituído o Fundo de Amparo ao Trabalhador (FAT), vinculado ao Ministério do Trabalho e Emprego, destinado ao custeio do Programa de Seguro-Desemprego, ao pagamento do abono salarial e ao financiamento de programas de educação profissional e tecnológica e de desenvolvimento econômico.

▶ *Caput* com redação pela Lei 12.513/2011.
▶ Lei 8.019/1990 (Fundo de Amparo do Trabalhador – FAT).

Parágrafo único. O FAT é um fundo contábil, de natureza financeira, subordinando-se, no que couber, à legislação vigente.

Art. 11. Constituem recursos do FAT:

I – o produto da arrecadação das contribuições devidas ao PIS e ao PASEP;

II – o produto dos encargos devidos pelos contribuintes, em decorrência da inobservância de suas obrigações;

III – a correção monetária e os juros devidos pelo agente aplicador dos recursos do fundo, bem como pelos agentes pagadores, incidentes sobre o saldo dos repasses recebidos;

IV – o produto da arrecadação da contribuição adicional pelo índice de rotatividade, de que trata o § 4º do art. 239 da Constituição Federal.

V – outros recursos que lhe sejam destinados.

▶ Art. 7º da Lei 10.209/2001 (Institui o vale-pedágio obrigatório sobre o transporte rodoviário de carga).
▶ A LC 214/2025 deu nova redação a este inciso V: "V - 18% (dezoito por cento) da Contribuição Social sobre Bens e Serviços – CBS; e"; e acresceu o inciso VI: "VI - outros recursos que lhe sejam destinados.", com produção de efeitos a partir de 1º.1.2027.

Arts. 12 a 14. *Vetados.*

Art. 15. Compete aos Bancos Oficiais Federais o pagamento das despesas relativas ao Programa do Seguro-Desemprego e ao abono salarial conforme normas a serem definidas pelos gestores do FAT.

Parágrafo único. Sobre o saldo de recursos não desembolsados, os agentes pagadores remunerarão o FAT, no mínimo com correção monetária.

Arts. 16 e 17. *Revogados pela Lei 8.019/1990.*

Gestão
Art. 18. É instituído o Conselho Deliberativo do Fundo de Amparo ao Trabalhador – CODEFAT, composto por representação de trabalhadores, empregadores e órgãos e entidades governamentais, na forma estabelecida pelo Poder Executivo.

▶ *Caput* com redação pela MP 2.216-37/2001.
▶ A Lei 9.649/1998, alterada pela MP 2.216-37/2001, conferia nova redação ao *caput* deste artigo. Porém, o art. 59 da Lei 10.683/2003 considerou revogadas as disposições em contrário, especialmente as da Lei 9.649/1998, com as alterações introduzidas pela MP 2.216-37/2001.

§ 1º O mandato de cada Conselheiro é de 3 (três) anos.
▶ § 1º com eficácia interrompida pela MP 2.216-37/2001.

§ 2º Na primeira investidura, observar-se-á o seguinte:
▶ § 2º com eficácia interrompida pela MP 2.216-37/2001.

I – 1/3 (um terço) dos representantes referidos nos incisos I e II, do *caput* deste artigo será designado com mandato de 1 (um) ano; 1/3 (um terço), com mandato de 2 (dois) anos e 1/3 (um terço), com mandato de 3 (três) anos;

II – o representante do Ministério do Trabalho será designado com mandato de 3 (três) anos; o representante do Ministério da Previdência e Assistência Social, com mandato de 2 (dois) anos; o representante do BNDES, com mandato de 1 (um) ano.

§ 3º Os representantes dos trabalhadores serão indicados pelas centrais sindicais e confederações de trabalhadores; e os representantes dos empregadores, pelas respectivas confederações.

§ 4º Compete ao Ministro do Trabalho a nomeação dos membros do CODEFAT.

§ 5º A Presidência do Conselho Deliberativo, anualmente renovada, será rotativa entre os seus membros.
▶ § 5º com eficácia interrompida pela MP 2.216-37/2001.

§ 6º Pela atividade exercida no CODEFAT seus membros não serão remunerados.

Art. 19. Compete ao CODEFAT gerir o FAT e deliberar sobre as seguintes matérias:

I – *Vetado.*

II – aprovar e acompanhar a execução do Plano de Trabalho Anual do Programa do Seguro-Desemprego e do abono salarial e os respectivos orçamentos;

III – deliberar sobre a prestação de conta e os relatórios de execução orçamentária e financeira do FAT;

IV – elaborar a proposta orçamentária do FAT, bem como suas alterações;

V – propor o aperfeiçoamento da legislação relativa ao seguro-desemprego e ao abono salarial e regulamentar os dispositivos desta Lei âmbito de sua competência;
▶ Res. 754/2015 do CODEFAT (Regulamenta os procedimentos para habilitação e concessão de Seguro-Desemprego para empregados domésticos dispensados sem justa causa na forma do art. 26 da LC 150, de 1º de junho de 2015).

VI – decidir sobre sua própria organização, elaborando seu regimento interno;

VII – analisar relatórios do agente aplicador quanto à forma, prazo e natureza dos investimentos realizados;

VIII – fiscalizar a administração do fundo, podendo solicitar informações sobre contratos celebrados ou em vias de celebração e quaisquer outros atos;

IX – definir indexadores sucedâneos no caso de extinção ou alteração daqueles referidos nesta Lei;

X – baixar instruções necessárias à devolução de parcelas do benefício do seguro-desemprego, indevidamente recebidas;

XI – propor alteração das alíquotas referentes às contribuições a que alude o art. 239 da Constituição Federal, com vistas a assegurar a viabilidade econômico-financeira do FAT;

XII e **XIII** – *Vetados;*

XIV – fixar prazos para processamento e envio ao trabalhador da requisição do benefício do seguro-desemprego, em função das possibilidades técnicas existentes, estabelecendo-se como objetivo o prazo de 30 (trinta) dias;

XV e **XVI** – *Vetados;*

XVII – deliberar sobre outros assuntos de interesses do FAT.

Art. 19-A. O CODEFAT poderá priorizar projetos das entidades integrantes do Sistema Nacional de Atendimento Socioeducativo (SINASE) desde que:
▶ Artigo acrescido pela Lei 12.594/2012.

I – o ente federado de vinculação da entidade que solicita o recurso possua o respectivo Plano de Atendimento Socioeducativo aprovado;

II – as entidades governamentais e não governamentais integrantes do SINASE que solicitem recursos tenham se submetido à avaliação nacional do atendimento socioeducativo.

Art. 20. A Secretaria-Executiva do Conselho Deliberativo será exercida pelo Ministério do Trabalho, e a ela caberão as tarefas técnico-administrativas relativas ao seguro-desemprego e abono salarial.

Art. 21. As despesas com a implantação, administração e operação do Programa do Seguro-Desemprego e do abono salarial, exceto as de pessoal, correrão por conta do FAT.

Art. 22. Os recursos do FAT integrarão o orçamento da seguridade social na forma da legislação pertinente.

Da Fiscalização e Penalidades
Art. 23. Compete ao Ministério do Trabalho e Previdência a fiscalização do cumprimento do Programa de Seguro-Desemprego e do abono salarial, bem como do pagamento, pelas empresas, da bolsa de qualificação profissional de que trata o art. 2º-A desta Lei, ou de benefícios de programas instituídos para promover a manutenção de empregos ou a qualificação de trabalhadores, custeados com recursos do FAT.
▶ Artigo com redação pela Lei 14.261/2021.

Art. 24. Os trabalhadores, os empregadores e os serviços nacionais de aprendizagem ou entidades qualificadas em formação técnico profissional, bem como os trabalhadores de programas instituídos para promover a manutenção de empregos ou a qualificação de trabalhadores, prestarão as informações necessárias, bem como atenderão às exigências para a concessão do seguro-desemprego e o pagamento do abono salarial e da bolsa de qualificação profissional de que trata o art. 2º-A desta Lei, ou de benefícios de programas instituídos para promover a manutenção de empregos ou a qualificação de trabalhadores, nos termos e nos prazos fixados pelo Ministério do Trabalho e Previdência.
▶ Artigo com redação pela Lei 14.261/2021.

Art. 25. O empregador que infringir os dispositivos desta Lei estará sujeito a multas de 400 a 40.000 BTN, segundo a natureza da infração, sua extensão e intenção do infrator, a serem aplicadas em dobro, no caso de reincidência, oposição à fiscalização ou desacato à autoridade.

§ 1º Serão competentes para impor as penalidades as Delegacias Regionais do Trabalho, nos termos do Título VII da Consolidação das Leis do Trabalho.

§ 2º Além das penalidades administrativas já referidas, os responsáveis por meios fraudulentos na habilitação ou na percepção do seguro-desemprego serão punidos civil e criminalmente, nos termos desta Lei.

Art. 25-A. O trabalhador que infringir o disposto nesta Lei e houver percebido indevidamente parcela de seguro-desemprego sujeitar-se-á à compensação automática do débito com o novo benefício, na forma e no percentual definidos por resolução do CODEFAT.
▶ Artigo acrescido pela Lei 13.134/2015.

§ 1º O ato administrativo de compensação automática poderá ser objeto de impugnação, no prazo de 10 (dez) dias, pelo trabalhador, por meio de requerimento de revisão simples, o qual seguirá o rito prescrito pela Lei 9.784, de 29 de janeiro de 1999.

§ 2º A restituição de valor devido pelo trabalhador de que trata o *caput* deste artigo será realizada mediante compensação do saldo de valores nas datas de liberação de cada parcela ou pagamento com Guia de Recolhimento da União (GRU), conforme regulamentação do CODEFAT.

Das Disposições Finais e Transitórias
Art. 26. *Vetado.*

Art. 27. A primeira investidura do CODEFAT dar-se-á no prazo de 30 (trinta) dias da publicação desta Lei.

Art. 28. No prazo de 30 (trinta) dias as contribuições ao PIS e ao PASEP, arrecadadas a partir de 5 de outubro de 1988 e não utilizadas nas finalidades previstas no art. 239 da Constituição Federal, serão recolhidas como receita do FAT.
▶ Artigo com redação pela Lei 8.019/1990.

Parágrafo único. *Vetado.*

Art. 29. *Revogado pela Lei 8.019/1990.*

Art. 30. O Poder Executivo regulamentará esta Lei prazo de 90 (noventa) dias e apresentará projeto lei regulamentando a contribuição adicional pelo índice de rotatividade, de que trata o § 4º do art. 239 da Constituição Federal, no prazo de 180 (cento e oitenta) dias.

Art. 31. Esta Lei entra em vigor na data de sua publicação.

Art. 32. Revogam-se as disposições em contrário.
Brasília, 11 de janeiro de 1990; 169º da Independência e 102º da República.

José Sarney

LEI 8.212, DE 24 DE JULHO DE 1991

Dispõe sobre a organização da Seguridade Social, institui Plano de Custeio, e dá outras providências.

DOU 25.07.1991; Republicada no DOU de 11.04.1996 e no DOU de 14.08.1998.

▶ Lei 11.457/2007 (Super-Receita).
▶ Dec. 3.048/1999 (Regulamento da Previdência Social).
▶ Instrução Normativa INSS 77/2015 (Estabelece rotinas para agilizar e uniformizar o reconhecimento de direitos dos segurados e beneficiários da Previdência Social, com observância dos princípios estabelecidos no art. 37 da Constituição Federal de 1988).

Presidente da República:
Faço saber que o Congresso Nacional decreta e eu sanciono a seguinte Lei:

LEI ORGÂNICA DA SEGURIDADE SOCIAL

TÍTULO I
CONCEITUAÇÃO E PRINCÍPIOS CONSTITUCIONAIS

Art. 1º A Seguridade Social compreende um conjunto integrado de ações de iniciativa dos poderes públicos e da sociedade, destinado a assegurar o direito relativo à saúde, à previdência e à assistência social.

Parágrafo único. A Seguridade Social obedecerá aos seguintes princípios e diretrizes:
▶ Arts. 3º, I, 194 e 195 da CF.

a) universalidade da cobertura e do atendimento;

b) uniformidade e equivalência dos benefícios e serviços às populações urbanas e rurais;

c) seletividade e distributividade na prestação dos benefícios e serviços;

d) irredutibilidade do valor dos benefícios;

e) equidade na forma de participação no custeio;

f) diversidade da base de financiamento;

g) caráter democrático e descentralizado da gestão administrativa com a participação da comunidade, em especial de trabalhadores, empresários e aposentados.
▶ Art. 1º do Dec. 3.048/1999 (Regulamento da Previdência Social).

TÍTULO II
DA SAÚDE

Art. 2º A Saúde é direito de todos e dever do Estado, garantido mediante políticas sociais e econômicas que visem à redução do risco de doença e de outros agravos e ao acesso universal e igualitário às ações e serviços para sua promoção, proteção e recuperação.

Parágrafo único. As atividades de saúde são de relevância pública e sua organização obedecerá aos seguintes princípios e diretrizes:

a) acesso universal e igualitário;

b) provimento das ações e serviços através de rede regionalizada e hierarquizada, integrados em sistema único;

c) descentralização, com direção única em cada esfera de governo;

d) atendimento integral, com prioridade para as atividades preventivas;

e) participação da comunidade na gestão, fiscalização e acompanhamento das ações e serviços de saúde;

f) participação da iniciativa privada na assistência à saúde, obedecidos os preceitos constitucionais.
▶ Art. 2º do Dec. 3.048/1999 (Regulamento da Previdência Social).

TÍTULO III
DA PREVIDÊNCIA SOCIAL

Art. 3º A Previdência Social tem por fim assegurar aos seus beneficiários meios indispensáveis de manutenção, por motivo de incapacidade, idade avançada, tempo de serviço, desemprego involuntário, encargos de família e reclusão ou morte daqueles de quem dependiam economicamente.

Parágrafo único. A organização da Previdência Social obedecerá aos seguintes princípios e diretrizes:

a) universalidade de participação nos planos previdenciários, mediante contribuição;

b) valor da renda mensal dos benefícios, substitutos do salário de contribuição ou do rendimento do trabalho do segurado, não inferior ao do salário mínimo;

c) cálculo dos benefícios considerando-se os salários de contribuição, corrigidos monetariamente;

d) preservação do valor real dos benefícios;

e) previdência complementar facultativa, custeada por contribuição adicional.

> ▸ Arts. 4º e 5º do Dec. 3.048/1999 (Regulamento da Previdência Social).

TÍTULO IV
DA ASSISTÊNCIA SOCIAL

Art. 4º A Assistência Social é a política social que provê o atendimento das necessidades básicas, traduzidas em proteção à família, à maternidade, à infância, à adolescência, à velhice e à pessoa portadora de deficiência, independentemente de contribuição à Seguridade Social.

> ▸ Lei 8.742/1993 (Assistência Social).
> ▸ Dec. 6.214/2007 (Benefício de assistência social devido à pessoa com deficiência e ao idoso de que trata as Leis 8.742/1993 e 10.741/2003).

Parágrafo único. A organização da Assistência Social obedecerá às seguintes diretrizes:

a) descentralização político-administrativa;

b) participação da população na formulação e controle das ações em todos os níveis.

> ▸ Art. 3º do Dec. 3.048/1999 (Regulamento da Previdência Social).

TÍTULO V
DA ORGANIZAÇÃO
DA SEGURIDADE SOCIAL

Art. 5º As ações nas áreas de Saúde, Previdência Social e Assistência Social, conforme o disposto no Capítulo II do Título VIII da Constituição Federal, serão organizadas em Sistema Nacional de Seguridade Social, na forma desta Lei.

Art. 6º Fica instituído o Conselho Nacional da Seguridade Social, órgão superior de deliberação colegiada, com a participação da União, dos Estados, do Distrito Federal, dos Municípios e de representantes da sociedade civil.

> ▸ Artigo com eficácia interrompida por força da MP 2.216-37/2001.

§ 1º O Conselho Nacional da Seguridade Social terá 17 (dezessete) membros e respectivos suplentes, sendo:

> ▸ Caput do § 1º com redação pela Lei 8.619/1993.

a) 4 (quatro) representantes do Governo Federal, dentre os quais, 1 (um) da área de saúde, 1 (um) da área de previdência social 1 (um) da área de assistência social;

b) 1 (um) representante dos governos estaduais e 1 (um) das prefeituras municipais;

c) 8 (oito) representantes da sociedade civil, sendo 4 (quatro) trabalhadores, dos quais pelo menos 2 (dois) aposentados, e 4 (quatro) empresários;

> ▸ Alínea c com redação pela Lei 8.619/1993.

d) 3 (três) representantes membros dos conselhos setoriais, sendo 1 (um) de cada área da seguridade social, conforme disposto no Regimento do Conselho Nacional da Seguridade Social.

> ▸ Alínea d com redação pela Lei 9.711/1998.

§ 2º Os membros do Conselho Nacional da Seguridade Social serão nomeados pelo Presidente da República.

§ 3º O Conselho Nacional da Seguridade Social será presidido por um dos seus integrantes, eleito entre seus membros, que terá mandato de 1 (um) ano, vedada a reeleição, e disporá de uma Secretaria Executiva, que se articulará com os conselhos setoriais de cada área.

§ 4º Os representantes dos trabalhadores, dos empresários e respectivos suplentes serão indicados pelas centrais sindicais e confederações nacionais e terão mandato de dois anos, podendo ser reconduzidos uma única vez.

§ 5º As áreas de Saúde, Previdência Social e Assistência Social organizar-se-ão em conselhos setoriais, com representantes da União, dos Estados, do Distrito Federal, dos Municípios e da sociedade civil.

§ 6º O Conselho Nacional da Seguridade Social reunir-se-á ordinariamente a cada bimestre, por convocação de seu presidente, ou, extraordinariamente, mediante convocação de seu presidente ou de um terço de seus membros, observado, em ambos os casos, o prazo de até 7 (sete) dias para realização da reunião.

§ 7º As reuniões do Conselho Nacional da Seguridade Social serão iniciadas com a presença da maioria absoluta de seus membros, sendo exigida para deliberação a maioria simples dos votos.

§ 8º Perderá o lugar no Conselho Nacional da Seguridade Social o membro que não comparecer a três reuniões consecutivas ou a cinco intercaladas, no ano, salvo se a ausência ocorrer por motivo de força maior, justificado por escrito ao Conselho, na forma estabelecida pelo seu regimento.

§ 9º A vaga resultante da situação prevista no parágrafo anterior será preenchida através de indicação da entidade representada, no prazo de trinta dias.

§ 10. *Revogado pela Lei 9.032/1995.*

§ 11. As ausências ao trabalho dos representantes dos trabalhadores em atividade, decorrentes de sua participação no Conselho, serão abonadas, computando-se como jornada efetivamente trabalhada para todos os fins e efeitos legais.

Art. 7º Compete ao Conselho Nacional da Seguridade Social:

> ▸ Artigo com eficácia interrompida pela MP 2.216-37/2001.

I – estabelecer as diretrizes gerais e as políticas de integração entre as áreas, observado o disposto no inciso VII do artigo 194 da Constituição Federal;

II – acompanhar e avaliar a gestão econômica, financeira e social dos recursos e o desempenho dos programas realizados, exigindo prestação de contas;

III – apreciar e aprovar os termos dos convênios firmados entre a seguridade social e a rede bancária para a prestação dos serviços;

IV – aprovar e submeter ao Presidente da República os programas anuais e plurianuais da Seguridade Social;

V – aprovar e submeter ao Órgão Central do Sistema de Planejamento Federal e de Orçamentos a proposta orçamentária anual da Seguridade Social;

VI – estudar, debater e aprovar proposta de recomposição periódica dos valores dos benefícios e dos salários de contribuição, a fim de garantir, de forma permanente, a preservação de seus valores reais;

VII – zelar pelo fiel cumprimento do disposto nesta Lei e na legislação que rege a Seguridade Social, assim como pelo cumprimento de suas deliberações;

VIII – divulgar através do *Diário Oficial da União*, todas as suas deliberações;

IX – elaborar o seu regimento interno.

Art. 8º As propostas orçamentárias anuais ou plurianuais da Seguridade Social serão elaboradas por Comissão integrada por três representantes, sendo um da área da saúde, um da área da previdência social e um da área de assistência social.

Art. 9º As áreas de Saúde, Previdência Social e Assistência Social são objeto de leis específicas, que regulamentarão sua organização e funcionamento.

TÍTULO VI
DO FINANCIAMENTO
DA SEGURIDADE SOCIAL

Introdução

Art. 10. A Seguridade Social será financiada por toda sociedade, de forma direta e indireta, nos termos do artigo 195 da Constituição Federal e desta Lei, mediante recursos provenientes da União, dos Estados, do Distrito Federal, dos Municípios e de contribuições sociais.

> ▸ Art. 194 do Dec. 3.048/1999 (Regulamento da Previdência Social).

Art. 11. No âmbito federal, o orçamento da Seguridade Social é composto das seguintes receitas:

I – receitas da União;

II – receitas das contribuições sociais;

III – receitas de outras fontes.

Parágrafo único. Constituem contribuições sociais:

a) as das empresas, incidentes sobre a remuneração paga ou creditada aos segurados a seu serviço;

> ▸ Art. 39, *caput*, desta Lei.
> ▸ Art. 96 da Lei 11.196 ("MP do Bem").
> ▸ Arts. 2º, 32, *caput*, e 39 da Lei 11.457/2007 (Super-Receita).
> ▸ Súmula 458 do STJ.

b) as dos empregadores domésticos;

> ▸ Alínea b regulamentada pelo Dec. 6.922/2009.
> ▸ Art. 39, *caput*, desta Lei.
> ▸ Art. 2º da Lei 11.457/2007 (Super-Receita).

c) as dos trabalhadores, incidentes sobre o seu salário de contribuição;

> ▸ Art. 39, *caput*, desta Lei.
> ▸ Art. 96 da Lei 11.196/2005 ("MP do Bem").
> ▸ Arts. 2º e 32 a 39 da Lei 11.457/2007 (Super-Receita).

d) as das empresas, incidentes sobre faturamento e lucro;

e) as incidentes sobre a receita de concursos de prognósticos.

> ▸ Arts. 195 a 280 do Dec. 3.048/1999 (Regulamento da Previdência Social).

Seção I
Dos segurados

Art. 12. São segurados obrigatórios da Previdência Social as seguintes pessoas físicas:

I – como empregado:

a) aquele que presta serviço de natureza urbana ou rural à empresa, em caráter não eventual, sob sua subordinação e mediante remuneração, inclusive como diretor empregado;

b) aquele que, contratado por empresa de trabalho temporário, definida em legislação específica, presta serviço para atender a necessidade transitória de substituição de pessoal regular e permanente ou a acréscimo extraordinário de serviços de outras empresas;

> ▸ Lei 6.019/1974 (Trabalho Temporário).

c) o brasileiro ou estrangeiro domiciliado e contratado no Brasil para trabalhar como empregado em sucursal ou agência de empresa nacional no exterior;

d) aquele que presta serviço no Brasil a missão diplomática ou a repartição consular de carreira estrangeira e a órgãos a ela subordinados, ou a membros dessas missões e repartições, excluídos o não brasileiro sem residência permanente no Brasil e o brasileiro amparado pela legislação previdenciária do país da respectiva missão diplomática ou repartição consular;

e) o brasileiro civil que trabalha para a União, no exterior, em organismos oficiais brasileiros ou internacionais dos quais o Brasil seja membro efetivo, ainda que lá domiciliado e contratado, salvo se segurado na forma da legislação vigente do país do domicílio;

f) o brasileiro ou estrangeiro domiciliado e contratado no Brasil para trabalhar como empregado em empresa domiciliada no exterior, cuja maioria do capital votante pertença a empresa brasileira de capital nacional;

g) o servidor público ocupante de cargo em comissão, sem vínculo efetivo com a União, Autarquias, inclusive em regime especial, e Fundações Públicas Federais;

> ▸ Alínea g acrescida pela Lei 8.647/1993.

h) o exercente de mandato eletivo federal, estadual ou municipal, desde que não vinculado a regime próprio de previdência social;

> ▸ Alínea h acrescida pela Lei 9.506/1997.
> ▸ A Resolução do SF 26/2005 declarou suspensa a execução desta alínea, com fundamento na declaração de inconstitucionalidade em decisão definitiva do STF, nos autos do RE 351.717-1/PR.
> ▸ A Lei 10.887/2004 ao determinar o acréscimo da alínea j reproduziu o mesmo texto desta alínea.

i) o empregado de organismo oficial internacional ou estrangeiro em funcionamento no Brasil, salvo quando coberto por regime próprio de previdência social;

> ▸ Alínea i acrescida pela Lei 9.876/1999.

j) o exercente de mandato eletivo federal, estadual ou municipal, desde que não vinculado a regime próprio de previdência social;

> ▸ Alínea j acrescida pela Lei 10.887/2004.
> ▸ A Lei 10.887/2004 ao determinar o acréscimo desta alínea reproduziu o mesmo texto da alínea h.

II – como empregado doméstico: aquele que presta serviço de natureza contínua a pessoa ou família, no âmbito residencial desta, em atividades sem fins lucrativos;

III e IV – *Revogados pela Lei 9.876/1999.*

V – como contribuinte individual:

> ▸ Caput do inciso V com redação pela Lei 9.876/1999.
> ▸ Art. 4º da Lei 10.666/2003 (Concessão da aposentadoria especial ao cooperado de Cooperativa de Trabalho ou de Produção).

a) a pessoa física, proprietária ou não, que explora atividade agropecuária, a qualquer título, em caráter permanente ou temporário, em área superior a 4 (quatro) módulos fiscais; ou, quando em área igual ou inferior a 4 (quatro) módulos fiscais ou atividade pesqueira, com auxílio de empregados ou por intermédio de prepostos; ou ainda nas hipóteses dos §§ 10 e 11 deste artigo;

> ▸ Alínea a com redação pela Lei 11.718/2008.

b) a pessoa física, proprietária ou não, que explora atividade de extração mineral – garimpo, em caráter permanente ou temporário, diretamente ou por intermédio de prepostos, com ou sem o auxílio de empregados, utilizados a qualquer título, ainda que de forma não contínua;

> ▸ Alínea b com redação pela Lei 9.876/1999.
> ▸ Lei 11.685/2008 (Estatuto do Garimpeiro).

c) o ministro de confissão religiosa e o membro de instituto de vida consagrada, de congregação ou de ordem religiosa;

> ▸ Alínea c com redação pela Lei 10.403/2002.

d) *Revogada pela Lei 9.876/1999.*

e) o brasileiro civil que trabalha no exterior para organismo oficial internacional do qual o Brasil é membro efeti-

vo, ainda que lá domiciliado e contratado, salvo quando coberto por regime próprio de previdência social;

▶ Alínea *e* com redação pela Lei 9.876/1999.

f) o titular de firma individual urbana ou rural, o diretor não empregado e o membro de conselho de administração de sociedade anônima, o sócio solidário, o sócio de indústria, o sócio gerente e o sócio cotista que recebam remuneração decorrente de seu trabalho em empresa urbana ou rural, e o associado eleito para cargo de direção em cooperativa, associação ou entidade de qualquer natureza ou finalidade, bem como o síndico ou administrador eleito para exercer atividade de direção condominial, desde que recebam remuneração;

▶ Alínea *f* acrescida pela Lei 9.876/1999.

g) quem presta serviço de natureza urbana ou rural, em caráter eventual, a uma ou mais empresas, sem relação de emprego;

▶ Alínea *g* acrescida pela Lei 9.876/1999.

h) a pessoa física que exerce, por conta própria, atividade econômica de natureza urbana, com fins lucrativos ou não;

▶ Alínea *h* acrescida pela Lei 9.876/1999.

VI – como trabalhador avulso: quem presta, a diversas empresas, sem vínculo empregatício, serviços de natureza urbana ou rural definidos no regulamento;

VII – como segurado especial: a pessoa física residente no imóvel rural ou em aglomerado urbano ou rural próximo a ele que, individualmente ou em regime de economia familiar, ainda que com o auxílio eventual de terceiros a título de mútua colaboração, na condição de:

▶ Inciso VII com redação pela Lei 11.718/2008.
▶ A Resolução 15/2017, do Senado Federal, suspendeu a execução deste inciso, declarado inconstitucional pelo STF, no julgamento do RE 363.852 (DOU 13.09.2017).

a) produtor, seja proprietário, usufrutuário, possuidor, assentado, parceiro ou meeiro outorgados, comodatário ou arrendatário rurais, que explore atividade:

1. agropecuária em área de até quatro módulos fiscais; ou

2. de seringueiro ou extrativista vegetal que exerça suas atividades nos termos do inciso XII do *caput* do art. 2º da Lei 9.985, de 18 de julho de 2000, e faça dessas atividades o principal meio de vida;

b) pescador artesanal ou a este assemelhado, que faça da pesca profissão habitual ou principal meio de vida; e

c) cônjuge ou companheiro, bem como filho maior de 16 (dezesseis) anos de idade ou a este equiparado, do segurado de que tratam as alíneas *a* e *b* deste inciso, que, comprovadamente, trabalhem com o grupo familiar respectivo.

§ 1º Entende-se como regime de economia familiar a atividade em que o trabalho dos membros da família é indispensável à própria subsistência e ao desenvolvimento socioeconômico do núcleo familiar e é exercido em condições de mútua dependência e colaboração, sem a utilização de empregados permanentes.

▶ § 1º com redação pela Lei 11.718/2008.

§ 2º Todo aquele que exercer, concomitantemente, mais de uma atividade remunerada sujeita ao Regime Geral de Previdência Social é obrigatoriamente filiado em relação a cada uma delas.

§ 3º *Revogado pela Lei 11.718/2008.*

§ 4º O aposentado pelo Regime Geral de Previdência Social – RGPS que estiver exercendo ou que volte a exercer atividade abrangida por este Regime é segurado obrigatório em relação a essa atividade, ficando sujeito às contribuições de que trata esta Lei, para fins de custeio da Seguridade Social.

▶ § 4º acrescido pela Lei 9.032/1995.

§ 5º O dirigente sindical mantém, durante o exercício do mandato eletivo, o mesmo enquadramento no Regime Geral de Previdência Social – RGPS de antes da investidura.

▶ § 5º acrescido pela Lei 9.528/1997.

§ 6º Aplica-se o disposto na alínea *g* do inciso I do *caput* ao ocupante de cargo de Ministro de Estado, de Secretário Estadual, Distrital ou Municipal, sem vínculo efetivo com a União, Estados, Distrito Federal e Municípios, suas autarquias, ainda que em regime especial, e fundações.

▶ § 6º acrescido pela Lei 9.876/1999.
▶ Art. 9º do Dec. 3.048/1999 (Regulamento da Previdência Social).

§ 7º Para serem considerados segurados especiais, o cônjuge ou companheiro e os filhos maiores de 16 (dezesseis) anos ou os a estes equiparados deverão ter participação ativa nas atividades rurais do grupo familiar.

▶ § 7º acrescido pela Lei 11.718/2008.

§ 8º O grupo familiar poderá utilizar-se de empregados contratados por prazo determinado ou trabalhador de que trata a alínea *g* do inciso V do *caput* deste artigo, à razão de no máximo 120 (cento e vinte) pessoas por dia no ano civil, em períodos corridos ou intercalados ou,

ainda, por tempo equivalente em horas de trabalho, não sendo computado nesse prazo o período de afastamento em decorrência da percepção de auxílio-doença.

▶ § 8º com redação pela Lei 12.873/2013.

§ 9º Não descaracteriza a condição de segurado especial:

▶ § 9º acrescido pela Lei 11.718/2008.

I – a outorga, por meio de contrato escrito de parceria, meação ou comodato, de até 50% (cinquenta por cento) de imóvel rural cuja área total não seja superior a 4 (quatro) módulos fiscais, desde que outorgante e outorgado continuem a exercer a respectiva atividade, individualmente ou em regime de economia familiar;

II – a exploração da atividade turística da propriedade rural, inclusive com hospedagem, por não mais de 120 (cento e vinte) dias ao ano;

III – a participação em plano de previdência complementar instituído por entidade classista a que seja associado, em razão da condição de trabalhador rural ou de produtor rural em regime de economia familiar;

IV – ser beneficiário ou fazer parte de grupo familiar que tem algum componente que seja beneficiário de programa assistencial oficial de governo;

V – a utilização pelo próprio grupo familiar, na exploração da atividade, de processo de beneficiamento ou industrialização artesanal, na forma do § 11 do art. 25 desta Lei; e

VI – a associação, exceto em cooperativa de trabalho, conforme regulamento:

▶ Inciso VI com redação pela Lei 15.072/2024.

a) em cooperativa que tenha atuação vinculada às atividades previstas no inciso VII do *caput* deste artigo, conforme previsão em seu objeto social ou autorização da autoridade competente;

b) Vetado.

▶ Alíneas *a* e *b* acrescidas pela Lei 15.072/2024.

VII – a incidência do Imposto Sobre Produtos Industrializados – IPI sobre o produto das atividades desenvolvidas nos termos do § 14 deste artigo.

▶ Inciso VII acrescido pela Lei 12.873/2013.

VIII – a participação em programas e ações de pagamento por serviços ambientais.

▶ Inciso VIII acrescido pela Lei 14.119/2021.

§ 10. Não é segurado especial o membro de grupo familiar que possuir outra fonte de rendimento, exceto se decorrente de:

▶ § 10 acrescido pela Lei 11.718/2008.

I – benefício de pensão por morte, auxílio-acidente ou auxílio-reclusão, cujo valor não supere o do menor benefício de prestação continuada da Previdência Social;

II – benefício previdenciário pela participação em plano de previdência complementar instituído nos termos do inciso IV do § 9º deste artigo;

III – exercício de atividade remunerada em período não superior a 120 (cento e vinte) dias, corridos ou intercalados, no ano civil, observado o disposto no § 13 deste artigo;

▶ Inciso III com redação pela Lei 12.873/2013.

IV – exercício de mandato eletivo de dirigente sindical de organização da categoria de trabalhadores rurais;

V – exercício de:

▶ Inciso V com redação pela Lei 15.072/2024.

a) mandato de vereador do Município em que desenvolve a atividade rural;

b) atividade remunerada, sem dedicação exclusiva ou regime integral de trabalho, derivada de mandato eletivo:

1. em cooperativa, exceto cooperativa de trabalho, que tenha atuação vinculada às atividades previstas no inciso VII do *caput* deste artigo, conforme previsão em seu objeto social ou autorização da autoridade competente, de acordo com regulamento e observado o disposto no § 13 deste artigo;

2. Vetado.

▶ Alíneas *a* e *b* com redação pela Lei 15.072/2024.

VI – parceria ou meação outorgada na forma e condições estabelecidas no inciso I do § 9º deste artigo;

VII – atividade artesanal desenvolvida com matéria-prima produzida pelo respectivo grupo familiar, podendo ser utilizada matéria-prima de outra origem, desde que a renda mensal obtida na atividade não exceda ao menor benefício de prestação continuada da Previdência Social; e

VIII – atividade artística, desde que em valor mensal inferior ao menor benefício de prestação continuada da Previdência Social.

§ 11. O segurado especial fica excluído dessa categoria:

▶ *Caput* do § 11 acrescido pela Lei 11.718/2008.

I – a contar do primeiro dia do mês em que:

a) deixar de satisfazer as condições estabelecidas no inciso VII do *caput* deste artigo, sem prejuízo do disposto no art. 15 da Lei 8.213, de 24 de julho de 1991, ou exceder qualquer dos limites estabelecidos no inciso I do § 9º deste artigo;

b) enquadrar-se em qualquer outra categoria de segurado obrigatório do Regime Geral de Previdência Social, ressalvado o disposto nos incisos III, V, VII e VIII do § 10 e no § 14 deste artigo, sem prejuízo do disposto no art. 15 da Lei 8.213, de 24 de julho de 1991;

▶ Alínea *b* com redação pela Lei 12.873/2013.

c) tornar-se segurado obrigatório de outro regime previdenciário; e

▶ Alínea *c* com redação pela Lei 12.873/2013.

d) participar de sociedade empresária, de sociedade simples, como empresário individual ou como titular de empresa individual de responsabilidade limitada em desacordo com as limitações impostas pelo § 14 deste artigo;

▶ Alínea *d* acrescida pela Lei 12.873/2013.

II – a contar do primeiro dia do mês subsequente ao da ocorrência, quando o grupo familiar a que pertence exceder o limite de:

▶ Inciso II acrescido pela Lei 11.718/2008.

a) utilização de trabalhadores nos termos do § 8º deste artigo;

b) dias em atividade remunerada estabelecidos no inciso III do § 10 deste artigo; e

c) dias de hospedagem a que se refere o inciso II do § 9º deste artigo.

§ 12. Aplica-se o disposto na alínea *a* do inciso V do *caput* deste artigo ao cônjuge ou companheiro do produtor que participe da atividade rural por este explorada.

▶ § 12 acrescido pela Lei 11.718/2008.

§ 13. O disposto nos incisos III e V do § 10 e no § 14 deste artigo não dispensa o recolhimento da contribuição devida em relação ao exercício das atividades de que tratam os referidos dispositivos.

▶ § 13 com redação pela Lei 12.873/2013.

§ 14. A participação do segurado especial em sociedade empresária, em sociedade simples, como empresário individual ou como titular de empresa individual de responsabilidade limitada de objeto ou âmbito agrícola, agroindustrial ou agroturístico, considerada microempresa nos termos da Lei Complementar 123, de 14 de dezembro de 2006, não o exclui de tal categoria previdenciária, desde que, mantido o exercício da sua atividade rural na forma do inciso VII do *caput* e do § 1º, a pessoa jurídica componha-se apenas de segurados de igual natureza e sedie-se no mesmo Município ou em Município limítrofe àquele em que eles desenvolvam suas atividades.

▶ § 14 acrescido pela Lei 12.873/2013.

§ 15. *Vetado.*

▶ § 15 acrescido pela Lei 12.873/2013.

Art. 13. O servidor civil ocupante de cargo efetivo ou o militar da União, dos Estados, do Distrito Federal ou dos Municípios, bem como o das respectivas autarquias e fundações, são excluídos do Regime Geral de Previdência Social consubstanciado nesta Lei, desde que amparados por regime próprio de previdência social.

▶ Artigo com redação pela Lei 9.876/1999.

§ 1º Caso o servidor ou o militar venham a exercer, concomitantemente, uma ou mais atividades abrangidas pelo Regime Geral de Previdência Social, tornar-se-ão segurados obrigatórios em relação a essas atividades.

§ 2º Caso o servidor ou o militar, amparados por regime próprio de previdência social, sejam requisitados para outro órgão ou entidade cujo regime previdenciário não permita a filiação nessa condição, permanecerão vinculados ao regime de origem, obedecidas as regras que cada ente estabeleça acerca de sua contribuição.

▶ Art. 10 do Dec. 3.048/1999 (Regulamento da Previdência Social).

Art. 14. É segurado facultativo o maior de 14 (quatorze) anos de idade que se filiar ao Regime Geral de Previdência Social, mediante contribuição, na forma do artigo 21, desde que não incluído nas disposições do artigo 12.

▶ Art. 11 do Dec. 3.048/1999 (Regulamento da Previdência Social).

Seção II
Da empresa e do
empregador doméstico

Art. 15. Considera-se:

I – empresa – a firma individual ou sociedade que assume o risco de atividade econômica urbana ou rural, com fins lucrativos ou não, bem como os órgãos e entidades da administração pública direta, indireta e fundacional;

II – empregador doméstico – a pessoa ou família que admite a seu serviço, sem finalidade lucrativa, empregado doméstico.

Parágrafo único. Equiparam-se a empresa, para os efeitos desta Lei, o contribuinte individual e a pessoa física na condição de proprietário ou dono de obra de construção civil, em relação a segurado que lhe presta serviço, bem como a cooperativa, a associação ou a entidade de qualquer natureza ou finalidade, a missão diplomática e a repartição consular de carreira estrangeiras.

▸ Parágrafo único com redação pela Lei 13.202/2015.
▸ Art. 12 do Dec. 3.048/1999 (Regulamento da Previdência Social).

CAPÍTULO II
DA CONTRIBUIÇÃO
DA UNIÃO

Art. 16. A contribuição da União é constituída de recursos adicionais do Orçamento Fiscal, fixados obrigatoriamente na lei orçamentária anual.

Parágrafo único. A União é responsável pela cobertura de eventuais insuficiências financeiras da Seguridade Social, quando decorrentes do pagamento de benefícios de prestação continuada da Previdência Social, na forma da Lei Orçamentária Anual.

▸ Art. 169 do Dec. 3.048/1999 (Regulamento da Previdência Social).

Art. 17. Para pagamento dos encargos previdenciários da União, poderão contribuir os recursos da Seguridade Social referidos na alínea *d* do parágrafo único do artigo 11 desta Lei, na forma da Lei Orçamentária anual, assegurada a destinação de recursos para as ações desta Lei de Saúde e Assistência Social.

▸ Artigo com redação pela Lei 9.711/1998.
▸ Art. 197 do Dec. 3.048/1999 (Regulamento da Previdência Social).

Art. 18. Os recursos da Seguridade Social referidos nas alíneas *a, b, c* e *d* do parágrafo único do artigo 11 desta Lei poderão contribuir, a partir do exercício de 1992, para o financiamento das despesas com pessoal e administração geral apenas do Instituto Nacional do Seguro Social – INSS, do Instituto Nacional de Assistência Médica da Previdência Social – INAMPS, da Fundação Legião Brasileira de Assistência – LBA e da Fundação Centro Brasileiro para Infância e Adolescência.

Art. 19. O Tesouro Nacional repassará mensalmente recursos referentes às contribuições mencionadas nas alíneas *d* e *e* do parágrafo único do artigo 11 desta Lei, destinados à execução do Orçamento da Seguridade Social.

▸ Artigo com redação pela Lei 9.711/1998.

CAPÍTULO III
DA CONTRIBUIÇÃO
DO SEGURADO

Seção I
Da contribuição dos segurados empregado, empregado doméstico e trabalhador avulso

Art. 20. A contribuição do empregado, inclusive o doméstico, e a do trabalhador avulso é calculada mediante a aplicação do correspondente alíquota sobre o seu salário de contribuição mensal, de forma não cumulativa, observado o disposto no artigo 28, de acordo com a seguinte tabela:

▸ *Caput* com redação pela Lei 9.032/1995.
▸ Art. 28 da EC 103/2019.
▸ Art. 11, II, do Dec. 6.140/2007 (Contribuição Provisória sobre Movimentação ou Transmissão de Valores e de Créditos e Direitos de Natureza Financeira – CPMF).
▸ Art. 34, I da LC 150/2015 (Lei dos Domésticos).

Salário de contribuição	Alíquota em %
Até R$ 249,80	8,00
De R$ 249,81 até R$ 416,33	9,00
De R$ 416,34 até R$ 832,66	11,00

▸ Valores e alíquotas definidos pela Lei 9.129/1995.
▸ Valores atualizados para o ano de 2021 pela Portaria 477/2021, do ME, conforme tabela a seguir:

SALÁRIO-DE-CONTRIBUIÇÃO (R$)	ALÍQUOTA PROGRESSIVA PARA FINS DE RECOLHIMENTO AO INSS
até 1.100,00	7,5%
de 1.100,01 até 2.203,48	9%
de 2.203,49 até 3.305,22	12%
de 3.305,23 até 6.433,57	14%

§ 1° Os valores do salário de contribuição serão reajustados, a partir da data de entrada em vigor desta Lei, na mesma época e com os mesmos índices que os do reajustamento dos benefícios de prestação continuada da Previdência Social.

▸ Primitivo parágrafo único renumerado pela Lei 8.620/1993.

§ 2° O disposto neste artigo aplica-se também aos segurados empregados e trabalhadores avulsos que prestem serviços a microempresas.

▸ § 2° acrescido pela Lei 8.620/1993.
▸ Art. 198 do Dec. 3.048/1999 (Regulamento da Previdência Social).

Seção II
Da contribuição dos segurados contribuinte individual e facultativo

▸ Rubrica da seção II com redação pela Lei 9.876/1999.

Art. 21. A alíquota de contribuição dos segurados contribuinte individual e facultativo será de 20% (vinte por cento) sobre o respectivo salário de contribuição.

▸ *Caput* com redação pela Lei 9.876/1999.

I e II – *Revogados pela Lei 9.876/1999.*

§ 1° Os valores do salário de contribuição serão reajustados, a partir da data de entrada em vigor desta Lei, na mesma época e com os mesmos índices que os do reajustamento dos benefícios de prestação continuada da Previdência Social.

▸ Primitivo parágrafo único renumerado pela LC 123/2006.
▸ Art. 199 do Dec. 3.048/1999 (Regulamento da Previdência Social).

§ 2° No caso de opção pela exclusão do direito ao benefício de aposentadoria por tempo de contribuição, a alíquota de contribuição incidente sobre o limite mínimo mensal do salário de contribuição será de:

▸ *Caput* do § 2° com redação pela Lei 12.470/2011.

I – 11% (onze por cento), no caso do segurado contribuinte individual, ressalvado o disposto no inciso II, que trabalhe por conta própria, sem relação de trabalho com empresa ou equiparado e do segurado facultativo, observado o disposto na alínea *b* do inciso I deste parágrafo;

▸ Inciso I acrescido pela Lei 12.470/2011.

II – 5% (cinco por cento):

▸ *Caput* do inciso II com redação pela Lei 12.470/2011.

a) no caso do microempreendedor individual, de que trata o art. 18-A da Lei Complementar 123, de 14 de dezembro de 2006; e

▸ Alínea *a* acrescida pela Lei 12.470/2011.

b) do segurado facultativo sem renda própria que se dedique exclusivamente ao trabalho doméstico no âmbito de sua residência, desde que pertencente à família de baixa renda.

▸ Alínea *b* acrescida pela Lei 12.470/2011.

§ 3° O segurado que tenha contribuído na forma do § 2° deste artigo e pretenda contar o tempo de contribuição correspondente para fins de obtenção da aposentadoria por tempo de contribuição ou da contagem recíproca do tempo de contribuição a que se refere o art. 94 da Lei 8.213, de 24 de julho de 1991, deverá complementar a contribuição mensal mediante recolhimento, sobre o valor correspondente ao limite mínimo mensal do salário de contribuição em vigor na competência a ser complementada, da diferença entre o percentual pago e o de 20% (vinte por cento), acrescido dos juros moratórios de que trata o § 3° do art. 5° da Lei 9.430, de 27 de dezembro de 1996.

▸ § 3° com redação pela Lei 12.470/2011.
▸ Art. 45, § 7°, desta Lei.
▸ Arts. 55, § 4°, e 94, § 2°, da Lei 8.213/1991 (Planos de Benefícios da Previdência Social).

§ 4° Considera-se de baixa renda, para os fins do disposto na alínea *b* do inciso II do § 2° deste artigo, a família inscrita no Cadastro Único para Programas Sociais do Governo Federal – CadÚnico cuja renda mensal seja de até 2 (dois) salários mínimos.

▸ § 4° com redação pela Lei 12.470/2011.

§ 5° A contribuição complementar a que se refere o § 3° deste artigo será exigida a qualquer tempo, sob pena de indeferimento do benefício.

▸ § 5° acrescido pela Lei 12.507/2011.

CAPÍTULO IV
DA CONTRIBUIÇÃO DA EMPRESA

Art. 22. A contribuição a cargo da empresa, destinada à Seguridade Social, além do disposto no artigo 23, é de:

▸ Art. 146, III, *d*, da CF.
▸ Arts. 13, VI, e 33, § 2°, da LC 123/2006 (Estatuto da Microempresa).
▸ Art. 29 da Lei 12.101/2009 (Certificação das entidades beneficentes de assistência social).

I – 20% (vinte por cento) sobre o total das remunerações pagas, devidas ou creditadas a qualquer título, durante o mês, aos segurados empregados e trabalhadores avulsos que lhe prestem serviços, destinadas a retribuir o trabalho, qualquer que seja a sua forma, inclusive as gorjetas, os ganhos habituais sob a forma de utilidades e os adiantamentos decorrentes de reajuste salarial, quer pelos serviços efetivamente prestados, quer pelo

tempo à disposição do empregador ou tomador de serviços, nos termos da lei ou do contrato ou, ainda, de convenção ou acordo coletivo de trabalho ou sentença normativa.

▸ Inciso I com redação pela Lei 9.876/1999.
▸ Art. 195, § 13, da CF.
▸ Art. 4° da Lei 10.421/2002 (Extensão da licença-maternidade e salário-maternidade à mãe adotiva).
▸ Art. 14 da Lei 11.774/2008 (Reduz as alíquotas nas hipóteses que especifica).
▸ Art. 29 da Lei 12.101/2009 (Certificação das entidades beneficentes de assistência social).
▸ Arts. 7°, 8° e 9° da Lei 12.546/2011.
▸ O Art. 9° da Lei 13.189/2015 estabelece que a compensação pecuniária paga no âmbito do Programa de Proteção ao Emprego – PPE, integra as parcelas remuneratórias para efeito do disposto neste inciso, em vigor a partir de 1° de novembro de 2015 (DOU 20.11.2015).
▸ Art. 3° da Lei 13.670/2018.

II – para o financiamento do benefício previsto nos artigos 57 e 58 da Lei 8.213, de 24 de julho de 1991, e daqueles concedidos em razão do grau de incidência de incapacidade laborativa decorrente dos riscos ambientais do trabalho, sobre o total das remunerações pagas ou creditadas, no decorrer do mês, aos segurados empregados e trabalhadores avulsos:

▸ *Caput* do inciso II com redação pela Lei 9.732/1998.

a) 1 % (um por cento) para as empresas em cuja atividade preponderante o risco de acidentes do trabalho seja considerado leve;

b) 2% (dois por cento) para as empresas em cuja atividade preponderante esse risco seja considerado médio;

c) 3% (três por cento) para as empresas em cuja atividade preponderante esse risco seja considerado grave.

▸ Arts. 22-A a 22-B desta Lei.
▸ Súmula 351 do STJ.

III – 20% (vinte por cento) sobre o total das remunerações pagas ou creditadas a qualquer título, no decorrer do mês, aos segurados contribuintes individuais que lhe prestem serviços;

▸ Inciso III acrescido pela Lei 9.876/1999.
▸ Art. 14 da Lei 11.774/2008 (Reduz as alíquotas nas hipóteses que especifica).
▸ Art. 3° da Lei 13.670/2018.

IV – 15% (quinze por cento) sobre o valor bruto da nota fiscal ou fatura de prestação de serviços, relativamente a serviços que lhe são prestados por cooperados por intermédio de cooperativas de trabalho.

▸ Inciso IV acrescido pela Lei 9.876/1999.
▸ Este inciso está com execução suspensa pela Res. 10/2016, do Senado

§ 1° No caso de bancos comerciais, bancos de investimentos, bancos de desenvolvimento, caixas econômicas, sociedades de crédito, financiamento e investimento, sociedades de crédito imobiliário, sociedades corretoras, distribuidoras de títulos e valores mobiliários, empresas de arrendamento mercantil, cooperativas de crédito, empresas de seguros privados e de capitalização, agentes autônomos de seguros privados e de crédito e entidades de previdência privada abertas e fechadas, além das contribuições referidas neste artigo e no artigo 23, é devida a contribuição adicional de dois vírgula cinco por cento sobre a base de cálculo definida nos incisos I e III deste artigo.

▸ § 1° com redação pela Lei 9.876/1999.
▸ Art. 1° da MP 2.158-35/2001 dispõe: "A alíquota da contribuição para os Programas de Integração Social e de Formação do Patrimônio do Servidor Público – PIS/PASEP, devida pelas pessoas jurídicas a que se refere o § 1° do art. 22 da Lei 8.212, de 24 de julho de 1991, fica reduzido para 0,65% (sessenta e cinco centésimos por cento) em relação aos fatos geradores ocorridos a partir de 1° de fevereiro de 1999."
▸ Art. 7° da MP 2.158-35/2001 dispõe: "A alíquota da CSLL, devida pelas pessoas jurídicas referidas no art. 1°, fica reduzida para 8% (oito por cento), em relação aos fatos geradores ocorridos a partir de 1° de janeiro de 1999, sem prejuízo da aplicação do disposto no art. 6°."
▸ Súmula 584 do STJ.

§ 2° Não integram a remuneração as parcelas de que trata o § 9° do artigo 28.

§ 3° O Ministério do Trabalho e da Previdência Social poderá alterar, com base nas estatísticas de acidentes do trabalho, apuradas em inspeção, o enquadramento de empresas para efeito da contribuição a que se refere o inciso II deste artigo, a fim de estimular investimentos em prevenção de acidentes.

§ 4° O Poder Executivo estabelecerá, na forma da lei, ouvido o Conselho Nacional da Seguridade Social, mecanismos de estímulo às empresas que se utilizem de empregados portadores de deficiências física, sensorial e/ou mental com desvio do padrão médio.

§ 5° *Revogado pela Lei 10.256/2001.*

§ 6° A contribuição empresarial da associação desportiva que mantém equipe de futebol profissional destinada à Seguridade Social, em substituição à prevista nos incisos I e II deste artigo, corresponde a 5% (cinco

por cento) da receita bruta, decorrente dos espetáculos desportivos de que participem em todo território nacional em qualquer modalidade desportiva, inclusive jogos internacionais, e de qualquer forma de patrocínio, licenciamento de uso de marcas e símbolos, publicidade, propaganda e de transmissão de espetáculos desportivos.

▶ § 6º acrescido pela Lei 9.528/1997.

§ 7º Caberá à entidade promotora do espetáculo a responsabilidade de efetuar o desconto de 5% (cinco por cento) da receita bruta decorrente dos espetáculos desportivos e o respectivo recolhimento ao Instituto Nacional do Seguro Social, no prazo de até 2 (dois) dias úteis após a realização do evento.

▶ § 7º acrescido pela Lei 9.528/1997.

§8º Caberá à associação desportiva que mantém equipe de futebol profissional informar à entidade promotora do espetáculo desportivo todas as receitas auferidas no evento, discriminando-as detalhadamente.

▶ § 8º acrescido pela Lei 9.528/1997.

§ 9º No caso de a associação desportiva que mantém equipe de futebol profissional receber recursos de empresa ou entidade, a título de patrocínio, licenciamento de uso de marcas e símbolos, publicidade, propaganda e transmissão de espetáculos, esta última ficará com a responsabilidade de reter e recolher o percentual de cinco por cento da receita bruta decorrente do evento, inadmitida qualquer dedução, no prazo estabelecido na alínea *b*, inciso I, do artigo 30 desta Lei.

▶ § 9º acrescido pela Lei 9.528/1997.

§ 10. Não se aplica o disposto nos §§ 6º ao 9º às demais associações desportivas, que devem contribuir na forma dos incisos I e II deste artigo e do artigo 23 desta Lei.

▶ § 10 acrescido pela Lei 9.528/1997.

§ 11. O disposto nos §§ 6º ao 9º deste artigo aplica-se à associação desportiva que mantenha equipe de futebol profissional e atividade econômica organizada para a produção e circulação de bens e serviços e que se organize regularmente, segundo um dos tipos regulados nos arts. 1.039 a 1.092 da Lei 10.406, de 10 de janeiro de 2002 – Código Civil.

▶ § 11 com redação pela Lei 11.345/2006.

§ 11-A. O disposto no § 11 deste artigo aplica-se apenas às atividades diretamente relacionadas com a manutenção e administração de equipe profissional de futebol, não se estendendo às outras atividades econômicas exercidas pelas referidas sociedades empresariais beneficiárias.

▶ § 11-A acrescido pela Lei 11.505/2007.

§ 12. *Vetado.*

▶ § 12 acrescido pela Lei 10.170/2000.

§ 13. Não se considera como remuneração direta ou indireta, para os efeitos desta Lei, os valores despendidos pelas entidades religiosas e instituições de ensino vocacional com ministro de confissão religiosa, membros de instituto de vida consagrada, de congregação ou de ordem religiosa em face de seu mister religioso ou para sua subsistência desde que fornecidos em condições que independam da natureza e da quantidade do trabalho executado.

▶ § 13 acrescido pela Lei 10.170/2000.
▶ Art. 201 do Dec. 3.048/1999 (Regulamento da Previdência Social).

§ 14. Para efeito de interpretação do § 13 deste artigo:

▶ § 14 acrescido pela Lei 13.137/2015.

I – os critérios informadores dos valores despendidos pelas entidades religiosas e instituições de ensino vocacional aos ministros de confissão religiosa, membros de vida consagrada, de congregação ou de ordem religiosa não são taxativos e sim exemplificativos;

II – os valores despendidos, ainda que pagos de forma e montante diferenciados, em pecúnia ou a título de ajuda de custo de moradia, transporte, formação educacional, vinculados exclusivamente à atividade religiosa não configuram remuneração direta ou indireta.

§15. Na contratação de serviços de transporte rodoviário de carga ou de passageiro, de serviços prestados com a utilização de trator, máquina de terraplenagem, colheitadeira e assemelhados, a base de cálculo da contribuição da empresa corresponde a 20% (vinte por cento) do valor da nota fiscal, fatura ou recibo, quando esses serviços forem prestados por condutor autônomo de veículo rodoviário, auxiliar de condutor de veículo rodoviário, bem como por operador de máquinas.

▶ § 15 acrescido pela Lei 13.202/2015.

§16. Conforme previsto nos arts. 106 e 110 da Lei 5.172, de 25 de outubro de 1966 (Código Tributário Nacional), o disposto no § 14 deste artigo aplica-se aos fatos geradores anteriores à data de vigência da Lei 13.137, de 19 de junho de 2015, consideradas nulas as autuações emitidas em desrespeito ao previsto no respectivo diploma legal.

▶ § 16 acrescido pela Lei 14.057/2020.

§ 17. A alíquota da contribuição prevista no inciso I do caput deste artigo, para os Municípios enquadrados nos coeficientes inferiores a 4,0 (quatro inteiros) da tabela de faixas de habitantes do § 2º do art. 91 da Lei nº 5.172, de 25 de outubro de 1966, será de:

▶ *Caput* com redação pela Lei 14.973/2024.

I – 8% (oito por cento) até 31 de dezembro de 2024;

II – 12% (doze por cento) em 2025;

III – 16% (dezesseis por cento) em 2026; e

IV – 20% (vinte por cento) a partir de 1º de janeiro de 2027.

▶ Incisos I a IV acrescidos pela Lei 14.973/2024.

§ 18. Para fins de aproveitamento das alíquotas reduzidas de que trata o § 17, o Município deverá estar em situação de regularidade quanto ao disposto no art. 60 da Lei nº 9.069, de 29 de junho de 1995.

▶ § 18 acrescido pela Lei 14.973/2024.

Art. 22-A. A contribuição devida pela agroindústria, definida, para os efeitos desta Lei, como sendo o produtor rural pessoa jurídica cuja atividade econômica seja a industrialização de produção própria ou de produção própria e adquirida de terceiros, incidente sobre o valor da receita bruta proveniente da comercialização da produção, em substituição às previstas nos incisos I e II do artigo 22 desta Lei, é de:

▶ *Caput* acrescido pela Lei 10.256/2001.
▶ O art. 5º da Lei 10.256/2001 dispõe: "Art. 5º Esta Lei entra em vigor na data de sua publicação produzindo efeitos, quanto ao disposto no art. 22-A da Lei 8.212, de 24 de julho de 1991, com redação dada por esta Lei, a partir do dia primeiro do mês seguinte ao nonagésimo dia daquela publicação, sendo mantida, até essa data, a obrigatoriedade dos recolhimentos praticados na forma da legislação anterior."

I – 2,5 % (dois inteiros e cinco décimos por cento) destinados à Seguridade Social;

▶ Inciso I acrescido pela Lei 10.256/2001.

II – 0,1 % (um décimo por cento) para o financiamento do benefício previsto nos artigos 57 e 58 da Lei 8.213, de 24 de julho de 1991, e daqueles concedidos em razão do grau de incidência de incapacidade para o trabalho decorrente dos riscos ambientais da atividade.

▶ Inciso II acrescido pela Lei 10.256/2001.
▶ Súmula 351 do STJ.

§ 1º *Vetado.*

▶ § 1º acrescido pela Lei 10.256/2001.

§ 2º O disposto neste artigo não se aplica às operações relativas à prestação de serviços a terceiros, cujas contribuições previdenciárias continuam sendo devidas na forma do artigo 22 desta Lei.

▶ § 2º acrescido pela Lei 10.256/2001.

§ 3º Na hipótese do § 2º, a receita bruta correspondente aos serviços prestados a terceiros será excluída da base de cálculo da contribuição de que trata o *caput*.

▶ § 3º acrescido pela Lei 10.256/2001.

§ 4º O disposto neste artigo não se aplica às sociedades cooperativas e às agroindústrias de piscicultura, carcinicultura, suinocultura e avicultura.

▶ § 4º acrescido pela Lei 10.256/2001.

§5º O disposto no inciso I do artigo 3º da Lei 8.315/1991, não se aplica ao empregador de que trata este artigo, que contribuirá com o adicional de 0,25% (vinte e cinco centésimos por cento) da receita bruta proveniente da comercialização da produção, destinado ao Serviço Nacional de Aprendizagem Rural (SENAR).

▶ § 5º acrescido pela Lei 10.256/2001.

§6º Não se aplica o regime substitutivo de que trata este artigo à pessoa jurídica que, relativamente à atividade rural, se dedique apenas ao florestamento e reflorestamento como fonte de matéria-prima para industrialização própria mediante a utilização de processo industrial que modifique a natureza química da madeira ou a transforme em pasta celulósica.

▶ § 6º acrescido pela Lei 10.684/2003.

§ 7º Aplica-se o disposto no § 6º ainda que a pessoa jurídica comercialize resíduos vegetais ou sobras ou partes da produção, desde que a receita bruta decorrente dessa comercialização represente menos de um por cento de sua receita bruta proveniente da comercialização da produção.

▶ § 7º acrescido pela Lei 10.684/2003.
▶ Art. 201-A do Dec. 3.048/1999 (Regulamento da Previdência Social).

Art. 22-B. As contribuições de que tratam os incisos I e II do artigo 22 desta Lei são substituídas, em relação à remuneração paga, devida ou creditada ao trabalhador rural contratado pelo consórcio simplificado de produtores rurais de que trata o artigo 25-A, pela contribuição dos respectivos produtores rurais, calculada na forma do artigo 25 desta Lei.

▶ Artigo acrescido pela Lei 10.256/2001.

Art. 23. As contribuições a cargo da empresa provenientes do faturamento e do lucro, destinadas à Seguridade Social, além do disposto no artigo 22, são calculadas mediante a aplicação das seguintes alíquotas:

▶ Arts. 29 e 30 da Lei 12.101/2009 (Certificação das entidades beneficentes de assistência social e de isenção de contribuições para a seguridade social).

I – 2% (dois por cento) sobre sua receita bruta, estabelecida segundo o disposto no § 1º do artigo 1º do Decreto-lei 1.940, de 25 de maio de 1982, com a redação dada pelo artigo 22, do Decreto-lei 2.397, de 21 de dezembro de 1987, e alterações posteriores;

▶ LC 70/1991 (A alíquota disposta neste inciso passou a incidir sobre o faturamento mensal).

II – 10% (dez por cento) sobre o lucro líquido do período base, antes da provisão para o Imposto de Renda, ajustado na forma do artigo 2º da Lei 8.034, de 12 de abril de 1990.

▶ O art. 19 da Lei 9.249/1995 alterou para 8% a alíquota prevista neste inciso.

§ 1º No caso das instituições citadas no § 1º do artigo 22 desta Lei, a alíquota da contribuição prevista no inciso II é de 15% (quinze por cento).

▶ A LC 70/1991 elevou em mais 8% a alíquota prevista neste parágrafo, valor posteriormente reduzido para 18% pela Lei 9.249/1995.

§ 2º O disposto neste artigo não se aplica às pessoas de que trata o artigo 25.

▶ Art. 204 do Dec. 3.048/1999 (Regulamento da Previdência Social).

CAPÍTULO V
DA CONTRIBUIÇÃO DO EMPREGADOR DOMÉSTICO

Art. 24. A contribuição do empregador doméstico incidente sobre o salário de contribuição do empregado doméstico a seu serviço é de:

▶ *Caput* com redação pela Lei 13.202/2015.
▶ Art. 34, II da LC 150/2015 (Lei dos Domésticos).

I – 8% (oito por cento); e

▶ Inciso I acrescido pela Lei 13.202/2015.

II – 0,8% (oito décimos por cento) para o financiamento do seguro contra acidentes de trabalho.

▶ Inciso II acrescido pela Lei 13.202/2015.

Parágrafo único. Presentes os elementos da relação de emprego doméstico, o empregador doméstico não poderá contratar microempreendedor individual de que trata o art. 18-A da Lei Complementar 123, de 14 de dezembro de 2006, sob pena de ficar sujeito a todas as obrigações dela decorrentes, inclusive trabalhistas, tributárias e previdenciárias.

▶ Parágrafo único acrescido pela Lei 12.470/2011.

CAPÍTULO VI
DA CONTRIBUIÇÃO DO PRODUTOR RURAL E DO PESCADOR

▶ Rubrica do Capítulo VI com redação pela Lei 8.398/1992.

Art. 25. A contribuição do empregador rural pessoa física, em substituição à contribuição de que tratam os incisos I e II do artigo 22, e a do segurado especial, referidos, respectivamente, na alínea *a* do inciso V e no inciso VII do artigo 12 desta Lei, destinada à Seguridade Social, é de:

▶ *Caput* com redação pela Lei 10.256/2001.

I – 1,2% (um inteiro e dois décimos por cento) da receita bruta proveniente da comercialização da sua produção;

▶ Inciso I com redação pela Lei 13.606/2018, produzindo efeitos a partir de 1º de janeiro de 2018.

II – 0,1% da receita bruta proveniente da comercialização da sua produção para financiamento das prestações por acidente do trabalho.

▶ Inciso II com redação pela Lei 9.528/1997.

§1º O segurado especial de que trata este artigo, além da contribuição obrigatória referida no *caput*, poderá contribuir, facultativamente, na forma do artigo 21 desta Lei.

▶ § 1º com redação pela Lei 8.540/1992.

§ 2º A pessoa física de que trata a alínea *a* do inciso V do artigo 12 contribui, também, obrigatoriamente, na forma do artigo 21 desta Lei.

▶ § 2º com redação pela Lei 8.540/1992.

§ 3º Integram a produção, para os efeitos deste artigo, os produtos de origem animal ou vegetal, em estado natural ou submetidos a processos de beneficiamento ou industrialização rudimentar, assim compreendidos, entre outros, os processos de lavagem, limpeza, descaroçamento, pilagem, descascamento, lenhamento, pasteurização, resfriamento, secagem, fermentação, embalagem, cristalização, fundição, carvoejamento, cozimento, destilação, moagem e torrefação, bem como os subprodutos e os resíduos obtidos por meio desses processos, exceto, no caso de sociedades cooperativas, a parcela de produção que não seja objeto de repasse ao cooperado por meio de fixação de preço.

▸ § 3º com redação pela Lei 13.986/2020, vetada pelo presidente da República e rejeitado o veto pelo Congresso Nacional.
▸ Art. 200 do Dec. 3.048/1999 (Regulamento da Previdência Social).

§ 4º *Revogado pela Lei 11.718/2008.*

§ 5º *Vetado.*

▸ § 5º acrescido pela Lei 8.540/1992.

§§ 6º a 8º *Revogados pela Lei 10.256/2001.*

§ 9º *Vetado.*

▸ § 9º acrescido pela Lei 10.256/2001.

§ 10. Integra a receita bruta de que trata este artigo, além dos valores decorrentes da comercialização da produção relativa aos produtos a que se refere o § 3º deste artigo, a receita proveniente:

▸ § 10 acrescido pela Lei 11.718/2008.

I – da comercialização da produção obtida em razão de contrato de parceria ou meação de parte do imóvel rural;

II – da comercialização de artigos de artesanato de que trata o inciso VII do § 10 do art. 12 desta Lei;

III – de serviços prestados, de equipamentos utilizados e de produtos comercializados no imóvel rural, desde que em atividades turística e de entretenimento desenvolvidas no próprio imóvel, inclusive hospedagem, alimentação, recepção, recreação e atividades pedagógicas, bem como taxa de visitação e serviços especiais;

IV – do valor de mercado da produção rural dada em pagamento ou que tiver sido trocada por outra, qualquer que seja o motivo ou finalidade; e

V – de atividade artística de que trata o inciso VIII do § 10 do art. 12 desta Lei.

§ 11. Considera-se processo de beneficiamento ou industrialização artesanal aquele realizado diretamente pelo próprio produtor rural pessoa física, desde que não esteja sujeito à incidência do Imposto Sobre Produtos Industrializados – IPI.

▸ § 11 acrescido pela Lei 11.718/2008.

§ 12. Não integra a base de cálculo da contribuição de que trata o *caput* deste artigo a produção rural destinada ao plantio ou reflorestamento, nem o produto animal destinado à reprodução ou criação pecuária ou granjeira e à utilização como cobaia para fins de pesquisas científicas, quando vendido pelo próprio produtor e por quem a utilize diretamente com essas finalidades e, no caso de produto vegetal, por pessoa ou entidade registrada no Ministério da Agricultura, Pecuária e Abastecimento que se dedique ao comércio de sementes e mudas no País.

▸ § 12 acrescido pela Lei 13.606/2018, vetado pelo Presidente da República e rejeitado o veto pelo Congresso Nacional *(DOU 18.04.2018).*

§ 13. O produtor rural pessoa física poderá optar por contribuir na forma prevista no *caput* deste artigo ou na forma dos incisos I e II do *caput* do art. 22 desta Lei, manifestando sua opção mediante o pagamento da contribuição incidente sobre a folha de salários relativa a janeiro de cada ano, ou à primeira competência subsequente ao início da atividade rural, e será irretratável para todo o ano-calendário.

▸ § 13 acrescido pela Lei 13.606/2018, produzindo efeitos a partir de 1º de janeiro de 2019.

§ 14. Considera-se receita bruta proveniente da comercialização da produção o valor da fixação de preço repassado ao cooperado pela cooperativa ao qual esteja associado, por ocasião da realização do ato cooperativo de que trata o art. 79 da Lei nº 5.764, de 16 de dezembro de 1971, não compreendidos valores pagos, creditados ou capitalizados a título de sobras, os quais não representam preço ou complemento de preço.

§ 15. Não se considera receita bruta, para fins de base de cálculo das contribuições sociais devidas pelo produtor rural cooperado, a entrega ou o retorno de produção para a cooperativa nas operações em que não ocorra repasse pela cooperativa a título de fixação de preço, não podendo o mero retorno caracterizar permuta, compensação, dação em pagamento ou ressarcimento que represente valor, preço ou complemento de preço.

§ 16. Aplica-se ao disposto no *caput* e nos §§ 3º, 14 e 15 deste artigo o caráter interpretativo de que trata o art. 106 da Lei nº 5.172, de 25 de outubro de 1966 (Código Tributário Nacional).

▸ §§ 14 a 16 acrescidos pela Lei 13.986/2020, vetados pelo presidente da República e rejeitado o veto pelo Congresso Nacional.

Art. 25-A. Equipara-se ao empregador rural pessoa física o consórcio simplificado de produtores rurais, formado pela união de produtores rurais pessoas físicas, que outorgar a um deles poderes para contratar, gerir e demitir trabalhadores para prestação de serviços, exclusivamente, aos seus integrantes, mediante documento registrado em cartório de títulos e documentos.

▸ Artigo acrescido pela Lei 10.256/2001.

§ 1º O documento de que trata o *caput* deverá conter a identificação de cada produtor, seu endereço pessoal e o de sua propriedade rural, bem como o respectivo registro no Instituto Nacional de Colonização e Reforma Agrária – INCRA ou informações relativas a parceria, arrendamento ou equivalente e a matrícula no Instituto Nacional do Seguro Social – INSS de cada um dos produtores rurais.

§ 2º O consórcio deverá ser matriculado no INSS em nome do empregador a quem hajam sido outorgados os poderes, na forma do regulamento.

§ 3º Os produtores rurais integrantes do consórcio de que trata o *caput* serão responsáveis solidários em relação às obrigações previdenciárias.

§ 4º *Vetado.*

CAPÍTULO VII
DA CONTRIBUIÇÃO SOBRE A RECEITA DE CONCURSOS DE PROGNÓSTICOS

Art. 26. Constitui receita da Seguridade Social a contribuição social sobre a receita de concursos de prognósticos a que se refere o inciso III do *caput* do art. 195 da Constituição Federal.

▸ *Caput* com redação pela Lei 13.756/2018.

§ 1º (Revogado pela Lei 13.756/2018).

§ 2º (Revogado pela Lei 13.756/2018).

§ 3º (Revogado pela Lei 13.756/2018).

§ 4º O produto da arrecadação da contribuição será destinado ao financiamento da Seguridade Social.

▸ § 4º acrescido pela Lei 13.756/2018.

§ 5º A base de cálculo da contribuição equivale à receita auferida nos concursos de prognósticos, sorteios e loterias.

▸ § 5º acrescido pela Lei 13.756/2018.

§ 6º A alíquota da contribuição corresponde ao percentual vinculado à Seguridade Social em cada modalidade lotérica, conforme previsto em lei.

▸ § 6º acrescido pela Lei 13.756/2018.

CAPÍTULO VIII
DAS OUTRAS RECEITAS

Art. 27. Constituem outras receitas da Seguridade Social:

I – as multas, a atualização monetária e os juros moratórios;

II – a remuneração recebida por serviços de arrecadação, fiscalização e cobrança prestados a terceiros;

III – as receitas provenientes de prestação de outros serviços e de fornecimento ou arrendamento de bens;

IV – as demais receitas patrimoniais, industriais e financeiras;

V – as doações, legados, subvenções e outras receitas eventuais;

VI – 50% (cinquenta por cento) dos valores obtidos e aplicados na forma do parágrafo único do artigo 243 da Constituição Federal;

VII – 40% (quarenta por cento) do resultado dos leilões dos bens apreendidos pelo Departamento da Receita Federal;

VIII – outras receitas previstas em legislação específica.

Parágrafo único. O agente operador do Seguro Obrigatório para Proteção de Vítimas de Acidentes de Trânsito (SPVAT) poderá repassar à Seguridade Social percentual, a ser estabelecido em decreto do Presidente da República, de até 40% (quarenta por cento) do valor total do prêmio recolhido e destinado ao Sistema Único de Saúde (SUS), para custeio da assistência médico-hospitalar dos segurados vitimados em acidentes de trânsito.

▸ Parágrafo único com redação pela LC 207/2024.
▸ Art. 1º do Dec. 2.867/1998.
▸ Art. 213 do Dec. 3.048/1999 (Regulamento da Previdência Social).

CAPÍTULO IX
DO SALÁRIO DE CONTRIBUIÇÃO

Art. 28. Entende-se por salário de contribuição:

▸ Súmula 310 do STJ.

I – para o empregado e trabalhador avulso: a remuneração auferida em uma ou mais empresas, assim entendida a totalidade dos rendimentos pagos, devidos ou creditados a qualquer título, durante o mês, destinados a retribuir o trabalho, qualquer que seja a sua forma, inclusive as gorjetas, os ganhos habituais sob a forma de utilidades e os adiantamentos decorrentes de reajuste salarial, quer pelos serviços efetivamente prestados, quer pelo tempo à disposição do empregador ou tomador de serviços nos termos da lei ou do contrato ou, ainda, de convenção ou acordo coletivo de trabalho ou sentença normativa;

▸ Inciso I com redação pela Lei 9.528/1997.

II – para o empregado doméstico: a remuneração registrada na Carteira de Trabalho e Previdência Social, observadas as normas a serem estabelecidas em regulamento para comprovação do vínculo empregatício e do valor da remuneração;

III – para o contribuinte individual: a remuneração auferida em uma ou mais empresas ou pelo exercício de sua atividade por conta própria, durante o mês, observado o limite máximo a que se refere o § 5º;

▸ Inciso III com redação pela Lei 9.876/1999.

IV – para o segurado facultativo: o valor por ele declarado, observado o limite máximo a que se refere o § 5º.

▸ Inciso IV acrescido pela Lei 9.876/1999.

§ 1º Quando a admissão, a dispensa, o afastamento ou a falta do empregado ocorrer no curso do mês, o salário de contribuição será proporcional ao número de dias de trabalho efetivo, na forma estabelecida em regulamento.

§ 2º O salário-maternidade é considerado salário de contribuição.

§ 3º O limite mínimo do salário de contribuição corresponde ao piso salarial, legal ou normativo, da categoria ou, inexistindo este, ao salário mínimo, tomado no seu valor mensal, diário ou horário, conforme o ajustado e o tempo de trabalho efetivo durante o mês.

▸ § 3º com redação pela Lei 9.528/1997.

§ 4º O limite mínimo do salário de contribuição do menor aprendiz corresponde à sua remuneração mínima definida em lei.

§ 5º O limite máximo do salário de contribuição é de Cr$ 170.000,00 (cento e setenta mil cruzeiros), reajustado a partir da data da entrada em vigor desta Lei, na mesma época e com os mesmos índices que os do reajustamento dos benefícios de prestação continuada da Previdência Social.

▸ Valor atualizável por meio de Portaria do Ministério da Previdência Social – MPS.

§ 6º No prazo de 180 (cento e oitenta dias), a contar da data de publicação desta Lei, o Poder Executivo encaminhará ao Congresso Nacional projeto de lei estabelecendo a previdência complementar, pública e privada, em especial para os que possam contribuir acima do limite máximo estipulado no parágrafo anterior deste artigo.

§ 7º O décimo terceiro salário (gratificação natalina) integra o salário de contribuição, exceto para o cálculo de benefício, na forma estabelecida em regulamento.

▸ § 7º com redação pela Lei 8.870/1994.
▸ Súmula 688 do STF.

§ 8º *Revogado pela Lei 13.467/2017.*

a) *Revogada pela Lei 13.467/2017.*

b) *Vetada.*

▸ Alínea *b* acrescida pela Lei 9.528/1997.

c) *Revogada pela Lei 9.711/1998.*

§ 9º Não integram o salário de contribuição para os fins desta Lei, exclusivamente:

▸ *Caput* do § 9º com redação pela Lei 9.528/1997.
▸ Súmulas 310 e 646 do STJ.

a) os benefícios da previdência social, nos termos e limites legais, salvo o salário-maternidade;

▸ Alínea *a* acrescida pela Lei 9.528/1997.

b) as ajudas de custo e o adicional mensal recebidos pelo aeronauta nos termos da Lei 5.929, de 30 de outubro de 1973;

c) a parcela *in natura* recebida de acordo com os programas de alimentação aprovados pelo Ministério do Trabalho e da Previdência Social, nos termos da Lei 6.321, de 14 de abril de 1976;

d) as importâncias recebidas a título de férias indenizadas e respectivo adicional constitucional, inclusive o valor correspondente à dobra da remuneração de férias de que trata o artigo 137 da Consolidação das Leis do Trabalho – CLT;

▸ Alínea *d* com redação pela Lei 9.528/1997.

e) as importâncias:

▸ *Caput* da alínea *e* com redação pela Lei 9.528/1997.

1. previstas no inciso I do artigo 10 do Ato das Disposições Constitucionais Transitórias;

▸ Item 1 acrescido pela Lei 9.528/1997.

2. relativas à indenização por tempo de serviço, anterior a 5 de outubro de 1988, do empregado não optante pelo Fundo de Garantia do Tempo de Serviço – FGTS;

▸ Item 2 acrescido pela Lei 9.528/1997.

3. recebidas a título da indenização de que trata o artigo 479 da CLT;

▸ Item 3 acrescido pela Lei 9.528/1997.

4. recebidas a título da indenização de que trata o artigo 14 da Lei 5.889, de 8 de junho de 1973;

▸ Item 4 acrescido pela Lei 9.528/1997.

5. recebidas a título de incentivo à demissão;

▸ Item 5 acrescido pela Lei 9.528/1997.

6. recebidas a título de abono de férias na forma dos artigos 143 e 144 da CLT;
> ▶ Item 6 acrescido pela Lei 9.711/1998.

7. recebidas a título de ganhos eventuais e os abonos expressamente desvinculados do salário;
> ▶ Item 7 acrescido pela Lei 9.711/1998.

8. recebidas a título de licença-prêmio indenizada;
> ▶ Item 8 acrescido pela Lei 9.711/1998.

9. recebidas a título da indenização de que trata o artigo 9º da Lei 7.238, de 29 de outubro de 1984;
> ▶ Item 9 acrescido pela Lei 9.711/1998.

f) a parcela recebida a título de vale-transporte, na forma da legislação própria;

g) a ajuda de custo, em parcela única, recebida exclusivamente em decorrência de mudança de local de trabalho do empregado, na forma do artigo 470 da CLT;
> ▶ Alínea g com redação pela Lei 9.528/1997.

h) as diárias para viagens;
> ▶ Alínea h com redação pela Lei 13.467/2017.

i) a importância recebida a título de bolsa de complementação educacional de estagiário, quando paga nos termos da Lei 6.494, de 7 de dezembro de 1977;

j) a participação nos lucros ou resultados da empresa, quando paga ou creditada de acordo com lei específica;

l) o abono do Programa de Integração Social – PIS e do Programa de Assistência ao Servidor Público – PASEP;
> ▶ Alínea l acrescida pela Lei 9.528/1997.

m) os valores correspondentes a transporte, alimentação e habitação fornecidos pela empresa ao empregado contratado para trabalhar em localidade distante da de sua residência, em canteiro de obras ou local que, por força da atividade, exija deslocamento e estada, observadas as normas de proteção estabelecidas pelo Ministério do Trabalho;
> ▶ Alínea m acrescida pela Lei 9.528/1997.

n) a importância paga ao empregado a título de complementação ao valor do auxílio-doença, desde que este direito seja extensivo à totalidade dos empregados da empresa;
> ▶ Alínea n acrescida pela Lei 9.528/1997.

o) as parcelas destinadas à assistência ao trabalhador da agroindústria canavieira, de que trata o artigo 36 da Lei 4.870, de 1º de dezembro de 1965;
> ▶ Alínea o acrescida pela Lei 9.528/1997.

p) o valor das contribuições efetivamente pago pela pessoa jurídica relativo a programa de previdência complementar, aberto ou fechado, desde que disponível à totalidade de seus empregados e dirigentes, observados, no que couber, os artigos 9º e 468 da CLT;
> ▶ Alínea p acrescida pela Lei 9.528/1997.

q) o valor relativo à assistência prestada por serviço médico ou odontológico, próprio da empresa ou por ela conveniado, inclusive o reembolso de despesas com medicamentos, óculos, aparelhos ortopédicos, próteses, órteses, despesas médico-hospitalares e outras similares;
> ▶ Alínea q com redação pela Lei 13.467/2017.

r) o valor correspondente a vestuários, equipamentos e outros acessórios fornecidos ao empregado e utilizados no local do trabalho para prestação dos respectivos serviços;
> ▶ Alínea r acrescida pela Lei 9.528/1997.

s) o ressarcimento de despesas pelo uso de veículo do empregado e o reembolso creche pago em conformidade com a legislação trabalhista, observado o limite máximo de 6 (seis) anos de idade, quando devidamente comprovadas as despesas realizadas;
> ▶ Alínea s acrescida pela Lei 9.528/1997.

t) o valor relativo a plano educacional, ou bolsa de estudo, que vise à educação básica de empregados e seus dependentes e, desde que vinculada às atividades desenvolvidas pela empresa, à educação profissional e tecnológica de empregados, nos termos da Lei 9.394, de 20 de dezembro de 1996, e:
> ▶ Alínea t com redação pela Lei 12.513/2011.

1. não seja utilizado em substituição de parcela salarial; e

2. o valor mensal do plano educacional ou bolsa de estudo, considerado individualmente, não ultrapasse 5% (cinco por cento) da remuneração do segurado a que se destina ou o valor correspondente a uma vez e meia o valor do limite mínimo mensal do salário de contribuição, o que for maior;

u) a importância recebida a título de bolsa de aprendizagem garantida ao adolescente até 14 (quatorze) anos de idade, de acordo com o disposto no artigo 64 da Lei 8.069, de 13 de julho de 1990;
> ▶ Alínea u acrescida pela Lei 9.528/1997.

v) os valores recebidos em decorrência da cessão de direitos autorais;
> ▶ Alínea v acrescida pela Lei 9.528/1997.

x) o valor da multa prevista no § 8º do artigo 477 da CLT.
> ▶ Alínea x acrescida pela Lei 9.528/1997.

y) o valor correspondente ao vale-cultura.
> ▶ Alínea y acrescida pela Lei 12.761/2012.

z) os prêmios e os abonos.
> ▶ Alínea z acrescida pela Lei 13.467/2017.

aa) os valores recebidos a título de bolsa-atleta, em conformidade com a Lei 10.891, de 9 de julho de 2004.
> ▶ Alínea aa acrescida pela Lei 13.756/2018.
> ▶ A Lei 10.891/2004 foi revogada pela Lei 14.597/2023.
> ▶ Arts. 50 a 56 da Lei 14.597/2023 (Lei Geral do Esporte).

§ 10. Considera-se salário de contribuição, para o segurado empregado e trabalhador avulso, na condição prevista no § 5º do artigo 12, a remuneração efetivamente auferida na entidade sindical ou empresa de origem.
> ▶ § 10 acrescido pela Lei 9.528/1997.

§ 11. Considera-se remuneração do contribuinte individual que trabalha como condutor autônomo de veículo rodoviário, como auxiliar de condutor autônomo de veículo rodoviário, em automóvel cedido em regime de colaboração, nos termos da Lei 6.094, de 30 de agosto de 1974, como operador de trator, máquina de terraplenagem, colheitadeira e assemelhados, o montante correspondente a 20% (vinte por cento) do valor bruto do frete, carreto, transporte de passageiros ou do serviço prestado, observado o limite máximo a que se refere o § 5º.
> ▶ § 11 acrescido pela Lei 13.202/2015.

Art. 29. Revogado pela Lei 9.876/1999.

CAPÍTULO X
DA ARRECADAÇÃO E RECOLHIMENTO
DAS CONTRIBUIÇÕES

Art. 30. A arrecadação e o recolhimento das contribuições ou de outras importâncias devidas à Seguridade Social obedecem às seguintes normas:
> ▶ Caput com redação pela Lei 8.620/1993.

I – a empresa é obrigada a:

a) arrecadar as contribuições dos segurados empregados e trabalhadores avulsos a seu serviço, descontando-as da respectiva remuneração;

b) recolher os valores arrecadados na forma da alínea a deste inciso, a contribuição a que se refere o inciso IV do art. 22 desta Lei, assim como as contribuições a seu cargo incidentes sobre as remunerações pagas, devidas ou creditadas, a qualquer título, aos segurados empregados, trabalhadores avulsos e contribuintes individuais a seu serviço até o dia 20 (vinte) do mês subsequente ao da competência;
> ▶ Alínea b com redação pela Lei 11.933/2009.

c) recolher as contribuições de que tratam os incisos I e II do artigo 23, na forma e prazos definidos pela legislação tributária federal vigente;

II – os segurados contribuinte individual e facultativo estão obrigados a recolher sua contribuição por iniciativa própria, até o dia 15 (quinze) do mês seguinte ao da competência;
> ▶ Inciso II com redação pela Lei 9.876/1999.

III – a empresa adquirente, consumidora ou consignatária ou a cooperativa são obrigadas a recolher a contribuição de que trata o art. 25 até o dia 20 (vinte) do mês subsequente ao da operação de venda ou consignação da produção, independentemente de essas operações terem sido realizadas diretamente com o produtor ou com intermediário pessoa física, na forma estabelecida em regulamento;
> ▶ Inciso III com redação pela Lei 11.933/2009.

IV – a empresa adquirente, consumidora ou consignatária ou a cooperativa ficam sub-rogadas nas obrigações da pessoa física de que trata a alínea a do inciso V do artigo 12 e do segurado especial pelo cumprimento das obrigações do artigo 25 desta Lei, independentemente de as operações de venda ou consignação terem sido realizadas diretamente com o produtor ou com intermediário pessoa física, exceto no caso do inciso X deste artigo, na forma estabelecida em regulamento;
> ▶ Inciso IV com redação pela Lei 9.528/1997.

V – o empregador doméstico fica obrigado a arrecadar e a recolher a contribuição do segurado empregado a seu serviço e a parcela a seu cargo, até o vigésimo dia do mês seguinte ao da competência;
> ▶ Inciso V com redação pela Lei 14.438/2022, produzindo efeitos para fatos geradores ocorridos a partir da data de início da arrecadação por meio da prestação dos serviços digitais de geração de guias a que se refere o inc. II do caput do art. 17 da Lei 8.036/1990.

VI – o proprietário, o incorporador definido na Lei 4.591, de 16 de dezembro de 1964, o dono da obra ou condômino da unidade imobiliária, qualquer que seja a forma de contratação da construção, reforma ou acréscimo, são solidários com o construtor, e estes com a subempreiteira, pelo cumprimento das obrigações para com a Seguridade Social, ressalvado o seu direito regressivo contra o executor ou contratante da obra e admitida a retenção de importância a este devida para garantia do cumprimento dessas obrigações, não se aplicando, em qualquer hipótese, o benefício de ordem;
> ▶ Inciso VI com redação pela Lei 9.528/1997.

VII – exclui-se da responsabilidade solidária perante a Seguridade Social o adquirente de prédio ou unidade imobiliária que realizar a operação com empresa de comercialização ou incorporador de imóveis, ficando estes solidariamente responsáveis com o construtor;

VIII – nenhuma contribuição à Seguridade Social é devida se a construção residencial unifamiliar, destinada ao uso próprio, de tipo econômico, for executada sem mão de obra assalariada, observadas as exigências do regulamento;

IX – as empresas que integram grupo econômico de qualquer natureza respondem entre si, solidariamente, pelas obrigações decorrentes desta Lei;

X – a pessoa física de que trata a alínea a do inciso V do artigo 12 e o segurado especial são obrigados a recolher a contribuição de que trata o artigo 25 desta Lei no prazo estabelecido no inciso III deste artigo, caso comercializem a sua produção;
> ▶ Inciso X com redação pela Lei 9.528/1997.

a) no exterior;

b) diretamente, no varejo, ao consumidor pessoa física;

c) à pessoa física de que trata a alínea a do inciso V do artigo 12;

d) ao segurado especial;

XI – aplica-se o disposto nos incisos III e IV deste artigo à pessoa física não produtor rural que adquire produção para venda no varejo a consumidor pessoa física;
> ▶ Inciso XI acrescido pela Lei 9.528/1997.

XII – sem prejuízo do disposto no inciso X do caput deste artigo, o produtor rural pessoa física e o segurado especial são obrigados a recolher, diretamente, a contribuição incidente sobre a receita bruta proveniente:

a) da comercialização de artigos de artesanato elaborados com matéria-prima produzida pelo respectivo grupo familiar;

b) da comercialização de artesanato ou do exercício de atividade artística, observado o disposto nos incisos VII e VIII do § 10 do art. 12 desta Lei; e

c) de serviços prestados, de equipamentos utilizados e de produtos comercializados no imóvel rural, desde que em atividades turística e de entretenimento desenvolvidas no próprio imóvel, inclusive hospedagem, alimentação, recepção, recreação e atividades pedagógicas, bem como taxa de visitação e serviços especiais;
> ▶ Inciso XII acrescido pela Lei 11.718/2008.

XIII – o segurado especial é obrigado a arrecadar a contribuição de trabalhadores a seu serviço e a recolhê-la no prazo referido na alínea b do inciso I do caput deste artigo.
> ▶ Inciso XIII acrescido pela Lei 11.718/2008.

§ 1º Revogado pela Lei 9.032/1995.

§ 2º Se não houver expediente bancário nas datas indicadas:
> ▶ Caput do § 2º com redação pela Lei 11.933/2009.

I – no inciso II do caput, o recolhimento deverá ser efetuado até o dia útil imediatamente posterior; e
> ▶ Inciso I com redação pela Lei 13.202/2015.

II – na alínea b do inciso I e nos incisos III, V, X e XIII do caput, até o dia útil imediatamente anterior.
> ▶ Inciso II com redação pela Lei 13.202/2015.

§ 3º Aplica-se à entidade sindical e à empresa de origem o disposto nas alíneas a e b do inciso I, relativamente à remuneração do segurado referido no § 5º do artigo 12.
> ▶ § 3º acrescido pela Lei 9.528/1997.

§ 4º Na hipótese de o contribuinte individual prestar serviço a uma ou mais empresas, poderá deduzir, da sua contribuição mensal, 45% (quarenta e cinco por cento) da contribuição da empresa, efetivamente recolhida ou declarada, incidente sobre a remuneração que esta lhe tenha pago ou creditado, limitada a dedução a nove por cento do respectivo salário de contribuição.
> ▶ § 4º acrescido pela Lei 9.876/1999.

§ 5º Aplica-se o disposto no § 4º ao cooperado que prestar serviço a empresa por intermédio de cooperativa de trabalho.
> ▶ § 5º acrescido pela Lei 9.876/1999.

§ 6º Revogado pela Lei 13.202/2015.

§ 7º A empresa ou cooperativa adquirente, consumidora ou consignatária da produção fica obrigada a fornecer ao segurado especial cópia do documento fiscal de entrada da mercadoria, para fins de comprovação da operação e da respectiva contribuição previdenciária.
> ▶ § 7º acrescido pela Lei 11.718/2008.

Leg. Prev.

§ 8º Quando o grupo familiar a que o segurado especial estiver vinculado não tiver obtido, no ano, por qualquer motivo, receita proveniente de comercialização de produção deverá comunicar a ocorrência à Previdência Social, na forma do regulamento.

▸ § 8º acrescido pela Lei 11.718/2008.

§ 9º Quando o segurado especial tiver comercializado sua produção do ano anterior exclusivamente com empresa adquirente, consignatária ou cooperativa, tal fato deverá ser comunicado à Previdência Social pelo respectivo grupo familiar.

▸ § 9º acrescido pela Lei 11.718/2008.

Art. 31. A empresa contratante de serviços executados mediante cessão de mão de obra, inclusive em regime de trabalho temporário, deverá reter 11% (onze por cento) do valor bruto da nota fiscal ou fatura de prestação de serviços e recolher, em nome da empresa cedente da mão de obra, a importância retida até o dia 20 (vinte) do mês subsequente ao da emissão da respectiva nota fiscal ou fatura, ou até o dia útil imediatamente anterior se não houver expediente bancário naquele dia, observado o disposto no § 5º do art. 33 desta Lei.

▸ Súmula 425 do STJ.

§ 1º O valor retido de que trata o *caput* deste artigo, que deverá ser destacado na nota fiscal ou fatura de prestação de serviços, poderá ser compensado por qualquer estabelecimento da empresa cedente da mão de obra, por ocasião do recolhimento das contribuições destinadas à Seguridade Social devidas sobre a folha de pagamento dos seus segurados.

▸ § 1º com redação pela Lei 11.941/2009.

§ 2º Na impossibilidade de haver compensação integral na forma do parágrafo anterior, o saldo remanescente será objeto de restituição.

▸ § 2º com redação pela Lei 9.711/1998.

§ 3º Para os fins desta Lei, entende-se como cessão de mão de obra a colocação à disposição do contratante, em suas dependências ou nas de terceiros, de segurados que realizem serviços contínuos, relacionados ou não com a atividade-fim da empresa, quaisquer que sejam a natureza e a forma de contratação.

▸ § 3º com redação pela Lei 9.711/1998.

§ 4º Enquadram-se na situação prevista no parágrafo anterior, além de outros estabelecidos em regulamento, os seguintes serviços:

I – limpeza, conservação e zeladoria;

II – vigilância e segurança;

III – empreitada de mão de obra;

IV – contratação de trabalho temporário na forma da Lei 6.019, de 3 de janeiro de 1974.

▸ § 4º com redação pela Lei 9.711/1998.

§ 5º O cedente da mão de obra deverá elaborar folhas de pagamento distintas para cada contratante.

▸ § 5º acrescido pela Lei 9.711/1998.

§ 6º Em se tratando de retenção e recolhimento realizados na forma do *caput* deste artigo, em nome de consórcio, de que tratam os arts. 278 e 279 da Lei 6.404, de 15 de dezembro de 1976, aplica-se o disposto em todo este artigo, observada a participação de cada uma das empresas consorciadas, na forma do respectivo ato constitutivo.

▸ § 6º acrescido pela Lei 11.941/2009.

Art. 32. A empresa é também obrigada a:

I – preparar folhas de pagamento das remunerações pagas ou creditadas a todos os segurados a seu serviço, de acordo com os padrões e normas estabelecidos pelo órgão competente da Seguridade Social;

II – lançar mensalmente em títulos próprios de sua contabilidade, de forma discriminada, os fatos geradores de todas as contribuições, o montante das quantias descontadas, as contribuições da empresa e os totais recolhidos;

III – prestar à Secretaria da Receita Federal do Brasil todas as informações cadastrais, financeiras e contábeis de seu interesse, na forma por ela estabelecida, bem como os esclarecimentos necessários à fiscalização;

▸ Inciso III acrescido pela Lei 11.941/2009.

IV – declarar à Secretaria da Receita Federal do Brasil e ao Conselho Curador do Fundo de Garantia do Tempo de Serviço – FGTS, na forma, prazo e condições estabelecidos por esses órgãos, dados relacionados a fatos geradores, base de cálculo e valores devidos da contribuição previdenciária e outras informações de interesse do INSS ou do Conselho Curador do FGTS;

▸ Inciso IV com redação pela Lei 11.941/2009.
▸ Art. 39, § 3º, desta Lei.
▸ O art. 49 da Lei 13.097/2015 dispõe que: Ficam anistiadas as multas previstas no art. 32-A da Lei 8.212, de 24 de julho de 1991, lançadas até a publicação desta Lei, desde que a declaração de que trata o inciso IV do *caput* do art. 32 da Lei 8.212, de 24

de julho de 1991, tenha sido apresentada até o último dia do mês subsequente ao previsto para a entrega.

V – *Vetado.*

▸ Inciso V acrescido pela Lei 10.403/2002.

VI – comunicar, mensalmente, aos empregados, por intermédio de documento a ser definido em regulamento, os valores recolhidos sobre o total de sua remuneração ao INSS.

▸ Inciso VI acrescido pela Lei 12.692/2012.

§ 1º *Revogado pela Lei 11.941/2009.*

§ 2º A declaração de que trata o inciso IV do *caput* deste artigo constitui instrumento hábil e suficiente para a exigência do crédito tributário, e suas informações comporão a base de dados para fins de cálculo e concessão dos benefícios previdenciários.

▸ § 2º com redação pela Lei 11.941/2009.

§§ 3º a 8º *Revogados pela Lei 11.941/2009.*

§ 9º A empresa deverá apresentar o documento a que se refere o inciso IV do *caput* deste artigo ainda que não ocorram fatos geradores de contribuição previdenciária, aplicando-se, quando couber, a penalidade prevista no art. 32-A desta Lei.

▸ § 9º com redação pela Lei 11.941/2009.

§ 10. O descumprimento do disposto no inciso IV do *caput* deste artigo impede a expedição da certidão de prova de regularidade fiscal perante a Fazenda Nacional.

▸ § 10 com redação pela Lei 11.941/2009.

§ 11. Em relação aos créditos tributários, os documentos comprobatórios do cumprimento das obrigações de que trata este artigo devem ficar arquivados na empresa até que ocorra a prescrição relativa aos créditos decorrentes das operações a que se refiram.

▸ § 11 com redação pela Lei 11.941/2009.
▸ Art. 225 do Dec. 3.048/1999 (Regulamento da Previdência Social).

§ 12. *Vetado.*

▸ § 12 acrescido pela Lei 12.692/2012.

Art. 32-A. O contribuinte que deixar de apresentar a declaração de que trata o inciso IV do *caput* do art. 32 desta Lei no prazo fixado ou que a apresentar com incorreções ou omissões será intimado a apresentá-la ou a prestar esclarecimentos e sujeitar-se-á às seguintes multas:

▸ Artigo acrescido pela Lei 11.941/2009.
▸ O art. 48 da Lei 13.097/2015 dispõe que: O disposto no art. 32-A da Lei 8.212, de 24 de julho de 1991, deixa de produzir efeitos em relação aos fatos geradores ocorridos no período de 27 de maio de 2009 a 31 de dezembro de 2013, no caso de entrega de declaração sem ocorrência de fatos geradores de contribuição previdenciária.
▸ O art. 49 da Lei 13.097/2015 dispõe que: Ficam anistiadas as multas previstas no art. 32-A da Lei 8.212, de 24 de julho de 1991, lançadas até a publicação desta Lei, desde que a declaração de que trata o inciso IV do *caput* do art. 32 da Lei 8.212, de 24 de julho de 1991, tenha sido apresentada até o último dia do mês subsequente ao previsto para a entrega.
▸ Lei 14.397/2022 (Anistia infrações e anula multas por atraso na entrega da GFIP).

I – de R$ 20,00 (vinte reais) para cada grupo de 10 (dez) informações incorretas ou omitidas; e

II – de 2% (dois por cento) ao mês-calendário ou fração, incidentes sobre o montante das contribuições informadas, ainda que integralmente pagas, no caso de falta de entrega da declaração ou entrega após o prazo, limitada a 20% (vinte por cento), observado o disposto no § 3º deste artigo.

§ 1º Para efeito de aplicação da multa prevista no inciso II do *caput* deste artigo, será considerado como termo inicial o dia seguinte ao término do prazo fixado para entrega da declaração e como termo final a data da efetiva entrega ou, no caso de não apresentação, a data da lavratura do auto de infração ou da notificação de lançamento.

§ 2º Observado o disposto no § 3º deste artigo, as multas serão reduzidas:

I – à metade, quando a declaração for apresentada após o prazo, mas antes de qualquer procedimento de ofício; ou

II – a 75% (setenta e cinco por cento), se houver apresentação da declaração no prazo fixado em intimação.

§ 3º A multa mínima a ser aplicada será de:

I – R$ 200,00 (duzentos reais), tratando-se de omissão de declaração sem ocorrência de fatos geradores de contribuição previdenciária; e

II – R$ 500,00 (quinhentos reais), nos demais casos.

Art. 32-B. Os órgãos da administração direta, as autarquias, as fundações e as empresas públicas da União, dos Estados, do Distrito Federal e dos Municípios, cujas Normas Gerais de Direito Financeiro para elaboração e controle dos orçamentos estão definidas pela Lei 4.320, de 17 de março de 1964, e pela Lei Complementar 101, de 4 de maio de 2000, ficam obrigados, na forma esta-

belecida pela Secretaria da Receita Federal do Brasil do Ministério da Fazenda, a apresentar:

▸ Artigo acrescido pela Lei 12.810/2013.

I – a contabilidade entregue ao Tribunal de Controle Externo; e

II – a folha de pagamento.

Parágrafo único. As informações de que trata o *caput* deverão ser apresentadas até o dia 30 de abril do ano seguinte ao encerramento do exercício.

Art. 32-C. O segurado especial responsável pelo grupo familiar que contratar na forma do § 8º do art. 12 apresentará as informações relacionadas ao registro de trabalhadores, aos fatos geradores, à base de cálculo e aos valores das contribuições devidas à Previdência Social e ao Fundo de Garantia do Tempo de Serviço – FGTS e outras informações de interesse da Secretaria da Receita Federal do Brasil, do Ministério da Previdência Social, do Ministério do Trabalho e Emprego e do Conselho Curador do FGTS, por meio de sistema eletrônico com entrada única de dados, e efetuará os recolhimentos por meio de documento único de arrecadação.

▸ Artigo acrescido pela Lei 12.873/2013quente à data de sua publicação (*DOU* 25.10.2013).

§ 1º Os Ministros de Estado da Fazenda, da Previdência Social e do Trabalho e Emprego disporão, em ato conjunto, sobre a prestação das informações, a apuração, o recolhimento e a distribuição dos recursos recolhidos e sobre as informações geradas por meio do sistema eletrônico e da guia de recolhimento de que trata o *caput*.

§ 2º As informações prestadas no sistema eletrônico de que trata o *caput* têm caráter declaratório, constituem instrumento hábil e suficiente para a exigência dos tributos e encargos apurados e substituirão, na forma regulamentada pelo ato conjunto que prevê o § 1º, a obrigatoriedade de entrega de todas as informações, formulários e declarações a que está sujeito o grupo familiar, inclusive as relativas ao recolhimento do FGTS.

§ 3º O segurado especial de que trata o *caput* deste artigo fica obrigado a arrecadar, até o vigésimo dia do mês seguinte ao da competência:

▸ § 3º com redação pela Lei 14.438/2022, produzindo efeitos para fatos geradores ocorridos a partir da data de início da arrecadação por meio da prestação dos serviços digitais de geração de guias a que se refere o inc. II do *caput* do art. 17 da Lei 8.036/1990.

I – as contribuições previstas nos incisos X, XII e XIII do *caput* do art. 30 desta Lei;

II – os valores referentes ao FGTS; e

III – os encargos trabalhistas sob a sua responsabilidade.

§ 4º Os recolhimentos devidos, nos termos do § 3º, deverão ser pagos por meio de documento único de arrecadação.

§ 5º Se não houver expediente bancário na data indicada no § 3º, o recolhimento deverá ser antecipado para o dia útil imediatamente anterior.

§ 6º Os valores não pagos até a data do vencimento sujeitar-se-ão à incidência de acréscimos e encargos legais na forma prevista na legislação do Imposto sobre a Renda e Proventos de Qualquer Natureza para as contribuições de caráter tributário, e conforme o art. 22 da Lei 8.036, de 11 de maio de 1990, para os depósitos do FGTS, inclusive no que se refere às multas por atraso.

§ 7º O recolhimento do valor do FGTS na forma deste artigo será creditado diretamente em conta vinculada do trabalhador, assegurada a transferência dos elementos identificadores do recolhimento ao agente operador do fundo.

§ 8º O ato de que trata o § 1º regulará a compensação e a restituição dos valores dos tributos e dos encargos trabalhistas recolhidos, no documento único de arrecadação, indevidamente ou em montante superior ao devido.

§ 9º A devolução de valores do FGTS, depositados na conta vinculada do trabalhador, será objeto de norma regulamentar do Conselho Curador e do Agente Operador do Fundo de Garantia do Tempo de Serviço.

§ 10. O produto da arrecadação de que trata o § 3º será centralizado na Caixa Econômica Federal.

§ 11. A Caixa Econômica Federal, com base nos elementos identificadores do recolhimento, disponíveis no sistema de que trata o *caput* deste artigo, transferirá para a Conta Única do Tesouro Nacional os valores arrecadados dos tributos e das contribuições previstas nos incisos X, XII e XIII do *caput* do art. 30.

§ 12. A impossibilidade de utilização do sistema eletrônico referido no *caput* será objeto de regulamento, a ser editado pelo Ministério da Fazenda e pelo Agente Operador do FGTS.

§ 13. A sistemática de entrega das informações e recolhimentos de que trata o *caput* poderá ser estendida pelas autoridades previstas no § 1º para o produtor

rural pessoa física de que trata a alínea *a* do inciso V do *caput* do art. 12.

§ 14. Aplica-se às informações entregues na forma deste artigo o disposto no § 2º do art. 32 e no art. 32-A.

Art. 33. À Secretaria da Receita Federal do Brasil compete planejar, executar, acompanhar e avaliar as atividades relativas à tributação, à fiscalização, à arrecadação, à cobrança e ao recolhimento das contribuições sociais previstas no parágrafo único do art. 11 desta Lei, das contribuições incidentes a título de substituição e das devidas a outras entidades e fundos.

▶ *Caput* com redação pela Lei 11.941/2009.

§ 1º É prerrogativa da Secretaria da Receita Federal do Brasil, por intermédio dos Auditores Fiscais da Receita Federal do Brasil, o exame da contabilidade das empresas, ficando obrigadas a prestar todos os esclarecimentos e informações solicitados o segurado e os terceiros responsáveis pelo recolhimento das contribuições previdenciárias e das contribuições devidas a outras entidades e fundos.

▶ § 1º com redação pela Lei 11.941/2009.

§ 2º A empresa, o segurado da Previdência Social, o serventuário da Justiça, o síndico ou seu representante, o comissário e o liquidante de empresa em liquidação judicial ou extrajudicial são obrigados a exibir todos os documentos e livros relacionados com as contribuições previstas nesta Lei.

▶ § 2º com redação pela Lei 11.941/2009.

§ 3º Ocorrendo recusa ou sonegação de qualquer documento ou informação, ou sua apresentação deficiente, a Secretaria da Receita Federal do Brasil pode, sem prejuízo da penalidade cabível, lançar de ofício a importância devida.

▶ § 3º com redação pela Lei 11.941/2009.

§ 4º Na falta de prova regular e formalizada pelo sujeito passivo, o montante dos salários pagos pela execução de obra de construção civil pode ser obtido mediante cálculo da mão de obra empregada, proporcional à área construída, de acordo com critérios estabelecidos pela Secretaria da Receita Federal do Brasil, cabendo ao proprietário, dono da obra, condômino da unidade imobiliária ou empresa corresponsável o ônus da prova em contrário.

▶ § 4º com redação pela Lei 11.941/2009.

§ 5º O desconto de contribuição e de consignação legalmente autorizadas sempre se presume feito oportuna e regularmente pela empresa a isso obrigada, não lhe sendo lícito alegar omissão para se eximir do recolhimento, ficando diretamente responsável pela importância que deixou de receber ou arrecadou em desacordo com o disposto nesta Lei.

§ 6º Se, no exame da escrituração contábil e de qualquer outro documento da empresa, a fiscalização constatar que a contabilidade não registra o movimento real de remuneração dos segurados a seu serviço, do faturamento e do lucro, serão apuradas, por aferição indireta, as contribuições efetivamente devidas, cabendo à empresa o ônus da prova em contrário.

§ 7º O crédito da seguridade social é constituído por meio de notificação de lançamento, de auto de infração e de confissão de valores devidos e não recolhidos pelo contribuinte.

▶ § 7º com redação pela Lei 11.941/2009.

§ 8º Aplicam-se às contribuições sociais mencionadas neste artigo as presunções legais de omissão de receita previstas nos §§ 2º e 3º do art. 12 do Decreto-Lei 1.598, de 26 de dezembro de 1977, e nos arts. 40, 41 e 42 da Lei 9.430, de 27 de dezembro de 1996.

▶ § 8º com redação pela Lei 11.941/2009.

Art. 34. *Revogado pela Lei 11.941/2009.*

Art. 35. Os débitos com a União decorrentes das contribuições sociais previstas nas alíneas *a, b* e *c* do parágrafo único do art. 11 desta Lei, das contribuições instituídas a título de substituição e das contribuições devidas a terceiros, assim entendidas outras entidades e fundos, não pagos nos prazos previstos em legislação, serão acrescidos de multa de mora e juros de mora, nos termos do art. 61 da Lei 9.430, de 27 de dezembro de 1996.

▶ *Caput* com redação pela Lei 11.941/2009.

I a III – *Revogados pela Lei 11.941/2009.*

§§ 1º a 4º *Revogados pela Lei 11.941/2009.*

Art. 35-A. Nos casos de lançamento de ofício relativos às contribuições referidas no art. 35 desta Lei, aplica-se o disposto no art. 44 da Lei 9.430, de 27 de dezembro de 1996.

▶ Artigo com redação pela Lei 11.941/2009.

Art. 36. *Revogado pela Lei 8.218/1991.*

Art. 37. Constatado o não recolhimento total ou parcial das contribuições tratadas nesta Lei, não declara-

das na forma do art. 32 desta Lei, a falta de pagamento de benefício reembolsado ou o descumprimento de obrigação acessória, será lavrado auto de infração ou notificação de lançamento.

▶ *Caput* com redação pela Lei 11.941/2009.

§§ 1º e 2º *Revogados pela Lei 11.941/2009.*

Art. 38. *Revogado pela Lei 11.941/2009.*

Art. 39. O débito original e seus acréscimos legais, bem como outras multas previstas em lei, constituem dívida ativa da União, promovendo-se a inscrição em livro próprio daquela resultante das contribuições de que tratam as alíneas *a, b* e *c* do parágrafo único do art. 11 desta Lei.

▶ *Caput* com redação pela Lei 11.457/2007.

§ 1º *Revogado pela Lei 11.501/2007.*

§ 2º É facultado aos órgãos competentes, antes de ajuizar a cobrança da dívida ativa de que trata o *caput* deste artigo, promover o protesto de título dado em garantia, que será recebido *pro solvendo*.

▶ § 2º com redação pela Lei 11.457/2007.

§ 3º Serão inscritas como dívida ativa da União as contribuições que não tenham sido recolhidas ou parceladas resultantes das informações prestadas no documento a que se refere o inciso IV do art. 32 desta Lei.

▶ § 3º com redação pela Lei 11.457/2007.

Art. 40. *Vetado.*

Art. 41. *Revogado pela Lei 11.941/2009.*

Art. 42. Os administradores de autarquias e fundações públicas, criadas e mantidas pelo Poder Público, de empresas públicas e de sociedades de economia mista sujeitas ao controle da União, dos Estados, do Distrito Federal ou dos Municípios, que se encontrarem em mora, por mais de 30 (trinta) dias, no recolhimento das contribuições previstas nesta Lei, tornam-se solidariamente responsáveis pelo respectivo pagamento, ficando ainda sujeitos às proibições do artigo 1º e às sanções dos artigos 4º e 7º do Decreto-Lei 368, de 19 de dezembro de 1968.

Art. 43. Nas ações trabalhistas de que resultar o pagamento de direitos sujeitos à incidência de contribuição previdenciária, o juiz, sob pena de responsabilidade, determinará o imediato recolhimento das importâncias devidas à Seguridade Social.

▶ *Caput* com redação pela Lei 8.620/1993.

§ 1º Nas sentenças judiciais ou nos acordos homologados em que não figurarem, discriminadamente, as parcelas legais relativas às contribuições sociais, estas incidirão sobre o valor total apurado em liquidação de sentença ou sobre o valor do acordo homologado.

▶ § 1º acrescido pela Lei 11.941/2009.

§ 2º Considera-se ocorrido o fato gerador das contribuições sociais na data da prestação do serviço.

▶ § 2º acrescido pela Lei 11.941/2009.

§ 3º As contribuições sociais serão apuradas mês a mês, com referência ao período da prestação de serviços, mediante a aplicação de alíquotas, limites máximos do salário de contribuição e acréscimos legais moratórios vigentes relativamente a cada uma das competências abrangidas, devendo o recolhimento ser efetuado no mesmo prazo em que devam ser pagos os créditos encontrados em liquidação de sentença ou em acordo homologado, sendo que nesse último caso o recolhimento será feito em tantas parcelas quantas as previstas no acordo, nas mesmas datas em que sejam exigíveis e proporcionalmente a cada uma delas.

▶ § 3º acrescido pela Lei 11.941/2009.

§ 4º No caso de reconhecimento judicial da prestação de serviços em condições que permitam a aposentadoria especial após 15 (quinze), 20 (vinte) ou 25 (vinte e cinco) anos de contribuição, serão devidos os acréscimos de contribuição de que trata o § 6º do art. 57 da Lei 8.213, de 24 de julho de 1991.

▶ § 4º acrescido pela Lei 11.941/2009.

§ 5º Na hipótese de acordo celebrado após ter sido proferida decisão de mérito, a contribuição será calculada com base no valor do acordo.

▶ § 5º acrescido pela Lei 11.941/2009.

§ 6º Aplica-se o disposto neste artigo aos valores devidos ou pagos nas Comissões de Conciliação Prévia de que trata a Lei 9.958, de 12 de janeiro de 2000.

▶ § 6º com redação pela Lei 11.941/2009.

Art. 44. *Revogado pela Lei 11.501/2007.*

Art. 45. *Revogado pela LC 128/2008.*

Art. 45-A. O contribuinte individual que pretenda contar como tempo de contribuição, para fins de obtenção de benefício no Regime Geral de Previdência Social ou de contagem recíproca do tempo de contribuição, período de atividade remunerada alcançada pela decadência deverá indenizar o INSS.

▶ Artigo acrescido pela LC 128/2008.

§ 1º O valor da indenização a que se refere o *caput* deste artigo e o § 1º do art. 55 da Lei 8.213, de 24 de julho de 1991, corresponderá a 20% (vinte por cento):

I – da média aritmética simples dos maiores salários de contribuição, reajustados, correspondentes a 80% (oitenta por cento) de todo o período contributivo decorrido desde a competência julho de 1994; ou

II – da remuneração sobre a qual incidem as contribuições para o regime próprio de previdência social a que estiver filiado o interessado, no caso de indenização para fins da contagem recíproca de que tratam os arts. 94 a 99 da Lei 8.213, de 24 de julho de 1991, observado o limite máximo previsto no art. 28 e o disposto em regulamento.

§ 2º Sobre os valores apurados na forma do § 1º deste artigo incidirão juros moratórios de 0,5% (cinco décimos por cento) ao mês, capitalizados anualmente, limitados ao percentual máximo de 50% (cinquenta por cento), e multa de 10% (dez por cento).

§ 3º O disposto no § 1º deste artigo não se aplica aos casos de contribuições em atraso não alcançadas pela decadência do direito de a Previdência constituir o respectivo crédito, obedecendo-se, em relação a elas, as disposições aplicadas às empresas em geral.

Art. 46. *Revogado pela LC 128/2008.*

CAPÍTULO XI
DA PROVA DE INEXISTÊNCIA DE DÉBITO

▶ Arts. 257 e 262 do Dec. 3.048/1999 (Regulamento da Previdência Social).

Art. 47. É exigida Certidão Negativa de Débito – CND, fornecida pelo órgão competente, nos seguintes casos:

▶ *Caput* com redação pela Lei 9.032/1995.

I – da empresa:

a) na contratação com o Poder Público e no recebimento de benefícios ou incentivo fiscal ou creditício concedido por ele;

b) na alienação ou oneração, a qualquer título, de bem imóvel ou direito a ele relativo;

c) na alienação ou oneração, a qualquer título, de bem móvel de valor superior a Cr$ 2.500.000,00 (dois milhões e quinhentos mil cruzeiros) incorporado ao ativo permanente da empresa;

▶ Valor atualizável por meio de Portaria do Ministério da Previdência Social – MPS.

d) no registro ou arquivamento, no órgão próprio, de ato relativo a baixa ou redução de capital de firma individual, redução de capital social, cisão total ou parcial, transformação ou extinção de entidade ou sociedade comercial ou civil e transferência de controle de cotas de sociedades de responsabilidade limitada;

▶ Alínea *d* com redação pela Lei 9.528/1997.

II – do proprietário, pessoa física ou jurídica, de obra de construção civil, quando de sua averbação no registro de imóveis, salvo no caso do inciso VIII do art. 30.

§ 1º A prova de inexistência de débito deve ser exigida da empresa em relação a todas as suas dependências, estabelecimentos e obras de construção civil, independentemente do local onde se encontrem, ressalvado aos órgãos competentes o direito de cobrança de qualquer débito apurado posteriormente.

§ 2º A prova de inexistência de débito, quando exigível ao incorporador, independe da apresentada no registro de imóveis por ocasião da inscrição do memorial de incorporação.

§ 3º Fica dispensada a transcrição, em instrumento público ou particular, do inteiro teor do documento comprobatório de inexistência de débito, bastando a referência ao seu número de série e data da emissão, bem como a guarda do documento comprobatório à disposição dos órgãos competentes.

§ 4º O documento comprobatório de inexistência de débito poderá ser apresentado por cópia autenticada, dispensada a indicação de sua finalidade, exceto no caso do inciso II deste artigo.

§ 5º O prazo de validade da certidão expedida conjuntamente pela Secretaria Especial da Receita Federal do Brasil e pela Procuradoria-Geral da Fazenda Nacional do Ministério da Economia, referente aos tributos federais e à dívida ativa da União por elas administrados, será de até 180 (cento e oitenta) dias, contado da data de emissão da certidão, prorrogável, excepcionalmente, pelo prazo determinado em ato conjunto dos referidos órgãos.

▶ § 5º com redação pela Lei 14.148/2021.

§ 6º Independe de prova de inexistência de débito:

a) a lavratura ou assinatura de instrumento, ato ou contrato que constitua retificação, ratificação ou efetivação de outro anterior para o qual já foi feita a prova;

b) a constituição de garantia para concessão de crédito rural, em qualquer de suas modalidades, por instituição de crédito pública ou privada, desde que o contribuinte referido no artigo 25, não seja responsável direto pelo recolhimento de contribuições sobre a sua produção para a Seguridade Social;

c) a averbação prevista no inciso II deste artigo, relativa a imóvel cuja construção tenha sido concluída antes de 22 de novembro de 1966;

d) o recebimento pelos Municípios de transferência de recursos destinados a ações de assistência social, educação, saúde e em caso de calamidade pública;

▶ Alínea *d* acrescida pela Lei 11.960/2009.

e) a averbação da construção civil localizada em área objeto de regularização fundiária de interesse social, na forma da Lei 11.977, de 7 de julho de 2009.

▶ Alínea *e* acrescida pela Lei 12.424/2011.

§ 7º O condômino adquirente de unidades imobiliárias de obra de construção civil não incorporada na forma da Lei 4.591, de 16 de dezembro de 1964, poderá obter documento comprobatório de inexistência de débito, desde que comprove o pagamento das contribuições relativas à sua unidade, conforme dispuser o regulamento.

§ 8º *Revogado pela Lei 11.941/2009.*

Art. 48. A prática de ato com inobservância do disposto no artigo anterior, ou o seu registro, acarretará a responsabilidade solidária dos contratantes e do oficial que lavrar ou registrar o instrumento, sendo o ato nulo para todos os efeitos.

§ 1º Os órgãos competentes podem intervir em instrumento que depender de prova de inexistência de débito, a fim de autorizar sua lavratura, desde que o débito seja pago no ato ou o seu pagamento fique assegurado mediante confissão de dívida fiscal com o oferecimento de garantias reais suficientes, na forma estabelecida em regulamento.

§ 2º Em se tratando de alienação de bens do ativo de empresa em regime de liquidação extrajudicial, visando à obtenção de recursos necessários ao pagamento dos credores, independentemente do pagamento ou da confissão de dívida fiscal, o Instituto Nacional do Seguro Social – INSS poderá autorizar a lavratura do respectivo instrumento, desde que o valor do crédito previdenciário conste, regularmente, do quadro geral de credores, observada a ordem de preferência legal.

▶ § 2º acrescido pela Lei 9.639/1998.

§ 3º O servidor, o serventuário da Justiça, o titular de serventia extrajudicial e a autoridade ou órgão que infringirem o disposto no artigo anterior incorrerão em multa aplicada na forma estabelecida no artigo 92, sem prejuízo da responsabilidade administrativa e penal cabível.

▶ § 2º renumerado e com redação pela Lei 9.639/1998.
▶ Arts. 263 a 265 do Dec. 3.048/1999 (Regulamento da Previdência Social).

TÍTULO VII
DAS DISPOSIÇÕES GERAIS

Art. 49. A matrícula da empresa será efetuada nos termos e condições estabelecidos pela Secretaria da Receita Federal do Brasil.

▶ *Caput* com redação pela Lei 11.941/2009.

I e II – *Revogados pela Lei 11.941/2009.*

§ 1º No caso de obra de construção civil, a matrícula deverá ser efetuada mediante comunicação obrigatória do responsável por sua execução, no prazo de 30 (trinta) dias, contado do início de suas atividades, quando obterá número cadastral básico, de caráter permanente.

▶ § 1º com redação pela Lei 11.941/2009.

a) e *b)* Revogadas pela Lei 11.941/2009.

§ 2º *Revogado pela Lei 11.941/2009.*

§ 3º O não cumprimento do disposto no § 1º deste artigo sujeita o responsável a multa na forma estabelecida no art. 92 desta Lei.

▶ § 3º com redação pela Lei 11.941/2009.

§ 4º O Departamento Nacional de Registro do Comércio (DNRC), por intermédio das Juntas Comerciais, e os Cartórios de Registro Civil de Pessoas Jurídicas prestarão, obrigatoriamente, ao Ministério da Economia, ao INSS e à Secretaria da Receita Federal do Brasil todas as informações referentes aos atos constitutivos e alterações posteriores relativos a empresas e entidades neles registradas.

▶ § 4º com redação pela Lei 13.846/2019.

§ 5º A matrícula atribuída pela Secretaria da Receita Federal do Brasil ao produtor rural pessoa física ou segurado especial é o documento de inscrição do contribuinte, em substituição à inscrição no Cadastro Nacional de Pessoa Jurídica – CNPJ, a ser apresentado em suas relações com

o Poder Público, inclusive para licenciamento sanitário de produtos de origem animal ou vegetal submetidos a processos de beneficiamento ou industrialização artesanal, com as instituições financeiras, para fins de contratação de operações de crédito, e com os adquirentes de sua produção ou fornecedores de sementes, insumos, ferramentas e demais implementos agrícolas.

▶ § 5º acrescido pela Lei 11.718/2008.

§ 6º O disposto no § 5º deste artigo não se aplica ao licenciamento sanitário de produtos sujeitos à incidência de Imposto sobre Produtos Industrializados ou ao contribuinte cuja inscrição no Cadastro Nacional de Pessoa Jurídica – CNPJ seja obrigatória.

▶ § 6º acrescido pela Lei 11.718/2008.
▶ Art. 256 do Dec. 3.048/1999 (Regulamento da Previdência Social).

Art. 50. Para fins de fiscalização do INSS, o Município, por intermédio do órgão competente, fornecerá relação de alvarás para a construção civil e documentos de "habite-se" concedidos.

▶ Artigo com redação pela Lei 9.476/1997.

Art. 51. O crédito relativo a contribuições, cotas e respectivos adicionais ou acréscimos de qualquer natureza arrecadados pelos órgãos competentes, bem como a atualização monetária e os juros de mora, estão sujeitos, nos processos de falência, concordata ou concurso de credores, às disposições atinentes aos créditos da União, aos quais são equiparados.

▶ A Lei 11.101/2005 (Recuperação de Empresas e Falência) substituiu a expressão "concordata" por "recuperação judicial".

Parágrafo único. O Instituto Nacional do Seguro Social – INSS reivindicará os valores descontados pela empresa de seus empregados e ainda não recolhidos.

Art. 52. Às empresas, enquanto estiverem em débito não garantido com a União, aplica-se o disposto no art. 32 da Lei 4.357, de 16 de julho de 1964.

▶ *Caput* com redação pela Lei 11.941/2009.

I e II – *Revogados pela Lei 11.941/2009.*

Parágrafo único. *Revogado pela Lei 11.941/2009.*

Art. 53. Na execução judicial da dívida ativa da União, suas autarquias e fundações públicas, será facultado ao exequente indicar bens à penhora, a qual será efetivada concomitantemente com a citação inicial do devedor.

§ 1º Os bens penhorados nos termos deste artigo ficam desde logo indisponíveis.

§ 2º Efetuado o pagamento integral da dívida executada, com seus acréscimos legais, no prazo de 2 (dois) dias úteis contados da citação, independentemente da juntada aos autos do respectivo mandado, poderá ser liberada a penhora, desde que não haja outra execução pendente.

§ 3º O disposto neste artigo aplica-se também às execuções já processadas.

§ 4º Não sendo opostos embargos, no caso legal, ou sendo eles julgados improcedentes, os autos serão conclusos ao juiz do feito, para determinar o prosseguimento da execução.

▶ Lei 6.830/1980 (Execuções Fiscais).

Art. 54. Os órgãos competentes estabelecerão critério para a dispensa de constituição ou exigência de crédito de valor inferior ao custo dessa medida.

Art. 55. *Revogado pela Lei 12.101/2009.*

Art. 56. A inexistência de débitos em relação às contribuições devidas ao Instituto Nacional do Seguro Social – INSS, a partir da publicação desta Lei, é condição necessária para que os Estados, o Distrito Federal e os Municípios possam receber as transferências dos recursos do Fundo de Participação dos Estados e do Distrito Federal – FPE e do Fundo de Participação dos Municípios – FPM, celebrar acordos, contratos, convênios ou ajustes, bem como receber empréstimos, financiamentos, avais e subvenções em geral de órgãos ou entidades da administração direta e indireta da União.

§ 1º Para o recebimento do Fundo de Participação dos Estados e do Distrito Federal – FPE e do Fundo de Participação dos Municípios – FPM, bem como a consecução dos demais instrumentos citados no *caput* deste artigo, os Estados, o Distrito Federal e os Municípios deverão apresentar os comprovantes de recolhimento das suas contribuições ao Instituto Nacional do Seguro Social – INSS referentes aos 3 (três) meses imediatamente anteriores ao mês previsto para a efetivação daqueles procedimentos.

▶ Primitivo parágrafo único com eficácia interrompida pela MP 2.187-13/2001 e renumerado pela Lei 12.810/2013.

§ 2º Os recursos do FPE e do FPM não transferidos em decorrência da aplicação do *caput* deste artigo poderão ser utilizados para quitação, total ou parcial, dos débitos relativos às contribuições de que tratam as alíneas *a* e *c* do parágrafo único do art. 11 desta Lei, a pedido

do representante legal do Estado, Distrito Federal ou Município.

▶ § 2º acrescido pela Lei 12.810/2013.

Art. 57. Os Estados, o Distrito Federal e os Municípios serão, igualmente, obrigados a apresentar, a partir de 1º de junho de 1992, para os fins do disposto no artigo anterior, comprovação de pagamento da parcela mensal referente aos débitos com o Instituto Nacional do Seguro Social – INSS, existentes até 1º de setembro de 1991, renegociados nos termos desta Lei.

Art. 58. Os débitos dos Estados, do Distrito Federal e dos Municípios para com o Instituto Nacional do Seguro Social – INSS, existentes até 1º de setembro de 1991, poderão ser liquidados em até 240 (duzentos e quarenta) parcelas mensais.

§ 1º Para apuração dos débitos será considerado o valor original atualizado pelo índice oficial utilizado pela Seguridade Social para correção de seus créditos.

▶ Primitivo parágrafo único renumerado pela Lei 8.444/1992.

§ 2º As contribuições descontadas até 30 de junho de 1992 dos segurados que tenham prestado serviços aos Estados, ao Distrito Federal e aos Municípios poderão ser objeto de acordo para parcelamento em até 12 (doze) meses, não se lhes aplicando o disposto no § 1º do artigo 38 desta Lei.

▶ § 2º acrescido pela Lei 8.444/1992.

Art. 59. O Instituto Nacional do Seguro Social – INSS implantará, no prazo de 90 (noventa) dias a contar da data da publicação desta Lei, sistema próprio e informatizado de cadastro dos pagamentos e débitos dos Governos Estaduais, do Distrito Federal e das Prefeituras Municipais, que viabilize o permanente acompanhamento e fiscalização do disposto nos artigos 56, 57 e 58 e permita a divulgação periódica dos devedores da Previdência Social.

Art. 60. O pagamento dos benefícios da Seguridade Social será realizado por intermédio da rede bancária ou por outras formas definidas pelo Ministério da Previdência Social.

▶ *Caput* com redação pela Lei 11.941/2009.

Parágrafo único. Os recursos da Seguridade Social serão centralizados em banco estatal federal que tenha abrangência em todo o País.

▶ Parágrafo único com eficácia interrompida pela MP 2.170-36/2001.

Art. 61. As receitas provenientes da cobrança de débitos dos Estados e Municípios e da alienação, arrendamento ou locação de bens móveis ou imóveis pertencentes ao patrimônio do Instituto Nacional do Seguro Social – INSS, deverão constituir reserva técnica, de longo prazo, que garantirá o seguro social estabelecido no Plano de Benefícios da Previdência Social.

Parágrafo único. É vedada a utilização dos recursos de que trata este artigo, para cobrir despesas de custeio em geral, inclusive as decorrentes de criação, majoração ou extensão dos benefícios ou serviços da Previdência Social, admitindo-se sua utilização, excepcionalmente, em despesas de capital, na forma da lei de orçamento.

Art. 62. A contribuição estabelecida na Lei 5.161, de 21 de outubro de 1966, em favor da Fundação Jorge Duprat Figueiredo de Segurança e Medicina do Trabalho – FUNDACENTRO, será de 2% (dois por cento) da receita proveniente da contribuição a cargo da empresa, a título de financiamento da complementação das prestações por acidente do trabalho, estabelecida no inciso II do artigo 22.

Parágrafo único. Os recursos referidos neste artigo poderão contribuir para o financiamento das despesas com pessoal e administração geral da Fundação Jorge Duprat Figueiredo de Segurança e Medicina do Trabalho – FUNDACENTRO.

▶ Parágrafo único acrescido pela Lei 9.639/1998.

TÍTULO VIII
DAS DISPOSIÇÕES FINAIS E TRANSITÓRIAS

CAPÍTULO I
DA MODERNIZAÇÃO DA PREVIDÊNCIA SOCIAL

Art. 63. Fica instituído o Conselho Gestor do Cadastro Nacional do Trabalhador – CNT, criado na forma dos Decretos 97.936, de 10 de julho de 1989, e 99.378, de 11 de julho de 1990.

▶ Artigo com eficácia interrompida pela MP 2.216-37/2001.

Parágrafo único. O Conselho Gestor do Cadastro Nacional do Trabalhador é vinculado ao Ministério do Trabalho e da Previdência Social, que assegurará condições para o seu funcionamento.

Art. 64. Ao Conselho Gestor do Cadastro Nacional do Trabalhador incumbe supervisionar e fiscalizar os trabalhos de implantação do Cadastro Nacional do Trabalhador, bem como sugerir as medidas legais e administrativas que permitam, no prazo máximo de 4 (quatro) anos a contar da data de publicação desta Lei, a existência na Administração Pública Federal de cadastro completo dos trabalhadores e das empresas.

▶ Artigo com eficácia interrompida pela MP 2.216-37/2001.

Art. 65. O Conselho Gestor do Cadastro Nacional do Trabalhador terá doze membros titulares e igual número de suplentes, nomeados pelo Ministro do Trabalho e da Previdência Social para mandato de quatro anos, sendo:

▶ Artigo com eficácia interrompida pela MP 2.216-37/2001.

I – 6 (seis) representantes do Governo Federal;

II – 3 (três) representantes indicados pelas centrais sindicais ou confederações nacionais de trabalhadores;

III – 3 (três) representantes das Confederações Nacionais de Empresários.

§ 1º A presidência do Conselho Gestor será exercida por um de seus membros, eleito para mandato de 1 (um) ano, vedada a recondução.

§ 2º O Conselho Gestor tomará posse no prazo de 30 (trinta) dias a contar da data de publicação desta Lei.

§ 3º No prazo de até 60 (sessenta) dias após sua posse, o Conselho Gestor aprovará seu regimento interno e o cronograma de implantação do Cadastro Nacional do Trabalhador – CNT, observado o prazo limite estipulado no artigo 64.

Art. 66. Os órgãos públicos federais, da administração direta, indireta ou fundacional envolvidos na implantação do Cadastro Nacional do Trabalhador – CNT se obrigam, nas respectivas áreas, a tomar as providências necessárias para o cumprimento dos prazos previstos nesta Lei, bem como do cronograma a ser aprovado pelo Conselho Gestor.

▶ Artigo com eficácia interrompida pela MP 2.216-37/2001.

Art. 67. Até que seja implantado o Cadastro Nacional do Trabalhador – CNT, as instituições e órgãos federais, estaduais, do Distrito Federal e municipais, detentores de cadastros de empresas e de contribuintes em geral, deverão colocar à disposição do Instituto Nacional do Seguro Social – INSS, mediante a realização de convênios, todos os dados necessários à permanente atualização dos cadastros da Previdência Social.

Art. 68. O Titular do Cartório de Registro Civil de Pessoas Naturais remeterá ao INSS, em até 1 (um) dia útil, pelo Sistema Nacional de Informações de Registro Civil (Sirc) ou por outro meio que venha a substituí-lo, a relação dos nascimentos, dos natimortos, dos casamentos, dos óbitos, das averbações, das anotações e das retificações registradas na serventia.

▶ *Caput* com redação pela Lei 13.846/2019.

§ 1º Para os Municípios que não dispõem de provedor de conexão à internet ou de qualquer meio de acesso à internet, fica autorizada a remessa da relação em até 5 (cinco) dias úteis.

▶ § 1º com redação pela Lei 13.846/2019.

§ 2º Para os registros de nascimento e de natimorto, constarão das informações, obrigatoriamente, a inscrição no Cadastro de Pessoas Físicas (CPF), o sexo, a data e o local de nascimento do registrado, bem o nome completo, o sexo, a data e o local de nascimento e a inscrição no CPF da filiação.

▶ § 2º com redação pela Lei 13.846/2019.

§ 3º Para os registros de casamento e de óbito, constarão das informações, obrigatoriamente, a inscrição no CPF, o sexo, a data e o local de nascimento do registrado, bem como, acaso disponíveis, os seguintes dados:

▶ § 3º com redação pela Lei 13.846/2019.

I – número do cadastro perante o Programa de Integração Social (PIS) ou o Programa de Formação do Patrimônio do Servidor Público (Pasep);

▶ Inciso I acrescido pela Lei 13.846/2019.

II – Número de Identificação do Trabalhador (NIT);

▶ Inciso II acrescido pela Lei 13.846/2019.

III – número de benefício previdenciário ou assistencial, se a pessoa falecida for titular de qualquer benefício pago pelo INSS;

▶ Inciso III acrescido pela Lei 13.846/2019.

IV – número de registro da Carteira de Identidade e respectivo órgão emissor;

▶ Inciso IV acrescido pela Lei 13.846/2019.

V – número do título de eleitor;

▶ Inciso V acrescido pela Lei 13.846/2019.

VI – número e série da Carteira de Trabalho e Previdência Social (CTPS).

▶ Inciso VI acrescido pela Lei 13.846/2019.

§ 4º No caso de não haver sido registrado nenhum nascimento, natimorto, casamento, óbito ou averbações, ano-

tações e retificações no mês, deverá o Titular do Cartório de Registro Civil de Pessoas Naturais comunicar este fato ao INSS até o 5º (quinto) dia útil do mês subsequente.

▶ § 4º com redação pela Lei 13.846/2019.

§ 5º O descumprimento de qualquer obrigação imposta neste artigo e o fornecimento de informação inexata sujeitarão o Titular do Cartório de Registro Civil de Pessoas Naturais, além de outras penalidades previstas, à penalidade prevista no art. 92 desta Lei e à ação regressiva proposta pelo INSS, em razão dos danos sofridos.

▶ § 5º acrescido pela Lei 13.846/2019.

Art. 68-A. A lavratura de procuração pública e a emissão de sua primeira via para fins exclusivos de recebimento de benefícios previdenciários ou assistenciais administrados pelo INSS são isentas do pagamento das custas e dos emolumentos.

▶ Artigo acrescido pela Lei 14.199/2021.

Art. 69. O INSS manterá programa permanente de revisão da concessão e da manutenção dos benefícios por ele administrados, a fim de apurar irregularidades ou erros materiais.

▶ *Caput* com redação pela Lei 13.846/2019.

§ 1º Na hipótese de haver indícios de irregularidade ou erros materiais na concessão, na manutenção ou na revisão do benefício, o INSS notificará o beneficiário, o seu representante legal ou o seu procurador para apresentar defesa, provas ou documentos dos quais dispuser, no prazo de:

▶ § 1º com redação pela Lei 13.846/2019.

I – 30 (trinta) dias, no caso de trabalhador urbano;

▶ Inciso I acrescido pela Lei 13.846/2019.

II – 60 (sessenta) dias, no caso de trabalhador rural individual e avulso, agricultor familiar ou segurado especial.

▶ Inciso II acrescido pela Lei 13.846/2019.

§ 2º A notificação a que se refere o § 1º deste artigo será feita:

▶ § 2º com redação pela Lei 13.846/2019.

I – preferencialmente por rede bancária ou por meio eletrônico, conforme previsto em regulamento;

▶ Inciso I acrescido pela Lei 13.846/2019.

II – Revogado pela Lei 14.973/2024.

III – pessoalmente, quando entregue ao interessado em mãos; ou

▶ Inciso III acrescido pela Lei 13.846/2019.

IV – Revogado pela Lei 14.973/2024.

§ 2º-A. Na ausência de ciência, em até 30 (trinta) dias, da notificação de que trata o § 1º, o valor referente ao benefício será bloqueado, nos termos de ato do Poder Executivo.

▶ § 2º-A acrescido pela Lei 14.973/2024.

§ 3º A defesa poderá ser apresentada pelo canal de atendimento eletrônico do INSS ou na Agência da Previdência Social do domicílio do beneficiário, na forma do regulamento.

▶ § 3º com redação pela Lei 13.846/2019.

§ 4º O benefício será suspenso nas seguintes hipóteses:

▶ § 4º com redação pela Lei 13.846/2019.

I – não apresentação da defesa no prazo estabelecido no § 1º deste artigo;

▶ Inciso I acrescido pela Lei 13.846/2019.

II – defesa considerada insuficiente ou improcedente pelo INSS.

▶ Inciso II acrescido pela Lei 13.846/2019.

III – ausência de ciência de que trata o § 2º-A, nos termos de ato do Poder Executivo.

▶ Inciso III acrescido pela Lei 14.973/2024.

§ 5º O INSS deverá notificar o beneficiário quanto à suspensão do benefício de que trata o § 4º deste artigo e conceder-lhe prazo de 30 (trinta) dias para interposição de recurso.

▶ § 5º acrescido pela Lei 13.846/2019.

§ 6º Decorrido o prazo de 30 (trinta) dias após a suspensão a que se refere o § 4º deste artigo, sem que o beneficiário, o seu representante legal ou o seu procurador apresente recurso administrativo aos canais de atendimento do INSS ou a outros canais autorizados, o benefício será cessado.

▶ § 6º acrescido pela Lei 13.846/2019.

§ 7º Para fins do disposto no *caput* deste artigo, o INSS poderá realizar recenseamento para atualização do cadastro dos beneficiários, abrangidos os benefícios administrados pelo INSS, observado o disposto no § 8º deste artigo.

▶ § 7º com redação pela Lei 14.199/2021.

§ 8º Aquele que receber benefício realizará anualmente, no mês de aniversário do titular do benefício, a comprovação de vida, preferencialmente por meio de atendimento eletrônico com uso de biometria, ou outro meio definido pelo INSS que assegure a identificação inequívoca do beneficiário, implementado pelas instituições financeiras pagadoras dos benefícios, observadas as seguintes disposições:

▶ *Caput* com redação pela Lei 14.199/2021.

I – a prova de vida e a renovação de senha serão efetuadas pelo beneficiário, preferencialmente no mesmo ato, mediante identificação por funcionário da instituição financeira responsável pelo pagamento, quando não realizadas por atendimento eletrônico com uso de biometria;

▶ Inciso I com redação pela Lei 14.199/2021.

II – a prova de vida poderá ser realizada por representante legal ou por procurador do beneficiário, legalmente cadastrado no INSS;

▶ Inciso II com redação pela Lei 14.199/2021.

III – *Revogado pela Lei 14.199/2021.*

IV – os órgãos competentes deverão dispor de meios alternativos que garantam a realização da prova de vida do beneficiário com idade igual ou superior a 80 (oitenta) anos ou com dificuldade de locomoção, inclusive por meio de atendimento domiciliar quando necessário;

▶ Inciso IV com redação pela Lei 14.199/2021.

IV-A – as instituições financeiras deverão, obrigatoriamente, envidar esforços a fim de facilitar e auxiliar o beneficiário com idade igual ou superior a 80 (oitenta) anos ou com dificuldade de locomoção, de forma a evitar ao máximo o seu deslocamento até a agência bancária e, caso isso ocorra, dar-lhe preferência máxima de atendimento, para diminuir o tempo de permanência do idoso no recinto e evitar sua exposição a aglomeração;

▶ Inciso IV-A acrescido pela Lei 14.199/2021.

IV-B – a instituição financeira, quando a prova de vida for nela realizada, deverá enviar as informações ao INSS, bem como divulgar aos beneficiários, de forma ampla, todos os meios existentes para efetuar o procedimento, especialmente os remotos, a fim de evitar o deslocamento dos beneficiários; e

▶ Inciso IV-B acrescido pela Lei 14.199/2021.

V – o INSS poderá bloquear o pagamento do benefício encaminhado às instituições financeiras até que o beneficiário realize a prova de vida, permitida a liberação do pagamento automaticamente pela instituição financeira.

▶ Inciso V com redação pela Lei 14.199/2021.

§ 9º O recurso de que trata o § 5º deste artigo não terá efeito suspensivo.

▶ § 9º acrescido pela Lei 13.846/2019.

§ 10. Apurada irregularidade recorrente ou fragilidade nos procedimentos, reconhecida na forma prevista no *caput* deste artigo ou pelos órgãos de controle, os procedimentos de análise e concessão de benefícios serão revistos, de modo a reduzir o risco de fraude e concessão irregular.

▶ § 10 acrescido pela Lei 13.846/2019.

§ 11. Para fins do disposto no § 8º deste artigo, preservados a integridade dos dados e o sigilo eventualmente existente, o INSS:

▶ § 11 acrescido pela Lei 13.846/2019.

I – terá acesso a todos os dados biométricos mantidos e administrados pelos órgãos públicos federais; e

II – poderá ter, por meio de convênio, acesso aos dados biométricos:

a) da Justiça Eleitoral; e

b) de outros entes federativos.

Art. 70. Os beneficiários da Previdência Social, aposentados por invalidez, ficam obrigados, sob pena de sustação do pagamento do benefício, a submeterem-se a exames médico-periciais, estabelecidos na forma do regulamento, que definirá sua periodicidade e os mecanismos de fiscalização e auditoria.

Art. 71. O Instituto Nacional do Seguro Social – INSS deverá rever os benefícios, inclusive os concedidos por acidente do trabalho, ainda que concedidos judicialmente, para avaliar a persistência, atenuação ou agravamento da incapacidade para o trabalho alegada como causa para a sua concessão.

Parágrafo único. Será cabível a concessão de liminar nas ações rescisórias e revisional, para suspender a execução do julgado rescindendo ou revisando, em caso de fraude ou erro material comprovado.

▶ Parágrafo único acrescido pela Lei 9.032/1995.

Art. 72. O Instituto Nacional do Seguro Social – INSS promoverá, no prazo de 180 (cento e oitenta) dias a contar da publicação desta Lei, a revisão das indenizações associadas a benefícios por acidentes do trabalho, cujos valores excedam a Cr$ 1.700.000,00 (um milhão e setecentos mil cruzeiros).

Art. 73. O setor encarregado pela área de benefícios no âmbito do Instituto Nacional do Seguro Social – INSS deverá estabelecer indicadores qualitativos e quantitativos para acompanhamento e avaliação das concessões de benefícios realizadas pelos órgãos locais de atendimento.

Art. 74. Os postos de benefícios deverão adotar como prática o cruzamento das informações declaradas pelos segurados com os dados de cadastros de empresas

e de contribuintes em geral quando da concessão de benefícios.

Art. 75. *Revogado pela Lei 9.711/1998.*

Art. 76. O Instituto Nacional do Seguro Social – INSS deverá proceder ao recadastramento de todos aqueles que, por intermédio de procuração, recebem benefícios da Previdência Social.

§ 1º O documento de procuração deverá ser revalidado, anualmente, nos termos de norma definida pelo INSS.

▶ Primitivo parágrafo único renumerado e com redação pela Lei 14.199/2021.

§ 2º Na hipótese de pagamento indevido de benefício à pessoa não autorizada, ou após o óbito do titular do benefício, a instituição financeira é responsável pela devolução dos valores ao INSS, em razão do descumprimento das obrigações a ela impostas por lei ou por força contratual.

▶ § 2º acrescido pela Lei 14.199/2021.

Art. 77. Fica wautorizada a criação de Conselhos Municipais de Previdência Social, órgãos de acompanhamento e fiscalização das ações na área previdenciária, com a participação de representantes da comunidade.

▶ Artigo com eficácia interrompida pela MP 2.216-37/2001.

Parágrafo único. As competências e o prazo para a instalação dos Conselhos referidos no *caput* deste artigo serão objeto do regulamento desta Lei.

Art. 78. O Instituto Nacional do Seguro Social – INSS, na forma da legislação específica, fica autorizado a contratar auditorias externas, periodicamente, para analisar e emitir parecer sobre demonstrativos econômico-financeiros e contábeis, arrecadação, cobrança e fiscalização das contribuições, bem como pagamento dos benefícios, submetendo os resultados obtidos à apreciação do Conselho Nacional da Seguridade Social.

Art. 79. *Revogado pela Lei 9.711/1998.*

Art. 80. Fica o Instituto Nacional do Seguro Social – INSS obrigado a:

I – enviar às empresas e aos seus segurados, quando solicitado, extrato relativo ao recolhimento das suas contribuições;

▶ Inciso I com redação pela Lei 12.692/2012.

II – *Revogado pela Lei 11.941/2009.*

III – emitir e enviar aos beneficiários o Aviso de Concessão de Benefício, além da memória de cálculo do valor dos benefícios concedidos;

IV – reeditar versão atualizada, nos termos do Plano de Benefícios, da Carta dos Direitos dos Segurados;

V – divulgar, com a devida antecedência, através dos meios de comunicação, alterações porventura realizadas na forma de contribuição das empresas e segurados em geral;

VI – descentralizar, progressivamente, o processamento eletrônico das informações, mediante extensão dos programas de informatização de postos de atendimento e de Regiões Fiscais;

VII – disponibilizará ao público, inclusive por meio de rede pública de transmissão de dados, informações atualizadas sobre as receitas e despesas do regime geral de previdência social, bem como os critérios e parâmetros adotados para garantir o equilíbrio financeiro e atuarial do regime.

▶ Inciso VII acrescido pela Lei 10.887/2004.

§ 1º O Ministério do Trabalho e Previdência divulgará, mensalmente, o resultado financeiro do Regime Geral de Previdência Social, no qual considerará:

I – para fins de aferição do equilíbrio financeiro do regime, as renúncias previdenciárias em adição às receitas realizadas; e

II – para os demais fins, apenas as receitas efetivamente arrecadadas e as despesas orçamentárias e financeiras efetivamente liquidadas e pagas.

§ 2º Para fins de apuração das renúncias previdenciárias de que trata o inciso I do § 1º deste artigo, serão consideradas as informações prestadas pela Secretaria Especial da Receita Federal do Brasil do Ministério da Economia.

▶ §§ 1º e 2º acrescidos pela Lei 14.360/2022.

Art. 81. *Revogado pela Lei 11.941/2009.*

Art. 82. A Auditoria e a Procuradoria do Instituto Nacional do Seguro Social – INSS deverão, a cada trimestre, elaborar relação das auditorias realizadas e dos trabalhos executados, bem como dos resultados obtidos, enviando-a a apreciação do Conselho Nacional da Seguridade Social.

Art. 83. O Instituto Nacional do Seguro Social – INSS deverá implantar um programa de qualificação e treinamento sistemático de pessoal, bem como promover a reciclagem e redistribuição de funcionários conforme as demandas dos órgãos regionais e locais, visando a melhoria da qualidade do atendimento e o controle e a eficiência dos sistemas de arrecadação e fiscalização de contribuições, bem como de pagamento de benefícios.

Art. 84. O Conselho Nacional da Seguridade Social, no prazo máximo de 60 (sessenta) dias a partir de sua instalação, criará comissão especial para acompanhar o cumprimento, pelo Ministério do Trabalho e da Previdência Social, das providências previstas nesta Lei, bem como de outras destinadas à modernização da Previdência Social.

▶ Artigo com eficácia interrompida pela MP 2.216-37/2001.

CAPÍTULO II
DAS DEMAIS DISPOSIÇÕES

Art. 85. O Conselho Nacional da Seguridade Social será instalado no prazo de 30 (trinta) dias após a promulgação desta Lei.

▶ Arts. 295 e 296 do Dec. 3.048/1999 (Regulamento da Previdência Social).

Art. 85-A. Os tratados, convenções e outros acordos internacionais de que Estado estrangeiro ou organismo internacional e o Brasil sejam partes, e que versem sobre matéria previdenciária, serão interpretados como lei especial.

▶ Artigo acrescido pela Lei 9.876/1999.

Art. 86. Enquanto não for aprovada a Lei de Assistência Social, o representante do conselho setorial respectivo será indicado pelo Conselho Nacional da Seguridade Social.

▶ Artigo com eficácia interrompida pela MP 2.216-37/2001.

Art. 87. Os orçamentos das pessoas jurídicas de direito público e das entidades da administração pública indireta devem consignar as dotações necessárias ao pagamento das contribuições da Seguridade Social, de modo a assegurar a sua regular liquidação dentro do exercício.

Art. 88. Os prazos de prescrição de que goza a União aplicam-se à Seguridade Social, ressalvado o disposto no artigo 46.

Art. 89. As contribuições sociais previstas nas alíneas *a*, *b* e *c* do parágrafo único do art. 11 desta Lei, as contribuições instituídas a título de substituição e as contribuições devidas a terceiros somente poderão ser restituídas ou compensadas nas hipóteses de pagamento ou recolhimento indevido ou maior que o devido, nos termos e condições estabelecidos pela Secretaria da Receita Federal do Brasil.

▶ *Caput* com redação pela Lei 11.941/2009.

§§ 1º e 3º *Revogados pela Lei 11.941/2009.*

§ 4º O valor a ser restituído ou compensado será acrescido de juros obtidos pela aplicação da taxa referencial do Sistema Especial de Liquidação e de Custódia – SELIC para títulos federais, acumulada mensalmente, a partir do mês subsequente ao do pagamento indevido ou a maior que o devido até o mês anterior ao da compensação ou restituição e de 1 % (um por cento) relativamente ao mês em que estiver sendo efetuada.

▶ § 4º com redação pela Lei 11.941/2009.

§§ 5º a 7º *Revogados pela Lei 11.941/2009.*

§ 8º Verificada a existência de débito em nome do sujeito passivo, o valor da restituição será utilizado para extingui-lo, total ou parcialmente, mediante compensação.

▶ § 8º acrescido pela Lei 11.196/2005.

§ 9º Os valores compensados indevidamente serão exigidos com os acréscimos moratórios de que trata o art. 35 desta Lei.

▶ § 9º acrescido pela Lei 11.941/2009.

§ 10. Na hipótese de compensação indevida, quando se comprove falsidade da declaração apresentada pelo sujeito passivo, o contribuinte estará sujeito à multa isolada aplicada no percentual previsto no inciso I do *caput* do art. 44 da Lei 9.430, de 27 de dezembro de 1996, aplicado em dobro, e terá como base de cálculo o valor total do débito indevidamente compensado.

▶ § 10 acrescido pela Lei 11.941/2009.

§ 11. Aplica-se aos processos de restituição das contribuições de que trata este artigo e de reembolso de salário-família e salário-maternidade o rito previsto no Decreto 70.235, de 6 de março de 1972.

▶ § 11 acrescido pela Lei 11.941/2009.

§ 12. O disposto no § 10 deste artigo não se aplica à compensação efetuada nos termos do art. 74 da Lei 9.430, de 27 de dezembro de 1996.

▶ § 12 acrescido pela Lei 13.670/2018.

Art. 90. O Conselho Nacional da Seguridade Social, dentro de 180 (cento e oitenta) dias da sua instalação, adotará as providências necessárias ao levantamento das dívidas da União para com a Seguridade Social.

Art. 91. Mediante requisição da Seguridade Social, a empresa é obrigada a descontar, da remuneração paga aos segurados a seu serviço, a importância proveniente de dívida ou responsabilidade por eles contraída junto à Seguridade Social, relativa a benefícios pagos indevidamente.

Art. 92. A infração de qualquer dispositivo desta Lei para a qual não haja penalidade expressamente cominada sujeita o responsável, conforme a gravidade da infração, a multa variável de Cr$ 100.000,00 (cem mil cruzeiros) a Cr$ 10.000.000,00 (dez milhões de cruzeiros), conforme dispuser o regulamento.

▶ Valores atualizáveis por meio de Portaria do Ministério da Previdência Social – MPS.

Art. 93. *Revogado pela Lei 9.639/1998.*

Parágrafo único. *Revogado pela Lei 11.941/2009.*

Art. 94. *Revogado pela Lei 11.501/2007.*

Art. 95. *Caput revogado pela Lei 9.983/2000.*

§ 1º *Revogado pela Lei 9.983/2000.*

§ 2º A empresa que transgredir as normas desta Lei, além das outras sanções previstas, sujeitar-se-á, nas condições em que dispuser o regulamento:

▶ Art. 15 da Lei 9.964/2000 (Programa de Recuperação Fiscal – REFIS).

a) à suspensão de empréstimos e financiamentos, por instituições financeiras oficiais;

b) à revisão de incentivos fiscais de tratamento tributário especial;

c) à inabilitação para licitar e contratar com qualquer órgão ou entidade da administração pública direta ou indireta federal, estadual, do Distrito Federal ou municipal;

d) à interdição para o exercício do comércio, se for sociedade mercantil ou comerciante individual;

e) à desqualificação para impetrar concordata;

▶ A Lei 11.101/2005 (Recuperação de Empresas e Falência) substituiu a expressão "concordata" por "recuperação judicial".

f) à cassação de autorização para funcionar no país, quando for o caso.

§§ 3º a 5º *Revogados pela Lei 9.983/2000.*

Art. 96. O Poder Executivo enviará ao Congresso Nacional, anualmente, acompanhando a Proposta Orçamentária da Seguridade Social, projeções atuariais relativas à Seguridade Social, abrangendo um horizonte temporal de, no mínimo, 20 (vinte) anos, considerando hipóteses alternativas quanto às variáveis demográficas, econômicas e institucionais relevantes.

Art. 97. Fica o Instituto Nacional do Seguro Social – INSS autorizado a proceder a alienação ou permuta, por ato da autoridade competente, de bens imóveis de sua propriedade considerados desnecessários ou não vinculados às suas atividades operacionais.

▶ *Caput* com redação pela Lei 9.528/1997.

§ 1º Na alienação a que se refere este artigo será observado o disposto no artigo 18 e nos incisos I, II e III do artigo 19, da Lei 8.666, de 21 de junho de 1993, alterada pelas Leis 8.883, de 8 de junho de 1994, e 9.032, de 28 de abril de 1995.

▶ § 1º acrescido pela Lei 9.528/1997.

§ 2º *Vetado.*

Art. 98. Nas execuções fiscais da dívida ativa do INSS, o leilão judicial dos bens penhorados realizar-se-á por leiloeiro oficial, indicado pelo credor, que procederá à hasta pública:

▶ *Caput* com redação pela Lei 9.528/1997.

I – no primeiro leilão, pelo valor do maior lance, que não poderá ser inferior ao da avaliação;

▶ Inciso I com redação pela Lei 9.528/1997.

II – no segundo leilão, por qualquer valor, excetuado o vil.

▶ Inciso II com redação pela Lei 9.528/1997.

§ 1º Poderá o juiz, a requerimento do credor, autorizar seja parcelado o pagamento do valor da arrematação, na forma prevista para os parcelamentos administrativos de débitos previdenciários.

▶ § 1º com redação pela Lei 9.528/1997.

§ 2º Todas as condições do parcelamento deverão constar do edital de leilão.

▶ § 2º com redação pela Lei 9.528/1997.

§ 3º O débito do executado será quitado na proporção do valor de arrematação.

▶ § 3º com redação pela Lei 9.528/1997.

§ 4º O arrematante deverá depositar, no ato, o valor da primeira parcela.

▶ § 4º com redação pela Lei 9.528/1997.

§ 5º Realizado o depósito, será expedida carta de arrematação, contendo as seguintes disposições:

▶ § 5º com redação pela Lei 9.528/1997.

a) valor da arrematação, valor e número de parcelas mensais em que será pago;

▶ Alínea *a* com redação pela Lei 9.528/1997.

b) constituição de hipoteca do bem adquirido, ou de penhor, em favor do credor, servindo a carta de título hábil para registro da garantia.

▶ Alínea *b* com redação pela Lei 9.528/1997.

c) indicação do arrematante como fiel depositário do bem móvel, quando constituído penhor;

▶ Alínea *c* com redação pela Lei 9.528/1997.

d) especificação dos critérios de reajustamento do saldo e das parcelas, que será sempre o mesmo vigente para os parcelamentos de débitos previdenciários.

▶ Alínea *d* com redação pela Lei 9.528/1997.

§ 6º Se o arrematante não pagar, no vencimento, qualquer das parcelas mensais, o saldo devedor remanescente vencerá antecipadamente, que será acrescido em cinquenta por cento de seu valor a título de multa, e, imediatamente inscrito em dívida ativa e executado.

▶ § 6º com redação pela Lei 9.528/1997.

§ 7º Se no primeiro ou no segundo leilões a que se refere o *caput* não houver licitante, o INSS poderá adjudicar o bem por 50% (cinquenta por cento) do valor da avaliação.

▶ § 7º com redação pela Lei 9.528/1997.

§ 8º Se o bem adjudicado não puder ser utilizado pelo INSS, e for de difícil venda, poderá ser negociado ou doado a outro órgão ou entidade pública que demonstre interesse na sua utilização.

▶ § 8º com redação pela Lei 9.528/1997.

§ 9º Não havendo interesse na adjudicação, poderá o juiz do feito, de ofício ou a requerimento do credor, determinar sucessivas repetições da hasta pública.

▶ § 9º com redação pela Lei 9.528/1997.

§ 10. O leiloeiro oficial, a pedido do credor, poderá ficar como fiel depositário dos bens penhorados e realizar a respectiva remoção.

▶ § 10 com redação pela Lei 9.528/1997.

§ 11. O disposto neste artigo aplica-se às execuções fiscais da Dívida Ativa da União.

▶ § 11 acrescido pela Lei 10.522/2002.

Art. 99. O Instituto Nacional do Seguro Social – INSS poderá contratar leiloeiros oficiais para promover a venda administrativa dos bens, adjudicados judicialmente ou que receber em dação de pagamento.

▶ *Caput* restabelecido e com redação pela Lei 9.528/1997.

Parágrafo único. O INSS, no prazo de 60 (sessenta) dias, providenciará alienação do bem por intermédio do leiloeiro oficial.

▶ Parágrafo único acrescido pela Lei 9.528/1997.

Art. 100. *Revogado pela Lei 9.528/1997.*

Art. 101. Os valores e os limites do salário de contribuição, citados nos artigos 20, 21, 28, § 5º, e 29, serão reajustados, a partir de abril de 1991 até a data da entrada em vigor desta Lei, nas mesmas épocas e com os mesmos índices utilizados para o reajustamento do limite mínimo do salário de contribuição neste período.

▶ Artigo com eficácia interrompida pela MP 2.187-13/2001.

Art. 102. Os valores expressos em moeda corrente nesta Lei serão reajustados nas mesmas épocas e com os mesmos índices utilizados para o reajustamento dos benefícios de prestação continuada da Previdência Social.

▶ *Caput* com redação pela MP 2.187-13/2001.

§ 1º O disposto neste artigo não se aplica às penalidades previstas no art. 32-A desta Lei.

▶ § 1º com redação pela Lei 11.941/2009.

§ 2º O reajuste dos valores dos salários de contribuição em decorrência da alteração do salário mínimo será descontado por ocasião da aplicação dos índices a que se refere o *caput* deste artigo.

▶ § 2º com redação pela Lei 11.941/2009.

Art. 103. O Poder Executivo regulamentará esta Lei no prazo de 60 (sessenta) dias a partir da data de sua publicação.

Art. 104. Esta Lei entrará em vigor na data de sua publicação.

Art. 105. Revogam-se as disposições em contrário.

Brasília, em 24 de julho de 1991; 170º da Independência e 103º da República.

Fernando Collor

LEI 8.213, DE 24 DE JULHO DE 1991

Dispõe sobre os Planos de Benefícios da Previdência Social e dá outras providências.

DOU 25.07.1991; Republicada no DOU de 11.04.1996 e DOU de 14.08.1998.

▶ Lei 8.213/1991 com publicação consolidada pelo art. 12 da Lei 9.528/1997.
▶ Dec. 3.048/1999 (Regulamento da Previdência Social).

O Presidente da República:

Faço saber que o Congresso Nacional decreta e eu sanciono a seguinte Lei:

TÍTULO I
DA FINALIDADE E DOS PRINCÍPIOS BÁSICOS DA PREVIDÊNCIA SOCIAL

Art. 1º A Previdência Social, mediante contribuição, tem por fim assegurar aos seus beneficiários meios indispensáveis de manutenção, por motivo de incapacidade, de desemprego involuntário, idade avançada, tempo de serviço, encargos familiares e prisão ou morte daqueles de quem dependiam economicamente.

▶ Art. 201 da CF.
▶ Art. 9º, § 1º, desta Lei.
▶ Lei 7.998/1990 (Seguro-Desemprego).

Art. 2º A Previdência Social rege-se pelos seguintes princípios e objetivos:

I – universalidade de participação nos planos previdenciários;

▶ Arts. 39, § 12, e 194, I, da CF.

II – uniformidade e equivalência dos benefícios e serviços às populações urbanas e rurais;

▶ Art. 195, § 8º, da CF.
▶ Arts. 39, 48, § 1º, e 55, § 2º, desta Lei.

III – seletividade e distributividade na prestação dos benefícios;

IV – cálculo dos benefícios considerando-se os salários de contribuição corrigidos monetariamente;

V – irredutibilidade do valor dos benefícios de forma a preservar-lhes o poder aquisitivo;

▶ Art. 114 desta Lei.

VI – valor da renda mensal dos benefícios substitutos do salário de contribuição ou do rendimento do trabalho do segurado não inferior ao do salário mínimo;

▶ Art. 58 do ADCT.

VII – previdência complementar facultativa, custeada por contribuição adicional;

▶ LC 109/2001 (Regime de Previdência Complementar).

VIII – caráter democrático e descentralizado da gestão administrativa, com a participação do governo e da comunidade, em especial de trabalhadores em atividade, empregadores e aposentados.

▶ Arts. 10 e 194, par. ún., VII, da CF.

Parágrafo único. A participação referida no inciso VIII deste artigo será efetivada a nível federal, estadual e municipal.

▶ Art. 4º do Dec. 3.048/1999 (Regulamento da Previdência Social).

Art. 3º Fica instituído o Conselho Nacional de Previdência Social – CNPS, órgão superior de deliberação colegiada, que terá como membros:

I – 6 (seis) representantes do Governo Federal;

▶ Inciso I com redação pela Lei 8.619/1993.

II – 9 (nove) representantes da sociedade civil, sendo:

▶ Inciso II com redação pela Lei 8.619/1993.

a) 3 (três) representantes dos aposentados e pensionistas;

b) 3 (três) representantes dos trabalhadores em atividade;

c) 3 (três) representantes dos empregadores.

§ 1º Os membros do CNPS e seus respectivos suplentes serão nomeados pelo Presidente da República, tendo os representantes titulares da sociedade civil mandato de 2 (dois) anos, podendo ser reconduzidos, de imediato, uma única vez.

§ 2º Os representantes dos trabalhadores em atividade, dos aposentados, dos empregadores e seus respectivos suplentes serão indicados pelas centrais sindicais e confederações nacionais.

§ 3º O CNPS reunir-se-á, ordinariamente, uma vez por mês, por convocação de seu Presidente, não podendo ser adiada a reunião por mais de 15 (quinze) dias se houver requerimento nesse sentido da maioria dos conselheiros.

§ 4º Poderá ser convocada reunião extraordinária por seu Presidente ou a requerimento de 1/3 (um terço) de seus membros, conforme dispuser o regimento interno do CNPS.

§ 5º *Revogado pela Lei 9.528/1997.*

§ 6º As ausências ao trabalho dos representantes dos trabalhadores em atividade, decorrentes das atividades do Conselho, serão abonadas, computando-se como jornada efetivamente trabalhada para todos os fins e efeitos legais.

§ 7º Aos membros do CNPS, enquanto representantes dos trabalhadores em atividade, titulares e suplentes, é assegurada a estabilidade no emprego, da nomeação até um ano após o término do mandato de representação, somente podendo ser demitidos por motivo de falta grave, regularmente comprovada através de processo judicial.

§ 8º Competirá ao Ministério do Trabalho e da Previdência Social proporcionar ao CNPS os meios necessários ao exercício de suas competências, para o que contará com uma Secretaria Executiva do Conselho Nacional de Previdência Social.

§ 9º O CNPS deverá se instalar no prazo de 30 (trinta) dias a contar da publicação desta Lei.

Art. 4º Compete ao Conselho Nacional de Previdência Social – CNPS:

I – estabelecer diretrizes gerais e apreciar as decisões de políticas aplicáveis à Previdência Social;

II – participar, acompanhar e avaliar sistematicamente a gestão previdenciária;

III – apreciar e aprovar os planos e programas da Previdência Social;

IV – apreciar e aprovar as propostas orçamentárias da Previdência Social, antes de sua consolidação na proposta orçamentária da Seguridade Social;

V – acompanhar e apreciar, através de relatórios gerenciais por ele definidos, a execução dos planos, programas e orçamentos no âmbito da Previdência Social;

VI – acompanhar a aplicação da legislação pertinente à Previdência Social;

VII – apreciar a prestação de contas anual a ser remetida ao Tribunal de Contas da União, podendo, se for necessário, contratar auditoria externa;

VIII – estabelecer os valores mínimos em litígio, acima dos quais será exigida a anuência prévia do Procurador-Geral ou do Presidente do INSS para formalização de desistência ou transigência judiciais, conforme o disposto no artigo 132;

IX – elaborar e aprovar seu regimento interno.

Parágrafo único. As decisões proferidas pelo CNPS deverão ser publicadas no Diário Oficial da União.

▶ Arts. 295 e 303 do Dec. 3.048/1999 (Regulamento da Previdência Social).

Art. 5º Compete aos órgãos governamentais:

I – prestar toda e qualquer informação necessária ao adequado cumprimento das competências do CNPS, fornecendo inclusive estudos técnicos;

II – encaminhar ao CNPS, com antecedência mínima de 2 (dois) meses do seu envio ao Congresso Nacional, a proposta orçamentária da Previdência Social, devidamente detalhada.

Art. 6º Haverá, no âmbito da Previdência Social, uma Ouvidoria Geral, cujas atribuições serão definidas em regulamento.

▶ Artigo com redação pela Lei 9.711/1998.

Art. 7º Ficam instituídos os Conselhos Estaduais e os Conselhos Municipais de Previdência Social – respectivamente CEPS e CMPS –, órgãos de deliberação colegiada, subordinados ao Conselho Nacional de Previdência Social, observando para a sua organização e instalação, no que couber, os critérios estabelecidos nesta Lei para o CNPS, adaptando-os para a esfera estadual ou municipal.

▶ Artigo com eficácia interrompida pela MP 2.216-37/2001.

§ 1º Os membros dos CEPS serão nomeados pelo Presidente do CNPS e o dos CMPS, pelos presidentes dos CEPS.

§ 2º Os representantes dos trabalhadores em atividade e seus respectivos suplentes serão indicados, no caso dos CEPS, pelas federações ou centrais sindicais, e, no caso dos CMPS, pelos sindicatos ou, na ausência destes, pelas federações ou ainda, em último caso, pelas centrais sindicais ou confederações nacionais.

§ 3º Os representantes dos aposentados e seus respectivos suplentes serão indicados, no caso dos CEPS, pelas federações ou confederações, e, no caso dos CMPS, pelas associações ou, na ausência destes, pelas federações.

§ 4º Os representantes dos empregadores e seus respectivos suplentes serão indicados, no caso dos CEPS, pelas federações, e, no caso dos CMPS, pelos sindicatos, associações ou, na ausência destes, pelas federações.

Art. 8º Compete aos CEPS e ao CMPS, nos âmbitos estadual e municipal, respectivamente:

▶ Artigo com eficácia interrompida pela MP 2.216-37/2001.

I – cumprir e fazer cumprir as deliberações do CNPS;

II – acompanhar e avaliar sistematicamente a gestão previdenciária;

III – propor ao CNPS planos e programas para a Previdência Social;

IV – acompanhar, apreciar e dar conhecimento ao CNPS, através de relatórios gerenciais por este definidos, a execução dos planos, programas e orçamentos;

V – acompanhar a aplicação da legislação pertinente à Previdência Social;

VI – elaborar seus regimentos internos.

TÍTULO II
DO PLANO DE BENEFÍCIOS DA PREVIDÊNCIA SOCIAL

CAPÍTULO ÚNICO
DOS REGIMES DE PREVIDÊNCIA SOCIAL

Art. 9º A Previdência Social compreende:

▶ Art. 11 desta Lei.
▶ Arts. 183 a 230 da Lei 8.112/1990 (Estatuto dos Servidores Públicos Civis da União, Autarquias e Fundações Públicas Federais).

I – o Regime Geral de Previdência Social;

II – o Regime Facultativo Complementar de Previdência Social.

§1º O Regime Geral de Previdência Social – RGPS garante a cobertura de todas as situações expressas no art. 1º desta Lei, exceto as de desemprego involuntário, objeto de lei específica, e de aposentadoria por tempo de contribuição para o trabalhador de que trata o § 2º do art. 21 da Lei 8.212, de 24 de julho de 1991.

▶ § 1º com redação pela LC 123/2006.

§2º O Regime Facultativo Complementar de Previdência Social será objeto de lei específica.

▶ LC 109/2001 (Regime de Previdência Complementar).
▶ Lei 12.154/2009 (Previdência Complementar – PREVIC).
▶ Art. 6º do Dec. 3.048/1999 (Regulamento da Previdência Social).

TÍTULO III
DO REGIME GERAL DE PREVIDÊNCIA SOCIAL

CAPÍTULO I
DOS BENEFICIÁRIOS

Art. 10. Os beneficiários do Regime Geral de Previdência Social classificam-se como segurados e dependentes, nos termos das Seções I e II deste Capítulo.

▶ Art. 102 desta Lei.
▶ Art. 8º do Dec. 3.048/1999 (Regulamento da Previdência Social).
▶ Instrução Normativa INSS 77/2015 (Estabelece rotinas para agilizar e uniformizar o reconhecimento de direitos dos segurados e beneficiários da Previdência Social, com observância dos princípios estabelecidos no art. 37 da Constituição Federal de 1988).

Seção I
Dos segurados

Art. 11. São segurados obrigatórios da Previdência Social as seguintes pessoas físicas:

▶ Arts. 2º e 3º da CLT.

I – como empregado:

a) aquele que presta serviço de natureza urbana ou rural à empresa, em caráter não eventual, sob sua subordinação e mediante remuneração, inclusive como diretor empregado;

b) aquele que, contratado por empresa de trabalho temporário, definida em legislação específica, presta serviço para atender a necessidade transitória de substituição de pessoal regular e permanente ou a acréscimo extraordinário de serviços de outras empresas;

c) o brasileiro ou estrangeiro domiciliado e contratado no Brasil para trabalhar como empregado em sucursal ou agência de empresa nacional no exterior;

d) aquele que presta serviço no Brasil a missão diplomática ou a repartição consular de carreira estrangeira e a órgãos a elas subordinados, ou a membros dessas missões e repartições, excluídos o não brasileiro sem residência permanente no Brasil e o brasileiro amparado pela legislação previdenciária do país da respectiva missão diplomática ou repartição consular;

e) o brasileiro civil que trabalha para a União, no exterior, em organismos oficiais brasileiros ou internacionais dos quais o Brasil seja membro efetivo, ainda que lá domiciliado e contratado, salvo se segurado na forma da legislação vigente do país do domicílio;

f) o brasileiro ou estrangeiro domiciliado e contratado no Brasil para trabalhar como empregado em empresa domiciliada no exterior, cuja maioria do capital votante pertença a empresa brasileira de capital nacional;

g) o servidor público ocupante de cargo em comissão, sem vínculo efetivo com a União, Autarquias, inclusive em regime especial, e Fundações Públicas Federais.

▶ Alínea g acrescida pela Lei 8.647/1993.
▶ Art. 40, § 13, da CF.

h) o exercente de mandato eletivo federal, estadual ou municipal, desde que não vinculado a regime próprio de previdência social;

▶ Alínea h acrescida pela Lei 9.506/1997.
▶ A Lei 10.887/2004 ao determinar o acréscimo da alínea j reproduziu o mesmo texto desta alínea.

i) o empregado de organismo oficial internacional ou estrangeiro em funcionamento no Brasil, salvo quando coberto por regime próprio de previdência social;

▶ Alínea i acrescida pela Lei 9.876/1999.

j) o exercente de mandato eletivo federal, estadual ou municipal, desde que não vinculado a regime próprio de previdência social;

▶ Alínea j acrescida pela Lei 10.887/2004.
▶ A Lei 10.887/2004 ao determinar o acréscimo desta alínea reproduziu o mesmo texto da alínea h.

II – como empregado doméstico: aquele que presta serviço de natureza contínua a pessoa ou família, no âmbito residencial desta, em atividades sem fins lucrativos;

III e IV – *Revogados pela Lei 9.876/1999.*

V – como contribuinte individual:

▶ Caput do inciso V com redação pela Lei 9.876/1999.

a) a pessoa física, proprietária ou não, que explora atividade agropecuária, a qualquer título, em caráter permanente ou temporário, em área superior a quatro módulos fiscais; ou, quando em área igual ou inferior a quatro módulos fiscais ou atividade pesqueira, com auxílio de empregados ou por intermédio de prepostos; ou ainda nas hipóteses dos §§ 9º e 10 deste artigo;

▶ Alínea a com redação pela Lei 11.718/2008.

b) a pessoa física, proprietária ou não, que explora atividade de extração mineral – garimpo, em caráter permanente ou temporário, diretamente ou por intermédio de prepostos, com ou sem o auxílio de empregados, utilizados a qualquer título, ainda que de forma não contínua;

▶ Alínea b com redação pela Lei 9.876/1999.

c) o ministro de confissão religiosa e o membro de instituto de vida consagrada, de congregação ou de ordem religiosa;

▶ Alínea c com redação pela Lei 10.403/2002.
▶ Art. 5º, VI e VIII, da CF.

d) Revogada pela Lei 9.876/1999;

e) o brasileiro civil que trabalha no exterior para organismo oficial internacional do qual o Brasil é membro efetivo, ainda que lá domiciliado e contratado, salvo quando coberto por regime próprio de previdência social;

▶ Alínea e com redação pela Lei 9.876/1999.

f) o titular de firma individual urbana ou rural, o diretor não empregado e o membro de conselho de administração de sociedade anônima, o sócio solidário, o sócio de indústria, o sócio gerente e o sócio cotista que recebam remuneração decorrente de seu trabalho em empresa urbana ou rural, e o associado eleito para cargo de direção em cooperativa, associação ou entidade de qualquer natureza ou finalidade, bem como o síndico ou administrador eleito para exercer atividade de direção condominial, desde que recebam remuneração;

▶ Alínea f acrescida pela Lei 9.876/1999.

g) quem presta serviço de natureza urbana ou rural, em caráter eventual, a uma ou mais empresas, sem relação de emprego;

▶ Alínea g acrescida pela Lei 9.876/1999.

h) a pessoa física que exerce, por conta própria, atividade econômica de natureza urbana, com fins lucrativos ou não;

▶ Alínea h acrescida pela Lei 9.876/1999.

VI – como trabalhador avulso: quem presta, a diversas empresas, sem vínculo empregatício, serviço de natureza urbana ou rural definidos no Regulamento;

VII – como segurado especial: a pessoa física residente no imóvel rural ou em aglomerado urbano ou rural próximo a ele que, individualmente ou em regime de economia familiar, ainda que com o auxílio eventual de terceiros, na condição de:

▶ Inciso VII com redação pela Lei 11.718/2008.
▶ Súmula 41 do JEF.

a) produtor, seja proprietário, usufrutuário, possuidor, assentado, parceiro ou meeiro outorgados, comodatário ou arrendatário rurais, que explore atividade:

▶ Alínea a acrescida pela Lei 11.718/2008.

1. agropecuária em área de até 4 (quatro) módulos fiscais;

2. de seringueiro ou extrativista vegetal que exerça suas atividades nos termos do inciso XII do caput do art. 2º da Lei 9.985, de 18 de julho de 2000, e faça dessas atividades o principal meio de vida;

b) pescador artesanal ou a este assemelhado que faça da pesca profissão habitual ou principal meio de vida; e

▶ Alínea b acrescida pela Lei 11.718/2008.

c) cônjuge ou companheiro, bem como filho maior de 16 (dezesseis) anos de idade ou a este equiparado, do segurado de que tratam as alíneas *a* e *b* deste inciso, que, comprovadamente, trabalhem com o grupo familiar respectivo.

▶ Alínea c acrescida pela Lei 11.718/2008.
▶ Art. 7º, XXXIII, CF.

§ 1º Entende-se como regime de economia familiar a atividade em que o trabalho dos membros da família é indispensável à própria subsistência e ao desenvolvimento socioeconômico do núcleo familiar e é exercido em condições de mútua dependência e colaboração, sem a utilização de empregados permanentes.

▶ § 1º com redação pela Lei 11.718/2008.

§2º Todo aquele que exercer, concomitantemente, mais de uma atividade remunerada sujeita ao Regime Geral de Previdência Social é obrigatoriamente filiado em relação a cada uma delas.

§ 3º O aposentado pelo Regime Geral de Previdência Social – RGPS que estiver exercendo ou que voltar a exercer atividade abrangida por este Regime é segurado obrigatório em relação a essa atividade, ficando sujeito às contribuições de que trata a Lei 8.212, de 24 de julho de 1991, para fins de custeio da Seguridade Social.

▶ § 3º acrescido pela Lei 9.032/1995.

§ 4º O dirigente sindical mantém, durante o exercício do mandato eletivo, o mesmo enquadramento no Regime Geral de Previdência Social – RGPS de antes da investidura.

▶ § 4º acrescido pela Lei 9.528/1997.

§5º Aplica-se o disposto na alínea *g* do inciso I do *caput* ao ocupante de cargo de Ministro de Estado, de Secretário Estadual, Distrital ou Municipal, sem vínculo efetivo com a União, Estados, Distrito Federal e Municípios, suas autarquias, ainda que em regime especial, e fundações.

▶ § 4º acrescido pela Lei 9.876/1999.

§ 6º Para serem considerados segurados especiais, o cônjuge ou companheiro e os filhos maiores de 16 (dezesseis) anos ou os a estes equiparados deverão ter participação ativa nas atividades rurais do grupo familiar.

▶ § 6º acrescido pela Lei 11.718/2008.

§ 7º O grupo familiar poderá utilizar-se de empregados contratados por prazo determinado ou do trabalhador de que trata a alínea *g* do inciso V do *caput*, à razão de no máximo 120 (cento e vinte) pessoas por dia no ano civil, em períodos corridos ou intercalados ou, ainda, por tempo equivalente em horas de trabalho, não sendo computado nesse prazo o período de afastamento em decorrência da percepção de auxílio-doença.

▶ § 7º com redação pela Lei 12.873/2013.

§8º Não descaracteriza a condição de segurado especial:

▶ § 8º acrescido pela Lei 11.718/2008.

I – a outorga, por meio de contrato escrito de parceria, meação ou comodato, de até 50% (cinquenta por cento) de imóvel rural cuja área total não seja superior a 4 (quatro) módulos fiscais, desde que outorgante e outorgado continuem a exercer a respectiva atividade, individualmente ou em regime de economia familiar;

▶ Inciso I acrescido pela Lei 11.718/2008.

II – a exploração da atividade turística da propriedade rural, inclusive com hospedagem, por não mais de 120 (cento e vinte) dias ao ano;

▶ Inciso II acrescido pela Lei 11.718/2008.

III – a participação em plano de previdência complementar instituído por entidade classista a que seja associado em razão da condição de trabalhador rural ou de produtor rural em regime de economia familiar; e

▶ Inciso III acrescido pela Lei 11.718/2008.

IV – ser beneficiário ou fazer parte de grupo familiar que tem algum componente que seja beneficiário de programa assistencial oficial de governo;

▶ Inciso IV acrescido pela Lei 11.718/2008.

V – a utilização pelo próprio grupo familiar, na exploração da atividade, de processo de beneficiamento ou industrialização artesanal, na forma do § 11 do art. 25 da Lei 8.212, de 24 de julho de 1991;

▶ Inciso V acrescido pela Lei 11.718/2008.

VI – associação, exceto em cooperativa de trabalho, conforme regulamento:

▶ Inciso VI com redação pela Lei 15.072/2024.

a) em cooperativa que tenha atuação vinculada às atividades previstas no inciso VII do caput deste artigo, conforme previsão em seu objeto social ou autorização da autoridade competente;

b) Vetado.

▶ Alíneas a e b acrescidas pela Lei 15.072/2024.

VII – a incidência do Imposto Sobre Produtos Industrializados – IPI sobre o produto das atividades desenvolvidas nos termos do § 12.

▶ Inciso VII acrescido pela Lei 12.873/2013.

§ 9º Não é segurado especial o membro de grupo familiar que possuir outra fonte de rendimento, exceto se decorrente de:

▶ Caput do § 9º acrescido pela Lei 11.718/2008.

I – benefício de pensão por morte, auxílio-acidente ou auxílio-reclusão, cujo valor não supere o do menor benefício de prestação continuada da Previdência Social;

▶ Inciso I acrescido pela Lei 11.718/2008.

II – benefício previdenciário pela participação em plano de previdência complementar instituído nos termos do inciso IV do § 8º deste artigo;

▶ Inciso II acrescido pela Lei 11.718/2008.

III – exercício de atividade remunerada em período não superior a 120 (cento e vinte) dias, corridos ou intercalados, no ano civil, observado o disposto no § 13 do art. 12 da Lei 8.212, de 24 de julho de 1991;

▶ Inciso III com redação pela Lei 12.873/2013.

IV – exercício de mandato eletivo de dirigente sindical de organização da categoria de trabalhadores rurais;

▶ Inciso IV acrescido pela Lei 11.718/2008.

V – exercício de:

▶ Inciso V com redação pela Lei 15.072/2024.

a) mandato de vereador do Município em que desenvolve a atividade rural;

b) atividade remunerada, sem dedicação exclusiva ou regime integral de trabalho, derivada de mandato eletivo:

1. em cooperativa, exceto cooperativa de trabalho, que tenha atuação vinculada às atividades previstas no inciso VII do *caput* deste artigo, conforme previsão em seu objeto social ou autorização da autoridade competente, de acordo com regulamento e observado o disposto no § 13 do art. 12 da Lei nº 8.212, de 24 de julho de 1991 (Lei Orgânica da Seguridade Social);

2. Vetado.

▶ Alíneas *a* e *b* acrescidas pela Lei 15.072/2024.

VI – parceria ou meação outorgada na forma e condições estabelecidas no inciso I do § 8º deste artigo;

▶ Inciso VI acrescido pela Lei 11.718/2008.

VII – atividade artesanal desenvolvida com matéria--prima produzida pelo respectivo grupo familiar, podendo ser utilizada matéria-prima de outra origem, desde que a renda mensal obtida na atividade não exceda ao menor benefício de prestação continuada da Previdência Social; e

▶ Inciso VII acrescido pela Lei 11.718/2008.

VIII – atividade artística, desde que em valor mensal inferior ao menor benefício de prestação continuada da Previdência Social.

▶ Inciso VIII acrescido pela Lei 11.718/2008.

§ 10. O segurado especial fica excluído dessa categoria:

▶ *Caput* do § 10 acrescido pela Lei 11.718/2008.

I – a contar do 1º (primeiro) dia do mês em que:

▶ *Caput* do inciso I acrescido pela Lei 11.718/2008.

a) deixar de satisfazer as condições estabelecidas no inciso VII do *caput* deste artigo, sem prejuízo do disposto no art. 15 desta Lei, ou exceder qualquer dos limites estabelecidos no inciso I do § 8º deste artigo;

▶ Alínea *a* acrescida pela Lei 11.718/2008.

b) enquadrar-se em qualquer outra categoria de segurado obrigatório do Regime Geral de Previdência Social, ressalvado o disposto nos incisos III, V, VII e VIII do § 9º e no § 12, sem prejuízo do disposto no art. 15;

▶ Alínea *b* com redação pela Lei 12.873/2013.

c) tornar-se segurado obrigatório de outro regime previdenciário; e

▶ Alínea *c* com redação pela Lei 12.873/2013.

d) participar de sociedade empresária, de sociedade simples, como empresário individual ou como titular de empresa individual de responsabilidade limitada em desacordo com as limitações impostas pelo § 12;

▶ Alínea *d* acrescida pela Lei 12.873/2013.

II – a contar do primeiro dia do mês subsequente ao da ocorrência, quando o grupo familiar a que pertence exceder o limite de:

▶ Inciso II acrescido pela Lei 11.718/2008.

a) utilização de terceiros na exploração da atividade a que se refere o § 7º deste artigo;

b) dias em atividade remunerada estabelecidos no inciso III do § 9º deste artigo; e

c) dias de hospedagem a que se refere o inciso II do § 8º deste artigo.

§ 11. Aplica-se o disposto na alínea *a* do inciso V do *caput* deste artigo ao cônjuge ou companheiro do produtor que participe da atividade rural por este explorada.

▶ § 11 acrescido pela Lei 11.718/2008.
▶ Art. 9º do Dec. 3.048/1999 (Regulamento da Previdência Social).

§ 12. A participação do segurado especial em sociedade empresária, em sociedade simples, como empresário individual ou como titular de empresa individual de responsabilidade limitada de objeto ou âmbito agrícola, agroindustrial ou agroturístico, considerada microempresa nos termos da Lei Complementar 123, de 14 de dezembro de 2006, não o exclui de tal categoria previdenciária, desde que, mantido o exercício da sua atividade rural na forma do inciso VII do *caput* e do § 1º, a pessoa jurídica componha-se apenas de segurados de igual natureza e sedie-se no mesmo Município ou em Município limítrofe àquele em que eles desenvolvam suas atividades.

▶ § 12 acrescido pela Lei 12.873/2013.

§ 13. *Vetado*.

▶ § 13 acrescido pela Lei 12.873/2013.

Art. 12. O servidor civil ocupante de cargo efetivo ou o militar da União, dos Estados, do Distrito Federal ou dos Municípios, bem como o das respectivas autarquias e fundações, são excluídos do Regime Geral de Previdência Social consubstanciado nesta Lei, desde que amparados por regime próprio de previdência social.

▶ *Caput* com redação pela Lei 9.876/1999.

§ 1º Caso o servidor ou o militar venham a exercer, concomitantemente, uma ou mais atividades abrangidas pelo Regime Geral de Previdência Social, tornar-se-ão segurados obrigatórios em relação a essas atividades.

▶ § 1º com redação pela Lei 9.876/1999.

§ 2º Caso o servidor ou o militar, amparados por regime próprio de previdência social, sejam requisitados para outro órgão ou entidade cujo regime previdenciário não permita a filiação, nessa condição, permanecerão vinculados ao regime de origem, obedecidas as regras que cada ente estabeleça acerca de sua contribuição.

▶ § 2º com redação pela Lei 9.876/1999.
▶ Art. 10 do Dec. 3.048/1999 (Regulamento da Previdência Social).

Art. 13. É segurado facultativo o maior de 14 (quatorze) anos que se filiar ao Regime Geral de Previdência Social, mediante contribuição, desde que não incluído nas disposições do artigo 11.

▶ Art. 7º, XXXIII, da CF.
▶ Art. 11 do Dec. 3.048/1999 (Regulamento da Previdência Social).

Art. 14. Consideram-se:

▶ Art. 33 da Lei 8.212/1991 (Lei Orgânica da Seguridade Social).

I – empresa – a firma individual ou sociedade que assume o risco de atividade econômica urbana ou rural, com fins lucrativos ou não, bem como os órgãos e entidades da administração pública direta, indireta ou fundacional;

II – empregador doméstico – a pessoa ou família que admite a seu serviço, sem finalidade lucrativa, empregado doméstico.

Parágrafo único. Equiparam-se a empresa, para os efeitos desta Lei, o contribuinte individual e a pessoa física na condição de proprietário ou dono de obra de construção civil, em relação a segurado que lhe presta serviço, bem como a cooperativa, a associação ou entidade de qualquer natureza ou finalidade, a missão diplomática e a repartição consular de carreira estrangeiras.

▶ Parágrafo único com redação pela Lei 13.202/2015.

Art. 15. Mantém a qualidade de segurado, independentemente de contribuições:

▶ Art. 24, parágrafo único, desta Lei.
▶ Súmula 416 do STJ.

I – sem limite de prazo, quem está em gozo de benefício, exceto do auxílio-acidente;

▶ Inciso I com redação pela Lei 13.846/2019.

II – até 12 (doze) meses após a cessação das contribuições, o segurado que deixar de exercer atividade remunerada abrangida pela Previdência Social ou estiver suspenso ou licenciado sem remuneração;

III – até 12 (doze) meses após cessar a segregação, o segurado acometido de doença de segregação compulsória;

IV – até 12 (doze) meses após o livramento, o segurado retido ou recluso;

V – até 3 (três) meses após o licenciamento, o segurado incorporado às Forças Armadas para prestar serviço militar;

VI – até 6 (seis) meses após a cessação das contribuições, o segurado facultativo.

§ 1º O prazo do inciso II será prorrogado para até 24 (vinte e quatro) meses se o segurado já tiver pago mais de 120 (cento e vinte) contribuições mensais sem interrupção que acarrete a perda da qualidade de segurado.

§ 2º Os prazos do inciso II ou do § 1º serão acrescidos de doze meses para o segurado desempregado, desde que comprovada essa situação pelo registro no órgão próprio do Ministério do Trabalho e da Previdência Social.

§ 3º Durante os prazos deste artigo, o segurado conserva todos os seus direitos perante a Previdência Social.

§ 4º A perda da qualidade de segurado ocorrerá no dia seguinte ao do término do prazo fixado no Plano de Custeio da Seguridade Social para recolhimento da contribuição referente ao mês imediatamente posterior ao do final dos prazos fixados neste artigo e seus parágrafos.

▶ Art. 13 do Dec. 3.048/1999 (Regulamento da Previdência Social).

Seção II
Dos dependentes

Art. 16. São beneficiários do Regime Geral de Previdência Social, na condição de dependentes do segurado:

▶ Arts. 7º, XII e XXV, e 201, IV e V, da CF.

I – o cônjuge, a companheira, o companheiro e o filho não emancipado, de qualquer condição, menor de 21

(vinte e um) anos ou inválido ou que tenha deficiência intelectual ou mental ou deficiência grave.

▶ Inciso I com redação pela Lei 13.146/2015.

II – os pais;

▶ Art. 22, § 3º, do Dec. 3.048/1999 (Regulamento da Previdência Social).

III – o irmão de qualquer condição menor de 21 (vinte e um) anos ou inválido ou que tenha deficiência intelectual ou mental ou deficiência grave, nos termos do regulamento;

▶ Inciso III com redação pela Lei 13.135/2015.
▶ Arts. 101 e 127 da Lei 13.146/2015.

IV – *Revogado pela Lei 9.032/-1995.*

V a VII – *Vetados.*

§ 1º A existência de dependente de qualquer das classes deste artigo exclui do direito às prestações os das classes seguintes.

§ 2º O enteado e o menor tutelado equiparam-se a filho mediante declaração do segurado e desde que comprovada a dependência econômica na forma estabelecida no Regulamento.

▶ § 2º com a redação pela Lei 9.528/1997.
▶ O STF, por maioria, julgou procedente as ADINs 4.878 e 5.083 para conferir a este parágrafo interpretação conforme a CF para contemplar, em seu âmbito de proteção, o "menor sob guarda" (*DOU 16.06.2021*).

§ 3º Considera-se companheira ou companheiro a pessoa que, sem ser casada, mantém união estável com o segurado ou com a segurada, de acordo com o § 3º do artigo 226 da Constituição Federal.

§ 4º A dependência econômica das pessoas indicadas no inciso I é presumida e a das demais deve ser comprovada.

▶ Art. 16 do Dec. 3.048/1999 (Regulamento da Previdência Social).

§ 5º As provas de união estável e de dependência econômica exigem início de prova aterial contemporânea dos fatos, produzido em período não superior a 24 (vinte e quatro) meses anterior à data do óbito ou do recolhimento à prisão do segurado, não admitida a prova exclusivamente testemunhal, exceto na ocorrência de motivo de força maior ou caso fortuito, conforme disposto no regulamento.

▶ § 5º acrescido pela Lei 13.846/2019.

§ 6º Na hipótese da alínea c do inciso V do § 2º do art. 77 desta Lei, a par da exigência do § 5º deste artigo, deverá ser apresentado, ainda, início de prova material que comprove união estável por pelo menos 2 (dois) anos antes do óbito do segurado.

▶ § 6º acrescido pela Lei 13.846/2019.

§ 7º Será excluído definitivamente da condição de dependente quem tiver sido condenado criminalmente por sentença com trânsito em julgado, como autor, coautor ou partícipe de homicídio doloso, ou de tentativa desse crime, cometido contra a pessoa do segurado, ressalvados os absolutamente incapazes e os inimputáveis.

▶ § 7º acrescido pela Lei 13.846/2019.

Seção III
Das Inscrições

Art. 17. O Regulamento disciplinará a forma de inscrição do segurado e dos dependentes.

§ 1º Incumbe ao dependente promover a sua inscrição quando do requerimento do benefício a que estiver habilitado.

▶ § 1º com redação pela Lei 10.403/2002.

§ 2º *Revogado pela Lei 13.135/2015.*

§ 3º *Revogado pela Lei 11.718/2008.*

§ 4º A inscrição do segurado especial será feita de forma a vinculá-lo ao respectivo grupo familiar e conterá, além das informações pessoais, a identificação da propriedade em que desenvolve a atividade e a que título, se nela reside ou o Município onde reside e, quando for o caso, a identificação e inscrição da pessoa responsável pelo grupo familiar.

▶ § 4º com redação pela Lei 12.873/2013.

§ 5º O segurado especial integrante de grupo familiar que não seja proprietário ou dono do imóvel rural em que desenvolve sua atividade deverá informar, no ato da inscrição, conforme o caso, o nome do parceiro ou meeiro outorgante, arrendador, comodante ou assemelhado.

▶ § 5º acrescido pela Lei 11.718/2008.

§ 6º *Revogado pela Lei 12.873/2013.*

§ 7º Não será admitida a inscrição post mortem de segurado contribuinte individual e de segurado facultativo.

▶ § 7º acrescido pela Lei 13.846/2019.

CAPÍTULO II
DAS PRESTAÇÕES EM GERAL

Seção I
Das espécies de prestações

Art. 18. O Regime Geral de Previdência Social compreende as seguintes prestações, devidas inclusive em razão de eventos decorrentes de acidente do trabalho, expressas em benefícios e serviços:

I – quanto ao segurado:

a) aposentadoria por invalidez;

b) aposentadoria por idade;

c) aposentadoria por tempo de contribuição;
> ▶ Alínea c com redação pela LC 123/2006.

d) aposentadoria especial;
> ▶ Súmula 726 do STF.

e) auxílio-doença;

f) salário-família;

g) salário-maternidade;

h) auxílio-acidente;

i) Revogada pela Lei 8.870/1994.

II – quanto ao dependente:

a) pensão por morte;

b) auxílio-reclusão;

III – quanto ao segurado e dependente:

a) Revogada pela Lei 9.032/1995.

b) serviço social;

c) reabilitação profissional.

§ 1º Somente poderão beneficiar-se do auxílio-acidente os segurados incluídos nos incisos I, II, VI e VII do art. 11 desta Lei.
> ▶ § 1º com redação pela LC 150/2015.

§ 2º O aposentado pelo Regime Geral de Previdência Social – RGPS que permanecer em atividade sujeita a este Regime, ou a ele retornar, não fará jus a prestação alguma da Previdência Social em decorrência do exercício dessa atividade, exceto ao salário-família e à reabilitação profissional, quando empregado.
> ▶ § 2º com redação pela Lei 9.528/1997.
> ▶ Art. 25 do Dec. 3.048/1999 (Regulamento da Previdência Social).

§ 2º-A. *Vetado.*

§ 3º O segurado contribuinte individual, que trabalhe por conta própria, sem relação de trabalho com empresa ou equiparado, e o segurado facultativo que contribuam na forma do § 2º do art. 21 da Lei 8.212, de 24 de julho de 1991, não farão jus à aposentadoria por tempo de contribuição.
> ▶ § 3º acrescido pela LC 123/2006.

§ 4º Os benefícios referidos no *caput* deste artigo poderão ser solicitados, pelos interessados, aos Oficiais de Registro Civil das Pessoas Naturais, que encaminharão, eletronicamente, requerimento e respectiva documentação comprobatória de seu direito para deliberação e análise do Instituto Nacional do Seguro Social (INSS), nos termos do regulamento.
> ▶ § 4º acrescido pela Lei 13.846/2019.

Art. 19. Acidente do trabalho é o que ocorre pelo exercício do trabalho a serviço de empresa ou de empregador doméstico ou pelo exercício do trabalho dos segurados referidos no inciso VII do art. 11 desta Lei, provocando lesão corporal ou perturbação funcional que cause a morte ou a perda ou redução, permanente ou temporária, da capacidade para o trabalho.
> ▶ *Caput* com redação pela LC 150/2015.

§ 1º A empresa é responsável pela adoção e uso das medidas coletivas e individuais de proteção e segurança da saúde do trabalhador.

§ 2º Constitui contravenção penal, punível com multa, deixar a empresa de cumprir as normas de segurança e higiene do trabalho.

§ 3º É dever da empresa prestar informações pormenorizadas sobre os riscos da operação a executar e do produto a manipular.

§ 4º O Ministério do Trabalho e da Previdência Social fiscalizará e os sindicatos e entidades representativas de classe acompanharão o fiel cumprimento do disposto nos parágrafos anteriores, conforme dispuser o Regulamento.

Art. 20. Consideram-se acidente do trabalho, nos termos do artigo anterior, as seguintes entidades mórbidas:

I – doença profissional, assim entendida a produzida ou desencadeada pelo exercício do trabalho peculiar a determinada atividade e constante da respectiva relação elaborada pelo Ministério do Trabalho e da Previdência Social;

II – doença do trabalho, assim entendida a adquirida ou desencadeada em função de condições especiais em que o trabalho é realizado e com ele se relacione diretamente, constante da relação mencionada no inciso I.

§ 1º Não são consideradas como doença do trabalho:

a) a doença degenerativa;

b) a inerente a grupo etário;

c) a que não produza incapacidade laborativa;

d) a doença endêmica adquirida por segurado habitante de região em que ela se desenvolva, salvo comprovação de que é resultante de exposição ou contato direto determinado pela natureza do trabalho.

§ 2º Em caso excepcional, constatando-se que a doença não incluída na relação prevista nos incisos I e II deste artigo resultou das condições especiais em que o trabalho é executado e com ele se relaciona diretamente, a Previdência Social deve considerá-la acidente do trabalho.

Art. 21. Equiparam-se também ao acidente do trabalho, para efeitos desta Lei:

I – o acidente ligado ao trabalho que, embora não tenha sido a causa única, haja contribuído diretamente para a morte do segurado, para redução ou perda da sua capacidade para o trabalho, ou produzido lesão que exija atenção médica para a sua recuperação;

II – o acidente sofrido pelo segurado no local e no horário do trabalho, em consequência de:

a) ato de agressão, sabotagem ou terrorismo praticado por terceiro ou companheiro de trabalho;

b) ofensa física intencional, inclusive de terceiro, por motivo de disputa relacionada ao trabalho;

c) ato de imprudência, de negligência ou de imperícia de terceiro ou de companheiro de trabalho;

d) ato de pessoa privada do uso da razão;

e) desabamento, inundação, incêndio e outros casos fortuitos ou decorrentes de força maior;

III – a doença proveniente de contaminação acidental do empregado no exercício de sua atividade;

IV – o acidente sofrido pelo segurado ainda que fora do local e horário de trabalho:

a) na execução de ordem ou na realização de serviço sob a autoridade da empresa;

b) na prestação espontânea de qualquer serviço à empresa para lhe evitar prejuízo ou proporcionar proveito;

c) em viagem a serviço da empresa, inclusive para estudo quando financiada por esta dentro de seus planos para melhor capacitação da mão de obra, independentemente do meio de locomoção utilizado, inclusive veículo de propriedade do segurado;

d) no percurso da residência para o local de trabalho ou deste para aquela, qualquer que seja o meio de locomoção, inclusive veículo de propriedade do segurado.

§ 1º Nos períodos destinados à refeição ou descanso, ou por ocasião da satisfação de outras necessidades fisiológicas, no local do trabalho ou durante este, o empregado é considerado no exercício do trabalho.

§ 2º Não é considerada agravação ou complicação de acidente de trabalho a lesão que, resultante de acidente de outra origem, se associe ou se superponha às consequências do anterior.

Art. 21-A. A perícia médica do Instituto Nacional do Seguro Social (INSS) considerará caracterizada a natureza acidentária da incapacidade quando constatar ocorrência de nexo técnico epidemiológico entre o trabalho e o agravo, decorrente da relação entre a atividade da empresa ou do empregado doméstico e a entidade mórbida motivadora da incapacidade elencada na Classificação Internacional de Doenças (CID), em conformidade com o que dispuser o regulamento.
> ▶ *Caput* com redação pela LC 150/2015.
> ▶ Art. 22, § 5º desta Lei.

§ 1º A perícia médica do INSS deixará de aplicar o disposto neste artigo quando demonstrada a inexistência do nexo de que trata o *caput* deste artigo.
> ▶ § 1º acrescido pela Lei 11.430/2006.

§ 2º A empresa ou o empregador doméstico poderão requerer a não aplicação do nexo técnico epidemiológico, de cuja decisão caberá recurso, com efeito suspensivo, da empresa, do empregador doméstico ou do segurado ao Conselho de Recursos da Previdência Social.
> ▶ § 2º com redação pela LC 150/2015.

Art. 22. A empresa ou o empregador doméstico deverão comunicar o acidente do trabalho à Previdência Social até o primeiro dia útil seguinte ao da ocorrência e, em caso de morte, de imediato, à autoridade competente, sob pena de multa variável entre o limite mínimo e o limite máximo do salário de contribuição, sucessivamente aumentada nas reincidências, aplicada e cobrada pela Previdência Social.
> ▶ *Caput* com redação pela LC 150/2015.

§ 1º Da comunicação a que se refere este artigo receberão cópia fiel o acidentado ou seus dependentes, bem como o sindicato a que corresponda a sua categoria.

§ 2º Na falta de comunicação por parte da empresa, podem formalizá-la o próprio acidentado, seus dependentes, a entidade sindical competente, o médico que o assistiu ou qualquer autoridade pública, não prevalecendo nestes casos o prazo previsto neste artigo.

§ 3º A comunicação a que se refere o § 2º não exime a empresa de responsabilidade pela falta do cumprimento do disposto neste artigo.

§ 4º Os sindicatos e entidades representativas de classe poderão acompanhar a cobrança, pela Previdência Social, das multas previstas neste artigo.

§ 5º A multa de que trata este artigo não se aplica na hipótese do *caput* do art. 21-A.
> ▶ § 5º acrescido pela Lei 11.430/2006.

Art. 23. Considera-se como dia do acidente, no caso de doença profissional ou do trabalho, a data do início da incapacidade laborativa para o exercício da atividade habitual, ou o dia da segregação compulsória, ou o dia em que for realizado o diagnóstico, valendo para este efeito o que ocorrer primeiro.
> ▶ Súmula 507 do STJ.

Seção II
Dos períodos de carência

Art. 24. Período de carência é o número mínimo de contribuições mensais indispensáveis para que o beneficiário faça jus ao benefício, consideradas a partir do transcurso do primeiro dia dos meses de suas competências.
> ▶ Art. 89, § 7º, da Lei 8.212/1991 (Lei Orgânica da Seguridade Social).
> ▶ Art. 26 do Dec. 3.048/1999 (Regulamento da Previdência Social).

Parágrafo único. *Revogado pela Lei 13.457/2017.*

Art. 25. A concessão das prestações pecuniárias do Regime Geral de Previdência Social depende dos seguintes períodos de carência, ressalvado o disposto no artigo 26:

I – auxílio-doença e aposentadoria por invalidez: 12 (doze) contribuições mensais;
> ▶ Art. 151 desta Lei.

II – aposentadoria por idade, aposentadoria por tempo de serviço e aposentadoria especial: 180 contribuições mensais.
> ▶ Inciso com redação pela Lei 8.870/1994.
> ▶ Art. 142 desta Lei.
> ▶ Súmula 726 do STF.

III – salário-maternidade para as seguradas de que tratam os incisos V e VII do *caput* do art. 11 e o art. 13 desta Lei: 10 (dez) contribuições mensais, respeitado o disposto no parágrafo único do art. 39 desta Lei; e
> ▶ Inciso III com redação pela Lei 13.846/2019.

IV – auxílio-reclusão: 24 (vinte e quatro) contribuições mensais.
> ▶ Inciso IV acrescido pela Lei 13.846/2019.

Parágrafo único. Em caso de parto antecipado, o período de carência a que se refere o inciso III será reduzido em número de contribuições equivalente ao número de meses em que o parto foi antecipado.
> ▶ Parágrafo único acrescido pela Lei 9.876/1999.
> ▶ Art. 29 do Dec. 3.048/1999 (Regulamento da Previdência Social).

Art. 26. Independe de carência a concessão das seguintes prestações:

I – pensão por morte, salário-família e auxílio-acidente;
> ▶ Inciso I com redação pela Lei 13.846/2019.
> ▶ Súmula 416 do STJ.

II – auxílio-doença e aposentadoria por invalidez nos casos de acidente de qualquer natureza ou causa e de doença profissional ou do trabalho, bem como nos casos de segurado que, após filiar-se ao RGPS, for acometido de alguma das doenças e afecções especificadas em lista elaborada pelos Ministérios da Saúde e da Previdência Social, atualizada a cada 3 (três) anos, de acordo com os critérios de estigma, deformação, mutilação, deficiência ou outro fator que lhe confira especificidade e gravidade que mereçam tratamento particularizado;
> ▶ Inciso II com redação pela Lei 13.135/2015.

III – os benefícios concedidos na forma do inciso I do artigo 39, aos segurados especiais referidos no inciso VII do artigo 11 desta Lei;

IV – serviço social;

V – reabilitação profissional;

VI – salário-maternidade para as seguradas empregada, trabalhadora avulsa e empregada doméstica.
> ▶ Inciso VI acrescido pela Lei 9.876/1999.
> ▶ Art. 30 do Dec. 3.048/1999 (Regulamento da Previdência Social).

Art. 27. Para cômputo do período de carência, serão consideradas as contribuições:
> ▶ *Caput* com redação pela LC 150/2015.

I – referentes ao período a partir da data de filiação ao Regime Geral de Previdência Social (RGPS), no caso dos segurados empregados, inclusive os domésticos, e dos trabalhadores avulsos;

▶ Inciso I com redação pela LC 150/2015.

II – realizadas a contar da data de efetivo pagamento da primeira contribuição sem atraso, não sendo consideradas para este fim as contribuições recolhidas com atraso referentes a competências anteriores, no caso dos segurados contribuinte individual, especial e facultativo, referidos, respectivamente, nos incisos V e VII do art. 11 e no art. 13.

▶ Inciso II com redação pela LC 150/2015.

Art. 27-A. Na hipótese de perda da qualidade de segurado, para fins da concessão dos benefícios de auxílio-doença, de aposentadoria por invalidez, de salário-maternidade e de auxílio-reclusão, o segurado deverá contar, a partir da data da nova filiação à Previdência Social, com metade dos períodos previstos nos incisos I, III e IV do *caput* do art. 25 desta Lei.

▶ Artigo com redação pela Lei 13.846/2019.

Seção III
Do cálculo do valor dos benefícios

Subseção I
Do salário de benefício

Art. 28. O valor do benefício de prestação continuada, inclusive o regido por norma especial e o decorrente de acidente do trabalho, exceto o salário-família e o salário-maternidade, será calculado com base no salário de benefício.

▶ *Caput* com redação pela Lei 9.032/1995.
▶ Art. 31 do Dec. 3.048/1999 (Regulamento da Previdência Social).
▶ Os valores do salário de benefício são atualizáveis por meio de Portaria do Ministério da Previdência Social – MPS.

§§ 1º a 4º *Revogados pela Lei 9.032/1995.*

Art. 28-A. *Vetado.*

▶ Artigo acrescido pela Lei 13.183/2015.

Art. 29. O salário de benefício consiste:

▶ *Caput* com redação pela Lei 9.876/1999.

I – para os benefícios de que tratam as alíneas *b* e *c* do inciso I do artigo 18, na média aritmética simples dos maiores salários de contribuição correspondentes a 80% (oitenta por cento) de todo o período contributivo, multiplicada pelo fator previdenciário;

▶ Inciso I acrescido pela Lei 9.876/1999.

II – para os benefícios de que tratam as alíneas *a, d, e* e *h* do inciso I do artigo 18, na média aritmética simples dos maiores salários de contribuição correspondentes a 80% (oitenta por cento) de todo o período contributivo.

▶ Inciso II acrescido pela Lei 9.876/1999.

§ 1º *Revogado pela Lei 9.876/1999.*

§ 2º O valor do salário de benefício não será inferior ao de um salário mínimo, nem superior ao do limite máximo do salário de contribuição na data de início do benefício.

▶ Os valores do salário de benefício e do salário de contribuição são atualizáveis por meio de Portaria do Ministério da Previdência Social – MPS.

§ 3º Serão considerados para cálculo do salário de benefício os ganhos habituais do segurado empregado, a qualquer título, sob forma de moeda corrente ou de utilidades, sobre os quais tenha incidido contribuições previdenciárias, exceto o décimo-terceiro salário (gratificação natalina).

▶ § 3º com redação pela Lei 8.870/1994.

§ 4º Não será considerado, para o cálculo do salário de benefício, o aumento dos salários de contribuição que exceder o limite legal, inclusive o voluntariamente concedido nos 36 (trinta e seis) meses imediatamente anteriores ao início do benefício, salvo se homologado pela Justiça do Trabalho, resultante de promoção regulada por normas gerais da empresa, admitida pela legislação do trabalho, de sentença normativa ou de reajustamento salarial obtido pela categoria respectiva.

§ 5º Se, no período básico de cálculo, o segurado tiver recebido benefícios por incapacidade, sua duração será contada, considerando-se como salário de contribuição, no período, o salário de benefício que serviu de base para o cálculo da renda mensal, reajustado nas mesmas épocas e bases dos benefícios em geral, não podendo ser inferior ao valor de 1 (um) salário mínimo.

▶ Súmula 557 do STJ.

§ 6º O salário de benefício do segurado especial consiste no valor equivalente ao salário mínimo, ressalvado o disposto no inciso II do art. 39 e nos §§ 3º e 4º do art. 48 desta Lei.

▶ *Caput* do § 6º com redação pela Lei 11.718/2008.

I e II – *Revogados pela Lei 11.718/2008.*

§ 7º O fator previdenciário será calculado considerando-se a idade, a expectativa de sobrevida e o tempo de

contribuição do segurado ao se aposentar, segundo a fórmula constante do Anexo desta Lei.

▶ § 7º acrescido pela Lei 9.876/1999.
▶ Mantivemos "Anexo desta Lei" conforme redação oficial. No lugar desta expressão leia-se "Anexo da Lei 9.876/1999".
▶ Quadro com redação pela Portaria 76/2008

Calcule o fator previdenciário

> https://uqr.to/1et2w

§ 8º Para efeito do disposto no § 7º, a expectativa de sobrevida do segurado na idade da aposentadoria será obtida a partir da tábua completa de mortalidade construída pela Fundação Instituto Brasileiro de Geografia e Estatística – IBGE, considerando-se a média nacional única para ambos os sexos.

▶ § 8º acrescido pela Lei 9.876/1999.
▶ Dec. 3.266/1999 (Competência e periodicidade fixadas para a publicação da tábua completa de mortalidade).

§ 9º Para efeito da aplicação do fator previdenciário, ao tempo de contribuição do segurado serão adicionados:

▶ § 9º acrescido pela Lei 9.876/1999.

I – 5 (cinco) anos, quando se tratar de mulher;

II – 5 (cinco) anos, quando se tratar de professor que comprove exclusivamente tempo de efetivo exercício das funções de magistério na educação infantil e no ensino fundamental e médio;

III – 10 (dez) anos, quando se tratar de professora que comprove exclusivamente tempo de efetivo exercício das funções de magistério na educação infantil e no ensino fundamental e médio.

▶ Art. 32 do Dec. 3.048/1999 (Regulamento da Previdência Social).

§ 10. O auxílio-doença não poderá exceder a média aritmética simples dos últimos 12 (doze) salários de contribuição, inclusive em caso de remuneração variável, ou, se não alcançado o número de 12 (doze), a média aritmética simples dos salários de contribuição existentes.

▶ § 10 acrescido pela Lei 13.135/2015.

§§ 11 a 13 *Vetados.*

▶ §§ 11 a 13 acrescidos pela Lei 13.135/2015.

Art. 29-A. O INSS utilizará as informações constantes no Cadastro Nacional de Informações Sociais – CNIS sobre os vínculos e as remunerações dos segurados, para fins de cálculo do salário de benefício, comprovação de filiação ao Regime Geral de Previdência Social, tempo de contribuição e relação de emprego.

▶ *Caput* com redação pela LC 120/2004.

§ 1º O INSS terá até 180 (cento e oitenta) dias, contados a partir da solicitação do pedido, para fornecer ao segurado as informações previstas no *caput* deste artigo.

▶ § 1º acrescido pela Lei 10.403/2002.

§ 2º O segurado poderá solicitar, a qualquer momento, a inclusão, exclusão ou retificação de informações constantes do CNIS, com a apresentação de documentos comprobatórios dos dados divergentes, conforme critérios definidos pelo INSS.

▶ § 2º com redação pela LC 128/2008.

§ 3º A aceitação de informações relativas a vínculos e remunerações inseridas extemporaneamente no CNIS, inclusive retificações de informações anteriormente inseridas, fica condicionada à comprovação dos dados ou das divergências apontadas, conforme critérios definidos em regulamento.

▶ § 3º acrescido pela LC 128/2008.

§ 4º Considera-se extemporânea a inserção de dados decorrentes de documento inicial ou de retificação de dados anteriormente informados, quando o documento ou a retificação, ou a informação retificadora, forem apresentados após os prazos estabelecidos em regulamento.

▶ § 4º acrescido pela LC 128/2008.

§ 5º Havendo dúvida sobre a regularidade do vínculo incluído no CNIS e inexistência de informações sobre remunerações e contribuições, o INSS exigirá a apresentação dos documentos que serviram de base à anotação, sob pena de exclusão do período.

▶ § 5º acrescido pela LC 128/2008.

Art. 29-B. Os salários de contribuição considerados no cálculo do valor do benefício serão corrigidos mês a mês de acordo com a variação integral do Índice Nacional de Preços ao Consumidor – INPC, calculado pela Fundação Instituto Brasileiro de Geografia e Estatística – IBGE.

▶ Artigo acrescido pela Lei 10.887/2004.

Art. 29-C. O segurado que preencher o requisito para a aposentadoria por tempo de contribuição poderá optar pela não incidência do fator previdenciário no

cálculo de sua aposentadoria, quando o total resultante da soma de sua idade e de seu tempo de contribuição, incluídas as frações, na data de requerimento da aposentadoria, for:

▶ *Caput* acrescido pela Lei 13.183/2015.

I – igual ou superior a noventa e cinco pontos, se homem, observando o tempo mínimo de contribuição de trinta e cinco anos; ou

▶ Inciso I acrescido pela Lei 13.183/2015.

II – igual ou superior a oitenta e cinco pontos, se mulher, observado o tempo mínimo de contribuição de trinta anos.

▶ Inciso II acrescido pela Lei 13.183/2015.

§ 1º Para os fins do disposto no *caput*, serão somadas as frações em meses completos de tempo de contribuição e idade.

▶ § 1º com redação pela Lei 13.183/2015.

§ 2º As somas de idade e de tempo de contribuição previstas no *caput* serão majoradas em um ponto em:

▶ § 2º acrescido pela Lei 13.183/2015.

I – 31 de dezembro de 2018;

▶ Inciso I acrescido pela Lei 13.183/2015.

II – 31 de dezembro de 2020;

▶ Inciso II acrescido pela Lei 13.183/2015.

III – 31 de dezembro de 2022;

▶ Inciso III acrescido pela Lei 13.183/2015.

IV – 31 de dezembro de 2024; e

▶ Inciso IV acrescido pela Lei 13.183/2015.

V – 31 de dezembro de 2026.

▶ Inciso V acrescido pela Lei 13.183/2015.

§ 3º Para efeito de aplicação do disposto no *caput* e no § 2º, o tempo mínimo de contribuição do professor e da professora que comprovarem exclusivamente tempo de efetivo exercício de magistério na educação infantil e no ensino fundamental e médio será de, respectivamente, trinta e vinte e cinco anos, e serão acrescidos cinco pontos à soma da idade com o tempo de contribuição.

▶ § 3º acrescido pela Lei 13.183/2015.

§ 4º Ao segurado que alcançar o requisito necessário ao exercício da opção de que trata o *caput* e deixar de requerer aposentadoria será assegurado o direito à opção com a aplicação da pontuação exigida na data do cumprimento do requisito nos termos deste artigo.

▶ § 4º acrescido pela Lei 13.183/2015.

§ 5º *Vetado.*

▶ § 5º acrescido pela Lei 13.183/2015.

Art. 29-D. *Vetado.*

Art. 30. *Revogado pela Lei 9.032/1995.*

Art. 31. O valor mensal do auxílio-acidente integra o salário de contribuição, para fins de cálculo do salário de benefício de qualquer aposentadoria, observado, no que couber, o disposto no artigo 29 e no artigo 86, § 5º.

▶ Artigo restabelecido e com redação nova pela Lei 9.528/1997.

Art. 32. O salário de benefício do segurado que contribuir em razão de atividades concomitantes será calculado com base na soma dos salários de contribuição das atividades exercidas na data do requerimento ou do óbito, ou no período básico de cálculo, observado o disposto no art. 29 desta Lei.

▶ *Caput* com redação pela Lei 13.846/2019.

I – *Revogado pela Lei 13.846/2019;*

II – *Revogado pela Lei 13.846/2019;*

a) *Revogado pela Lei 13.846/2019;*

b) *Revogado pela Lei 13.846/2019;*

III – *Revogado pela Lei 13.846/2019.*

§ 1º O disposto neste artigo não se aplica ao segurado que, em obediência ao limite máximo do salário de contribuição, contribuiu apenas por uma das atividades concomitantes.

▶ § 1º com redação pela Lei 13.846/2019.

§ 2º Não se aplica o disposto neste artigo ao segurado que tenha sofrido redução do salário de contribuição das atividades concomitantes em respeito ao limite máximo desse salário.

▶ § 2º com redação pela Lei 13.846/2019.
▶ Art. 34 do Dec. 3.048/1999 (Regulamento da Previdência Social).

Subseção II
Da renda mensal do benefício

Art. 33. A renda mensal do benefício de prestação continuada que substituir o salário de contribuição ou o rendimento do trabalho do segurado não terá valor inferior ao do salário mínimo, nem superior ao do limite máximo do salário de contribuição, ressalvado o disposto no artigo 45 desta Lei.

▶ Art. 35 do Dec. 3.048/1999 (Regulamento da Previdência Social).
▶ Os valores do salário de contribuição são atualizáveis por meio de Portaria do Ministério da Previdência Social – MPS.

Art. 34. No cálculo do valor da renda mensal do benefício, inclusive o decorrente de acidente do trabalho, serão computados:

▸ Caput com redação pela LC 150/2015.

I – para o segurado empregado, inclusive o doméstico, e o trabalhador avulso, os salários de contribuição referentes aos meses de contribuições devidas, ainda que não recolhidas pela empresa ou pelo empregador doméstico, sem prejuízo da respectiva cobrança e da aplicação das penalidades cabíveis, observado o disposto no § 5º do art. 29-A;

▸ Inciso I com redação pela LC 150/2015.

II – para o segurado empregado, inclusive o doméstico, o trabalhador avulso e o segurado especial, o valor mensal do auxílio-acidente, considerado como salário de contribuição para fins de concessão de qualquer aposentadoria, nos termos do art. 31;

▸ Inciso II com redação pela LC 150/2015.

III – para os demais segurados, os salários de contribuição referentes aos meses de contribuições efetivamente recolhidas.

▸ Primitivo inciso II renumerado pela Lei 9.528/1997.
▸ Art. 36 do Dec. 3.048/1999 (Regulamento da Previdência Social).

Art. 35. Ao segurado empregado, inclusive o doméstico, e ao trabalhador avulso que tenham cumprido todas as condições para a concessão do benefício pleiteado, mas não possam comprovar o valor de seus salários de contribuição no período básico de cálculo, será concedido o benefício de valor mínimo, devendo esta renda ser recalculada quando da apresentação de prova dos salários de contribuição.

▸ Artigo com redação pela LC 150/2015.

Art. 36. Para o segurado empregado doméstico que, tendo satisfeito as condições exigidas para a concessão do benefício requerido, não comprovar o efetivo recolhimento das contribuições devidas, será concedido o benefício de valor mínimo, devendo sua renda ser recalculada quando da apresentação da prova do recolhimento das contribuições.

▸ Art. 36, § 3º, do Dec. 3.048/1999 (Regulamento da Previdência Social).

Art. 37. A renda mensal inicial, recalculada de acordo com o disposto no art. 35, deve ser reajustada como a dos benefícios correspondentes com igual data de início e substituirá, a partir da data do requerimento de revisão do valor do benefício, a renda mensal que prevalecia até então.

▸ Artigo com redação pela LC 150/2015.

Art. 38. Sem prejuízo do disposto no art. 35, cabe à Previdência Social manter cadastro dos segurados com todos os informes necessários para o cálculo da renda mensal dos benefícios.

▸ Artigo com redação pela LC 150/2015.

Art. 38-A. O Ministério da Economia manterá sistema de cadastro dos segurados especiais no Cadastro Nacional de Informações Sociais (CNIS), observado o disposto nos §§ 4º e 5º do art. 17 desta Lei, e poderá firmar acordo de cooperação com o Ministério da Agricultura, Pecuária e Abastecimento e com outros órgãos da administração pública federal, estadual, distrital e municipal para a manutenção e a gestão do sistema de cadastro.

▸ Artigo acrescido pela Lei 13.846/2019.

§ 1º O sistema de que trata o *caput* deste artigo preverá a manutenção e a atualização anual do cadastro e conterá as informações necessárias à caracterização da condição de segurado especial, nos termos do disposto no regulamento.

▸ § 1º com redação pela Lei 13.846/2019.

§ 2º Da aplicação do disposto neste artigo não poderá resultar nenhum ônus para os segurados, sem prejuízo do disposto no § 4º deste artigo.

▸ § 2º com redação pela Lei 13.846/2019.

§ 3º O INSS, no ato de habilitação ou de concessão de benefício, deverá verificar a condição de segurado especial e, se for o caso, o pagamento da contribuição previdenciária, nos termos da Lei 8.212, de 24 de julho de 1991, considerando, dentre outros, o que consta do Cadastro Nacional de Informações Sociais (CNIS) de que trata o art. 29-A desta Lei.

▸ § 3º acrescido pela Lei 13.134/2015.

§ 4º A atualização anual de que trata o § 1º deste artigo será feita até 30 de junho do ano subsequente.

▸ § 4º acrescido pela Lei 13.846/2019.

§ 5º É vedada a atualização de que trata o § 1º deste artigo após o prazo de 5 (cinco) anos, contado da data estabelecida no § 4º deste artigo.

▸ § 5º acrescido pela Lei 13.846/2019.

§ 6º Decorrido o prazo de 5 (cinco) anos de que trata o § 5º deste artigo, o segurado especial só poderá computar o período de trabalho rural se efetuados em época própria a comercialização da produção e o recolhimento

da contribuição prevista no art. 25 da Lei 8.212, de 24 de julho de 1991.

▸ § 6º acrescido pela Lei 13.846/2019.

Art. 38-B. O INSS utilizará as informações constantes do cadastro de que trata o art. 38-A para fins de comprovação do exercício da atividade e da condição do segurado especial e do respectivo grupo familiar.

▸ Artigo acrescido pela Lei 13.134/2015.

§ 1º A partir de 1º de janeiro de 2023, a comprovação da condição e do exercício da atividade rural do segurado especial ocorrerá, exclusivamente, pelas informações constantes do cadastro a que se refere o art. 38-A desta Lei.

▸ Primitivo parágrafo único com redação pela Lei 13.846/2019.

§ 2º Para o período anterior a 1º de janeiro de 2023, o segurado especial comprovará o tempo de exercício da atividade rural por meio de autodeclaração ratificada por entidades públicas credenciadas, nos termos do art. 13 da Lei 12.188, de 11 de janeiro de 2010, e por outros órgãos públicos, na forma prevista no regulamento.

▸ § 2º acrescido pela Lei 13.846/2019.

§ 3º Até 1º de janeiro de 2025, o cadastro de que trata o art. 38-A poderá ser realizado, atualizado e corrigido, sem prejuízo do prazo de que trata o § 1º deste artigo e da regra permanente prevista nos §§ 4º e 5º do art. 38-A desta Lei.

▸ § 3º acrescido pela Lei 13.846/2019.

§ 4º Na hipótese de divergência de informações entre o cadastro e outras bases de dados, para fins de reconhecimento do direito ao benefício, o INSS poderá exigir a apresentação dos documentos referidos no art. 106 desta Lei.

▸ § 4º acrescido pela Lei 13.846/2019.

§ 5º O cadastro e os prazos de que tratam este artigo e o art. 38-A desta Lei deverão ser amplamente divulgados por todos os meios de comunicação cabíveis para que todos os cidadãos tenham acesso à informação sobre a existência do referido cadastro e a obrigatoriedade de registro.

▸ § 5º acrescido pela Lei 13.846/2019.

Art. 39. Para os segurados especiais, referidos no inciso VII do *caput* do art. 11 desta Lei, fica garantida a concessão:

▸ Caput com redação pela Lei 13.846/2019.

I – de aposentadoria por idade ou por invalidez, de auxílio-doença, de auxílio-reclusão ou de pensão, no valor de 1 (um) salário mínimo, e de auxílio-acidente, conforme disposto no art. 86 desta Lei, desde que comprovem o exercício de atividade rural, ainda que de forma descontínua, no período imediatamente anterior ao requerimento do benefício, igual ao número de meses correspondentes à carência do benefício requerido, observado o disposto nos arts. 38-A e 38-B desta Lei; ou

▸ Inciso I com redação pela Lei 13.846/2019.

II – dos benefícios especificados nesta Lei, observados os critérios e a forma de cálculo estabelecidos, desde que contribuam facultativamente para a Previdência Social, na forma estipulada no Plano de Custeio da Seguridade Social.

Parágrafo único. Para a segurada especial fica garantida a concessão do salário-maternidade no valor de um salário mínimo, desde que comprove o exercício de atividade rural, ainda que de forma descontínua, nos 12 (doze) meses imediatamente anteriores ao início do benefício.

▸ Parágrafo único acrescido pela Lei 8.861/1994.
▸ Art. 39 do Dec. 3.048/1999 (Regulamento da Previdência Social).

Art. 40. É devido abono anual ao segurado e ao dependente da Previdência Social que, durante o ano, recebeu auxílio-doença, auxílio-acidente ou aposentadoria, pensão por morte ou auxílio-reclusão.

Parágrafo único. O abono anual será calculado, no que couber, da mesma forma que a Gratificação de Natal dos trabalhadores, tendo por base o valor da renda mensal do benefício do mês de dezembro de cada ano.

Seção IV
Do reajustamento do valor dos benefícios

▸ Lei 12.254/2010 (Reajuste dos benefícios mantidos pela Previdência Social em 2010 e 2011).

Art. 41. *Revogado pela Lei 11.430/2006.*

Art. 41-A. O valor dos benefícios em manutenção será reajustado, anualmente, na mesma data do reajuste do salário mínimo, *pro rata*, de acordo com suas respectivas datas de início ou do último reajustamento, com base no Índice Nacional de Preços ao Consumidor – INPC, apurado pela Fundação Instituto Brasileiro de Geografia e Estatística – IBGE.

▸ Caput acrescido pela Lei 11.430/2006.
▸ Art. 3º, par. ún., da Lei 12.254/2010 (Reajuste dos benefícios mantidos pela Previdência Social em 2010).

§ 1º Nenhum benefício reajustado poderá exceder o limite máximo do salário de benefício na data do reajustamento, respeitados os direitos adquiridos.

▸ § 1º acrescido pela Lei 11.430/2006.

§ 2º Os benefícios com renda mensal superior a um salário mínimo serão pagos do primeiro ao quinto dia útil do mês subsequente ao de sua competência, observada a distribuição proporcional do número de beneficiários por dia de pagamento.

▸ § 2º com redação pela Lei 11.665/2008.

§ 3º Os benefícios com renda mensal no valor de até um salário mínimo serão pagos no período compreendido entre o quinto dia útil que anteceder o final do mês de sua competência e o 5º (quinto) dia útil do mês subsequente, observada a distribuição proporcional dos beneficiários por dia de pagamento.

▸ § 3º com redação pela Lei 11.665/2008.

§ 4º Para os efeitos dos §§ 2º e 3º deste artigo, considera-se dia útil aquele de expediente bancário com horário normal de atendimento.

▸ § 4º com redação pela Lei 11.665/2008.

§ 5º O primeiro pagamento do benefício será efetuado até 45 (quarenta e cinco) dias após a data da apresentação, pelo segurado, da documentação necessária a sua concessão.

▸ § 5º acrescido pela Lei 11.665/2008.

§ 6º Para os benefícios que tenham sido majorados devido à elevação do salário mínimo, o referido aumento deverá ser compensado no momento da aplicação do disposto no *caput* deste artigo, de acordo com normas a serem baixadas pelo Ministério da Previdência Social.

▸ § 6º acrescido pela Lei 11.665/2008.

Seção V
Dos benefícios

Subseção I
Da aposentadoria por invalidez

Art. 42. A aposentadoria por invalidez, uma vez cumprida, quando for o caso, a carência exigida, será devida ao segurado que, estando ou não em gozo de auxílio-doença, for considerado incapaz e insusceptível de reabilitação para o exercício de atividade que lhe garanta a subsistência, e ser-lhe-á paga enquanto permanecer nesta condição.

§ 1º A concessão de aposentadoria por invalidez dependerá da verificação da condição de incapacidade mediante exame médico-pericial a cargo da Previdência Social, podendo o segurado, às suas expensas, fazer-se acompanhar de médico de sua confiança.

▸ Arts. 1.767 e 1.774 a 1.783 do CC.

§ 1º-A. O exame médico-pericial previsto no § 1º deste artigo poderá ser realizado com o uso de tecnologia de telemedicina ou por análise documental conforme situações e requisitos definidos em regulamento.

▸ § 1º-A acrescido pela Lei 14.724/2023.

§ 2º A doença ou lesão de que o segurado já era portador ao filiar-se ao Regime Geral de Previdência Social não lhe conferirá direito à aposentadoria por invalidez, salvo quando a incapacidade sobrevier por motivo de progressão ou agravamento dessa doença ou lesão.

▸ Art. 43 do Dec. 3.048/1999 (Regulamento da Previdência Social).

Art. 43. A aposentadoria por invalidez será devida a partir do dia imediato ao da cessação do auxílio-doença, ressalvado o disposto nos §§ 1º, 2º e 3º deste artigo.

§ 1º Concluindo a perícia médica inicial pela existência de incapacidade total e definitiva para o trabalho, a aposentadoria por invalidez será devida:

▸ Caput do § 1º com redação pela Lei 9.032/1995.

a) ao segurado empregado, a contar do 16º (décimo sexto) dia do afastamento da atividade ou a partir da entrada do requerimento, se entre o afastamento e a entrada do requerimento decorrerem mais de 30 (trinta) dias;

▸ Alínea a com redação pela Lei 9.876/1999.

b) ao segurado empregado doméstico, trabalhador avulso, contribuinte individual, especial e facultativo, a contar da data do início da incapacidade ou da data da entrada do requerimento, se entre essas datas decorrerem mais de 30 (trinta) dias.

▸ Alínea b com redação pela Lei 9.876/1999.

§ 2º Durante os primeiros 15 (quinze) dias de afastamento da atividade por motivo de invalidez, caberá à empresa pagar ao segurado empregado o salário.

▸ § 2º com redação pela Lei 9.876/1999.

§ 3º *Revogado pela Lei 9.032/1995.*

§ 4º O segurado aposentado por invalidez poderá ser convocado a qualquer momento para avaliação das condições que ensejaram o afastamento ou a aposentadoria, concedida judicial ou administrativamente, observado o disposto no art. 101 desta Lei.

▸ § 4º acrescido pela Lei 13.457/2017.

§ 5º A pessoa com HIV/aids é dispensada da avaliação referida no § 4º deste artigo.

> ▸ § 5º acrescido pela Lei 13.847/2019, vetado pelo Presidente da República e rejeitado o veto pelo Congresso Nacional *(DOU 21.06.2019)*.

Art. 44.
A aposentadoria por invalidez, inclusive a decorrente de acidente do trabalho, consistirá numa renda mensal correspondente a 100% (cem por cento) do salário de benefício, observado o disposto na Seção III, especialmente no artigo 33 desta Lei.

> ▸ *Caput* com redação pela Lei 9.032/1995.

§ 1º *Revogado pela Lei 9.528/1997.*

§ 2º Quando o acidentado do trabalho estiver em gozo de auxílio-doença, o valor da aposentadoria por invalidez será igual ao auxílio-doença se este, por força de reajustamento, for superior ao previsto neste artigo.

Art. 45.
O valor da aposentadoria por invalidez do segurado que necessitar da assistência permanente de outra pessoa será acrescido de 25% (vinte e cinco por cento).

Parágrafo único. O acréscimo de que trata este artigo:

a) será devido ainda que o valor da aposentadoria atinja o limite máximo legal;

b) será recalculado quando o benefício que lhe deu origem for reajustado;

c) cessará com a morte do aposentado, não sendo incorporável ao valor da pensão.

> ▸ Art. 45 e Anexo I do Dec. 3.048/1999 (Regulamento da Previdência Social).

Art. 46.
O aposentado por invalidez que retornar voluntariamente à atividade terá sua aposentadoria automaticamente cancelada, a partir da data do retorno.

> ▸ Art. 48 do Dec. 3.048/1999 (Regulamento da Previdência Social).

Art. 47.
Verificada a recuperação da capacidade de trabalho do aposentado por invalidez, será observado o seguinte procedimento:

I – quando a recuperação ocorrer dentro de 5 (cinco) anos, contados da data do início da aposentadoria por invalidez ou do auxílio-doença que a antecedeu sem interrupção, o benefício cessará:

a) de imediato, para o segurado empregado que tiver direito a retornar à função que desempenhava na empresa quando se aposentou, na forma da legislação trabalhista, valendo como documento, para tal fim, o certificado de capacidade fornecido pela Previdência Social; ou

b) após tantos meses quantos forem os anos de duração do auxílio-doença ou da aposentadoria por invalidez, para os demais segurados;

II – quando a recuperação for parcial, ou ocorrer após o período do inciso I, ou ainda quando o segurado for declarado apto para o exercício de trabalho diverso do qual habitualmente exercia, a aposentadoria será mantida, sem prejuízo da volta à atividade:

a) no seu valor integral, durante 6 (seis) meses contados da data em que for verificada a recuperação da capacidade;

b) com redução de 50% (cinquenta por cento), no período seguinte de 6 (seis) meses;

c) com redução de 75% (setenta e cinco por cento), também por igual período de 6 (seis) meses, ao término do qual cessará definitivamente.

> ▸ Art. 49 do Dec. 3.048/1999 (Regulamento da Previdência Social).

Subseção II
Da aposentadoria por idade

Art. 48.
A aposentadoria por idade será devida ao segurado que, cumprida a carência exigida nesta Lei, completar sessenta e cinco anos de idade, se homem, e 60 (sessenta), se mulher.

> ▸ *Caput* com redação pela Lei 9.032/1995.
> ▸ Art. 201, I e § 7º, II, da CF.

§ 1º Os limites fixados no *caput* são reduzidos para 60 (sessenta) e 55 (cinquenta e cinco) anos no caso de trabalhadores rurais, respectivamente homens e mulheres, referidos na alínea *a* do inciso I, na alínea *g* do inciso V e nos incisos VI e VII do artigo 11.

> ▸ § 1º com redação pela Lei 9.876/1999.

§ 2º Para os efeitos do disposto no § 1º deste artigo, o trabalhador rural deve comprovar o efetivo exercício de atividade rural, ainda que de forma descontínua, no período imediatamente anterior ao requerimento do benefício, por tempo igual ao número de meses de contribuição correspondente à carência do benefício pretendido, computado o período a que se referem os incisos III a VIII do § 9º do art. 11 desta Lei.

> ▸ § 2º com redação pela Lei 11.718/2008.

§ 3º Os trabalhadores rurais de que trata o § 1º deste artigo que não atendam ao disposto no § 2º deste artigo, mas que satisfaçam essa condição, se forem considerados períodos de contribuição sob outras categorias

do segurado, farão jus ao benefício ao completarem 65 (sessenta e cinco) anos de idade, se homem, e 60 (sessenta) anos, se mulher.

> ▸ § 3º acrescido pela Lei 11.718/2008.

§ 4º Para efeito do § 3º deste artigo, o cálculo da renda mensal do benefício será apurado de acordo com o disposto no inciso II do *caput* do art. 29 desta Lei, considerando-se como salário de contribuição mensal do período como segurado especial o limite mínimo de salário de contribuição da Previdência Social.

> ▸ § 4º acrescido pela Lei 11.718/2008.
> ▸ Art. 51 do Dec. 3.048/1999 (Regulamento da Previdência Social).

Art. 49.
A aposentadoria por idade será devida:

I – ao segurado empregado, inclusive o doméstico, a partir:

a) da data do desligamento do emprego, quando requerida até essa data ou até 90 (noventa) dias depois dela; ou

b) da data do requerimento, quando não houver desligamento do emprego ou quando for requerida após o prazo previsto na alínea *a*;

II – para os demais segurados, da data da entrada do requerimento.

> ▸ Art. 52 do Dec. 3.048/1999 (Regulamento da Previdência Social).

Art. 50.
A aposentadoria por idade, observado o disposto na Seção III deste Capítulo, especialmente no artigo 33, consistirá numa renda mensal de 70% (setenta por cento) do salário de benefício, mais 1% (um por cento) deste, por grupo de 12 (doze) contribuições, não podendo ultrapassar 100% (cem por cento) do salário de benefício.

Art. 51.
A aposentadoria por idade pode ser requerida pela empresa, desde que o segurado empregado tenha cumprido o período de carência e completado 70 (setenta) anos de idade, se do sexo masculino, ou 65 (sessenta e cinco) anos, se do sexo feminino, sendo compulsória, caso em que será garantida ao empregado a indenização prevista na legislação trabalhista, considerada como data da rescisão do contrato de trabalho a imediatamente anterior à do início da aposentadoria.

Subseção III
Da aposentadoria por tempo de serviço

Art. 52.
A aposentadoria por tempo de serviço será devida, cumprida a carência exigida nesta Lei, ao segurado que completar 25 (vinte e cinco) anos de serviço, se do sexo feminino, ou 30 (trinta) anos, se do sexo masculino.

> ▸ Art. 201, § 7º, II, da CF.
> ▸ Súmula 272 do STJ.

Art. 53.
A aposentadoria por tempo de serviço, observado o disposto na *Seção III* deste Capítulo, especialmente no artigo 33, consistirá numa renda mensal de:

I – para a mulher: 70% (setenta por cento) do salário de benefício aos 25 (vinte e cinco) anos de serviço, mais 6% (seis por cento) deste, para cada novo ano completo de atividade, até o máximo de 100% (cem por cento) do salário de benefício aos trinta anos de serviço;

II – para o homem: 70% (setenta por cento) do salário de benefício aos 30 (trinta) anos de serviço, mais 6% (seis por cento) deste, para cada novo ano completo de atividade, até o máximo de 100% (cem por cento) do salário de benefício aos 35 (trinta e cinco) anos de serviço.

Art. 54.
A data do início da aposentadoria por tempo de serviço será fixada da mesma forma que a da aposentadoria por idade, conforme o disposto no artigo 49.

§§ 1º e 2º *Vetados.*

> ▸ §§ 1º e 2º acrescidos pela Lei 13.183/2015.

Art. 55.
O tempo de serviço será comprovado na forma estabelecida no Regulamento, compreendendo, além do correspondente às atividades de qualquer das categorias de segurados de que trata o artigo 11 desta Lei, mesmo que anterior à perda da qualidade de segurado:

I – o tempo de serviço militar, inclusive o voluntário, e o previsto no § 1º do artigo 143 da Constituição Federal, ainda que anterior à filiação ao Regime Geral de Previdência Social, desde que não tenha sido contado para inatividade remunerada nas Forças Armadas ou aposentadoria no serviço público;

II – o tempo intercalado em que esteve em gozo de auxílio-doença ou aposentadoria por invalidez;

III – o tempo de contribuição efetuada como segurado facultativo;

> ▸ Inciso III com redação pela Lei 9.032/1995.

IV – o tempo de serviço referente ao exercício de mandato eletivo federal, estadual ou municipal, desde que não tenha sido contado para efeito de aposentadoria por outro regime de previdência social;

> ▸ Inciso IV com redação pela Lei 9.506/1997.

V – o tempo de contribuição efetuado por segurado depois de ter deixado de exercer atividade remunerada que o enquadrava no artigo 11 desta Lei;

VI – o tempo de contribuição efetuado com base nos artigos 8º e 9º da Lei 8.162, de 8 de janeiro de 1991, pelo segurado definido no artigo 11, inciso I, alínea *g*, desta Lei, sendo tais contribuições computadas para efeito de carência.

> ▸ Inciso VI acrescido pela Lei 8.647/1993.

§ 1º A averbação de tempo de serviço durante o qual o exercício da atividade não determinava filiação obrigatória ao anterior Regime de Previdência Social Urbana só será admitida mediante o recolhimento das contribuições correspondentes, conforme dispuser o Regulamento, observado o disposto no § 2º.

§ 2º O tempo de serviço do segurado trabalhador rural, anterior à data de início de vigência desta Lei, será computado independentemente do recolhimento das contribuições a ele correspondentes, exceto para efeito de carência, conforme dispuser o Regulamento.

§ 3º A comprovação do tempo de serviço para os fins desta Lei, inclusive mediante justificativa administrativa ou judicial, observado o disposto no art. 108 desta Lei, só produzirá efeito quando for baseada em início de prova material contemporânea dos fatos, não admitida a prova exclusivamente testemunhal, exceto na ocorrência de motivo de força maior ou caso fortuito, na forma prevista no regulamento.

> ▸ § 3º com redação pela Lei 13.846/2019.

§ 4º Não será computado como tempo de contribuição, para efeito de concessão do benefício de que trata esta subseção, o período em que o segurado contribuinte individual ou facultativo tiver contribuído na forma do § 2º do art. 21 da Lei 8.212, de 24 de julho de 1991, salvo se tiver complementado as contribuições na forma do § 3º do mesmo artigo.

> ▸ § 4º acrescido pela LC 123/2006.

Art. 56.
O professor, após 30 (trinta) anos, e a professora, após 25 (vinte e cinco) anos de efetivo exercício em funções de magistério poderão aposentar-se por tempo de serviço, com renda mensal correspondente a 100% (cem por cento) do salário de benefício, observado o disposto na Seção III deste Capítulo.

> ▸ Súmula 726 do STF.

Subseção IV
Da aposentadoria especial

Art. 57.
A aposentadoria especial será devida, uma vez cumprida a carência exigida nesta Lei, ao segurado que tiver trabalhado sujeito a condições especiais que prejudiquem a saúde ou a integridade física, durante 15 (quinze), 20 (vinte) ou 25 (vinte e cinco) anos, conforme dispuser a lei.

> ▸ *Caput* com redação pela Lei 9.032/1995.
> ▸ Art. 201, § 1º, da CF.
> ▸ Súmula Vinculante 33 do STF.

§ 1º A aposentadoria especial, observado o disposto no artigo 33 desta Lei, consistirá numa renda mensal equivalente a 100% (cem por cento) do salário de benefício.

> ▸ § 1º com redação pela Lei 9.032/1995.

§ 2º A data de início do benefício será fixada da mesma forma que a da aposentadoria por idade, conforme o disposto no artigo 49.

§ 3º A concessão da aposentadoria especial dependerá de comprovação pelo segurado, perante o Instituto Nacional do Seguro Social – INSS, do tempo de trabalho permanente, não ocasional nem intermitente, em condições especiais que prejudiquem a saúde ou a integridade física, durante o período mínimo fixado.

> ▸ § 3º com redação pela Lei 9.032/1995.
> ▸ Súmula 85 do JEF.

§ 4º O segurado deverá comprovar, além do tempo de trabalho, exposição aos agentes nocivos químicos, físicos, biológicos ou associação de agentes prejudiciais à saúde ou à integridade física, pelo período equivalente ao exigido para a concessão do benefício.

> ▸ § 4º com redação pela Lei 9.032/1995.

§ 5º O tempo de trabalho exercido sob condições especiais que sejam ou venham a ser considerados prejudiciais à saúde ou à integridade física será somado, após a respectiva conversão ao tempo de trabalho exercido em atividade comum, segundo critérios estabelecidos pelo Ministério da Previdência e Assistência Social, para efeito de concessão de qualquer benefício.

> ▸ § 5º acrescido pela Lei 9.032/1995.

§ 6º O benefício previsto neste artigo será financiado com os recursos provenientes da contribuição de que trata o inciso II do artigo 22 da Lei 8.212, de 24 de julho de 1991, cujas alíquotas serão acrescidas de doze, nove ou seis pontos percentuais, conforme a atividade exercida pelo segurado a serviço da empresa permita a

concessão de aposentadoria especial após quinze, vinte ou vinte e cinco anos de contribuição, respectivamente.

▸ § 6º com redação pela Lei 9.732/1998.

§ 7º O acréscimo de que trata o parágrafo anterior incide exclusivamente sobre a remuneração do segurado sujeito às condições especiais referidas no *caput*.

▸ § 7º acrescido pela Lei 9.732/1998.

§ 8º Aplica-se o disposto no artigo 46 ao segurado aposentado nos termos deste artigo que continuar no exercício de atividade ou operação que o sujeite aos agentes nocivos constantes da relação referida no artigo 58 desta Lei.

▸ § 8º acrescido pela Lei 9.732/1998.
▸ Art. 64 do Dec. 3.048/1999 (Regulamento da Previdência Social).

Art. 58. A relação dos agentes nocivos químicos, físicos e biológicos ou associação de agentes prejudiciais à saúde ou à integridade física considerados para fins de concessão da aposentadoria especial de que trata o artigo anterior será definida pelo Poder Executivo.

▸ *Caput* com redação pela Lei 9.528/1997.
▸ Art. 201, § 1º, da CF.
▸ Art. 189 da CLT.
▸ Anexo IV do Dec. 3.048/1999 (Regulamento da Previdência Social).
▸ Súmula Vinculante 33 do STF.

§ 1º A comprovação da efetiva exposição do segurado aos agentes nocivos será feita mediante formulário, na forma estabelecida pelo Instituto Nacional do Seguro Social – INSS, emitido pela empresa ou seu preposto, com base em laudo técnico de condições ambientais do trabalho expedido por médico do trabalho ou engenheiro de segurança do trabalho nos termos da legislação trabalhista.

▸ § 1º com redação pela Lei 9.732/1998.

§ 2º Do laudo técnico referido no parágrafo anterior deverá constar informação sobre a existência de tecnologia de proteção coletiva ou individual que diminua a intensidade do agente agressivo a limites de tolerância e recomendação sobre a sua adoção pelo estabelecimento respectivo.

▸ § 2º com redação pela Lei 9.732/1998.

§ 3º A empresa que não mantiver laudo técnico atualizado com referência aos agentes nocivos existentes no ambiente de trabalho de seus trabalhadores ou que emitir documento de comprovação de efetiva exposição em desacordo com o respectivo laudo estará sujeita à penalidade prevista no artigo 133 desta Lei.

▸ § 3º acrescido pela Lei 9.528/1997.

§ 4º A empresa deverá elaborar e manter atualizado perfil profissiográfico abrangendo as atividades desenvolvidas pelo trabalhador e fornecer a este, quando da rescisão do contrato de trabalho, cópia autêntica desse documento.

▸ § 4º acrescido pela Lei 9.528/1997.
▸ Art. 68 do Dec. 3.048/1999 (Regulamento da Previdência Social).

Subseção V
Do auxílio-doença

Art. 59. O auxílio-doença será devido ao segurado que, havendo cumprido, quando for o caso, o período de carência exigido nesta Lei, ficar incapacitado para o seu trabalho ou para a sua atividade habitual por mais de 15 (quinze) dias consecutivos.

▸ Súmula 371 do TST.

§ 1º Não será devido o auxílio-doença ao segurado que se filiar ao Regime Geral de Previdência Social já portador da doença ou da lesão invocada como causa para o benefício, exceto quando a incapacidade sobrevier por motivo de progressão ou agravamento da doença ou da lesão.

▸ Primitivo parágrafo único com redação pela Lei 13.846/2019.
▸ Art. 71 do Dec. 3.048/1999 (Regulamento da Previdência Social)

§ 2º Não será devido o auxílio-doença para o segurado recluso em regime fechado.

▸ § 2º acrescido pela Lei 13.846/2019.

§ 3º O segurado em gozo de auxílio-doença na data do recolhimento à prisão terá o benefício suspenso.

▸ § 3º acrescido pela Lei 13.846/2019.

§ 4º A suspensão prevista no § 3º deste artigo será de até 60 (sessenta) dias, contados da data do recolhimento à prisão, cessado o benefício após o referido prazo.

▸ § 4º acrescido pela Lei 13.846/2019.

§ 5º Na hipótese de o segurado ser colocado em liberdade antes do prazo previsto no § 4º deste artigo, o benefício será restabelecido a partir da data da soltura.

▸ § 5º acrescido pela Lei 13.846/2019.

§ 6º Em caso de prisão declarada ilegal, o segurado terá direito à percepção do benefício por todo o período devido.

▸ § 6º acrescido pela Lei 13.846/2019.

§ 7º O disposto nos §§ 2º, 3º, 4º, 5º e 6º deste artigo aplica-se somente aos benefícios dos segurados que forem recolhidos à prisão a partir da data de publicação desta Lei.

▸ § 7º acrescido pela Lei 13.846/2019.

§ 8º O segurado recluso em cumprimento de pena em regime aberto ou semiaberto terá direito ao auxílio-doença.

▸ § 8º acrescido pela Lei 13.846/2019.

Art. 60. O auxílio-doença será devido ao segurado empregado a contar do 16º (décimo sexto) dia do afastamento da atividade, e, no caso dos demais segurados, a contar da data do início da incapacidade e enquanto ele permanecer incapaz.

▸ *Caput* com redação pela Lei 9.876/1999.

§ 1º Quando requerido por segurado afastado da atividade por mais de 30 (trinta) dias, o auxílio-doença será devido a contar da data da entrada do requerimento.

§ 2º *Revogado pela Lei 9.032/1995.*

§ 3º Durante os primeiros 15 (quinze) dias consecutivos ao do afastamento da atividade por motivo de doença, incumbirá à empresa pagar ao segurado empregado o seu salário integral.

▸ § 3º com redação pela Lei 9.876/1999.

§ 4º A empresa que dispuser de serviço médico, próprio ou em convênio, terá a seu cargo o exame médico e o abono das faltas correspondentes ao período referido no § 3º, somente devendo encaminhar o segurado à perícia médica da Previdência Social quando a incapacidade ultrapassar 15 (quinze) dias.

▸ Art. 72 do Dec. 3.048/1999 (Regulamento da Previdência Social).

§ 5º *Revogado pela Lei 13.846/2019.*

I – órgãos e entidades públicos ou que integrem o Sistema Único de Saúde (SUS);

▸ Inciso I acrescido pela Lei 13.135/2015.

II e III – *Vetados.*

▸ Incisos II e III acrescidos pela Lei 13.135/2015.

§ 6º O segurado que durante o gozo do auxílio-doença vier a exercer atividade que lhe garanta subsistência poderá ter o benefício cancelado a partir do retorno à atividade.

▸ § 6º acrescido pela Lei 13.135/2015.

§ 7º Na hipótese do § 6º, caso o segurado, durante o gozo do auxílio-doença, venha a exercer atividade diversa daquela que gerou o benefício, deverá ser verificada a incapacidade para cada uma das atividades exercidas.

▸ § 7º acrescido pela Lei 13.135/2015.

§ 8º Sempre que possível, o ato de concessão ou de reativação de auxílio-doença, judicial ou administrativo, deverá fixar o prazo estimado para a duração do benefício.

▸ § 8º acrescido pela Lei 13.457/2017.

§ 9º Na ausência de fixação do prazo de que trata o § 8º deste artigo, o benefício cessará após o prazo de cento e vinte dias, contado da data de concessão ou de reativação do auxílio-doença, exceto se o segurado requerer a sua prorrogação perante o INSS, na forma do regulamento, observado o disposto no art. 62 desta Lei.

▸ § 9º acrescido pela Lei 13.457/2017.

§ 10. O segurado em gozo de auxílio-doença, concedido judicial ou administrativamente, poderá ser convocado a qualquer momento para avaliação das condições que ensejaram sua concessão ou manutenção, observado o disposto no art. 101 desta Lei.

▸ § 10 acrescido pela Lei 13.457/2017.

§ 11. O segurado que não concordar com o resultado da avaliação da qual dispõe o § 10 deste artigo poderá apresentar, no prazo máximo de trinta dias, recurso da decisão da administração perante o Conselho de Recursos do Seguro Social, cuja análise médica pericial, se necessária, será feita pelo assistente técnico médico da junta de recursos do seguro social, perito diverso daquele que indeferiu o benefício.

▸ § 11 acrescido pela Lei 13.457/2017.

§ 11-A. O exame médico-pericial previsto nos §§ 4º e 10 deste artigo, a cargo da Previdência Social, poderá ser realizado com o uso de tecnologia de telemedicina ou por análise documental conforme situações e requisitos definidos em regulamento.

▸ § 11-A acrescido pela Lei 14.724/2023.

§ 14. Ato do Ministro de Estado do Trabalho e Previdência poderá estabelecer as condições de dispensa da emissão de parecer conclusivo da perícia médica federal quanto à incapacidade laboral, hipótese na qual a concessão do benefício de que trata este artigo será feita por meio de análise documental, incluídos atestados ou laudos médicos, realizada pelo INSS.

▸ § 14 acrescido pela Lei 14.441/2022. Mantivemos a numeração do parágrafo conforme a publicação oficial.

Art. 61. O auxílio-doença, inclusive o decorrente de acidente do trabalho, consistirá numa renda mensal correspondente a 91 % (noventa e um por cento) do

salário de benefício, observado o disposto na Seção III, especialmente no artigo 33 desta Lei.

▸ Artigo com redação pela Lei 9.032/1995.

Art. 62. O segurado em gozo de auxílio-doença, insuscetível de recuperação para sua atividade habitual, deverá submeter-se a processo de reabilitação profissional para o exercício de outra atividade.

▸ *Caput* com redação pela Lei 13.457/2017.

§ 1º O benefício a que se refere o *caput* deste artigo será mantido até que o segurado seja considerado reabilitado para o desempenho de atividade que lhe garanta a subsistência ou, quando considerado não recuperável, seja aposentado por invalidez.

▸ Primitivo parágrafo único renumerado pela Lei 13.846/2019.

§ 2º A alteração das atribuições e responsabilidades do segurado compatíveis com a limitação que tenha sofrido em sua capacidade física ou mental não configura desvio de cargo ou função do segurado reabilitado ou que estiver em processo de reabilitação profissional a cargo do INSS.

▸ § 2º acrescido pela Lei 13.846/2019.

Art. 63. O segurado empregado, inclusive o doméstico, em gozo de auxílio-doença será considerado pela empresa e pelo empregador doméstico como licenciado.

▸ *Caput* com redação pela LC 150/2015.

Parágrafo único. A empresa que garantir ao segurado licença remunerada ficará obrigada a pagar-lhe durante o período de auxílio-doença a eventual diferença entre o valor deste e a importância garantida pela licença.

Art. 64. *Revogado pela Lei 9.032/1995.*

Subseção VI
Do salário-família

▸ Art. 7º, XII, da CF.

Art. 65. O salário-família será devido, mensalmente, ao segurado empregado, inclusive o doméstico, e ao segurado trabalhador avulso, na proporção do respectivo número de filhos ou equiparados nos termos do § 2º do art. 16 desta Lei, observado o disposto no art. 66.

▸ *Caput* com redação pela LC 150/2015.

Parágrafo único. O aposentado por invalidez ou por idade e os demais aposentados com 65 (sessenta e cinco) anos ou mais de idade, se do sexo masculino, ou 60 (sessenta) anos ou mais, se do feminino, terão direito ao salário-família, pago juntamente com a aposentadoria.

▸ Art. 65 do Dec. 3.048/1999 (Regulamento da Previdência Social).

Art. 66. O valor da cota do salário-família por filho ou equiparado de qualquer condição, até 14 (quatorze) anos de idade ou inválido de qualquer idade é de:

▸ Os valores do salário-família são atualizáveis por meio de Portaria do Ministério da Previdência Social – MPS.

I – Cr$ 1.360,00 (um mil trezentos e sessenta cruzeiros), para o segurado com remuneração mensal não superior a Cr$ 51.000,00 (cinquenta e um mil cruzeiros);

▸ Valores atualizáveis por meio de Portaria do Ministério da Previdência Social – MPS.

II – Cr$ 170,00 (cento e setenta cruzeiros), para o segurado com remuneração mensal superior a Cr$ 51.000,00 (cinquenta e um mil cruzeiros).

▸ Art. 83 do Dec. 3.048/1999 (Regulamento da Previdência Social)
▸ Valores atualizáveis por meio de Portaria do Ministério da Previdência Social – MPS.

Art. 67. O pagamento do salário-família é condicionado à apresentação da certidão de nascimento do filho ou da documentação relativa ao equiparado ou ao inválido, e à apresentação anual de atestado de vacinação obrigatória e de comprovação de frequência à escola do filho ou equiparado, nos termos do regulamento.

▸ *Caput* com redação pela Lei 9.876/1999.
▸ Art. 84 do Dec. 3.048/1999 (Regulamento da Previdência Social).

Parágrafo único. O empregado doméstico deve apresentar apenas a certidão de nascimento referida no *caput*.

▸ Parágrafo único acrescido pela LC 150/2015.

Art. 68. As cotas do salário-família serão pagas pela empresa ou pelo empregador doméstico, mensalmente, junto com o salário, efetivando-se a compensação quando do recolhimento das contribuições, conforme dispuser o Regulamento.

▸ *Caput* com redação pela LC 150/2015.

§ 1º A empresa ou o empregador doméstico conservará durante 10 (dez) anos os comprovantes de pagamento e as cópias das certidões correspondentes, para fiscalização da Previdência Social.

▸ § 1º com redação pela LC 150/2015.

§ 2º Quando o pagamento do salário não for mensal, o salário-família será pago juntamente com o último pagamento relativo ao mês.

Art. 69. O salário-família devido ao trabalhador avulso poderá ser recebido pelo sindicato de classe

respectivo, que se incumbirá de elaborar as folhas correspondentes e de distribuí-lo.

Art. 70. A cota do salário-família não será incorporada, para qualquer efeito, ao salário ou ao benefício.
▸ Art. 92 do Dec. 3.048/1999 (Regulamento da Previdência Social).

Subseção VII
Do salário-maternidade

Art. 71. O salário-maternidade é devido à segurada da Previdência Social, durante 120 (cento e vinte) dias, com início no período entre 28 (vinte e oito) dias antes do parto e a data de ocorrência deste, observadas as situações e condições previstas na legislação no que concerne à proteção à maternidade.
▸ *Caput* com redação pela Lei 10.710/2003.
▸ O STF na ADIn 6.327, por unanimidade, conheceu a ação como arguição de descumprimento de preceito fundamental e, ratificando a medida cautelar, julgou procedente o pedido para "conferir interpretação conforme à Constituição ao artigo 392, § 1º, da CLT, assim como ao artigo 71 da Lei n. 8.213/91 e, por arrastamento, ao artigo 93 do seu Regulamento (Decreto n. 3.048/99), de modo a se considerar como termo inicial da licença-maternidade e do respectivo salário-maternidade a alta hospitalar do recém-nascido e/ou de sua mãe, o que ocorrer por último, prorrogando-se em todo o período o benefício, quando o período de internação exceder as duas semanas previstas no art. 392, § 2ª, da CLT, e no art. 93, § 3º, do Decreto n. 3.048/99". (DOU 26.10.2022)
▸ Art. 93 do Dec. 3.048/1999 (Regulamento da Previdência Social).
▸ Lei 11.770/2008 (Programa Empresa Cidadã).
▸ Art. 18, § 3º, da Lei 13.301/2016 (Adoção de medidas de vigilância em saúde em situação de iminente perigo à saúde pública pela presença do mosquito transmissor do vírus da dengue, *chikungunya* e *zika*).
▸ Art. 2º, § 2º, do Dec. 6.690/2008 (Programa de Prorrogação da Licença à Gestante e à Adotante e estabelece os critérios de adesão ao Programa).

Parágrafo único. *Revogado pela Lei 9.528/1997.*

Art. 71-A. Ao segurado ou segurada da Previdência Social que adotar ou obtiver guarda judicial para fins de adoção de criança é devido salário-maternidade pelo período de 120 (cento e vinte) dias.
▸ Artigo com redação pela Lei 12.873/2013.

§ 1º O salário-maternidade de que trata este artigo será pago diretamente pela Previdência Social.
▸ Primitivo parágrafo único renumerado pela Lei 12.873/2013.

§ 2º Ressalvado o pagamento do salário-maternidade à mãe biológica e o disposto no art. 71-B, não poderá ser concedido o benefício a mais de um segurado, decorrente do mesmo processo de adoção ou guarda, ainda que os cônjuges ou companheiros estejam submetidos a Regime Próprio de Previdência Social.
▸ § 2º acrescido pela Lei 12.873/2013.

Art. 71-B. No caso de falecimento da segurada ou segurado que fizer jus ao recebimento do salário-maternidade, o benefício será pago, por todo o período ou pelo tempo restante a que teria direito, ao cônjuge ou companheiro sobrevivente que tenha a qualidade de segurado, exceto no caso do falecimento do filho ou de seu abandono, observadas as normas aplicáveis ao salário-maternidade.
▸ Artigo acrescido pela Lei 12.873/2013.

§ 1º O pagamento do benefício de que trata o *caput* deverá ser requerido até o último dia do prazo previsto para o término do salário-maternidade originário.

§ 2º O benefício de que trata o *caput* será pago diretamente pela Previdência Social durante o período entre a data do óbito e o último dia do término do salário-maternidade originário e será calculado sobre:

I – a remuneração integral, para o empregado e trabalhador avulso;

II – o último salário de contribuição, para o empregado doméstico;

III – 1/12 (um doze avos) da soma dos 12 (doze) últimos salários de contribuição, apurados em um período não superior a 15 (quinze) meses, para o contribuinte individual, facultativo e desempregado; e

IV – o valor do salário mínimo, para o segurado especial.

§ 3º Aplica-se o disposto neste artigo ao segurado que adotar ou obtiver guarda judicial para fins de adoção.

Art. 71-C. A percepção do salário-maternidade, inclusive o previsto no art. 71-B, está condicionada ao afastamento do segurado do trabalho ou da atividade desempenhada, sob pena de suspensão do benefício.
▸ Artigo acrescido pela Lei 12.873/2013.

Art. 72. O salário-maternidade para a segurada empregada ou trabalhadora avulsa consistirá numa renda mensal igual a sua remuneração integral.
▸ *Caput* com redação pela Lei 9.876/1999.

§ 1º Cabe à empresa pagar o salário-maternidade devido à respectiva empregada gestante, efetivando-se a compensação, observado o disposto no art. 248 da Constituição Federal, quando do recolhimento das

contribuições incidentes sobre a folha de salários e demais rendimentos pagos ou creditados, a qualquer título, à pessoa física que lhe preste serviço.
▸ § 1º acrescido pela Lei 10.710/2003.

§ 2º A empresa deverá conservar durante 10 (dez) anos os comprovantes dos pagamentos e os atestados correspondentes para exame pela fiscalização da Previdência Social.
▸ § 2º acrescido pela Lei 10.710/2003.

§ 3º O salário-maternidade devido à trabalhadora avulsa e à empregada do microempreendedor individual de que trata o art. 18-A da Lei Complementar 123, de 14 de dezembro de 2006, será pago diretamente pela Previdência Social.
▸ § 3º com redação pela Lei 12.470/2011.

Art. 73. Assegurado o valor de um salário mínimo, o salário-maternidade para as demais seguradas, pago diretamente pela Previdência Social, consistirá:
▸ *Caput* com redação pela Lei 10.710/2003.

I – em um valor correspondente ao do seu último salário de contribuição, para a segurada empregada doméstica;
▸ Inciso I com redação pela Lei 9.876/1999.

II – em 1/12 (um doze avos) do valor sobre o qual incidiu sua última contribuição anual, para a segurada especial;
▸ Inciso II com redação pela Lei 9.876/1999.

III – em 1/12 (um doze avos) da soma dos doze últimos salários de contribuição, apurados em um período não superior a 15 (quinze) meses, para as demais seguradas.
▸ Inciso III com redação pela Lei 9.876/1999.

Parágrafo único. Aplica-se à segurada desempregada, desde que mantida a qualidade de segurada, na forma prevista no art. 15 desta Lei, o disposto no inciso III do *caput* deste artigo.
▸ Parágrafo único acrescido pela Lei 13.846/2019.

Subseção VIII
Da pensão por morte
▸ Súmulas 340 e 416 do STJ.

Art. 74. A pensão por morte será devida ao conjunto dos dependentes do segurado que falecer, aposentado ou não, a contar da data:
▸ Artigo com redação pela Lei 9.528/1997.
▸ Súmulas 340 e 416 do STJ.

I – do óbito, quando requerida em até 180 (cento e oitenta) dias após o óbito, para os filhos menores de 16 (dezesseis) anos, ou em até 90 (noventa) dias após o óbito, para os demais dependentes;
▸ Inciso I com redação pela Lei 13.846/2019.

II – do requerimento, quando requerida após o prazo previsto no inciso anterior;

III – da decisão judicial, no caso de morte presumida.
▸ Art. 105 do Dec. 3.048/1999 (Regulamento da Previdência Social).

§ 1º Perde o direito à pensão por morte o condenado criminalmente por sentença com trânsito em julgado, como autor, coautor ou partícipe de homicídio doloso, ou de tentativa desse crime, cometido contra a pessoa do segurado, ressalvados os absolutamente incapazes e os inimputáveis.
▸ § 1º com redação pela Lei 13.846/2019.

§ 2º Perde o direito à pensão por morte o cônjuge, o companheiro ou a companheira se comprovada, a qualquer tempo, simulação ou fraude no casamento ou na união estável, ou a formalização desses com o fim exclusivo de constituir benefício previdenciário, apuradas em processo judicial no qual será assegurado o direito ao contraditório e à ampla defesa.
▸ § 2º acrescido pela Lei 13.135/2015.

§ 3º Ajuizada a ação judicial para reconhecimento da condição de dependente, este poderá requerer a sua habilitação provisória ao benefício de pensão por morte, exclusivamente para fins de rateio dos valores com outros dependentes, vedado o pagamento da respectiva cota até o trânsito em julgado da respectiva ação, ressalvada a existência de decisão judicial em contrário.
▸ § 3º acrescido pela Lei 13.846/2019.

§ 4º Nas ações em que o INSS for parte, este poderá proceder de ofício à habilitação excepcional da referida pensão, apenas para efeitos de rateio, descontando-se os valores referentes a esta habilitação das demais cotas, vedado o pagamento da respectiva cota até o trânsito em julgado da respectiva ação, ressalvada a existência de decisão judicial em contrário.
▸ § 4º acrescido pela Lei 13.846/2019.

§ 5º Julgada improcedente a ação prevista no § 3º ou § 4º deste artigo, o valor retido será corrigido pelos índices legais de reajustamento e será pago de forma proporcional aos demais dependentes, de acordo com as suas cotas e o tempo de duração de seus benefícios.
▸ § 5º acrescido pela Lei 13.846/2019.

§ 6º Em qualquer caso, fica assegurada ao INSS a cobrança dos valores indevidamente pagos em função de nova habilitação.
▸ § 6º acrescido pela Lei 13.846/2019.

Art. 75. O valor mensal da pensão por morte será de 100% (cem por cento) do valor da aposentadoria que o segurado recebia ou daquela a que teria direito se estivesse aposentado por invalidez na data de seu falecimento, observado o disposto no artigo 33 desta lei.
▸ Artigo com redação pela Lei 9.528/1997.

Art. 76. A concessão da pensão por morte não será protelada pela falta de habilitação de outro possível dependente, e qualquer inscrição ou habilitação posterior que importe em exclusão ou inclusão de dependente só produzirá efeito a contar da data da inscrição ou habilitação.

§ 1º O cônjuge ausente não exclui do direito à pensão por morte o companheiro ou a companheira, que somente fará jus ao benefício a partir da data de sua habilitação e mediante prova de dependência econômica.

§ 2º O cônjuge divorciado ou separado judicialmente ou de fato que recebia pensão de alimentos concorrerá em igualdade de condições com os dependentes referidos no inciso I do artigo 16 desta Lei.
▸ Súmula 336 do STJ.

§ 3º Na hipótese de o segurado falecido estar, na data de seu falecimento, obrigado por determinação judicial a pagar alimentos temporários a ex-cônjuge, ex-companheiro ou ex-companheira, a pensão por morte será devida pelo prazo remanescente na data do óbito, caso não incida outra hipótese de cancelamento anterior do benefício.
▸ § 3º acrescido pela Lei 13.846/2019.

Art. 77. A pensão por morte, havendo mais de um pensionista, será rateada entre todos em parte iguais.
▸ *Caput* com a redação dada pela Lei 9.032/1995.
▸ Art. 113 do Dec. 3.048/1999 (Regulamento da Previdência Social).

§ 1º Reverterá em favor dos demais a parte daquele cujo direito à pensão cessar.
▸ § 1º com redação pela Lei 9.032/1995.

§ 2º O direito à percepção da cota individual cessará:
▸ § 2º com redação pela Lei 13.846/2019.

I – pela morte do pensionista;
▸ Inciso I acrescido pela Lei 9.032/1995.

II – para o filho, a pessoa a ele equiparada ou o irmão, de ambos os sexos, ao completar vinte e um anos de idade, salvo se for inválido ou tiver deficiência intelectual ou mental ou deficiência grave;
▸ Inciso II com redação pela Lei 13.183/2015.

III – para filho ou irmão inválido, pela cessação da invalidez;
▸ Inciso III com redação pela Lei 13.135/2015.

IV – para filho ou irmão que tenha deficiência intelectual ou mental ou deficiência grave, pelo afastamento da deficiência, nos termos do regulamento;
▸ Inciso IV acrescido pela Lei 13.135/2015, em vigor 2 (dois) anos após a data de sua publicação (DOU 18.06.2015), com relação às pessoas com deficiência intelectual e mental.

V – para cônjuge ou companheiro:
▸ Inciso V acrescido pela Lei 13.135/2015.

a) se inválido ou com deficiência, pela cessação da invalidez ou pelo afastamento da deficiência, respeitados os períodos mínimos decorrentes da aplicação das alíneas *b* e *c*;

b) em 4 (quatro) meses, se o óbito ocorrer sem que o segurado tenha vertido 18 (dezoito) contribuições mensais ou se o casamento ou a união estável tiverem sido iniciados em menos de 2 (dois) anos antes do óbito do segurado;

c) transcorridos os seguintes períodos, estabelecidos de acordo com a idade do beneficiário na data de óbito do segurado, se o óbito ocorrer depois de vertidas 18 (dezoito) contribuições mensais e pelo menos 2 (dois) anos após o início do casamento ou da união estável:

1) 3 (três) anos, com menos de 21 (vinte e um) anos de idade;

2) 6 (seis) anos, entre 21 (vinte e um) e 26 (vinte e seis) anos de idade;

3) 10 (dez) anos, entre 27 (vinte e sete) e 29 (vinte e nove) anos de idade;

4) 15 (quinze) anos, entre 30 (trinta) e 40 (quarenta) anos de idade;

5) 20 (vinte) anos, entre 41 (quarenta e um) e 43 (quarenta e três) anos de idade;

6) vitalícia, com 44 (quarenta e quatro) ou mais anos de idade.

VI – pela perda do direito, na forma do § 1º do art. 74 desta Lei.
▸ Inciso VI acrescido pela Lei 13.846/2019.

§ 2º-A. Serão aplicados, conforme o caso, a regra contida na alínea *a* ou os prazos previstos na alínea *c*, ambas do inciso V do § 2º, se o óbito do segurado decorrer de acidente de qualquer natureza ou de doença profissional ou do trabalho, independentemente do recolhimento de 18 (dezoito) contribuições mensais ou da comprovação de 2 (dois) anos de casamento ou de união estável.

> ▸ § 2º-A acrescido pela Lei 13.135/2015.

§ 2º-B. Após o transcurso de pelo menos 3 (três) anos e desde que nesse período se verifique o incremento mínimo de um ano inteiro na média nacional única, para ambos os sexos, correspondente à expectativa de sobrevida da população brasileira ao nascer, poderão ser fixadas, em números inteiros, novas idades para os fins previstos na alínea *c* do inciso V do § 2º, em ato do Ministro de Estado da Previdência Social, limitado o acréscimo na comparação com as idades anteriores ao referido incremento.

> ▸ § 2º-B acrescido pela Lei 13.135/2015.

§ 3º Com a extinção da parte do último pensionista a pensão extinguir-se-á.

> ▸ § 3º acrescido pela Lei 9.032/1995.
> ▸ Art. 114 do Dec. 3.048/1999 (Regulamento da Previdência Social).

§ 4º *Revogado pela Lei 13.135/2015.*

§ 5º O tempo de contribuição a Regime Próprio de Previdência Social (RPPS) será considerado na contagem das 18 (dezoito) contribuições mensais de que tratam as alíneas *b* e *c* do inciso V do § 2º.

> ▸ § 5º acrescido pela Lei 13.135/2015.

§ 6º O exercício de atividade remunerada, inclusive na condição de microempreendedor individual, não impede a concessão ou manutenção da parte individual da pensão do dependente com deficiência intelectual ou mental ou com deficiência grave.

> ▸ § 6º acrescido pela Lei 13.183/2015.

§ 7º Se houver fundados indícios de autoria, coautoria ou participação de dependente, ressalvados os absolutamente incapazes e os inimputáveis, em homicídio, ou em tentativa desse crime, cometido contra a pessoa do segurado, será possível a suspensão provisória de sua parte no benefício de pensão por morte, mediante processo administrativo próprio, respeitados a ampla defesa e o contraditório, e serão devidas, em caso de absolvição, todas as parcelas corrigidas desde a data da suspensão, bem como a reativação imediata do benefício.

> ▸ § 7º acrescido pela Lei 13.846/2019.

Art. 78. Por morte presumida do segurado, declarada pela autoridade judicial competente, depois de 6 (seis) meses de ausência, será concedida pensão provisória, na forma desta Subseção.

§ 1º Mediante prova do desaparecimento do segurado em consequência de acidente, desastre ou catástrofe, seus dependentes farão jus à pensão provisória independentemente da declaração e do prazo deste artigo.

§ 2º Verificado o reaparecimento do segurado, o pagamento da pensão cessará imediatamente, desobrigados os dependentes da reposição dos valores recebidos, salvo má-fé.

Art. 79. *Revogado pela Lei 13.846/2019.*

Subseção IX
Do auxílio-reclusão

Art. 80. O auxílio-reclusão, cumprida a carência prevista no inciso IV do *caput* do art. 25 desta Lei, será devido, nas condições da pensão por morte, aos dependentes do segurado de baixa renda recolhido à prisão em regime fechado que não receber remuneração da empresa nem estiver em gozo de auxílio-doença, de pensão por morte, de salário-maternidade, de aposentadoria ou do abono de permanência em serviço.

> ▸ *Caput* com redação pela Lei 13.846/2019.
> ▸ Os valores do auxílio-reclusão são atualizáveis por meio de Portaria do Ministério da Previdência Social – MPS.

§ 1º O requerimento do auxílio-reclusão será instruído com certidão judicial que ateste o recolhimento efetivo à prisão, e será obrigatória a apresentação de prova de permanência na condição de presidiário para a manutenção do benefício.

> ▸ Primitivo parágrafo único com redação pela Lei 13.846/2019.
> ▸ Arts. 116 a 119 do Dec. 3.048/1999 (Regulamento da Previdência Social).

§ 2º O INSS celebrará convênios com os órgãos públicos responsáveis pelo cadastro dos presos para obter informações sobre o recolhimento à prisão.

> ▸ § 2º acrescido pela Lei 13.846/2019.

§ 3º Para fins do disposto nesta Lei, considera-se segurado de baixa renda aquele que, no mês de competência de recolhimento à prisão, tenha renda, apurada nos termos do disposto no § 4º deste artigo, de valor igual ou inferior àquela prevista no art. 13 da Emenda Constitucional 20, de 15 de dezembro de 1998, corrigido pelos índices de reajuste aplicados aos benefícios do RGPS.

> ▸ § 3º acrescido pela Lei 13.846/2019.

§ 4º A aferição da renda mensal bruta para enquadramento do segurado como de baixa renda ocorrerá pela média dos salários de contribuição apurados no período de 12 (doze) meses anteriores ao mês de recolhimento à prisão.

> ▸ § 4º acrescido pela Lei 13.846/2019.

§ 5º A certidão judicial e a prova de permanência na condição de presidiário poderão ser substituídas pelo acesso à base de dados, por meio eletrônico, a ser disponibilizada pelo Conselho Nacional de Justiça, com dados cadastrais que assegurem a identificação plena do segurado e da sua condição de presidiário.

> ▸ § 5º acrescido pela Lei 13.846/2019.

§ 6º Se o segurado tiver recebido benefícios por incapacidade no período previsto no § 4º deste artigo, sua duração será contada considerando-se como salário de contribuição no período o salário de benefício que serviu de base para o cálculo da renda mensal, reajustado na mesma época e com a mesma base dos benefícios em geral, não podendo ser inferior ao valor de 1 (um) salário mínimo.

> ▸ § 6º acrescido pela Lei 13.846/2019.

§ 7º O exercício de atividade remunerada do segurado recluso, em cumprimento de pena em regime fechado, não acarreta a perda do direito ao recebimento do auxílio-reclusão para seus dependentes.

> ▸ § 7º acrescido pela Lei 13.846/2019.

§ 8º Em caso de morte de segurado recluso que tenha contribuído para a previdência social durante o período de reclusão, o valor da pensão por morte será calculado levando-se em consideração o tempo de contribuição adicional e os correspondentes salários de contribuição, facultada a opção pelo valor do auxílio-reclusão.

> ▸ § 8º acrescido pela Lei 13.846/2019.

Subseção X
Dos pecúlios

Art. 81. *Revogado pela Lei 9.129/1995.*

Arts. 82 e 83. *Revogados pela Lei 9.032/1995.*

Art. 84. *Revogado pela Lei 8.870/1994.*

Art. 85. *Revogado pela Lei 9.032/1995.*

Subseção XI
Do auxílio-acidente

Art. 86. O auxílio-acidente será concedido, como indenização, ao segurado quando, após a consolidação das lesões decorrentes de acidente de qualquer natureza, resultarem sequelas que impliquem redução da capacidade para o trabalho que habitualmente exercia.

> ▸ Artigo com redação pela Lei 9.528/1997.

§ 1º O auxílio-acidente mensal corresponderá a 50% (cinquenta por cento) do salário de benefício e será devido, observado o disposto no § 5º, até a véspera do início de qualquer aposentadoria ou até a data do óbito do segurado.

§ 2º O auxílio-acidente será devido a partir do dia seguinte ao da cessação do auxílio-doença, independentemente de qualquer remuneração ou rendimento auferido pelo acidentado, vedada sua acumulação com qualquer aposentadoria.

> ▸ Súmula 507 do STJ.

§ 3º O recebimento de salário ou concessão de outro benefício, exceto de aposentadoria, observado o disposto no § 5º, não prejudicará a continuidade do recebimento do auxílio-acidente.

> ▸ Súmula 507 do STJ.

§ 4º A perda da audição, em qualquer grau, somente proporcionará a concessão do auxílio-acidente, quando, além do reconhecimento de causalidade entre o trabalho e a doença, resultar, comprovadamente, na redução ou perda da capacidade para o trabalho que habitualmente exercia.

> ▸ Art. 104 do Dec. 3.048/1999 (Regulamento da Previdência Social).

§ 5º *Vetado.*

Subseção XII
Do abono de permanência em serviço

Art. 87. *Revogado pela Lei 8.870/1994.*

Seção VI
Dos serviços

Subseção I
Do serviço social

Art. 88. Compete ao Serviço Social esclarecer junto aos beneficiários seus direitos sociais e os meios de exercê-los e estabelecer conjuntamente com eles o processo de solução dos problemas que emergirem da sua relação com a Previdência Social, tanto no âmbito interno da instituição como na dinâmica da sociedade.

§ 1º Será dada prioridade aos segurados em benefícios por incapacidade temporária e atenção especial aos aposentados e pensionistas.

§ 2º Para assegurar o efetivo atendimento dos usuários serão utilizadas intervenção técnica, assistência de natureza jurídica, ajuda material, recursos sociais, intercâmbio com empresas e pesquisa social, inclusive mediante celebração de convênios, acordos ou contratos.

§ 3º O Serviço Social terá como diretriz a participação do beneficiário na implementação e no fortalecimento da política previdenciária, em articulação com as associações e entidades de classe.

§ 4º O Serviço Social, considerando a universalização da Previdência Social, prestará assessoramento técnico aos Estados e Municípios na elaboração e implantação de suas propostas de trabalho.

Subseção II
Da habilitação e da reabilitação profissional

> ▸ Arts. 136 a 141 do Dec. 3.048/1999 (Regulamento da Previdência Social).

Art. 89. A habilitação e a reabilitação profissional e social deverão proporcionar ao beneficiário incapacitado parcial ou totalmente para o trabalho, e às pessoas portadoras de deficiência, os meios para a (re)educação e de (re)adaptação profissional e social indicados para participar do mercado de trabalho e do contexto em que vive.

Parágrafo único. A reabilitação profissional compreende:

a) o fornecimento de aparelho de prótese, órtese e instrumentos de auxílio para locomoção quando a perda ou redução da capacidade funcional puder ser atenuada por seu uso e dos equipamentos necessários à habilitação e reabilitação social e profissional;

b) a reparação ou a substituição dos aparelhos mencionados no inciso anterior, desgastados pelo uso normal ou por ocorrência estranha à vontade do beneficiário;

c) o transporte do acidentado do trabalho, quando necessário.

Art. 90. A prestação de que trata o artigo anterior é devida em caráter obrigatório aos segurados, inclusive aposentados e, na medida das possibilidades do órgão da Previdência Social, aos seus dependentes.

Art. 91. Será concedido, no caso de habilitação e reabilitação profissional, auxílio para tratamento ou exame fora do domicílio do beneficiário, conforme dispuser o Regulamento.

Art. 92. Concluído o processo de habilitação ou reabilitação social e profissional, a Previdência Social emitirá certificado individual, indicando as atividades que poderão ser exercidas pelo beneficiário, nada impedindo que este exerça outra atividade para a qual se capacitar.

Art. 93. A empresa com cem ou mais empregados está obrigada a preencher de dois por cento a 5% (cinco por cento) dos seus cargos com beneficiários reabilitados ou pessoas portadoras de deficiência, habilitadas, na seguinte proporção:

> ▸ A Portaria 1.199/2003 do MTE trata da imposição das multas administrativas previstas neste dispositivo.

I – até 200 empregados .. 2%;

II – de 201 a 500 3%;

III – de 501 a 1.000 4%;

IV – de 1.001 em diante 5%.

V – *Vetado.*

§ 1º A dispensa de pessoa com deficiência ou de beneficiário reabilitado da Previdência Social ao final de contrato por prazo determinado de mais de 90 (noventa) dias e a dispensa imotivada em contrato por prazo indeterminado somente poderão ocorrer após

a contratação de outro trabalhador com deficiência ou beneficiário reabilitado da Previdência Social.

> § 1º com redação pela Lei 13.146/2015.

§ 2º Ao Ministério do Trabalho e Emprego incumbe estabelecer a sistemática de fiscalização, bem como gerar dados e estatísticas sobre o total de empregados e as vagas preenchidas por pessoas com deficiência e por beneficiários reabilitados da Previdência Social, fornecendo-os, quando solicitados, aos sindicatos, às entidades representativas dos empregados ou aos cidadãos interessados.

> § 2º com redação pela Lei 13.146/2015.

§ 3º Para a reserva de cargos será considerada somente a contratação direta de pessoa com deficiência, excluído o aprendiz com deficiência de que trata a Consolidação das Leis do Trabalho (CLT), aprovada pelo Decreto-Lei 5.452, de 1º de maio de 1943.

> § 3º com redação pela Lei 13.146/2015.

§ 4º *Vetado.*

Seção VII
Da contagem recíproca de tempo de serviço

Art. 94. Para efeito dos benefícios previstos no Regime Geral de Previdência Social ou no serviço público é assegurada a contagem recíproca do tempo de contribuição na atividade privada, rural e urbana, e do tempo de contribuição ou de serviço na administração pública, hipótese em que os diferentes sistemas de previdência social se compensarão financeiramente.

> *Caput* com redação pela Lei 9.711/1998.
> Arts. 21, §§ 3º e 4º, desta Lei.

§ 1º A compensação financeira será feita ao sistema a que o interessado estiver vinculado ao requerer o benefício pelos demais sistemas, em relação aos respectivos tempos de contribuição ou de serviço, conforme dispuser o Regulamento.

> Primitivo parágrafo único renumerado pela LC 123/2006.
> Art. 125 do Dec. 3.048/1999 (Regulamento da Previdência Social).

§ 2º Não será computado como tempo de contribuição, para efeito dos benefícios previstos em regimes próprios de previdência social, o período em que o segurado contribuinte individual ou facultativo tiver contribuído na forma do § 2º do art. 21 da Lei 8.212, de 24 de julho de 1991, salvo se complementadas as contribuições na forma do § 3º do mesmo artigo.

> § 2º acrescido pela LC 123/2006.

Art. 95. Observada a carência de 36 (trinta e seis) contribuições mensais, o segurado poderá contar, para fins de obtenção dos benefícios do Regime Geral de Previdência Social, o tempo de serviço prestado à administração pública federal direta, autárquica e fundacional.

> Artigo com eficácia interrompida pela MP 2.187-13/2001.

Parágrafo único. Poderá ser contado o tempo de serviço prestado à administração pública direta, autárquica e fundacional dos Estados, do Distrito Federal e dos Municípios, desde que estes assegurem aos seus servidores a contagem de tempo de serviço em atividade vinculada ao Regime Geral de Previdência Social.

Art. 96. O tempo de contribuição ou de serviço de que trata esta Seção será contado de acordo com a legislação pertinente, observadas as normas seguintes:

I – não será admitida a contagem em dobro ou em outras condições especiais;

II – é vedada a contagem de tempo de serviço público com o de atividade privada, quando concomitantes;

III – não será contado por um sistema o tempo de serviço utilizado para concessão de aposentadoria pelo outro;

IV – o tempo de serviço anterior ou posterior à obrigatoriedade de filiação à Previdência Social só será contado mediante indenização da contribuição correspondente ao período respectivo, com acréscimo de juros moratórios de 0.5% (zero vírgula cinco por cento) ao mês, capitalizados anualmente, e multa de 10% (dez por cento);

> Inciso IV com redação pela MP 2.187-13/2001.
> Art. 127 do Dec. 3.048/1999 (Regulamento da Previdência Social).

V – é vedada a emissão de Certidão de Tempo de Contribuição (CTC) com o registro exclusivo de tempo de serviço, sem a comprovação de contribuição efetiva, exceto para o segurado empregado, empregado doméstico, trabalhador avulso e, a partir de 1º de abril de 2003, para o contribuinte individual que presta serviço a empresa obrigada a arrecadar a contribuição a seu cargo, observado o disposto no § 5º do art. 4º da Lei 10.666, de 8 de maio de 2003;

> Inciso V com redação pela Lei 13.846/2019.

VI – a CTC somente poderá ser emitida por regime próprio de previdência social para ex-servidor;

> Inciso VI acrescido pela Lei 13.846/2019.

VII – é vedada a contagem recíproca de tempo de contribuição do RGPS por regime próprio de previdência social sem a emissão da CTC correspondente, ainda que o tempo de contribuição referente ao RGPS tenha sido prestado pelo servidor público ao próprio ente instituidor;

> Inciso VII acrescido pela Lei 13.846/2019.

VIII – é vedada a desaverbação de tempo em regime próprio de previdência social quando o tempo averbado tiver gerado a concessão de vantagens remuneratórias ao servidor público em atividade; e

> Inciso VIII acrescido pela Lei 13.846/2019.

IX – para fins de elegibilidade às aposentadorias especiais referidas no § 4º do art. 40 e no § 1º do art. 201 da Constituição Federal, os períodos reconhecidos pelo regime previdenciário de origem como de tempo especial, sem conversão em tempo comum, deverão estar incluídos nos períodos de contribuição compreendidos na CTC e discriminados de data a data.

> Inciso IX acrescido pela Lei 13.846/2019.

Parágrafo único. O disposto no inciso V do *caput* deste artigo não se aplica ao tempo de serviço anterior à edição da Emenda Constitucional 20, de 15 de dezembro de 1998, que tenha sido equiparado por lei a tempo de contribuição.

> Parágrafo único acrescido pela Lei 13.846/2019.

Art. 97. A aposentadoria por tempo de serviço, com contagem de tempo na forma desta Seção, será concedida ao segurado do sexo feminino a partir de 25 (vinte e cinco) anos completos de serviço, e, ao segurado do sexo masculino, a partir de trinta anos completos de serviço, ressalvadas as hipóteses de redução previstas em lei.

Art. 98. Quando a soma dos tempos de serviço ultrapassar 30 (trinta anos), se do sexo feminino, e 35 (trinta e cinco) anos, se do sexo masculino, o excesso não será considerado para qualquer efeito.

Art. 99. O benefício resultante de contagem de tempo de serviço na forma desta Seção será concedido e pago pelo sistema a que o interessado estiver vinculado ao requerê-lo, e calculado na forma da respectiva legislação.

Seção VIII
Das disposições diversas relativas às prestações

Art. 100. *Vetado.*

Art. 101. O segurado em gozo de auxílio por incapacidade temporária, auxílio-acidente ou aposentadoria por incapacidade permanente e o pensionista inválido, cujos benefícios tenham sido concedidos judicial ou administrativamente, estão obrigados, sob pena de suspensão do benefício, a submeter-se a:

> *Caput* com redação pela Lei 14.441/2022.

I – exame médico a cargo da Previdência Social para avaliação das condições que ensejaram sua concessão ou manutenção;

II – processo de reabilitação profissional prescrito e custeado pela Previdência Social; e

III – tratamento oferecido gratuitamente, exceto o cirúrgico e a transfusão de sangue, que são facultativos.

> Incisos I a III acrescidos pela Lei 14.441/2022.

§ 1º O aposentado por invalidez e o pensionista inválido que não tenham retornado à atividade estarão isentos do exame de que trata o *caput* deste artigo:

> § 1º com redação pela Lei 13.457/2017.

I – após completarem cinquenta e cinco anos ou mais de idade e quando decorridos quinze anos da data da concessão da aposentadoria por invalidez ou do auxílio-doença que o precedeu; ou

II – após completarem sessenta anos de idade.

§ 2º A isenção de que trata o § 1º não se aplica quando o exame tem as seguintes finalidades:

> § 2º acrescido pela Lei 13.063/2014.

I – verificar a necessidade de assistência permanente de outra pessoa para a concessão do acréscimo de 25% (vinte e cinco por cento) sobre o valor do benefício, conforme dispõe o art. 45;

II – verificar a recuperação da capacidade de trabalho, mediante solicitação do aposentado ou pensionista que se julgar apto;

III – subsidiar autoridade judiciária na concessão de curatela, conforme dispõe o art. 110.

§ 3º (*Vetado*).

§ 4º A perícia de que trata este artigo terá acesso aos prontuários médicos do municiado no Sistema Único de Saúde (SUS), desde que haja a prévia anuência do municiado e seja garantido o sigilo sobre os dados dele.

> § 4º acrescido pela Lei 13.457/2017

§ 5º É assegurado o atendimento domiciliar e hospitalar pela perícia médica e social do INSS ao segurado com dificuldades de locomoção, quando seu deslocamento, em razão de sua limitação funcional e de condições de acessibilidade, imponha-lhe ônus desproporcional e indevido, nos termos do regulamento.

> § 5º acrescido pela Lei 13.457/2017

§ 6º As avaliações e os exames médico-periciais de que trata o inciso I do *caput*, inclusive na hipótese de que trata o § 5º deste artigo, poderão ser realizados com o uso de tecnologia de telemedicina ou por análise documental conforme situações e requisitos definidos em regulamento, observado o disposto nos §§ 11-A e 14 do art. 60 desta Lei e no § 12 do art. 30 da Lei nº 11.907, de 2 de fevereiro de 2009.

§ 7º *Revogado pela Lei 14.724/2023.*

§ 8º Em caso de cancelamento de agendamento para perícia presencial, o horário vago poderá ser preenchido por perícia com o uso de tecnologia de telemedicina, antecipando atendimento previsto para data futura, obedecida a ordem da fila.

§ 9º No caso da antecipação de atendimento prevista no § 8º deste artigo, observar-se-á a disponibilidade do municiado para se submeter à perícia remota no horário tornado disponível.

> §§ 6º a 9º acrescidos pela Lei 14.724/2023.

Art. 102. A perda da qualidade de segurado importa em caducidade dos direitos inerentes a essa qualidade.

> *Caput* com redação pela Lei 9.528/1997.
> Art. 3º da Lei 10.666/2003 (Concessão da aposentadoria especial ao cooperado de Cooperativa de Trabalho ou de Produção).

§ 1º A perda da qualidade de segurado não prejudica o direito à aposentadoria para cuja concessão tenham sido preenchidos todos os requisitos, segundo a legislação em vigor à época em que estes requisitos foram atendidos.

> § 1º com redação pela Lei 9.528/1997.

§ 2º Não será concedida pensão por morte aos dependentes do segurado que falecer após a perda desta qualidade, nos termos do artigo 15 desta Lei, salvo se preenchidos os requisitos para obtenção da aposentadoria na forma do parágrafo anterior.

> § 2º acrescido pela Lei 9.528/1997.
> Súmula 416 do STJ.

Art. 103. O prazo de decadência do direito ou da ação do segurado ou beneficiário para a revisão do ato de concessão, indeferimento, cancelamento ou cessação de benefício e do ato de deferimento, indeferimento ou não concessão de revisão de benefício é de 10 (dez) anos, contado:

> *Caput* com redação pela Lei 13.846/2019.
> O STF, por maioria, julgou parcialmente procedente a ADIN 6.096 para declarar a inconstitucionalidade da redação deste artigo dada pela Lei 13.846/2019. A redação anterior dispunha: "Art. 103. É de dez anos o prazo de decadência de todo e qualquer direito ou ação do segurado ou beneficiário para a revisão do ato de concessão de benefício, a contar do dia primeiro do mês seguinte ao do recebimento da primeira prestação ou, quando for o caso, do dia em que tomar conhecimento da decisão indeferitória definitiva no âmbito administrativo."
> Súmula 81 do JEF.

I – do dia primeiro do mês subsequente ao do recebimento da primeira prestação ou da data em que a prestação deveria ter sido paga com o valor revisto; ou

> Inciso I acrescido pela Lei 13.846/2019.

II – do dia em que o segurado tomar conhecimento da decisão de indeferimento, cancelamento ou cessação do seu pedido de benefício ou da decisão de deferimento ou indeferimento de revisão de benefício, no âmbito administrativo.

> Inciso II acrescido pela Lei 13.846/2019.

Parágrafo único. Prescreve em 5 (cinco) anos, a contar da data em que deveriam ter sido pagas, toda e qualquer ação para haver prestações vencidas ou quaisquer restituições ou diferenças devidas pela Previdência Social, salvo o direito dos menores, incapazes e ausentes, na forma do Código Civil.

> Parágrafo único acrescido pela Lei 9.528/1997.
> Súmulas 291 e 427 do STJ.

Art. 103-A. O direito da Previdência Social de anular os atos administrativos de que decorram efeitos favoráveis para os seus beneficiários decai em 10 (dez) anos, contados da data em que foram praticados, salvo comprovada má-fé.

> Artigo acrescido pela Lei 10.839/2004.

§ 1º No caso de efeitos patrimoniais contínuos, o prazo decadencial contar-se-á da percepção do primeiro pagamento.

§ 2º Considera-se exercício do direito de anular qualquer medida de autoridade administrativa que importe impugnação à validade do ato.

Art. 104. As ações referentes à prestação por acidente do trabalho prescrevem em cinco anos, observado o disposto no artigo 103 desta Lei, contados da data:

I – do acidente, quando dele resultar a morte ou a incapacidade temporária, verificada esta em perícia médica a cargo da Previdência Social; ou

II – em que for reconhecida pela Previdência Social, a incapacidade permanente ou o agravamento das sequelas do acidente.

Art. 105. A apresentação de documentação incompleta não constitui motivo para recusa do requerimento de benefício.

Art. 106. A comprovação do exercício de atividade rural será feita, complementarmente à autodeclaração de que trata o § 2º e ao cadastro de que trata o § 1º, ambos do art. 38-B desta Lei, por meio de, entre outros:
▶ *Caput com redação pela Lei 13.846/2019.*
▶ Súmula 577 do STJ.

I – contrato individual de trabalho ou Carteira de Trabalho e Previdência Social;

II – contrato de arrendamento, parceria ou comodato rural;

III – *Revogado pela Lei 13.846/2019;*

IV – Declaração de Aptidão ao Programa Nacional de Fortalecimento da Agricultura Familiar, de que trata o inciso II do *caput* do art. 2º da Lei 12.188, de 11 de janeiro de 2010, ou por documento que a substitua;
▶ Inciso IV com redação pela Lei 13.846/2019.

V – bloco de notas do produtor rural;

VI – notas fiscais de entrada de mercadorias, de que trata o § 7º do art. 30 da Lei 8.212, de 24 de julho de 1991, emitidas pela empresa adquirente da produção, com indicação do nome do segurado como vendedor;

VII – documentos fiscais relativos a entrega de produção rural à cooperativa agrícola, entreposto de pescado ou outros, com indicação do segurado como vendedor ou consignante;

VIII – comprovantes de recolhimento de contribuição à Previdência Social decorrentes da comercialização da produção;

IX – cópia da declaração de imposto de renda, com indicação de renda proveniente da comercialização de produção rural; ou

X – licença de ocupação ou permissão outorgada pelo INCRA.

Art. 107. O tempo de serviço de que trata o artigo 55 desta Lei será considerado para cálculo do valor da renda mensal de qualquer benefício.

Art. 108. Mediante justificação processada perante a Previdência Social, observado o disposto no § 3º do artigo 55 e na forma estabelecida no Regulamento, poderá ser suprida a falta de documento ou provado ato do interesse de beneficiário ou empresa, salvo no que se refere a registro público.

Art. 109. O benefício será pago diretamente ao beneficiário, salvo em caso de ausência, moléstia contagiosa ou impossibilidade de locomoção, quando será pago a procurador, cujo mandato não terá prazo superior a doze meses, podendo ser renovado.
▶ *Caput com redação pela Lei 8.870/1994.*

Parágrafo único. A impressão digital do beneficiário incapaz de assinar, aposta na presença de servidor da Previdência Social, vale como assinatura para quitação de pagamento de benefício.

Art. 110. O benefício devido ao segurado ou dependente civilmente incapaz será feito ao cônjuge, pai, mãe, tutor ou curador, admitindo-se, na sua falta e por período não superior a 6 (seis) meses, o pagamento a herdeiro necessário, mediante termo de compromisso firmado no ato do recebimento.

§ 1º Para efeito de curatela, no caso de interdição do beneficiário, a autoridade judiciária pode louvar-se no laudo médico-pericial da Previdência Social.
▶ Primitivo parágrafo único renumerado pela Lei 13.846/2019.

§ 2º O dependente excluído, na forma do § 7º do art. 16 desta Lei, ou que tenha a parte provisoriamente suspensa, na forma do § 7º do art. 77 desta Lei, não poderá representar outro dependente para fins de recebimento e percepção do benefício.
▶ § 2º acrescido pela Lei 13.846/2019.

§ 3º O dependente que perde o direito à pensão por morte, na forma do § 1º do art. 74 desta Lei, não poderá representar outro dependente para fins de recebimento e percepção do benefício.
▶ § 3º acrescido pela Lei 13.846/2019.

Art. 110-A. No ato de requerimento de benefícios operacionalizados pelo INSS, não será exigida apresentação de termo de curatela de titular ou de beneficiário com deficiência, observados os procedimentos a serem estabelecidos em regulamento.
▶ *Caput acrescido pela Lei 13.146/2015.*

Art. 111. O segurado menor poderá, conforme dispuser o Regulamento, firmar recibo de benefício, independentemente da presença dos pais ou do tutor.

Art. 112. O valor não recebido em vida pelo segurado só será pago aos seus dependentes habilitados à pensão por morte ou, na falta deles, aos seus sucessores na forma da lei civil, independentemente de inventário ou arrolamento.

Art. 113. O benefício poderá ser pago mediante depósito em conta-corrente ou por autorização de pagamento, conforme se dispuser em regulamento.

Parágrafo único. *Revogado pela Lei 9.876/1999.*

Art. 114. Salvo quanto ao valor devido à Previdência Social e a desconto autorizado por esta Lei, ou derivado da obrigação de prestar alimentos reconhecida em sentença judicial, o benefício não pode ser objeto de penhora, arresto ou sequestro, sendo nula de pleno direito a sua venda ou cessão, ou a constituição de qualquer ônus sobre ele, bem como a outorga de poderes irrevogáveis ou em causa própria para o seu recebimento.

Art. 115. Podem ser descontados dos benefícios:

I – contribuições devidas pelo segurado à Previdência Social;

II – pagamento administrativo ou judicial de benefício previdenciário ou assistencial indevido, ou além do devido, inclusive na hipótese de cessação do benefício pela revogação de decisão judicial, em valor que não exceda 30% (trinta por cento) da sua importância, nos termos do regulamento;
▶ Inciso II com redação pela Lei 13.846/2019.III – Imposto de Renda retido na fonte;

IV – pensão de alimentos decretada em sentença judicial;

V – mensalidades de associações e demais entidades de aposentados legalmente reconhecidas, desde que autorizadas por seus filiados;

VI – pagamento de empréstimos, financiamentos e operações de arrendamento mercantil concedidos por instituições financeiras e sociedades de arrendamento mercantil, ou por entidades fechadas ou abertas de previdência complementar, públicas e privadas, quando expressamente autorizado pelo beneficiário, até o limite de 45% (quarenta e cinco por cento) do valor do benefício, sendo 35% (trinta e cinco por cento) destinados exclusivamente a empréstimos, financiamentos e arrendamentos mercantis, 5% (cinco por cento) destinados exclusivamente à amortização de despesas contraídas por meio de cartão de crédito consignado ou à utilização com a finalidade de saque por meio de cartão de crédito consignado e 5% (cinco por cento) destinados exclusivamente à amortização de despesas contraídas por meio de cartão consignado de benefício ou à utilização com a finalidade de saque por meio de cartão consignado de benefício.
▶ Inciso VI com redação pela Lei 14.431/2022.

a) *Revogada pela Lei 14.431/2022.*

b) *Revogada pela Lei 14.431/2022.*

§ 1º Na hipótese do inciso II, o desconto será feito em parcelas, conforme dispuser o regulamento, salvo má-fé.
▶ Primitivo parágrafo único renumerado pela Lei 10.820/2003.

§ 2º Na hipótese dos incisos II e VI, haverá prevalência do desconto do inciso II.
▶ § 2º acrescido pela Lei 10.820/2003.

§ 3º Serão inscritos em dívida ativa pela Procuradoria-Geral Federal os créditos constituídos pelo INSS em decorrência de benefício previdenciário ou assistencial pago indevidamente ou além do devido, inclusive na hipótese de cessação do benefício pela revogação de decisão judicial, nos termos da Lei 6.830, de 22 de setembro de 1980, para a execução judicial.
▶ § 3º com redação pela Lei 13.846/2019.

§ 4º Será objeto de inscrição em dívida ativa, para os fins do disposto no § 3º deste artigo, em conjunto ou separadamente, o terceiro beneficiado que sabia ou deveria saber da origem do benefício pago indevidamente em razão de fraude, de dolo ou de coação, desde que devidamente identificado em procedimento administrativo de responsabilização.
▶ § 4º acrescido pela Lei 13.846/2019.

§ 5º O procedimento de que trata o § 4º deste artigo será disciplinado em regulamento, nos termos da Lei 9.784, de 29 de janeiro de 1999, e no art. 27 do Decreto-Lei 4.657, de 4 de setembro de 1942.
▶ § 5º acrescido pela Lei 13.846/2019.

§ 6º *Revogado pela Lei 14.438/2022.*

Art. 116. Será fornecido ao beneficiário demonstrativo minucioso das importâncias pagas, discriminando-se o valor da mensalidade, as diferenças eventualmente pagas com o período a que se referem e os descontos efetuados.

Art. 117. Empresas, sindicatos e entidades fechadas de previdência complementar poderão, mediante celebração de acordo de cooperação técnica com o INSS, encarregar-se, relativamente a seus empregados,

associados ou beneficiários, de requerer benefícios previdenciários por meio eletrônico, preparando-os e instruindo-os nos termos do acordo.
▶ *Caput com redação pela Lei 14.020/2020.*

I a III – *Revogados pela Lei 14.020/2020.*

Parágrafo único. *Revogado pela Lei 14.020/2020.*

Art. 117-A. Empresas, sindicatos e entidades fechadas de previdência complementar poderão realizar o pagamento integral dos benefícios previdenciários devidos a seus beneficiários, mediante celebração de contrato com o INSS, dispensada a licitação.
▶ Artigo acrescido pela Lei 14.020/2020.

§ 1º Os contratos referidos no *caput* deste artigo deverão prever as mesmas obrigações, condições e valores devidos pelas instituições financeiras responsáveis pelo pagamento dos benefícios pelo INSS.

§ 2º As obrigações, condições e valores referidos no § 1º deste artigo serão definidos em ato próprio do INSS.

Art. 118. O segurado que sofreu acidente do trabalho tem garantida, pelo prazo mínimo de 12 (doze) meses, a manutenção do seu contrato de trabalho na empresa, após a cessação do auxílio-doença acidentário, independentemente de percepção de auxílio-acidente.
▶ Súmula 378 do TST.

Parágrafo único. *Revogado pela Lei 9.032/1995.*

Art. 119. Por intermédio dos estabelecimentos de ensino, sindicatos, associações de classe, Fundação Jorge Duprat Figueiredo de Segurança e Medicina do Trabalho – FUNDACENTRO, órgãos públicos e outros meios, serão promovidas regularmente instrução e formação com vistas a incrementar costumes e atitudes prevencionistas em matéria de acidente, especialmente do trabalho.

Art. 120. A Previdência Social ajuizará ação regressiva contra os responsáveis nos casos de:
▶ *Caput com redação pela Lei 13.846/2019.*

I – negligência quanto às normas padrão de segurança e higiene do trabalho indicadas para a proteção individual e coletiva;
▶ Inciso I acrescido pela Lei 13.846/2019.

II – violência doméstica e familiar contra a mulher, nos termos da Lei 11.340, de 7 de agosto de 2006.
▶ Inciso II acrescido pela Lei 13.846/2019.

Art. 121. O pagamento de prestações pela Previdência Social em decorrência dos casos previstos nos incisos I e II do *caput* do art. 120 desta Lei não exclui a responsabilidade civil da empresa, no caso do inciso I, ou do responsável pela violência doméstica e familiar, no caso do inciso II.
▶ Artigo com redação pela Lei 13.846/2019.

Art. 122. Se mais vantajoso, fica assegurado o direito à aposentadoria, nas condições legalmente previstas na data do cumprimento de todos os requisitos necessários à obtenção do benefício, ao segurado que, tendo completado 35 anos de serviço, se homem, ou trinta anos, se mulher, optou por permanecer em atividade.
▶ Artigo restabelecido com redação pela Lei 9.528/1997.

Art. 123. *Revogado pela Lei 9.032/1995.*

Art. 124. Salvo no caso de direito adquirido, não é permitido o recebimento conjunto dos seguintes benefícios da Previdência Social:
▶ Súmula 36 dos Juizados Especiais Federais – JEF.

I – aposentadoria e auxílio-doença;

II – mais de uma aposentadoria;
▶ Inciso II com redação pela Lei 9.032/1995.

III – aposentadoria e abono de permanência em serviço;

IV – salário-maternidade e auxílio-doença;
▶ Inciso IV acrescido pela Lei 9.032/1995.

V – mais de um auxílio-acidente;
▶ Inciso V acrescido pela Lei 9.032/1995.

VI – mais de uma pensão deixada por cônjuge ou companheiro, ressalvado o direito de opção pela mais vantajosa.
▶ Inciso VI acrescido pela Lei 9.032/1995.

Parágrafo único. É vedado o recebimento conjunto do seguro-desemprego com qualquer benefício de prestação continuada da Previdência Social, exceto pensão por morte ou auxílio-acidente.
▶ Parágrafo único acrescido pela Lei 9.032/1995.

Art. 124-A. O INSS implementará e manterá processo administrativo eletrônico para requerimento de benefícios e serviços e disponibilizará canais eletrônicos de atendimento.
▶ Artigo acrescido pela Lei 13.846/2019.

§ 1º O INSS facilitará o atendimento, o requerimento, a concessão, a manutenção e a revisão de benefícios por meio eletrônico e implementará procedimentos automatizados, de atendimento e prestação de serviços por meio de atendimento telefônico ou de canais remotos.
▶ § 1º acrescido pela Lei 13.846/2019.

§ 2º Poderão ser celebrados acordos de cooperação, na modalidade de adesão, com órgãos e entidades da União, dos Estados, do Distrito Federal e dos Municípios, para a recepção de documentos e o apoio administrativo às atividades do INSS que demandem serviços presenciais.

▸ § 2º acrescido pela Lei 13.846/2019.

§ 3º A implementação de serviços eletrônicos preverá mecanismos de controle preventivos de fraude e de identificação segura do cidadão.

▸ § 3º acrescido pela Lei 13.846/2019.

§ 4º As ligações telefônicas realizadas de telefone fixo ou móvel que visem à solicitação dos serviços referidos no § 1º deste artigo deverão ser gratuitas e serão consideradas de utilidade pública.

▸ § 4º acrescido pela Lei 14.199/2021.

Art. 124-B. O INSS, para o exercício de suas competências, observado o disposto nos incisos XI e XII do art. 5º da Constituição Federal e na Lei 13.709, de 14 de agosto de 2018, terá acesso aos dados necessários para a análise, a concessão, a revisão e a manutenção de benefícios por ele administrados, em especial aos dados:

▸ Artigo acrescido pela Lei 13.846/2019.

I – *Vetado*;

▸ Inciso I acrescido pela Lei 13.846/2019.

II – dos registros e dos prontuários eletrônicos do Sistema Único de Saúde (SUS), administrados pelo Ministério da Saúde;

▸ Inciso II acrescido pela Lei 13.846/2019.

III – dos documentos médicos mantidos por entidades públicas e privadas, sendo necessária, no caso destas últimas, a celebração de convênio para garantir o acesso; e

▸ Inciso III acrescido pela Lei 13.846/2019.

IV – de movimentação das contas do Fundo de Garantia por Tempo de Serviço (FGTS), instituído pela Lei 5.107, de 13 de setembro de 1966, mantidas pela Caixa Econômica Federal.

▸ Inciso IV acrescido pela Lei 13.846/2019.

§ 1º Para fins do cumprimento do disposto no *caput* deste artigo, serão preservados a integridade e o sigilo dos dados acessados pelo INSS, eventualmente existentes, e o acesso aos dados dos prontuários eletrônicos do Sistema Único de Saúde (SUS) e dos documentos médicos mantidos por entidades públicas e privadas será exclusivamente franqueado aos peritos médicos federais designados pelo INSS.

▸ § 1º acrescido pela Lei 13.846/2019.

§ 2º O Ministério da Economia terá acesso às bases de dados geridas ou administradas pelo INSS, incluída a folha de pagamento de benefícios com o detalhamento dos pagamentos.

▸ § 2º acrescido pela Lei 13.846/2019.

§ 3º As bases de dados e as informações de que tratam o *caput* e o § 1º deste artigo poderão ser compartilhadas com os regimes próprios de previdência social, para estrita utilização em suas atribuições relacionadas à recepção, à análise, à concessão, à revisão e à manutenção de benefícios por eles administrados, preservados a integridade dos dados e o sigilo eventualmente existente, na forma disciplinada conjuntamente pela Secretaria Especial de Previdência e Trabalho do Ministério da Economia e pelo gestor dos dados.

▸ § 3º acrescido pela Lei 13.846/2019.

§ 4º Fica dispensada a celebração de convênio, de acordo de cooperação técnica ou de instrumentos congêneres para a efetivação do acesso aos dados de que trata o *caput* deste artigo, quando se tratar de dados hospedados por órgãos da administração pública federal, e caberá ao INSS a responsabilidade de arcar com os custos envolvidos, quando houver, no acesso ou na extração dos dados, exceto quando estabelecido de forma diversa entre os órgãos envolvidos.

▸ § 4º acrescido pela Lei 13.846/2019.

§ 5º As solicitações de acesso a dados hospedados por entidades privadas possuem característica de requisição, dispensadas a celebração de convênio, acordo de cooperação técnica ou instrumentos congêneres para a efetivação do acesso aos dados de que trata o *caput* deste artigo e o ressarcimento de eventuais custos, vedado o compartilhamento dos dados com demais entidades de direito privado.

▸ § 5º acrescido pela Lei 13.846/2019.

§ 6º Excetua-se da vedação de que trata o § 5º deste artigo a autorização para compartilhamento com as entidades de previdência complementar das informações sobre o óbito de beneficiários dos planos de previdência por elas administrados.

▸ § 6º acrescido pela Lei 14.131/2021.

Art. 124-C. O servidor responsável pela análise dos pedidos dos benefícios previstos nesta Lei motivará suas decisões ou opiniões técnicas e responderá pessoalmente apenas na hipótese de dolo ou erro grosseiro.

▸ Artigo acrescido pela Lei 13.846/2019.

Art. 124-D. A administração pública federal desenvolverá ações de segurança da informação e comunicações, incluídas as de segurança cibernética, de segurança das infraestruturas, de qualidade dos dados e de segurança de interoperabilidade de bases governamentais, e efetuará a sua integração, inclusive com as bases de dados e informações dos Estados, dos Municípios e do Distrito Federal, com o objetivo de atenuar riscos e inconformidades em pagamentos de benefícios sociais.

▸ Artigo acrescido pela Lei 13.846/2019.

Art. 124-E. *Vetado*.

▸ Artigo acrescido pela Lei 13.846/2019.

Art. 124-F. *Vetado*.

▸ Artigo acrescido pela Lei 13.846/2019.

TÍTULO IV
DAS DISPOSIÇÕES FINAIS E TRANSITÓRIAS

Art. 125. Nenhum benefício ou serviço da Previdência Social poderá ser criado, majorado ou estendido, sem a correspondente fonte de custeio total.

▸ Art. 152 do Dec. 3.048/1999 (Regulamento da Previdência Social).

Art. 125-A. Compete ao Instituto Nacional do Seguro Social – INSS realizar, por meio dos seus próprios agentes, quando designados, todos os atos e procedimentos necessários à verificação do atendimento das obrigações não tributárias impostas pela legislação previdenciária e à imposição da multa por seu eventual descumprimento.

▸ Artigo acrescido pela Lei 11.941/2009.

§ 1º A empresa disponibilizará a servidor designado por dirigente do INSS os documentos necessários à comprovação de vínculo empregatício, de prestação de serviços e de remuneração relativos a trabalhador previamente identificado.

§ 2º Aplica-se ao disposto neste artigo, no que couber, o art. 126 desta Lei.

§ 3º O disposto neste artigo não abrange as competências atribuídas em caráter privativo aos ocupantes do cargo de Auditor Fiscal da Receita Federal do Brasil previstas no inciso I do *caput* do art. 6º da Lei 10.593, de 6 de dezembro de 2002.

Art. 126. Compete ao Conselho de Recursos da Previdência Social julgar, entre outras demandas, na forma do regulamento:

▸ *Caput* com redação pela Lei 13.876/2019.
▸ Súmula 373 do STJ.

I – recursos das decisões do INSS nos processos de interesse dos beneficiários;

▸ Inciso I acrescido pela Lei 13.846/2019

II – contestações e recursos relativos à atribuição, pelo Ministério da Economia, do Fator Acidentário de Prevenção aos estabelecimentos das empresas;

▸ Inciso II acrescido pela Lei 13.846/2019

III – recursos das decisões do INSS relacionados à comprovação de atividade rural de segurado especial de que tratam os arts. 38-A e 38-B, ou demais informações relacionadas ao CNIS de que trata o art. 29-A desta Lei.

▸ Inciso III acrescido pela Lei 13.846/2019

IV – recursos de processos relacionados à compensação financeira de que trata a Lei 9.796, de 5 de maio de 1999, e à supervisão e à fiscalização dos regimes próprios de previdência social de que trata a Lei 9.717, de 27 de novembro de 1998.

▸ Inciso IV acrescido pela Lei 13.876/2019.
▸ O art. 6º da Lei 14.441/2022 dispõe: "Os recursos de que trata o inciso IV do *caput* do art. 126 da Lei nº 8.213, de 24 de julho de 1991, passarão a ser julgados pelo Conselho de Recursos da Previdência Social após a efetiva implantação das unidades responsáveis pelo seu julgamento e após a definição, no regimento interno do Conselho, dos procedimentos a serem observados em seu trâmite, na forma do regulamento".

§§ 1º e 2º *Revogados pela Lei 11.727/2008.*

§ 3º A propositura de ação que tenha por objeto idêntico pedido sobre o qual versa o processo administrativo importa renúncia ao direito de recorrer na esfera administrativa e desistência do recurso interposto.

▸ § 3º acrescido pela Lei 13.846/2019.

§ 4º Os recursos de que tratam os incisos I e III do *caput* deste artigo poderão ser interpostos diretamente ao Conselho de Recursos da Previdência Social, que emitirá notificação eletrônica automática para o INSS reanalisar, no prazo máximo de 30 (trinta) dias, a decisão administrativa, na forma disciplinada por ato conjunto do Ministério do Trabalho e Previdência, do Conselho de Recursos da Previdência Social e do INSS.

▸ § 4º acrescido pela Lei 14.441/2022.

Art. 127. *Revogado pela Lei 9.711/1998.*

Art. 128. As demandas judiciais que tiverem por objeto o reajuste ou a concessão de benefícios regulados nesta Lei cujos valores de execução não forem superiores a R$ 5.180,25 (cinco mil, cento e oitenta reais e vinte

e cinco centavos) por autor poderão, por opção de cada um dos exequentes, ser quitadas no prazo de até 60 (sessenta dias) após a intimação do trânsito em julgado da decisão, sem necessidade da expedição de precatório.

▸ Artigo com redação pela Lei 10.099/2000.
▸ Valores atualizáveis por meio de Portaria do Ministério da Previdência Social – MPS.

§ 1º É vedado o fracionamento, repartição ou quebra do valor da execução, de modo que o pagamento se faça, em parte, na forma estabelecida no *caput* e, em parte, mediante expedição do precatório.

§ 2º É vedada a expedição de precatório complementar ou suplementar do valor pago na forma do *caput*.

§ 3º Se o valor da execução ultrapassar o estabelecido no *caput*, o pagamento far-se-á sempre por meio de precatório.

§ 4º É facultada à parte exequente a renúncia ao crédito, no que exceder ao valor estabelecido no *caput*, para que possa optar pelo pagamento do saldo sem o precatório, na forma ali prevista.

§ 5º A opção exercida pela parte para receber os seus créditos na forma prevista no *caput* implica a renúncia do restante dos créditos porventura existentes e que sejam oriundos do mesmo processo.

§ 6º O pagamento sem precatório, na forma prevista neste artigo, implica quitação total do pedido constante da petição inicial e determina a extinção do processo.

§ 7º O disposto neste artigo não obsta a interposição de embargos à execução por parte do INSS.

Art. 129. Os litígios e medidas cautelares relativos a acidentes do trabalho serão apreciados:

I – na esfera administrativa, pelos órgãos da Previdência Social, segundo as regras e prazos aplicáveis às demais prestações, com prioridade para conclusão; e

II – na via judicial, pela Justiça dos Estados e do Distrito Federal, segundo o rito sumaríssimo, inclusive durante as férias forenses, mediante petição instruída pela prova de efetiva notificação do evento à Previdência Social, através de Comunicação de Acidente do Trabalho – CAT.

▸ O art. 3º da Lei 9.245/1995 substituiu a expressão "procedimento sumaríssimo" por "procedimento sumário".

Parágrafo único. O procedimento judicial de que trata o inciso II deste artigo é isento do pagamento de quaisquer custas e de verbas relativas à sucumbência.

▸ Súmula 226 do STJ.

Art. 129-A. Os litígios e as medidas cautelares relativos aos benefícios por incapacidade de que trata esta Lei, inclusive os relativos a acidentes do trabalho, observarão o seguinte:

▸ Artigo acrescido pela Lei 14.331/2022.

I – quando o fundamento da ação for a discussão de ato praticado pela perícia médica federal, a petição inicial deverá conter, e complemento aos requisitos previstos no art. 319 da Lei nº 13.105, de 16 de março de 2015 (Código de Processo Civil):

a) descrição clara da doença e das limitações que ela impõe;

b) indicação da atividade para a qual o autor alega estar incapacitado;

c) possíveis inconsistências da avaliação médico-pericial discutida; e

d) declaração quanto à existência de ação judicial anterior com o objeto de que trata este artigo, esclarecendo os motivos pelos quais se entende não haver litispendência ou coisa julgada, quando for o caso;

II – para atendimento do disposto no art. 320 da Lei nº 13.105, de 16 de março de 2015 (Código de Processo Civil), a petição inicial, qualquer que seja o rito ou procedimento adotado, deverá ser instruída pelo autor com os seguintes documentos:

a) comprovante de indeferimento do benefício ou de sua não prorrogação, quando for o caso, pela administração pública;

b) comprovante da ocorrência do acidente de qualquer natureza ou do acidente do trabalho, sempre que houver um acidente apontado como causa da incapacidade;

c) documentação médica de que dispuser relativa à doença alegada como a causa da incapacidade discutida na via administrativa;

§ 1º Determinada pelo juízo a realização de exame médico-pericial por perito do juízo, este deverá, no caso de divergência com as conclusões do laudo administrativo, indicar em seu laudo de forma fundamentada as razões técnicas e científicas que amparam o dissenso, especialmente no que se refere à comprovação da incapacidade, sua data de início e a sua correlação com a atividade laboral do periciando.

§ 2º Quando a conclusão do exame médico pericial realizado por perito designado pelo juízo mantiver o

resultado da decisão proferida pela perícia realizada na via administrativa, poderá o juízo, após a oitiva da parte autora, julgar improcedente o pedido.

§ 3º Se a controvérsia versar sobre outros pontos além do que exige exame médico-pericial, observado o disposto no § 1º deste artigo, o juízo dará seguimento ao processo, com a citação do réu.

Art. 130. Na execução contra o Instituto Nacional do Seguro Social-INSS, o prazo a que se refere o artigo 730 do Código de Processo Civil é de 30 (trinta) dias.

▸ *Caput* com redação pela Lei 9.528/1997.

Parágrafo único. *Revogado pela Lei 9.528/1997.*

Art. 131. O Ministro da Previdência e Assistência Social poderá autorizar o INSS a formalizar a desistência ou abster-se de propor ações e recursos em processos judiciais sempre que a ação versar matéria sobre a qual haja declaração de inconstitucionalidade proferida pelo Supremo Tribunal Federal – STF, súmula ou jurisprudência consolidada do STF ou dos tribunais superiores.

▸ Artigo com redação pela Lei 9.528/1997.

Parágrafo único. O Ministro da Previdência e Assistência Social disciplinará as hipóteses em que a administração previdenciária federal, relativamente aos créditos previdenciários baseados em dispositivo declarado inconstitucional por decisão definitiva do Supremo Tribunal Federal, possa:

a) abster-se de constituí-los;

b) retificar o seu valor ou declará-los extintos, de ofício, quando houverem sido constituídos anteriormente, ainda que inscritos em dívida ativa;

c) formular desistência de ações de execução fiscal já ajuizadas, bem como deixar de interpor recursos de decisões judiciais.

Art. 132. A formalização de desistência ou transigência judiciais, por parte de procurador da Previdência Social, será sempre precedida da anuência, por escrito, do Procurador-Geral do Instituto Nacional do Seguro Social INSS, ou do presidente desse órgão, quando os valores em litígio ultrapassarem os limites definidos pelo Conselho Nacional de Previdência Social – CNPS.

§ 1º Os valores, a partir dos quais se exigirá a anuência do Procurador-Geral ou do presidente do INSS, serão definidos periodicamente pelo CNPS, através de resolução própria.

§ 2º Até que o CNPS defina os valores mencionados neste artigo, deverão ser submetidos à anuência prévia do Procurador-Geral ou do presidente do INSS a formalização de desistência ou transigência judiciais, quando os valores, referentes a cada segurado considerado separadamente, superarem, respectivamente, 10 (dez) ou 30 (trinta) vezes o teto do salário de benefício.

Art. 133. A infração a qualquer dispositivo desta Lei, para a qual não haja penalidade expressamente cominada, sujeita o responsável, conforme a gravidade da infração, à multa variável de Cr$ 100.000,00 (cem mil cruzeiros) a Cr$ 10.000.000,00 (dez milhões de cruzeiros).

▸ Valores atualizáveis por meio de Portaria do Ministério da Previdência Social – MPS.

Parágrafo único. *Revogado pela Lei 11.941/2009.*

Art. 134. Os valores expressos em moeda corrente nesta Lei serão reajustados nas mesmas épocas e com os mesmos índices utilizados para o reajustamento dos valores dos benefícios.

▸ Artigo com redação pela MP 2.187-13/2001.

Art. 135. Os salários de contribuição utilizados no cálculo do valor de benefício serão considerados respeitando-se os limites mínimo e máximo vigentes nos meses a que se referirem.

Art. 135-A. Para o segurado filiado à Previdência Social até julho de 1994, no cálculo do salário de benefício das aposentadorias, exceto a aposentadoria por incapacidade permanente, o divisor considerado no cálculo da média dos salários de contribuição não poderá ser inferior a 108 (cento e oito) meses.

▸ Artigo acrescido pela Lei 14.331/2022.

Art. 136. Ficam eliminados o menor e o maior valor-teto para cálculo do salário de benefício.

Art. 137. Fica extinto o Programa de Previdência Social aos Estudantes, instituído pela Lei 7.004, de 24 de junho de 1982, mantendo-se o pagamento dos benefícios de prestação continuada com data de início até a entrada em vigor desta Lei.

Art. 138. Ficam extintos os regimes de Previdência Social instituídos pela Lei Complementar 11, de 25 de maio de 1971, e pela Lei 6.260, de 6 de novembro de 1975, sendo mantidos, com valor não inferior ao do salário mínimo, os benefícios concedidos até a vigência desta Lei.

Parágrafo único. Para os que vinham contribuindo regularmente para os regimes a que se refere este artigo, será contado o tempo de contribuição para fins do Regime Geral de Previdência Social, conforme disposto no Regulamento.

Arts. 139 a 141. *Revogados pela Lei 9.528/1997.*

Art. 142. Para o segurado inscrito na Previdência Social Urbana até 24 de julho de 1991, bem como para o trabalhador e o empregador rural cobertos pela Previdência Social Rural, a carência das aposentadorias por idade, por tempo de serviço e especial obedecerá à seguinte tabela, levando-se em conta o ano em que o segurado implementou todas as condições necessárias à obtenção do benefício:

▸ Artigo e tabela com redação pela Lei 9.032/1995.
▸ Súmula 577 do STJ.

Ano de implementação das condições	Meses de contribuição exigidos
1991	60 meses
1992	60 meses
1993	66 meses
1994	72 meses
1995	78 meses
1996	90 meses
1997	96 meses
1998	102 meses
1999	108 meses
2000	114 meses
2001	120 meses
2002	126 meses
2003	132 meses
2004	138 meses
2005	144 meses
2006	150 meses
2007	156 meses
2008	162 meses
2009	168 meses
2010	174 meses
2011	180 meses

Art. 143. O trabalhador rural ora enquadrado como segurado obrigatório no Regime Geral de Previdência Social, na forma da alínea *a* do inciso I, ou do inciso IV ou VII do artigo 11 desta Lei, pode requerer aposentadoria por idade, no valor de um salário mínimo, durante quinze anos, contados a partir da data de vigência desta Lei, desde que comprove o exercício de atividade rural, ainda que descontínua, no período imediatamente anterior ao requerimento do benefício, em número de meses idêntico à carência do referido benefício.

▸ Artigo com redação pela Lei 9.063/1995.
▸ Arts. 2º e 3º da Lei 11.718/2008 (Prorroga o prazo previsto neste artigo até 31.12.2010, para o trabalhador empregado rural).

Art. 144. Até 1º de junho de 1992, todos os benefícios de prestação continuada concedidos pela Previdência Social, entre 5 de outubro de 1988 e 5 de abril de 1991, devem ter sua renda mensal inicial recalculada e reajustada, de acordo com as regras estabelecidas nesta Lei.

Parágrafo único. A renda mensal recalculada de acordo com o disposto no *caput* deste artigo, substituirá para todos os efeitos a que prevalecia até então, não sendo devido, entretanto, o pagamento de quaisquer diferenças decorrentes da aplicação deste artigo referentes às competências de outubro de 1988 a maio de 1992.

▸ Artigo com eficácia interrompida pela MP 2.187-13/2001.

Art. 145. Os efeitos desta Lei retroagirão a 5 de abril de 1991, devendo os benefícios de prestação continuada concedidos pela Previdência Social a partir de então, terem, no prazo máximo de trinta dias, suas rendas mensais iniciais recalculadas e atualizadas de acordo com as regras estabelecidas nesta Lei.

Parágrafo único. As rendas mensais resultantes da aplicação do disposto neste artigo substituirão, para todos os efeitos as que prevaleciam até então, devendo as diferenças de valor apuradas serem pagas, a partir do dia seguinte ao término do prazo estipulado no *caput* deste artigo, em até 24 (vinte e quatro) parcelas mensais consecutivas reajustadas nas mesmas épocas e na mesma proporção em que forem reajustados os benefícios de prestação continuada da Previdência Social.

▸ Artigo com eficácia interrompida pela MP 2.187-13/2001.

Art. 146. As rendas mensais de benefícios pagos pela Previdência Social incorporarão, a partir de 1º de setembro de 1991, o abono definido na alínea *b* do § 6º do artigo 9º da Lei 8.178, de 1º de março de 1991, e terão, a partir dessa data, seus valores alterados de acordo com o disposto nesta Lei.

▸ Artigo com eficácia interrompida pela MP 2.187-13/2001.

Art. 147. Serão respeitadas as bases de cálculo para a fixação dos valores referentes às aposentadorias especiais, deferidas até a data da publicação desta Lei.

▸ Artigo com eficácia interrompida pela MP 2.187-13/2001.

Art. 148. *Revogado pela Lei 9.528/1997.*

Art. 149. As prestações, e o seu financiamento, referentes aos benefícios de ex-combatente e de ferroviário servidor público ou autárquico federal ou em regime especial que não optou pelo regime da Consolidação das Leis do Trabalho, na forma da Lei 6.184, de 11 de dezembro de 1974, bem como seus dependentes, serão objeto de legislação específica.

Art. 150. *Revogado pela Lei 10.559/2002.*

Art. 151. Até que seja elaborada a lista de doenças mencionada no inciso II do art. 26, independe de carência a concessão de auxílio-doença e de aposentadoria por invalidez ao segurado que, após filiar-se ao RGPS, for acometido das seguintes doenças: tuberculose ativa, hanseníase, alienação mental, esclerose múltipla, hepatopatia grave, neoplasia maligna, cegueira, paralisia irreversível e incapacitante, cardiopatia grave, doença de Parkinson, espondiloartrose anquilosante, nefropatia grave, estado avançado da doença de Paget (ostéíte deformante), síndrome da deficiência imunológica adquirida (aids) ou contaminação por radiação, com base em conclusão da medicina especializada.

▸ Artigo com redação pela Lei 13.135/2015.

Art. 152. *Revogado pela Lei 9.528/1997.*

Art. 153. O Regime Facultativo Complementar de Previdência Social será objeto de lei especial, a ser submetida à apreciação do Congresso Nacional dentro do prazo de 180 (cento e oitenta) dias.

Art. 154. O Poder Executivo regulamentará esta Lei no prazo de 60 (sessenta) dias a partir da data da sua publicação.

Art. 155. Esta Lei entra em vigor na data de sua publicação.

Art. 156. Revogam-se as disposições em contrário.

Brasília, 24 de julho de 1991; 170º da Independência e 103º da República.

Fernando Collor

LEI 8.742, DE 7 DE DEZEMBRO DE 1993

Dispõe sobre a organização da Assistência Social e dá outras providências.

DOU 08.12.1993

O Presidente da República:

Faço saber que o Congresso Nacional decreta e eu sanciono a seguinte lei:

LEI ORGÂNICA DA ASSISTÊNCIA SOCIAL

CAPÍTULO I
DAS DEFINIÇÕES E DOS OBJETIVOS

Art. 1º A assistência social, direito do cidadão e dever do Estado, é Política de Seguridade Social não contributiva, que provê os mínimos sociais, realizada através de um conjunto integrado de ações de iniciativa pública e da sociedade, para garantir o atendimento às necessidades básicas.

Art. 2º A assistência social tem por objetivos:

▸ *Caput* com redação pela Lei 12.435/2011.

I – a proteção social, que visa à garantia da vida, à redução de danos e à prevenção da incidência de riscos, especialmente:
> ▶ Inciso I redação pela Lei 12.435/2011.

a) a proteção à família, à maternidade, à infância, à adolescência e à velhice;
> ▶ Alínea a acrescida pela Lei 12.435/2011.

b) o amparo às crianças e aos adolescentes carentes;
> ▶ Alínea b acrescida pela Lei 12.435/2011.

c) a promoção da integração ao mercado de trabalho;
> ▶ Alínea c acrescida pela Lei 12.435/2011.

d) a habilitação e reabilitação das pessoas com deficiência e a promoção de sua integração à vida comunitária; e
> ▶ Alínea d acrescida pela Lei 12.435/2011.

e) a garantia de 1 (um) salário mínimo de benefício mensal à pessoa com deficiência e ao idoso que comprovem não possuir meios de prover a própria manutenção ou de tê-la provida por sua família;
> ▶ Alínea e acrescida pela Lei 12.435/2011.

II – a vigilância socioassistencial, que visa a analisar territorialmente a capacidade protetiva das famílias e nela a ocorrência de vulnerabilidades, de ameaças, de vitimizações e danos;
> ▶ Inciso II redação pela Lei 12.435/2011.

III – a defesa de direitos, que visa a garantir o pleno acesso aos direitos no conjunto das provisões socioassistenciais.
> ▶ Inciso III redação pela Lei 12.435/2011.

Parágrafo único. Para o enfrentamento da pobreza, a assistência social realiza-se de forma integrada às políticas setoriais, garantindo mínimos sociais e provimento de condições para atender contingências sociais e promovendo a universalização dos direitos sociais.
> ▶ Parágrafo único com redação pela Lei 12.435/2011.

Art. 3º Consideram-se entidades e organizações de assistência social aquelas sem fins lucrativos que, isolada ou cumulativamente, prestam atendimento e assessoramento aos beneficiários abrangidos por esta Lei, bem como as que atuam na defesa e garantia de direitos.
> ▶ § 3º com redação pela Lei 12.435/2011.

§ 1º São de atendimento aquelas entidades que, de forma continuada, permanente e planejada, prestam serviços, executam programas ou projetos e concedem benefícios de prestação social básica ou especial, dirigidos às famílias e indivíduos em situações de vulnerabilidade ou risco social e pessoal, nos termos desta Lei, e respeitadas as deliberações do Conselho Nacional de Assistência Social (CNAS), de que tratam os incisos I e II do art. 18.
> ▶ § 1º acrescido pela Lei 12.435/2011.

§ 2º São de assessoramento aquelas que, de forma continuada, permanente e planejada, prestam serviços e executam programas ou projetos voltados prioritariamente para o fortalecimento dos movimentos sociais e das organizações de usuários, formação e capacitação de lideranças, dirigidos ao público da política de assistência social, nos termos desta Lei, e respeitadas as deliberações do CNAS, de que tratam os incisos I e II do art. 18.
> ▶ § 2º acrescido pela Lei 12.435/2011.

§ 3º São de defesa e garantia de direitos aquelas que, de forma continuada, permanente e planejada, prestam serviços e executam programas e projetos voltados prioritariamente para a defesa e efetivação dos direitos socioassistenciais, construção de novos direitos, promoção da cidadania, enfrentamento das desigualdades sociais, articulação com órgãos públicos de defesa de direitos, dirigidos ao público da política de assistência social, nos termos desta Lei, e respeitadas as deliberações do CNAS, de que tratam os incisos I e II do art. 18.
> ▶ § 3º acrescido pela Lei 12.435/2011.

CAPÍTULO II
DOS PRINCÍPIOS E DAS DIRETRIZES

Seção I
Dos princípios

Art. 4º A assistência social rege-se pelos seguintes princípios:

I – supremacia do atendimento às necessidades sociais sobre as exigências de rentabilidade econômica;

II – universalização dos direitos sociais, a fim de tornar o destinatário da ação assistencial alcançável pelas demais políticas públicas;

III – respeito à dignidade do cidadão, à sua autonomia e ao seu direito a benefícios e serviços de qualidade, bem como à convivência familiar e comunitária, vedando-se qualquer comprovação vexatória de necessidade;

IV – igualdade de direitos no acesso ao atendimento, sem discriminação de qualquer natureza, garantindo-se equivalência às populações urbanas e rurais;

V – divulgação ampla dos benefícios, serviços, programas e projetos assistenciais, bem como dos recursos oferecidos pelo Poder Público e dos critérios para sua concessão.

Seção II
Das diretrizes

Art. 5º A organização da assistência social tem como base as seguintes diretrizes:

I – descentralização político-administrativa para os Estados, o Distrito Federal e os Municípios, e comando único das ações em cada esfera de governo;

II – participação da população, por meio de organizações representativas, na formulação das políticas e no controle das ações em todos os níveis;

III – primazia da responsabilidade do Estado na condução da política de assistência social em cada esfera de governo.

(...)

CAPÍTULO IV
DOS BENEFÍCIOS, DOS SERVIÇOS, DOS PROGRAMAS E DOS PROJETOS DE ASSISTÊNCIA SOCIAL

Seção I
Do benefício de prestação continuada

Art. 20. O benefício de prestação continuada é a garantia de um salário mínimo mensal à pessoa com deficiência e ao idoso com 65 (sessenta e cinco) anos ou mais que comprovem não possuir meios de prover a própria manutenção nem de tê-la provida por sua família.
> ▶ Caput com redação pela Lei 12.435/2011.
> ▶ Art. 18 da Lei 13.301/2016 (Adoção de medidas de vigilância em saúde em situação de iminente perigo à saúde pública pela presença do mosquito transmissor do vírus da dengue, chikungunya e zika).

§ 1º Para os efeitos do disposto no *caput*, a família é composta pelo requerente, o cônjuge ou companheiro, os pais e, na ausência de um deles, a madrasta ou o padrasto, os irmãos solteiros, os filhos e enteados solteiros e os menores tutelados, desde que vivam sob o mesmo teto.
> ▶ § 1º com redação pela Lei 12.435/2011.

§ 2º Para efeito de concessão do benefício de prestação continuada, considera-se pessoa com deficiência aquela que tem impedimento de longo prazo de natureza física, mental, intelectual ou sensorial, o qual, em interação com uma ou mais barreiras, pode obstruir sua participação plena e efetiva na sociedade em igualdade de condições com as demais pessoas.
> ▶ § 2º com redação pela Lei 13.146/2015.

§ 2º-A. A concessão administrativa ou judicial do benefício de que trata este artigo à pessoa com deficiência fica sujeita a avaliação, nos termos de regulamento.

§ 2º-B. Vetado.
> ▶ §§ 2ª-A e 2º-B acrescidos pela pela Lei 15.077/2024.

§ 3º Observados os demais critérios de elegibilidade definidos nesta Lei, terão direito ao benefício financeiro de que trata o *caput* deste artigo a pessoa com deficiência ou a pessoa idosa com renda familiar mensal *per capita* igual ou inferior a 1/4 (um quarto) do salário-mínimo.
> ▶ § 3º com redação pela Lei 14.176/2021.

I – *Revogado pela Lei 14.176/2021.*

II – *Vetado.*
> ▶ Inciso II acrescido pela Lei 13.982/2020.

§ 3º-A. O cálculo da renda familiar considerará a soma dos rendimentos auferidos mensalmente pelos membros da família que vivam sob o mesmo teto, ressalvadas as hipóteses previstas no § 14 deste artigo, nos termos estabelecidos em ato do Poder Executivo federal, vedadas deduções não previstas em lei.
> ▶ § 3º-A acrescido pela Lei 15.077/2024.

§ 4º O benefício de que trata este artigo não pode ser acumulado pelo beneficiário com qualquer outro no âmbito da seguridade social ou de outro regime, salvo os da assistência médica e da pensão especial de natureza indenizatória, bem como as transferências de renda de que tratam o parágrafo único do art. 6º e o inciso VI do *caput* do art. 203 da Constituição Federal e o *caput* e o § 1º do art. 1º da Lei nº 10.835, de 8 de janeiro de 2004.
> ▶ § 4º com redação pela Lei 14.601/2023.

§ 5º A condição de acolhimento em instituições de longa permanência não prejudica o direito do idoso ou da pessoa com deficiência ao benefício de prestação continuada.

> ▶ § 5º com redação pela Lei 12.435/2011.

§ 6º A concessão do benefício ficará sujeita à avaliação da deficiência e do grau de impedimento de que trata o § 2º, composta por avaliação médica e avaliação social realizadas por médicos peritos e por assistentes sociais do Instituto Nacional de Seguro Social – INSS.
> ▶ § 6º com redação pela Lei 12.470/2011.

§ 6º-A. O INSS poderá celebrar parcerias para a realização da avaliação social, sob a supervisão do serviço social da autarquia.
> ▶ § 6º-A acrescido pela Lei 14.441/2022.

§ 7º Na hipótese de não existirem serviços no município de residência do beneficiário, fica assegurado, na forma prevista em regulamento, o seu encaminhamento ao município mais próximo que contar com tal estrutura.
> ▶ § 7º acrescido pela Lei 9.720/1998.

§ 8º A renda familiar mensal a que se refere o § 3º deverá ser declarada pelo requerente ou seu representante legal, sujeitando-se aos demais procedimentos previstos no regulamento para o deferimento do pedido.
> ▶ § 8º acrescido pela Lei 9.720/1998.

§ 9º Os valores recebidos a título de auxílio financeiro temporário ou de indenização por danos sofridos em decorrência de rompimento e colapso de barragens, bem como os rendimentos decorrentes de estágio supervisionado e de aprendizagem, não serão computados para fins de cálculo da renda familiar per capita a que se refere o § 3º deste artigo.
> ▶ § 9º com redação pela Lei 14.809/2024.

§ 10. Considera-se impedimento de longo prazo, para os fins do § 2º deste artigo, aquele que produza efeitos pelo prazo mínimo de 2 (dois) anos.
> ▶ § 10 acrescido pela Lei 12.470/2011.

§ 11. Para a concessão do benefício de que trata o *caput* deste artigo, poderão ser utilizados outros elementos probatórios da condição de miserabilidade do grupo familiar e da situação de vulnerabilidade, conforme regulamento.
> ▶ § 11 acrescido pela Lei 13.146/2015.

§ 11-A. O regulamento de que trata o § 11 deste artigo poderá ampliar o limite de renda mensal familiar per capita previsto no § 3º deste artigo para até 1/2 (meio) salário-mínimo, observado o disposto no art. 20-B desta Lei.
> ▶ § 11-A acrescido pela Lei 14.176/2021 em vigor em 1º de janeiro de 2022.

§ 12 São requisitos para a concessão, a manutenção e a revisão do benefício as inscrições no Cadastro de Pessoas Físicas (CPF) e no Cadastro Único para Programas Sociais do Governo Federal – Cadastro Único, conforme previsto em regulamento.
> ▶ § 12 acrescido pela Lei 13.846/2019.

§ 12º-A. Ao requerente do benefício de prestação continuada, ou ao responsável legal, será solicitado registro biométrico nos cadastros da Carteira de Identidade Nacional (CIN), do título eleitoral ou da Carteira Nacional de Habilitação (CNH), nos termos de ato conjunto dos órgãos competentes.
> ▶ § 12º-A acrescido pela Lei 14.973, de 2024.

Parágrafo único. Na impossibilidade de registro biométrico do requerente, ele será obrigatório ao responsável legal.

§ 12-B. Na impossibilidade de registro biométrico do requerente, ele será obrigatório ao responsável legal.
> ▶ § 12º-B acrescido pela Lei 15.077/2024.

§ 14. O benefício de prestação continuada ou o benefício previdenciário no valor de até 1 (um) salário mínimo concedido a idoso acima de 65 (sessenta e cinco) anos de idade ou pessoa com deficiência não será computado, para fins de concessão do benefício de prestação continuada a outro idoso ou pessoa com deficiência da mesma família, no cálculo da renda a que se refere o § 3º deste artigo.
> ▶ § 14 acrescido pela Lei 13.982/2020. Mantivemos § 14 conforme redação oficial. Leia-se "§ 13".

§ 15. O benefício de prestação continuada será devido a mais de um membro da mesma família enquanto atendidos os requisitos exigidos nesta Lei.
> ▶ § 15 acrescido pela Lei 13.982/2020. Mantivemos § 15 conforme redação oficial. Leia-se "§ 14".

Art. 20-A. *Revogado pela Lei 14.176/2021.*

Art. 20-B. Na avaliação de outros elementos probatórios da condição de miserabilidade e da situação de vulnerabilidade de que trata o § 11 do art. 20 desta Lei, serão considerados os seguintes aspectos para ampliação do critério de aferição da renda familiar mensal per capita de que trata o § 11-A do referido artigo:
> ▶ Artigo acrescido pela Lei 14.176/2021, em vigor em 1º de janeiro de 2022.

I – o grau da deficiência;

II – a dependência de terceiros para o desempenho de atividades básicas da vida diária; e

III – o comprometimento do orçamento do núcleo familiar de que trata o § 3º do art. 20 desta Lei exclusivamente com gastos médicos, com tratamentos de saúde, com fraldas, com alimentos especiais e com medicamentos do idoso ou da pessoa com deficiência não disponibilizados gratuitamente pelo SUS, ou com serviços não prestados pelo Suas, desde que comprovadamente necessários à preservação da saúde e da vida.

§ 1º A ampliação de que trata o *caput* deste artigo ocorrerá na forma de escalas graduais, definidas em regulamento.

§ 2º Aplicam-se à pessoa com deficiência os elementos constantes dos incisos I e III do *caput* deste artigo, e à pessoa idosa os constantes dos incisos II e III do *caput* deste artigo.

§ 3º O grau da deficiência de que trata o inciso I do *caput* deste artigo será aferido por meio do instrumento de avaliação biopsicossocial, observados os termos dos §§ 1º e 2º do art. 2º da Lei 13.146, de 6 de julho de 2015 (Estatuto da Pessoa com Deficiência), e do § 6º do art. 20 e do art. 40-B desta Lei.

§ 4º O valor referente ao comprometimento do orçamento do núcleo familiar com gastos de que trata o inciso III do *caput* deste artigo será definido em ato conjunto do Ministério da Cidadania, da Secretaria Especial de Previdência e Trabalho do Ministério da Economia e do INSS, a partir de valores médios dos gastos realizados pelas famílias exclusivamente com essas finalidades, facultada ao interessado a possibilidade de comprovação, conforme critérios definidos em regulamento, de que os gastos efetivos ultrapassam os valores médios.

Art. 21. O benefício de prestação continuada deve ser revisto a cada 2 (dois) anos para avaliação da continuidade das condições que lhe deram origem.
▶ Lei 9.720/1998.

§ 1º O pagamento do benefício cessa no momento em que forem superadas as condições referidas no *caput*, ou em caso de morte do beneficiário.

§ 2º O benefício será cancelado quando se constatar irregularidade na sua concessão ou utilização.

§ 3º O desenvolvimento das capacidades cognitivas, motoras ou educacionais e a realização de atividades não remuneradas de habilitação e reabilitação, entre outras, não constituem motivo de suspensão ou cessação do benefício da pessoa com deficiência.
▶ § 3º acrescido pela Lei 12.435/2011.

§ 4º A cessação do benefício de prestação continuada concedido à pessoa com deficiência não impede nova concessão do benefício, desde que atendidos os requisitos definidos em regulamento.
▶ § 4º com redação dada pela Lei 12.470/2011.

§ 5º O beneficiário em gozo de benefício de prestação continuada concedido judicial ou administrativamente poderá ser convocado para avaliação das condições que ensejaram sua concessão ou manutenção, sendo-lhe exigida a presença dos requisitos previstos nesta Lei e no regulamento.
▶ § 5º acrescido pela Lei 14.176/2021.

Art. 21-A. O benefício de prestação continuada será suspenso pelo órgão concedente quando a pessoa com deficiência exercer atividade remunerada, inclusive na condição de microempreendedor individual.
▶ Artigo acrescido pela Lei 12.470/2011.

§ 1º Extinta a relação trabalhista ou a atividade empreendedora de que trata o *caput* deste artigo e, quando for o caso, encerrado o prazo de pagamento do seguro-desemprego e não tendo o beneficiário adquirido direito a qualquer benefício previdenciário, poderá ser requerida a continuidade do pagamento do benefício suspenso, sem necessidade de realização de perícia médica ou reavaliação da deficiência e do grau de incapacidade para esse fim, respeitado o período de revisão previsto no *caput* do art. 21.

§ 2º A contratação de pessoa com deficiência como aprendiz não acarreta a suspensão do benefício de prestação continuada, limitado a 2 (dois) anos o recebimento concomitante da remuneração e do benefício.

Art. 21-B. Os beneficiários do benefício de prestação continuada, quando não estiverem inscritos no CadÚnico ou quando estiverem com o cadastro desatualizado há mais de 24 (vinte e quatro) meses, deverão regularizar a situação nos seguintes prazos, contados a partir da efetiva notificação bancária ou por outros canais de atendimento:
▶ *Caput* com redação dada pela Lei 15.077/2024.

I – 45 (quarenta e cinco) dias para Municípios de pequeno porte;

II – 90 (noventa) dias para Municípios de médio e grande porte ou metrópole, com população acima de 50.000 (cinquenta mil) habitantes.
▶ Incisos I e II acrescidos pela Lei 14.973/2024.

§ 1º Na falta da ciência da notificação bancária ou por outros canais de atendimento, o crédito do benefício será bloqueado em 30 (trinta) dias após o envio da notificação.

§ 2º O não cumprimento do disposto no caput implicará a suspensão do benefício, desde que comprovada a ciência da notificação.

§ 3º O beneficiário poderá realizar a inclusão ou a atualização no CadÚnico até o final do prazo de suspensão, sem que haja prejuízo no pagamento do benefício.
▶ §§ 1º a 3º acrescidos pela Lei 14.973/2024.

Seção II
Dos benefícios eventuais

Art. 22. Entendem-se por benefícios eventuais as provisões suplementares e provisórias que integram organicamente as garantias do Suas e são prestadas aos cidadãos e às famílias em virtude de nascimento, morte, situações de vulnerabilidade temporária e de calamidade pública.
▶ Artigo com redação pela Lei 12.435/2011.

§ 1º A concessão e o valor dos benefícios de que trata este artigo serão definidos pelos Estados, Distrito Federal e Municípios e previstos nas respectivas leis orçamentárias anuais, com base em critérios e prazos definidos pelos respectivos Conselhos de Assistência Social.

§ 2º O CNAS, ouvidas as respectivas representações de Estados e Municípios dele participantes, poderá propor, na medida das disponibilidades orçamentárias das 3 (três) esferas de governo, a instituição de benefícios subsidiários no valor de até 25% (vinte e cinco por cento) do salário mínimo para cada criança de até 6 (seis) anos de idade.

§ 3º Os benefícios eventuais subsidiários não poderão ser cumulados com aqueles instituídos pelas Leis no 10.954, de 29 de setembro de 2004, e no 10.458, de 14 de maio de 2002.

Seção III
Dos serviços

Art. 23. Entendem-se por serviços socioassistenciais as atividades continuadas que visem à melhoria de vida da população e cujas ações, voltadas para as necessidades básicas, observem os objetivos, princípios e diretrizes estabelecidos nesta Lei.
▶ *Caput* com redação pela Lei 12.435/2011.

§ 1º O regulamento instituirá os serviços socioassistenciais.
▶ § 1º acrescido pela Lei 12.435/2011.

§ 2º Na organização dos serviços da assistência social serão criados programas de amparo, entre outros:
▶ § 2º acrescido pela Lei 12.435/2011.

I – às crianças e adolescentes em situação de risco pessoal e social, em cumprimento ao disposto no art. 227 da Constituição Federal e na Lei 8.069, de 13 de julho de 1990 (Estatuto da Criança e do Adolescente);

II – às pessoas que vivem em situação de rua.

III – às pessoas idosas carentes residentes em instituições de longa permanência, nas quais o poder público apoiará o atendimento integral à saúde, na forma do regulamento.
▶ Inciso III acrescido pela Lei 14.878/2024.

Seção IV
Dos programas de assistência social

Art. 24. Os programas de assistência social compreendem ações integradas e complementares com objetivos, tempo e área de abrangência definidos para qualificar, incentivar e melhorar os benefícios e os serviços assistenciais.

§ 1º Os programas de que trata este artigo serão definidos pelos respectivos Conselhos de Assistência Social, obedecidos os objetivos e princípios que regem esta lei, com prioridade para a inserção profissional e social.

§ 2º Os programas voltados para o idoso e a integração da pessoa com deficiência serão devidamente articulados com o benefício de prestação continuada estabelecido no art. 20 desta Lei.
▶ § 2º com redação pela Lei 12.435/2011.

Art. 24-A. Fica instituído o Serviço de Proteção e Atendimento Integral à Família (Paif), que integra a proteção social básica e consiste na oferta de ações e serviços socioassistenciais de prestação continuada, nos Cras, por meio do trabalho social com famílias em situação de vulnerabilidade social, com o objetivo de prevenir o rompimento dos vínculos familiares e a violência no âmbito de suas relações, garantindo o direito à convivência familiar e comunitária.
▶ Artigo acrescido pela Lei 12.435/2011.

Parágrafo único. Regulamento definirá as diretrizes e os procedimentos do Paif.

Art. 24-B. Fica instituído o Serviço de Proteção e Atendimento Especializado a Famílias e Indivíduos (Paefi), que integra a proteção social especial e consiste no apoio, orientação e acompanhamento a famílias e indivíduos em situação de ameaça ou violação de direitos, articulando os serviços socioassistenciais com as diversas políticas públicas e com órgãos do sistema de garantia de direitos.
▶ Artigo acrescido pela Lei 12.435/2011.

Parágrafo único. Regulamento definirá as diretrizes e os procedimentos do Paefi.

Art. 24-C. Fica instituído o Programa de Erradicação do Trabalho Infantil (Peti), de caráter intersetorial, integrante da Política Nacional de Assistência Social, que, no âmbito do Suas, compreende transferências de renda, trabalho social com famílias e oferta de serviços socioeducativos para crianças e adolescentes que se encontrem em situação de trabalho.
▶ Artigo acrescido pela Lei 12.435/2011.

§ 1º O Peti tem abrangência nacional e será desenvolvido de forma articulada pelos entes federados, com a participação da sociedade civil, e tem como objetivo contribuir para a retirada de crianças e adolescentes com idade inferior a 16 (dezesseis) anos em situação de trabalho, ressalvada a condição de aprendiz, a partir de 14 (quatorze) anos.

§ 2º As crianças e os adolescentes em situação de trabalho deverão ser identificados e ter os seus dados inseridos no Cadastro Único para Programas Sociais do Governo Federal (CadÚnico), com a devida identificação das situações de trabalho infantil.

Seção V
Dos projetos de enfrentamento da pobreza

Art. 25. Os projetos de enfrentamento da pobreza compreendem a instituição de investimento econômico-social nos grupos populares, buscando subsidiar, financeira e tecnicamente, iniciativas que lhes garantam meios, capacidade produtiva e de gestão para melhoria das condições gerais de subsistência, elevação do padrão da qualidade de vida, a preservação do meio-ambiente e sua organização social.

Art. 26. O incentivo a projetos de enfrentamento da pobreza assentar-se-á em mecanismos de articulação e de participação de diferentes áreas governamentais e em sistema de cooperação entre organismos governamentais, não governamentais e da sociedade civil.

Seção VI
Do Auxílio-Inclusão
▶ Seção acrescida pela Lei 14.176/2021.

Art. 26-A. Terá direito à concessão do auxílio-inclusão de que trata o art. 94 da Lei 13.146, de 6 de julho de 2015 (Estatuto da Pessoa com Deficiência), a pessoa com deficiência moderada ou grave que, cumulativamente:

I – receba o benefício de prestação continuada, de que trata o art. 20 desta Lei, e passe a exercer atividade:

a) que tenha remuneração limitada a 2 (dois) salários mínimos; e

b) que enquadre o beneficiário como segurado obrigatório do Regime Geral de Previdência Social ou como filiado a regime próprio de previdência social da União, dos Estados, do Distrito Federal ou dos Municípios;

II – tenha inscrição atualizada no CadÚnico no momento do requerimento do auxílio-inclusão;

III – tenha inscrição regular no CPF; e

IV – atenda aos critérios de manutenção do benefício de prestação continuada, incluídos os critérios relativos à renda familiar mensal per capita exigida para o acesso ao benefício, observado o disposto no § 4º deste artigo.

§ 1º O auxílio-inclusão poderá ainda ser concedido, nos termos do inciso I do *caput* deste artigo, mediante requerimento e sem retroatividade no pagamento, ao beneficiário:

I – que tenha recebido o benefício de prestação continuada nos 5 (cinco) anos imediatamente anteriores ao exercício da atividade remunerada; e

II – que tenha tido o benefício suspenso nos termos do art. 21-A desta Lei.

§ 2º O valor do auxílio-inclusão percebido por um membro da família não será considerado no cálculo da renda familiar mensal per capita de que trata o inciso IV do

caput deste artigo, para fins de concessão e de manutenção de outro auxílio-inclusão no âmbito do mesmo grupo familiar.

§ 3º O valor do auxílio-inclusão e o da remuneração do beneficiário do auxílio-inclusão de que trata a alínea "a" do inciso I do *caput* deste artigo percebidos por um membro da família não serão considerados no cálculo da renda familiar mensal per capita de que tratam os §§ 3º e 11-A do art. 20 desta Lei para fins de manutenção de benefício de prestação continuada concedido anteriormente a outra pessoa do mesmo grupo familiar.

§ 4º Para fins de cálculo da renda familiar per capita de que trata o inciso IV do *caput* deste artigo, serão desconsideradas:

I – as remunerações obtidas pelo requerente em decorrência de exercício de atividade laboral, desde que o total recebido no mês seja igual ou inferior a 2 (dois) salários mínimos; e

II – as rendas oriundas dos rendimentos decorrentes de estágio supervisionado e de aprendizagem.

Art. 26-B. O auxílio-inclusão será devido a partir da data do requerimento, e o seu valor corresponderá a 50% (cinquenta por cento) do valor do benefício de prestação continuada em vigor.

§ 1º Ao requerer o auxílio-inclusão, o beneficiário autorizará a suspensão do benefício de prestação continuada, nos termos do art. 21-A desta Lei.

> ▸ Primitivo parágrafo único renumerado para § 1º pela Lei 14.441/2022.

§ 2º O auxílio-inclusão será concedido automaticamente pelo INSS, observado o preenchimento dos demais requisitos, mediante constatação, pela própria autarquia ou pelo Ministério da Cidadania, de acumulação do benefício de prestação continuada com o exercício de atividade remunerada.

§ 3º Na hipótese do § 2º deste artigo, o auxílio-inclusão será devido a partir do primeiro dia da competência em que se identificou a ocorrência de acumulação do benefício de prestação continuada com o exercício de atividade remunerada, e o titular deverá ser notificado quanto à alteração do benefício e suas consequências administrativas.

> ▸ §§ 2º e 3º acrescidos pela Lei 14.441/2022.

Art. 26-C. O pagamento do auxílio-inclusão não será acumulado com o pagamento de:

I – benefício de prestação continuada de que trata o art. 20 desta Lei;

II – prestações a título de aposentadoria, de pensões ou de benefícios por incapacidade pagos por qualquer regime de previdência social; ou

III – seguro-desemprego.

Art. 26-D. O pagamento do auxílio-inclusão cessará na hipótese de o beneficiário:

I – deixar de atender aos critérios de manutenção do benefício de prestação continuada; ou

II – deixar de atender aos critérios de concessão do auxílio-inclusão.

Parágrafo único. Ato do Poder Executivo federal disporá sobre o procedimento de verificação dos critérios de manutenção e de revisão do auxílio inclusão.

Art. 26-E. O auxílio-inclusão não está sujeito a desconto de qualquer contribuição e não gera direito a pagamento de abono anual.

Art. 26-F. Compete ao Ministério da Cidadania a gestão do auxílio-inclusão, e ao INSS a sua operacionalização e pagamento.

Art. 26-G. As despesas decorrentes do pagamento do auxílio-inclusão correrão à conta do orçamento do Ministério da Cidadania.

§ 1º O Poder Executivo federal compatibilizará o quantitativo de benefícios financeiros do auxílio-inclusão de que trata o art. 26-A desta Lei com as dotações orçamentárias existentes.

2º O regulamento indicará o órgão do Poder Executivo responsável por avaliar os impactos da concessão do auxílio-inclusão na participação no mercado de trabalho, na redução de desigualdades e no exercício dos direitos e liberdades fundamentais das pessoas com deficiência, nos termos do § 16 do art. 37 da Constituição Federal.

Art. 26-H. No prazo de 10 (dez) anos, contado da data de publicação desta Seção, será promovida a revisão do auxílio-inclusão, observado o disposto no § 2º do art. 26-G desta Lei, com vistas a seu aprimoramento e ampliação.

> ▸ Arts. 26-A a 26-H acrescidos pela Lei 14.176/2021.

(...)

CAPÍTULO VI
DAS DISPOSIÇÕES GERAIS E TRANSITÓRIAS

Art. 31. Cabe ao Ministério Público zelar pelo efetivo respeito aos direitos estabelecidos nesta lei.

Art. 32. O Poder Executivo terá o prazo de 60 (sessenta) dias, a partir da publicação desta lei, obedecidas as normas por ela instituídas, para elaborar e encaminhar projeto de lei dispondo sobre a extinção e reordenamento dos órgãos de assistência social do Ministério do Bem-Estar Social.

§ 1º O projeto de que trata este artigo definirá formas de transferências de benefícios, serviços, programas, projetos, pessoal, bens móveis e imóveis para a esfera municipal.

§ 2º O Ministro de Estado do Bem-Estar Social indicará Comissão encarregada de elaborar o projeto de lei de que trata este artigo, que contará com a participação das organizações dos usuários, de trabalhadores do setor e de entidades e organizações de assistência social.

Art. 33. Decorrido o prazo de 120 (cento e vinte) dias da promulgação desta lei, fica extinto o Conselho Nacional do Serviço Social (CNSS), revogando-se, em consequência, os Decretos-Leis 525, de 1º de julho de 1938, e 657, de 22 de julho de 1943.

§ 1º O Poder Executivo tomará as providências necessárias para a instalação do Conselho Nacional de Assistência Social (CNAS) e a transferência das atividades que passarão à sua competência dentro do prazo estabelecido no *caput*, de forma a assegurar não haja solução de continuidade.

§ 2º O acervo do órgão de que trata o *caput* será transferido, no prazo de 60 (sessenta) dias, para o Conselho Nacional de Assistência Social (CNAS), que promoverá, mediante critérios e prazos a serem fixados, a revisão dos processos de registro e certificado de entidade de fins filantrópicos das entidades e organização de assistência social, observado o disposto no art. 3º desta lei.

Art. 34. A União continuará exercendo papel supletivo nas ações de assistência social, por ela atualmente executadas diretamente no âmbito dos Estados, dos Municípios e do Distrito Federal, visando à implementação do disposto nesta lei, por prazo máximo de 12 (doze) meses, contados a partir da data da publicação desta lei.

Art. 35. Cabe ao órgão da Administração Pública Federal responsável pela coordenação da Política Nacional de Assistência Social operar os benefícios de prestação continuada de que trata esta lei, podendo, para tanto, contar com o concurso de outros órgãos do Governo Federal, na forma a ser estabelecida em regulamento.

§ 1º O regulamento de que trata o caput definirá as formas de comprovação do direito ao benefício, as condições de sua suspensão, os procedimentos em casos de curatela e tutela e o órgão de credenciamento, de pagamento e de fiscalização, dentre outros aspectos.

> ▸ § 1º renumerado com redação pela Lei 15.077/2024.

§ 2º Os órgãos federais disponibilizarão as informações constantes das bases de dados de que sejam detentores necessárias à verificação dos requisitos para concessão, manutenção e revisão do benefício de prestação continuada previsto no art. 20 desta Lei, nos termos de ato do Poder Executivo federal.

> ▸ § 2º acrescido pela Lei 15.077/2024.

Art. 36. As entidades e organizações de assistência social que incorrerem em irregularidades na aplicação dos recursos que lhes foram repassados pelos poderes públicos terão a sua vinculação ao Suas cancelada, sem prejuízo de responsabilidade civil e penal.

> ▸ Artigo com redação pela Lei 12.435/2011.

Art. 37. O benefício de prestação continuada será devido após o cumprimento, pelo requerente, de todos os requisitos legais e regulamentares exigidos para sua concessão, inclusive apresentação da documentação necessária, devendo o seu pagamento ser efetuado em até quarenta e cinco dias após cumpridas as exigências de que trata este artigo.

> ▸ Artigo com redação pela Lei 9.720/1998.

Parágrafo único. No caso de o primeiro pagamento ser feito após o prazo previsto no *caput*, aplicar-se-á na sua atualização o mesmo critério adotado pelo INSS na atualização do primeiro pagamento de benefício previdenciário em atraso.

> ▸ Parágrafo único acrescido pela Lei 9.720/1998.

Art. 38. *Revogado pela Lei 12.435/2011.*

Art. 39. O Conselho Nacional de Assistência Social (CNAS), por decisão da maioria absoluta de seus membros, respeitados o orçamento da seguridade social e a disponibilidade do Fundo Nacional de Assistência Social (FNAS), poderá propor ao Poder Executivo a alteração

dos limites de renda mensal per capita definidos no § 3º do art. 20 e *caput* do art. 22.

Art. 40. Com a implantação dos benefícios previstos nos arts. 20 e 22 desta lei, extinguem-se a renda mensal vitalícia, o auxílio-natalidade e o auxílio-funeral existentes no âmbito da Previdência Social, conforme o disposto na Lei 8.213, de 24 de julho de 1991.

§ 1º A transferência dos beneficiários do sistema previdenciário para a assistência social deve ser estabelecida de forma que o atendimento à população não sofra solução de continuidade.

> ▸ § 1º com redação pela Lei 9.711/1998.

§ 2º É assegurado ao maior de setenta anos e ao inválido o direito de requerer a renda mensal vitalícia junto ao INSS até 31 de dezembro de 1995, desde que atenda, alternativamente, aos requisitos estabelecidos nos incisos I, II ou III do § 1º do art. 139 da Lei 8.213, de 24 de julho de 1991.

> ▸ § 2º com redação pela Lei 9.711/1998.

Art. 40-A. Os benefícios monetários decorrentes do disposto nos arts. 22, 24-C e 25 desta Lei serão pagos preferencialmente à mulher responsável pela unidade familiar, quando cabível.

> ▸ Artigo acrescido pela Lei 13.014/2014.

Art. 40-B. Enquanto não estiver regulamentado o instrumento de avaliação de que tratam os §§ 1º e 2º do art. 2º da Lei nº 13.146, de 6 de julho de 2015 (Estatuto da Pessoa com Deficiência), a concessão do benefício de prestação continuada à pessoa com deficiência ficará sujeita à avaliação do grau da deficiência e do impedimento de que trata o § 2º do art. 20 desta Lei, composta de avaliação médica e avaliação social realizadas, respectivamente, pela perícia médica federal e pelo serviço social do INSS, com a utilização de instrumentos desenvolvidos especificamente para esse fim, e será obrigatório o registro, nos sistemas informacionais utilizados para a concessão do benefício, do código da Classificação Internacional de Doenças (CID), garantida a preservação do sigilo.

> ▸ *Caput* com redação pela Lei 15.077/2024.

§ 1º para a realização da avaliação social, sob a supervisão do serviço social da autarquia.

> ▸ § 1º acrescido pela Lei 14.441/2022 e renumerado pela Lei 14.724/2023.

§ 2º A avaliação médica prevista no caput deste artigo poderá ser realizada com o uso de tecnologia de telemedicina ou por análise documental conforme situações e requisitos definidos em regulamento.

> ▸ § 2º acrescido pela Lei 14.724/2023.

Art. 40-C. Os eventuais débitos do beneficiário decorrentes de recebimento irregular do benefício de prestação continuada ou do auxílio-inclusão poderão ser consignados no valor mensal desses benefícios, nos termos do regulamento.

> ▸ Arts. 40-B e 40-C acrescidos pela Lei 14.176/2021.

Art. 41. Esta lei entra em vigor na data da sua publicação.

Art. 42. Revogam-se as disposições em contrário.

Brasília, 7 de dezembro de 1993, 172º da Independência e 105º da República.

Itamar Franco

DECRETO 3.048, DE 6 DE MAIO DE 1999

Aprova o Regulamento da Previdência Social, e dá outras providências.

DOU 07.05.1999; Republicado em 12.05.1999; Retificado em 18.06.1999 e 21.06.1999.

O Presidente da República, no uso da atribuição que lhe confere o art. 84, inciso IV, da Constituição Federal, e de acordo com a Emenda Constitucional 20, de 1998, as Leis Complementares 70, de 30 de dezembro de 1991, e 84, de 18 de janeiro de 1996, e as Leis 8.138, de 28 de dezembro de 1990, 8.212, de 24 de julho de 1991, 8.213, de 24 de julho de 1991, 8.218, de 29 de agosto de 1991, 8.383, de 30 de dezembro de 1991, 8.398, de 7 de janeiro de 1992, 8.436, de 25 de junho de 1992, 8.444, de 20 de julho de 1992, 8.540, de 22 de dezembro de 1992, 8.542, de 23 de dezembro de 1992, 8.619, de 5 de janeiro de 1993, 8.620, de 5 de janeiro de 1993, 8.630, de 25 de fevereiro de 1993, 8.647, de 13 de abril de 1993, 8.742, de 7 de dezembro de 1993, 8.745, de 9 de dezembro de 1993, 8.861, de 25 de março de 1994, 8.864, de 28 de março de 1994, 8.870, de 15 de abril de 1994, 8.880, de 27 de maio de 1994, 8.935, de 18 de novembro de 1994, 8.981, de 20 de janeiro de 1995, 9.032, de 28 de abril de 1995, 9.063, de 14 de junho de 1995, 9.065, de 20 de

junho de 1995, 9.069, de 29 de junho de 1995, 9.129, de 20 de novembro de 1995, 9.249, de 26 de dezembro de 1995, 9.250, de 26 de dezembro de 1995, 9.317, de 5 de dezembro de 1996, 9.429, de 26 de dezembro de 1996, 9.476, de 23 de julho de 1997, 9.506, de 30 de outubro de 1997, 9.528, de 10 de dezembro de 1997, 9.601, de 21 de janeiro de 1998, 9.615, de 24 de março de 1998, 9.639, de 25 de maio de 1998, 9.649, de 27 de maio de 1998, 9.676, de 30 de junho de 1998, 9.703, de 17 de novembro de 1998, 9.711, de 21 de novembro de 1998, 9.717, de 27 de novembro de 1998, 9.718, de 27 de novembro de 1998, 9.719, de 27 de novembro de 1998, 9.720, de 30 de novembro de 1998, e 9.732, de 11 de dezembro de 1998, decreta:

Art. 1º O Regulamento da Previdência Social passa a vigorar na forma do texto apenso ao presente Decreto, com seus anexos.

Art. 2º Este Decreto entra em vigor na data de sua publicação.

Art. 3º Ficam revogados os Decretos 33.335, de 20 de julho de 1953, 36.911, de 15 de fevereiro de 1955, 65.106, de 5 de setembro de 1969, 69.382, de 19 de outubro de 1971, 72.771, de 6 de setembro de 1973, 73.617, de 12 de fevereiro de 1974, 73.833, de 13 de março de 1974, 74.661, de 7 de outubro de 1974, 75.478, de 14 de março de 1975, 75.706, de 8 de maio de 1975, 75.884, de 19 de junho de 1975, 76.326, de 23 de setembro de 1975, 77.210, de 20 de fevereiro de 1976, 79.037, de 24 de dezembro de 1976, 79.575, de 26 de abril de 1977, 79.789, de 7 de junho de 1977, 83.080, de 24 de janeiro de 1979, 83.081, de 24 de janeiro de 1979, 85.745, de 23 de fevereiro de 1981, 85.850, de 30 de março de 1981, 86.512, de 29 de outubro de 1981, 87.374, de 8 de julho de 1982, 87.430, de 28 de julho de 1982, 88.353, de 6 de junho de 1983, 88.367, de 7 de junho de 1983, 88.443, de 29 de junho de 1983, 89.167, de 9 de dezembro de 1983, 89.312, de 23 de janeiro de 1984, 90.038, de 9 de agosto de 1984, 90.195, de 12 de setembro de 1984, 90.817, de 17 de janeiro de 1985, 91.406, de 5 de julho de 1985, 92.588, de 25 de abril de 1986, 92.700, de 21 de maio de 1986, 92.702, de 21 de maio de 1986, 92.769, de 10 de outubro de 1986, 92.770, de 10 de junho de 1986, 92.976, de 22 de julho de 1986, 94.512, de 24 de junho de 1987, 96.543, de 22 de agosto de 1988, 96.595, de 25 de agosto de 1988, 98.376, de 7 de novembro de 1989, 99.301, de 15 de junho de 1990, 99.351, de 27 de junho de 1990, 1.197, de 14 de julho de 1994, 1.514, de 5 de junho de 1995, 1.826, de 29 de fevereiro de 1996, 1.843, de 25 de março de 1996, 2.172, de 5 de março de 1997, 2.173, de 5 de março de 1997, 2.342, de 9 de outubro de 1997, 2.664, de 10 de julho de 1998, 2.782, de 14 de setembro de 1998, 2.803, de 20 de outubro de 1998, 2.924, de 5 de janeiro de 1999, e 3.039, de 28 de abril de 1999.

Brasília, 6 de maio de 1999; 178º da Independência e 111º da República.

Fernando Henrique Cardoso

REGULAMENTO DA PREVIDÊNCIA SOCIAL

LIVRO I
DA FINALIDADE E DOS PRINCÍPIOS BÁSICOS DA SEGURIDADE SOCIAL

Art. 1º A seguridade social compreende um conjunto integrado de ações de iniciativa dos poderes públicos e da sociedade, destinado a assegurar o direito relativo à saúde, à previdência e à assistência social.

Parágrafo único. A seguridade social obedecerá aos seguintes princípios e diretrizes:

I – universalidade da cobertura e do atendimento;

II – uniformidade e equivalência dos benefícios e serviços às populações urbanas e rurais;

III – seletividade e distributividade na prestação dos benefícios e serviços;

IV – irredutibilidade do valor dos benefícios, de forma a preservar-lhe o poder aquisitivo;

V – equidade na forma de participação no custeio;

VI – diversidade da base de financiamento; e

VII – caráter democrático e descentralizado da administração, mediante gestão quadripartite, com participação dos trabalhadores, dos empregadores, dos aposentados e do governo nos órgãos colegiados.

TÍTULO I
DA SAÚDE

Art. 2º A saúde é direito de todos e dever do Estado, garantido mediante políticas sociais e econômicas que

visem à redução do risco de doença e de outros agravos e ao acesso universal e igualitário às ações e serviços para sua promoção, proteção e recuperação.

Parágrafo único. As atividades de saúde são de relevância pública, e sua organização obedecerá aos seguintes princípios e diretrizes:

I – acesso universal e igualitário;

II – provimento das ações e serviços mediante rede regionalizada e hierarquizada, integrados em sistema único;

III – descentralização, com direção única em cada esfera de governo;

IV – atendimento integral, com prioridade para as atividades preventivas;

V – participação da comunidade na gestão, fiscalização e acompanhamento das ações e serviços de saúde; e

VI – participação da iniciativa privada na assistência à saúde, em obediência aos preceitos constitucionais.

TÍTULO III
DA ASSISTÊNCIA SOCIAL

Art. 3º A assistência social é a política social que provê o atendimento das necessidades básicas, traduzidas em proteção à família, à maternidade, à infância, à adolescência, à velhice e à pessoa portadora de deficiência, independentemente de contribuição à seguridade social.

Parágrafo único. A organização da assistência social obedecerá às seguintes diretrizes:

I – descentralização político-administrativa; e

II – participação da população na formulação e controle das ações em todos os níveis.

TÍTULO IV
DA PREVIDÊNCIA SOCIAL

Art. 4º A previdência social rege-se pelos seguintes princípios e objetivos:

I – universalidade de participação nos planos previdenciários;

II – uniformidade e equivalência dos benefícios e serviços às populações urbanas e rurais;

III – seletividade e distributividade na prestação dos benefícios;

IV – cálculo dos benefícios considerando-se os salários de contribuição corrigidos monetariamente;

V – irredutibilidade do valor dos benefícios, de forma a preservar-lhe o poder aquisitivo;

VI – valor da renda mensal dos benefícios substitutos do salário de contribuição ou do rendimento do trabalho do segurado não inferior ao do salário mínimo; e

VII – caráter democrático e descentralizado da administração, mediante gestão quadripartite, com participação dos trabalhadores, dos empregadores, dos aposentados e do governo nos órgãos colegiados.

Art. 5º A previdência social será organizada sob a forma de regime geral, de caráter contributivo e de filiação obrigatória, observados critérios que preservem o equilíbrio financeiro e atuarial, e atenderá a:

I – cobertura de eventos de incapacidade temporária ou permanente para trabalho e idade avançada;

▸ Inciso I com redação pelo Dec. 10.410/2020.

II – proteção à maternidade, especialmente à gestante;

III – proteção ao trabalhador em situação de desemprego involuntário;

IV – salário-família e auxílio-reclusão para os dependentes dos segurados de baixa renda; e

V – pensão por morte do segurado, homem ou mulher, ao cônjuge ou companheiro e dependentes.

▸ Súmula 416 do STJ.

LIVRO II
DOS BENEFÍCIOS DA PREVIDÊNCIA SOCIAL

TÍTULO I
DOS REGIMES DA PREVIDÊNCIA SOCIAL

Art. 6º A previdência social compreende:

I – o Regime Geral de Previdência Social; e

II – os regimes próprios de previdência social dos servidores públicos e dos militares.

Parágrafo único. O Regime Geral de Previdência Social garante a cobertura de todas as situações expressas no art. 5º, exceto a de desemprego involuntário, observado o disposto no art. 199-A quanto ao direito à aposentadoria por tempo de contribuição.

▸ Parágrafo único com redação pelo Dec. 6.042/2007.

Art. 7º A administração do Regime Geral de Previdência Social é atribuída ao Ministério da Previdência e Assistência Social, sendo exercida pelos órgãos e entidades a ele vinculados.

TÍTULO II
DO REGIME GERAL DE PREVIDÊNCIA SOCIAL

CAPÍTULO I
DOS BENEFICIÁRIOS

Art. 8º São beneficiários do Regime Geral de Previdência Social as pessoas físicas classificadas como segurados e dependentes, nos termos das Seções I e II deste Capítulo.

Seção I
Dos segurados

Art. 9º São segurados obrigatórios da previdência social as seguintes pessoas físicas:

I – como empregado:

a) aquele que presta serviço de natureza urbana ou rural a empresa, em caráter não eventual, sob sua subordinação e mediante remuneração, inclusive como diretor empregado;

b) aquele que, contratado por empresa de trabalho temporário, na forma prevista em legislação específica, por prazo não superior a cento e oitenta dias, consecutivos ou não, prorrogável por até noventa dias, presta serviço para atender a necessidade transitória de substituição de pessoal regular e permanente ou a acréscimo extraordinário de serviço de outras empresas;

▸ Alínea b com redação pelo Dec. 10.410/2020.

c) o brasileiro ou o estrangeiro domiciliado e contratado no Brasil para trabalhar como empregado no exterior, em sucursal ou agência de empresa constituída sob as leis brasileiras e que tenha sede e administração no País;

d) o brasileiro ou o estrangeiro domiciliado e contratado no Brasil para trabalhar como empregado em empresa domiciliada no exterior com maioria do capital votante pertencente a empresa constituída sob as leis brasileiras, que tenha sede e administração no País e cujo controle efetivo esteja em caráter permanente sob a titularidade direta ou indireta de pessoas físicas domiciliadas e residentes no País ou de entidade de direito público interno;

e) aquele que presta serviço no Brasil a missão diplomática ou a repartição consular de carreira estrangeira e a órgãos a elas subordinados, ou a membros dessas missões e repartições, excluídos o não brasileiro sem residência permanente no Brasil e o brasileiro amparado pela legislação previdenciária do país da respectiva missão diplomática ou repartição consular;

f) o brasileiro civil que trabalha para a União no exterior, em organismos oficiais internacionais dos quais o Brasil seja membro efetivo, ainda que lá domiciliado e contratado, salvo se amparado por regime próprio de previdência social;

g) o brasileiro civil que presta serviços à União no exterior, em repartições governamentais brasileiras, lá domiciliado e contratado, inclusive o auxiliar local de que tratam os arts. 56 e 57 da Lei 11.440, de 29 de dezembro de 2006, este desde que, em razão de proibição legal, não possa filiar-se ao sistema previdenciário local;

▸ Alínea g com redação pelo Dec. 6.722/2008.

h) o bolsista e o estagiário que prestam serviços a empresa, em desacordo com a Lei 11.788, de 25 de setembro de 2008;

▸ Alínea h com redação pelo Dec. 6.722/2008.

i) o servidor da União, Estado, Distrito Federal ou Município, incluídas suas autarquias e fundações, ocupante, exclusivamente, de cargo em comissão declarado em lei de livre nomeação e exoneração;

j) o servidor do Estado, Distrito Federal ou Município, bem como o das respectivas autarquias e fundações, ocupante de cargo efetivo, desde que, nessa qualidade, não esteja amparado por regime próprio de previdência social;

l) o servidor contratado pela União, Estado, Distrito Federal ou Município, bem como pelas respectivas autarquias e fundações, por tempo determinado, para atender a necessidade temporária de excepcional interesse público, nos termos do inciso IX do art. 37 da Constituição Federal;

m) o servidor da União, Estado, Distrito Federal ou Município, incluídas suas autarquias e fundações, ocupante de emprego público;

n) *Revogada pelo Dec. 3.265/1999.*

o) o escrevente e o auxiliar contratados por titular de serviços notariais e de registro a partir de 21 de novembro de 1994, bem como aquele que optou pelo Regime

Geral de Previdência Social, em conformidade com a Lei 8.935, de 18 de novembro de 1994; e

p) aquele em exercício de mandato eletivo federal, estadual, distrital ou municipal, desde que não seja vinculado a regime próprio de previdência social;

▶ Alínea p com redação pelo Dec. 10.410/2020.

q) o empregado de organismo oficial internacional ou estrangeiro em funcionamento no Brasil, salvo quando coberto por regime próprio de previdência social;

▶ Alínea q acrescida pelo Dec. 3.265/1999.

r) o trabalhador rural contratado por produtor rural pessoa física, na forma do art. 14-A da Lei 5.889, de 8 de junho de 1973, para o exercício de atividades de natureza temporária por prazo não superior a 2 (dois) meses dentro do período de 1 (um) ano;

▶ Alínea r acrescida pelo Dec. 6.722/2008.

s) aquele contratado como trabalhador intermitente para a prestação de serviços, com subordinação, de forma não contínua, com alternância de períodos de prestação de serviços e de inatividade, em conformidade com o disposto no § 3º do art. 443 da Consolidação das Leis do Trabalho, aprovada pelo Decreto-Lei nº 5.452, de 1º de maio de 1943;

▶ Alínea s acrescida pelo Dec. 10.410/2020.

II – como empregado doméstico – aquele que presta serviço de forma contínua, subordinada, onerosa e pessoal a pessoa ou família, no âmbito residencial desta, em atividade sem fins lucrativos, por mais de dois dias por semana;

▶ Inciso II com redação pelo Dec. 10.410/2020.

III e IV – *Revogados pelo Dec. 3.265/1999.*

V – como contribuinte individual:

▶ Caput do inciso V com redação pelo Dec. 3.265/1999.

a) a pessoa física, proprietária ou não, que explora atividade agropecuária, a qualquer título, em caráter permanente ou temporário, em área, contínua ou descontínua, superior a quatro módulos fiscais; ou, quando em área igual ou inferior a quatro módulos fiscais ou atividade pesqueira ou extrativista, com auxílio de empregados ou por intermédio de prepostos; ou ainda nas hipóteses dos §§ 8º e 23 deste artigo;

▶ Alínea a com redação pelo Dec. 6.722/2008.

b) a pessoa física, proprietária ou não, que explora atividade de extração mineral – garimpo –, em caráter permanente ou temporário, diretamente ou por intermédio de prepostos, com ou sem o auxílio de empregados, utilizados a qualquer título, ainda que de forma não contínua;

▶ Alínea b com redação pelo Dec. 3.265/1999.

c) o ministro de confissão religiosa e o membro de instituto de vida consagrada, de congregação ou de ordem religiosa;

▶ Alínea c com redação pelo Dec. 4.079/2002.

d) o brasileiro civil que trabalha no exterior para organismo oficial internacional do qual o Brasil é membro efetivo, ainda que lá domiciliado e contratado, salvo quando coberto por regime próprio de previdência social;

▶ Alínea d com redação pelo Dec. 3.265/1999.

e) desde que receba remuneração decorrente de trabalho na empresa:

▶ Alínea e com redação pelo Dec. 10.410/2020.

1. o empresário individual e o titular de empresa individual de responsabilidade limitada, urbana ou rural;

2. o diretor não empregado e o membro de conselho de administração de sociedade anônima;

3. o sócio de sociedade em nome coletivo; e

4. o sócio solidário, o sócio gerente, o sócio cotista e o administrador, quanto a este último, quando não for empregado em sociedade limitada, urbana ou rural;

f a h) *Revogadas pelo Dec. 10.410/2020.*

i) o associado eleito para cargo de direção em cooperativa, associação ou entidade de qualquer natureza ou finalidade, bem como o síndico ou administrador eleito para exercer atividade de direção condominial, desde que recebam remuneração;

▶ Alínea i com redação pelo Dec. 3.265/1999.

j) quem presta serviço de natureza urbana ou rural, em caráter eventual, a uma ou mais empresas, sem relação de emprego;

▶ Alínea j com redação pelo Dec. 3.265/1999.

l) a pessoa física que exerce, por conta própria, atividade econômica de natureza urbana, com fins lucrativos ou não;

▶ Alínea l com redação pelo Dec. 3.265/1999.

m) o aposentado de qualquer regime previdenciário nomeado magistrado classista temporário da Justiça do Trabalho, na forma dos incisos II do § 1º do art. 111 ou III do art. 115 ou do parágrafo único do art. 116 da Constituição Federal, ou nomeado magistrado da Justiça Eleitoral, na forma dos incisos II do art. 119 ou III do § 1º do art. 120 da Constituição Federal;

▶ Alínea m com redação pelo Dec. 3.265/1999.

▶ A EC 24/1999 extinguiu a representação classista na Justiça do Trabalho, substituindo as Juntas de Conciliação e Julgamento pelas Varas da Justiça do Trabalho.

n) o cooperado de cooperativa de produção que, nesta condição, presta serviço à sociedade cooperativa mediante remuneração ajustada ao trabalho executado; e

▶ Alínea n acrescida pelo Dec. 4.032/2001.

o) *Revogada pelo Dec. 7.054/2009.*

p) o Micro Empreendedor Individual – MEI de que tratam os arts. 18-A e 18-C da Lei Complementar 123, de 14 de dezembro de 2006, que opte pelo recolhimento dos impostos e contribuições abrangidos pelo Simples Nacional em valores fixos mensais;

▶ Alínea p acrescida pelo Dec. 6.722/2008.

q) o médico participante do Projeto Mais Médicos para o Brasil, instituído pela Lei 12.871, de 22 de outubro de 2013, exceto na hipótese de cobertura securitária específica estabelecida por organismo internacional ou filiação a regime de seguridade social em seu país de origem, com o qual a República Federativa do Brasil mantenha acordo de seguridade social;

▶ Alínea q com redação pelo Dec. 10.410/2020.

r) o médico em curso de formação no âmbito do Programa Médicos pelo Brasil, instituído pela Lei nº 13.958, de 18 de dezembro de 2019;

▶ Alínea r acrescida pelo Dec. 10.410/2020.

VI – como trabalhador avulso – aquele que:

▶ Inciso VI com redação pelo Dec. 10.410/2020.

a) sindicalizado ou não, preste serviço de natureza urbana ou rural a diversas empresas, ou equiparados, sem vínculo empregatício, com intermediação obrigatória do órgão gestor de mão de obra, nos termos do disposto na Lei 12.815, de 5 de junho de 2013, ou do sindicato da categoria, assim considerados:

▶ Alínea a com redação pelo Dec. 10.410/2020.

1. o trabalhador que exerça atividade portuária de capatazia, estiva, conferência e conserto de carga e vigilância de embarcação e bloco;

2. o trabalhador de estiva de mercadorias de qualquer natureza, inclusive carvão e minério;

3. o trabalhador em alvarenga (embarcação para carga e descarga de navios);

4. o amarrador de embarcação;

5. o ensacador de café, cacau, sal e similares;

6. o trabalhador na indústria de extração de sal;

7. o carregador de bagagem em porto;

8. o prático de barra em porto;

9. o guindasteiro; e

10. o classificador, o movimentador e o empacotador de mercadorias em portos; e

b) exerça atividade de movimentação de mercadorias em geral, nos termos do disposto na Lei 12.023, de 27 de agosto de 2009, em áreas urbanas ou rurais, sem vínculo empregatício, com intermediação obrigatória do sindicato da categoria, por meio de acordo ou convenção coletiva de trabalho, nas atividades de:

▶ Alínea b com redação pelo Dec. 10.410/2020.

1. cargas e descargas de mercadorias a granel e ensacados, costura, pesagem, embalagem, enlonamento, ensaque, arrasto, posicionamento, acomodação, reordenamento, reparação de carga, amostragem, arrumação, remoção, classificação, empilhamento, transporte com empilhadeiras, paletização, ova e desova de vagões, carga e descarga em feiras livres e abastecimento de lenha em secadores e caldeiras;

2. operação de equipamentos de carga e descarga; e

3. pré-limpeza e limpeza em locais necessários às operações ou à sua continuidade;

c a j) *Revogadas pelo Dec. 10.410/2020.*

VII – como segurado especial: a pessoa física residente no imóvel rural ou em aglomerado urbano ou rural próximo que, individualmente ou em regime de economia familiar, ainda que com o auxílio eventual de terceiros, na condição de:

▶ Inciso VII com redação pelo Dec. 6.722/2008.

a) produtor, seja ele proprietário, usufrutuário, possuidor, assentado, parceiro ou meeiro outorgados, comodatário ou arrendatário rurais, que explore atividade:

1. agropecuária em área contínua ou não de até quatro módulos fiscais; ou

2. de seringueiro ou extrativista vegetal na coleta e extração, de modo sustentável, de recursos naturais renováveis, e faça dessas atividades o principal meio de vida;

b) pescador artesanal ou a este assemelhado, que faça da pesca profissão habitual ou principal meio de vida;

c) cônjuge ou companheiro, bem como filho maior de dezesseis anos de idade ou a este equiparado, do segurado de que tratam as alíneas *a* e *b* deste inciso, que, comprovadamente, tenham participação ativa nas atividades rurais ou pesqueiras artesanais, respectivamente, do grupo familiar;

▶ Alínea c com redação pelo Dec. 8.499/2015

§ 1º O aposentado pelo Regime Geral de Previdência Social que voltar a exercer atividade abrangida por este regime é segurado obrigatório em relação a essa atividade, ficando sujeito às contribuições de que trata este Regulamento.

§ 2º Considera-se diretor empregado aquele que, participando ou não do risco econômico do empreendimento, seja contratado ou promovido para cargo de direção das sociedades anônimas, mantendo as características inerentes à relação de emprego.

§ 3º Considera-se diretor não empregado aquele que, participando ou não do risco econômico do empreendimento, seja eleito, por assembleia geral dos acionistas, para cargo de direção das sociedades anônimas, não mantendo as características inerentes à relação de emprego.

§ 4º Entende-se por serviço prestado em caráter não eventual aquele relacionado direta ou indiretamente com as atividades normais da empresa.

§ 5º Entende-se como regime de economia familiar a atividade em que o trabalho dos membros da família é indispensável à própria subsistência e ao desenvolvimento socioeconômico do núcleo familiar e é exercido em condições de mútua dependência e colaboração, sem a utilização de empregados permanentes.

▶ § 5º com redação pelo Dec. 6.722/2008.

§ 6º Entende-se como auxílio eventual de terceiros o que é exercido ocasionalmente, em condições de mútua colaboração, não existindo subordinação nem remuneração.

§ 7º Para efeito do disposto na alínea *a* do inciso VI do *caput*, entende-se por:

I – capatazia – a atividade de movimentação de mercadorias nas instalações dentro do porto, compreendidos o recebimento, a conferência, o transporte interno, a abertura de volumes para a conferência aduaneira, a manipulação, a arrumação e a entrega e o carregamento e a descarga de embarcações, quando efetuados por aparelhamento portuário;

▶ Inciso I com redação pelo Dec. 10.410/2020.

II – estiva – a atividade de movimentação de mercadorias nos conveses ou nos porões das embarcações principais ou auxiliares, incluindo transbordo, arrumação, peação e despeação, bem como o carregamento e a descarga das mesmas, quando realizados com equipamentos de bordo;

III – conferência de carga – a contagem de volumes, anotação de suas características, procedência ou destino, verificação do estado das mercadorias, assistência à pesagem, conferência do manifesto e demais serviços correlatos, nas operações de carregamento e descarga de embarcações;

IV – conserto de carga – o reparo e a restauração das embalagens de mercadoria, nas operações de carregamento e descarga de embarcações, reembalagem, marcação, remarcação, carimbagem, etiquetagem, abertura de volumes para vistoria e posterior recomposição;

V – vigilância de embarcações – a atividade de fiscalização da entrada e saída de pessoas a bordo das embarcações atracadas ou fundeadas ao largo, bem como da movimentação de mercadorias nos portalós, rampas, porões, conveses, plataformas e em outros locais da embarcação; e

VI – bloco – a atividade de limpeza e conservação de embarcações mercantes e de seus tanques, incluindo batimento de ferrugem, pintura, reparo de pequena monta e serviços correlatos;

§ 8º Não é segurado especial o membro de grupo familiar que possua outra fonte de rendimento, exceto se decorrente de:

▶ § 8º com redação pelo Dec. 6.722/2008.

I – benefício de pensão por morte, auxílio-acidente ou auxílio-reclusão, cujo valor não supere o do menor benefício da previdência social;

▶ Inciso I com redação pelo Dec. 10.410/2020.

I-A – benefício concedido ao segurado qualificado como segurado especial, independentemente do valor;

▶ Inciso I-A acrescido pelo Dec. 10.410/2020.

II – benefício previdenciário pela participação em plano de previdência complementar instituído nos termos do inciso III do § 18 deste artigo;

III – exercício de atividade remunerada em período não superior a cento e vinte dias, corridos ou intercalados, no ano civil, observado o disposto no § 22;

▶ Inciso III com redação pelo Dec. 10.410/2020.

IV – exercício de mandato eletivo de dirigente sindical de organização da categoria de trabalhadores rurais;

V – exercício de mandato de vereador do município onde desenvolve a atividade rural, ou de dirigente de cooperativa rural constituída exclusivamente por segurados especiais, observado o disposto no § 22 deste artigo;

VI – parceria ou meação outorgada na forma e condições estabelecidas no inciso I do § 18 deste artigo;

VII – atividade artesanal desenvolvida com matéria-prima produzida pelo respectivo grupo familiar, podendo ser utilizada matéria-prima de outra origem, desde que, nesse caso, a renda mensal obtida na atividade não exceda ao menor benefício de prestação continuada da previdência social; e

VIII – atividade artística, desde que em valor mensal inferior ao menor benefício de prestação continuada da previdência social.

§ 9º Para os fins previstos nas alíneas *a* e *b* do inciso V do *caput*, entende-se que a pessoa física, proprietária ou não, explora atividade através de prepostos quando, na condição de parceiro outorgante, desenvolve atividade agropecuária, pesqueira ou de extração de minerais por intermédio de parceiros ou meeiros.

§ 10. O dirigente sindical mantém, durante o exercício do mandato, o mesmo enquadramento no Regime Geral de Previdência Social de antes da investidura no cargo.

§ 11. O magistrado da Justiça Eleitoral, nomeado na forma do inciso II do art. 119 ou III do § 1º do art. 120 da Constituição Federal, mantém o mesmo enquadramento no Regime Geral de Previdência Social de antes da investidura no cargo.

▶ § 11 com redação pelo Dec. 4.729/2003.

§ 12. O exercício de atividade remunerada sujeita à filiação obrigatória ao Regime Geral de Previdência Social.

§ 13. Aquele que exerce concomitantemente mais de uma atividade remunerada sujeita ao RGPS é obrigatoriamente filiado no referido Regime em relação a cada uma dessas atividades, observado o disposto no inciso III do *caput* do art. 214.

▶ § 13 com redação pela Dec. 10.410/2020.

§ 14. Considera-se pescador artesanal aquele que, individualmente ou em regime de economia familiar, faz da pesca sua profissão habitual ou meio principal de vida, desde que:

▶ § 14 com redação pelo Dec. 3.668/2000.

I – não utilize embarcação; ou

▶ Inciso I com redação pelo Dec. 8.424/2015.

II – utilize embarcação de pequeno porte, nos termos da Lei 11.959, de 29 de junho de 2009.

▶ Inciso II com redação pelo Dec. 8.424/2015.

III – *Revogado pelo Dec. 8.424/2015.*

§ 14-A. Considera-se assemelhado ao pescador artesanal aquele que realiza atividade de apoio à pesca artesanal, exercendo trabalhos de confecção e de reparos de artes e petrechos de pesca e de reparos em embarcações de pequeno porte ou atuando no processamento do produto da pesca artesanal.

▶ § 14-A acrescido pelo Dec. 8.499/2015.

§ 15. Enquadram-se nas situações previstas nas alíneas *j* e *l* do inciso V do *caput*, entre outros:

▶ *Caput* do § 15 com redação pelo Dec. 3.265/1999.

I – aquele que trabalha como condutor autônomo de veículo rodoviário, inclusive como taxista ou motorista de transporte remunerado privado individual de passageiros, ou como operador de trator, máquina de terraplenagem, colheitadeira e assemelhados, sem vínculo empregatício;

▶ Inciso I com redação pelo Dec. 10.410/2020.

II – aquele que exerce atividade de auxiliar de condutor autônomo de veículo rodoviário, em automóvel cedido em regime de colaboração, nos termos da Lei 6.094, de 30 de agosto de 1974;

III – aquele que, pessoalmente, por conta própria e a seu risco, exerce pequena atividade comercial em via pública ou de porta em porta, como comerciante ambulante, nos termos da Lei 6.586, de 6 de novembro de 1978;

IV – o trabalhador associado a cooperativa que, nessa qualidade, presta serviços a terceiros;

V – o membro de conselho fiscal de sociedade por ações;

VI – aquele que presta serviço de natureza não contínua, por conta própria, a pessoa ou família, no âmbito residencial desta, em atividade sem fins lucrativos, até dois dias por semana;

▶ Inciso VI com redação pelo Dec. 10.410/2020.

VII – o notário ou tabelião e o oficial de registros ou registrador, titular de cartório, que detêm a delegação do exercício da atividade notarial e de registro, não re-

munerados pelos cofres públicos, admitidos a partir de 21 de novembro de 1994;

VIII – aquele que, na condição de pequeno feirante, compra para revenda produtos hortifrutigranjeiros ou assemelhados;

IX – a pessoa física que edifica obra de construção civil;

X – o médico residente de que trata a Lei 6.932, de 7 de julho de 1981;

▶ Inciso X com redação pelo Dec. 4.729/2003.

XI – o pescador que trabalha em regime de parceria, meação ou arrendamento, em embarcação de médio ou grande porte, nos termos da Lei 11.959, de 2009.

▶ Inciso XI com redação pelo Dec. 8.424/2015.

XII – o incorporador de que trata o art. 29 da Lei 4.591, de 16 de dezembro de 1964;

XIII – o bolsista da Fundação Habitacional do Exército contratado em conformidade com a Lei 6.855, de 18 de novembro de 1980; e

▶ Inciso XIII acrescido pelo Dec. 3.265/1999.

XIV – o árbitro e seus auxiliares que atuam em conformidade com a Lei 9.615, de 24 de março de 1998;

▶ Inciso XIV acrescido pelo Dec. 3.265/1999.

XV – o membro de conselho tutelar de que trata o art. 132 da Lei 8.069, de 13 de julho de 1990, quando remunerado;

▶ Inciso XV acrescido pelo Dec. 4.032/2001.

XVI – o interventor, o liquidante, o administrador especial e o diretor fiscal de instituição financeira, empresa ou entidade referida no § 6º do art. 201;

▶ Inciso XVI com redação pelo Dec. 10.410/2020.

XVII – o transportador autônomo de cargas e o transportador autônomo de cargas auxiliar, nos termos do disposto na Lei 11.442, de 5 de janeiro de 2007;

▶ Inciso XVII acrescido pelo Dec. 10.410/2020.

XVIII – o repentista de que trata a Lei 12.198, de 14 de janeiro de 2010, desde que não se enquadre na condição de empregado, prevista no inciso I do *caput*, em relação à referida atividade; e

▶ Inciso XVII acrescido pelo Dec. 10.410/2020.

XIX – o artesão de que trata a Lei 13.180, de 22 de outubro de 2015, desde que não se enquadre em outras categorias de segurado obrigatório do RGPS em relação à referida atividade.

▶ Inciso XIX acrescido pelo Dec. 10.410/2020.

§ 16. Aplica-se o disposto na alínea *i* do inciso I do *caput* ao ocupante de cargo de Ministro de Estado, de Secretário Estadual, Distrital ou Municipal, sem vínculo efetivo com a União, Estados, Distrito Federal e Municípios, suas autarquias, ainda que em regime especial, e fundações.

▶ § 16 acrescido pelo Dec. 3.265/1999.

§ 17. *Revogado pelo Dec. 8.424/2015.*

§ 18. Não descaracteriza a condição de segurado especial:

▶ § 18 com redação pelo Dec. 6.722/2008.

I – a outorga, por meio de contrato escrito de parceria, meação ou comodato, de até 50% (cinquenta por cento) de imóvel rural cuja área total, contínua ou descontínua, não seja superior a quatro módulos fiscais, desde que outorgante e outorgado continuem a exercer a respectiva atividade, individualmente ou em regime de economia familiar;

II – a exploração da atividade turística da propriedade rural, inclusive com hospedagem, por não mais de 120 (cento e vinte) dias ao ano;

III – a participação em plano de previdência complementar instituído por entidade classista a que seja associado, em razão da condição de trabalhador rural ou de produtor rural em regime de economia familiar;

IV – a participação como beneficiário ou integrante de grupo familiar que tem algum componente que seja beneficiário de programa assistencial oficial de governo;

V – a utilização pelo próprio grupo familiar de processo de beneficiamento ou industrialização artesanal, na exploração da atividade, de acordo com o disposto no § 25;

VI – a associação a cooperativa agropecuária ou de crédito rural;

▶ Inciso VI acrescido pelo Dec. 10.410/2020.

VII – a incidência do Imposto sobre Produtos Industrializados – IPI sobre o produto das atividades desenvolvidas nos termos do disposto no inciso VIII; e

▶ Inciso VII acrescido pelo Dec. 10.410/2020.

VIII – a participação do segurado especial em sociedade empresária ou em sociedade simples ou a sua atuação como empresário individual ou como titular de empresa individual de responsabilidade limitada de objeto ou âmbito agrícola, agroindustrial ou agroturístico, considerada microempresa nos termos do disposto na Lei Complementar 123, de 2006, desde que, mantido

o exercício da sua atividade rural na forma prevista no inciso VII do *caput* e no § 5º, a pessoa jurídica seja composta apenas por segurados especiais e sediada no mesmo Município ou em Município limítrofe àquele em que ao menos um deles desenvolva as suas atividades.

▶ Inciso VIII com redação pelo Dec. 10.410/2020.

§ 19. Os segurados de que trata o art. 199-A terão identificação específica nos registros da Previdência Social.

▶ § 19 acrescido pelo Dec. 6.042/2007.

§ 20. Para os fins deste artigo, considera-se que o segurado especial reside em aglomerado urbano ou rural próximo ao imóvel rural onde desenvolve a atividade quando resida no mesmo município de situação do imóvel onde desenvolve a atividade rural, ou em município contíguo ao em que desenvolve a atividade rural.

▶ § 20 acrescido pelo Dec. 6.722/2008.

§ 21. O grupo familiar poderá utilizar-se de empregado contratado por prazo determinado, inclusive daquele referido na alínea "r" do inciso I do *caput*, ou de trabalhador de que trata a alínea "j" do inciso V do *caput*, à razão de, no máximo, cento e vinte pessoas por dia no mesmo ano civil, em períodos corridos ou intercalados, ou, ainda, por tempo equivalente em horas de trabalho, à razão de oito horas por dia e quarenta e quatro horas por semana, hipóteses em que períodos de afastamento em decorrência de percepção de auxílio por incapacidade temporária não serão computados.

▶ § 21 com redação pelo Dec. 10.410/2020.

§ 22. O disposto nos incisos III e V do § 8º e no inciso VIII do § 18 não dispensará o recolhimento da contribuição devida em relação ao exercício das atividades de que tratam os referidos incisos.

▶ § 22 com redação pelo Dec. 10.410/2020.

§ 23. O segurado especial fica excluído dessa categoria:

▶ § 23 acrescido pelo Dec. 6.722/2008.

I – a contar do primeiro dia do mês em que:

a) deixar de satisfazer as condições estabelecidas no inciso VII do *caput* deste artigo, sem prejuízo do disposto no art. 13, ou exceder qualquer dos limites estabelecidos no inciso I do § 18 deste artigo;

b) se enquadrar em qualquer outra categoria de segurado obrigatório do Regulamento da Previdência Social, exceto nas hipóteses previstas nos incisos III, V, VII e VIII do § 8º e no inciso VIII do § 18, sem prejuízo do disposto no art. 13; e

▶ Alínea *b* com redação pela Dec. 10.410/2020.

c) se tornar segurado obrigatório de outro regime previdenciário;

▶ Alínea *c* com redação pelo Dec. 10.410/2020.

d) na hipótese de descumprimento do disposto no inciso VIII do § 18:

▶ Alínea *d* acrescida pelo Dec. 10.410/2020.

1. participar de sociedade empresária ou de sociedade simples; ou

2. atuar como empresário individual ou como titular de empresa individual de responsabilidade limitada; ou

II – a contar do primeiro dia do mês subsequente ao da ocorrência, quando o grupo familiar a que pertence exceder o limite de:

a) utilização de trabalhadores nos termos do § 21 deste artigo;

b) dias em atividade remunerada estabelecidos no inciso III do § 8º deste artigo; e

c) dias de hospedagem a que se refere o inciso II do § 18 deste artigo.

§ 24. Aplica-se o disposto na alínea *a* do inciso V do *caput* deste artigo ao cônjuge ou companheiro do produtor que participe da atividade rural por este explorada.

▶ § 24 acrescido pelo Dec. 6.722/2008.

§ 25. Considera-se processo de beneficiamento ou industrialização artesanal aquele realizado diretamente pelo próprio produtor rural pessoa física, observado o disposto no § 5º do art. 200, desde que não esteja sujeito à incidência do Imposto Sobre Produtos Industrializados – IPI.

▶ § 25 acrescido pelo Dec. 6.722/2008.

§ 26. É considerado microempreendedor individual – MEI o empresário individual a que se refere o art. 966 da Lei 10.406, de 2002 – Código Civil, ou o empreendedor que exerça as atividades de industrialização, comercialização e prestação de serviços no âmbito rural, que tenha auferido receita bruta no ano-calendário imediatamente anterior até o limite estabelecido no art. 18-A da Lei Complementar 123, de 2006, que tenha optado pelo Simples Nacional e não esteja impedido de optar pela sistemática de recolhimento a que se refere a alínea "p" do inciso V do *caput*.

▶ § 26 com redação pelo Dec. 10.410/2020.

§ 27. O vínculo empregatício mantido entre cônjuges ou companheiros não impede o reconhecimento da quali-

dade de segurado do empregado, excluído o doméstico, observado o disposto no art. 19-B.

▸ § 27 acrescido pelo Dec. 10.410/2020.

Art. 10. O servidor civil ocupante de cargo efetivo ou o militar da União, Estado, Distrito Federal ou Município, bem como o das respectivas autarquias e fundações, são excluídos do Regime Geral de Previdência Social consubstanciado neste Regulamento, desde que amparados por regime próprio de previdência social.

▸ *Caput* com redação pelo Dec. 3.265/1999.

§ 1º Caso o servidor ou o militar, amparados por regime próprio de previdência social, sejam requisitados para outro órgão ou entidade cujo regime previdenciário não permita a filiação nessa condição, permanecerão vinculados ao regime de origem, obedecidas às regras que cada ente estabeleça acerca de sua contribuição.

▸ § 1º com redação pelo Dec. 3.265/1999.

§ 2º Caso o servidor ou o militar venham a exercer, concomitantemente, uma ou mais atividades abrangidas pelo Regime Geral de Previdência Social, tornar-se-ão segurados obrigatórios em relação a essas atividades.

▸ § 2º com redação pelo Dec. 3.265/1999.

§ 3º Entende-se por regime próprio de previdência social o que assegura pelo menos as aposentadorias e pensão por morte previstas no art. 40 da Constituição Federal.

▸ § 3º com redação pelo Dec. 3.452/2000.

Art. 11. É segurado facultativo o maior de 16 (dezesseis) anos de idade que se filiar ao Regime Geral de Previdência Social, mediante contribuição, na forma do art. 199, desde que não esteja exercendo atividade remunerada que o enquadre como segurado obrigatório da previdência social.

§ 1º Podem filiar-se facultativamente, entre outros:

I – aquele que se dedique exclusivamente ao trabalho doméstico no âmbito de sua residência;

▸ Inciso I com redação pelo Dec. 10.410/2020.

II – o síndico de condomínio, quando não remunerado;

III – o estudante;

IV – o brasileiro que acompanha cônjuge que presta serviço no exterior;

V – aquele que deixou de ser segurado obrigatório da previdência social;

VI – o membro de conselho tutelar de que trata o art. 132 da Lei 8.069, de 13 de julho de 1990, quando não esteja vinculado a qualquer regime de previdência social;

VII – o estagiário que preste serviços a empresa nos termos do disposto na Lei 11.788, de 2008;

▸ Inciso VII com redação pelo Dec. 10.410/2020.

VIII – o bolsista que se dedique em tempo integral a pesquisa, curso de especialização, pós-graduação, mestrado ou doutorado, no Brasil ou no exterior, desde que não esteja vinculado a qualquer regime de previdência social;

IX – o presidiário que não exerce atividade remunerada nem esteja vinculado a qualquer regime de previdência social;

▸ Inciso IX com redação pelo Dec. 7.054/2009.

X – o brasileiro residente ou domiciliado no exterior;

▸ Inciso X com redação pelo Dec. 10.410/2020.

XI – o segurado recolhido à prisão sob regime fechado ou semiaberto, que, nesta condição, preste serviço, dentro ou fora da unidade penal, a uma ou mais empresas, com ou sem intermediação da organização carcerária ou entidade afim, ou que exerce atividade artesanal por conta própria.

▸ Inciso XI acrescido pelo Dec. 7.054/2009.

XII – o atleta beneficiário da Bolsa-Atleta não filiado a regime próprio de previdência social ou não enquadrado em uma das hipóteses previstas no art. 9º.

▸ Inciso XII acrescido pelo Dec. 10.410/2020.

§ 2º É vedada a filiação ao Regime Geral de Previdência Social, na qualidade de segurado facultativo, de pessoa participante de regime próprio de previdência social, salvo na hipótese de afastamento sem vencimento e desde que não permitida, nesta condição, contribuição ao respectivo regime próprio.

§ 3º A filiação na qualidade de segurado facultativo representa ato volitivo, gerando efeito somente a partir da inscrição e do primeiro recolhimento, não podendo retroagir e não permitindo o pagamento de contribuições relativas a competências anteriores à data da inscrição, ressalvado o § 3º do art. 28.

§ 4º Após a inscrição, o segurado facultativo somente poderá recolher contribuições em atraso quando não tiver ocorrido perda da qualidade de segurado, conforme o disposto no inciso VI do art. 13.

§ 5º O segurado poderá contribuir facultativamente durante os períodos de afastamento ou de inatividade, desde que não receba remuneração nesses períodos e

não exerça outra atividade que o vincule ao RGPS ou a regime próprio de previdência social.

▸ § 5º acrescido pelo Dec. 10.410/2020.

Art. 12. Consideram-se:

I – empresa – a firma individual ou a sociedade que assume o risco de atividade econômica urbana ou rural, com fins lucrativos ou não, bem como os órgãos e as entidades da administração pública direta, indireta e fundacional; e

II – empregador doméstico – aquele que admite a seu serviço, mediante remuneração, sem finalidade lucrativa, empregado doméstico.

Parágrafo único. Equiparam-se a empresa, para os efeitos deste Regulamento:

▸ *Caput* do parágrafo único com redação pelo Dec. 3.265/1999.

I – o contribuinte individual, em relação a segurado que lhe presta serviço;

▸ Inciso I com redação pelo Dec. 3.265/1999.

II – a cooperativa, a associação ou a entidade de qualquer natureza ou finalidade, inclusive a missão diplomática e a repartição consular de carreiras estrangeiras;

III – o operador portuário e o órgão gestor de mão de obra de que trata a Lei 12.815, de 2013; e

▸ Inciso III com redação pelo Dec. 10.410/2020.

IV – o proprietário ou dono de obra de construção civil, quando pessoa física, em relação a segurado que lhe presta serviço.

Subseção Única
Da manutenção e da perda
da qualidade de segurado

Art. 13. Mantém a qualidade de segurado, independentemente de contribuições:

I – sem limite de prazo, o segurado que estiver em gozo de benefício, exceto na hipótese de auxílio-acidente;

▸ Inciso I com redação pelo Dec. 10.410/2020.

II – até doze meses após a cessação de benefício por incapacidade ou da cessação das contribuições, observado o disposto nos § 7º e § 8º e no art. 19-E;

▸ Inciso II com redação pelo Dec. 10.491/2020.

III – até 12 (doze) meses após cessar a segregação, o segurado acometido de doença de segregação compulsória;

IV – até 12 (doze) meses após o livramento, o segurado detido ou recluso;

V – até 3 (três) meses após o licenciamento, o segurado incorporado às Forças Armadas para prestar serviço militar; e

VI – até 6 (seis) meses após a cessação das contribuições, o segurado facultativo.

§ 1º O prazo do inciso II será prorrogado para até 24 (vinte e quatro) meses, se o segurado já tiver pago mais de 120 (cento e vinte) contribuições mensais sem interrupção que acarrete a perda da qualidade de segurado.

§ 2º O prazo do inciso II ou do § 1º será acrescido de 12 (doze) meses para o segurado desempregado, desde que comprovada essa situação por registro no órgão próprio do Ministério do Trabalho e Emprego.

§ 3º Durante os prazos deste artigo, o segurado conserva todos os seus direitos perante a previdência social.

§ 4º Aplica-se o disposto no inciso II do *caput* e no § 1º ao segurado que se desvincular de regime próprio de previdência social.

▸ § 4º acrescido pelo Dec. 3.265/1999.

§ 5º A perda da qualidade de segurado não será considerada para a concessão das aposentadorias por tempo de contribuição e especial.

▸ § 5º acrescido pelo Dec. 4.729/2003.

§ 6º Aplica-se o disposto no § 5º à aposentadoria por idade, desde que o segurado conte com, no mínimo, o número de contribuições mensais exigido para efeito de carência na data do requerimento do benefício.

▸ § 6º acrescido pelo Dec. 4.729/2003.

§ 7º Para o contribuinte individual, o período de manutenção da qualidade de segurado inicia-se no primeiro dia do mês subsequente ao da última contribuição com valor igual ou superior ao salário mínimo.

▸ § 7º acrescido pelo Dec. 10.410/2020.

§ 8º O segurado que receber remuneração inferior ao limite mínimo mensal do salário de contribuição somente manterá a qualidade de segurado se efetuar os ajustes de complementação, utilização e agrupamento a que se referem o § 1º do art. 19-E e o § 27-A do art. 216.

▸ § 8º acrescido pelo Dec. 10.410/2020.

Art. 14. O reconhecimento da perda da qualidade de segurado no termo final dos prazos fixados no art. 13 ocorrerá no dia seguinte ao do vencimento da contribuição do contribuinte individual relativa ao mês imediatamente posterior ao término daqueles prazos.

▸ Artigo com redação pelo Dec. 4.032/2001.

Art. 15. *Revogado pelo Dec. 4.032/2001.*

Seção II
Dos dependentes

Art. 16. São beneficiários do Regime Geral de Previdência Social, na condição de dependentes do segurado:

I – o cônjuge, a companheira, o companheiro e o filho não emancipado, de qualquer condição, menor de vinte e um anos de idade ou inválido ou que tenha deficiência intelectual, mental ou grave;

▸ Inciso I com redação pelo Dec. 10.410/2020.

II – os pais; ou

III – o irmão não emancipado, de qualquer condição, menor de vinte e um anos de idade ou inválido ou que tenha deficiência intelectual, mental ou grave.

▸ Inciso III com redação pelo Dec. 10.410/2020.

§ 1º Os dependentes de uma mesma classe concorrem em igualdade de condições.

§ 2º A existência de dependente de qualquer das classes deste artigo exclui do direito às prestações os das classes seguintes.

§ 3º Equiparam-se a filho, na condição de dependente de que trata o inciso I do *caput*, exclusivamente o enteado e o menor tutelado, desde que comprovada a dependência econômica na forma estabelecida no § 3º do art. 22.

▸ § 3º com redação pelo Dec. 10.410/2020.

§ 4º O menor sob tutela somente poderá ser equiparado aos filhos do segurado mediante apresentação de termo de tutela.

§ 5º Considera-se companheira ou companheiro a pessoa que mantenha união estável com o segurado ou segurada.

§ 6º Considera-se união estável aquela configurada na convivência pública, contínua e duradoura entre pessoas, estabelecida com intenção de constituição de família, observado o disposto no § 1º do art. 1.723 da Lei nº 10.406, de 2002 – Código Civil, desde que comprovado o vínculo na forma estabelecida no § 3º do art. 22.

▸ § 6º com redação pelo Dec. 10.410/2020.

§ 6º-A. As provas de união estável e de dependência econômica exigem início de prova material contemporânea dos fatos, produzido em período não superior aos vinte e quatro meses anteriores à data do óbito ou do recolhimento à prisão do segurado, não admitida a prova exclusivamente testemunhal, exceto na ocorrência de motivo de força maior ou caso fortuito, observado o disposto no § 2º do art. 143.

▸ § 6º-A acrescido pelo Dec. 10.410/2020.

§ 7º A dependência econômica das pessoas de que trata o inciso I é presumida e a das demais deve ser comprovada.

§ 8º Para fins do disposto na alínea "c" do inciso V do *caput* do art. 114, em observância ao requisito previsto no § 6º-A, deverá ser apresentado, ainda, início de prova material que comprove união estável pelo período mínimo de dois anos antes do óbito do segurado.

▸ § 8º acrescido pelo Dec. 10.410/2020.

§ 9º Será excluído definitivamente da condição de dependente aquele que tiver sido condenado criminalmente por sentença transitada em julgado, como autor, coautor ou partícipe de homicídio doloso, ou de tentativa desse crime, cometido contra a pessoa do segurado, ressalvados os absolutamente incapazes e os inimputáveis.

▸ § 9º acrescido pelo Dec. 10.410/2020.

Art. 17. A perda da qualidade de dependente ocorre:

I – para o cônjuge, pelo divórcio ou pela separação judicial ou de fato, enquanto não lhe for assegurada a prestação de alimentos, pela anulação do casamento, pelo óbito ou por sentença judicial transitada em julgado;

▸ Inciso I com redação pelo Dec. 10.410/2020.

II – para a companheira ou o companheiro, pela cessação da união estável com o segurado ou segurada, enquanto não lhe for garantida a prestação de alimentos;

III – ao completar vinte e um anos de idade, para o filho, o irmão, o enteado ou o menor tutelado, ou nas seguintes hipóteses, se ocorridas anteriormente a essa idade:

▸ Inciso III com redação pelo Dec. 10.410/2020.

a) casamento;

▸ Alíneas *a* a *d* com redação pelo Dec. 10.410/2020.

b) início do exercício de emprego público efetivo;

c) constituição de estabelecimento civil ou comercial ou pela existência de relação de emprego, desde que, em função deles, o menor com dezesseis anos completos tenha economia própria; ou

d) concessão de emancipação, pelos pais, ou por um deles na falta do outro, por meio de instrumento público, independentemente de homologação judicial, ou

por sentença judicial, ouvido o tutor, se o menor tiver dezesseis anos completos; e

e) *Revogada pelo Dec. 10.410/2020.*

IV – para os dependentes em geral:

a) pela cessação da invalidez ou da deficiência intelectual, mental ou grave; ou

▶ Alínea *a* com redação pelo Dec. 10.410/2020.

b) pelo falecimento.

§ 1º O filho, o irmão, o enteado e o menor tutelado, desde que comprovada a dependência econômica dos três últimos, se inválidos ou se tiverem deficiência intelectual, mental ou grave, não perderão a qualidade de dependentes desde que a invalidez ou a deficiência intelectual, mental ou grave tenha ocorrido antes de uma das hipóteses previstas no inciso III do *caput.*

§ 2º Para fins do disposto no § 1º, a data de início da invalidez ou da deficiência intelectual, mental ou grave será estabelecida pela Perícia Médica Federal.

▶ §§ 1º e 2º acrescidos pelo Dec. 10.410/2020.

Seção III
Das inscrições

Subseção I
Do segurado

Art. 18. Considera-se inscrição de segurado para os efeitos da previdência social o ato pelo qual o segurado é cadastrado no RGPS, por meio da comprovação dos dados pessoais, da seguinte forma:

▶ *Caput* com redação pelo Dec. 10.410/2020.

I – empregado – pelo empregador, por meio da formalização do contrato de trabalho e, a partir da obrigatoriedade do uso do Sistema de Escrituração Digital das Obrigações Fiscais, Previdenciárias e Trabalhistas – eSocial, instituído pelo Decreto nº 8.373, de 11 de dezembro de 2014, ou do sistema que venha a substituí-lo, por meio do registro contratual eletrônico realizado nesse Sistema;

▶ Incisos I a VI com redação pelo Dec. 10.410/2020.

II – trabalhador avulso – pelo cadastramento e pelo registro no órgão gestor de mão de obra, no caso de trabalhador portuário, ou no sindicato, no caso de trabalhador não portuário, e a partir da obrigatoriedade do uso do eSocial, ou do sistema que venha a substituí-lo, por meio do cadastramento e do registro eletrônico realizado nesse Sistema;

III – empregado doméstico – pelo empregador, por meio do registro contratual eletrônico realizado no eSocial;

IV – contribuinte individual:

a) por ato próprio, por meio do cadastramento de informações para identificação e reconhecimento da atividade, hipótese em que o Instituto Nacional do Seguro Social – INSS poderá solicitar a apresentação de documento que comprove o exercício da atividade declarada;

b) pela cooperativa de trabalho ou pela pessoa jurídica a quem preste serviço, no caso de cooperados ou contratados, respectivamente, se ainda não inscritos no RGPS; e

c) pelo MEI, por meio do sítio eletrônico do Portal do Empreendedor;

V – segurado especial – preferencialmente, pelo titular do grupo familiar que se enquadre em uma das condições previstas no inciso VII do *caput* do art. 9º, hipótese em que o INSS poderá solicitar a apresentação de documento que comprove o exercício da atividade declarada, observado o disposto no art. 19-D; e

VI – segurado facultativo – por ato próprio, por meio do cadastramento de informações pessoais que permitam a sua identificação, desde que não exerça atividade que o enquadre na categoria de segurado obrigatório.

§ 1º *Revogado pelo Dec. 10.410/2020.*

§ 2º A inscrição do segurado em qualquer categoria mencionada neste artigo exige a idade mínima de 16 (dezesseis) anos.

§ 3º Todo aquele que exercer, concomitantemente, mais de uma atividade remunerada sujeita ao Regime Geral de Previdência Social será obrigatoriamente inscrito em relação a cada uma delas.

§ 4º *Revogado pelo Dec. 6.722/2008.*

§ 5º Presentes os pressupostos da filiação, admite-se a inscrição *post mortem* do segurado especial.

▶ § 5º com redação pelo Dec. 3.265/1999.

§ 5º-A. Na hipótese prevista no § 5º, caso não seja comprovada a condição de segurado especial, poderá ser atribuído Número de Inscrição do Trabalhador – NIT especificamente para fins de requerimento do benefício previdenciário.

▶ §§ 5º-A e 5º-B acrescidos pelo Dec. 10.410/2020.

§ 5º-B. Não será admitida a inscrição *post mortem* de segurado contribuinte individual e nem de segurado facultativo.

§ 6º A comprovação dos dados pessoais e de outros elementos necessários e úteis à caracterização do segurado poderá ser exigida pelo INSS, a qualquer tempo, para fins de atualização cadastral, inclusive para a concessão de benefício.

▶ § 6º com redação pelo Dec. 10.410/2020.

§ 7º A inscrição do segurado especial será feita de forma a vinculá-lo ao seu grupo familiar e conterá, além das informações pessoais:

▶ *Caput* do § 7º com redação pelo Dec. 10.410/2020

I – a identificação da propriedade em que é desenvolvida a atividade e a informação de a que título ela é ocupada;

▶ Incisos I a III acrescidos pelo Dec. 10.410/2020.

II – a informação sobre a residência ou não do segurado na propriedade em que é desenvolvida a atividade, e, em caso negativo, sobre o Município onde reside; e

III – quando for o caso, a identificação e a inscrição da pessoa responsável pelo grupo familiar.

§ 8º O segurado especial integrante de grupo familiar que não seja proprietário do imóvel rural ou da embarcação em que desenvolve sua atividade deve informar, no ato da inscrição, conforme o caso, o nome e o CPF do parceiro ou meeiro outorgante, arrendador, comodante ou assemelhado.

▶ § 8º acrescido pelo Dec. 6.722/2008.

§ 9º A identificação do trabalhador no Cadastro Nacional de Informações Sociais – CNIS poderá ser feita:

▶ §§ 9º e 10 acrescidos pelo Dec. 10.410/2020.

I – pelo NIT, único, pessoal e intransferível, independentemente de alterações de categoria profissional; ou

II – pelo Cadastro de Pessoas Físicas – CPF.

§ 10. Ao segurado cadastrado no Programa de Integração Social – PIS, no Programa de Formação do Patrimônio do Servidor Público – Pasep ou no Número de Identificação Social – NIS não caberá novo cadastramento.

Art. 19. Os dados constantes do Cadastro Nacional de Informações Sociais – CNIS relativos a vínculos, remunerações e contribuições valem como prova de filiação à previdência social, tempo de contribuição e salários de contribuição.

▶ *Caput* com redação pelo Dec. 6.722/2008.

§ 1º O segurado poderá solicitar, a qualquer tempo, a inclusão, a exclusão, a ratificação ou a retificação de suas informações constantes do CNIS, com a apresentação de documentos comprobatórios dos dados divergentes, conforme critérios definidos pelo INSS, independentemente de requerimento de benefício, exceto na hipótese prevista no art. 142, observado o disposto nos art. 19-B e art. 19-C.

▶ §§ 1º e 2º com redação pelo Dec. 10.410/2020.

§ 2º Informações inseridas extemporaneamente no CNIS, independentemente de serem inéditas ou retificadoras de dados anteriormente informados, somente serão aceitas se corroboradas por documentos que comprovem a sua regularidade, na forma prevista no art. 19-B.

§ 3º Respeitadas as definições vigentes sobre a procedência e origem das informações, considera-se extemporânea a inserção de dados:

▶ *Caput* do § 3º com redação pelo Dec. 6.722/2008.
▶ Art. 3º do Dec. 6.722/2008, determina que o INSS e a Dataprev implantarão, até o mês de junho de 2010, o disposto neste parágrafo.

I – relativos à data de início de vínculo empregatício, após o último dia do quinto mês subsequente ao mês da data da admissão do segurado;

▶ Incisos I a III com redação pelo Dec. 10.410/2020.

II – relativos à remuneração de trabalhador avulso ou contribuinte individual que preste serviços a empresa ou equiparado, após o último dia do quinto mês subsequente ao mês da data da prestação de serviço pelo segurado; ou

a e b) *Revogadas pelo Dec. 10.410/2020.*

III – relativos à contribuição, sempre que o recolhimento tiver sido feito sem observância ao disposto em lei.

§ 4º A extemporaneidade de que trata o § 3º poderá ser desconsiderada depois de decorrido o prazo de um ano, contado da data de inserção das informações relativas a vínculos e remunerações, conforme critérios definidos pelo INSS.

▶ § 4º com redação pelo Dec. 10.410/2020.

I – *Revogado pelo Dec. 10.410/2020.*

II – *Revogado pelo Decreto 7.223/2010.*

III – *Revogado pelo Dec. 10.410/2020.*

§ 5º Ato do Secretário Especial de Previdência e Trabalho do Ministério da Economia poderá reduzir ou ampliar os prazos previstos nos § 3º e § 4º.

▶ § 5º com redação pelo Dec. 10.410/2020.

§ 6º O INSS poderá definir critérios para a apuração das informações constantes da Guia de Recolhimento do Fundo de Garantia do Tempo de Serviço e Informações à Previdência Social – GFIP, ou do instrumento que venha a substituí-la, que ainda não tiver sido processada e para o recebimento de informações relativas a situações cuja regularidade dependa do cumprimento de critério estabelecido em lei.

▶ § 6º com redação pelo Dec. 10.410/2020.

§ 7º Para os fins de que trata os §§ 2º a 6º, o INSS e a Dataprev adotarão as providências necessárias para que as informações constantes do CNIS sujeitas à comprovação sejam identificadas e destacadas dos demais registros.

▶ § 7º acrescido pelo Dec. 6.722/2008.

§ 8º Para o exercício de suas competências, o INSS terá acesso às informações do segurado relativas aos períodos em que tenha sido registrada deficiência leve, moderada ou grave, identificada em decorrência de avaliação biopsicossocial realizada por equipe multiprofissional e interdisciplinar, para fins de reconhecimento e manutenção de direitos.

▶ § 8º com redação pelo Dec. 10.410/2020.

§ 9º Constarão do CNIS as informações dos segurados e beneficiários dos regimes próprios de previdência social para fins de verificação das situações previstas neste Regulamento que impactem no reconhecimento de direitos e na concessão e no pagamento de benefícios pelo RGPS.

▶ §§ 9º a 12 acrescidos pelo Dec. 10.410/2020.

§ 10. O empregado com contrato de trabalho intermitente terá identificação específica em instrumento de prestação de informações à previdência social, de forma a permitir a identificação dos períodos de prestação serviços e dos períodos de inatividade.

§ 11. A partir da obrigatoriedade do uso do eSocial, ou do sistema que venha a substituí-lo, será observado, para o segurado:

I – empregado e empregado doméstico – os registros eletrônicos gerados pelo eSocial equivalerão às anotações relativas ao contrato de trabalho, definidas pela Consolidação das Leis do Trabalho, aprovada pelo Decreto-Lei 5.452, de 1943, que serão incorporados ao CNIS e à Carteira de Trabalho Digital;

II – trabalhador avulso – os registros eletrônicos gerados pelo eSocial substituirão as informações relativas ao registro e às remunerações do trabalhador avulso portuário previstas no inciso II do *caput* do art. 32 e no § 2º do art. 33 da Lei 12.815, de 2013, e aquelas relativas ao trabalhador avulso não portuário previstas no art. 4º da Lei 12.023, de 2009, que serão incorporados ao CNIS;

III – contribuinte individual que preste serviços conforme o disposto no § 20 do art. 216 – os registros eletrônicos gerados pelo eSocial substituirão as informações prestadas sobre os valores da remuneração na forma prevista no § 21 do art. 216, que serão incorporados ao CNIS; e

IV – contribuinte individual que preste serviços a empresa ou equiparado a partir de abril de 2003, conforme o disposto no art. 4º da Lei 10.666, de 8 de maio de 2003 – os registros eletrônicos gerados pelo eSocial substituirão as informações prestadas sobre os valores da remuneração e do desconto feito a título de contribuição previdenciária, conforme previsto no inciso XII do *caput* do art. 216, que serão incorporados ao CNIS.

§ 12. Os recolhimentos efetuados na época apropriada constantes do CNIS serão reconhecidos automaticamente, observados a contribuição mínima mensal e o disposto no art. 19-E, dispensada a comprovação do exercício da atividade.

Art. 19-A. Para fins de benefícios de que trata este Regulamento, os períodos de vínculos que corresponderem a serviços prestados na condição de servidor estatutário somente serão considerados mediante apresentação de Certidão de Tempo de Contribuição fornecida pelo órgão público competente, salvo se o órgão de vinculação do servidor não tiver instituído regime próprio de previdência social.

▶ Artigo acrescido pelo Dec. 6.722/2008.

Art. 19-B. Na hipótese de não constarem do CNIS as informações sobre atividade, vínculo, remunerações ou contribuições, ou de haver dúvida sobre a regularidade das informações existentes, o período somente será confirmado por meio da apresentação de documentos contemporâneos dos fatos a serem comprovados, com menção às datas de início e de término e, quando se tratar de trabalhador avulso, à duração do trabalho e à condição em que tiver sido prestada a atividade.

▶ *Caput* com redação pelo Dec. 10.410/2020.

§ 1º Além dos dados constantes do CNIS a que se refere o art. 19, observada a forma de filiação do trabalhador ao RGPS, os seguintes documentos serão considerados para fins de comprovação do tempo de contribuição de

que trata o *caput*, desde que contemporâneos aos fatos a serem comprovados:

> ▸ § 1º acrescido pelo Dec. 10.410/2020.

I – carteira profissional ou Carteira de Trabalho e Previdência Social;

II – contrato individual de trabalho;

III – contrato de trabalho por pequeno prazo, na forma prevista no § 3º do art. 14-A da Lei 5.889, de 1973;

IV – carteira de férias;

V – carteira sanitária;

VI – caderneta de matrícula;

VII – caderneta de contribuição dos extintos institutos de aposentadoria e pensões;

VIII – caderneta de inscrição pessoal visada:

a) pela Capitania dos Portos;

b) pela Superintendência do Desenvolvimento da Pesca; ou

c) pelo Departamento Nacional de Obras Contra as Secas;

IX – declaração da Secretaria Especial da Receita Federal do Brasil do Ministério da Economia;

X – certidão de inscrição em órgão de fiscalização profissional, acompanhada de documento que prove o exercício da atividade;

XI – contrato social, acompanhado de seu distrato, e quando for o caso, ata de assembleia geral e registro de empresário;

XII – certificado de sindicato ou órgão gestor de mão de obra que agrupe trabalhadores avulsos;

XIII – extrato de recolhimento do FGTS; e

XIV – recibos de pagamento.

§ 2º Os documentos necessários à atualização do CNIS e à análise de requerimentos de benefícios e serviços poderão ser apresentados em cópias simples, em meio físico ou eletrônico, dispensada a sua autenticação, exceto nas hipóteses em que haja previsão legal expressa e de dúvida fundada quanto à autenticidade ou à integridade do documento, ressalvada a possibilidade de o INSS exigir, a qualquer tempo, os documentos originais para fins do disposto no art. 179, situação em que o responsável pela apresentação das cópias ficará sujeito às sanções administrativas, civis e penais aplicáveis.

> ▸ §§ 2º a 7º acrescidos pelo Dec. 10.410/2020.

§ 3º Caso os documentos apresentados não sejam suficientes para a comprovação de atividade, vínculo ou remunerações, estes poderão ser corroborados por pesquisa, na forma prevista no § 5º, ou justificação administrativa, conforme o caso.

§ 4º Na falta de documento contemporâneo, podem ser aceitos declaração do empregador ou de seu preposto, atestado de empresa ainda existente ou certificado ou certidão de entidade oficial dos quais constem os dados previstos no *caput*, desde que extraídos de registros existentes, que serão confirmados pelo INSS na forma prevista no § 5º, exceto se fornecidas por órgão público.

§ 5º A empresa disponibilizará a servidor designado por dirigente do INSS as informações e os registros de que dispuser, relativamente a segurado a seu serviço e previamente identificado, para fins de instrução ou revisão de processo de reconhecimento de direitos e outorga de benefícios do RGPS e para inclusão, exclusão, ratificação ou retificação das informações constantes do CNIS, conforme critérios definidos pelo INSS, independentemente de requerimento de benefício.

§ 6º Somente serão exigidos certidões ou documentos expedidos por órgãos públicos quando não for possível a sua obtenção diretamente do órgão ou da entidade responsável pela base de dados oficial.

§ 7º Serão realizados exclusivamente pela Secretaria Especial da Receita Federal do Brasil do Ministério da Economia os acertos de:

I – inclusão de recolhimento, alterações de valor autenticado ou data de pagamento da Guia da Previdência Social ou do documento que venha a substituí-la;

II – transferência de contribuição com identificador de pessoa jurídica ou equiparada para o CNIS; e

III – inclusão da contribuição liquidada por meio de parcelamento.

Art. 19-C. Considera-se tempo de contribuição o tempo correspondente aos períodos para os quais tenha havido contribuição obrigatória ou facultativa ao RGPS, dentre outros, o período:

> ▸ Artigo acrescido pelo Dec. 10.410/2020.

I – de contribuição efetuada por segurado que tenha deixado de exercer atividade remunerada que o enquadrasse como segurado obrigatório da previdência social;

II – em que a segurada tenha recebido salário-maternidade;

III – de licença remunerada, desde que tenha havido desconto de contribuições;

IV – em que o segurado tenha sido colocado em disponibilidade remunerada pela empresa, desde que tenha havido desconto de contribuições;

V – de atividade patronal ou autônoma, exercida anteriormente à vigência da Lei 3.807, de 26 de agosto de 1960, desde que tenha sido indenizado conforme o disposto no art. 122;

VI – de atividade na condição de empregador rural, desde que tenha havido contribuição na forma prevista na Lei 6.260, de 6 de novembro de 1975, e indenização do período anterior, conforme o disposto no art. 122;

VII – de exercício de mandato eletivo federal, estadual, distrital ou municipal, desde que tenha havido contribuição na época apropriada e este não tenha sido contado para fins de aposentadoria por outro regime de previdência social;

VIII – de licença, afastamento ou inatividade sem remuneração do segurado empregado, inclusive o doméstico e o intermitente, desde que tenha havido contribuição na forma prevista no § 5º do art. 11; e

IX – em que o segurado contribuinte individual e o segurado facultativo tenham contribuído na forma prevista no art. 199-A, observado o disposto em seu § 2º.

§ 1º Será computado o tempo intercalado de recebimento de benefício por incapacidade, na forma do disposto no inciso II do *caput* do art. 55 da Lei 8.213, de 24 de julho de 1991, exceto para efeito de carência.

§ 2º As competências em que o salário de contribuição mensal tenha sido igual ou superior ao limite mínimo serão computadas integralmente como tempo de contribuição, independentemente da quantidade de dias trabalhados.

§ 3º Na hipótese de o débito ser objeto de parcelamento, o período correspondente ao parcelamento somente será computado para fins de concessão de benefício no RGPS e de emissão de certidão de tempo de contribuição para fins de contagem recíproca após a comprovação da quitação dos valores devidos.

Art. 19-D. O Ministério da Economia manterá sistema de cadastro dos segurados especiais no CNIS, observado o disposto nos § 7º e § 8º do art. 18, e poderá firmar acordo de cooperação com o Ministério da Agricultura, Pecuária e Abastecimento e com outros órgãos da administração pública federal, estadual, distrital e municipal para a manutenção e a gestão do sistema de cadastro.

> ▸ Artigo acrescido pelo Dec. 10.410/2020.

§ 1º O sistema de que trata o *caput* preverá a manutenção e a atualização anual do cadastro e conterá as informações necessárias à caracterização da condição de segurado especial.

§ 2º A manutenção e a atualização de que trata o § 1º ocorrerão por meio da apresentação, pelo segurado especial, de declaração anual ou de documento equivalente, conforme definido em ato do Secretário Especial de Previdência e Trabalho do Ministério da Economia.

§ 3º A aplicação do disposto neste artigo não poderá acarretar ônus para o segurado, sem prejuízo do disposto no § 4º.

§ 4º O INSS, no ato de habilitação ou de concessão de benefício, verificará a condição de segurado especial e, se for o caso, o pagamento da contribuição previdenciária, nos termos do disposto na Lei 8.212, de 24 de julho de 1991, de modo a considerar, dentre outras informações, aquelas constantes do CNIS.

§ 5º A atualização anual de que trata o § 1º será feita pelo segurado especial até 30 de junho do ano subsequente.

§ 6º É vedada a atualização anual de que trata o § 1º decorrido o prazo de cinco anos, contado da data a que se refere o § 5º.

§ 7º Decorrido o prazo de cinco anos de que trata o § 6º, o segurado especial somente poderá computar o período de trabalho rural se efetuados na época apropriada a comercialização da produção e o recolhimento da contribuição prevista no art. 25 da Lei 8.212, de 1991.

§ 8º O INSS utilizará as informações constantes do cadastro de que trata o *caput* para fins de comprovação da condição e do exercício da atividade rural do segurado especial e do seu grupo familiar.

§ 9º A partir de 1º de janeiro de 2023, a comprovação da condição e do exercício da atividade rural do segurado especial ocorrerá, exclusivamente, por meio das informações constantes do cadastro a que se refere o *caput*, observado o disposto no § 18.

§ 10. Para o período anterior a 1º de janeiro de 2023, o segurado especial comprovará o exercício da atividade rural por meio de autodeclaração ratificada por entidades públicas credenciadas, nos termos do disposto no art. 13 da Lei 12.188, de 11 de janeiro de 2010, e por outros órgãos públicos, observado o seguinte:

I – a autodeclaração será feita por meio do preenchimento de formulários que serão disponibilizados pelo INSS;

II – a ratificação da autodeclaração será realizada por meio de informações obtidas das bases de dados da Secretaria de Agricultura Familiar e Cooperativismo do Ministério da Agricultura, Pecuária e Abastecimento e de outras bases de dados a que o INSS tiver acesso; e

III – as informações obtidas por meio de consultas às bases de dados governamentais que forem consideradas insuficientes para o reconhecimento do exercício da atividade rural alegada poderão ser complementadas por prova documental contemporânea ao período informado.

§ 11. Complementarmente à autodeclaração de que trata o § 10 e ao cadastro de que trata o *caput*, a comprovação do exercício de atividade do segurado especial será feita por meio dos seguintes documentos, dentre outros:

I – contrato de arrendamento, de parceria ou de comodato rural;

II – Declaração de Aptidão ao Programa Nacional de Fortalecimento da Agricultura Familiar de que trata o inciso II do *caput* do art. 2º da Lei 12.188, de 2010, ou pelo documento que venha a substituí-la;

III – bloco de notas do produtor rural;

IV – documentos fiscais de entrada de mercadorias de que trata o § 7º do art. 30 da Lei 8.212, de 1991, emitidos pela empresa adquirente da produção, com indicação do nome do segurado como vendedor;

V – documentos fiscais relativos a entrega de produção rural a cooperativa agrícola, entreposto de pescado ou outros, com indicação do segurado como vendedor ou consignante;

VI – comprovantes de recolhimento de contribuição à previdência social decorrentes da comercialização de produção rural;

VII – cópia da declaração de imposto sobre a renda, com indicação de renda proveniente da comercialização de produção rural; ou

VIII – licença de ocupação ou permissão outorgada pelo Instituto Nacional de Colonização e Reforma Agrária – Incra.

§ 12. Sempre que o tipo de outorga informado na autodeclaração de que trata § 10 for de parceiro, meeiro, arrendatário, comodatário ou de outra modalidade de outorgado, o documento deverá identificar e qualificar o outorgante.

§ 13. A condição de segurado especial dos índios será comprovada por meio de certidão fornecida pela Fundação Nacional do Índio – Funai que:

I – conterá a identificação da entidade e de seu emitente, com a indicação do mandato, se for o caso;

II – será fornecida em duas vias, em papel timbrado, com numeração sequencial controlada e ininterrupta;

III – conterá a identificação, a qualificação pessoal do beneficiário e a categoria de produtor a que pertença;

IV – consignará os documentos e as informações que tenham servido de base para a sua emissão e, se for o caso, a origem dos dados extraídos de registros existentes na própria entidade declarante ou em outro órgão, entidade ou empresa, desde que idôneos e acessíveis à previdência social;

V – não conterá informação referente a período anterior ao início da atividade da entidade declarante, exceto se baseada em documento que constitua prova material do exercício dessa atividade; e

VI – consignará os dados relativos ao período e à forma de exercício da atividade rural nos termos estabelecidos pelo INSS.

§ 14. A homologação a que se refere o § 13 se restringirá às informações relativas à atividade rural e deverá atender aos seguintes critérios:

I – conterá a identificação do órgão e do emitente da declaração;

II – conterá a identificação, a qualificação pessoal do beneficiário e a categoria de produtor a que pertença;

III – consignará os documentos e as informações que tenham servido de base para a sua emissão e, se for o caso, a origem dos dados extraídos de registros existentes na própria entidade declarante ou em outro órgão, entidade ou empresa, desde que idôneos e acessíveis à previdência social; e

IV – consignará dados relativos ao período e à forma de exercício da atividade rural nos termos estabelecidos pelo INSS.

§ 15. Até 1º de janeiro de 2025, o cadastro de que trata o *caput* poderá ser efetuado, atualizado e corrigido sem prejuízo do prazo de que trata o § 9º e das regras permanentes estabelecidas nos § 5º e § 6º.

§ 16. Na hipótese de haver divergência de informações entre o cadastro de que trata o *caput* e as demais bases de dados, para fins de reconhecimento do direito ao benefício, o INSS poderá exigir a apresentação dos documentos referidos no § 11.

§ 17. As informações obtidas e acolhidas pelo INSS diretamente de bancos de dados disponibilizados por órgãos do Poder Público serão utilizadas para validar ou invalidar informação para o cadastramento do segurado especial e, quando for o caso, para deixar de reconhecer o segurado nessa condição.

§ 18. O prazo a que se refere o § 9º será prorrogado até que cinquenta por cento dos segurados especiais, apurados conforme quantitativo da Pesquisa Nacional por Amostra de Domicílios Contínua, estejam inseridos no sistema de cadastro dos segurados especiais de que trata o *caput*.

§ 19. O fim da prorrogação a que se refere o § 18 será definido em ato do Secretário Especial de Previdência e Trabalho do Ministério da Economia.

Art. 19-E. A partir de 13 de novembro de 2019, para fins de aquisição e manutenção da qualidade de segurado, de carência, de tempo de contribuição e de cálculo do salário de benefício exigidos para o reconhecimento do direito aos benefícios do RGPS e para fins de contagem recíproca, somente serão consideradas as competências cujo salário de contribuição seja igual ou superior ao limite mínimo mensal do salário de contribuição.

▸ Artigo acrescido pelo Dec. 10.410/2020.

§ 1º Para fins do disposto no *caput*, ao segurado que, no somatório de remunerações auferidas no período de um mês, receber remuneração inferior ao limite mínimo mensal do salário de contribuição será assegurado:

I – complementar a contribuição das competências, de forma a alcançar o limite mínimo do salário de contribuição exigido;

II – utilizar o excedente do salário de contribuição superior ao limite mínimo de uma competência para completar o salário de contribuição de outra competência até atingir o limite mínimo; ou

III – agrupar os salários de contribuição inferiores ao limite mínimo de diferentes competências para aproveitamento em uma ou mais competências até que estas atinjam o limite mínimo.

§ 2º Os ajustes de complementação, utilização e agrupamento previstos no § 1º poderão ser efetivados, a qualquer tempo, por iniciativa do segurado, hipótese em que se tornarão irreversíveis e irrenunciáveis após processados.

§ 3º A complementação de que trata o inciso I do § 1º poderá ser recolhida até o dia quinze do mês subsequente ao da prestação do serviço e, a partir dessa data, com os acréscimos previstos no art. 35 da Lei 8.212, de 1991.

§ 4º Os ajustes de que tratam os incisos II e III do § 1º serão efetuados na forma indicada ou autorizada pelo segurado, desde que utilizadas as competências do mesmo ano civil definido no art. 181-E, em conformidade com o disposto nos § 27-A ao § 27-D do art. 216.

§ 5º A efetivação do ajuste previsto no inciso III do § 1º não impede o recolhimento da contribuição referente à competência que tenha o salário de contribuição transferido, em todo ou em parte, para agrupamento com outra competência a fim de atingir o limite mínimo mensal do salário de contribuição.

§ 6º Para complementação ou recolhimento da competência que tenha o salário de contribuição transferido, em todo ou em parte, na forma prevista no § 5º, será observado o disposto no § 3º.

§ 7º Na hipótese de falecimento do segurado, os ajustes previstos no § 1º poderão ser solicitados por seus dependentes para fins de reconhecimento de direito para benefício a eles devidos até o dia quinze do mês de janeiro subsequente ao do ano civil correspondente, observado o disposto no § 4º.

Art. 19-F. A obrigação do INSS de promover a instrução de requerimentos e a comprovação de requisitos legais para o reconhecimento de direitos não afasta a obrigação de o interessado ou o seu representante juntar ao requerimento a documentação útil à comprovação do direito, principalmente em relação aos fatos que não constem da base de dados da previdência social.

▸ Artigo acrescido pelo Dec. 10.410/2020.

Art. 20. Filiação é o vínculo que se estabelece entre pessoas que contribuem para a previdência social e esta, do qual decorrem direitos e obrigações.

§ 1º A filiação à previdência social decorre automaticamente do exercício de atividade remunerada para os segurados obrigatórios, observado o disposto no § 2º, e da inscrição formalizada com o pagamento da primeira contribuição para o segurado facultativo.

▸ § 1º acrescido pelo Dec. 6.722/2008.

§ 2º A filiação do trabalhador rural contratado por produtor rural pessoa física por prazo de até dois meses no período de um ano, para o exercício de atividades de natureza temporária, decorre automaticamente de sua inclusão em declaração prevista em ato do Secretário Especial da Receita Federal do Brasil do Ministério da Economia por meio de identificação específica.

▸ § 2º com redação pelo Dec. 10.410/2020.

§ 3º O exercício de atividade prestada de forma gratuita e o serviço voluntário, nos termos do disposto na Lei 9.608, de 18 de fevereiro de 1998, não geram filiação obrigatória ao RGPS.

▸ § 3º acrescido pelo Dec. 10.410/2020.

Art. 21. *Revogado pelo Dec. 10.410/2020.*

Subseção II
Do dependente

Art. 22. A inscrição do dependente do segurado será promovida quando do requerimento do benefício a que tiver direito, mediante a apresentação dos seguintes documentos:

▸ *Caput* com redação pelo Dec. 4.079/2002.

I – para os dependentes preferenciais:

a) cônjuge e filhos – certidões de casamento e de nascimento;

b) companheira ou companheiro – documento de identidade e certidão de casamento com averbação da separação judicial ou divórcio, quando um dos companheiros ou ambos já tiverem sido casados, ou de óbito, se for o caso; e

c) equiparado a filho – certidão judicial de tutela e, em se tratando de enteado, certidão de casamento do segurado e de nascimento do dependente, observado o disposto no § 3º do art. 16;

II – pais – certidão de nascimento do segurado e documentos de identidade dos mesmos; e

III – irmão – certidão de nascimento.

§§ 1º e 2º *Revogados pelo Dec. 4.079/2002.*

§ 3º Para comprovação do vínculo e da dependência econômica, conforme o caso, deverão ser apresentados, no mínimo, dois documentos, observado o disposto nos § 6º-A e § 8º do art. 16, e poderão ser aceitos, dentre outros:

▸ *Caput* com redação pelo Dec. 10.410/2020.

I – certidão de nascimento de filho havido em comum;

II – certidão de casamento religioso;

III – declaração do imposto de renda do segurado, em que conste o interessado como seu dependente;

IV – disposições testamentárias;

V – *Revogado pelo Dec. 5.699/2006.*

VI – declaração especial feita perante tabelião;

VII – prova de mesmo domicílio;

VIII – prova de encargos domésticos evidentes e existência de sociedade ou comunhão nos atos da vida civil;

IX – procuração ou fiança reciprocamente outorgada;

X – conta bancária conjunta;

XI – registro em associação de qualquer natureza, onde conste o interessado como dependente do segurado;

XII – anotação constante de ficha ou livro de registro de empregados;

XIII – apólice de seguro da qual conste o segurado como instituidor do seguro e a pessoa interessada como sua beneficiária;

XIV – ficha de tratamento em instituição de assistência médica, da qual conste o segurado como responsável;

XV – escritura de compra e venda de imóvel pelo segurado em nome de dependente;

XVI – declaração de não emancipação do dependente menor de 21 (vinte e um) anos; ou

XVII – quaisquer outros que possam levar à convicção do fato a comprovar.

§ 4º O fato superveniente que importe em exclusão ou inclusão de dependente deve ser comunicado ao Instituto Nacional do Seguro Social, com as provas cabíveis.

§ 5º *Revogado pelo Dec. 4.079/2002.*

§ 6º Somente será exigida a certidão judicial de adoção quando esta for anterior a 14 de outubro de 1990, data da vigência da Lei 8.069, de 1990.

§§ 7º e 8º *Revogados pelo Dec. 3.668/2000.*

§ 9º No caso de dependente inválido ou com deficiência intelectual, mental ou grave, para fins de inscrição e concessão de benefício, a invalidez será comprovada por meio de exame médico-pericial a cargo da Perícia Médica Federal e a deficiência, por meio de avaliação biopsicossocial realizada por equipe multiprofissional e interdisciplinar.

▸ §§ 9º e 10 com redação pelo Dec. 10.410/2020.

§ 10. O dependente menor de vinte e um anos de idade apresentará declaração para atestar a não ocorrência das hipóteses previstas no inciso III do *caput* do art. 17.

§ 11. *Revogado pelo Dec. 4.079/2002.*

§ 12. Os dependentes excluídos de tal condição em razão de lei têm suas inscrições tornadas nulas de pleno direito.

▸ § 12 com redação pelo Dec. 4.032/2001.

§ 13. No caso de equiparado a filho, a inscrição será feita mediante a comprovação da equiparação por documento escrito do segurado falecido manifestando essa intenção, da dependência econômica e da declaração de que não tenha sido emancipado.

▸ § 13 acrescido pelo Dec. 4.079/2002.

§ 14. Caso o dependente só possua um dos documentos a que se refere o § 3º produzido em período não superior a vinte e quatro meses anteriores à data do óbito ou do recolhimento à prisão, a comprovação de vínculo ou de dependência econômica para esse período poderá ser suprida por justificação administrativa, processada na forma prevista nos art. 142 ao art. 151.

▸ § 14 acrescido pelo Dec. 10.410/2020.

Art. 23. *Revogado pelo Dec. 4.079/2002.*

Art. 24. Os pais ou irmãos deverão, para fins de concessão de benefícios, comprovar a inexistência de dependentes preferenciais, mediante declaração firmada perante o Instituto Nacional do Seguro Social.

CAPÍTULO II
DAS PRESTAÇÕES EM GERAL

Seção I
Das espécies de prestação

Art. 25. O Regime Geral de Previdência Social compreende as seguintes prestações, expressas em benefícios e serviços:

I – quanto ao segurado:

a) aposentadoria por incapacidade permanente;

▸ Alíneas *a* a *c* com redação pelo Dec. 10.410/2020.

b) aposentadoria programada;

c) aposentadoria por idade do trabalhador rural;

d) aposentadoria especial;

e) auxílio por incapacidade temporária;

▸ Alínea *e* com redação pelo Dec. 10.410/2020.

f) salário-família;

g) salário-maternidade; e

h) auxílio-acidente;

II – quanto ao dependente:

a) pensão por morte; e

b) auxílio-reclusão; e

III – quanto ao segurado e dependente: reabilitação profissional.

Seção II
Da carência

Art. 26. Período de carência é o tempo correspondente ao número mínimo de contribuições mensais indispensáveis para que o beneficiário faça jus ao benefício, consideradas as competências cujo salário de contribuição seja igual ou superior ao seu limite mínimo mensal.

▸ *Caput* com redação pelo Dec. 10.410/2020.

§ 1º Para o segurado especial, considera-se período de carência, para fins de concessão dos benefícios de que trata o inciso I do § 2º do art. 39, o tempo mínimo de efetivo exercício de atividade rural, ainda que de forma descontínua, igual à quantidade de meses necessária à concessão do benefício requerido.

▸ § 1º com redação pelo Dec. 10.410/2020.

§ 2º Será considerado, para efeito de carência, o tempo de contribuição para o Plano de Seguridade Social do Servidor Público anterior à Lei 8.647, de 13 de abril de 1993, efetuado pelo servidor público ocupante de cargo em comissão sem vínculo efetivo com a União, autarquias, ainda que em regime especial, e fundações públicas federais.

§ 3º Não é computado para efeito de carência o tempo de atividade do trabalhador rural anterior à competência novembro de 1991.

§ 4º Para efeito de carência, considera-se presumido o recolhimento das contribuições do segurado empregado, do trabalhador avulso e, relativamente ao contribuinte individual, a partir da competência abril de 2003, as contribuições dele descontadas pela empresa na forma do art. 216.

▸ § 4º com redação pelo Dec. 4.729/2003.

§ 4º-A. Para fins de carência, no caso de segurado empregado doméstico, considera-se presumido o recolhimento das contribuições dele descontadas pelo empregador doméstico, a partir da competência junho de 2015, na forma prevista no art. 211.

▸ §§ 4º-A a 4º-C acrescidos pelo Dec. 10.410/2020.

§ 4º-B. Para o segurado empregado doméstico filiado ao RGPS nessa condição até 31 de maio de 2015, o período de carência será contado a partir da data do efetivo recolhimento da primeira contribuição sem atraso.

§ 4º-C. Para o período de filiação comprovado como empregado doméstico sem a comprovação do recolhimento ou sem a comprovação da primeira contribuição sem atraso, será reconhecido o direito ao benefício na forma prevista no § 2º do art. 36, independentemente da categoria do segurado na data do requerimento.

§ 5º Observado o disposto no § 4º do art. 13, as contribuições vertidas para regime próprio de previdência social serão consideradas para todos os efeitos, inclusive para os de carência.

▸ § 5º acrescido pelo Dec. 3.265/1999.

§ 6º Para fins de carência, as contribuições anteriores à data de publicação da Emenda à Constituição 103, de 12 de novembro de 2019, serão consideradas em conformidade com a legislação vigente à época.

▸ § 6º acrescido pelo Dec. 10.410/2020.

Art. 27. *Revogado pelo Dec. 5.399/2005.*

Art. 27-A. Na hipótese de perda da qualidade de segurado, para fins da concessão dos benefícios de auxílio por incapacidade temporária, de aposentadoria por incapacidade permanente, de salário-maternidade e de auxílio-reclusão, as contribuições anteriores à perda somente serão computadas para fins de carência depois que o segurado contar, a partir da nova filiação ao RGPS, com metade do número de contribuições exigidas para o cumprimento do período de carência definido no art. 29.

▸ Caput com redação pelo Dec. 10.410/2020.

Parágrafo único. Aplica-se o disposto no *caput* ao segurado oriundo de regime próprio de previdência social que se filiar ao Regime Geral de Previdência Social após os prazos a que se refere o inciso II do *caput* e o § 1º do art. 13.

Art. 28. O período de carência é contado:

I – para o segurado empregado, inclusive o doméstico, e o trabalhador avulso, a partir da data de sua filiação ao RGPS; e

▸ Incisos I e II com redação pelo Dec. 10.410/2020.

II – para o segurado contribuinte individual, observado o disposto no § 4º do art. 26, e o segurado facultativo, inclusive o segurado especial que contribua na forma prevista no § 2º do art. 200, a partir da data do efetivo recolhimento da primeira contribuição sem atraso, e não serão consideradas, para esse fim, as contribuições recolhidas com atraso referentes a competências anteriores, observado, quanto ao segurado facultativo, o disposto no § 3º e § 4º do art. 11.

§ 1º Para o segurado especial que não contribui na forma do § 2º do art. 200, o período de carência de que trata o § 1º do art. 26 é contado a partir do efetivo exercício da atividade rural, mediante comprovação, na forma do disposto no art. 62.

▸ § 1º com redação pelo Dec. 6.042/2007.

§ 2º O período a que se refere o inciso XVIII do art. 60 será computado para fins de carência.

§ 3º Para os segurados a que se refere o inciso II, optantes pelo recolhimento trimestral na forma prevista nos §§ 15 e 16 do art. 216, o período de carência é contado a partir do mês de inscrição do segurado, desde que efetuado o recolhimento da primeira contribuição no prazo estipulado no referido § 15.

§ 4º Para os segurados a que se refere o inciso II do *caput*, na hipótese de perda da qualidade de segurado, somente serão consideradas, para fins de carência, as contribuições efetivadas após novo recolhimento sem atraso, observado o disposto no art. 19-E.

▸ § 4º acrescido pelo Dec. 10.410/2020.

Art. 29. A concessão das prestações pecuniárias do Regime Geral de Previdência Social, ressalvado o disposto no art. 30, depende dos seguintes períodos de carência:

I – doze contribuições mensais, nos casos de auxílio por incapacidade temporária e aposentadoria por incapacidade permanente; e

▸ Incisos I e II com redação pelo Dec. 10.410/2020.

II – cento e oitenta contribuições mensais, nos casos de aposentadoria programada, por idade do trabalhador rural e especial;

III – dez contribuições mensais, no caso de salário-maternidade, para as seguradas contribuinte individual, especial e facultativa, respeitado o disposto no § 2º do art. 93 e no inciso II do art. 101.

▸ Inciso III com redação pelo Dec. 3.452/2000.

IV – vinte e quatro contribuições mensais, no caso de auxílio-reclusão.

▸ Inciso IV acrescido pelo Dec. 10.410/2020.

Parágrafo único. Em caso de parto antecipado, o período de carência a que se refere o inciso III será reduzido em número de contribuições equivalente ao número de meses em que o parto foi antecipado.

▸ Parágrafo único com redação pelo Dec. 3.265/1999.

Art. 30. Independe de carência a concessão das seguintes prestações:

I – pensão por morte, salário-família e auxílio-acidente de qualquer natureza, observado, quanto à pensão por morte, o disposto no inciso V do *caput* e nos § 3º e § 4º do art. 114;

▸ Inciso I com redação pelo Dec. 10.410/2020.

II – salário-maternidade, para as seguradas empregada, empregada doméstica e trabalhadora avulsa;

▸ Inciso II com redação pelo Dec. 3.265/1999.

III – auxílio por incapacidade temporária e aposentadoria por incapacidade permanente nos casos de acidente de qualquer natureza ou causa e de doença profissional ou do trabalho e nos casos de segurado que, após filiar-se ao RGPS, seja acometido de alguma das doenças ou afecções especificadas em lista elaborada pelos Ministérios da Saúde e da Economia, atualizada a cada três anos, de acordo com os critérios de estigma, deformação, mutilação, deficiência ou outro fator que lhe confira especificidade e gravidade que mereçam tratamento particularizado;

▸ Inciso III com redação pelo Dec. 10.410/2020.

IV – aposentadoria por idade ou por invalidez, auxílio-doença, auxílio-reclusão ou pensão por morte aos segurados especiais, desde que comprovem o exercício de atividade rural no período imediatamente anterior ao requerimento do benefício, ainda que de forma descontínua, igual ao número de meses correspondente à carência do benefício requerido; e

V – reabilitação profissional.

Parágrafo único. *Revogado pelo Dec. 10.410/2020.*

§ 1º Entende-se como acidente de qualquer natureza ou causa aquele de origem traumática e por exposição a agentes exógenos, físicos, químicos ou biológicos, que acarrete lesão corporal ou perturbação funcional que cause a morte ou a perda ou a redução permanente ou temporária da capacidade laborativa.

▸ § 1º acrescido pelo Dec. 10.410/2020.

§ 2º Até que seja elaborada a lista de doenças ou afecções a que se refere o inciso III do *caput*, independerá de carência a concessão de auxílio por incapacidade temporária e de aposentadoria por incapacidade permanente ao segurado que, após filiar-se ao RGPS, seja acometido por alguma das seguintes doenças:

▸ § 2º acrescido pelo Dec. 10.410/2020.

I – tuberculose ativa;

II – hanseníase;

III – alienação mental;

IV – esclerose múltipla;

V – hepatopatia grave;

VI – neoplasia maligna;

VII – cegueira;

VIII – paralisia irreversível e incapacitante;

IX – cardiopatia grave;

X – doença de Parkinson;

XI – espondiloartrose anquilosante;

XII – nefropatia grave;

XIII – estado avançado da doença de Paget (osteíte deformante);

XIV – síndrome da imunodeficiência adquirida (AIDS); ou

XV – contaminação por radiação, com base em conclusão da medicina especializada.

Seção III
Do salário de benefício

Art. 31. Salário de benefício é o valor básico utilizado para o cálculo da renda mensal dos benefícios de prestação continuada, inclusive aqueles regidos por normas especiais, exceto:

▸ Caput com redação pelo Dec. 10.410/2020.

▸ Valor atualizável por meio de Portaria do Ministério da Previdência Social – MPS.

I – o salário-família;

▸ Incisos I a V acrescidos pelo Dec. 10.410/2020.

II – a pensão por morte;

III – o salário-maternidade;

IV – o auxílio-reclusão; e

V – os demais benefícios previstos em legislação especial.

Parágrafo único. *Revogado pelo Dec. 10.410/2020.*

Art. 32. O salário de benefício a ser utilizado para o cálculo dos benefícios de que trata este Regulamento, inclusive aqueles previstos em acordo internacional, consiste no resultado da média aritmética simples dos salários de contribuição e das remunerações adotadas como base para contribuições a regime próprio de previdência social ou como base para contribuições decorrentes das atividades militares de que tratam os art. 42 e art. 142 da Constituição, considerados para a concessão do benefício, atualizados monetariamente, correspondentes a cem por cento do período contributivo desde a competência julho de 1994 ou desde o início da contribuição, se posterior a essa competência.

▸ Caput com redação pelo Dec. 10.410/2020.

I e II – *Revogados pelo Dec. 10.410/2020.*

III – *Revogado pelo Dec. 5.545/2005.*

§ 1º *Revogado pelo Dec. 3.265/1999.*

§ 2º *Revogado pelo Dec. 5.399/2005.*

§ 3º O valor do salário de benefício não será inferior ao de um salário mínimo, nem superior ao limite máximo do salário de contribuição na data de início do benefício.

§ 4º Serão considerados para o cálculo do salário de benefício os ganhos habituais do segurado empregado, a qualquer título, sob forma de moeda corrente ou de utilidades, sobre os quais tenha incidido contribuição previdenciária, exceto o décimo terceiro salário, observado o disposto no art. 19-E.

▸ § 4º com redação pelo Dec. 10.410/2020.

§ 5º Não será considerado, no cálculo do salário de benefício, o aumento dos salários de contribuição que exceder o limite legal, inclusive o voluntariamente concedido nos 36 (trinta e seis) meses imediatamente anteriores ao início do benefício, salvo se homologado pela Justiça do Trabalho, resultante de promoção regulada por normas gerais da empresa, admitida pela legislação do trabalho, de sentença normativa ou de reajustamento salarial obtido pela categoria respectiva.

§ 6º Se, no período básico de cálculo, o segurado tiver recebido benefício por incapacidade, considerar-se-á como salário de contribuição, no período, o salário de benefício que serviu de base para o cálculo da renda mensal, reajustado nas mesmas épocas e nas mesmas bases dos benefícios em geral, não podendo ser inferior ao salário mínimo nem superior ao limite máximo do salário de contribuição.

§ 7º Exceto para o salário-família e o auxílio-acidente, será pago o valor mínimo de benefício para as prestações referidas no art. 30, quando não houver salário de contribuição no período básico de cálculo.

§ 8º Para fins de apuração do salário de benefício de qualquer aposentadoria precedida de auxílio-acidente, o valor mensal deste será somado ao salário de contribuição antes da aplicação da correção a que se refere o art. 33, não podendo o total apurado ser superior ao limite máximo do salário de contribuição.

§ 9º Quando inexistirem salários de contribuição a partir de julho de 1994, as aposentadorias concedidas nos termos do disposto nos § 5º e § 6º do art. 13 terão o valor correspondente ao do salário-mínimo, observado, no caso de acordos internacionais, o disposto no § 1º do art. 35.

▸ § 9º com redação pelo Dec. 10.410/2020.

§ 10. Para os segurados contribuinte individual e facultativo optantes pelo recolhimento trimestral na forma prevista no § 15 do art. 216, que tenham solicitado qualquer benefício previdenciário, o salário de benefício consistirá na média aritmética simples de todos os salários de contribuição integrantes da contribuição trimestral, desde que efetivamente recolhidos.

▸ § 10 com redação pelo Dec. 3.265/1999.

§§ 11 a 14. *Revogados pelo Dec. 10.410/2020.*

§ 15. No cálculo do salário de benefício serão considerados os salário de contribuição vertidos para regime próprio de previdência social de qualquer daqueles regime, após a sua filiação ao Regime Geral de Previdência Social, de acordo com o disposto no art. 214.

▸ § 15 com redação pelo Dec. 3.265/1999.

§§ 16 e 17. *Revogados pelo Dec. 10.410/2020.*

§ 18. Para fins de cálculo da renda mensal inicial teórica dos benefícios por totalização, no âmbito dos acordos internacionais, serão considerados os tempos de con-

tribuição para a previdência social brasileira e para a do país acordante, observado o disposto no § 9º.

▶ § 18 com redação pelo Dec. 10.410/2020.

I a III – *Revogados pelo Dec. 10.410/2020.*

§ 19. *Revogado pelo Dec. 10.410/2020.*

§ 20. *Revogado pelo Dec. 6.939/2009.*

§ 21. O salário de benefício do segurado especial consiste no valor equivalente ao salário mínimo, ressalvado o disposto no inciso II do § 2º do art. 39 deste Regulamento.

▶ § 21 acrescido pelo Dec. 6.722/2008.

§ 22. Considera-se período contributivo:

▶ § 22 acrescido pelo Dec. 6.939/2009.

I – para o empregado, inclusive o doméstico, e o trabalhador avulso – o conjunto de competências em que houve ou deveria ter havido contribuição em razão do exercício de atividade remunerada sujeita à filiação obrigatória ao RGPS, observado o disposto no art. 19-E; ou

▶ Inciso I com redação pelo Dec. 10.410/2020.

II – para os demais segurados, inclusive o facultativo: o conjunto de meses de efetiva contribuição ao regime de que trata este Regulamento.

§ 22-A. O período contributivo até 13 de novembro de 2019 será apurado em conformidade com o disposto no art. 188-G.

▶ § 22-A acrescido pelo Dec. 10.410/2020.

§ 23. O auxílio por incapacidade temporária não poderá exceder a média aritmética simples dos últimos doze salários de contribuição, inclusive no caso de remuneração variável, ou, se não houver doze salários de contribuição, a média aritmética simples dos salários de contribuição existentes, observado o disposto no art. 33.

▶ §§ 23 e 24 com redação pelo Dec. 10.410/2020.

§ 24. Para fins do cálculo das aposentadorias programadas para as quais seja exigido tempo mínimo de contribuição, poderão ser excluídas do cálculo da média dos salários de contribuição e das remunerações adotadas como base para contribuições a regime próprio de previdência social ou como base para contribuições decorrentes das atividades militares de que tratam os art. 42 e art. 142 da Constituição, utilizado para definição do salário de benefício, as contribuições que resultem em redução do valor do benefício, observado o disposto nos § 25 e § 26.

§ 25. Para fins da exclusão a que se refere o § 24, consideram-se programadas as aposentadorias programada, especial e por idade do trabalhador rural e as aposentadorias transitórias por idade e por tempo de contribuição, para as quais se exige tempo mínimo de contribuição.

▶ §§ 25 a 27 acrescidos pelo Dec. 10.410/2020.

§ 26. A exclusão das contribuições de que trata o § 24 não altera o direito à aposentadoria previamente reconhecido, desde que mantida a quantidade de contribuições equivalentes ao período de carência e observado o tempo mínimo de contribuição necessário à elegibilidade da aposentadoria requerida.

§ 27. É vedada a utilização das contribuições excluídas na forma prevista no § 24 para qualquer finalidade, inclusive para:

I – o acréscimo do percentual da renda mensal;

II – o somatório de pontos das aposentadorias por tempo de contribuição e especial;

III – o cumprimento de período adicional exigido para as aposentadorias por tempo de contribuição;

IV – a averbação em outro regime previdenciário; ou

V – a obtenção dos proventos de inatividade de que tratam os art. 42 e art. 142 da Constituição.

Art. 33. Todos os salários de contribuição utilizados no cálculo do salário de benefício serão corrigidos, mês a mês, de acordo com a variação integral do Índice Nacional de Preço ao Consumidor – INPC, referente ao período decorrido a partir da primeira competência do salário de contribuição que compõe o período básico de cálculo até o mês anterior ao do início do benefício, de modo a preservar o seu valor real.

▶ Artigo com redação pelo Dec. 5.545/2005.

Art. 34. O salário de benefício do segurado que contribuir em razão de atividades concomitantes será calculado com base na soma dos salários de contribuição das atividades exercidas na data do requerimento ou do óbito ou no período básico de cálculo, observado o disposto no art. 32.

▶ *Caput* com redação pelo Dec. 10.410/2020.

I a III – *Revogados pelo Dec. 10.410/2020.*

§ 1º O disposto neste artigo não se aplica ao segurado que, em obediência ao limite máximo do salário de contribuição, contribuiu apenas por uma das atividades concomitantes.

§§ 2º a 4º *Revogados pelo Dec. 10.410/2020.*

§ 5º Na hipótese prevista no § 3º do art. 73, o salário de benefício do auxílio por incapacidade temporária será calculado com base na soma dos salários de contribuição referentes às atividades para as quais o segurado seja considerado incapacitado.

▶ § 5º com redação pelo Dec. 10.410/2020.

I e II – *Revogados pelo Dec. 10.410/2020.*

§ 6º *Revogado pelo Dec. 10.410/2020.*

Seção IV
Da renda mensal do benefício

Art. 35. A renda mensal do benefício de prestação continuada que substituir o salário de contribuição ou o rendimento do trabalho do segurado não terá valor inferior ao do salário mínimo nem superior ao limite máximo do salário de contribuição, exceto no caso previsto no art. 45.

§ 1º A renda mensal inicial *pro rata* dos benefícios por totalização, concedidos com base em acordos internacionais, será proporcional ao tempo de contribuição para previdência social brasileira e poderá ter valor inferior ao do salário mínimo.

▶ § 1º com redação pelo Dec. 10.410/2020.

§ 2º *Revogado pelo Dec. 10.410/2020.*

§ 3º Na hipótese de a média apurada na forma do art. 32 resultar superior ao limite máximo do salário de contribuição vigente no mês de início do benefício, a diferença percentual entre esta média e o referido limite será incorporada ao valor do benefício juntamente com o primeiro reajuste do mesmo após a concessão, observado que nenhum benefício assim reajustado poderá superar o limite máximo do salário de contribuição vigente na competência em que ocorrer o reajuste.

Art. 36. No cálculo do valor da renda mensal do benefício serão computados:

I – para o segurado empregado, inclusive o doméstico, e o trabalhador avulso, os salários de contribuição referentes aos meses de contribuições devidas, ainda que não recolhidas pela empresa ou pelo empregador doméstico, observado o disposto no art. 19-E, sem prejuízo da respectiva cobrança e da aplicação das penalidades cabíveis; e

▶ Incisos I e II com redação pelo Dec. 10.410/2020.

II – para o segurado empregado, inclusive o doméstico, o trabalhador avulso e o segurado especial, o valor do auxílio–acidente será considerado como salário de contribuição para fins de concessão de qualquer aposentadoria, nos termos do disposto no § 8º do art. 32.

§ 1º Para os demais segurados, somente serão computados os salários de contribuição referentes aos meses de contribuição efetivamente recolhida, observado o disposto no art. 19-E.

▶ §§ 1º a 5º com redação pelo Dec. 10.410/2020.

§ 2º No caso de segurado empregado, inclusive o doméstico, e de trabalhador avulso que tenham cumprido todas as condições para a concessão do benefício pleiteado, mas não possam comprovar o valor dos seus salários de contribuição no período básico de cálculo, será considerado, para o cálculo do benefício referente ao período sem comprovação do valor do salário de contribuição, o valor do salário-mínimo e essa renda será recalculada quando da apresentação de prova dos salários de contribuição.

§ 3º Na hipótese de jornada de trabalho parcial ou intermitente, a aplicação do disposto no § 2º fica condicionada à apresentação do contrato de trabalho do qual conste a remuneração contratada ou a demonstração das remunerações auferidas que possibilite a verificação do valor do salário de contribuição para fins de aplicação do disposto no art. 19-E.

§ 4º Na hipótese prevista no § 2º, após a concessão do benefício, o INSS notificará a Secretaria Especial da Receita Federal do Brasil do Ministério da Economia por meio eletrônico, para que esta adote as providências a que se referem os art. 238 ao art. 243, o art. 245 e o art. 246.

§ 5º Sem prejuízo do disposto no § 2º, cabe à previdência social manter cadastro dos segurados com os informes necessários para o cálculo de sua renda mensal.

§ 6º Para o segurado especial que não contribui facultativamente, o disposto no inciso II será aplicado somando-se ao valor da aposentadoria a renda mensal do auxílio-acidente vigente na data de início da referida aposentadoria, não sendo, neste caso, aplicada a limitação contida no inciso I do § 2º do art. 39 e no art. 183.

§ 7º *Revogado pelo Dec. 10.410/2020.*

Art. 37. A renda mensal inicial, recalculada de acordo com o disposto nos §§ 2º e 3º do art. 36, deve ser reajustada como a dos benefícios correspondentes com igual data de início e substituirá, a partir da data do

requerimento de revisão do valor do benefício, a renda mensal que prevalecia até então.

Parágrafo único. Para fins da substituição de que trata o *caput*, o requerimento de revisão deve ser aceito pelo Instituto Nacional do Seguro Social a partir da concessão do benefício em valor provisório e processado quando da apresentação de prova dos salários de contribuição ou de recolhimento das contribuições.

Art. 38. *Revogado pelo Dec. 10.410/2020.*

Art. 39. A renda mensal inicial do benefício será calculada a partir da aplicação dos percentuais definidos neste Regulamento, para cada espécie, sobre o salário de benefício.

▶ *Caput* com redação pelo Dec. 10.410/2020.

I a VI – *Revogados pelo Dec. 10.410/2020.*

§ 1º Para fins da aplicação dos percentuais a que se refere o *caput*, presume-se como efetivado o recolhimento correspondente, quando se tratar de segurado empregado, inclusive o doméstico, e de trabalhador avulso, observado o disposto no art. 19-E.

▶ § 1º com redação pelo Dec. 10.410/2020.

§ 2º Para os segurados especiais, inclusive os com deficiência, é garantida a concessão, alternativamente:

▶ *Caput* do § 2º com redação pelo Dec. 8.145/2013.

I – de aposentadoria por idade do trabalhador rural ou por incapacidade permanente, de auxílio por incapacidade temporária, de auxílio-reclusão ou de pensão por morte, no valor de um salário mínimo, observado o disposto no inciso III do *caput* do art. 30, e de auxílio-acidente, observado o disposto no art. 104; ou

▶ Inciso I com redação pelo Dec. 10.410/2020.

II – dos benefícios especificados neste Regulamento, observados os critérios e a forma de cálculo estabelecidos, desde que contribuam, facultativamente, de acordo com o disposto no § 2º do art. 200.

§ 3º O valor mensal da pensão por morte e do auxílio-reclusão será apurado em conformidade com o disposto, respectivamente, nos art. 106 e art. 117.

▶ §§ 3º a 5º com redação pelo Dec. 10.410/2020.

§ 4º Se, na data do óbito, o segurado estiver recebendo aposentadoria e auxílio-acidente, o valor mensal da pensão por morte será calculado conforme o disposto no art. 106, sem a incorporação do valor do auxílio-acidente.

§ 5º Após a cessação do auxílio por incapacidade temporária decorrente de acidente de qualquer natureza ou causa, independentemente de o segurado ter retornado ou não ao trabalho, se houver agravamento ou sequela que resulte na reabertura do benefício, a renda mensal será igual a noventa e um por cento do valor do salário de benefício do auxílio por incapacidade temporária cessado, observado o disposto no § 23 do art. 32, corrigido até o mês anterior ao da reabertura do benefício pelos mesmos índices de correção empregados no cálculo dos benefícios em geral.

§ 6º A renda mensal inicial das aposentadorias dos segurados que tenham contribuído exclusivamente na forma prevista no § 2º do art. 21 da Lei 8.212, de 1991, corresponderá ao salário mínimo e, nas demais hipóteses, será aplicado o disposto no art. 32 ou no art. 188-E, conforme o caso.

▶ § 6º acrescido pelo Dec. 10.410/2020.

Seção V
Do reajustamento do valor do benefício

Art. 40. É assegurado o reajustamento dos benefícios para preservar-lhes, em caráter permanente, o valor real da data de sua concessão.

§ 1º Os valores dos benefícios em manutenção serão reajustados, anualmente, na mesma data do reajuste do salário mínimo, *pro rata*, de acordo com suas respectivas datas de início ou do último reajustamento, com base no Índice Nacional de Preços ao Consumidor – INPC, apurado pela Fundação Instituto Brasileiro de Geografia e Estatística – IBGE.

▶ § 1º com redação pelo Dec. 6.042/2007.

§ 2º Os benefícios com renda mensal superior a 1 (um) salário mínimo serão pagos do primeiro ao quinto dia útil do mês subsequente ao de sua competência, observada a distribuição proporcional do número de beneficiários por dia de pagamento.

▶ § 2º com redação pelo Dec. 6.722/2008.

§ 3º *Revogado pelo Dec. 6.042/2007.*

§ 4º Os benefícios com renda mensal no valor de até 1 (um) salário mínimo serão pagos no período compreendido entre o quinto dia útil que anteceder o final do mês de sua competência e o quinto dia útil do mês subsequente, observada a distribuição proporcional dos beneficiários por dia de pagamento.

▶ § 4º com redação pelo Dec. 6.722/2008.

§ 5º Para os efeitos dos §§ 2º e 4º, considera-se dia útil aquele de expediente bancário com horário normal de atendimento.

▸ § 5º acrescido pelo Dec. 6.722/2008.

§ 6º Para os benefícios que tenham sido majorados devido à elevação do salário mínimo, o referido aumento deverá ser compensado no momento da aplicação do disposto no § 1º, de acordo com normas a serem baixadas pelo Ministério da Previdência Social.

▸ § 6º acrescido pelo Dec. 6.722/2008.

Art. 41. O valor mensal do abono de permanência em serviço, do auxílio suplementar e do auxílio-acidente será reajustado na forma do disposto no art. 40 e não varia de acordo com o salário de contribuição do segurado.

Art. 42. Nenhum benefício reajustado poderá exceder o limite máximo do salário de benefício na data do reajustamento, respeitados os direitos adquiridos, nem inferior ao valor de 1 (um) salário mínimo.

▸ Caput com redação pelo Dec. 6.722/2008.

Parágrafo único. O auxílio-acidente, o abono de permanência em serviço, o auxílio suplementar, o salário-família e a parcela a cargo do Regime Geral de Previdência Social dos benefícios por totalização, concedidos com base em acordos internacionais de previdência social, poderão ter valor inferior ao do salário mínimo.

Seção VI
Dos benefícios

Subseção I
Da aposentadoria por incapacidade permanente
▸ Epígrafe com redação pelo Dec. 10.410/2020.

Art. 43. A aposentadoria por incapacidade permanente, uma vez cumprido o período de carência exigido, quando for o caso, será devida ao segurado que, em gozo ou não de auxílio por incapacidade temporária, for considerado incapaz para o trabalho e insuscetível de reabilitação para o exercício de atividade que lhe garanta a subsistência, que lhe será paga enquanto permanecer nessa condição.

▸ Caput com redação pelo Dec. 10.410/2020.

§ 1º A concessão de aposentadoria por incapacidade permanente dependerá da verificação da condição de incapacidade por meio de exame médico-pericial a cargo da Perícia Médica Federal, de modo que o segurado possa, às suas expensas, ser acompanhado por médico de sua confiança.

▸ §§ 1º e 2º com redação pelo Dec. 10.410/2020.

§ 2º A doença ou lesão de que o segurado já era portador ao filiar-se ao RGPS não lhe conferirá direito a aposentadoria por incapacidade permanente, exceto quando a incapacidade sobrevier por motivo de progressão ou agravamento dessa doença ou lesão.

Art. 44. A aposentadoria por incapacidade permanente será devida a partir do dia imediato ao da cessação do auxílio por incapacidade temporária, ressalvado o disposto no § 1º, e consistirá em renda mensal decorrente da aplicação dos seguintes percentuais incidentes sobre o salário de benefício, definido na forma do disposto no art. 32:

▸ Caput com redação pelo Dec. 10.410/2020.

I – sessenta por cento, com acréscimo de dois pontos percentuais para cada ano de contribuição que exceder o tempo de vinte anos de contribuição, para os homens, ou quinze anos de contribuição, para as mulheres; ou

▸ Incisos I e II acrescidos pelo Dec. 10.410/2020.

II – cem por cento, quando a aposentadoria decorrer de:

a) acidente de trabalho;

b) doença profissional; ou

c) doença do trabalho.

§ 1º Na hipótese de a perícia médica inicial concluir pela existência de incapacidade total e definitiva para o trabalho, a aposentadoria por incapacidade permanente será devida:

▸ Caput com redação pelo Dec. 10.410/2020.

I – ao segurado empregado a contar do décimo sexto dia do afastamento da atividade ou a partir da data da entrada do requerimento, se entre o afastamento e a entrada do requerimento decorrerem mais de 30 (trinta) dias; e

▸ Inciso I com redação pelo Dec. 3.265/1999.

II – ao segurado empregado doméstico, contribuinte individual, trabalhador avulso, especial ou facultativo, a contar da data do início da incapacidade ou da data da entrada do requerimento, se entre essas datas decorrerem mais de 30 (trinta) dias.

▸ Inciso II com redação pelo Dec. 3.265/1999.

§ 2º Durante os primeiros 15 (quinze) dias de afastamento consecutivos da atividade por motivo de invalidez, caberá à empresa pagar ao segurado empregado o salário.

▸ § 2º com redação pelo Dec. 3.265/1999.

§ 3º A concessão de aposentadoria por incapacidade permanente, inclusive quando precedida de auxílio por incapacidade temporária concedido na forma prevista no art. 73, fica condicionada ao afastamento do segurado de todas as suas atividades.

▸ § 3º com redação pelo Dec. 10.410/2020.

Art. 45. O valor da aposentadoria por incapacidade permanente do segurado que necessitar da assistência permanente de outra pessoa será acrescido de vinte e cinco por cento, observada a relação constante do Anexo I, e:

▸ Caput com redação pelo Dec. 10.410/2020.

I – devido ainda que o valor da aposentadoria atinja o limite máximo legal; e

II – recalculado quando o benefício que lhe deu origem for reajustado.

Parágrafo único. O acréscimo de que trata o *caput* cessará com a morte do aposentado, não sendo incorporado ao valor da pensão por morte.

Art. 46. O segurado aposentado por incapacidade permanente poderá ser convocado a qualquer momento para avaliação das condições que ensejaram o afastamento ou a aposentadoria, concedida judicial ou administrativamente, sem prejuízo do disposto no § 1º e sob pena de suspensão do benefício.

▸ Caput com redação pelo Dec. 10.410/2020.

Parágrafo único. *Revogado pelo Dec. 10.410/2020.*

§ 1º Observado o disposto no *caput*, o aposentado por incapacidade permanente fica obrigado, sob pena de suspensão do pagamento do benefício, a submeter-se a exame médico-pericial pela Perícia Médica Federal, a processo de reabilitação profissional a cargo do INSS e a tratamento dispensado gratuitamente, exceto o cirúrgico e a transfusão de sangue, que são facultativos.

▸ §§ 1º a 7º acrescidos pelo Dec. 10.410/2020.

§ 2º O aposentado por incapacidade permanente que não tenha retornado à atividade estará isento do exame médico-pericial de que trata este § quando:

I – após completar cinquenta e cinco anos de idade e quando decorridos quinze anos da data de concessão da aposentadoria por incapacidade permanente ou do auxílio por incapacidade temporária que a tenha precedido; ou

II – após completar sessenta anos de idade.

§ 3º A isenção de que trata o § 2º não se aplica quando o exame tem as seguintes finalidades:

I – verificação da necessidade de assistência permanente de outra pessoa para a concessão do acréscimo de vinte e cinco por cento sobre o valor do benefício, nos termos do disposto no art. 45;

II – verificação da recuperação da capacidade laborativa, por meio de solicitação do aposentado que se julgar apto; ou

III – subsídios à autoridade judiciária na concessão de curatela, observado o disposto no § 4º do art. 162.

§ 4º O aposentado por incapacidade permanente, ainda que tenha implementado as condições de que trata o § 2º, será submetido ao exame médico-pericial de que trata este artigo quando necessário para apuração de fraude.

§ 5º O segurado com síndrome da imunodeficiência adquirida (aids) fica dispensado da avaliação de que trata o *caput*, observado o disposto nos § 3º e § 4º.

§ 6º A Perícia Médica Federal terá acesso aos prontuários médicos do segurado registrados no Sistema Único de Saúde – SUS, desde que haja anuência prévia do periciado e seja garantido o sigilo sobre os seus dados.

§ 7º O atendimento domiciliar e hospitalar é assegurado pela Perícia Médica Federal e pelo serviço social ao segurado com dificuldade de locomoção, quando o seu deslocamento, em razão de sua limitação funcional e de condições de acessibilidade, lhe impuser ônus desproporcional e indevido.

Art. 47. O aposentado por incapacidade permanente que se julgar apto a retornar à atividade deverá solicitar ao INSS a realização de nova avaliação médico-pericial.

▸ Caput com redação pelo Dec. 10.410/2020.

Parágrafo único. Na hipótese de a Perícia Médica Federal concluir pela recuperação da capacidade laborativa, a aposentadoria do segurado será cancelada, observado o disposto no art. 49.

▸ Parágrafo único com redação pelo Dec. 10.410/2020.

Art. 48. O aposentado por incapacidade permanente que retornar voluntariamente à atividade terá a sua aposentadoria automaticamente cessada, a partir da data de seu retorno, observado o disposto no art. 179.

▸ Artigo com redação pelo Dec. 10.410/2020.

Art. 49. Verificada a recuperação da capacidade laborativa do aposentado por incapacidade permanente, exceto na hipótese prevista no art. 48, serão observadas as seguintes normas:

▸ Caput com redação pelo Dec. 10.410/2020.

I – quando a recuperação for total e ocorrer no prazo de cinco anos, contado da data de início da aposentadoria por incapacidade permanente ou do auxílio por incapacidade temporária que a antecedeu sem interrupção, o benefício cessará:

▸ Caput do inciso I com redação pelo Dec. 10.410/2020.

a) de imediato, para o segurado empregado que tiver direito a retornar à função que desempenhava na empresa ao se aposentar, na forma da legislação trabalhista, valendo como documento, para tal fim, o certificado de capacidade fornecido pela previdência social; ou

b) após tantos meses quantos forem os anos de duração do auxílio por incapacidade temporária e da aposentadoria por incapacidade permanente, para os demais segurados; e

▸ Alínea b com redação pelo Dec. 10.410/2020.

II – quando a recuperação for parcial ou ocorrer após o período previsto no inciso I, ou ainda quando o segurado for declarado apto para o exercício de trabalho diverso do qual habitualmente exercia, a aposentadoria será mantida, sem prejuízo da volta à atividade:

a) pelo seu valor integral, durante 6 (seis) meses contados da data em que for verificada a recuperação da capacidade;

b) com redução de 50% (cinquenta por cento), no período seguinte de 6 (seis) meses; e

c) com redução de 75% (setenta e cinco por cento), também por igual período de 6 (seis) meses, ao término do qual cessará definitivamente.

Art. 50. O segurado que retornar à atividade poderá requerer, a qualquer tempo, novo benefício, tendo este processamento normal.

Parágrafo único. *Revogado pelo Dec. 10.410/2020.*

§ 1º Observado o disposto no art. 167, caso haja requerimento de novo benefício durante os períodos a que se refere o art. 49, caberá ao segurado optar por um dos benefícios, assegurada a opção pelo benefício mais vantajoso.

▸ §§ 1º e 2º acrescidos pelo Dec. 10.410/2020.

§ 2º Na hipótese de opção pelo recebimento de novo benefício nos termos do disposto no § 1º, cuja duração se encerre antes da cessação do benefício decorrente do disposto no art. 49, o pagamento deste poderá ser restabelecido pelo período remanescente, respeitadas as reduções correspondentes.

Subseção II
Da aposentadoria programada
▸ Epígrafe com redação pelo Dec. 10.410/2020.

Art. 51. A aposentadoria programada, uma vez cumprido o período de carência exigido, será devida ao segurado que cumprir, cumulativamente, os seguintes requisitos:

▸ Caput com redação pelo Dec. 10.410/2020.

I – sessenta e dois anos de idade, se mulher, e sessenta e cinco anos de idade, se homem; e

▸ Incisos I e II acrescidos pelo Dec. 10.410/2020.

II – quinze anos de tempo de contribuição, se mulher, e vinte anos de tempo de contribuição, se homem.

§ 1º Para fins de apuração do tempo de contribuição a que se refere o inciso II do *caput*, é vedada a inclusão de tempo fictício.

▸ § 1º com redação pelo Dec. 10.410/2020.

§ 2º O período pelo qual os segurados contribuinte individual e facultativo tiverem contribuído na forma prevista no art. 199-A será considerado como tempo de contribuição, observada a restrição estabelecida em seu § 2º.

▸ § 2º com redação pelo Dec. 10.410/2020.

§§ 3º e 4º *Revogados pelo Dec. 10.410/2020.*

Art. 52. A aposentadoria por idade será devida:

I – ao segurado empregado, inclusive o doméstico:

a) a partir da data do desligamento do emprego, quando requerida até 90 (noventa) dias depois dela; ou

b) a partir da data do requerimento, quando não houver desligamento do emprego ou quando for requerida após o prazo da alínea *a*; e

II – para os demais segurados, a partir da data da entrada do requerimento.

Art. 53. O valor da aposentadoria programada corresponderá a sessenta por cento do salário de benefício definido na forma prevista no art. 32, com acréscimo de dois pontos percentuais para cada ano de contribuição que exceder o tempo de vinte anos de contribuição, para os homens, ou de quinze anos de contribuição, para as mulheres.

▸ Artigo com redação pelo Dec. 10.491/2020.

Subseção II–A
Da aposentadoria programada do professor

▶ Epígrafe acrescida pelo Dec. 10.410/2020.

Art. 54. Para o professor que comprove, exclusivamente, tempo de efetivo exercício em função de magistério na educação infantil, no ensino fundamental ou no ensino médio, desde que cumprido o período de carência exigido, será concedida a aposentadoria de que trata esta Subseção quando cumprir, cumulativamente, os seguintes requisitos:

▶ Artigo com redação pelo Dec. 10.410/2020.

I – cinquenta e sete anos de idade, se mulher, e sessenta anos de idade, se homem; e

▶ Incisos I e II acrescidos pelo Dec. 10.410/2020.

II – vinte e cinco anos de contribuição, para ambos os sexos, em efetivo exercício na função a que se refere o *caput*.

§ 1º O valor da aposentadoria de que trata este artigo será apurado na forma prevista no art. 53.

▶ §§ 1º a 5º acrescidos pelo Dec. 10.410/2020.

§ 2º Para fins de concessão da aposentadoria de que trata este artigo, considera–se função de magistério aquela exercida por professor em estabelecimento de ensino de educação básica em seus diversos níveis e modalidades, incluídas, além do exercício da docência, as funções de direção de unidade escolar e de coordenação e assessoramento pedagógicos.

§ 3º A comprovação da condição de professor será feita por meio da apresentação:

I – do diploma registrado nos órgãos competentes federais e estaduais ou de documento que comprove a habilitação para o exercício do magistério, na forma prevista em lei específica; e

II – dos registros em carteira profissional ou Carteira de Trabalho e Previdência Social complementares, quando for o caso, por declaração do estabelecimento de ensino no qual tenha sido exercida a atividade, sempre que essa informação for necessária para caracterização do efetivo exercício da função de magistério, nos termos do disposto no *caput*.

§ 4º É vedada a conversão de tempo de serviço de magistério, exercido em qualquer época, em tempo de serviço comum.

§ 5º A aposentadoria de que trata este artigo será devida na forma prevista no art. 52.

Art. 55. *Revogado pelo Dec. 6.722/2008.*

Subseção III
Da aposentadoria por idade do trabalhador rural

▶ Epígrafe com redação pelo Dec. 10.410/2020.

Art. 56. A aposentadoria por idade do trabalhador rural, uma vez cumprido o período de carência exigido, será devida aos segurados a que se referem a alínea "a" do inciso I, a alínea "j" do inciso V e os incisos VI e VII do *caput* do art. 9º e aos segurados garimpeiros que trabalhem, comprovadamente, em regime de economia familiar, conforme definido no § 5º do art. 9º, quando completarem cinquenta e cinco anos de idade, se mulher, e sessenta anos de idade, se homem.

▶ *Caput* com redação pelo Dec. 10.410/2020.

§ 1º Para fins do disposto no *caput*, o segurado a que se refere o inciso VII do *caput* do art. 9º comprovará o efetivo exercício de atividade rural, ainda que de forma descontínua, no período imediatamente anterior ao requerimento do benefício ou, conforme o caso, ao mês em que tiver cumprido o requisito etário, por tempo igual ao número de meses de contribuição correspondente à carência do benefício pretendido, computados os períodos pelos quais o segurado especial tenha recebido os rendimentos a que se referem os incisos III ao VIII do § 8º do art. 9º.

▶ §§ 1º a 5º com redação pelo Dec. 10.410/2020.

§ 2º O valor da renda mensal da aposentadoria de que trata este artigo para os trabalhadores rurais a que se referem a alínea "a" do inciso I, a alínea "j" do inciso V e o inciso VI do *caput* do art. 9º, para o garimpeiro e para o segurado especial que contribua facultativamente corresponderá a setenta por cento do salário de benefício definido na forma prevista no art. 32, com acréscimo de um ponto percentual para cada ano de contribuição.

§ 3º O valor da renda mensal do benefício de que trata este artigo para os trabalhadores rurais a que se refere o inciso VII do *caput* do art. 9º será de um salário mínimo.

§ 4º O segurado especial que contribui na forma prevista no § 2º do art. 200 somente fará jus à aposentadoria com valor apurado na forma prevista no § 2º deste artigo após o cumprimento do período de carência exigido, hipótese em que não será considerado como período de carência o tempo de atividade rural não contributivo.

§ 5º A aposentadoria de que trata este artigo será devida na forma prevista no art. 52.

Art. 57. Os trabalhadores rurais que não atendam ao disposto no art. 56 mas que satisfaçam essa condição, se considerados períodos de contribuição sob outras categorias de segurado, farão jus ao benefício ao atenderem os requisitos definidos nos incisos I e II do *caput* do art. 51.

▶ *Caput* com redação pelo Dec. 10.410/2020.

§ 1º Para fins do disposto no *caput*, o valor da renda mensal da aposentadoria será apurado na forma do disposto no art. 53, considerando–se como salário de contribuição mensal do período como segurado especial o salário mínimo.

▶ §§ 1º e 2º acrescidos pelo Dec. 10.410/2020.

§ 2º O disposto neste artigo aplica–se ainda que, na oportunidade do requerimento da aposentadoria, o segurado não se enquadre como trabalhador rural.

Arts. 58 a 63. *Revogados pelo Dec. 10.410/2020.*

Subseção IV
Da aposentadoria especial

Art. 64. A aposentadoria especial, uma vez cumprido o período de carência exigido, será devida ao segurado empregado, trabalhador avulso e contribuinte individual, este último somente quando cooperado filiado a cooperativa de trabalho ou de produção, que comprove o exercício de atividades com efetiva exposição a agentes químicos, físicos e biológicos prejudiciais à saúde, ou a associação desses agentes, de forma permanente, não ocasional nem intermitente, vedada a caracterização por categoria profissional ou ocupação, durante, no mínimo, quinze, vinte ou vinte e cinco anos, e que cumprir os seguintes requisitos:

▶ *Caput* com redação pelo Dec. 10.410/2020.

I – cinquenta e cinco anos de idade, quando se tratar de atividade especial de quinze anos de contribuição;

II – cinquenta e oito anos de idade, quando se tratar de atividade especial de vinte anos de contribuição; ou

III – sessenta anos de idade, quando se tratar de atividade especial de vinte e cinco anos de contribuição.

§ 1º A. efetiva exposição a agente prejudicial à saúde configura–se quando, mesmo após a adoção das medidas de controle previstas na legislação trabalhista, a nocividade não seja eliminada ou neutralizada.

▶ § 1º com redação pelo Dec. 10.410/2020.

§ 1º–A. Para fins do disposto no § 1º, considera–se:

▶ § 1º–A acrescido pelo Dec. 10.410/2020.

I – eliminação – a adoção de medidas de controle que efetivamente impossibilitem a exposição ao agente prejudicial à saúde no ambiente de trabalho; e

II – neutralização – a adoção de medidas de controle que reduzam a intensidade, a concentração ou a dose do agente prejudicial à saúde ao limite de tolerância previsto neste Regulamento ou, na sua ausência, na legislação trabalhista.

§ 2º Para fins do disposto no *caput*, a exposição aos agentes químicos, físicos e biológicos prejudiciais à saúde, ou a associação desses agentes, deverá superar os limites de tolerância estabelecidos segundo critérios quantitativos ou estar caracterizada de acordo com os critérios da avaliação qualitativa de que trata o § 2º do art. 68.

▶ § 2º com redação pelo Dec. 10.410/2020.

Art. 65. Considera–se tempo de trabalho permanente aquele que é exercido de forma não ocasional nem intermitente, no qual a exposição do empregado, trabalhador avulso ou do cooperado ao agente nocivo seja indissociável da produção do bem ou da prestação do serviço.

▶ *Caput* com redação pelo Dec. 8.123/2013.

Parágrafo único. Aplica–se o disposto no *caput* aos períodos de descanso determinados pela legislação trabalhista, inclusive ao período de férias, e aos de percepção de salário-maternidade, desde que, à data do afastamento, o segurado estivesse exposto aos fatores de risco de que trata o art. 68.

▶ Parágrafo único com redação pelo Dec. 10.410/2020.

Art. 66. Para o segurado que houver exercido duas ou mais atividades sujeitas a agentes químicos, físicos e biológicos prejudiciais à saúde, ou a associação desses agentes, sem completar em quaisquer delas o prazo mínimo exigido para a aposentadoria especial, os respectivos períodos de exercício serão somados após conversão, hipótese em que será considerada a atividade preponderante para efeito de enquadramento.

▶ *Caput* com redação pelo Dec. 10.410/2020.

§ 1º Para fins do disposto no *caput*, não serão considerados os períodos em que a atividade exercida não estava sujeita a condições especiais, observado, nesse caso, o disposto no art. 70.

§ 2º A conversão de que trata o *caput* será feita segundo a tabela abaixo:

Tempo a Converter	Multiplicadores		
	Para 15	Para 20	Para 25
De 15 anos	-	1,33	1,67
De 20 anos	0,75	-	1,25
De 25 anos	0,60	0,80	

§ 3º A atividade preponderante será aquela pela qual o segurado tenha contribuído por mais tempo, antes da conversão, e servirá como parâmetro para definir o tempo mínimo necessário para a aposentadoria especial e para a conversão.

▶ § 3º acrescido pelo Dec. 10.410/2020.

Art. 67. O valor da aposentadoria especial corresponderá a sessenta por cento do salário de benefício definido na forma prevista no art. 32, com acréscimo de dois pontos percentuais para cada ano de contribuição que exceder o tempo de vinte anos de contribuição exceto no caso da aposentadoria a que se refere o inciso I do *caput* do art. 64 e das mulheres, cujo acréscimo será aplicado para cada ano de contribuição que exceder quinze anos de contribuição.

▶ Artigo com redação pelo Dec. 10.410/2020.

Art. 68. A relação dos agentes químicos, físicos, biológicos, e da associação desses agentes, considerados para fins de concessão de aposentadoria especial, é aquela constante do Anexo IV.

▶ *Caput* com redação pelo Dec. 10.410/2020.

§ 1º A Secretaria Especial de Previdência e Trabalho do Ministério da Economia promoverá a elaboração de estudos com base em critérios técnicos e científicos para atualização periódica do disposto no Anexo IV.

▶ § 1º com redação pelo Dec. 10.410/2020.

§ 2º A avaliação qualitativa de riscos e agentes prejudiciais à saúde será comprovada pela descrição:

▶ § 2º com redação pelo Dec. 10.410/2020.

I – das circunstâncias de exposição ocupacional a determinado agente ou associação de agentes prejudiciais à saúde presentes no ambiente de trabalho durante toda a jornada de trabalho;

▶ Inciso I com redação pelo Dec. 10.410/2020.

II – de todas as fontes e possibilidades de liberação dos agentes mencionados no inciso I; e

III – dos meios de contato ou exposição dos trabalhadores, as vias de absorção, a intensidade da exposição, a frequência e a duração do contato.

§ 3º A comprovação da efetiva exposição do segurado a agentes prejudiciais à saúde será feita por meio de documento, em meio físico ou eletrônico, emitido pela empresa ou por seu preposto com base em laudo técnico de condições ambientais do trabalho expedido por médico do trabalho ou engenheiro de segurança do trabalho.

▶ § 3º com redação pelo Dec. 10.410/2020.

§ 4º Os agentes reconhecidamente cancerígenos para humanos, listados pela Secretaria Especial de Previdência e Trabalho do Ministério da Economia, serão avaliados em conformidade com o disposto nos § 2º e § 3º deste artigo e no *caput* do art. 64 e, caso sejam adotadas as medidas de controle previstas na legislação trabalhista que eliminem a nocividade, será descaracterizada a efetiva exposição.

▶ § 4º com redação pelo Dec. 10.410/2020.

§ 5º O laudo técnico a que se refere o § 3º conterá informações sobre a existência de tecnologia de proteção coletiva ou individual e sobre a sua eficácia e será elaborado com observância às normas editadas pela Secretaria Especial de Previdência e Trabalho do Ministério Economia e aos procedimentos adotados pelo INSS.

▶ § 5º com redação pelo Dec. 10.410/2020.

§ 6º A empresa que não mantiver laudo técnico atualizado com referência aos agentes existentes no ambiente de trabalho prejudiciais à saúde de seus trabalhadores ou que emitir documento de comprovação de efetiva exposição em desacordo com o referido laudo incorrerá na infração a que se refere a alínea "n" do inciso II do *caput* do art. 283.

▶ § 6º com redação pelo Dec. 10.410/2020.

§ 7º O INSS estabelecerá os procedimentos para fins de concessão de aposentadoria especial, podendo, se necessário, confirmar as informações contidas nos documentos mencionados nos § 2º e § 3º.

▶ § 7º com redação pelo Dec. 10.410/2020.

§ 8º A empresa deverá elaborar e manter atualizado o perfil profissiográfico previdenciário, ou o documento eletrônico que venha a substituí–lo, no qual deverão ser contempladas as atividades desenvolvidas durante o período laboral, garantido ao trabalhador o acesso às informações nele contidas, sob pena de sujeição

às sanções previstas na alínea "h" do inciso I do *caput* do art. 283.

▸ § 8º com redação pelo Dec. 10.410/2020.

§ 9º Para fins do disposto no § 8º, considera-se perfil profissiográfico previdenciário o documento que contenha o histórico laboral do trabalhador, elaborado de acordo com o modelo instituído pelo INSS.

▸ § 9º com redação pelo Dec. 10.410/2020.

§ 10. O trabalhador ou o seu preposto terá acesso às informações prestadas pela empresa sobre o seu perfil profissiográfico previdenciário e poderá, inclusive, solicitar a retificação de informações que estejam em desacordo com a realidade do ambiente de trabalho, conforme orientação estabelecida em ato do Ministro de Estado da Economia.

▸ § 10 com redação pelo Dec. 10.410/2020.

§ 11. A cooperativa de trabalho e a empresa contratada para prestar serviços mediante cessão ou empreitada de mão de obra atenderão ao disposto nos §§ 3º, 4º e 5º com base nos laudos técnicos de condições ambientais de trabalho emitidos pela empresa contratante, quando o serviço for prestado em estabelecimento da contratante.

▸ § 11 com redação pelo Dec. 8.123/2013.

§ 12. Nas avaliações ambientais deverão ser considerados, além do disposto no Anexo IV, a metodologia e os procedimentos de avaliação estabelecidos pela Fundação Jorge Duprat Figueiredo de Segurança e Medicina do Trabalho – FUNDACENTRO.

▸ § 12 acrescido pelo Dec. 8.123/2013.

§ 13. Na hipótese de não terem sido estabelecidos pela FUNDACENTRO a metodologia e os procedimentos de avaliação, caberá ao Ministério da Economia indicar outras instituições para estabelecê-los.

▸ § 13 com redação pelo Dec. 10.410/2020.

Art. 69. A data de início da aposentadoria especial será fixada:

▸ Artigo com redação pelo Dec. 8.123/2013.

I – para o segurado empregado:

a) a partir da data do desligamento do emprego, quando requerida a aposentadoria especial, até 90 (noventa) dias após essa data; ou

b) a partir da data do requerimento, quando não houver desligamento do emprego ou quando a aposentadoria for requerida após o prazo estabelecido na alínea *a*; e

II – para os demais segurados, a partir da data da entrada do requerimento.

Parágrafo único. O segurado que retornar ao exercício de atividade ou operação que o sujeite aos riscos e agentes nocivos constantes do Anexo IV, ou nele permanecer, na mesma ou em outra empresa, qualquer que seja a forma de prestação do serviço ou categoria de segurado, será imediatamente notificado da cessação do pagamento de sua aposentadoria especial, no prazo de 60 (sessenta) dias contado da data de emissão da notificação, salvo comprovação, nesse prazo, de que o exercício dessa atividade ou operação foi encerrado.

Art. 70. *Revogado pelo Dec. 10.410/2020.*

Subseção IV-A
Das aposentadorias por tempo de contribuição e por idade do segurado com deficiência

▸ Subseção IV-A acrescida pelo Dec. 8.145/2013.
▸ Art. 2º do Dec. 8.145/2013 (Altera o Regulamento da Previdência Social – RPS, para dispor sobre a aposentadoria por tempo de contribuição e por idade da pessoa com deficiência).

Art. 70-A. A concessão da aposentadoria por tempo de contribuição ou por idade ao segurado que tenha reconhecido, após ter sido submetido a avaliação biopsicossocial realizada por equipe multiprofissional e interdisciplinar, grau de deficiência leve, moderada ou grave está condicionada à comprovação da condição de pessoa com deficiência na data da entrada do requerimento ou na data da implementação dos requisitos para o benefício.

▸ Artigo com redação pelo Dec. 10.410/2020.

Art. 70-B. A aposentadoria por tempo de contribuição do segurado com deficiência, cumprida a carência, é devida ao segurado empregado, inclusive o doméstico, trabalhador avulso, contribuinte individual e facultativo, observado o disposto no art. 199-A e os seguintes requisitos:

▸ Artigo acrescido pelo Dec. 8.145/2013.

I – aos 25 (vinte e cinco) anos de tempo de contribuição na condição de pessoa com deficiência, se homem, e 20 (vinte) anos, se mulher, no caso de segurado com deficiência grave;

II – aos 29 (vinte e nove) anos de tempo de contribuição na condição de pessoa com deficiência, se homem, e 24 (vinte e quatro) anos, se mulher, no caso de segurado com deficiência moderada; e

III – aos 33 (trinta e três) anos de tempo de contribuição na condição de pessoa com deficiência, se homem, e 28 (vinte e oito) anos, se mulher, no caso de segurado com deficiência leve.

Parágrafo único. A aposentadoria de que trata o *caput* é devida aos segurados especiais que contribuam facultativamente, de acordo com o disposto no art. 199 e no § 2º do art. 200.

Art. 70-C. A aposentadoria por idade da pessoa com deficiência, cumprida a carência, é devida ao segurado aos 60 (sessenta) anos de idade, se homem, e 55 (cinquenta e cinco) anos de idade, se mulher.

▸ Artigo acrescido pelo Dec. 8.145/2013.

§ 1º Para efeitos de concessão da aposentadoria de que trata o *caput*, o segurado deve contar com no mínimo 15 (quinze) anos de tempo de contribuição, cumpridos na condição de pessoa com deficiência, independentemente do grau, observado o disposto no art. 70-D.

§ 2º Aplica-se ao segurado especial com deficiência o disposto nos §§ 1º a 4º do art. 51, e na hipótese do § 2º será considerada a idade prevista no *caput* deste artigo, desde que o tempo exigido para a carência da aposentadoria por idade seja cumprido na condição de pessoa com deficiência.

Art. 70-D. Para efeito de concessão da aposentadoria da pessoa com deficiência, a avaliação de que trata o art. 70-A deverá, entre outros aspectos:

▸ *Caput* com redação pelo Dec. 10.410/2020.

I – avaliar o segurado e fixar a data provável do início da deficiência e o seu grau; e

II – identificar a ocorrência de variação no grau de deficiência e indicar os respectivos períodos em cada grau.

§ 1º A comprovação da deficiência anterior à data da vigência da Lei Complementar 142, de 8 de maio de 2013, será instruída por documentos que subsidiem a avaliação de que trata o art. 70-A, vedada a prova exclusivamente testemunhal.

▸ § 1º com redação pelo Dec. 10.410/2020.

§ 2º A avaliação da pessoa com deficiência será realizada para fazer prova dessa condição exclusivamente para fins previdenciários.

§ 3º Considera-se pessoa com deficiência aquela que tem impedimentos de longo prazo de natureza física, mental, intelectual ou sensorial, os quais, em interação com diversas barreiras, podem obstruir sua participação plena e efetiva na sociedade em igualdade de condições com as demais pessoas.

§ 4º *Revogado pelo Dec. 10.410/2020.*

Art. 70-E. Para o segurado que, após a filiação ao RGPS, tornar-se pessoa com deficiência, ou tiver seu grau alterado, os parâmetros mencionados nos incisos I, II e III do *caput* do art. 70-B serão proporcionalmente ajustados e os respectivos períodos serão somados após conversão, conforme as tabelas abaixo, considerando o grau de deficiência preponderante, observado o disposto no art. 70-A:

▸ Artigo acrescido pelo Dec. 8.145/2013.

	MULHER			
Tempo a Converter	**Multiplicadores**			
	Para 20	**Para 24**	**Para 28**	**Para 30**
De 20 anos	1,00	1,20	1,40	1,50
De 24 anos	0,83	1,00	1,17	1,25
De 28 anos	0,71	0,86	1,00	1,07
De 30 anos	0,67	0,80	0,93	1,00

	HOMEM			
Tempo a Converter	**Multiplicadores**			
	Para 25	**Para 29**	**Para 33**	**Para 35**
De 25 anos	1,00	1,16	1,32	1,40
De 29 anos	0,86	1,00	1,14	1,21
De 33 anos	0,76	0,88	1,00	1,06
De 35 anos	0,71	0,83	0,94	1,00

§ 1º O grau de deficiência preponderante será aquele em que o segurado cumpriu maior tempo de contribuição, antes da conversão, e servirá como parâmetro para definir o tempo mínimo necessário para a aposentadoria por tempo de contribuição da pessoa com deficiência e para a conversão.

§ 2º Quando o segurado contribuiu alternadamente na condição de pessoa sem deficiência e com deficiência, os respectivos períodos poderão ser somados, após aplicação da conversão de que trata o *caput*.

Art. 70-F. A redução do tempo de contribuição da pessoa com deficiência não poderá ser acumulada, no mesmo período contributivo, com a redução aplicada aos períodos de contribuição relativos a atividades exercidas sob condições especiais que prejudiquem a saúde ou a integridade física.

▸ Artigo acrescido pelo Dec. 8.145/2013.

§ 1º É garantida a conversão do tempo de contribuição cumprido em condições especiais que prejudiquem a saúde ou a integridade física do segurado, inclusive da pessoa com deficiência, para fins da aposentadoria de que trata o art. 70-B, se resultar mais favorável ao segurado, conforme tabela abaixo:

	MULHER				
Tempo a Converter	**Multiplicadores**				
	Para 15	**Para 20**	**Para 24**	**Para 25**	**Para 28**
De 15 anos	1,00	1,33	1,60	1,67	1,87
De 20 anos	0,75	1,00	1,20	1,25	1,40
De 24 anos	0,63	0,83	1,00	1,04	1,17
De 25 anos	0,60	0,80	0,96	1,00	1,12
De 28 anos	0,54	0,71	0,86	0,89	1,00

	HOMEM				
Tempo a Converter	**Multiplicadores**				
	Para 15	**Para 20**	**Para 25**	**Para 29**	**Para 33**
De 15 anos	1,00	1,33	1,67	1,93	2,20
De 20 anos	0,75	1,00	1,25	1,45	1,65
De 25 anos	0,60	0,80	1,00	1,16	1,32
De 29 anos	0,52	0,69	0,86	1,00	1,14
De 33 anos	0,45	0,61	0,76	0,88	1,00

§ 2º É vedada a conversão do tempo de contribuição da pessoa com deficiência para fins de concessão de aposentadoria especial de que trata a Subseção IV da Seção VI do Capítulo II.

§ 3º *Revogado pelo Dec. 10.410/2020.*

Art. 70-G. É facultado ao segurado com deficiência optar pela percepção de qualquer outra espécie de aposentadoria do RGPS que lhe seja mais vantajosa.

▸ *Caput* acrescido pelo Dec. 8.145/2013.

Art. 70-H. A critério do INSS, o segurado com deficiência deverá, a qualquer tempo, submeter-se à avaliação de que trata o art. 70-A.

▸ *Caput* com redação pelo Dec. 10.410/2020.

Parágrafo único. Após a concessão das aposentadorias na forma dos arts. 70-B e 70-C, será observado o disposto nos arts. 347 e 347-A.

▸ Parágrafo único acrescido pelo Dec. 8.145/2013.

Art. 70-I. Aplicam-se à pessoa com deficiência as demais normas relativas aos benefícios do RGPS.

▸ Artigo acrescido pelo Dec. 8.145/2013.

Art. 70-J. A renda mensal da aposentadoria devida ao segurado com deficiência será calculada a partir da aplicação dos seguintes percentuais sobre o salário de benefício definido na forma prevista no art. 32:

▸ Artigo acrescido pelo Dec. 10.410/2020.

I – cem por cento, na hipótese de aposentadoria por tempo de contribuição de que trata o art. 70-B; ou

II – setenta por cento, acrescido de um ponto percentual do salário de benefício por grupo de doze contribuições mensais até o máximo de trinta por cento, na hipótese de aposentadoria por idade de que trata o art. 70-C.

Subseção V
Do auxílio por incapacidade temporária

▸ *Epígrafe com redação pelo Dec. 10.410/2020.*

Art. 71. O auxílio por incapacidade temporária será devido ao segurado que, uma vez cumprido, quando for o caso, o período de carência exigido, ficar incapacitado para o seu trabalho ou para a sua atividade habitual por mais de quinze dias consecutivos, conforme definido em avaliação médico-pericial.

▸ *Caput* com redação pelo Dec. 10.410/2020.
▸ Súmula 371 do TST.

§ 1º Não será devido auxílio por incapacidade temporária ao segurado que se filiar ao RGPS já portador de doença ou lesão invocada como causa para a concessão do benefício, exceto quando a incapacidade sobrevier por motivo de progressão ou agravamento dessa doença ou lesão.

▸ §§ 1º e 2º com redação pelo Dec. 10.410/2020.

Leg. Prev.

§ 2º Será devido auxílio por incapacidade temporária, independentemente do cumprimento de período de carência, aos segurados obrigatório e facultativo quando sofrerem acidente de qualquer natureza.

§ 3º Não será devido o auxílio por incapacidade temporária ao segurado recluso em regime fechado.

▶ §§ 3º a 9º acrescidos pelo Dec. 10.410/2020.

§ 4º O segurado em gozo de auxílio por incapacidade temporária na data do recolhimento à prisão terá o seu benefício suspenso.

§ 5º A suspensão prevista no § 4º será pelo prazo de até sessenta dias, contado da data do recolhimento à prisão, hipótese em que o benefício será cessado após o referido prazo.

§ 6º Na hipótese de o segurado ser colocado em liberdade antes do prazo previsto no § 5º, o benefício será restabelecido a partir da data de sua soltura.

§ 7º Em caso de prisão declarada ilegal, o segurado terá direito à percepção do benefício por todo o período devido, efetuado o encontro de contas na hipótese de ter havido pagamento de auxílio-reclusão com valor inferior ao do auxílio por incapacidade temporária no mesmo período.

§ 8º O disposto nos § 3º ao § 7º aplica-se somente aos benefícios dos segurados que tiverem sido recolhidos à prisão a partir da data de publicação da Lei 13.846, de 18 de junho de 2019.

§ 9º O segurado recluso em cumprimento de pena em regime aberto ou semiaberto fará jus ao auxílio por incapacidade temporária.

Art. 72. O auxílio por incapacidade temporária consiste em renda mensal correspondente a noventa e um por cento do salário de benefício definido na forma prevista no art. 32 e será devido:

▶ Caput com redação pelo Dec. 10.410/2020.

I – a contar do décimo sexto dia do afastamento da atividade para o segurado empregado, exceto o doméstico;

▶ Inciso I com redação pelo Dec. 3.265/1999.

II – a contar da data do início da incapacidade, para os demais segurados, desde que o afastamento seja superior a quinze dias;

▶ Inciso II com redação pelo Dec. 10.410/2020.

III – a contar da data de entrada do requerimento, quando requerido após o trigésimo dia do afastamento da atividade, para todos os segurados.

§ 1º Quando o acidentado não se afastar do trabalho no dia do acidente, os 15 (quinze) dias de responsabilidade da empresa pela sua remuneração integral são contados a partir da data do afastamento.

§ 2º *Revogado pelo Dec. 3.668/2000.*

§ 3º O auxílio por incapacidade temporária será devido durante o curso de reclamação trabalhista relacionada com a rescisão do contrato de trabalho, ou após a decisão final, desde que implementadas as condições mínimas para a concessão do benefício, observado o disposto nos § 2º e § 3º do art. 36.

▶ § 3º com redação pelo Dec. 10.410/2020.

Art. 73. O auxílio por incapacidade temporária do segurado que exercer mais de uma atividade abrangida pela previdência social será devido mesmo no caso de incapacidade apenas para o exercício de uma delas, hipótese em que o segurado deverá informar a Perícia Médica Federal a respeito de todas as atividades que estiver exercendo.

▶ Caput com redação pelo Dec. 10.410/2020.

§ 1º Na hipótese prevista neste artigo, o auxílio por incapacidade temporária será concedido em relação à atividade para a qual o segurado estiver incapacitado, consideradas para fins de carência somente as contribuições relativas a essa atividade.

▶ § 1º com redação pelo Dec. 10.410/2020.

§ 2º Se nas várias atividades o segurado exercer a mesma profissão, será exigido de imediato o afastamento de todas.

§ 3º Constatada durante o recebimento do auxílio por incapacidade temporária concedido nos termos do disposto neste artigo a incapacidade do segurado para cada uma das demais atividades, o valor do benefício deverá ser revisto com base nos salários de contribuição de cada uma das atividades, observado o disposto nos incisos I ao III do *caput* do art. 72.

▶ § 3º com redação pelo Dec. 10.410/2020.

§ 4º Na hipótese prevista no § 1º, o valor do auxílio por incapacidade temporária poderá ser inferior ao salário mínimo, desde que, se somado às demais remunerações recebidas, resulte em valor superior ao salário mínimo.

▶ § 4º com redação pelo Dec. 10.410/2020.

§ 5º O segurado que, durante o gozo do auxílio por incapacidade temporária, vier a exercer atividade remunerada que lhe garanta a subsistência poderá ter o benefício

cancelado a partir do retorno à atividade, observado o disposto no art. 179.

▶ §§ 5º e 6º acrescidos pelo Dec. 10.410/2020;

§ 6º Na hipótese prevista no § 5º, caso a atividade remunerada exercida seja diversa daquela que gerou o benefício, deverá ser verificada a incapacidade para cada uma das atividades exercidas, observado o disposto no *caput* e nos § 1º, § 2º e § 3º.

Art. 74. Quando o segurado que exercer mais de uma atividade for considerado definitivamente incapacitado para uma delas, o auxílio por incapacidade temporária deverá ser mantido indefinidamente, hipótese em que não caberá a concessão de aposentadoria por incapacidade permanente enquanto a incapacidade não se estender às demais atividades.

▶ Caput com redação pelo Dec. 10.410/2020.

Parágrafo único. Na situação prevista no *caput*, o segurado somente poderá transferir-se das demais atividades que exerce após o conhecimento da reavaliação médico-pericial.

Art. 75. Durante os primeiros quinze dias consecutivos de afastamento da atividade por motivo de incapacidade temporária, compete à empresa pagar o salário ao segurado empregado.

▶ Caput com redação pelo Dec. 10.410/2020.

§ 1º Cabe à empresa que dispuser de serviço médico próprio ou em convênio o exame médico e o abono das faltas correspondentes aos primeiros 15 (quinze) dias de afastamento.

§ 2º Quando a incapacidade ultrapassar o período de quinze dias consecutivos, o segurado será encaminhado ao INSS para avaliação médico-pericial.

▶ §§ 2ª a 6º com redação pelo Dec. 10.410/2020.

§ 3º Se concedido novo benefício decorrente do mesmo motivo que gerou a incapacidade no prazo de sessenta dias, contado da data da cessação do benefício anterior, a empresa ficará desobrigada do pagamento relativo aos quinze primeiros dias de afastamento, prorrogando-se o benefício anterior e descontando-se os dias trabalhados, se for o caso.

§ 4º Se o segurado empregado, por motivo de incapacidade, afastar-se do trabalho durante o período de quinze dias, retornar à atividade no décimo sexto dia e voltar a se afastar no prazo de sessenta dias, contado da data de seu retorno, em decorrência do mesmo motivo que gerou a incapacidade, este fará jus ao auxílio por incapacidade temporária a partir da data do novo afastamento.

§ 5º Na hipótese prevista no § 4º, se o retorno à atividade tiver ocorrido antes do período de quinze dias de afastamento, o segurado fará jus ao auxílio por incapacidade temporária a partir do dia seguinte ao que completar aquele período.

§ 6º Na impossibilidade de realização do exame médico-pericial inicial antes do término do período de recuperação indicado pelo médico assistente em documentação, o empregado é autorizado a retornar ao trabalho no dia seguinte à data indicada pelo médico assistente, mantida a necessidade de comparecimento do segurado à perícia na data agendada.

Arts. 75-A e 75-B. *Revogados pelo Dec. 10.410/2020.*

Art. 76. A previdência social processará, de ofício, o benefício quando tiver ciência da incapacidade do segurado sem que este tenha requerido auxílio por incapacidade temporária.

▶ Artigo com redação pelo Dec. 10.410/2020.

Art. 76-A. É facultado à empresa protocolar requerimento de auxílio por incapacidade temporária ou documento dele originário de seu empregado ou de contribuinte individual a ela vinculado ou a seu serviço, na forma estabelecida pelo INSS.

Parágrafo único. *Revogado pelo Dec. 10.410/2020.*

Art. 76-B. A empresa terá acesso às decisões administrativas de benefícios requeridos por seus empregados, resguardadas as informações consideradas sigilosas, na forma estabelecida em ato do INSS.

▶ Artigo acrescido pelo Dec. 10.410/2020.

Art. 77. O segurado em gozo de auxílio por incapacidade temporária concedido judicial ou administrativamente está obrigado, independentemente de sua idade e sob pena de suspensão do benefício, a submeter-se a exame médico a cargo da Perícia Médica Federal, processo de reabilitação profissional a cargo do INSS e tratamento dispensado gratuitamente, exceto o cirúrgico e a transfusão de sangue, que são facultativos.

Art. 77-A. O segurado em gozo de auxílio por incapacidade temporária concedido judicial ou administrativamente poderá ser convocado a qualquer tempo para

avaliação das condições que ensejaram sua concessão ou manutenção.

▶ Artigo acrescido pelo Dec. 10.410/2020.

Art. 78. O auxílio por incapacidade temporária cessa pela recuperação da capacidade para o trabalho, pela concessão de aposentadoria por incapacidade permanente ou, na hipótese de o evento causador da redução da capacidade laborativa ser o mesmo que gerou o auxílio por incapacidade temporária, pela concessão do auxílio-acidente.

▶ Caput com redação pelo Dec. 10.410/2020.

§ 1º Sempre que possível, o ato de concessão ou de reativação de auxílio por incapacidade temporária, judicial ou administrativo, deverá estabelecer o prazo estimado para a duração do benefício.

▶ § 1º com redação pelo Dec. 10.410/2020.

§ 2º Caso o prazo concedido para a recuperação se revele insuficiente, o segurado poderá solicitar a sua prorrogação, na forma estabelecida pelo INSS.

▶ § 2º com redação pelo Dec. 8.691/2016.

§ 3º A comunicação da concessão do auxílio por incapacidade temporária conterá as informações necessárias ao requerimento de sua prorrogação.

▶ § 3º com redação pelo Dec. 10.410/2020.

§ 4º Caso não seja estabelecido o prazo de que trata o § 1º, o benefício cessará após o prazo de cento e vinte dias, contado da data de concessão ou de reativação do auxílio por incapacidade temporária, exceto se o segurado requerer a sua prorrogação ao INSS, observado o disposto no art. 79.

▶ § 4º com redação pelo Dec. 10.410/2020.

§ 5º O segurado que se considerar capaz antes do prazo estabelecido pela Perícia Médica Federal no ato da concessão ou da prorrogação do auxílio por incapacidade temporária somente retornará ao trabalho após nova avaliação médico-pericial.

▶ §§ 5º a 7º acrescidos pelo Dec. 10.410/2020.

§ 6º O segurado poderá desistir do requerimento de prorrogação antes da realização do exame médico-pericial, hipótese em que o benefício será mantido até a data da sua desistência, desde que posterior à data de cessação estabelecida pela Perícia Médica Federal.

§ 7º O segurado que não concordar com o resultado da avaliação a que se refere o § 1º poderá apresentar, no prazo de trinta dias, recurso da decisão proferida pela Perícia Médica Federal perante o Conselho de Recursos da Previdência Social – CRPS, cuja análise médico-pericial, se necessária, será feita por perito médico federal diverso daquele que tenha realizado o exame anterior.

Art. 79. O segurado em gozo de auxílio por incapacidade temporária insuscetível de recuperação para sua atividade habitual deverá submeter-se a processo de reabilitação profissional para o exercício de outra atividade.

▶ Caput com redação pelo Dec. 10.410/2020.

§ 1º O benefício a que se refere o *caput* será mantido até que o segurado seja considerado reabilitado para o desempenho de atividade que lhe garanta a subsistência ou, quando considerado não recuperável, seja aposentado por incapacidade permanente.

▶ §§ 1º e 2º acrescidos pelo Dec. 10.410/2020.

§ 2º A alteração das atribuições e responsabilidades do segurado compatíveis com a limitação que tenha sofrido em sua capacidade física ou mental não configura desvio de cargo ou função do segurado reabilitado ou que estiver em processo de reabilitação profissional a cargo do INSS.

Art. 80. O segurado empregado, inclusive o doméstico, em gozo de auxílio por incapacidade temporária será considerado pela empresa e pelo empregador doméstico como licenciado.

▶ Caput com redação pelo Dec. 10.410/2020.

Parágrafo único. A empresa que garantir ao segurado licença remunerada ficará obrigada a pagar-lhe, durante o período do auxílio por incapacidade temporária, a eventual diferença entre o valor do benefício recebido e a quantia garantida pela licença.

▶ Parágrafo único com redação pelo Dec. 10.410/2020.

Subseção VI
Do salário-família

Art. 81. O salário-família é devido, mensalmente, ao segurado empregado, inclusive o doméstico, e ao trabalhador avulso com salário de contribuição inferior ou igual a R$ 1.425,56 (mil quatrocentos e vinte e cinco reais e cinquenta e seis centavos), na proporção do respectivo número de filhos ou de enteados e de menores tutelados, desde que comprovada a dependência econômica dos dois últimos nos termos do disposto no art. 16, observado o disposto no art. 83.

▶ Artigo com redação pelo Dec. 10.410/2020.

Art. 82. O salário-família será pago mensalmente:

I – ao empregado, inclusive o doméstico, pela empresa ou pelo empregador doméstico, juntamente com o salário, e ao trabalhador avulso, pelo sindicato ou órgão gestor de mão de obra, por meio de convênio;

▸ Inciso I com redação pelo Dec. 10.410/2020.

II – ao empregado, inclusive o doméstico, e ao trabalhador avulso aposentados por incapacidade permanente ou em gozo de auxílio por incapacidade temporária, pelo INSS, juntamente com o benefício;

▸ Inciso II com redação pelo Dec. 10.410/2020.

III – ao trabalhador rural aposentado por idade aos 60 (sessenta) anos, se do sexo masculino, ou 55 (cinquenta e cinco) anos, se do sexo feminino, pelo Instituto Nacional do Seguro Social, juntamente com a aposentadoria; e

IV – aos demais empregados, inclusive os domésticos, e aos trabalhadores avulsos aposentados aos sessenta e cinco anos de idade, se homem, ou aos sessenta anos, se mulher, pelo INSS, juntamente com a aposentadoria.

▸ Inciso IV com redação pelo Dec. 10.410/2020.

§ 1º No caso do inciso I, quando o salário do empregado não for mensal, o salário-família será pago juntamente com o último pagamento relativo ao mês.

§ 2º O salário-família do trabalhador avulso independe do número de dias trabalhados no mês, devendo o seu pagamento corresponder ao valor integral da cota.

§ 3º Quando o pai e a mãe são segurados empregados, inclusive domésticos, ou trabalhadores avulsos, ambos têm direito ao salário-família.

▸ § 3º com redação pelo Dec. 10.410/2020.

§ 4º As cotas do salário-família pagas pela empresa ou pelo empregador doméstico serão deduzidas quando do recolhimento das contribuições.

▸ § 4º com redação pelo Dec. 10.410/2020.

Art. 83. O valor da cota do salário-família por filho ou por enteado e por menor tutelado, desde que comprovada a dependência econômica dos dois últimos, até quatorze anos de idade ou inválido, é de R$ 48,62 (quarenta e oito reais e sessenta e dois centavos).

▸ Caput com redação pelo Dec. 10.410/2020.
▸ Valor atualizado por meio de Portaria do Ministério da Previdência Social – MPS.

I e II – Revogados pelo Dec. 10.410/2020.

Art. 84. O pagamento do salário-família será devido a partir da data de apresentação da certidão de nascimento do filho ou da documentação relativa ao enteado e ao menor tutelado, desde que comprovada a dependência econômica dos dois últimos, e fica condicionado à apresentação anual de atestado de vacinação obrigatória dos referidos dependentes, de até seis anos de idade, e de comprovação semestral de frequência à escola dos referidos dependentes, a partir de quatro anos de idade, observado, para o empregador doméstico, o disposto no § 5º.

▸ Caput com redação pelo Dec. 10.410/2020.

§ 1º A empresa e o empregador doméstico deverão conservar, durante o prazo decadencial de que trata o art. 348, os comprovantes dos pagamentos e as cópias das certidões correspondentes, para exame pela fiscalização.

▸ § 1º com redação pelo Dec. 10.410/2020.

§ 2º Na hipótese de o segurado empregado ou de o trabalhador avulso não apresentar o atestado de vacinação obrigatória e a comprovação de frequência escolar do filho, do enteado ou do menor tutelado, desde que comprovada a dependência econômica dos dois últimos, nas datas definidas pelo INSS, o benefício do salário-família será suspenso até que a documentação seja apresentada.

▸ § 2º com redação pelo Dec. 10.410/2020.

§ 3º Não é devido salário-família no período entre a suspensão do benefício motivada pela falta de comprovação da frequência escolar e o seu reativamento, exceto se provada a frequência escolar regular no período.

▸ § 3º com redação pelo Dec. 10.410/2020.

§ 4º A comprovação semestral de frequência escolar de que trata o caput será feita por meio da apresentação de documento emitido pela escola, na forma estabelecida na legislação específica, em nome do aluno, de qual conste o registro de frequência regular, ou de atestado do estabelecimento de ensino que comprove a regularidade da matrícula e a frequência escolar do aluno.

▸ § 4º com redação pelo Dec. 10.410/2002.

§ 5º Para recebimento do salário-família, o empregado doméstico apresentará ao seu empregador apenas a certidão de nascimento do filho ou a documentação relativa ao enteado e ao menor tutelado, desde que comprovada a dependência econômica dos dois últimos.

▸ § 5º com redação pelo Dec. 10.410/2020.

Art. 85. A invalidez do filho, do enteado ou do menor tutelado, desde que comprovada a dependência econô-

mica dos dois últimos, maior de quatorze anos de idade será verificada em exame médico-pericial realizado pela Perícia Médica Federal.

▸ Artigo com redação pelo Dec. 10.410/2020.

Art. 86. O salário-família correspondente ao mês de afastamento do trabalho será pago integralmente pela empresa, pelo empregador doméstico ou pelo sindicato ou pelo órgão gestor de mão de obra, conforme o caso, e, ao mês da cessação de benefício, pelo INSS.

▸ Artigo com redação pelo Dec. 10.410/2020.

Art. 87. Tendo havido divórcio, separação judicial ou de fato dos pais, ou em caso de abandono legalmente caracterizado ou perda do pátrio poder, o salário-família passará a ser pago diretamente àquele a cujo cargo ficar o sustento do menor, ou a outra pessoa, se houver determinação judicial nesse sentido.

▸ Arts. 1.630 a 1.638 do CC.

Art. 88. O direito ao salário-família cessa automaticamente:

I – por morte do filho, do enteado ou do menor tutelado, a contar do mês seguinte ao do óbito;

▸ Inciso I com redação pelo Dec. 10.410/2020.

II – quando o filho, o enteado ou o menor tutelado completar quatorze anos de idade, exceto se inválido, a contar do mês seguinte ao da data do aniversário;

▸ Inciso II com redação pelo Dec. 10.410/2020.

III – pela recuperação da capacidade do filho, do enteado ou do menor tutelado inválido, a contar do mês seguinte ao da cessação da incapacidade; ou

▸ Inciso III com redação pelo Dec. 10.410/2020.

IV – pelo desemprego do segurado.

Art. 89. Para efeito de concessão e manutenção do salário-família, o segurado firmará termo de responsabilidade, no qual se comprometerá a comunicar à empresa, ao empregador doméstico ou ao INSS, conforme o caso, qualquer fato ou circunstância que determine a perda do direito ao benefício e ficará sujeito, em caso de descumprimento, às sanções penais e trabalhistas.

▸ Artigo com redação pelo Dec. 10.410/2020.

Art. 90. A falta de comunicação oportuna de fato que implique cessação do salário-família e a prática, pelo segurado, de fraude de qualquer natureza para o seu recebimento autorizam a empresa, o empregador doméstico ou o INSS, conforme o caso, a descontar dos pagamentos de cotas devidas com relação a outros filhos, enteados ou menores tutelados ou, na falta delas, do próprio salário do segurado ou da renda mensal do seu benefício, o valor das cotas indevidamente recebidas, sem prejuízo das sanções penais cabíveis, observado o disposto no § 2º do art. 154.

▸ Artigo com redação pelo Dec. 10.410/2020.

Art. 91. O empregado, inclusive o doméstico, ou o trabalhador avulso deve dar quitação à empresa ou ao empregador doméstico de cada recebimento mensal do salário-família, na própria folha de pagamento ou por outra forma admitida, de modo que a quitação fique claramente caracterizada.

▸ Artigo com redação pelo Dec. 10.410/2020.

Art. 92. As cotas do salário-família não serão incorporadas, para qualquer efeito, ao salário ou ao benefício.

Subseção VII
Do salário-maternidade

Art. 93. O salário-maternidade é devido à segurada da previdência social, durante 120 (cento e vinte) dias, com início 28 (vinte e oito) dias antes e término 91 (noventa e um) dias depois do parto, podendo ser prorrogado na forma prevista no § 3º.

▸ Caput com redação pelo Dec. 4.862/2003.
▸ O STF na ADIn 6.327, por unanimidade, conheceu a ação como arguição de descumprimento de preceito fundamental e, ratificando a medida cautelar, julgou procedente o pedido para "conferir interpretação conforme à Constituição ao artigo 392, § 1º, da CLT, assim como ao artigo 71 da Lei n. 8.213/91 e, por arrastamento, ao artigo 93 do seu Regulamento (Decreto n. 3.048/99), de modo a se considerar como termo inicial da licença-maternidade e do respectivo salário-maternidade a alta hospitalar do recém-nascido e/ou de sua mãe, o que ocorrer por último, prorrogando-se em todo o período o benefício, quando o período de internação exceder as duas semanas previstas no art. 392, § 2º, da CLT, e no art. 93, § 3º, do Decreto n. 3.048/99". (DOU 26.10.2022)

§ 1º Para a segurada empregada, inclusive a doméstica, observar-se-á, no que couber, as situações e condições previstas na legislação trabalhista relativas à proteção à maternidade.

§ 2º Será devido o salário-maternidade à segurada especial, desde que comprove o exercício de atividade rural nos últimos 10 (dez) meses imediatamente anteriores à data do parto ou do requerimento do benefício, quando requerido antes do parto, mesmo que de forma descontínua, aplicando-se, quando for o caso, o disposto no parágrafo único do art. 29.

▸ § 2º com redação pelo Dec. 5.545/2005.

§ 3º Em casos excepcionais, os períodos de repouso anterior e posterior ao parto podem ser aumentados de mais duas semanas, por meio de atestado médico específico submetido à avaliação medico-pericial.

▸ § 3º com redação pelo Dec. 10.410/2020.

§ 4º Em caso de parto antecipado ou não, a segurada tem direito aos 120 (cento e vinte) dias previstos neste artigo.

§ 5º Em caso de aborto não criminoso, comprovado mediante atestado médico, a segurada terá direito ao salário-maternidade correspondente a duas semanas.

▸ § 5º com redação pelo Dec. 3.668/2000.

§ 6º Revogado pelo Dec. 4.032/2001.

Art. 93-A. O salário-maternidade é devido ao segurado ou à segurada da previdência social que adotar ou obtiver guarda judicial, para fins de adoção de criança de até doze anos de idade, pelo período de cento e vinte dias.

▸ Caput com redação pelo Dec. 10.410/2020.

I a III – Revogados pelo Dec. 10.410/2020.

§ 1º O salário-maternidade é devido ao segurado ou à segurada independentemente de a mãe biológica ter recebido o mesmo benefício quando do nascimento da criança.

▸ § 1º com redação pelo Dec. 10.410/2020.

§ 2º O salário-maternidade não é devido quando o termo de guarda não contiver a observação de que é para fins de adoção ou só contiver o nome do cônjuge ou companheiro.

▸ § 2º acrescido pelo Dec. 4.729/2003.

§ 3º Para a concessão do salário-maternidade é indispensável:

▸ § 3º com redação pelo Dec. 10.410/2020.

I – que conste da nova certidão de nascimento da criança o nome do segurado ou da segurada adotante; ou

▸ Incisos I e II com redação pelo Dec. 10.410/2020.

II – no caso do termo de guarda para fins de adoção, que conste o nome do segurado ou da segurada guardião.

§ 4º Na hipótese de haver adoção ou guarda judicial para adoção de mais de uma criança, será devido somente um salário-maternidade, observado o disposto no art. 98.

▸ § 4º com redação pelo Dec. 10.410/2020.

§ 5º A renda mensal do salário-maternidade é calculada na forma do disposto nos arts. 94, 100 ou 101, de acordo com a forma de contribuição da segurada à Previdência Social.

▸ § 5º acrescido pelo Dec. 4.729/2003.

§ 6º O salário-maternidade de que trata este artigo é pago diretamente pela previdência social.

▸ § 6º acrescido pelo Dec. 4.862/2003.

§ 7º Ressalvadas as hipóteses de pagamento de salário-maternidade à mãe biológica e de pagamento ao cônjuge ou companheiro sobrevivente, nos termos do disposto no art. 93-B, não poderá ser concedido salário-maternidade a mais de um segurado ou segurada em decorrência do mesmo processo de adoção ou guarda, ainda que o cônjuge ou companheiro esteja vinculado a regime próprio de previdência social.

▸ § 7º acrescido pelo Dec. 10.410/2020.

Art. 93-B. No caso de óbito do segurado ou da segurada que fazia jus ao recebimento do salário-maternidade, o benefício será pago, pelo tempo restante a que o segurado ou a segurada teria direito ou por todo o período, ao cônjuge ou companheiro sobrevivente que tenha a qualidade de segurado, exceto no caso de óbito do filho ou de seu abandono.

▸ Artigo acrescido pelo Dec. 10.410/2020.

§ 1º O pagamento do benefício nos termos do disposto no caput deverá ser requerido até o último dia do prazo previsto para o término do salário-maternidade originário.

§ 2º Os requerimentos de salário-maternidade efetuados após a data prevista no § 1º serão indeferidos.

§ 3º O benefício de que trata o caput será pago diretamente pela previdência social durante o período entre a data do óbito e o último dia do término do salário-maternidade originário e corresponderá:

I – a remuneração integral, para o empregado e o trabalhador avulso, observado o disposto no art. 248 da Constituição e no art. 19-E;

II – ao último salário de contribuição, para o empregado doméstico, observado o disposto no art. 19-E;

III – a um doze avos da soma dos doze últimos salários de contribuição, apurados em período não superior a quinze meses, para o contribuinte individual, o facultativo ou o desempregado que mantenha a qualidade de segurado, nos termos do disposto no art. 13; e

IV – ao valor do salário mínimo, para o segurado especial que não contribua facultativamente.

§ 4º Aplica–se o disposto neste artigo ao segurado ou à segurada que adotar ou obtiver guarda judicial para fins de adoção.

Art. 93-C. A percepção do salário-maternidade, inclusive nos termos do disposto no art. 93-B, está condicionada ao afastamento do trabalho ou da atividade desempenhada pelo segurado ou pela segurada, sob pena de suspensão do benefício.

▸ Artigo acrescido pelo Dec. 10.410/2020.

Art. 94. O salário-maternidade para a segurada empregada consiste numa renda mensal igual à sua remuneração integral e será pago pela empresa, efetivando-se a compensação, observado o disposto no art. 248 da Constituição, quando do recolhimento das contribuições incidentes sobre a folha de salários e demais rendimentos pagos ou creditados, a qualquer título, à pessoa física que lhe preste serviço, devendo aplicar-se a renda mensal do benefício o disposto no art. 198.

▸ Caput com redação pelo Dec. 4.862/2003.

§§ 1º e 2º *Revogados pelo Dec. 3.265/1999.*

§ 3º A empregada deve dar quitação à empresa dos recolhimentos mensais do salário-maternidade na própria folha de pagamento ou por outra forma admitida, de modo que a quitação fique plena e claramente caracterizada.

▸ **§ 3º** acrescido pelo Dec. 4.862/2003.

§ 4º A empresa deve conservar, durante o prazo decadencial de que trata o art. 348, comprovantes dos pagamentos e atestados ou das certidões correspondentes para exame pela fiscalização.

▸ **§ 4º** com redação pelo Dec. 10.410/2020.

Art. 95. Compete à interessada instruir o requerimento do salário-maternidade com os atestados médicos necessários.

▸ Artigo com redação pelo Dec. 3.668/2000.

Parágrafo único. Quando o benefício for requerido após o parto, o documento comprobatório é a Certidão de Nascimento, podendo, no caso de dúvida, a segurada ser submetida à avaliação pericial junto ao Instituto Nacional do Seguro Social.

Art. 96. O início do afastamento do trabalho da segurada empregada, inclusive da doméstica, será determinado com base em atestado médico ou certidão de nascimento do filho.

▸ Caput com redação pelo Dec. 10.410/2020.

§§ 1º e 2º *Revogados pelo Dec. 4.729/2003.*

Art. 97. O salário-maternidade da segurada empregada será devido pela previdência social enquanto existir relação de emprego, observadas as regras quanto ao pagamento desse benefício pela empresa.

▸ Artigo com redação pelo Dec. 6.122/2007.

Parágrafo único. Durante o período de graça a que se refere o art. 13, a segurada desempregada fará jus ao recebimento do salário-maternidade, situação em que o benefício será pago diretamente pela previdência social.

▸ Parágrafo único com redação pelo Dec. 10.410/2020.

Art. 98. A segurada que exerça atividades concomitantes fará jus ao salário-maternidade relativo a cada atividade para a qual tenha cumprido os requisitos exigidos, observadas as seguintes condições:

▸ Caput com redação pleo Dec. 10.410/2020.

I – na hipótese de uma ou mais atividades ter remuneração ou salário de contribuição inferior ao salário mínimo mensal, o benefício somente será devido se o somatório dos valores auferidos em todas as atividades for igual ou superior a um salário mínimo mensal;

▸ Incisos I a III acrescidos pelo Dec. 10.410/2020.

II – o salário-maternidade relativo a uma ou mais atividades poderá ser inferior ao salário mínimo mensal; e

III – o valor global do salário-maternidade, consideradas todas as atividades, não poderá ser inferior ao salário mínimo mensal.

Art. 99. Nos meses de início e término do salário-maternidade da segurada empregada, inclusive da doméstica, o salário-maternidade será proporcional aos dias de afastamento do trabalho.

▸ Artigo com redação pelo Dec. 10.410/2020.

Art. 100. O salário-maternidade da segurada trabalhadora avulsa, pago diretamente pela previdência social, consiste em renda mensal igual à sua remuneração integral, observado o disposto no art. 19-E, hipótese em que se aplica à renda mensal do benefício o disposto no art. 198.

▸ Artigo com redação pelo Dec. 10.410/2020.

Art. 100-A. O salário-maternidade devido à empregada do MEI, de que trata o § 26 do art. 9º, será pago diretamente pela previdência social, e o valor da contribuição previdenciária será deduzido da renda mensal do benefício, nos termos do disposto no art. 198.

▸ Artigo acrescido pelo Dec. 10.410/2020.

Parágrafo único. Caberá ao MEI recolher a contribuição previdenciária a seu cargo durante a percepção do salário-maternidade pela segurada a seu serviço.

Art. 100-B. O salário-maternidade devido à empregada intermitente será pago diretamente pela previdência social, observado o disposto no art. 19-E, e o valor da contribuição previdenciária será deduzido da renda mensal do benefício, nos termos do disposto no art. 198, e não será aplicado o disposto no art. 94.

▸ Artigo acrescido pelo Dec. 10.410/2020.

§ 1º O salário-maternidade de que trata este artigo consiste na média aritmética simples das remunerações apuradas no período referente aos doze meses que antecederem o parto, a adoção ou a obtenção da guarda para fins de adoção.

§ 2º Na hipótese de empregos intermitentes concomitantes, a média aritmética a que se refere o § 1º será calculada em relação a todos os empregos e será pago somente um salário-maternidade.

§ 3º A contribuição previdenciária a cargo da empresa terá como base de cálculo a soma das remunerações pagas no período de doze meses anteriores à data de início do salário-maternidade, dividida pelo número de meses em que houve remuneração.

Art. 100-C. O salário-maternidade devido à empregada com jornada parcial cujo salário de contribuição seja inferior ao seu limite mínimo mensal, observado o disposto no art. 19-E, será pago diretamente pela previdência social, e o valor da contribuição previdenciária deverá ser deduzido da renda mensal do benefício, nos termos do disposto no art. 198.

▸ Artigo acrescido pelo Dec. 10.410/2020.

§ 1º Na hipótese de empregos parciais concomitantes, se o somatório dos rendimentos auferidos em todos os empregos for igual ou superior ao limite mínimo mensal do salário de contribuição, o salário-maternidade será pago pelas empresas, observado o disposto no inciso II do *caput* do art. 98.

§ 2º Para fins do disposto no § 1º, a empresa que pagar remuneração inferior ao limite mínimo mensal do salário de contribuição deverá exigir da empregada cópia dos comprovantes de pagamento efetuado pelas demais empresas.

§ 3º Cabe à empresa recolher a contribuição previdenciária a seu cargo durante a percepção do salário-maternidade pela segurada a seu serviço, mesmo na hipótese de o benefício ser pago pela previdência social.

§ 4º A contribuição a que se refere o § 3º terá como base de cálculo a remuneração integral que a empresa pagava à empregada antes da percepção do salário-maternidade.

§ 5º Na hipótese prevista no *caput*, o valor do salário-maternidade será de um salário mínimo.

§ 6º A empresa deverá conservar, durante o prazo decadencial de que trata o art. 348, os comprovantes de pagamento a que se refere o § 2º, para exame pela fiscalização.

Art. 101. O salário-maternidade, observado o disposto nos art. 35, art. 198, art. 199, art. 199-A ou art. 200, pago diretamente pela previdência social, consistirá:

▸ *Caput* com redação pelo Dec. 10.410/2020.

I – no valor correspondente ao do último salário de contribuição, para a segurada empregada doméstica, observado o disposto no art. 19-E;

▸ Inciso I com redação pelo Dec. 10.410/2020.

II – em um salário mínimo, para a segurada especial;

▸ Inciso II com redação pelo Dec. 3.265/1999.

III – em um doze avos da soma dos doze últimos salários de contribuição, observado o disposto no art. 19-E, apurados em período não superior a quinze meses, para as seguradas contribuinte individual e facultativa e para a desempregada que mantenha a qualidade de segurada na forma prevista no art. 13.

▸ Inciso III com redação pelo Dec. 10.410/2020.

§§ 1º e 2º *Revogados pelo Dec. 3.265/1999.*

§ 3º O documento comprobatório para requerimento do salário-maternidade da segurada que mantenha esta qualidade é a certidão de nascimento do filho, exceto nos casos de aborto espontâneo, quando deverá ser apresentado atestado médico, e no de adoção ou guarda para fins de adoção, casos em que serão observadas as regras do art. 93-A, devendo o evento gerador do benefício ocorrer, em qualquer hipótese, dentro do período previsto no art. 13.

▸ § 3º acrescido pelo Dec. 6.122/2007.

Art. 102. O salário-maternidade não pode ser acumulado com benefício por incapacidade.

Parágrafo único. Quando ocorrer incapacidade em concomitância com o período de pagamento do salário-maternidade, o benefício por incapacidade, conforme o caso, deverá ser suspenso enquanto perdurar o referido pagamento, ou terá sua data de início adiada para o primeiro dia seguinte ao término do período de 120 (cento e vinte) dias.

Art. 103. A segurada aposentada que retornar à atividade fará jus ao pagamento do salário-maternidade, de acordo com o disposto no art. 93.

Subseção VIII
Do auxílio-acidente

Art. 104. O auxílio-acidente será concedido, como indenização, ao segurado empregado, inclusive o doméstico, ao trabalhador avulso e ao segurado especial quando, após a consolidação das lesões decorrentes de acidente de qualquer natureza, resultar sequela definitiva que, a exemplo das situações discriminadas no Anexo III, implique redução da capacidade para o trabalho que habitualmente exercia.

▸ *Caput* com redação pelo Dec. 10.410/2020.

I a III – *Revogados pelo Dec. 10.410/2020.*

§ 1º O auxílio-acidente mensal corresponderá a 50% (cinquenta por cento) do salário de benefício que deu origem ao auxílio-doença do segurado, corrigido até o mês anterior ao do início do auxílio-acidente e será devido até a véspera de início de qualquer aposentadoria ou até a data do óbito do segurado.

§ 2º O auxílio-acidente será devido a partir do dia seguinte ao da cessação do auxílio por incapacidade temporária, independentemente de qualquer remuneração ou rendimento auferido pelo acidentado, vedada a sua acumulação com qualquer aposentadoria.

▸ § 2º com redação pelo Dec. 10.410/2020.

§ 3º O recebimento de salário ou concessão de outro benefício, exceto de aposentadoria, não prejudicará a continuidade do recebimento do auxílio-acidente.

§ 4º Não dará ensejo ao benefício a que se refere este artigo o caso:

I – que apresente danos funcionais ou redução da capacidade funcional sem repercussão na capacidade laborativa; e

II – de mudança de função, mediante readaptação profissional promovida pela empresa, como medida preventiva, em decorrência de inadequação do local de trabalho.

§ 5º A perda da audição, em qualquer grau, somente proporcionará a concessão do auxílio-acidente quando, além do reconhecimento do nexo entre o trabalho e o agravo, resultar, comprovadamente, na redução ou perda da capacidade para o trabalho que o segurado habitualmente exercia.

▸ § 5º com redação pelo Dec. 6.939/2009.

§ 6º No caso de reabertura de auxílio por incapacidade temporária por acidente de qualquer natureza que tenha dado origem a auxílio-acidente, este será suspenso até a cessação do auxílio por incapacidade temporária reaberto, quando será reativado.

▸ § 6º com redação pelo Dec. 10.410/2020.

§ 7º Cabe a concessão de auxílio-acidente oriundo de acidente de qualquer natureza ocorrido durante o período de manutenção da qualidade de segurado, desde que atendidas às condições inerentes à espécie.

▸ § 7º com redação pelo Dec. 6.722/2008.

§ 8º Para fins do disposto no *caput* considerar-se-á a atividade exercida na data do acidente.

▸ § 8º acrescido pelo Dec. 4.729/2003.

Subseção IX
Da pensão por morte

▸ Súmula 416 do STJ.

Art. 105. A pensão por morte será devida ao conjunto dos dependentes do segurado que falecer, aposentado ou não, a contar da data:

I – do óbito, quando requerida em até cento e oitenta dias após o óbito, para os filhos menores de dezesseis anos, ou quando requerida no prazo de noventa dias, para os demais dependentes;

▸ Inciso I com redação pelo Dec. 10.410/2020.

II – do requerimento, quando requerida após o prazo previsto no inciso I; ou

III – da decisão judicial, no caso de morte presumida.

§ 1º No caso do disposto no inciso II, a data de início do benefício será a data do óbito, aplicados os devidos reajustamentos até a data de início do pagamento, não sendo devida qualquer importância relativa ao período anterior à data de entrada do requerimento.

▸ § 1º com redação pelo Dec. 5.545/2005.

§ 2º *Revogado pelo Dec. 5.545/2005.*

§ 3º O exercício de atividade remunerada, inclusive na condição de MEI, não impede a concessão ou a manu-

tenção da parte individual da pensão do dependente com deficiência intelectual, mental ou grave.

> §§ 3º a 9º acrescidos pelo Dec. 10.410/2020.

§ 4º Perde o direito à pensão por morte o condenado criminalmente por sentença transitada em julgado, como autor, coautor ou partícipe de homicídio doloso, ou de tentativa desse crime, cometido contra a pessoa do segurado, ressalvados os absolutamente incapazes e os inimputáveis.

§ 5º Perde o direito à pensão por morte o cônjuge ou o companheiro ou a companheira se comprovada, a qualquer tempo, simulação ou fraude no casamento ou na união estável, ou a formalização desses com o fim exclusivo de constituir benefício previdenciário, apurada em processo judicial, assegurados os direitos ao contraditório e à ampla defesa.

§ 6º Ajuizada a ação judicial para reconhecimento da condição de dependente, este poderá requerer a sua habilitação provisória ao benefício de pensão por morte, exclusivamente para fins de rateio dos valores com outros dependentes, vedado o pagamento da cota respectiva até o trânsito em julgado da ação, ressalvada a existência de decisão judicial que disponha em sentido contrário.

§ 7º Nas ações judiciais em que o INSS for parte, este poderá proceder, de ofício, à habilitação excepcional da pensão objeto da ação apenas para efeitos de rateio, descontados os valores referentes à habilitação das demais cotas, vedado o pagamento da respectiva cota até o trânsito em julgado da ação, ressalvada a existência de decisão judicial que disponha em sentido contrário.

§ 8º Julgada improcedente a ação a que se referem os § 6º e § 7º, o valor retido para pagamento ao autor será corrigido pelos índices legais de reajustamento e será pago de forma proporcional aos demais dependentes, de acordo com as suas cotas e o tempo de duração de seus benefícios.

§ 9º Fica assegurada ao INSS a cobrança dos valores indevidamente pagos em decorrência da habilitação a que se referem os § 6º e § 7º.

Art. 106. A pensão por morte consiste em renda mensal equivalente a uma cota familiar de cinquenta por cento do valor da aposentadoria recebida pelo segurado ou daquela a que teria direito se fosse aposentado por incapacidade permanente na data do óbito, acrescida de cotas de dez pontos percentuais por dependente, até o máximo de cem por cento.

> Caput com redação pelo Dec. 10.410/2020.

Parágrafo único. *Revogado pelo Dec. 10.410/2020.*

§ 1º O valor da pensão por morte, no caso de morte de segurado recluso que tenha contribuído para a previdência social durante o período de reclusão, será calculado de modo a considerar o tempo de contribuição adicional e os correspondentes salários de contribuição.

> § 1º acrescido pelo Dec. 10.410/2020.

§ 2º Na hipótese de haver dependente inválido ou com deficiência intelectual, mental ou grave, o valor da pensão por morte será equivalente a cem por cento do valor da aposentadoria recebida pelo segurado ou daquela a que teria direito se fosse aposentado por incapacidade permanente na data do óbito, até o limite máximo do salário de benefício do RGPS, observado o disposto no § 1º do art. 113.

> § 2º acrescido pelo Dec. 10.410/2020.

§ 3º O valor da pensão será recalculado na forma do disposto no *caput*, quando:

> § 3º acrescido pelo Dec. 10.410/2020.

I – a invalidez ou deficiência intelectual, mental ou grave sobrevier à data do óbito, enquanto estiver mantida a qualidade de dependente; ou

II – deixar de haver dependente inválido ou com deficiência intelectual, mental ou grave.

Art. 107. A concessão da pensão por morte não será protelada pela falta de habilitação de outro possível dependente, e qualquer habilitação posterior que importe em exclusão ou inclusão de dependente somente produzirá efeito a contar da data da habilitação.

Art. 108. A pensão por morte será devida ao filho, ao enteado, ao menor tutelado e ao irmão, desde que comprovada a dependência econômica dos três últimos, que sejam inválidos ou que tenham deficiência intelectual, mental ou grave, cuja invalidez ou deficiência tenha ocorrido antes da data do óbito, observado o disposto no § 1º do art. 17.

> Caput com redação pelo Dec. 10.410/2020.

Parágrafo único. *Revogado pelo Dec. 6.722/2008.*

§ 1º A invalidez será reconhecida pela Perícia Médica Federal e a deficiência, por meio de avaliação biopsicossocial realizada por equipe multiprofissional e interdisciplinar.

> § 1º acrescido pelo Dec. 10.410/2020.

§ 2º A condição do dependente inválido ou com deficiência intelectual, mental ou grave poderá ser reconhecida previamente ao óbito do segurado e, quando necessário, ser reavaliada quando da concessão do benefício.

Art. 109. O pensionista inválido fica obrigado, sob pena de suspensão do benefício, a submeter-se a exame médico a cargo da Perícia Médica Federal, processo de reabilitação profissional a cargo do INSS e tratamento dispensado gratuitamente, exceto o cirúrgico e a transfusão de sangue, que são facultativos.

> Caput com redação pelo Dec. 10.410/2020.

§ 1º O pensionista inválido que não tenha retornado à atividade estará isento do exame de que trata o *caput* a partir dos sessenta anos de idade.

> §§ 1º a 3º acrescidos pelo Dec. 10.410/2020.

§ 2º A isenção de que trata o § 1º não se aplica quando o exame tiver a finalidade de:

I – verificar a recuperação da capacidade de trabalho, em razão de solicitação do pensionista que se julgar apto; e

II – subsidiar autoridade judiciária na concessão de curatela, nos termos do disposto no art. 162.

§ 3º O pensionista inválido, ainda que tenha implementado a condição de que trata o § 1º, será submetido ao exame médico-pericial de que trata este artigo quando necessário para apuração de fraude.

Art. 110. O cônjuge ausente somente fará jus ao benefício a partir da data de sua habilitação e mediante prova de dependência econômica, não excluindo do direito a companheira ou o companheiro.

Art. 111. O cônjuge divorciado ou separado judicialmente ou de fato, que recebia pensão de alimentos, receberá a pensão em igualdade de condições com os demais dependentes referidos no inciso I do art. 16.

Parágrafo único. Na hipótese de o segurado estar, na data do seu óbito, obrigado por determinação judicial a pagar alimentos temporários a ex-cônjuge ou a ex-companheiro ou ex-companheira, a pensão por morte será devida pelo prazo remanescente na data do óbito, caso não incida outra hipótese de cancelamento anterior do benefício.

> Parágrafo único acrescido pelo Dec. 10.410/2020.

Art. 112. A pensão poderá ser concedida, em caráter provisório, por morte presumida:

I – mediante sentença declaratória de ausência, expedida por autoridade judiciária, a contar da data de sua emissão; ou

II – em caso de desaparecimento do segurado por motivo de catástrofe, acidente ou desastre, a contar da data da ocorrência, mediante prova hábil.

Parágrafo único. Verificado o reaparecimento do segurado, o pagamento da pensão cessa imediatamente, ficando os dependentes desobrigados da reposição dos valores recebidos, salvo má-fé.

Art. 113. A pensão por morte, havendo mais de um pensionista, será rateada entre todos, em partes iguais.

Parágrafo único. *Revogado pelo Dec. 10.410/2020.*

§ 1º Na hipótese prevista no § 2º do art. 106, enquanto o dependente inválido ou com deficiência intelectual, mental ou grave mantiver essa condição, independentemente do número de dependentes habilitados ao benefício, o valor da pensão será rateado entre todos os dependentes em partes iguais.

> § 1º acrescido pelo Dec. 10.410/2020.

§ 2º Na hipótese de deixar de haver dependente inválido ou com deficiência intelectual, mental ou grave, o valor da pensão será recalculado na forma prevista no *caput* do art. 106 e rateado de acordo com o disposto no *caput*.

> § 2º acrescido pelo Dec. 10.410/2020.

§ 3º As cotas por dependente cessarão com a perda dessa qualidade e não serão reversíveis aos demais dependentes, preservado o valor de cem por cento da pensão por morte quando o número de dependentes remanescentes for igual ou superior a cinco.

> § 3º acrescido pelo Dec. 10.410/2020.

Art. 114. O pagamento da cota individual da pensão por morte cessa:

I – pela morte do pensionista;

II – para o filho, o enteado, o menor tutelado ou o irmão, de ambos os sexos, ao completar vinte e um anos de idade, exceto se o pensionista for inválido ou tiver deficiência intelectual, mental ou grave;

> Inciso II com redação pelo Dec. 10.410/2020.

III – para o filho, o enteado, o menor tutelado ou o irmão inválido, pela cessação da invalidez;

> Inciso III com redação pelo Dec. 10.410/2020

III-A – para o filho, o enteado, o menor tutelado ou o irmão que tenha deficiência intelectual, mental ou grave, pelo afastamento da deficiência;

> Inciso III-A acrescido pelo Dec. 10.410/2020.

IV – pela adoção, para o filho adotado que receba pensão por morte dos pais biológicos.

> Inciso IV acrescido pelo Dec. 5.545/2005.

V – para o cônjuge ou o companheiro ou a companheira:

> Inciso V acrescido pelo Dec. 10.410/2020.

a) se inválido ou com deficiência, pela cessação da invalidez ou pelo afastamento da deficiência, respeitados os períodos mínimos decorrentes da aplicação do disposto nas alíneas "b" e "c";

b) em quatro meses, se o óbito ocorrer sem que o segurado tenha vertido dezoito contribuições mensais ou se o casamento ou a união estável tiver sido iniciado a menos de dois anos antes do óbito do segurado; ou

c) transcorridos os seguintes períodos, estabelecidos de acordo com a idade do beneficiário na data de óbito do segurado, se o óbito ocorrer depois de vertidas dezoito contribuições mensais e de, no mínimo, dois anos de casamento ou união estável:

1. três anos, com menos de vinte e um anos de idade;

2. seis anos, entre vinte e um e vinte e seis anos de idade;

3. dez anos, entre vinte e sete e vinte e nove anos de idade;

4. quinze anos, entre trinta e quarenta anos de idade;

5. vinte anos, entre quarenta e um e quarenta e três anos de idade; ou

6. vitalícia, com quarenta e quatro ou mais anos de idade;

VI – pela perda do direito na forma do disposto nos § 4º e § 5º do art. 105; e

> Inciso VI acrescido pelo Dec. 10.410/2020.

VII – pelo decurso do prazo remanescente na data do óbito estabelecido na determinação judicial para recebimento de pensão de alimentos temporários para o ex-cônjuge ou o ex-companheiro ou a ex-companheira, caso não incida outra hipótese de cancelamento anterior do benefício.

> Inciso VII acrescido pelo Dec. 10.410/2020.

§ 1º Com a extinção da cota do último pensionista, a pensão por morte será encerrada.

> Primitivo parágrafo único renumerado pelo Dec. 5.545/2005.

§ 2º Não se aplica o disposto no inciso IV do *caput* quando o cônjuge ou companheiro adota o filho do outro.

> § 2º acrescido pelo Dec. 5.545/2005.

§ 3º Serão aplicados, conforme o caso, o disposto na alínea "a" ou na alínea "c" do inciso V do *caput* se o óbito do segurado decorrer de acidente de qualquer natureza ou de doença profissional ou do trabalho, independentemente do recolhimento de dezoito contribuições mensais ou da comprovação de dois anos de casamento ou de união estável.

> §§ 3º a 6º acrescidos pelo Dec. 10.410/2020.

§ 4º O tempo de contribuição para regime próprio de previdência social, utilizado na forma prevista no art. 125, será considerado na contagem das dezoito contribuições mensais de que tratam as alíneas "b" e "c" do inciso V do *caput*.

§ 5º Na hipótese de haver fundados indícios de autoria, coautoria ou participação de dependente, ressalvados os absolutamente incapazes e os inimputáveis, em homicídio, ou em tentativa desse crime, cometido contra a pessoa do segurado, será possível a suspensão provisória de sua parte no benefício de pensão por morte, por meio de processo administrativo próprio, respeitados os direitos à ampla defesa e ao contraditório, e, na hipótese de absolvição, serão devidas as parcelas corrigidas desde a data da suspensão e a reativação imediata do benefício.

§ 6º Para os fins do disposto na alínea "c" do inciso V do *caput*, após o transcurso de, no mínimo, três anos e desde que nesse período se verifique o incremento mínimo de um ano inteiro na média nacional única, para ambos os sexos, correspondente à expectativa de sobrevida da população brasileira ao nascer, poderão ser estabelecidos, em números inteiros, novas idades, em ato do Ministro de Estado da Economia, limitado o acréscimo à comparação com as idades anteriores ao referido incremento.

Art. 115. A cota do filho, do enteado, do menor tutelado ou do irmão dependente que se tornar inválido ou pessoa com deficiência intelectual, mental ou grave antes de completar vinte e um anos de idade não será extinta se confirmada a invalidez ou a deficiência nos termos do disposto no § 1º do art. 108.

> Artigo com redação pelo Dec. 10.410/2020.

Leg. Prev.

Subseção X
Do auxílio-reclusão

Art. 116. O auxílio-reclusão, cumprida a carência prevista no inciso IV do *caput* do art. 29, será devido, nas condições da pensão por morte, aos dependentes do segurado de baixa renda recolhido à prisão em regime fechado que não receber remuneração da empresa nem estiver em gozo de auxílio por incapacidade temporária, de pensão por morte, de salário-maternidade, de aposentadoria ou de abono de permanência em serviço.

▸ *Caput* com redação pelo Dec. 10.410/2020.
▸ Valor atualizável por meio de Portaria do Ministério da Previdência Social – MPS.

§ 1º Para fins de concessão do benefício de que trata este artigo, considera–se segurado de baixa renda aquele que tenha renda bruta mensal igual ou inferior a R$ 1.425,56 (um mil quatrocentos e vinte e cinco reais e cinquenta e seis centavos), corrigidos pelos mesmos índices de reajuste aplicados aos benefícios do RGPS, calculada com base na média aritmética simples dos salários de contribuição apurados no período dos doze meses anteriores ao mês do recolhimento à prisão.

▸ § 1º com redação pelo Dec. 10.410/2020.

§ 2º O requerimento do auxílio-reclusão será instruído com certidão judicial que ateste o recolhimento efetivo à prisão e será obrigatória a apresentação de prova de permanência na condição de presidiário para a manutenção do benefício.

▸ § 2º com redação pelo Dec. 10.410/2020.

§ 2º-A. O INSS celebrará convênios com os órgãos públicos responsáveis pelo cadastro dos presos para obter informações sobre o recolhimento à prisão.

▸ § 2º-A acrescido pelo Dec. 10.410/2020.

§ 2º-B. A certidão judicial e a prova de permanência na condição de presidiário serão substituídas pelo acesso à base de dados, por meio eletrônico, a ser disponibilizada pelo Conselho Nacional de Justiça, com dados cadastrais que assegurem a identificação plena do segurado e da sua condição de presidiário.

▸ § 2º-B acrescido pelo Dec. 10.410/2020.

§ 3º Aplicam–se ao auxílio-reclusão as normas referentes à pensão por morte e, no caso de qualificação de cônjuge ou companheiro ou companheira após a prisão do segurado, o benefício será devido a partir da data de habilitação, desde que comprovada a preexistência da dependência econômica.

▸ § 3º com redação pelo Dec. 10.410/2020.

§ 4º A data de início do benefício será:

▸ § 4º com redação pelo Dec. 10.410/2020.

I – a do efetivo recolhimento do segurado à prisão, se o benefício for requerido no prazo de cento e oitenta dias, para os filhos menores de dezesseis anos, ou de noventa dias, para os demais dependentes; ou

II – a do requerimento, se o benefício for requerido após os prazos a que se refere o inciso I.

§ 5º O auxílio-reclusão será devido somente durante o período em que o segurado estiver recolhido à prisão sob regime fechado.

▸ § 5º com redação pelo Dec. 10.410/2020.

§ 6º O exercício de atividade remunerada iniciado após a prisão do segurado recluso em cumprimento de pena em regime fechado não acarreta a perda do direito ao recebimento do auxílio-reclusão para os seus dependentes.

▸ § 6º com redação pelo Dec. 10.410/2020.

Art. 117. O valor do auxílio-reclusão será apurado na forma estabelecida para o cálculo da pensão por morte, não poderá exceder o valor de um salário mínimo e será mantido enquanto o segurado permanecer em regime fechado.

▸ *Caput* com redação pelo Dec. 10.410/2020.

§ 1º Até que o acesso à base de dados a que se refere o § 2º-B do art. 116 seja disponibilizado pelo Conselho Nacional de Justiça, o beneficiário apresentará trimestralmente atestado de que o segurado continua em regime fechado, que deverá ser firmado pela autoridade competente.

▸ § 1º com redação pelo Dec. 10.410/2020.

§ 2º No caso de fuga, o benefício será suspenso e, se houver recaptura do segurado, será restabelecido a contar da data em que esta ocorrer, desde que esteja ainda mantida a qualidade de segurado.

§ 3º Se houver exercício de atividade dentro do período de fuga, o mesmo será considerado para a verificação da perda ou não da qualidade de segurado.

Art. 118. Na hipótese de óbito do segurado recluso, o auxílio-reclusão que estiver sendo pago será cessado e será concedida a pensão por morte em conformidade com o disposto nos art. 105 ao art. 115.

▸ *Caput* com redação pelo Dec. 10.410/2020.

Parágrafo único. Não havendo concessão de auxílio-reclusão, em razão da não comprovação da baixa renda, será devida pensão por morte aos dependentes se o óbito do segurado tiver ocorrido no prazo previsto no inciso IV do *caput* do art. 13.

▸ Parágrafo único com redação pelo Dec. 10.410/2020.
▸ Valor atualizável por meio de Portaria do Ministério da Previdência Social – MPS.

Art. 119. É vedada a concessão do auxílio-reclusão após a soltura do segurado.

Subseção XI
Do abono anual

Art. 120. Será devido abono anual ao segurado e ao dependente que, durante o ano, receberam auxílio por incapacidade temporária, auxílio-acidente, aposentadoria, salário-maternidade, pensão por morte ou auxílio-reclusão.

▸ *Caput* com redação pelo Dec. 10.410/2020.

§ 1º O abono anual será calculado, no que couber, da mesma forma que a gratificação natalina dos trabalhadores e terá por base o valor da renda mensal do benefício do mês de dezembro de cada ano e o seu pagamento será efetuado em duas parcelas, da seguinte forma:

▸ § 1º com redação pelo Dec. 10.410/2020.

I – a primeira parcela corresponderá a até cinquenta por cento do valor do benefício devido no mês de agosto e será paga juntamente com os benefícios dessa competência; e

▸ inciso I acrescido pelo Dec. 10.410/2020.

II – a segunda parcela corresponderá à diferença entre o valor total do abono anual e o valor da primeira parcela e será paga juntamente com os benefícios da competência de novembro.

▸ Inciso II acrescido pelo Dec. 10.410/2020.

§ 2º O valor do abono anual correspondente ao período de duração do salário-maternidade será pago, em cada exercício, juntamente com a última parcela do benefício nele devida.

CAPÍTULO III
DO RECONHECIMENTO DA FILIAÇÃO

Seção Única
Do reconhecimento do tempo de contribuição

▸ Epígrafe com redação pelo Dec. 10.410/2020.

Art. 121. Reconhecimento do tempo de contribuição é o direito de o segurado ter reconhecido, em qualquer época, o tempo de exercício de atividade anteriormente abrangida pela previdência social, observado o disposto no art. 122.

▸ Artigo com redação pelo Dec. 10.410/2020.

Subseção I
Da indenização

Art. 122. O reconhecimento do tempo de contribuição no período em que o exercício de atividade remunerada não exigia filiação obrigatória à previdência social somente será feito por meio de indenização das contribuições relativas ao respectivo período, conforme o disposto no § 7º e nos § 9º ao § 14 do art. 216 e nos § 8º e § 8º-A do art. 239.

▸ *Caput* com redação pelo Dec. 10.410/2020.

§ 1º O valor a ser indenizado poderá ser objeto de parcelamento por solicitação do segurado à Secretaria Especial da Receita Federal do Brasil do Ministério da Economia, observado o disposto no § 1º do art. 128.

▸ § 1º com redação pelo Dec. 10.410/2020.

§ 2º *Revogado pelo Dec. 10.410/2020.*

Art. 123. Para fins de contagem recíproca, o tempo de serviço prestado pelo trabalhador rural anteriormente à competência novembro de 1991 somente será reconhecido por meio da indenização de que trata o § 13 do art. 216, observado o disposto nos § 8º e § 8º–A do art. 239.

▸ *Caput* com redação pelo Dec. 10.410/2020.

Parágrafo único. *Revogado pelo Dec. 10.410/2020.*

Subseção II
Da retroação da data
do início das contribuições

Art. 124. Caso o segurado contribuinte individual manifeste interesse em recolher contribuições relativas a período anterior à sua inscrição, a retroação da data do início das contribuições será autorizada, desde que comprovado o exercício de atividade remunerada no respectivo período, observado o disposto no § 7º e nos § 9º ao § 14 do art. 216 e nos § 8º e § 8º-A do art. 239.

▸ *Caput* com redação pelo Dec. 10.410/2020.

Parágrafo único. O valor do débito poderá ser objeto de parcelamento desde que solicitado pelo segurado à Secretaria Especial da Receita Federal do Brasil do Ministério da Economia.

▸ Parágrafo único com redação pelo Dec. 10.410/2020.

CAPÍTULO IV
DA CONTAGEM RECÍPROCA
DE TEMPO DE CONTRIBUIÇÃO

Art. 125. Para efeito de contagem recíproca, hipótese em que os diferentes sistemas de previdência social ou proteção social se compensarão financeiramente, fica assegurado:

▸ *Caput* com redação pelo Dec. 10.410/2020.

I – o cômputo do tempo de contribuição na administração pública e de serviço militar exercido nas atividades de que tratam os art. 42, art. 142 e art. 143 da Constituição, para fins de concessão de benefícios previstos no RGPS, inclusive de aposentadoria em decorrência de tratado, convenção ou acordo internacional; e

▸ Inciso I com redação pelo Dec. 10.410/2020.

II – para fins de emissão de certidão de tempo de contribuição, pelo INSS, para utilização no serviço público ou para inativação militar, o cômputo do tempo de contribuição na atividade privada, rural e urbana, observado o disposto nos § 4º e § 4º-A deste artigo, no art. 123, no § 13 do art. 216 e nos § 8º e § 8º-A do art. 239.

▸ Inciso II com redação pelo Dec. 10.410/2020.

§ 1º Para os fins deste artigo, é vedada:

▸ § 1º com redação pelo Dec. 8.145/2013.

I – conversão do tempo de contribuição exercido em atividade sujeita à condições especiais, nos termos do disposto no art. 66;

▸ Inciso I com redação pelo Dec. 10.410/2020.

II – conversão do tempo cumprido pelo segurado com deficiência, reconhecida na forma do art. 70-D, em tempo de contribuição comum; e

▸ Incisos II e III com redação pelo Dec. 8.145/2013.

III – a contagem de qualquer tempo de serviço fictício.

§ 2º Admite-se a aplicação da contagem recíproca de tempo de contribuição no âmbito dos tratados, convenções ou acordos internacionais de previdência social.

▸ § 2º com redação pelo Dec. 6.042/2007.

§ 3º É permitida a emissão de certidão de tempo de contribuição para períodos de contribuição posteriores à data da aposentadoria no RGPS, observado o disposto no art. 19-E.

▸ § 3º com redação pelo Dec. 10.410/2020.

§ 4º Para efeito de contagem recíproca, o período em que os segurados contribuinte individual e facultativo tiverem contribuído na forma prevista no art. 199-A só será computado se forem complementadas as contribuições na forma prevista no § 2º do referido artigo.

▸ § 4º com redação pelo Dec. 10.410/2020.

§ 4º-A. Para efeito de contagem recíproca, a partir de 14 de novembro de 2019, somente serão consideradas as competências cujos salários de contribuição tenham valor igual ou superior ao limite mínimo mensal do salário de contribuição para o RGPS, observado o disposto no art. 19-E.

▸ § 4º-A acrescido pelo Dec. 10.410/2020.

§ 5º A certidão referente ao tempo de contribuição com deficiência deverá identificar os períodos com deficiência e seus graus.

▸ § 5º acrescido pelo Dec. 8.145/2013.

Art. 126. O segurado terá o direito de computar, para fins de concessão dos benefícios do Regime Geral de Previdência Social, o tempo de contribuição na administração pública federal direta, autárquica e fundacional.

▸ *Caput* com redação pelo Dec. 3.112/1999.

Parágrafo único. Poderá ser contado o tempo de contribuição na administração pública direta, autárquica e fundacional dos Estados, do Distrito Federal e dos Municípios, desde que estes assegurem aos seus servidores, mediante legislação própria, a contagem de tempo de contribuição em atividade vinculada ao Regime Geral de Previdência Social.

Art. 127. O tempo de contribuição de que trata este Capítulo será contado de acordo com a legislação pertinente, observadas as seguintes normas:

I – não será admitida a contagem em dobro ou em outras condições especiais;

II – é vedada a contagem de tempo de contribuição no serviço público com o de contribuição na atividade privada, quando concomitantes;

III – não será contado por um regime o tempo de contribuição utilizado para concessão de aposentadoria por outro regime;

IV – o tempo de contribuição anterior ou posterior à obrigatoriedade de filiação à previdência social só será contado por meio de indenização da contribuição correspondente ao período respectivo, com acréscimo de juros moratórios de cinco décimos por cento ao mês, capitalizados anualmente, e multa de dez por cento, observado o disposto nos § 8º e § 8º-A do art. 239;

▸ Inciso IV com redação pelo Dec. 10.410/2020.

V – é vedada a emissão de certidão de tempo de contribuição com o registro exclusivo de tempo de serviço sem a comprovação de contribuição efetiva, exceto para segurado empregado, empregado doméstico, trabalhador avulso e, a partir de 1º de abril de 2003, para o contribuinte individual que preste serviço a empresa obrigada a arrecadar a contribuição a seu cargo, observado o disposto no art. 5º da Lei 10.666, de 2003;

> ▸ Inciso V com redação pelo Dec. 10.410/2020.

VI – para ex–servidor público, a certidão de tempo de contribuição somente poderá ser emitida por regime próprio de previdência social;

> ▸ Incisos VI a IX acrescidos pelo Dec. 10.410/2020.

VII – é vedada a contagem recíproca de tempo de contribuição do RGPS por regime próprio de previdência social sem a emissão da certidão de tempo de contribuição correspondente, ainda que o tempo de contribuição referente ao RGPS tenha sido prestado pelo servidor público ao próprio ente instituidor;

VIII – é vedada a desaverbação de tempo em regime próprio de previdência social quando o tempo averbado tiver gerado a concessão de vantagens remuneratórias ao servidor público em atividade; e

IX – para fins de elegibilidade às aposentadorias especiais referidas no § 4º do art. 40 e no § 1º do art. 201 da Constituição, os períodos reconhecidos pelo regime previdenciário de origem como de tempo especial sem conversão em tempo comum deverão estar incluídos nos períodos de contribuição compreendidos na certidão de tempo de contribuição e discriminados de data a data.

Parágrafo único. O disposto no inciso V do *caput* não se aplica ao tempo de serviço anterior à edição da Emenda Constitucional 20, de 15 de dezembro de 1998, que tenha sido equiparado por lei a tempo de contribuição.

> ▸ Parágrafo único acrescido pelo Dec. 10.410/2020.

Art. 128. A certidão de tempo de contribuição anterior ou posterior à filiação obrigatória à previdência social somente será expedida mediante a observância do disposto nos arts. 122 e 124.

§ 1º A certidão de tempo de contribuição, para fins de averbação do tempo em outros regimes de previdência, somente será expedida pelo Instituto Nacional do Seguro Social após a comprovação da quitação de todos os valores devidos, inclusive de eventuais parcelamentos de débito.

§ 2º Revogado pelo Dec. 3.265/1999.

§ 3º A certidão de tempo de contribuição referente a período de atividade rural anterior à competência novembro de 1991 somente será emitida por meio da comprovação do recolhimento das contribuições correspondentes ou da indenização, na forma prevista nos § 13 e § 14 do art. 216, observado o disposto nos § 8º e § 8º-A do art. 239.

> ▸ 3º com redação pelo Dec. 10.410/2020.

Art. 129. O segurado em gozo de auxílio-acidente, auxílio suplementar ou abono de permanência em serviço terá o benefício encerrado na data da emissão da certidão de tempo de contribuição.

> ▸ Artigo com redação pelo Dec. 4.729/2003.

Art. 130. O tempo de contribuição para regime próprio de previdência social ou para Regime Geral de Previdência Social deve ser provado com certidão fornecida:

> ▸ *Caput* com redação pelo Dec. 6.722/2008.

I – pela unidade gestora do regime próprio de previdência social ou pelo setor competente da administração federal, estadual, do Distrito Federal e municipal, suas autarquias e fundações, desde que devidamente homologada pela unidade gestora do regime próprio, relativamente ao tempo de contribuição para o respectivo regime próprio de previdência social; ou

> ▸ Inciso I com redação pelo Dec. 6.722/2008.

II – pelo setor competente do Instituto Nacional do Seguro Social, relativamente ao tempo de contribuição para o Regime Geral de Previdência Social.

> ▸ Inciso II com redação pelo Dec. 3.668/2000.

§ 1º O setor competente do INSS promoverá o levantamento do tempo de contribuição ao RGPS, com base na documentação apresentada, observado o disposto no art. 19.

> ▸ § 1º com redação pelo Dec. 10.410/2020.

§ 2º O setor competente do órgão federal, estadual, do Distrito Federal ou municipal deverá promover o levantamento do tempo de contribuição para o respectivo regime próprio de previdência social à vista dos assentamentos funcionais.

§ 3º Após as providências de que tratam os §§ 1º e 2º, e observado, quando for o caso, o disposto no § 9º, os setores competentes deverão emitir certidão de tempo de contribuição, sem rasuras, constando, obrigatoriamente:

> ▸ *Caput* do § 3º com redação pelo Dec. 3.668/2000.

I – órgão expedidor;

II – nome do servidor, seu número de matrícula, RG, CPF, sexo, data de nascimento, filiação, número do PIS ou Pasep, e, quando for o caso, cargo efetivo, lotação, data de admissão e data de exoneração ou demissão;

> ▸ Inciso II com redação pelo Dec. 6.722/2008.

III – período de contribuição, de data a data, compreendido na certidão;

IV – fonte de informação;

V – discriminação da frequência durante o período abrangido pela certidão, indicadas as várias alterações, tais como faltas, licenças, suspensões e outras ocorrências;

VI – soma do tempo líquido;

VII – declaração expressa do servidor responsável pela certidão, indicando o tempo líquido de efetiva contribuição em dias, ou anos, meses e dias;

VIII – assinatura do responsável pela certidão e do dirigente do órgão expedidor e, no caso de ser emitida por outro órgão da administração do ente federativo, homologação da unidade gestora do regime próprio de previdência social;

> ▸ Inciso VIII com redação pelo Dec. 6.722/2008.

IX – indicação da lei que assegure, aos servidores do Estado, do Distrito Federal ou do Município, aposentadorias por invalidez, idade, tempo de contribuição e compulsória, e pensão por morte, com aproveitamento de tempo de contribuição prestado em atividade vinculada ao Regime Geral de Previdência Social.

§ 4º A certidão de tempo de contribuição deverá ser expedida em duas vias, das quais a primeira será fornecida ao interessado, mediante recibo passado na segunda via, implicando sua concordância quanto ao tempo certificado.

§§ 5º e 6º Revogados pelo Dec. 6.722/2008.

§ 7º Quando solicitado pelo segurado que exerce cargos constitucionalmente acumuláveis, é permitida a emissão de certidão única com destinação do tempo de contribuição para, no máximo, dois órgãos distintos.

§ 8º Na situação do parágrafo anterior, a certidão de tempo de contribuição deverá ser expedida em três vias, das quais a primeira e a segunda serão fornecidas ao interessado, mediante recibo passado na terceira via, implicando sua concordância quanto ao tempo certificado.

§ 9º A certidão só poderá ser fornecida para os períodos de efetiva contribuição para o Regime Geral de Previdência Social, devendo ser excluídos aqueles para os quais não tenha havido contribuição, salvo se recolhida na forma dos §§ 7º a 14 do art. 216.

> ▸ § 9º acrescido pelo Dec. 3.668/2000.

§ 10. Poderá ser emitida, por solicitação do segurado, certidão de tempo de contribuição para período fracionado.

> ▸ § 10 acrescido pelo Dec. 3.668/2000.

§ 11. Na hipótese do parágrafo anterior, a certidão conterá informação de todo o tempo de contribuição ao Regime Geral de Previdência Social e a indicação dos períodos a serem aproveitados no regime próprio de previdência social.

> ▸ § 11 acrescido pelo Dec. 3.668/2000.

§ 12. É vedada a contagem de tempo de contribuição de atividade privada com a do serviço público ou de mais de uma atividade no serviço público, quando concomitantes, ressalvados os casos de acumulação de cargos ou empregos públicos admitidos pela Constituição.

> ▸ § 12 acrescido pelo Dec. 6.722/2008.

§ 13. Em hipótese alguma será expedida certidão de tempo de contribuição para período que já tiver sido utilizado para a concessão de aposentadoria, em qualquer regime de previdência social.

> ▸ § 13 acrescido pelo Dec. 3.668/2000.

§ 14. A certidão de que trata o § 3º deverá vir acompanhada da relação dos valores das remunerações, por competência, que serão utilizados para fins de cálculo dos proventos da aposentadoria.

> ▸ § 14 acrescido pelo Dec. 6.722/2008.

§ 15. O tempo de serviço considerado para efeito de aposentadoria e cumprido até 15 de dezembro de 1998 será contado como tempo de contribuição.

> ▸ § 15 acrescido pelo Dec. 6.722/2008.

§ 16. Caberá revisão da certidão de tempo de contribuição, inclusive de ofício, quando constatado erro material, vedada à destinação da certidão a órgão diverso daquele a que se destinava originariamente.

> ▸ § 16 acrescido pelo Dec. 6.722/2008.

Art. 131. Concedido o benefício, caberá:

I – ao Instituto Nacional do Seguro Social comunicar o fato ao órgão público emitente da certidão, para as

anotações nos registros funcionais e/ou na segunda via da certidão de tempo de contribuição; e

II – ao órgão público comunicar o fato ao Instituto Nacional do Seguro Social, para efetuar os registros cabíveis.

Art. 132. O tempo de contribuição na administração pública federal, estadual, distrital ou municipal de que trata este Capítulo será considerado para efeito do percentual de acréscimo previsto no inciso I do *caput* do art. 44, no art. 53, no § 1º do art. 54, no art. 67, no inciso II do *caput* do art. 70-J, no § 3º do art. 188-H, no § 4º do art. 188-I, no § 3º do art. 188-J, no § 4º do art. 188-M, no § 3º do art. 188-N e no § 3º do art. 188-P.

> ▸ Artigo com redação pelo Dec. 10.410/2020.

Art. 133. O tempo de contribuição certificado na forma deste Capítulo produz, no Instituto Nacional do Seguro Social e nos órgãos ou autarquias federais, estaduais, do Distrito Federal ou municipais, todos os efeitos previstos na respectiva legislação pertinente.

Art. 134. As aposentadorias e demais benefícios resultantes da contagem de tempo de contribuição na forma deste Capítulo serão concedidos e pagos pelo regime a que o interessado pertencer ao requerê-los e o seu valor será calculado na forma da legislação pertinente.

Art. 135. *Revogado pelo Dec. 5.545/2005.*

CAPÍTULO V
DA HABILITAÇÃO E DA
REABILITAÇÃO PROFISSIONAL

Art. 136. A assistência (re)educativa e de (re)adaptação profissional, instituída sob a denominação genérica de habilitação e reabilitação profissional, visa proporcionar aos beneficiários, incapacitados parcial ou totalmente para o trabalho, em caráter obrigatório, independentemente de carência, e às pessoas portadoras de deficiência, os meios indicados para proporcionar o reingresso no mercado de trabalho e no contexto em que vivem.

§ 1º Cabe ao Instituto Nacional do Seguro Social promover a prestação de que trata este artigo aos segurados, inclusive aposentados, e, de acordo com as possibilidades administrativas, técnicas, financeiras e as condições locais do órgão, aos seus dependentes, preferencialmente mediante a contratação de serviços especializados.

§ 2º As pessoas portadoras de deficiência serão atendidas mediante celebração de convênio de cooperação técnico-financeira.

Art. 137. O processo de habilitação e de reabilitação profissional do beneficiário será desenvolvido por meio das funções básicas de:

I – avaliação do potencial laborativo;

> ▸ Inciso I com redação pelo Dec. 3.668/2000.

II – orientação e acompanhamento da programação profissional;

III – articulação com a comunidade, inclusive mediante a celebração de convênio para reabilitação física restrita a segurados que cumpriram os pressupostos de elegibilidade ao programa de reabilitação profissional, com vistas ao reingresso no mercado de trabalho; e

> ▸ Inciso III com redação pelo Dec. 4.729/2003.

IV – acompanhamento e pesquisa da fixação no mercado de trabalho.

§ 1º A execução das funções de que trata o *caput* será realizada, preferencialmente, por meio do trabalho de equipe multiprofissional especializada, sempre que possível, na localidade do domicílio do beneficiário, ressalvadas as situações excepcionais em que ele tenha direito à reabilitação profissional fora dela.

> ▸ § 1º com redação pelo Dec. 10.410/2020.

§ 1º-A A avaliação da elegibilidade do segurado para encaminhamento à reabilitação profissional, a reavaliação da incapacidade de segurados em programa de reabilitação profissional e a prescrição de órteses, próteses e meios auxiliares de locomoção e acessórios serão realizadas pela Perícia Médica Federal.

> ▸ § 1º-A acrescido pelo Dec. 10.410/2020.

§ 2º Quando indispensáveis ao desenvolvimento do processo de reabilitação profissional, o Instituto Nacional do Seguro Social fornecerá aos segurados, inclusive aposentados, em caráter obrigatório, prótese e órtese, seu reparo ou substituição, instrumentos de auxílio para locomoção, bem como equipamentos necessários à habilitação e à reabilitação profissional, transporte urbano e alimentação e, na medida das possibilidades do Instituto, aos seus dependentes.

§ 3º No caso das pessoas portadoras de deficiência, a concessão dos recursos materiais referidos no parágrafo anterior ficará condicionada à celebração de convênio de cooperação técnico-financeira.

§ 4º O Instituto Nacional do Seguro Social não reembolsará as despesas realizadas com a aquisição de órtese ou prótese e outros recursos materiais não prescritos ou não autorizados por suas unidades de reabilitação profissional.

Art. 138. Cabe à unidade de reabilitação profissional encaminhar para avaliação médico-pericial a ocorrência de que trata o § 2º do art. 337.

▸ Artigo com redação pelo Dec. 10.410/2020.

Art. 139. A programação profissional será desenvolvida mediante cursos e/ou treinamentos, na comunidade, por meio de contratos, acordos e convênios com instituições e empresas públicas ou privadas, na forma do art. 317.

§ 1º O treinamento do reabilitando, quando realizado em empresa, não estabelece qualquer vínculo empregatício ou funcional entre o reabilitando e a empresa, bem como entre estes e o Instituto Nacional do Seguro Social.

§ 2º Compete ao reabilitando, além de acatar e cumprir as normas estabelecidas nos contratos, acordos ou convênios, pautar-se no regulamento daquelas organizações.

Art. 140. Concluído o processo de reabilitação profissional, o Instituto Nacional do Seguro Social emitirá certificado individual indicando a função para a qual o reabilitando foi capacitado profissionalmente, sem prejuízo do exercício de outra para a qual se julgue capacitado.

§ 1º Não constitui obrigação da previdência social a manutenção do segurado no mesmo emprego ou a sua colocação em outro para o qual foi reabilitado, cessando o processo de reabilitação profissional com a emissão do certificado a que se refere o *caput*.

§ 2º Cabe à previdência social a articulação com a comunidade, com vistas ao levantamento da oferta do mercado de trabalho, ao direcionamento da programação profissional e à possibilidade de reingresso do reabilitando no mercado formal.

§ 3º O acompanhamento e a pesquisa de que trata o inciso IV do art. 137 é obrigatório e tem como finalidade a comprovação da efetividade do processo de reabilitação profissional.

Art. 141. A empresa com cem ou mais empregados está obrigada a preencher de 2% (dois por cento) a 5% (cinco por cento) de seus cargos com beneficiários reabilitados ou pessoas portadoras de deficiência, habilitadas, na seguinte proporção:

I - até duzentos empregados, 2% (dois por cento);

II - de duzentos e um a quinhentos empregados, 3% (três por cento);

III - de quinhentos e um a mil empregados, 4% (quatro por cento); ou

IV - mais de mil empregados, 5% (cinco por cento).

§ 1º A dispensa de pessoa com deficiência ou de beneficiário reabilitado pela previdência social ao final de contrato por prazo determinado de mais de noventa dias e a dispensa imotivada em contrato por prazo indeterminado somente poderá ocorrer após a contratação de outro trabalhador com deficiência ou beneficiário reabilitado pela previdência social.

▸ § 1º com redação pelo Dec. 10.410/2020.

§ 2º *Revogado pelo Dec. 3.298/1999.*

§ 3º À Secretaria Especial de Previdência e Trabalho do Ministério da Economia compete estabelecer a sistemática de fiscalização e gerar dados e estatísticas sobre o total de empregados e as vagas preenchidas por pessoas com deficiência e por beneficiários reabilitados pela previdência social, além de fornecê-los, quando solicitados, aos sindicatos, às entidades representativas dos empregados ou aos cidadãos interessados.

▸ § 3º acrescido pelo Dec. 10.410/2020.

§ 4º Para a reserva de cargos será considerada somente a contratação direta de pessoa com deficiência, excluído o aprendiz com deficiência de que trata a Consolidação das Leis do Trabalho, aprovada pelo Decreto–Lei 5.452, de 1943.

▸ § 4º acrescido pelo Dec. 10.410/2020.

CAPÍTULO VI
DA JUSTIFICAÇÃO ADMINISTRATIVA

Art. 142. A justificação administrativa constitui meio para suprir a falta ou a insuficiência de documento ou para produzir prova de fato ou circunstância de interesse dos beneficiários perante a previdência social.

▸ *Caput* com redação pelo Dec. 10.410/2020.

§ 1º Não será admitida a justificação administrativa quando o fato a comprovar exigir registro público de casamento, de idade ou de óbito, ou de qualquer ato jurídico para o qual a lei prescreva forma especial.

§ 2º A justificação administrativa é parte do processo de atualização de dados do CNIS ou de reconhecimento de direitos, vedada a sua tramitação na condição de processo autônomo.

▸ § 2º com redação pelo Dec. 10.410/2020.

§ 3º Quando a concessão do benefício depender de documento ou de prova de ato ao qual o segurado não tenha acesso, exceto quanto a registro público ou início de prova material, a justificação administrativa será oportunizada, observado o disposto no art. 151.

▸ § 3º acrescido pelo Dec. 10.410/2020.

§ 4º A prova material somente terá validade para a pessoa referida no documento, vedada a sua utilização por outras pessoas.

▸ § 4º acrescido pelo Dec. 10.410/2020.

Art. 143. A justificação administrativa ou judicial, para fins de comprovação de tempo de contribuição, dependência econômica, identidade e relação de parentesco, somente produzirá efeito quando for baseada em início de prova material contemporânea dos fatos e não serão admitidas as provas exclusivamente testemunhais.

▸ *Caput* com redação pelo Dec. 10.410/2020.

§ 1º Será dispensado o início de prova material quando houver ocorrência de motivo de força maior ou de caso fortuito.

▸ § 1º com redação pelo Dec. 10.410/2020.

§ 2º Caracteriza motivo de força maior ou caso fortuito a verificação de ocorrência notória, tais como incêndio, inundação ou desmoronamento, que tenha atingido a empresa na qual o segurado alegue ter trabalhado, devendo ser comprovada mediante registro da ocorrência policial feito em época própria ou apresentação de documentos contemporâneos dos fatos, e verificada a correlação entre a atividade da empresa e a profissão do segurado.

§ 3º Se a empresa não estiver mais em atividade, deverá o interessado juntar prova oficial de sua existência no período que pretende comprovar.

§ 4º No caso dos segurados empregado doméstico e contribuinte individual, após a homologação do processo, este deverá ser encaminhado ao setor competente de arrecadação para levantamento e cobrança do crédito.

▸ § 4º com redação pelo Dec. 3.265/1999.

Art. 144. A homologação da justificação judicial processada com base em prova exclusivamente testemunhal dispensa a justificação administrativa, desde que complementada com início de prova material contemporânea dos fatos.

▸ *Caput* com redação pelo Dec. 10.410/2020.

Parágrafo único. A inclusão, a exclusão, a ratificação e a retificação de vínculos, remunerações e contribuições, ainda que reconhecidos em ação trabalhista transitada em julgado, dependerão da existência de início de prova material contemporânea dos fatos.

▸ Parágrafo único acrescido pelo Dec. 10.410/2020.

Art. 145. Para o processamento de justificação administrativa, o interessado deverá apresentar requerimento no qual exponha, clara e minuciosamente, os pontos que pretende justificar, além de indicar testemunhas idôneas, em número não inferior a dois nem superior a seis, cujos depoimentos possam levar à convicção da veracidade do que se pretende comprovar.

▸ *Caput* com redação pelo Dec. 10.410/2002.

Parágrafo único. As testemunhas, no dia e no horário marcados, serão inquiridas a respeito dos pontos que forem objeto da justificação de que trata o *caput*.

▸ Parágrafo único com redação pelo Dec. 10.410/2020.

Art. 146. Não podem ser testemunhas:

I e II– *Revogados pelo Dec. 10.410/2020.*

III – os menores de 16 (dezesseis) anos; e

IV – o cônjuge, o companheiro ou a companheira, os ascendentes, os descendentes e os colaterais, até o terceiro grau, por consanguinidade ou afinidade.

▸ Inciso IV com redação pelo Dec. 10.410/2020.

Parágrafo único. A pessoa com deficiência poderá testemunhar em igualdade de condições com as demais pessoas e lhe serão assegurados todos os recursos de tecnologia assistiva.

▸ Parágrafo único acrescido pelo Dec. 10.410/2020.

Art. 147. Não caberá recurso da decisão da autoridade competente do Instituto Nacional do Seguro Social que considerar eficaz ou ineficaz a justificação administrativa.

Art. 148. A justificação administrativa será avaliada globalmente quanto à forma e ao mérito, valendo perante o Instituto Nacional do Seguro Social para os fins especificamente visados, caso considerada eficaz.

Art. 149. A justificação administrativa será processada sem ônus para o interessado e nos termos das instruções do Instituto Nacional do Seguro Social.

Art. 150. Aos autores de declarações falsas, prestadas em justificações processadas perante a previdência social, serão aplicadas as penas previstas no art. 299 do Código Penal.

Art. 151. Somente será admitido o processamento de justificação administrativa quando necessário para corroborar o início de prova material apto a demonstrar a plausibilidade do que se pretende comprovar.

▸ Artigo com redação pelo Dec. 10.410/2020.

CAPÍTULO VII
DAS DISPOSIÇÕES DIVERSAS RELATIVAS
ÀS PRESTAÇÕES DO REGIME GERAL
DE PREVIDÊNCIA SOCIAL

Art. 152. Nenhum benefício ou serviço da previdência social poderá ser criado, majorado ou estendido, sem a correspondente fonte de custeio total.

Art. 153. O benefício concedido a segurado ou dependente não pode ser objeto de penhora, arresto ou sequestro, sendo nula de pleno direito a sua venda ou cessão, ou a constituição de qualquer ônus sobre ele, bem como a outorga de poderes irrevogáveis ou em causa própria para seu recebimento, ressalvado o disposto no art. 154.

Art. 153–A. A concessão de aposentadoria requerida a partir de 14 de novembro de 2019 com utilização de tempo de contribuição decorrente de cargo, emprego ou função pública acarretará o rompimento do vínculo que gerou o referido tempo de contribuição.

▸ Artigo acrescido pelo Dec. 10.410/2020.

Parágrafo único. Para fins do disposto no *caput*, após a consolidação da aposentadoria, nos termos do disposto no art. 181-B, o INSS notificará a empresa responsável sobre a aposentadoria do segurado e constarão da notificação as datas de concessão e de início do benefício.

Art. 154. O Instituto Nacional do Seguro Social pode descontar da renda mensal do benefício:

I – contribuições devidas pelo segurado à previdência social;

II – pagamento administrativo ou judicial de benefício previdenciário ou assistencial indevido, ou além do devido, inclusive na hipótese de cessação do benefício pela revogação de decisão judicial, em valor que não exceda trinta por cento da importância da renda mensal do benefício, nos termos do disposto neste Regulamento;

▸ Inciso II com redação pelo Dec. 10.410/2020.

III – imposto de renda na fonte;

IV – alimentos decorrentes de sentença judicial; e

V – mensalidades de associações e de demais entidades de aposentados ou pensionistas legalmente reconhecidas, constituídas e em funcionamento, desde que autorizadas por seus filiados, observado o disposto nos § 1º ao § 1º-I; e

▸ Inciso V com redação pelo Dec. 10.537/2020.

VI – pagamento de empréstimos, financiamentos, cartões de crédito e operações de arrendamento mercantil concedidos por instituições financeiras e sociedades de arrendamento mercantil ou por entidades fechadas ou abertas de previdência complementar, públicas e privadas, quando expressamente autorizado pelo beneficiário, até o limite de trinta e cinco por cento do valor do benefício, dos quais cinco por cento serão destinados exclusivamente para:

▸ Inciso VI com redação pelo Dec. 10.410/2020.

a) amortização de despesas contraídas por meio de cartão de crédito; ou

▸ Alínea *a* acrescida pelo Dec. 10.410/2020.

b) utilização com a finalidade de saque por meio do cartão de crédito.

▸ Alínea *b* acrescida pelo Dec. 10.410/2020.

§ 1º O INSS estabelecerá requisitos adicionais para a efetivação dos descontos de que trata este artigo, observados critérios de conveniência administrativa, segurança das operações, interesse dos beneficiários e interesse público.

▸ § 1º com redação pelo Dec. 10.410/2020.

§ 1º-A. Os benefícios previdenciários, uma vez concedidos, permanecerão bloqueados para os descontos previstos no inciso V do *caput* e somente serão desbloqueados por meio de autorização prévia, pessoal e específica por parte do beneficiário, conforme critérios e requisitos a serem definidos em ato do INSS.

▸ §§ 1º-A a 1º-G acrescidos pelo Dec. 10.410/2020.

§ 1º-B. A autorização do segurado prevista no § 1º-A deverá, sob pena de os descontos serem excluídos automaticamente, ser revalidada a cada três anos, a partir de 31 de dezembro de 2021, segundo critérios e requisitos a serem definidos em ato do INSS.

§ 1º-C. A autorização do segurado de que trata o inciso V do *caput* poderá ser revogada, a qualquer tempo, pelo próprio beneficiário.

§ 1º-D. Considera-se associação ou entidade de aposentados ou pensionistas aquela formada por:

> ▸ § 1º-D com redação pelo Dec. 10.537/2020.

I – aposentados ou pensionistas, com objetivos inerentes a essas categorias; ou

II – pessoas de categoria profissional específica, cujo estatuto as preveja como associados ativos e inativos, e que tenha dentre os seus objetivos a representação de aposentados ou pensionistas.

§ 1º-E. Considera-se mensalidade de associações e de demais entidades de aposentados ou pensionistas a contribuição associativa, devida exclusivamente em razão da condição de associado, em decorrência de previsão estatutária ou definição pelas assembleias gerais, a qual não admite descontos de taxas extras, contribuições especiais, retribuição por serviços ou pacotes de serviços específicos, prêmios de seguros, empréstimos nem qualquer outro tipo de desconto, sujeita ao limite máximo de desconto estabelecido em ato do Presidente do INSS.

> ▸ § 1º-E com redação pelo Dec. 10.537/2020.

§ 1º-F. O INSS avaliará periodicamente a quantidade de reclamações de beneficiários, ações judiciais, processos de órgãos de controle e impacto em sua rede de atendimento, dentre outros elementos relacionados ao acordo de cooperação técnica celebrado, para fins do disposto no inciso V do *caput*, e poderá rescindir o referido acordo unilateralmente, a depender da quantidade de irregularidades identificadas.

> ▸ § 1º-F com redação pelo Dec. 10.537/2020.

§ 1º-G. Para fins de repasse do desconto efetuado pelo INSS, as entidades referidas no inciso V do *caput* deverão estar em situação regular perante as Fazendas nacional, estadual, distrital e municipal, a previdência social, FGTS, o Sistema Integrado de Administração Financeira do Governo Federal – Siafi, o Sistema de Cadastramento Unificado de Fornecedores – Sicaf e o Cadastro Informativo de Créditos não Quitados do Setor Público Federal – Cadin.

§ 1º-H. Na hipótese de entidade confederativa que representa instituições a ela vinculadas, as exigências de que tratam os § 1º-D e § 1º-G deverão ser atendidas pela instituição que celebrar o acordo de cooperação técnica.

> ▸ § 1º-H acrescido pelo Dec. 10.537/2020.

§ 1º-I. O INSS deverá ser ressarcido das despesas realizadas em função da implementação e do controle do acordo de cooperação técnica de que trata o § 1º-F pela instituição que o celebrar.

> ▸ § 1º-I acrescido pelo Dec. 10.537/2020.

§ 2º A restituição de importância recebida indevidamente por beneficiário da previdência social, nos casos comprovados de dolo, fraude ou má-fé, deverá ser atualizada nos moldes do art. 175, e feita de uma só vez ou mediante acordo de parcelamento na forma do art. 244, independentemente de outras penalidades legais.

> ▸ § 2º com redação pelo Dec. 5.699/2006.

§ 3º Caso o débito seja originário de erro da previdência social, o segurado, usufruindo de benefício regularmente concedido, poderá devolver o valor de forma parcelada, atualizado nos moldes do art. 175, devendo cada parcela corresponder, no máximo, a 30% (trinta por cento) do valor do benefício em manutenção, e ser descontado em número de meses necessários à liquidação do débito.

§ 4º Se o débito for originário de erro da previdência social e o segurado não usufruir de benefício, o valor deverá ser devolvido, com a correção de que trata o parágrafo anterior, da seguinte forma:

I – no caso de empregado, com a observância do disposto no art. 365; e

II – no caso dos demais beneficiários, será observado:

a) se superior a cinco vezes o valor do benefício suspenso ou cessado, no prazo de 60 (sessenta) dias, contados da notificação para fazê-lo, sob pena de inscrição em Dívida Ativa; e

b) se inferior a cinco vezes o valor do benefício suspenso ou cessado, no prazo de 30 (trinta) dias, contados da notificação para fazê-lo, sob pena de inscrição em Dívida Ativa.

§ 5º No caso de revisão de benefícios em que resultar valor superior ao que vinha sendo pago, em razão de erro da previdência social, o valor resultante da diferença verificada entre o pago e o devido será objeto de atualização nos mesmos moldes do art. 175.

§ 6º O INSS disciplinará o desconto e a retenção de valores de benefícios com fundamento no disposto no inciso VI do *caput*, observadas as seguintes condições:

> ▸ *Caput* do § 6º com redação pelo Dec. 10.410/2020.

I – a habilitação das instituições consignatárias deverá ser definida de maneira objetiva e transparente;

> ▸ Inciso I acrescido pelo Dec. 4.862/2003.

II – o desconto somente poderá incidir sobre os benefícios de aposentadoria, qualquer que seja sua espécie, ou de pensão por morte, recebidos pelos seus respectivos titulares;

> ▸ Inciso II acrescido pelo Dec. 4.862/2003.

III – a prestação de informações aos titulares de benefícios em manutenção e às instituições consignatárias necessária à realização do desconto deve constar de rotinas próprias;

> ▸ Inciso III acrescido pelo Dec. 4.862/2003.

IV – os prazos para o início dos descontos autorizados e para o repasse das prestações às instituições consignatárias devem ser definidos de forma justa e eficiente;

> ▸ Inciso IV acrescido pelo Dec. 4.862/2003.

V – *Revogado pelo Dec. 10.410/2020.*

VI – o próprio titular do benefício deverá firmar autorização expressa para o desconto;

> ▸ Inciso VI acrescido pelo Dec. 4.862/2003.

VII – o valor do desconto não poderá exceder trinta e cinco por cento do valor disponível do benefício, assim entendido o valor do benefício após a dedução das consignações de que tratam os incisos I ao V do *caput*, correspondente à última competência paga, excluídas aquelas que contenham o décimo terceiro salário ou sua parcela, estabelecido no momento da contratação;

> ▸ Inciso VII com redação pelo Dec. 10.410/2020.

VIII – o empréstimo poderá ser concedido por qualquer instituição consignatária, independentemente de ser ou não responsável pelo pagamento de benefício;

> ▸ Inciso VIII com redação pelo Dec. 5.180/2004.

IX – os beneficiários somente poderão realizar as operações previstas no inciso VI do *caput* se receberem o benefício no Brasil;

> ▸ Inciso IX com redação pelo Dec. 5.180/2004.

X – a retenção recairá somente sobre as parcelas mensais fixas integrais, vedada a administração de eventual saldo devedor;

> ▸ Inciso X acrescido pelo Dec. 4.862/2003.

XI – o titular de benefício poderá autorizar mais de um desconto em favor da mesma instituição consignatária, respeitados o limite consignável e a prevalência de retenção em favor dos contratos mais antigos;

> ▸ Inciso XI acrescido pelo Dec. 4.862/2003.

XII – a eventual modificação no valor do benefício ou das consignações de que tratam os incisos I a V do *caput* que resulte margem consignável inferior ao valor da parcela pactuada, poderá ensejar a reprogramação da retenção, alterando-se o valor e o prazo do desconto, desde que solicitado pela instituição consignatária e sem acréscimo de custos operacionais; e

> ▸ Inciso XII acrescido pelo Dec. 4.862/2003.

XIII – outras que se fizerem necessárias.

> ▸ Inciso XIII acrescido pelo Dec. 4.862/2003.

§ 7º Na hipótese de coexistência de descontos relacionados nos incisos II e VI do *caput*, prevalecerá o desconto do inciso II.

> ▸ **§ 7º** acrescido pelo Dec. 4.862/2003.

§ 7º-A. Os benefícios previdenciários, uma vez concedidos, permanecerão bloqueados para os descontos previstos no inciso VI do *caput* e somente serão desbloqueados por meio de autorização prévia, pessoal e específica por parte do beneficiário, conforme critérios e requisitos a serem definidos em ato do INSS.

> ▸ § 7º-A acrescido pelo Dec. 10.410/2020.

§ 7º-B. A autorização do segurado de que trata o § 7º-A poderá ser revogada, a qualquer tempo, pelo próprio beneficiário.

> ▸ § 7º-B acrescido pelo Dec. 10.410/2020.

§ 8º É facultado ao titular do benefício solicitar a substituição da instituição financeira pagadora do benefício por outra, para pagamento de benefício mediante crédito em conta-corrente, exceto se já tiver realizado operação com a instituição pagadora na forma do § 9º e enquanto houver saldo devedor em amortização.

> ▸ § 8º com redação pelo Dec. 5.699/2006.

§ 9º O titular de benefício de aposentadoria, independentemente de sua espécie, ou de pensão por morte concedida pelo RGPS poderá autorizar, de forma irrevogável e irretratável, que a instituição financeira na qual receba o seu benefício retenha valores referentes ao pagamento mensal de empréstimos, financiamentos, cartões de crédito e operações de arrendamento mercantil por ela concedidos, quando previstos em contrato, para fins de amortização, observadas as normas editadas pelo INSS.

> ▸ § 9º com redação pelo Dec. 10.410/2020.

§ 10. O INSS não responde, em nenhuma hipótese, pelos débitos contratados pelos segurados, restringindo-se sua responsabilidade:

> ▸ 10 acrescido pelo Dec. 5.699/2006.

I – à retenção dos valores autorizados pelo beneficiário e seu repasse à instituição consignatária, em relação às operações contratadas na forma do inciso VI do *caput*; e

II – à manutenção dos pagamentos na mesma instituição financeira enquanto houver saldo devedor, desde que seja por ela comunicado, na forma estabelecida pelo INSS, e enquanto não houver retenção superior ao limite de 30% (trinta por cento) do valor do benefício, em relação às operações contratadas na forma do § 9º.

§ 11. Serão inscritos em dívida ativa pela Procuradoria-Geral Federal os créditos constituídos pelo INSS em decorrência de benefício previdenciário ou assistencial pago indevidamente ou além do devido, inclusive na hipótese de cessação do benefício pela revogação de decisão judicial, nos termos do disposto na Lei 6.830, de 22 de setembro de 1980, para a execução judicial.

> ▸ §§ 11 a 13 acrescidos pelo Dec. 10.410/2020.

§ 12. Será objeto de inscrição em dívida ativa, para fins do disposto no § 11, em conjunto ou separadamente, o terceiro beneficiado que sabia ou deveria saber da origem do benefício pago indevidamente em razão de fraude, dolo ou coação, desde que devidamente identificado em procedimento administrativo de responsabilização.

§ 13. O procedimento administrativo de responsabilização de que trata o § 12 ocorrerá na forma prevista no art. 179 deste Regulamento e no art. 27 do Decreto–Lei 4.657, de 4 de setembro de 1942.

Art. 154-A. O INSS poderá arredondar, para a unidade de real imediatamente superior, os valores em centavos dos benefícios de prestação continuada pagos mensalmente a seus beneficiários.

> ▸ Artigo acrescido pelo Dec. 4.032/2001.

Parágrafo único. Os valores recebidos a maior pelo beneficiário serão descontados no pagamento do abono anual ou do último valor do pagamento do benefício, na hipótese de sua cessação.

Art. 155. Será fornecido ao beneficiário demonstrativo minucioso das importâncias pagas, discriminando-se o valor da mensalidade, as diferenças eventualmente pagas, com o período a que se referem, e os descontos efetuados.

Art. 156. O benefício será pago diretamente ao beneficiário, salvo em caso de ausência, moléstia contagiosa ou impossibilidade de locomoção, quando será pago a procurador, cujo mandato não terá prazo superior a 12 (doze) meses, podendo ser renovado ou revalidado pelos setores de benefícios do Instituto Nacional do Seguro Social.

Parágrafo único. O procurador do beneficiário deverá firmar, perante o Instituto Nacional do Seguro Social, termo de responsabilidade mediante o qual se comprometa a comunicar ao Instituto qualquer evento que possa anular a procuração, principalmente o óbito do outorgante, sob pena de incorrer nas sanções criminais cabíveis.

Art. 157. O Instituto Nacional do Seguro Social apenas poderá negar-se a aceitar procuração quando se manifestar indício de inidoneidade do documento ou do mandatário, sem prejuízo, no entanto, das providências que se fizerem necessárias.

Art. 158. Na constituição de procuradores, observar-se-á subsidiariamente o disposto no Código Civil.

§ 1º O dependente excluído na forma prevista no § 9º do art. 16 ou que tenha a parte provisoriamente suspensa na forma prevista no § 5º do art. 114 não poderá representar outro dependente para fins de recebimento e percepção do benefício.

> ▸ § 1º acrescido pelo Dec. 10.410/2020.

§ 2º O dependente que perder o direito à pensão por morte na forma prevista no § 5º do art. 105 não poderá representar outro dependente para fins de percepção do benefício.

> ▸ § 2º acrescido pelo Dec. 10.410/2020.

Art. 159. Somente será aceita a constituição de procurador com mais de uma procuração, ou procurações coletivas, nos casos de representantes credenciados de leprosários, sanatórios, asilos e outros estabelecimentos congêneres, nos casos de parentes de primeiro grau, ou, em outros casos, a critério do Instituto Nacional do Seguro Social.

Art. 160. Não poderão ser procuradores:

I – os servidores públicos civis ativos e os militares ativos, salvo se parentes até o segundo grau; e

II – os incapazes para os atos da vida civil, ressalvado o disposto no art. 666 do Código Civil.

> ▸ Inciso II com redação pelo Dec. 4.729/2003.

Parágrafo único. Podem outorgar procuração as pessoas maiores ou emancipadas, no gozo dos direitos civis.

Art. 161. O serviço social constitui atividade auxiliar do seguro social e visa prestar ao beneficiário orientação e apoio no que concerne à solução dos problemas pessoais e familiares e à melhoria da sua inter-relação com a previdência social, para a solução de questões referentes a benefícios, bem como, quando necessário, à obtenção de outros recursos sociais da comunidade.

§ 1º Será dada prioridade de atendimento a segurados em benefício por incapacidade temporária e atenção especial a aposentados e pensionistas.

▸ § 1º acrescido pelo Dec. 6.722/2008.

§ 2º Para assegurar o efetivo atendimento aos beneficiários, poderão ser utilizados mecanismos de intervenção técnica, ajuda material, recursos sociais, intercâmbio com empresas, inclusive mediante celebração de convênios, acordos ou contratos, ou pesquisa social.

▸ § 2º acrescido pelo Dec. 6.722/2008.

§ 3º O serviço social terá como diretriz a participação do beneficiário na implementação e fortalecimento da política previdenciária, em articulação com associações e entidades de classes.

▸ § 3º acrescido pelo Dec. 6.722/2008.

§ 4º O serviço social prestará assessoramento técnico aos estados, Distrito Federal e municípios na elaboração de suas respectivas propostas de trabalho relacionadas com a previdência social.

▸ § 4º acrescido pelo Dec. 6.722/2008.

§ 5º O Ministro de Estado da Previdência Social editará atos complementares para a aplicação do disposto neste artigo.

▸ § 5º acrescido pelo Dec. 6.722/2008.

Art. 162. O benefício devido ao segurado ou dependente civilmente incapaz será pago ao cônjuge, pai, mãe, tutor ou curador, admitindo-se, na sua falta e por período não superior a 6 (seis) meses, o pagamento a herdeiro necessário, mediante termo de compromisso firmado no ato do recebimento.

Parágrafo único. *Revogado pelo Dec. 10.410/2020.*

§§ 1º e 2º *Revogados pelo Dec. 5.699/2006.*

§ 3º O período a que se refere o *caput* poderá ser prorrogado por iguais períodos, desde que comprovado o andamento regular do processo legal de tutela ou curatela.

▸ §§ 3º a 5º acrescidos pelo Dec. 10.410/2020.

§ 4º Na hipótese de interdição do beneficiário, para fins de curatela, a autoridade judiciária poderá utilizar-se de laudo médico–pericial da Perícia Médica Federal.

§ 5º No ato de requerimento de benefícios operacionalizados pelo INSS, não será exigida apresentação de termo de curatela de titular ou de beneficiário com deficiência, observados os procedimentos a serem estabelecidos em ato do INSS.

Art. 163. O segurado e o dependente, após 16 (dezesseis) anos de idade, poderão firmar recibo de benefício, independentemente da presença dos pais ou do tutor.

▸ Artigo com redação pelo Dec. 4.079/2002.

Art. 164. A impressão digital do beneficiário incapaz de assinar, aposta na presença de servidor da previdência social ou representante desta, vale como assinatura para quitação de pagamento de benefício.

Art. 165. O valor não recebido em vida pelo segurado somente será pago aos seus dependentes habilitados à pensão por morte ou, na falta deles, aos seus sucessores na forma da lei civil, independentemente de inventário ou arrolamento.

Art. 166. Os benefícios poderão ser pagos mediante depósito em conta-corrente bancária em nome do beneficiário.

▸ *Caput* com redação pelo Dec. 4.729/2003.

§ 1º *Revogado pelo Dec. 3.265/1999.*

§ 2º *Revogado pelo Dec. 4.729/2003.*

§ 3º Na hipótese da falta de movimentação relativo ao saque em conta-corrente cujos depósitos sejam decorrentes exclusivamente de pagamento de benefícios, por prazo superior a 60 (sessenta) dias, os valores dos benefícios remanescentes serão estornados e creditados à Conta Única do Tesouro Nacional, com a identificação de sua origem.

▸ § 3º acrescido pelo Dec. 4.729/2003.

Art. 167. Exceto na hipótese de direito adquirido, não é permitido o recebimento conjunto dos seguintes benefícios do RGPS, inclusive quando decorrentes de acidente do trabalho:

▸ *Caput* com redação pelo Dec. 10.410/2020.

I – aposentadoria com auxílio por incapacidade temporária;

▸ Inciso I com redação pelo Dec. 10.410/2020.

II – mais de uma aposentadoria;

III – aposentadoria com abono de permanência em serviço;

IV – salário-maternidade com auxílio por incapacidade temporária;

▸ Inciso IV com redação pelo Dec. 10.410/2020.

V – mais de um auxílio-acidente;

VI – mais de uma pensão deixada por cônjuge;

VII – mais de uma pensão deixada por companheiro ou companheira;

VIII – mais de uma pensão deixada por cônjuge e companheiro ou companheira; e

IX – auxílio-acidente com qualquer aposentadoria.

§ 1º Nas hipóteses de que tratam os incisos VI, VII e VIII do *caput*, fica facultado ao dependente optar pela pensão mais vantajosa, observado o disposto no art. 167-A.

▸ § 1º com redação pelo Dec. 10.410/2020.

§ 2º É vedado o recebimento conjunto do seguro-desemprego com qualquer benefício de prestação continuada da previdência social, exceto pensão por morte, auxílio-reclusão, auxílio-acidente, auxílio suplementar ou abono de permanência em serviço.

§ 3º É permitida a acumulação dos benefícios previstos neste Regulamento com o benefício de que trata a Lei 7.070, de 20 de dezembro de 1982, que não poderá ser reduzido em razão de eventual aquisição de capacidade laborativa ou de redução de incapacidade para o trabalho ocorrida após a sua concessão.

§ 4º O segurado recluso em regime fechado, durante a percepção, pelos dependentes, do benefício de auxílio-reclusão, não terá o direito aos benefícios de salário-maternidade e de aposentadoria reconhecido, exceto se manifestada a opção pelo benefício mais vantajoso também pelos dependentes.

▸ § 4º com redação pelo Dec. 10.410/2020.

Art. 167-A. Será admitida a acumulação dos seguintes benefícios:

▸ Artigo acrescido pelo Dec. 10.410/2020.

I – de pensão por morte deixada por cônjuge ou companheiro do RGPS com pensão por morte concedida por outro regime de previdência social ou com pensões decorrentes das atividades militares de que tratam o art. 42 e o art. 142 da Constituição;

II – de pensão por morte deixada por cônjuge ou companheiro do RGPS com aposentadoria do mesmo regime e de regime próprio de previdência social ou com proventos de inatividade decorrentes das atividades militares de que tratam o art. 42 e o art. 142 da Constituição; ou

III – de aposentadoria concedida no âmbito do RGPS com pensão deixada por cônjuge ou companheiro de regime próprio de previdência social ou com proventos de inatividade decorrentes das atividades militares de que tratam o art. 42 e o art. 142 da Constituição.

§ 1º Nas hipóteses de acumulação previstas no *caput*, fica assegurada a percepção do valor integral do benefício mais vantajoso e de uma parte de cada um dos demais benefícios, apurada cumulativamente de acordo com as seguintes faixas:

I – sessenta por cento do valor que exceder um salário mínimo, até o limite de dois salários mínimos;

II – quarenta por cento do valor que exceder dois salários-mínimos, até o limite de três salários mínimos;

III – vinte por cento do valor que exceder três salários-mínimos, até o limite de quatro salários mínimos; e

IV – dez por cento do valor que exceder quatro salários-mínimos.

§ 2º A aplicação do disposto no § 1º poderá ser revista a qualquer tempo, a pedido do interessado, em razão de alteração de algum dos benefícios.

§ 3º Na hipótese de recebimento de pensão desdobrada, para fins de aplicação do disposto no § 1º, em relação a esse benefício, será considerado o valor correspondente ao somatório da cota individual e da parcela da cota familiar, devido ao pensionista, que será revisto em razão do fim do desdobramento ou da alteração do número de dependentes.

§ 4º As restrições previstas neste artigo não se aplicam caso o direito aos benefícios tenha sido adquirido até 13 de novembro de 2019.

§ 5º Para fins do disposto neste artigo, no ato de habilitação ou concessão de benefício sujeito a acumulação, o INSS deverá:

I – verificar a filiação do segurado ao RGPS ou a regime próprio de previdência social;

II – solicitar ao segurado que manifeste expressamente a sua opção pelo benefício que lhe seja mais vantajoso; e

III – quando for o caso, verificar a condição do segurado ou pensionista, de modo a considerar, dentre outras, as informações constantes do CNIS.

§ 6º O Ministério da Economia manterá sistema de cadastro dos segurados do RGPS e dos servidores vinculados a regimes próprios de previdência social, e poderá, para tanto, firmar acordo de cooperação com outros órgãos da administração pública federal, estadual, distrital ou municipal para a manutenção e a gestão do referido sistema de cadastro.

§ 7º Até que o sistema de que trata o § 6º seja implementado, a comprovação de que o aposentado ou o pensionista cônjuge ou companheiro ou companheira do RGPS não recebe aposentadoria ou pensão de outro regime próprio de previdência social será feita por meio de autodeclaração, a qual o sujeitará às sanções administrativas, civis e penais aplicáveis caso seja constatada a emissão de declaração falsa.

§ 8º Caberá ao aposentado ou pensionista do RGPS informar ao INSS a obtenção de aposentadoria ou pensão de cônjuge ou companheiro ou companheiro de outro regime, sob pena de suspensão do benefício.

Art. 168. Exceto nas hipóteses de aposentadoria por incapacidade permanente ou especial, observado quanto a esta última o disposto no parágrafo único do art. 69, o retorno do aposentado à atividade não prejudicará o recebimento de sua aposentadoria.

▸ Artigo com redação pelo Dec. 10.410/2020.

Art. 169. Os pagamentos dos benefícios de prestação continuada não poderão ser antecipados.

§ 1º Excepcionalmente, nas hipóteses de estado de calamidade pública, reconhecidas por ato do Poder Executivo federal, o INSS poderá, nos termos estabelecidos em ato do Secretário Especial de Previdência e Trabalho do Ministério da Economia, antecipar aos beneficiários domiciliados nos respectivos Municípios:

▸ § 1º com redação pelo Dec. 9.700/2019.

I – o cronograma de pagamento dos benefícios de prestação continuada previdenciária e assistencial, enquanto perdurar o estado de calamidade; e

II – o valor correspondente a uma renda mensal do benefício devido, excetuados os temporários, mediante opção dos beneficiários.

§ 2º O valor antecipado de que trata o inciso II do § 1º será ressarcido de forma parcelada, mediante desconto da renda do benefício, para esse fim equiparado ao crédito de que trata o inciso II do *caput* do art. 154, nos termos do ato a que se refere o § 1º.

▸ § 2º acrescido pelo Dec. 7.223/2010.

Art. 170. Compete exclusivamente aos servidores públicos ocupantes dos cargos de que trata o § 3º do art. 30 da Lei 11.907, de 2 de fevereiro de 2009, a realização das atividades médico-periciais relacionadas com o RGPS, sem prejuízo de outras disposições constantes no referido artigo.

▸ Artigo com redação pelo Dec. 10.410/2020.

Parágrafo único. Os servidores de que trata o *caput* poderão solicitar ao médico assistente do beneficiário que forneça informações sobre antecedentes médicos a ele relativas, na forma disciplinada pela Secretaria Especial de Previdência e Trabalho do Ministério da Economia, para fins do disposto no § 2º do art. 43 e no § 1º do art. 71 ou para subsidiar emissão de laudo médico-pericial conclusivo.

▸ Parágrafo único com redação pelo Dec. 10.410/2020.

Art. 170-A. Incumbem privativamente aos servidores públicos da Carreira do Seguro Social de que trata a Lei 10.855, de 1º de abril de 2004, as atribuições previstas no inciso I do *caput* do art. 5º-B da referida Lei, e compete à Secretaria Especial de Previdência e Trabalho do Ministério da Economia a edição de atos complementares para a especificação e a definição das atividades acessórias ou preparatórias ao exercício das atribuições privativas e para a atuação no exame de matérias e processos administrativos de benefícios sociais.

▸ Artigo acrescido pelo Dec. 10.410/2020.

Art. 171. Quando o segurado ou dependente deslocar-se por determinação do Instituto Nacional do Seguro Social para submeter-se a exame médico-pericial ou a processo de reabilitação profissional em localidade diversa da de sua residência, deverá a instituição custear o seu transporte e pagar-lhe diária no valor de R$ 24,57 (vinte e quatro reais e cinquenta e sete centavos), ou promover sua hospedagem mediante contratação de serviços de hotéis, pensões ou similares.

▸ Valor atualizável por meio de Portaria do Ministério da Previdência Social – MPS.

§ 1º Caso o beneficiário, a critério do Instituto Nacional do Seguro Social, necessite de acompanhante, a viagem deste poderá ser autorizada, aplicando-se o disposto neste artigo.

§ 2º Quando o beneficiário ficar hospedado em hotéis, pensões ou similares contratados ou conveniados pelo

Instituto Nacional do Seguro Social, não caberá pagamento de diária.

Art. 172. Fica o Instituto Nacional do Seguro Social obrigado a emitir e a enviar aos beneficiários aviso de concessão de benefício, além da memória de cálculo do valor dos benefícios concedidos.

Art. 173. O segurado em gozo de aposentadoria que voltar a exercer atividade abrangida pelo RGPS, observados o disposto no art. 168 e, nos casos de aposentadoria especial, o disposto no parágrafo único do art. 69, fará jus:

▶ *Caput* com redação pelo Dec. 10.491/2020.

I – ao salário-família e à reabilitação profissional, quando empregado, inclusive o doméstico, ou trabalhador avulso; e

II – ao salário-maternidade.

▶ Incisos I e II acrescidos pelo Dec. 10.491/2020.

Art. 174. O primeiro pagamento do benefício será efetuado até 45 (quarenta e cinco) dias após a data da apresentação, pelo segurado, da documentação necessária à sua concessão.

▶ *Caput* com redação pelo Dec. 6.722/2008.

Parágrafo único. O prazo fixado no *caput* fica prejudicado nos casos de justificação administrativa ou outras providências a cargo do segurado, que demandem a sua dilatação, iniciando-se essa contagem a partir da data da conclusão das mesmas.

Art. 175. O pagamento de parcelas relativas a benefícios efetuado com atraso, independentemente de ocorrência de mora e de quem lhe deu causa, deve ser corrigido monetariamente desde o momento em que restou devido, pelo mesmo índice utilizado para os reajustamentos dos benefícios do RGPS, apurado no período compreendido entre o mês que deveria ter sido pago e o mês do efetivo pagamento.

▶ Artigo com redação pelo Dec. 6.722/2008.

Art. 176. A apresentação de documentação incompleta não constitui, por si só, motivo para recusa do requerimento de benefício ou serviço, ainda que seja possível identificar previamente que o segurado não faça jus ao benefício ou serviço pretendido.

▶ *Caput* com redação pelo Dec. 10.410/2020.

§ 1º Na hipótese de que trata o *caput*, o INSS deverá proferir decisão administrativa, com ou sem análise de mérito, em todos os pedidos administrativos formulados, e, quando for o caso, emitirá carta de exigência prévia ao requerente.

▶ §§ 1º a 7º acrescidos pelo Dec. 10.410/2020.

§ 2º Encerrado o prazo para cumprimento da exigência sem que os documentos solicitados tenham sido apresentados pelo requerente, o INSS:

I – decidirá pelo reconhecimento do direito, caso haja elementos suficientes para subsidiar a sua decisão; ou

II – decidirá pelo arquivamento do processo sem análise de mérito do requerimento, caso não haja elementos suficientes ao reconhecimento do direito nos termos do disposto no art. 40 da Lei 9.784, de 29 de janeiro de 1999.

§ 3º Não caberá recurso ao CRPS da decisão que determine o arquivamento do requerimento sem análise de mérito decorrente da não apresentação de documentação indispensável ao exame do requerimento.

§ 4º Caso haja manifestação formal do segurado no sentido de não dispor de outras informações ou documentos úteis, diversos daqueles apresentados ou disponíveis ao INSS, será proferida a decisão administrativa com análise de mérito do requerimento.

§ 5º O arquivamento do processo não inviabilizará a apresentação de novo requerimento pelo interessado, que terá efeitos a partir da data de apresentação da nova solicitação.

§ 6º O reconhecimento do direito ao benefício com base em documento apresentado após a decisão administrativa proferida pelo INSS considerará como data de entrada do requerimento a data de apresentação do referido documento.

§ 7º O disposto neste artigo aplica-se aos pedidos de revisão e recursos fundamentados em documentos não apresentados no momento do requerimento administrativo e, quanto aos seus efeitos financeiros, aplica-se o disposto no § 4º do art. 347.

Art. 176-A. O requerimento de benefícios e de serviços administrados pelo INSS será formulado por meio de canais de atendimento eletrônico, observados os procedimentos previstos em ato do INSS.

▶ Artigo acrescido pelo Dec. 10.410/2020.

§ 1º O requerimento formulado será processado em meio eletrônico em todas as fases do processo administrativo, ressalvados os atos que exijam a presença do requerente.

§ 2º Excepcionalmente, caso o requerente não disponha de meios adequados para apresentação da solicitação pelos canais de atendimento eletrônico, o requerimento e o agendamento de serviços poderão ser feitos presencialmente nas Agências da Previdência Social.

Art. 176-B. O INSS poderá firmar acordo de cooperação técnica com entes públicos e demais entidades para fins de geração e recebimento de requerimentos de benefícios.

▶ Artigo acrescido pelo Dec. 10.410/2020.

Art. 176-C. O requerente poderá, enquanto não proferida a decisão do INSS e por meio de manifestação escrita, desistir do requerimento formulado, nos termos do disposto no art. 51 da Lei 9.784, de 1999.

▶ Artigo acrescido pelo Dec. 10.410/2020.

§ 1º Havendo vários interessados, a desistência a que se refere o *caput* atinge somente quem a tenha formulado.

§ 2º A desistência do requerimento não impede o INSS de analisar a matéria objeto do requerimento para fins de uniformização de entendimento, de forma geral e abstrata, ou para efeito de apuração de irregularidade.

Art. 176-D. Se, na data de entrada do requerimento do benefício, o segurado não satisfizer os requisitos para o reconhecimento do direito, mas implementá-los em momento posterior, antes da decisão do INSS, o requerimento poderá ser reafirmado para a data em que satisfizer os requisitos, que será fixada como início do benefício, exigindo-se, para tanto, a concordância formal do interessado, admitida a sua manifestação de vontade por meio eletrônico.

▶ Artigo acrescido pelo Dec. 10.410/2020.

Art. 176-E. Caberá ao INSS conceder o benefício mais vantajoso ao requerente ou benefício diverso do requerido, desde que os elementos constantes do processo administrativo assegurem o reconhecimento desse direito.

▶ Artigo acrescido pelo Dec. 10.410/2020.

Parágrafo único. Na hipótese de direito à concessão de benefício diverso do requerido, caberá ao INSS notificar o segurado para que este manifeste expressamente a sua opção pelo benefício, observado o disposto no art. 176-D.

Art. 177. *Revogado pelo Dec. 3.668/2000.*

Art. 178. O pagamento mensal de benefícios de valor superior a vinte vezes o limite máximo de salário de contribuição deverá ser autorizado expressamente pelo Gerente Executivo do Instituto Nacional do Seguro Social, observada a análise da Divisão ou Serviço de Benefícios.

▶ Artigo com redação pelo Dec. 5.545/2005.
▶ Valor atualizável por meio de Portaria do Ministério da Previdência Social – MPS.

Parágrafo único. Os benefícios de valor inferior ao limite estipulado no *caput*, quando do reconhecimento do direito da concessão, revisão e manutenção do benefício, serão supervisionados pelas Agências da Previdência Social e Divisões ou Serviços de Benefícios, sob critérios preestabelecidos pela Direção Central.

Art. 179. O INSS manterá programa permanente de revisão da concessão e da manutenção dos benefícios por ele administrados, a fim de apurar irregularidades ou erros materiais.

▶ *Caput* com redação pelo Dec. 10.410/2020.

§ 1º Na hipótese de haver indícios de irregularidade ou erro material na concessão, na manutenção ou na revisão do benefício, o INSS notificará o beneficiário, o seu representante legal ou o seu procurador para apresentar defesa, provas ou os documentos dos quais dispuser, no prazo de:

▶ § 1º com redação pelo Dec. 10.410/2020.

I – trinta dias, no caso de trabalhador urbano; ou

▶ Incisos I e II acrescidos pelo Dec. 10.410/2020.

II – sessenta dias, no caso de:

a) trabalhador rural individual;

b) trabalhador rural avulso;

c) agricultor familiar; ou

d) segurado especial.

§ 2º A notificação a que se refere o § 1º será feita, preferencialmente:

▶ § 2 com redação pelo Dec. 10.410/2020.

I – por rede bancária, conforme definido em ato do INSS;

▶ Incisos I a V acrescidos pelo Dec. 10.410/2020.

II – por meio eletrônico, por meio de cadastramento prévio, na forma definida em ato do INSS, a ser realizado por procedimento em que seja assegurada a identificação adequada do interessado;

III – por via postal, por meio de carta simples destinada ao endereço constante do cadastro do segurado que requereu o benefício, hipótese em que o aviso de re-

cebimento será considerado prova suficiente da sua notificação;

IV – pessoalmente, quando entregue ao interessado em mão; ou

V – por edital, na hipótese de o segurado não ter sido localizado por meio da comunicação a que se refere o inciso III.

§ 3º A defesa poderá ser apresentada pelo canal de atendimento eletrônico do INSS ou na Agência da Previdência Social do domicílio do beneficiário.

▶ § 3º com redação pelo Dec. 10.410/2020.

§ 4º O benefício será suspenso nas seguintes hipóteses:

▶ § 4º com redação pelo Dec. 10.410/2020.

I – de não apresentação da defesa no prazo estabelecido no § 1º; ou

II – de defesa considerada insuficiente ou improcedente pelo INSS.

§ 5º O INSS notificará o beneficiário quanto à suspensão do benefício de que trata o § 4º, que disporá do prazo de trinta dias, contado da data de notificação, para interposição de recurso.

▶ § 5º com redação pelo Dec. 10.410/2020.

§ 6º Decorrido o prazo a que se refere o § 5º sem que o beneficiário, o seu representante legal ou o seu procurador apresente recurso administrativo aos canais de atendimento do INSS ou a outros canais autorizados, o benefício será cessado.

▶ § 6º com redação pelo Dec. 10.410/2020.

§ 7º Para fins do disposto no *caput*, o INSS poderá realizar recenseamento para atualização do cadastro dos beneficiários e verificação dos benefícios administrados pelo INSS, observado o disposto nos incisos III, IV e V do § 8º.

▶ § 7º acrescido pelo Dec. 10.410/2020.

§ 8º Aqueles que receberem benefícios realizarão anualmente a comprovação de vida nas instituições financeiras, por meio de atendimento eletrônico com uso de biometria ou por outro meio definido pelo INSS que assegure a identificação do beneficiário, observadas as seguintes disposições:

▶ § 8º acrescido pelo Dec. 10.410/2020.

I – a prova de vida e a renovação de senha serão efetuadas por aquele que receber o benefício, que deverá ser identificado por funcionário da instituição, quando realizadas nas instituições financeiras;

II – o representante legal ou o procurador do beneficiário, legalmente cadastrado no INSS, poderá realizar a prova de vida no INSS ou na instituição financeira responsável pelo pagamento;

III – a prova de vida de segurados com idade igual ou superior a sessenta anos será disciplinada em ato do INSS;

IV – o INSS disporá de meios, incluída a realização de pesquisa externa, que garantam a identificação e o processo de prova de vida para pessoas com dificuldade de locomoção e idosos acima de oitenta anos que recebam benefícios; e

V – o INSS poderá bloquear o pagamento do benefício encaminhado às instituições financeiras até que o beneficiário atenda à convocação para a realização de prova de vida, permitida a liberação do pagamento automaticamente pela instituição financeira.

§ 8º-A A prova de vida para quem reside no exterior, a ser encaminhada obrigatoriamente ao INSS, deverá ser realizada nas embaixadas ou nos consulados brasileiros no exterior ou por meio de apostilamento de documento definido pelo INSS para esse fim.

▶ § 8º-A acrescido pelo Dec. 10.410/2020.

§ 9º O recurso de que trata o § 5º não terá efeito suspensivo.

▶ § 9º acrescido pelo Dec. 10.410/2020.

§ 10. Apurada irregularidade recorrente ou fragilidade nos procedimentos, reconhecida na forma prevista no *caput* ou pelos órgãos de controle, os procedimentos de análise e concessão de benefícios serão revistos, de modo a reduzir o risco de fraude e concessão irregular.

▶ § 10 acrescido pelo Dec. 10.410/2020.

§ 11. Para fins do disposto no § 8º, preservados o sigilo e a integridade dos dados, o INSS:

▶ § 11 acrescido pelo Dec. 10.410/2020.

I – terá acesso aos dados biométricos mantidos e administrados pelos órgãos públicos federais; e

II – poderá ter, por meio de convênio, acesso aos dados biométricos hospedados em sistemas:

a) da Justiça Eleitoral; e

b) de outros entes federativos.

Art. 179-A. O INSS implementará e manterá processo administrativo eletrônico para requerimento de benefícios e serviços e disponibilizará canais eletrônicos de atendimento.

▶ Artigo acrescido pelo Dec. 10.410/2020.

§ 1º O INSS facilitará o requerimento, a concessão, a manutenção e a revisão de benefícios por meio eletrônico e implementará procedimentos automatizados de atendimento e prestação de serviços por meio telefônico ou por canais remotos.

§ 2º Poderão ser celebrados acordos de cooperação, na modalidade de adesão, com órgãos e entidades da União, dos Estados, do Distrito Federal e dos Municípios, para o recebimento de documentos e o apoio administrativo às atividades do INSS que demandem a prestação de serviços presenciais.

§ 3º A implementação de serviços eletrônicos pelo INSS preverá mecanismos de controle preventivos de fraude e de identificação segura do cidadão.

Art. 179-B. No exercício de suas competências, observado o disposto nos incisos XI e XII do *caput* do art. 5º da Constituição e na Lei 13.709, de 14 de agosto de 2018, o INSS terá acesso aos dados necessários para a análise, a concessão, a revisão e a manutenção de benefícios por ele administrados, em especial aos dados:

▸ Artigo acrescido pelo Dec. 10.410/2020.

I – dos registros e dos prontuários eletrônicos do SUS, administrados pelo Ministério da Saúde;

II – dos documentos médicos mantidos por entidades públicas e privadas, e, no caso destas últimas, será necessária a celebração de convênio para que o acesso seja garantido; e

III – de movimentação das contas do FGTS, mantidas pela Caixa Econômica Federal.

§ 1º Para fins do cumprimento do disposto no *caput*, serão preservados o sigilo e a integridade dos dados acessados pelo INSS, eventualmente existentes, e, quanto aos dados dos prontuários eletrônicos do SUS e dos documentos médicos mantidos por entidades públicas e privadas, o acesso será franqueado exclusivamente aos peritos médicos federais designados pelo INSS.

§ 2º O Ministério da Economia terá acesso às bases de dados geridas ou administradas pelo INSS, incluída a folha de pagamento de benefícios detalhada.

§ 3º As bases de dados e as informações de que tratam o *caput* e o § 1º poderão ser compartilhadas com os regimes próprios de previdência social somente para fins de cumprimento de suas competências relacionadas à recepção, à análise, à concessão, à revisão e à manutenção de benefícios por eles administrados, preservados o sigilo e a integridade dos dados, na forma disciplinada em ato conjunto do Secretário Especial de Previdência e Trabalho do Ministério da Economia e do gestor dos dados.

§ 4º Fica dispensada a celebração de convênio, acordo de cooperação técnica ou instrumentos congêneres para a concessão do acesso aos dados de que trata o *caput* quando se tratar de dados hospedados por órgãos da administração pública federal e caberá ao INSS a responsabilidade de arcar com os custos envolvidos, quando houver, para o acesso ou a extração dos dados, exceto quando estabelecido de forma diversa entre os órgãos envolvidos.

§ 5º As solicitações de acesso a dados hospedados por entidades privadas têm característica de requisição, dispensados a celebração de convênio, acordo de cooperação técnica ou instrumentos congêneres para a concessão do acesso aos dados de que trata o *caput* e o ressarcimento de eventuais custos, vedado o compartilhamento dos referidos dados com outras entidades de direito privado.

Art. 179-C. O servidor responsável pela análise dos pedidos dos benefícios motivará suas decisões ou opiniões técnicas e responderá pessoalmente apenas nas hipóteses de dolo e de erro grosseiro.

▸ Artigo acrescido pelo Dec.10.410/2020.

Art. 179-D. A administração pública federal desenvolverá ações de segurança da informação e das comunicações, incluídas as de segurança cibernética, de segurança das infraestruturas, de qualidade dos dados e de segurança de interoperabilidade de bases governamentais, e efetuará a sua integração, inclusive com as bases de dados e informações dos Estados, do Distrito Federal e dos Municípios, com o objetivo de atenuar riscos e inconformidades em pagamentos de benefícios sociais.

▸ Artigo acrescido pelo Dec. 10.410/2020.

Art. 179-E. Os benefícios administrados pelo INSS que forem objeto de apuração de irregularidade ou fraude pela Coordenação–Geral de Inteligência Previdenciária e Trabalhista da Secretaria Especial de Previdência e Trabalho do Ministério da Economia poderão ter o respectivo valor bloqueado cautelarmente pelo INSS, por meio de decisão fundamentada, quando houver risco iminente de prejuízo ao erário e restarem evidenciados

elementos suficientes que indiquem a existência de irregularidade ou fraude na sua concessão ou manutenção, hipótese em que será facultado ao titular a apresentação de defesa, nos termos do disposto neste Regulamento.

▸ Artigo acrescido pelo Dec. 10.410/2020.

§ 1º Para fins do disposto neste artigo, o bloqueio do valor do benefício consiste no comando bancário que impossibilita temporariamente a movimentação do valor referente ao benefício.

§ 2º Será dada prioridade à tramitação de processo no qual seja requerido o bloqueio do valor do benefício.

§ 3º Na hipótese prevista no § 2º, a tramitação do processo deverá ser concluída no prazo de trinta dias, contado da data de apresentação da defesa pelo titular do benefício.

§ 4º Encerrado o prazo de que trata o § 3º, independentemente de concluída a tramitação do processo, o benefício será desbloqueado automaticamente, ressalvada a hipótese prevista no § 5º.

§ 5º Na hipótese de o titular do benefício não apresentar defesa, o bloqueio será convertido automaticamente em suspensão do benefício.

§ 6º Ato conjunto da Secretaria Especial de Previdência e Trabalho do Ministério da Economia e do INSS disciplinará os procedimentos, os requisitos e a forma de encaminhamento das apurações de irregularidade ou fraude e de efetivação do bloqueio de que trata este artigo.

Art. 180. Ressalvado o disposto nos §§ 5º e 6º do art. 13, a perda da qualidade de segurado importa em caducidade dos direitos inerentes a essa qualidade.

▸ *Caput* com redação pelo Dec. 4.729/2003.

§ 1º A perda da qualidade de segurado não prejudica o direito à aposentadoria para cuja concessão tenham sido preenchidos todos os requisitos, segundo a legislação em vigor à época em que estes requisitos foram atendidos.

§ 2º Não será concedida pensão por morte aos dependentes do segurado que falecer após a perda desta qualidade, nos termos dos arts. 13 a 15, salvo se preenchidos os requisitos para obtenção de aposentadoria na forma do parágrafo anterior, observado o disposto no art. 105.

§ 3º No cálculo da aposentadoria de que trata o § 1º, será observado o disposto no § 9º do art. 32 e no art. 52.

Art. 181. Todo e qualquer benefício concedido pelo Instituto Nacional do Seguro Social, ainda que à conta do Tesouro Nacional, submete-se ao limite a que se refere o § 5º do art. 214.

Parágrafo único. Aos beneficiários de que trata o art. 150 da Lei 8.213, de 1991, aplicam-se as disposições previstas neste Regulamento, vedada a adoção de critérios diferenciados para a concessão de benefícios.

Art. 181-A. *Revogado pelo Dec. 10.410/2020.*

Art. 181-B. As aposentadorias concedidas pela previdência social são irreversíveis e irrenunciáveis.

▸ *Caput* com redação pelo Dec. 10.410/2020.

Parágrafo único. *Revogado pelo Dec. 10.410/2020.*

§ 1º O disposto neste artigo não se aplica à concessão de aposentadoria por incapacidade permanente.

▸ § 1º acrescido pelo Dec. 10.410/2020.

§ 2º O segurado poderá desistir do seu pedido de aposentadoria desde que manifeste essa intenção e requeira o arquivamento definitivo do pedido antes da ocorrência de um dos seguintes atos:

▸ § 2º acrescido pelo Dec. 10.410/2020.

I – recebimento do primeiro pagamento do benefício; ou

II – efetivação do saque do FGTS ou do PIS.

§ 3º O disposto no *caput* não impede a cessação dos benefícios não acumuláveis por força de disposição legal ou constitucional.

▸ § 3º acrescido pelo Dec. 10.410/2020.

Art. 181-C. Na hipótese de o inventariante não tomar a iniciativa do pagamento das contribuições devidas pelo segurado falecido o Instituto Nacional do Seguro Social deverá requerer, no inventário ou arrolamento de bens por ele deixado, o pagamento da dívida.

▸ Artigo acrescido pelo Dec. 4.729/2003.

Parágrafo único. Na hipótese de ter sido feita a partilha da herança sem a liquidação das contribuições devidas pelo segurado falecido, respondem os herdeiros, cada qual em proporção da parte que na herança lhe coube, aplicando-se, em relação aos herdeiros dependentes, o disposto no art. 154, inciso I, combinado com o § 3º do mesmo artigo.

Art. 181-D. Se mais vantajoso, fica assegurado o direito à aposentadoria, nas condições legalmente previstas na data do cumprimento de todos os requisitos ao segurado que tiver optado por permanecer em atividade.

▸ Artigo acrescido pelo Dec. 10.410/2020.

§ 1º Para fins do disposto no *caput*, o valor inicial da aposentadoria, apurado conforme as regras vigentes na data em que todos os requisitos tiverem sido cumpridos, será comparado com o valor da aposentadoria calculada na data de entrada do requerimento, hipótese em que será mantido o benefício mais vantajoso e será considerada como data de início do benefício a data de entrada do requerimento, observado o disposto no art. 52.

§ 2º A renda mensal inicial, apurada na forma prevista no § 1º, será reajustada pelos índices de reajustamento aplicados aos benefícios até a data de entrada do requerimento e não será devido qualquer pagamento relativamente a período anterior a essa data.

Art. 181-E. Para fins do disposto neste Regulamento, considera-se ano civil o período de doze meses contados de 1º de janeiro a 31 de dezembro do respectivo ano.

▸ Artigo acrescido pelo Dec. 10.410/2020.

Art. 182. A carência das aposentadorias por idade, tempo de contribuição e especial de que tratam os art. 188-H ao art. 188-P para os segurados inscritos na previdência social urbana até 24 de julho de 1991 e para os trabalhadores e empregadores rurais amparados pela previdência social rural obedecerá à seguinte tabela, considerado o ano em que o segurado tiver implementado todas as condições necessárias à obtenção do benefício, ressalvada a aposentadoria por idade, para a qual será considerado o ano em que o segurado tiver implementado a idade exigida:

▸ *Caput* com redação pelo Dec. 10.410/2020.

Ano de Implementação das Condições	Meses de Contribuição Exigidos
1998	102 meses
1999	108 meses
2000	114 meses
2001	120 meses
2002	126 meses
2003	132 meses
2004	138 meses
2005	144 meses
2006	150 meses
2007	156 meses
2008	162 meses
2009	168 meses
2010	174 meses
2011	180 meses

Parágrafo único. Não se aplica a tabela de que trata o *caput* para os benefícios de aposentadoria por tempo de contribuição e por idade garantida aos segurados com deficiência, de que tratam os arts. 70-B e 70-C.

▸ Parágrafo único acrescido pelo Dec. 8.145/2013.

Art. 183. O trabalhador rural enquadrado como segurado obrigatório do RGPS, na forma da alínea *a* do inciso I ou da alínea *j* do inciso V do *caput* do art. 9º, pode requerer a aposentadoria por idade, no valor de um salário mínimo, até 31 de dezembro de 2010, desde que comprove o exercício de atividade rural, ainda que de forma descontínua, no período imediatamente anterior ao requerimento do benefício ou, conforme o caso, ao mês em que cumpriu o requisito etário, em número de meses idêntico à carência do referido benefício.

▸ Artigo com redação pelo Dec. 6.722/2008.

Art. 183-A. Na concessão de aposentadoria por idade do empregado rural, em valor equivalente ao salário mínimo, serão contados para efeito de carência:

▸ Artigo acrescido pelo Dec. 6.722/2008.

I – até 31 de dezembro de 2010, o período de atividade comprovado na forma do inciso II, letra *a*, do § 2º do art. 62, observado o disposto no art. 183;

II – de janeiro de 2011 a dezembro de 2015, cada mês comprovado de emprego, multiplicado por três, limitado a 12 (doze) meses dentro do respectivo ano civil; e

III – de janeiro de 2016 a dezembro de 2020, cada mês comprovado de emprego, multiplicado por dois, limitado a 12 (doze) meses dentro do respectivo ano civil.

Parágrafo único. *Revogado pelo Dec. 10.410/2020.*

§ 1º O disposto no inciso I do *caput* aplica-se ao trabalhador rural que se enquadre na categoria de segurado contribuinte individual que comprove a prestação de serviço de natureza rural, em caráter eventual, a uma ou mais empresas, sem relação de emprego.
▸ § 1º acrescido pelo Dec. 10/410/2020.

§ 2º Para fins do disposto no inciso I do *caput*, a comprovação do tempo de contribuição até 31 de dezembro de 2010 do empregado rural e do contribuinte individual rural ocorrerá por meio dos documentos de que trata o § 1º do art. 19–B ou por justificativa administrativa.
▸ § 2º acrescido pelo Dec. 10.410/2020.

Art. 184. O segurado que recebe aposentadoria por idade, tempo de contribuição ou especial do Regime Geral de Previdência Social que permaneceu ou retornou à atividade e que vinha contribuindo até 14 de abril de 1994, véspera da vigência da Lei 8.870, de 15 de abril de 1994, receberá o pecúlio, em pagamento único, quando do desligamento da atividade que vinha exercendo.

§ 1º O pecúlio de que trata este artigo consistirá em pagamento único de valor correspondente à soma das importâncias relativas às contribuições do segurado, remuneradas de acordo com o índice de remuneração básica dos depósitos de poupança com data de aniversário no dia primeiro.

§ 2º O disposto no parágrafo anterior aplica-se a contar de 25 de julho de 1991, data da vigência da Lei 8.213, de 1991, observada, com relação às contribuições anteriores, a legislação vigente à época do seu recolhimento.

Art. 185. Serão mantidos, de acordo com a respectiva legislação específica, as prestações e seu financiamento, referentes aos benefícios de ferroviário servidor público ou autárquico federal ou em regime especial que não optou pelo regime da Consolidação das Leis do Trabalho, na forma da Lei 6.184, de 11 de dezembro de 1974, bem como de seus dependentes.

Art. 186. *Revogado pelo Dec. 4.079/2002.*

Art. 187. É assegurada a concessão de aposentadoria, a qualquer tempo, nas condições previstas na legislação anterior à Emenda Constitucional 20, de 1998, ao segurado do Regime Geral de Previdência Social que, até 16 de dezembro de 1998, tenha cumprido os requisitos para obtê-la.

Parágrafo único. *Revogado pelo Dec. 10.410/2020.*

§ 1º Quando da concessão de aposentadoria nos termos previstos no *caput*, o tempo de serviço será considerado até 16 de dezembro de 1998 e a renda mensal inicial será calculada com base nos trinta e seis últimos salários de contribuição anteriores àquela data, reajustada pelos mesmos índices aplicados aos benefícios, até a data de entrada do requerimento, hipótese em que não será devido qualquer pagamento relativamente a período anterior, observado, quando couber, o disposto no § 9º do art. 32.
▸ § 1º acrescido pelo Dec. 10/410/2020.

§ 2º O segurado que, até 16 de dezembro de 1998, tenha cumprido os requisitos para obter a aposentadoria proporcional somente fará jus ao acréscimo de cinco por cento a que se refere o § 4º do art. 188 se cumprir o requisito previsto no inciso I do *caput* do art. 188.
▸ § 2º acrescido pelo Dec. 10.410/2020.

Art. 187-A. O professor que tenha exercido atividade de magistério, em qualquer nível, e que até 16 de dezembro de 1998 tenha implementado as condições para aposentadoria por tempo de serviço de professor, poderá ter contado esse tempo até aquela data acrescido de dezessete por cento, se homem, e de vinte por cento, se mulher, se optar pela aposentadoria transitória por tempo de contribuição, desde que cumpridos trinta e cinco anos de contribuição, se homem, e trinta anos, se mulher, exclusivamente em funções de magistério.
▸ Artigo acrescido pelo Dec. 10.410/2020.

Art. 188. Ao segurado filiado ao RGPS até 16 de dezembro de 1998, uma vez cumprido o período de carência exigido, será assegurada, a qualquer tempo, a aposentadoria com valores proporcionais ao tempo de contribuição, quando cumpridos, cumulativamente, até 13 de novembro de 2019, os seguintes requisitos:
▸ *Caput* com redação pelo Dec. 10.410/2020.

I – contar 53 (cinquenta e três) anos ou mais de idade, se homem, e 48 (quarenta e oito) anos ou mais de idade, se mulher; e

II – contar tempo de contribuição igual, no mínimo, à soma de:

a) 30 (trinta) anos, se homem, e 25 (vinte e cinco) anos, se mulher; e
▸ Alínea *a* com redação pelo Dec. 4.729/2003.

b) um período adicional de contribuição equivalente a, no mínimo, 40% (quarenta por cento) do tempo que, em 16 de dezembro de 1998, faltava para atingir o limite de tempo constante da alínea *a*.
▸ Alínea *b* com redação pelo Dec. 4.729/2003.

§ 1º *Revogado pelo Dec. 4.729/2003.*

§ 2º Para o segurado que tenha cumprido os requisitos a que se refere o *caput* até 28 de novembro de 1999, a renda mensal inicial da aposentadoria será calculada com base nos trinta e seis últimos salários de contribuição anteriores àquela data, apurados no período de quarenta e oito meses, e reajustada pelos mesmos índices aplicados ao benefício a que o segurado fazia jus, até a data de entrada do requerimento.
▸ § 2º com redação pelo Dec. 10.410/2020.

§ 3º Para o segurado que tenha cumprido os requisitos a que se refere o *caput* no período entre 29 de novembro de 1999 e 13 de novembro de 2019 e que optar pela aposentadoria em conformidade com as regras vigentes à época, a renda mensal inicial será calculada na forma prevista no art. 188–E e reajustada pelos mesmos índices aplicados aos benefícios do RGPS, até a data de entrada do requerimento.
▸ § 3º com redação pelo Dec. 10.410/2020.

§ 4º O valor da renda mensal da aposentadoria proporcional será equivalente a setenta por cento da média apurada na forma prevista nos § 2º e § 3º, acrescida de cinco pontos percentuais por ano de contribuição que supere a soma a que se refere o inciso II do *caput*, até o limite de cem por cento.
▸ § 4º com redação pelo Dec. 10.410/2020.

Art. 188-A. Será assegurada a concessão de aposentadoria, a qualquer tempo, ao segurado do RGPS, inclusive o oriundo de regime próprio de previdência social, que, até 13 de novembro de 2019, uma vez cumprido o período de carência exigido, tenha cumprido os seguintes requisitos:
▸ *Caput* com redação pelo Dec. 10.410/2020.

I – no caso de aposentadoria por idade – sessenta e cinco anos de idade, se homem, e sessenta anos de idade, se mulher;
▸ Inciso I acrescido pelo Dec. 10.410/2020.

II – no caso de aposentadoria por tempo de contribuição:
▸ Inciso II acrescido pelo Dec. 10.410/2020.

a) para os professores que comprovem tempo de efetivo exercício exclusivamente em função de magistério na educação infantil, no ensino fundamental ou no ensino médio:

1. trinta anos de contribuição, se homem; ou

2. vinte e cinco anos de contribuição, se mulher; e

b) para os demais segurados:

1. trinta e cinco anos de contribuição, se homem; e

2. trinta anos de contribuição, se mulher; ou

III – no caso de aposentadoria especial – quinze, vinte ou vinte e cinco anos de contribuição, conforme o caso, para os segurados sujeitos a condições especiais que prejudiquem a sua saúde ou a sua integridade física.
▸ Inciso III acrescido pelo Dec. 10.410/2020.

§§ 1º e 2º *Revogados pelo Dec. 10.410/2020.*

§ 3º *Revogado pelo Dec. 5.399/2005.*

§ 4º *Revogado pelo Dec. 10.410/2020.*

§ 5º O valor da renda mensal da aposentadoria concedida na forma prevista neste artigo será apurado na data de 13 de novembro de 2019, em conformidade com o disposto nos art. 188-E e art. 188-F, e reajustado pelos mesmos índices aplicados ao benefício até a data do requerimento.
▸ § 5º acrescido pelo Dec. 10.410/2020.

Art. 188-B. *Revogado pelo Dec. 10.410/2020.*

Arts. 188-C. e 188-D. *Revogados pelo Dec. 4.729/2003.*

Art. 188-E. O salário de benefício a ser utilizado para apuração do valor da renda mensal dos benefícios concedidos com base em direito adquirido até 13 de novembro de 2019 consistirá:
▸ *Caput* com redação pelo Dec. 10.410/2020.

I – para as aposentadorias por idade e por tempo de contribuição, na média aritmética simples dos maiores salários de contribuição correspondentes a oitenta por cento de todo o período contributivo, multiplicada pelo fator previdenciário; e
▸ Incisos I e II acrescidos pelo Dec. 10.410/2020.

II – para as aposentadorias por invalidez e especial, auxílio-doença e auxílio-acidente, na média aritmética simples dos maiores salários de contribuição correspondentes a oitenta por cento de todo o período contributivo.

§ 1º No caso das aposentadorias por idade, por tempo de contribuição e especial, o divisor considerado no cálculo da média a que se referem os incisos I e II do *caput* não poderá ser inferior a sessenta por cento do período

decorrido da competência julho de 1994 até a data de início do benefício, limitado a cem por cento de todo o período contributivo.
▸ §§ 1º a 10 acrescidos pelo Dec. 10.410/2002.

§ 2º O fator previdenciário a que se refere o inciso I do *caput* será calculado com base na idade, na expectativa de sobrevida e no tempo de contribuição do segurado ao se aposentar, por meio da seguinte a fórmula:

$$f = \frac{Tc \times a}{Es} \times \left[1 + \frac{(Id + Tc \times a)}{100} \right]$$

Calcule o fator previdenciário

> *https://uqr.to/1et2w*

Em que:

f = fator previdenciário;

Es = expectativa de sobrevida no momento da aposentadoria;

Tc = tempo de contribuição até o momento da aposentadoria;

Id = idade no momento da aposentadoria; e

a = alíquota de contribuição correspondente a 0,31.

§ 3º Para fins do disposto no § 2º, a expectativa de sobrevida do segurado na idade da aposentadoria será obtida a partir da tábua completa de mortalidade construída pelo IBGE para toda a população brasileira, considerada a média nacional única para ambos os sexos.

§ 4º Os benefícios previdenciários requeridos a partir da data de publicação da tábua de mortalidade considerarão a nova expectativa de sobrevida.

§ 5º Para efeito da aplicação do fator previdenciário, ao tempo de contribuição do segurado serão adicionados:

I – cinco anos, se mulher; ou

II – no caso de professores que comprovem tempo de efetivo exercício exclusivamente em função de magistério na educação infantil, no ensino fundamental ou no ensino médio:

a) cinco anos, se homem; e

b) dez anos, se mulher.

§ 6º Fica garantida a aplicação do fator previdenciário no cálculo das aposentadorias por tempo de contribuição e por idade devidas ao segurado com deficiência, se resultar em renda mensal de valor mais elevado, hipótese em que caberá ao INSS, quando da concessão do benefício, proceder ao cálculo da renda mensal inicial com e sem a aplicação do fator previdenciário.

§ 7º Fica garantido ao segurado com direito à aposentadoria por idade na forma do disposto no art. 188–H a opção pela não aplicação do fator previdenciário e caberá ao INSS, quando da concessão do benefício, proceder ao cálculo da renda mensal inicial com e sem o fator previdenciário.

§ 8º O segurado que tiver cumprido os requisitos para a aposentadoria por tempo de contribuição poderá optar pela não incidência do fator previdenciário no cálculo de sua aposentadoria se o total resultante da soma de sua idade e de seu tempo de contribuição, incluídas as frações, tiver atingido o número de pontos:

I – a partir de 18 de junho de 2015 até 30 de dezembro de 2018:
▸ Inciso I, *caput*, com redação pelo Dec. 10.491/2020.

a) igual ou superior a noventa e cinco pontos, se homem, observado o tempo mínimo de contribuição de trinta e cinco anos; ou

b) igual ou superior a oitenta e cinco pontos, se mulher, observado o tempo mínimo de contribuição de trinta anos; e

II – de 31 de dezembro de 2018 até 13 de novembro de 2019:
▸ Inciso II, *caput*, com redação pelo Dec. 10.491/2020.

a) igual ou superior a noventa e seis pontos, se homem, observado o tempo mínimo de contribuição de trinta e cinco anos; ou

b) igual ou superior a oitenta e seis pontos, se mulher, observado o tempo mínimo de contribuição de trinta anos.

§ 9º Para fins de aplicação do disposto no *caput* e no § 8º, o tempo mínimo de contribuição dos professores que comprovem tempo de efetivo exercício exclusivamente em função de magistério na educação infantil, no ensino fundamental ou no ensino médio será de trinta

anos de contribuição, se homem, e vinte e cinco anos de contribuição, se mulher.

§ 10. Na hipótese prevista no § 9º, ao resultado da soma da idade do professor e de seu tempo de contribuição serão acrescidos cinco pontos.

Art. 188-F. A renda mensal do benefício concedido ao segurado de que trata o art. 188-A será calculada sobre o salário de benefício, apurado na forma prevista no art. 188-E, ao qual serão aplicados os seguintes percentuais:
▸ *Caput com redação pelo Dec. 10.410/2020.*

I – no caso de aposentadoria por idade – setenta por cento do salário de benefício, mais um ponto percentual por grupo de doze contribuições mensais, até o máximo de trinta por cento;
▸ *Incisos I a III acrescido pelo Dec. 1.0410/2020.*

II – no caso de aposentadoria por tempo de contribuição:

a) cem por cento do salário de benefício aos trinta anos de contribuição, se mulher;

b) cem por cento do salário de benefício aos trinta e cinco anos de contribuição, se homem; e

c) no caso de professores que comprovem tempo de efetivo exercício exclusivamente em função de magistério na educação infantil, no ensino fundamental ou no ensino médio:

1. cem por cento do salário de benefício aos vinte e cinco anos de contribuição, se mulher; e

2. cem por cento do salário de benefício aos trinta anos de contribuição, se homem; e

III – no caso de aposentadoria especial – cem por cento do salário de benefício.

Parágrafo único. Para fins de cálculo do percentual de acréscimo de que trata o inciso I do *caput*, presume-se como efetivado o recolhimento correspondente quando se tratar de segurado empregado, empregado doméstico ou trabalhador avulso.
▸ *Parágrafo único acrescido pelo Dec. 10.410/2020.*

Art. 188-G. O tempo de contribuição até 13 de novembro de 2019 será contado de data a data, desde o início da atividade até a data do desligamento, considerados, além daqueles referidos no art. 19-C, os seguintes períodos:
▸ *Artigo acrescido pelo Dec. 10.410/2020.*

I – o tempo de serviço militar, exceto se já contado para inatividade remunerada nas Forças Armadas ou auxiliares ou para aposentadoria no serviço público federal, estadual, distrital ou municipal, ainda que anterior à filiação ao RGPS, obrigatório, voluntário ou alternativo, assim considerado o tempo atribuído pelas Forças Armadas àquele ou que, após o alistamento, alegaram imperativo de consciência, entendido como tal aquele decorrente de crença religiosa ou de convicção filosófica ou política, para se eximirem de atividades de caráter militar;

II – o tempo em que o anistiado político esteve compelido ao afastamento de suas atividades profissionais, em decorrência de punição ou de fundada ameaça de punição, por motivo exclusivamente político, situação que será comprovada nos termos do disposto na Lei 10.559, de 13 de novembro de 2002;

III – o tempo de serviço público federal, estadual, distrital ou municipal, inclusive aquele prestado à autarquia, sociedade de economia mista ou fundação instituída pelo Poder Público, regularmente certificado na forma prevista na Lei 3.841, de 15 de dezembro de 1960, desde que a certidão tenha sido requerida na entidade para a qual o serviço tenha sido prestado até 30 de setembro de 1975, data imediatamente anterior ao início da vigência da Lei 6.226, de 14 de junho de 1975;

IV – o tempo de serviço do segurado trabalhador rural anterior à competência novembro de 1991;

V – o tempo de exercício de mandato classista junto a órgão de deliberação coletiva em que, nessa qualidade, tenha havido contribuição para a previdência social;

VI – o tempo de serviço prestado à Justiça dos Estados, às serventias extrajudiciais e às escrivanias judiciais, desde que não tenha havido remuneração pelo erário e que a atividade não estivesse, à época, vinculada a regime próprio de previdência social;

VII – o tempo de atividade dos auxiliares locais de nacionalidade brasileira no exterior amparados pela Lei 8.745, de 9 de dezembro de 1993, anteriormente a 1º de janeiro de 1994, desde que a sua situação previdenciária esteja regularizada no INSS;

VIII – o tempo de contribuição efetuado pelo servidor público de que tratam as alíneas "i", "j" e "l" do inciso I do *caput* do art. 9º e o § 2º do art. 26, com fundamento no disposto nos art. 8º e art. 9º da Lei 8.162, de 8 de janeiro de 1991, e no art. 2º da Lei 8.688, de 21 de julho de 1993; e

IX – o tempo exercido na condição de aluno-aprendiz referente ao período de aprendizado profissional realizado em escola técnica, desde que comprovados a remuneração pelo erário, mesmo que indireta, e o vínculo empregatício.

Parágrafo único. O tempo de contribuição de que trata este artigo será considerado para fins de cálculo do valor da renda mensal de qualquer benefício.

Art. 188-H. Ressalvado o direito de opção pelas aposentadorias de que tratam os art. 51, art. 188-I, art. 188-J, art. 188-K e art. 188-L, a aposentadoria por idade será devida, a qualquer tempo, ao segurado filiado ao RGPS até 13 de novembro de 2019 que cumprir, cumulativamente, os seguintes requisitos:
▸ *Artigo acrescido pelo Dec. 10.410/2020.*

I – sessenta anos de idade, se mulher, e sessenta e cinco anos de idade, se homem;

II – quinze anos de contribuição, para ambos os sexos; e

III – carência de cento e oitenta contribuições mensais, para ambos os sexos.

§ 1º A partir de 1º de janeiro de 2020, serão acrescidos seis meses a cada ano à idade considerada mínima para a aposentadoria por idade para as mulheres até atingir sessenta e dois anos de idade.

§ 2º A data do início da aposentadoria de que trata este artigo será estabelecida em conformidade com o disposto no art. 52.

§ 3º O valor da aposentadoria de que trata este artigo corresponderá a sessenta por cento do salário de benefício definido na forma prevista no art. 32, com acréscimo de dois pontos percentuais para cada ano de contribuição que exceder o tempo de vinte anos de contribuição, para os homens, e de quinze anos de contribuição, para as mulheres.

Art. 188-I. Ressalvado o direito de opção pelas aposentadorias de que tratam os art. 51, art. 188-H, art. 188-J, art. 188-K e art. 188-L, observado o disposto no art. 199-A, a aposentadoria por tempo de contribuição será devida, a qualquer tempo, ao segurado filiado ao RGPS até 13 de novembro de 2019 que cumprir cumulativamente, os seguintes requisitos:
▸ *Artigo acrescido pelo Dec. 10.410/2020.*

I – trinta anos de contribuição, se mulher, e trinta e cinco anos de contribuição, se homem;

II – somatório da idade e do tempo de contribuição, incluídas as frações, equivalente a oitenta e seis pontos, se mulher, e noventa e seis pontos, se homem; e

III – carência de cento e oitenta contribuições mensais, para ambos os sexos.

§ 1º A partir de 1º de janeiro de 2020, será acrescido um ponto a cada ano ao somatório considerado mínimo, a que se refere o inciso II do *caput*, até atingir o limite de cem pontos, se mulher, e de cento e cinco pontos, se homem.

§ 2º A idade e o tempo de contribuição serão apurados em dias para o cálculo do somatório de pontos a que se refere o inciso II do *caput*.

§ 3º A data do início da aposentadoria de que trata este artigo será estabelecida em conformidade com o disposto no art. 52.

§ 4º O valor da aposentadoria de que trata este artigo será apurado na forma prevista no § 3º do art. 188-H.

Art. 188-J. Ressalvado o direito de opção pelas aposentadorias de que tratam os art. 51, art. 188-H, 188-I, art. 188-K e art. 188-L, observado o disposto no art. 199-A, a aposentadoria por tempo de contribuição será devida, a qualquer tempo, ao segurado filiado ao RGPS até 13 de novembro de 2019 que cumprir, cumulativamente, os seguintes requisitos:
▸ *Artigo acrescido pelo Dec. 10.410/2020.*

I – cinquenta e seis anos de idade, se mulher, e sessenta e um anos de idade, se homem;

II – trinta anos de contribuição, se mulher, e trinta e cinco anos de contribuição, se homem; e

III – carência de cento e oitenta contribuições mensais, para ambos os sexos.

§ 1º A partir de 1º de janeiro de 2020, serão acrescidos seis meses a cada ano à idade considerada mínima para aposentadoria por tempo de contribuição até atingir sessenta e três anos, para as mulheres, e sessenta e cinco anos, para os homens.

§ 2º A data do início da aposentadoria de que trata este artigo será estabelecida em conformidade com o disposto no art. 52.

§ 3º O valor da aposentadoria concedida em conformidade com o disposto neste artigo será apurado na forma prevista no § 3º do art. 188-H.

Art. 188-K. Ressalvado o direito de opção pelas aposentadorias de que tratam os art. 51, art. 188-H, art. 188-I, art. 188-J e art. 188-L, observado o disposto no art. 199-A, a aposentadoria por tempo de contribuição será devida, a qualquer tempo, ao segurado filiado ao RGPS até 13 de novembro de 2019 que contar com mais de vinte e oito anos de contribuição, se mulher, e com mais de trinta e três anos de contribuição, se homem, que cumprir, cumulativamente, os seguintes requisitos:
▸ *Artigo acrescido pelo Dec. 10.410/2020.*

I – trinta anos de contribuição, se mulher, e trinta e cinco anos de contribuição, se homem;

II – cumprimento de período adicional de contribuição correspondente a cinquenta por cento do tempo que, em 13 de novembro de 2019, faltaria para atingir trinta anos de contribuição, se mulher, e trinta e cinco anos de contribuição, se homem; e

III – carência de cento e oitenta contribuições mensais, para ambos os sexos.

§ 1º A data do início da aposentadoria de que trata este artigo será estabelecida em conformidade com o disposto no art. 52.

§ 2º O valor da aposentadoria de que trata este artigo corresponderá ao valor do salário de benefício definido na forma prevista no art. 32, multiplicado pelo fator previdenciário, calculado na forma prevista nos § 2º ao § 5º do art. 188-E.

§ 3º A aplicação do fator previdenciário no cálculo do valor da aposentadoria de que trata este artigo é obrigatória, observado o disposto no art. 32, hipótese em que não se aplica o disposto no art. 29-C da Lei 8.213, de 1991.

Art. 188-L. Ressalvado o direito de opção pelas aposentadorias de que tratam os art. 51, art. 188-H, art. 188-I, art. 188-J e art. 188-K, a aposentadoria por tempo de contribuição será devida, a qualquer tempo, ao segurado filiado ao RGPS até 13 de novembro de 2019 que cumprir, cumulativamente, os seguintes requisitos:
▸ *Artigo acrescido pelo Dec. 10.410/2020.*

I – cinquenta e sete anos de idade, se mulher, e sessenta anos de idade, se homem;

II – trinta anos de contribuição, se mulher, e trinta e cinco anos de contribuição, se homem;

III – cumprimento de período adicional de contribuição correspondente ao tempo que, em 13 de novembro de 2019, faltaria para atingir trinta anos de contribuição, se mulher, e trinta e cinco anos de contribuição, se homem; e

IV – carência de cento e oitenta contribuições mensais, para ambos os sexos.

§ 1º A data do início da aposentadoria de que trata este artigo será estabelecida em conformidade com o disposto no art. 52.

§ 2º O valor da aposentadoria de que trata este artigo corresponderá a cem por cento do salário de benefício definido na forma prevista no art. 32.

Art. 188-M. Ressalvado o direito de opção pelas aposentadorias de que tratam os art. 51, art. 54, art. 188-H ao art. 188-L, art. 188-N e art. 188-O, observado o disposto nos § 2º e § 3º do art. 54, a aposentadoria por tempo de contribuição será devida, a qualquer tempo, ao professor filiado ao RGPS até 13 de novembro de 2019 que comprovar tempo de efetivo exercício exclusivamente em função de magistério na educação infantil, no ensino fundamental ou no ensino médio e que cumprir, cumulativamente, os seguintes requisitos:
▸ *Artigo acrescido pelo Dec. 10.410/2020.*

I – vinte e cinco anos de contribuição, se mulher, e trinta anos de contribuição, se homem;

II – somatório da idade e do tempo de contribuição, incluídas as frações, equivalente a oitenta e um pontos, se mulher, e noventa e um pontos, se homem; e

III – carência de cento e oitenta contribuições mensais, para ambos os sexos.

§ 1º A partir de 1º de janeiro de 2020, será acrescido um ponto a cada ano ao somatório considerado mínimo, a que se refere o inciso II do *caput*, até atingir o limite de noventa e dois pontos, se mulher, e de cem pontos, se homem.

§ 2º A idade e o tempo de contribuição serão apurados em dias para o cálculo do somatório de pontos a que se refere o inciso II do *caput*.

§ 3º A data do início da aposentadoria de que trata este artigo será estabelecida em conformidade com o disposto no art. 52.

§ 4º O valor da aposentadoria de que trata este artigo será apurado na forma prevista no § 3º do art. 188-H.

Art. 188-N. Ressalvado o direito de opção pelas aposentadorias de que tratam os art. 51, art. 54, art.

188-H ao 188-M e art. 188-O, observado o disposto no art. 199-A, a aposentadoria por tempo de contribuição será devida, a qualquer tempo, ao professor filiado ao RGPS até 13 de novembro de 2019 que comprovar tempo de efetivo exercício exclusivamente em função de magistério na educação infantil, no ensino fundamental ou no ensino médio e cumprir, cumulativamente, os seguintes requisitos:

▶ Artigo acrescido pelo Dec. 10.410/2020.

I – cinquenta e um anos de idade, se mulher, e cinquenta e seis anos de idade, se homem;

II – vinte e cinco anos de contribuição, se mulher, e trinta anos de contribuição, se homem; e

III – carência de cento e oitenta contribuições mensais, para ambos os sexos.

§ 1º A partir de 1º de janeiro de 2020, serão acrescidos seis meses a cada ano à idade considerada mínima para aposentadoria por idade até atingir cinquenta e sete anos, para as mulheres, e sessenta anos de idade, para os homens.

§ 2º A data do início da aposentadoria de que trata este artigo será estabelecida em conformidade com o disposto no art. 52.

§ 3º O valor da aposentadoria de que trata este artigo será apurado na forma prevista no § 3º do art. 188-H.

Art. 188-O.
Ressalvado o direito de opção pelas aposentadorias de que tratam os art. 51, art. 54 e art. 188-H ao 188-N, observado o disposto nos § 2º e § 3º do art. 54, a aposentadoria por tempo de contribuição será devida, a qualquer tempo, ao professor filiado ao RGPS até 13 de novembro de 2019 que comprovar tempo de efetivo exercício exclusivamente em função de magistério na educação infantil, no ensino fundamental ou no ensino médio e que cumprir, cumulativamente, os seguintes requisitos:

▶ Artigo acrescido pelo Dec. 10.410/2020.

I – cinquenta e dois anos de idade, se mulher, e cinquenta e cinco anos de idade, se homem;

II – vinte e cinco anos de contribuição, se mulher, e trinta anos de contribuição, se homem;

III – cumprimento de período adicional de contribuição correspondente ao tempo que, em 13 de novembro de 2019, faltaria para atingir vinte e cinco anos de contribuição, se mulher, e trinta anos de contribuição, se homem; e

IV – carência de cento e oitenta contribuições mensais, para ambos os sexos.

§ 1º A data do início da aposentadoria de que trata este artigo será estabelecida em conformidade com o disposto no art. 52.

§ 2º O valor da aposentadoria de que trata este artigo corresponderá a cem por cento do salário de benefício definido na forma prevista no art. 32.

Art. 188-P.
Ressalvado o direito de opção pelas aposentadorias de que tratam os art. 51, art. 64 e art. 188-I ao 188-L, uma vez cumprido o período de carência exigido, a aposentadoria especial será devida ao segurado empregado, trabalhador avulso e contribuinte individual, este último somente quando cooperado filiado a cooperativa de trabalho ou de produção, filiados ao RGPS até 13 de novembro de 2019, quando o somatório da sua idade e do seu tempo de contribuição e o tempo de efetiva exposição forem, respectivamente, de:

▶ Artigo acrescido pelo Dec. 10.410/2020.

I – sessenta e seis pontos e quinze anos de efetiva exposição;

II – setenta e seis pontos e vinte anos de efetiva exposição; ou

III – oitenta e seis pontos e vinte e cinco anos de efetiva exposição.

§ 1º A idade e o tempo de contribuição serão apurados em dias para o cálculo do somatório de pontos a que se refere o *caput*.

§ 2º A data do início da aposentadoria de que trata este artigo será estabelecida em conformidade com o disposto no art. 52.

§ 3º O valor da aposentadoria de que trata este artigo corresponderá a sessenta por cento do salário de benefício definido na forma prevista no art. 32, com acréscimo de dois pontos percentuais para cada ano de contribuição que exceder o tempo de vinte anos de contribuição, exceto na hipótese prevista no inciso I do *caput*, e das mulheres, cujo acréscimo será aplicado para cada ano que exceder quinze anos de tempo de contribuição.

§ 4º A concessão da aposentadoria especial prevista neste artigo dependerá da comprovação, durante os períodos mínimos exigidos:

I – do tempo de trabalho permanente, não ocasional nem intermitente; e

II – da efetiva exposição do segurado a agentes químicos, físicos e biológicos prejudiciais à saúde ou à integridade física, ou a associação desses agentes, comprovada na forma prevista nos art. 64 ao art. 68.

§ 5º A conversão de tempo de atividade sob condições especiais em tempo de atividade comum aplica-se somente ao trabalho prestado até 13 de novembro de 2019, em conformidade com o disposto na seguinte tabela:

TEMPO A CONVERTER	MULTIPLICADORES	
	MULHER	HOMEM
	(30 ANOS DE CONTRIBUIÇÃO)	(35 ANOS DE CONTRIBUIÇÃO)
DE 15 ANOS	2,00	2,33
DE 20 ANOS	1,50	1,75
DE 25 ANOS	1,20	1,40

§ 6º A caracterização e a comprovação do tempo de atividade sob condições especiais obedecerão ao disposto na legislação em vigor à época da prestação do serviço.

Art. 188-Q.
Para a aposentadoria por idade concedida a pessoa com deficiência, será assegurada, exclusivamente para fins de cálculo do valor da renda mensal, a conversão do período de exercício de atividade sujeito a condições especiais que prejudiquem a sua saúde ou a sua integridade física, cumprido na condição de pessoa com deficiência até 13 de novembro de 2019, vedado o cômputo do tempo convertido para fins de carência.

▶ Artigo acrescido pelo Dec. 10.410/2020.

Art. 189.
Os benefícios de legislação especial pagos pela previdência social à conta do Tesouro Nacional e de ex-combatentes, iniciados até 16 de dezembro de 1998, serão reajustados com base nos mesmos índices aplicáveis aos benefícios de prestação continuada da previdência social.

Art. 190.
A partir de 14 de outubro de 1996, não serão mais devidos os benefícios de legislação específica do jornalista profissional, do jogador profissional de futebol e do telefonista.

Parágrafo único. A aposentadoria especial do aeronauta nos moldes do Decreto-lei 158, de 10 de fevereiro de 1967, está extinta a partir de 16 de dezembro de 1998, passando a ser devida ao aeronauta os benefícios deste Regulamento.

Art. 191.
É vedada a inclusão em regime próprio de previdência social do servidor de que tratam as alíneas *i*, *l* e *m* do inciso I do *caput* do art. 9º, sendo automática sua filiação ao Regime Geral de Previdência Social a partir de 16 de dezembro de 1998.

Art. 192.
Aos menores de 16 (dezesseis) anos filiados ao Regime Geral de Previdência Social até 16 de dezembro de 1998 são assegurados todos os direitos previdenciários.

Art. 193.
O Instituto Nacional do Seguro Social deverá rever:

I – as aposentadorias concedidas no período de 29 de abril de 1995 até a data da publicação deste Regulamento, com conversão de tempo de atividade sob condições especiais em tempo de atividade comum, considerando-se a legislação vigente quando do cumprimento dos requisitos necessários à concessão das referidas aposentadorias; e

II – as aposentadorias por tempo de serviço e especial e as certidões de tempo de serviço com cômputo de tempo de serviço rural concedidas ou emitidas a partir de 24 de julho de 1991 até a data da publicação deste Regulamento.

LIVRO III
DO CUSTEIO DA SEGURIDADE SOCIAL

TÍTULO I
DO FINANCIAMENTO DA SEGURIDADE SOCIAL

CAPÍTULO I
INTRODUÇÃO

Art. 194.
A seguridade social é financiada por toda a sociedade, de forma direta e indireta, mediante recursos provenientes dos orçamentos da União, dos Estados, do Distrito Federal, dos Municípios e de contribuições sociais.

Art. 195.
No âmbito federal, o orçamento da seguridade social é composto de receitas provenientes:

I – da União;

II – das contribuições sociais; e

III – de outras fontes.

Parágrafo único. Constituem contribuições sociais:

I – as das empresas, incidentes sobre a remuneração paga, devida ou creditada aos segurados e demais pessoas físicas a seu serviço, mesmo sem vínculo empregatício;

II – as dos empregadores domésticos, incidentes sobre o salário de contribuição dos empregados domésticos a seu serviço;

III – as dos trabalhadores, incidentes sobre seu salário de contribuição;

IV – as das associações desportivas que mantêm equipe de futebol profissional, incidentes sobre a receita bruta decorrente dos espetáculos desportivos de que participem em todo território nacional em qualquer modalidade desportiva, inclusive jogos internacionais, e de qualquer forma de patrocínio, licenciamento de uso de marcas e símbolos, publicidade, propaganda e transmissão de espetáculos desportivos;

V – as incidentes sobre a receita bruta proveniente da comercialização da produção rural;

VI – as das empresas, incidentes sobre a receita ou o faturamento e o lucro; e

VII – as incidentes sobre a receita de concursos de prognósticos.

CAPÍTULO II
DA CONTRIBUIÇÃO DA UNIÃO

Art. 196.
A contribuição da União é constituída de recursos adicionais do Orçamento Fiscal, fixados obrigatoriamente na Lei Orçamentária anual.

Parágrafo único. A União é responsável pela cobertura de eventuais insuficiências financeiras da seguridade social, quando decorrentes do pagamento de benefícios de prestação continuada da previdência social, na forma da Lei Orçamentária anual.

Art. 197.
Para pagamento dos encargos previdenciários da União poderão contribuir os recursos da seguridade social referidos no inciso VI do parágrafo único do art. 195, na forma da Lei Orçamentária anual, assegurada a destinação de recursos para as ações de saúde e assistência social.

CAPÍTULO III
DA CONTRIBUIÇÃO DO SEGURADO

Seção I
Da contribuição do segurado empregado, empregado doméstico e trabalhador avulso

Art. 198.
A contribuição do segurado empregado, inclusive o doméstico, e do trabalhador avulso é calculada por meio da aplicação da alíquota correspondente, de forma progressiva, sobre o seu salário de contribuição mensal, observado o disposto no art. 214, de acordo com a seguinte tabela, com vigência a partir de 1º de março de 2020:

▶ *Caput* com redação pelo Dec. 10.410/2020.

Salário de contribuição (R$)	Alíquota para fins de recolhimento ao INSS
até um salário mínimo	7,5 %
acima de um salário mínimo até 2.089,60	9 %
de 2.089,61 até 3.134,40	12%
de 3.134,41 até 6.101,06	14%

▶ Dec. 12.342/2024 estabelece o valor do salário mínimo de R$ 1.518,00 (mil quinhentos e dezoito reais) a partir de 1º.01.2025 (DOU 31.12.2024).

Parágrafo único. A contribuição do segurado trabalhador rural a que se refere a alínea *r* do inciso I do art. 9º é de 8% (oito por cento) sobre o respectivo salário de contribuição definido no inciso I do art. 214.

▶ Parágrafo único acrescido pelo Dec. 6.722/2008.

Seção II
Da contribuição dos segurados contribuinte individual e facultativo

▶ Rubrica da Seção II com redação pelo Dec. 3.265/1999.

Art. 199.
A alíquota de contribuição dos segurados contribuinte individual e facultativo é de 20 % (vinte por

cento) aplicada sobre o respectivo salário de contribuição, observado os limites a que se referem os §§ 3º e 5º do art. 214.

▸ Artigo com redação pelo Dec. 3.265/1999.

Art. 199-A. A partir da competência em que o segurado fizer a opção pela exclusão do direito ao benefício de aposentadoria por tempo de contribuição, é de 11% (onze por cento), sobre o valor correspondente ao limite mínimo mensal do salário de contribuição, a alíquota de contribuição:

▸ Caput acrescido pelo Dec. 6.042/2007.

I – do segurado contribuinte individual, que trabalhe por conta própria, sem relação de trabalho com empresa ou equiparado;

▸ Inciso I acrescido pelo Dec. 6.042/2007.

II – do segurado facultativo, observado o disposto no inciso II do § 1º; e

▸ Inciso II com redação pelo Dec. 10.410/2020.

III – até a competência abril de 2011, do MEI, de que trata o § 26 do art. 9º, cuja contribuição deverá ser recolhida na forma regulamentada em ato do Comitê Gestor do Simples Nacional.

▸ Inciso III com redação pelo Dec. 10.410/2020.

§ 1º A alíquota de contribuição de que trata o caput é de cinco por cento:

▸ § 1º com redação pelo Dec. 10.410/2020.

I – a partir da competência maio de 2011, para o MEI, de que trata o § 26 do art. 9º, cuja contribuição deverá ser recolhida na forma regulamentada em ato do Comitê Gestor do Simples Nacional; e

▸ Incisos I e II acrescidos pelo Dec. 10.410/2020.

II – a partir da competência setembro de 2011, para o segurado facultativo sem renda própria que se dedique exclusivamente ao trabalho doméstico no âmbito de sua residência, desde que pertencente a família de baixa renda, observado o disposto no § 5º.

▸ § 2º com redação pelo Dec. 10.410/2020.

§ 2º O segurado, inclusive aquele com deficiência, que tenha contribuído na forma do caput e do § 1º e pretenda contar o tempo de contribuição correspondente para fins de obtenção de aposentadoria por tempo de contribuição ou de contagem recíproca do tempo de contribuição deverá complementar a contribuição mensal.

▸ § 2º com redação pelo Dec. 10.410/2020.

§ 3º A complementação de que trata o § 2º será feita por meio do recolhimento da diferença entre o percentual pago e o de vinte por cento sobre o valor correspondente ao limite mínimo mensal do salário de contribuição em vigor na competência a ser complementada, acrescido dos juros moratórios de que trata o § 3º do art. 5º da Lei 9.430, de 27 de dezembro de 1996.

▸ § 3º com redação pelo Dec. 10.410/2020.

§ 4º A contribuição complementar referida nos § 2º e § 3º será exigida a qualquer tempo, sob pena do indeferimento ou do cancelamento da certidão emitida para fins de contagem recíproca ou da aposentadoria por tempo de contribuição, observado o disposto no art. 347-A.

▸ §§ 4º a 6º acrescidos pelo Dec. 10.410/2020.

§ 5º Para fins do disposto no inciso II do § 1º, considera-se de baixa renda a família inscrita no Cadastro Único para Programas Sociais do Governo Federal – CadÚnico cuja renda mensal seja de até dois salários mínimos.

§ 6º O segurado facultativo que auferir renda própria não poderá recolher contribuição na forma prevista no § 1º, exceto se a renda for proveniente, exclusivamente, de auxílios assistenciais de natureza eventual e temporária e de valores oriundos de programas sociais de transferência de renda, observado o disposto no § 5º.

Seção III
Da contribuição do produtor rural pessoa física e do segurado especial

Art. 200. A contribuição do empregador rural pessoa física, em substituição à contribuição de que tratam o inciso I do art. 201 e o art. 202, e a do segurado especial, incidente sobre a receita bruta da comercialização da produção rural, é de:

▸ Caput com redação pelo Dec. 4.032/2001.

I – um inteiro e dois décimos por cento; e

▸ Inciso I com redação pelo Dec. 10.410/2020

II – 0,1% (um décimo por cento) para o financiamento dos benefícios concedidos em razão do grau de incidência de incapacidade laborativa decorrente dos riscos ambientais do trabalho.

§ 1º Revogado pelo Dec. 4.032/2001.

§ 2º O segurado especial referido neste artigo, além da contribuição obrigatória de que tratam os incisos I e II do caput, poderá contribuir, facultativamente, na forma do art. 199.

▸ § 2º com redação pelo Dec. 6.042/2007.

§ 3º O produtor rural pessoa física de que trata a alínea a do inciso V do caput do art. 9º contribui, também,

obrigatoriamente, na forma do art. 199, observando ainda o disposto nas alíneas a e b do inciso I do art. 216.

§ 4º Integra a receita bruta de que trata este artigo, além dos valores decorrentes da comercialização da produção relativa aos produtos a que se refere o § 5º, a receita proveniente:

▸ § 4º com redação pelo Dec. 6.722/2008.

I – da comercialização da produção obtida em razão de contrato de parceria ou meação de parte do imóvel rural;

II – da comercialização de artigos de artesanato de que trata o inciso VII do § 8º do art. 9º;

III – de serviços prestados, de equipamentos utilizados e de produtos comercializados no imóvel rural, desde que em atividades turística e de entretenimento desenvolvidas no próprio imóvel, inclusive hospedagem, alimentação, recepção, recreação e atividades pedagógicas, bem como taxa de visitação e serviços especiais;

IV – do valor de mercado da produção rural dada em pagamento ou que tiver sido trocada por outra, qualquer que seja o motivo ou finalidade; e

V – de atividade artística de que trata o inciso VIII do § 8º do art. 9º.

§ 5º Integram a produção, para os efeitos dos incisos I e II do caput, observado o disposto no § 25 do art. 9º, os produtos de origem animal ou vegetal, em estado natural ou submetidos a processos de beneficiamento ou industrialização rudimentar, assim compreendidos, entre outros, os processos de lavagem, limpeza, descaroçamento, pilagem, descascamento, lenhamento, pasteurização, resfriamento, secagem, socagem, fermentação, embalagem, cristalização, fundição, carvoejamento, cozimento, destilação, moagem e torrefação, bem como os subprodutos e os resíduos obtidos por meio desses processos.

▸ § 5º com redação pelo Dec. 6.722/2008.

§ 6º Revogado pelo Dec. 6.722/2008.

§ 7º A contribuição de que trata este artigo será recolhida:

I – pela empresa adquirente, consumidora ou consignatária ou a cooperativa, que ficam sub-rogadas no cumprimento das obrigações do produtor rural pessoa física de que trata a alínea a do inciso V do caput do art. 9º e do segurado especial, independentemente de as operações de venda ou consignação terem sido realizadas diretamente com estes ou com intermediário pessoa física, exceto nos casos do inciso III;

II – pela pessoa física não produtor rural, que fica sub-rogada no cumprimento das obrigações do produtor rural pessoa física de que trata a alínea a do inciso V do caput do art. 9º e do segurado especial, quando adquire produção para venda, no varejo, a consumidor pessoa física; ou

III – pela pessoa física de que trata alínea a do inciso V do caput do art. 9º e pelo segurado especial, caso comercializem sua produção com adquirente domiciliado no exterior, diretamente, no varejo, a consumidor pessoa física, a outro produtor rural pessoa física ou a outro segurado especial.

§ 8º O produtor rural pessoa física continua obrigado a arrecadar e recolher ao Instituto Nacional do Seguro Social a contribuição do segurado empregado e do trabalhador avulso a seu serviço, descontando-a da respectiva remuneração, nos mesmos prazos e segundo as mesmas normas aplicadas às empresas em geral.

§ 9º Sem prejuízo do disposto no inciso III do § 7º, o produtor rural pessoa física e o segurado especial são obrigados a recolher, diretamente, a contribuição incidente sobre a receita bruta proveniente:

▸ § 9º acrescido pelo Dec. 6.722/2008.

I – da comercialização de artigos de artesanato elaborados com matéria-prima produzida pelo respectivo grupo familiar;

II – de comercialização de artesanato ou do exercício de atividade artística, observado o disposto nos incisos VII e VIII do § 8º do art. 9º; e

III – de serviços prestados, de equipamentos utilizados e de produtos comercializados no imóvel rural, desde que em atividades turística e de entretenimento desenvolvidas no próprio imóvel, inclusive hospedagem, alimentação, recepção, recreação e atividades pedagógicas, bem como taxa de visitação e serviços especiais.

§ 10. O segurado especial é obrigado a arrecadar a contribuição de trabalhadores a seu serviço e a recolhê-la no prazo referido na alínea b do inciso I do art. 216.

▸ § 10 acrescido pelo Dec. 6.722/2008.

§ 11. Não integram a base de cálculo da contribuição de que trata o caput a produção rural destinada ao plantio ou ao reflorestamento nem o produto animal destinado à reprodução ou à criação pecuária ou granjeira e à utilização como cobaia para fins de pesquisas científicas,

quando vendido pelo próprio produtor a quem o utilize diretamente com essas finalidades e, no caso de produto vegetal, a pessoa ou entidade registrada no Ministério da Agricultura, Pecuária e Abastecimento que se dedique ao comércio de sementes e mudas no País.

▸ § 11 acrescido pelo Dec. 10.410/2020.

§ 12. O produtor rural pessoa física poderá optar por contribuir na forma prevista no caput deste artigo ou na forma prevista no inciso I do caput do art. 201 e no art. 202, hipótese em que deverá manifestar a sua opção por meio do pagamento da contribuição incidente sobre a folha de salários relativa a janeiro de cada ano-calendário ou à primeira competência subsequente ao início da atividade rural.

▸ § 12 acrescido pelo Dec. 10.410/2020.

§ 13. A opção de contribuição de que trata o § 12 será irretratável para todo o ano-calendário.

▸ § 13 acrescido pelo Dec. 10.410/2020.

Art. 200-A. Equipara-se ao empregador rural pessoa física o consórcio simplificado de produtores rurais, formado pela união de produtores rurais pessoas físicas, que outorgar a um deles poderes para contratar, gerir e demitir trabalhadores rurais, na condição de empregados, para prestação de serviços, exclusivamente, aos seus integrantes, mediante documento registrado em cartório de títulos e documentos.

▸ Artigo acrescido pelo Dec. 4.032/2001.

§ 1º O documento de que trata o caput deverá conter a identificação de cada produtor, seu endereço pessoal e o de sua propriedade rural, bem como o respectivo registro no Instituto Nacional de Colonização e Reforma Agrária ou informações relativas à parceria, arrendamento ou equivalente e à matrícula no INSS de cada um dos produtores rurais.

§ 2º O consórcio deverá ser matriculado no INSS na forma por este estabelecida, em nome do empregador a quem hajam sido outorgados os mencionados poderes.

Art. 200-B. As contribuições de que tratam o inciso I do art. 201 e o art. 202, bem como a devida ao Serviço Nacional Rural, são substituídas, em relação à remuneração paga, devida ou creditada ao trabalhador rural contratado pelo consórcio simplificado de produtores rurais de que trata o art. 200-A, pela contribuição dos respectivos produtores rurais.

▸ Artigo acrescido pelo Dec. 4.032/2001.

CAPÍTULO IV
DAS CONTRIBUIÇÕES DA EMPRESA E DO EMPREGADOR DOMÉSTICO

Seção I
Das contribuições da empresa

Art. 201. A contribuição a cargo da empresa, destinada à seguridade social, é de:

I – 20% (vinte por cento) sobre o total das remunerações pagas, devidas ou creditadas, a qualquer título, no decorrer do mês, aos segurados empregado e trabalhador avulso, além das contribuições previstas nos arts. 202 e 204;

▸ Inciso I com redação pelo Dec. 3.265/1999.

II – 20% (vinte por cento) sobre o total das remunerações ou retribuições pagas ou creditadas no decorrer do mês ao segurado contribuinte individual;

▸ Inciso II com redação pelo Dec. 3.265/1999.

III – Revogado pelo Dec. 10.410/2020.

IV – um inteiro e sete décimos por cento sobre o total da receita bruta proveniente da comercialização da produção rural, em substituição às contribuições previstas no inciso I do caput e no art. 202, quando se tratar de pessoa jurídica que tenha como fim apenas a atividade de produção rural.

▸ Inciso IV com redação pelo Dec. 10.410/2020.

§ 1º São consideradas remuneração as importâncias auferidas em uma ou mais empresas, assim entendida a totalidade dos rendimentos pagos, devidos ou creditados a qualquer título, durante o mês, destinados a retribuir o trabalho, qualquer que seja a sua forma, inclusive os ganhos habituais sob a forma de utilidades, ressalvado o disposto no § 9º do art. 214 e excetuado o lucro distribuído ao segurado empresário, observados os termos do inciso II do § 5º.

§ 2º Para fins do disposto no inciso II do caput, integra a remuneração a bolsa de estudos paga ou creditada ao médico-residente participante do programa de residência médica de que trata o art. 4º da Lei 6.932, de 1981.

▸ § 2º com redação pelo Dec. 10.410/2020.

§ 3º Não havendo comprovação dos valores pagos ou creditados aos segurados de que tratam as alíneas e a i do inciso V do art. 9º, em face de recusa ou sonegação de qualquer documento ou informação, ou sua apresen-

tação deficiente, a contribuição da empresa referente a esses segurados será de 20% (vinte por cento) sobre:

▶ **§ 3º** com redação pelo Dec. 3.452/2000.

I – o salário de contribuição do segurado nessa condição;

II – a maior remuneração paga a empregados da empresa; ou

III – o salário mínimo, caso não ocorra nenhuma das hipóteses anteriores.

§4º Na contratação de serviços de transporte rodoviário de carga ou de passageiro ou de serviços prestados com a utilização de trator, máquina de terraplenagem, colheitadeira e assemelhados a base de cálculo da contribuição da empresa corresponde a vinte por cento do valor registrado na nota fiscal, na fatura ou no recibo, quando esses serviços forem prestados sem vínculo empregatício por condutor autônomo de veículo rodoviário, auxiliar de condutor autônomo de veículo rodoviário, inclusive por taxista e motorista de transporte remunerado privado individual de passageiros, e operador de máquinas.

▶ **§ 4º** com redação pelo Dec. 10.410/2020.

§5º No caso de sociedade civil de prestação de serviços profissionais relativos ao exercício de profissões legalmente regulamentadas, a contribuição da empresa referente aos segurados a que se referem as alíneas *g* a *i* do inciso V do art. 9º, observado o disposto no art. 225 e legislação específica, será de 20% (vinte por cento) sobre:

▶ *Caput* do § 5º com redação pelo Dec. 3.265/1999.

I – a remuneração paga ou creditada aos sócios em decorrência de seu trabalho, de acordo com a escrituração contábil da empresa; ou

II – os valores totais pagos ou creditados aos sócios, ainda que a título de antecipação de lucro da pessoa jurídica, quando não houver discriminação entre a remuneração decorrente do trabalho e a proveniente do capital social ou tratar-se de adiantamento de resultado ainda não apurado por meio de demonstração de resultado do exercício.

▶ Inciso II com redação pelo Dec. 4.729/2003.

§6º No caso de banco comercial, banco de investimento, banco de desenvolvimento, caixa econômica, sociedade de crédito, financiamento e investimento, sociedade de crédito imobiliário, inclusive associação de poupança e empréstimo, sociedade corretora, distribuidora de títulos e valores mobiliários, inclusive bolsa de mercadorias e de valores, empresa de arrendamento mercantil, cooperativa de crédito, empresa de seguros privados e de capitalização, agente autônomo de seguros privados e de crédito e entidade de previdência privada, aberta e fechada, além das contribuições referidas nos incisos I e II do *caput* e nos arts. 202 e 204, é devida a contribuição adicional de 2,5% (dois vírgula cinco por cento) sobre a base de cálculo definida nos incisos I e II do *caput*.

▶ **§ 6º** com redação pelo Dec. 3.265/1999.

§7º A pessoa jurídica enquadrada na condição de microempresa ou de empresa de pequeno porte, na forma do art. 2º da Lei 9.317, de 5 de dezembro de 1996, que optar pela inscrição no Sistema Integrado de Pagamento de Impostos e Contribuições das Microempresas e Empresas de Pequeno Porte, contribuirá na forma estabelecida no art. 23 da referida Lei, em substituição às contribuições de que tratam os incisos I a IV do *caput* e os arts. 201-A, 202 e 204.

▶ **§ 7º** com redação pelo Dec. 4.032/2001.

§8º A contribuição será sempre calculada na forma do inciso II do *caput* quando a remuneração ou retribuição for paga ou creditada a pessoa física, quando ausentes os requisitos que caracterizem o segurado como empregado, mesmo que não esteja inscrita no Regime Geral de Previdência Social.

▶ **§ 8º** com redação pelo Dec. 3.265/1999.

§§ 9º a 14. *Revogados pelo Dec. 3.265/1999.*

§ 15. Para fins do disposto no inciso IV do *caput* e no § 8º do art. 202, considera-se receita bruta o valor recebido ou creditado pela comercialização da produção, assim entendida a operação de venda ou consignação, observadas as disposições constantes dos § 5º e § 11 do art. 200.

▶ **§ 15** com redação pelo Dec. 10.410/2020.

§ 16. A partir de 14 de outubro de 1996, as contribuições de que tratam o inciso IV do *caput* e o § 8º do art. 202 são de responsabilidade do produtor rural pessoa jurídica, não sendo admitida a sub-rogação ao adquirente, consignatário ou cooperativa.

§ 17. O produtor rural pessoa jurídica continua obrigado a arrecadar e recolher ao Instituto Nacional do Seguro Social a contribuição do segurado empregado e do trabalhador avulso a seu serviço, descontando-a da respectiva remuneração, nos mesmos prazos e segundo as mesmas normas aplicadas às empresas em geral.

§ 18. *Revogado pelo Dec. 4.032/2001.*

§ 19. A cooperativa de trabalho não está sujeita à contribuição de que trata o inciso II do *caput*, em relação às importâncias por ela pagas, distribuídas ou creditadas aos respectivos cooperados, a título de remuneração ou retribuição pelos serviços que, por seu intermédio, tenham prestado a empresas.

▶ **§ 19** com redação pelo Dec. 3.452/2000.

§ 20. *Revogado pelo Dec. 10.410/2020.*

§ 21. O disposto no inciso IV do *caput* não se aplica às operações relativas à prestação de serviços a terceiros, cujas contribuições previdenciárias continuam sendo devidas na forma deste artigo e do art. 202.

▶ **§ 21** acrescido pelo Dec. 4.032/2001.

§ 22. A pessoa jurídica, exceto a agroindústria, que, além da atividade rural, explorar também outra atividade econômica autônoma, quer seja comercial, industrial ou de serviços, no mesmo ou em estabelecimento distinto, independentemente de qual seja a atividade preponderante, contribuirá de acordo com os incisos I, II e III do art. 201 e art. 202.

▶ **§ 22** acrescido pelo Dec. 4.032/2001.

§ 23. Nos contratos de trabalho intermitente, a empresa recolherá as contribuições previdenciárias da empresa e do empregado e o valor devido ao FGTS, o qual será calculado com base nos valores pagos no período mensal, e fornecerá ao empregado o comprovante do cumprimento dessas obrigações.

▶ **§§ 23 a 27** acrescidos pelo Dec. 10.410/2020.

§ 24. Não integram a base de cálculo da contribuição de que trata o inciso IV do *caput* a produção rural destinada ao plantio ou ao reflorestamento nem o produto animal destinado à reprodução ou à criação pecuária ou granjeira e a utilização como cobaia para fins de pesquisas científicas, quando vendido pelo próprio produtor a quem o utilize diretamente com essas finalidades e, no caso de produto vegetal, a pessoa ou entidade registrada no Ministério da Agricultura, Pecuária e Abastecimento que se dedique ao comércio de sementes e mudas no País.

§ 25. O empregador rural pessoa jurídica poderá optar por contribuir na forma prevista no inciso I do *caput* deste artigo e no *caput* do art. 202 ou na forma prevista no inciso IV do *caput* deste artigo e no § 8º do art. 202, hipótese em que deverá manifestar a sua opção por meio do pagamento da contribuição incidente sobre a folha de salários relativa a janeiro de cada ano-calendário ou à primeira competência subsequente ao início da atividade rural.

§ 26. A opção de contribuição de que trata o § 25 será irretratável para todo o ano-calendário.

§ 27. A empresa contratante de serviços de hidráulica, eletricidade, pintura, alvenaria, carpintaria e manutenção ou reparo de veículos, executados por intermédio de MEI, mantém, em relação a essa contratação, a obrigatoriedade de recolhimento da contribuição a que se referem o inciso III do *caput* e o § 6º.

Art. 201-A. A contribuição devida pela agroindústria, definida como sendo o produtor rural pessoa jurídica cuja atividade econômica seja a industrialização de produção própria ou de produção própria e adquirida de terceiros, incidente sobre o valor da receita bruta proveniente da comercialização da produção, em substituição às previstas no inciso I do art. 201 e art. 202, é de:

▶ *Caput* acrescido pelo Dec. 4.032/2001.

I – 2,5% (dois inteiros e cinco décimos por cento) destinados à Seguridade Social; e

▶ Inciso I acrescido pelo Dec. 4.032/2001.

II – 0,1% (um décimo por cento) para o financiamento do benefício previsto nos arts. 64 a 70, e daqueles concedidos em razão do grau de incidência de incapacidade para o trabalho decorrente dos riscos ambientais da atividade.

▶ Inciso II acrescido pelo Dec. 4.032/2001.

§ 1º Para os fins deste artigo, entende-se por receita bruta o valor total da receita proveniente da comercialização da produção própria e da adquirida de terceiros, industrializada ou não.

▶ **§ 1º** acrescido pelo Dec. 4.032/2001.

§ 2º O disposto neste artigo não se aplica às operações relativas à prestação de serviços a terceiros, cujas contribuições previdenciárias continuam sendo devidas na forma do art. 201 e 202, obrigando-se a empresa a elaborar folha de salários e registros contábeis distintos.

▶ **§ 2º** acrescido pelo Dec. 4.032/2001.

§ 3º Na hipótese do § 2º, a receita bruta correspondente aos serviços prestados a terceiros não integram a base de cálculo da contribuição de que trata o *caput*.

▶ **§ 3º** acrescido pelo Dec. 4.032/2001.

§ 4º O disposto neste artigo não se aplica:

▶ **§ 4º** acrescido pelo Dec. 4.862/2003.

I – às sociedades cooperativas e às agroindústrias de piscicultura, carcinicultura, suinocultura e avicultura; e

II – à pessoa jurídica que, relativamente à atividade rural, se dedique apenas ao florestamento e reflorestamento como fonte de matéria-prima para industrialização própria mediante a utilização de processo industrial que modifique a natureza química da madeira ou a transforme em pasta celulósica.

§ 5º Aplica-se o disposto no inciso II do § 4º ainda que a pessoa jurídica comercialize resíduos vegetais ou sobras ou partes da produção, desde que a receita bruta decorrente dessa comercialização represente menos de 1% (um por cento) de sua receita bruta proveniente da comercialização da produção.

▶ **§ 5º** acrescido pelo Dec. 4.862/2003.

Art. 201-B. Aplica-se o disposto no artigo anterior, ainda que a agroindústria explore, também, outra atividade econômica autônoma, no mesmo ou em estabelecimento distinto, hipótese em que a contribuição incidirá sobre o valor da receita bruta dela decorrente.

▶ Artigo acrescido pelo Dec. 4.032/2001.

Art. 201-C. Quando a cooperativa de produção rural contratar empregados para realizarem, exclusivamente, a colheita da produção de seus cooperados, as contribuições de que tratam o art. 201, I, e o art. 202, relativas à folha de salário destes segurados, serão substituídas pela contribuição devida pelos cooperados, cujas colheitas sejam por eles realizadas, incidentes sobre a receita bruta da comercialização da produção rural, na forma prevista no art. 200, se pessoa física, no inciso IV do *caput* do art. 201 e no § 8º do art. 202, se pessoa jurídica.

▶ Artigo acrescido pelo Dec. 4.032/2001.

§ 1º A cooperativa deverá elaborar folha de salários distinta e apurar os encargos decorrentes da contratação de que trata o *caput* separadamente dos relativos aos seus empregados regulares, discriminadamente por cooperado, na forma definida pelo INSS.

§ 2º A cooperativa é diretamente responsável pela arrecadação e recolhimento da contribuição previdenciária dos segurados contratados na forma deste artigo.

§ 3º O disposto neste artigo aplica-se à contribuição devida ao Serviço Nacional Rural.

Art. 201-D. As alíquotas de que tratam os incisos I e II do art. 201, em relação às empresas que prestam serviços de tecnologia da informação – TI e de tecnologia da informação e comunicação – TIC, ficam reduzidas de acordo com a aplicação sucessiva das seguintes operações:

▶ *Caput* acrescido pelo Dec. 6.945/2009 *(DOU 24.08.2009)*, em vigor na data de sua publicação, produzindo efeitos por 5 (cinco) anos contados a partir do 1º dia do mês seguinte ao de sua publicação.

I – subtrair do valor da receita bruta total de venda de bens e serviços relativa aos 12 (doze) meses imediatamente anteriores ao trimestre-calendário o valor correspondente aos impostos e às contribuições incidentes sobre venda;

▶ Inciso I acrescido pelo Dec. 6.945/2009 *(DOU 24.08.2009)*, em vigor na data de sua publicação, produzindo efeitos por 5 (cinco) anos contados a partir do 1º dia do mês seguinte ao de sua publicação.

II – identificar, no valor da receita bruta total resultante da operação prevista no inciso I, a parte relativa aos serviços mencionados nos §§ 3º e 4º que foram exportados;

▶ Inciso II acrescido pelo Dec. 6.945/2009 *(DOU 24.08.2009)*, em vigor na data de sua publicação, produzindo efeitos por 5 (cinco) anos contados a partir do 1º dia do mês seguinte ao de sua publicação.

III – dividir a receita bruta de exportação resultante do inciso II pela receita bruta total resultante do inciso I;

▶ Inciso III acrescido pelo Dec. 6.945/2009 *(DOU 24.08.2009)*, em vigor na data de sua publicação, produzindo efeitos por 5 (cinco) anos contados a partir do 1º dia do mês seguinte ao de sua publicação.

IV – multiplicar a razão decorrente do inciso III por 0,1 (um décimo);

▶ Inciso IV acrescido pelo Dec. 6.945/2009 *(DOU 24.08.2009)*, em vigor na data de sua publicação, produzindo efeitos por 5 (cinco) anos contados a partir do 1º dia do mês seguinte ao de sua publicação.

V – multiplicar o valor encontrado de acordo com a operação do inciso IV por 100 (cem), para que se chegue ao percentual de redução;

▶ Inciso V acrescido pelo Dec. 6.945/2009 *(DOU 24.08.2009)*, em vigor na data de sua publicação, produzindo efeitos por 5 (cinco) anos contados a partir do 1º dia do mês seguinte ao de sua publicação.

VI – subtrair de 20% (vinte por cento) o percentual resultante do inciso V, de forma que se obtenha a nova alíquota percentual a ser aplicada sobre a base de cálculo da contribuição previdenciária.

▶ Inciso VI acrescido pelo Dec. 6.945/2009 *(DOU 24.08.2009)*, em vigor na data de sua publicação, produzindo efeitos por 5 (cinco) anos contados a partir do 1º dia do mês seguinte ao de sua publicação.

§ 1º A alíquota apurada na forma do inciso VI do *caput* será aplicada uniformemente nos meses que compõem o trimestre-calendário.

> ▶ § 1º acrescido pelo Dec. 6.945/2009 *(DOU 24.08.2009)*, em vigor na data de sua publicação, produzindo efeitos por 5 (cinco) anos contados a partir do 1º dia do mês seguinte ao de sua publicação.

§ 2º No caso de empresa em início de atividades ou sem receita de exportação até a data de publicação da Lei 11.774, de 17 de setembro de 2008, a apuração de que trata o *caput* poderá ser realizada com base em período inferior a 12 (doze) meses, observado o mínimo de 3 (três) meses anteriores.

> ▶ § 2º acrescido pelo Dec. 6.945/2009 *(DOU 24.08.2009)*, em vigor na data de sua publicação, produzindo efeitos por 5 (cinco) anos contados a partir do 1º dia do mês seguinte ao de sua publicação.

§ 3º Para efeito do *caput*, consideram-se serviços de TI e TIC:

> ▶ § 3º acrescido pelo Dec. 6.945/2009 *(DOU 24.08.2009)*, em vigor na data de sua publicação, produzindo efeitos por 5 (cinco) anos contados a partir do 1º dia do mês seguinte ao de sua publicação.

I – análise e desenvolvimento de sistemas;

II – programação;

III – processamento de dados e congêneres;

IV – elaboração de programas de computadores, inclusive de jogos eletrônicos;

V – licenciamento ou cessão de direito de uso de programas de computação;

VI – assessoria e consultoria em informática;

VII – suporte técnico em informática, inclusive instalação, configuração e manutenção de programas de computação e bancos de dados; e

VIII – planejamento, confecção, manutenção e atualização de páginas eletrônicas.

§ 4º O disposto neste artigo aplica-se também a empresas que prestam serviços de *call center*.

> ▶ § 4º acrescido pelo Dec. 6.945/2009 *(DOU 24.08.2009)*, em vigor na data de sua publicação, produzindo efeitos por 5 (cinco) anos contados a partir do 1º dia do mês seguinte ao de sua publicação.

§ 5º No caso das empresas que prestam serviços referidos nos §§ 3º e 4º, os valores das contribuições devidas a terceiros, denominados outras entidades ou fundos, com exceção do Fundo Nacional do Desenvolvimento da Educação – FNDE, ficam reduzidos no percentual resultante das operações referidas no *caput* e de acordo com a aplicação sucessiva das seguintes operações:

> ▶ § 5º acrescido pelo Dec. 6.945/2009 *(DOU 24.08.2009)*, em vigor na data de sua publicação, produzindo efeitos por 5 (cinco) anos contados a partir do 1º dia do mês seguinte ao de sua publicação.

I – calcular a contribuição devida no mês a cada entidade ou fundo, levando em consideração as regras aplicadas às empresas em geral;

II – aplicar o percentual de redução, resultante do inciso V do *caput*, sobre o valor resultante do inciso I;

III – subtrair, do valor apurado na forma do inciso I, o valor obtido no inciso II, o que resultará no valor a ser recolhido a cada entidade ou fundo no mês.

§ 6º As reduções de que tratam o *caput* e o § 5º pressupõem o atendimento ao seguinte:

> ▶ *Caput* do § 6º acrescido pelo Dec. 6.945/2009 *(DOU 24.08.2009)*, em vigor na data de sua publicação, produzindo efeitos por 5 (cinco) anos contados a partir do 1º dia do mês seguinte ao de sua publicação.
> ▶ Art. 2º do Dec. 6.945/2009 (Altera o Regulamento da Previdência Social).

I – até 31 de dezembro de 2009, a empresa deverá implementar o Programa de Prevenção de Riscos Ambientais e de Doenças Ocupacionais previsto em lei, caracterizado pela plena execução do Programa de Prevenção de Riscos Ambientais – PPRA e do Programa de Controle Médico de Saúde Ocupacional – PCMSO, conforme disciplinado nas normas regulamentadoras do Ministério do Trabalho e Emprego, devendo ainda estabelecer metas de melhoria das condições e do ambiente de trabalho que reduzam a ocorrência de benefícios por incapacidade decorrentes de acidentes do trabalho ou doenças ocupacionais em pelo menos 5% (cinco por cento) em relação ao ano anterior;

> ▶ Inciso I com redação pelo Dec. 7.331/2010.

II – até 31 de dezembro de 2010, a empresa que comprovar estar executando o programa de prevenção de riscos ambientais e de doenças ocupacionais implantado nos prazo e forma estabelecidos no inciso I, terá presumido o atendimento à exigência fixada no inciso I do § 9º do art. 14 da Lei 11.774, de 2008;

> ▶ Inciso II acrescido pelo Dec. 6.945/2009 *(DOU 24.08.2009)*, em vigor na data de sua publicação, produzindo efeitos por 5 (cinco) anos contados a partir do 1º dia do mês seguinte ao de sua publicação.

III – a partir de 1º de janeiro de 2011, a empresa deverá comprovar a eficácia do respectivo programa de prevenção de riscos ambientais e de doenças ocupacionais, por meio de relatórios que atestem o atendimento da meta de redução de sinistralidade nele estabelecida;

> ▶ Inciso III acrescido pelo Dec. 6.945/2009 *(DOU 24.08.2009)*, em vigor na data de sua publicação, produzindo efeitos por 5 (cinco) anos contados a partir do 1º dia do mês seguinte ao de sua publicação.

IV – *Revogado pelo Dec. 7.331/2010.*

§ 7º Sem prejuízo do disposto no § 6º, as empresas dos setores de TI e de TIC só farão jus às reduções de que tratam o *caput* e o § 5º se aplicarem montante igual ou superior a 10% (dez por cento) do benefício auferido, alternativa ou cumulativamente em despesas:

> ▶ § 7º acrescido pelo Dec. 6.945/2009 *(DOU 24.08.2009)*, em vigor na data de sua publicação, produzindo efeitos por 5 (cinco) anos contados a partir do 1º dia do mês seguinte ao de sua publicação.

I – para capacitação de pessoal, relacionada a aspectos técnicos associados aos serviços de TI e TIC, referidos no § 3º, bem como a serviços de *call centers*, aí incluída a capacitação em temas diretamente relacionados com qualidade de produtos, processos ou sistemas, bem como a proficiência em línguas estrangeiras;

II – relacionadas ao desenvolvimento de atividades de avaliação de conformidade, incluindo certificação de produtos, serviços e sistemas, realizadas com entidades ou especialistas do País ou do exterior;

III – realizadas com desenvolvimento tecnológico de produtos, processos e serviços, sendo consideradas atividades de pesquisa e desenvolvimento em TI aquelas dispostas nos arts. 24 e 25 do Decreto 5.906, de 26 de setembro de 2006; ou

IV – realizadas no apoio a projetos de desenvolvimento científico ou tecnológico, por instituições de pesquisa e desenvolvimento, conforme definidos nos arts. 27 e 28 do Decreto 5.906, de 2006, devidamente credenciadas pelo Comitê da Área de Tecnologia da Informação – Cati ou pelo Comitê das Atividades de Pesquisa e Desenvolvimento da Amazônia – CAPDA.

§ 8º O valor do benefício e a especificação das contrapartidas referidos no § 7º deverão ser declarados formalmente pelas empresas beneficiárias, a cada exercício, ao Ministério da Ciência e Tecnologia, na forma a ser definida em ato daquele Ministério.

> ▶ § 8º acrescido pelo Dec. 6.945/2009 *(DOU 24.08.2009)*, em vigor na data de sua publicação, produzindo efeitos por 5 (cinco) anos contados a partir do 1º dia do mês seguinte ao de sua publicação.

§ 9º Para fins do § 8º, as empresas beneficiadas pela Lei 8.248, de 23 de outubro de 1991, poderão deduzir do montante previsto no § 7º as despesas efetivamente realizadas, no atendimento às exigências da referida Lei, observado o disposto no § 10.

> ▶ § 9º acrescido pelo Dec. 6.945/2009 *(DOU 24.08.2009)*, em vigor na data de sua publicação, produzindo efeitos por 5 (cinco) anos contados a partir do 1º dia do mês seguinte ao de sua publicação.

§ 10. O disposto no § 9º aplica-se exclusivamente às despesas de mesma natureza das previstas no § 7º.

> ▶ § 10 acrescido pelo Dec. 6.945/2009 *(DOU 24.08.2009)*, em vigor na data de sua publicação, produzindo efeitos por 5 (cinco) anos contados a partir do 1º dia do mês seguinte ao de sua publicação.

§ 11. A União compensará, mensalmente, o Fundo do Regime Geral de Previdência Social, de que trata o art. 68 da Lei Complementar 101, de 4 de maio de 2000, no valor correspondente à renúncia previdenciária decorrente da desoneração de que trata este artigo, de forma a não afetar a apuração do resultado financeiro do Regime Geral de Previdência Social.

> ▶ § 11 acrescido pelo Dec. 6.945/2009 *(DOU 24.08.2009)*, em vigor na data de sua publicação, produzindo efeitos por 5 (cinco) anos contados a partir do 1º dia do mês seguinte ao de sua publicação.

§ 12. A renúncia de que trata o § 11 consistirá na diferença entre o valor da contribuição que seria devido, como se não houvesse incentivo, e o valor da contribuição efetivamente recolhido.

> ▶ § 12 acrescido pelo Dec. 6.945/2009 *(DOU 24.08.2009)*, em vigor na data de sua publicação, produzindo efeitos por 5 (cinco) anos contados a partir do 1º dia do mês seguinte ao de sua publicação.

§ 13. O valor estimado da renúncia será incluído na Lei Orçamentária Anual, sem prejuízo do repasse enquanto não constar na mencionada Lei.

> ▶ § 13 acrescido pelo Dec. 6.945/2009 *(DOU 24.08.2009)*, em vigor na data de sua publicação, produzindo efeitos por 5 (cinco) anos contados a partir do 1º dia do mês seguinte ao de sua publicação.

§ 14. O não cumprimento das exigências de que tratam os §§ 6º e 7º implica na perda do direito das reduções de que tratam o *caput* e o § 5º, ensejando o recolhimento da diferença de contribuições com os acréscimos legais cabíveis.

> ▶ § 14 acrescido pelo Dec. 6.945/2009 *(DOU 24.08.2009)*, em vigor na data de sua publicação, produzindo efeitos por 5 (cinco) anos contados a partir do 1º dia do mês seguinte ao de sua publicação.

Art. 202. A contribuição da empresa, destinada ao financiamento da aposentadoria especial, nos termos dos arts. 64 a 70, e dos benefícios concedidos em razão do grau de incidência de incapacidade laborativa decorrente dos riscos ambientais do trabalho corresponde à aplicação dos seguintes percentuais, incidentes sobre o total da remuneração paga, devida ou creditada a qualquer título, no decorrer do mês, ao segurado empregado e trabalhador avulso:

I – 1% (um por cento) para a empresa em cuja atividade preponderante o risco de acidente do trabalho seja considerado leve;

II – 2% (dois por cento) para a empresa em cuja atividade preponderante o risco de acidente do trabalho seja considerado médio; ou

III – 3% (três por cento) para a empresa em cuja atividade preponderante o risco de acidente do trabalho seja considerado grave.

§ 1º As alíquotas constantes do *caput* serão acrescidas de 12 (doze), 9 (nove) ou 6 (seis) pontos percentuais, respectivamente, se a atividade exercida pelo segurado a serviço da empresa ensejar a concessão de aposentadoria especial após 15 (quinze), 20 (vinte) ou 25 (vinte e cinco) anos de contribuição.

§ 2º O acréscimo de que trata o parágrafo anterior incide exclusivamente sobre a remuneração do segurado sujeito às condições especiais que prejudiquem a saúde ou a integridade física.

§ 3º Considera-se preponderante a atividade que ocupa, em cada estabelecimento da empresa, o maior número de segurados empregados e de trabalhadores avulsos.

> ▶ § 3º com redação pelo Dec. 10.410/2020.

§ 3º-A. Considera-se estabelecimento da empresa a dependência, matriz ou filial, que tenha número de Cadastro Nacional da Pessoa Jurídica – CNPJ próprio e a obra de construção civil executada sob sua responsabilidade.

> ▶ § 3º-A acrescido pelo Dec. 10.410/2020.

§ 4º A atividade econômica preponderante da empresa e os respectivos riscos de acidentes do trabalho compõem a Relação de Atividades Preponderantes e correspondentes Graus de Risco, prevista no Anexo V.

§ 5º É de responsabilidade da empresa realizar o enquadramento na atividade preponderante, cabendo à Secretaria da Receita Previdenciária do Ministério da Previdência Social revê-lo a qualquer tempo.

> ▶ § 5º com redação pelo Dec. 6.042/2007.

§ 6º Verificado erro no autoenquadramento, a Secretaria da Receita Previdenciária adotará as medidas necessárias à sua correção, orientará o responsável pela empresa em caso de recolhimento indevido e procederá à notificação dos valores devidos.

> ▶ § 6º com redação pelo Dec. 6.042/2007.

§ 7º O disposto neste artigo não se aplica à pessoa física de que trata a alínea *a* do inciso V do *caput* do art. 9º.

§ 8º Quando se tratar de produtor rural pessoa jurídica que se dedique à produção rural e contribua nos moldes do inciso IV do *caput* do art. 201, a contribuição referida neste artigo corresponde a 0,1% (zero vírgula um por cento) incidente sobre a receita bruta proveniente da comercialização de sua produção.

§ 9º *Revogado pelo Dec. 3.265/1999.*

§ 10. Será devida contribuição adicional de 12 (doze), 9 (nove) ou 6 (seis) pontos percentuais, a cargo da cooperativa de produção, incidente sobre a remuneração paga, devida ou creditada ao cooperado filiado, na hipótese de exercício de atividade que autorize a concessão de aposentadoria especial após 15 (quinze), 20 (vinte) ou 25 (vinte e cinco) anos de contribuição, respectivamente.

> ▶ § 10 acrescido pelo Dec. 4.729/2003.

§§ 11 e 12. *Revogados pelo Dec. 10.410/2020.*

§ 13. A empresa informará mensalmente, por meio da Guia de Recolhimento do Fundo de Garantia do Tempo de Serviço e Informações à Previdência Social – GFIP, a alíquota correspondente ao seu grau de risco, a respectiva atividade preponderante e a atividade do estabelecimento, apuradas de acordo com o disposto nos §§ 3º e 5º.

> ▶ § 13 acrescido pelo Dec. 6.042/2007.

Art. 202-A. As alíquotas a que se refere o *caput* do art. 202 serão reduzidas em até cinquenta por cento ou aumentadas em até cem por cento em razão do desempenho da empresa, individualizada pelo seu CNPJ, em relação à sua atividade econômica, aferido pelo Fator Acidentário de Prevenção – FAP.

> ▶ *Caput* com redação pelo Dec. 10.410/2020.
> ▶ Art. 4º do Dec. 6.042/2007.
> ▶ Art. 3º do Dec. 6.957/2009.

§ 1º O FAP consiste em multiplicador variável em um intervalo contínuo de cinco décimos a dois inteiros aplicado à respectiva alíquota, considerado o critério de truncamento na quarta casa decimal.

▶ § 1º com redação pelo Dec. 10.410/2020.

§2º Para fins da redução ou da majoração a que se refere o *caput*, o desempenho da empresa, individualizada pelo seu CNPJ será discriminado em relação à sua atividade econômica, a partir da criação de índice composto pelos índices de gravidade, de frequência e de custo que pondera os respectivos percentis.

▶ § 2º com redação pelo Dec. 10.410/2020.

§ 3º *Revogado pelo Dec. 6.957/2009.*

§ 4º Os índices de frequência, gravidade e custo serão calculados segundo metodologia aprovada pelo Conselho Nacional de Previdência Social, levando-se em conta:

▶ *Caput* do § 4º acrescido pelo Dec. 6.042/2007 (DOU 13.02.2007).

I – para o índice de frequência, os registros de acidentes ou benefícios de natureza acidentária;

▶ Inciso com redação pelo Dec. 10.410/2020.

II – para o índice de gravidade, as hipóteses de auxílio por incapacidade temporária, auxílio-acidente, aposentadoria por incapacidade permanente, pensão por morte e morte de natureza acidentária, aos quais são atribuídos pesos diferentes em razão da gravidade da ocorrência, da seguinte forma:

▶ Inciso II e alíneas com redação pelo Dec. 10.410/2020.

a) pensão por morte e morte de natureza acidentária – peso de cinquenta por cento;

b) aposentadoria por incapacidade permanente – peso de trinta por cento; e

c) auxílio por incapacidade temporária e auxílio-acidente – peso de dez por cento para cada; e

III – para o índice de custo, os valores dos benefícios de natureza acidentária pagos ou devidos pela previdência social.

▶ Inciso III com redação pelo Dec. 10.410/2020.

a e b) Revogadas pelo Dec. 10.410/2020.

§ 5º O Ministério da Economia publicará, anualmente, no Diário Oficial da União, portaria para disponibilizar consulta ao FAP e aos róis dos percentis de frequência, gravidade e custo por subclasse da Classificação Nacional de Atividades Econômicas.

▶ § 5º com redação pelo Dec. 10.410/2020.

§ 6º O FAP produzirá efeitos tributários a partir do primeiro dia do quarto mês subsequente ao de sua divulgação.

▶ § 6º acrescido pelo Dec. 6.042/2007 (DOU 13.02.2007), em vigor na data de sua publicação, produzindo efeitos a partir do primeiro dia do mês de setembro de 2008.

§ 7º Para o cálculo anual do FAP, serão utilizados os dados de janeiro a dezembro de cada ano, até completar o período de 2 (dois) anos, a partir do qual os dados do ano inicial serão substituídos pelos novos dados anuais incorporados.

▶ § 7º com redação pelo Dec. 6.957/2009.

§ 8º O FAP será calculado a partir de 1º de janeiro do ano seguinte àquele ano em que o estabelecimento completar dois anos de sua constituição.

▶ § 8º com redação pelo Dec. 10.410/2020.

§ 9º *Revogado pelo Dec. 10.410/2020.*

§ 10. A metodologia aprovada pelo Conselho Nacional de Previdência indicará a sistemática de cálculo e a forma de aplicação de índices e critérios acessórios à composição do índice composto do FAP.

▶ § 10 com redação pelo Dec. 10.410/2020.

Art. 202-B. *Revogado pelo Dec. 10.410/2020.*

Art. 203. A fim de estimular investimentos destinados a diminuir os riscos ambientais no trabalho, o Ministério da Previdência e Assistência Social poderá alterar o enquadramento de empresa que demonstre a melhoria das condições do trabalho, com redução dos agravos à saúde do trabalhador, obtida através de investimentos em prevenção e em sistemas gerenciais de risco.

§ 1º A alteração do enquadramento estará condicionada à inexistência de débitos em relação às contribuições devidas ao Instituto Nacional do Seguro Social e aos demais requisitos estabelecidos pelo Ministério da Previdência e Assistência Social.

§ 2º O Instituto Nacional do Seguro Social, com base principalmente na comunicação prevista no art. 336, implementará sistema de controle e acompanhamento de acidentes do trabalho.

§ 3º Verificado o descumprimento por parte da empresa dos requisitos fixados pelo Ministério da Previdência e Assistência Social, para fins de enquadramento de que trata o artigo anterior, o Instituto Nacional do Seguro Social procederá à notificação dos valores devidos.

Art. 204. As contribuições a cargo da empresa, provenientes do faturamento e do lucro, destinadas à seguridade social, são arrecadadas, normatizadas, fiscalizadas e cobradas pela Secretaria da Receita Federal.

▶ *Caput* com redação pelo Dec. 4.729/2003.

I – até 31 de março de 1992, dois por cento sobre sua receita bruta, estabelecida segundo o disposto no § 1º do art. 1º do Decreto-lei 1.940, de 25 de maio de 1982, com a redação dada pelo art. 22 do Decreto-lei 2.397, de 21 de dezembro de 1987, e alterações posteriores; a partir de 1º de abril de 1992 até 31 de janeiro de 1999, dois por cento sobre o faturamento mensal, assim considerado a receita bruta das vendas de mercadorias, de mercadorias e serviços e de serviços de qualquer natureza, nos termos da Lei Complementar 70, de 30 de dezembro de 1991; a partir de 1º de fevereiro de 1999, três por cento sobre o faturamento, nos termos da Lei 9.718, de 27 de novembro de 1998; e

II – até 31 de dezembro de 1995, dez por cento sobre o lucro líquido do período-base, antes da provisão para o Imposto de Renda, ajustado na forma do art. 2º da Lei 8.034, de 12 de abril de 1990; a partir de 1º de janeiro de 1996, oito por cento sobre o lucro líquido, nos termos da Lei 9.249, de 26 de dezembro de 1995.

§§ 1º a 3º *Revogados pelo Dec. 4.729/2003.*

Art. 205. A contribuição empresarial da associação desportiva que mantém equipe de futebol profissional, destinada à seguridade social, em substituição às previstas no inciso I do *caput* do art. 201 e no art. 202, corresponde a 5% (cinco por cento) da receita bruta decorrente dos espetáculos desportivos de que participe em todo território nacional, em qualquer modalidade desportiva, inclusive jogos internacionais, e de qualquer forma de patrocínio, licenciamento de uso de marcas e símbolos, publicidade, propaganda e transmissão de espetáculos desportivos.

§ 1º Cabe à entidade promotora do espetáculo a responsabilidade de efetuar o desconto de 5% (cinco por cento) da receita bruta decorrente dos espetáculos desportivos e o respectivo recolhimento ao Instituto Nacional do Seguro Social, no prazo de até 2 (dois) dias úteis após a realização do evento.

§ 2º Cabe à associação desportiva que mantém equipe de futebol profissional informar à entidade promotora do espetáculo desportivo todas as receitas auferidas no evento, discriminando-as detalhadamente.

§ 3º Cabe à empresa ou entidade que repassar recursos à associação desportiva que mantém equipe de futebol profissional, a título de patrocínio, licenciamento de uso de marcas e símbolos, publicidade, propaganda e transmissão de espetáculos, a responsabilidade de reter e recolher, no prazo estabelecido na alínea *b* do inciso I do art. 216, o percentual de 5% (cinco por cento) da receita bruta, inadmitida qualquer dedução.

§ 4º O Conselho Deliberativo do Instituto Nacional de Desenvolvimento do Desporto informará ao Instituto Nacional do Seguro Social, com a antecedência necessária, a realização de todo espetáculo esportivo de que a associação desportiva referida no *caput* participe no território nacional.

§ 5º O não recolhimento das contribuições a que se referem os §§ 1º e 3º nos prazos estabelecidos no § 1º deste artigo e na alínea *b* do inciso I do art. 216, respectivamente, sujeitará os responsáveis ao pagamento de atualização monetária, quando couber, juros moratórios e multas, na forma do art. 239.

§ 6º O não desconto ou a não retenção das contribuições a que se referem os §§ 1º e 3º sujeitará a entidade promotora do espetáculo, a empresa ou a entidade às penalidades previstas no art. 283.

§ 7º O disposto neste artigo não se aplica às demais entidades desportivas, que continuam a contribuir na forma dos arts. 201, 202 e 204, a partir da competência novembro de 1991.

§ 8º O disposto no *caput* e §§ 1º a 6º aplica-se à associação desportiva que mantém equipe de futebol profissional e que se organize na forma da Lei 9.615, de 24 de março de 1998.

Seção II
Da isenção de contribuições

Arts. 206 a 210. *Revogados pelo Dec. 7.237/2010.*

Seção III
Da contribuição do empregador doméstico

Art. 211. A contribuição previdenciária do empregador doméstico sobre o salário de contribuição do empregado doméstico a seu serviço será de:

▶ *Caput* com redação pelo Dec. 10.410/2020.

I – oito por cento de contribuição patronal; e

▶ Incisos I e II acrescidos pelo Dec. 10.410/2020.

II – oito décimos por cento de contribuição social para financiamento do seguro contra acidentes do trabalho.

Art. 211-A. O empregador doméstico não poderá contratar o MEI, de que trata o § 26 do art. 9º, quando existentes os elementos da relação de emprego doméstico, sob pena de ficar sujeito às obrigações dela decorrentes, inclusive trabalhistas, tributárias e previdenciárias.

▶ Artigo acrescido pelo Dec. 10.410/2020.

Art. 211-B. O Simples Doméstico, instituído pela Lei Complementar 150, de 1º de junho de 2015, assegurará o recolhimento mensal por meio de documento único de arrecadação dos seguintes valores:

▶ Artigo acrescido pelo Dec. 10.410/2020.

I – sete inteiros e cinco décimos por cento a quatorze por cento de contribuição previdenciária, a cargo do segurado empregado doméstico, nos termos do disposto no art. 198;

II – oito por cento de contribuição patronal previdenciária, a cargo do empregador doméstico, nos termos do disposto no art. 211;

III – oito décimos por cento de contribuição social para financiamento do seguro contra acidentes do trabalho, nos termos do disposto no art. 211;

IV – oito por cento de contribuição para o FGTS;

V – três inteiros e dois décimos por cento de contribuição para fins de aplicação do disposto no art. 22 da Lei Complementar 150, de 2015; e

VI – quando couber, percentual referente ao imposto sobre a renda retido na fonte de que trata o inciso I do *caput* do art. 7º da Lei 7.713, de 22 de dezembro de 1988.

§ 1º As contribuições, os depósitos e o imposto de que tratam os incisos I ao VI do *caput* incidem sobre a remuneração paga ou devida no mês anterior a cada empregado doméstico, incluída na remuneração a gratificação de natal.

§ 2º A contribuição e o imposto de que tratam os incisos I e VI do *caput* serão descontados da remuneração do empregado doméstico pelo empregador doméstico, que é responsável por seu recolhimento.

§ 3º O produto da arrecadação das contribuições, dos depósitos e do imposto de que trata o *caput* será centralizado na Caixa Econômica Federal.

§ 4º A Caixa Econômica Federal, com base nos elementos identificadores do recolhimento, disponíveis no sistema do Simples Doméstico, transferirá para a Conta Única do Tesouro Nacional o valor arrecadado das contribuições e do imposto de que tratam os incisos I, II, III e VI do *caput*.

§ 5º O recolhimento de que trata o *caput* será efetuado em instituições financeiras integrantes da rede arrecadadora de receitas federais.

§ 6º O empregador doméstico fornecerá, mensalmente, ao empregado doméstico cópia do documento a que se refere o *caput*.

§ 7º O recolhimento mensal, por meio de documento único de arrecadação, e a exigência das contribuições, dos depósitos e do imposto, nos valores definidos nos incisos I ao VI do *caput*, somente serão devidos a partir da competência outubro de 2015.

Art. 211-C. O empregador doméstico fica obrigado a pagar a remuneração devida ao empregado doméstico e a arrecadar e a recolher as contribuições, os depósitos e o imposto a que se referem os incisos I ao VI do *caput* do art. 211–B até o dia 7 do mês seguinte ao da competência.

▶ Artigo acrescido pelo Dec. 10.410/2020.

§ 1º Os valores a que se referem os incisos I, II, III e VI do *caput* do art. 211–B não recolhidos até a data de vencimento estarão sujeitos à incidência de encargos legais na forma prevista na legislação do imposto sobre a renda.

§ 2º Os valores a que se referem os incisos IV e V do *caput* referentes ao FGTS não recolhidos até a data de vencimento serão corrigidos e terão a incidência de multa, observado o disposto na Lei 8.036, de 11 de maio de 1990.

CAPÍTULO V
DA CONTRIBUIÇÃO SOBRE A RECEITA
DE CONCURSOS DE PROGNÓSTICOS

Art. 212. Constitui receita da seguridade social a renda líquida dos concursos de prognósticos, excetuando-se os valores destinados ao Programa de Crédito Educativo.

§ 1º Consideram-se concurso de prognósticos todo e qualquer concurso de sorteio de números ou quaisquer outros símbolos, loterias e apostas de qualquer natureza no âmbito federal, estadual, do Distrito Federal ou municipal, promovidos por órgãos do Poder Público ou por sociedades comerciais ou civis.

§ 2º A contribuição de que trata este artigo constitui-se de:

I – renda líquida dos concursos de prognósticos realizados pelos órgãos do Poder Público destinada à seguridade social de sua esfera de governo;

II – 5% (cinco por cento) sobre o movimento global de apostas em prado de corridas; e

III – 5% (cinco por cento) sobre o movimento global de sorteio de números ou de quaisquer modalidades de símbolos.

§ 3º Para o efeito do disposto no parágrafo anterior, entende-se como:

I – renda líquida – o total da arrecadação, deduzidos os valores destinados ao pagamento de prêmios, de impostos e de despesas com administração;

II – movimento global das apostas – total das importâncias relativas às várias modalidades de jogos, inclusive de acumulada, apregoadas para o público no prado de corrida, subsede ou outra dependência da entidade; e

III – movimento global de sorteio de números – o total da receita bruta, apurada com a venda de cartelas, cartões ou quaisquer outras modalidades, para sorteio realizado em qualquer condição.

<div align="center">

CAPÍTULO VI

DAS OUTRAS RECEITAS
DA SEGURIDADE SOCIAL

</div>

Art. 213. Constituem outras receitas da seguridade social:

I – as multas, a atualização monetária e os juros moratórios;

II – a remuneração recebida pela prestação de serviços de arrecadação, fiscalização e cobrança prestados a terceiros;

III – as receitas provenientes de prestação de outros serviços e de fornecimento ou arrendamento de bens;

IV – as demais receitas patrimoniais, industriais e financeiras;

V – as doações, legados, subvenções e outras receitas eventuais;

VI – 50% (cinquenta por cento) da receita obtida na forma do parágrafo único do art. 243 da Constituição Federal, repassados pelo Instituto Nacional do Seguro Social aos órgãos responsáveis pelas ações de proteção à saúde e a ser aplicada no tratamento e recuperação de viciados em entorpecentes e drogas afins;

▸ Lei 11.343/2006 (Drogas).

VII – 40% (quarenta por cento) do resultado dos leilões dos bens apreendidos pela Secretaria da Receita Federal; e

VIII – outras receitas previstas em legislação específica.

Parágrafo único. As companhias seguradoras que mantêm seguro obrigatório de danos pessoais causados por veículos automotores de vias terrestres, de que trata a Lei 6.194, de 19 de dezembro de 1974, deverão repassar à seguridade social 50% (cinquenta por cento) do valor total do prêmio recolhido, destinados ao Sistema Único de Saúde, para custeio da assistência médico-hospitalar dos segurados vitimados em acidentes de trânsito.

▸ Parágrafo único com redação pelo Dec. 3.265/1999.

<div align="center">

CAPÍTULO VII

DO SALÁRIO DE CONTRIBUIÇÃO

</div>

▸ Súmula 310 do STJ.

Art. 214. Entende-se por salário de contribuição:

I – para o empregado e o trabalhador avulso: a remuneração auferida em uma ou mais empresas, assim entendida a totalidade dos rendimentos pagos, devidos ou creditados a qualquer título, durante o mês, destinados a retribuir o trabalho, qualquer que seja a sua forma, inclusive as gorjetas, os ganhos habituais sob a forma de utilidades e os adiantamentos decorrentes de reajuste salarial, quer pelos serviços efetivamente prestados, quer pelo tempo à disposição do empregador ou tomador de serviços, nos termos da lei ou do contrato ou, ainda, da convenção ou acordo coletivo de trabalho ou sentença normativa;

II – para o empregado doméstico: a remuneração registrada na Carteira Profissional e/ou na Carteira de Trabalho e Previdência Social, observados os limites mínimo e máximo previstos nos §§ 3º e 5º;

III – para o contribuinte individual: a remuneração auferida em uma ou mais empresas ou pelo exercício de sua atividade por conta própria, durante o mês, observados os limites a que se referem os §§ 3º e 5º;

▸ Inciso III com redação pelo Dec. 3.265/1999.

IV – para o dirigente sindical na qualidade de empregado: a remuneração paga, devida ou creditada pela entidade sindical, pela empresa ou por ambas; e

V – para o dirigente sindical na qualidade de trabalhador avulso: a remuneração paga, devida ou creditada pela entidade sindical;

VI – para o segurado facultativo: o valor por ele declarado, observados os limites a que se referem os §§ 3º e 5º;

▸ Inciso VI com redação pelo Dec. 3.265/1999.

§ 1º Quando a admissão, a dispensa, o afastamento ou a falta do empregado, inclusive o doméstico, ocorrer no curso do mês, o salário de contribuição será proporcional ao número de dias efetivamente trabalhados, observadas as normas estabelecidas pelo Instituto Nacional do Seguro Social.

§ 2º O salário-maternidade é considerado salário de contribuição.

§ 3º O limite mínimo do salário de contribuição corresponde:

▸ § 3º com redação pelo Dec. 3.265/1999.

I – para os segurados contribuinte individual e facultativo, ao salário-mínimo, tomado no seu valor mensal; e

▸ Inciso I com redação pelo Dec. 10.491/2020.

II – para os segurados empregado, inclusive o doméstico, e trabalhador avulso, ao piso salarial legal ou normativo da categoria ou, inexistindo este, ao salário mínimo, tomado no seu valor mensal, diário ou horário, conforme o ajustado e o tempo de trabalho efetivo durante o mês.

§ 4º A remuneração adicional de férias de que trata o inciso XVII do art. 7º da Constituição Federal integra o salário de contribuição.

§ 5º O valor do limite máximo do salário de contribuição será publicado mediante portaria do Ministério da Previdência e Assistência Social, sempre que ocorrer alteração do valor dos benefícios.

▸ Valor atualizável por meio de Portaria do Ministério da Previdência Social – MPS.

§ 6º A gratificação natalina – décimo terceiro salário – integra o salário de contribuição, exceto para o cálculo do salário de benefício, sendo devida a contribuição quando do pagamento ou crédito da última parcela ou na rescisão do contrato de trabalho.

§ 7º A contribuição de que trata o § 6º incidirá sobre o valor bruto da gratificação, sem compensação dos adiantamentos pagos, mediante aplicação, em separado, da tabela de que trata o art. 198 e observadas as normas estabelecidas pelo Instituto Nacional do Seguro Social.

§ 8º *Revogado pelo Dec. 10.410/2020.*

§ 9º Não integram o salário de contribuição, exclusivamente:

I – os benefícios da previdência social, nos termos e limites legais, ressalvado o disposto no § 2º;

II – a ajuda de custo e o adicional mensal recebidos pelo aeronauta, nos termos da Lei 5.929, de 30 de outubro de 1973;

III – a parcela *in natura* recebida de acordo com programa de alimentação aprovado pelo Ministério do Trabalho e Emprego, nos termos da Lei 6.321, de 14 de abril de 1976;

IV – as importâncias recebidas a título de férias indenizadas e respectivo adicional constitucional, inclusive o valor correspondente à dobra da remuneração de férias de que trata o art. 137 da Consolidação das Leis do Trabalho;

V – as importâncias recebidas a título de:

a) indenização compensatória de 40% (quarenta por cento) do montante depositado no Fundo de Garantia do Tempo de Serviço, como proteção à relação de emprego contra despedida arbitrária ou sem justa causa, conforme disposto no inciso I do art. 10 do Ato das Disposições Constitucionais Transitórias;

b) indenização por tempo de serviço, anterior a 5 de outubro de 1988, do empregado não optante pelo Fundo de Garantia do Tempo de Serviço;

c) indenização por despedida sem justa causa do empregado nos contratos por prazo determinado, conforme estabelecido no art. 479 da Consolidação das Leis do Trabalho;

d) indenização do tempo de serviço do safrista, quando da expiração normal do contrato, conforme disposto no art. 14 da Lei 5.889, de 8 de junho de 1973;

e) incentivo à demissão;

f) *Revogada pelo Dec. 6.727/2009.*

g) indenização por dispensa sem justa causa no período de 30 (trinta) dias que antecede a correção salarial a que se refere o art. 9º da Lei 7.238, de 29 de outubro de 1984;

h) indenizações previstas nos arts. 496 e 497 da Consolidação das Leis do Trabalho;

i) abono de férias na forma dos arts. 143 e 144 da Consolidação das Leis do Trabalho;

j) ganhos eventuais expressamente desvinculados do salário por força de lei;

▸ Alínea *j* com redação pelo Dec. 10.410/2020.

k) licença-prêmio indenizada;

▸ Alínea *k* com redação pelo Dec. 10.410/2020.

l) outras indenizações, desde que expressamente previstas em lei; e

▸ Alínea l com redação pelo Dec. 10.410/2020.

m) importâncias, ainda que habituais, pagas a título de ajuda de custo, auxílio-alimentação, vedado o seu pagamento em dinheiro, e diárias para viagem; e

▸ Alínea *m* com redação pelo Dec. 10.410/2020.

n) prêmios e abonos;

▸ Alínea *n* acrescida pelo Dec. 10.410/2020.

VI – a parcela recebida a título de vale-transporte, ainda que paga em dinheiro, na forma da legislação própria;

▸ Inciso VI com redação pelo Dec. 10.410/2020.

VII – a ajuda de custo, em parcela única, recebida exclusivamente em decorrência de mudança de local de trabalho do empregado, na forma do art. 470 da Consolidação das Leis do Trabalho;

VIII – *Revogado pelo Dec. 10.410/2020;*

IX – a importância recebida a título de bolsa de complementação educacional de estagiário, quando paga nos termos do disposto na Lei 11.788, de 2008;

▸ Inciso IX com redação pelo Dec. 10.410/2020.

X – a participação do empregado nos lucros ou resultados da empresa, quando paga ou creditada de acordo com lei específica;

XI – o abono do Programa de Integração Social/Programa de Assistência ao Servidor Público;

XII – os valores correspondentes a transporte, alimentação e habitação fornecidos pela empresa ao empregado contratado para trabalhar em localidade distante da de sua residência, em canteiro de obras ou local que, por força da atividade, exija deslocamento e estada, observadas as normas de proteção estabelecidas pelo Ministério do Trabalho e Emprego;

XIII – a importância paga ao empregado a título de complementação ao valor do auxílio-doença desde que este direito seja extensivo à totalidade dos empregados da empresa;

XIV – as parcelas destinadas à assistência ao trabalhador da agroindústria canavieira de que trata o art. 36 da Lei 4.870, de 1º de dezembro de 1965;

XV – o valor das contribuições efetivamente pago pela pessoa jurídica relativo a programa de previdência complementar privada, aberta ou fechada, desde que disponível à totalidade de seus empregados e dirigentes, observados, no que couber, os arts. 9º e 468 da Consolidação das Leis do Trabalho;

XVI – o valor relativo à assistência prestada por serviço médico ou odontológico, próprio ou não, inclusive o reembolso de despesas com medicamentos, óculos, aparelhos ortopédicos, próteses, órteses, despesas médico-hospitalares e outras similares, mesmo quando concedido em diferentes modalidades de planos e coberturas;

▸ Inciso XVI com redação pelo Dec. 10.410/2020.

XVII – o valor correspondente a vestuários, equipamentos e outros acessórios fornecidos ao empregado e utilizados no local do trabalho para prestação dos respectivos serviços;

XVIII – o ressarcimento de despesas pelo uso de veículo do empregado, quando devidamente comprovadas;

▸ Inciso XVIII com redação pelo Dec. 3.265/1999.

XIX – o valor relativo a plano educacional ou bolsa de estudo que vise à educação básica de empregados e de seus dependentes e, desde que vinculada às atividades desenvolvidas pela empresa, à educação profissional e tecnológica de empregados, nos termos do disposto na Lei 9.394, de 20 de dezembro de 1996, observados os seguintes requisitos:

▸ Inciso XIX com redação pelo Dec. 10.410/2020.

a) o valor não ser utilizado em substituição de parcela salarial; e

▸ Alínea *a* acrescida pelo Dec. 10.410/2020.

b) o valor mensal do plano educacional ou da bolsa de estudo, considerado individualmente, não ultrapassar cinco por cento do valor da remuneração do segurado a que se destina ou o valor correspondente a cento e cinquenta por cento do valor do limite mínimo mensal do salário de contribuição, o que for maior;

▸ Alínea *b* acrescida pelo Dec. 10.410/2020.

XX – *Revogado pelo Dec. 3.265/1999.*

XXI – os valores recebidos em decorrência da cessão de direitos autorais; e

XXII – o valor da multa paga ao empregado em decorrência da mora no pagamento das parcelas constantes do instrumento de rescisão do contrato de trabalho, conforme previsto no § 8º do art. 477 da Consolidação das Leis do Trabalho;

XXIII – o reembolso creche pago em conformidade com a legislação trabalhista, observado o limite máximo de seis anos de idade da criança, quando devidamente comprovadas as despesas;

▸ Inciso XXIII acrescido pelo Dec. 3.265/1999.

XXIV – o reembolso babá, limitado ao menor salário de contribuição mensal e condicionado à comprovação do registro na Carteira de Trabalho e Previdência Social da empregada, do pagamento da remuneração e do recolhimento da contribuição previdenciária, pago em conformidade com a legislação trabalhista, observado o limite máximo de seis anos de idade da criança; e

▸ Inciso XXIV acrescido pelo Dec. 3.265/1999.

XXV – o valor das contribuições efetivamente pago pela pessoa jurídica relativo a prêmio de seguro de vida em grupo, desde que prevista em acordo ou convenção coletiva de trabalho e disponível à totalidade de seus empregados e dirigentes, observados, no que couber, os arts. 9º e 468 da Consolidação das Leis do Trabalho.

▸ Inciso XXV acrescido pelo Dec. 3.265/1999.

XXVI – o valor correspondente ao vale-cultura.

▸ Inciso XXVI acrescido pelo Dec. 10.410/2020.

§ 10. As parcelas referidas no parágrafo anterior, quando pagas ou creditadas em desacordo com a legislação pertinente, integram o salário de contribuição para todos os fins e efeitos, sem prejuízo da aplicação das cominações legais cabíveis.

§ 11. Para a identificação dos ganhos habituais recebidos sob a forma de utilidades, deverão ser observados:

I – os valores reais das utilidades recebidas; ou

II – os valores resultantes da aplicação dos percentuais estabelecidos em lei em função do salário mínimo, aplicados sobre a remuneração paga caso não haja determinação dos valores de que trata o inciso I.

§ 12. O valor pago à empregada gestante, inclusive à doméstica, em função do disposto na alínea *b* do inciso II do art. 10 do Ato das Disposições Constitucionais Transitórias da Constituição Federal, integra o salário de contribuição, excluídos os casos de conversão em indenização previstos nos arts. 496 e 497 da Consolidação das Leis do Trabalho.

§ 13. *Revogado pelo Dec. 10.410/2020.*

§ 14. A incidência da contribuição sobre a remuneração das férias ocorrerá no mês a que elas se referirem, mesmo quando pagas antecipadamente na forma da legislação trabalhista.

§ 15. O valor mensal do auxílio-acidente integra o salário de contribuição, para fins de cálculo do salário de benefício de qualquer aposentadoria, observado, no que couber, o disposto no art. 32.

§ 16. Não se considera remuneração direta ou indireta os valores despendidos pelas entidades religiosas e instituições de ensino vocacional com ministro de confissão religiosa, membros de instituto de vida consagrada, de congregação ou de ordem religiosa em face do seu mister religioso ou para sua subsistência, desde que fornecidos em condições que independem da natureza e da quantidade do trabalho executado.

▸ § 16 acrescido pelo Dec. 4.032/2001.

§ 17. Para fins de aplicação do disposto no § 16:

▸ § 17 acrescido pelo Dec. 10.410/2020.

I – os critérios informadores dos valores despendidos pelas entidades religiosas e instituições de ensino vocacional aos ministros de confissão religiosa, membros de vida consagrada, de congregação ou de ordem religiosa não são taxativos e, sim, exemplificativos; e

II – os valores despendidos, ainda que pagos de forma e em montante diferenciados, em pecúnia ou a título de ajuda de custo de moradia, transporte ou formação educacional, vinculados exclusivamente à atividade religiosa não configuram remuneração direta ou indireta.

§ 18. Para fins do disposto neste artigo, consideram-se prêmios as liberalidades concedidas pelo empregador em forma de bens, serviços ou valores em dinheiro a empregado ou a grupo de empregados, em razão de desempenho superior ao ordinariamente esperado no exercício de suas atividades.

▸ § 18 acrescido pelo Dec. 10.410/2020.

§ 19. O salário de contribuição do condutor autônomo de veículo rodoviário, inclusive o taxista e o motorista de transporte remunerado privado individual de passageiros, do auxiliar de condutor autônomo e do operador de trator, máquina de terraplanagem, colheitadeira e assemelhados, sem vínculo empregatício, a que se referem os incisos I e II do § 15 do art. 9º, e do cooperado filiado a cooperativa de transportadores autônomos corresponde a vinte por cento do valor bruto auferido pelo frete, carreto ou transporte e não se admite a dedução de qualquer valor relativo aos dispêndios com combustível e manutenção do veículo.

▸ § 19 acrescido pelo Dec. 10.491/2020.

§ 20. *Revogado pelo Dec. 10.491/2020.*

Art. 215. *Revogado pelo Dec. 3.265/1999.*

<div align="center">

CAPÍTULO VIII

DA ARRECADAÇÃO E RECOLHIMENTO
DAS CONTRIBUIÇÕES

Seção I
Das normas gerais de arrecadação

</div>

Art. 216. A arrecadação e o recolhimento das contribuições e de outras importâncias devidas à seguridade social, observado o que a respeito dispuserem o Instituto Nacional do Seguro Social e a Secretaria da Receita Federal, obedecem às seguintes normas gerais:

I – a empresa é obrigada a:

a) arrecadar a contribuição do segurado empregado, do trabalhador avulso e do contribuinte individual a seu serviço, descontando-a da respectiva remuneração;

▸ Alínea *a* com redação pelo Dec. 4.729/2003.

b) recolher o produto arrecadado na forma da alínea *a* e as contribuições a seu cargo incidentes sobre as remunerações pagas, devidas ou creditadas, a qualquer título, inclusive adiantamentos decorrentes de reajuste salarial, acordo ou convenção coletiva, aos segurados empregado, contribuinte individual e trabalhador avulso a seu serviço, e sobre o valor bruto da nota fiscal ou fatura de serviço, relativo a serviços que lhe tenham sido prestados por cooperados, por intermédio de cooperativas de trabalho, até o dia vinte do mês seguinte àquele a que se referirem as remunerações, bem como as importâncias retidas na forma do art. 219, até o dia vinte do mês seguinte àquele da emissão da nota fiscal ou fatura, antecipando-se o vencimento para o dia útil imediatamente anterior quando não houver expediente bancário no dia vinte;

▸ Alínea *b* com redação pelo Dec. 6.722/2008.

c) recolher as contribuições de que trata o art. 204, na forma e prazos definidos pela legislação tributária federal;

▸ Alínea *c* com redação pelo Dec. 4.729/2003.

II – os segurados contribuinte individual, quando exercer atividade econômica por conta própria ou prestar serviço a pessoa física ou a outro contribuinte individual, produtor rural pessoa física, missão diplomática ou repartição consular de carreira estrangeiras, ou quando tratar-se de brasileiro civil que trabalha no exterior para organismo oficial internacional do qual o Brasil seja membro efetivo, ou ainda, na hipótese do § 28, e o facultativo estão obrigados a recolher sua contribuição, por iniciativa própria, até o dia quinze do mês seguinte àquele a que as contribuições se referirem, prorrogando-se o vencimento para o dia útil subsequente quando não houver expediente bancário no dia quinze, facultada a opção prevista no § 15;

▸ Inciso II com redação pelo Dec. 4.729/2003.

III – a empresa adquirente, consumidora ou consignatária ou a cooperativa são obrigadas a recolher a contribuição de que trata o art. 200 no prazo referido na alínea *b* do inciso I, no mês subsequente ao da operação de venda ou consignação da produção rural, independentemente de estas operações terem sido realizadas diretamente com o produtor ou com o intermediário pessoa física;

IV – o produtor rural pessoa física e o segurado especial são obrigados a recolher a contribuição de que trata o art. 200 no prazo referido na alínea *b* do inciso I, no mês subsequente ao da operação de venda, caso comercializem a sua produção com adquirente domiciliado no exterior, diretamente, no varejo, a consumidor pessoa física, a outro produtor rural pessoa física ou a outro segurado especial;

V – *Revogado pelo Dec. 3.452/2000.*

VI – a pessoa física não produtor rural que adquire produção para venda, no varejo, a consumidor pessoa física é obrigada a recolher a contribuição de que trata o art. 200 no prazo referido na alínea *b* do inciso I, no mês subsequente ao da operação de venda;

VII – o produtor rural pessoa jurídica é obrigado a recolher a contribuição de que trata o inciso IV do *caput* do art. 201 e o § 8º do art. 202 no prazo referido na alínea *b* do inciso I, no mês subsequente ao da operação de venda;

▸ Inciso VII com redação pelo Dec. 3.452/2000.

VIII – o empregador doméstico fica obrigado a arrecadar a contribuição do segurado empregado doméstico a seu serviço e recolhê-la, além dos demais valores de que trata o *caput* do art. 211-B, até o dia 7 do mês seguinte ao da competência;

▸ Inciso VIII com redação pelo Dec. 10.410/2020.

VIII-A – durante o período da licença-maternidade da empregada doméstica, o empregador doméstico fica

obrigado a recolher apenas os valores de que tratam os incisos II ao V do *caput* do art. 211-B;

▸ Inciso VIII-A acrescido pelo Dec. 10.410/2020.

IX – a empresa que remunera empregado licenciado para exercer mandato de dirigente sindical é obrigada a recolher a contribuição deste, bem como as parcelas a seu cargo, na forma deste artigo;

X – a entidade sindical que remunera dirigente que mantém a qualidade de segurado empregado, licenciado da empresa, ou trabalhador avulso é obrigada a recolher a contribuição destes, bem como as parcelas a seu cargo, na forma deste artigo; e

XI – a entidade sindical que remunera dirigente que mantém a qualidade de segurado contribuinte individual é obrigada a recolher a contribuição prevista no inciso II do *caput* do art. 201 na forma deste artigo, observado o disposto no § 26;

▸ Inciso XI com redação pelo Dec. 4.729/2003.

XII – a empresa que remunera contribuinte individual é obrigada a fornecer a este comprovante do pagamento do serviço prestado consignando, além dos valores da remuneração e do desconto feito, o número da inscrição do segurado no Instituto Nacional do Seguro Social;

▸ Inciso XII com redação pelo Dec. 4.729/2003.

XIII – cabe ao empregador, durante o período de licença-maternidade da empregada, recolher apenas a parcela da contribuição a seu cargo.

▸ Inciso XIII acrescido pelo Dec. 3.452/2000.

§ 1º O desconto da contribuição do segurado incidente sobre o valor bruto da gratificação natalina – décimo terceiro salário – é devido quando do pagamento ou crédito da última parcela e deverá ser calculado em separado, observado o § 7º do art. 214, e recolhida, juntamente com a contribuição a cargo da empresa, até o dia vinte do mês de dezembro, antecipando-se o vencimento para o dia útil imediatamente anterior se não houver expediente bancário no dia vinte.

▸ § 1º com redação pelo Dec. 4.729/2003.

§ 1º-A. O empregador doméstico pode recolher a contribuição do segurado empregado a seu serviço e a parcela a seu cargo relativas à competência novembro até o dia 20 de dezembro, juntamente com a contribuição referente à gratificação natalina – décimo terceiro salário – utilizando-se de um único documento de arrecadação.

▸ § 1º-A acrescido pelo Dec. 6.722/2008.

§ 2º Se for o caso, a contribuição de que trata o § 1º será atualizada monetariamente a partir da data prevista para o seu recolhimento, utilizando-se o mesmo indexador definido para as demais contribuições arrecadadas pelo Instituto Nacional do Seguro Social.

§ 3º No caso de rescisão de contrato de trabalho, as contribuições devidas serão recolhidas no mesmo prazo referido na alínea *b* do inciso I, do mês subsequente à rescisão, computando-se em separado a parcela referente à gratificação natalina – 13º (décimo terceiro) salário.

§ 4º A pessoa jurídica de direito privado beneficiada pela isenção de que tratam os arts. 206 ou 207 é obrigada a arrecadar a contribuição do segurado empregado e do trabalhador avulso a seu serviço, descontando-a da respectiva remuneração, e recolhê-la no prazo referido na alínea *b* do inciso I.

§ 5º O desconto da contribuição e da consignação legalmente determinado sempre se presumirá feito, oportuna e regularmente, pela empresa, pelo empregador doméstico, pelo adquirente, consignatário e cooperativa a isso obrigados, não lhes sendo lícito alegarem qualquer omissão para se eximirem do recolhimento, ficando os mesmos diretamente responsáveis pelas importâncias que deixarem de descontar ou tiverem descontado em desacordo com este Regulamento.

§ 6º Sobre os valores das contribuições arrecadadas pelo Instituto Nacional do Seguro Social e não recolhidas até a data de seu vencimento serão aplicadas na data do pagamento as disposições dos arts. 238 e 239.

§ 7º Para apuração e constituição dos créditos a que se refere o § 1º do art. 348, a seguridade social utilizará como base de incidência o valor da média aritmética simples dos maiores salários de contribuição correspondentes a oitenta por cento de todo o período contributivo decorrido desde a competência julho de 1994, corrigidos mês a mês pelos mesmos índices utilizados para a obtenção do salário de benefício, observado o limite máximo a que se refere o § 5º do art. 214.

▸ § 7º com redação pelo Dec. 10.410/2020.

§ 7º-A. O valor do salário de contribuição mensal, calculado na forma prevista no § 7º, sofrerá desindexação para apropriação no CNIS, conforme critérios definidos pelo INSS.

▸ § 7º-A acrescido pelo Dec. 10.410/2020.

§ 8º *Revogado pelo Dec. 6.722/2008.*

§ 9º No caso de o segurado manifestar interesse em indenizar contribuições relativas a período em que o exercício de atividade remunerada não exigia filiação obrigatória à previdência social, aplica-se, desde que a atividade tenha se tornado de filiação obrigatória, o disposto no § 7º.

▸ § 9º com redação pelo Dec. 6.722/2008.

§ 10. O disposto no § 7º não se aplica aos casos de contribuições em atraso de segurado contribuinte individual não alcançadas pela decadência do direito de a previdência social constituir o respectivo crédito, obedecendo-se, em relação a elas, às disposições do *caput* e §§ 2º a 6º do art. 239.

▸ § 10 com redação pelo Dec. 6.722/2008.

§ 11. Para o segurado recolher contribuições relativas a período anterior à sua inscrição, aplica-se o disposto nos §§ 7º a 10.

§ 12. Somente será feito o reconhecimento da filiação nas situações referidas nos §§ 7º, 9º e 11 após o efetivo recolhimento das contribuições relativas ao período em que for comprovado o exercício da atividade remunerada.

▸ § 12 com redação pelo Dec. 3.265/1999.

§ 13. No caso de indenização relativa ao exercício de atividade remunerada para fins de contagem recíproca correspondente a período de filiação obrigatória ou não, na forma do inciso IV do art. 127, a base de incidência será a remuneração da data do requerimento sobre a qual incidem as contribuições para o regime próprio de previdência social a que estiver filiado o interessado, observados os limites a que se referem os §§ 3º e 5º do art. 214.

▸ § 13 com redação pelo Dec. 3.265/1999.

§ 14. Sobre os salários de contribuição apurados na forma dos §§ 7º a 11 e 13 será aplicada a alíquota de 20% (vinte por cento), e o resultado multiplicado pelo número de meses do período a ser indenizado, observado o disposto no § 8º do art. 239.

§ 15. É facultado aos segurados contribuinte individual e facultativo, cujos salários de contribuição sejam iguais ao valor de um salário mínimo, optarem pelo recolhimento trimestral das contribuições previdenciárias, com vencimento no dia quinze do mês seguinte ao de cada trimestre civil, prorrogando-se o vencimento para o dia útil subsequente quando não houver expediente bancário no dia quinze.

▸ § 15 com redação pelo Dec. 3.265/1999.

§ 16. *Revogado pelo Dec. 10.410/2020.*

§ 17. A inscrição do segurado no segundo ou terceiro mês do trimestre civil não altera a data de vencimento prevista no § 15, no caso de opção pelo recolhimento trimestral.

§ 18. *Revogado pelo Dec. 10.410/2020.*

§ 19. Fica autorizada, nos termos deste Regulamento, a compensação de contribuições devidas ao Instituto Nacional do Seguro Social, pelos hospitais contratados ou conveniados com o Sistema Único de Saúde com parcela dos créditos correspondentes a faturas emitidas para recebimento de internações hospitalares, cujo valor correspondente será retido pelo órgão pagador do Sistema Único de Saúde para amortização de parcela do débito, nos termos da Lei 8.870, de 1994.

§ 20. Na hipótese de o contribuinte individual prestar serviço a outro contribuinte individual equiparado a empresa ou a produtor rural pessoa física ou a missão diplomática e repartição consular de carreira estrangeiras, poderá deduzir, da sua contribuição mensal, 45% (quarenta e cinco por cento) da contribuição patronal do contratante, efetivamente recolhida ou declarada, incidente sobre a remuneração que este lhe tenha pago ou creditado, no respectivo mês, limitada a 9% (nove por cento) do respectivo salário de contribuição.

▸ § 20 com redação pelo Dec. 4.729/2003.

§ 21. Para efeito de dedução, considera-se contribuição declarada a informação prestada na Guia de Recolhimento do Fundo de Garantia do Tempo de Serviço e Informações à Previdência Social ou declaração fornecida pela empresa ao segurado, onde conste, além de sua identificação completa, inclusive com o número no Cadastro Nacional de Pessoas Jurídicas, o nome e o número da inscrição do contribuinte individual, o valor da retribuição paga e o compromisso de que esse valor será incluído na citada Guia de Recolhimento do Fundo de Garantia do Tempo de Serviço e Informações à Previdência Social e efetuado o recolhimento da correspondente contribuição.

▸ § 21 acrescido pelo Dec. 3.265/1999.

§ 22. *Revogado pelo Dec. 4.729/2003.*

§ 23. O contribuinte individual que não comprovar a regularidade da dedução de que tratam os §§ 20 e 21 terá glosado o valor indevidamente deduzido, devendo complementar as contribuições com os acréscimos legais devidos.

▸ § 23 com redação pelo Dec. 4.729/2003.

§ 24. *Revogado pelo Dec. 6.722/2008.*

§ 25. Relativamente aos que recebem salário variável, o recolhimento da contribuição decorrente de eventual diferença da gratificação natalina (13º salário) deverá ser efetuado juntamente com a competência dezembro do mesmo ano.

▸ § 25 acrescido pelo Dec. 3.265/1999.

§ 26. A alíquota de contribuição a ser descontada pela empresa da remuneração paga, devida ou creditada ao contribuinte individual a seu serviço, observado o limite máximo do salário de contribuição, é de 11% (onze por cento) no caso das empresas em geral e de 20% (vinte por cento) quando se tratar de entidade beneficente de assistência social isenta das contribuições sociais patronais.

▸ § 26 acrescido pelo Dec. 4.729/2003.

§ 27. O contribuinte individual contratado por pessoa jurídica obrigada a proceder à arrecadação e ao recolhimento da contribuição por ele devida, cuja remuneração recebida ou creditada no mês, por serviços prestados a ela, for inferior ao limite mínimo do salário de contribuição, é obrigado a complementar sua contribuição mensal, diretamente, mediante a aplicação da alíquota estabelecida no art. 199 sobre o valor resultante da subtração do valor das remunerações recebidas das pessoas jurídicas do valor mínimo do salário de contribuição mensal.

▸ § 27 acrescido pelo Dec. 4.729/2003.

§ 27-A. O segurado que, no somatório de remunerações auferidas no período de um mês, receber remuneração inferior ao limite mínimo mensal do salário de contribuição poderá solicitar o ajuste das competências pertencentes ao mesmo ano civil, na forma por ele indicada, ou autorizar que os ajustes sejam feitos automaticamente, para que o limite mínimo mensal do salário de contribuição seja alcançado, por meio da opção por:

▸ § 27-A acrescido pelo Dec. 10.410/2020.

I - complementar a sua contribuição, observado que:

a) o recolhimento da complementação deverá ser efetuado pelo próprio segurado até o dia quinze do mês seguinte ao da competência de referência e, após essa data, com incidência dos acréscimos legais de que tratam os art. 238 e art. 239;

b) para o empregado, o empregado doméstico e o trabalhador avulso, a complementação será efetuada por meio da aplicação da alíquota de sete inteiros e cinco décimos por cento, inclusive para o mês em que exista contribuição concomitante na condição de contribuinte individual; e

c) para o contribuinte individual que preste serviço a empresa, de que trata o § 26, e que contribua exclusivamente nessa condição, a complementação será efetuada por meio da aplicação da alíquota de vinte por cento;

II - utilizar o valor da contribuição que exceder o limite mínimo de uma competência em outra, observado que:

a) para efeito de utilização da contribuição, serão considerados os salários de contribuição apurados por categoria, consolidados na competência de origem;

b) o salário de contribuição poderá ser utilizado para complementar uma ou mais competências com valor inferior ao limite mínimo, mesmo que em categoria distinta;

c) poderão ser utilizados valores excedentes ao limite mínimo do salário de contribuição de mais de uma competência para compor o salário de contribuição de apenas uma competência; e

d) utilizado o valor excedente, caso o salário de contribuição da competência favorecida ainda permaneça inferior ao limite mínimo, esse valor poderá ser complementado nos termos do disposto no inciso I; ou

III - agrupar contribuições inferiores ao limite mínimo de diferentes competências, para aproveitamento em contribuições mínimas mensais, observado que:

a) as competências que não atingirem o valor mínimo do salário de contribuição poderão ser agrupadas desde que o resultado do agrupamento não ultrapasse o valor mínimo do salário de contribuição;

b) na hipótese de o resultado do agrupamento ser inferior ao limite mínimo do salário de contribuição, o segurado poderá complementar na forma prevista no inciso I ou utilizar valores excedentes na forma prevista no inciso II; e

c) as competências em que tenha havido exercício de atividade e tenham sido zeradas em decorrência do agrupamento poderão ser objeto de recolhimento pelo segurado, respeitado o limite mínimo.

§ 27-B. Para fins do disposto no § 27-A, o valor da contribuição referente ao décimo terceiro salário não poderá ser utilizado em decorrência do disposto no § 6º do art. 214.

▸ § 27-B acrescido pelo Dec. 10.410/2020.

§ 27-C. É vedada a reversão da utilização e do agrupamento de que trata o § 27-A.

▸ § 27-C acrescido pelo Dec. 10.410/2020.

§ 27-D. Caso ocorram eventos posteriores que gerem inconsistências no cálculo da contribuição na competência favorecida por complementação, utilização ou agrupamento, essa competência ficará pendente de regularização.

▸ § 27-D acrescido pelo Dec. 10.410/2020.

§ 28. Cabe ao próprio contribuinte individual que prestar serviços, no mesmo mês, a mais de uma empresa, cuja soma das remunerações superar o limite mensal do salário de contribuição, comprovar às que sucederem à primeira o valor ou valores sobre os quais já tenha incidido o desconto da contribuição, de forma a se observar o limite máximo do salário de contribuição.

▸ § 28 acrescido pelo Dec. 4.729/2003.

§ 29. Na hipótese do § 28, o Instituto Nacional do Seguro Social poderá facultar ao contribuinte individual que prestar, regularmente, serviços a uma ou mais empresas, cuja soma das remunerações seja igual ou superior ao limite mensal do salário de contribuição, indicar qual ou quais empresas e sobre qual valor deverá proceder o desconto da contribuição, de forma a respeitar o limite máximo, e dispensar as demais dessa providência, bem como atribuir ao próprio contribuinte individual a responsabilidade de complementar a respectiva contribuição até o limite máximo, na hipótese de, por qualquer razão, deixar de receber remuneração ou receber remuneração inferior às indicadas para o desconto.

▸ § 29 acrescido pelo Dec. 4.729/2003.

§ 30. Aplica-se o disposto neste artigo, no que couber e observado o § 31, à cooperativa de trabalho em relação à contribuição devida pelo seu cooperado.

▸ § 30 acrescido pelo Dec. 4.729/2003.

§ 31. A cooperativa de trabalho fica obrigada a descontar vinte por cento do valor da quota distribuída ao cooperado contribuinte individual por serviços por ele prestados por seu intermédio a empresas, a pessoas físicas e a entidades em gozo de isenção e recolher o produto dessa arrecadação até o dia vinte do mês subsequente ao da competência a que se referir ou até o dia útil imediatamente anterior, se não houver expediente bancário naquele dia.

▸ § 31 com redação pelo Dec. 10.410/2020.

§ 32. Ficam excluídos da obrigação de descontar a contribuição do contribuinte individual que lhe preste serviço:

▸ § 32 com redação pelo Dec. 10.410/2020.

I - o produtor rural pessoa física;

▸ Incisos I a IV acrescidos pelo Dec. 10.410/2020.

II - o contribuinte individual equiparado a empresa;

III - a missão diplomática e a repartição consular de carreiras estrangeiras; e

IV - o proprietário ou dono de obra de construção civil, quando pessoa física.

§ 33. Na hipótese prevista no § 32, cabe ao contribuinte individual recolher a própria contribuição, sendo a alíquota, neste caso, de 20% (vinte por cento), observado o disposto nos §§ 20, 21 e 23.

▸ § 33 com redação pelo Dec. 6.722/2008.

§ 34. O recolhimento da contribuição do produtor rural pessoa física ou produtor rural pessoa física, quando houver, será efetuado pela Companhia Nacional de Abastecimento – CONAB, à conta do Programa de Aquisição de Alimentos, instituído pelo art. 19 da Lei 10.696, de 2 de julho de 2003, na aquisição de produtos agropecuários no âmbito do referido Programa.

▸ § 34 acrescido pelo Dec. 6.722/2008.

§ 35. Na hipótese prevista no § 5º do art. 11, o segurado contribuirá com a mesma alíquota com a qual vinha contribuindo anteriormente.

▸ § 35 acrescido pelo Dec. 10.410/2020.

§ 36. A Secretaria Especial da Receita Federal do Brasil do Ministério da Economia disponibilizará ao INSS as informações e os registros das contribuições referentes ao desconto dos empregados, inclusive o doméstico, e dos trabalhadores avulsos e às complementações previstas no § 27-A para fins de aplicação do disposto no § 9º do art. 19 sobre a contagem de tempo de contribuição, inclusive para instrução e revisão de direitos e outorga de benefícios.

▸ § 36 acrescido pelo Dec. 10.410/2020.

§ 37. *Revogado pelo Dec. 10.491/2020.*

Art. 216-A. Os órgãos da administração pública direta, indireta e fundações públicas da União, bem como as demais entidades integrantes do Sistema Integrado

de Administração Financeira do Governo Federal ao contratarem pessoa física para prestação de serviços eventuais, sem vínculo empregatício, inclusive como integrante de grupo tarefa, deverão obter dela a respectiva inscrição no Instituto Nacional do Seguro Social, como contribuinte individual, ou providenciá-la em nome dela, caso não seja inscrita, e proceder ao desconto e recolhimento da respectiva contribuição, na forma do art. 216.

▶ *Caput* com redação pelo Dec. 4.729/2003.

§ 1º Aplica-se o disposto neste artigo mesmo que o contratado exerça concomitantemente uma ou mais atividades abrangidas pelo Regime Geral de Previdência Social ou por qualquer outro regime de previdência social ou seja aposentado por qualquer regime previdenciário.

▶ § 1º acrescido pelo Dec. 4.032/2001.

§ 2º O contratado que já estiver contribuindo para o Regime Geral de Previdência Social na condição de empregado ou trabalhador avulso sobre o limite máximo do salário de contribuição deverá comprovar esse fato e, se a sua contribuição nessa condição for inferior ao limite máximo, a contribuição como contribuinte individual deverá ser complementar, respeitando, no conjunto, aquele limite, procedendo-se, no caso, de conformidade com o disposto no § 28 do art. 216.

▶ § 2º com redação pelo Dec. 4.729/2003.

§ 3º *Revogado pelo Dec. 4.729/2003.*

§ 4º Aplica-se o disposto neste artigo às contratações feitas por organismos internacionais, em programas de cooperação e operações de mútua conveniência entre estes e o governo brasileiro.

▶ § 4º acrescido pelo Dec. 4.032/2001.

Art. 217. Na requisição de mão de obra de trabalhador avulso efetuada em conformidade com o disposto na Lei 12.815, de 2013, e na Lei 9.719, de 27 de novembro de 1998, o responsável pelas obrigações previstas neste Regulamento, em relação aos segurados que lhe prestem serviços, é o operador portuário ou o tomador de mão de obra, inclusive o titular de instalação portuária de uso privativo, observadas as normas estabelecidas pelo INSS.

▶ *Caput* com redação pelo Dec. 10.410/2020.

§ 1º O operador portuário ou titular de instalação de uso privativo repassará ao órgão gestor de mão de obra, até 24 (vinte e quatro) horas após a realização dos serviços:

▶ § 1º com redação pelo Dec. 4.032/2001.

I – o valor da remuneração devida aos trabalhadores portuários avulsos, inclusive a referente às férias e à gratificação natalina; e

II – o valor da contribuição patronal previdenciária correspondente e o valor daquela devida a terceiros conforme o art. 274.

§ 2º O órgão gestor de mão de obra é responsável:

▶ § 2º com redação pelo Dec. 4.032/2001.

I – pelo pagamento da remuneração ao trabalhador portuário avulso;

II – pela elaboração da folha de pagamento;

III – pelo preenchimento e entrega da Guia de Recolhimento do Fundo de Garantia do Tempo de Serviço e Informações à Previdência Social; e

IV – pelo recolhimento das contribuições de que tratam o art. 198, o inciso I do *caput* do art. 201 e os arts. 202 e 274, incidentes sobre a remuneração paga, devida ou creditada aos trabalhadores portuários avulsos, inclusive sobre férias e gratificação natalina, no prazo previsto na alínea *b* do inciso I do art. 216.

§ 3º *Revogado pelo Dec. 4.032/2001.*

§ 4º O prazo previsto no § 1º pode ser alterado mediante convenção coletiva firmada entre entidades sindicais representativas dos trabalhadores e operadores portuários, observado o prazo legal para recolhimento dos encargos previdenciários.

▶ § 4º com redação pelo Dec. 4.032/2001.

§ 5º A contribuição do trabalhador avulso, relativamente à gratificação natalina, será calculada com base na alíquota correspondente ao seu salário de contribuição mensal.

▶ § 5º com redação pelo Dec. 4.032/2001.

§ 6º O salário-família devido ao trabalhador portuário avulso será pago pelo órgão gestor de mão de obra, mediante convênio, que se incumbirá de demonstrá-lo na folha de pagamento correspondente.

Art. 218. A empresa tomadora ou requisitante dos serviços de trabalhador avulso, cuja contratação de pessoal não seja abrangida pelo disposto na Lei 12.815, de 2013, e na Lei 9.719, de 1998, é responsável pelo cumprimento de todas as obrigações previstas neste Regulamento, além do preenchimento e da entrega da GFIP em relação aos segurados que lhe prestem serviços, observadas as normas estabelecidas pelo INSS.

▶ *Caput* com redação pelo Dec. 10.410/2020.

§ 1º O salário-família devido ao trabalhador avulso mencionado no *caput* será pago pelo sindicato de classe respectivo, mediante convênio, que se incumbirá de elaborar as folhas correspondentes.

§ 2º O tomador de serviços é responsável pelo recolhimento das contribuições de que tratam o art. 198, o inciso I do *caput* do art. 201 e os arts. 202 e 274, incidentes sobre a remuneração paga, devida ou creditada ao trabalhador avulso, inclusive sobre férias e gratificação natalina, no prazo previsto na alínea *b* do inciso I do art. 216.

▶ § 2º com redação pelo Dec. 4.032/2001.

Seção II
Da retenção e da responsabilidade solidária

Art. 219. A empresa contratante de serviços executados mediante cessão ou empreitada de mão de obra, inclusive em regime de trabalho temporário, deverá reter 11% (onze por cento) do valor bruto da nota fiscal, fatura ou recibo de prestação de serviços e recolher a importância retida em nome da empresa contratada, observado o disposto no § 5º do art. 216.

▶ *Caput* com redação pelo Dec. 4.729/2003.

§ 1º Exclusivamente para os fins deste Regulamento, entende-se como cessão de mão de obra a colocação à disposição do contratante, em suas dependências ou nas de terceiros, de segurados que realizem serviços contínuos, relacionados ou não com a atividade fim da empresa, independentemente da natureza e da forma de contratação, inclusive por meio de trabalho temporário na forma da Lei 6.019, de 3 de janeiro de 1974, entre outros.

§ 2º Enquadram-se na situação prevista no *caput* os seguintes serviços realizados mediante cessão de mão de obra:

I – limpeza, conservação e zeladoria;

II – vigilância e segurança;

III – construção civil;

IV – serviços rurais;

V – digitação e preparação de dados para processamento;

VI – acabamento, embalagem e acondicionamento de produtos;

VII – cobrança;

VIII – coleta e reciclagem de lixo e resíduos;

IX – copa e hotelaria;

X – corte e ligação de serviços públicos;

XI – distribuição;

XII – treinamento e ensino;

XIII – entrega de contas e documentos;

XIV – ligação e leitura de medidores;

XV – manutenção de instalações, de máquinas e de equipamentos;

XVI – montagem;

XVII – operação de máquinas, equipamentos e veículos;

XVIII – operação de pedágio e de terminais de transporte;

XIX – operação de transporte de passageiros, inclusive nos casos de concessão ou subconcessão;

▶ Inciso XIX com redação pelo Dec. 4.729/2003.

XX – portaria, recepção e ascensorista;

XXI – recepção, triagem e movimentação de materiais;

XXII – promoção de vendas e eventos;

XXIII – secretaria e expediente;

XXIV – saúde; e

XXV – telefonia, inclusive *telemarketing*.

§ 3º Os serviços relacionados nos incisos I a V também estão sujeitos à retenção de que trata o *caput* quando contratados mediante empreitada de mão de obra.

§ 4º O valor retido de que trata este artigo deverá ser destacado na nota fiscal, fatura ou recibo de prestação de serviços, sendo compensado pelo respectivo estabelecimento da empresa contratada quando do recolhimento das contribuições destinadas à seguridade social devidas sobre a folha de pagamento dos segurados.

§ 5º O contratado deverá elaborar folha de pagamento e Guia de Recolhimento do Fundo de Garantia do Tempo de Serviço e Informações à Previdência Social distintas para cada estabelecimento ou obra de construção civil da empresa contratante do serviço.

§ 6º A empresa contratante do serviço deverá manter em boa guarda, em ordem cronológica e por contratada, as correspondentes notas fiscais, faturas ou recibos de prestação de serviços, Guias da Previdência Social e Guias de Recolhimento do Fundo de Garantia do Tem-

po de Serviço e Informações à Previdência Social com comprovante de entrega.

§ 7º Na contratação de serviços em que a contratada se obriga a fornecer material ou dispor de equipamentos, fica facultada ao contratado a discriminação, na nota fiscal, fatura ou recibo, do valor correspondente ao material ou equipamentos, que será excluído da retenção, desde que contratualmente previsto e devidamente comprovado.

§ 8º Cabe ao Instituto Nacional do Seguro Social normatizar a forma de apuração e o limite mínimo do valor do serviço contido no total da nota fiscal, fatura ou recibo, quando, na hipótese do parágrafo anterior, não houver previsão contratual dos valores correspondentes a material ou a equipamentos.

§ 9º Na impossibilidade de haver compensação integral na própria competência, o saldo remanescente poderá ser compensado nas competências subsequentes, inclusive na relativa à gratificação natalina, ou ser objeto de restituição, não sujeitas ao disposto no § 3º do art. 247.

▶ § 9º com redação pelo Dec. 4.729/2003.

§ 10. Para fins de recolhimento e de compensação da importância retida, será considerada como competência aquela a que corresponder à data da emissão da nota fiscal, fatura ou recibo.

§ 11. As importâncias retidas não podem ser compensadas com contribuições arrecadadas pelo Instituto Nacional do Seguro Social para outras entidades.

§ 12. O percentual previsto no *caput* será acrescido de 4 (quatro), 3 (três) ou 2 (dois) pontos percentuais, relativamente aos serviços prestados pelos segurados empregado, cuja atividade permita a concessão de aposentadoria especial, após 15 (quinze), 20 (vinte) ou 25 (vinte e cinco) anos de contribuição, respectivamente.

▶ § 12 acrescido pelo Dec. 4.729/2003.

Art. 220. O proprietário, o incorporador definido na Lei 4.591, de 1964, o dono da obra ou condômino da unidade imobiliária cuja contratação da construção, reforma ou acréscimo não envolva cessão de mão de obra, são solidários com o construtor, e este e aqueles com a subempreiteira, pelo cumprimento das obrigações para com a seguridade social, ressalvado o seu direito regressivo contra o executor ou contratante da obra e admitida a retenção de importância a este devida para garantia do cumprimento dessas obrigações, não se aplicando, em qualquer hipótese, o benefício de ordem.

§ 1º Não se considera cessão de mão de obra, para os fins deste artigo, a contratação de construção civil em que a empresa construtora assuma a responsabilidade direta e total pela obra ou repasse o contrato integralmente.

§ 2º O executor da obra deverá elaborar, distintamente para cada estabelecimento ou obra de construção civil da empresa contratante, folha de pagamento, Guia de Recolhimento do Fundo de Garantia do Tempo de Serviço e Informações à Previdência Social e Guia da Previdência Social, cujas cópias deverão ser exigidas pela empresa contratante quando da quitação da nota fiscal ou fatura, juntamente com o comprovante de entrega daquela Guia.

§ 3º A responsabilidade solidária de que trata o *caput* será elidida:

I – pela comprovação, na forma do parágrafo anterior, do recolhimento das contribuições incidentes sobre a remuneração dos segurados, incluída em nota fiscal ou fatura correspondente aos serviços executados, quando corroborada por escrituração contábil; e

II – pela comprovação do recolhimento das contribuições incidentes sobre a remuneração dos segurados, aferidas indiretamente nos termos, forma e percentuais previstos pelo Instituto Nacional do Seguro Social;

III – pela comprovação do recolhimento da retenção permitida no *caput* deste artigo, efetivada nos termos do art. 219.

▶ Inciso III acrescido pelo Dec. 4.032/2001.

§ 4º Considera-se construtor, para os efeitos deste Regulamento, a pessoa física ou jurídica que executa obra sob sua responsabilidade, no todo ou em parte.

Art. 221. Exclui-se da responsabilidade solidária perante a seguridade social o adquirente de prédio ou unidade imobiliária que realize a operação com empresa de comercialização ou com incorporador de imóveis definido na Lei 4.591, de 1964, ficando estes solidariamente responsáveis com o construtor, na forma prevista no art. 220.

Art. 221-A. O instituto da responsabilidade solidária não se aplica à administração pública direta, autárquica e fundacional, quando contratante de serviços, inclusive de obra de construção civil, reforma ou acréscimo, independentemente da forma de contratação.

▶ Artigo acrescido pelo Dec. 10.410/2020.

Parágrafo único. A administração pública contratante de serviços, inclusive de construção civil executados por meio de cessão de mão de obra ou empreitada parcial, efetuará a retenção prevista no art. 219.

Art. 222. As empresas que integram grupo econômico de qualquer natureza, bem como os produtores rurais integrantes do consórcio simplificado de que trata o art. 200-A, respondem entre si, solidariamente, pelas obrigações decorrentes do disposto neste Regulamento.

▸ Artigo com redação pelo Dec. 4.032/2001.

Art. 222–A. As empresas integrantes de consórcio constituído nos termos do disposto nos art. 278 e art. 279 da Lei 6.404, de 15 de dezembro de 1976, respondem pelas contribuições devidas, em relação às operações praticadas pelo consórcio, na proporção de sua participação no empreendimento.

▸ Artigo acrescido pelo Dec. 10.410/2020.

§ 1º O consórcio que realizar a contratação, em nome próprio, de pessoas jurídicas e físicas, com ou sem vínculo empregatício, poderá efetuar a retenção das contribuições e cumprir as respectivas obrigações acessórias, hipótese em que as empresas consorciadas serão solidariamente responsáveis.

§ 2º Na hipótese de a retenção das contribuições ou o cumprimento das obrigações acessórias relativas ao consórcio ser realizado por sua empresa líder, as empresas consorciadas também serão solidariamente responsáveis.

§ 3º O disposto neste artigo abrange as contribuições destinadas a outras entidades e fundos, além da multa por atraso no cumprimento das obrigações acessórias.

Art. 223. O operador portuário e o órgão gestor de mão de obra são solidariamente responsáveis pelo pagamento das contribuições previdenciárias e demais obrigações, inclusive acessórias, devidas à seguridade social, arrecadadas pelo Instituto Nacional do Seguro Social, relativamente à requisição de mão de obra de trabalhador avulso, vedada a invocação do benefício de ordem.

Art. 224. Os administradores de autarquias e fundações públicas, criadas ou mantidas pelo Poder Público, de empresas públicas e de sociedades de economia mista sujeitas ao controle da União, dos Estados, do Distrito Federal ou dos Municípios, que se encontrarem em mora por mais de 30 (trinta) dias, no recolhimento das contribuições previstas neste Regulamento, tornam-se solidariamente responsáveis pelo respectivo pagamento, ficando ainda sujeitos às proibições do art. 1º e às sanções dos arts. 4º e 7º do Decreto-lei 368, de 19 de dezembro de 1968.

Art. 224-A. O disposto nesta Seção não se aplica à contratação de serviços por intermédio de cooperativa de trabalho.

▸ Artigo acrescido pelo Dec. 3.265/1999.

Seção III
Das obrigações acessórias

Art. 225. A empresa é também obrigada a:

I – preparar folha de pagamento da remuneração paga, devida ou creditada a todos os segurados a seu serviço, devendo manter, em cada estabelecimento, uma via da respectiva folha e recibos de pagamentos;

II – lançar mensalmente em títulos próprios de sua contabilidade, de forma discriminada, os fatos geradores de todas as contribuições, o montante das quantias descontadas, as contribuições da empresa e os totais recolhidos;

III – prestar ao Instituto Nacional do Seguro Social e à Secretaria da Receita Federal todas as informações cadastrais, financeiras e contábeis de interesse dos mesmos, na forma por eles estabelecida, bem como os esclarecimentos necessários à fiscalização;

IV – informar mensalmente ao Instituto Nacional do Seguro Social, por intermédio da Guia de Recolhimento do Fundo de Garantia do Tempo de Serviço e Informações à Previdência Social, na forma por ele estabelecida, dados cadastrais, todos os fatos geradores de contribuição previdenciária e outras informações de interesse daquele Instituto;

V – *Revogado pelo Dec. 10.410/2020.*

VI – afixar cópia da Guia da Previdência Social, relativamente à competência anterior, durante o período de 1 (um) mês, no quadro de horário de que trata o art. 74 da Consolidação das Leis do Trabalho;

VII – informar, anualmente, à Secretaria da Receita Federal do Brasil, na forma por ela estabelecida, o nome, o número de inscrição na previdência social e o endereço completo dos segurados de que trata o inciso III do § 15 do art. 9º, por ela utilizados no período,

a qualquer título, para distribuição ou comercialização de seus produtos, sejam eles de fabricação própria ou de terceiros, sempre que se tratar de empresa que realize vendas diretas.

▸ Inciso VII acrescido pelo Dec. 6.722/2008.

VIII – comunicar, mensalmente, os empregados a respeito dos valores descontados de sua contribuição previdenciária e, quando for o caso, dos valores da contribuição do empregador incidentes sobre a remuneração do mês de competência por meio de contracheque, recibo de pagamento ou documento equivalente.

▸ Inciso VIII acrescido pelo Dec 10.410/2020.

§ 1º As informações prestadas na Guia de Recolhimento do Fundo de Garantia do Tempo de Serviço e Informações à Previdência Social servirão como base de cálculo das contribuições arrecadadas pelo Instituto Nacional do Seguro Social, comporão a base de dados para fins de cálculo e concessão dos benefícios previdenciários, bem como constituir-se-ão em termo de confissão de dívida, na hipótese do não recolhimento.

§ 2º A entrega da Guia de Recolhimento do Fundo de Garantia do Tempo de Serviço e Informações à Previdência Social deverá ser efetuada na rede bancária, conforme estabelecido pelo Ministério da Previdência e Assistência Social, até o dia sete do mês seguinte àquele a que se referirem as informações.

▸ **§ 2º** com redação pelo Dec. 3.265/1999.

§ 3º A Guia de Recolhimento do Fundo de Garantia do Tempo de Serviço e Informações à Previdência Social é exigida relativamente a fatos geradores ocorridos a partir de janeiro de 1999.

§ 4º O preenchimento, as informações prestadas e a entrega da Guia de Recolhimento do Fundo de Garantia do Tempo de Serviço e Informações à Previdência Social são de inteira responsabilidade da empresa.

§ 5º A empresa manterá arquivados os documentos comprobatórios do cumprimento das obrigações de que trata este artigo e os documentos comprobatórios do pagamento de benefícios previdenciários reembolsados até que ocorra a prescrição relativa aos créditos decorrentes das operações a que os documentos se refiram, observado o disposto no § 22 e nas normas estabelecidas pela Secretaria Especial da Receita Federal do Brasil do Ministério da Economia e pelo Conselho Curador do Fundo de Garantia do Tempo de Serviço.

▸ **§ 5º** com redação pelo Dec. 10.410/2020.

§ 6º O Instituto Nacional do Seguro Social e a Caixa Econômica Federal estabelecerão normas para disciplinar a entrega da Guia de Recolhimento do Fundo de Garantia do Tempo de Serviço e Informações à Previdência Social, nos casos de rescisão contratual.

§ 7º *Revogado pelo Dec. 10.410/2020.*

§ 8º O disposto neste artigo aplica-se, no que couber, aos demais contribuintes e ao adquirente, consignatário ou cooperativa, sub-rogados na forma deste Regulamento.

§ 9º A folha de pagamento de que trata o inciso I do *caput*, elaborada mensalmente, de forma coletiva por estabelecimento da empresa, por obra de construção civil e por tomador de serviços, com a correspondente totalização, deverá:

I – discriminar o nome dos segurados, indicando cargo, função ou serviço prestado;

II – agrupar os segurados por categoria, assim entendido: segurado empregado, trabalhador avulso, contribuinte individual;

▸ Inciso II com redação pelo Dec. 3.265/1999.

III – destacar o nome das seguradas em gozo de salário--maternidade;

IV – destacar as parcelas integrantes e não integrantes da remuneração e os descontos legais; e

V – indicar o número de quotas de salário-família atribuídas a cada segurado empregado ou trabalhador avulso.

§ 10. No que se refere ao trabalhador portuário avulso, o órgão gestor de mão de obra elaborará a folha de pagamento por navio, mantendo-a disponível para uso da fiscalização do Instituto Nacional do Seguro Social, indicando o operador portuário e os trabalhadores que participaram da operação, detalhando, com relação aos últimos:

I – os correspondentes números de registro ou cadastro no órgão gestor de mão de obra;

II – o cargo, função ou serviço prestado;

III – os turnos em que trabalharam; e

IV – as remunerações pagas, devidas ou creditadas a cada um dos trabalhadores e a correspondente totalização.

§ 11. No que se refere ao parágrafo anterior, o órgão gestor de mão de obra consolidará as folhas de pagamento relativas às operações concluídas no mês anterior por operador portuário e por trabalhador portuário avulso, indicando, com relação a estes, os respectivos números de registro ou cadastro, as datas dos turnos trabalhados, as importâncias pagas e os valores das contribuições previdenciárias retidas.

§ 12. Para efeito de observância do limite máximo da contribuição do segurado trabalhador avulso, de que trata o art. 198, o órgão gestor de mão de obra manterá resumo mensal e acumulado, por trabalhador portuário avulso, dos valores totais das férias, do décimo terceiro salário e das contribuições previdenciárias retidas.

§ 13. Os lançamentos de que trata o inciso II do *caput*, devidamente escriturados nos livros Diário e Razão, serão exigidos pela fiscalização após 90 (noventa) dias contados da ocorrência dos fatos geradores das contribuições, devendo, obrigatoriamente:

I – atender ao princípio contábil do regime de competência; e

II – registrar, em contas individualizadas, todos os fatos geradores de contribuições previdenciárias de forma a identificar, clara e precisamente, as rubricas integrantes e não integrantes do salário de contribuição, bem como as contribuições descontadas do segurado, as da empresa e os totais recolhidos, por estabelecimento da empresa, por obra de construção civil e por tomador de serviços.

§ 14. A empresa deverá manter à disposição da fiscalização os códigos ou abreviaturas que identifiquem as respectivas rubricas utilizadas na elaboração da folha de pagamento, bem como os utilizados na escrituração contábil.

§ 15. A exigência prevista no inciso II do *caput* não desobriga a empresa do cumprimento das demais normas legais e regulamentares referentes à escrituração contábil.

§ 16. São desobrigadas de apresentação de escrituração contábil:

▸ **§ 16** com redação pelo Dec. 3.265/1999.

I – o pequeno comerciante, nas condições estabelecidas pelo Decreto-lei 486, de 3 de março de 1969, e seu Regulamento;

II – a pessoa jurídica tributada com base no lucro presumido, de acordo com a legislação tributária federal, desde que mantenha a escrituração do Livro Caixa e Livro de Registro de Inventário; e

III – a pessoa jurídica que optar pela inscrição no Sistema Integrado de Pagamento de Impostos e Contribuições das Microempresas e Empresas de Pequeno Porte, desde que mantenha escrituração do Livro Caixa e Livro de Registro de Inventário.

§ 17. A empresa, agência ou sucursal estabelecida no exterior deverá apresentar os documentos comprobatórios do cumprimento das obrigações referidas neste artigo à sua congênere no Brasil, observada a solidariedade de que trata o art. 222.

§ 18. Para o cumprimento do disposto no inciso V do *caput* serão observadas as seguintes situações:

I – caso a empresa possua mais de um estabelecimento localizado em base geográfica diversa, a cópia da Guia da Previdência Social será encaminhada ao sindicato representativo da categoria profissional mais numerosa entre os empregados de cada estabelecimento;

II – a empresa que recolher suas contribuições em mais de uma Guia da Previdência Social encaminhará cópia de todas as guias;

III – a remessa poderá ser efetuada por qualquer meio que garanta a reprodução integral do documento, cabendo à empresa manter, em seus arquivos, prova do recebimento pelo sindicato; e

IV – cabe à empresa a comprovação, perante a fiscalização do Instituto Nacional do Seguro Social, do cumprimento de sua obrigação frente ao sindicato.

§ 19. O órgão gestor de mão de obra deverá, quando exigido pela fiscalização do Instituto Nacional do Seguro Social, exibir as listas de escalação diária dos trabalhadores portuários avulsos, por operador portuário e por navio.

§ 20. Caberá exclusivamente ao órgão gestor de mão de obra a responsabilidade pela exatidão dos dados lançados nas listas diárias referidas no parágrafo anterior.

§ 21. Fica dispensado do cumprimento do disposto nos incisos V e VI do *caput* o contribuinte individual, em relação a segurado que lhe presta serviço.

▸ **§ 21** com redação pelo Dec. 3.265/1999.

§ 22. A empresa que utiliza sistema de processamento eletrônico de dados para o registro de negócios e atividades econômicas, escrituração de livros ou produção

de documentos de natureza contábil, fiscal, trabalhista e previdenciária fica obrigada a arquivar e conservar, devidamente certificados, os sistemas e os arquivos, em meio eletrônico ou assemelhado, durante o prazo decadencial de que trata o art. 348, os quais ficarão à disposição da fiscalização.

▸ § 22 com redação pelo Dec. 10.410/2020.

§ 23. A cooperativa de trabalho e a pessoa jurídica são obrigadas a efetuar a inscrição no Instituto Nacional do Seguro Social dos seus cooperados e contratados, respectivamente, como contribuintes individuais, se ainda não inscritos.

▸ § 23 acrescido pelo Dec. 4.729/2003.

§ 24. A empresa ou cooperativa adquirente, consumidora ou consignatária da produção fica obrigada a fornecer ao segurado especial cópia do documento fiscal de entrada da mercadoria, onde conste, além do registro da operação realizada, o valor da respectiva contribuição previdenciária.

▸ § 24 acrescido pelo Dec. 6.722/2008.

§ 25. A contribuição do empregador de que trata o inciso VIII do *caput* compreende aquela destinada ao seguro de acidentes do trabalho e ao financiamento da aposentadoria especial, sem prejuízo de outras contribuições incidentes sobre a remuneração do empregado.

▸ § 25 acrescido pelo Dec. 10.410/2020.

Art. 226. O Município, por intermédio do órgão competente, fornecerá ao Instituto Nacional do Seguro Social, para fins de fiscalização, mensalmente, relação de todos os alvarás para construção civil e documentos de *habite-se* concedidos, de acordo com critérios estabelecidos pelo referido Instituto.

§ 1º A relação a que se refere *caput* será encaminhada ao INSS até o dia dez do mês seguinte àquele a que se referirem os documentos.

▸ § 1º com redação pelo Dec. 4.032/2001.

§ 2º O encaminhamento da relação fora do prazo ou a sua falta e a apresentação com incorreções ou omissões sujeitará o dirigente do órgão municipal à penalidade prevista na alínea *f* do inciso I do art. 283.

Art. 227. *Revogado pelo Dec. 8.302/2014.*

Art. 228. O titular do Cartório de Registro Civil de Pessoas Naturais remeterá ao INSS, no prazo de um dia útil, pelo Sistema Nacional de Informações de Registro Civil, ou pelo sistema que venha a substituí-lo, a relação dos nascimentos, dos natimortos, dos casamentos, dos óbitos, das averbações, das anotações e das retificações registradas na serventia.

▸ *Caput* com redação pelo Dec. 10.410/2020.

Parágrafo único. *Revogado pelo Dec. 10.410/2020.*

§ 1º Para os Municípios que não dispõem de provedor de conexão à internet ou de qualquer meio de acesso à internet, fica autorizada a remessa da relação no prazo de cinco dias úteis, conforme critérios definidos pelo INSS.

▸ § 1º acrescido pelo Dec. 1.0410/2020.

§ 2º Os registros de nascimento e de natimorto conterão, obrigatoriamente, as seguintes informações do registrado e da filiação:

▸ § 2º acrescido pelo Dec. 10.410/2020.

I – nome completo;

II – número de inscrição no CPF;

III – sexo; e

IV – data e local de nascimento.

§ 3º Os registros de casamento e de óbito conterão, obrigatoriamente, as seguintes informações do registrado:

▸ § 3º acrescido pelo Dec. 10.410/2020.

I – nome completo;

II – número de inscrição no CPF;

III – sexo; e

IV – data e local de nascimento do registrado.

§ 4º Além das informações a que se refere o § 3º, constarão dos registros de casamento e de óbito, caso estejam disponíveis, os seguintes dados:

▸ § 4º acrescido pelo Dec. 10.410/2020.

I – número de inscrição no PIS ou no Pasep;

II – NIT;

III – número de benefício previdenciário ou assistencial, se o falecido for titular de qualquer benefício pago pelo INSS;

IV – número de registro da carteira de identidade e órgão emissor;

V – número do título de eleitor; e

VI – número de registro e série da Carteira de Trabalho e Previdência Social.

§ 5º Na hipótese de não haver sido registrado nascimento, natimorto, casamento, óbito ou averbação, anotação e retificação no mês, o titular do Cartório de Registro Civil de Pessoas Naturais comunicará este fato ao INSS

até o quinto dia útil do mês subsequente, na forma estabelecida pelo INSS.

▸ § 5º acrescido pelo Dec. 10.410/2020.

§ 6º O descumprimento de obrigação imposta por este artigo e o fornecimento de informação inexata sujeitarão o titular do Cartório de Registro Civil de Pessoas Naturais, além de outras penalidades, à penalidade prevista na alínea "e" do inciso I do *caput* do art. 283 e a ação regressiva, na forma estabelecida pelo INSS.

▸ § 6º acrescido pelo Dec. 10.410/2020.

Seção IV
Da competência para arrecadar, fiscalizar e cobrar

Art. 229. O Instituto Nacional do Seguro Social é o órgão competente para:

I – arrecadar e fiscalizar o recolhimento das contribuições sociais previstas nos incisos I, II, III, IV e V do parágrafo único do art. 195, bem como as contribuições incidentes a título de substituição;

▸ Inciso I com redação pelo Dec. 4.032/2001.

II – constituir seus créditos por meio dos correspondentes lançamentos e promover a respectiva cobrança;

III – aplicar sanções; e

IV – normatizar procedimentos relativos à arrecadação, fiscalização e cobrança das contribuições referidas no inciso I.

§ 1º Os Auditores Fiscais da Previdência Social terão livre acesso a todas as dependências ou estabelecimentos da empresa, com vistas à verificação física dos segurados em serviço, para confronto com os registros e documentos da empresa, podendo requisitar e apreender livros, notas técnicas e demais documentos necessários ao perfeito desempenho de suas funções, caracterizando-se como embaraço à fiscalização qualquer dificuldade oposta à consecução do objetivo.

▸ § 1º com redação pelo Dec. 3.265/1999.

§ 2º Se o Auditor Fiscal da Previdência Social constatar que o segurado contratado como contribuinte individual, trabalhador avulso, ou sob qualquer outra denominação, preenche as condições referidas no inciso I do *caput* do art. 9º, deverá desconsiderar o vínculo pactuado e efetuar o enquadramento como segurado empregado.

▸ § 2º com redação pelo Dec. 3.265/1999.

§ 3º A fiscalização das entidades fechadas de previdência privada, estabelecida na Lei 6.435, de 15 de julho de 1977, será exercida pelos Fiscais de Contribuições Previdenciárias do Instituto Nacional do Seguro Social, devidamente credenciados pelo órgão próprio, sem prejuízo das atribuições e vantagens a que fazem jus, conforme disposto no Decreto 1.317, de 29 de novembro de 1994.

§ 4º A fiscalização dos regimes próprios de previdência social dos servidores públicos e dos militares da União, dos Estados, do Distrito Federal e dos Municípios, nos termos da Lei 9.717, de 27 de novembro de 1998, será exercida pelos Fiscais de Contribuições Previdenciárias do Instituto Nacional do Seguro Social, devidamente credenciados pelo órgão próprio, sem prejuízo das atribuições e vantagens a que fazem jus, conforme orientação expedida pelo Ministério da Previdência e Assistência Social.

§ 5º Aplica-se à fiscalização de que tratam os §§ 3º e 4º o disposto na Lei 8.212, de 1991, neste Regulamento e demais dispositivos da legislação previdenciária, no que couber e não colidir com os preceitos das Leis 6.435, de 1977, e 9.717, de 1998.

Art. 230. A Secretaria da Receita Federal é o órgão competente para:

I – arrecadar e fiscalizar o recolhimento das contribuições sociais previstas nos incisos VI e VII do parágrafo único do art. 195;

II – constituir seus créditos por meio dos correspondentes lançamentos e promover a respectiva cobrança;

III – aplicar sanções; e

IV – normatizar procedimentos relativos à arrecadação, fiscalização e cobrança das contribuições de que trata o inciso I.

Seção V
Do exame da contabilidade

Art. 231. É prerrogativa do Ministério da Previdência e Assistência Social, do Instituto Nacional do Seguro Social e da Secretaria da Receita Federal o exame da contabilidade da empresa, não prevalecendo para esse efeito o disposto nos arts. 17 e 18 do Código Comercial, ficando obrigados a empresa e o segurado a prestarem todos os esclarecimentos e informações solicitados.

▸ Os mencionados arts. 17 e 18 do Código Comercial foram revogados pela Lei 10.406/2002 – Código Civil.

Art. 232. A empresa, o servidor de órgão público da administração direta e indireta, o segurado da previdência social, o serventuário da Justiça, o síndico ou seu representante legal, o comissário e o liquidante de empresa em liquidação judicial ou extrajudicial são obrigados a exibir todos os documentos e livros relacionados com as contribuições previstas neste Regulamento.

Art. 233. Ocorrendo recusa ou sonegação de qualquer documento ou informação, ou sua apresentação deficiente, o Instituto Nacional do Seguro Social e a Secretaria da Receita Federal podem, sem prejuízo da penalidade cabível nas esferas de sua competência, lançar de ofício importância que reputarem devida, cabendo à empresa, ao empregador doméstico ou ao segurado o ônus da prova em contrário.

Parágrafo único. Considera-se deficiente o documento ou informação apresentada que não preencha as formalidades legais, bem como aquele que contenha informação diversa da realidade, ou, ainda, que omita informação verdadeira.

Art. 234. Na falta de prova regular e formalizada, o montante dos salários pagos pela execução de obra de construção civil pode ser obtido mediante cálculo da mão de obra empregada, proporcional à área construída e ao padrão de execução da obra, de acordo com critérios estabelecidos pelo Instituto Nacional do Seguro Social, cabendo ao proprietário, dono da obra, incorporador, condômino da unidade imobiliária ou empresa corresponsável o ônus da prova em contrário.

Art. 235. Se, no exame da escrituração contábil e de qualquer outro documento da empresa, a fiscalização constatar que a contabilidade não registra o movimento real da remuneração dos segurados a seu serviço, da receita ou do faturamento e do lucro, esta será desconsiderada, sendo apuradas e lançadas de ofício as contribuições devidas, cabendo à empresa o ônus da prova em contrário.

Art. 236. Deverá ser dado tratamento especial ao exame da documentação que envolva operações ou assuntos de caráter sigiloso, ficando o fiscal responsável obrigado à guarda da informação e à sua utilização exclusivamente nos documentos elaborados em decorrência do exercício de suas atividades.

Art. 237. A autoridade policial prestará à fiscalização, mediante solicitação, o auxílio necessário ao regular desempenho dessa atividade.

Seção VI
Das contribuições e outras importâncias não recolhidas até o vencimento

Art. 238. Os créditos de qualquer natureza da seguridade social, constituídos ou não, vencidos até 31 de dezembro de 1991 e não pagos até 2 de janeiro de 1992, serão atualizados monetariamente com base na legislação aplicável e convertidos, nessa data, em quantidade de Unidade Fiscal de Referência diária.

§ 1º Os juros de mora calculados até 2 de janeiro de 1992 serão, também, convertidos em Unidade Fiscal de Referência, na mesma data.

§ 2º Sobre a parcela correspondente à contribuição, convertida em quantidade de Unidade Fiscal de Referência, incidirão juros moratórios à razão de 1% (um por cento), ao mês-calendário ou fração, a partir de fevereiro de 1992, inclusive, além da multa variável pertinente.

§ 3º Os créditos calculados e expressos em quantidade de Unidade Fiscal de Referência conforme o disposto neste artigo serão reconvertidos para moeda corrente, com base no valor da Unidade Fiscal de Referência na data do pagamento.

Art. 239. As contribuições sociais e outras importâncias arrecadadas pela Secretaria Especial da Receita Federal do Brasil do Ministério da Economia, incluídas ou não em notificação fiscal de lançamento, pagas com atraso, objeto ou não de parcelamento, ficam sujeitas a:

▸ *Caput* com redação pelo Dec. 10.410/2020.

I – atualização monetária, quando exigida pela legislação de regência;

II – juros de mora, de caráter irrelevável, incidentes sobre o valor atualizado, equivalentes a:

a) 1% (um por cento) no mês do vencimento;

b) taxa referencial do Sistema Especial de Liquidação e de Custódia nos meses intermediários; e

c) 1% (um por cento) no mês do pagamento; e

III – multa variável, de caráter irrelevável, nos seguintes percentuais, para fatos geradores ocorridos a partir de 28 de novembro de 1999:

▸ Inciso III com redação pelo Dec. 3.265/1999.

a) para pagamento após o vencimento de obrigação não incluída em notificação fiscal de lançamento:

▸ Alínea *a* com redação pelo Dec. 3.265/1999.

1. 8% (oito por cento), dentro do mês de vencimento da obrigação;

2. 14% (quatorze por cento), no mês seguinte; ou

3. 20% (vinte por cento), a partir do segundo mês seguinte ao do vencimento da obrigação;

b) para pagamento de obrigação incluída em notificação fiscal de lançamento:

▸ Alínea *b* com redação pelo Dec. 3.265/1999.

1. 24% (vinte e quatro por cento), até 15 (quinze) dias do recebimento da notificação;

2. 30% (trinta por cento), após o décimo quinto dia do recebimento da notificação;

3. 40% (quarenta por cento), após apresentação de recurso desde que antecedido de defesa, sendo ambos tempestivos, até 15 (quinze) dias da ciência da decisão do Conselho de Recursos da Previdência Social; ou

4. 50% (cinquenta por cento), após o décimo quinto dia da ciência da decisão do Conselho de Recursos da Previdência Social, enquanto não inscrita em Dívida Ativa; e

c) para pagamento do crédito inscrito em Dívida Ativa:

▸ Alínea *c* com redação pelo Dec. 3.265/1999.

1. 60% (sessenta por cento), quando não tenha sido objeto de parcelamento;

2. 70% (setenta por cento), se houve parcelamento;

3. 80% (oitenta por cento), após o ajuizamento da execução fiscal, mesmo que o devedor ainda não tenha sido citado, se o crédito não foi objeto de parcelamento; ou

4. 100% (cem por cento), após o ajuizamento da execução fiscal, mesmo que o devedor ainda não tenha sido citado, se o crédito foi objeto de parcelamento.

§ 1º *Revogado pelo Dec. 6.224/2007.*

§ 2º Nas hipóteses de parcelamento ou de reparcelamento, incidirá um acréscimo de 20% (vinte por cento) sobre a multa de mora a que se refere o inciso III.

§ 3º Se houver pagamento antecipado à vista, no todo ou em parte, do saldo devedor, o acréscimo previsto no parágrafo anterior não incidirá sobre a multa correspondente à parte do pagamento que se efetuar.

§ 4º O valor do pagamento parcial, antecipado, do saldo devedor de parcelamento ou do reparcelamento somente poderá ser utilizado para quitação de parcelas na ordem inversa do vencimento, sem prejuízo da que for devida no mês de competência em curso e sobre a qual incidirá sempre o acréscimo a que se refere o § 2º.

§ 5º É facultada a realização de depósito à disposição da seguridade social, sujeito ao mesmo percentual do item 1 da alínea *b* do inciso III, desde que dentro do prazo legal para apresentação de defesa.

§ 6º À correção monetária e aos acréscimos legais de que trata este artigo aplicar-se-á a legislação vigente em cada competência a que se referirem.

§ 7º Às contribuições de que trata o art. 204, devidas e não recolhidas até as datas dos respectivos vencimentos, aplicam-se multas e juros moratórios na forma da legislação pertinente.

§ 8º Sobre as contribuições devidas e apuradas com fundamento no inciso IV do *caput* do art. 127 e no § 1º do art. 348 incidirão juros moratórios de cinco décimos por cento ao mês, capitalizados anualmente, limitados ao percentual máximo de cinquenta por cento, e multa de dez por cento.

▸ § 8º com redação pelo Dec. 10.410/2020.

§ 8º-A. A incidência de juros moratórios e multa de que trata o § 8º será estabelecida para fatos geradores ocorridos a partir de 14 de outubro de 1996.

▸ § 8º-A acrescido pelo Dec. 10.410/2020.

§ 9º Não se aplicam as multas impostas e calculadas como percentual do crédito por motivo de recolhimento fora do prazo das contribuições, nem quaisquer outras penas pecuniárias, às massas falidas de que trata o art. 192 da Lei 11.101, de 9 de fevereiro de 2005, e às missões diplomáticas estrangeiras no Brasil e aos membros dessas missões quando assegurada a isenção em tratado, convenção ou outro acordo internacional de que o Estado estrangeiro ou organismo internacional e o Brasil sejam partes.

▸ § 9º com redação pelo Dec. 6.042/2007.

§ 10. O disposto no § 8º não se aplica aos casos de contribuições em atraso a partir da competência abril de 1995, obedecendo-se, a partir de então, às disposições aplicadas às empresas em geral.

▸ § 10 acrescido pelo Dec. 3.265/1999.

§ 11. Na hipótese de as contribuições terem sido declaradas no documento a que se refere o inciso IV do art. 225, ou quando se tratar de empregador doméstico ou de empresa ou segurado dispensados de apresentar o citado documento, a multa de mora a que se refere o

caput e seus incisos será reduzida em 50% (cinquenta por cento).

▸ § 11 acrescido pelo Dec. 3.265/1999.

Art. 240. Os créditos de qualquer natureza da seguridade social, constituídos ou não, que forem objeto de parcelamento serão consolidados na data da concessão e expressos em moeda corrente.

§ 1º Os valores referentes a competências anteriores a 1º de janeiro de 1995 e expressos em Unidade Fiscal de Referência serão reconvertidos para moeda corrente, com base no valor da Unidade Fiscal de Referência na data do pagamento.

§ 2º O valor do crédito consolidado será dividido pela quantidade de parcelas mensais concedidas na forma da legislação pertinente.

§ 3º O valor de cada parcela mensal, por ocasião do pagamento, será acrescido de juros na forma da legislação pertinente.

§ 4º A parcela mensal com valores relativos a competências anteriores a janeiro de 1995 será determinada de acordo com as disposições do § 1º, acrescida de juros conforme a legislação pertinente.

Art. 241. No caso de parcelamento concedido administrativamente até o dia 31 de dezembro de 1991, cujo saldo devedor foi expresso em quantidade de Unidade Fiscal de Referência diária a partir de 1º de janeiro de 1992, mediante a divisão do débito, atualizado monetariamente, pelo valor da Unidade Fiscal de Referência diária no dia 1º de janeiro de 1992, terá o valor do débito ou da parcela expresso em Unidade Fiscal de Referência reconvertido para moeda corrente, multiplicando-se a quantidade de Unidade Fiscal de Referência pelo valor desta na data do pagamento.

Art. 242. Os valores das contribuições incluídos em notificação fiscal de lançamento e os acréscimos legais, observada a legislação de regência, serão expressos em moeda corrente.

§ 1º Os valores das contribuições incluídos na Guia de Recolhimento do Fundo de Garantia do Tempo de Serviço e Informações à Previdência Social, não recolhidos ou não parcelados, serão inscritos na Dívida Ativa do Instituto Nacional do Seguro Social, dispensando-se o processo administrativo de natureza contenciosa.

§ 2º Os juros e a multa serão calculados com base no valor da contribuição.

Art. 243. Constatada a falta de recolhimento de qualquer contribuição ou outra importância devida nos termos deste Regulamento, a fiscalização lavrará, de imediato, notificação fiscal de lançamento com discriminação clara e precisa dos fatos geradores, das contribuições devidas e dos períodos a que se referem, de acordo com as normas estabelecidas pelos órgãos competentes.

§ 1º Aplica-se o disposto neste artigo em caso de falta de pagamento de benefício reembolsado ou em caso de pagamento desse benefício sem observância das normas pertinentes estabelecidas pelo Instituto Nacional do Seguro Social.

§ 2º Recebida a notificação, o empregador doméstico, a empresa ou o segurado terão o prazo de 30 (trinta) dias para efetuar o pagamento ou apresentar impugnação.

▸ § 2º com redação pelo Dec. 6.103/2007.

§ 3º Decorrido esse prazo, será automaticamente declarada a revelia, considerado, de plano, procedente o lançamento, permanecendo o processo no órgão jurisdicionante, pelo prazo de 30 (trinta) dias, para cobrança amigável.

§ 4º Após o prazo referido no parágrafo anterior, o crédito será inscrito em Dívida Ativa.

§ 5º Apresentada a defesa, o processo formado a partir da notificação fiscal de lançamento será submetido à autoridade competente, que decidirá sobre a procedência ou não do lançamento, cabendo recurso na forma da Subseção II da Seção II do Capítulo Único do Título I do Livro V.

§ 6º Ao lançamento considerado procedente aplicar-se-á o disposto no § 1º do art. 245, salvo se houver recurso tempestivo na forma da Subseção II da Seção II do Capítulo Único do Título I do Livro V.

§ 7º A liquidação de crédito incluído em notificação deve ser feita em moeda corrente, mediante documento próprio emitido exclusivamente pelo Instituto Nacional do Seguro Social.

Art. 244. *Revogado pelo Dec. 10.410/2020.*

Art. 245. O crédito da seguridade social é constituído por meio de notificação fiscal de lançamento, auto de infração, confissão ou documento declaratório de valores devidos apresentado pelo contribuinte ou outro instrumento previsto em legislação própria.

§ 1º As contribuições, a atualização monetária, os juros de mora, as multas, bem como outras importâncias devidas e não recolhidas até o seu vencimento devem ser lançadas em livro próprio destinado à inscrição em Dívida Ativa do Instituto Nacional do Seguro Social e da Fazenda Nacional, após a constituição do respectivo crédito.

§ 2º A certidão textual do livro de que trata este artigo serve de título para que o órgão competente, por intermédio de seu procurador ou representante legal, promova em juízo a cobrança da Dívida Ativa, segundo o mesmo processo e com as mesmas prerrogativas e privilégios da Fazenda Nacional, nos termos da Lei 6.830, de 22 de setembro de 1980.

§ 3º Os órgãos competentes podem, antes de ajuizar a cobrança da Dívida Ativa, promover o protesto de título dado em garantia de sua liquidação, ficando, entretanto, ressalvado que o título será sempre recebido *pro solvendo*.

§ 4º Considera-se Dívida Ativa o crédito proveniente de fato jurídico gerador das obrigações legais ou contratuais, desde que inscrito no livro próprio, de conformidade com os dispositivos da Lei 6.830, de 1980.

§ 5º As contribuições arrecadadas pelo Instituto Nacional do Seguro Social poderão, sem prejuízo da respectiva liquidez e certeza, ser inscritas em Dívida Ativa.

Art. 246. O crédito relativo a contribuições, atualização monetária, juros de mora, multas, bem como a outras importâncias, está sujeito, nos processos de falência, concordata ou concurso de credores, às disposições atinentes aos créditos da União, aos quais é equiparado.

▸ Art. 83, V, *c*, da Lei 11.101/2005 (Lei de Recuperação de Empresas e Falência).

Parágrafo único. O Instituto Nacional do Seguro Social reivindicará os valores descontados pela empresa do segurado empregado e trabalhador avulso, as decorrentes da sub-rogação de que tratam os incisos I e II do § 7º do art. 200 e as importâncias retidas na forma do art. 219 e não recolhidos, sendo que esses valores não estão sujeitos ao concurso de credores.

Seção VII

Da restituição e da compensação de contribuições e outras importâncias

Art. 247. A restituição e a compensação de valores recolhidos indevidamente observarão os termos e as condições estabelecidos pela Secretaria Especial da Receita Federal do Brasil do Ministério da Economia.

▸ *Caput* com redação pelo Dec. 10.410/2020.

§§ 1º a 3º *Revogados pelo Dec. 10.410/2020.*

Arts. 248 a 254. *Revogados pelo Dec. 10.410/2020.*

Seção VIII

Do reembolso de pagamento

Art. 255. A dedução e o reembolso relativos a quotas do salário-família e do salário-maternidade e a compensação do adicional de insalubridade a que se refere o § 2º do art. 394-A da Consolidação das Leis do Trabalho, aprovada pelo Decreto-Lei 5.452, de 1943, observarão os termos e as condições estabelecidos pela Secretaria Especial da Receita Federal do Brasil do Ministério da Economia.

▸ *Caput* com redação pelo Dec. 10.410/2020.

§ 1º *Revogado pelo Dec. 10.410/2020.*

§ 2º *Revogado pelo Dec. 3.265/1999.*

§ 3º *Revogado pelo Dec. 10.410/2020.*

CAPÍTULO IX

DA MATRÍCULA DA EMPRESA, DO PRODUTOR RURAL PESSOA FÍSICA E DO SEGURADO ESPECIAL

▸ Rubrica do Capítulo IX com redação pelo Dec. 6.722/2008.

Art. 256. A matrícula da empresa será feita:

I – simultaneamente com a inscrição no Cadastro Nacional da Pessoa Jurídica; ou

II – perante o Instituto Nacional do Seguro Social, no prazo de 30 (trinta) dias contados do início de suas atividades, quando não sujeita a inscrição no Cadastro Nacional da Pessoa Jurídica.

§ 1º Independentemente do disposto neste artigo, o Instituto Nacional do Seguro Social procederá à matrícula:

I – de ofício, quando ocorrer omissão; e

II – de obra de construção civil, mediante comunicação obrigatória do responsável por sua execução, no prazo do inciso II do *caput*.

§ 2º A unidade matriculada na forma do inciso II do *caput* e do § 1º receberá certificado de matrícula com número cadastral básico, de caráter permanente.

§ 3º O não cumprimento do disposto no inciso II do *caput* e no inciso II do § 1º sujeita o responsável à multa prevista no art. 283.

§ 4º O Departamento Nacional de Registro do Comércio, por intermédio das juntas comerciais, bem como os cartórios de registro civil de pessoas jurídicas, prestarão obrigatoriamente ao Instituto Nacional do Seguro Social todas as informações referentes aos atos constitutivos e alterações posteriores relativos a empresas neles registradas, sem ônus para o Instituto.

§ 5º São válidos perante o Instituto Nacional do Seguro Social os atos de constituição, alteração e extinção de empresa registrados nas juntas comerciais.

§ 6º O Ministério da Previdência e Assistência Social estabelecerá as condições em que o Departamento Nacional de Registro do Comércio, por intermédio das juntas comerciais, e os cartórios de registro civil de pessoas jurídicas cumprirão o disposto no § 4º.

Art. 256-A. A matrícula atribuída pela Secretaria da Receita Federal do Brasil ao produtor rural pessoa física ou segurado especial é o documento de inscrição do contribuinte, em substituição à inscrição no Cadastro Nacional de Pessoa Jurídica – CNPJ, a ser apresentado em suas relações:

▸ Artigo acrescido pelo Dec. 6.722/2008.

I – com o Poder Público, inclusive para licenciamento sanitário de produtos de origem animal ou vegetal submetidos a processos de beneficiamento ou industrialização artesanal;

II – com as instituições financeiras, para fins de contratação de operações de crédito; e

III – com os adquirentes de sua produção ou fornecedores de sementes, insumos, ferramentas e demais implementos agrícolas.

§ 1º Para fins de recolhimento das contribuições previdenciárias, a matrícula de que trata o *caput* será atribuída ao grupo familiar no ato de sua inscrição.

§ 2º O disposto no *caput* não se aplica ao licenciamento sanitário de produtos sujeitos à incidência do IPI ou ao contribuinte cuja inscrição no CNPJ seja obrigatória.

CAPÍTULO X
DA PROVA DE INEXISTÊNCIA DE DÉBITO

Arts. 257 a 259. *Revogados pelo Dec. 8.302/2014.*

Art. 260. Serão aceitas as seguintes modalidades de garantia:

I – depósito integral e atualizado do débito em moeda corrente;

II – hipoteca de bens imóveis com ou sem seus acessórios;

III – fiança bancária;

IV – vinculação de parcelas do preço de bens ou serviços a serem negociados a prazo pela empresa;

V – alienação fiduciária de bens móveis; ou

VI – penhora.

Parágrafo único. A garantia deve ter valor mínimo de 120% (cento e vinte por cento) do total da dívida, observado, em qualquer caso, o valor de mercado dos bens indicados, em conformidade com os critérios estabelecidos pelo Instituto Nacional do Seguro Social.

Art. 261. A autorização do órgão competente para outorga de instrumento em que se estipule o pagamento do débito da empresa no ato, ou apenas parte no ato e o restante em parcelas ou prestações do saldo do preço do bem a ser negociado pela empresa, com vinculação ao cumprimento das obrigações assumidas na confissão de dívida fiscal desta perante a seguridade social, na forma do inciso IV do art. 260, será dada mediante interveniência no instrumento.

Parágrafo único. A autorização para lavratura de instrumento de interesse da empresa em que a garantia oferecida pelo devedor não tem relação com o bem transacionado será dada mediante alvará.

Arts. 262 e 263. *Revogados pelo Dec. 8.302/2014.*

Art. 264. A inexistência de débito em relação às contribuições devidas ao Instituto Nacional do Seguro Social é condição necessária para que os Estados, o Distrito Federal e os Municípios possam receber as transferências dos recursos do Fundo de Participação dos Estados e do Distrito Federal e do Fundo de Participação dos Municípios, celebrar acordo, contrato, convênio ou ajuste, bem como receber empréstimo, financiamento, aval ou subvenção em geral de órgão ou entidade da administração direta e indireta da União.

Parágrafo único. Para recebimento do Fundo de Participação dos Estados e do Distrito Federal e do Fundo de Participação dos Municípios e para a consecução dos demais instrumentos citados no *caput*, os Estados,

o Distrito Federal e os Municípios deverão apresentar aos órgãos ou entidades responsáveis pela liberação dos fundos, celebração de acordos, contratos, convênios ou ajustes, concessão de empréstimos, financiamentos, avais ou subvenções em geral os comprovantes de recolhimento das suas contribuições ao Instituto Nacional do Seguro Social referentes aos três meses imediatamente anteriores ao mês previsto para a efetivação daqueles procedimentos.

Art. 265. Os Estados, o Distrito Federal e os Municípios serão, igualmente, obrigados a apresentar, para os fins do disposto no art. 264, comprovação de pagamento da parcela mensal referente aos débitos com o Instituto Nacional do Seguro Social objeto do parcelamento.

TÍTULO II
DAS DISPOSIÇÕES DIVERSAS RELATIVAS AO CUSTEIO DA SEGURIDADE SOCIAL

Art. 266. Os sindicatos poderão apresentar denúncia contra a empresa, junto ao Instituto Nacional do Seguro Social, nas seguintes hipóteses:

I – falta de envio da Guia da Previdência Social para o sindicato, na forma do inciso V do *caput* do art. 225;

II – não afixação da Guia da Previdência Social no quadro de horário, na forma do inciso VI do *caput* do art. 225;

III – divergência entre os valores informados pela empresa e pelo Instituto Nacional do Seguro Social sobre as contribuições recolhidas na mesma competência; ou

IV – existência de evidentes indícios de recolhimento a menor das contribuições devidas, constatados pela comparação com dados disponíveis sobre quantidade de empregados e as rescisões de contrato de trabalho homologadas pelo sindicato.

§ 1º As denúncias formuladas pelos sindicatos deverão identificar com precisão a empresa infratora e serão encaminhadas por seu representante legal, especificando nome, número no Cadastro Nacional da Pessoa Jurídica e endereço da empresa denunciada, o item infringido e outros elementos indispensáveis à análise dos fatos.

§ 2º A constatação da improcedência da denúncia apresentada pelo sindicato implicará a cessação do seu direito ao acesso às informações fornecidas pelas empresas e pelo Instituto Nacional do Seguro Social, pelo prazo de:

I – 1 (um) ano, quando fundamentada nos incisos I, II e III do *caput*; e

II – 4 (quatro) meses, quando fundamentada no inciso IV do *caput*.

§ 3º Os prazos mencionados no parágrafo anterior serão duplicados a cada reincidência, considerando-se esta a ocorrência de nova denúncia improcedente, dentro do período de 5 (cinco) anos contados da data da denúncia não confirmada.

Art. 267. *Revogado pelo Dec. 4.032/2001.*

Art. 268. O titular da firma individual e os sócios das empresas por cotas de responsabilidade limitada respondem solidariamente, com seus bens pessoais, pelos débitos junto à seguridade social.

Parágrafo único. Os acionistas controladores, os administradores, os gerentes e os diretores respondem solidariamente e subsidiariamente, com seus bens pessoais, quanto ao inadimplemento das obrigações para com a seguridade social, por dolo ou culpa.

Art. 269. Os orçamentos das entidades da administração pública direta e indireta devem consignar as dotações ao pagamento das contribuições devidas à seguridade social, de modo a assegurar a sua regular liquidação dentro do exercício.

Parágrafo único. O pagamento das contribuições devidas ao Instituto Nacional do Seguro Social terá prioridade absoluta nos cronogramas financeiros de desembolso dos órgãos da administração pública direta, das entidades de administração indireta e suas subsidiárias e das demais entidades sob controle acionário direto ou indireto da União, dos Estados, do Distrito Federal e dos Municípios, bem como de suas autarquias, e fundações instituídas ou mantidas pelo Poder Público.

Art. 270. A existência de débitos junto ao Instituto Nacional do Seguro Social, não renegociados ou renegociados e não saldados, nas condições estabelecidas em lei, importará na indisponibilidade dos recursos existentes, ou que venham a ingressar nas contas dos órgãos ou entidades devedoras de que trata o artigo anterior, abertas em quaisquer instituições financeiras, até o valor equivalente ao débito apurado na data de expedição de solicitação do Instituto Nacional do Seguro Social ao Banco Central do Brasil, incluindo o principal, corrigido monetariamente nos períodos em que a legislação assim dispuser, as multas e os juros.

Parágrafo único. Os Ministros da Fazenda e da Previdência e Assistência Social expedirão as instruções para aplicação do disposto neste artigo.

Art. 271. As contribuições referentes ao período de que trata o § 2º do art. 26, vertidas desde o início do vínculo do servidor com a administração pública ao Plano de Seguridade Social do Servidor Público, nos termos dos arts. 8º e 9º da Lei 8.162, de 1991, serão atualizadas monetariamente e repassadas de imediato ao Instituto Nacional do Seguro Social.

Art. 272. As alíquotas a que se referem o inciso II do art. 200 e os incisos I, II, III e § 8º do art. 202 são reduzidas em 50% (cinquenta por cento) de seu valor, a partir de 22 de janeiro de 1998, por 60 (sessenta) meses, nos contratos de trabalho por prazo determinado, nos termos da Lei 9.601, de 21 de janeiro de 1998.

▸ Artigo com redação pelo Dec. 4.032/2001.

Art. 273. A empresa é obrigada a preparar folha de pagamento dos trabalhadores contratados com base na Lei 9.601/1998, na forma do art. 225, agrupando-os separadamente.

Art. 274. O Instituto Nacional do Seguro Social poderá arrecadar e fiscalizar, mediante remuneração de 3,5% (três inteiros e cinco décimos por cento) sobre o montante arrecadado, contribuição por lei devida a terceiros, desde que provenha de empresa, segurado, aposentado ou pensionista a ele vinculado, aplicando-se a essa contribuição, no que couber, o disposto neste Regulamento.

§ 1º O disposto neste artigo aplica-se às contribuições que tenham a mesma base utilizada para o cálculo das contribuições incidentes sobre a remuneração paga, devida ou creditada a segurados, bem como sobre as contribuições incidentes sobre outras bases a título de substituição.

▸ § 1º com redação pelo Dec. 4.032/2001.

§ 2º As contribuições previstas neste artigo ficam sujeitas aos mesmos prazos, condições, sanções e privilégios das contribuições da seguridade social, inclusive no que se refere à cobrança judicial.

Art. 275. O Instituto Nacional do Seguro Social divulgará, trimestralmente, lista atualizada dos devedores com débitos inscritos na Dívida Ativa relativos às contribuições previstas nos incisos I, II, III, IV e V do parágrafo único do art. 195, acompanhada de relatório circunstanciado das medidas administrativas e judiciais adotadas para a cobrança e execução da dívida.

§ 1º O relatório a que se refere o *caput* será encaminhado aos órgãos da administração federal direta e indireta, às entidades controladas direta ou indiretamente pela União, aos registros públicos, cartórios de registro de títulos e documentos, cartórios de registro de imóveis e ao sistema financeiro oficial, para os fins do § 3º do art. 195 da Constituição Federal e da Lei 7.711, de 22 de dezembro de 1988.

§ 2º O Ministério da Previdência e Assistência Social fica autorizado a firmar convênio com os governos estaduais, do Distrito Federal e municipais para extensão, àquelas esferas de governo, das hipóteses previstas no art. 1º da Lei 7.711, de 1988.

Art. 276. Nas ações trabalhistas de que resultar o pagamento de direitos sujeitos à incidência de contribuição previdenciária, o recolhimento das importâncias devidas à seguridade social será feito no dia 2 (dois) do mês seguinte ao da liquidação da sentença.

§ 1º No caso do pagamento parcelado, as contribuições devidas à seguridade social serão recolhidas na mesma data e proporcionalmente ao valor de cada parcela.

§ 2º Nos acordos homologados em que não figurarem, discriminadamente, as parcelas legais de incidência da contribuição previdenciária, esta incidirá sobre o valor total do acordo homologado.

§ 3º Não se considera como discriminação de parcelas legais de incidência de contribuição previdenciária a fixação de percentual de verbas remuneratórias e indenizatórias constantes dos acordos homologados, aplicando-se, nesta hipótese, o disposto no parágrafo anterior.

§ 4º A contribuição do empregado no caso de ações trabalhistas será calculada, mês a mês, aplicando-se as alíquotas previstas no art. 198, observado o limite máximo do salário de contribuição.

▸ Súmula 368 do TST.

§ 5º Na sentença ou acordo homologado, cujo valor da contribuição previdenciária devida for inferior ao limite mínimo permitido para recolhimento na Guia da Previdência Social, é autorizado o recolhimento dos valores devidos cumulativamente com as contribuições normais de mesma competência.

▸ § 5º acrescido pelo Dec. 4.032/2001.

§ 6º O recolhimento das contribuições do empregado reclamante deverá ser feito na mesma inscrição em que são recolhidas as contribuições devidas pela empresa.

▸ § 6º acrescido pelo Dec. 4.032/2001.

§ 7º Se da decisão resultar reconhecimento de vínculo empregatício, deverão ser exigidas as contribuições, tanto do empregador como do reclamante, para todo o período reconhecido, ainda que o pagamento das remunerações a ele correspondentes não tenham sido reclamadas na ação, tomando-se por base de incidência, na ordem, o valor da remuneração paga, quando conhecida, da remuneração paga a outro empregado de categoria ou função equivalente ou semelhante, do salário normativo da categoria ou do salário mínimo mensal, permitida a compensação das contribuições patronais eventualmente recolhidas.

▸ § 7º acrescido pelo Dec. 4.032/2001.

§ 8º Havendo reconhecimento de vínculo empregatício para empregado doméstico, tanto as contribuições do segurado empregado como as do empregador deverão ser recolhidas na inscrição do trabalhador.

▸ § 8º acrescido pelo Dec. 4.032/2001.

§ 9º É exigido o recolhimento da contribuição previdenciária de que trata o inciso II do art. 201, incidente sobre o valor resultante da decisão que reconhecer a ocorrência de prestação de serviço à empresa, mas não o vínculo empregatício, sobre o valor total da condenação ou do acordo homologado, independentemente da natureza da parcela e forma de pagamento.

▸ § 9º acrescido pelo Dec. 4.032/2001.

Art. 277. A autoridade judiciária deverá velar pelo fiel cumprimento do disposto no artigo anterior, executando, de ofício, quando for o caso, as contribuições devidas, fazendo expedir notificação ao Instituto Nacional do Seguro Social, para dar-lhe ciência dos termos da sentença, do acordo celebrado ou da execução.

Parágrafo único. O Instituto Nacional do Seguro Social fornecerá, quando solicitados, as orientações e dados necessários ao cumprimento do que dispõe este artigo.

Art. 278. Nenhuma contribuição é devida à seguridade social se a construção residencial for unifamiliar, com área total não superior a 70 (setenta) metros quadrados, destinada a uso próprio, do tipo econômico e tiver sido executada sem a utilização de mão de obra assalariada.

Parágrafo único. Comprovado o descumprimento de qualquer das disposições do *caput*, tornam-se devidas as contribuições previstas neste Regulamento, sem prejuízo das cominações legais cabíveis.

TÍTULO III
DAS DISPOSIÇÕES TRANSITÓRIAS RELATIVAS AO CUSTEIO DA SEGURIDADE SOCIAL

▸ Título III acrescido pelo Dec. 3.265/1999.

Art. 278-A. *Revogado pelo Dec. 4.729/2003.*

LIVRO IV
DAS PENALIDADES EM GERAL

TÍTULO I
DAS RESTRIÇÕES

Art. 279. A empresa que transgredir as normas deste Regulamento, além de outras sanções previstas, sujeitar-se-á às seguintes restrições:

I – suspensão de empréstimos e financiamentos, por instituições financeiras oficiais;

II – revisão de incentivo fiscal de tratamento tributário especial;

III – inabilitação para licitar e contratar com qualquer órgão ou entidade da administração pública direta ou indireta federal, estadual, do Distrito Federal ou municipal;

IV – interdição para o exercício do comércio, se for sociedade mercantil ou comerciante individual;

V – desqualificação para impetrar concordata; e

VI – cassação de autorização para funcionar no País, quando for o caso.

Art. 280. A empresa em débito para com a seguridade social não pode:

I – distribuir bonificação ou dividendo a acionista; e

II – dar ou atribuir cota ou participação nos lucros a sócio-cotista, diretor ou outro membro de órgão dirigente, fiscal ou consultivo, ainda que a título de adiantamento.

TÍTULO II
DAS INFRAÇÕES E DAS PENALIDADES

CAPÍTULO I
DOS CRIMES

Art. 281. *Revogado pelo Dec. 4.032/2001.*

CAPÍTULO II
DA APREENSÃO DE DOCUMENTOS

Art. 282. A seguridade social, por meio de seus órgãos competentes, promoverá a apreensão de comprovantes de arrecadação e de pagamento de benefícios, bem como de quaisquer documentos pertinentes, inclusive contábeis, mediante lavratura da competente termo, com a finalidade de apurar administrativamente a ocorrência dos crimes previstos em lei.

Parágrafo único. O Instituto Nacional do Seguro Social e a Secretaria da Receita Federal estabelecerão normas específicas para:

I – apreensão de comprovantes e demais documentos;

II – apuração administrativa da ocorrência de crimes;

III – devolução de comprovantes e demais documentos;

IV – instrução do processo administrativo de apuração;

V – encaminhamento do resultado da apuração referida no inciso IV à autoridade competente; e

VI – acompanhamento de processo judicial.

CAPÍTULO III
DAS INFRAÇÕES

Art. 283. Por infração a qualquer dispositivo das Leis 8.212 e 8.213, ambas de 1991, e 10.666, de 8 de maio de 2003, para a qual não haja penalidade expressamente cominada neste Regulamento, fica o responsável sujeito a multa variável de R$ 636,17 (seiscentos e trinta e seis reais e dezessete centavos) a R$ 63.617,35 (sessenta e três mil, seiscentos e dezessete reais e trinta e cinco centavos), conforme a gravidade da infração, aplicando-se-lhe o disposto nos arts. 290 a 292, e de acordo com os seguintes valores:

▸ *Caput* com redação pelo Dec. 4.862/2003.
▸ Valor atualizável por meio de Portaria do Ministério da Previdência Social – MPS.

I – a partir de R$ 636,17 (seiscentos e trinta e seis reais e dezessete centavos) nas seguintes infrações:

a) deixar a empresa de preparar folha de pagamento das remunerações pagas, devidas ou creditadas a todos os segurados a seu serviço, de acordo com este Regulamento e com os demais padrões e normas estabelecidos pelo Instituto Nacional do Seguro Social;

b) deixar a empresa de se matricular no Instituto Nacional do Seguro Social, dentro de 30 (trinta) dias contados da data do início de suas atividades, quando não sujeita a inscrição no Cadastro Nacional da Pessoa Jurídica;

c) deixar a empresa de descontar da remuneração paga aos segurados a seu serviço importância proveniente de dívida ou responsabilidade por eles contraída junto à seguridade social, relativa a benefícios pagos indevidamente;

d) deixar a empresa de matricular no Instituto Nacional do Seguro Social obra de construção civil de sua propriedade ou executada sob sua responsabilidade no prazo de 30 (trinta) dias do início das respectivas atividades;

e) deixar o Titular de Cartório de Registro Civil de Pessoas Naturais de comunicar ao Instituto Nacional do Seguro Social, até o dia 10 (dez) de cada mês, a ocorrência ou a não ocorrência de óbitos, no mês imediatamente anterior, bem como enviar informações inexatas, conforme o disposto no art. 228;

f) deixar o dirigente dos órgãos municipais competentes de prestar ao Instituto Nacional do Seguro Social as informações concernentes aos alvarás, *habite-se* ou documento equivalente, relativos a construção civil, na forma do art. 226; e

g) deixar a empresa de efetuar os descontos das contribuições devidas pelos segurados a seu serviço;

▸ Alínea *g* com redação pelo Dec. 4.862/2003.

h) deixar a empresa de elaborar e manter atualizado perfil profissiográfico abrangendo as atividades desenvolvidas pelo trabalhador e de fornecer a este, quando da rescisão do contrato de trabalho, cópia autêntica deste documento; e

▸ Alínea *h* acrescida pelo Dec. 4.862/2003.

II – a partir de R$ 6.361,73 (seis mil, trezentos e sessenta e um reais e setenta e três centavos) nas seguintes infrações:

a) deixar a empresa de lançar mensalmente, em títulos próprios de sua contabilidade, de forma discriminada, os fatos geradores de todas as contribuições, o montante das quantias descontadas, as contribuições da empresa e os totais recolhidos;

b) deixar a empresa de apresentar ao Instituto Nacional do Seguro Social e à Secretaria da Receita Federal os documentos que contenham as informações cadastrais, financeiras e contábeis de interesse dos mesmos, na forma por eles estabelecida, ou os esclarecimentos necessários à fiscalização;

c) deixar o servidor, o serventuário da Justiça ou o titular de serventia extrajudicial de exigir documento comprobatório de inexistência de débito, quando da contratação com o poder público ou no recebimento de benefício ou de incentivo fiscal ou creditício;

d) deixar o servidor, o serventuário da Justiça ou o titular de serventia extrajudicial de exigir o documento comprobatório de inexistência de débito, quando da alienação ou oneração, a qualquer título, de bem imóvel ou direito a ele relativo;

e) deixar o servidor, o serventuário da Justiça ou o titular de serventia extrajudicial de exigir a apresentação do documento comprobatório de inexistência de débito na alienação ou oneração, a qualquer título, de bem móvel incorporado ao ativo permanente da empresa, de valor superior a R$ 15.904,18 (quinze mil, novecentos e quatro reais e dezoito centavos);

f) deixar o servidor, o serventuário da Justiça ou o titular de serventia extrajudicial de exigir documento comprobatório de inexistência de débito no registro ou arquivamento, no órgão próprio, de ato relativo à baixa ou redução de capital de firma individual, redução de capital social, cisão total ou parcial, transformação ou extinção de entidade ou sociedade comercial ou civil e transferência de controle de cotas de sociedades de responsabilidade limitada;

g) deixar o servidor, o serventuário da Justiça ou o titular de serventia extrajudicial de exigir documento comprobatório de inexistência de débito do proprietário, pessoa física ou jurídica, de obra de construção civil, quando da averbação de obra no Registro de Imóveis;

h) deixar o servidor, o serventuário da Justiça ou o titular de serventia extrajudicial de exigir documento comprobatório de inexistência de débito do incorporador, quando da averbação de obra no Registro de Imóveis, independentemente do documento apresentado por ocasião da inscrição do memorial de incorporação;

i) deixar o dirigente da entidade da administração pública direta ou indireta de consignar as dotações necessárias ao pagamento das contribuições devidas à seguridade social, de modo a assegurar a sua regular liquidação dentro do exercício;

j) deixar a empresa, o servidor de órgão público da administração direta e indireta, o segurado da previdência social, o serventuário da Justiça ou o titular de serventia extrajudicial, o síndico ou seu representante, o comissário ou o liquidante de empresa em liquidação judicial ou extrajudicial, de exibir os documentos e livros relacionados com as contribuições previstas neste Regulamento ou apresentá-los sem atender às formalidades legais exigidas ou contendo informação diversa da realidade ou, ainda, com omissão de informação verdadeira;

l) deixar a entidade promotora do espetáculo desportivo de efetuar o desconto da contribuição prevista no § 1º do art. 205;

m) deixar a empresa ou entidade de reter e recolher a contribuição prevista no § 3º do art. 205;

n) deixar a empresa de manter laudo técnico atualizado com referência aos agentes nocivos existentes no ambiente de trabalho de seus trabalhadores ou emitir documento de comprovação de efetiva exposição em desacordo com o respectivo laudo; e

▸ Alínea *n* com redação pelo Dec. 6.722/2008.

o) *Revogada pelo Dec. 4.882/2003.*

§ 1º Considera-se dirigente, para os fins do disposto neste Capítulo, aquele que tem a competência funcional para decidir a prática ou não do ato que constitua infração à legislação da seguridade social.

§ 2º A falta de inscrição do segurado sujeita o responsável à multa de R$ 1.254,89 (mil, duzentos e cinquenta e quatro reais e oitenta e nove centavos), por segurado não inscrito.

▸ § 2º com redação pelo Dec. 6.722/2008.

§ 3º As demais infrações a dispositivos da legislação, para as quais não haja penalidade expressamente cominada, sujeitam o infrator à multa de R$ 636,17 (seiscentos e trinta e seis reais e dezessete centavos).

Art. 284. A infração ao disposto no inciso IV do *caput* do art. 225 sujeitará o responsável às seguintes penalidades administrativas:

I – valor equivalente a um multiplicador sobre o valor mínimo previsto no *caput* do art. 283, em função do número de segurados, pela não apresentação da Guia de Recolhimento do Fundo de Garantia do Tempo de Serviço e Informações à Previdência Social, independentemente do recolhimento da contribuição, conforme quadro abaixo:

0 a 5 segurados	½ valor mínimo
6 a 15 segurados	1 x o valor mínimo
16 a 50 segurados	2 x o valor mínimo
51 a 100 segurados	5 x o valor mínimo
101 a 500 segurados	10 x o valor mínimo
501 a 1000 segurados	20 x o valor mínimo
1001 a 5000 segurados	35 x o valor mínimo
Acima de 5000 segurados	50 x o valor mínimo

II – 100% (cem por cento) do valor devido relativo à contribuição não declarada, limitada aos valores previstos no inciso I, pela apresentação da Guia de Recolhimento do Fundo de Garantia do Tempo de Serviço e Informações à Previdência Social com dados não correspondentes aos fatos geradores, seja em relação às bases de cálculo, seja em relação às informações que alterem o valor das contribuições, ou do valor que seria devido se não houvesse isenção ou substituição, quando se tratar de infração cometida por pessoa jurídica de direito privado beneficente de assistência social em gozo de isenção das contribuições previdenciárias ou por empresa cujas contribuições incidentes sobre os respectivos fatos geradores tenham sido substituídas por outras; e

▸ Inciso II com redação pelo Dec. 4.729/2003.

III – 5% (cinco por cento) do valor mínimo previsto no *caput* do art. 283, por campo com informações inexatas, incompletas ou omissas, limitada aos valores previstos no inciso I, pela apresentação da Guia de Recolhimento do Fundo de Garantia do Tempo de Serviço e Informações à Previdência Social com erro de preenchimento nos dados não relacionados aos fatos geradores.

§ 1º A multa de que trata o inciso I, a partir do mês seguinte àquele em que o documento deveria ter sido entregue, sofrerá acréscimo de 5% (cinco por cento) por mês-calendário ou fração.

§ 2º O valor mínimo a que se refere o inciso I será o vigente na data da lavratura do auto de infração.

Art. 285. A infração ao disposto no art. 280 sujeita o responsável à multa de 50% (cinquenta por cento) das quantias que tiverem sido pagas ou creditadas, a partir da data do evento.

Art. 286. A infração ao disposto no art. 336 sujeita o responsável à multa variável entre os limites mínimo e máximo do salário de contribuição, por acidente que tenha deixado de comunicar nesse prazo.

§ 1º Em caso de morte, a comunicação a que se refere este artigo deverá ser efetuada de imediato à autoridade competente.

§ 2º A multa será elevada em duas vezes o seu valor a cada reincidência.

§ 3º A multa será aplicada no seu grau mínimo na ocorrência da primeira comunicação feita fora do prazo estabelecido neste artigo, ou não comunicada, observado o disposto nos arts. 290 a 292.

Art. 287. Pelo descumprimento das obrigações contidas nos incisos V e VI do *caput* do art. 225, e verificado o disposto no inciso III do *caput* do art. 266, será aplicada multa de R$ 99,74 (noventa e nove reais e setenta e quatro centavos) a R$ 9.974,34 (nove mil, novecentos e setenta e quatro reais e trinta e quatro centavos), para cada competência em que tenha havido a irregularidade.

▸ *Caput* com redação pelo Dec. 4.032/2001.
▸ Valor atualizável por meio de Portaria do Ministério da Previdência Social – MPS.

Parágrafo único. O descumprimento das disposições constantes do art. 227 e dos incisos V e VI do *caput* do art. 257, sujeitará a instituição financeira à multa de:

I – R$ 22.165,20 (vinte e dois mil, cento e sessenta e cinco reais e vinte centavos), no caso do art. 227;

▸ Inciso I com redação pelo Dec. 4.032/2001.
▸ Valor atualizável por meio de Portaria do Ministério da Previdência Social – MPS.

II – R$ 110.826,01 (cento e dez mil, oitocentos e vinte e seis reais e um centavo), no caso dos incisos V e VI do *caput* do art. 257.

▸ Inciso II com redação pelo Dec. 4.032/2001.
▸ Valor atualizável por meio de Portaria do Ministério da Previdência Social – MPS.

Art. 288. O descumprimento do disposto nos §§ 19 e 20 do art. 225 sujeitará o infrator à multa de:

I – R$ 173,00 (cento e setenta e três reais) a R$ 1.730,00 (um mil, setecentos e trinta reais), no caso do § 19; e

II – R$ 345,00 (trezentos e quarenta e cinco reais) a R$ 3.450,00 (três mil, quatrocentos e cinquenta reais), no caso do § 20.

Art. 289. O dirigente de órgão ou entidade da administração federal, estadual, do Distrito Federal ou municipal responde pessoalmente pela multa aplicada por infração a dispositivos deste Regulamento, sendo obrigatório o respectivo desconto em folha de pagamento, mediante requisição dos órgãos competentes e a partir do primeiro pagamento que se seguir à requisição.

Parágrafo único. Ao disposto neste artigo não se aplica a multa de que trata o inciso III do art. 239.

<div align="center">CAPÍTULO IV
DAS CIRCUNSTÂNCIAS
AGRAVANTES DA PENALIDADE</div>

Art. 290. Constituem circunstâncias agravantes da infração, das quais dependerá a gradação da multa, ter o infrator:

I – tentado subornar servidor dos órgãos competentes;

II – agido com dolo, fraude ou má-fé;

III – desacatado, no ato da ação fiscal, o agente da fiscalização;

IV – obstado a ação da fiscalização; ou

V – incorrido em reincidência.

Parágrafo único. Caracteriza reincidência a prática de nova infração a dispositivo da legislação por uma mesma pessoa ou por seu sucessor, dentro de 5 (cinco) anos da data em que se tornar irrecorrível administrativamente a decisão condenatória, da data do pagamento ou da data em que se configurou a revelia, referentes à autuação anterior.

▸ Parágrafo único com redação pelo Dec. 6.032/2007.

<div align="center">CAPÍTULO V
DAS CIRCUNSTÂNCIAS
ATENUANTES DA PENALIDADE</div>

Art. 291. *Revogado pelo Dec. 6.727/2009.*

<div align="center">CAPÍTULO VI
DA GRADAÇÃO DAS MULTAS</div>

Art. 292. As multas serão aplicadas da seguinte forma:

I – na ausência de agravantes, serão aplicadas nos valores mínimos estabelecidos nos incisos I e II e no § 3º do art. 283 e nos arts. 286 e 288, conforme o caso;

II – as agravantes dos incisos I e II do art. 290 elevam a multa em três vezes;

III – as agravantes dos incisos III e IV do art. 290 elevam a multa em duas vezes;

IV – a agravante do inciso V do art. 290 eleva a multa em três vezes a cada reincidência no mesmo tipo de infração, e em duas vezes em caso de reincidência em infrações diferentes, observados os valores máximos estabelecidos no *caput* dos arts. 283 e 286, conforme o caso; e

V – *Revogado pelo Dec. 6.727/2009.*

Parágrafo único. Na aplicação da multa a que se refere o art. 288, aplicar-se-á apenas as agravantes referidas nos incisos III a V do art. 290, as quais elevam a multa em duas vezes.

Art. 293. Constatada a ocorrência de infração a dispositivo deste Regulamento, será lavrado auto de infração com discriminação clara e precisa da infração e das circunstâncias em que foi praticada, contendo o dispositivo legal infringido, a penalidade aplicada e os critérios de gradação, e indicando local, dia e hora de sua lavratura, observadas as normas fixadas pelos órgãos competentes.

▸ *Caput* com redação pelo Dec. 6.103/2007.

§ 1º Recebido o auto de infração, o autuado terá o prazo de 30 (trinta) dias, a contar da ciência, para efetuar o pagamento da multa de ofício com redução de 50% (cinquenta por cento) ou impugnar a autuação.

▸ § 1º com redação pelo Dec. 6.103/2007.

§ 2º Impugnada a autuação, o autuado, após a ciência da decisão de primeira instância, poderá efetuar o pagamento da multa de ofício com redução de 25% (vinte e cinco por cento), até a data limite para interposição de recurso.

▸ § 2º com redação pelo Dec. 6.103/2007.

§ 3º O recolhimento do valor da multa, com redução, implica renúncia ao direito de impugnar ou de recorrer.

▸ § 3º com redação pelo Dec. 4.032/2001.

§ 4º Apresentada impugnação, o processo será submetido à autoridade competente, que decidirá sobre a autuação, cabendo recurso na forma da Subseção II da Seção II do Capítulo Único do Título I do Livro V deste Regulamento.

▸ § 4º com redação pelo Dec. 6.032/2007.

§§ 5º e 6º *Revogados pelo Dec. 6.032/2007.*

<div align="center">LIVRO V
DA ORGANIZAÇÃO
DA SEGURIDADE SOCIAL</div>

<div align="center">TÍTULO I
DO SISTEMA NACIONAL
DE SEGURIDADE SOCIAL</div>

Art. 294. As ações nas áreas de saúde, previdência social e assistência social, conforme o disposto no Capítulo II do Título VIII da Constituição Federal, serão organizadas em Sistema Nacional de Seguridade Social.

Parágrafo único. As áreas de que trata este artigo organizar-se-ão em conselhos setoriais, com representantes da União, dos Estados, do Distrito Federal, dos Municípios e da sociedade civil.

<div align="center">CAPÍTULO ÚNICO
DOS ÓRGÃOS
COLEGIADOS</div>

<div align="center">*Seção I*
Do conselho nacional
de Previdência Social</div>

Art. 295. O Conselho Nacional de Previdência Social, órgão superior de deliberação colegiada, terá como membros:

I – seis representantes do Governo Federal; e

II – nove representantes da sociedade civil, sendo:

a) três representantes dos aposentados e pensionistas;

b) três representantes dos trabalhadores em atividade; e

c) três representantes dos empregadores.

§ 1º Os membros do Conselho Nacional de Previdência Social e seus respectivos suplentes serão nomeados pelo Presidente da República, tendo os representantes titulares da sociedade civil mandato de 2 (dois) anos, podendo ser reconduzidos, de imediato, uma única vez.

§ 2º Os representantes dos trabalhadores em atividade, dos aposentados, dos empregadores e seus respectivos suplentes serão indicados pelas centrais sindicais e confederações nacionais.

§ 3º O Conselho Nacional de Previdência Social reunir-se-á, ordinariamente, uma vez por mês, por convocação de seu Presidente, não podendo ser adiada a reunião por mais de 15 (quinze) dias se houver requerimento nesse sentido da maioria dos conselheiros.

§ 4º Poderá ser convocada reunião extraordinária por seu Presidente ou a requerimento de 1/3 (um terço) de seus membros, conforme dispuser o regimento interno do Conselho Nacional de Previdência Social.

Art. 296. Compete ao Conselho Nacional de Previdência Social:

I – estabelecer diretrizes gerais e apreciar as decisões de políticas aplicáveis à previdência social;

II – participar, acompanhar e avaliar, sistematicamente, a gestão previdenciária;

III – apreciar e aprovar os planos e programas da previdência social;

IV – apreciar e aprovar as propostas orçamentárias da previdência social, antes de sua consolidação na proposta orçamentária da seguridade social;

V – acompanhar e apreciar, mediante relatórios gerenciais por ele definidos, a execução dos planos, programas e orçamentos no âmbito da previdência social;

VI – acompanhar a aplicação da legislação pertinente à previdência social;

VII – apreciar a prestação de contas anual a ser remetida ao Tribunal de Contas da União, podendo, se for necessário, contratar auditoria externa;

VIII – estabelecer os valores mínimos em litígio, acima dos quais será exigida a anuência prévia do Procurador-Geral ou do Presidente do Instituto Nacional do Seguro Social para formalização de desistência ou transigência judiciais, conforme o disposto no art. 353;

IX – elaborar e aprovar seu regimento interno;

X – aprovar os critérios de arrecadação e de pagamento dos benefícios por intermédio da rede bancária ou por outras formas; e

XI – acompanhar e avaliar os trabalhos de implantação e manutenção do Cadastro Nacional de Informações Sociais.

Art. 296-A. Ficam instituídos, como unidades descentralizadas do Conselho Nacional de Previdência Social – CNPS, Conselhos de Previdência Social – CPS, que funcionarão junto às Gerências Executivas do INSS.

▸ *Caput* com redação pelo Dec. 5.699/2006.

Leg. Prev.

§ 1º Os CPS serão compostos por dez conselheiros e respectivos suplentes, designados pelo titular da Gerência Executiva na qual for instalado, assim distribuídos:
▸ *Caput do § 1º com redação pelo Dec. 5.699/2006.*

I – quatro representantes do Governo Federal; e
▸ *Inciso I acrescido pelo Dec. 4.874/2003.*

II – seis representantes da sociedade, sendo:
▸ *Inciso II acrescido pelo Dec. 4.874/2003.*

a) dois dos empregadores;

b) dois dos empregados; e

c) dois dos aposentados e pensionistas.

§ 2º O Governo Federal será representado:
▸ *Caput do § 2º acrescido pelo Dec. 4.874/2003.*

I – nas cidades onde houver mais de uma Gerência Executiva:
▸ *Caput do inciso I com redação pelo Dec. 5.699/2006.*

a) pelo Gerente Executivo da Gerência Executiva a que se refere o § 1º; e
▸ *Alínea a com redação pelo Dec. 6.722/2008.*

b) outros Gerentes Executivos; ou
▸ *Alínea b com redação pelo Dec. 6.722/2008.*

c) servidores da Divisão ou do Serviço Benefícios ou de Atendimento ou da Procuradoria Federal Especializada junto ao INSS de Gerência Executiva sediada na cidade, ou de representante da Secretaria da Receita Federal do Brasil, ou de representante da Dataprev;
▸ *Alínea c com redação pelo Dec. 6.722/2008.*

d) *Revogada pelo Dec. 6.722/2008.*

II – nas cidades onde houver apenas uma Gerência Executiva:
▸ *Caput do inciso II com redação pelo Dec. 5.699/2006.*

a) pelo Gerente Executivo;
▸ *Alínea a com redação pelo Dec. 5.699/2006.*

b) servidores da Divisão ou do Serviço de Benefícios ou de Atendimento ou da Procuradoria Federal Especializada junto ao INSS da Gerência Executiva, ou de representante da Secretaria da Receita Federal do Brasil, ou de representante da Dataprev.
▸ *Alínea b com redação pelo Dec. 6.722/2008.*

c) e **d)** *Revogadas pelo Dec. 6.722/2008.*

III – *Revogado pelo Dec. 5.699/2006.*

§ 3º As reuniões serão mensais ou bimensais, a critério do respectivo CPS, e abertas ao público, cabendo a sua organização e funcionamento ao titular da Gerência Executiva na qual for instalado o colegiado.
▸ *§ 3º com redação pelo Dec. 5.699/2006.*

§ 4º Os representantes dos trabalhadores, dos aposentados e dos empregadores serão

indicados pelas respectivas entidades sindicais ou associações representativas.
▸ *§ 4º com redação pelo Dec. 6.722/2008.*

§ 5º Os CPS terão caráter consultivo e de assessoramento, competindo ao CNPS disciplinar os procedimentos para o seu funcionamento, suas competências, os critérios de seleção dos representantes da sociedade e o prazo de duração dos respectivos mandatos, além de estipular por resolução o regimento dos CPS.
▸ *§ 5º acrescido pelo Dec. 4.874/2003.*

§ 6º As funções dos conselheiros dos CPS não serão remuneradas e seu exercício será considerado serviço público relevante.
▸ *§ 6º acrescido pelo Dec. 4.874/2003.*

§ 7º A Previdência Social não se responsabilizará por eventuais despesas com deslocamento ou estada dos conselheiros representantes da sociedade.
▸ *§ 7º acrescido pelo Dec. 4.874/2003.*

§ 8º Nas cidades onde houver mais de uma Gerência Executiva, o Conselho será instalado naquela indicada pelo Gerente Regional do INSS cujas atribuições abranjam a referida cidade.
▸ *§ 8º acrescido pelo Dec. 6.722/2008.*

§ 9º Cabe ao Gerente Executivo a designação dos conselheiros.
▸ *§ 9º acrescido pelo Dec. 6.722/2008.*

§ 10. É facultado ao Gerente Regional do INSS participar das reuniões dos CPS localizados em região de suas atribuições e presidi-las.
▸ *§ 10 acrescido pelo Dec. 6.722/2008.*

Art. 297. Compete aos órgãos governamentais:

I – prestar toda e qualquer informação necessária ao adequado cumprimento das competências do Conselho Nacional de Previdência Social, fornecendo inclusive estudos técnicos; e

II – encaminhar ao Conselho Nacional de Previdência Social, com antecedência mínima de 2 (dois) meses do seu envio ao Congresso Nacional, a proposta orçamentária da previdência social, devidamente detalhada.

Art. 298. As resoluções tomadas pelo Conselho Nacional de Previdência Social deverão ser publicadas no *Diário Oficial da União*.

Art. 299. As reuniões do Conselho Nacional de Previdência Social serão iniciadas com a presença da maioria absoluta de seus membros, sendo exigida para deliberação a maioria simples de votos.

Art. 300. As ausências ao trabalho dos representantes dos trabalhadores em atividade, decorrentes das atividades do Conselho Nacional de Previdência Social, serão abonadas, computando-se como jornada efetivamente trabalhada para todos os fins e efeitos legais.

Art. 301. Aos membros do Conselho Nacional de Previdência Social, enquanto representantes dos trabalhadores em atividade, titulares e suplentes, é assegurada a estabilidade no emprego, da nomeação até 1 (um) ano após o término do mandato de representação, somente podendo ser demitidos por motivo de falta grave, regularmente comprovada mediante processo judicial.

Art. 302. Compete ao Ministério da Previdência e Assistência Social proporcionar ao Conselho Nacional de Previdência Social os meios necessários ao exercício de suas competências, para o que contará com uma Secretaria-Executiva do Conselho Nacional de Previdência Social.

Seção II
Do conselho de recursos
da Previdência Social

Subseção I
Da composição

Art. 303. O Conselho de Recursos da Previdência Social – CRPS é órgão colegiado de julgamento, integrante da estrutura do Ministério da Economia.
▸ *Caput com redação pelo Dec. 10.410/2020.*

§ 1º O Conselho de Recursos da Previdência Social compreende os seguintes órgãos:

I – Juntas de Recursos, com a competência para julgar:
▸ *Caput do inciso I com redação pelo Dec. 10.491/2020.*

a) os recursos das decisões proferidas pelo INSS nos processos de interesse de seus beneficiários;
▸ *Alíneas a a e acrescidas pelo Dec. 10.410/2020.*

b) os recursos das decisões proferidas pelo INSS relacionados à comprovação de atividade rural de segurado especial de que trata o art. art. 38–B da Lei 8.213, de 1991, ou às demais informações relacionadas ao CNIS de que trata o art. 29–A da referida Lei;

c) os recursos de decisões relacionadas à compensação financeira de que trata a Lei 9.796, de 5 de maio de 1999;

d) as contestações relativas à atribuição do FAP aos estabelecimentos da empresa; e

e) os recursos relacionados aos processos sobre irregularidades verificadas em procedimento de supervisão e de fiscalização nos regimes próprios de previdência social e aos processos sobre apuração de responsabilidade por infração às disposições da Lei 9.717, de 1998;

II – Câmaras de Julgamento, com sede em Brasília, Distrito Federal, com a competência para julgar os recursos interpostos contra as decisões proferidas pelas Juntas de Recursos;
▸ *Inciso II com redação pelo Dec. 10.491/2020.*

III – *Revogado pelo Dec. 3.668/2000.*

IV – Conselho Pleno, com a competência para uniformizar a jurisprudência previdenciária mediante enunciados, podendo ter outras competências definidas no Regimento Interno do Conselho de Recursos da Previdência Social.
▸ *Inciso IV com redação pelo Dec. 6.857/2009.*

§ 1º-A. A quantidade de Juntas de Recursos e de Câmaras de Julgamento do CRPS será estabelecida no decreto que aprovar a estrutura regimental do Ministério da Economia.
▸ *§ 1º-A acrescido pelo Dec. 10.491/2020.*

§ 2º O CRPS é presidido por representante do Governo, com notório conhecimento da legislação previdenciária, nomeado pelo Ministro de Estado da Previdência Social, cabendo-lhe dirigir os serviços administrativos do órgão.
▸ *§ 2º com redação pelo Dec. 6.722/2008.*

§ 3º *Revogado pelo Dec. 3.668/2000.*

§ 4º As Juntas de Recursos e as Câmaras de Julgamento, presididas por representante do Governo federal, são integradas por quatro conselheiros em cada turma, nomeados pelo Ministro de Estado da Economia, com a seguinte composição:
▸ *Caput do § 4º com redação pelo Dec. 10.410/2020.*

I – para os órgãos com competência para processar e julgar as contestações ou os recursos de que tratam os incisos I, II e III do *caput* do art. 305:
▸ *Inciso I acrescido pelo Dec. 10.410/2020.*

a) dois representantes do Governo federal;

b) um representante das empresas; e

c) um representante dos trabalhadores; e

II – para os órgãos com competência para processar e julgar os recursos de que tratam os incisos IV e V do *caput* do art. 305:
▸ *Inciso II acrescido pelo Dec. 10.410/2020.*

a) dois representantes do Governo federal;

b) um representante dos entes federativos; e

c) um representante dos servidores públicos.

§ 5º O mandato dos conselheiros do CRPS é de três anos, permitida a recondução, cumpridos os seguintes requisitos:
▸ *Caput com redação pelo Dec. 10.410/2020.*
▸ *Art. 3º do Dec. 10.410/2020 (Altera o Regulamento da Previdência Social).*

I – os representantes do Governo federal serão escolhidos entre servidores federais, preferencialmente do Ministério da Economia ou do INSS, ou de outro órgão da administração pública federal, estadual, municipal ou distrital, com graduação em Direito, os quais prestarão serviços exclusivos ao CRPS, sem prejuízo dos direitos e das vantagens percebidos no cargo de origem;
▸ *Inciso I com redação pelo Dec. 10.410/2020.*

II – os representantes das empresas e dos trabalhadores serão escolhidos entre os indicados em lista tríplice pelas entidades de classe ou sindicais das respectivas jurisdições, com graduação em Direito, e serão enquadrados como segurados obrigatórios do RGPS na condição de contribuintes individuais;
▸ *Inciso II com redação pelo Dec. 10.410/2020.*

III – os representantes dos entes federativos e dos servidores públicos serão escolhidos entre os indicados em lista tríplice pelo Conselho Nacional dos Regimes Próprios de Previdência Social, observadas as respectivas representações, com graduação em Direito, e manterão a qualidade de segurados do regime próprio a que estejam vinculados; e
▸ *Inciso III com redação pelo Dec. 10.410/2020.*

IV – os representantes não poderão incidir em situações que caracterizem conflito de interesses, nos termos do disposto no art. 10 da Lei 12.813, de 16 de maio de 2013.
▸ *Inciso IV acrescido pelo Dec. 10.410/2020.*

§ 6º A gratificação dos membros de Câmara de Julgamento e Junta de Recursos será definida em ato do Ministro de Estado da Economia.
▸ *§ 6º com redação pelo Dec. 10.410/2020.*
▸ *Art. 2º do Dec. 10.410/2020 (Altera o Regulamento da Previdência Social).*

I a III – *Revogados pelo Dec. 10.410/2020.*

§ 7º Os servidores do Instituto Nacional do Seguro Social, mediante ato do Ministro de Estado da Previdência Social, poderão ser cedidos para terem exercício no Conselho de Recursos da Previdência Social, sem prejuízo dos direitos e das vantagens do respectivo cargo de origem, inclusive os previstos no art. 61 da Lei 8.112, de 11 de dezembro de 1990.
▸ *§ 7º com redação pelo Dec. 4.729/2003.*

§ 8º *Revogado pelo Dec. 3.452/2000.*

§ 9º O conselheiro afastado por qualquer das razões elencadas no Regimento Interno do Conselho de Recursos da Previdência Social, exceto quando decorrente de renúncia voluntária, não poderá ser novamente designado para o exercício desta função antes do transcurso de 5 (cinco) anos, contados do efetivo afastamento.
▸ *§ 9º com redação pelo Dec. 5.699/2006.*

§ 10. O limite máximo de composições por Câmara de Julgamento ou Junta de Recursos, do Conselho de Recursos da Previdência Social, será definido em ato do Ministro de Estado da Previdência Social, por proposta fundamentada do presidente do referido Conselho, em função da quantidade de processos em tramitação em cada órgão julgador.
▸ *§ 10 com redação pelo Dec. 6.496/2008.*

§ 11. *Revogado pelo Dec. 6.857/2009.*

§ 12. O afastamento do representante dos trabalhadores da empresa empregadora ou dos servidores do ente federativo não constitui motivo para alteração ou rescisão de seu vínculo contratual ou funcional.
▸ *§ 12 acrescido pelo Dec. 10.410/2020.*

Art. 304. Compete ao Ministro de Estado da Previdência Social aprovar o Regimento Interno do CRPS.
▸ *Artigo com redação pelo Dec. 6.722/2008.*

Subseção II
Das contestações e dos recursos
▶ Epígrafe com redação pelo Dec. 10.410/2020.

Art. 305. Compete ao CRPS processar e julgar:
▶ *Caput* com redação pelo Dec. 10.410/2020.

I – os recursos das decisões proferidas pelo INSS nos processos de interesse de seus beneficiários;
▶ Incisos I a V acrescidos pelo Dec. 10.410/2020.

II – as contestações e os recursos relativos à atribuição, pelo Ministério da Economia, do FAP aos estabelecimentos das empresas;

III – os recursos das decisões proferidas pelo INSS relacionados à comprovação de atividade rural de segurado especial de que trata o art. 19-D ou às demais informações relacionadas ao CNIS de que trata o art. 19;

IV – os recursos das decisões relacionadas à compensação financeira de que trata a Lei 9.796, de 1999; e

V – os recursos relacionados aos processos sobre irregularidades verificadas em procedimento de supervisão e de fiscalização nos regimes próprios de previdência social e aos processos sobre apuração de responsabilidade por infração às disposições da Lei 9.717, de 1998.

§ 1º O prazo para interposição de contestações e recursos ou para oferecimento de contrarrazões será de trinta dias, contado:
▶ *Caput* do § 1º com redação pelo Dec. 10.410/2020.

I – no caso das contestações, da publicação no Diário Oficial da União das informações sobre a forma de consulta ao FAP;
▶ Incisos I a III acrescidos pelo Dec. 10.410/2020.

II – no caso dos recursos, da ciência da decisão; e

III – no caso das contrarrazões, da interposição do recurso.

§ 2º *Revogado pelo Dec. 3.265/1999.*

§ 3º O INSS, a Secretaria Especial de Previdência e Trabalho do Ministério da Economia e, quando for o caso, na hipótese prevista no inciso IV do *caput*, os entes federativos poderão reformar suas decisões e deixar de encaminhar, no caso de reforma favorável ao interessado, a contestação ou o recurso à instância competente ou de rever o ato para o não prosseguimento da contestação ou do recurso.
▶ § 3º com redação pelo Dec. 10.410/2020.

§ 4º Se o reconhecimento do direito do interessado ocorrer na fase de instrução do recurso por ele interposto contra decisão de Junta de Recursos, ainda que de alçada, ou de Câmara de Julgamento, o processo, acompanhado das razões do novo entendimento, será encaminhado:

I – à Junta de Recursos, no caso de decisão dela emanada, para fins de reexame da questão; ou

II – à Câmara de Julgamento, se por ela proferida a decisão, para revisão do acórdão, na forma que dispuser o seu Regimento Interno.

§ 5º *Revogado pelo Dec. 6.722/2008.*

§ 6º As contestações e os recursos a que se refere o inciso II do *caput* deverão dispor, exclusivamente, sobre razões relativas a divergências quanto aos elementos que compõem o cálculo do FAP.
▶ § 6º acrescido pelo Dec. 10.410/2020.

§ 7º Exceto se houver disposição em contrário disciplinada em ato do INSS, as razões do indeferimento e os demais elementos que compõem o processo administrativo previdenciário substituirão as contrarrazões apresentadas pelo INSS, hipótese em que o processo poderá ser remetido ao CRPS imediatamente após a interposição do recurso pelo interessado, preferencialmente por meio eletrônico.
▶ § 7º acrescido pelo Dec. 10.410/2020.

§ 8º Ato conjunto do INSS e do CRPS estabelecerá os procedimentos operacionais relativos à tramitação dos recursos das decisões proferidas pelo INSS.
▶ § 8º acrescido pelo Dec. 10.410/2020.

Art. 306. *Revogado pelo Dec. 6.722/2008.*

Art. 307. A propositura pelo interessado de ação judicial que tenha por objeto idêntico pedido sobre o qual verse o processo administrativo importará renúncia ao direito de contestar e recorrer na esfera administrativa, com a consequente desistência da contestação ou do recurso interposto.
▶ Artigo com redação pelo Dec. 10.410/2020.

Art. 308. Os recursos interpostos tempestivamente contra decisões proferidas pelas Juntas de Recursos e pelas Câmaras de Julgamento do CRPS têm efeito suspensivo e devolutivo.
▶ *Caput* com redação pelo Dec. 10.410/2020.

§ 1º Para fins do disposto neste artigo, não se considera recurso o pedido de revisão de acórdão endereçado às Juntas de Recursos e Câmaras de Julgamento.

▶ § 1º acrescido pelo Dec. 5.699/2006.

§ 1º É vedado ao INSS escusar-se de cumprir as diligências solicitadas pelo CRPS, bem como deixar de dar cumprimento às decisões definitivas daquele colegiado, reduzir ou ampliar o seu alcance ou executá-las de modo que contrarie ou prejudique seu evidente sentido.
▶ § 2º com redação pelo Dec. 6.722/2008.

Art. 309. Na hipótese de haver controvérsia em matéria previdenciária, na aplicação de lei ou de ato normativo, entre órgãos do Ministério da Economia, entidades a ele vinculadas e, na hipótese prevista no inciso IV do *caput* do art. 305, entes federativos, ou ocorrência de questão previdenciária de relevante interesse público ou social, o órgão ministerial ou a entidade interessada poderá, por intermédio de seu dirigente, solicitar ao Ministro de Estado da Economia solução para a controvérsia ou questão.
▶ *Caput* com redação pelo Dec. 10.410/2020.

§ 1º A controvérsia na aplicação de lei ou ato normativo será relatada *in abstracto* e encaminhada com manifestações fundamentadas dos órgãos interessados, podendo ser instruída com cópias dos documentos que demonstrem sua ocorrência.
▶ § 1º acrescido pelo Dec. 4.729/2003.

§ 2º A Procuradoria-Geral Federal Especializada/INSS deverá pronunciar-se em todos os casos previstos neste artigo.
▶ § 2º acrescido pelo Dec. 4.729/2003.

Art. 310. *Revogado pelo Dec. 6.722/2008.*

TÍTULO II
DOS CONVÊNIOS, CONTRATOS, CREDENCIAMENTOS E ACORDOS

Art. 311. A empresa, o sindicato ou entidade de aposentados devidamente legalizada poderá, mediante convênio, encarregar-se, relativamente a seu empregado ou associado e respectivos dependentes, de processar requerimento de benefício, preparando-o e instruindo-o de maneira a ser despachado pela previdência social.
▶ *Caput* com redação pelo Dec. 6.722/2008.

Parágrafo único. Somente poderá optar pelo encargo de pagamento, as convenentes que fazem a complementação de benefícios, observada a conveniência administrativa do INSS.
▶ Parágrafo único com redação pelo Dec. 6.939/2009.

Art. 312. A concessão e manutenção de prestação devida a beneficiário residente no exterior devem ser efetuadas nos termos do acordo entre o Brasil e o país de residência do beneficiário ou, na sua falta, nos termos de instruções expedidas pelo Ministério da Previdência e Assistência Social.

Art. 313. Os convênios, credenciamentos e acordos da linha do seguro social deverão ser feitos pelos setores de acordos e convênios do Instituto Nacional do Seguro Social.

Parágrafo único. O Instituto Nacional do Seguro Social poderá ainda colaborar para a complementação das instalações e equipamentos de entidades de habilitação e reabilitação profissional, com as quais mantenha convênio, ou fornecer outros recursos materiais para a melhoria do padrão de atendimento aos beneficiários.

Art. 314. A prestação de serviços da entidade que mantém convênio, contrato, credenciamento ou acordo com o Instituto Nacional do Seguro Social não cria qualquer vínculo empregatício entre este e o prestador de serviço.

Art. 315. Os órgãos da administração pública direta, autárquica e fundacional dos Estados, do Distrito Federal e dos Municípios poderão, mediante convênio com a previdência social, encarregar-se, relativamente aos seus funcionários, de formalizar processo de pedido de certidão de tempo de contribuição para fins de contagem recíproca, preparando-o e instruindo-o de forma a ser despachado pelo Instituto Nacional do Seguro Social.

Art. 316. O Instituto Nacional do Seguro Social, de acordo com as possibilidades administrativas e técnicas das unidades executivas de reabilitação profissional, poderá estabelecer convênios e/ou acordos de cooperação técnico-financeira, para viabilizar o atendimento às pessoas portadoras de deficiência.

Art. 317. Nos casos de impossibilidade de instalação de órgão ou setor próprio competente do Instituto Nacional do Seguro Social, assim como de efetiva incapacidade física ou técnica de implementação das atividades e atendimento adequado à clientela da previdência social, as unidades executivas de reabilitação profissional poderão solicitar a celebração de convênios, contratos ou acordos com entidades públicas ou privadas de comprovada idoneidade financeira e técnica,

ou seu credenciamento, para prestação de serviço, por delegação ou simples cooperação técnica, sob coordenação e supervisão dos órgãos competentes do Instituto Nacional do Seguro Social.

TÍTULO III
DA DIVULGAÇÃO DOS ATOS E DECISÕES DA PREVIDÊNCIA SOCIAL

Art. 318. A divulgação dos atos e decisões dos órgãos e autoridades da previdência social, sobre benefícios, tem como objetivo:

I – dar inequívoco conhecimento deles aos interessados, inclusive para efeito de recurso;

II – possibilitar seu conhecimento público; e

III – produzir efeitos legais quanto aos direitos e obrigações deles derivados.

Art. 319. O INSS notificará o interessado de sua decisão, preferencialmente por meio eletrônico, por meio de cadastramento prévio, na forma definida pelo INSS, realizado por procedimento em que seja assegurada a identificação adequada do interessado ou:
▶ *Caput* com redação pelo Dec. 10.410/2020.

I – por rede bancária, conforme definido em ato do INSS;
▶ Inciso I acrescido pelo Dec. 10.410/2020.

II – por via postal, por meio de carta simples destinada ao endereço constante do cadastro do segurado no INSS, hipótese em que o aviso de recebimento será considerado prova suficiente da notificação; ou
▶ Inciso II acrescido pelo Dec. 10.410/2020.

III – pessoalmente, quando entregue ao interessado em mão.
▶ Inciso III acrescido pelo Dec. 10.410/2020.

Parágrafo único. *Revogado pelo Dec. 10.410/2020.*

Art. 320. O conhecimento das decisões e demais atos dos órgãos do Ministério da Previdência e Assistência Social deve ser dado mediante publicação no *Diário Oficial da União*, boletim de serviço ou outro órgão de divulgação oficialmente reconhecido, ou na forma do art. 319.

Art. 321. O contrato, o convênio, o credenciamento e o acordo celebrados que impliquem pagamento de benefícios deverão ser publicados, em síntese, em boletim de serviço.
▶ Artigo com redação pelo Dec. 10.410/2020.

Art. 322. O INSS estabelecerá indicadores qualitativos e quantitativos para acompanhamento e avaliação das concessões de benefícios realizadas.
Caput com redação pelo Dec. 10.410/2020.

Parágrafo único. O administrador que determina e o servidor que realiza pagamento sem observar o disposto neste artigo são civilmente responsáveis por ele, ficando sujeitos também às penalidades administrativas cabíveis.

Art. 323. Os atos de que trata este Título serão publicados também no *Diário Oficial da União*, quando houver obrigação legal nesse sentido.

Art. 324. Os atos normativos ministeriais obrigam a todos os órgãos e entidades integrantes do Ministério da Previdência e Assistência Social, inclusive da administração indireta a ele vinculados.

Art. 325. Os atos e decisões normativas sobre benefícios dos órgãos e entidades da previdência social devem ser publicados na íntegra em boletim de serviço da entidade interessada, só tendo validade depois dessa publicação.

Parágrafo único. Os pareceres somente serão publicados quando aprovados pelas autoridades competentes e por determinação destas.

TÍTULO IV
DAS DISPOSIÇÕES DIVERSAS RELATIVAS À ORGANIZAÇÃO DA SEGURIDADE SOCIAL

Art. 326. O Instituto Nacional do Seguro Social, na forma da legislação específica, fica autorizado a contratar auditoria externa, periodicamente, para analisar e emitir parecer sobre demonstrativos econômico-financeiros e contábeis, arrecadação, cobrança e fiscalização de contribuições, bem como pagamento de benefícios, submetendo os resultados obtidos à apreciação do Conselho Nacional de Previdência Social.

Art. 327. A Auditoria e a Procuradoria do Instituto Nacional do Seguro Social deverão, a cada trimestre, elaborar relação das auditorias realizadas e dos trabalhos executados, bem como dos resultados obtidos, enviando-a à apreciação do Conselho Nacional de Previdência Social.

Art. 328. O Instituto Nacional do Seguro Social deverá implantar programa de qualificação e treinamento sistemático de pessoal, bem como promover reciclagem e redistribuição de funcionários conforme demandas dos órgãos regionais e locais, visando à melhoria da qualidade do atendimento, ao controle e à eficiência dos sistemas de arrecadação e fiscalização de contribuições, bem como de pagamento de benefícios.

Art. 329. O Cadastro Nacional de Informações Sociais é destinado a registrar informações de interesse da Administração Pública Federal e dos beneficiários da previdência social.

Parágrafo único. As contribuições aportadas pelos segurados e empresas terão o registro contábil individualizado, conforme dispuser o Ministério da Previdência e Assistência Social.

Arts. 329-A e 329-B. *Revogados pelo Dec. 10.410/2020.*

Art. 330. *Revogado pelo Dec. 10.410/2020.*

Art. 331. O Instituto Nacional do Seguro Social fica autorizado a efetuar permuta de informações, em caráter geral ou específico, com qualquer órgão ou entidade da administração direta ou indireta da União, Estados, Distrito Federal ou Municípios, com a prestação, quando for o caso, de assistência mútua na fiscalização dos respectivos tributos.

§ 1º A permuta de informações sobre a situação econômica ou financeira dos sujeitos passivos ou de terceiros e sobre a natureza e o estado dos seus negócios ou atividades somente poderá ser efetivada com a Secretaria da Receita Federal ou com a Fazenda Pública dos Estados, do Distrito Federal ou dos Municípios.

§ 2º Até que seja totalmente implantado o Cadastro Nacional de Informações Sociais, as instituições e órgãos federais, estaduais, do Distrito Federal e municipais, detentores de cadastros de empresas e de contribuintes em geral, deverão colocar à disposição do Instituto Nacional do Seguro Social, mediante convênio, todos os dados necessários à permanente atualização dos seus cadastros.

§ 3º O convênio de que trata o parágrafo anterior estabelecerá, entre outras condições, a forma e a periodicidade de acesso ao cadastro e às alterações posteriores.

Art. 332. O INSS estabelecerá indicadores qualitativos e quantitativos para acompanhamento e avaliação das concessões de benefícios realizadas.
▸ Artigo com redação pelo Dec. 10.410/2020.

Art. 333. O INSS adotará como prática o cruzamento das informações declaradas pelos segurados com as informações constantes das bases de dados de que dispuser quando da análise dos requerimentos dos benefícios.
▸ Artigo com redação pelo Dec. 10.410/2020.

Art. 334. Haverá, no âmbito da previdência social, uma Ouvidoria-Geral, cujas atribuições serão definidas em regulamento específico.

Art. 335. Deverão ser enviadas ao Congresso Nacional, anualmente, acompanhando a proposta orçamentária da seguridade social, projeções atuariais relativas à seguridade social, abrangendo um horizonte temporal de, no mínimo, 20 (vinte) anos, considerando hipóteses alternativas quanto às variações demográficas, econômicas e institucionais relevantes.

LIVRO VI
DAS DISPOSIÇÕES GERAIS

Art. 336. Para fins estatísticos e epidemiológicos, a empresa deverá comunicar à previdência social o acidente de que tratam os arts. 19, 20, 21 e 23 da Lei 8.213, de 1991, ocorrido com o segurado empregado, exceto o doméstico, e o trabalhador avulso, até o primeiro dia útil seguinte ao da ocorrência e, em caso de morte, de imediato, à autoridade competente, sob pena da multa aplicada na forma do art. 286.
▸ Caput com redação pelo Dec. 4.032/2001.

§ 1º Da comunicação a que se refere este artigo receberão cópia fiel o acidentado ou seus dependentes, bem como o sindicato a que corresponda a sua categoria.

§ 2º Na falta do cumprimento do disposto no *caput*, caberá ao setor de benefícios do Instituto Nacional do Seguro Social comunicar a ocorrência ao setor de fiscalização, para a aplicação e cobrança da multa devida.

§ 3º Na falta de comunicação por parte da empresa, ou quando se tratar de segurado especial, podem formalizá-la o próprio acidentado, seus dependentes, a entidade sindical competente, o médico que o assistiu ou qualquer autoridade pública, não prevalecendo nestes casos o prazo previsto neste artigo.
▸ § 3º com redação pelo Dec. 4.032/2001.

§ 4º A comunicação a que se refere o § 3º não exime a empresa de responsabilidade pela falta do cumprimento do disposto neste artigo.

§ 5º *Revogado pelo Dec. 3.265/1999.*

§ 6º Os sindicatos e entidades representativas de classe poderão acompanhar a cobrança, pela previdência social, das multas previstas neste artigo.

Art. 337. O acidente do trabalho será caracterizado tecnicamente pela Perícia Médica Federal, por meio da identificação do nexo entre o trabalho e o agravo.
▸ Caput com redação pelo Dec. 10.410/2020.

I a III – *Revogados pelo Dec. 10.491/2020.*

§ 1º O setor de benefícios do Instituto Nacional do Seguro Social reconhecerá o direito do segurado à habilitação do benefício acidentário.

§ 2º Será considerado agravamento do acidente aquele sofrido pelo acidentado quando estiver sob a responsabilidade da reabilitação profissional.

§ 3º Considera-se estabelecido o nexo entre o trabalho e o agravo quando se verificar nexo técnico epidemiológico entre a atividade da empresa e a entidade mórbida motivadora da incapacidade, elencada na Classificação Internacional de Doenças – CID em conformidade com o disposto na Lista C do Anexo II deste Regulamento.
▸ § 3º com redação pelo Dec. 6.957/2009.

§ 4º Para os fins deste artigo, considera-se agravo a lesão, doença, transtorno de saúde, distúrbio, disfunção ou síndrome de evolução aguda, subaguda ou crônica, de natureza clínica ou subclínica, inclusive morte, independentemente do tempo de latência.
▸ § 4º acrescido pelo Dec. 6.042/2007.

§ 5º Reconhecidos pela Perícia Médica Federal a incapacidade para o trabalho e o nexo entre o trabalho e o agravo, na forma prevista no § 3º, serão devidas as prestações acidentárias a que o beneficiário tiver direito.
▸ § 5º com redação pelo Dec. 10.410/2020.

§ 6º A Perícia Médica Federal deixará de aplicar o disposto no § 3º quando demonstrada a inexistência de nexo entre o trabalho e o agravo, sem prejuízo do disposto no § 7º e no § 12.
▸ § 6º com redação pelo Dec. 10.491/2020.

§ 7º A empresa poderá requerer ao INSS a não aplicação do nexo técnico epidemiológico ao caso concreto mediante a demonstração de inexistência de correspondente nexo entre o trabalho e o agravo.
▸ § 7º com redação pelo Dec. 6.939/2009.

§ 8º O requerimento de que trata o § 7º poderá ser apresentado no prazo de 15 (quinze) dias da data para a entrega, na forma do inciso IV do art. 225, da GFIP que registre a movimentação do trabalhador, sob pena de não conhecimento da alegação em instância administrativa.
▸ § 8º acrescido pelo Dec. 6.042/2007.

§ 9º Caracterizada a impossibilidade de atendimento ao disposto no § 8º, motivada pelo não conhecimento tempestivo do diagnóstico do agravo, o requerimento de que trata o § 7º poderá ser apresentado no prazo de quinze dias, contado da data em que a empresa tomar ciência da decisão a que se refere o § 5º.
▸ § 9º com redação pelo Dec. 10.410/2020.

§ 10. Juntamente com o requerimento de que tratam os §§ 8º e 9º, a empresa formulará as alegações que entender necessárias e apresentará as provas que possuir demonstrando a inexistência de nexo entre o trabalho e o agravo.
▸ § 10 com redação pelo Dec. 6.939/2009.

§ 11. A documentação probatória poderá trazer, entre outros meios de prova, evidências técnicas circunstanciadas e tempestivas à exposição do segurado, podendo ser produzidas no âmbito de programas de gestão de risco, a cargo da empresa, que possuam responsável técnico legalmente habilitado.
▸ § 11 acrescido pelo Dec. 6.042/2007.

§ 12. O INSS informará ao segurado sobre a contestação da empresa para que este, querendo, possa impugná-la, obedecendo, quanto à produção de provas, ao disposto no § 10, sempre que a instrução do pedido evidenciar a possibilidade de reconhecimento de inexistência do nexo entre o trabalho e o agravo.
▸ § 12 com redação pelo Dec. 6.939/2009.

§ 13. Da decisão do requerimento de que trata o § 7º cabe recurso, com efeito suspensivo, por parte da empresa ou, conforme o caso, do segurado ao Conselho de Recursos da Previdência Social, nos termos dos arts. 305 a 310.
▸ § 13 acrescido pelo Dec. 6.042/2007.

Art. 338. A empresa é responsável pela adoção e uso de medidas coletivas e individuais de proteção à segurança e saúde do trabalhador sujeito aos riscos ocupacionais por ela gerados.
▸ Caput com redação pelo Dec. 4.032/2001.

§ 1º É dever da empresa prestar informações pormenorizadas sobre os riscos da operação a executar e do produto a manipular.
▸ § 1º com redação pelo Dec. 4.032/2001.

§ 2º A Perícia Médica Federal terá acesso aos ambientes de trabalho e a outros locais onde se encontrem os documentos referentes ao controle médico de saúde ocupacional e aqueles que digam respeito ao programa de prevenção de riscos ocupacionais para verificar a eficácia das medidas adotadas pela empresa para a prevenção e o controle das doenças ocupacionais.
▸ § 2º com redação pelo Dec. 10.410/2020.

§ 3º O INSS auditará a regularidade e a conformidade das demonstrações ambientais, incluindo-se as de monitoramento biológico, e dos controles internos da empresa relativos ao gerenciamento dos riscos ocupacionais, de modo a assegurar a veracidade das informações prestadas pela empresa e constantes do CNIS, bem como o cumprimento das obrigações relativas ao acidente de trabalho.
▸ § 3º acrescido pelo Dec. 4.882/2003.

§ 4º Sempre que a Perícia Médica Federal constatar o descumprimento do disposto neste artigo, esta comunicará formalmente aos demais órgãos interessados, inclusive para fins de aplicação e cobrança da multa devida.
▸ § 4º com redação pelo Dec. 10.410/2020.

Art. 339. O Ministério do Trabalho e Emprego fiscalizará e os sindicatos e entidades representativas de classe acompanharão o fiel cumprimento do disposto nos arts. 338 e 343.

Art. 340. Por intermédio dos estabelecimentos de ensino, sindicatos, associações de classe, Fundação Jorge Duprat Figueiredo de Segurança e Medicina do Trabalho, órgãos públicos e outros meios, serão promovidas regularmente instrução e formação com vistas a incrementar costumes e atitudes prevencionistas em matéria de acidentes, especialmente daquele referido no art. 336.

Art. 341. O INSS ajuizará ação regressiva contra os responsáveis nas hipóteses de:
▸ Caput com redação pelo Dec. 10.410/2020.

I – negligência quanto às normas-padrão de segurança e higiene do trabalho indicadas para proteção individual e coletiva; e
▸ Inciso I acrescido pelo Dec. 10.410/2020.

II – violência doméstica e familiar contra a mulher, nos termos do disposto na Lei 11.340, de 7 de agosto de 2006.
▸ Inciso II acrescido pelo Dec. 10.410/2020.

Parágrafo único. *Revogado pelo Dec. 10.410/2020.*

§ 1º Os órgãos de fiscalização das relações de trabalho encaminharão à Procuradoria-Geral Federal os relatórios de análise de acidentes do trabalho com indícios de negligência quanto às normas-padrão de segurança e higiene do trabalho indicadas para proteção individual e coletiva.
▸ § 1º acrescido pelo Dec. 10.410/2020.

§ 2º O pagamento de prestações pela previdência social em decorrência das hipóteses previstas nos incisos I e II do *caput* não exclui a responsabilidade civil da empresa, na hipótese de que trata o inciso I do *caput*, ou do responsável pela violência doméstica e familiar, na hipótese de que trata o inciso II do *caput*.
▸ § 2º acrescido pelo Dec. 10.410/2020.

Art. 342. O pagamento pela previdência social das prestações decorrentes do acidente a que se refere o art. 336 não exclui a responsabilidade civil da empresa, do empregador doméstico ou de terceiros.
▸ Artigo com redação pelo Dec. 10.410/2020.

Art. 343. Constitui contravenção penal, punível com multa, deixar a empresa de cumprir as normas de segurança e saúde do trabalho.

Art. 344. Os litígios e medidas cautelares relativos aos acidentes de que trata o art. 336 serão apreciados:

I – na esfera administrativa, pelos órgãos da previdência social, segundo as regras e prazos aplicáveis às demais prestações, com prioridade para conclusão; e

II – na via judicial, pela Justiça dos Estados e do Distrito Federal, segundo o rito sumaríssimo, inclusive durante as férias forenses, mediante petição instruída pela prova de efetiva notificação do evento à previdência social, através da Comunicação de Acidente do Trabalho.

Parágrafo único. O procedimento judicial de que trata o inciso II é isento do pagamento de quaisquer custas e de verbas relativas à sucumbência.

Art. 345. As ações referentes às prestações decorrentes do acidente de que trata o art. 336 prescrevem em 5 (cinco) anos, observado o disposto no art. 347, contados da data:

I – do acidente, quando dele resultar a morte ou a incapacidade temporária verificada em perícia médica a cargo da Perícia Médica Federal; ou

▶ Inciso I com redação pelo Dec. 10.410/2002.

II – em que for reconhecido pela Perícia Médica Federal a incapacidade permanente ou o agravamento das sequelas do acidente.

▶ Inciso II com redação pelo Dec. 10.410/2020.

Art. 346. O segurado que houver sofrido o acidente a que se refere o art. 336 terá garantida, pelo prazo mínimo de doze meses, a manutenção de seu contrato de trabalho na empresa, após a cessação do auxílio por incapacidade temporária decorrente de acidente, independentemente da percepção de auxílio-acidente.

▶ Artigo com redação pelo Dec. 10.410/2020.

Art. 347. É de dez anos o prazo de decadência de todo e qualquer direito ou ação do segurado ou beneficiário para a revisão dos atos de concessão, indeferimento, cancelamento ou cessação de benefício e dos atos de deferimento, indeferimento ou não concessão de revisão de benefício, contado:

▶ Caput com redação pelo Dec. 10.410/2020.

I – do primeiro dia do mês subsequente ao do recebimento da primeira prestação ou da data em que a prestação deveria ter sido paga com o valor revisto; ou

▶ Inciso I acrescido pelo Dec. 10.410/2020.

II – do dia em que o segurado tiver ciência da decisão de indeferimento, cancelamento ou cessação do seu pedido de benefício ou da decisão de deferimento ou indeferimento de revisão de benefício no âmbito administrativo.

▶ Inciso II acrescido pelo Dec. 10.410/2020.

§ 1º Prescreve em 5 (cinco) anos, a contar da data em que deveriam ter sido pagas, toda e qualquer ação para haver prestações vencidas ou quaisquer restituições ou diferenças devidas pela previdência social, salvo o direito dos menores, incapazes e ausentes, na forma do Código Civil.

▶ Primitivo parágrafo único renumerado pelo Dec. 4.729/2003.

§ 2º Não é considerado pedido de revisão de decisão indeferitória definitiva, mas de novo pedido de benefício, o que vier acompanhado de outros documentos além dos já existentes no processo.

▶ § 2º acrescido pelo Dec. 4.729/2003.

§ 3º Não terá sequência eventual pedido de revisão de decisão indeferitória definitiva de benefício confirmada pela última instância do Conselho de Recursos da Previdência Social, aplicando-se, no caso de apresentação de outros documentos, além dos já existentes no processo, o disposto no § 2º.

▶ § 3º acrescido pelo Dec. 4.729/2003.

§ 4º Nas hipóteses de requerimento de revisão de benefício em manutenção ou de recurso de decisão do INSS com apresentação de novos elementos extemporaneamente ao ato concessório, os efeitos financeiros serão fixados na data do pedido de revisão ou do recurso.

▶ § 4º com redação pelo Dec. 10.410/2020.

Art. 347-A. O direito da Previdência Social de anular os atos administrativos de que decorram efeitos favoráveis para os seus beneficiários decai em 10 (dez) anos, contados da data em que foram praticados, salvo comprovada má-fé.

▶ Artigo acrescido pelo Dec. 5.545/2005.

§ 1º No caso de efeitos patrimoniais contínuos, o prazo decadencial contar-se-á da percepção do primeiro pagamento.

§ 2º Considera-se exercício do direito de anular qualquer medida de autoridade administrativa que importe impugnação à validade do ato.

Art. 348. O direito da seguridade social de apurar e constituir seus créditos extingue-se no prazo de cinco anos, contado:

▶ Caput com redação pelo Dec. 10.410/2020.

I – do primeiro dia do exercício seguinte àquele em que o crédito poderia ter sido constituído; ou

II – da data em que se tornar definitiva a decisão que houver anulado, por vício formal, a constituição de crédito anteriormente efetuado.

§ 1º Para comprovar o exercício de atividade remunerada, com vistas à concessão de benefícios, será exigido do contribuinte individual, a qualquer tempo, o recolhimento das correspondentes contribuições, observado o disposto nos §§ 7º a 14 do art. 216.

▶ § 1º com redação pelo Dec. 3.265/1999.

§ 2º Na hipótese de ocorrência de dolo, fraude ou simulação, a seguridade social pode, a qualquer tempo, apurar e constituir seus créditos.

§ 3º O direito de pleitear judicialmente a desconstituição de exigência fiscal fixada pelo Instituto Nacional do Seguro Social no julgamento de litígio em processo administrativo fiscal extingue-se com o decurso do prazo de 180 (cento e oitenta) dias, contado da intimação da referida decisão.

Art. 349. O direito da seguridade social de cobrar seus créditos, constituídos na forma prevista no art. 348, prescreverá no prazo de cinco anos, contado da data de sua constituição definitiva, observado o disposto nos art. 151 e art. 174 da Lei 5.172, de 25 de outubro de 1966 – Código Tributário Nacional.

▶ Artigo com redação pelo Dec. 10.410/2020.

Art. 350. Será de responsabilidade da Procuradoria-Geral do Instituto Nacional do Seguro Social manter entendimentos com o Ministério Público, objetivando a agilização das causas judiciais necessárias à concessão e manutenção de benefícios.

Art. 351. O pagamento de benefícios decorrente de sentença judicial far-se-á com a observância da prioridade garantida aos créditos alimentícios.

Art. 352. Para fins de reconhecimento inicial de benefícios previdenciários, desde que este não acarrete revisão de ato administrativo anterior, o Presidente do INSS poderá editar súmulas administrativas, que terão caráter vinculante perante o INSS nas seguintes hipóteses:

▶ Caput com redação pelo Dec. 10.410/2020.

I – sobre tema a respeito do qual exista súmula ou parecer emitido pelo Advogado–Geral da União; e

▶ Inciso I acrescido pelo Dec. 10.410/2020.

II – sobre tema decidido pelo Supremo Tribunal Federal, em matéria constitucional, ou pelo Superior Tribunal de Justiça, no âmbito de suas competências, quando definido em sede de repercussão geral ou recurso repetitivo e não houver viabilidade de reversão da tese firmada em sentido desfavorável ao INSS, conforme disciplinado pelo Advogado–Geral da União, nos termos do disposto no § 2º do art. 19–D da Lei 10.522, de 19 de julho de 2002.

▶ Inciso II acrescido pelo Dec. 10.410/2020.

Parágrafo único. Revogado pelo Dec. 10.410/2020.

§ 1º A edição da súmula administrativa de que trata este artigo será precedida de avaliação de impacto orçamentário e financeiro pela Secretaria Especial de Previdência e Trabalho do Ministério da Economia.

▶ §§ 1º a 3º acrescidos pelo Dec. 10.410/2020.

§ 2º As súmulas administrativas serão numeradas em ordem cronológica e terão validade até que lei, decreto ou outra súmula discipline a matéria de forma diversa, e competirá ao INSS mantê–las atualizadas em seus sítios eletrônicos.

§ 3º Para fins do disposto neste artigo, a Procuradoria Federal Especializada junto ao INSS emitirá parecer conclusivo para propor a edição, a alteração ou o cancelamento de súmula administrativa, da qual deverá constar o fundamento para a sua edição.

Art. 353. A formalização de desistência ou transigência judiciais, por parte de procurador da previdência social, será sempre precedida da anuência, por escrito, do Procurador-Geral do Instituto Nacional do Seguro Social ou do Presidente deste órgão, quando os valores em litígio ultrapassarem os limites definidos pelo Conselho Nacional de Previdência Social.

Parágrafo único. Os valores, a partir dos quais se exigirá a anuência do Procurador-Geral ou do Presidente do Instituto Nacional do Seguro Social, serão definidos periodicamente pelo Conselho Nacional de Previdência Social, mediante resolução própria.

Art. 354. O Instituto Nacional do Seguro Social, nas causas em que seja interessado na condição de autor, réu, assistente ou oponente, gozará das mesmas prerrogativas e privilégios assegurados à Fazenda Pública, inclusive quanto à inalienabilidade e impenhorabilidade de seus bens.

§ 1º O Instituto Nacional do Seguro Social é isento do pagamento de custas, traslados, preparos, certidões, registros, averbações e quaisquer outros emolumentos, nas causas em que seja interessado na condição de autor, réu, assistente ou oponente, inclusive nas ações de natureza trabalhista, acidentária e de benefício.

§ 2º O Instituto Nacional do Seguro Social antecipará os honorários periciais nas ações de acidentes do trabalho.

Art. 355. O Instituto Nacional do Seguro Social poderá requisitar a qualquer órgão ou entidade da administração direta ou indireta da União, dos Estados, do Distrito Federal ou dos Municípios, bem como das demais entidades sob seu controle, elementos de fato e de direito relativos às alegações e ao pedido do autor de ação proposta contra a previdência social, bem assim promover diligências para localização de devedores e apuração de bens penhoráveis, que serão atendidas prioritariamente e sob regime de urgência.

Art. 356. Nos casos de indenização na forma do art. 122 e da retroação da data do início das contribuições, conforme o disposto no art. 124, após a homologação do processo pelo setor de benefícios do Instituto Nacio-

nal do Seguro Social, este deverá ser encaminhado ao setor de arrecadação e fiscalização, para levantamento e cobrança do débito.

Art. 357. A Secretaria Especial de Previdência e Trabalho do Ministério da Economia e o INSS ficam autorizados a editar normas que disponham sobre os critérios e a forma de realização de pesquisas externas.

▶ Caput com redação pelo Dec. 10.410/2020.

Parágrafo único. Para efeito do disposto no *caput*, os servidores designados receberão, a título de indenização, o valor correspondente a 1/11 (um onze avos) do valor mínimo do salário de contribuição do contribuinte individual, por deslocamento com pesquisa concluída.

▶ Parágrafo único com redação pelo Dec. 3.265/1999.

Art. 358. Na execução judicial da Dívida Ativa da União, suas autarquias e fundações públicas, será facultado ao exequente indicar bens à penhora, a qual será efetivada concomitantemente com a citação inicial do devedor.

§ 1º Os bens penhorados nos termos deste artigo ficam desde logo indisponíveis.

§ 2º Efetuado o pagamento integral da dívida executada, com seus acréscimos legais, no prazo de 2 (dois) dias úteis contados da citação, independentemente da juntada aos autos do respectivo mandado, poderá ser liberada a penhora, desde que não haja outra execução pendente.

§ 3º O disposto neste artigo aplica-se também às execuções já processadas.

§ 4º Não sendo opostos embargos, no prazo legal, ou sendo eles julgados improcedentes, os autos serão conclusos ao juiz do feito, para determinar o prosseguimento da execução.

Art. 359. O Instituto Nacional do Seguro Social poderá contratar leiloeiros oficiais para promover a venda administrativa dos bens, adjudicados judicialmente ou que receber em dação de pagamento.

Parágrafo único. O Instituto Nacional do Seguro Social, no prazo de 60 (sessenta) dias, providenciará alienação do bem por intermédio do leiloeiro oficial.

Art. 360. Nas execuções fiscais da Dívida Ativa do Instituto Nacional do Seguro Social, o leilão judicial dos bens penhorados realizar-se-á por leiloeiro oficial, indicado pelo credor, que procederá à hasta pública:

I – no primeiro leilão, pelo valor do maior lance, que não poderá ser inferior ao da avaliação; ou

II – no segundo leilão, por qualquer valor, excetuado o vil.

§ 1º Poderá o juiz, a requerimento do credor, autorizar seja parcelado o pagamento do valor da arrematação, na forma prevista para os parcelamentos administrativos de débitos previdenciários.

§ 2º Todas as condições do parcelamento deverão constar do edital de leilão.

§ 3º O débito do executado será quitado na proporção do valor de arrematação.

§ 4º O arrematante deverá depositar, no ato, o valor da primeira parcela.

§ 5º Realizado o depósito, será expedida carta de arrematação, contendo as seguintes disposições:

I – valor da arrematação, valor e número de parcelas mensais em que será pago;

II – constituição de hipoteca do bem adquirido, ou de penhor, em favor do credor, servindo a carta de título hábil para registro da garantia;

III – indicação do arrematante como fiel depositário do bem móvel, quando constituído penhor; e

IV – especificação dos critérios de reajustamento do saldo e das parcelas, que será sempre o mesmo vigente para os parcelamentos de créditos previdenciários.

§ 6º Se o arrematante não pagar no vencimento qualquer das parcelas mensais, o saldo devedor remanescente vencerá antecipadamente e será acrescido em 50% (cinquenta por cento) de seu valor a título de multa, devendo, de imediato, ser inscrito em Dívida Ativa e executado.

§ 7º Se no primeiro ou no segundo leilões a que se refere o *caput* não houver licitante, o Instituto Nacional do Seguro Social poderá adjudicar o bem por 50% (cinquenta por cento) do valor da avaliação.

§ 8º Se o bem adjudicado não puder ser utilizado pelo Instituto Nacional do Seguro Social e for de difícil venda, poderá ser negociado ou doado a outro órgão ou entidade pública que demonstre interesse na sua utilização.

§ 9º Não havendo interesse na adjudicação, poderá o juiz do feito, de ofício ou a requerimento do credor, determinar sucessivas repetições da hasta pública.

§ 10. O leiloeiro oficial, a pedido do credor, poderá ficar como fiel depositário dos bens penhorados e realizar a respectiva remoção.

Art. 361. O Instituto Nacional do Seguro Social poderá concordar com valores divergentes, para pagamento da dívida objeto de execução fiscal, quando a diferença entre os cálculos de atualização da dívida por ele elaborados ou levados a efeito pela contadoria do Juízo e os cálculos apresentados pelo executado for igual ou inferior a 5% (cinco por cento).

§ 1º O disposto neste artigo aplica-se somente a dívidas cuja petição inicial da execução tenha sido protocolada em Juízo até 31 de março de 1997.

§ 2º A extinção de processos de execução, em decorrência da aplicação do disposto neste artigo, não implicará condenação em honorários, custas e quaisquer outros ônus de sucumbência contra o exequente, oferecidos ou não embargos à execução, e acarretará a desistência de eventual recurso que tenha por razão a divergência de valores de atualização nos limites do percentual referido.

Art. 362. O Instituto Nacional do Seguro Social e a Secretaria da Receita Federal estabelecerão critérios para a dispensa de constituição ou exigência de crédito de valor inferior ao custo dessas medidas.

Art. 363. A arrecadação das receitas prevista nos incisos I, II, III, IV e V do parágrafo único do art. 195, bem como as contribuições incidentes a título de substituição, e o pagamento dos benefícios da seguridade social serão realizados pela rede bancária ou por outras formas, nos termos e condições aprovados pelo Conselho Nacional de Previdência Social.

> ▸ Artigo com redação pelo Dec. 4.032/2001.

Art. 364. As receitas provenientes da cobrança de débitos dos Estados, do Distrito Federal e dos Municípios e da alienação, arrendamento ou locação de bens móveis ou imóveis pertencentes ao patrimônio do Instituto Nacional do Seguro Social deverão constituir reserva técnica, de longo prazo, que garantirá o seguro social instituído no Plano de Benefícios da Previdência Social.

Parágrafo único. É vedada a utilização dos recursos de que trata este artigo para cobrir despesas de custeio em geral, inclusive as decorrentes de criação, majoração ou extensão dos benefícios ou serviços da previdência social, admitindo-se sua utilização, excepcionalmente, em despesas de capital, conforme definido na lei orçamentária.

Art. 365. Mediante requisição do Instituto Nacional do Seguro Social, a empresa é obrigada a descontar, da remuneração paga aos segurados a seu serviço, a importância proveniente de dívida ou responsabilidade por eles contraída junto à seguridade social, relativa a benefícios pagos indevidamente, observado o disposto no art. 154.

Art. 366. O Presidente de Turma de Julgamento da Delegacia da Receita Federal do Brasil recorrerá de ofício sempre que a decisão:

> ▸ Caput com redação pelo Dec. 6.224/2007.

I – declarar indevida contribuição ou outra importância apurada pela fiscalização; e

II – relevar ou atenuar multa aplicada por infração a dispositivos deste Regulamento.

§ 1º Revogado pelo Dec. 6.224/2007.

§ 2º O recurso de que trata o caput será interposto ao Segundo Conselho de Contribuintes do Ministério da Fazenda.

> ▸ § 2º com redação pelo Dec. 6.224/2007.

§ 3º O Ministro de Estado da Fazenda poderá estabelecer limite abaixo do qual será dispensada a interposição do recurso de ofício previsto neste artigo.

> ▸ § 3º acrescido pelo Dec. 6.224/2007.

Art. 367. O Instituto Nacional do Seguro Social e a Empresa de Processamento de Dados da Previdência Social confrontarão a relação dos óbitos com os cadastros da previdência social, determinando o cancelamento dos pagamentos, a partir da data do falecimento dos beneficiários identificados na comunicação a que se refere o art. 228.

Art. 368. Fica o Instituto Nacional do Seguro Social obrigado a:

I – enviar às empresas e aos contribuintes individuais, quando por eles solicitado, extrato de recolhimento das suas contribuições;

II – emitir automaticamente e enviar às empresas avisos de cobrança de débitos;

III – emitir e enviar aos beneficiários carta de concessão de benefícios, além da memória de cálculo do valor dos benefícios concedidos;

IV – reeditar versão atualizada da Carta dos Direitos dos Segurados;

V – divulgar, com a devida antecedência, pelos meios de comunicação, alterações das contribuições das empresas e dos segurados em geral;

VI – descentralizar, progressivamente, o processamento eletrônico das informações, mediante extensão dos programas de informatização aos Postos de Atendimento e às Gerências Regionais de Arrecadação e Fiscalização; e

VII – garantir a integração dos sistemas de processamento eletrônico de informações e sua compatibilidade com o Cadastro Nacional de Informações Sociais;

VIII – tornar disponível ao público, inclusive por meio de rede pública de transmissão de dados, informações atualizadas sobre as despesas do Regime Geral de Previdência Social, bem como os critérios e parâmetros adotados para garantir o seu equilíbrio financeiro e atuarial.

> ▸ Inciso VIII acrescido pelo Dec. 5.545/2005.

Parágrafo único. O fornecimento das informações a que se referem os incisos I e III do caput poderá ocorrer por meio da sua disponibilização pelos canais de atendimento do INSS previstos na Carta de Serviços ao Usuário do INSS.

> ▸ Parágrafo único acrescido pelo Dec. 10.410/2020.

Art. 369. Os depósitos judiciais e extrajudiciais referentes a contribuições sociais e outras importâncias arrecadadas pelo Instituto Nacional do Seguro Social serão efetuados na Caixa Econômica Federal mediante guia de recolhimento específica para essa finalidade, conforme modelo a ser aprovado pelo Instituto Nacional do Seguro Social e confeccionado e distribuído pela Caixa Econômica Federal.

§ 1º Quando houver mais de um interessado na ação, o depósito será efetuado, à ordem e disposição do Juízo, em nome de cada contribuinte, individualizadamente.

§ 2º A guia de recolhimento conterá, além de outros elementos fixados em ato normativo da autoridade competente, os dados necessários à identificação do órgão judicial em que tramita a ação.

§ 3º No caso de recebimento de depósito judicial, a Caixa Econômica Federal remeterá uma via da guia de recolhimento ao órgão judicial em que tramita a ação.

§ 4º A Caixa Econômica Federal tornará disponível para o Instituto Nacional do Seguro Social, por meio magnético, os dados referentes aos depósitos.

Art. 370. O valor dos depósitos recebidos será creditado pela Caixa Econômica Federal à Subconta da Previdência Social da Conta Única do Tesouro Nacional junto ao Banco Central do Brasil, no mesmo prazo fixado para recolhimento das contribuições arrecadadas pelo Instituto Nacional do Seguro Social.

Art. 371. Mediante ordem da autoridade judicial ou, no caso de depósito extrajudicial, da autoridade administrativa competente, o valor do depósito, após o encerramento da lide ou do processo litigioso, será:

I – devolvido ao depositante pela Caixa Econômica Federal, no prazo máximo de 24 (vinte e quatro) horas, quando a sentença ou decisão lhe for favorável ou na proporção em que o for, acrescido de juros equivalentes à taxa referencial do Sistema Especial de Liquidação e de Custódia, para títulos federais, acumulada mensalmente, calculados a partir do mês subsequente ao da efetivação do depósito até o mês anterior ao de seu levantamento, e de juros de 1% (um por cento) relativamente ao mês em que estiver sendo efetivada a devolução; ou

II – transformado em pagamento definitivo, proporcionalmente à exigência do correspondente crédito, quando se tratar de sentença ou decisão favorável ao Instituto Nacional do Seguro Social.

§ 1º O documento contendo os dados relativos aos depósitos devolvidos ou transformados em pagamento definitivo, a ser confeccionado e preenchido pela Caixa Econômica Federal, deverá ser aprovado pelo Instituto Nacional do Seguro Social.

§ 2º O valor dos depósitos devolvidos pela Caixa Econômica Federal será debitado à Subconta da Previdência Social da Conta Única do Tesouro Nacional junto ao Banco Central do Brasil, a título de restituição, no mesmo dia em que ocorrer a devolução.

§ 3º O Banco Central do Brasil creditará, na conta de reserva bancária da Caixa Econômica Federal, no mesmo dia, os valores devolvidos.

§ 4º Os valores das devoluções, inclusive dos juros acrescidos, serão contabilizados como estorno da respectiva espécie de receita em que tiver sido contabilizado o depósito.

§ 5º No caso de transformação do depósito em pagamento definitivo, a Caixa Econômica Federal efetuará a baixa em seus controles e comunicará a ocorrência ao Instituto Nacional do Seguro Social.

§ 6º A Caixa Econômica Federal manterá controle dos valores depositados, devolvidos e transformados em pagamento definitivo, por contribuinte e por processo, devendo, relativamente aos valores depositados e respectivos acréscimos de juros, tornar disponível o acesso aos registros, emitir extratos mensais e remetê-los ao Instituto Nacional do Seguro Social.

§ 7º Os extratos referidos neste artigo conterão dados que permitam identificar o depositante, o processo administrativo ou judicial, a movimentação dos depósitos durante o mês, além de outros elementos considerados indispensáveis.

Art. 372. Pelo recebimento dos depósitos e pela prestação dos demais serviços previstos nos arts. 369 a 371, a Caixa Econômica Federal será remunerada pela tarifa fixada pelo Ministro de Estado da Fazenda, na forma do disposto no Decreto 2.850, de 27 de novembro de 1998.

Art. 373. Os valores expressos em moeda corrente referidos neste Regulamento, exceto aqueles referidos no art. 288, são reajustados nas mesmas épocas e com os mesmos índices utilizados para o reajustamento dos benefícios de prestação continuada da previdência social.

Art. 374. Serão aceitos os números de inscrição no Cadastro Geral de Contribuintes, até que seja concluída, pela Secretaria da Receita Federal, a implantação do Cadastro Nacional da Pessoa Jurídica.

Art. 375. Ficam anistiados, por força do art. 3º da Lei 9.476, de 23 de julho de 1997, os agentes políticos e os dirigentes de órgãos públicos estaduais, do Distrito Federal ou municipais, a quem foram impostas penalidades pecuniárias pessoais até 24 de julho de 1997, em decorrência do disposto no art. 289.

Art. 376. A multa de que trata a alínea e do inciso I do art. 283 retroagirá a 16 de abril de 1994, na que for mais favorável.

Art. 377. Os recursos a que se refere o Decreto 2.536, de 6 de abril de 1998, não têm efeito suspensivo.

Art. 378. Revogado pelo Dec. 4.729/2003.

Art. 379. A pessoa jurídica de direito privado já beneficiária da isenção ou que já a tenha requerido e que atenda ao disposto nos arts. 206 ou 207 está dispensada do requerimento previsto no art. 208, devendo, até 30 de maio de 1999:

I – comunicar ao Instituto Nacional do Seguro Social que está enquadrada nos arts. 206 ou 207; e

II – apresentar ao Instituto Nacional do Seguro Social o plano de ação de atividades a serem desenvolvidas durante o ano em curso.

Parágrafo único. O Conselho Nacional de Assistência Social, mediante resolução que observe a natureza dos serviços assistenciais, poderá, por proposição da Secretaria de Estado de Assistência Social, considerar atendido o requisito de gratuidade, à vista de doações ou contribuições voluntárias feitas por terceiros, pelos responsáveis ou pelos próprios beneficiários dos serviços, desde que garantido o livre acesso a esses serviços, independentemente dessas doações e contribuições, não se lhes aplicando o disposto nos §§ 2º e 3º do art. 206.

Art. 380. Fica cancelada, a partir de 1º de abril de 1999, toda e qualquer isenção de contribuição para a seguridade social concedida, em caráter geral ou especial, em desacordo com os arts. 206 ou 207.

Art. 381. As normas deste Regulamento de natureza procedimental aplicam-se imediatamente a todos os processos pendentes no Ministério da Previdência e Assistência Social e no Instituto Nacional do Seguro Social.

Art. 382. Os tratados, convenções e outros acordos internacionais de que Estados estrangeiro ou organismo internacional e o Brasil sejam partes, e que versem sobre matéria previdenciária, serão interpretados como lei especial.

> ▸ Artigo acrescido pelo Dec. 3.265/1999.

REGULAMENTO
DA PREVIDÊNCIA SOCIAL

ANEXO I

Relação das situações em que o aposentado por invalidez terá direito à majoração de vinte e cinco por cento prevista no art. 45 deste Regulamento

1 – Cegueira total.

2 – Perda de nove dedos das mãos ou superior a esta.

3 – Paralisia dos dois membros superiores ou inferiores.

4 – Perda dos membros inferiores, acima dos pés, quando a prótese for impossível.

5 – Perda de uma das mãos e de dois pés, ainda que a prótese seja possível.

6 – Perda de um membro superior e outro inferior, quando a prótese for impossível.

7 – Alteração das faculdades mentais com grave perturbação da vida orgânica e social.

8 – Doença que exija permanência contínua no leito.

9 – Incapacidade permanente para as atividades da vida diária.

▶ Deixamos de publicar os demais Anexos constantes desta Norma.

LEI COMPLEMENTAR 108, DE 29 DE MAIO DE 2001

Dispõe sobre a relação entre a União, os Estados, o Distrito Federal e os Municípios, suas autarquias, fundações, sociedades de economia mista e outras entidades públicas e suas respectivas entidades fechadas de previdência complementar, e dá outras providências.

DOU 30.05.2001

O Presidente da República:

Faço saber que o Congresso Nacional decreta e eu sanciono a seguinte Lei Complementar:

CAPÍTULO I
INTRODUÇÃO

Art. 1º A relação entre a União, os Estados, o Distrito Federal e os Municípios, inclusive suas autarquias, fundações, sociedades de economia mista e empresas controladas direta ou indiretamente, enquanto patrocinadores de entidades fechadas de previdência complementar, e suas respectivas entidades fechadas, a que se referem os §§ 3º, 4º, 5º e 6º do art. 202 da Constituição Federal, será disciplinada pelo disposto nesta Lei Complementar.

Art. 2º As regras e os princípios gerais estabelecidos na Lei Complementar que regula o *caput* do art. 202 da Constituição Federal aplicam-se às entidades reguladas por esta Lei Complementar, ressalvadas as disposições específicas.

CAPÍTULO II
DOS PLANOS DE BENEFÍCIOS

Seção I
Disposições especiais

Art. 3º Observado o disposto no artigo anterior, os planos de benefícios das entidades de que trata esta Lei Complementar atenderão às seguintes regras:

I – carência mínima de sessenta contribuições mensais a plano de benefícios e cessação do vínculo com o patrocinador, para se tornar elegível a um benefício de prestação que seja programada e continuada; e

II – concessão de benefício pelo regime de previdência ao qual o participante esteja filiado por intermédio de seu patrocinador, quando se tratar de plano na modalidade benefício definido, instituído depois da publicação desta Lei Complementar.

Parágrafo único. Os reajustes dos benefícios em manutenção serão efetuados de acordo com critérios estabelecidos nos regulamentos dos planos de benefícios, vedado o repasse de ganhos de produtividade, abono e vantagens de qualquer natureza para tais benefícios.

Art. 4º Nas sociedades de economia mista e empresas controladas direta ou indiretamente pela União, pelos Estados, pelo Distrito Federal e pelos Municípios, a proposta de instituição de plano de benefícios ou adesão a plano de benefícios em execução será submetida ao órgão fiscalizador, acompanhada de manifestação favorável do órgão responsável pela supervisão, pela coordenação e pelo controle do patrocinador.

Parágrafo único. As alterações no plano de benefícios que implique elevação da contribuição de patrocinadores serão objeto de prévia manifestação do órgão responsável pela supervisão, pela coordenação e pelo controle referido no *caput*.

Art. 5º É vedado à União, aos Estados, ao Distrito Federal e aos Municípios, suas autarquias, fundações, empresas públicas, sociedades de economia mista e outras entidades públicas o aporte de recursos a entidades de previdência privada de caráter complementar, salvo na condição de patrocinador.

Seção II
Do custeio

Art. 6º O custeio dos planos de benefícios será responsabilidade do patrocinador e dos participantes, inclusive assistidos.

§ 1º A contribuição normal do patrocinador para plano de benefícios, em hipótese alguma, excederá a do participante, observado o disposto no art. 5º da Emenda Constitucional 20, de 15 de dezembro de 1998, e as regras específicas emanadas do órgão regulador e fiscalizador.

§ 2º Além das contribuições normais, os planos poderão prever o aporte de recursos pelos participantes, a título de contribuição facultativa, sem contrapartida do patrocinador.

§ 3º É vedado ao patrocinador assumir encargos adicionais para o financiamento dos planos de benefícios, além daqueles previstos nos respectivos planos de custeio.

Art. 7º A despesa administrativa da entidade de previdência complementar será custeada pelo patrocinador e pelos participantes e assistidos, atendendo a limites e critérios estabelecidos pelo órgão regulador e fiscalizador.

Parágrafo único. É facultada aos patrocinadores a cessão de pessoal às entidades de previdência complementar que patrocinam, desde que ressarcidos os custos correspondentes.

CAPÍTULO III
DAS ENTIDADES DE PREVIDÊNCIA COMPLEMENTAR PATROCINADAS PELO PODER PÚBLICO E SUAS EMPRESAS

Seção I
Da estrutura organizacional

Art. 8º A administração e execução dos planos de benefícios compete às entidades fechadas de previdência complementar mencionadas no art. 1º desta Lei Complementar.

Parágrafo único. As entidades de que trata o *caput* organizar-se-ão sob a forma de fundação ou sociedade civil, sem fins lucrativos.

Art. 9º A estrutura organizacional das entidades de previdência complementar a que se refere esta Lei Complementar é constituída de conselho deliberativo, conselho fiscal e diretoria-executiva.

Seção II
Do conselho deliberativo
e do conselho fiscal

Art. 10. O conselho deliberativo, órgão máximo da estrutura organizacional, é responsável pela definição da política geral de administração da entidade e de seus planos de benefícios.

Art. 11. A composição do conselho deliberativo, integrado por no máximo seis membros, será paritária entre representantes dos participantes e assistidos e dos patrocinadores, cabendo a estes a indicação do conselheiro presidente, que terá, além do seu, o voto de qualidade.

§ 1º A escolha dos representantes dos participantes e assistidos dar-se-á por meio de eleição direta entre seus pares.

§ 2º Caso o estatuto da entidade fechada, respeitado o número máximo de conselheiros de que trata o *caput* e a participação paritária entre representantes dos participantes e assistidos e dos patrocinadores, preveja outra composição, que tenha sido aprovada na forma prevista no seu estatuto, esta poderá ser aplicada, mediante autorização do órgão regulador e fiscalizador.

Art. 12. O mandato dos membros do conselho deliberativo será de quatro anos, com garantia de estabilidade, permitida uma recondução.

§ 1º O membro do conselho deliberativo somente perderá o mandato em virtude de renúncia, de condenação judicial transitada em julgado ou processo administrativo disciplinar.

§ 2º A instauração de processo administrativo disciplinar, para apuração de irregularidades no âmbito de atuação do conselho deliberativo da entidade fechada, poderá determinar o afastamento do conselheiro até sua conclusão.

§ 3º O afastamento de que trata o parágrafo anterior não implica prorrogação ou permanência no cargo além da data inicialmente prevista para o término do mandato.

§ 4º O estatuto da entidade deverá regulamentar os procedimentos de que tratam os parágrafos anteriores deste artigo.

Art. 13. Ao conselho deliberativo compete a definição das seguintes matérias:

I – política geral de administração da entidade e de seus planos de benefícios;

II – alteração de estatuto e regulamentos dos planos de benefícios, bem como a implantação e a extinção deles e a retirada de patrocinador;

III – gestão de investimentos e plano de aplicação de recursos;

IV – autorizar investimentos que envolvam valores iguais ou superiores a cinco por cento dos recursos garantidores;

V – contratação de auditor independente atuário e avaliador de gestão, observadas as disposições regulamentares aplicáveis;

VI – nomeação e exoneração dos membros da diretoria-executiva; e

VII – exame, em grau de recurso, das decisões da diretoria-executiva.

Parágrafo único. A definição das matérias previstas no inciso II deverá ser aprovada pelo patrocinador.

Art. 14. O conselho fiscal é órgão de controle interno da entidade.

Art. 15. A composição do conselho fiscal, integrado por no máximo quatro membros, será paritária entre representantes de patrocinadores e de participantes e assistidos, cabendo a estes a indicação do conselheiro presidente, que terá, além do seu, o voto de qualidade.

Parágrafo único. Caso o estatuto da entidade fechada, respeitado o número máximo de conselheiros de que trata o *caput* e a participação paritária entre representantes dos participantes e assistidos e dos patrocinadores, preveja outra composição, que tenha sido aprovada na forma prevista no seu estatuto, esta poderá ser aplicada, mediante autorização do órgão regulador e fiscalizador.

Art. 16. O mandato dos membros do conselho fiscal será de quatro anos, vedada a recondução.

Art. 17. A renovação dos mandatos dos conselheiros deverá obedecer ao critério de proporcionalidade, de forma que se processe parcialmente a cada dois anos.

§ 1º Na primeira investidura dos conselhos, após a publicação desta Lei Complementar, os seus membros terão mandato com prazo diferenciado.

§ 2º O conselho deliberativo deverá renovar três de seus membros a cada dois anos e o conselho fiscal dois membros com a mesma periodicidade, observada a regra de transição estabelecida no parágrafo anterior.

Art. 18. Aplicam-se aos membros dos conselhos deliberativo e fiscal os mesmos requisitos previstos nos incisos I a III do art. 20 desta Lei Complementar.

Seção III
Da diretoria-executiva

Art. 19. A diretoria-executiva é o órgão responsável pela administração da entidade, em conformidade com a política de administração traçada pelo conselho deliberativo.

§ 1º A diretoria-executiva será composta, no máximo, por seis membros, definidos em função do patrimônio da entidade e do seu número de participantes, inclusive assistidos.

§ 2º O estatuto da entidade fechada, respeitado o número máximo de diretores de que trata o parágrafo anterior, deverá prever a forma de composição e o mandato da diretoria-executiva, aprovado na forma prevista no seu estatuto, observadas as demais disposições desta Lei Complementar.

Art. 20. Os membros da diretoria-executiva deverão atender aos seguintes requisitos mínimos:

I – comprovada experiência no exercício de atividade na área financeira, administrativa, contábil, jurídica, de fiscalização, atuarial ou de auditoria;

II – não ter sofrido condenação criminal transitada em julgado;

III – não ter sofrido penalidade administrativa por infração da legislação da seguridade social, inclusive da previdência complementar ou como servidor público; e

IV – ter formação de nível superior.

Art. 21. Aos membros da diretoria-executiva é vedado:

I – exercer simultaneamente atividade no patrocinador;

II – integrar concomitantemente o conselho deliberativo ou fiscal da entidade e, mesmo depois do término do seu mandato na diretoria-executiva, enquanto não tiver suas contas aprovadas; e

III – ao longo do exercício do mandato prestar serviços a instituições integrantes do sistema financeiro.

Art. 22. A entidade de previdência complementar informará ao órgão regulador e fiscalizador o responsável

pelas aplicações dos recursos da entidade, escolhido entre os membros da diretoria-executiva.

Parágrafo único. Os demais membros da diretoria-executiva responderão solidariamente com o dirigente indicado na forma do *caput* pelos danos e prejuízos causados à entidade para os quais tenham concorrido.

Art. 23. Nos doze meses seguintes ao término do exercício do cargo, o ex-diretor estará impedido de prestar, direta ou indiretamente, independentemente da forma ou natureza do contrato, qualquer tipo de serviço às empresas do sistema financeiro que impliquem a utilização das informações a que teve acesso em decorrência do cargo exercido, sob pena de responsabilidade civil e penal.

§ 1º Durante o impedimento, ao ex-diretor que não tiver sido destituído ou que pedir afastamento será assegurada a possibilidade de prestar serviço à entidade, mediante remuneração equivalente à do cargo de direção que exerceu ou em qualquer outro órgão da Administração Pública.

§ 2º Incorre na prática de advocacia administrativa, sujeitando-se às penas da lei, o ex-diretor que violar o impedimento previsto neste artigo, exceto se retornar ao exercício de cargo ou emprego que ocupava junto ao patrocinador, anteriormente à indicação para a respectiva diretoria-executiva, ou se for nomeado para exercício em qualquer órgão da Administração Pública.

CAPÍTULO IV
DA FISCALIZAÇÃO

Art. 24. A fiscalização e controle dos planos de benefícios e das entidades fechadas de previdência complementar de que trata esta Lei Complementar competem ao órgão regulador e fiscalizador das entidades fechadas de previdência complementar.

Art. 25. As ações exercidas pelo órgão referido no artigo anterior não eximem os patrocinadores da responsabilidade pela supervisão e fiscalização sistemática das atividades das suas respectivas entidades de previdência complementar.

Parágrafo único. Os resultados da fiscalização e do controle exercidos pelos patrocinadores serão encaminhados ao órgão mencionado no artigo anterior.

CAPÍTULO V
DISPOSIÇÕES GERAIS

Art. 26. As entidades fechadas de previdência complementar patrocinadas por empresas privadas permissionárias ou concessionárias de prestação de serviços públicos subordinam-se, no que couber, às disposições desta Lei Complementar, na forma estabelecida pelo órgão regulador e fiscalizador.

Art. 27. As entidades de previdência complementar patrocinadas por entidades públicas, inclusive empresas públicas e sociedades de economia mista, deverão rever, no prazo de dois anos, a contar de 16 de dezembro de 1998, seus planos de benefícios e serviços, de modo a ajustá-los atuarialmente a seus ativos, sob pena de intervenção, sendo seus dirigentes e seus respectivos patrocinadores responsáveis civil e criminalmente pelo descumprimento do disposto neste artigo.

Art. 28. A infração de qualquer disposição desta Lei Complementar ou de seu regulamento, para a qual não haja penalidade expressamente cominada, sujeita a pessoa física ou jurídica responsável, conforme o caso e a gravidade da infração, às penalidades administrativas previstas na Lei Complementar que disciplina o *caput* do art. 202 da Constituição Federal.

Art. 29. As entidades de previdência privada patrocinadas por empresas controladas, direta ou indiretamente, pela União, Estados, Distrito Federal e Municípios, que possuam planos de benefícios definidos com responsabilidade da patrocinadora, não poderão exercer o controle ou participar de acordo de acionistas que tenha por objeto formação de grupo de controle de sociedade anônima, sem prévia e expressa autorização da patrocinadora e do seu respectivo ente controlador.

Parágrafo único. O disposto no *caput* não se aplica às participações acionárias detidas na data de publicação desta Lei Complementar.

Art. 30. As entidades de previdência complementar terão o prazo de um ano para adaptar sua organização estatutária ao disposto nesta Lei Complementar, contados a partir da data de sua publicação.

Art. 31. Esta Lei Complementar entra em vigor na data de sua publicação.

Art. 32. Revoga-se a Lei 8.020, de 12 de abril de 1990.

Brasília, 29 de maio de 2001; 180º da Independência e 113º da República.

Fernando Henrique Cardoso

LEI COMPLEMENTAR 109, DE 29 DE MAIO DE 2001

Dispõe sobre o regime de previdência complementar e dá outras providências.

DOU 30.05.2001

▶ Art. 40, § 15, da CF.

O Presidente da República:

Faço saber que o Congresso Nacional decreta e eu sanciono a seguinte Lei Complementar:

CAPÍTULO I
INTRODUÇÃO

Art. 1º O regime de previdência privada, de caráter complementar e organizado de forma autônoma em relação ao regime geral de previdência social, é facultativo, baseado na constituição de reservas que garantam o benefício, nos termos do *caput* do art. 202 da Constituição Federal, observado o disposto nesta Lei Complementar.

Art. 2º O regime de previdência complementar é operado por entidades de previdência complementar que têm por objetivo principal instituir e executar planos de benefícios de caráter previdenciário, na forma desta Lei Complementar.

Art. 3º A ação do Estado será exercida com o objetivo de:

I – formular a política de previdência complementar;

II – disciplinar, coordenar e supervisionar as atividades reguladas por esta Lei Complementar, compatibilizando-as com as políticas previdenciária e de desenvolvimento social e econômico-financeiro;

III – determinar padrões mínimos de segurança econômico-financeira e atuarial, com fins específicos de preservar a liquidez, a solvência e o equilíbrio dos planos de benefícios, isoladamente, e de cada entidade de previdência complementar, no conjunto de suas atividades;

IV – assegurar aos participantes e assistidos o pleno acesso às informações relativas à gestão de seus respectivos planos de benefícios;

V – fiscalizar as entidades de previdência complementar, suas operações e aplicar penalidades; e

VI – proteger os interesses dos participantes e assistidos dos planos de benefícios.

Art. 4º As entidades de previdência complementar são classificadas em fechadas e abertas, conforme definido nesta Lei Complementar.

▶ Súmula 563 do STJ.

Art. 5º A normatização, coordenação, supervisão, fiscalização e controle das atividades das entidades de previdência complementar serão realizados por órgão ou órgãos regulador e fiscalizador, conforme disposto em lei, observado o disposto no inciso VI do art. 84 da Constituição Federal.

CAPÍTULO II
DOS PLANOS DE BENEFÍCIOS

Seção I
Disposições comuns

Art. 6º As entidades de previdência complementar somente poderão instituir e operar planos de benefícios para os quais tenham autorização específica, segundo as normas aprovadas pelo órgão regulador e fiscalizador, conforme disposto nesta Lei Complementar.

Art. 7º Os planos de benefícios atenderão a padrões mínimos fixados pelo órgão regulador e fiscalizador, com o objetivo de assegurar transparência, solvência, liquidez e equilíbrio econômico-financeiro e atuarial.

Parágrafo único. O órgão regulador e fiscalizador normatizará planos de benefícios nas modalidades de benefício definido, contribuição definida e contribuição variável, bem como outras formas de planos de benefícios que reflitam a evolução técnica e possibilitem flexibilidade ao regime de previdência complementar.

Art. 8º Para efeito desta Lei Complementar, considera-se:

I – participante, a pessoa física que aderir aos planos de benefícios; e

II – assistido, o participante ou seu beneficiário em gozo de benefício de prestação continuada.

Art. 9º As entidades de previdência complementar constituirão reservas técnicas, provisões e fundos, de conformidade com os critérios e normas fixados pelo órgão regulador e fiscalizador.

§ 1º A aplicação dos recursos correspondentes às reservas, às provisões e aos fundos de que trata o *caput* será feita conforme diretrizes estabelecidas pelo Conselho Monetário Nacional.

§ 2º É vedado o estabelecimento de aplicações compulsórias ou limites mínimos de aplicação.

Art. 10. Deverão constar dos regulamentos dos planos de benefícios, das propostas de inscrição e dos certificados de participantes condições mínimas a serem fixadas pelo órgão regulador e fiscalizador.

§ 1º A todo pretendente será disponibilizado e a todo participante entregue, quando de sua inscrição no plano de benefícios:

I – certificado onde estarão indicados os requisitos que regulam a admissão e a manutenção da qualidade de participante, bem como os requisitos de elegibilidade e forma de cálculo dos benefícios;

II – cópia do regulamento atualizado do plano de benefícios e material explicativo que descreva, em linguagem simples e precisa, as características do plano;

III – cópia do contrato, no caso de plano coletivo de que trata o inciso II do art. 26 desta Lei Complementar; e

IV – outros documentos que vierem a ser especificados pelo órgão regulador e fiscalizador.

§ 2º Na divulgação dos planos de benefícios, não poderão ser incluídas informações diferentes das que figurem nos documentos referidos neste artigo.

Art. 11. Para assegurar compromissos assumidos junto aos participantes e assistidos de planos de benefícios, as entidades de previdência complementar poderão contratar operações de resseguro, por iniciativa própria ou por determinação do órgão regulador e fiscalizador, observados o regulamento do respectivo plano e demais disposições legais e regulamentares.

Parágrafo único. Fica facultada às entidades fechadas a garantia referida no *caput* por meio de fundo de solvência, a ser instituído na forma da lei.

Seção II
Dos planos de benefícios de entidades fechadas

Art. 12. Os planos de benefícios de entidades fechadas poderão ser instituídos por patrocinadores e instituidores, observado o disposto no art. 31 desta Lei Complementar.

Art. 13. A formalização da condição de patrocinador ou instituidor de um plano de benefício dar-se-á mediante convênio de adesão a ser celebrado entre o patrocinador ou instituidor e a entidade fechada, em relação a cada plano de benefícios por esta administrado e executado, mediante prévia autorização do órgão regulador e fiscalizador, conforme regulamentação do Poder Executivo.

§ 1º Admitir-se-á solidariedade entre patrocinadores ou entre instituidores, com relação aos respectivos planos, desde que expressamente prevista no convênio de adesão.

§ 2º O órgão regulador e fiscalizador, dentre outros requisitos, estabelecerá o número mínimo de participantes admitido para cada modalidade de plano de benefício.

Art. 14. Os planos de benefícios deverão prever os seguintes institutos, observadas as normas estabelecidas pelo órgão regulador e fiscalizador:

I – benefício proporcional diferido, em razão da cessação do vínculo empregatício com o patrocinador ou associativo com o instituidor antes da aquisição do direito ao benefício pleno, a ser concedido quando cumpridos os requisitos de elegibilidade;

II – portabilidade do direito acumulado pelo participante para outro plano;

III – resgate da totalidade das contribuições vertidas ao plano pelo participante, descontadas as parcelas do custeio administrativo, na forma regulamentada; e

IV – faculdade de o participante manter o valor de sua contribuição e a do patrocinador, no caso de perda parcial ou total da remuneração recebida, para assegurar a percepção dos benefícios nos níveis correspondentes àquela remuneração ou em outros definidos em normas regulamentares.

§ 1º Não será admitida a portabilidade na inexistência de cessação do vínculo empregatício do participante com o patrocinador.

§ 2º O órgão regulador e fiscalizador estabelecerá período de carência para o instituto de que trata o inciso II deste artigo.

§ 3º Na regulamentação do instituto previsto no inciso II do *caput* deste artigo, o órgão regulador e fiscalizador observará, entre outros requisitos específicos, os seguintes:

I – se o plano de benefícios foi instituído antes ou depois da publicação desta Lei Complementar;

II – a modalidade do plano de benefícios.

§4º O instituto de que trata o inciso II deste artigo, quando efetuado para entidade aberta, somente será admitido quando a integralidade dos recursos financeiros correspondentes ao direito acumulado do participante for utilizada para a contratação de renda mensal vitalícia ou por prazo determinado, cujo prazo mínimo não poderá ser inferior ao período em que a respectiva reserva foi constituída, limitado ao mínimo de 15 (quinze) anos, observadas as normas estabelecidas pelo órgão regulador e fiscalizador.

Art. 15. Para efeito do disposto no inciso II do *caput* do artigo anterior, fica estabelecido que:

I – a portabilidade não caracteriza resgate; e

II – é vedado que os recursos financeiros correspondentes transitem pelos participantes dos planos de benefícios, sob qualquer forma.

Parágrafo único. O direito acumulado corresponde às reservas constituídas pelo participante ou à reserva matemática, o que lhe for mais favorável.

Art. 16. Os planos de benefícios devem ser, obrigatoriamente, oferecidos a todos os empregados dos patrocinadores ou associados dos instituidores.

§ 1º Para os efeitos desta Lei Complementar, são equiparáveis aos empregados e associados a que se refere o *caput* os gerentes, diretores, conselheiros ocupantes de cargo eletivo e outros dirigentes de patrocinadores e instituidores.

§ 2º É facultativa a adesão aos planos a que se refere o *caput* deste artigo.

§ 3º O disposto no *caput* deste artigo não se aplica aos planos em extinção, assim considerados aqueles aos quais o acesso de novos participantes esteja vedado.

Art. 17. As alterações processadas nos regulamentos dos planos aplicam-se a todos os participantes das entidades fechadas, a partir de sua aprovação pelo órgão regulador e fiscalizador, observado o direito acumulado de cada participante.

Parágrafo único. Ao participante que tenha cumprido os requisitos para obtenção dos benefícios previstos no plano é assegurada a aplicação das disposições regulamentares vigentes na data em que se tornou elegível a um benefício de aposentadoria.

Art. 18. O plano de custeio, com periodicidade mínima anual, estabelecerá o nível de contribuição necessário à constituição das reservas garantidoras de benefícios, fundos, provisões e à cobertura das demais despesas, em conformidade com os critérios fixados pelo órgão regulador e fiscalizador.

§ 1º O regime financeiro de capitalização é obrigatório para os benefícios de pagamento em prestações que sejam programadas e continuadas.

§ 2º Observados critérios que preservem o equilíbrio financeiro e atuarial, o cálculo das reservas técnicas atenderá às peculiaridades de cada plano de benefícios e deverá estar expresso em nota técnica atuarial, de apresentação obrigatória, incluindo as hipóteses utilizadas, que deverão guardar relação com as características da massa e da atividade desenvolvida pelo patrocinador ou instituidor.

§ 3º As reservas técnicas, provisões e fundos de cada plano de benefícios e os exigíveis a qualquer título deverão atender permanentemente à cobertura integral dos compromissos assumidos pelo plano de benefícios, ressalvadas excepcionalidades definidas pelo órgão regulador e fiscalizador.

Art. 19. As contribuições destinadas à constituição de reservas terão como finalidade prover o pagamento de benefícios de caráter previdenciário, observadas as especificidades previstas nesta Lei Complementar.

Parágrafo único. As contribuições referidas no *caput* classificam-se em:

I – normais, aquelas destinadas ao custeio dos benefícios previstos no respectivo plano; e

II – extraordinárias, aquelas destinadas ao custeio de déficits, serviço passado e outras finalidades não incluídas na contribuição normal.

Art. 20. O resultado superavitário dos planos de benefícios das entidades fechadas, ao final do exercício, satisfeitas as exigências regulamentares relativas aos mencionados planos, será destinado à constituição de reserva de contingência, para garantia de benefícios, até o limite de 25% (vinte e cinco por cento) do valor das reservas matemáticas.

§ 1º Constituída a reserva de contingência, com os valores excedentes será constituída reserva especial para revisão do plano de benefícios.

§ 2º A não utilização da reserva especial por três exercícios consecutivos determinará a revisão obrigatória do plano de benefícios da entidade.

§ 3º Se a revisão do plano de benefícios implicar redução de contribuições, deverá ser levada em consideração a proporção existente entre as contribuições dos patrocinadores e dos participantes, inclusive dos assistidos.

Art. 21. O resultado deficitário nos planos ou nas entidades fechadas será equacionado por patrocinadores, participantes e assistidos, na proporção existente entre as suas contribuições, sem prejuízo de ação regressiva contra dirigentes ou terceiros que deram causa a dano ou prejuízo à entidade de previdência complementar.

§ 1º O equacionamento referido no *caput* poderá ser feito, dentre outras formas, por meio do aumento do valor das contribuições, instituição de contribuição adicional ou redução do valor dos benefícios a conceder, observadas as normas estabelecidas pelo órgão regulador e fiscalizador.

§ 2º A redução dos valores dos benefícios não se aplica aos assistidos, sendo cabível, nesse caso, a instituição de contribuição adicional para cobertura do acréscimo ocorrido em razão da revisão do plano.

§ 3º Na hipótese de retorno à entidade dos recursos equivalentes ao déficit previsto no *caput* deste artigo, em consequência de apuração de responsabilidade mediante ação judicial ou administrativa, os respectivos valores deverão ser aplicados necessariamente na redução proporcional das contribuições devidas ao plano ou em melhoria dos benefícios.

Art. 22. Ao final de cada exercício, coincidente com o ano civil, as entidades fechadas deverão levantar as demonstrações contábeis e as avaliações atuariais de cada plano de benefícios, por pessoa jurídica ou profissional legalmente habilitado, devendo os resultados ser encaminhados ao órgão regulador e fiscalizador e divulgados aos participantes e aos assistidos.

Art. 23. As entidades fechadas deverão manter atualizada sua contabilidade, de acordo com as instruções do órgão regulador e fiscalizador, consolidando a posição dos planos de benefícios que administram e executam, bem como submetendo suas contas a auditores independentes.

Parágrafo único. Ao final de cada exercício serão elaboradas as demonstrações contábeis e atuariais consolidadas, sem prejuízo dos controles por plano de benefícios.

Art. 24. A divulgação aos participantes, inclusive aos assistidos, das informações pertinentes aos planos de benefícios dar-se-á ao menos uma vez ao ano, na forma, nos prazos e pelos meios estabelecidos pelo órgão regulador e fiscalizador.

Parágrafo único. As informações requeridas formalmente pelo participante ou assistido, para defesa de direitos e esclarecimento de situações de interesse pessoal específico deverão ser atendidas pela entidade no prazo estabelecido pelo órgão regulador e fiscalizador.

Art. 25. O órgão regulador e fiscalizador poderá autorizar a extinção de plano de benefícios ou a retirada de patrocínio, ficando os patrocinadores e instituidores obrigados ao cumprimento da totalidade dos compromissos assumidos com a entidade relativamente aos direitos dos participantes, assistidos e obrigações legais, até a data da retirada ou extinção do plano.

Parágrafo único. Para atendimento do disposto no *caput* deste artigo, a situação de solvência econômico-financeira e atuarial da entidade deverá ser atestada por profissional devidamente habilitado, cujos relatórios serão encaminhados ao órgão regulador e fiscalizador.

Seção III
Dos planos de benefícios
de entidades abertas

Art. 26. Os planos de benefícios instituídos por entidades abertas poderão ser:

I – individuais, quando acessíveis a quaisquer pessoas físicas; ou

II – coletivos, quando tenham por objetivo garantir benefícios previdenciários a pessoas físicas vinculadas, direta ou indiretamente, a uma pessoa jurídica contratante.

§ 1º O plano coletivo poderá ser contratado por uma ou várias pessoas jurídicas.

§ 2º O vínculo indireto de que trata o inciso II deste artigo refere-se aos casos em que uma entidade representativa de pessoas jurídicas contrate plano previdenciário coletivo para grupos de pessoas físicas vinculadas a suas filiadas.

§ 3º Os grupos de pessoas de que trata o parágrafo anterior poderão ser constituídos por uma ou mais categorias específicas de empregados de um mesmo empregador, podendo abranger empresas coligadas, controladas ou subsidiárias, e por membros de associações legalmente constituídas, de caráter profissional ou classista, e seus cônjuges ou companheiros e dependentes econômicos.

§ 4º Para efeito do disposto no parágrafo anterior, são equiparáveis aos empregados e associados os diretores, conselheiros ocupantes de cargos eletivos e outros dirigentes ou gerentes da pessoa jurídica contratante.

§ 5º A implantação de um plano coletivo será celebrada mediante contrato, na forma, nos critérios, nas condições e nos requisitos mínimos a serem estabelecidos pelo órgão regulador.

§ 6º É vedada à entidade aberta a contratação de plano coletivo com pessoa jurídica cujo objetivo principal seja estipular, em nome de terceiros, planos de benefícios coletivos.

Art. 27. Observados os conceitos, a forma, as condições e os critérios fixados pelo órgão regulador, é assegurado aos participantes o direito à portabilidade, inclusive para plano de benefício de entidade fechada, e ao resgate de recursos das reservas técnicas, provisões e fundos, total ou parcialmente.

§ 1º A portabilidade não caracteriza resgate.

§ 2º É vedado, no caso de portabilidade:

I – que os recursos financeiros transitem pelos participantes, sob qualquer forma; e

II – a transferência de recursos entre participantes.

Art. 28. Os ativos garantidores das reservas técnicas, das provisões e dos fundos serão vinculados à ordem do órgão fiscalizador, na forma a ser regulamentada, e poderão ter sua livre movimentação suspensa pelo referido órgão, a partir da qual não poderão ser alienados ou prometidos alienar sem sua prévia e expressa autorização, sendo nulas, de pleno direito, quaisquer operações realizadas com violação daquela suspensão.

§ 1º Sendo imóvel, o vínculo será averbado à margem do respectivo registro no Cartório de Registro Geral de Imóveis competente, mediante comunicação do órgão fiscalizador.

§ 2º Os ativos garantidores a que se refere o *caput*, bem como os direitos deles decorrentes, não poderão ser gravados, sob qualquer forma, sem prévia e expressa autorização do órgão fiscalizador, sendo nulos os gravames constituídos com infringência do disposto neste parágrafo.

Art. 29. Compete ao órgão regulador, entre outras atribuições que lhe forem conferidas por lei:

I – fixar padrões adequados de segurança atuarial e econômico-financeira, para preservação da liquidez e solvência dos planos de benefícios, isoladamente, e de cada entidade aberta, no conjunto de suas atividades;

II – estabelecer as condições em que o órgão fiscalizador pode determinar a suspensão da comercialização ou a transferência, entre entidades abertas, de planos de benefícios; e

III – fixar condições que assegurem transparência, acesso a informações e fornecimento de dados relativos aos planos de benefícios, inclusive quanto à gestão dos respectivos recursos.

Art. 30. É facultativa a utilização de corretores na venda dos planos de benefícios das entidades abertas.

Parágrafo único. Aos corretores de planos de benefícios aplicam-se a legislação e a regulamentação da profissão de corretor de seguros.

CAPÍTULO III
DAS ENTIDADES FECHADAS DE PREVIDÊNCIA COMPLEMENTAR

Art. 31. As entidades fechadas são aquelas acessíveis, na forma regulamentada pelo órgão regulador e fiscalizador, exclusivamente:

I – aos empregados de uma empresa ou grupo de empresas e aos servidores da União, dos Estados, do Distrito Federal e dos Municípios, entes denominados patrocinadores; e

II – aos associados ou membros de pessoas jurídicas de caráter profissional, classista ou setorial, denominadas instituidores.

§ 1º As entidades fechadas organizar-se-ão sob a forma de fundação ou sociedade civil, sem fins lucrativos.

§ 2º As entidades fechadas constituídas por instituidores referidos no inciso II do *caput* deste artigo deverão, cumulativamente:

I – terceirizar a gestão dos recursos garantidores das reservas técnicas e provisões mediante a contratação de instituição especializada autorizada a funcionar pelo Banco Central do Brasil ou outro órgão competente;

II – ofertar exclusivamente planos de benefícios na modalidade contribuição definida, na forma do parágrafo único do art. 7º desta Lei Complementar.

§ 3º Os responsáveis pela gestão dos recursos de que trata o inciso I do parágrafo anterior deverão manter segregados e totalmente isolados o seu patrimônio dos patrimônios do instituidor e da entidade fechada.

§ 4º Na regulamentação de que trata o *caput*, o órgão regulador e fiscalizador estabelecerá o tempo mínimo de existência do instituidor e o seu número mínimo de associados.

Art. 32. As entidades fechadas têm como objeto a administração e execução de planos de benefícios de natureza previdenciária.

Parágrafo único. É vedada às entidades fechadas a prestação de quaisquer serviços que não estejam no âmbito de seu objeto, observado o disposto no art. 76.

Art. 33. Dependerão de prévia e expressa autorização do órgão regulador e fiscalizador:

I – a constituição e o funcionamento da entidade fechada, bem como a aplicação dos respectivos estatutos, dos regulamentos dos planos de benefícios e suas alterações;

II – as operações de fusão, cisão, incorporação ou qualquer outra forma de reorganização societária, relativas às entidades fechadas;

III – as retiradas de patrocinadores; e

IV – as transferências de patrocínio, de grupo de participantes, de planos e de reservas entre entidades fechadas.

§ 1º Excetuado o disposto no inciso III deste artigo, é vedada a transferência para terceiros de participantes, de assistidos e de reservas constituídas para garantia de benefícios de risco atuarial programado, de acordo com normas estabelecidas pelo órgão regulador e fiscalizador.

§ 2º Para os assistidos de planos de benefícios na modalidade contribuição definida que mantiveram esta característica durante a fase de percepção de renda programada, o órgão regulador e fiscalizador poderá, em caráter excepcional, autorizar a transferência dos recursos garantidores dos benefícios para entidade de previdência complementar ou companhia seguradora autorizada a operar planos de previdência complementar, com o objetivo específico de contratar plano de renda vitalícia, observadas as normas aplicáveis.

Art. 34. As entidades fechadas podem ser qualificadas da seguinte forma, além de outras que possam ser definidas pelo órgão regulador e fiscalizador:

I – de acordo com os planos que administram:
> ▶ Súmula 563 do STJ.

a) de plano comum, quando administram plano ou conjunto de planos acessíveis ao universo de participantes; e

b) com multiplano, quando administram plano ou conjunto de planos de benefícios para diversos grupos de participantes, com independência patrimonial;

II – de acordo com seus patrocinadores ou instituidores:

a) singulares, quando estiverem vinculadas a apenas um patrocinador ou instituidor; e

b) multipatrocinadas, quando congregarem mais de um patrocinador ou instituidor.

Art. 35. As entidades fechadas deverão manter estrutura mínima composta por conselho deliberativo, conselho fiscal e diretoria-executiva.

§ 1º O estatuto deverá prever representação dos participantes e assistidos nos conselhos deliberativo e fiscal, assegurado a eles no mínimo 1/3 (um terço) das vagas.

§ 2º Na composição dos conselhos deliberativo e fiscal das entidades qualificadas como multipatrocinadas, deverá ser considerado o número de participantes vinculados a cada patrocinador ou instituidor, bem como o montante dos respectivos patrimônios.

§ 3º Os membros do conselho deliberativo ou do conselho fiscal deverão atender aos seguintes requisitos mínimos:

I – comprovada experiência no exercício de atividades nas áreas financeira, administrativa, contábil, jurídica, de fiscalização ou de auditoria;

II – não ter sofrido condenação criminal transitada em julgado; e

III – não ter sofrido penalidade administrativa por infração da legislação da seguridade social ou como servidor público.

§ 4º Os membros da diretoria-executiva deverão ter formação de nível superior e atender aos requisitos do parágrafo anterior.

§ 5º Será informado ao órgão regulador e fiscalizador o responsável pelas aplicações dos recursos da entidade, escolhido entre os membros da diretoria-executiva.

§ 6º Os demais membros da diretoria-executiva responderão solidariamente com o dirigente indicado na forma do parágrafo anterior pelos danos e prejuízos causados à entidade para os quais tenham concorrido.

§ 7º Sem prejuízo do disposto no § 1º do art. 31 desta Lei Complementar, os membros da diretoria-executiva e dos conselhos deliberativo e fiscal poderão ser remunerados pelas entidades fechadas, de acordo com a legislação aplicável.

§ 8º Em caráter excepcional, poderão ser ocupados até 30% (trinta por cento) dos cargos da diretoria-executiva por membros sem formação de nível superior, sendo assegurada a possibilidade de participação neste órgão de pelo menos um membro, quando da aplicação do referido percentual resultar número inferior à unidade.

CAPÍTULO IV
**DAS ENTIDADES ABERTAS
DE PREVIDÊNCIA COMPLEMENTAR**

Art. 36. As entidades abertas são constituídas unicamente sob a forma de sociedades anônimas e têm por objetivo instituir e operar planos de benefícios de caráter previdenciário concedidos em forma de renda continuada ou pagamento único, acessíveis a quaisquer pessoas físicas.

Parágrafo único. As sociedades seguradoras autorizadas a operar exclusivamente no ramo vida poderão ser autorizadas a operar os planos de benefícios a que se refere o *caput*, a elas se aplicando as disposições desta Lei Complementar.

Art. 37. Compete ao órgão regulador, entre outras atribuições que lhe forem conferidas por lei, estabelecer:

I – os critérios para a investidura e posse em cargos e funções de órgãos estatutários de entidades abertas, observado que o pretendente não poderá ter sofrido condenação criminal transitada em julgado, penalidade administrativa por infração da legislação da seguridade social ou como servidor público;

II – as normas gerais de contabilidade, auditoria, atuária e estatística a serem observadas pelas entidades abertas, inclusive quanto à padronização dos planos de contas, balanços gerais, balancetes e outras demonstrações financeiras, critérios sobre sua periodicidade, sobre a publicação desses documentos e sua remessa ao órgão fiscalizador;

III – os índices de solvência e liquidez, bem como as relações patrimoniais a serem atendidas pelas entidades abertas, observado que seu patrimônio líquido não poderá ser inferior ao respectivo passivo não operacional; e

IV – as condições que assegurem acesso a informações e fornecimento de dados relativos a quaisquer aspectos das atividades das entidades abertas.

Art. 38. Dependerão de prévia e expressa aprovação do órgão fiscalizador:

I – a constituição e o funcionamento das entidades abertas, bem como as disposições de seus estatutos e as respectivas alterações;

II – a comercialização dos planos de benefícios;

III – os atos relativos à eleição e posse de administradores e membros de conselhos estatutários, podendo o Conselho Nacional de Seguros Privados (CNSP) dispor sobre hipóteses em que essa aprovação será dispensável;

> ▶ Inciso III com redação pela LC 213/2025.

IV – as operações relativas à transferência do controle acionário, fusão, cisão, incorporação ou qualquer outra forma de reorganização societária.

Parágrafo único. O órgão regulador disciplinará o tratamento administrativo a ser emprestado ao exame dos assuntos constantes deste artigo.

Art. 39. As entidades abertas deverão comunicar ao órgão fiscalizador, no prazo e na forma estabelecidos:

I – os atos relativos às alterações estatutárias e à eleição de administradores e membros de conselhos estatutários; e

II – o responsável pela aplicação dos recursos das reservas técnicas, provisões e fundos, escolhido dentre os membros da diretoria-executiva.

Parágrafo único. Os demais membros da diretoria-executiva responderão solidariamente com o dirigente indicado na forma do inciso II deste artigo pelos danos e prejuízos causados à entidade para os quais tenham concorrido.

Art. 40. As entidades abertas deverão levantar no último dia útil de cada mês e semestre, respectivamente,

balancetes mensais e balanços gerais, com observância das regras e dos critérios estabelecidos pelo órgão regulador.

Parágrafo único. As sociedades seguradoras autorizadas a operar planos de benefícios deverão apresentar nas demonstrações financeiras, de forma discriminada, as atividades previdenciárias e as de seguros, de acordo com critérios fixados pelo órgão regulador.

CAPÍTULO V
DA FISCALIZAÇÃO

Art. 41. No desempenho das atividades de fiscalização das entidades de previdência complementar, os servidores do órgão regulador e fiscalizador terão livre acesso às respectivas entidades, delas podendo requisitar e apreender livros, notas técnicas e quaisquer documentos, caracterizando-se embaraço à fiscalização, sujeito às penalidades previstas em lei, qualquer dificuldade oposta à consecução desse objetivo.

§ 1º O órgão regulador e fiscalizador das entidades fechadas poderá solicitar dos patrocinadores e instituidores informações relativas aos aspectos específicos que digam respeito aos compromissos assumidos frente aos respectivos planos de benefícios.

§ 2º A fiscalização a cargo do Estado não exime os patrocinadores e os instituidores da responsabilidade pela supervisão sistemática das atividades das suas respectivas entidades fechadas.

§ 3º As pessoas físicas ou jurídicas submetidas ao regime desta Lei Complementar ficam obrigadas a prestar quaisquer informações ou esclarecimentos solicitados pelo órgão regulador e fiscalizador.

§ 4º O disposto neste artigo aplica-se, sem prejuízo da competência das autoridades fiscais, relativamente ao pleno exercício das atividades de fiscalização tributária.

Art. 42. O órgão regulador e fiscalizador poderá, em relação às entidades fechadas, nomear administrador especial, a expensas da entidade, com poderes próprios de intervenção e de liquidação extrajudicial, com o objetivo de sanear plano de benefícios específico, caso seja constatada na sua administração e execução alguma das hipóteses previstas nos arts. 44 e 48 desta Lei Complementar.

Parágrafo único. O ato de nomeação de que trata o *caput* estabelecerá as condições, os limites e as atribuições do administrador especial.

Art. 43. O órgão fiscalizador poderá, em relação às entidades abertas, desde que se verifique uma das condições previstas no art. 44 desta Lei Complementar, nomear, por prazo determinado, prorrogável a seu critério, e a expensas da respectiva entidade, um diretor fiscal.

§ 1º O diretor fiscal, sem poderes de gestão, terá suas atribuições estabelecidas pelo órgão regulador, cabendo ao órgão fiscalizador fixar sua remuneração.

§ 2º Se reconhecer a inviabilidade de recuperação da entidade aberta ou a ausência de qualquer condição para o seu funcionamento, o diretor fiscal proporá ao órgão fiscalizador a decretação da intervenção ou da liquidação extrajudicial.

§ 3º O diretor fiscal não está sujeito à indisponibilidade de bens, nem aos demais efeitos decorrentes da decretação da intervenção ou da liquidação extrajudicial da entidade aberta.

CAPÍTULO VI
**DA INTERVENÇÃO E
DA LIQUIDAÇÃO EXTRAJUDICIAL**

Seção I
Da intervenção

Art. 44. Para resguardar os direitos dos participantes e assistidos poderá ser decretada a intervenção na entidade de previdência complementar, desde que se verifique, isolada ou cumulativamente:

I – irregularidade ou insuficiência na constituição das reservas técnicas, provisões e fundos, ou na sua cobertura por ativos garantidores;

II – aplicação dos recursos das reservas técnicas, provisões e fundos de forma inadequada ou em desacordo com as normas expedidas pelos órgãos competentes;

III – descumprimento de disposições estatutárias ou de obrigações previstas nos regulamentos dos planos de benefícios, convênios de adesão ou contratos dos planos coletivos de que trata o inciso II do art. 26 desta Lei Complementar;

IV – situação econômico-financeira insuficiente à preservação da liquidez e solvência de cada um dos planos de benefícios e da entidade no conjunto de suas atividades;

V – situação atuarial desequilibrada;

VI – outras anormalidades definidas em regulamento.

Art. 45. A intervenção será decretada pelo prazo necessário ao exame da situação da entidade e encaminhamento de plano destinado à sua recuperação.

Parágrafo único. Dependerão de prévia e expressa autorização do órgão competente os atos do interventor que impliquem oneração ou disposição do patrimônio.

Art. 46. A intervenção cessará quando aprovado o plano de recuperação da entidade pelo órgão competente ou se decretada a sua liquidação extrajudicial.

Seção II
Da liquidação extrajudicial

Art. 47. As entidades fechadas não poderão solicitar concordata e não estão sujeitas à falência, mas somente a liquidação extrajudicial.

Art. 48. A liquidação extrajudicial será decretada quando reconhecida a inviabilidade de recuperação da entidade de previdência complementar ou pela ausência de condição para seu funcionamento.

Parágrafo único. Para os efeitos desta Lei Complementar, entende-se por ausência de condição para funcionamento de entidade de previdência complementar:

I – *Vetado.*

II – *Vetado.*

III – o não atendimento às condições mínimas estabelecidas pelo órgão regulador e fiscalizador.

Art. 49. A decretação da liquidação extrajudicial produzirá, de imediato, os seguintes efeitos:

I – suspensão das ações e execuções iniciadas sobre direitos e interesses relativos ao acervo da entidade liquidanda;

II – vencimento antecipado das obrigações da liquidanda;

III – não incidência de penalidades contratuais contra a entidade por obrigações vencidas em decorrência da decretação da liquidação extrajudicial;

IV – não fluência de juros contra a liquidanda enquanto não integralmente pago o passivo;

V – interrupção da prescrição em relação às obrigações da entidade em liquidação;

VI – suspensão de multa e juros em relação às dívidas da entidade;

VII – inexigibilidade de penas pecuniárias por infrações de natureza administrativa;

VIII – interrupção do pagamento à liquidanda das contribuições dos participantes e dos patrocinadores, relativas aos planos de benefícios.

§ 1º As faculdades previstas nos incisos deste artigo aplicam-se, no caso das entidades abertas de previdência complementar, exclusivamente, em relação às suas atividades de natureza previdenciária.

§ 2º O disposto neste artigo não se aplica às ações e aos débitos de natureza tributária.

Art. 50. O liquidante organizará o quadro geral de credores, realizará o ativo e liquidará o passivo.

§ 1º Os participantes, inclusive os assistidos, dos planos de benefícios ficam dispensados de se habilitarem a seus respectivos créditos, estejam estes sendo recebidos ou não.

§ 2º Os participantes, inclusive os assistidos, dos planos de benefícios terão privilégio especial sobre os ativos garantidores das reservas técnicas e, caso estes não sejam suficientes para a cobertura dos direitos respectivos, privilégio geral sobre as demais partes não vinculadas ao ativo.

§ 3º Os participantes que já estiverem recebendo benefícios, ou que já tiverem adquirido este direito antes de decretada a liquidação extrajudicial, terão preferência sobre os demais participantes.

§ 4º Os créditos referidos nos parágrafos anteriores deste artigo não têm preferência sobre os créditos de natureza trabalhista ou tributária.

Art. 51. Serão obrigatoriamente levantados, na data da decretação da liquidação extrajudicial de entidade de previdência complementar, o balanço geral de liquidação e as demonstrações contábeis e atuariais necessárias à determinação do valor das reservas individuais.

Art. 52. A liquidação extrajudicial poderá, a qualquer tempo, ser levantada, desde que constatados fatos supervenientes que viabilizem a recuperação da entidade de previdência complementar.

Art. 53. A liquidação extrajudicial das entidades fechadas encerrar-se-á com a aprovação, pelo órgão regulador e fiscalizador, das contas finais do liquidante e com a baixa nos devidos registros.

Parágrafo único. Comprovada pelo liquidante a inexistência de ativos para satisfazer a possíveis créditos reclamados contra a entidade, deverá tal situação ser comunicada ao juízo competente e efetivados os devidos registros, para o encerramento do processo de liquidação.

Seção III
Disposições especiais

Art. 54. O interventor terá amplos poderes de administração e representação e o liquidante plenos poderes de administração, representação e liquidação.

Art. 55. Compete ao órgão fiscalizador decretar, aprovar e rever os atos de que tratam os arts. 45, 46 e 48 desta Lei Complementar, bem como nomear, por intermédio do seu dirigente máximo, o interventor ou o liquidante.

Art. 56. A intervenção e a liquidação extrajudicial determinam a perda do mandato dos administradores e membros dos conselhos estatutários das entidades, sejam titulares ou suplentes.

Art. 57. Os créditos das entidades de previdência complementar, em caso de liquidação ou falência de patrocinadores, terão privilégio especial sobre a massa, respeitado o privilégio dos créditos trabalhistas e tributários.

Parágrafo único. Os administradores dos respectivos patrocinadores serão responsabilizados pelos danos ou prejuízos causados às entidades de previdência complementar, especialmente pela falta de aporte das contribuições a que estavam obrigados, observado o disposto no parágrafo único do art. 63 desta Lei Complementar.

Art. 58. No caso de liquidação extrajudicial de entidade fechada motivada pela falta de aporte de contribuições de patrocinadores ou pelo não recolhimento de contribuições de participantes, os administradores daqueles também serão responsabilizados pelos danos ou prejuízos causados.

Art. 59. Os administradores, controladores e membros de conselhos estatutários das entidades de previdência complementar sob intervenção ou em liquidação extrajudicial ficarão com todos os seus bens indisponíveis, não podendo, por qualquer forma, direta ou indireta, aliená-los ou onerá-los, até a apuração e liquidação final de suas responsabilidades.

§ 1º A indisponibilidade prevista neste artigo decorre do ato que decretar a intervenção ou liquidação extrajudicial e atinge todos aqueles que tenham estado no exercício das funções nos 12 (doze) meses anteriores.

§ 2º A indisponibilidade poderá ser estendida aos bens de pessoas que, nos últimos 12 (doze) meses, os tenham adquirido, a qualquer título, das pessoas referidas no *caput* e no parágrafo anterior, desde que haja seguros elementos de convicção de que se trata de simulada transferência com o fim de evitar os efeitos desta Lei Complementar.

§ 3º Não se incluem nas disposições deste artigo os bens considerados inalienáveis ou impenhoráveis pela legislação em vigor.

§ 4º Não são também atingidos pela indisponibilidade os bens objeto de contrato de alienação, de promessas de compra e venda e de cessão de direitos, desde que os respectivos instrumentos tenham sido levados ao competente registro público até 12 (doze) meses antes da data de decretação da intervenção ou liquidação extrajudicial.

§ 5º Não se aplica a indisponibilidade de bens das pessoas referidas no *caput* deste artigo no caso de liquidação extrajudicial de entidades fechadas que deixaram de ter condições para funcionar por motivos totalmente desvinculados do exercício das suas atribuições, situação esta que poderá ser revista a qualquer momento, pelo órgão regulador e fiscalizador, desde que constatada a existência de irregularidades ou indícios de crimes por elas praticados.

Art. 60. O interventor ou o liquidante comunicará a indisponibilidade de bens aos órgãos competentes para os devidos registros e publicará edital para conhecimento de terceiros.

Parágrafo único. A autoridade que receber a comunicação ficará, relativamente a esses bens, impedida de:

I – fazer transcrições, inscrições ou averbações de documentos públicos ou particulares;

II – arquivar atos ou contratos que importem em transferência de cotas sociais, ações ou partes beneficiárias;

III – realizar ou registrar operações e títulos de qualquer natureza; e

IV – processar a transferência de propriedade de veículos automotores, aeronaves e embarcações.

Art. 61. A apuração de responsabilidades específicas referida no *caput* do art. 59 desta Lei Complementar será feita mediante inquérito a ser instaurado pelo órgão regulador e fiscalizador, sem prejuízo do disposto nos arts. 63 a 65 desta Lei Complementar.

§ 1º Se o inquérito concluir pela inexistência de prejuízo, será arquivado no órgão fiscalizador.

§ 2º Concluindo o inquérito pela existência de prejuízo, será ele, com o respectivo relatório, remetido pelo órgão regulador e fiscalizador ao Ministério Público, observados os seguintes procedimentos:

I – o interventor ou o liquidante, de ofício ou a requerimento de qualquer interessado que não tenha sido indiciado no inquérito, após aprovação do respectivo relatório pelo órgão fiscalizador, determinará o levantamento da indisponibilidade de que trata o art. 59 desta Lei Complementar;

II – será mantida a indisponibilidade com relação às pessoas indiciadas no inquérito, após aprovação do respectivo relatório pelo órgão fiscalizador.

Art. 62. Aplicam-se à intervenção e à liquidação das entidades de previdência complementar, no que couber, os dispositivos da legislação sobre a intervenção e liquidação extrajudicial das instituições financeiras, cabendo ao órgão regulador e fiscalizador as funções atribuídas ao Banco Central do Brasil.

CAPÍTULO VII
DO REGIME DISCIPLINAR

Art. 63. Os administradores de entidade, os procuradores com poderes de gestão, os membros de conselhos estatutários, o interventor e o liquidante responderão civilmente pelos danos ou prejuízos que causarem, por ação ou omissão, às entidades de previdência complementar.

Parágrafo único. São também responsáveis, na forma do *caput*, os administradores dos patrocinadores ou instituidores, os atuários, os auditores independentes, os avaliadores de gestão e outros profissionais que prestem serviços técnicos à entidade, diretamente ou por intermédio de pessoa jurídica contratada.

Art. 64. O órgão fiscalizador competente, o Banco Central do Brasil, a Comissão de Valores Mobiliários ou a Secretaria da Receita Federal, constatando a existência de práticas irregulares ou indícios de crimes em entidades de previdência complementar, noticiará ao Ministério Público, enviando-lhe os documentos comprobatórios.

Parágrafo único. O sigilo de operações não poderá ser invocado como óbice à troca de informações entre os órgãos mencionados no *caput*, nem ao fornecimento de informações requisitadas pelo Ministério Público.

Art. 65. A infração de qualquer disposição desta Lei Complementar ou de seu regulamento, para a qual não haja penalidade expressamente cominada, sujeita a pessoa física ou jurídica responsável, conforme o caso e a gravidade da infração, às seguintes penalidades administrativas, observado o disposto em regulamento:

I – advertência;

II – suspensão do exercício de atividades em entidades de previdência complementar pelo prazo de até 180 (cento e oitenta) dias;

III – inabilitação, pelo prazo de 2 (dois) a 10 (dez) anos, para o exercício de cargo ou função em entidades de previdência complementar, sociedades seguradoras, instituições financeiras e no serviço público; e

IV – multa de R$ 2.000,00 (dois mil reais) a R$ 1.000.000,00 (um milhão de reais), devendo esses valores, a partir da publicação desta Lei Complementar, ser reajustados de forma a preservar, em caráter permanente, seus valores reais.

§ 1º A penalidade prevista no inciso IV será imputada ao agente responsável, respondendo solidariamente a entidade de previdência complementar, assegurado o direito de regresso, e poderá ser aplicada cumulativamente com as constantes dos incisos I, II ou III deste artigo.

§ 2º Das decisões do órgão fiscalizador caberá recurso, no prazo de 15 (quinze) dias, com efeito suspensivo, ao órgão competente.

§ 3º O recurso a que se refere o parágrafo anterior, na hipótese do inciso IV deste artigo, somente será conhecido se for comprovado pelo requerente o pagamento antecipado, em favor do órgão fiscalizador, de 30% (trinta por cento) do valor da multa aplicada.

§ 4º Em caso de reincidência, a multa será aplicada em dobro.

Art. 66. As infrações serão apuradas mediante processo administrativo, na forma do regulamento, aplicando-se, no que couber, o disposto na Lei 9.784, de 29 de janeiro de 1999.

Leg. Prev.

▶ Dec. 4.942/2003 (Processo administrativo para apuração de responsabilidade por infração à legislação).

Art. 67. O exercício de atividade de previdência complementar por qualquer pessoa, física ou jurídica, sem a autorização devida do órgão competente, inclusive a comercialização de planos de benefícios, bem como a captação ou a administração de recursos de terceiros com o objetivo de, direta ou indiretamente, adquirir ou conceder benefícios previdenciários sob qualquer forma, submete o responsável à penalidade de inabilitação pelo prazo de 2 (dois) a 10 (dez) anos para o exercício de cargo ou função em entidade de previdência complementar, sociedades seguradoras, instituições financeiras e no serviço público, além de multa aplicável de acordo com o disposto no inciso IV do art. 65 desta Lei Complementar, bem como noticiar ao Ministério Público.

CAPÍTULO VIII
DISPOSIÇÕES GERAIS

Art. 68. As contribuições do empregador, os benefícios e as condições contratuais previstos nos estatutos, regulamentos e planos de benefícios das entidades de previdência complementar não integram o contrato de trabalho dos participantes, assim como, à exceção dos benefícios concedidos, não integram a remuneração dos participantes.

§ 1º Os benefícios serão considerados direito adquirido do participante quando implementadas todas as condições estabelecidas para elegibilidade consignadas no regulamento do respectivo plano.

§ 2º A concessão de benefício pela previdência complementar não depende da concessão de benefício pelo regime geral de previdência social.

Art. 69. As contribuições vertidas para as entidades de previdência complementar, destinadas ao custeio dos planos de benefícios de natureza previdenciária, são dedutíveis para fins de incidência de imposto sobre a renda, nos limites e nas condições fixadas em lei.

§ 1º Sobre as contribuições de que trata o *caput* não incidem tributação e contribuições de qualquer natureza.

§ 2º Sobre a portabilidade de recursos de reservas técnicas, fundos e provisões entre planos de benefícios de entidades de previdência complementar, titulados pelo mesmo participante, não incidem tributação e contribuições de qualquer natureza.

Art. 70. *Vetado.*

Art. 71. É vedado às entidades de previdência complementar realizar quaisquer operações comerciais e financeiras:

I – com seus administradores, membros dos conselhos estatutários e respectivos cônjuges ou companheiros, e com seus parentes até o segundo grau;

II – com empresa de que participem as pessoas a que se refere o inciso anterior, exceto no caso de participação de até 5% (cinco por cento) como acionista de empresa de capital aberto; e

III – tendo como contraparte, mesmo que indiretamente, pessoas físicas e jurídicas a elas ligadas, na forma definida pelo órgão regulador.

Parágrafo único. A vedação deste artigo não se aplica ao patrocinador, aos participantes e aos assistidos, que, nessa condição, realizarem operações com a entidade de previdência complementar.

Art. 72. Compete privativamente ao órgão regulador e fiscalizador das entidades fechadas zelar pelas sociedades civis e fundações, definido no art. 31 desta Lei Complementar, não se aplicando a estas o disposto nos arts. 26 e 30 do Código Civil e 1.200 a 1.204 do Código de Processo Civil e demais disposições em contrário.

▶ Arts. 66 e 69 do CC.

Art. 73. As entidades abertas serão reguladas também, no que couber, pela legislação aplicável às sociedades seguradoras.

Art. 74. Até que seja publicada a lei de que trata o art. 5º desta Lei Complementar, as funções do órgão regulador e do órgão fiscalizador serão exercidas pelo Ministério da Previdência e Assistência Social, por intermédio, respectivamente, do Conselho de Gestão da Previdência Complementar (CGPC) e da Secretaria de Previdência Complementar (SPC), relativamente às entidades fechadas, e pelo Ministério da Fazenda, por intermédio do Conselho Nacional de Seguros Privados (CNSP) e da Superintendência de Seguros Privados (Susep), em relação, respectivamente, à regulação e fiscalização das entidades abertas.

Art. 75. Sem prejuízo do benefício, prescreve em 5 (cinco) anos o direito às prestações não pagas nem reclamadas na época própria, resguardados os direitos dos

menores dependentes, dos incapazes ou dos ausentes, na forma do Código Civil.

▶ Súmulas 291 e 427 do STJ.

Art. 76. As entidades fechadas que, na data da publicação desta Lei Complementar, prestarem a seus participantes e assistidos serviços assistenciais à saúde poderão continuar a fazê-lo, desde que seja estabelecido um custeio específico para os planos assistenciais e que a sua contabilização e o seu patrimônio sejam mantidos em separado em relação ao plano previdenciário.

§ 1º Os programas assistenciais de natureza financeira deverão ser extintos a partir da data de publicação desta Lei Complementar, permanecendo em vigência, até o seu termo, apenas os compromissos já firmados.

§ 2º Consideram-se programas assistenciais de natureza financeira, para os efeitos desta Lei Complementar, aqueles em que o rendimento situa-se abaixo da taxa mínima atuarial do respectivo plano de benefícios.

Art. 77. As entidades abertas sem fins lucrativos e as sociedades seguradoras autorizadas a funcionar em conformidade com a Lei 6.435, de 15 de julho de 1977, terão o prazo de 2 (dois) anos para se adaptar ao disposto nesta Lei Complementar.

§ 1º No caso das entidades abertas sem fins lucrativos já autorizadas a funcionar, é permitida a manutenção de sua organização jurídica como sociedade civil, sendo-lhes vedado participar, direta ou indiretamente, de pessoas jurídicas, exceto quando tiverem participação acionária:

I – minoritária, em sociedades anônimas de capital aberto, na forma regulamentada pelo Conselho Monetário Nacional, para aplicação de recursos de reservas técnicas, fundos e provisões;

II – em sociedade seguradora e/ou de capitalização.

§ 2º É vedado à sociedade seguradora e/ou de capitalização referida no inciso II do parágrafo anterior participar majoritariamente de pessoas jurídicas, ressalvadas as empresas de suporte ao seu funcionamento e as sociedades anônimas de capital aberto, nas condições previstas no inciso I do parágrafo anterior.

§ 3º A entidade aberta sem fins lucrativos e a sociedade seguradora e/ou de capitalização por ela controlada devem adaptar-se às condições estabelecidas nos §§ 1º e 2º, no mesmo prazo previsto no *caput* deste artigo.

§ 4º As reservas técnicas de planos já operados por entidades abertas de previdência privada sem fins lucrativos, anteriormente à data de publicação da Lei 6.435, de 15 de julho de 1977, poderão permanecer garantidas por ativos de propriedade da entidade, existentes à época, dentro de programa gradual de ajuste às normas estabelecidas pelo órgão regulador sobre a matéria, a ser submetido pela entidade ao órgão fiscalizador no prazo máximo de 12 (doze) meses a contar da data de publicação desta Lei Complementar.

§ 5º O prazo máximo para o término para o programa gradual de ajuste a que se refere o parágrafo anterior não poderá superar 120 (cento e vinte) meses, contados da data de aprovação do respectivo programa pelo órgão fiscalizador.

§ 6º As entidades abertas sem fins lucrativos que, na data de publicação desta Lei Complementar, já vinham mantendo programas de assistência filantrópica, prévia e expressamente autorizados, poderão, para efeito de cobrança, adicionar às contribuições de seus planos de benefícios valor destinado àqueles programas, observadas as normas estabelecidas pelo órgão regulador.

§ 7º A aplicabilidade do disposto no parágrafo anterior fica sujeita, sob pena de cancelamento da autorização previamente concedida, à prestação anual de contas dos programas filantrópicos e à aprovação pelo órgão competente.

§ 8º O descumprimento de qualquer das obrigações contidas neste artigo sujeita os administradores das entidades abertas sem fins lucrativos e das sociedades seguradora e/ou de capitalização por elas controladas ao regime disciplinar previsto nesta Lei Complementar, sem prejuízo da responsabilidade civil por danos ou prejuízos causados, por ação ou omissão, à entidade.

Art. 78. Esta Lei Complementar entra em vigor na data de sua publicação.

Art. 79. Revogam-se as Leis 6.435, de 15 de julho de 1977, e 6.462, de 9 de novembro de 1977.

Brasília, 29 de maio de 2001; 180º da Independência e 113º da República.

Fernando Henrique Cardoso

LEI 10.779,
DE 25 DE NOVEMBRO DE 2003

Dispõe sobre a concessão do benefício de seguro desemprego, durante o período de defeso, ao pescador profissional que exerce a atividade pesqueira de forma artesanal.

DOU 26.11.2003

▶ Decreto 8.424/2015 regulamenta esta Lei.

O Presidente da República:

Faço saber que o Congresso Nacional decreta e eu sanciono a seguinte Lei:

Art. 1º O pescador artesanal de que tratam a alínea *b* do inciso VII do art. 12 da Lei 8.212, de 24 de julho de 1991, e a alínea *b* do inciso VII do art. 11 da Lei 8.213, de 24 de julho de 1991, desde que exerça sua atividade profissional ininterruptamente, de forma artesanal e individualmente ou em regime de economia familiar, fará jus ao benefício do seguro-desemprego, no valor de 1 (um) salário mínimo mensal, durante o período de defeso de atividade pesqueira para a preservação da espécie.

▶ Artigo com redação pela Lei 13.134/2015.

§ 1º Considera-se profissão habitual ou principal meio de vida a atividade exercida durante o período compreendido entre o defeso anterior e o em curso, ou nos 12 (doze) meses imediatamente anteriores ao do defeso em curso, o que for menor.

▶ § 1º com redação de acordo com a Lei 13.134/2015.

§ 2º O período de defeso de atividade pesqueira é o fixado pelo Instituto Brasileiro do Meio Ambiente e dos Recursos Naturais Renováveis – IBAMA, em relação à espécie marinha, fluvial ou lacustre a cuja captura o pescador se dedique.

§ 3º Considera-se ininterrupta a atividade exercida durante o período compreendido entre o defeso anterior e o em curso, ou nos 12 (doze) meses imediatamente anteriores ao do defeso em curso, que for menor.

▶ § 3º acrescido pela Lei 13.134/2015.

§ 4º Somente terá direito ao seguro-desemprego o segurado especial pescador artesanal que não disponha de outra fonte de renda diversa da decorrente da atividade pesqueira.

▶ § 4º acrescido pela Lei 13.134/2015.

§ 5º O pescador profissional artesanal não fará jus, no mesmo ano, a mais de um benefício de seguro-desemprego decorrente de defesos relativos a espécies distintas.

▶ Primitivo § 4º acrescido pela Lei 13.134/2015.

§ 6º A concessão do benefício não será extensível às atividades de apoio à pesca nem aos familiares do pescador profissional que não satisfaçam os requisitos e as condições estabelecidos nesta Lei.

▶ Primitivo § 5º acrescido pela Lei 13.134/2015.

§ 7º O benefício do seguro-desemprego é pessoal e intransferível.

▶ Primitivo § 6º acrescido pela Lei 13.134/2015.

§ 8º O período de recebimento do benefício não poderá exceder o limite máximo variável de que trata o *caput* do art. 4º da Lei 7.998, de 11 de janeiro de 1990, ressalvado o disposto nos §§ 4º e 5º do referido artigo.

▶ Primitivo § 7º acrescido pela Lei 13.134/2015.

§ 9º A concessão e a renovação do benefício de que trata o caput serão realizadas após checagem dos requisitos de elegibilidade em bases de dados dos órgãos e das entidades da administração pública federal, nos termos de ato do Poder Executivo.

§ 10. Ao requerente do benefício de que trata o caput será solicitado registro biométrico nos cadastros da Carteira de Identidade Nacional (CIN), do título eleitoral ou da Carteira Nacional de Habilitação (CNH).

▶ §§ 9º e 10º acrescidos pela Lei 14.973/2024.

Art. 2º Cabe ao Instituto Nacional do Seguro Social (INSS) receber e processar os requerimentos e habilitar os beneficiários, nos termos do regulamento.

▶ *Caput* com redação pela Lei 13.134/2015.
▶ Incisos I a IV e alíneas a a c revogados pela Lei 13.134/2015.

§ 1º Para fazer jus ao benefício, o pescador não poderá estar em gozo de nenhum benefício decorrente de benefício previdenciário ou assistencial de natureza continuada, exceto pensão por morte, auxílio-acidente e transferências de renda de que tratam o parágrafo único do art. 6º e o inciso VI do *caput* do art. 203 da Constituição Federal e o *caput* e o § 1º do art. 1º da Lei nº 10.835, de 8 de janeiro de 2004.

▶ § 1º com redação pela Lei 14.601/2023 (*DOU* 20.06.2023), em vigor em 1º.01.2024

§ 2º Para se habilitar ao benefício, o pescador deverá apresentar ao INSS os seguintes documentos:

▶ § 2º acrescido pela Lei 13.134/2015.

I – registro como pescador profissional, categoria artesanal, devidamente atualizado no Registro Geral da Atividade Pesqueira (RGP), emitido pelo Ministério da Pesca e Aquicultura com antecedência mínima de 1 (um) ano, contado da data de requerimento do benefício;

> ▸ Inciso I acrescido pela Lei 13.134/2015.

II – cópia do documento fiscal de venda do pescado a empresa adquirente, consumidora ou consignatária da produção, em que conste, além do registro da operação realizada, o valor da respectiva contribuição previdenciária de que trata o § 7º do art. 30 da Lei 8.212, de 24 de julho de 1991, ou comprovante de recolhimento da contribuição previdenciária, caso tenha comercializado sua produção a pessoa física; e

> ▸ Inciso II acrescido pela Lei 13.134/2015.

III – outros estabelecidos em ato do Ministério da Previdência Social que comprovem:

> ▸ Inciso III acrescido pela Lei 13.134/2015.

a) o exercício da profissão, na forma do art. 1º desta Lei;

b) que se dedicou à pesca durante o período definido no § 3º do art. 1º desta Lei;

c) que não dispõe de outra fonte de renda diversa da decorrente da atividade pesqueira.

§ 3º O INSS, no ato de habilitação ao benefício, deverá verificar a condição de segurado pescador artesanal e o pagamento da contribuição previdenciária, nos termos da Lei 8.212, de 24 de julho de 1991, nos últimos 12 (doze) meses imediatamente anteriores ao requerimento do benefício ou desde o último período de defeso até o requerimento do benefício, o que for menor, observado, quando for o caso, o disposto no inciso II do § 2º.

> ▸ § 3º acrescido pela Lei 13.134/2015.

§ 4º O Ministério da Previdência Social e o Ministério da Pesca e Aquicultura desenvolverão atividades que garantam ao INSS acesso às informações cadastrais disponíveis no RGP, de que trata o art. 24 da Lei 11.959, de 29 de junho de 2009, necessárias para a concessão do seguro-desemprego.

> ▸ § 4º acrescido pela Lei 13.134/2015.

§ 5º Da aplicação do disposto no § 4º deste artigo não poderá resultar nenhum ônus para os segurados.

> ▸ § 5º acrescido pela Lei 13.134/2015.

§ 6º O Ministério da Previdência Social poderá, quando julgar necessário, exigir outros documentos para a habilitação do benefício.

> ▸ § 6º acrescido pela Lei 13.134/2015.

§ 7º O INSS deverá divulgar mensalmente lista com todos os beneficiários que estão em gozo do seguro-desemprego no período de defeso, detalhados por localidade, nome, endereço e número e data de inscrição no RGP.

> ▸ § 7º acrescido pela Lei 13.134/2015.

§ 8º *Revogado pela Lei 14.601/2023 (DOU 20.06.2023), em vigor em 1º.01.2024.*

§ 9º *Revogado pela Lei 14.601/2023 (DOU 20.06.2023), em vigor em 1º.01.2024.*

§ 10. *Revogado pela Lei 14.601/2023 (DOU 20.06.2023), em vigor em 1º.01.2024.*

Art. 3º Sem prejuízo das sanções civis e penais cabíveis, todo aquele que fornecer ou beneficiar-se de atestado falso para o fim de obtenção do benefício de que trata esta Lei estará sujeito:

I – a demissão do cargo que ocupa, se servidor público;

II – a suspensão de sua atividade, com cancelamento do seu registro, por dois anos, se pescador profissional.

Art. 4º O benefício de que trata esta Lei será cancelado nas seguintes hipóteses:

I – início de atividade remunerada;

II – início de percepção de outra renda;

III – morte do beneficiário;

IV – desrespeito ao período de defeso; ou

V – comprovação de falsidade nas informações prestadas para a obtenção do benefício.

Art. 5º O benefício do seguro-desemprego a que se refere esta Lei será pago à conta do Fundo de Amparo ao Trabalhador – FAT, instituído pela Lei 7.998, de 11 de janeiro de 1990.

Art. 6º Esta Lei entra em vigor na data de sua publicação.

Art. 7º Fica revogada a Lei 8.287, de 20 de dezembro de 1991.

Brasília, 25 de novembro de 2003; 182º da Independência e 115º da República.

Luiz Inácio Lula da Silva

LEI COMPLEMENTAR 142, DE 8 DE MAIO DE 2013

Regulamenta o § 1º do art. 201 da Constituição Federal, no tocante à aposentadoria da pessoa com deficiência segurada do Regime Geral de Previdência Social – RGPS.

DOU 09.05.2013

A Presidenta da República:

Faço saber que o Congresso Nacional decreta e eu sanciono a seguinte Lei Complementar:

Art. 1º Esta Lei Complementar regulamenta a concessão de aposentadoria da pessoa com deficiência segurada do Regime Geral de Previdência Social – RGPS de que trata o § 1º do art. 201 da Constituição Federal.

Art. 2º Para o reconhecimento do direito à aposentadoria de que trata esta Lei Complementar, considera-se pessoa com deficiência aquela que tem impedimentos de longo prazo de natureza física, mental, intelectual ou sensorial, os quais, em interação com diversas barreiras, podem obstruir sua participação plena e efetiva na sociedade em igualdade de condições com as demais pessoas.

Art. 3º É assegurada a concessão de aposentadoria pelo RGPS ao segurado com deficiência, observadas as seguintes condições:

I – aos 25 (vinte e cinco) anos de tempo de contribuição, se homem, e 20 (vinte) anos, se mulher, no caso de segurado com deficiência grave;

II – aos 29 (vinte e nove) anos de tempo de contribuição, se homem, e 24 (vinte e quatro) anos, se mulher, no caso de segurado com deficiência moderada;

III – aos 33 (trinta e três) anos de tempo de contribuição, se homem, e 28 (vinte e oito) anos, se mulher, no caso de segurado com deficiência leve; ou

IV – aos 60 (sessenta) anos de idade, se homem, e 55 (cinquenta e cinco) anos de idade, se mulher, independentemente do grau de deficiência, desde que cumprido tempo mínimo de contribuição de 15 (quinze) anos e comprovada a existência de deficiência durante igual período.

Parágrafo único. Regulamento do Poder Executivo definirá as deficiências grave, moderada e leve para os fins desta Lei Complementar.

Art. 4º A avaliação da deficiência será médica e funcional, nos termos do Regulamento.

Art. 5º O grau de deficiência será atestado por perícia própria do Instituto Nacional do Seguro Social – INSS, por meio de instrumentos desenvolvidos para esse fim.

Art. 6º A contagem de tempo de contribuição na condição de segurado com deficiência será objeto de comprovação, exclusivamente, na forma desta Lei Complementar.

§ 1º A existência de deficiência anterior à data da vigência desta Lei Complementar deverá ser certificada, inclusive quanto ao seu grau, por ocasião da primeira avaliação, sendo obrigatória a fixação da data provável do início da deficiência.

§ 2º A comprovação de tempo de contribuição na condição de segurado com deficiência em período anterior à entrada em vigor desta Lei Complementar não será admitida por meio de prova exclusivamente testemunhal.

Art. 7º Se o segurado, após a filiação ao RGPS, tornar-se pessoa com deficiência, ou tiver seu grau de deficiência alterado, os parâmetros mencionados no art. 3º serão proporcionalmente ajustados, considerando-se o número de anos em que o segurado exerceu atividade laboral sem deficiência e com deficiência, observado o grau de deficiência correspondente, nos termos do regulamento a que se refere o parágrafo único do art. 3º desta Lei Complementar.

Art. 8º A renda mensal da aposentadoria devida ao segurado com deficiência será calculada aplicando-se sobre o salário de benefício, apurado em conformidade com o disposto no art. 29 da Lei 8.213, de 24 de julho de 1991, os seguintes percentuais:

I – 100% (cem por cento), no caso da aposentadoria de que tratam os incisos I, II e III do art. 3º; ou

II – 70% (setenta por cento) mais 1% (um por cento) do salário de benefício por grupo de 12 (doze) contribuições mensais até o máximo de 30% (trinta por cento), no caso de aposentadoria por idade.

Art. 9º Aplicam-se à pessoa com deficiência de que trata esta Lei Complementar:

I – o fator previdenciário nas aposentadorias, se resultar em renda mensal de valor mais elevado;

II – a contagem recíproca do tempo de contribuição na condição de segurado com deficiência relativo à filiação

ao RGPS, ao regime próprio de previdência do servidor público ou a regime de previdência militar, devendo os regimes compensar-se financeiramente;

III – as regras de pagamento e de recolhimento das contribuições previdenciárias contidas na Lei 8.212, de 24 de julho de 1991;

IV – as demais normas relativas aos benefícios do RGPS;

V – a percepção de qualquer outra espécie de aposentadoria estabelecida na Lei 8.213, de 24 de julho de 1991, que lhe seja mais vantajosa do que as opções apresentadas nesta Lei Complementar.

Art. 10. A redução do tempo de contribuição prevista nesta Lei Complementar não poderá ser acumulada, no tocante ao mesmo período contributivo, com a redução assegurada aos casos de atividades exercidas sob condições especiais que prejudiquem a saúde ou a integridade física.

Art. 11. Esta Lei Complementar entra em vigor após decorridos 6 (seis) meses de sua publicação oficial.

Brasília, 8 de maio de 2013; 192º da Independência e 125º da República.

Dilma Rousseff

DECRETO 8.424, DE 31 DE MARÇO DE 2015

Regulamenta a Lei 10.779, de 25 de novembro de 2003, para dispor sobre a concessão do benefício de seguro-desemprego, durante o período de defeso, ao pescador profissional artesanal que exerce sua atividade exclusiva e ininterruptamente.

DOU 01.04.2015

A Presidenta da República, no uso das atribuições que lhe confere o art. 84, *caput*, incisos IV e VI, alínea *a*, da Constituição, e tendo em vista o disposto na Lei 10.779, de 25 de novembro de 2003, decreta:

Art. 1º Este Decreto regulamenta a concessão do benefício de seguro-desemprego, no valor de um salário mínimo mensal, ao pescador artesanal de que tratam a alínea *b* do inciso VII do *caput* do art. 12 da Lei 8.212, de 24 de julho de 1991, e a alínea *b* do inciso VII do *caput* do art. 11 da Lei 8.213, de 24 de julho de 1991, desde que exerça sua atividade profissional ininterrupamente, de forma artesanal e individualmente ou em regime de economia familiar, durante o período de defeso de atividade pesqueira para a preservação da espécie.

> ▸ *Caput* com redação pelo Dec. 8.967/2017.

§ 1º Considera-se ininterrupta a atividade exercida durante o período compreendido entre o término do defeso anterior e o início do defeso em curso ou nos doze meses imediatamente anteriores ao início do defeso em curso, o que for menor.

§ 2º Entende-se como regime de economia familiar o trabalho dos membros da mesma família, indispensável à própria subsistência e exercido em condições de mútua dependência e colaboração, sem a utilização de empregados.

§ 3º Para fins de concessão do benefício, consideram-se como períodos de defeso aqueles estabelecidos pelos órgãos federais competentes, determinando a paralisação temporária da pesca para preservação das espécies, nos termos e prazos fixados nos respectivos atos.

> ▸ § 3º com redação pelo Dec. 8.967/2017.

§ 4º O benefício será devido ao pescador profissional artesanal inscrito no Registro Geral da Atividade Pesqueira – RGP que não disponha de outra fonte de renda diversa da decorrente da atividade pesqueira, observado o disposto no Decreto 8.425, de 31 de março de 2015, sem prejuízo da licença de pesca concedida na esfera federal, quando exigida nos termos do art. 3º, § 2º, da Lei 11.959, de 29 de junho de 2009.

> ▸ § 4º com redação pelo Dec. 8.967/2017.

§ 5º O pescador profissional artesanal não fará jus a mais de um benefício de seguro-desemprego no mesmo ano decorrente de defesos relativos a espécies distintas.

§ 6º A concessão do benefício não será extensível aos trabalhadores de apoio à pesca artesanal, assim definidos em legislação específica, e nem aos componentes do grupo familiar do pescador profissional artesanal que não satisfaça, individualmente, os requisitos e as condições estabelecidos neste Decreto.

§ 7º Os pescadores e as pescadoras de que trata o § 1º do art. 3º do Decreto 8.425, de 2015, não farão jus ao benefício de seguro-desemprego durante o período de defeso.

> ▸ § 7º com redação pelo Dec. 8.967/2017.

Leg. Prev.

§ 8º Fará jus ao seguro-desemprego o pescador artesanal que, durante o período aquisitivo de que trata o § 1º, tenha recebido benefício de auxílio-doença, auxílio-doença acidentário ou salário maternidade, exclusivamente sob categoria de filiação de segurado especial, ou ainda, que tenha contribuído para a Previdência Social relativamente ao exercício exclusivo dessa atividade.
▶ § 8º acrescido pelo Dec. 8.967/2017.

§ 9º Previamente ao estabelecimento de períodos de defeso, deverão ser avaliadas outras medidas de gestão e de uso sustentável dos recursos pesqueiros, por meio de ato conjunto dos Ministérios da Agricultura, Pecuária e Abastecimento e do Meio Ambiente.
▶ § 9º acrescido pelo Dec. 8.967/2017.

§ 10. As normas, os critérios, os padrões e as medidas de ordenamento relativas aos períodos de defeso serão editadas, observadas as competências dos Ministérios da Agricultura, Pecuária e Abastecimento e do Meio Ambiente, e deverão:
▶ § 10 acrescido pelo Dec. 8.967/2017.

I – definir as espécies que são objeto de conservação, as medidas de proteção à reprodução e ao recrutamento das espécies, os petrechos e os métodos de pesca proibidos;

II – estabelecer a abrangência geográfica da norma, de modo a indicar as bacias hidrográficas, a região ou a área costeiro-marinha e discriminar os Municípios alcançados;

III – definir se há alternativas de pesca disponíveis e se elas abrangem todos os pescadores ou apenas aqueles que atuam de forma embarcada; e

IV – estabelecer mecanismos de monitoramento da biodiversidade e da atividade pesqueira e de avaliação da eficácia dos períodos de defeso como medida de ordenamento.

§ 11. Os Ministérios da Agricultura, Pecuária e Abastecimento e do Meio Ambiente deverão periodicamente avaliar a efetividade dos períodos de defeso instituídos, sobretudo os de área continental, e revogar ou suspender seus atos normativos quando comprovada a sua ineficácia na preservação dos recursos pesqueiros, inclusive quando forem observados os fenômenos de seca, estiagem e contaminações por agentes químicos, físicos e biológicos.
▶ § 11 acrescido pelo Dec. 8.967/2017.

§ 12. Não será devido o benefício do seguro-desemprego quando houver disponibilidade de alternativas de pesca nos Municípios alcançados pelos períodos de defeso.
▶ § 12 acrescido pelo Dec. 8.967/2017.

§ 13. O benefício do seguro-desemprego é direito pessoal e intransferível.
▶ § 13 acrescido pelo Dec. 8.967/2017.

§ 14. Excepcionalmente, nas hipóteses de grave contaminação por agentes químicos, físicos e biológicos, o Ministério da Agricultura, Pecuária e Abastecimento poderá prolongar o período de defeso para as áreas e os grupos específicos atingidos, nos termos previstos na legislação.
▶ § 14 acrescido pelo Dec. 10.080/2019.

§ 15. A gravidade a que se refere o § 14 será reconhecida em ato do Ministério da Agricultura, Pecuária e Abastecimento.
▶ § 15 acrescido pelo Dec. 10.080/2019.

§ 16. O pagamento de seguro desemprego do pescador profissional artesanal, quando devido, na hipótese de ocorrência do prolongamento a que se refere o § 14, poderá ser ampliado na forma prevista no § 5º do art. 4º da Lei 7.998, de 11 de janeiro de 1990, observado o disposto no § 8º do art. 1º da Lei 10.779, de 25 de novembro de 2003.
▶ § 16 acrescido pelo Dec. 10.080/2019.

§ 17. Na hipótese de ser efetuado o pagamento de que trata o § 16, o Conselho Deliberativo do Fundo de Amparo ao Trabalhador – Codefat deverá respeitar os limites de reserva mínima de liquidez de que trata o § 5º do art. 4º da Lei 7.998, de 1990.
▶ § 17 acrescido pelo Dec. 10.080/2019.

Art. 2º Terá direito ao benefício do seguro-desemprego o pescador profissional artesanal que preencher os seguintes requisitos:

I – ter registro no RGP, com situação cadastral ativa decorrente de licença concedida, emitido pelo Ministério da Agricultura, Pecuária e Abastecimento, na condição de pescador profissional artesanal, observada a antecedência mínima prevista no art. 2º da Lei 10.779, de 2003;
▶ Inciso I com redação pelo Dec. 8.967/2017.

II – possuir a condição de segurado especial unicamente na categoria de pescador profissional artesanal;

III – ter realizado o pagamento da contribuição previdenciária, nos termos da Lei 8.212, de 24 de julho de 1991, nos últimos doze meses imediatamente anterio-

res ao requerimento do benefício ou desde o último período de defeso até o requerimento do benefício, o que for menor, observado, quando for o caso, o disposto no inciso IV do *caput* do art. 5º;

IV – não estar em gozo de nenhum benefício decorrente de programa federal de transferência de renda com condicionalidades ou de benefício de prestação continuada da Assistência Social ou da Previdência Social, exceto auxílio-acidente ou pensão por morte; e

V – não ter vínculo de emprego, ou outra relação de trabalho, ou outra fonte de renda diversa da decorrente da atividade pesqueira vedada pelo período de defeso.
▶ Inciso V com redação pelo Dec. 8.967/2017.

§ 1º A comprovação da contribuição do segurado especial de que trata o inciso III do *caput* deverá ser feita nos termos do art. 25 da Lei 8.212, de 1991, e do inciso IV do *caput* do art. 216 do Regulamento da Previdência Social, aprovado pelo Decreto 3.048, de 6 de maio de 1999, excluído o período de defeso, desde que não tenha havido comercialização de espécie alternativa não contemplada no ato que fixar o período de defeso.

§ 2º Desde que atendidos os demais requisitos previstos neste artigo, o benefício de seguro-desemprego será concedido ao pescador profissional artesanal cuja família seja beneficiária de programa de transferência de renda com condicionalidades, e caberá ao órgão ou entidade da administração pública federal responsável pela manutenção do programa a suspensão do pagamento pelo mesmo período da percepção do benefício de seguro-desemprego.

§ 3º Para fins do disposto no § 2º, o Instituto Nacional do Seguro Social – INSS disponibilizará aos órgãos ou entidades da administração pública federal responsáveis pela manutenção de programas de transferência de renda com condicionalidades as informações necessárias para identificação dos beneficiários e dos benefícios de seguro-desemprego concedidos, inclusive as relativas à duração, suspensão ou cessação do benefício.

Art. 3º Cabe ao INSS receber e processar os requerimentos, habilitar os beneficiários e decidir quanto à concessão do benefício de seguro-desemprego de que trata o art. 1º.
Parágrafo único. *Revogado pelo Dec. 8.967/2017.*

Art. 4º O prazo para requerer o benefício do seguro-desemprego do pescador profissional artesanal se iniciará trinta dias antes da data de início do período de defeso e terminará no último dia do referido período.
Parágrafo único. Desde que requerido dentro do prazo previsto no *caput*, o pagamento do benefício será devido desde o início do período de defeso, independentemente da data do requerimento.

Art. 5º Para requerer o benefício de seguro-desemprego, o pescador deverá apresentar ao INSS:

I – documento de identificação oficial;

II – comprovante de inscrição no Cadastro de Pessoa Física – CPF;

III – inscrição no RGP, com licença de pesca, emitida pelo Ministério da Agricultura, Pecuária e Abastecimento, na condição de pescador profissional artesanal que tenha a atividade pesqueira como única fonte de renda, observada a antecedência mínima prevista no art. 2º da Lei 10.779, de 2003;
▶ Inciso III com redação pelo Dec. 8.967/2017.

IV – cópia do documento fiscal de venda do pescado a empresa adquirente, consumidora ou consignatária da produção, em que conste, além do registro da operação realizada, o valor da respectiva contribuição previdenciária de que trata o § 7º do art. 30 da Lei 8.212, de 1991, ou cópia do comprovante de recolhimento da contribuição previdenciária, caso tenha comercializado sua produção a pessoa física; e

V – comprovante de residência em Município abrangido pelo ato que instituiu o período de defeso relativo ao benefício requerido, ou seus limítrofes.
▶ Inciso V com redação pelo Dec. 8.967/2017.

§ 1º Além de apresentar os documentos previstos no *caput*, o pescador profissional artesanal assinará declaração de que:

I – não dispõe de outra fonte de renda;

II – se dedicou à pesca das espécies e nas localidades atingidas pelo defeso, em caráter exclusivo e ininterrupto, durante o período compreendido entre o término do defeso anterior e o início do defeso em curso ou nos doze meses imediatamente anteriores ao início do defeso em curso, o que for menor; e

III – assume responsabilidade civil e criminal por todas as informações prestadas para fins da concessão do benefício.

§ 2º O Ministério da Agricultura, Pecuária e Abastecimento disponibilizará ao INSS informações que demonstrem:

▶ § 2º, *caput*, com redação pelo Dec. 8.967/2017.

I – o exercício ininterrupto da atividade de pesca pelo pescador profissional artesanal, observado o disposto no § 1º do art. 4º do Decreto 8.425, de 2015, com a indicação das localidades em que a atividade foi exercida e das espécies pescadas; e
▶ Inciso I com redação pelo Dec. 8.967/2017.

II – os municípios abrangidos pelo período de defeso e os municípios limítrofes.

§ 3º Ato do Ministério da Previdência Social poderá exigir outros documentos para a habilitação do benefício.

§ 4º O INSS poderá expedir atos complementares relativos ao reconhecimento e à manutenção do direito ao benefício, observado o disposto neste Decreto e no ato de que trata o § 3º.

§ 5º A apresentação dos documentos discriminados no *caput* poderá ser dispensada pelo INSS caso as informações constem em bases governamentais a ele disponibilizadas por outros órgãos, nos termos do art. 2º do Decreto 6.932, de 11 de agosto de 2009, do art. 329-B do Anexo ao Decreto 3.048, de 6 de maio de 1999 – Regulamento da Previdência Social, e do art. 1º do Decreto 8.789, de 29 de junho de 2016.
▶ § 5º acrescido pelo Dec. 8.967/2017.

§ 6º Nos casos em que o pescador já tenha recebido o seguro-desemprego do pescador artesanal, o INSS poderá dispensar a reapresentação de requerimento para os próximos períodos do defeso que deu origem ao benefício, desde que possua informações que demonstrem a manutenção dos requisitos do art. 2º e das características da atividade pesqueira exercida;
▶ § 6º acrescido pelo Dec. 8.967/2017.

§ 7º O INSS poderá comunicar o indeferimento ou a existência de qualquer impedimento para a concessão do benefício por meio da internet ou da central de teleatendimento.
▶ § 7º acrescido pelo Dec. 8.967/2017.

§ 8º O INSS poderá, a qualquer tempo, convocar o pescador para apresentação de documentos comprobatórios referentes aos requisitos do *caput*.
▶ § 8º acrescido pelo Dec. 8.967/2017.

Art. 6º O INSS cessará o benefício de seguro-desemprego nas seguintes hipóteses:

I – início de atividade remunerada ou de percepção de outra renda que seja incompatível com a percepção do benefício;

II – desrespeito ao período de defeso ou a quaisquer proibições estabelecidas em normas de defeso;

III – obtenção de renda proveniente da pesca de espécie alternativa não contemplada no ato que fixar o período de defeso;

IV – suspensão do período de defeso;

V – morte do beneficiário, exceto em relação às parcelas vencidas;

VI – início de percepção de renda proveniente de benefício previdenciário ou assistencial de natureza continuada, exceto auxílio acidente ou pensão por morte;

VII – prestação de declaração falsa; ou

VIII – comprovação de fraude.

Art. 6º-A. O Poder Executivo poderá condicionar o recebimento do seguro-desemprego, durante o período de defeso, ao pescador profissional artesanal que exerça sua atividade exclusiva, à comprovação da matrícula e da frequência do trabalhador segurado em curso de formação inicial e continuada ou de qualificação profissional, com carga horária mínima de cento e sessenta horas, nos termos do § 1º do art. 3º da Lei 7.998, de 11 de janeiro de 1990.
▶ Artigo acrescido pelo Dec. 8.967/2017.

Parágrafo único. O INSS cessará o benefício quando constatar a ocorrência de hipótese prevista no *caput* ou quando for informado sobre sua ocorrência pelo órgão ou entidade pública competente.

Art. 7º No caso de indeferimento do requerimento de concessão de benefício ou no caso de cessação do benefício, o pescador profissional artesanal poderá interpor recurso ao Conselho de Recursos da Previdência Social – CRPS.

§ 1º O prazo para interposição de recurso e para oferecimento de contrarrazões será de trinta dias, contado da ciência da decisão e da interposição do recurso, respectivamente.

§ 2º O processamento e o julgamento dos recursos seguirão o disposto no Regulamento da Previdência Social, aprovado pelo Decreto 3.048, de 1999, e no regimento interno do CRPS.

Art. 8º Os recursos financeiros para o pagamento do benefício de seguro-desemprego ao pescador profissional artesanal serão provenientes do Fundo de Amparo ao Trabalhador – FAT.

§ 1º Compete ao Conselho Deliberativo do Fundo de Amparo ao Trabalhador – Codefat a gestão do pagamento dos benefícios e ao Ministério do Trabalho e Emprego a sua operacionalização, cabendo aos referidos órgãos a edição dos atos necessários a essas atividades.

§ 2º O INSS disponibilizará ao Ministério do Trabalho e Emprego as informações necessárias para a efetivação do pagamento.

§ 3º O Ministério do Trabalho e Emprego disponibilizará ao INSS e aos órgãos de que trata o § 3º do art. 2º as informações referentes à realização dos pagamentos aos beneficiários.

§ 4º O Ministério do Trabalho e Emprego e o INSS prestarão aos interessados informações relativas ao pagamento dos benefícios em seus próprios canais de atendimento.

Art. 9º O Regulamento da Previdência Social, aprovado pelo Decreto 3.048, de 1999, passa a vigorar com as seguintes alterações:

▶ Alterações incorporadas no texto da referida Lei.

Art. 10. *Revogado pelo Dec. 10.930/2022.*

Art. 11. Atos conjuntos dos Ministérios da Previdência Social, do Trabalho e Emprego e da Pesca e Aquicultura e de outros órgãos interessados estabelecerão os procedimentos e prazos para operacionalização das trocas de informações previstas neste Decreto.

Art. 12. Este Decreto aplica-se aos períodos de defeso iniciados a partir de 1º de abril de 2015.

Parágrafo único. Aos períodos de defeso iniciados até 31 de março de 2015, aplica-se o disposto na legislação anterior, inclusive quanto aos prazos, procedimentos e recursos e à competência do Ministério do Trabalho e Emprego para as atividades de recebimento e processamento dos requerimentos, habilitação dos beneficiários e apuração de irregularidades.

Art. 13. Ficam revogados o inciso III do § 14 e o § 17 do art. 9º do Regulamento da Previdência Social, aprovado pelo Decreto 3.048, de 6 de maio de 1999.

Art. 14. Este Decreto entra em vigor na data de sua publicação.

Brasília, 31 de março de 2015; 194º da Independência e 127º da República.

Dilma Rousseff

PORTARIA INTERMINISTERIAL 822, DE 30 DE SETEMBRO DE 2015 – MF, MPS E MTE

Disciplina o regime unificado de pagamento de tributos, de contribuições e dos demais encargos do empregador doméstico (Simples Doméstico) e dá outras providências.

DOU 01.10.2015

Os Ministros de Estado da Fazenda, da Previdência Social e do Trabalho e Emprego, no uso das atribuições que lhe conferem o art. 87, inciso II, da Constituição Federal e o art. 33 da Lei Complementar 150, de 1º de junho de 2015, resolvem:

Art. 1º Disciplinar o regime unificado de pagamento de tributos, de contribuições e dos demais encargos do empregador doméstico (Simples Doméstico).

Art. 2º A inscrição do empregador e a entrada única de dados cadastrais e de informações trabalhistas, previdenciárias e fiscais no âmbito do Simples Doméstico dar-se-á mediante registro no Sistema de Escrituração Digital das Obrigações Fiscais, Previdenciárias e Trabalhistas – *eSocial*, instituído pelo Decreto 8.373, de 11 de dezembro de 2014.

Parágrafo único. As informações a que se refere o *caput* deste artigo serão prestadas na forma disciplinada nos Manuais de Orientação do *eSocial*.

Art. 3º Os recolhimentos de tributos e depósitos decorrentes da relação de emprego doméstico serão efetuados mediante utilização de documento unificado de arrecadação, gerado exclusivamente pelo aplicativo a ser disponibilizado no Portal do *eSocial*, cujo pagamento no prazo é até o dia 7 (sete) do mês seguinte ao da competência a que se referem.

§ 1º O documento unificado de arrecadação conterá:

I – a identificação do contribuinte;

II – a competência;

III – a composição do documento de arrecadação, conforme Art. 34 da Lei Complementar 150/2015;

IV – o valor total;

V – o número único de identificação do documento, atribuído pelo aplicativo;

VI – a data limite para acolhimento pela rede arrecadadora;

VII – o código de barras e sua representação numérica.

§ 2º Ocorrendo rescisão do contrato de trabalho que gere direito ao saque do FGTS por parte do empregado, o recolhimento dos valores de FGTS previstos nos incisos IV e V do art. 34 da Lei Complementar 150, de 2015, referentes ao mês da rescisão e ao mês anterior, que ainda não houver sido recolhido, sem prejuízo das cominações legais, deve seguir os prazos estabelecidos no art. 477 da Consolidação das Leis do Trabalho.

Art. 4º O recolhimento das contribuições previstas nos incisos I, II e III do art. 34 da Lei Complementar 150, de 2015, incidentes sobre gratificação natalina a que se referem a Lei 4.090, de 13 de julho de 1962, e a Lei 4.749, de 12 de agosto de 1965 deverá ocorrer até o dia 20 (vinte) do mês de dezembro do período de apuração, nos termos do § 7º do art. 214, do Decreto 3.048, de 6 de maio de 1999.

Art. 5º Aplicam-se à relação de emprego doméstico os limites do salário de contribuição previstos nos §§ 3º e 5º do art. 28 da Lei 8.212, de 24 de julho de 1991.

Art. 6º Antecipam-se os prazos de recolhimento de tributos e depósitos para o dia útil imediatamente anterior quando não houver expediente bancário nas datas de vencimentos.

Art. 7º O Simples Doméstico passa a vigorar a partir da competência outubro de 2015, com vencimento dia 06 de novembro de 2015.

Art. 8º A distribuição dos recursos recolhidos por meio do Simples Doméstico será feita na forma estabelecida no parágrafo 4º do art. 34 da Lei Complementar 150, de 2015.

Art. 9º Compete à Secretaria da Receita Federal do Brasil (RFB) credenciar as instituições financeiras que se habilitem a prestar serviços de arrecadação relativa ao Simples Doméstico.

§ 1º O documento unificado de arrecadação somente será acolhido por instituição financeira credenciada para tal finalidade, denominada, para os fins desta Portaria, agente arrecador.

§ 2º Para prestar o serviço de arrecadação, o agente arrecadador deverá firmar contrato administrativo com a União, representada pela RFB, observado o disposto na Lei 8.666, de 21 de junho de 1993.

Art. 10. Cabe à Secretaria da Receita Federal do Brasil (RFB) regular o processo de arrecadação à cargo do agente arrecadador, dispondo sobre:

I – credenciamento de agentes arrecadadores;

II – aplicação de penalidades agentes arrecadadores por descumprimento de normas;

III – cobrança de encargos por atraso no repasse financeiro;

IV – correção e cancelamento de documentos de arrecadação, respeitadas as regras e condições específicas do FGTS.

§ 1º O pagamento do documento unificado de arrecadação por meio de cheque será de inteira responsabilidade do agente arrecadador, que não poderá ser desonerado da responsabilidade pela liquidação dos cheques sem provisão de fundos ou rejeitados por outros motivos regulamentados pelo BACEN.

§ 2º O repasse dos montantes arrecadados deverá ocorrer:

I – dos agentes arrecadadores à instituição financeira centralizadora – Caixa Econômica Federal, no primeiro dia útil seguinte à arrecadação;

II – da instituição financeira centralizadora para a Conta Única do Tesouro Nacional, no primeiro dia útil seguinte ao repasse efetuado pelos agentes arrecadadores.

Art. 11. Esta Portaria entra em vigor na data da sua publicação.

Joaquim Vieira Ferreira Levy
Ministro de Estado da Fazenda

Carlos Eduardo Gabas
Ministro de Estado da Previdência Social

Manoel Dias
Ministro de Estado do Trabalho e Emprego

PORTARIA CONJUNTA 1, DE 3 DE JANEIRO DE 2017, DO MINISTÉRIO DO DESENVOLVIMENTO SOCIAL E AGRÁRIO – MDS

Regulamenta regras e procedimentos de requerimento, concessão, manutenção e revisão do Benefício de Prestação Continuada da Assistência Social – BPC.

DOU 04.01.2017

O Ministro do Desenvolvimento Social e Agrário, em conformidade com o art. 2º do Anexo do Decreto 6.214, de 26 de setembro de 2007, e o Presidente do Instituto Nacional do Social, no uso das atribuições que lhe conferem os artigos 3º e 39 do Anexo do Decreto 6.214, de 2007, o art. 26 do Anexo I do Decreto 7.556, de 24 de agosto de 2011, e o art. 6º do Regimento Interno do INSS, aprovado na pela Portaria 296, de 9 de novembro de 2009, do Ministério da Previdência Social,

Considerando que o Benefício de Prestação Continuada da Assistência Social – BPC é um benefício da Política Nacional de Assistência Social – PNAS que integra a proteção social básica no âmbito do Sistema Único de Assistência Social – SUAS, previsto no inciso V do art. 203 da Constituição Federal, normatizado nos artigos 20, 21 e 21-A da Lei 8.742, de 7 de dezembro de 1993, e regulamentado pelo Regulamento do Benefício de Prestação Continuada, aprovado pelo Anexo Decreto 6.214, de 26 de setembro de 2007;

Considerando que o BPC tem por objetivo proteger as pessoas idosas e as pessoas com deficiência em face de vulnerabilidades agravadas pela insuficiência de renda, assegurando-lhes o sustento e favorecendo o acesso às políticas, programas e serviços de assistência social, bem como a superação das desvantagens sociais enfrentadas e a conquista de sua autonomia, conforme diretrizes, princípios e objetivos estabelecidos na Lei 8.742, de 1993, e no Regulamento do Benefício de Prestação Continuada, aprovado pelo Anexo do Decreto 6.214, de 2007;

Considerando que compete ao Instituto Nacional do Seguro Social – INSS, autarquia vinculada ao Ministério do Desenvolvimento Social e Agrário, a operacionalização do BPC, nos termos do art. 3º do Regulamento do Benefício de Prestação Continuada, aprovado pelo Anexo do Decreto 6.214, de 2007;

Considerando a Portaria Interministerial 02, de 7 de novembro de 2016, que regulamenta o Decreto 8.805, de 7 de julho de 2016, resolvem:

Art. 1º Disciplinar as regras e os procedimentos para requerimento, concessão, manutenção e revisão do Benefício de Prestação Continuada – BPC.

CAPÍTULO I
DAS ETAPAS DE OPERACIONALIZAÇÃO DO BPC

Art. 2º Constituem etapas de operacionalização do BPC:

I – requerimento;

II – concessão;

III – manutenção; e

IV – revisão.

Parágrafo único. A inscrição do requerente e sua família no Cadastro Único para Programas Sociais do Governo Federal – Cadastro Único constitui requisito a ser observado nas etapas da operacionalização do BPC.

CAPÍTULO II
DA INSCRIÇÃO NO CADASTRO ÚNICO

Art. 3º O processo de inclusão cadastral e atualização observará o Decreto 6.135, de 26 de junho de 2007, e normas específicas que regulamentam o Cadastro Único.

Art. 4º O Cadastro Único deverá estar atualizado nas etapas I, II e IV de operacionalização do BPC, previstas no art. 2º desta Portaria, ressalvado o momento do agendamento, que constitui a primeira fase do requerimento.

Parágrafo único. Consideram-se atualizados os cadastros que tiveram informações prestadas nos últimos dois anos.

Art. 5º O Responsável pela Unidade Familiar (RF) deverá informar o número do Cadastro de Pessoa Física – CPF do requerente e de todos os membros da família no momento da inclusão e/ou atualização do Cadastro Único.

Leg. Prev.

CAPÍTULO III
DO REQUERIMENTO

Seção I
Dos canais de requerimento

Art. 6º O BPC poderá ser requerido junto aos canais de atendimento da Previdência Social ou em outros locais acordados com os entes federados, nos termos da Portaria Interministerial 02, de 7 novembro de 2016.

Seção II
Dos requerentes

Art. 7º Para fazer jus ao benefício, a pessoa idosa e a pessoa com deficiência, além de atender aos critérios definidos na Lei 8.742, de 1993 e nos art. 8º e 9º do Decreto 6.214, de 2007, devem:

I – ter nacionalidade brasileira, nata ou naturalizada, ou portuguesa;

II – possuir residência no território brasileiro;

III – estar inscritas no Cadastro Único, com os dados atualizados, conforme normas específicas que regulamentam o instrumento.

§ 1º Ao requerente maior de dezesseis anos de idade poderá ser solicitado documento de identificação oficial com fotografia.

§ 2º Não constitui exigência para requerimento ou concessão do BPC a interdição judicial do idoso ou da pessoa com deficiência, seja ela total ou parcial, devendo ser observadas as regras sobre tomada de decisão apoiada, prevista nos artigos 1.783-A da Lei 10.406, de 10 de janeiro de 2002 e 116 da Lei 13.146, de 6 de julho de 2015.

§ 3º O requerente do BPC poderá solicitar a cessação de benefício previdenciário para a concessão de benefício mais vantajoso, devendo ser informado de que a opção pelo recebimento de aposentadoria por idade, por tempo de contribuição e por aposentadoria especial torna-se irreversível após o recebimento do primeiro pagamento ou do saque do respectivo Fundo de Garantia do Tempo de Serviço – FGTS, Programa de Integração Social – PIS ou Programa de Formação do Patrimônio do Servidor Público – PASEP.

Seção III
Das informações sobre a composição do grupo e renda familiar

Art. 8º Na fase de requerimento, as informações do Cadastro Único serão utilizadas para registro da composição do grupo familiar e da renda mensal bruta familiar, conforme disposto no Decreto 6.214, de 2007, obedecendo aos seguintes procedimentos:

I – As informações do grupo familiar constantes no Cadastro Único serão utilizadas para a composição familiar considerada para fins de BPC em formulário próprio, conforme Anexo I da presente Portaria, e, se necessário, serão coletadas informações adicionais para a caracterização da família do requerente, conforme previsto no art. 4º, inciso V, do Decreto 6.214, de 2007.

II – caso seja necessário, serão coletadas outras informações para o cálculo da renda que não estejam disponíveis no Cadastro Único, conforme formulário previsto no Anexo II desta Portaria.

III – a renda familiar per capita será calculada utilizando as informações do Cadastro Único bem como dados de outros registros administrativos, quando necessário, observando-se que:

a) não é permitida a acumulação do BPC com outro benefício da Seguridade Social ou de outro regime, inclusive o seguro-desemprego, ressalvados o de assistência médica e a pensão especial de natureza indenizatória;

b) não serão computadas para fins do cálculo da renda familiar no requerimento do BPC aquelas rendas elencadas no art. 4º, § 2º do Decreto 6.214, de 2007;

c) o salário de contribuição não integra a renda mensal bruta familiar quando o requerente do BPC, o beneficiário ou os demais membros do grupo familiar contribuírem como segurados facultativos do Regime Geral da Previdência Social – RGPS;

d) o recebimento de pensão alimentícia não impede o recebimento do BPC, desde que observado o critério de renda per capita mensal bruta familiar; e

e) a renda sazonal ou eventual, que consiste nos rendimentos não regulares decorrentes de atividades eventuais exercidas em caráter informal, não serão computadas na renda bruta familiar desde que o valor anual declarado dividido por doze meses seja inferior a um quarto do salário mínimo.

IV – o requerente deverá declarar que não recebe outro benefício estadual ou municipal no âmbito da Se-

guridade Social ou de outro regime, inclusive seguro desemprego.

§ 1º Não compõem o grupo familiar, para efeitos do cálculo da renda mensal familiar per capita:

I – O internado ou acolhido em instituições de longa permanência como abrigo, hospital ou instituição congênere;

II – O filho ou o enteado que tenha constituído união estável, ainda que resida sob o mesmo teto;

III – O irmão, o filho ou o enteado que seja divorciado, viúvo ou separado de fato, ainda que vivam sob o mesmo teto do requerente; e

IV – O tutor ou curador, desde não sejam um dos elencados no rol § 1º do art. 20 da Lei 8.742, de 1993.

§ 2º A coabitação do requerente com algum membro de sua família em uma mesma instituição hospitalar, de abrigamento ou congênere, não se configura, por si só, em constituição de um grupo familiar a ser considerado para fins do cálculo da renda mensal familiar per capita.

§ 3º A condição de menor tutelado deve ser comprovada mediante apresentação do termo de tutela.

Art. 9º Fica vedada a solicitação de Declaração de Pobreza ou qualquer outra forma de comprovação da renda que exponha o requerente a situação constrangedora.

Art. 10. O requerente deverá ratificar as informações do Cadastro Único e atestar as informações declaradas no requerimento por meio de assinatura.

Parágrafo único. Na hipótese de não ser o requerente alfabetizado ou de estar impossibilitado para assinar o pedido, será admitida a aposição da impressão digital na presença de funcionário do órgão recebedor do formulário de requerimento.

CAPITULO IV
DO RECONHECIMENTO
DO DIREITO AO BENEFÍCIO

Seção I
Do processo de análise

Art. 11. O INSS deverá:

I – analisar o requerimento;

II – decidir quanto ao deferimento ou indeferimento para a concessão do BPC; e

III – comunicar ao requerente, por meio dos canais disponíveis, quanto ao resultado do requerimento, na forma do art. 15, § 1º, do Decreto 6.214, de 2007.

Art. 12. A condição de acolhimento em instituições de longa permanência, como abrigo, hospital ou instituição congênere, ou o cumprimento de pena exclusivamente em regime semiaberto ou aberto não prejudicam o direito da pessoa com deficiência ou do idoso ao BPC.

§ 1º O recluso em regime fechado, tendo sido proferida sentença ou não, não faz jus ao BPC.

§ 2º Fazem jus ao benefício os adolescentes com deficiência em cumprimento de medida socioeducativa, desde que estejam em regime de semiliberdade, liberdade assistida ou outra medida em meio aberto, e atendam aos requisitos do BPC.

§ 3º A comprovação do regime será feita por meio de documento emitido pelo órgão competente de Segurança Pública, estadual ou federal.

Art. 13. As informações prestadas no requerimento deverão ser confrontadas com as bases cadastrais disponíveis da Administração Pública, devendo o INSS verificar a existência de registro de benefício previdenciário, de emprego e renda do requerente ou beneficiário e dos integrantes de sua família.

§ 1º Havendo divergência quanto às rendas declaradas, será considerada a informação da renda mais alta.

§ 2º No momento do requerimento, caso o requerente não ratifique as informações constantes do Cadastro Único, conforme estabelecido no § 2º do art. 13 do Decreto 6.214, de 2007, o servidor do INSS deverá cadastrar exigência de atualização das informações cadastrais, o que deverá ser realizado pelo Responsável pela Unidade Familiar (RF), respeitadas as normas e regulamentos do Cadastro Único, no prazo de trinta dias, prorrogáveis por igual período.

§ 3º O processo de retificação ou complemento das informações do Cadastro Único deve ocorrer quando as informações forem passíveis de coleta no Cadastro Único.

§ 4º Quando não cumprida a exigência para atualização do Cadastro Único no prazo definido no § 2º, o INSS decidirá o pedido considerando a renda de maior valor.

§ 5º As informações declaradas pelo requerente ou seu procurador são de sua inteira responsabilidade e

deverão ser consideradas para tomada de decisão no reconhecimento do direito ao BPC.

Art. 14. O valor referente ao BPC será pago retroativamente a contar da data do requerimento ao benefício.

§ 1º A solicitação de agendamento é considerada como efetivo requerimento para fins de pagamento de benefício.

§ 2º Para fins de atualização dos valores pagos, serão aplicados os mesmos critérios adotados pela legislação previdenciária.

Seção II
Do indeferimento

Art. 15. O INSS deverá indeferir o benefício quando os critérios de acesso ao BPC não forem atendidos nos termos do art. 36 do Decreto 6.214, de 2007.

Parágrafo único. O benefício será indeferido quando o requerente vier a óbito durante o processo de análise, dispensando-se a plena avaliação dos requisitos necessários para o reconhecimento do direito.

Seção III
Do recurso

Art. 16. Os interessados poderão interpor recurso contra a decisão de indeferimento do benefício nos canais de atendimento disponibilizados, no prazo de 30 (trinta) dias contados da data da ciência da decisão.

Art. 17. Quando se tratar de interposição de recurso por motivo de indeferimento relacionado unicamente à renda per capita, não será necessária avaliação da deficiência para encaminhamento do recurso à junta de recursos.

Parágrafo único. Dado provimento ao recurso, o requerente, pessoa com deficiência, deverá ser encaminhado para a realização de avaliação social e médica.

Art. 18. Quando se tratar de interposição de recurso por motivo de indeferimento decorrente unicamente da conclusão da avaliação social e médica, o processo deverá ser encaminhado para pronunciamento do Serviço Social e da Perícia Médica do INSS, sendo dispensada nova avaliação da renda.

CAPÍTULO V
DA MANUTENÇÃO DO BPC

Seção I
Regras gerais

Art. 19. O valor do BPC não está sujeito a descontos de:

I – empréstimo consignado; e

II – débitos originários de benefícios previdenciários recebidos indevidamente.

Seção II
Da revisão do benefício

Art. 20. A revisão do BPC, de que trata o art. 21 da Lei 8.742, de 1993, será realizada por meio de:

I – cruzamento contínuo de informações e dados disponíveis pelos órgãos da Administração Pública; e

II – quando for o caso, reavaliação da deficiência e do grau de impedimento de que trata o § 2º do L 20 da Lei 8.742, de 1993.

Parágrafo único. A análise da renda familiar per capita para a manutenção do BPC ocorrerá por meio da leitura das informações do Cadastro Único e de outros cadastros e bases de dados dos órgãos da Administração Pública disponíveis.

Art. 21. Identificada a superação da condição de renda para manutenção do benefício, o INSS deverá suspender ou cessar o benefício, conforme o caso, observando os procedimentos previstos nos artigos 47 e 48 do Decreto 6.214, de 2007.

Art. 22. A revisão da deficiência ocorrerá a cada dois anos, devendo ser dispensada quando a avaliação médica e social indicar impedimento de caráter permanente.

Parágrafo único. A definição da situação de alta probabilidade de manutenção da condição de deficiência será definida a partir dos resultados da avaliação da deficiência.

Art. 23. A cada período de revisão, serão editados atos normativos específicos pelo MDSA e INSS indicando procedimentos e grupos prioritários.

Seção III
Da suspensão e cessação

Art. 24. O BPC será suspenso nas seguintes hipóteses:

I – se identificada irregularidade na sua concessão ou manutenção;

II – se verificada, por ocasião da revisão, a não continuidade das condições que deram origem ao benefício;

III – se o beneficiário não realizar a inscrição no Cadastro Único, conforme art. 2º da Portaria Interministerial 2, de 7 novembro de 2016;

IV – quando as informações do Cadastro Único não estiverem atualizadas;

V – se decorrido o período de 2 (dois) anos de recebimento de remuneração da pessoa com deficiência contratada na condição de aprendiz concomitantemente com o benefício.

Parágrafo único. O beneficiário poderá apresentar requerimento de suspensão do BPC em caráter especial em decorrência do ingresso no mercado de trabalho por meio do preenchimento do Formulário Único de Alteração da Situação do Benefício, conforme previsto no Anexo III desta Portaria.

Art. 25. A ausência de saque do valor do benefício pelo prazo superior a 60 (sessenta) dias ocasionará a suspensão da emissão de crédito para pagamento do benefício e a ausência de saque por mais de 180 (cento e oitenta) dias ensejará a cessação administrativa do benefício.

§ 1º A reativação do crédito ou do benefício estará condicionada à solicitação do beneficiário junto ao INSS, por intermédio dos canais disponíveis.

§ 2º A reativação do crédito do benefício implicará o pagamento de todos os valores devidos durante o período em que a emissão do crédito esteve suspensa ou em que o benefício esteve cessado administrativamente, excetuando o(s) período(s) em que o benefício comprovadamente não é devido.

§ 3º Os procedimentos para restabelecimento do benefício devem ser adotados de imediato a fim de possibilitar o saque no prazo máximo de setenta e duas horas.

§ 4º O benefício suspenso ou cessado poderá ser reativado por meio do preenchimento do Formulário Único de Alteração da Situação do Benefício, conforme consta no Anexo III desta Portaria.

Art. 26. A contribuição do beneficiário como segurado facultativo da Previdência Social não acarretará a suspensão do pagamento do BPC.

Art. 27. O pagamento do benefício cessa nas hipóteses previstas no art. 48 do Decreto 6.214, de 2007.

Art. 28. O beneficiário ou o seu representante legal deve atualizar informações no INSS, nos termos do art. 35-A do Decreto 6.214, de 2007.

§ 1º Os integrantes do grupo familiar do beneficiário são obrigados a informar ao INSS a ocorrência de morte, morte presumida ou ausência do beneficiário declarada em juízo.

§ 2º As informações do Cadastro Único deverão ser atualizadas observando as normas que o regulamentam.

Art. 29. A cessação do BPC concedido à pessoa com deficiência não impede a concessão de novo BPC, desde que atendidos os requisitos exigidos para acesso ao benefício.

Art. 30. Na hipótese de cessação do contrato de aprendizagem, se a pessoa com deficiência tiver adquirido direito a qualquer benefício no âmbito da Previdência Social, o BPC deverá ser cessado para a habilitação do benefício previdenciário.

Parágrafo único. Na hipótese de cessação do contrato de aprendizagem, se o beneficiário fizer jus a seguro-desemprego, poderá optar pelo recebimento deste, desde que não esteja recebendo o BPC.

<div style="text-align:center">CAPÍTULO VI
DA REPRESENTAÇÃO</div>

Art. 31. O requerente ou beneficiário pode se fazer representar nas etapas de operacionalização do BPC por procurador, tutor, curador, ou detentor de guarda devidamente habilitado na forma do art. 33 da Lei 8.069, de 13 de julho de 1990.

Art. 32. A representação deverá observar as regras sobre tomada de decisão apoiada, prevista nos artigos 1.783-A da Lei 10.406, de 2002 e 116 da Lei 13.146, de 2015.

Art. 33. Poderá ocorrer a representação por meio de mais de uma procuração ou procurações coletivas nos casos de parentes de primeiro grau e nos casos de beneficiários representados por dirigentes de instituições nas quais se encontrem acolhidos.

<div style="text-align:center">CAPÍTULO VII
DA COBRANÇA E DO
RESSARCIMENTO DE VALORES</div>

Art. 34. É devida a cobrança de ressarcimento de valores recebidos do BPC quando constatada a ocorrência de ao menos uma das hipóteses de cessação do benefício previstas no art. 48 do Decreto 6.214, de 2007.

§ 1º O valor a ser ressarcido contará do momento da ocorrência do fato que gerou o recebimento indevido.

§ 2º A cobrança dos valores pagos indevidamente no período anterior a 28 de setembro de 2007, data de início da vigência do Decreto 6.214, de 2007, depende de apuração e comprovação de dolo, fraude ou má-fé.

Art. 35. O instituto da prescrição se aplica à cobrança de valores pagos indevidamente aos beneficiários do BPC, salvo os casos decorrentes de ato comprovado de dolo, fraude ou má fé.

Art. 36. Cabe ao INSS, sem prejuízo de outras medidas legais, adotar as providências necessárias à restituição do valor do benefício pago indevidamente em caso de falta de comunicação dos fatos arrolados no art. 48 do Decreto 6.214, de 2007, ou em caso de prática, pelo beneficiário ou por terceiros, de ato com dolo, fraude ou má-fé devidamente comprovado.

<div style="text-align:center">CAPÍTULO VIII
DAS DENÚNCIAS DE IRREGULARIDADES</div>

Art. 37. Sem prejuízo do disposto no art. 44 do Decreto 6.214, de 2007, cabe ao INSS recepcionar as denúncias de irregularidades relativas à concessão, manutenção e pagamento do BPC, apresentadas por qualquer pessoa física ou jurídica de direito público ou privado, especialmente pelos Conselhos de Direitos, Conselhos de Assistência Social e demais organizações representativas de pessoas idosas e de pessoas com deficiência.

§ 1º As denúncias a que se refere o *caput* devem ser apuradas de acordo com o fluxo operacional definido pelo INSS.

§ 2º Compete ao INSS aplicar os procedimentos cabíveis previstos nesta Portaria, independentemente de outras penalidades legais, quando constatada a prática de infração penal decorrente da concessão ou da manutenção do BPC.

§ 3º O denunciante tem direito de receber informações sobre as providências tomadas pelo INSS quanto à irregularidade por ele denunciada.

Art. 38. Cabe ao INSS e aos demais canais de atendimento informar ao público os locais para recepcionar as denúncias de irregularidades ou falhas na concessão e/ou manutenção do BPC.

Parágrafo único. Eventual denúncia de restrição ao usufruto do BPC mediante retenção de cartão magnético deverá ser encaminhada ao Ministério Público Federal.

<div style="text-align:center">CAPÍTULO IX
DAS DISPOSIÇÕES FINAIS E TRANSITÓRIAS</div>

Art. 39. Presumem-se verdadeiras as informações constantes no Cadastro Único, para fins do disposto nessa Portaria.

Art. 40. O processo de inclusão no Cadastro Único de beneficiários do BPC e respectivas famílias, ainda não cadastradas, será regulamentado por meio de Instrução Operacional conjunta da Secretaria Nacional de Renda de Cidadania – SENARC e da Secretaria Nacional de Assistência Social – SNAS, ambas do MDSA.

Art. 41. Ficam dispensados de realizar inscrição no Cadastro Único para fins de requerimento ao BPC, até que seja efetuada adaptação no formulário e no Sistema, os requerentes ou beneficiários menores de 16 anos ou pessoas interditadas total ou parcialmente que:

I – estejam internados em instituição, abrigo, asilo ou hospital há 12 meses ou mais; ou

II – não possuam família de referência, nos termos do art. 2º da Portaria MDS 177, de 20 de junho de 2011.

§ 1º As pessoas referidas no *caput* deverão preencher os campos relativos ao local de convívio no formulário de requerimento previsto no Anexo I – Requerimento do Benefício de Prestação Continuada da Assistência Social – BPC e composição do grupo familiar;

§ 2º O representante legal deverá informar seus dados pessoais em campo próprio no formulário de requerimento previsto no Anexo I desta Portaria.

Art. 42. Essa Portaria entra em vigor na data da sua publicação.

Art. 43. Fica revogada a Portaria Conjunta 02 MDS/MPS/INSS, de 19 de setembro de 2014.

▶ Deixamos de publicar o Anexo constante desta norma.

Osmar Gasparini Terra

Ministro de Estado do Desenvolvimento Social e Agrário

Leonardo de Melo Gadelha

Presidente do Instituto Nacional do Seguro Social

<div style="text-align:center">**LEI 13.483,
DE 21 DE SETEMBRO DE 2017**</div>

Institui a Taxa de Longo Prazo (TLP); dispõe sobre a remuneração dos recursos do Fundo de Participação PIS-Pasep, do Fundo de Amparo ao Trabalhador (FAT) e do Fundo da Marinha Mercante (FMM) e sobre a remuneração dos financiamentos concedidos pelo Tesouro Nacional ao Banco Nacional de Desenvolvimento Econômico e Social (BNDES); altera as Leis 8.019, de 11 de abril de 1990, 9.365, de 16 de dezembro de 1996, 10.893, de 13 de julho de 2004, e 10.849, de 23 de março de 2004; e dá outras providências.

Dou 22.09.2017

O Presidente da República:

Faço saber que o Congresso Nacional decreta e eu sanciono a seguinte Lei:

Art. 1º Esta Lei institui a Taxa de Longo Prazo (TLP), dispõe sobre a remuneração do Fundo de Amparo ao Trabalhador (FAT) e do Fundo da Marinha Mercante (FMM) e sobre a remuneração dos financiamentos concedidos pelo Tesouro Nacional ao Banco Nacional de Desenvolvimento Econômico e Social (BNDES).

▶ Artigo com redação pela Lei 14.937/2024.

Art. 2º Art. 2º Os recursos do FAT e do FMM, quando aplicados pelas instituições financeiras oficiais federais em operações de financiamento, serão remunerados de acordo com metodologia de cálculo definida pelo Conselho Monetário Nacional, pro rata die, por uma das seguintes taxas, estabelecida pela instituição financeira aplicadora, em cada operação:

▶ *Caput* com redação pela Lei 14.937/2024.

I – Taxa de Longo Prazo (TLP): composta da variação do Índice Nacional de Preços ao Consumidor Amplo (IPCA), apurado mensalmente e divulgado pela Fundação Instituto Brasileiro de Geografia e Estatística (IBGE), e da taxa de juros prefixada baseada na estrutura a termo da taxa de juros das Notas do Tesouro Nacional Série B (NTN-B) para o prazo de 5 (cinco) anos;

II – Taxa Prefixada: composta da taxa de juros prefixada baseada na estrutura a termo da taxa de juros das Letras do Tesouro Nacional (LTN) e das Notas do Tesouro Nacional Série F (NTN-F) para o prazo de 5 (cinco) anos; ou

III – Taxa Prefixada do Programa de Financiamento às Micro, Pequenas e Médias Empresas (Taxa Prefixada MPME): composta da taxa de juros prefixada baseada na estrutura a termo da taxa de juros das LTN e das NTN-F para o prazo de 3 (três) anos, aplicável exclusivamente para microempresas e pequenas empresas, em conformidade com o estabelecido na Lei Complementar nº 123, de 14 de dezembro de 2006 (Lei do Simples Nacional), e para médias empresas, de acordo com critérios estabelecidos pelo Conselho Monetário Nacional.

▶ Incisos I a III acrescidos pela Lei 14.937/2024.

§ 1º A parcela prefixada da TLP e as Taxas Prefixadas, previstas nos incisos II e III do caput deste artigo, serão as vigentes na data de contratação da operação e serão aplicadas uniformemente durante o prazo do financiamento.

▶ § 1º com redação pela Lei 14.937/2024.

§ 1º-A. Na hipótese de financiamento de projetos de concessão, permissão ou autorização para exploração de serviços públicos, a instituição financeira poderá adotar a parcela prefixada da TLP e as Taxas Prefixadas vigentes na data do respectivo leilão.

▶ § 1º-A acrescido pela Lei 14.937/2024.

§ 2º Os recursos dos Fundos de que trata o *caput* deste artigo repassados às instituições financeiras oficiais federais em operações de financiamento, enquanto não forem aplicados, serão remunerados, *pro rata die*, pela taxa média ajustada dos financiamentos diários apurados no Sistema Especial de Liquidação e de Custódia (Selic) para títulos públicos federais, divulgada pelo Banco Central do Brasil, ou por outra taxa que legalmente venha a substituí-la.

§ 3º A taxa de remuneração a que se refere o § 2º deste artigo será descontada de percentual a ser fixado pelo Ministro de Estado da Fazenda, e não poderá superar 0,09% a.a. (nove centésimos por cento ao ano).

§ 4º Na hipótese de ser verificado inadimplemento de parcela da operação de financiamento contratada, a instituição financeira deverá remunerar os recursos, pro rata die, pelos mesmos critérios previstos para os recursos aplicados na forma do *caput* deste artigo, pelo prazo de até sessenta dias, contado da data de vencimento contratada, conforme o esquema de pagamento contratado.

§ 5º O disposto no § 2º deste artigo aplica-se aos valores relativos às parcelas inadimplidas das operações de fi-

nanciamento, desde a data de vencimento contratada, após decorrido o prazo estabelecido no § 4º deste artigo, e às parcelas cujo pagamento tenha sido antecipado em relação à data de vencimento contratada, desde a data do recebimento.

§ 6º As taxas de juros de que tratam o caput e o § 8º deste artigo não se aplicam aos recursos dos Fundos utilizados em operações de financiamento de empreendimentos e projetos destinados à produção ou à comercialização de bens e serviços de reconhecida inserção internacional, cujas obrigações de pagamento sejam denominadas ou referenciadas em dólar norte-americano, em euro ou em moeda de livre conversibilidade definida pelo Conselho Monetário Nacional, as quais observarão o disposto no art. 6º da Lei nº 9.365, de 16 de dezembro de 1996.

§ 7º As operações de financiamento de empreendimentos e projetos destinados à produção ou à comercialização de bens e serviços de reconhecida inserção internacional, cujas obrigações de pagamento sejam denominadas e referenciadas em moeda nacional, poderão ser remuneradas pelas taxas previstas no caput e no § 8º deste artigo.

▸ §§ 6º e 7º com redação pela Lei 14.937/2024.

§ 8º O BNDES poderá aprovar operações de financiamento com recursos do FAT remunerados à taxa Selic, divulgada pelo Banco Central do Brasil, desde que a parcela dos recursos aplicada no referido indexador, nos termos desta Lei, não seja superior a 50% (cinquenta por cento) do saldo integral dos recursos repassados conforme o disposto no § 1º do art. 239 da Constituição Federal.

▸ § 8º acrescido pela Lei 14.937/2024.

Art. 3º A parcela prefixada da TLP e as Taxas Prefixadas a que se refere o § 1º do art. 2º desta Lei serão apuradas de acordo com metodologia definida pelo Conselho Monetário Nacional e divulgadas pelo Banco Central do Brasil até o último dia útil do mês imediatamente anterior ao de sua vigência, observado o seguinte:

▸ Caput com redação pela Lei 14.937/2024.

I – a parcela prefixada da TLP terá vigência mensal, com início no primeiro dia útil de cada mês-calendário, e corresponderá à média aritmética simples das taxas para o prazo de 5 (cinco) anos da estrutura a termo da taxa de juros das NTN-B, apuradas diariamente, no período de 3 (três) meses que anteceder a sua definição; e

II – as Taxas Prefixadas terão vigência mensal, com início no primeiro dia útil de cada mês-calendário, e corresponderão à média aritmética simples das taxas para o prazo de 5 (cinco) ou de 3 (três) anos da estrutura a termo da taxa de juros das LTN e das NTN-F, apuradas diariamente, no período de 3 (três) meses que anteceder a sua definição.

▸ Incisos I e II acrescidos pela Lei 14.937/2024.

§ 1º À taxa de juros mencionada no caput deste artigo será aplicado um fator de ajuste que convergirá linearmente para um, em ajustes anuais, no prazo de cinco anos, contado a partir de 1º de janeiro de 2018.

§ 2º O primeiro fator de ajuste de que trata o § 1º deste artigo será tal que, quando aplicado à taxa de juros prefixada referida no caput deste artigo, a TLP resultante para 1º de janeiro de 2018 será igual à Taxa de Juros de Longo Prazo (TJLP) vigente para a mesma data.

§ 3º Para o cálculo do primeiro fator de ajuste, definido no § 2º deste artigo, a variação do IPCA a ser considerada será a expectativa de inflação para os doze meses subsequentes à sua fixação.

§ 4º Para operações de crédito realizadas no âmbito do Programa de Aumento da Produtividade da Frota Rodoviária no País (Renovar), as taxas de juros referidas no caput deste artigo terão condições favorecidas ao tomador.

▸ § 4º com redação pela Lei 14.937/2024.

§ 5º O período de apuração da média aritmética simples a que se referem os incisos I e II do caput deste artigo poderá ser alterado para até 12 (doze) meses, de acordo com metodologia a ser definida pelo Conselho Monetário Nacional, com vistas a reduzir o impacto da volatilidade das taxas das NTN-B, das LTN e das NTN-F sobre a TLP e a Taxa Prefixada, respectivamente.

▸ § 5º acrescido pela Lei 14.937/2024.

Art. 4º A TLP será calculada de acordo com metodologia definida pelo Conselho Monetário Nacional, observado o disposto nesta Lei.

Parágrafo único. A taxa de juros a que se refere o art. 3º desta Lei e o seu fator de ajuste serão apurados de acordo com metodologia definida pelo Conselho Monetário Nacional e divulgados pelo Banco Central do Brasil até o último dia útil do mês imediatamente anterior ao de sua vigência.

Art. 5º O BNDES recolherá ao FAT, semestralmente, até o décimo dia útil do mês subsequente ao seu encerramento, o valor correspondente à remuneração dos recursos aplicados em operações de financiamento, decorrente da aplicação das taxas de juros a que se referem o caput e o § 8º do art. 2º desta Lei sobre as respectivas operações de financiamento contratadas.

▸ Caput com redação pela Lei 14.937/2024.

§ 1º O BNDES recolherá ao FAT, mensalmente, até o décimo dia útil do mês subsequente ao seu encerramento, o valor correspondente à remuneração de que trata o § 2º do art. 2º desta Lei.

§ 2º O BNDES encaminhará, mensalmente, ao Conselho Deliberativo do Fundo de Amparo ao Trabalhador (CODEFAT), os extratos das movimentações diárias dos recursos, segregados por modalidade de remuneração, e os relatórios gerenciais dos recursos aplicados, na forma e na periodicidade definidas pelo referido Conselho.

§ 3º O recolhimento das taxas de juros de que trata o caput deste artigo ficará limitado a 6% a.a. (seis por cento ao ano), capitalizada a diferença.

▸ § 3º acrescido pela Lei 14.937/2024.

Art. 6º O BNDES recolherá ao Fundo de Participação PIS-PASEP, nos prazos legais, o valor correspondente à remuneração decorrente da aplicação da TLP a que se refere o caput do art. 2º desta Lei, limitada a 6% a.a. (seis por cento ao ano), capitalizada a diferença.

Art. 7º Ficam ressalvadas dos limites de que tratam o caput do art. 5º e o art. 6º desta Lei as demais hipóteses de transferência e de recolhimento previstas nas legislações específicas dos respectivos Fundos.

Art. 8º As instituições financeiras oficiais federais deverão segregar, por modalidade de remuneração, os saldos dos recursos de que trata esta Lei, mediante a adoção de controles internos que evidenciem a apuração correta e a remuneração dos recursos.

Art. 9º A remuneração dos recursos do Fundo de Participação PIS-Pasep, do FAT e do FMM, aplicados pelas instituições financeiras oficiais federais em operações de financiamento contratadas até 31 de dezembro de 2017, permanece regida pela Lei 9.365, de 16 de dezembro de 1996.

Parágrafo único. A renegociação, a composição, a consolidação, a confissão de dívida e os negócios assemelhados, referentes às operações de que trata o caput deste artigo, que importem em prorrogação do prazo original ou acréscimo do saldo devedor mediante a liberação de novos recursos, ficarão sujeitos à forma de remuneração prevista nos arts. 2º e 3º desta Lei.

Art. 10. Os recursos do FAT aplicados em depósitos especiais, nos termos do art. 9º da Lei 8.019, de 11 de abril de 1990, destinados a programas de investimento que estimulem a geração de emprego e renda serão remunerados, pro rata die, pelos mesmos critérios previstos no caput e nos §§ 2º, 4º e 5º do art. 2º e no art. 9º desta Lei.

Parágrafo único. Os critérios de aplicação dos depósitos especiais do FAT serão estabelecidos pelo Codefat.

Art. 11. Fica a União autorizada a repactuar as condições contratuais dos financiamentos concedidos pelo Tesouro Nacional ao BNDES que tenham a TJLP como referência, com o objetivo de adequar a remuneração dos referidos financiamentos ao disposto nesta Lei.

§ 1º As repactuações referidas no caput deste artigo deverão considerar as seguintes remunerações sobre os saldos dos financiamentos de que trata o caput deste artigo:

I – as condições de remuneração previstas no art. 2º desta Lei, para operações de financiamento contratadas entre o BNDES e seus tomadores;

▸ Inciso I com redação pela Lei 14.937/2024.

II – a taxa média referencial do Sistema Especial de Liquidação e de Custódia (Selic), ou outra taxa que legalmente venha a substituí-la, para os recursos não aplicados pelo BNDES em operações de financiamento a seus tomadores, descontada de percentual a ser fixado pelo Ministro de Estado da Fazenda, e não poderá superar 0,09% a.a. (nove centésimos por cento ao ano); e

III – a TJLP, para as operações de financiamento contratadas até 31 de dezembro de 2017.

▸ Inciso III com redação pela Lei 14.937/2024.

§ 2º Para atender ao disposto neste artigo, o BNDES encaminhará ao Ministério da Fazenda os extratos das movimentações diárias dos recursos oriundos dos financiamentos de que trata o caput deste artigo, segregados por modalidade de remuneração, conforme disposto no § 1º deste artigo, e os relatórios gerenciais dos recursos aplicados, com periodicidade e demais especificações definidas em conjunto pelas referidas instituições.

§ 3º Fica autorizada, no âmbito da repactuação de que trata o caput deste artigo, por mútuo acordo entre as partes, a alteração do cronograma e dos prazos de pagamento previstos nos contratos celebrados entre a União e o BNDES.

Art. 12. Fica vedada, a partir de 1º de janeiro de 2018, a contratação de operações que tenham a TJLP como referência, ressalvadas as seguintes hipóteses:

I – operações de hedge;

II – operações de financiamento que tenham obtido o reconhecimento preliminar de sua elegibilidade às linhas de crédito das instituições financeiras oficiais federais por comitê de crédito ou órgão congênere até 31 de dezembro de 2017;

III – operações de financiamento destinadas ao apoio a projetos de infraestrutura, objeto de licitações públicas cujo edital tenha sido publicado até 31 de dezembro de 2017;

IV – operações de financiamento indiretas, por meio de agentes financeiros credenciados, que tenham sido protocoladas nas instituições financeiras oficiais federais até 31 de dezembro de 2017; e

V – operações realizadas por meio do Cartão BNDES que tenham sido autorizadas em seu Portal de Operações até 31 de dezembro de 2017.

§ 1º Os recursos dos Fundos de que trata o caput do art. 2º desta Lei aplicados nas operações relacionadas nos incisos II, III, IV e V do caput deste artigo serão remunerados pela TJLP.

§ 2º O disposto neste artigo não afasta a aplicação da TJLP nas finalidades previstas em legislação específica.

Art. 13. Além dos casos previstos nesta Lei, a TLP poderá ser utilizada em operações realizadas nos mercados financeiro e de valores mobiliários, nas condições estabelecidas, respectivamente, pelo Banco Central do Brasil e pela Comissão de Valores Mobiliários.

Art. 14. O BNDES manterá, por pelo menos cinco anos, a partir da publicação desta Lei, suas linhas incentivadas para micro, pequenas e médias empresas, visando a estimular a inovação e a renovação do parque produtivo.

Art. 15. O art. 7º da Lei 8.019, de 11 de abril de 1990, passa a vigorar acrescido do seguinte § 3º:

▸ Alterações incorporadas no texto da referida Lei.

Art. 16. O art. 2º da Lei 9.365, de 16 de dezembro de 1996, passa a vigorar com a seguinte redação:

▸ Alterações incorporadas no texto da referida Lei.

(...)

Art. 18-A. Os recursos do FAT repassados ao BNDES, para fins do disposto no § 1º do art. 239 da Constituição Federal, ou aplicados nos depósitos especiais de que trata o art. 9º da Lei nº 8.019, de 11 de abril de 1990, destinados a operações de financiamento à inovação e à digitalização apoiadas pelo BNDES poderão ser remunerados pela Taxa Referencial (TR), cabendo ao Conselho Monetário Nacional definir critérios para elegibilidade.

▸ Artigo acrescido pela Lei 14.592/2023.

Parágrafo único. Para fins do disposto no caput deste artigo, as aprovações do BNDES destinadas a operações de financiamento à inovação e à digitalização em cada exercício até 2026, remuneradas pela TR, ficam limitadas a até 1,5% (um inteiro e cinco décimos por cento) do saldo dos recursos repassados segundo o disposto no § 1º do art. 239 da Constituição Federal, e esse percentual pode ser alterado pelo Conselho Monetário Nacional.

Art. 19. Esta Lei entra em vigor na data de sua publicação, produzindo efeitos:

I – imediatos, quanto ao art. 4º; e

II – em 1º de janeiro de 2018, quanto aos demais dispositivos.

Art. 20. Ficam revogados:

I – os seguintes dispositivos da Lei 8.019, de 11 de abril de 1990:

a) art. 3º;

b) §§ 5º e 7º do art. 9º; e

II – o art. 3º da Lei 9.365, de 16 de dezembro de 1996.

Brasília, 21 de setembro de 2017; 196º da Independência e 129º da República.

Michel Temer

LEI 13.485, DE 2 DE OUTUBRO DE 2017

Dispõe sobre o parcelamento de débitos com a Fazenda Nacional relativos às contribuições previdenciárias de responsabilidade dos Estados, do Distrito Federal e dos Municípios, e sobre a revisão da dívida previdenciária dos Municípios pelo Poder Executivo federal; altera a Lei 9.796, de 5 de maio de 1999; e dá outras providências.

DOU 03.10.2017

O Presidente da República:

Faço saber que o Congresso Nacional decreta e eu sanciono a seguinte Lei:

Art. 1º Os débitos com a Secretaria da Receita Federal do Brasil e a Procuradoria-Geral da Fazenda Nacional de responsabilidade dos Estados, do Distrito Federal e dos Municípios, e de suas autarquias e fundações públicas, relativos às contribuições sociais de que tratam as alíneas *a* e *c* do parágrafo único do art. 11 da Lei 8.212, de 24 de julho de 1991, inclusive os decorrentes do descumprimento de obrigações acessórias, vencidos até 30 de abril de 2017, e os de contribuições incidentes sobre o décimo terceiro salário, constituídos ou não, inscritos ou não em dívida ativa da União, ainda que em fase de execução fiscal já ajuizada, ou que tenham sido objeto de parcelamento anterior não integralmente quitado, poderão ser pagos em até duzentas parcelas, conforme o disposto nesta Lei.

Art. 2º Os débitos a que se refere o art. 1º desta Lei poderão ser quitados, no âmbito de cada órgão, mediante:

I – o pagamento à vista e em espécie de 2,4% (dois inteiros e quatro décimos por cento) do valor total da dívida consolidada, sem reduções, em até seis parcelas iguais e sucessivas, vencíveis entre julho e dezembro de 2017; e

II – o pagamento do restante da dívida consolidada em até cento e noventa e quatro parcelas, vencíveis a partir de janeiro de 2018, com reduções de:

a) 40% (quarenta por cento) das multas de mora, de ofício e isoladas e dos encargos legais e de 25% (vinte e cinco por cento) dos honorários advocatícios; e

b) 80% (oitenta por cento) dos juros de mora.

§ 1º As parcelas a que se refere o inciso II do *caput* deste artigo serão:

I – equivalentes ao saldo da dívida fracionado em até cento e noventa e quatro parcelas ou a 1% (um por cento) da média mensal da receita corrente líquida do Estado, do Distrito Federal ou do Município, o que resultar na menor prestação; e

II – retidas no Fundo de Participação dos Estados e do Distrito Federal (FPE) ou no Fundo de Participação dos Municípios (FPM) e repassadas à União.

§ 2º Encerrado o prazo dos parcelamentos, eventual resíduo da dívida não quitada na forma prevista no *caput* deste artigo poderá ser pago à vista ou ser parcelado em até sessenta prestações, na forma prevista na Lei 10.522, de 19 de julho de 2002.

§ 3º Para fins do disposto nesta Lei, considera-se receita corrente líquida aquela assim definida no inciso IV do *caput* do art. 2º da Lei Complementar 101, de 4 de maio de 2000 (Lei de Responsabilidade Fiscal).

§ 4º O percentual de 1% (um por cento) a que se refere o inciso I do § 1º deste artigo será aplicado sobre a média mensal da receita corrente líquida referente ao ano anterior ao do vencimento da parcela, publicada de acordo com o previsto nos arts. 52, 53 e 63 da Lei Complementar 101, de 4 de maio de 2000 (Lei de Responsabilidade Fiscal), e será de 0,5% (cinco décimos por cento) para cada órgão, na hipótese de concessão e manutenção de parcelamentos ativos de que trata o art. 1º desta Lei, perante a Secretaria da Receita Federal do Brasil e a Procuradoria-Geral da Fazenda Nacional.

§ 5º Para fins de cálculo das parcelas mensais, os Estados, o Distrito Federal e os Municípios ficam obrigados a encaminhar à Secretaria da Receita Federal do Brasil e à Procuradoria-Geral da Fazenda Nacional, até o último dia útil do mês de fevereiro de cada ano, o demonstrativo de apuração da receita corrente líquida de que trata o inciso I do *caput* do art. 53 da Lei Complementar 101, de 4 de maio de 2000 (Lei de Responsabilidade Fiscal).

§ 6º Às parcelas com vencimento em janeiro, fevereiro e março de cada ano serão aplicados os limites utilizados no ano anterior, nos termos do § 4º deste artigo.

§ 7º As informações prestadas em atendimento ao disposto no § 5º deste artigo pelo ente federativo poderão ser revistas de ofício.

§ 8º Os entes que tenham renegociado suas dívidas ao amparo da Medida Provisória 778, de 16 de maio de 2017, terão o saldo devedor e o valor das parcelas de que trata o inciso II do *caput* deste artigo ajustados ao disposto na alínea *a* do mesmo inciso.

Art. 3º A adesão aos parcelamentos de que trata o art. 1º desta Lei implica a autorização, pelo Estado, pelo Distrito Federal ou pelo Município, para a retenção, no FPE ou no FPM, e o repasse à União do valor correspondente às obrigações tributárias correntes dos meses anteriores ao do recebimento do respectivo Fundo de Participação, no caso de não pagamento no vencimento.

§ 1º A retenção e o repasse serão efetuados a partir do mês seguinte ao do vencimento da obrigação tributária não paga, com a incidência dos acréscimos legais devidos até a data da retenção.

§ 2º Na hipótese de não apresentação, no prazo legal, da Guia de Recolhimento do Fundo de Garantia do Tempo de Serviço e Informações à Previdência Social (GFIP), da Declaração de Débitos e Créditos Tributários Federais (DCTF) ou de obrigações acessórias que venham a substituí-las, o valor a ser retido nos termos do *caput* deste artigo corresponderá à média das últimas doze competências recolhidas ou devidas, sem prejuízo da cobrança, da restituição ou da compensação de eventuais diferenças.

§ 3º A retenção de valores no FPE ou no FPM e seu repasse à Secretaria da Receita Federal do Brasil e à Procuradoria-Geral da Fazenda Nacional serão efetuados obedecendo-se à seguinte ordem de preferência:

I – as obrigações correntes não pagas no vencimento;

II – as prestações do parcelamento dos débitos de que trata o art. 1º desta Lei administrados pela Secretaria da Receita Federal do Brasil;

III – as prestações do parcelamento dos débitos de que trata o art. 1º desta Lei administrados pela Procuradoria-Geral da Fazenda Nacional;

IV – as prestações dos demais parcelamentos administrados pela Secretaria da Receita Federal do Brasil cujos atos instituidores autorizem o pagamento mediante retenção no FPE ou no FPM; e

V – as prestações dos demais parcelamentos administrados pela Procuradoria-Geral da Fazenda Nacional cujos atos instituidores autorizem o pagamento mediante retenção no FPE ou no FPM.

§ 4º Na hipótese de o FPE ou o FPM não conter saldo suficiente para retenção dos valores a que se refere o § 3º deste artigo ou na hipótese de impossibilidade de retenção do valor devido, o valor da diferença não retida deverá ser recolhido por meio de Guia da Previdência Social (GPS) ou de Documento de Arrecadação de Receitas Federais (DARF), conforme o tipo de documento de arrecadação utilizado para cobrança pelo órgão competente.

Art. 4º O deferimento do pedido de parcelamento de que trata o art. 1º desta Lei fica condicionado à apresentação, pelo Estado, pelo Distrito Federal ou pelo Município, na data da formalização do pedido, do demonstrativo referente à apuração da receita corrente líquida do ano-calendário anterior ao da publicação desta Lei.

Art. 5º Os parcelamentos de que trata o art. 1º desta Lei serão rescindidos nas seguintes hipóteses:

I – falta de recolhimento de diferença não retida no FPE ou no FPM por três meses, consecutivos ou alternados;

II – falta de apresentação das informações relativas ao demonstrativo de apuração da receita corrente líquida referido no § 5º do art. 2º desta Lei; e

III – não quitação integral do pagamento à vista e em espécie de que trata o art. 2º desta Lei.

Parágrafo único. A rescisão do parcelamento implicará o restabelecimento do montante das multas, dos juros e dos encargos legais, inclusive dos honorários advocatícios, proporcionalmente aos valores dos débitos não pagos.

Art. 6º Os pedidos de parcelamento de que trata o art. 1º desta Lei deverão ser formalizados até 31 de outubro de 2017, e ficará vedada, a partir da adesão, qualquer retenção referente a débitos de parcelamentos anteriores incluídos nos parcelamentos de que trata esta Lei.

§ 1º A existência de outras modalidades de parcelamento em curso não impede a concessão dos parcelamentos de que trata o art. 1º desta Lei.

§ 2º Ao ser protocolado pelo ente federativo o pedido de parcelamento, fica suspensa, a partir do deferimento do pedido, a exigibilidade dos débitos incluídos nos parcelamentos perante a Fazenda Nacional.

§ 3º Até que seja consolidado o débito e calculado o valor das parcelas a serem pagas na forma prevista no § 1º do art. 2º desta Lei, serão retidos, pela Secretaria da Receita Federal do Brasil e pela Procuradoria-Geral da Fazenda Nacional, e repassados à União, como antecipação dos pagamentos, valores correspondentes a 0,5% (cinco décimos por cento) da média mensal da receita corrente líquida do ano anterior no FPE ou no FPM.

§ 4º O percentual de 0,5% (cinco décimos por cento) a que se refere o § 3º deste artigo será de 0,25% (vinte e cinco centésimos por cento) para cada órgão, na hipótese de concessão e manutenção de parcelamentos ativos de que trata o art. 1º desta Lei, perante a Secretaria da Receita Federal do Brasil e a Procuradoria-Geral da Fazenda Nacional.

§ 5º Caso o pedido de parcelamento tenha ocorrido após 31 de julho de 2017, o pagamento à vista e em espécie do montante correspondente ao percentual de que trata o inciso I do *caput* do art. 2º desta Lei deverá ser efetuado em tantas parcelas quantas forem necessárias para quitação até 31 de dezembro de 2017.

Art. 7º Aos parcelamentos de que trata o art. 1º desta Lei aplica-se, no que couber, o disposto nos arts. 12, 13 e 14-B da Lei 10.522, de 19 de julho de 2002.

Art. 8º A Secretaria da Receita Federal do Brasil e a Procuradoria-Geral da Fazenda Nacional, no âmbito de suas competências, editarão, no prazo de até trinta dias, contado da data de entrada em vigor da Medida Provisória 778, de 16 de maio de 2017, os atos necessários à execução dos parcelamentos de que trata o art. 1º desta Lei.

Art. 9º O Poder Executivo federal, com vistas ao cumprimento do disposto no inciso II do *caput* do art. 5º e no art. 14 da Lei Complementar 101, de 4 de maio de 2000 (Lei de Responsabilidade Fiscal), estimará o montante da renúncia fiscal decorrente do disposto no art. 2º desta Lei, incluí-lo-á no demonstrativo a que se refere o § 6º do art. 165 da Constituição Federal que acompanha o projeto de lei orçamentária anual e fará constar das propostas orçamentárias subsequentes os valores relativos à aludida renúncia.

Parágrafo único. Os benefícios fiscais constantes do art. 2º desta Lei somente serão concedidos se for atendido o disposto no *caput* deste artigo, inclusive com a demonstração pelo Poder Executivo federal de que a renúncia foi considerada na estimativa de receita da lei orçamentária anual, na forma do art. 12 da Lei Complementar 101, de 4 de maio de 2000 (Lei de Responsabilidade Fiscal), e de que não afetará as metas de resultados fiscais previstas no anexo próprio da lei de diretrizes orçamentárias.

Art. 10. O art. 6º da Lei 9.796, de 5 de maio de 1999, passa a vigorar acrescido dos seguintes § 5º e 6º:

"Art. 6º (...)

(...)

§ 5º O pagamento para os regimes próprios de previdência social credores da compensação financeira, relativa ao período de 5 de outubro de 1988 a 5 de maio de 1999, cujos entes instituidores não sejam devedores de contribuições previdenciárias ao Regime Geral de Previdência Social (RGPS), será efetivado conforme os seguintes parâmetros:

I – até o exercício de 2017, para os Municípios:

a) em parcela única, se o crédito não superar R$ 500.000,00 (quinhentos mil reais);

b) em tantas parcelas mensais quantas forem necessárias até o limite de R$ 500.000,00 (quinhentos mil reais), se o crédito superar esse montante;

II – a partir do exercício de 2018, para os Municípios, os Estados e o Distrito Federal:

a) em parcela única, se o crédito não superar R$ 1.500.000,00 (um milhão e quinhentos mil reais);

b) em tantas parcelas mensais de até R$ 1.500.000,00 (um milhão e quinhentos mil reais), se o crédito superar esse montante, no prazo de até cento e oitenta meses, condicionada à existência de recursos financeiros para cumprimento da meta de resultado primário estabelecido na lei de diretrizes orçamentárias;

c) caso o limite de cento e oitenta meses não seja suficiente para a quitação dos créditos, o valor da parcela disposto na alínea *b* deste inciso será ajustado de forma a garantir a quitação no prazo de cento e oitenta meses;

III – por meio de dação em pagamento de imóveis integrantes do Fundo do Regime Geral de Previdência Social (FRGPS).

§ 6º O pagamento da compensação financeira do Fundo do Regime Geral de Previdência Social depende da desistência de eventuais ações judiciais que tenham por objeto a dívida compensada, e é causa da extinção dos pagamentos previstos no § 5º deste artigo ou a manutenção do litígio ou o ajuizamento de novas ações."

Arts. 11 e 12. Vetados.

Art. 13. Esta Lei entra em vigor na data de sua publicação.

Brasília, 2 de outubro de 2017; 196º da Independência e 129º da República.

Michel Temer

ATO DECLARATÓRIO INTERPRETATIVO 6, DE 24 DE NOVEMBRO DE 2017, DA SECRETARIA DA RECEITA FEDERAL DO BRASIL – SRFB

Dispõe sobre a contribuição previdenciária complementar prevista no § 1º do art. 911-A da Consolidação das Leis do Trabalho (CLT), aprovada pelo Decreto-Lei 5.452, de 1º de maio de 1943.

DOU 27.11.2017

O Secretário da Receita Federal do Brasil, no uso da atribuição que lhe confere o inciso XXV do art. 327 do Regimento Interno da Secretaria da Receita Federal do Brasil, aprovado pela Portaria MF 430, de 9 de outubro de 2017, e tendo em vista o disposto no art. 911-A da Consolidação das Leis do Trabalho (CLT), aprovada pelo Decreto-Lei 5.452, de 1º de maio de 1943, declara:

Art. 1º A contribuição previdenciária complementar prevista no § 1º do art. 911-A da Consolidação das Leis do Trabalho (CLT), aprovada pelo Decreto-Lei 5.452, de 1º de maio de 1943, a ser recolhida pelo segurado empregado que receber no mês, de um ou mais empregadores, remuneração inferior ao salário mínimo mensal, será calculada mediante aplicação da alíquota de 8% (oito por cento) sobre a diferença entre a remuneração recebida e o valor do salário mínimo mensal.

§ 1º O recolhimento da contribuição previdenciária prevista no *caput* deverá ser efetuado pelo próprio segurado até o dia 20 (vinte) do mês seguinte ao da prestação do serviço.

§ 2º Não será computado como tempo de contribuição para fins previdenciários, inclusive para manutenção da condição de segurado do Regime Geral de Previdência Social (RGPS) e cumprimento de prazo de carência para concessão de benefícios previdenciários, o mês em que a remuneração recebida pelo segurado tenha sido inferior ao salário mínimo mensal e não tenha sido efetuado o recolhimento da contribuição previdenciária complementar prevista no *caput*.

Jorge Antonio Deher Rachid

LEI 13.846, DE 18 DE JUNHO DE 2019

Institui o Programa Especial para Análise de Benefícios com Indícios de Irregularidade, o Programa de Revisão de Benefícios por Incapacidade, o Bônus de Desempenho Institucional por Análise de Benefícios com Indícios de Irregularidade do Monitoramento Operacional de Benefícios e o Bônus de Desempenho Institucional por Perícia Médica em Benefícios por Incapacidade; altera as Leis 6.015, de 31 de dezembro de 1973, 7.783, de 28 de junho de 1989, 8.112, de 11 de dezembro de 1990, 8.212, de 24 de julho de 1991, 8.213, de 24 de julho de 1991, 8.742, de 7 de dezembro de 1993, 9.620, de 2 de abril de 1998, 9.717, de 27 de novembro de 1998, 9.796, de 5 de maio de 1999, 10.855, de 1º de abril de 2004, 10.876, de 2 de junho de 2004, 10.887, de 18 de junho de 2004, 11.481, de 31 de maio de 2007, e 11.907, de 2 de fevereiro de 2009; e revoga dispositivo da Lei 10.666, de 8 de maio de 2003, e a Lei 11.720, de 20 de junho de 2008.

DOU 18.06.2019 – Edição Extra

O Presidente da República. Faço saber que o Congresso Nacional decreta e eu sanciono a seguinte Lei:

Art. 1º Ficam instituídos, no âmbito do Instituto Nacional do Seguro Social (INSS):

I – o Programa Especial para Análise de Benefícios com Indícios de Irregularidade (Programa Especial), com o objetivo de analisar processos que apresentem indícios de irregularidade ou potencial risco de realização de gastos indevidos na concessão, no recurso ou na revisão de benefícios administrados pelo INSS; e
> ▸ Inciso I com redação pela Lei 14.441/2022.

II – o Programa de Revisão de Benefícios por Incapacidade (Programa de Revisão), com o objetivo de revisar:

a) os benefícios por incapacidade mantidos sem perícia pelo INSS por período superior a 6 (seis) meses e que não possuam data de cessação estipulada ou indicação de reabilitação profissional; e

b) outros benefícios de natureza previdenciária, assistencial, trabalhista ou tributária.

§ 1º O Programa Especial durará até 31 de dezembro de 2020 e poderá ser prorrogado até 31 de dezembro de 2022 por ato fundamentado do Presidente do INSS.

§ 2º Integrará o Programa Especial, observado o disposto no § 1º do art. 2º desta Lei, a análise de processos administrativos de requerimento inicial e de revisão de benefícios administrados pelo INSS com prazo legal para conclusão expirado e que represente acréscimo real à capacidade operacional regular de conclusão de requerimentos, individualmente considerada, conforme estabelecido em ato do Presidente do INSS.
> ▸ § 2º com redação pela Lei 14.441/2022.

§ 3º O Programa de Revisão durará até 31 de dezembro de 2020 e poderá ser prorrogado até 31 de dezembro de 2022 por ato fundamentado do Ministro de Estado da Economia.

§ 4º Integrarão o Programa de Revisão:
> ▸ § 4º com redação pela Lei 14.441/2022.

I – o acompanhamento por médico-perito de processos judiciais de benefícios por incapacidade; e

II – o exame médico pericial presencial realizado nas unidades de atendimento da Previdência Social cujo prazo máximo de agendamento de perícia médica for superior a 45 (quarenta e cinco) dias.

§ 5º O Programa Especial e o Programa de Revisão não afetarão a regularidade dos atendimentos e dos agendamentos nas agências da Previdência Social.

Art. 2º Para a execução dos Programas de que trata o art. 1º desta Lei, ficam instituídos, até 31 de dezembro de 2020:

I – o Bônus de Desempenho Institucional por Análise de Benefícios com Indícios de Irregularidade do Monitoramento Operacional de Benefícios (BMOB); e
> ▸ Bônus renomeado pelo art. 7º da Lei 14.441/2022 para Tarefa Extraordinária de Redução de Fila e Combate à Fraude (Terf).

II – o Bônus de Desempenho Institucional por Perícia Médica em Benefícios por Incapacidade (BPMBI).
> ▸ Bônus renomeado pelo art. 7º da Lei 14.441/2022 para Perícia Extraordinária de Redução de Fila e Combate à Fraude (Perf).

§ 1º A implementação e o pagamento do BMOB e do BPMBI ficam condicionados à expressa autorização em anexo próprio da lei orçamentária anual com a respectiva dotação prévia, nos termos do § 1º do art. 169 da Constituição Federal.

§ 2º A concessão do BMOB e do BPMBI poderá ser prorrogada por ato do Ministro de Estado da Economia, e a prorrogação do BMOB ficará condicionada à implementação de controles internos que atenuem os riscos de concessão de benefícios irregulares.

§ 3º Os valores do BMOB e do BPMBI poderão ser revistos por ato do Ministro de Estado da Economia, com periodicidade não inferior a 12 (doze) meses, até o limite da variação do Índice Nacional de Preços ao Consumidor Amplo (IPCA), aferido pela Fundação Instituto Brasileiro de Geografia e Estatística (IBGE), ou de outro índice que vier a substituí-lo, no mesmo período.

Art. 3º O BMOB será devido aos servidores públicos federais ativos que estejam em exercício no INSS e concluam a análise de processos do Programa Especial.

§ 1º As apurações referentes aos benefícios administrados pelo INSS poderão ensejar o pagamento do BMOB.

§ 2º A análise de processos de que trata o *caput* deste artigo deverá representar acréscimo real à capacidade operacional regular de realização de atividades do INSS, conforme estabelecido em ato do Presidente do INSS.

§ 3º A seleção dos processos priorizará os benefícios mais antigos, sem prejuízo dos critérios estabelecidos no art. 9º desta Lei.

Art. 4º O BMOB corresponderá ao valor de R$ 57,50 (cinquenta e sete reais e cinquenta centavos) por processo integrante do Programa Especial concluído, conforme estabelecido em ato do Presidente do INSS na forma prevista no art. 3º desta Lei.

§ 1º O BMOB somente será pago se as análises dos processos ocorrerem sem prejuízo das atividades regulares do cargo de que o servidor for titular.

§ 2º Ocorrerá a compensação da carga horária na hipótese de as atividades referentes às análises dos processos serem desempenhadas durante a jornada regular de trabalho.

§ 3º O BMOB gerará efeitos financeiros até 31 de dezembro de 2020 e poderá ser prorrogado, a critério da administração pública federal, nos termos do § 1º do art. 1º e do § 2º do art. 2º desta Lei.

Art. 5º O BMOB não será devido na hipótese de pagamento de adicional pela prestação de serviço extraordinário ou adicional noturno referente à mesma hora de trabalho.

Art. 6º O BMOB observará as seguintes regras:

I – não será incorporado aos vencimentos, à remuneração ou aos proventos das aposentadorias e das pensões;

II – não servirá de base de cálculo para benefícios ou vantagens; e

III – não integrará a base de contribuição previdenciária do servidor.

Art. 7º O BMOB poderá ser pago cumulativamente com a Gratificação de Desempenho de Atividade do Seguro Social (GDASS), desde que os processos que ensejarem o seu pagamento não sejam computados na avaliação de desempenho referente à GDASS.

Art. 8º São considerados processos com indícios de irregularidade integrantes do Programa Especial aqueles com potencial risco de gastos indevidos e que se enquadrem nas seguintes hipóteses, sem prejuízo das disposições previstas no ato de que trata o art. 9º desta Lei:

I – potencial acúmulo indevido de benefícios indicado pelo Tribunal de Contas da União ou pela Controladoria-Geral da União;

II – potencial pagamento indevido de benefícios previdenciários indicado pelo Tribunal de Contas da União e pela Controladoria-Geral da União;

III – processos identificados na Força-Tarefa Previdenciária, composta pelo Ministério Público Federal, pela Polícia Federal e pela Secretaria Especial de Previdência e Trabalho do Ministério da Economia;

IV – suspeita de óbito do beneficiário;

V – benefício de prestação continuada, previsto na Lei 8.742, de 7 de dezembro de 1993, com indícios de irregularidade identificados em auditorias do Tribunal de Contas da União e da Controladoria-Geral da União e em outras avaliações realizadas pela administração pública federal, permitidas, se necessário, a colaboração e a parceria da administração pública estadual e da administração pública municipal, por meio de procedimentos a serem definidos em cooperação com os Ministérios competentes;

VI – processos identificados como irregulares pelo INSS, devidamente motivados;

VII – benefícios pagos em valores superiores ao teto previdenciário adotado pelo Regime Geral de Previdência Social.

Art. 9º Ato do Presidente do INSS estabelecerá os procedimentos, as metas e os critérios necessários à realização das análises dos processos de que trata o inciso I do *caput* do art. 1º desta Lei e disciplinará:

I – os critérios gerais a serem observados para a aferição, o monitoramento e o controle da realização das análises dos processos para fins de pagamento do BMOB, observado o cumprimento da meta do processo de monitoramento;

II – a forma de realização de mutirões para análise dos processos;

III – os critérios de ordem de prioridade das análises dos processos, observado o disposto no § 3º do art. 3º desta Lei;

IV – os requisitos que caracterizem acréscimo real à capacidade operacional regular de realização de atividades do INSS;

V – os critérios de revisão da meta de análise dos processos de monitoramento; e

VI – outros critérios para caracterização de processos com indícios de irregularidade.

Art. 10. O BPMBI será devido aos ocupantes do cargo de Perito Médico Federal, integrante da carreira de Perito Médico Federal, do cargo de Perito Médico da Previdência Social, integrante da carreira de Perícia Médica da Previdência Social, de que trata a Lei 10.876, de 2 de junho de 2004, e do cargo de Supervisor Médico-Pericial, integrante da carreira de Supervisor Médico-Pericial, de que trata a Lei 9.620, de 2 de abril de 1998, para cada perícia médica extraordinária realizada no âmbito do Programa de Revisão, na forma estabelecida em ato do Secretário Especial de Previdência e Trabalho do Ministério da Economia.

§ 1º O ato do Secretário Especial de Previdência e Trabalho do Ministério da Economia a que se refere o *caput* deste artigo disporá sobre os critérios para seleção dos benefícios objeto das perícias extraordinárias e abrangerá:

I – benefícios por incapacidade mantidos sem perícia pelo INSS por período superior a 6 (seis) meses e que não possuam data de cessação estipulada ou indicação de reabilitação profissional;

II – benefícios de prestação continuada sem revisão por período superior a 2 (dois) anos; e

III – outros benefícios de natureza previdenciária, assistencial, trabalhista ou tributária.

§ 2º Para fins do disposto no *caput* deste artigo, perícia médica extraordinária será aquela realizada além da jornada de trabalho ordinária e que representa acréscimo real à capacidade operacional regular de realização de perícias médicas.

§ 3º Aplica-se o pagamento de que trata o *caput* deste artigo às tarefas extraordinárias a que se refere o § 4º do art. 1º desta Lei.

▸ § 3º com redação pela Lei 14.441/2022.

Art. 11. O BPMBI corresponderá ao valor de R$ 61,72 (sessenta e um reais e setenta e dois centavos) por perícia extraordinária realizada, na forma prevista no art. 10 desta Lei.

Parágrafo único. O BPMBI gerará efeitos financeiros a partir de 18 de janeiro de 2019 até 31 de dezembro de 2020, permitida a prorrogação, a critério da administração pública federal, por ato do Ministro de Estado da Economia, nos termos do § 3º do art. 1º desta Lei.

Art. 12. O pagamento de adicional pela prestação de serviço extraordinário ou de adicional noturno não será devido na hipótese de pagamento do BPMBI referente à mesma hora de trabalho.

Art. 13. O BPMBI observará as seguintes regras:

I – não será incorporado aos vencimentos, à remuneração ou aos proventos das aposentadorias e das pensões;

II – não servirá de base de cálculo para benefícios ou vantagens; e

III – não integrará a base de contribuição previdenciária do servidor.

Art. 14. O BPMBI poderá ser pago cumulativamente com a Gratificação de Desempenho de Atividade de Perícia Médica Previdenciária (GDAPMP), desde que as perícias que ensejarem o seu pagamento não sejam computadas na avaliação de desempenho referente à GDAPMP.

Art. 15. Ato do Secretário Especial de Previdência e Trabalho do Ministério da Economia disporá sobre:

I – os critérios gerais a serem observados para a aferição, o monitoramento e o controle da realização das perícias médicas de que trata o art. 10 desta Lei, para fins de concessão do BPMBI;

II – o quantitativo diário máximo de perícias médicas, nos termos do disposto no art. 10 desta Lei, por perito médico, e a capacidade operacional ordinária de realização de perícias médicas pelo perito médico e pela Agência da Previdência Social do INSS;

III – a forma de realização de mutirão das perícias médicas; e

IV – os critérios de ordem de prioridade para o agendamento dos benefícios a serem revistos, tais como a data de concessão do benefício e a idade do beneficiário.

Art. 16. *Vetado.*

Art. 17. As despesas decorrentes do pagamento do BMOB pela participação no Programa Especial e do BPMBI pela participação no Programa de Revisão correrão à conta do INSS.

Art. 18. O cargo de Perito Médico Previdenciário, integrante da carreira de Perito Médico Previdenciário, de que trata a Lei 11.907, de 2 de fevereiro de 2009, passa a ser denominado Perito Médico Federal, integrante da carreira de Perito Médico Federal.

Art. 19. O cargo de Perito Médico Federal, integrante da carreira de Perito Médico Federal, de que trata esta Lei, o cargo de Perito Médico da Previdência Social, integrante da carreira de Perícia Médica da Previdência Social, de que trata a Lei 10.876, de 2 de junho de 2004, e o cargo de Supervisor Médico-Pericial, integrante da carreira de Supervisor Médico-Pericial, de que trata a Lei 9.620, de 2 de abril de 1998, passam a integrar o quadro de pessoal do Ministério da Economia.

Art. 19. *Revogado pela Lei 14.261/2021.*

Art. 20. *Revogado pela Lei 14.261/2021.*

Art. 21. A revisão e a concessão de benefícios tributários com base em perícias médicas serão realizadas somente após a implementação e a estruturação de perícias médicas para essa finalidade.

§ 1º Ato do Ministro de Estado da Economia definirá os procedimentos para realizar a implementação e a estruturação de perícias médicas a que se refere o *caput* deste artigo.

§ 2º Até a implementação e a estruturação das perícias médicas a que se refere o *caput* deste artigo, ficam mantidos os atuais procedimentos para a revisão e a concessão dos benefícios tributários de que trata este artigo.

Art. 22. A Lei 8.112, de 11 de dezembro de 1990, passa a vigorar com as seguintes alterações:

▸ Alterações incorporadas no texto da referida Lei.

Art. 23. A Lei 8.212, de 24 de julho de 1991, passa a vigorar com as seguintes alterações:

▸ Alterações incorporadas no texto da referida Lei.

Art. 24. A Lei 8.213, de 24 de julho de 1991, passa a vigorar com as seguintes alterações:

▸ Alterações incorporadas no texto da referida Lei.

Art. 25. O art. 20 da Lei 8.742, de 7 de dezembro de 1993, passa a vigorar acrescido do seguinte § 12:

▸ Alterações incorporadas no texto da referida Lei.

Art. 26. A Lei 9.620, de 2 de abril de 1998, passa a vigorar com as seguintes alterações:

▸ Referida Lei não foi selecionada para constar nesta obra.

Art. 27. A Lei 10.876, de 2 de junho de 2004, passa a vigorar com as seguintes alterações:

▸ Referida Lei não foi selecionada para constar nesta obra.

Art. 28. A Lei 11.907, de 2 de fevereiro de 2009, passa a vigorar com as seguintes alterações:

▸ Referida Lei não foi selecionada para constar nesta obra.

Art. 29. O § 1º do art. 4º da Lei 10.887, de 18 de junho de 2004, passa a vigorar acrescido dos seguintes incisos XXVI e XXVII:

▸ Alterações incorporadas no texto da referida Lei.

Art. 30. A Lei 6.015, de 31 de dezembro de 1973, passa a vigorar com as seguintes alterações:

▸ Referida Lei não foi selecionada para constar nesta obra.

Art. 31. A Lei 9.717, de 27 de novembro de 1998, passa a vigorar com as seguintes alterações, numerando-se o parágrafo único do art. 1º e do art. 8º como § 1º:

▸ Referida Lei não foi selecionada para constar nesta obra.

Art. 32. A Lei 9.796, de 5 de maio de 1999, passa a vigorar com as seguintes alterações:

▸ Referida Lei não foi selecionada para constar nesta obra.

Art. 33. O art. 5º-B da Lei 10.855, de 1º de abril de 2004, passa a vigorar com a seguinte redação:

▸ Referida Lei não foi selecionada para constar nesta obra.

Art. 34. O art. 10 da Lei 7.783, de 28 de junho de 1989, passa a vigorar acrescido dos seguintes incisos XII, XIII e XIV:

▸ Alterações incorporadas no texto da referida Lei.

Art. 35. O art. 14 da Lei 11.481, de 31 de maio de 2007, passa a vigorar acrescido do seguinte § 5º:

▸ Referida Lei não foi selecionada para constar nesta obra.

Art. 36. Serão restituídos:

▸ *Caput* com redação pela Lei 14.431/2022.

I – os valores creditados indevidamente em favor de pessoa natural falecida, em instituições integrantes do sistema financeiro nacional, por pessoa jurídica de direito público interno; e

II – os descontos realizados após o óbito do titular financeiro de benefício em decorrência de empréstimo consignado ou cartão de crédito consignado.

§ 1º O disposto no *caput* deste artigo:

I – aplica-se aos créditos realizados, inclusive anteriormente à data de entrada em vigor desta Lei;

II – não se aplica aos créditos referentes a períodos de competência anteriores ao óbito;

III – não se aplica aos valores financeiros recebidos pela família nos benefícios do Programa Auxílio Brasil de que trata a Lei nº 14.284, de 29 de dezembro de 2021; e

▸ Inciso III com redação pela Lei 14.431/2022.

IV – não afasta outros mecanismos de restituição de valores pagos por entes públicos.

§ 2º O ente público informará à instituição financeira o valor monetário exato a ser restituído.

§ 3º O cálculo para a restituição do valor a que se refere o § 2º deste artigo considerará a proporcionalidade dos valores pagos referentes ao período posterior ao falecimento do beneficiário.

§ 4º O ente público comprovará o óbito à instituição financeira utilizando-se de um dos seguintes instrumentos:

I – certidão de óbito original;

II – cópia autenticada, em cartório ou administrativamente, da certidão de óbito, inclusive por meio eletrônico;

III – comunicação eletrônica remetida pelo cartório ao ente público;

IV – informação relativa ao óbito prestada por órgão integrante do Sistema Único de Saúde (SUS); ou

V – informação prestada pelo INSS, por meio de relatório conclusivo de apuração de óbito.

§ 5º Após o recebimento do requerimento de restituição, formulado nos termos deste artigo, e observadas as normas a serem editadas pelo Conselho Monetário Nacional, a instituição financeira:

I – bloqueará, imediatamente, os valores disponíveis; e

II – restituirá ao ente público os valores bloqueados até o 45º (quadragésimo quinto) dia após o recebimento do requerimento.

§ 6º Na hipótese de não haver saldo suficiente para a restituição, a instituição financeira restituirá o valor disponível e comunicará a inexistência ou insuficiência de saldo ao ente público.

§ 7º Consideram-se disponíveis os valores existentes na conta corrente do beneficiário ou nas aplicações automáticas de recursos a ela vinculadas na data em que a instituição retornar ao ente público.

§ 8º Na hipótese de a instituição financeira constatar erro no requerimento de restituição, por meio do comparecimento do beneficiário ou de prova de vida, deverá, imediatamente:

I – desbloquear os valores; e

II – comunicar o desbloqueio ao ente público requerente.

§ 9º O disposto no *caput* deste artigo não exclui a retificação do requerimento pelo ente público, de ofício ou a pedido do beneficiário.

Art. 37. A ratificação prevista no § 2º do art. 38-B da Lei 8.213, de 24 de julho de 1991, será exigida pelo INSS após o prazo de 60 (sessenta) dias, contado da data de publicação da Medida Provisória 871, de 2019, em 18 de janeiro de 2019.

Parágrafo único. No decorrer do prazo de que trata o *caput* deste artigo, será aceita pelo INSS a auto declaração do segurado independentemente da ratificação prevista no § 2º do art. 38-B da Lei 8.213, de 24 de julho de 1991, sem prejuízo do disposto no § 4º do referido artigo, devendo ser solicitados os documentos referidos no art. 106 da Lei 8.213, de 24 de julho de 1991.

Art. 38. Ficam revogados:

I – os seguintes dispositivos da Lei 8.213, de 24 de julho de 1991:

a) § 5º do art. 60;

b) art. 79;

c) inciso III do *caput* do art. 106;

II – o § 2º do art. 6º da Lei 9.620, de 2 de abril de 1998;

III – o art. 2º da Lei 10.876, de 2 de junho de 2004;

IV – a Lei 11.720, de 20 de junho de 2008;

V – o inciso IV do art. 7º da Lei 9.717, de 27 de novembro de 1998;

IV – o art. 2º da Lei 10.666, de 8 de maio de 2003.

Art. 39. Esta Lei entra em vigor na data de sua publicação.

Parágrafo único. O disposto no inciso V do § 3º do art. 30 da Lei 11.907, de 2 de fevereiro de 2009, terá vigência entre a data de publicação desta Lei e a data de publicação do ato normativo que aprovar o instrumento de avaliação a que se refere o § 2º do art. 2º da Lei 13.146, de 6 de julho de 2015 (Estatuto da Pessoa com Deficiência).

Brasília, 18 de junho de 2019; 198º da Independência e 131º da República.

Jair Messias Bolsonaro

**DECRETO 10.410,
DE 30 DE JUNHO DE 2020**

Altera o Regulamento da Previdência Social, aprovado pelo Decreto no 3.048, de 6 de maio de 1999.

DOU 01.07.2020

O PRESIDENTE DA REPÚBLICA, no uso das atribuições que lhe confere o art. 84, *caput*, incisos IV e VI, alínea "a", da Constituição, e tendo em vista o disposto na legislação da previdência social, em especial na Lei 8.212, de 24 de julho de 1991, e na Lei 8.213, de 24 de julho de 1991, decreta:

Art. 1º O Regulamento da Previdência Social, aprovado pelo Decreto nº 3.048, de 6 de maio de 1999, passa a vigorar com as seguintes alterações:

Alterações inseridas no referido Decreto.

Art. 2º Até a edição do ato de que trata o § 6º do art. 303 do Regulamento da Previdência Social, aprovado pelo Decreto 3.048, de 1999, ficam mantidas as gratificações devidas aos membros do Conselho de Recursos da Previdência Social – CRPS na data de entrada em vigor deste Decreto.

Art. 3º O regimento interno do CRPS estabelecerá período de transição para que o requisito de graduação em Direito, a que se refere o § 5º do art. 303 do Regulamento da Previdência Social, aprovado pelo Decreto 3.048, de 1999, passe a ser exigido de todos os conselheiros.

Parágrafo único. Durante o período de transição a que se refere o *caput*, será exigido o grau de escolaridade em nível superior, sem prejuízo dos requisitos adicionais atualmente previstos no regimento interno do CRPS.

Art. 4º Para fins de acesso a benefícios da pessoa com deficiência, até que seja aprovado o instrumento específico para a avaliação biopsicossocial da pessoa com deficiência, realizada por equipe multiprofissional e interdisciplinar, será utilizado o instrumento aprovado pela Portaria Interministerial AGU/MPS/MF/SRDH/MP 1, de 27 de janeiro de 2014.

Art. 5º O Anexo V ao Regulamento da Previdência Social, aprovado pelo Decreto nº 3.048, de 1999, passa a vigorar na forma do Anexo a este Decreto.

Deixamos de publicar os referidos anexos nesta obra.

Art. 6º Ficam revogados os seguintes dispositivos do Regulamento da Previdência Social, aprovado pelo Decreto 3.048, de 1999:

▸ Revogações inseridas no referido Decreto.

Art. 7º Este Decreto entra em vigor:

I – quanto ao art. 1º, na parte em que altera o § 1º do art. 120 do Regulamento da Previdência Social, aprovado pelo Decreto 3.048, de 1999, em 1º de janeiro de 2021; e

II – quanto aos demais dispositivos, na data da sua publicação.

Brasília, 30 de junho de 2020; 199º da Independência e 132º da República.

Jair Messias Bolsonaro

PORTARIA CONJUNTA 53, DE 2 DE SETEMBRO DE 2020

Dispõe sobre a confirmação da concessão do auxílio por incapacidade temporária (auxílio-doença), requerido com fundamento no art. 4º da Lei 13.982, de 2 de abril de 2020.

DOU 03.09.2020

O Secretário de Previdência da Secretaria Especial de Previdência e Trabalho do Ministério da Economia e o Presidente do Instituto Nacional do Seguro Social – INSS, no uso das atribuições que lhes conferem, respectivamente, o art. 181 do Anexo I do Decreto 9.745, de 8 de abril de 2019, e o art. 17 do Anexo I do Decreto 9.746, de 8 de abril de 2019, e o disposto no art. 4º da Lei 13.982, de 2 de abril de 2020, na Portaria Conjunta SEPRT/INSS 9.381, de 6 de abril de 2020, e na Portaria Conjunta SEPRT/INSS 47, de 21 de agosto de 2020, resolvem:

Art. 1º A presente Portaria disciplina os aspectos operacionais para confirmação da concessão do benefício de auxílio por incapacidade temporária (auxílio-doença) aos segurados que receberam a antecipação do pagamento relacionado ao referido benefício com fundamento no art. 4º da Lei 13.982, de 2 de abril de 2020.

Parágrafo único. O disposto no *caput* aplica-se às antecipações que tenham sido concedidas até 2 de julho e que não foram objeto de prorrogação após essa data.

Art. 2º A confirmação da concessão do benefício de auxílio por incapacidade temporária (auxílio-doença), de que trata esta Portaria, ocorrerá mediante aproveitamento do ato de análise preliminar relacionado à conformidade dos atestados médicos, realizado pela Perícia Médica Federal.

Art. 3º Reconhecido em definitivo o direito ao auxílio por incapacidade temporária, seu valor será devido a partir da data de início do benefício, determinada nos termos do art. 60 da Lei 8.213, de 24 de julho de 1991, deduzindo-se os valores antecipados.

Art. 4º Para os fins do disposto no art. 3º:

I – a data do início do repouso será considerada como Data do Início da Incapacidade – DII e Data de Início da Doença – DID, sem prejuízo de posterior revisão; e

II – a Data de Cessação do Benefício – DCB corresponderá à data do início do repouso acrescida da quantidade de dias do repouso, subtraída de um dia.

Parágrafo único. A DII descrita no inciso II do *caput* deve ser posterior a 4 de fevereiro de 2020.

Art. 5º Fica assegurado o direito de revisão dos benefícios concedidos com base nesta Portaria, observado o disposto nos art. 103 e art. 103-A da Lei 8.213, de 1991.

Art. 6º O INSS poderá editar atos complementares para operacionalização do disposto nesta Portaria Conjunta.

Art. 7º Esta Portaria Conjunta entra em vigor na data de sua publicação.

Narlon Gutierre Nogueira

Leonardo José Rolim Guimarães

DECRETO 10.620, DE 5 DE FEVEREIRO DE 2021

Dispõe sobre a competência para a concessão e a manutenção das aposentadorias e pensões do regime próprio de previdência social da União no âmbito da administração pública federal.

DOU 08.02.2021

O PRESIDENTE DA REPÚBLICA, no uso da atribuição que lhe confere o art. 84, *caput*, inciso VI, alínea "a", da Constituição, DECRETA:

Objeto e âmbito de aplicação

Art. 1º Este Decreto dispõe sobre a competência para a concessão e a manutenção das aposentadorias e pensões do regime próprio de previdência social da União no âmbito da administração pública federal.

Parágrafo único. Este Decreto:

I – não dispõe sobre o órgão ou a entidade gestora única do regime próprio de previdência social, no âmbito da União, de que trata o § 20 do art. 40 da Constituição; e

II – não se aplica ao Poder Legislativo, ao Poder Judiciário e aos órgãos constitucionais autônomos.

Centralização gradual das competências

Art. 2º Até que seja instituído em lei e estruturado o órgão ou a entidade gestora única de que trata o § 20 do art. 40 da Constituição, a ação da administração pública federal será direcionada à:

I – centralização gradual das atividades de concessão e de manutenção das aposentadorias e pensões, nos termos do disposto neste Decreto; e

II – facilitação da transferência posterior ao órgão ou à entidade gestora única de que trata o § 20 do art. 40 da Constituição.

Competência do órgão central do Sipec e do INSS

Art. 3º As atividades de que trata este Decreto serão realizadas, de modo centralizado:

I – pelo órgão central do Sistema de Pessoal Civil da Administração Federal – Sipec, quanto à administração pública federal direta; e

II – pelo Instituto Nacional do Seguro Social – INSS, quanto às autarquias e às fundações públicas.

Prazo para centralização

Art. 4º O processo de centralização de que trata o art. 2º obedecerá a cronogramas estabelecidos em atos do:

I – Secretário de Gestão e Desempenho de Pessoal da Secretaria Especial de Desburocratização, Gestão e Governo Digital do Ministério da Economia, relativamente às centralizações dos órgãos da administração pública federal direta; e

II – Presidente do Instituto Nacional do Seguro Social, relativamente às centralizações das autarquias e das fundações públicas.

§ 1º O processo de centralização de que trata o art. 2º fica suspenso até 31 de dezembro de 2024.

§ 2º A suspensão de que trata o § 1º poderá ser prorrogada por mais um ano por ato do Ministro de Estado da Gestão e da Inovação em Serviços Públicos.

§ 3º A suspensão do processo de centralização não enseja:

I – a paralisação da concessão e da manutenção de aposentadorias e pensões pelos órgãos de que trata o art. 3º, quanto aos órgãos e às entidades cujas atividades de concessão e de manutenção de aposentadorias e pensões já tenham sido centralizadas;

II – a desconstituição dos benefícios concedidos nos termos do disposto neste Decreto; e

III – a paralisação de ações com vistas à criação do órgão ou da entidade gestora única do regime próprio de previdência social, no âmbito da União, de que trata o § 20 do art. 40 da Constituição.

▸ §§ 1º a 3º acrescidos pelo Decreto 11.756/2023.

Realocação da força de trabalho

Art. 5º O Ministério da Economia poderá determinar a alteração da lotação ou do exercício de servidor ou de empregado para atender ao disposto neste Decreto, inclusive por meio do disposto no § 7º do art. 93 da Lei 8.112, de 11 de dezembro de 1990.

Apoio administrativo durante a transição

Art. 6º Os órgãos e as entidades cujas atividades de concessão e de manutenção de aposentadorias e pensões forem centralizadas prestarão apoio técnico e operacional ao órgão central do Sipec e ao INSS, observadas as competências estabelecidas no art. 3º, até a transferência completa dos dados, das informações funcionais e dos processos administrativos.

Parágrafo único. Sem prejuízo do disposto no *caput*, os órgãos e as entidades cujas atividades de que trata o *caput* forem centralizadas deverão, a qualquer tempo:

I – corrigir pendências ou erros cadastrais ou de pagamento, identificadas na transferência dos dados e nas informações funcionais;

II – adotar medidas de correção e atendimento de demandas judiciais, processos administrativos ou demandas de órgãos de controle que se refiram, exclusivamente, à situação do servidor enquanto estava ativo;

III – prestar apoio técnico e operacional no atendimento de demandas judiciais, de processos administrativos ou de órgãos de controle que se refiram, no todo ou em parte, ao período de atividade do servidor, com reflexos na inatividade ou na pensão; e

IV – receber e encaminhar ao órgão central do Sipec e ao INSS as solicitações e os pedidos administrativos efetuados pelos servidores inativos e pelos pensionistas nos canais de comunicação do órgão de origem, observadas as competências estabelecidas no art. 3º.

Reestruturação de órgãos e entidades

Art. 7º Os órgãos e as entidades cujas atividades de concessão e de manutenção de aposentadorias forem centralizadas apresentarão proposta de revisão de suas estruturas regimentais ou de seus estatutos, nos termos do disposto no Decreto 9.739, de 28 de março de 2019, quando da transferência das competências de concessão e de manutenção de aposentadorias e pensões para o órgão cen02tral do Sipec ou para o INSS.

Atos complementares

Art. 8º O Secretário de Gestão e Desempenho de Pessoal da Secretaria Especial de Desburocratização, Gestão e Governo Digital do Ministério da Economia editará os atos complementares necessários à execução da centralização de que trata este Decreto.

Art. 9º O Advogado-Geral da União e o Procurador-Geral Federal disporão sobre a forma de atendimento, pela Advocacia-Geral da União e pela Procuradoria-Geral Federal, respectivamente, das demandas de assessoramento jurídico decorrentes das disposições deste Decreto.

Revogação

Art. 10. Fica revogado o Decreto 9.498, de 10 de setembro de 2018.

Vigência

Art. 11. Este Decreto entra em vigor na data de sua publicação.

Brasília, 5 de fevereiro de 2021; 200º da Independência e 133º da República.

Jair Messias Bolsonaro

LEI 14.131, DE 30 DE MARÇO DE 2021

Dispõe sobre o acréscimo de 5% (cinco por cento) ao percentual máximo para a contratação de operações de crédito com desconto automático em folha de pagamento até 31 de dezembro de 2021; e altera a Lei 8.213, de 24 de julho de 1991.

DOU 31.03.202

O Presidente da República Faço saber que o Congresso Nacional decreta e eu sanciono a seguinte Lei:

Art. 1º Até 31 de dezembro de 2021, o percentual máximo de consignação nas hipóteses previstas no inciso VI do *caput* do art. 115 da Lei 8.213, de 24 de julho de 1991, no § 1º do art. 1º e no § 5º do art. 6º da Lei 10.820, de 17 de dezembro de 2003, e no § 2º do art. 45 da Lei 8.112, de 11 de dezembro de 1990, bem como em outras leis que vierem a sucedê-las no tratamento da matéria, será de 40% (quarenta por

cento), dos quais 5% (cinco por cento) serão destinados exclusivamente para:

I – amortização de despesas contraídas por meio de cartão de crédito; ou

II – utilização com finalidade de saque por meio do cartão de crédito.

Parágrafo único. Quando leis ou regulamentos locais não definirem percentuais maiores do que os previstos no *caput* deste artigo, o aumento, na forma prevista nesta Lei, o percentual máximo de remuneração, de soldo ou de benefício previdenciário que pode ser descontado automaticamente para fins de pagamento de operações de crédito aplica-se também a:

I – militares das Forças Armadas;

II – militares dos Estados e do Distrito Federal;

III – militares da inatividade remunerada;

IV – servidores públicos de qualquer ente da Federação;

V – servidores públicos inativos;

VI – empregados públicos da administração direta, autárquica e fundacional de qualquer ente da Federação; e

VII – pensionistas de servidores e de militares.

Art. 2º Após 31 de dezembro de 2021, na hipótese de as consignações contratadas nos termos e no prazo previstos no art. 1º desta Lei ultrapassarem, isoladamente ou combinadas com outras consignações anteriores, o limite de 35% (trinta e cinco por cento) previsto no inciso VI do *caput* do art. 115 da Lei 8.213, de 24 de julho de 1991, no § 1º do art. 1º e no § 5º do art. 6º da Lei 10.820, de 17 de dezembro de 2003, e no § 2º do art. 45 da Lei 8.112, de 11 de dezembro de 1990, será observado o seguinte:

I – ficarão mantidos os percentuais de desconto previstos no art. 1º desta Lei para as operações já contratadas;

II – ficará vedada a contratação de novas obrigações.

Art. 3º A contratação de nova operação de crédito com desconto automático em folha de pagamento deve ser precedida do esclarecimento ao tomador de crédito:

I – do custo efetivo total e do prazo para quitação integral das obrigações assumidas;

II – de outras informações exigidas em lei e em regulamentos.

Art. 4º Fica facultada a concessão de carência, por até 120 (cento e vinte) dias, para novas operações de crédito consignado, bem como para as que tenham sido firmadas antes da entrada em vigor desta Lei, mantida, em qualquer dos casos, a incidência, durante o período de carência, de juros e demais encargos contratados.

Art. 5º A Lei 8.213, de 24 de julho de 1991, passa a vigorar com as seguintes alterações:

▸ Alterações processadas na referida Lei.

Art. 6º Fica o Instituto Nacional do Seguro Social (INSS) autorizado, até 31 de dezembro de 2021, a conceder o benefício de auxílio por incapacidade temporária de que trata o art. 59 da Lei 8.213, de 24 de julho de 1991, mediante apresentação pelo requerente de atestado médico e de documentos complementares que comprovem a doença informada no atestado como causa da incapacidade.

§ 1º Os requisitos para a apresentação e a forma de análise do atestado médico e dos documentos complementares referidos no *caput* deste artigo serão estabelecidos em ato conjunto da Secretaria Especial de Previdência e Trabalho do Ministério da Economia e do INSS.

§ 2º O procedimento estabelecido no *caput* deste artigo será adotado em caráter excepcional e a duração do benefício por incapacidade temporária dele resultante não terá duração superior a 90 (noventa) dias.

§ 3º O INSS cientificará o requerente, no momento do requerimento, de que o benefício concedido com base neste artigo não está sujeito a pedido de prorrogação e de que eventual necessidade de acréscimo ao período inicialmente concedido, ainda que inferior a 90 (noventa) dias, estará sujeita a novo requerimento.

Art. 7º Esta Lei entra em vigor na data de sua publicação.

Brasília, 30 de março de 2021; 200 da Independência e 133 da República.

Jair Messias Bolsonaro

PORTARIA 220, DE 2 DE FEVEREIRO DE 2022, DO MTP

Disciplina os procedimentos referentes à comprovação de vida anual dos beneficiários do Instituto Nacional do Seguro Social – INSS.

DOU 03.02.2022

O Ministro de Estado do Trabalho e Previdência, no uso das atribuições que lhes conferem o Decreto nº 10.761, de 2 de agosto de 2021, e o inciso II do parágrafo único do art. 87 da Constituição, resolve:

Art. 1º A comprovação de vida pelo INSS será realizada por meio de consultas a atos registrados em bases de dados próprias da Autarquia ou mantidas e administradas pelos órgãos públicos federais, preferencialmente biométricas, compartilhadas nos termos do § 11, do art. 69, da Lei nº 8.212, de 24 de julho de 1991, nos 10 (dez) meses posteriores à sua última realização ou atualização.

▸ § 1º com redação pela Port. 723/2024, do MPS.

§ 2º Nos casos em que não se mostrar possível a realização da comprovação de vida na forma prevista no parágrafo anterior, esta será realizada preferencialmente por atendimento eletrônico e utilizando biometria ou outro meio definido pelo INSS que assegure a identificação inequívoca do beneficiário.

§ 3º Excepcionalmente, quando houver a necessidade de realizar a prova de vida de maneira presencial, o INSS deverá prover ao beneficiário meios para que a prova de vida seja realizada sem a necessidade de deslocamento do beneficiário de sua própria residência, utilizando, para tanto, seus servidores ou entidades conveniadas e parceiras, bem como as instituições financeiras pagadoras dos benefícios, definidas em ato do Presidente do INSS.

Art. 2º O INSS terá até o dia 31 de dezembro de 2022 para:

I – regulamentar esta Portaria, inclusive definindo quais atos, meios, informações registradas ou base de dados serão aceitos como prova de vida nos termos do § 1º do art. 1º desta Portaria;

II – implementar a comprovação de vida nos termos do art. 1º, inclusive realizando os cruzamentos de dados, disponibilizando sistema eletrônico de realização de prova de vida biométrica, bem como agendamento de visita domiciliar.

Parágrafo único. Fica suspenso, até 31 de dezembro de 2024, o bloqueio de pagamento por falta da comprovação de vida, previsto no inciso V do § 8º, do art. 69, da Lei nº 8.212, de 24 de julho de 1991.

▸ Parágrafo único com redação pela Port. 723/2024, do MPS.

Art. 3º A comprovação de vida na forma prevista nesta Portaria não impede a sua realização voluntária na rede pagadora de benefícios, nem configura possibilidade de recusa de realização do procedimento pela instituição financeira.

Art. 4º A comprovação de vida realizada na forma desta Portaria terá validade para os aniversários dos segurados que ocorrerem a partir da data da publicação desta.

Art. 5º Deverá o INSS se utilizar de todos os meios e desenvolver todas as ações possíveis no combate às fraudes para permitir as eventuais responsabilizações nas esferas civil, administrativa e criminal.

Art. 6º Esta Portaria entra em vigor na data de sua publicação.

Onyx Dornelles Lorenzoni

PORTARIA 1.408, DE 2 DE FEVEREIRO DE 2022

Disciplina os procedimentos referentes à comprovação de vida anual dos beneficiários do INSS.

DOU 03.02.2022

O Presidente do Instituto Nacional do Seguro Social – INSS, no uso da competência que lhe confere o Decreto nº 9.746, de 8 de abril de 2019, e tendo em vista o que consta na Portaria MTP nº 220, de 2 de fevereiro de 2022, bem como no Processo Administrativo nº 35014.066900/2020-05, resolve:

Art. 1º A comprovação de vida de que trata o inciso I do § 8º do art. 69 da Lei nº 8.212, de 24 de julho de 1991, será realizada, de forma alternativa, quando não for possível o INSS confirmar que o titular do benefício realizou algum ato registrado em bases de dados dos

órgãos, entidades ou instituições, mantidos ou administrados pelos órgãos públicos federais, estaduais, municipais e privadas, na forma prevista nos Acordos de Cooperação, quando for o caso, ou quando as informações obtidas não se mostrarem suficientes para a comprovação de vida, conforme critérios a serem estabelecidos.

▸ Artigo com redação pela Portaria PRES/INSS 1.552/2023.

Art. 2º Poderão ser considerados válidos como prova de vida anual, dentre outros, os seguintes atos, meios, informações ou base de dados:

▸ *Caput* com redação ela Portaria PRES/INSS 1.552/2023.

I – acesso ao aplicativo Meu INSS com o selo ouro ou outros aplicativos e sistemas dos órgãos e entidades públicas que possuam certificação e controle de acesso, no Brasil ou no exterior;

II – realização de empréstimo consignado, efetuado por reconhecimento biométrico;

III – atendimento:

a) presencial nas Agências do INSS ou por reconhecimento biométrico nas entidades ou instituições parceiras;

b) de perícia médica, por telemedicina ou presencial; e

c) no sistema público de saúde ou na rede conveniada;

IV – vacinação;

V – cadastro ou recadastramento nos órgãos de trânsito ou segurança pública;

VI – atualizações no CADÚNICO, somente quando for efetuada pelo responsável pelo Grupo;

VII – votação nas eleições;

VIII – emissão/renovação de:

a) Passaporte;

b) Carteira de Motorista;

c) Carteira de Trabalho;

d) Alistamento Militar;

e) Carteira de Identidade; ou

f) outros documentos oficiais que necessitem da presença física do usuário ou reconhecimento biométrico;

IX – recebimento do pagamento de benefício com reconhecimento biométrico; e

X – declaração de Imposto de Renda, como titular ou dependente.

Art. 3º Quando não for possível a comprovação de vida pelos meios citados no art. 2º, o INSS notificará o beneficiário, comunicando que deverá realizá-la preferencialmente por atendimento eletrônico com uso de biometria ou outro meio dentre os citados nos incisos do art. 2º.

▸ Artigo com redação pela Portaria PRES/INSS 1.552/2023.

Art. 4º Nas situações em que o beneficiário não for identificado em nenhuma das bases elencadas acima, ou após notificação citada no art. 3º, o INSS disciplinará meios para realização da prova de vida sem obrigatoriedade de deslocamentos dos beneficiários de suas residências.

▸ Artigo com redação pela Portaria PRES/INSS 1.552/2023.

Art. 5º Ficam suspensos, durante o ano de 2022, o bloqueio ou suspensão de pagamento por falta da comprovação de vida.

Art. 6º Compete à Diretoria de Benefícios a emissão de atos complementares para operacionalização deste Ato e da Portaria MTP nº 220, de 2 de fevereiro de 2022.

Art. 7º Fica revogada Portaria PRES/INSS nº 1.366, de 14 de outubro de 2021, publicada no Diário Oficial da União nº 195, de 15 de outubro de 2021, Seção 1, pág. 135.

Art. 8º Esta Portaria entra em vigor na data de sua publicação.

José Carlos Oliveira

PORTARIA DTI/INSS 105, DE 21 DE NOVEMBRO DE 2023

Institui o Portal de Atendimento (PAT) como Sistema de requerimento das Entidades Conveniadas.

DOU 24.11.2023

O DIRETOR DE TECNOLOGIA DA INFORMAÇÃO, no uso da competência que lhe confere o Decreto nº 10.995, de 14 de março de 2022, e tendo em vista o que consta no Processo Administrativo nº 35014.429815/2023-05, resolve:

Art. 1º Instituir o Portal de Atendimento (PAT) como sistema de requerimento das Entidades Conveniadas.

Art. 2º O acesso das Entidades Conveniadas ocorrerá pelo endereço: www.atendimento.inss.gov.br. Este endereço deverá ser utilizado pelas Entidades Conveniadas a partir da vigência da presente Portaria.

Art. 3º O endereço atual (www.novorequerimento. inss.gov.br) será redirecionado automaticamente para o novo endereço por um período de adaptação.

Art. 4º Não haverá necessidade de alteração nas permissões de acessos concedidos pelo sistema Gerid, bem como no prazo de validade para expiração.

Art. 5º O uso do Certificado Digital com token A3 para acesso ao PAT pelas Entidades Conveniadas será regulamentado por meio de ato próprio, com cronograma a partir de 2024.

Art. 6º Esta Portaria entra em vigor em 11 de dezembro de 2023.

Ailton Nunes de Matos Junior

LEI 14.724, DE 14 DE NOVEMBRO DE 2023

Institui o Programa de Enfrentamento à Fila da Previdência Social (PEFPS); dispõe sobre a transformação de cargos efetivos vagos do Poder Executivo federal; altera as Leis nºs 3.268, de 30 de setembro de 1957, 8.213, de 24 de julho de 1991, 8.742, de 7 de dezembro de 1993, 13.146, de 6 de julho de 2015 (Estatuto da Pessoa com Deficiência), 11.907, de 2 de fevereiro de 2009, 11.134, de 15 de julho de 2005, 11.361, de 19 de outubro de 2006, 10.486, de 4 de julho de 2002, 13.328, de 29 de julho de 2016, 9.264, de 7 de fevereiro de 1996, 12.086, de 6 de novembro de 2009, 8.745, de 9 de dezembro de 1993, e 14.204, de 16 de setembro de 2021; e revoga dispositivos das Leis nºs 9.713, de 25 de novembro de 1998, 9.986, de 18 de julho de 2000, e 14.059, de 22 de setembro de 2020, e a Medida Provisória nº 1.181, de 18 de julho de 2023.

DOU 14.11.2023 Extra

O PRESIDENTE DA REPÚBLICA

Faço saber que o Congresso Nacional decreta e eu sanciono a seguinte Lei:

Art. 1º É instituído o Programa de Enfrentamento à Fila da Previdência Social (PEFPS), com o objetivo de:

I – reduzir o tempo de análise de processos administrativos de reconhecimento inicial, de manutenção, de revisão, de recurso, de monitoramento operacional de benefícios e de avaliação social de benefícios administrados pelo Instituto Nacional do Seguro Social (INSS), de modo a representar acréscimo real à capacidade operacional regular de conclusão de requerimentos, individualmente considerada;

II – dar cumprimento a decisões judiciais em matéria previdenciária cujos prazos tenham expirado;

III – realizar exame médico-pericial e análise documental relativos a benefícios previdenciários ou assistenciais, administrativos ou judiciais, de modo a representar acréscimo real à capacidade operacional regular de conclusão de requerimentos, individualmente considerada; e

IV – realizar exame médico pericial do servidor público federal de que tratam os arts. 83, 202 e 203 da Lei nº 8.112, de 11 de dezembro de 1990.

Art. 2º Integrarão o PEFPS:

I – os processos administrativos cujo prazo de análise tenha superado 45 (quarenta e cinco) dias ou que possuam prazo judicial expirado;

II – os serviços médicos periciais:

a) realizados nas unidades de atendimento da Previdência Social sem oferta regular de serviço médico pericial;

b) realizados nas unidades de atendimento da Previdência Social cujo prazo máximo para agendamento seja superior a 30 (trinta) dias;

c) com prazo judicial expirado;

d) relativos à análise documental, desde que realizados em dias úteis após as 18h (dezoito horas) e em dias não úteis; e

e) de servidor público federal na forma estabelecida nos arts. 83, 202 e 203 da Lei nº 8.112, de 11 de dezembro de 1990.

Art. 3º Poderão participar do PEFPS, no âmbito de suas atribuições:

I – os servidores ocupantes de cargos integrantes da carreira do seguro social, de que trata a Lei nº 10.855, de 1º de abril de 2004; e

II – os servidores ocupantes de cargos das carreiras de perito médico federal, de supervisor médico-pericial e de perito médico da previdência social, de que tratam as Leis nºs 11.907, de 2 de fevereiro de 2009, 9.620, de 2 de abril de 1998, e 10.876, de 2 de junho de 2004.

Parágrafo único. A execução de atividades no âmbito do PEFPS não poderá afetar a regularidade dos atendimentos e dos agendamentos nas agências da Previdência Social.

Art. 4º Para a execução do PEFPS, são instituídos:

I – o Pagamento Extraordinário por Redução da Fila do Instituto Nacional do Seguro Social (Perf-INSS); e

II – o Pagamento Extraordinário por Redução da Fila da Perícia Médica Federal (Perf-PMF).

§ 1º O Perf-INSS corresponderá ao valor de R$ 68,00 (sessenta e oito reais) e será pago conforme tabela de correlação de processos ou serviços concluídos, na forma do ato de que trata o art. 6º desta Lei.

§ 2º O Perf-PMF corresponderá ao valor de R$ 75,00 (setenta e cinco reais) e será pago conforme tabela de correlação de processos ou serviços concluídos, na forma do ato de que trata o art. 6º desta Lei.

Art. 5º O Perf-INSS e o Perf-PMF observarão as seguintes regras:

I – não serão incorporados aos vencimentos, à remuneração ou aos proventos das aposentadorias e das pensões;

II – não servirão de base de cálculo para benefícios ou vantagens;

III – não integrarão a base de contribuição previdenciária do servidor;

IV – não serão devidos na hipótese de pagamento de adicional pela prestação de serviço extraordinário ou de adicional noturno referente à mesma hora de trabalho.

Art. 6º Ato conjunto do Ministro de Estado da Gestão e da Inovação em Serviços Públicos e do Ministro de Estado da Previdência Social:

I – fixará meta específica de desempenho para os servidores públicos de que trata o art. 3º desta Lei, com o propósito de atender à demanda ordinária e regular do INSS e do Ministério da Previdência Social, cujo alcance constitui requisito para que o servidor possa realizar atividades no âmbito do PEFPS; e

II – disporá sobre os procedimentos para operacionalização do PEFPS, especialmente os critérios a serem observados para:

a) a adesão dos servidores de que trata o art. 3º desta Lei ao PEFPS;

b) o monitoramento e o controle do atingimento das metas fixadas, da quantidade e da qualidade da análise de processos e da realização de perícias médicas e análises documentais;

c) a definição da ordem de prioridade para a análise de processos e para a realização de perícias médicas e análises documentais;

d) a fixação de limite de pagamento das parcelas previstas nos incisos I e II do *caput* do art. 4º desta Lei.

Art. 7º Ato conjunto do Ministro de Estado da Gestão e da Inovação em Serviços Públicos e do Ministro de Estado da Previdência Social instituirá o Comitê de Acompanhamento do PEFPS, composto de representantes de ambos os Ministérios, da Casa Civil da Presidência da República e do INSS, com o propósito de:

I – avaliar e monitorar periodicamente os resultados do PEFPS; e

II – contribuir para a governança e o aperfeiçoamento dos processos de trabalho, com vistas a evitar a recorrência das razões motivadoras do acúmulo de demandas do INSS.

§ 1º No âmbito de suas competências, o Comitê de Acompanhamento do PEFPS poderá elaborar recomendações ao INSS e ao Ministério da Previdência Social, com o intuito de aperfeiçoar os processos de trabalho na entidade.

§ 2º O ato de que trata o *caput* deste artigo disporá sobre a organização, a composição e o funcionamento do Comitê de Acompanhamento do PEFPS.

§ 3º O Comitê de Acompanhamento do PEFPS encerrará suas atividades até 180 (cento e oitenta) dias após o término do PEFPS.

Art. 8º O Perf-INSS e o Perf-PMF serão pagos conforme a legislação orçamentária e administrativa.

Parágrafo único. O INSS ficará responsável por descentralizar o crédito orçamentário para as atividades sujeitas ao PEFPS, no limite das dotações orçamentárias.

Art. 9º O PEFPS terá prazo de duração de 9 (nove) meses, contado da data de publicação desta Lei, que poderá ser prorrogado por 3 (três) meses por ato conjunto do Ministro de Estado da Gestão e da Inovação em Serviços Públicos, do Ministro de Estado da Previdência Social e do Ministro de Estado da Casa Civil da Presidência da República.

TEXTO NOVO: Art. 9º O PEFPS terá vigência até 31 dezembro de 2024.

▶ *Caput com redação pela MP 1.273/2024.*

Parágrafo único. A prorrogação de que trata o *caput* deste artigo será precedida de parecer fundamentado do Comitê de Acompanhamento do PEFPS.

TEXTO NOVO: Parágrafo único. Revogado pela MP 1.273/2024.

Art. 10. O Poder Executivo federal fica autorizado, em caráter excepcional, a aceitar atestado médico ou odontológico emitido até a data da publicação desta Lei e pendente de avaliação, para fins de concessão de licença para tratamento da própria saúde ou de licença por motivo de doença em pessoa da família, dispensada a realização da perícia oficial de que trata a Lei nº 8.112, de 11 de dezembro de 1990.

(...)

Art. 34. São transformados 13.375 (treze mil, trezentos e setenta e cinco) cargos efetivos vagos em 6.692 (seis mil, seiscentos e noventa e dois) cargos efetivos vagos e em 2.243 (dois mil, duzentos e quarenta e três) cargos em comissão e funções de confiança vagos, no âmbito do Poder Executivo federal, na forma do Anexo VII desta Lei.

Art. 35. A transformação de cargos a que se refere o art. 34 deste artigo será realizada sem aumento de despesa, mediante compensação financeira entre os valores correspondentes à totalidade da remuneração dos cargos e das funções que estão sendo criados e os valores correspondentes à totalidade da remuneração dos cargos que estão sendo transformados, vedada a produção de efeitos retroativos.

Parágrafo único. O provimento e a designação dos cargos efetivos e em comissão e das funções de confiança transformados por esta Lei serão feitos nos termos do § 1º do art. 169 da Constituição Federal, na medida das necessidades do serviço.

Art. 36. Revogam-se:

(...)

Art. 37. Esta Lei entra em vigor na data de sua publicação.

Brasília, 14 de novembro de 2023; 202º da Independência e 135º da República.

Luiz Inácio Lula da Silva

PORTARIA PRESS/INSS 1.634, DE 24 DE NOVEMBRO DE 2023

Institui o Laboratório de Inovação.

DOU 27.11.2023

O PRESIDENTE DO INSTITUTO NACIONAL DO SEGURO SOCIAL – INSS, no uso da competência que lhe confere o Decreto nº 10.995, de 14 de março de 2022, e tendo em vista o que consta no Processo Administrativo nº 35014.281216/2023-96, resolve:

Art. 1º Instituir o Laboratório de Inovação – LabPrev, cuja finalidade é ser um espaço colaborativo para o desenvolvimento de ideias e projetos inovadores, que possam atender da melhor maneira às demandas dos cidadãos que buscam os serviços prestados pelo INSS e para os servidores no desempenho de suas funções.

Art. 2º O LabPrev tem como diretrizes:

I – a contribuição com os objetivos estratégicos do Instituto;

II – a melhoria da qualidade dos serviços prestados;

III – o incentivo à cultura de inovação, criatividade e aprendizagem;

IV – o fortalecimento e simplificação da relação do INSS com a sociedade, mediante serviços digitais acessíveis;

V – a promoção do uso da Linguagem Simples para promover o exercício da cidadania; e

VI – a construção de espaço colaborativo e multidisciplinar entre as áreas para a promoção do desenvolvimento tecnológico e da inovação no setor público.

Art. 3º São eixos de atuação do LabPrev:

I – o reconhecimento de direitos e a manutenção de benefícios;

II – a eficácia do atendimento e o relacionamento com o cidadão;

III – a organização do trabalho, clima organizacional, saúde e qualidade de vida
no trabalho;

IV – a área de Educação e Desenvolvimento;

V – a governança:

a) de Tecnologia da Informação;

b) dos recursos e despesas públicas; e

c) de políticas públicas previdenciárias;

VI – as relações governamentais, especialmente com os órgãos judiciais e os de controle.

Art. 4º Compete ao LabPrev:

I – desenvolver um espaço colaborativo de criação, aprendizagem e experimentação;

II – oferecer apoio metodológico e suporte técnico para a implementação de projetos e iniciativas inovadoras;

III – fomentar a cultura da inovação para estimular a participação ativa dos servidores;

IV – disseminar o compartilhamento de conhecimentos e a troca de experiências relacionadas à inovação por meio da realização de eventos, capacitações e incentivo à cooperação entre as áreas da Instituição;

V – propor a celebração de parcerias estratégicas com instituições de pesquisa, órgãos governamentais, empresas e a sociedade civil, a fim de potencializar a troca de conhecimentos, a colaboração e o compartilhamento de recursos para o desenvolvimento
de soluções inovadoras; e

VI – acompanhar de forma contínua o progresso e o impacto das iniciativas inovadoras, coletando dados relevantes, realizando análises e avaliações periódicas, com o intuito de identificar oportunidades de melhoria e direcionar os esforços para alcançar resultados efetivos.

Art. 5º O LabPrev, vinculado à Diretoria de Governança, Planejamento e Inovação – DIGOV, atuará por meio de uma Comissão Permanente, para a sua gestão, curadoria de conteúdo e desenvolvimento de metodologia.

§ 1º Cada Diretoria indicará um servidor, e seu respectivo suplente, para atuar como representante de sua área junto ao LabPrev.

§ 2º Ato da DIGOV designará os membros a que se refere o § 1º e o responsável pela coordenação dos trabalhos na comissão de que trata o *caput*, a qual terá as seguintes atribuições:

I – regulamentar e coordenar o funcionamento do Lab-Prev, inclusive quanto ao espaço físico e virtual;

II – dar suporte técnico aos projetos, a fim de promover a colaboração para o desenvolvimento de soluções inovadoras, com vistas a dar subsídios para uma mudança de políticas públicas mais eficazes;

III – fazer a gestão e liderança de servidores e colaboradores formalmente alocados nas atividades e projetos do LabPrev;

IV – representar o INSS em reuniões de trabalho, comitês e eventos relacionados à inovação;

V – criar indicadores de inovação para avaliar o desempenho do Instituto no processo de inovação;

VI – realizar a gestão de processos de inovação e desenvolver as capacidades, competências e cultura de forma organizada; e

VII – alocar recursos para inovação.

Art. 6º Poderão ser formadas equipes temporárias para projetos determinados, a depender da demanda, do prazo e da competência exigida.

Art. 7º Caberá à Coordenação-Geral de Governança e Gerenciamento de Riscos da DIGOV o acompanhamento e prestação do apoio necessário ao desempenho das atividades desenvolvidas.

Art. 8º Esta Portaria entra em vigor em 1º de dezembro de 2023.

Alessandro Antonio Stefanutto

PORTARIA INTERMINISTERIAL MPS/MF 6, DE 10 DE JANEIRO DE 2025

Dispõe sobre o reajuste dos benefícios pagos pelo Instituto Nacional do Seguro Social - INSS e demais valores constantes do Regulamento da Previdência Social - RPS e dos valores previstos nos incisos II a VIII do § 1º do art. 11 da Emenda Constitucional nº 103, de 12 de novembro de 2019, que trata da aplicação das alíquotas da contribuição previdenciária prevista nos arts. 4º, 5º e 6º da Lei nº 10.887, de 18 de junho de 2004. (Processo nº 10128.022473/2024-61).

DOU 13.01.2025

OS MINISTROS DE ESTADO DA PREVIDÊNCIA SOCIAL E DA FAZENDA, no uso da atribuição que lhes confere o inciso II do parágrafo único do art. 87 da Constituição, e tendo em vista o disposto na Emenda Constitucional nº 20, de 15 de dezembro de 1998; na Emenda Constitucional nº 41, de 19 de dezembro de 2003; na Emenda Constitucional nº 103, de 12 de novembro de 2019; na Lei nº 8.212, de 24 de julho de 1991; no art. 41-A da Lei nº 8.213, de 24 de julho de 1991; na Lei nº 14.663, de 28 de agosto de 2023; no Decreto nº 12.342, de 30 de dezembro de 2024; e no Regulamento da Previdência Social - RPS, aprovado pelo Decreto nº 3.048, de 6 de maio de 1999, RESOLVEM:

Art. 1º Os benefícios pagos pelo Instituto Nacional do Seguro Social - INSS serão reajustados, a partir de 1º de janeiro de 2025, em 4,77 % (quatro inteiros e setenta e sete décimos por cento).

§ 1º Os benefícios a que se refere o caput, com data de início a partir de 1º de janeiro de 2024, serão reajustados de acordo com os percentuais indicados no Anexo I desta Portaria.

§ 2º Aplica-se o disposto neste artigo às pensões especiais pagas às vítimas da síndrome da talidomida; às pessoas atingidas pela hanseníase, de que trata a Lei nº 11.520, de 18 de setembro de 2007; e ao auxílio especial mensal de que trata o art. 37, inciso II, da Lei nº 12.663, de 5 de junho de 2012.

Art. 2º O salário de benefício e o salário de contribuição, a partir de 1º de janeiro de 2025, não poderão ser inferiores a R$ 1.518,00 (mil quinhentos e dezoito reais) nem superiores a R$ 8.157,41 (oito mil cento e cinquenta e sete reais e quarenta e um centavos).

Art. 3º A partir de 1º de janeiro de 2025:

I – não terão valores inferiores a R$ 1.518,00 (mil quinhentos e dezoito reais), os benefícios:

a) prestação continuada pagos pelo INSS, correspondentes a aposentadorias, auxílio por incapacidade temporária e pensão por morte (valor global);

b) aposentadorias dos aeronautas, concedidas com base na Lei nº 3.501, de 21 de dezembro de 1958; e

c) pensão especial paga às vítimas da síndrome da talidomida.

II – os valores dos benefícios concedidos ao pescador, ao mestre de rede e ao patrão de pesca, com as vantagens da Lei nº 1.756, de 5 de dezembro de 1952, deverão corresponder, respectivamente, a 1 (uma), 2 (duas) e 3 (três) vezes o valor de R$ 1.518,00 (mil quinhentos e dezoito reais), acrescidos de 20 % (vinte por cento);

III – o benefício devido aos seringueiros e seus dependentes, concedido com base na Lei nº 7.986, de 28 de dezembro de 1989, terá valor igual a R$ 3.036,00 (três mil e trinta e seis reais);

IV – é de R$ 1.518,00 (mil quinhentos e dezoito reais), o valor dos seguintes benefícios assistenciais pagos pelo INSS:

a) pensão especial paga aos dependentes das vítimas de hemodiálise da cidade de Caruaru, no Estado de Pernambuco;

b) amparo social ao idoso e à pessoa com deficiência; e

c) renda mensal vitalícia.

Art. 4º O valor da cota do salário-família por filho ou equiparado de qualquer condição, até quatorze anos de idade, ou inválido de qualquer idade, a partir de 1º de janeiro de 2025, é de R$ 65,00 (sessenta e cinco reais) para o segurado com remuneração mensal não superior a R$ 1.906,04 (mil novecentos e seis reais e quatro centavos).

§ 1º Para fins do disposto neste artigo, considera-se remuneração mensal do segurado o valor total do respectivo salário de contribuição, ainda que resultante da soma dos salários de contribuição correspondentes a atividades simultâneas.

§ 2º O direito à cota do salário-família é definido em razão da remuneração que seria devida ao empregado no mês, independentemente do número de dias efetivamente trabalhados.

§ 3º Todas as importâncias que integram o salário de contribuição serão consideradas como parte integrante da remuneração do mês, exceto o décimo terceiro salário e o adicional de férias previsto no inciso XVII do art. 7º da Constituição, para efeito de definição do direito à cota do salário-família.

§ 4º A cota do salário-família é devida proporcionalmente aos dias trabalhados nos meses de admissão e demissão do empregado.

Art. 5º O auxílio-reclusão devido aos dependentes do segurado de baixa renda recolhido à prisão em regime fechado, que não receber remuneração da empresa e nem estiver em gozo de auxílio por incapacidade temporária, pensão por morte, salário-maternidade, aposentadoria ou abono de permanência em serviço, será

de R$ 1.518,00 (mil quinhentos e dezoito reais), a partir de 1º de janeiro de 2025.

Parágrafo Único. Considera-se de baixa renda, para fins de concessão do benefício de auxílio-reclusão o segurado cuja média dos salários de contribuição apurados no período dos doze meses anteriores ao mês de recolhimento à prisão, corrigidos pelos mesmos índices de reajuste aplicados aos benefícios do Regime Geral de Previdência Social - RGPS, seja igual ou inferior a R$ 1.906,04 (mil novecentos e seis reais e quatro centavos), a partir de 1º de janeiro de 2025.

Art. 6º Será incorporada à renda mensal dos benefícios de prestação continuada pagos pelo INSS, com data de início no período de 1º janeiro de 2024 a 31 de dezembro de 2024, a partir de 1º de janeiro de 2025, a diferença percentual entre a média dos salários de contribuição considerados no cálculo do salário de benefício e o limite máximo vigor no período, exclusivamente nos casos em que a referida diferença resultar positiva, observado o disposto no art. 1º, § 1º, e o limite de R$ 8.157,41 (oito mil, cento e cinquenta e sete reais e quarenta e um centavos).

Art. 7º A contribuição dos segurados empregados, inclusive do doméstico e do trabalhador avulso, relativamente aos fatos geradores que ocorrerem a partir da competência janeiro de 2025, será calculada mediante a aplicação da correspondente alíquota sobre o salário de contribuição mensal, de forma progressiva, de acordo com a tabela constante do Anexo II, desta Portaria.

Art. 8º A partir de 1º de janeiro de 2025:

I – o valor a ser multiplicado pelo número total de pontos indicadores da natureza do grau de dependência resultante da deformidade física, para fins de definição da renda mensal inicial da pensão especial devida às vítimas da síndrome de talidomida, é de R$ 1.571,80 (mil quinhentos e setenta e um reais e oitenta centavos).

II – o valor da multa pelo descumprimento das obrigações, indicadas no:

a) art. 287, caput, do Regulamento da Previdência Social - RPS, varia de R$ 443,15 (quatrocentos e quarenta e três reais e quinze centavos) a R$ 44.318,03 (quarenta e quatro mil, trezentos e dezoito reais e três centavos);

b) art. 287, inciso I, do parágrafo único, do RPS, é de R$ 98.484,45 (noventa e oito mil, quatrocentos e oitenta e quatro reais e quarenta e cinco centavos); e

c) art. 287, inciso II, do parágrafo único, do RPS, é de R$ 492.422,26 (quatrocentos e noventa e dois mil quatrocentos e vinte e dois reais e vinte e seis centavos).

III – o valor da multa pela infração a qualquer dispositivo do RPS, para a qual não haja penalidade expressamente cominada no art. 283 do RPS, varia, conforme a gravidade da infração, de R$ 3.368,43 (três mil, trezentos e sessenta e oito reais e quarenta e três centavos) a R$ 336.841,70 (trezentos e trinta e seis mil, oitocentos e quarenta e um reais e setenta centavos);

IV – o valor da multa indicada no art. 283, inciso II, do RPS, é de R$ 33.684,11 (trinta e três mil, seiscentos e oitenta e quatro reais e onze centavos);

V – é exigida Certidão Negativa de Débito - CND da empresa, na alienação ou oneração, a qualquer título, de bem móvel incorporado ao seu ativo permanente, de valor superior a R$ 84.209,56 (oitenta e quatro mil, duzentos e nove reais e cinquenta e seis centavos);

VI – o valor de que trata o art. 337-A, § 3º, do Código Penal, aprovado pelo Decreto-Lei nº 2.848, de 7 de dezembro de 1940, é de R$ 7.201,70 (sete mil, duzentos e um reais e setenta centavos); e

VII – o valor da pensão especial concedida às pessoas atingidas pela hanseníase e que foram submetidas a isolamento e internação compulsórios em hospitais-colônia, assegurada pela Lei nº 11.520, de 18 de setembro de 2007, é de R$ 2.108,31 (dois mil, cento e oito reais e trinta e um centavos).

VIII - o valor da diária paga ao segurado ou dependente pelo deslocamento, por determinação do INSS, para submeter-se a exame médico-pericial ou processo de reabilitação profissional, em localidade diversa da de sua residência, é de R$ 136,31 (cento e trinta e seis reais e trinta e um centavos).

Parágrafo único. O valor das demandas judiciais de que trata o art. 128 da Lei nº 8.213, de 24 de julho de 1991, é limitado em R$ 91.080,00 (noventa e um mil e oitenta reais), a partir de 1º de janeiro de 2025.

Art. 9º O pagamento mensal de benefícios de valor superior a R$ 163.148,20 (cento e sessenta e três mil, cento e quarenta e oito reais e vinte centavos), a partir de 1º de janeiro de 2025, deverá ser autorizado expressamente pelo Gerente-Executivo do INSS, observada a análise do Serviço de Gerenciamento de Benefícios.

Parágrafo único. Os benefícios de valor inferior ao limite estipulado no caput, quando do reconhecimento do direito da concessão, revisão e manutenção de benefícios serão supervisionados pelas Agências da Previdência Social ou Serviços de Gerenciamento de Benefícios, sob critérios aleatórios pré-estabelecidos pela Presidência do INSS.

Art. 10. Os valores previstos no Anexo III da Portaria Interministerial MPS/MF nº 2, de 11 de janeiro de 2024, ficam reajustados, a partir de 1º de janeiro de 2025, em 4,77 % (quatro inteiros e setenta e sete décimos por cento), índice aplicado aos benefícios do RGPS, nos termos do § 3º do mesmo artigo.

§ 1º Em razão do reajuste previsto no caput, a alíquota de 14 % (quatorze por cento) estabelecida no art. 11, caput, da Emenda Constitucional nº 103, de 2019, será reduzida ou majorada, considerado o valor da base de contribuição ou do benefício recebido, de acordo com os parâmetros previstos no Anexo III desta Portaria.

§ 2º A alíquota, reduzida ou majorada nos termos do disposto no § 1º, será aplicada de forma progressiva sobre a base de contribuição do servidor ativo de quaisquer dos Poderes da União, incluídas suas entidades autárquicas e suas fundações, incidindo cada alíquota sobre a faixa de valores compreendida nos respectivos limites.

§ 3º A alíquota de contribuição de que trata o art. 11, caput, da Emenda Constitucional nº 103, de 2019, com a redução ou a majoração decorrentes do disposto no § 1º, incisos I a VIII, do mesmo artigo, será devida pelos aposentados e pensionistas de quaisquer dos Poderes da União, incluídas suas entidades autárquicas e suas fundações, e incidirá sobre o valor da parcela dos proventos de aposentadoria e de pensões que supere o limite máximo estabelecido para os benefícios do RGPS, hipótese em que será considerada a totalidade do valor do benefício para fins de definição das alíquotas aplicáveis.

Art. 11. A Secretaria Especial da Receita Federal do Brasil do Ministério da Fazenda, o Instituto Nacional do Seguro Social - INSS e a Empresa de Tecnologia e Informações da Previdência - Dataprev adotarão as providências necessárias ao cumprimento do disposto nesta Portaria Interministerial.

Art. 12. Esta Portaria entra em vigor na data de sua publicação.

Art. 13. Fica revogada a Portaria Interministerial MPS/MF nº 2, de 11 de janeiro de 2024.

Wolney Queiroz Maciel
Ministro de Estado da Previdência Social em exercício

Anexo I

Fator de reajuste dos benefícios concedidos de acordo com as respectivas datas de início, aplicável a partir de janeiro de 2025

DATA DE INÍCIO DO BENEFÍCIO	REAJUSTE (%)
até janeiro de 2024	4,77
em fevereiro de 2024	4,17
em março de 2024	3,34
em abril de 2024	3,14
em maio de 2024	2,76
em junho de 2024	2,29
em julho de 2024	2,04
em agosto de 2024	1,77
em setembro de 2024	1,91
em outubro de 2024	1,43
em novembro de 2024	0,81
em dezembro de 2024	0,48

Anexo II

Tabela de contribuição dos segurados empregado, empregado doméstico e trabalhador avulso, para pagamento de remuneração a partir de 1º de janeiro de 2025

SALÁRIO DE CONTRIBUIÇÃO (R$)	ALÍQUOTA PROGRESSIVA PARA FINS DE RECOLHIMENTO AO INSS
até 1.518,00	7,5 %
de 1.518,01 até 2.793,88	9 %
de 2.793,89 até 4.190,83	12 %
de 4.190,84 até 8.157,41	14 %

Anexo III

Tabela de contribuição dos segurados e beneficiários do regime próprio de previdência social da união a partir de 1º de janeiro de 2025

BASE DE CONTRIBUIÇÃO (R$)	ALÍQUOTA PROGRESSIVA INCIDINDO SOBRE A FAIXA DE VALORES
até 1.518,00	7,5 %
de 1.518,01 até 2.793,88	9 %
de 2.793,89 até 4.190,83	12 %
de 4.190,84 até 8.157,41	14 %
de 8.157,42 até 13.969,49	14,5 %
de 13.969,50 até 27.938,95	16,5 %
de 27.938,96 até 54.480,97	19 %
acima de 54.480,97	22 %

▶ Regimento Interno do Tribunal Superior do Trabalho
▶ Consolidação dos Provimentos da Corregedoria-Geral da Justiça do Trabalho

REGIMENTO INTERNO DO TRIBUNAL SUPERIOR DO TRABALHO

▶ *DEJT* de 24.11.2017.
▶ Redação pela Resolução Administrativa 1.937, de 20.11.2017.

LIVRO I
DO TRIBUNAL

TÍTULO I
DO TRIBUNAL, DA SUA COMPOSIÇÃO, DOS SEUS MINISTROS

CAPÍTULO I
DO TRIBUNAL

Art. 1º O Tribunal Superior do Trabalho tem sede na Capital Federal e jurisdição em todo o território nacional.

Art. 2º A bandeira do Tribunal, instituída pela Portaria 291, de 16 de outubro de 1981, publicada no Diário da Justiça de 3 de novembro de 1981, simboliza a Justiça do Trabalho como órgão do Poder Judiciário, sua jurisdição e a importância social do exercício jurisdicional, trazendo o dístico Opus Justitiae Pax.

CAPÍTULO II
DA COMPOSIÇÃO E DA INVESTIDURA

Art. 3º O Tribunal compõe-se de 27 (vinte e sete) Ministros, escolhidos dentre brasileiros com mais de 35 (trinta e cinco) e menos de 70 (setenta) anos, de notável saber jurídico e reputação ilibada, nomeados pelo Presidente da República após aprovação pela maioria absoluta do Senado Federal.

▶ *Caput* com redação pela ER 7/2024.

§ 1º A indicação, pelo Tribunal Superior do Trabalho, de Desembargadores do Trabalho, membros do Ministério Público do Trabalho e advogados, para comporem o Tribunal, far-se-á em lista tríplice.

§ 2º O ofício de encaminhamento da lista ao Poder Executivo conterá informação acerca do número de votos obtidos pelos candidatos e será instruído com cópia da ata da sessão extraordinária em que se realizou a escolha dos indicados.

Art. 4º Para provimento de vaga de Ministro, destinada aos Desembargadores do Trabalho da carreira da Magistratura do Trabalho, o Presidente do Tribunal convocará o Tribunal Pleno para, em sessão pública, escolher, pelo voto secreto e em escrutínios sucessivos, dentre os Desembargadores do Trabalho da carreira integrantes dos Tribunais Regionais do Trabalho, os nomes para a formação da lista tríplice a ser encaminhada ao Presidente da República.

§ 1º Para fim de elaboração da lista tríplice a que se refere o *caput* deste artigo, o Presidente do Tribunal fará publicar edital no sítio deste Tribunal na rede mundial de computadores no qual fixará prazo de 15 (quinze) dias para inscrição dos Desembargadores do Trabalho interessados, findo o qual será publicada a relação com os nomes dos inscritos.

§ 2º Na hipótese de haver mais de uma vaga a ser provida, a lista conterá o número de Magistrados igual ao de vagas mais 2 (dois).

§ 3º Na votação para escolha dos nomes dos Desembargadores do Trabalho que integrarão a lista, serão observados os seguintes critérios:

I – os nomes serão escolhidos em voto secreto e em escrutínios sucessivos, para o primeiro, o segundo, o terceiro e, eventualmente, o quarto nome integrante da lista, e, assim, sucessivamente, sendo escolhido em cada escrutínio aquele que obtiver votos da maioria absoluta;

II – a maioria absoluta necessária para a escolha do nome corresponde ao número inteiro imediatamente superior à metade do total de Ministros integrantes do Tribunal no momento da votação;

III – não alcançada, no primeiro escrutínio, a maioria absoluta, proceder-se-á à nova votação, na qual concorrerão os 2 (dois) Desembargadores do Trabalho mais votados:

a) em caso de empate, será realizada nova votação. A persistir o resultado, o desempate dar-se-á pelo tempo de investidura no Tribunal Regional do Trabalho e, sucessivamente, pelo tempo de investidura na Magistratura do Trabalho;

b) se houver empate entre 2 (dois) Desembargadores que tenham obtido, individualmente, número de votos inferior ao alcançado por outro Desembargador, far-se-á, primeiramente, a votação para o desempate e, a seguir, para a escolha do nome que integrará a lista.

IV – escolhido um nome, fica excluído dos escrutínios subsequentes Desembargador da mesma Região.

§ 4º Faculta-se ao Ministro impossibilitado de comparecer à sessão em que será confeccionada a lista tríplice o envio de carta ao Presidente do Tribunal, acompanhada dos votos para o primeiro escrutínio de cada vaga, em invólucros lacrados e rubricados, individualizados por vaga, para posterior depósito na urna na presença dos demais Ministros do Tribunal.

▶ § 4º acrescido pela ER 7/2024.

Art. 5º O Presidente do Tribunal, ocorrendo vaga destinada a membro do Ministério Público do Trabalho e a advogado, dará imediata ciência à Procuradoria-Geral do Trabalho e ao Conselho Federal da Ordem dos Advogados do Brasil, respectivamente, para formação e encaminhamento de lista sêxtupla ao Tribunal, que escolherá, dentre os nomes que a compõem, os que integrarão a lista tríplice a ser encaminhada ao Presidente da República.

Art. 6º O Tribunal Pleno, para o provimento das vagas aludidas no artigo anterior, em sessão pública, pelo voto secreto da maioria absoluta de seus membros, escolherá, em escrutínios secretos e sucessivos, os nomes que integrarão a lista tríplice a ser encaminhada ao Presidente da República.

§ 1º Quando houver mais de uma vaga a ser provida por membro do Ministério Público do Trabalho ou por advogado, para cada lista sêxtupla recebida será elaborada uma lista tríplice.

§ 2º Se, para o provimento das vagas destinadas ao quinto constitucional, o Tribunal receber lista única, formará uma só lista com o número de candidatos igual ao de vagas mais 2 (dois).

§ 3º Aplica-se à votação para escolha dos integrantes da lista tríplice o estabelecido nos §§ 3º e 4º do art. 4º, à exceção da parte final da alínea "*a*" do inciso III do § 3º, e se adotará como critérios de desempate:

a) em relação ao Ministério Público do Trabalho, a antiguidade na carreira;

b) em relação à advocacia, o tempo de inscrição na OAB como advogado e, sucessivamente, a idade, tendo preferência o mais idoso.

▶ § 3º com redação pela ER 7/2024.

CAPÍTULO III
DOS MINISTROS

Seção I
Da posse e das prerrogativas

Art. 7º O Ministro tomará posse no prazo de 30 (trinta) dias a contar da nomeação, em sessão solene do Tribunal Pleno ou, durante o recesso forense e as férias coletivas dos Ministros, perante o Presidente do Tribunal. Neste último caso, o ato deverá ser ratificado pelo Tribunal Pleno.

§ 1º No ato da posse, o Ministro prestará compromisso de bem desempenhar os deveres do cargo e de bem cumprir e fazer cumprir a Constituição da República e as Leis do País.

§ 2º O Secretário-Geral Judiciário lavrará, em livro especial, o termo de compromisso e posse, que será assinado pelo Presidente e pelo Ministro empossado.

§ 3º Somente tomará posse o Ministro que comprovar:
I – ser brasileiro;

II – contar mais de 35 (trinta e cinco) e menos de 70 (setenta) anos de idade;

III – os demais requisitos previstos em lei.

▶ Incisos II e III com redação pela ER 7/2024.

Art. 8º Os Ministros têm jurisdição em todo o território nacional e domicílio no Distrito Federal.

Art. 9º A antiguidade dos Ministros, para efeitos legais e regimentais, é regulada:

I – pela posse;

II – pela nomeação;

III – pelo tempo de investidura na Magistratura da Justiça do Trabalho;

IV – pelo tempo de serviço público federal;

V – pela idade, quando houver empate pelos demais critérios.

Art. 10. Os Ministros do Tribunal receberão o tratamento de Excelência e usarão nas sessões as vestes correspondentes ao modelo aprovado.

Parágrafo único. Após a concessão da aposentadoria, o Tribunal velará pela preservação dos direitos, interesses e prerrogativas que os Ministros conservam, em relação ao título e às honras correspondentes ao cargo, salvo no exercício de atividade profissional.

Seção II
Das férias, das licenças, das substituições e das convocações

Art. 11. Os Ministros gozarão férias nos meses de janeiro e julho, na forma da lei.

Parágrafo único. Os Ministros informarão à Presidência seu endereço, para eventual convocação durante as férias e feriados.

Art. 12. O Presidente, o Vice-Presidente e o Corregedor-Geral da Justiça do Trabalho, se a necessidade do serviço judiciário lhes exigir a contínua presença no Tribunal, poderão acumular férias para fruição oportuna, facultado o fracionamento dos períodos.

Parágrafo único. A acumulação de férias somente ocorrerá mediante prévia autorização do Órgão Especial e deverá ser registrada nos assentamentos funcionais do Ministro, para que lhe seja reconhecido o direito de posterior fruição.

Art. 13. A licença é requerida pelo Ministro com a indicação do prazo e do dia do início.

§ 1º Salvo contraindicação médica, o Ministro licenciado poderá proferir decisões em processos de que, antes da licença, haja pedido vista, ou que tenham recebido o seu visto como relator ou revisor.

§ 2º O Ministro licenciado pode reassumir o cargo, entendendo-se que desistiu do restante do prazo, mediante prévia comunicação formal ao Presidente do Tribunal.

§ 3º Se a licença for para tratamento da própria saúde, o Ministro somente poderá reassumir o cargo, antes do término do prazo, se não houver contraindicação médica.

Art. 14. A critério do Órgão Especial, poderá ser concedido afastamento ao Ministro, sem prejuízo de seus direitos, vencimentos e vantagens, para:

I – frequência a cursos ou seminários de aperfeiçoamento e estudos, pelo prazo máximo de 2 (dois) anos;

II – realização de missão ou serviços relevantes à administração da justiça.

Art. 15. Nas ausências ou impedimentos eventuais ou temporários, a substituição no Tribunal far-se-á da seguinte maneira:

I – o Presidente do Tribunal, pelo Vice-Presidente, seguindo-se, na ausência de ambos, pelo Corregedor--Geral da Justiça do Trabalho e pelos demais Ministros, em ordem decrescente de antiguidade;

II – o Vice-Presidente, pelo Presidente, ou, na ausência deste, pelo Corregedor-Geral da Justiça do Trabalho, e, em sequência, pelos demais Ministros, em ordem decrescente de antiguidade;

III – o Corregedor-Geral da Justiça do Trabalho, pelo Vice-Presidente, ou, na ausência deste, pelo Presidente, e, em sequência, pelos demais Ministros, em ordem decrescente de antiguidade;

IV – o Presidente da Turma, pelo Ministro mais antigo presente na sessão;

V – o Presidente da Comissão, preferencialmente pelo mais antigo dentre os seus membros;

VI – qualquer dos membros das Comissões, pelo respectivo suplente.

VII – o Ministro Ouvidor pelo Ministro Ouvidor-Substituto e, na ausência deste, em sequência, pelo Presidente, pelo Vice- Presidente ou pelo Ministro mais antigo presente no Tribunal.

▸ Inciso VII acrescido pela ER 7/2024.

Art. 16. O relator é substituído nas hipóteses e formas previstas na Seção I do Capítulo II do Título I do Livro II, deste Regimento.

Art. 17. Nas ausências temporárias, por período superior a 30 (trinta) dias, e nos afastamentos definitivos, os Ministros serão substituídos por Desembargador do Trabalho, escolhido pelo Órgão Especial, por consenso ou mediante escrutínio secreto e pelo voto da maioria absoluta dos seus membros.

▸ Artigo com redação pela ER 7/2024.

Parágrafo único. O Desembargador do Trabalho convocado atuará nos órgãos fracionários nos que tiver assento o Ministro afastado temporária ou definitivamente, à exceção do Tribunal Pleno e do Órgão Especial.

Art. 18. O Presidente do Tribunal poderá, em caso de urgência, e quando inviável a imediata reunião do Órgão Especial, *ad referendum* deste, convocar Desembargador do Trabalho, para a substituição de Ministro afastado.

Art. 19. Excepcionalmente, poderá o Tribunal Superior do Trabalho convocar Desembargadores do Trabalho para atuarem, temporariamente, em suas Turmas e Juízes do Trabalho para auxiliarem, no curso dos respectivos mandatos, a Presidência e a Vice-Presidência do Tribunal.

▸ Artigo com redação pela ER 7/2024.

Parágrafo único. A convocação será limitada ao número de 2 (dois) Juízes do Trabalho para auxílio em cada um dos referidos órgãos e atenderá as determinações previstas nos atos normativos do Conselho Nacional de Justiça.

Art. 20. Na sessão do Órgão Especial que decidir a convocação, os Ministros deverão ter cópias das nominatas dos Desembargadores que compõem os Tribunais Regionais do Trabalho, para se orientarem na escolha.

Seção III
Da convocação extraordinária

Art. 21. Durante o período de férias, o Presidente do Tribunal, ou seu substituto, poderá convocar, com antecedência de 48 (quarenta e oito) horas, sessão extraordinária para julgamento de dissídio coletivo, mandado de segurança e ação declaratória alusiva a greve e que requeiram apreciação urgente.

Seção IV
Da aposentadoria

Art. 22. O processo administrativo de aposentadoria compulsória de Ministro da Corte deverá ser iniciado 30 (trinta) dias antes que complete os 75 (setenta e cinco) anos, para que a publicação possa ocorrer na data da jubilação.

Art. 23. Na aposentadoria por invalidez, o processo respectivo terá início:

I – a requerimento do Ministro;

II – por ato de ofício do Presidente do Tribunal;

III – em cumprimento a deliberação do Tribunal.

Parágrafo único. Em se tratando de incapacidade mental, o Presidente do Tribunal, ou quem o substitua, nomeará curador ao paciente, sem prejuízo da defesa que esse queira apresentar, pessoalmente ou por procurador constituído.

Art. 24. O paciente, na hipótese do parágrafo único do artigo anterior, deverá ser afastado imediatamente do exercício do cargo, até decisão final, devendo ficar concluído o processo no prazo de 60 (sessenta) dias, justificadas as faltas do Ministro no referido período.

Art. 25. A recusa do paciente a submeter-se à perícia médica permitirá o julgamento baseado em quaisquer outras provas.

Art. 26. O Ministro que, por 2 (dois) anos consecutivos, afastar-se, ao todo, por 6 (seis) meses ou mais, para tratamento de saúde, ou requerer nova licença para igual fim, dentro de 2 (dois) anos, deverá submeter-se a exame por junta médica para verificação de sua invalidez, pela Secretaria de Saúde do Tribunal.

Art. 27. A junta médica competente para o exame a que se referem os arts. 25 e 26 deste Regimento será indicada pelo Órgão Especial e formada por 3 (três) médicos, dos quais 2 (dois), no mínimo, integrem o Quadro de Pessoal do Tribunal.

Art. 28. Concluindo o Órgão Especial pela incapacidade do Magistrado, o Presidente do Tribunal comunicará imediatamente a decisão ao Poder Executivo, para os devidos fins.

Seção V
Da Disponibilidade e da
Aposentadoria por Interesse Público

Art. 29. O Tribunal Pleno poderá determinar, por motivo de interesse público, em sessão pública, em escrutínio secreto e pelo voto da maioria absoluta dos seus membros, a disponibilidade ou a aposentadoria de Ministro do Tribunal, assegurada a ampla defesa.

Parágrafo único. Aplicam-se ao processo de disponibilidade ou aposentadoria, no que couber, as normas e os procedimentos previstos na Lei Orgânica da Magistratura Nacional, referentes à perda do cargo, as Resoluções editadas pelo Conselho Nacional de Justiça, e, subsidiariamente, desde que não haja conflito com o Estatuto da Magistratura, as normas e princípios relativos ao processo administrativo disciplinar das Leis n.os 8.112/90 e 9.784/99.

TÍTULO II
DA DIREÇÃO

CAPÍTULO I
DOS CARGOS DE DIREÇÃO, DA ELEIÇÃO, DA POSSE E DA VACÂNCIA

Art. 30. A Presidência e a Vice-Presidência são cargos de direção do Tribunal, preenchidos mediante eleição em que concorrem os Ministros mais antigos da Corte, em número correspondente ao total dos cargos de direção, separadamente e também nessa ordem, sendo vedada a reeleição a qualquer dos cargos.

▸ *Caput* com redação pela ER 7/2024.

§ 1º Vinte e cinco dias antes da data prevista para a eleição, será aberto o prazo de 10 (dez) dias, para renúncia expressa dos candidatos elegíveis.

§ 2º Convocar-se-ão os Ministros para eleição, por ofício da Presidência do Tribunal, oportunidade em que, se for o caso, serão informados os nomes dos Ministros que renunciaram a concorrer.

§ 3º Não havendo inscrição a qualquer dos cargos dentre os elegíveis, o rol de concorrentes será completado pela ordem de antiguidade.

Art. 31. O Ministro que houver ocupado cargos de direção por 4 (quatro) anos, ou o de Presidente, não mais figurará entre os elegíveis, até que se esgotem todos os nomes na ordem de antiguidade. É obrigatória a aceitação do cargo, salvo recusa manifestada e aceita antes da eleição.

Art. 32. A eleição do Presidente precederá à do Vice--Presidente.

▸ Artigo com redação pela ER 7/2024.

Art. 33. O Presidente e o Vice-Presidente serão eleitos por 2 (dois) anos, mediante escrutínio secreto e pelo voto da maioria absoluta, em sessão extraordinária do Tribunal Pleno, a realizar-se nos 60 (sessenta) dias antecedentes ao término dos mandatos anteriores, e tomarão posse em sessão solene, na data marcada pelo Tribunal Pleno.

▸ *Caput* com redação pela ER 7/2024.

§ 1º Considerar-se-á eleito, em primeiro escrutínio, o Ministro que obtiver a maioria absoluta de votos.

§ 2º Em segundo escrutínio, concorrerão somente os 2 (dois) Ministros mais votados no primeiro.

§ 3º Não alcançada, no segundo escrutínio, a maioria a que se refere o § 1.º, proclamar-se-á eleito, dentre os 2 (dois), o mais antigo.

§ 4º Se a vacância do cargo de Presidente ocorrer antes do término do respectivo mandato, a eleição para os cargos de direção será realizada nos 30 (trinta) dias seguintes ao da vacância, e os eleitos tomarão posse em sessão solene na data marcada pelo Tribunal Pleno. Nessa hipótese, caberá ao Vice-Presidente a regência provisória do Tribunal e a convocação da sessão extraordinária a que se referem o *caput* e este parágrafo.

§ 5º O mandato remanescente do Vice-Presidente extinguir-se-á na data da posse dos novos eleitos.

▸ §§ 4º e 5º com redação pela ER 7/2024.

Art. 34. Na impossibilidade da posse de qualquer dos eleitos na data estabelecida, por fato superveniente à eleição, observar-se-á o seguinte:

I – se a impossibilidade for de caráter temporário, dar--se-á posse, na data marcada, ao eleito presente, e, ao remanescente, em data oportuna;

II – se a impossibilidade for de natureza definitiva e do eleito Presidente, proceder-se-á nova eleição para ambos os cargos de direção; se do eleito Vice-Presidente, a eleição será para esse cargo.

▸ Incisos I e II com redação pela ER 7/2024.

Art. 35. Faculta-se ao Ministro impossibilitado de comparecer à sessão em que serão eleitos os novos exercentes de cargos de direção do Tribunal o envio de carta ao Presidente do Tribunal, acompanhada dos votos para Presidente e Vice-Presidente, em invólucros lacrados e rubricados, individualizados por cargo de direção, para posterior depósito na urna na presença dos demais Ministros do Tribunal.

▸ *Caput* com redação pela ER 7/2024.

Art. 36. O Presidente, o Vice-Presidente e o Corregedor Geral, ao concluírem os seus mandatos, deverão integrar a Turma em que houver vacância, segundo sua escolha, respeitada a respectiva antiguidade no Tribunal.

▸ *Caput* com redação pela ER 7/2024.

I e II. Revogados pela ER 7/2024.

Art. 37. O Ministro que exerceu cargo de Presidente do Tribunal Superior do Trabalho não poderá desempenhar outro cargo ou função administrativa no âmbito do Tribunal ou da Escola Nacional de Formação e Aperfeiçoamento de Magistrados do Trabalho (ENAMAT), salvo na Presidência de Turma.

▸ Artigo com redação pela ER 7/2024.

Art. 38. Os Ministros não poderão exercer mais de um cargo de direção cumulativamente, exceto nas hipóteses previstas no art. 15 deste Regimento e nos casos previstos em lei.

CAPÍTULO II
DA PRESIDÊNCIA E DA VICE-PRESIDÊNCIA

Seção I
Das disposições gerais

Art. 39. O Presidente do Tribunal desempenhará as atribuições do cargo com a colaboração do Vice--Presidente.

Seção II
Do Núcleo de Gerenciamento
de Precedentes – NUGEP

Art. 40. O Núcleo de Gerenciamento de Precedentes (NUGEP) funcionará subordinado administrativamente à Presidência como unidade permanente, dividindo--se em:

I – Seção de Gerenciamento de Recursos Repetitivos, coordenada pela Presidência do Tribunal Superior do Trabalho (NUGEP-SP);

II – Seção de Gerenciamento de Recursos Extraordinários Trabalhistas em Repercussão Geral, coordenada pela Vice-Presidência do Tribunal Superior do Trabalho (NUGEP-SVP).

Parágrafo único. A competência, a composição e o funcionamento do Núcleo de Gerenciamento de Precedentes (NUGEP) serão disciplinados em Resolução Administrativa, editada nos termos deste Regimento.

Seção III
Das atribuições do presidente

Art. 41. Compete ao Presidente do Tribunal, além de outras atribuições previstas na Constituição da República, em lei ou neste Regimento:

I – representar o Tribunal perante os Poderes Públicos e demais autoridades, incumbindo-lhe, no exercício da

representação, observar fielmente as diretrizes estabelecidas pelo Órgão Especial;

II - corresponder-se, em nome do Tribunal, com quaisquer autoridades, observada a hierarquia de funções;

III - encaminhar ao Presidente da República as listas para provimento de vaga de Ministro do Tribunal;

IV - enviar ao Congresso Nacional, após aprovação pelo Órgão Especial, projetos de lei de interesse da Justiça do Trabalho em matéria de sua competência constitucional;

V - submeter ao Tribunal de Contas da União, na forma da lei, a tomada de contas do Tribunal Superior do Trabalho;

VI - solicitar aos órgãos fazendários a liberação do numerário correspondente às dotações orçamentárias da Justiça do Trabalho;

VII - editar, no início das atividades judiciárias de cada ano, o ato de composição do Tribunal e dos órgãos judicantes, cabendo-lhe, ainda, dar-lhe publicidade, quando renovada a direção da Corte ou alterada sua composição;

VIII - apresentar ao Órgão Especial, anualmente, na segunda quinzena do mês seguinte ao término de cada ano de seu mandato, a resenha dos trabalhos realizados no ano anterior e, até 30 de junho, o Relatório Geral da Justiça do Trabalho;

IX - dar publicidade, mensalmente, no órgão oficial, dos dados estatísticos relativos às atividades jurisdicionais do Tribunal e dos Ministros;

X - zelar pelas prerrogativas e pela imagem pública do Tribunal e dos Ministros e pelo bom funcionamento da Corte e dos órgãos da Justiça do Trabalho, expedindo atos, portarias, ordens e instruções, adotando as providências necessárias ao seu cumprimento;

XI - praticar, *ad referendum* do Tribunal Pleno ou do Órgão Especial, os atos reputados urgentes;

XII - editar os atos indispensáveis à disciplina dos serviços e à polícia do Tribunal, determinando as providências atinentes ao resguardo da disciplina, da ordem e da integridade universal da Corte, na sede ou nas dependências, requisitando, quando necessário, o auxílio de outras autoridades;

XIII - manter a ordem nas sessões, podendo mandar retirar os que a perturbarem e os que faltarem com o devido respeito, e mandar prender os desobedientes, fazendo lavrar o respectivo auto;

XIV - instaurar inquérito quando caracterizada infração de lei penal na sede ou nas dependências do Tribunal;

XV - comunicar ao órgão competente do Ministério Público a ocorrência de desobediência a ordem emanada do Tribunal ou de seus Ministros, encaminhando os elementos de que dispuser para a propositura de ação penal;

XVI - impor aos servidores penas disciplinares de demissão, cassação de aposentadoria ou disponibilidade e decidir os recursos interpostos das penalidades que forem aplicadas pelo Diretor-Geral da Secretaria do Tribunal Superior do Trabalho;

XVII - dar posse a Ministro durante as férias coletivas e feriado forense;

XVIII - dar posse ao Diretor-Geral da Secretaria do Tribunal Superior do Trabalho, ao Secretário-Geral Judiciário e ao Secretário-Geral da Presidência e designar seus respectivos substitutos;

XIX - nomear os servidores para os cargos em comissão e designar os servidores para o exercício de funções comissionadas nos gabinetes de Ministro;

XX - conceder licença e férias ao Diretor-Geral da Secretaria do Tribunal Superior do Trabalho, ao Secretário-Geral da Presidência, ao Secretário-Geral Judiciário e aos servidores de seu gabinete;

XXI - expedir atos concernentes às relações jurídico-funcionais dos Ministros e servidores e decidir seus requerimentos sobre assuntos de natureza administrativa, nos termos deste Regimento;

XXII - movimentar os recursos orçamentários e financeiros à disposição do Tribunal, autorizar despesas e expedir ordens de pagamento, observadas as normas legais específicas;

XXIII - autorizar e homologar as licitações, adjudicando seu objeto, e autorizar as contratações diretas, por dispensa ou inexigibilidade de licitação, bem assim anular ou revogar, total ou parcialmente, procedimentos licitatórios, e decidir, em grau de recurso, as questões suscitadas nos processos licitatórios;

▶ Inciso XXIII com redação pela ER 7/2024.

XXIV - conceder diárias e ajuda de custo, observados os critérios estabelecidos pelo Órgão Especial;

XXV - determinar a distribuição dos processos, segundo as regras regimentais e resoluções administrativas, aos Ministros do Tribunal, e dirimir as controvérsias referentes à distribuição;

XXVI - despachar as desistências dos recursos e das ações, quando se referirem a processo pendente de distribuição na Corte, bem como os demais incidentes processuais suscitados;

XXVII - designar as sessões ordinárias e extraordinárias do Tribunal Pleno, do Órgão Especial e das Seções Especializadas, podendo convocar, durante as férias coletivas, com antecedência de 48 (quarenta e oito) horas, sessões extraordinárias para julgamento de dissídio coletivo, mandado de segurança e ação declaratória alusiva à greve ou a situação de relevante interesse público que requeiram apreciação urgente;

XXVIII - dirigir os trabalhos do Tribunal e presidir as sessões do Tribunal Pleno, do Órgão Especial e das Seções Especializadas;

XXIX - decidir sobre pedidos de efeito suspensivo, de suspensão de segurança e de suspensão de decisão proferida em tutelas provisórias, de que tratam os arts. 309 e 311 deste Regimento, bem assim expedir as cartas previstas em lei;

XXX - decidir, durante o recesso forense, as férias coletivas e os feriados, os pedidos de liminar em mandado de segurança, em tutelas provisórias de urgência e outras medidas que reclamem urgência;

XXXI - delegar ao Vice-Presidente, ao Corregedor-Geral da Justiça do Trabalho ou a Ministros da Corte atribuições as quais esteja impossibilitado de cumprir ou que a conveniência administrativa recomende a delegação;

XXXII - delegar ao Secretário-Geral da Presidência, ao Diretor-Geral da Secretaria ou ao Secretário-Geral Judiciário, respeitado o disposto no inciso anterior, atribuições para a prática de atos judiciários e administrativos, quando a conveniência administrativa recomendar;

XXXIII - praticar os demais atos de gestão necessários ao funcionamento dos serviços, encaminhando ao Órgão Especial as questões de caráter relevante, que poderão ser relatadas pelo Presidente ou distribuídas por sorteio para relatoria de integrante do órgão colegiado;

XXXIV - nomear, promover, demitir, exonerar e conceder aposentadoria a servidores do Tribunal, bem como pensão aos beneficiários de Ministro ou servidor;

XXXV - decidir sobre cessão de servidores do Tribunal, observado o disposto em ato normativo do Órgão Especial, bem como sobre requisição de servidores de outros órgãos;

XXXVI - excepcionalmente, convocar audiência pública, de ofício ou a requerimento de cada uma das Seções Especializadas ou de suas Subseções, pela maioria de seus integrantes, para ouvir o depoimento de pessoas com experiência e autoridade em determinada matéria, sempre que entender necessário o esclarecimento de questões ou circunstâncias de fato, subjacentes a dissídio de grande repercussão social ou econômica, pendente de julgamento no âmbito do Tribunal;

XXXVII - decidir, de forma irrecorrível, sobre a manifestação de terceiros, subscrita por procurador habilitado, em audiências públicas, quando as convocar;

XXXVIII - submeter proposta de afetação de incidente de recursos repetitivos, de assunção de competência e de resolução de demandas repetitivas ao Tribunal Pleno;

▶ Inciso XXXVIII com redação pela ER 7/2024.

XXXIX - oficiar aos Presidentes dos Tribunais Regionais do Trabalho para que suspendam os recursos interpostos em casos idênticos aos afetados como recursos repetitivos, até o pronunciamento definitivo do Tribunal Superior do Trabalho, quando houver determinação do relator nesse sentido;

XL - realizar a admissibilidade prévia dos recursos de revista e agravos de instrumento e poderá denegar-lhes seguimento quando inadmissíveis, prejudicados ou que não tiverem impugnado especificamente todos os fundamentos da decisão recorrida e quando se tratar de hipóteses de intempestividade, deserção, falta de alçada, irregularidade da representação e descumprimento dos incisos do § 1º-A do art. 896 da CLT;

▶ Inciso XL com redação pela ER 6/2024.

XLI - determinar a devolução ao tribunal de origem dos recursos fundados em controvérsia idêntica àquela já submetida ao rito de julgamento de casos repetitivos para que o órgão que proferiu a decisão recorrida exerça o juízo de retratação. Se não houver a retratação, os autos serão remetidos, se for o caso, ao Tribunal Superior do Trabalho para a sua regular tramitação;

XLII - definir os procedimentos adotados nas secretarias do Tribunal Pleno, do Órgão Especial, das Seções Especializadas e das Turmas do Tribunal relativos à tramitação processual.

▶ Inciso XLII acrescido pelo Ato Regimental 1/2020.

XLIII - determinar providências necessárias à melhoria da gestão dos dados e do acervo de processos de ações coletivas;

XLIV - entender-se com outras autoridades ou instituições sobre os demais assuntos pertinentes às atribuições previstas no art. 63-D do Regimento Interno;

XLV - despachar, antes da distribuição, em recursos indicados pelos Tribunais de origem como representativos da controvérsia; XLVI - decidir, antes da distribuição, os requerimentos de suspensão de todos os processos individuais ou coletivos em curso no território nacional que versem sobre a questão objeto de incidente de resolução de demandas repetitivas em tramitação;

XLVII - indicar recurso representativo da controvérsia, dentre aqueles ainda não distribuídos, submetendo-o ao Tribunal Pleno para fins de afetação de IRR, IAC ou IRDR, inclusive mediante reafirmação de jurisprudência;

XLVIII - determinar a distribuição, por prevenção, quando identificar recurso em incidente de resolução de demandas repetitivas ou incidente de assunção de competência, em matéria idêntica ou conexa de recurso já distribuído, originário de decisão de outro Tribunal Regional do Trabalho em IRDR ou IAC.

▶ Incisos XLIII a XLVIII acrescidos pela ER 7/2024.

Parágrafo único. Para fim do que dispõe o inciso XXXIII, qualquer matéria deverá ser submetida ao exame do Órgão Especial, desde que o requeiram 10 (dez) dos Ministros que integram o Tribunal.

Seção IV
Da vice-presidência

Art. 42. Compete ao Vice-Presidente:

I - substituir o Presidente nas férias, ausências e impedimentos;

▶ Inciso I com redação pela ER 7/2024.

II - cumprir as delegações do Presidente;

III - designar e presidir audiências de conciliação e instrução de dissídio coletivo de competência originária do Tribunal;

IV - exercer o juízo de admissibilidade dos recursos extraordinários;

V - examinar os incidentes surgidos após a interposição de recurso extraordinário;

VI - apreciar pedido de tutela provisória incidental a recurso extraordinário;

VII - julgar os agravos internos interpostos contra decisões que denegam seguimento a recurso extraordinário por ausência de repercussão geral da questão constitucional debatida.

Art. 43. O Vice-Presidente participa das sessões dos órgãos judicantes do Tribunal, exceto de Turma, e não concorre à distribuição de processos.

CAPÍTULO III
DA CORREGEDORIA-GERAL DA JUSTIÇA DO TRABALHO

Seção I
Das Disposições Gerais

▶ Título da seção I revogado pela ER 7/2024.

Art. 44. O Corregedor-Geral da Justiça do Trabalho será eleito para mandato de 2 (dois) anos, entre a primeira quinta parte dos Ministros mais antigos, excluído aquele que tenha exercido o cargo de Presidente, mediante escrutínio secreto e pelo voto da maioria absoluta dos seus integrantes, na mesma sessão extraordinária em que forem eleitos o Presidente e o Vice-Presidente e tomará posse em sessão solene, na mesma data de ambos.

▶ Artigo com redação pela ER 7/2024.

Parágrafo único. Aplicam-se à eleição do Corregedor-Geral da Justiça do Trabalho as normas constantes dos arts. 30 a 35 deste Regimento.

▶ Parágrafo único acrescido pela ER 7/2024.
▶ Seção II revogada pela ER 7/2024.

Art. 45. O Corregedor-Geral da Justiça do Trabalho exercerá, no Conselho Superior da Justiça do Trabalho, as atribuições que lhe couberem, na conformidade da lei e do seu Regimento Interno, não concorrerá à distribuição de processos e participará, quando não estiver ausente em função corregedora, das sessões dos órgãos judicantes da Corte, exceto de Turmas, com direito a voto.

▶ Artigo com redação pela ER 7/2024.

Art. 46. Revogado pela ER 7/2024.

Art. 47. Revogado pela ER 7/2024.

CAPÍTULO IV
DA POLÍCIA DO TRIBUNAL

Art. 48. O Presidente, no exercício das atribuições referentes à Polícia do Tribunal, determinará as providências atinentes ao resguardo da disciplina, da ordem e da integridade universal da Corte, na sede ou nas dependências.

Parágrafo único. No desempenho dessa atribuição, o Presidente poderá implantar sistema informatizado de controle de acesso às dependências do Tribunal e requisitar, quando necessário, o auxílio de outras autoridades.

Art. 49. Ocorrendo infração de lei penal na sede, ou nas dependências do Tribunal, o Presidente instaurará inquérito, podendo delegar essa atribuição a Ministro da Corte.

Parágrafo único. Nos demais casos, o Presidente poderá proceder na forma deste artigo ou requisitar a instauração de inquérito à autoridade competente.

Art. 50. A polícia das sessões e das audiências compete ao seu Presidente.

CAPÍTULO V
DA REPRESENTAÇÃO POR DESOBEDIÊNCIA OU DESACATO

Art. 51. Na hipótese de desobediência a ordem emanada do Tribunal ou de seus Ministros, no exercício da função, ou desacato ao Tribunal ou a seus Ministros, o Presidente comunicará o fato ao órgão competente do Ministério Público, provendo-o dos elementos de que dispuser para a propositura da ação penal.

Parágrafo único. Decorrido o prazo de 30 (trinta) dias, sem que tenha sido instaurada a ação penal, o Presidente dará ciência ao Tribunal, em segredo de justiça, para as providências que julgar necessárias.

CAPÍTULO VI
DA ORDEM DO MÉRITO JUDICIÁRIO DO TRABALHO

Art. 52. A Ordem do Mérito Judiciário do Trabalho, administrada por seu respectivo Conselho, é regida por regulamento próprio, aprovado pelo Órgão Especial, no qual é definida a sua organização, administração e composição.

CAPÍTULO VII
DAS COMISSÕES

Seção I
Das disposições gerais

Art. 53. As comissões permanentes colaboram no desempenho dos encargos do Tribunal e são compostas por Ministros eleitos pelo Órgão Especial na primeira sessão subsequente à posse dos membros da direção.

§ 1º Não integram comissões permanentes os Ministros exercentes dos cargos de direção do Tribunal, o Diretor e o Vice-Diretor da Escola Nacional de Formação e Aperfeiçoamento de Magistrados do Trabalho – ENAMAT.

§ 2º A Presidência das comissões permanentes caberá ao Ministro mais antigo que as compuser.

§ 3º Observado o disposto no § 1.º deste artigo, cada Ministro poderá ser eleito membro titular de uma mesma comissão permanente para um período, admitida sua reeleição para o mandato imediatamente seguinte.

Art. 54. Para atender a finalidades específicas, poderão ser instituídas pelo Órgão Especial comissões temporárias, que serão extintas quando cumprido o fim a que se destinavam.

Art. 55. São comissões permanentes:

I – Comissão de Regimento Interno;

II – Comissão de Jurisprudência e de Precedentes Normativos;

III – Comissão de Documentação e Memória.
 ▸ Inciso III com redação pela ER 1/2020.

IV – Comissão de Acessibilidade, Diversidade e Inclusão.
 ▸ Inciso IV com redação pela ER 4/2022.

V – Comissão Gestora de Precedentes.
 ▸ Incisos V acrescido pela ER 7/2024.

Art. 56. As comissões, permanentes ou temporárias, poderão:

I – sugerir ao Presidente do Tribunal normas de serviço relativas à matéria de sua competência;

II – manter entendimento com outras autoridades ou instituições, relativamente a assuntos de sua competência, mediante delegação do Presidente do Tribunal.

Art. 56-A. Em caso de afastamento definitivo de membro titular de comissão permanente, ocupará a vaga o respectivo suplente, durante o período rema-

nescente do mandato do sucedido, procedendo-se à eleição de novo suplente.
 ▸ Artigo acrescido pelo Ato Regimental 1/2020.

Art. 56-B. As Comissões permanentes contarão com estrutura de apoio adequada ao cumprimento de suas atribuições.

Parágrafo único. As Comissões permanentes realizarão reunião mensal ordinária, e extraordinária, quando necessário, para o atendimento adequado de suas atribuições e registrará em ata as deliberações, propostas, pareceres e demais elementos pertinentes.
 ▸ Art. 56-B acrescido pela ER 7/2024.

Seção II
Da comissão de regimento interno

Art. 57. A Comissão de Regimento Interno é formada por 3 (três) Ministros titulares e um suplente, designados pelo Órgão Especial, recaindo a escolha, preferencialmente, sobre os membros mais antigos da Corte, excluídos os que exercem cargo de direção do Tribunal, o Diretor e o Vice-Diretor da Escola Nacional de Formação e Aperfeiçoamento de Magistrados do Trabalho – ENAMAT.

Art. 58. À Comissão de Regimento Interno cabe:

I – zelar pela atualização do Regimento, propondo emendas ao texto em vigor, bem assim emitir parecer sobre as propostas de iniciativa dos membros da Corte para alteração, criação ou cancelamento de artigos;

II – opinar em processo administrativo que envolva matéria regimental, por solicitação do Presidente do Tribunal, do Tribunal Pleno ou do Órgão Especial;

III – opinar, quando solicitado, sobre propostas de edição de resoluções, instruções normativas e resoluções administrativas.
 ▸ Inciso III com redação pela ER 1/2020.

Parágrafo único. O parecer sobre propostas de alteração, criação ou cancelamento de artigos do Regimento Interno e dos atos normativos a que se referem os incisos I e III deste artigo deverá ser encaminhado pela Comissão no prazo de 30 (trinta) dias ao Presidente, o qual a submeterá ao Tribunal Pleno.

Seção III
Da comissão de jurisprudência e de precedentes normativos

Art. 59. A Comissão de Jurisprudência e de Precedentes Normativos é composta por 3 (três) Ministros titulares e um suplente, designados pelo Órgão Especial, excluídos os titulares que integram outras comissões permanentes, os membros de direção do Tribunal, o Diretor e o Vice-Diretor da Escola Nacional de Formação e Aperfeiçoamento de Magistrados do Trabalho – ENAMAT.

Art. 60. À Comissão de Jurisprudência e de Precedentes Normativos cabe:

I – zelar pela expansão, atualização e publicação da jurisprudência do Tribunal;

II – supervisionar o serviço de sistematização da jurisprudência do Tribunal, determinando medidas atinentes à seleção e ao registro dos temas para fim de pesquisa, bem como administrar a base de dados informatizada de jurisprudência, sugerindo ao Presidente as medidas necessárias ao seu aperfeiçoamento;

III – propor a edição, a revisão ou o cancelamento de súmula, de orientação jurisprudencial e de precedente normativo;

IV – inserir as orientações jurisprudenciais das seções do Tribunal que retratem a jurisprudência pacificada da Corte, indicando os precedentes que a espelham;

V – manter a seleção dos repertórios idôneos de divulgação dos julgados da Justiça do Trabalho;

VI – *Revogado pelo Ato Regimental 2/2021.*

VII – nos termos do art. 171 deste Regimento, receber as propostas de edição, revisão ou cancelamento de súmula, de orientação jurisprudencial e de precedente normativo do Tribunal Superior do Trabalho e sobre elas emitir parecer no prazo de 30 (trinta) dias.

Art. 61. Revogado pela ER 7/2024.

Seção IV
Da Comissão de Documentação e Memória
 ▸ Epígrafe com redação pela ER 1/2020.

Art. 62. A Comissão de Documentação e Memória é constituída de 3 (três) Ministros titulares e um suplente, designados pelo Órgão Especial, excluídos os titulares das demais comissões, os membros de direção do Tribunal, o Diretor e o Vice-Diretor da Escola Nacional de Formação e Aperfeiçoamento de Magistrados do Trabalho – ENAMAT.
 ▸ Atigo com redação pela ER 1/2020.

Art. 63. À Comissão de Documentação e Memória cabe:
 ▸ *Caput* com redação pela ER 1/2020.

I – publicar a Revista do Tribunal, destinada à divulgação de trabalhos doutrinários e jurisprudenciais e ao registro de atos públicos de interesse da Justiça do Trabalho;

II – supervisionar a administração da biblioteca do Tribunal, sugerindo ao Presidente as medidas necessárias ao seu aperfeiçoamento, bem como opinar sobre a aquisição de livros;

III – supervisionar o "Memorial da Justiça do Trabalho e do TST" existente no Tribunal, sugerindo ao Presidente as medidas necessárias ao seu aperfeiçoamento e manutenção, com inserção de documentos, peças e objetos reputados de especial valor histórico;

IV – propor a política de gestão documental do Tribunal, opinando sobre a manutenção do acervo, modernização e automatização da Coordenadoria de Gestão Documental e Memória;

V – propor alterações na Tabela de Temporalidade e no Plano de Classificação dos processos judiciais e documentos;

VI – manifestar-se, anualmente, sobre o Termo de Eliminação dos processos judiciais encaminhado pela Coordenadoria de Gestão Documental e Memória, determinando a publicação do documento na Imprensa Oficial, caso aprovado;

VII – acompanhar os procedimentos de eliminação dos documentos constantes do Termo aludido no inciso VI deste artigo;

VIII – manter, na Coordenadoria de Gestão Documental e Memória, serviço de documentação para recolher elementos que sirvam de subsídio à história do Tribunal e da Justiça do Trabalho e organizar e disponibilizar dados biográficos dos Ministros do TST;

IX – orientar a biblioteca na divulgação, para os Ministros e seus gabinetes, do acervo bibliográfico, e na atualização legislativa e jurisprudencial de interesse da Justiça do Trabalho;

X – efetivar o registro e o controle dos repositórios autorizados à publicação da jurisprudência da Corte, previstos no parágrafo único do art. 183;

XI – supervisionar a documentação publicada pelo Tribunal na rede mundial de computadores e providenciar a renovação dos conteúdos do sítio do Tribunal;

XII – selecionar os acórdãos a serem encaminhados para publicação em periódicos autorizados, inclusive entre aqueles eventualmente encaminhados pelos gabinetes;
 ▸ Inciso XII com redação pela ER 7/2024.

XIII – manter na biblioteca pastas individuais contendo dados da produção bibliográficados Ministros do TST.

Seção V
Da Comissão de Acessibilidade, Diversidade e Inclusão
 ▸ Seção renomeada pela ER 4/2022.

Art. 63-A. A Comissão de Acessibilidade, Diversidade e Inclusão é constituída de 3 (três) Ministros titulares e um suplente, designados pelo Órgão Especial, excluídos os titulares das demais comissões, os membros de direção do Tribunal, o Corregedor-Geral da Justiça do Trabalho, o Diretor e o Vice-Diretor da Escola Nacional de Formação e Aperfeiçoamento de Magistrados do Trabalho – ENAMAT." (NR)
 ▸ Artigo com redação pela ER 7/2024.

Art. 63-B. Incumbe à Comissão de Acessibilidade, Diversidade e Inclusão, no âmbito do Tribunal Superior do Trabalho:
 ▸ Artigo com redação pela ER 7/2024.

I – propor, orientar e acompanhar as ações de acessibilidade e inclusão voltadas à eliminação de quaisquer formas de discriminação e à remoção de barreiras de qualquer natureza que dificultem o acesso autônomo e seguro às instalações e aos serviços do órgão por pessoas com deficiência ou mobilidade reduzida;

II – propor, orientar e acompanhar políticas afirmativas e de combate à discriminação, e sugerir à Presidência do Tribunal a edição ou alteração de normas e orientações que disponham, parcial ou integralmente, sobre matéria da área de atuação da Comissão; e III - aprovar relatório anual de ações realizadas, acerca da promoção da acessibilidade, diversidade e inclusão.

Seção VI
Da Comissão Gestora de Precedentes
 ▸ Seção acrescida pela ER 7/2024.

Art. 63-C. A Comissão Gestora de Precedentes é composta por 3 (três) Ministros titulares e um suplente, e será obrigatoriamente presidida pelo Presidente do

Tribunal Superior do Trabalho, designados os demais membros pelo Órgão Especial.

Art. 63-D. À Comissão Gestora de Precedentes cabe:

I – supervisionar os trabalhos do Núcleo de Gerenciamento de Precedentes - NUGEP, em especial no relacionados à gestão dos casos repetitivos e dos incidentes de assunção de competência, bem como ao controle e ao acompanhamento de processos sobrestados na Corte em razão de decisão de sobrestamento proferida no Supremo Tribunal Federal ou no Tribunal Superior do Trabalho sob a sistemática de produção de precedentes qualificados obrigatórios;

II – sugerir ao Presidente do Tribunal medidas para o aperfeiçoamento da formação e da divulgação dos precedentes qualificados, conforme disposto no Código de Processo Civil;

III – sugerir aos Presidentes do Tribunal e das Turmas medidas destinadas a ampliar a afetação de processos aos ritos dos recursos repetitivos e da assunção de competência;

IV – desenvolver trabalho de inteligência, em conjunto com os Conselhos Nacional de Justiça e Superior da Justiça do Trabalho e com os Tribunais Regionais do Trabalho, a fim de identificar matérias com potencial de repetitividade ou com relevante questão de direito, de grande repercussão econômica ou social, aptas a serem submetidas ao Tribunal Superior do Trabalho sob a sistemática dos recursos repetitivos e de assunção de competência;

V – acompanhar, inclusive antes da distribuição, os processos que possuam matéria com potencial de repetitividade ou com relevante questão de direito, de grande repercussão econômica ou social, a fim de propor ao Presidente do Tribunal medidas para a racionalização dos julgamentos desta Corte por meio de definições de teses jurídicas em recursos repetitivos ou em assunção de competência;

VI – deliberar sobre questões que excedam a esfera de competência administrativa do Núcleo de Gerenciamento de Precedentes, além de outras atribuições referentes a casos repetitivos e a incidentes de assunção de competência.

▸ Arts. 63-C e 63-D acrescidos pela ER 7/2024.

TÍTULO III
DA ORGANIZAÇÃO E DA COMPETÊNCIA

CAPÍTULO I
DA ORGANIZAÇÃO

Art. 64. O Tribunal funciona em sua composição plena ou dividido em Órgão Especial, Seções, Subseções Especializadas e Turmas.

Art. 65. São órgãos do Tribunal Superior do Trabalho:

I - Tribunal Pleno;

II – Órgão Especial;

III – Seção Especializada em Dissídios Coletivos;

IV – Seção Especializada em Dissídios Individuais, dividida em duas subseções;

V – Turmas.

Parágrafo único. São órgãos que funcionam junto ao Tribunal Superior do Trabalho:

I - Escola Nacional de Formação e Aperfeiçoamento de Magistrados do Trabalho (ENAMAT);

II – Conselho Superior da Justiça do Trabalho (CSJT);

III – Centro de Formação e Aperfeiçoamento de Assessores e Servidores do Tribunal Superior do Trabalho (CEFAST);

IV – Ouvidoria.

Art. 66. Para a composição dos órgãos judicantes do Tribunal, respeitados os critérios de antiguidade e os estabelecidos neste capítulo, os Ministros poderão escolher a Seção Especializada e a Turma que desejarem integrar, podendo exercer o direito de permuta, salvo os Presidentes de Turma, que, para fazê-lo, deverão previamente renunciar à Presidência do órgão colegiado.

Parágrafo único. Cada Ministro comporá apenas uma Seção Especializada.

Art. 67. O Ministro empossado integrará os órgãos do Tribunal onde ocorreu a vaga ou ocupará aquela resultante da transferência de Ministro, autorizada pelo art. 66 deste Regimento.

Art. 68. O Tribunal Pleno é constituído pela totalidade dos Ministros que integram a Corte.

§ 1º Para o funcionamento do Tribunal Pleno é exigida a presença de, no mínimo, 14 (quatorze) Ministros, sendo necessária a maioria absoluta para deliberar sobre:

I – escolha dos nomes que integrarão a lista tríplice destinada à vaga de Ministro do Tribunal, observado o disposto no art. 4.º, § 2.º, II, deste Regimento;

II – aprovação de Emenda Regimental;

III – eleição dos Ministros para os cargos de direção do Tribunal;

IV – edição, revisão ou cancelamento de súmula, de orientação jurisprudencial e de precedente normativo;

V – declaração de inconstitucionalidade de lei ou de ato normativo do Poder Público.

§ 2º Será tomada por 2/3 (dois terços) dos votos dos Ministros que compõem o Tribunal Pleno a deliberação preliminar referente à existência de relevante interesse público que fundamenta a proposta de edição, revisão ou cancelamento de súmula, orientação jurisprudencial e precedente normativo.

▸ § 2º com redação pela ER 7/2024.

Art. 69. O Órgão Especial é composto por 14 (quatorze) membros, sendo 7 (sete) por antiguidade e 7 (sete) por eleição, e 3 (três) suplentes.

§ 1º Integram o Órgão Especial o Presidente e o Vice-Presidente do Tribunal, o Corregedor-Geral da Justiça do Trabalho, juntamente com os demais Ministros mais antigos e eleitos.

§ 2º Caso seja eleito para cargo de direção do Tribunal Ministro que não figure dentre os 7 (sete) mais antigos aptos a integrar o Órgão Especial, será ele considerado eleito para integrá-lo, promovendo-se a eleição prevista no *caput* deste artigo, por escrutínio secreto, apenas para os cargos remanescentes.

§ 3º O *quorum* para funcionamento do Órgão Especial é de 8 (oito) Ministros, mas, para deliberar sobre disponibilidade ou aposentadoria de Magistrado, exige-se a presença e votação convergente da maioria absoluta.

§ 4º Para recompor o *quorum* em virtude da ausência de Ministro integrante da metade mais antiga, será convocado o Ministro que o suceder na ordem de antiguidade. No caso de não comparecimento de Ministro que compõe a metade eleita, a convocação recairá sobre qualquer dos suplentes.

Art. 70. Integram a Seção Especializada em Dissídios Coletivos o Presidente e o Vice-Presidente do Tribunal, o Corregedor-Geral da Justiça do Trabalho e mais 6 (seis) Ministros.

Parágrafo único. O *quorum* para o funcionamento da Seção Especializada em Dissídios Coletivos é de 5 (cinco) Ministros, sendo que, na falta de *quorum*, deve ser convocado Ministro para substituir o ausente, preferencialmente da sua mesma Turma.

Art. 71. A Seção Especializada em Dissídios Individuais é composta de 21 (vinte e um) Ministros, sendo o Presidente e o Vice-Presidente do Tribunal, o Corregedor-Geral da Justiça do Trabalho e mais 18 (dezoito) Ministros, e funciona em composição plena ou dividida em duas subseções para julgamento dos processos de sua competência.

§ 1º O *quorum* exigido para o funcionamento da Seção Especializada em Dissídios Individuais plena é de 11 (onze) Ministros, mas as deliberações só poderão ocorrer pelo voto da maioria absoluta dos integrantes da Seção.

§ 2º Integram a Subseção I da Seção Especializada em Dissídios Individuais 14 (quatorze) Ministros, sendo o Presidente e o Vice-Presidente do Tribunal, o Corregedor-Geral da Justiça do Trabalho e mais 11 (onze) Ministros, preferencialmente os Presidentes de Turma, exigida a presença de, no mínimo, 8 (oito) Ministros para o seu funcionamento, sendo que, na falta de *quorum*, deve ser convocado Ministro para substituir o ausente, preferencialmente da sua mesma Turma.

§ 3º Haverá pelo menos 1 (um) e no máximo 2 (dois) integrantes de cada Turma na composição da Subseção I da Seção Especializada em Dissídios Individuais.

§ 4º Integram a Subseção II da Seção Especializada em Dissídios Individuais 10 (dez) Ministros, sendo o Presidente e o Vice-Presidente do Tribunal, o Corregedor-Geral da Justiça do Trabalho e mais 7 (sete) Ministros, exigida a presença de, no mínimo, 6 (seis) Ministros para o seu funcionamento, sendo que, na falta de *quorum*, deve ser convocado Ministro para substituir o ausente, preferencialmente da sua mesma Turma.

Art. 72. As decisões do Órgão Especial, das Seções e Subseções Especializadas que se inclinarem por contrariar súmula, orientação jurisprudencial e precedente normativo ou decisões reiteradas de 5 (cinco) ou mais Turmas do Tribunal sobre tema de natureza material ou processual serão suspensas, e os autos encaminhados ao Tribunal Pleno,

para deliberação sobre a questão controvertida, mantido o relator ao órgão fracionário.

Art. 73. As Turmas são constituídas, cada uma, por 3 (três) Ministros, sendo presididas de acordo com os critérios estabelecidos pelos arts. 91 e 92 deste Regimento.

Parágrafo único. Para os julgamentos nas Turmas é necessária a presença de 3 (três) Magistrados.

CAPÍTULO II
DA COMPETÊNCIA

Seção I
Das disposições gerais

Art. 74. Compete ao Tribunal Superior do Trabalho processar, conciliar e julgar, na forma da lei, em grau originário ou recursal ordinário ou extraordinário, as demandas individuais e os dissídios coletivos que excedam a jurisdição dos Tribunais Regionais, os conflitos de direito sindical, assim como outras controvérsias decorrentes de relação de trabalho, e os litígios relativos ao cumprimento de suas próprias decisões, de laudos arbitrais e de convenções e acordos coletivos.

Seção II
Da competência do tribunal pleno

Art. 75. Compete ao Tribunal Pleno:

I – eleger, por escrutínio secreto, o Presidente e o Vice-Presidente do Tribunal Superior do Trabalho, o Corregedor-Geral da Justiça do Trabalho, os 7 (sete) Ministros para integrar o Órgão Especial, o Diretor, o Vice-Diretor e os membros do Conselho Consultivo da Escola Nacional de Formação e Aperfeiçoamento de Magistrados do Trabalho (ENAMAT), o diretor e os membros do Centro de Formação e Aperfeiçoamento de Assessores e Servidores do Tribunal Superior do Trabalho (CEFAST); os Ministros membros do Conselho Superior da Justiça do Trabalho (CSJT) e respectivos suplentes, os membros do Conselho Nacional de Justiça (CNJ) e o Ministro Ouvidor e seu substituto;

II – dar posse aos membros eleitos para os cargos de direção do Tribunal Superior do Trabalho, aos Ministros nomeados para o Tribunal, aos membros da direção e do Conselho Consultivo da Escola Nacional de Formação e Aperfeiçoamento de Magistrados do Trabalho (ENAMAT) e do Centro de Formação e Aperfeiçoamento de Assessores e Servidores do Tribunal Superior do Trabalho (CEFAST);

III – escolher os integrantes das listas para provimento das vagas de Ministro do Tribunal;

IV – deliberar sobre prorrogação do prazo para a posse no cargo de Ministro do Tribunal Superior do Trabalho e o início do exercício;

V – determinar a disponibilidade ou a aposentadoria de Ministro do Tribunal;

VI – opinar sobre propostas de alterações da legislação trabalhista, inclusive processual, quando entender que deve manifestar-se oficialmente;

VII – estabelecer ou alterar súmulas e outros enunciados de jurisprudência uniforme, observado o disposto no §§ 2º a 6º do art. 174 deste Regimento;

VIII – deliberar sobre a admissão e julgar os incidentes de assunção de competência, os incidentes de resolução de demandas repetitivas e os incidentes de recursos repetitivos, bem como os processos remetidos em conformidade com o art. 72 deste Regimento;

▸ Incisos VII e VIII com redação pela ER 7/2024.

IX – decidir sobre a declaração de inconstitucionalidade de lei ou ato normativo do Poder Público, quando aprovada a arguição pelas Seções Especializadas ou Turmas;

X – aprovar e emendar o Regimento Interno do Tribunal Superior do Trabalho;

XI – processar e julgar as reclamações destinadas à preservação de sua competência e à garantia da autoridade de suas decisões e à observância obrigatória de tese jurídica firmada em decisão com eficácia de precedente judicial de cumprimento obrigatório, por ele proferida.

Seção III
Da competência do órgão especial

Art. 76. Compete ao Órgão Especial:

I – em matéria judiciária:

a) processar e julgar as reclamações destinadas à preservação de sua competência, à garantia da autoridade de suas decisões e à observância obrigatória de tese jurídica firmada em decisão com eficácia de precedente judicial de cumprimento obrigatório, por ele proferida;

b) julgar mandado de segurança impetrado contra atos do Presidente ou de qualquer Ministro do Tribunal, ressalvada a competência das Seções Especializadas;

c) julgar os recursos interpostos contra decisões dos Tribunais Regionais do Trabalho em mandado de segurança de interesse de magistrados e servidores da Justiça do Trabalho;

d) julgar os recursos interpostos contra decisão em matéria de concurso para a Magistratura do Trabalho;

e) julgar os recursos ordinários em agravos internos interpostos contra decisões proferidas em reclamações correcionais ou em pedidos de providências que envolvam impugnação de cálculos de precatórios;

f) julgar os recursos ordinários interpostos contra decisões proferidas em mandado de segurança impetrado contra ato do Presidente de Tribunal Regional em precatório;

g) julgar os recursos ordinários interpostos contra decisões proferidas em reclamações quando a competência para julgamento do recurso do processo principal for a ele atribuída;

h) Revogada pela ER 7/2024.

i) julgar os agravos internos interpostos contra decisões que denegam seguimento a recurso extraordinário por ausência de repercussão geral da questão constitucional debatida;

j) deliberar sobre as demais matérias jurisdicionais não incluídas na competência dos outros órgãos do Tribunal.

II – em matéria administrativa:

a) proceder à abertura e ao encerramento do semestre judiciário;

b) eleger os membros do Conselho da Ordem do Mérito Judiciário do Trabalho e os das Comissões previstas neste Regimento, com observância, neste último caso, do disposto nos §§ 1.º e 3.º de seu art. 53;

c) aprovar e emendar o Regulamento Geral da Secretaria do Tribunal Superior do Trabalho, o Regulamento da Ordem do Mérito Judiciário do Trabalho, os Estatutos da Escola Nacional de Formação e Aperfeiçoamento de Magistrados do Trabalho (ENAMAT) e do Centro de Formação e Aperfeiçoamento de Assessores e Servidores do Tribunal Superior do Trabalho (CEFAST);

▶ Alínea *c* com redação pela ER 7/2024.

d) propor ao Poder Legislativo, após a deliberação do Conselho Superior da Justiça do Trabalho (CSJT), a criação, extinção ou modificação de Tribunais Regionais do Trabalho e Varas do Trabalho, assim como a alteração de jurisdição e de sede destes;

e) propor ao Poder Legislativo a criação, a extinção e a transformação de cargos e funções públicas e a fixação dos respectivos vencimentos ou gratificações;

f) escolher, mediante escrutínio secreto e pelo voto da maioria absoluta dos seus membros, Desembargador de Tribunal Regional do Trabalho para substituir temporariamente Ministro do Tribunal Superior do Trabalho;

g) aprovar a lista dos admitidos na Ordem do Mérito Judiciário do Trabalho;

h) aprovar a lotação das funções comissionadas do Quadro de Pessoal do Tribunal;

i) conceder licença, férias e outros afastamentos aos membros do Tribunal;

j) fixar e rever as diárias e as ajudas de custo do Presidente, dos Ministros e servidores do Tribunal;

l) designar as comissões temporárias para exame e elaboração de estudo sobre matéria relevante, respeitada a competência das comissões permanentes;

m) aprovar as instruções de concurso para provimento dos cargos de Juiz do Trabalho Substituto;

n) aprovar as instruções dos concursos para provimento dos cargos do Quadro de Pessoal do Tribunal e homologar seu resultado final;

o) julgar os recursos de decisões ou atos do Presidente do Tribunal em matéria administrativa;

p) Revogado pela ER 7/2024.

q) examinar as matérias encaminhadas pelo Conselho Superior da Justiça do Trabalho (CSJT);

r) aprovar a proposta orçamentária da Justiça do Trabalho;

s) julgar os recursos ordinários interpostos contra agravos internos em que tenha sido apreciada decisão de Presidente de Tribunal Regional em precatório;

t) deliberar sobre as questões relevantes e atos normativos a que alude o art. 41, XXXIII e parágrafo único, deste Regimento.

Seção IV
Da competência da Seção Especializada em Dissídios Coletivos (SDC)

Art. 77. À Seção Especializada em Dissídios Coletivos compete:

I – originariamente:

a) julgar os dissídios coletivos de natureza econômica e jurídica, de sua competência, ou rever suas próprias sentenças normativas, nos casos previstos em lei;

b) homologar as conciliações firmadas nos dissídios coletivos;

c) julgar as ações anulatórias de acordos e convenções coletivas;

d) julgar as ações rescisórias propostas contra suas sentenças normativas;

e) julgar os agravos internos contra decisões não definitivas, proferidas pelo Presidente do Tribunal, ou por qualquer dos Ministros integrantes da Seção Especializada em Dissídios Coletivos;

f) julgar os conflitos de competência entre Tribunais Regionais do Trabalho em processos de dissídio coletivo;

g) processar e julgar as tutelas provisórias antecedentes ou incidentes nos processos de dissídio coletivo;

h) processar e julgar as ações em matéria de greve, quando o conflito exceder a jurisdição de Tribunal Regional do Trabalho;

i) processar e julgar as reclamações destinadas à preservação de sua competência e à garantia da autoridade de suas decisões.

II – em última instância, julgar:

a) os recursos ordinários interpostos contra as decisões proferidas pelos Tribunais Regionais do Trabalho em dissídios coletivos de natureza econômica ou jurídica;

b) os recursos ordinários interpostos contra decisões proferidas pelos Tribunais Regionais do Trabalho em ações rescisórias, reclamações e mandados de segurança pertinentes a dissídios coletivos e em ações anulatórias de acordos e convenções coletivas;

c) os embargos infringentes interpostos contra decisão não unânime proferida em processo de dissídio coletivo de sua competência originária, salvo se a decisão embargada estiver em consonância com precedente normativo do Tribunal Superior do Trabalho ou com súmula de sua jurisprudência predominante;

d) os agravos de instrumento interpostos contra decisão denegatória de recurso ordinário nos processos de sua competência.

Seção V
Da competência da seção especializada em dissídios individuais

Art. 78. À Seção Especializada em Dissídios Individuais, em composição plena ou dividida em duas Subseções, compete:

I – em composição plena:

a) julgar, em caráter de urgência e com preferência na pauta, os processos nos quais tenha sido estabelecida, na votação, divergência entre as Subseções I e II da Seção Especializada em Dissídios Individuais, quanto à aplicação de dispositivo de lei federal ou da Constituição da República;

b) processar e julgar as reclamações destinadas à preservação de sua competência, à garantia da autoridade de suas decisões e à observância obrigatória de tese jurídica firmada em decisão com eficácia de precedente judicial de cumprimento obrigatório, por ela proferida.

II – à Subseção I:

a) julgar os embargos interpostos contra decisões divergentes das Turmas, ou destas que divirjam de decisão da Seção de Dissídios Individuais, de súmula ou de orientação jurisprudencial;

b) processar e julgar as reclamações destinadas à preservação de sua competência, à garantia da autoridade de suas decisões e à observância obrigatória de tese jurídica firmada em decisão com eficácia de precedente judicial de cumprimento obrigatório, por ela proferida;

c) julgar os agravos internos interpostos contra decisão monocrática exarada em processos de sua competência ou decorrentes do juízo de admissibilidade da Presidência de Turmas do Tribunal;

d) Revogado pela ER 7/2024.

III – à Subseção II:

a) originariamente:

I – julgar as ações rescisórias propostas contra suas decisões, as da Subseção I e as das Turmas do Tribunal;

II – julgar os mandados de segurança contra os atos praticados pelo Presidente do Tribunal, ou por qualquer dos Ministros integrantes da Seção Especializada em Dissídios Individuais, nos processos de sua competência;

III – julgar os pedidos de concessão de tutelas provisórias e demais medidas de urgência;

IV – julgar os *habeas corpus*;

V – Revogado pela ER 7/2024.

VI – processar e julgar as reclamações destinadas à preservação de sua competência, à garantia da autoridade de suas decisões e à observância obrigatória de tese jurídica firmada em decisão com eficácia de precedente judicial de cumprimento obrigatório, por ela proferida.

b) em única instância:

I – julgar os agravos internos interpostos contra decisão monocrática exarada em processos de sua competência;

II – julgar os conflitos de competência entre Tribunais Regionais e os que envolvam Desembargadores dos Tribunais de Justiça, quando investidos da jurisdição trabalhista, e Juízes do Trabalho em processos de dissídios individuais.

c) em última instância:

I – julgar os recursos ordinários interpostos contra decisões dos Tribunais Regionais em processos de dissídio individual de sua competência originária;

II – julgar os agravos de instrumento interpostos contra decisão denegatória de recurso ordinário em processos de sua competência.

Seção VI
Da competência das turmas

Art. 79. Compete a cada uma das Turmas julgar:

I – as reclamações destinadas à preservação da sua competência e à garantia da autoridade de suas decisões;

II – os recursos de revista interpostos contra decisão dos Tribunais Regionais do Trabalho, nos casos previstos em lei;

III – os agravos de instrumento das decisões de Presidente de Tribunal Regional que denegarem seguimento a recurso de revista;

IV – os agravos internos interpostos contra decisão monocrática exarada em processos de sua competência;

V – os recursos ordinários em tutelas provisórias e as reclamações, quando a competência para julgamento do recurso do processo principal for atribuída a Turma, bem como a tutela provisória requerida em procedimento antecedente de que trata o art. 114 deste Regimento.

Seção VII
Da Escola Nacional de Formação e Aperfeiçoamento de Magistrados do Trabalho – ENAMAT

Art. 80. A Escola Nacional de Formação e Aperfeiçoamento de Magistrados do Trabalho (ENAMAT) é órgão que funciona junto ao Tribunal Superior do Trabalho, com autonomia administrativa e financeira, cabendo-lhe, dentre outras funções, regulamentar os cursos oficiais para o ingresso e promoção na carreira e formação continuada dos Magistrados, na forma dos seus estatutos.

▶ Artigo com redação pela ER 7/2024.

Art. 81. O Diretor, o Vice-Diretor e os membros do Conselho Consultivo da Escola Nacional de Formação e Aperfeiçoamento de Magistrados do Trabalho (ENAMAT) serão eleitos pelo Tribunal Pleno, em escrutínio secreto, para mandato de 2 (dois) anos, permitida uma recondução apenas dos Conselheiros.

▶ *Caput* com redação pela ER 7/2024.

§ 1º Os membros eleitos para os cargos de direção da Escola e os do Conselho Consultivo tomarão posse perante o Tribunal Pleno.

§ 2º O Diretor da Escola Nacional de Formação e Aperfeiçoamento de Magistrados do Trabalho (ENAMAT) receberá 15% (quinze por cento) a menos de processos distribuídos, respeitada a proporção quanto às classes processuais de competência da Turma.

Seção VIII
Do Centro de Formação e Aperfeiçoamento de Assessores e Servidores do TST – CEFAST

Art. 82. O Centro de Formação e Aperfeiçoamento de Assessores e Servidores do Tribunal Superior do Trabalho (CEFAST) é órgão que funciona junto ao Tribunal Superior do Trabalho, com autonomia administrativa, cabendo-lhe, dentre outras funções, capacitar e

aperfeiçoar os servidores que desenvolvem atividades jurídicas no TST.

Art. 83. O Diretor e os membros do Centro de Formação e Aperfeiçoamento de Assessores e Servidores do Tribunal Superior do Trabalho (CEFAST) serão eleitos pelo Tribunal Pleno, em escrutínio secreto, para mandato de 2 (dois) anos, permitida uma recondução, à exceção do Diretor.

▸ *Caput* com redação pela ER 7/2024.

Parágrafo único. Os membros eleitos para os cargos de direção do Centro de Formação e Aperfeiçoamento de Assessores e Servidores do Tribunal Superior do Trabalho (CEFAST) tomarão posse perante o Tribunal Pleno.

Seção IX
Do Conselho Superior da Justiça do Trabalho CSJT

Art. 84. O Conselho Superior da Justiça do Trabalho (CSJT) é órgão que funciona junto ao Tribunal Superior do Trabalho, com autonomia administrativa, cabendo-lhe exercer a supervisão administrativa, orçamentária, financeira e patrimonial da Justiça do Trabalho, de primeiro e segundo graus, como órgão central do sistema.

Seção X
Da ouvidoria

Art. 85. A Ouvidoria do Tribunal Superior do Trabalho tem por missão assegurar canais de comunicação eficientes, ágeis e transparentes entre o cidadão, os servidores e a administração do Tribunal, para orientar, transmitir informações e colaborar para o aperfeiçoamento dos serviços prestados à sociedade, bem assim promover a interlocução com as Ouvidorias dos Tribunais Regionais do Trabalho, dos demais órgãos integrantes do Poder Judiciário e dos Poderes Legislativo e Executivo para o eficaz atendimento das demandas acerca dos serviços prestados pelos órgãos da Justiça do Trabalho.

Art. 86. O Ministro Ouvidor e seu substituto serão eleitos pelo Tribunal Pleno dentre os Ministros do Tribunal, excluídos o Presidente, e quem já tenha exercido a Presidência do Tribunal, o Vice-Presidente, o Corregedor-Geral da Justiça do Trabalho e os Presidentes das Turmas.

▸ *Caput* com redação pela ER 7/2024.

Parágrafo único. A eleição do Ministro Ouvidor e de seu substituto dar-se-á na primeira sessão subsequente à posse dos membros da direção do Tribunal, sempre que possível.

Art. 87. O Presidente do Tribunal, em conjunto com o Ministro Ouvidor, poderá baixar normas complementares acerca dos procedimentos internos da Ouvidoria, *ad referendum* do Órgão Especial.

Seção XI
Das disposições gerais

Art. 88. Ao Tribunal Pleno, ao Órgão Especial, às Seções Especializadas e às Turmas cabe, ainda, nos processos de sua competência:

I – julgar:

a) os embargos de declaração interpostos contra suas decisões;

b) os pedidos de concessão de tutela provisória e demais medidas de urgência;

c) os incidentes que lhes forem submetidos;

d) a restauração de autos, em processo de sua competência.

▸ Alínea *d* com redação pela ER 7/2024.

II – homologar as desistências dos recursos, decidir sobre pedido de desistência de ação quanto aos processos incluídos em pauta para julgamento e homologar os acordos em processos de competência originária do Tribunal;

III – representar à autoridade competente, quando, em autos ou documentos de que conhecer, houver indício de crime de ação pública.

Art. 89. A proclamação do resultado da votação será suspensa:

I – pelo Órgão Especial, pelas Seções Especializadas e pelas Turmas, para remessa do processo ao Tribunal Pleno, quando se verificar que a maioria respectiva se inclina pelo acolhimento da arguição de inconstitucionalidade de norma em matéria que ainda não tenha sido decidida pelo Tribunal Pleno ou pelo Supremo Tribunal Federal;

II – pelas Seções Especializadas, quando convier o pronunciamento do Tribunal Pleno, em razão da relevância da questão jurídica, do interesse público ou da necessidade de prevenir divergência de julgados, nos termos do art. 72 deste Regimento.

CAPÍTULO III
DA PRESIDÊNCIA DOS ÓRGÃOS DO TRIBUNAL

▸ Capítulo com redação pela ER 7/2024.

Seção I
Da presidência do tribunal pleno, do órgão especial e das seções especializadas

Art. 90. O Ministro Presidente do Tribunal presidirá o Tribunal Pleno, o Órgão Especial e as Seções Especializadas, podendo ser substituído, sucessivamente, pelo Vice-Presidente, pelo Corregedor-Geral da Justiça do Trabalho ou pelo Ministro mais antigo presente à sessão.

Seção II
Da Presidência das Turmas

Art. 91. O Presidente da Turma será o mais antigo dentre os Ministros que a compõem, por um período de 2 (dois) anos, vedada a recondução, até que todos os seus integrantes hajam exercido a Presidência, observada a ordem decrescente de antiguidade.

Parágrafo único. É facultado aos demais Ministros recusarem a Presidência, desde que o façam antes da proclamação de sua escolha.

Art. 92. Na hipótese de vacância do cargo de Presidente de Turma, assumirá o Ministro mais antigo do respectivo órgão colegiado.

§ 1º Nas ausências eventuais ou afastamentos temporários, o Presidente da Turma será substituído pelo Ministro mais antigo do órgão colegiado.

§ 2º A escolha do Presidente da Turma, observado o critério estabelecido no art. 91 deste Regimento, dar-se-á na primeira sessão ordinária da Turma que suceder à posse da nova direção do Tribunal, ressalvada a situação prevista no parágrafo seguinte.

§ 3º Se houver vacância da Presidência da Turma, a escolha do novo Presidente dar-se-á na sessão ordinária imediatamente posterior à ocorrência da vaga, hipótese em que o ministro eleito completará o mandato do sucedido pelo prazo remanescente.

§ 4º Considera-se empossado o sucessor, em qualquer das situações a que se referem os §§ 2.º e 3.º deste artigo, na mesma data de sua escolha para a Presidência da Turma.

Seção III
Das atribuições do presidente de turma

Art. 93. Compete ao Presidente de Turma:

I – indicar o Secretário da Turma para nomeação pelo Presidente do Tribunal;

II – convocar sessões ordinárias e extraordinárias;

III – dirigir os trabalhos e presidir as sessões da Turma, propor e submeter as questões, apurar os votos e proclamar as decisões;

IV – manter a ordem nas sessões, podendo mandar retirar os que as perturbarem e os que faltarem com o devido respeito e prender os desobedientes, fazendo lavrar o respectivo auto;

V – despachar os expedientes da Turma que excederem à competência dos relatores, inclusive os pedidos manifestados após a publicação dos acórdãos;

VI – supervisionar os serviços da Secretaria;

VII – convidar, mediante prévio entendimento, Ministro ou Desembargador convocado para compor o *quorum*;

VIII – exercer o juízo de admissibilidade dos embargos à Subseção I da Seção Especializada em Dissídios Individuais e julgar os embargos de declaração interpostos dessas decisões;

IX – submeter ao Presidente do Tribunal Superior do Trabalho a proposta de afetação dos recursos de revista para os efeitos dos arts. 896-B e 896-C da CLT e deste Regimento.

▸ Inciso com redação pela ER 7/2024.

Parágrafo único. Em face da atribuição contida no inciso VIII deste artigo, o Presidente de Turma receberá 15% (quinze por cento) a menos de processos distribuídos, respeitada a proporção quanto às classes processuais de competência da Turma.

▸ Parágrafo único com redação pela ER 7/2024.

TÍTULO IV
DO MINISTÉRIO PÚBLICO DO TRABALHO

Art. 94. O Ministério Público do Trabalho atuará nas sessões do Tribunal representado pelo Procurador-Geral ou, mediante sua delegação, por Subprocuradores-Gerais e por Procuradores Regionais, na forma da lei.

Art. 95. À Procuradoria-Geral do Trabalho serão remetidos processos para parecer, nas seguintes hipóteses:

I – obrigatoriamente, quando for parte pessoa jurídica de direito público, Estado estrangeiro ou organismo internacional e quando houver interesse de incapaz;

II – facultativamente, por iniciativa do relator, quando a matéria, por sua relevância, recomendar a prévia manifestação do Ministério Público do Trabalho;

III – por iniciativa do Ministério Público do Trabalho, quando entender existente interesse público que justifique a sua intervenção;

IV – por determinação legal, os mandados de segurança em grau originário ou recursal, as ações civis públicas em que o Ministério Público do Trabalho não for autor, os dissídios coletivos originários, caso não exarado parecer na instrução, e os processos em que forem parte indígena, comunidades e organizações indígenas, além de outros processos em que a lei impuser a intervenção do Ministério Público do Trabalho.

▸ Incisos II, III e IV com redação pela ER 7/2024.

§ 1º À Procuradoria-Geral do Trabalho serão encaminhados de imediato, após autuação e distribuição, os processos nos quais figuram como parte pessoa jurídica de direito público, Estado estrangeiro ou organismo internacional, e os recursos ordinários em mandado de segurança.

§ 2º Não serão remetidos à Procuradoria-Geral do Trabalho:

I – processos oriundos de ações originárias propostas pelo Ministério Público do Trabalho;

II – processos de remessa facultativa que exijam urgência no julgamento ou que versem sobre tema pacificado na jurisprudência.

Art. 96. O Ministério Público do Trabalho, observadas as regras legais especiais e a tramitação preferencial de demandas, emitirá parecer no prazo legal, restituindo imediatamente os autos ao Tribunal.

▸ *Caput* com redação pela ER 7/2024.

Art. 97. O Ministério Público do Trabalho, após publicado o acórdão e vencido o prazo para as partes, será intimado pessoalmente nas causas em que tenha intervindo ou emitido parecer.

▸ Artigo com redação pela ER 7/2024.

LIVRO II
DOS PROCESSOS, DA JURISPRUDÊNCIA E DOS PRECEDENTES

▸ Livro com redação pela ER 7/2024.

TÍTULO I
DOS PROCESSOS

CAPÍTULO I
DO REGISTRO E DA CLASSIFICAÇÃO

Art. 98. As petições recebidas serão registradas no dia de seu ingresso no Tribunal e, após a conferência das páginas e documentos juntados ou encaminhados para análise, respeitada a competência dos órgãos judicantes.

▸ *Caput* com redação pela ER 7/2024.

Parágrafo único. O Presidente do Tribunal e os Presidentes de Turmas poderão delegar à Secretaria a prática de atos ordinatórios nos termos dos arts. 93, XIV, da Constituição da República e 203, § 4.º, do CPC, mediante ato interno.

Art. 99. Os processos serão registrados após a conferência das folhas, classificados e autuados, de acordo com a tabela aprovada pelo Conselho Nacional de Justiça (CNJ).

Art. 100. A classificação das ações de competência originária será feita nos termos do requerido pela parte, desde que prevista a classe processual na tabela unificada aprovada pelo Conselho Nacional de Justiça (CNJ).

Parágrafo único. Incumbe às Secretarias do Tribunal as providências necessárias à intimação das partes para o fim de correção e atualização dos registros de CNPJ e CPF constantes na base de dados da Secretaria da Receita Federal do Brasil.

Art. 101. Na hipótese de ajuizamento de ação ou de interposição de recurso não previsto na tabela processual unificada, o processo será classificado e autuado na classe processual "Petição – Pet".

CAPÍTULO II
DA DISTRIBUIÇÃO

Seção I
Das disposições gerais

Art. 102. Os processos de competência do Tribunal serão distribuídos por classe, de acordo com a competência e composição dos órgãos judicantes e com a ordem cronológica do seu ingresso na Corte, observando-se a alternatividade, o sorteio eletrônico e a publicidade, concorrendo ao sorteio todos os Ministros, excetuados os membros da direção.

§ 1º Ressalvados os casos de comprovada urgência, a distribuição será efetivada, com encaminhamento do processo ao Ministro sorteado, nos dias úteis e durante o horário de funcionamento do Tribunal Superior do Trabalho.

§ 2º A regra do parágrafo anterior se aplica aos processos que retornarem, com manifestação, da Procuradoria-Geral do Trabalho.

§ 3º Não haverá distribuição de processos aos Ministros, à exceção daqueles em que houver prevenção, nos 60 (sessenta) dias que antecedem a jubilação compulsória ou voluntária.
> ▸ § 3º com redação pela ER 7/2024.

Art. 103. Nos períodos correspondentes ao recesso forense e às férias dos Ministros, não haverá distribuição de processos.

Parágrafo único. No caso de fruição de férias, o Ministro não receberá distribuição de processos no respectivo período nem haverá compensação posterior.

Art. 104. Todos os processos recebidos no Tribunal, independentemente da classe a que pertencerem, serão distribuídos, nos termos desta Seção, após os registros e as formalidades necessárias à sua identificação.

Parágrafo único. Será fornecido a cada Ministro, por ocasião da distribuição, documento escrito ou transmissão computadorizada contendo todos os dados da distribuição que lhe coube.

Art. 105. As redistribuições autorizadas expressamente neste Regimento serão feitas no âmbito da Secretaria do órgão colegiado em que tramita o processo, pelo respectivo Presidente, observadas a compensação e a publicidade.

Art. 106. O Ministro recém-empossado receberá os processos vinculados à cadeira que ocupará, inclusive os agravos internos e embargos de declaração.

§ 1º Haverá compensação, na Turma, na hipótese em que o montante de processos recebidos na cadeira seja inferior, na data da posse do novo Ministro, à média de acervo de processos dos Ministros que concorrem à distribuição. A compensação será igualmente observada nas Seções Especializadas.
> ▸ § 1º com redação pela ER 7/2024.

§ 2º Na composição do saldo total de processos que caberá ao Ministro recém-empossado, observar-se-á, sempre que possível, nas turmas, a proporção de 2/5 (dois quintos) de recursos de revista e 3/5 (três quintos) de agravos de instrumento. Nas Seções Especializadas, a proporção será definida pelo Presidente do Tribunal, com base no volume de processos em cada uma das classes processuais existentes na data da posse do novo Ministro, em consonância com o interesse na efetiva e rápida prestação jurisdicional.
> ▸ § 2º com redação pela ER 2/2021.

§ 3º Se houver processos, na cadeira, nas classes processuais "agravo de instrumento" ou "recurso de revista", cujo montante seja superior à proporção mencionada no § 2.º, a totalidade da compensação recairá sobre a classe processual que não atingiu a aludida proporcionalidade.

§ 4º A compensação de processos será progressiva, cabendo ao Presidente do Tribunal definir o acréscimo percentual à distribuição normal diária do Ministro recém-empossado.

Art. 107. Os Ministros permanecerão vinculados aos processos recebidos em distribuição, ainda que ocorram afastamentos temporários menores que 30 (trinta) dias, ressalvadas as hipóteses de mandado de segurança, *habeas corpus*, reclamações, dissídio coletivo, tutela provisória e de outras medidas que reclamem solução inadiável. Nesses casos, ausente o relator por mais de 3 (três) dias, o processo poderá ser redistribuído, a critério do Presidente do Tribunal, mediante posterior compensação, desde que expressamente requerida a medida pelo interessado em petição fundamentada.

§ 1º Na hipótese de o relator afastar-se temporariamente do Tribunal por período superior a 30 (trinta) dias ou definitivamente, os processos de competência das Turmas serão atribuídos ao Desembargador convocado para substituí-lo. Cessada a convocação, o relator ou o novo Ministro titular da cadeira receberá os processos não solucionados, atribuídos ou distribuídos ao Desembargador convocado.
> ▸ § 1º com redação pela ER 7/2024.

§ 2º Os processos de competência das Seções Especializadas, em caso de vacância do cargo ocupado por um de seus integrantes, serão redistribuídos no âmbito dos respectivos órgãos. Nos casos de remoção de Ministro, os processos a ele distribuídos até a data do requerimento ficarão vinculados à cadeira vaga, apenas admitida a redistribuição dos casos que reclamem solução inadiável, desde que requerida pela parte interessada, mediante petição fundamentada.
> ▸ § 2º com redação pela ER 2/2021.

§ 3º Os processos de competência do Órgão Especial, em caso de afastamento definitivo do relator, serão atribuídos ao Ministro que o suceder. Na hipótese de afastamento temporário, o relator permanecerá vinculado a tais processos, observada, porém, a regra prevista no *caput* deste artigo.

Art. 108. O relator que se afastar definitivamente da Turma ou da Seção Especializada, por motivo de remoção, receberá no órgão para o qual se removeu os processos vinculados ao antecessor em que este ainda não apôs o visto.

Parágrafo único. Na hipótese de remoção de Turma, o Ministro que se removeu receberá no novo órgão, em compensação, a diferença entre o acervo processual deixado na Turma de origem, ao se remover, e o que recebeu na nova cadeira, observadas as classes processuais.

Art. 109. Se o afastamento do relator for definitivo, em decorrência de haver assumido cargo de direção do Tribunal, todos os seus processos serão atribuídos, conforme o caso, ao Desembargador ou ao Titular da cadeira que, em lugar do afastado, vier a integrar a Turma, inclusive em relação aos agravos internos e aos embargos de declaração.

§ 1º Todos os processos de competência das Seções Especializadas serão atribuídos ao Titular da cadeira que, em lugar do afastado, vier a integrar a Seção Especializada, inclusive em relação aos agravos internos e aos embargos de declaração.
> ▸ Primitivo parágrafo único renumerado pelo Ato Regimental 3/2021.

§ 2º No retorno à bancada, de Ministro que houver exercido cargo de direção do Tribunal, este assumirá, na Turma que vier a integrar, o acervo da cadeira que ocupar, com a compensação, mediante redução ou aumento temporário na distribuição de processos, da diferença entre o acervo processual deixado na Turma quando da assunção de cargo de direção e o que recebeu na nova cadeira, observadas as classes processuais.
> ▸ § 2º acrescido pelo Ato Regimental 3/2021.

Art. 110. O Ministro afastado definitivamente de qualquer órgão julgador retornará ao órgão colegiado para relatar os processos em que, até a data do seu afastamento, apôs o visto.

Seção II
Das disposições especiais

Art. 111. O órgão colegiado que conhecer do processo terá jurisdição prevento para o julgamento dos recursos posteriores interpostos no mesmo processo, observada a competência.

§ 1º O processo que tramita na fase de execução será distribuído ao Ministro a quem coube a relatoria na fase de conhecimento, ou a quem o tenha substituído ou sucedido, devendo os processos tramitar conjuntamente, sempre que possível.

§ 2º Os embargos de terceiro serão distribuídos, por prevenção, ao relator do processo principal.

Art. 112. O processo já apreciado pelo Órgão Especial ou por uma das Seções Especializadas, retornando a novo exame, será distribuído ao mesmo órgão colegiado e ao mesmo relator ou redator do acórdão. Na ausência definitiva do relator ou do redator do acórdão anterior, o processo será distribuído ao novo titular que vier a integrar o órgão prevento.

Parágrafo único. O processo já apreciado por uma das Turmas será distribuído ao mesmo órgão colegiado e ao mesmo relator ou redator do acórdão. Na ausência definitiva do relator ou do redator do acórdão anterior, o processo será distribuído ao Desembargador convocado para a vaga ou ao novo titular que vier a integrar o órgão prevento.

Art. 113. Aplica-se a regra do artigo anterior à hipótese de processo no qual haja recurso submetido à apreciação do Tribunal em razão de provimento de agravo.

Art. 114. A tutela provisória será distribuída ao relator do processo principal, salvo se a medida for requerida em procedimento antecedente, hipótese em que será sorteado relator dentre os integrantes do órgão colegiado competente para o julgamento da matéria, o qual fica prevento para a ação principal.

Parágrafo único. Observar-se-á a mesma regra na hipótese de recurso em tutela provisória.

Art. 115. À distribuição dos embargos previstos no art. 262 deste Regimento não concorrerá o Ministro que já tenha atuado no processo como relator ou redigido o acórdão embargado.

Art. 116. Os embargos interpostos contra decisão de Turma serão distribuídos entre os Ministros não integrantes do colegiado prolator da decisão embargada.

Art. 117. Da distribuição da ação rescisória originária será excluído como relator, sempre que possível, Ministro que haja participado do julgamento rescindendo.

Art. 117-A. Será designado revisor, nos procedimentos previstos neste Regimento, o Ministro que se seguir ao relator, na ordem decrescente de antiguidade no órgão competente
> ▸ Artigo acrescido pelo Ato Regimental 1/2020.

CAPÍTULO III
DO RELATOR
> ▸ Capítulo com redação pela ER 7/2024.

Art. 118. Compete ao relator:

I – submeter pedido de liminar ao órgão competente, antes de decidi-lo, desde que repute de alta relevância a matéria nele tratada. Caracterizada a urgência, concederá ou denegará a liminar, que será submetida ao referendo do órgão colegiado na primeira sessão que se seguir;

II – promover as diligências necessárias à perfeita instrução dos processos, fixando prazo para o seu cumprimento;

III – solicitar audiência do Ministério Público do Trabalho nas hipóteses previstas em lei, ou quando entender necessário;

IV – processar os incidentes de falsidade, de suspeição, de impedimento e de desconsideração da personalidade jurídica, arguidos pelos litigantes;

V – despachar os pedidos de desistência de ação ou de recurso, suscitados em processo que lhe tenha sido distribuído, salvo quando incluídos em pauta ou quando formulados após a publicação do acórdão;

VI – lavrar os acórdãos referentes às decisões proferidas nos processos em que seu voto tenha prevalecido;

VII – requisitar autos originais, quando necessário;

VIII – determinar a prática de atos processuais às autoridades judiciárias de instância inferior, nos casos previstos em lei ou neste Regimento;

IX – decidir sobre os pedidos constantes das petições vinculadas a processos de sua competência, que não se incluam nas atribuições do Presidente do Tribunal, do órgão julgador ou da respectiva Presidência;

X – decidir monocraticamente ou denegar seguimento a recurso, na forma da lei, inclusive na hipótese contemplada no § 2.º do art. 896-A da CLT;

XI – indeferir liminarmente ações originárias, na forma da lei;

XII – submeter ao órgão julgador competente questão de ordem para o bom andamento dos processos;

XIII – determinar, de ofício ou a requerimento das partes, a suspensão do recurso de revista ou de embargos que tenha como objeto controvérsia idêntica à do recurso afetado como repetitivo;

XIV – encaminhar ao revisor os autos do incidente de recursos repetitivos;

XV – encaminhar a lista de impedimentos ao órgão administrativo competente, nos termos do art. 144 do CPC.

CAPÍTULO IV
DAS PAUTAS

Art. 119. A pauta de julgamento de cada órgão colegiado será organizada pelo Secretário e aprovada pelo Presidente.

§ 1º Nenhum processo poderá ser incluído em pauta sem que dele conste o visto do relator e do revisor, se houver.

§ 2º Não haverá julgamento de processo sem prévia inclusão em pauta, exceto:

I – daquele cujo julgamento for expressamente adiado para a primeira sessão seguinte;

II – quando os embargos de declaração forem apresentados em mesa pelo relator na sessão subsequente à sua conclusão;

III – do pedido de homologação de acordo formulado em processo de dissídio coletivo originário ou em grau recursal;

IV – dos incidentes de impedimento e de suspeição apresentados em mesa pelo relator.

§3º Os processos que versem sobre matéria idêntica ou semelhante poderão ser ordenados em pauta específica para julgamento conjunto.

Art. 120. Os processos serão incluídos em pauta, considerada a data de sua remessa à Secretaria, ressalvadas as seguintes preferências:

I – futuro afastamento temporário ou definitivo do relator, bem como posse em cargo de direção;

II – processos submetidos ao rito sumaríssimo e aqueles que tenham como parte ou terceiro juridicamente interessado pessoa comprioridade de tramitação assegurada por lei;

III – incidentes de assunção de competência e incidentes de resolução de demandas repetitivas e de julgamento de recursos repetitivos;

IV – solicitação do Ministro relator ou das partes, se devidamente justificada;

V – quando a natureza do processo exigir tramitação urgente, especificamente os dissídios coletivos, mandados de segurança, tutelas provisórias, reclamações, conflitos de competência e declaração de inconstitucionalidade de lei ou de ato do Poder Público;

VI – remoção do relator para outro órgão colegiado.

Art. 121. Para a ordenação dos processos na pauta, observar-se-á a numeração correspondente a cada classe, preferindo no lançamento o elenco do inciso III do art. 120 deste Regimento e, ainda, aqueles em queé permitida a sustentação oral.

Art. 122. A pauta de julgamento será publicada no órgão oficial com antecedência mínima de 5 (cinco) dias úteis.

§ 1º Quando o exigirem a urgência e a natureza do processo, por iniciativa do Presidente do órgão colegiado competente, e em havendo expressa concordância das partes, poderá ser dispensada a sua inclusão em pauta.

§ 2º Os processos não julgados na sessão, cujo julgamento for expressamente adiado para a primeira seguinte, permanecerão em pauta, independentemente de nova publicação, conservada a mesma ordem, com preferência sobre os demais, nas hipóteses previstas no art. 120 deste Regimento.

Art. 123. As matérias administrativas sujeitas à deliberação do Órgão Especial constarão de pauta comunicada aos Ministros, com a antecedência mínima de 5 (cinco) dias, sendo vedada a deliberação sobre outras que não aquelas reputadas urgentes ou inadiáveis.

Parágrafo único. Para deliberar sobre matérias não constantes da pauta, é necessária a autorização de pelo menos 2/3 (dois terços) dos Ministros, em votação preliminar.

Art. 124. Os processos não julgados até a última sessão de cada semestre serão retirados de pauta.

CAPÍTULO V
DAS SESSÕES

Seção I
Do funcionamento dos órgãos

Art. 125. As sessões do Tribunal Pleno, do Órgão Especial, das Seções Especializadas e das Turmas realizar-se-ão, ordinária e extraordinariamente, por convocação do Presidente do Tribunal ou das Turmas, com a presença de todos os Ministros, ressalvadas as hipóteses excepcionais de férias, licenças ou afastamentos, previamente comunicadas à Presidência do respectivo colegiado e à Secretaria, para os procedimentos cabíveis.

§ 1º As sessões extraordinárias do Tribunal Pleno e do Órgão Especial serão convocadas, quando requeridas justificadamente por 10 (dez) Ministros, pelo menos, para deliberação sobre matérias relevantes, observadas as competências de cada órgão.

§ 2º As sessões de julgamento sobre estabelecimento ou alteração de súmulas e outros enunciados de jurisprudência deverão ser públicas, divulgadas com, no mínimo, 20 (vinte) dias úteis de antecedência.

▸ § 2º com redação pela ER 7/2024.

§ 3º Os Ministros comparecerão na hora designada para o início da sessão e não se ausentarão antes do seu término, salvo quando autorizados.

Art. 126. As sessões do Tribunal Pleno e dos demais órgãos colegiados são públicas, salvo nos casos de segredo de justiça.

Art. 127. Nas sessões do Tribunal Pleno, do Órgão Especial e das Seções Especializadas, o Presidente terá assento ao centro da mesa, o Vice-Presidente ocupará a primeira cadeira do plenário, à direita do Presidente, o Ministro mais antigo, a da esquerda, e o Corregedor-Geral da Justiça do Trabalho, a segunda da direita, seguindo-se assim, sucessivamente, observada a ordem de antiguidade.

Art. 128. Nas sessões das Turmas, o Presidente terá assento ao centro da mesa e os demais integrantes do colegiado ocuparão os lugares na bancada pela ordem de antiguidade.

Art. 129. O Desembargador do Trabalho convocado, nas sessões das Turmas, terá assento no lugar seguinte ao do Ministro mais moderno.

Art. 130. O representante do Ministério Público do Trabalho participará das sessões, tendo assento à mesa ao lado direito do Presidente.

Art. 131. Para a complementação do *quorum* de julgamento do Órgão Especial, das Seções Especializadas e das Turmas, serão observadas as regras dos arts. 69, § 4.º, 70, parágrafo único, 71, §§ 1.º, 2.º e 4.º, e 93, VII, deste Regimento.

Parágrafo único. Se não houver número para o funcionamento do órgão, aguardar-se-á por 30 (trinta) minutos a formação do *quorum*. Decorrido esse prazo e persistindo as ausências, será encerrada a sessão, com registro em ata.

Seção II
Do plenário eletrônico

Art. 132. Os processos de competência jurisdicional do Tribunal poderão ser, a critério do Ministro relator, submetidos a sessão de julgamento eletrônico, assim entendida aquela ocorrida em ambiente virtual de forma assíncrona, por meio de Plenário Eletrônico, observadas as respectivas competências dos órgãos judicantes.

▸ *Caput* com redação pela ER 7/2024.

§1º O Presidente de cada órgão judicante poderá indicar à respectiva Secretaria Judiciária as classes processuais em que, preferencialmente, o julgamento ocorrerá em ambiente de Plenário Eletrônico, determinando que os processos sejam distribuídos com esse marcador, excetuados aqueles que, a critério do Ministro relator, serão encaminhados à pauta presencial.

§ 2º Revogado pela ER 7/2024.

Art. 132-A. A proposta de afetação do incidente de recurso repetitivo (art. 284 deste Regimento) será necessariamente incluída em pauta de sessão virtual e deverá conter o tema a ser julgado.

▸ Art. 132-A acrescido pela ER 7/2024.

§ 1º A contagem de votos em sessão virtual observará as seguintes alternativas, com seus desdobramentos:

I – convergência sem ressalvas, inclusive na hipótese do § 6º do art. 134 deste Regimento, que será computada como de acolhimento da proposta do relator e de concordância com a destinação sugerida por ele para o órgão judicante de processamento do feito;

II – convergência com ressalva, na qual se indicará outro órgão judicante como responsável pela tramitação do incidente instaurado;

III – divergência, que será computada como de rejeição da afetação.

§ 2º As disposições dos arts. 133 e 134 do Regimento Interno são aplicáveis, no que couber, ao procedimento de afetação do incidente de recurso repetitivo, vedada em qualquer caso a remessa do processo inserido em sessão virtual à sessão presencial, para os fins previstos no caput deste artigo.

§ 3º Quando a maioria formada na sessão virtual de julgamento inclinar-se pela rejeição da afetação do incidente, o resultado da votação será certificado nos autos e o processo retornará concluso ao relator para prosseguir no exame do recurso pela sistemática ordinária de processamento, no respectivo órgão judicante de origem.

§ 4º Acolhida a proposta de afetação do incidente de recurso repetitivo em sessão virtual, o resultado da votação será certificado nos autos e o processo será distribuído a um relator no Tribunal Pleno, nos termos do § 1º deste artigo, seguindo-se a tramitação do incidente as demais previsões contidas no Capítulo II deste regimento.

§ 5º O julgamento de mérito do incidente de recurso repetitivo, no caso de mera reafirmação de jurisprudência dominante da Corte, também será realizado por meio do Plenário Eletrônico, na mesma sessão virtual que decide sobre a proposta de afetação.

§ 6º Quando designada sessão virtual para afetação de incidente de recursos repetitivos, com proposta de reafirmação de jurisprudência, eventuais sustentações orais quanto ao mérito deverão ser necessariamente juntadas por meio eletrônico, após a publicação da pauta e até 48 horas antes de iniciado o julgamento em ambiente virtual.

Art. 133. As sessões presenciais e virtuais dos órgãos judicantes poderão constar de pauta única a ser publicada na mesma data, respeitado o prazo de, no mínimo, 5 (cinco) dias úteis entre a data da sua publicação no Diário Eletrônico da Justiça do Trabalho e o início do julgamento.

▸ *Caput* com redação pela ER 7/2024.

§ 1º Na publicação da pauta no Diário Eletrônico da Justiça do Trabalho haverá a distinção dos processos que serão julgados em meio eletrônico daqueles que serão julgados na sessão presencial.

§2º Ainda que publicados os processos em pauta única, as sessões virtuais terão encerramento às 0 (zero) hora do dia útil anterior ao da sessão presencial correspondente.

§3º Quando a pauta for composta apenas por processos indicados a julgamento em sessão virtual, as partes serão cientificadas no Diário Eletrônico da Justiça do Trabalho sobre a data e o horário de início e de encerramento da sessão.

§ 4º As sessões virtuais serão disponibilizadas para consulta em portal específico no sítio eletrônico do Tribunal, no qual será registrada a eventual remessa do processo para julgamento presencial ou o resultado final da votação.

Art. 134. Em ambiente eletrônico próprio, denominado Plenário Eletrônico, o relator, no início da sessão de julgamento virtual, deverá inserir a ementa, o relatório e o voto para divulgação pública no sítio eletrônico do Tribunal, assim como serão lançados os votos dos demais Ministros, em tempo real, à medida que forem proferidos.

▸ *Caput* com redação pela ER 7/2024.

§ 1º O sistema liberará automaticamente os votos dos processos encaminhados para julgamento em ambiente virtual, assegurando-se aos demais Ministros componentes do órgão judicante, no Plenário Eletrônico, o período de 6 (seis) dias úteis, anteriores ao encerramento da votação previsto no art. 133, § 2º, deste Regimento, para análise e manifestação até o encerramento da sessão virtual.

§ 2º O início da sessão de julgamento definirá a composição do órgão judicante, inclusive considerando-se os casos de impedimento, suspeição ou afastamento temporário de um dos seus componentes. Empatada a votação ou não alcançado o respectivo quorum, o julgamento será suspenso e retomado na sessão virtual imediatamente subsequente, a fim de que sejam colhidos os votos dos membros do órgão colegiado ausentes.

▸ §§ 1º e 2º com redação pela ER 7/2024.

§ 2º-A. O advogado com poderes de representação poderá, até o encerramento da votação prevista no art. 133, § 2º, deste Regimento, solicitar o registro da sua participação na sessão virtual, que constará de certidão de julgamento independentemente da remessa do processo para julgamento presencial.

▸ § 2º-A acrescido pelo Ato Regimental 4/2022.

§3º As opções de voto serão as seguintes: I – convergente com o Ministro relator;

II – convergente com o Ministro relator, com ressalva de entendimento;

III – divergente do Ministro relator; ou

▸ Inciso III com redação pela ER 7/2024.

IV – acompanhando a divergência.

▸ Inciso IV acrescido pela ER 7/2024.

§ 4º Eleita qualquer uma das opções do parágrafo anterior, o Ministro poderá inserir em campo próprio do Plenário Eletrônico destaque pela relevância do tema, razões de divergência ou de ressalva de entendimento, quando o sistema emitirá aviso automático aos demais gabinetes componentes do órgão judicante.

▸ § 4º com redação pela ER 7/2024.

§ 4º-A. Deverão constar as opções de pedido de vista e de destaque do processo, assim entendidos:

▸ § 4º-A acrescido pela ER 7/2024.

I – pedido de vista: manifestação de membro do colegiado para melhor análise do caso, com retirada do processo da sessão de julgamento em curso e continuidade em sessão virtual posterior;

II – pedido de destaque: manifestação de membro do colegiado para retirada do processo da sessão virtual em curso e reinício do julgamento em sessão presencial posterior.

§ 5º Revogado pela ER 7/2024.

§ 6º O membro do órgão colegiado que não participar da sessão de julgamento terá sua ausência registrada na ata respectiva, o mesmo ocorrendo quando não se pronunciar no prazo previsto no § 1º.

▶ § 6º com redação pela ER 7/2024.

§ 7º O Ministro relator e os demais componentes poderão, a qualquer tempo, mesmo com a votação iniciada, independentemente de terem votado em meio eletrônico, remeter o processo para julgamento presencial.

§ 8º O Ministério Público, na condição de custos legis, terá assegurado o direito de acesso aos autos dos processos encaminhados para julgamento em meio eletrônico.

Art. 134-A. Nas hipóteses de cabimento de sustentação oral previstas neste Regimento Interno, fica facultado à Procuradoria-Geral do Trabalho, à Advocacia-Geral da União, aos defensores públicos ou advogados privados e aos demais habilitados nos autos encaminhar as respectivas sustentações por meio eletrônico após a publicação da pauta e até 48 horas antes de iniciado o julgamento em ambiente virtual.

▶ Art. 134-A acrescido pela ER 7/2024.

§ 1º O envio do arquivo de sustentação oral será realizado por meio do sistema de peticionamento eletrônico do Tribunal Superior do Trabalho e gerará protocolo de recebimento e andamento processual.

§ 2º As sustentações orais por meio eletrônico serão automaticamente disponibilizadas no sistema de votação dos Ministros e ficarão disponíveis no sítio eletrônico do Tribunal Superior do Trabalho durante a sessão de julgamento.

§ 3º O arquivo eletrônico de sustentação oral poderá ser áudio ou vídeo e deverá observar o tempo regimental de sustentação e as especificações técnicas de formato, resolução e tamanho, definidos em norma do Tribunal, sob pena de ser desconsiderado.

§ 4º O advogado e o procurador firmarão termo de declaração de que se encontram devidamente habilitados nos autos e de responsabilidade pelo conteúdo do arquivo enviado.

§ 5º Utilizada a prerrogativa processual a que se refere o caput deste artigo, é vedado ao advogado optante requerer preferência no julgamento e não se aplica ao feito o disposto no art. 135, II, deste Regimento, assegurada a consignação de sua presença na certidão de julgamento quando solicitado na petição que encaminha o arquivo gravado, em conformidade com o disposto no § 2º-A do art. 134 deste Regimento.

§ 6º A utilização da prerrogativa processual contida neste artigo pelo advogado de uma das partes processuais não sujeita os advogados das outras aos termos do parágrafo anterior.

§ 7º Durante o julgamento em sessão virtual, os advogados e procuradores poderão realizar esclarecimentos exclusivamente sobre matéria de fato, os quais serão disponibilizados, em tempo real, no sistema de votação dos membros do órgão colegiado.

§ 8º A secretaria do órgão julgador certificará nos autos o não atendimento das exigências previstas nos §§ 3º e 4º.

Art. 135. Não serão julgados em ambiente virtual os processos com pedido de destaque feito:

▶ Artigo com redação pela ER 7/2024.

I – por qualquer membro do órgão colegiado;

II – por qualquer das partes ou pelo representante do Ministério Público, desde que requerido até 48 (quarenta e oito) horas antes do início da sessão e deferido pelo relator, por comportar sustentação oral.

▶ Incisos I e II acrescidos pela ER 7/2024.

§ 1º Nos casos previstos neste artigo, o processo será encaminhado ao órgão colegiado competente para julgamento presencial, com publicação de nova pauta. Nos demais casos, será facultado ao advogado o registro de presença no Plenário Eletrônico.

§ 2º Nos casos de destaque, o julgamento será reiniciado em sessão presencial, podendo os Ministros renovarem ou modificarem seus votos.

§ 3º O disposto no parágrafo anterior não prejudica o voto já proferido por membro do colegiado que posteriormente deixe o cargo ou o órgão, que será computado, sem possibilidade de modificação.

▶ §§ 1º a 3º acrescidos pela ER 7/2024.

Art. 135-A. Os processos objeto de pedido de vista feito em ambiente eletrônico poderão, a critério do vistor, ser devolvidos para prosseguimento do julgamento em sessão virtual ou presencial.

▶ Art. 135-A acrescido pela ER 7/2024.

§ 1º Na devolução de pedido de vista em sessão de julgamento eletrônico, o vistor deverá inserir o voto no ambiente virtual para divulgação pública no início da sessão.

§ 2º Na devolução de pedido de vista em sessão presencial, o julgamento será retomado com o voto do vistor.

§ 3º Os processos em que houver pedido de vista deverão ser devolvidos para retomada do julgamento com a maior brevidade possível, não ultrapassando a primeira sessão subsequente ao término do prazo de vista, vedada a devolução da vista na mesma sessão virtual em que solicitada.

§ 4º Retomada a sessão com o voto-vista, os votos já proferidos poderão ser modificados, salvo no caso de voto já proferido por membro do colegiado que posteriormente deixe de compor o órgão, que será computado, sem possibilidade de modificação.

Art. 136. Os julgamentos eletrônicos serão públicos, com acesso direto, em tempo real e disponíveis a qualquer pessoa, por meio do sítio eletrônico próprio designado pelo Tribunal.

▶ Artigo com redação pela ER 7/2024.

Parágrafo único. Os votos serão computados na ordem cronológica das manifestações.

Art. 136-A. Em caso de excepcional urgência, o presidente do órgão julgador poderá convocar sessão virtual extraordinária, com prazos fixados no respectivo ato convocatório.

§ 1º O relator solicitará ao presidente do colegiado a convocação de sessão virtual extraordinária indicando a excepcional urgência do caso.

§ 2º Os prazos previstos nos arts. 133 e 134, § 1º, não se aplicam à sessão virtual extraordinária, devendo o ato convocatório fixar o seu período de início e término.

§ 3º Convocada a sessão, o processo será apresentado em mesa, gerando andamento processual com a informação do período da sessão.

§ 4º O advogado e o procurador que desejarem realizar sustentação oral por meio eletrônico, quando cabível, deverão encaminhá-la até o início da sessão virtual extraordinária.

Art. 136-B. As atas referentes aos julgamentos das sessões virtuais serão publicadas no Diário de Justiça Eletrônico e conterão a proclamação final ou parcial do julgamento.

Art. 136-C. Nas ações de competência originária dos tribunais, as decisões monocráticas que concederem tutelas provisórias, tanto cautelares quanto antecipadas, deverão ser submetidas a referendo do órgão colegiado, incluindo-se os respectivos processos na primeira sessão de julgamento possível.

▶ Arts. 136-A a 136-C acrescidos pela ER 7/2024.

Seção III
Das disposições gerais

Art. 137. Nas sessões dos órgãos judicantes do Tribunal, os trabalhos obedecerão à seguinte ordem:

I – verificação do número de Ministros presentes;

II – exame de propostas;

III – julgamento dos processos.

Art. 138. Os processos serão submetidos a julgamento na seguinte ordem:

I – os *habeas corpus*;

II – aqueles em que houver pedido de preferência formulado por advogado até a hora prevista para o início da sessão, condicionando-se a ordem de julgamento do processo à presença, na sala de sessões, do advogado que solicitou a preferência ou de outro advogado constituído;

III – os mandados de segurança, as tutelas provisórias e as reclamações;

IV – os remanescentes de sessões anteriores;

V – os suspensos em sessão anterior em razão de vista regimental;

VI – os demais processos constantes da pauta do dia.

Art. 139. As decisões serão tomadas pela maioria simples de votos, ressalvadas as hipóteses previstas neste Regimento.

Art. 140. Se houver empate nas votações do Tribunal Pleno, do Órgão Especial e das Seções Especializadas por ausência, falta, licença médica, afastamento, impedimento ou suspeição de qualquer Ministro, observar-se-á o disposto neste Regimento.

▶ *Caput* com redação pela ER 7/2024.

§ 1º Se o empate decorrer de ausência, falta ou licença médica por período inferior a 30 (trinta) dias, o julgamento será suspenso e designada sessão para prosseguimento, hipótese em que será convocado o Ministro ausente para que possa emitir o seu voto.

▶ § 1º com redação pela ER 3/2021.

§ 2º Retomado o julgamento a que se refere o parágrafo anterior, como também nas sessões em que houver quórum completo, após serem colhidos os votos de todos os componentes do quórum e mantido o empate:

▶ § 2º com redação pela ER 3/2021.

I – nas votações do Tribunal Pleno:

a) se envolver conhecimento de recurso, considerar-se-á julgada a questão, proclamando-se mantida a decisão recorrida;

b) se envolver o julgamento de ações originárias ou o mérito de recurso, prevalecerá, nos termos da lei, o voto proferido pelo Presidente do Tribunal ou pelo Ministro que o estiver substituindo na Presidência da sessão;

c) se envolver o julgamento de incidentes para a formação de precedentes com força obrigatória (IAC, IRDR e IRR), será proclamada a tese que representar o fundamento determinante presente, ainda que parcialmente, na maioria dos votos proferidos;

II – nas votações do Órgão Especial será observado o procedimento previsto nas alíneas "a" e "b", do inciso anterior;

III – nas votações das Seções Especializadas:

a) se envolver conhecimento de recurso, considerar-se-á julgada a questão, proclamando-se mantida a decisão recorrida;

b) se envolver o julgamento de ações originárias, o mérito de recurso ou de incidentes para a formação de precedentes com força obrigatória (IAC, IRDR e IRR), a sessão será suspensa e os autos serão remetidos ao Tribunal Pleno para novo julgamento;

§ 3º Se o empate decorrer de impedimento, suspeição ou licença médica por período superior a 30 (trinta) dias:

▶ § 3º com redação pela ER 3/2021.

I – nas votações do Tribunal Pleno, será observado o disposto no inciso I, alíneas "a" a "c" do parágrafo anterior;

II – nas votações do Órgão Especial e das Seções Especializadas, o julgamento será suspenso e designada sessão para prosseguimento, hipótese em que será recomposto o quórum, na forma prevista neste Regimento.

§ 4º Retomado o julgamento a que se refere o inciso II do parágrafo anterior, após serem colhidos os votos de todos os componentes do quórum e mantido o empate, será observado o procedimento previsto nos incisos II e III do § 2º deste artigo.

▶ § 4º acrescido pela ER 3/2021.

§ 5º No julgamento de habeas corpus e de recursos ordinários em habeas corpus, proclamar-se-á, na hipótese de empate, a decisão mais favorável ao paciente.

▶ § 5º acrescido pela ER 3/2021.

§ 6º Se o empate ocorrer em julgamento de tutelas de urgência, nos termos da lei, prevalecerá o voto proferido pelo Presidente do Tribunal ou pelo Ministro que o estiver substituindo na Presidência da sessão.

▶ § 6º acrescido pela ER 3/2021.

Art. 141. Proclamada a decisão, não poderá ser feita apreciação ou crítica sobre a conclusão adotada.

Art. 142. A votação será iniciada com o voto do relator. Não havendo divergência, o Presidente proclamará o resultado. Se houver divergência, os votos serão colhidos, a partir do relator, em ordem decrescente de antiguidade. Esgotada essa ordem, prosseguirá a tomada de votos, a partir do mais antigo.

§ 1º O Presidente ou Ministro que o estiver substituindo votará por último, salvo se for o relator do processo.

§ 2º Nenhum Ministro poderá se eximir de votar, salvo nas hipóteses de impedimento, de suspeição, de não ter assistido ao relatório ou participado dos debates ou, ainda, na situação, prevista no § 3.º do art. 147 deste Regimento, em que o Ministro vistor não estiver habilitado a proferir voto.

Art. 143. Ao relator poderão ser solicitados esclarecimentos, sendo facultado aos advogados, mediante autorização, apresentar questão de fato relativa à controvérsia.

Art. 144. O Ministro usará o tempo que se fizer necessário para proferir seu voto e poderá retomar a palavra para ratificá-lo antes da proclamação, prestar esclarecimentos ou se for nominalmente referido, vedadas as interrupções e pronunciamentos sem prévia autorização do Presidente.

▶ Artigo com redação pela ER 7/2024.

Art. 145. O julgamento, uma vez iniciado, será ultimado na mesma sessão, salvo se houver pedido de vista re-

gimental, motivo relevante ou conversão do julgamento em diligência, quando necessária à decisão da causa.

§ 1º Na hipótese de conversão do julgamento em diligência, o processo será retirado da pauta, e, após ultimada, deverá ser reincluído, com preferência.

▸ § 1º com redação pela ER 7/2024.

§ 2º Nenhum processo poderá ficar suspenso por tempo indeterminado, salvo:

I – quando pender de decisão incidente de julgamento, relativo à matéria discutida no processo, com vista à aprovação, modificação ou revogação de súmula, de orientação jurisprudencial e de precedente normativo;

II – quando penderem de decisão as ações a que se referem as alíneas a e b do inciso I do art. 76 deste Regimento e os incidentes de recursos repetitivos, de assunção de competência, de resolução de demandas repetitivas e de superação e revisão de tese vinculante;

III – enquanto não decidida arguição sobre declaração de inconstitucionalidade de lei ou de ato normativo do Poder Público.

Art. 146. O representante do Ministério Público do Trabalho poderá usar da palavra, em sequência ao relatório, quando solicitado por algum dos Ministros ou quando entender necessária a intervenção, em cada caso, mediante autorização do Presidente.

Art. 147. Na oportunidade em que lhe caiba votar, o Ministro poderá pedir vista regimental dos autos ou vista em mesa. Sendo em mesa, o julgamento dar-se-á na mesma sessão, tão logo o Ministro que a requereu se declare habilitado a votar; em sendo regimental, ficará adiado o julgamento, salvo anterior habilitação do Ministro que a requereu, para a primeira sessão subsequente ao término do prazo de 10 (dez) dias, prorrogável por igual período, mediante pedido devidamente justificado, podendo os demais Ministros adiantar seus votos.

§ 1º O adiamento do julgamento em razão de vista regimental será registrado em certidão, bem como a data do seu prosseguimento e os votos proferidos.

§ 2º Se o processo não for devolvido tempestivamente, ou se o vistor deixar de solicitar prorrogação de prazo, o Presidente do órgão correspondente fará a requisição para julgamento na sessão subsequente, com publicação na pauta em que houver a inclusão.

§ 3º Na hipótese do § 2º, apregoado o julgamento do processo, na data aprazada, se o Ministro que pediu vista não estiver habilitado a votar, o Presidente do órgão correspondente convocará substituto para proferir voto, observadas as regras do art. 131 deste Regimento para a complementação do quorum.

§ 4º Na hipótese de mais de um pedido de vista, será concedido aos Ministros, concomitantemente, o prazo de 10 (dez) dias, prorrogável na forma estabelecida no caput.

§ 5º Reiniciado o julgamento, a votação prosseguirá com o voto do Ministro que requereu a vista regimental ou daquele convocado para o substituir, hipótese em que, salvo quando o Ministro substituto se declarar esclarecido, observar-se-á o procedimento previsto no § 11.

▸ §§ 3º a 5º com redação pela ER 7/2024.

§ 6º Os pedidos de vista regimental formulados por Ministros que se afastarem definitivamente do Tribunal serão desconsiderados e o julgamento prosseguirá com a repetição do voto do relator.

§ 7º O julgamento dos processos com vista regimental poderá prosseguir sem vinculação à Presidência e na ausência do relator, se este já houver votado sobre toda a matéria.

§ 8º Na ocorrência de afastamento definitivo do relator, sem que tenha sido concluído o julgamento, este continuará da fase em que se encontrar, considerados os votos já proferidos e sob a competência do Ministro que primeiro requereu a vista ou daquele convocado para o substituir.

§ 9º Não participará do julgamento já iniciado ou em prosseguimento o Ministro que não tenha assistido ao relatório ou aos debates, salvo quando se declarar esclarecido.

§ 10. Ao reiniciar o julgamento, serão computados os votos já proferidos pelos Ministros, ainda que não compareçam ao mais comporem o órgão.

§ 11. Se, para efeito de *quorum*, for imprescindível o voto de Ministro nas condições do § 9.º, serão renovados o relatório e a sustentação oral, computando-se os votos anteriormente proferidos.

§ 12. Em caso de pedido de vista, o prazo de restituição dos autos ficará suspenso nos períodos de recesso forense e de férias coletivas.

Art. 148. No julgamento dos recursos, o mérito será examinado após ultrapassada a fase de conhecimento.

Parágrafo único. Na hipótese de mais de um recurso com preliminares distintas, a apreciação far-se-á sucessivamente na ordem de preferência ditada pela prejudicialidade, considerado cada recurso isoladamente, esgotando-se com o exame do mérito.

Art. 149. O exame das preliminares prefere ao do mérito, observando-se nos julgamentos os seguintes critérios:

I – rejeitada a preliminar, ou se a decisão quanto a ela for compatível com a apreciação do mérito, seguir-se-á o julgamento da matéria principal, pronunciando-se todos os Ministros, inclusive os vencidos na preliminar;

II – o acolhimento da preliminar, se incompatível com o exame da matéria principal, impedirá a análise do mérito;

III – vencido o relator quanto aos pressupostos extrínsecos de admissibilidade do recurso, preliminar ou prejudicial de mérito, havendo necessidade de prosseguir no julgamento das questões subsequentes, os autos lhe serão conclusos para elaboração do voto correspondente, a ser proferido em sessão subsequente.

Art. 150. Para apuração da votação, havendo várias conclusões parcialmente divergentes, os votos deverão ser somados no que coincidirem. Permanecendo a divergência, sem possibilidade de nenhuma soma, serão as questões submetidas à apreciação, duas a duas, eliminando-se, sucessivamente, as que tiverem menor votação e prevalecendo a que reunir, por último, a maioria de votos.

Art. 151. Concluído o julgamento, o Presidente proclamará a decisão e, se vencido o relator, designará redator do acórdão ou relator do recurso principal, em caso de agravo interno, o Ministro prolator do primeiro voto vencedor.

▸ *Caput* com redação pela ER 7/2024.

§ 1º Considera-se vencido o voto que, não obstante tenha apontado o mesmo resultado do voto vencedor, divergiu do seu fundamento determinante, reputando-se vencedor o voto que inaugurou o fundamento prevalecente.

▸ § 1º renumerado com redação pela ER 7/2024.

§ 2º Nos dissídios coletivos originários ou em grau recursal, se houver divergência ainda que seja apenas em uma das cláusulas ou questões, redigirá o acórdão o Ministro que proferiu voto divergente e será aproveitado o voto do relator originário em relação às demais.

▸ § 2º acrescido pela ER 7/2024.

Art. 152. As decisões proclamadas serão consignadas em certidão, que será juntada aos autos, na qual constarão:

I – a identificação, o número do processo e o nome das partes e dos advogados que sustentara moralmente;

II – o nome do Ministro que presidiu a sessão de julgamento;

III – o nome do representante do Ministério Público do Trabalho presente na sessão;

IV – o nome do advogado constituído presente na sessão, quando assim o requerer, ainda que não seja caso de sustentação oral;

V – o nome do relator e dos Ministros que participaram do julgamento;

VI – a suspensão do julgamento em razão de pedido de vista regimental, com registro dos votos já proferidos e designação da data prevista para o seu prosseguimento;

VII – a conclusão do julgamento com a indicação dos votos vencidos, se houver;

VIII – a designação do Ministro redator do acórdão, nos casos previstos no art. 151 deste Regimento;

IX – os impedimentos e suspeições dos Ministros para o julgamento;

X – a data da sessão.

Art. 153. Concluídos os julgamentos, o Presidente encerrará a sessão, devendo ser lavrada a respectiva ata.

Parágrafo único. Na hipótese de remanescer em julgamento número significativo de processos, a critério do órgão julgador, deverá o seu Presidente designar outro dia para o prosseguimento da sessão, com nova publicação da pauta quando não verificadas as exceções previstas nos arts. 119, § 2.º, e 122, § 2.º, deste Regimento.

Art. 154. Na ata, serão consignados, resumidamente, os assuntos tratados na sessão, devendo constar:

I – dia, mês, ano e hora da abertura da sessão;

II – nome do Ministro que presidiu a sessão;

III – nomes dos Ministros presentes;

IV – nome do representante do Ministério Público do Trabalho;

V – sumária notícia dos expedientes, das propostas e das deliberações;

VI – identificação dos processos julgados, com o resultado da decisão e os votos vencidos, nomes das partes e dos advogados, se tiver havido sustentação oral.

Art. 155. A ata será assinada pelo Presidente do colegiado e arquivada na Secretaria.

Seção IV
Da participação dos advogados

Art. 156. Nas sessões de julgamento do Tribunal, os advogados, no momento em que houverem de intervir, terão acesso à tribuna.

Parágrafo único. Na sustentação oral, ou para dirigir-se ao colegiado, os advogados vestirão beca, que lhes será posta à disposição. É dispensável o uso da beca nas sustentações orais virtuais, mas deverá ser usado traje adequado, correspondente ao paletó e gravata para os advogados e indumentária compatível com a solenidade do ato para as advogadas.

▸ Parágrafo único com redação pela ER 7/2024.

Art. 157. Os pedidos de preferência para os julgamentos de processos na sessão presencial deverão ser formulados pelos advogados até a hora prevista para o seu início e serão concedidos com observância da ordem de registro.

§ 1º O pregão do processo em preferência vincula-se à presença, na sala de sessões, do advogado que o requereu ou de outro advogado constituído.

§ 2º O advogado, desde que munido de procuração, poderá requerer o registro de sua presença na sessão de julgamento na qual se encontre pautado o processo.

▸ § 2º com redação pela ER 7/2024.

Art. 158. Os requerimentos de preferência formulados por um mesmo advogado ou por advogados integrantes de uma mesma sociedade, nos termos do art. 272, § 1.º, do CPC, em relação a mais de 3 (três) processos, poderá ser deferido de forma alternada, considerados os pedidos formulados pelos demais advogados.

Art. 159. Os pedidos de adiamento de julgamento, se dirigidos à Presidência no início da sessão, somente serão admitidos se devidamente justificados, com a concordância do relator.

▸ Artigo com redação pela ER 7/2024.

Art. 160. O advogado sem mandato nos autos, ou que não o apresentar no ato, não poderá proferir sustentação oral.

Art. 161. Ressalvado o disposto no art. 147, § 11, deste Regimento, a sustentação oral será feita de uma só vez, ainda que arguida matéria preliminar ou prejudicial.

§ 1º Ao proferir seu voto, o relator fará um resumo da matéria em discussão e antecipará sua conclusão, hipótese em que poderá ocorrer a desistência da sustentação, ante a antecipação do resultado. Havendo, porém, qualquer voto divergente daquele anunciado pelo relator, o Presidente voltará a facultar a palavra ao advogado desistente. Não desistindo os advogados da sustentação, o Presidente concederá a palavra a cada um dos representantes das partes, por 10 (dez) minutos, sucessivamente.

§ 2º Usará da palavra, em primeiro lugar, o advogado do recorrente; se ambas as partes o forem, o do reclamante.

§ 3º Aos litisconsortes representados por mais de um advogado, o tempo lhes será proporcionalmente distribuído, podendo haver prorrogação até o máximo de 20 (vinte) minutos, ante a relevância da matéria.

§ 4º Quando for parte o Ministério Público do Trabalho, seu representante poderá proferir sustentação oral após as demais partes, sendo-lhe concedido prazo igual.

▸ § 4º com redação pela ER 7/2024.

§ 5º Não haverá sustentação oral em:

I – embargos de declaração;

II – conflito de competência;

III – agravo de instrumento;

IV – agravos internos previstos neste Regimento, salvo se interpostos contra decisão monocrática de relator que:

▸ Inciso IV com redação pela ER 5/2022.

a) julgue o mérito ou não conheça de recurso que, se fosse apreciado por órgão colegiado do TST, comportaria sustentação oral em seu julgamento;

b) extinga, com ou sem resolução de mérito, ação rescisória, mandado de segurança, reclamação, habeas corpus e outras ações de competência originária;

c) conceda ou denegue a medida liminar em mandado de segurança;

V – arguição de suspeição ou de impedimento

VI – tutelas provisórias;

VII – incidentes de desconsideração da personalidade jurídica.

§ 6º O Presidente do órgão julgador cassará a palavra do advogado que, em sustentação oral, conduzir-se de maneira desrespeitosa ou, por qualquer motivo, inadequada.

Seção V
Das disposições especiais

Art. 162. A Subseção I da Seção Especializada em Dissídios Individuais julgará desde logo a matéria objeto de recurso de revista não conhecida pela Turma, caso conclua, no julgamento dos embargos interpostos, que aquele recurso estava corretamente fundamentado em contrariedade a súmula, a orientação jurisprudencial, a precedente normativo, a acórdão proferido pelo Supremo Tribunal Federal ou pelo Tribunal Superior do Trabalho em julgamento de recursos repetitivos, a entendimento firmado em incidente de resolução de demandas repetitivas ou de assunção de competência, a decisão do Supremo Tribunal Federal em controle concentrado de constitucionalidade e a decisão do Tribunal Pleno, do Órgão Especial ou da própria Subseção Especializada mencionada.

Seção VI
Das sessões solenes

Art. 163. O Tribunal Pleno reunir-se-á em sessão solene para:

I – dar posse ao Presidente, Vice-Presidente e Corregedor-Geral da Justiça do Trabalho;

II – dar posse aos Ministros do Tribunal;

III – celebrar acontecimento de alta relevância.

Art. 164. O cerimonial das sessões solenes será regulado por ato do Presidente do Tribunal.

Seção VII
Das decisões e da sua publicação

Art. 165. Os acórdãos serão assinados pelo relator do processo ou pelo redator designado.

Parágrafo único. Na ausência do relator ou do redator designado, assinará o acórdão o Presidente do órgão.

Art. 166. Os acórdãos da Seção Especializada em Dissídios Coletivos serão publicados na íntegra, no órgão oficial; os dos demais colegiados terão publicadas apenas a ementa e a parte dispositiva.

Parágrafo único. A republicação de acórdão somente será feita quando autorizada pelo Presidente do Tribunal ou pelo Presidente do órgão prolator da decisão.

Art. 167. Publicado o acórdão, vencido o prazo de recurso para as partes, a Secretaria encaminhará os autos à Procuradoria-Geral do Trabalho, quando for parte o Ministério Público do Trabalho, pessoa jurídica de direito público, Estado estrangeiro ou organismo internacional.

▶ Artigo com redação pela ER 7/2024.

Art. 168. São elementos essenciais do acórdão:

I – a ementa, que, resumidamente, consignará as teses jurídicas prevalecentes no julgamento, para cada tema recursal;

II – o relatório, que conterá os nomes das partes, a identificação do caso com suma das questões controvertidas e o registro das principais ocorrências havidas no andamento do processo;

III – a fundamentação vencedora e, igualmente, o voto vencido, sendo ambos necessariamente declarados;

IV – o dispositivo.

Parágrafo único. Nos incidentes de recursos repetitivos, de assunção de competência e de resolução de demandas repetitivas, o acórdão abrangerá a análise de todos os fundamentos suscitados concernentes à tese jurídica discutida, sejam favoráveis ou contrários.

TÍTULO II

▶ Título II com redação pela ER 7/2024.

CAPÍTULO I
DA UNIFORMIZAÇÃO DA JURISPRUDÊNCIA

Art. 169. A uniformização da jurisprudência reger-se-á pelos arts. 896-B e 896-C, da CLT, pelos preceitos deste Regimento e, no que couber, pelas normas do CPC aplicáveis.

▶ Artigo com redação pela ER 7/2024.

Art. 170. Para todos os efeitos legais, a jurisprudência dominante do Tribunal Superior do Trabalho será consolidada em súmula, orientação jurisprudencial ou precedente normativo.

▶ Artigo com redação pela ER 7/2024.

Parágrafo único. Os precedentes do Tribunal Superior do Trabalho, para todos os efeitos legais, serão firmados em incidentes de recursos de repetitivos, de assunção de competência e de resolução de demandas repetitivas, bem como pela orientação do Plenário, do Órgão Especial ou de Seção Especializada competente para uniformizar a jurisprudência, nos termos da lei e deste Regimento Interno.

▶ Parágrafo único acrescido pela EER 7/2024.

Art. 171. A revisão ou cancelamento de súmulas e orientações jurisprudenciais seguirá a disciplina prevista nos Capítulos II e III do presente Título, enquanto a revisão e a superação dos precedentes firmados nos incidentes de recursos repetitivos, de assunção de competência e de resolução de demandas repetitivas serão tratados no Livro II, Título V, Capítulo IV, deste Regimento Interno.

▶ Caput com redação pela ER 7/2024.

I e II. Revogados pela ER 7/2024.

§§ 1º a 10 – Revogados pela ER 7/2024.

Art. 171-A. Não se processará o projeto de edição de súmula ou precedente normativo quando já houver, sobre a questão jurídica debatida:

▶ Art. 171-A acrescido pela ER 7/2024.

I – decisão do Supremo Tribunal Federal em controle concentrado de constitucionalidade;

II – enunciado de súmula vinculante;

III – acórdão firmado pelo Supremo Tribunal Federal com repercussão geral ou prolatado em julgamento de recursos extraordinário repetitivos;

IV – acórdão prolatado pelo Tribunal Superior do Trabalho em incidente de assunção de competência, de resolução de demandas repetitivas e de revista repetitivos;

V – enunciado das súmulas do Supremo Tribunal Federal em matéria constitucional.

VI – questão jurídica afetada para julgamento nos termos dos incisos I, III e IV deste artigo.

CAPÍTULO II
DAS SÚMULAS

Art. 172. A jurisprudência dominante do Tribunal Superior do Trabalho será consolidada na Súmula, composta de enunciados cuja edição, revisão e cancelamento observarão os preceitos descritos neste Capítulo.

▶ Artigo com redação pela ER 7/2024.

Art. 173. A proposta de edição, revisão ou cancelamento de súmula poderá partir:

▶ Artigo com redação pela ER 7/2024.

I – da Comissão de Jurisprudência e de Precedentes Normativos, mediante projeto, que deverá sugerir o texto a ser editado ou revisto, instruído com cópias dos precedentes e da legislação pertinente, ou proposta fundamentada de cancelamento, que será encaminhado ao Presidente do Tribunal para ser submetido à apreciação do Tribunal Pleno;

II – de qualquer órgão judicante do Tribunal, a ser encaminhada à Comissão de Jurisprudência e de Precedentes Normativos, que, fundamentadamente, a rejeitará ou elaborará projeto nos termos do inciso I.

III – da Procuradoria-Geral do Trabalho, do Conselho Federal da Ordem dos Advogados do Brasil, de confederação sindical de âmbito nacional ou de Central Sindical cujos requisitos de representatividade tenham sido reconhecidos por ato do Ministério do Trabalho a ser encaminhada à Presidência do Tribunal Superior do Trabalho, que poderá remetê-la à Comissão de Jurisprudência e de Precedentes Normativos, a fim de que, fundamentadamente, a rejeite ou elabore projeto.

▶ Incisos I a III acrescidos pela ER 7/2024.

§ 1º Qualquer dos Ministros poderá propor, em novos feitos, a revisão da jurisprudência compendiada na Súmula e será sobrestado o julgamento, se necessário.

§ 2º Se algum dos Ministros propuser revisão da jurisprudência compendiada na Súmula, em julgamento perante a Turma ou Seção Especializada, esta, se acolher a proposta, remeterá o feito à Comissão de Jurisprudência e de Precedentes Normativos para deliberação, na forma do inciso II deste artigo.

▶ §§ 1º e 2º acrescidos pela ER 7/2024.

Art. 174. A Comissão de Jurisprudência e de Precedentes Normativos terá o prazo de 30 (trinta) dias para emitir parecer sobre as propostas formuladas nos termos do art. 173, II, deste Regimento, e o Presidente do Tribunal terá igual prazo para submeter ao Pleno as propostas e pareceres da Comissão de Jurisprudência e de Prece-

dentes Normativos encaminhadas no cumprimento do artigo anterior.

▶ Artigo com redação pela ER 7/2024.

§ 1º A alteração de tese jurídica adotada em enunciado de súmula poderá, a critério da Comissão de Jurisprudência e de Precedentes Normativos, ser precedida de audiências públicas e da participação de pessoas, órgãos ou entidades que possam contribuir para a rediscussão da tese, caso em que o prazo previsto no *caput* deste artigo começará a fluir da conclusão das audiências.

§ 2º As sessões do Tribunal Pleno para deliberação sobre estabelecimento, revisão e/ou cancelamento de súmulas deverão ser públicas e divulgadas com, no mínimo, 20 (vinte) dias de antecedência.

§ 3º Será aprovado o projeto de estabelecimento, revisão e/ou cancelamento de súmulas quando a ele anuir a maioria absoluta dos membros do Tribunal Pleno, que desde já fixarão o teor do texto a ser editado.

§ 4º Ao editar enunciados de súmula, o Tribunal Pleno deverá ater-se às circunstâncias fáticas dos precedentes que motivaram sua criação. **§ 5º** Na hipótese de alteração de enunciado da súmula, poderá haver modulação dos efeitos da alteração no interesse social e no da segurança jurídica. **§ 6º** Os enunciados da súmula, datados e numerados, serão publicados três vezes na Imprensa Oficial, em datas próximas.

▶ §§ 1º a 4º acrescidos pela ER 7/2024.

Art. 175. A proposta de edição de súmula deverá observar um dos seguintes pressupostos:

▶ Artigo com redação pela ER 7/2024.

I – dois acórdãos reveladores de unanimidade sobre a tese, desde que presentes aos julgamentos todos os membros efetivos da Seção ou Subseção Especializada;

II – três acórdãos reveladores de unanimidade sobre a tese, desde que presentes aos julgamentos pelo menos 2/3 (dois terços) dos membros efetivos da Seção ou Subseção Especializada;

III – cinco acórdãos prolatados por maioria simples, desde que presentes aos julgamentos pelo menos 2/3 (dois terços) dos membros efetivos da Seção ou Subseção Especializada.

▶ Incisos I a III acrescidos pela ER 7/2024.

§ 1º Os acórdãos catalogados para fim de edição de Súmula deverão ser de relatores diversos, proferidos em sessões distintas.

§ 2º A edição de súmula também poderá decorrer da conversão ou aglutinação de orientações jurisprudenciais, desde que publicadas pelo menos 2 (dois) anos antes da proposta de conversão ou aglutinação, e ausente, em igual período, proposta de revisão ou superação do enunciado no âmbito do respectivo órgão colegiado.

▶ §§ 1º e 2º acrescidos pela ER 7/2024.

Parágrafo único. Revogado pela ER 7/2024.

Art. 176. Quando decorrer da sedimentação de tese firmada em incidente de arguição de inconstitucionalidade de lei ou de ato normativo do poder público, ou ainda em julgamento de incidente de recursos repetitivos, de assunção de competência ou de resolução de demandas repetitivas, revisão ou cancelamento de súmula independe da observância dos dispositivos regimentais que regem a matéria, salvo quanto à exigência relativa à tomada de decisão por maioria absoluta.

▶ Artigo com redação pela ER 7/2024.

Parágrafo único. O mesmo se aplica à edição de súmula como decorrência de tese firmada em incidente de arguição de inconstitucionalidade.

▶ Parágrafo único acrescido pela ER 7/2024.

Art. 177. A proposta de cancelamento ou revisão de enunciado dispensará a indicação de precedentes, limitando-se a fundamentar a revisão ou cancelamento da súmula no conflito com a lei ou com precedente vinculante do Supremo Tribunal Federal, nos casos de:

▶ Caput com redação pela ER 7/2024.

I – alteração da legislação que embasava verbete sumulado ou orientação jurisprudencial;

II – fixação de tese jurídica em precedente vinculante do Supremo Tribunal Federal.

▶ Incisos I e II acrescidos pela ER 7/2024.

Parágrafo único. Revogado pela ER 7/2024.

CAPÍTULO III
DOS PRECEDENTES NORMATIVOS

▶ Capítulo III com redação pela ER 7/2024.

Art. 178. A proposta de edição, revisão ou cancelamento de Precedentes Normativos do Tribunal seguirá os mesmos trâmites e observará as mesmas exigências

das súmulas, à exceção das normas específicas deste Capítulo

Arts. 179 a 182. Revogados pela ER 7/2024.

CAPÍTULO IV
DA DIVULGAÇÃO DA JURISPRUDÊNCIA DO TRIBUNAL

Art. 183. A jurisprudência do Tribunal será divulgada pelas seguintes publicações:

I – Diário Eletrônico da Justiça do Trabalho ou Diário da Justiça da União;

II – Revista do Tribunal Superior do Trabalho;

III – periódicos autorizados, mediante registro;

IV – sítio do Tribunal Superior do Trabalho na rede mundial de computadores.

Parágrafo único. São repositórios autorizados para indicação de julgados perante o Tribunal os repertórios, revistas e periódicos registrados de conformidade com o ato normativo editado pela Presidência, além do sítio do Tribunal Superior do Trabalho na rede mundial de computadores.

Art. 184. As súmulas, as orientações jurisprudenciais, os precedentes normativos e as teses jurídicas firmadas nos incidentes de recursos repetitivos, de assunção de competência e de resolução de demandas repetitivas, datados e numerados, serão publicados por 3 (três) vezes consecutivas no Diário da Justiça da União ou no Diário Eletrônico da Justiça do Trabalho, com a indicação dos respectivos precedentes, observado o mesmo procedimento na revisão e no cancelamento.

Parágrafo único. As súmulas, as orientações jurisprudenciais, os precedentes normativos e as teses jurídicas firmadas nos incidentes de recursos repetitivos, de assunção de competência e de resolução de demandas repetitivas cancelados ou alterados manterão a respectiva numeração, com a nota correspondente, tomando novos números as que forem editadas.

TÍTULO III
DOS ATOS PROCESSUAIS

CAPÍTULO I
DOS ATOS E FORMALIDADES

Seção I
Das disposições gerais

Art. 185. Os atos processuais serão autenticados, conforme o caso, mediante a assinatura ou a rubrica do Presidente, dos Ministros ou dos servidores para tal fim qualificados.

Parágrafo único. É exigida a assinatura usual nos acórdãos, na correspondência oficial e nas certidões, ressalvada a hipótese de chancela mecânica e dos procedimentos permitidos pela Lei n.º 11.419/2006.

Seção II
Das notificações e dos editais

Art. 186. A critério do Presidente do Tribunal, dos Presidentes das Turmas ou do relator, conforme o caso, a notificação de ordens ou decisões será feita:

I – por publicação no Diário Eletrônico da Justiça do Trabalho ou no Diário da Justiça da União;

II – por servidor credenciado;

III – por via postal ou por qualquer modo eficaz de telecomunicação, com as cautelas necessárias à autenticação da mensagem e do recebimento.

Parágrafo único. Poder-se-á admitir a resposta pela forma indicada no inciso III deste artigo.

Art. 187. Da publicação do expediente de cada processo constará, além do nome das partes, o de seu advogado, com o respectivo número de inscrição na Ordem dos Advogados do Brasil – OAB, ou, se assim requerido, da sociedade de advogados registrada na OAB, nos termos do art. 272, §§ 1.º e 2.º, do CPC.

Art. 188. É suficiente a indicação do nome de um dos advogados, quando a parte houver constituído mais de um, ou o constituído substabelecer a outro com reserva de poderes.

Parágrafo único. As comunicações dos atos processuais serão realizadas em nome dos advogados indicados, se houver pedido expresso da parte interessada.

Art. 189. A retificação de publicação no Diário Eletrônico da Justiça do Trabalho ou no Diário da Justiça da União, com efeito de intimação, decorrente de incorreções ou omissões, será providenciada pela Secretaria do órgão responsável pela publicação, mediante despacho do Presidente do Tribunal ou do Presidente de Turma, ou por deliberação do órgão julgador, conforme o caso.

Art. 190. Os editais destinados à divulgação de ato poderão conter apenas o essencial à defesa ou à resposta, observadas as normas previstas na lei processual.

Art. 191. Nas férias dos Ministros, não se interromperá a publicação de acórdãos, decisões e despachos no órgão oficial.

CAPÍTULO II
DOS PRAZOS

Art. 192. A contagem dos prazos no Tribunal será feita segundo as normas estabelecidas na lei processual, ainda que se trate de procedimento administrativo.

§ 1º O recesso forense e as férias coletivas dos Ministros suspendem os prazos recursais.

§ 2º Nos casos deste artigo, os prazos começam ou continuam a fluir no dia de reabertura do expediente forense.

Art. 193. Os prazos para os Ministros, salvo acúmulo de serviço, são os seguintes:

I – 10 (dez) dias para despachos e atos administrativos;

II – 30 (trinta) dias para as decisões interlocutórias e para o visto do relator;

III – 20 (vinte) dias para o visto do revisor;

IV – 15 (quinze) dias para lavratura de acórdão, exceto o referente às decisões normativas, em que o prazo é de 10 (dez) dias;

V – 15 (quinze) dias para justificativa de voto;

VI – 10 (dez) dias para vista regimental, nos termos do art. 147 deste Regimento.

Parágrafo único. Por deliberação do Órgão Especial, os prazos fixados neste artigo poderão ser suspensos, caracterizada situação excepcional que justifique a medida.

CAPÍTULO III
DOS DADOS ESTATÍSTICOS

Art. 194. Os dados estatísticos relativos às atividades jurisdicionais dos órgãos do Tribunal e dos Ministros serão publicados, mensalmente, no órgão oficial.

Art. 195. Da publicação da estatística deverá constar o nome dos julgadores, o número de feitos que lhes foram distribuídos ou conclusos no mês, as decisões proferidas, os processos julgados, os acórdãos lavrados, os pedidos de vista, bem como os processos pendentes de exame e de inclusão em pauta, e os processos com vista à Procuradoria-Geral do Trabalho.

CAPÍTULO IV
DAS AUDIÊNCIAS

Art. 196. As audiências para instrução de processo da competência originária do Tribunal serão públicas e realizadas nos dias e horários marcados pelo Presidente, pelo Vice-Presidente ou pelo Ministro por eles designado, ou pelo relator, presentes o Secretário-Geral Judiciário, no caso de processo de competência originária da Seção Especializada em Dissídios Coletivos, ou os Secretários das Subseções Especializadas em Dissídios Individuais, conforme o caso.

Parágrafo único. O Ministro que presidir a audiência deliberará sobre o que lhe for requerido.

Art. 197. Ninguém se retirará da sala de audiência a que haja comparecido para dela participar sem permissão do Ministro que a presidir.

Art. 198. Será lavrada ata da audiência de instrução e conciliação.

Art. 199. As audiências públicas serão realizadas nos dias e horários marcados pelo Presidente ou pelo relator, de ofício ou a requerimento, para colher informações de terceiros potencialmente atingidos pela decisão ou de especialistas na tese jurídica discutida, presente o Secretário do órgão competente, e atenderão ao seguinte procedimento:

§ 1º A audiência pública será convocada por edital, publicado na página do Tribunal na rede mundial de computadores, no Diário Eletrônico da Justiça do Trabalho, tendo, ainda, ampla divulgação em veículos de comunicação apropriados às características do público destinatário.

§ 2º O edital de convocação deverá conter o assunto da audiência, a indicação da questão específica objeto de discussão, a descrição do público destinatário do ato, a data, o local e o horário da sua realização e os critérios de inscrição e manifestação.

§ 3º A convocação deverá ocorrer com antecedência mínima de 30 (trinta) dias, salvo em situações de urgência.

§ 4º Será garantida a participação das diversas correntes de opinião em torno da questão discutida.

§ 5º O Ministério Público do Trabalho será intimado para participar da audiência.

§ 6º A audiência pública será presidida pelo Ministro relator, a quem cabe selecionar previamente as pessoas que serão ouvidas, divulgar a lista de habilitados, determinar a ordem dos trabalhos e fixar o tempo de manifestação de cada um, que deve se restringir à questão discutida, sob pena de lhe ser cassada a palavra.

§ 7º Todos os membros do órgão colegiado competente para o julgamento da causa podem participar da audiência e formular perguntas aos participantes, devendo a Secretaria respectiva dar-lhes ciência dos termos do edital de convocação por ofício específico encaminhado ao gabinete com a mesma antecedência da publicação do edital.

§ 8º A audiência pública será registrada em ata e mediante gravação de áudio e vídeo, bem como transmitida por meio da rede mundial de computadores e redes de televisão estatais, sempre que possível.

§ 9º As questões levantadas durante a audiência pública, desde que relevantes para o julgamento da causa, deverão ser examinadas pelo órgão julgador, na forma do art. 489, § 1.º, do CPC.

TÍTULO IV
DOS PROCESSOS EM ESPÉCIE

CAPÍTULO I
DOS PROCESSOS SOBRE COMPETÊNCIA
DOS CONFLITOS DE COMPETÊNCIA E DE ATRIBUIÇÕES

Art. 200. O conflito de competência poderá ocorrer entre autoridades judiciárias; o de atribuições, entre autoridades judiciárias e administrativas.

Art. 201. Dar-se-á conflito quando:

I – 2 (duas) ou mais autoridades se declaram competentes;

II – 2 (duas) ou mais autoridades se consideram incompetentes,

atribuindo uma à outra a competência;

III – houver controvérsia entre 2 (duas) ou mais autoridades sobre a reunião ou separação de processos.

Parágrafo único. A autoridade que não acolher a competência declinada deverá suscitar o conflito, salvo se a atribuir a uma outra autoridade.

Art. 202. O conflito poderá ser suscitado ao Tribunal:

I – por qualquer das autoridades conflitantes, por ofício;

II – pela parte interessada ou seus representantes legais e pelo Ministério Público do Trabalho, por petição.

Parágrafo único. O ofício e a petição serão instruídos com os documentos necessários à prova do conflito.

Art. 203. O processo de conflito será autuado e distribuído, observada a competência dos órgãos judicantes do Tribunal.

Art. 204. O relator, de ofício ou a requerimento de qualquer das partes, poderá determinar, quando positivo o conflito, o sobrestamento do processo e, nesse caso, bem como no de conflito negativo, designará um dos órgãos para resolver, em caráter provisório, as medidas urgentes.

Parágrafo único. O relator poderá julgar de plano o conflito de competência quando sua decisão se fundar em:

I – súmula do Supremo Tribunal Federal ou do Tribunal Superior do Trabalho;

II – tese firmada em julgamento de casos repetitivos ou em incidente de assunção de competência.

Art. 205. Após a distribuição e sempre que necessário, o relator determinará a oitiva das autoridades em conflito, no prazo de 10 (dez) dias.

Art. 206. Prestadas ou não as informações, o relator, se for o caso, dará vista do processo ao Ministério Público do Trabalho e, após, apresentá-lo-á em mesa para julgamento.

Art. 207. Proferida, a decisão será comunicada, imediatamente, às autoridades em conflito, devendo prosseguir o feito no Juízo, Tribunal ou órgão competente.

Parágrafo único. No caso de conflito positivo, o Presidente do órgão fracionário ou do Tribunal que o julgar poderá determinar o cumprimento, de imediato, da decisão, lavrando-se o acórdão posteriormente.

Art. 208. Salvo embargos de declaração, da decisão que resolver o conflito não caberá recurso, nem poderá a matéria ser renovada na discussão da causa principal.

Art. 209. Nos casos de conflito que envolva órgãos fracionários dos tribunais, Desembargadores e Juízes, bem como nos casos de conflito de atribuições en-

tre autoridade judiciária e autoridade administrativa, proceder-se-á, no que couber, na forma estabelecida neste Capítulo.

CAPÍTULO II
DAS AÇÕES ORIGINÁRIAS

Seção I
Da reclamação

Art. 210. Caberá reclamação para:

I – preservar a competência do Tribunal;

II – garantir a autoridade das decisões do Tribunal;

III – garantir a observância de acórdão proferido em incidentes de assunção de competência, de resolução de demandas repetitivas e de julgamento de recursos repetitivos.

§ 1º Estão legitimados para a reclamação a parte interessada ou o Ministério Público do Trabalho.

§ 2º A reclamação será processada e julgada pelo órgão colegiado cuja competência se busca preservar ou cuja autoridade se pretende garantir.

§ 3º Oficiará no feito o Ministério Público do Trabalho, como custos legis, salvo se figurar como reclamante.

Art. 211. A reclamação, dirigida ao Presidente do Tribunal e instruída com prova documental, será autuada e distribuída, sempre que possível, ao relator da causa principal, observando-se, no que couber, as disposições deste Regimento.

Art. 212. É inadmissível a reclamação proposta:

I – após o trânsito em julgado da decisão reclamada;

II – em face de decisão monocrática de Ministro ou colegiada do Tribunal, pelo seu Pleno ou órgão fracionário.

Art. 213. Ao despachar a inicial, incumbe ao relator:

I – requisitar informações da autoridade a quem for atribuída a prática do ato impugnado, para que as apresente no prazo de 10 (dez) dias úteis;

II – ordenar liminarmente, se houver risco de dano irreparável, a suspensão do processo ou do ato impugnado;

III – determinar a citação do beneficiário da decisão impugnada, que terá prazo de 15 (quinze) dias úteis para apresentar contestação.

Parágrafo único. Decorridos os prazos para informações e oferecimento de contestação pelo beneficiário do ato impugnado, o Ministério Público terá vista dos autos por 5 (cinco) dias, salvo se figurar como reclamante.

Art. 214. À reclamação poderá opor-se, fundamentadamente, qualquer interessado.

§ 1º É obrigatória a intimação da parte interessada da decisão de indeferimento liminar da reclamação.

§ 2º O relator arbitrará o valor das custas, bem como o ônus da sucumbência.

§ 3º Os valores decorrentes da sucumbência serão processados nos autos da reclamação.

Art. 215. Julgada procedente a reclamação, o Tribunal cassará a decisão exorbitante de seu julgado ou determinará medida adequada à preservação da sua competência.

Art. 216. O Presidente do órgão julgador competente determinará o cumprimento imediato da decisão, lavrando-se o acórdão posteriormente.

Parágrafo único. Caberá ao Ministro relator determinar a adoção das medidas indutivas, coercitivas, mandamentais ou sub-rogatórias necessárias para assegurar o cumprimento da decisão.

Art. 217. Dos acórdãos proferidos pelos Tribunais Regionais do Trabalho, em reclamação, caberá recurso ordinário, a ser distribuído no âmbito do órgão fracionário competente para o julgamento do recurso cabível para o Tribunal Superior do Trabalho no processo principal.

Seção II
Do habeas corpus

Art. 218. Impetrado o habeas corpus, o relator requisitará informações do apontado coator, no prazo que fixar, e poderá, ainda:

▸ *Caput* com redação pela ER 7/2024.

I – nomear advogado para acompanhar e defender oralmente o pedido, se o impetrante não for bacharel em Direito;

II – ordenar diligências necessárias à instrução do pedido;

III – se convier ouvir o paciente, determinar sua apresentação à sessão de julgamento;

IV – no *habeas corpus* preventivo, expedir salvo-conduto em favor do paciente, até decisão do feito, se houver grave risco de se consumar a violência.

Art. 219. Instruído o processo e ouvido o Ministério Público, o relator o submeterá a julgamento na primeira sessão da Subseção II da Seção Especializada em Dissídios Individuais, independentemente de pauta.

Parágrafo único. Opondo-se o paciente, não se conhecerá do pedido.

Art. 220. A decisão concessiva de *habeas corpus* será imediatamente comunicada às autoridades a quem couber cumpri-la, sem prejuízo da remessa de cópia do acórdão.

Parágrafo único. A comunicação, mediante ofício ou qualquer outro meio idôneo, bem como o salvo-conduto, em caso de ameaça de violência ou coação, serão firmados pelo relator.

Art. 221. A autoridade administrativa prisional, o escrivão, o oficial de justiça ou a autoridade judiciária, policial ou militar que embaraçar ou procrastinar o encaminhamento do pedido de *habeas corpus*, ou as informações sobre a causa da violência, coação ou ameaça, serão multados na forma da legislação processual vigente, sem prejuízo de outras sanções penais ou administrativas.

Art. 222. O Presidente do Tribunal expedirá mandado contra a autoridade administrativa prisional e oficiará ao Ministério Público, para que promova a ação penal, no caso de desobediência ou retardamento abusivo no cumprimento da ordem de *habeas corpus*.

Parágrafo único. Na hipótese deste artigo, o Presidente do Tribunal adotará as providências necessárias ao cumprimento da decisão, com emprego dos meios legais cabíveis.

Art. 223. Quando o pedido for incabível, ou for manifesta a incompetência do Tribunal para dele conhecer originariamente, ou for reiteração de outro com os mesmos fundamentos, o relator o indeferirá liminarmente.

Seção III
Do mandado de segurança

Art. 224. Cabe mandado de segurança contra ato do Presidente ou de qualquer dos membros ou órgãos da Corte, observadas para o julgamento as regras referentes à competência dos órgãos judicantes do Tribunal.

Art. 225. O mandado de segurança coletivo pode ser impetrado por organização sindical, entidade de classe ou associação legalmente constituída e em funcionamento há, pelo menos, 1 (um) ano, em defesa de direitos líquidos e certos da totalidade ou de parte dos seus membros ou associados, na forma dos seus estatutos e desde que pertinentes às suas finalidades, dispensada, para tanto, autorização especial.

Parágrafo único. Os direitos protegidos pelo mandado de segurança coletivo podem ser:

I – coletivos, assim entendidos os transindividuais, de natureza indivisível, de que seja titular grupo ou categoria de pessoas ligadas entre si ou com a parte contrária por uma relação jurídica básica;

II – individuais homogêneos, assim entendidos os decorrentes de origem comum e da atividade ou situação específica da totalidade ou de parte dos membros ou associados do impetrante.

Art. 226. No mandado de segurança coletivo, a decisão fará coisa julgada limitadamente aos membros do grupo ou categoria substituídos pelo impetrante.

§ 1º O mandado de segurança coletivo não induz litispendência para as ações individuais, mas os efeitos da coisa julgada não beneficiarão o impetrante a título individual se não requerer a desistência de seu mandado de segurança no prazo de 30 (trinta) dias a contar da ciência comprovada da impetração da segurança coletiva.

§ 2º No mandado de segurança coletivo, a liminar só poderá ser concedida após a audiência do representante judicial da pessoa jurídica de direito público, que deverá se pronunciar no prazo de 72 (setenta e duas) horas, salvo em casos de manifesta urgência.

Art. 227. O mandado de segurança, de competência originária do Tribunal, terá seu processo iniciado por petição, que preencherá os requisitos legais, inclusive a necessidade de autenticação dos documentos que instruem a ação mandamental, sendo facultada ao advogado a declaração de autenticidade dos referidos documentos, sob sua responsabilidade pessoal, na forma do art. 830 da CLT, devendo conter, ainda, a indicação precisa da autoridade a quem se atribua o ato impugnado.

§ 1º Afirmado pelo requerente que o documento necessário à prova de suas alegações se encontra em órgão ou estabelecimento público ou em poder de autoridade que lhe recuse certidão, ele solicitará ao relator que seja requisitada, por ofício, a exibição do documento,

em original ou cópia autenticada, no prazo de 5 (cinco) dias úteis. Se a autoridade indicada pelo requerente for a coatora, far-se-á a requisição no próprio instrumento da intimação.

§ 2º Para os fins deste artigo, em se tratando de documento eletrônico, serão observadas as regras que disciplinam o processo eletrônico na Justiça do Trabalho.

Art. 228. Em caso de urgência, é permitido, observados os requisitos legais, impetrar mandado de segurança por telegrama, radiograma, fax ou outro meio eletrônico de autenticidade comprovada.

§ 1º Poderá o juiz, em caso de urgência, notificar a autoridade por telegrama, radiograma ou outro meio que assegure a autenticidade do documento e a imediata ciência pela autoridade.

§ 2º O texto original da petição deverá ser apresentado nos 5 (cinco) dias úteis seguintes.

§ 3º Para os fins deste artigo, em se tratando de documento eletrônico, serão observadas as regras que disciplinam o processo eletrônico na Justiça do Trabalho.

Art. 229. Distribuído o feito na forma regimental, o relator mandará ouvir a autoridade dita coatora, mediante ofício acompanhado da segunda via da petição, instruída com as cópias dos documentos, a fim de que preste informações no prazo legal.

§ 1º A petição inicial poderá, de plano, ser indeferida pelo relator, quando não for a hipótese de mandado de segurança, ou quando não atendidos os requisitos do art. 227 deste Regimento, devendo os autos ser remetidos ao Juízo competente, se manifesta a incompetência do Tribunal, dispensadas as informações da autoridade dita coatora.

§ 2º Salvo nos casos vedados em lei, o relator poderá ordenar a suspensão liminar do ato que deu motivo ao pedido, quando for relevante o fundamento e do ato impugnado puder resultar a ineficácia da medida, caso seja deferida.

§ 3º Deferida a medida liminar, o processo terá prioridade para julgamento.

§ 4º Da decisão do relator que conceder ou denegar a medida liminar caberá agravo interno ao órgão colegiado competente do Tribunal do qual o magistrado seja integrante.

§ 5º Se, por ação ou omissão, o beneficiário da liminar der causa à procrastinação do julgamento do pedido, poderá o relator revogar a medida.

Art. 230. Transcorrido o prazo legal para as informações, o relator determinará a remessa dos autos à Procuradoria-Geral do Trabalho, que opinará, dentro do prazo improrrogável de 10 (dez) dias.

Parágrafo único. Com ou sem o parecer do Ministério Público do Trabalho, os autos serão conclusos ao relator para a instrução do processo, se necessária, e para que este o encaminhe para inclusão na próxima pauta de julgamento ou, quando a matéria for objeto de jurisprudência consolidada do Tribunal, julgue monocraticamente o pedido.

▸ Parágrafo único com redação pela ER 7/2024.

Art. 231. A concessão ou a denegação da segurança, na vigência da medida liminar, **será** imediatamente comunicada, por intermédio da Secretaria do órgão julgador, à autoridade apontada como coatora e à pessoa jurídica interessada, mediante ofício ou pelo correio, através de por correspondência com aviso de recebimento. (...)

▸ *Caput* com redação pela ER 7/2024.

Parágrafo único. Em caso de urgência, poderá ser observado o disposto no art. 228 deste Regimento.

Seção IV
Do mandado de injunção
e do habeas data

Art. 232. No mandado de injunção e no *habeas data*, serão observadas as normas da legislação de regência e, de forma supletiva e subsidiária, a Lei n.º 12.016/ 2009 e o Código de Processo Civil.

Seção V
Da ação rescisória

Art. 233. Caberá ação rescisória dos acórdãos prolatados pelo Tribunal, no prazo e nas hipóteses previstas na legislação processual aplicável, observadas, para o julgamento, as regras alusivas à competência dos órgãos judicantes da Corte.

§ 1º A ação rescisória está sujeita ao depósito prévio equivalente a 20% (vinte por cento) do valor da causa, importância que se converterá em multa em favor do réu, caso a ação seja, por unanimidade de votos, declarada inadmissível ou improcedente.

§ 2º Não se aplica o disposto no parágrafo anterior ao autor que tenha feito prova de insuficiência econômica e à União, aos Estados, ao Distrito Federal, aos Municípios, às suas respectivas autarquias e fundações de direito público, ao Ministério Público e à Defensoria Pública.

▸ § 2º com redação pela ER 7/2024.

Art. 234. A ação rescisória terá início por petição, preenchidos os requisitos da legislação processual compatíveis com o processo do trabalho.

Parágrafo único. Registrada e autuada, a ação rescisória será distribuída, mediante sorteio, a um relator, dentre os Ministros integrantes do órgão julgador competente.

Art. 235. A petição inicial será indeferida pelo relator, se não preenchidas as exigências legais e não suprida a irregularidade.

Art. 236. Nas ações rescisórias que dispensem a fase instrutória, o relator também poderá, independentemente da citação do réu, julgar liminarmente improcedente o pedido se verificar, desde logo, a ocorrência de decadência ou se concluir configurada contrariedade a:

I – enunciado de súmula do Supremo Tribunal Federal ou do Tribunal Superior do Trabalho (art. 927, IV, do CPC);

II – acórdão proferido pelo Supremo Tribunal Federal em controle concentrado de constitucionalidade ou julgamento de processo de repercussão geral ou pelo Tribunal Superior do Trabalho em julgamento de recursos repetitivos (art. 896-B da CLT e art. 927, I e III, do CPC);

▸ Inciso II com redação pela ER 7/2024.

III – entendimento firmado em incidentes de assunção de competência, de resolução de demandas repetitivas e de recursos repetitivos;

IV – enunciado de súmula de Tribunal Regional do Trabalho sobre direito local, convenção coletiva de trabalho, acordo coletivo de trabalho, sentença normativa ou regulamento empresarial de observância obrigatória em área territorial que não exceda à jurisdição do respectivo Tribunal.

Art. 237. Compete ao relator, se a petição preencher os requisitos legais:

I – ordenar as citações e intimações requeridas;

II – receber ou rejeitar, liminarmente, a petição inicial e as exceções opostas e designar audiência especial para produção de provas, se requeridas ou se lhe parecerem necessárias, ou delegar a competência para a colheita de provas ao órgão que proferiu a decisão rescindenda ou a juiz ou a membro de outro tribunal do local onde estas devam ser produzidas, fixando prazo de 1 (um) a 3 (três) meses para a devolução dos autos;

▸ Inciso II com redação pela ER 7/2024.

III – submeter a julgamento em mesa as questões incidentes e as exceções opostas, quando regularmente processadas;

IV – dar vista ao Ministério Público do Trabalho, sempre que couber, depois das alegações finais das partes.

Parágrafo único. Reconhecida a incompetência do Tribunal para julgar a ação rescisória, o autor será intimado para emendar a petição inicial, a fim de adequar o objeto da ação, nos casos previstos nos incisos I e II do § 5.º do art. 968 do CPC, com a complementação, pelo réu, dos fundamentos de defesa e a remessa dos autos ao Tribunal competente, nos termos do § 6.º do art. 968 do CPC.

Art. 238. Feita a citação, o réu, no prazo assinalado pelo relator, que não poderá ser inferior a 15 (quinze) nem superior a 30 (trinta) dias, apresentará a contestação.

Art. 239. Ultimada a fase probatória, os autos permanecerão na Secretaria, para apresentação de razões finais, tendo as partes, sucessivamente, o prazo de 10 (dez) dias úteis.

▸ Caput com redação pela ER 7/2024.

Parágrafo único. Findo esse prazo e oficiado, quando cabível, o Ministério Público do Trabalho, serão os autos conclusos ao relator.

Seção VI
Dos dissídios coletivos

Art. 240. Em caso de recusa à negociação coletiva, ou frustrada, total ou parcialmente, a autocomposição dos interesses coletivos em negociação promovida diretamente pelos interessados ou mediante intermediação administrativa do órgão competente do Ministério do Trabalho, poderá ser ajuizada, de comum acordo, a ação de dissídio coletivo ou solicitada a mediação do Tribunal Superior do Trabalho.

▸ Caput com redação pela ER 7/2024.

§ 1º Na impossibilidade real de encerramento da negociação coletiva em curso antes do termo final a que se refere o art. 616, § 3.º, da CLT, a entidade interessada poderá formular protesto judicial em petição escrita, dirigida ao Presidente do Tribunal, a fim de preservar a data-base da categoria.

§ 2º Deferida a medida prevista no item anterior, a representação coletiva será ajuizada no prazo máximo de 30 (trinta) dias úteis, contados da intimação, sob pena de perda da eficácia do protesto.

§ 3º O pedido de mediação do Tribunal, formulado antes da instauração do dissídio coletivo, será dirigido à Vice-Presidência, que marcará audiência para composição voluntária do conflito.

Art. 241. Os dissídios coletivos podem ser:

I – de natureza econômica, para a instituição de normas e condições de trabalho;

II – de natureza jurídica, para interpretação de cláusulas de sentenças normativas, de instrumentos de negociação coletiva, acordos e convenções coletivas, de disposições legais particulares de categoria profissional ou econômica e de atos normativos;

III – originários, quando inexistentes ou em vigor normas e condições especiais de trabalho, decretadas em sentença normativa;

IV – de revisão, quando destinados a reavaliar normas e condições coletivas de trabalho preexistentes que se tornarem injustas ou ineficazes pela modificação das circunstâncias que as ditaram;

V – de declaração sobre a paralisação do trabalho decorrente de greve.

Art. 242. Para julgamento, o processo será incluído em pauta preferencial, se for caso de urgência, sobretudo na ocorrência ou iminência de paralisação do trabalho.

Parágrafo único. Na hipótese de greve em serviços ou atividades essenciais, poderá o Presidente do Tribunal, justificando a urgência, dispensar a inclusão do processo em pauta, convocar sessão para julgamento do dissídio coletivo, notificando as partes, por meio de seus patronos, e cientificando o Ministério Público do Trabalho, tudo com antecedência de, pelo menos, 12 (doze) horas.

▸ Parágrafo único com redação pela ER 7/2024.

Art. 243. Requerida a homologação de acordo em processo de dissídio coletivo, antes ou depois do julgamento, da apresentação de recursos ou da publicação do acórdão, adotar-se-á o seguinte procedimento:

I – o pedido de homologação de acordo será apreciado pelo relator originário ou pelo redator designado para lavrar o acórdão do julgamento já realizado, se for o caso;

II – o processo será redistribuído a um dos membros do colegiado, se ausente, por qualquer motivo, o relator;

III – o pedido de homologação de acordo será apreciado, independentemente de publicação de pauta, cabendo ao relator apresentar os autos em mesa, na primeira sessão ordinária subsequente à formulação do pedido, ou em sessão extraordinária designada para esse fim, sendo de igual modo dispensada a prévia inclusão em pauta, quando o pedido ingressar antes do julgamento do recurso ordinário.

Art. 244. O acordo judicial homologado no processo de dissídio coletivo, abrangendo a totalidade ou parte das pretensões, tem força de decisão irrecorrível para as partes.

CAPÍTULO III
DOS RECURSOS

Seção I
Do recurso ordinário

Art. 245. Cabe recurso ordinário para o Tribunal das decisões definitivas proferidas pelos Tribunais Regionais do Trabalho em processos de sua competência originária, no prazo legal, contado da publicação do acórdão ou de sua conclusão no órgão oficial.

Parágrafo único. O recurso é cabível em:

I – Ação anulatória;

II – Ação para obtenção de tutela provisória em caráter antecedente;

III – Ação declaratória;

IV – Agravo interno;

V – Ação rescisória;

VI – Dissídio coletivo;

VII – Habeas corpus;

VIII – Habeas data;

IX – Mandado de segurança;

X – Reclamação.

Seção II
Da transcendência

Art. 246. As normas relativas ao exame da transcendência dos recursos de revista, previstas no art. 896-A da CLT, somente incidirão naqueles interpostos contra decisões proferidas pelos Tribunais Regionais do Trabalho publicadas a partir de 11/11/2017, data da vigência da Lei n.º 13.467/2017.

Art. 247. A aplicação do art. 896-A da CLT, que trata da transcendência do recurso de revista, observará o disposto neste Regimento; o Tribunal Superior do Trabalho, no recurso de revista, deverá examinar previamente de ofício, se a causa oferece transcendência com relação aos reflexos gerais de natureza econômica, política, social ou jurídica.

▸ Caput com redação pela ER 7/2024.

§ 1º São indicadores de transcendência, entre outros:

I – econômica, o elevado valor da causa;

II – política, o desrespeito da instância recorrida à jurisprudência sumulada do Tribunal Superior do Trabalho ou do Supremo Tribunal Federal;

III – social, a postulação, por reclamante-recorrente, de direito social constitucionalmente assegurado;

IV – jurídica, a existência de questão nova em torno da interpretação da legislação trabalhista.

§ 2º Poderá o relator, monocraticamente, denegar seguimento ao recurso de revista que não demonstrar transcendência.

§ 3º Caberá agravo das decisões monocráticas proferidas pelo Ministro, com possibilidade de sustentação oral por ambas as partes pelo prazo de 5 minutos, quando a classe processual originária do recurso comporte a concessão da palavra em sessão.

▸ § 3º com redação pela ER 7/2024.

§ 4º Mantido o voto do relator quanto ao não reconhecimento da transcendência do recurso, será lavrado acórdão com fundamentação sucinta, que constituirá decisão irrecorrível no âmbito do Tribunal.

§ 5º O juízo de admissibilidade do recurso de revista exercido pela Presidência dos Tribunais Regionais do Trabalho limita-se à análise dos pressupostos intrínsecos e extrínsecos do apelo, não abrangendo o critério da transcendência das questões nele veiculadas.

Art. 248. Revogado pelo Ato Regimental 2/2021.

Art. 249. Revogado pelo Ato Regimental 1/2020.

Seção III
Do recurso de revista

Art. 250. O recurso de revista, interposto na forma da lei, é apresentado no Tribunal Regional do Trabalho e tem seu cabimento examinado em decisão fundamentada pelo Presidente do Tribunal de origem, ou pelo Desembargador designado para esse fim, conforme o Regimento Interno do Tribunal Regional do Trabalho.

Parágrafo único. Revogado pela ER 7/2024.

Art. 251. Distribuído o recurso ou provido o respectivo agravo de instrumento, o relator poderá:

I – não conhecer do recurso de revista inadmissível, prejudicado ou daquele que não tiver impugnado especificamente todos os fundamentos da decisão recorrida, inclusive nas hipóteses do art. 896, §§ 1.º-A e 14, da CLT;

II – negar provimento ao recurso de revista que for contrário a tese fixada em julgamento de recurso repetitivo ou de repercussão geral, a entendimento firmado em incidente de assunção de competência ou de resolução de demandas repetitivas, a súmula vinculante do Supremo Tribunal Federal, a súmula ou orientação jurisprudencial do Tribunal Superior do Trabalho ou, ainda, a jurisprudência dominante sobre o tema;

III – dar provimento ao recurso de revista se o acórdão recorrido for contrário a tese fixada em julgamento de recursos repetitivos ou de repercussão geral, a entendimento firmado em incidente de assunção de competência ou de resolução de demandas repetitivas, a súmula vinculante do Supremo Tribunal Federal, a súmula ou orientação jurisprudencial do Tribunal Superior do Trabalho ou, ainda, a jurisprudência dominante sobre o tema.

Seção IV
Do agravo
de instrumento

Art. 252. O agravo de instrumento interposto contra decisão denegatória de recurso de competência desta Corte será autuado e distribuído, observada a competência dos órgãos do Tribunal, aplicando-se, quanto

RITST/CGJT

à tramitação e julgamento, as disposições inscritas nesta Seção.

Art. 253. A dispensa de depósito recursal a que se refere o § 8.º do art. 899 da CLT não será aplicável aos casos em que o agravo de instrumento se refira a uma parcela da condenação, pelo menos, que não seja objeto de arguição de contrariedade a súmula ou a orientação jurisprudencial do Tribunal Superior do Trabalho.

Art. 254. Admitido apenas parcialmente o recurso de revista, constitui ônus da parte impugnar, mediante agravo de instrumento em recurso de revista, o capítulo denegatório da decisão, sob pena de preclusão.

§ 1º Se houver omissão no juízo de admissibilidade do recurso de revista quanto a um ou mais temas, é ônus da parte interpor embargos de declaração para o órgão prolator da decisão embargada supri-la (art. 1.024, § 2.º, do CPC), sob pena de preclusão.

§ 2º Incorre em nulidade a decisão regional que se abstiver de exercer controle de admissibilidade sobre qualquer tema objeto de recurso de revista, não obstante interpostos embargos de declaração (art. 93, inciso IX, da Constituição da República/88 e art. 489, § 1.º, do CPC).

§ 3º No caso do parágrafo anterior, sem prejuízo da nulidade, a recusa do Presidente do Tribunal Regional do Trabalho a emitir juízo de admissibilidade sobre qualquer tema equivale a decisão denegatória. É ônus da parte, assim, após a intimação da decisão dos embargos de declaração, impugná-la mediante agravo de instrumento em recurso de revista (art. 896, § 12, da CLT), sob pena de preclusão.

Art. 255. Distribuído o agravo de instrumento, o relator poderá:

I – nos casos de que trata o artigo anterior e se constatar a existência de omissão não suprida pelo Presidente do Tribunal Regional do Trabalho de origem, apesar da interposição, pelo agravante, dos embargos de declaração, determinar, por decisão irrecorrível, a restituição do agravo de instrumento em recurso de revista ao órgão judicante de origem para que este complemente o juízo de admissibilidade;

II – não conhecer do agravo de instrumento inadmissível, prejudicado ou daquele que não tenha impugnado especificamente todos os fundamentos da decisão recorrida;

III – conhecer do agravo de instrumento para:

a) negar-lhe provimento em caso de recurso de revista inadmissível, prejudicado ou em que não tenha havido impugnação específica de todos os fundamentos da decisão recorrida, inclusive nas hipóteses do art. 896, § 1.º-A, da CLT;

b) negar-lhe provimento nos casos em que o recurso for contrário a tese fixada em julgamento de recursos repetitivos ou de repercussão geral, a entendimento firmado em incidente de assunção de competência ou de demandas repetitivas, a súmula vinculante do Supremo Tribunal Federal ou a orientação jurisprudencial do Tribunal Superior do Trabalho ou, ainda, a jurisprudência dominante acerca do tema;

c) dar-lhe provimento nos casos em que o recurso impugnar acórdão contrário a tese fixada em julgamento de casos repetitivos ou de repercussão geral, a entendimento firmado em incidente de assunção de competência ou de demandas repetitivas, a súmula vinculante do Supremo Tribunal Federal ou a súmula ou orientação jurisprudencial do Tribunal Superior do Trabalho ou, ainda, a jurisprudência dominante acerca do tema, determinando a sua autuação como recurso ordinário ou recurso de revista, observando-se, daí em diante, os procedimentos respectivos.

§ 1º No caso de ser provido o agravo de instrumento, mas ficando vencido o relator, será designado redator do acórdão e relator do recurso de revista o Ministro prolator do primeiro voto vencedor no julgamento do agravo de instrumento.

▸ § 1º renumerado pela ER 7/2024.

§ 2º A regra do parágrafo anterior também é aplicável quando o Ministro relator for vencido quanto ao fundamento determinante da decisão, mesmo que prevalecente o resultado.

▸ § 2º acrescido pela ER 7/2024.

Art. 256. Se o agravo de instrumento que tramita conjuntamente com recurso de revista for provido, a Secretaria providenciará a publicação da respectiva certidão de julgamento, para efeito de intimação das partes, em que constará que os recursos de revista serão apreciados na primeira sessão ordinária subsequente ao término do prazo de 5 (cinco) dias úteis contados da data da intimação, após a devida reautuação.

▸ Artigo com redação pela ER 1/2020.

Parágrafo único. Ultimado o julgamento, o relator ou o redator designado lavrará um único acórdão, que também contemplará os fundamentos que ensejaram o provimento do agravo de instrumento em recurso de revista, fluindo o prazo recursal a partir da publicação da aludida decisão.

Art. 257. Interposto apenas agravo de instrumento, se lhe for dado provimento, observar-se-á o procedimento do artigo anterior e seu parágrafo único.

§ 1º O processo, nesta hipótese, será reautuado como recurso de revista ou recurso ordinário, mantida a numeração dada ao agravo de instrumento.

§ 2º Não sendo conhecido ou desprovido o agravo de instrumento, será lavrado o respectivo acórdão.

CAPÍTULO IV

DOS RECURSOS DAS DECISÕES
PROFERIDAS NO TRIBUNAL

Seção I
Dos Embargos para a Subseção I da
Seção Especializada em Dissídios Individuais

Art. 258. Cabem embargos das decisões das Turmas do Tribunal que divergirem entre si ou das decisões proferidas pela Subseção I da Seção Especializada em Dissídios Individuais, ou contrárias a súmula, a orientação jurisprudencial ou a precedente normativo do Tribunal Superior do Trabalho ou súmula vinculante do Supremo Tribunal Federal, no prazo de 8 (oito) dias úteis, contados de sua publicação, na forma da lei.

Parágrafo único. Além dos casos já previstos na jurisprudência sumulada do Tribunal, também cabem embargos das decisões de suas Turmas proferidas em agravos internos e agravos de instrumento que contrariarem precedentes obrigatórios firmados em julgamento de incidentes de assunção de competência, de demandas repetitivas ou de recursos repetitivos, do Tribunal Superior do Trabalho, ou de repercussão geral do Supremo Tribunal Federal.

▸ Parágrafo único com redação pela ER 7/2024.

Art. 259. O recorrente provará a divergência com certidão, cópia ou citação de repositório oficial ou credenciado de jurisprudência, inclusive em mídia eletrônica, em que foi publicado o acórdão divergente, ou com a reprodução de julgado disponível na rede mundial de computadores, indicando a respectiva fonte, e mencionará as circunstâncias que identificam ou assemelham os casos confrontados.

§ 1º São fontes oficiais de publicação dos julgados o Diário Eletrônico da Justiça do Trabalho, a Revista do Tribunal Superior do Trabalho, as revistas publicadas pelos Tribunais Regionais do Trabalho, os sítios do Tribunal Superior do Trabalho e dos Tribunais Regionais do Trabalho na rede mundial de computadores e os repositórios autorizados a publicar a jurisprudência trabalhista.

▸ § 1º acrescido pela ER 7/2024.

§ 2º A divergência apta a ensejar os embargos deve ser atual, não se considerando tal a ultrapassada por súmula, orientação jurisprudencial ou precedente normativo do Tribunal Superior do Trabalho ou por súmula do Supremo Tribunal Federal, ou superada por iterativa e notória jurisprudência do Tribunal Superior do Trabalho.

▸ § 2º renumerado pela ER 7/2024.

Art. 260. Compete ao Presidente da Turma exercer o juízo de admissibilidade dos embargos à Subseção I da Seção Especializada em Dissídios Individuais previsto no art. 93, VIII, deste Regimento.

Art. 261. Incumbe ao Ministro relator:

I – denegar seguimento aos embargos:

a) se a decisão recorrida estiver em consonância com tese fixada em julgamento de casos repetitivos ou de repercussão geral, com entendimento firmado em incidente de assunção de competência ou de demandas repetitivas, súmula, orientação jurisprudencial ou precedente normativo do Tribunal Superior do Trabalho ou súmula do Supremo Tribunal Federal, ou com iterativa, notória e atual jurisprudência do Tribunal Superior do Trabalho, cumprindo-lhe indicá-la;

▸ Alínea "a" com redação pela ER 7/2024.

b) nas hipóteses de intempestividade, deserção, irregularidade de representação ou de ausência de qualquer outro pressuposto extrínseco de admissibilidade, se o recorrente, após ser intimado para sanar o vício ou complementar a documentação exigível, na forma da legislação aplicável, não o fizer no prazo concedido para tanto;

II – dar provimento aos embargos, se a decisão recorrida estiver contrária a tese fixada em julgamento de casos repetitivos ou de repercussão geral, com entendimento firmado em incidente de assunção de

competência, súmula ou de demandas repetitivas, orientação jurisprudencial ou precedente normativo do Tribunal Superior do Trabalho ou súmula vinculante do Supremo Tribunal Federal, ou com iterativa, notória e atual jurisprudência do Tribunal Superior do Trabalho, cumprindo-lhe indicá-la.

▸ Inciso II com redação pela EC 7/2024.

III – proceder na forma do art. 281 e seguintes quando presentes os pressupostos para a afetação do recurso à sistemática de incidentes de recurso repetitivo, encaminhado o feito ao Plenário Eletrônico para os fins previstos no art. 132-A deste regimento.

▸ Inciso III acrescido pela ER 7/2024.

Parágrafo único. Da decisão denegatória dos embargos caberá agravo interno, no prazo de 8 (oito) dias úteis.

Seção II
Dos embargos infringentes

Art. 262. Cabem embargos infringentes das decisões não unânimes proferidas pela Seção Especializada em Dissídios Coletivos, no prazo de 8 (oito) dias úteis, contados da publicação do acórdão no Órgão Oficial, nos processos de Dissídios Coletivos de competência originária do Tribunal.

Parágrafo único. Os embargos infringentes serão restritos à cláusula em que há divergência, e, se esta for parcial, ao objeto da divergência.

Art. 263. Registrado o protocolo na petição a ser encaminhada à Secretaria do órgão julgador competente, esta juntará o recurso aos autos respectivos e abrirá vista à parte contrária, para impugnação, no prazo legal. Transcorrido o prazo, o processo será remetido à unidade competente, para ser imediatamente distribuído.

Art. 264. Não atendidas as exigências legais relativas ao cabimento dos embargos infringentes, o relator denegará seguimento ao recurso, facultada à parte a interposição de agravo interno.

Seção III
Do agravo interno

Art. 265. Cabe agravo interno contra decisão dos Presidentes do Tribunal e das Turmas, do Vice-Presidente ou de relator, nos termos da legislação processual, no prazo de 8 (oito) dias úteis, pela parte que se considerar prejudicada.

▸ *Caput* com redação pela ER 7/2024.

Parágrafo único. Ressalvam-se os casos em que haja recurso próprio ou decisão de caráter irrecorrível, nos termos do Regimento ou da lei.

Art. 266. Após a intimação do agravado para manifestar-se sobre o recurso no prazo de 8 (oito) dias úteis, o agravo interno será concluso ao prolator da decisão monocrática, que poderá reconsiderá-lo ou determinar sua inclusão em pauta para apreciação do Colegiado competente para o julgamento da ação ou do recurso em que exarada a decisão, com exceção daquele interposto contra a decisão do Presidente de Turma que denegar seguimento a embargos à Subseção I da Seção Especializada em Dissídios Individuais, que será diretamente distribuído entre os demais integrantes desta Subseção.

▸ *Caput* com redação pela ER 7/2024.

§ 1º Os agravos internos contra ato ou decisão do Presidente e do Vice-Presidente do Tribunal, desde que interpostos no período do respectivo mandato, serão por eles relatados. Os agravos internos interpostos após o término da investidura no cargo do prolator do ato ou decisão serão conclusos ao Ministro sucessor.

▸ § 1º com redação pela ER 7/2024.

§ 2º Os agravos internos interpostos contra decisão monocrática do relator, na hipótese de seu afastamento temporário ou definitivo, serão conclusos, em relação aos processos de Turmas, ao Desembargador convocado ou ao Ministro nomeado para a vaga, conforme o caso, e, nos processos das Seções Especializadas, ao Ministro que ocupar a vaga, ou redistribuídos na forma dos §§ 1.º e 2.º do art. 107 deste Regimento.

§ 3º Os agravos internos interpostos contra decisão monocrática do Presidente do Tribunal, proferida durante o período de recesso forense e férias coletivas, serão julgados pelo relator do processo principal, salvo nos casos de competência específica da Presidência da Corte.

§ 4º Se o Ministro relator for vencido no resultado do agravo interno ou quanto ao fundamento determinante da decisão, mesmo que prevalecente o resultado, será designado redator do acórdão o Ministro prolator do primeiro voto vencedor, a quem devem ser redistribuídos os embargos, promovendo-se a compensação.

§ 5º Quando o agravo interno for declarado manifestamente inadmissível ou improcedente em votação unânime, o órgão colegiado, em decisão fundamentada,

condenará o agravante a pagar ao agravado multa fixada entre 1 e 5% (um e cinco por cento) do valor a-tualizado da causa.

§ 6º A interposição de qualquer outro recurso está condicionada ao depósito prévio do valor da multa prevista no parágrafo anterior, à exceção da Fazenda Pública e do beneficiário da gratuidade da justiça, que farão o pagamento ao final.

▶ §§ 2º a 6º com redação pela ER 1/2020.

Seção IV
Do pedido de concessão de efeito suspensivo

Art. 267. O recurso interposto de decisão normativa da Justiça do Trabalho terá efeito suspensivo, na medida e extensão conferidas em decisão do Presidente do Tribunal Superior do Trabalho.

Art. 268. O pedido de concessão de efeito suspensivo a recurso em matéria normativa deverá ser instruído com as seguintes peças: decisão normativa recorrida; petição de recurso ordinário, prova de sua tempestividade e respectiva decisão de admissibilidade; guia de recolhimento de custas, se houver; procuração conferindo poderes ao subscritor da medida e outras que o requerente reputar úteis para o exame da solicitação.

Seção V
Dos embargos de declaração

Art. 269. Contra quaisquer decisões judiciais proferidas no âmbito do Tribunal, monocráticas ou colegiadas, poderão ser interpostos embargos de declaração, no prazo de 5 (cinco) dias úteis, contados da sua publicação, nos casos previstos na legislação processual.

Parágrafo único. Em se tratando de embargos de declaração interpostos contra decisão monocrática, caberá ao prolator da decisão ou ao Ministro competente para o exame do feito apreciá-los também monocraticamente, ou recebê-los como agravo, se entender pertinente, conforme o caso.

Art. 270. Registrado o protocolo na petição e após sua juntada, os autos serão conclusos ao julgador que proferiu a decisão monocrática ou ao redator do acórdão embargado, ressalvadas as situações previstas nos arts. 106 a 109 deste Regimento.

Parágrafo único. Não sendo possível a aplicação de nenhuma das regras previstas nos arts. 106 a 109 deste Regimento, adotar-se-á critério de competência para a distribuição dos embargos de declaração ao Desembargador convocado, na hipótese dos processos das Turmas, ou ao Ministro que tenha ocupado a vaga do antigo relator, nas Turmas e nas Subseções, e, como último critério, distribuir-se-á o processo entre os integrantes do órgão.

Art. 271. Nos embargos de declaração, eventual efeito modificativo somente poderá ocorrer em virtude da correção de vício na decisão embargada e desde que ouvida previamente a parte contrária, no prazo de 5 (cinco) dias úteis.

Art. 272. Os embargos de declaração interpostos contra decisão colegiada serão incluídos em pauta, ressalvada a hipótese prevista no art. 119, § 2.º, II, deste Regimento.

Art. 273. Os embargos de declaração interrompem o prazo para interposição de outros recursos, por qualquer das partes, salvo quando intempestivos, irregular a representação da parte ou ausente a sua assinatura.

Parágrafo único. Nos casos de irregularidade de representação da parte em procuração ou substabelecimento já constante dos autos, ou de total ausência de assinatura na petição dos embargos de declaração, o órgão julgador ou relator, antes de considerar inadmissível ou não conhecer do recurso, concederá prazo de 5 (cinco) dias úteis para que seja sanado o vício.

TÍTULO V
DAS OUTRAS ESPÉCIES DE PROCESSOS

CAPÍTULO I
DO INCIDENTE DE ARGUIÇÃO DE INCONSTITUCIONALIDADE DE LEI OU DE ATO NORMATIVO DO PODER PÚBLICO

Art. 274. A arguição de inconstitucionalidade de lei ou de ato do Poder Público, em controle difuso, poderá ser suscitada pelo relator, por qualquer Ministro ou a requerimento do Ministério Público do Trabalho, no curso do julgamento do processo nos órgãos judicantes da Corte, após concluído o relatório.

▶ Caput com redação pela ER 7/2024.

Art. 275. Suscitada a inconstitucionalidade e ouvidos o Ministério Público do Trabalho e as partes, será submetida à apreciação do colegiado em que tramita o feito, salvo quando já houver pronunciamento do Tribunal Pleno ou do próprio Supremo Tribunal Federal sobre a questão.

§ 1º Rejeitada a arguição, prosseguirá o julgamento.

§ 2º Acolhida a arguição suscitada perante o Tribunal Pleno, a matéria será submetida de imediato à apreciação.

§ 3º Acolhida a arguição suscitada nos demais órgãos judicantes da Corte, os autos serão remetidos ao Tribunal Pleno.

Art. 276. A decisão que declara imprescindível o pronunciamento do Tribunal Pleno sobre a inconstitucionalidade de lei, de disposição nela contida ou de ato normativo do Poder Público é irrecorrível.

Art. 277. O incidente será distribuído por prevenção ao mesmo relator originário, e os autos deverão ser oportunamente encaminhados ao Presidente do Tribunal para designar a sessão de julgamento.

▶ Caput com redação pela ER 7/2024.

§ 1º O relator mandará ouvir o Procurador-Geral do Trabalho, no prazo de 15 (quinze) dias úteis, bem como, se for o caso, determinará a notificação da pessoa jurídica de direito público responsável pela edição do ato questionado para que se manifeste, em igual prazo.

§ 2º O Tribunal Superior do Trabalho dará publicidade à instauração do incidente de arguição de inconstitucionalidade mediante a publicação de edital na página do Tribunal na rede mundial de computadores e no Diário Eletrônico da Justiça do Trabalho, a fim de permitir eventual intervenção dos legitimados referidos no art. 103 da Constituição da República, ou de outros órgãos ou entidades, na condição de amicus curiae.

▶ § 2º com redação pela ER 1/2020.

§ 3º As intervenções previstas no § 2.º serão permitidas dentro do período de 30 (trinta) dias úteis, contados da publicação da decisão de que trata o artigo anterior, a qual deverá indicar a lei ou o ato normativo objeto do incidente e a possibilidade de intervenção.

§ 4º A manifestação dos outros órgãos e entidades de que tratam os parágrafos anteriores poderá ser admitida pelo relator, considerando a relevância da matéria e a representatividade dos postulantes, por decisão irrecorrível.

Art. 278. Os procedimentos relativos à remessa do processo ao Tribunal Pleno, à distribuição e ao julgamento da arguição de inconstitucionalidade são regulados pelas normas gerais estabelecidas a respeito neste Regimento.

Art. 279. A decisão declaratória de inconstitucionalidade de lei ou de ato do Poder Público, observadas as exigências regimentais, será observada tanto no acórdão do órgão julgador originário que julgar o processo no qual o incidente foi suscitado quanto em todos os demais feitos em trâmite no Tribunal que envolvam a mesma questão de direito, nos termos do art. 927, V, do CPC.

▶ Artigo com redação pela ER 7/2024.

CAPÍTULO II
DO INCIDENTE DE RECURSOS REPETITIVOS

Art. 280. As normas do Código de Processo Civil relativas ao julgamento dos recursos extraordinário e especial repetitivos aplicam-se, no que couberem, aos recursos repetitivos (arts. 894, II, e 896 da CLT).

▶ Artigo com redação pela ER 7/2024.

Art. 281. Havendo multiplicidade de recursos de revista ou de embargos para a Subseção I da Seção Especializada em Dissídios Individuais fundados em idêntica questão de direito, a questão poderá ser afetada ao Tribunal Pleno, por decisão da maioria simples dos membros do órgão fracionário do Tribunal, mediante requerimento de um dos Ministros que o compõe, considerando a relevância da matéria ou a existência de entendimentos divergentes entre os Ministros da Subseção ou das Turmas do Tribunal.

▶ Caput com redação pela ER 7/2024.

§ 1º O requerimento fundamentado de um dos Ministros da Subseção I da Seção Especializada em Dissídios Individuais de afetação da questão a ser julgada em incidente de recursos repetitivos deverá indicar um ou mais recursos de revista ou de embargos representativos da controvérsia e ser formulado por escrito diretamente ao Presidente do Tribunal ou, oralmente, em questão preliminar suscitada quando do julgamento de processo incluído na pauta de julgamentos da Subseção.

§ 2º De forma concorrente, quando a Turma do Tribunal Superior do Trabalho entender necessária a adoção do procedimento de julgamento de recursos repetitivos,

seu Presidente deverá submeter ao Presidente do Tribunal a proposta de afetação do recurso de revista, para os efeitos dos arts. 896-B e 896-C da CLT e deste Regimento.

§ 3º O Presidente do Tribunal Superior do Trabalho submeterá a proposta de afetação ao Tribunal Pleno, se formulada por escrito, no prazo máximo de 30 (trinta) dias de seu recebimento, ou de imediato, observadas as seguintes condições:

▶ §§ 1º a 3º com redação pela ER 7/2024.

I – o acolhimento da proposta se dará por maioria simples dos membros do Tribunal Pleno;

▶ Inciso I com redação pela ER 7/2024.

II – acolhida a proposta, a desistência da ação ou do recurso não impedirá a análise da questão objeto de julgamento de recursos repetitivos;

III – na hipótese do inciso I, o processo será autuado e distribuído a relator e a revisor do órgão jurisdicional correspondente, para sua tramitação nos termos do art. 896-C da CLT, não concorrendo a sorteio, quando possível, os Ministros que, previamente, tenham recebido processo da mesma classe;

IV – rejeitada a proposta, se for o caso, os autos serão devolvidos ao órgão julgador respectivo, para que o julgamento do recurso prossiga regularmente.

§ 4º Não será admitida sustentação oral versando, de forma específica, sobre a proposta de afetação.

▶ §§ 5º e 6º. Revogados pela ER 7/2024.

§ 7º O recurso que reúne condições de procedibilidade no âmbito desta Corte superior e verse sobre tema resolvido em segundo grau com base em tese fixada em incidente de resolução de demandas Repetitivas deve ser submetido ao rito do incidente de recursos repetitivos regulado neste capítulo sempre que, presentes os requisitos do caput deste artigo, o teor da tese fixada pelo Regional não houver sido examinada pelo Pleno para os fins previstos no art. 987, § 2º, do CPC.

§ 8º Apreciado o mérito do recurso afetado na forma do parágrafo anterior, a tese jurídica adotada pelo Tribunal Superior do Trabalho será aplicada no território nacional a todos os processos, individuais ou coletivos, que versem sobre idêntica questão de direito.

§ 9º O Tribunal de origem, sempre que identificar multiplicidade de recursos de revista fundados em idêntica questão de direito, por ocasião do juízo de admissibilidade, deverá submeter tal situação à apreciação do Tribunal Superior do Trabalho na forma dos parágrafos acima, indicando preliminarmente:

I – a delimitação da questão de direito repetitiva;

II – a descrição objetiva da situação fática específica na qual surgiu a controvérsia;

III – os dispositivos legais e constitucionais em que se fundou o capítulo do acórdão recorrido em que surgida a controvérsia;

IV – a quantidade de recursos de revista pendentes na origem contendo a mesma questão de direito;

V – se outros recursos de revista representativos da mesma controvérsia estão sendo remetidos conjuntamente, destacando, na decisão de admissibilidade de cada um deles, os números dos demais;

VI – a informação, na parte dispositiva, que o recurso de revista foi admitido como representativo de controvérsia repetitiva.

§ 10. Na seleção dos recursos de revista representativos da controvérsia, o Tribunal de origem deverá levar em consideração o preenchimento dos requisitos de admissibilidade e, preferencialmente:

I – a maior diversidade de fundamentos constantes do acórdão e dos argumentos no recurso de revista;

II – a questão de mérito repetitiva cujo conhecimento não esteja obstado por preliminares ou prejudiciais;

III – a divergência, se existente, entre órgãos julgadores do Tribunal de origem, caso em que deverá ser observada a representação de todas as teses em confronto.

§ 11. No Tribunal Superior do Trabalho, os recursos de revista encaminhados pelos Tribunais de origem como representativos da controvérsia deverão receber identificação própria no sistema informatizado e encaminhados ao Presidente para fins do art. 41, XXXVIII e XL.

▶ §§ 7º a 11 acrescidos pela ER 7/2024.

Art. 282. O Presidente do Tribunal Superior do Trabalho, ao afetar processo para julgamento sob o rito dos recursos repetitivos, deverá expedir comunicação aos demais Presidentes de Turma, que poderão afetar outros processos sobre a questão para julgamento conjunto, a fim de conferir ao órgão julgador visão global da questão.

▸ Artigo com redação pela ER 7/2024.

Art. 283. Somente poderão ser afetados recursos representativos da controvérsia que sejam admissíveis e que, a critério do relator do incidente de julgamento dos recursos repetitivos, contenham abrangente argumentação e discussão a respeito da questão a ser decidida.

Parágrafo único. O relator desse incidente não fica vinculado às propostas de afetação de que trata o artigo anterior, podendo recusá-las por desatenderem aos requisitos previstos no *caput* e, ainda, selecionar outros recursos representativos da controvérsia.

Art. 284. Selecionados os recursos, o relator, no Tribunal Pleno, constatada a presença do pressuposto do caput do art. 896-C da CLT, proferirá decisão de afetação, sempre fundamentada, na qual:

▸ *Caput* com redação pela ER 7/2024.

I – identificará com precisão a questão a ser submetida a julgamento;

II – poderá determinar a suspensão dos recursos de revista ou de embargos de que trata o § 5.º do art. 896-C da CLT;

III – poderá solicitar aos Tribunais Regionais do Trabalho informações a respeito da controvérsia, a serem prestadas no prazo de 15 (quinze) dias, e requisitar aos Presidentes ou Vice-Presidentes dos Tribunais Regionais do Trabalho a remessa de até 2 (dois) recursos de revista representativos da controvérsia;

IV – concederá o prazo de 15 (quinze) dias para a manifestação escrita das pessoas, órgãos ou entidades interessados na controvérsia, que poderão ser admitidos como *amici curiae*;

V – informará aos demais Ministros sobre a decisão de afetação;

VI – poderá conceder vista ao Ministério Público e às partes, nos termos e para os efeitos do § 9.º do art. 896-C da CLT.

Art. 285. O Presidente do Tribunal Superior do Trabalho oficiará os Presidentes dos Tribunais Regionais do Trabalho, com cópia da decisão de afetação, para que suspendam os recursos de revista interpostos em casos idênticos aos afetados como recursos repetitivos e ainda não encaminhados a este Tribunal, bem como os recursos ordinários interpostos contra as sentenças proferidas em casos idênticos aos afetados como recursos repetitivos, até o pronunciamento definitivo do Tribunal Superior do Trabalho.

Art. 286. Caberá ainda ao Presidente do Tribunal de origem admitir até 2 (dois) recursos representativos da controvérsia, os quais serão encaminhados ao Tribunal Superior do Trabalho.

▸ Artigo com redação pela ER 7/2024.

Art. 287. Se, após receber os recursos de revista selecionados pelo Presidente ou Vice-Presidente do Tribunal Regional do Trabalho, não se proceder à sua afetação, o relator, no Tribunal Superior do Trabalho, comunicará o fato ao Presidente ou Vice-Presidente que os houver enviado, para que seja revogada a decisão de suspensão referida no art. 896-C, § 4º, da CLT.

Art. 288. As partes deverão ser intimadas da decisão de suspensão de seu processo, a ser proferida pelo respectivo relator.

§ 1º A parte poderá requerer o prosseguimento de seu processo se demonstrar a intempestividade do recurso nele interposto ou a existência de distinção entre a questão de direito a ser decidida no seu processo e aquela a ser julgada sob o rito dos recursos repetitivos.

§ 2º O requerimento a que se refere o § 1.º será dirigido:

I – ao juiz, se o processo sobrestado estiver em primeiro grau;

II – ao relator, se o processo sobrestado estiver no tribunal de origem;

III – ao relator do acórdão recorrido, se for sobrestado recurso de revista no tribunal de origem;

IV – ao relator do recurso de revista ou de embargos cujo processamento houver sido sobrestado no Tribunal Superior do Trabalho.

§ 3º A outra parte deverá ser ouvida sobre o requerimento, no prazo de 5 (cinco) dias.

§ 4º Reconhecida a distinção no caso:

I – dos incisos I, II e IV do § 2.º, o próprio juiz ou relator dará prosseguimento ao processo;

II – do inciso III do § 2.º, o relator comunicará a decisão ao Presidente ou ao Vice-Presidente do Tribunal Regional do Trabalho que houver determinado o sobrestamento, para que este dê normal prosseguimento ao processo.

§ 5º A decisão que resolver o requerimento a que se refere o § 1.º é irrecorrível de imediato, nos termos do art. 893, § 1.º, da CLT.

Art. 289. Para instruir o procedimento, pode o relator fixar data para, em audiência pública, ouvir depoimentos de pessoas com experiência e conhecimento na matéria, sempre que entender necessário o esclarecimento de questões ou circunstâncias de fato subjacentes à controvérsia objeto do incidente de recursos repetitivos.

§ 1º O relator poderá também admitir, tanto na audiência pública quanto no curso do procedimento, a manifestação, como *amici curiae*, de pessoas, órgãos ou entidades com interesse na controvérsia, considerando a relevância da matéria e assegurando o contraditório e a isonomia de tratamento.

§ 2º A manifestação de que trata o § 1.º somente será admitida até a inclusão do processo em pauta.

Art. 290. Os recursos afetados deverão ser julgados no prazo de 1 (um) ano e terão preferência sobre os demais feitos.

§ 1º Na hipótese de não ocorrer o julgamento no prazo de 1 (um) ano a contar da publicação da decisão de que trata o art. 284 deste Regimento, cessam automaticamente, em todo o território nacional, a afetação e a suspensão dos processos, que retomarão seu curso normal.

§ 2º Ocorrendo a hipótese do § 1º, é permitida, nos termos e para os efeitos do art. 281 deste Regimento e do art. 896-C da CLT, a formulação de outra proposta de afetação de processos representativos da controvérsia para instauração e julgamento de recursos repetitivos, a ser apreciada e decidida pelo Tribunal Pleno.

▸ § 2º com redação pela ER 7/2024.

Art. 291. O conteúdo do acórdão paradigma abrangerá a análise de todos os fundamentos da tese jurídica discutida, favoráveis ou contrários.

§ 1º É vedado ao órgão colegiado decidir, para os fins do art. 896-C da CLT, questão não delimitada na decisão de afetação.

§ 2º Quando os recursos afetados em processos já distribuídos no âmbito deste Tribunal contiverem outras questões além daquela que é objeto da afetação, caberá ao órgão jurisdicional competente para julgamento do incidente decidir esta, após o que o processo deverá retornar ao órgão de origem para apreciação das demais matérias.

Art. 292. Decidido o recurso representativo da controvérsia, os órgãos jurisdicionais respectivos declararão prejudicados os demais recursos versando sobre idêntica controvérsia ou os decidirão, aplicando a tese firmada.

Parágrafo único. Quando os recursos requisitados do Tribunal Regional do Trabalho contiverem outras questões além daquela que é objeto da afetação, caberá ao órgão jurisdicional competente para julgamento do incidente decidir esta, após o que o processo deverá ser distribuído na forma regimental, para julgamento das demais matérias pela Turma.

Art. 293. Publicado o acórdão proferido em incidente de recurso repetitivo:

I – o Presidente ou Vice-Presidente do Tribunal de origem negará seguimento aos recursos de revista sobrestados na origem, se o acórdão recorrido coincidir com a orientação do Tribunal Superior do Trabalho;

II – o órgão que proferiu o acórdão recorrido, na origem, reexaminará o processo de sua competência originária ou o recurso anteriormente julgado, na hipótese de o acórdão recorrido contrariar a orientação do Tribunal Superior do Trabalho;

III – os processos porventura suspensos em primeiro e segundo graus de jurisdição retomarão o curso para julgamento e aplicação da tese firmada pelo Tribunal Superior do Trabalho.

Art. 294. Para fundamentar a decisão de manutenção do entendimento, o órgão que proferiu o acórdão recorrido deverá demonstrar a existência de distinção, por se tratar de caso particularizado por hipótese fática distinta ou questão jurídica não examinada, a impor solução diversa.

§ 1º Na hipótese de que trata o *caput*, o recurso de revista será submetido a novo exame de sua admissibilidade pelo Presidente ou Vice-Presidente do Tribunal Regional, retomando o processo o seu curso normal.

§ 2º Realizado o juízo de retratação, com alteração do acórdão divergente, o tribunal de origem, se for o caso, decidirá as demais questões ainda não decididas, cujo exame se tornou necessário em decorrência da alteração.

§ 3º Quando for alterado o acórdão divergente na forma do § 1º e o recurso anteriormente interposto versar sobre outras questões, o Presidente ou Vice-Presidente do

Tribunal Regional, independentemente de ratificação do recurso, procederá a novo juízo de admissibilidade, retomando o processo o seu curso normal.

Art. 295. A parte poderá desistir da ação em curso no primeiro grau de jurisdição, antes de proferida a sentença, se a questão não discutida for idêntica à resolvida pelo recurso representativo da controvérsia.

§ 1º Se a desistência ocorrer antes de oferecida a defesa, a parte, se for o caso, ficará dispensada do pagamento de custas e de honorários de advogado.

§ 2º A desistência apresentada nos termos do *caput* independe de consentimento da parte contrária, ainda que apresentada defesa.

Art. 296. Caberá revisão da decisão firmada em julgamento de recursos repetitivos quando se alterar a situação econômica, social ou jurídica, caso em que será respeitada a segurança jurídica das relações firmadas sob a égide da decisão anterior, podendo o Tribunal Superior do Trabalho modular os efeitos da decisão que a tenha alterado.

Art. 297. Caso a questão afetada e julgada sob o rito dos recursos repetitivos também contenha questão constitucional, a decisão proferida pelo Tribunal Pleno não obstará o conhecimento de eventuais recursos extraordinários sobre a questão constitucional.

Parágrafo único. As teses jurídicas aprovadas em incidentes de recursos repetitivos, de assunção de competência e de resolução de demandas repetitivas têm sua natureza equiparada à súmula do colendo TST para o exame do conhecimento do recurso de revista.

▸ Parágrafo único acrescido pelo Ato Regimental 3/2021.

CAPÍTULO III
DO INCIDENTE DE ASSUNÇÃO
DE COMPETÊNCIA

Art. 298. Quando o julgamento dos embargos à Subseção I da Seção Especializada em Dissídios Individuais envolver relevante questão de direito, com grande repercussão social, sem repetição em múltiplos processos, mas a respeito da qual seja conveniente a prevenção ou a composição de divergência entre as turmas ou os demais órgãos fracionários do Tribunal Superior do Trabalho, poderá a Subseção I da Seção Especializada em Dissídios Individuais, por iniciativa de um de seus membros e após a aprovação da maioria de seus integrantes, afetar o seu julgamento ao Tribunal Pleno.

I – com grande repercussão social, sem repetição em múltiplos processos; ou

II – a respeito da qual seja conveniente a prevenção ou a composição de divergência entre as Turmas ou os demais órgãos fracionários do Tribunal Superior do Trabalho.

▸ Incisos I e II acrescidos pela ER 7/2024.

§ 1º Nas mesmas situações previstas no caput, uma das Turmas do Tribunal Superior do Trabalho, por iniciativa de um de seus membros e após a aprovação da maioria de seus integrantes, poderá afetar o julgamento ao Tribunal Pleno.

▸ § 1º acrescido pela ER 7/2024.

§ 2º Aplica-se a este incidente, no que couber, o que este Regimento e os arts. 896-B e 896-C da CLT dispõem sobre o incidente de julgamento de recursos repetitivos.

▸ § 2º renumerado pela ER 7/2024.

§ 3º O Tribunal Pleno julgará o processo se reconhecer interesse público na assunção de competência;

▸ § 3º renumerado pela ER 7/2024.

§ 4º O acórdão proferido em assunção de competência vinculará todos os juízes e tribunais, exceto se houver revisão de tese.

▸ § 4º renumerado pela ER 7/2024.

CAPÍTULO IV
DO INCIDENTE DE SUPERAÇÃO E REVISÃO DOS
PRECEDENTES FIRMADOS EM JULGAMENTO
DE RECURSOS REPETITIVOS, DE ASSUNÇÃO DE
COMPETÊNCIA E DE DEMANDAS REPETITIVAS

Art. 299. O incidente de superação e revisão dos precedentes firmados por meio da sistemática de recursos repetitivos, de assunção de competência e de resolução de demandas repetitivas terá lugar sempre que os Ministros da Corte entenderem que a tese vinculante já não reflete mais a adequada compreensão do fenômeno jurídico subjacente, tendo em vista razões de ordem social, econômica e política, bem como por alteração do parâmetro constitucional ou legal em vigor na data de sua instauração.

Art. 300. O incidente de que trata este capítulo não poderá ser instaurado em prazo inferior a 1 (um) ano, a contar da publicação da decisão que firmou o prece-

dente vinculante, salvo alteração na Constituição da República ou na lei que torne inadequado o entendimento firmado pelo Tribunal Superior do Trabalho.

Art. 301. A instauração do incidente de superação ou de revisão de precedentes vinculantes no âmbito do Tribunal Superior do Trabalho poderá ser suscitada, de forma escrita, por qualquer de seus Ministros, ou por provocação do Procurador-Geral do Trabalho, do Conselho Federal da OAB ou do Defensor Público-Geral da União, em requerimento dirigido ao Presidente do Tribunal, que o submeterá à deliberação no Tribunal Pleno no prazo de 30 (trinta) dias, a contar do seu recebimento.

▸ *Caput* com redação pela ER 7/2024.

§§ 1º e 2º. Revogados pela ER 7/2024.

§3º A instauração do incidente de superação ou de revisão de precedentes vinculantes no âmbito do Tribunal Superior do Trabalho decorrente de superação por precedente vinculante do Supremo Tribunal Federal, ou de reforma da decisão, que firmou o precedente nesta Corte, pelo Supremo Tribunal Federal, se dará mediante voto da maioria simples do Tribunal Pleno, nos mesmos autos em que firmado o precedente ou nos autos de processo ou recurso pendente que contenha a mesma questão jurídica, dispensada a observância do prazo do art. 300.

▸ § 3º acrescido pela ER 7/2024.

Art. 302. Inclinando-se qualquer das Turmas a decidir em sentido contrário ao entendimento firmado por meio da sistemática de recursos repetitivos, de assunção de competência e de resolução de demandas repetitivas, o seu Presidente suspenderá a proclamação do resultado do julgamento e encaminhará o processo ao Tribunal Pleno para deliberação acerca da instauração do incidente de que trata este capítulo.

▸ *Caput* com redação pela ER 7/2024.

§ 1º O Presidente do Tribunal Superior do Trabalho submeterá à deliberação daquele colegiado a proposta de instauração do incidente no prazo de que trata o art. 301 deste Regimento.

§ 2º O incidente será instaurado se aprovado pelo voto da maioria absoluta dos membros do Tribunal Pleno.

▸ §§ 1º e 2º com redação pela ER 7/2024.

§ 3º Não cabe a instauração do procedimento previsto neste capítulo na hipótese de distinção entre o precedente vinculante e o caso concreto, hipótese na qual o relator deverá declinar os fundamentos de fato e de direito que tornam o precedente inaplicável, sendo a questão apreciada pelo próprio colegiado competente, como preliminar de mérito, por ocasião do julgamento do processo.

§ 4º Rejeitado o fundamento da distinção, mas mantido o voto do relator, adotar-se-á o procedimento previsto no *caput*, caso o colegiado se incline no sentido da tese dissidente.

§ 5º Na hipótese do § 4º, não tendo transcorrido o prazo de que tratam os arts. 300 e 304 deste Regimento, o Presidente do colegiado não suspenderá o julgamento do feito, proclamando o resultado com a tese dissidente, seguindo-se o curso normal de tramitação do processo pela via recursal.

Art. 303. Deliberada a instauração do incidente, observar-se-á o rito previsto nos Capítulos II, III e IV do Título V do Livro II deste Regimento, naquilo que for cabível.

▸ *Caput* com redação pela ER 7/2024.

Parágrafo único. Instaurado o incidente, o órgão julgador deliberará também quanto à revisão da redação da Súmula ou Orientação Jurisprudencial.

▸ Parágrafo único acrescido pela ER 7/2024.

Art. 304. A negativa de instauração do incidente de superação e revisão de tese vinculante ou a reafirmação da respectiva tese vincula os órgãos julgadores à aplicação do precedente ao caso paradigma e aos demais processos eventualmente afetados por ocasião de sua instauração, bem como inibe a deflagração de novo incidente sobre o mesmo tema, nos termos e pelo prazo contido no art. 300 deste Regimento.

▸ Artigo com redação pela ER 7/2024.

CAPÍTULO V
DO INCIDENTE DE RESOLUÇÃO DE DEMANDAS REPETITIVAS

Art. 305. Será cabível o incidente de resolução de demandas repetitivas, nos termos da legislação processual aplicável, com relação às causas de sua competência originária e recursal ordinária.

§1º Aplicam-se ao Processo do Trabalho as normas dos arts. 976 a 986 do CPC que regem o incidente de resolução de demandas repetitivas e, no que couber, o que

dispõem este Regimento e os arts. 896-B e 896-C da CLT sobre o incidente de julgamento de recursos repetitivos.

§ 1º-A Nos termos do art. 978 do CPC, o incidente será submetido ao Tribunal Pleno, órgão competente para apreciar sua admissibilidade e julgar o incidente.

▸ § 1º-A acrescido pela ER 7/2024.

§ 2º O incidente será distribuído por prevenção ao Ministro relator do processo de competência originária do Tribunal do qual se originou.

▸ § 2º com redação pela ER 7/2024.

§3º Admitido o incidente, o relator poderá suspender o julgamento dos processos pendentes, individuais ou coletivos que tramitam, no tocante ao tema objeto de incidente de resolução de demandas repetitivas, sem prejuízo da instrução integral das causas e do julgamento dos eventuais pedidos distintos e cumulativos igualmente deduzidos em tais processos, inclusive, se for o caso, do julgamento antecipado parcial do mérito.

§4º Apreciado o mérito do recurso, a tese jurídica adotada pelo Tribunal Superior do Trabalho será aplicada no território nacional a todos os processos, individuais ou coletivos, que versem sobre idêntica questão de direito.

Art. 306. Poderá o Presidente do Tribunal Superior do Trabalho, a requerimento do Ministério Público do Trabalho ou das partes de incidente de resolução de demandas repetitivas instaurado em determinada Região, considerando razões de segurança jurídica ou de excepcional interesse social, suspender, em decisão fundamentada, todos os processos individuais ou coletivos em curso no território nacional que versem sobre a questão objeto do incidente.

§1º A parte de processo em curso em localidade de competência territorial diversa daquela em que tramita o incidente de resolução de demandas repetitivas deverá comprovar a inadmissão do incidente no Tribunal com jurisdição sobre o estado ou região em que tramite a sua demanda.

§ 2º O Presidente poderá ouvir, no prazo de 5 (cinco) dias, o relator do incidente no Tribunal de origem e o Ministério Público do Trabalho.

§ 3º Nos casos de existência de multiplicidade de incidentes de resolução de demandas repetitivas sobre a mesma questão de direito controvertida, o Presidente do Tribunal Superior do Trabalho, em decisão fundamentada, na qual indicará qual deles é o mais representativo da controvérsia, determinará a suspensão dos demais até a decisão definitiva do incidente que tiver prosseguimento.

§ 4º A suspensão vigorará até o trânsito em julgado da decisão proferida no incidente de resolução de demandas repetitivas.

§ 5º Da decisão que conceder ou denegar a suspensão, caberá agravo interno sem efeito suspensivo, no prazo de 8 (oito) dias úteis, que será relatado pelo Presidente, na primeira sessão do Órgão Especial seguinte à sua interposição.

Art. 307. É cabível a instauração de incidente de superação e revisão de precedentes firmados em julgamento de demandas repetitivas, ocasião em que a deliberação para a instauração do feito será tomada pelo voto de 2/3 (dois terços) dos membros do colegiado do Tribunal Superior do Trabalho em que o precedente vinculante tiver sido firmado, após o que é obrigatório o deslocamento da competência para a apreciação do seu mérito pelo Tribunal Pleno, seguindo-se os trâmites dispostos neste capítulo e, supletivamente, nos Capítulos II, III e IV do Título V do Livro II deste Regimento, naquilo que for cabível.

CAPÍTULO VI
DOS DEMAIS PROCESSOS INCIDENTES

Seção I
Da suspensão de segurança

Art. 308. O Presidente do Tribunal, na forma da lei, a requerimento do Ministério Público do Trabalho ou da pessoa jurídica de direito público interessada, e para evitar grave lesão à ordem, à saúde, à segurança e à economia públicas, pode suspender, por decisão fundamentada, a execução de liminar ou de decisão concessiva de mandado de segurança, proferida em última instância pelos Tribunais Regionais do Trabalho.

§1º O Presidente, se necessário, poderá ouvir o impetrante, em 5 (cinco) dias úteis, e o Ministério Público do Trabalho, quando não for o requerente, em igual prazo.

§ 2º Da decisão que conceder ou denegar a suspensão, caberá agravo interno sem efeito suspensivo, no prazo de 8 (oito) dias úteis, que será relatado pelo Presidente, na primeira sessão do Órgão Especial seguinte à sua interposição.

§ 3º A suspensão de segurança, nos casos de ações movidas contra o Poder Público, vigorará enquanto pender o recurso, ficando sem efeito se a decisão concessiva for mantida pelo Tribunal ou se transitar em julgado.

Seção II
Da suspensão de liminar e de tutela provisória

Art. 309. O Presidente, nos termos da lei, a requerimento do Ministério Público do Trabalho ou da pessoa jurídica de direito público interessada, em caso de manifesto interesse público ou de flagrante ilegitimidade, e para evitar grave lesão à ordem, à saúde, à segurança e à economia públicas, poderá, por decisão fundamentada, suspender a execução de liminar ou a efetivação de tutela provisória de urgência ou da evidência concedida ou mantida pelos Tribunais Regionais do Trabalho nas ações movidas contra o Poder Público ou seus agentes.

§ 1º Aplica-se o disposto neste artigo aos casos em que a decisão final proferida contra o Poder Público ou seus agentes produzir efeitos imediatos, quando impugnável por recurso desprovido de efeito suspensivo.

§ 2º O Presidente, se necessário, poderá ouvir o autor da ação e o Ministério Público do Trabalho, em 5 (cinco) dias.

§ 3º Da decisão que conceder ou denegar a suspensão, caberá agravo interno sem efeito suspensivo, no prazo de 8 (oito) dias úteis, que será relatado pelo Presidente na primeira sessão do Órgão Especial seguinte à sua interposição.

§ 4º A suspensão dos efeitos de liminar ou de tutela provisória concedida em decisões interlocutórias vigorará até a decisão final proferida no mesmo grau de jurisdição e, se concedidas em sentença ou acórdão, até o julgamento do recurso, ficando sem efeito se a decisão concessiva da medida for mantida pelo órgão julgador, ou se transitar em julgado.

Seção III
Da tutela provisória

Art. 310. A tutela de urgência e a tutela da evidência poderão ser requeridas antes ou no curso do processo principal e deste são sempre dependentes, aplicando-se-lhes o disposto nos arts. 294 a 311 do CPC.

Art. 311. O pedido de tutela provisória será apresentado ao Presidente do Tribunal e distribuído ao relator do processo principal, salvo se a medida for requerida em procedimento preparatório, caso em que será sorteado, dentre os integrantes do colegiado competente, o relator do feito, o qual ficará prevento para a ação principal.

§ 1º A tutela provisória poderá ser requerida por petição autônoma, a ser juntada oportunamente ao processo a que se refere, dirigida ao:

I – Presidente do Tribunal, quando se tratar de tutela antecipada ou cautelar antecedente à ação de competência originária do Tribunal Superior do Trabalho ou quando requerida no período compreendido entre a publicação da decisão de admissão do recurso de revista e sua distribuição, ficando prevento para o julgamento da ação ou do recurso o relator sorteado para o exame do requerimento, dentre os integrantes do colegiado competente;

II – relator, se já distribuído o recurso.

§ 2º O relator poderá apreciar a liminar e a própria tutela provisória requeridas, ou submetê-las ao órgão julgador competente.

Art. 312. A tramitação do processo no Tribunal observará as disposições da lei processual civil, no que aplicáveis.

Seção IV
Da habilitação incidente

Art. 313. A habilitação incidente, ocorrendo o falecimento de uma das partes, será processada na forma da lei.

Art. 314. A citação far-se-á na pessoa do procurador constituído nos autos, mediante publicação no órgão oficial, ou à parte, pessoalmente, se não estiver representada no processo.

Art. 315. Quando incertos os sucessores, a citação far-se-á por edital.

Art. 316. O relator, se contestado o pedido, facultará às partes sumária produção de provas, em 5 (cinco) dias úteis, e decidirá, em seguida, a habilitação.

Art. 317. A habilitação requerida em processo incluído em pauta para julgamento será decidida pelo colegiado.

Seção V
Dos impedimentos e das suspeições

Art. 318. Os Ministros declarar-se-ão impedidos ou suspeitos nos casos previstos em lei.

Parágrafo único. Havendo, dentre os Ministros do Tribunal, cônjuges, parentes consanguíneos ou afins, em linha reta ou no terceiro grau da linha colateral, integrarão seções diferentes, e o primeiro que conhecer da causa impede que o outro participe do julgamento quando da competência do Órgão Especial.

Art. 319. A suspeição ou o impedimento do relator ou revisor serão declarados por despacho nos autos. Se feita na sessão de julgamento, a declaração poderá ser verbal ou eletrônica, conforme o caso, devendo constar da ata e da certidão.

Parágrafo único. Na suspeição ou no impedimento do relator, o processo será redistribuído pelo Presidente do órgão julgador entre os demais Ministros que o compõem, com sua compensação.

Art. 320. A arguição de suspeição ou impedimento do relator ou do revisor deverá ser suscitada até 15 (quinze) dias úteis após a distribuição, quando fundada em motivo preexistente; no caso de motivo superveniente, o prazo de 15 (quinze) dias úteis será contado do fato que a ocasionou. A dos demais Ministros, até o início do julgamento.

§ 1º Essa arguição deverá ser deduzida em petição específica assinada pela parte ou por procurador com poderes especiais, dirigida ao relator do processo, indicando os fatos que a motivaram, e acompanhada de prova documental e rol de testemunhas, se houver.

§ 2º A arguição será sempre individual, não ficando os demais Ministros impedidos de apreciá-la, ainda que também recusados.

§3º Recebida a exceção, será ouvido o Ministro recusado no prazo de 5 (cinco) dias seguindo-se dilação probatória de 10 (dez) dias úteis e, após, o julgamento.

§ 4º Poderá o Presidente propor a rejeição da exceção liminarmente.

Art. 321. O relator, reconhecendo a suspeição ou o impedimento, determinará a juntada da petição aos autos, e, por despacho, submeterá o processo à Presidência do colegiado competente, para redistribuição na forma regimental.

§1º O Ministro, não aceitando a suspeição ou o impedimento, continuará vinculado ao processo, ficando sua apreciação suspensa até a solução do incidente, que será autuado em separado, com designação de relator dentre os demais Ministros integrantes do colegiado competente para o julgamento do processo.

§ 2º No curso do julgamento do incidente, havendo necessidade de deliberação sobre medida urgente relativa ao processo principal, o Presidente do órgão julgador a encaminhará à apreciação do Ministro que o seguir na antiguidade dentre os seus integrantes não recusados.

§ 3º Excepcionalmente, no caso de arguição de impedimento ou de suspeição de todos os integrantes do órgão julgador, o exame da medida urgente caberá ao Presidente do Tribunal.

Art. 322. Conclusos os autos, o relator mandará ouvir o Ministro recusado no prazo de 5 (cinco) dias.

Parágrafo único. Vencido o prazo, com ou sem resposta, o relator ordenará o processo, colhendo as provas requeridas.

Art. 323. Reconhecida a suspeição ou o impedimento do relator, o colegiado, ao julgar o incidente, fixará o momento a partir do qual o Ministro não poderia ter atuado e declarará a nulidade dos seus atos, se praticados quando já presente o motivo de impedimento ou de suspeição, e o processo será redistribuído, na forma regimental.

CAPÍTULO VII
DOS RECURSOS PARA O SUPREMO TRIBUNAL FEDERAL

Seção I
Do recurso extraordinário

Art. 324. Cabe recurso extraordinário das decisões do Tribunal proferidas em única ou última instância, nos termos da Constituição da República.

§1º O recurso será interposto em petição fundamentada, no prazo de 15 (quinze) dias úteis da publicação do acórdão ou de suas conclusões no órgão oficial.

§ 2º A petição do recurso extraordinário será juntada aos autos após transcorrido o prazo legal sem a interposição de recurso de competência do Tribunal Superior do Trabalho, abrindo-se, de imediato, vista dos autos

à parte contrária para apresentação de contrarrazões no prazo de 15 (quinze) dias úteis.

Art. 325. Findo o prazo das contrarrazões, os autos serão conclusos ao Vice-Presidente do Tribunal para exame da admissibilidade do recurso.

Art. 326. Os processos julgados pelo Tribunal Superior do Trabalho só serão restituídos à instância originária quando findo o prazo de interposição do recurso extraordinário para o Supremo Tribunal Federal.

Art. 327. Aos recursos extraordinários interpostos perante o Tribunal Superior do Trabalho será aplicado o procedimento previsto no Código de Processo Civil para o julgamento dos recursos extraordinário e especial repetitivos, e caberá ao Presidente do Tribunal Superior do Trabalho selecionar um ou mais recursos representativos da controvérsia e encaminhá-los ao Supremo Tribunal Federal, sobrestando os demais até o pronunciamento definitivo da Corte, na forma ali prevista.

▸ Artigo com redação pela ER 7/2024.

Seção II
Do agravo em recurso extraordinário

Art. 328. Cabe agravo contra decisão denegatória do recurso extraordinário, no prazo de 15 (quinze) dias úteis, contados de sua publicação no órgão oficial, salvo quando fundada na aplicação de entendimento firmado em regime de repercussão geral ou em julgamento de recursos repetitivos.

Parágrafo único. A petição do agravo será dirigida ao Vice-Presidente do Tribunal e independe do pagamento de custas e despesas postais, aplicando-se a ela o regime de repercussão geral e de recursos repetitivos, inclusive quanto à possibilidade de sobrestamento e do juízo de retratação.

Art. 329. A petição de agravo será juntada aos autos, após o que, de imediato, abrir-se-á vista ao agravado, por igual prazo, para apresentação de contraminuta. Após, os autos serão conclusos ao Vice-Presidente do Tribunal, que se retratará ou manterá a decisão agravada.

Art. 330. O agravante e o agravado poderão, com documentos novos, instruir, respectivamente, as razões e as contrarrazões.

Parágrafo único. Apresentado documento novo pelo agravado, será aberta vista ao agravante, no prazo de 5 (cinco) dias úteis.

CAPÍTULO VIII
DA RESTAURAÇÃO DOS AUTOS

Art. 331. A restauração de autos far-se-á de ofício ou a requerimento de qualquer das partes ou do Ministério Público do Trabalho.

Art. 332. O pedido de restauração de autos será apresentado ao Presidente do Tribunal e distribuído ao relator do processo desaparecido ou ao seu substituto.

Parágrafo único. Aplicam-se à restauração de autos, no Tribunal, as normas do Código de Processo Civil.

Art. 333. O relator determinará as diligências necessárias, solicitando, se preciso for, informações e cópias autenticadas a outros juízos e tribunais.

Art. 334. O julgamento de restauração caberá ao colegiado no qual tramitava o processo desaparecido.

Art. 335. Julgada a restauração, será lavrado acórdão e, após publicado no órgão oficial, o processo seguirá os trâmites normais. Reencontrado o original, a ele reunir-se-ão os autos reconstituídos.

CAPÍTULO IX
DA EXECUÇÃO

Seção I
Das disposições gerais

Art. 336. A execução competirá ao Presidente:

I – quanto às suas decisões e ordens;

II – quanto às decisões dos órgãos do Tribunal, quando excederem à competência dos Presidentes de Turma, ou se referirem a matéria administrativa.

▸ Inciso II com redação pela ER 7/2024.

Art. 337. Os atos de execução poderão ser requisitados, determinados, notificados ou delegados a quem os deva praticar.

Art. 338. A execução atenderá, no que couber, à legislação processual.

Seção II
Da execução contra a fazenda pública

Art. 339. Na execução por quantia certa, fundada em decisão proferida contra a Fazenda Pública, observar-se-á o disposto no art. 100 da Constituição da República

e na legislação processual, adotando-se, no que couber, o procedimento fixado em Instrução Normativa do Tribunal.

§ 1º A Fazenda Pública será intimada na pessoa de seu representante judicial, por carga ou por meio eletrônico, para, querendo, no prazo de 30 (trinta) dias úteis e nos próprios autos, impugnar o cumprimento da decisão.

§ 2º Se não houver impugnação no prazo regimental ou se forem rejeitadas as arguições da executada, observar-se-á o disposto na lei processual.

Art. 340. Nas execuções processadas nas Varas do Trabalho, o precatório será encaminhado ao Presidente do Tribunal Regional do Trabalho da jurisdição, que o dirigirá, mediante ofício, à autoridade competente ou entidade requisitada ou, se for o caso de pagamento de obrigação de pequeno valor, a execução será promovida por meio de ordem do juiz dirigida à autoridade na pessoa de quem o ente público foi citado para o processo, na forma da legislação processual.

Art. 341. No âmbito do Tribunal, o procedimento alusivo ao precatório constará de Instrução Normativa.

LIVRO III
DOS SERVIÇOS ADMINISTRATIVOS E DAS DISPOSIÇÕES FINAIS

TÍTULO I
DOS SERVIÇOS ADMINISTRATIVOS

CAPÍTULO I
DA SECRETARIA DO TRIBUNAL

Art. 342. A Secretaria do Tribunal é dirigida pelo Diretor-Geral, bacharel em Direito, nomeado em comissão pelo Presidente, incumbindo-lhe a direção dos serviços administrativos do Tribunal.

Parágrafo único. Incumbe ao Secretário-Geral Judiciário, bacharel em Direito, nomeado em comissão pelo Presidente, a direção dos serviços judiciários do Tribunal.

Art. 343. A organização da Secretaria do Tribunal, seu funcionamento e as atribuições do Diretor-Geral, do Secretário-Geral Judiciário, dos Secretários e dos Coordenadores, bem como das Unidades Administrativas, constarão do Regulamento Geral.

Art. 344. Não poderá ser nomeado para cargo em comissão ou designado para função gratificada, cônjuge, companheiro ou parente, até o terceiro grau, inclusive, de qualquer dos Ministros do Tribunal em atividade, salvo se servidor ocupante de cargo de provimento efetivo das carreiras judiciárias, caso em que a vedação é restrita à nomeação ou designação para servir junto ao Ministro determinante da incompatibilidade.

Art. 345. Ressalvada a existência de regulação legal especial, aplica-se no Tribunal, o Regime Jurídico dos Servidores Públicos Civis da União.

Art. 346. O horário de expediente no Tribunal Superior do Trabalho será estabelecido por Resolução Administrativa, aprovada pelo Órgão Especial, por iniciativa do seu Presidente.

Art. 347. Os servidores do Tribunal cumprirão a duração semanal de trabalho prevista na legislação aplicável, com controle de frequência e horário, de conformidade com as escalas estabelecidas, observado o intervalo entre os turnos de trabalho.

§ 1º Os servidores ocupantes de cargo em comissão e submetidos ao regime de integral dedicação ao serviço estão excepcionados da regra deste artigo, podendo ser convocados sempre que houver interesse da Administração.

§ 2º Os agentes de segurança dos Ministros permanecem à disposição, estando sujeitos a controle de frequência.

Art. 348. Durante as férias dos Ministros e no período de recesso, ficam suspensas as atividades judicantes do Tribunal, prosseguindo, no entanto, os serviços administrativos e judiciários nas secretarias e nos gabinetes, devendo a escala de férias dos servidores ser organizada de modo a atender ao respectivo funcionamento.

Parágrafo único. Os servidores devem gozar férias no mesmo período dos Ministros, sempre que possível.

CAPÍTULO II
DO GABINETE DO PRESIDENTE

Art. 349. O gabinete do Presidente será chefiado pelo Secretário-Geral da Presidência, bacharel em Direito, nomeado em comissão, para o exercício das funções de direção e assessoramento jurídico.

Parágrafo único. As atribuições do Secretário-Geral, dos Secretários, do Chefe de Gabinete, dos Assessores e das assessorias diretamente subordinadas ao gabinete da Presidência constarão do Regulamento Geral.

CAPÍTULO III
DO GABINETE DOS MINISTROS

Art. 350. Compõem os gabinetes dos Ministros:

I – um Chefe de Gabinete, bacharel em Direito, nomeado em comissão, nos termos da lei e deste Regimento;

II – assessores, bacharéis em Direito, nomeados em comissão, nos termos da lei e deste Regimento;

III – auxiliares da confiança do Ministro, que poderão exercer função comissionada, observada a lotação numérica, fixada em Resolução Administrativa aprovada pelo Órgão Especial.

Parágrafo único. As atribuições do Chefe de Gabinete dos Ministros e dos assessores constam do Regulamento Geral.

Art. 351. O horário do pessoal do gabinete, observadas a duração legal e as peculiaridades do serviço, será determinado pelo Ministro, bem como a fruição das férias, atendida a exigência do controle de frequência e o horário, comum a todos os servidores da Corte.

TÍTULO II
DAS DISPOSIÇÕES FINAIS

CAPÍTULO I
DAS EMENDAS AO REGIMENTO

Art. 352. Os atos de competência do Tribunal Pleno, de natureza regimental, obedecem à seguinte nomenclatura:

I – Emenda Regimental, que introduz modificações no texto;

II – Ato Regimental, que suprime ou acrescenta dispositivo.

Art. 353. Os atos mencionados no artigo anterior serão numerados em séries próprias, seguida e ininterruptamente.

CAPÍTULO II
DAS RESOLUÇÕES DO TRIBUNAL

Art. 354. Os atos de competência do Tribunal, normativos ou individuais, obedecem à seguinte nomenclatura:

I – Resolução Administrativa;

II – Resolução.

Art. 355. Na classe de Resolução Administrativa, enquadram-se as regulamentações sobre pessoal (Magistrados e servidores), organização e administração dos órgãos da Justiça do Trabalho, funcionamento e atribuições das unidades do Tribunal e de seus servidores, e, na classe de Resolução, as deliberações referentes à aprovação de instrução normativa, súmula, orientação jurisprudencial e precedente normativo.

Art. 356. As Resoluções Administrativas e as Resoluções serão numeradas em séries próprias, de acordo com a matéria disciplinada, seguida e ininterruptamente, independentemente do ano de sua edição.

CAPÍTULO III
DAS DISPOSIÇÕES FINAIS E TRANSITÓRIAS

Art. 357. Quando o agravo de instrumento tramitar nos autos principais em que haja recurso de revista da outra parte, o processo será autuado como agravo de instrumento em recurso de revista e recurso de revista – AIRR e RR e receberá um único número.

§ 1º Diante da interposição de agravo de instrumento e recurso de revista pela mesma parte, nos termos da Instrução Normativa n.º 40/2016, apenas haverá julgamento na sessão subsequente à do agravo provido, ficando sobrestado o recurso de revista no tema conhecido para julgamento na mesma sessão.

§ 2.º Processado o recurso de revista em razão de um tema, os demais temas cuja decisão agravada é mantida não farão parte da decisão do recurso de revista.

Art. 358. Na hipótese do art. 256 deste Regimento, se não for conhecido ou provido o agravo de instrumento, será de imediato julgado o recurso de revista, com lavratura de acórdãos distintos.

Art. 359. Quando o agravo de instrumento for processado nos autos principais, nos quais se encontra sobrestado julgamento de recurso de revista da outra parte, na autuação do processo, será considerado o número originário do recurso de revista sobrestado e observada a classe de agravo de instrumento em recurso de revista e recurso de revista (AIRR e RR).

Parágrafo único. O processo será distribuído ao relator do recurso de revista sobrestado. Se o relator não se encontrar em exercício no órgão prevento, haverá a redistribuição no âmbito do colegiado a um dos seus integrantes.

Art. 360. Em quaisquer situações previstas nos arts. 357 e 359 deste Regimento, se não for conhecido ou provido o agravo de instrumento, será de imediato julgado o recurso de revista, com lavratura de um único acórdão.

Art. 361. A Subseção I da Seção Especializada em Dissídios Individuais julgará desde logo a matéria objeto do recurso de revista não conhecido pela Turma, caso conclua, no julgamento do recurso de embargos interposto em data anterior à vigência da Lei n.º 11.496/2007, que aquele recurso estava corretamente fundamentado em violação de dispositivos de lei federal ou da Constituição da República ou em contrariedade à súmula.

Art. 361-A. Ficam mantidas, para os efeitos dos arts. 894, II, 896, § 1º-A, II e III, e 899, § 8º, da CLT, as Orientações Jurisprudenciais do Tribunal Pleno, do Órgão Especial e das Seções desta Corte já editadas, até deliberação do Tribunal Pleno.

▸ Art. 361-A acrescido pela ER 7/2024.

Art. 362. Fazem parte integrante deste Regimento, no que lhes for aplicável, as normas de lei complementar alusiva à Magistratura Nacional, as estabelecidas pela Consolidação das Leis do Trabalho e legislação complementar e, supletiva e subsidiariamente, as do Direito Processual Civil, desde que haja compatibilidade com as normas e princípios do Direito Processual do Trabalho, na forma dos arts. 769 e 889 da CLT e do art. 15 do CPC.

Art. 363. O Regulamento Geral da Secretaria do Tribunal constitui parte deste Regimento, bem assim as Resoluções, Instruções Normativas, Resoluções Administrativas e Emendas Regimentais.

Art. 364. Este Regimento entrará em vigor na data de sua publicação, revogadas as disposições em contrário.

Ministro
IVES GANDRA DA SILVA MARTINS FILHO
Presidente do Tribunal Superior do Trabalho

PROVIMENTO Nº 4/GCGJT, DE 26 DE SETEMBRO DE 2023

Atualiza a Consolidação dos Provimentos da Corregedoria-Geral da Justiça do Trabalho

DJE TST 26.09.2023

A MINISTRA CORREGEDORA-GERAL DA JUSTIÇA DO TRABALHO, no uso das atribuições que lhe confere o artigo 6º, inciso V, do Regimento Interno da Corregedoria-Geral da Justiça do Trabalho,

Considerando que a Consolidação dos Provimentos da Corregedoria-Geral da Justiça do Trabalho destina-se ao disciplinamento de normas procedimentais aplicáveis no âmbito das Varas do Trabalho e dos Tribunais Regionais do Trabalho;

Considerando ser imperativa a compatibilização da atual Consolidação com a dinâmica legislativa e a própria mudança de práticas procedimentais; e

Considerando a necessidade de inserção e sistematização de atos esparsos editados, bem como a atualização da Consolidação dos Provimentos da Corregedoria-Geral da Justiça do Trabalho,

RESOLVE:

Art. 1º Atualizar e sistematizar a Consolidação dos Provimentos da Corregedoria-Geral da Justiça do Trabalho, que passará a vigorar com a seguinte redação:

CONSOLIDAÇÃO DOS PROVIMENTOS DA CORREGEDORIA-GERAL DA JUSTIÇA DO TRABALHO

TÍTULO I
DISPOSIÇÃO INICIAL

Art. 1º A Consolidação dos Provimentos da Corregedoria-Geral da Justiça do Trabalho tem por finalidade o disciplinamento sistematizado de regras procedimentais a serem observadas no âmbito da Justiça do Trabalho de 1º e 2º graus de jurisdição.

TÍTULO II
DISPOSIÇÕES GERAIS

CAPÍTULO I
MAGISTRADOS

Seção I

Art. 2º Os Tribunais Regionais do Trabalho regulamentarão o procedimento de vitaliciamento dos juízes do trabalho substitutos, devendo, para tanto, constituir Comissão de Vitaliciamento para os juízes vitaliciandos.

§ 1º A Comissão de Vitaliciamento será composta por, no mínimo, três desembargadores do trabalho, eleitos pelo Pleno ou Órgão Especial do respectivo Tribunal, um dos quais integrante da direção ou do Conselho da Escola Judicial.

§ 2º O mandato dos membros da Comissão de Vitaliciamento coincidirá com o mandato dos desembargadores integrantes da administração do Tribunal Regional do Trabalho.

Art. 3º O procedimento de vitaliciamento, sob a condução e responsabilidade do Desembargador Corregedor Regional, será iniciado a partir do exercício na magistratura.

Parágrafo único. A Corregedoria Regional formará autos de procedimento administrativo individualizado referente a cada juiz.

Art. 4º Constituem requisitos para o vitaliciamento:

I – a frequência e o aproveitamento no Curso de Formação Inicial, Módulo Nacional, ministrado pela Escola Nacional de Formação e Aperfeiçoamento de Magistrados do Trabalho — ENAMAT;

II – a frequência e o aproveitamento no Curso de Formação Inicial, Módulo Regional, ministrado por Escola Judicial;

III – a permanência, no mínimo, de sessenta dias à disposição da Escola Judicial, com aulas teórico-práticas intercaladas e integradas com prática jurisdicional;

IV – a submissão à carga semestral e anual de horas-aula de atividades de formação inicial nacionalmente definida pela ENAMAT, conjugadas com aulas teóricas e práticas, sob a supervisão da Escola Judicial.

Art. 5º Compete ao Corregedor Regional avaliar permanentemente o juiz vitaliciando com relação ao desempenho, à idoneidade moral e à adaptação para o exercício do cargo.

Parágrafo único. A avaliação de desempenho será realizada mediante a análise dos dados colhidos pela Secretaria da Corregedoria Regional, cabendo ao Corregedor Regional determinar as providências necessárias perante os diversos setores do Tribunal para instrução do expediente.

Art. 6º O Corregedor Regional e o diretor da Escola Judicial avaliarão o desempenho do juiz vitaliciando, com fundamento em critérios objetivos de caráter qualitativo e quantitativo do trabalho desenvolvido.

§ 1º O diretor da Escola Judicial avaliará:

I – o cumprimento dos requisitos constantes do artigo 4º desta Consolidação;

II – a frequência e/ou o aproveitamento nos demais cursos de que participou o magistrado para aperfeiçoamento profissional;

III – a estrutura lógico-jurídica dos pronunciamentos decisórios emitidos.

§ 2º O Corregedor Regional avaliará, como critério qualitativo:

I – a presteza e a segurança no exercício da função jurisdicional;

II – a solução de correições parciais contra o magistrado;

III – os elogios recebidos e as penalidades sofridas.

§ 3º O Corregedor Regional avaliará, como critério quantitativo, com base nos dados estatísticos referentes à produtividade:

I – o número de audiências presididas pelo juiz em cada mês, bem como o daquelas a que não compareceu sem causa justificada;

II – o prazo médio para julgamento de processos depois de encerrada a audiência de instrução;

III – o número de sentenças proferidas em cada mês;

IV – o número de decisões proferidas em embargos à execução, em impugnação à sentença de liquidação e em embargos de terceiro;

V – o uso efetivo e constante das ferramentas tecnológicas necessárias para a atividade de pesquisa patrimonial disponibilizadas pelo Tribunal, pelo CSJT e pelo CNJ.

§ 4º Os prazos para a prática de atos decisórios estarão suspensos nos períodos em que os magistrados esti-

verem em atividades presenciais de Formação Inicial, Continuada ou de Formadores, a cargo da ENAMAT ou das Escolas Judiciais.

Art. 7º Completados um ano e seis meses de exercício da magistratura, o Corregedor Regional e o diretor da Escola Judicial do Tribunal Regional emitirão pareceres sobre o vitaliciamento, no prazo comum de sessenta dias, submetendo-os à apreciação do Pleno ou do Órgão Especial do Tribunal.

Parágrafo único. O Corregedor Regional e o diretor da Escola Judicial poderão emitir parecer conjunto sobre o vitaliciamento.

Art. 8º O Tribunal deliberará sobre o vitaliciamento antes de o juiz do trabalho substituto completar dois anos de exercício.

Art. 9º A Comissão de Vitaliciamento poderá solicitar:

I – por iniciativa própria ou a requerimento de qualquer dos desembargadores do Tribunal Regional do Trabalho, informações sobre juiz vitaliciando à Ordem dos Advogados do Brasil, ao Ministério Público e a outros órgãos ou entidades correlatas;

II – a formação, pela Escola Judicial, de quadro de juízes orientadores, composto por magistrados ativos que contem com tempo de judicatura na Região não inferior a cinco anos e que demonstrem aptidão para a formação e o acompanhamento dos juízes vitaliciandos.

§ 1º Está impedido de atuar como juiz orientador o magistrado que for cônjuge, companheiro, parente consanguíneo ou afim, em linha reta ou colateral, até o 3º grau, amigo íntimo ou inimigo do juiz vitaliciando.

§ 2º Ao juiz orientador, sem prejuízo de outras atribuições que lhe forem delegadas, compete:

I – acompanhar e orientar o juiz vitaliciando;

II – propor à Escola Judicial a realização de atividades formativas para aprimoramento do juiz em processo de vitaliciamento, se identificadas eventuais dificuldades no exercício da judicatura.

Art. 10. O juiz vitaliciando deverá encaminhar à Comissão de Vitaliciamento, trimestralmente, relatório circunstanciado em que descreva o método de trabalho funcional adotado e a unidade judiciária de sua atuação.

Art. 11. A Secretaria da Corregedoria Regional prestará apoio administrativo à Comissão de Vitaliciamento, mantendo, para isso, assentamentos individuais em que serão reunidas as informações relativas aos juízes vitaliciandos.

Art. 12. O afastamento do juiz vitaliciando do efetivo exercício de suas atividades funcionais por mais de noventa dias implicará a prorrogação, por igual período, do processo de vitaliciamento, exceto nos casos de afastamentos em razão de licença-maternidade, licença-adoção e licença-paternidade.

Art. 13. Aos juízes em processo de vitaliciamento será assegurada vista dos relatórios elaborados pela Comissão de Vitaliciamento e das demais informações constantes de seu processo de vitaliciedade, sendo-lhes garantido o prazo de dez dias para manifestação.

Art. 14. Caso o Tribunal Regional do Trabalho não promova a instauração do processo de vitaliciamento antes de encerrado o período de avaliação, o juiz vitaliciando será considerado vitalício, sem prejuízo da abertura e prosseguimento de eventual processo administrativo disciplinar, para apuração de fatos relevantes e graves que lhe hajam sido imputados, preservando-se o direito ao contraditório e à ampla defesa.

Art. 15. Devidamente instruído o processo de vitaliciamento, ele será incluído, para deliberação, na data da primeira sessão subsequente do Pleno ou do Órgão Especial do Tribunal Regional do Trabalho.

Art. 16. A declaração de vitaliciamento do magistrado pelo Pleno ou Órgão Especial do Tribunal Regional do Trabalho possui efeitos imediatos, concomitantes à implementação dos dois anos de exercício no cargo, afastada qualquer graduação entre os juízes que adquirirem essa prerrogativa.

Seção II
Local de Residência do Magistrado

Art. 17. O juiz titular e o juiz substituto fixo residirão na sede em que se encontra instalada a vara do trabalho, salvo autorização do Tribunal.

Art. 18. Os Tribunais Regionais do Trabalho, em casos excepcionais, poderão conceder aos magistrados autorização para fixar residência fora da área de jurisdição, desde que não haja prejuízo à efetiva prestação jurisdicional.

Parágrafo único. As autorizações serão concedidas individualmente, mediante requerimento fundamentado do magistrado.

Art. 19. Os Tribunais Regionais do Trabalho disciplinarão os critérios objetivos de autorização, em caráter excepcional, para que os magistrados residam fora da área de jurisdição, contemplando os seguintes requisitos mínimos:

I – cumprimento dos prazos legais;

II – comparecimento à unidade jurisdicional em, pelo menos, 3 (três) dias úteis na semana.

Seção III
Impedimentos e Suspeições

Art. 20. Se o juiz de 1º grau não reconhecer o impedimento ou a suspeição alegada, será aplicado o procedimento previsto no artigo 146 do Código de Processo Civil, exceto, quanto a este último, na parte relativa à condenação às custas ao magistrado.

§ 1º Nas unidades judiciárias que contam com a designação permanente de mais de um magistrado, caso seja reconhecido o impedimento ou a suspeição de um deles, os autos do processo deverão ser encaminhados imediatamente a um dos demais em condições de atuar no feito, para dar-lhe prosseguimento, no prazo máximo de 10 (dez) dias.

§ 2º Não havendo mais de um magistrado atuando na Unidade por ocasião do reconhecimento do impedimento ou da suspeição, ou na hipótese de todos encontrarem-se inaptos para atuar no feito, será designado qualquer outro magistrado, segundo juízo de conveniência da Administração do Tribunal, observados os critérios de impessoalidade, alternância e aleatoriedade na designação, que deverá recair, preferencialmente, sobre aqueles que atuarem na própria sede do juízo a que pertence o processo, ou em localidade contígua.

§ 3º Na hipótese do parágrafo 1º, especialmente para o caso de suspeições e impedimentos reiterados, a Corregedoria Regional poderá estabelecer critérios objetivos para manter o equilíbrio na distribuição do trabalho e nos aprazamentos.

Art. 21. Na hipótese de impedimento ou suspeição de desembargador do trabalho, contemporânea ao julgamento do processo, este será mantido em pauta com a convocação de outro desembargador para compor o quórum do julgamento.

Seção IV
Dever de Comunicação à OAB de Incompatibilidade ou Impedimento ao Exercício da Advocacia

Art. 22. O magistrado que tiver conhecimento de incompatibilidade ou impedimento para o exercício da advocacia, nos termos dos artigos 27 a 30 da Lei nº 8.906/1994, comunicará o fato à Ordem dos Advogados do Brasil – OAB.

Parágrafo único. A comunicação será limitada à descrição dos fatos ensejadores da incompatibilidade ou do impedimento, sendo vedado ao magistrado externar sobre eles juízo de valor.

Seção V
Participação de Magistrados em Eventos Científicos e Esportivos

Art. 23. Os congressos, seminários, simpósios, encontros científicos, culturais e esportivos e outros eventos similares realizados, promovidos ou apoiados pelos Tribunais Regionais do Trabalho estão subordinados aos princípios de legalidade, impessoalidade, moralidade, publicidade e eficiência, de forma que o conteúdo do evento, sua carga horária, a origem das receitas e o montante das despesas devem ser expostos de forma prévia e transparente.

Art. 24. Os eventos referidos no artigo anterior que contem com a participação de magistrados poderão obter subvenção de entidades privadas com fins lucrativos, desde que explicitado o montante do subsídio e que seja parcial, até o limite de 30% dos gastos totais.

Parágrafo único. Não será admitido patrocínio ou subvenção oriundo de escritórios de advocacia ou sociedades de advogados, ainda que sem atuação na jurisdição do Tribunal correspondente.

Art. 25. Os Tribunais deverão publicar em seu sítio eletrônico base de dados com as informações indicadas no artigo 23 a qualquer interessado, consoante as determinações da Resolução CNJ nº 215/2015, inclusive para os fins de aferição de situações de suspeição ou impedimento.

Parágrafo único. A documentação relativa aos eventos promovidos, realizados ou apoiados pelos Tribunais Regionais do Trabalho, ficará à disposição da Corregedoria-Geral da Justiça do Trabalho para o respectivo controle, bem como de qualquer interessado.

Art. 26. A atuação ou participação dos magistrados em eventos aludidos no artigo 23 observará as vedações constitucionais relativamente à magistratura, cabendo ao juiz zelar para que essa participação não comprometa a imparcialidade e a independência para o exercício da jurisdição, além da presteza e da eficiência na atividade jurisdicional.

Seção VI
Exercício de Atividades Docentes

Art. 27. O exercício da atividade docente pelo magistrado deverá observar as diretrizes da Resolução CNJ nº 34/2007, de modo que haja compatibilidade entre os horários fixados para o expediente forense e para a atividade acadêmica, vedado o desempenho de cargo ou função administrativa ou técnica em estabelecimento de ensino.

Parágrafo único. Nos termos do artigo 5º-A da Resolução CNJ nº 34/2007, é vedada aos magistrados a prática de atividades de coaching, similares e congêneres, destinadas à assessoria individual ou coletiva de pessoas, inclusive na preparação de candidatos a concursos públicos, por não serem consideradas atividades docentes.

Art. 28. É dever do magistrado que exerce atividade docente, inclusive na condição de palestrante, conferencista, presidente de mesa, moderador, debatedor ou membro de comissão organizadora, informar tais atividades ao respectivo Tribunal, em registro eletrônico próprio, nos termos dos artigos 3º e 4º-A, § 1º, da Resolução CNJ nº 34/2007.

CAPÍTULO II
CORREGEDOR REGIONAL

Seção I
Competências e Atribuições

Art. 29. Compete ao Corregedor Regional:

I – realizar correição ordinária anual presencial nas varas do trabalho e demais unidades judiciárias da região, sem prejuízo de correição extraordinária;

II – realizar correições ordinárias anuais nos Centros Judiciários de Métodos Consensuais de Solução de Conflitos (CEJUSCs) do 1º Grau, nos Núcleos 4.0, nos Núcleos de Pesquisa Patrimonial (NPPs) e nas centrais de execução, destinadas ao cumprimento das disposições da Resolução CSJT nº 138/2014,

III – apurar e controlar a regularidade na utilização das ferramentas eletrônicas de pesquisa patrimonial pelos juízes titulares, auxiliares e substitutos, em especial nas correições ordinárias, cumprindo-lhe adotar, se for o caso, as providências administrativas para orientação dos juízes e coibição de irregularidades detectadas;

IV – promover a apuração de responsabilidade funcional de juízes de vara do trabalho da região, titulares e substitutos, em casos de infração disciplinar, observadas as disposições normativas a respeito;

V – velar pela observância dos prazos para prolação de sentença;

VI – processar, instruir e decidir Correição Parcial;

VII – verificar a compatibilidade do exercício da atividade docente do magistrado com seus deveres funcionais;

VIII – orientar os magistrados e os servidores das varas do trabalho quanto à utilização regular da ferramenta eletrônica Fluxo Nacional Otimizado de Procedimentos em 1ª Instância WIKI-VT na tramitação dos processos.

▸ Inciso VIII acrescido pelo Provimento 2/2023 da CGJT.

Art. 30. Os presidentes, vice-presidentes e corregedores dos Tribunais Regionais do Trabalho poderão convocar juízes de 1º grau em auxílio às atribuições inerentes à Presidência, à Vice-Presidência e à Corregedoria Regional, observadas as disposições da Resolução CNJ nº 72/2009.

Parágrafo único. A Presidência do Tribunal poderá convocar um juiz auxiliar para atuação exclusiva na gestão e supervisão dos procedimentos relacionados aos precatórios e requisições de pequeno valor (Resolução CNJ nº 72/2009).

Art. 31. A instauração de procedimento administrativo para verificação de descumprimento do prazo legal para a prolação de sentenças ou decisões interlocutórias nos casos de 1º grau somente ocorrerá após 60 (sessenta) dias corridos, contados do exaurimento dos prazos a que se referem os incisos II e III do artigo 226 do Código de Processo Civil, computados em dias úteis.

§ 1º Os prazos a que se referem os incisos II e III do artigo 226 do Código de Processo Civil ficarão suspensos nos casos de:

I – licença para tratamento de saúde do magistrado;

II – licença à gestante, à adotante e à paternidade;

III – afastamentos previstos no artigo 72, incisos I e II, da Lei Orgânica da Magistratura Nacional – LOMAN (casamento, falecimento de cônjuge, ascendente, descendente ou irmão);

IV – recesso forense do artigo 62, I, da Lei nº 5.010/1966;

V – férias dos magistrados;

VI – dias destinados à compensação, na forma da normatização interna de cada Tribunal.

§ 2º A conversão do processo em diligência implicará a suspensão do prazo, retomando-se a contagem do saldo remanescente após a conclusão do ato.

§ 3º Estando o processo apto à decisão, não se aplica a suspensão de que trata o parágrafo anterior quando a conversão em diligência para tentativa de conciliação não decorrer de requerimento conjunto das partes, ou em atendimento a norma específica oriunda da Política Nacional de Conciliação.

§ 4º O prazo definido no *caput* deste artigo não estará sujeito à interrupção, restando suspenso somente nas hipóteses previstas no presente dispositivo.

Seção II
Correições Ordinárias nas Varas do Trabalho

Art. 32. O Corregedor Regional deverá realizar correição ordinária anual em cada vara do trabalho do Tribunal respectivo, cabendo-lhe examinar:

I – a observância das diretrizes na realização do juízo de admissibilidade dos recursos, conforme previsto nesta Consolidação;

II – a frequência do comparecimento do juiz titular, do juiz auxiliar e do substituto na sede do juízo;

III – a quantidade de dias da semana em que se realizam audiências;

IV – os principais prazos da vara do trabalho (inicial, instrução e julgamento) e o número de processos aguardando sentença na fase de conhecimento e incidentais à fase de execução;

V – os processos na fase de execução, por amostragem, em especial para averiguar o cumprimento das diretrizes desta Consolidação;

VI – a regular utilização, pelos magistrados e servidores, da ferramenta eletrônica Fluxo Nacional Otimizado de Procedimentos em 1ª Instância WIKI-VT na tramitação dos processos.

Seção III
Procedimentos Disciplinares

Art. 33. Na atuação dos procedimentos disciplinares relacionados aos magistrados de 1º e de 2º graus, os Tribunais Regionais do Trabalho e as Corregedorias dos Tribunais Regionais do Trabalho deverão utilizar as classes processuais específicas disponibilizadas nos sistemas PJeCor, conforme o caso (Reclamação Disciplinar, Representação por Excesso de Prazo e Sindicância), abstendo-se de utilizar a classe processual "Pedido de Providências".

Art. 34. Os Tribunais Regionais do Trabalho comunicarão à Corregedoria-Geral da Justiça do Trabalho, por meio do sistema PjeCor, as decisões de arquivamento dos procedimentos prévios de apuração, bem como de instauração e julgamento dos processos administrativos disciplinares relativos a seus magistrados de 1º e 2º Graus, sejam condenatórios ou absolutórios, utilizando-se uma das classes processuais mencionadas no artigo anterior, conforme o caso.

§ 1º Tratando-se de decisão colegiada, também deverá ser enviada a certidão de julgamento, o acórdão correspondente e a certidão da ausência de interposição de recurso.

§ 2º Havendo interposição de recurso à decisão, a petição de interposição e as razões respectivas deverão igualmente ser encaminhadas à Corregedoria-Geral da Justiça do Trabalho.

§ 3º O Corregedor-Geral da Justiça do Trabalho poderá determinar ao Tribunal de origem a juntada de documentos constantes nos autos originários.

§ 4º Após o exame das decisões e eventuais documentos juntados, a Corregedoria-Geral da Justiça do Trabalho deliberará, conforme o caso, podendo determinar a instauração de procedimento preliminar de investigação, realizar atos ou diligências tidas por necessárias, urgentes ou adequadas ou, ainda, relatar o caso ao Corregedor Nacional de Justiça para adoção das medidas pertinentes.

CAPÍTULO III
MINISTÉRIO PÚBLICO DO TRABALHO

Art. 35. Os membros do Ministério Público do Trabalho serão cientificados pessoalmente das decisões proferidas pela Justiça do Trabalho nas causas em que o órgão haja atuado como parte ou como fiscal da lei, mediante a remessa eletrônica dos autos, pelo sistema PJe.

Art. 36. Os processos de competência originária ou recursal dos Tribunais Regionais do Trabalho serão encaminhados ao Ministério Público do Trabalho para eventual emissão de parecer nas seguintes hipóteses:

I – obrigatoriamente, quando for parte pessoa jurídica de direito público, Estado estrangeiro ou organismo internacional;

II – a critério do relator, quando a matéria, por sua relevância, recomendar a prévia manifestação do Ministério Público;

III – por requerimento do Ministério Público do Trabalho, quando reputar presente interesse público que justifique a sua intervenção;

IV – os mandados de segurança, de competência originária ou em grau recursal, as ações civis

coletivas, os dissídios coletivos, caso não haja sido emitido parecer na instrução, e os processos em que forem parte indígenas ou respectivas comunidades e organizações.

§ 1º Os processos nos quais figure como parte pessoa jurídica de direito público, Estado estrangeiro ou organismo internacional serão encaminhados às Procuradorias Regionais do Trabalho imediatamente após os registros de autuação, salvo se houver necessidade de pronta manifestação do desembargador do trabalho relator.

§ 2º Os processos em tramitação nas unidades de 1º grau da Justiça do Trabalho serão encaminhados para manifestação do Ministério Público do Trabalho sempre que envolverem interesses de incapazes ou quando determinado pelo magistrado, em face da natureza da matéria.

Art. 37. É permitida a presença dos membros do Ministério Público do Trabalho em sessão convertida em conselho pelos Tribunais Regionais do Trabalho.

Art. 38. Será assegurado aos membros do Ministério Público do Trabalho assento à direita da presidência no julgamento de qualquer processo, judicial ou administrativo, em curso perante Tribunais Regionais do Trabalho.

Parágrafo único. Igual prerrogativa será assegurada nas audiências das varas do trabalho a que comparecer o membro do Ministério Público do Trabalho, na condição de parte ou na de fiscal da lei, desde que haja disponibilidade de espaço ou possibilidade de adaptação das unidades judiciárias (Resolução CSJT nº 7/2005).

CAPÍTULO IV
NORMAS PROCEDIMENTAIS CADASTRAIS

Seção I
Autuação e demais Registros Processuais

Art. 39. A autuação e a manutenção dos registros dos processos observarão as diretrizes estabelecidas pelo Conselho Superior da Justiça do Trabalho e pelo Comitê Gestor Nacional do Processo Judicial Eletrônico.

Art. 40. Os Tribunais Regionais do Trabalho e as varas do trabalho manterão em suas bases de dados o histórico relativo aos registros das partes e advogados, sendo obrigatório o envio dessas informações ao órgão de destino do processo.

Parágrafo único. A transferência de dados entre os órgãos da Justiça do Trabalho ocorrerá em meio digital, obedecendo aos critérios definidos pela Corregedoria-Geral da Justiça do Trabalho.

Seção II
Migração para o Sistema PJe

Art. 41. Os autos físicos em tramitação nas unidades judiciárias de 1º grau serão, obrigatoriamente, migrados para a tramitação exclusivamente eletrônica, mediante seu registro no sistema PJe (Processo Judicial Eletrônico) no módulo "Cadastramento de Conhecimento, Liquidação e Execução (CCLE)".

Art. 42. Ao realizar o cadastramento referido no artigo anterior, as unidades judiciárias de 1º grau deverão:

I – efetuar o lançamento da ocorrência "PJE Migrado ao Processo Eletrônico" no processo físico;

II – selecionar, na aba "Assuntos", aqueles que guardem maior pertinência lógica com os temas em discussão;

III – constar, na aba "Termo de Abertura", a informação de que o processo passará a tramitar exclusivamente na forma eletrônica, conforme disciplinado no presente

Provimento e na Resolução nº 185/2017, do Conselho Superior da Justiça do Trabalho, devendo a cópia deste termo ser juntada ao processo físico;

IV – anotar, em destaque, na capa dos autos físicos, a migração para o processamento eletrônico.

Art. 43. Em se tratando de processos físicos em fase de conhecimento, devem ser digitalizadas e anexadas ao processo todas as petições e documentos constantes dos autos originários.

Art. 44. Nos processos em que houver trânsito em julgado de decisão meritória e naqueles em que proferida sentença homologatória dos cálculos de liquidação, a inclusão no CCLE deverá ser acompanhada dos seguintes documentos, facultada a sua substituição por certidão:

I – título executivo judicial (sentença, acórdão ou acordo homologado), ou extrajudicial, ainda que contenham apenas obrigações de fazer ou não fazer;

II – cálculos homologados, se houver;

III – procurações outorgadas aos mandatários;

IV – comprovação de pagamentos e recolhimentos havidos;

V – outros documentos necessários ao prosseguimento do feito, a critério do magistrado.

Art. 45. Os processos em que a execução já se encontra em processamento, serão apenas registrados no CCLE para fins de tramitação eletrônica, permanecendo os autos físicos arquivados em Secretaria, onde permanecerão até a extinção completa do feito.

§ 1º Deverão ser cadastrados no CCLE os processos que estejam tramitando na classe "Cumprimento Provisório de Sentença – classe 157" ou Execução Provisória de Sentença – classe 994, no prazo máximo de 90 (noventa) dias, a contar da publicação deste provimento.

§ 2º Nas hipóteses do *caput*, se houver obrigação de fazer ou não fazer, deverá ser criado um alerta no processo eletrônico de modo a permitir o acompanhamento de seu cumprimento, que será removido após a efetivação da decisão.

§ 3º Sobrevindo recurso ou incidente processual referente aos processos legados nas fases de liquidação e execução, o recorrente e o recorrido poderão digitalizar e juntar as peças que, a seu juízo, sejam necessárias ao julgamento em segunda instância.

§ 4º O relator poderá, a qualquer tempo, requisitar a remessa dos autos físicos ao Tribunal para viabilizar o julgamento do recurso.

Art. 46. Os processos físicos nos quais vier a ser requerido o desarquivamento deverão ser registrados no PJe antes da disponibilização dos autos ao interessado, sem necessidade de digitalização de qualquer peça processual.

Art. 47. Os processos que forem migrados para a tramitação eletrônica no PJe preservarão suas numerações originárias, nos termos da Resolução CNJ nº 65/2008.

Art. 48. Após o cadastramento dos processos em fase de conhecimento no CCLE, os autos de processos legados receberão movimento processual de encerramento, prosseguindo-se no feito apenas no PJe.

§ 1º As partes e seus procuradores serão intimados, após o cadastramento no CCLE, para que, no prazo de 30 (trinta) dias, manifestem-se sobre o interesse de ter a guarda de algum dos documentos originais juntados aos autos dos processos legados, nos termos do artigo 12, § 5º, da Lei nº 11.419/2006 – hipótese em que serão desentranhados e entregues ao interessado.

§ 2º Findo o prazo indicado no parágrafo anterior, os autos serão encaminhados à triagem para fins de preservação da memória institucional e subsequente descarte.

Art. 49. No cadastramento de processo oriundo de sistema legado do TRT poderão ser juntados ou transferidos arquivos de documentos existentes no banco de dados local.

Art. 50. O magistrado deverá conceder prazo razoável para que a parte adote as providências necessárias à regular tramitação do feito no PJe, inclusive o credenciamento dos advogados no sistema e a habilitação automática nos autos, nos termos do artigo 76 do CPC.

Seção III
Tabelas Processuais Unificadas

Art. 51. O registro de classes, movimentos e assuntos observará as tabelas processuais unificadas aprovadas pelo CNJ e pela CGJT.

Parágrafo único. As tabelas unificadas serão disponibilizadas, pela Corregedoria-Geral da Justiça do Trabalho, aos Tribunais Regionais do Trabalho e às varas do trabalho, em sua página na rede mundial de computadores.

Art. 52. É vedada a autuação de novas ações com classes processuais não aprovadas pelo CNJ e pela CGJT, ou já inativadas.

Art. 53. Na ausência de classe processual específica na respectiva tabela unificada, e após seguidas as orientações iniciais do Manual de Utilização das Tabelas Processuais Unificadas (https://www.cnj.jus.br/sgt/versoes_tabelas/manual/Manual_de_utilizacao_das_Tabelas_Processuais_Unificadas.pdf), o processo será classificado pelo uso da classe Petição Cível (241), caso em que a cópia da petição inicial será imediatamente remetida ao Grupo Gestor Regional das Tabelas Processuais Unificadas, para exame da necessidade de se criar nova classe processual.

Parágrafo único. O Grupo Gestor Regional, na hipótese de emitir parecer favorável, encaminhará ao Grupo Gestor Nacional a proposta de criação da nova classe processual.

Art. 54. Os Tribunais Regionais do Trabalho, por intermédio dos respectivos Grupos Gestores Regionais, poderão propor ao Grupo Gestor Nacional o aperfeiçoamento das Tabelas Processuais Unificadas.

§ 1º A proposta de aperfeiçoamento a ser enviada ao Grupo Gestor Nacional deverá ser acompanhada de parecer favorável do Grupo Gestor Regional, fundamentando a necessidade da inclusão, exclusão ou alteração de itens das tabelas.

§ 2º A proposta de alteração da tabela de classes processuais e de assuntos, aprovada pelo Grupo Gestor Nacional da Justiça do Trabalho, será encaminhada ao Comitê Gestor Nacional do CNJ.

Seção IV
Registro do Nome das Partes e Advogados

Art. 55. No registro do nome de partes e advogados, serão observados os seguintes padrões:

I – o cadastramento de partes no processo deverá ser realizado, prioritariamente, pelo nome ou razão social constante do cadastro de pessoas físicas ou jurídicas na Secretaria da Receita Federal do Brasil, mediante alimentação automática, observados os convênios e as condições tecnológicas disponíveis, vedado o uso dos tipos itálico e negrito;

II – as abreviaturas de palavras são vedadas, salvo se impossível identificar sua escrita completa ou fizerem parte do nome fantasia ou da razão social do empregador;

III – as seguintes siglas serão adotadas como padrão: S.A., Ltda., S/C, Cia. e ME;

IV – as siglas que não fazem parte da razão social serão grafadas após o nome da empresa, em letras maiúsculas e precedidas de hífen;

V – os registros complementares ao nome da parte serão grafados da seguinte forma, exemplificativamente: José da Silva (Espólio de), União (Extinto INAMPS), Banco do Estado do

Rio de Janeiro S.A. — BANERJ (em Liquidação Extrajudicial), José da Silva e Outro;

VI – os pronomes de tratamento não serão utilizados na grafia do nome de autoridades.

Art. 56. O nome do sócio constará da autuação do processo sempre que requerido pela parte na petição inicial ou quando incluído pelo juiz mediante julgamento de Incidente de Desconsideração da Personalidade Jurídica da sociedade empresarial, em qualquer fase do processo.

Seção V
Identificação das Partes

Art. 57. O juiz zelará pela precisa identificação das partes no processo, a fim de propiciar o cumprimento das obrigações fiscais e previdenciárias, o levantamento dos depósitos de FGTS, o bloqueio eletrônico de numerário em instituições financeiras e o preenchimento da guia de depósito judicial trabalhista.

Art. 58. Salvo impossibilidade que comprometa o acesso à justiça, o juiz do trabalho determinará às partes a apresentação das seguintes informações:

I – no caso de pessoa natural, o número da CTPS, do RG e órgão expedidor, do CPF e do PIS/PASEP ou NIT (Número de Inscrição do Trabalhador);

II – no caso de pessoa jurídica, o número do CNPJ e do CEI (Cadastro Específico do INSS), bem como cópia do contrato social ou da última alteração feita no contrato original, constando o número do CPF do(s) proprietário(s) e do(s) sócio(s) da empresa demandada.

Parágrafo único. Não sendo possível obter das partes o número do PIS/PASEP ou do NIT, no caso de trabalhador, e o número da matrícula no Cadastro Específico do INSS — CEI, relativamente ao empregador pessoa física, o juiz

determinará à parte que forneça o número da CTPS, a data de seu nascimento e o nome da genitora.

Art. 59. À parte será assegurado prazo para apresentar as informações, sem prejuízo da continuidade da audiência.

Seção VI
Tramitação Preferencial

Art. 60. Os juízes e desembargadores do Trabalho devem assegurar prioridade no processamento e julgamento dos processos individuais e coletivos, sujeitos à sua competência, tanto na fase de conhecimento quanto no âmbito do cumprimento da decisão, nas seguintes situações:

I – pessoas com idade igual ou superior a 60 (sessenta) anos, ou portadoras de doença grave, assegurada prioridade especial àquelas maiores de 80 (oitenta) anos;

II – empresas em recuperação judicial ou com decretação de falência;

III – sujeitos ao rito sumaríssimo;

IV – acidentes de trabalho;

V – aprendizagem profissional, trabalho escravo e trabalho infantil;

VI – pagamento de salário;

VII – violência no trabalho;

VIII – assédio moral ou sexual;

IX – preconceito de origem, raça, sexo, cor, idade, gênero e quaisquer outras formas de discriminação.

Parágrafo único. Os Tribunais Regionais do Trabalho e as varas do trabalho registrarão no sistema PJe os processos com tramitação preferencial, consignando a justificativa correspondente, nos termos do *caput*.

Seção VII
Segredo de Justiça

Art. 61. A tramitação do processo em segredo de justiça será feita por decisão fundamentada, e mediante o registro da restrição no sistema PJe.

§ 1º A secretaria da vara ou do Tribunal deverá consignar no sistema os usuários que podem ter acesso aos processos nessa condição.

§ 2º O sigilo facultado ao réu, a que se refere o § 5º do art. 22 da Resolução CSJT nº 185/2017, não se confunde com o segredo de justiça, devendo o magistrado retirar o sigilo caso frustrada a tentativa conciliatória.

Seção VIII
Publicação de Listas de Processos Aptos a Julgamento

Art. 62. Os Tribunais Regionais do Trabalho promoverão a publicação das listas de processos aptos a julgamento, na rede mundial de computadores, conforme previsto do artigo 12, § 1º, do CPC.

Art. 63. Os processos aptos a julgamento serão aqueles constantes da versão atualizada do Manual do sistema e-Gestão, observando-se o seguinte:

I – Para os processos do 1º grau de jurisdição, serão considerados os seguintes itens:

a) 62/90.062 – Processos com instrução processual encerrada aguardando prolação de sentença;

b) 118/90.118 – Embargos de declaração pendentes com o juiz;

c) 401/90.401 – Incidentes na Liquidação/Execução pendentes com o juiz.

II – Para os processos do 2º grau de jurisdição, serão considerados os seguintes itens:

a) 2.159/92.159 – Processos pendentes com o relator – no prazo;

b) 2.160/92.160 – Processos pendentes com o relator – prazo vencido;

c) 92.431 – Processos pendentes com o relator – no prazo – ações originárias e recursos internos;

d) 92.432 – Processos pendentes com o relator – prazo vencido – ações originárias e recursos internos.

Art. 64. As listas dos processos deverão ser atualizadas sempre no dia 16 (dezesseis) de cada mês, com a descrição do respectivo item do sistema e-Gestão, acrescida da informação do número único do processo, do nome do magistrado e da data da sua inclusão.

Art. 65. A publicação deverá utilizar o formato HTML (Linguagem de Marcação de Hipertexto) e permitir pesquisa pelo número único do processo.

Seção IX
Comunicações Processuais em meio eletrônico no Sistema PJe

Art. 66. Nos processos sujeitos à jurisdição dos juízos de 1º e 2º graus dos Tribunais Regionais do Trabalho, as

comunicações processuais destinadas à notificação, à citação e à intimação da União, dos Estados, do Distrito Federal, dos Municípios e dos entes da administração indireta, bem como das empresas públicas e privadas, com exceção das microempresas e empresas de pequeno porte (artigo 246, §§ 1º e 2º, do CPC), serão promovidas nos termos desta Seção.

Parágrafo único. O disposto no *caput* não se aplica às microempresas e às empresas de pequeno porte que possuírem endereço eletrônico cadastrado no sistema integrado da Rede Nacional para a Simplificação do Registro e da Legalização de Empresas e Negócios (Redesim), nos termos previstos no § 5º do art. 246 do CPC/2015 e no art. 17 da Resolução CNJ nº 455, de 27/4/2022, quando então o endereço eletrônico previamente cadastrado na Redesim será utilizado para o fim aqui tratado.

Art. 67. O cadastro da pessoa jurídica no Domicílio Judicial Eletrônico, conforme regulamentado pela Resolução CNJ nº 455/2022, pressupõe a utilização deste meio como preferência para receber as citações, de acordo com o art. 246 do CPC.

§ 1º A partir do momento em que o Conselho Nacional de Justiça estabelecer o cadastramento no Domicílio Judicial Eletrônico de cada uma das pessoas jurídicas que especificar, será obrigatória a observância da regra inscrita no *caput* para elas.

§ 2º À exceção dos casos em que a lei exija vista ou intimação pessoal, que serão realizadas por meio do Domicílio Judicial Eletrônico, havendo advogado(a) habilitado(a) nos autos, a sua intimação será realizada por meio do Diário Eletrônico da Justiça do Trabalho – DEJT, conforme art. 17 da Resolução CSJT nº 185, de 24 de maio de 2017, até a disponibilização, pelo Conselho Superior da Justiça do Trabalho, do uso do Diário de Justiça Eletrônico Nacional – DJEN, de que trata a Resolução CNJ nº 455, de 27 de abril de 2022.

Art. 68. Enquanto a pessoa jurídica não possuir o Domicílio Judicial Eletrônico de que trata o art. 67 deste Provimento, e havendo requerimento formulado por ela à Corregedoria Regional, responsável pela gestão dos cadastros, as comunicações processuais em meio eletrônico continuarão sendo realizadas por intermédio da funcionalidade existente no sistema PJe denominada 'Procuradorias'.

§ 1º O requerimento deverá indicar as seguintes informações:

I – Relativamente à pessoa jurídica:

a) Nome completo;

b) CNPJ;

c) Endereço (CEP, número e complemento);

d) E-mail;

e) Telefone

II – Relativamente ao advogado:

a) Nome;

b) CPF;

c) E-mail;

d) Telefone;

e) OAB,

f) Endereço (CEP, número e complemento);

g) UF de nascimento;

h) Naturalidade.

§ 2º O requerimento deverá ser instruído com os documentos comprobatórios da regularidade da pessoa jurídica e dos poderes de seu signatário para firmá-lo.

§ 3º O cadastro das pessoas jurídicas de direito privado será efetivado pela inscrição do respectivo CNPJ, adotando-se denominação única de acordo com o padrão gráfico constante no banco de dados da Receita Federal (nome/razão social).

§ 4º Validado o cadastramento pela Corregedoria Regional, a solicitação será encaminhada para o administrador local do sistema PJe, para imediato cumprimento.

§ 5º Realizado o cadastro da Procuradoria, a Corregedoria Regional oficiará à pessoa jurídica de direito privado para comunicar o cadastramento e informar às unidades judiciárias do Tribunal.

Art. 69. O(s) advogado(s) indicado(s) pela pessoa jurídica atuará(ão) como Procurador(es)-Gestor(es) da respectiva Procuradoria no PJe.

§ 1º A inativação do cadastro dos procuradores, que pode ser realizada pelo Procurador-Gestor, não extingue a Procuradoria, que permanecerá habilitada para recebimento de comunicações processuais.

§ 2º Incumbirá à pessoa jurídica de direito privado indicar o novo Procurador-Gestor ou requerer à Correge-

doria Regional a extinção de seu cadastro no sistema Procuradorias do PJe.

Art. 70. Os advogados que representam juridicamente as pessoas jurídicas de direito privado com Procuradoria cadastrada no PJe serão cadastrados no perfil próprio de "procurador", diverso do de "advogado", para o fim específico de recebimento das comunicações destinadas à pessoa jurídica representada.

§ 1º Após a notificação inicial via Procuradoria do PJe, o Procurador-Gestor deverá habilitar, no processo, advogado para fins de intimações de atos processuais via DEJT, até a disponibilização do DJEN, sob pena de serem realizadas via sistema.

§ 2º O Procurador-Gestor poderá atribuir o perfil de Gestor a outro(s) procurador(es) cadastrado(s) na respectiva Procuradoria do PJe.

§ 3º O Procurador-Gestor será o responsável pela inclusão, alteração de dados e exclusão dos demais procuradores, após a criação da respectiva Procuradoria no sistema PJe.

§ 4º Somente advogados poderão atuar como procuradores, sendo vedada a inclusão de pessoa natural que não possua inscrição na Ordem dos Advogados do Brasil com esse perfil.

§ 5º Na hipótese de algum dos procuradores deixar de representar a pessoa jurídica de direito privado, competirá ao Procurador-Gestor torná-lo inativo no sistema para que deixe de ter acesso integral aos processos em que litigue a pessoa jurídica representada.

Art. 71. Considerar-se-á realizada a comunicação do ato processual no dia em que qualquer um dos procuradores cadastrados na Procuradoria efetivar a consulta eletrônica ao seu teor, ficando

registrado nos autos.

§ 1º Quando a consulta ocorrer em dia não útil, a comunicação processual será considerada realizada no primeiro dia útil subsequente.

§ 2º Não havendo consulta em até 10 (dez) dias corridos contados da data do envio da comunicação, considerar-se-á automaticamente realizada na data do término desse prazo, nos termos do artigo 5º, § 3º, da Lei nº 11.419/2006, não se aplicando o disposto no artigo 219 da Lei nº 13.105/2016 a esse interstício.

Art. 72. Enquanto não houver cadastramento no Domicílio Judicial Eletrônico ou Procuradoria cadastrada no PJe, as comunicações processuais deverão ser realizadas pelos meios ordinários

legalmente previstos.

§ 1º Nos casos urgentes, em que a comunicação processual realizada na forma desta Seção possa causar prejuízo a quaisquer das partes, ou nos casos em que evidenciada qualquer tentativa de

burla ao sistema, o ato processual poderá ser realizado por outro meio que atinja a sua finalidade, conforme determinação do magistrado.

§ 2º As notificações e intimações realizadas na forma desta Seção serão consideradas pessoais para todos os efeitos legais.

Art. 73. A manifestação de adesão ao sistema Procuradorias implica a aceitação dos termos desta Consolidação.

Seção X
Notificação de Entes Públicos, Estado Estrangeiro ou Organismo Internacional

Art. 74. As secretarias das varas do trabalho velarão para que, nas ações ajuizadas em desfavor de entes públicos (Decreto-Lei nº 779/69), inclusive Estado estrangeiro ou organismo internacional, observe-se lapso temporal para preparação da defesa de, no mínimo, 20 (vinte) dias entre o recebimento da notificação citatória e a realização da audiência.

Seção XI
Distribuição

Art. 75. Os processos recebidos nos órgãos de 1º e 2º graus da Justiça do Trabalho deverão ser distribuídos imediatamente, sendo vedada a suspensão e a limitação da distribuição dos feitos.

Parágrafo único. Nas regiões onde houver posto avançado instalado, a distribuição será direcionada, exclusivamente, para as varas do trabalho a que vinculado, devendo a identificação dos processos ser feita por meio de atributo próprio no sistema e-Gestão;

Seção XII
Remessa de Processos e Audiências no CEJUSC

Art. 76. Antes de proceder à remessa dos autos ao CEJUSC, o magistrado que estiver na direção do proces-

so, pelas regras de distribuição, promoverá o registro nos autos, mediante despacho, da determinação ou solicitação de envio e sua expressa anuência.

Parágrafo único. Em se tratando de Reclamação Pré-Processual, após os trâmites previstos no *caput*, a remessa dos autos será obrigatória ao CEJUSC.

Art. 77. Realizada(s) a(s) audiência(s) no CEJUSC, os autos devem ser restituídos ao juízo de origem, mediante despacho, devidamente registrado no sistema de acompanhamento processual respectivo.

§ 1º Nas audiências iniciais, o juiz supervisor do CEJUSC-JT poderá declarar o arquivamento previsto no artigo 844 da Consolidação das Leis do Trabalho – CLT, cabendo ao juízo de origem as providências complementares, salvo disposição em contrário prevista em regulamentação definida pelos Tribunais Regionais do Trabalho ou em acordos de cooperação celebrados entre as unidades judiciárias envolvidas.

§ 2º Em caso de ausência da reclamada, o juiz supervisor registrará a ocorrência do fato, cabendo ao juízo de origem a condução do feito, segundo o seu convencimento, inclusive quanto à conveniência, ou não, da aplicação da revelia, na forma do artigo 844 da CLT.

§ 3º Frustrada a conciliação, o magistrado que supervisionar a audiência poderá dar andamento ao processo nos limites da cooperação, como, por exemplo, dar vista da(s) defesa(s) e do(s) documento(s) à(s) parte(s) reclamante(s), consignando prazo parametrizado de acordo com fixação prévia do juízo de origem, e registrar em ata os requerimentos das partes, devolvendo os autos à unidade jurisdicional de origem para prosseguimento.

§ 4º O magistrado supervisor não deverá se pronunciar sobre questão jurídica que envolve a disputa.

§ 5º O CEJUSC-JT também poderá realizar audiências de conciliação prévias à audiência prevista no artigo 843 da CLT, e antes da abertura de prazo para apresentação de defesa, nas quais, no caso de comparecimento de ambas as partes e de não exitosa a conciliação, a parte reclamada poderá ser citada ou intimada na própria audiência para apresentar resposta diretamente via sistema PJe-JT no prazo legal, conforme regulamentação do Tribunal ou na forma da cooperação celebrada.

§ 6º As audiências concernentes à Reclamação Pré-Processual e Homologação de Transação Extrajudicial devem obedecer às diretrizes fixadas nas Resoluções CSJT nº 174/2016 e CSJT nº 288/2021.

CAPÍTULO V
NORMAS PROCEDIMENTAIS DE PROCESSO – CONHECIMENTO

Seção I
Audiências

Art. 78. Constarão da ata ou do termo de audiência:

I – o motivo determinante do adiamento da audiência na vara do trabalho, inclusive daquele requerido de comum acordo pelas partes;

II – o registro da outorga, pela parte, em audiência, de poderes de representação ao advogado que a esteja acompanhando;

III – o registro de comparecimento do magistrado, do membro do Ministério Público, das partes, das testemunhas e dos advogados, indicando, ainda, a forma de participação de cada um deles, se presencial, telepresencial ou por videoconferência.

Seção II
Prova Pericial

Art. 79. Aplica-se à prova pericial o disposto no artigo 464, § 1º, incisos I a III, do CPC (artigo 769 da CLT).

Art. 80. Caberá ao magistrado, nos feitos de sua competência, escolher, por meio do Sistema PJe, profissional ou órgão regularmente cadastrado e habilitado nos termos da Resolução CSJT nº 247/2019, promovendo sua regular nomeação.

§ 1º A nomeação a que se refere o *caput* deste artigo será realizada, equitativamente, de forma direta ou mediante sorteio, observada a necessidade do juízo, a impessoalidade, a capacidade técnica do profissional ou do órgão técnico ou científico e a sua participação em trabalhos anteriores.

§ 2º Os tribunais deverão publicar lista dos peritos/órgãos nomeados em cada unidade jurisdicional, com a identificação dos processos em que houve a respectiva nomeação, a data correspondente e o valor fixado de honorários profissionais (artigo 9º, § 5º, da Resolução CNJ nº 233/2016).

Art. 81. Não poderá ser exigida antecipação ao perito, ao órgão técnico ou científico, ao tradutor ou ao intérprete, em nenhuma hipótese e a título algum, nem mesmo de valores para custear despesas decorrentes do trabalho técnico a ser realizado.

Art. 82. O magistrado poderá substituir o perito, o órgão técnico ou científico, o tradutor ou intérprete, no curso do processo, mediante decisão fundamentada.

Art. 83. Em caso de pagamento com recursos vinculados à gratuidade judiciária, o valor dos honorários periciais, observado o limite máximo definido pelo Conselho Superior da Justiça do Trabalho, será fixado pelo juiz, atendidos:

I – a complexidade da matéria;

II – o nível de especialização e o grau de zelo profissional ou do órgão;

III – o lugar e o tempo exigidos para prestação do serviço;

IV – as peculiaridades regionais.

Parágrafo único. A fixação dos honorários periciais em valor superior ao limite estabelecido pelo Tribunal Regional, até o limite disposto no *caput* deste artigo, deverá ser devidamente fundamentada e submetida ao Presidente do Tribunal para análise e autorização.

Art. 84. A solicitação de valores vinculados ao custeio da gratuidade da justiça dar-se-á quando ocorrerem, cumulativamente, os seguintes requisitos: I – concessão do benefício da justiça gratuita;

II – fixação judicial de honorários;

III – sucumbência da parte beneficiária na pretensão objeto da perícia;

IV – trânsito em julgado da decisão que arbitrar os honorários.

Art. 85. A solicitação de pagamento dos valores devidos aos tradutores e intérpretes, a serem pagos com recursos vinculados ao custeio da gratuidade da justiça, somente poderá ser realizada após atestada a prestação dos serviços pelo juízo processante, de acordo com a tabela constante do Anexo I da Resolução CSJT nº 247/2019.

Parágrafo único. O juiz poderá ultrapassar em até 3 (três) vezes os valores fixados na tabela constante do Anexo mencionado no *caput*, observados o grau de especialização do tradutor ou do intérprete e a complexidade do trabalho, comunicando-se à autoridade indicada em cada Tribunal.

Seção III
Cartas Precatórias Inquiritórias

Art. 86. Os depoimentos pessoais, a oitiva de testemunhas, a acareação e o depoimento dos auxiliares do juízo prestados fora da sede do juízo serão tomados por videoconferência, somente utilizando-se de outro meio quando não houver condições para tanto.

§ 1º A oitiva das próprias partes por videoconferência ocorrerá:

a) nas situações de dificuldade de comparecimento à audiência de instrução na circunscrição do juiz da causa, inclusive em razão de residência fora da jurisdição; b) nas instruções da exceção de incompetência territorial, na forma do art. 800, § 3º, da CLT.

§ 2º A residência fora da jurisdição do juízo é motivo bastante ao acolhimento da pretensão para prestar o depoimento por meio de videoconferência no caso de testemunhas e auxiliares do juízo.

§ 3º O comparecimento espontâneo do depoente à sede do juízo na audiência de instrução, ainda que residente em outra jurisdição, não impede sua oitiva.

§ 4º As oitivas telepresenciais ou por videoconferência serão equiparadas às presenciais para todos os fins legais, asseguradas a publicidade dos atos praticados e as prerrogativas processuais de advogados, membros do Ministério Público, defensores públicos, partes e testemunhas.

Art. 87. Os depoimentos por videoconferência serão prestados na sala de audiências do juízo deprecado, ou, se houver, em outra sala do fórum especialmente designada e preparada para este fim.

§ 1º A presença de magistrado na sala de audiência do juízo deprecado não é obrigatória, uma vez que a oitiva será presidida pelo juízo deprecante, contudo deve estar presente, a todo momento, um servidor indicado pelo juízo deprecado que acompanhará o ato.

§ 2º A opção do advogado pela presença no juízo deprecante ou deprecado não serve de justificativa, por si só, ao adiamento da oitiva da parte ou testemunha no caso da ausência daquele.

§ 3º É permitido o acompanhamento da audiência por advogado fisicamente presente tanto no juízo deprecante como no deprecado, mas, havendo mais de um advogado representando a mesma parte em dois locais distintos, a manifestação caberá tão somente a um deles, de livre indicação, devendo tal circunstância ser registrada antes do início da tomada do depoimento.

Art. 88. Na hipótese de o advogado estar presente no juízo deprecado, a câmera e o microfone deverão ser ajustados de modo a captar sua imagem e suas falas.

Art. 89. A parte, ao pretender participar da audiência por videoconferência, deverá apresentar petição devidamente fundamentada ao juiz da causa com a antecedência necessária à preparação do ato.

Parágrafo único. Quando a parte pretender a oitiva de testemunha ou de auxiliar fora da sede do juízo, deverá observar a mesma regra do *caput* deste artigo.

Art. 90. Além das salas de audiência já disponíveis às varas do trabalho, poderão os tribunais instalar salas de videoconferência nos fóruns com a finalidade específica de permitir a tomada dos depoimentos pelos juízos deprecantes, destacando servidores para acompanhamento do ato por indicação dos gestores de cada unidade.

Art. 91. O juízo deprecante deverá:

I – formalizar Carta Precatória ao juízo deprecado para solicitar o uso de sala de audiências e eventual intimação de parte(s), testemunha(s) ou auxiliar(es) do juízo, devendo fornecer sua completa qualificação;

II – designar dia e hora da audiência de acordo com a pauta disponibilizada pelo juízo deprecado, com estimativa de duração do ato;

III – utilizar o Sistema de Designação de Oitiva de Testemunhas por Videoconferência (SISDOV) para designar dia e hora da audiência de acordo com a pauta disponibilizada pelo juízo deprecado, com estimativa de duração do ato;

IV – conferir os dados de qualificação do depoente, no que será auxiliado por servidor do juízo deprecado, tomar compromisso legal e decidir sobre eventuais incidentes e contraditas, tal como se o depoimento estivesse sendo colhido presencialmente;

V – inquirir diretamente a parte, a testemunha ou o auxiliar do juízo;

VI – dispensar o depoente;

VII – providenciar o arquivamento de sons e imagens do(s) depoimento(s), facultada sua redução a termo, devendo o arquivo audiovisual ser juntado aos autos ou disponibilizado em repositório oficial de mídias indicado pelo CNJ (Pje Mídia) ou pelo Tribunal;

VIII – registrar nos autos principais que se trata de depoimento tomado por videoconferência, consignando a gravação do ato e eventual redução a termo de depoimento;

IX – informar ao juízo deprecado, pelo meio mais célere, tal como o contato telefônico, os casos de dispensa de testemunha, de redesignação e de cancelamento da audiência.

Parágrafo único. É prerrogativa do juízo deprecante deliberar sobre a necessidade ou não da coleta prévia dos depoimentos pessoais das partes.

Art. 92. O juízo deprecado deverá:

I – disponibilizar pauta para agendamento e marcação de audiências pelos juízos deprecantes no Sistema de Designação de Oitiva de Testemunhas por Videoconferência (SISDOV);

II – assegurar o adequado funcionamento dos equipamentos necessários à prática do ato;

III – intimar a(s) parte(s), a(s) testemunha(s) e o(s) auxiliar(es) do juízo, bem como proceder à sua condução coercitiva, se houver requerimento;

IV – identificar o servidor que acompanhará a audiência;

V – atender, por intermédio do servidor da unidade deprecada, às solicitações do juízo deprecante, e relatar qualquer anormalidade como, por exemplo, uso de anotações adrede preparadas ou intervenções de terceiros que porventura acompanhem o ato;

VI – entrar em contato, por intermédio do servidor da unidade deprecada, com o juízo deprecante e seguir suas instruções, em caso de interrupção da transmissão;

VII – identificar a parte e/ou testemunha por meio de documento hábil, que deverá ser exibido para a câmera;

VIII – receber e digitalizar eventuais documentos, inclusive os de representação, se assim decidir o juízo deprecante;

IX – zelar para que as testemunhas que ainda não depuseram não ouçam os depoimentos dos demais, na forma do art. 456, *caput*, do CPC, informando ao juízo deprecante, ainda no curso da audiência,

qualquer incidente e procedendo ao registro, em certidão, a ser encaminhada ao juízo deprecante;

X – fornecer atestado de presença àqueles que compareceram ao ato para prestar depoimento, quando requerido;

XI – dispensar o depoente após expressamente autorizado pelo juízo deprecante.

Art. 93. As varas do trabalho deverão disponibilizar pauta para marcação de audiências solicitadas pelos juízos deprecantes em quantidade suficiente para atender com celeridade à demanda.

§ 1º Os juízos deverão, obrigatoriamente, utilizar-se do Sistema de Designação de Oitiva de Testemunhas por Videoconferência (SISDOV) para disponibilização de pauta e agendamento das audiências.

§ 2º Após a oitiva da testemunha ou da parte, o juízo deprecado deverá certificar nos autos o ato realizado, lançar o movimento "Remetidos os autos para Juízo deprecante por ter sido cumprida a carta" (código: 123 – Remetidos os autos para "7 – destino" = "7049 – Juízo deprecante" "18 – motivo da remessa" = "39 – por ter sido cumprida a carta") e arquivar a Carta Precatória.

§ 3º Cumprido o objetivo da carta precatória expedida, após a realização da audiência de oitiva da testemunha ou parte, o juízo deprecante deverá lançar nos autos principais o movimento "Recebido(a) o(a) Carta Precatória Inquiritória do(a) Juízo deprecado para prosseguir" (código: 50060 – Recebido(a) o(a) "4 -tipo de documento/7318 – Carta Precatória Inquiritória" do(a) "5028 – remetente/ 7577 – Juízo deprecado" "5019 – motivo do recebimento/ 40 – para prosseguir".

Art. 94. As Corregedorias Regionais poderão regulamentar, por ato normativo próprio, a aplicação do presente Provimento no âmbito de cada Tribunal Regional do Trabalho, desde que não contravenham com as disposições aqui contidas.

Art. 95. As audiências telepresenciais serão determinadas pelo juízo, a requerimento das partes, se conveniente e viável, ou, de ofício, nos casos de:

I – urgência;

II – substituição ou designação de magistrado com sede funcional diversa;

III – mutirão ou projeto específico;

IV – conciliação ou mediação;

V – indisponibilidade temporária do foro, calamidade pública ou força maior.

Parágrafo único. A oposição à realização de audiência telepresencial deve ser fundamentada, submetendo-se ao controle judicial.

Art. 96. Não sendo possível utilizar o sistema SISDOV ou realizar a oitiva de forma telepresencial, será expedida a Carta Precatória Inquiritória para realização do ato pelo juízo deprecado, ficando a critério do juízo deprecante a formulação de quesitos, que deverão integrar a Carta Precatória, sem prejuízo das perguntas formuladas pelo juízo deprecado ou pelas partes presentes à audiência, vedada a recusa no cumprimento da Carta Precatória pela ausência de depoimentos pessoais das partes ou dos quesitos.

Seção IV
Incidente de Desconsideração da Personalidade Jurídica

Art. 97. Não sendo requerida na petição inicial, a desconsideração da personalidade jurídica prevista no artigo 855-A da CLT será processada como incidente processual, tramitando nos próprios autos do Processo Judicial Eletrônico em que foi suscitada, vedada sua autuação como processo autônomo, tanto nas unidades de 1º como nas de 2º graus da Justiça do Trabalho.

Art. 98. A instauração do incidente suspenderá o processo, sem prejuízo de concessão da tutela de urgência de natureza cautelar de que trata o artigo 301 do CPC.

Art. 99. Instaurado o incidente, a parte contrária e os requeridos serão notificados para se manifestar e requerer as provas cabíveis no prazo de 15 (quinze) dias.

Parágrafo único. Havendo necessidade de prova oral, o juiz designará audiência para sua coleta.

Art. 100. Concluída a instrução, o incidente será resolvido por decisão interlocutória, da qual serão as partes e demais requeridos intimados.

Parágrafo único. Da decisão proferida:

I – na fase de cognição, não cabe recurso de imediato, na forma do § 1º do artigo 893 da CLT;

II – na fase de execução, cabe agravo de petição, em 8 (oito) dias, independentemente de garantia do juízo.

Art. 101. Em se tratando de incidente requerido originariamente no Tribunal, a competência para sua instauração, para decisão de pedidos de tutela provisória e para a instrução será do relator.

§ 1º O relator poderá decidir monocraticamente o incidente ou submetê-lo ao colegiado, juntamente com o recurso.

§ 2º Decidido o incidente monocraticamente pelo relator, da decisão caberá agravo interno, nos termos do Regimento do Tribunal.

Art. 102. Decidido o incidente ou julgado o recurso, o processo retomará seu curso regular.

Seção V
Anotação na Carteira de Trabalho e Previdência Social

Art. 103. Na falta de registros obrigatórios na Carteira de Trabalho e Previdência Social do empregado, ou nos casos de retificação de dados em que o empregador não o faça, o juiz determinará à secretaria da vara do trabalho, na sentença ou no termo de homologação de acordo, que proceda às anotações ausentes.

§ 1º Na aposição das anotações pela secretaria, não haverá identificação do servidor responsável, tampouco indicação da existência de determinação judicial a respeito.

§ 2º Para confirmação da autenticidade do registro, a secretaria expedirá certidão consignando a determinação judicial de anotação da CTPS, a qual será entregue ao trabalhador juntamente com o documento.

Art. 104. Na hipótese de anotação de verba com repercussão no cálculo da contribuição previdenciária, a vara do trabalho comunicará o fato à Secretaria da Receita Federal do Brasil, no prazo de 48 (quarenta e oito) horas.

Parágrafo único. Em caso de anotação decorrente de sentença judicial, a comunicação será feita apenas após o trânsito em julgado da decisão.

Art. 105. Em se tratando de CTPS digital, com empregador cadastrado no e-Social, a anotação deverá ser feita pela secretaria da vara, por meio do sistema, em caso de descumprimento da ordem de registro pelo empregador.

Seção VI
Termos e Certidões

Art. 106. Constarão dos termos e certidões a data e a assinatura do servidor que os tenha firmado.

Art. 107. Constarão da certidão de julgamento em 2º grau de jurisdição:

I – número do processo e nome das partes;

II – nome dos advogados que sustentaram oralmente, se de forma presencial ou por videoconferência;

III – nome do desembargador do trabalho que presidiu a sessão;

IV – nome do relator e do revisor, se for o caso, e dos desembargadores do trabalho que participaram da sessão;

V – situação do juiz, desde que convocado, apontando-se o dispositivo da Lei Orgânica da Magistratura Nacional que autorizou a convocação;

VI – nome do representante do Ministério Público do Trabalho presente à sessão;

VII – forma de comparecimento de todos aqueles que participaram da sessão, se presencial, telepresencial ou por videoconferência;

VIII – conclusão do julgamento, com a indicação dos votos vencidos, se houver;

IX – registro da suspensão do julgamento em decorrência de pedido de vista regimental e dos votos já proferidos em sessão;

X – designação do redator do acórdão, se for o caso;

XI – impedimentos e suspeições declaradas pelos desembargadores do trabalho;

XII – data da realização da sessão.

Seção VII
Custas Processuais

Art. 108. As decisões proferidas pela Justiça do Trabalho de 1º e 2º graus de jurisdição, nos dissídios individuais, fixarão o valor das custas processuais, que serão calculadas, no caso de improcedência da reclamação, sobre o valor dado à causa e, no caso de procedência, sobre o valor arbitrado à condenação, a cargo do reclamante ou do reclamado, dependendo de quem tenha sucumbido na ação.

§ 1º A isenção quanto ao pagamento de custas não exime o magistrado de fixar na decisão o respectivo valor.

§ 2º Nos acordos, o rateio das custas processuais será proporcional entre as partes, se de outra forma não for convencionado.

Seção VIII
Dissídios coletivos

Art. 109. No dissídio coletivo, constará do acórdão o inteiro teor das cláusulas deferidas, bem como os fundamentos do deferimento ou indeferimento.

Parágrafo único. Modificada a redação da cláusula pelo Tribunal, o novo texto constará do acórdão.

Art. 110. A certidão de julgamento será publicada de imediato, independentemente da redação da ata final dos trabalhos e da lavratura do acórdão.

Art. 111. Do acórdão constará o valor das custas processuais, que serão imputadas às partes vencidas, de forma solidária.

Art. 112. Nos dissídios coletivos de natureza econômica em que for instituída norma ou condição de trabalho em favor da categoria profissional, o pagamento integral das custas processuais caberá à empresa ou ao ente sindical patronal que integrou a relação processual.

Art. 113. Na hipótese de acordo submetido à homologação do Tribunal em que conste apenas remissão a normas anteriores, o relator ordenará às partes que explicitem o teor das cláusulas conciliadas.

Seção IX
Admissibilidade dos Recursos

Art. 114. No exercício do controle de admissibilidade dos recursos ordinários, agravos de petição e recursos adesivos, o juiz deve verificar o preenchimento de todos os pressupostos intrínsecos e extrínsecos dos recursos, antes de seu processamento, cabendolhe formular pronunciamento explícito sobre o preenchimento desses requisitos.

§ 1º Em se tratando de agravo de petição, somente deverá ser processado quando o agravante delimitar, justificadamente, as matérias e os valores impugnados e se o ato impugnado comportar recurso (artigo 893, § 1º, da CLT).

§ 2º Havendo parte incontroversa na condenação, o processamento do agravo não deverá impedir a tramitação do feito com vistas à liberação imediata dos valores devidos ao exequente ou realização dos atos necessários ao pagamento da dívida.

§ 3º Garantido integralmente o juízo, não será exigível depósito recursal para a interposição do agravo de petição, salvo elevação do valor do débito em montante que ultrapasse a garantia.

§ 4º Na hipótese do parágrafo anterior, o agravo de petição deverá ser acompanhado da comprovação da garantia correspondente ao valor do acréscimo, limitado ao valor total da condenação.

§ 5º Por se tratar de parcelas acessórias da condenação, o valor fixado a título de honorários advocatícios ou honorários periciais, a cargo do reclamante ou do reclamado, não deverá ser computado para fins de depósito recursal, sendo inexigível seu recolhimento se a condenação a eles se limitar.

Seção X
Depósito Judicial Trabalhista

Art. 115. O depósito judicial para pagamentos, garantia de execução, encargos processuais, levantamento de valores e depósitos recursais seguirão as diretrizes estabelecidas na Instrução Normativa nº 36 do Tribunal Superior do Trabalho e no Ato Conjunto TST.CSJT.CGJT nº 1/2019, ou em outra norma que venha a substituí-las.

Art. 116. O alvará deverá ser expedido somente após a autorização judicial para o levantamento do depósito realizado.

§ 1º O juiz deverá dar ciência ao devedor-executado ou ao seu sucessor da decisão ou do despacho que autorizar a liberação total ou parcial do depósito judicial a favor da parte vencedora.

§ 2º A decisão ou o despacho que autorizar o levantamento, total ou parcial, do depósito judicial, deverá também autorizar o recolhimento, pela fonte pagadora, dos valores apurados a título de imposto de renda, de responsabilidade da parte vencedora, a serem deduzidos do seu crédito, destinados ao recolhimento na forma da lei.

§ 3º O depósito recursal, ainda que tenha sido convertido em depósito judicial, não poderá ser utilizado para quitação de débitos ou despesas do processo, inclusive

os de natureza alimentar, antes da quitação integral do crédito do reclamante, a quem deverá ser prioritariamente liberado, até o limite de seu crédito.

Seção XI
Recurso de Revista

Art. 117. As decisões de admissibilidade do recurso de revista, exercidas na forma estabelecida pelo § 1º do art. 896 da CLT, contemplarão a identificação do preenchimento dos pressupostos extrínsecos e intrínsecos, nos termos das alíneas e dos parágrafos do referido dispositivo.

§ 1º Admitido o recurso de revista, a autoridade competente deve exercer também o juízo de admissibilidade do recurso de revista adesivo.

§ 2º Não admitido o recurso de revista e interposto agravo de instrumento, a autoridade competente deve exercer o juízo de admissibilidade do recurso adesivo.

Art. 118. Ao Presidente do Tribunal Regional do Trabalho, ou a quem competir a análise de admissibilidade, caberá avaliar a conveniência e a oportunidade de implantação de juízo conciliatório em recurso de revista.

CAPÍTULO VI
NORMAS PROCEDIMENTAIS DE PROCESSO – CUMPRIMENTO DE SENTENÇA E EXECUÇÃO DE TÍTULO EXTRAJUDICIAL

Seção I
Normas Gerais

Art. 119. Transitada em julgado a sentença de conhecimento ou homologado acordo que ponha fim à lide, o processo deverá ser movimentado à fase seguinte, independentemente de requerimento da parte, na qual poderá ser suspenso.

§ 1º Homologado acordo antes do trânsito em julgado da sentença de conhecimento, inclusive decorrente de transação extrajudicial, deverá ser utilizado o movimento "11384 – Iniciada a liquidação", com posterior movimentação no sistema PJe para o fluxo de "controle de acordo", em que o processo receberá o movimento "11014 – Suspensão por Convenção das Partes para Cumprimento Voluntário da Obrigação", até que seja implementado no PJe o movimento "15238 – Suspenso o processo por homologação de acordo ou transação".

§ 2º Na hipótese do parágrafo anterior, o sobrestamento será levantado quando houver descumprimento do acordo, momento em que o feito prosseguirá, ou, no caso do seu cumprimento integral, deverão ser adotadas as providências para a extinção da execução e o arquivamento.

§ 3º Na hipótese de trânsito em julgado de sentenças não líquidas, os passos seguintes à movimentação "11384 – Iniciada a liquidação" dependerão da particularidade do caso e do entendimento do magistrado, e, no caso de acordo, seguir-se-á com a orientação contida nos parágrafos anteriores.

§ 4º Transitada em julgado sentença líquida, o processo deverá receber o movimento "11385 – Iniciada a execução", a partir de quando os próximos passos serão adotados pelo Juízo da execução que, em caso de acordo, deverá seguir os procedimentos mencionados nos parágrafos primeiro e segundo.

Art. 120. Cabe ao juiz, na fase de execução:

I – ordenar a pronta liberação do depósito recursal, em favor do reclamante, independentemente de requerimento do interessado, após o trânsito em julgado da sentença condenatória, desde que o valor do crédito trabalhista seja inequivocamente superior ao do depósito recursal ou incontroverso, prosseguindo a execução depois pela diferença;

II – promover a realização periódica de audiências de conciliação em processos na fase de execução, independentemente de requerimento das partes, selecionando-se aqueles com maior possibilidade de êxito na composição;

III – determinar a revisão periódica dos processos em execução que se encontrem com a execução suspensa, a fim de renovar providências coercitivas, por meio da utilização dos Sistemas Eletrônicos de pesquisas patrimonial, valendo-se, se for o caso, da aplicação subsidiária dos artigos 772 a 777 do CPC, sem prejuízo da contagem do prazo prescricional.

Art. 121. Exauridas em vão as medidas coercitivas impulsionadas pelo juízo ou requeridas pela parte, o processo deverá ser suspenso, com a intimação do exequente, precedido de atualização cadastral e verificação da situação no BNDT.

Seção II
Alienação de Bens

Art. 122. Ao determinar a alienação de bem, deverá o magistrado fazer constar expressamente do edital, além dos requisitos do artigo 886 do CPC, a isenção do arrematante com relação aos débitos tributários, cujo fato gerador seja a propriedade, o domínio útil ou a posse de bens e direitos adquiridos judicialmente, através de leilão judicial ou iniciativa particular, estejam ou não inscritos na dívida ativa.

Parágrafo único. Ficarão subrogados no bem arrematado os débitos de natureza não tributária que constarem expressamente do edital.

Seção III
Semana Nacional da Execução Trabalhista

Art. 123. Durante a Semana Nacional da Execução Trabalhista deverão ser realizadas pautas ordinárias de audiência, exclusivamente formadas por autos em fase de execução, liquidados e que não foram voluntariamente pagos após a citação do artigo 880 da CLT, ficando suspensa a contagem do prazo médio de tramitação dos processos em fase de conhecimento.

Parágrafo único. Infrutífera a conciliação, além das providências coercitivas previstas no artigo 120, III, o juiz, caso necessário, expedirá mandado para protesto extrajudicial, em cartório, do título executivo não quitado.

Seção IV
Normas Procedimentais Referentes à Execução contra Empresas em Recuperação Judicial ou em Falência

Art. 124. No caso de execução em desfavor de empresa em recuperação judicial ou falência, o juiz do trabalho expedirá Certidão de Habilitação de Crédito para os credores constituídos nos autos, a ser submetida à apreciação do administrador judicial, exceto em relação aos créditos previdenciário e fiscal.

§ 1º Terão prosseguimento na Justiça do Trabalho as ações que demandarem quantia ilíquida, até a apuração do respectivo crédito e a expedição de certidão de habilitação do crédito.

§ 2º Da Certidão de Habilitação de Crédito deverá constar:

I – o nome do exequente e a data da distribuição da reclamação trabalhista, da sentença condenatória e do seu trânsito em julgado;

II – a especificação dos títulos e valores;

III – a data da decisão homologatória dos cálculos e do seu trânsito em julgado;

IV – o nome do advogado que o exequente tiver constituído, seu endereço, para eventual intimação, e número de telefone, a fim de facilitar possível contato direto pelo administrador judicial.

Art. 125. Expedida a Certidão de Habilitação de Crédito, é vedada a remessa dos autos físicos ou eletrônicos ao juízo no qual se processa a Recuperação Judicial ou a Falência.

Art. 126. Não havendo mais atos executórios a serem praticados pelo juízo trabalhista, o processo será suspenso mediante a utilização do movimento de suspensão/sobrestamento respectivo até o encerramento da recuperação judicial ou da falência que ela eventualmente tenha sido convalada (art. 156 e seguintes da Lei nº 11.101/2005).

Parágrafo único. Os processos suspensos por recuperação judicial ou falência deverão ser sinalizados com marcador correspondente no Sistema PJe.

Art. 127. As disposições desta Seção não se aplicam nos casos em que o magistrado determinar o direcionamento da execução contra sócios ou ex-sócios da executada ou empresa que integre grupo econômico do qual ela faça parte.

Seção V
Sobrestamento e Arquivamento Definitivo do Processo de Execução

Art. 128. A suspensão do processo, para fins de prescrição intercorrente, deverá ser precedida de intimação do exequente com advertência expressa.

Parágrafo único. Durante o prazo da prescrição intercorrente, o processo deverá ser suspenso com o uso do movimento "suspenso ou sobrestado o processo por prescrição intercorrente (código valor 12.259)".

Art. 129. O arquivamento definitivo do processo de execução, no âmbito da Justiça do Trabalho, decorre da declaração prévia, por sentença, da extinção da execução, pela verificação de uma das hipóteses contempladas nos incisos II, III, IV e V do artigo 924 do CPC, por se achar exaurida a prestação jurisdicional.

Parágrafo único. É vedado o arquivamento com baixa definitiva do processo de execução em qualquer situação não prevista no *caput*, inclusive em processos reunidos em razão de centralização de execuções, processos sobrestados ou arquivados provisoriamente.

Art. 130. É condição para arquivamento definitivo do processo judicial quando na fase de execução, entre outras providências eventualmente necessárias, a inexistência de contas judiciais com valores disponíveis vinculados ao mesmo processo e a exclusão de inscrição(ões) no BNDT.

Art. 131. Satisfeitos os créditos dos processos, salvo nos casos de execução por precatório, a disponibilização de qualquer saldo existente em conta judicial ao devedor de créditos trabalhistas deve ser precedida de ampla pesquisa no Setor de Distribuição de Feitos, nos sistemas de gestão de processos judiciais anteriores ao PJe de cada Tribunal Regional do Trabalho e no sistema do Banco Nacional de Débitos Trabalhistas (BNDT), a fim de identificar processos que tramitem em desfavor do mesmo devedor.

§ 1º Havendo processos ativos pendentes na mesma unidade judiciária, o magistrado poderá remanejar os recursos para quitação das dívidas, após o que procederá ao arquivamento definitivo do processo já quitado, desvinculando-o da conta judicial ativa.

§ 2º Constatada a existência de processos pendentes em outras unidades judiciárias, os juízos respectivos deverão ser informados, por meio eletrônico, a respeito da existência de numerário disponível, a fim de que se adotem as providências necessárias, no prazo de 10 (dez) dias, sem prejuízo de outras medidas estabelecidas em acordos de cooperação existentes entre os Tribunais Regionais do Trabalho e outros órgãos do Poder Judiciário.

§ 3º Decorrido o prazo previsto no parágrafo anterior, sem nenhuma manifestação dos juízos eventualmente interessados, os valores deverão ser disponibilizados ao devedor, com previsão de prazo não inferior a 30 (trinta) dias para saque.

§ 4º Para localização do devedor, se necessário, as Secretarias das unidades judiciárias deverão se valer dos sistemas de pesquisa disponíveis no Tribunal Regional do Trabalho para identificar o seu domicílio atual, a existência de conta bancária ativa ou, ainda, de conta ativa do Fundo de Garantia por Tempo de Serviço – FGTS, a fim se proceder ao depósito do numerário.

§ 5º Caso não se localize o executado nem haja nenhuma das informações anteriores disponíveis para pagamento, o juízo deverá determinar a abertura de conta poupança na Caixa Econômica Federal em nome do executado e encaminhar a informação para a Corregedoria Regional, que deverá publicar, no site do Tribunal Regional do Trabalho, respectivo edital permanente de informação das contas abertas em nome de executados para que, a qualquer tempo, possam vir a sacar os valores a eles creditados.

§ 6º Se os valores depositados não forem resgatados no prazo de 05 (cinco) anos, contados a partir da primeira publicação do edital referido no parágrafo anterior, a unidade judiciária deverá expedir alvará determinando a conversão em renda em favor da União, por meio do Documento de Arrecadação de Receitas Federais (DARF), sob o código 5891 – "Valores oriundos de Depósito Judicial – Processo com Arquivamento Definitivo na Justiça do Trabalho – Projeto Garimpo".

§ 7º Em qualquer hipótese tratada neste artigo, para liberação dos valores em contas judiciais, a determinação judicial para saque conterá expressamente a informação de que o pagamento deverá ser efetuado considerando-se o valor atualizado até o dia do efetivo levantamento, bem como a obrigação do banco de proceder ao encerramento da conta judicial.

§ 8º Aplica-se o mesmo procedimento previsto nos §§ 4º a 7º quando os créditos encontrados no processo pertençam ao credor das parcelas trabalhistas, advogados ou peritos judiciais.

§ 9º Na hipótese de valores devidos a título de custas processuais, contribuições previdenciárias e Imposto de Renda, a vara do trabalho deverá expedir alvará de rateio com a identificação dos respectivos valores, determinando que o banco proceda aos recolhimentos correspondentes no prazo máximo de 10 (dez) dias.

Seção VI
SISBAJUD – Bloqueio, Desbloqueio e Transferência de Valores

Art. 132. Em execução definitiva por quantia certa, se o executado, regularmente citado, não efetuar o pagamento do débito nem garantir a execução, conforme dispõe o artigo 880 da CLT, o juiz deverá, de ofício ou a requerimento da parte, emitir ordem judicial de bloqueio mediante o Sistema de Busca de Ativos do Poder Judiciário – SISBAJUD, com precedência sobre outras modalidades de constrição judicial.

Art. 133. Relativamente ao Sistema SISBAJUD, cabe ao juiz do trabalho:

I – abster-se de emitir ordem judicial de bloqueio promovida contra Estado estrangeiro ou organismo internacional;

II – deixar de encaminhar às instituições financeiras, por intermédio de ofício papel, solicitação de informações e ordens judiciais de bloqueio, desbloqueio e transferência de valores quando for possível a prática do ato por meio do Sistema SISBAJUD;

III – velar diariamente para que, em caso de bloqueio efetivado, haja pronta emissão de ordem de transferência dos valores para uma conta em banco oficial ou emissão de ordem de desbloqueio;

IV – proceder à correta identificação dos executados quando da expedição das ordens de bloqueio de numerário em contas bancárias mediante o Sistema SISBAJUD, informando o registro do número de inscrição no CPF ou CNPJ, a fim de evitar a indevida constrição de valores de titularidade de pessoas físicas ou jurídicas homônimas.

Art. 134. O acesso do juiz e dos servidores por ele delegados, ao Sistema SISBAJUD, ocorrerá por meio de senhas pessoais e intransferíveis ou mediante certificado digital, após o cadastramento realizado pelo gerente setorial de segurança da informação do respectivo tribunal, denominado Máster.

Art. 135. O presidente do Tribunal Regional do Trabalho indicará 2 (dois) Másteres, no mínimo, ao Conselho Nacional de Justiça. **§ 1º** Os Másteres do Sistema manterão atualizados os dados dos juízes cadastrados no Conselho Nacional de Justiça.

§ 2º O descredenciamento de Máster ou de qualquer usuário do Sistema SISBAJUD será imediatamente comunicado, pelo presidente do Tribunal Regional do Trabalho, ao Conselho Nacional de Justiça.

Art. 136. O juiz, ao receber as respostas das instituições financeiras, emitirá ordem judicial eletrônica de transferência do valor da condenação para conta judicial, em estabelecimento oficial de crédito, ou providenciará o desbloqueio do valor.

Parágrafo único. O termo inicial do prazo para oposição de embargos à execução é a data da intimação da parte, pelo juiz, de que se efetivou o bloqueio de numerário em sua conta.

Art. 137. É obrigatória a observância pelos juízes das normas sobre o SISBAJUD estabelecidas no regulamento que integra o convênio firmado entre o Conselho Nacional de Justiça e os tribunais do trabalho.

Seção VII
SISBAJUD – Cadastramento e Conta Única

Art. 138. As pessoas físicas e jurídicas poderão requerer, por si ou por seus representantes estatutários, ou por advogado devidamente constituído, mediante exibição de instrumento de procuração, o cadastramento de conta única apta a acolher bloqueios eletrônicos realizados por meio do sistema SISBAJUD.

Art. 139. O requerimento será efetuado por meio do sistema informatizado SISBAJUD, disponibilizado pela Corregedoria-Geral da Justiça do Trabalho na página do Tribunal Superior do Trabalho na Internet, do qual constará declaração expressa de ciência e concordância do requerente com as normas relativas ao cadastramento de contas previstas na presente Consolidação e na Resolução nº 61/2008 do CNJ.

§ 1º O requerimento de cadastramento de conta única será instruído com:

I – cópia do cartão do CNPJ ou do CPF;

II – comprovante da conta bancária indicada para acolher o bloqueio, expedido pela instituição financeira, contendo, obrigatoriamente:

a) titularidade (nome da empresa e número do CNPJ ou do CPF);

b) nome do banco;

c) código da agência (com quatro dígitos, sem o dígito verificador);

d) número da conta corrente (com o dígito verificador) e número da operação, quando se tratar da Caixa Econômica Federal.

III – contrato social do qual constem os dados do representante legal da empresa;

IV – instrumento de procuração, na hipótese de advogado constituído, o qual habilite o subscritor do pedido a atuar, ainda que administrativamente, em nome do requerente;

V – documento de identificação que demonstre a autenticidade da assinatura do subscritor do pedido.

§ 2º As instituições integrantes do Sistema Financeiro Nacional que solicitarem cadastramento de conta única não estão obrigadas a fornecer o número da conta indicada para o bloqueio, podendo informar apenas o nome do Banco ou o número da agência que cumprirá a ordem.

§ 3º O envio do requerimento e dos respectivos documentos deverá ser realizado exclusivamente por meio do Sistema SISBAJUD, sendo automaticamente descartados se encaminhados por outra via.

§ 4º É de responsabilidade do requerente a veracidade das informações prestadas e a autenticidade dos documentos enviados assim como a preservação dos originais dos documentos, que poderão ser eventualmente solicitados pela Secretaria da Corregedoria-Geral para o esclarecimento de dúvidas.

§ 5º Incumbe ao requerente o acompanhamento do pedido pelo Sistema SISBAJUD.

§ 6º Havendo erro no requerimento ou em algum documento enviado passível de solução pelo requerente, ser-lhe-á concedido prazo de 60 (sessenta) dias para que o faça, a contar do primeiro dia útil após a data do registro da pendência no Sistema SISBAJUD.

§ 7º Ultrapassado o prazo de que trata o parágrafo anterior, o pedido será indeferido, cabendo ao interessado formalizar novo requerimento, anexando a este toda a documentação necessária ao cadastramento.

Art. 140. Tratando-se de grupo econômico, empresa com filiais e situações análogas, faculta-se o cadastramento de uma conta única para mais de uma pessoa jurídica ou natural.

§ 1º Nessa hipótese, o titular da conta indicada apresentará:

I – cópia dos cartões do CNPJ ou do CPF;

II – declaração de plena concordância com a efetivação de bloqueio de valores decorrente de ordem judicial expedida contra as pessoas por ele relacionadas;

III – declaração dos representantes legais das pessoas jurídicas e das pessoas naturais de plena concordância com o direcionamento das ordens judiciais de bloqueio para a conta

especificada;

IV – declaração de instituição financeira de que está ciente e apta a direcionar, para a conta especificada, as ordens judiciais de bloqueio expedidas contra as pessoas arroladas.

§ 2º No caso de grupo econômico, a empresa titular da conta deverá também apresentar:

I – requerimento explicitando se a conta única indicada, de sua própria titularidade, é extensiva às empresas relacionadas na declaração do banco;

II – documentação que comprove a existência do alegado grupo econômico em relação ao universo das empresas noticiadas na declaração apresentada.

Art. 141. O deferimento do cadastramento de conta única no Sistema SISBAJUD valerá para todos os órgãos da Justiça Comum dos Estados e Distrito Federal, Justiça Federal, Justiça Militar da União e Justiça do Trabalho.

Art. 142. A pessoa física ou jurídica obriga-se a manter na conta indicada numerário suficiente para o cumprimento da ordem judicial.

Seção VIII
SISBAJUD – Descadastramento, Recadastramento e Alteração de Conta Única

Art. 143 Ao constatar que a pessoa física ou jurídica não mantém numerário suficiente na conta única cadastrada no sistema SISBAJUD para o atendimento à ordem judicial de bloqueio, o juiz que preside a execução deverá apresentar Pedido de Providências à Corregedoria-Geral da Justiça do Trabalho.

§ 1º O juiz indicará os dados do executado que possui conta única cadastrada no Sistema SISBAJUD (nome e CNPJ ou CPF) e anexará cópia do Detalhamento da Ordem Judicial de Bloqueio de Valores que obteve resposta negativa da instituição financeira.

§ 2º Autuado o Pedido de Providências, será aberto o prazo de 15 (quinze) dias para apresentação de justificativa para a ausência de numerário.

Art. 144. Não cabe Pedido de Providências na hipótese de suposta recusa da instituição financeira em acatar a ordem judicial de transferência do numerário

bloqueado, sendo a questão jurisdicional submetida ao crivo do juízo da execução.

Art. 145. Na ausência de numerário bastante para atender à ordem judicial de bloqueio, a ordem será direcionada às demais instituições financeiras e a conta única poderá ser descadastrada.

Parágrafo único. Ao responder à intimação para se manifestar no Pedido de Providências apresentado à Corregedoria-Geral da Justiça do Trabalho, nos termos do § 2º do artigo 137 desta Consolidação, a parte interessada apresentará as justificativas que entender cabíveis.

Art. 146. Na hipótese de a solicitação de cadastramento ter sido efetivada por outro tribunal, o Corregedor-Geral comunicará a desabilitação da conta única ao respectivo tribunal.

Art. 147. O executado poderá requerer o recadastramento da conta ou indicar outra para o bloqueio após 6 (seis) meses da data de publicação da decisão de descredenciamento no Diário Eletrônico da Justiça do Trabalho, ou no Diário de Justiça Eletrônico Nacional (DJEN), quando habilitado para uso na Justiça do Trabalho.

Art. 148. A reincidência quanto à ausência de fundos para o atendimento das ordens judiciais de bloqueio implicará novo descadastramento, dessa vez pelo prazo de 1 (um) ano.

§ 1º O executado, após o prazo referido no *caput*, poderá postular novo recadastramento.

§ 2º Em caso de nova reincidência, o descadastramento será definitivo.

Art. 149. A inatividade da instituição financeira mantenedora da conta única cadastrada implicará a desabilitação automática do cadastramento.

Art. 150. Os pedidos de recadastramento, bem como os de alteração da conta cadastrada, serão realizados por meio do Sistema SISBAJUD, instruindo-se a petição com os mesmos documentos exigidos para o cadastramento originário da conta.

Parágrafo único. No caso de pedido de alteração de conta única cadastrada em outro local, o interessado deverá dirigir-se ao órgão onde foi efetuado o cadastro originário.

Art. 151. O cadastramento poderá ser cancelado mediante requerimento do titular da conta única à autoridade que o tenha deferido, a qual determinará seu cancelamento em até 30 (trinta) dias contados a partir da data do respectivo protocolo.

Parágrafo único. O descadastramento de conta única cadastrada pelo Tribunal Superior do Trabalho deverá ser solicitado pelo interessado através do Sistema SISBAJUD, acompanhado dos documentos previstos no artigo 133, § 1º, III, IV e V, desta Consolidação.

Art. 152. Compete à Secretaria da Corregedoria-Geral da Justiça do Trabalho apreciar as solicitações de cadastramento, bem como os pedidos de alteração, recadastramento e descadastramento de conta única dirigidos ao Tribunal Superior do Trabalho, ressalvada competência do Corregedor-Geral da Justiça do Trabalho para a apreciação dos Pedidos de Providências atinentes ao cumprimento do Sistema SISBAJUD.

Art. 153. Constitui ônus da pessoa física ou jurídica titular de conta única cadastrada no Sistema SISBAJUD zelar pela regularidade dos dados cadastrados, requerendo em tempo oportuno as alterações que se fizerem necessárias, de forma a manter a conta apta ao recebimento de ordens judiciais de bloqueios eletrônicos.

Seção IX
Reunião de Execuções

Subseção I
Procedimento de Reunião de Execuções – PRE

Art. 154. O Procedimento de Reunião de Execuções – PRE, destinado às obrigações de pagar e regulado por esta Consolidação no âmbito da Justiça do Trabalho, é constituído pelo:

I – Plano Especial de Pagamento Trabalhista – PEPT, cujo objetivo é o pagamento parcelado do débito reunido;

II – Regime Centralizado de Execução – RCE, instituído pela Lei nº 14.193/2021 (Lei da Sociedade Anônima do Futebol – SAF); e

III – Regime Especial de Execução Forçada - REEF, voltado para os atos de execução forçada, inclusive de expropriação do patrimônio dos devedores em prol da coletividade dos credores.

Art. 155. O PRE, em todas as suas modalidades, observará, entre outros princípios e diretrizes:

I – a cooperação judiciária;

II – a essência conciliatória da Justiça do Trabalho como instrumento de pacificação social;

III – o direito fundamental à razoável duração do processo (artigo 5º, LXXVIII, da Constituição da República) em benefício do credor;

IV – os princípios da eficiência administrativa (art. 37, *caput*, da Constituição da República), bem como da economia processual;

V – o pagamento equânime dos créditos, observadas as particularidades do caso concreto;

VI – a premência do crédito trabalhista, haja vista seu caráter alimentar;

VII – a necessidade da preservação da função social da empresa e das entidades de prática desportiva;

VIII – a estrita observância da Lei nº 14.193/2021 em relação às entidades de prática desportiva indicadas no art. 2º da Lei da Sociedade Anônima do Futebol.

Art. 156. A reunião de processos em fase de execução definitiva, em relação ao(s) mesmo(s) devedor(es), poderá ser processada em órgãos de centralização de execuções (juízos centralizadores de execução), criados conforme organização de cada Tribunal Regional e observados os parâmetros estabelecidos nesta Consolidação.

Parágrafo único. Ressalvados os casos de PEPT, RCE e REEF, que obrigatoriamente serão processados perante o juízo centralizador de execução, a previsão do *caput* não prejudica a reunião de processos em fase de execução definitiva em varas do trabalho, mediante cooperação judiciária.

Art. 157. São atribuições do juízo centralizador de execução do PRE:

I – acompanhar e exarar parecer relativo ao processamento do PRE, mantendo comunicação com os demais órgãos partícipes da gestão do procedimento, conforme definido pela organização administrativa do Tribunal Regional ou pela Lei nº 14.193/2021;

II – promover, de ofício, a identificação dos grandes devedores e, se for o caso, dos respectivos grupos econômicos, no âmbito do Tribunal Regional, cujas execuções poderão ser reunidas para processamento conjunto através da instauração do REEF, utilizando-se de todas as ferramentas eletrônicas de investigação patrimonial disponíveis por meio de processo piloto indicado pelo juízo centralizador de execução;

III – coordenar ações e programas que visem à efetividade da execução.

Art. 158. No PRE todos os esforços deverão ser envidados para solver as execuções pelo pagamento integral ou pelo uso das técnicas da mediação e da conciliação, observando-se, em cada modalidade de pagamento, a atenção às preferências legais, conforme disciplinado pelo Tribunal Regional, ressalvada a ordem de preferência para o RCE instituído pela Lei nº 14.193/2021, que deverá observar os termos estabelecidos no art. 17 desta mesma Lei.

Parágrafo único. Nas hipóteses de PEPT e de REEF, havendo omissão do Tribunal Regional em disciplinar a matéria relativa à ordem de pagamento, e desde que observados os princípios da razoabilidade, equidade e proporcionalidade, o juízo centralizador de execução, após ouvidos os credores, poderá limitar, inverter referida ordem de pagamento dentro da mesma classe, incluir preferências definidas nesta Consolidação ou fixar teto de valores para os credores preferenciais, visando possibilitar o pagamento, ainda que parcial, de um maior número de credores.

Subseção II
Plano Especial de Pagamento Trabalhista – PEPT

Art. 159. Para a apreciação preliminar do pedido de instauração do PEPT, o interessado deverá atender aos seguintes requisitos:

I – especificar o valor total da dívida, instruindo o pedido com a relação de processos em fase de execução definitiva, com valores liquidados, organizados pela data de ajuizamento da ação; a(s) vara(s) de origem; os nomes dos credores e respectivos procuradores; as garantias existentes nesses processos, inclusive ordens de bloqueio e restrições; as fases em que se encontram os processos; os valores e a natureza dos respectivos débitos, devidamente atualizados, consolidando esses relatórios por Tribunal Regional, quando for o caso;

II – apresentar o plano de pagamento do débito trabalhista consolidado, incluída a estimativa de juros e de correção monetária até seu integral cumprimento, podendo o pagamento ser fixado em período e montante variáveis, respeitado o prazo máximo de 6 (seis) anos para a quitação integral da dívida;

III – assumir, por declaração de vontade expressa e inequívoca, o compromisso de cumprir regularmente as obrigações trabalhistas dos contratos em curso, inclusive as decorrentes de verbas rescisórias devidas aos empregados dispensados ou que se demitirem;

IV – relacionar, documentalmente, as empresas integrantes do grupo econômico, as quais assumem responsabilidade solidária pelo adimplemento das obrigações relativas ao montante global obtido na reunião dos processos em fase de execução definitiva perante o Tribunal Regional, independentemente de, em qualquer fase dos processos, terem figurado no polo passivo;

V – ofertar garantia patrimonial suficiente ao atendimento das condições estabelecidas, a critério de cada Tribunal Regional, podendo recair em carta de fiança bancária ou seguro garantia, bem como em bens próprios ou de terceiros – desde que devidamente autorizados pelos proprietários legais, hipótese em que deverão ser apresentadas provas de ausência de impedimento ou oneração dos bens, cujas alterações na situação jurídica deverão ser comunicadas pelo interessado de imediato, sob pena de cancelamento do plano e impossibilidade de novo requerimento de parcelamento pelo prazo de 2 (dois) anos;

VI – apresentar balanço contábil, devidamente certificado por contador, bem como declaração de imposto de renda, em que se comprove a incapacidade financeira de arcar com a dívida consolidada, com efetivo comprometimento da continuidade da atividade econômica;

VII – apresentar renúncia, condicionada à aprovação do PEPT, de toda e qualquer impugnação, recurso, ação rescisória ou incidente quanto aos processos envolvidos no plano.

Art. 160. O PEPT alcançará todos os processos em fase de execução definitiva relacionados no ato de apresentação do requerimento, devendo englobar a dívida total consolidada do devedor naquela data.

§ 1º É permitida, mediante requerimento do devedor, a inclusão de processos em fase de execução definitiva que tenham sido iniciados posteriormente ao deferimento do PEPT, desde que sejam atendidos os seguintes requisitos:

I – o plano original esteja com os pagamentos regulares;

II – a repactuação da dívida consolidada permita a quitação dos processos incluídos no prazo do deferimento original do PEPT, salvo a exceção prevista no § 2º;

III – haja, caso necessário, complemento da garantia, de modo a abranger a dívida consolidada atualizada objeto de repactuação.

§ 2º A Corregedoria Regional poderá, mediante requerimento do devedor e ouvido o juízo centralizador de execução, deferir acréscimo de prazo ao originariamente fixado para o plano de pagamento, desde que respeitado o máximo de seis anos estabelecido no art. 159, II, desta Consolidação, bem como haja demonstração pelo devedor da sua incapacidade financeira de arcar com o acréscimo de novos processos em fase de execução definitiva no prazo originariamente assinalado.

§ 3º O inadimplemento de quaisquer das condições estabelecidas implicará a revogação do PEPT, a proibição de obter novo plano pelo prazo de 2 (dois) anos e a instauração de REEF contra o devedor.

§ 4º O PEPT não alcançará os processos submetidos ao regime de pagamento por Precatório ou RPV.

Art. 161. O pedido de instauração do PEPT com o objetivo de parcelamento de débito referente a processos em fase de execução definitiva, em curso no âmbito de um único Tribunal Regional, deverá ser apresentado ao Corregedor Regional respectivo, em classe processual própria.

§ 1º A decisão do Corregedor Regional, que atuará como Relator, deverá ser referendada pelo Órgão Especial, se houver, ou pelo Tribunal Pleno, sempre em decisão fundamentada e observados os parâmetros estipulados nesta Seção.

§ 2º Antes da decisão do Corregedor Regional, o juízo centralizador de execução deverá exarar parecer fundamentado quanto ao atendimento dos requisitos exigidos pelo art. 159 desta Consolidação.

§ 3º A decisão do Corregedor Regional assim como a do Órgão Especial, se houver, ou a do Tribunal Pleno não estarão vinculadas ao referido parecer.

Art. 162. O pedido de instauração do PEPT com o objetivo de parcelamento do débito referente a processos em fase de execução definitiva, no âmbito de mais de um Tribunal Regional, deverá ser apresentado ao Corregedor do Tribunal Regional com maior número de processos em fase de execução definitiva deste de-

vedor, cabendo-lhe atender, além do exigido no art. 159 desta Consolidação, os seguintes requisitos:

I – especificar os Tribunais Regionais onde se localizam os processos;

II – apresentar os documentos de que trata o art. 159, I, desta Consolidação em relações individualizadas referentes a cada um dos Tribunais Regionais onde se processem as execuções que se pretende parcelar por meio do PEPT, assim como resumo global da dívida consolidada.

§ 1º A centralização de execuções, no âmbito de mais de um Tribunal Regional, dependerá de termo de cooperação judiciária firmado entre os Tribunais Regionais que possuam processos em fase de execução definitiva do devedor requerente, devendo observar as diretrizes constantes nesta Consolidação.

§ 2º A decisão do Corregedor Regional que aderir à execução reunida em mais de um Tribunal Regional deverá ser referendada pelo respectivo Órgão Especial, se houver, ou pelo Tribunal Pleno.

§ 3º O insucesso do PEPT que tramitar no âmbito de mais de um Tribunal Regional acarretará a extinção do termo de cooperação judiciária, devendo os REEFs serem processados regionalmente, a cargo de cada juízo centralizador de execução local, observando-se os processos em fase de execução definitiva da competência de seu Tribunal Regional.

§ 4º O termo de cooperação judiciária firmado pelos Tribunais Regionais deverá ser explícito em relação à periodicidade de pagamentos e aos critérios de repasse aos juízos centralizadores de execução dos Tribunais Regionais envolvidos.

§ 5º O acréscimo de processos de que trata o § 1º do art. 160 desta Consolidação, assim como a alteração de prazos do PEPT que resultar no parcelamento do débito referente a processos em fase de execução definitiva em curso no âmbito de mais de um Tribunal Regional, dependerá da observância dos incisos I a III do dispositivo acima mencionado, além da anuência dos demais Tribunais Regionais aderentes.

§ 6º O termo de cooperação judiciária definirá o juízo centralizador de execução do PEPT no âmbito de mais de um Tribunal Regional.

§ 7º A recusa do procedimento não impede que o pleito do devedor seja processado nos Tribunais Regionais onde houver a aprovação.

Art. 163. Durante a análise do requerimento do devedor, o juízo centralizador de execução poderá, a qualquer tempo, formular sugestões de alteração, acréscimo ou supressão de cláusulas, exigir a apresentação de novos documentos, determinar diligências, bem como adotar quaisquer outras medidas que contribuam para a elaboração de proposta de plano de pagamento com melhor exequibilidade.

Art. 164. Instaurado o procedimento e concluída a proposta do devedor, o Corregedor Regional deverá submeter sua decisão sobre a matéria ao Tribunal Pleno ou Órgão Especial, a quem competirá:

I – avaliar o atendimento dos requisitos exigidos para a instauração do PEPT;

II – fixar o prazo de duração, observado o disposto no inciso II do art. 159 e no § 2º do art. 160 desta Consolidação, e o valor a ser pago periodicamente, considerando, nos dois casos, o montante da dívida total consolidada, bem como os correspondentes créditos previdenciários e fiscais;

III – prever a distribuição dos valores arrecadados, observado o disposto nos arts. 155, V, e 158, *caput*, e parágrafo único, da presente Consolidação;

IV – acolher o processo judicial que servirá como piloto, indicado pelo juízo centralizador de execução, para a prática dos atos jurisdicionais posteriores à aprovação do PEPT, no qual serão concentrados todos os atos referentes ao cumprimento do plano;

V – referendar, ou não, após votação do órgão colegiado competente, a decisão do Corregedor Regional acerca do procedimento de instauração do PEPT.

Art. 165. Sempre que, por circunstâncias imprevistas e não imputáveis ao devedor, o plano inicialmente aprovado se revelar inexequível, o devedor poderá apresentar novo plano, atendidos os requisitos do art. 159 desta Consolidação, o qual deverá vir acompanhado de provas das circunstâncias supervenientes, e será objeto de nova decisão pelo órgão colegiado competente, igualmente segundo critérios de conveniência e oportunidade, observado o disposto no art. 161 desta Consolidação.

Parágrafo único. Caso o novo plano seja rejeitado ou se revele inviável, seguir-se-á a instauração de REEF contra o devedor.

Art. 166. Ficam suspensas as medidas constritivas nos processos em fase de execução definitiva relacionados no requerimento do PEPT a partir da sua aprovação pelo Tribunal Pleno ou Órgão Especial.

Parágrafo único. A fluência do prazo prescricional intercorrente dos processos em fase de execução definitiva incluídos no PEPT suspende-se durante sua vigência.

Art. 167. Os recursos informados no plano apresentado pelo devedor e destinados para o PEPT, ou em caso de REEF, poderão observar as seguintes disposições, se outras não forem estipuladas pelos Tribunais Regionais:

I – a limitação de 50% do montante mensal repassado pelo devedor para fins de conciliação;

II – o respectivo processo será elegível para pagamento dentro da ordem de preferência estipulada pelo Tribunal Regional caso seja aplicado deságio de, no mínimo, 30% do valor da dívida original acrescida de juros e correção monetária, para efeitos de conciliação;

III – os valores destinados à conciliação deverão ser ofertados de forma isonômica para os credores;

IV – os valores destinados à conciliação e não utilizados no mês serão destinados, no mês subsequente, ao pagamento dos demais créditos do PEPT ou REEF não elegíveis na ordem de preferência ou que não sejam objeto de acordo;

Art. 168. O PEPT será revisado pelo juízo centralizador de execução a cada 12 (doze) meses, se outro período inferior não houver sido fixado por ocasião do deferimento do plano.

Art. 169. O devedor e as empresas integrantes de seu grupo econômico ficam impedidos de requerer novo PEPT pelo prazo de 24 (vinte e quatro) meses após a extinção do PEPT anterior, mesmo que este tenha sido cumprido, parcial ou integralmente, ou convolado em REEF, ressalvados casos excepcionais, a critério do órgão colegiado competente.

Subseção III
Do Regime Centralizado de Execução – RCE

Art. 170. O RCE disciplinado pela Lei nº 14.193/2021 destina-se única e exclusivamente às entidades de prática desportiva definidas nos incisos I e II do § 1º do art. 1º e que tenham dado origem à constituição de Sociedade Anônima de Futebol na forma do art. 2º, II, da referida lei. § 1º A Sociedade Anônima do Futebol que tenha interesse na elaboração e execução de plano para pagamento do passivo trabalhista observará a disciplina de procedimento de reunião de execuções prevista para os demais devedores (PEPT), sendo vedada a utilização das regras previstas nesta Subseção, independentemente de os clubes ou pessoas jurídicas originárias serem beneficiados, ou não, pelo regime de RCE.

§ 2º Quando se tratar de entidade de prática desportiva constituída nos termos do art. 2º, II, da Lei nº 14.193/2021, para efeitos de PRE, deverá ser apresentado o fluxo de caixa e a sua previsão por 3 (três) anos, bem como indicadas as receitas ordinárias e extraordinárias, incluindo todas as formas de ganho de capital.

§ 3º O plano de concurso de credores do clube ou pessoa jurídica original, mencionados no *caput* deste artigo e que tenham optado pelo RCE do art. 13, I, da Lei nº 14.193/2021, deverá apresentar, como condição para aprovação, pagamentos mensais, nos termos dos arts. 10, I, e 15, § 2º, da citada lei, sem prejuízo de outras rendas próprias.

§ 4º Nos termos da Lei nº 14.193/2021, não haverá responsabilidade jurídica da SAF em relação às obrigações do clube ou pessoa jurídica original que a tiver constituído, sejam elas anteriores ou posteriores à data da sua constituição, salvo quanto às atividades específicas do seu objeto social, respondendo pelas obrigações a ela transferidas na forma do § 2º do art. 2º da aludida lei, hipótese em que os pagamentos observarão o disposto nos arts. 10 e 24 da referida lei.

Art. 171. O RCE é incompatível com o regime de Recuperação Judicial ou Extrajudicial, e, constatado requerimento nesse sentido, anterior ou posterior ao RCE trabalhista, este último não será deferido ou será extinto perante o respectivo Tribunal Regional.

Subseção IV
Regime Especial de Execução Forçada – REEF

Art. 172. O REEF consiste no procedimento unificado de busca, constrição e expropriação, com vistas ao adimplemento da dívida consolidada de devedor com relevante número de processos em fase de execução definitiva, como medida de otimização das diligências

executórias, doravante realizadas de forma convergente, mediante a utilização de processo piloto.

§ 1º O REEF poderá originar-se:

I – do insucesso do Plano Especial de Pagamento Trabalhista (PEPT);

II – do insucesso do RCE previsto na Lei nº 14.193/2021, observado o disposto no artigo 24 desta lei;

III – por meio de requisição das unidades judiciárias de 1º e 2º graus do Tribunal Regional;

IV – por iniciativa do juízo centralizador de execução do Tribunal Regional.

§ 2º A solicitação pelas unidades judiciárias deverá vir acompanhada de certidão comprobatória da utilização, sem sucesso, das ferramentas básicas de pesquisa patrimonial, nos 3 (três) meses anteriores à requisição, e do protesto do devedor, conforme os arts. 883-A da CLT e 517 do CPC.

§ 3º Poderá o juiz da Vara do Trabalho de origem recusar a habilitação de créditos na execução reunida, caso já existam bens penhorados na data da instauração do REEF, sem prejuízo da solicitação a outra Vara do Trabalho, de processo em fase de execução definitiva contra o mesmo devedor.

§ 4º A instauração do REEF determinada por ato do juízo centralizador de execução importará a suspensão das medidas constritivas contra o devedor, salvo em relação ao processo objeto de recusa na forma do parágrafo anterior.

§ 5º Ocorrendo conciliação ou pagamento, ainda que parcial, em processo em fase de execução definitiva não submetido ao REEF, o juízo deverá comunicar o fato ao juízo centralizador de execução, cabendo igual obrigação às partes.

§ 6º Os Tribunais Regionais desenvolverão solução de tecnologia da informação para cadastramento dos créditos habilitados nos processos do REEF pelas unidades judiciárias originárias, com a discriminação da natureza da dívida e dotado de atualização automática.

Art. 173. No curso do REEF, os atos executórios buscando o pagamento da dívida consolidada do executado serão realizados nos autos do processo piloto, ressalvada a hipótese do § 3º do artigo anterior.

§ 1º A definição dos autos a serem qualificados como processo piloto caberá ao juízo centralizador de execução do Tribunal Regional.

§ 2º Os juízes que atuam no juízo centralizador de execução resolverão os incidentes e ações incidentais referentes exclusivamente ao processo piloto e apenas quanto aos atos praticados durante o REEF.

§ 3º Localizados bens do executado, será ordenada sua alienação pelo juízo centralizador de execução.

§ 4º O pagamento integral do processo piloto importará na extinção da referida execução, cabendo ao juízo centralizador de execução a adoção das seguintes providências:

I – eleição de novo processo piloto;

II – lavratura de certidão circunstanciada dos fatos e atos relevantes praticados nos autos do processo piloto, trasladando-se peças, se necessário, para o novo processo piloto;

III – certificação nos autos do processo piloto extinto sobre a necessidade de sua preservação e guarda íntegra até a solução definitiva dos processos em fase de execução definitiva reunidos na forma disciplinada nesta Seção, o que deverá ser observado pela vara de origem.

Art. 174. A consolidação da dívida do executado, no caso do REEF, será feita pelo juízo centralizador de execução, que oficiará as Varas do Trabalho para que informem o montante da dívida do executado, nos processos em fase de execução definitiva, no prazo de 30 (trinta) dias.

Parágrafo único. Na prestação de informações pelas Varas do Trabalho deverá ser discriminada a natureza dos créditos, bem como a respectiva atualização e incidência de juros de mora, sendo vedada a inclusão de valores referentes a processos com pendência de homologação de cálculos.

Art. 175. Os créditos da União Federal, referentes às contribuições previdenciárias e fiscais decorrentes das decisões desta Justiça Especializada, aqueles oriundos de multas administrativas impostas pelos órgãos de fiscalização do trabalho, nos termos do artigo 114, VII e VIII, respectivamente, da Constituição da República, assim como as custas processuais serão pagos após a quitação preferencial dos créditos trabalhistas.

Art. 176. Expropriados todos os bens e efetuados os pagamentos possíveis, havendo crédito remanescente, as Varas do Trabalho da Região e as Corregedorias das

demais Regiões serão oficiadas, comunicando a existência do saldo, aguardando a requisição de valores no prazo de 30 (trinta) dias e devolvendo ao executado o saldo existente após os repasses solicitados.

Parágrafo único. Esgotados os meios executórios, ainda que remanesçam débitos, o REEF será extinto, sendo os autos do processo piloto devolvidos ao juízo de origem para providências cabíveis, comunicando-se as Varas do Trabalho do Tribunal Regional.

Art. 177. A Corregedoria-Geral da Justiça do Trabalho – CGJT, em parceria com a Escola Nacional de Aperfeiçoamento da Magistratura Trabalhista – ENAMAT, assim como as Corregedorias Regionais e as respectivas Escolas Judiciais dos Tribunais Regionais do Trabalho – EJUD promoverão cursos de formação, treinamento e atualização para magistrados e servidores da Justiça do Trabalho interessados em integrar os juízos centralizadores de execução, os quais serão escolhidos preferencialmente para o exercício da respectiva função.

Seção X
Execução Provisória

Art. 178. A execução provisória tramitará na classe Cumprimento Provisório de Sentença "CumPrSe" (157).

Art. 179. Havendo trânsito em julgado da decisão exequenda, a Secretaria da Vara do Trabalho anexará, aos autos do processo autuado na classe Cumprimento Provisório de Sentença (CumPrSe) ou nos remanescentes de Execução Provisória em Autos Suplementares (ExProvAS), os arquivos eletrônicos relativos às peças inéditas dos autos principais para o processamento da execução definitiva, retificando-se a autuação para classe processual Cumprimento de Sentença "CumSen" (156) e registrando-se o movimento "50072 – Convertida a execução provisória em definitiva".

Parágrafo único. Na hipótese do *caput*, deve haver arquivamento definitivo do processo "principal".

Seção XI
Intervenção nos Estados-Membros e Municípios

Art. 180. Os presidentes dos Tribunais Regionais do Trabalho fundamentarão os pedidos de intervenção dirigidos ao Supremo Tribunal Federal e aos Tribunais de Justiça dos Estados, justificando a necessidade da adoção da medida excepcional.

Parágrafo único. A intervenção deverá ser requerida pelo credor do estado-membro ou do município.

Art. 181. O pedido de intervenção em estado-membro será encaminhado ao Supremo Tribunal Federal por intermédio da Corregedoria-Geral da Justiça do Trabalho, enquanto o requerimento de intervenção em município será remetido diretamente ao Tribunal de Justiça local pelo presidente do Tribunal Regional do Trabalho.

Art. 182. O pedido de intervenção em estado-membro ou em município será instruído com as seguintes peças:

I – petição do credor, dirigida ao presidente do Tribunal Regional do Trabalho, requerendo o encaminhamento do pedido de intervenção ao Supremo Tribunal Federal ou ao Tribunal de Justiça local, conforme o caso;

II – impugnação do ente público, quando houver;

III – manifestação do órgão do Ministério Público que atua perante o Tribunal Regional do Trabalho;

IV – decisão fundamentada do presidente do Tribunal Regional do Trabalho admitindo e encaminhando o pedido de intervenção; **V –** ofício requisitório que possibilite a

verificação da data de expedição do precatório e do ano de sua inclusão no orçamento.

CAPÍTULO VII
NORMAS PROCEDIMENTAIS ADMINISTRATIVAS

Seção I
Acesso à Consulta Pública do PJe

Art. 183. Os Tribunais Regionais do Trabalho disponibilizarão em local de destaque, nos respectivos sítios na rede mundial de computadores, acesso a consulta pública do PJe-JT, para verificar a autenticidade de documentos extraídos dos autos digitais, na forma expressa na Resolução nº 185/2017 do CSJT.

Seção II
Informações Estatísticas Sistema de Gerenciamento de Informações Administrativas e Judiciárias da Justiça do Trabalho – e-Gestão

Art. 184. O Sistema de Gerenciamento de Informações Administrativas e Judiciárias da Justiça do Trabalho – e-Gestão é ferramenta eletrônica de apoio destinada a disponibilizar aos usuários acesso às informações relativas à estrutura administrativa e ao exercício da atividade judiciária dos órgãos do Judiciário do Trabalho de 1º e 2º graus.

Art. 185. O controle estatístico-processual do movimento judiciário e da atuação jurisdicional dos 1º e 2º graus da Justiça do Trabalho,

por seus órgãos e juízes, de interesse da Corregedoria-Geral da Justiça do Trabalho, será realizado mediante as informações disponibilizadas no Sistema e-Gestão.

Art. 186. O Sistema e-Gestão é regido pelos princípios da obrigatoriedade e da presunção da veracidade das informações disponibilizadas.

Parágrafo único. É de responsabilidade dos presidentes dos Tribunais Regionais do Trabalho a fidedignidade das informações estatísticas disponibilizadas no Sistema e-Gestão.

Art. 187. O Sistema e-Gestão será administrado pela Corregedoria-Geral da Justiça do Trabalho, assessorada pelo Comitê Gestor Nacional.

§ 1º As atribuições e composição do Comitê Gestor Nacional serão instituídas por ato da Corregedoria-Geral da Justiça do Trabalho.

§ 2º As comunicações com o grupo técnico gte-Gestão deverão ser feitas por meio do software Jira, mantido pelo Tribunal Superior do Trabalho.

Art. 188. Os presidentes dos Tribunais Regionais do Trabalho deverão instituir comitês gestores regionais para receberem as orientações do Comitê Gestor Nacional quanto às regras para a coleta e disponibilização das informações, as quais serão repassadas aos respectivos Tribunais Regionais do Trabalho e varas do trabalho da região.

§ 1º O comitê gestor regional do sistema e-Gestão será coordenado preferencialmente por desembargador e deverá ter composição multidisciplinar, contando com pelo menos um juiz de 1º grau e por servidores afeitos às áreas de tecnologia da informação, de estatística, de pessoal e de negócio judicial de 1º e 2º graus.

§ 2º O Comitê Regional reunir-se-á bimestralmente para, entre outras ações, corrigir eventuais inconsistências nos dados remetidos ao TST, retratadas nos relatórios da pasta denominada "Relatórios de Detalhamento de Erros" do Sistema e-Gestão, e encaminhará ao Comitê Gestor Nacional do Sistema e-Gestão a respectiva ata.

Art. 189. As informações disponibilizadas no Sistema e-Gestão pelos Tribunais Regionais do Trabalho e as varas do trabalho

deverão observar os modelos previamente aprovados pelo Ministro Corregedor-Geral da Justiça do Trabalho.

§ 1º As informações relativas ao Sistema e-Gestão deverão ser disponibilizadas por meio de remessas de dados, conforme descrito nos manuais de orientação de 1º e 2º graus, diariamente e mensalmente, até o dia 15 (quinze) do mês seguinte ao da realização das atividades.

§ 2º Os erros materiais porventura existentes nas informações disponibilizadas mensalmente no Sistema e-Gestão poderão ser corrigidos até 1º de março do ano subsequente ao ano de referência das informações.

§ 3º Serão considerados oficiais as remessas de dados enviadas mensalmente pelos Tribunais Regionais do Trabalho.

§ 4º A obrigatoriedade de remessa diária não se aplica aos dados administrativos.

§ 5º Disponibilizada nova versão do extrator do e-Gestão é obrigatório o reprocessamento das remessas anteriores relativas ao mesmo ano da disponibilização.

Art. 190. O Manual do Usuário com o detalhamento das funcionalidades do Sistema e-Gestão e os Manuais de Orientações dos 1º e 2º graus serão disponibilizados na página de acesso ao sistema.

Art. 191. São usuários do Sistema e-Gestão os magistrados e servidores da Justiça do Trabalho.

§ 1º O acesso ao sistema será feito pela Internet para usuários credenciados.

§ 2º A autorização será concedida mediante solicitação de credenciamento à Corregedoria-Geral ou ao Coordenador do Comitê Gestor Regional, conforme o caso.

Art. 192. A Coordenadoria de Estatística e Pesquisa do Tribunal Superior do Trabalho terá a atribuição de elaborar e disponibilizar os relatórios estatísticos oficiais, para fins de inspeção e correição permanentes, conforme modelos previamente estabelecidos pelo Ministro Corregedor-Geral da Justiça do Trabalho.

Parágrafo único. O grupo técnico gte-Gestão definirá os relatórios a serem disponibilizados para consulta aos usuários do sistema.

Art. 193. Os presidentes dos Tribunais Regionais do Trabalho, para os efeitos do artigo 37 da Lei Complementar nº 35/79 – LOMAN, publicarão, mensalmente, até o dia 20 (vinte) do mês subsequente ao de apuração, os dados estatísticos sobre os trabalhos do Tribunal no mês anterior, de acordo com modelo previamente aprovado pelo Ministro Corregedor-Geral da Justiça do Trabalho.

Art. 194. Os Tribunais Regionais do Trabalho divulgarão, em local de destaque de seus respectivos sites na rede mundial de computadores, os relatórios de produção mensal dos órgãos judiciais e magistrados de 1º e 2º graus.

§ 1º Os relatórios, em formato pdf, serão extraídos do sistema e-Gestão e disponibilizados mediante links a partir de banner próprio de cada Tribunal Regional, intitulado "Produção dos Magistrados".

§ 2º Os relatórios de que trata o parágrafo anterior serão os disponíveis nas subpastas "Transparência" e "Produção" do sistema e-Gestão, sendo:

I – Para o 1º grau:

a) Varas do trabalho – conhecimento;

b) Varas do trabalho – execução;

c) Juízes – conhecimento;

d) Juízes – execução

II – Para o 2º grau:

a) Tribunal;

b) Magistrados.

§ 3º Os relatórios deverão estar disponíveis, mensalmente, no decorrer do mês subsequente àquele em referência, devendo ser mantidos os anteriores, organizados por ano e mês.

TÍTULO III
DISPOSIÇÕES FINAIS

Art. 195. O Corregedor-Geral da Justiça do Trabalho promoverá a revisão periódica e a atualização da presente consolidação, mediante a integração dos provimentos, das recomendações e demais atos da Corregedoria-Geral.

Parágrafo único. O processo de atualização e revisão da presente consolidação observará as regras previstas na Lei Complementar nº 95/1998, preservando-se a redação original dos dispositivos alterados.

Art. 2º A Consolidação dos Provimentos da Corregedoria-Geral da Justiça do Trabalho entrará em vigor na data da sua publicação.

Art. 3º Ficam revogadas as disposições em contrário, em especial, os seguintes atos:

I – Provimentos CGJT de números 1/2021, 2/2021, 3/2021, 1/2022, 4/2022, 1/2023, 2/2023 e 3/2023.

II – Recomendações CGJT de números 3/2018, 3/2019, 4/2019 e 6/2020;

III – Consolidação dos Provimentos da Corregedoria-Geral da Justiça do Trabalho, de 19 de dezembro de 2019.

Brasília, 26 de setembro de 2023.

Súmulas dos Tribunais Superiores, Juizados Especiais Federais, OJs e Precedentes Normativos do TST

- ▲ Súmulas Vinculantes do Supremo Tribunal Federal – STF
- ▲ Súmulas do Supremo Tribunal Federal – STF
- ▲ Súmulas do Superior Tribunal de Justiça – STJ
- ▲ Súmulas dos Juizados Especiais Federais – JEF
- ▲ Súmulas do Tribunal Superior do Trabalho – TST
- ▲ Orientações Jurisprudenciais:
 - ■ Tribunal Pleno – TST
 - ■ SDI-I – TST
 - ■ SDI-I – Transitória – TST
 - ■ SDI-II – TST
 - ■ SDC – TST
- ▲ Precedentes Normativos – TST

Súmulas, Orientações Jurisprudenciais e Precedentes Normativos

SÚMULAS VINCULANTES DO SUPREMO TRIBUNAL FEDERAL – STF

> ▸ Art. 103-A da CF.
> ▸ Lei 11.417/2006 (Súmula Vinculante).

1. Ofende a garantia constitucional do ato jurídico perfeito a decisão que, sem ponderar as circunstâncias do caso concreto, desconsidera a validez e a eficácia de acordo constante de termo de adesão instituído pela Lei Complementar 110/2001.

> ▸ Art. 5º, XXXVI, da CF.
> ▸ LC 110/2001 (Contribuições sociais e créditos de complementos de atualização monetária em contas vinculadas do FGTS).

2. É inconstitucional a lei ou ato normativo estadual ou distrital que disponha sobre sistemas de consórcios e sorteios, inclusive bingos e loterias.

> ▸ Art. 22, XX, da CF.

3. Nos processos perante o Tribunal de Contas da União asseguram-se o contraditório e a ampla defesa quando da decisão puder resultar anulação ou revogação de ato administrativo que beneficie o interessado, excetuada a apreciação da legalidade do ato de concessão inicial de aposentadoria, reforma e pensão.

> ▸ Arts. 5º, LV, e 71, III, da CF.
> ▸ Art. 2º da Lei 9.784/1999 (Processo Administrativo Federal).

4. Salvo nos casos previstos na Constituição, o salário mínimo não pode ser usado como indexador de base de cálculo de vantagem de servidor público ou de empregado, nem ser substituído por decisão judicial.

> ▸ Arts. 7º, IV e XXIII, 39, caput, § 1º, 42, § 1º, e 142, X, da CF.

5. A falta de defesa técnica por advogado no processo administrativo disciplinar não ofende a Constituição.

> ▸ Art. 5º, LV, da CF.

6. Não viola a Constituição o estabelecimento de remuneração inferior ao salário mínimo para as praças prestadoras de serviço militar inicial.

> ▸ Arts. 1º, III, 7º, IV, e 142, § 3º, VIII, da CF.

7. A norma do § 3º do artigo 192 da Constituição, revogada pela Emenda Constitucional 40/2003, que limitava a taxa de juros reais a 12% ao ano, tinha sua aplicação condicionada à edição de lei complementar.

> ▸ Art. 591 do CC.

8. São inconstitucionais o parágrafo único do artigo 5º do Decreto-Lei 1.569/1977 e os artigos 45 e 46 da Lei 8.212/1991, que tratam de prescrição e decadência de crédito tributário.

> ▸ Art. 146, III, b, da CF.
> ▸ Arts. 173 e 174 do CTN.
> ▸ Art. 2º, § 3º, da Lei 6.830/1980 (Execuções Fiscais).
> ▸ Art. 348 do Dec. 3.048/1999 (Regulamento da Previdência Social).

9. O disposto no artigo 127 da Lei 7.210/1984 (Lei de Execução Penal) foi recebido pela ordem constitucional vigente, e não se lhe aplica o limite temporal previsto no *caput* do artigo 58.

> ▸ Art. 5º, XXXVI, da CF.
> ▸ Art. 127 da Lei 7.210/1984 foi alterado pela Lei 12.433/2011 que trata da remição de parte do tempo de execução da pena por estudo ou por trabalho).

10. Viola a cláusula de reserva de plenário (CF, art. 97) a decisão de órgão fracionário de Tribunal que, embora não declare expressamente a inconstitucionalidade de lei ou ato normativo do poder público, afasta sua incidência, no todo ou em parte.

> ▸ Art. 97 da CF.

11. Só é lícito o uso de algemas em casos de resistência e de fundado receio de fuga ou de perigo à integridade física própria ou alheia, por parte do preso ou de terceiros, justificada a excepcionalidade por escrito, sob pena de responsabilidade disciplinar, civil e penal do agente ou da autoridade e de nulidade da prisão ou do ato processual a que se refere, sem prejuízo da responsabilidade civil do Estado.

> ▸ Arts. 1º, III, 5º, III, X e XLIX, da CF.
> ▸ Arts. 23, III, 329 a 331 e 352 do CP.
> ▸ Arts. 284 e 292 do CPP.
> ▸ Arts. 3º, i, e 4º, b, da Lei 4.898/1965 (Abuso de Autoridade).
> ▸ Art. 40 da Lei 7.210/1984 (Execuções Penais – LEP).

12. A cobrança de taxa de matrícula nas universidades públicas viola o disposto no art. 206, IV, da Constituição Federal.

13. A nomeação de cônjuge, companheiro ou parente em linha reta, colateral ou por afinidade, até o terceiro grau, inclusive, da autoridade nomeante ou de servidor da mesma pessoa jurídica investido em cargo de direção, chefia ou assessoramento, para o exercício de cargo em comissão ou de confiança ou, ainda, de função gratificada na administração pública direta e indireta em qualquer dos Poderes da União, dos Estados, do Distrito Federal e dos Municípios, compreendido o ajuste mediante designações recíprocas, viola a Constituição Federal.

> ▸ Art. 37, caput, da CF.

14. É direito do defensor, no interesse do representado, ter acesso amplo aos elementos de prova que, já documentados em procedimento investigatório realizado por órgão com competência de polícia judiciária, digam respeito ao exercício do direito de defesa.

> ▸ Art. 5º, XXXIII, LIV, LV e LXIII, da CF.
> ▸ Arts. 6º, par. ún., e 7º, XIII e XIV, da Lei 8.906/1994 (Estatuto da Advocacia e da OAB).

15. O cálculo de gratificações e outras vantagens do servidor público não incide sobre o abono utilizado para se atingir o salário mínimo.

> ▸ Art. 7º, IV, da CF.

16. Os artigos 7º, IV, e 39, § 3º (redação da EC 19/1998), da Constituição, referem-se ao total da remuneração percebida pelo servidor público.

17. Durante o período previsto no § 1º do artigo 100 da Constituição, não incidem juros de mora sobre os precatórios que nele sejam pagos.

18. A dissolução da sociedade ou do vínculo conjugal, no curso do mandato, não afasta a inelegibilidade prevista no § 7º do artigo 14 da Constituição Federal.

19. A taxa cobrada exclusivamente em razão dos serviços públicos de coleta, remoção e tratamento ou destinação de lixo ou resíduos provenientes de imóveis, não viola a artigo 145, II, da Constituição Federal.

20. A Gratificação de Desempenho de Atividade Técnico-Administrativa – GDATA, instituída pela Lei 10.404/2002, deve ser deferida aos inativos nos valores correspondentes a 37,5 (trinta e sete vírgula cinco) pontos no período de fevereiro a maio de 2002 e, nos termos do artigo 5º, parágrafo único, da Lei 10.404/2002, no período de junho de 2002 até a conclusão dos efeitos do último ciclo de avaliação a que se refere o artigo 1º da Medida Provisória nº 198/2004, a partir da qual passa a ser de 60 (sessenta) pontos.

> ▸ Art. 40, § 8º, da CF.

21. É inconstitucional a exigência de depósito ou arrolamento prévios de dinheiro ou bens para admissibilidade de recurso administrativo.

> ▸ Art. 5º, XXXIV, a, e LV, da CF.
> ▸ Art. 33, § 2º, do Dec. 70.235/1972 (Processo Administrativo Fiscal).

22. A Justiça do Trabalho é competente para processar e julgar as ações de indenização por danos morais e patrimoniais decorrentes de acidente de trabalho pro-

postas por empregado contra empregador, inclusive aquelas que ainda não possuíam sentença de mérito em primeiro grau quando da promulgação da Emenda Constitucional 45/2004.

> Arts. 7º, XXVIII, 109, I, e 114 da CF.
> Súmula 235 do STF.

23. A Justiça do Trabalho é competente para processar e julgar ação possessória ajuizada em decorrência do exercício do direito de greve pelos trabalhadores da iniciativa privada.

> Art. 114, II, da CF.

24. Não se tipifica crime material contra a ordem tributária, previsto no art. 1º, incisos I a IV, da Lei 8.137/1990, antes do lançamento definitivo do tributo.

> Art. 5º, LV, da CF.
> Art. 142, *caput*, do CTN.
> Art. 83 da Lei 9.430/1996 (Trata sobre legislação tributária federal, contribuições para a seguridade social e processo administrativo de consulta).
> Art. 9º, § 2º, da Lei 10.684/2003 (Parcelamento de débitos junto à Secretaria da Receita Federal, à Procuradoria-Geral da Fazenda Nacional e ao Instituto Nacional do Seguro Social).

25. É ilícita a prisão civil de depositário infiel, qualquer que seja a modalidade do depósito.

> Art. 5º, LXVII e § 2º, da CF.
> Súmulas 304, 305, 419 e 439 do STJ.

26. Para efeito de progressão de regime no cumprimento de pena por crime hediondo, ou equiparado, o juízo da execução observará a inconstitucionalidade do art. 2º da Lei 8.072, de 25 de julho de 1990, sem prejuízo de avaliar se o condenado preenche, ou não, os requisitos objetivos e subjetivos do benefício, podendo determinar, para tal fim, de modo fundamentado, a realização de exame criminológico.

> Art. 5º, XLVI e XLVII, da CF.
> Arts. 33, § 3º, e 59 do CP.
> Arts. 66, III, *b*, e 112 da Lei 7.210/1984 (Execuções Penais – LEP).
> Lei 8.072/1990 (Crimes Hediondos).
> Lei 11.464/2007 (Alterou o art. 2º da Lei 8.072/1990).
> Súmulas 439 e 471 do STJ.

27. Compete à Justiça estadual julgar causas entre consumidor e concessionária de serviço público de telefonia, quando a ANATEL não seja litisconsorte passiva necessária, assistente, nem oponente.

> Arts. 98, I, e 109, I, da CF.

28. É inconstitucional a exigência de depósito prévio como requisito de admissibilidade de ação judicial na qual se pretenda discutir a exigibilidade de crédito tributário.

> Art. 5º, XXXV, da CF.
> Súmula 112 do STJ.

29. É constitucional a adoção, no cálculo do valor de taxa, de um ou mais elementos da base de cálculo própria de determinado imposto, desde que não haja integral identidade entre uma base e outra.

> Art. 145, § 2º, da CF.

30 – (...)

> Súmula com publicação suspensa, pelo STF, em virtude de questão de ordem levantada em 04.02.2010.

31. É inconstitucional a incidência do Imposto sobre Serviços de Qualquer Natureza – ISS sobre operações de locação de bens móveis.

> Art. 156, III, da CF.
> LC 116/2003 (ISS).

32. O ICMS não incide sobre alienação de salvados de sinistro pelas seguradoras.

> Art. 153, V, da CF.
> Art. 3º, IX, da LC 87/1996 (ICMS).
> Art. 73 do Dec.-lei 73/1966 (Sistema Nacional de Seguros Privados).

33. Aplicam-se ao servidor público, no que couber, as regras do regime geral da previdência social sobre aposentadoria especial de que trata o artigo 40, § 4º, inciso III da Constituição Federal, até a edição de lei complementar específica.

34. A Gratificação de Desempenho de Atividade de Seguridade Social e do Trabalho – GDASST, instituída pela Lei 10.483/2002, deve ser estendida aos inativos no valor correspondente a 60 (sessenta) pontos, desde o advento da Medida Provisória 198/2004, convertida na Lei 10.971/2004, quando tais inativos façam jus à paridade constitucional (EC 20/1998, 41/2003 e 47/2005).

35. A homologação da transação penal prevista no artigo 76 da Lei 9.099/1995 não faz coisa julgada material e, descumpridas suas cláusulas, retoma-se a situação anterior, possibilitando-se ao Ministério Público a continuidade da persecução penal mediante oferecimento de denúncia ou requisição de inquérito policial.

36. Compete à Justiça Federal comum processar e julgar civil denunciado pelos crimes de falsificação e de uso de documento falso quando se tratar de falsificação da Carderneta de Inscrição e Registro (CIR) ou de Carteira de Habilitação de Amador (CHA), ainda que expedidas pela Marinha do Brasil.

37. Não cabe ao Poder Judiciário, que não tem função legislativa, aumentar vencimentos de servidores públicos sob o fundamento de isonomia.

38. É competente o Município para fixar o horário de funcionamento de estabelecimento comercial.

39. Compete privativamente à União legislar sobre vencimentos dos membros das polícias civil e militar e do corpo de bombeiros militar do Distrito Federal.

40. A contribuição confederativa de que trata o art. 8º, IV, da Constituição Federal, só é exigível dos filiados ao sindicato respectivo.

41. O serviço de iluminação pública não pode ser remunerado mediante taxa.

42. É inconstitucional a vinculação do reajuste de vencimentos de servidores estaduais ou municipais a índices federais de correção monetária.

43. É inconstitucional toda modalidade de provimento que propicie ao servidor investir-se, sem prévia aprovação em concurso público destinado ao seu provimento, em cargo que não integra a carreira na qual anteriormente investido.

44. Só por lei se pode sujeitar a exame psicotécnico a habilitação de candidato a cargo público.

45. A competência constitucional do Tribunal do Júri prevalece sobre o foro por prerrogativa de função estabelecido exclusivamente pela constituição estadual.

46. A definição dos crimes de responsabilidade e o estabelecimento das respectivas normas de processo e julgamento são da competência legislativa privativa da União.

47. Os honorários advocatícios incluídos na condenação ou destacados do montante principal devido ao credor consubstanciam verba de natureza alimentar cuja satisfação ocorrerá com a expedição de precatório ou requisição de pequeno valor, observada ordem especial restrita aos créditos dessa natureza.

> Art. 100, § 1º da CF/1988.
> Arts. 22, § 4º e 23 da Lei 8.906/1994.

48. Na entrada de mercadoria importada do exterior, é legítima a cobrança do ICMS por ocasião do desembaraço aduaneiro.

> Art. 155, § 2º, IX, *a* da CF/1988.

49. Ofende o princípio da livre concorrência lei municipal que impede a instalação de estabelecimentos comerciais do mesmo ramo em determinada área.

> Art. 170, IV, V e parágrafo único e 173 § 4º da CF/1988.

50. Norma legal que altera o prazo de recolhimento de obrigação tributária não se sujeita ao princípio da anterioridade.

> Art. 195, § 6º da CF/1988.

51. O reajuste de 28,86%, concedido aos servidores militares pelas Leis 8.622/1993 e 8.627/1993, estende-se aos servidores civis do poder executivo, observadas as eventuais compensações decorrentes dos reajustes diferenciados concedidos pelos mesmos diplomas legais.

> Art. 37, X da CF/1988.
> Lei 8.622/1993.
> Lei 8.627/1993.

52. Ainda quando alugado a terceiros, permanece imune ao IPTU o imóvel pertencente a qualquer das entidades referidas pelo art. 150, VI, *c*, da Constituição Federal, desde que o valor dos aluguéis seja aplicado nas atividades para as quais tais entidades foram constituídas.

> Art. 150, VI, *c* da CF/1988.

53. A competência da Justiça do Trabalho prevista no art. 114, VIII, da Constituição Federal alcança a execução de ofício das contribuições previdenciárias relativas ao objeto de condenação constante das sentenças que proferir e acordos por ela homologados.

> Art. 114, VIII da CF/1988.

54. A medida provisória não apreciada pelo congresso nacional podia, até a Emenda Constitucional 32/2001, ser reeditada dentro do seu prazo de eficácia de trinta dias, mantidos os efeitos de lei desde a primeira edição.

> Art. 62, parágrafo único da CF.

55. O direito ao auxílio-alimentação não se estende aos servidores inativos.

> Art. 40, § 4º da CF.

56. A falta de estabelecimento penal adequado não autoriza a manutenção do condenado em regime prisional mais gravoso, devendo-se observar, nessa hipótese, os parâmetros fixados no RE 641.320/RS.

> Arts. 1º, III, e 5º, XLVI, da CF.

57. A imunidade tributária constante do art. 150, VI, "d", da CF/88 aplica-se à importação e comercialização, no mercado interno, do livro eletrônico (e-book) e dos suportes exclusivamente utilizados para fixá-lo, como os leitores de livros eletrônicos (e-readers), ainda que possuam funcionalidades acessórias.

> Art. 150, VI, *d*, da CF.

58. Inexiste direito a crédito presumido de IPI relativamente à entrada de insumos isentos, sujeitos à alíquota zero ou não tributáveis, o que não contraria o princípio da não cumulatividade.

> Art. 153, § 3º, II, da CF.

59. É impositiva a fixação do regime aberto e a substituição da pena privativa de liberdade por restritiva de direitos quando reconhecida a figura do tráfico privilegiado (art. 33, § 4º, da Lei 11.343/06) e ausentes vetores negativos na primeira fase da dosimetria (art. 59 do CP), observados os requisitos do art. 33, § 2º, alínea *c*, e do art. 44, ambos do Código Penal.

> Art. 33, § 4º, da Lei 11.343/2006.
> Art. 59 do CP.

60. O pedido e a análise administrativos de fármacos na rede pública de saúde, a judicialização do caso, bem ainda seus desdobramentos (administrativos e jurisdicionais), devem observar os termos dos 3 (três) acordos interfederativos (e seus fluxos) homologados pelo Supremo Tribunal Federal, em governança judicial colaborativa, no tema 1.234 da sistemática da repercussão geral (RE 1.366.243).

61. A concessão judicial de medicamento registrado na ANVISA, mas não incorporado às listas de dispensação do Sistema Único de Saúde, deve observar as teses firmadas no julgamento do Tema 6 da Repercussão Geral (RE 566.471).

SÚMULAS DO SUPREMO TRIBUNAL FEDERAL – STF

11. A vitaliciedade não impede a extinção do cargo, ficando o funcionário em disponibilidade, com todos os vencimentos.

12. A vitaliciedade do professor catedrático não impede o desdobramento da cátedra.

13. A equiparação de extranumerário a funcionário efetivo, determinada pela Lei 2.284, de 9-8-1954, não envolve reestruturação, não compreendendo, portanto, os vencimentos.

> Lei 2.284/1954 (Estabilidade do pessoal extranumerário mensalista da União e das autarquias).

15. Dentro do prazo de validade do concurso, o candidato aprovado tem o direito à nomeação, quando o cargo for preenchido sem observância da classificação.

16. Funcionário nomeado por concurso tem o direito à posse.

20. É necessário processo administrativo, com ampla defesa, para demissão de funcionário admitido por concurso.

21. Funcionário em estágio probatório não pode ser exonerado nem demitido sem inquérito ou sem as formalidades legais de apuração de sua capacidade.

22. O estágio probatório não protege o funcionário contra a extinção do cargo.

34. No Estado de São Paulo, funcionário eleito vereador fica licenciado por toda a duração do mandato.

35. Em caso de acidente do trabalho ou de transporte, a concubina tem direito de ser indenizada pela morte do amásio, se entre eles não havia impedimento para o matrimônio.

36. Servidor vitalício está sujeito à aposentadoria compulsória, em razão da idade.

37. Não tem direito de se aposentar pelo Tesouro Nacional o servidor que não satisfizer as condições estabelecidas na legislação do Serviço Público Federal, ainda que aposentado pela respectiva instituição previdenciária, com direito, em tese, a duas aposentadorias.

38. Reclassificação posterior à aposentadoria não aproveita ao servidor aposentado.

39. À falta de lei, funcionário em disponibilidade não pode exigir, judicialmente, o seu aproveitamento, que fica subordinado ao critério de conveniência da administração.

49. A cláusula de inalienabilidade inclui a incomunicabilidade dos bens.

> Art. 1.848 do CC.

93. Não está isenta do Imposto de Renda a atividade profissional do arquiteto.

94. É competente a autoridade alfandegária para o desconto, na fonte, do Imposto de Renda correspondente às comissões dos despachantes aduaneiros.

101. O mandado de segurança não substitui a ação popular.

137. A taxa de fiscalização da exportação incide sobre a bonificação cambial concedida ao exportador.

150. Prescreve a execução no mesmo prazo de prescrição da ação.

163. Salvo contra a Fazenda Pública, sendo a obrigação ilíquida, contam-se os juros moratórios desde a citação inicial para a ação.

▶ RE 109.156/SP *(DJU 07.08.1987)* "A primeira parte da súmula 163 já não subsiste em face da Lei 4.414/64, art. 1º, e de acordo com a jurisprudência."
▶ Súmula 12 da Turma de Uniformização das Decisões das Turmas Recursais dos Juizados Especiais Federais.

188. O segurador tem ação regressiva contra o causador do dano, pelo que efetivamente pagou, até o limite previsto no contrato de seguro.

192. Não se inclui no crédito habilitado em falência a multa fiscal com efeito de pena administrativa.

▶ Art. 83, III, da Lei 11.101/2005 (Recuperação de Empresas e Falências).
▶ Súmula 565 do STF.

194. É competente o Ministro do Trabalho para a especificação das atividades insalubres.

195. Contrato de trabalho para obra certa, ou de prazo determinado, transforma-se em contrato de prazo indeterminado, quando prorrogado por mais de quatro anos.

196. Ainda que exerça atividade rural, o empregado de empresa industrial ou comercial é classificado de acordo com a categoria do empregador.

197. O empregado com representação sindical só pode ser despedido mediante inquérito em que se apure falta grave.

198. As ausências motivadas por acidente do trabalho não são descontáveis do período aquisitivo das férias.

199. O salário das férias do empregado horista corresponde à média do período aquisitivo, não podendo ser inferior ao mínimo.

200. Não é inconstitucional a Lei 1.530, de 26.12.1951, que manda incluir na indenização por despedida injusta parcela correspondente a férias proporcionais.

201. O vendedor pracista, remunerado mediante comissão, não tem direito ao repouso semanal remunerado.

202. Na equiparação de salário, em caso de trabalho igual, toma-se em conta o tempo de serviço na função, e não no emprego.

203. Não está sujeita à vacância de sessenta dias a vigência de novos níveis de salário mínimo.

204. Tem direito o trabalhador substituto, ou de reserva, ao salário mínimo no dia em que fica à disposição do empregador sem ser aproveitado na função específica; se aproveitado, recebe o salário-contratual.

▶ Súmula 159 do TST.

205. Tem direito a salário integral o menor não sujeito à aprendizagem metódica.

207. As gratificações habituais, inclusive a de Natal, consideram-se tacitamente convencionadas, integrando o salário.

209. O salário produção, como outras modalidades de salário prêmio, é devido, desde que verificada a condição a que estiver subordinado, e não pode ser suprimido unilateralmente pelo empregador, quando pago com habitualidade.

212. Tem direito ao adicional de serviço perigoso o empregado de posto de revenda de combustível líquido.

213. É devido o adicional de serviço noturno, ainda que sujeito o empregado ao regime de revezamento.

214. A duração legal da hora de serviço noturno (52 minutos e 30 segundos) constitui vantagem suplementar, que não dispensa o salário adicional.

215. Conta-se a favor de empregado readmitido o tempo de serviço anterior, salvo se houver sido despedido por falta grave ou tiver recebido a indenização legal.

216. Para decretação da absolvição de instância pela paralisação do processo por mais de trinta dias, é necessário que o autor, previamente intimado, não promova o andamento da causa.

217. Tem direito de retornar ao emprego, ou ser indenizado em caso de recusa do empregador, o aposentado que recupera a capacidade de trabalho dentro de cinco anos, a contar da aposentadoria, que se torna definitiva após esse prazo.

219. Para a indenização devida a empregado que tinha direito a ser readmitido, e não foi, levam-se em conta as vantagens advindas à sua categoria no período do afastamento.

220. A indenização devida a empregado estável, que não é readmitido ao cessar sua aposentadoria, deve ser paga em dobro.

221. A transferência de estabelecimento, ou a sua extinção parcial, por motivo que não seja de força maior, não justifica a transferência de empregado estável.

222. O princípio da identidade física do juiz não é aplicável às Juntas de Conciliação e Julgamento da Justiça do Trabalho.

▶ EC 24/1999 (Altera dispositivos da Constituição Federal pertinentes à representação classistas na Justiça do Trabalho).
▶ Súmula 217 do TFR.

223. Concedida isenção de custas ao empregado, por elas não responde o sindicato que o representa em juízo.

224. Os juros da mora, nas reclamações trabalhistas, são contados desde a notificação inicial.

225. Não é absoluto o valor probatório das anotações da Carteira Profissional.

227. A concordata do empregador não impede a execução de crédito nem a reclamação de empregado na Justiça do Trabalho.

▶ Art. 48 da Lei 11.101/2005 (Recuperação de Empresas e Falências).

229. A indenização acidentária não exclui a do direito comum, em caso de dolo ou culpa grave do empregador.

230. A prescrição da ação de acidente do trabalho conta-se do exame pericial que comprovar a enfermidade ou verificar a natureza da incapacidade.

231. O revel, em processo cível, pode produzir provas, desde que compareça em tempo oportuno.

232. Em caso de acidente do trabalho, são devidas diárias até doze meses, as quais não se confundem com a indenização acidentária, nem com o auxílio-enfermidade.

233. Salvo em caso de divergência qualificada (Lei 623, de 1949), não cabe recurso de embargos contra decisão que nega provimento a agravo ou não conhece de recurso extraordinário, ainda que por maioria de votos.

234. São devidos honorários de advogado em ação de acidente do trabalho julgada procedente.

235. SEM EFICÁCIA pelo CC 7.204/MG (DJU 09.12.2005). É competente para a ação de acidente do trabalho a Justiça Cível Comum, inclusive em segunda instância, ainda que seja parte autarquia seguradora.

▶ Arts. 109, I e 114, VI, da CF.
▶ Súmula Vinculante 22 do STF.
▶ Súmula 501 do STF.
▶ Súmula 15 do STF.

236. Em ação de acidente do trabalho, a autarquia seguradora não tem isenção de custas.

▶ Súmula 445 do STF.

238. Em caso de acidente do trabalho, a multa pelo retardamento da liquidação é exigível do segurador sub-rogado, ainda que autarquia.

240. O depósito para recorrer, em ação de acidente do trabalho, é exigível do segurador sub-rogado, ainda que autarquia.

241. A contribuição previdenciária incide sobre o abono incorporado ao salário.

247. O relator não admitirá os embargos da Lei 623, de 19.02.1949, nem deles conhecerá o Supremo Tribunal Federal, quando houver jurisprudência firme do plenário no mesmo sentido da decisão embargada.

248. É competente, originariamente, o Supremo Tribunal Federal, para o mandado de segurança contra o ato do Tribunal de Contas da União.

▶ Art. 102, I, d, da CF.

249. É competente o Supremo Tribunal Federal para a ação rescisória, quando, embora não tendo conhecido do recurso extraordinário, ou havendo negado provimento a agravo, tiver apreciado a questão federal controvertida.

▶ Súmula 515 do STF.

251. Responde a Rede Ferroviária Federal S.A. perante o foro comum e não perante o juízo especial da Fazenda Nacional, a menos que a União intervenha na causa.

▶ Súmulas 508, 517 e 556 do STF.
▶ Súmula 42 do STJ.

252. Na ação rescisória, não estão impedidos juízes que participaram do julgamento rescindindo.

253. Nos embargos da Lei 623, de 19.02.1949, no Supremo Tribunal Federal, a divergência somente será acolhida, se tiver sido indicada na petição de recurso extraordinário.

254. Incluem-se os juros moratórios na liquidação, embora omisso o pedido inicial ou a condenação.

256. É dispensável pedido expresso para condenação do réu em honorários, com fundamento nos artigos 63 ou 64 do Código de Processo Civil.

▶ Referência ao CPC de 1939.
▶ Art. 20 do CPC.

257. São cabíveis honorários de advogado na ação regressiva do segurador contra o causador do dano.

258. É admissível reconvenção em ação declaratória.

259. Para produzir efeito em juízo não é necessária a inscrição, no Registro Público, de documentos de procedência estrangeira, autenticados por via consular.

260. O exame de livros comerciais, em ação judicial, fica limitado às transações entre os litigantes.

262. Não cabe medida possessória liminar para liberação alfandegária de automóvel.

264. Verifica-se a prescrição intercorrente pela paralisação da ação rescisória por mais de cinco anos.

265. Na apuração de haveres, não prevalece o balanço não aprovado pelo sócio falecido, excluído ou que se retirou.

266. Não cabe mandado de segurança contra lei em tese.

267. Não cabe mandado de segurança contra ato judicial passível de recurso ou correição.

▶ Art. 5º, II, da Lei 12.016/2009 (Mandado de Segurança).

268. Não cabe mandado de segurança contra decisão judicial com trânsito em julgado.

▶ Art. 5º, III, da Lei 12.016/2009 (Mandado de Segurança).

269. O mandado de segurança não é substitutivo de ação de cobrança.

▶ Súmula 271 do STF.

270. Não cabe mandado de segurança para impugnar enquadramento da Lei 3.780, de 12-7-1960, que envolva exame de prova ou de situação funcional complexa.

271. Concessão de mandado de segurança não produz efeitos patrimoniais em relação a período pretérito, os quais devem ser reclamados administrativamente ou pela via judicial própria.

▶ Súmula 269 do STF.

272. Não se admite como ordinário recurso extraordinário de decisão denegatória de mandado de segurança.

273. Nos embargos da Lei 623, de 19.02.1949, a divergência sobre questão prejudicial ou preliminar, suscitada após a interposição do recurso extraordinário, ou do agravo, somente será acolhida se o acórdão padrão for anterior à decisão embargada.

▶ Art. 546 do CPC.
▶ Súmula 598 do STF.

277. São cabíveis embargos, em favor da Fazenda Pública, em ação executiva fiscal, não sendo unânime a decisão.

279. Para simples reexame de prova não cabe recurso extraordinário.

▶ Art. 102, III, a a d, da CF.
▶ Súmula 7 do STJ.

280. Por ofensa a direito local não cabe recurso extraordinário.

▶ Art. 102, III, a a d, da CF.

281. É inadmissível o recurso extraordinário, quando couber, na Justiça de origem, recurso ordinário da decisão impugnada.

▶ Art. 102, III, a a d, da CF.

282. É inadmissível o recurso extraordinário, quando não ventilada, na decisão recorrida, a questão federal suscitada.

▶ Art. 102, III, a a d, da CF.
▶ Súmula 356 do STF.
▶ Súmula 320 do STJ.

283. É inadmissível o recurso extraordinário, quando a decisão recorrida assenta em mais de um fundamento suficiente e o recurso não abrange todos eles.

▶ Art. 102, III, a a d, da CF.

284. É inadmissível o recurso extraordinário, quando a deficiência na sua fundamentação não permitir a exata compreensão da controvérsia.

▶ Art. 102, III, a a d, da CF.

285. Não sendo razoável a arguição de inconstitucionalidade, não se conhece do recurso extraordinário fundado na letra c do artigo 101, III, da Constituição Federal.

▶ Referência à revogada CF de 1946.
▶ Art. 102, III, a a d, da CF.

286. Não se conhece do recurso extraordinário fundado em divergência jurisprudencial, quando a orientação do plenário do Supremo Tribunal Federal já se firmou no mesmo sentido da decisão recorrida.

▶ Art. 102, III, a a d, da CF.
▶ Súmula 83 do STJ.

287. Nega-se provimento ao agravo, quando a deficiência na sua fundamentação, ou na do recurso extraordinário, não permitir a exata compreensão da controvérsia.

▶ Art. 102, III, a a d, da CF.

288. Nega-se provimento a agravo para subida de recurso extraordinário, quando faltar no traslado o despacho agravado, a decisão recorrida, a petição de recurso extraordinário ou qualquer peça essencial à compreensão da controvérsia.

▶ Art. 102, III, a a d, da CF.
▶ Súmula 639 do STF.

289. O provimento do agravo por uma das Turmas do Supremo Tribunal Federal, ainda que sem ressalva, não prejudica a questão do cabimento do recurso extraordinário.
▸ Art. 102, III, *a* a *d*, da CF.
▸ Súmula 300 do STF.

290. Nos embargos da Lei 623, de 19.02.1949, a prova de divergência far-se-á por certidão, ou mediante indicação do Diário da Justiça ou de repertório de jurisprudência autorizado, que a tenha publicado, com a transcrição do trecho que configure a divergência, mencionadas as circunstâncias que identifiquem ou assemelhem os casos confrontados.
▸ Art. 546 do CPC.

291. No recurso extraordinário pela letra d do art. 101, III, da Constituição, a prova do dissídio jurisprudencial far-se-á por certidão, ou mediante indicação do Diário da Justiça ou de repertório de jurisprudência autorizado, com a transcrição do trecho que configure a divergência, mencionadas as circunstâncias que identifiquem ou assemelhem os casos confrontados.
▸ Referência à CF de 1946.
▸ Art. 1.029, § 1º, do CPC.

292. Interposto o recurso extraordinário por mais de um dos fundamentos indicados no artigo 101, III, da Constituição, a admissão apenas por um deles não prejudica o seu conhecimento por qualquer dos outros.
▸ Referência à revogada CF de 1946.
▸ Art. 102, III, da CF.

293. São inadmissíveis embargos infringentes contra decisão em matéria constitucional submetida ao plenário dos Tribunais.
▸ Art. 609, par. ún., do CPP.
▸ Arts. 538 a 549 do CPPM.
▸ Súmulas 296 e 455 do STF.

294. São inadmissíveis embargos infringentes contra decisão do Supremo Tribunal Federal em mandado de segurança.
▸ Art. 25 da Lei 12.016/2009 (Mandado de Segurança).
▸ Súmula 597 do STF.
▸ Súmula 169 do STJ.

295. São inadmissíveis embargos infringentes contra decisão unânime do Supremo Tribunal Federal em ação rescisória.

296. São inadmissíveis embargos infringentes sobre matéria não ventilada, pela Turma, do julgamento do recurso extraordinário.
▸ Súmula 293 do STF.
▸ Súmulas 20, 30, 55 e 109 do TFR.

299. O recurso ordinário e o extraordinário interpostos no mesmo processo de mandado de segurança, ou de *habeas corpus*, serão julgados conjuntamente pelo Tribunal Pleno.

300. São incabíveis os embargos da Lei 623, de 19.02.1949, contra provimento de agravo para subida de recurso extraordinário.
▸ Súmula 289 do STF.

302. Está isenta da taxa de previdência social a importação de petróleo bruto.

304. Decisão denegatória de mandado de segurança, não fazendo coisa julgada contra o impetrante, não impede o uso da ação própria.

307. É devido o adicional de serviço insalubre, calculado à base do salário mínimo da região, ainda que a remuneração contratual seja superior ao salário mínimo acrescido da taxa de insalubridade.

310. Quando a intimação tiver lugar na sexta-feira, ou a publicação com efeito de intimação for feita nesse dia, o prazo judicial terá início na segunda-feira imediata, salvo se não houver expediente, caso em que começará no primeiro dia útil que se seguir.
▸ Art. 798 do CPP.
▸ Art. 110, § 1º, do RISTF.

311. No típico acidente do trabalho, a existência de ação judicial não exclui a multa pelo retardamento da liquidação.

312. Músico integrante de orquestra da empresa, com atuação permanente e vínculo de subordinação, está sujeito à legislação geral do trabalho, e não à especial dos artistas.

313. Provada a identidade entre o trabalho diurno e o noturno, é devido o adicional, quanto a este, sem a limitação do art. 73, § 3º, da CLT, independentemente da natureza da atividade do empregador.

314. Na composição do dano por acidente do trabalho, ou de transporte, não é contrário à lei tomar para base da indenização o salário do tempo da perícia ou da sentença.

315. Indispensável o traslado das razões da revista, para julgamento, pelo Tribunal Superior do Trabalho, do agravo para sua admissão.

316. A simples adesão à greve não constitui falta grave.

317. São improcedentes os embargos declaratórios, quando não pedida a declaração do julgado anterior, em que se verificou a omissão.

318. É legítima a cobrança, em 1962, pela municipalidade de São Paulo, do Imposto de Indústrias e Profissões, consoante as Leis nos 5.917 e 5.919, de 1961 (aumento anterior à vigência do orçamento e incidência do tributo sobre o movimento econômico do contribuinte).

319. O prazo do recurso ordinário para o Supremo Tribunal Federal, em *habeas corpus* ou mandado de segurança, é de cinco dias.
▸ Art. 102, II, *a* e *b*, da CF.
▸ Art. 508 do CPC.

320. A apelação despachada pelo juiz no prazo legal não fica prejudicada pela demora da juntada, por culpa do cartório.
▸ Art. 506 do CPC.
▸ Súmulas 425 e 428 do STF.

322. Não terá seguimento pedido ou recurso dirigido ao Supremo Tribunal Federal, quando manifestamente incabível, ou apresentado fora do prazo, ou quando for evidente a incompetência do Tribunal.

325. As emendas ao Regimento Interno do Supremo Tribunal Federal, sobre julgamento de questão constitucional, aplicam-se aos pedidos ajuizados e aos recursos interpostos anteriormente a sua aprovação.

327. O direito trabalhista admite a prescrição intercorrente.

330. O Supremo Tribunal Federal não é competente para conhecer de mandado de segurança contra atos dos Tribunais de Justiça dos Estados.
▸ Súmula 624 do STF.
▸ Súmula 41 do STJ.

335. É válida a cláusula de eleição do foro para os processos oriundos do contrato.

337. A controvérsia entre o empregador e o segurador não suspende o pagamento devido ao empregado por acidente do trabalho.

338. Não cabe ação rescisória no âmbito da Justiça do Trabalho.

341. É presumida a culpa do patrão ou comitente pelo ato culposo do empregado ou preposto.

343. Não cabe ação rescisória por ofensa a literal disposição de lei, quando a decisão rescindenda se tiver baseado em texto legal de interpretação controvertida nos tribunais.

349. A prescrição atinge somente as prestações de mais de dois anos, reclamadas com fundamento em decisão normativa da Justiça do Trabalho, ou em convenção coletiva de trabalho, quando não estiver em causa a própria validade de tais atos.

350. O Imposto de Indústrias e Profissões não é exigível de empregado, por falta de autonomia na sua atividade profissional.

353. São incabíveis os embargos da Lei 623, de 19.02.1949, com fundamento em divergência entre decisões da mesma Turma do Supremo Tribunal Federal.

354. Em caso de embargos infringentes parciais, é definitiva a parte da decisão embargada em que não houve divergência na votação.

355. Em caso de embargos infringentes parciais, é tardio o recurso extraordinário interposto após o julgamento dos embargos, quanto à parte da decisão embargada que não fora por eles abrangida.

356. O ponto omisso da decisão, sobre o qual não foram opostos embargos declaratórios, não pode ser objeto de recurso extraordinário, por faltar o requisito do prequestionamento.
▸ Art. 102, III, *a* a *d*, da CF.
▸ Arts. 382 e 619 do CPP.
▸ Súmula 282 do STF.
▸ Súmula 320 do STJ.

358. O servidor público em disponibilidade tem direito aos vencimentos integrais do cargo.

359. Ressalvada a revisão prevista em lei, os proventos da inatividade regulam-se pela lei vigente ao tempo em que o militar, ou o servidor civil, reuniu os requisitos necessários.
▸ Súmula com redação pelo ERE 72.509/PR.

360. Não há prazo de decadência para a representação de inconstitucionalidade prevista no artigo 8º, parágrafo único, da Constituição Federal.
▸ Referência à revogada CF de 1946.
▸ Art. 34, V e VII, da CF.

363. A pessoa jurídica de direito privado pode ser demandada no domicílio da agência, ou estabelecimento, em que se praticou o ato.

366. Não é nula a citação por edital que indica o dispositivo da lei penal, embora não transcreva a denúncia ou queixa, ou não resuma os fatos em que se baseia.
▸ Art. 365 do CPP.

368. Não há embargos infringentes no processo de reclamação.

369. Julgados do mesmo tribunal não servem para fundamentar o recurso extraordinário por divergência jurisprudencial.
▸ Art. 102, III, *a* a *d*, da CF.

371. Ferroviário, que foi admitido como servidor autárquico, não tem direito a dupla aposentadoria.

372. A Lei 2.752, de 10.04.1956, sobre dupla aposentadoria, aproveita, quando couber, a servidores aposentados antes de sua publicação.

373. Servidor nomeado após aprovação no curso de capacitação policial, instituído na polícia do Distrito Federal, em 1941, preenche o requisito da nomeação por concurso a que se referem as Lei 705, de 16.05.1949, e 1.639, de 14.07.1952.

383. A prescrição em favor da Fazenda Pública recomeça a correr, por dois anos e meio, a partir do ato interruptivo, mas não fica reduzida aquém de cinco anos, embora o titular do direito a interrompa durante a primeira metade do prazo.

384. A demissão de extranumerário do serviço público federal, equiparado a funcionário de provimento efetivo para efeito de estabilidade, é da competência do Presidente da República.

385. Oficial das Forças Armadas só pode ser reformado, em tempo de paz, por decisão de Tribunal Militar permanente, ressalvada a situação especial dos atingidos pelo art. 177 da Constituição de 1937.

386. Pela execução de obra musical por artistas remunerados é devido direito autoral, não exigível quando a orquestra for de amadores.

389. Salvo limite legal, a fixação de honorários de advogado, em complemento da condenação, depende das circunstâncias da causa, não dando lugar a recurso extraordinário.

390. A exibição judicial de livros comerciais pode ser requerida como medida preventiva.
▸ Súmula 439 do STF.

392. O prazo para recorrer de acórdão concessivo de segurança conta-se da publicação oficial de suas conclusões, e não da anterior ciência à autoridade para cumprimento da decisão.
▸ Lei 12.016/2009 (Mandado de Segurança).

399. Não cabe recurso extraordinário por violação de lei federal, quando a ofensa alegada for a regimento de tribunal.
▸ Art. 102, III, *a* a *d*, da CF.

400. Decisão que deu razoável interpretação à lei, ainda que não seja a melhor, não autoriza recurso extraordinário pela letra a do artigo 101, III, da Constituição Federal.
▸ Referência à CF de 1946.
▸ Art. 102, III, *a* e *b*, da CF.

401. Não se conhece do recurso de revista, nem dos embargos de divergência, do processo trabalhista, quando houver jurisprudência firme do Tribunal Superior do Trabalho no mesmo sentido da decisão impugnada, salvo se houver colisão com a jurisprudência do Supremo Tribunal Federal.

402. Vigia noturno tem direito a salário adicional.
▸ Súmula 140 do TST.

403. É de decadência o prazo de trinta dias para instauração do inquérito judicial, a contar da suspensão, por falta grave, de empregado estável.

405. Denegado o mandado de segurança pela sentença, ou no julgamento do agravo, dela interposto, fica sem efeito a liminar concedida, retroagindo os efeitos da decisão contrária.

424. Transita em julgado o despacho saneador de que não houve recurso, excluídas as questões deixadas, explícita ou implicitamente, para a sentença.

425. O agravo despachado no prazo legal não fica prejudicado pela demora da juntada, por culpa do cartório; nem o agravo entregue em cartório no prazo legal, embora despachado tardiamente.
▸ Súmulas 320 e 428 do STF.

426. A falta de termo específico não prejudica o agravo no auto do processo, quando oportuna a interposição por petição ou no termo da audiência.

428. Não fica prejudicada a apelação entregue em cartório no prazo legal, embora despachada tardiamente.
▸ Art. 593 do CPP.
▸ Súmulas 320, 425 e 428 do STF.

429. A existência de recurso administrativo com efeito suspensivo não impede o uso do mandado de segurança contra omissão da autoridade.
▸ Art. 5º, I, da Lei 12.016/2009 (Mandado de Segurança).

430. Pedido de reconsideração na via administrativa não interrompe o prazo para o mandado de segurança.

432. Não cabe recurso extraordinário com fundamento no artigo 101, III, d, da Constituição Federal, quando a divergência alegada for entre decisões da Justiça do Trabalho.
▸ Referência à CF de 1946.
▸ Art. 102, III da CF.
▸ Súmula 505 do STF.

433. É competente o Tribunal Regional do Trabalho para julgar mandado de segurança contra ato de seu presidente em execução de sentença trabalhista.
▸ Súmula 505 do STF.

434. A controvérsia entre seguradores indicados pelo empregador na ação de acidente do trabalho não suspende o pagamento devido ao acidentado.

439. Estão sujeitos à fiscalização tributária ou previdenciária quaisquer livros comerciais, limitado o exame aos pontos objetos da investigação.

443. A prescrição das prestações anteriores ao período previsto em lei não ocorre, quando não tiver sido negado, antes daquele prazo, o próprio direito reclamado, ou a situação jurídica de que ele resulta.

450. São devidos honorários de advogado sempre que vencedor o beneficiário de justiça gratuita.

454. Simples interpretação de cláusulas contratuais não dá lugar a recurso extraordinário.
▸ Súmula 5 do STJ.

455. Da decisão que se seguir ao julgamento de constitucionalidade pelo Tribunal Pleno, são inadmissíveis embargos infringentes quanto à matéria constitucional.
▸ Súmula 293 do STF.

456. O Supremo Tribunal Federal, conhecendo do recurso extraordinário, julgará a causa, aplicando o direito à espécie.
▸ Art. 102, III, a a d, da CF.

457. O Tribunal Superior do Trabalho, conhecendo da revista, julgará a causa, aplicando o direito à espécie.

458. O processo de execução trabalhista não exclui a remição pelo executado.

459. No cálculo da indenização por despedida injusta, incluem-se os adicionais, ou gratificações que, pela habitualidade, se tenham incorporado ao salário.

460. Para efeito do adicional de insalubridade, a perícia judicial, em reclamação trabalhista, não dispensa o enquadramento da atividade entre as insalubres, que é ato da competência do Ministro do Trabalho e Previdência Social.

461. É duplo, e não triplo, o pagamento de salário nos dias destinados a descanso.
▸ Súmula 146 do TST.

462. No cálculo da indenização por despedida injusta inclui-se, quando devido, o repouso semanal remunerado.

463. Para efeito de indenização e estabilidade, conta-se o tempo em que o empregado esteve afastado em serviço militar obrigatório, mesmo anteriormente à Lei 4.072, de 1º.06.1962.
▸ Mantivemos "01.06.1962", conforme publicação oficial. No lugar desta data leia-se "16.06.1962".

464. No cálculo da indenização por acidente de trabalho, inclui-se, quando devido, o repouso semanal remunerado.

465. O regime de manutenção de salário, aplicável ao IAPM e ao IAPTEC, exclui a indenização tarifada na lei de acidentes do trabalho, mas não o benefício previdenciário.

466. Não é inconstitucional a inclusão de sócios e administradores de sociedades e titulares de firmas individuais como contribuintes obrigatórios da previdência social.

467. A base do cálculo das contribuições previdenciárias, anteriormente à vigência da Lei Orgânica da Previdência Social, é o salário mínimo mensal, observados os limites da Lei 2.755, de 1956.

471. As empresas aeroviárias não estão isentas do Imposto de Indústrias e Profissões.

474. Não há direito líquido e certo, amparado pelo mandado de segurança, quando se escuda em lei cujos efeitos foram anulados por outra, declarada constitucional pelo Supremo Tribunal Federal.

478. O provimento em cargos de juízes substitutos do trabalho deve ser feito independentemente de lista tríplice, na ordem de classificação dos candidatos.

501. Compete à Justiça ordinária estadual o processo e o julgamento, em ambas as instâncias, das causas de acidente do trabalho, ainda que promovidas contra a União, suas autarquias, empresas públicas ou sociedades de economia mista.
▸ Arts. 109, I e 114, I, da CF.
▸ Súmula Vinculante 22 do STF.
▸ Súmula 235 do STF.
▸ Súmula 15 do STF.

502. Na aplicação do artigo 839, do Código de Processo Civil, com a redação da Lei 4.290, de 05.12.1963, a relação do valor da causa e salário mínimo vigente na capital do estado, ou do território, para o efeito de alçada, deve ser considerada na data do ajuizamento do pedido.
▸ Referência ao revogado CPC de 1939.
▸ Arts. 258 a 261 do CPC.

505. Salvo quando contrariarem a Constituição, não cabe recurso para o Supremo Tribunal Federal, de quaisquer decisões da Justiça do Trabalho, inclusive dos presidentes de seus tribunais.
▸ Súmula 432 do STF.

508. Compete à Justiça Estadual, em ambas as instâncias, processar e julgar as causas que for parte o Banco do Brasil S.A.
▸ Súmulas 251, 517 e 566 do STF.
▸ Súmula 42 do STJ.

510. Praticado o ato por autoridade, no exercício de competência delegada, contra ela cabe o mandado de segurança ou a medida judicial.

511. Compete à Justiça Federal, em ambas as instâncias, processar e julgar as causas entre autarquias federais e entidades públicas locais, inclusive mandados de segurança, ressalvada a ação fiscal, nos termos da Constituição Federal de 1967, artigo 119, § 3º.
▸ Art. 109 da CF.

512. Não cabe condenação em honorários de advogados na ação de mandado de segurança.
▸ Art. 25 da Lei 12.016/2009 (Mandado de Segurança).
▸ Súmula 105 do STJ.

513. A decisão que enseja a interposição de recurso ordinário ou extraordinário, não é a do plenário que resolve o incidente de inconstitucionalidade, mas a do órgão (Câmaras, Grupos ou Turmas) que completa o julgamento do feito.

514. Admite-se ação rescisória contra sentença transitada em julgado, ainda que contra ela não se tenham esgotado todos os recursos.

515. A competência para a ação rescisória não é do Supremo Tribunal Federal, quando a questão federal, apreciada no recurso extraordinário ou no agravo de instrumento, seja diversa da que foi suscitada no pedido rescisório.
▸ Súmula 249 do STF.

517. As sociedades de economia mista só têm foro na Justiça Federal, quando a União intervém como assistente ou opoente.
▸ Súmulas 251, 508 e 556 do STF.
▸ Súmula 42 do STJ.

518. A intervenção da União, em feito já julgado pela segunda instância e pendente de embargos, não desloca o processo para o Tribunal Federal de Recursos.
▸ O mencionado Tribunal foi extinto pela CF de 1988.

519. Aplica-se aos executivos fiscais o princípio da sucumbência a que se refere o art. 64 do Código de Processo Civil.
▸ Referência ao revogado CPC de 1939
▸ Art. 20 do CPC.

525. A medida de segurança não será aplicada em segunda instância, quando só o réu tenha recorrido.

527. Após a vigência do Ato Institucional 6, que deu nova redação ao art. 114, III, da Constituição Federal de 1967, não cabe recurso extraordinário das decisões do juiz singular.

528. Se a decisão contiver partes autônomas, a admissão parcial, pelo Presidente do Tribunal a quo, de recurso extraordinário que, sobre qualquer delas se manifestar, não limitará a apreciação de todas pelo Supremo Tribunal Federal, independentemente de interposição de agravo de instrumento.

529. Subsiste a responsabilidade do empregador pela indenização decorrente de acidente do trabalho, quando o segurador, por haver entrado em liquidação, ou por outro motivo, não se encontrar em condições financeiras, de efetuar, na forma da lei, o pagamento que o seguro obrigatório visava garantir.
▸ Art. 114, I, da CF.

530. Na legislação anterior ao art. 4º da Lei 4.749, de 12.08.1965, a contribuição para a previdência social não estava sujeita ao limite estabelecido no art. 69 da Lei 3.807, de 26.08.1960, sobre o 13º salário a que se refere o art. 3º da Lei 4.281, de 8.11.1963.
▸ Lei 8.212/1991 (Lei Orgânica da Seguridade Social).

531. É inconstitucional o Decreto 51.668, de 17.01.1963, que estabeleceu salário profissional para trabalhadores de transportes marítimos, fluviais e lacustres.

556. É competente a Justiça Comum para julgar as causas em que é parte sociedade de economia mista.

557. É competente a Justiça Federal para julgar as causas em que são partes a COBAL e a CIBRAZÉM.

567. A Constituição, ao assegurar, no parágrafo 3º, do art. 102, a contagem integral de tempo de serviço público federal, estadual ou municipal para os efeitos de aposentadoria e disponibilidade não proíbe à União, aos Estados e aos Municípios mandarem contar, mediante Lei, para efeito diverso, tempo de serviço prestado a outra pessoa de direito público interno.
▸ Referência à CF de 1967.
▸ Art. 19, III, da CF.

593. Incide o percentual do Fundo de Garantia do Tempo de Serviço (FGTS) sobre a parcela da remuneração correspondente a horas extraordinárias de trabalho.

597. Não cabem embargos infringentes de acórdão que, em mandado de segurança, decidiu, por maioria de votos, a apelação.
▸ Art. 25 da Lei 12.016/2009 (Mandado de Segurança).
▸ Súmulas 281 e 294 do STF.
▸ Súmula 169 do STJ.

598. Nos embargos de divergência não servem como padrão de discordância os mesmos paradigmas invocados para demonstrá-la, mas repelidos como não dissidentes no julgamento do recurso extraordinário.

600. Cabe ação executiva contra o emitente e seus avalistas, ainda que não apresentado o cheque ao sacado no prazo legal, desde que não prescrita ação cambiária.

613. Os dependentes de trabalhador rural não têm direito a pensão previdenciária, se o óbito ocorreu anteriormente à vigência da Lei Complementar 11/1971.

616. É permitida a cumulação da multa contratual com os honorários de advogado, após o advento do Código de Processo Civil vigente.

617. A base de cálculo dos honorários de advogado em desapropriação é a diferença entre a oferta e a indenização, corrigidas ambas monetariamente.
▸ Súmulas 131 e 141 do STJ.

622. Não cabe agravo regimental contra decisão do relator que concede ou indefere liminar em mandado de segurança.
▸ Art. 16 da Lei 12.016/2009 (Mandado de Segurança).

623. Não gera por si só a competência originária do Supremo Tribunal Federal para conhecer do mandado de segurança com base no art. 102, I, n, da Constituição, dirigir-se o pedido contra deliberação administrativa do tribunal de origem, da qual haja participado a maioria ou a totalidade de seus membros.

624. Não compete ao Supremo Tribunal Federal conhecer originariamente de mandado de segurança contra atos de outros tribunais.
▸ Súmula 330 do STF.

625. Controvérsia sobre matéria de direito não impede concessão de mandado de segurança.

626. A suspensão da liminar em mandado de segurança, salvo determinação em contrário da decisão que a deferir, vigorará até o trânsito em julgado da decisão definitiva de concessão da segurança ou, havendo recurso, até a sua manutenção pelo Supremo Tribunal Federal, desde que o objeto da liminar deferida coincida, total ou parcialmente, com o da impetração.
▸ Art. 15 da Lei 12.016/2009 (Mandado de Segurança).

627. No mandado de segurança contra a nomeação de magistrado da competência do Presidente da República, este é considerado autoridade coatora, ainda que o fundamento da impetração seja nulidade ocorrida em fase anterior do procedimento.

629. A impetração de mandado de segurança coletivo por entidade de classe em favor dos associados independe da autorização destes.
▸ Art. 21 da Lei 12.016/2009 (Mandado de Segurança).

630. A entidade de classe tem legitimação para o mandado de segurança ainda quando a pretensão veiculada interesse apenas a uma parte da respectiva categoria.
▸ Art. 21 da Lei 12.016/2009 (Mandado de Segurança).

631. Extingue-se o processo de mandado de segurança se o impetrante não promove, no prazo assinado, a citação do litisconsorte passivo necessário.
▸ Art. 47 do CPC.

632. É constitucional lei que fixa o prazo de decadência para a impetração de mandado de segurança.
▸ Art. 23 da Lei 12.016/2009 (Mandado de Segurança).

633. É incabível a condenação em verba honorária nos recursos extraordinários interpostos em processo trabalhista, exceto nas hipóteses previstas na Lei 5.584/1970.

634. Não compete ao Supremo Tribunal Federal conceder medida cautelar para dar efeito suspensivo a recurso extraordinário que ainda não foi objeto de juízo de admissibilidade na origem.

635. Cabe ao Presidente do Tribunal de origem decidir o pedido de medida cautelar em recurso extraordinário ainda pendente do seu juízo de admissibilidade.

636. Não cabe recurso extraordinário por contrariedade ao princípio constitucional da legalidade, quando a sua verificação pressuponha rever a interpretação dada a normas infraconstitucionais pela decisão recorrida.

638. A controvérsia sobre a incidência, ou não, de correção monetária em operações de crédito rural é de natureza infraconstitucional, não viabilizando recurso extraordinário.

639. Aplica-se a Súmula 288 quando não constarem do traslado do agravo de instrumento as cópias das peças necessárias à verificação da tempestividade do recurso extraordinário não admitido pela decisão agravada.

640. É cabível recurso extraordinário contra decisão proferida por juiz de primeiro grau nas causas de alçada, ou por turma recursal de juizado especial cível e criminal.

641. Não se conta em dobro o prazo para recorrer, quando do só um dos litisconsortes haja sucumbido.

644. Ao titular do cargo de procurador de autarquia não se exige a apresentação de instrumento de mandato para representá-la em juízo.
> Súmula alterada no DJU 09.12.2003 e republicada no DJU 10.12.2003 e DJU 11.12.2003.

655. A exceção prevista no art. 100, *caput*, da Constituição, em favor dos créditos de natureza alimentícia, não dispensa a expedição de precatório, limitando-se a isentá-los da observância da ordem cronológica dos precatórios decorrentes de condenações de outra natureza.
> Art. 100, § 1º, da CF.
> Res. 92/2009 do CNJ 92/2009 (Gestão de Precatórios no âmbito do Poder Judiciário).

666. A contribuição confederativa de que trata o art. 8º, IV, da Constituição, só é exigível dos filiados ao sindicato respectivo.
> Súmula Vinculante 40 do STF

667. Viola a garantia constitucional de acesso à jurisdição a taxa judiciária calculada sem limite sobre o valor da causa.
> Arts. 5º, XXXVI, e 145 da CF.

671. Os servidores públicos e os trabalhadores em geral têm direito, no que concerne à URP de abril/maio de 1988, apenas ao valor correspondente a 7/30 de 16,19% sobre os vencimentos e salários pertinentes aos meses de abril e maio de 1988, não cumulativamente, devidamente corrigido até o efetivo pagamento.

675. Intervalos fixados para descanso e alimentação durante a jornada de seis horas não descaracterizam o sistema de turnos ininterruptos de revezamento para o efeito do art. 7º, XIV, da Constituição.

676. A garantia da estabilidade provisória prevista no art. 10, II, *a*, do ADCT, também se aplica ao suplente do cargo de direção de Comissões Internas de Prevenção de Acidentes (CIPA).

677. Até que lei venha a dispor a respeito, incumbe ao Ministério do Trabalho proceder ao registro das entidades sindicais e zelar pela observância do princípio da unicidade.

678. São inconstitucionais os incisos I e III do art. 7º da Lei 8.162/1991, que afastam, para efeito de anuênio e de licença-prêmio, a contagem do tempo de serviço regido pela CLT dos servidores que passaram a submeter-se ao regime jurídico único.

679. A fixação de vencimentos dos servidores públicos não pode ser objeto de convenção coletiva.

680. O direito ao auxílio-alimentação não se estende aos servidores inativos.

684. É inconstitucional o veto não motivado à participação de candidato à concurso público.
> Arts. 5º, XXXVI, e 7º, XXX, da CF.
> Art. 27 da Lei 10.741/2003 (Estatuto do Idoso).

686. Só por lei se pode sujeitar a exame psicotécnico a habilitação de candidato a cargo público.

687. A revisão de que trata o art. 58 do ADCT não se aplica aos benefícios previdenciários concedidos após a promulgação da Constituição de 1988.

688. É legítima a incidência da contribuição previdenciária sobre o 13º salário.
> Art. 195, I, da CF.

689. O segurado pode ajuizar ação contra a instituição previdenciária perante o juízo federal do seu domicílio ou nas varas federais da Capital do Estado-Membro.

726. Para efeito de aposentadoria especial de professores, não se computa o tempo de serviço prestado fora da sala de aula.
> Art. 40, § 5º, da CF.

727. Não pode o magistrado deixar de encaminhar ao Supremo Tribunal Federal o agravo de instrumento interposto da decisão que não admite recurso extraordinário, ainda que referente a causa instaurada no âmbito dos Juizados Especiais.
> Art. 102, III, *a* a *d*, da CF.
> Lei 9.099/1995 (Juizados Especiais).

728. É de três dias o prazo para a interposição de recurso extraordinário contra decisão do Tribunal Superior Eleitoral, contado, quando for o caso, a partir da publicação do acórdão, na própria sessão de julgamento, nos termos do art. 12 da Lei 6.055/1974, que não foi revogado pela Lei 8.950/1994.
> Art. 508 do CPC.

729. A decisão na ADECON 4 não se aplica a antecipação de tutela em causa de natureza previdenciária.
> Art. 89 da Lei 9.099/1995 (Juizados Especiais).

732. É constitucional a cobrança da contribuição do salário-educação, seja sob a Carta de 1969, seja sob a Constituição Federal de 1988, e no regime da Lei 9.424/1996.

733. Não cabe recurso extraordinário contra decisão proferida no processamento de precatórios.
> Art. 100, § 2º, da CF.

734. Não cabe reclamação quando já houver transitado em julgado o ato judicial que se alega tenha desrespeitado decisão do Supremo Tribunal Federal.
> Art. 156 do RISTF.

735. Não cabe recurso extraordinário contra acórdão que defere medida liminar.
> Arts. 5º, XXXVIII, d, e 102, III, *a*, da CF.

736. Compete à Justiça do Trabalho julgar as ações que tenham como causa de pedir o descumprimento de normas trabalhistas relativas à segurança, higiene e saúde dos trabalhadores.
> Art. 114 da CF.
> Art. 643 da CLT.

SÚMULAS DO SUPERIOR TRIBUNAL DE JUSTIÇA – STJ

2. Não cabe *habeas data* (Constituição Federal, artigo 5º, LXXII, letra *a*) se não houve recusa de informações por parte da autoridade administrativa.

3. Compete ao Tribunal Regional Federal dirimir conflito de competência verificado, na respectiva região, entre juiz Federal e juiz Estadual investido de jurisdição federal.
> Art. 108, I, *e*, da CF.

4. Compete à Justiça Estadual julgar causa decorrente do processo eleitoral sindical.
> Art. 8º da CF.

5. A simples interpretação de cláusula contratual não enseja recurso especial.
> Art. 105, III, da CF.
> Súmula 181 do STJ.
> Súmula 454 do STF.
> Art. 257 do RISTJ.

7. A pretensão de simples reexame de prova não enseja recurso especial.
> Art. 105, III, *a* a *c*, da CF.
> Súmula 279 do STF.

8. Aplica-se a correção monetária aos créditos habilitados em concordata preventiva, salvo durante o período compreendido entre as datas de vigência da Lei 7.274, de 10.12.1984, e do Decreto-Lei 2.283, de 27.02.1986.
> O mencionado Dec.-lei 2.283/1986 foi revogado pelo Dec.-lei 2.284/1986.
> Lei 11.101/2005 (Recuperação de Empresas e Falências).

10. Instalada a Junta de Conciliação e Julgamento, cessa a competência do Juiz de Direito em matéria trabalhista, inclusive para a execução das sentenças por ele proferidas.
> EC 24/1999 (Altera dispositivos da Constituição Federal pertinentes à representação classistas na Justiça do Trabalho).

13. A divergência entre julgados do mesmo Tribunal não enseja recurso especial.
> Art. 105, III, c, da CF.
> Art. 255 do RISTJ.

14. Arbitrados os honorários advocatícios em percentual sobre o valor da causa, a correção monetária incide a partir do respectivo ajuizamento.

15. Compete à Justiça Estadual processar e julgar os litígios decorrentes de acidente do trabalho.
> Arts. 109, I, e 114, I e IV, da CF.
> Súmula Vinculante 22 do STF.
> Súmulas 235 e 501 do STF.

19. A fixação do horário bancário, para atendimento ao público, é da competência da União.
> Art. 4º, VIII, da Lei 4.595/1964 (Sistema Financeiro Nacional).

22. Não há conflito de competência entre o Tribunal de Justiça e Tribunal de Alçada do mesmo Estado-Membro.
> Art. 4º da EC 45/2004 (Reforma do Judiciário).

23. O Banco Central do Brasil é parte legítima nas ações fundadas na Res. 1.154/1986.

25. Nas ações da Lei de Falências o prazo para a interposição de recurso conta-se da intimação da parte.
> Lei 11.101/2005 (Recuperação de Empresas e Falências).

27. Pode a execução fundar-se em mais de um título extrajudicial relativos ao mesmo negócio.
> Art. 573 do CPC.

29. No pagamento em juízo para elidir falência, são devidos correção monetária, juros e honorários de advogado.
> Art. 98, par. ún., da Lei 11.101/2005 (Recuperação de Empresas e Falências).

32. Compete à Justiça Federal processar justificações judiciais destinadas a instruir pedidos perante entidades que nela têm exclusividade de foro, ressalvada a aplicação do artigo 15, II, da Lei 5.010/1966.

33. A incompetência relativa não pode ser declarada de ofício.
> Art. 112 do CPC.

37. São cumuláveis as indenizações por dano material e dano moral oriundos do mesmo fato.

41. O Superior Tribunal de Justiça não tem competência para processar e julgar, originariamente, mandado de segurança contra ato de outros tribunais ou dos respectivos órgãos.
> Art. 105, I, *b*, da CF.
> Lei 12.016/2009 (Mandado de Segurança).
> Súmula 330 do STF.

42. Compete à Justiça Comum Estadual processar e julgar as causas cíveis em que é parte sociedade de economia mista e os crimes praticados em seu detrimento.
> Art. 109, I e IV, da CF.
> Súmulas 251, 508, 517 e 556 do STF.

45. No reexame necessário, é defeso, ao Tribunal, agravar a condenação imposta à Fazenda Pública.
> Art. 475, I, do CPC.

46. Na execução por carta, os embargos do devedor serão decididos no juízo deprecante, salvo se versarem unicamente vícios ou defeitos da penhora, avaliação ou alienação dos bens.
> Arts. 658 e 747 do CPC.
> Art. 20 da Lei 6.830/1980 (Execuções Fiscais).
> Súmula 32 do TFR.

55. Tribunal Regional Federal não é competente para julgar recurso de decisão proferida por juiz estadual não investido de jurisdição federal.
> Art. 108, II, da CF.

56. Na desapropriação para instituir servidão administrativa são devidos os juros compensatórios pela limitação de uso da propriedade.

59. Não há conflito de competência se já existe sentença com trânsito em julgado, proferida por um dos juízos conflitantes.

62. Compete à Justiça Estadual processar e julgar o crime de falsa anotação na Carteira de Trabalho e Previdência Social, atribuído à empresa privada.

66. Compete à Justiça Federal processar e julgar execução fiscal promovida por Conselho de Fiscalização profissional.
> Art. 109, I, da CF.

77. A Caixa Econômica Federal é parte ilegítima para figurar no polo passivo das ações relativas às contribuições para o fundo PIS/PASEP.

82. Compete à Justiça Federal, excluídas as reclamações trabalhistas, processar e julgar os feitos relativos a movimentação do FGTS.

83. Não se conhece do recurso especial pela divergência, quando a orientação do Tribunal se firmou no mesmo sentido da decisão recorrida.
> Art. 105, III, *a* a *c*, da CF.
> Súmula 286 do STF.

84. É admissível a oposição de embargos de terceiro fundados em alegação de posse advinda do compromisso de compra e venda de imóvel, ainda que desprovido do registro.
> Art. 1.046 do CPC.
> Súmula 621 do STF.

85. Nas relações jurídicas de trato sucessivo em que a Fazenda Pública figure como devedora, quando não tiver sido negado o próprio direito reclamado, a prescrição atinge apenas as prestações vencidas antes do quinquênio anterior à propositura da ação.

86. Cabe recurso especial contra acórdão proferido no julgamento de agravo de instrumento.
▶ Art. 105, III, *a* a *c*, da CF.

88. São admissíveis embargos infringentes em processo falimentar.

89. A ação acidentária prescinde de exaurimento da via administrativa.

97. Compete à Justiça do Trabalho processar e julgar reclamação de servidor público relativamente a vantagens trabalhistas anteriores à instituição do regime jurídico único.
▶ Art. 114 da CF.

98. Embargos de declaração manifestados com notório propósito de prequestionamento não têm caráter protelatório.
▶ Art. 538, par. ún., do CPC.

99. O Ministério Público tem legitimidade para recorrer no processo em que oficiou como fiscal da lei, ainda que não haja recurso da parte.
▶ Art. 499 do CPC.

105. Na ação de mandado de segurança não se admite condenação em honorários advocatícios.
▶ Art. 25 da Lei 12.016/2009 (Mandado de Segurança).
▶ Súmula 512 do STF.

106. Proposta a ação no prazo fixado para o seu exercício, a demora na citação, por motivos inerentes ao mecanismo da Justiça, não justifica o acolhimento da arguição de prescrição ou decadência.

110. A isenção do pagamento de honorários advocatícios, nas ações acidentárias, é restrita ao segurado.
▶ Art. 129, par. ún., da Lei 8.213/1991 (Planos de Benefícios da Previdência Social).

111. Os honorários advocatícios, nas ações previdenciárias, não incidem sobre as prestações vencidas após a sentença.
▶ Súmula com redação alterada pela 3ª Seção em sessão ordinária do dia 27.09.2006 (DJU 04.10.2006).

115. Na instância especial é inexistente recurso interposto por advogado sem procuração nos autos.

116. A Fazenda Pública e o Ministério Público têm o prazo em dobro para interpor agravo regimental no Superior Tribunal de Justiça.
▶ Art. 188 do CPC.
▶ Arts. 258 e 259 do RISTJ.

117. A inobservância do prazo de quarenta e oito horas, entre a publicação de pauta e o julgamento sem a presença das partes, acarreta nulidade.
▶ Art. 552, § 1º, do CPC.

118. O agravo de instrumento é o recurso cabível da decisão que homologa a atualização do cálculo da liquidação.

121. Na execução fiscal o devedor deverá ser intimado, pessoalmente, do dia e hora da realização do leilão.

123. A decisão que admite, ou não, o recurso especial deve ser fundamentada, com o exame dos seus pressupostos gerais e constitucionais.
▶ Arts. 93, IX, e 105, III, *a* a *c*, da CF.
▶ Art. 1.030 do CPC.

125. O pagamento de férias não gozadas por necessidade do serviço não está sujeito a incidência do imposto de renda.

126. É inadmissível recurso especial, quando o acórdão recorrido assenta em fundamentos constitucional e infraconstitucional, qualquer deles suficiente, por si só, para mantê-lo, e a parte vencida não manifesta recurso extraordinário.
▶ Art. 105, III, *a* a *c*, da CF.

128. Na execução fiscal haverá segundo leilão, se no primeiro não houver lanço superior à avaliação.

134. Embora intimado de penhora em imóvel do casal, o cônjuge do executado pode opor embargos de terceiro para defesa de sua meação.

137. Compete à Justiça Comum Estadual processar e julgar ação de servidor público municipal, pleiteando direitos relativos a vínculo estatutário.

144. Os créditos de natureza alimentícia gozam de preferência, desvinculados os precatórios da ordem cronológica dos créditos de natureza diversa.
▶ Art. 100 da CF.
▶ Art. 33, par. ún., do ADCT.
▶ Art. 730, I e II, do CPC.

147. Compete à Justiça Federal processar e julgar os crimes praticados contra funcionário público federal, quando relacionados com o exercício da função.
▶ Art. 109, IV, da CF.

149. A prova exclusivamente testemunhal não basta à comprovação da atividade rurícola, para efeito da obtenção de benefício previdenciário.

150. Compete à Justiça Federal decidir sobre a existência de interesse jurídico, que justifique a presença, no processo, da União, suas autarquias ou empresas públicas.

154. Os optantes pelo FGTS, nos termos da Lei 5.958, de 1973, têm direito à taxa progressiva de juros, na forma do artigo 4º da Lei 5.107, de 1966.
▶ A mencionada Lei 5.107/1966 foi revogada pela Lei 7.839/1989.
▶ Lei 8.036/1990 (FGTS).
▶ Súmulas 210 e 398 do STJ.

158. Não se presta a justificar embargos de divergência o dissídio com acórdão de Turma ou Seção que não mais tenha competência para a matéria neles versada.
▶ Art. 546, I, do CPC.

165. Compete à Justiça Federal processar e julgar crime de falso testemunho cometido no processo trabalhista.
▶ Art. 109, IV, da CF.

168. Não cabem embargos de divergência, quando a jurisprudência do Tribunal se firmou no mesmo sentido do acórdão embargado.

169. São inadmissíveis embargos infringentes no processo de mandado de segurança.
▶ Art. 25 da Lei 12.016/2009 (Mandado de Segurança).
▶ Art. 260 do RISTJ.
▶ Súmulas 294 e 597 do STF.

170. Compete ao juízo onde primeiro for intentada a ação envolvendo acumulação de pedidos, trabalhista e estatuário, decidi-la nos limites da sua jurisdição, sem prejuízo do ajuizamento de nova causa, com o pedido remanescente, no juízo próprio.

173. Compete à Justiça Federal processar e julgar o pedido de reintegração em cargo público federal, ainda que o servidor tenha sido dispensado antes da instituição do Regime Jurídico Único.
▶ Art. 109, I, da CF.
▶ Art. 28 da Lei 8.112/1990 (Estatuto dos Servidores Públicos).

175. Descabe o depósito prévio nas ações rescisórias propostas pelo INSS.

176. É nula a cláusula contratual que sujeita o devedor à taxa de juros divulgada pela ANBID/CETIP.

177. O Superior Tribunal de Justiça é incompetente para processar e julgar, originariamente, mandado de segurança contra ato de órgão colegiado presidido por Ministro de Estado.
▶ Art. 105, I, *b*, da CF.

180. Na lide trabalhista, compete ao Tribunal Regional do Trabalho dirimir conflito de competência verificado, na respectiva região, entre Juiz Estadual e Junta de Conciliação e Julgamento.
▶ EC 24/1999 (Altera dispositivos da Constituição Federal pertinentes à representação classistas na Justiça do Trabalho).
▶ Arts. 668, 803 e 808 da CLT.

182. É inviável o agravo do artigo 545 do Código de Processo Civil que deixa de atacar especificamente os fundamentos da decisão agravada.
▶ Art. 524, II, do CPC.

187. É deserto o recurso interposto para o Superior Tribunal de Justiça, quando o recorrente não recolhe, na origem, a importância das despesas de remessa e retorno dos autos.
▶ Art. 511 do CPC.
▶ Art. 112 do RISTJ.

189. É desnecessária a intervenção do Ministério Público nas execuções fiscais.

195. Em embargos de terceiro não se anula ato jurídico, por fraude contra credores.

196. Ao executado que, citado por edital ou por hora certa, permanecer revel, será nomeado curador especial, com legitimidade para apresentação de embargos.
▶ Art. 5º, LV, da CF.
▶ Arts. 598, 621 e 632 do CPC.
▶ Arts. 69, I, e 70 do CPP.

201. Os honorários advocatícios não podem ser fixados em salários mínimos.

202. A impetração de segurança por terceiro, contra ato judicial, não se condiciona à interposição de recurso.
▶ Art. 499, § 1º, do CPC.

203. Não cabe recurso especial contra decisão proferida por órgão de segundo grau dos Juizados Especiais.
▶ Súmula com redação alterada pela Corte Especial em sessão extraordinária de 23.05.2002 (DJU 03.06.2002).

205. A Lei 8.009/1990 aplica-se à penhora realizada antes de sua vigência.

206. A existência de vara privativa, instituída por lei estadual, não altera a competência territorial resultante das leis de processo.
▶ Art. 99 do CPC.

207. É inadmissível recurso especial quando cabíveis embargos infringentes contra o acórdão proferido no tribunal de origem.
▶ Art. 105, III, da CF.
▶ Art. 530 do CPC.

210. A ação de cobrança das contribuições para o FGTS prescreve em trinta anos.
▶ Súmulas 154 e 398 do STJ.
▶ Súmula 362 do TST.

211. Inadmissível recurso especial quanto à questão que, a despeito da oposição de embargos declaratórios, não foi apreciada pelo tribunal *a quo*.
▶ Art. 1.022, II, do CPC.

215. A indenização recebida pela adesão a programa de incentivo à demissão voluntária não está sujeita à incidência do Imposto de Renda.

216. A tempestividade de recurso interposto no Superior Tribunal de Justiça é aferida pelo registro no protocolo da Secretaria e não pela data da entrega na agência do correio.
▶ Arts. 374 e 508 do CPC.
▶ Art. 66 do RISTJ.

219. Os créditos decorrentes de serviços prestados à massa falida, inclusive a remuneração do síndico, gozam dos privilégios próprios dos trabalhistas.

222. CANCELADA. Compete à Justiça Comum processar e julgar as ações relativas à contribuição sindical prevista no artigo 578 da CLT.

224. Excluído do feito o ente federal, cuja presença levara o Juiz Estadual a declinar da competência, deve o Juiz Federal restituir os autos e não suscitar conflito.
▶ Súmulas 150 e 254 do STJ.

225. Compete ao Tribunal Regional do Trabalho apreciar recursos contra sentença proferida por órgão de primeiro grau da Justiça Trabalhista, ainda que para declarar-lhe a nulidade em virtude de incompetência.

226. O Ministério Público tem legitimidade para recorrer na ação de acidente do trabalho, ainda que o segurado esteja assistido por advogado.
▶ Arts. 82, III, e 499 do CPC.

232. A Fazenda Pública, quando parte no processo, fica sujeita à exigência do depósito prévio dos honorários do perito.
▶ Art. 39 da Lei 6.830/1980 (Execuções Fiscais).

235. A conexão não determina a reunião dos processos, se um deles já foi julgado.
▶ Arts. 76 a 82 do CPP.

236. Não compete ao Superior Tribunal de Justiça dirimir conflitos de competência entre juízes trabalhistas vinculados a Tribunais Regionais do Trabalho diversos.

240. A extinção do processo, por abandono da causa pelo autor, depende de requerimento do réu.
▶ Art. 267, III, do CPC.

242. Cabe ação declaratória para reconhecimento de tempo de serviço para fins previdenciários.
▶ Art. 4º, I, do CPC.

247. O contrato de abertura de crédito em conta-corrente, acompanhado do demonstrativo de débito, constitui documento hábil para o ajuizamento de ação monitória.
▶ Art. 700 do CPC.
▶ Súmulas 233 e 258 do STJ.

249. A Caixa Econômica Federal tem legitimidade passiva para integrar processo em que se discute correção monetária do FGTS.
▶ Art. 7º da Lei 8.036/1990 (FGTS).
▶ Súmula 445 do STJ.

252. Os saldos das contas do FGTS, pela legislação infraconstitucional, são corrigidos em 42,72% (IPC) quanto às perdas de janeiro de 1989 e 44,80% (IPC) quanto às de abril de 1990, acolhidos pelo STJ os índices de 18,02% (LBC) quanto às perdas de junho de 1987, de 5,38% (BTN) para maio de 1990 e 7,00% (TR) para fevereiro de 1991, de acordo com o entendimento do STF (RE 226.855-7/RS).

253. O art. 557 do CPC, que autoriza o relator a decidir o recurso, alcança o reexame necessário.

254. A decisão do Juízo Federal que exclui da relação processual ente federal não pode ser reexaminada no Juízo Estadual.
▶ Súmula 150 do STJ.

255. Cabem embargos infringentes contra acórdão, proferido por maioria, em agravo retido, quando se tratar de matéria de mérito.
▶ Arts. 522 e 530 do CPC.

270. O protesto pela preferência de crédito, apresentado por ente federal em execução que tramita na Justiça Estadual, não desloca a competência para a Justiça Federal.
▶ Art. 186 do CTN.

272. O trabalhador rural, na condição de segurado especial, sujeito à contribuição obrigatória sobre a produção rural comercializada, somente faz jus à aposentadoria por tempo de serviço, se recolher contribuições facultativas.
▶ Art. 195, § 8º, da CF.
▶ Arts. 11, VII, 39 e 52 da Lei 8.213/1991 (Planos de Benefícios da Previdência Social).

278. O termo inicial do prazo prescricional, na ação de indenização, é a data em que o segurado teve ciência inequívoca da incapacidade laboral.
▶ Súmulas 101 e 229 do STJ.

279. É cabível execução por título extrajudicial contra a Fazenda Pública.

282. Cabe a citação por edital em ação monitória.
▶ Art. 1.102-B do CPC.

289. A restituição das parcelas pagas a plano de previdência privada deve ser objeto de correção plena, por índice que recomponha a efetiva desvalorização da moeda.

290. Nos planos de previdência privada, não cabe ao beneficiário a devolução da contribuição efetuada pelo patrocinador.

291. A ação de cobrança de parcelas de complementação de aposentadoria pela previdência privada prescreve em cinco anos.
▶ Súmula 427 do STJ.

292. A reconvenção é cabível na ação monitória, após a conversão do procedimento em ordinário.
▶ Art. 1.102-C, § 2º, do CPC.

297. O Código de Defesa do Consumidor é aplicável às instituições financeiras.
▶ Art. 3º, § 2º, da Lei 8.078/1990 (Código de Defesa do Consumidor – CDC).

300. O instrumento de confissão de dívida, ainda que originário de contrato de abertura de crédito, constitui título executivo extrajudicial.
▶ Art. 585 do CPC.

306. Os honorários advocatícios devem ser compensados quando houver sucumbência recíproca, assegurado o direito autônomo do advogado à execução do saldo sem excluir a legitimidade da própria parte.
▶ Art. 23 da Lei 8.906/1994 (Estatuto da Advocacia e da OAB).

310. O auxílio-creche não integra o salário de contribuição.
▶ Art. 28 da Lei 8.212/1991 (Lei Orgânica da Seguridade Social).

313. Em ação de indenização, procedente o pedido, é necessária a constituição de capital ou caução fidejussória para a garantia de pagamento da pensão, independentemente da situação financeira do demandado.

314. Em execução fiscal, não localizados bens penhoráveis, suspende-se o processo por um ano, findo o qual se inicia o prazo da prescrição quinquenal intercorrente.
▶ Art. 40 da Lei 6.830/1980 (Execuções Fiscais).

315. Não cabem embargos de divergência no âmbito do agravo de instrumento que não admite recurso especial.
▶ Art. 544 do CPC.
▶ Art. 266 do RISTJ.

316. Cabem embargos de divergência contra acórdão que, em agravo regimental, decide recurso especial.
▶ Art. 266 do RISTJ.

317. É definitiva a execução de título extrajudicial, ainda que pendente apelação contra sentença que julgue improcedentes os embargos.
▶ Arts. 520, V, e 587 do CPC.

318. Formulado pedido certo e determinado, somente o autor tem interesse recursal em arguir o vício da sentença ilíquida.
▶ Art. 459, par. ún., do CPC.

319. O encargo de depositário de bens penhorados pode ser expressamente recusado.

320. A questão federal somente ventilada no voto vencido não atende ao requisito do prequestionamento.
▶ Súmulas 282 e 356 do STF.

325. A remessa oficial devolve ao Tribunal o reexame de todas as parcelas da condenação suportadas pela Fazenda Pública, inclusive dos honorários de advogado.
▶ Art. 475, II, do CPC.

328. Na execução contra instituição financeira, é penhorável o numerário disponível, excluídas as reservas bancárias mantidas no Banco Central.
▶ Art. 655, I, do CPC.

329. O Ministério Público tem legitimidade para propor ação civil pública em defesa do patrimônio público.
▶ Art. 129, III, da CF.
▶ Lei 7.347/1985 (Ação Civil Pública).

331. A apelação interposta contra sentença que julga embargos à arrematação tem efeito meramente devolutivo.
▶ Art. 520, V, do CPC.

336. A mulher que renunciou aos alimentos na separação judicial tem direito à pensão previdenciária por morte do ex-marido, comprovada a necessidade econômica superveniente.
▶ Arts. 201, V, e 226, § 3º, da CF.
▶ Art. 76, §§ 1º e 2º, da Lei 8.213/1991 (Planos de Benefícios da Previdência Social).

339. É cabível ação monitória contra a Fazenda Pública.

340. A lei aplicável à concessão de pensão previdenciária por morte é aquela vigente na data do óbito do segurado.
▶ Súmula 416 do STJ.

344. A liquidação por forma diversa estabelecida na sentença não ofende a coisa julgada.

345. São devidos honorários advocatícios pela Fazenda Pública nas execuções individuais de sentença proferida em ações coletivas, ainda que não embargadas.
▶ Art. 20, § 4º, do CPC.
▶ Art. 1º-D da Lei 9.494/1997 (Aplicação da tutela antecipada contra a Fazenda Pública).

346. É vedada aos militares temporários, para aquisição de estabilidade, a contagem em dobro de férias e licenças não gozadas.

349. Compete à Justiça Federal ou aos juízes com competência delegada o julgamento das execuções fiscais de contribuições devidas pelo empregador ao FGTS.
▶ Art. 2º da Lei 8.844/1994 (Fiscalização, apuração e cobrança judicial as contribuições e multas devidas ao FGTS).

351. A alíquota de contribuição para o Seguro de Acidente do Trabalho (SAT) é aferida pelo grau de risco desenvolvido em cada empresa, individualizada pelo seu CNPJ, ou pelo grau de risco da atividade preponderante quando houver apenas um registro.
▶ Art. 22, II, da Lei 8.212/1991 (Lei Orgânica da Seguridade Social).

353. As disposições do Código Tributário Nacional não se aplicam às contribuições para o FGTS.

362. A correção monetária do valor da indenização do dano moral incide desde a data do arbitramento.

363. Compete à Justiça estadual processar e julgar a ação de cobrança ajuizada por profissional liberal contra cliente.

364. O conceito de impenhorabilidade de bem de família abrange também o imóvel pertencente a pessoas solteiras, separadas e viúvas.
▶ Art. 1º da Lei 8.009/1990 (Impenhorabilidade do Bem de Família).

367. A competência estabelecida pela EC 45/-2004 não alcança os processos já sentenciados.

373. É ilegítima a exigência de depósito prévio para admissibilidade de recurso administrativo.
▶ Art. 5º, XXXIV, a, e LV, da CF.
▶ Art. 151, III, do CTN.

377. O portador de visão monocular tem direito de concorrer, em concurso público, às vagas reservadas aos deficientes.
▶ Art. 37, VIII, da CF.

378. Reconhecido o desvio de função, o servidor faz jus às diferenças salariais decorrentes.

384. Cabe ação monitória para haver saldo remanescente oriundo de venda extrajudicial de bem alienado fiduciariamente em garantia.
▶ Arts. 700 a 702 do CPC.

386. São isentas de imposto de renda as indenizações de férias proporcionais e o respectivo adicional.
▶ Art. 146 da CLT.
▶ Art. 6º, V, da Lei 7.713/1988 (Legislação do imposto de renda).
▶ Súmulas 125 e 136 do STJ.

387. É lícita a cumulação das indenizações de dano estético e dano moral.
▶ Art. 5º, X, da CF.

390. Nas decisões por maioria, em reexame necessário, não se admitem embargos infringentes.

393. A exceção de pré-executividade é admissível na execução fiscal relativamente às matérias conhecíveis de ofício que não demandem dilação probatória.

396. A Confederação Nacional da Agricultura tem legitimidade ativa para a cobrança da contribuição sindical rural.
▶ Art. 8º, IV, da CF.
▶ Art. 578 da CLT.

398. A prescrição da ação para pleitear os juros progressivos sobre os saldos de conta vinculada do FGTS não atinge o fundo de direito, limitando-se às parcelas vencidas.
▶ Súmulas 154 e 210 do STJ.

401. O prazo decadencial da ação rescisória só se inicia quando não for cabível qualquer recurso do último pronunciamento judicial.
▶ Art. 495 do CPC.

413. O farmacêutico pode acumular a responsabilidade técnica por uma farmácia e uma drogaria ou por duas drogarias.

416. É devida a pensão por morte aos dependentes do segurado que, apesar de ter perdido essa qualidade, preencheu os requisitos legais para a obtenção de aposentadoria até a data do seu óbito.
▶ Arts. 15, 26, I, 74 e 102, § 2º, da Lei 8.213/1991 (Planos de Benefícios da Previdência Social).
▶ Súmula 340 do STJ.

418. CANCELADA pela Corte Especial, na sessão de 1º de julho de 2016.
É inadmissível o recurso especial interposto antes da publicação do acórdão dos embargos de declaração, sem posterior ratificação.

419. Descabe a prisão civil do depositário judicial infiel.
▶ Art. 5º, LXVII, da CF.
▶ Art. 652 do CC.
▶ Art. 4º do Dec.-lei 911/1969 (Alienações Fiduciárias).
▶ Súmula Vinculante 25 do STF.
▶ Súmulas 304 e 305 do STJ.

420. Incabível, em embargos de divergência, discutir o valor de indenização por danos morais.
▶ Art. 5º, X, da CF.
▶ Arts. 456 e 496, VIII, do CPC.

421 (CANCELADA). Os honorários advocatícios não são devidos à Defensoria Pública quando ela atua contra a pessoa jurídica de direito público à qual pertença.

423. A Contribuição para Financiamento da Seguridade Social – COFINS incide sobre as receitas provenientes das operações de locação de bens móveis.
▶ Art. 195 da CF.
▶ Art. 2º da LC 70/1991 (Contribuição para financiamento da Seguridade Social).
▶ Art. 1º da Lei 10.833/2003 (Altera a legislação tributária federal).
▶ Arts. 8º, § 14, e 25, par. ún., da Lei 10.865/2004 (Contribuição para os Programas de Integração Social e de Fomação do Patrimônio do Servidor Público).

425. A retenção da contribuição para a seguridade social pelo tomador do serviço não se aplica às empresas optantes pelo SIMPLES.
▶ LC 123/2006 (Estatuto Nacional da Microempresa e da Empresa de Pequeno Porte).
▶ Art. 31, § 1º, da Lei 8.212/1991 (Lei Orgânica da Seguridade Social).

427. A ação de cobrança de diferenças de valores de complementação de aposentadoria prescreve em cinco anos contados da data do pagamento.
▶ Art. 75 da LC 109/2001 (Regime de Previdência Complementar).
▶ Art. 103, par. ún., da Lei 8.213/1991 (Planos de Benefícios da Previdência Social).
▶ Súmula 291 do STJ.

429. A citação postal, quando autorizada por lei, exige o aviso de recebimento.
▶ Arts. 223 e 241, I, do CPC.
▶ Art. 8º, I a III, da Lei 6.830/1980 (Execuções Fiscais).
▶ Art. 39, par. ún., da Lei 9.307/1996 (Arbitragem).

445. As diferenças de correção monetária resultantes de expurgos inflacionários sobre os saldos de FGTS têm como termo inicial a data em que deveriam ter sido creditadas.
▶ LC 110/2001 (Contribuições sociais e créditos de complementos de atualização monetária em contas vinculadas do Fundo de Garantia do Tempo de Serviço – FGTS.)
▶ Súmula 249 do STJ.
▶ Lei 8.036/1990 (FGTS).
▶ OJ da SDI-1 341, 344 e 370 do TST.

449. A vaga de garagem que possui matrícula própria no registro de imóveis não constitui bem de família para efeito de penhora.

451. É legítima a penhora da sede do estabelecimento comercial.
▶ Art. 1.142 do CC.
▶ Art. 649, V, do CPC.

453. Os honorários sucumbenciais, quando omitidos em decisão transitada em julgado, não podem ser cobrados em execução ou em ação própria.
▶ Arts. 20, 463 e 535, II, do CPC.

456. É incabível a correção monetária dos salários de contribuição considerados no cálculo do salário de benefício de auxílio-doença, aposentadoria por invalidez, pensão ou auxílio-reclusão concedidos antes da vigência da CF/1988.
▶ Art. 201, § 3º, da CF.

458. A contribuição previdenciária incide sobre a comissão paga ao corretor de seguros.
▶ Art. 11, par. ún., a, da Lei 8.212/1991 (Lei Orgânica da Seguridade Social).

459. A Taxa Referencial (TR) é o índice aplicável, a título de correção monetária, aos débitos com o FGTS recolhidos pelo empregador mas não repassados ao fundo.

462. Nas ações em que representa o FGTS, a CEF, quando sucumbente, não está isenta de reembolsar as custas antecipadas pela parte vencedora.
▶ Lei 8.036/1990 (FGTS).

463. Incide imposto de renda sobre os valores percebidos a título de indenização por horas extraordinárias trabalhadas, ainda que decorrentes de acordo coletivo.
▶ Art. 43, I, do CTN.

466. O titular da conta vinculada ao FGTS tem o direito de sacar o saldo respectivo quando declarado nulo seu contrato de trabalho por ausência de prévia aprovação em concurso público.

468. A base de cálculo do PIS, até a edição da MP 1.212/1995, era o faturamento ocorrido no sexto mês anterior ao do fato gerador.

481. Faz jus ao benefício da justiça gratuita a pessoa jurídica com ou sem fins lucrativos que demonstrar sua impossibilidade de arcar com os encargos processuais.
▸ Lei 1.060/1950 (Assistência Judiciária).

482. A falta de ajuizamento da ação principal no prazo do art. 806 do CPC acarreta a perda da eficácia da liminar deferida e a extinção do processo cautelar.
▸ Arts. 806 e 808 do CPC.

483. O INSS não está obrigado a efetuar depósito prévio do preparo por gozar das prerrogativas e privilégios da Fazenda Pública.

484. Admite-se que o preparo seja efetuado no primeiro dia útil subsequente, quando a interposição do recurso ocorrer após o encerramento do expediente bancário.
▸ Art. 511 do CPC.

486. É impenhorável o único imóvel residencial do devedor que esteja locado a terceiros, desde que a renda obtida com a locação seja revertida para a subsistência ou a moradia da sua família.
▸ Arts. 1º e 5º da Lei 8.009/1990 (Impenhorabilidade do Bem de Família).

487. O parágrafo único do art. 741 do CPC não se aplica às sentenças transitadas em julgado em data anterior à da sua vigência.
▸ Art. 5º, XXXVI, da CF.
▸ Lei 11.232/2005 (Altera Lei 5.869/1973 – CPC).

488. O § 2º do art. 6º da Lei 9.469/1997, que obriga à repartição dos honorários advocatícios, é inaplicável a acordos ou transações celebrados em data anterior à sua vigência.

489. Reconhecida a continência, devem ser reunidas na Justiça Federal as ações civis públicas propostas nesta e na Justiça estadual.
▸ Art. 109, I, da CF.
▸ Arts. 105 e 115 do CPC.
▸ Lei 7.347/1985 (Ação Civil Pública).

490. A dispensa de reexame necessário, quando o valor da condenação ou do direito controvertido for inferior a sessenta salários mínimos, não se aplica a sentenças ilíquidas.
▸ Art. 475, § 2º, do CPC.

497. CANCELADA. Os créditos das autarquias federais preferem aos créditos da Fazenda estadual desde que coexistam penhoras sobre o mesmo bem.
▸ Art. 29, par. ún., da Lei 6.830/1980 (Execuções Fiscais).

498. Não incide imposto de renda sobre a indenização por danos morais.

505. A competência para processar e julgar as demandas que têm por objeto obrigações decorrentes dos contratos de planos de previdência privada firmados com a Fundação Rede Ferroviária de Seguridade Social – REFER é da Justiça estadual.

507. A acumulação de auxílio-acidente com aposentadoria pressupõe que a lesão incapacitante e a aposentadoria sejam anteriores a 11/11/1997, observado o critério do art. 23 da Lei 8.213/1991 para definição do momento da lesão nos casos de doença profissional ou do trabalho.

514. A CEF é responsável pelo fornecimento dos extratos das contas individualizadas vinculadas ao FGTS dos Trabalhadores participantes do Fundo de Garantia do Tempo de Serviço, inclusive para fins de exibição em juízo, independentemente do período em discussão.

516. A contribuição de intervenção no domínio econômico para o INCRA (Decreto-Lei 1.110/1970), devida por empregadores rurais e urbanos, não foi extinta pelas Leis 7.787/1989, 8.212/1991 e 8.213/1991, não podendo ser compensada com a contribuição ao INSS.

518. Para fins do art. 105, III, *a*, da Constituição Federal, não é cabível recurso especial fundado em alegada violação de enunciado de súmula.

519. Na hipótese de rejeição da impugnação ao cumprimento de sentença, não são cabíveis honorários advocatícios.

524. No tocante à base de cálculo, o ISSQN incide apenas sobre a taxa de agenciamento quando o serviço prestado por sociedade empresária de trabalho temporário for de intermediação, devendo, entretanto, englobar também os valores dos salários e encargos sociais dos trabalhadores por ela contratados nas hipóteses de fornecimento de mão de obra.

552. O portador de surdez unilateral não se qualifica como pessoa com deficiência para o fim de disputar as vagas reservadas em concursos públicos.

554. Na hipótese de sucessão empresarial, a responsabilidade da sucessora abrange não apenas os tributos devidos pela sucedida, mas também as multas morató-

rias ou punitivas referentes a fatos geradores ocorridos até a data da sucessão.

556. É indevida a incidência de imposto de renda sobre o valor da complementação de aposentadoria pago por entidade de previdência privada e em relação ao resgate de contribuições recolhidas para referidas entidades patrocinadoras no período de 1º/1/1989 a 31/12/1995, em razão da isenção concedida pelo art. 6º, VII, *b*, da Lei 7.713/1988, na redação anterior à que lhe foi dada pela Lei 9.250/1995.

557. A renda mensal inicial (RMI) alusiva ao benefício de aposentadoria por invalidez precedido de auxílio-doença será apurada na forma do art. 36, § 7º, do Decreto 3.048/1999, observando-se, porém, os critérios previstos no art. 29, § 5º, da Lei 8.213/1991, quando intercalados períodos de afastamento e de atividade laboral.

558. Em ações de execução fiscal, a petição inicial não pode ser indeferida sob o argumento da falta de indicação do CPF e/ou RG ou CNPJ da parte executada.

559. Em ações de execução fiscal, é desnecessária a instrução da petição inicial com o demonstrativo de cálculo do débito, por tratar-se de requisito não previsto no art. 6º da Lei 6.830/1980.

561. Os Conselhos Regionais de Farmácia possuem atribuição para fiscalizar e autuar as farmácias e drogarias quanto ao cumprimento da exigência de manter profissional legalmente habilitado (farmacêutico) durante todo o período de funcionamento dos respectivos estabelecimentos.

562. É possível a remição de parte do tempo de execução da pena quando o condenado, em regime fechado ou semiaberto, desempenha atividade laborativa, ainda que extramuros.

563. O Código de Defesa do Consumidor é aplicável às entidades abertas de previdência complementar, não incidindo nos contratos previdenciários celebrados com entidades fechadas.

568. O relator, monocraticamente e no Superior Tribunal de Justiça, poderá dar ou negar provimento ao recurso quando houver entendimento dominante acerca do tema.

571. A taxa progressiva de juros não se aplica às contas vinculadas ao FGTS de trabalhadores qualificados como avulsos.

576. Ausente requerimento administrativo no INSS, o termo inicial para a implantação da aposentadoria por invalidez concedida judicialmente será a data da citação válida.

577. É possível reconhecer o tempo de serviço rural anterior ao documento mais antigo apresentado, desde que amparado em convincente prova testemunhal colhida sob o contraditório.

578. Os empregados que laboram no cultivo da cana-de-açúcar para empresa agroindustrial ligada ao setor sucroalcooleiro detêm a qualidade de rurícola, ensejando a isenção do FGTS desde a edição da Lei Complementar 11/1971 até a promulgação da Constituição Federal de 1988.

579. Não é necessário ratificar o recurso especial interposto na pendência do julgamento dos embargos de declaração, quando inalterado o resultado anterior.

583. O arquivamento provisório previsto no art. 20 da Lei 10.522/2002, dirigido aos débitos inscritos como dívida ativa da União pela Procuradoria-Geral da Fazenda Nacional ou por ela cobrados, não se aplica às execuções fiscais movidas pelos conselhos de fiscalização profissional ou pelas autarquias federais.

584. As sociedades corretoras de seguros, que não se confundem com as sociedades de valores mobiliários ou com os agentes autônomos de seguro privado, estão fora do rol de entidades constantes do art. 22, § 1º, da Lei 8.212/1991, não se sujeitando à majoração da alíquota da Cofins prevista no art. 18 da Lei 10.684/2003.

586. A exigência de acordo entre o credor e o devedor na escolha do agente fiduciário aplica-se, exclusivamente, aos contratos não vinculados ao Sistema Financeiro da Habitação – SFH.

590. Constitui acréscimo patrimonial a atrair a incidência do imposto de renda, em caso de liquidação de entidade de previdência privada, a quantia que couber a cada participante, por rateio do patrimônio, superior ao valor das respectivas contribuições à entidade em liquidação, devidamente atualizadas e corrigidas.

591. É permitida a "prova emprestada" no processo administrativo disciplinar, desde que devidamente autorizada pelo juízo competente e respeitados o contraditório e a ampla defesa.

592. O excesso de prazo para a conclusão do processo administrativo disciplinar só causa nulidade se houver demonstração de prejuízo à defesa.

598. É desnecessária a apresentação de laudo médico oficial para o reconhecimento judicial da isenção do imposto de renda, desde que o magistrado entenda suficientemente demonstrada a doença grave por outros meios de prova.

601. O Ministério Público tem legitimidade ativa para atuar na defesa de direitos difusos, coletivos e individuais homogêneos dos consumidores, ainda que decorrentes da prestação de serviço público.

603. CANCELADA pela Segunda Seção, na sessão de 22 de agosto de 2018, ao julgar o REsp 1.555.722-SP (DJE-STJ 27.08.2018).

É vedado ao banco mutuante reter, em qualquer extensão, os salários, vencimentos e/ou proventos de correntista para adimplir o mútuo (comum) contraído, ainda que haja cláusula contratual autorizativa, excluído o empréstimo garantido por margem salarial consignável, com desconto em folha de pagamento, que possui regramento legal específico e admite a retenção de percentual.

608. Aplica-se o Código de Defesa do Consumidor aos contratos de plano de saúde, salvo os administrados por entidades de autogestão.

609. A recusa de cobertura securitária, sob a alegação de doença preexistente, é ilícita se não houve a exigência de exames médicos prévios à contratação ou a demonstração de má-fé do segurado.

616. A indenização securitária é devida quando ausente a comunicação prévia do segurado acerca do atraso no pagamento do prêmio, por constituir requisito essencial para a suspensão ou resolução do contrato de seguro.

627. O contribuinte faz jus à concessão ou à manutenção da isenção do imposto de renda, não se lhe exigindo a demonstração da contemporaneidade dos sintomas da doença nem da recidiva da enfermidade.

628. A teoria da encampação é aplicada no mandado de segurança quando presentes, cumulativamente, os seguintes requisitos: a) existência de vínculo hierárquico entre a autoridade que prestou informações e a que ordenou a prática do ato impugnado; b) manifestação a respeito do mérito nas informações prestadas; e c) ausência de modificação de competência estabelecida na Constituição Federal.

633. A Lei n. 9.784/1999, especialmente no que diz respeito ao prazo decadencial para a revisão de atos administrativos no âmbito da Administração Pública federal, pode ser aplicada, de forma subsidiária, aos estados e municípios, se inexistente norma local e específica que regule a matéria.
▸ Lei 9.784/1999.

634. Ao particular aplica-se o mesmo regime prescricional previsto na Lei de Improbidade Administrativa para o agente público.
▸ Arts. 3º e 23, I e II da Lei 8.429/1992.

635. Os prazos prescricionais previstos no art. 142 da Lei n. 8.112/1990 iniciam-se na data em que a autoridade competente para a abertura do procedimento administrativo toma conhecimento do fato, interrompem-se com o primeiro ato de instauração válido – sindicância de caráter punitivo ou processo disciplinar – e voltam a fluir por inteiro, após decorridos 140 dias desde a interrupção.
▸ Arts. 142, 143, 152 e 167 da Lei 8.112/1990.

642. O direito à indenização por danos morais transmite-se com o falecimento do titular, possuindo os herdeiros da vítima legitimidade ativa para ajuizar ou prosseguir a ação indenizatória.

644. O núcleo de prática jurídica deve apresentar o instrumento de mandato quando constituído pelo réu hipossuficiente, salvo nas hipóteses em que é nomeado pelo juízo.

646. É irrelevante a natureza da verba trabalhista para fins de incidência da contribuição ao FGTS, visto que apenas as verbas elencadas em lei (art. 28, § 9º, da Lei 8.212/1991), em rol taxativo, estão excluídas da sua base de cálculo, por força do disposto no art. 15, § 6º, da Lei 8.036/1990.
▸ Art. 15, *caput* e § 6º, da Lei 8.036/1990.
▸ Art. 28, § 9º, da Lei 8.212/1991.
▸ Súmula 353 do STJ.

650. A autoridade administrativa não dispõe de discricionariedade para aplicar ao servidor pena diversa de demissão quando caraterizadas as hipóteses previstas no art. 132 da Lei 8.112/1990.

651. Compete à autoridade administrativa aplicar a servidor público a pena de demissão em razão da prática de improbidade administrativa, independentemente de

prévia condenação, por autoridade judiciária, à perda da função pública.

- Arts. 132, IV, 141, I e 167, da Lei 8.112/1990.
- Arts. 12, 14 e 15, da Lei 8.429/1992.

652. A responsabilidade civil da Administração Pública por danos ao meio ambiente, decorrente de sua omissão no dever de fiscalização, é de caráter solidário, mas de execução subsidiária.

- Arts. 23, VI e VII, 170, VI e 255 da CF.

653. O pedido de parcelamento fiscal, ainda que indeferido, interrompe o prazo prescricional, pois caracteriza confissão extrajudicial do débito.

663. A pensão por morte de servidor público federal pode ser concedida ao filho inválido de qualquer idade, desde que a invalidez seja anterior ao óbito.

666. A legitimidade passiva, em demandas que visam à restituição de contribuições de terceiros, está vinculada à capacidade tributária ativa; assim, nas hipóteses em que as entidades terceiras são meras destinatárias das contribuições, não possuem elas legitimidade ad causam para figurar no polo passivo, juntamente com a União.

672. A alteração da capitulação legal da conduta do servidor, por si só, não enseja a nulidade do processo administrativo disciplinar.

673. A comprovação da regular notificação do executado para o pagamento da dívida de anuidade de conselhos de classe ou, em caso de recurso, o esgotamento das instâncias administrativas são requisitos indispensáveis à constituição e execução do crédito.

674. A autoridade administrativa pode se utilizar de fundamentação per relationem nos processos disciplinares.

675. É legítima a atuação dos órgãos de defesa do consumidor na aplicação de sanções administrativas previstas no CDC quando a conduta praticada ofender direito consumerista, o que não exclui nem inviabiliza a atuação do órgão ou entidade de controle quando a atividade é regulada.

SÚMULAS DOS JUIZADOS ESPECIAIS FEDERAIS – JEF

1. A conversão dos benefícios previdenciários em URV, em março/94, obedece às disposições do art. 20, incisos I e II da Lei 8.880/1994 (MP 434/94).

- Lei 8.880/1994: Programa de Estabilização Econômica e Sistema Monetário Nacional.

2. Benefícios Previdenciários

Os benefícios previdenciários, em maio de 1996, deverão ser reajustados na forma da Medida Provisória 1.415, de 29 de abril de 1996, convertida na Lei 9.711, de 20 de novembro de 1998.

- Lei 9.711/1998: Recuperação de haveres do Tesouro Nacional e do INSS, utilização da dívida pública, de responsabilidade do Tesouro Nacional, na quitação de débitos com o INSS.

3. CANCELADA na sessão de 30.09.2003.

4. Dependente Designado

Não há direito adquirido à condição de dependente de pessoa designada, quando o falecimento do segurado deu-se após o advento da Lei 9.032/1995.

- Lei 9.032/1995: dispunha sobre o salário mínimo vigente à época.

5. Prestação de Serviço Rural

A prestação de serviço rural por menor de 12 a 14 anos, até o advento da Lei 8.213, de 24 de julho de 1991, devidamente comprovada, pode ser reconhecida para fins previdenciários.

6. Comprovação de Condição Rurícola

A certidão de casamento ou outro documento idôneo que evidencie a condição de trabalhador rural do cônjuge constitui início razoável de prova material da atividade rurícola.

7. Honorários Advocatícios

Descabe incidente de uniformização versando sobre honorários advocatícios por se tratar de questão de direito processual.

8. Benefícios Previdenciários

Os benefícios de prestação continuada, no regime geral da Previdência Social, serão reajustados com base no IGP-DI nos anos de 1997, 1999, 2000 e 2001.

9. Aposentadoria Especial – Equipamento de Proteção Individual

O uso de Equipamento de Proteção Individual (EPI), ainda que elimine a insalubridade, no caso de exposição a ruído, não descaracteriza o tempo de serviço especial prestado.

10. Tempo de Serviço Rural. Contagem Recíproca

O tempo de serviço rural anterior à vigência da Lei 8.213/1991 pode ser utilizado para fins de contagem recíproca, assim entendida aquela que soma tempo de atividade privada, rural ou urbana, ao de serviço público estatutário, desde que sejam recolhidas as respectivas contribuições previdenciárias.

11. CANCELADA na sessão de 24.04.2006 *(DJU 12.05.2006)*.

12. Juros Moratórios

Os juros moratórios são devidos pelo gestor do FGTS e incidem a partir da citação nas ações em que se reclamam diferenças de correção monetária, tenha havido ou não levantamento do saldo, parcial ou integralmente.

13. O reajuste concedido pelas Leis 8.622/1993 e 8.627/1993 (28,86%) constituiu revisão geral dos vencimentos e, por isso, é devido também aos militares que não o receberam em sua integralidade, compensado o índice então concedido, sendo limite temporal desse reajuste o advento da MP 2.131 de 28/12/2000.

14. Para a concessão de aposentadoria rural por idade, não se exige que o início de prova material corresponda a todo o período equivalente à carência do benefício.

15. CANCELADA na sessão de 26.03.2007 *(DJU 08.05.2007)*.

16. CANCELADA na sessão de 27.03.2009 *(DJU 24.04.2009)*.

17. Não há renúncia tácita no Juizado Especial Federal, para fins de competência.

18. Provado que o aluno aprendiz de Escola Técnica Federal recebia remuneração, mesmo que indireta, à conta do orçamento da União, o respectivo tempo de serviço pode ser computado para fins de aposentadoria previdenciária.

19. Para o cálculo da renda mensal inicial do benefício previdenciário, deve ser considerada, na atualização dos salários de contribuição anteriores a março de 1994, a variação integral do IRSM de fevereiro de 1994, na ordem de 39,67% (art. 21, § 1°, da Lei 8.880/1994).

20. A Lei 8.112, de 11 de dezembro de 1990, não modificou a situação do servidor celetista anteriormente aposentado pela Previdência Social Urbana.

- Lei 8.112/1990: Regime Jurídico dos Servidores Públicos Civis da União, das autarquias e das fundações públicas federais.

21. Não há direito adquirido a reajuste de benefícios previdenciários com base na variação do IPC (Índice de Preço ao Consumidor), de janeiro de 1989 (42,72%) e abril de 1990 (44,80%).

22. Se a prova pericial realizada em juízo dá conta de que a incapacidade já existia na data do requerimento administrativo, esta é o termo inicial do benefício assistencial.

23. As substituições de cargos ou funções de direção ou chefia ou de cargo de natureza especial ocorridas a partir da vigência da Medida Provisória 1.522, de 11/10/1996, e até o advento da Lei 9.527, de 10/12/1997, quando iguais ou inferiores a trinta dias, não geram direito à remuneração correspondente ao cargo ou função substituída.

24. O tempo de serviço do segurado trabalhador rural anterior ao advento da Lei 8.213/1991, sem o recolhimento de contribuições previdenciárias, pode ser considerado para a concessão de benefício previdenciário do Regime Geral de Previdência Social (RGPS), exceto para efeito de carência, conforme a regra do art. 55, § 2°, da Lei 8.213/1991.

25. A revisão dos valores dos benefícios previdenciários, prevista no art. 58 do ADCT, deve ser feita com base no número de salários mínimos apurado na data da concessão, e não no mês de recolhimento da última contribuição.

26. A atividade de vigilante enquadra-se como especial, equiparando-se à de guarda, elencada no item 2.5.7. do Anexo III do Decreto 53.831/1964.

- Decreto 53.831/1964: dispunha sobre aposentadoria especial instituída pela Lei 3.807/1960 (Lei Orgânica da Previdência Social). Matéria tratada atualmente pela Lei 8.213/1991.

27. A ausência de registro em órgão do Ministério do Trabalho não impede a comprovação do desemprego por outros meios admitidos em Direito.

28. Encontra-se prescrita a pretensão de ressarcimento de perdas sofridas na atualização monetária da conta do Plano de Integração Social – PIS, em virtude de expurgos ocorridos por ocasião dos Planos Econômicos Verão e Collor I.

29. Para os efeitos do art. 20, § 2°, da Lei 8.742, de 1993, incapacidade para a vida independente não é só aquela que impede as atividades mais elementares da pessoa, mas também a impossibilidade de prover ao próprio sustento.

- Mencionado dispositivo, alterado pela Lei 13.146/2015 (Estatuto da Pessoa com Deficiência), dispõe: "§ 2° Para efeito de concessão do benefício de prestação continuada, considera-se pessoa com deficiência aquela que tem impedimento de longo prazo de natureza física, mental, intelectual ou sensorial, o qual, em interação com uma ou mais barreiras, pode obstruir sua participação plena e efetiva na sociedade em igualdade de condições com as demais pessoas."

30. Tratando-se de demanda previdenciária, o fato de o imóvel ser superior ao módulo rural não afasta, por si só, a qualificação de seu proprietário como segurado especial, desde que comprovada, nos autos, a sua exploração em regime de economia familiar.

31. A anotação na CTPS decorrente de sentença trabalhista homologatória constitui início de prova material para fins previdenciários.

32. CANCELADA na sessão de 09.10.2013, pelo Ato S/N de 09/10/2013 – *(DOU 11.10.2013)*.

33. Quando o segurado houver preenchido os requisitos legais para concessão da aposentadoria por tempo de serviço na data do requerimento administrativo, esta data será o termo inicial da concessão do benefício.

34. Para fins de comprovação do tempo de labor rural, o início de prova material deve ser contemporâneo à época dos fatos a provar.

35. A Taxa Selic, composta por juros de mora e correção monetária, incide nas repetições de indébito tributário.

36. Não há vedação legal à cumulação da pensão por morte de trabalhador rural com o benefício da aposentadoria por invalidez, por apresentarem pressupostos fáticos e fatos geradores distintos.

37. A pensão por morte, devida ao filho até os 21 anos de idade, não se prorroga pela pendência do curso universitário.

38. Aplica-se subsidiariamente a Tabela de Cálculos de Santa Catarina aos pedidos de revisão de RMI – OTN/ORTN, na atualização dos salários de contribuição.

39. Nas ações contra a Fazenda Pública, que versem sobre pagamento de diferenças decorrentes de reajuste nos vencimentos de servidores públicos, ajuizadas após 24/08/2001, os juros de mora devem ser fixados em 6% (seis por cento) ao ano (art. 1°-F da Lei 9.494/1997).

40. Nenhuma diferença é devida a título de correção monetária dos depósitos do FGTS relativos ao mês de fevereiro de 1989.

41. A circunstância de um dos integrantes do núcleo familiar desempenhar atividade urbana não implica, por si só, a descaracterização do trabalhador rural como segurado especial, condição que deve ser analisada no caso concreto.

42. Não se conhece de incidente de uniformização que implique reexame de matéria de fato.

43. Não cabe incidente de uniformização que verse sobre matéria processual.

44. Para efeito de aposentadoria urbana por idade, a tabela progressiva de carência prevista no art. 142 da Lei 8.213/1991 deve ser aplicada em função do ano em que o segurado completa a idade mínima para concessão do benefício, ainda que o período de carência só seja preenchido posteriormente.

45. Incide correção monetária sobre o salário-maternidade desde a época do parto, independentemente da data do requerimento administrativo.

46. O exercício de atividade urbana intercalada não impede a concessão de benefício previdenciário de trabalhador rural, condição que deve ser analisada no caso concreto.

47. Uma vez reconhecida a incapacidade parcial para o trabalho, o juiz deve analisar as condições pessoais e sociais do segurado para a concessão de aposentadoria por invalidez.

48. A incapacidade não precisa ser permanente para fins de concessão do benefício assistencial de prestação continuada.

49. Para reconhecimento de condição especial de trabalho antes de 29/04/1995, a exposição a agentes nocivos à saúde ou à integridade física não precisa ocorrer de forma permanente.

50. É possível a conversão do tempo de serviço especial em comum do trabalho prestado em qualquer período.

51. Os valores recebidos por força de antecipação dos efeitos de tutela, posteriormente revogada em demanda previdenciária, são irrepetíveis em razão da natureza alimentar e da boa-fé no seu recebimento.

52. Para fins de concessão de pensão por morte, é incabível a regularização do recolhimento de contribuições de segurado contribuinte individual posteriormente a seu óbito, exceto quando as contribuições devam ser arrecadadas por empresa tomadora de serviços.

53. Não há direito a auxílio-doença ou a aposentadoria por invalidez quando a incapacidade para o trabalho é preexistente ao reingresso do segurado no Regime Geral de Previdência Social.

54. Para a concessão de aposentadoria por idade de trabalhador rural, o tempo de exercício de atividade equivalente à carência deve ser aferido no período imediatamente anterior ao requerimento administrativo ou à data do implemento da idade mínima.

55. A conversão do tempo de atividade especial em comum deve ocorrer com aplicação do fator multiplicativo em vigor na data da concessão da aposentadoria.

56. O prazo de 30 anos para prescrição da pretensão à cobrança de juros progressivos sobre saldo de conta vinculada ao FGTS tem início na data em que deixou de ser feito o crédito e incide sobre cada prestação mensal.

57. O auxílio-doença e a aposentadoria por invalidez não precedida de auxílio-doença, quando concedidos na vigência da Lei 9.876/1999, devem ter o salário de benefício apurado com base na média aritmética simples dos maiores salários de contribuição correspondentes a 80% do período contributivo, independentemente da data de filiação do segurado ou do número de contribuições mensais no período contributivo.

58. Não é devido o reajuste na indenização de campo por força da alteração trazida pelo Decreto 5.554/2005.

59. A ausência de declaração do objeto postado não impede a condenação da ECT a indenizar danos decorrentes do extravio, desde que o conteúdo da postagem seja demonstrado por outros meios de prova admitidos em direito.

60. CANCELADA na sessão de 16.03.2016, pelo Ato s/n, de 21/03/2016 – *(DOU 21.03.2016).*

61. CANCELADA na sessão de 09.10.2013, pelo Ato s/n, de 09/10/2013 – *(DOU 11.10.2013).*

62. O segurado contribuinte individual pode obter reconhecimento de atividade especial para fins previdenciários, desde que consiga comprovar exposição a agentes nocivos à saúde ou à integridade física.

63. A comprovação de união estável para efeito de concessão de pensão por morte prescinde de início de prova material.

64. CANCELADA na sessão de 18.06.2015, pelo Ato s/n, de 24.06.2015 – *(DOU 24.06.2015).*

65. Os benefícios de auxílio-doença, auxílio-acidente e aposentadoria por invalidez concedidos no período de 28/03/2005 a 20/07/2005 devem ser calculados nos termos da Lei 8.213/1991, em sua redação anterior à vigência da Medida Provisória 242/2005.

66. O servidor público ex-celetista que trabalhava sob condições especiais antes de migrar para o regime estatutário tem direito adquirido à conversão do tempo de atividade especial em tempo comum com o devido acréscimo legal, para efeito de contagem recíproca no regime previdenciário próprio dos servidores públicos.

67. O auxílio-alimentação recebido em pecúnia por segurado filiado ao Regime Geral da Previdência Social integra o salário de contribuição e sujeita-se à incidência de contribuição previdenciária.

68. O laudo pericial não contemporâneo ao período trabalhado é apto à comprovação da atividade especial do segurado.

69. O tempo de serviço prestado em empresa pública ou em sociedade de economia mista por servidor público federal somente pode ser contado para efeitos de aposentadoria e disponibilidade.

70. A atividade de tratorista pode ser equiparada à de motorista de caminhão para fins de reconhecimento de atividade especial mediante enquadramento por categoria profissional.

71. O mero contato do pedreiro com o cimento não caracteriza condição especial de trabalho para fins previdenciários.

72. É possível o recebimento de benefício por incapacidade durante período em que houve exercício de atividade remunerada quando comprovado que o segurado estava incapaz para as atividades habituais na época em que trabalhou.

73. O tempo de gozo de auxílio-doença ou de aposentadoria por invalidez não decorrentes de acidente de trabalho só pode ser computado como tempo de contribuição ou para fins de carência quando intercalado entre períodos nos quais houve recolhimento de contribuições para a previdência social.

74. O prazo de prescrição fica suspenso pela formulação de requerimento administrativo e volta a correr pelo saldo remanescente após a ciência da decisão administrativa final.

75. CTPS em relação à qual não se aponta defeito formal que lhe comprometa a fidedignidade goza de presunção relativa de veracidade, formando prova suficiente de tempo de serviço para fins previdenciários, ainda que a anotação de vínculo de emprego não conste no CNIS.
▸ Republicada no *DOU 01.07.2013.*

76. A averbação de tempo de serviço rural não contributivo não permite majorar o coeficiente de cálculo da renda mensal inicial de aposentadoria por idade previsto no art. 50 da Lei 8.213/1991.

77. O julgador não é obrigado a analisar as condições pessoais e sociais quando não reconhecer a incapacidade do referente para a sua atividade habitual.

78. Comprovado que o requerente de benefício é portador do vírus HIV, cabe ao julgador verificar as condições pessoais, sociais, econômicas e culturais, de forma a analisar a incapacidade em sentido amplo, em face da elevada estigmatização social da doença.

79. Nas ações em que se postula benefício assistencial, é necessária a comprovação das condições socioeconômicas do autor por laudo de assistente social, por auto de constatação lavrado por oficial de justiça ou, sendo inviabilizados os referidos meios, por prova testemunhal.

80. Nos pedidos de benefício de prestação continuada (LOAS), tendo em vista o advento da Lei 12.470/11, para adequada valoração dos fatores ambientais, sociais, econômicos e pessoais que impactam na participação da pessoa com deficiência na sociedade, é necessária a realização de avaliação social por assistente social ou outras providências aptas a revelar a efetiva condição vivida no meio social pelo requerente.

81. Não incide o prazo decadencial previsto no art. 103, *caput*, da Lei 8.213/91, nos casos de indeferimento e cessação de benefícios, bem como em relação às questões não apreciadas pela Administração no ato da concessão.

82. O código 1.3.2 do quadro anexo ao Decreto 53.831/1964, além dos profissionais da área da saúde, contempla os trabalhadores que exercem atividades de serviços gerais em limpeza e higienização de ambientes hospitalares.
▸ Mencionado diploma foi revogado pelo Dec. 67.755/1968. Atualmente trata da matéria a Lei 8.213/1991.

83. A partir da entrada em vigor da Lei 8.870/1994, o décimo terceiro salário não integra o salário de contribuição para fins de cálculo do salário de benefício.

84. Comprovada a situação de desemprego por mais de 3 anos, o trabalhador tem direito ao saque dos valores depositados em sua conta individual do PIS.

85. É possível a conversão de tempo comum em especial de período(s) anterior(es) ao advento da Lei 9.032/95 (que alterou a redação do § 3º do art. 57 da Lei 8.213/91), desde que todas as condições legais para a concessão do benefício pleiteado tenham sido atendidas antes da publicação da referida lei, independentemente da data de entrada do requerimento (DER).

86. CANCELADA na sessão de 26.08.2021 (*DOU* 01.09.2021).

87. A eficácia do EPI não obsta o reconhecimento de atividade especial exercida antes de 03.12.1998, data de início da vigência da MP 1.729/98, convertida na Lei 9.732/98.

SÚMULAS DO TRIBUNAL SUPERIOR DO TRABALHO – TST

▸ Res. 129/2005 do TST modificou a denominação dos verbetes da jurisprudência predominante do TST de "Enunciado" para "Súmula" (*DJU 20.04.2005).*
▸ Texto com redação de acordo com Anexo à Res. 121/2003 do TST (*DJU 19.11.2003; Republicada no DJU de 25.11.2003).*

1. Prazo judicial

Quando a intimação tiver lugar na sexta-feira, ou a publicação com efeito de intimação for feita nesse dia, o prazo judicial será contado da segunda-feira imediata, inclusive, salvo se não houver expediente, caso em que fluirá no dia útil que se seguir.

2. CANCELADA pela Res. 121/2003 do TST.

Gratificação natalina. É devida a gratificação natalina proporcional (Lei 4.090, de 1962) na extinção dos contratos a prazo, entre estes incluídos os de safra, ainda que a relação de emprego haja findado antes de dezembro.

3. CANCELADA pela Res. 121/2003 do TST.

Gratificação natalina. É devida a gratificação natalina proporcional (Lei 4.090, de 1962) na cessação da relação de emprego resultante da aposentadoria do trabalhador, ainda que verificada antes de dezembro.

4. CANCELADA pela Res. 121/2003 do TST.

Custas. As pessoas jurídicas de direito público não estão sujeitas a prévio pagamento de custas, nem a depósito da importância da condenação, para o processamento de recurso na Justiça do Trabalho.

5. CANCELADA pela Res. 121/2003 do TST.

Reajustamento salarial. O reajustamento salarial coletivo, determinado no curso do aviso-prévio, beneficia o empregado pré-avisado da despedida, mesmo que tenha recebido antecipadamente os salários correspondentes ao período do aviso, que integra o seu tempo de serviço para todos os efeitos legais.

6. EQUIPARAÇÃO SALARIAL. ART. 461 DA CLT (redação do item VI alterada na sessão do Tribunal Pleno realizada em 09.06.2015).

I – Para os fins previstos no § 2º do art. 461 da CLT, só é válido o quadro de pessoal organizado em carreira quando homologado pelo Ministério do Trabalho, excluindo-se, apenas, dessa exigência o quadro de carreira das entidades de direito público da administração direta, autárquica e fundacional aprovado por ato administrativo da autoridade competente. (ex-Súmula 06 – alterada pela Res. 104/2000, DJ 20.12.2000).

II – Para efeito de equiparação de salários em caso de trabalho igual, conta-se o tempo de serviço na função e não no emprego. (ex-Súmula 135 – RA 102/1982, *DJ* 11.10.1982 e *DJ* 15.10.1982).

III – A equiparação salarial só é possível se o empregado e o paradigma exercerem a mesma função, desempenhando as mesmas tarefas, não importando se os cargos têm, ou não, a mesma denominação. (ex-OJ da SDI-1 328 – *DJ* 09.12.2003).

IV – É desnecessário que, ao tempo da reclamação sobre equiparação salarial, reclamante e paradigma estejam a serviço do estabelecimento, desde que o pedido se relacione com situação pretérita. (ex-Súmula 22 – RA 57/1970, *DO-GB* 27.11.1970).

V – A cessão de empregados não exclui a equiparação salarial, embora exercida a função em órgão governamental estranho à cedente, se esta responde pelos salários do paradigma e do reclamante. (ex-Súmula 111 – RA 102/1980, *DJ* 25.09.1980).

VI – Presentes os pressupostos do art. 461 da CLT, é irrelevante a circunstância de que o desnível salarial tenha origem em decisão judicial que beneficiou o paradigma, exceto: a) se decorrente de vantagem pessoal ou de tese jurídica superada pela jurisprudência de Corte Superior; b) na hipótese de equiparação salarial em cadeia, suscitada em defesa, se o empregador produzir prova do alegado fato modificativo, impeditivo ou extintivo do direito à equiparação salarial em relação ao paradigma remoto, considerada irrelevante, para esse efeito, a existência de diferença de tempo de serviço na função superior a dois anos entre o reclamante e os empregados paradigmas componentes da cadeia equiparatória, à exceção do paradigma imediato.
▸ Inciso VI com redação pela Res. 198/2015 do TST (*DEJT 11.06.2015*); Republicada no *DEJT* de 15.06.2015.

VII – Desde que atendidos os requisitos do art. 461 da CLT, é possível a equiparação salarial de trabalho intelectual, que pode ser avaliado por sua perfeição técnica, cuja aferição terá critérios objetivos. (ex-OJ da SDI-1 298 – *DJ* 11.08.2003).

VIII – É do empregador o ônus da prova do fato impeditivo, modificativo ou extintivo da equiparação salarial. (ex-Súmula 68-RA 9/1977, *DJ* 11.02.1977).

IX – Na ação de equiparação salarial, a prescrição é parcial e só alcança as diferenças salariais vencidas no período de 5 (cinco) anos que precedeu o ajuizamento. (ex-Súmula 274 – alterada pela Res. 121/2003, *DJ* 21.11.2003).

X – O conceito de "mesma localidade" de que trata o art. 461 da CLT refere-se, em princípio, ao mesmo município, ou a municípios distintos que, comprovadamente, pertençam à mesma região metropolitana. (ex-OJ da SDI-1 252 – inserida em 13.03.2002).

7. Férias

A indenização pelo não deferimento das férias no tempo oportuno será calculada com base na remuneração devida ao empregado na época da reclamação ou, se for o caso, na da extinção do contrato.

8. Juntada de documento

A juntada de documentos na fase recursal só se justifica quando provado o justo impedimento para sua oportuna apresentação ou se referir a fato posterior à sentença.

9. Ausência do reclamante

A ausência do reclamante, quando adiada a instrução após contestada a ação em audiência, não importa arquivamento do processo.

10. Professor. Dispensa sem justa causa. Término do ano letivo ou no curso de férias escolares. Aviso prévio (Redação alterada em sessão do Tribunal Pleno realizada em 14.09.2012).

O direito aos salários do período de férias escolares assegurado aos professores (art. 322, *caput* e § 3º, da CLT) não exclui o direito ao aviso prévio, na hipótese de dispensa sem justa causa ao término do ano letivo ou no curso das férias escolares.

▶ Súmula com redação pela Res. 185/2012 do TST *(DEJT 25.09.2012)*.

11. CANCELADA pela Res. 121/2003 do TST.

Honorários de advogado. É inaplicável na Justiça do Trabalho o disposto no art. 64 do Código de Processo Civil, sendo os honorários de advogado somente devidos nos termos do preceituado na Lei 1.060, de 1950.

12. Carteira profissional

As anotações apostas pelo empregador na carteira profissional do empregado não geram presunção *juris et de jure*, mas apenas *juris tantum*.

13. Mora

O só pagamento dos salários atrasados em audiência não elide a mora capaz de determinar a rescisão do contrato de trabalho.

14. Culpa recíproca

Reconhecida a culpa recíproca na rescisão do contrato de trabalho (art. 484 da CLT), o empregado tem direito a 50% (cinquenta por cento) do valor do aviso-prévio, do décimo terceiro salário e das férias proporcionais.

▶ Súmula com redação pela Res. 121/2003 do TST.

15. Atestado médico

A justificação da ausência do empregado motivada por doença, para a percepção do salário-enfermidade e da remuneração do repouso semanal, deve observar a ordem preferencial dos atestados médicos estabelecida em lei.

16. Notificação

Presume-se recebida a notificação 48 (quarenta e oito) horas depois de sua postagem. O seu não recebimento ou a entrega após o decurso desse prazo constitui ônus de prova do destinatário.

▶ Súmula com redação pela Res. 121/2003 do TST.

17. CANCELADA pela Res. 148/2008 do TST.

Adicional de Insalubridade. O adicional de insalubridade devido a empregado que, por força da lei, convenção coletiva ou sentença normativa, percebe salário profissional será sobre este calculado.

▶ Súmula restaurada pela Res. 121/2003 do TST.

18. Compensação

A compensação, na Justiça do Trabalho, está restrita a dívidas de natureza trabalhista.

19. Quadro de carreira

A Justiça do Trabalho é competente para apreciar reclamação de empregado que tenha por objeto direito fundado em quadro de carreira.

20. CANCELADA pela Res. 106/2001 do TST.

Resilição contratual. Não obstante o pagamento da indenização de antiguidade, presume-se em fraude à lei a resilição contratual, se o empregado permanecer prestando serviços ou tiver sido, em curto prazo, readmitido.

21. CANCELADA pela Res. 30/1994 do TST.

Aposentadoria. O empregado aposentado tem direito ao cômputo do tempo anterior à aposentadoria, se permanecer a serviço da empresa ou a ela retornar.

22. CANCELADA. Incorporação à nova redação da Súmula 6 – Res. 129/2005 do TST – *(DJU 20.04.2005)*.

Equiparação salarial. É desnecessário que, ao tempo da reclamação sobre equiparação salarial, reclamante e paradigma estejam a serviço do estabelecimento, desde que o pedido se relacione com situação pretérita. (RA 57/1970, DO-GB 27.11.1970)

23. Recurso

Não se conhece de recurso de revista ou de embargos, se a decisão recorrida resolver determinado item do pedido por diversos fundamentos, e a jurisprudência transcrita não abranger a todos.

24. Serviço extraordinário

Insere-se no cálculo da indenização por antiguidade o salário relativo a serviço extraordinário, desde que habitualmente prestado.

25. Custas Processuais. Inversão do ônus da sucumbência. (Alterada a Súmula e incorporadas as Orientações Jurisprudenciais 104 e 186 da SDI-1)

I – A parte vencedora na primeira instância, se vencida na segunda, está obrigada, independentemente de intimação, a pagar as custas fixadas na sentença originária, das quais ficara isenta a parte então vencida.

▶ Item I com redação pela Res. 197/2015 do TST – *(DEJT 14.05.2015)*.

II – No caso de inversão do ônus da sucumbência em segundo grau, sem acréscimo ou atualização do valor das custas e se estas já foram devidamente recolhidas, descabe um novo pagamento pela parte vencida, ao recorrer. Deverá ao final, se sucumbente, reembolsar a quantia. (ex-OJ 186 da SDI-I)

▶ Item II acrescido pela Res. 197/2015 do TST – *(DEJT 14.05.2015)*.

III – Não caracteriza deserção a hipótese em que, acrescido o valor da condenação, não houve fixação ou cálculo do valor devido a título de custas e tampouco intimação da parte para o preparo do recurso, devendo ser as custas pagas ao final. (ex-OJ 104 da SDI-I)

▶ Item III acrescido pela Res. 197/2015 do TST – *(DEJT 14.05.2015)*.

IV – O reembolso das custas à parte vencedora faz-se necessário mesmo na hipótese em que a parte vencida for pessoa isenta do seu pagamento, nos termos do art. 790-A, parágrafo único, da CLT.

▶ Item IV acrescido pela Res. 197/2015 do TST – *(DEJT 14.05.2015)*.

26. CANCELADA pela Res. 121/2003 do TST.

Estabilidade. Presume-se obstativa à estabilidade a despedida, sem justo motivo, do empregado que alcançar 9 (nove) anos de serviço na empresa.

27. Comissionista

É devida a remuneração do repouso semanal e dos dias feriados ao empregado comissionista, ainda que pracista.

28. Indenização

No caso de se converter a reintegração em indenização dobrada, o direito aos salários é assegurado até a data da primeira decisão que determinou essa conversão.

▶ Súmula com redação pela Res. 121/2003 do TST.

29. Transferência

Empregado transferido, por ato unilateral do empregador, para local mais distante de sua residência, tem direito a suplemento salarial correspondente ao acréscimo da despesa de transporte.

30. Intimação da sentença

Quando não juntada a ata ao processo em 48 (quarenta e oito) horas, contadas da audiência de julgamento (art. 851, § 2º, da CLT), o prazo para recurso será contado da data em que a parte receber a intimação da sentença.

31. CANCELADA pela Res. 31/1994 do TST.

Aviso-prévio. É incabível o aviso-prévio na despedida indireta.

32. Abandono de emprego

Presume-se o abandono de emprego se o trabalhador não retornar ao serviço no prazo de 30 (trinta) dias após a cessação do benefício previdenciário nem justificar o motivo de não o fazer.

▶ Súmula com redação pela Res. 121/2003 do TST.

33. Mandado de segurança. Decisão judicial transitada em julgado

Não cabe mandado de segurança de decisão judicial transitada em julgado.

34. CANCELADA pela Res. 121/2003 do TST.

Gratificação natalina. A gratificação natalina, instituída pela Lei 4.090, de 1962, é devida ao empregado rural.

35. CANCELADA pela Res. 121/2003 do TST.

Depósito recursal. Complementação. A majoração do salário mínimo não obriga o recorrente a complementar o depósito de que trata o art. 899 da CLT.

36. Custas

Nas ações plúrimas as custas incidem sobre o respectivo valor global.

37. CANCELADA pela Res. 32/1994 do TST.

Prazo. O prazo para recurso da parte que não comparece à audiência de julgamento, apesar de notificada, conta-se da intimação da sentença.

38. CANCELADA pela Res. 121/2003 do TST.

Recurso. Para comprovação da divergência justificadora do recurso é necessário que o recorrente junte certidão, ou documento equivalente, do acórdão paradigma ou faça transcrição do trecho pertinente à hipótese, indicando sua origem e esclarecendo a fonte da publicação, isto é, órgão oficial ou repertório idôneo de jurisprudência.

39. Periculosidade

Os empregados que operam em bomba de gasolina têm direito ao adicional de periculosidade (Lei 2.573, de 15.08.1955).

40. CANCELADA pela Res. 121/2003 do TST.

Processo administrativo. Não cabe recurso ao Tribunal Superior do Trabalho contra decisão em processo administrativo, de interesse de funcionário, proferida por Tribunal Regional do Trabalho.

41. CANCELADA pela Res. 121/2003 do TST.

Quitação. A quitação, nas hipóteses dos §§ 1º e 2º do art. 477 da CLT, concerne exclusivamente aos valores discriminados no documento respectivo.

42. CANCELADA pela Res. 121/2003 do TST.

Recurso. Não enseja o conhecimento de revista ou de embargos decisões superadas por iterativa, notória e atual jurisprudência do Pleno.

43. Transferência

Presume-se abusiva a transferência de que trata o § 1º do art. 469 da CLT, sem comprovação da necessidade do serviço.

44. Aviso-prévio

A cessação da atividade da empresa, com o pagamento da indenização, simples ou em dobro, não exclui, por si só, o direito do empregado ao aviso-prévio.

45. Serviço suplementar

A remuneração do serviço suplementar, habitualmente prestado, integra o cálculo da gratificação natalina prevista na Lei 4.090, de 13.07.1962.

46. Acidente de trabalho

As faltas ou ausências decorrentes de acidente do trabalho não são consideradas para os efeitos de duração de férias e cálculo da gratificação natalina.

47. Insalubridade

O trabalho executado em condições insalubres, em caráter intermitente, não afasta, só por essa circunstância, o direito à percepção do respectivo adicional.

48. Compensação

A compensação só poderá ser arguida com a contestação.

49. CANCELADA pela Res. 121/2003 do TST.

Inquérito judicial. No inquérito judicial, contadas e não pagas as custas no prazo fixado pelo juízo, será determinado o arquivamento do processo.

50. Gratificação natalina

A gratificação natalina, instituída pela Lei 4.090, de 13.07.1962, é devida pela empresa cessionária ao servidor público cedido enquanto durar a cessão.

51. Norma regulamentar. Vantagens e opção pelo novo regulamento. Art. 468 da CLT. (Incorporada a OJ 163 da SDI-I).

I – As cláusulas regulamentares, que revoguem ou alterem vantagens deferidas anteriormente, só atingirão os trabalhadores admitidos após a revogação ou alteração do regulamento. (ex-Súmula 51 – RA 41/1973, *DJ 14.06.1973*)

II – Havendo a coexistência de dois regulamentos da empresa, a opção do empregado por um deles tem efeito jurídico de renúncia às regras do sistema do outro.

▶ Súmula com redação pela Res. 129/2005 do TST *(DJU 20.04.2005)*.

52. Tempo de serviço

O adicional de tempo de serviço (quinquênio) é devido, nas condições estabelecidas no art. 19 da Lei 4.345, de 26.06.1964, aos contratados sob regime da CLT, pela empresa a que se refere a mencionada lei, inclusive para fim de complementação de aposentadoria.

53. Custas

O prazo para pagamento das custas, no caso de recurso, é contado da intimação do cálculo.

54. Optante

Rescindindo por acordo seu contrato de trabalho, o empregado estável optante tem direito ao mínimo de 60% (sessenta por cento) do total da indenização em dobro, calculada sobre o maior salário percebido no emprego. Se houver recebido menos do que esse total, qualquer tenha sido a forma de transação, assegura-se-lhe a complementação até aquele limite.

55. Financeiras

As empresas de crédito, financiamento ou investimento, também denominadas financeiras, equiparam-se aos estabelecimentos bancários para os efeitos do art. 224 da CLT.

56. CANCELADA pela Res. 121/2003 do TST.

Balconista. O balconista que recebe comissão tem direito ao adicional de 20% (vinte por cento) pelo trabalho em horas extras, calculado sobre o valor das comissões referentes a essas horas.

57. CANCELADA pela Res. 3/1993 do TST.

Trabalhador rural. Os trabalhadores agrícolas das usinas de açúcar integram categoria profissional de

industriários, beneficiando-se dos aumentos normativos obtidos pela referida categoria.

58. Pessoal de obras

Ao empregado admitido como pessoal de obras, em caráter permanente e não amparado pelo regime estatutário, aplica-se a legislação trabalhista.

59. CANCELADA pela Res. 121/2003 do TST.

Vigia. Vigia de estabelecimento bancário não se beneficia da jornada de trabalho reduzida prevista no art. 224 da CLT.

60. Adicional noturno. Integração no salário e prorrogação em horário diurno. (Incorporada a OJ 6 da SDI-I)

I – O adicional noturno, pago com habitualidade, integra o salário do empregado para todos os efeitos. (ex-Súmula 60 – RA 105/1974, DJ 24.10.1974)

II – Cumprida integralmente a jornada no período noturno e prorrogada esta, devido é também o adicional quanto às horas prorrogadas. Exegese do art. 73, § 5º, da CLT.
 ▸ Súmula com redação pela Res. 129/2005 do TST (DJU 20.04.2005).

61. Ferroviário

Aos ferroviários que trabalham em estação do interior, assim classificada por autoridade competente, não são devidas horas extras (art. 243, CLT).

62. Abandono de emprego

O prazo de decadência do direito do empregador de ajuizar inquérito em face do empregado que incorre em abandono de emprego é contado a partir do momento em que o empregado pretendeu seu retorno ao serviço.

63. Fundo de garantia

A contribuição para o Fundo de Garantia do Tempo de Serviço incide sobre a remuneração mensal devida ao empregado, inclusive horas extras e adicionais eventuais.

64. CANCELADA pela Res. 121/2003 do TST.

Prescrição. A prescrição para reclamar contra anotação de carteira profissional, ou omissão desta, flui da data de cessação do contrato de trabalho.

65. Vigia

O direito à hora reduzida de 52 (cinquenta e dois) minutos e 30 (trinta) segundos aplica-se ao vigia noturno.

66. CANCELADA pela Res. 121/2003 do TST.

Tempo de serviço. Os quinquênios devidos ao pessoal da Rede Ferroviária Federal S.A. serão calculados sobre o salário do cargo efetivo, ainda que o trabalhador exerça cargo ou função em comissão.

67. Gratificação. Ferroviário

Chefe de trem, regido pelo estatuto dos ferroviários (Decreto 35.530, de 19.09.1959), não tem direito à gratificação prevista no respectivo art. 110.

68. CANCELADA. Incorporação à nova redação da Súmula 6 – Res. 129/2005 do TST – (DJU 20.04.2005).

Prova. É do empregador o ônus da prova do fato impeditivo, modificativo ou extintivo da equiparação salarial. (RA 9/1977, DJ 11.02.1977)

69. Rescisão do contrato

A partir da Lei 10.272, de 05.09. 2001, havendo rescisão do contrato de trabalho e sendo revel e confesso quanto à matéria de fato, deve ser o empregador condenado ao pagamento das verbas rescisórias, não quitadas na primeira audiência, com acréscimo de 50% (cinquenta por cento).
 ▸ Súmula com redação pela Res. 121/2003 do TST.

70. Adicional de periculosidade

O adicional de periculosidade não incide sobre os triênios pagos pela Petrobrás.

71. Alçada

A alçada é fixada pelo valor dado à causa na data de seu ajuizamento, desde que não impugnado, sendo inalterável no curso do processo.

72. Aposentadoria

O prêmio-aposentadoria instituído por norma regulamentar da empresa não está condicionado ao disposto no § 2º do art. 14 da Lei 8.036, de 11.05.1990.
 ▸ Súmula com redação pela Res. 121/2003 do TST.

73. Despedida. Justa causa

A ocorrência de justa causa, salvo a de abandono de emprego, no decurso do prazo do aviso-prévio dado pelo empregador, retira do empregado qualquer direito às verbas rescisórias de natureza indenizatória.
 ▸ Súmula com redação pela Res. 121/2003 do TST.

74. Confissão.

I – Aplica-se a confissão à parte que, expressamente intimada com aquela cominação, não comparecer à audiência em prosseguimento, na qual deveria depor. (ex-Súmula 74 – RA 69/1978, DJ 26.09.1978)

▸ Inciso I com redação pela Res. 208/2016 do TST (DEJT 22, 23 e 24.04.2016)

II – A prova pré-constituída nos autos pode ser levada em conta para confronto com a confissão ficta (arts. 442 e 443, do CPC de 2015 – art. 400, I, do CPC de 1973), não implicando cerceamento de defesa o indeferimento de provas posteriores. (ex-OJ 184 da SDI-1 – inserida em 08.11.2000)

▸ inciso II com redação pela Res. 208/2016 do TST (DEJT 22, 23 e 24.04.2016)

III – A vedação à produção de prova posterior pela parte confessa somente a ela se aplica, não afetando o exercício, pelo magistrado, do poder/dever de conduzir o processo.

▸ Inciso III com redação pela Res. 208/2016 do TST (DEJT 22, 23 e 24.04.2016)

75. CANCELADA pela Res. 121/2003 do TST.

Ferroviário. É incompetente a Justiça do Trabalho para conhecer de ação de ferroviário oriundo das empresas Sorocabana, São Paulo-Minas e Araraquarense, que mantém a condição de funcionário público.

76. CANCELADA pela Res. 121/2003 do TST.

Horas extras. O valor das horas suplementares prestadas habitualmente, por mais de 2 (dois) anos, ou durante todo o contrato, se suprimidas, integra-se ao salário para todos os efeitos legais.

77. Punição

Nula é a punição de empregado se não precedida de inquérito ou sindicância internos a que se obrigou a empresa, por norma regulamentar.

78. CANCELADA pela Res. 121/2003 do TST.

Gratificação. A gratificação periódica contratual integra o salário, pelo seu duodécimo, para todos os efeitos legais, inclusive o cálculo da natalina da Lei 4.090/1962.

79. CANCELADA pela Res. 121/2003 do TST.

Tempo de serviço. O adicional de antiguidade, pago pela FEPASA, calcula-se sobre o salário-base.

80. Insalubridade

A eliminação da insalubridade mediante fornecimento de aparelhos protetores aprovados pelo órgão competente do Poder Executivo exclui a percepção do respectivo adicional.

81. Férias

Os dias de férias gozados após o período legal de concessão, deverão ser remunerados em dobro.

82. Assistência

A intervenção assistencial, simples ou adesiva, só é admissível se demonstrado o interesse jurídico e não o meramente econômico.
 ▸ Súmula com redação pela Res. 121/2003 do TST.

83. Ação rescisória. Matéria controvertida. (Incorporada a OJ 77 da SDI-II)

I – Não procede pedido formulado na ação rescisória por violação literal de lei se a decisão rescindenda estiver baseada em texto legal infraconstitucional de interpretação controvertida nos Tribunais.

II – O marco divisor quanto a ser, ou não, controvertida, nos Tribunais, a interpretação dos dispositivos legais citados na ação rescisória é a data da inclusão, na Orientação Jurisprudencial do TST, da matéria discutida.
 ▸ Súmula com redação pela Res. 137/2005 do TST (DJU 22.08.2005).

84. Adicional regional

O adicional regional, instituído pela Petrobras, não contraria o art. 7º, XXXII, da CF/1988.
 ▸ Súmula com redação pela Res. 121/2003 do TST.

85. Compensação de jornada. (inserido o item VI)

I – A compensação de jornada de trabalho deve ser ajustada por acordo individual escrito, acordo coletivo ou convenção coletiva. (ex-Súmula 85 – primeira parte – alterada pela Res. 121/2003, DJ 21.11.2003)

II – O acordo individual para compensação de horas é válido, salvo se houver norma coletiva em sentido contrário. (ex-OJ 182 da SBDI-1 – inserida em 08.11.2000)

III – O mero não atendimento das exigências legais para a compensação de jornada, inclusive quando encetada mediante acordo tácito, não implica a repetição do pagamento das horas excedentes à jornada normal diária, se não dilatada a jornada máxima semanal, sendo devido apenas o respectivo adicional. (ex-Súmula 85 – segunda parte – alterada pela Res. 121/2003, DJ 21.11.2003)

IV – A prestação de horas extras habituais descaracteriza o acordo de compensação de jornada. Nesta hipótese, as horas que ultrapassarem a jornada semanal normal deverão ser pagas como horas extraordinárias e, quanto àquelas destinadas à compensação, deverá ser pago a mais apenas o adicional por trabalho extraordinário. (ex-OJ 220 da SBDI-1 – inserida em 20.06.2001)

V – As disposições contidas nesta súmula não se aplicam ao regime compensatório na modalidade "banco de horas", que somente pode ser instituído por negociação coletiva.

VI – Não é válido acordo de compensação de jornada em atividade insalubre, ainda que estipulado em norma coletiva, sem a necessária inspeção prévia e permissão da autoridade competente, na forma do art. 60 da CLT.
 ▸ Inciso VI acrescido pela Res. 209/2016 do TST (DEJT 01.06.2016).

86. Deserção. Massa falida. Empresa em liquidação extrajudicial. (Incorporada a OJ 31 da SDI-I).

Não ocorre deserção de recurso da massa falida por falta de pagamento de custas ou de depósito do valor da condenação. Esse privilégio, todavia, não se aplica à empresa em liquidação extrajudicial. (Primeira parte – ex-Súmula 86 – RA 69/1978, DJ 26.09.1978; segunda parte – ex-OJ 31 – Inserida em 14.03.1994)
 ▸ Súmula com redação pela Res. 129/2005 do TST (DJU 20.04.2005).

87. Previdência privada

Se o empregado, ou seu beneficiário, já recebeu da instituição previdenciária privada, criada pela empresa, vantagem equivalente, é cabível a dedução do seu valor do benefício a que faz jus por norma regulamentar anterior.

88. CANCELADA pela Res. 42/1995 do TST.

Jornada de trabalho. Intervalo entre turnos. O desrespeito ao intervalo mínimo entre 2 (dois) turnos de trabalho, sem importar em excesso na jornada efetivamente trabalhada, não dá direito a qualquer ressarcimento ao obreiro, por tratar-se apenas de infração sujeita a penalidade administrativa (art. 71 da CLT).

89. Falta ao serviço

Se as faltas já são justificadas pela lei, consideram-se como ausências legais e não serão descontadas para o cálculo do período de férias.

90. Horas in itinere. Tempo de serviço. (Incorporadas as Súmulas 324 e 325 e as OJ 50 e 236 da SDI-I).

I – O tempo despendido pelo empregado, em condução fornecida pelo empregador, até o local de trabalho de difícil acesso, ou não servido por transporte público regular, e para o seu retorno é computável na jornada de trabalho. (ex-Súmula 90 – RA 80/1978, DJ 10.11.1978)

II – A incompatibilidade entre os horários de início e término da jornada do empregado e os do transporte público regular é circunstância que também gera o direito às horas in itinere.

III – A mera insuficiência de transporte público não enseja o pagamento de horas in itinere. (ex-Súmula 324 – RA 16/1993, DJ 21.12.1993).

IV – Se houver transporte público regular em parte do trajeto percorrido em condução da empresa, as horas in itinere remuneradas limitam-se ao trecho não alcançado pelo transporte público. (ex-Súmula 325 – RA 17/1993, DJ 21.12.1993).

V – Considerando que as horas in itinere são computáveis na jornada de trabalho, o tempo que extrapola a jornada legal é considerado como extraordinário e sobre ele deve incidir o adicional respectivo.
 ▸ Súmula com redação pela Res. 129/2005 do TST (DJU 20.04.2005).

91. Salário complessivo.

Nula é a cláusula contratual que fixa determinada importância ou percentagem para atender englobadamente vários direitos legais ou contratuais do trabalhador.

92. Aposentadoria.

O direito à complementação de aposentadoria, criado pela empresa, com requisitos próprios, não se altera pela instituição de benefício previdenciário por órgão oficial.

93. Bancário

Integra a remuneração do bancário a vantagem pecuniária por ele auferida na colocação ou na venda de papéis ou valores mobiliários de empresas pertencentes ao mesmo grupo econômico, se exercida essa atividade no horário e no local de trabalho e com o consentimento, tácito ou expresso, do banco empregador.

94. CANCELADA pela Res. 121/2003 do TST.

Horas extras. O valor das horas extraordinárias habituais integra o aviso-prévio indenizado.

95. CANCELADA pela Res. 121/2003 do TST.

Prescrição trintenária. FGTS. É trintenária a prescrição do direito de reclamar contra o não recolhimento da contribuição para o Fundo de Garantia do Tempo de Serviço.

96. Marítimo

A permanência do tripulante a bordo do navio, no período de repouso, além da jornada, não importa em presunção de que esteja à disposição do empregador ou em

regime de prorrogação de horário, circunstâncias que devem resultar provadas, dada a natureza do serviço.

97. Aposentadoria. Complementação

▸ Instituída complementação de aposentadoria por ato da empresa, expressamente dependente de regulamentação, as condições desta devem ser observadas como parte integrante da norma. Súmula com redação pela Res. Administrativa 96/1980 do TST (DJU 11.09.1980).

98. FGTS. Indenização. Equivalência. Compatibilidade. (Incorporada a OJ 299 da SDI-I)

I – A equivalência entre os regimes do Fundo de Garantia do Tempo de Serviço e da estabilidade prevista na CLT é meramente jurídica e não econômica, sendo indevidos valores a título de reposição de diferenças. (ex-Súmula 98 – RA 57/1980, DJ 06.06. 1980)

II – A estabilidade contratual ou a derivada de regulamento de empresa são compatíveis com o regime do FGTS. Diversamente ocorre com a estabilidade legal (decenal, art. 492 da CLT), que é renunciada com a opção pelo FGTS. (ex-OJ 299 – DJ 11.08. 2003)

▸ Súmula com redação pela Res. 129/2005 do TST (DJU 20.04.2005).

99. Ação rescisória. Deserção. Prazo. (Incorporada a OJ 117 da SDI-II)

Havendo recurso ordinário em sede de rescisória, o depósito recursal só é exigível quando for julgado procedente o pedido e imposta condenação em pecúnia, devendo este ser efetuado no prazo recursal, no limite e nos termos da legislação vigente, sob pena de deserção. (ex-Súmula 99 – RA 62/1980, DJ 11.06.1980 e alterada pela Res. 110/2002, DJ 11.04.2002 e ex-OJ 117 – DJ 11.08.2003)

▸ Súmula com redação pela Res. 137/2005 do TST (DJU 22.08.2005).

100. Ação rescisória. Decadência. (Incorporadas as OJs 13, 16, 79, 102, 104, 122 e 145 da SDI-II).

I – O prazo de decadência, na ação rescisória, conta-se do dia imediatamente subsequente ao trânsito em julgado da última decisão proferida na causa, seja de mérito ou não. (ex-Súmula 100 – Res. 109/2001, DJ 18.04.2001).

II – Havendo recurso parcial no processo principal, o trânsito em julgado dá-se em momentos e em tribunais diferentes, contando-se o prazo decadencial para a ação rescisória do trânsito em julgado de cada decisão, salvo se o recurso tratar de preliminar ou prejudicial que possa tornar insubsistente a decisão recorrida, hipótese em que flui a decadência a partir do trânsito em julgado da decisão que julgar o recurso parcial. (ex-Súmula 100 – Res. 109/2001, DJ 18.04.2001).

III – Salvo se houver dúvida razoável, a interposição de recurso intempestivo ou a interposição de recurso incabível não protrai o termo inicial do prazo decadencial. (ex-Súmula 100 – Res. 109/2001, DJ 18.04.2001).

IV – O juízo rescindente não está adstrito à certidão de trânsito em julgado juntada com a ação rescisória, podendo formar sua convicção através de outros elementos dos autos quanto à antecipação ou postergação do dies a quo do prazo decadencial. (ex-OJ 102 – DJ 29.04.2003).

V – O acordo homologado judicialmente tem força de decisão irrecorrível, na forma do art. 831 da CLT. Assim sendo, o termo conciliatório transita em julgado na data da sua homologação judicial. (ex-OJ 104 – DJ 29.04.2003).

VI – Na hipótese de colusão das partes, o prazo decadencial da ação rescisória somente começa a fluir para o Ministério Público, que não interveio no processo principal, a partir do momento em que tem ciência da fraude. (ex-OJ 122 – DJ 11.08.2003).

VII – Não ofende o princípio do duplo grau de jurisdição a decisão do TST que, após afastar a decadência em sede de recurso ordinário, aprecia desde logo a lide, se a causa versar questão exclusivamente de direito e estiver em condições de imediato julgamento.

VIII – A exceção de incompetência, ainda que oposta no prazo recursal, sem ter sido aviado o recurso próprio, não tem o condão de afastar a consumação da coisa julgada e, assim, postergar o termo inicial do prazo decadencial para a ação rescisória.

IX – Prorroga-se até o primeiro dia útil, imediatamente subsequente, o prazo decadencial para ajuizamento de ação rescisória quando expira em férias forenses, feriados, finais de semana ou em dia em que não houver expediente forense. Aplicação do art. 775 da CLT.

X – Conta-se o prazo decadencial da ação rescisória, após o decurso do prazo legal previsto para a interposição de recurso extraordinário, apenas quando esgotadas todas as vias recursais ordinárias. (ex-OJ 145 – DJ 10.11.2004).

▸ Súmula com redação pela Res. 137/2005 do TST (DJU 22.08.2005).

101. Diárias de viagem. Salário. (Incorporada a Orientação Jurisprudencial 292 da SDI-I).

Integram o salário, pelo seu valor total e para efeitos indenizatórios, as diárias de viagem que excedam a 50%

(cinquenta por cento) do salário do empregado, enquanto perdurarem as viagens. (Primeira parte – ex-Súmula 101 – RA 65/1980, DJ 18.06.1980; segunda parte – ex-OJ 292 – Inserida em 11.08.2003).

▸ Súmula com redação pela Res. 129/2005 do TST (DJU 20.04.2005).

102. Bancário. Cargo de confiança (mantida).

I – A configuração, ou não, do exercício da função de confiança a que se refere o art. 224, § 2º, da CLT, dependente da prova das reais atribuições do empregado, é insuscetível de exame mediante recurso de revista ou de embargos. (ex-Súmula 204 – alterada pela Res. 121/2003, DJ 21.11.2003).

II – O bancário que exerce a função a que se refere o § 2º do art. 224 da CLT e recebe gratificação não inferior a 1/3 (um terço) de seu salário já tem remuneradas as 2 (duas) horas extraordinárias excedentes de seis. (ex-Súmula 166 – RA 102/1982, DJ 11.10.1982 e DJ 15.10.1982).

III – Ao bancário exercente de cargo de confiança previsto no artigo 224, § 2º, da CLT são devidas as 7ª e 8ª horas, como extras, no período em que se verificar o pagamento a menor da gratificação de 1/3 (um terço). (ex-OJ 288 da SDI-I – DJ 11.08.2003).

IV – O bancário sujeito à regra do art. 224, § 2º, da CLT cumpre jornada de trabalho de 8 (oito) horas, sendo extraordinárias as trabalhadas além da oitava. (ex-Súmula 232 – RA 14/1985, DJ 19.09.1985).

V – O empregado de banco, pelo simples exercício da advocacia, não exerce cargo de confiança, não se enquadrando, portanto, na hipótese do § 2º do art. 224 da CLT. (ex-OJ 222 da SDI-I – Inserida em 20.06.2001).

VI – O caixa bancário, ainda que caixa executivo, não exerce cargo de confiança. Se perceber gratificação igual ou superior a 1/3 (um terço) do salário do posto efetivo, essa remunera apenas a maior responsabilidade do cargo e não as 2 (duas) horas extraordinárias além da sexta. (ex-Súmula 102 – RA 66/1980, DJ 18.06.1980 e republicada no DJ 14.07.1980).

VII – O bancário exercente de função de confiança, que percebe a gratificação não inferior ao terço legal, ainda que norma coletiva contemple percentual superior, não tem direito às sétima e oitava horas como extras, mas tão somente às diferenças de gratificação de função, se postuladas. (ex-OJ 15 da SDI-I – Inserida em 14.03.1994).

▸ Súmula mantida pela Res. 174/2011 do TST (DEJT 27.05.2011).

103. CANCELADA pela Res. 121/2003 do TST.

Tempo de serviço. Licença-prêmio. Os trabalhadores que hajam prestado serviço no regime da Lei 1.890, de 13.06.1953, e optado pelo regime estatutário, não contam, posteriormente, esse período para fins de licença-prêmio, privativa de servidores estatutários.

104. CANCELADA pela Res. 121/2003 do TST.

Férias. Trabalhador rural. É devido o pagamento de férias ao rurícola, qualquer que tenha sido a data de sua admissão e, em dobro, se não concedidas na época prevista em lei.

105. CANCELADA pela Res. 121/2003 do TST.

Funcionário público. Quinquênios. O empregado estatutário que optar pelo regime celetista, com o congelamento dos quinquênios em seus valores à época, não tem direito ao reajuste posterior dos seus níveis.

106. CANCELADA pela Res. 157/2009 do TST.

Aposentadoria. Ferroviário. Competência. É incompetente a Justiça do Trabalho para julgar ação ajuizada em face da Rede Ferroviária Federal, em que ex-empregado desta pleiteia complementação de aposentadoria, elaboração ou alteração de folhas de pagamento de aposentados, se por essas obrigações responde órgão da previdência social.

107. CANCELADA pelo Enunciado 299.

Ação rescisória. Prova. É indispensável a juntada à inicial da ação rescisória da prova do trânsito em julgado da decisão rescindenda, sob pena de indeferimento liminar.

108. CANCELADA pela Res. 85/1998 do TST.

Compensação de horário. Acordo. A compensação de horário semanal deve ser ajustada por acordo escrito, não necessariamente em acordo coletivo ou convenção coletiva, exceto quanto ao trabalho da mulher.

109. Gratificação de função

O bancário não enquadrado no § 2º do art. 224 da CLT, que receba gratificação de função, não pode ter o salário relativo a horas extraordinárias compensado com o valor daquela vantagem.

▸ Súmula com redação pela Res. Administrativa 97/1980 do TST (DJ 19.09.1980).

110. Jornada de trabalho. Intervalo

No regime de revezamento, as horas trabalhadas em seguida ao repouso semanal de 24 (vinte e quatro) horas,

com prejuízo do intervalo mínimo de 11 (onze) horas consecutivas para descanso entre jornadas, devem ser remuneradas como extraordinárias, inclusive com o respectivo adicional.

111. CANCELADA (Incorporada à Súmula 06 – Res. 129/2005 do TST, DJU 20.04.2005).

Equiparação salarial. A cessão de empregados não exclui a equiparação salarial, embora exercida a função em órgão governamental estranho à cedente, se esta responde pelos salários do paradigma e do reclamante. (RA 102/1980, DJ 25.09.1980).

112. Trabalho noturno. Petróleo

O trabalho noturno dos empregados nas atividades de exploração, perfuração, produção e refinação do petróleo, industrialização do xisto, indústria petroquímica e transporte de petróleo e seus derivados, por meio de dutos, é regulado pela Lei 5.811, de 11.10.1972, não se lhe aplicando a hora reduzida de 52 (cinquenta e dois) minutos e 30 (trinta) segundos prevista no art. 73, § 1º, da CLT.

113. Bancário. Sábado. Dia útil

O sábado do bancário é dia útil não trabalhado, não dia de repouso remunerado. Não cabe a repercussão do pagamento de horas extras habituais em sua remuneração.

114. Prescrição intercorrente

É inaplicável na Justiça do Trabalho a prescrição intercorrente.

115. Horas extras. Gratificações semestrais

O valor das horas extras 'habituais integra a remuneração do trabalhador para o cálculo das gratificações semestrais.

▸ Súmula com redação pela Res. 121/2003 do TST.

116. CANCELADA pela Res. 121/2003 do TST.

Funcionário público. Cedido. Reajuste salarial. Os funcionários públicos cedidos à Rede Ferroviária Federal S.A. têm direito ao reajustamento salarial determinado pelo art. 5º da Lei 4.345/1964.

117. Bancário. Categoria diferenciada

Não se beneficiam do regime legal relativo aos bancários os empregados de estabelecimento de crédito pertencentes a categorias profissionais diferenciadas.

118. Jornada de trabalho. Horas extras

Os intervalos concedidos pelo empregador, na jornada de trabalho, não previstos em lei, representam tempo à disposição da empresa, remunerados como serviço extraordinário, se acrescidos ao final da jornada.

119. Jornada de trabalho

Os empregados de empresas distribuidoras e corretoras de títulos e valores mobiliários não têm direito à jornada especial dos bancários.

120. CANCELADA (Incorporada à Súmula 06 – Res. 129/2005 do TST, DJU 20.04.2005).

Equiparação salarial. Decisão judicial. Res. 100/2000, DJ 18.09.2000. Presentes os pressupostos do art. 461 da CLT, é irrelevante a circunstância de que o desnível salarial tenha origem em decisão judicial que beneficiou o paradigma, exceto se decorrente de vantagem pessoal ou de tese jurídica superada pela jurisprudência de Corte Superior.

121. CANCELADA pela Res. 121/2003 do TST.

Funcionário público. Gratificação de produtividade. Não tem direito à percepção da gratificação de produtividade, na forma do regime estatutário, o servidor de ex-autarquia administradora de porto que opta pelo regime jurídico da Consolidação das Leis do Trabalho.

122. Revelia. Atestado médico. (Incorporada a Orientação Jurisprudencial 74 da SDI-I).

A reclamada, ausente à audiência em que deveria apresentar defesa, é revel, ainda que presente seu advogado munido de procuração, podendo ser ilidida a revelia mediante a apresentação de atestado médico, que deverá declarar, expressamente, a impossibilidade de locomoção do empregado ou do seu preposto no dia da audiência. (Primeira parte – ex-OJ 74 – Inserida em 25.11.1996; segunda parte – ex-Súmula 122 com redação pela Res. 121/2003, DJ 21.11.2003).

▸ Súmula com redação pela Res. 129/2005 do TST (DJU 20.04.2005).

123. CANCELADA pela Res. 121/2003 do TST.

Competência. Art. 106 da CF. Em se tratando de Estado ou Município, a lei que estabelece o regime jurídico (art. 106 da Constituição Federal) do servidor temporário ou contratado é a estadual ou municipal, a qual, uma vez editada, apanha as situações preexistentes, fazendo cessar sua regência pelo regime trabalhista. Incompetente é a Justiça do Trabalho para julgar as reclamações ajuizadas posteriormente à vigência da lei especial.

124. Bancário. Salário-hora. Divisor (alteração em razão do julgamento do processo TST--IRR-849-83.2013.5.03.0138)

I – o divisor aplicável para o cálculo das horas extras do bancário será:

a) 180, para os empregados submetidos à jornada de seis horas prevista no *caput* do art. 224 da CLT;

b) 220, para os empregados submetidos à jornada de oito horas, nos termos do § 2º do art. 224 da CLT.

II – Ressalvam-se da aplicação do item anterior as decisões de mérito sobre o tema, qualquer que seja o seu teor, emanadas de Turma do TST ou da SBDI-I, no período de 27/09/2012 até 21/11/2016, conforme a modulação aprovada no precedente obrigatório firmado no Incidente de Recursos de Revista Repetitivos TST--IRR-849-83.2013.5.03.0138, *DEJT* 19.12.2016.

▶ Súmula com redação pela Res. 219/2017 do TST *(DJET 28.06.2017)*.

125. Contrato de trabalho. Art. 479 da CLT

O art. 479 da CLT aplica-se ao trabalhador optante pelo FGTS admitido mediante contrato por prazo determinado, nos termos do art. 30, § 3º, do Decreto 59.820, de 20.12.1966.

126. Recurso. Cabimento

Incabível o recurso de revista ou de embargos (arts. 896 e 894, *b*, da CLT) para reexame de fatos e provas.

127. Quadro de carreira

Quadro de pessoal organizado em carreira, aprovado pelo órgão competente, excluída a hipótese de equiparação salarial, não obsta reclamação fundada em preterição, enquadramento ou reclassificação.

128. Depósito recursal. (Incorporadas as Orientações Jurisprudenciais 139, 189 e 190 da SDI-I).

I – É ônus da parte recorrente efetuar o depósito legal, integralmente, em relação a cada novo recurso interposto, sob pena de deserção. Atingido o valor da condenação, nenhum depósito mais é exigido para qualquer recurso. (ex-Súmula 128 – alterada pela Res. 121/2003, *DJ* 21.11.03, incorporada a OJ 139 da SDI-I – Inserida em 27.11.98).

II – Garantido o juízo, na fase executória, a exigência de depósito para recorrer de qualquer decisão viola os incisos II e LV do art. 5º da CF/1988. Havendo, porém, elevação do valor do débito, exige-se a complementação da garantia do juízo. (ex-OJ 189 da SBD-I – Inserida em 08.11.2000).

III – Havendo condenação solidária de duas ou mais empresas, o depósito recursal efetuado por uma delas aproveita as demais, quando a empresa que efetuou o depósito não pleiteia sua exclusão da lide. (ex-OJ 190 da SDI-I – Inserida em 08.11.2000).

▶ Súmula com redação pela Res. 129/2005 do TST *(DJU 20.04.2005)*.

129. Contrato de trabalho. Grupo econômico

A prestação de serviços a mais de uma empresa do mesmo grupo econômico, durante a mesma jornada de trabalho, não caracteriza a coexistência de mais de um contrato de trabalho, salvo ajuste em contrário.

130. CANCELADA pela Res. 121/2003 do TST.

Adicional noturno. O regime de revezamento no trabalho não exclui o direito do empregado ao adicional noturno, em face da derrogação do art. 73 da CLT pelo art. 157, item III, da Constituição de 18.09.1946. (ex--Prejulgado 1).

131. CANCELADA pela Res. 121/2003 do TST.

Salário mínimo. Vigência. O salário mínimo, uma vez decretado em condições de excepcionalidade, tem imediata vigência. (ex-Prejulgado 2).

132. Adicional de periculosidade. Integração. (Incorporadas as Orientações Jurisprudenciais 174 e 267 da SDI-I).

I – O adicional de periculosidade, pago em caráter permanente, integra o cálculo de indenização e de horas extras. (ex-Prejulgado 3). (ex-Súmula 132 – RA 102/1982, *DJ* 11.10.1982 e *DJ* 15.10.1982 e ex-OJ 267 da SDI-I – Inserida em 27.09.2002).

II – Durante as horas de sobreaviso, o empregado não se encontra em condições de risco, razão pela qual é incabível a integração do adicional de periculosidade sobre as mencionadas horas. (ex-OJ 174 da SDI-I – Inserida em 08.11.2000).

▶ Súmula com redação pela Res. 129/2005 do TST *(DJU 20.04.2005)*.

133. CANCELADA pela Res. 121/2003 do TST.

Embargos infringentes. Para o julgamento dos embargos infringentes, nas juntas, é desnecessária a notificação das partes. (ex-Prejulgado 4).

134. CANCELADA pela Res. 121/2003 do TST.

Salário. Menor não aprendiz. Ao menor não aprendiz é devido o salário mínimo integral. (ex-Prejulgado 5).

135. CANCELADA (Incorporada à Súmula 06 – Res. 129/2005 do TST, *DJU 20.04.2005)*.

Salário. Equiparação. Para efeito de equiparação de salários em caso de trabalho igual, conta-se o tempo de serviço na função e não no emprego. (ex-Prejulgado 6).

136. CANCELADA pela Res. 185/2012 do TST *(DEJT 25.09.2012)*.

Juiz. Identidade física. Não se aplica às Varas do Trabalho o princípio da identidade física do juiz. (ex-Prejulgado 7).

137. CANCELADA pela Res. 121/2003 do TST.

Adicional de insalubridade. É devido o adicional de serviço insalubre, calculado à base do salário mínimo da região, ainda que a remuneração contratual seja superior ao salário mínimo acrescido da taxa de insalubridade. (ex-Prejulgado 8).

138. Readmissão

Em caso de readmissão, conta-se a favor do empregado o período de serviço anterior, encerrado com a saída espontânea. (ex-Prejulgado 9).

139. Adicional de insalubridade. (Incorporada a Orientação Jurisprudencial 102 da SDI-I).

Enquanto percebido, o adicional de insalubridade integra a remuneração para todos os efeitos legais. (ex-OJ 102 da SDI-I – Inserida em 01.10.1997).

▶ Súmula com redação pela Res. 129/2005 do TST *(DJU 20.04.2005)*.

140. Vigia

É assegurado ao vigia, sujeito ao trabalho noturno, o direito ao respectivo adicional. (ex-Prejulgado 12).

141. CANCELADA pela Res. 121/2003 do TST.

Dissídio coletivo. É constitucional o art. 2º da Lei 4.725, de 13.07.1965. (ex-Prejulgado 13).

142. CANCELADA pela Res. 121/2003 do TST.

Gestante. Dispensa. Empregada gestante, dispensada sem motivo antes do período de 6 (seis) semanas anteriores ao parto, tem direito à percepção do salário--maternidade. (ex-Prejulgado 14).

143. Salário profissional

O salário profissional dos médicos e dentistas guarda proporcionalidade com as horas efetivamente trabalhadas, respeitado o mínimo de 50 (cinquenta) horas mensais. (ex-Prejulgado 15).

144. CANCELADA pela Res. 121/2003 do TST.

Ação rescisória. É cabível a ação rescisória no âmbito da Justiça do Trabalho. (ex-Prejulgado 16).

145. CANCELADA pela Res. 121/2003 do TST.

Gratificação de Natal. É compensável a gratificação de Natal com a da Lei 4.090, de 1962. (ex-Prejulgado 17).

146. Trabalho em domingos e feriados, não compensado

O trabalho prestado em domingos e feriados, não compensado, deve ser pago em dobro, sem prejuízo da remuneração relativa ao repouso semanal.

▶ Súmula com redação pela Res. 121/2003 do TST.

147. CANCELADA pela Res. 121/2003 do TST.

Férias. Indenização. Indevido o pagamento dos repousos semanais e feriados intercorrentes nas férias indenizadas. (ex-Prejulgado 19).

148. Gratificação natalina

É computável a gratificação de Natal para efeito do cálculo da indenização. (ex-Prejulgado 20).

149. Tarefeiro. Férias

A remuneração das férias do tarefeiro deve ser calculada com base na média da produção do período aquisitivo, aplicando-se-lhe a tarifa da data da concessão. (ex-Prejulgado 22).

150. CANCELADA pela Res. 121/2003 do TST.

Demissão. Incompetência da Justiça do Trabalho. Falece competência à Justiça do Trabalho para determinar a reintegração ou a indenização de empregado demitido com base nos atos institucionais. (ex-Prejulgado 23).

151. CANCELADA pela Res. 121/2003 do TST.

Férias. Remuneração. A remuneração das férias inclui a das horas extraordinárias habitualmente prestadas. (ex-Prejulgado 24).

152. Gratificação. Ajuste tácito

O fato de constar do recibo de pagamento de gratificação o caráter de liberalidade não basta, por si só, para excluir a existência de ajuste tácito. (ex-Prejulgado 25).

153. Prescrição

Não se conhece de prescrição não arguida na instância ordinária. (ex-Prejulgado 27).

154. CANCELADA pela Res. 121/2003 do TST.

Mandado de segurança. Da decisão do Tribunal Regional do Trabalho em mandado de segurança cabe recurso ordinário, no prazo de 10 (dez) dias, para o Tribunal Superior do Trabalho. (ex-Prejulgado 28)

155. Ausência ao serviço

As horas em que o empregado falta ao serviço para comparecimento necessário, como parte, à Justiça do Trabalho não serão descontadas de seus salários. (ex--Prejulgado 30).

156. Prescrição. Prazo

Da extinção do último contrato começa a fluir o prazo prescricional do direito de ação em que se objetiva a soma de períodos descontínuos de trabalho. (ex-Prejulgado 31).

157. Gratificação

A gratificação instituída pela Lei 4.090, de 13.07.1962 é devida na resilição contratual de iniciativa do empregado. (ex-Prejulgado 32).

158. Ação rescisória

Da decisão de Tribunal Regional do Trabalho, em ação rescisória, é cabível recurso ordinário para o Tribunal Superior do Trabalho, em face da organização judiciária trabalhista. (ex-Prejulgado 35).

159. Substituição de caráter não eventual e vacância do cargo. (Incorporada a Orientação Jurisprudencial 112 da SDI-I).

I – Enquanto perdurar a substituição que não tenha caráter meramente eventual, inclusive nas férias, o empregado substituto fará jus ao salário contratual do substituído. (ex-Súmula 159 – Res. 121/2003, *DJ* 21.11.2003).

II – Vago o cargo em definitivo, o empregado que passa a ocupá-lo não tem direito a salário igual ao do antecessor. (ex-OJ 112 – Inserida em 01.10.1997).

▶ Súmula com redação pela Res. 129/2005 do TST *(DJU 20.04.2005)*.

160. Aposentadoria por invalidez

Cancelada a aposentadoria por invalidez, mesmo após 5 (cinco) anos, o trabalhador terá direito de retornar ao emprego, facultado, porém, ao empregador, indenizá-lo na forma da lei. (ex-Prejulgado 37).

161. Depósito. Condenação a pagamento em pecúnia

Se não há condenação a pagamento em pecúnia, descabe o depósito de que tratam os §§ 1º e 2º do art. 899 da CLT. (ex-Prejulgado 39).

162. CANCELADA pela Res. 59/1996 do TST.

Insalubridade. É constitucional o art. 3º do Decreto-lei 389, de 26.12. 1968. (ex-Prejulgado 41).

163. Aviso-prévio. Contrato de experiência

Cabe aviso-prévio nas rescisões antecipadas dos contratos de experiência, na forma do art. 481 da CLT. (ex--Prejulgado 42).

164. CANCELADA pela Res. 210/2016 do TST *(DEJT 01.07.2016)*.

Procuração. Juntada. O não cumprimento das determinações dos §§ 1º e 2º do art. 5º da Lei 8.906, de 04.07.1994 e do art. 37, parágrafo único, do Código de Processo Civil importa o não conhecimento de recurso, por inexistente, exceto na hipótese de mandato tácito. (Súmula com redação pela Res. 121/2003 do TST).

165. CANCELADA pela Res. 87/1998 do TST.

Depósito. Recurso. Conta vinculada. O depósito, para fins de recurso, realizado fora da conta vinculada do trabalhador, desde que feito na sede do juízo, ou realizado na conta vinculada do trabalhador, apesar de fora da sua sede do juízo, uma vez que permaneça à disposição deste, não impedirá o conhecimento do apelo. (ex-Prejulgado 45).

166. CANCELADA (Incorporada à Súmula 102 – Res. 129/2005 do TST, *DJU 20.04.2005)*.

Bancário. Cargo de confiança. Jornada de trabalho. O bancário que exerce a função a que se refere o § 2º do art. 224 da CLT e recebe gratificação não inferior a 1/3 (um terço) de seu salário já tem remuneradas as duas horas extraordinárias excedentes de seis. (ex--Prejulgado 46).

167. CANCELADA pela Res. 121/2003 do TST.

Vogal. Investidura. Recurso. Das decisões proferidas pelos Tribunais Regionais, em processo de impugnação ou contestação à investidura de vogal, cabe recurso para o Tribunal Superior do Trabalho. (ex-Prejulgado 47).

168. CANCELADA pelo Enunciado 294.

Prescrição. Prestações periódicas. Contagem. Na lesão de direito que atinja prestações periódicas, de qualquer natureza, devidas ao empregado, a prescrição é sempre parcial e se conta do vencimento de cada uma delas e não do direito do qual se origina. (ex-Prejulgado 48).

169. CANCELADA pela Res. 121/2003 do TST.

Ação rescisória. Justiça do Trabalho. Depósito prévio. Nas ações rescisórias ajuizadas na Justiça do Trabalho e que só serão admitidas nas hipóteses dos arts. 798 a 800 do Código de Processo Civil de 1939, desnecessário o depósito a que aludem os arts. 488, II, e 494 do Código de Processo Civil de 1973. (ex-Prejulgado 49).

170. Sociedade de economia mista. Custas
Os privilégios e isenções no foro da Justiça do Trabalho não abrangem as sociedades de economia mista, ainda que gozassem desses benefícios anteriormente ao Decreto-lei 779, de 21.08.1969. (ex-Prejulgado 50).

171. Férias Proporcionais. Contrato de Trabalho. Extinção
Salvo na hipótese de dispensa do empregado por justa causa, a extinção do contrato de trabalho sujeita o empregador ao pagamento da remuneração das férias proporcionais, ainda que incompleto o período aquisitivo de 12 (doze) meses (art. 147 da CLT). (ex-Prejulgado 51).
▶ Súmula republicada no *DJU 05.05.2004*.
▶ Súmula com redação pela Res. 121/2003 do TST.

172. Repouso remunerado. Horas extras. Cálculo
Computam-se no cálculo do repouso remunerado as horas extras habitualmente prestadas. (ex-Prejulgado 52).

173. Salário. Empresa. Cessação de atividades
Extinto, automaticamente, o vínculo empregatício com a cessação das atividades da empresa, os salários só são devidos até a data da extinção. (ex-Prejulgado 53).

174. CANCELADA pela Res. 121/2003 do TST.
Previdência. Lei 3.841/1960. Aplicação. As disposições da Lei 3.841, de 15.12.1960, dirigidas apenas ao sistema previdenciário oficial, não se aplicam aos empregados vinculados ao regime de seguro social de caráter privado. (ex-Prejulgado 54).

175. CANCELADA pela Res. 121/2003 do TST.
Recurso adesivo. Art. 500 do CPC. Inaplicabilidade. O recurso adesivo, previsto no art. 500 do Código de Processo Civil, é incompatível com o processo do trabalho. (ex-Prejulgado 55).

176. CANCELADA pela Res. 130/2005 do TST.
Fundo de garantia. Levantamento do depósito. A Justiça do Trabalho só tem competência para autorizar o levantamento do depósito do Fundo de Garantia do Tempo de Serviço na ocorrência de dissídio entre empregado e empregador. (Súmula com redação pela Res. 121/2003 do TST).

177. CANCELADA pela Res. 121/2003 do TST.
Dissídio coletivo. Sindicato. Representação. Está em plena vigência o art. 859 da Consolidação das Leis do Trabalho, cuja redação é a seguinte: "A representação dos sindicatos para instauração da instância fica subordinada à aprovação de assembleia, da qual participem os associados interessados na solução do dissídio coletivo, em primeira convocação, por maioria de 2/3 (dois terços) dos mesmos, ou, em segunda convocação, por 2/3 (dois terços) dos presentes". (Ex-prejulgado 58).

178. Telefonista. Art. 227, e parágrafos, da CLT. Aplicabilidade
É aplicável à telefonista de mesa de empresa que não explora o serviço de telefonia o disposto no art. 227, e seus parágrafos, da CLT. (Ex-prejulgado 59).

179. CANCELADA pela Res. 121/2003 do TST.
Inconstitucionalidade. Art. 22 da Lei 5.107/1966. É inconstitucional o art. 22 da Lei 5.107, de 13.09.1966, na sua parte final, em que dá competência à Justiça do Trabalho para julgar dissídios coletivos "quando o BNH e a Previdência Social figurarem no feito como litisconsortes". (ex-Prejulgado 60).

180. CANCELADA pela Res. 121/2003 do TST.
Ação de cumprimento. Substituição processual. Desistência. Nas ações de cumprimento, o substituído processualmente pode, a qualquer tempo, desistir da ação, desde que, comprovadamente, tenha havido transação.

181. CANCELADA pela Res. 121/2003 do TST.
Adicional. Tempo de serviço. Reajuste semestral. Lei 6.708/1979. O adicional por tempo de serviço, quando estabelecido em importe fixo, está sujeito ao reajuste da Lei 6.708/1979

182. Aviso-prévio. Indenização compensatória. Lei 6.708, de 30.10.1979
O tempo do aviso-prévio, mesmo indenizado, conta-se para efeito da indenização adicional prevista no art. 9º da Lei 6.708, de 30.10.1979.
▶ Súmula com redação pela Res. 5/1983 do TST.

183. CANCELADA pela Res. 121/2003 do TST.
Embargos. Recurso de revista. Despacho denegatório. Agravo de instrumento. Não cabimento. São incabíveis

embargos para o Tribunal Pleno contra decisão em agravo de instrumento oposto a despacho denegatório de recurso de revista, inexistindo ofensa ao art. 153, § 4º, da Constituição Federal.

184. Embargos declaratórios. Omissão em recurso de revista. Preclusão
Ocorre preclusão se não forem opostos embargos declaratórios para suprir omissão apontada em recurso de revista ou de embargos.

185. CANCELADA pela Res. 121/2003 do TST.
Embargos sob intervenção do Banco Central. Liquidação extrajudicial. Juros. Correção monetária. Lei 6.024/1974. Aplicada a Lei 6.024/1974, fica suspensa a incidência de juros e correção monetária nas liquidações de empresas sob intervenção do Banco Central.
▶ O termo *embargos* está conforme publicação oficial.

186. Licença-prêmio. Conversão em pecúnia. Regulamento da empresa
A licença-prêmio, na vigência do contrato de trabalho, não pode ser convertida em pecúnia, salvo se expressamente admitida a conversão no regulamento da empresa.
▶ Súmula com redação pela Res. 121/2003 do TST.

187. Correção monetária. Incidência
A correção monetária não incide sobre o débito do trabalhador reclamante.

188. Contrato de trabalho. Experiência. Prorrogação
O contrato de experiência pode ser prorrogado, respeitado o limite máximo de 90 (noventa) dias.

189. Greve. Competência da Justiça do Trabalho. Abusividade
A Justiça do Trabalho é competente para declarar a abusividade, ou não, da greve.
▶ Súmula com redação pela Res. 121/2003 do TST.

190. Poder normativo do TST. Condições de trabalho. Inconstitucionalidade. Decisões contrárias ao STF
Ao julgar ou homologar ação coletiva ou acordo nela havido, o Tribunal Superior do Trabalho exerce o poder normativo constitucional, não podendo criar ou homologar condições de trabalho que o Supremo Tribunal Federal julgue iterativamente inconstitucionais.

191. Adicional de Periculosidade. Incidência. Base de Cálculo (cancelada a parte final da antiga redação e inseridos os itens II e III)
I – O adicional de periculosidade incide apenas sobre o salário básico e não sobre este acrescido de outros adicionais.

II – O adicional de periculosidade do empregado eletricitário, contratado sob a égide da Lei 7.369/1985, deve ser calculado sobre a totalidade das parcelas de natureza salarial. Não é válida norma coletiva mediante a qual se determina a incidência do referido adicional sobre o salário básico.

III – A alteração da base de cálculo do adicional de periculosidade do eletricitário promovida pela Lei 12.740/2012 atinge somente contrato de trabalho firmado a partir de sua vigência, de modo que, nesse caso, o cálculo será realizado exclusivamente sobre o salário básico, conforme determina o § 1º do art. 193 da CLT.
▶ Súmula com redação pela Resolução 215/2016 do TST (*DEJT 30.11.2016*).

192. Ação Rescisória. Competência. (atualizada em decorrência do CPC de 2015)
I – Se não houver o conhecimento do recurso de revista ou de embargos, a competência para julgar ação que vise a rescindir a decisão de mérito é do Tribunal Regional do Trabalho, ressalvado o disposto no item II.

II – Acórdão rescindendo do Tribunal Superior do Trabalho que não conhece de recurso de embargos ou de revista, analisando arguição de violação de dispositivo de lei material ou decidindo em consonância com súmula de direito material ou com iterativa, notória e atual jurisprudência de direito material da Seção de Dissídios Individuais (Súmula 333), examina o mérito da causa, cabendo ação rescisória da competência do Tribunal Superior do Trabalho. (ex-Súmula 192 – alterada pela Res. 121/2003, *DJ* 21.11.2003)

III – Sob a égide do art. 512 do CPC de 1973, é juridicamente impossível o pedido explícito de desconstituição de sentença quando substituída por acórdão do Tribunal Regional ou superveniente sentença homologatória de acordo que puser fim ao litígio.

IV – Na vigência do CPC de 1973, é manifesta a impossibilidade jurídica do pedido de rescisão de julgado proferido em agravo de instrumento que, limitando-se a aferir eventual desacerto do juízo negativo de admissibilidade do recurso de revista, não substitui o acórdão regional,

na forma do art. 512 do CPC. (ex-OJ 105 da SBDI-2 – *DJ* 29.04.2003)

V – A decisão proferida pela SBDI, em agravo regimental, calcada na Súmula 333, substitui acórdão de Turma do TST, porque emite juízo de mérito, comportando, em tese, o corte rescisório. (ex-OJ 133 da SBDI-2 – *DJ* 04.05.2004).
▶ Súmula com redação pela Res. 212/2016 do TST (*DEJT 20.09.2016*).

193. CANCELADA pela Res. 105/2000 do TST.
Correção monetária. Juros. Cálculo. Execução de sentença. Pessoa jurídica de direito público. Nos casos de execução de sentença contra pessoa jurídica de direito público, os juros e a correção monetária serão calculados até o pagamento do valor principal da condenação.

194. CANCELADA pela Res. 142/2007 do TST.
Ação rescisória. Justiça do Trabalho. Depósito prévio. (Revisão do Enunciado 169). As ações rescisórias ajuizadas na Justiça do Trabalho serão admitidas, instruídas e julgadas conforme os arts. 485 usque 495 do Código de Processo Civil de 1973, sendo, porém, desnecessário o depósito prévio a que aludem os respectivos arts. 488, II, e 494.

195. CANCELADA pela Res. 121/2003 do TST.
Embargos. Agravo regimental. Cabimento. Não cabem embargos para o Pleno de decisão de turma do Tribunal Superior do Trabalho, prolatada em agravo regimental.

196. CANCELADA pela Res. 121/2003 do TST.
Recurso adesivo. Prazo. Revisão do Enunciado 175. O recurso adesivo é compatível com o processo do trabalho, onde cabe, no prazo de 8 (oito) dias, no recurso ordinário, na revista, nos embargos para o Pleno e no agravo de petição.

197. Prazo
O prazo para recurso da parte que, intimada, não comparecer à audiência em prosseguimento para a prolação da sentença conta-se de sua publicação.

198. CANCELADA pelo Enunciado 294.
Prescrição. Na lesão de direito individual que atinja prestações periódicas devidas ao empregado, à exceção da que decorre de ato único do empregador, a prescrição é sempre parcial e se conta do vencimento de cada uma dessas prestações, e não da lesão do direito.

199. Bancário. Pré-contratação de horas extras. (Incorporadas as Orientações Jurisprudenciais 48 e 63 da SDI-1).
I – A contratação do serviço suplementar, quando da admissão do trabalhador bancário, é nula. Os valores assim ajustados apenas remuneram a jornada normal, sendo devidas as horas extras com o adicional de, no mínimo, 50% (cinquenta por cento), as quais não configuram pré-contratação, se pactuadas após a admissão do bancário. (ex-Súmula 199 – Res. 41/1995, *DJ* 17.02.1995 e ex-OJ 48 – Inserida em 25.11.1996).

II – Em se tratando de horas extras pré-contratadas, opera-se a prescrição total se a ação não for ajuizada no prazo de cinco anos, a partir da data em que foram suprimidas. (ex-OJ 63 – Inserida em 14.03.1994).
▶ Súmula com redação pela Res. 129/2005 do TST (*DJU 20.04.2005*).

200. Juros de mora. Incidência
Os juros de mora incidem sobre a importância da condenação já corrigida monetariamente.

201. Recurso ordinário em mandado de segurança. (Revisão da Súmula 154).
Da decisão de Tribunal Regional do Trabalho em mandado de segurança cabe recurso ordinário, no prazo de 8 (oito) dias, para o Tribunal Superior do Trabalho, e igual dilação para o recorrido e interessados apresentarem razões de contrariedade.

202. Gratificação por tempo de serviço. Compensação
Existindo, ao mesmo tempo, gratificação por tempo de serviço outorgada pelo empregador e outra da mesma natureza prevista em acordo coletivo, convenção coletiva ou sentença normativa, o empregado tem direito a receber, exclusivamente, a que lhe seja mais benéfica.

203. Gratificação por tempo de serviço. Natureza salarial
A gratificação por tempo de serviço integra o salário para todos os efeitos legais.

204. CANCELADA (Incorporada à Súmula 102 – Res. 129/2005 do TST, *DJU 20.04.2005*).
Bancário. Cargo de confiança. Caracterização. (Res. 121/2003, DJ 21. 11.2003). A configuração, ou não, do exercício da função de confiança a que se refere o art. 224, § 2º, da CLT, dependente da prova das reais atribui-

ções do empregado, é insuscetível de exame mediante recurso de revista ou de embargos.

205. CANCELADA pela Res. 121/2003 do TST.

Grupo econômico. Execução. Solidariedade. O responsável solidário, integrante do grupo econômico, que não participou da relação processual como reclamado e que, portanto, não consta no título executivo judicial como devedor, não pode ser sujeito passivo na execução.

206. FGTS. Incidência sobre parcelas prescritas

A prescrição da pretensão relativa às parcelas remuneratórias alcança o respectivo recolhimento da contribuição para o FGTS.

▸ Súmula com redação pela Res. 121/2003 do TST.

207. CANCELADA pela Res. 181/2012 do TST.

Conflitos de leis trabalhistas no espaço. Princípio da lex loci executionis. A relação jurídica trabalhista é regida pelas leis vigentes no país da prestação de serviço e não por aquelas do local da contratação.

208. CANCELADA pela Res. 59/1996 do TST.

Recurso de revista. Admissibilidade. Interpretação de cláusula de natureza contratual. A divergência jurisprudencial, suficiente a ensejar a admissibilidade ou o conhecimento do recurso de revista, diz respeito a interpretação de lei, sendo imprestável aquela referente ao alcance de cláusula contratual, ou de regulamento de empresa.

209. CANCELADA pela Res. Administrativa 81/1985 do TST.

Cargo em comissão. Reversão. A reversão do empregado ao cargo efetivo implica na perda das vantagens salariais inerentes ao cargo em comissão, salvo se nele houver permanecido 10 (dez) ou mais anos ininterruptos.

210. CANCELADA pela Res. 121/2003 do TST.

Recurso de revista. Execução de sentença. A admissibilidade do recurso de revista contra acórdão proferido em execução de sentença depende de demonstração inequívoca de violação direta à Constituição Federal.

211. Juros da mora e correção monetária. Independência do pedido inicial e do título executivo judicial

Os juros de mora e a correção monetária incluem-se na liquidação, ainda que omisso o pedido inicial ou a condenação.

212. Despedimento. Ônus da prova

O ônus de provar o término do contrato de trabalho, quando negados a prestação de serviço e o despedimento, é do empregador, pois o princípio da continuidade da relação de emprego constitui presunção favorável ao empregado.

213. CANCELADA pela Res. 46/1995 do TST.

Embargos de declaração. Suspensão do prazo recursal. Os embargos de declaração suspendem o prazo de recurso principal, para ambas as partes, não se computando o dia da sua interposição.

214. Decisão interlocutória. Irrecorribilidade

Na Justiça do Trabalho, nos termos do art. 893, § 1º, da CLT, as decisões interlocutórias não ensejam recurso imediato, salvo nas hipóteses de decisão:

a) de Tribunal Regional do Trabalho contrária à Súmula ou Orientação Jurisprudencial do Tribunal Superior do Trabalho;

b) suscetível de impugnação mediante recurso para o mesmo Tribunal;

c) que acolhe exceção de incompetência territorial, com a remessa dos autos para Tribunal Regional distinto daquele a que se vincula o juízo excepcionado, consoante o disposto no art. 799, § 2º, da CLT.

▸ Súmula com redação pela Res. 127/2005 do TST.

215. CANCELADA pela Res. 28/1994 do TST.

Horas extras não contratadas expressamente. Adicional devido. Inexistindo acordo escrito para prorrogação da jornada de trabalho, o adicional referente às horas extras é devido na base de 25% (vinte e cinco por cento).

216. CANCELADA pela Res. 87/1998 do TST.

Deserção. Relação de empregados. Autenticação mecânica desnecessária. São juridicamente desnecessárias a autenticação mecânica do valor do depósito recursal na relação de empregados (RE) e a individualização do processo na guia de recolhimento (GR), pelo que a falta não importa em deserção.

217. Depósito recursal. Credenciamento bancário. Prova dispensável

O credenciamento dos bancos para o fim de recebimento do depósito recursal é fato notório, independendo da prova.

218. Recurso de revista. Acórdão proferido em agravo de instrumento

É incabível recurso de revista interposto de acórdão regional prolatado em agravo de instrumento.

219. Honorários Advocatícios. Cabimento. (Alterada a redação do item I e acrescidos os itens IV a VI na sessão do Tribunal Pleno realizada em 15.3.2016)

I – Na Justiça do Trabalho, a condenação ao pagamento de honorários advocatícios não decorre pura e simplesmente da sucumbência, devendo a parte, concomitantemente: a) estar assistida por sindicato da categoria profissional; b) comprovar a percepção de salário inferior ao dobro do salário mínimo ou encontrar-se em situação econômica que não lhe permita demandar sem prejuízo do próprio sustento ou da respectiva família (art.14, § 1º, da Lei 5.584/1970). (ex-OJ 305 da SDI-I).

▸ Item I com redação pela Res. 204/2016 do TST (DEJT 21.03.2016).

II – É cabível a condenação ao pagamento de honorários advocatícios em ação rescisória no processo trabalhista.

▸ Inciso II com redação pela Res. 204/2016 do TST (DEJT 21.03.2016).

III – São devidos os honorários advocatícios nas causas em que o ente sindical figure como substituto processual e nas lides que não derivem da relação de emprego.

▸ Inciso III com redação pela Res. 204/2016 (DEJT 21.03.2016).

IV – Na ação rescisória e nas lides que não derivem de relação de emprego, a responsabilidade pelo pagamento dos honorários advocatícios da sucumbência submete-se à disciplina do Código de Processo Civil (arts. 85, 86, 87 e 90).

▸ Inciso IV acrescido pela Res. 204/2016 (DEJT 21.03.2016).

V – Em caso de assistência judiciária sindical ou de substituição processual sindical, excetuados os processos em que a Fazenda Pública for parte, os honorários advocatícios são devidos entre o mínimo de dez e o máximo de vinte por cento sobre o valor da condenação, do proveito econômico obtido ou, não sendo possível mensurá-lo, sobre o valor atualizado da causa (CPC de 2015, art. 85, § 2º).

▸ Inciso V acrescido pela Res. 204/2016 (DEJT 21.03.2016).

VI – Nas causas em que a Fazenda Pública for parte, aplicar-se-ão os percentuais específicos do Código de Processo Civil.

▸ Inciso VI acrescido pela Res. 204/2016 (DEJT 21.03.2016).

220. CANCELADA pela Res. 55/1996 do TST.

Honorários advocatícios. Substituição processual. Atendidos os requisitos da Lei 5.584/1970, são devidos os honorários advocatícios, ainda que o sindicato figure como substituto processual.

221. Recurso de revista. Violação de lei. Indicação de preceito (cancelado o item II e conferida nova redação na sessão do Tribunal Pleno realizada em 14.09.2012)

A admissibilidade do recurso de revista por violação tem como pressuposto a indicação expressa do dispositivo de lei ou da Constituição tido como violado.

▸ Súmula com redação pela Res. 185/2012 do TST (DEJT 25.09.2012).

222. CANCELADA pela Res. 84/1998 do TST.

Dirigentes de associações profissionais. Estabilidade provisória. Os dirigentes de associações profissionais, legalmente registradas, gozam de estabilidade provisória no emprego.

223. CANCELADA pela Res. 121/2003 do TST.

Prescrição. Opção pelo sistema do Fundo de Garantia do Tempo de Serviço. Termo inicial. O termo inicial da prescrição para anular a opção pelo Fundo de Garantia do Tempo de Serviço coincide com a data em que formalizado o ato opcional, e não com a cessação do contrato de trabalho.

224. CANCELADA pela Res. 121/2003 do TST.

Competência. Ação de cumprimento. Sindicato. Desconto assistencial. A Justiça do Trabalho é incompetente para julgar ação na qual o sindicato, em nome próprio, pleiteia o recolhimento do desconto assistencial previsto em sentença normativa, convenção ou acordo coletivos.

225. Repouso semanal. Cálculo. Gratificações por tempo de serviço e produtividade

As gratificações por tempo de serviço e produtividade, pagas mensalmente, não repercutem no cálculo do repouso semanal remunerado.

226. Bancário. Gratificação por tempo de serviço. Integração no cálculo das horas extras

A gratificação por tempo de serviço integra o cálculo das horas extras.

227. CANCELADA pela Res. 121/2003 do TST.

Salário-família. Trabalhador rural. O salário-família somente é devido aos trabalhadores urbanos, não alcançando os rurais, ainda que prestem serviços, no campo, a empresa agroindustrial.

228. Adicional de insalubridade. Base de cálculo (Redação alterada em sessão do Tribunal Pleno realizada em 26.06.2008) – Res. 148/2008, *DJ 04 e 07.07.2008* – Republicada *DJ 08, 09 e 10.07.2008.*

A partir de 9 de maio de 2008, data da publicação da Súmula Vinculante 4 do Supremo Tribunal Federal, o adicional de insalubridade será calculado sobre o salário básico, salvo critério mais vantajoso fixado em instrumento coletivo.

▸ Súmula com redação pela Res. 185/2012 do TST (DEJT 25.09.2012).
▸ Súmula com eficácia suspensa por decisão liminar do STF.

229. Sobreaviso. Eletricitários

Por aplicação analógica do art. 244, § 2º, da CLT, as horas de sobreaviso dos eletricitários são remuneradas à base de 1/3 sobre a totalidade das parcelas de natureza salarial.

▸ Súmula com redação pela Res. 121/2003 do TST.

230. Aviso-prévio. Substituição pelo pagamento das horas reduzidas da jornada de trabalho

É ilegal substituir o período que se reduz da jornada de trabalho, no aviso-prévio, pelo pagamento das horas correspondentes.

231. CANCELADA pela Res. 121/2003 do TST.

Quadro de carreira. Homologação pelo Conselho Nacional de Política Salarial. Eficácia. É eficaz para efeito do art. 461, § 2º, da CLT a homologação de quadro organizado em carreira pelo Conselho Nacional de Política Salarial.

232. CANCELADA (Incorporada à Súmula 102 – Res. 129/2005 do TST, DJU 20.04.2005).

Bancário. Cargo de confiança. Jornada. Horas extras. O bancário sujeito à regra do art. 224, § 2º, da CLT cumpre jornada de trabalho de 8 (oito) horas, sendo extraordinárias as trabalhadas além da oitava.

233. CANCELADA pela Res. 121/2003 do TST.

Bancário. Chefe. O bancário no exercício da função de chefia, que recebe gratificação não inferior a 1/3 (um terço) do salário do cargo efetivo, está inserido na exceção do § 2º do art. 224 da CLT, não fazendo jus ao pagamento das sétima e oitava horas como extras.

234. CANCELADA pela Res. 121/2003 do TST.

Bancário. Subchefe. O bancário no exercício da função de subchefia, que recebe gratificação não inferior a 1/3 (um terço) do salário do cargo efetivo, está inserido na exceção do § 2º do art. 224 da CLT, não fazendo jus ao pagamento das sétima e oitava horas como extras.

235. CANCELADA pela Res. 121/2003 do TST.

Distrito Federal e autarquias. Correção automática dos salários. Inaplicabilidade da Lei 6.708/1979. Aos servidores do Distrito Federal e respectivas autarquias, submetidos ao regime da CLT, não se aplica a Lei 6.708/1979, que determina a correção automática dos salários.

236. CANCELADA pela Res. 121/2003 do TST.

Honorários periciais. Responsabilidade. A responsabilidade pelo pagamento dos honorários periciais é da parte sucumbente na pretensão relativa ao objeto da perícia.

237. CANCELADA pela Res. 121/2003 do TST.

Bancário. Tesoureiro. O bancário investido na função de tesoureiro, que recebe gratificação não inferior a 1/3 (um terço) do salário do cargo efetivo, está inserido na exceção do § 2º do art. 224 da CLT, não fazendo jus ao pagamento das sétima e oitava horas como extras.

238. CANCELADA pela Res. 121/2003 do TST.

Bancário. Subgerente. O bancário no exercício da função de subgerente, que recebe gratificação não inferior a 1/3 (um terço) do salário do cargo efetivo, está inserido na exceção do § 2º do art. 224 da CLT, não fazendo jus ao pagamento das sétima e oitava horas como extras.

239. Bancário. Empregado de empresa de processamento de dados. (Incorporadas as Orientações Jurisprudenciais 64 e 126 da SDII).

É bancário o empregado de empresa de processamento de dados que presta serviço a banco integrante do mesmo grupo econômico, exceto quando a empresa de processamento de dados presta serviços a banco e a empresas não bancárias do mesmo grupo econômico ou a terceiros. (Primeira parte – ex-Súmula 239 – Res. 12/1985, *DJ 09.12.1985*; segunda parte – ex-OJs 64 – Inserida em 13.09.1994 e 126 – Inserida em 20.04.1998).

▸ Súmula com redação pela Res. 129/2005 do TST (DJU 20.04.2005).

240. Bancário. Gratificação de função e adicional por tempo de serviço

O adicional por tempo de serviço integra o cálculo da gratificação prevista no art. 224, § 2º, da CLT.

241. Salário-utilidade. Alimentação

O vale para refeição, fornecido por força do contrato de trabalho, tem caráter salarial, integrando a remuneração do empregado, para todos os efeitos legais.

242. Indenização adicional. Valor

A indenização adicional, prevista no art. 9º da Lei 6.708, de 30.10.1979 e no art. 9º da Lei 7.238, de 28.10.1984, corresponde ao salário mensal, no valor devido na data da comunicação do despedimento, integrado pelos adicionais legais ou convencionados, ligados à unidade de tempo mês, não sendo computável a gratificação natalina.

243. Opção pelo regime trabalhista. Supressão das vantagens estatutárias

Exceto na hipótese de previsão contratual ou legal expressa, a opção do funcionário público pelo regime trabalhista implica a renúncia dos direitos inerentes ao sistema estatutário.

244. Gestante. Estabilidade provisória (Redação do item 3 alterada na sessão do Tribunal Pleno realizada em 14.09.2012)

I – O desconhecimento do estado gravídico pelo empregador não afasta o direito ao pagamento da indenização decorrente da estabilidade (art. 10, II, b do ADCT).

II – A garantia de emprego à gestante só autoriza a reintegração se esta se der durante o período de estabilidade. Do contrário, a garantia restringe-se aos salários e demais direitos correspondentes ao período de estabilidade.

III – A empregada gestante tem direito à estabilidade provisória prevista no art. 10, inciso II, alínea b, do Ato das Disposições Constitucionais Transitórias, mesmo na hipótese de admissão mediante contrato por tempo determinado.

▸ Súmula com redação pela Res. 185/2012 do TST (DEJT 25.09.2012).

245. Depósito recursal. Prazo

O depósito recursal deve ser feito e comprovado no prazo alusivo ao recurso. A interposição antecipada deste não prejudica a dilação legal.

246. Ação de cumprimento. Trânsito em julgado da sentença normativa

É dispensável o trânsito em julgado da sentença normativa para propositura da ação de cumprimento.

247. Quebra de caixa. Natureza jurídica

A parcela paga aos bancários sob a denominação "quebra de caixa" possui natureza salarial, integrando o salário do prestador de serviços, para todos os efeitos legais.

248. Adicional de insalubridade. Direito adquirido

A reclassificação ou descaracterização da insalubridade, por ato da autoridade competente, repercute na satisfação do respectivo adicional, sem ofensa a direito adquirido ou ao princípio da irredutibilidade salarial.

249. CANCELADA pela Res. 121/2003 do TST.

Aumento salarial setorizado. Tabela única. Legítima é a concessão de aumento salarial por região do país, desfazendo identidade anterior, baseada em tabela única de âmbito nacional.

250. CANCELADA pela Res. 121/2003 do TST.

Plano de classificação. Parcelas antiguidade e desempenho. Aglutinação ao salário. Lícita é a incorporação ao salário-base das parcelas pagas a título de antiguidade e desempenho, quando não há prejuízo para o empregado.

251. CANCELADA pela Res. 33/1994 do TST.

Participação nos lucros. Natureza salarial. A parcela participação nos lucros da empresa, habitualmente paga, tem natureza salarial, para todos os efeitos legais.

252. CANCELADA pela Res. 121/2003 do TST.

Funcionário público. Cedido. Reajuste salarial. Alteração do Enunciado 116. Os funcionários públicos cedidos à Rede Ferroviária Federal S.A. têm direito ao reajustamento salarial previsto no art. 5º da Lei 4.345/1964, compensado com o deferido pelo art. 1º da Lei 4.564/1964 e observados os padrões de vencimentos, à época dos cargos idênticos ou assemelhados do serviço público, a teor do disposto no art. 20, item I, da Lei 4.345/1964 e nos termos dos acórdãos proferidos no DC 2/1966. O paradigma previsto neste último dispositivo legal será determinado através de perícia, se as partes não o indicarem de comum acordo.

253. Gratificação semestral. Repercussões

A gratificação semestral não repercute no cálculo das horas extras, das férias e do aviso-prévio, ainda que indenizados. Repercute, contudo, pelo seu duodécimo na indenização por antiguidade e na gratificação natalina.

▸ Súmula com redação pela Res. 121/2003 do TST.

254. Salário-família. Termo inicial da obrigação

O termo inicial do direito ao salário-família coincide com a prova da filiação. Se feita em juízo, corresponde à data de ajuizamento do pedido, salvo se comprovado que anteriormente o empregador se recusara a receber a respectiva certidão.

255. CANCELADA pela Res. 121/2003 do TST.

Substituição processual. Desistência. Alteração do Enunciado 180. O substituído processualmente pode, antes da sentença de primeiro grau, desistir da ação.

256. CANCELADA pela Res. 121/2003 do TST.

Contrato de prestação de serviços. Legalidade. Salvo os casos de trabalho temporário e de serviço de vigilância, previstos nas Leis 6.019, de 03.01.1974, e 7.102, de 20.06.1983, é ilegal a contratação de trabalhadores por empresa interposta, formando-se o vínculo empregatício diretamente com o tomador dos serviços.

257. Vigilante

O vigilante, contratado diretamente por banco ou por intermédio de empresas especializadas, não é bancário.

258. Salário-utilidade. Percentuais

Os percentuais fixados em lei relativos ao salário *in natura* apenas se referem às hipóteses em que o empregado percebe salário mínimo, apurando-se, nas demais, o real valor da utilidade.

▸ Súmula com redação pela Res. 121/2003 do TST.

259. Termo de conciliação. Ação rescisória

Só por ação rescisória é impugnável o termo de conciliação previsto no parágrafo único do art. 831 da CLT.

260. CANCELADA pela Res. 121/2003 do TST.

Salário-maternidade. Contrato de experiência. No contrato de experiência, extinto antes do período de 4 (quatro) semanas que precede ao parto, a empregada não tem direito a receber, do empregador, o salário-maternidade.

261. Férias proporcionais. Pedido de demissão. Contrato vigente há menos de 1 (um) ano

O empregado que se demite antes de completar 12 (doze) meses de serviço tem direito a férias proporcionais.

▸ Súmula com redação pela Res. 121/2003 do TST.

262. Prazo Judicial. Notificação ou intimação em sábado. Recesso forense. (redação do item II alterada na sessão do Tribunal Pleno realizada em 19.05.2014).

I – Intimada ou notificada a parte no sábado, o início do prazo se dará no primeiro dia útil imediato e a contagem, no subsequente.

II – O recesso forense e as férias coletivas dos Ministros do Tribunal Superior do Trabalho suspendem os prazos recursais.

▸ Súmula com redação pela Res. 194/2014 do TST – (DEJT 21.05.2014).

263. Petição Inicial. Indeferimento. Instrução obrigatória deficiente

Salvo nas hipóteses do art. 330 do CPC de 2015 (art. 295 do CPC de 1973), o indeferimento da petição inicial, por encontrar-se desacompanhada de documento indispensável à propositura da ação ou não preencher outro requisito legal, somente é cabível se, após intimada para suprir a irregularidade em 15 (quinze) dias, mediante indicação precisa do que deve ser corrigido ou completado, a parte não o fizer (art. 321 do CPC de 2015).

▸ Súmula com redação pela Res. 208/2016 do TST (DEJT 22, 23 e 24.04.2016).

264. Hora suplementar. Cálculo.

A remuneração do serviço suplementar é composta do valor da hora normal, integrado por parcelas de natureza salarial e acrescido do adicional previsto em lei, contrato, acordo, convenção coletiva ou sentença normativa.

265. Adicional noturno. Alteração de turno de trabalho. Possibilidade de supressão

A transferência para o período diurno de trabalho implica a perda do direito ao adicional noturno.

266. Recurso de revista. Admissibilidade. Execução de sentença

A admissibilidade do recurso de revista interposto de acórdão proferido em agravo de petição, na liquidação de sentença ou em processo incidente na execução, inclusive os embargos de terceiro, depende de demonstração inequívoca de violência direta à Constituição Federal.

267. CANCELADA pela Res. 121/2003 do TST.

Bancário. Valor do salário-hora. Divisor. O bancário sujeito à jornada de 8 (oito) horas (art. 224, § 2º, da CLT) tem salário-hora calculado com base no divisor 240 (duzentos e quarenta) e não 180 (cento e oitenta), que é relativo à jornada de 6 (seis) horas.

268. Prescrição. Interrupção. Ação trabalhista arquivada

A ação trabalhista, ainda que arquivada, interrompe a prescrição somente em relação aos pedidos idênticos.

▸ Súmula com redação pela Res. 121/2003 do TST.

269. Diretor eleito. Cômputo do período como tempo de serviço

O empregado eleito para ocupar cargo de diretor tem o respectivo contrato de trabalho suspenso, não se computando o tempo de serviço deste período, salvo se permanecer a subordinação jurídica inerente à relação de emprego.

270. CANCELADA pela Res. 49/1995 do TST.

Representação processual. Mandato expresso. Ausência de firma reconhecida. A ausência de reconhecimento de firma no instrumento de mandato – procuração – torna irregular a representação processual, impossibilitando o conhecimento do recurso, por inexistente.

271. CANCELADA pela Res. 121/2003 do TST.

Substituição processual. Adicionais de insalubridade e de periculosidade. Legítima é a substituição processual dos empregados associados, pelo sindicato que congrega a categoria profissional, na demanda trabalhista cujo objeto seja adicional de insalubridade ou periculosidade.

272. CANCELADA pela Res. 121/2003 do TST.

Agravo de instrumento. Traslado deficiente. Não se conhece do agravo para subida de recurso de revista, quando faltarem no traslado o despacho agravado, a decisão recorrida, a petição de recurso de revista, a procuração subscrita pelo agravante, ou qualquer peça essencial à compreensão da controvérsia.

273. CANCELADA pela Res. 121/2003 do TST.

Constitucionalidade. Decretos-leis 2.012/1983 e 2.045/1983. São constitucionais os Decretos-leis 2.012/1983 e 2.045/1983.

274. CANCELADA. Incorporação à nova redação da Súmula 6 – Res. 129/2005 do TST – (DJU 20.04.2005).

Prescrição parcial. Equiparação salarial. (Res. 121/2003, DJ 21.11.2003). Na ação de equiparação salarial, a prescrição só alcança as diferenças salariais vencidas no período de 5 (cinco) anos que precedeu o ajuizamento.

275. Prescrição. Desvio de função e reenquadramento. (Incorporada a OJ 144 da SDI-I).

I – Na ação que objetive corrigir desvio funcional, a prescrição só alcança as diferenças salariais vencidas no período de 5 (cinco) anos que precedeu o ajuizamento. (ex-Súmula 275 – Res. 121/2003, DJ 21.11.2003)

II – Em se tratando de pedido de reenquadramento, a prescrição é total, contada da data do enquadramento do empregado. (ex-OJ 144 – Inserida em 27.11.1998)

▸ Súmula com redação pela Res. 129/2005 do TST – (DJU 20.04.2005).

276. Aviso-prévio. Renúncia pelo empregado

O direito ao aviso-prévio é irrenunciável pelo empregado. O pedido de dispensa de cumprimento não exime o empregador de pagar o valor respectivo, salvo comprovação de haver o prestador dos serviços obtido novo emprego.

277. Convenção coletiva de trabalho ou acordo coletivo de trabalho. Eficácia. Ultratividade (Redação alterada na sessão do Tribunal Pleno realizada em 14.09.2012).

As cláusulas normativas dos acordos coletivos ou convenções coletivas integram os contratos individuais de trabalho e somente poderão ser modificadas ou suprimidas mediante negociação coletiva de trabalho.

▸ Súmula com redação pela Res. 185/2012 do TST – (DEJT 25.09.2012).

▸ O STF, na ADPF 323, por maioria, julgou procedente a ação, de modo a declarar a inconstitucionalidade da Súmula 277 do Tribunal Superior do Trabalho, na versão atribuída pela Resolução 185, de 27 de setembro de 2012, assim como a inconstitucionalidade de interpretações e de decisões judiciais que entendem que o art. 114, parágrafo segundo, da Constituição Federal, na redação dada pela Emenda Constitucional 45/2004, autoriza a aplicação do princípio da ultratividade de normas de acordos e de convenções coletivas, tudo nos termos do voto do Relator. (DOU 03.06.2022)

278. Embargos de declaração. Omissão no julgado

A natureza da omissão suprida pelo julgamento de embargos declaratórios pode ocasionar efeito modificativo no julgado.

279. Recurso contra sentença normativa. Efeito suspensivo. Cassação

A cassação de efeito suspensivo concedido a recurso interposto contra sentença normativa retroage à data do despacho que o deferiu.

280. CANCELADA pela Res. 2/1990 do TST.

Convenção coletiva. Sociedade de economia mista. Audiência prévia do órgão oficial competente. Con-

venção coletiva, formalizada sem prévia audição de órgão oficial competente, não obriga sociedade de economia mista.

281. CANCELADA pela Res. 121/2003 do TST.

Piso salarial. Professores. A instituição do Fundo de Participação dos Estados e Municípios não fez surgir, para os professores, direito a piso salarial.

282. Abono de faltas. Serviço médico da empresa

Ao serviço médico da empresa ou ao mantido por esta última mediante convênio compete abonar os primeiros 15 (quinze) dias de ausência ao trabalho.

283. Recurso adesivo. Pertinência no processo do trabalho. Correlação de matérias. (Revisão da Súmula 196)

O recurso adesivo é compatível com o processo do trabalho e cabe, no prazo de 8 (oito) dias, nas hipóteses de interposição de recurso ordinário, de agravo de petição, de revista e de embargos, sendo desnecessário que a matéria nele veiculada esteja relacionada com a do recurso interposto pela parte contrária.

284. CANCELADA pela Res. 121/2003 do TST.

Correção monetária. Empresas em liquidação. Lei 6.024/1974. Revisão do Enunciado 185. Os débitos trabalhistas das empresas em liquidação de que cogita a Lei 6.024/1974 estão sujeitos à correção monetária, observada a vigência do Dec.-lei 2.278/ 1985, ou seja, a partir de 22.11. 1985. (Revisto pelo Enunciado 304.)

285. CANCELADA pela Res. 204/2016 do TST.

Recurso de revista. Admissibilidade parcial pelo Juiz--Presidente do Tribunal Regional do Trabalho. Efeito. O fato de o juízo primeiro de admissibilidade do recurso de revista entendê-lo cabível apenas quanto à parte das matérias veiculadas não impede a apreciação integral pela Turma do Tribunal Superior do Trabalho, sendo imprópria a interposição de agravo de instrumento.

286. Sindicato. Substituição processual. Convenção e acordos coletivos

A legitimidade do sindicato para propor ação de cumprimento estende-se também à observância de acordo ou de convenção coletivos.
▸ Súmula com redação pela Res. 98/2000 do TST.

287. Jornada de trabalho. Gerente bancário

A jornada de trabalho do empregado de banco gerente de agência é regida pelo art. 224, § 2°, da CLT. Quanto ao gerente geral de agência bancária, presume-se o exercício de encargo de gestão, aplicando-se-lhe o art. 62 da CLT.
▸ Súmula com redação pela Res. 121/2003 do TST.

288. Complementação dos proventos da aposentadoria. (nova redação para o item I e acrescidos os itens III e IV em decorrência do julgamento do processo TST-EED-RR-235-20.2010.5.20.0006 pelo Tribunal Pleno em 12.04.2016)

I – A complementação dos proventos de aposentadoria, instituída, regulamentada e paga diretamente pelo empregador, sem vínculo com as entidades de previdência privada fechada, é regida pelas normas em vigor na data de admissão do empregado, ressalvadas as alterações que forem mais benéficas (art. 468 da CLT).
▸ Inciso I com redação pela Res. 207/2016 do TST (DEJT 18, 19 e 20.04.2016).

II – Na hipótese de coexistência de dois regulamentos de planos de previdência complementar, instituídos pelo empregador ou por entidade de previdência privada, a opção do beneficiário por um deles tem efeito jurídico de renúncia às regras do outro.

III – Após a entrada em vigor das Leis Complementares 108 e 109, de 29/05/2001, reger-se-á a complementação dos proventos de aposentadoria pelas normas vigentes na data da implementação dos requisitos para obtenção do benefício, ressalvados o direito adquirido do participante que anteriormente implementara os requisitos para o benefício e o direito acumulado do empregado que até então não preenchera tais requisitos.
▸ Inciso III acrescido pela Res. 207/2016 do TST (DEJT 18, 19 e 20.04.2016).

IV – O entendimento da primeira parte do item III aplica--se aos processos em curso no Tribunal Superior do Trabalho em que, em 12/04/2016, ainda não haja sido proferida decisão de mérito por suas Turmas e Seções.
▸ Inciso IV acrescido pela Res. 207/2016 do TST (DEJT 18, 19 e 20.04.2016).

289. Insalubridade. Adicional. Fornecimento do aparelho de proteção. Efeito

O simples fornecimento do aparelho de proteção pelo empregador não o exime do pagamento do adicional de insalubridade. Cabe-lhe tomar as medidas que conduzam à diminuição ou eliminação da nocividade, entre

as quais as relativas ao uso efetivo do equipamento pelo empregado.

290. CANCELADA pela Res. 121/2003 do TST.

Gorjetas. Natureza jurídica. Ausência de distinção quanto à forma de recebimento. As gorjetas, sejam cobradas pelo empregador na nota de serviço ou oferecidas espontaneamente pelos clientes, integram a remuneração do empregado. (Revisto pelo Enunciado 354.)

291. Horas extras. Habitualidade. Supressão. Indenização. (Nova redação em decorrência do julgamento do processo TST-IUJERR 10700-45.2007.5.22.0101).

A supressão total ou parcial, pelo empregador, de serviço suplementar prestado com habitualidade, durante pelo menos 1 (um) ano, assegura ao empregado o direito à indenização correspondente ao valor de 1 (um) mês das horas suprimidas, total ou parcialmente, para cada ano ou fração igual ou superior a 6 (seis) meses de prestação de serviço acima da jornada normal. O cálculo observará a média das horas suplementares nos últimos 12 (doze) meses anteriores à mudança, multiplicada pelo valor da hora extra do dia da supressão.
▸ Súmula com redação pela Res. 174/2011 do TST – (DEJT 27.05.2011).

292. CANCELADA pela Res. 121/2003 do TST.

Adicional de insalubridade. Trabalhador rural. O trabalhador rural tem direito ao adicional de insalubridade, observando-se a necessidade de verificação, na forma da lei, de condições nocivas à saúde.

293. Adicional de insalubridade. Causa de pedir. Agente nocivo diverso do apontado na inicial

A verificação mediante perícia de prestação de serviços em condições nocivas, considerado agente insalubre diverso do apontado na inicial, não prejudica o pedido de adicional de insalubridade.

294. Prescrição. Alteração contratual. Trabalhador urbano

Tratando-se de ação que envolva pedido de prestações sucessivas decorrente de alteração do pactuado, a prescrição é total, exceto quando o direito à parcela esteja também assegurado por preceito de lei.

295. CANCELADA pela Res. 152/2008 do TST.

Aposentadoria espontânea. Depósito do FGTS. Período anterior à opção. A cessação do contrato de trabalho em razão de aposentadoria espontânea do empregado exclui o direito ao recebimento de indenização relativa ao período anterior à opção. A realização do depósito na conta do Fundo de Garantia do Tempo de Serviço, de que trata o § 3° do art. 14 da Lei 8.036, de 11.05.1990, é faculdade atribuída ao empregador.
▸ Súmula com redação pela Res. 121/2003 do TST.

296. Recurso. Divergência jurisprudencial. Especificidade. (Incorporada a OJ 37 da SDI-I).

I – A divergência jurisprudencial ensejadora da admissibilidade, do prosseguimento e do conhecimento do recurso há de ser específica, revelando a existência de teses diversas na interpretação de um mesmo dispositivo legal, embora idênticos os fatos que as ensejaram. (ex-Súmula 296 – Res. 6/1989, DJ 14.04.1989)

II – Não ofende o art. 896 da CLT decisão de Turma que, examinando premissas concretas de especificidade da divergência colacionada no apelo revisional, conclui pelo conhecimento ou desconhecimento do recurso. (ex-OJ 37 – Inserida em 01.02.1995)
▸ Súmula com redação pela Res. 129/2005 do TST – (DJU 20.04.2005).

297. Prequestionamento. Oportunidade. Configuração

1. Diz-se prequestionada a matéria ou questão quando na decisão impugnada haja sido adotada, explicitamente, tese a respeito.

2. Incumbe à parte interessada, desde que a matéria haja sido invocada no recurso principal, opor embargos declaratórios objetivando o pronunciamento sobre o tema, sob pena de preclusão.

3. Considera-se prequestionada a questão jurídica invocada no recurso principal sobre a qual se omite o Tribunal de pronunciar tese, não obstante opostos embargos de declaração.
▸ Súmula com redação pela Res. 121/2003 do TST.
▸ OJ 119 da SDI-I do TST.

298. Ação rescisória. Violação a disposição de Lei. Pronunciamento explícito. (Redação alterada pelo Tribunal Pleno na sessão realizada em 06.02.2012).

I – A conclusão acerca da ocorrência de violação literal à disposição de Lei pressupõe pronunciamento explícito, na sentença rescindenda, sobre a matéria veiculada.

II – O pronunciamento explícito exigido em ação rescisória diz respeito à matéria e ao enfoque específico da tese

debatida na ação, e não, necessariamente, ao dispositivo legal tido por violado. Basta que o conteúdo da norma reputada violada haja sido abordado na decisão rescindenda para que se considere preenchido o pressuposto.

III – Para efeito de ação rescisória, considera-se pronunciada explicitamente a matéria tratada na sentença quando, examinando remessa de ofício, o Tribunal simplesmente a confirma.

IV – A sentença meramente homologatória, que silencia sobre os motivos de convencimento do juiz, não se mostra rescindível, por ausência de pronunciamento explícito.

V – Não é absoluta a exigência de pronunciamento explícito na ação rescisória, ainda que esta tenha por fundamento violação de dispositivo de lei. Assim, prescindível o pronunciamento explícito quando o vício nasce no próprio julgamento, como se dá com a sentença "extra, citra e *ultra petita*".
▸ Súmula com redação pela Res. 177/2012 do TST – (DJE 13.02.2012).

299. Ação rescisória. Decisão rescindenda. Trânsito em julgado. Comprovação. Efeitos. (nova redação do item II em decorrência do CPC de 2015)

I – É indispensável ao processamento da ação rescisória a prova do trânsito em julgado da decisão rescindenda. (ex-Súmula 299 – Res 8/1989, DJ 14, 18 e 19.04.1989)

II – Verificando o relator que a parte interessada não juntou à inicial o documento comprobatório, abrirá prazo de 15 (quinze) dias para que o faça (art. 321 do CPC de 2015), sob pena de indeferimento. (ex-Súmula 299 – Res 8/1989, DJ 14, 18 e 19.04.1989)

III – A comprovação do trânsito em julgado da decisão rescindenda é pressuposto processual indispensável ao tempo do ajuizamento da ação rescisória. Eventual trânsito em julgado posterior ao ajuizamento da ação rescisória não reabilita a ação proposta, na medida em que o ordenamento jurídico não contempla a ação rescisória preventiva. (ex-OJ 106 da SBDI-2 – DJ 29.04.2003)

IV – O pretenso vício de intimação, posterior à decisão que se pretende rescindir, se efetivamente ocorrido, não permite a formação da coisa julgada material. Assim, a ação rescisória deve ser julgada extinta, sem julgamento do mérito, por carência de ação, por inexistir decisão transitada em julgado a ser rescindida. (ex-OJ 96 da SBDI-2 – inserida em 27.09.2002).
▸ Súmula com redação pela Res. 211/2016 do TST (DEJT 24.08.2016).

300. Competência da Justiça do Trabalho. Cadastramento no PIS

Compete à Justiça do Trabalho processar e julgar ações ajuizadas por empregados em face de empregadores relativas ao cadastramento no Programa de Integração Social (PIS).

301. Auxiliar de laboratório. Ausência de diploma. Efeitos

O fato de o empregado não possuir diploma de profissionalização de auxiliar de laboratório não afasta a observância das normas da Lei 3.999, de 15.12.1961, uma vez comprovada a prestação de serviços na atividade.

302. CANCELADA pela Res. TST 121/2003.

Processo administrativo. Revisão do Enunciado 40. Não cabe recurso ao Tribunal Superior do Trabalho contra decisão em processo administrativo, proferida por Tribunal Regional do Trabalho, ainda que nele seja interessado magistrado. (Revisto pelo Enunciado 321).

303. Fazenda Pública. Reexame Necessário. (nova redação em decorrência do CPC de 2015)

I – Em dissídio individual, está sujeita ao reexame necessário, mesmo na vigência da Constituição Federal de 1988, decisão contrária à Fazenda Pública, salvo quando a condenação não ultrapassar o valor correspondente a:

a) 1.000 (mil) salários mínimos para a União e as respectivas autarquias e fundações de direito público;

b) 500 (quinhentos) salários mínimos para os Estados, o Distrito Federal, as respectivas autarquias e fundações de direito público e os Municípios que constituam capitais dos Estados;

c) 100 (cem) salários mínimos para todos os demais Municípios e respectivas autarquias e fundações de direito público.

II – Também não se sujeita ao duplo grau de jurisdição a decisão fundada em:

a) súmula ou orientação jurisprudencial do Tribunal Superior do Trabalho;

b) acórdão proferido pelo Supremo Tribunal Federal ou pelo Tribunal Superior do Trabalho em julgamento de recursos repetitivos;

c) entendimento firmado em incidente de resolução de demandas repetitivas ou de assunção de competência;

d) entendimento coincidente com orientação vinculante firmada no âmbito administrativo do próprio ente público, consolidada em manifestação, parecer ou súmula administrativa.

III – Em ação rescisória, a decisão proferida pelo Tribunal Regional do Trabalho está sujeita ao duplo grau de jurisdição obrigatório quando desfavorável ao ente público, exceto nas hipóteses dos incisos anteriores. (ex-OJ 71 da SBDI-1 – inserida em 03.06.1996)

IV – Em mandado de segurança, somente cabe reexame necessário se, na relação processual, figurar pessoa jurídica de direito público como parte prejudicada pela concessão da ordem. Tal situação não ocorre na hipótese de figurar no feito como impetrante e terceiro interessado pessoa de direito privado, ressalvada a hipótese de matéria administrativa. (ex-OJs 72 e 73 da SBDI-1 – inseridas, respectivamente, em 25.11.1996 e 03.06.1996).

▶ Súmula com redação pela Res. 211/2016 do TST *(DEJT 24.08.2016).*

304. Correção monetária. Empresas em liquidação. Art. 46 do ADCT/CF. (Revisão da Súmula 284).

Os débitos trabalhistas das entidades submetidas aos regimes de intervenção ou liquidação extrajudicial estão sujeitos a correção monetária desde o respectivo vencimento até seu efetivo pagamento, sem interrupção ou suspensão, não incidindo, entretanto, sobre tais débitos, juros de mora.

305. Fundo de Garantia do Tempo de Serviço. Incidência sobre o aviso-prévio

O pagamento relativo ao período de aviso-prévio, trabalhado ou não, está sujeito a contribuição para o FGTS.

306. CANCELADA pela Res. 121/2003 do TST.

Indenização adicional. Pagamento devido com fundamento nos arts. 9º da Lei 6.708/1979 e 9º da Lei 7.238/1984. É devido o pagamento da indenização adicional na hipótese de dispensa injusta do empregado, ocorrida no trintídio que antecede a data base. A legislação posterior não revogou os arts. 9º da Lei 6.708/1979 e 9º da Lei 7.238/1984.

307. Juros. Irretroatividade do Dec.-lei 2.322, de 26.02.1987

A fórmula de cálculo de juros prevista no Dec.-lei 2.322, de 26.02.1987 somente é aplicável a partir de 27.02.1987. Quanto ao período anterior, deve-se observar a legislação então vigente.

308. Prescrição quinquenal (Incorporada a Orientação Jurisprudencial 204 da SDI-I)

I – Respeitado o biênio subsequente à cessação contratual, a prescrição da ação trabalhista concerne às pretensões imediatamente anteriores a cinco anos, contados da data do ajuizamento da reclamação e não, às anteriores ao quinquênio da data de extinção do contrato. (ex-OJ 204 – SDI-1 – Inserida em 08.11.2000)

II – A norma constitucional que ampliou o prazo de prescrição da ação trabalhista para 5 (cinco) anos é de aplicação imediata e não atinge pretensões já alcançadas pela prescrição bienal quando da promulgação da CF/1988. (ex-Súmula 308 – Res. 6/ 1992, *DJ* 05.11.1992)

▶ Súmula com redação pela Res. 129/2005 do TST – *(DJU 20.04.2005).*

309. Vigia portuário. Terminal privativo. Não obrigatoriedade de requisição

Tratando-se de terminais privativos destinados à navegação de cabotagem ou de longo curso, não é obrigatória a requisição de vigia portuário indicado por sindicato.

310. CANCELADA pela Res. 119/2003 do TST.

Substituição processual. Sindicato.

I – *O art. 8º, inciso III, da Constituição da República não assegura a substituição processual pelo sindicato.*

II – *A substituição processual autorizada ao sindicato pelas Leis 6.708, de 30.10.1979, e 7.238, de 29.10.1984, limitada aos associados, restringe-se às demandas que visem aos reajustes salariais específicos neles ajuizadas até 03.07.1989, data em que entrou em vigor a Lei 7.788.*

III – *A Lei 7.788/1989, em seu art. 8º, assegurou, durante sua vigência, a legitimidade do sindicato como substituto processual da categoria.*

IV – *A substituição processual autorizada pela Lei 8.073, de 30.07.1990, ao sindicato alcança todos os integrantes da categoria e é restrita às demandas que visem à satisfação de reajustes salariais específicos resultantes de disposição prevista em lei de política salarial.*

V – *Em qualquer ação proposta pelo sindicato como substituto processual, todos os substituídos serão individualizados na petição inicial e, para o início da execução, devidamente identificados pelo número da Carteira de Trabalho e Previdência Social ou de qualquer documento de identidade.*

VI – *É lícito aos substituídos integrar a lide como assistente litisconsorcial, acordar, transigir e renunciar, independentemente de autorização ou anuência do substituto.*

VII – *Na liquidação da sentença exequenda, promovida pelo substituto, serão individualizados os valores devidos a cada substituído, cujos depósitos para quitação serão levantados através de guias expedidas em seu nome ou de procurador com poderes especiais para esse fim, inclusive nas ações de cumprimento.*

VIII – *Quando o sindicato for o autor da ação na condição de substituto processual, não serão devidos honorários advocatícios.*

311. Benefício previdenciário a dependente de ex-empregado. Correção monetária. Legislação aplicável

O cálculo da correção monetária incidente sobre débitos relativos a benefícios previdenciários devidos a dependentes de ex-empregado pelo empregador, ou entidade de previdência privada a ele vinculada, será o previsto na Lei 6.899, de 08.04.1981.

312. Constitucionalidade. Alínea b do art. 896 da CLT

É constitucional a alínea *b* do art. 896 da CLT, com a redação dada pela Lei 7.701, de 21.12.1988.

313. Complementação de aposentadoria. Proporcionalidade. Banespa

A complementação de aposentadoria, prevista no art. 106, e seus parágrafos, do regulamento de pessoal editado em 1965, só é integral para os empregados que tenham 30 (trinta) ou mais anos de serviços prestados exclusivamente ao banco.

314. Indenização adicional. Verbas rescisórias. Salário corrigido

Se ocorrer a rescisão contratual no período de 30 (trinta) dias que antecede à data base, observado o Enunciado 182 do TST, o pagamento das verbas rescisórias com o salário já corrigido não afasta o direito à indenização adicional prevista nas Leis 6.708, de 30.10.1979 e 7.238, de 28.10.1984.

315. IPC de março/1990. Lei 8.030, de 12.04.1990 (Plano Collor). Inexistência de direito adquirido

A partir da vigência da Medida Provisória 154, 15.03.1990, convertida na Lei 8.030, de 12.04.1990, não se aplica o IPC de março de 1990, de 84,32% (oitenta e quatro inteiros e trinta e dois centésimos por cento), para a correção dos salários, porque o direito ainda não se havia incorporado ao patrimônio jurídico dos trabalhadores, inexistindo ofensa ao inciso XXXVI do art. 5º da CF/1988.

316. CANCELADA pela Res. 37/1994 do TST.

IPC de junho/1987. Dec.-lei 2.335/1987 (Plano Bresser). Existência de direito adquirido. É devido o reajuste salarial decorrente da incidência do IPC de junho de 1987, correspondente a 26,06% (vinte e seis inteiros e seis centésimos por cento), porque este direito já se havia incorporado ao patrimônio jurídico dos trabalhadores quando do advento do Dec.-lei 2.335/1987.

317. CANCELADA pela Res. 37/1994 do TST.

URP de fevereiro/1989. Lei 7.730/ 1989 (Plano Verão). Existência de direito adquirido. A correção salarial da URP de fevereiro de 1989, de 26,05% (vinte e seis inteiros e cinco centésimos por cento), já constituía direito adquirido do trabalhador, quando do advento da Medida Provisória 32/1989, convertida na Lei 7.730/1989, sendo devido o reajuste respectivo.

318. Diárias. Base de cálculo para sua integração no salário

Tratando-se de empregado mensalista, a integração das diárias no salário deve ser feita tomando-se por base o salário mensal por ele percebido, e não o valor do dia de salário, somente sendo devida a referida integração quando o valor das diárias, no mês, for superior à metade do salário mensal.

319. Reajustes salariais ("gatilhos"). Aplicação aos servidores públicos contratados sob a égide da legislação trabalhista

Aplicam-se aos servidores públicos, contratados sob o regime da CLT, os reajustes decorrentes da correção automática dos salários pelo mecanismo denominado "gatilho", de que tratam os Decretos-leis 2.284, de 10.03.1986 e 2.302, de 21.11.1986.

320. Horas in itinere. **Obrigatoriedade de cômputo na jornada de trabalho.**

O fato de o empregador cobrar, parcialmente ou não, importância pelo transporte fornecido, para local de difícil acesso, ou não servido por transporte regular, não afasta o direito à percepção do pagamento das horas *in itinere.*

321. CANCELADA pela Res. 135/2005 do TST – *(DJU 05.07.2005).*

Decisão administrativa. Recurso. (Revisão do Enunciado 302.) Das decisões proferidas pelos Tribunais Regionais do Trabalho, em processo administrativo, cabe recurso para o Tribunal Superior do Trabalho tão somente para exame da legalidade do ato.

322. Diferenças salariais. Planos econômicos. Limite

Os reajustes salariais decorrentes dos chamados "gatilhos" e URPs, previstos legalmente como antecipação, são devidos tão somente até a data base de cada categoria.

323. CANCELADA pela Res. 38/1994 do TST.

URP de abril e maio de 1988. Dec.-lei 2.425/1988. A suspensão do pagamento das URP's de abril e maio de 1988, determinada pelo Dec.-lei 2.425, de 07.04.1988, afronta direito adquirido dos trabalhadores e o princípio constitucional da isonomia.

324. CANCELADA. Incorporada à nova redação da Súmula 90 – Res. TST 129/ 2005 – *DJU* 20.04.2005.

Horas in itinere. Enunciado 90. Insuficiência de transporte público. A mera insuficiência de transporte público não enseja o pagamento de horas in itinere.

325. CANCELADA. Incorporada à nova redação da Súmula 90 – Res. TST 129/ 2005 – *DJU* 20.04.2005.

Horas in itinere. Enunciado 90. Remuneração em relação a trecho não servido por transporte público. Se houver transporte público regular, em parte do trajeto percorrido em condução da empresa, as horas in itinere remuneradas limitam-se ao trecho não alcançado pelo transporte público.

326. Complementação de aposentadoria. Prescrição total. (Nova redação).

A pretensão à complementação de aposentadoria jamais recebida prescreve em 2 (dois) anos contados da cessação do contrato de trabalho.

▶ Súmula com redação pela Res. 174/2011 do TST – *(DEJT 27.05.2011).*

327. Complementação de aposentadoria. Diferenças. Prescrição parcial. (Nova redação).

A pretensão a diferenças de complementação de aposentadoria sujeita-se à prescrição parcial e quinquenal, salvo se o pretenso direito decorrer de verbas não recebidas no curso da relação de emprego e já alcançadas pela prescrição, à época da propositura da ação.

▶ Súmula com redação pela Res. 174/2011 do TST – *(DEJT 27.05.2011).*

328. Férias. Terço constitucional

O pagamento das férias, integrais ou proporcionais, gozadas ou não, na vigência da CF/1988, sujeita-se ao acréscimo do terço previsto no respectivo art. 7º, XVII.

329. Honorários advocatícios. Art. 133 da CF/1988

Mesmo após a promulgação da CF/ 1988, permanece válido o entendimento consubstanciado no Enunciado 219 do Tribunal Superior do Trabalho.

330. Quitação. Validade. (Revisão da Súmula 41).

A quitação passada pelo empregado, com assistência de entidade sindical de sua categoria, ao empregador, com observância dos requisitos exigidos nos parágrafos do art. 477 da CLT, tem eficácia liberatória em relação às parcelas expressamente consignadas no recibo, salvo se oposta ressalva expressa e especificada ao valor dado à parcela ou parcelas impugnadas.

I – A quitação não abrange parcelas não consignadas no recibo de quitação e, consequentemente, seus reflexos em outras parcelas, ainda que essas constem desse recibo.

II – Quanto a direitos que deveriam ter sido satisfeitos durante a vigência do contrato de trabalho, a quitação é válida em relação ao período expressamente consignado no recibo de quitação.

▶ Súmula com redação pela Res. 108/2001 do TST.

331. Contrato de prestação de serviços. Legalidade. (Nova redação do item IV e inseridos os itens V e VI à redação).

I – A contratação de trabalhadores por empresa interposta é ilegal, formando-se o vínculo diretamente com o tomador dos serviços, salvo no caso de trabalho temporário (Lei 6.019, de 03.01.1974).

II – A contratação irregular de trabalhador, mediante empresa interposta, não gera vínculo de emprego com os órgãos da Administração Pública direta, indireta ou fundacional (art. 37, II, da CF/1988).

III – Não forma vínculo de emprego com o tomador a contratação de serviços de vigilância (Lei 7.102, de 20.06.1983) e de conservação e limpeza, bem como a de serviços especializados ligados à atividade-meio do tomador, desde que inexistente a pessoalidade e a subordinação direta.

IV – O inadimplemento das obrigações trabalhistas, por parte do empregador, implica a responsabilidade subsidiária do tomador dos serviços quanto àquelas obrigações, desde que haja participado da relação processual e conste também do título executivo judicial.

V – Os entes integrantes da Administração Pública direta e indireta respondem subsidiariamente, nas mesmas condições do item IV, caso evidenciada a sua conduta culposa no cumprimento das obrigações da Lei 8.666, de 21.06.1993, especialmente na fiscalização do cumprimento das obrigações contratuais e legais da prestadora de serviço como empregadora. A aludida responsabilidade não decorre de mero inadimplemento das obrigações trabalhistas assumidas pela empresa regularmente contratada.

VI – A responsabilidade subsidiária do tomador de serviços abrange todas as verbas decorrentes da condenação referentes ao período da prestação laboral.

> ▸ Súmula com redação pela Res. 174/2011 do TST – (*DEJT* 27.05.2011).

332. Complementação de aposentadoria. Petrobras. Manual de pessoal. Norma programática

As normas relativas à complementação de aposentadoria, inseridas no Manual de Pessoal da Petrobras, têm caráter meramente programático, delas não resultando direito à referida complementação.

333. Recurso de revista. Conhecimento

Não ensejam recurso de revista decisões superadas por iterativa, notória e atual jurisprudência do Tribunal Superior do Trabalho.

> ▸ Súmula com redação pela Res. 155/2009 do TST.

334. CANCELADA pela Res. 59/1996 do TST.

Competência. Ação de cumprimento. Sindicato. Desconto assistencial. Revisão do Enunciado 224. A Justiça do Trabalho é incompetente para julgar ação na qual o sindicato, em nome próprio, pleiteia o recolhimento de desconto assistencial previsto em convenção ou acordo coletivos.

335. CANCELADA pela Res. 121/2003 do TST.

Embargos para a Seção Especializada em Dissídios Individuais contra decisão em agravo de instrumento oposto a despacho denegatório de recurso de revista. Revisão do Enunciado 183. São incabíveis embargos para a Seção Especializada em Dissídios Individuais contra decisão proferida em agravo de instrumento oposto a despacho denegatório de recurso de revista, salvo quando a controvérsia se referir a pressupostos extrínsecos do próprio agravo. (Revisto pelo Enunciado 353).

336. Constitucionalidade. § 2º do art. 9º, do Dec.-lei 1.971, de 30.11.1982

É constitucional o § 2º do art. 9º, do Dec.-lei 1.971, de 30.11.1982, com a redação dada pelo Dec.-lei 2.100, de 28.12.1983.

337. Comprovação de Divergência Jurisprudencial. Recursos de Revista e de Embargos. (incluído o item V)

I – Para comprovação da divergência justificadora do recurso, é necessário que o recorrente:

a) Junte certidão ou cópia autenticada do acórdão paradigma ou cite a fonte oficial ou o repositório autorizado em que foi publicado; e

b) Transcreva, nas razões recursais, as ementas e/ou trechos dos acórdãos trazidos à configuração do dissídio, demonstrando o conflito de teses que justifique o conhecimento do recurso, ainda que os acórdãos já se encontrem nos autos ou venham a ser juntados com o recurso. (ex-Súmula 337 – alterada pela Res. 121/2003, *DJ* 21.11.2003).

II – A concessão de registro de publicação como repositório autorizado de jurisprudência do TST torna válidas todas as suas edições anteriores. (ex-OJ 317 da SBDI-I – *DJ* 11.08.2003).

III – A mera indicação da data de publicação, em fonte oficial, de aresto paradigma é inválida para comprovação de divergência jurisprudencial, nos termos do item I, *a*, desta súmula, quando a parte pretende demonstrar o conflito de teses mediante a transcrição de trechos que integram a fundamentação do acórdão divergente, uma vez que só se publicam o dispositivo e a ementa dos acórdãos.

IV – É válida para a comprovação da divergência jurisprudencial justificadora do recurso a indicação de aresto extraído de repositório oficial na internet, desde que o recorrente:

a) transcreva o trecho divergente;

b) aponte o sítio de onde foi extraído; e

c) decline o número do processo, o órgão prolator do acórdão e a data da respectiva publicação no *Diário Eletrônico da Justiça do Trabalho*.

V – A existência do código de autenticidade na cópia, em formato pdf, do inteiro teor do aresto paradigma, juntada aos autos, torna-a equivalente ao documento original e também supre a ausência de indicação da fonte oficial de publicação.

> ▸ Súmula com redação da Res. 220/2017 do TST (*DEJT* 21.09.2017)

338. Jornada de trabalho. Registro. Ônus da prova. (Incorporadas as OJs 234 e 306 da SDI-I)

I – É ônus do empregador que conta com mais de 10 (dez) empregados o registro da jornada de trabalho na forma do art. 74, § 2º, da CLT. A não apresentação injustificada dos controles de frequência gera presunção relativa de veracidade da jornada de trabalho, a qual pode ser elidida por prova em contrário. (ex-Súmula 338 – Res. 121, *DJ* 21.11.2003).

II – A presunção de veracidade da jornada de trabalho, ainda que prevista em instrumento normativo, pode ser elidida por prova em contrário. (ex-OJ 234 – Inserida em 20.06.2001).

III – Os cartões de ponto que demonstram horários de entrada e saída uniformes são inválidos como meio de prova, invertendo-se o ônus da prova, relativo às horas extras, que passa a ser do empregador, prevalecendo a jornada da inicial se dele não se desincumbir. (ex-OJ 306 – *DJ* 11.08.2003).

> ▸ Súmula com redação pela Res. 129/2005 do TST – (*DJU* 20.04.2005).

339. CIPA. Suplente. Garantia de emprego. CF/1988. (Incorporadas as OJs 25 e 329 da SDI-I)

I – O suplente da CIPA goza da garantia de emprego prevista no art. 10, II, a, do ADCT a partir da promulgação da Constituição Federal de 1988. (ex-Súmula 339 – Res. 39/1994, *DJ* 20.12.1994 e ex-OJ 25 – Inserida em 29.03.1996)

II – A estabilidade provisória do cipeiro não constitui vantagem pessoal, mas garantia para as atividades dos membros da CIPA, que somente tem razão de ser quando em atividade a empresa. Extinto o estabelecimento, não se verifica a despedida arbitrária, sendo impossível a reintegração e indevida a indenização do período estabilitário. (ex-OJ 329 – *DJ* 09.12. 2003)

> ▸ Súmula com redação pela Res. 129/2005 do TST – (*DJU* 20.04.2005).

340. Comissionista. Horas extras

O empregado, sujeito a controle de horário, remunerado à base de comissões, tem direito ao adicional de, no mínimo, 50% (cinquenta por cento) pelo trabalho em horas extras, calculado sobre o valor-hora das comissões recebidas no mês, considerando-se como divisor o número de horas efetivamente trabalhadas. (Revisão do Enunciado 56)

> ▸ Súmula com redação pela Res. 121/2003 do TST.

341. Honorários do assistente técnico

A indicação do perito assistente é faculdade da parte, a qual deve responder pelos respectivos honorários, ainda que vencedora no objeto da perícia.

342. Descontos salariais. Art. 462, CLT

Descontos salariais efetuados pelo empregador, com a autorização prévia e por escrito do empregado, para ser integrado em planos de assistência odontológica, médico-hospitalar, de seguro, de previdência privada, ou de entidade cooperativa, cultural ou recreativa associativa dos seus trabalhadores, em seu benefício e dos seus dependentes, não afrontam o disposto no art. 462 da CLT, salvo se ficar demonstrada a existência de coação ou de outro defeito que vicie o ato jurídico.

343. CANCELADA pela Res. 185/2012 do TST – (*DEJT* 25.09.2012).

Bancário. Hora de salário. O bancário sujeito à jornada de 8 (oito) horas (art. 224, § 2º, da CLT), após a CF/1988, tem salário-hora calculado com base no divisor 220 (duzentos e vinte), não mais 240 (duzentos e quarenta).

344. Salário-família. Trabalhador rural. (Revisão do Súmula 227)

O salário-família é devido aos trabalhadores rurais, somente após a vigência da Lei 8.213, de 24.07.1991.

345. BANDEPE. Regulamento Interno de Pessoal não confere estabilidade aos empregados

O Regulamento Interno de Pessoal (RIP) do Banco do Estado de Pernambuco – BANDEPE, na parte que trata do seu regime disciplinar, não confere estabilidade em favor aos seus empregados.

346. Digitador. Intervalos intrajornada. Aplicação analógica do art. 72, CLT

Os digitadores, por aplicação analógica do art. 72 da CLT, equiparam-se aos trabalhadores nos serviços de mecanografia (datilografia, escrituração ou cálculo), razão pela qual têm direito a intervalos de descanso de 10 (dez) minutos a cada 90 (noventa) de trabalho consecutivo.

347. Horas extras habituais. Apuração. Média física

O cálculo do valor das horas extras habituais, para efeito de reflexos em verbas trabalhistas, observará o número das horas efetivamente prestadas e a ele aplica-se o valor do salário-hora da época do pagamento daquelas verbas.

348. Aviso-prévio. Concessão na fluência da garantia de emprego. Invalidade.

É inválida a concessão do aviso-prévio na fluência da garantia de emprego, ante a incompatibilidade dos dois institutos.

349. CANCELADA pela Res. 174/2011 do TST – (*DEJT* 27.05.2011).

Acordo de compensação de horário em atividade insalubre, celebrado por acordo coletivo. Validade. A validade de acordo coletivo ou convenção coletiva de compensação de jornada de trabalho em atividade insalubre prescinde da inspeção prévia da autoridade competente em matéria de higiene do trabalho (art. 7º, XIII, da CF/ 1988; art. 60 da CLT).

350. Prescrição. Termo inicial. Ação de cumprimento. Sentença normativa

O prazo de prescrição com relação à ação de cumprimento de decisão normativa flui apenas da data de seu trânsito em julgado.

351. Professor. Repouso semanal remunerado. Art. 7º, § 2º, da Lei 605, de 05.01.1949 e art. 320 da CLT

O professor que recebe salário mensal à base de hora-aula tem direito ao acréscimo de 1/6 (um sexto) a título de repouso semanal remunerado, considerando-se para esse fim o mês de quatro semanas e meia.

352. CANCELADA pela Res. 114/2002 do TST.

Custas. Prazo para comprovação. O prazo para comprovação do pagamento das custas, sempre a cargo da parte, é de 5 (cinco) dias contados do seu recolhimento (CLT, art. 789, § 4º – CPC, art. 185).

> ▸ Lei 10.537/2002 (Custas e emolumentos na Justiça do Trabalho).

353. Embargos. Agravo. Cabimento.

Não cabem embargos para a Seção de Dissídios Individuais de decisão de Turma proferida em agravo, salvo:

a) da decisão que não conhece de agravo de instrumento ou de agravo pela ausência de pressupostos extrínsecos;

b) da decisão que nega provimento a agravo contra decisão monocrática do Relator, em que se proclamou a ausência de pressupostos extrínsecos de agravo de instrumento;

c) para revisão dos pressupostos extrínsecos de admissibilidade do recurso de revista, cuja ausência haja sido declarada originariamente pela Turma no julgamento do agravo;

d) para impugnar o conhecimento de agravo de instrumento;

e) para impugnar a imposição de multas previstas nos arts. 1.021, § 4º, do CPC de 2015 ou 1.026, § 2º, do CPC de 2015 (art. 538, parágrafo único, do CPC de 1973, ou art. 557, § 2º, do CPC de 1973).

f) contra decisão de Turma proferida em agravo em recurso de revista, nos termos do art. 894, II, da CLT.

> ▸ Súmula com redação pela Res. 208/2016 do TST (*DEJT* 22, 23 e 24.04.2016)

354. Gorjetas. Natureza jurídica. Repercussões. (Revisão da Súmula 290).

As gorjetas, cobradas pelo empregador na nota de serviço ou oferecidas espontaneamente pelos clientes, integram a remuneração do empregado, não servindo de base de cálculo para as parcelas de aviso-prévio, adicional noturno, horas extras e repouso semanal remunerado.

355. CONAB. Estabilidade. Aviso DIREH 2, de 12.12.1984

O aviso DIREH 2, de 12.12.1984, que concedia estabilidade aos empregados da CONAB, não tem eficácia, porque não aprovado pelo Ministério ao qual a empresa se subordina.

356. Alçada recursal. Vinculação ao salário mínimo

O art. 2º, § 4º, da Lei 5.584, de 26.06.1970 foi recepcionado pela CF/ 1988, sendo lícita a fixação do valor da alçada com base no salário mínimo.

357. Testemunha. Ação contra a mesma reclamada. Suspeição

Não torna suspeita a testemunha o simples fato de estar litigando ou de ter litigado contra o mesmo empregador.

358. Radiologista. Salário profissional. Lei 7.394, de 29.10.1985

O salário profissional dos técnicos em radiologia é igual a 2 (dois) salários mínimos e não a 4 (quatro).

359. CANCELADA pela Res. 121/2003 do TST.

Substituição processual. Ação de cumprimento. Art. 872, parágrafo único, da CLT. Federação. Legitimidade. A federação não tem legitimidade para ajuizar a ação de cumprimento prevista no art. 872, parágrafo único, da CLT na qualidade de substituto processual da categoria profissional inorganizada.

360. Turnos ininterruptos de revezamento. Intervalos intrajornada e semanal

A interrupção do trabalho destinada a repouso e alimentação, dentro de cada turno, ou o intervalo para repouso semanal, não descaracteriza o turno de revezamento com jornada de 6 (seis) horas previsto no art. 7º, XIV, da CF/1988.

361. Adicional de periculosidade. Eletricitários. Exposição intermitente

O trabalho exercido em condições perigosas, embora de forma intermitente, dá direito ao empregado a receber o adicional de periculosidade de forma integral, porque a Lei 7.369, de 20.09.1985 não estabeleceu nenhuma proporcionalidade em relação ao seu pagamento.

362. FGTS. PRESCRIÇÃO. (redação alterada na sessão do Tribunal Pleno realizada em 09.06.2015)

I – Para os casos em que a ciência da lesão ocorreu a partir de 13.11.2014, é quinquenal a prescrição do direito de reclamar contra o não recolhimento de contribuição para o FGTS, observado o prazo de dois anos após o término do contrato;

II – Para os casos em que o prazo prescricional já estava em curso em 13.11.2014, aplica-se o prazo prescricional que se consumar primeiro: trinta anos, contados do termo inicial, ou cinco anos, a partir de 13.11.2014.

 ▶ Súmula com redação pela Res. 198/2015 do TST – *(DJET 15.06.2015).*

363. Contrato nulo. Efeitos

A contratação de servidor público, após a CF/1988, sem prévia aprovação em concurso público, encontra óbice no respectivo art. 37, II e § 2º, somente lhe conferindo direito ao pagamento da contraprestação pactuada, em relação ao número de horas trabalhadas, respeitado o valor da hora do salário mínimo, e dos valores referentes aos depósitos do FGTS.

 ▶ Súmula com redação pela Res. 121/2003 do TST.

364. Adicional de periculosidade. Exposição eventual, permanente e intermitente. (inserido o item II)

I – Tem direito ao adicional de periculosidade o empregado exposto permanentemente ou que, de forma intermitente, sujeita-se a condições de risco. Indevido, apenas, quando o contato dá-se de forma eventual, assim considerado, o fortuito, ou o que, sendo habitual, dá-se por tempo extremamente reduzido. (ex-OJs da SBDI-1 05 – inserida em 14.03.1994 e 280 – DJ 11.08.2003).

 ▶ Inciso I com redação pela Res. 209/2016 do TST *(DEJT 01.06.2016).*

II – Não é válida a cláusula de acordo ou convenção coletiva de trabalho fixando o adicional de periculosidade em percentual inferior ao estabelecido em lei e proporcional ao tempo de exposição ao risco, pois tal parcela constitui medida de higiene, saúde e segurança do trabalho, garantida por norma de ordem pública (arts. 7º, XXII e XXIII, da CF e 193, §1º, da CLT).

 ▶ Inciso II acrescido pela Res. 209/2016 do TST *(DEJT 01.06.2016).*

365. Alçada. Ação rescisória e mandado de segurança. (Conversão das OJs 8 e 10 da SDI-I.)

Não se aplica a alçada em ação rescisória e em mandado de segurança. (ex-OJs 8 e 10, ambas inseridas em 01.02.1995).

 ▶ Súmula acrescida pela Res. 129/2005 do TST – *(DJU 20.04.2005).*

366. Cartão de Ponto. Registro. Horas Extras. Minutos que antecedem e sucedem a jornada de trabalho. (Conversão das OJs 23 e 326 da SDI-I.)

Não serão descontadas nem computadas como jornada extraordinária as variações de horário do registro de ponto não excedentes de cinco minutos, observado o limite máximo de dez minutos diários. Se ultrapassado esse limite, será considerada como extra a totalidade do tempo que exceder a jornada normal, pois configura tempo à disposição do empregador, não importando as atividades desenvolvidas pelo empregado ao longo do tempo residual (troca de uniforme, lanche, higiene pessoal, etc).

 ▶ Súmula com redação pela Res. 197/2015 do TST – *(DEJT 14.05.2015).*

367. Utilidades in natura. Habitação. Energia elétrica. Veículo. Cigarro. Não integração ao salário. (Conversão das OJs 24, 131 e 246 da SDI-I.)

I – A habitação, a energia elétrica e veículo fornecidos pelo empregador ao empregado, quando indispensáveis para a realização do trabalho, não têm natureza salarial, ainda que, no caso de veículo, seja ele utilizado pelo empregado também em atividades particulares. (ex-OJs

131 – Inserida em 20.04.1998 e ratificada pelo Tribunal Pleno em 07.12.2000 e 246 – Inserida em 20.06.2001)

II – O cigarro não se considera salário-utilidade em face de sua nocividade à saúde. (ex-OJ 24 – Inserida em 29.03. 1996)

 ▶ Súmula acrescida pela Res. 129/2005 do TST – *(DJU 20.04.2005).*

368. Descontos previdenciários. Imposto de renda. Competência. Responsabilidade pelo recolhimento. Forma de cálculo. Fato gerador. (aglutinada a parte final da orientação jurisprudencial 363 da SBDI-1 à redação do item II e incluídos os itens IV, V e VI em sessão do tribunal pleno realizada em 26.06.2017)

I – A Justiça do Trabalho é competente para determinar o recolhimento das contribuições fiscais. A competência da Justiça do Trabalho, quanto à execução das contribuições previdenciárias, limita-se às sentenças condenatórias em pecúnia que proferir e aos valores, objeto de acordo homologado, que integrem o salário de contribuição. (ex-OJ 141 da SBDI-1 – inserida em 27.11.1998).

II – É do empregador a responsabilidade pelo recolhimento das contribuições previdenciárias e fiscais, resultantes de crédito do empregado oriundo de condenação judicial. A culpa do empregador pelo inadimplemento das verbas remuneratórias, contudo, não exime a responsabilidade do empregado pelos pagamentos do imposto de renda devido e da contribuição previdenciária que recaia sobre sua quota-parte. (ex-OJ 363 da SBDI-1, parte final)

III – Os descontos previdenciários relativos à contribuição do empregado, no caso de ações trabalhistas, devem ser calculados mês a mês, de conformidade com o art. 276, § 4º, do Decreto 3.048/1999 que regulamentou a Lei 8.212/1991, aplicando-se as alíquotas previstas no art. 198, observado o limite máximo do salário de contribuição (ex-OJs 32 e 228 da SBDI-1 –inseridas, respectivamente, em 14.03.1994 e 20.06.2001).

IV – Considera-se fato gerador das contribuições previdenciárias decorrentes de créditos trabalhistas reconhecidos ou homologados em juízo, para os serviços prestados até 4.3.2009, inclusive, o efetivo pagamento das verbas, configurando-se a mora a partir do dia dois do mês seguinte ao da liquidação (art. 276, *caput*, do Decreto 3.048/1999). Eficácia não retroativa da alteração legislativa promovida pela Medida Provisória 449/2008, posteriormente convertida na Lei 11.941/2009, que deu nova redação ao art. 43 da Lei 8.212/91.

V – Para o labor realizado a partir de 5.3.2009, considera-se fato gerador das contribuições previdenciárias decorrentes de créditos trabalhistas reconhecidos ou homologados em juízo a data da efetiva prestação dos serviços. Sobre as contribuições previdenciárias não recolhidas a partir da prestação dos serviços incidem juros de mora e, uma vez apurados os créditos previdenciários, aplica-se multa a partir do exaurimento do prazo de citação para pagamento, se descumprida a obrigação, observado o limite legal de 20% (art. 61, § 2º, da Lei 9.430/96).

VI – O imposto de renda decorrente de crédito do empregado recebido acumuladamente deve ser calculado sobre o montante dos rendimentos pagos, mediante a utilização de tabela progressiva resultante da multiplicação da quantidade de meses a que se refiram os rendimentos pelos valores constantes da tabela progressiva mensal correspondente ao mês do recebimento ou crédito, nos termos do art. 12-A da Lei 7.713, de 22/12/1988, com a redação conferida pela Lei 13.149/2015, observado o procedimento previsto nas Instruções Normativas da Receita Federal do Brasil.

 ▶ Súmula acrescida pela Res. 219/2017 do TST *(DEJT 28.06.2017).*

369. Dirigente sindical. Estabilidade provisória. (Redação do item I alterada na sessão do Tribunal Pleno realizada em 14.09.2012).

I – É assegurada a estabilidade provisória ao empregado dirigente sindical, ainda que a comunicação do registro da candidatura ou da eleição e da posse seja realizada fora do prazo previsto no art. 543, § 5º, da CLT, desde que a ciência ao empregador, por qualquer meio, ocorra na vigência do contrato de trabalho.

II – O art. 522 da CLT foi recepcionado pela Constituição Federal de 1988. Fica limitada, assim, a estabilidade a que alude o art. 543, § 3º, da CLT a 7 (sete) dirigentes sindicais e igual número de suplentes.

III – O empregado de categoria diferenciada eleito dirigente sindical só goza de estabilidade se exercer na empresa atividade pertinente à categoria profissional do sindicato para o qual foi eleito dirigente.

IV – Havendo extinção da atividade empresarial no âmbito da base territorial do sindicato, não há razão para subsistir a estabilidade.

V – O registro da candidatura do empregado a cargo de dirigente sindical durante o período de aviso-prévio, ainda que indenizado, não lhe assegura a estabilidade, visto que inaplicável a regra do § 3º do art. 543 da Consolidação das Leis do Trabalho. (ex-OJ 35 – SBD1-1 – Inserida em 14.03.1994).

 ▶ Súmula com redação pela Res. 185/2012 do TST – *(DEJT 25.09.2012).*

370. Médico e engenheiro. Jornada de trabalho. Leis 3.999/1961 e 4.950/1966. (Conversão das OJs 39 e 53 da SDI-I).

Tendo em vista que as Leis 3.999/1961 e 4.950/1966 não estipulam a jornada reduzida, mas apenas estabelecem o salário mínimo da categoria para uma jornada de quatro horas para os médicos e de seis horas para os engenheiros, não há que se falar em horas extras, salvo as excedentes à oitava, desde que seja respeitado o salário mínimo/horário das categorias. (ex-OJs 39 e 53 – Inseridas respectivamente em 07.11.1994 e 29.04.1994)

 ▶ Súmula com redação pela Res. 129/2005 do TST – *(DJU 20.04.2005).*

371. Aviso-prévio indenizado. Efeitos. Superveniência de auxílio-doença no curso deste. (Conversão das OJs 40 e 135 da SDI-I).

A projeção do contrato de trabalho para o futuro, pela concessão do aviso-prévio indenizado, tem efeitos limitados às vantagens econômicas obtidas no período de pré-aviso, ou seja, salários, reflexos e verbas rescisórias. No caso de concessão de auxílio-doença no curso do aviso-prévio, todavia, só se concretizam os efeitos da dispensa depois de expirado o benefício previdenciário. (ex-OJs 40 e 135 – Inseridas respectivamente em 28.11.1995 e 27.11.1998).

 ▶ Súmula acrescida pela Res. 129/2005 do TST – *(DJU 20.04.2005).*

372. Gratificação de função. Supressão ou redução. Limites. (Conversão das OJs 45 e 303 da SDI-I).

I – Percebida a gratificação de função por 10 (dez) ou mais anos pelo empregado, se o empregador, sem justo motivo, revertê-lo a seu cargo efetivo, não poderá retirar-lhe a gratificação tendo em vista o princípio da estabilidade financeira. (ex-OJ 45 – Inserida em 25.11.1996)

II – Mantido o empregado no exercício da função comissionada, não pode o empregador reduzir o valor da gratificação. (ex-OJ 303 – DJ 11.08. 2003)

 ▶ Súmula acrescida pela Res. 129/2005 do TST – *(DJU 20.04.2005).*

373. Gratificação semestral. Congelamento. Prescrição parcial. (Conversão da OJ 46 da SDI-I).

Tratando-se de pedido de diferença de gratificação semestral que teve seu valor congelado, a prescrição aplicável é a parcial. (ex-OJ 46 – Inserida em 29.03.1996).

 ▶ Súmula acrescida pela Res. 129/2005 do TST – *(DJU 20.04.2005).*

374. Norma coletiva. Categoria diferenciada. Abrangência. (Conversão da OJ 55 da SDI-I).

Empregado integrante de categoria profissional diferenciada não tem o direito de haver de seu empregador vantagens previstas em instrumento coletivo no qual a empresa não foi representada por órgão de classe de sua categoria. (ex-OJ 55 – Inserida em 25.11.1996).

 ▶ Súmula acrescida pela Res. 129/2005 do TST – *(DJU 20.04.2005).*

375. Reajustes salariais previstos em norma coletiva. Prevalência da legislação de política salarial. (Conversão da OJ 69 da SDI-I e da OJ 40 da SDI-2).

Os reajustes salariais previstos em norma coletiva de trabalho não prevalecem frente à legislação superveniente de política salarial. (ex-OJs 69 da SDI-1 – Inserida em 14.03.1994 e 40 da SDI-2 – Inserida em 20.09.2000)

 ▶ Súmula acrescida pela Res. 129/2005 do TST – *(DJU 20.04.2005).*

376. Horas extras. Limitação. Art. 59 da CLT. Reflexos. (Conversão das OJs 89 e 117 da SDI-I).

I – A limitação legal da jornada suplementar a 2 (duas) horas diárias não exime o empregador de pagar todas as horas trabalhadas. (ex-OJ 117 – Inserida em 20.11.1997).

II – O valor das horas extras habitualmente prestadas integra o cálculo dos haveres trabalhistas, independentemente da limitação prevista no *caput* do art. 59 da CLT. (ex-OJ 89 – Inserida em 28.04.1997)

 ▶ Súmula acrescida pela Res. 129/2005 do TST – *(DJU 20.04.2005).*

377. Preposto. Exigência da condição de empregado

Exceto quanto à reclamação de empregado doméstico, ou contra micro ou pequeno empresário, o preposto deve ser necessariamente empregado do reclamado. Inteligência do art. 843, § 1º, da CLT e do art. 54 da Lei Complementar 123, de 14 de dezembro de 2006. (ex-OJ 99 – Inserida em 30.05.1997)

 ▶ Súmula acrescida pela Res. 146/2008 do TST – *(DJU 28.04.2008).*

378. Estabilidade provisória. Acidente de trabalho. Art. 118 da Lei 8.213/1991. (Inserido o item III).

I – É constitucional o artigo 118 da Lei 8.213/1991 que assegura o direito à estabilidade provisória por período de 12 (doze) meses após a cessação do auxílio-doença

ao empregado acidentado. (ex-OJ 105 da SDI-1 – Inserida em 01.10.1997).

II – São pressupostos para a concessão da estabilidade o afastamento superior a 15 (quinze) dias e a consequente percepção do auxílio-doença acidentário, salvo se constatada, após a despedida, doença profissional que guarde relação de causalidade com a execução do contrato de emprego. (Primeira parte – ex-OJ 230 da SDI-1 – Inserida em 20.06.2001).

III – O empregado submetido a contrato de trabalho por tempo determinado goza da garantia provisória de emprego, decorrente de acidente de trabalho, prevista no art. 118 da Lei 8.213/1991.

▸ Súmula com redação pela Res. 185/2012 do TST – *(DEJT 25.09.2012).*

379. Dirigente sindical. Despedida. Falta grave. Inquérito judicial. Necessidade. (Conversão da Orientação Jurisprudencial 114 da SDI-I).

O dirigente sindical somente poderá ser dispensado por falta grave mediante a apuração em inquérito judicial, inteligência dos arts. 494 e 543, § 3º, da CLT. (ex-OJ 114 – Inserida em 20. 11.1997).

▸ Súmula acrescida pela Res. 129/2005 do TST – *(DJU 20.04.2005).*

380. Aviso-prévio. Início da contagem. Art. 132 do Código Civil de 2002. (Conversão da OJ 122 da SDI-I).

Aplica-se a regra prevista no *caput* do art. 132 do Código Civil de 2002 à contagem do prazo do aviso-prévio, excluindo-se o dia do começo e incluindo-o do vencimento. (ex-OJ 122 – Inserida em 20.04.1998).

▸ Súmula acrescida pela Res. 129/2005 do TST – *(DJU 20.04.2005).*

381. Correção monetária. Salário. Art. 459 da CLT. (Conversão da OJs 124 da SDI-I).

O pagamento dos salários até o 5º (quinto) dia útil do mês subsequente ao vencido não está sujeito à correção monetária. Se essa data limite for ultrapassada, incidirá o índice da correção monetária do mês subsequente ao da prestação dos serviços, a partir do dia 1º. (ex-OJ 124 – Inserida em 20.04. 1998)

▸ Súmula acrescida pela Res. 129/2005 do TST – *(DJU 20.04.2005).*

382. Mudança de regime celetista para estatutário. Extinção do contrato. Prescrição bienal. (Conversão da OJs 128 da SDI-I).

A transferência do regime jurídico de celetista para estatutário implica extinção do contrato de trabalho, fluindo o prazo da prescrição bienal a partir da mudança de regime. (ex-OJ 128 – Inserida em 20.04.1998).

▸ Súmula acrescida pela Res. 129/2005 do TST – *(DJU 20.04.2005).*

383. Recurso. Mandato. Irregularidade de Representação. CPC de 2015, arts. 104 e 76, § 2º *(nova redação em decorrência do CPC de 2015)*

I – É inadmissível recurso firmado por advogado sem procuração juntada aos autos até o momento da sua interposição, salvo mandato tácito. Em caráter excepcional (art. 104 do CPC de 2015), admite-se que o advogado, independentemente de intimação, exiba a procuração no prazo de 5 (cinco) dias após a interposição do recurso, prorrogável por igual período mediante despacho do juiz. Caso não a exiba, considera-se ineficaz o ato praticado e não se conhece do recurso.

II – Verificada a irregularidade de representação da parte em fase recursal, em procuração ou substabelecimento já constante dos autos, o relator ou o órgão competente para julgamento do recurso designará prazo de 5 (cinco) dias para que seja sanado o vício. Descumprida a determinação, o relator não conhecerá do recurso, se a providência couber ao recorrente, ou determinará o desentranhamento das contrarrazões, se a providência couber ao recorrido (art. 76, § 2º, do CPC de 2015).

▸ Súmula com redação pela Res. 210/2016 do TST *(DEJT 01.07.2016).*

384. Multa convencional. Cobrança. (Conversão das OJs 150 e 239 da SDI-I).

I – O descumprimento de qualquer cláusula constante de instrumentos normativos diversos não submete o empregado a ajuizar várias ações, pleiteando em cada uma o pagamento da multa referente ao descumprimento de obrigações previstas nas cláusulas respectivas. (ex-OJ 150 – Inserida em 27.11.1998).

II – É aplicável multa prevista em instrumento normativo (sentença normativa, convenção ou acordo coletivo) em caso de descumprimento de obrigação prevista em lei, mesmo que a norma coletiva seja mera repetição de texto legal. (ex-OJ 239 – Inserida em 20.06.2001).

▸ Súmula acrescida pela Res. 129/2005 do TST – *(DJU 20.04.2005).*

385. Feriado Local ou Forense. Ausência de Expediente. Prazo Recursal. Prorrogação. Comprovação. Necessidade. (alterada em decorrência do CPC de 2015)

I – Incumbe à parte o ônus de provar, quando da interposição do recurso, a existência de feriado local que autorize a prorrogação do prazo recursal (art. 1.003, § 6º, do CPC de 2015). No caso de o recorrente alegar a exis-

tência de feriado local e não o comprovar no momento da interposição do recurso, cumpre ao relator conceder o prazo de 5 (cinco) dias para que seja sanado o vício (art. 932, parágrafo único, do CPC de 2015), sob pena de não conhecimento se da comprovação depender a tempestividade recursal.

II – Na hipótese de feriado forense, incumbirá à autoridade que proferir a decisão de admissibilidade certificar o expediente nos autos.

III – Admite-se a reconsideração da análise da tempestividade do recurso, mediante prova documental superveniente, em agravo de instrumento, agravo interno, agravo regimental, ou embargos de declaração, desde que, em momento anterior, não tenha havido a concessão de prazo para a comprovação da ausência de expediente forense.

▸ Súmula com redação pela Res. 220/2017 do TST *(DEJT 21.09.2017)*

386. Policial militar. Reconhecimento de vínculo empregatício com empresa privada. (Conversão da OJ 167 da SDI-I).

Preenchidos os requisitos do art. 3º da CLT, é legítimo o reconhecimento de relação de emprego entre policial militar e empresa privada, independentemente de eventual cabimento de penalidade disciplinar prevista no Estatuto do Policial Militar. (ex-OJ 167 – Inserida em 26.03.1999).

▸ Súmula acrescida pela Res. 129/2005 do TST – *(DJU 20.04.2005).*

387. Recurso. Fac-símile. Lei 9.800/1999.

I – A Lei 9.800, de 26.05.1999, é aplicável somente a recursos interpostos após o início de sua vigência. (ex-OJ 194 da SDI-1 – inserida em 08.11.2000)

II – A contagem do quinquídio para apresentação dos originais de recurso interposto por intermédio de fac-símile começa a fluir do dia subsequente ao término do prazo recursal, nos termos do art. 2º da Lei 9.800, de 26.05.1999, e não do dia seguinte à interposição do recurso, se esta se deu antes do termo final do prazo. (ex-OJ 337 da SDI-1 – primeira parte – *DJ* 04.05.2004)

III – Não se tratando a juntada dos originais de ato que dependa de notificação, pois a parte, ao interpor o recurso, já tem ciência de seu ônus processual, não se aplica a regra do art. 224 do CPC de 2015 (art. 184 do CPC de 1973) quanto ao *"dies a quo"*, podendo coincidir com sábado, domingo ou feriado. (ex-OJ 337 da SDI-1 – *"in fine"* – *DJ* 04.05.2004)

IV – A autorização para utilização do fac-símile, constante do art. 1º da Lei 9.800, de 26.05.1999, somente alcança as hipóteses em que o documento é dirigido diretamente ao órgão jurisdicional, não se aplicando à transmissão ocorrida entre particulares.

▸ Súmula com redação pela Res. 208/2016 do TST *(DEJT 22, 23 e 24.04.2016).*

388. Massa falida. Arts. 467 e 477 da CLT. Inaplicabilidade. (Conversão das OJs 201 e 314 da SDI-I).

A Massa Falida não se sujeita à penalidade do art. 467 e nem à multa do § 8º do art. 477, ambos da CLT. (ex-OJs 201 – *DJ* 11.08.2003 e 314 – *DJ* 08. 11.2000)

▸ Súmula acrescida pela Res. 129/2005 do TST – *(DJU 20.04.2005).*

389. Seguro-desemprego. Competência da Justiça do Trabalho. Direito à indenização por não liberação de guias. (Conversão das OJs 210 e 211 da SDI-I).

I – Inscreve-se na competência material da Justiça do Trabalho a lide entre empregado e empregador tendo por objeto indenização pelo não fornecimento das guias do seguro-desemprego. (ex-OJ 210 – Inserida em 08.11.2000)

II – O não fornecimento pelo empregador da guia necessária para o recebimento do seguro-desemprego dá origem ao direito à indenização. (ex-OJ 211 – Inserida em 08.11.2000)

▸ Súmula acrescida pela Res. 129/2005 do TST – *(DJU 20.04.2005).*

390. Estabilidade. Art. 41 da CF/1988. Celetista. Administração direta, autárquica ou fundacional. Aplicabilidade. Empregado de empresa pública e sociedade de economia mista. Inaplicável. (Conversão das OJs 229 e 265 da SDI-I e da OJ 22 da SDI-II).

I – O servidor público celetista da administração direta, autárquica ou fundacional é beneficiário da estabilidade prevista no art. 41 da CF/1988. (ex-OJ 265 da SDI-1 – Inserida em 27.09.2002 e ex-OJ 22 da SDI-2 – Inserida em 20.09.2000)

II – Ao empregado de empresa pública ou de sociedade de economia mista, ainda que admitido mediante aprovação em concurso público, não é garantida a estabilidade prevista no art. 41 da CF/1988. (ex-OJ 229 – Inserida em 20.06.2001)

▸ Súmula acrescida pela Res. 129/2005 do TST – *(DJU 20.04.2005).*

391. Petroleiros. Lei 5.811/1972. Turno ininterrupto de revezamento. Horas extras e alteração da jor-

nada para horário fixo. (Conversão das OJs 240 e 333 da SDI-I).

I – A Lei 5.811/1972 foi recepcionada pela CF/88 no que se refere à duração da jornada de trabalho em regime de revezamento dos petroleiros. (ex-OJ 240 – Inserida em 20.06.2001)

II – A previsão contida no art. 10 da Lei 5.811/1972, possibilitando a mudança do regime de revezamento para horário fixo, constitui alteração lícita, não violando os arts. 468 da CLT e 7º, VI, da CF/1988. (ex-OJ 333 – *DJ* 09.12.2003)

▸ Súmula acrescida pela Res. 129/2005 do TST – *(DJU 20.04.2005).*

392. Dano moral e material. Relação de trabalho. Competência da justiça do trabalho (Redação alterada na sessão do Tribunal Pleno realizada em 27.10.2015)

Nos termos do art. 114, inc. VI, da Constituição da República, a Justiça do Trabalho é competente para processar e julgar ações de indenização por dano moral e material, decorrentes da relação de trabalho, inclusive as oriundas de acidente de trabalho e doenças a ele equiparadas, ainda que propostas pelos dependentes ou sucessores do trabalhador falecido.

▸ Súmula com redação pela Res. 200/2015 do TST – *(DEJT 29.10.2015).*

393. Recurso Ordinário. Efeito devolutivo em profundidade. Art. 1.013, § 1º, do CPC de 2015. Art. 515, § 1º, do CPC de 1973

I – O efeito devolutivo em profundidade do recurso ordinário, que se extrai do § 1º do art. 1.013 do CPC de 2015 (art. 515, §1º, do CPC de 1973), transfere ao Tribunal a apreciação dos fundamentos da inicial ou da defesa, não examinados pela sentença, ainda que não renovados em contrarrazões, desde que relativos ao capítulo impugnado.

▸ Inciso I com redação pela Res. 208/2016 do TST *(DEJT 22, 23 e 24.04.2016)*

II – Se o processo estiver em condições, o tribunal, ao julgar o recurso ordinário, deverá decidir desde logo o mérito da causa, nos termos do § 3º do art. 1.013 do CPC de 2015, inclusive quando constatar a omissão da sentença no exame de um dos pedidos.

▸ Inciso II acrescido pela Res. 208/2016 do TST *(DEJT 22, 23 e 24.04.2016)*

394. Fato superveniente. Art. 493 do CPC de 2015. Art. 462 do CPC de 1973

O art. 493 do CPC de 2015 (art. 462 do CPC de 1973), que admite a invocação de fato constitutivo, modificativo ou extintivo do direito, superveniente à propositura da ação, é aplicável de ofício aos processos em curso em qualquer instância trabalhista. Cumpre ao juiz ou tribunal ouvir as partes sobre o fato novo antes de decidir.

▸ Súmula com redação pela Res. 208/2016 do TST *(DEJT 22, 23 e 24.04.2016).*

395. Mandato e substabelecimento. Condições de validade. (nova redação dos itens I e II e acrescido o item V em decorrência do CPC de 2015)

I – Válido é o instrumento de mandato com prazo determinado que contém cláusula estabelecendo a prevalência dos poderes para atuar até o final da demanda (§ 4º do art. 105 do CPC de 2015). (ex-OJ 312 da SBDI-1 – *DJ* 11.08.2003)

II – Se há previsão, no instrumento de mandato, de prazo para sua juntada, o mandato só tem validade se anexado ao processo o respectivo instrumento no aludido prazo. (ex-OJ 313 da SBDI-1 – *DJ* 11.08.2003)

III – São válidos os atos praticados pelo substabelecido, ainda que não haja, no mandato, poderes expressos para substabelecer (art. 667 e parágrafos, do Código Civil de 2002). (ex-OJ 108 da SBDI-1 – inserida em 01.10.1997)

IV – Configura-se a irregularidade de representação se o substabelecimento é anterior à outorga passada ao substabelecente. (ex-OJ 330 da SBDI-1 – *DJ* 09.12.2003)

V – Verificada a irregularidade de representação nas hipóteses dos itens II e IV, deve o juiz suspender o processo e designar prazo razoável para que seja sanado o vício, ainda que em instância recursal (art. 76 do CPC de 2015).

▸ Súmula com redação pela Res. 211/2016 do TST *(DEJT 24.08.2016).*

396. Estabilidade provisória. Pedido de reintegração. Concessão do salário relativo ao período de estabilidade já exaurido. Inexistência de julgamento "extra petita". (Conversão das OJ 106 e 116 da SDI-I)

I – Exaurido o período de estabilidade, são devidos ao empregado apenas os salários do período compreendido entre a data da despedida e o final do período de estabilidade, não lhe sendo assegurada a reintegração no emprego. (ex-OJ 116 – Inserida em 20.11.1997).

II – Não há nulidade por julgamento extra petita da decisão que defere salário quando o pedido for de reintegração, dados os termos do art. 496 da CLT (ex-OJ 106 – Inserida em 01. 10.1997)

▶ Súmula acrescida pela Res. 129/2005 do TST – (*DJU* 20.04.2005).

397. Ação rescisória. Art. 966, IV, do CPC de 2015. Art. 485, IV, do CPC de 1973. Ação de cumprimento. Ofensa à coisa julgada emanada de sentença normativa modificada em grau de recurso. Inviabilidade. Cabimento de mandado de segurança

Não procede ação rescisória calcada em ofensa à coisa julgada perpetrada por decisão proferida em ação de cumprimento, em face de a sentença normativa, na qual se louvava, ter sido modificada em grau de recurso, porque em dissídio coletivo somente se consubstancia coisa julgada formal. Assim, os meios processuais aptos a atacarem a execução da cláusula reformada são as exceção de pré-executividade e o mandado de segurança, no caso de descumprimento do art. 514 do CPC de 2015 (art. 572 do CPC de 1973). (ex-OJ 116 da SDI-2 – *DJ* 11.08.2003)

▶ Súmula com redação pela Res. 208/2016 do TST (*DEJT* 22,23 e 24.04.2016)

398. Ação Rescisória. Ausência de Defesa. Inaplicáveis os Efeitos da Revelia. (alterada em decorrência do CPC de 2015)

Na ação rescisória, o que se ataca é a decisão, ato oficial do Estado, acobertado pelo manto da coisa julgada. Assim, e considerando que a coisa julgada envolve questão de ordem pública, a revelia não produz confissão na ação rescisória. (ex-OJ 126 da SBDI-2 – *DJ* 09.12.2003).

▶ Súmula com redação pela Res. 219/2017 do TST (*DJET* 28.06.2017).

399. Ação rescisória. Cabimento. Sentença de mérito. Decisão homologatória de adjudicação, de arrematação e de cálculos. (Conversão das OJs 44, 45 e 85, primeira parte, da SDI-2)

I – É incabível ação rescisória para impugnar decisão homologatória de adjudicação ou arrematação. (ex-OJs 44 e 45 – ambas inseridas em 20.09.2000).

II – A decisão homologatória de cálculos apenas comporta rescisão quando enfrentar as questões envolvidas na elaboração da conta de liquidação, quer solvendo a controvérsia das partes quer explicitando, de ofício, os motivos pelos quais acolheu os cálculos oferecidos por uma das partes ou pelo setor de cálculos, e não contestados pela outra. (ex-OJ 85, primeira parte – inserida em 13.03. 2002 e alterada em 26.11.2002).

▶ Súmula acrescida pela Res. 137/2005 do TST – (*DJU* 22.08.2005).

400. Ação rescisória de ação rescisória. Violação manifesta de norma jurídica. Indicação da mesma norma jurídica apontada na rescisória primitiva (mesmo dispositivo de lei sob o CPC de 1973)

Em se tratando de rescisória de rescisória, o vício apontado deve nascer na decisão rescindenda, não se admitindo a rediscussão do acerto do julgamento da rescisória anterior. Assim, não procede rescisória calcada no inciso V do art. 966 do CPC de 2015 (art. 485, V, do CPC de 1973) para discussão, por má aplicação da mesma norma jurídica, tida por violada na rescisória anterior, bem como para arguição de questões inerentes à ação rescisória primitiva. (ex-OJ 95 da SDI-2 – inserida em 27.09.2002 e alterada *DJ* 16.04.2004).

▶ Súmula com redação pela Res. 208/2016 do TST (*DEJT* 22, 23 e 24.04.2016).

401. Ação rescisória. Descontos legais. Fase de execução. Sentença exequenda omissa. Inexistência de ofensa à coisa julgada. (Conversão da OJ 81 da SDI-2)

Os descontos previdenciários e fiscais devem ser efetuados pelo juízo executório, ainda que a sentença exequenda tenha sido omissa sobre a questão, dado o caráter de ordem pública ostentado pela norma que os disciplina. A ofensa à coisa julgada somente poderá ser caracterizada na hipótese de o título exequendo, expressamente, afastar a dedução dos valores a título de imposto de renda e de contribuição previdenciária. (ex-OJ 81 – Inserida em 13.03.2002)

▶ Súmula acrescida pela Res. 137/2005 do TST – (*DJU* 22.08.2005).

402. Ação rescisória. Prova nova. Dissídio Coletivo. Sentença Normativa (nova redação em decorrência do CPC de 2015).

I – Sob a vigência do CPC de 2015 (art. 966, VII), para efeito de ação rescisória, considera-se prova nova a cronologicamente velha, já existente ao tempo do trânsito em julgado da decisão rescindenda, mas ignorada pelo interessado ou de impossível utilização, à época, no processo.

II – Não é prova nova apta a viabilizar a desconstituição de julgado:

a) sentença normativa proferida ou transitada em julgado posteriormente à sentença rescindenda;

b) sentença normativa preexistente à sentença rescindenda, mas não exibida no processo principal, em virtude de negligência da parte, quando podia e deveria louvar-se de documento já existente e não ignorado quando emitida a decisão rescindenda. (ex-OJ 20 da SBDI-2 – inserida em 20.09.2000).

▶ Súmula com redação pela Res. 217/2017 do TST – (*DEJT* 20.04.2017).

403. Ação rescisória. Dolo da parte vencedora em detrimento da vencida. Art. 485, III, do CPC. (Conversão das OJs 111 e 125 da SDI-II)

I – Não caracteriza dolo processual, previsto no art. 485, III, do CPC, o simples fato de a parte vencedora haver silenciado a respeito de fatos contrários a ela, porque o procedimento, por si só, não constitui ardil do qual resulte cerceamento de defesa e, em consequência, desvie o juiz de uma sentença não condizente com a verdade. (ex-OJ 125 – *DJ* 09.12.2003)

II – Se a decisão rescindenda é homologatória de acordo, não há parte vencedora ou vencida, razão pela qual não é possível a sua desconstituição calcada no inciso III do art. 485 do CPC (dolo da parte vencedora em detrimento da vencida), pois constitui fundamento de rescindibilidade que supõe solução jurisdicional para a lide. (ex-OJ 111 – *DJ* 29.04.2003)

▶ Súmula acrescida pela Res. 137/2005 do TST – (*DJU* 22.08.2005).

404. Ação rescisória. Fundamento para invalidar confissão. Confissão ficta. Inadequação do enquadramento no art. 485, VIII, do CPC de 1973.

O art. 485, VIII, do CPC de 1973, ao tratar do fundamento para invalidar a confissão como hipótese de rescindibilidade da decisão judicial, referia-se à confissão real, fruto de erro, dolo ou coação, e não à confissão ficta resultante de revelia.

▶ Súmula com redação pela Res. 209/2016 do TST (*DEJT* 01.06.2016).

405. Ação Rescisória. Tutela Provisória.

Em face do que dispõem a MP 1.984-22/2000 e o art. 969 do CPC de 2015, é cabível o pedido de tutela provisória formulado na petição inicial de ação rescisória ou na fase recursal, visando a suspender a execução da decisão rescindenda.

▶ Súmula com redação pela Res. 208/2016 do TST (*DEJT* 22, 23 e 24.04.2016)

406. Ação rescisória. Litisconsórcio. Necessário no polo passivo e facultativo no ativo. Inexistente quanto aos substituídos pelo sindicato. (Conversão das OJs 82 e 110 da SDI-II)

I – O litisconsórcio, na ação rescisória, é necessário em relação ao polo passivo da demanda, porque supõe uma comunidade de direitos ou de obrigações que não admite solução díspar para os litisconsortes, em face da indivisibilidade do objeto. Já em relação ao polo ativo, o litisconsórcio é facultativo, uma vez que a aglutinação de autores se faz por conveniência e não, pela necessidade decorrente da natureza do litígio, pois não se pode condicionar o exercício do direito individual de um dos litigantes no processo originário à anuência dos demais para retomar a lide. (ex-OJ 82 – Inserida em 13.03.2002)

II – O Sindicato, substituto processual e autor da reclamação trabalhista, em cujos autos fora proferida a decisão rescindenda, possui legitimidade para figurar como réu na ação rescisória, sendo descabida a exigência de citação de todos os empregados substituídos, porquanto inexistente litisconsórcio passivo necessário. (ex-OJ 110 – *DJ* 29.04.2003).

▶ Súmula acrescida pela Res. 137/2005 do TST – (*DJU* 22.08.2005).

407. Ação rescisória. Ministério Público. Legitimidade *ad causam* prevista no art. 967, III, *a*, *b* e *c* do CPC de 2015. Art. 487, III, *a* e *b*, do CPC de 1973. Hipóteses meramente exemplificativas

A legitimidade *ad causam* do Ministério Público para propor ação rescisória, ainda que não tenha sido parte no processo que deu origem à decisão rescindenda, não está limitada às alíneas *a*, *b* e *c* do inciso III do art. 967 do CPC de 2015 (art. 487, III, *a* e *b*, do CPC de 1973), uma vez que traduzem hipóteses meramente exemplificativas. (ex-OJ 83 da SDI-2 – inserida em 13.03.2002).

▶ Súmula com redação pela Res. 208/2016 do TST (*DEJT* 22, 23 e 24.04.2016)

408. Ação rescisória. Petição inicial. Causa de pedir. Ausência de capitulação ou capitulação errônea no art. 966 do CPC de 2015. Art. 485 do CPC de 1973. Princípio "iura novit curia". (ex-OJs 32 e 33 da SDI-2 – inseridas em 20.09.2000)

Não padece de inépcia a petição inicial de ação rescisória apenas porque omite a subsunção do fundamento de rescindibilidade no art. 966 do CPC de 2015 (art. 485 do CPC de 1973) ou o capitula erroneamente em um de seus incisos. Contanto que não se afaste dos fatos e fundamentos invocados como causa de pedir, ao Tribunal é lícito emprestar-lhes a adequada qualificação jurídica (*"iura novit curia"*). No entanto, fundando-se a ação rescisória no art. 966, inciso V, do CPC de 2015 (art. 485, inciso V, do CPC de 1973), é indispensável expressa indicação, na petição inicial da ação rescisória, da norma jurídica manifestamente violada (dispositivo legal violado sob o CPC de 1973), por se tratar de causa de pedir da rescisória, não se aplicando, no caso, o princípio "*iura novit curia*".

▶ Súmula com redação pela Res. 208/2016 do TST (*DEJT* 22, 23 e 24.04.2016)

409. Ação rescisória. Prazo prescricional. Total ou parcial. Violação do art. 7º, XXIX, da CF/1988. Matéria infraconstitucional. (Conversão da OJ 119 da SDI-II)

Não procede ação rescisória calcada em violação do art. 7º, XXIX, da CF/1988 quando a questão envolve discussão sobre a espécie de prazo prescricional aplicável aos créditos trabalhistas, se total ou parcial, porque a matéria tem índole infraconstitucional, construída, na Justiça do Trabalho, no plano jurisprudencial. (ex-OJ 119 – *DJ* 11.08.2003)

▶ Súmula acrescida pela Res. 137/2005 do TST – (*DJU* 22.08.2005).

410. Ação rescisória. Reexame de fatos e provas. Inviabilidade. (Conversão da OJs 109 da SDI-II)

A ação rescisória calcada em violação de lei não admite reexame de fatos e provas do processo que originou a decisão rescindenda. (ex-OJ 109 – *DJ* 29.04.2003)

▶ Súmula acrescida pela Res. 137/2005 do TST – (*DJU* 22.08.2005).

411. Ação rescisória. Sentença de mérito. Decisão de Tribunal Regional do Trabalho em agravo regimental confirmando decisão monocrática do relator que, aplicando a Súmula 83 do TST, indeferiu a petição inicial da ação rescisória. Cabimento. (Conversão da OJ 43 da SDI-II)

Se a decisão recorrida, em agravo regimental, aprecia a matéria na fundamentação, sob o enfoque das Súmulas 83 do TST e 343 do STF, constitui sentença de mérito, ainda que haja resultado no indeferimento da petição inicial e na extinção do processo sem julgamento do mérito. Sujeita-se, assim, à reforma pelo TST, a decisão do Tribunal que, invocando controvérsia na interpretação da lei, indefere a petição inicial de ação rescisória. (ex-OJ 43 – Inserida em 20.09. 2000)

▶ Súmula acrescida pela Res. 137/2005 do TST – (*DJU* 22.08.2005).

412. Ação rescisória. Regência pelo CPC de 1973. Sentença de mérito. Questão processual. (nova redação em decorrência do CPC de 2015.)

Sob a égide do CPC de 1973, pode uma questão processual ser objeto de rescisão desde que consista em pressuposto de validade de uma sentença de mérito. (ex-OJ 46 da SBDI-2 – inserida em 20.09.2000).

▶ Súmula com redação pela Res. 217/2017 do TST – (*DEJT* 20.04.2017).

413. Ação rescisória. Sentença de mérito. Violação do art. 896, "a", da CLT. (nova redação em decorrência do CPC de 2015)

É incabível ação rescisória, por violação do art. 896, "a", da CLT, contra decisão transitada em julgado sob a égide do CPC de 1973 que não conhece de recurso de revista, com base em divergência jurisprudencial, pois não se cuidava de sentença de mérito (art. 485 do CPC de 1973). (ex-OJ 47 da SBDI-2 – inserida em 20.09.2000).

▶ Súmula com redação pela Res. 209/2016 do TST (*DEJT* 01.06.2016).

414. Mandado de Segurança. Tutela Provisória concedida antes ou na sentença. (nova redação em decorrência do CPC de 2015).

I – A tutela provisória concedida na sentença não comporta impugnação pela via do mandado de segurança, por ser impugnável mediante recurso ordinário. É admissível a obtenção de efeito suspensivo ao recurso ordinário mediante requerimento dirigido ao tribunal, ao relator ou ao presidente ou ao vice-presidente do tribunal recorrido, por aplicação subsidiária ao processo do trabalho do artigo 1.029, § 5º, do CPC de 2015.

II – No caso de a tutela provisória haver sido concedida ou indeferida antes da sentença, cabe mandado de segurança, em face da inexistência de recurso próprio.

III – A superveniência da sentença, nos autos originários, faz perder o objeto do mandado de segurança que impugnava a concessão ou o indeferimento da tutela provisória.

▶ Súmula com redação pela Res. 217/2017 do TST – (*DEJT* 20.04.2017).

415. Mandado de segurança. Petição inicial. Art. 321 do CPC de 2015. Art. 284 do CPC de 1973. Inaplicabilidade

Exigindo o mandado de segurança prova documental pré-constituída, inaplicável o art. 321 do CPC de 2015 (art. 284 do CPC de 1973) quando verificada, na petição inicial do *"mandamus"*, a ausência de documento indispensável ou de sua autenticação. (ex-OJ 52 da SDI-2 – inserida em 20.09.2000).

▶ Súmula com redação pela Res. 208/2016 do TST (*DEJT* 22, 23 e 24.04.2016)

416. Mandado de segurança. Execução. Lei 8.432/1992. Art. 897, § 1º, da CLT. Cabimento. (Conversão da OJ 55 da SDI-II)

Devendo o agravo de petição delimitar justificadamente a matéria e os valores objeto de discordância, não fere direito líquido e certo o prosseguimento da execução quanto aos tópicos e valores não especificados no agravo. (ex-OJ 55 – Inserida em 20.09.2000)

▶ Súmula acrescida pela Res. 137/2005 do TST – (DJU 22.08.2005).

417. Mandado de Segurança. Penhora em Dinheiro. (alterado o item I, atualizado o item II e cancelado o item III, modulando-se os efeitos da presente redação de forma a atingir unicamente as penhoras em dinheiro em execução provisória efetivadas a partir de 18.03.2016, data de vigência do CPC de 2015)

I – Não fere direito líquido e certo do impetrante o ato judicial que determina penhora em dinheiro do executado para garantir crédito exequendo, pois é prioritária e obedece à gradação prevista no art. 835 do CPC de 2015 (art. 655 do CPC de 1973).

II – Havendo discordância do credor, em execução definitiva, não tem o executado direito líquido e certo a que os valores penhorados em dinheiro fiquem depositados no próprio banco, ainda que atenda aos requisitos do art. 840, I, do CPC de 2015 (art. 666, I, do CPC de 1973). (ex-OJ 61 da SBDI-2 – inserida em 20.09.2000).

▶ Súmula com redação pela Res. 212/2016 do TST (DEJT 20.09.2016).

418. Mandado de Segurança visando à homologação de acordo. (nova redação em decorrência do CPC de 2015).

A homologação de acordo constitui faculdade do juiz, inexistindo direito líquido e certo tutelável pela via do mandado de segurança.

▶ Súmula com redação pela Res. 217/2017 do TST – (DEJT 20.04.2017).

419. Competência. Embargos de Terceiro. Execução por Carta Precatória. Juízo Deprecado. (alterada em decorrência do CPC de 2015)

Na execução por carta precatória, os embargos de terceiro serão oferecidos no juízo deprecado, salvo se indicado pelo juízo deprecante o bem constrito ou se já devolvida a carta (art. 676, parágrafo único, do CPC de 2015).

▶ Súmula com redação pela Res. 212/2016 do TST (DEJT 20.09.2016).

420. Competência funcional. Conflito negativo. TRT e vara do trabalho de idêntica região. Não configuração. (Conversão da OJ 115 da SDI-II)

Não se configura conflito de competência entre Tribunal Regional do Trabalho e Vara do Trabalho a ele vinculada. (ex-OJ 115 – DJ 11.08.2003)

▶ Súmula acrescida pela Res. 137/2005 do TST – (DJU 22.08.2005).

421. Embargos de declaração. Cabimento. Decisão monocrática do relator calcada no art. 932 do CPC de 2015. Art. 557 do CPC de 1973

▶ Ementa com redação pela Res. 208/2016 do TST (DEJT 22, 23 e 24.04.2016)

I – Cabem embargos de declaração da decisão monocrática do relator prevista no art. 932 do CPC de 2015 (art. 557 do CPC de 1973), se a parte pretende tão somente juízo integrativo retificador da decisão e, não, modificação do julgado.

▶ Inciso I com redação pela Res. 208/2016 do TST (DEJT 22, 23 e 24.04.2016)

II – Se a parte postular a revisão no mérito da decisão monocrática, cumpre ao relator converter os embargos de declaração em agravo, em face dos princípios da fungibilidade e celeridade processual, submetendo-o ao pronunciamento do Colegiado, após a intimação do recorrente para, no prazo de 5 (cinco) dias, complementar as razões recursais, de modo a ajustá-las às exigências do art. 1.021, § 1º, do CPC de 2015.

▶ Inciso II com redação pela Res. 208/2016 do TST (DEJT 22, 23 e 24.04.2016)

422. Recurso. Fundamento Ausente ou Deficiente. Não Conhecimento. (Redação alterada na sessão do Tribunal Pleno realizada em 09.06.2015, com a inserção dos itens I, II e III)

I – Não se conhece de recurso para o Tribunal Superior do Trabalho se as razões do recorrente não impugnam os fundamentos da decisão recorrida, nos termos em que proferida.

▶ Inciso I com redação pela Res. 199/2015 do TST; republicado no DEJT 01.07.2015.

II – o entendimento referido no item anterior não se aplica em relação à motivação secundária e impertinente, consubstanciada em despacho de admissibilidade de recurso ou em decisão monocrática.

▶ Inciso II acrescido pela Res. 199/2015 do TST.

III – Inaplicável a exigência do item I relativamente ao recurso ordinário da competência de Tribunal Regional do Trabalho, exceto em caso de recurso cuja motivação é inteiramente dissociada dos fundamentos da sentença.

▶ Inciso III acrescido pela Res. 199/2015 do TST.

423. Turno ininterrupto de revezamento. Fixação de jornada de trabalho mediante negociação coletiva. Validade. (Conversão da OJ 169 da SDI-I)

Estabelecida jornada superior a 6 (seis) horas e limitada a 8 (oito) horas por meio de regular negociação coletiva, os empregados submetidos a turnos ininterruptos de revezamento não têm direito ao pagamento da 7ª e 8ª horas como extras.

▶ Súmula acrescida pela Res. 139/2006 do TST – (DJU 10.10.2006).

424. Recurso Administrativo. Pressuposto de admissibilidade. Depósito prévio da multa administrativa. Não recepção pela Constituição Federal do § 1º do art. 636 da CLT

O § 1º do art. 636 da CLT, que estabelece a exigência de prova do depósito prévio do valor da multa cominada em razão de autuação administrativa como pressuposto de admissibilidade de recurso administrativo, não foi recepcionado pela Constituição Federal de 1988, ante a sua incompatibilidade com o inciso LV do art. 5º.

▶ Súmula acrescida pela Res. 160/2009 do TST – (DJE 20.11.2009).

425. Jus postulandi na Justiça do Trabalho. Alcance

O jus postulandi das partes, estabelecido no art. 791 da CLT, limita-se às Varas do Trabalho e aos Tribunais Regionais do Trabalho, não alcançando a ação rescisória, a ação cautelar, a ação de mandado de segurança e os recursos de competência do Tribunal Superior do Trabalho.

▶ Súmula acrescida pela Res. 165/2010 do TST – (DJE 30.04.2010).

426. Depósito recursal. Utilização da Guia GFIP. Obrigatoriedade

Nos dissídios individuais o depósito recursal será efetivado mediante a utilização da Guia de Recolhimento do FGTS e Informações à Previdência Social – GFIP, nos termos dos §§ 4º e 5º do art. 899 da CLT, admitido o depósito judicial, realizado na sede do juízo e à disposição deste, na hipótese de relação de trabalho não submetida ao regime do FGTS.

▶ Súmula acrescida pela Res. 174/2011 do TST – (DEJT 27.05.2011).

427. Intimação. Pluralidade de advogados. Publicação em nome de advogado diverso daquele expressamente indicado. Nulidade

Havendo pedido expresso de que as intimações e publicações sejam realizadas exclusivamente em nome de determinado advogado, a comunicação em nome de outro profissional constituído nos autos é nula, salvo se constatada a inexistência de prejuízo.

▶ Súmula acrescida pela Res. 174/2011 do TST – (DEJT 27.05.2011).

428. Sobreaviso. Aplicação analógica do art. 244, § 2º da CLT (Redação alterada na sessão do Tribunal Pleno realizada em 14.09.2012)

I – O uso de instrumentos telemáticos ou informatizados fornecidos pela empresa ao empregado, por si só, não caracteriza o regime de sobreaviso.

II – Considera-se em sobreaviso o empregado que, à distância e submetido a controle patronal por instrumentos telemáticos ou informatizados, permanecer em regime de plantão ou equivalente, aguardando a qualquer momento o chamado para o serviço durante o período de descanso.

▶ Súmula com redação pela Res. 185/2012 do TST – (DEJT 25.09.2012).

429. Tempo à disposição do empregador. Art. 4º da CLT. Período de deslocamento entre a portaria e o local de trabalho

Considera-se à disposição do empregador, na forma do art. 4º da CLT, o tempo necessário ao deslocamento do trabalhador entre a portaria da empresa e o local de trabalho, desde que supere o limite de 10 (dez) minutos diários.

▶ Súmula acrescida pela Res. 174/2011 do TST – (DEJT 27.05.2011).

430. Administração pública indireta. Contratação. Ausência de concurso público. Nulidade. Ulterior privatização. Convalidação. Insubsistência do vício

Convalidam-se os efeitos do contrato de trabalho que, considerado nulo por ausência de concurso público, quando celebrado originalmente com ente da Administração Pública Indireta, continua a existir após a sua privatização.

▶ Súmula acrescida pela Res. 177/2012 do TST – (DEJT 13.02.2012).

431. Salário-hora. Empregado sujeito ao regime geral de trabalho (art. 58, caput, da CLT). 40 (quarenta) horas semanais. Cálculo. Aplicação do divisor 200 (Redação alterada na sessão do Tribunal Pleno realizada em 14.09.2012)

Para os empregados a que alude o art. 58, caput, da CLT, quando sujeitos a 40 (quarenta) horas semanais de trabalho, aplica-se o divisor 200 (duzentos) para o cálculo do valor do salário-hora.

▶ Súmula com redação pela Res. 185/2012 do TST – (DEJT 25.09.2012).

432. Contribuição sindical rural. Ação de cobrança. Penalidade por atraso no recolhimento. Inaplicabilidade do art. 600 da CLT. Incidência do art. 2º da Lei 8.022/1990

O recolhimento a destempo da contribuição sindical rural não acarreta a aplicação da multa progressiva prevista no art. 600 da CLT, em decorrência da sua revogação tácita pela Lei 8.022, de 12 de abril de 1990.

▶ Súmula acrescida pela Res. 177/2012 do TST – (DEJT 13.02.2012).

433. Embargos. Admissibilidade. Processo em fase de execução. Acórdão de turma publicado na vigência da lei 11.496, de 26.06.2007. Divergência de interpretação de dispositivo constitucional

A admissibilidade do recurso de embargos contra acórdão de Turma em recurso de revista em fase de execução, publicado na vigência da Lei 11.496, de 26.06.2007, condiciona-se à demonstração de divergência jurisprudencial entre Turmas ou destas e a Seção Especializada em Dissídios Individuais do Tribunal Superior do Trabalho em relação à interpretação de dispositivo constitucional.

▶ Súmula acrescida pela Res. 177/2012 do TST – (DEJT 13.02.2012).

434. CANCELADA pela Res. 198/2015 do TST.

Recurso. Interposição antes da Publicação do acórdão impugnado. Extemporaneidade.

I) É extemporâneo recurso interposto antes de publicado o acórdão impugnado.

II) A interrupção do prazo recursal em razão da interposição de embargos de declaração pela parte adversa não acarreta qualquer prejuízo àquele que apresentou seu recurso tempestivamente.

435. Decisão monocrática. Relator. Art. 932 do CPC de 2015. Art. 557 do CPC de 1973. Aplicação subsidiária ao processo do trabalho.

Aplica-se subsidiariamente ao processo do trabalho o art. 932 do CPC de 2015 (art. 557 do CPC de 1973).

▶ Súmula com redação pela Res. 208/2016 do TST (DEJT 22, 23 e 24.04.2016)

436. Representação processual. Procurador da união, estados, municípios e Distrito Federal, suas autarquias e fundações públicas. Juntada de instrumento de mandato. (Conversão da OJs 52 da SDI-I e inserção do item II à redação)

I – A União, Estados, Municípios e Distrito Federal, suas autarquias e fundações públicas, quando representadas em juízo, ativa e passivamente, por seus procuradores, estão dispensadas da juntada de instrumento de mandato e de comprovação do ato de nomeação.

II – Para os efeitos do item anterior, é essencial que o signatário ao menos declare-se exercente do cargo de procurador, não bastando a indicação do número de inscrição na Ordem dos Advogados do Brasil.

▶ Súmula acrescida pela Res. 185/2012 do TST – (DEJT 25.09.2012).

437. Intervalo intrajornada para repouso e alimentação. Aplicação do art. 71 da CLT (Conversão das OJs 307, 342, 354, 380 e 381 da SDI-1)

I – Após a edição da Lei 8.923/1994, a não concessão ou a concessão parcial do intervalo intrajornada mínimo, para repouso e alimentação, a empregados urbanos e rurais, implica o pagamento total do período correspondente, e não apenas daquele suprimido, com acréscimo de, no mínimo, 50% (cinquenta por cento) sobre o valor da remuneração da hora normal de trabalho (art. 71 da CLT), sem prejuízo do cômputo da efetiva jornada de labor para efeito de remuneração.

II – É inválida cláusula de acordo ou convenção coletiva de trabalho contemplando a supressão ou redução do intervalo intrajornada porque este constitui medida de higiene, saúde e segurança do trabalho, garantido por norma de ordem pública (art. 71 da CLT e art. 7º, XXII, da CF/ 1988), infenso à negociação coletiva.

III – Possui natureza salarial a parcela prevista no art. 71, § 4º, da CLT, com redação introduzida pela Lei 8.923, de 27 de julho de 1994, quando não concedido ou reduzido pelo empregador o intervalo mínimo intrajornada para repouso e alimentação, repercutindo, assim, no cálculo de outras parcelas salariais.

IV – Ultrapassada habitualmente a jornada de 6 (seis) horas de trabalho, é devido o gozo do intervalo intrajornada mínimo de 1 (uma) hora, obrigando o empregador a remunerar o período para descanso e alimentação não usufruído como extra, acrescido do respectivo adicional, na forma prevista no art. 71, caput e § 4º da CLT.

▶ Súmula acrescida pela Res. 185/2012 do TST – (DEJT 25.09.2012).

438. Intervalo para recuperação térmica do empregado. Ambiente artificialmente frio. Horas extras. Art. 253 da CLT. Aplicação analógica

O empregado submetido a trabalho contínuo em ambiente artificialmente frio, nos termos do parágrafo úni-

co do art. 253 da CLT, ainda que não labore em câmara frigorífica, tem direito ao intervalo intrajornada previsto no *caput* do art. 253 da CLT.

▶ Súmula acrescida pela Res. 185/2012 do TST – *(DEJT 25.09.2012).*

439. Danos morais. Juros de mora e atualização monetária. Termo inicial

Nas condenações por dano moral, a atualização monetária é devida a partir da data da decisão de arbitramento ou de alteração do valor.

Os juros incidem desde o ajuizamento da ação, nos termos do art. 883 da CLT.

▶ Súmula acrescida pela Res. 185/2012 do TST – *(DEJT 25.09.2012).*

440. Auxílio-doença acidentário. Aposentadoria por invalidez. Suspensão do contrato de trabalho. Reconhecimento do direito à manutenção de plano de saúde ou de assistência médica

Assegura-se o direito à manutenção de plano de saúde ou de assistência médica oferecido pela empresa ao empregado, não obstante suspenso o contrato de trabalho em virtude de auxílio-doença acidentário ou de aposentadoria por invalidez.

▶ Súmula acrescida pela Res. 185/2012 do TST – *(DEJT 25.09.2012).*

441. Aviso-prévio. Proporcionalidade

O direito ao aviso-prévio proporcional ao tempo de serviço somente é assegurado nas rescisões de contrato de trabalho ocorridas a partir da publicação da Lei 12.506, em 13 de outubro de 2011.

▶ Súmula acrescida pela Res. TST 185/ 2012 *(DEJT 25.09.2012).*

442. Procedimento sumaríssimo. Recurso de revista fundamentado em contrariedade a orientação jurisprudencial. Inadmissibilidade. Art. 896, § 6°, da CLT, acrescentado pela Lei 9.957, de 12.01.2000. (Conversão da OJs 352 da SDI-I)

Nas causas sujeitas ao procedimento sumaríssimo, a admissibilidade de recurso de revista está limitada à demonstração de violação direta a dispositivo da Constituição Federal ou contrariedade a Súmula do Tribunal Superior do Trabalho, não se admitindo o recurso por contrariedade a Orientação Jurisprudencial deste Tribunal (Livro II, Título II, Capítulo III, do RITST), ante a ausência de previsão no art. 896, § 6°, da CLT.

▶ Súmula acrescida pela Res. 185/2012 do TST – *(DEJT 25.09.2012).*

443. Dispensa discriminatória. Presunção. Empregado portador de doença grave. Estigma ou preconceito. Direito à reintegração

Presume-se discriminatória a despedida de empregado portador do vírus HIV ou de outra doença grave que suscite estigma ou preconceito. Inválido o ato, o empregado tem direito à reintegração no emprego.

▶ Súmula acrescida pela Res. 185/2012 do TST – *(DEJT 25.09.2012).*

444. Jornada de trabalho. Norma coletiva. Lei. Escala de 12 (doze) por 36 (trinta e seis). Validade

É valida, em caráter excepcional, a jornada de 12 (doze) horas de trabalho por 36 (trinta e seis) de descanso, prevista em lei ou ajustada exclusivamente mediante acordo coletivo de trabalho ou convenção coletiva de trabalho, assegurada a remuneração em dobro dos feriados trabalhados. O empregado não tem direito ao pagamento de adicional referente ao labor prestado na décima primeira e décima segunda horas.

▶ Súmula acrescida pela Res. 185/2012 do TST – *(DEJT 25.09.2012).*

445. Inadimplemento de verbas trabalhistas. Frutos. Posse de má-fé. Art.1.216 do Código Civil. Inaplicabilidade ao direito do trabalho

A indenização por frutos percebidos pela posse de má--fé, prevista no art. 1.216 do Código Civil, por tratar-se de regra afeta a direitos reais, mostra-se incompatível com o Direito do Trabalho, não sendo devida no caso de inadimplemento de verbas trabalhistas.

▶ Súmula acrescida pela Res. 189/2013 do TST – *(DEJT 13.03.2013).*

446. Maquinista ferroviário. Intervalo intrajornada. Supressão parcial ou total. Horas extras devidas. Compatibilidade entre os arts. 71, § 4°, e 238, § 5°, da CLT

A garantia ao intervalo intrajornada, prevista no art. 71 da CLT, por constituir-se em medida de higiene, saúde e segurança do empregado, é aplicável também ao ferroviário maquinista integrante da categoria *c* (equipagem de trem em geral), não havendo incompatibilidade entre as regras inscritas nos arts. 71, § 4°, e 238, § 5°, da CLT.

▶ Súmula acrescida pela Res. 193/2013 do TST – *(DEJT 13.12.2013).*

447. Adicional de Periculosidade. Permanência a bordo durante o abastecimento da aeronave. Indevido

Os tripulantes e demais empregados em serviços auxiliares de transporte aéreo que, no momento do abastecimento da aeronave, permanecem a bordo não têm direito ao adicional de periculosidade a que aludem o art. 193 da CLT e o Anexo 2, item 1, *c*, da NR 16 do MTE.

▶ Súmula acrescida pela Res. 193/2013 do TST – *(DEJT 13.12.2013).*

448. Atividade insalubre. Caracterização. Previsão na Norma Regulamentadora 15 da Portaria do Ministério do Trabalho 3.214/78. Instalações Sanitárias. (Conversão da Orientação Jurisprudencial 4 da SDI-1 com nova redação do item II)

I – Não basta a constatação da insalubridade por meio de laudo pericial para que o empregado tenha direito ao respectivo adicional, sendo necessária a classificação da atividade insalubre na relação oficial elaborada pelo Ministério do Trabalho.

II – A higienização de instalações sanitárias de uso público ou coletivo de grande circulação, e a respectiva coleta de lixo, por não se equiparar à limpeza em residências e escritórios, enseja o pagamento de adicional de insalubridade em grau máximo, incidindo o disposto no Anexo 14 da NR-15 da Portaria do MTE 3.214/78 quanto à coleta e industrialização de lixo urbano.

▶ Súmula acrescida pela Res. 194/2014 do TST – *(DEJT 21.05.2014).*

449. Minutos que antecedem e sucedem a jornada de trabalho. Lei 10.243, de 19.06.2001. Norma coletiva. Flexibilização. Impossibilidade. (Conversão da Orientação Jurisprudencial 372 da SDI-1)

A partir da vigência da Lei 10.243, de 19.06.2001, que acrescentou o § 1° ao art. 58 da CLT, não mais prevalece cláusula prevista em convenção ou acordo coletivo que elastece o limite de 5 minutos que antecedem e sucedem a jornada de trabalho para fins de apuração das horas extras.

▶ Súmula acrescida pela Res. 194/2014 do TST – *(DEJT 21.05.2014).*

450. Férias. Gozo na época própria. Pagamento fora do prazo. Dobra devida. Arts. 137 e 145 da CLT. (Conversão da Orientação Jurisprudencial 386 da SDI-1)

É devido o pagamento em dobro da remuneração de férias, incluído o terço constitucional, com base no art. 137 da CLT, quando, ainda que gozadas na época própria, o empregador tenha descumprido o prazo previsto no art. 145 do mesmo diploma legal.

▶ Súmula acrescida pela Res. 194/2014 do TST – *(DEJT 21.05.2014).*

▶ O STF na ADPF 501, por maioria, declarou a inconstitucionalidade da Súmula 450 do TST; e invalidou decisões judiciais não transitadas em julgado que, amparadas no texto sumular, tenham aplicado a sanção de pagamento em dobro com base no art. 137 da CLT. (DOU 15.08.2022)

451. Participação nos lucros e resultados. Rescisão contratual anterior à data da distribuição dos lucros. Pagamento proporcional aos meses trabalhados. Princípio da isonomia. (Conversão da Orientação Jurisprudencial 390 da SDI-1)

Fere o princípio da isonomia instituir vantagem mediante acordo coletivo ou norma regulamentar que condiciona a percepção da parcela participação nos lucros e resultados ao fato de estar o contrato de trabalho em vigor na data prevista para a distribuição dos lucros. Assim, inclusive na rescisão contratual antecipada, é devido o pagamento da parcela de forma proporcional aos meses trabalhados, pois o ex-empregado concorreu para os resultados positivos da empresa.

▶ Súmula acrescida pela Res. 194/2014 do TST – *(DEJT 21.05.2014).*

452. Diferenças salariais. Plano de cargos e salários. Descumprimento. Critérios de promoção não observados. Prescrição parcial. (Conversão da Orientação Jurisprudencial 404 da SDI-1)

Tratando-se de pedido de pagamento de diferenças salariais decorrentes da inobservância dos critérios de promoção estabelecidos em Plano de Cargos e Salários criado pela empresa, a prescrição aplicável é a parcial, pois a lesão é sucessiva e se renova mês a mês.

▶ Súmula acrescida pela Res. 194/2014 do TST – *(DEJT 21.05.2014).*

453. Adicional de periculosidade. Pagamento espontâneo. Caracterização de fato incontroverso. Desnecessária a perícia de que trata o art. 195 da CLT. (Conversão da Orientação Jurisprudencial 406 da SDI-1)

O pagamento de adicional de periculosidade efetuado por mera liberalidade da empresa, ainda que de forma proporcional ao tempo de exposição ao risco ou em percentual inferior ao máximo legalmente previsto, dispensa a realização da prova técnica exigida pelo art. 195 da CLT, pois torna incontroversa a existência do trabalho em condições perigosas.

▶ Súmula acrescida pela Res. 194/2014 do TST – *(DEJT 21.05.2014).*

454. Competência da Justiça do Trabalho. Execução de ofício. Contribuição Social referente ao Seguro de Acidente de Trabalho (SAT). Arts. 114, VIII, e 195, I, a, da Constituição da República. (Conversão da Orientação Jurisprudencial 414 da SDI-1)

Compete à Justiça do Trabalho a execução, de ofício, da contribuição referente ao Seguro de Acidente de Trabalho (SAT), que tem natureza de contribuição para a seguridade social (arts. 114, VIII, e 195, I, a, da CF), pois se destina ao financiamento de benefícios relativos à

incapacidade do empregado decorrente de infortúnio no trabalho (arts. 11 e 22 da Lei 8.212/1991).

▶ Súmula acrescida pela Res. 194/2014 do TST – *(DEJT 21.05.2014).*

455. Equiparação salarial. Sociedade de Economia Mista. Art. 37, XIII, da CF/1988. Possibilidade. (conversão da Orientação Jurisprudencial 353 da SDI-1 com nova redação)

À sociedade de economia mista não se aplica a vedação à equiparação prevista no art. 37, XIII, da CF/1988, pois, ao admitir empregados sob o regime da CLT, equipara-se a empregador privado, conforme disposto no art. 173, § 1°, II, da CF/1988.

▶ Súmula acrescida pela Res. 194/2014 do TST – *(DEJT 21.05.2014).*

456. Representação. Pessoa jurídica. Procuração. Invalidade. Identificação do outorgante e de seu representante. (inseridos os itens II e III em decorrência do CPC de 2015)

I – É inválido o instrumento de mandato firmado em nome de pessoa jurídica que não contenha, pelo menos, o nome do outorgante e do signatário da procuração, pois estes dados constituem elementos que os individualizam.

II – Verificada a irregularidade de representação da parte na instância originária, o juiz designará prazo de 5 (cinco) dias para que seja sanado o vício. Descumprida a determinação, extinguirá o processo, sem resolução de mérito, se a providência couber ao reclamante, ou considerará revel o reclamado, se a providência lhe couber (art. 76, § 1°, do CPC de 2015).

III – Caso a irregularidade de representação da parte seja constatada em fase recursal, o relator designará prazo de 5 (cinco) dias para que seja sanado o vício. Descumprida a determinação, o relator não conhecerá do recurso, se a providência couber ao recorrente, ou determinará o desentranhamento das contrarrazões, se a providência couber ao recorrido (art. 76, § 2°, do CPC de 2015).

▶ Súmula com redação pela Res. 211/2016 do TST *(DEJT 24.08.2016).*

457. Honorários periciais. Beneficiário da justiça gratuita. Responsabilidade da União pelo pagamento. Resolução 66/2010 do CSJT. Observância. (Conversão da Orientação Jurisprudencial 387 da SDI-1 com nova redação)

A União é responsável pelo pagamento dos honorários de perito quando a parte sucumbente no objeto da perícia for beneficiária da assistência judiciária gratuita, observado o procedimento disposto nos arts. 1°, 2° e 5° da Resolução 66/2010 do Conselho Superior da Justiça do Trabalho – CSJT.

▶ Súmula acrescida pela Res. 194/2014 do TST – *(DEJT 21.05.2014).*

458. Embargos. Procedimento sumaríssimo. Conhecimento. Recurso interposto após vigência da lei **11.496, de 22.06.2007, que conferiu nova redação ao art. 894, da CLT.** (Conversão da Orientação Jurisprudencial 405 da SDI-1 com nova redação)

Em causas sujeitas ao procedimento sumaríssimo, em que pese a limitação imposta no art. 896, § 6°, da CLT à interposição de recurso de revista, admitem-se os embargos interpostos na vigência da Lei 11.496, de 22.06.2007, que conferiu nova redação ao art. 894 da CLT, quando demonstrada a divergência jurisprudencial entre Turmas do TST, fundada em interpretações diversas acerca da aplicação de mesmo dispositivo constitucional ou de matéria sumulada.

▶ Súmula acrescida pela Res. 194/2014 do TST – *(DEJT 21.05.2014).*

459. Recurso de revista. Nulidade por negativa de prestação jurisdicional. (atualizada em decorrência do CPC de 2015)

O conhecimento do recurso de revista, quanto à preliminar de nulidade, por negativa de prestação jurisdicional, supõe indicação de violação do art. 832 da CLT, do art. 489 do CPC de 2015 (art. 458 do CPC de 1973) ou do art. 93, IX, da CF/1988.

▶ Súmula com redação pela Res. 219/2017 do TST *(DJET 28.06.2017).*

460. Vale-Transporte. Ônus Da Prova.

É do empregador o ônus de comprovar que o empregado não satisfaz os requisitos indispensáveis para a concessão do vale-transporte ou não pretenda fazer uso do benefício.

▶ Súmula acrescida pela Res. 209/2016 do TST – *(DEJT 01.06.2016).*

461. FGTS. Diferenças. Recolhimento. Ônus Da Prova.

É do empregador o ônus da prova em relação à regularidade dos depósitos do FGTS, pois o pagamento é fato extintivo do direito do autor (art. 373, II, do CPC de 2016).

▶ Súmula acrescida pela Res. 209/2016 do TST – *(DEJT 01.06.2016).*

462. Multa do art. 477, § 8°, da CLT. Incidência. Reconhecimento judicial da relação de emprego.

A circunstância de a relação de emprego ter sido reconhecida apenas em juízo não tem o condão de afastar a incidência da multa prevista no art. 477, § 8°, da

CLT. A referida multa não será devida apenas quando, comprovadamente, o empregado der causa à mora no pagamento das verbas rescisórias.

> ▸ Súmula acrescida pela Res. 209/2016 do TST – (*DEJT 01.06.2016*).

463. Assistência judiciária gratuita. Comprovação (conversão da Orientação Jurisprudencial 304 da SBDI-I, com alterações decorrentes do CPC de 2015)

I – A partir de 26.06.2017, para a concessão da assistência judiciária gratuita à pessoa natural, basta a declaração de hipossuficiência econômica firmada pela parte ou por seu advogado, desde que munido de procuração com poderes específicos para esse fim (art. 105 do CPC de 2015);

II – No caso de pessoa jurídica, não basta a mera declaração: é necessária a demonstração cabal de impossibilidade de a parte arcar com as despesas do processo.

> ▸ Súmula acrescida pela Res. 219/2017 do TST (*DJET 28.06.2017*).

ORIENTAÇÕES JURISPRUDENCIAIS DO TRIBUNAL PLENO – TST

1. Precatório. Crédito trabalhista. Pequeno valor. Emenda Constitucional 37/ 2002.

Há dispensa da expedição de precatório, na forma do art. 100, § 3º, da CF/1988, quando a execução contra a Fazenda Pública não exceder os valores definidos, provisoriamente, pela Emenda Constitucional 37/2002, como obrigações de pequeno valor, inexistindo ilegalidade, sob esse prisma, na determinação de sequestro da quantia devida pelo ente público.

2. Precatório. Revisão de cálculos. Limites da competência do Presidente do TRT.

O pedido de revisão dos cálculos, em fase de precatório, previsto no art. 1º-E da Lei 9.494/1997, apenas poderá ser acolhido desde que: *a)* o requerente aponte e especifique claramente quais são as incorreções existentes nos cálculos, discriminando o montante que seria correto, pois do contrário a incorreção torna-se abstrata; *b)* o defeito nos cálculos esteja ligado à incorreção material ou à utilização de critério em descompasso com a lei ou com o título executivo judicial; e *c)* o critério legal aplicável ao débito não tenha sido objeto de debate nem na fase de conhecimento, nem na fase de execução.

3. Precatório. Sequestro. Emenda Constitucional 30/2000. Preterição. ADIn 1662-8. Art. 100, § 2º, da CF/1988.

O sequestro de verbas públicas para satisfação de precatórios trabalhistas só é admitido na hipótese de preterição do direito de precedência do credor, a ela não se equiparando as situações de não inclusão da despesa no orçamento ou de não pagamento do precatório até o final do exercício, quando incluído no orçamento.

4. Mandado de segurança. Decisão de TRT. Incompetência originária do Tribunal Superior do Trabalho.

Ao Tribunal Superior do Trabalho não compete apreciar, originariamente, mandado de segurança impetrado em face de decisão de TRT.

5. Recurso Ordinário. Cabimento. (Conversão da OJ 70 da SDI-1).

Não cabe recurso ordinário contra decisão em agravo regimental interposto em reclamação correicional ou em pedido de providência. (ex-OJ 70 – Inserida em 13.09.1994).

> ▸ OJ acrescida pela Res. 129/2005 do TST (*DJU 20.04.2005*).

6. Precatório. Execução. Limitação da condenação imposta pelo título judicial exequendo à data do advento da lei 8.112, de 11.12.1990.

Em sede de precatório, não configura ofensa à coisa julgada a limitação dos efeitos pecuniários da sentença condenatória ao período anterior ao advento da Lei 8.112, de 11.12.1990, em que o exequente submetia-se à legislação trabalhista, salvo disposição expressa em contrário na decisão exequenda.

7. Juros de mora. Condenação da Fazenda Pública.

I – nas condenações impostas à Fazenda Pública, incidem juros de mora segundo os seguintes critérios:

a) 1% (um por cento) ao mês, até agosto de 2001, nos termos do § 1º do art. 39 da Lei 8.177, de 1.03.1991;

b) 0,5% (meio por cento) ao mês, de setembro de 2001 a junho de 2009, conforme determina o art. 1º-F da Lei 9.494, de 10.09.1997, introduzido pela Medida Provisória 2.180-35, de 24.08.2001.

II – a partir de 30 de junho de 2009, atualizam-se os débitos trabalhistas da Fazenda Pública, mediante a incidência dos índices oficiais de remuneração básica e juros aplicados à caderneta de poupança, por força do art. 5º da Lei 11.960, de 29.06.2009.

III – a adequação do montante da condenação deve observar essa limitação legal, ainda que em sede de precatório.

> ▸ OJ com redação pela Res. 175/2011 do TST (*DEJT 27.05.2011*).

8. Precatório. Matéria administrativa. Remessa necessária. Não cabimento.

Em sede de precatório, por se tratar de decisão de natureza administrativa, não se aplica o disposto no art. 1º, V, do Decreto-lei 779, de 21.08.1969, em que se determina a remessa necessária em caso de decisão judicial desfavorável a ente público.

9. Precatório. Pequeno valor. Individualização do crédito apurado. Reclamação trabalhista plúrima. Execução direta contra a fazenda pública. Possibilidade.

Tratando-se de reclamações trabalhistas plúrimas, a aferição do que vem a ser obrigação de pequeno valor, para efeito de dispensa de formação de precatório e aplicação do disposto no § 3º do art. 100 da CF/88, deve ser realizada considerando-se os créditos de cada reclamante.

10. Precatório. Processamento e Pagamento. Natureza administrativa. Mandado de Segurança. Cabimento.

É cabível mandado de segurança contra atos praticados pela Presidência dos Tribunais Regionais em precatório em razão de sua natureza administrativa, não se aplicando o disposto no inciso II do art. 5º da Lei 1.533, de 31.12.1951.

11. Recurso em matéria administrativa. Prazo. Órgão colegiado. Oito dias. Art. 6º da Lei 5.584, de 26.06.1970.

Se não houver norma específica quanto ao prazo para interposição de recurso em matéria administrativa de decisão emanada de órgão Colegiado do Tribunal Regional do Trabalho, aplica-se, por analogia, a regra geral dos prazos adotados na Justiça do Trabalho, ou seja, 8 (oito) dias, conforme estabelecido no art. 6º da Lei 5.584, de 26.06.1970.

O prazo de 10 (dez) dias a que alude o art. 59 da Lei 9.784, de 29.01.1999, aplica-se somente à interposição de recursos de decisões prolatadas monocraticamente.

12. Precatório. Procedimento de Natureza Administrativa. Incompetência Funcional do Presidente do TRT para Declarar a Inexigibilidade do Título Exequendo.

O Presidente do TRT, em sede de precatório, não tem competência funcional para declarar a inexigibilidade do título judicial exequendo, com fundamento no art. 884, § 5º, da CLT, ante a natureza meramente administrativa do procedimento.

13. Precatório. Quebra da Ordem de Precedência. Não Demonstração da Posição do Exequente na Ordem Cronológica. Sequestro Indevido.

É indevido o sequestro de verbas públicas quando o exequente/requerente não se encontra em primeiro lugar na lista de ordem cronológica para pagamento de precatórios ou quando não demonstrada essa condição.

ORIENTAÇÕES JURISPRUDENCIAIS DA SDI-I – TST

1 – CANCELADA. Convertida na OJ 110 da SDI-2 (*DJU 29.04.2003*).

Ação rescisória. Réu sindicato. Legitimidade passiva ad causam. Admitida.

2 – CANCELADA pela Res. 148/2008 do TST – (*DJU 04.07.2008; rep. 08.07.2008*).

Adicional de insalubridade. Base de cálculo. Mesmo na vigência da CF/ 1988: salário mínimo.

3 – CANCELADA. Convertida na OJ Transitória 33 da SDI--I - Res. 129/2005 do TST – (*DJU 20.04.2005*).

Adicional de insalubridade. Base de cálculo, na vigência do Decreto-lei 2.351/1987. Piso nacional de salários.

I – *Não basta a constatação da insalubridade por meio de laudo pericial para que o empregado tenha direito ao respectivo adicional, sendo necessária a classificação da atividade insalubre na relação oficial elaborada pelo Ministério do Trabalho.*

II – *A limpeza em residências e escritórios e a respectiva coleta de lixo não podem ser consideradas atividades insalubres, ainda que constatada por laudo pericial, porque não se encontram dentre as classificadas como*

4 – CANCELADA. Convertida na Súmula 448 – Res. 194/2014 do TST – (*DEJT 21.05.2014*).

Adicional de insalubridade. Lixo urbano. Inserida 25.11.1996 (Nova redação em decorrência da incorporação da OJ 170 da SDI-I) – DJ 20.04.2005.

lixo urbano na Portaria do Ministério do Trabalho. (ex--OJ 170 da SDI-1 – inserida em 08.11.00).

> ▸ OJ com redação pela Res. 129/2005 do TST (*DJU 20.04.2005*).

5 – CANCELADA. Convertida na Súmula 364 – Res. 129/2005 do TST – (*DJU 20.04.2005*).

Adicional de periculosidade. Exposição permanente e intermitente. Inflamáveis e/ou explosivos. Direito ao adicional integral. (Inserida em 14.03.94).

6 – CANCELADA. Nova redação da Súmula 60 – Res. 129/2005 do TST – (*DJU 20.04.2005*).

Adicional noturno. (Inserida em 25.11.96). Prorrogação em horário diurno. Cumprida integralmente a jornada no período noturno e prorrogada esta, devido é também o adicional quanto às horas prorrogadas. Exegese do art. 73, § 5º, da CLT.

7 – Advogado. Atuação fora da seção da OAB onde o advogado está inscrito. Ausência de comunicação (Lei 4.215/1963, § 2º, art. 56). Infração disciplinar. Não Importa nulidade. (Inserida em 29.03.96).

A despeito da norma então prevista no artigo 56, § 2º, da Lei 4.215/1963, a falta de comunicação do advogado à OAB para o exercício profissional em seção diversa daquela na qual tem inscrição não importa nulidade dos atos praticados, constituindo apenas infração disciplinar, que cabe àquela instituição analisar.

> ▸ OJ com redação pela Res. 129/2005 do TST (*DJU 20.04.2005*).

8 – CANCELADA. Convertida na Súmula 365 – Res. 129/2005 do TST – (*DJU 20.04.2005*).

Alçada. Ação rescisória. Não se aplica a alçada em ação rescisória. (Inserida em 01.02.95).

9 – CANCELADA. Nova redação da Súmula 303 – Res. 129/2005 do TST – (*DJU 20.04.2005*).

Alçada. Decisão contrária à entidade pública. Cabível a remessa de ofício. Decreto-lei 779/1969 e Lei 5.584/ 1970. (Inserida em 07.11.94). Tratando-se de decisão contrária à entidade pública, cabível a remessa de ofício mesmo de processo de alçada.

10 – CANCELADA. Convertida na Súmula 365 – Res. 129/ 2005 do TST – (*DJU 20.04.2005*).

Alçada. Mandado de segurança. (Inserida em 01.02.95). Não se aplica a alçada em Mandado de Segurança.

11 – CANCELADA. Convertida na Súmula 356 – Res. 75/ 1997 do TST – (*DJU 19.12.1997*).

Alçada. Vinculação ao salário mínimo. Recorribilidade. O art. 5º, LV, e o art. 7º, IV, da CF/1988 não revogaram o art. 2º, § 4º, da Lei 5.584/1970.

12 – Anistia. Emenda Constitucional 26/85. Efeitos financeiros da promulgação. (Inserida em 03.06.96).

Os efeitos financeiros decorrentes da anistia concedida pela Emenda Constitucional 26/85 contam-se desde a data da sua promulgação.

> ▸ OJ com redação pela Res. 129/2005 do TST (*DJU 20.04.2005*).

13 – APPA. Decreto-lei 779, de 21.08.1969. Depósito recursal e custas. Não isenção.

A Administração dos Portos de Paranaguá e Antonina – APPA, vinculada à Administração Pública indireta, não é isenta do recolhimento do depósito recursal e do pagamento das custas processuais por não ser beneficiária dos privilégios previstos no Decreto-lei 779, de 21.08.1969, ante o fato de explorar atividade econômica com fins lucrativos, o que descaracteriza sua natureza jurídica, igualando-a às empresas privadas.

> ▸ OJ republicada no DJE 16.11.2010.

14 – Aviso-prévio cumprido em casa. Verbas rescisórias. Prazo para pagamento. (Art. 477, § 6º, b, da CLT). (Inserida em 25.11.96).

Em caso de aviso-prévio cumprido em casa, o prazo para pagamento das verbas rescisórias é até o 10º (décimo) dia da notificação de despedida.

> ▸ OJ com redação pela Res. 129/2005 do TST (*DJU 20.04.2005*).

15 – CANCELADA. Nova redação da Súmula 102 – Res. 129/2005 do TST – (*DJU 20.04.2005*).

Bancário. Gratificação de função superior a 1/3 (um terço) e inferior ao valor constante de norma coletiva. Inexistência de direito às 7ª e 8ª horas. Direito à diferença do adicional, se e quando pleiteada. (Inserida em 14.03.94).

16 – Banco do Brasil. ACP. Adicional de caráter pessoal. Indevido. (Inserida em 13.02.95).

A isonomia de vencimentos entre servidores do Banco Central do Brasil e do Banco do Brasil, decorrente de sentença normativa, alcançou apenas os vencimentos e vantagens de caráter permanente. Dado o caráter personalíssimo do Adicional de Caráter Pessoal – ACP e não integrando a remuneração dos funcionários do Banco do Brasil, não foi ele contemplado na decisão normativa para efeitos de equiparação à tabela de vencimentos do Banco Central do Brasil.

▶ OJ com redação pela Res. 129/2005 do TST (*DJU 20.04.2005*).

17 – Banco do Brasil. AP e ADI.
Os adicionais AP, ADI ou AFR, somados ou considerados isoladamente, sendo equivalentes a 1/3 (um terço) do salário do cargo efetivo (art. 224, § 2º, da CLT), excluem o empregado ocupante de cargo de confiança do Banco do Brasil da jornada de 6 (seis) horas.

18. Complementação de aposentadoria. Banco do Brasil. (Redação do item I alterada em decorrência do julgamento dos processos TST-IUJ E-ED-RR-301900-52.2005.5.09.0661 e ERR 119900-56.1999.5.04.0751).
I – O valor das horas extras integra a remuneração do empregado para o cálculo da complementação de aposentadoria, desde que sobre ele incida a contribuição à Caixa de Previdência dos Funcionários do Banco do Brasil – PREVI, observado o respectivo regulamento no tocante à integração.
II – Os adicionais AP e ADI não integram o cálculo para a apuração do teto da complementação de aposentadoria; (ex-OJ 21 da SDI-1 – inserida em 13.02.1995).
III – No cálculo da complementação de aposentadoria deve-se observar a média trienal; (ex-OJs 19 e 289 ambas da SDI-1 – inseridas respectivamente em 05.06.1995 e 11.08.2003).
IV – A complementação de aposentadoria proporcional aos anos de serviço prestados exclusivamente ao Banco do Brasil somente se verifica a partir da Circular Funci 436/63; (ex-OJ 20 da SDI-1 – inserida em 13.02.1995).
V – O telex DIREC do Banco do Brasil 5003/1987 não assegura a complementação de aposentadoria integral, porque não aprovado pelo órgão competente ao qual a instituição se subordina. (ex-OJ 136 da SDI-1 – inserida em 27.11.1998).
▶ OJ com redação pela Res. 175/2011 do TST (*DEJT 27.05.2011*).

19 – CANCELADA. Incorporação e nova redação à OJ 18 da SDI-I – Res. 129/2005 do TST – (*DJU 20.04.2005*).
Banco do Brasil. Complementação de aposentadoria. Média trienal. (Inserida em 05.06.95).

20 – CANCELADA. Incorporação e nova redação à OJ 18 da SDI-I – Res. 129/2005 do TST – (*DJU 20.04.2005*).
Banco do Brasil. Complementação de aposentadoria. Proporcionalidade somente a partir da Circ. FUNCI 436/1963. (Inserida em 13.02.95).

21 – CANCELADA. Incorporação e nova redação à OJ 18 da SDI-I – Res. 129/2005 do TST – (*DJU 20.04.2005*).
Banco do Brasil. Complementação de aposentadoria. Teto. Cálculo. AP e ADI. Não integração. (Inserida em 13.02.95).

22 – CANCELADA. Convertida na OJ Transitória 34 da SDI-I – Res. 129/2005 do TST – (*DJU 20.04.2005*).
BRDE. Entidade autárquica de natureza bancária. Lei 4.594/1964, art. 17. Res. BACEN 469/1970, art. 8º. CLT, art. 224, § 2º. CF, art. 173, § 1º. (Inserida em 14.03.94).

23 – CANCELADA. Convertida na Súmula 366 – Res. 129/2005 do TST – (*DJU 20.04.2005*).
Cartão de ponto. Registro. (Inserida em 03.06.96). Não é devido o pagamento de horas extras relativamente aos dias em que o excesso de jornada não ultrapassa de cinco minutos antes e/ou após a duração normal do trabalho. (Se ultrapassado o referido limite, como extra será considerada a totalidade do tempo que exceder a jornada normal).

24 – CANCELADA. Convertida na Súmula 367 – Res. 129/2005 do TST – (*DJU 20.04.2005*).
Cigarro não é salário-utilidade. (Inserida em 29.03.96).

25 – CANCELADA. Incorporação e nova redação à Súmula 339 – Res. 129/2005 do TST – (*DJU 20.04.2005*)
CIPA. Suplente. Antes da CF/1988. Não tem direito à estabilidade. (Inserida em 29.03.96).

26 – Competência da Justiça do Trabalho. Complementação de pensão requerida por viúva de ex--empregado. (Inserida em 01.02.95).
A Justiça do Trabalho é competente para apreciar pedido de complementação de pensão postulada por viúva de ex-empregado, por se tratar de pedido que deriva do contrato de trabalho.
▶ OJ com redação pela Res. 129/2005 do TST (*DJU 20.04.2005*).

27 – CANCELADA. Convertida na Súmula 355 – Res. 72/1997 do TST (*DJU 08.07.1997*).
CONAB. Estabilidade concedida por norma interna. Não assegurada. Aviso DIREH 2/84.

28 – Correção monetária sobre as diferenças salariais. Universidades federais. Devida. Lei 7.596/1987. (Inserida em 14.03.94).
Incide correção monetária sobre as diferenças salariais dos servidores das universidades federais, decorrentes

da aplicação retroativa dos efeitos financeiros assegurados pela Lei 7.596/87, pois a correção monetária tem como escopo único minimizar a desvalorização da moeda em decorrência da corrosão inflacionária.
▶ OJ com redação pela Res. 129/2005 do TST (*DJU 20.04.2005*).

29 – CANCELADA. Convertida na OJ 148 da SDI-II – Res. 129/2005 do TST – (*DJU 20.04.2005*).
Custas. Mandado de segurança. Recurso ordinário. Exigência do pagamento. (Inserida em 03.06.96).

30 – CANCELADA. Convertida na Súmula 352 – Res. 69/1997 do TST – (*DJU 30.05.1997*).
Custas. Prazo para comprovação.

31 – CANCELADA. Nova redação da Súmula 86 – Res. 129/2005 do TST – (*DJU 20.04.2005*).
Depósito recursal e custas. Empresa em liquidação extrajudicial. Enunciado 86. Não pertinência. (Inserida em 14.03.94).

32 – CANCELADA. Convertida na Súmula 368 – Res. 129/2005 do TST – (*DJU 20.04.2005*).
Descontos legais. Sentenças trabalhistas. Contribuição previdenciária e imposto de renda. Devidos. Provimento CGJT 3/1984. (Inserida em 14.03.94).

33 – Deserção. Custas. Carimbo do banco. Validade.
O carimbo do banco recebedor na guia de comprovação do recolhimento das custas supre a ausência de autenticação mecânica.

34 – CANCELADA. Convertida na Súmula 369 – Res. 129/2005 do TST – (*DJU 20.04.2005*).
Dirigente sindical. Estabilidade provisória. (Inserida em 29.04.94). É indispensável a comunicação, pela entidade sindical, ao empregador, na forma do § 5º, do art. 543, da CLT.

35 – CANCELADA. Convertida na Súmula 369 – Res. 129/2005 do TST – (*DJU 20.04.2005*).
Dirigente sindical. Registro de candidatura no curso do aviso-prévio. Não tem direito à estabilidade provisória (art. 543, § 3º, CLT). (Inserida em 14.03.94).

36 – Instrumento normativo. Cópia não autenticada. Documento comum às partes. Validade. (Inserida em 25.11.96).
O instrumento normativo em cópia não autenticada possui valor probante, desde que não haja impugnação ao seu conteúdo, eis que se trata de documento comum às partes.
▶ OJ com redação pela Res. 129/2005 do TST (*DJU 20.04.2005*).

37 – CANCELADA. Nova redação da Súmula 296 – Res. 129/2005 do TST – (*DJU 20.04.2005*).
Embargos. Violação do art. 896 da CLT. (Inserida em 01.02.95). Não ofende o art. 896, da CLT, decisão de turma que, examinando premissas concretas de especificidade da divergência colacionada no apelo revisional, conclui pelo conhecimento ou desconhecimento do recurso.

38 – Empregado que exerce atividade rural. Empresa de reflorestamento. Prescrição própria do rurícola. (Lei 5.889, de 08.06.1973, art. 10, e Decreto 73.626, de 12.02.1974, art. 2º, § 4º).
O empregado que trabalha em empresa de reflorestamento, cuja atividade está diretamente ligada ao manuseio da terra e de matéria-prima, é rurícola e não industriário, nos termos do Decreto 73.626, de 12.02.1974, art. 2º, § 4º, pouco importando do fruto de seu trabalho seja destinado à indústria. Assim, aplica-se a prescrição própria dos rurícolas aos direitos desses empregados.
▶ OJ republicada no DJE de 16.11.2010.
▶ Dec. 73.626/1974 foi revogado pelo Dec. 10.854/2021.

39 – CANCELADA. Convertida na Súmula 370 – Res. 129/2005 do TST – (*DJU 20.04.2005*).
Engenheiro. Jornada de trabalho. Lei 4.950/1966. (Inserida em 07.11.94). A Lei 4.950/1966 não estipula a jornada reduzida para os engenheiros, mas apenas estabelece o salário mínimo da categoria para uma jornada de seis horas. Não há que se falar em horas extras, salvo as excedentes à 8ª, desde que seja respeitado o salário mínimo/horário da categoria.

40 – CANCELADA. Convertida na Súmula 371 – Res. 129/2005 do TST – (*DJU 20.04.2005*).
Estabilidade. Aquisição no período do aviso-prévio. Não reconhecida. (Inserida em 28.11.95). A projeção do contrato de trabalho para o futuro, pela concessão do aviso-prévio indenizado, tem efeitos limitados às vantagens econômicas obtidas no período de pré-aviso, ou seja, salários, reflexos e verbas rescisórias.

41 – Estabilidade. Instrumento normativo. Vigência. Eficácia.
Preenchidos todos os pressupostos para a aquisição de estabilidade decorrente de acidente ou doença profissional, ainda durante a vigência do instrumento

normativo, goza o empregado de estabilidade mesmo após o término da vigência deste.

42 – FGTS. Multa de 40%. Inserida em 25.11.96 (Nova redação em decorrência da incorporação das Orientações Jurisprudenciais 107 e 254 da SDI-I) (*DJ 20.04.2005*).
I – É devida a multa do FGTS sobre os saques corrigidos monetariamente ocorridos na vigência do contrato de trabalho. Art. 18, § 1º, da Lei 8.036/ 1990 e art. 9º, § 1º, do Decreto 99.684/1990. (ex-OJ 107 da SDI-I – inserida em 01.10.1997).
II – O cálculo da multa de 40% (quarenta por cento) do FGTS deverá ser feito com base no saldo da conta vinculada na data do efetivo pagamento das verbas rescisórias, desconsiderada a projeção do aviso-prévio indenizado, por ausência de previsão legal. (ex-OJ 254 da SDI-I – inserida em 13.03.2002).
▶ OJ com redação pela Res. 129/2005 do TST (*DJU 20.04.2005*).

43 – Conversão de salários de cruzeiros para cruzados. Decreto-lei 2.284/1986. (Inserida em 07.11.94)
A conversão de salários de cruzeiros para cruzados, nos termos do Decreto-lei 2.284/1986, não afronta direito adquirido dos empregados.
▶ OJ com redação pela Res. 129/2005 do TST (*DJU 20.04.2005*).

44 – Gestante. Salário-maternidade.
É devido o salário-maternidade, de 120 (cento e vinte) dias, desde a promulgação da CF/1988, ficando a cargo do empregador o pagamento do período acrescido pela Carta.

45 – CANCELADA. Convertida na Súmula 372 – Res. 129/2005 do TST – (*DJU 20.04.2005*).
Gratificação de função percebida por dez ou mais anos. Afastamento do cargo de confiança sem justo motivo. Estabilidade financeira. Manutenção do pagamento. (Inserida em 25.11.96).

46 – CANCELADA. Convertida na Súmula 373 – Res. 129/2005 do TST – (*DJU 20.04.2005*).
Gratificação semestral. Congelamento. Prescrição parcial. (Inserida em 29.03.96).

47 – Hora extra. Adicional de insalubridade. Base de cálculo.
A base de cálculo da hora extra é o resultado da soma do salário contratual mais o adicional de insalubridade.
▶ OJ com redação pela Res. 148/2008 do TST (*DJU 04.07.2008; Republicada do DOU de 08.07.2008*).

48 – CANCELADA. Nova redação da Súmula 199 – Res. 129/2005 do TST – (*DJU 20.04.2005*)
Horas extras pactuadas após a admissão do bancário não configura pré-contratação. Enunciado 199. Inaplicável. (Inserida em 25.11.96).

49 – CANCELADA. Convertida na Súmula 428 do TST – Res.175/2011 do TST – (*DEJT 27.05.2011*).
Horas extras. Uso do BIP. Não caracterizado o "sobreaviso". (Inserida em 01.02.95). O uso do aparelho BIP pelo empregado, por si só, não caracteriza o regime de sobreaviso, uma vez que o empregado não permanece em sua residência aguardando, a qualquer momento, convocação para o serviço.

50 – CANCELADA. Nova redação da Súmula 90 – Res. 129/2005 do TST – (DJU 20.04.2005).
Horas in itinere. Incompatibilidade de horários. Devidas. Aplicável o Enunciado 90. (Inserida em 01.02.95).

51 – Legislação eleitoral. Empresas públicas e sociedades de economia mista.
Aos empregados das empresas públicas e das sociedades de economia mista regidos pela CLT aplicam--se as vedações dispostas no art. 15 da Lei 7.773, de 08.06.1989.
▶ OJ republicada no DJE de 16.11.2010.

52 – CANCELADA. Convertida na Súmula 436 – Res. 186/2012 do TST – (*DEJT 25.09.2012*).
Mandato. Procurador da união, estados, municípios e Distrito Federal, suas autarquias e fundações públicas. Dispensável a juntada de procuração. (Lei 9.469, de 10 de julho de 1997) A União, Estados, Municípios e Distrito Federal, suas autarquias e fundações públicas quando representadas em juízo, ativa e passivamente, por seus procuradores, estão dispensadas da juntada de instrumento de mandato.

53 – CANCELADA. Convertida na Súmula 370 – Res. 129/2005 do TST – (*DJU 20.04.2005*).
Médico. Jornada de trabalho. Lei 3.999/1961. (Inserida em 29.04.94). A Lei 3.999/1961 não estipula a jornada reduzida para os médicos, mas apenas estabelece o salário mínimo da categoria para uma jornada de quatro horas. Não há que se falar em horas extras, salvo as excedentes à 8ª, desde que seja respeitado o salário mínimo/horário da categoria.

54 – Multa. Cláusula penal. Valor superior ao principal. (Inserida em 30.05.94).

O valor da multa estipulada em cláusula penal, ainda que diária, não poderá ser superior à obrigação principal corrigida, em virtude da aplicação do artigo 412 do Código Civil de 2002 (art. 920 do Código Civil de 1916).
▸ OJ com redação pela Res. 129/2005 do TST (DJU 20.04.2005).

55 – CANCELADA. Convertida na Súmula 374 – Res. 129/2005 do TST – (DJU 20.04.2005).

Norma coletiva. Categoria diferenciada. Abrangência. (Inserida em 25.11.96). Empregado integrante de categoria profissional diferenciada não tem o direito de haver de seu empregador vantagens previstas em instrumento coletivo no qual a empresa não foi representada por órgão de classe de sua categoria.

56 – Nossa Caixa Nosso Banco (Caixa Econômica do Estado de São Paulo). Regulamento. Gratificação especial e/ou anuênios.

Direito reconhecido apenas àqueles empregados que tinham 25 (vinte e cinco) anos de efetivo exercício prestados exclusivamente à caixa.

57 – PCCS. Devido o reajuste do adiantamento. Lei 7.686/1988, art. 1º. (Inserida em 14.03.94).

É devido o reajuste da parcela denominada "adiantamento do PCCS", conforme a redação do art. 1º da Lei 7.686/1988.
▸ OJ com redação pela Res. 129/2005 do TST (DJU 20.04.2005).

58 – Plano Bresser. IPC jun/1987. Inexistência de direito adquirido. (Inserida em 10.03.95)

Inexiste direito adquirido ao IPC de junho de 1987 (Plano Bresser), em face da edição do Decreto-lei 2.335/1987.
▸ OJ com redação pela Res. 129/2005 do TST (DJU 20.04.2005).

59 – Plano Verão. URP de fevereiro de 1989. Inexistência de direito adquirido. (Inserida em 13.02.95).

Inexiste direito adquirido à URP de fevereiro de 1989 (Plano Verão), em face da edição da Lei 7.730/1989.
▸ OJ com redação pela Res. 129/2005 do TST (DJU 20.04.2005).

60 – Portuários. Hora noturna. Horas extras. (Lei 4.860/1965, arts. 4º e 7º, § 5º). Inserida em 28.11.95. (Nova redação em decorrência da incorporação da OJ 61 da SDI-I) DJ 20.04.2005.

I – A hora noturna no regime de trabalho no porto, compreendida entre 19 (dezenove) horas e 7 (sete) horas do dia seguinte, é de 60 (sessenta) minutos.

II – Para o cálculo das horas extras prestadas pelos trabalhadores portuários, observar-se-á somente o salário básico percebido, excluídos os adicionais de risco e produtividade.
▸ OJ com redação pela Res. 129/2005 do TST (DJU 20.04.2005).

61 – CANCELADA. Incorporação e nova redação à OJ 60 da SDI-I – Res. 129/2005 do TST – (DJU 20.04.2005).

Portuários. Horas extras. Base de cálculo: ordenado sem o acréscimo dos adicionais de risco e de produtividade. Lei 4.860/1965, art. 7º, § 5º. (Inserida em 14.03.94).

62 – Prequestionamento. Pressuposto de admissibilidade em apelo de natureza extraordinária. Necessidade, ainda que se trate de incompetência absoluta.

É necessário o prequestionamento como pressuposto de admissibilidade em recurso de natureza extraordinária, ainda que se trate de incompetência absoluta.
▸ OJ republicada no DJE de 16.11.2010 e 23.11.2010.

63 – CANCELADA. Nova redação da Súmula 199 – Res. 129/2005 do TST – (DJU 20.04.2005).

Prescrição total. Horas extras. Pré-contratadas e suprimidas. Termo inicial. Data da supressão. (Inserida em 14.03.94).

64 – CANCELADA. Nova redação da Súmula 239 – Res. 129/2005 do TST – (DJU 20.04.2005).

PROBAM. Enunciado 239. Inaplicável. Não são bancários seus empregados. (Inserida em 13.09.94).

65 – Professor adjunto. Ingresso no cargo de professor titular. Exigência de concurso público não afastada pela Constituição Federal de 1988 (CF/1988, arts. 37, II, e 206, V). (Inserida em 30.05.94).

O acesso de professor adjunto ao cargo de professor titular só pode ser efetivado por meio de concurso público, conforme dispõem os arts. 37, inciso II, e 206, inciso V, da CF/88.
▸ OJ com redação pela Res. 129/2005 do TST (DJU 20.04.2005).

66 – CANCELADA. Convertida na Súmula 351 – Res. 68/1997 do TST (DJ 30.05.1997)

Professor. Repouso semanal remunerado. Lei 605/1949, art. 7º, § 2º. No salário do professor percebido com base no valor da hora/aula não está inserido o repouso semanal remunerado.

67 – CANCELADA. Convertida na Súmula 358 – Res. 77/1997 (DJ 19.12.1997)

Radiologista. Salário profissional. O salário profissional dos técnicos em radiologia é igual a dois salários mínimos e não a quatro (Lei 7.394/1985).

68 – CANCELADA. Convertida na OJ Transitória 35 da SDI-I – Res. 129/2005 do TST – (DJU 20.04.2005).

Reajustes salariais. Bimestrais e quadrimestrais (Lei 8.222/1991). Simultaneidade inviável. (Inserida em 28.11.95).

69 – CANCELADA. Convertida na Súmula 375 – Res. 129/2005 do TST – (DJU 20.04.2005).

Reajustes salariais previstos em norma coletiva. Prevalência dos Decretos-leis 2.283/1986 e 2.284/1986. "Plano Cruzado". (Inserida em 14. 03.94).

70 – CANCELADA. Convertida na OJ 5 do Tribunal Pleno – Res. 129/2005 do TST – (DJU 20.04.2005).

Recurso ordinário. Cabimento. (Inserida em 13.09.94). Não cabe recurso ordinário contra decisão de agravo regimental interposto em reclamação correicional.

71 – CANCELADA. Nova redação da Súmula 303 – Res. 129/2005 do TST – (DJU 20.04.2005).

Remessa ex officio. Ação rescisória. Decisões contrárias a entes públicos (art. 1º, inc. V, do Decreto-lei 779/1969 e inc. II, do art. 475, do CPC). Cabível. (Inserida em 03.06.96).

72 – CANCELADA. Nova redação da Súmula 303 – Res. 129/2005 do TST – (DJU 20.04.2005).

Remessa ex officio. Mandado de segurança concedido. Impetrante e terceiro interessado pessoas de direito privado. Incabível, ressalvadas as hipóteses de matéria administrativa, de competência do órgão especial. (Inserida em 25.11.96).

73 – CANCELADA. Nova redação da Súmula 303 – Res. 129/2005 do TST – (DJU 20.04.2005).

Remessa ex officio. Mandado de segurança. Incabível. Decisões proferidas pelo TRT e favoráveis ao impetrante ente público. Inaplicabilidade do art. 12 da Lei 1.533/1951. (Inserida em 03.06.96).

74 – CANCELADA. Nova redação da Súmula 122 – Res. 129/2005 do TST – (DJU 20.04.2005).

Revelia. Ausência da reclamada. Comparecimento de advogado. (Inserida em 25.11.96). A reclamada, ausente à audiência em que deveria apresentar defesa, é revel, ainda que presente seu advogado munido de procuração.

75 – Substabelecimento sem o reconhecimento de firma do substabelecente. Inválido (anterior à Lei 8.952/1994). (Inserida em 01.02.95).

Não produz efeitos jurídicos recurso subscrito por advogado com poderes conferidos em substabelecimento em que não consta o reconhecimento de firma do outorgante. Entendimento aplicável antes do advento da Lei 8.952/1994.
▸ OJ com redação pela Res. 129/2005 do TST (DJU 20.04.2005).

76 – Substituição dos avanços trienais por quinquênios. Alteração do contrato de trabalho. Prescrição total. CEEE. (Inserida em 14.03.94).

A alteração contratual consubstanciada na substituição dos avanços trienais por quinquênios decorre de ato único do empregador, momento em que começa a fluir o prazo fatal de prescrição.
▸ OJ com redação pela Res. 129/2005 do TST (DJU 20.04.2005).

77 – CANCELADA. Convertida na Súmula 357 – Res. 76/1997 do TST – (DJU 19.12.1997).

Testemunha que move ação contra a mesma reclamada e/ou com o mesmo objeto. Não há suspeição.

78 – CANCELADA. Convertida na Súmula 360 – Res. 79/1997 do TST – (DJU 13.01.1998).

Turnos ininterruptos de revezamento. Jornada de seis horas. A interrupção do trabalho dentro de cada turno ou semanalmente não afasta a aplicação do art. 7º, XIV, da CF/1988.

79 – URPs de abril e maio de 1988. Decreto-lei 2.425/1988.

Existência de direito apenas ao reajuste de 7/30 (sete trinta avos) de 16,19% (dezesseis inteiros e dezenove décimos por cento), a ser calculado sobre o salário de março e incidente sobre o salário dos meses de abril e maio, não cumulativamente, corrigidos desde a época própria até a data do efetivo pagamento.
▸ OJ com redação por força da decisão do julgamento do Proc. 573062/1999 – (DJU 14.06.2005).

80 – CANCELADA. Convertida na OJ 110 da SDI-II – (DJU 29.04.2003).

Ação rescisória. Réu sindicato. Substituto processual na ação originária. Inexistência de litisconsórcio passivo necessário. Quando o sindicato é réu na ação rescisória, por ter sido autor, como substituto processual na ação originária, é desnecessária a citação dos substituídos.

81 – CANCELADA. Convertida na Súmula 394 – Res. 129/2005 do TST – (DJU 20.04.2005).

Art. 462, do CPC. Fato superveniente. (Inserida em 28.04.97). É aplicável de ofício aos processos em curso em qualquer instância trabalhista.

82 – Aviso-prévio. Baixa na CTPS.

A data de saída a ser anotada na CTPS deve corresponder à do término do prazo do aviso-prévio, ainda que indenizado.

83 – Aviso-prévio. Indenizado. Prescrição.

A prescrição começa a fluir no final da data do término do aviso-prévio. Art. 487, § 1º, CLT.

84 – CANCELADA pela Res. 186/2012 do TST – (DEJT 25.09.2012).

Aviso prévio. Proporcionalidade. A proporcionalidade do aviso prévio, com base no tempo de serviço, depende da legislação regulamentadora, visto que o art. 7º, inc. XXI, da CF/1988 não é autoaplicável.

85 – CANCELADA. Convertida na Súmula 363 – Res. 97/2000 do TST – (DJU 18.09.2000; rep. 13.10.2000).

Contrato nulo. Efeitos. Devido apenas o equivalente aos salários dos dias trabalhados. A contratação de servidor público, após a CF/1988, sem prévia aprovação em concurso público, encontra óbice no art. 37, II, da CF/1988, sendo nula de pleno direito, não gerando nenhum efeito trabalhista, salvo quanto ao pagamento do equivalente aos salários dos dias efetivamente trabalhados.

86 – CANCELADA. Convertida na Súmula 369 – Res. 129/2005 do TST – (DJU 20.04.2005).

Dirigente sindical. Extinção da atividade empresarial no âmbito da base territorial do sindicato. Insubsistência da estabilidade. (Inserida em 28.04.97).

87 – Entidade Pública. Exploração de Atividade Eminentemente Econômica. Execução. Art. 883 da CLT.

É direta a execução contra a APPA e MINASCAIXA (§1º do art. 173, da CF/ 88).
▸ OJ com redação pelo TST em 06.04.2004 (DJU 16.04.2004).

88 – CANCELADA. Nova redação da Súmula 244 – Res. 129/2005 do TST – (DJU 20.04.2005).

Gestante. Estabilidade provisória. (Inserida em 28.04.97, alterado DJ 16.04.04 e republicado DJ 04.05.04). O desconhecimento do estado gravídico pelo empregador não afasta o direito ao pagamento da indenização decorrente da estabilidade (art. 10, II, b, ADCT).

89 – CANCELADA. Convertida na Súmula 376 – Res. 129/2005 do TST – (DJU 20.04.2005).

Horas extras. Reflexos. (Inserida em 28.04.97). O valor das horas extras habitualmente prestadas integra o cálculo dos haveres trabalhistas, independentemente da limitação prevista no caput do art. 59 da CLT.

90 – CANCELADA. Nova redação da art. 897 da CLT pela Lei 9.756/98 – Res. 129/2005 do TST – (DJU 20.04.2005).

Agravo de instrumento. Traslado. Não exigência de certidão de publicação do acórdão regional. Res. 52/1996 – Instrução Normativa 6/1996. (Inserida em 30.05.97). Quando o despacho denegatório de processamento de recurso de revista não se fundou na intempestividade deste, não é necessário o traslado da certidão de publicação do acórdão regional.

91 – Anistia. Art. 8º, § 1º, ADCT. Efeitos financeiros. ECT.

Em 19.05.1997, a SDI-Plena decidiu, pelo voto prevalente do Exmo. Sr. Presidente, que os efeitos financeiros da readmissão do empregado anistiado serão contados a partir do momento em que este manifestou o desejo de retornar ao trabalho e, na ausência de prova, da data do ajuizamento da ação.

92 – Desmembramento de municípios. Responsabilidade trabalhista.

Em caso de criação de novo município, por desmembramento, cada uma das novas entidades responsabiliza-se pelos direitos trabalhistas do empregado no período em que figurarem como real empregador.

93 – CANCELADA. Nova redação da Súmula 146 – Res. 121/2003 e Res. 129/2005 do TST – (DJU 21.11. 2003 e 20.04.2005).

Domingos e feriados trabalhados e não compensados. Aplicação do Enunciado 146. (Inserida em 30.05.97). O trabalho prestado em domingos e feriados não compensados deve ser pago em dobro sem prejuízo da remuneração relativa ao repouso semanal.

94 – CANCELADA. Nova redação da Súmula 221 – Res. 129/2005 do TST – (DJU 20.04.2005).

Embargos. Exigência. Indicação expressa do dispositivo legal tido como violado. (Inserida em 30.05.97). Em

19.05.1997, a SDI-Plena decidiu, por maioria, que não se conhece de revista (896, c) e de embargos (894, b) por violação legal ou constitucional quando o recorrente não indica expressamente o dispositivo de lei ou da Constituição tido como violado.

95 – Embargos para SDI. Divergência entre a mesma turma do TST. Inservível.

Em 19.05.1997, a SDI-Plena, por maioria, decidiu que acórdãos oriundos da mesma turma, embora divergentes, não fundamentam divergência jurisprudencial de que trata a alínea b do art. 894 da Consolidação das Leis do Trabalho para embargos à Sessão Especializada em Dissídios Individuais, Subseção I.

96 – CANCELADA. Nova redação da Súmula 159 – Res. 121/2003 e Res. 129/2005 do TST – (*DJU 21.11.2003 e 20.04.2005*).

Férias. Salário substituição. Devido. Aplicação do Enunciado 159. (Inserida em 30.05.97).

97 – Horas extras. Adicional noturno. Base de cálculo.

O adicional noturno integra a base de cálculo das horas extras prestadas no período noturno.

98 – CANCELADA. Convertida na OJ Transitória 36 da SDI-I – Res. 129/2005 do TST – (*DJU 20.04.2005*)

Horas in itinere. Tempo gasto entre a portaria da empresa e o local do serviço. Devidas. AÇOMINAS. (Inserida em 30.05.97).

99 – CANCELADA. Convertida na Súmula 377 – Res. 129/2005 do TST – (*DJU 20.04.2005*).

Preposto. Exigência da condição de empregado. (Inserida em 30.05.97). Exceto quanto à reclamação de empregado doméstico, o preposto deve ser necessariamente empregado do reclamado. Inteligência do art. 843, § 1º, da CLT.

100 – Salário. Reajuste. Entes públicos. (Inserida em 30.05.97).

Os reajustes salariais previstos em legislação federal devem ser observados pelos Estados-membros, suas Autarquias e Fundações Públicas nas relações contratuais trabalhistas que mantiverem com seus empregados.

▸ OJ com redação pela Res. 129/2005 do TST (*DJU 20.04.2005*).

101 – CANCELADA. Nova redação da Súmula 28 – Res. 121/2003 e Res. 129/2005 do TST – (*DJU 21.11. 2003 e 20.04.2005*).

Reintegração convertida em indenização dobrada. Efeitos. Aplicação do Enunciado 28. (Inserida em 30.05.97). Em 19.05.1997, a SDI-Plena, por maioria, decidiu que o direito à percepção de salários vencidos e vincendos decorrentes da condenação ao pagamento de indenização dobrada é assegurado até a data da primeira decisão que converteu a reintegração em indenização dobrada.

102 – CANCELADA. Nova redação da Súmula 139 – Res. 129/2005 do TST – (*DJU 20.04.2005*).

Adicional de insalubridade. Integração na remuneração. (Inserida em 01.10.97). Enquanto percebido, o adicional de insalubridade integra a remuneração para todos os efeitos legais.

103 – Adicional de insalubridade. Repouso semanal e feriados. (Inserida em 01.10.97).

O adicional de insalubridade já remunera os dias de repouso semanal e feriados.

▸ OJ com redação pela Res. 129/2005 do TST (*DJU 20.04.2005*).

104 – CANCELADA. Incorporação à redação da Súmula 25 – Res. 197/2015 – (*DEJT 14.05.2015*)

Custas. Condenação acrescida. Inexistência de deserção quando as custas não são expressamente calculadas e não há intimação da parte para o preparo do recurso, devendo, então, ser as custas pagas ao final.

105 – CANCELADA. Convertida na Súmula 378 – Res. 129/2005 do TST – (*DJU 20.04.2005*)

Estabilidade provisória. Acidente de trabalho. É constitucional o art. 118, da Lei 8.213/1991. (Inserida em 01.10.97).

106 – CANCELADA. Convertida na Súmula 396 – Res. 129/2005 do TST – (*DJU 20.04.2005*).

Estabilidade provisória. Pedido de reintegração. Concessão do salário relativo ao período de estabilidade já exaurido. Inexistência de julgamento extra petita. (Inserida em 01.10.97).

107 – CANCELADA. Nova redação e incorporação à OJ 42 da SDI-I – Res. 129/2005 do TST – (*DJU 21.11. 2003 e 20.04.2005*).

FGTS. Multa de 40%. Saques. Atualização monetária. Incidência. (Inserida em 01.10.97). A multa de 40% (quarenta por cento) a que se refere o art. 9º, § 1º, do

Decreto 99.684/1990, incide sobre os saques, corrigidos monetariamente.

108 – CANCELADA. Convertida na Súmula 395 – Res. 129/2005 do TST – (*DJU 20.04.2005*)

Mandato expresso. Ausência de poderes para substabelecer. Válidos os atos praticados pelo substabelecido. (Art. 1.300, §§ 1º e 2º do CCB). (Inserida em 01.10.97).

▸ O texto refere-se ao CC de 1916.

109 – CANCELADA. Convertida na OJ Transitória 37 da SDI-I – Res. 129/2005 do TST – (*DJU 20.04.2005*).

MINASCAIXA. Legitimidade passiva ad causam enquanto não concluído o procedimento de liquidação extrajudicial. (Inserida em 01.10.97).

110 – CANCELADA pela Res. 212/2016 do TST (*DEJT 20.09.2016*).

Representação irregular. Procuração apenas nos autos de agravo de instrumento. A existência de instrumento de mandato apenas nos autos de agravo de instrumento, ainda que em apenso, não legitima a atuação de advogado nos processos de que se originou o agravo.

111 – Recurso de revista. Divergência jurisprudencial. Aresto oriundo do mesmo Tribunal Regional. Lei 9.756/1998. Inservível ao conhecimento.

Não é servível ao conhecimento de recurso de revista aresto oriundo de mesmo Tribunal Regional do Trabalho, salvo se o recurso houver sido interposto anteriormente à vigência da Lei 9.756/1998.

▸ OJ com redação pela Res. 129/2005 do TST (*DJU 20.04.2005*).

112 – CANCELADA. Nova redação da Súmula 159 – Res. 129/2005 do TST – (*DJU 20.04.2005*).

Vacância do cargo. Salário do sucessor. Enunciado 159. Inaplicável. (Inserida em 01.10.97). Vago o cargo em definitivo, o empregado que passa a ocupá-lo não tem direito a salário igual ao do antecessor.

113 – Adicional de transferência. Cargo de confiança ou previsão contratual de transferência. Devido. Desde que a transferência seja provisória.

O fato de o empregado exercer cargo de confiança ou a existência de previsão de transferência no contrato de trabalho não exclui o direito ao adicional. O pressuposto legal apto a legitimar a percepção do mencionado adicional é a transferência provisória.

114 – CANCELADA. Convertida na Súmula 379 – Res. 129/2005 do TST – (*DJU 20.04.2005*).

Dirigente sindical. Despedida. Falta grave. Inquérito judicial. Necessidade. (Inserida em 20.11.97).

115 – CANCELADA. Convertida na Súmula 459 – Res. 197/2015 do TST – (*DEJT 14.05.2015*).

Recurso de revista. Nulidade por negativa de prestação jurisdicional. (Inserida em 19.04.2012).

116 – CANCELADA. Convertida na Súmula 396 – Res. 129/2005 do TST – (*DJU 20.04.2005*).

Estabilidade provisória. Período estabilitário exaurido. Reintegração não assegurada. Devidos apenas os salários desde a data da despedida até o final do período estabilitário. (Inserida em 20.11.97).

117 – CANCELADA. Convertida na Súmula 376 – Res. 129/2005 do TST – (*DJU 20.04.2005*).

Horas extras. Limitação. Art. 59 da CLT. (Inserida em 20.11.97). A limitação legal da jornada suplementar a duas horas diárias não exime o empregador de pagar todas as horas trabalhadas.

118 – Prequestionamento. Tese Explícita. Inteligência da Súmula 297.

Havendo tese explícita sobre a matéria, na decisão recorrida, desnecessário contenha nela referência expressa do dispositivo legal para ter-se como prequestionado este.

119 – Prequestionamento inexigível. Violação nascida na própria decisão recorrida. Súmula 297 do TST. Inaplicável.

É inexigível o prequestionamento quando a violação indicada houver nascido na própria decisão recorrida. Inaplicável a Súmula 297 do TST.

▸ OJ republicada no DJE de 16.11.2010.

120 – Recurso. Assinatura da Petição ou das Razões Recursais. Art. 932, parágrafo único, do CPC de 2015. (alterada em decorrência do CPC de 2015)

I – Verificada a total ausência de assinatura no recurso, o juiz ou o relator concederá prazo de 5 (cinco) dias para que seja sanado o vício. Descumprida a determinação, o recurso será reputado inadmissível (art. 932, parágrafo único, do CPC de 2015).

II – É válido o recurso assinado, ao menos, na petição de apresentação ou nas razões recursais.

▸ OJ com redação pela Res. 212/2016 do TST (*DEJT 20.09.2016*).

121 – Substituição processual. Diferença do adicional de insalubridade. Legitimidade. (Inserida em 20.11.97).

O sindicato tem legitimidade para atuar na qualidade de substituto processual para pleitear diferença de adicional de insalubridade.

▸ OJ com redação pela Res. 129/2005 do TST (*DJU 20.04.2005*).

122 – CANCELADA. Convertida na Súmula 380 – Res. 129/ 2005 do TST – (*DJU 20.04.2005*)

Aviso-prévio. Início da contagem. Art. 125, Código Civil. (Inserida em 20.04.98). Aplica-se a regra prevista no art. 125, do Código Civil, à contagem do prazo do aviso-prévio.

▸ O texto refere-se ao CC de 1916.

123 – Bancários. Ajuda alimentação.

A ajuda alimentação prevista em norma coletiva em decorrência de prestação de horas extras tem natureza indenizatória e, por isso, não integra o salário do empregado bancário.

124 – CANCELADA. Convertida na Súmula 381 – Res. 129/2005 do TST – (*DJU 20.04.2005*)

Correção monetária. Salário. Art. 459, CLT. (Inserida em 20.04.98). O pagamento dos salários até o 5º dia útil do mês subsequente ao vencido não está sujeito à correção monetária. Se essa data limite for ultrapassada, incidirá o índice da correção monetária do mês subsequente ao da prestação dos serviços.

125 – Desvio de função. Quadro de carreira.

O simples desvio funcional do empregado não gera direito a novo enquadramento, mas apenas às diferenças salariais respectivas, mesmo que o desvio de função haja iniciado antes da vigência da CF/1988.

▸ OJ com redação pelo TST em 13.03.2002.

126 – CANCELADA. Nova redação da Súmula 239 – Res. 129/2005 do TST – (*DJU 20.04.2005*).

Enunciado 239. Empresa de processamento de dados. Inaplicável. (Inserida em 20.04.98). É inaplicável o Enunciado 239 quando a empresa de processamento de dados presta serviços a banco e a empresas não bancárias do mesmo grupo econômico ou a terceiros.

127 – Hora noturna reduzida. Subsistência após a CF/1988.

O art. 73, § 1º, da CLT, que prevê a redução da hora noturna, não foi revogado pelo inciso IX do art. 7º da CF/1988.

128 – CANCELADA. Convertida na Súmula 382 – Res. 129/2005 do TST – (*DJU 20.04.2005*).

Mudança de regime celetista para estatutário. Extinção do contrato. Prescrição bienal. (Inserida em 20.04.98). A transferência do regime jurídico de celetista para estatutário implica extinção do contrato de trabalho, fluindo o prazo da prescrição bienal a partir da mudança de regime.

129 – Prescrição. Complementação da pensão e auxílio-funeral.

A prescrição extintiva para pleitear judicialmente o pagamento da complementação de pensão e do auxílio-funeral é de 2 anos, contados a partir do óbito do empregado.

130 – Prescrição. Ministério Público. Arguição. "Custos Legis". Ilegitimidade. (atualizada em decorrência do CPC de 2015)

Ao exarar o parecer na remessa de ofício, na qualidade de "custos legis", o Ministério Público não tem legitimidade para arguir a prescrição em favor de entidade de direito público, em matéria de direito patrimonial.

▸ OJ com redação pela Res. 209/2016 do TST (*DEJT 01.06.2016*).

131 – CANCELADA. Convertida na Súmula 367 – Res. 129/2005 do TST – (*DJU 20.04.2005*).

Vantagem in natura. Hipóteses em que não integra o salário. (Inserida em 20.04.98 e ratificada pelo T. Pleno em 07.12.00). A habitação e a energia elétrica fornecidas pelo empregador ao empregado, quando indispensáveis para a realização do trabalho, não têm natureza salarial.

132 – Agravo regimental. Peças essenciais nos autos principais.

Inexistindo lei que exija a tramitação do agravo em autos apartados, tampouco previsão no Regimento Interno do Regional, não pode o agravante ver-se penalizado por não haver colacionado cópia de peças dos autos principais, quando o agravo deveria fazer parte dele.

133 – Ajuda alimentação. PAT. Lei 6.321/1976. Não integração ao salário.

A ajuda alimentação fornecida por empresa participante do programa de alimentação ao trabalhador, instituído pela Lei 6.321/1976, não tem caráter salarial. Portanto, não integra o salário para nenhum efeito legal.

134 – Autenticação. Pessoa jurídica de direito público. Dispensada. Medida Provisória 1.360, de 12.03.1996.

São válidos os documentos apresentados, por pessoa jurídica de direito público, em fotocópia não autenticada, posteriormente à edição da Medida Provisória 1.360/1996 e suas reedições.

▶ A mencionada MP 1.360/1996 foi convertida na Lei 10.522/2002.

135 – CANCELADA. Convertida na Súmula 371 – Res. 129/ 2005 do TST – (DJU 20.04.2005).

Aviso-prévio indenizado. Superveniência de auxílio--doença no curso deste. (Inserida em 27.11.98). Os efeitos da dispensa só se concretizam depois de expirado o benefício previdenciário, sendo irrelevante que tenha sido concedido no período do aviso-prévio já que ainda vigorava o contrato de trabalho.

136 – CANCELADA. Incorporação e nova redação à OJ 18 da SDI-I – Res. 129/2005 do TST – (DJU 20.04.2005).

Banco do Brasil. Complementação de aposentadoria. Telex DIREC 5.003/1987. Não assegurada. O Telex DIREC do Banco do Brasil 5.003/1987 não assegura a complementação de aposentadoria integral, porque não aprovado pelo órgão competente ao qual a instituição se subordina.

137 – CANCELADA. Convertida na OJ Transitória 38 da SDI-I – Res. 129/2005 do TST – (DJU 20.04.2005).

Banco Meridional. Circular 34.046/1989. Dispensa sem justa causa. (Inserida em 27.11.98). A inobservância dos procedimentos disciplinados na Circular 34.046/1989, norma de caráter eminentemente procedimental, não é causa para a nulidade da dispensa sem justa causa.

138 – Competência residual. Regime jurídico único. Limitação da execução. Inserida em 27.11.98. (Nova redação em decorrência da incorporação da OJ 249 da SDI-1) *DJ 20.04.2005.*

Compete à Justiça do Trabalho julgar pedidos de direitos e vantagens previstos na legislação trabalhista referente a período anterior à Lei 8.112/1990, mesmo que a ação tenha sido ajuizada após a edição da referida lei. A superveniência de regime estatutário em substituição ao celetista, mesmo após a sentença, limita a execução ao período celetista. (1ª parte – ex-OJ 138 da SDI-1 – inserida em 27.11.98; 2ª parte – ex-OJ 249 – inserida em 13.03.02)

▶ OJ com redação pela Res. 129/2005 do TST *(DJU 20.04.2005).*

139 – CANCELADA. Nova redação da Súmula 128 –Res. 129/2005 do TST – (DJU 20.04.2005).

Depósito recursal. (Inserida em 27.11.98). Complementação devida. Aplicação da Instrução Normativa 3/1993, II. Está a parte recorrente obrigada a efetuar o depósito legal, integralmente, em relação a cada novo recurso interposto, sob pena de deserção. Atingido o valor da condenação, nenhum depósito mais é exigido para qualquer recurso.

140 – Depósito recursal e custas processuais. Recolhimento insuficiente. Deserção (nova redação em decorrência do CPC de 2015).

Em caso de recolhimento insuficiente das custas processuais ou do depósito recursal, somente haverá deserção do recurso se, concedido o prazo de 5 (cinco) dias previsto no § 2º do art. 1.007 do CPC de 2015, o recorrente não complementar e comprovar o valor devido.

▶ OJ com redação pela Res. 217/2017 do TST (DEJT de 20.04.2017).

141 – CANCELADA. Convertida na Súmula 368 – Res. 129/ 2005 do TST – (DJU 20.04.2005).

Descontos previdenciários e fiscais. Competência da Justiça do Trabalho. (Inserida em 27.11.98)

142 – Embargos de Declaração. Efeito Modificativo. Vista Prévia à Parte Contrária (cancelado o item II em decorrência do CPC de 2015)

É passível de nulidade decisão que acolhe embargos de declaração com efeito modificativo sem que seja concedida oportunidade de manifestação prévia à parte contrária.

▶ OJ com redação pela Res. 215/2016 do TST (DEJT 30.11.2016).

143 – Empresa em liquidação extrajudicial. Execução. Créditos trabalhistas. Lei 6.024/ 1974.

A execução trabalhista deve prosseguir diretamente na Justiça do Trabalho mesmo após a decretação da liquidação extrajudicial (Lei 6.830/80, arts. 5º e 29, aplicados supletivamente (CLT art. 889 e CF/1988, art. 114).

144 – CANCELADA. Nova redação da Súmula 275 – Res. 129/2005 do TST – (DJU 20.04.2005).

Enquadramento funcional. Prescrição extintiva. (Inserida em 27.11.98).

145 – CANCELADA. Convertida na Súmula 369 – Res. 129/ 2005 do TST – (DJU 20.04.2005)

Estabilidade. Dirigente sindical. Categoria diferenciada. (Inserida em 27.11.98). O empregado de categoria diferenciada eleito dirigente sindical só goza de estabilidade se exercer na empresa atividade pertinente à categoria profissional do sindicato para o qual foi eleito dirigente.

146 – CANCELADA. Convertida na OJ Transitória 39 da SDI-I – Res. 129/2005 do TST – (DJU 20.04.2005).

FGTS. Opção retroativa. Concordância do empregador. Necessidade. (Inserida em 27.11.98).

147 – Lei estadual, norma coletiva ou norma regulamentar. Conhecimento indevido do recurso de revista por divergência jurisprudencial. (Alínea b do art. 896 da CLT.) Inserida em 27.11.98. (Nova redação em decorrência da incorporação da OJ 309 da SDI-I) *DJ 20.04.2005.*

I – É inadmissível o recurso de revista fundado tão somente em divergência jurisprudencial, se a parte não comprovar que a lei estadual, a norma coletiva ou o regulamento da empresa extrapolam o âmbito do TRT prolator da decisão recorrida.

II – É imprescindível a arguição de afronta ao art. 896 da CLT para o conhecimento de embargos interpostos em face de acórdão de Turma que conhece indevidamente de recurso de revista, por divergência jurisprudencial, quanto a tema regulado por lei estadual, norma coletiva ou norma regulamentar de âmbito restrito ao TRT prolator da decisão.

▶ OJ com redação pela Res. 129/2005 do TST *(DJU 20.04.2005).*

148 – Lei 8.880/1994, art. 31. Constitucionalidade. (Inserida em 27.11.98).

É constitucional o art. 31 da Lei 8.880/1994 que prevê a indenização por demissão sem justa causa.

▶ OJ com redação pela Res. 129/2005 do TST *(DJU 20.04.2005).*

149 – CANCELADA. Convertida na Súmula 383 – Res. 129/2005 do TST – (DJU 20.04.2005)

Mandato. Art. 13 do CPC. Regularização. Fase recursal. Inaplicável. (Inserida em 27.11.98).

150 – CANCELADA. Convertida na Súmula 384 – Res. 129/2005 do TST – (DJU 20.04.2005)

Multa prevista em vários instrumentos normativos. Cumulação de ações. O descumprimento de qualquer cláusula constante de instrumentos normativos diversos não submete o empregado a ajuizar várias ações, pleiteando em cada uma o pagamento da multa referente ao descumprimento de obrigações previstas nas cláusulas respectivas.

151 – Prequestionamento. Decisão regional que adota a sentença. Ausência de prequestionamento.

Decisão regional que simplesmente adota os fundamentos da decisão de primeiro grau não preenche a exigência do prequestionamento, tal como previsto na Súmula 297.

152 – Revelia. Pessoa jurídica de direito público. Aplicável. (Art. 844 da CLT). (Inserida em 27.11.98).

Pessoa jurídica de direito público sujeita-se à revelia prevista no artigo 844 da CLT.

▶ OJ com redação pela Res. 129/2005 do TST *(DJU 20.04.2005).*

153 – CANCELADA. Convertida na OJ Transitória 57 da SDI-I – Res. 129/2005 do TST – (DJU 20.04.2005).

Adicional de insalubridade. Deficiência de iluminamento. Limitação. (Inserida em 26.03.1999). Somente após 26.02.1991 foram, efetivamente, retiradas do mundo jurídico as normas ensejadoras do direito ao adicional de insalubridade por iluminamento insuficiente no local da prestação de serviço, como previsto na Portaria 3.751/1990 do Ministério do Trabalho.

154 – CANCELADA pela Res. 158/2009 do TST – (DJE 21.10.2009).

Atestado médico – INSS. Exigência prevista em instrumento normativo. (Inserida em 26.03.99). A doença profissional deve ser atestada por médico do INSS, se tal exigência consta de cláusula de instrumento normativo, sob pena de não reconhecimento do direito à estabilidade. (Alterada pela Res. TST 129 / 2005 – DJU 20.04.2005).

155 – CANCELADA. Convertida na OJ Transitória 40 da SDI-I – Res. 129/2005 do TST – (DJU 20.04.2005).

BANRISUL. Complementação de aposentadoria. (Inserida em 26.03.99). A Resolução 1.600/1964, vigente à época da admissão do empregado, incorporou-se ao contrato de trabalho, pelo que sua alteração não poderá prejudicar o direito adquirido, mesmo em virtude da edição da Lei 6.435/1977. Incidência dos Enunciados 51 e 288.

156 – CANCELADA. Nova redação da Súmula 327 – Res. 175/2011 do TST – (DEJT 27.05.2011)

Complementação de aposentadoria. Diferenças. Prescrição. Ocorre a prescrição total quanto a diferenças de complementação de aposentadoria quando estas decorrem de pretenso direito a verbas não recebidas no curso da relação de emprego e já atingidas pela prescrição, à época da propositura da ação.

157 – CANCELADA. Convertida na OJ Transitória 41 da SDI-I – Res. 129/2005 do TST – (DJU 20.04.2005).

Complementação de aposentadoria. Fundação Clemente de Faria. Banco Real. (Inserida em 26.03.99). É válida a cláusula do Estatuto da Fundação que condicionou o direito à complementação de aposentadoria à existência de recursos financeiros e, também, previa a suspensão, temporária ou definitiva, da referida complementação.

158 – Custas. Comprovação de recolhimento. DARF eletrônico. Validade.

O denominado "DARF Eletrônico" é válido para comprovar o recolhimento de custas por entidades da Administração Pública Federal, emitido conforme a IN SRF 162, de 04.11.1988.

159 – Data de pagamento. Salários. Alteração.

Diante da inexistência de previsão expressa em contratou em instrumento normativo, a alteração de data de pagamento pelo empregador não viola o art. 468, desde que observado o parágrafo único do art. 459, ambos da CLT.

160 – Descontos salariais. Autorização no ato da admissão. Validade.

É inválida a presunção de vício de consentimento resultante do fato de ter o empregado anuído expressamente com descontos salariais na oportunidade da admissão. É de se exigir demonstração concreta do vício de vontade.

161 – CANCELADA. Convertida na Súmula 385 – Res. 129/2005 do TST – (DJU 20.04.2005).

Feriado local. Prazo recursal. Prorrogação. Comprovação. Necessidade. (Inserida em 26.03.99). Cabe à parte comprovar, quando da interposição do recurso, a existência de feriado local que justifique a prorrogação do prazo recursal.

162 – Multa. Art. 477 da CLT. Contagem do prazo. Aplicável o art. 132 do Código Civil de 2002. (Inserida em 26.03.99).

A contagem do prazo para quitação das verbas decorrentes da rescisão contratual prevista no artigo 477 da CLT exclui necessariamente o dia da notificação da demissão e inclui o dia do vencimento, em obediência ao disposto no artigo 132 do Código Civil de 2002 (artigo 125 do Código Civil de 1916).

▶ OJ com redação pela Res. 129/2005 do TST *(DJU 20.04.2005).*

163 – CANCELADA. Nova redação da Súmula 51 – Res. 129/2005 do TST – (DJU 20.04.2005).

Norma regulamentar. Opção pelo novo regulamento. Art. 468 da CLT e Enunciado 51. Inaplicáveis. (Inserida em 26.03.99). Havendo a coexistência de dois regulamentos da empresa, a opção do empregado por um deles tem efeito jurídico de renúncia às regras do sistema do outro.

164 – Oficial de Justiça ad hoc. Inexistência de vínculo empregatício. (Inserida em 26.03.99).

Não se caracteriza o vínculo empregatício na nomeação para o exercício das funções de oficial de justiça ad hoc, ainda que feita de forma reiterada, pois exaure-se a cada cumprimento de mandado.

▶ OJ com redação pela Res. 129/2005 do TST *(DJU 20.04.2005).*

165 – Perícia. Engenheiro ou médico. Adicional de insalubridade e periculosidade. Válido. Art. 195 da CLT.

O art. 195 da CLT não faz qualquer distinção entre o médico e o engenheiro para efeito de caracterização e classificação da insalubridade e periculosidade, bastando para a elaboração do laudo seja o profissional devidamente qualificado.

166 – CANCELADA. Convertida na OJ Transitória 42 da SDI-I – Res. 129/2005 do TST – (DJU 20.04.2005).

PETROBRAS. Pensão por morte do empregado assegurada no manual de pessoal. Estabilidade decenal. Opção pelo regime do FGTS. (Inserida em 26.03.99). Tendo o empregado adquirido a estabilidade decenal, antes de optar pelo regime do FGTS, não há como negar--se o direito à pensão, eis que preenchido o requisito exigido pelo Manual de Pessoal.

167 – CANCELADA. Convertida na Súmula 386 – Res. 129/2005 do TST – (DJU 20.04.2005).

Policial militar. Reconhecimento de vínculo empregatício com empresa privada. (Inserida em 26.03.99). Preenchidos os requisitos do art. 3º da CLT, é legítimo o reconhecimento de relação de emprego entre policial militar e empresa privada, independentemente do eventual cabimento de penalidade disciplinar prevista no Estatuto do Policial Militar.

168 – CANCELADA. Convertida na OJ Transitória 43 da SDI-I – Res. 129/2005 do TST – (DJU 20.04.2005).

SUDS. Gratificação. Convênio da União com Estado. Natureza salarial enquanto paga. (Inserida em 26.03.99). A parcela denominada "Complementação SUDS" paga aos servidores em virtude de convênio entre o Estado e

a União Federal tem natureza salarial, enquanto paga, pelo que repercute nos demais haveres trabalhistas do empregado.

169 – CANCELADA. Convertida na Súmula 423 – Res. 139/2006 do TST – *(DJU 10.10.2006).*

Turno ininterrupto de revezamento. Fixação de jornada de trabalho mediante negociação coletiva. Validade. Quando há na empresa o sistema de turno ininterrupto de revezamento, é válida a fixação de jornada superior a 6 (seis) horas mediante a negociação coletiva.

170 – CANCELADA. Incorporação e nova redação à OJ 4 da SDI-I – Res. 129/2005 do TST – *(DJU 20.04.2005).*

Adicional de insalubridade. Lixo urbano. (Inserida em 08.11.00). A limpeza em residências e escritórios e a respectiva coleta de lixo não podem ser consideradas atividades insalubres, ainda que constatadas por laudo pericial, porque não se encontram dentre as classificadas como lixo urbano, na Portaria do Ministério do Trabalho.

171 – Adicional de insalubridade. Óleos minerais. Sentido do termo "manipulação".

Para efeito de concessão de adicional de insalubridade não há distinção entre fabricação e manuseio de óleos minerais – Portaria 3.214 do Ministério do Trabalho, NR 15, Anexo XIII.

172 – Adicional de insalubridade ou periculosidade. Condenação. Inserção em folha de pagamento.

Condenada ao pagamento do adicional de insalubridade ou periculosidade, a empresa deverá inserir, mês a mês e enquanto o trabalho for executado sob essas condições, o valor correspondente em folha de pagamento.

173 – Adicional de insalubridade. Atividade a céu aberto. Exposição ao sol e ao calor. (Redação alterada na sessão do Tribunal Pleno realizada em 14.09.2012).

I – Ausente previsão legal, indevido o adicional de insalubridade ao trabalhador em atividade a céu aberto, por sujeição à radiação solar (art. 195 da CLT e Anexo 7 da NR 15 da Portaria 3214/1978 do MTE).

II – Tem direito ao adicional de insalubridade o trabalhador que exerce atividade exposto ao calor acima dos limites de tolerância, inclusive em ambiente externo com carga solar, nas condições previstas no Anexo 3 da NR 15 da Portaria 3214/1978 do MTE.

▸ OJ com redação pela Res. 186/2012 do TST *(DEJT 25.09.2012).*

174 – CANCELADA. Nova redação da Súmula 132 – Res. 129/2005 do TST – *(DJU 20.04.2005).*

Adicional de periculosidade. Horas de sobreaviso. Indevido. (Inserida em 08.11.00). Durante as horas de sobreaviso, o empregado não se encontra em condições de risco, razão pela qual é incabível a integração do adicional de periculosidade sobre as mencionadas horas.

175 – Comissões. Alteração ou supressão. Prescrição total. (Nova redação em decorrência da incorporação da OJ 248 da SDI-I) DJ 22.11.2005.

A supressão das comissões, ou a alteração quanto à forma ou ao percentual, em prejuízo do empregado, é suscetível de operar a prescrição total da ação, nos termos da Súmula 294 do TST, em virtude de cuidar-se de parcela não assegurada por preceito de lei.

▸ OJ com redação pelo TST em 10.11.2005 *(DJU 22.11.2005).*

176 – CANCELADA. Convertida na OJ Transitória 44 da SDI-I – Res. 129/2005 do TST – *(DJU 20.04.2005).*

Anistia. Lei 6.683/79. Tempo de afastamento. Não computável para efeito de indenização e adicional por tempo de serviço, licença-prêmio e promoção. (Inserida em 08.11.00).

177 – CANCELADA pelo Tribunal Pleno em 25.10.2006 – *(DJU 30.10.2006).*

Aposentadoria espontânea. Efeitos. A aposentadoria espontânea extingue o contrato de trabalho, mesmo quando o empregado continua a trabalhar na empresa após a concessão do benefício previdenciário. Assim sendo, indevida a multa de 40% (quarenta por cento) do FGTS em relação ao período anterior à aposentadoria.

178 – Bancário. Intervalo de 15 minutos. Não computável na jornada de trabalho. (Inserida em 08.11.00).

Não se computa, na jornada do bancário sujeito a 6 (seis) horas diárias de trabalho, o intervalo de quinze minutos para lanche ou descanso.

▸ OJ com redação pela Res. 129/2005 do TST *(DJU 20.04.2005).*

179 – CANCELADA. Convertida na OJ Transitória 77 da SDI-I – *(DJE 16.11.2010).*

BNDES. Arts. 224/226, CLT. Aplicável a seus empregados.

180 – CANCELADA. Convertida na OJ Transitória 45 da SDI-I – Res. 129/2005 do TST – *(DJU 20.04.2005).*

Comissionista puro. Abono. Lei 8.178/1991. Não incorporação. (Inserida em 08.11.00). É indevida a incor-

poração do abono instituído pela Lei 8.178/1991 aos empregados comissionistas.

181 – Comissões. Correção monetária. Cálculo.

O valor das comissões deve ser corrigido monetariamente para em seguida obter-se a média para efeito de cálculo de férias, 13º salário e verbas rescisórias.

182 – CANCELADA. Nova redação da Súmula 85 – Res. 129/2005 do TST – *(DJU 20.04.2005).*

Compensação de jornada. Acordo individual. Validade. (Inserida em 08.11.00). É válido o acordo individual para compensação de horas, salvo se houver norma coletiva em sentido contrário.

183 – CANCELADA. Convertida na OJ Transitória 46 da SDI-I – Res. 129/2005 do TST – *(DJU 20.04.2005).*

Complementação de aposentadoria. Banco Itaú. (Inserida em 08.11.00). O empregado admitido na vigência da Circular BB 05/1966, que passou para a inatividade posteriormente à vigência da RP 40/1974, está sujeito ao implemento da condição "idade mínima de 55 anos".

184 – CANCELADA. Nova redação da Súmula 74 – Res. 129/2005 do TST – *(DJU 20.04.2005).*

Confissão ficta. Produção de prova posterior. (Inserida em 08.11.00). Somente a prova pré-constituída nos autos é que deve ser levada em conta para confronto com a confissão ficta (art. 400, I, CPC), não implicando cerceamento de defesa o indeferimento de provas posteriores.

185 – Contrato de trabalho com a associação de pais e mestres – APM. Inexistência de responsabilidade solidária ou subsidiária do Estado. (Inserida em 08.11.00).

O Estado-Membro não é responsável subsidiária ou solidariamente com a Associação de Pais e Mestres pelos encargos trabalhistas dos empregados contratados por esta última, que deverão ser suportados integral e exclusivamente pelo real empregador.

▸ OJ com redação pela Res. 129/2005 do TST *(DJU 20.04.2005).*

186 – CANCELADA. Incorporação à redação da Súmula 25 – Res. 197/2015 – *(DEJT 14.05.2015)*

Custas. Inversão do ônus da sucumbência. Deserção. Não ocorrência.

187 – CANCELADA. Convertida na OJ Transitória 47 da SDI-I – Res. 129/2005 do TST – *(DJU 20.04.2005).*

Décimo terceiro salário. Dedução da 1ª parcela. URV. Lei 8.880/1994. (Inserida em 08.11.00). Ainda que o adiantamento do 13º salário tenha ocorrido anteriormente à edição da Lei 8.880/1994, as deduções deverão ser realizadas considerando o valor da antecipação, em URV, na data do efetivo pagamento, não podendo a 2ª parcela ser inferior à metade do 13º salário, em URV.

188 – Decisão normativa que defere direitos. Falta de interesse de agir para ação individual.

Falta interesse de agir para a ação individual, singular ou plúrima, quando o direito já foi reconhecido através de decisão normativa, cabendo, no caso, ação de cumprimento.

189 – CANCELADA. Nova redação da Súmula 128 – Res. 129/2005 do TST – *(DJU 20.04.2005).*

Depósito recursal. Agravo de petição. IN TST 3/1993. (Inserida em 08.11.00). Garantido o juízo, na fase executória, a exigência de depósito para recorrer de qualquer decisão viola os incisos II e LV do art. 5º da CF/1988. Havendo, porém, elevação do valor do débito, exige-se a complementação da garantia do juízo.

190 – CANCELADA. Nova redação da Súmula 128 – Res. 129/2005 do TST – *(DJU 20.04.2005).*

Depósito recursal. Condenação solidária. (Inserida em 08.11.00). Havendo condenação solidária de duas ou mais empresas, o depósito recursal efetuado por uma delas aproveita as demais, quando a empresa que efetuou o depósito não pleiteia sua exclusão da lide.

191 – Contrato de empreitada. Dono da obra de construção civil. Responsabilidade.

Diante da inexistência de previsão legal específica, o contrato de empreitada de construção civil entre o dono da obra e o empreiteiro não enseja responsabilidade solidária ou subsidiária nas obrigações trabalhistas contraídas pelo empreiteiro, salvo sendo o dono da obra uma empresa construtora ou incorporadora.

▸ OJ com redação pela Res. 175/2011 do TST *(DEJT 27.05.2011).*

192 – Embargos declaratórios. Prazo em dobro. Pessoa jurídica de direito público. Decreto-lei 779/69.

É em dobro o prazo para a interposição de embargos declaratórios por pessoa jurídica de direito público.

193 – CANCELADA. Nova redação da Súmula 6 – Res. 104/2000 e Res. 129/2005 do TST – *(DJU 18.02.00 e 20.04.2005).*

Equiparação salarial. Quadro de carreira. Homologação. Governo estadual. Válido. (Inserida em 08.11.00)

194 – CANCELADA. Convertida na Súmula 387 – Res. 129/2005 do TST – *(DJU 20.04.2005).*

Fac-símile. Lei 9.800/1999. Aplicável só a recursos interpostos na sua vigência. (Inserida em 08.11.00). A Lei 9.800/1999 é aplicável somente a recursos interpostos após o início de sua vigência.

195 – Férias indenizadas. FGTS. Não incidência. (Inserida em 08.11.00).

Não incide a contribuição para o FGTS sobre as férias indenizadas.

▸ OJ com redação pela Res. 129/2005 do TST *(DJU 20.04.2005).*

196 – CANCELADA. Nova redação da Súmula 244 – Res. 129/2005 do TST – *(DJU 20.04.2005).*

Gestante. Contrato de experiência. Estabilidade provisória. Não assegurada. (Inserida em 08.11.00).

197 – CANCELADA. Nova redação da Súmula 253 – Res. 121/2003 e Res. 129/2005 do TST – *(DJU 21.11.03 e 20.04.2005).*

Gratificação semestral. Repercussão no 13º salário. Enunciado 78 do TST. Aplicável. (Inserida em 08.11.00).

198 – Honorários periciais. Atualização monetária.

Diferentemente da correção aplicada aos débitos trabalhistas, que têm caráter alimentar, a atualização monetária dos honorários periciais é fixada pelo art. 1º da Lei 6.899/81, aplicável a débitos resultantes de decisões judiciais.

199 – Jogo do bicho. Contrato de trabalho. Nulidade. Objeto ilícito.

É nulo o contrato de trabalho celebrado para o desempenho de atividade inerente à prática do jogo do bicho, ante a ilicitude de seu objeto, o que subtrai o requisito de validade para a formação do ato jurídico.

▸ OJ republicada no DJE de 16.11.2010.

200 – Mandato tácito. Substabelecimento inválido. (Inserida em 08.11.00).

É inválido o substabelecimento de advogado investido de mandato tácito.

▸ OJ com redação pela Res. 129/2005 do TST *(DJU 20.04.2005).*

201 – CANCELADA. Convertida na Súmula 388 – Res. 129/2005 do TST – *(DJU 20.04.2005).*

Multa. Art. 477 da CLT. Massa falida. Inaplicável. (Inserida em 08.11.00).

202 – CANCELADA. Convertida na OJ Transitória 48 da SDI-I – Res. 129/2005 do TST – *(DJU 20.04.2005).*

PETROMISA. Sucessão. PETROBRAS. Legitimidade. (Inserida em 08.11.00). Em virtude da decisão tomada em assembleia, a PETROBRÁS é a real sucessora da PETROMISA, considerando que recebeu todos os bens móveis e imóveis da extinta PETROMISA.

203 – CANCELADA. Convertida na OJ Transitória 54 da SDI-I – Res. 129/2005 do TST – *(DJU 20.04.2005).*

Plano Econômico (Collor). Execução. Correção monetária. Índice de 84,32%. Lei 7.738/1989. Aplicável. (Inserida em 08.11.00).

204 – CANCELADA. Nova redação da Súmula 308 – Res. 129/2005 do TST – *(DJU 20.04.2005).*

Prescrição. Contagem do prazo. Art. 7º, XXIX, da CF. (Inserida em 08.11.00). A prescrição quinquenal abrange os cinco anos anteriores ao ajuizamento da reclamatória e não os cinco anos anteriores à data da extinção do contrato.

205 – CANCELADA pela Res. 156/2009 do TST – *(DJE 27.04.2009).*

Competência material. Justiça do Trabalho. Ente público. Contratação irregular. Regime especial. Desvirtuamento.

I – Inscreve-se na competência material da Justiça do Trabalho dirimir dissídio individual entre trabalhador e ente público se há controvérsia acerca do vínculo empregatício.

II – A simples presença de lei que disciplina a contratação por tempo determinado para atender a necessidade temporária de excepcional interesse público (art. 37, inciso IX, da CF/ 1988) não é bastante para deslocar a competência da Justiça do Trabalho se se alega desvirtuamento em tal contratação, mediante a prestação de serviços à Administração para atendimento de necessidade permanente e não para acudir a situação transitória e emergencial.

206 – Professor. Horas extras. Adicional de 50% (cinquenta por cento).

Excedida a jornada máxima (art. 318 da CLT), as horas excedentes devem ser remuneradas com o adicional de, no mínimo, 50% (cinquenta por cento) (art. 7º, XVI, CF/1988).

207 – Programa de incentivo à demissão voluntária. Indenização. Imposto de renda. Não incidência. (Inserida em 08.11.00).

A indenização paga em virtude de adesão a programa de incentivo à demissão voluntária não está sujeita à incidência do imposto de renda.

▶ OJ com redação pela Res. 129/2005 do TST (*DJU 20.04.2005*).

208 – Radiologista. Gratificação de raios X. Redução. Lei 7.923/ 1989.

A alteração da gratificação por trabalho com raios X, de 40 (quarenta) para 10% (dez por cento), na forma da Lei 7.923/1989, não causou prejuízo ao trabalhador porque passou a incidir sobre o salário incorporado com todas as demais vantagens.

209 – CANCELADA. Nova redação da Súmula 262– Res. 129/2005 do TST – (*DJU 20.04.2005*).

Recesso forense. Suspensão dos prazos recursais (arts. 181, I, e 148 do RI/ TST). (Inserida em 08.11.00)

210 – CANCELADA. Convertida na Súmula 389 – Res. 129/2005 do TST– (*DJU 20.04.2005*).

Seguro-desemprego. Competência da Justiça do Trabalho. (Inserida em 08.11.00)

211 – CANCELADA. Convertida na Súmula 389 – Res. 129/2005 do TST – (*DJU 20.04.2005*).

Seguro-desemprego. Guias. Não liberação. Indenização Substitutiva. (Inserida em 08.11.00). O não fornecimento pelo empregador da guia necessária para o recebimento do seguro-desemprego dá origem ao direito à indenização.

212 – CANCELADA. Convertida na OJ Transitória 54 da SDI-I – Res. 129/2005 do TST – (*DJU 20.04.2005*).

SERPRO. Norma regulamentar. Reajustes salariais. Superveniência de sentença normativa. Prevalência. (Inserida em 08.11.00). Durante a vigência do instrumento normativo, é lícita ao empregador a obediência à norma coletiva (Dec. 8.948/1990), que alterou as diferenças interníveis previstas no Regulamento de Recursos Humanos.

213 – Telex. Operadores. Art. 227 da CLT. Inaplicável.

O operador de telex de empresa, cuja atividade econômica não se identifica com qualquer uma das previstas no art. 227 da CLT, não se beneficia de jornada reduzida.

214 – CANCELADA. Convertida na OJ Transitória 58 da SDI-I – Res. 129/2005 do TST – (*DJU 20.04.2005*).

URP's de junho e julho de 1988. Suspensão do pagamento. Data base em maio. Decreto-lei 2.425/1988. Inexistência de violação a direito adquirido. (Inserida em 08.11.2000). O Decreto-lei 2.425, de 07.04.1988, não ofendeu o direito adquirido dos empregados com data base em maio, pelo que não fazem jus às URP's de junho e julho de 1988.

215 – CANCELADA pela Res. 175/2011 do TST – (*DEJT 27.05.2011*).

Vale-transporte. Ônus da prova. É do empregado o ônus de comprovar que satisfaz os requisitos indispensáveis à obtenção do vale-transporte.

216 – Vale-transporte. Servidor público celetista. Lei 7.418/ 1985. Devido. (Inserida em 08.11.00).

Aos servidores públicos celetistas é devido o vale-transporte, instituído pela Lei 7.418/1985, de 16 de dezembro de 1985.

▶ OJ com redação pela Res. 129/2005 do TST (*DJU 20.04.2005*).

217 – Agravo de instrumento. Traslado. Lei 9.756/1998. Guias de custas e de depósito recursal.

Para a formação do Agravo de instrumento, não é necessária a juntada de comprovantes de recolhimento de custas e de depósito recursal relativamente ao recurso ordinário, desde que não seja objeto de controvérsia no recurso de revista a validade daqueles recolhimentos.

218 – CANCELADA. Incorporada à OJ 241 da SDI-I e Convertida na OJ Transitória 55 da SDI-I – Res. 129/2005 do TST – (*DJU 20.04.2005*).

Plano Collor. Servidores do GDF. Celetistas. Lei Distrital 38/1989. (Inserida em 02.04.2001). Inexiste direito adquirido às diferenças salariais de 84,32% (oitenta e quatro inteiros e trinta e dois décimos por cento) do IPC de março de 1990 aos servidores celetistas da Administração Direta do Distrito Federal.

219 – Recurso de revista ou de embargos fundamentado em Orientação Jurisprudencial do TST.

É válida, para efeito de conhecimento do recurso de revista ou de embargos, a invocação de orientação jurisprudencial do tribunal superior desde que, das razões recursais, conste o seu número ou conteúdo.

220 – CANCELADA. Nova redação da Súmula 85 – Res. 129/2005 do TST – (*DJU 20.04.2005*).

Acordo de compensação. Extrapolação da jornada. (Inserida em 20.06.01). A prestação de horas extras habituais descaracteriza o acordo de compensação de horas. Nesta hipótese, as horas que ultrapassarem a jornada semanal normal devem ser pagas como horas extras e, quanto àquelas destinadas à compensação, deve ser pago a mais apenas o adicional por trabalho extraordinário.

221 – CANCELADA. Convertida na OJ Transitória 56 da SDI-I – Res. 129/2005 do TST – (*DJU 20.04.2005*).

Anistia. Lei 8.878/94. Efeitos financeiros devidos a partir do efetivo retorno à atividade. (Inserida em 20.06.01).

222 – CANCELADA. Nova redação da Súmula 102 – Res. 129/2005 do TST – (*DJU 20.04.2005*).

Bancário. Advogado. Cargo de confiança. (Inserida em 20.06.01). O advogado empregado de banco, pelo simples exercício da advocacia, não exerce cargo de confiança, não se enquadrando, portanto, na hipótese do § 2º do art. 224 da CLT.

223 – CANCELADA. Nova redação da Súmula 85 – Res. 129/2005 do TST – (*DJU 20.04.2005*).

Compensação de jornada. Acordo individual tácito. Inválido. (Inserida em 20.06.01).

224 – Complementação de aposentadoria. Reajuste. Lei 9.069, de 29.06.1995.

I – A partir da vigência da Medida Provisória 542, de 30.06.1994, convalidada pela Lei 9.069, de 29.06.1995, o critério de reajuste da complementação de aposentadoria passou a ser anual e não semestral, aplicando-se o princípio *rebus sic stantibus* diante da nova ordem econômica.

II – A alteração da periodicidade do reajuste da complementação de aposentadoria – de semestral para anual –, não afeta o direito ao resíduo inflacionário apurado nos meses de abril, maio e junho de 1994, que deverá incidir sobre a correção realizada no mês de julho de 1995.

▶ OJ com redação pelo TST em 14.09.2010 (*DJE 16.09.2010*).

225 – Contrato de concessão de serviço público. Responsabilidade trabalhista. (Inserida em 20.06.01 e alterada pelo Tribunal Pleno, em 18.04.02 – MA 10.999/02).

Celebrado contrato de concessão de serviço público em que uma empresa (primeira concessionária) outorga a outra (segunda concessionária), no todo ou em parte, mediante arrendamento ou qualquer outra forma contratual, a título transitório, bens de sua propriedade:

I – em caso de rescisão do contrato de trabalho após a entrada em vigor da concessão, a segunda concessionária, na condição de sucessora, responde pelos direitos decorrentes do contrato de trabalho, sem prejuízo da responsabilidade subsidiária da primeira concessionária pelos débitos trabalhistas contraídos até a concessão;

II – no tocante ao contrato de trabalho extinto antes da vigência da concessão, a responsabilidade pelos direitos dos trabalhadores será exclusivamente da antecessora.

▶ OJ com redação pela Res. 129/2005 do TST (*DJU 20.04.2005*).

226 – Crédito trabalhista. Cédula de crédito rural. Cédula de crédito industrial. Penhorabilidade.

Diferentemente da cédula de crédito industrial garantida por alienação fiduciária, na cédula rural pignoratícia ou hipotecária o bem permanece sob o domínio do devedor (executado), não constituindo óbice à penhora na esfera trabalhista. (Decreto-lei 167/1967, art. 69; CLT, arts. 10 e 30 e Lei 6.830/1980.)

▶ OJ com redação pela Res. 129/2005 do TST (*DJU 20.04.2005*).

227 – CANCELADA pelo Tribunal Pleno em 10.11.2005 – (*DJU 22.11.2005*)

Denunciação da lide. Processo do trabalho. Incompatibilidade. (Inserida em 20.06.2001).

228 – CANCELADA. Convertida na Súmula 368 – Res. 129/2005 do TST – (*DJU 20.04.2005*).

Descontos legais. Sentenças trabalhistas. Lei 8.541/1992, art. 46. Provimento da CGJT 3/1984 e alterações posteriores. (Inserida em 20.06.01). O recolhimento dos descontos legais, resultante dos créditos do trabalhador oriundos de condenação judicial, deve incidir sobre o valor total da condenação e calculado ao final.

229 – CANCELADA. Convertida na Súmula 390 – Res. 129/2005 do TST – (*DJU 20.04.2005*).

Estabilidade. Art. 41 da CF/1988. Celetista. Empresa pública e sociedade de economia mista. Inaplicável. (Inserida em 20.06.01).

230 – CANCELADA. Convertida na Súmula 378 – Res. 129/ 2005 do TST – (*DJU 20.04.2005*).

Estabilidade. Lei 8.213/1991. Art. 118 c/c art. 59. (Inserida em 20.06.01). O afastamento do trabalho por prazo superior a 15 (quinze) dias e a consequente percepção do auxílio-doença acidentário constituem pressupostos para o direito à estabilidade prevista no art. 118 da Lei 8.213/1991, assegurada por período de 12 meses, após a cessação do auxílio-doença.

231 – CANCELADA. Convertida na OJ Transitória 50 da SDI-I – Res. 129/2005 do TST – (*DJU 20.04.2005*).

Férias. Abono instituído por instrumento normativo e terço constitucional. Simultaneidade inviável. (Inserida em 20.06.01).

232 – FGTS. Incidência. Empregado transferido para o exterior. Remuneração.

O FGTS incide sobre todas as parcelas de natureza salarial pagas ao empregado em virtude de prestação de serviços no exterior.

233 – Horas extras. Comprovação de parte do período alegado.

A decisão que defere horas extras com base em prova oral ou documental não ficará limitada ao tempo por ela abrangido, desde que o julgador fique convencido de que o procedimento questionado superou aquele período.

▶ OJ com redação pela Res. 129/2005 do TST (*DJU 20.04.2005*).

234 – CANCELADA. Nova redação da Súmula 338 – Res. 129/2005 do TST – (*DJU 20.04.2005*).

Horas extras. Folha individual de presença (FIP) instituída por norma coletiva. Prova oral. Prevalência. (Inserida em 20.06.01). A presunção de veracidade da jornada de trabalho anotada em folha individual de presença, ainda que prevista em instrumento normativo, pode ser elidida por prova em contrário.

235 – Horas extras. Salário por produção.

O empregado que recebe salário por produção e trabalha em sobrejornada tem direito à percepção apenas do adicional de horas extras, exceto no caso do empregado cortador de cana, a quem é devido o pagamento das horas extras e do adicional respectivo.

▶ OJ com redação pela Res. 182/2012 do TST (*DJE 19.04.2012*).

236 – CANCELADA. Nova redação da Súmula 90 – Res. 129/2005 do TST – (*DJU 20.04.2005*).

Horas in itinere. Horas extras. Adicional devido. (Inserida em 20.06.01). Considerando que as horas in itinere são computáveis na jornada de trabalho, o tempo que extrapola a jornada legal é considerado como extraordinário e sobre ele deve incidir o adicional respectivo.

237 – Ministério público do trabalho. Legitimidade para recorrer. Sociedade de economia mista. Empresa pública (incorporada a Orientação Jurisprudencial nº 338 da SBDI-I)

I – O Ministério Público do Trabalho não tem legitimidade para recorrer na defesa de interesse patrimonial privado, ainda que de empresas públicas e sociedades de economia mista.

II – Há legitimidade do Ministério Público do Trabalho para recorrer de decisão que declara a existência de vínculo empregatício com sociedade de economia mista ou empresa pública, após a Constituição Federal de 1988, sem a prévia aprovação em concurso público, pois é matéria de ordem pública.

▶ OJ com redação pela Res. 210/2016 do TST (*DEJT 01.07.2016*).

238 – Multa. Art. 477 da CLT. Pessoa jurídica de direito público. Aplicável. (Inserida em 20.06.01).

Submete-se à multa do artigo 477 da CLT a pessoa jurídica de direito público que não observa o prazo para pagamento das verbas rescisórias, pois nivela-se a qualquer particular, em direitos e obrigações, despojando-se do *jus imperii* ao celebrar um contrato de emprego.

▶ OJ com redação pela Res. 129/2005 do TST (*DJU 20.04.2005*).

239 – CANCELADA. Convertida na Súmula 384 – Res. 129/ 2005 do TST – (*DJU 20.04.2005*).

Multa convencional. Horas extras. (Inserida em 20.06.01). Prevista em instrumento normativo (sentença normativa, convenção ou acordo coletivo) determinada obrigação e, consequentemente, multa pelo respectivo descumprimento, esta tem incidência mesmo que aquela obrigação seja mera repetição de texto da CLT.

240 – CANCELADA. Convertida na Súmula 391 – Res. 129/ 2005 do TST – (*DJU 20.04.2005*).

Petroleiros. Horas extras. Lei 5.811/ 1972. Recepcionada pela CF/1988. (Inserida em 20.06.01).

241 – CANCELADA. Convertida na OJ Transitória 55 da SDI-I – Res. 129/2005 do TST – (*DJU 20.04.2005*).

Plano Collor. Servidores de fundações e autarquias do GDF. Celetistas. Legislação federal. (Inserida em 20.06.01). Inexiste direito adquirido às diferenças salariais de 84,32% (oitenta e quatro inteiros e trinta e

dois décimos por cento) do IPC de março de 1990 aos servidores celetistas de Fundações e Autarquias do GDF.

242 – Prescrição total. Horas extras. Adicional. Incorporação.

Embora haja previsão legal para o direito à hora extra, inexiste previsão para a incorporação ao salário do respectivo adicional, razão pela qual deve incidir a prescrição total.

243 – Prescrição total. Planos econômicos.

Aplicável a prescrição total sobre o direito de reclamar diferenças salariais resultantes de planos econômicos.

244 – Professor. Redução da carga horária. Possibilidade.

A redução da carga horária do professor, em virtude da diminuição do número de alunos, não constitui alteração contratual, uma vez que não implica redução do valor da hora-aula.

245 – Revelia. Atraso. Audiência.

Inexiste previsão legal tolerando atraso no horário de comparecimento da parte na audiência.

246 – CANCELADA. Convertida na Súmula 367 – Res. 129 2005 do TST – *(DJU 20.04.2005).*

Salário-utilidade. Veículo. (Inserida em 20.06.01). A utilização, pelo empregado, em atividades particulares, de veículo que lhe é fornecido para o trabalho da empresa não caracteriza salário-utilidade.

247 – Servidor público. Celetista concursado. Despedida imotivada. Empresa pública ou sociedade de economia mista. Possibilidade.

I – A despedida de empregados de empresa pública e de sociedade de economia mista, mesmo admitidos por concurso público, independe de ato motivado para sua validade.

II – A validade do ato de despedida do empregado da Empresa Brasileira de Correios e Telégrafos (ECT) está condicionada à motivação, por gozar a empresa do mesmo tratamento destinado à Fazenda Pública em relação à imunidade tributária e à execução por precatório, além das prerrogativas de foro, prazos e custas processuais.

▶ OJ com redação pela Res. 143/2007 *(DJU 13. 11.2007).*

248 – CANCELADA. Incorporação à OJ 175 da SDI-I – *(DJU 22.11.2005).*

Comissões. Alteração. Prescrição total. Súmula 294. Aplicável. A alteração das comissões caracteriza-se como ato único e positivo do empregador, incidindo a prescrição total, nos termos da Súmula 294 do TST.

249 – CANCELADA. Incorporação e nova redação à OJ 138 da SDI-I – Res. 129/2005 do TST – *(DJU 20.04.2005).*

Competência residual. Regime Jurídico Único. Lei 8.112/1990. Limitação. A superveniência de regime estatutário em substituição ao celetista, mesmo após a sentença, limita a execução ao período celetista.

250 – CANCELADA. Convertida na OJ Transitória 51 da SDI-I – Res. 129/2005 do TST – *(DJU 20.04.2005).*

Complementação de aposentadoria. Caixa Econômica Federal. Auxílio-alimentação. Supressão. Enunciados 51 e 288. Aplicáveis. (Inserida em 13.03.02). A determinação de supressão do pagamento de auxílio-alimentação aos aposentados e pensionistas da Caixa Econômica Federal, oriunda do Ministério da Fazenda, não atinge aqueles ex-empregados que já percebiam o benefício.

251 – Descontos. Frentista. Cheques sem fundos.

É lícito o desconto salarial referente à devolução de cheques sem fundos, quando o frentista não observar as recomendações previstas em instrumento coletivo.

252 – CANCELADA. Nova redação da Súmula 6 – Res. 129/2005 do TST – *(DJU 20.04.2005).*

Equiparação salarial. Mesma localidade. Conceito. Art. 461 da CLT. (Inserida em 13.03.02). O conceito de "mesma localidade" de que trata o art. 461 da CLT refere-se, em princípio, ao mesmo município, ou a municípios distintos que, comprovadamente, pertençam à mesma região metropolitana.

253 – Estabilidade provisória. Cooperativa. Lei 5.764/1971. Conselho fiscal. Suplente. Não assegurada.

O art. 55 da Lei 5.764/1971 assegura a garantia de emprego apenas aos empregados eleitos diretores de Cooperativas, não abrangendo os membros suplentes.

254 – CANCELADA. Incorporação e nova redação à OJ 42 da SDI-I – Res. 129/2005 do TST – *(DJU 20.04.2005).*

FGTS. Multa de 40% (quarenta por cento). Aviso-prévio indenizado. Atualização monetária. Diferença indevida. O cálculo da multa de 40% (quarenta por cento) do FGTS deverá ser feito com base no saldo da conta vinculada na data do efetivo pagamento das verbas rescisórias,

desconsiderada a projeção do aviso-prévio indenizado, por ausência de previsão legal.

255. Mandato. Contrato Social. Desnecessária a Juntada.

O art. 75, inciso VIII, do CPC de 2015 (art. 12, VI, do CPC de 1973) não determina a exibição dos estatutos da empresa em juízo como condição de validade do instrumento de mandato outorgado ao seu procurador, salvo se houver impugnação da parte contrária.

▶ OJ com redação pela Res. 208/2016 do TST *(DEJT 22, 23 e 24.04.2016)*

256 – Prequestionamento. Configuração. Tese explícita. Súmula 297.

Para fins do requisito do prequestionamento de que trata o Súmula 297, há necessidade de que haja, no acórdão, de maneira clara, elementos que levem à conclusão de que o Regional adotou uma tese contrária à lei ou a súmula.

257 – Recurso de revista. Fundamentação. Violação de lei. Vocábulo violação. Desnecessidade. (Alterada em decorrência do inciso II do art. 894 da CLT, incluído pela Lei 11.496/2007).

A invocação expressa no recurso de revista dos preceitos legais ou constitucionais tidos como violados não significa exigir da parte a utilização das expressões "contrariar", "ferir", "violar", etc.

▶ OJ com redação pela Res. 182/2012 do TST *(DJE 19.04.2012).*

258 – CANCELADA. Convertida na Súmula 364 – Res. 129/2005 do TST – *(DJU 20.04.2005).*

Adicional de periculosidade. Acordo coletivo ou convenção coletiva. Prevalência. (Inserida em 27.09.02). A fixação do adicional de periculosidade, em percentual inferior ao legal e proporcional ao tempo de exposição ao risco, deve ser respeitada, desde que pactuada em acordos ou convenções coletivos de trabalho (art. 7º, inciso XXVI, da CF/1988).

259 – Adicional noturno. Base de cálculo. Adicional de periculosidade. Integração.

O adicional de periculosidade deve compor a base de cálculo do adicional noturno, já que também neste horário o trabalhador permanece sob as condições de risco.

260 – Agravo de instrumento. Recurso de revista. Procedimento sumaríssimo. Lei 9.957/2000. Processos em curso.

I – É inaplicável o rito sumaríssimo aos processos iniciados antes da vigência da Lei 9.957/2000.

II – No caso de o despacho denegatório de recurso de revista invocar, em processo iniciado antes da Lei 9.957/2000, o § 6º do art. 896 da CLT (rito sumaríssimo), como óbice ao trânsito do apelo calcado em divergência jurisprudencial ou violação de dispositivo infraconstitucional, o Tribunal superará o obstáculo, apreciando o recurso sob esses fundamentos.

261 – Bancos. Sucessão trabalhista.

As obrigações trabalhistas, inclusive as contraídas à época em que os empregados trabalhavam para o banco sucedido, são de responsabilidade do sucessor, uma vez que a este foram transferidos os ativos, as agências, os direitos e deveres contratuais, caracterizando típica sucessão trabalhista.

262 – Coisa julgada. Planos econômicos. Limitação à data base na fase de execução.

Não ofende a coisa julgada a limitação à data base da categoria, na fase executória, da condenação ao pagamento de diferenças salariais decorrentes de planos econômicos, quando a decisão exequenda silenciar sobre a limitação, uma vez que a limitação decorre de norma cogente. Apenas quando a sentença exequenda houver expressamente afastado a limitação à data base é que poderá ocorrer ofensa à coisa julgada.

263 – CANCELADA pelo Tribunal Pleno em 02.09.2004 – *(DJU 14.09.2004).*

Contrato por prazo determinado. Lei especial (estadual e municipal). Incompetência da Justiça do Trabalho. A relação jurídica que se estabelece entre o Estado ou Município e o servidor contratado para exercer funções temporárias ou de natureza técnica, decorrente de lei especial, é de natureza administrativa, razão pela qual a competência é da justiça comum, até mesmo para apreciar a ocorrência de eventual desvirtuamento do regime especial (CF/1967, art. 106; CF/1988, art. 37, IX).

264 – Depósito recursal. PIS/ PASEP. Ausência de indicação na guia de depósito recursal. Validade.

Não é essencial para a validade da comprovação do depósito recursal a indicação do número do PIS/PASEP na guia respectiva.

265 – CANCELADA. Convertida na Súmula 390 – Res. 129/2005 do TST – *(DJU 20.04.2005).*

Estabilidade. Art. 41 da CF/1988. Celetista. Administração direta, autárquica ou fundacional. Aplicabilidade. (Inserida em 27.09.02). O servidor público celetista da administração direta, autárquica ou fundacional é beneficiário da estabilidade prevista no art. 41 da Constituição Federal.

266 – CANCELADA. Convertida na Súmula 369 – Res. 129/2005 do TST – *(DJU 20.04.2005).*

Estabilidade. Dirigente sindical. Limitação. Art. 522 da CLT. (Inserida em 27.09.02). O art. 522 da CLT, que limita a sete o número de dirigentes sindicais, foi recepcionado pela Constituição Federal de 1988.

267 – CANCELADA. Nova redação da Súmula 132 – Res. 129/2005 do TST – *(DJU 20.04.2005).*

Horas extras. Adicional de periculosidade. Base de cálculo. (Inserida em 27.09.02). O adicional de periculosidade integra a base de cálculo das horas extras.

268 – Indenização adicional. Leis 6.708/1979 e 7.238/1984. Aviso-prévio. Projeção. Estabilidade provisória.

Somente após o término do período estabilitário é que se inicia a contagem do prazo do aviso-prévio para efeito das indenizações previstas nos artigos 9º da Lei 6.708/1979 e 9º da Lei 7.238/1984.

269 – Justiça gratuita. Requerimento de isenção de despesas processuais. Momento oportuno (inserido item II em decorrência do CPC de 2015)

I – O benefício da justiça gratuita pode ser requerido em qualquer tempo ou grau de jurisdição, desde que, na fase recursal, seja o requerimento formulado no prazo alusivo ao recurso;

II – Indeferido o requerimento de justiça gratuita formulado na fase recursal, cumpre ao relator fixar prazo para que o recorrente efetue o preparo (art. 99, § 7º, do CPC de 2015).

▶ OJ com redação pela Res. 219/2017 do TST *(DJET 28.06.2017).*

270 – Programa de Incentivo à Demissão Voluntária. Transação extrajudicial. Parcelas oriundas do extinto contrato de trabalho. Efeitos.

A transação extrajudicial que importa rescisão do contrato de trabalho ante a adesão do empregado a plano de demissão voluntária implica quitação exclusivamente das parcelas e valores constantes do recibo.

271 – Rurícola. Prescrição. Contrato de emprego extinto. Emenda Constitucional 28/ 2000. Inaplicabilidade. (Inserida em 27.09.2002).

O prazo prescricional da pretensão do rurícola, cujo contrato de emprego já se extinguira ao sobrevir a Emenda Constitucional 28, de 26/ 05/2000, tenha sido ou não ajuizada a ação trabalhista, prossegue regido pela lei vigente ao tempo da extinção do contrato de emprego.

▶ OJ com redação pelo TST em 10.11.2005 *(DJU 22.11.2005).*

272 – Salário mínimo. Servidor. Salário-base inferior. Diferenças. Indevidas.

A verificação do respeito ao direito ao salário mínimo não se apura pelo confronto isolado do salário-base com o mínimo legal, mas deste com a soma de todas as parcelas de natureza salarial recebidas pelo empregado diretamente do empregador.

273 – CANCELADA pela Res. 175/2011 do TST – *(DEJT 27.05.2011)*

"Telemarketing". Operadores. Art. 227 da CLT. Inaplicável. A jornada reduzida de que trata o art. 227 da CLT não é aplicável, por analogia, ao operador de televendas, que não exerce suas atividades exclusivamente como telefonista, pois, naquela função, não opera mesa de transmissão, fazendo uso apenas dos telefones comuns para atender e fazer as ligações exigidas no exercício da função.

274 – Turno ininterrupto de revezamento. Ferroviário. Horas extras. Devidas.

O ferroviário submetido a escalas variadas, com alternância de turnos, faz jus à jornada especial prevista no art. 7º, XIV, da CF/1988.

275 – Turno ininterrupto de revezamento. Horista. Horas extras e adicional. Devidos.

Inexistindo instrumento coletivo fixando jornada diversa, o empregado horista submetido a turno ininterrupto de revezamento faz jus ao pagamento das horas extraordinárias laboradas além da sexta, bem como ao respectivo adicional.

276 – Ação declaratória. Complementação de aposentadoria.

É incabível ação declaratória visando a declarar direito à complementação de aposentadoria, se ainda não atendidos os requisitos necessários à aquisição do direito, seja por via regulamentar, ou por acordo coletivo.

277 – Ação de cumprimento fundada em decisão normativa que sofreu posterior reforma, quando já transitada em julgado a sentença condenatória. Coisa julgada. Não configuração.

A coisa julgada produzida na ação de cumprimento é atípica, pois dependente de condição resolutiva, ou seja, da não modificação da decisão normativa por eventual recurso. Assim, modificada a sentença normativa pelo TST, com a consequente extinção do processo, sem julgamento do mérito, deve-se extinguir a execução em andamento, uma vez que a norma sobre a qual se apoiava o título exequendo deixou de existir no mundo jurídico.

278 – Adicional de insalubridade. Perícia. Local de trabalho desativado.

A realização de perícia é obrigatória para a verificação de insalubridade. Quando não for possível sua realização como em caso de fechamento da empresa, poderá o julgador utilizar-se de outros meios de prova.

279 – CANCELADA pela Res. 215/2016 do TST – *(DEJT 30.11.2016)*

Adicional de periculosidade. Eletricitários. Base de cálculo. Lei 7.369/1985, art. 1º. Interpretação. O adicional de periculosidade dos eletricitários deverá ser calculado sobre o conjunto de parcelas de natureza salarial.

280 – CANCELADA. Convertida na Súmula 364 – Res. 129/2005 do TST – *(DJU 20.04.2005)*

Adicional de periculosidade. Exposição eventual. Indevido. (DJ 11.08.03). O contato eventual com o agente perigoso, assim considerado o fortuito, ou o que, sendo habitual, se dá por tempo extremamente reduzido, não dá direito ao empregado a perceber o adicional respectivo.

281 – CANCELADA. Convertida na OJ Transitória 52 da SDI-I – Res. 129/2005 do TST – *(DJU 20.04.2005)*

Agravo de instrumento. Acórdão do TRT não assinado. Interposto anteriormente à Instrução Normativa 16/1999. (DJ 11.08.03). Nos Agravos de Instrumentos interpostos anteriormente à edição da Instrução Normativa 16/1999, a ausência de assinatura na cópia não a torna inválida, desde que dela conste o carimbo, aposto pelo servidor, certificando que confere com o original.

282 – Agravo de instrumento. Juízo de admissibilidade ad quem.

No julgamento de Agravo de Instrumento ao afastar o óbice apontado pelo TRT para o processamento do recurso de revista, pode o juízo *ad quem* prosseguir no exame dos demais pressupostos extrínsecos e intrínsecos do recurso de revista, mesmo que não apreciados pelo TRT.

283 – Agravo de instrumento. Peças essenciais. Traslado realizado pelo agravado. Validade.

É válido o traslado de peças essenciais efetuado pelo agravado, pois sua regular formação incumbe às partes e não somente ao agravante.

284 – CANCELADA pela Res. 217/2017 do TST – *(DJET 20.04.2017).*

A etiqueta adesiva na qual consta a expressão "no prazo" não se presta à aferição de tempestividade do recurso, pois sua finalidade é tão somente servir de controle processual interno do TRT e sequer contém a assinatura do funcionário responsável por sua elaboração.

285 – CANCELADA pela Res. 217/2017 do TST – *(DJET 20.04.2017).*

O carimbo do protocolo da petição recursal constitui elemento indispensável para aferição da tempestividade do apelo, razão pela qual deverá estar legível, pois um dado ilegível é o mesmo que a inexistência do dado.

286 – Agravo de Instrumento. Traslado. Mandato Tácito. Ata de Audiência. Configuração.

I – A juntada da ata de audiência, em que consignada a presença do advogado, desde que não estivesse atuando com mandato expresso, torna dispensável a procuração deste, porque demonstrada a existência de mandato tácito.

II – Configurada a existência de mandato tácito fica suprida a irregularidade detectada no mandato expresso.
▸ OJ com redação pela Res. 167/2010 do TST *(DJE 30.04.2010)*.

287 – CANCELADA pela Res. 219/2017 do TST *(DJET 28.06.2017).*

Autenticação. Documentos distintos. Despacho denegatório do recurso de revista e certidão de publicação (cancelada em decorrência do CPC de 2015). Distintos os documentos contidos no verso e anverso, é necessária a autenticação de ambos os lados da cópia.

288 – CANCELADA. Nova redação da Súmula 102 – Res. 129/2005 do TST – *(DJU 20.04.2005).*

Bancário. Cargo de confiança. Art. 224, § 2º, CLT. Gratificação. Pagamento a menor. (DJ 11.08.03) Devidas

são as 7ª e 8ª horas como extras no período em que se verificou o pagamento a menor da gratificação de 1/3 (um terço).

289 – CANCELADA. Incorporação e nova redação da OJ 18 da SDI-I – Res. 129/2005 do TST – *(DJU 20.04.2005).*

Banco do Brasil. Complementação de aposentadoria. Média trienal. Valorizada. (DJ 11.08.03)

Nos cálculos da complementação de aposentadoria há de ser observada a média trienal valorizada.

290 – CANCELADA pelo TST *(DJU 05.07.2005).*

Contribuição sindical patronal. Ação de cumprimento. Incompetência da Justiça do Trabalho. É incompetente a Justiça do Trabalho para apreciar lide entre o sindicato patronal e a respectiva categoria econômica, objetivando cobrar a contribuição assistencial.

291 – CANCELADA. Convertida na OJ Transitória 53 da SDI-I – Res. 129/2005 do TST – *(DJU 20.04.2005).*

Custas. Embargos de terceiro interpostos anteriormente à Lei 10.537/02. Inexigência de recolhimento. (DJ 11.08.03).

Tratando-se de embargos de terceiro, incidentes em execução, interpostos anteriormente à Lei 10.537/02, incabível o pagamento de custas, por falta de previsão legal.

292 – CANCELADA. Nova redação da Súmula 101 – Res. 129/2005 do TST – *(DJU 20.04.2005).*

Diárias. Integração ao salário. Art. 457, § 2º, da CLT. (DJ 11.08.03). As diárias de viagem pagas, ainda que superiores a 50% (cinquenta por cento), só integram o salário do empregado enquanto perdurarem as viagens.

293 – CANCELADA pela Res. 171/2010 do TST – *(DJE 19.11.2010).*

Embargos à SDI contra decisão de turma do TST em agravo do art. 557, § 1º, do CPC. Cabimento. São cabíveis Embargos para a SDI contra decisão de Turma proferida em Agravo interposto de decisão monocrática do relator, baseada no art. 557, § 1º, do CPC.

294 – CANCELADA. Convertida na OJ Transitória 78 da SDI-I – Res. 194/2014 do TST – *(DEJT 21.05.2014).*

Embargos à SDI contra decisão em recurso de revista não conhecido quanto aos pressupostos intrínsecos. Necessária a indicação expressa de ofensa ao art. 896 da CLT. Para a admissibilidade e conhecimento de embargos, interpostos contra decisão mediante a qual não foi conhecido o recurso de revista pela análise dos pressupostos intrínsecos, necessário que a parte embargante aponte expressamente a violação ao art. 896 da CLT.

295 – CANCELADA. Convertida na OJ Transitória 79 da SDI-I – Res. 194/2014 do TST – *(DEJT 21.05.2014).*

Embargos. Revista não conhecida por má aplicação de enunciado ou de orientação jurisprudencial. Exame do mérito pela SDI. A SDI, ao conhecer dos Embargos por violação do art. 896 por má aplicação de – enunciado ou de orientação jurisprudencial pela Turma –, julgará desde logo o mérito, caso conclua que a revista merecia conhecimento e que a matéria de fundo se encontra pacificada neste Tribunal.

296 – Equiparação salarial. Atendente e auxiliar de enfermagem. Impossibilidade.

Sendo regulamentada a profissão de auxiliar de enfermagem, cujo exercício pressupõe habilitação técnica, realizada pelo Conselho Regional de Enfermagem, impossível a equiparação salarial do simples atendente com o auxiliar de enfermagem.

297 – Equiparação salarial. Servidor público da administração direta, autárquica e fundacional. Art. 37, XIII, da CF/1988.

O art. 37, inciso XIII, da CF/1988 veda a equiparação de qualquer natureza para o efeito de remuneração do pessoal do serviço público, sendo juridicamente impossível a aplicação da norma infraconstitucional prevista no art. 461 da CLT quando se pleiteia equiparação salarial entre servidores públicos, independentemente de terem sido contratados pela CLT.

298 – CANCELADA. Nova redação da Súmula 6 – Res. 129/2005 do TST – *(DJU 20.04.2005).*

Equiparação salarial. Trabalho intelectual. Possibilidade (DJ 11.08.03). Desde que atendidos os requisitos do art. 461 da CLT, é possível a equiparação salarial de trabalho intelectual, que pode ser avaliado por sua perfeição técnica, cuja aferição terá critérios objetivos.

299 – CANCELADA. Nova redação da Súmula 98 – Res. 129/2005 do TST – *(DJU 20.04.2005).*

Estabilidade contratual e FGTS. Compatibilidade (DJ 11.08.03). A estabilidade contratual ou derivada de regulamento de empresa é compatível com o regime do FGTS. Diversamente ocorre com a estabilidade legal

(decenal, art. 492, CLT), que é renunciada com a opção pelo FGTS.

300 – Execução trabalhista. Correção monetária. Juros. Lei 8.177/1991, art. 39, e Lei 10.192/2001, art. 15. (DJ 11.08.03)

Não viola norma constitucional (art. 5º, II e XXXVI) a determinação de aplicação da TRD como fator de correção monetária dos débitos trabalhistas, cumulada com juros de mora previstos no artigo 39 da Lei 8.177/1991 e convalidado pelo artigo 15 da Lei 10.192/2001.
▸ OJ com redação pela Res. 129/2005 do TST *(DJU 20.04.2005).*

301 – CANCELADA pela Res. 175/2011 do TST – *(DEJT 27.05.2011).*

FGTS. Diferenças. Ônus da prova. Lei 8.036/1990, art. 17. Definido pelo reclamante o período nos quais não houve depósito do FGTS, ou houve em valor inferior, alegado pela reclamada a inexistência de diferença nos recolhimentos de FGTS, atrai para si o ônus da prova, incumbindo-lhe, portanto, apresentar as guias respectivas, a fim de demonstrar o fato extintivo do direito do autor (art. 818 da CLT c/c art. 333, II, do CPC).

302 – FGTS. Índice de correção. Débitos trabalhistas.

Os créditos referentes ao FGTS, decorrentes de condenação judicial, serão corrigidos pelos mesmos índices aplicáveis aos débitos trabalhistas.

303 – CANCELADA. Convertida na Súmula 372 – Res. 129/2005 do TST – *(DJU 20.04.2005).*

Gratificação. Redução. Impossibilidade. (DJ 11.08.03). Mantido o empregado no exercício da função comissionada, não pode o empregador reduzir o valor da gratificação.

304 – CANCELADA pela Res. 219/2017 do TST *(DJET 28.06.2017).*

Honorários advocatícios. Assistência judiciária. Declaração de pobreza. Comprovação (cancelada em decorrência da sua aglutinação ao item I da Súmula 463 do TST). Atendidos os requisitos da Lei 5.584/70 (art. 14, § 2º), para a concessão da assistência judiciária, basta a simples afirmação do declarante ou de seu advogado, na petição inicial, para se considerar configurada a sua situação econômica (art. 4º, § 1º, da Lei 7.510/86, que deu nova redação à Lei 1.060/50).

305 – CANCELADA. Incorporação ao item I da Súmula 219 – Res. 197/2015 do TST – *(DEJT 14.05.2015).*

Honorários advocatícios. Requisitos. Justiça do trabalho.

306 – CANCELADA. Nova redação da Súmula 338 – Res. 129/2005 do TST – *(DJU 20.04.2005).*

Horas extras. Ônus da prova. Registro invariável (DJ 11.08.03). Os cartões de ponto que demonstram horários de entrada e saída invariáveis são inválidos como meio de prova, invertendo-se o ônus da prova, relativo às horas extras, que passa a ser do empregador, prevalecendo o horário da inicial se dele não se desincumbir.

307 – CANCELADA. Incorporação ao item I da Súmula 437 – Res. 186/2012 do TST – *(DEJT 25.09.2012).*

Intervalo intrajornada (para repouso e alimentação). Não concessão ou concessão parcial. Lei 8.923/1994 (DJ 11.08.2003). Após a edição da Lei 8.923/1994, a não concessão total ou parcial do intervalo intrajornada mínimo, para repouso e alimentação, implica o pagamento total do período correspondente, com acréscimo de, no mínimo, 50% (cinquenta por cento) sobre o valor da remuneração da hora normal de trabalho (art. 71 da CLT).

308 – Jornada de trabalho. Alteração. Retorno à jornada inicialmente contratada. Servidor público.

O retorno do servidor público (administração direta, autárquica e fundacional) à jornada inicialmente contratada não se insere nas vedações do art. 468 da CLT, sendo a sua jornada definida em lei e no contrato de trabalho firmado entre as partes.

309 – CANCELADA. Incorporação e nova redação da OJ 147 da SDI-1 – Res. 129/2005 do TST – *(DJU 20.04.2005).*

Lei estadual, norma coletiva ou regulamento de empresa. Interpretação. Art. 896, b, da CLT. (DJ 11.08.03) Viola o art. 896, b, da CLT, o conhecimento de recurso por divergência, caso a parte não comprove que a lei estadual, a norma coletiva ou o regulamento de empresa extrapolam o âmbito do TRT prolator da decisão recorrida.

310 – Litisconsortes. Procuradores distintos. Prazo em dobro. Art. 229, *caput* e §§ 1º e 2º, do CPC de 2015. Art. 191 do CPC de 1973. Inaplicável ao processo do trabalho.

Inaplicável ao processo do trabalho a norma contida no art. 229, *caput* e §§ 1º e 2º, do CPC de 2015 (art. 191

do CPC de 1973), em razão de incompatibilidade com a celeridade que lhe é inerente.

▶ OJ com redação pela Res. 208/2016 do TST *(DEJT 22, 23 e 24.04.2016)*

311 – CANCELADA. Convertida na Súmula 383 – Res. 129/ 2005 do TST – *(DJU 20.04.2005).*

Mandato. Art. 37 do CPC. Inaplicável na fase recursal. (DJ 11.08.03). É inadmissível, em instância recursal, o oferecimento tardio de procuração, ainda que mediante protesto por posterior juntada, já que a interposição de recurso não pode ser reputada como ato urgente.

312 – CANCELADA. Convertida na Súmula 395 – Res. 129/ 2005 do TST – *(DJU 20.04.2005).*

Mandato. Cláusula com ressalva de vigência. Prorrogação até o final da demanda. (DJ 11.08.03). Válido é o instrumento de mandato com prazo determinado que contém cláusula estabelecendo a prevalência dos poderes para atuar até o final da demanda.

313 – CANCELADA. Convertida na Súmula 395 – Res. 129/ 2005 do TST – *(DJU 20.04.2005).*

Mandato. Cláusula fixando prazo para juntada. (DJ 11.08.03). Diante da existência de previsão, no mandato, fixando termo para sua juntada, o instrumento de mandato só tem validade se anexado ao processo dentro do aludido prazo.

314 – CANCELADA. Convertida na Súmula 388 – Res.129/2005 do TST – *(DJU 20.04.2005).*

Massa falida. Dobra salarial. Art. 467 da CLT. Inaplicável. (DJ 11.08.03). É indevida a aplicação da dobra salarial, prevista no art. 467 da CLT, nos casos da decretação de falência da empresa, porque a massa falida está impedida de saldar qualquer débito, até mesmo o de natureza trabalhista, fora do Juízo Universal da Falência (Decreto-lei 7.661/1945, art. 23).

315 – CANCELADA pela Res. 200/2015 do TST – *(DJE 29.10.2015).*

É considerado trabalhador rural o motorista que trabalha no âmbito de empresa cuja atividade é preponderantemente rural, considerando que, de modo geral, não enfrenta o trânsito das estradas e cidades.

316 – Portuários. Adicional de risco. Lei 4.860/1965.

O adicional de risco dos portuários, previsto no art. 14 da Lei 4.860/1965, deve ser proporcional ao tempo efetivo no serviço considerado sob risco e apenas àqueles que prestam serviços na área portuária.

317 – CANCELADA. Nova redação da Súmula 337 – Res. 129/2005 do TST – *(DJU 20.04.2005).*

Repositório de jurisprudência autorizado após a interposição do recurso. Validade. (DJ 11.08.03) A concessão de registro de publicação como repositório autorizado de jurisprudência do TST torna válidas todas as suas edições anteriores.

318 – Autarquia. Fundação Pública. Legitimidade para Recorrer. Representação Processual. (incluído o item II e alterada em decorrência do CPC de 2015)

I – Os Estados e os Municípios não têm legitimidade para recorrer em nome das autarquias e das fundações públicas.

II – Os procuradores estaduais e municipais podem representar as respectivas autarquias e fundações públicas em juízo somente se designados pela lei da respectiva unidade da federação (art. 75, IV, do CPC de 2015) ou se investidos de instrumento de mandato válido.

▶ OJ com redação pela Res. 220/2017 do TST *(DEJT 21.09.2017)*

319 – Representação regular. Estagiário. Habilitação posterior.

Válidos são os atos praticados por estagiário se, entre o substabelecimento e a interposição do recurso, sobreveio a habilitação, do então estagiário, para atuar como advogado.

320 – CANCELADA pelo Tribunal Pleno em 02.09.2004 – *(DJU 14.09.2004).*

Sistema de protocolo integrado. Norma interna. Eficácia limitada a recursos da competência do TRT que a editou. Art. 896, § 2°, da CLT. O sistema de protocolo integrado, criado pelos Tribunais Regionais do Trabalho, que autoriza as Varas localizadas no interior do Estado a receberem e a protocolarem documentos de natureza judiciária ou administrativa, destinados a outras Varas ou ao TRT local, tem aplicação restrita ao âmbito de competência do Tribunal que o editou, não podendo ser considerado válido em relação a recursos de competência do Tribunal Superior do Trabalho.

321 – Vínculo empregatício com a administração pública. Período anterior à CF/1988. (DJ 11.08.03)

Salvo os casos de trabalho temporário e de serviço de vigilância, previstos nas Leis 6.019, de 03.01.1974, e 7.102, de 20.06.1983, é ilegal a contratação de trabalha-

dores por empresa interposta, formando-se o vínculo empregatício diretamente com o tomador dos serviços, inclusive ente público, em relação ao período anterior à vigência da CF/88.

▶ OJ com redação pela Res. 129/2005 do TST *(DJU 20.04.2005).*

322 – Acordo coletivo de trabalho. Cláusula de termo aditivo prorrogando o acordo para prazo indeterminado. Inválida. Nos termos do art. 614, § 3°, da CLT, é de 2 (dois) anos o prazo máximo de vigência dos acordos e das convenções coletivas. Assim sendo, é inválida, naquilo que ultrapassa o prazo total de 2 (dois) anos, a cláusula de termo aditivo que prorroga a vigência do instrumento coletivo originário por prazo indeterminado.

323 – Acordo de compensação de jornada. "Semana espanhola". Validade.

É válido o sistema de compensação de horário quando a jornada adotada é a denominada "semana espanhola", que alterna a prestação de 48 (quarenta e oito) horas em uma semana e 40 (quarenta) horas em outra, não violando os arts. 59, § 2°, da CLT e 7°, XIII, da CF/1988 o seu ajuste mediante acordo ou convenção coletiva de trabalho.

324 – Adicional de periculosidade. Sistema elétrico de potência. Decreto 93.412/1986, art. 2°, § 1°.

É assegurado o adicional de periculosidade apenas aos empregados que trabalham em sistema elétrico de potência em condições de risco, ou que o façam com equipamentos e instalações elétricas similares, que ofereçam risco equivalente, ainda que em unidade consumidora de energia elétrica.

325 – Aumento salarial concedido pela empresa. Compensação no ano seguinte em antecipação sem a participação do sindicato profissional. Impossibilidade.

O aumento real, concedido pela empresa a todos os seus empregados, somente pode ser reduzido mediante a participação efetiva do sindicato profissional no ajuste, nos termos do art. 7°, VI, da CF/1988.

326 – CANCELADA. Convertida na Súmula 366 – Res. 129/2005 do TST – *(DJU 20.04.2005).*

Cartão de ponto. Registro. Horas extras. Minutos que antecedem e sucedem a jornada de trabalho. Tempo utilizado para uniformização, lanche e higiene pessoal. (DJ 09.12.03). O tempo gasto pelo empregado com troca de uniforme, lanche e higiene pessoal, dentro das dependências da empresa, após o registro de entrada e antes do registro de saída, considera-se tempo à disposição do empregador, sendo remunerado como extra o período que ultrapassar, no total, a 10 (dez) minutos da jornada de trabalho diária.

327 – CANCELADA. Convertida na Súmula 392 – Res. 129/2005 do TST – *(DJU 20.04.2005).*

Dano moral. Competência da Justiça do Trabalho. (DJ 09.12.03). Nos termos do art. 114 da CF/1988, a Justiça do Trabalho é competente para dirimir controvérsias referentes à indenização por dano moral, quando decorrente da relação de trabalho.

328 – CANCELADA. Nova redação da Súmula 6 – Res. 129/2005 do TST – *(DJU 20.04.2005).*

Equiparação salarial. Cargo com a mesma denominação. Funções diferentes ou similares. Não autorizada a equiparação. (DJ 09.12.03) A equiparação salarial só é possível se o empregado e o paradigma exercerem a mesma função, desempenhando as mesmas tarefas, não importando se os cargos têm, ou não, a mesma denominação.

329 – CANCELADA. Nova redação da Súmula 339 – Res. 129/2005 do TST – *(DJU 20.04.2005).*

Estabilidade. Cipeiro. Suplente. Extinção do estabelecimento. Indenização indevida. (DJ 09.12.03) A estabilidade provisória do cipeiro não constitui vantagem pessoal, mas garantia para as atividades dos membros da CIPA, que somente tem razão de ser quando em atividade a empresa. Extinto o estabelecimento, não se verifica a despedida arbitrária, sendo impossível a reintegração e indevida a indenização do período estabilitário.

330 – CANCELADA. Convertida na Súmula 395 – Res. 129/2005 do TST – *(DJU 20.04.2005).*

Irregularidade de representação. Substabelecimento anterior à procuração. (DJ 09.12.03). Configura-se a irregularidade de representação se o substabelecimento é anterior à outorga passada ao substabelecente.

331 – CANCELADA pela Res. 210/2016 do TST *(DEJT 01.07.2016).*

Justiça gratuita. Declaração de insuficiência econômica. Mandato. Poderes específicos desnecessários. Desnecessária a outorga de poderes especiais ao patrono da causa para firmar declaração de insuficiência

econômica, destinada à concessão dos benefícios da justiça gratuita.

332 – Motorista. Horas extras. Atividade externa. Controle de jornada por tacógrafo. Resolução 816/1986 do CONTRAN.

O tacógrafo, por si só, sem a existência de outros elementos, não serve para controlar a jornada de trabalho de empregado que exerce atividade externa.

333 – CANCELADA. Convertida na Súmula 391 – Res. 129/2005 do TST – *(DJU 20.04.2005).*

Petroleiros. Turno ininterrupto de revezamento. Alteração da jornada para horário fixo. Art. 10 da Lei 5.811/1972 recepcionado pela CF/ 1988 (DJ 09.12.03). A previsão contida no art. 10 da Lei 5.811/1972, possibilitando a mudança do regime de revezamento para horário fixo, constitui alteração lícita, não violando os arts. 468 da CLT e 7°, VI, da CF/1988.

334 – Remessa ex officio. **Recurso de revista. Inexistência de recurso ordinário voluntário de ente público. Incabível.**

Incabível recurso de revista de ente público que não interpôs recurso ordinário voluntário da Decisão de primeira instância, ressalvada a hipótese de ter sido agravada, na segunda instância, a condenação imposta.

335 – Contrato nulo. Administração pública. Efeitos. Conhecimento do recurso por violação do art. 37, II e § 2°, da CF/88.

A nulidade da contratação sem concurso público, após a CF/88, bem como a limitação de seus efeitos, somente poderá ser declarada por ofensa ao art. 37, II, se invocado concomitantemente o seu § 2°, todos da CF/88.

336 – Embargos interpostos anteriormente à vigência da Lei 11.496/2007. Recurso não conhecido com base em orientação jurisprudencial. Desnecessário o exame das violações de lei e da Constituição Federal alegadas no recurso de revista. (Redação alterada pelo Tribunal Pleno na sessão realizada em 06.02.2012).

Estando a decisão recorrida em conformidade com orientação jurisprudencial, desnecessário o exame das divergências e das violações de lei e da Constituição alegadas em embargos interpostos antes da vigência da Lei 11.496/2007, salvo nas hipóteses em que a orientação jurisprudencial não fizer qualquer citação do dispositivo constitucional.

▶ OJ com redação pela Res. 178/2012 do TST.

337 – CANCELADA. Convertida na Súmula 387 – Res. 129/2005 do TST – *(DJU 20.04.2005).*

Fac-símile. Lei 9.800/1999, art. 2°. Prazo. Apresentação dos originais (DJ 04.05.04). A contagem do quinquídio para apresentação dos originais de recurso interposto por intermédio de "fac-símile" começa a fluir do dia subsequente ao término do prazo recursal, nos termos do art. 2° da Lei 9.800/ 1999, e não do dia seguinte à interposição do recurso, se esta se deu antes do termo final do prazo. Ademais, não se tratando, a juntada dos originais, de ato que dependa de notificação, pois a parte, ao interpor o recurso, já tem ciência de seu ônus processual, não se aplica a regra do art. 184 do CPC quanto ao dies a quo do prazo, podendo coincidir com sábado, domingo ou feriado.

338 – CANCELADA pela Res. 210/2016 do TST *(DEJT 01.07.2016).*

Ministério Público do Trabalho. Legitimidade para recorrer. Sociedade de economia mista e empresa pública. Contrato nulo. Há interesse do Ministério Público do Trabalho para recorrer contra decisão que declara a existência de vínculo empregatício com sociedade de economia mista, após a CF/88, sem a prévia aprovação em concurso público.

339 – Teto remuneratório. Empresa pública e sociedade de economia mista. Art. 37, XI, da CF/1988 (anterior à Emenda Constitucional 19/1998). (DJ 04.05.04)

As empresas públicas e as sociedades de economia mista estão submetidas à observância do teto remuneratório previsto no inciso XI do art. 37 da CF/1988, sendo aplicável, inclusive, ao período anterior à alteração introduzida pela Emenda Constitucional 19/1998.

▶ OJ com redação pela Res. TST 129/2005 *(DJU 20.04.2005).*

340 – CANCELADA. Convertida na Súmula 393 – Res. 129/2005 do TST – *(DJU 20.04.2005)*

Efeito devolutivo. Profundidade. Recurso ordinário. Art. 515 § 1°, do CPC. Aplicação. (DJ 22.06.04). O efeito devolutivo em profundidade do Recurso Ordinário, que se extrai do § 1° do art. 515 do CPC, transfere automaticamente ao Tribunal a apreciação de fundamento da defesa não examinado na sentença, ainda que não renovado em contrarrazões. Não se aplica, todavia, ao caso de pedido não apreciado na sentença.

341– FGTS. Multa de 40%. Diferenças decorrentes dos expurgos inflacionários. Responsabilidade pelo pagamento.

É de responsabilidade do empregador o pagamento da diferença da multa de 40% (quarenta por cento) sobre os depósitos do FGTS, decorrente da atualização monetária em face dos expurgos inflacionários.

342– CANCELADA. Convertida no item II da Súmula 437 – Res. 186/2012 do TST – *(DEJT 25.09.2012).*

Intervalo intrajornada para repouso e alimentação. Não concessão ou redução. Previsão em norma coletiva. Invalidade. Exceção aos condutores de veículos rodoviários, empregados em empresas de transporte coletivo urbano

I – *É inválida cláusula de acordo ou convenção coletiva de trabalho contemplando a supressão ou redução do intervalo intrajornada porque este constitui medida de higiene, saúde e segurança do trabalho, garantido por norma de ordem pública (art. 71 da CLT e art. 7º, XXII, da CF/1988), infenso à negociação coletiva.*

II – *Ante a natureza do serviço e em virtude das condições especiais de trabalho a que são submetidos estritamente os condutores e cobradores de veículos rodoviários, empregados em empresas de transporte público coletivo urbano, é válida cláusula de acordo ou convenção coletiva de trabalho contemplando a redução do intervalo intrajornada, desde que garantida a redução da jornada para, no mínimo, 7 (sete) horas diárias ou 42 (quarenta e duas) semanais, não prorrogada, mantida a mesma remuneração e concedidos intervalos para descanso menores e fracionados ao final de cada viagem, não descontados da jornada.*

343– Penhora. Sucessão. Art. 100 da CF/88. Execução.

É válida a penhora em bens de pessoa jurídica de direito privado, realizada anteriormente à sucessão pela União ou por Estado-membro, não podendo a execução prosseguir mediante precatório. A decisão que a mantém não viola o art. 100 da CF/ 88.

344– FGTS. Multa de 40%. Diferenças decorrentes dos expurgos inflacionários. Prescrição. Termo inicial.

O termo inicial do prazo prescricional para o empregado pleitear em juízo diferenças da multa do FGTS, decorrentes dos expurgos inflacionários, deu-se com a vigência da Lei Complementar 110, em 30.06.2001, salvo comprovado trânsito em julgado de decisão proferida em ação proposta anteriormente na Justiça Federal, que reconheça o direito à atualização do saldo da conta vinculada.

▸ OJ com redação mantida pela Res. 175/2011 do TST *(DEJT 27.05.2011).*

345– Adicional de periculosidade. Radiação ionizante ou substância radioativa. Devido.

A exposição do empregado à radiação ionizante ou à substância radioativa enseja a percepção do adicional de periculosidade, pois a regulamentação ministerial (Portarias do Ministério do Trabalho 3.393, de 17.12. 1987, e 518, de 07.04.2003), ao reputar perigosa a atividade, reveste-se de plena eficácia, porquanto expedida por força de delegação legislativa contida no art. 200, *caput,* e inciso VI, da CLT. No período de 12.12. 2002 a 06.04.2003, enquanto vigeu a Portaria 496 do Ministério do Trabalho, o empregado faz jus ao adicional de insalubridade.

346– Abono previsto em norma coletiva. Natureza indenizatória. Concessão apenas aos empregados em atividade. Extensão aos inativos. Impossibilidade.

A decisão que estende aos inativos a concessão de abono de natureza jurídica indenizatória, previsto em norma coletiva apenas para os empregados em atividade, a ser pago de uma única vez, e confere natureza salarial à parcela, afronta o art. 7º, XXVI, da CF/88.

347– Adicional de periculosidade. Sistema elétrico de potência. Lei 7.369, de 20.09.1985, regulamentada pelo Decreto 93.412, de 14.10.1986. Extensão do direito aos cabistas, instaladores e reparadores de linhas e aparelhos em empresa de telefonia.

É devido o adicional de periculosidade aos empregados cabistas, instaladores e reparadores de linhas e aparelhos de empresas de telefonia, desde que, no exercício de suas funções, fiquem expostos a condições de risco equivalente ao do trabalho exercido em contato com sistema elétrico de potência.

348– Honorários advocatícios. Base de cálculo. Valor líquido. Lei 1.060, de 05.02.1950.

Os honorários advocatícios, arbitrados nos termos do art. 11, § 1º, da Lei 1.060, de 05.02.1950, devem incidir sobre o valor líquido da condenação, apurado na fase de liquidação de sentença, sem a dedução dos descontos fiscais e previdenciários.

▸ O referido art. 11 da Lei 1.060/1950 foi revogado pela Lei 13.105/2015 (Novo CPC).

349– Mandato. Juntada de nova procuração. Ausência de ressalva. Efeitos.

A juntada de nova procuração aos autos, sem ressalva de poderes conferidos ao antigo patrono, implica revogação tácita do mandato anterior.

350 – Ministério Público do Trabalho. Nulidade do contrato de trabalho não suscitada pelo ente público no momento da defesa. Arguição em parecer. Possibilidade.

O Ministério Público do Trabalho pode arguir, em parecer, na primeira vez que tenha de se manifestar no processo, a nulidade do contrato de trabalho em favor de ente público, ainda que a parte não a tenha suscitado, a qual será apreciada, sendo vedada, no entanto, qualquer dilação probatória.

▸ OJ com redação pela Res. 162/2009 do TST *(DJE 20.11.2009).*

351 – CANCELADA pela Res. 163/2009 do TST – *(DJE 20.11.2009).*

Multa. Art. 477, § 8º, da CLT. Verbas rescisórias reconhecidas em juízo. Incabível a multa prevista no art. 477, § 8º, da CLT, quando houver fundada controvérsia quanto à existência da obrigação cujo inadimplemento gerou a multa.

352 – CANCELADA. Convertida na Súmula 442 – Res. 186/2012 do TST – *(DEJT 25.09.2012).*

Procedimento sumaríssimo. Recurso de revista fundamentado em contrariedade a orientação jurisprudencial. Inadmissibilidade. art. 896, § 6º, da CLT, acrescentado pela Lei 9.957, DE 12.01.2000. Nas causas sujeitas ao procedimento sumaríssimo, a admissibilidade de recurso de revista está limitada à demonstração de violação direta a dispositivo da Constituição Federal ou contrariedade a Súmula do Tribunal Superior do Trabalho, não se admitindo o recurso por contrariedade a Orientação Jurisprudencial deste Tribunal (Livro II, Título II, Capítulo III, do RITST), ante a ausência de previsão no art. 896, § 6º, da CLT.

353 – CANCELADA. Convertida na Súmula 455 – Res. 194/2014 do TST – *(DEJT 21.05.2014).*

Equiparação salarial. Sociedade de economia mista. Art. 37, XIII, da CF/1988. Possibilidade. À sociedade de economia mista não se aplica a vedação à equiparação prevista no art. 37, XIII, da CF/1988, pois, ao contratar empregados sob o regime da CLT, equipara-se a empregador privado, conforme disposto no art. 173, § 1º, II, da CF/1988.

354 – CANCELADA. Convertida no item III da Súmula 437 – Res. 186/2012 do TST – *(DEJT 25.09.2012).*

Intervalo intrajornada. ART. 71, § 4º, da CLT. Não concessão ou redução. Natureza jurídica salarial (DJ 14.03.2008) Possui natureza salarial a parcela prevista no art. 71, § 4º, da CLT, com redação introduzida pela Lei 8.923, de 27 de julho de 1994, quando não concedido ou reduzido pelo empregador o intervalo mínimo intrajornada para repouso e alimentação, repercutindo, assim, no cálculo de outras parcelas salariais.

355– Intervalo interjornadas. Inobservância. Horas extras. Período pago como sobrejornada. Art. 66 da CLT. Aplicação analógica do § 4º do art. 71 da CLT.

O desrespeito ao intervalo mínimo interjornadas previsto no art. 66 da CLT acarreta, por analogia, os mesmos efeitos previstos no § 4º do art. 71 da CLT e na Súmula 110 do TST, devendo-se pagar a integralidade das horas que foram subtraídas do intervalo, acrescidas do respectivo adicional.

356– Programa de incentivo à demissão voluntária (PDV). Créditos trabalhistas reconhecidos em juízo. Compensação. Impossibilidade.

Os créditos tipicamente trabalhistas reconhecidos em juízo não são suscetíveis de compensação com a indenização paga em decorrência de adesão do trabalhador a Programa de Incentivo à Demissão Voluntária (PDV).

357 – CANCELADA. Convertida na Súmula 434 – Res. 178/ 2012 do TST.

Recurso. Interposição antes da publicação do acórdão impugnado. Extemporaneidade. Não conhecimento. É extemporâneo recurso interposto antes de publicado o acórdão impugnado.

358 – Salário mínimo e piso salarial proporcional à jornada reduzida. Empregado. Servidor público. (Redação alterada pela Res. 202/2016 do TST – *DJE 19.02.2016*)

I – Havendo contratação para cumprimento de jornada reduzida, inferior à previsão constitucional de oito horas diárias ou quarenta e quatro semanais, é lícito o pagamento do piso salarial ou do salário mínimo proporcional ao tempo trabalhado.

▸ Inciso I com redação pela Res. 202/2016 do TST *(DJE 19.02.2016)*

II – Na Administração Pública direta, autárquica e fundacional não é válida remuneração de empregado público inferior ao salário mínimo, ainda que cumpra jornada de trabalho reduzida. Precedentes do Supremo Tribunal Federal.

▸ Inciso II acrescido pela Res. 202/2016 do TST *(DJE 19.02.2016)*

359– Substituição processual. Sindicato. Legitimidade. Prescrição. Interrupção.

A ação movida por sindicato, na qualidade de substituto processual, interrompe a prescrição, ainda que tenha sido considerado parte ilegítima *ad causam.*

360 – Turno ininterrupto de revezamento. Dois turnos. Horário diurno e noturno. Caracterização.

Faz jus à jornada especial prevista no art. 7º, XIV, da CF/1988 o trabalhador que exerce suas atividades em sistema de alternância de turnos, ainda que em 2 (dois) turnos de trabalho, que compreendam, no todo ou em parte, o horário diurno e o noturno, pois submetido à alternância de horário prejudicial à saúde, sendo irrelevante que a atividade da empresa se desenvolva de forma ininterrupta.

361– Aposentadoria espontânea. Unicidade do contrato de trabalho. Multa de 40% do FGTS sobre todo o período.

A aposentadoria espontânea não é causa de extinção do contrato de trabalho se o empregado permanece prestando serviços ao empregador após a jubilação. Assim, por ocasião da sua dispensa imotivada, o empregado tem direito à multa de 40% (quarenta por cento) do FGTS sobre a totalidade dos depósitos efetuados no curso do pacto laboral.

362– Contrato nulo. Efeitos. FGTS. Medida Provisória 2.164-41, de 24.08.2001, e art. 19-A da Lei 8.036, de 11.05.1990. Irretroatividade.

Não afronta o princípio da irretroatividade da lei a aplicação do art. 19-A da Lei 8.036, de 11.05.1990, aos contratos declarados nulos celebrados antes da vigência da Medida Provisória 2.164-41, de 24.08.2001.

363 – CANCELADA pela Res. 219/2017 do TST *(DJET 28.06.2017).*

Descontos previdenciários e fiscais. Condenação do empregador em razão do inadimplemento de verbas remuneratórias. Responsabilidade do empregado pelo pagamento. Abrangência (cancelada em decorrência da aglutinação da sua parte final ao item II da Súmula 368 do TST). A responsabilidade pelo recolhimento das contribuições social e fiscal, resultante de condenação judicial referente a verbas remuneratórias, é do empregador e incide sobre o total da condenação. Contudo, a culpa do empregador pelo inadimplemento das verbas remuneratórias não exime a responsabilidade do empregado pelos pagamentos do imposto de renda devido e da contribuição previdenciária que recaia sobre sua quota-parte.

364 – Estabilidade. Art. 19 do ADCT. Servidor público de fundação regido pela CLT.

Fundação instituída por lei e que recebe dotação ou subvenção do Poder Público para realizar atividades de interesse do Estado, ainda que tenha personalidade jurídica de direito privado, ostenta natureza de fundação pública. Assim, seus servidores regidos pela CLT são beneficiários da estabilidade excepcional prevista no art. 19 do ADCT.

365 – Estabilidade Provisória. Membro de Conselho Fiscal de Sindicato. Inexistência.

Membro de conselho fiscal de sindicato não tem direito à estabilidade prevista nos arts. 543, § 3º, da CLT e 8º, VIII, da CF/1988, porquanto não representa ou atua na defesa de direitos da categoria respectiva, tendo sua competência limitada à fiscalização da gestão financeira do sindicato (art. 522, § 2º, da CLT).

366 – Estagiário. Desvirtuamento do contrato de estágio. Reconhecimento do vínculo empregatício com a Administração Pública Direta ou Indireta. Período posterior à Constituição Federal de 1988. Impossibilidade.

Ainda que desvirtuada a finalidade do contrato de estágio celebrado na vigência da Constituição Federal de 1988, é inviável o reconhecimento do vínculo empregatício com ente da Administração Pública Direta ou indireta, por força do art. 37, II, da CF/1988, bem como o deferimento de indenização pecuniária, exceto em relação às parcelas previstas na Súmula 363 do TST, se requeridas.

367 – Aviso-prévio de 60 (sessenta) dias. Elastecimento por norma coletiva. Projeção. Reflexos nas parcelas trabalhistas.

O prazo de aviso-prévio de 60 (sessenta) dias, concedido por meio de norma coletiva que silencia sobre alcance de seus efeitos jurídicos, computa-se integralmente como tempo de serviço, nos termos do § 1º do art. 487 da CLT, repercutindo nas verbas rescisórias.

368 – Descontos previdenciários. Acordo homologado em juízo. Inexistência de vínculo empregatício. Parcelas indenizatórias. Ausência de discriminação. Incidência sobre o valor total.

É devida a incidência das contribuições para a Previdência Social sobre o valor total do acordo homologado em juízo, independentemente do reconhecimento de vínculo de emprego, desde que não haja discriminação das parcelas sujeitas à incidência da contribuição previdenciária, conforme parágrafo único do art. 43 da Lei 8.212, de 24.07.1991, e do art. 195, I, *a*, da CF/1988.

369 – Estabilidade provisória. Delegado sindical. Inaplicável.

O delegado sindical não é beneficiário da estabilidade provisória prevista no art. 8º, VIII, da CF/1988, a qual é dirigida, exclusivamente, àqueles que exerçam ou ocupem cargos de direção nos sindicatos, submetidos a processo eletivo.

370 – FGTS. Multa de 40% (quarenta por cento). Diferenças dos expurgos inflacionários. Prescrição. Interrupção decorrente de protestos judiciais.

O ajuizamento de protesto judicial dentro do biênio posterior à Lei Complementar 110, de 29.06.2001, interrompe a prescrição, sendo irrelevante o transcurso de mais de 2 (dois) anos da propositura de outra medida acautelatória, com o mesmo objetivo, ocorrida antes da vigência da referida lei, pois ainda não iniciado o prazo prescricional, conforme disposto na Orientação Jurisprudencial 344 da SDI-1.

371 – Irregularidade de representação. Substabelecimento não datado. Inaplicabilidade do art. 654, § 1º, do Código Civil.

Não caracteriza a irregularidade de representação a ausência da data da outorga de poderes, pois, no mandato judicial, ao contrário do mandato civil, não é condição de validade do negócio jurídico. Assim, a data a ser considerada é aquela em que o instrumento for juntado aos autos, conforme preceitua o art. 409, IV, do CPC de 2015 (art. 370, IV, do CPC de 1973). Inaplicável o art. 654, § 1º, do Código Civil.

> ▸ OJ com redação pela Res. 208/2016 do TST *(DEJT 22, 23 e 24.04.2016).*

372 – CANCELADA. Convertida na Súmula 449 – Res. 194/2014 do TST – *(DEJT 21.05.2014).*

Minutos que antecedem e sucedem a jornada de trabalho. Lei 10.243, de 27.06.2001. Norma coletiva. Flexibilização. Impossibilidade. A partir da vigência da Lei 10.243, de 27.06.2001, que acrescentou o § 1º ao art. 58 da CLT, não mais prevalece cláusula prevista em convenção ou acordo coletivo que elastece o limite de 5 minutos que antecedem e sucedem a jornada de trabalho para fins de apuração das horas extras.

373 – CANCELADA. Convertida na Súmula 456 – Res. 194/2014 do TST – *(DEJT 21.05.2014).*

Representação. Pessoa jurídica. Procuração. Invalidade. Identificação do outorgante e de seu representante. É inválido o instrumento de mandato firmado em nome de pessoa jurídica que não contenha, pelo menos, o nome da entidade outorgante e do signatário da procuração, pois estes dados constituem elementos que os individualizam.

> ▸ OJ com redação pela Res. 170/2010 do TST *(DJE 19.11.2010).*

374 – Agravo de instrumento. Representação processual. Regularidade. Procuração ou substabelecimento com cláusula limitativa de poderes ao âmbito do Tribunal Regional do Trabalho.

É regular a representação processual do subscritor do agravo de instrumento ou do recurso de revista que detém mandato com poderes de representação limitados ao âmbito do Tribunal Regional do Trabalho, pois, embora a apreciação desse recurso seja realizada pelo Tribunal Superior do Trabalho, a sua interposição é ato praticado perante o Tribunal Regional do Trabalho, circunstância que legitima a atuação do advogado no feito.

375 – Auxílio-doença. Aposentadoria por invalidez. Suspensão do contrato de trabalho. Prescrição. Contagem.

A suspensão do contrato de trabalho, em virtude da percepção do auxílio-doença ou da aposentadoria por invalidez, não impede a fluência da prescrição quinquenal, ressalvada a hipótese de absoluta impossibilidade de acesso ao Judiciário.

376 – Contribuição previdenciária. Acordo homologado em juízo após o trânsito em julgado da sentença condenatória. Incidência sobre o valor homologado.

É devida a contribuição previdenciária sobre o valor do acordo celebrado e homologado após o trânsito em julgado de decisão judicial, respeitada a proporcionalidade de valores entre as parcelas de natureza salarial e indenizatória deferidas na decisão condenatória e as parcelas objeto do acordo.

377 – CANCELADA pela Res. 204/2016 do TST – *(DEJT 21.03.2016)*

Embargos de declaração. Decisão denegatória de recurso de revista exarado por presidente do TRT. Descabimento. Não interrupção do prazo recursal. Não cabem embargos de declaração interpostos contra decisão de admissibilidade do recurso de revista, não tendo o efeito de interromper qualquer prazo recursal.

378 – Embargos. Interposição contra decisão monocrática. Não cabimento.

Não encontra amparo no art. 894 da CLT, quer na redação anterior quer na redação posterior à Lei 11.496, de 22.06.2007, recurso de embargos interposto à decisão monocrática exarada nos moldes do art. 932 do CPC de 2015 (art. 557 do CPC de 1973), pois o comando legal restringe seu cabimento à pretensão de reforma de decisão colegiada proferida por Turma do Tribunal Superior do Trabalho.

> ▸ OJ com redação pela Res. 208/2016 do TST *(DEJT 22, 23 e 24.04.2016)*

379 – Empregado de Cooperativa de Crédito. Bancário. Equiparação. Impossibilidade.

Os empregados de cooperativas de crédito não se equiparam a bancário, para efeito de aplicação do art. 224 da CLT, em razão da inexistência de expressa previsão legal, considerando, ainda, as diferenças estruturais e operacionais entre as instituições financeiras e as cooperativas de crédito. Inteligência das Leis 4.595, de 31.12.1964 e 5.764, de 16.12.1971.

> ▸ OJ republicada no DJE de 29.03.2017.

380 – CANCELADA. Convertida no item IV da Súmula 437 – Res. 186/2012 do TST – *(DEJT 25.09.2012)*

Intervalo intrajornada. Jornada contratual de 6 (seis) horas diárias. Prorrogação habitual. Aplicação do art. 71, caput e § 4º, da CLT (DEJT divulgado em 19, 20 e 22.04.2010). Ultrapassada habitualmente a jornada de seis horas de trabalho, é devido o gozo do intervalo intrajornada mínimo de 1 (uma) hora, obrigando o empregador a remunerar o período para descanso e alimentação não usufruído como extra, acrescido do respectivo adicional, na forma prevista no art. 71, caput e § 4, da CLT.

381 – CANCELADA. Incorporação ao item I da Súmula 437 – Res. 186/2012 do TST – *(DEJT 25.09.2012)*

Intervalo intrajornada. Rurícola. Lei 5.889, de 08.06.1973. Supressão total ou parcial. Decreto 73.626, de 12.02.1974. Aplicação do art. 71, § 4º, da CLT. (DEJT divulgado em 19, 20 e 22.04.2010). A não concessão total ou parcial do intervalo mínimo intrajornada de uma hora ao trabalhador rural, fixado no Decreto 73.626, de 12.02.1974, que regulamentou a Lei 5.889, de 08.06.1973, acarreta o pagamento do período total, acrescido do respectivo adicional, por aplicação subsidiária do art. 71, § 4º, da CLT.

382 – Juros de mora. Art. 1º-F da Lei 9.494, de 10.09.1997. Inaplicabilidade à Fazenda Pública quando condenada subsidiariamente.

A Fazenda Pública, quando condenada subsidiariamente pelas obrigações trabalhistas devidas pela empregadora principal, não se beneficia da limitação dos juros, prevista no art. 1º-F da Lei 9.494, de 10.09.1997.

383 – Terceirização. Empregados da empresa prestadora de serviços e da tomadora. Isonomia. Art. 12, a, da Lei 6.019, de 03.01.1974. (Mantida).

A contratação irregular de trabalhador, mediante empresa interposta, não gera vínculo de emprego com ente da Administração Pública, não afastando, contudo, pelo princípio da isonomia, o direito dos empregados terceirizados às mesmas verbas trabalhistas legais e normativas asseguradas àqueles contratados pelo tomador dos serviços, desde que presente a igualdade de funções. Aplicação analógica do art. 12, a, da Lei 6.019, de 03.01.1974.

> ▸ OJ com redação mantida pela Res. 175/ 2011 do TST *(DEJT 27.05.2011)*

384 – CANCELADA pela Res. 186/2012 do TST – *(DEJT 25.09.2012)*

Trabalhador avulso. Prescrição bienal. Termo inicial. É aplicável a prescrição bienal prevista no art. 7º, XXIX, da Constituição de 1988 ao trabalhador avulso, tendo como marco inicial a cessação do trabalho ultimado para cada tomador de serviço.

385 – Adicional de periculosidade. Devido. Armazenamento de líquido inflamável no prédio. Construção vertical.

É devido o pagamento do adicional de periculosidade ao empregado que desenvolve suas atividades em edifício (construção vertical), seja em pavimento igual ou distinto daquele onde estão instalados tanques para armazenamento de líquido inflamável, em quantidade acima do limite legal, considerando-se como área de risco toda a área interna da construção vertical.

386 – CANCELADA. Convertida na Súmula 450 – Res. 194/2014 do TST – *(DEJT 21.05.2014).*

Férias. Gozo na época própria. Pagamento fora do prazo. Dobra devida. Arts. 137 e 145 da CLT. É devido o pagamento em dobro da remuneração de férias, incluído o terço constitucional, com base no art. 137 da CLT, quando, ainda que gozadas na época própria, o empregador tenha descumprido o prazo previsto no art. 145 do mesmo diploma legal.

387 – CANCELADA. Convertida na Súmula 457 – Res. 194/2014 do TST – *(DEJT 21.05.2014).*

Honorários periciais. Beneficiário da justiça gratuita. Responsabilidade da União pelo pagamento. Resolução 35/2007 do CSJT. Observância. A União é responsável pelo pagamento dos honorários de perito quando a parte sucumbente no objeto da perícia for beneficiária da assistência judiciária gratuita, observado o procedimento disposto nos arts. 1º, 2º e 5º da Resolução 35/2007 do Conselho Superior da Justiça do Trabalho – CSJT.

388 – Jornada 12x36. Jornada mista que compreenda a totalidade do período noturno. Adicional noturno. Devido.

O empregado submetido à jornada de 12 (doze) horas de trabalho por 36 (trinta e seis) de descanso, que compreenda a totalidade do período noturno, tem direito ao adicional noturno, relativo às horas trabalhadas após as 5 horas da manhã.

389 – Multa Prevista no Art. 1.021, §§ 4º E 5º, do CPC de 2015. Art. 557, § 2º, do CPC de 1973. Recolhimento. Pressuposto Recursal. Beneficiário da Justiça Gratuita e Fazenda Pública. Pagamento ao Final. (nova redação em decorrência do CPC de 2015)

Constitui ônus da parte recorrente, sob pena de deserção, depositar previamente a multa aplicada com fundamento nos §§ 4º e 5º, do art. 1.021, do CPC de 2015 (§ 2º do art. 557 do CPC de 1973), à exceção da Fazenda Pública e do beneficiário de justiça gratuita, que farão o pagamento ao final.

> ▸ OJ com redação pela Res. 209/2016 do TST *(DEJT 01.06.2016).*

390 – CANCELADA. Convertida na Súmula 451 – Res. 194/2014 do TST – *(DEJT 21.05.2014).*

Participação nos lucros e resultados. Rescisão contratual anterior à data da distribuição dos lucros. Pagamento proporcional aos meses trabalhados. Princípio da isonomia. Fere o princípio da isonomia instituir vantagem mediante acordo coletivo ou norma regulamentar que condiciona a percepção da parcela participação nos lucros e resultados ao fato de estar o contrato de trabalho em vigor na data prevista para a distribuição dos lucros. Assim, inclusive na rescisão contratual antecipada, é devido o pagamento da parcela de forma proporcional aos meses trabalhados, pois o ex-empregado concorreu para os resultados positivos da empresa.

391 – Portuários. Submissão prévia de demanda a comissão paritária. Lei 8.630, de 25.02.1993. Inexigibilidade.

A submissão prévia de demanda a comissão paritária, constituída nos termos do art. 23 da Lei 8.630, de 25.02.1993 (Lei dos Portos), não é pressuposto de constituição e desenvolvimento válido e regular do processo, ante a ausência de previsão em lei.

392 – Prescrição. Interrupção. Ajuizamento de protesto judicial. Marco Inicial. (atualizada em decorrência do CPC de 2015)

O protesto judicial é medida aplicável no processo do trabalho, por força do art. 769 da CLT e do art. 15 do CPC de 2015. O ajuizamento da ação, por si só, interrompe o prazo prescricional, em razão da inaplicabilidade do § 2º do art. 240 do CPC de 2015 (§ 2º do art. 219 do CPC de 1973), incompatível com o disposto no art. 841 da CLT.

> ▸ OJ republicada pela Res. 209/2016 do TST *(DEJT 01.06.2016).*

393 – Professor. Jornada de trabalho especial. Art. 318 da CLT. Salário mínimo. Proporcionalidade.

A contraprestação mensal devida ao professor, que trabalha no limite máximo da jornada prevista no art. 318 da CLT, é de um salário mínimo integral, não se

cogitando do pagamento proporcional em relação a jornada prevista no art. 7º, XIII, da Constituição Federal.

394 – Repouso semanal remunerado – RSR. Integração das horas extras. Não repercussão no cálculo das férias, do décimo terceiro salário, do aviso-prévio e dos depósitos do FGTS.

A majoração do valor do repouso semanal remunerado, em razão da integração das horas extras habitualmente prestadas, não repercute no cálculo das férias, da gratificação natalina, do aviso-prévio e do FGTS, sob pena de caracterização de *bis in idem*.

395 – Turno ininterrupto de revezamento. Hora noturna reduzida. Incidência.

O trabalho em regime de turnos ininterruptos de revezamento não retira o direito à hora noturna reduzida, não havendo incompatibilidade entre as disposições contidas nos arts. 73, § 1º, da CLT e 7º, XIV, da Constituição Federal.

396 – Turnos ininterruptos de revezamento. Alteração da jornada de 8 para 6 horas diárias. Empregado horista. Aplicação do divisor 180.

Para o cálculo do salário-hora do empregado horista, submetido a turnos ininterruptos de revezamento, considerando a alteração da jornada de 8 para 6 horas diárias, aplica-se o divisor 180, em observância ao disposto no art. 7º, VI, da Constituição Federal, que assegura a irredutibilidade salarial.

397 – Comissionista misto. Horas extras. Base de cálculo. Aplicação da súmula 340 do TST.

O empregado que recebe remuneração mista, ou seja, uma parte fixa e outra variável, tem direito a horas extras pelo trabalho em sobrejornada. Em relação à parte fixa, são devidas as horas simples acrescidas do adicional de horas extras. Em relação à parte variável, é devido somente o adicional de horas extras, aplicando-se à hipótese o disposto na Súmula 340 do TST.

398 – Contribuição previdenciária. Acordo homologado em juízo sem reconhecimento de vínculo de emprego. Contribuinte individual. Recolhimento da alíquota de 20% (vinte por cento) a cargo do tomador e 11% (onze por cento) a cargo do prestador de serviços.

Nos acordos homologados em juízo em que não haja o reconhecimento de vínculo empregatício, é devido o recolhimento da contribuição previdenciária, mediante a alíquota de 20% (vinte por cento) a cargo do tomador de serviços e de 11% (onze por cento) por parte do prestador de serviços, na qualidade de contribuinte individual, sobre o valor total do acordo, respeitado o teto de contribuição. Inteligência do § 4º do art. 30 e do inciso III do art. 22, todos da Lei 8.212, de 24.07.1991.

399 – Estabilidade Provisória. Ação trabalhista ajuizada após o término do período de garantia no emprego. Abuso do exercício do direito de ação. Não configuração. Indenização devida.

O ajuizamento de ação trabalhista após decorrido o período de garantia de emprego não configura abuso do exercício do direito de ação, pois este está submetido apenas ao prazo prescricional inscrito no art. 7º, XXIX, da CF/1988, sendo devida a indenização desde a dispensa até a data do término do período estabilitário.

400 – Imposto de renda. Base de cálculo. Juros de mora. Não integração. Art. 404 do Código Civil Brasileiro.

Os juros de mora decorrentes do inadimplemento de obrigação de pagamento em dinheiro não integram a base de cálculo do imposto de renda, independentemente da natureza jurídica da obrigação inadimplida, ante o cunho indenizatório conferido pelo art. 404 do Código Civil de 2002 aos juros de mora.

401 – Prescrição. Marco inicial. Ação condenatória. Trânsito em julgado da ação declaratória com mesma causa de pedir remota ajuizada antes da extinção do contrato de trabalho.

O marco inicial da contagem do prazo prescricional para o ajuizamento de ação condenatória, quando advém a dispensa do empregado no curso de ação declaratória que possua a mesma causa de pedir remota, é o trânsito em julgado da decisão proferida na ação declaratória e não a data da extinção do contrato de trabalho.

402 – Adicional de risco. Portuário. Terminal privativo. Arts. 14 e 19 da Lei 4.860, de 26.11.1965. Indevido. (Mantida).

O adicional de risco previsto no artigo 14 da Lei 4.860, de 26.11.1965, aplica-se somente aos portuários que trabalham em portos organizados, não podendo ser conferido aos que operam terminal privativo.

▶ OJ com redação mantida pela Res. 175/2011 do TST (*DEJT 27.05.2011*).

403 – Advogado empregado. Contratação anterior a Lei 8.906, de 04.07.1994. Jornada de trabalho mantida com o advento da Lei. Dedicação exclusiva. Caracterização.

O advogado empregado contratado para jornada de 40 (quarenta) horas semanais, antes da edição da Lei 8.906, de 04.07.1994, está sujeito ao regime de dedicação exclusiva disposto no art. 20 da referida lei, pelo que não tem direito à jornada de 20 (vinte) horas semanais ou 4 diárias.

404 – CANCELADA. Convertida na Súmula 452 – Res. 194/2014 do TST – *(DEJT 21.05.2014)*.

Diferenças salariais. Plano de cargos e salários. Descumprimento. Critérios de promoção não observados. Prescrição parcial. Tratando-se de pedido de pagamento de diferenças salariais decorrentes da inobservância dos critérios de promoção estabelecidos em Plano de Cargos e Salários criado pela empresa, a prescrição aplicável é a parcial, pois a lesão é sucessiva e se renova mês a mês.

405 – CANCELADA. Convertida na Súmula 458 – Res. 194/2014 do TST – *(DEJT 21.05.2014)*.

Embargos. Procedimento sumaríssimo. Conhecimento. Recurso interposto após vigência da Lei 11.496, de 22.06.2007, que conferiu nova redação ao art. 894, II, da CLT. Em causas sujeitas ao procedimento sumaríssimo, em que pese a limitação imposta no art. 896, § 6º, da CLT à interposição de recurso de revista, admite-se os embargos interpostos na vigência da Lei 11.496, de 22.06.2007, que conferiu nova redação ao art. 894 da CLT, quando demonstrada a divergência jurisprudencial entre Turmas do TST, fundada em interpretações diversas acerca da aplicação de mesmo dispositivo constitucional ou de matéria sumulada.

406 – CANCELADA. Convertida na Súmula 453 – Res. 194/2014 do TST – *(DEJT 21.05.2014)*.

Adicional de periculosidade. Pagamento espontâneo. Caracterização de fato incontroverso. Desnecessária a perícia de que trata o art. 195 da CLT. O pagamento de adicional de periculosidade efetuado por mera liberalidade da empresa, ainda que de forma proporcional ao tempo de exposição ao risco ou em percentual inferior ao máximo legalmente previsto, dispensa a realização da prova técnica exigida pelo art. 195 da CLT, pois torna incontroversa a existência do trabalho em condições perigosas.

407 – Jornalista. Empresa não jornalística. Jornada de trabalho reduzida. Arts. 302 e 303 da CLT.

O jornalista que exerce funções típicas de sua profissão, independentemente do ramo de atividade do empregador, tem direito à jornada reduzida prevista no artigo 303 da CLT.

408 – Juros de mora. Empresa em liquidação extrajudicial. Sucessão trabalhista.

É devida a incidência de juros de mora em relação aos débitos trabalhistas de empresa em liquidação extrajudicial sucedida nos moldes dos arts. 10 e 448 da CLT. O sucessor responde pela obrigação do sucedido, não se beneficiando de qualquer privilégio a este destinado.

409 – Multa por Litigância de Má-Fé. Recolhimento. Pressuposto Recursal. Inexigibilidade. (nova redação em decorrência do CPC de 2015)

O recolhimento do valor da multa imposta como sanção por litigância de má-fé (art. 81 do CPC de 2015 – art. 18 do CPC de 1973) não é pressuposto objetivo para interposição dos recursos de natureza trabalhista.

▶ OJ com redação pela Res. 209/2016 do TST (*DEJT 01.06.2016*).

410 – Repouso semanal remunerado. Concessão após o sétimo dia consecutivo de trabalho. Art. 7º, XV, da CF. Violação.

Viola o art. 7º, XV, da CF a concessão de repouso semanal remunerado após o 7º (sétimo) dia consecutivo de trabalho, importando no seu pagamento em dobro.

411 – Sucessão trabalhista. Aquisição de empresa pertencente a grupo econômico. Responsabilidade solidária do sucessor por débitos trabalhistas de empresa não adquirida. Inexistência.

O sucessor não responde solidariamente por débitos trabalhistas de empresa não adquirida, integrante do mesmo grupo econômico da empresa sucedida, quando, à época, a empresa devedora direta era solvente ou idônea economicamente, ressalvada a hipótese de má-fé ou fraude na sucessão.

412 – Agravo Interno ou Agravo Regimental. Interposição em Face de Decisão colegiada. Não Cabimento. Erro Grosseiro. Inaplicabilidade do Princípio da Fungibilidade Recursal (nova redação em decorrência do CPC de 2015)

É incabível agravo interno (art. 1.021 do CPC de 2015, art. 557, §1º, do CPC de 1973) ou agravo regimental (art. 235 do RITST) contra decisão proferida por Órgão colegiado. Tais recursos destinam-se, exclusivamente, a impugnar decisão monocrática nas hipóteses previstas. Inaplicável, no caso, o princípio da fungibilidade ante a configuração de erro grosseiro.

▶ OJ com redação pela Res. 209/2016 do TST (*DEJT 01.06.2016*).

413 – Auxílio-alimentação. Alteração da natureza jurídica. Norma coletiva ou adesão ao PAT.

A pactuação em norma coletiva conferindo caráter indenizatório à verba "auxílio-alimentação" ou a adesão posterior do empregador ao Programa de Alimentação do Trabalhador – PAT – não altera a natureza salarial da parcela, instituída anteriormente, para aqueles empregados que, habitualmente, já percebiam o benefício, a teor das Súmulas 51, I, e 241 do TST.

414 – CANCELADA. Convertida na Súmula 454 – Res. 194/2014 do TST – *(DEJT 21.05.2014)*.

Competência da justiça do trabalho. Execução de ofício. Contribuição social referente ao seguro de acidente de trabalho (SAT). Arts. 114, VIII, e 195, I, "a", da Constituição da República. Compete à Justiça do Trabalho a execução, de ofício, da contribuição referente ao Seguro de Acidente de Trabalho (SAT), que tem natureza de contribuição para a seguridade social (arts. 114, VIII, e 195, I, a, da CF), pois se destina ao financiamento de benefícios relativos à incapacidade do empregado decorrente de infortúnio no trabalho (arts. 11 e 22 da Lei 8.212/ 1991).

415 – Horas extras. Reconhecimento em juízo. Critério de dedução/abatimento dos valores comprovadamente pagos no curso do contrato de trabalho.

A dedução das horas extras comprovadamente pagas daquelas reconhecidas em juízo não pode ser limitada ao mês de apuração, devendo ser integral e aferida pelo total das horas extraordinárias quitadas durante o período imprescrito do contrato de trabalho.

416 – Imunidade de jurisdição. Organização ou organismo internacional.

As organizações ou organismos internacionais gozam de imunidade absoluta de jurisdição quando amparados por norma internacional incorporada ao ordenamento jurídico brasileiro, não se lhes aplicando a regra do Direito Consuetudinário relativa à natureza dos atos praticados. Tampouco, prevalecerá a jurisdição brasileira na hipótese de renúncia expressa à cláusula de imunidade jurisdicional.

417 – Prescrição. Rurícola. Emenda constitucional 28, de 26.05.2000. Contrato de trabalho em curso.

Não há prescrição total ou parcial da pretensão do trabalhador rural que reclama direitos relativos a contrato de trabalho que se encontrava em curso à época da promulgação da Emenda Constitucional 28, de 26.05.2000, desde que ajuizada a demanda no prazo de 5 (cinco) anos de sua publicação, observada a prescrição bienal.

418 – Equiparação Salarial. Plano de Cargos e Salários. Aprovação por Instrumento Coletivo. Ausência de Alternância de Critérios de Promoção por Antiguidade e Merecimento.

Não constitui óbice à equiparação salarial a existência de plano de cargos e salários que, referendado por norma coletiva, prevê critério de promoção apenas por merecimento ou antiguidade, não atendendo, portanto, o requisito de alternância dos critérios, previsto no art. 461, § 2º, da CLT.

419 – CANCELADA pela Res. 200/2015 do TST – *(DJE 29.10.2015)*.

Considera-se rurícola empregado que, a despeito da atividade exercida, presta serviços a empregador agroindustrial (art. 3º, § 1º, da Lei 5.889, de 08.06.1973), visto que, neste caso, é a atividade preponderante da empresa que determina o enquadramento.

420 – Turnos ininterruptos de revezamento. Elastecimento da jornada de trabalho. Norma coletiva com eficácia retroativa. Invalidade.

É inválido o instrumento normativo que, regularizando situações pretéritas, estabelece jornada de 8 (oito) horas para o trabalho em turnos ininterruptos de revezamento.

421. Honorários advocatícios. Ação de indenização por danos morais e materiais decorrentes de acidente de trabalho ou de doença profissional. Ajuizamento perante a justiça comum antes da promulgação da emenda constitucional 45/2004. Posterior remessa dos autos à Justiça do Trabalho. Art. 85 do CPC de 2015. Art. 20 do CPC de 1973. Incidência.

A condenação em honorários advocatícios nos autos de ação de indenização por danos morais e materiais de-

correntes de acidente de trabalho ou de doença profissional, remetida à Justiça do Trabalho após ajuizamento na Justiça comum, antes da vigência da Emenda Constitucional 45/2004, decorre da mera sucumbência, nos termos do art. 85 do CPC de 2015 (art. 20 do CPC de 1973), não se sujeitando aos requisitos da Lei 5.584/1970.

▶ OJ com redação pela Res. 208/2016 do TST *(DEJT 22, 23 e 24.04.2016)*

ORIENTAÇÕES JURISPRUDENCIAIS DA SDI-I – TRANSITÓRIA – TST

1. FGTS. Multa de 40%. Complementação. Indevida. (Inserida em 02.10.1997)

A rescisão contratual operada antes da vigência da Constituição Federal de 1988, com o pagamento da multa sobre os depósitos do FGTS no percentual de 10% (dez por cento), é ato jurídico perfeito, não se admitindo retroatividade. Assim, indevido o deferimento da complementação, a título de diferenças de multa do FGTS, do percentual de 30% (trinta por cento), referente ao período do primeiro contrato rescindido e pago de acordo com a norma vigente à época (Lei 5.107/1966, art. 6º).

▶ OJ alterada pela Res. 129/2005 do TST *(DJU 20.04.2005)*.

2. CSN. Licença remunerada.

É devido o valor das horas extras até então habitualmente prestadas.

3. Súmula 337. Inaplicabilidade. (Inserida em 02.10.1997)

A Súmula 337 do TST é inaplicável a recurso de revista interposto anteriormente à sua vigência.

▶ OJ alterada pela Res. 129/2005 do TST *(DJU 20.04.2005)*.

4. CANCELADA pela Res. 175/2011 do TST.

Mineração Morro Velho. Adicional de insalubridade. Base de cálculo. Acordo coletivo. Prevalência. (Inserida em 02.10.1997)

O acordo coletivo estabelecido com a Mineração Morro Velho sobrepõe-se aos comandos da lei, quando as partes, com o propósito de dissipar dúvidas e nos exatos limites de seu regular direito de negociação, livremente acordaram parâmetros para a base de cálculo do adicional de insalubridade.

5. Servita. Bonificação de assiduidade e produtividade paga semanalmente. Repercussão no repouso semanal remunerado. (Inserida em 02.10.1997)

O valor das bonificações de assiduidade e produtividade, pago semanalmente e em caráter permanente pela empresa Servita, visando incentivar o melhor rendimento dos empregados, possui natureza salarial, repercutindo no cálculo do repouso semanal remunerado.

▶ OJ alterada pela Res. 129/2005 do TST *(DJU 20.04.2005)*.

6. Adicional de produtividade. Decisão normativa. Vigência. Limitação.

O adicional de produtividade previsto na decisão normativa, proferida nos autos do Dissídio Coletivo DC-TST 6/1979, tem sua eficácia limitada à vigência do respectivo instrumento normativo.

7. BANRISUL. Complementação de aposentadoria. ADI e cheque-rancho. Não integração. Inserida em 19.10.2000 (nova redação em decorrência da incorporação da Orientação Jurisprudencial Transitória 8 da SDI-1).

As parcelas ADI e cheque-rancho não integram a complementação de aposentadoria dos empregados do BANRISUL. (ex-OJ Transitória 8 da SDI-1 – inserida em 19.10.2000).

▶ OJ alterada pela Res. 129/2005 do TST *(DJU 20.04.2005)*.

8. CANCELADA. Incorporação à OJ Transitória 7 da SDI-1 – Res. 129/2005 do TST – *(DJU 20.04.2005)*.

BANRISUL. Complementação de aposentadoria. Cheque-rancho. Não Integração. (Inserida em 19.10.2000).

9. BNCC. Garantia de emprego. Não assegurada.

O Regulamento do BNCC não garante a estabilidade ao empregado nos moldes daquela prevista na CLT, mas apenas a garantia no emprego, ou seja, a garantia contra a despedida imotivada.

10. BNCC. Juros. Súmula 304 do TST. Inaplicável.

A extinção do BNCC não foi decretada pelo Banco Central mas por deliberação de seus acionistas. Portanto, inaplicável a Súmula 304 do TST e, em seus débitos trabalhistas, devem incidir os juros de mora.

11. Complementação de aposentadoria. CEAGESP.

Para o empregado se beneficiar da aposentadoria integral, prevista no § 1º do art. 16 do Regulamento Geral 1/1963, da CEAGESP, o empregado deverá contar com 30 anos ou mais de efetivo serviço à CEAGESP.

12. CSN. Adicional de insalubridade e de periculosidade. Salário complessivo. Prevalência do acordo coletivo. (Inserida em 19.10.2000).

O pagamento do adicional de insalubridade e periculosidade embutido no salário contratual dos empregados da CSN não caracteriza a complessividade salarial, uma vez que essa forma de pagamento decorre de acordo coletivo há muitos anos em vigor.

▶ OJ alterada pela Res. 129/2005 do TST *(DJU 20.04.2005)*.

13. CSN. Licença remunerada. Aviso-prévio. Concomitância. Possibilidade.

Devido às circunstâncias especialíssimas ocorridas na CSN (Próspera), considera-se válida a concessão de aviso-prévio durante o período da licença remunerada.

14. Defensoria pública. Opção pela carreira.

Servidor investido na função de defensor público até a data em que foi instalada a Assembleia Nacional Constituinte tem direito à opção pela carreira, independentemente de realização de concurso público (celetista ou estatutário), bastando que a opção tenha sido feita até a data supra.

15. ENERGIPE. Participação nos lucros. Incorporação anterior à CF/1988. Natureza salarial.

A parcela participação nos lucros, incorporada ao salário do empregado anteriormente à CF/1988, possui natureza salarial e gera reflexos em todas as verbas salariais.

16. Agravo de instrumento interposto na vigência da Lei 9.756/1998 e anteriormente à edição da IN 16/1999 do TST. Traslado de peças. Obrigatoriedade.

Não há como dizer que a exigência de traslado de peças necessárias ao julgamento de ambos os recursos (o agravo e o recurso principal) somente se tornou obrigatória após a edição da IN 16/1999, pois trata-se apenas de meio destinado à interpretação acerca das novas exigências que se tornaram efetivas a partir da vigência da Lei 9.756/1998.

17. Agravo de instrumento interposto na vigência da Lei 9.756/1998. Embargos declaratórios.

Para comprovar a tempestividade do recurso de revista, basta a juntada da certidão de publicação do acórdão dos embargos declaratórios opostos perante o Regional, se conhecidos.

18. Agravo de instrumento interposto na vigência da Lei 9.756/1998. Peça indispensável. Certidão de publicação do acórdão regional. Necessária a juntada, salvo se nos autos houver elementos que atestem a tempestividade da revista.

A certidão de publicação do acórdão regional é peça essencial para a regularidade do traslado do agravo de instrumento, porque imprescindível para aferir a tempestividade do recurso de revista e para viabilizar, quando provido, seu imediato julgamento, salvo se nos autos houver elementos que atestem a tempestividade da revista.

19. Agravo de instrumento. Interposto na vigência da Lei 9.756/1998. Peças dispensáveis à compreensão da controvérsia. Desnecessária a juntada.

Mesmo na vigência da Lei 9.756/1998, a ausência de peças desnecessárias à compreensão da controvérsia, ainda que relacionadas no inciso I do § 5º do art. 897 da CLT, não implica o não conhecimento do agravo.

20. Agravo de instrumento. Ministério Público. Pressupostos extrínsecos.

Para aferição da tempestividade do AI interposto pelo Ministério Público, desnecessário o traslado da certidão de publicação do despacho agravado, bastando a juntada da cópia da intimação pessoal na qual conste a respectiva data de recebimento (LC 75/1993, art. 84, IV).

21. Agravo de instrumento. Traslado. Certidão. Instrução Normativa 6/1996 do TST.

Certidão do Regional afirmando que o AI está formado de acordo com IN 6/1996 do TST não confere autenticidade às peças.

22. CANCELADA. Convertida na OJ 287 da SDI-1 – *(DJU 24.11.2003)*.

Autenticação. Documentos distintos. Cópia. Verso e anverso. Necessidade.

Distintos os documentos contidos no verso e anverso, é necessária a autenticação de ambos os lados da cópia.

23. Autenticação. Documento único. Cópia. Verso e anverso.

Inexistindo impugnação da parte contrária, bem como o disposto no art. 795 da CLT, é válida a autenticação aposta em uma face da folha que contenha documento que continua no verso, por constituir documento único.

24. Abono. Complementação de aposentadoria. Reajuste. CVRD (VALIA).

A Resolução 7/1989 da CVRD, que instituiu o benefício "abono aposentadoria" (art. 6º), determina que o reajuste seja feito na mesma época e com o mesmo índice aplicado pelo INSS ou observada a variação do IGP ou da OTN, aplicando-se o maior deles.

25. Banco Meridional. Complementação de aposentadoria. Reajustes. Extensão.

Os reajustes salariais concedidos sobre quaisquer parcelas aos empregados ativos devem ser estendidos aos inativos, com exclusão apenas das parcelas ressalvadas expressamente no Regulamento do Banco.

26. BANERJ. Plano Bresser. Acordo Coletivo de Trabalho de 1991. Não é norma programática.

É de eficácia plena e imediata o *caput* da cláusula 5ª do Acordo Coletivo de Trabalho de 1991/1992 celebrado pelo Banerj contemplando o pagamento de diferenças salariais do Plano Bresser, sendo devido o percentual de 26,06% (vinte e seis vírgula zero seis por cento) nos meses de janeiro a agosto de 1992, inclusive.

27. BANRISUL. Gratificação Jubileu. Prescrição.

A Gratificação Jubileu, instituída pela Resolução 1.761/1967, que foi alterada, reduzindo-se o seu valor, pela Resolução 1.885/1970, era devida a todo empregado que completasse 25, 30, 35 e 40 anos de serviço no Banco. Era vantagem a ser paga de uma única vez, na data da aposentadoria, fluindo desta data o prazo prescricional, sendo inaplicável a Súmula 294 do TST, que é restrito aos casos em que se postulam prestações sucessivas.

28. CDHU. Sucessão trabalhista.

Considerando a moldura fática delineada pelo Regional, conduz-se à ilação de que a CDHU foi a sucessora da CONESP, uma vez que ocupou os imóveis e assumiu os contratos anteriores, dando sequência às obras com o mesmo pessoal.

29. CEEE. Equiparação salarial. Quadro de carreira. Reestruturação em 1991. Válido.

O quadro de carreira implantado na CEEE em 1977 foi homologado pelo Ministério do Trabalho. A reestruturação procedida em 1991, mesmo não homologada, é válida.

30. Cisão parcial de empresa. Responsabilidade solidária. PROFORTE.

É solidária a responsabilidade entre a empresa cindida subsistente e aquelas que absorverem parte do seu patrimônio, quando constatada fraude na cisão parcial.

31. Planos Bresser e Verão. Acordo coletivo autorizando a quitação através da concessão de folgas remuneradas. Conversão em pecúnia após a extinção do contrato de trabalho. Inviabilidade.

Acordo coletivo celebrado entre as partes autorizando a quitação dos valores devidos a título de Planos Bresser e Verão em folgas remuneradas é válido. Incabível a conversão do valor correspondente às folgas remuneradas em pecúnia quando extinto o contrato de trabalho pelo advento de aposentadoria voluntária.

32. Complementação de aposentadoria. Banco do Brasil. Sucumbência. Inversão.

Imposta condenação originária em diferenças de complementação de aposentadoria, por ocasião do julgamento de recurso de revista, imperativo o exame no acórdão, sob pena de negativa de prestação jurisdicional, de postulação aduzida em contestação e/ou em contrarrazões visando à limitação da condenação à média trienal e ao teto, matéria insuscetível de prequestionamento.

33. Adicional de insalubridade. Base de cálculo, na vigência do Decreto-lei 2.351/1987: piso nacional de salários. (Conversão da Orientação Jurisprudencial 3 da SDI-1).

Na vigência do Decreto-lei 2.351/1987, o piso nacional de salários é a base de cálculo para o adicional de insalubridade. (ex-OJ 3 da SDI-1 – inserida em 14.03.1994).

▶ OJ acrescida pela Res. 129/2005 do TST *(DJU 20.04.2005)*.

34. BRDE. Entidade autárquica de natureza bancária. Lei 4.595/1964, art. 17. Res. BACEN 469/1970, art. 8º. CLT, art. 224, § 2º. CF, art. 173, § 1º. (Conversão da Orientação Jurisprudencial 22 da SDI-1).

O Banco Regional de Desenvolvimento do Extremo Sul – BRDE é uma entidade autárquica de natureza bancária, e, como tal, submete-se ao art. 173, § 1º, da Constituição Federal de 1988. Desta forma, sendo a natureza das atividades por ele exercidas similares às de qualquer instituição financeira, seus empregados são bancários, regendo-se pelas normas especiais a eles referentes, inclusive o art. 224 da CLT. (ex-OJ 22 da SDI-1 – inserida em 14.03.1994).

▶ OJ acrescida pela Res. 129/2005 do TST *(DJU 20.04.2005)*.

35. Reajustes salariais. Bimestrais e quadrimestrais (Lei 8.222/1991). Simultaneidade inviável. (Conversão da Orientação Jurisprudencial 68 da SDI-1)

Nova antecipação bimestral, na mesma época do reajuste quadrimestral, constitui verdadeiro bis in idem, pois o bimestre anterior, que servia como base de cálculo, já teve o INPC considerado para a fim do reajuste quadrimestral. (ex-OJ 68 da SDI-1 – inserida em 28.11.1995).

▶ OJ acrescida pela Res. 129/2005 do TST (DJU 20.04.2005).

36. Hora in itinere. Tempo gasto entre a portaria da empresa e o local do serviço. Devida. Açominas. (Mantida).

Configura-se como hora in itinere o tempo gasto pelo obreiro para alcançar seu local de trabalho a partir da portaria da Açominas. (ex-OJ 98 da SDI-1 – inserida em 30.05.97).

▶ OJ com redação mantida pela Res. 175/2011 do TST.

37. Minascaixa. Legitimidade passiva ad causam enquanto não concluído o procedimento de liquidação extrajudicial. (Conversão da Orientação Jurisprudencial 109 da SDI-1).

A Minascaixa tem legitimidade passiva ad causam para figurar nas demandas contra ela ajuizadas enquanto não tiver concluído o processo de liquidação extrajudicial ao qual se encontra submetida. (ex-OJ 109 da SDI-1 – inserida em 01.10. 1997).

▶ OJ acrescida pela Res. 129/2005 do TST (DJU 20.04.2005).

38. Banco Meridional. Circular 34046/1989. Dispensa sem justa causa. (Conversão da Orientação Jurisprudencial 137 da SDI-1).

A inobservância dos procedimentos disciplinados na Circular 34046/1989 do Banco Meridional, norma de caráter eminentemente procedimental, não é causa para a nulidade da dispensa sem justa causa. (ex-OJ 137 da SDI-1 – inserida em 27.11.1998).

▶ OJ acrescida pela Res. 129/2005 do TST (DJU 20.04.2005).

39. FGTS. Opção retroativa. Concordância do empregador. Necessidade. (Conversão da Orientação Jurisprudencial 146 da SDI-1).

A concordância do empregador é indispensável para que o empregado possa optar retroativamente pelo sistema do Fundo de Garantia por Tempo de Serviço. (ex-OJ 146 da SDI-1 – inserida em 27.11.1998).

▶ OJ acrescida pela Res. 129/2005 do TST (DJU 20.04.2005).

40. Banrisul. Complementação de aposentadoria. (Conversão da Orientação Jurisprudencial 155 da SDI-1).

A Resolução 1600/1964, vigente à época da admissão do empregado, incorporou-se ao contrato de trabalho, pelo que sua alteração não poderá prejudicar o direito adquirido, mesmo em virtude da edição da Lei 6.435/1977. Incidência das Súmulas 51 e 288. (ex-OJ 155 da SDI-1 – inserida em 26.03.99).

▶ OJ acrescida pela Res. 129/2005 do TST (DJU 20.04.2005).

41. Complementação de Aposentadoria. Fundação Clemente de Faria. Banco Real. (conversão da Orientação Jurisprudencial 157 da SDI-1).

É válida a cláusula do Estatuto da Fundação Clemente de Faria que condicionou o direito à complementação de aposentadoria à existência de recursos financeiros, e também previa a suspensão, temporária ou definitiva, da referida complementação. (ex-OJ 157 da SDI-1 – inserida em 26.03.1999).

▶ OJ acrescentada pela Res. 129/2005 do TST (DJU 20.04.2005).

42. Petrobras. Pensão por morte do empregado assegurada no manual de pessoal. Estabilidade decenal. Opção pelo regime do FGTS. (Inserido item II à redação).

I – Tendo o empregado adquirido a estabilidade decenal, antes de optar pelo regime do FGTS, não há como negar-se o direito à pensão, eis que preenchido o requisito exigido pelo Manual de Pessoal. (ex-OJ 166 da SDI-1 – inserida em 26.03.1999)

II – O benefício previsto no manual de pessoal da Petrobras, referente ao pagamento de pensão e auxílio-funeral aos dependentes do empregado que vier a falecer no curso do contrato de trabalho, não se estende à hipótese em que sobrevém o óbito do trabalhador quando já extinto o contrato de trabalho.

▶ OJ alterada pela Res. 182/2012 do TST (DJE 19.04.2012).

43. SUDS. Gratificação. Convênio da União com Estado. Natureza salarial enquanto paga. (Conversão da Orientação Jurisprudencial 168 da SDI-1).

A parcela denominada "Complementação SUDS" paga aos servidores em virtude de convênio entre o Estado e a União Federal tem natureza salarial, enquanto paga, pelo que repercute nos demais créditos trabalhistas do empregado. (ex-OJ 168 da SDI-1 – inserida em 26.03.1999).

▶ OJ acrescida pela Res. 129/2005 do TST (DJU 20.04.2005).

44. Anistia. Lei 6.683/1979. Tempo de afastamento. Não computável para efeito de indenização e adicional por tempo de serviço, licença-prêmio e promoção. (Conversão da Orientação Jurisprudencial 176 da SDI-1).

O tempo de afastamento do anistiado pela Lei 6.683/1979 não é computável para efeito do pagamento de indenização por tempo de serviço, licença-prêmio e promoção. (ex-OJ 176 da SDI-1 – inserida em 08.11. 2000).

▶ OJ acrescida pela Res. 129/2005 do TST (DJU 20.04.2005).

45. Comissionista puro. Abono. Lei 8.178/1991. Não Incorporação. (Conversão da Orientação Jurisprudencial 180 da SDI-1).

É indevida a incorporação do abono instituído pela Lei 8.178/1991 aos empregados comissionistas. (ex-OJ 180 da SDI-1 – inserida em 08.11. 2000).

▶ OJ acrescida pela Res. 129/2005 do TST (DJU 20.04.2005).

46. Complementação de aposentadoria. Banco Itaú. (Conversão da Orientação Jurisprudencial 183 da SDI-1).

O empregado do Banco Itaú admitido na vigência da Circular BB-05/1966, que passou para a inatividade posteriormente à vigência da RP-40/1974, está sujeito ao implemento da condição "idade mínima de 55 anos". (ex-OJ 183 da SDI-1 – inserida em 08.11. 2000).

▶ OJ acrescida pela Res. 129/2005 do TST (DJU 20.04.2005).

47. Décimo terceiro salário. Dedução da 1ª parcela. URV. Lei 8.880/1994. (Conversão da Orientação Jurisprudencial 187 da SDI-1).

Ainda que o adiantamento do 13º salário tenha ocorrido anteriormente à edição da Lei 8.880/1994, as deduções deverão ser realizadas considerando o valor da antecipação, em URV, na data do efetivo pagamento, não podendo a 2ª parcela ser inferior à metade do 13º salário, em URV. (ex-OJ 187 da SDI-1 – inserida em 08.11. 2000).

▶ OJ acrescida pela Res. 129/2005 do TST (DJU 20.04.2005).

48. PETROMISA. Sucessão. PETROBRAS. Legitimidade. (Conversão da Orientação Jurisprudencial 202 da SDI-1).

Em virtude da decisão tomada em assembleia, a PETROBRAS é a real sucessora da PETROMISA, considerando que recebeu todos os bens móveis e imóveis da extinta PETROMISA. (ex-OJ 202 da SDI-1 – inserida em 08.11.2000).

▶ OJ acrescida pela Res. 129/2005 do TST (DJU 20.04.2005).

49. SERPRO. Norma regulamentar. Reajustes salariais. Superveniência de sentença normativa. Prevalência. (Conversão da Orientação Jurisprudencial 212 da SDI-1).

Durante a vigência do instrumento normativo, é lícita ao empregador a obediência à norma coletiva (DC 8948/1990) que alterou as diferenças interníveis previstas no Regulamento de Recursos Humanos. (ex-OJ 212 da SDI-1 – inserida em 08.11.2000).

▶ OJ acrescida pela Res. 129/2005 do TST (DJU 20.04.2005).

50. Férias. Abono instituído por instrumento normativo e terço constitucional. Simultaneidade inviável. (Conversão da Orientação Jurisprudencial 231 da SDI-1).

O abono de férias decorrente de instrumento normativo e o abono de 1/3 (um terço) previsto no art. 7º, XVII, da CF/1988 têm idêntica natureza jurídica, destinação e finalidade, constituindo-se bis in idem seu pagamento simultâneo, sendo legítimo o direito do empregador de obter compensação de valores porventura pagos. (ex-OJ 231 da SDI-1 – inserida em 20.06. 2001).

▶ OJ acrescida pela Res. 129/2005 do TST (DJU 20.04.2005).

51. Complementação de aposentadoria. Caixa Econômica Federal. Auxílio-alimentação. Supressão. Súmulas 51 e 288. (Conversão da Orientação Jurisprudencial 250 da SDI-1).

A determinação de supressão do pagamento de auxílio-alimentação aos aposentados e pensionistas da Caixa Econômica Federal, oriunda do Ministério da Fazenda, não atinge aqueles ex-empregados que já percebiam o benefício. (ex-OJ 250 da SDI-1 – inserida em 13.03.2002).

▶ OJ acrescida pela Res. 129/2005 do TST (DJU 20.04.2005).

52. Agravo de instrumento. Acórdão do TRT não assinado. Interposto anteriormente à Instrução Normativa 16/1999. (Conversão da Orientação Jurisprudencial 281 da SDI-1).

Nos agravos de instrumento interpostos anteriormente à edição da Instrução Normativa 16/1999, a ausência de assinatura na cópia não a torna inválida, desde que conste o carimbo aposto pelo servidor certificando que confere com o original. (ex-OJ 281 da SDI-1 – inserida em 11.08.2003).

▶ OJ acrescida pela Res. 129/2005 do TST (DJU 20.04.2005).

53. Custas. Embargos de terceiro. Interpostos anteriormente à Lei 10.537/ 2002. Inexigência de recolhimento para a interposição de agravo de petição. (Conversão da Orientação Jurisprudencial 291 da SDI-1).

Tratando-se de embargos de terceiro, incidentes em execução, ajuizados anteriormente à Lei 10.537/2002, incabível a exigência do recolhimento de custas para a interposição de agravo de petição por falta de previsão legal. (ex-OJ 291 da SDI-1 – inserida em 11.08.2003).

54. Plano econômico (Collor). Execução. Correção monetária. Índice de 84,32%. Lei 7.738/1989. Aplicável. (Conversão da Orientação Jurisprudencial 203 da SDI-1).

Aplica-se o índice de 84,32% (oitenta e quatro inteiros e trinta e dois centésimos por cento), relativo ao IPC de março de 1990, para a correção monetária do débito trabalhista, por ocasião da execução, nos termos da Lei 7.738/1989. (ex-OJ 203 da SDI-1 – inserida em 08.11.2000).

▶ OJ acrescida pela Res. 129/2005 do TST (DJU 20.04.2005).

55. Plano Collor. Servidores celetistas do GDF. Legislação federal. Prevalência. (Conversão da Orientação Jurisprudencial 218 da SDI-1 e incorporada a Orientação Jurisprudencial 241 da SDI-1).

Inexiste direito adquirido às diferenças salariais de 84,32% (oitenta e quatro inteiros e trinta e dois centésimos por cento) do IPC de março de 1990 aos servidores celetistas da Administração Direta, Fundações e Autarquias do Distrito Federal. (ex-OJs 218 e 241 da SDI-1 – inseridas respectivamente em 02.04.2001 e 20.06.2001)

▶ OJ acrescida pela Res. 129/2005 do TST (DJU 20.04.2005).

56. Anistia. Lei 8.878/1994. Efeitos financeiros devidos a partir do efetivo retorno à atividade. (Conversão da Orientação Jurisprudencial 221 da SDI-1).

Os efeitos financeiros da anistia concedida pela Lei 8.878/1994 somente serão devidos a partir do efetivo retorno à atividade, vedada a remuneração em caráter retroativo. (ex-OJ 221 da SDI-1 – inserida em 20.06. 2001).

▶ OJ acrescida pela Res. 129/2005 do TST (DJU 20.04.2005).

57. Adicional de insalubridade. Deficiência de iluminamento. Limitação. (Conversão da Orientação Jurisprudencial 153 da SDI-1).

Somente após 26.02.1991 foram, efetivamente, retiradas do mundo jurídico as normas ensejadoras do direito ao adicional de insalubridade por iluminamento insuficiente no local da prestação de serviço, como previsto na Portaria 3751/1990 do Ministério do Trabalho. (ex-OJ 153 da SDI-1 – inserida em 26.03.1999).

▶ OJ acrescida pela Res. 129/2005 do TST (DJU 20.04.2005).

58. URP'S de junho e julho de 1988. Suspensão do pagamento. Data base em maio. Decreto-lei 2.425/1988. Inexistência de violação a direito adquirido. (Conversão da Orientação Jurisprudencial 214 da SDI-1).

O Decreto-lei 2.425, de 07.04.1988, não ofendeu o direito adquirido dos empregados com data base em maio, pelo que não fazem jus às URP's de junho e julho de 1988. (ex-OJ 214 da SDI-1 – inserida em 08.11.2000).

▶ OJ acrescida pela Res. 129/2005 do TST (DJU 20.04.2005).

59. Interbras. Sucessão. Responsabilidade.

A Petrobrás não pode ser responsabilizada solidária ou subsidiariamente pelas obrigações trabalhistas da extinta Interbras, da qual a união é a real sucessora, nos termos do art. 20 da Lei 8.029, de 12.4.1990 (atual art. 23 em face da renumeração dada pela Lei 8.154, de 28.12.1990).

60. Adicional por tempo de serviço. Base de cálculo. Salário-base. Art. 129 da Constituição do Estado de São Paulo.

O adicional por tempo de serviço – quinquênio –, previsto no art. 129 da Constituição do Estado de São Paulo, tem como base de cálculo o vencimento básico do servidor público estadual, ante o disposto no art. 11 da Lei Complementar do Estado de São Paulo 712, de 12.04.1993.

▶ OJ republicada no DEJT 11.04.2011.

61. Auxílio-cesta-alimentação previsto em norma coletiva. CEF. Cláusula que estabelece natureza indenizatória à parcela. Extensão aos aposentados e pensionistas. Impossibilidade.

Havendo previsão em cláusula de norma coletiva de trabalho de pagamento mensal de auxílio-cesta-alimentação somente a empregados em atividade, dando-lhe caráter indenizatório, é indevida a extensão desse benefício aos aposentados e pensionistas. Exegese do art. 7º, XXVI, da Constituição Federal.

62. Petrobras. Complementação de aposentadoria. Avanço de nível. Concessão de parcela por acordo coletivo apenas para os empregados da ativa. Extensão para os inativos. Artigo 41 do regulamento do plano de benefícios da PETROS.

Ante a natureza de aumento geral de salários, estende-se à complementação de aposentadoria dos ex-empregados da Petrobras benefício concedido indistintamente a todos os empregados da ativa e estabelecido em norma coletiva, prevendo a concessão de aumento de nível salarial – "avanço de nível" –, a fim de preservar a paridade entre ativos e inativos assegurada no art. 41 do Regulamento do Plano de Benefícios da Fundação Petrobras de Seguridade Social – PETROS.

63. Petrobras. Complementação de aposentadoria. Integralidade. Condição. Idade Mínima. Lei 6.435, de 15.07.1977.

Os empregados admitidos na vigência do Decreto 81.240, de 20.01.1978, que regulamentou a Lei 6.435, de 15.07.1977, ainda que anteriormente à alteração do Regulamento do Plano de Benefícios da PETROS, sujeitam-se à condição "idade mínima de 55 anos" para percepção dos proventos integrais de complementação de aposentadoria.

64. Petrobras. Parcelas gratificação contingente e participação nos resultados deferidas por norma coletiva a empregados da ativa. Natureza jurídica não salarial. Não integração na complementação de aposentadoria.

As parcelas gratificação contingente e participação nos resultados, concedidas por força de acordo coletivo a empregados da Petrobras em atividade, pagas de uma única vez, não integram a complementação de aposentadoria.

65. Representação judicial da União. Assistente jurídico. Apresentação do ato de designação.

A ausência de juntada aos autos de documento que comprove a designação do assistente jurídico como representante judicial da União (art. 69 da Lei Complementar 73, de 10.02.1993) importa irregularidade de representação.

66. SPTRANS. Responsabilidade subsidiária. Não configuração. Contrato de concessão de serviço público. Transporte coletivo.

A atividade da São Paulo Transportes S/A – SPTRANS de gerenciamento e fiscalização dos serviços prestados pelas concessionárias de transporte público, atividade descentralizada da Administração Pública, não se confunde com a terceirização de mão de obra, não se configurando a responsabilidade subsidiária.

67. TELEMAR. Privatização. Plano de incentivo à rescisão contratual (PIRC). Previsão de pagamento da indenização com redutor de 30% (trinta por cento). Aplicação limitada ao período da reestruturação.

Não é devida a indenização com redutor de 30% (trinta por cento), previsão no Plano de Incentivo à Rescisão Contratual da TELEMAR, ao empregado que, embora atenda ao requisito estabelecido de não haver aderido ao PIRC, foi despedido em data muito posterior ao processo de reestruturação da empresa, e cuja dispensa não teve relação com o plano.

68. Banco do Estado de São Paulo S.A. – BANESPA. Convenção coletiva. Reajuste salarial. Superveniência de acordo em dissídio coletivo. Prevalência.

O acordo homologado no Dissídio Coletivo TST – DC – 810.905/2001.3, que estabeleceu a garantia de emprego aos empregados em atividade do Banco do Estado de São Paulo S.A. – BANESPA e que, portanto, não se aplica aos empregados aposentados, prevalece sobre a fixação do reajuste salarial previsto na convenção coletiva firmada entre a Federação Nacional dos Bancos – FENABAN e os sindicatos dos bancários, ante a consideração do conjunto das cláusulas constantes do acordo e em respeito às disposições dos arts. 5º, XXXVI, e 7º, XXVI, da CF/1988.

69. Banco do Brasil. Complementação de Aposentadoria. Alteração do plano de cargos comissionados. Extensão aos inativos.

As alterações na estrutura do Plano de Cargos Comissionados do Banco do Brasil, introduzidas pelas Cartas-Circulares DIREC/FUNCI 96/0904 e 96/0957, dentre as quais a substituição do Abono de Função e Representação (AFR) pelo Adicional de Função (AF) e pelo Adicional Temporário de Revitalização (ATR), não autorizam o pagamento de diferenças de complementação de aposentadoria aos inativos por só abrangerem os empregados em atividade, bem como em razão do Plano de Incentivo à Aposentadoria à época do jubilamento não conter previsão de aplicação de eventual alteração na estrutura dos cargos comissionados àqueles que se aposentassem.

70. Caixa Econômica Federal. Bancário. Plano de cargos em comissão. Opção pela jornada de oito horas. Ineficácia. Exercício de funções meramente técnicas. Não caracterização de exercício de função de confiança.

Ausente a fidúcia especial a que alude o art. 224, § 2º, da CLT, é ineficaz a adesão do empregado à jornada de 8 (oito) horas constante do Plano de Cargos em Comissão da Caixa Econômica Federal, o que importa no retorno à jornada de 6 (seis) horas, sendo devidas como extras a sétima e a oitava horas laboradas. A diferença de gratificação de função recebida em face da adesão ineficaz poderá ser compensada com as horas extraordinárias prestadas.

71. Empresa Brasileira de Correios e Telégrafos – ECT. Plano de cargos e salários. Progressão horizontal por antiguidade. Necessidade de deliberação da diretoria para comprovar o efetivo cumprimento dos requisitos do PCCS. Condição puramente potestativa para a concessão da promoção. Invalidade.

A deliberação da diretoria da Empresa Brasileira de Correios e Telégrafos – ECT, prevista no Plano de Carreira, Cargos e Salários como requisito necessário para a concessão de progressão por antiguidade, por se tratar de condição puramente potestativa, não constitui óbice ao deferimento da progressão horizontal por antiguidade aos empregados, quando preenchidas as demais condições dispostas no aludido plano.

72. Petrobras. Domingos e feriados trabalhados. Regime de turnos ininterruptos de revezamento. Pagamento em dobro concedido por liberalidade do empregador. Incorporação ao contrato de trabalho. Supressão unilateral. Acordo coletivo posterior que valida a supressão. Retroação da norma coletiva. Impossibilidade.

O pagamento em dobro, concedido por liberalidade da empresa, dos domingos e feriados trabalhados de forma habitual pelo empregado da Petrobras submetido ao regime de turnos ininterruptos de revezamento não pode ser suprimido unilateralmente, pois é vantagem incorporada ao contrato de trabalho, nos termos do art. 468 da CLT. Assim, o acordo coletivo, posteriormente firmado, somente opera efeitos a partir da data de sua entrada em vigor, sendo incabível a utilização da norma coletiva para regular situação pretérita.

73. Volkswagen do Brasil Ltda. Participação nos lucros e resultados. Pagamento mensal em decorrência de norma coletiva. Natureza indenizatória.

A despeito da vedação de pagamento em periodicidade inferior a um semestre civil ou mais de duas vezes no ano cível, disposta no art. 3º, § 2º, da Lei 10.101, de 19.12.2000, o parcelamento em prestações mensais da participação nos lucros e resultados de janeiro de 1999 a abril de 2000, fixado no acordo coletivo celebrado entre o Sindicato dos Metalúrgicos do ABC e a Volkswagen do Brasil Ltda., não retira a natureza indenizatória da referida verba (art. 7º, XI, da CF), devendo prevalecer a diretriz constitucional que prestigia a autonomia privada coletiva (art. 7º, XXVI, da CF).

74. Hospital de Clínicas de Porto Alegre. Custas processuais. Recolhimento. Isenção. Art. 15 da Lei 5.604, de 02.09.1970.

A isenção tributária concedida por art. 15 da Lei 5.604, de 02.09.1970, ao Hospital de Clínicas de Porto Alegre compreende as custas processuais, por serem estas espécie do gênero tributo.

75. Parcela "sexta parte". Art. 129 da Constituição do Estado de São Paulo. Extensão aos empregados de sociedade de economia mista e empresa pública. Indevida.

A parcela denominada "sexta parte", instituída pelo art. 129 da Constituição do Estado de São Paulo, é devida apenas aos servidores estaduais, celetistas e estatutários da Administração Pública direta, das fundações e das autarquias, conforme disposição contida no art. 124 da Constituição Estadual, não se estendendo aos empregados de sociedade de economia mista e de empresa pública, integrantes da Administração Pública indireta, submetidas ao regime jurídico próprio das empresas privadas, nos termos do art. 173, § 1º, II, da Constituição Federal.

76. Complementação de aposentadoria. Integralidade. Empregado do Estado de São Paulo admitido antes da Lei Estadual 200, de 13.05.1974. Implementação do requisito relativo aos 30 (trinta) anos de serviço efetivo. Incidência da Súmula 288 do TST.

É assegurado o direito à percepção de complementação de aposentadoria integral ao ex-empregado do Estado de São Paulo que, admitido anteriormente ao advento da Lei Estadual 200, de 13.05.1974, implementou 30 (trinta) anos de serviço efetivo, ante a extensão das regras de complementação de aposentadoria previstas na Lei Estadual 1.386, de 19.12.1951. Incidência da Súmula 288 do TST.

77. BNDES. Arts. 224 a 226 da CLT. Aplicável a seus empregados.

Até o advento da Lei 10.556, de 13.11.2002, era aplicável aos empregados do BNDES a jornada de trabalho dos bancários prevista nos arts. 224 a 226 da CLT.

▸ OJ publicada no *DJE 16.11.2010*, convertida na OJ 179 da SDI-I.

78. Embargos à SDI contra decisão em recurso de revista não conhecido quanto aos pressupostos intrínsecos. Recurso interposto antes da vigência da Lei 11.496, de 22.06.2007, que conferiu nova redação ao art. 894 da CLT. Necessária a indicação expressa de ofensa ao art. 896 da CLT. (conversão da Orientação Jurisprudencial 294 da SDI-1 com nova redação)

Para a admissibilidade e conhecimento de embargos, interpostos antes da vigência da Lei 11.496/2007, contra decisão mediante a qual não foi conhecido o recurso de revista pela análise dos pressupostos intrínsecos, necessário que a parte embargante aponte expressamente a violação ao art. 896 da CLT.

▸ OJ acrescida pela Res. 194/2014 do TST – *(DEJT 21.05.2014)*.

79. Embargos. Recurso interposto antes da vigência da Lei 11.496, de 22.06.2007, que conferiu nova redação ao art. 894 da CLT. Revista não conhecida por má aplicação de Súmula ou de Orientação Jurisprudencial. Exame do mérito pela SDI. (conversão da Orientação Jurisprudencial 295 da SDI-1 com nova redação)

A SDI, ao conhecer dos embargos, interpostos antes da vigência da Lei 11.496/2007, por violação ao art. 896 – por má aplicação de súmula ou de orientação jurisprudencial pela Turma –, julgará desde logo o mérito, caso conclua que a revista merecia conhecimento e que a matéria de fundo se encontra pacificada neste Tribunal.

▸ OJ acrescida pela Res. 194/2014 do TST – *(DEJT 21.05.2014)*.

ORIENTAÇÕES JURISPRUDENCIAIS DA SDI-II – TST

1 – CANCELADA. Convertida na Súmula 405 – Res. 137/2005 do TST – *(DJU 22.08.2005)*.

Ação Rescisória. Ação cautelar incidental. Planos econômicos. (Inserida em 20.09.2000). Procede o pedido de cautelar incidental somente se o autor da ação rescisória, fundada no art. 485, inciso V, do CPC, invocar na respectiva petição inicial afronta ao art. 5º, inciso XXXVI, da Constituição Federal de 1988.

2 – Ação rescisória. Adicional de insalubridade. Base de cálculo. Salário mínimo. Cabível.

Viola o art. 192 da CLT decisão que acolhe pedido de adicional de insalubridade com base na remuneração do empregado.

▸ OJ mantida pela Res. 148/2008 do TST.

3 – CANCELADA. Convertida na Súmula 405 – Res. 137/2005 do TST – *(DJU 22.08.2005)*.

Ação rescisória. Antecipação de tutela de mérito requerida em fase recursal. Recebimento como medida acautelatória. MP 1.906 e reedições. (Inserida em 20.09.2000) Em face do que dispõe a MP 1.906 e reedições, é recebido como medida acautelatória em ação rescisória o pedido de antecipação de tutela formulado por entidade pública em recurso ordinário, visando a suspender a execução até o trânsito em julgado da decisão proferida na ação principal.

4 – Ação rescisória. Banco do Brasil. Adicional de caráter pessoal. ACP.

Procede, por ofensa ao art. 5º, inciso XXXVI, da CF/1988, o pedido de rescisão de julgado que acolheu Adicional de Caráter Pessoal em favor de empregado do Banco do Brasil S.A.

5 – Ação rescisória. Banco do Brasil. AP e ADI. Horas extras. Súmula 83 do TST. Aplicável.

Não se acolhe pedido de rescisão de julgado que deferiu a empregado do Banco do Brasil S.A. Horas extras após a sexta, não obstante o pagamento dos adicionais AP e ADI, ou AFR quando a decisão rescindenda for anterior à Orientação Jurisprudencial 17, da Seção de Dissídios Individuais do TST (7 de novembro de 1994). Incidência das Súmulas 83 do TST e 343 do STF.

6 – Ação rescisória. Cipeiro suplente. Estabilidade. ADCT da CF/1988, art. 10, II, a. Súmula 83 do TST. (Inserida em 20.09.2000).

Rescinde-se o julgado que nega estabilidade a membro suplente de CIPA, representante de empregado,

por ofensa ao art. 10, II, *a*, do ADCT da CF/1988, ainda que se cuide de decisão anterior à Súmula 339 do TST. Incidência da Súmula 83 do TST.

> ▸ OJ com redação pela Res. 137/2005 do TST (*DJU 22.08.2005*).

7 – Ação rescisória. Competência. Criação de Tribunal Regional do Trabalho. Na omissão da lei, é fixada pelo art. 678, inc. I, c, item 2, da CLT. (Inserida em 20.09.2000).

A Lei 7.872/1989 que criou o Tribunal Regional do Trabalho da 17ª Região não fixou a sua competência para apreciar as ações rescisórias de decisões oriundas da 1ª Região, o que decorreu do art. 678, I, c, item 2, da CLT.

> ▸ OJ com redação pela Res. 137/2005 do TST (*DJU 22.08.2005*).

8 – Ação rescisória. Complementação de aposentadoria. Banespa. Súmula 83 do TST. (Inserida em 20.09.2000).

Não se rescinde julgado que acolheu pedido de complementação de aposentadoria integral em favor de empregado do BANESPA, antes da Súmula 313 do TST, em virtude da notória controvérsia jurisprudencial então reinante. Incidência da Súmula 83 do TST.

> ▸ OJ com redação pela Res. 137/2005 do TST (*DJU 22.08.2005*).

9 – Ação rescisória. CONAB. Aviso DIREH 02/1984. Súmula 83 do TST. Aplicável.

Não se rescinde julgado que reconheceu garantia de emprego com base no aviso DIREH 02/1984 da CONAB, antes da Súmula 355 do TST, em virtude da notória controvérsia jurisprudencial então reinante. Incidência da Súmula 83 do TST.

10 – Ação rescisória. Contrato nulo. Administração pública. Efeitos. Art. 37, II e § 2º, da CF/ 1988.

Somente por ofensa ao art. 37, II e § 2º, da CF/1988, procede o pedido de rescisão de julgado para considerar nula a contratação, sem concurso público, de servidor, após a CF/1988.

11 – Ação rescisória. Correção monetária. Lei 7.596/1987. Universidades federais. Implantação tardia do plano de classificação de cargos. Violação de lei. Súmula 83 do TST. Aplicável.

Não se rescinde julgado que acolhe pedido de correção monetária decorrente da implantação tardia do plano de classificação de cargos de universidade federal previsto na Lei 7.596/ 1987, à época em que era controvertida tal matéria na jurisprudência. Incidência da Súmula 83 do TST.

12. Ação rescisória. Decadência. Consumação antes ou depois da edição da medida provisória 1.577/97. Ampliação do prazo.

I – A vigência da Medida Provisória 1.577/97 e de suas reedições implicou o alargamento do prazo decadencial para o ajuizamento da ação rescisória a favor dos entes de direito público, autarquias e fundações públicas. Se o biênio decadencial do art. 495 do CPC de 1973 findou após a entrada em vigor da referida medida provisória e até sua suspensão pelo STF em sede liminar de ação direta de inconstitucionalidade (ADIn 1753-2), tem-se como aplicável o prazo decadencial elastecido à rescisória. (ex-OJ 17 da SDI-2 – inserida em 20.09.2000)

II – A regra ampliativa do prazo decadencial para a propositura de ação rescisória em favor de pessoa jurídica de direito público não se aplica se, ao tempo em que sobrevelo a Medida Provisória 1.577/97, já se exaurira o biênio do art. 495 do CPC de 1973. Preservação do direito adquirido da parte à decadência já consumada sob a égide da lei velha. (ex-OJ 12 da SDI-2 – inserida em 20.09.2000).

> ▸ OJ com redação pela Res. 208/2016 do TST (*DEJT 22, 23 e 24.04.2016*).

13 – CANCELADA. Nova redação da Súmula 100 – Res. 137/2005 do TST – (*DJU 22.08.2005*).

Ação rescisória. Decadência. Dies ad quem. Art. 775 da CLT. Aplicável. (Inserida em 20.09.2000). Prorroga-se até o primeiro dia útil imediatamente subsequente o prazo decadencial para ajuizamento de ação rescisória quando expira em férias forenses, feriados, finais de semana ou em dia em que não houver expediente forense. Aplicação do art. 775 da CLT.

14 – CANCELADA. Nova redação do Súmula 100 – Res. 109/2001 do TST – (*DJ 18.04.2001*).

Ação rescisória. Decadência. Dies a quo. Recurso intempestivo.

15 – CANCELADA. Nova redação da Súmula 100 – Res. 109/2001 do TST – (*DJ 18.04.2001*).

Ação rescisória. Decadência. Duas decisões rescindendas.

16 – CANCELADA. Nova redação da Súmula 100 – Res. 137/2005 do TST – (*DJU 22.08.2005*).

Ação rescisória. Decadência. Exceção de incompetência. (Inserida em 20.09.2000). A exceção de incom-

petência, ainda que oposta no prazo recursal, sem ter sido aviado o recurso próprio, não tem o condão de afastar a consumação da coisa julgada e, assim, postergar o termo inicial do prazo decadencial para a ação rescisória.

17 – CANCELADA. Incorporação e nova redação à OJ 12 da SDI-II – Res. 137/2005 do TST – (*DJU 22.08.2005*).

Ação rescisória. Decadência. Não consumação antes da edição da MP 1.577/1997. Ampliação do prazo. (Inserida em 20.09.2000). A vigência da MP 1.577/1997 e de suas reedições implicou o elastecimento do prazo decadencial para o ajuizamento da ação rescisória a favor dos entes de direito público, autarquias e fundações públicas. Se o biênio decadencial do art. 495 do CPC findou após a entrada em vigor da referida medida provisória e até sua suspensão pelo STF em sede liminar de ação direta de inconstitucionalidade (ADIN 1753-2), tem-se como aplicável o prazo decadencial elastecido à rescisória.

18 – Ação rescisória. Decadência. União. Lei Complementar 73/1993, art. 67. Lei 8.682/1993, art. 6º.

O art. 67 da Lei Complementar 73/ 1993 interrompeu todos os prazos, inclusive o de decadência, em favor da União, no período compreendido entre 14 de fevereiro de 1993 e 14 de agosto de 1993.

19 – Ação rescisória. Desligamento incentivado. Imposto de renda. Abono pecuniário. Violação de lei. Súmula 83 do TST. Aplicável.

Havendo notória controvérsia jurisprudencial acerca da incidência de imposto de renda sobre parcela paga pelo empregador ("abono pecuniário") a título de "desligamento incentivado", improcede pedido de rescisão do julgado. Incidência da Súmula 83 do TST.

20 – CANCELADA. Convertida na Súmula 402 – Res. 137/2005 do TST – (*DJU 22.08.2005*).

Ação rescisória. Documento novo. Dissídio coletivo. Sentença normativa. Documento novo é o cronologicamente velho, já existente ao tempo da decisão rescindenda, mas ignorado pelo interessado ou de impossível utilização à época no processo. Não é documento novo apto a viabilizar a desconstituição de julgado:

a) a sentença normativa proferida ou transitada em julgado posteriormente à sentença rescindenda;

b) a sentença normativa preexistente à sentença rescindenda, mas não exibida no processo principal, em virtude de negligência da parte, quando podia e deveria louvar-se de documento já existente e não ignorado quando emitida a decisão rescindenda.

21 – Ação rescisória. Duplo grau de jurisdição. Trânsito em julgado. Inobservância. Decreto-lei 779/1969, art. 1º, V. Incabível. (Inserida em 20.09.2000).

É incabível ação rescisória para a desconstituição de sentença não transitada em julgado porque ainda não submetida ao necessário duplo grau de jurisdição, na forma do Decreto-lei 779/1969. Determina-se que se oficie ao Presidente do TRT para que proceda à avocatória do processo principal para o reexame da sentença rescindenda.

> ▸ OJ com redação pela Res. 137/2005 do TST (*DJU 22.08.2005*).

22 – CANCELADA. Convertida na Súmula 390 – Res. 129/2005 do TST – (*DJU 20.04.2005*).

Ação rescisória. Estabilidade. Art. 41, CF/1988. Celetista. Administração direta, autárquica ou fundacional. Aplicabilidade. (Inserida em 20.09.2000). O servidor público celetista da administração direta, autárquica ou fundacional é beneficiário da estabilidade prevista no art. 41 da Constituição Federal.

23 – Ação rescisória. Estabilidade. Período pré-eleitoral. Violação de lei. Súmula 83 do TST. Aplicável.

Não procede pedido de rescisão de sentença de mérito que assegura ou nega estabilidade pré-eleitoral, quando a decisão rescindenda for anterior à Orientação Jurisprudencial 51, da Seção de Dissídios Individuais do TST (25 de novembro de 1996). Incidência da Súmula 83 do TST.

24 – Ação rescisória. Estabilidade provisória. Reintegração em período posterior. Direito limitado aos salários e consectários do período da estabilidade.

Rescinde-se o julgado que reconhece estabilidade provisória e determina a reintegração de empregado, quando já exaurido o respectivo período de estabilidade. Em juízo rescisório, restringe-se a condenação quanto aos salários e consectários até o termo final da estabilidade.

25 – Ação Rescisória. Regência pelo CPC de 1973. Expressão "Lei" do art. 485, V, do CPC de 1973. Não inclusão do ACT, CCT, Portaria, Regulamento, Súmula e Orientação Jurisprudencial de Tribunal. (atualizada em decorrência do CPC de 2015)

Não procede pedido de rescisão fundado no art. 485, V, do CPC de 1973 quando se aponta contrariedade à nor-

ma de convenção coletiva de trabalho, acordo coletivo de trabalho, portaria do Poder Executivo, regulamento de empresa e súmula ou orientação jurisprudencial de tribunal. (ex-OJ 25 da SDI-2, inserida em 20.09.2000 e ex-OJ 118 da SDI-2, *DJ* 11.08.2003).

> ▸ OJ com redação pela Res. 212/2016 (*DEJT 20.09.2016*).

26 – Ação rescisória. Gratificação de nível superior. SUFRAMA.

A extensão da gratificação instituída pela SUFRAMA aos servidores celetistas exercentes de atividade de nível superior não ofende às disposições contidas nos arts. 37, XIII, e 39, § 1º, da CF/1988.

27 – CANCELADA. Nova redação da Súmula 219 – Res. 137/2005 do TST – (*DJU 22.08.2005*).

Ação rescisória. Honorários advocatícios. (Inserida em 20.09.2000). Incabível condenação em honorários advocatícios em ação rescisória no processo trabalhista, salvo preenchidos os requisitos da Lei 5.584/1970.

28 – CANCELADA pela Res. 149/2008 do TST – (*DJE 20.11.2008*).

Ação rescisória. Juízo rescisório. Restituição da parcela já recebida. Deve a parte propor ação própria. Inviável em sede de ação rescisória pleitear condenação relativa à devolução dos valores pagos aos empregados quando ultimada a execução da decisão rescindenda, devendo a empresa buscar por meio de procedimento próprio essa devolução.

29 – CANCELADA. Nova redação da Súmula 83 – Res. 121/2003 e Res. 137/2005 do TST – (*DJU 21.11.2003 e 22.08.2005*).

Ação rescisória. Matéria constitucional. Súmula 83 do TST e Súmula 343 do STF. Inaplicáveis. (Inserida em 20.09.2000). No julgamento de ação rescisória fundada no art. 485, inciso V, do CPC, não se aplica o óbice das Súmulas 83 do TST e 343 do STF, quando se tratar de matéria constitucional.

30 – Ação rescisória. Multa. Art. 920 do Código Civil de 1916 (art. 412 do Código Civil de 2002). (Nova redação em decorrência da incorporação da OJ 31 da SDI-I) – *DJ 22.08.2005.*

Não se acolhe, por violação do art. 920 do Código Civil de 1916 (art. 412 do Código Civil de 2002), pedido de rescisão de julgado que:

a) em processo de conhecimento, impôs condenação ao pagamento de multa, quando a decisão rescindenda for anterior à Orientação Jurisprudencial 54 da Subseção I Especializada em Dissídios Individuais do TST (30.05.94), incidindo o óbice da Súmula 83 do TST; (ex-OJ 30 da SDI-2 – inserida em 20.09.00);

b) em execução, rejeita-se limitação da condenação ao pagamento de multa, por inexistência de violação literal. (ex-OJ 31 da SDI-2 – inserida em 20.09.00)

> ▸ OJ com redação pela Res. 137/2005 do TST (*DJU 22.08.2005*).

31 – CANCELADA. Incorporação à OJ 30 da SDI-II – Res. 137/2005 do TST – (*DJU 22.08.2005*).

Ação rescisória. Multa. Violação do art. 920 do Código Civil. Decisão rescindenda em execução. (Inserida em 20.09.2000). Não se acolhe, por violação do art. 920 do Código Civil, pedido de rescisão de julgado que, em execução, rejeita limitação da condenação ao pagamento de multa. Inexistência de violação literal.

> ▸ O texto refere-se ao CC de 1916.

32 – CANCELADA. Convertida na Súmula 408 – Res. 137/2005 do TST – (*DJU 22.08.2005*).

Ação rescisória. Petição inicial. Causa de pedir. Ausência de capitulação, ou capitulação errônea no art. 485 do CPC. Princípio iura novit curia. (Inserida em 20.09.2000). Não padece de inépcia a petição inicial de ação rescisória apenas porque omite a subsunção do fundamento de rescindibilidade no art. 485 do CPC, ou o capitula erroneamente. Contanto que não se afaste dos fatos e fundamentos invocados como causa de pedir, ao Tribunal é lícito emprestar-lhes a adequada qualificação jurídica. (Iura novit curia).

33 – CANCELADA. Convertida na Súmula 408 – Res. 137/2005 do TST – (*DJU 22.08.2005*).

Ação rescisória. Petição inicial. Violação literal de lei. Princípio iura novit curia*. (Inserida em 20.09.2000). Fundando-se a ação rescisória no art. 485, inciso V, do CPC, é indispensável expressa indicação na petição inicial da ação rescisória do dispositivo legal violado, não se aplicando, no caso, o princípio iura novit curia.*

34. Ação rescisória. Planos econômicos.

I – O acolhimento de pedido em ação rescisória de plano econômico, fundada no art. 485, inciso V, do CPC de 1973 pressupõe, necessariamente, expressa invocação na petição inicial de afronta ao art. 5º, inciso XXXVI, da Constituição Federal de 1988. A indicação de ofensa

literal a preceito de lei ordinária atrai a incidência da Súmula 83 do TST e Súmula 343 do STF.

II – Se a decisão rescindenda é posterior à Súmula 315 do TST (Res. 07, *DJ* 22.09.93), inaplicável a Súmula 83 do TST.

▶ OJ com redação pela Res. 208/2016 do TST *(DEJT 22, 23 e 24.04.2016).*

35 – Ação rescisória. Planos econômicos. Coisa julgada. Limitação à data base na fase de execução.

Não ofende a coisa julgada a limitação à data base da categoria, na fase executória, da condenação ao pagamento de diferenças salariais decorrentes de planos econômicos, quando a decisão exequenda silenciar sobre a limitação, uma vez que a limitação decorre de norma cogente. Apenas quando a sentença exequenda houver expressamente afastado a limitação à data base é que poderá ocorrer ofensa à coisa julgada.

36 – CANCELADA. Nova redação da Súmula 298 – Res. 137/2005 do TST – *(DJU 22.08.2005).*

Ação rescisória. Prequestionamento. Violação ocorrida na própria decisão rescindenda. Não é absoluta a exigência de prequestionamento na ação rescisória: ainda que a ação rescisória tenha por fundamento violação de dispositivo legal, é prescindível o prequestionamento quando o vício nasce no próprio julgamento, como se dá com a sentença extra, citra e ultra petita.

37 – CANCELADA. Nova redação da Súmula 83 – Res. 121/2003 e Res. 137/2005 do TST – *(DJU 21.11.2003 e 22.08.2005).*

Ação rescisória. Prescrição quinquenal. Matéria constitucional. Súmula 83 do TST e Súmula 343 do STF. Inaplicáveis. (Inserida em 20.09.2000). No julgamento de ação rescisória fundada no art. 485, inciso V, do CPC, não se aplica o óbice das Súmulas 83 do TST e 343 do STF quando se tratar de prazo prescricional com assento constitucional.

38 – Ação rescisória. Professor-adjunto. Ingresso no cargo de professor-titular. Exigência de concurso público (Lei 7.596/ 1987, Decreto 94.664/1987 e art. 206, V, CF/1988).

A assunção do professor-adjunto ao cargo de professor titular de universidade pública, sem prévia aprovação em concurso público, viola o art. 206, inciso V, da Constituição Federal. Procedência do pedido de rescisão do julgado.

39 – Ação rescisória. Reajustes bimestrais e quadrimestrais. Lei 8.222/1991. Súmula 83 do TST. Aplicável.

Havendo controvérsia jurisprudencial à época, não se rescinde decisão que aprecia a possibilidade de cumulação das antecipações bimestrais e reajustes quadrimestrais de salário previstos na Lei 8.222/1991. Incidência da Súmula 83 do TST.

40 – CANCELADA. Convertida na Súmula 375 – Res. 129/2005 do TST – *(DJU 20.04.2005).*

Ação rescisória. Reajustes salariais previstos em norma coletiva. Prevalência da legislação de política salarial quando a norma coletiva é anterior a lei. (Inserida em 20.09.2000). Os reajustes salariais previstos em norma coletiva de trabalho não prevalecem frente à legislação superveniente de política salarial.

41. Ação rescisória. Sentença "citra petita". Cabimento.

Revelando-se a sentença *"citra petita"*, o vício processual vulnera os arts. 141 e 492 do CPC de 2015 (arts. 128 e 460 do CPC de 1973), tornando-a passível de desconstituição, ainda que não interpostos embargos de declaração.

▶ OJ com redação pela Res. 208/2016 do TST *(DEJT 22, 23 e 24.04.2016)*

42 – CANCELADA. Nova redação da Súmula 192 – Res. 121/2003 e Res. 137/2005 do TST – *(DJU 21.11.2003 e 22.08.2005).*

Ação rescisória. Sentença de mérito. Competência do TST. Acórdão rescindindo do TST. Não conhecimento de recurso. Enunciado 192. Não aplicação. (Inserida em 20.09.2000). Acórdão rescindindo do TST que não conhece de recurso de embargos ou de revista, seja examinando a arguição de violação de dispositivo de lei, seja decidindo de acordo com súmula de direito material ou em consonância com iterativa, notória e atual jurisprudência de direito material da SDI (Súmula 333), examina o mérito da causa, comportando ação rescisória da competência do Tribunal Superior do Trabalho.

43 – CANCELADA. Convertida na Súmula 411 – Res. 137/2005 do TST – *(DJU 22.08.2005).*

Ação rescisória. Sentença de mérito. Decisão de Tribunal Regional do Trabalho em agravo regimental confirmando decisão monocrática do relator que, aplicando a Súmula 83 do TST, indeferiu a petição inicial da ação

rescisória. Cabimento. (Inserida em 20.09.2000). Se a decisão recorrida, em agravo regimental, aprecia a matéria na fundamentação, sob o enfoque das Súmulas 83 do TST e 343 do STF, constitui sentença de mérito ainda que haja resultado no indeferimento da petição inicial e na extinção do processo, "sem julgamento do mérito". Sujeita-se, assim, à reforma pelo TST a decisão do Tribunal que, invocando controvérsia na interpretação da lei, indefere a petição inicial de ação rescisória.

44 – CANCELADA. Convertida na Súmula 399 – Res. 137/2005 do TST – *(DJU 22.08.2005).*

Ação rescisória. Sentença de mérito. Decisão homologatória de adjudicação. Incabível. (Inserida em 20.09.2000). Incabível ação rescisória para impugnar decisão homologatória de adjudicação.

45 – CANCELADA. Convertida na Súmula 399 – Res. 137/2005 do TST – *(DJU 22.08.2005).*

Ação rescisória. Sentença de mérito. Decisão homologatória de arrematação. Incabível. (Inserida em 20.09. 2000). Incabível ação rescisória para impugnar decisão homologatória de arrematação.

46 – CANCELADA. Convertida na Súmula 412 – Res. 137/2005 do TST – *(DJU 22.08.2005).*

Ação rescisória. Sentença de mérito. Questão processual. (Inserida em 20.09.2000). Pode uma questão processual ser objeto de rescisão desde que consista em pressuposto de validade de uma sentença de mérito.

47 – CANCELADA. Convertida na Súmula 413 – Res. 137/2005 do TST – *(DJU 22.08.2005)*

Ação rescisória. Sentença de mérito. Violação do art. 896, a, da CLT. (Inserida em 20.09.2000). Incabível ação rescisória, por violação do art. 896, a, da CLT, contra decisão que não conhece de recurso de revista, com base em divergência jurisprudencial, pois não se cuida de sentença de mérito (art. 485 do CPC).

48 – CANCELADA. Nova redação da Súmula 192 – Res. 137/2005 do TST – *(DJU 22.08.2005).*

Ação rescisória. Sentença e acórdão. Substituição. (Inserida em 20.09.2000). Em face do disposto no art. 512 do CPC, é juridicamente impossível o pedido explícito de desconstituição de sentença quando substituída por acórdão regional.

49 – CANCELADA. Conversão da tese mais abrangente da OJ 116 na Súmula 397 – Res. 137/2005 do TST – *(DJU 22.08.2005).*

Mandado de segurança. Ação de cumprimento fundada em decisão normativa que sofreu posterior reforma, quando já transitada em julgado a sentença condenatória proferida na ação de cumprimento. (Inserida em 20.09.2000). É cabível o mandado de segurança para extinguir a execução fundada em sentença proferida em ação de cumprimento, quando excluída da sentença normativa a cláusula que lhe serviu de sustentáculo.

50 – CANCELADA. Convertida na Súmula 414 – Res. 137/2005 do TST – *(DJU 22.08.2005).*

Mandado de segurança. Antecipação de tutela. Cabimento. (Inserida em 20.09.2000). A tutela antecipada concedida antes da prolação da sentença é impugnável mediante mandado de segurança, por não comportar recurso próprio.

51 – CANCELADA. Convertida na Súmula 414 – Res. 137/2005 do TST – *(DJU 22.08.2005).*

Mandado de segurança. Antecipação de tutela concedida em sentença. Reintegração. Não cabimento. (Inserida em 20.09.2000). A antecipação da tutela conferida na sentença não comporta impugnação pela via do mandado de segurança, por ser impugnável mediante recurso ordinário. A ação cautelar é o meio próprio para se obter efeito suspensivo a recurso.

52 – CANCELADA. Convertida na Súmula 415 – Res. 137/2005 do TST – *(DJU 22.08.2005).*

Mandado de segurança. Art. 284, CPC. Aplicabilidade. (Inserida em 20.09.2000). Exigindo o mandado de segurança prova documental pré-constituída, inaplicável se torna o art. 284 do CPC quando verificada na petição inicial do mandamus a ausência de documento indispensável ou sua autenticação.

53 – Mandado de segurança. Cooperativa em liquidação extrajudicial. Lei 5.764/1971, art. 76. Inaplicável. Não suspende a execução.

A liquidação extrajudicial de sociedade cooperativa não suspende a execução dos créditos trabalhistas existentes contra ela.

54 – Mandado de Segurança. Embargos de Terceiro. Cumulação. Penhora. Incabível.

Ajuizados embargos de terceiro (art. 674 do CPC de 2015 – art. 1.046 do CPC de 1973) para pleitear a desconsti-

tuição da penhora, é incabível mandado de segurança com a mesma finalidade.

▶ OJ com redação pela Res. 208/2016 do TST *(DEJT 22, 23 e 24.04.2016)*

55 – CANCELADA. Convertida na Súmula 416 – Res. 137/2005 do TST – *(DJU 22.08.2005).*

Mandado de segurança. Execução. Lei 8.432/1992. Art. 897, § 1º, da CLT. Cabimento. (Inserida em 20.09. 2000). Devendo o agravo de petição delimitar justificadamente a matéria e os valores objeto de discordância, não fere direito líquido e certo o prosseguimento da execução quanto aos tópicos e valores não especificados no agravo.

56 – Mandado de segurança. Execução. Pendência de recurso extraordinário.

Não há direito líquido e certo à execução definitiva na pendência de recurso extraordinário, ou de agravo de instrumento visando a destrancá-lo.

57 – Mandado de segurança. INSS. Tempo de serviço. Averbação e/ou reconhecimento.

Conceder-se á mandado de segurança para impugnar ato que determina ao INSS o reconhecimento e/ou averbação de tempo de serviço.

58 – CANCELADA. Convertida na Súmula 414 – Res. 137/2005 do TST – *(DJU 22.08.2005).*

Mandado de segurança para cassar liminar concedida em ação civil pública. Cabível. (Inserida em 20.09.2000). É cabível o mandado de segurança visando a cassar liminar concedida em ação civil pública.

59 – Mandado de Segurança. Penhora. Carta de Fiança Bancária. Seguro Garantia Judicial (nova redação em decorrência do CPC de 2015)

A carta de fiança bancária e o seguro garantia judicial, desde que em valor não inferior ao do débito em execução, acrescido de trinta por cento, equivalem a dinheiro para a efeito da gradação dos bens penhoráveis, estabelecida no art. 835 do CPC de 2015 (art. 655 do CPC de 1973).

▶ OJ com redação pela Res. 209/2016 do TST *(DEJT 01.06.2016).*

60 – CANCELADA. Convertida na Súmula 417 – Res. 137/2005 do TST – *(DJU 22.08.2005).*

Mandado de segurança. Penhora em dinheiro. Banco. (Inserida em 20.09. 2000). Não fere direito líquido e certo do impetrante o ato judicial que determina penhora em dinheiro de banco, em execução definitiva, para garantir crédito exequendo, uma vez que obedece à gradação prevista no art. 655 do CPC.

61 – CANCELADA. Convertida na Súmula 417 – Res. 137/2005 do TST – *(DJU 22.08.2005).*

Mandado de segurança. Penhora em dinheiro. Execução definitiva. Depósito em banco oficial no Estado. Arts. 612 e 666 do CPC. (Inserida em 20.09.2000). Havendo discordância do credor, em execução definitiva, não tem o executado direito líquido e certo a que os valores penhorados em dinheiro fiquem depositados no próprio banco, ainda que atenda aos requisitos do art. 666, I, do CPC.

62 – CANCELADA. Convertida na Súmula 417 – Res. 137/2005 do TST – *(DJU 22.08.2005).*

Mandado de segurança. Penhora em dinheiro. Execução provisória. (Inserida em 20.09.2000). Em se tratando de execução provisória, fere direito líquido e certo do impetrante a determinação de penhora em dinheiro, quando nomeados outros bens à penhora, pois o executado tem direito a que a execução se processe da forma que lhe seja menos gravosa, nos termos do art. 620 do CPC.

63 – Mandado de segurança. Reintegração. Ação cautelar.

Comporta a impetração de mandado de segurança o deferimento de reintegração no emprego em ação cautelar.

64 – Mandado de segurança. Reintegração liminarmente concedida.

Não fere direito líquido e certo a concessão de tutela antecipada para reintegração de empregado protegido por estabilidade provisória decorrente de lei ou norma coletiva.

65 – Mandado de segurança. Reintegração liminarmente concedida. Dirigente sindical.

Ressalvada a hipótese do art. 494 da CLT, não fere direito líquido e certo a determinação liminar de reintegração no emprego de dirigente sindical, em face da previsão do inciso X do art. 659 da CLT.

66 – Mandado de Segurança. Sentença Homologatória de Adjudicação. Incabível (atualizado o item I e II e o item II em decorrência do CPC de 2015)

I – Sob a égide do CPC de 1973 é incabível o mandado de segurança contra sentença homologatória de adjudicação, uma vez que existe meio próprio para impugnar

o ato judicial, consistente nos embargos à adjudicação (CPC de 1973, art. 746).

II – Na vigência do CPC de 2015 também não cabe mandado de segurança, pois o ato judicial pode ser impugnado por simples petição, na forma do artigo 877, *caput*, do CPC de 2015.

▶ OJ com redação pela Res. 212/2016 do TST *(DEJT 20.09.2016).*

67 – Mandado de segurança. Transferência. Art. 659, IX, da CLT.

Não fere direito líquido e certo a concessão de liminar obstativa de transferência de empregado, em face da previsão do inciso IX do art. 659 da CLT.

68 – Antecipação de tutela. Competência. (Inserida em 20.09.2000).

Nos Tribunais, compete ao relator decidir sobre o pedido de antecipação de tutela, submetendo sua decisão ao Colegiado respectivo, independentemente de pauta, na sessão imediatamente subsequente.

▶ OJ com redação pela Res. 137/2005 do TST *(DJU 22.08.2005).*

69 – Fungibilidade recursal. Indeferimento liminar de ação rescisória ou mandado de segurança. Recurso para o TST. Recebimento como agravo regimental e devolução dos autos ao TRT.

Recurso ordinário interposto contra despacho monocrático indeferitório da petição inicial de ação rescisória ou de mandado de segurança pode, pelo princípio de fungibilidade recursal, ser recebido como agravo regimental. Hipótese de não conhecimento do recurso pelo TST e devolução dos autos ao TRT, para que aprecie o apelo como agravo regimental.

70 – Ação Rescisória. Regência pelo CPC de 1973. Manifesto e Inescusável Equívoco no Direcionamento. Inépcia da Inicial. Extinção do Processo (atualizada em decorrência do CPC de 2015)

Sob a égide do CPC de 1973, o manifesto equívoco da parte em ajuizar ação rescisória no TST para desconstituir julgado proferido pelo TRT, ou vice-versa, implica a extinção do processo sem julgamento do mérito por inépcia da inicial.

▶ OJ com redação pela Res. 220/2017 do TST *(DEJT 21.09.2017)*

71 – Ação rescisória. Salário profissional. Fixação. Múltiplo de salário mínimo. Art. 7º, IV, da CF/1988.

A estipulação do salário profissional em múltiplos do salário mínimo não afronta o art. 7º, inciso IV, da Constituição Federal de 1988, só incorrendo em vulneração do referido preceito constitucional a fixação de correção automática do salário pelo reajuste do salário mínimo.

▶ OJ com redação pelo TST em 16.11.2004 *(DJU 22.11.2004).*

72 – CANCELADA. Nova redação da Súmula 298 – Res. 137/2005 do TST – *(DJU 22.08.2005).*

Ação rescisória. Prequestionamento quanto à matéria e ao conteúdo da norma, não necessariamente do dispositivo legal tido por violado. (Inserida em 08.11.2000). *O prequestionamento exigido em ação rescisória diz respeito à matéria e ao enfoque específico da tese debatida na ação e não, necessariamente, ao dispositivo legal tido por violado. Basta que o conteúdo da norma reputada como violada tenha sido abordado na decisão rescindenda para que se considere preenchido o pressuposto do prequestionamento.*

73 – CANCELADA. Convertida na Súmula 435 – Res. 186/2012 do TST – *(DJE 25.09.2012).*

Art. 557 do CPC. Constitucionalidade. Não há como se cogitar da inconstitucionalidade do art. 557 do CPC, meramente pelo fato de a decisão ser exarada pelo Relator, sem a participação do Colegiado, porquanto o princípio da publicidade insculpido no inciso IX do art. 93 da CF/1988 não está jungido ao julgamento pelo Colegiado e sim o acesso ao processo pelas partes, seus advogados ou terceiros interessados, direito preservado pela Lei 9.756/1998, ficando, outrossim, assegurado o acesso ao Colegiado através de agravo.

74 – CANCELADA. Convertida na Súmula 421 – Res. 137/2005 do TST – *(DJU 22.08.2005).*

Embargos declaratórios contra decisão monocrática do relator, calcada no art. 557 do CPC. Cabimento. (Inserida em 08.11.2000). I – Tendo o despacho monocrático de provimento ou denegação de recurso, previsto no art. 557 do CPC, conteúdo decisório definitivo e conclusivo da lide, comporta ser esclarecido pela via dos embargos declaratórios, em despacho aclaratório, *também monocrático, quando se pretende tão somente suprir omissão e não modificação do julgado.* II – Postulando o embargante efeito modificativo, os embargos declaratórios deverão ser submetidos ao pronunciamento do colegiado, convertidos em agravo, em face dos princípios da fungibilidade e celeridade processual.

75 – CANCELADA. Nova redação da Súmula 298 – Res. 137/2005 do TST – *(DJU 22.08.2005).*

Remessa de ofício. Ação rescisória. Prequestionamento. Decisão regional que simplesmente confirma a sentença. (Inserida em 20.04.2001). Para efeito de ação rescisória, considera-se prequestionada a matéria tratada na sentença quando, examinando remessa de ofício, o Tribunal *simplesmente a confirma.*

76 – Ação Rescisória. Ação Cautelar proposta sob a vigência do CPC de 1973. Suspensão da Execução. Juntada de Documento Indispensável. Possibilidade de Êxito na Rescisão do Julgado (atualizada em decorrência do CPC de 2015)

É indispensável a instrução da ação cautelar proposta sob a vigência do CPC de 1973 com as provas documentais necessárias à aferição da plausibilidade de êxito na rescisão do julgado. Assim sendo, devem vir junto com a inicial da cautelar as cópias da petição inicial da ação rescisória principal, da decisão rescindenda, da certidão do trânsito em julgado da decisão rescindenda e informação do andamento atualizado da execução.

▶ OJ com redação pela Res. 220/2017 do TST *(DEJT 21.09.2017)*

77 – CANCELADA. Nova redação da Súmula 83 – Res. 137/2005 do TST– *(DJU 22.08.2005).*

Ação rescisória. Aplicação da Súmula 83 do TST. Matéria controvertida. Limite temporal. Data de inserção em Orientação Jurisprudencial do TST. (Inserida em 13.03.2002). A data da inclusão da matéria discutida na ação rescisória, na Orientação Jurisprudencial do TST, é o divisor de águas quanto a ser, ou não, controvertida nos Tribunais a interpretação dos dispositivos legais citados na ação rescisória.

78. Ação rescisória. Cumulação sucessiva de pedidos. Rescisão da sentença e do acórdão. Ação única. Art. 326 do CPC de 2015. Art. 289 do CPC de 1973.

É admissível o ajuizamento de uma única ação rescisória contendo mais de um pedido, em ordem sucessiva, de rescisão da sentença e do acórdão. Sendo inviável a tutela jurisdicional de um deles, o julgador está obrigado a apreciar os demais, sob pena de negativa de prestação jurisdicional.

▶ OJ com redação pela Res. 208/2016 do TST *(DEJT 22, 23 e 24.04.2016)*

79 – CANCELADA. Nova redação da Súmula 100 – Res. 137/2005 do TST– *(DJU 22.08.2005).*

Ação rescisória. Decadência afastada. Imediato julgamento do mérito. Inexistência de ofensa ao duplo grau de jurisdição. (Inserida em 13.03.2002). Não ofende o princípio do duplo grau de jurisdição a decisão do TST que, após afastar a decadência em sede de recurso ordinário, aprecia desde logo a lide, se a causa versar questão exclusivamente de direito e estiver em condições de imediato julgamento.

80 – Ação rescisória. Decadência. Dies a quo. Recurso deserto. Súmula 100 do TST.

O não conhecimento do recurso por deserção não antecipa o dies a quo do prazo decadencial para o ajuizamento da ação rescisória, atraindo, na contagem do prazo, a aplicação do Súmula 100 do TST.

81 – CANCELADA. Convertida na Súmula 401 – Res. 137/2005 do TST– *(DJU 22.08.2005).*

Ação rescisória. Descontos legais. Fase de execução. Sentença exequenda omissa. Inexistência de ofensa à coisa julgada. (Inserida em 13.03.2002). Os descontos previdenciários e fiscais devem ser efetuados pelo juízo executório, ainda que a sentença exequenda tenha sido omissa sobre a questão, dado o caráter de ordem pública ostentado pela norma que os disciplina. A ofensa à coisa julgada somente poderá ser caracterizada na hipótese de o título exequendo, expressamente, afastar a dedução dos valores a título de imposto de renda e de contribuição previdenciária.

82 – CANCELADA. Convertida na Súmula 406 – Res. 137/2005 do TST– *(DJU 22.08.2005).*

Ação rescisória. Litisconsórcio. Necessário no polo passivo e facultativo no ativo. (Inserido em 13.03.2002). O litisconsórcio, na ação rescisória, é necessário em relação ao polo passivo da demanda, porque supõe uma comunidade de direitos ou de obrigações que não admite solução díspar para os litisconsortes, em face da indivisibilidade do objeto. Já em relação ao polo ativo, o litisconsórcio é facultativo, uma vez que a aglutinação de autores se faz por conveniência, e não pela necessidade decorrente da natureza do litígio, pois não se pode condicionar o exercício do direito individual de um dos litigantes no processo originário à anuência dos demais para retomar a lide.

83 – CANCELADA. Convertida na Súmula 407 – Res. 137/2005 do TST– *(DJU 22.08.2005).*

Ação rescisória. Ministério Público. Legitimidade ad causam prevista no art. 487, III, a e b, do CPC. As hipóteses são meramente exemplificativas. (Inserida em

13.03.2002). *A legitimidade ad causam do Ministério Público para propor ação rescisória, ainda que não tenha sido parte no processo que deu origem à decisão rescindenda, não está limitada às alíneas a e b do inciso III do art. 487 do CPC, uma vez que traduzem hipóteses meramente exemplificativas.*

84 – Ação rescisória. Ausência da decisão rescindenda e/ou da certidão de seu trânsito em julgado devidamente autenticadas. Concessão de prazo para complementação da documentação. (alterada em decorrência do CPC de 2015)

São peças essenciais para o julgamento da ação rescisória a decisão rescindenda e/ou a certidão do seu trânsito em julgado, devidamente autenticadas, à exceção de cópias reprográficas apresentadas por pessoa jurídica de direito público, a teor do art. 24 da Lei 10.522/2002, ou declaradas autênticas pelo advogado na forma do artigo 830 da CLT com a redação dada pela Lei 11.925/2009. Em fase recursal, verificada a ausência de qualquer delas, cumpre ao Relator do recurso ordinário conceder o prazo de 5 (cinco) dias ao recorrente para que seja complementada a documentação exigível, nos termos do art. 932, parágrafo único, do CPC de 2015.

▶ OJ com redação pela Res. 220/2017 do TST *(DEJT 21.09.2017)*

85 – CANCELADA. Convertida a 1ª parte na Súmula 399 e incorporada da parte final à nova redação da Súmula 298 – Res. 137/2005 do TST – *(DJU 22.08.2005).*

Ação rescisória. Sentença homologatória de cálculo. Existência de contraditório. Decisão de mérito. Cabimento. (Inserida em 13.03.2002 e alterada em 26.12.2002). A decisão homologatória de cálculos apenas comporta rescisão quando enfrentar as questões envolvidas na elaboração da conta de liquidação, quer solvendo a controvérsia das partes, quer explicitando, de ofício, os motivos pelos quais acolheu os cálculos oferecidos por uma das partes, ou pelo setor de cálculos, e não contestados pela outra. A sentença meramente homologatória, que silencia sobre os motivos de convencimento do juiz, não se mostra rescindível, por ausência de prequestionamento.

86 – CANCELADA. Convertida na Súmula 414 – Res. 137/2005 do TST – *(DJU 22.08.2005).*

Mandado de segurança. Antecipação de tutela. Sentença superveniente. (Inserida em 13.03. 2002). Perda de objeto. Perde objeto o mandado de segurança que impugna tutela antecipada pelo fato de haver sido proferida sentença de mérito nos autos originários.

87 – CANCELADA pela Res. 137/2005 do TST – *(DJU 22.08.2005).*

Mandado de segurança. Reintegração em execução provisória. Impossibilidade. (Inserida em 13.03.2002). O art. 899 da CLT, ao impedir a execução definitiva do título executório, enquanto pendente recurso, alcança tanto as execuções por obrigação de pagar quanto as por obrigação de fazer. Assim, tendo a obrigação de reintegrar caráter definitivo, somente pode ser decretada, liminarmente, nas hipóteses legalmente previstas, em sede de tutela antecipada ou tutela específica.

88 – Mandado de segurança. Valor da causa. Custas processuais. Cabimento.

Incabível a impetração de mandado de segurança contra ato judicial que, de ofício, arbitrou novo valor à causa, acarretando a majoração das custas processuais, uma vez que cabia à parte, após recolher as custas, calculadas com base no valor dado à causa na inicial, interpor recurso ordinário e, posteriormente, agravo de instrumento no caso de o recurso ser considerado deserto.

89 – *Habeas corpus.* Depositário. Termo de depósito não assinado pelo paciente. Necessidade de aceitação do encargo. Impossibilidade de prisão civil.

A investidura no encargo de depositário depende da aceitação do nomeado, que deve assinar termo de compromisso no auto de penhora, sem o que é inadmissível a restrição de seu direito de liberdade.

90 – CANCELADA. Convertida na Súmula 422 – Res. 137/2005 do TST – *(DJU 22.08.2005).*

Recurso ordinário. Apelo que não ataca os fundamentos da decisão recorrida. Não conhecimento. Art. 514, II, do CPC. (Inserida em 27.05.2002). Não se conhece de recurso ordinário para o TST, pela ausência do requisito de admissibilidade inscrito no art. 514, II, do CPC, quando as razões do recorrente não impugnam os fundamentos da decisão recorrida, nos termos em que fora proposta.

91 – Mandado de segurança. Autenticação de cópias pelas Secretarias dos Tribunais Regionais do Trabalho. Requerimento indeferido. Art. 789, § 9º, da CLT.

Não sendo a parte beneficiária da assistência judiciária gratuita, inexiste direito líquido e certo à autenticação,

pelas Secretarias dos Tribunais, de peças extraídas do processo principal, para formação do agravo de instrumento.

92 – Mandado de segurança. Existência de recurso próprio.

Não cabe mandado de segurança contra decisão judicial passível de reforma mediante recurso próprio, ainda que com efeito diferido.

93 – Penhora sobre parte da renda de estabelecimento comercial. Possibilidade. (alterada em decorrência do CPC de 2015)

Nos termos do art. 866 do CPC de 2015, é admissível a penhora sobre a renda mensal ou faturamento de empresa, limitada a percentual, que não comprometa o desenvolvimento regular de suas atividades, desde que não haja outros bens penhoráveis ou, havendo outros bens, eles sejam de difícil alienação ou insuficientes para satisfazer o crédito executado.

▶ OJ com redação pela Res. 220/2017 do TST *(DEJT 21.09.2017)*

94 – Ação rescisória. Colusão. Fraude à lei. Reclamatória simulada extinta.

A decisão ou acordo judicial subjacente à reclamação trabalhista, cuja tramitação deixa nítida a simulação do litígio para fraudar a lei e prejudicar terceiros, enseja ação rescisória, com lastro em colusão. No juízo rescisório, o processo simulado deve ser extinto.

95 – CANCELADA. Convertida na Súmula 400 – Res. 137/2005 do TST – *(DJU 22.08.2005)*.

Ação Rescisória de Ação Rescisória. Violação de Lei. Indicação dos mesmos dispositivos legais apontados na Rescisória Primitiva. (Inserida em 27.09.2002 e alterada – DJ 16.04.2004). Em se tratando de rescisória de rescisória, o vício apontado deve nascer na decisão rescindenda, não se admitindo a rediscussão do acerto do julgamento da rescisória anterior. Assim, não se admite rescisória calcada no inciso V do art. 485 do CPC para discussão, por má aplicação, dos mesmos dispositivos de lei tidos por violados na rescisória anterior, bem como para arguição de questões inerentes à ação rescisória primitiva.

96 – CANCELADA. Nova redação da Súmula 299 – Res. 137/2005 do TST – *(DJU 22.08.2005)*.

Ação rescisória. Vício de intimação da decisão rescindenda. Ausência da formação da coisa julgada material. Carência de ação. (Inserida em 27.09.2002). O pretenso vício de intimação posterior à decisão que se pretende rescindir, se efetivamente ocorrido, não permite a formação da coisa julgada material. Assim, a ação rescisória deve ser julgada extinta sem julgamento do mérito por carência de ação, por inexistir decisão transitada em julgado a ser rescindida.

97 – Ação rescisória. Violação do art. 5º, II, LIV e LV, da Constituição Federal. Princípios da legalidade, do devido processo legal, do contraditório e da ampla defesa. (Inserida em 27.09.2002 e alterada em 25.04.2003 – DJ 09.05.2003).

Os princípios da legalidade, do devido processo legal, do contraditório e da ampla defesa não servem de fundamento para a desconstituição de decisão judicial transitada em julgado, quando se apresentam sob a forma de pedido genérico e desfundamentado, acompanhando dispositivos legais que tratam especificamente da matéria debatida, estes sim, passíveis de fundamentarem a análise do pleito rescisório.

▶ OJ com redação pela Res. 137/2005 do TST *(DJU 22.08.2005)*.

98 – Mandado de segurança. Cabível para atacar exigência de depósito prévio de honorários periciais. (Inserida em 27.09.2002).

É ilegal a exigência de depósito prévio para custeio dos honorários periciais, dada a incompatibilidade com o processo do trabalho, sendo cabível o mandado de segurança visando à realização da perícia, independentemente do depósito.

▶ OJ com redação pela Res. 137/2005 do TST *(DJU 22.08.2005)*.

99 – Mandado de segurança. Esgotamento de todas as vias processuais disponíveis. Trânsito em julgado formal. Descabimento.

Esgotadas as vias recursais existentes, não cabe mandado de segurança.

100 – Recurso ordinário para o TST. Decisão de TRT proferida em agravo regimental contra liminar em ação cautelar ou em mandado de segurança. Incabível.

Não cabe recurso ordinário para o TST de decisão proferida pelo Tribunal Regional do Trabalho em agravo regimental interposto contra despacho que concede ou não liminar em ação cautelar ou em mandado de segurança, uma vez que o processo ainda pende de decisão definitiva do Tribunal *a quo*.

101. Ação rescisória. Inciso IV do art. 966 do CPC de 2015. Art. 485, IV, do CPC de 1973. Ofensa à coisa julgada. Necessidade de fixação de tese na decisão rescindenda.

Para viabilizar a desconstituição do julgado pela causa de rescindibilidade do inciso IV do art. 966 do CPC de 2015 (inciso IV do art. 485 do CPC de 1973), é necessário que a decisão rescindenda tenha enfrentado as questões ventiladas na ação rescisória, sob pena de inviabilizar o cotejo com o título executivo judicial tido por desrespeitado, de modo a se poder concluir pela ofensa à coisa julgada.

▶ OJ com redação pela Res. 208/2016 do TST *(DEJT 22, 23 e 24.04.2016)*

102 – CANCELADA. Nova redação da Súmula 100 – Res. 137/2005 do TST – *(DJU 22.08.2005)*.

Ação rescisória. Certidão de trânsito em julgado. Descompasso com a realidade. Presunção relativa de veracidade. (DJ 29.04.2003). O juízo rescindente não está adstrito à certidão de trânsito em julgado juntada com a ação rescisória, podendo formar sua convicção através de outros elementos dos autos quanto à antecipação ou postergação do dies a quo do prazo decadencial.

103 – Ação rescisória. Contradição entre fundamentação e parte dispositiva do julgado. Cabimento. Erro de fato.

É cabível a rescisória para corrigir contradição entre a parte dispositiva do acórdão rescindendo e a sua fundamentação, por erro de fato na retratação do que foi decidido.

104 – CANCELADA. Nova redação da Súmula 100 – Res. 137/2005 do TST – *(DJU 22.08.2005)*.

Ação rescisória. Decadência. Sentença homologatória de acordo. Momento do trânsito em julgado. (DJ 29.04.2003). O acordo homologado judicialmente tem força de decisão irrecorrível, na forma do art. 831 da CLT. Assim sendo, o termo conciliatório transita em julgado na data da sua homologação judicial.

105 – CANCELADA. Nova redação da Súmula 192 – Res. 137/2005 do TST – *(DJU 22.08.2005)*.

Ação rescisória. Decisão rescindenda. Agravo de instrumento. Não substituição. Impossibilidade jurídica. (DJ 29.04.2003). É manifesta a impossibilidade jurídica do pedido de rescisão de julgado proferido em agravo de instrumento que, limitando-se a aferir o eventual desacerto do juízo negativo de admissibilidade do recurso de revista, não substitui o acórdão regional, na forma do art. 512 do CPC.

106 – CANCELADA. Nova redação da Súmula 299 – Res. 137/2005 do TST – *(DJU 22.08.2005)*.

Ação rescisória. Decisão rescindenda. Ausência de trânsito em julgado. Descabimento de ação rescisória preventiva. (DJ 29.04.2003). A comprovação do trânsito em julgado da decisão rescindenda é pressuposto processual indispensável ao tempo do ajuizamento da ação rescisória. Eventual trânsito em julgado posterior ao ajuizamento da ação rescisória não reabilita a ação proposta, na medida em que o ordenamento jurídico não contempla a ação rescisória preventiva.

107. Ação rescisória. Decisão rescindenda de mérito. Sentença declaratória de extinção de execução. Satisfação da obrigação.

Embora não haja atividade cognitiva, a decisão que declara extinta a execução, nos termos do art. 924, incisos I a IV c/c art. 925 do CPC de 2015 (art. 794 c/c art. 795 do CPC de 1973), extingue a relação processual e a obrigacional, sendo passível de corte rescisório.

▶ OJ com redação pela Res. 208/2016 do TST *(DEJT 22, 23 e 24.04.2016)*

108 – CANCELADA. Convertida na Súmula 404 – Res. 137/2005 do TST – *(DJU 22.08.2005)*.

Ação rescisória. Fundamento para invalidar confissão. Confissão ficta. Inadequação do enquadramento no art. 485, VIII, do CPC. (DJ 29.04.2003). O art. 485, VIII, do CPC, ao tratar do fundamento para invalidar a confissão como hipótese de rescindibilidade da decisão judicial, refere-se à confissão real, fruto de erro, dolo ou coação, e não à confissão ficta resultante de revelia.

109 – CANCELADA. Convertida na Súmula 410 – Res. 137/2005 do TST – *(DJU 22.08.2005)*.

Ação rescisória. Reexame de fatos e provas. Inviabilidade. (DJ 29.04. 2003). A ação rescisória calcada em violação de lei não admite reexame de fatos e provas do processo que originou a decisão rescindenda.

110 – CANCELADA. Convertida na Súmula 406 – Res. 137/2005 do TST – *(DJU 22.08.2005)*.

Ação rescisória. Réu sindicato. Substituto processual na ação originária. Legitimidade passiva ad causam.

Inexistência de litisconsórcio passivo necessário. (DJ 29.04.2003). O Sindicato, substituto processual e autor da reclamação trabalhista, em cujos autos fora proferida a decisão rescindenda, possui legitimidade para figurar como réu na ação rescisória, sendo descabida a exigência de citação de todos os empregados substituídos, porquanto inexistente litisconsórcio passivo necessário.

111 – CANCELADA. Convertida na Súmula 403 – Res. 137/2005 do TST *(DJU 22.08.2005)*.

Ação rescisória. Sentença homologatória de acordo. Dolo da parte vencedora em detrimento da vencida. Art. 485, III, do CPC. Inviável. (DJ 29.04. 2003). Se a decisão rescindenda é homologatória de acordo, não há parte vencedora ou vencida, razão pela qual não é possível a sua desconstituição calcada no inciso III do art. 485 do CPC (dolo da parte vencedora em detrimento da vencida), pois constitui fundamento de rescindibilidade que supõe solução jurisdicional para a lide.

112 – Ação rescisória. Violação de lei. Decisão rescindenda por duplo fundamento. Impugnação parcial.

Para que a violação da lei dê causa à rescisão de decisão de mérito alicerçada em duplo fundamento, necessário que o Autor da ação rescisória invoque causas de rescindibilidade que, em tese, possam infirmar a motivação dúplice da decisão rescindenda.

113 – CANCELADA pela Res. 220/2017 do TST *(DEJT 21.09.2017)*

Ação cautelar. Efeito suspensivo ao recurso ordinário em mandado de segurança. Incabível. Ausência de interesse. Extinção (dj 11.08.2013). (cancelada em decorrência do CPC de 2015). É incabível medida cautelar para imprimir efeito suspensivo a recurso interposto contra decisão proferida em mandado de segurança, pois ambos visam, em última análise, à sustação do ato atacado. Extingue-se, pois, o processo, sem julgamento do mérito, por ausência de interesse de agir, para evitar que decisões judiciais conflitantes e inconciliáveis passem a reger idêntica situação jurídica.

114 – CANCELADA. Convertida na Súmula 419 – Res. 137/2005 do TST – *(DJU 22.08.2005)*.

Competência. Execução por carta. Embargos de terceiro. Juízo deprecante. (DJ 11.08.2003). Na execução por carta precatória, os embargos de terceiro serão oferecidos no juízo deprecante ou no juízo deprecado, mas a competência para julgá-los é do juízo deprecante, salvo se versarem, unicamente, sobre vícios ou irregularidades da penhora, avaliação ou alienação dos bens, praticados pelo juízo deprecado, em que a competência será deste último.

115 – CANCELADA. Convertida na Súmula 420 – Res. 137/2005 do TST – *(DJU 22.08.2005)*.

Competência funcional. Conflito negativo. TRT e Vara do Trabalho de idêntica região. Não configuração. (DJ 11.08.2003). Não se configura conflito de competência entre Tribunal Regional do Trabalho e Vara do Trabalho a ele vinculada.

116 – CANCELADA. Convertida na Súmula 397 – Res. 137/2005 do TST – *(DJU 22.08.2005)*.

Ação rescisória. Art. 485, IV, do CPC. Ação de cumprimento. Ofensa à coisa julgada emanada de sentença normativa modificada em grau de recurso. Inviabilidade. (DJ 11.08.2003). Não procede ação rescisória calcada em ofensa à coisa julgada perpetrada por decisão proferida em ação de cumprimento, em face de a sentença normativa, na qual se louvava, ter sido modificada em grau de recurso, porque em dissídio coletivo somente se consubstancia coisa julgada formal. Assim, os meios processuais, aptos a atacarem a execução da cláusula reformada, são a exceção da pré-executividade e o mandado de segurança, no caso de descumprimento do art. 572 do CPC.

117 – CANCELADA. Nova redação da Súmula 99 – Res. 137/2005 do TST – *(DJU 22.08.2005)*.

Ação rescisória. Depósito recursal. Pedido rescisório procedente. Condenação em pecúnia. IN 3/1993, III. (DJ 11.08.2003). Havendo recurso ordinário em sede de rescisória, o depósito recursal prévio só é exigível quando for julgado procedente o pedido e imposta condenação em pecúnia.

118 – CANCELADA. Incorporação e nova redação da OJ 25 da SDI-II – Res. 137/2005 do TST – *(DJU 22.08.2005)*.

Ação rescisória. Expressão "lei" do art. 485, V, do CPC. Indicação de contrariedade a orientação jurisprudencial do TST. Descabimento. (DJ 11.08.2003). Não prospera pedido de rescisão fundado no art. 485, inciso V, do CPC, com indicação de contrariedade a súmula, uma vez que a jurisprudência consolidada dos tribunais não corresponde ao conceito de lei.

119 – CANCELADA. Convertida na Súmula 409 – Res. 137/2005 do TST – (*DJU 22.08.2005*).

Ação rescisória. Prazo prescricional. Total ou parcial. Violação do art. 7º, XXIX, da CF/1988. Matéria infraconstitucional. (DJ 11.08.2003). Não procede ação rescisória calcada em violação do art. 7º, XXIX, da CF/1988 quando a questão envolve discussão sobre a espécie de prazo prescricional aplicável aos créditos trabalhistas, se total ou parcial, porque a matéria tem índole infraconstitucional, construída, na Justiça do Trabalho, no plano jurisprudencial.

120 – CANCELADA. Convertida na Súmula 418 – Res. 137/ 2005 do TST – (*DJU 22.08.2005*).

Mandado de segurança. Recusa à homologação de acordo. Inexistência de direito líquido e certo. (DJ 11.08.2003). Não comporta mandado de segurança a negativa de homologação de acordo, por inexistir direito líquido e certo à homologação, já que se trata de atividade jurisdicional alicerçada no livre convencimento do juiz.

121 – CANCELADA. Convertida na Súmula 405 – Res. 137/2005 do TST – (*DJU 22.08.2005*).

Ação rescisória. Pedido de antecipação de tutela. Descabimento. (DJ 11.08.2003). Não se admite tutela antecipada em sede de ação rescisória, na medida em que não se pode desconstituir antecipadamente a coisa julgada, com base em juízo de verossimilhança, dadas as garantias especiais de que se reveste o pronunciamento estatal transitado em julgado.

122 – CANCELADA. Nova redação da Súmula 100 – Res. 137/2005 do TST – (*DJU 22.08.2005*).

Ação rescisória. Decadência. Ministério Público. Dies a quo do prazo. Contagem. Colusão das partes. (DJ 11.08.2003). Na hipótese de colusão das partes, o prazo decadencial da ação rescisória somente começa a fluir para o Ministério Público que não interveio no processo principal, a partir do momento em que tem ciência da fraude.

123 – Ação rescisória. Interpretação do sentido e alcance do título executivo. Inexistência de ofensa à coisa julgada. (DJ 11.08.2003)

O acolhimento da ação rescisória calcada em ofensa à coisa julgada supõe dissonância patente entre as decisões exequenda e rescindenda, o que não se verifica quando se faz necessária a interpretação do título executivo judicial para se concluir pela lesão à coisa julgada.

▶ OJ com redação pela Res. 137/2005 do TST (*DJU 22.08.2005*).

124. Ação rescisória. Art. 966, inciso II, do CPC de 2015. Art. 485, inciso II, do CPC de 1973. Arguição de incompetência absoluta. Prequestionamento inexigível.

Na hipótese em que a ação rescisória tem como causa de rescindibilidade o inciso II do art. 966 do CPC de 2015 (inciso II do art. 485 do CPC de 1973), a arguição de incompetência absoluta prescinde de prequestionamento.

▶ OJ com redação pela Res. 208/2016 do TST (DEJT 22,23, e 24.04.2016)

125 – CANCELADA. Convertida na Súmula 403 – Res. 137/2005 do TST – (*DJU 22.08.2005*).

Ação rescisória. Art. 485, III, do CPC. Silêncio da parte vencedora acerca de eventual fato que lhe seja desfavorável. Descaracterização do dolo processual. (DJ 09.12.2003). Não caracteriza dolo processual, previsto no art. 485, III, do CPC, o simples fato de a parte vencedora haver silenciado a respeito de fatos contrários a ela, porque o procedimento, por si só, não constitui ardil do qual resulte cerceamento de defesa e, em consequência, desvie o juiz de uma sentença não condizente com a verdade.

126 – CANCELADA. Convertida na Súmula 398 – Res. 137/2005 do TST – (*DJU 22.08.2005*).

Ação rescisória. Ausência de defesa. Inaplicáveis os efeitos da revelia. (DJ 09.12.2003). Na ação rescisória, o que se ataca na ação é a sentença, ato oficial do Estado, acobertado pelo manto da coisa julgada. Assim sendo e, considerando que a coisa julgada envolve questão de ordem pública, a revelia não produz confissão na ação rescisória.

127 – Mandado de segurança. Decadência. Contagem. Efetivo ato coator.

Na contagem do prazo decadencial para ajuizamento de mandado de segurança, o efetivo ato coator é o primeiro em que se firmou a tese hostilizada e não aquele que a ratificou.

128 – Ação rescisória. Concurso público anulado posteriormente. Aplicação da Súmula 363 do TST.

O certame público posteriormente anulado equivale à contratação realizada sem a observância da exigência

contida no art. 37, II, da Constituição Federal de 1988. Assim sendo, aplicam-se à hipótese os efeitos previstos no Súmula 363 do TST.

129 – Ação anulatória. Competência originária.

Em se tratando de ação anulatória, a competência originária se dá no mesmo juízo em que praticado o ato supostamente eivado de vício.

130 – Ação civil pública. Competência. Local do dano. Lei 7.347/1985, art. 2º. Código de Defesa do Consumidor, art. 93. (Redação alterada na sessão do Tribunal Pleno realizada em 14.09.2012).

I – A competência para a Ação Civil Pública fixa-se pela extensão do dano.

II – Em caso de dano de abrangência regional, que atinja cidades sujeitas à jurisdição de mais de uma Vara do Trabalho, a competência será de qualquer das Varas das localidades atingidas, ainda que vinculadas a Tribunais Regionais do Trabalho distintos.

III – Em caso de dano de abrangência suprarregional ou nacional, há competência concorrente para a Ação Civil Pública das Varas do Trabalho das sedes dos Tribunais Regionais do Trabalho.

IV – Estará prevento o juízo a que a primeira ação houver sido distribuída.

▶ OJ com redação pela Res. 186/2012 do TST (*DEJT 25.09.2012*).

131 – Ação rescisória. Ação cautelar para suspender execução da decisão rescindenda. Pendência de trânsito em julgado da ação rescisória principal. Efeitos.

A ação cautelar não perde o objeto enquanto ainda estiver pendente o trânsito em julgado da ação rescisória principal, devendo o pedido cautelar ser julgado procedente, mantendo-se os efeitos da liminar eventualmente deferida, no caso de procedência do pedido rescisório ou, por outro lado, improcedente, se o pedido da ação rescisória principal tiver sido julgado improcedente.

132 – Ação rescisória. Acordo homologado. Alcance. Ofensa à coisa julgada.

Acordo celebrado – homologado judicialmente – em que o empregado dá plena e ampla quitação, sem qualquer ressalva, alcança não só o objeto da inicial, como também todas as demais parcelas referentes ao extinto contrato de trabalho, violando a coisa julgada, a propositura de nova reclamação trabalhista.

133 – CANCELADA. Nova redação da Súmula 192 – Res. 137/2005 do TST – (*DJU 22.08.2005*).

Ação rescisória. Decisão em agravo regimental. Aplicação da Súmula 333. Juízo de mérito. (DJ 04.05.2004). A decisão proferida pela SDI, em sede de agravo regimental, calcada na Súmula 333, substitui acórdão de Turma do TST, porque emite juízo de mérito, comportando, em tese, o corte rescisório.

134 – Ação rescisória. Decisão que declara preclusa a oportunidade de impugnação da sentença de liquidação. Produção de coisa julgada formal. Irrescindibilidade. (alterada em decorrência do CPC de 2015)

A decisão proferida em embargos à execução ou em agravo de petição que apenas declara preclusa a oportunidade de impugnação da sentença de liquidação não é rescindível, em virtude de produzir tão somente coisa julgada formal.

▶ OJ com redação pela Res. 220/2017 do TST (*DEJT 21.09.2017*)

135 – Ação rescisória. Violação do art. 37, *caput*, da CF/1988. Necessidade de prequestionamento.

A ação rescisória calcada em violação do artigo 37, *caput*, da Constituição Federal, por desrespeito ao princípio da legalidade administrativa exige que ao menos o princípio constitucional tenha sido prequestionado na decisão.

136. Ação rescisória. Erro de fato. Caracterização.

A caracterização do erro de fato como causa de rescindibilidade de decisão judicial transitada em julgado supõe a afirmação categórica e indiscutida de um fato, na decisão rescindenda, que não corresponde à realidade dos autos. O fato afirmado pelo julgador, que pode ensejar ação rescisória calcada no inciso VIII do art. 966 do CPC de 2015 (inciso IX do art. 485 do CPC de 1973), é apenas aquele que se coloca como premissa fática indiscutida de um silogismo argumentativo, não aquele que se apresenta ao final desse mesmo silogismo, como conclusão decorrente das premissas que especificaram as provas oferecidas, para se concluir pela existência do fato. Esta última hipótese é afastada pelo § 1º do art. 966 do CPC de 2015 (§ 2º do art. 485 do CPC de 1973), ao exigir que não tenha havido controvérsia sobre o fato e pronunciamento judicial esmiuçando as provas.

▶ OJ com redação pela Res. 208/2016 do TST (*DEJT 22, 23 e 24.04.2016*)

137 – Mandado de segurança. Dirigente sindical. Art. 494 da CLT. Aplicável.

Constitui direito líquido e certo do empregador a suspensão do empregado, ainda que detentor de estabilidade sindical, até a decisão final do inquérito em que se apure a falta grave a ele imputada, na forma do art. 494, *caput* e parágrafo único, da CLT.

138 – CANCELADA pelo TST (*DJU 10.05.2006*).

Mandado de segurança. Incompetência da Justiça do Trabalho. Cobrança de honorários advocatícios. Contrato de natureza civil. A Justiça do Trabalho é incompetente para apreciar ação de cobrança de honorários advocatícios, pleiteada na forma do art. 24, §§ 1º e 2º, da Lei 8.906/1994, em face da natureza civil do contrato de honorários.

139 – CANCELADA. Convertida na Súmula 414 – Res. 137/2005 do TST – (*DJU 22.08.2005*).

Mandado de segurança. Liminar em ação civil pública. Sentença de mérito superveniente. Perda de objeto. (DJ 04.05.2004). Perde objeto o mandado de segurança que impugna liminar em ação civil pública substituída por sentença de mérito superveniente.

140 – Mandado de segurança contra liminar, concedida ou denegada em outra segurança. Incabível. (Art. 8º da Lei 1.533/ 1951).

Não cabe mandado de segurança para impugnar despacho que acolheu ou indeferiu liminar em outro mandado de segurança.

141 – CANCELADA. Convertida na Súmula 418 – Res. 137/2005 do TST – (*DJU 22.08.2005*).

Mandado de segurança para conceder liminar denegada em ação cautelar. (DJ 04.05.2004). A concessão de liminar constitui faculdade do juiz, no uso de seu poder discricionário e de cautela, inexistindo direito líquido e certo tutelável pela via do mandado de segurança.

142 – Mandado de segurança. Reintegração liminarmente concedida.

Inexiste direito líquido e certo a ser oposto contra ato de Juiz que, antecipando a tutela jurisdicional, determina a reintegração do empregado até a decisão final do processo, quando demonstrada a razoabilidade do direito subjetivo material, como nos casos de anistiado pela da Lei 8.878/1994, aposentado, integrante de comissão de fábrica, dirigente sindical, portador de doença profissional, portador de vírus HIV ou detentor de estabilidade provisória prevista em norma coletiva.

143 – Habeas corpus. Penhora sobre coisa futura e incerta. Prisão. Depositário infiel

Não se caracteriza a condição de depositário infiel quando a penhora recair sobre coisa futura e incerta, circunstância que, por si só, inviabiliza a materialização do depósito no momento da constituição do paciente em depositário, autorizando-se a concessão de *habeas corpus* diante da prisão ou ameaça de prisão que sofra.

▶ OJ com redação pela Res. 151/2008 do TST (*DJE 20.11.2008*).

144 – Mandado de segurança. Proibição de prática de atos futuros. Sentença genérica. Evento futuro. Incabível. (DJ 22.06.2004).

O mandado de segurança não se presta à obtenção de uma sentença genérica, aplicável a eventos futuros, cuja ocorrência é incerta.

▶ OJ com redação pela Res. 137/2005 do TST (*DJU 22.08.2005*).

145 – CANCELADA. Nova redação da Súmula 100 – Res. 137/2005 do TST – (*DJU 22.08.2005*).

Ação rescisória. Decadência. Não esgotamento das vias recursais. Prazo legal do recurso extraordinário. (DJ 10.11.2004). Conta-se o prazo decadencial da ação rescisória, após o decurso do prazo legal previsto para a interposição do recurso extraordinário, apenas quando esgotadas todas as vias recursais ordinárias.

146. Ação rescisória. Início do prazo para apresentação da contestação. Art. 774 da CLT.

A contestação apresentada em ação rescisória obedece à regra relativa à contagem de prazo constante do art. 774 da CLT, sendo inaplicável o art. 231 do CPC de 2015 (art. 241 do CPC de 1973).

▶ OJ com redação pela Res. 208/2016 do TST (*DEJT 22, 23 e 24.04.2016*)

147 – CANCELADA pela Res. 142/2007 do TST – (*DJU 10.10.2007*).

Ação rescisória. Valor da causa. O valor da causa, na ação rescisória de sentença de mérito advinda de processo de conhecimento, corresponde ao valor da causa fixado no processo originário, corrigido monetariamente. No caso de se pleitear a rescisão de decisão proferida na fase de execução, o valor da causa deve corresponder ao montante da condenação.

148 – Custas. Mandado de segurança. Recurso ordinário. Exigência do pagamento. (Conversão da OJ 29 da SDI-I).

É responsabilidade da parte, para interpor recurso ordinário em mandado de segurança, a comprovação do recolhimento das custas processuais no prazo recursal, sob pena de deserção.

▶ OJ com redação pela Res. 129/2005 do TST *(DJU 20.04.2005).*

149 – Conflito de competência. Incompetência territorial. Hipótese do art. 651, § 3º, da CLT. Impossibilidade de declaração de ofício de incompetência relativa.

Não cabe declaração de ofício de incompetência territorial no caso do uso, pelo trabalhador, da faculdade prevista no art. 651, § 3º, da CLT. Nessa hipótese, resolve-se o conflito pelo reconhecimento da competência do juízo do local onde a ação foi proposta.

150 – Ação Rescisória. Regência pelo CPC de 1973. Decisão rescindenda que extingue o processo sem resolução de mérito por acolhimento de coisa julgada. Conteúdo meramente processual. Impossibilidade jurídica do pedido (atualizada em decorrência do CPC de 2015)

Reputa-se juridicamente impossível o pedido de corte rescisório de decisão que, reconhecendo a existência de coisa julgada, nos termos do art. 267, V, do CPC de 1973, extingue o processo sem resolução de mérito, o que, ante o seu conteúdo meramente processual, a torna insuscetível de produzir a coisa julgada material.

▶ OJ com redação pela Res. 212/2016 do TST *(DEJT 20.09.2016).*

151 – Ação Rescisória e Mandado de Segurança. Procuração. Poderes específicos para ajuizamento de reclamação trabalhista. Irregularidade de representação processual. Fase recursal. Vício processual sanável. (nova redação em decorrência do CPC de 2015)

A procuração outorgada com poderes específicos para ajuizamento de reclamação trabalhista não autoriza a propositura de ação rescisória e mandado de segurança. Constatado, todavia, o defeito de representação processual na fase recursal, cumpre ao relator ou ao tribunal conceder prazo de 5 (cinco) dias para a regularização, nos termos da Súmula 383, item II, do TST.

▶ OJ com redação pela Res. 211/2016 do TST *(DEJT 24.08.2016).*

152 – Ação rescisória e mandado de segurança. Recurso de revista de acórdão regional que julga ação rescisória ou mandado de segurança. Princípio da fungibilidade. Inaplicabilidade. Erro grosseiro na interposição do recurso.

A interposição de recurso de revista de decisão definitiva de Tribunal Regional do Trabalho em ação rescisória ou em mandado de segurança, com fundamento em violação legal e divergência jurisprudencial e remissão expressa ao art. 896 da CLT, configura erro grosseiro, insuscetível de autorizar o seu recebimento como recurso ordinário, em face do disposto no art. 895, *b*, da CLT.

153 – Mandado de segurança. Execução. Ordem de penhora sobre valores existentes em conta salário. Art. 649, IV, do CPC de 1973. Ilegalidade (atualizada em decorrência do CPC de 2015)

Ofende direito líquido e certo decisão que determina o bloqueio de numerário existente em conta salário, para satisfação de crédito trabalhista, ainda que seja limitado a determinado percentual dos valores recebidos ou o valor revertido para fundo de aplicação ou poupança, visto que o art. 649, IV, do CPC de 1973 contém norma imperativa que não admite interpretação ampliativa, sendo a exceção prevista no art. 649, § 2º, do CPC de 1973 espécie e não gênero de crédito de natureza alimentícia, não englobando o crédito trabalhista.

▶ OJ com redação pela Res. 220/2017 do TST *(DEJT 21.09.2017)*

154 – Ação rescisória. Acordo prévio ao ajuizamento da reclamação. Quitação geral. Lide simulada. Possibilidade de rescisão da sentença homologatória de acordo apenas se verificada a existência de vício de consentimento.

A sentença homologatória de acordo prévio ao ajuizamento de reclamação trabalhista, no qual foi conferida quitação geral do extinto contrato, sujeita-se ao corte rescisório tão somente se verificada a existência de fraude ou vício de consentimento.

155 – CANCELADA pela Res. 206/2016 do TST – (*DJe* TST 18, 19 e 20.04.2016).

Ação Rescisória e Mandado de Segurança. Valor atribuído à causa na inicial. Majoração de ofício. Atribuído o valor da causa na inicial da ação rescisória ou do mandado de segurança e não havendo impugnação, nos termos do art. 261 do CPC, é defeso ao Juízo majorá-lo de ofício, ante a ausência de amparo legal. Inaplicável, na hipótese, a Orientação Jurisprudencial da SBDI-2 147 e o art. 2º, II, da Instrução Normativa 31 do TST.

156 – Habeas corpus **originário no TST. Substitutivo de recurso ordinário em** habeas corpus. **Cabimento contra decisão definitiva proferida por Tribunal Regional do Trabalho.**

É cabível ajuizamento de *habeas corpus* originário no Tribunal Superior do Trabalho, em substituição de recurso ordinário em *habeas corpus*, de decisão definitiva proferida por Tribunal Regional do Trabalho, uma vez que o órgão colegiado passa a ser a autoridade coatora no momento em que examina o mérito do *habeas corpus* impetrado no âmbito da Corte local.

157. Ação rescisória. Decisões proferidas em fases distintas de uma mesma ação. Coisa julgada. Não configuração.

A ofensa à coisa julgada de que trata o inciso IV do art. 966 do CPC de 2015 (inciso IV do art. 485 do CPC de 1973) refere-se apenas a relações processuais distintas. A invocação de desrespeito à coisa julgada formada no processo de conhecimento, na correspondente fase de execução, somente é possível com base na violação do art. 5º, XXXVI, da Constituição da República.

▶ OJ com redação pela Res. 208/2016 do TST *(DEJT 22, 23 e 24.04.2016)*

158 – Ação Rescisória. Declaração de nulidade de decisão homologatória de acordo em razão de colusão (Art. 485, III, do CPC). Multa por litigância de má-fé. Impossibilidade.

A declaração de nulidade de decisão homologatória de acordo, em razão da colusão entre as partes (art. 485, III, do CPC), é sanção suficiente em relação ao procedimento adotado, não havendo que ser aplicada a multa por litigância de má-fé.

ORIENTAÇÕES JURISPRUDENCIAIS DA SDC – TST

1. CANCELADA. *(DJU 22.06.2004).*

Acordo coletivo. Descumprimento. Existência de ação própria. Abusividade da greve deflagrada para substituí-la.

O ordenamento legal vigente assegura a via da ação de cumprimento para as hipóteses de inobservância de norma coletiva em vigor, razão pela qual é abusivo o movimento grevista deflagrado em substituição ao meio pacífico próprio para a solução do conflito.

2. Acordo homologado. Extensão a partes não subscreventes. Inviabilidade.

É inviável aplicar condições constantes de acordo homologado nos autos de dissídio coletivo, extensivamente, às partes que não o subscreveram, exceto se observado o procedimento previsto no art. 868 e seguintes, da CLT.

3. Arresto. Apreensão. Depósito. Pretensões insuscetíveis de dedução em sede coletiva.

São incompatíveis com a natureza e finalidade do dissídio coletivo as pretensões de provimento judicial de arresto, apreensão ou depósito.

4. CANCELADA. *(DJU 18.10.2006).*

Disputa por titularidade de Representação. Incompetência da Justiça do Trabalho.

A disputa intersindical pela representatividade de certa categoria refoge ao âmbito da competência material da Justiça do Trabalho.

5. Dissídio coletivo. Pessoa jurídica de direito público. Possibilidade jurídica. Cláusula de natureza social. (Redação alterada na sessão do Tribunal Pleno realizada em 14.09.2012).

Em face de pessoa jurídica de direito público que mantenha empregados, cabe dissídio coletivo exclusivamente para apreciação de cláusulas de natureza social. Inteligência da Convenção 151 da Organização Internacional do Trabalho, ratificada pelo Decreto Legislativo 206/2010.

▶ OJ com redação pela Res. 186/2012 do TST *(DEJT 25.09.2012).*

6. CANCELADA. *(DJU 23.03.2001).*

Dissídio coletivo. Natureza jurídica. Imprescindibilidade de realização de assembleia de trabalhadores e negociação prévia.

O dissídio coletivo de natureza jurídica não prescinde da autorização da categoria, reunida em assembleia, para legitimar o sindicato próprio, nem da etapa negocial prévia para buscar solução de consenso.

7. Dissídio coletivo. Natureza jurídica. Interpretação de norma de caráter genérico. Inviabilidade.

Não se presta o dissídio coletivo de natureza jurídica à interpretação de normas de caráter genérico, a teor do disposto no art. 313, II, do RITST.

8. Dissídio coletivo. Pauta reivindicatória não registrada em ata. Causa de extinção.

A ata da assembleia de trabalhadores que legitima a atuação da entidade sindical respectiva em favor de seus interesses deve registrar, obrigatoriamente, a pauta reivindicatória, produto da vontade expressa da categoria.

9. Enquadramento sindical. Incompetência material da Justiça do trabalho.

O dissídio coletivo não é meio próprio para o Sindicato vir a obter o reconhecimento de que a categoria que representa é diferenciada, pois esta matéria – enquadramento sindical – envolve a interpretação de norma genérica, notadamente do art. 577 da CLT.

10. Greve abusiva não gera efeitos.

É incompatível com a declaração de abusividade de movimento grevista o estabelecimento de quaisquer vantagens ou garantias a seus partícipes, que assumiram os riscos inerentes à utilização do instrumento de pressão máximo.

11. Greve. Imprescindibilidade de tentativa direta e pacífica da solução do conflito. Etapa negocial prévia.

É abusiva a greve levada a efeito sem que as partes hajam tentado, direta e pacificamente, solucionar o conflito que lhe constitui o objeto.

12. CANCELADA. *(DJE 30.04.2010).*

Greve. Qualificação jurídica. Ilegitimidade ativa ad causam do sindicato profissional que deflagra o movimento.

Não se legitima o Sindicato profissional a requerer judicialmente a qualificação legal de movimento paredista que ele próprio fomentou.

13. CANCELADA. *(DJU 24.11.2003).*

Legitimidade da entidade sindical. Assembleia deliberativa. Quorum de validade. Art. 612 da CLT.

Mesmo após a promulgação da Constituição Federal de 1988, subordina-se a validade da assembleia de trabalhadores que legitima a atuação da entidade sindical respectiva em favor de seus interesses à observância do quorum estabelecido no art. 612 da CLT.

14. CANCELADA. *(DJU 02.12.2003).*

Sindicato. Base territorial excedente de um Município. Obrigatoriedade da realização de múltiplas assembleias.

Se a base territorial do Sindicato representativo da categoria abrange mais de um Município, a realização de assembleia deliberativa em apenas um deles inviabiliza a manifestação de vontade da totalidade dos trabalhadores envolvidos na controvérsia, pelo que conduz à insuficiência de quorum deliberativo, exceto quando particularizado o conflito.

15. Sindicato. Legitimidade ad processum. Imprescindibilidade do registro no Ministério do Trabalho.

A comprovação da legitimidade *ad processum* da entidade sindical se faz por seu registro no órgão competente do Ministério do Trabalho, mesmo após a promulgação da Constituição Federal de 1988.

16. Taxa de homologação de rescisão contratual. Ilegalidade.

É contrária ao espírito da lei (art. 477, § 7º, da CLT) e da função precípua do sindicato a cláusula coletiva que estabelece taxa para homologação de rescisão contratual.

17. Contribuições para entidades sindicais. Inconstitucionalidade de sua extensão a não associados.

As cláusulas coletivas que estabeleçam contribuição em favor de entidade sindical, a qualquer título, obrigando trabalhadores não sindicalizados, são ofensivas ao direito de livre associação e sindicalização, constitucionalmente assegurado, e, portanto, nulas, sendo passíveis de devolução, por via própria, os respectivos valores eventualmente descontados.

18. Descontos autorizados no salário pelo trabalhador. Limitação máxima de 70% (setenta por cento) do salário-base.

Os descontos efetuados com base em cláusula de acordo firmado entre as partes não podem ser superiores a 70% (setenta por cento) do salário-base percebido pelo empregado, pois deve-se assegurar um mínimo de salário em espécie ao trabalhador.

19. Dissídio coletivo contra empresa. Legitimação da entidade sindical. Autorização dos trabalhadores diretamente envolvidos no conflito.

A legitimidade da entidade sindical para a instauração da instância contra determinada empresa está condicionada à prévia autorização dos trabalhadores da suscitada diretamente envolvidos no conflito.

▶ OJ republicada no *DJE 16.11.2010.*

20. Empregados sindicalizados. Admissão preferencial. Condição violadora do art. 8º, V, da CF/1988.

Viola o art. 8º, V, da CF/1988 cláusula de instrumento normativo que estabelece a preferência, na contratação de mão de obra, do trabalhador sindicalizado sobre os demais.

▶ OJ republicada no *DJE 16.11.2010.*

21. CANCELADA. *(DJU 02.12.2003)*

Ilegitimidade ad causam do sindicato. Ausência de indicação do total de associados da entidade sindical. Insuficiência de quorum (art. 612 da CLT).

22. Legitimidade ad causam **do sindicato. Correspondência entre as atividades exercidas pelos setores profissional e econômico envolvidos no conflito. Necessidade.**

É necessária a correspondência entre as atividades exercidas pelos setores profissional e econômico, a fim de legitimar os envolvidos no conflito a ser solucionado pela via do dissídio coletivo.

▶ OJ republicada no *DJE 16.11.2010.*

23. Legitimidade ad causam. **Sindicato representativo de segmento profissional ou patronal. Impossibilidade.**

A representação sindical abrange toda a categoria, não comportando separação fundada na maior ou menor dimensão de cada ramo ou empresa.

24. CANCELADA. *(DJU 16.04.2004).*

Negociação Prévia Insuficiente. Realização de Mesa Redonda perante a DRT. Art. 114, § 2º, da CF/1988. Violação.

25. Salário normativo. Contrato de experiência. Limitação. Tempo de serviço. Possibilidade.

Não fere o princípio da isonomia salarial (art. 7º, XXX, da CF/1988) a previsão de salário normativo tendo em vista o fator tempo de serviço.

26. Salário normativo. Menor empregado. Art. 7º, XXX, da CF/1988. Violação.

Os empregados menores não podem ser discriminados em cláusula que fixa salário mínimo profissional para a categoria.

27. Custas. Ausência de intimação. Deserção. Caracterização.

A deserção se impõe mesmo não tendo havido intimação, pois incumbe à parte, na defesa do próprio interesse, obter os cálculos necessários para efetivar o preparo.

28. Edital de convocação da AGT. Publicação. Base territorial. Validade.

O edital de convocação para a AGT deve ser publicado em jornal que circule em cada um dos municípios componentes da base territorial.

29. Edital de convocação e ata da assembleia geral. Requisitos essenciais para instauração de dissídio coletivo.

O edital de convocação da categoria e a respectiva ata da AGT constituem peças essenciais à instauração do processo de dissídio coletivo.

30. Estabilidade da gestante. Renúncia ou transação de direitos constitucionais. Impossibilidade.

Nos termos do art. 10, II, *b*, do ADCT, a proteção à maternidade foi erigida à hierarquia constitucional, pois retirou do âmbito do direito potestativo do empregador a possibilidade de despedir arbitrariamente a empregada em estado gravídico. Portanto, a teor do artigo 9º, da CLT, torna-se nula de pleno direito a cláusula que estabelece a possibilidade de renúncia ou transação, pela gestante, das garantias referentes à manutenção do emprego e salário.

▶ OJ republicada no *DEJT 19.09.2011.*

31. Estabilidade do acidentado. Acordo homologado. Prevalência. Impossibilidade. Violação do art. 118, Lei 8.213/1991.

Não é possível a prevalência de acordo sobre legislação vigente, quando ele é menos benéfico do que a própria lei, porquanto o caráter imperativo dessa última restringe o campo de atuação da vontade das partes.

32. Reivindicações da categoria. Fundamentação das cláusulas. Necessidade. Aplicação do PN 37 do TST.

É pressuposto indispensável à constituição válida e regular da ação coletiva a apresentação em forma clausulada e fundamentada das reivindicações da categoria, conforme orientação do item VI, letra e, da IN 4/93.

33. CANCELADA. *(DJU 22.08.2005).*

Ação rescisória. Ministério Público. Legitimidade restrita. Hipóteses do art. 487, incisos I e III, do CPC.

A teor do disposto no art. 487, incisos I e III, do CPC, o Ministério Público apenas detém legitimidade para

propor ação rescisória nas hipóteses em que tenha sido parte no processo no qual proferida a decisão rescindenda; nas quais deixou de manifestar-se ou intervir na lide, quando por previsão legal expressa deveria tê-lo feito, ou ainda naquelas em que a sentença resultou de colusão das partes, com o intuito de fraudar a lei.*

34. Acordo extrajudicial. homologação. Justiça do Trabalho. Prescindibilidade.

É desnecessária a homologação, por Tribunal Trabalhista, do acordo extrajudicial celebrado, sendo suficiente, para que surta efeitos, sua formalização perante o Ministério do Trabalho (art. 614 da CLT e art. 7º, inciso XXVI, da Constituição Federal).

35. Edital de convocação da AGT. Disposição estatutária específica. Prazo mínimo entre a publicação e a realização da assembleia. Observância obrigatória.

Se os estatutos da entidade sindical contam com norma específica que estabeleça prazo mínimo entre a data de publicação do edital convocatório e a realização da assembleia correspondente, então a validade desta última depende da observância desse interregno.

36. Empregados de empresa de processamento de dados. Reconhecimento como categoria diferenciada. Impossibilidade.

É por lei e não por decisão judicial, que as categorias diferenciadas são reconhecidas como tais. De outra parte, no que tange aos profissionais da informática, o trabalho que desempenham sofre alterações, de acordo com a atividade econômica exercida pelo empregador.

37. CANCELADA. *(DJU 18.10.2006).*

Empregados de Entidades Sindicais. Estabelecimento de condições coletivas de trabalho distintas daquelas às quais sujeitas as categorias representadas pelos empregadores. Impossibilidade jurídica. Art. 10 da Lei 4.725/65.

O art. 10 da Lei 4.725/65 assegura, para os empregados de entidades sindicais, as mesmas condições coletivas de trabalho fixadas para os integrantes das categorias que seus empregadores representam. Assim, a previsão legal expressa constitui óbice ao ajuizamento de dissídio coletivo com vistas a estabelecer para aqueles profissionais regramento próprio.

38. Greve. Serviços essenciais. Garantia das necessidades inadiáveis da população usuária. Fator determinante da qualificação jurídica do movimento.

É abusiva a greve que se realiza em setores que a lei define como sendo essenciais à comunidade, se não é assegurado o atendimento básico das necessidades inadiáveis dos usuários do serviço, na forma prevista na Lei 7.783/1989.

PRECEDENTES NORMATIVOS – TST

1. CANCELADO pela Res. 86/1998 da SDC – (*DJ 15.10.1998*).

Antecipação salarial trimestral. Não se concede antecipação salarial trimestral.

2. CANCELADO pela Res. 86/1998 da SDC – (*DJ 15.10.1998*).

Abono Pecuniário. Não se concede abono pecuniário ao empregado estudante com 1 (um) mês de trabalho.

3. CANCELADO pela Res. 81/1998 da SDC (*DJ 20.08.1998*).

Adicional de insalubridade. Não se concede adicional de insalubridade sobre o piso salarial.

4. CANCELADO pela Res. 81/1998 da SDC (*DJ 20.08.1998*).

Ajuda de custo por quilometragem rodada. Não se concede cláusula tratando da seguinte condição: salvo disposição contratual em contrário, a empresa, quando paga ajuda de custo por quilometragem rodada ao empregado, está obrigada a ressarcimento de danos materiais no veículo por ele utilizado a serviço.

5. Anotações de comissões.

O empregador é obrigado a anotar, na CTPS, o percentual das comissões a que faz jus o empregado.

6. Garantia de salário no período de amamentação.

É garantido às mulheres, no período de amamentação, o recebimento do salário, sem prestação de serviços, quando o empregador não cumprir as determinações dos §§ 1º e 2º do art. 389 da CLT.

7. CANCELADO pela Res. 81/1998 da SDC (*DJ 20.08.1998*).

Assistência Sindical. Não se concede cláusula que determine a assistência sindical nas rescisões contratuais de empregados com tempo de serviço inferior a 1 (um) ano.

8. Atestado de afastamento e salários.

O empregador é obrigado a fornecer atestados de afastamento e salários ao empregado demitido.

9. CANCELADO pela Res. 86/1998 da SDC (*DJ 15.10.1998*).

Auxílio-alimentação. Não se concede auxílio-alimentação a empregado.

10. Banco do Brasil como parte em DC no TRT.

Os Tribunais Regionais do Trabalho são incompetentes para processar e julgar Dissídios Coletivos em que sejam partes o Banco do Brasil S/A e entidades sindicais dos bancários.

▶ Precedente Normativo com redação pela Res. 86/1998 da SDC (*DJ 15.10.1998*).

11. CANCELADO pela Res. 86/1998 da SDC (*DJ 15.10.1998*).

Bonificação a quem se aposenta. Não se concede bonificação de salário a quem se aposenta.

12. CANCELADO pela Res. 81/1998 da SDC (*DJ 20.08.1998*).

Horário de caixa. Não se concede ao caixa o horário de 6 (seis) horas, por analogia com o dos bancários.

13. CANCELADO pela Res. 86/1998 da SDC (*DJ 15.10.1998*).

Local para sindicalização. Não se concede cláusula prevendo a cessão de local na empresa destinado à sindicalização.

14. Desconto no salário.

Proíbe-se o desconto no salário do empregado dos valores de cheques não compensados ou sem fundos, salvo se não cumprir as resoluções da empresa.

15. Comissão sobre cobrança.

Se não obrigado por contrato a efetuar cobranças, o vendedor receberá comissões por esse serviço, respeitadas as taxas em vigor para os demais cobradores.

16. CANCELADO pela Res. 86/1998 da SDC (*DJ 15.10.1998*).

Comissão para disciplinar quadro de carreira da empresa. Não se concede a criação de comissão para disciplinar quadro de carreira na empresa.

17. CANCELADO pela Res. 86/1998 da SDC (*DJ 15.10.1998*).

Complementação de auxílio-doença. Não se concede complementação de auxílio-doença.

18. CANCELADO pela Res. 86/1998 da SDC (*DJ 15.10.1998*).

Contrato de experiência. Não se concede norma que obrigue a remessa de cópia do contrato de experiência ao sindicato.

19. CANCELADO pela Res. 81/1998 da SDC (*DJ 20.08.1998*).

Cursos e reuniões obrigatórios. Quando realizados fora do horário normal, os cursos e reuniões obrigatórios terão seu tempo remunerado como trabalho extraordinário.

20. Empregado rural. Contrato escrito.

Sendo celebrado contrato por tarefa, parceria ou meação, por escrito, obriga-se o empregador a fornecer uma via deste ao empregado, devidamente datada e assinada pelas partes.

21. CANCELADO pela Res. 86/1998 da SDC (*DJ 15.10.1998*).

Dedução do auxílio-doença para aquisição de férias. Não se concede cláusula prevendo a dedução do período de auxílio-doença para aquisição de férias.

22. Creche.

Determina-se a instalação de local destinado à guarda de crianças em idade de amamentação, quando existentes na empresa mais de 30 (trinta) mulheres maiores de 16 (dezesseis) anos, facultado o convênio com creches.

23. CANCELADO pela Res. 86/1998 da SDC (*DJ 15.10.1998*).

Criação de feriado. A Justiça do Trabalho é incompetente para criar feriado remunerado.

24. Dispensa do aviso-prévio.

O empregado despedido fica dispensado do cumprimento do aviso-prévio quando comprovar a obtenção de novo emprego, desonerando a empresa do pagamento dos dias não trabalhados.

25. CANCELADO pela Res. 81/1998 da SDC (*DJ 20.08.1998*).

Eleições nas CIPAS. Não se concede cláusula regulando as eleições para a CIPA.

26. CANCELADO pela Res. 86/1998 da SDC (*DJ 15.10.1998*).

Estabilidade ao beneficiário do auxílio-doença. Não se concede estabilidade ao beneficiário do auxílio-doença.

27. CANCELADO pela Res. 86/1998 da SDC (*DJ* 15.10.1998).

Estabilidade do empregado que retorna de férias. Não se concede estabilidade ao empregado que retorna de férias.

28. CANCELADO pela Res. 81/1998 da SDC (*DJ* 20.08.1998).

Férias proporcionais. Não se concedem férias proporcionais a empregado que, contando com menos de 1 (um) ano de serviço, pede demissão.

29. Greve. Competência dos tribunais para declará-la abusiva.

Compete aos Tribunais do Trabalho decidir sobre o abuso do direito de greve.

30. CANCELADO pela Res. 81/1998 da SDC (*DJ* 20.08.1998).

Empregado acidentado. Garantia no emprego. Asseguram-se ao empregado vítima de acidente de trabalho 180 (cento e oitenta) dias de garantia no emprego contados a partir da alta do órgão previdenciário (aplicável até 24 de julho de 1991, em face do que dispõe o art. 118 da Lei 8.213, de 24 de julho de 1991, publicada no Diário Oficial da União do dia 25 de julho de 1991.

31. Professor ("Janelas").

Os tempos vagos (janelas) em que o professor ficar à disposição do curso serão remunerados como aula, no limite de 1 (uma) hora diária por unidade.

32. Jornada do estudante.

Proíbe-se a prorrogação da jornada de trabalho do empregado estudante, ressalvadas as hipóteses dos arts. 59 e 61 da CLT. Ex PN 48.

33. CANCELADO pela Res. 81/1998 da SDC (*DJ* 20.08.1998).

Licença-prêmio. Não se concede um mês de licença-prêmio para empregado com 10 (dez) anos de serviço.

34. Empregado Rural. Moradia.

Ao empregado que residir no local de trabalho fica assegurada a moradia em condições de habitabilidade, conforme exigências da autoridade local.

35. CANCELADO pela Res. 81/1998 da SDC (*DJ* 20.08.1998).

Mão de obra locada. Fica proibida a contratação de mão de obra locada, ressalvadas as hipóteses previstas nas Leis 6.019/74 e 7.102/83.

36. CANCELADO pela Res. 81/1998 da SDC (*DJ* 20.08.1998).

13° Salário. Multa. Não se manda pagar multa por atraso do 13° salário.

37. Dissídio coletivo. Fundamentação de cláusulas. Necessidade.

Nos processos de dissídio coletivo só serão julgadas as cláusulas fundamentadas na representação, em caso de ação originária, ou no recurso.

38. CANCELADO pela Res. 86/1998 da SDC (*DJ* 15.10.1998).

Adicional por tempo de serviço. Não se concede adicional por tempo de serviço (quinquênio, triênio, anuênio etc.).

39. CANCELADO pela Res. 86/1998 da SDC (*DJ* 15.10.1998).

Readmissões. Preferência. Não se concede cláusula prevendo que, para o preenchimento de vagas, o empregador dará preferência aos empregados que foram dispensados sem justa causa.

40. CANCELADO pela Res. 81/1998 da SDC (*DJ* 20.08.1998).

Repouso semanal do comissionista. O repouso semanal do comissionista é calculado nos termos da Lei 605/49.

41. Relação nominal de empregados.

As empresas encaminharão à entidade profissional cópia das Guias de Contribuição Sindical e Assistencial, com a relação nominal dos respectivos salários, no prazo máximo de 30 dias após o desconto.

42. Seguro Obrigatório.

Institui-se a obrigação do seguro, por acidente ou morte, para empregados que transportem valores ou exerçam as atividades de vigia ou vigilante.

43. CANCELADO pela Res. 81/1998 da SDC (*DJ* 20.08.1998).

Horas extras. Adicional. As horas extraordinárias serão remuneradas com o adicional de 100% (cem por cento).

44. CANCELADO pela Res. 86/1998 da SDC (*DJ* 15.10.1998).

Transporte. Não se concede condição para o fornecimento de transporte aos empregados que trabalham após as 22 (vinte e duas) horas.

45. CANCELADO pela Res. 81/1998 da SDC (*DJ* 20.08.1998).

Trimestralidade. Não se concede revisão trimestral de reajustamento.

46. CANCELADO pela Res. 81/1998 da SDC (*DJ* 20.08.1998).

Verbas Rescisórias. Impõe-se multa pelo não pagamento das verbas rescisórias até o 10° (décimo) dia útil subsequente ao afastamento definitivo do empregado, por dia de atraso, no valor equivalente ao salário diário, desde que o retardamento não decorra de culpa do trabalhador (aplicável até a edição da Lei 7.855, de 24.10.1989).

47. Dispensa do empregado.

O empregado despedido será informado, por escrito, dos motivos da dispensa.

48. CANCELADO pela Res. 125/2004 do TST (*DJ* 10.09.2004).

Empregado rural. Concessão de terra. O empregado rural terá direito ao uso de área para cultivo, em torno da moradia, observado o seguinte balizamento: a) 0,5 hectare para trabalhador solteiro, viúvo ou desquitado; b) 1 (um) hectare para trabalhador viúvo ou desquitado, com filho de idade superior a 15 (quinze) anos; c) 1,5 hectare para trabalhador casado; d) 2 (dois) hectares para trabalhador casado e com filho de idade superior a 15 (quinze) anos. Quando o empregado rural for despedido sem justa causa, antes de colher sua própria cultura, será indenizado pelo empregador no valor equivalente às despesas que efetuou.

49. CANCELADO pela Res. 81/1998 da SDC (*DJ* 20.08.1998).

Gestante. Garantia de emprego. Defere-se garantia de emprego à gestante, desde a concepção até 5 (cinco) meses após o parto.

50. Empregado rural. Defensivos agrícolas.

O empregador rural é obrigado a possuir o receituário agronômico de defensivos agrícolas e a observar as medidas de prevenção nele contidas.

51. CANCELADO pela Res. 81/1998 da SDC (*DJ* 20.08.1998).

CIPAS. Suplentes. Garantia de emprego. Concede-se a garantia do art. 165 da CLT aos suplentes das CIPAS.

52. Recebimento do PIS.

Garante-se ao empregado o recebimento do salário do dia em que tiver de se afastar para recebimento do PIS.

53. Empregado rural. Rescisão do contrato de trabalho do chefe de família.

A rescisão do contrato de trabalho rural, sem justa causa, do chefe da unidade familiar é extensiva à esposa, aos filhos solteiras e aos filhos até 20 anos de idade, que exerçam atividades na propriedade, mediante opção destes.

54. CANCELADO pela Res. 86/1998 da SDC (*DJ* 15.10.1998).

Transporte para audiência. Não se concede cláusula prevendo o fornecimento de transporte aos trabalhadores para assistirem à audiência em Junta de Conciliação e Julgamento.

55. Jornalista. Contrato de trabalho.

O empregador é obrigado a mencionar no contrato de trabalho o órgão de imprensa no qual o jornalista vai trabalhar.

56. Constitucionalidade.

São constitucionais os Decretos-leis 2.012/1983, 2.024/1983 e 2.045/1983.

57. CANCELADO pela Res. 81/1998 da SDC (*DJ* 20.08.1998).

Empregado rural. Insalubridade. O empregado rural tem direito ao adicional de insalubridade previsto na CLT, desde que as condições desfavoráveis sejam apuradas através de perícia técnica.

58. Salário. Pagamento ao analfabeto.

O pagamento de salário ao empregado analfabeto deverá ser efetuado na presença de 2 (duas) testemunhas.

59. Empregado rural. Aferição das balanças.

O instrumento de peso e medida, utilizado pelos empregadores para aferição das tarefas no regime de produção, deverá ser conferido pelo INPM.

60. Empregado rural. Latão de café.

O latão de café terá capacidade de 60 (sessenta) litros e será padronizado de acordo com as normas do INPM.

61. Cobrança de títulos.

Salvo disposição contratual, é vedado ao empregador responsabilizar o empregado pelo inadimplemento do cliente, até mesmo quanto a títulos.

62. Empregado rural. Conservação das casas.

Os empregadores são responsáveis pelos reparos nas residências que cedam aos empregados rurais, desde que os danos não decorram de culpa destes.

63. Empregado rural. Ficha de controle da produção.

Quando da colheita, o café será entregue na lavoura ou no monte, fornecendo-se ao trabalhador uma ficha com o valor da respectiva produção.

64. Empregado rural. Horário e local de condução.

Fornecendo o empregador condução para o trabalho, informará ele aos empregados, previamente, os locais e horários do transporte.

65. Empregado rural. Pagamento de salário.

O pagamento de salário será efetuado em moeda corrente e no horário de serviço, para isso permitido o seu prolongamento até 2 (duas) horas após o término da jornada de trabalho.

66. Garrafas "Bicadas".

Constituem ônus do empregador aceitar a devolução de garrafas "bicadas" e o extravio de engradados, salvo se cumpridas as disposições contratuais pelo empregado.

67. Remuneração por produção.

Quando o serviço for contratado por produção, a remuneração não poderá ser inferior à diária correspondente ao salário normativo.

68. Empregado rural. Faltas ao serviço. Compras.

Autoriza-se o chefe de família, se empregado rural, a faltar ao serviço um dia por mês ou meio dia por quinzena, para efetuar compras, sem remuneração ou mediante compensação de horário, mas sem prejuízo do repouso remunerado, desde que não tenha falta injustificada durante o mês.

69. Empregado rural. Pagamento de dia não trabalhado.

O empregado rural fará jus ao salário do dia, quando comparecer ao local de prestação de serviço ou ponto de embarque, se fornecida condução pelo empregador, e não puder trabalhar em consequência de chuva ou de outro motivo alheio à sua vontade.

70. Licença para estudante.

Concede-se licença não remunerada nos dias de prova ao empregado estudante, desde que avisado o patrão com 72 (setenta e duas) horas de antecedência e mediante comprovação.

71. Empregado rural. Transporte. Condições de segurança.

Quando fornecidos pelo empregador, os veículos destinados a transportar trabalhadores rurais deverão satisfazer as condições de segurança e comodidade, sendo proibido o carregamento de ferramentas soltas junto às pessoas conduzidas.

72. Multa. Atraso no pagamento de salário.

Estabelece-se multa de 10% (dez por cento) sobre o saldo salarial, na hipótese de atraso no pagamento de salário até 20 (vinte) dias, e de 5% (cinco por cento) por dia no período subsequente.

73. Multa. Obrigação de fazer.

Impõe-se multa, por descumprimento das obrigações de fazer, no valor equivalente a 10% (dez por cento) do salário básico, em favor do empregado prejudicado.

74. CANCELADO pela Res. 81/1998 da SDC (*DJ* 20.08.1998).

Desconto assistencial. Subordina-se o desconto assistencial sindical à não oposição do trabalhador, manifestada perante a empresa até 10 (dez) dias antes do primeiro pagamento reajustado.

75. CANCELADO pela Res. 81/1998 da SDC (*DJ* 20.08.1998).

Contrato de experiência. Readmissão. Readmitido o empregado no prazo de 1 (um) ano, na função que exercia, não será celebrado novo contrato de experiência, desde que cumprido integralmente o anterior.

76. CANCELADO pela Res. 81/1998 da SDC (*DJ* 20.08.1998).

Aviso-prévio de 60 (sessenta) dias. Concedem-se 60 (sessenta) dias de aviso-prévio a todos os trabalhadores demitidos sem justa causa.

77. Empregado transferido. Garantia de emprego.

Assegura-se ao empregado transferido, na forma do art. 469 da CLT, a garantia de emprego por 1 (um) ano após a data da transferência.

78. Professor. Redução salarial não configurada.

Não configura redução salarial ilegal a diminuição de carga horária motivada por inevitável supressão de aulas eventuais ou de turmas.

79. Trabalhador temporário. Descanso semanal.

Concede-se ao trabalhador temporário o acréscimo de 1/6 (um sexto) ao seu salário diário, correspondente ao descanso semanal remunerado, por aplicação analógica do art. 3º da Lei 605/49.

80. Serviço militar. Garantia de emprego ao alistando.

Garante-se o emprego do alistando, desde a data da incorporação no serviço militar até 30 (trinta) dias após a baixa.

81. Atestados médicos e odontológicos.

Assegura-se eficácia aos atestados médicos e odontológicos fornecidos por profissionais do sindicato dos trabalhadores, para o fim de abono de faltas ao serviço, desde que existente convênio do sindicato com a Previdência social, salvo se o empregador possuir serviço próprio ou conveniado.

82. Dissídio coletivo. Garantia de salários e consectários.

Defere-se a garantia de salários e consectários ao empregado despedido sem justa causa, desde a data do julgamento do dissídio coletivo até 90 (noventa) dias após a publicação do acórdão, limitado o período total a 120 (cento e vinte) dias.

83. Dirigentes sindicais. Frequência livre.

Assegura-se a frequência livre dos dirigentes sindicais para participarem de assembleias e reuniões sindicais devidamente convocadas e comprovadas, sem ônus para o empregador.

> ▸ Precedente normativo com redação pela Res. 123/2004 (*DJU 06.07.2004*).

84. Seguro de vida. Assalto.

Institui-se a obrigação do seguro de vida, em favor do empregado e seus dependentes previdenciários, para garantir a indenização nos casos de morte ou invalidez permanente, decorrentes de assalto, consumado ou não, desde que o empregado se encontre no exercício das suas funções.

85. Garantia de emprego. Aposentadoria voluntária.

Defere-se a garantia de emprego, durante os 12 (doze) meses que antecedem a data em que o empregado adquire direito à aposentadoria voluntária, desde que trabalhe na empresa há pelo menos 5 (cinco) anos. Adquirido o direito, extingue-se a garantia.

86. Representante dos trabalhadores. Estabilidade no emprego.

Nas empresas com mais de 200 (duzentos) empregados é assegurada a eleição direta de um representante, com as garantias do art. 543, e seus parágrafos, da CLT.

87. Trabalho em domingos e feriados. Pagamento dos salários.

É devida a remuneração em dobro do trabalho em domingos e feriados não compensados, sem prejuízo do pagamento do repouso remunerado, desde que, para este, não seja estabelecido outro dia pelo empregador.

88. CANCELADO pela Res. 81/1998 da SDC (*DJ 20.08.1998*).

Desconto em folha. A empresa poderá descontar da remuneração mensal do empregado as parcelas relativas a empréstimos do convênio MTB/CEF, bem como prestações referentes a financiamento de tratamento odontológico feito pelo sindicato convenente, mensalidades de seguro ou outros, desde que os des contos sejam autorizados pelo empregado e não excedam a 30% (trinta por cento) da remuneração mensal.

89. Reembolso de despesas.

Defere-se o reembolso das despesas de alimentação e pernoite a motorista e ajudante, quando executarem tarefas a mais de 100 (cem) km da empresa.

90. CANCELADO pela Res. 81/1998 da SDC (*DJ 20.08.1998*).

Trabalho noturno. Adicional de 60%. O trabalho noturno será pago com adicional de 60% (sessenta por cento), a incidir sobre o salário da hora normal.

91. Acesso de dirigente sindical à empresa.

Assegura-se o acesso dos dirigentes sindicais às empresas, nos intervalos destinados à alimentação e descanso, para desempenho de suas funções, vedada a divulgação de matéria política-partidária ou ofensiva.

92. Garantia de repouso remunerado. Ingresso com atraso.

Assegura-se o repouso remunerado ao empregado que chegar atrasado, quando permitido seu ingresso pelo empregador, compensado o atraso no final da jornada de trabalho ou da semana.

93. Comprovante de pagamento.

O pagamento do salário será feito mediante recibo, fornecendo-se cópia ao empregado, com a identificação da empresa, e do qual constarão a remuneração, com a discriminação das parcelas, a quantia líquida paga, os dias trabalhados ou total da produção, as horas extras e os descontos efetuados, inclusive para a Previdência Social, e o valor correspondente ao FGTS.

94. CANCELADO pela Res. 81/1998 da SDC (*DJ 20.08.1998*).

Empregado rural. Salário-doença. Assegura-se ao trabalhador rural o direito aos salários dos primeiros 15 (quinze) dias de afastamento em virtude de doença. Possuindo a empresa serviço médico ou mantendo convênio com terceiro, a este caberá o abono de faltas.

95. Abono de falta para levar filho ao médico.

Assegura-se o direito à ausência remunerada de 1 (um) dia por semestre ao empregado, para levar ao médico filho menor ou dependente previdenciário de até 6 (seis) anos de idade, mediante comprovação no prazo de 48 (quarenta e oito) horas.

96. CANCELADO pela Res. 81/1998 da SDC (*DJ 20.08.1998*).

Aviso-prévio. Redução da jornada. No início do período do aviso-prévio, o empregado poderá optar pela redução de 2 (duas) horas no começo ou no final da jornada de trabalho.

97. Proibição de estorno de comissões.

Ressalvada a hipótese prevista no art. 7º da Lei 3.207/1957, fica vedado às empresas o desconto ou estorno das comissões do empregado, incidentes sobre mercadorias devolvidas pelo cliente, após a efetivação da venda.

98. Retenção da CTPS. Indenização.

Será devida ao empregado a indenização correspondente a 1 (um) dia de salário, por dia de atraso, pela retenção de sua carteira profissional após o prazo de 48 (quarenta e oito) horas.

99. CANCELADO pela Res. 81/1998 da SDC (*DJ 20.08.1998*).

Nova função. Salário. Assegura-se ao empregado, designado ou promovido, o direito de receber integralmente o salário da nova função, observando-se o disposto no art. 460 da CLT.

100. Férias. Início do período de gozo.

O início das férias, coletivas ou individuais, não poderá coincidir com sábado, domingo, feriado ou dia de compensação de repouso semanal.

101. CANCELADO pela Res. 81/1998 da SDC (*DJ 20.08.1998*).

Adicional de transferência. Concede-se adicional de transferência estabelecido pelo § 3º do art. 469 da CLT, no percentual de 50% (cinquenta por cento).

102. Assistência jurídica aos vigias.

A empresa prestará assistência jurídica a seu empregado que, no exercício da função de vigia, praticar ato que o leve a responder à ação penal.

103. Gratificação de caixa.

Concede-se ao empregado que exercer permanentemente a função de caixa a gratificação de 10% (dez por cento) sobre seu salário, excluídos do cálculo adicionais, acréscimos e vantagens pessoais.

104. Quadro de avisos.

Defere-se a afixação, na empresa, de quadro de avisos do sindicato, para comunicados de interesse dos empregados, vedados os de conteúdo político-partidário ou ofensivo.

105. Anotação na carteira profissional.

As empresas ficam obrigadas a anotar na carteira de trabalho a função efetivamente exercida pelo empregado, observada a Classificação Brasileira de Ocupações (CBO).

106. Empregado rural. Atividade insalubre. Fornecimento de leite.

Os empregadores que se dedicarem à pecuária leiteira fornecerão, diariamente, 1 (um) litro de leite aos trabalhadores que exerçam atividades insalubres.

107. Empregado rural. Caixa de medicamentos.

Nos locais de trabalho no campo serão mantidos pelo empregador medicamentos e materiais de primeiros socorros.

108. Empregado rural. Abrigos no local de trabalho.

Os empregadores rurais ficam obrigados a construir abrigos rústicos, nos locais de trabalho, para proteção de seus empregados.

109. Desconto moradia.

Autoriza-se o desconto da moradia fornecida ao empregado somente quando o imóvel tiver o habite-se concedido pela autoridade competente.

110. Empregado rural. Ferramentas. Fornecimento pelo empregador.

Serão fornecidas gratuitamente, pelo empregador, as ferramentas necessárias à execução do trabalho.

111. Relação de empregados.

Obriga-se a empresa a remeter ao sindicato profissional, uma vez por ano, a relação dos empregados pertencentes à categoria.

112. Jornalista. Seguro de vida.

Institui-se a obrigação do seguro de vida em favor de jornalista designado para prestar serviço em área de risco.

113. Transporte de acidentados, doentes e parturientes.

Obriga-se o empregador a transportar o empregado, com urgência, para local apropriado, em caso de acidente, mal súbito ou parto, desde que ocorram no horário de trabalho ou em consequência deste.

114. CANCELADO pela Res. 81/1998 da SDC (*DJ 20.08.1998*).

Contagem do tempo gasto com transporte. Computa-se na jornada laboral o tempo gasto no trajeto do trabalhador, em condução fornecida pelo empregador, da cidade e para o local de trabalho de difícil acesso e não servido por transporte regular e, de volta, até o ponto costumeiro.

115. Uniformes.

Determina-se o fornecimento gratuito de uniformes, desde que exigido seu uso pelo empregador.

116. Férias. Cancelamento ou adiantamento.

Comunicado ao empregado o período do gozo de férias individuais ou coletivas, o empregador somente poderá cancelar ou modificar o início previsto se ocorrer necessidade imperiosa e, ainda assim, mediante o ressarcimento, ao empregado, dos prejuízos financeiros por este comprovados.

117. Pagamento do salário com cheque.

Se o pagamento do salário for feito em cheque, a empresa dará ao trabalhador o tempo necessário para descontá-lo, no mesmo dia.

118. Quebra de material.

Não se permite o desconto salarial por quebra de material, salvo nas hipóteses de dolo ou recusa de apresentação dos objetos danificados, ou ainda, havendo previsão contratual, de culpa comprovada do empregado.

119. Contribuições sindicais. Inobservância de preceitos constitucionais.

A Constituição da República, em seus arts. 5º, XX, e 8º, V, assegura o direito de livre associação e sindicalização. É ofensiva a essa modalidade de liberdade cláusula constante de acordo, convenção coletiva ou sentença normativa estabelecendo contribuição em favor de entidade sindical a título de taxa para custeio do sistema confederativo, assistencial, revigoramento ou fortalecimento sindical e outras da mesma espécie, obrigando trabalhadores não sindicalizados. Sendo nulas as estipulações que inobservem tal restrição, tornam-se passíveis de devolução os valores irregularmente descontados.

> ▸ Precedente normativo com redação pela Res.82/1998 da SDC (*DJ 20.08.1998*).

120. Sentença normativa. Duração. Possibilidade e limites.

A sentença normativa vigora, desde seu termo inicial até que sentença normativa, convenção coletiva de trabalho ou acordo coletivo de trabalho superveniente produza sua revogação, expressa ou tácita, respeitado, porém, o prazo máximo legal de 4 (quatro) anos de vigência.

> ▸ Precedente Normativo acrescido pela Res. 176/2011 do TST (*DEJT 27.05.2011*).

A

ABANDONO

CP
- coletivo de trabalho: arts. 200 e 201
- de função: art. 323

ABANDONO DA CAUSA

CPC
- extinção do processo: arts. 485, III, e § 1º, e 486, § 3º

Súmulas
Súm. 216/STF; Súm. 240/STJ

ABANDONO DE EMPREGO

CLT
- rescisão contratual; justa causa: art. 482, i

Súmulas
- configuração: Súm. 32/TST
- falta grave; indenização: Súm. 73/TST
- inquérito; prazo: Súm. 62/TST

ABASTECIMENTO

Súmulas
- de aeronave; permanência a bordo; adicional de periculosidade: Súm. 447/TST

ABERTURA NOS PISOS

CLT
- disposições gerais: arts. 172 e 173

ABONO
- *vide também* ABONO DE FALTAS e FÉRIAS

CLT
- de faltas; impossibilidade de desconto; hipóteses: art. 473
- de férias: arts. 143 a 145
- pecuniário; conversão: art. 143
- salário; integração: art. 457, § 1º

Súmulas
- ausência ao trabalho: Súm. 282/TST
- comissionista puro: OJ 45/SBDI-I-Transitória-TST
- complementação de aposentadoria; reajuste: OJ 24/SBDI-I-Transitória-TST
- contribuição previdenciária: Súm. 241/STF
- previsto em norma coletiva; natureza; concessão: OJ 346/SBDI-I-TST

Legislação
- salarial anual: art. 9º e ss., da Lei 7.998/1990

ABONO ANUAL

Legislação
- definição e cálculo: art. 120 do Dec. 3.048/1999

ABONO DE FALTAS

CLT
- impossibilidade de desconto; hipóteses: art. 473

Súmulas
- acidente de trabalho: Súm. 46/TST
- atestado médico: Súm. 15/TST
- atestados médicos e odontológicos; fornecimento por profissionais de sindicato dos trabalhadores: PN 81/TST
- comparecimento como parte na Justiça do Trabalho: Súm. 155/TST
- filho menor ou dependente previdenciário de até 6 anos de idade; ida ao médico: PN 95/TST
- justificadas por lei: Súm. 89/TST
- serviço médico da empresa; convênio: Súm. 282/TST

ABONO DE FÉRIAS
- *vide também* ABONO PECUNIÁRIO

CLT
- disposições gerais: art. 143, § 1º

ABONO DE PERMANÊNCIA EM SERVIÇO

Legislação

- cumulação com aposentadoria; inadmissibilidade, salvo direito adquirido: art. 167, III, do Dec. 3.048/1999
- recebimento conjunto com aposentadoria não permitido, salvo direito adquirido: art. 124, III, da Lei 8.213/1991

ABONO PECUNIÁRIO

CLT
- conversão de férias em abono: art. 143
- conversão; empregado em regime de tempo parcial: art. 58-A, § 6º
- de férias; não integra a remuneração do empregado: art. 144
- de férias; prazo para requerer: art. 143, § 1º
- férias coletivas: art. 143, § 2º
- percentual; férias: art. 143
- prazo de pagamento: art. 145
- prazo para requerimento; férias: art. 143, § 1º
- quitação: art. 145, parágrafo único
- regime de tempo parcial; conversão: art. 58-A, § 6º
- remuneração; não integração: art. 144

Súmulas
- ação rescisória; imposto de renda; desligamento incentivado: OJ 19 da SBDI-II-TST
- conversão do período de férias: OJ 50/SBDI-I-Transitória-TST
- previsão em norma coletiva; natureza indenizatória; extensão a inativos: OJ 346 da SBDI-I-TST

ABONO SALARIAL

Legislação
- regulação: Lei 7.998/1990

ABORTO

CLT
- atestado médico oficial: art. 395
- comprovação mediante atestado médico oficial: art. 395
- falta ao serviço; não consideração: art. 131, II
- repouso remunerado; retorno à função: art. 395

ABREUGRAFIA

CLT
- exame médico: art. 168, § 1º
- exame médico; renovação; periodicidade: art. 168, § 3º

ABUSO DE AUTORIDADE

Legislação
- Lei 13.869/2019

ABUSO DE PODER

CF
- exercício de função, cargo ou emprego público; inelegibilidade: art. 14, § 9º
- mandado de segurança; concessão: art. 5º, LXIX

ACADÊMICO DE DIREITO

Legislação
- nomeação para patrocínio: art. 18 da Lei 1.060/1950

AÇÃO

CLT
- cobrança judicial; multas administrativas: art. 642, *caput*
- contestação; oferecimento; desistência; impossibilidade: art. 841, § 3º
- custas e emolumentos: arts. 789 a 790-B
- custas; pagamento; condição: arts. 789, 844, § 3º
- desistência; oferecimento de contestação; impossibilidade: art. 841, § 3º
- emolumentos e custas: arts. 789 a 790-B
- executiva; falta de pagamento de contribuição sindical: art. 606
- regressiva; subempreitada: art. 455, parágrafo único

CPC
- acessória; competência: art. 61

- capacidade: arts. 70 a 76
- cominatória: art. 139, IV
- conexão ou continência: arts. 57 e 58
- consentimento do cônjuge; citação: arts. 73, § 1º
- consentimento do cônjuge; suprimento judicial: art. 74
- contestação; requisitos: arts. 336, 337
- contra ausente; competência: art. 49
- desistência: arts. 343, § 2º, 485, § 4º
- iniciativa da parte: art. 2º
- interesse: arts. 17 e 19
- legitimidade: arts. 17 e 18
- Ministério Público: arts. 177 e 178
- propositura: art. 312
- repropositura: art. 486

Legislação
- prescrição; créditos de relações de trabalho doméstico: art. 43 da LC 150/2015
- revocatória; promoção: arts. 132 a 134 da Lei 11.101/2005

Súmulas
- cobrança do FGTS; prescrição: Súm. 210/STJ e Súm. 362/TST
- contra a mesma reclamada; testemunha; suspeição: Súm. 357/TST
- prescrição: Súm. 150, 264 e 443/STF; Súm. 308/TST e Súm. 85 e 106/STJ
- previdenciária; foro: Súm. 689/STF

AÇÃO ACIDENTÁRIA

Súmulas
- depósito para recorrer; exigibilidade: Súm. 240/STF
- exaurimento da via administrativa; desnecessidade: Súm. 89/STJ
- prescrição: Súm. 230/STF
- procedência; honorário de advogado; verba devida: Súm. 234/STF

AÇÃO ANULATÓRIA

CPC
- previsão: art. 966, § 4º

Legislação
- auto de infração: art. 38 da Lei 6.830/1980

Súmulas
- competência originária: OJ 129/SBDI-II-TST

AÇÃO CIVIL PÚBLICA

CF
- promoção pelo Ministério Público: art. 129, III

Legislação
- disposições: Lei 7.347/1985

Súmulas
- competência; local do dano: OJ 130/SBDI-II-TST
- mandado de segurança; tutela provisória: Súm. 414, II/TST
- tutela provisória; perda de objeto: Súm. 414, III/TST

AÇÃO COLETIVA

CDC
- coisa julgada: art. 103
- custas, emolumentos, honorários periciais e outras despesas: art. 87
- direitos e interesses protegidos: art. 81, parágrafo único
- disciplina: art. 81 e ss.
- liquidação e execução da sentença: art. 97 e ss.
- litigância de má-fé: art. 87, parágrafo único
- litispendência; ausência: art. 104
- previsão legal: art. 81, *in fine*

AÇÃO COLETIVA PARA DEFESA DE INTERESSES INDIVIDUAIS HOMOGÊNEOS

CDC
- competência: arts. 93 e 98, § 2º
- concurso de créditos: art. 99

- condenação: art. 95
- execução: art. 98
- legitimidade: arts. 91 e 92
- liquidação e a execução de sentença: art. 97
- liquidação; prazo: art. 100
- litisconsórcio: art. 94

AÇÃO COMINATÓRIA

CPC
- art. 139, IV

AÇÃO DE COBRANÇA

Súmulas
- contribuição sindical rural; atraso no recolhimento: Súm. 432/TST
- profissional liberal; competência; Justiça Estadual: Súm. 363/STJ

AÇÃO DE CUMPRIMENTO

CLT
- representação pelo sindicato: art. 843, § 1º

Súmulas
- prescrição: Súm. 350/TST
- sentença normativa modificada em grau de recurso: Súm. 397/TST
- sentença normativa; prescrição; prazo: Súm. 350/TST
- substituição processual; sindicato: Súm. 286/TST
- trânsito em julgado: Súm. 246/TST

AÇÃO DE DISSOLUÇÃO PARCIAL DE SOCIEDADE

CPC
- apuração de haveres: arts. 604, 606, 607
- data da resolução: arts. 605 e 607
- dissolução; concordância: art. 603
- indenização: art. 602
- legitimados: art. 600
- objeto: art. 599, *caput*, e § 2º
- pagamento de haveres: art. 609
- sócios; citação: art. 601
- valor devido: art. 608

AÇÃO DE EXECUÇÃO

- *vide* também AÇÃO EXECUTIVA
- cobrança judicial; multas administrativas: art. 642, *caput*
- competência na Justiça do Trabalho: arts. 877 e 877-A
- entidades sindicais; falta de pagamento de contribuição sindical: art. 606
- regressiva; subempreitada: art. 455, parágrafo único
- título executivo extrajudicial: art. 876 e ss.

CPC
- competência: arts. 781 e 782
- disposições gerais: arts. 771 a 777
- partes: arts. 778 a 780
- requisitos: arts. 783 a 788
- responsabilidade patrimonial: arts. 789 a 796

AÇÃO DE RECONHECIMENTO

CPC
- causa relativa ao mesmo ato jurídico; conexão: art. 55, § 2º, I

AÇÃO DE RESPONSABILIDADE CIVIL

CDC
- fornecedor de produtos e serviços; chamamento ao processo; segurador: art. 101, II
- fornecedor de produtos e serviços; competência: art. 101, I
- fornecedor de produtos e serviços; disciplina: art. 101
- fornecedor de produtos e serviços; réu declarado falido: art. 101, II
- fornecedor de produtos e serviços; segurador: art. 101, II

AÇÃO DECLARATÓRIA

CLT
- custas: art. 789, III

CPC
- interesse: art. 19
- violação de direito: art. 20

Súmulas
- complementação de aposentadoria: OJ 276/SBDI-I/TST
- reconhecimento de tempo de serviço para fins previdenciários: Súm. 242/STJ
- reconvenção; admissibilidade: Súm. 258/STF

AÇÃO DECLARATÓRIA DE CONSTITUCIONALIDADE

CF
- de lei ou ato normativo federal; processo e julgamento; STF: art. 102, I, *a*
- decisões definitivas de mérito; eficácia e efeito: art. 102, § 2º
- legitimidade: art. 103, *caput,*

AÇÃO DIRETA DE INCONSTITUCIONALIDADE

- *vide* também DECLARAÇÃO DE INCONSTITUCIONALIDADE

CF
- Advogado-Geral da União; citação: art. 103, § 3º
- de lei ou ato normativo federal ou estadual; processo e julgamento; STF: art. 102, I, *a*

- decisões definitivas de mérito; eficácia e efeito: art. 102, § 2º
- legitimidade: art. 103, *caput*
- Procurador-Geral da República; oitiva: art. 103, § 1º

AÇÃO EXECUTIVA

- *vide* também AÇÃO DE EXECUÇÃO

CLT
- cobrança judicial de contribuição sindical: art. 606
- julgamento: art. 678
- multas administrativas: art. 642

AÇÃO IDÊNTICA

CPC
- ocorrência; litispendência: art. 337, §§ 1º a 3º

AÇÃO INDIVIDUAL

CPC
- conversão da ação individual em coletiva: art. 333

CDC
- disposições gerais: arts. 81 e 103, § 2º

AÇÃO FISCAL

CLT
- disposições gerais: art. 627-A

AÇÃO MONITÓRIA

CPC
- ação rescisória: art. 701, § 3º
- adimplemento de obrigação de fazer ou de não fazer: art. 700, III
- apelação: art. 702, § 9º
- citação: art. 700, § 7º
- constituição de título executivo judicial: art. 701, § 2º
- disposições gerais: arts. 700 a 702
- embargos parciais; título executivo: art. 702, § 7º
- embargos: art. 702
- entrega de bem móvel ou imóvel: art. 700, II
- entrega de coisa fungível ou infungível: art. 700, II
- evidência do direito do autor: art. 701
- Fazenda Pública como ré: art. 701, § 4º
- Fazenda Pública: Súm. 339/STJ
- Fazenda Pública; admissibilidade: art. 700, § 6º
- Fazenda Pública; embargos; não apresentação: art. 701, § 4º
- má-fé; multa: art. 702, § 10
- objeto: art. 700, I a III
- pagamento de quantia em dinheiro: art. 700, I
- petição inicial; requisitos: art. 700, I a III
- prova documental; dúvida sobre a idoneidade: art. 700, § 5º
- prova escrita: art. 700, § 1º
- prova; idoneidade; dúvida; emenda da petição inicial; rito: art. 700, § 5º
- prova; produção antecipada: art. 700, § 1º
- reconvenção: art. 702, § 6º
- réu; cumprimento do mandado no prazo; isenção de custas processuais: art. 701, § 1º
- suspensão da eficácia da decisão; embargos: art. 702, § 4º
- valor da causa: art. 700, § 3º

Súmulas
- bem alienado fiduciariamente em garantia: Súm. 384/STJ
- documentos hábeis: Súm. 247/STJ

AÇÃO PARA DECLARAÇÃO DE NULIDADE DE CLÁUSULA CONTRATUAL

CDC
- ajuizamento; requerimento; Ministério Público: art. 51, § 4º

AÇÃO PARA ENTREGA DE COISA CERTA

CPC
- sentença: art. 498

AÇÃO PENAL

Legislação
- crimes falimentares; competência: arts. 183 e 184 da Lei 11.101/2005

AÇÃO PLÚRIMA

CLT
- audiência: art. 843
- cabimento; admissibilidade art. 836
- hipóteses: arts. 842 e 843
- julgamento: art. 678, I, c, 2
- procedimento: art. 836, parágrafo único

Súmulas
- custas processuais: Súm. 36/TST
- decisão normativa; ação de cumprimento; cabimento: OJ 188-SBDI-I/TST
- precatório; pequeno valor: OJ 9-TP-TST

AÇÃO POPULAR

CF
- propositura: art. 5º, LXXIII

Súmulas
- lide não substituída por mandado de segurança: Súm. 101/STF

AÇÃO POSSESSÓRIA

CF
- competência; justiça do trabalho; direito de greve: art. 114, II

Súmulas
- competência; direito de greve; trabalhadores da iniciativa privada: Súm. Vinculante 23/STF

AÇÃO REGRESSIVA

CLT
- empreiteiro principal contra subempreiteiro: art. 455, parágrafo único

AÇÃO RESCISÓRIA

- procedimento: art. 836, parágrafo único
- cabimento; admissibilidade: art. 836

CF
- processo e julgamento; competência: arts. 102, I, *j*; 105, I; 108, I, *b*; art. 27, § 10, ADCT

CPC
- admissibilidade: art. 966
- anotação; protesto do título: art. 517, § 3º
- casos repetitivos, súmulas, acórdão: art. 966, §§ 5º e 6º
- concessão de tutela provisória: art. 969
- decisão proferida por força de prevaricação, concussão ou corrupção: art. 966, I
- delegação de competência: art. 972
- depósito; limite máximo: art. 968, § 2º
- disposições gerais: arts. 966 a 975
- indeferimento de petição inicial: art. 968, § 3º
- julgamento: art. 678, I, *c*, 2 e art. 973
- legitimidade: art. 967
- legitimidade; Ministério Público; imposição de atuação: art. 967, III
- Ministério Público; intervenção; fiscal da lei: art. 967, parágrafo único
- partilha; julgamento por sentença: art. 658
- petição inicial; requisitos: art. 968
- prazo; prorrogação: art. 975, § 1º
- prazo; termo inicial: art. 975, §§ 2º e 3º
- razões finais: art. 973
- relator; escolha; participação no julgamento: art. 971, parágrafo único
- secretaria do tribunal; expedição de cópias aos juízes: art. 971, *caput*

Súmulas
- ação cautelar; vigência do CPC/73; juntada de documento indispensável: OJ 76 da SBDI-II/TST
- ação cautelar; suspensão de execução; decisão rescindenda; trânsito em julgado; efeitos: OJ 131/SBDI-II-TST
- acordo homologado; alcance; ofensa à coisa julgada: OJ 132/SBDI-II-TST
- acordo prévio; rescisão da sentença homologatória: OJ 154/SBDI-II-TST
- adicional de insalubridade; base de cálculo; salário-mínimo: OJ 2/SBDI-II-TST
- art. 966, II, do CPC/2015; arguição de incompetência absoluta; prequestionamento inexigível: OJ 124/SBDI-II-TST
- art. 966, IV, do CPC/2015; ofensa a coisa julgada; fixação de tese na decisão rescindenda: OJ 101/SBDI-II-TST
- ausência da decisão rescindenda ou certidão de trânsito em julgado; complementação da documentação; prazo: OJ 84 da SBDI-II/TST
- Banco do Brasil; Adicional de Caráter Pessoal (ACP): OJ 4/SBDI-II-TST
- Banco do Brasil; AP e ADI; horas extras; Súm. 83/TST; aplicabilidade: OJ 5/SBDI-II-TST
- competência; hipóteses: Súm. 192/TST
- competência; Supremo Tribunal Federal; questão federal controvertida: Súm. 249/STF
- Conab; Aviso DIREH 02/1984; Súm. 83/TST; aplicabilidade: OJ 9/SBDI-II-TST
- concurso público; anulação posterior; aplicação da Súm. 363/TST: OJ 128/SBDI-II-TST
- contestação; prazo: OJ 146/SBDI-II-TST
- contradição entre fundamentação e parte dispositiva do julgado; cabimento; erro de fato: OJ 103/SBDI-II-TST
- cumulação sucessiva de pedidos; rescisão da sentença e do acórdão; ação única: OJ 78/SBDI-II-TST
- decadência: art. 975 e Súm. 401/STJ
- decadência; *dies a quo*; recurso deserto: OJ 80/SBDI-II-TST
- decisão do Tribunal Regional do Trabalho; recurso ordinário; cabimento: Súm. 158/TST
- decisão homologatória; nulidade; colusão; litigância de má-fé; multa; impossibilidade: OJ 158/SBDI-II-TST
- decisão rescindenda de mérito; sentença declaratória de extinção de execução; satisfação da obrigação: OJ 107/SBDI-II-TST
- depósito prévio; regulamentação da forma de realização: IN 31/2007, do TST

- depósito recursal: Súm. 99/TST
- embargos infringentes; inadmissibilidade; decisão unânime do STF: Súm. 295/STF
- erro de fato; caracterização: OJ 136/SBDI-II-TST
- expressão "lei"; não inclusão do ACTT, portaria, regulamento, súmula e orientação jurisprudencial de Tribunal: OJ 25/SBDI-II-TST
- impugnação da sentença de liquidação; preclusão. coisa julgada; irrescindibilidade: OJ 134 da SBDI-II/TST
- impugnação de termo de conciliação: Súm. 259/TST
- interpretação do sentido e alcance do título executivo; inexistência de ofensa à coisa julgada: OJ 123/SBDI-II--TST
- juiz; impedimento: Súm. 252/STF
- manifesto e inescusável equívoco no direcionamento; inépcia da inicial; extinção do processo: OJ 70/SBDI-II--TST
- manifesto equívoco no direcionamento; extinção do processo: OJ 70 da SBDI-II/TST
- multa; art. 920 do CC/1916 (art. 412 do CC/2002): OJ 30/SBDI-II-TST
- não cabimento; Justiça do Trabalho: Súm. 338/STF
- ofensa a literal disposição de lei; não cabimento: Súm. 83/TST; Súm. 343/STF
- petição inicial; peças essenciais; extinção sem julgamento do mérito: OJ 84/SBDI-II-TST
- planos econômicos: OJ 34/SBDI-II-TST
- prazo de decadência: Súm. 100/TST
- prescrição intercorrente; paralisação por mais de cinco anos: Súm. 264/STF
- preventiva; decisão rescindenda; descabimento: Súm. 299, III/TST
- pronunciamento explícito: Súm. 298/TST
- prova do trânsito em julgado da decisão rescindenda: Súm. 299/TST
- recurso ordinário: Súm. 158/TST
- remessa *ex officio*: Súm. 303, III/TST
- sentença *citra petita*; cabimento: OJ 41/SBDI-II-TST
- sentença transitada em julgado: Súm. 514/STF
- termo de conciliação; impugnação: Súm. 259/TST
- vício; violação de lei: Súm. 400/TST
- violação de lei; decisão rescindenda por duplo fundamento; impugnação parcial: OJ 112/SBDI-II-TST
- violação do art. 37, *caput*, da CF; necessidade de prequestionamento: OJ 135/SBDI-II-TST
- violação do art. 5º, II, LIV e LV, da CF: OJ 97/SBDI-II-TST
- violação literal de lei; texto legal infraconstitucional; interpretação nos tribunais: Súm. 83/TST

AÇÃO TRABALHISTA
CLT
- prescrição intercorrente: art. 11-A
CF
- prescrição; prazo: art. 7º, XXIX
Súmulas
- arquivamento; prescrição; interrupção; ressalva: Súm. 268/TST

ACAREAÇÃO
CPC
- testemunhas: art. 461, II

ACESSO À JUSTIÇA
Legislação
- assistência judiciária aos necessitados: Lei 1.060/1950
- garantia: arts. 141 a 144 da Lei 8.069/1990

ACIDENTE
CLT
- serviço ferroviário: art. 240

ACIDENTE DO TRABALHO
CLT
- anotações na CTPS: arts. 30 e 40, III
- Campanha Nacional de Prevenção: art. 155, II
- choque elétrico; métodos de socorro: art. 181
- CIPA: art. 163 a 165
- competência: art. 643, § 2º
- competência; justiça ordinária: art. 643, § 2º
- contagem do tempo de serviço; indenização e estabilidade: art. 4º, § 1.º
- efeito quanto a férias: art. 133, IV
- empregador; normas; cumprimento: art. 157
- empregador; precauções: art. 157, II
- faltas no serviço: art. 131, III
- férias; efeito: art. 133, IV
- indenização; anotações na CTPS: art. 40, III
- instruções; responsabilidade das empresas: art. 157
- medidas preventivas: arts. 162 e ss.
- não comparecimento ao serviço: art. 131, III
- prevenção: arts. 155, II, e 162 a 169
- recebimento de prestações por mais de seis meses; férias: art. 133, IV
- responsabilidade das empresas; instruções: art. 157, II
- teletrabalho; prevenção; responsabilidade do empregador: art. 75-E

CPC
- competência: art. 45, I
Legislação
- ação; prescrição: art. 104 da Lei 8.213/1991 e art. 345 do Dec. 3.048/1999
- aposentadoria por invalidez: art. 44 da Lei 8.213/1991
- auxílio-acidente: arts. 18; 34; 86 da Lei 8.213/1991 e arts. 39 e 104 do Dec. 3.048/1999
- benefício previdenciário; revisão pelo INSS: art. 71 da Lei 8.212/1991
- comunicação da empresa à Previdência Social; fins estatísticos: art. 336 do Dec. 3.048/1999
- conceito: art. 30, parágrafo único do Dec. 3.048/1999
- definição; fins previdenciários: arts. 19 e 20 da Lei 8.213/1991
- doença do trabalho; morbidades não consideradas: art. 20, § 1º, da Lei 8.213/1991
- doença profissional ou do trabalho; dia do evento: art. 23 da Lei 8.213/1991
- doenças: art. 20 da Lei 8.213/1991
- doenças; medidas a serem adotadas pelas empresas-sem relação à notificação: Portaria 589/2014, do MTE
- empregado doméstico; benefício; valor: art. 34 da Lei 8.213/1991
- empregado doméstico; comunicação: art. 22 da Lei 8.213/1991
- empregado doméstico; período de carência: art. 27 da Lei 8.213/1991
- entidades mórbidas; doença do trabalho: art. 20, II, da Lei 8.213/1991
- estabilidade: art. 118 da Lei 8.213/1991
- eventos equiparados: art. 21 da Lei 8.213/1991
- FGTS: art. 15, § 5º da Lei 8.036/1990 e art. 28, III, do Dec. 99.684/1990
- FGTS; enquadramento da empresa: art. 22, § 3º, da Lei 8.212/1991 e art. 202 do Dec. 3.048/1999
- notificação: art. 22 da Lei 8.213/1991 e Portaria 589/2014, do MTE
- perícia: art. 337 do Dec. 3.048/1999
- prazo; comunicação do evento à Previdência Social; empresa ou empregador doméstico: art. 22 da Lei 8.213/1991
- prescrição; ações decorrentes do sinistro; prazo de 5 anos: art. 104 da Lei 8.213/1991
- Previdência Social: art. 18 da Lei 8.213/1991 e art. 25 do Dec. 3.048/1999
- remuneração: art. 6º, § 1º, e da Lei 605/1949
- responsabilidade civil: art. 121 da Lei 8.213/1991 e art. 342 do Dec. 3.048/1999
- trabalhador temporário; notificação: art. 12, § 2º, da Lei 6.019/1974 e art. 75, do Dec. 10.854/2021
- trabalhador temporário; seguro: art. 12, *g*, e art. 17, V, da Lei 6.019/1974 e art. 60, V do Dec. 10.854/2021
Súmulas
- ação judicial; não exclusão de multa por retardamento da liquidação: Súm. 311/STF
- ação; competência: Súm. Vinculante 22/STF
- ação; depósito para recorrer; exigibilidade: Súm. 240/STF
- ação; prescrição: Súm. 230/STF
- ação; procedência; honorários de advogado; verba devida: Súm. 234/STF
- ausência do trabalhador; sinistro; desconto as férias; inadmissibilidade: Súm. 198/STF
- auxílio-doença; direito à estabilidade: Súm. 378/TST
- cálculo de gratificação natalina: Súm. 46/TST
- competência; indenização por danos morais e materiais: Súm. Vinculante 22/STF
- composição do dano: Súm. 314/STF
- custas processuais; isenção; inaplicabilidade; autarquia seguradora como parte: Súm. 236/STF
- danos morais e materiais; indenização: Súm. Vinculante 22/STF
- diárias; indenização acidentária; distinção: Súm. 232/STF
- estabilidade provisória; constitucionalidade: Súm. 378, I/TST
- indenização; ação indenizatória fundada no direito comum; dolo ou culpa grave do empregador: Súm. 229/STF
- indenização; cálculo: Súm. 464/STF
- indenização; concubinato; morte; verba devida à concubina; requisitos: Súm. 35/STF
- indenização; danos morais e materiais; competência da Justiça do Trabalho: Súm. Vinculante 22/STF
- indenização; inclusão do repouso semanal remunerado: Súm. 464/STF
- retardamento da liquidação; multa exigível do segurador sub-rogado: Súm. 238/STF

ACIDENTE NO SERVIÇO FERROVIÁRIO
CLT
- elevação da jornada de trabalho do empregado: art. 240

ACÓRDÃO
CPC
- conceito: art. 204
- obrigação de pagar quantia certa; alteração de sentença: art. 491, § 2º
- ordem cronológica: art. 12
- publicação: art. 943, § 2º
- publicação; ementa; Diário de Justiça Eletrônico: art. 205, § 3º
- redação: art. 941
- registro em arquivo eletrônico inviolável: art. 943
- repercussão geral; súmula da decisão; vale como: art. 1.035, § 11
- requisitos; motivação: art. 11
- sentença/decisão recorrida; substituição: art. 1.008

ACORDO(S)
- *vide* também TRANSAÇÃO
CLT
- acréscimo de horas suplementares à duração normal do trabalho: art. 59
- audiência: arts. 846 e 847
- coletivo de trabalho: arts. 611 a 625
- coletivo ou convenção coletiva; objeto ilícito: art. 611-B
- coletivo ou convenção coletiva; prevalência sobre a lei: art. 611-A
- compensação de horas: art. 59 e § 2º
- contribuições sociais; execução: art. 876, parágrafo único
- cumprimento do acordo: art. 835
- cumprimento; prazos e condições estabelecidos: art. 835
- dissídios coletivos: arts. 863 e 864
- dissídios individuais: art. 847
- dissídios individuais; lavratura do termo: art. 846, §§ 1º e 2º
- elevação da jornada; trabalho em minas de subsolo: art. 295
- escrito; acréscimo de horas suplementares: art. 59
- excesso de trabalho: art. 61, § 1º
- execução: art. 876
- frustrado: art. 847
- individual ou coletivo; jornada 12x36: art. 59-A
- inexigibilidade: art. 61, § 1º
- jornada 12x36: art. 59-A
- jornada de trabalho em subsolo: art. 295, parágrafo único
- não cumpridos; execução: art. 876
- processo do trabalho: art. 764
- reclamação por falta de anotação na CTPS: art. 39, § 1º
- seguimento do processo: art. 848
Súmulas
- homologação; faculdade do juiz; inexistência de direito líquido e certo: Súm. 418/TST
- homologação; prevalência sobre lei vigente; impossibilidade: OJ 31/SDC-TST
- individual; compensação de jornada: Súm. 85, I e II/TST
- momento do trânsito em julgado; decadência: Súm. 100, V/TST
- sentença homologatória de acordo; dolo: Súm. 403, II/TST

ACORDO COLETIVO DE TRABALHO
- *vide* também CONVENÇÃO E ACORDO COLETIVO DE TRABALHO
CLT
- convenção coletiva de trabalho; prevalência: art. 620
- horas extras; duração: art. 59
Súmulas
- BANERJ; Plano Bresser; norma que não é programática: OJ 26/SBDI-I-Transitória-TST
- cláusula de termo aditivo; prorrogação de acordo para prazo indeterminado; invalidade: OJ 322/SBDI-I-TST
- eficácia; ultratividade: Súm. 277/TST
- Planos Bresser e Verão; autorização de quitação; folgas remuneradas; conversão em pecúnia; inviabilidade: OJ 31/SBDI-I-Transitória-TST

ACORDO DE COMPENSAÇÃO DE JORNADA
CLT
- duração normal do trabalho; horas suplementares: arts. 58-A, § 5º e 59
- horas extras: art. 59
Súmulas
- disposições gerais: Súm. 85/TST
- exclusivamente por acordo ou convenção coletiva, 12x36: Súm. 444/TST
- semana espanhola; 48x40: OJ 323/SBDI-I-TST

ACORDO EXTRAJUDICIAL
CLT
- análise; prazo: art. 855-D
- Comissão de Conciliação Prévia: art. 625-A e ss., e art. 876
- homologação; competência: art. 652, *f*
- homologação; processo; jurisdição voluntária: art. 855-B

- jurisdição voluntária; prazo: 855-D
- jurisdição voluntária; processo; homologação: art. 855-B
- petição de homologação; prescrição: art. 855-E
- prazo; análise do acordo: art. 855-D
- prescrição; suspensão: art. 855-E,CLT
- processo de jurisdição voluntária: arts. 855-B a 855-E
- representação por advogado; obrigatoriedade: art. 855-B

Súmulas
- homologação; Justiça do Trabalho; prescindibilidade: OJ 34/SDC-TST

ACORDO INDIVIDUAL

CLT
- horas extras; duração: art. 59

Súmulas
- bancário; salário-hora; divisor: Súm. 124/TST
- compensação de jornada; validade: Súm. 85, II/TST
- tácito: Súm. 85, III/TST

ACORDOS INTERNACIONAIS

CF
- competência do Congresso Nacional: art. 49, I

AÇOUGUES

CLT
- prestação de serviços; equiparação a serviços públicos: art. 910

ACÚMULO

CLT
- empregos; menor de idade: art. 414
- férias; pagamento em dobro: art. 137

ADIAMENTO

CPC
- despesas processuais: art. 93

ADIAMENTO DE AUDIÊNCIA

CLT
- motivo relevante: art. 844, § 1º

ADIANTAMENTO SALARIAL

CLT
- possibilidade de descontos: art. 462

ADICIONAL(IS)

CLT
- cômputo no salário; base de cálculo da remuneração de férias: art. 142, § 5º
- férias: art. 142, § 6º, CLT
- insalubridade; cessação: art. 194
- insalubridade; definição: art. 189
- insalubridade; eliminação ou neutralização: art. 191
- insalubridade; opção pelo empregado: art. 193, § 2º
- insalubridade; percentuais: art. 192
- média a ser computada por ocasião das férias: art. 142, § 6º
- noturno, insalubre ou perigoso; férias; base ao cálculo: art. 142, § 5º
- noturno: art. 73
- periculosidade; cessação: art. 194
- periculosidade; definição: art. 193
- periculosidade; percentual: art. 193, § 1º
- salário; cômputo: art. 142, § 5º
- trabalho noturno da mulher: art. 381, § 1º
- transferência: art. 469

Súmulas
- comissionista; horas extras: Súm. 340/TST
- eventual; incidência sobre o FGTS e horas extras: Súm. 63/TST
- férias; base de cálculo: art. 142, § 5º; eficácia suspensa: Súm. 228/TST
- regional; Petrobras: Súm. 84/TST
- tempo de serviço: Súm. 52/TST

ADICIONAL DE HORAS EXTRAS
- *vide* HORAS EXTRAS

ADICIONAL DE INSALUBRIDADE
- *vide* também ADICIONAL(AIS), ATIVIDADES INSALUBRES OU PERIGOSAS e INSALUBRIDADE

CLT
- arguição em juízo; perícia: art. 195, § 2º
- base para cálculo de remuneração de férias: art. 142, § 5º
- caracterização das atividades: arts. 189 a 193
- caracterização e classificação: art. 195
- cessação: art. 194
- definição: art. 189
- efeitos pecuniários; quando serão devidos: art. 196
- empregada; afastamento: art. 394-A
- exercício do trabalho em condições insalubres, direito ao: art. 192
- gestante ou lactante: art. 394-A, § 2º
- gestante; afastamento: art. 394-A
- grau; enquadramento; convenção coletiva: art. 611-A, XII
- jornada; prorrogação; ambiente insalubre: art. 611-A, XIII

- lactante ou gestante: art. 394-A, § 2º
- Ministério do Trabalho; caracterização: art. 190
- opção pelo empregado: art. 193, § 2º
- percentuais: art. 192
- prorrogação de jornada; convenção coletiva: art. 611-A; XIII
- salário; base cálculo férias; cômputo: art. 142, § 5º
- trabalhador em motocicleta: art. 193, § 4º

Súmulas
- adicional; base de cálculo; eficácia suspensa: Súm. 228/TST
- adicional; fornecimento do aparelho de proteção; efeito: Súm. 289/TST
- agente nocivo diverso do apontado na inicial: Súm. 293/TST
- atividade a céu aberto; exposição ao sol e ao calor: OJ 173/SBDI-I-TST
- atividades insalubres; especificação pelo Ministro do Trabalho: Súm. 194/STF
- base de cálculo; Dec.-Lei 2.351/1987: OJ 33/SBDI-I-Transitória-TST
- cálculo: Súm. 307/STF
- condenação; inserção em folha de pagamento: OJ 172/SBDI-I-TST
- condições insalubres; caráter intermitente: Súm. 47/TST
- eliminação ou neutralização: art. 191 e Súm. 80/TST
- eliminação; fornecimento de aparelhos protetores; exclusão do adicional: Súm. 80/TST
- fornecimento do aparelho de proteção: Súm. 289/TST
- integração da remuneração para cálculo da indenização: Súm. 139/TST
- lixo urbano: Súm. 448/TST
- óleos minerais; ausência de distinção entre fabricação e manuseio: OJ 171/SBDI-I-TST
- perícia judicial; enquadramento da atividade: Súm. 460/STF
- perícia; local de trabalho desativado: OJ 278/SBDI-I-TST
- periculosidade; CSN; salário complessivo; acordo coletivo; prevalência: OJ 12/SBDI-I-Transitória-TST
- reclassificação ou descaracterização da insalubridade; direito adquirido: Súm. 248/TST
- repouso semanal e feriados: OJ 103/SBDI-I-TST

ADICIONAL DE PERICULOSIDADE
- *vide* também ADICIONAL(AIS) e ATIVIDADES INSALUBRES E PERIGOSAS

CLT
- arguição em juízo; perícia: art. 195, § 2º
- base para cálculo de remuneração de férias: art. 142, § 5º
- caracterização e classificação: art. 195
- cessação: art. 194
- definição: art. 193
- efeitos pecuniários; quando serão devidos: art. 196
- percentual: art. 193, § 1º
- trabalhador em motocicleta: art. 193, § 4º

Súmulas
- condenação; inserção em folha de pagamento: OJ 172/SBDI-I-TST
- construção vertical; armazenamento de líquido inflamável no prédio: OJ 385/SBDI-I-TST
- empregados que operam bomba de gasolina: Súm. 39/TST
- empregados; posto de revenda de combustível líquido: Súm. 212/STF
- exposição eventual; adicional indevido: Súm. 364, I/TST
- exposição intermitente; eletricitários: Súm. 361/TST
- horas de sobreaviso; adicional indevido: Súm. 132, II/TST
- incidência; base de cálculo: Súm. 191/TST
- incidência; triênio; Petrobras: Súm. 70/TST
- insalubridade; CSN; salário complessivo; acordo coletivo; prevalência: OJ 12/SBDI-I-Transitória-TST
- integração; cálculo de indenização e de horas extras: Súm. 132, I/TST
- integração; caráter permanente: Súm. 132/TST
- pagamento espontâneo; caracterização de fato incontroverso; perícia; desnecessidade: Súm. 453/TST
- radiação ionizante ou substância radioativa: OJ 345/SBDI-I-TST
- sistema elétrico de potência: OJ 324/SBDI-I-TST
- sistema elétrico de potência; extensão a trabalhadores de empresa de telefonia: OJ 347/SBDI-I-TST

ADICIONAL DE PRODUTIVIDADE

Súmulas
- decisão normativa; vigência; limitação: OJ 6/SBDI-I-Transitória-TST
- incidência no cálculo do repouso semanal: Súm. 225/TST

ADICIONAL DE RISCO

Súmulas
- portuário; terminal privativo: OJ 402/SBDI-I-TST
- portuários: OJ 316/SBDI-I-TST

ADICIONAL DE TEMPO DE SERVIÇO

Súmulas
- integração ao cálculo da gratificação: Súm. 240/TST

ADICIONAL DE TRANSFERÊNCIA

CLT
- despesas; responsabilidade: art. 470
- transferência provisória: art. 469, § 3º

Legislação
- transferência para o exterior: art. 4º da Lei 7.064/1982

Súmulas
- cargo de confiança; transferência provisória: OJ 113/SBDI-I-TST

ADICIONAL NOTURNO

CLT
- cômputo da hora noturna: art. 73, § 1º
- cômputo no salário; base do cálculo das férias: art. 142, § 5º
- definição: art. 73, § 2º
- horários mistos: art. 73, § 4º
- prorrogação do trabalho noturno: art. 73, § 5º
- remuneração superior à do diurno; ressalva: art. 73
- trabalho noturno da mulher: art. 381, § 1º

Legislação
- estabelecimentos bancários: Dec.-lei 546/1969
- jornada especial; portos organizados; autorização para implantação: Lei 7.002/1982

Súmulas
- base de cálculo; adicional de periculosidade; integração: OJ 259/SBDI-I-TST
- empregado sujeito ao regime de revezamento: Súm. 213/STF
- gorjetas; natureza jurídica; repercussões: Súm. 354/TST
- habitualidade; integração: Súm. 60/TST
- hora reduzida; vantagem suplementar que não dispensa o pagamento da verba: Súm. 214/STF
- identidade entre trabalho diurno e noturno: Súm. 313/STF
- jornada 12x36 mista, que compreende a totalidade do período noturno: OJ 388/SBDI-I-TST
- petróleo; aplicação da Lei 5.811/1972: Súm. 112/TST
- prorrogação em horário diurno; cumprimento integral: Súm. 60/TST
- subsistência após a CF/1988: OJ 127/SBDI-I-TST
- transferência para o período diurno: Súm. 265/TST
- vigia: Súm. 65 e 140/TST

ADICIONAL POR TEMPO DE SERVIÇO

Súmulas
- bancário; integração; cálculo: Súm. 240/TST
- quinquênio; complementação de aposentadoria: Súm. 52/TST

ADJUDICAÇÃO

CLT
- art. 888

CPC
- arts. 876 a 878
- bens do executado; execução: art. 825, I
- bens penhorados; pagamento ao credor: art. 904, II
- carta de adjudicação: art. 877, § 2º
- executado; intimação do pedido: art. 876, §§ 1º e 2º
- remição; falência ou insolvência; massa de credores: art. 877, § 4º
- renovação do pedido: art. 878
- suspensão da eficácia; sentença: art. 1.012, § 4º

ADMINISTRAÇÃO DO SINDICATO
- *vide* também SINDICATO

CLT
- composição: art. 522
- dissídios: art. 528
- eleição sindical: art. 529 e ss.
- interferência de estranhos: art. 525
- prerrogativas do empregado eleito: art. 543

ADMINISTRAÇÃO PÚBLICA

CF
- administração fazendária, áreas de ação: arts. 37, XVIII; 144, § 1º
- atos ilícitos contra o erário; prescrição: art. 37, § 5º
- atos, fiscalização e controle: art. 49, X
- cargos em comissão e funções de confiança: art. 37, V e XVII
- cargos ou empregos; acumulação: art. 37, XVI, c; ADCT, art. 17, §§ 1º e 2º
- cargos, empregos e funções: arts. 37, I, II, IV; 61, § 1º, II, a
- contas; fiscalização; controle externo: art. 71
- contratos; licitação: arts. 22, XXVII; 37, XXI
- créditos orçamentários ou adicionais; despesas excedentes: art. 167, II
- despesas com pessoal: art. 169; ADCT, art. 38, parágrafo único
- despesas; aumento: art. 63, I
- entidades sob intervenção ou liquidação extrajudicial; créditos; correção monetária: ADCT, art. 46

- federal; competência e funcionamento; competência privativa do Presidente da República: art. 84, VI
- federal; metas e prioridades: art. 165, § 2º
- federal; Ministro de Estado; competência: art. 87, parágrafo único
- federal; plano plurianual; diretrizes; objetivos e metas: art. 165, § 1º
- finanças; legislação: art. 163, I
- fiscalização; controle externo e interno: art. 70
- gestão e consulta da documentação governamental: art. 216, § 2º
- gestão financeira e patrimonial; normas: art. 165, § 9º; ADCT, art. 35, § 2º
- improbidade: art. 37, § 4º
- informações privilegiadas: art. 37, § 7º
- inspeções e auditorias; Tribunal de Contas da União: art. 71, IV
- investimento; plano plurianual; inclusão: art. 167, § 1º
- licitações e contratos: Lei 14.133/2021
- Ministérios e outros órgãos; criação, estruturação e atribuições: arts. 48, X; 61, § 1º, II, e; 84, VI
- moralidade; ação popular: art. 5º, LXXIII
- orçamento fiscal; investimento e seguridade social: arts. 165, § 5º; 167, VIII
- pessoal da administração direta; vencimentos: art. 39, § 1º
- pessoal; admissão sem concurso: art. 71, III
- pessoal; atos; apreciação da legalidade: ADCT, art. 19
- prestação de contas; pessoa física ou entidade pública: art. 70, parágrafo único
- princípios e disposições gerais: arts. 37; 38
- publicidade dos órgãos: art. 37, § 1º
- reforma administrativa; regime e planos de carreira: art. 39, caput; ADCT, art. 24
- serviços públicos; licitação: art. 175, caput
- serviços públicos; taxas: art. 145, II servidor público; limites remuneratórios: art. 37, § 11
- servidor público; limites remuneratórios facultados aos Estados e ao Distrito Federal: art. 37, § 12
- servidor público; remuneração e subsídio: art. 37, XI
- sistema de controle interno; finalidade: art. 74, II

Legislação
- entidades e órgãos; legitimidade: art. 82, III
- federal; regime próprio de previdência social; aposentadorias; competência para concessão: Dec. 10.620/2021
- garantia de acesso: art. 6º, VI

Súmulas
- concurso público; não realização; contratação; nulidade: Súm. 430/TST
- contratação por empresa interposta; vínculo empregatício; período anterior à CF/1988: OJ 321/SBDI-I-TST
- contratação sem concurso público; nulidade; efeitos: OJ 335/SBDI-I-TST
- danos ao meio ambiente; responsabilidade civil: Súm. 652/SJ
- estagiário; desvirtuamento do contrato; reconhecimento de vínculo: OJ 366/SBDI-I-TST

ADMINISTRAÇÃO PÚBLICA INDIRETA
Súmulas
- concurso público; não realização; ulterior privatização: Súm. 430/TST

ADMINISTRADOR
CPC
- penhora de bens ou rendas; depositário: art. 863, § 1º
Legislação Federal
- judicial; competência; remuneração; falência: arts. 21 a 25 da Lei 11.101/2005

ADMISSÃO DE EMPREGADO
CLT
- anotação falsa em carteira: art. 49, V
- aprendiz: art. 430
- CTPS; anotação falsa: art. 49, V
- CTPS; anotações: arts. 13 e 29 a 29-B
- CTPS; anotações; recusa: art. 36
- data de admissão; prazo: art. 29
- exame médico; obrigatoriedade: art. 168
- exames médicos; periodicidade: art. 168, § 3º
- ficha ou livro de registro: art. 41
- recusa das anotações na CTPS: art. 36
- registro; livros, fichas ou sistema eletrônico: art. 41
- renovação do exame médico: art. 168, § 3º

Legislação
- atestado de bons antecedentes; dispensa da apresentação: Lei 6.868/1980
- práticas discriminatórias: Lei 9.029/1995

ADOÇÃO
- *vide* também GUARDA JUDICIAL
CLT
- empregada; licença-maternidade: arts. 392-A, 392-B e 392-C
- guarda judicial: art. 392-C

- guarda judicial conjunta; licença concedida a apenas um dos adotantes: art. 392-A, § 5º
CF
- art. 227, §§ 5º e 6º
Legislação
- prorrogação da licença maternidade; Programa Empresa Cidadã: Lei 11.770/2008
- salário-maternidade; benefício devido a segurado ou segurada adotante: art. 71-A da Lei 8.213/1991

ADVOCACIA PÚBLICA
CPC
- atribuição: art. 182, caput
- citação; União, Estados, Distrito Federal e autarquias: art. 242, § 3º
- férias forenses; atuação: art. 220, § 1º
- intimação pessoal: art. 183, § 1º
- prazo: art. 183, caput, e § 2º
- responsabilidade; membro: art. 184

ADVOGADO
- *vide* também HONORÁRIOS ADVOCATÍCIOS
CLT
- acordo extrajudicial; representação: art. 855-B
- autenticação de documento: art. 830
- autos do processo; consulta: art. 778
- dissídios coletivos: art. 791, § 2º
- dissídios individuais: art. 791, § 1º
- poderes para o foro em geral; constituição: art. 791, § 3º
- representação; acordo extrajudicial: art. 855-B
- vista de autos processuais: art. 778
CF
- indispensabilidade; inviolabilidade: art. 133
- vencimentos e vantagens: art. 135
CPC
- ato atentatório à dignidade da justiça: art. 77, § 6º
- atos praticados no processo; ausência de mandato; responsabilidade: art. 104, § 2º
- causa própria: art. 103, parágrafo único
- causa própria; deveres: art. 106
- cumprimento de decisão em substituição da parte; impossibilidade de compelir: art. 77, § 8º
- dativo; desnecessidade de impugnação especificada: art. 341, parágrafo único
- direitos: art. 107
- escritura pública; lavratura pelo tabelião; partes assistidas: arts. 610, § 2º, e 733, § 2º
- expressões injuriosas: art. 78
- falecimento no prazo para recurso; restituição do prazo: art. 1.004
- representação em juízo; inscrição na OAB: art. 103
- honorários; extinção do processo: art. 85, § 2º
- honorários; Fazenda Pública: art. 85, §§ 3º a 7º
- honorários; pagamento; condições para intentar a mesma ação: art. 486, § 2º
- intimação de testemunha: art. 455
- intimação pessoal; antecipação ou adiamento da audiência: art. 363
- *jus postulandi*: art. 791
- morte ou perda da capacidade processual; suspensão do processo: art. 313, I
- postulação em juízo: art. 104
- procuração geral para o foro; habilitação; exceções: art. 105
- procuração; dados obrigatórios: art. 105, § 2º
- procuração; sociedade de advogados: art. 105, § 3º
- público; prazo para restituição dos autos: art. 234
- renúncia ao mandato; efeitos: art. 112, § 1º
- renúncia ao mandato; efeitos; inaplicabilidade: art. 112, § 2º
- restituição dos autos no prazo; excesso; sanção: art. 234, § 3º
- retenção de autos além do prazo; efeitos: art. 234, §§ 1º a 5º
- retirada de autos para cópia; devolução intempestiva; perda do direito: art. 107, § 4º
- retirada de autos por preposto; credenciamento: art. 272, § 7º
- revogação do mandato: art. 111
- suspensão do prazo; advogada; adoção ou parto: art. 313, § 6º
- suspensão do prazo; advogado; adoção ou parto: art. 313, § 7º
- suspensão do processo; advogada; adoção ou parto; única patrona da causa: art. 313, IX
- suspensão do processo; advogado torna-se pai; único patrono da causa: art. 313, X
- sustentação de recurso perante tribunal: art. 937
- sustentação oral no tribunal; preferência: art. 937, § 2º
Legislação
- caixa de assistência: art. 62 da Lei 8.906/1994
- direitos da advogada: art. 7º-A da Lei 8.906/1994
- empregado: arts. 18 a 21 da Lei 8.906/1994
- incompatibilidades; impedimentos; ética: arts. 27 a 33 da Lei 8.906/1994

- infrações disciplinares; sanções: arts. 34 a 43 da Lei 8.906/1994
- prerrogativas; gerência e diretoria jurídica: Prov. 207/2021, do CFOAB
- publicidade e informação: Prov. 205/2021 do CFOAB
Súmulas
- advogado empregado; Lei 8.906/1994; dedicação exclusiva: OJ 403/SBDI-I-TST
- ampla defesa; acesso a elementos de prova; procedimento investigatório: Súm. Vinculante 14/STF
- atuação fora da seção da OAB onde está inscrito; infração disciplinar: OJ 7/SBDI-I-TST
- bancário; cargo de confiança: Súm. 102, V/TST
- defesa técnica em processo administrativo disciplinar: Súm. Vinculante 5/STF
- honorários advocatícios: Súm. 219 e 329/TST
- jus postulandi: Súm. 425/TST
- mandato tácito; substabelecimento inválido: OJ 200/SBDI-I-TST
- pluralidade de: Súm. 427/TST
- revelia; ausência da reclamada: Súm. 122/TST

AERONAUTA
Legislação
- profissão; regulamentação: Lei 13.475/2017

AERONÁUTICA
Legislação
- Código Brasileiro de: Lei 7.565/1986

AERONAVES
- radiotelegrafia; não abrangência: art. 231
CPC
- penhora; ordem; efeitos: arts. 835, VIII, e 864
Legislação
- aeronauta; profissão: Lei 13.475/2017
Súmulas
- abastecimento; permanência a bordo; adicional de periculosidade: Súm. 447/TST

AFASTAMENTO DO EMPREGADO
CLT
- aborto não criminoso: art. 395
- aposentadoria por invalidez: art. 475
- associado de sindicato de empregados; gratificação: art. 521, parágrafo único
- contrato por prazo determinado; período não computado: art. 472, § 2º
- direitos: arts. 471 e ss.
- durante benefício previdenciário: art. 476
- gestante; licença maternidade; gestante: art. 392
- gestante ou lactante; insalubridade: art. 394-A
- licença maternidade; adoção: art. 392-A
- licença maternidade; empregada gestante: art. 392
- menor; tempo de estudo, repouso; educação moral: art. 424
- mulher; aborto não criminoso: art. 395
- segurança nacional: art. 472, § 3º
- serviço militar: art. 472
- sindicatos; mandato; possibilidade de gratificação: art. 521, parágrafo único
- volta ao trabalho; vantagens asseguradas: art. 471
Legislação
- mulher; violência doméstica: art. 9º, § 2º da Lei 11.340/2006

AGENTE(S)
CF
- comunitários de saúde e agentes de combate às endemias; vencimentos; valorização do trabalho: art. 198, §§ 7º a 11
Legislação
- comunitário de saúde: Lei 11.350/2006
- controle de endemias: Lei 11.350/2006

AGENTE PÚBLICO
Legislação
- enriquecimento ilícito; sanções: Lei 8.429/1992

AGENTES AUTÔNOMOS
- base de pagamento; contribuição sindical: art. 584
- contribuição sindical; mês de recolhimento: art. 587
- contribuição sindical; montante: art. 580, II
- contribuição sindical; recolhimento: art. 586
Legislação
- seguro privado e de crédito; Seguridade Social; contribuição social; percentuais: art. 201, § 6º, do Dec. 3.048/1999

AGENTES DE INSPEÇÃO DO TRABALHO
- *vide* também AUDITOR-FISCAL DO TRABALHO
CLT
- carteira de identidade fiscal; obrigatoriedade: art. 630
- interdição ou embargo de estabelecimento: art. 161, § 2º
- lavratura do auto de infração: art. 628

AGRAVO

CLT
- cabimento: arts. 893, IV, e 897
- de instrumento; cabimento: art. 897, *b*
- de petição; cabimento: art. 897, *a*
- depósito recursal; requisito: art. 897, § 5º, I
- prazo: art. 897, § 1º
- recurso de revista; denegação: art. 896, § 12

CPC
- arts. 1.015 a 1.020
- recurso especial: art. 1.042
- recurso extraordinário: art. 1.042

Súmulas
- aplicação da Súm. 288/STF; motivos: Súm. 639/STF
- despacho no prazo legal; não prejudicialidade: Súm. 425/STF
- embargos declaratórios; decisão monocrática do relator: Súm. 421/TST
- embargos para SDI: Súm. 353/TST
- encaminhamento pelo Magistrado: Súm. 727/STF
- fundamentação deficiente: Súm. 287/STF
- não provimento; interposição para subida de recurso extraordinário; falta do traslado de documentos: Súm. 288/STF
- provimento sem ressalva; questão que não prejudica o cabimento de recurso extraordinário: Súm. 289/STF

AGRAVO DE INSTRUMENTO

CLT
- cabimento: art. 897, *b*, e §§ 2º e 4º § 2º
- custas; tabela: art. 789-A, III
- depósito recursal; valor: art. 899, § 7º
- destrancar; recurso de revista: art. 899, § 8º
- irrecorrível: art. 896-A, § 5º
- interposição; prazo: art. 897
- prazo: art. 897
- julgamento: art. 897, § 4º
- recurso de revista; denegação: art. 896, § 12
- recurso de revista; destrancamento: art. 899, § 8º

CPC
- atribuição de efeito suspensivo: art. 1.019, I
- conhecimento: art. 1.016
- custas e porte de retorno; comprovante de pagamento: art. 1.017, I
- decisão interlocutória; fase de liquidação ou cumprimento de sentença; execução; inventário: art. 1.015, parágrafo único
- dia para julgamento; prazo: art. 1.020
- falta de cópia ou vício; admissibilidade; complementação da documentação; saneamento do vício: art. 1.017, § 3º
- formas de interposição: art. 1.017, § 2º
- hipóteses: arts. 101, 136, 354, parágrafo único, 356, § 5º, 1.015 e 1.037, § 13, I
- inadmissibilidade: art. 1.018, § 3º
- instrução da petição: art. 1.017
- instrução; certidão de inexistência de documento: art. 1.017, II
- interposição; comarca, seção ou subseção judiciária: art. 1.017, § 2º, II
- interposição; fac-símile: art. 1.017, § 4º
- intimação do agravado: art. 1.019, II
- intimação do Ministério Público: art. 1.019, III
- julgamento antecipado parcial do mérito: art. 356, § 5º
- julgamento; precedência: art. 946, parágrafo único
- juntada de cópia da petição, do comprovante de interposição e da relação de documentos que instruíram o recurso: art. 1.018
- petição; instrução: art. 1.017
- prazo; cópia da petição: art. 1.018, § 2º
- recebimento e distribuição; providências do relator: art. 1.019
- requisitos do recurso: art. 1.016
- requisitos; nome das partes: art. 1.016, I

Súmulas
- cabimento; admissibilidade parcial de recurso de revista no TRT: IN 40/2016
- em recurso de revista; autorização para decisão monocrática: Res. Administrativa 1.340/2009, do TST
- juízo de admissibilidade *ad quem*: OJ 282/SBDI-I-TST
- Ministério Público; pressupostos extrínsecos: OJ 20/SBDI-I-Transitória-TST
- peça indispensável; certidão de publicação do acórdão regional; juntada necessária: OJ 18/SBDI-I-Transitória-TST
- peças dispensáveis à compreensão da controvérsia; juntada desnecessária: OJ 19/SBDI-I-Transitória-TST
- peças essenciais; traslado realizado pelo agravado; validade: OJ 283/SBDI-I-TST
- processamento; despacho denegatório a recurso; competência do TST: Res. Administrativa 1.418/2010 do TST
- recurso de revista; procedimento sumaríssimo; processos em curso; inaplicabilidade da Lei 9.957/2000: OJ 260/SBDI-I-TST

- representação processual; regularidade; cláusula limitativa de poderes ao âmbito do TRT: OJ 374/SBDI-I-TST
- traslado de ata de audiência; advogado; mandato tácito; Configuração: OJ 286/SBDI-I-TST
- traslado de peças; obrigatoriedade: OJ 16/SBDI-I-Transitória-TST
- traslado; certidão: OJ 21/SBDI-I-Transitória-TST
- traslado; guias de custas e de depósito recursal: OJ 217/SBDI-I-TST
- uniformização de interpretação: IN 16/1999, do TST

AGRAVO DE PETIÇÃO

CLT
- cabimento: art. 897, *a*, e §§ 1º e 3º
- carta de sentença: art. 897, §§ 1º e 3º
- custas; tabela: art. 789-A, IV
- desconsideração da personalidade jurídica: art. 855-A, § 1º, II
- interposição; prazo: art. 897
- julgamento: art. 897, § 3º
- prazo: art. 897
- recebimento: art. 897, § 1º

Súmulas
- admissibilidade; recurso de revista: Súm. 266/TST
- decisão; preclusão; impugnação da sentença de liquidação; coisa julgada; irrescindibilidade: OJ 134 da SBDI-II/TST
- execução; tópicos e valores não especificados: Súm. 416/TST

AGRAVO EM RECURSO ESPECIAL OU EXTRAORDINÁRIO

CPC
- cabimento: arts. 1.035, § 7º, e 1.042, *caput*
- interposição conjunta: art. 1.042, §§ 6º a 8º
- julgamento; ordem: art. 1.042, § 5º
- petição; endereçamento e preparo: art. 1.042, § 2º
- remessa ao tribunal superior competente: art. 1.042, §§ 4º, 7º e 8º
- resposta: art. 1.042, § 3º

AGRAVO INTERNO

CPC
- cabimento: arts. 136, parágrafo único, 1.021, *caput*, e 1.037, § 13, II
- improcedência; votação unânime; multa: art. 1.021, § 4º
- inadmissibilidade manifesta; votação unânime; multa: art. 1.021, § 4º
- julgamento: art. 1.021, §§ 2º e 3º
- petição; requisito: art. 1.021, § 1º
- recurso; pagamento da multa: art. 1.021, § 5º
- recursos especial e extraordinário intempestivos: art. 1.035, §§ 6º e 7º
- recursos; especial e extraordinário repetitivos intempestivos: art. 1.030, § 2º
- retratação: art. 1.021, § 2º

AGRAVO REGIMENTAL

CLT
- decisões do Corregedor: art. 709, § 1º

Súmulas
- aplicação da Súm. 333; juízo de mérito: Súm. 192, V/TST
- não cabimento: Súm. 622/STF
- não cabimento; interposição em face de decisão colegiada; erro grosseiro: OJ 412/SBDI-I-TST
- peças essenciais nos autos principais: OJ 132/SBDI-I-TST
- sentença de mérito; decisão do TRT: Súm. 411/TST

AGRESSÃO

CLT
- justa causa; contra empregador ou superior hierárquico: art. 482, *k*
- justa causa; contra qualquer pessoa: art. 482, *j*
- rescisão do trabalho; contra empregador ou prepostos: art. 483, *f*

AGROINDÚSTRIA

Legislação
- contribuição social; Seguridade Social; percentuais: arts. 201-A e 201-B do Dec. 3.048/1999

AGRÔNOMO

Legislação
- remuneração: Lei 4.950-A/1966

ÁGUA POTÁVEL

CLT
- fornecimento aos empregados: art. 200, V e VII

AJUDA ALIMENTAÇÃO
- *vide* também ALIMENTAÇÃO

Súmulas
- bancários; previsão em norma coletiva; natureza indenizatória: OJ 123/SBDI-I-TST
- Programa de Alimentação ao Trabalhador; não integração ao salário: OJ 133/SBDI-I-TST

AJUDAS DE CUSTO

CLT

- integração ao salário: art. 457
- remuneração; não integração: art. 457, § 2º
- serviço ferroviário; pessoal da equipagem de trens: art. 239, § 2º

ALÇADA

Súmulas
- ação rescisória e mandado de segurança; não aplicação: Súm. 365/TST
- fixação; salário mínimo: Súm. 356/TST
- inalterabilidade: Súm. 71/TST

ALEGAÇÕES FINAIS

CPC
- procedimento ordinário: art. 364

ALICIAMENTO DE TRABALHADORES

CPC
- de um local para outro do território nacional: art. 207
- para fins de emigração: art. 206

ALIENAÇÃO DE BENS DE INCAPAZES

CPC
- procedimento de jurisdição voluntária: art. 725, III

ALIENAÇÃO FIDUCIÁRIA

CPC
- execução; alienação; eficácia: art. 804, § 3º
- exequente; requerimento: art. 799, I
- penhora; ordem: art. 835, XII

Legislação Federal
- bens móveis; débito previdenciário; garantia: art. 260, V, do Dec. 3.048/1999

ALIENAÇÃO JUDICIAL

CPC
- arts. 879 a 903
- bem tombado; alienação judicial: art. 892, § 3º
- ciência: art. 889
- embargos de terceiro: art. 674
- imóvel suscetível de cômoda divisão: art. 894
- por meio eletrônico; regulamentação de procedimentos: Resolução 236/2016 do CNJ
- por partes; requerimento do executado: art. 894, § 2º

ALIMENTAÇÃO

CLT
- auxílio; remuneração; não integração: art. 457, § 2º
- cômputo; período extraordinário: art. 4º, § 2º, V
- empregados no subsolo: art. 297
- empresas de telefonia, telegrafia, radiotelegrafia e radiotelefonia; horários obrigatórios: art. 230, § 2º
- horários; telefonia; telegrafia; radiotelegrafia e radiotelefonia: art. 230, § 2º
- inclusão no salário: arts. 81 e 458
- intervalo: art. 71
- jornada de trabalho; cômputo: art. 4º, § 2º, V
- salário mínimo; fórmula: art. 81 e 458
- subsolo; empregados no: art. 297

Legislação
- auxílio-alimentação: Lei 14.442/2022
- descontos por fornecimento: Lei 3.030/1956
- do trabalhador; dedução do lucro tributável para fins de IR: Lei 6.321/1976
- Programa de Alimentação do Trabalhador (PAT); regulamento: arts. 166 a 182 do Dec. 10.854/2021

Súmulas
- auxílio; servidores inativos: Súm. 680/STF
- integração: Súm. 241/TST

ALIMENTAÇÃO DO EMPREGADO

CLT
- em subsolo: art. 297
- horário fixado em lei: arts. 230, § 2º, e 231
- integração: art. 458
- intervalo: art. 71
- parcela correspondente no salário mínimo: arts. 81, § 1º, e 458

ALISTAMENTO ELEITORAL

CLT
- não comparecimento ao serviço; faltas; desconsideração: arts. 131, I, e 473, V

CF
- condição de elegibilidade: art. 14, § 3º, III
- inalistáveis: art. 14, § 2º
- obrigatório ou facultativo: art. 14, § 1º, I e II, parágrafo único

ALTERAÇÃO CONTRATUAL

CLT
- cargo de confiança: art. 468, § 1º
- despesas de transferência: art. 470
- obrigatoriedade de anuência do empregado: art. 469

ALTERAÇÃO DA ESTRUTURA JURÍDICA DA EMPRESA

CLT
- contrato de trabalho; alteração: art. 448
- direitos adquiridos: art. 10

ALTERAÇÃO DO CONTRATO DE TRABALHO
- *vide* também CONTRATO DE TRABALHO

CLT
- despesas: art. 470
- disposições gerais: arts. 468 a 470
- mútuo consentimento: art. 468
- serviço militar; afastamento: art. 472
- transferência de empregado: arts. 469 e 470
- transferência de empregado; cargo de confiança: art. 469, § 1º
- transferência de empregado; despesas; responsabilidade do empregador: art. 470
- transferência de empregado; extinção do estabelecimento: art. 469, § 2º
- transferência de empregado; falta de anuência: art. 469

AMAMENTAÇÃO

CLT
- dilatação do período; saúde da criança: art. 396, § 1º
- local apropriado: art. 389, § 1º
- períodos de descanso: art. 396

AMICUS CURIAE
- competência; manutenção: art. 138, § 1º
- incidente de resolução de demandas repetitivas: art. 138, § 3º
- poderes: art. 138, § 2º
- recursos: art. 138, §§ 1º e 3º

AMPLA DEFESA

Súmulas
- defensor; acesso a elementos de prova constantes de procedimento investigatório: Súm. Vinculante 14/STF
- Tribunal de Contas da União; anulação ou revogação de ato administrativo; direito assegurado: Súm. Vinculante 3/STF

ANALFABETO

CLT
- menor aprendiz; local apropriado para instrução primária: art. 427, parágrafo único
- pagamento de salário: art. 464
- recibo; impressão digital: art. 464
- rescisão do contrato; pagamento: art. 477, § 4º, II

CF
- analfabetismo; erradicação: art. 214, I
- inelegibilidade: art. 14, § 4º
- voto facultativo: art. 14, § 1º, II, *a*

ANALOGIA

CLT
- decisão; falta de disposições legais ou contratuais: art. 8º

CPC
- aplicação no julgamento: art. 140

ANISTIA

CF
- dirigentes e representantes sindicais: ADCT, art. 8º, § 2º
- servidores públicos civis: ADCT, art. 8º, § 5º
- trabalhadores do setor privado: ADCT, art. 8º, § 2º

Legislação
- a dirigentes ou representantes sindicais punidos por motivação política; concessão: Lei 8.632/1993

Súmulas
- EC 26/1985; efeitos financeiros da promulgação: OJ 12/SBDI-I-TST
- Lei 6.683/1979; tempo de afastamento; indenização; adicional por tempo de serviço, licença-prêmio e promoção: OJ 44/SBDI-I-Transitória-TST

ANOTAÇÃO(ÕES)

CLT
- crime de falsidade: arts. 49 e 50
- CTPS: arts. 29 a 29-B
- desabonadoras: art. 29, §§ 4º e 5º
- falsa; crime de falsidade: art. 49, V
- falta ou recusa: arts. 36 a 39 e 54
- livro ou ficha de registro de empregados: art. 41, parágrafo único
- penalidades: arts. 49 a 56
- recusa por parte da empresa: art. 36
- valor de prova: art. 40

Legislação
- registro de Carteira de Trabalho e Previdência Social: arts. 13 e ss. da Port. 671/2021, do MTP
- meio eletrônico; carteira de Trabalho Digital: arts. 13 e ss da Port. 671/2021 do MTP

Súmulas
- carteira profissional; valor probatório não absoluto: Súm. 225/STF
- presunção *juris tantum*: Súm. 12/TST

ANTECIPAÇÃO DE TUTELA
- *vide* também TUTELA PROVISÓRIA

CPC
- arts. 300 e 311

- agravo de instrumento; atribuição de efeito suspensivo: art. 1.019, I
- apelação; efeito devolutivo: art. 1.012, § 1º, V

Súmulas
- competência: OJ 68/SBDI-II-TST

ANTIGUIDADE

CLT
- promoção por; trabalho de igual valor: art. 461, § 3º

ANUÊNCIA

CLT
- transferência de empregado; falta de; vedação: art. 469

APARTAMENTOS RESIDENCIAIS

Legislação
- condôminos; responsabilidade: art. 3º da Lei 2.757/1956
- situação dos empregados; zelador, porteiro, servente, faxineiro: Lei 2.757/1956

APLICAÇÃO DA LEI

CLT
- disposições gerais: art. 8º

APOSENTADORIA

CLT
- cancelamento: art. 475, § 1º
- empregado sindicalizado; vantagens: art. 540, § 2º
- espontânea: art. 453
- extinção do vínculo empregatício: art. 453, § 2º
- invalidez; suspensão do contrato de trabalho: art. 475
- recuperação do emprego; invalidez: art. 475, § 1º

CF
- aposentados e pensionistas; gratificação natalina: art. 201, § 6º
- concessão; requisitos e critérios diferenciados: art. 201, § 1º
- contagem de tempo; mandato gratuito: ADCT, art. 8º, § 4º
- ex-combatente; proventos integrais: ADCT, art. 53, V
- juízes togados; normas: ADCT, art. 21, parágrafo único
- magistrados: art. 93, VI e VIII
- professores; tempo de serviço: arts. 40, § 5º; 201, § 8º
- proventos; limites: ADCT, art. 17, *caput*
- servidor público: art. 40
- servidor público; requisitos e critérios diferenciados; ressalvas: art. 40, § 4º
- servidor público; regime próprio: art. 3º, EC 109/2019
- trabalhadores de baixa renda e sem renda própria; serviço doméstico: art. 201, § 12
- trabalhadores urbanos e rurais: arts. 7º, XXIV; 201
- vedação; percepção simultânea de proventos: art. 37, § 10
- voluntária; servidor público; permanência em atividade; abono: art. 40, § 19

Legislação
- aposentado pelo RGPS; permanência em atividade: art. 18, § 2º, da Lei 8.213/1991
- compulsória por idade: LC 152/2015
- cumulação com abono de permanência em serviço; inadmissibilidade, salvo direito adquirido: art. 167, III, do Dec. 3.048/1999
- cumulação com auxílio-doença; inadmissibilidade, salvo direito adquirido: art. 167, I, do Dec. 3.048/1999
- cumulação de mais de uma; inadmissibilidade, salvo direito adquirido: art. 167, II, do Dec. 3.048/1999
- pessoa portadora de deficiência; Regime Geral de Previdência Social: LC 142/2013
- recebimento conjunto com abono de permanência em serviço não permitido, salvo direito adquirido: art. 124, III, da Lei 8.213/1991
- recebimento conjunto com auxílio-doença não permitido, salvo direito adquirido: art. 124, I, da Lei 8.213/1991
- recebimento de mais de uma não permitido, salvo direito adquirido: art. 124, II, da Lei 8.213/1991
- regime próprio de previdência social; administração pública federal; competência para concessão: Dec. 10.620/2021

Súmulas
- Petrobras; normas relativas à complementação; caráter programático: Súm. 332/TST
- pensão por morte; dependentes; perda da qualidade de segurado: Súm. 416/STJ
- prêmio; regulamento da empresa: Súm. 72/TST
- prescrição parcial e quinquenal; diferença de complementação: Súm. 327/TST
- professor; especial: Súm. 726/STF
- retorno ao trabalho; recuperação da capacidade laboral; recusa do empregador; indenização: Súm. 217/STF
- servidor público celetista; situação não modificada com a vigência da Lei 8.112/1990: Súm. 20/JEF
- servidor público: Súm. 37/STF
- servidor público; reclassificação: Súm. 38/STF

- tempo de serviço; aprendiz de Escola Técnica Federal; remuneração: Súm. 18/JEF
- tempo de serviço; concessão do benefício; prazo inicial: Súm. 33/JEF

APOSENTADORIA COMPULSÓRIA

Súmulas
- servidor público vitalício: Súm. 36/STF

Legislação
- por idade: LC 152/2015.

APOSENTADORIA DA PESSOA COM DEFICIÊNCIA

Legislação
- deficiência adquirida após filiação ao Regime Geral da Previdência Social: art. 70-E do Dec. 3.048/1999
- perícia; competência do INSS: art. 70-D do Dec. 3.048/1999
- redução do tempo de contribuição; atividades insalubres; inacumulabilidade: art. 70-F do Dec. 3.048/1999

APOSENTADORIA ESPECIAL

CF
- requisitos: art. 21, EC 103/2019

Legislação
- concessão do benefício; requisitos: art. 57 da Lei 8.213/1991
- definição e condições para concessão do benefício: arts. 64 a 70 do Dec. 3.048/1999
- espécie de prestação relativa a segurado: art. 18, I, *d* da Lei 8.213/1991 e art. 25, I, *d* do Dec. 3.048/1999
- período de carência; número de contribuições: art. 25, II, da Lei 8.213/1991 e art. 29, II, do Dec. 3.048/1999
- relação de agentes nocivos químicos, físicos e biológicos e suas associações prejudiciais à saúde ou à integridade física do segurado: art. 58 da Lei 8.213/1991
- trabalho exercido em condições especiais; comprovação: arts. 57 a 58 da Lei 8.213/1991

Súmulas
- atividade insalubre; exposição a ruído; uso de EPI: Súm. 9/JEF
- professor; tempo de serviço fora da sala de aula não computado: Súm. 726/STF
- servidor público: Súm. Vinculante 33/STF

APOSENTADORIA POR IDADE

Legislação
- beneficiários: art. 50 da Lei 8.213/1991
- concessão do benefício; requisitos: art. 48 da Lei 8.213/1991
- cumprimento de carência exigida: arts. 51 a 55 do Dec. 3.048/1999
- definição e condições para concessão do benefício: arts. 51 a 55 do Dec. 3.048/1999
- espécie de prestação relativa a segurado: art. 18, I, *b* da Lei 8.213/1991 e art. 25, I, *b* do Dec. 3.048/1999
- idade mínima exigida: arts. 48 a 51 da Lei 8.213/1991
- período de carência; inaplicabilidade; segurado especial; necessidade da comprovação de atividade rural no período imediatamente anterior ao requerimento do benefício, ainda que de forma descontínua: art. 30, IV do Dec. 3.048/1999
- período de carência; número de contribuições: art. 25, II, da Lei 8.213/1991 e art. 29, II, do Dec. 3.048/1999
- renda mensal; percentuais devidos: art. 51 da Lei 8.213/1991
- requisitos para concessão: arts. 51 a 54 do Dec. 3.048/1999
- segurado com deficiência; benefício devido a segurado homem aos 60 anos e 55 anos, se mulher: art. 70-C do Dec. 3.048/1999
- segurado com deficiência; condições básicas para a concessão do benefício: art. 70-A do Dec. 3.048/1999

Súmulas
- tabela progressiva de carência; aplicação: Súm. 44/JEF
- trabalhador rural; concessão; tempo de exercício de atividade: Súm. 54/JEF

APOSENTADORIA POR INVALIDEZ

CLT
- suspensão do contrato de trabalho: art. 475

CF
- permanente; servidor público: art. 40, § 1º, I

Legislação
- beneficiários; submissão a exames médico-periciais: art. 70 da Lei 8.212/1991
- cancelamento do benefício; aposentado que retorna voluntariamente à atividade: art. 46 da Lei 8.213/1991
- definição e condições para concessão do benefício: art. 42 da Lei 8.213/1991 e arts. 43 a 50 do Dec. 3.048/1999
- espécie de prestação relativa a segurado: art. 18, I, *a*, da Lei 8.213/1991 e art. 25, I, *a*, do Dec. 3.048/1999
- início do pagamento do benefício: art. 43 da Lei 8.212/1991
- período de carência; inaplicabilidade; acidente de qualquer natureza ou causa: art. 30, III, do Dec. 3.048/1999

- edital e ata; requisitos essenciais para instauração de dissídio coletivo: OJ 29/SDC-TST

ASSEMBLEIA SINDICAL
Súmulas
- dirigentes sindicais; frequência livre: PN 83/TST

ASSENTOS
CLT
- colocação obrigatória; trabalho sentado: art. 199

ASSINATURA
CLT
- do infrator; validade: art. 629, § 1º
- do reclamante: art. 840, § 1º
- embargos; ausência de: art. 897-A, § 3º
CPC
- depoimento; prova testemunhal: art. 460, § 1º
- despacho, decisão, sentença, acórdão: art. 205
- por meio eletrônico; dos juízes em todos os graus de jurisdição: art. 205, § 2º
- termos do processo: art. 209

ASSISTÊNCIA
- adquirente/cessionário: art. 109, § 2º
- arts. 119 a 123
- custas: art. 94
- incapazes: arts. 71 e 72
Súmulas
- intervenção; simples ou adesiva; interesse jurídico: Súm. 82/TST

ASSISTÊNCIA JUDICIÁRIA
CLT
- benefício da justiça gratuita: arts. 790, § 3º e 790-B
- concessão a requerimento ou de ofício: art. 790, § 3º
- honorários: art. 790-B
- prestação por sindicatos: art. 514, b
Legislação
- aos necessitados: Lei 1.060/1950
- Justiça do Trabalho: arts. 14 a 19 da Lei 5.584/1970
- Protocolo de Cooperação e Assistência Jurisdicional: Dec. 2.067/1996
Súmulas
- gratuita; comprovação: Súm. 463/TST

ASSISTÊNCIA JURÍDICA
CF
- gratuita e integral: dever do Estado: art. 5º, LXXIV
- guarda do menor: art. 227, § 3º, VI
- habeas corpus e habeas data; gratuidade: art. 5º, LXXVII
- legislação concorrente: art. 24, XIII
Legislação
- administrativa e técnica aos necessitados: art. 6º, VII

ASSISTÊNCIA LITISCONSORCIAL
CPC
- art. 124

ASSISTÊNCIA MÉDICA
CLT
- contribuição sindical: art. 592, I, a
- não integra o salário: art. 458, § 2º, VI
- sindicatos de empregados: art. 592, II, b
- sindicatos de trabalhadores autônomos: art. 592, IV, b
Súmulas
- direito à manutenção: Súm. 440/TST

ASSISTÊNCIA SOCIAL
- vide também SISTEMA NACIONAL DE SEGURIDADE SOCIAL
CF
- adolescência; direitos: art. 227, § 4º
- contribuições sociais; competência para a instituição: art. 149
- infância; direitos: art. 227, § 7º
- instituições sem fins lucrativos; limitações ao poder de tributar: art. 150, VI, c, § 4º
- Município; contribuição: art. 149, §§ 1º a 4º
- objetivos; prestação: art. 203
- recursos, organização, diretrizes: art. 204
Legislação
- auditoria: art. 82 da Lei 8.212/1991
- conceito: art. 3º do Dec. 3.048/1999 e art. 4º da Lei 8.212/1991
- definição: art. 4º da Lei 8.212/1991
- organização; diretrizes: art. 3º, parágrafo único do Dec. 3.048/1999 e art. 4º, parágrafo único, da Lei 8.212/1991

ASSISTENTE
- atuação, poderes e ônus: art. 121
- processo posterior; impossibilidade de discussão sobre a justiça da decisão; exceções: art. 123
- técnico; remuneração: arts. 84 e 95
Legislação
- social; Lei 8.742/1993
Súmulas
- técnico; honorários: Súm. 341/TST

ASSOCIAÇÃO
CLT
- recreativa; equiparação com empregador: art. 2º, § 1º
CF
- atividade garimpeira: arts. 21, XXV; 174, § 3º
- colônias de pescadores: art. 8º, parágrafo único
- criação: art. 5º, XVIII
- desportiva; autonomia: art. 217, I
- dissolução compulsória ou suspensão das atividades: art. 5º, XIX
- funcionamento; interferência governamental: art. 5º, XVIII
- lei; apoio e estímulo: art. 174, § 2º
- liberdade: art. 5º, XVII e XX
- mandado de segurança coletivo: art. 5º, LXX, b
- representação: art. 5º, XXI
- representação; obras; aproveitamento econômico; fiscalização: art. 5º, XXVIII, b
CDC
- defesa do consumidor; legitimidade: art. 82, IV e § 1º
CP
- liberdade; atentado contra: art. 199
Legislação
- desportiva; contribuição empresarial: art. 22, §§ 6º a 10 da Lei 8.212/1991

ASSOCIAÇÃO DESPORTIVA
Legislação
- contribuição social; manutenção de equipe de futebol profissional: art. 195, parágrafo único, IV, do Dec. 3.048/1999
- contribuição social; manutenção de equipe de futebol profissional; percentuais: art. 205 do Dec. 3.048/1999

ASSOCIAÇÃO SINDICAL
- vide também SINDICATO
CLT
- categoria diferenciada: art. 511, § 3º
- categoria profissional; abrangência: art. 511, § 2º
- definição: art. 533
- deveres: art. 514
- dilapidação de patrimônio: art. 552
- eleições: arts. 529 a 532
- empregados: art. 526
- grau superior: art. 533
- interesses econômicos; solidariedade: art. 511, § 1º
- interferência de estranhos na administração; vedação: art. 525
- intervenção do Ministério do Trabalho: art. 528
- legalidade; licitude: art. 511
- limites de identidade: art. 511, § 4º
- livro de registro para funcionário: art. 527
- organização como Federação; permissão: art. 534
- prerrogativas: art. 513
- reconhecimento: art. 512
CF
- servidor público: art. 37, VI

ATA
CLT
- trâmites de instrução e julgamento: art. 851
Súmulas
- audiência; agravo de instrumento; traslado: OJ 286-SDI-T-TST

ATENTADO
CP
- contra a liberdade de associação: art. 199
- contra a liberdade de contrato de trabalho: art. 198
- contra a liberdade de trabalho: art. 197

ATESTADO(S)
Legislação
- atestado de bons antecedentes; dispensa da apresentação: Lei 6.868/1980
- gravidez e esterilização; proibição para efeitos admissionais: Lei 9.029/1995
Súmulas
- ausência do empregado por doença; salário-enfermidade: Súm. 15/TST
- revelia; declaração expressa da impossibilidade de locomoção do empregador: Súm. 122/TST
- salário enfermidade; falta justificada; ordem preferencial de atestados médicos: Súm. 15/TST

ATESTADO MÉDICO
CLT
- em caso de aborto não criminoso: art. 395
- empregada gestante: art. 392, § 1º
- empregada gestante; licença-maternidade; aumento de tempo: art. 392, § 2º
- empregada gestante; rompimento do contrato: art. 394
- empregada gestante; insalubridade: art. 394-A, II
- rescisão de contrato; trabalho prejudicial à gestação: art. 394

ATIVIDADE EMPRESARIAL
Súmulas
- cessação; direitos do empregado: Súm. 44/TST

ATIVIDADE ESPECIAL
Súmulas
- comprovação por laudo pericial não contemporâneo ao período trabalhado: Súm. 68/JEF
- contribuinte individual; reconhecimento; fins previdenciários: Súm. 62/JEF

ATIVIDADE NOCIVA
CDC
- medidas de tutela específica; impedimento: art. 84, § 5º

ATIVIDADE PROFISSIONAL
Legislação
- medicina: Lei 12.842/2013
- motorista; jornada de trabalho; tempo de direção: Lei 13.103/2015
Súmulas
- tratorista; equiparação à de motorista de caminhão; possibilidade; atividade especial: Súm. 70/JEF
- vigilante; enquadramento como especial; equiparação à de guarda: Súm. 26/JEF

ATIVIDADE RURAL
Legislação
- meios de comprovação do exercício do ofício: art. 106 e 107 da Lei 8.213/1991
- normas regulamentadoras: Lei 5.889/1973

ATIVIDADES
CLT
- industriais e comerciais; conceito: art. 352, § 1º
- preponderante; conceito: art. 581, § 2º
CF
- penosa, insalubre ou perigosa; adicional; previsão constitucional: art. 7º, XXIII
Legislação
- bancária, financeira e de crédito: art. 3º, § 2º
- de fornecedor: art. 3º, caput
- securitária: art. 3º, § 2º
- serviços: art. 3º, § 2º

ATIVIDADES INDUSTRIAIS E COMERCIAIS
CLT
- apresentação da relação anual de empregado: arts. 360 a 367
- caracterização: art. 352, § 1º
- rurais: arts. 352, § 2º

ATIVIDADES INSALUBRES E PERIGOSAS
- vide também ADICIONAL DE INSALUBRIDADE E INSALUBRIDADE
CLT
- adicionais; percentuais: art. 192
- adicional de insalubridade; opção pelo empregado: art. 193, § 2º
- aprovação; quadro de atividades: art. 190
- arguição em juízo: art. 195, § 2º
- arguição em juízo; designação de perícia: art. 195, §§ 2º e 3º
- caracterização e classificação: art. 195
- conceito; atividades insalubres: art. 189
- conceito; atividades perigosas: art. 193
- disposições gerais: arts. 189 a 197
- efeitos pecuniários; contagem: art. 196
- eliminação e neutralização: art. 191
- empregada gestante ou lactante: art. 394-A
- estabelecimento; avisos: art. 197, parágrafo único
- exame médico: art. 168, § 3º
- explosivos: art. 193, I
- gestante ou lactante: art. 394-A, §§ 2º e 3º
- inflamáveis: art. 193, I
- insalubres; caracterização e classificação: art. 195
- limites de tolerância: art. 192
- neutralização ou eliminação: art. 191
- norma regulamentar: NR 15
- normas a respeito emitidas pelo Ministério do Trabalho: art. 190
- opção pelo empregado; adicional de insalubridade: art. 193, § 2º
- perícia classificação: art. 195, §§ 1º a 3º
- perigosas; adicional de insalubridade; opção pelo empregado: art. 193, § 2º
- prorrogação da jornada; exigência de licença prévia: art. 60
- proteção; organismo do trabalhador: art. 190, parágrafo único
- trabalhador em motocicleta: art. 193, § 4º

ATIVIDADES OU OPERAÇÕES PERIGOSAS
CLT
- trabalhador em motocicleta: art. 193, § 4º

ATLETA PROFISSIONAL
Legislação
- Lei Geral do Esporte: arts. 72 a 74, 85 a 94, 97, VIII, e 164 da Lei 14.597/2023

- peão de rodeio; equiparação: Lei 10.220/2001
- Programa Atleta Pódio e Cidade Esportiva: Lei 12.395/2011

ATO(S)

CLT
- associações ou entidades sindicais; malversação ou dilapidação do patrimônio; crime de peculato: art. 552
- atentatórios à segurança nacional: art. 482, parágrafo único
- do empregado; constituem justa causa: art. 482
- firmados a rogo; impossibilidade de assinatura pelas partes: art. 772
- improbidade; justa causa para rescisão contratual: art. 482, a
- justa causa; constituição: art. 482
- lesivo da honra e boa fama; praticados pelo empregador: art. 483, e
- publicidade: art. 770

Legislação
- praticados antes da falência; ineficácia: arts. 129 a 138 da Lei 11.101/2005
- processuais; sistema de transmissão de dados: Lei 9.800/1999

ATO CULPOSO

Súmulas
- empregado ou preposto; culpa do patrão presumida: Súm. 341/STF

ATO DE IMPROBIDADE

CLT
- justa causa: art. 482, a

Legislação
- praticados por agente público; empresa incorporada; entidades: Lei 8.429/1992

ATO DE INDISCIPLINA E INSUBORDINAÇÃO
- empregado; justa causa: art. 482, h

ATO JURÍDICO PERFEITO

CF
- proteção: art. 5º, XXXVI

Súmulas
- contribuição social; termo de adesão: Súm. Vinculante 1/STF

ATO LESIVO DA HONRA E DA BOA FAMA

CLT
- contra o empregador ou superior hierárquico; justa causa: art. 482, k
- contra qualquer pessoa; justa causa: art. 482, j
- praticado pelo empregador: art. 483, e
- praticado por empregado; justa causa: art. 482, j e k

ATO(S) ADMINISTRATIVO(S)

CLT
- informação à fiscalização: art. 627, a
- reclamações contra; presidente dos Tribunais Regionais: art. 678, I, d, 2

CF
- Estado do Tocantins; convalidação de: ADCT, art. 18-A

ATOS ATENTATÓRIOS À SEGURANÇA NACIONAL

CLT
- praticados por empregado; justa causa para dispensa: art. 482, parágrafo único

ATOS

CLT
- termos processuais; apresentados: art. 777
- termos processuais; disposições gerais: arts. 770 a 782
- termos processuais; firmados a rogo: art. 772
- termos processuais; formas: art. 771
- termos processuais; horário: art. 770
- termos processuais; isenção de selo: art. 782
- termos processuais; prazos: arts. 775 e 776
- termos processuais; prazos; contagem: art. 774
- termos processuais; prazos; suspensão: art. 775-A
- termos processuais; publicidade: art. 770

CF
- termos processuais; publicidade; restrição: art. 5º, LX

CPC
- escrivão: arts. 206 a 211
- juiz: arts. 203 a 205
- juiz; atos executivos: art. 782
- parte: arts. 200 a 202
- termos processuais; assinatura dos intervenientes: art. 209
- termos processuais; contradição na transcrição; momento e forma de suscitar: art. 209, § 2º
- termos processuais; despesas; pagamento: art. 91
- termos processuais; Estados e Distrito Federal; compromisso recíproco; convênio: art. 75, § 4º
- termos processuais; extinção do direito; prazo; justa causa: art. 223

- termos processuais; férias e feriados; prática; tutela de urgência: art. 214, II
- termos processuais; inúteis ou desnecessários: art. 77, III
- termos processuais; lugar: art. 217
- termos processuais; ordem judicial: art. 236
- termos processuais; partes; constituem, modificam e extinguem direitos processuais: art. 200
- termos processuais; produzidos/armazenados digitalmente em arquivo eletrônico; na presença do juiz: art. 209, § 1º
- termos processuais; recursos tecnológicos; transmissão de imagem e som; admissibilidade: art. 236, § 3º
- termos processuais; registro em arquivo eletrônico: art. 943
- termos processuais; relativos aos movimentos processuais: art. 773
- termos processuais; tempestividade; prática anterior ao início do prazo: art. 218, § 4º
- termos processuais; tempo: arts. 212 a 216
- termos processuais; videoconferência; admissibilidade: art. 236, § 3º

Legislação
- termos processuais; juizados especiais: arts. 12 e 13 da Lei 9.099/1995
- termos processuais; juizados especiais; âmbito da Justiça Federal: Lei 10.259/2001

AUDIÊNCIA

CLT
- abertura da audiência; julgamento: art. 846
- abertura disposições gerais: arts. 814 e 815
- acordo entre as partes: art. 846, § 1º
- acordo extrajudicial; prazo: art. 855-D
- adiamento; motivo relevante: art. 844, § 1º
- arts. 843 a 852
- ata: art. 851
- ausência do juiz: art. 815, parágrafo único
- ausência do reclamante: art. 844, § 2º
- comparecimento das partes: art. 843
- conciliação; dissídios coletivos: arts. 860 a 867
- conciliação; proposta pelo juiz: art. 846
- contínua: art. 849
- custas: art. 844, § 3º
- custas; reclamante ausente: art. 844, § 2º
- de julgamento: arts. 843 a 852
- defesa escrita; apresentação: art. 847, parágrafo único
- disposições gerais: arts. 813 a 817
- extraordinárias: art. 813, § 2º
- falta de acordo: arts. 847 e 848
- falta grave: arts. 853 a 855
- horário e local; disposições gerais; horário: art. 813
- inquérito para apuração de falta grave: arts. 853 a 855
- instrução do processo: art. 848
- interrogatório: art. 848
- julgamento: arts. 843 a 852
- julgamento; abertura da audiência: art. 846
- local: art. 813
- motivo relevante; suspensão; nova designação: art. 844, § 1º
- não comparecimento do reclamado; revelia: art. 844
- não comparecimento do reclamante; arquivamento da reclamação: art. 844
- notificação da decisão: art. 852
- nova designação: art. 844, § 1º
- ordem; disposições gerais: art. 816
- presença do reclamante e do reclamado: art. 843
- procedimento sumaríssimo: art. 852-A a 852-I
- provas: arts. 818 a 830
- razões finais: art. 850
- reclamante; ausência; pagamento de custas: art. 844, § 2º
- registro: art. 817
- revelia: art. 844, § 4º
- tempo para aduzir defesa: art. 847
- testemunhas: art. 845

CPC
- antecipação; intimação: art. 363
- arts. 358 a 368
- conciliação ou mediação; alegação de incompetência em contestação; suspensão: art. 340, §§ 3º e 4º
- concurso de credores: art. 909
- embargos do devedor: art. 920
- férias forenses; órgão colegiado; não realização: art. 220, § 2º
- instrução e julgamento; curatela; levantamento: art. 756, § 1º
- instrução e julgamento; oitiva de testemunha; videoconferência: art. 453, § 1º
- morte ou perda da capacidade processual; suspensão do processo: art. 313, § 1º
- prazo para recurso; proferimento da decisão: art. 1.003, § 1º
- produção de prova testemunhal: arts. 450 e 463

- prova documental; reprodução cinematográfica ou fonográfica; exibição: art. 434, parágrafo único
- ratificação; protestos marítimos e processos testemunháveis a bordo: art. 770
- recurso especial e extraordinário repetitivos: art. 1.036
- requerimentos; registro em ata: art. 360, V

Súmulas
- ausência do reclamante após a contestação; arquivamento; impossibilidade: Súm. 9/TST
- ausência; pena de confissão: Súm. 74, I/TST
- impossibilidade de locomoção do empregador; elisão da revelia: Súm. 122/TST
- revelia; atraso: OJ 245/SBDI-I-TST
- salário; pagamento em audiência: Súm. 13/TST

AUDITOR-FISCAL DO TRABALHO

CLT
- lavratura do auto de infração: arts. 628 e 629

AULAS

CLT
- aprendiz; frequência obrigatória: art. 427
- professores; jornada de trabalho: arts. 318 e 321

AUMENTO SALARIAL

CLT
- reajuste: art. 624

Súmulas
- concessão pela empresa; compensação no ano seguinte; ausência do sindicato na negociação; impossibilidade: OJ 325/SBDI-I-TST

AUSÊNCIA

CPC
- bens dos ausentes: arts. 744 e 745
- locador; citação: art. 242, § 2º
- réu declarado ausente; competência: art. 49
- réu; citação: art. 242, § 1º

Súmulas
- reclamante, após contestada a ação; não arquivamento: Súm. 9/TST

AUTARQUIA(S)

CLT
- aquisição de bens; financiamento: art. 544, VII
- paraestatais: art. 7º, d

CF
- criação de subsidiária; autorização legislativa: art. 37, XX
- criação: art. 37, XIX
- exploração de atividade econômica; estatuto jurídico: art. 173, § 1º

CPC
- citação e intimação; autos eletrônicos; cadastro; obrigatoriedade: art. 246, §§ 1º e 2º
- citação; órgão de Advocacia Pública: art. 242, § 3º
- competência; intervenção: art. 45
- intimação; órgão de Advocacia Pública: art. 269, § 3º
- recurso; preparo; dispensa: art. 1.007, § 1º
- representação: art. 75, IV
- sentença adversa; reexame necessário: art. 496, I

Legislação
- fundações; administradores; mora: art. 42 da Lei 8.212/1991

Súmulas
- interesse jurídico; presença no processo de: Súm.150/STJ
- paraestatais; Procurador da União, Estados, Municípios e Distrito Federal; mandato: Súm. 436/TST
- representação processual: OJ 318/SBDI-I-TST

AUTENTICAÇÃO
- documentos; declaração por advogado: art. 830

Súmulas
- cópias autenticadas pelas Secretarias dos Tribunais Regionais do Trabalho OJ 91/SBDI-II-TST
- documento único; cópia; verso e anverso: OJ 23/SBDI-I--Transitória-TST

AUTO

CLT
- de infração; defesa; prazo para apresentação de defesa; prazo: art. 629, § 3º
- de infração; falta de anotação na CTPS: art. 29, § 3º
- de infração; lavratura: arts. 628 e 629
- de infração; registro: art. 629, § 4º

CPC
- de arrematação: arts. 901 e 903
- de inspeção judicial: art. 481
- de interrogatório do interditando: art. 751
- de resistência à penhora: art. 846, § 3º
- de restauração de autos: art. 714, § 1º

AUTOCOMPOSIÇÃO

CPC
- admissibilidade; procedimento; alteração pelas partes: art. 190

- ausência; tutela cautelar antecedente efetivada; prazo para contestação: art. 308, § 4º
- extrajudicial; homologação; jurisdição voluntária: art. 725, VIII
- proposta da parte; certificação em mandado; oficial de justiça: art. 154, parágrafo único

Legislação
- conflitos no âmbito da administração pública; mediação: Lei 13.140/2015

AUTÔNOMOS
CLT
- associação para fins de estudo: art. 511
- associações profissionais: art. 515
- base para pagamento da contribuição sindical: art. 584
- contratação: art. 442-B
- contribuição sindical; recolhimento: arts. 580, II e 586, § 2º
- estabelecimento: art. 355
- sindicato: art. 592

Legislação
- contratação: arts. 24 a 28 da Port. 671/2021 do MTP
- definição: art. 11, V, h, da Lei 8.213/1991
- prestação a um tomador de serviços: art. 26 da Port. 671/2021 do MTP
- tecnologia da informação; Seguridade Social; contribuição social; redução de alíquotas: art. 201-D do Dec. 3.048/1999

AUTORIDADE JUDICIÁRIA
- *vide* também JUIZ
CPC
- competência; conflito com autoridade judiciária e administrativa: art. 959

Legislação
- ações trabalhistas; determinação de recolhimento de contribuições: art. 43 da Lei 8.212/1991

AUTORIDADES
CLT
- administrativas; critérios de decisão; falta de disposições legais ou contratuais: art. 8º
- policiais; agentes de inspeção do trabalho: art. 630, § 8º

AUTOS
CLT
- consultas: art. 779
- desentranhamento de documentos: art. 780
- formação do processo: art. 777
- responsabilidade: art. 777
- vista; retirada dos cartórios ou secretarias: art. 778

CPC
- acórdão transitado em julgado; baixa ao juízo de origem: art. 1.006
- cobrança ao advogado que exceder prazo: art. 234, §§ 1º e 2º
- consulta, segredo de justiça: art. 189 e § 1º
- consulta; direito das partes e procuradores: art. 189, § 1º
- desaparecimento; restauração; custas: art. 718
- devolução fora de prazo; efeitos: art. 234, §§ 1º a 4º
- devolução; prazo do ato a ser praticado: art. 234
- penhora; averbação no rosto dos autos: art. 860
- prazo para baixa: art. 1.006
- responsabilidade pela guarda; escrivão: art. 152, IV
- restituição de autos; intimação pessoal: art. 234, §§ 1º e 2º
- suplementares; numeração e rubrica das folhas; ato do escrivão: art. 207

Legislação
- findos; eliminação nos órgãos da Justiça do Trabalho: Lei 7.627/1987

AUTUAÇÃO
CLT
- administrativas: arts. 626 a 634
- dos processos: art. 711, *a*

AUXILIAR DE LABORATÓRIO
Súmulas
- ausência de diploma: Súm. 301/TST

AUXILIARES DA JUSTIÇA
CPC
- administrador: arts. 149 e 159 a 161
- arts. 149 a 175
- chefe de secretaria: arts. 149, 152, 153 e 155
- conciliador judicial: arts. 149 e 165 a 175
- contabilista: art. 149
- depositário: arts. 149 e 159 a 161
- distribuidor: art. 149
- escrivão: arts. 149, 152, 153 e 155
- intérprete: arts. 149 e 162 a 164
- mediador: arts. 149 e 165 a 175
- oficial de justiça: arts. 149, 154 e 155

- partidor: art. 149
- perito: arts. 149 e 156 a 158
- regulador de avarias: art. 149
- tradutor: arts. 149 e 162 a 164

AUXÍLIO-ACIDENTE
Legislação
- cumulação com recebimento de salário ou concessão de outro benefício; possibilidade: art. 86, § 3º, da Lei 8.213/1991
- cumulação de mais de um; inadmissibilidade, salvo direito adquirido: art. 167, V, do Dec. 3.048/1999
- cumulação; inadmissibilidade, salvo direito adquirido: art. 167, IX, do Dec. 3.048/1999
- definição e condições: art. 104 do Dec. 3.048/1999
- espécie de prestação relativa a segurado: art. 18, I, h, da Lei 8.213/1991 e art. 25, I, h, do Dec. 3.048/1999
- inacumulabilidade com qualquer outra aposentadoria: art. 86, § 2º da Lei 8.213/1991
- início do pagamento e valor do benefício: art. 86, § 1º, da Lei 8.213/1991
- perda de audição; requisitos: art. 86, § 4º, da Lei 8.213/1991
- período de carência; inaplicabilidade: art. 26, I, da Lei 8.213/1991 e art. 30, I, do Dec. 3.048/1999
- requisitos: art. 86 da Lei 8.213/1991
- segurado empregado doméstico: art. 18, § 1º, da Lei 8.213/1991
- segurado empregado: art. 18, § 1º, da Lei 8.213/1991
- segurado especial: art. 18, § 1º, da Lei 8.213/1991
- segurado trabalhador avulso: art. 18, § 1º, da Lei 8.213/1991

Súmulas
- concessão; cálculo: Súm. 65/JEF

AUXÍLIO-ALIMENTAÇÃO
- *vide* também ALIMENTAÇÃO
Legislação
- pagamento: Lei 14.442/2022

Súmulas
- alteração da natureza jurídica; norma coletiva ou adesão ao PAT: OJ 413/SBDI-I-TST
- integração ao salário de contribuição; sujeição à incidência de contribuição previdenciária: Súm. 67/JEF
- servidores inativos: Súm. 680/STF

AUXÍLIO-CRECHE
Legislação
- reembolso-creche; autorização para adoção do sistema: art. 121 da Port. 671/2021, MTP

Súmulas
- não integração ao salário de contribuição: Súm. 310/STJ

AUXÍLIO-DOENÇA
CLT
- deixar de trabalhar por mais de 30 dias: art. 133, III
- férias; recebimento por mais de 6 meses: art. 133, IV

Legislação
- acidente do trabalho; período de carência; inaplicabilidade: art. 26, II da Lei 8.213/1991
- concessão do benefício; requisitos: art. 59 da Lei 8.213/1991
- cumulação com aposentadoria; inadmissibilidade, salvo direito adquirido: art. 167, I, do Dec. 3.048/1999
- cumulação com salário-maternidade; inadmissibilidade, salvo direito adquirido: art. 167, IV, do Dec. 3.048/1999
- definição e condições: arts. 71 a 80 do Dec. 3.048/1999
- espécie de prestação relativa a segurado: art. 18, I, e da Lei 8.213/1991 e art. 25, I, e do Dec. 3.048/1999
- incapacidade temporária: art. 59 da Lei 8.213/1991
- incapacidade temporária; atestado médico e documentos complementares; concessão: Lei 14.131/2021
- requisição com fundamento na Lei 13.982/2020: Port. Conj. 53/2020

Súmulas
- afastamento do trabalho; prazo superior a quinze dias; estabilidade provisória: Súm. 378/TST
- aposentadoria por invalidez; suspensão do contrato de trabalho; prescrição: OJ 375/SBDI-I-TST
- benefício não decorrente de acidente do trabalho; contagem; tempo de contribuição ou carência: Súm. 73/JEF
- concessão na vigência da Lei 9.876/1999; apuração do salário de benefício: Súm. 57/JEF
- concessão; cálculo: Súm. 65/JEF
- direito à manutenção de plano de saúde ou de assistência médica: Súm. 440/TST
- incapacidade para o trabalho preexistente; reingresso ao RGPS; benefício indevido: Súm. 53/JEF
- início do pagamento do benefício: art. 60 da Lei 8.213/1991
- período de carência; inaplicabilidade; acidente de qualquer natureza ou causa: art. 30, III, do Dec. 3.048/1999
- período de carência; inaplicabilidade; segurado especial: art. 30, IV, do Dec. 3.048/1999

- período de carência; número de contribuições: art. 25, I, da Lei 8.213/1991 e art. 29, I, do Dec. 3.048/1999
- processo de reabilitação; segurado em gozo do benefício; insuscetibilidade de recuperação para atividade laboral habitual: art. 62 da Lei 8.213/1991
- recebimento conjunto com aposentadoria não permitido, salvo direito adquirido: art. 124, I, da Lei 8.213/1991
- recebimento conjunto com salário-maternidade não permitido, salvo direito adquirido: art. 124, IV, da Lei 8.213/1991
- recebimento de mais de um não permitido, salvo direito adquirido: art. 124, V, da Lei 8.213/1991
- renda mensal; percentuais devidos: art. 61 da Lei 8.213/1991
- segurado empregado, inclusive doméstico; consideração como licenciado pelo empregador: art. 63 da Lei 8.213/1991
- superveniência no curso de aviso prévio indenizado: Súm. 371/TST

AUXÍLIO-ENFERMIDADE
CLT
- disposições gerais: art. 476

AUXÍLIO-FUNERAL
Legislação
- servidor; benefício à família: art. 226 da Lei 8.112/1990

Súmulas
- prescrição; OJ 129/SBDI-I-TST

AUXÍLIO-INCLUSÃO
- art. 94 da Lei 13.146/2015 (Estatuto da Pessoa com Deficiência)
- arts. 26-A a 26-H da Lei 8.742/1993

AUXÍLIO-MATERNIDADE
CLT
- disposições gerais: art. 393

AUXÍLIO-RECLUSÃO
CF
- dependentes do segurado: art. 201, IV

Legislação
- definição e condições: arts. 116 a 119 do Dec. 3.048/1999
- espécie de prestação relativa a dependentes: art. 18, II, *b*, da Lei 8.213/1991 e art. 25, II, *b*, do Dec. 3.048/1999
- período de carência; inaplicabilidade: art. 26, I, da Lei 8.213/1991 e art. 30, I, do Dec. 3.048/1999
- período de carência; inaplicabilidade; segurado especial: art. 30, IV, do Dec. 3.048/1999
- requisitos: art. 80 da Lei 8.213/1991

AVALIAÇÃO
CLT
- bens penhorados; conclusão: art. 887
- bens penhorados; prazo: art. 721, § 3º
- bens penhorados; subsistência: art. 886, § 1º
- danos extrapatrimoniais: art. 223-F, § 2º

CPC
- arts. 870 a 875
- bens do espólio: arts. 630 e 631
- cálculo do imposto, inventário: arts. 637 e 638
- execução; dispensa: art. 871
- imóvel suscetível de cômoda divisão: art. 872, §§ 1º e 2º
- incumbência do oficial de justiça fazer: art. 154, V
- pagamento das dívidas do espólio; adjudicação de bens: art. 642, § 4º
- reavaliação; execução: art. 873

AVISO PRÉVIO
CLT
- admissibilidade: art. 487, I e II
- atos ou faltas que justifiquem a rescisão imediata do contrato; efeitos: arts. 490 e 491
- ausência, indenização ou dispensa; pagamento; verbas rescisórias: art. 477, § 6º
- aviso; antecedência: art. 487
- cabimento; prazos: art. 487, II
- contrato de experiência; aplicação: art. 481
- contrato de trabalho; extinção; verbas: art. 484-A
- convenção coletiva; supressão; impossibilidade: art. 611-B, XVI
- culpa recíproca; redução: art. 484
- despedida indireta: art. 487, § 4º
- disposições gerais: arts. 487 a 491
- empregado; perda do direito: art. 491
- empregador; rescisão imediata do contrato: art. 490
- falta de aviso prévio; empregado: art. 487, § 2º
- falta de aviso prévio; empregador: art. 487, § 1º
- gestante; estabilidade; curso do aviso prévio trabalhado ou indenizado: art. 391-A
- gravidez durante o: art. 391-A
- horas extras habituais; integração: art. 487, § 5º
- horário de trabalho; redução: art. 488
- integração ao tempo de serviço; efeitos legais: art. 487, § 6º
- perda do direito; empregado: art. 491

- prazos; concessão: art. 487
- reajustamento salarial coletivo; integração: art. 487, § 6º
- reconsideração; efeitos: art. 489
- redução do horário de trabalho: art. 488
- rescisão imediata do contrato; efeitos: arts. 490 e 491
- rescisão promovida pelo empregador; redução do horário de trabalho: art. 488
- salário; tarefa; cálculo: art. 487, § 3º
- término; reconsideração: art. 489, parágrafo único
- procedimentos; proporcionalidade: Nota Técnica 184/2012/CGRT/SRT/MTE
- proporcional; rescisão do contrato: Nota Técnica 184/2012/CGRT/SRT/MTE
- supressão; convenção coletiva; impossibilidade: art. 611-B, XVI

CF
- direito; trabalhadores: art. 7º, XXI

Legislação
- concessão; proporcionalidade: art. 1º da Lei 12.506/2011
- empregada doméstica; gravidez: art. 25, parágrafo único, da LC 150/2015
- empregado doméstico; não obrigatoriedade; hipóteses: art. 8º da LC 150/2015
- empregado doméstico; concessão; prazos: art. 23, §§ 1º e 2º, da LC 150/2015
- empregado doméstico; horas extras; integração: art. 23, § 5º, da LC 150/2015
- empregado doméstico; redução do horário: art. 24 da LC 150/2015
- gravidez; empregada doméstica: art. 25, parágrafo único, da LC 150/2015
- proporcionalidade: Lei 12.506/2011
- trabalho intermitente: art. 37 da Port. 671/2021 do MTP

Súmulas
- cessação da atividade da empresa: Súm. 44/TST
- concessão na garantia de emprego; incompatibilidade: Súm. 348/TST
- cumprimento em casa; verbas rescisórias; prazo para pagamento: OJ 14/SBDI-I-TST
- despedida; justa causa: Súm. 73/TST
- dirigente sindical; estabilidade provisória: Súm. 369, V/TST
- dispensa; obtenção de novo emprego pelo empregado dispensado: PN 24/TST
- estabilidade provisória; indenização adicional: OJ 268/SBDI-I-TST
- garantia de emprego; incompatibilidade: Súm. 348/TST
- gratificação semestral: Súm. 253/TST
- incidência; FGTS: Súm. 305/TST
- indenizado; indenização adicional: Súm. 182/TST
- início da contagem: Súm. 380/TST
- licença remunerada; concomitância; possibilidade: OJ 13/SBDI-I-Transitória-TST
- pagamento; sujeição à contribuição para o FGTS: Súm. 305/TST
- prescrição: OJ 83/SBDI-I-TST
- proporcionalidade: Súm. 441/TST
- redução da jornada de trabalho; pagamento das horas correspondentes: Súm. 230/TST
- renúncia pelo empregado: Súm. 276/TST
- rescisão antecipada do contrato de experiência: Súm. 163/TST
- rescisão contratual; culpa recíproca: Súm. 14/TST
- superveniência de auxílio-doença no curso deste: Súm. 371/TST
- 60 dias; elastecimento por norma coletiva; projeção; reflexos nas parcelas trabalhistas: OJ 367/SBDI-I-TST
- tempo indenizado; contagem: Súm. 182/TST

AVULSO

CLT
- dissídios: art. 643
- recolhimento da contribuição sindical: arts. 583 e 586, § 3º

CF
- igualdade de direitos: art. 7º, XXXIV

Legislação
- arts. 12, VI; 20 da Lei 8.212/1991
- atividades de movimentação de mercadorias: Lei 12.023/2009
- auxílio-acidente; direito ao benefício: art. 18, § 1º, da Lei 8.213/1991
- contribuição do segurado; Seguridade Social: art. 198 do Dec. 3.048/1999
- contribuição: art. 20 da Lei 8.212/1991
- férias: Lei 5.085/1966
- jornada noturna nos; portos organizados: Lei 7.002/1982
- operadores portuários: Lei 12.815/2013
- período de carência: art. 26, § 4º, do Dec. 3.048/1999
- reconhecimento do direito a férias: Lei 5.085/1966
- regime de trabalho nos portos: Lei 4.860/1965
- salário-de-contribuição: art. 28, I, da Lei 8.212/1991

- salário-família: art. 69 da Lei 8.213/1991
- salário-maternidade; período de carência; inaplicabilidade: art. 30, II, do Dec. 3.048/1999 e art. 26, V, da Lei 8.213/1991
- segurado obrigatório: art. 9º, VI, do Dec. 3.048/1999 e art. 11, VI, da Lei 8.213/1991

Súmulas
- adicional de risco e produtividade; horas extras; exclusão: OJ 60, II/SBDI-I-TST
- adicional de risco; proporcional: OJ 316/SBDI-I-TST
- hora noturna; portuário: OJ 60/SBDI-I-TST
- horas extras; trabalhadores portuários: OJ 60, II/SBDI-I-TST

B

BAIXA DE AUTOS

CPC
- prazo: art. 1.006

BANCÁRIOS

CLT
- cargos de confiança; jornada de trabalho: art. 224, § 2º
- contínuos; regime especial: art. 226
- direção de cada banco: art. 226, parágrafo único
- disposições gerais: arts. 224 a 226
- duração e condições de trabalho: arts. 224 a 226
- duração normal do trabalho: art. 224
- empregados de portaria e limpeza; regime especial: art. 226
- estabilidade; aquisição de tal direito: art. 919
- jornada semanal de trabalho: art. 224, *caput*
- porteiros; regime especial: art. 226
- prorrogação de jornada; limites: art. 225
- regime especial; jornada de trabalho: art. 226

Legislação
- trabalho noturno: Dec.-lei 546/1969

Súmulas
- adicional por tempo de serviço; integração: Súm. 240/TST
- advogado; cargo de confiança: Súm. 102, V/TST
- ajuda alimentação; prestação de horas extras; não integração à remuneração: OJ 123/SBDI-I-TST
- caixa bancário; não exerce cargo de confiança: Súm. 102, VI/TST
- cálculo do salário-hora; divisor: Súm. 124/TST
- cargo de confiança: Súm. 102, I/TST
- credenciamento; depósito recursal; prova dispensável: Súm. 217/TST
- empresas de crédito, financiamento ou investimento; equiparação: Súm. 55/TST
- funcionário de empresa de processamento de dados: Súm. 239/TST
- gerente; jornada de trabalho: art. 224, § 2º e Súm. 287/TST
- gratificação de função: Súm. 102, VII/TST
- gratificação por tempo de serviço; integração; horas extras: Súm. 226/TST
- horas extras: Súm. 102, 109 e 113/TST
- horas extras pactuadas após a admissão: Súm. 199, I/TST
- jornada especial; empresas distribuidoras e corretoras de títulos e valores mobiliários: Súm. 119/TST
- não percepção de horas extraordinárias: Súm. 109/TST
- oficial; penhora em dinheiro; depósito: Súm. 417/TST
- quebra de caixa: Súm. 247/TST
- relacionadas: Súm. 55, 93, 117, e 124/TST
- sábado; dia útil não trabalhado; horas extras habituais; não repercussão: Súm. 113/TST
- serviço suplementar: Súm. 199, I/TST
- vigilante: Súm. 257/TST

BANCO DE HORAS

CLT
- acordo individual: art. 59, § 5º
- anual; convenção coletiva; prevalência sobre a lei: art. 611-A, II
- compensação: art. 59, § 2º
- compensação; período: art. 59, § 6º
- convenção coletiva; prevalência sobre a lei: art. 611-A, II
- hipótese de rescisão do contrato de trabalho: art. 59, § 3º
- jornada; compensação: art. 59, § 6º

Súmulas
- instituído por negociação coletiva; regime compensatório; não aplicação: Súm. 85, V/TST

BANCO NACIONAL DE DEVEDORES TRABALHISTAS – BNDT

CLT
- inscrição no; decisão judicial; protesto: art. 883-A

BANCOS

CLT

- empregados de; duração normal de trabalho: art. 224, *caput*
- equiparação aos serviços públicos: art. 910

CPC
- depósito de dinheiro, pedras, metais preciosos e papéis de crédito: art. 840, I

Legislação
- empresa; Seguridade social; contribuição social; percentuais: art. 201, § 6º, do Dec. 3.048/1999

Súmulas
- credenciamento para recebimento de depósito recursal; fato notório: Súm. 217/TST
- sucessão trabalhista: OJ 261/SBDI-I-TST

BASE DE CÁLCULO

Súmulas
- adicional de periculosidade; horas extras: Súm. 132, I/TST
- adicional de periculosidade; incidência sobre o salário básico: Súm. 191/TST
- adicional de periculosidade; Petrobrás: Súm. 70/TST
- bancário; gratificação de função: Súm. 240/TST
- bancário; gratificação por tempo de serviço: Súm. 226/TST
- correção monetária; benefício previdenciário: Súm. 311/TST
- diárias de viagem; integração ao salário: Súm. 101/TST
- diárias; integração ao salário: Súm. 318/TST
- eletricitários; horas de sobreaviso: Súm. 229/TST
- férias do tarefeiro: Súm. 149/TST
- férias indenizadas: Súm. 7/TST
- FGTS; incidência: Súm. 63/TST
- gorjetas; natureza jurídica: Súm. 354/TST
- gratificação natalina; serviço suplementar: Súm. 45/TST
- gratificações semestrais; incidência das horas extras habituais: Súm. 115 e 253/TST
- hora extra; integração: Súm. 376, II/TST
- hora suplementar: Súm. 264/TST
- horas extras habituais; apuração: Súm. 347/TST
- incidência da gratificação natalina: Súm. 148/TST
- incidência do adicional de insalubridade: Súm. 139/TST
- incidência do adicional de periculosidade: Súm. 132, I/TST
- indenização adicional: Súm. 242/TST
- indenização por antiguidade: Súm. 24/TST
- juros: Súm. 307/TST
- repouso remunerado: Súm. 172/TST
- repouso semanal: Súm. 225/TST

BEBEDOUROS

CLT
- instalação obrigatória pela empresa: art. 389, II

BEBIDAS ALCOÓLICAS

CLT
- motorista profissional; exame toxicológico: art. 235-B, VII
- motorista profissional; exame toxicológico; recusa: art. 235-B, parágrafo único
- pagamento com; proibição: art. 458
- venda de bebidas alcoólicas; prejuízo à moralidade do menor: art. 405, § 3º, *d*

BEM DE FAMÍLIA

CPC
- art. 1.046, § 3º

Legislação
- impenhorabilidade: Lei 8.009/1990

Súmulas
- impenhorabilidade; pessoas solteiras, separadas e viúvas: Súm. 364/STJ
- vaga de garagem; inocorrência: Súm. 449/STJ

BENEFICIÁRIOS
- *vide* também SEGURO

Legislação
- equiparação a segurados e dependentes: art. 10 da Lei 8.213/1991

BENEFÍCIOS PREVIDENCIÁRIOS

Legislação
- aposentadoria e abono de permanência em serviço; recebimento conjunto; inadmissibilidade: art. 124, III, da Lei 8.213/1991
- aposentadoria e auxílio-doença; recebimento conjunto; inadmissibilidade: art. 124, I, da Lei 8.213/1991
- apresentação de documentação incompleta; recusa do benefício; inadmissibilidade: art. 105 da Lei 8.213/1991
- disposições diversas relativas às prestações: arts. 107 a 124 da Lei 8.213/1991
- mais de um auxílio-doença; recebimento conjunto; inadmissibilidade: art. 124, V, da Lei 8.213/1991
- mais de uma aposentadoria; recebimento conjunto; inadmissibilidade: art. 124, II, da Lei 8.213/1991
- mais de uma pensão deixada por cônjuge ou companheiro; recebimento conjunto inadmissibilidade: art. 124, VI, da Lei 8.213/1991

CARGO DE CONFIANÇA
CLT
- bancário; jornada de trabalho: art. 224, § 2º
- cômputo do tempo de serviço: art. 499
- dispensa sem justa causa; indenização: art. 499, § 2º
- estabilidade: art. 499
- identificação; convenção coletiva: art. 611-A, V
- jornada de trabalho; aplicabilidade: art. 62, parágrafo único
- possibilidade de transferência do empregado: art. 469, § 1º
- reversão de cargo; alteração unilateral: arts. 468, § 1º, e 499, § 1º
- transferência do empregado: art. 469

Súmulas
- advogado; bancário: Súm. 102, V/TST
- bancário: Súm. 102/TST

CARGO EM COMISSÃO
CLT
- contagem de tempo de serviço; interino; temporário; retorno ao cargo anterior: art. 450

CARGOS PÚBLICOS
CF
- acesso e investidura: art. 37, I, II e IV, § 2º
- acumulação: art. 37, XVI e XVII; ADCT, art. 17, §§ 1º e 2º
- acumulação; remuneração; subsídios: art. 37, XVI
- cargos em comissão e funções de confiança: art. 37, V; ADCT, art. 19, § 2º
- contratação por tempo determinado: art. 37, IX
- criação e remuneração; lei; iniciativa: art. 61, § 1º, II, a
- criação; transformação e extinção; remuneração: arts. 48, X; 96, II, b
- deficiente; reserva: art. 37, VIII
- estabilidade; perda; reintegração; disponibilidade; extinção; avaliação de desempenho: art. 41
- Estado; criação; provimento: art. 235
- nulidade dos atos de nomeação: art. 37, § 2º
- perda; critérios e garantias especiais: art. 247, caput
- perda; insuficiência de desempenho: art. 247, parágrafo único
- Poder Judiciário; provimento: art. 96, I, c e e
- provimento e extinção; competência: art. 84, XXV
- remuneração; revisão; fixação; subsídios: art. 37, X e XI

Súmulas
- sujeição a exame psicotécnico: Súm. 686/STF

CARTA
- citação com hora certa: arts. 253, § 2º, e 254
- citação pelo correio: arts. 247 e 248
- comunicação dos atos: arts. 260 a 268
- cumprimento; prazo; cooperação da parte interessada: art. 261, § 3º
- precatória; competência; embargos de terceiro: Súm. 419/TST
- precatória; cumprimento; oficial de justiça: art. 721, § 2º
- valor probante: art. 415

CARTA ARBITRAL
CPC
- art. 237, IV
- instrução: art. 260, § 3º
- requisitos: art. 260, § 3º

CARTA DE ORDEM
- vide também CARTA PRECATÓRIA
CPC
- cabimento: art. 236, §§ 1º e 2º
- expedição: art. 237, I
- expedição por meio eletrônico: art. 263
- intimação; comunicação imediata ao juiz deprecante; meios eletrônicos: art. 232
- requisitos: art. 260

CARTA DE SENTENÇA
- vide também SENTENÇA
- execução provisória: arts. 896, § 2º e 899
CPC
- homologação de sentença estrangeira; execução: art. 965

CARTA PRECATÓRIA
- Oficial de Justiça desidioso: art. 721, § 2º
CPC
- caráter itinerante: art. 262
- cumprimento; devolução ao juízo de origem: art. 268
- cumprimento de ato processual: art. 236, §§ 1º e 2º
- execução por carta; embargos do devedor: art. 914, § 2º
- expedição por meio eletrônico: art. 263
- herança jacente; arrecadação de bens em outra comarca: art. 740, § 5º
- intimação; comunicação imediata ao juiz deprecante; meios eletrônicos: art. 232
- juntada aos autos até o julgamento final: art. 377, parágrafo único
- Justiça Federal; cumprida pela Justiça Estadual: art. 237, parágrafo único

- nomeação de perito e assistentes: art. 465, § 6º
- penhora: art. 845, § 2º
- perícia: art. 260, §§ 1º e 2º
- prazo para cumprimento: art. 261
- recusa de cumprimento pelo juiz: art. 267
- requisitos essenciais: art. 260
- suspensão do processo: art. 377
- telegrama, radiograma e telefone: arts. 264 a 266

CARTA ROGATÓRIA
CF
- concessão e execução: arts. 105, I, i; 109, X
CPC
- autoridade estrangeira: art. 236, §§ 1º e 2º
- concessão de exequibilidade no Brasil: art. 36
- defesa: art. 36, § 1º
- expedição por meio eletrônico: art. 263
- intimação; comunicação imediata ao juiz deprecante; meios eletrônicos: art. 232
- mérito; revisão; vedação: art. 36, § 2º
- obediência a convenções internacionais: art. 35
- procedimento; STJ: art. 36
- recusa de cumprimento; citação por edital: art. 256, § 1º
- remessa por via diplomática: art. 41
- requisitos essenciais: art. 260
- título executivo judicial; carta rogatória: art. 515, IX
- tradução: art. 38

CARTÃO DE PONTO
Súmulas
- horas extras; minutos que antecedem excedem a jornada de trabalho: Súm. 366/TST
- horas extras; ônus da prova: Súm. 338, III/TST
- registro; excesso de jornada: Súm. 366/TST

CARTEIRA DE ESTRANGEIRO
- admissão; requisito: arts. 359 e 366

CARTEIRA DE IDENTIDADE FISCAL
- exibição obrigatória: art. 630

CARTEIRA DE TRABALHO E PREVIDÊNCIA SOCIAL (CTPS)
CLT
- admissão; data diversa: art. 49, V
- anotação desabonadora: art. 29, §§ 4º e 5º
- anotação; extinção do contrato de trabalho: art. 477
- anotação; interrupção de prestação de serviços: art. 133, § 1º
- anotações: arts. 29 a 29-B e 40
- anotações; recusa da empresa: arts. 36 a 39
- comparecimento pessoal: art. 15
- conteúdo: art. 16
- contrato de trabalho: art. 456
- emissão; competência: art. 14
- emissão; sindicato: art. 14, parágrafo único
- entrega: arts. 25 e 26
- extinção do contrato de trabalho; anotação: art. 477
- extravio ou inutilização; culpa da empresa; multa: art. 52
- falsidade; crime: arts. 49 e 50
- falta de: art. 29, § 3º
- falta de anotação; prazo; multa: arts. 29-A e 29-B
- férias; anotação: art. 135, § 1º
- infração; multa: art. 55
- inutilização: art. 52
- localidades onde não seja emitida: art. 13, § 3º
- meio de prova: art. 40
- menção expressa; exclusão do regime de duração do trabalho: art. 62, I
- modelos: art. 13, § 2º
- obrigatoriedade de apresentação: art. 29
- obrigatoriedade: art. 13
- penalidades: arts. 49 a 56
- prova do contrato de trabalho: art. 456
- recusa em juízo; termo de comparecimento: art. 38
- salário: art. 29, § 1º
- seguro-desemprego; anotação; documento hábil: art. 477, § 10
- valor; prova: art. 40
- venda de carteira igual ou semelhante ao tipo oficial; multa: art. 51

Legislação
- anotação; meio eletrônico: arts. 13 e ss. da Port. 671/2021 do MTP
- procedimentos de emissão para brasileiros: Portaria 3/2015 da SPPE
- procedimentos de emissão para estrangeiros: Portaria 4/2015 da SPPE
- registro e anotações: arts. 13 e ss. da Port. 671/2021 do MTP

Súmulas
- anotação; função efetivamente exercida pelo empregado; observância da CBO: PN 105/TST
- anotação; sentença trabalhista homologada; prova material para fins previdenciários: Súm. 31/JEF

- anotação falsa; crime; competência da Justiça Estadual: Súm. 62/STJ
- anotação pelo empregador; presunção juris tantum: Súm. 12/TST
- anotações de comissões: PN 5/TST
- anotações pelo empregador; presunção juris tantum; inocorrência: Súm. 12/TST
- anotações; presunção juris tantum de veracidade: Súm. 12/TST
- baixa; data de saída; correspondência com o término do aviso prévio: OJ 82/SBDI-I-TST
- defeito formal; presunção relativa de veracidade: Súm. 75/JEF
- retenção além do prazo legal; indenização: PN 98/TST

CARTÓRIO
- atribuições e obrigações: art. 716
- distribuições das reclamações: art. 716, parágrafo único
- escrivães; competência; funcionários: art. 717
- funcionários; Juízos de Direito; atribuições e obrigações: art. art. 717, segunda parte

CASAMENTO
- celebração gratuita: art. 226, § 1º
- dissolução: art. 226, § 6º
- faltas justificadas: art. 473, II
- religioso; efeito civil: art. 226, § 2º
- rescisão de contrato; vedação: art. 391
- restrição ao emprego; vedação; trabalho da mulher: art. 391, parágrafo único
- sociedade conjugal; igualdade de direitos entre o homem e a mulher: art. 226, § 5º
- união estável: art. 226, § 3º

CASOS REPETITIVOS
- arts. 12, § 2º, II e III, 311, II, 332, II, 496, § 3º, II, 521, IV, 927, III, 928, 1.036
- ação rescisória, súmulas, acórdão: art. 966, §§ 5º e 6º
- audiências públicas: art. 927, § 2º
- desistência de recurso: art. 998, parágrafo único
- recursos extraordinário e especial repetitivos: art. 1.036
- profissional: art. 511, § 2º
- profissional diferenciada: art. 511, § 3º

CATEGORIA PROFISSIONAL
- definição: art. 511, § 2º
- diferenciada: art. 511, § 3º

Súmulas
- diferenciada: Súm. 374/TST
- empregados; processamento de dados; categoria diferenciada; impossibilidade: OJ 36/SDC-TST
- reivindicações; fundamentação das cláusulas; necessidade: OJ 32/SDC-TST

CAUÇÃO
CPC
- advogado sem procuração; desnecessidade: art. 104, § 2º
- arrematação: art. 892
- autor; residência fora do Brasil; dispensa; acordo ou tratado internacional: art. 83, § 1º, I
- autor residente fora: art. 83
- cumprimento de sentença; dispensa; casos repetitivos: art. 521, IV
- réu; alegação: art. 337, XII

CAUSA
- vide também VALOR DA CAUSA
CPC
- férias; prosseguimento do andamento: art. 215

CAUSA DE PEDIR
CPC
- ações conexas: art. 55
- ações idênticas: art. 337, §§ 1º a 3º
- aditamento: arts. 308, § 3º, e 329
- falta; inépcia da petição inicial: art. 330, § 1º, I
- identidade de ação: art. 337, § 2º
- litisconsórcio: art. 113, II
- saneamento do processo; impossibilidade de alteração: art. 329, II

CAUSA PRÓPRIA
CPC
- advogado: arts. 85, § 17, e 106
- partes: arts. 103 e 106

Súmulas
- advogado: Súm. 14, 105, 110 e 111/STJ; Súm. 234, 256, 257, 389, 512 e 616/STF

CELERIDADE PROCESSUAL
CPC
- cooperação entre as partes: art. 6º
- solução integral de conflitos; prazo razoável: art. 4º

CELETISTAS
Súmulas
- legislação eleitoral; aplicabilidade: OJ 51 da SBDI-I-TST

CENTRAIS SINDICAIS
CLT

- contribuição sindical: art. 589
- indicação pelo sindicato: art. 589, § 1º
- requisitos de representatividade: art. 589, § 2º

Legislação
- atividades; requisitos: art. 2º da Lei 11.648/2008
- reconhecimento: Lei 11.648/2008

CENTROS JUDICIÁRIOS DE SOLUÇÃO CONSENSUAL DE CONFLITOS
CPC
- atribuição: art. 165, *caput*
- composição: art. 165, § 1º

CERCEAMENTO DE DEFESA
Súmulas
- prova pré-constituída; não implica: Súm. 74, II/TST
- silêncio da parte vencedora; fatos contrários: Súm. 403, I/TST

CERTIDÃO
CLT
- fornecimento pelas Secretarias das Varas: art. 711, *g*
- processos em curso ou arquivados; requerimento pelas partes: art. 781
- registro das audiências: art. 817, parágrafo único
- segredo de justiça: art. 781, parágrafo único
- trânsito em julgado: fornecimento pela secretaria das Juntas: art. 711, *g*

CPC
- direito de requerer: art. 189, § 1º
- força probante: art. 425, I e II
- formal de partilha; substituição: art. 655, parágrafo único
- incumbência do escrivão: art. 152, V
- óbito; inventário: art. 615, parágrafo único
- requisição pelo juiz; prova das alegações das partes: art. 438, I

Legislação
- negativa de débito; exigência; fornecimento; observações pertinentes: arts. 47 e 48 da Lei 8.212/1991
- negativa de massa falida; dispensa de apresentação: art. 146 da Lei 11.101/2005

Súmulas
- presunção relativa de veracidade: Súm. 100, IV/TST

CERTIDÃO NEGATIVA DE DÉBITOS TRABALHISTAS (CNDT)
- comprovação; prova; inexistência de débitos inadimplidos: art. 642-A

Legislação
- seguridade social; hipóteses de exigibilidade: arts. 47 e 48 da Lei 8.212/1991

CESSAÇÃO DA ATIVIDADE EMPRESARIAL
CLT
- indenização; empregado estável: art. 498
- morte do empregador: art. 485

CESSAÇÃO DO CONTRATO DE TRABALHO
CLT
- contrato de trabalho; contrato extinto em prazo predeterminado: art. 147
- desligamento sem justa causa após 12 meses de serviço; direitos: art. 146, parágrafo único
- efeitos: arts. 146 a 148
- fechamento de estabelecimento; direito à indenização: art. 498
- meses de serviço; direitos: art. 146, parágrafo único
- morte do empregador: art. 485
- prazo predeterminado: art. 147
- remuneração das férias; natureza salarial: art. 148

Súmulas
- atividade da empresa: aviso prévio: Súm. 44/TST

CESSÃO
Legislação
- mão de obra: art. 31, § 3º, Lei 8.212/1991

Súmulas
- empregado; equiparação salarial: Súm. 6, V/TST
- servidor público cedido: Súm. 50/TST

CESSIONÁRIO
CPC
- inventário; legitimidade concorrente: art. 616, V
- legitimidade para propor ou prosseguir na execução: art. 778, § 1º, III

CHAMAMENTO À AUTORIA
CLT
- paralisação por ato de autoridade pública; pagamento de indenização: art. 486, § 1º
- pessoa de direito público responsável pela paralisação do trabalho: art. 486, § 1º, parte final

CHAMAMENTO AO PROCESSO
CPC
- arts. 130 a 132
- admissibilidade: art. 130

- citação: art. 131
- citação; chamado; residência em outra comarca; prazo: art. 131, parágrafo único
- sentença: art. 132

CHEFE DE SECRETARIA
CPC
- incumbências; regulamentação; ato do juiz: art. 152, § 1º
- ordem cronológica dos processos: arts. 153

CHEFE DE TREM
Súmulas
- gratificação não devida: Súm. 67/TST

CHEFES
CLT
- secretaria; lavratura de certidões: art. 781
- Varas de Conciliação e Julgamento; competência: art. 712
- Varas de Conciliação e Julgamento; direito a gratificação: art. 710
- Varas de Conciliação e Julgamento; quitação; lavratura do termo: art. 881
- Varas de Conciliação e Julgamento; reclamação verbal; redução a termo: art. 840, § 2º

CHEQUE
- pagamento no ato da homologação: art. 477, § 4º
- visado; pagamento de empregado; ressalva quanto ao analfabeto: art. 477, § 4º, II

CPC
- penhora: art. 856
- título executivo: art. 784, I

CHUVEIROS
- disposições; competência do Ministério Público: art. 200, VII

CINEMA
CLT
- operador cinematográfico; duração do trabalho: art. 234

CIPA
CLT
- arbitrariedade; despedida: art. 165
- atribuições; composição; competência: art. 163, parágrafo único
- composição: art. 164
- constituição obrigatória: art. 163
- despedida arbitrária; estabilidade provisória: art. 165
- duração do mandato: art. 164, § 3º
- eleição dos representantes dos empregados: art. 164, § 2º
- empregador; designação de representantes: art. 164, § 5º
- estabilidade: art. 165
- funcionamento: art. 163, parágrafo único
- mandato; duração: art. 164, § 3º
- norma regulamentar: NR 5
- presidente e vice-presidente: art. 164, § 5º
- reeleição dos membros da CIPA: art. 164, § 3º
- regulamentação; atividades: art. 163, parágrafo único
- reintegração no emprego: art. 165, parágrafo único
- representantes dos empregados: art. 164, § 2º
- serviços especializados em segurança e medicina do trabalho: art. 162
- suplente: art. 164, § 4º

Legislação
- atribuição legal de prevenção de assédios por meio da CIPA: art. 23 da Lei 14.457/2022

Súmulas
- cipeiro; extinção do estabelecimento; indenização indevida: Súm. 339, II/TST
- despedida arbitrária; estabilidade provisória: Súm. 676/STF
- extinção do estabelecimento; reintegração; impossibilidade; indenização indevida: Súm. 339, II/TST
- suplente; estabilidade: Súm. 339, I/TST e OJ 6/SBDI-II-TST

CIRCO
CLT
- trabalho do menor art. 406
- vedação do trabalho de menor: art. 405, § 3º, *b*

CITAÇÃO
CLT
- conteúdo do mandado; execução: art. 880, § 1º
- edital; executado não localizado: art. 880, § 3º
- execução; expedição do mandado: art. 880
- mandado; execução: art. 880, § 1º

CPC
- aditamento; antes da citação: art. 329, I
- arts. 238 a 259
- carta precatória, rogatória ou de ordem; comunicação; meios eletrônicos: art. 232

- carta; processo de conhecimento; requisitos: art. 248, § 3º
- comarcas contíguas: art. 255
- comparecimento em cartório: art. 246, III
- comparecimento espontâneo do réu: art. 239, § 1º
- conceito: art. 238
- correio: arts. 246, I, 247 e 248
- correio; início de prazo: art. 231, I
- denunciação da lide: arts. 125 a 129
- Distrito Federal e autarquias; Advocacia Pública: art. 242, § 3º
- Distrito Federal; autos eletrônicos; cadastro; obrigatoriedade: art. 246, §§ 1º e 2º
- domingos e feriados ou fora do horário em dia útil: art. 212, § 2º
- edital; advertência; curador especial em caso de revelia: art. 257, IV
- edital; condições: art. 257
- edital; execução: art. 830, §§ 2º e 3º
- edital; início do prazo: art. 231, IV
- edital; lugar inacessível: art. 256, II
- edital; requerimento doloso: art. 258
- edital; réu revel; nomeação de curador especial: art. 72, II
- efeitos: arts. 59 e 240
- efetivação; prazo: art. 238, par. ún.
- Estados e autarquias; Advocacia Pública: art. 242, § 3º
- Estados; autos eletrônicos; cadastro; obrigatoriedade: art. 246, §§ 1º e 2º
- execução para entrega de coisa certa: art. 806
- execução por quantia certa: art. 829
- execução; interrupção da prescrição: art. 802
- falta ou nulidade: art. 535, I
- falta ou nulidade; impugnação; cumprimento da sentença: art. 525, § 1º, I
- hora certa; ausência do citando: art. 253, § 1º
- hora certa; consignação em pagamento: arts. 252 e 542
- hora certa; domicílio do réu: arts. 252 e 253
- hora certa; réu revel; curador especial: art. 72, II
- hora certa; vizinho ou parente; ausência ou recusa: art. 253, § 2º
- incapacidade do citando; atestado médico; dispensa de nomeação de médico para exame: art. 245, § 3º
- juiz incompetente: art. 240
- litisconsortes passivos; início de prazo: art. 231, § 1º
- local de efetuação: art. 243
- mandado; advertência da falta de contestação: arts. 248, § 3º, e 250
- mandado; início de prazo: art. 231, II
- mandado; requisitos: art. 250
- mentalmente incapaz: art. 245
- militar: art. 243, parágrafo único
- modos: art. 246
- noivos: art. 244, III
- nulidade: art. 280
- nulidade; comparecimento do réu apenas para argui-la: art. 239, § 1º
- oficial de justiça: art. 880, § 2º e arts. 249 a 252
- opostos: art. 683
- parentes de pessoa falecida: art. 244, II
- pessoa doente: art. 244, IV
- pessoal; embargos de terceiro: art. 677, § 3º
- pessoal; réu, representante ou procurador legalmente autorizado: art. 242
- por meio eletrônico: art. 246, V
- postal; início de prazo: art. 231, I
- prazo; início de prazo: art. 231
- preliminar de inexistência ou nulidade: art. 337, I
- prescrição; interrupção: art. 240, § 1º
- procedimento comum: art. 318
- procedimento de jurisdição voluntária: art. 721
- propositura da ação; efeitos quanto ao réu: art. 312
- realização fora do horário: art. 212, § 2º
- realizada em férias e feriados: art. 214, I
- réu ausente: art. 242, § 1º
- réu; ato pessoal ou na pessoa do representante legal: art. 242
- réus; início do prazo: art. 231, § 1º
- revelia; mandado; advertência; curador especial: art. 253, § 4º
- União e autarquias; Advocacia Pública: art. 242, § 3º
- União; autos eletrônicos; cadastro; obrigatoriedade: art. 246, §§ 1º e 2º
- validade do processo; indispensável: art. 239

Súmulas
- edital; não descrição da denúncia ou queixa: Súm. 366/STF
- inexistência de litisconsórcio passivo necessário: Súm. 406, II/TST

CLÁUSULA
CPC
- ad judicia; procuração: art. 105

CDC
- contratual; alteração em razão de fatos supervenientes: art. 6º, V
- contratual; modificação ou revisão: art. 6º, V

Súmulas
- contratual; porcentagem; direitos legais ou contratuais do empregado; nulidade: Súm. 91/TST
- regulamentar; revogação ou alteração de vantagens deferidas anteriormente: Súm. 51/TST

CLIMA

CLT
- condições; período não computado: art. 4º, § 2º, *caput*

COAÇÃO

CPC
- prova testemunhal; contratos: art. 446

COBRANÇA

CLT
- delegacias regionais do trabalho: art. 640
- judicial; aplicação do trâmite do processo de execução: art. 889
- judicial; contribuição sindical: art. 606
- judicial; multas: arts. 641 e 642, *caput*

Legislação Federal
- débitos; reserva técnica: art. 61 da Lei 8.212/1991

Súmulas
- contribuição; salário-educação: Súm. 732/STF
- títulos; inadimplemento do cliente; responsabilização do empregado; inadmissibilidade: PN 61/TST

CÓDIGO DE PROCESSO CIVIL

CLT
- desconsideração da personalidade jurídica; aplicação: art. 855-A
- execução; ordem preferencial: art. 882
- fonte subsidiária do direito processual do trabalho: art. 769
- recurso de revista: art. 896-B
- recursos extraordinários: art. 896-C, § 14

CDC
- aplicação: art. 90

COISA CERTA

CPC
- execução: arts. 806 a 810

COISA INCERTA

CPC
- execução: arts. 811 a 813

COISA JULGADA

CF
- proteção: art. 5º, XXXVI

CPC
- ação rescisória: art. 966, IV
- arts. 502 a 508
- extinção do processo: arts. 316, 485, V, 486 e 487
- restauração dos autos: art. 716
- réu; alegação: art. 337, VII e §§ 1º a 3º
- tribunal estrangeiro: art. 24

CDC
- *erga omnes*: art. 104
- *ultra partes*: arts. 103 e 104

Súmulas
- ausência de defesa; revelia; inaplicabilidade: Súm. 398/TST
- descaracterização; ação de cumprimento; fundamentação: OJ 277/SBDI-I-TST
- descaracterização; decisões proferidas em fases distintas de uma mesma ação: OJ 157/SBDI-II-TST
- descontos legais; fase de execução; sentença *exequenda* omissa: Súm. 401/TST
- mandado de segurança; decisão denegatória; uso de ação própria: Súm. 304/STF
- planos econômicos; limitação à data base na fase de execução: OJ 262/SBDI-I-TST
- sentença normativa modificada em grau de recurso: Súm. 397/TST
- vício de intimação; carência de ação; transitada em julgado inexistente: Súm. 299, IV/TST

COLUSÃO

Súmulas
- ação rescisória; acordo prévio ao ajuizamento da reclamação; vício de consentimento: OJ 154/SDI-II-TST
- ação rescisória; nulidade de decisão homologatória de acordo; multa; litigância de má-fé: OJ 158/SDI-II-TST
- fraude a lei; reclamatória simulada extinta: OJ 94/SBDI-II-TST
- partes; prazo decadencial; ciência da fraude: Súm. 100, VI/TST

COMARCA

CPC
- competência: art. 43
- contígua; citações/intimações: art. 255

COMBUSTÍVEIS

CLT
- depósitos, armazenagem: art. 200, II

CF
- biocombustíveis; consumo final; regime fiscal favorecido: art. 225, § 1º, VIII
- elevação do preço; estado de emergência; ano 2022; medidas de enfrentamento: ADCT, art. 120
- líquidos e gasosos; impostos; instituição e normas: art. 155, II e §§ 3º e 4º; ADCT, art. 34, §§ 1º, 6º e 7º
- venda e revenda; regulamentação: art. 238

Súmulas
- adicional de periculosidade; posto de gasolina; frentista: Súm. 39/TST

COMISSÃO

CLT
- adicional de horas extras: Súm. 340/TST
- cálculo da indenização: art. 478, § 4º
- comissionista; substituição temporária ou eventual; cargo diverso: art. 450
- exigibilidade do pagamento: art. 466
- integração ao salário: art. 457, § 1º
- pagamento: arts. 459 e 466
- participação: art. 63
- representação de empregados: arts. 510-A a 510-D
- salário; integração: art. 457, § 1º

Súmulas
- alteração ou supressão; prescrição total: OJ 175/SBDI-I-TST
- correção monetária; cálculo: OJ 181/SBDI-I-TST
- repouso semanal e feriados: Súm. 27/TST

COMISSÃO DE CONCILIAÇÃO PRÉVIA

CLT
- arts. 625-A a 625-H
- competência: art. 625-D
- composição; constituição: arts. 625-A e 625-B
- conciliação; título executivo extrajudicial: art. 625-E, parágrafo único
- conciliador: art. 625-B, § 2º
- constituição: art. 625-A
- demanda trabalhista; obrigatoriedade de submissão à Comissão: art. 625-D
- execução do título executivo; competência: art. 877-A
- garantia de emprego aos membros: art. 625-B, § 1º
- instituída no âmbito da empresa: art. 625-B
- instituída no âmbito do sindicato: art. 625-C
- membros; estabilidade: art. 625-B, § 1º
- Núcleos Intersindicais de Conciliação Trabalhista: art. 625-H
- prazo para sessão de tentativa de conciliação; 10 dias: art. 625-F
- prazo prescricional: art. 625-G
- termo de conciliação; competência; execução de título executivo: art. 877-A
- termo de conciliação; execução: art. 876
- termo de conciliação; título executivo extrajudicial: art. 625-E
- sindicato; constituição e funcionamento: art. 625-C

COMISSÃO DE REPRESENTAÇÃO DE EMPREGADOS

CLT
- arts. 510-A a 510-D
- atribuições: art. 520-B
- composição: art. 510-A, § 1º
- decisões colegiadas: art. 510-B, § 1º
- eleição; ausência de candidatos: art. 510-C; § 5º
- eleição; convocação: art. 510-C
- empresa com empregados em outros Estados: art. 510-A, § 2º
- mandato dos membros: art. 510-D

COMISSÃO INTERNA DE PREVENÇÃO DE ACIDENTES E DE ASSÉDIO
- *vide* CIPA

COMISSÃO NACIONAL DE ERRADICAÇÃO DO TRABALHO INFANTIL

Legislação
- arts. 9º a 17 do Dec. 11.496/2023

COMISSÃO TRIPARTITE PARITÁRIA PERMANENTE

Legislação
- arts. 18 a 28 do Dec. 11.496/2023

COMPARECIMENTO A JUÍZO

CLT
- pelo empregado; falta ao serviço: art. 473, VIII

COMPENSAÇÃO

CLT
- arguição como matéria de defesa: art. 767
- desconto: art. 78, parágrafo único
- disposições gerais: arts. 59, § 2º, e 413, I: art. 59, § 1º
- excesso de horas de trabalho: art. 59, § 2º
- horário: arts. 59, § 2º, e 413, I
- jornada de trabalho; descumprimento das exigências: art. 59-B
- jornada de trabalho; limite máximo: art. 59, § 2º
- matéria de defesa: art. 767
- prestação de horas extras habituais: art. 59-B, parágrafo único

CPC
- embargos à execução contra a Fazenda Pública: art. 535, VI

Súmulas
- arguição em contestação: Súm. 48/TST
- dívidas de natureza trabalhista: Súm. 18/TST
- domingos e feriados: Súm. 146/TST
- gratificação de função; horas extras: Súm. 109/TST
- gratificação por tempo de serviço: Súm. 202/TST
- jornada de trabalho; ajustamento por acordo individual escrito: Súm. 85/TST
- rescisão; compensação no pagamento; limite de desconto: art. 477, § 5º e Súm. 48/TST

COMPETÊNCIA
- *vide* também INCOMPETÊNCIA E JUSTIÇA DO TRABALHO

CLT
- cartório dos Juízos de Direito: art. 716
- escrivães: art. 717
- Procuradoria-Geral da Justiça do Trabalho: art. 746
- Secretaria das Varas: art. 711
- Secretaria dos Tribunais Regionais do Trabalho: art. 719
- Tribunais Regionais do Trabalho ou suas turmas: art. 680
- Tribunais Regionais do Trabalho quando divididos em turmas: art. 678
- Tribunais Regionais do Trabalho quando não divididos em turmas: art. 679
- Varas de Conciliação e Julgamento: arts. 651 a 653
- Varas de Conciliação e Julgamento; local da prestação dos serviços: art. 651
- Varas do Trabalho: arts. 651 a 653 e 711
- Varas do Trabalho; leis locais; não influências: art. 650, parágrafo único

CF
- juizados especiais federais; ações de natureza previdenciária e assistencial; art. 109, § 3º, da CF
- requisição de documento comercial; autoridade estrangeira; autorização: art. 181

CPC
- ação acessória: art. 61
- ação de consignação: art. 540
- ação de reparação de dano: art. 53, IV, *a*
- ação de reparação de dano; serventia notarial ou de registro; ato praticado em razão de ofício: art. 53, III, *f*
- ação decorrente de relação de consumo: art. 22, II
- causa de Estado e Distrito Federal: art. 52
- conflito de competência; ocorrência: art. 66
- conflito de competência; suscitação: art. 66, parágrafo único
- conflito: 951 a 959
- cumprimento de obrigação: art. 53, III, *d*
- determinação em razão da matéria, da pessoa ou da função; inderrogabilidade: art. 62
- disposições gerais: arts. 42 a 53
- domicílio do réu incerto ou desconhecido: art. 46, § 2º
- em razão da matéria, da pessoa ou da função: art. 62
- em razão do valor e da matéria; normas de organização judiciária: art. 44
- execução: arts. 781 e 782
- foro de domicílio do réu; ação fundada em direito pessoal ou direito real sobre bens móveis: art. 46
- incapaz como réu em ação: art. 50
- incidente de assunção: art. 947
- intervenção da União, empresas públicas, entidades autárquicas e fundações: art. 45
- intervenção de conselho de fiscalização de atividade profissional: art. 45
- jurisdição nacional, limites: arts. 21 a 25
- modificação pela conexão ou continência: art. 54
- multiplicidade de réus e domicílios: art. 46, § 4º
- pessoa jurídica como ré em ação: art. 53, III, *a*
- pessoa jurídica; ação que verse sobre obrigações contraídas: art. 53, III, *b*
- prevenção; distribuição da contestação ou carta precatória: art. 340, § 3º
- processamento e decisão das causas: art. 42
- produção antecipada de provas: art. 381, §§ 2º a 4º
- propositura da ação: art. 43
- prorrogação; ocorrência: art. 65
- remessa ao juízo federal; intervenção da União: art. 45
- réu com mais de um domicílio: art. 46, § 1º
- réu residente ou domiciliado fora do Brasil: art. 46, § 3º
- réu; administrador ou gestor de negócios alheios: art. 53, IV, *b*
- réu; declaração de ausência: art. 49
- sociedade sem personalidade jurídica: art. 53, III, *c*
- submissão voluntária à jurisdição nacional: art. 22, III

- acordo homologado em juízo; sentença condenatória; trânsito em julgado; incidência sobre o valor homologado: OJ 376/SBDI-I-TST
- acordo homologado em juízo; vínculo de emprego não reconhecido; contribuinte individual; recolhimento da alíquota: OJ 398/SBDI-I-TST
- competência da Justiça do Trabalho: Súm. 368/TST
- contribuinte individual; reconhecimento de atividade especial; fins previdenciários: Súm. 62/JEF
- descontos legais; fase de execução: Súm. 401/TST
- incidência; comissão do corretor de seguros: Súm. 458/STJ
- responsabilidade do empregador: Súm. 368, II/TST

CONTRIBUIÇÃO DO SEGURADO
Legislação
- seguridade Social; contribuinte individual: arts. 199 e 199-A do Dec. 3.048/1999
- seguridade Social; contribuinte facultativo: arts. 199 e 199-A do Dec. 3.048/1999
- seguridade Social; empregado: art. 198 do Dec. 3.048/1999
- seguridade Social; empregado doméstico: art. 198 do Dec. 3.048/1999
- seguridade Social; produtor rural pessoa física: arts. 200 a 200-B do Dec. 3.048/1999
- seguridade Social; segurado especial: arts. 200 a 200-B do Dec. 3.048/1999
- seguridade Social; trabalhador avulso: art. 198 do Dec. 3.048/1999
- seguridade Social; trabalhador rural: art. 198, parágrafo único do Dec. 3.048/1999

CONTRIBUIÇÃO SINDICAL
CLT
- acordo; execução: art. 876, parágrafo único
- aplicação e objetivos: arts. 592 a 594
- atribuição de capital a filiais: art. 581
- autônomos e profissionais liberais art. 580, II
- autorização prévia e expressa; desconto: arts. 579, 582
- avulsos, autônomos e profissionais liberais; recolhimento: art. 583
- cobrança judicial; falta de pagamento: art. 606
- composição; valor: art. 580
- concorrências públicas ou administrativas; exigência de quitação: art. 607
- créditos da arrecadação: arts. 589 a 591
- denominação: art. 578
- desconto em folha de pagamento: art. 545582
- desconto no mês subsequente ao reinício ao trabalho: art. 602
- desconto: arts. 579, 582, 602
- desconto; mês: art. 582
- destinação: art. 592
- disposições gerais: arts. 602 a 610
- diversas atividades econômicas; empregador: art. 581, § 1º
- empregado avulso: art. 583
- empregado; autorização prévia e expressa: art. 578
- empregador; diversas atividades econômicas: art. 581, § 1º
- empregador; valor: art. 580, III
- empregadores; obrigação junto à fiscalização: art. 603
- empregadores; quando será efetuada: art. 587
- empregadores; valor da contribuição: art. 580, III
- empregados; recolhimento anual: art. 580
- empregados; valor da contribuição: art. 580, I
- entidade sindical; ausência; crédito: art. 590, § 3º
- falta de quitação; alvarás de licença; repartições; não concessão: art. 608
- fixação e recolhimento: arts. 578 a 591
- isenção de taxas e selos: art. 609
- mês de desconto: art. 582
- meses de recolhimento: art. 586
- multa; recolhimento fora do prazo: art. 600
- objetivos: art. 592
- patrimônio das associações sindicais: art. 548, a
- penalidades: art. 598
- período de recolhimento: art. 580
- por quem será devida: art. 579
- prazo; recolhimento; multa: art. 600
- profissionais liberais: art. 584
- profissionais liberais; opção: art. 585
- profissionais liberais; penalidades: art. 599
- prova de quitação do pagamento: art. 608
- recolhimento fora do prazo; multa: art. 600
- recolhimento: arts. 580, 583, 586, 587
- recolhimento; documento de arrecadação: art. 889-A
- salário pago em utilidades; desconto: art. 582, § 2º
- sindicato; aplicação: art. 592
- sindicato; atividades; custeio: art. 592, §§ 2º e 3º
- sindicato; ausência; crédito: art. 590, § 3º
- trabalhador avulso: art. 583
- valor: art. 580
- valor; autônomo; profissionais liberais: art. 580, II
- valor; empregador: art. 580, III

Súmulas
- cobrança incidente sobre trabalhadores não sindicalizados; inconstitucionalidade: PN 119/TST
- extensão a não associados; inconstitucionalidade: OJ 17/SDC-TST
- rural; atraso no recolhimento: Súm. 432/TST
- rural; cobrança; legitimidade ativa: Súm. 396/STJ

CONTRIBUIÇÃO SINDICAL E ASSISTENCIAL
Súmulas
- guia de recolhimento; relação nominal de empregados e respectivos salários; prazo: PN 41/TST

CONTRIBUIÇÃO SINDICAL RURAL
Súmulas
- cobrança; atraso no recolhimento; penalidade: Súm. 432/TST
- legitimidade ativa: Súm. 396/STJ

CONTRIBUIÇÃO SOBRE BENS E SERVIÇOS (CBS)
- incidência, alíquotas, normas e instituição: art. 195, V, CF; arts. 124 e 125, ADCT

CONTRIBUIÇÃO SOCIAL
CLT
- acordo; execução: art. 876, parágrafo único
- recolhimento; documento de arrecadação: art. 889-A

CF
- alíquotas ou bases de cálculo diferenciadas: art. 195, § 9º
- competência da Justiça do Trabalho; execução: art. 114, § 3º
- competência: art. 149
- disposições gerais: art. 195

Legislação
- arrecadação e recolhimento: arts. 216 a 218 do Dec. 3.048/1999 e arts. 30 a 46 da Lei 8.212/1991
- associação desportiva; equipe de futebol profissional; percentuais: art. 205 do Dec. 3.048/1999
- associação esportiva; equipe de futebol profissional: art. 195, parágrafo único, IV, do Dec. 3.048/1999
- concurso de credores; crédito devido; aplicação de disposições atinentes aos créditos da União: art. 51 da Lei 8.212/1991
- concurso de prognósticos; incidência sobre a receita: art. 195, parágrafo único, VII, do Dec. 3.048/1999
- concurso de prognósticos; percentuais: art. 212 do Dec. 3.048/1999
- concursos de prognósticos: art. 11, parágrafo único, e, da Lei 8.212/1991
- criação: LC 110/2001
- empregador doméstico; incidência sobre o salário de contribuição: art. 195, parágrafo único, II, do Dec. 3.048/1999
- empregador doméstico; percentuais: art. 211 do Dec. 3.048/1999
- empregadores domésticos: art. 11, parágrafo único, b, da Lei 8.212/1991
- empresa; atividade econômica; aposentadoria especial; riscos ambientais do trabalho: arts. 202 do Dec. 3.048/1999
- empresa; atividade econômica; incapacidade laborativa; melhoria do ambiente de trabalho: art. 203 do Dec. 3.048/1999
- empresa; incidência sobre a receita ou o faturamento e o lucro: art. 195, parágrafo único, VI, do Dec. 3.048/1999 e art. 11, parágrafo único, d, da Lei 8.212/1991
- empresa; incidência sobre faturamento e lucro; recolhimento: art. 204 do Dec. 3.048/1999
- empresa; incidência sobre remuneração paga; ausência de vínculo empregatício: art. 195, parágrafo único, I, do Dec. 3.048/1999
- empresas; incidência sobre remuneração paga ou creditada a segurados: art. 11, parágrafo único, a, da Lei 8.212/1991
- falência; crédito devido; aplicação de disposições atinentes aos créditos da União: art. 51 da Lei 8.212/1991
- produção rural; incidência sobre a receita bruta proveniente da comercialização: art. 195, parágrafo único, V, do Dec. 3.048/1999
- recuperação judicial; crédito devido; aplicação de disposições atinentes aos créditos da União: art. 51 da Lei 8.212/1991
- regulamentação das contribuições sociais: Dec. 3.914/2001
- responsabilidade solidária; hipóteses: arts. 220, 222, 223 e 224 do Dec. 3.048/1999
- retenção; hipóteses: art. 219 do Dec. 3.048/1999
- seguridade Social; agente autônomo; seguro privado e de crédito; percentuais: art. 201, § 6º, do Dec. 3.048/1999
- seguridade Social; agroindústria; percentuais: arts. 201-A e 201-B do Dec. 3.048/1999
- seguridade Social; cooperativa de produção rural: arts. 201-C do Dec. 3.048/1999
- seguridade Social; empresa; arrendamento mercantil; percentuais: art. 201, § 6º, do Dec. 3.048/1999

- seguridade Social; empresa; banco; percentuais: art. 201, § 6º, do Dec. 3.048/1999
- seguridade Social; empresa; caixa econômica; percentuais: art. 201, § 6º, do Dec. 3.048/1999
- seguridade Social; empresa; cooperativa de crédito; percentuais: art. 201, § 6º, do Dec. 3.048/1999
- seguridade Social; empresa; percentuais: art. 201 do Dec. 3.048/1999
- seguridade Social; empresa; prestação de serviços; tecnologia da informação; redução de alíquotas: art. 201-D do Dec. 3.048/1999
- seguridade Social; empresa; previdência privada; percentuais: art. 201, § 6º, do Dec. 3.048/1999
- seguridade Social; empresa; condutor autônomo ou auxiliar; veículo rodoviário; percentuais: art. 201, § 4º, do Dec. 3.048/1999
- seguridade Social; empresa; seguro de capitalização; percentuais: art. 201, § 6º, do Dec. 3.048/1999
- seguridade Social; empresa; seguro privado; percentuais: art. 201, § 6º, do Dec. 3.048/1999
- seguridade Social; empresa; sociedade civil; profissões legalmente regulamentadas; percentuais: art. 201, § 5º, do Dec. 3.048/1999
- seguridade Social; empresa; sociedade corretora; títulos e valores mobiliários; percentuais: art. 201, § 6º, do Dec. 3.048/1999
- seguridade Social; empresa; sociedade de crédito imobiliário; percentuais: art. 201, § 6º, do Dec. 3.048/1999
- seguridade Social; empresa; sociedade de crédito; percentuais: art. 201, § 6º, do Dec. 3.048/1999
- seguridade Social; microempresa ou empresa de pequeno porte; inscrição no SIMPLES; percentuais: art. 201, § 7º, do Dec. 3.048/1999
- seguridade Social; produtor rural; pessoa jurídica: art. 201, § 17, do Dec. 3.048/1999
- trabalhadores; incidência sobre salário-de-contribuição: art. 11, parágrafo único, c, da Lei 8.212/1991
- trabalhadores; incidência sobre seu salário-de-contribuição: art. 195, parágrafo único, III, do Dec. 3.048/1999

Súmulas
- termo de adesão; ato jurídico perfeito: Súm. Vinculante 1/STF

CONTRIBUIÇÕES
Legislação
- empregador doméstico; alíquota: art. 24 da Lei 8.212/1991
- empresa; percentuais: arts. 22 a 23 da Lei 8.212/1991
- FGTS; multas devidas; fiscalização, apuração e cobrança judicial: Lei 8.844/1994
- pagamento de direitos trabalhistas; determinação de recolhimento imediato; responsabilidade: arts. 43 e 44 da Lei 8.212/1991
- para o PIS/PASEP e da COFINS: Lei 13.043/2014
- para o PIS/PASEP: Lei 9.715/1998
- receita de concursos de prognósticos e outras receitas: arts. 26 e 27 da Lei 8.212/1991
- segurado; cálculo dos valores: arts. 20 e 21 da Lei 8.212/1991
- sociais; regulamentação: Dec. 3.914/2001
- União; conceito: arts. 16 e 17 da Lei 8.212/1991

Súmulas
- previdência privada; imposto de renda; isenção: Súm. 556/STJ

CONTRIBUINTE
Legislação
- previdência Social; empregador doméstico: art. 12, II, do Dec. 3.048/1999
- previdência Social; empresa: art. 12, I, do Dec. 3.048/1999
- previdência Social; empregador doméstico: art. 14, II, da Lei 8.213/1991
- previdência Social; empresa: art. 14, I, da Lei 8.213/1991

CONTRIBUINTE FACULTATIVO
Legislação
- contribuição do segurado; Seguridade Social: arts. 199 e 199-A do Dec. 3.048/1999
- contribuição: art. 21 da Lei 8.212/1991

CONTRIBUINTE INDIVIDUAL
Legislação
- contribuição do segurado; Seguridade Social: arts. 199 e 199-A do Dec. 3.048/1999
- contribuição: art. 21 da Lei 8.212/1991
- período de carência; presunção do recolhimento de contribuições a partir da competência abril de 2003: art. 26, § 4º, do Dec. 3.048/1999
- salário-de-contribuição: art. 28, III da Lei 8.212/1991
- salário-maternidade; parto antecipado; período de carência; redução proporcional do número de contribuições: art. 29, parágrafo único do Dec. 3.048/1999
- salário-maternidade; parto antecipado; período de carência; redução proporcional do número de contribuições: art. 25, parágrafo único da Lei 8.213/1991

- salário-maternidade; período de carência; número de contribuições: art. 29, III, do Dec. 3.048/1999
- salário-maternidade; período de carência; número de contribuições: art. 25, III, da Lei 8.213/1991
- segurado obrigatório; Previdência Social: art. 9º, V, do Dec. 3.048/1999
- segurado obrigatório; Regime Geral de Previdência Social: art. 11, V, da Lei 8.213/1991
- trabalho por conta própria; aposentadoria por tempo de contribuição indevida: art. 18, § 3º, da Lei 8.213/1991

CONVENÇÃO COLETIVA
- *vide* CONVENÇÃO E ACORDO COLETIVO DE TRABALHO

CONVENÇÃO COLETIVA DE CONSUMO
CDC
- regulamento; relações de consumo: art. 107

CONVENÇÃO DAS PARTES
CPC
- audiência: arts. 362, I, e 364, § 1º
- suspensão da execução: art. 922
- suspensão do processo: art. 313, II

CONVENÇÃO E ACORDO COLETIVO DE TRABALHO
- ação anulatória; cláusula compensatória: art. 611-A, § 4º
- acordo coletivo; prevalência: arts. 611-A, 620
- arquivo e registro: art. 614
- arts. 611 a 625
- banco de horas: art. 59, §§ 2º e 5º
- celebração por sindicatos: art. 612
- cláusulas: art. 621
- cláusula; ação anulatória: art. 611-A, § 4º
- conceito: art. 611
- condições mais favoráveis: art. 620
- conteúdo obrigatório: art. 613
- contratos individuais em condições contrárias: art. 622
- controvérsias resultantes da aplicação de convenção ou acordo: art. 625
- convenção e acordos coletivos de trabalho; celebração por sindicatos: art. 612
- convenções e acordos; conteúdo: art. 613
- convenções e acordos coletivos de trabalho; objeto ilícito: art. 611-B
- direitos; supressão ou redução: art. 611-B
- eficácia; ultratividade: Súm. 277/TST
- estabelecimento de condições contrárias ao ajustado: arts. 619 e 623
- férias; redução ou supressão; impossibilidade: art. 611-B
- horas extras; acréscimo: art. 59
- horas, excessos; não necessidade: art. 61, § 1º
- intervalo; redução: art. 71, § 5º
- lei; prevalência; hipóteses: art. 611-A
- licença maternidade e paternidade; supressão; impossibilidade: art. 611-B, XIII e XIV
- multas; estabelecimento de condições contrárias ao ajustado: art. 622
- nulidade das disposições: arts. 619 e 623
- objeto ilícito: art. 611-B
- plano de cargos e salários; lei; prevalência: art. 611-A, V
- plano de demissão voluntária: art. 477-B
- prevalência sobre a lei; hipóteses: art. 611-A
- princípio da intervenção mínima: art. 8º, § 3º
- prorrogação, revisão, denúncia ou revogação: art. 615
- regulamentação legal: arts. 611 e ss.
- salário; redução; proteção contra dispensa imotivada: art. 611-A, § 3º
- sindicato; litisconsorte necessário; hipótese: art. 611-A, § 5º
- sindicatos não podem recusar negociação coletiva: art. 616
- supressão ou redução de direitos: art. 611-B
- vigência; prazo: art. 614, § 3º
- vigência de cláusulas de aumento ou reajuste salarial: art. 624

CF
- salário; redução: art. 7º, VI

Súmulas
- BANERJ; Plano Bresser; norma não programática: OJ 26/SBDI-I-Transitória-TST
- cláusula de termo aditivo; prorrogação de acordo; invalidade: OJ 322/SBDI-I-TST
- Planos Bresser e Verão; folgas remuneradas; conversão em pecúnia: OJ 31/SBDI-I-Transitória-TST
- substituição processual; sindicato; legitimidade de parte: Súm. 286/TST
- vencimentos dos servidores públicos; fixação: Súm. 679/STF

COOPERAÇÃO JUDICIÁRIA NACIONAL RECÍPROCA
CPC
- arts. 67 a 69
- carta de ordem, precatória e arbitral: art. 69, § 1º
- dever; órgãos do Poder Judiciário: art. 67
- objeto: art. 69, § 2º
- pedido: arts. 68 e 69

COOPERAÇÃO JURÍDICA INTERNACIONAL
CPC
- auxílio direto: arts. 28 a 34
- carta rogatória: art. 36
- decisão estrangeira: art. 40
- homologação de decisão estrangeira: arts. 960 a 965
- objeto: art. 27
- pedido; autenticidade de documento: art. 41
- pedido; autoridade brasileira: arts. 37 e 38
- regras: art. 26

COOPERATIVAS
- aplicação da contribuição sindical: art. 592, I, *e*
- de consumo e de crédito; deveres do sindicato: art. 514, parágrafo único, *a*
- inexistência de vínculo empregatício: art. 442, parágrafo único

CF
- atividade garimpeira: arts. 21, XXV; 174, §§ 3º e 4º
- cooperativismo; apoio e estímulo: art. 174, § 2º
- criação e funcionamento: art. 5º, XVIII
- política agrícola; trabalhadores rurais: art. 187, VI

Legislação
- assembleia geral: arts. 38 a 46 da Lei 5.764/1971
- conselho fiscal; sociedades cooperativas: art. 56 da Lei 5.764/1971
- crédito; empresa; Seguridade social; contribuição social; percentuais: art. 201, § 6º, do Dec. 3.048/1999
- dissolução: arts. 63 a 78 da Lei 5.764/1971
- estatuto social: art. 21 da Lei 5.764/1971
- estímulos creditícios: arts. 109 e 110 da Lei 5.764/1971
- fundos de reserva; cooperativas; obrigatoriedade: art. 28 da Lei 5.764/1971
- objetivo e classificação; constituição; autorização e funcionamento: arts. 3º a 20 da Lei 5.764/1971
- órgãos de administração: arts. 47 a 55 da Lei 5.764/1971
- produção rural; contribuição social; Seguridade Social: arts. 201-C do Dec. 3.048/1999
- sistema operacional; atos; distribuição de despesas; operações: arts. 79 a 94 da Lei 5.764/1971
- sociais; criação e o funcionamento: Lei 9.867/1999

Súmulas
- liquidação extrajudicial; inaplicabilidade do art. 76 da Lei 5.764/1971: OJ 53/SBDI-II-TST

CORONAVÍRUS
- *ver* COVID-19

CORREÇÃO AUTOMÁTICA DOS SALÁRIOS
Legislação
- Lei 7.238/1984

Súmulas
- diferenças salariais; planos econômicos: Súm. 322/TST
- reajustes salariais: Súm. 319/TST

CORREÇÃO MONETÁRIA
CF
- casos de incidência: ADCT, art. 46
- empresários e produtores rurais; isenção; condições: ADCT, art. 47

Legislação
- salários: Lei 6.708/1979

Súmulas
- benefícios previdenciários: Súm. 311/TST
- débito de trabalhador reclamante; não incidência: Súm. 187/TST
- débitos com FGTS; índice de correção; TR: Súm. 459/STJ
- diferenças salariais; universidades federais: OJ 28/SBDI-I-TST
- entidades; liquidação extrajudicial: Súm. 304/TST
- incidência em operações de crédito rural: Súm. 638/STF
- Lei 7.596/1987; universidades federais; plano de classificação de cargos: OJ 11/SBDI-II-TST
- liquidação; omissão na inicial ou condenação: Súm. 211/TST
- salário: Súm. 381/TST
- salários de contribuição; não cabimento de: Súm. 456/STJ

CORREGEDOR
CLT
- arts. 708, *a* e 709
- atribuições: art. 709
- Tribunal Superior do Trabalho; competência: art. 709
- Vice-Presidente do Tribunal; substituição: art. 708

CORREIO
CPC
- citação postal: arts. 246, I, 247 e 248
- intimação por carta: arts. 273, II, e 274

CORRETORAS DE TÍTULOS
Súmulas
- empregado bancário, venda de títulos; empresas do mesmo grupo econômico: Súm. 93/TST
- jornada de trabalho: Súm. 119/TST

COSTUMES
CLT
- falta de disposições legais ou contratuais: art. 8º
- súmulas e enunciados de jurisprudência: art. 8º, § 2º

CDC
- direitos do consumidor decorrentes de: art. 7º, *caput*

COVID-19
CF
- auxílio emergencial residual: EC 109/2021
- ensino; aplicação de receita de impostos; descumprimento; impossibilidade de responsabilização de Estados e Distrito Federal: ADCT, art. 119

Legislação
- auxílio emergencial residual; procedimentos: Port. 491/2020
- calamidade pública; medidas trabalhistas alternativas: Lei 14.437/2022
- calamidade pública; reconhecimento: DL 6/2020
- auxílio emergencial residual; regulamento: Dec. 10.488/2020
- controle e mitigação de riscos de transmissão; orientações gerais: Port. Conjunta 20/2020
- empregada gestante; afastamento da atividade presencial: Lei 14.151/2021
- entregador; aplicativo de entrega; medidas de proteção: Lei 14.297/2022
- medidas trabalhistas complementares: Lei 14.020/2020
- profissionais e trabalhadores de saúde; incapacitados; compensação financeira: Lei 14.128/2021
- Programa Emergencial de Manutenção do Emprego e da Renda: Lei 14.020/2020 e Lei 14.437/2022
- Programa Emergencial de Suporte a Empregos: Lei 14.043/2020
- setor portuário; medidas temporárias: Lei 14.047/2020
- vacinação; comprovante; exigência pelo empregador: Port. 620/2021 do MTP

CRECHES
- local destinado à guarda dos filhos de operárias; período de amamentação: art. 400
- período da amamentação; obrigatoriedade; requisitos: art. 389, § 12º

Legislação
- reembolso-creche; autorização para adoção do sistema: Portaria /1986, do MTB

Súmulas
- obrigatoriedade; empresa com mais de 30 mulheres maiores de 16 anos: PN 22/TST

CRÉDITO TRABALHISTA
CLT
- prescrição; interrupção: art. 11, § 3º
- prescrição; trabalhador urbano e rural: art. 11

Legislação
- empregado doméstico; ação; prescrição: art. 43 da LC 150/2015

Súmulas
- cédula de crédito rural; cédula de crédito industrial; penhorabilidade: OJ 226/SBDI-I-TST

CRIME DE FALSIDADE
- redução da indenização: art. 484
- testemunhas; falsidade: art. 828

CRIMES CONTRA A ADMINISTRAÇÃO PÚBLICA
CP
- abandono de função: art. 323
- emprego irregular de verbas ou rendas públicas: art. 315
- funcionário público; conceito para efeitos penais: art. 327
- sonegação de contribuição previdenciária: art. 337-A
- usurpação de função pública: art. 328

CRIMES CONTRA A ORGANIZAÇÃO DO TRABALHO
CF
- competência; Justiça Federal: art. 109, VI
- e a ordem econômico-financeira: art. 109, VI

CP
- aliciamento de trabalhadores de um local para outro do território nacional: art. 207
- aliciamento para o fim de emigração: art. 206
- atentado contra a liberdade de associação: art. 199
- atentado contra a liberdade de contrato de trabalho e de boicotagem violenta: art. 198
- atentado contra a liberdade: art. 197
- exercício de atividade com infração de decisão administrativa: art. 205
- frustração de direito assegurado por lei trabalhista: art. 203
- frustração de lei sobre nacionalização do trabalho: art. 204
- invasão de estabelecimento industrial, comercial ou agrícola; sabotagem: art. 202
- paralisação de trabalho de interesse coletivo: art. 201

- paralisação de trabalho seguida de violência ou perturbação da ordem: art. 200

CRIMES CONTRA A SEGURIDADE SOCIAL
Legislação
- apreensão de documentos: art. 282 do Dec. 3.048/1999
- empresas transgressoras; sanções: art. 95, § 2º, da Lei 8.212/1991

CRIMES DE PRECONCEITO
- *vide* também PRÁTICAS DISCRIMINATÓRIAS
Legislação
- de raça ou de cor: Lei 7.716/1989

CRIMES PRATICADOS POR FUNCIONÁRIO PÚBLICO CONTRA A ADMINISTRAÇÃO
CP
- abandono de função: art. 323
- abandono de função com prejuízo público: art. 323, § 1º
- abandono de função em faixa de fronteira: art. 323, § 2º

CRIMES PRATICADOS POR PARTICULAR CONTRA A ADMINISTRAÇÃO
CP
- usurpação de função: art. 328
- usurpação de função com vantagem: art. 328, parágrafo único

CRIMES PREVIDENCIÁRIOS
CP
- apropriação indébita previdenciária: art. 168-A
CLT
CULPA
- empresa; extravio ou inutilização da CTPS: art. 52
- indenização; redução pela metade: art. 484
- recíproca; rescisão do contrato: art. 484
Súmulas
- presumida: Súm. 341/STF
- recíproca; verbas indevidas: Súm. 14/TST

CULTO RELIGIOSO
CLT
- jornada de trabalho; período extraordinário; impossibilidade: art. 4º, § 2º, I
CF
- interferência governamental: art. 19, I
- liberdade de exercício: art. 5º, VI
- templos, proibição de impostos: art. 150, VI, *b* e § 4º; ADCT, art. 34, § 1º
CPC
- citação: art. 244, I

CULTURA
- vale-cultura: art. 458, § 2º, VII
CF
- acesso: art. 23, V
- bens e valores culturais; incentivos: art. 216, § 3º
- cavidades naturais e sítios arqueológicos: art. 20, X
- datas comemorativas; fixação: art. 215, § 2º
- direitos culturais; exercício: art. 215, *caput*
- legislação: art. 24, IX
- manifestação das culturas populares, indígenas e afro-brasileiras: art. 215, § 1º
- patrimônio cultural; ato lesivo; ação popular: art. 5º, LXXIII
- patrimônio cultural; danos e ameaças; punição: art. 216, § 4º
- patrimônio cultural; promoção e proteção pelo Poder Público: art. 216, § 1º
- patrimônio cultural; proteção ou responsabilidade por dano: art. 24, VII, VIII e IX
- patrimônio cultural; proteção; competência: art. 23, III e IV
- patrimônio cultural; quilombos; tombamento: art. 216, § 5º
- patrimônio histórico-cultural; proteção pelo Município: art. 30, IX
- patrimônio nacional natural: art. 225, § 4º
- patrimônio nacional; encargos ou compromissos gravosos; competência: art. 49, I
- patrimônio nacional; mercado interno; desenvolvimento cultural e socioeconômico: art. 219
- patrimônio público e social; instauração de inquérito: art. 129, III
- patrimônio público; conservação; competência: art. 23, I
- Plano Nacional; duração; objetivos: art. 215, § 3º
- Sistema Nacional: art. 216-A
Legislação
- Programa de Cultura do Trabalhador; vale-cultura: Lei 12.761/2012

CUMPRIMENTO DA SENTENÇA
- *vide* também SENTENÇA
CPC
- arts. 513 a 538
- definitivo; pagamento de quantia certa: arts. 523 a 527
- execução; aplicação das regras: art. 771

- impedimento e suspeição: art. 525, § 2º
- impugnação; atos executivos: art. 525, § 11
- impugnação; efeito suspensivo; não extensão aos demais impugnantes: art. 525, § 7º
- impugnação; fato superveniente: art. 525, § 11
- impugnação parcial; efeito suspensivo: art. 525, § 7º
- julgamento parcial de mérito: art. 356, §§ 2º e 4º
- pagamento antes da intimação: art. 526
- pagamento antes da intimação; impugnação do valor: art. 526, § 1º
- pagamento antes da intimação; insuficiência do depósito: art. 526, § 2º
- provisório; aplicação das regras do cumprimento definitivo: art. 527
- provisório; obrigação de fazer ou não fazer ou entregar: arts. 520 a 522
- provisório; pagamento de quantia certa: arts. 520 a 522

CUMPRIMENTO DE OBRIGAÇÃO
CPC
- competência: art. 53, III, *d*
CDC
- fazer ou não fazer; resultado prático: art. 84

CUMULAÇÃO
CPC
- pedido: arts. 327 e 968, I
- pedido; valor da causa: art. 292, VI
- procedimento: art. 327, § 2º
- requisitos de admissibilidade: art. 327, § 1º

CUSTAS E EMOLUMENTOS
CLT
- arbitradas pelo juiz; avaliação dos bens penhorados: art. 887
- benefício da justiça gratuita: art. 790, § 3º
- cálculo progressivo nos dissídios individuais ou coletivos: art. 789
- condenação ilíquida; valor fixado pelo juízo: art. 789, § 2º
- contagem; competência da Secretaria das Varas: art. 711, *f*
- disposições gerais: arts. 789, 789-A. 789-B, 790, 790-A e 790-B
- dissídios coletivos; partes vencidas; solidariedade: art. 789, § 4º
- emolumentos: art. 790, *caput*
- execução; não pagamento: art. 790, § 2º
- exercício da jurisdição trabalhista; processo de conhecimento; incidência: art. 789
- fixação de montante: art. 789, § 2º
- formas de pagamento; instruções: art. 790
- gratuidade: art. 790, § 4º
- gratuidade; concessão; faculdade: art. 790, § 3º
- isenção do pagamento: arts. 790, § 3º, e 790-A
- não isentos do pagamento: art. 790, § 1º
- não pagamento; execução: art. 790, § 2º
- nova demanda; pagamento: art. 844, § 3º
- pagamento dos honorários periciais; responsabilidade: art. 790-B
- pagamento: art. 789, § 1º
- pagamento; acordo; divisão: art. 789, § 3º
- pagamento; prazo: art. 789, § 1º
- processo de conhecimento: art. 789
- processo de execução: art. 789-A
- reclamante; ausência: art. 844, § 2º
- responsabilidade solidária das partes vencidas: art. 789, § 4º
- responsabilidade solidária; empregado e sindicato; pagamentos devidos: art. 790, § 1º
- valores fixados que serão suportados pelo requerente; tabela: art. 789-B
CF
- destinação: art. 98, § 2º
- juízes; recebimento; proibição: art. 95, parágrafo único
- serviços forenses: art. 24, IV
CPC
- dispensa; transação: art. 90, § 3º
- título executivo: art. 515, V
Súmulas
- ações plúrimas: Súm. 36/TST
- ausência de intimação; deserção; caracterização: OJ 27/SDC-TST
- comprovação de recolhimento; DARF eletrônico; validade: OJ 158/SBDI-I-TST
- depósito recursal; recolhimento insuficiente; deserção; ocorrência: OJ 140/SBDI-I-TST
- deserção: Súm. 128/TST
- deserção; massa falida; empresa em liquidação extrajudicial: Súm. 86/TST
- e emolumentos devidos à União; recolhimento: IN 20/2002, do TST
- isenção; inaplicabilidade; acidente do trabalho; autarquia seguradora como parte: Súm. 236/STF
- mandado de segurança; recurso ordinário; exigência do pagamento: OJ 148/SBDI-II-TST

- massa falida: Súm. 86/TST
- parte vencida em segunda instância: Súm. 25/TST
- processo trabalhista; isenção concedida ao empregado; extensão ao sindicato: Súm. 223/STF
- recurso; prazo para pagamento: Súm. 53/TST
- sociedade de economia mista: Súm. 170/TST

D

DANO EXTRAPATRIMONIAL
CLT
- apreciação do pedido pelo juízo: art. 223-G
- bens inerentes à pessoa física: art. 223-C
- bens inerentes à pessoa jurídica: art. 223-D
- causa; ação ou omissão; conceito: art. 223-B
- disposições gerais: arts. 223-A a 223-G
- empregado; desconto: art. 462, § 1º
- honra; imagem; intimidade; saúde; sexualidade: art. 223-C
- reparação: arts. 223-F e 223-G art. 223-F
- responsabilidade: art. 223-E

DANO MATERIAL E DANO MORAL
CLT
- causado pelo empregado; desconto: art. 462, § 1º
- direito à rescisão do contrato; indenização; hipóteses: art. 483
CF
- direito a indenização; previsão: art. 5º, X
- material, moral ou à imagem; indenização: art. 5º, V e X
- reparação: art. 5º, XLV
- responsabilidade; pessoas jurídicas de direito público e privado: art. 37, § 6º
CC
- ação regressiva contra o causador: arts. 930 e 934
- arts. 953 e 954
- ato ilícito: arts. 186, 187 e 927
- causado por lesão ou ofensa à saúde: art. 949
- culpa de terceiro: arts. 930 a 934
- culpa profissional: art. 951
- direito de imagem; escritos, palavra: art. 20
- lucros cessantes: art. 402
- morte: art. 948
- obrigação de indenizar: arts. 927 a 943
- pensão; incapacidade para o trabalho: art. 950
- responsabilidade civil: art. 927
- responsabilidade do incapaz; indenização: art. 928, parágrafo único
- responsáveis pela reparação civil: arts. 932 e 933
CPC
- execução indevida: art. 776
CDC
- ação de indenização individual: art. 103, § 3º
- assistência jurídica, administrativa e técnica aos necessitados: art. 6º, VI
- patrimoniais, morais, individuais, coletivos e difusos; reparação: art. 6º, VI
Legislação
- ação civil pública: Lei 7.347/1985
Súmulas
- atualização monetária: Súm. 439/TST
- competência da Justiça do Trabalho: Súm. 392/TST
- cumulação de dano material e moral: Súm. 37 e 387/STJ
- indenização; acidente do trabalho; competência da Justiça do Trabalho: Súm. Vinculante 22/STF
- indenização; falecimento do titular; transmissão do direito: Súm. 642/STJ

DANO PROCESSUAL
- *vide* também RESPONSABILIDADE POR DANO PROCESSUAL
CLT
- responsabilidade: arts. 793-A a 793-D
CPC
- litigância de má-fé: arts. 79 a 81
- prejuízo: art. 302

DATA DE ADMISSÃO DE EMPREGADO
CLT
- anotação diversa da verdadeira; crime de falsidade: art. 49, V
- anotações obrigatórias: art. 29

DATILOGRAFIA
CLT
- *vide* também DIGITADOR- atos e termos processuais: art. 771
- erros de: art. 833
- repouso de 10 minutos; serviços permanentes: art. 72
Súmulas
- intervalo de descanso; equiparação trabalhadores do serviço de mecanografia: Súm. 346/TST

DÉBITO PREVIDENCIÁRIO

Legislação
- garantia; alienação fiduciária; bens móveis: art. 260, V, do Dec. 3.048/1999
- garantia; depósito integral e atualizado: art. 260, I, do Dec. 3.048/1999
- garantia; fiança bancária: art. 260, III, do Dec. 3.048/1999
- garantia; hipoteca; bens imóveis: art. 260, II, do Dec. 3.048/1999
- garantia; penhora: art. 260, VI, do Dec. 3.048/1999
- garantia; bens ou serviços pagos a prazo pela empresa: art. 260, IV, do Dec. 3.048/1999
- modalidades de garantia: art. 260 do Dec. 3.048/1999

DÉBITOS TRABALHISTAS

CLT
- inexistência de: art. 642-A
- recurso de revista; cabimento: art. 896-A, § 10

Legislação
- de qualquer natureza: arts; 39 e 40 da Lei 8.177/ 1991
- débitos salariais; efeitos: Dec.-Lei: 368/1968
- mora contumaz salarial: arts. 102 e ss da Port. 671/2021 do MTP
- mora de FGTS: arts. 102 e ss da Port. 671/2021 do MTP

Súmulas
- entidades submetidas ao regime de intervenção ou liquidação; correção monetária; aplicação: Súm. 304/TST

DECADÊNCIA

CPC
- aplicação; prazos extintivos: art. 240, § 4º
- extinção do processo: art. 487, II
- julgamento liminar; improcedência do pedido: art. 332
- manifestação das partes: art. 487, parágrafo único

Legislação
- ação de revisão de benefício; prazo de 10 anos: art. 103 da Lei 8.213/1991
- anulação de atos administrativos pela Previdência Social; efeitos favoráveis para os beneficiários; prazo de 10 anos: art. 103-A da Lei 8.213/1991
- pensão por morte; prazo decadencial não aplicável a pensionista menor, incapaz ou ausente: art. 79 da Lei 8.213/1991

Súmulas
- ação rescisória: art. 975 e Súm. 100/TST
- afastada; imediato julgamento: Súm. 100, VII/TST
- certidão de trânsito em julgado: Súm. 100, IV/TST
- consumação antes ou depois da edição da MP 1.577/1997; ampliação do prazo: OJ 12/SBDI-II-TST
- *dies ad quem*; prazo; prorrogação: Súm. 100, IX/TST
- exceção de incompetência: Súm. 100, VIII/TST
- homologação de acordo: Súm. 100, V/TST
- instauração do inquérito judicial: Súm. 403/STF
- Ministério Público; *dies a quo*; prazo; contagem: Súm. 100, VI/TST
- União; art. 67 da LC 73/1993; art. 6º da Lei 8.682/1993: OJ 18/SBDI-II-TST

DÉCIMO TERCEIRO SALÁRIO

Legislação
- pagamento: Lei 4.749/1965
- previsão legal: Lei 4.090/1962
- regulamentação: arts. 76 a 82 do Dec. 10.854/2021
- salário-de-contribuição; integração: art. 28, § 7º, da Lei 8.212/1991

Súmulas
- acidente do trabalho; faltas ou ausências: Súm. 46/TST
- cálculo; indenização adicional: Súm. 242/TST
- contribuição previdenciária; incidência: Súm. 688/STF
- empresa cessionária; servidor público: Súm. 50/TST
- gratificação semestral: Súm. 253/TST
- indenização; cálculo: Súm. 148/TST
- repercussão: Súm. 253/TST
- rescisão contratual; culpa recíproca: Súm. 14/TST
- resilição contratual: Súm. 157/TST
- serviço suplementar: Súm. 45/TST

DECISÃO

CPC
- fundamentação: art. 11
- indeferimento da inicial; reforma pelo juiz: art. 331

Súmulas
- monocrática: Resolução Administrativa 1.340/2009, do TST

DECISÃO INTERLOCUTÓRIA

CLT
- apreciação; cabimento: art. 893, § 1º
- desconsideração da personalidade jurídica: art. 855-A, § 1º

CPC
- agravo; cabimento: art. 1.015
- conceito: art. 203, § 2º
- publicação; Diário de Justiça Eletrônico: art. 205, § 3º

DECLARAÇÃO DE INCONSTITUCIONALIDADE

CPC
- designação da sessão de julgamento: art. 950
- pronunciamento anterior sobre a questão: art. 949, parágrafo único
- rejeição ou acolhimento: art. 949
- submissão da questão à turma ou câmara que conhecer do processo: art. 948

DECLARAÇÃO INCIDENTE

CPC
- suspensão do processo: art. 313, IV

DEFESA

- *vide* também CONTESTAÇÃO e RESPOSTA DO RÉU

CLT
- escrita; possibilidade: art. 847, parágrafo único
- oral; tempo: art. 847

CF
- direitos; instrumentos: art. 5º, LXVIII a LXXIII
- direitos; petição e obtenção de certidões: art. 5º, XXXIV

CPC
- contra texto expresso de lei ou fato incontroverso: art. 80, I
- reconvenção: art. 343, § 1º

Súmulas
- técnica; processo administrativo disciplinar: Súm. Vinculante 5/STF

DEFICIÊNCIA/DEFICIENTE

CLT
- aprendiz; comprovação de escolaridade: art. 428, § 6º
- aprendiz; desempenho: art. 433, I
- aprendiz; idade máxima: art. 428, § 5º
- aprendiz; maioridade: art. 428, § 8º
- aprendiz; prazo de contratação: art. 428, § 3º
- nova função; equiparação salarial; impossibilidade: art. 461, § 4º
- rampa de acesso; conservação: art. 174
- trabalhador readaptado; não servirá de paradigma: art. 461, § 4º

Legislação
- Estatuto da Pessoa com Deficiência: Lei 13.146/2015
- Política Nacional para a Integração: Lei 7.853/1989
- reabilitação; Convenção 159 OIT: Dec. 129/1991
- regulamentação: Dec. 3.298/1999

Súmulas
- prioridade na tramitação dos processos em que é parte: IN 29/2005 do TST

DELEGACIA REGIONAL DO TRABALHO

CLT
- aprovação prévia; projetos de construção; instalações: art. 160, § 2º
- CTPS; anotação: art. 14
- interdição ou embargos; requisição: art. 161, § 2º
- reclamação; apresentação: art. 36
- sindicatos; autenticação de registros: art. 551, § 7º

DELEGADO(S)

- Regionais do Trabalho; competência para impor penalidades: art. 438
- Regionais do Trabalho; decisões: art. 155, III
- Sindicais; atribuição exclusiva: art. 522, § 3º
- Sindicais; designação: art. 523
- sindicatos; eleições: art. 524, § 1º

DEMANDAS REPETITIVAS

CPC
- incidente de resolução: arts. 976 a 987

DEMISSÃO

- *vide* também RESCISÃO DO CONTRATO DE TRABALHO

CLT
- arbitrária; empregados titulares da representação na CIPA: art. 165
- empregado estável: arts. 500 e 502, I
- empregado estável; validade: art. 500
- exame médico obrigatório: art. 168, *caput*, II
- imotivada; equiparação: art. 477-A
- imotivada; redução de salário; convenção ou acordo coletivo: art. 611-A, § 3º
- indireta; aviso prévio: art. 487, § 4º
- individual, plúrima ou coletiva; equiparação: art. 477-A
- inquérito; estabilidade: art. 494
- justa causa; hipóteses: art. 482
- plano de demissão voluntária ou incentivada: art. 477-B
- sem justa causa; férias proporcionais: art. 147

Legislação
- culpa recíproca; FGTS; multa de 20%: art. 18, § 2º, da Lei 8.036/1990
- empregado; prestação de serviço na mesma empresa: art. 5º-D da Lei 6.019/1974
- FGTS; depósitos: art. 18 da Lei 8.036/1990

Súmulas
- atestado de afastamento e salários; obrigação do empregador: PN 8/TST

- aviso prévio; concessão na fluência da garantia de emprego: Súm. 348/TST
- aviso prévio; indenização adicional: Súm. 182/TST
- dirigente sindical; requisitos: Súm. 379/TST
- empregado; informação por escrito dos motivos da dispensa: PN 47/TST
- estabilidade; perda; Cipeiro: Súm. 339, II, do TST
- estável optante; indenização: Súm. 54/TST
- gestante; reintegração: Súm. 244, II/TST
- falta grave; decurso do prazo do aviso prévio: Súm. 73/TST
- férias proporcionais; extinção do contrato: Súm. 171/TST
- inquérito; falta grave: Súm. 197/STF
- ônus da prova: Súm. 212/TST
- PDV; compensação de créditos: OJ 356 da SBDI-I/TST
- PDV; imposto de renda; não incidência: Súm. 215/STJ e OJ 207 da SBDI-I/TST
- PDV; transação extrajudicial: OJ 270 da SBDI-I/TST
- pedido de demissão; férias proporcionais: Súm. 261/TST
- sem justa causa; acordo; homologação: OJ 2/SDC-TST
- sem justa causa; Banco Meridional: OJ 38/SBDI-I-Transitória-TST
- sem justa causa; cláusulas sujeitas a julgamento; fundamentação necessária: PN 37/TST
- sem justa causa; dissídio coletivo; garantia de salários e consectários: PN 82/TST
- sem justa causa; dissídio coletivo; natureza jurídica: OJ 7/SDC-TST
- sem justa causa; dissídio coletivo; oposição contra empresa: OJ 19/SDC-TST
- sem justa causa; dissídio coletivo; pauta reivindicatória não registrada em ata: OJ 8/SDC-TST
- sem justa causa; dissídio coletivo; pessoa jurídica de direito público: OJ 5/SDC-TST
- sem justa causa; indenização adicional; valor: Súm. 242/TST
- sem justa causa; professor; férias escolares: Súm. 10/TST
- trintídio que antecede à data base: Súm. 314/TST

DENTISTAS

Legislação
- regulamentação: Lei 3.999/1961

Súmulas
- salário; proporcionalidade: Súm. 143/TST

DEPARTAMENTO NACIONAL DE REGISTRO DO COMÉRCIO

Legislação
- empresa; atos constitutivos e alterações; informes à SRF: art. 49, § 4º da Lei 8.212/1991

DEPENDENTES

CLT
- anotação na CTPS: arts. 16 e 20

Legislação
- definição; inscrição: arts. 16 e 17 da Lei 8.213/1991

DEPOIMENTOS

CLT
- despesas; parte sucumbente: art. 819, § 2º
- partes e testemunhas; necessidade de intérprete: art. 819
- partes e testemunhas; surdo-mudo: art. 819, § 1º
- testemunhas; informante: art. 829
- testemunhas; resumo em audiência: art. 828, parágrafo único
- testemunhas; vedação da oitiva do depoimento: art. 824

CPC
- audiência; testemunha: art. 453
- datilografia: art. 460, § 1º
- gravado: art. 460
- pessoal: arts. 385 a 388
- pessoal; autor; réu: art. 361, II
- processo eletrônico: art. 460, § 2º
- produção antecipada de provas: art. 381
- requerido pela parte: art. 385
- respostas evasivas e omissão de respostas: art. 386
- serviço público: art. 463
- sigilo profissional: art. 388, II
- testemunha: arts. 442 a 463, parágrafo único
- tomado fora da audiência: art. 449, parágrafo único

DEPOSITÁRIO

- deveres e direitos: art. 161
- execução; depositário provisório; executado ou representante legal: art. 836, § 2º
- guarda e conservação de bens: art. 159
- judicial: art. 159
- penhora: arts. 840 e 863, § 1º
- remuneração: art. 160

Súmulas
- não cabimento: Súm. 419/STJ

DEPOSITÁRIO INFIEL

CF
- prisão civil; inadimplência: art. 5º, LXVII

CPC
- responsabilidade: art. 161, parágrafo único

Súmulas
- não se caracteriza; necessária aceitação e termo de compromisso; OJ 89/SBDI-II-TST
- não se caracteriza; penhora coisa futura e incerta: OJ 143/SBDI-II-TST
- prisão civil; ilicitude: Súm. Vinculante 25/STF

DEPÓSITO

CPC
- bens penhorados: arts. 837 e 840
- coisa litigiosa; ação possessória: art. 559
- de bens; medida cautelar provisória: art. 297
- em dinheiro; substituição do bem penhorado: art. 847
- execução; atividade agrícola; imóveis rurais e instrumentos: art. 840, III
- férias e feriados: art. 214, I
- necessário; prova testemunhal: art. 445
- penhora de imóveis; apresentação da certidão de matrícula: art. 845, § 1º
- prestação; execução: art. 787

Súmulas
- condenação a pagamento em pecúnia: Súm. 161/TST
- da condenação; complementação; deserção: Súm. 128/TST

DEPÓSITO BANCÁRIO

CLT
- extinção do contrato de trabalho; pagamento: art. 477, § 4º

DEPÓSITO JUDICIAL

Legislação
- competência para recebimento; dívida ativa: art. 32 da Lei 6.830/1980

Súmulas
- acolhimento e levantamento; regulamentação: IN 36/2012 do TST

DEPÓSITO PRÉVIO

CLT
- ação rescisória; proposição: art. 836

Súmulas
- ação rescisória; regulamentação da forma de realização: IN 31/2007 do TST
- exigência ilegítima; recurso administrativo: Súm. 373/STJ
- guia a ser utilizada na Justiça do Trabalho: IN 34/2009 do TST
- recurso administrativo; multa; não cabimento: Súm. 424/TST

DEPÓSITO RECURSAL

CLT
- agravo de instrumento; interposição: art. 899, § 7º
- agravo; cópia; requisito: art. 897, § 5º, I
- conta vinculada ao juízo: art. 899, § 4º
- entidade filantrópica; isenção: art. 899, § 10
- isenção; hipóteses: art. 899, § 10
- redução do valor: art. 899, § 9º
- substituição: art. 899, § 11

Legislação
- limites; valores: Ato 366/2024 do TST

Súmulas
- ação rescisória: Súm. 99/TST
- complementação: Súm. 128, II/TST
- comprovação no prazo: Súm. 245/TST
- condenação solidária: Súm. 128, III/TST
- condenação; pagamento em pecúnia: Súm. 161/TST
- credenciamento bancário; prova: Súm. 217/TST
- custas; massa falida: Súm. 86/TST
- dissídio individual; uso da guia GFIP: Súm. 426/TST
- empresa em liquidação extrajudicial: Súm. 86/TST
- fase de execução: Súm. 128, II/TST
- guia de depósito; indicação do número de PIS/ PASEP; desnecessidade: OJ 264/SBDI-I-TST
- guia de recolhimento; disposições: IN 26/2004 do TST
- Justiça do Trabalho; normas relativas: IN 15/1998 do TST
- pedido rescisório procedente; condenação em pecúnia: Súm. 99/TST
- prazo; interposição antecipada do recurso: Súm. 245/TST
- prévio; pedido rescisório procedente; condenação em pecúnia: Súm. 99/TST
- validade: IN 18/1999, do TST

DESCANSO

- *vide* também REPOUSO REMUNERADO e REPOUSO SEMANAL

CLT
- domingo; assegurado ao empregado: arts. 67 e 385
- domingo; permissão: art. 68
- feriados: art. 70
- intervalo: art. 71, § 1º
- limites mínimos: art. 71, § 3º
- período extraordinário não computado: art. 4º, § 2º, II
- período mínimo entre duas jornadas de trabalho; art. 66
- períodos: arts. 66 a 72
- redução; possibilidades: art. 71, § 5º

- regulamentação; art. 69
- semanal; domingo: arts. 67 e 385
- semanal; domingos; jornalista: art. 307
- semanal; número de horas consecutivas: art. 67
- serviço ferroviário: art. 243
- trabalho contínuo: art. 71

DESCONSIDERAÇÃO DA PERSONALIDADE JURÍDICA

CLT
- aplicação: art. 855-A

CPC
- acolhimento do pedido; efeitos: art. 134, § 3º e 135
- cabimento: art. 134, *caput*
- citação: art. 135
- decisão: art. 136
- desconsideração inversa: art. 133, § 2º
- instauração: art. 133
- instauração; dispensa: art. 134, § 2º
- instauração; efeitos: arts. 134, § 3º e 135
- pedido: art. 133, § 1º
- pedido; requisitos: art. 134, § 4º
- recurso contra decisão: art. 136
- requerimento na petição inicial: art. 134, § 2º

Legislação
- aplicação: art. 17 da IN 41/2018 do TST

DESCONTOS EM FOLHA

CLT
- contribuição sindical; empregado; autorização: art. 545
- contribuição sindical; mês de desconto: art. 582
- sindicato; contribuições devidas: art. 545

CPC
- prestação alimentícia: art. 912

Legislação
- empréstimos; prestações: Lei 10.820/2003
- empréstimos; prestações; regulamento: Dec. 4.840/2003

DESCONTOS PREVIDENCIÁRIOS E FISCAIS

Súmulas
- acordo; inexistência de vínculo empregatício: OJ 368/SBDI-I-TST
- competência; responsabilidade pelo pagamento; cálculo: Súm. 368/TST
- descontos legais; execução: Súm. 401/TST

DESCONTOS SALARIAIS

CLT
- adiantamento salarial; possibilidade de: art. 462
- atrasos; acima de 10 minutos: art. 58, § 1º
- contribuição sindical; empregado; autorização: art. 545
- contribuição sindical; mês de desconto: art. 582
- dano causado pelo empregado; dolo ou prévio acordo: art. 462, § 1º
- empreitada; percentagem fixa e variável; vedação: art. 78, parágrafo único
- falta de aviso prévio pelo empregado: art. 487, § 2º
- fornecimento de gêneros ou mercadorias: art. 462, § 2º
- período aquisitivo de férias; inadmissibilidade; acidente do trabalho: Súm. 198/STF
- período de férias; faltas; vedação: art. 130, § 1º
- profissionais liberais; prova de quitação da contribuição:: art. 585, parágrafo único
- salário mínimo, a título de compensação; inadmissibilidade: art. 78, parágrafo único
- sindicato; contribuições devidas: art. 545
- testemunhas; desconto nas faltas ao serviço; vedação: art. 822
- variações de horário de até cinco minutos, limite diário: art. 58, § 1º
- vedação ao: art. 462

Legislação
- na fonte; imposto de renda; participação nos lucros; art. 3º, § 5º, da Lei 10.101/2000
- por fornecimento de alimentação: Lei 3.030/1956
- prestações relativas ao financiamento de unidade habitacional no SFH: Lei 5.725/1971
- trabalhador rural; hipóteses: art. 9º da Lei 5.889/1973

Súmulas
- acidente do trabalho; período aquisitivo de férias; inadmissibilidade: Súm. 198/STF
- autorização no ato da admissão; validade: OJ 160/SBDI-I-TST
- autorização pelo trabalhador; limitação máxima de 70% do salário-base: OJ 18/SDC-TST
- autorização prévia do empregado: Súm. 342/TST
- falta ao serviço; comparecimento como parte na Justiça do Trabalho: Súm. 155/TST
- frentista; cheques sem fundos: OJ 251/SBDI-I-TST
- moradia; admissibilidade somente quando o imóvel possuir habite-se: PN 109/TST
- quebra de material; não comprovação de dolo ou recusa na apresentação dos objetos danificados: PN 118/TST

DESEMPREGO

- *vide* também SEGURO-DESEMPREGO

Súmulas
- comprovação; ausência de registro em órgão do Ministério do Trabalho; irrelevância: Súm. 27/JEF
- mais de 3 anos; saque dos valores do PIS: Súm. 84/JEF

DESERÇÃO

- *vide* também PREPARO

CPC
- recurso: art. 1.007
- recurso; impedimento: art. 1.007, § 6º

Súmulas
- ação rescisória; depósito recursal: Súm. 99/TST
- custas processuais; ações plúrimas: Súm. 36/TST
- custas processuais; sociedade de economia mista: Súm. 170/TST
- custas; carimbo do banco; validade: OJ 33/SBDI-I-TST
- depósito recursal: Súm. 128/TST
- depósito recursal; credenciamento bancário; prova: Súm. 217/TST
- depósito recursal; custas processuais; massa falida: Súm. 86/TST
- depósito recursal; prazo; interposição antecipada do recurso: Súm. 245/TST
- depósito recursal; rescisão procedente; condenação em pecúnia: Súm. 99/TST

DESÍDIA

CLT
- rescisão; contrato de trabalho; justa causa: art. 482, *e*

DESISTÊNCIA

CPC
- da ação: arts. 200, parágrafo único, 343, § 2º, e 485, VIII e §§ 4º e 5º
- da execução: art. 775
- do recurso: art. 998
- prosseguimento da reconvenção: art. 343, § 2º

DESLIGAMENTO INCENTIVADO

- *vide* também PLANO DE DEMISSÃO VOLUNTÁRIA – PDV

CLT
- convenção coletiva; previsão: art. 477-B

DESOBEDIÊNCIA

CLT
- após embargo ou interdição; hipóteses: art. 161, § 4º
- funcionários públicos: art. 735, parágrafo único
- penalidades: art. 903

DESPACHO

CPC
- conceito: art. 203, § 3º
- expediente; prazo: art. 226, I
- mero expediente; irrecorribilidade: art. 1.001
- redação pelo juiz: art. 205, *caput*, e § 1º

DESPACHANTE DOCUMENTALISTA

Legislação
- exercício da profissão; regulamento: Lei 14.282/2021

DESPEDIDA

- *vide* DEMISSÃO

DESPESAS

CLT
- médicas; reembolso: art. 458, § 5º
- transferência do empregado: art. 470

CPC
- abrangência: art. 84
- adiantamento: art. 82, § 1º
- atos adiados: art. 93
- cartas: arts. 266 e 268
- comparecimento à audiência; testemunha: art. 462
- deveres das partes: arts. 82 a 97
- dispensa; transação: art. 90, § 3º
- distribuição; litisconsórcio: art. 87, § 2º
- extinção do processo: arts. 92 e 485, § 2º
- jurisdição voluntária: art. 88
- Ministério Público: art. 82, § 1º
- propositura de nova ação: art. 486
- sanção processual: art. 96

Súmulas
- transferência do empregado: Súm. 29/TST

DESPORTO

Legislação
- Normas Gerais sobre Desporto: Lei 9.615/1998
- Lei Geral do Esporte: Lei 14.597/2023
- Programa Atleta Pódio e Cidade Esportiva: Lei 12.395/2011

DESVIO DE FUNÇÃO

Súmulas
- prescrição: Súm. 275/TST
- quadro de carreira: OJ 125/SBDI-I-TST
- quadro de carreira; reclamação: Súm. 127/TST

DETETIVE PARTICULAR

Legislação
- profissão; regulamentação: Lei 13.432/2017

DEVEDOR

CPC
- cumprimento da obrigação; início ou prosseguimento da execução: art. 788
- declaração de vontade; sentença; efeitos: art. 501
- obrigações alternativas; escolha do devedor: art. 800
- obrigações; responde com seus bens: art. 789
- reconhecido em título executivo; legitimidade passiva: art. 779, I
- sucessores; legitimidade passiva em execução: art. 779, II

Legislação
- requerimento da própria falência; admissibilidade: arts. 105 a 107 da Lei 11.101/2005

DEVERES

CPC
- da verdade; colaboração; Poder Judiciário: art. 378
- das partes e dos procuradores; rol de: art. 77
- das partes e dos procuradores; vedações: art. 78
- do juiz; rol: art. 139
- processuais: art. 7º

DIÁRIAS

CLT
- viagem; não integração; remuneração: art. 457, § 2º

Legislação
- viagem; salário de benefício; não integração: art. 28, § 9º, h, da Lei 8.212/1991. art. 214, § 9º, VIII, do Dec. 3.048/1999

Súmulas
- acidente do trabalho: Súm. 232/STF
- de viagem; integração ao salário; acima de 50%: Súm. 101/TST
- empregado mensalista; integração: Súm. 318/TST

DIARISTA

CLT
- indenização: art. 478, § 2º
- prazo de aviso prévio nas rescisões contratuais: art. 487, I
- remuneração de férias: art. 142, § 1º
- salário-hora normal: art. 65

DIFERENÇAS SALARIAIS

Súmulas
- plano de cargos e salários; descumprimento; prescrição parcial: Súm. 452/TST
- prescrição total; planos econômicos: OJ 243/SBDI-I-TST

DIGITADOR

CLT
- intervalo mínimo; não concessão; indenização: art. 71, § 4º
- intervalo obrigatório: art. 71, § 1º
- intervalo; descanso; desconto; proibição: art. 71, § 2º
- intervalo; redução; refeitórios: art. 71, § 3º
- repouso; 10 minutos a cada 90 repouso de 10 minutos; serviços permanentes: art. 72
- trabalho contínuo; intervalo; repouso; alimentação: art. 71

Súmulas
- intervalo de descanso; equiparação aos trabalhadores do serviço de mecanografia: Súm. 346/TST

DIGNIDADE DA JUSTIÇA

CPC
- advertência ao devedor: art. 772, II
- ato atentatório: arts. 772, II, e 774

DIGNIDADE DA PESSOA HUMANA

CF
- fundamento constitucional: art. 1º, III

CPC
- resguardo e promoção: art. 8º

DIGNIDADE SEXUAL

CP
- crimes: art. 344
- crimes; aumento de pena: art. 344, par. único

DILIGÊNCIAS

CLT
- anotação em CTPS; reclamação: art. 37
- inúteis e protelatórias; indeferimento: art. 370, parágrafo único

DIPLOMA

CLT
- químicos; institutos estrangeiros; revalidação: art. 325, § 4º
- benemerência; empregadores: art. 399

DIREITO(S)

CLT
- adquirido; alteração da estrutura jurídica da empresa: art. 10
- comum; fonte subsidiária: art. 8º, § 1º
- do trabalho; princípios: art. 8º
- greve: art. 611-B, XXVII

- supressão ou redução; convenção coletiva: art. 611-B

CF
- acesso às informações pessoais e coletivas: art. 5º, XXIII
- adquirido: art. 5º, XXXVI
- certidões nas repartições públicas: art. 5º, XXXIV
- de resposta: art. 5º, V
- de reunião e associação; assegurado: arts. 5º, XVI, XVII, XVIII, XIX, XX e XXI; 136, § 1º, I, a
- do empregador; participação nos colegiados de órgãos públicos: art. 10
- do trabalhador; representante dos empregados junto às empresas: art. 11
- do trabalho; competência legislativa: art. 22, I
- honra pessoal: art. 5º, X
- imagem pessoal: art. 5º, X
- impenhorabilidade da pequena propriedade rural: art. 5º, XXVI
- individual; dignidade da pessoa humana: art. 1º, III
- intimidade: art. 5º, X
- liberdade: art. 5º, caput
- petição: art. 5º, XXXIV
- propriedade: art. 5º, caput, e XXII
- suspensão ou interdição: art. 5º, XLVI, e

CPC
- ação; Ministério Público: art. 177
- autoral; busca e apreensão: art. 536, § 2º
- fato constitutivo, modificativo ou extintivo: art. 493
- indisponível; confissão inválida: art. 392
- indisponível; efeito da revelia: art. 345, II
- litigioso; alienação; legitimidade das partes: art. 109
- ônus da prova: art. 373
- preferência: art. 820, parágrafo único
- retenção; credor; não poderá promover a execução: art. 793

CP
- trabalhista; frustração de direito assegurado por lei: art. 203

CDC
- consumidor: art. 6º
- consumidor; conceito previsto em outros diplomas: art. 7º, caput

Legislação
- advogado: arts. 6º e 7º da Lei 8.906/1994
- migrante e do visitante: art. 1º da Lei 13.445/2017
- trabalhador temporário: art. 12 da Lei 6.019/1974

DIREITO ADQUIRIDO

CLT
- alteração na estrutura jurídica da empresa: art. 10

CF
- sem prejuízo ao: art. 5º, XXXVI

DIREITO AUTORAL

CF
- direito exclusivo; utilização; publicação; reprodução: art. 5º, XXVII
- garantias: art. 5º, XXVIII
- previsão constitucional: art. 5º, XXVII, XXVIII e XXIX

DIREITO DE GREVE
- vide também GREVE
- convenção coletiva ou acordo coletivo; supressão do direito: art. 611-B, XXVII

Legislação
- exercício do: Lei 7.783/1989

Súmulas
- trabalhadores da iniciativa privada; ação possessória; competência: Súm. Vinculante 23/STF

DIREITOS E DEVERES INDIVIDUAIS E COLETIVOS

CF
- ação de inconstitucionalidade: art. 103
- acesso à informação: art. 5º, XIV
- ameaça; apreciação do Poder Judiciário: art. 5º, XXXV
- anterioridade da lei: art. 5º, XL
- aplicação imediata: art. 5º, § 1º
- assistência judiciária: art. 5º, LXXIV
- ato jurídico perfeito: art. 5º, XXXVI
- atos processuais; publicidade: art. 5º, LX
- cidadania; gratuidade dos atos aos pobres: art. 5º, LXXVI
- coisa julgada: art. 5º, XXXVI
- erro judiciário: art. 5º, LXXV
- garantias: art. 5º
- habeas data: art. 5º, LXXII e LXXVII
- inviolabilidade do domicílio: art. 5º, X I
- inviolabilidade do sigilo de correspondência: arts. 5º, XII; 136, § 1º, I, b
- lesão; apreciação do Poder Judiciário: art. 5º, XXXV
- liberdade de associação: art. 5º, XVIII, XIX e XX
- liberdade de comunicação: art. 5º, IX
- liberdade de reunião: art. 5º, XVI
- liberdade de trabalho, ofício e profissão: art. 5º, XIII
- mandado de injunção: art. 5º, LXXI

- mandado de segurança: art. 5º, LXIX
- mandado de segurança coletivo: art. 5º, LXX
- processo administrativo: art. 5º, LV
- processo; autoridade competente: art. 5º, LIII
- processo; prova: art. 5º, LVI
- proteção de dados pessoais: art. 5º, LXXIX
- racismo; crime inafiançável: art. 5º, XLII
- sentença; autoridade competente: art. 5º, LIII
- trabalhos forçados: art. 5º, XLVII, c
- tratamento desumano ou degradante; vedação: art. 5º, III

DIREITOS E GARANTIAS FUNDAMENTAIS

CF
- aplicação imediata das normas: art. 5º, § 1º
- direitos e deveres individuais e coletivos: art. 5º
- direitos políticos: arts. 14 a 16
- direitos sociais: arts. 6º a 11
- direitos dos trabalhadores: art. 7º
- previsão constitucional: art. 6º

DIRETORES

CLT
- cargos; eleição sindical: arts. 531 e 532
- estabilidade; não ocorre: art. 499

Legislação
- FGTS; extensão a diretores não empregados: Lei 6.919/1981

Súmulas
- eleitos; suspensão do contrato de trabalho: Súm. 269/TST

DIRIGENTE SINDICAL

CLT
- administração do sindicato: art. 522
- reintegração no emprego: art. 659, X
- transferências; impossibilidade: art. 543

CF
- demissão; requisitos: art. 8º, VIII
- estabilidade: art. 543, § 3º e art. 8º, VIII

Legislação
- anistia; pagamento de salários: Lei 8.632/1993

Súmulas
- acesso à empresa: PN 91/TST
- candidatura; registro: Súm. 369, I e V, TST
- categoria diferenciada; estabilidade provisória: Súm. 369, III, TST
- despedida; requisitos: Súm. 379/TST
- estabilidade provisória: Súm. 369/TST

DISCRIMINAÇÃO

CLT
- sexo ou etnia; multa; diferenças salariais: art. 461, § 6º

CF
- objetivo fundamental; sem preconceito; e qualquer outra forma de: art. 3º, IV

Legislação
- exigência de atestados de gravidez e esterilização; proibição: Lei 9.029/1995
- portadores do vírus da imunodeficiência humana (HIV) e doentes de Aids: Lei 12.984/2014

DISPENSA
- vide DEMISSÃO

DISPENSA SEM JUSTA CAUSA
- vide RESCISÃO DO CONTRATO DE TRABALHO

DISPOSIÇÕES

CLT
- especiais; duração e condições de trabalho: arts. 224 a 351
- especiais; marinha mercante: arts. 368 a 371
- especiais; tripulantes: arts. 150 a 152
- finais e transitórias: arts. 911 a 922
- gerais; proteção do trabalho do menor: arts. 402 a 410
- gerais; salário mínimo: arts. 117 a 120
- gerais; segurança e medicina do trabalho: arts. 154 a 159
- legais transitórias ou de emergência: art. 1º, parágrafo único
- preliminares; duração do trabalho: art. 57
- preliminares; execução: arts. 876 a 879

DISSÍDIOS COLETIVOS

CLT
- acordo: art. 863
- ameaça de perturbação: art. 865
- associação sindical; representação; instauração de instância: art. 857
- audiência: arts. 860 a 862
- competência do julgamento: art. 678
- conciliação e julgamento: arts. 860 a 867
- cumprimento das decisões; penalidades: art. 872
- custas; incidência: art. 789
- custas; solidariedade: art. 789, § 4º
- decisão; recursos: art. 898
- delegação à autoridade local: art. 866

- elencos teatrais: art. 67, parágrafo único
- empregado ferroviário: arts. 238 e 239
- empregado menor: arts. 411 a 413
- empregados em frigorifico: art. 253
- empregados em minas no subsolo: arts. 293 a 295
- empregados em telefonia: arts. 227 a 231
- empresas de telefonia: arts. 227 a 231
- feriados: art. 70
- ferroviários: arts. 238 e 239
- força maior: art. 61
- gerente: art. 62, II
- hora do trabalho noturno: art. 73, § 1º
- hora *in itinere*: art. 58, § 2º
- horário de trabalho: art. 74, § 1º
- horário diário; limite: art. 58
- horas extras: art. 59
- horas suplementares: art. 59, *caput*
- insalubre; prorrogação da jornada; acordo: art. 60
- interrupção do trabalho acidental ou força maior: art. 61, § 3º
- jornalistas: arts. 303, 304 e 306
- municípios; preceitos: art. 69
- operadores cinematográficos: arts. 234 e 235
- operadores telegrafistas: art. 246
- penalidades: art. 75
- períodos de descanso: arts. 66 a 72
- professores; período de exames: art. 322, § 1º
- prontidão; serviço ferroviário: art. 244, § 3º
- quadro de horário: art. 74
- repouso ou alimentação: art. 71, § 3º
- revezamento; trabalho aos domingos: art. 67, parágrafo único
- serviços permanentes de datilografia: art. 72
- trabalho contínuo: art. 71, *caput*
- trabalho do menor: arts. 411 a 413
- trabalho em minas de subsolo: art. 293
- trabalho em regime parcial: art. 58-A
- trabalho executado fora do estabelecimento: art. 74, § 3º
- trabalho noturno: art. 73
- tripulante: art. 248

ECONOMIA FAMILIAR
- regime de; anotação em CTPS: art. 13, § 1º
ECT
Súmulas
- dispensa motivada: OJ 247, II da SBDI-I-TST
EDIFICAÇÕES
CLT
- altura; local de trabalho: art. 171
- coberturas; condições de segurança: art. 174
- corredores; requisitos: art. 174
- disposições gerais: arts. 170 a 174
- escadas; condições de segurança: art. 174
- medidas mínimas dos locais de trabalho: art. 171
- paredes e pisos: arts. 172 e 173
- passarelas: art. 174
- pisos; aberturas; proteções contra quedas; requisitos: art. 173
- pisos; requisitos: arts. 172 a 174
- rampas de acesso; condições de segurança: art. 174
- requisitos técnicos: art. 170
EDITAIS
CLT
- arrematação: art. 888, § 1º
- audiência; alteração de local: art. 813, § 1º
- citação do executado não encontrado: art. 880, § 3º
- eleições sindicais: art. 531, § 2º
- imposto sindical; obrigatoriedade de publicação: art. 605
- nomeação de juízes: art. 693, § 1º
- notificação do reclamado: art. 841, § 1º
- notificação do reclamante: art. 841, § 2º
- obrigatoriedade de publicação; imposto sindical: art. 605
EDITAL
CLT
- execução; arrematação: art. 888
- procedimento sumaríssimo; citação: art. 852-B, II
- recursos; notificação: art. 636, §§ 2º e 7º
- sindicatos; venda de imóvel: art. 549, § 6º
EDUCAÇÃO
CLT
- escolas técnicas de; aprendizes: art. 430, I
- moral; aprendizes: art. 424
- profissional; estabelecimentos; aprendizes: art. 429, § 1º
- utilidade; não integra o salário: art. 458, § 2º, II
CF

- acesso; competência: art. 23, V
- básica; profissionais; planos de carreira: art. 206, parágrafo único
- básica pública; fonte adicional de financiamento; salário-educação: art. 212, § 5º
- profissionais da educação escolar pública; piso salarial profissional nacional: art. 206, VIII
- salário-educação: art. 212, §§ 5º e 6º
- trabalhador adolescente e jovem; acesso: art. 227, § 3º, III
Legislação
- física; profissional: Lei 9.696/1998
- salário-educação: Lei 9.766/1998
EFEITO(S)
CLT
- cessação do contrato de trabalho: arts. 146 a 148
- devolutivo; recursos: art. 899
- suspensivo; recurso; execução: art. 876
Súmulas
- devolutivo; recurso ordinário; profundidade: Súm. 393/TST
- modificativo; embargos declaratórios; decisão monocrática do relator: Súm. 421/TST
- modificativo; embargos declaratórios; omissão no julgado: Súm. 278/TST
- suspensivo a recurso ordinário; conciliação: IN 24/2002, do TST
- suspensivo; sentença normativa: Súm. 279/TST
ELEIÇÃO
CLT
- representação de empregados: arts. 510-A a 510-D
- representação de empregados; atribuições: art. 510-B
- representação de empregados; convocação: art. 510-C
- representação de empregados; finalidade: art. 510-A
- representação de empregados; mandato: art. 510-D
ELEIÇÃO DE FORO
Súmulas
- cláusula contratual; validade: Súm. 335/STF
ELEIÇÕES SINDICAIS
- cargos administrativos ou de representação econômica; inelegibilidade: art. 530
- cargos de diretoria: arts. 531 e 532
- condições para o exercício do direito devoto: art. 529
- para renovação da diretoria e do conselho fiscal: art. 532
ELEITOR
- alistamento; falta ao trabalho: art. 473, V
ELENCOS TEATRAIS
CLT
- descanso semanal; exceção: art. 67, parágrafo único
- empregados brasileiros: art. 352, § 1º, I
- jornada de trabalho: art. 232
- trabalho do menor405, § 3º, *a*
ELETRICITÁRIOS
Súmulas
- adicional de periculosidade; exposição intermitente: Súm. 361/TST
- sobreaviso: Súm. 229/TST
EMBAIXADOR
CPC
- testemunha: art. 454, XII
EMBARCAÇÃO
CLT
- disposições gerais: art. 248 e ss.
EMBARCADIÇOS
CLT
- férias; pedido por escrito: art. 150, § 3º
- hierarquia: art. 370
EMBARGO DE OBRA
CLT
- interdição do estabelecimento; grave risco para o trabalhador: art. 161
- requerimento; competência: art. 161, § 2º
- salários; recebimento normal: art. 161, § 6º
EMBARGOS
CLT
- à execução: art. 884
- à penhora: art. 884, § 3º
- admissibilidade: art. 893, I
- cabimento: art. 894
- de declaração: art. 897-A
- de terceiro; não cabimento do recurso de revista: art. 896, § 2º
- efeito modificativo; prazo: art. 897-A
- impugnação da sentença de liquidação; à penhora: art. 884, § 3º
- julgamento; presença de todos os membros da Vara do Trabalho: art. 649, § 1º
- prazo; cabimento: art. 894
Súmulas

- oposição contra acórdão de Turma; divergência jurisprudencial: Súm. 433/TST
- comprovação de divergência jurisprudencial: Súm. 337/TST
- declaratórios; preclusão: Súm. 184/TST
- fundamentação em Orientação Jurisprudencial do TST: OJ 219/SBDI-I-TST
- inadmissibilidade; interposição contra decisão monocrática: OJ 378/SBDI-I-TST
- não cabimento: Súm. 353/TST
- não cabimento; reexame de fatos e provas: Súm. 126/TST
- procedimento sumaríssimo; recurso interposto após vigência da Lei 11.496/2007: Súm. 458/TST
- recurso de revista; não conhecimento; indicação expressa de ofensa ao art. 896 da CLT: OJ 78/SBDI-I-Transitória-TST
- recurso de revista; não conhecimento; interpretação de enunciado ou de OJ; exame do mérito pela SDI: OJ 79/SBDI-I-Transitória-TST
EMBARGOS À EXECUÇÃO
CLT
- art. 884
CPC
- arts. 914 a 920
- contra a Fazenda Pública: arts. 535 e 910
- excesso de execução: art. 917, § 2º
- impedimento e suspeição: art. 917, § 7º
- impugnação; incorreção da penhora ou avaliação: art. 917, § 1º
- inaplicabilidade das regras ao cumprimento de sentença: art. 916, § 7º
- incompetência do juízo: art. 917, V
- parcelamento; concessão; suspensão da execução: art. 921, V
- reconhecimento do crédito; manifestação do exequente: art. 916, § 1º
- reconhecimento do crédito; pedido de parcelamento; pendência; depósito das parcelas vincendas: art. 916, § 2º
- título judicial; exceção de incompetência: art. 535, § 1º
Súmulas
- execução por carta; decisão: Súm. 46/STJ
- sentença de liquidação; impugnação; preclusão; coisa julgada; irrescindibilidade: OJ 134 da SBDI-II/TST
EMBARGOS À PENHORA
CLT
- impugnação da sentença de liquidação: art. 884, § 3º
EMBARGOS DE DECLARAÇÃO
CLT
- efeito modificativo dos embargos de declaração; interrupção do prazo: art. 897-A, §§ 2º e § 3º
CPC
- alteração da sentença: art. 494, II
- arts. 1.022 a 1.026
- cabimento: arts. 994, IV, e 1.022, I
- cabimento; correção de erro material: art. 1.022, III
- julgamento: art. 1.024
- litisconsórcio: art. 1.023, § 1º
- omissão: art. 1.022, II
- prazo para oposição: art. 1.023
- prazo para outros recursos; interrupção: art. 1.026
- protelatórios; multa: art. 1.026, § 2º
- suspensão da eficácia da decisão: art. 1.026, § 1º
Súmulas
- decisão monocrática do relator: Súm. 421/TST
- improcedência: Súm. 317/STF
- omissão: Súm. 278/TST
- prazo em dobro; pessoa jurídica de direito público: OJ 192/SBDI-I-TST
- preclusão: Súm. 184/TST
EMBARGOS DE DIVERGÊNCIA
CPC
- cabimento: art. 994, IX
- prazo: art. 1.003, § 5º
Súmulas
- decisão por maioria: Súm. 390/STJ
- inadmissibilidade; ação rescisória; decisão unânime do STF: Súm. 295/STF
- inadmissibilidade; matéria constitucional submetida ao plenário dos Tribunais: Súm. 293/STF
- inadmissibilidade; matéria não ventilada no julgamento do recurso extraordinário: Súm. 296/STF
- inadmissibilidade; oposição contra decisão do STF em mandado de segurança: Súm. 294/STF
- matéria constitucional; admissão: Súm. 455/STF
- não conhecimento; divergência entre a mesma turma do TST: OJ 95/SBDI-I-TST
- recurso extraordinário tardio: Súm. 355/STF
- ressalva: Súm. 598/STF
EMBARGOS DE TERCEIRO
CLT
- não cabimento do recurso de revista: art. 896, § 2º

ENUNCIADO(S)

CLT
- direitos; restrição; impossibilidade: art. 8º, § 2º
- Tribunal Pleno; alteração: art. 702, I, f e § 3º

EQUIDADE

CLT
- decisões; falta de disposições legais ou contratuais: art. 8º

CDC
- direitos decorrentes de: art. 7º

EQUIPAGENS DAS EMBARCAÇÕES DA MARINHA MERCANTE NACIONAL

CLT
- disposições gerais: arts. 248 a 252

EQUIPAMENTO DE PROTEÇÃO INDIVIDUAL

CLT
- eliminação ou neutralização da insalubridade: art. 191, II
- empregado; utilização; dever: art. 158, parágrafo único, b
- fornecimento gratuito pela empresa: arts. 166 e 389, IV
- insalubridade; neutralização ou eliminação: art. 191, II
- não consideração como salário: art. 458, § 2º, I
- normas de utilização: art. 182, II e 200, I
- perfeito estado de conservação: art. 166
- recusa injustificada pelo empregado: art. 158, parágrafo único, b
- salário; constituição; impossibilidade: art. 458, § 2º, I
- venda ou utilização; certificado de aprovação: art. 167

Legislação
- equipamentos de proteção individual – EPI: NR 6

EQUIPARAÇÃO

CLT
- serviços públicos ou de utilidade pública: art. 910

EQUIPARAÇÃO SALARIAL

CLT
- deficiente físico; paradigma: art. 461, § 4º
- diferença de gênero; impossibilidade: art. 5º
- discriminação por sexo, raça, etnia, origem ou idade: arts. 461, § 6º
- disposições gerais: art. 461
- empregado readaptado: art. 461, § 4º
- identidade de função e trabalho de igual valor: art. 461
- requisitos: art. 461, § 5º
- valor da multa; reincidência: art. 461, § 7º

CF
- direito do trabalhador: art. 7º, XXX

Legislação
- igualdade salarial; mulheres e homens: Lei 14.611/2023

Súmulas
- atendente e auxiliar de enfermagem; impossibilidade: OJ 296/SBDI-I-TST
- cargo; denominação: Súm. 6, III/TST
- cessão de empregados: Súm. 6, V/TST
- cômputo do tempo de serviço: Súm. 6, II/TST
- decisão judicial: Súm. 6, VI/TST
- empregado de cooperativa de crédito e bancário; impossibilidade: OJ 379/SBDI-I-TST
- mesma localidade: Súm. 6, X/TST
- ônus da prova: Súm. 6, VIII/TST
- plano de cargos e salários; instrumento coletivo; critérios de promoção por antiguidade e merecimento: OJ 418/SBDI-I-TST
- prescrição: Súm. 6, IX/TST
- quadro de carreira; CEEE; reestruturação: OJ 29/SBDI-I-Transitória-TST
- quadro de carreira; homologação pelo Ministério do Trabalho: Súm. 6, I/TST
- quadro de carreira; preterição: Súm. 127/TST
- servidor público da administração direta, autárquica e fundacional; vedação constitucional: OJ 297/SBDI-I-TST
- sociedade de economia mista: Súm. 455/TST
- tempo de reclamação; situação pretérita: Súm. 6, IV/TST
- trabalho igual; tempo de serviço na função: Súm. 202/STF e Súm. 6, II/TST
- trabalho intelectual: Súm. 6, VII/TST

ESCADAS

CLT
- condições de segurança e higiene: art. 174

ESCALA DE REVEZAMENTO

CLT
- repouso dominical: art. 386
- trabalho aos domingos: art. 67, parágrafo único

ESCALA DE SERVIÇO DE BANCÁRIOS

CLT
- quadro da portaria: art. 226, parágrafo único

ESCAVAÇÕES, TÚNEIS, GALERIAS E PEDREIRAS

CLT
- trabalho; medidas especiais de proteção: art. 200, III

ESCOLAS

CLT

- alfabetização e pré-vocacionais; sindicato: art. 514, parágrafo único, b
- maternais; SESC, SESI e LBA: art. 397
- profissionais da imprensa; formação: art. 315

ESCRITURAÇÃO

Legislação
- digital das obrigações fiscais, previdenciárias e trabalhistas (eSocial): Resolução 1/2015 do MTE

ESCRIVÃES

CLT
- atribuições; processos: arts. 773 e 781
- dos juízos de direito; atribuições; obrigações: art. 717
- presença em audiências: art. 814

CPC
- atribuições: art. 152
- autuação; petição inicial: art. 206
- certidões: art. 152, V
- distribuição dos processos: arts. 284 a 290
- impedimento; substituto; nomeado pelo juiz: art. 152, § 2º
- incumbências; regulamentação: ato do juiz: art. 152, § 1º
- juntada; vista e conclusão: art. 208
- numeração e rubrica das folhas: art. 207
- obediência à ordem cronológica: art. 153
- ordem cronológica dos processos: arts. 153 e 1.046, § 5º
- procedimento dos atos: arts. 206 a 211
- responsabilidade civil: art. 155

ESCRUTÍNIO SECRETO

CLT
- CIPA; representantes dos empregados: art. 164, § 2º
- deliberações da assembleia geral; sindicato: art. 524
- entidades sindicais; aprovação do orçamento: art. 550
- entidades sindicais; conta dos administrados: art. 551, § 8º
- membros da CIPA: art. 164, § 2º
- sindicato: art. 524

ESTABELECIMENTO

CLT
- do empregador; não distinção: art. 6.º
- extinção; alteração do contrato de trabalho: art. 469, § 2º

CPC
- penhora; depósito: art. 862

Súmulas
- bancário; cheque falso; pagamento: Súm. 28/STF
- fiscalização; conselhos regionais de farmácia; profissional habilitado: Súm. 561/STJ
- leilão; intimação do devedor: Súm. 121/STJ
- Ministério Público; intervenção; desnecessidade: Súm. 189/STJ
- petição inicial; indeferimento; falta de indicação CPF, RG ou CNPJ: Súm. 558/STJ
- petição inicial; requisitos; cálculo de débito: Súm. 559/STJ
- prescrição: Súm. 150/STF
- suspensão do processo; penhora; bens não encontrados: Súm. 314/STJ

ESTABELECIMENTO PARTICULAR DE ENSINO

CLT
- exercício do magistério; exigência: art. 317
- remuneração dos professores: art. 323

ESTABILIDADE

CLT
- bancários: art. 919
- cargos de confiança: art. 499
- CIPA; membros: art. 165
- Comissão de Conciliação Prévia; membro: art. 625-B, § 1º
- conceito: art. 492
- contagem do tempo de serviço; acidente do trabalho; serviço militar: art. 4º, § 1º
- demissão; pedido; requisitos: art. 500
- despedida obstativa: art. 499, § 3º
- despedida; inquérito: art. 494
- diretoria; gerência; cargos de confiança; não ocorre: art. 499
- dirigente sindical: art. 543, § 3º
- disposições gerais: arts. 492 a 500
- empregado sindicalizado: art. 543, § 3º
- empregados com mais de 10 anos na empresa: art. 492
- extinção da empresa: arts. 497, 502, I, e 504
- falta grave: art. 493
- falta grave; inexistência: art. 495
- falta grave; inquérito; suspensão do empregado: art. 494
- fechamento de estabelecimento, filial ou agência: art. 498
- gestante; contrato: Súm. 244, III/TST
- indenização; demissão da empresa: art. 502, I
- indenização em dobro, extinção da empresa, não ocorrência de força maior: art. 497

- inexistência de falta grave; readmissão no serviço; pagamento de salários: art. 495
- instauração de inquérito; prazo para reclamação: art. 853
- pedido de demissão de estável; assistência do sindicato: art. 500
- profissionais liberais; não aplicação: art. 507
- provisória; gestante: art. 391-A
- reintegração desaconselhável; conversão em indenização: art. 496
- suspensão do empregado; falta grave; inquérito: art. 494
- readmissão de empregado; pagamento de salários; período de suspensão; inexistência de falta grave: art. 495

CF
- gestante: art. 10, II, b, do ADCT
- membro da CIPA: art. 10, II, a, do ADCT
- serviço público; anterior à CF: art. 19 do ADCT

Legislação
- gestante; provisoriedade: LC 146/2014
- membro do Conselho Nacional da Previdência Social: art. 3º, § 7º, da Lei 8.213/1991

Súmulas
- ação trabalhista; abuso do direito de ação: OJ 399/SBDI-I-TST
- acidente do trabalho: Súm. 378/TST
- acidente ou doença profissional; instrumento normativo; vigência: OJ 41/SBDI-I-TST
- administração direta, autárquica ou fundacional; celetista: Súm. 390, I/TST
- aquisição no período do aviso prévio: Súm. 371/TST
- CIPA; suplente: OJ 6, SDI (II) e Súm. 339, I/TST
- CIPA; suplente; extinção do estabelecimento: Súm. 339, II/TST
- cômputo de tempo; serviço militar obrigatório: Súm. 463/STF
- CONAB; Aviso DIREH: Súm. 355/TST
- concessão de aviso prévio: Súm. 348/TST
- contratual e FGTS; compatibilidade: Súm. 98, II/TST
- cooperativa; conselho fiscal; suplente: OJ 253/SBDI-I-TST
- delegado sindical; inaplicabilidade: OJ 369/SBDI-I-TST
- direito de ação; abuso; descaracterização: OJ 399/SBDI-I-TST
- dirigente sindical: Súm. 369/TST
- empregado estável; perda da estabilidade: Súm 339, II, do TST
- falta grave; suspensão; aplicação do art. 494 da CLT: OJ 137/SBDI-II-TST
- FGTS; equivalência jurídica: Súm. 98/TST
- gestante; desconhecimento do estado gravídico pelo empregador: Súm. 244, I/TST
- gestante; extensão: Súm. 244/TST
- gestante; habilitação posterior; representação regular: OJ 319 da SBDI-I-TST
- gestante; reintegração: Súm. 244, II/TST
- HIV e doença grave: Súm. 443/TST
- membro de conselho fiscal de sindicato; inexistência: OJ 365/SBDI-I-TST
- membros da CIPA: art. 165; Súm. 676/STF
- opção pelo novo regulamento: Súm. 51, II/TST
- pedido de reintegração: Súm. 396/TST
- período estabilitário exaurido: Súm. 396, I/TST
- período pré-eleitoral: OJ 23/SBDI-II-TST
- reintegração em período posterior: OJ 24/SBDI-II-TST
- representante dos trabalhadores; empresas com mais de 200 empregados: PN 86/TST
- rescisão do contrato de trabalho por acordo: Súm. 54/TST
- servidor público celetista: Súm. 390/TST
- suplente; CIPA: Súm. 339, I/TST

ESTADIA

CLT
- tripulante: art. 150, §§ 1º e 2º

ESTADO CIVIL

CLT
- CTPS; anotações: arts. 20 e 32

ESTÁGIO
- estudantes; estabelecimento de ensino superior: Lei 11.788/2008
- jornada: art. 10 da Lei 11.788/2008
- obrigações das instituições de ensino: art. 7º da Lei 11.788/2008
- recesso: art. 13 da Lei 11.788/2008

Súmulas
- contrato de estágio; desvirtuamento; vínculo empregatício; Administração Pública: OJ 366/SBDI-I-TST
- estagiário de direito; habilitação posterior: OJ 319/SBDI-I-TST
- probatório; funcionário público; exoneração ou demissão; inquérito; formalidades legais: Súm. 21/STF

- probatório; funcionário público; extinção do cargo: Súm. 22/STF

ESTATUTO DA ADVOCACIA
Legislação
- previsão legal: Lei 8.906/1994

ESTATUTO DA CRIANÇA E DO ADOLESCENTE
Legislação
- previsão legal: Lei 8.069/1990

ESTATUTO DA IGUALDADE RACIAL
Legislação
- efetivação da igualdade; combate à discriminação: Lei 12.288/2010

ESTATUTO DA JUVENTUDE
CF
- art. 227, § 8º, I
Legislação
- direitos dos jovens; Sistema Nacional de Juventude: Lei 12.852/2013

ESTATUTO DA PESSOA COM DEFICIÊNCIA
Legislação
- direito ao trabalho: arts. 34 a 38 da Lei 13.146/2015
- disposições: Lei 13.146/2015

ESTATUTO DA PESSOA IDOSA
Legislação
- direitos assegurados: Lei 10.741/2003

ESTATUTO DO ESTRANGEIRO
- *vide* MIGRAÇÃO

ESTATUTO NACIONAL DA MICROEMPRESA E EMPRESA DE PEQUENO PORTE
- *vide* MICROEMPRESA E EMPRESA DE PEQUENO PORTE

ESTETICISTA
Legislação
- regulamento da profissão: Lei 13.643/2018

ESTRANGEIRO
CLT
- admissão: arts. 359 e 366
- carteira de identidade de estrangeiro; obrigatoriedade: art. 359
CF
- adoção de brasileiros: art. 227, § 5º
- bens; sucessão: art. 5º, XXXI
- emigração, imigração, entrada e expulsão; legislação e competência: art. 22, XV
- extradição; crime político ou de opinião: art. 5º, LII
- filhos de pai brasileiro ou mãe brasileira; registro: ADCT, art. 95
- inalistável: art. 14, § 2º
- ingresso ou permanência irregular; processo e julgamento: art. 109, X
- nacionalidade e naturalização; processo e julgamento: art. 109, X
- naturalização: arts. 12, II, *b*; 22, XIII
- pessoa física; aquisição ou arrendamento de propriedade rural: art. 190
- pessoa jurídica; aquisição ou arrendamento de propriedade rural: art. 190
- propriedade rural; autorização para aquisição ou arrendamento: art. 190
- residente no País; direito à vida, à liberdade, à segurança e à propriedade: art. 5º, *caput*
Legislação
- estudante; visto temporário; migração: Res. Normativa 124/2016 do CNIG

ESTRUTURA JURÍDICA DA EMPRESA
CLT
- alteração; direito adquirido; não afeta: art. 10

ESTUDANTE
CLT
- menor; férias; coincidência com férias escolares: art. 136, § 2º

ESTUDO
CLT
- associação para fins de; licitude: art. 511, *caput*
- bolsa de; sindicato de empregadores; contribuição sindical; objetivos: art. 592, I, *c*
- bolsa de; sindicato de trabalhadores autônomos; contribuição sindical; objetivos: art. 592, IV, *d*
- dever; responsáveis legais de menores: art. 424
- período extraordinário não computado: art. 4º, § 2º, IV

ÉTICA
CLT
- médica; exames médicos; resultados: art. 168, § 5º

ETNIA
CLT
- não distinção; função idêntica: art. 461

EXAME MÉDICO
CLT
- atividades insalubres: art. 200, VI
- obrigatoriedade: art. 168
- periodicidade; risco da atividade: art. 168, § 3º
- periódico: art. 168, *caput*, II
- telemedicina: arts. 42, §1º-A e 60, § 11-A da Lei 8.213/1991; art. 40-B, § 2º da Lei 8.742/1993
- toxicológico; motorista profissional: art. 168, § 6º
Legislação
- toxicológico; motoristas profissionais: Arts. 60 e ss. da Port. 672/2021 do MTP

EXAME PERICIAL
CPC
- produção antecipada: arts. 381 a 383

EXAME TOXICOLÓGICO
CLT
- motorista profissional: art. 168, § 6º

EXCEÇÃO DE IMPEDIMENTO
CPC
- momento da arguição: art. 146
- processamento: art. 146, §§1º e 2º
- protocolização da petição: art. 146
- suspensão do processo: art. 146, §2º, II

EXCEÇÃO DE INCOMPETÊNCIA
CLT
- territorial: art. 800
- territorial; apresentação; prazo: art. 800
- territorial; decisão: art. 800, § 4º
- territorial; suspensão do processo: art. 800, § 1º
CPC
- momento da arguição: art. 64
Súmulas
- territorial; aplicação; processos: art. 11 da IN 41/2018 do TST

EXCEÇÃO DE PRÉ-EXECUTIVIDADE
CPC
- previsão: art. 803, parágrafo único
Súmulas
- execução fiscal; admissibilidade: Súm. 393/STJ

EXCEÇÃO DE SUSPEIÇÃO
CPC
- momento da arguição: art. 146
- processamento: art. 146
- reconhecimento; efeitos: art. 146, § 2º, I e II
- suspensão do processo: art. 146, § 2º, II

EXCEÇÃO DECLINATÓRIA DO FORO
CPC
- conflito de competência: art. 952, parágrafo único
- prorrogação da competência: art. 65

EXCEÇÕES
CLT
- disposições gerais: arts. 799 a 802
- incompetência e suspeição: art. 799
- incompetência; apresentação; prazo: art. 800
- incompetência; conflito de jurisdição; vedação: art. 806
- incompetência; decisão: art. 800, § 4º
- incompetência; julgamento: arts. 653, *d* e 680, *d*
- incompetência; suspensão do processo: art. 800, § 1º
- suspeição; procedimento: arts. 801 e 802
Súmulas
- incompetência; ação rescisória; decadência: Súm. 100, VIII/TST

EXECUÇÃO
CLT
- adjudicação: art. 888, § 3º
- advogado; ausência; promoção pelas partes: art. 878
- arrematação: art. 888, §§ 1º e 2º
- bancos arrecadadores: art. 889-A, *caput*
- citação por edital: art. 880, § 3º
- citação por oficial de justiça: art. 880, § 2º
- competência: art. 877
- custas; responsabilidade do executado: art. 789-A
- de ofício: art. 878
- decisão: arts. 885 e 886
- disposições preliminares: arts. 876 a 879
- embargos: art. 884
- *ex officio*: art. 878
- faculdade em pagar o devido à Previdência Social: art. 878-A
- fontes subsidiárias: art. 889
- garantia; depósito: art. 882
- hasta pública: art. 888, *caput*
- honorários de sucumbência; beneficiário da justiça gratuita: art. 791-A, § 4º
- impugnação; prazo: art. 884
- impugnação; sentença: art. 879, § 2º
- informações sobre pagamentos: art. 889-A, § 2º
- julgado: art. 893, § 2º
- julgamento e trâmites finais: arts. 885 a 889-A
- julgamento: arts. 885, 886 e 888
- liquidação da sentença exequenda: art. 879
- mandado de citação: art. 880, § 1º
- mandado e penhora: arts. 880 a 883-A
- oficial de justiça: art. 880, § 2º
- parcelamento de débitos fiscais: art. 889-A, § 1º
- penhora; bem gravado por cédula de prestações sucessivas: art. 883
- perda de sinal: art. 888, § 4º
- prestações sucessivas: arts. 890 a 892
- promovida pelas partes: art. 878
- provisória: art. 899
- quem pode promover: art. 878
- sentença ilíquida; liquidação: art. 879
- sentença; impugnação; prazo: art. 879, § 2º
CPC
- avaliação; dispensa; preço médio de mercado: art. 871, IV
- avaliação; dispensa; veículos automotores: art. 871, IV
- averbação manifestamente indevida; indenização; incidente em autos apartados: art. 828, § 5º
- averbação no registro de imóveis, de veículo ou de outros bens; certidão: art. 828
- bens do sucessor; direito real ou obrigação reipersecutória: art. 790, I
- bens sujeitos: arts. 789 e 790
- bens sujeitos; alienação ou ônus real anulados por fraude: art. 790, V
- bens sujeitos; concessão de uso especial para fins de moradia: art. 791, § 2º
- bens sujeitos; direito real de uso: art. 791, § 2º
- bens sujeitos; enfiteuse: art. 791, § 2º
- bens sujeitos; responsável; desconsideração da personalidade jurídica: art. 790, VII
- cadastro de inadimplentes; exclusão do executado: art. 782, § 4º
- cadastro de inadimplentes; inclusão do executado: art. 782, §§ 3º e 5º
- citação do executado; indicação dos bens: art. 829, § 2º
- citação irregular; nulidade: art. 803, II
- condição/termo; nulidade: art. 803, III
- contra a Fazenda Pública; embargos: arts. 535 e 910, § 2º
- contra a Fazenda Pública; honorários advocatícios; expedição de precatório: art. 85, § 7º
- contra Fazenda Pública; regras aplicáveis: art. 910, § 3º
- contraprestação de credor; prova do adimplemento: art. 798, I, *d*
- contraprestação; recusa pelo credor: art. 787
- credor; título executivo: art. 778
- cumprimento da obrigação pelo devedor: art. 788
- cumulação: art. 780
- desconto em folha; prestação alimentícia; hipóteses: art. 912
- desistência; faculdade do credor: art. 775
- dignidade da justiça: arts. 772, II, e 774
- eficácia; bem sujeito a uso, usufruto ou habitação; intimação: art. 804, § 6º
- eficácia; necessidade de intimação: art. 804
- entrega de coisa: arts. 806 a 813
- escolha do meio menos gravoso: art. 805
- escolha do modo pelo credor: art. 798, II, *a*
- excesso; hipóteses: art. 917, § 2º
- execução; levantamento do depósito; privilégio/preferência: art. 905, II
- extinção: arts. 924 e 925
- fixação dos honorários advocatícios: art. 827
- forçada; promoção pelo Ministério Público: art. 778, § 1º, I
- fraude; alienação de bem; averbação de constrição judicial: art. 792, III
- inadimplemento do devedor: art. 786
- inicial; indicação de bens à penhora pelo credor: arts. 798, II, *c*, e 829, § 2º
- interesse do credor: art. 797
- intimação; cumpre ao credor requerer: art. 799, I e II
- intimação; não realização; ineficácia da alienação: art. 804
- intimação; penhora em presença do executado: art. 841, § 3º
- juízo competente; lugar do ato que deu origem ao título: art. 781, V
- legitimação ativa: art. 778
- legitimação passiva: art. 779
- legitimação passiva; responsável; garantia real; titular do bem: art. 779, V
- levantamento de dinheiro ou valores; plantão judiciário; vedação: art. 905, parágrafo único
- nulidade; ocorrência: art. 803
- nulidade; termo não ocorrido: art. 803, III
- nulidade; título executivo extrajudicial: art. 803, I
- obrigação alternativa: art. 800
- pagamento; execução por quantia certa: art. 904, I
- partes: arts. 778 a 780 e 800
- penhora de frutos e rendimentos; entrega das quantias pelo administrador ao exequente: art. 869, § 5º

- inquérito; processo e julgamento; competência: art. 652, *b*
- readmissão de empregado: art. 495
- suspensão do empregado; inquérito: art. 494
- tempo de serviço do empregado; contagem: art. 453

Súmulas
- abandono de emprego; ajuizamento de inquérito; decadência: Súm. 62/TST
- abandono de emprego; caracterização: Súm. 32/TST
- aviso prévio; indenização: Súm. 73/TST
- cessação do benefício previdenciário: Súm. 32/TST
- dirigente sindical; despedida; inquérito judicial: Súm. 197/STF e Súm. 379/TST
- empregado estável; decadência; inquérito judicial: Súm. 403/STF
- greve; adesão; não constitui falta grave; Súm. 316/STF
- suspensão; admissibilidade; aplicação do art. 494 da CLT: OJ 137/SBDI-II-TST

FALTAS AO SERVIÇO
- *vide* também ABANDONO DE EMPREGO

CLT
- aborto; licenciamento: art. 131, II
- desconto; impossibilidade; hipóteses: art. 473
- férias; descontos: art. 130
- férias; descontos; impossibilidade: arts. 132 a 134
- justificadas; hipóteses: art. 473
- maternidade; aborto; licenciamento: art. 131, II
- não caracterização: art. 131
- vedação de desconto: art. 130, § 1º

Legislação
- justificadas ou legais; gratificação natalina; indedutibilidade: art. 2º da Lei 4.090/1962

Súmulas
- acidente do trabalho: Súm. 46/TST
- atestado médico: Súm. 15/TST
- ausências legais: Súm. 89/TST
- comparecimento como parte; Justiça do Trabalho: Súm. 155/TST
- serviço médico da empresa ou mantido por convênio: Súm. 282/TST

FAMÍLIA

CLT
- concessão de férias a todos; requisitos: art. 136, § 1º
- testemunha: art. 829

FARMÁCIAS

CLT
- equiparação a serviços públicos: art. 910

Súmulas
- farmacêutico; acúmulo de responsabilidade técnica: Súm. 413/STJ

FATO CONSTITUTIVO, IMPEDITIVO, MODIFICATIVO E EXTINTIVO

CPC
- ônus da prova: art. 373, I e II

FAXINEIRO

Legislação
- prédio residencial: Lei 2.757/1956

Súmulas
- terceirização: Súm. 331, III/TST

FAZENDA PÚBLICA

CLT
- cobrança judicial; entidades sindicais: art. 606, § 2º

CPC
- cumprimento de sentença; pagamento de quantia certa: arts. 534 e 535
- despesas processuais: art. 91
- excesso de prazo; penalidades: arts. 233 a 235
- execução contra a Fazenda Pública: art. 910
- honorários de advogado: art. 85, §§ 3º a 7º
- jurisdição voluntária; interesse da Fazenda Pública: art. 722
- Ministério Público; intervenção: art. 178, parágrafo único
- prazos: art. 180
- requerimento de perícia: art. 91, § 1º

Súmulas
- duplo grau de jurisdição: Súm. 303, I e III/TST

FÉ PÚBLICA

CLT
- art. 337

FEDERAÇÕES
- *vide* também CONFEDERAÇÕES E FEDERAÇÕES

CLT
- administração: arts. 538 e 539
- associações sindicais: art. 533
- constituição por Estados: art. 534, § 2º
- contribuição sindical: arts. 589, I, *b*, II, *c*, 590 e 591
- interestaduais ou nacionais; autorização do Ministro do Trabalho: art. 534, § 2º

- pedido de reconhecimento; Ministro do Trabalho: art. 537
- representação: art. 920

FERIADO(S)

CLT
- férias; antecedência; impossibilidade: art. 134, § 3º
- penhora; autorização do juiz ou presidente: art. 770, parágrafo único
- períodos de descanso: art. 385, parágrafo único
- prazos: art. 775-A
- proibição do trabalho; ressalva: art. 70
- serviços de telefonia: arts. 227, § 2º, e 229, § 2º
- vedação; exceção: art. 70

CPC
- atos processuais: art. 214
- efeito forense; conceito: art. 216
- prática de atos; tutela de urgência: art. 214, II

Legislação
- autorização transitória e permanente; trabalho; domingos e feriados: arts. 56 a 63 da Port. 671/2021 do MTE
- Leis 662/1949 e 9.093/1995

Súmulas
- forense; autoridade; certificação nos autos: Súm. 385, II/TST
- local; comprovação; prazo recursal; prorrogação: Súm. 385/TST
- não compensado: Súm. 146/TST
- tempestividade recursal; reconsideração; ausência de expediente forense: Súm. 385, III/TST
- trabalhados e não compensados: Súm. 146/TST

FÉRIAS

CLT
- abono pecuniário: arts. 143 e 144
- abono pecuniário; prazo para requerer: art. 143, § 1º
- acordo coletivo; supressão; impossibilidade: art. 611-B
- acúmulo; pagamento em dobro: art. 137
- adicionais por trabalho extraordinário: art. 142, § 35º
- anotação na CTPS: arts. 40, I, e 135, § 1º
- anuais: arts. 129, 130 e 134
- ausência do empregado; não será considerada falta ao serviço: art. 131
- aviso; antecedência; recibo: art. 135
- carência para sua concessão: art. 130
- coletivas: arts. 139 a 141
- coletivas; comunicação; Ministério do Trabalho e sindicatos: art. 139, §§ 2º e 3º
- coletivas; concessão a todos os empregados ou a setores determinados: art. 139
- coletivas; concessão; situação dos empregados contratados há menos de 12 meses: art. 140
- coletivas; número de empregados superior a 300; anotação em CTPS; carimbos: art. 141
- coletivas; períodos anuais: art. 139, § 1º
- cômputo como tempo de serviço: art. 130, § 2º
- concessão e época: arts. 134 a 138
- concessão fora do prazo: art. 137
- concessão: art. 134
- concessão; até três períodos: art. 134, § 1º
- concessão; prescrição do direito de reclamá-la: art. 149
- convenção coletiva; supressão; impossibilidade: art. 611-B, XI e XII
- conversão; abono; empregado por tempo parcial: art. 58-A, § 6º
- descontos; faltas ao serviço; vedação: art. 130, § 1º
- direito e duração: arts. 129 a 133
- direito; perda; hipóteses: art. 133
- divisão; períodos; anuência do empregado: art. 134, § 1º
- duração: arts. 134 e ss.
- embarcadiços: art. 150
- empregado estudante menor de 18 anos: art. 136, § 2º
- empregador; interesse; concessão: art. 136
- época de concessão: art. 136
- época de pagamento: art. 145
- estudante menor de 18 anos: art. 136, § 2º
- faltas; desconto; impossibilidade: art. 130, § 1º
- fixação por sentença: art. 137, § 1º
- forma de concessão: art. 134
- início do decurso de novo período aquisitivo: art. 133, § 2º
- início; período; restrições: art. 134, § 3º
- licença superior a 30 dias: art. 133, II
- livros, fichas ou sistema eletrônico; anotação: arts. 41, parágrafo único, e 135, § 2º
- membros de uma mesma família: art. 136, § 1º
- natureza salarial: art. 148
- perda do direito; hipóteses: art. 133
- período; divisão; requisitos: art. 134, § 1º
- posterior ao prazo legal; pagamento em dobro: art. 137
- prescrição: art. 149
- prestação de serviços a outro empregador: art. 138
- professor: art. 322
- proporcionais: art. 140

- reclamação do empregado pedindo afixação: art. 137, § 1º
- regime de tempo parcial: art. 58-A, § 7º
- regime de tempo parcial; abono pecuniário: art. 58-A, § 6º
- remuneração e abono: arts. 142 a 145
- remuneração; adicionais por trabalho extraordinário: art. 142, § 5º
- remuneração; não será prejudicada durante as férias: art. 129
- remuneração; natureza: art. 148
- salário pago por hora; jornada variável: art. 142, § 1º
- salário pago por tarefa; base de cálculo: art. 142, § 3º 4º
- salário utilidade; cômputo: art. 142, § 4º
- sentença; fixação; empregado: art. 137, § 1º
- trabalho intermitente: art. 452-A, § 6º, II
- tripulante: art. 150
- Varas do Trabalho; competência: art. 652, II
- vedação do início: art. 134, § 3º

CF
- direito: art. 7º, XVII
- forenses; atividade jurisdicional; vedação: art. 93, XII
- terço constitucional: art. 7º, XVII

CPC
- forenses: art. 220
- forenses; ação rescisória; prorrogação de prazo: art. 975, § 1º
- forenses; atos que podem ser praticados: art. 215
- forenses; atuação do Ministério Público, Defensoria Pública e Advocacia Pública: art. 220, § 1º
- prática de atos; tutela de urgência: art. 214, II

Legislação
- anuais remuneradas; Convenção 132 OIT: Dec. 3.197/1999
- reconhecimento aos trabalhadores avulsos: Lei 5.085/1966

Súmulas
- 1/3 constitucional; férias proporcionais, integrais e indenizadas: Súm. 328/TST
- ausências motivadas por acidente do trabalho: Súm. 198/STF
- cancelamento ou adiantamento: PN 116/TST
- concessão fora do prazo: Súm. 81/TST
- despedida injusta; férias proporcionais: Súm. 200/STF
- empregado horista: Súm. 199/STF
- escolares; professores: Súm. 10/TST
- faltas justificadas: Súm. 89/TST
- faltas ou ausências decorrentes de acidente do trabalho: Súm. 46/TST
- gozadas após o período legal: Súm. 81/TST
- gozo na época própria; pagamento fora do prazo; dobra devida: Súm. 450/TST
- gratificação semestral: Súm. 253/TST
- indenização: Súm. 7/TST
- início do período de gozo; coincidência com sábado, domingo, feriado ou dia de compensação de repouso semanal: PN 100/TST
- instrumento normativo; terço constitucional: OJ 50/SBDI-I-Transitória-TST
- integrais ou proporcionais: Súm. 328/TST
- período aquisitivo; acidente do trabalho; descontos; inadmissibilidade: Súm. 198/STF
- proporcionais; culpa recíproca: Súm. 14/TST
- proporcionais; indenização; isenção de imposto de renda: Súm. 386/STJ
- proporcionais; pedido de demissão: Súm. 261/TST
- proporcionais; período aquisitivo incompleto: Súm. 171/TST
- salário substituição: Súm. 159/TST
- salário; trabalhador horista: Súm. 199/STF
- tarefeiro: Súm. 149/TST
- terço constitucional: Súm. 328/TST

FÉRIAS ANUAIS

CLT
- abono pecuniário; conversão: art. 143
- adicionais: art. 142, § 5º
- anotação da concessão: arts. 41, parágrafo único, e 135, § 2º
- anotação; requisito para o empregado entrar em férias: art. 135, § 1º
- carência para sua concessão: art. 130
- cessação de contrato de trabalho: art. 146
- cômputo: art. 130, § 2º
- concessão; após o prazo: art. 137, *caput*
- concessão; comunicação: art. 135, *caput*
- concessão; dois períodos: art. 134, § 1º
- concessão; época: arts. 134 a 138
- concessão; membros de uma família: art. 136, § 1º
- concessão; normas: art. 134
- disposições especiais: arts. 150 a 152
- efeitos da cessação do contrato de trabalho: arts. 146 a 148
- época de concessão: art. 136, *caput*
- época para pagamento: art. 145

- multa de 40%; expurgos inflacionários; prescrição; termo inicial: OJ 344/SBDI-I-TST
- multa de 40%; expurgos inflacionários; responsabilidade pelo pagamento: OJ 341/SBDI-I-TST
- não incidência; férias indenizadas: OJ 195/SBDI-I-TST
- não recolhimento; prescrição quinquenal: Súm. 362/TST
- opção retroativa; concordância do empregador; necessidade: OJ 39/SBDI-I-Transitória-TST
- prêmio-aposentadoria; transação sobre o tempo de serviço: Súm. 72/TST
- prescrição: Súm. 362/TST
- prescrição; cobrança de juros progressivos sobre saldo de conta vinculada: Súm. 56/JEF
- prestação de serviços no exterior: OJ 232/SBDI-I-TST

FUNDO DE PARTICIPAÇÃO DOS ESTADOS, DISTRITO FEDERAL E MUNICÍPIOS
- exigibilidade da inexistência de débitos junto ao INSS: art. 56 da Lei 8.212/1991

FUNGIBILIDADE RECURSAL
- ação rescisória ou mandado de segurança; indeferimento; recurso para o TST: OJ 69/SBDI-II-TST

FUTEBOL PROFISSIONAL
- Sociedade Anônima do Futebol: Lei 14.193/2021

GALERIAS
CLT
- disposições complementares: art. 200, III

GARANTIA DA EXECUÇÃO
CLT
- penhora: art. 883

GARANTIA DE EMPREGO
- *vide* também ESTABILIDADE
CF
- gestante: art. 10, *b*, do ADCT
- suplente; CIPA: art. 10, *a*, do ADCT
Legislação
- segurado; vítima de acidente do trabalho: art. 118 da Lei 8.213/1991
Súmulas
- aposentadoria voluntária; requisitos: PN 85/TST
- concessão de aviso prévio: Súm. 348/TST
- empregado transferido; art. 469 da CLT: PN 77/TST
- gestante: Súm. 244, II/TST
- serviço militar: PN 80/TST
- suplente; CIPA: Súm. 339/TST

GARRAFAS "BICADAS"
Súmulas
- devolução; ônus do empregador: PN 66/TST

GERENTE
CLT
- audiência; substituição do empregador: arts. 843, § 1º, e 861
- estabilidade: art. 499
- jornada de trabalho: art. 62, II
- jornada de trabalho em atividade externa: art. 62, I

GESTANTE
- *vide* também MATERNIDADE E SALÁRIO-MATERNIDADE
CLT
- atividades insalubres: art. 394-A
- aviso prévio: art. 391-A
- gravidez de risco; salário-maternidade: art. 394-A, § 3º
- parto antecipado: art. 392, § 3º
- restrições ao emprego: art. 391, parágrafo único
- salário-maternidade; gravidez de risco: art. 394-A, § 3º
- transferência de função: art. 392, § 4º, I
CF
- licença-maternidade: art. 392 e art. 7º, XVIII
Legislação
- atestados; efeitos admissionais ou de permanência no trabalho; proibição: Lei 9.029/1995
- coronavírus; pandemia; afastamento das atividades presenciais: Lei 14.151/2021
Súmulas
- contrato de experiência: Súm. 244, III, TST
- estabilidade provisória: art. 391-A, LC 146/2014 e Súm. 244/TST
- estabilidade; renúncia ou transação; impossibilidade: OJ 30/SDC-TST
- jornada de trabalho; bancário: Súm. 287/TST
- reintegração; indenização: art. Súm. 244, II, TST
- salário-maternidade: OJ 44/SBDI-I-TST

GORJETAS
CLT
- acordo ou convenção coletiva; lei; prevalência: art. 611-A, IX
- anotação na CTPS: art. 29, § 1º

- comissão de empregados; constituição; finalidade: art. 457, § 1º
- convenção coletiva; lei; prevalência: art. 611-A, IX
- definição: art. 457, § 3º
- remuneração do empregado: art. 457
Súmulas
- integração: Súm. 354/TST

GRATIFICAÇÕES
CLT
- bancários; funções de direção, gerência, fiscalização, chefia e equivalente: art. 224, § 2º
- função: art. 62, parágrafo único
- integração ao salário: art. 457, § 1º
- juízes classistas e suplentes: arts. 666 e 689
- pagamento de salários: art. 459
- periculosidade; acréscimos ao salário: art. 193, § 1º
- salário; integração: art. 457, § 1º
- semestral: Súm. 253/TST
Súmulas
- adicional por tempo de serviço; integração: Súm. 240/TST
- bancário; caixa; horas extras: Súm. 102, VI/TST
- bancário; cargo de confiança: Súm. 102, III e VII/TST
- bancário; cargo de confiança; jornada de trabalho: Súm. 102, II/TST
- bancários; gratificação de função: Súm. 109/TST
- chefe de trem: Súm. 67/TST
- desempenho; atividade de seguridade social e do trabalho: Súm. Vinculante 34/STF
- função; bancário; compensação; horas extras: Súm. 109/TST
- nível superior; SUFRAMA: OJ 26/SBDI-II-TST
- percebida por 10 anos ou mais; princípio da estabilidade de financeira: Súm. 372, I/TST
- por tempo de serviço: Súm. 202/TST
- por tempo de serviço; integração: Súm. 203/TST
- por tempo de serviço; integração; horas extras: Súm. 226/TST
- por tempo de serviço; repouso semanal remunerado: Súm. 225/TST
- recibo de pagamento: Súm. 152/TST
- redução; impossibilidade: Súm. 372, II/TST
- resilição contratual; iniciativa do empregado: Súm. 157/TST
- semestral; congelamento; prescrição parcial: Súm. 373/TST
- semestral; horas extras; integração: Súm. 115/TST
- semestral; repercussão: Súm. 253/TST

GRATIFICAÇÃO NATALINA
- *vide* DÉCIMO TERCEIRO SALÁRIO

GRATUIDADE DA JUSTIÇA
CLT
- ausência do reclamante: art. 844, § 1º
- concessão; requisitos. art. 790, § 4º
- custas: art. 790, § 3º
- depósito recursal; isenção: art. 899, § 10
- faculdade do juiz; requisitos para concessão: arts. 790, § 3º
- honorários periciais: 790-B
- provas: art. 819, § 2º
CF
- Estado; prestação integral; insuficiência de recursos: art. 5º, LXXIV
CPC
- advogado particular: art. 99, § 4º
- beneficiários: art. 98
- concessão indevida; contestação: art. 337, XIII
- contrarrazões; impugnação à justiça gratuita: art. 100
- dispensa de despesas judiciais: art. 82
- emolumentos de notários e registradores: art. 98, §§ 7º e 8º
- impugnação: art. 100
- indeferimento: art. 99, § 2º
- indeferimento; recurso: art. 101
- multas processuais: art. 98, § 4º
- natureza pessoal: art. 99, § 6º
- objeto: art. 98, § 1º
- parcelamento de despesas adiantadas: art. 98, § 6º
- pedido em recurso; dispensa do preparo: art. 99, § 7º
- pedido: art. 99
- perícia: art. 95, §§ 3º a 5º
- presunção de veracidade da alegação; pessoa natural: art. 99, § 3º
- recolhimento das despesas: art. 102
- responsabilidade; despesas processuais e honorários advocatícios: art. 98, § 2º
- revogação: art. 100, parágrafo único
- revogação; não efetuação do recolhimento: art. 102, parágrafo único
- sucumbência; obrigações; condição suspensiva: art. 98, § 3º

Legislação
- honorários periciais; responsabilidade; pagamento e antecipação: Resolução 66/2010 do CSJT
- Justiça do Trabalho: Lei 5.584/1970
- necessitados: Lei 1.060/1950
- responsabilidade; pagamento e antecipação; honorários periciais: Resolução 66/2010 do CSJT
Súmulas
- comprovação: Súm. 463/TST
- honorários de advogado; vencedor o beneficiário de justiça gratuita: Súm. 450/STF
- honorários periciais; justiça gratuita; responsabilidade: Súm. 457/TST
- requerimento de isenção de despesas processuais; momento oportuno: OJ 269/SBDI-I-TST

GRAVIDEZ
- *vide* também GESTANTE e MATERNIDADE
CLT
- atividade insalubre; afastamento durante a: art. 394-A
- aviso prévio; estabilidade provisória: art. 391-A
- licença-maternidade: art. 392
- rescisão do contrato de trabalho: art. 391
- restrição ao emprego: art. 391, parágrafo único

GREVE
CLT
- interrupção de obra pública ou serviço de interesse coletivo: art. 201
- *lock-out*: art. 722
- penalidades: art. 722
- supressão; convenção coletiva; proibição: art. 611-B, XXVII e XVIII
- violenta: art. 200
CF
- abuso: art. 9º, § 2º
- ações relativas a esse direito; competência: art. 114, II
- atividade essencial; lesão a interesse público; dissídio coletivo; competência: art. 114, § 3º
- garantia: art. 9º, *caput*
- serviços essenciais à comunidade: art. 9º, § 1º
- serviços públicos civis: arts. 9º, *caput*; 37, VII
Legislação
- exercício do direito: Lei 7.783/1989
- trabalho temporário; substituição em caso de greve: art. 2º, § 1º da Lei 6.019/1974
Súmulas
- adesão; falta grave: Súm. 316/STF
- competência; ação; direito de greve; trabalhadores da iniciativa privada: Súm. Vinculante 23/STF
- declaração de abusividade; competência dos Tribunais do Trabalho: PN 29/TST e Súm. 189/TST
- declaração de abusividade; incompatibilidade com vantagens ou garantias solicitadas: OJ 10/SDC-TST
- serviços essenciais; necessidades inadiáveis da população: OJ 38/SDC-TST
- solução do conflito; etapa negocial prévia: OJ 11/SDC-TST

GRUPO ECONÔMICO
CLT
- identidade de sócios; não caracterização: art. 2º, § 3º
- responsabilidade solidária: art. 2º, § 2º
Súmulas
- bancário; empregado de empresa de processamento de dados: Súm. 239/TST
- bancário; venda de papéis ou valores mobiliários: Súm. 93/TST
- contrato de trabalho: Súm. 129/TST

GUARDA JUDICIAL
- *vide* também ADOÇÃO
CLT
- disposições gerais: arts. 392-A e 392-C
Legislação
- salário-maternidade; adoção de criança: art. 71-A da Lei 8.213/1991

HABEAS CORPUS
CF
- processo e julgamento; competência da Justiça do Trabalho: art. 114, IV
Súmulas
- Tribunal Superior do Trabalho; substitutivo de recurso ordinário; cabimento: OJ 156/SBDI-II-TST

HABEAS DATA
CF
- processo e julgamento; competência da Justiça do Trabalho: art. 114, IV

HABILITAÇÃO E REABILITAÇÃO PROFISSIONAL
CLT
- perda de habilitação ou requisitos para exercício da profissão; justa causa; rescisão contratual: art. 482, *m*

Legislação
- arts. 136 a 141 do Dec. 3.048/1999
- conceito e compreensão: arts. 89 a 93 da Lei 8.213/1991
- empresas com mais de 100 funcionários; contratação de reabilitados ou pessoas portadoras de deficiência habilitadas: art. 93 da Lei 8.213/1991
- meios ao incapacitado parcial ou total de reeducação e readaptação profissional: arts. 89 a 92 da Lei 8.213/1991

HABITAÇÃO
CLT
- coletiva; valor do salário-utilidade: art. 458, § 4º
- composição de salário; contrato ou costume: art. 458
- fórmula do salário mínimo: art. 81
- salário-mínimo; necessidades básicas: art. 76
- salário-utilidade; até 25 %: art. 458, § 3º

CF
- diretrizes; competência da União: art. 21, XX
- programas; competência: art. 23, IX
- trabalhador rural: art. 187, VII

CPC
- alienação judicial; ciência: art. 889, III e IV
- execução; alienação; eficácia: art. 804, § 6º
- execução; intimação do titular: art. 799, II

HASTA PÚBLICA
- cf. também PRAÇA

CPC
- alienação: arts. 881 e 887
- substituição do procedimento; por meio da rede mundial de computadores: art. 882
- usufruto; locação de imóvel: art. 869, § 4º

HIGIENE E SEGURANÇA DO TRABALHO
CLT
- disposições complementares: art. 200
- higiene pessoal; jornada de trabalho; período extraordinário não computado: art. 4º, § 2º, VII
- salário-mínimo; necessidades básicas: art. 76

CF
- direito do trabalhador: art. 7º, XXII

HIGIENE NOS LOCAIS DE TRABALHO
CLT
- disposições complementares; Ministério do Trabalho: art. 200, VII

HIPOTECA
Legislação
- bens imóveis; débito previdenciário; garantia: art. 260, II do Dec. 3.048/1999

HISTORIADOR
- profissão; regulamentação: Lei 14.038/2020

HOLDING
- *vide* EMPRESA

HOME OFFICE
- *vide* também TELETRABALHO

CLT
- trabalho; não distinção: art. 6.º, *caput*

HOMOLOGAÇÃO
CLT
- acordo extrajudicial; processos de jurisdição voluntária: arts. 855-B a 855-E
- competência da Vara do Trabalho; acordo extrajudicial: art. 652, *f*
- rescisão contratual; pagamento em dinheiro ou cheque visado: art. 477, §§ 4º e 5º

HONORÁRIOS ADVOCATÍCIOS
CLT
- atuação em causa própria: art. 791-A
- beneficiário da justiça gratuita: art. 791-A, § 4º
- fixação pelo juízo: art. 791-A, § 2º
- fixação: art. 791-A
- justiça gratuita; beneficiário: art. 791-a, § 4º
- litigância de má-fé: art. 793-C
- litigância de má-fé; multa; execução: art. 793-D, parágrafo único
- litigância de má-fé; pluralidade de litigantes: art. 793-C, § 1.º
- litigância de má-fé; testemunhas: art. 793-D
- reconvenção: art. 791-A, § 5º
- sucumbência recíproca: art. 791-A, § 3º
- sucumbência; cabimento: art. 791-A

CPC
- advogados públicos: art. 85, § 19
- atuação em causa própria: art. 85, § 17
- autor; nova ação; extinção do processo sem apreciação do mérito; pagamento: art. 92

- caução; autor, brasileiro ou estrangeiro, que reside fora do Brasil: art. 83
- caução; dispensa; hipóteses: art. 83, § 1º, I a III
- condenação do litigante de má-fé: art. 81
- cumprimento de sentença; Fazenda Pública: art. 85, § 7º
- cumprimento de sentença; verba devida cumulativamente: art. 85, § 1º
- desistência, renúncia ou reconhecimento do pedido parciais: art. 90, § 1º
- desistência, renúncia ou reconhecimento do pedido: art. 90
- execução; majoração: art. 827, § 2º
- fixação em quantia certa; juros de mora: art. 85, § 16
- fixação; causas em que a Fazenda Pública atua como parte: art. 85, §§ 3º a 6º
- fixação; critérios: art. 85, §§ 2º, 3º e 8º
- fixação; Fazenda Pública: art. 85, §§ 3º a 7º
- fixação; substituição do réu: art. 338, parágrafo único
- indenização por ato ilícito contra pessoa: art. 85, § 9º
- julgamento de recurso: art. 85, §§ 11 e 12
- juros moratórios: art. 85, § 16
- natureza alimentar: art. 85, § 14
- omissão da sentença; ação autônoma: art. 85, § 18
- pagamento em favor da sociedade de advogados: art. 85, § 15
- pagamento pelo vencido: art. 85
- pagamento proporcional: arts. 86 e 87
- perda de objeto: art. 85, § 10
- procedência do pedido; cumprimento integral da prestação; redução da verba pela metade: art. 90, § 4º
- reconvenção: art. 85, § 1º
- recurso; cumulação: art. 85, § 12
- recurso; majoração: art. 85, § 11
- recurso; verba devida cumulativamente: art. 85, § 1º
- redução; cumprimento voluntário pelo réu: art. 90, § 4º
- sentença omissa; ação autônoma para definição e cobrança da verba: art. 85, § 18
- sentença; condenação: arts. 82, § 2º
- sentença; decisão sem resolução do mérito a pedido do réu: art. 92
- valor da causa inestimável, irrisório ou muito baixo: art. 85, § 8º
- vedação de compensação; sucumbência parcial: art. 85, § 14

Legislação
- direito: arts. 22 a 26 da Lei 8.906/1994

Súmulas
- ação de indenização; danos morais e materiais; acidente de trabalho: OJ 421/SBDI-I-TST
- ação rescisória; processo trabalhista; cabimento: Súm. 219, II/TST
- ação; acidente do trabalho; procedência; verba devida: Súm. 234/STF
- base de cálculo; valor líquido: OJ 348/SBDI-I-TST
- pedido expresso para condenação do réu em relação à verba; desnecessidade: Súm. 256/STF
- percentual; hipóteses de cabimento: Súm. 219 e 329/TST
- recurso extraordinário; condenação: Súm. 633/STF
- sucumbenciais; aplicação: art. 6º da IN 41/2018 do TST
- vencedor o beneficiário de justiça gratuita: Súm. 450/STF

HONORÁRIOS PERICIAIS
CLT
- beneficiário da justiça gratuita: art. 790-B
- pagamento; responsabilidade: art. 790-B

Legislação
- pagamento e antecipação; casos de concessão de benefício da justiça gratuita: Resolução 66/2010 do CSJT

Súmulas
- atualização monetária: OJ 198/SBDI-I-TST
- beneficiário da justiça gratuita; responsabilidade da União pelo pagamento: Súm. 457/TST

HONRA
CLT
- ato lesivo; rescisão do contrato pelo empregado: art. 483, *e*
- ato lesivo; rescisão do contrato pelo empregador: art. 482, *j*
- dano extrapatrimonial: art. 223-C

HORA DE ENTRADA E DE SAÍDA
CLT
- anotação obrigatória: art. 74, § 2º
- variações de horário: art. 58, § 1º

HORA DO TRABALHO NOTURNO
- *vide* também ADICIONAL NOTURNO

CLT
- computo da hora noturna: art. 73, § 1º
- mulheres: art. 381, § 2º

HORÁRIO DE TRABALHO
- *vide* também JORNADA DE TRABALHO

CLT
- anotado em registro de empregados: art. 74, § 1º

- atividade externa; incompatibilidade: art. 62, I
- aviso prévio; redução: art. 488
- excesso; remuneração: art. 61, § 2º
- jornada normal: art. 58
- jornada; excedente não computado: art. 4º, § 2º
- misto: art. 73, § 4ª
- noturno; definição: art. 73, § 2ª
- prorrogação: arts. 59 a 61
- quadro fixado em lugar bem visível: art. 74
- redução; aviso prévio: art. 488
- variações; descontos e cômputos: art. 58, § 1º

Súmulas
- fixo; petroleiros; turno ininterrupto de revezamento: Súm. 391/TST
- registro; inversão do ônus da prova: Súm. 338/TST

HORAS EXTRAS
- acordo de compensação; banco de horas; horas habituais: art. 59-B, parágrafo único
- atividades insalubres: art. 60
- aviso prévio indenizado; integração das habituais: art. 487, § 5º
- banco de horas; falta de compensação: art. 59-B
- convenção coletiva; acordo individual ou coletivo: art. 59
- disposições gerais: arts. 59 a 62
- dos operadores cinematográficos: arts. 234, parágrafo único, e 235, *caput*
- duração: art. 59
- empregados que não fazem jus às: art. 62
- ferroviário; obrigatoriedade; hipóteses: art. 240
- habituais integra o aviso prévio indenizado: art. 487, § 5º
- habituais; acordo de compensação: art. 59-B, parágrafo único
- horário; registro de ponto; variação: art. 58, § 1º
- horas *in itinere*; impossibilidade: art. 58, § 2º
- horas suplementares; trabalho em regime de tempo parcial: art. 58-A
- intervalo intrajornada de 10 horas; jornalista: art. 308
- jornalista; prorrogação: art. 304
- jornalistas profissionais: art. 305
- menor; proibido: art. 413
- motorista profissional: art. 235-C
- necessidade imperiosa: art. 61
- no caso do menor: art. 413, II
- período extraordinário; impossibilidade; hipóteses: art. 4º, § 2º
- regime de tempo parcial; horas suplementares: art. 58-A, §§ 3º a 5º
- remuneração: art. 59, § 1º
- rescisão do contrato de trabalho: art. 59, § 3º
- serviços inadiáveis e força maior: art. 61
- vedação; menor: art. 413

CF
- previsão constitucional: art. 7º, XIII e XVI
- turno de revezamento: art. 7º, XIV

Legislação
- advogado: art. 20, *caput* e § 2º da Lei 8.906/1994

Súmulas
- adicional de insalubridade; base de cálculo: OJ 47/SBDI-I-TST
- adicional de periculosidade; base de cálculo: Súm. 132, I/TST
- adicional noturno: Súm. 60, II/TST
- adicional noturno; base de cálculo: OJ 97/SBDI-I-TST
- adicional; incorporação; prescrição total: OJ 242/SBDI-I-TST
- aviso prévio; substituição; ilegalidade: Súm. 230/TST
- bancário: Súm. 199/TST
- bancário; caixa: Súm. 102, VI/TST
- bancário; cálculo; integração da gratificação por tempo de serviço: Súm. 226/TST
- bancário; cargo de confiança: Súm. 102/TST
- bancário; cargo de confiança; pagamento a menor: Súm. 102, III/TST
- bancário; compensação: Súm. 109/TST
- bancário; gratificação: Súm. 102, VII/TST
- bancário; pré-contratação de horas extras: Súm. 199/TST
- bancário; sábado; dia útil: Súm. 113/TST
- base de cálculo: Súm. 264/TST
- cartão de ponto; registro: Súm. 366/TST
- comissionado misto; base de cálculo: OJ 397/SBDI-I-TST
- comissionista; cálculo: Súm. 340/TST
- comprovação de parte do período alegado: OJ 233/SBDI-I-TST
- cômputo no cálculo do repouso remunerado: Súm. 172/TST
- engenheiro e médico; jornada de trabalho: Súm. 370/TST
- ferroviário; estação do interior: Súm. 61/TST
- gorjetas; natureza jurídica: Súm. 354/TST
- gratificação semestral; não repercussão: Súm. 253/TST
- habituais; cálculo; disposições: Súm. 347/TST
- habituais; descaracterização do acordo de compensação: Súm. 85, IV/TST

- habituais; inclusão na indenização por antiguidade: Súm. 24/TST
- habitualidade: OJ 2/SBDI-I-Transitória-TST
- habitualidade; cálculo; gratificação natalina: Súm. 45/TST
- habitualidade; gratificação semestral: Súm. 115/TST
- hora suplementar; cálculo: Súm. 264/TST
- horas *in itinere*; adicional devido: Súm. 90, V/TST
- incidência; FGTS: Súm. 63/TST
- incidência; imposto de renda sobre: Súm. 463/STJ
- integração; haveres trabalhistas: Súm. 376, II/TST
- intervalo intrajornada: Súm. 110/TST e OJ 355 SDI-I
- intervalos concedidos pelo empregador: Súm. 118/TST
- limitação legal: Súm. 376, I/TST
- marítimo; permanência do tripulante abordo do navio: Súm. 96/TST
- médico e engenheiro; jornada de trabalho: Súm. 370/TST
- ônus da prova; inversão: Súm. 338, III/TST
- pactuadas após a admissão; pré-contratação: Súm. 199, I/TST
- pagamento em dobro; domingos e feriados: Súm. 146/TST
- pagamento; limitação art. 59 da CLT: Súm. 376/TST
- período de deslocamento interno na empresa: Súm. 429/TST
- petroleiros: Súm. 391, I/TST
- pré-contratadas e suprimidas; prescrição total: Súm. 199, II/TST
- professor; adicional de 50%: OJ 206/SBDI-I-TST
- prova oral; limitação; desnecessidade: OJ 233, SDI-I
- prova; cartões de ponto: Súm. 338, II/TST
- reconhecimento em juízo; critério de dedução/abatimento: OJ 415/SBDI-I-TST
- regime de revezamento; intervalo mínimo de 11 horas consecutivas: Súm. 110/TST
- salário por produção: OJ 235/SBDI-I-TST
- supressão; indenização: Súm. 291/TST
- tempo que excede a jornada normal: Súm. 366/TST
- tripulante a bordo de navio: Súm. 96/TST
- turno de revezamento: Súm. 423/TST

HORAS *IN ITINERE*
CLT
- horas extras; impossibilidade: art. 58, § 2º

Súmulas
- adicional de horas extras: Súm. 90, V/TST
- incompatibilidade de horários; início e término da jornada: Súm. 90, II/TST
- insuficiência de transporte público: art. 58, § 2º, e Súm. 90, III/TST
- local de difícil acesso: Súm. 90, I/TST
- obrigatoriedade; cômputo; jornada de trabalho: Súm. 320/TST
- remuneração; trecho não servido por transporte público; limite: Súm. 90, IV/TST
- tempo gasto entre a portaria da empresa e o local de serviço: OJ 36/SBDI-I-Transitória-TST

HORAS SUPLEMENTARES
CLT
- bancários: art. 225
- força maior: art. 61, §§ 1ºe 2º
- inclusão dos adicionais nas férias: art. 142, §§ 5º e 6º
- menores: art. 413
- número máximo: art. 59, *caput*
- percentual mínimo de remuneração da hora suplementar: art. 59, § 1º
- regime de tempo parcial: art. 58-A, §§ 3º a 5º

HORÁRIO
CLT
- fora do estabelecimento: art. 74, § 3º
- misto: art. 74, § 4º
- trabalho: art. 74, § 1º

HORISTA
CLT
- cálculo de indenização: art. 478, § 3º

Súmulas
- férias; salário: Súm. 199/STF
- horas extras e adicional; turno ininterrupto de revezamento: OJ 275/SBDI-I-TST

HOSPITAIS
CLT
- equiparação a serviços públicos: art. 910

IDADE
CLT
- não distinção; função idêntica: art. 461

IDENTIDADE
CLT
- carteira de; uso da CTPS; prova: art. 40, *caput*

- crime de falsidade; afirmação falsa de: art. 49, II
- de estrangeiro; proibição de contratação: art. 359
- de sócios; grupo econômico: art. 2º, § 2º
- fiscal; exercício das atribuições: art. 630, *caput*
- fiscal; outorga; proibição: art. 630, § 1º

IDENTIFICAÇÃO PROFISSIONAL
CLT
- arts. 13 a 56

IDOSO
CPC
- tramitação preferencial; providências exigidas: art. 1.048, I, §§ 1º a 4º

Legislação
- Estatuto: Lei 10.741/2003

IGUALDADE
CF
- direitos; trabalhadores: art. 7º, XXX, XXXI, XXXII e XXXIV
- igualdade salarial: art. 461, §§ 6º e 7º; Lei 14.611/2023; Decreto 11.795/2023; Portaria MTE 3.714/2023.

CDC
- igualdade nas contratações; direitos básicos do consumidor: art. 6º, II

Legislação
- igualdade salarial; mulheres e homens Lei 14.611/2023

ILEGITIMIDADE DE PARTE
CPC
- execução de sentença; embargos: art. 535, II
- indeferimento da inicial: art. 330, II

ILUMINAÇÃO
CLT
- adequação à natureza da atividade: art. 175
- distribuição uniforme: art. 175, § 1º
- natural ou artificial: art. 175
- níveis mínimos a serem observados: art. 175, § 2º

IMAGEM
CLT
- dano extrapatrimonial: art. 223-C

IMPEDIMENTO E SUSPEIÇÃO
CLT
- atos nulos; aplicação dos preceitos contidos na CLT: art. 9º
- decisões; recurso; cabimento e não cabimento: art. 799, § 2º
- exceções; suspensão do feito: art. 799
- suspeição; hipóteses: art. 801

CPC
- advogado; juiz: art. 144, III, § 1º
- arts. 144 a 148
- conciliador: art. 170
- cumprimento de sentença: art. 525, § 2º
- dirigente de pessoa jurídica; juiz: art. 144, IV
- exceção: art. 145, § 2º
- juiz: arts. 144 a 147, 535, V, e 966, II
- juiz; parentesco com a parte: art. 144, VI
- juiz; parentesco com advogado: art. 144, III
- juiz; sociedade de advogados; parentesco com advogado: art. 144, § 3º
- mediador: art. 170
- órgão do Ministério Público: art. 148, I
- perito; verificação: art. 156, § 4º
- procedimento: art. 148, § 1º
- procedimento; testemunha; inaplicabilidade: art. 148, § 4º
- reconhecimento; efeitos: art. 146, § 6º
- serventuário de justiça: art. 148, II

IMPENHORABILIDADE
CPC
- absoluta: art. 833
- bens declarados por ato voluntário: art. 833, II
- bens inalienáveis: art. 833, I
- caderneta de poupança; 40 salários mínimos: art. 833, X
- ganhos de trabalhador autônomo e honorários de profissional liberal: art. 833, IV
- instrumentos necessários ou úteis ao exercício de profissão: art. 833, V
- materiais: art. 833, VII
- residência; móveis, pertences e utilidades domésticas que a guarnecem: art. 833, II
- propriedade rural; trabalhada em família: art. 833, VIII
- quantias recebidas por liberalidade para sustento familiar: art. 833, IV
- recursos públicos de fundo partidário: art. 833, XI
- recursos públicos: art. 833, IX
- seguro de vida: art. 833, VI
- salários e outros tipos de vencimentos: art. 833, IV
- vestuários e pertences de uso pessoal: art. 833, III

Legislação
- bem de família: Lei 8.009/1990

Súmulas
- bem de família; imóvel; abrangência: Súm. 364 /STJ

IMPOSSIBILIDADE JURÍDICA DO PEDIDO
Súmulas
- ação rescisória; extinção do processo; conteúdo meramente processual: OJ 150/SBDI-II-TST

IMPOSTO DE RENDA
Legislação
- participação nos lucros; desconto na fonte: art. 3º, § 5º, da Lei 10.101/2000
- participação nos lucros; pagamento em mais de uma parcela; desconto na fonte: art. 3º, § 7º, da Lei 10.101/2000

Súmulas
- ação rescisória; desligamento incentivado: OJ 19 da SBDI-II-TST
- adesão ao PDV; indenização; não incidência: Súm. 215/STJ
- arquiteto; atividade não isenta: Súm. 93/STF
- base de cálculo; juros de mora: OJ 400/SBDI-I TST
- complementação de aposentadoria; previdência privada; isenção: Súm. 556/STJ
- desconto na fonte; despachantes aduaneiros; competência da autoridade alfandegária: Súm. 94/STF
- descontos legais; fase de execução; sentença *exequenda* omissa: Súm. 401/TST
- doença grave; laudo médico; isenção: Súm. 598/STJ
- férias não gozadas; necessidade de serviço; pagamento; não incidência: Súm. 125/STJ
- férias; proporcionais; indenização; isenção de imposto de renda: Súm. 386/STJ
- horas extras; incidência: Súm. 463/STJ
- liquidação de entidade de previdência privada; constitui acréscimo patrimonial; rateio do patrimônio: Súm. 590/STJ
- não incidência; PDV; indenização: OJ 207/SBDI-I-TST

IMPOSTO SOBRE BENS E SERVIÇOS (IBS)
- incidência, alíquotas, normas e instituição: art. 156-A, CF; arts. 124 e 125, ADCT

IMPOSTO SOBRE VALOR AGREGADO (IVA)
- imposto sobre bens e serviços (IBS): art. 156-A, CF; arts. 124 e 125, ADCT
- contribuição sobre bens e serviços (CBS): art. 195, V, CF; arts. 124 e 125, ADCT

IMPROBIDADE
CLT
- falta grave: art. 482, *a*

Legislação
- administrativa; atos de: Lei 8.429/1992

IMPUGNAÇÃO À LIQUIDAÇÃO DE SENTENÇA
CLT
- art. 884, § 4º

IMPUGNAÇÃO DOS EMBARGOS
CLT
- prazo: art. 884

IMUNIDADE DE JURISDIÇÃO
Súmulas
- organização ou organismo internacional: OJ 416/SBDI-I-TST

INCAPACIDADE
- da parte; alegada na contestação: art. 337, IX
- da testemunha: art. 447
- processual; grau recursal: art. 76, § 2º
- processual; prazo marcado pelo juiz para sanar o defeito: art. 76, § 1º

Súmulas
- trabalho; não reconhecimento: Súm. 77/JEF

INCAPAZES
CPC
- arrematação de bem imóvel: art. 896
- causas; intervenção do Ministério Público: art. 178, II
- curador especial: art. 72, I e parágrafo único
- representação processual: art. 71
- réu; alegação: art. 337, IX
- réu; competência territorial: art. 50

INCOMPATIBILIDADE
CLT
- resultante do dissídio; reintegração do empregado: art. 496
- trabalho nas Varas; parentes consanguíneos: art. 648, parágrafo único
- trabalho nas Varas; parentes consanguíneos: Tribunais Regionais: art. 671

INCOMPETÊNCIA
CLT
- apresentação; prazo: art. 800
- conflito de jurisdição; vedação: art. 806
- decisão: art. 800, § 4º
- julgamento: art. 653, *d*
- suspensão do processo: art. 800, § 1º

CPC
- absoluta: art. 64, § 1º
- absoluta; alegada na contestação: art. 337, II
- declaração: arts. 64 a 66 e 951 a 959
- exceção: arts. 146, 535, § 1º e 910, § 2º
- relativa; arguição: art. 64
- suspensão do processo: arts. 146, § 2º, e 313, III

INCONTINÊNCIA DE CONDUTA OU MAU PROCEDIMENTO
CLT
- de empregado; justa causa para rescisão contratual: art. 482, *b*

INDEFERIMENTO DA PETIÇÃO INICIAL
CPC
- hipóteses de indeferimento: art. 330
Súmulas
- execução fiscal; falta de indicação CPF, RG ou CNPJ: Súm. 558/STJ

INDENIZAÇÃO
CLT
- cessação de atividade da empresa: art. 485
- contagem de tempo de serviço; afastamento; serviço militar e acidente do trabalho: art. 4º, § 1º
- contrato por prazo indeterminado: arts. 477 a 478
- despedida obstativa: art. 499, § 3º
- dissídio: art. 496
- empregado estável: arts. 497 e 498
- estipulação de termo: art. 480
- intervalo; não concessão; acréscimo da hora normal: art. 71, § 4º
- rescisão antecipada: art. 479
CF
- acidente de trabalho: art. 7º, XXVIII
- dano material, moral ou à imagem: art. 5º, V e X
- despedida arbitrária ou sem justa causa: art. 7º, I
- erro judiciário: art. 5º, LXXV
Súmulas
- acidente de trabalho; ação indenizatória; dolo ou culpa grave do empregador: Súm. 229/STF
- acidente do trabalho; inclusão do repouso semanal remunerado: Súm. 464/TST
- adicional de insalubridade; integração: Súm. 139/TST
- adicional de periculosidade; integração; cálculo: Súm. 132, I/TST
- adicional; aviso prévio: Súm. 182/TST
- adicional; base de cálculo: Súm. 242/TST
- adicional; trintídio que antecede à data base: Súm. 314/TST
- adicional; valor: Súm. 242/TST
- atraso pagamento prêmio; seguro: Súm. 616/STJ
- cálculo; gratificação natalina: Súm. 148/TST
- cessação da atividade da empresa; direito ao aviso prévio: Súm. 44/TST
- compensatória: Súm. 242 e 314/TST
- compensatória; aviso prévio; contagem: Súm. 182/TST
- danos morais e materiais; acidente do trabalho; competência: Súm. Vinculante 22/STF
- de empregado estável; pagamento em dobro: Súm. 220/STF
- demissão sem justa causa; constitucionalidade: OJ 148/SBDI-I-TST
- despedida injusta; inclusão de adicionais ou gratificações: Súm. 459/STF
- despedida injusta; repouso semanal remunerado: Súm. 462/STF
- em dobro; conversão; reintegração: Súm. 28/TST
- em dobro; empregado estável; optante; rescisão por acordo: Súm. 54/TST
- equivalência jurídica entre o regime do FGTS e a estabilidade na CLT: Súm. 98, I/TST
- falta grave no decurso do prazo do aviso prévio: Súm. 73/TST
- férias; não deferimento; base de cálculo: Súm. 7/TST
- gestante; estabilidade provisória: Súm. 244, I/TST
- gestante; garantia de emprego: Súm. 244, II/TST
- horas extras habituais; supressão: Súm. 291/TST
- por antiguidade; gratificação semestral: Súm. 253/TST
- por tempo de serviço; cálculo; horas extras; habitualidade: Súm. 24/TST
- reintegração convertida em indenização dobrada: Súm. 28/TST
- securitária; atraso pagamento prêmio: Súm. 616/STJ
- seguro-desemprego; guia; fornecimento: Súm. 389, II/TST

INÉPCIA
CPC
- petição inicial: arts. 330, I e § 1º, e 337, IV

INFLAMÁVEIS
CLT
- contato permanente; caracterização de atividade perigosa: art. 193
- normas de proteção: art. 200, II

Súmulas
- adicional de periculosidade: OJ 385 da SBDI-I-TST

INFRAÇÕES CONTRA A SEGURIDADE E PREVIDÊNCIA SOCIAL
Legislação
- arts. 283 a 289 do Dec. 3.048/1999
- circunstâncias agravantes: art. 290 do Dec. 3.048/1999
- gradação das multas: arts. 292 e 293 do Dec. 3.048/1999

ÍNDIO
Legislação
- Estatuto: Lei 8.038/1990

INQUÉRITO
CLT
- administrativo; suspensão preventiva para responder; ausência do empregado: art. 131, V
- apuração de falta grave: arts. 853 a 855
- apuração de falta grave; empregado garantido com estabilidade: art. 853
- apuração de falta grave; prévio reconhecimento da estabilidade do empregado; efeitos: art. 855
- apuração de falta grave; procedência da acusação; despedida do empregado: art. 494
- apuração de falta grave; processo e julgamento; competência: art. 652, *b*
- estabilidade: arts. 853 e 855
- prazo para o empregado apresentar a reclamação: art. 853
- prévio reconhecimento da estabilidade do empregado; efeitos: art. 855
- procedência da acusação; despedida do empregado: art. 494
- suspensão preventiva; ausência do empregado; falta ao serviço não considerada: art. 131, V
CF
- civil e ação civil pública: art. 129, III
Súmulas
- judicial; decadência; abandono de emprego: Súm. 62/TST
- judicial; dirigente sindical; despedida; falta grave: Súm. 379/TST
- ou sindicância; requisito para validade de punição: Súm. 77/TST

INSALUBRIDADE
- *vide* também ADICIONAL DE INSALUBRIDADE E ATIVIDADE INSALUBRE OU PERIGOSA
CLT
- adicional: art. 192
- adicional; empregada gestante ou lactante: art. 394-A, § 2º
- arguição em juízo por empregado ou sindicato; perícia: art. 195, § 2º
- caracterização das atividades: arts. 189 a 193
- caracterização e classificação: art. 195
- cessação do adicional: art. 194
- definição: arts. 189 e 193
- efeitos pecuniários; quando serão devidos: art. 196
- eliminação ou neutralização: art. 191
- prorrogação do horário de trabalho: art. 60

INSPEÇÃO
CLT
- caldeiras: art. 188
- matéria de segurança e higiene do trabalho: art. 162
- prévia: arts. 160 e 161
- trabalho: arts. 626 a 634
CPC
- judicial; disposições: arts. 481 a 484
Legislação
- trabalho; regulamento: Dec. 4.552/2002

INSS
CLT
- doença ou enfermidade; atestado; acidente do trabalho: art. 131, III
Legislação
- competência; arrecadação de contribuições; pagamentos em atraso: arts. 33 a 37 da Lei 8.212/1991
- contratação de auditorias externas: art. 78 da Lei 8.212/1991
- contratação de leiloeiros: art. 99 da Lei 8.212/1991
- contribuições atrasadas e confessadas; parcelamento; inscrição; dívida ativa: arts. 38 e 39 da Lei 8.212/1991
- dívida ativa; execução fiscal; penhora; leilão judicial: art. 98 da Lei 8.212/1991
- fiscalização; construção civil; Município; alvarás e "habite-se": art. 50 da Lei 8.212/1991
- obrigações: art. 80 da Lei 8.212/1991
- reajuste dos benefícios; valores: Port. Interm. 2/2024 do MPS/MF
Súmulas
- requerimento administrativo; aposentadoria por invalidez: Súm. 576/STJ

INSTALAÇÕES ELÉTRICAS
CLT
- arts. 179 a 181
- choques elétricos; métodos de socorro: art. 181
- disposições legais; atribuições do Ministério do Trabalho: art. 179
- profissional qualificado: art. 180

INSTALAÇÕES SANITÁRIAS
CLT
- separação de sexos: art. 200, VII

INSTAURAÇÃO DE INSTÂNCIA
CLT
- dissídio coletivo: art. 856

INSTITUTO NACIONAL DO SEGURO SOCIAL
- *vide* INSS

INSTITUIÇÕES
CLT
- beneficência; relação de emprego; equiparação ao empregador: art. 2º, § 1º
- governamentais; trabalho da mulher; cursos de formação de mão-de-obra: art. 390-B
- sem fins lucrativos; equiparação ao empregador: art. 2º, § 1º

INSTRUÇÃO DOS PROCESSOS
CLT
- art. 848

INSTRUÇÕES MINISTERIAIS
CLT
- responsáveis; cumprimento das leis de proteção ao trabalho; dupla visita: art. 627, *a*

INSTRUMENTO(S)
CPC
- profissão; impenhorabilidade: art. 833, V
Súmulas
- normativo; cópia não autenticada; documento comum às partes; validade: OJ 36/SBDI-I-TST

INSUBORDINAÇÃO
CLT
- justa causa: art. 482, *h*

INTERDIÇÃO DE ESTABELECIMENTO
CLT
- em virtude de grave e iminente risco para o trabalhador: art. 161
- levantamento; requisito: art. 161, § 5º
- requerimento; competência: art. 161, § 2º
- salário; recebimento normal: art. 161, § 6º

INTERESSE DE CLASSE
CLT
- decisões: art. 8º, *caput*, p: arte final

INTERESSE PROCESSUAL
CPC
- ação: art. 17
- ausência; extinção do processo: art. 485, VI
- carência; indeferimento da inicial: art. 330, III

INTERINO
CLT
- cargo em comissão; contagem do tempo de serviço; volta ao cargo anterior: art. 450

INTÉRPRETE
- *vide* também TRADUTOR
CLT
- depoimento de partes e testemunhas; língua estrangeira: art. 819
- químicos; diplomas; tradução por: art. 328
CPC
- auxiliar da justiça: art. 149
- gratuidade da justiça: art. 98, § 1º, VI
- honorários; título executivo extrajudicial: art. 515, V
- impedidos de atuar como: art. 163
- impedimento e suspeição: art. 148
- nomeação pelo juiz; hipóteses: art. 162

INTERRUPÇÃO E SUSPENSÃO DO CONTRATO DE TRABALHO
- *vide* também SUSPENSÃO E INTERRUPÇÃO DO CONTRATO DE TRABALHO
CLT
- disposições gerais: arts. 471 a 476-A

INTERVALO INTERJORNADA
- duas jornadas; período de descanso: art. 382
- jornalistas profissionais: art. 308
- menor: art. 412
- motorista profissional: art. 235-C, §§ 3º e 11
- operadores cinematográficos; trabalho noturno: art. 235
- viagens de longa distância: art. 235-D

Súmulas
- inobservância; horas extras; sobrejornada; aplicação analógica do § 4º do art. 71 da CLT: OJ 355/SBDI-I-TST

INTERVALO INTRAJORNADA
CLT
- bancários; alimentação: art. 224, § 1º
- convenção coletiva; prevalência sobre a lei; hipóteses: art. 611-A, III
- jornalistas profissionais; jornada de 7 horas: art. 304
- motorista; transporte de passageiros: art. 235-E, II
- mulher: art. 383
- não concessão; concessão parcial; indenização: art. 71, § 4º
- serviço ferroviário: art. 244, § 4º e 245
- trabalho em câmaras frigoríficas ou mudança térmica de ambiente: art. 253

Súmulas
- digitadores; descanso: Súm. 346/TST
- intervalo para recuperação térmica: Súm. 438/TST
- jornada de 6 horas; turnos ininterruptos de revezamento: Súm. 675/STF
- não previsto em lei; serviço extraordinário: Súm. 118/TST
- regime de revezamento; intervalo mínimo de 11 horas; horas extras: Súm. 110/TST
- semanal, repouso e alimentação; turnos ininterruptos de revezamento: Súm. 360/TST
- trabalho contínuo cuja duração exceda de 6 horas: art. 71; Súm. 437/TST
- turnos ininterruptos de revezamento: Súm. 360/TST

INTERVALO PARA REPOUSO OU ALIMENTAÇÃO
CLT
- trabalho contínuo cuja duração exceda de 6 horas: art. 71

INTERVENÇÃO DE TERCEIROS
CPC
- anotação pelo distribuidor: art. 286, parágrafo único
- arts. 119 a 132 e 682 a 686

INTIMAÇÃO
- advogados ou sociedade de advogados; adiamento da audiência: art. 363
- arts. 230, 231 e 269 a 275
- carta precatória, rogatória ou de ordem; comunicação imediata; meios eletrônicos: art. 232
- curador: art. 759
- devedor; cumprimento de sentença: art. 513, § 2º
- endereço residencial ou profissional; presunção de validade da comunicação: art. 274, parágrafo único
- grafia; nome das partes e advogados: art. 272, §§ 3º e 4º
- incidente de falsidade: arts. 430 e 432
- litisconsorte: art. 118
- nulidade: art. 280
- nulidade; arguição; necessidade de acesso aos autos; impossibilidade de prática de ato: art. 272, § 9º
- meio eletrônico: art. 270
- prazo para comparecimento: art. 218, § 2º
- retirada dos autos: art. 272, § 6º
- sentença: art. 1.003, § 1º
- testamenteiro: art. 735, § 3º
- testamento particular: art. 737
- testemunha: art. 455

Súmulas
- cálculo; prazo para pagamento das custas processuais: Súm. 53/TST
- prazo judicial; notificação ou intimação no sábado: Súm. 262/TST
- pretenso vício; inexistência de decisão transitada em julgado a ser rescindida: Súm. 299, IV/TST
- realização ou publicação na sexta-feira; prazo judicial que se inicia na segunda-feira imediata: Súm. 310/STF
- sentença; não juntada a ata ao processo: Súm. 30/TST
- sexta-feira; contagem de prazo judicial: Súm. 1/TST

INTIMIDADE
CLT
- dano extrapatrimonial: art. 223-C

INVENÇÃO
Legislação
- exclusiva do empregado; desvinculação do contrato: art. 90 da Lei 9.279/1996
- participação nos ganhos: art. 89 da Lei 9.279/1996
- pertencente ao empregador; disposição em contrato: art. 88 da Lei 9.279/1996
- programa de computador: Lei 9.609/1998

INVERSÃO DO ÔNUS DA PROVA
CDC
- alegação verossímil: art. 6º, VIII
- direito a: art. 6º, VIII
- hipossuficiente: art. 6º, VIII

IRRETROATIVIDADE DA LEI PROCESSUAL
CPC
- atos processuais praticados; situações jurídicas consolidadas; vigência; norma revogada: art. 14

ISENÇÕES FISCAIS
CLT
- recolhimento da contribuição sindical: art. 609

ISONOMIA SALARIAL
CLT
- disposições gerais: art. 5º

JARDINS DE INFÂNCIA
CLT
- manutenção ou subvenção pelo SESI, SESC e LBA: art. 397

JOGO DO BICHO
Súmulas
- contrato de trabalho; nulidade; objeto ilícito: OJ 199/SBDI-I-TST

JOGOS DE AZAR
CLT
- prática constante pelo empregado; justa causa: art. 482, I

JORNADA DE TRABALHO
CLT
- ambiente insalubre; convenção coletiva; prorrogação: art. 611-A, XIII
- arts. 58 a 65
- atividades incompatíveis com a fixação de horário: art. 62, I
- bancários: arts. 224 a 226
- compensação; licitude: art. 59, § 6º
- compensação; não atendimento das exigências legais: art. 59-B
- convenção coletiva; modalidade de registro: art. 611-A, X
- convenção coletiva; prevalência sobre a lei: art. 611-A, I
- convenção coletiva; redução; proteção ao empregado: art. 611-A, § 3º
- desconto por atraso; limite máximo de 10 minutos: art. 58, § 1º
- empregados em regime de teletrabalho: art. 62, III
- empregados; empresas de telefonia: arts. 227 a 231
- empregados; frigoríficos: art. 253
- exceção; 12x36: art. 59-A
- exclusão; hipóteses: art. 4º; § 2º
- ferroviários: arts. 238 e 239
- gerentes: art. 62, II
- higiene pessoal; exclusão: art. 4º, § 2º, VII
- hora in itinere: art. 58, § 2º
- horário diário; limite: art. 58
- horas extras: art. 59
- horas suplementares; regime de tempo parcial: art. 58-A
- insalubre; prorrogação da jornada: arts. 60, 611-A, XIII
- jornalistas: art. 303
- limites constitucionais; convenção coletiva: art. 611-A, I
- motorista: art. 235-C
- operadores cinematográficos: arts. 234 e 235
- pacto; convenção coletiva; lei; prevalência: art. 611-A, I
- professores: arts. 318 e 321
- professores; período de exames: art. 322, § 1º
- prorrogação; ambiente insalubre; convenção coletiva: art. 611-A, XIII
- redução; convenção coletiva; proteção do empregado: art. 611-A; § 3º
- regime de tempo parcial: art. 58-A
- trabalho do menor: arts. 411 a 413
- trabalho em minas de subsolo: art. 293
- trabalho em regime parcial: art. 58-A
- trabalho noturno: art. 73
- tripulante: art. 248
- variável; férias; concessão: art. 142, § 1º

Legislação
- atividades insalubres; prorrogação: arts 64 a 71 da Port. 671/2021 do MTP
- domingos e feriados; autorização: arts. 56 a 63 da Port. 671/2021 do MTP
- eletrônico; controle: arts. 73 a 92 da Port. 671/2021 do MTP
- manual ou mecânico; controle: arts. 93 a 95 da Port 671/2021 do MTP
- motorista profissional; tempo de direção: Lei 13.103/2015
- noturna; especial nos portos organizados: Lei 7.002/1982
- rural: arts. 87 a 92 do Dec. 10.854/2021
- suspensão temporária; coronavírus; Benefício Emergencial: Lei 14.020/2020

Súmulas
- acordo de compensação; "semana espanhola"; validade: OJ 323/SBDI-I-TST
- alteração; servidor público; retorno à jornada inicialmente contratada: OJ 308/SBDI-I-TST

- ausência; abono pelo serviço médico: Súm. 282/TST
- bancário; cargo de confiança: Súm. 102, II/TST
- bancário; cargo de confiança; horas extras: Súm. 102, IV/TST
- bancário; intervalo de 15 minutos: OJ 178/SBDI-I-TST
- bancário; sábado: Súm. 113/TST
- compensação de: Súm. 85/TST
- cumprimento integral no período noturno: Súm. 60, II/TST
- digitador: Súm. 346/TST
- distribuidores e corretoras de títulos de valores mobiliários: Súm. 119/TST
- elastecimento; turnos ininterruptos de revezamento; norma coletiva; eficácia retroativa: OJ 420/SBDI-I-TST
- empregados; frigoríficos: Súm. 438/TST
- engenheiro: Súm. 370/TST
- especial; caracterização; turno ininterrupto de revezamento; horário diurno e noturno: OJ 360/SBDI-I-TST
- especial; professor; salário mínimo; proporcionalidade: OJ 393/SBDI-I-TST
- financeiras; equiparação aos estabelecimentos bancários: Súm. 55/TST
- gerente bancário: Súm. 287/TST
- horas extras; ônus da prova: Súm. 338, III/TST
- horas *in itinere*: art. 58, § 2º e Súm. 90 e 320/TST
- intervalo mínimo; horas consecutivas; descanso entre jornadas: Súm. 110/TST
- intervalos; não previstos em lei: Súm. 118/TST
- jornada de 12 horas; 36 horas de descanso; validade; Súm. 444/TST
- jornada de 6 horas; turnos ininterruptos de revezamento: Súm. 360/TST
- jornalista; empresa não jornalística; reduzida: OJ 407/SBDI-I-TST
- local de difícil acesso; ausência de transporte público: Súm. 90, I/TST
- médico: Súm. 370/TST
- minutos que antecedem e sucedem a jornada; norma coletiva; flexibilização: Súm. 449/TST
- petroleiros: Súm. 391/TST
- prorrogação; inadmissibilidade; empregado estudante: PN 32/TST
- redução; inaplicabilidade; operadores de Telex: OJ 213/SBDI-I-TST
- registro da jornada; presunção de veracidade: Súm. 338, I/TST
- serviços prestados em domingos e feriados; remuneração em dobro: PN 87/TST
- telefonista; empresa que não explora serviço de telefonia: Súm. 178/TST
- turno ininterrupto de revezamento; hora noturna reduzida; incidência: OJ 395/SBDI-I-TST
- turno ininterrupto de revezamento; negociação coletiva: Súm. 423/TST
- turnos ininterruptos de revezamento; alteração da jornada; empregado horista; aplicação do divisor 180: OJ 396/SBDI-I-TST
- turnos ininterruptos de revezamento; intervalos intrajornada e semanal: Súm. 360/TST
- turnos ininterruptos de revezamento; intervalos para descanso e alimentação: Súm. 675/STF
- variações de horário; registro de ponto: Súm. 366/TST

JORNALISTAS PROFISSIONAIS
CLT
- arts. 302 a 316
- conceito: art. 302, § 1º
- descanso obrigatório; ressalva: art. 307
- duração do trabalho: arts. 303 a 306
- empresas jornalísticas; conceito: art. 302, § 2º
- horas extraordinárias: art. 305
- intervalo mínimo de repouso: art. 308

Súmulas
- contrato de trabalho: PN 55/TST
- empresa não jornalística; jornada de trabalho reduzida: OJ 407 da SBDI-I Transitória-TST
- trabalho em área de risco: PN 112/TST

JUDICIÁRIO
CDC
- facilitação da defesa do consumidor: art. 6º, VIII
- garantia de acesso: art. 6º, VII

JUIZ DO TRABALHO
CLT
- atraso; comparecimento à audiência: art. 815, parágrafo único
- competência: art. 659
- decisões; falta de disposições legais ou contratuais: art. 8º

CF
- constituição; investidura; jurisdição; competência; garantias; condições de exercício: art. 113
- instituição: art. 112

- órgão da Justiça do Trabalho: art. 111, III
- Varas do Trabalho; composição; juiz singular: art. 116

JUÍZES

CLT

- atraso no comparecimento à audiência: art. 815, parágrafo único
- de direito; localidades não compreendidas na jurisdição: art. 668
- decisões: art. 8º
- representantes classistas; aplicação do art. 663: art. 688
- representantes classistas; designação; competência: art. 684
- representantes classistas; escolha; critérios: art. 685
- representantes classistas; gratificação por sessão: art. 689
- representantes classistas; retenção de processos; desconto na gratificação mensal: art. 689, parágrafo único

CF

- aposentadoria: art. 93, VI e VIII
- carreira; provimento de cargo: art. 96, I, e
- concurso público; OAB; participação: art. 93, I
- cursos oficiais de preparação e aperfeiçoamento: art. 93, IV
- Estatuto da Magistratura; lei complementar; STF; princípios: art. 93
- garantias: art. 95, caput
- inamovibilidade: arts. 93, VIII e VIII-A; 95, II
- ingresso na carreira: art. 93, I
- magistrado; escolha; aprovação prévia; competência privativa do Senado Federal: art. 52, III, a
- magistrado; nomeação; competência privativa do Presidente da República: art. 84, XVI
- proibições: art. 95, parágrafo único
- promoções: art. 93, II
- remoção: art. 93, VIII e VIII-A
- subsídios: arts. 93, V; 95, III
- substituto; titularidade de varas: ADCT, art. 28
- vitaliciedade: art. 95, I

CPC

- aplicação justa da lei: art. 140
- apreciação de prova: art. 371
- audiência; requerimentos; registro em ata: art. 360, V
- comparecimento das partes: art. 139, VIII
- correlação entre pedido e sentença: art. 141
- cumprimento do prazo pelo serventuário: art. 233
- decisão da lide: art. 141
- decisão; fundamento: arts. 10 e 11
- decisão; lacuna na lei: art. 140
- decisão; oitiva das partes: arts. 9º e 10
- decisão; prazo: art. 226, II
- despacho; prazo: art. 226, I
- livre convencimento: art. 371
- nomeação de perito: art. 465
- parentes: art. 147
- pedido de vista: art. 940
- perdas e danos: art. 143
- poder de polícia: art. 139, VII e 360
- poder geral de cautela: art. 297
- poderes; deveres e responsabilidade: arts. 139 a 143
- pronunciamento de nulidade: art. 282
- pronunciamentos: arts. 203 a 205
- prova documental; apreciação: arts. 405 a 429
- recusa, omissão, retardamento de ato: art. 143, II
- regulamentação; incumbência do escrivão ou chefe de secretaria: art. 152, § 1º
- requisição de informações: art. 438
- responsabilidade: art. 143
- restauração dos autos: art. 715
- saneamento de vícios processuais: art. 139, IX
- sentença; prazo: art. 226, III
- suspeição de parcialidade: art. 145
- suspeição; parte credora ou devedora; juiz, cônjuge, companheiro ou parente: art. 145, III
- suspensão da execução: arts. 921 a 923
- valor da prova: art. 371

Súmulas

- cessação da competência: Súm. 10/STJ
- impedimento; ação rescisória: Súm. 252/STF

JUÍZES CLASSISTAS

CLT

- arts. 660 a 667
- assinatura da ata da audiência de instrução e julgamento: art. 851, § 2º
- designação; competência: arts. 660 e 682, II
- duração de sua investidura: art. 663
- escolha: art. 662
- nas Juntas de Conciliação e Julgamento; número e suplentes: art. 647, b e parágrafo único
- perda do cargo em razão de faltas a reuniões ou sessões consecutivas: art. 727
- prazo para contestar sua investidura: art. 662, § 3º
- prerrogativas: art. 667
- recusa do exercício de tal função; penas: art. 726

- requerimento para interrogatório dos litigantes: art. 848
- requisitos para o exercício da função: art. 661
- suplentes de vogais; número: art. 647, parágrafo único

CF

- extinção; previsão: EC 24/1999

Legislação

- adicional por tempo de serviço: IN 13/1997 do TST
- contribuições previdenciárias: IN 10/1996 do TST
- habilitação; provimento de cargo; procedimentos: IN 12/1997, do TST

JUÍZO DE DIREITO

CLT

- competência: art. 669
- órgãos da justiça do trabalho; localidades não compreendidas na jurisdição das Varas de Trabalho: art. 668

JUÍZO DEPRECANTE

CLT

- audiência: arts. 843 a 852

JULGADO

CLT

- recurso para o Supremo Tribunal Federal; execução não prejudicada: art. 893, § 2º

JULGAMENTO

CLT

- audiência: arts. 843 a 852
- execução; trâmites finais: arts. 885 a 889-A
- suspensão: art. 844, § 1º

CPC

- antecipado da lide: arts. 355 e 356
- audiência: arts. 358 a 368
- colegiado: art. 947, §§ 1º e 2º
- competência para ação rescisória: art. 971
- conexão: arts. 57 e 58
- conversão em diligência: arts. 12, § 4º, 938, § 3º
- embargos do devedor: art. 920
- estado do processo: arts. 354 a 357
- férias forenses: art. 220, § 2º
- impedimento e suspeição: art. 146, § 1º
- liminar; improcedência do pedido: art. 332
- lista de processos aptos: art. 12, § 1º
- ordem cronológica: art. 12
- ordem cronológica; exceção: art. 12, § 2º
- preferência: art. 936
- questão preliminar: arts. 938 e 939
- resultado; anúncio: art. 941
- risco de decisão conflitante; reunião de processos: art. 55, § 3º
- voto: arts. 940, 941 e 947, §§ 1º e 2º

Legislação

- ambiente eletrônico; Plenário Virtual: Res. Adm. 1.860/2016 do TST

Súmulas

- extra petita; inexistência: Súm. 396, II/TST

JUNTADA DE DOCUMENTOS
- vide DOCUMENTOS

JUNTAS DE CONCILIAÇÃO E JULGAMENTO
- vide também VARA(S) DO TRABALHO
- classistas temporários: arts. 660 a 667
- composição e funcionamento: arts. 647 a 649
- disposições gerais: arts. 647 a 667
- jurisdição e competência: arts. 650 a 653
- presidentes: arts. 654 a 659

JURISDIÇÃO VOLUNTÁRIA

CLT

- acordo extrajudicial; homologação: arts. 855-B a 855-E

JURISPRUDÊNCIA

CLT

- enunciados e súmulas; alteração ou estabelecimento; competência: art. 702, I, f
- utilização; caso de falta de disposições legais ou contratuais: art. 8º

CPC

- uniformização: arts. 926 a 928

Legislação

- inserção de temas na Orientação Jurisprudencial: IN 19/2000 do TST
- uniformização; art. 926 CPC: art. 18 da IN 41/2018 do TST

Súmulas

- comprovação de divergência jurisprudencial; recurso de revista e embargos: Súm. 337/TST
- repositório autorizado de; concessão; registro; publicação: Súm. 337, II/TST

JUROS DE MORA

CLT

- contribuição sindical: art. 600
- falta de recolhimento de contribuição sindical: art. 545, parágrafo único

- falta de pagamento; execução; retroativo a data de ajuizamento da ação: art. 883

Súmulas

- art. 1º-F da Lei 9.494/1997; inaplicabilidade à Fazenda Pública: OJ 382/SBDI-I-TST
- correção monetária; intervenção ou liquidação extrajudicial: Súm. 304/TST
- empresa em liquidação extrajudicial; sucessão trabalhista: OJ 408/SBDI-I-TST
- FGTS; diferenças de correção monetária: Súm. 12/JEF
- incidência sobre a condenação: Súm. 200/TST
- irretroatividade: Súm. 307/TST
- liquidação de sentença; inclusão: Súm. 254/STF
- nas reclamações trabalhistas; contagem: Súm. 224/STF
- omissão do pedido inicial ou da condenação: Súm. 211/TST

JUSTA CAUSA

CLT

- abandono de emprego: art. 482, i
- atos atentatórios contra a segurança nacional: art. 482, parágrafo único
- condenação criminal: art. 482, d
- desídia: art. 482, e
- embriaguez habitual ou em serviço: art. 482, f
- improbidade: art. 482, a
- incontinência de conduta ou mau procedimento: art. 482, b
- indisciplina e insubordinação: art. 482, h
- lesão da honra contra qualquer pessoa em serviço: art. 482, j
- negociação habitual: art. 482, c
- ofensa física praticada em serviço: art. 482, k
- pelo empregador: art. 482 e parágrafo único
- perda de habilitação ou requisitos para exercício da profissão: art. 482, m
- perda do direito à remuneração; período incompleto de férias: art. 146, parágrafo único
- prática constante de jogos de azar: art. 482, l
- rescisão contratual: art. 482, i
- violação de segredo da empresa: art. 482, g

CPC

- conceito: art. 223, § 1º

JUSTIÇA DO TRABALHO
- vide também TRIBUNAL REGIONAL DO TRABALHO e TRIBUNAL SUPERIOR DO TRABALHO

CLT

- arts. 643 a 735
- critérios de decisão; falta de disposições legais ou contratuais: art. 8º
- dissídios oriundos das relações entre empregadores e empregados; competência: art. 643
- greve; lockout: art. 722
- juízes de direito: arts. 668 e 669
- jurisprudência; enunciado; alteração: art. 702, f
- lockout e greve: art. 722
- órgãos: art. 644
- órgãos; coordenação, regime de mútua colaboração: art. 646
- penalidades contra os membros da Justiça do Trabalho: arts. 726 a 728
- penalidades diversas: arts. 729 a 735
- serviço relevante e obrigatório: art. 645
- serviços auxiliares: arts. 710 a 721
- súmula; alteração; requisitos: art. 702, § 4º
- súmula; alteração; sessão de julgamento: art. 702, § 3º
- súmulas; enunciados de jurisprudência; alteração: art. 702, f
- Tribunais Regionais do Trabalho- TRT: arts. 670 a 689
- Tribunal Pleno; competência: art. 702
- Tribunal Superior do Trabalho: arts. 690 a 709
- Varas do Trabalho: arts. 647 a 667

CF

- competência; greve; atividade essencial; lesão a interesse público; dissídio coletivo: art. 114, § 3º
- competência; relações de trabalho: art. 114, caput
- Conselho Superior: art. 111-A, § 2º, II
- dissídios coletivos: art. 114, § 2º
- itinerante; audiência; funções e limites territoriais: art. 115, § 1º
- itinerante; instalação; TRT: art. 115, § 1º
- juízes togados de estabilidade limitada no tempo; estabilidade e aposentadoria: art. 21, ADCT
- órgãos: art. 111, caput
- órgãos; constituição, investidura, jurisdição, competência, garantias, exercício: art. 113
- varas; criação: art. 112

Legislação

- competência; conciliação e julgamento de dissídios: Lei 8.984/1995

Súmulas

- ações; descumprimento de normas trabalhistas: Súm. 736/STF

- multitudinário; limitação do número de litigantes: art. 113, § 1º
- processo; distribuição por dependência: art. 286, II
- publicação de edital; interessados; intervenção: art. 94
- recurso; aproveitamento: art. 1.005
- unitário: arts. 116 e 117

Legislação
- litisconsórcio necessário; obrigatoriedade: art. 3º da IN 41/2018 do TST

Súmulas
- ação rescisória; necessário no polo passivo e facultativo no ativo: Súm. 406, I/TST
- ação rescisória; passivo necessário; inexistência: Súm. 406, II/TST
- procuradores distintos; prazo em dobro; inaplicabilidade do CPC/2015: OJ 310/SBDI-I-TST

LITISPENDÊNCIA
- ação perante tribunal estrangeiro; não ocorrência: art. 24
- alegação; contestação; oportunidade: art. 337, VI
- citação válida: art. 240
- extinção do processo sem resolver do mérito: art. 485, V
- ocorrência: art. 337, §§ 1º, 3º e 4º

CDC
- ações coletivas; não induzimento de: art. 104

LIVRO DE INSPEÇÃO DO TRABALHO
- obrigatoriedade: art. 628, § 1º

LIVRO DE REGISTRO DE EMPREGADOS

CLT
- arts. 41 a 48
- dupla visita; exceção; multa: art. 47, § 2º
- falta de informação; multa: art. 47, § 2º
- instruções: art. 41
- microempresas e empresas de pequeno porte; multa: art. 47, § 1º
- multa: art. 47
- multa; aplicação; competência: art. 48,CLT

LOCAL DE TRABALHO

CLT
- condições confortáveis: art. 177
- irrelevância para caracterização da relação de emprego: art. 6º
- manipulação ou transporte de material perigoso ou nocivo à saúde: art. 197
- não distinção; caracterização da relação de trabalho: art. 6º
- obrigações da empresa: art. 389. CLT
- rampas de acesso: art. 174
- segurança e medicina do trabalho: arts. 154 a 201
- transferência: arts. 300, 469, 470, 543, § 1º e 659, IX

Legislação
- revista íntima; proibição: Lei 13.271/2016

LOCKOUT E GREVE
- *vide* também GREVE

CLT
- penalidades: art. 722

M

MÃE ADOTIVA

CLT
- direito à licença-maternidade: art. 392-A

MÃE SOCIAL

Legislação
- regulamentação: Lei 7.644/1987

MÁ-FÉ

CLT
- agente de inspeção; comprovação; pena de suspensão: art. 628, § 3º
- litigância; condenação: art. 793-C
- litigância; hipóteses: art. 793-B
- litigância; responderá por perdas e danos: art. 793-A

CPC
- cumprimento de sentença; descumprimento injustificado de ordem judicial: art. 536, § 3º
- hipóteses: art. 80
- litigante: arts. 79 a 81 e 142
- modo temerário: art. 80, V
- responsabilidade; perda e danos: art. 79
- sanções: art. 96

MAGISTÉRIO

CLT
- habilitação legal; registro no Ministério da Educação: arts. 317 e ss.

Legislação
- Fundo de Manutenção e Desenvolvimento do Ensino Fundamental e Valorização do Magistério: Lei 9.424/1996

MAGISTRATURA
- *vide* JUIZ

MAGISTRATURA DO TRABALHO
- *vide* JUIZ DO TRABALHO

CLT
- classistas temporários: arts. 660 a 667
- competência privativa dos presidentes das Juntas de Conciliação e Julgamento: art. 659
- deveres dos presidentes das Juntas de Conciliação e Julgamento: art. 658
- idade para prestar o concurso de ingresso: art. 654, § 4º, a
- ingresso: art. 654
- juízes substitutos: art. 654, § 3º
- Juntas de Conciliação e Julgamento; presidentes; competência privativa: art. 659
- Varas do Trabalho: arts. 658 e 659

MANDADO DE CITAÇÃO

CLT
- conteúdo: art. 880, § 1º
- executado; expedição: art. 880

CPC
- requisitos: art. 250

MANDADO DE SEGURANÇA
- competência dos Tribunais Regionais: art. 678, I, b, 3

CF
- coletivo; legitimados: art. 5º, LXX

Legislação
- defesa oral; competência originaria dos tribunais: art. 16 da Lei 12.016/2009
- disciplina; norma aplicável: Lei 12.016/2009

Súmulas
- alçada: Súm. 365/TST
- antecipação de tutela; sentença superveniente; perda de objeto: Súm. 414, III/TST
- cabimento tutela provisória; inexistência de recurso próprio: Súm. 414, II/TST
- cabimento; decisão judicial transitada em julgado: Súm. 33/TST
- cabimento; tutela provisória concedida antes da sentença: Súm. 414, II/TST
- cabimento; tutela provisória concedida na sentença: Súm. 414, I/TST
- coisa julgada; decisão denegatória; uso de ação própria: Súm. 304/STF
- coletivo; entidade de classe; autorização dos associados: Súm. 629/STF
- coletivo; entidade de classe; interesse de parte da categoria: Súm. 630/STF
- competência; Supremo Tribunal Federal; ato de Tribunais de Justiça dos Estados: Súm. 330/STF
- contra ato de presidente do TRT; competência: Súm. 433/STF
- contra decisão judicial transitada em julgado: Súm. 33/TST
- decadência: OJ 127/SBDI-II-TST
- decisão denegatória; recurso extraordinário: Súm. 272/STF
- decisão do STF; oposição de embargos infringentes; inadmissibilidade: Súm. 294/STF
- embargos de terceiro; cumulação; penhora: OJ 54/SBDI-II-TST
- esgotamento das vias processuais; trânsito em julgado formal: OJ 99/SBDI-II-TST
- execução; pendência de recurso extraordinário: OJ 56/SBDI-II-TST
- execução; tópicos e valores não especificados no agravo de petição: Súm. 416/TST
- exigência de depósito prévio de honorários periciais: OJ 98/SBDI-II-TST
- existência de recurso próprio: OJ 92/SBDI-II-TST
- homologação de acordo; não cabimento: Súm. 418/TST
- impetração contra ato judicial passível de recurso ou correição: Súm. 267/STF
- impetração contra ato judicial; terceiro: Súm. 202/STJ
- impetração contra autoridade no exercício de competência delegada: Súm. 510/STF
- impetração contra enquadramento de servidor público nos moldes da Lei 3.780/1960: Súm. 270/STF
- impetração contra lei em tese; inadmissibilidade: Súm. 266/STF
- impetração contra liminar concedida ou denegada em outra segurança: OJ 140/SBDI-II-TST
- interposição contra decisão judicial transitada em julgada: Súm. 268/STF
- interposição simultânea de recurso ordinário e extraordinário: Súm. 299/STF
- lide não substitutiva da ação popular: Súm. 101/STF
- liminar; sentença superveniente; perda de objeto: Súm. 414, III/TST
- penhora em dinheiro; discordância do credor: Súm. 417, II/TST
- penhora em dinheiro; execução definitiva: Súm. 417, I/TST

- prazo; recurso ordinário; Supremo Tribunal Federal; *habeas corpus*; mandado de segurança: Súm. 319/STF
- proibição de prática de atos futuros; sentença genérica; evento futuro: OJ 144/SBDI-II-TST
- prova documental pré-constituída: Súm. 415/TST
- recurso ordinário e prazo: Súm. 201/TST
- recurso ordinário; prazo: Súm. 319/STF
- reintegração liminarmente concedida: OJ 142/SBDI-II-TST; OJ 64/SBDI-II-TST
- reintegração liminarmente concedida; dirigente sindical: OJ 65/SBDI-II-TST
- reintegração; ação cautelar: OJ 63/SBDI-II-TST
- remessa *ex officio*: Súm. 303, III/TST
- sentença homologatória de adjudicação: OJ 66/SBDI-II-TST
- transferência. Art. 659, IX, da CLT: OJ 67/SBDI-II-TST
- valor da causa; custas processuais: OJ 88/SBDI-II-TST

MANDATO

CLT
- associações profissionais; diretoria: art. 515, b
- Comissões de Conciliação Prévia; membros: art. 625-B, III
- Comissões de Conciliação Prévia; membros; estabilidade: art. 625-B, § 1º
- membros eleitos da CIPA; duração: art. 164, § 3º
- representação dos empregados; estabilidade; despedida arbitrária: art. 510-D, § 3º
- representação dos empregados; duração: art. 510-D
- representação dos empregados; eleição: art. 510-C
- representação dos empregados; suspensão ou interrupção do contrato de trabalho: art. 510-D, § 2º
- sindicato; administradores: art. 518, § 1º, d
- sindicato; afastamento do trabalho: art. 521, parágrafo único
- sindicato; categorias econômica e profissional: art. 576, § 3º
- sindicato; dispensa; vedação: art. 543, § 3º
- sindicato; federações e confederações: art. 538, § 1º
- Tribunal Superior do Trabalho; membros: art. 693, b

CPC
- renúncia: art. 112
- revogação: art. 111

Legislação
- conferido antes da falência; cessação dos efeitos: art. 120 da Lei 11.101/2005
- membros da ordem dos advogados; eleição; duração: arts. 63 a 67 da Lei 8.906/1994
- recusa pelo advogado; motivos: art. 15 da Lei 1.060/1950

Súmulas
- empresa; contrato social; representação em juízo: OJ 255/SBDI-I-TST
- expresso; ausência de poderes para substabelecer: Súm. 395
- fase recursal; ausência de procuração nos autos: Súm. 383, I/TST
- fixação de termo para juntada: Súm. 395, II/TST
- irregularidade de representação; substabelecimento anterior à outorga: Súm. 395, IV/TST
- irregularidade de representação; suspensão do processo: Súm. 395, V/TST
- judicial; irregularidade de representação; substabelecimento não datado: OJ 371/SBDI-I-TST
- juntada de nova procuração; ausência de ressalva; efeitos: OJ 349/SBDI-I-TST
- pessoa jurídica; procuração; invalidade; identificação do outorgante e seu representante; regularização: Súm. 456/TST
- regularização; representação processual: Súm. 383, II/TST

MÁQUINAS E EQUIPAMENTOS

CLT
- arts. 184 a 186
- dispositivos de partida e de parada: art. 184
- normas adicionais sobre proteção e medidas de segurança: art. 186
- reparos, limpeza e ajustes; execução com máquinas paradas; ressalva: art. 185

MARINHA MERCANTE

CLT
- disposições gerais: arts. 368 a 371

MARÍTIMO

CLT
- duração do trabalho: art. 248
- férias; anotação: art. 151
- marinha mercante; empresas de navegação: art. 370

Legislação
- segurança no tráfego: Lei 9.537/1997

Súmulas
- permanência do tripulante a bordo do navio: Súm. 96/TST

MASSA FALIDA
- representação em juízo: art. 75, V

Súmulas
- deserção de recurso; privilégio: Súm. 86/TST
- penalidade; multa: Súm. 388/TST

MATERIAIS NOCIVOS À SAÚDE

CLT
- rótulo contendo sua composição: art. 197

MATERNIDADE
- *vide* também MULHER

CLT
- ausência de empregada no período respectivo; não se considera falta: art. 131, II
- licença-maternidade; empregada adotante: art. 392-A
- licença-maternidade: art. 392 e ss.
- proteção: arts. 391 a 400

CF
- direitos sociais: art. 6º
- licença-gestante: arts. 7º, XVIII; 39, § 3º
- plano de previdência social: art. 201, II
- proteção: art. 203, I

MATRÍCULA

Legislação
- contribuinte; Seguridade Social; empresa; critérios estabelecidos pela SRF: art. 49, Lei 8.212/1991
- contribuinte; Seguridade Social; obra de construção civil; multa: art. 49, §§ 1º e 3º, Lei 8.212/1991
- SRF; produtor rural; pessoa física; substituição ao CNPJ: art. 49, § 5º, Lei 8.212/1991
- SRF; segurado especial; substituição ao CNPJ: art. 49, § 5º, Lei 8.212/1991

MECANOGRAFIA
- intervalo de descanso; equiparação aos trabalhadores do serviço de digitação: Súm. 346/TST
- tempo de repouso: art. 72

MEDIAÇÃO

CPC
- audiência; ações de família: art. 696
- audiência; suspensão; alegação de incompetência em contestação: art. 340, §§ 3º e 4º
- câmaras privadas; cadastro: art. 167
- confidencialidade: art. 166, § 1º
- estimulação: art. 3º, § 3º
- princípios: art. 166
- procedimento: art. 166, § 4º
- promoção no curso do processo judicial: art. 3.º, § 3º

Legislação
- conciliação pré-processual de conflitos coletivos no âmbito do TST: Ato 168/2016 do TST
- entre particulares; disposições: Lei 13.140/2015
- justiça do trabalho: art. 42, parágrafo único, da Lei 13.140/2015
- mediadores judiciais: arts. 11 a 13 da Lei 13.140/2015
- conflitos coletivos de trabalho; regulamento: arts. 33 a 38 do Dec. 10.854/2021

MEDICINA DO TRABALHO
- *vide* também SEGURANÇA E MEDICINA DO TRABALHO

CLT
- arts. 168 e 169
- doenças profissionais: art. 169
- empregador; normas; cumprimento: art. 157
- exame médico do empregado; obrigatoriedade; responsabilidade do empregador: art. 168
- exame médico; periodicidade; risco da atividade: art. 168, § 3º
- exame toxicológico; motorista profissional: art. 168, § 6º
- fiscalização de atividades; competência: arts. 155, II e 156, I
- primeiros socorros; material obrigatório; risco da atividade: art. 168, § 4º

Legislação
- normas de proteção à saúde e integridade do trabalhador: NR-4

MÉDICO

CF
- exercício cumulativo de cargo ou função: art. 37, XVI e art. 17, § 1º, ADCT

Legislação
- residência; regulamentação legal: Dec. 80.281/1977
- residente; previsão legal: Lei 6.932/1981

Súmulas
- adicional de insalubridade e periculosidade; validade: OJ 165/SBDI-I-TST
- jornada de trabalho: Súm. 370/TST
- salário; proporcionalidade; mínimo de horas mensais: Súm. 143/TST

MEDIDA CAUTELAR
- *vide* TUTELA PROVISÓRIA

MEDIDAS COERCITIVAS

CPC
- aplicação de ofício: art. 139, IV
- exibição de documento: art. 396

MEDIDAS PREVENTIVAS DE MEDICINA DO TRABALHO

CLT
- disposições gerais: arts. 168 e 169
- competência: art. 155
- delegação a outros órgãos federais: art. 159
- doenças profissionais: art. 169
- exame médico do empregado; obrigatoriedade e responsabilidade do empregador: art. 168
- fiscalização: art. 156, I
- infrações; multa: art. 201
- obrigatoriedade das empresas e dos empregados: arts. 157 e 158
- primeiros socorros; material obrigatório: art. 168, § 4º

MEIOS DE COMUNICAÇÃO

CLT
- equiparação; telemáticos e informatizados: art. 6.º, parágrafo único

MENOR

CLT
- abandono obrigatório do serviço: art. 407
- aprendiz: art. 403
- aprendiz; contrato: art. 428
- aprendiz; duração do trabalho: art. 432
- aprendiz; extinção do contrato de trabalho: art. 433
- aprendizagem: arts. 424 a 433
- autorização para trabalhar: art. 406
- conceito: art. 402
- de 18 anos; férias: art. 135, § 2º
- crianças e adolescentes; responsáveis legais e empregadores; deveres: arts. 424 a 433
- diminuição do tempo de estudo, tempo de repouso, prejuízo da educação moral: art. 424
- disposições gerais; proteção ao trabalho: arts. 402 a 410
- duração do trabalho: arts. 411 a 414
- estudante; férias: art. 136, § 2º
- jornaleiro: art. 405, § 4º
- normas aplicáveis ao seu trabalho: art. 402, parágrafo único
- prescrição; contra menores de 18 anos; não ocorrência: art. 440
- proibição do trabalho: arts. 403 e 410
- proteção ao trabalho; disposições gerais: arts. 402 a 410
- reclamação trabalhista: art. 793
- trabalho artístico: autorização judicial para o trabalho do menor: arts. 405, § 3º, *a* e *b*, e 406
- trabalho nas ruas, praças e logradouros: art. 405, § 2º
- trabalho noturno; vedação: art. 404
- trabalho prejudicial à sua moralidade: art. 405, § 3º
- venda de bebidas alcoólicas; prejuízo à moralidade do menor: art. 405, § 3º, *d*

CF
- aprendiz: art. 7º, XXXIII
- trabalho insalubre: art. 7º, XXXIII
- trabalho noturno: art. 7º, XXXIII
- trabalho perigoso: art. 7º, XXXIII

CPC
- capacidade processual: art. 71
- depoimento; incapacidade: art. 447, § 1º, III

Legislação
- aprendiz; limite mínimo do salário-de-contribuição: art. 28, § 4º da Lei 8.212/1991

Súmulas
- não sujeito à aprendizagem metódica; direito a salário integral: Súm. 205/STF
- salário normativo; violação ao art. 7º, XXX, da CF: OJ 26/SDC-TST

MENSAGEM ELETRÔNICA

CPC
- prova; forma impressa: art. 422, § 3º

MENSALISTA
- cálculo do salário-hora normal: art. 64
- prazo para pagamento de salário: art. 459, § 1º
- professores: pagamento: art. 320, § 1º
- salário-mínimo mensal; parte fixa e parte variável: art. 78, parágrafo único

Súmulas
- 40 horas semanais; divisor: Súm. 431/TST
- empregado; base de cálculo; integração das diárias: Súm. 318/TST

MERECIMENTO

CLT
- promoções; critério; magistratura: art. 654, § 1º
- promoções; critério; magistratura; juiz substituto: art. 654, § 5º, *b*
- promoções; critério: art. 461, § 2º 3º

Súmulas
- plano de cargos e salários; promoção: OJ 418/SBDI-I-TST

MICROEMPRESA E EMPRESA DE PEQUENO PORTE

CLT
- registro de empregados; falta: art. 47, § 1º

Legislação
- afastamento legal de único empregado: art. 18-C, § 2º, da LC 123/2006
- conceito: art. 3º da LC 123/2006
- empregador; substituição de representação perante a Justiça do Trabalho: art. 54 da LC 123/2006
- empresário individual; rural: art. 18-C da LC 123/2006
- fiscalização: art. 55 da LC 123/2006
- fiscalização; falta de registro de empregados; anotação na CTPS: art. 55, § 1º, da LC 123/2006
- inscrição no SIMPLES; Seguridade Social; contribuição social; percentuais: art. 201, § 7º, do Dec. 3.048/1999
- obrigações trabalhistas; procedimentos dispensados: art. 51 da LC 123/2006
- obrigações trabalhistas; procedimentos obrigatórios: art. 52 da LC 123/2006
- recuperação judicial: arts. 70 a 72 da Lei 11.101/2005

MIGRAÇÃO

Legislação
- estudante estrangeiro; condição migratória: Res. Normativa 124/2016 do CNIG
- política migratória brasileira: art. 3º da Lei 13.445/2017
- previsão legal: Lei 13.445/2017
- princípios e garantias: arts. 3º e 4º da Lei 13.445/2017
- registro e identificação civil; imigrante; detentores de vistos: arts 19 a 22 da Lei 13.445/2017

MINAS DE SUBSOLO

CLT
- arts. 293 e 301
- duração do trabalho: art. 293
- duração do trabalho; prorrogação: art. 295
- equiparação aos servidores públicos: art. 910
- equiparação aos servidores públicos: art. 910
- medidas de proteção e segurança: art. 200, III
- proporcionalidade de brasileiros: art. 352, § 2º

MINISTÉRIO PÚBLICO DO TRABALHO

CLT
- disposições gerais: arts. 736 a 754
- legitimidade *ad causam*: Súm. 407/TST
- legitimidade para recorrer: OJ 237, I/SBDI-I-TST
- legitimidade para recorrer: OJ 237, II/SBDI-I-TST
- Procuradoria da Justiça do Trabalho: art. 740 e ss.

CF
- atribuições e Estatuto: art. 128, § 5º
- membro; estabilidade: art. 29, § 4º, ADCT
- órgão do Ministério Público da União: art. 128, I, *b*
- TRT; composição: art. 115, parágrafo único, II
- TST; composição: art. 111-A, I

Súmulas
- decadência; colusão das partes; contagem do prazo: Súm. 100, VI/TST
- nulidade do contrato de trabalho não suscitada; arguição em parecer: OJ 350/SBDI-I-TST

MOEDA CORRENTE DO PAÍS

CLT
- salário; pagamento em espécie: art. 463

MORA
- descumprimento das obrigações contratuais: art. 483, *d*

CPC
- consignação em pagamento: art. 544, I
- efeito da citação: art. 240

Legislação
- mora contumaz: art. 2º e 3º do Dec.-Lei 368/1968
- multa; atraso de pagamento de salário: art. 7º do Dec.-Lei 368/1968

Súmulas
- salários atrasados; pagamento em audiência: Súm. 13/TST

MORADIA
- *vide* também HABITAÇÃO

Súmulas
- desconto; admissibilidade somente quando o imóvel possuir habite-se: PN 109/TST
- empregado rural: PN 34/TST
- empregado rural; conservação das casas: PN 62/TST

MORTE

CLT
- empregador: art. 485
- empregador; empresa individual; rescisão do contrato: faculdade: art. 483, § 2º
- empresa; cessação da atividade; indenização: art. 485
- faltas não descontadas: art. 473, I
- faltas não descontadas; professores: art. 320, § 3º

- genitora; licença-maternidade; concessão ao cônjuge ou companheiro empregado: art. 392-B
- licença; empregado: art. 473, I
- licença; professor: art. 320, § 3º

CC
- direito a indenização: art. 948

CPC
- parte; suspensão do processo: art. 313, I
- partes, representante ou procurador; suspensão de prazos: art. 221
- procurador: art. 313, § 3º
- sucessão; habilitação: art. 687
- testemunha: art. 451, I

Súmulas
- empregados; transporte de valores. vigia ou vigilante: PN 42/TST

MOTORISTA PROFISSIONAL

CLT
- arts. 235-A a 235-H
- descanso remunerado: art. 235-D
- descanso remunerado; fracionamento: art. 235-D, § 1º
- deveres: art. 235-B CLT
- disposições gerais: arts. 235-A a 235-G
- exames médicos: art. 168, §§ 6º e 7º
- intervalo interjornada: art. 235-C, §§ 3º, 8º e 11
- jornada diária: art. 235-C
- jornada especial; acordo ou convenção: art. 235-F
- regras aplicáveis: arts. 235-A a 235-H
- transporte de passageiros: art. 235-E
- viagens de longa distância: art. 235-D

Legislação
- atividade profissional; jornada de trabalho, tempo de direção: Lei 13.103/2015
- exame toxicológico: arts. 60 e ss. da Port. 672/2021 dp MTP
- segurança e saúde; transporte rodoviário de cargas e coletivo de passageiros: arts. 47 e ss. da Port. 672/2021 do MTP

Súmulas
- horas extras; atividade externa; controle de jornada; tacógrafo: OJ 332/SBDI-I-TST
- reembolso de despesas; alimentação e pernoite; tarefas executadas a mais de 100 km da empresa: PN 89/TST

MOTOTAXISTA

CLT
- atividade perigosa: art. 193, § 4º

Legislação
- previsão legal: Lei 12.009/2009

MOVIMENTAÇÃO, ARMAZENAGEM E MANUSEIO DE MATERIAIS

CLT
- precauções de segurança; exigências relativas ao manuseio: arts. 182 e 183

MUDO

CLT
- depoimento por meio de intérprete: art. 819, § 1º
- despesas; interprete: art. 819, § 2º

MULHER
- *vide* também PROTEÇÃO DO TRABALHO DA MULHER e TRABALHO DA MULHER

CLT
- aborto não criminoso: art. 395
- adicional noturno: art. 381
- adoção; licença-maternidade; termo judicial e guarda: art. 392-A
- amamentação: art. 396
- aplicação dos preceitos regentes do trabalho masculino: art. 372
- aviso prévio; gestante; estabilidade: art. 391-A
- casamento: art. 391
- descanso semanal: art. 385
- despedida; gestante; reintegração: Súm. 244, II/TST
- duração e condições de trabalho: arts. 372 a 377
- duração normal do trabalho da mulher: art. 373
- estabilidade; gestante; extensão: Súm. 244/TST
- gestante ou lactante; adicional de insalubridade: art. 394-A, § 2º
- gestante; local insalubre: art. 394-A, § 3º
- grávida; mudança de função: art. 392, § 4º, I
- gravidez; estabilidade provisória: art. 391-A
- gravidez; não será motivo para rescisão contratual: art. 391
- insalubridade; gestante ou lactante: art. 394-A, § 2º
- insalubridade; gestante; afastamento: art. 394-A
- intervalo entre duas jornadas de trabalho: art. 382
- licença-maternidade: art. 392
- locais destinados à guarda dos filhos: art. 400
- local de trabalho: arts. 389 a 390-E
- maternidade; proteção: arts. 391 a 400
- métodos e locais de trabalho: arts. 388 a 390
- parto antecipado: art. 392, § 3º

- período para refeição e repouso: art. 383
- períodos de descanso: arts. 382 a 386
- proteção à maternidade: arts. 391 a 400
- proteção ao trabalho da mulher: arts. 372 a 401
- redução do salário: art. 377
- revezamento no trabalho dominical: art. 386
- revista íntima; proibição; empregadas ou funcionárias: art. 373-A, VI
- salário do período noturno; valor superior ao do período diurno: art. 381

CF
- licença remunerada à gestante: art. 7º, XVIII

CPC
- suspensão do prazo; advogada; adoção ou parto: art. 313, § 6º
- suspensão do processo; advogada; adoção ou parto: única patrona da causa: art. 313, IX

Legislação
- estabilidade provisória; gestante: LC 146/2014
- Programa Emprega + Mulheres: Lei 14.457/2022

Súmulas
- estabilidade; gestante; desconhecimento do estado gravídico pelo empregador: Súm. 244, I/TST
- gestante; habilitação posterior; representação regular: OJ 319 da SBDI-I-TST
- período de amamentação; recebimento de salário sem prestação de serviços: PN 6/TST

MULTA(S)

CLT
- administrativa; cobrança judicial: art. 642, *caput*
- arts. 467 e 477
- às infrações referentes à medicina e à segurança do trabalho: art. 201
- contribuição sindical; recolhimento fora do prazo: art. 600
- duração do trabalho: art. 75
- extravio ou inutilização da CTPS: art. 52
- falta de disposição especial: art. 634
- falta de pagamento: art. 641
- falta de registro de empregado: art. 47
- falta de registro de empregado; competência: art. 48
- férias anuais: art. 153
- férias anuais; reincidência: art. 153, parágrafo único
- não concessão de férias na época própria: art. 137, § 3º
- obrigatoriedade da CTPS: art. 55
- redução na metade: art. 636, § 6º
- registro; ausência: art. 47
- registro; falta de dados: art. 47-A
- responsabilidade por infração penal; não exime: art. 634, § 1º
- salário mínimo; infrações: art. 120
- sindicato; cobrança pela entrega de CTPS: art. 56
- testemunha; alteração ou omissão da verdade: art. 793-D
- trabalho em feriados: art. 12 da Lei 605/1949
- venda de carteira semelhante a Carteira de Trabalho oficial: art. 51

CPC
- ação rescisória inadmissível ou improcedente: art. 968, II
- advogado e Ministério Público: art. 234, §§ 2º, 3.º e 4º
- aplicação de ofício: art. 139, IV
- ato atentatório à dignidade da justiça: art. 77, §§ 2º a 5º
- citação por edital; alegação dolosa: art. 258
- depósito para evitar; recurso; compatibilidade: art. 520, § 3º
- leilão; pagamento parcelado; atraso: art. 895, § 4º
- litigantes ou serventuários de má-fé: art. 96
- modificação do valor ou da periodicidade: art. 537, § 1º
- perito: art. 468, § 1º
- pretendente; arrematação: 896, § 2º

CDC
- diária coercitiva: art. 84, § 4º

Legislação
- administrativa variável: arts. 75 e 76 da Port. 667/2021
- administrativa; normas para organização e tramitação dos processos: Portaria 854/2015 do MTE
- atualização de valores: Lei 7.855/1989

Súmulas
- art. 477, § 8º da CLT; incidência; reconhecimento judicial da relação de emprego: Súm. 462/TST
- cláusula penal; valor superior ao principal: OJ 54/SBDI-I-TST
- instrumentos normativos diversos; cumulação de ações: Súm. 384, I/TST
- massa falida: Súm. 388/TST
- previsão em instrumento normativo: Súm. 384, II/TST
- rescisão contratual; art. 477 da CLT; contagem do prazo; aplicação do art. 132 do CC/2002: OJ 162/SBDI-I-TST

MÚSICOS

CLT
- acréscimo; horas excedentes: art. 232, parágrafo único

- aumento da jornada; até 8 horas diárias: art. 233
- duração do trabalho; 6 horas: art. 232

Legislação
- regulamento da profissão: Lei 3.857/1960

Súmulas
- integrante de orquestra de empresa; sujeição à legislação geral do trabalho: Súm. 312/STF

MÚTUO CONSENTIMENTO

CLT
- alteração de contrato individual de trabalho: art. 468

N

NACIONALIDADE

CLT
- jornalistas profissionais; requisitos: art. 311, *a*
- não distinção; função idêntica: art. 461
- registro; empregados estrangeiros: art. 359, parágrafo único

NACIONALIZAÇÃO DO TRABALHO

CLT
- arts. 352 a 371
- disposições especiais sobre a nacionalização da marinha mercante: arts. 368 a 371
- disposições gerais: arts. 365 a 367
- estrangeiro; carteira de identidade anotada; apresentação obrigatória: art. 359
- estrangeiro; proporcionalidade nas empresas: art. 354
- penalidades: arts. 363 e 364
- proporcionalidade de empregados brasileiros: arts. 352 a 358
- relações anuais de empregados: arts. 359 a 362

CP
- frustração de lei sobre: art. 204

NASCIMENTO DE FILHO
- *vide* também MATERNIDADE E MULHER

CLT
- falta ao serviço sem prejuízo do salário: art. 473, III
- licença-maternidade: art. 392

CF
- licença-maternidade: art. 7º, XVIII
- licença-paternidade: art. 7º, XIX da CF e art. 10, § 1º, do ADCT
- salário-família: art. 7º, XII

Legislação
- programa empresa cidadã; prorrogação licença-maternidade: art. 1º, I, da Lei 11.770/2008
- programa empresa cidadã; prorrogação licença-paternidade: art. 1º, II, da Lei 11.770/2008
- salário-família: Lei 4.266/1963

NAVEGAÇÃO

CLT
- fluvial: arts. 248 a 252

Súmulas
- portuário indicado por sindicato: Súm. 309/TST

NAVIO E AERONAVE

CPC
- penhora; efeitos: art. 864
- penhora; nomeação de bens: art. 835, VIII

NECESSITADOS
- *vide* ASSISTÊNCIA JUDICIÁRIA E ASSISTÊNCIA JURÍDICA

NEGOCIAÇÃO HABITUAL
- por conta própria ou alheia, pelo empregado; justa causa para rescisão contratual: art. 482, *c*

Súmulas
- Súm. Vinculante 13/STF

NOMEAÇÃO

CPC
- bens; arresto: art. 830
- bens; citação do devedor; penhora: arts. 774, V, 798, II, 828 a 830, 843, 845, 847
- bens; devedor: art. 835
- bens; ineficácia: art. 848
- curador ao interdito: arts. 749, parágrafo único e 755, I
- curador e tutor: art. 759, I
- curador especial: art. 72
- perito; prova pericial: art. 465

NORMA COLETIVA

Súmulas
- bancário; cargo de confiança: Súm. 102, VII/TST
- categoria diferenciada: Súm. 374/TST
- gratificação por tempo de serviço; compensação: Súm. 202/TST
- hora suplementar; cálculo: Súm. 264/TST
- reajustes salariais; legislação superveniente; previsão: Súm. 375/TST

NORMA REGULAMENTAR
- instrução dos responsáveis; cumprimento das leis; dupla visita da fiscalização: art. 627, *a*

Súmulas
- BANDEPE; regulamento interno de pessoal; estabilidade: Súm. 345/TST
- benefício de previdência privada criada pela empresa: Súm. 87/TST
- complementação de aposentadoria: Súm. 97, 288 e 313/TST
- complementação de aposentadoria; caráter programático: Súm. 332/TST
- licença-prêmio; conversão em pecúnia: Súm. 186/TST
- opção pelo novo regulamento: Súm. 51, II/TST
- prêmio-aposentadoria: Súm. 72/TST
- punição; inquérito ou sindicância internos: Súm. 77/TST
- revogação ou alteração de vantagens; efeitos: Súm. 51, I/TST

NORMAS ESPECIAIS DE TUTELA DO TRABALHO
CLT
- arts. 224 a 441
- bancários: arts. 224 a 226
- jornalistas profissionais: arts. 302 a 315
- minas de subsolo: arts. 293 a 301
- motoristas profissionais: arts. 235-A a 235-G
- músicos: arts. 232 e 233
- nacionalização da marinha mercante: arts. 368 a 371
- nacionalização do trabalho: arts. 352 a 372
- operadores cinematográficos: arts. 234 e 235
- penalidades: arts. 351, 363, 364, 401 e 434 a 438
- professores: arts. 317 a 323
- químicos: arts. 325 a 350
- serviço ferroviário: arts. 236 a 247
- serviços de telefonia: arts. 227 a 231
- trabalho da mulher: arts. 372 a 401
- trabalho do menor: arts. 402 a 441

NORMAS GERAIS DE TUTELA DO TRABALHO
CLT
- arts. 13 a 201
- duração do trabalho: arts. 57 a 75
- férias: arts. 129 a 153
- identificação profissional: arts. 13 a 56
- salário-mínimo: arts. 76 a 126
- segurança e medicina do trabalho: arts. 154 a 201

NORMAS PROCESSUAIS
CPC
- aplicação imediata: art. 14
- aplicação supletiva: art. 15
- fundamentais: arts. 1º a 12
- irretroatividade: art. 14

Legislação
- aplicação normas processuais; CLT; imediata: IN 41/2018 do TST
- desconsideração da personalidade jurídica; aplicação: art. 17 da IN 41/2018 do TST
- direito processual do trabalho; princípios: Lei 5.584/1970
- exame de transcendência; art. 246 RITST; regras: art. 19 da IN 41/2018 do TST
- exceção de incompetência territorial; aplicação: art. 11 da IN 41/2018 do TST
- execução; iniciativa do juiz; regras: art. 13 da IN 41/2018 do TST
- honorários advocatícios sucumbenciais; aplicação: art. 6º da IN 41/2018 do TST
- jurisprudência; uniformização; art. 926 CPC: art. 18 da IN 41/2018 do TST
- litisconsórcio necessário; obrigatoriedade; formação: art. 3º da IN 41/2018 do TST
- prescrição intercorrente; início do fluxo: art. 2º da IN 41/2018 do TST
- situações pretéritas; aplicação normas processuais: art. 1º da IN 41/2018 do TST
- testemunhas; multa; procedimento: art. 10, parágrafo único, da IN 41/2018 do TST
- trabalhistas; aplicação: Dec.-lei 779/1969

NOTIFICAÇÃO
CLT
- decisão judicial aos litigantes: art. 852
- edital: art. 636, §§ 2º e 3º
- litigantes ou patronos: art. 834
- postal: art. 774, parágrafo único
- reclamado: art. 841
- recorrido: art. 900
- recursos: art. 900
- testemunhas: art. 825

Legislação
- doenças e acidentes de trabalho; medidas a serem adotadas pelas empresas: Portaria 589/2014, do TEM

Súmulas
- prazo judicial; notificação ou intimação em sábado: Súm. 262/TST
- prova; recebimento: Súm. 16/TST

NOTIFICAÇÃO JUDICIAL OU INTERPELAÇÃO
CPC
- arts. 726 a 729
- oitiva do requerido; hipóteses: art. 728

NOTURNO
CLT
- trabalho: art. 73

NULIDADE
CLT
- alterações nas condições de trabalho: art. 468
- convenção e acordo coletivo de trabalho; contrapartidas recíprocas: art. 611-A, § 2º
- julgado; recurso de revista: art. 896, § 1º-A, IV
- extensão da declaração: art. 797
- finalidade de desvirtuar, impedir ou fraudar a aplicação da CLT: art. 9º
- não declaração: arts. 795 e 796
- não prejuízo a atos posteriores: art. 798

CPC
- intimação; arguição; necessidade de acesso aos autos: art. 272, § 9º
- execução: art. 803
- falta de intervenção do Ministério Público: art. 279
- forma prescrita em lei; decretação: art. 276
- processual; falta de consentimento: art. 74, parágrafo único
- processual; incapacidade processual: art. 76, § 1º, I
- processual; representação irregular: art. 76, § 1º, I

Súmulas
- pluralidade de advogados; intimação de outro profissional: Súm. 427/TST

OBRA OU SERVIÇO CERTO
Legislação
- contrato: Lei 2.959/1956

OBRIGAÇÃO (ÕES)
CLT
- relação de emprego; responsabilidade solidária; hipóteses: art. 2º, § 2º
- trabalhistas; sócio retirante; responsabilidade subsidiária: art. 10-A

CPC
- alternativa: art. 800
- de entregar coisa certa: arts. 806 a 810
- de entregar coisa incerta: arts. 811 a 813
- de não fazer: arts. 497 a 501, 536 a 537 e 814 a 823
- indivisível; credor; não participação no processo: art. 328
- pena pecuniária: art. 814, parágrafo único
- tutela específica: arts. 497 a 501 e 536

CDC
- resultado prático equivalente ao do adimplemento: art. 84
- tutela específica: art. 84

Súmulas
- descumprimento; multa: PN 73/TST

OBRIGAÇÕES ACESSÓRIAS
Legislação
- seguridade social: art. 225 a 228 do Dec. 3.048/1999

OFENSA FÍSICA
CLT
- cometida pelo empregado; contra qualquer pessoa: art. 482, *j*
- cometida pelo empregado; contra empregador ou superior hierárquico: art. 482, *k*
- cometida pelo empregador ou prepostos: art. 483, *f*

OFICIAIS DE JUSTIÇA
CLT
- atribuições; avaliadores: art. 721
- cumprimento dos atos; prazo: art. 721, § 2º
- falta ou impedimento da designação: art. 721, § 5º
- oficiais de justiça avaliadores; atribuições: art. 721
- prazo para avaliação: art. 721, § 3º

CPC
- arresto de bens: art. 830
- arrombamento de cômodos e móveis: art. 846, § 1º
- atos executivos: art. 782
- atribuições e deveres: art. 154
- busca e apreensão: art. 536, § 2º
- certificação; mandado; proposta de autocomposição: art. 154, VI
- citação com hora certa: art. 253, § 2º

- citação; procedimento: arts. 249 e 251
- impedimento e suspeição: art. 148, II
- intimação: art. 275
- intimação; prazo: art. 231, II
- mandado de citação; conteúdo: art. 250
- nomeação de bens: arts. 829, § 1º
- quantidade: art. 151
- responsabilidade civil: art. 155

Legislação
- cálculos; manifestação; União: art. 20 da Lei 11.033/2004

OMISSÃO
CPC
- acórdão: art. 1.022, II
- lei: art. 140
- pedido na inicial: art. 329
- sentença: art. 1.022, II

ÔNUS DA PROVA
CLT
- despedimento: Súm. 212/TST
- incumbência: art. 818

CPC
- documento particular: art. 408, parágrafo único
- falsidade documental: art. 429, I
- fato constitutivo; autor: art. 373, I
- fato extintivo; réu: art. 373, II
- fato impeditivo; réu: art. 373, II
- fato modificativo; réu: art. 373, II
- incumbência: art. 373

CDC
- inversão: art. 6º, VIII

Súmulas
- fato impeditivo, modificativo ou extintivo; equiparação salarial; empregador: Súm. 6, VIII/TST
- horas extras; cartão de ponto: Súm. 338, III/TST
- interposição de recurso; feriado local; prorrogação de prazo recursal: Súm. 385, I/TST
- recebimento da notificação; destinatário: Súm. 16/TST
- registro da jornada: Súm. 338, I/TST

OPERADORES
CLT
- cinematográficos: arts. 234 e 235
- cinematográficos; cumulação da duração do trabalho: art. 234
- radiotelefonia; duração do trabalho: art. 227
- telefonia; duração do trabalho: art. 227
- telegrafia submarina ou subfluvial; duração do trabalho: art. 227
- vedação ao trabalho ininterrupto: art. 228

OPOSIÇÃO
CPC
- distribuição, citação e contestação: art. 683, parágrafo único
- julgamento: art. 686
- oferecimento; parcial ou total: art. 682
- oferecimento antes da audiência; apensamento; julgamento pela mesma sentença: art. 685
- oferecimento após iniciada a audiência; suspensão do processo; produção de provas: art. 685, parágrafo único
- oponente; debates em audiência; prazo: art. 364, § 2º
- reconhecimento do pedido: art. 684

ORDEM DOS ADVOGADOS DO BRASIL
CF
- Conselho Federal; controle de constitucionalidade; legitimidade: art. 103, VII

Legislação
- fins e organização: arts. 44 a 50 da Lei 8.906/1994

ORDEM ECONÔMICA
Legislação
- declaração de direitos de liberdade econômica: Lei 13.874/2019

ORGANIZAÇÃO DO TRABALHO
CF
- empregador; participação nos colegiados de órgãos públicos: art. 10
- trabalhador; participação nos colegiados de órgãos públicos: art. 10
- trabalhador; representante dos empregados junto às empresas: art. 11

CP
- crimes: arts. 197 a 207

ORGANIZAÇÃO INTERNACIONAL DO TRABALHO
Legislação
- igualdade de tratamento; trabalhadores estrangeiros e nacionais: Convenção 19 da OIT
- indenização das moléstias profissionais: Convenção 42 da OIT
- liberdade sindical; proteção ao direito de sindicalização: Convenção 87 da OIT (não ratificada)
- normas mínimas de segurança social: Convenção 102 da OIT

- piores formas de trabalho infantil; proibição: Convenção 182 da OIT
- piores formas de trabalho infantil; regulamentação: Dec. 6.481/2008
- princípios do direito de organização e negociação coletiva; aplicação: Convenção 98 da OIT
- proteção do salário: Convenção 95 da OIT
- segurança e saúde dos trabalhadores; meio ambiente de trabalho: Convenção 155 da OIT
- trabalho forçado ou obrigatório: Convenção 29 da OIT
- trabalho noturno: Convenção 171 da OIT

ORGANIZAÇÃO SINDICAL

CLT
- administração do sindicato: arts. 522 a 528
- arts. 511 a 610
- associações sindicais de grau superior: arts. 533 a 539
- contribuição sindical: arts. 578 a 610
- direitos dos exercentes de atividades ou profissões e dos sindicalizados: arts. 540 a 547
- disposições gerais: arts. 511 a 566
- eleições sindicais:: arts. 529 e 531
- enquadramento sindical: arts. 570 a 574 e 577
- gestão financeira do sindicato e sua fiscalização: arts. 548 a 552
- instituição sindical: arts. 511 a 569art. 511 e ss.

Legislação
- Cadastro de Entidades Sindicais Especiais: arts. 285-A a 285-I da Port. 4.198/2022 do MTP

ÓRGÃOS DA JUSTIÇA DO TRABALHO

CLT
- disposições gerais: arts. 643 a 646

ÓRGÃOS DE SEGURANÇA E DE MEDICINA DO TRABALHO NAS EMPRESAS

- *vide* também CIPA

CLT
- arts. 162 a 165
- CIPA; composição: art. 164
- CIPA; constituição obrigatória: art. 163
- CIPA; designação de seu presidente e de seu vice-presidente: art. 164, § 5º
- CIPA; despedida arbitrária: art. 165
- CIPA; regulamentação: art. 163, parágrafo único
- serviços especializados; obrigatoriedade: art. 162

PAGAMENTO

CLT
- abono pecuniário: art. 145
- de salário; prazo: art. 459, § 1º
- importância reclamada; procedimentos: art. 881
- salário; não estipulação por período superior a 1 mês; ressalva: art. 459
- salário; procedimentos: art. 465
- salário; recibo: art. 464
- salário; ressalva; procedimento; recibo: arts. 459, 464 e 465

CPC
- consignação: arts. 539 a 549
- dinheiro; adjudicação de bens penhorados: arts. 904 a 909
- satisfação do crédito: arts. 904 a 909
- testemunha; audiência: art. 462

CDC
- prestações; desproporcionais e excessivamente onerosas: art. 6º, V

Legislação
- dependentes ou sucessores; valores do FGTS e do PIS-PASEP: Lei 6.858/1980
- dependentes ou sucessores; valores do FGTS e do PIS-PASEP; regulamento: Dec. 85.845/1981

PARALISAÇÃO DO TRABALHO

- *vide* também GREVE

CLT
- motivada por ato de autoridade; pagamento de indenização: art. 486
- percepção do salário; férias: art. 133, III
- por mais de 30 dias, com percepção do salário; férias: art. 133, II

PARENTES

CLT
- falta justificada; acompanhamento de esposa ou companheira; exames ou consultas: art. 473, X
- falta justificada; acompanhamento de filho de até 6 anos; consulta médica: art. 473, XI
- testemunha: art. 829
- trabalho na mesma Vara do Trabalho; incompatibilidade: art. 648

PARTE(S)

CPC

- confissão: arts. 389 a 395
- danos processuais; responsabilidade: arts. 79 a 81
- depoimento pessoal: arts. 385 a 388
- depoimento pessoal; desobrigação; hipóteses: art. 388
- depoimento pessoal; desonra própria, de cônjuge, companheiro ou parente; desobrigação: art. 388, III
- depoimento pessoal; perigo a vida própria, de cônjuge, companheiro ou parente; desobrigação: art. 388, IV
- deveres processuais: arts. 77 e 78, § 2º
- deveres; competência: art. 379
- execução: art. 778
- execução; ordem do juiz; comparecimento das partes: art. 772, I
- falecimento; restituição de prazo: art. 1.004
- fato novo; decisão: art. 493, parágrafo único
- igualdade de tratamento: art. 139, I
- impossibilidade de recorrer: art. 1.000
- manifestação ilegítima: art. 330, II
- Ministério Público: art. 177
- morte; substituição: art. 110
- morte; suspensão do processo: art. 313, I
- perda da capacidade processual; suspensão do processo: art. 313, I
- serventuário; excesso de prazo; representação: art. 233, § 2º
- substituição: arts. 108 a 110
- vencida; recurso: art. 996

PARTICIPAÇÃO NOS LUCROS

CLT
- convenção ou acordo coletivo; disposição: art. 621
- convenção ou acordo coletivo; prevalência sobre a lei: art. 611-A, XV

CF
- remuneração; desvinculação: art. 7º, XI

Legislação
- capital e o trabalho; incentivo à produção: Lei 10.101/2000
- disposições: Lei 10.101/2000

Súmulas
- incorporação anterior à CF/1988; natureza salarial: OJ 15/SBDI-I-Transitória-TST
- rescisão contratual anterior à data distribuição dos lucros; pagamento proporcional: Súm. 451/TST

PARTO

- *vide* também MATERNIDADE E MULHER

CLT
- antecipado; licença-maternidade: art. 392, § 3º

PATENTE

Legislação
- prioridades; pedidos; processo; proteção; nulidade; licenças; certificados; extinção: Lei 9.279/1996

PATERNIDADE

- *vide* também LICENÇA

CLT
- proibição de supressão de direitos: art. 611-B, XIV

CF
- licença-paternidade: art. 7º, XIX; ADCT, art. 10, § 1º

Legislação
- programa empresa cidadã; prorrogação licença-paternidade: art. 1º, II, da Lei 11.770/2008

PEÃO DE RODEIO

Legislação
- atleta profissional; equiparação: Lei 10.220/2001

PEDIDO

CPC
- acolhido ou rejeitado: art. 487, I
- aditamento: arts. 308, § 2º, 329
- alternativo: art. 325
- causa de pedir; falta: art. 330, § 1º, I
- compatibilidade; não aplicação: art. 327, § 3º
- cumulados e sucessivos: art. 326
- determinado: art. 324
- genérico; obrigação de pagar quantia; decisão: art. 491
- genérico; reconvenção: art. 324 §§ 1º e 2º
- incompatível; inépcia: art. 330, § 1º, IV
- indeterminado; ausência de permissão legal; inépcia da petição inicial: art. 330, § 1º, II
- interpretação restritiva: art. 322, § 2º
- obscuridade; inépcia da petição inicial: art. 330, § 1º, II
- omitido na inicial: art. 329
- prestações sucessivas: art. 323
- reconhecimento do réu: art. 487, III, *a*
- sentença: art. 490

PEDIDO DE DEMISSÃO

CLT
- empregado estável: art. 500

PENA DE CONFISSÃO

CPC
- depoimento pessoal; não comparecimento: art. 385, § 1º

PENALIDADES

CLT
- aplicação: arts. 903 e 904
- contra membros da Justiça do Trabalho contra membros da Justiça do Trabalho
- contrato individual de trabalho: art. 510
- contribuição sindical: arts. 598 a 600
- duração do trabalho: art. 75
- férias: arts. 137 e 153
- infrações quanto ao trabalho do menor: arts. 434 a 438
- membros da Justiça do Trabalho: arts. 726 a 728
- registro de empregados: art. 47, § 1º
- salário mínimo: art. 120
- testemunha: art. 730
- trabalho da mulher: art. 401

CF
- administrativas; órgãos da justiça do trabalho: art. 114, VII

PENHORA

CLT
- arrematação: art. 888
- bens do executado: art. 883
- embargos: art. 884, § 3º
- entidades filantrópicas; inaplicabilidade: art. 884, § 6º
- garantia da execução: art. 882

CPC
- ações e quotas de sociedades empresárias: art. 835, IX
- aeronave; efeitos: art. 864
- alienação antecipada dos bens: art. 852
- ampliação ou transferência: art. 874, II
- auto; conteúdo: arts. 838 e 839
- avaliação de imóvel: art. 872, § 1º
- avaliação de títulos e ações: art. 871, III
- avaliação; conteúdo do laudo: art. 872
- avaliação; improcedência: art. 871
- avaliação; nomeação de avaliador: art. 870, parágrafo único
- avaliação; oficial de justiça: arts. 154, V e 870.
- avaliação; repetição: art. 873
- averbação com destaque nos autos: art. 860
- bem indivisível; meação do cônjuge; produto da alienação: art. 843
- bens do devedor: art. 831
- bens gravados; intimação do credor: art. 799, I
- bens imóveis: art. 835, V
- bens imóveis; intimação do cônjuge do executado: art. 842
- bens móveis: art. 835, VI
- bens que podem ser penhorados: art. 834
- cabimento: art. 880
- concurso de preferência: arts. 908 e 909
- crédito; depoimentos do devedor e de terceiro: art. 856, § 4º
- crédito; intimação do devedor: art. 855
- depósito: art. 839
- descrição dos bens: art. 838, III
- dinheiro ou aplicação em instituição financeira: arts. 835, I, e 854
- direito e ação; sub-rogação do credor: art. 857
- edifícios em construção; regime de incorporação imobiliária: art. 862, §§ 3º e 4º
- empresa concessionária: art. 863
- empresa; depósito e administração: art. 863, §§ 1º e 2º
- empresas; exceção; inexistência de outros meios: art. 865
- estabelecimento: art. 862
- estabelecimentos; exceção; inexistência de outros meios: art. 865
- execução; alienação ineficaz: art. 804
- férias e feriados: art. 214, I
- guarda de bens pelo depositário: art. 159
- leilão; pagamento parcelado; prestações: art. 895
- letra de câmbio: art. 856
- nomeação de bens: arts. 829, 847, § 4º, e 849
- nomeação de bens; inventariante: art. 646
- ordem da nomeação de bens: art. 835
- ordem de arrombamento: art. 846, § 1º

Legislação
- bem de família; impenhorabilidade: Lei 8.009/1990
- débito previdenciário; garantia: art. 260, VI, do Dec. 3.048/1999
- dívida ativa da União; execução judicial: art. 53 da Lei 8.212/1991
- execução de dívida ativa; ordem; intimação; termo: arts. 11 a 14 da Lei 6.830/1980
- leilão judicial; execução fiscal; dívida ativa do INSS: art. 98 da Lei 8.212/1991

Súmulas
- dinheiro; depósito bancário: Súm. 417, II/TST
- dinheiro; execução definitiva: Súm. 417, I/TST

- estabelecimento comercial; sede; legitimidade: Súm. 451/STJ
- parte da renda do estabelecimento comercial; possibilidade: OJ 93 da SBDI-II/TST

PENSÃO
- incapacidade para o trabalho: art. 950

Súmulas
- complementação; auxílio-funeral: OJ 129/SBDI-I-TST
- complementação; competência da Justiça do Trabalho: OJ 26/SBDI-I-TST

PENSÃO POR MORTE
CF
- acumulação: art. 24, EC 103/2019
- cota: art. 23, EC 103/2019
- cônjuge ou companheiro; segurados: art. 201, V

Legislação
- decadência; inaplicabilidade a pensionista menor, incapaz ou ausente: art. 79 da Lei 8.213/1991
- definição e condições para concessão do benefício: arts. 105 a 115 do Dec. 3.048/1999
- devida ao dependente; regime geral de previdência: art. 18, II, a, da 8.213/1991
- espécie de prestação relativa a dependentes: art. 18, II, a, da Lei 8.213/1991
- espécie de prestação relativa a dependentes: art. 25, II, a, do Dec. 3.048/1999
- falta de habilitação de outro possível dependente: art. 76 da Lei 8.213/1991
- início do pagamento do benefício: art. 74 da Lei 8.213/1991
- mais de um pensionista; cessação ao direito de percepção de conta individual: art. 77, § 2º, da Lei 8.213/1991
- mais de um pensionista; rateio do benefício entre todos em partes iguais: art. 77 da Lei 8.213/1991
- mais de um pensionista; reversão da cota em favor dos demais: art. 77, § 1º, da Lei 8.213/1991
- morte presumida do segurado: art. 78 da Lei 8.213/1991
- perda da qualidade de segurado: art. 102, § 2º da Lei 8.213/1991
- perda do direito ao benefício: art. 74, §§ 1º e 2º da Lei 8.213/1991
- período de carência; inaplicabilidade: art. 26, I, da Lei 8.213/1991
- período de carência; inaplicabilidade: art. 30, I, do Dec. 3.048/1999
- período de carência; segurado especial; comprovação de atividade rural: art. 30, IV, do Dec. 3.048/1999
- rateio em caso de mais de um pensionista: arts. 74 a 79 da Lei 8.213/1991
- valor da renda mensal: art. 75 da Lei 8.213/1991

Súmulas
- filho até os 21 anos; prorrogação; inadmissibilidade: Súm. 37/JEF
- Petrobras; estabilidade decenal; opção pelo regime do FGTS: OJ 42/SBDI-I-Transitória TST
- regularização de recolhimento após o óbito: Súm. 52/JEF
- união estável; comprovação: Súm. 63/JEF

PERCENTAGENS
CLT
- cessação das relações de trabalho; não prejudicará sua percepção: art. 466, § 2º
- pagamento de; quando será exigido: art. 466
- periculosidade: art. 193, § 1º
- transações realizadas por prestações sucessivas: art. 466, § 1º

PERDA DA QUALIDADE DE SEGURADO
Legislação
- caducidade dos direitos inerentes a essa qualidade: art. 102 da Lei 8.213/1991

PERDAS E DANOS
CPC
- ações possessórias; cumulação de pedidos: art. 555, I
- credor; coisa deteriorada: art. 809
- denunciação da lide: art. 129
- entrega de coisa: arts. 807 e 809
- obrigação de fazer: arts. 816, parágrafo único, e 821, parágrafo único
- responsabilidade das partes: arts. 79 e 302
- responsabilidade do juiz: art. 143

CDC
- conversão da obrigação: art. 84, § 1º
- indenização: art. 84, § 2º
- litigância de má-fé: art. 87, parágrafo único

PEREMPÇÃO
CLT
- hipóteses: arts. 731 e 732

CPC
- conhecimento de ofício: art. 485, § 3º
- contestação; alegação: art. 337, V

- extinção do processo: arts. 485, V, e 486
- ocorrência: art. 486, § 3º
- prazo: 222

PERÍCIA
CLT
- arguição; periculosidade ou insalubridade: art. 195, § 2º
- honorários; adiantamento de valores: art. 790-B, § 3º
- honorários; pagamento: art. 790-B
- objeto; prazo: art. 852-H, § 4º

CPC
- assistente técnico: arts. 464, § 3º, 465, § 1º, II, e 466
- avaliação: art. 464
- carta: art. 465, § 6º
- complexa: art. 475
- confronto com primeira perícia: art. 480
- documento; carta precatória, de ordem ou rogatória: art. 260, § 2º
- esclarecimentos: art. 477, § 3º
- gratuidade da justiça: art. 95, §§ 3º a 5º
- indeferimento: art. 464, § 1º
- laudo: art. 477
- local: art. 217
- nomeação de perito: art. 465
- prova: arts. 464 a 480
- requerida por órgão público: art. 91, § 1º
- substituição do perito: art. 468
- vistoria: art. 464

Legislação
- INSS; natureza acidentária da incapacidade: art. 21-A da Lei 8.213/1991

Súmulas
- adicional de insalubridade; agente nocivo diverso do apontado na inicial: Súm. 293/TST
- engenheiro ou médico; adicional de insalubridade e periculosidade: OJ 165/SBDI-I-TST
- honorários do assistente técnico; responsabilidade: Súm. 341/TST

PERICULOSIDADE
- vide também ADICIONAL DE PERICULOSIDADE
CLT
- adicional; percentual: art. 193, § 1º
- arguição em juízo; perícia: art. 195, § 2º
- caracterização e classificação: art. 195
- cessação do adicional: art. 194
- disposições gerais: arts. 193 a 196
- efeitos pecuniários; a partir de quando serão devidos: art. 196

PERÍODO AQUISITIVO DE FÉRIAS
CLT
- arts. 132 e 133
- contagem; retorno ao serviço: art. 133, § 2º

PERÍODO DE CARÊNCIA
Legislação
- aposentadoria especial; número de contribuições: art. 25, II, da Lei 8.213/1991 e art. 29, II, do Dec. 3.048/1999
- aposentadoria por idade; número de contribuições: art. 29, II, do Dec. 3.048/1999
- aposentadoria por invalidez; número de contribuições: art. 25, I, da Lei 8.213/1991 e art. 29, I, do Dec. 3.048/1999
- aposentadoria por tempo de contribuição; número de contribuições: art. 29, II, da Lei 8.213/1991
- aposentadoria por tempo de serviço; número de contribuições: art. 25, II, da Lei 8.213/1991
- auxílio-doença; número de contribuições: art. 25, I, da Lei 8.213/1991 e art. 29, I, do Dec. 3.048/1999
- benefícios previdenciários: art. 24 da Lei 8.213/1991 e art. 29 do Dec. 3.048/1999
- conceito: art. 26 do Dec. 3.048/1999
- considerações: arts. 24 a 27 da Lei 8.213/1991
- contribuições consideradas para o cômputo do lapso: art. 27 da Lei 8.213/1991
- contribuições; regime próprio de Previdência Social: art. 26, § 5º, do Dec. 3.048/1999
- contribuinte individual; presunção do recolhimento: art. 26, § 4º, do Dec. 3.048/1999
- inaplicabilidade; aposentadoria por idade; segurado especial; atividade rural: art. 30, IV, do Dec. 3.048/1999
- inaplicabilidade; aposentadoria por invalidez; acidente de qualquer natureza ou causa: art. 30, III, do Dec. 3.048/1999
- inaplicabilidade; auxílio-acidente: art. 26, I, da Lei 8.213/1991 e art. 30, I, do Dec. 3.048/1999
- inaplicabilidade; auxílio-doença; acidente de qualquer natureza ou causa: art. 30, III, do Dec. 3.048/1999
- inaplicabilidade; auxílio-doença; acidente do trabalho: art. 26, II, da Lei 8.213/1991
- inaplicabilidade; auxílio-doença; segurado especial; atividade rural: art. 30, IV, do Dec. 3.048/1999
- inaplicabilidade; auxílio-reclusão: art. 26, I, da Lei 8.213/1991 e art. 30, I, do Dec. 3.048/1999

- inaplicabilidade; auxílio-reclusão; segurado especial; atividade rural: art. 30, IV, do Dec. 3.048/1999
- inaplicabilidade; pensão por morte: art. 26, I, da Lei 8.213/1991 e art. 30, I, do Dec. 3.048/1999
- inaplicabilidade; pensão por morte; segurado especial; atividade rural: art. 30, IV, do Dec. 3.048/1999
- inaplicabilidade; reabilitação profissional: art. 26, IV, da Lei 8.213/1991 e art. 30, V, do Dec. 3.048/1999
- inaplicabilidade; salário-família: art. 26, I, da Lei 8.213/1991 e art. 30, I, do Dec. 3.048/1999
- inaplicabilidade; salário-maternidade; empregado doméstico: art. 30, II, do Dec. 3.048/1999 e art. 26, V, da Lei 8.213/1991
- inaplicabilidade; salário-maternidade; segurada empregada: art. 30, II, do Dec. 3.048/1999 e art. 26, V, da Lei 8.213/1991
- inaplicabilidade; salário-maternidade; trabalhador avulso: art. 30, II, do Dec. 3.048/1999 e art. 26, V, da Lei 8.213/1991
- inaplicabilidade; segurado especial: art. 26, III, da Lei 8.213/1991
- inaplicabilidade; serviço social: art. 26, IV, da Lei 8.213/1991
- perda da qualidade de segurado: art. 27-A do Dec. 3.048/1999
- perda da qualidade de segurado; contagem: art. 27-A da Lei 8.213/1991
- salário-maternidade; contribuinte individual e segurado especial; número de contribuições: art. 25, III, da Lei 8.213/1991
- salário-maternidade; contribuinte individual, especial e facultativo; número de contribuições: art. 29, III, do Dec. 3.048/1999
- salário-maternidade; parto antecipado; contribuinte individual e segurado especial e facultativo: art. 25, parágrafo único da Lei 8.213/1991 e art. 29, parágrafo único do Dec. 3.048/1999
- segurado empregado; presunção do recolhimento de contribuições a partir da competência abril de 2003: art. 26, § 4º, do Dec. 3.048/1999
- segurado especial: art. 26, § 1º, do Dec. 3.048/1999
- servidor público; tempo de contribuição para o Plano de Seguridade Social do Servidor Público: art. 26, § 2º, do Dec. 3.048/1999
- trabalhador avulso; presunção do recolhimento: art. 26, § 4º, do Dec. 3.048/1999
- trabalhador rural; período não computado anterior à competência novembro de 1991: art. 26, § 3º, do Dec. 3.048/1999 da Lei 8.213/1991

PERÍODO DE DESCANSO
CLT
- descanso semanal da mulher: art. 385
- disposições gerais: arts. 66 a 72 e 382 a 386
- entre duas jornadas de trabalho; mínimo legal: arts. 66 e 382
- feriados; proibição do trabalho; ressalva: art. 70
- mulher; descanso semanal: art. 385
- mulher; refeição e repouso; mínimo legal: arts. 382 e 383
- trabalho dominical; permissão prévia da autoridade competente: art. 68

Súmulas
- pagamento de salário: Súm. 461/STF

PERÍODO DE FÉRIAS
CLT
- cômputo como tempo de serviço: art. 130, § 2º
- concessão em um só período: art. 134

PERÍODO DE SERVIÇO EFETIVO
CLT
- caracterização: art. 4º

Súmulas
- caracterização: Súm. 429/TST

PERITOS
CPC
- assistentes técnicos: arts. 475 e 477, § 1º
- cadastro: art. 156, §§ 2º e 3º
- conhecimento técnico ou científico; dependência: art. 156
- data e local: art. 474
- escusa do encargo: art. 157
- honorários; adiantamento; falta de previsão orçamentária: art. 91, § 2º
- honorários; título executivo: art. 515, V
- impedimentos e suspeição: art. 148, II
- impedimento e suspeição; verificação: art. 156, § 4º
- inspeção judicial: art. 482
- nomeação; lista; distribuição equitativa: art. 157, § 2º
- poder de pesquisas: art. 473, § 3º
- remuneração: art. 95
- responsabilidade civil e criminal: art. 158
- substituição e multa: art. 468
- técnico de estabelecimento oficial: art. 478

- cumulação de benefícios; aposentadoria com auxílio-doença: art. 167, I, do Dec. 3.048/1999
- cumulação de benefícios; salário-maternidade com auxílio-doença: art. 167, IV, do Dec. 3.048/1999
- cumulação de mais de um auxílio-acidente: art. 167, V, do Dec. 3.048/1999
- cumulação de mais de uma aposentadoria: art. 167, II, do Dec. 3.048/1999
- cumulação de mais de uma pensão por morte: art. 167, VI, VII e VIII do Dec. 3.048/1999
- disposições transitórias: arts. 125 a 154 da Lei 8.213/1991
- divulgação de atos e decisões: arts. 318 a 325 do Dec. 3.048/1999
- finalidade: art. 3º da Lei 8.212/1991
- finalidade; princípios: arts. 1º a 6º da Lei 8.213/1991
- manutenção da qualidade de segurado: art. 13 do Dec. 3.048/1999
- manutenção da qualidade de segurado: art. 15 da Lei 8.213/1991
- modernização: arts. 67 a 84 da Lei 8.212/1991
- objetivos: art. 32 da Lei 8.212/1991
- organização e plano de custeio: Lei 8.212/1991
- organização; princípios e diretrizes: art. 3º, parágrafo único da Lei 8.212/1991
- perda da qualidade de segurado: art. 14 do Dec. 3.048/1999
- princípios e diretrizes: art. 2º da Lei 8.213/1991
- princípios e objetivos: art. 4º do Dec. 3.048/1999
- prova de vida; comprovação anual; INSS: Port. 1.408/2022 e Port. 220/2022
- regimes: art. 6º do Dec. 3.048/1999
- servidores públicos; regime próprio: Lei 9.717/1998
- servidores públicos; administração pública federal; aposentadorias e pensões; competência: Dec. 10.620/2021

Súmulas
- complementação de aposentadoria; regulamento da empresa: Súm. 92/TST
- correção monetária: Súm. 311/TST
- previdência privada criada pela empresa: Súm. 87/TST
- retorno ao serviço; abandono de emprego: Súm. 32/TST

PRIMEIROS SOCORROS
CLT
- equipamento; obrigatoriedade: art. 168, § 5º

PRINCÍPIOS
CLT
- gerais do direito: aplicação pelo juiz: art. 8º
- intervenção mínima; convenção coletiva: art. 8º, § 3º

CF
- contraditório e ampla defesa: art. 5º, LV
- devido processo legal: art. 5º, LIII e LIV
- dignidade da pessoa humana: art. 1º, III
- igualdade; art. 5º, I

CPC
- instrumentalidade: arts. 277, 281 e 283
- publicidade: art. 930
- publicidade; julgamentos de órgãos do Poder Judiciário: art. 11
- publicidade; observância: art. 8º
- publicidade; processos aptos para julgamento; consulta pública; cartório e Internet: art. 12, § 1º

Súmulas
- fungibilidade; inaplicabilidade; erro grosseiro na interposição do recurso: OJ 152/SBDI-II-TST
- identidade física do juiz; Justiça do Trabalho: Súm. 222/STF
- isonomia; rescisão contratual anterior à data da distribuição dos lucros: Súm. 451/TST

PRINCÍPIO DA DISTRIBUTIVIDADE
Legislação
- prestação de benefícios: art. 4º, III, do Dec. 3.048/1999 e art. 2º, III, da Lei 8.213/1991

PRINCÍPIO DA EQUIDADE
Legislação
- seguridade social; participação no custeio: art. 1º, parágrafo único, V, do Dec. 3.048/1999; art. 1º, parágrafo único, e, da Lei 8.212/1991

PRINCÍPIO DA EQUIVALÊNCIA
Legislação
- benefícios e serviços; populações urbanas e rurais: art. 4º, II, do Dec. 3.048/1999; art. 1º, parágrafo único, b, da Lei 8.212/1991; art. 2º, II, da Lei 8.213/1991

PRINCÍPIO DA IRREDUTIBILIDADE
Legislação
- valor dos benefícios: art. 1º, parágrafo único, IV, do Dec. 3.048/1999 e art. 1º, parágrafo único, d, da Lei 8.212/1991

- valor dos benefícios; preservação do poder aquisitivo: art. 4º, V, do Dec. 3.048/1999 e art. 2º, V, da Lei 8.213/1991

PRINCÍPIO DA SELETIVIDADE
Legislação
- prestação de benefícios: art. 4º, III, do Dec. 3.048/1999 e art. 2º, III, da Lei 8.213/1991

PRINCÍPIO DA UNIFORMIDADE
Legislação
- benefícios e serviços; populações urbanas e rurais: art. 4º, II, do Dec. 3.048/1999; art. 1º, parágrafo único, II, do Dec. 3.048/1999; art. 1º, parágrafo único, b, da Lei 8.212/1991 e art. 2º, II, da Lei 8.213/1991

PRINCÍPIO DA UNIVERSALIDADE
Legislação
- coberta e atendimento: art. 1º, parágrafo único, a, da Lei 8.212/1991 e art. 1º, parágrafo único, I, do Dec. 3.048/1999
- participação nos planos previdenciários: art. 2º, I, da Lei 8.213/1991 e art. 4º, I, do Dec. 3.048/1999

PRISÃO CIVIL
- falta de pagamento de pensão alimentícia: art. 5º, LXVII

Súmulas
- ilicitude: Súm. Vinculante 25/STF
- não se caracteriza; necessária aceitação e termo de compromisso; OJ 89/SBDI-II-TST
- não se caracteriza; penhora coisa futura e incerta: OJ 143/SBDI-II-TST

PROCEDIMENTO
- cautelar; instauração antes ou no curso do processo principal: art. 294, parágrafo único
- cautelar; medida liminar; citação: art. 302, II
- cautelar; medida provisória: art. 297
- cautelar; sentença desfavorável; efeito: art. 302, I
- comum: art. 318
- especial: art. 318, parágrafo único
- especial; jurisdição contenciosa: arts. 539 a 718
- especial; jurisdição voluntária: arts. 719 a 770
- especial; reconvenção: art. 343
- judicial; prioridade: arts. 1.046, § 3º, e 1.048, I, §§ 1º, 2º e 3º
- não especificação; aplicação do procedimento comum: art. 1.049, caput
- ordinário/comum; audiência: arts. 358 a 368
- ordinário/comum; coisa julgada: arts. 496 e 502 a 508
- ordinário/comum; confissão: arts. 389 a 395
- ordinário/comum; depoimento pessoal: arts. 385 a 388
- ordinário/comum; exceções: art. 146
- ordinário/comum; impedimento e suspeição: art. 146, §§ 1º a 7º
- ordinário/comum; incompetência: arts. 64 a 66
- ordinário/comum; inicial; indeferimento: arts. 330 e 331
- ordinário/comum; julgamento conforme estado do processo: arts. 354 a 357
- ordinário/comum; prova documental: arts. 434 a 438
- ordinário/comum; prova pericial: arts. 464 a 480
- ordinário/comum; prova testemunhal: arts. 442 a 449
- ordinário/comum; provas: arts. 369 a 484
- ordinário/comum; revelia: arts. 344 a 346
- prioridade; aplicação: art. 1.048, § 4º
- sumário; remissão; aplicação do procedimento comum: art. 1.049, parágrafo único

Legislação
- alienação judicial; meio eletrônico; regulamentação: Resolução 236/2016 do CNJ

PROCEDIMENTO SUMARÍSSIMO
CLT
- apreciação da reclamação; prazo: art. 852-B, III
- arquivamento; hipóteses: art. 852-B, § 1º
- arts. 852-A a 852-I
- ata de audiência: art. 852-F
- audiência única: art. 852-C
- citações: art. 852-B, II
- conciliação: art. 852-E
- exclusão: art. 852-A, parágrafo único
- incidentes; exceções: art. 852-G
- instrução e julgamento; audiência única: art. 852-C
- intimação da sentença: art. 852-I, § 3º
- mudanças de endereço; comunicação ao juízo: art. 852-B, § 2º
- pedido: art. 852-B, I
- prazo de apreciação da reclamação: art. 852-B, III
- prova técnica: art. 852-H, § 4º
- provas: arts. 852-D e 852-H
- recurso de revista: art. 896, § 9º
- recurso ordinário: art. 895, § 1º
- sentença; elementos: art. 852, I
- sentença; intimação: art. 852-I, § 3º
- testemunhas; intimação: art. 852-H, § 3º
- testemunhas; número máximo: art. 852-H, § 2º
- valores de alçada: art. 852-A

Súmulas
- recurso de revista; contrariedade a orientação jurisprudencial: Súm. 442/TST

PROCESSO
CF
- celeridade na tramitação: art. 5º, LXXVIII
- distribuição: art. 93, XV

CPC
- administrativo; repartições públicas: art. 438, § 2º
- aptidão para julgamento; lista; consulta pública; cartórios e Internet: art. 12, § 1º
- ato simulado: art. 142
- boa-fé: art. 5º
- cautelar: arts. 294 a 299, 381 a 383
- de conhecimento: arts. 318 a 770
- execução: arts. 771 a 925
- extinção por sentença: art. 316
- formação e extinção: arts. 312, 485 a 488
- iniciativa da parte: art. 2º
- julgamento conforme estado: arts. 354 a 357
- ordenação, disciplina e interpretação: art. 1º
- paralisação por negligência: art. 485, II
- procedimento: arts. 318 a 512
- resistência injustificada ao seu andamento: art. 80, IV
- saneamento: art. 357
- solução de conflitos; cooperação entre as partes: art. 6º
- suspensão; execução: arts. 921 a 925
- suspensão; ocorrência: arts. 313 a 315
- tribunais: arts. 929 a 1.044

Legislação
- administrativo fiscal; oferta de vista e extração de cópias: arts. 89 e ss. da Portaria 667/2021 do MTE
- judicial eletrônico da Justiça do Trabalho: Resolução 185/2017 do CSJT

Súmulas
- processo administrativo: Súm. 592/STJ

PROCESSO CAUTELAR
CPC
- audiência: art. 9º
- citação: art. 240
- competência: art. 299
- embargos de terceiro: art. 675
- medidas cautelares: arts. 77, 294 a 299, 381 a 383 e 726

PROCESSO DE EXECUÇÃO
CPC
- citação: arts. 239 e 243
- competência: arts. 46, § 5º, 781 e 782
- desistência: art. 775
- disposições gerais: arts. 771 a 777 e 797 a 805
- diversas espécies de execução: arts. 797 a 913
- embargos à execução fundada em sentença: arts. 535, § 1º, 910, § 2º e 917, § 2º
- embargos de terceiro: art. 675
- embargos do devedor: arts. 914 a 920
- entrega da coisa: arts. 806 a 813
- extinção: arts. 924 e 925
- obrigações de fazer e de não fazer: arts. 814 a 823
- partes: arts. 778 a 780
- prestação alimentícia: arts. 528, § 7º, 911, parágrafo único, 912, §§ 1º e 2º, e 913
- requisitos necessários: arts. 515, 783 a 788
- responsabilidade patrimonial: arts. 789 a 796
- suspensão: arts. 921 a 923

PROCESSO DE MULTAS ADMINISTRATIVAS
CLT
- cobrança judicial: art. 642
- conversão do depósito em pagamento: art. 639
- depósito, inscrição e cobrança: arts. 639 a 642, caput
- disposições gerais: arts. 626 a 642, caput
- fiscalização, autuação e imposição de multas: arts. 626 a 634
- livro "Inspeção do Trabalho"; obrigatoriedade: art. 628, § 1º
- multa; redução por desistência do recurso: art. 636, § 6º
- prazo para interposição de recursos: art. 636
- proteção ao trabalho; normas; fiscalização do cumprimento; competência: art. 626
- recurso não provido; conversão do depósito: art. 639
- recursos: arts. 635 a 638

PROCESSO DO TRABALHO
- vide também RECURSOS

CLT
- arts. 763 a 910
- atos, termos e prazos processuais: arts. 770 a 782
- audiências: arts. 813 a 817
- conflitos de jurisdição: arts. 803 a 811
- custas: arts. 789 e 790
- dano processual: arts. 793-A a 793-D
- decisão e eficácia respectiva: arts. 831 a 836
- disposições preliminares: arts. 763 a 769
- distribuição: arts. 783 a 788
- juiz; atuação; produção de provas: art. 852-B

- partes e procuradores: arts. 791 a 793
- pedido certo ou determinado; procedimento sumaríssimo: art. 852-B, I
- procedimento sumaríssimo: arts. 852-A a 852-I
- processo em geral: arts. 770 a 836
- provas: arts. 818 a 830
- provas; produção; procedimento sumaríssimo: arts. 852-D e 852-H
- responsabilidade por dano processual: arts. 793-A e 793-D
- suspensão; exceção de incompetência territorial: art. 800, § 1º

Legislação
- aplicação normas processuais; CLT; imediata: IN 41/2018 do TST
- cheque; nota promissória; títulos extrajudiciais: art. 13 da IN 39/2016 do TST
- contraditório; vedação decisão surpresa: art. 4º da IN 39/2016 do TST
- demandas repetitivas: art. 8º da IN 39/2016 do TST
- depósito recursal: IN 15/1998, do TST
- depósitos: IN 3/1993, do TST
- desconsideração da personalidade jurídica; aplicação: art. 17 da IN 41/2018 do TST
- dissídios coletivos; especialização de Turmas dos Tribunais do Trabalho: Lei 7.701/1988
- eletrônico; transmissão de peças processuais: Ato Conjunto 10/2010 do TST/CSJT
- embargos de declaração; litisconsortes; prazo: art. 9º da IN 39/2016 do TST
- exame de transcendência; art. 246 RITST; regras: art. 19 da IN 41/2018 do TST
- exceção de incompetência territorial; aplicação: art. 11 da IN 41/2018 do TST
- execução trabalhista: art. 17 da IN 39/2016 do TST
- execução; iniciativa do juiz; regras: art. 13 da IN 41/2018 do TST
- fundamentação da decisão; requisitos: art. 15 da IN 39/2016 do TST
- honorários advocatícios sucumbenciais; aplicação: art. 6º da IN 41/2018 do TST
- julgamento antecipado; improcedência: art. 5º da IN 39/2016 do TST
- julgamento antecipado; recurso ordinário: art. 5º da IN 39/2016 do TST
- jurisprudência; uniformização; art. 926 CPC: art. 18 da IN 41/2018 do TST
- litisconsórcio necessário; obrigatoriedade; formação: art. 3º da IN 41/2018 do TST
- normas do CPC/2015; aplicáveis e inaplicáveis: IN 39/2016 do TST
- normas procedimentais; ampliação da competência da Justiça do Trabalho: IN 27/2005 do TST
- peças processuais; transmissão eletrônica: Ato Conjunto 10/2010 do TST/CSJT
- prescrição intercorrente; inicio do fluxo: art. 2º da IN 41/2018 do TST
- situações pretéritas; aplicação normas processuais: art. 1º da IN 41/2018 do TST
- testemunhas; multa; procedimento: art. 10, parágrafo único, da IN 41/2018 do TST

Súmulas
- alçada recursal; vinculação ao salário mínimo: Súm. 356/TST
- aplicação subsidiária do art. 932 do CPC/2015: Súm. 435/TST
- custas processuais; isenção; empregado; extensão ao sindicato: Súm. 223/STF
- embargos ao TST; procedimento sumaríssimo: Súm. 458/TST
- fato superveniente; art. 493 do CPC/2015: Súm. 394/TST
- partes e procuradores; *jus postulandi*; alcance: Súm. 425/TST
- prescrição intercorrente; inaplicabilidade: Súm. 114/TST
- procedimento sumaríssimo; embargos: Súm. 458/TST
- prova; anotações em Carteira do Trabalho: Súm. 225/STF
- recurso adesivo; correlação de matérias: Súm. 283/TST

PROCESSO FRAUDULENTO
CPC
- ato simulado; fim vedado por lei: art. 142

PROCESSO JUDICIAL ELETRÔNICO
Legislação
- atos processuais: Res. 185/2017 do CSJT
- disposições gerais: Lei 11.419/2006
- julgamento; ambiente virtual: Res. 1.860/2016 do TST
- justiça do trabalho: Resolução 185/2017 do CSJT
- peças processuais; transmissão: Ato Conjunto 10/2010 do TST/CSJT
- regulamentação: IN 30/2007, do TST; Ato 342/2010, do TST

- tramitação; sistema; atos processuais: Res. 185/2017 do CSJT

PROCESSO JUDICIÁRIO DO TRABALHO
CLT
- disposições gerais: arts. 763 a 910

PROCURAÇÃO
CPC
- advogado: arts. 104, 105 e 260, II
- agravo de instrumento: art. 1.017, I
- assinatura digital; emissão de certificado por Certificadora Credenciada: art. 105, § 1º
- atos urgentes: art. 104
- distribuição de petição; dispensa de juntada de procuração: art. 287, parágrafo único
- exceção de suspeição: art. 146
- foro em geral: art. 105
- judicial: art. 104
- ratificação: art. 104, § 2º
- renúncia ao direito; exceção: art. 105

Súmulas
- advogado; substabelecimento sem o reconhecimento de firma: OJ 75/SBDI-I-TST
- fase recursal; ausência de mandato nos autos: Súm. 383, I/TST
- irregularidade de representação; suspensão do processo: Súm. 395, V/TST
- mandato; ausência de poderes expressos: Súm. 395, III/TST
- mandato; prevalência dos poderes; prazo determinado: Súm. 395, I/TST
- mandato; regularização: Súm. 383, II/TST
- pessoa jurídica; invalidade; identificação do outorgante e de seu representante; regularização: Súm. 456/TST
- revelia; ausência da reclamada: Súm. 122/TST
- substabelecimento anterior: Súm. 395, IV/TST

PROCURADOR
CLT
- constituição; foro em geral: art. 791, § 3º
CPC
- advogado: arts. 103 a 107
- capacidade postulatória: art. 103
- causa própria: art. 103, parágrafo único
- citação: art. 242
- deveres processuais: arts. 77 e 78
- procuração geral: art. 105
- procuração: art. 104
- representação em juízo: art. 75

PROCURADORIA DA JUSTIÇA DO TRABALHO
CLT
- atribuições do procurador-geral: art. 748
- atribuições dos procuradores regionais: arts. 750 e 751
- atribuições dos procuradores: art. 749
- atribuições; secretaria; procuradoria-geral: art. 753
- competência das Procuradorias Regionais: art. 747
- competência: art. 746
- nomeação; procurador: arts. 744 e 745
- organização: arts. 740 a 745
- procuradores; ponto; não sujeição: art. 739
- regional; procurador-geral: art. 743
- Secretaria da Procuradoria-Geral: arts. 752 a 754

PRODUÇÃO ANTECIPADA DE PROVA
CPC
- necessidade, justificação: art. 382
- permanência dos autos em cartório: art. 383
- requerimento: art. 382
- requisitos: art. 381

PRODUTO
CDC
- conceito: art. 3º, § 1º

PRODUTOR RURAL
Legislação
- pessoa física; contribuição: art. 25 da Lei 8.212/1991
- pessoa física; contribuição do segurado; Seguridade Social: arts. 200 a 200-B do Dec. 3.048/1999
- pessoa física; matrícula; SRF; substituição ao CNPJ: art. 49, § 5º da Lei 8.212/1991
- pessoa física; matrícula; Seguridade Social: art. 256-A do Dec. 3.048/1999
- pessoa jurídica; contribuição social; Seguridade Social: art. 201, § 17, do Dec. 3.048/1999

PROFESSOR(ES)
CLT
- arts. 317 a 323
- dispensa sem justa causa: art. 322, § 3º
- disposições gerais: arts. 317 a 323
- domingos; restrições: art. 319
- estabelecimento particular de ensino; remuneração inadequada; funcionamento proibido: art. 323

- estabelecimentos particulares; requisitos para o magistério: art. 317
- férias: art. 322
- habilitação e registro para o exercício remunerado: art. 317
- licença-luto; faltas não descontadas: art. 320, § 3º
- limite de aulas diárias: art. 318
- pagamento mensal: art. 320, § 1º
- pagamento; pontualidade obrigatória: art. 323
- redução da carga horária; possibilidade: OJ 244/SBDI-I-TST
- registro no Ministério do Trabalho e Emprego: art. 317
- remuneração condigna; fixação de critérios: art. 323, parágrafo único
- remuneração no período de exames e no de férias: art. 322
- remuneração; aumento necessário de aulas: art. 321
- remuneração; desconto: art. 320, §§ 2º e 3º
- remuneração; fixação: art. 320
- salário: arts. 320 a 323
- trabalho de domingo; restrições: art. 319
CF
- aposentadoria: art. 201, § 8º
- regime previdenciário; servidor: art. 40, § 5º
Legislação
- aposentadoria; tempo de serviço: art. 56 da Lei 8.213/1991
Súmulas
- adjunto; ingresso de titular; concurso público: OJ 38/SBDI-II-TST e OJ 65/SBDI-I-TST
- férias escolares; pagamento dos salários: Súm. 10/TST
- redução salarial; diminuição de carga horária: PN 77/TST
- remuneração; tempos vagos; pagamento como aula; limites: PN 31/TST
- repouso semanal remunerado; acréscimo; disposições: Súm. 351/TST

PROFISSIONAIS LIBERAIS
CLT
- associação: art. 511
- contribuição sindical: art. 584
- contribuição sindical; desconto: art. 579
- contribuição sindical; opção: art. 585
- contribuição sindical; pagamento: art. 578
- empregados; inaplicabilidade: art. 507, *caput*

PROGRAMA DE CULTURA DO TRABALHADOR
Legislação
- vale-cultura: Lei 12.761/2012

PROGRAMA DE DESLIGAMENTO VOLUNTÁRIO OU PROGRAMA DE INCENTIVO À DEMISSÃO VOLUNTÁRIA – PDV
– *vide* PLANO DE DEMISSÃO VOLUNTÁRIA

PROGRAMA DE INTEGRAÇÃO SOCIAL – PIS
– *vide* PIS/PASEP

PROGRAMA DE SEGURO-DESEMPREGO
- ingresso; não autorização: art. 484-A, § 2º

PROGRAMA EMPREGA + MULHERES
Legislação
- previsão legal: Lei 14.457/2022

PROGRAMA EMPRESA CIDADÃ
Legislação
- previsão legal: Lei 11.770/2008

PROGRAMA NACIONAL DE FOMENTO ÀS COOPERATIVAS DE TRABALHO (PRONACOOP)
Legislação
- organização; funcionamento; Cooperativas de Trabalho: Lei 12.690/2012

PROGRAMA SEGURO-EMPREGO – PSE
Legislação
- instituição: Lei 13.189/2015

PROGRAMAS DE APRENDIZAGEM
- *vide* também APRENDIZ
CLT
- parcerias: art. 430, § 5º

PROPORCIONALIDADE DE EMPREGADOS BRASILEIROS NAS EMPRESAS
CLT
- disposições gerais: arts. 354 a 358

PROPRIEDADE
CLT
- mudança; contratos de trabalho; não alteração: art. 448

PROPRIEDADE INDUSTRIAL
Legislação
- direitos e obrigações: Lei 9.279/1996

PRORROGAÇÕES DO TRABALHO NOTURNO
CLT
- disposições gerais: art. 73, § 5º

PROTEÇÃO AO TRABALHO DA MULHER

CLT
- arts. 372 a 401-B
- aplicação dos preceitos que regulam o trabalho masculino: art. 372
- cursos de formação de mão de obra: art. 390-B
- descanso semanal descanso semanal: art. 385
- disposições gerais: arts. 372 a 401-B
- duração e condições do trabalho: arts. 372 a 377
- empresas; convênios para o incentivo ao trabalho da mulher: art. 390-E
- intervalo entre duas jornadas de trabalho: art. 382
- medidas de ordem pública: art. 377
- método e locais de trabalho: arts. 388 a 390-E
- penalidades: art. 401
- período para refeição e repouso não inferior a uma hora; ressalva: art. 383
- períodos de descanso: arts. 382 a 386
- proteção à maternidade: arts. 391 a 400
- revezamento no trabalho dominical: art. 386
- revista íntima; proibição; empregadas ou funcionárias: art. 373-A, VI
- salário do período noturno; superior ao do período diurno: art. 381
- trabalho noturno: art. 381
- vedações ao trabalho da mulher: art. 373-A

PROTEÇÃO AO TRABALHO DO JOVEM

Legislação
- Estatuto da Juventude: Lei 12.852/2013

PROTEÇÃO DO CONSUMIDOR

CDC
- jurídica, administrativa e técnica: art. 6º, VII
- publicidade abusiva: art. 6º, IV

PROTEÇÃO DE DADOS PESSOAIS

CF
- competência da União: art. 21, XXVI, e art. 22, XXX
- direito: art. 5º, LXXIX

Legislação
- Lei Geral de Proteção de Dados Pessoais (LGPD): Lei 13.709/2018

PROTEÇÃO E SEGURANÇA DA SAÚDE DO TRABALHADOR
- adoção e uso de medidas protetivas coletivas e individuais: art. 19, § 1º, da Lei 8.213/1991

PROTOCOLO

CPC
- descentralizado: art. 929, parágrafo único
- horário: art. 212
- para interposição do recurso: art. 1.003, § 3º
- processo no tribunal: art. 929

PROVA(S)

CLT
- arguição dos peritos compromissados e dos técnicos: art. 827
- depoimento; partes e testemunhas que não falem a língua nacional: art. 819
- depoimento; mudo que não saiba escrever: art. 819, §§ 1º e 2º
- depoimento; surdo-mudo: art. 819, §§ 1º e 2º
- depoimento resumido das testemunhas: art. 828, parágrafo único
- depoimento sigiloso: art. 824
- dilação do prazo: art. 775, § 2º
- documento; cópia; declarado autêntico por advogado: art. 830
- funcionário civil ou militar; testemunha; requisição: art. 823
- indicação de testemunhas: art. 821
- inquirição: art. 820
- ônus; incumbência: art. 818
- prazo; dilação: art. 775, § 2º
- produção; alteração da ordem: art. 775, § 2º
- reinquirição: art. 820
- testemunha parente: art. 829
- testemunha; funcionário civil ou militar: art. 823
- testemunha; indicação: art. 821
- testemunha; qualificação: art. 828
- testemunhas; comparecimento à audiência: art. 825
- testemunhas; desconto nas faltas ao serviço: art. 822
- testemunhas; não comparecimento: art. 825

CPC
- ação rescisória: arts. 966, VI e VII, e 972
- apreciação pelo juiz: arts. 371 e 966, VI
- arguição de falsidade: arts. 430 a 433
- audiência: arts. 361 e 449
- autenticação; arts. 411, I e III, e 425, III
- carta precatória: art. 377
- carta rogatória: art. 377
- certidões textuais: art. 425, I
- coisa julgada: art. 502
- começo de prova por escrito: art. 444
- competência de terceiro: art. 380

- confissão: arts. 389 a 395
- confissão; ineficácia; incapacidade de dispor do direito: art. 392, § 1º
- confissão; representante; eficácia; limite da representação: art. 392, § 2º
- contestação: art. 336
- cópia reprográfica; peça processual; declaração de autenticidade pelo advogado: art. 425, IV
- depoimento pessoal: arts. 139 e 385 a 388
- depoimento pessoal; parte residente em outra comarca; videoconferência: art. 385, § 3º
- deveres da parte: art. 379
- disposições gerais: arts. 818 a 830 e arts. 369 a 380
- documental: arts. 405 a 438
- documental; dilatação de prazo para manifestação: art. 437, § 2º
- documental; reprodução cinematográfica ou fonográfica; exibição em audiência: art. 434, parágrafo único
- documento ou coisa em poder de terceiro: art. 401
- documento particular: arts. 408 a 413
- *ex officio*, indeferimento pelo juiz: art. 370, parágrafo único
- exibição: arts. 396 a 404
- extratos digitais; bancos de dados públicos/privados: art. 425, V
- falsa: art. 966, VI
- fatos que independem de prova: art. 374
- foto digital e extraída da Internet: art. 422, § 1º
- foto publicada em jornal ou revista: art. 422, § 2º
- impedimento: art. 144
- incidente de falsidade: arts. 430 a 433
- inspeção judicial: arts. 481 a 484
- instrução do processo: art. 370, parágrafo único
- livre convencimento: art. 371
- mensagem eletrônica; forma impressa: art. 422, § 3º
- oral: art. 361
- pericial: arts. 464 a 480
- pericial; calendário; saneamento: art. 357, § 8º
- perito: art. 156
- posse: arts. 561, II, 677
- preservação dos originais dos documentos digitalizados; ação rescisória: art. 425, § 1º
- produção antecipada: arts. 381 a 383
- produção pelo revel: art. 349
- repetição: art. 715
- reprodução digitalizada de documento público/particular: art. 425, VI
- reprodução fotográfica: arts. 422 a 424, 425, III, e 438, § 1º
- restauração de autos: art. 715
- revelia: art. 348
- terceiro; exibição; recusa: arts. 402 a 404
- traslados: art. 425, II
- valor probante igual ao original: art. 425
- veracidade: arts. 307, 344

CDC
- inversão do ônus; art. 6º, VIII

Legislação
- documental; declarações: Lei 7.115/1983

Súmulas
- ação rescisória; trânsito em julgado da decisão rescindenda: Súm. 299, I e II/TST
- filiação; salário-família: Súm. 254/TST
- dispensável; depósito recursal; credenciamento bancário: Súm. 217/TST
- documental pré-constituída: Súm. 415/TST
- documento; procedência estrangeira; Registro Público; autenticação por via consular: Súm. 259/STF
- emprestada; processo administrativo disciplinar: Súm. 591/STJ
- fato que lhe seja contrário: Súm. 403, I/TST
- horas extras; ônus; cartões de ponto: Súm. 338, III/TST
- inversão do ônus: Súm. 338, I/TST
- nova; dissídio coletivo; sentença normativa: Súm. 402/TST
- ônus do destinatário; notificação; recebimento: Súm. 16/TST
- ônus; despedimento: Súm. 212/TST
- ônus; equiparação salarial: Súm. 6, VIII/TST
- posterior; vedação: Súm. 74, III/TST
- processo trabalhista; anotações em Carteira do Trabalho: Súm. 225/STF
- produção; processo civil; revelia: Súm. 231/STF

PUBLICAÇÃO

CPC
- acórdão: art. 943
- alteração da sentença: art. 494
- data; disponibilização no Diário de Justiça Eletrônico: art. 224, § 2º
- edital; alienação: arts. 887, §§ 1º e 3º, e 889
- processos nos tribunais; distribuição: arts. 930 e 934
- sentença de interdição: arts. 755, § 3º, e 756, § 3º

PUBLICIDADE

Legislação
- e informação; advocacia: Prov. 205/2021 do CFOAB

QUADRO DE AVISOS

Súmulas
- afixação: PN 104/TST

QUADRO DE CARREIRA

Súmulas
- homologação; equiparação salarial: Súm. 6, I/TST
- reclamação; direito fundado em quadro de carreira; competência: Súm. 19/TST
- reclamação fundada em preterição, enquadramento ou reclassificação: Súm. 127/TST

QUESTÃO PREJUDICIAL

CPC
- coisa julgada: art. 503, § 1º
- coisa julgada; força de lei: arts. 503, § 1º, 1.054
- resolução: art. 503, § 1º
- sobrestamento: art. 315, § 1º
- suspensão do processo: art. 313, V

QUÍMICOS

CLT
- admissão obrigatória: art. 335
- atividades que compreende a profissão: arts 334 e 341
- brasileiros natos; revalidação do diploma: art. 325, § 2º
- brasileiros naturalizados; serviço militar: art. 325, § 3º
- cargos públicos; condição essencial: art. 336
- cargos públicos; preferência: art. 338, parágrafo único
- CTPS; características: art. 329
- CTPS; obrigatoriedade para o exercício da profissão: art. 330
- CTPS; requisição; documentos necessários: art. 326, § 1º
- CTPS; valor de identidade: art. 330
- Carteira profissional; obrigatoriedade: arts. 326 e 330
- cassação da licença: art. 348
- diplomas; registro: art. 328
- diplomas; verificação de falsidade: art. 345
- disposições gerais: arts. 325 a 351
- ensino facultativo: art. 338
- estrangeiros; exercício da profissão: art. 325, § 2º
- estrangeiros; limite: art. 349
- exercício ilegal: arts 332 e 347
- exercício legal: art. 333
- fiscalização: art. 343
- imposto: art. 331
- nome figurado nos rótulos dos produtos fabricados: art. 339
- nomeação *ex officio*: art. 340
- penalidades: art. 351
- profissão; atividades que compreenderá: art. 334
- requisitos profissionais: art. 325
- responsabilidade pela direção técnica: art. 350
- revalidação dos diplomas: art. 325, § 4º
- suspensão de suas funções: art. 346

QUITAÇÃO

CLT
- abono pecuniário: art. 145, parágrafo único
- âmbito de validade: art. 477, § 2º
- anual de obrigações trabalhistas; termo de: art. 507-B
- contribuição sindical: arts. 607 e 608
- criança e adolescente; recebimento de indenização: art. 439
- remuneração de férias: arts 141, § 1º, e 145, parágrafo único
- remuneração de férias; indicação do início e termo: art. 145, parágrafo único
- validade restrita às parcelas especificadas: art. 477, § 2º

CPC
- execução; levantamento dos créditos: art. 906
- penhora de frutos e rendimentos: art. 869, § 6º

Súmulas
- validade; assistência de entidade sindical: Súm. 330/TST

RADIAÇÕES IONIZANTES
- normas técnicas: art. 200, parágrafo único

Súmulas
- adicional de periculosidade; radiação ionizante ou substância radioativa: OJ 345/SBDI-I-TST

RADIOISÓTOPOS

CLT
- produção, a comercialização e utilização; pesquisa e uso médico, agrícolas e industriais: art. 21, XXIII, *b* e *c*

RADIOLOGISTA

Legislação
- piso salarial; técnico em radiologia: Lei 7.394/1985

Súmulas
- gratificação de raios X; redução: OJ 208/SBDI-I-TST
- salário profissional; técnicos em radiologia: Súm. 358/TST

RADIOTELEFONIA
- *vide* OPERADORES

RADIOTELEGRAFIA
- *vide* OPERADORES

RADIOTELEGRAFISTA
CLT
- aeronaves: art. 231
- regras aplicáveis: arts. 227 a 231

RAIS – RELAÇÃO ANUAL DE INFORMAÇÕES SOCIAIS
Legislação
- previsão legal: arts. 163 a 165 do Dec. 10.854/2021

RAZÕES FINAIS
CLT
- instrução; prazo não excedente de 10 minutos; proposta de conciliação; decisão: art. 850

REABILITAÇÃO PROFISSIONAL
Legislação
- auxílio-doença; segurado em gozo do benefício: art. 62 da Lei 8.213/1991
- espécie de serviço relativo a segurado e dependentes: art. 18, III, *b*, da Lei 8.213/1991 e art. 25, III, do Dec. 3.048/1999
- período de carência; inaplicabilidade: art. 26, IV, da Lei 8.213/1991 e art. 30, V, do Dec. 3.048/1999

READMISSÃO DE EMPREGADO
CLT
- empregador que deixar de efetuá-la; penalidades: art. 729
- estável: arts. 495 a 497
- falta grave; inexistência: art. 495
- ordem judicial; descumprimento; empregador: art. 729
- prazo referente ao direito a férias: art. 133, I
- tempo de serviço; somatória: art. 453

Súmulas
- anistia; art. 8º, § 1º, do ADCT; efeitos financeiros; ECT: OJ 91/SBDI-I-TST
- aposentadoria por invalidez; recuperação da capacidade: Súm. 217/STF
- aposentadoria; cessação: Súm. 217/STF e 220/STF
- contagem do período de serviço anterior: Súm. 138/TST
- contagem do tempo de serviço anterior; ressalva: Súm. 215/STF
- indenização: Súm. 219/STF
- indenização; cessação de aposentadoria: Súm. 220/STF
- tempo de serviço; somatória: Súm. 215/STF

REAJUSTAMENTO DO VALOR DOS BENEFÍCIOS
Legislação
- cálculo do valor: arts. 41 e 41-A da Lei 8.213/1991
- conceito e cálculo do valor: arts. 40 a 42 do Dec. 3.048/1999

REAJUSTAMENTO SALARIAL COLETIVO
CLT
- art. 487, § 6º

REAJUSTE SALARIAL
- *vide* também DISSÍDIOS COLETIVOS E DISSÍDIOS INDIVIDUAIS

Súmulas
- bimestrais e quadrimestrais; simultaneidade inviável: OJ 35/SBDI-I-Transitória-TST
- entes públicos: OJ 100/SBDI-I-TST
- IPC de março de 1990; Plano Collor: Súm. 315/TST
- militares; civis do poder executivo: Súm. Vinculante 51/STF
- planos econômicos; diferenças; limite: Súm. 322/TST
- previsão em norma coletiva: Súm. 375/TST
- servidores públicos; gatilhos: Súm. 319/TST
- URPs de abril e maio de 1988; Dec.-Lei 2.425/1988: OJ 79/SBDI-I-TST

RECESSO FORENSE
Súmulas
- férias coletivas; suspensão dos prazos recursais: Súm. 262, II/TST

RECIBO
CLT
- anotação pelo empregador: art. 29
- concessão de férias: art. 135
- de quitação de férias; cópia visada; férias coletivas: art. 141, § 2º
- de quitação; conteúdo: art. 477, § 2º
- distribuição da reclamação: art. 785
- menor; pagamento de salário: art. 439
- pagamento; prazo: art. 477, § 6º
- pagamento; trabalho intermitente: art. 452-A, § 7º

Súmulas
- pagamento de gratificação; ajuste tácito: Súm. 152/TST

RECLAMAÇÃO
CLT
- complemento de salário menor que o mínimo: arts. 118 e 119
- falta de anotação na CTPS: arts. 36 e 39

RECLAMAÇÃO TRABALHISTA
- acumulação num só processo: art. 842
- advogado; desnecessidade: art. 791
- apresentação; onde e por quem será feita: arts. 837 e 839
- apresentação em tantas vias quantos forem os reclamados: art. 858
- competência; Juntas de Conciliação e Julgamento: art. 651
- custas: art. 790
- custas; isenção: art. 790-A
- disposições gerais: arts. 736 e 737
- dissídio coletivo; instauração da instância: art. 856
- distribuição: art. 838
- escrita ou verbal; conteúdo: art. 840
- escrita; requisitos: art. 840, § 1º
- gratuidade da justiça: art. 790, § 3º
- honorários periciais; pagamento: art. 790-B
- inquérito; apuração de falta grave: art. 853
- Juntas de Conciliação e Julgamento: art. 651
- justiça gratuita: art. 790, § 3º
- litisconsórcio: art. 842
- menor de 18 anos: art. 793
- notificação do reclamado: art. 841
- pedidos; extinção sem resolução do mérito: art. 840, § 3º
- penalidades: art. 733
- plúrimas; representação dos empregados pelo sindicato: art. 843
- preferência de julgamento: art. 652, parágrafo único
- previsão legal: art. 840
- representação dos empregados pelo sindicato: art. 843
- requisitos: art. 840, § 1º
- sindicato; representação dos empregados: art. 843
- verbal: arts. 731, 786 e 840, § 2º
- verbal; redução a termo: art. 840, § 2º

Súmulas
- juros de mora; contagem: Súm. 224/STF

RECLAMADO
- *vide* também EMPREGADOR

CLT
- prazo para aduzir a defesa na audiência de julgamento: art. 847

RECLAMANTE
- *vide* também EMPREGADO

CLT
- não comparecimento à audiência de julgamento efeitos: art. 844

RECLAMATÓRIA
- *vide* RECLAMAÇÃO TRABALHISTA

RECONHECIMENTO DO TEMPO DE FILIAÇÃO
Legislação
- arts. 121 a 124 do Dec. 3.048/1999

RECONSIDERAÇÃO
CLT
- aviso prévio: art. 489

RECONVENÇÃO
CLT
- honorários de sucumbência: art. 791 A, § 5º

CPC
- desistência ou extinção da ação: art. 343, § 2º
- independente de contestação: art. 343, § 6º
- prazo de resposta: art. 343, § 1º
- previsão: art. 343

RECUPERAÇÃO JUDICIAL E EXTRAJUDICIAL
CLT
- depósito recursal; isenção: art. 899, § 10

Legislação
- administrador judicial: remuneração: arts. 24 e 25 da Lei 11.101/2005
- assembleia geral; credores: arts. 37 a 46 da Lei 11.101/2005
- competência do juízo: art. 3º da Lei 11.101/2005
- contribuição social: art. 51 da Lei 8.212/1991
- crimes em espécie: arts. 168 a 178 da Lei 11.101/2005
- devedor; requerimento da própria falência; admissibilidade: arts. 105 a 107 da Lei 11.101 /2005
- empresa de trabalho temporário; responsabilidade: art. 16 da Lei 6.019/1974
- habilitação; exclusão ou modificação de créditos, natureza trabalhista: art. 6º, § 2º, da Lei 11.101/2005
- microempresa; recuperação judicial: arts. 70 a 72 da Lei 11.101/2005
- petição inicial; recuperação judicial: art. 51 da Lei 11.101/2005
- previsão legal: Lei 11.101/2005

- recuperação judicial; objetivo: art. 47 da Lei 11.101/2005
- suspensão da prescrição: art. 6º da Lei 11.101/2005
- verificação e habilitação dos créditos: arts. 7º a 20 da Lei 11.101/2005

RECUPERAÇÃO PREVIDENCIÁRIA
Legislação
- empregador doméstico: arts. 39 a 41 da LC 150/2015

RECURSO(S)
CLT
- agravo: art. 893, IV
- custas, pagamento e comprovação do recolhimento: art. 789, § 1º
- de decisão que impuser multa; infração; regulação do trabalho: art. 635
- decisões interlocutórias; apreciação: art. 893, § 1º
- depósito; conversão em pagamento: art. 639
- depósito; guias de recolhimento: art. 636, §§ 4º, 5º e 7º
- disposições gerais: arts. 893 a 901
- efeito meramente devolutivo; ressalva: art. 899
- em matéria de segurança e saúde do trabalho; efeito suspensivo: art. 161, § 3º
- embargos/TST-Pleno; prazo: art. 894
- embargos: art. 893, I
- especificação: art. 893
- incidentes do processo; resolução pelo próprio Juízo ou Tribunal: art. 893, §1º
- interposição junto ao STF; situação da execução do julgado: art. 893, § 2º
- interposição mediante simples petição: art. 899
- interposição; prazo: art. 636
- notificação do recorrido: art. 900
- notificação: art. 636, §§ 1º ao 3º
- ofício: art. 637
- ordinário: arts. 893, II e 895
- para o STF; sem prejuízo da execução: art. 893, § 2º
- penalidades: arts. 903 a 908
- prévio depósito da importância em litígio-: art. 899, §§ 1º e 2º
- revista: arts. 893, III, 896 e 896-A a 896-C
- vista dos autos sem prejuízo dos prazos: art. 901

CPC
- aceitação da sentença; impossibilidade de recorrer: art. 1.000
- adesivo; admissão: art. 997, §§ 1º e 2º
- baixa dos autos ao juízo de origem: art. 1.006
- cabimento: art. 994
- deserção; equívoco no preenchimento de guia: art. 1.007, § 7º
- desistência em qualquer tempo: art. 998
- despachos: art. 1.001
- dispensa de preparo: art. 1.007, § 1º
- feriado local; prova; interposição: art. 1.003, § 6º
- impugnação: art. 1.002
- legitimidade para interposição: art. 996
- litisconsortes; aproveitamento: art. 1.005
- ordem de julgamento: art. 936
- prazo: art. 1.003, § 5º
- preparo: arts. 1.007 e 1.017, § 1º
- preparo; comprovação; pagamento em dobro; deserção: art. 1.007, § 4º
- preparo; dispensa; autos eletrônicos: art. 1.007, § 3º
- preparo; insuficiência parcial; vedação de complementação: art. 1.007, § 5º
- renúncia do direito de recorrer: art. 999
- representação das partes; irregularidade: art. 76, § 2º
- solidariedade passiva; aproveitamento: art. 1.005, parágrafo único
- sustentação perante tribunal: art. 937
- tempestividade; correios; data da postagem: art. 1.003, § 4º

Súmulas
- administrativo; depósito prévio; exigência: Súm. 373/STJ e Súm. 424/TST
- alçada; vinculação ao salário mínimo: Súm. 356/TST
- assinatura da petição ou das razões recursais; validade: OJ 120/SBDI-I-TST
- contra sentença normativa; efeito suspensivo; cassação: Súm. 279/TST
- decisões interlocutórias: Súm. 214/TST
- depósito; prazo: Súm. 245/TST
- despacho saneador: Súm. 424/STF
- divergência jurisprudencial, especificidade: Súm. 296, I/TST
- especial: Súm. 123, 126, 207 e 211/STJ
- especial; pendente julgamento de embargos de declaração: Súm. 579/STJ
- extraordinário; condenação em honorários: Súm. 633/STF
- extraordinário; falta de prequestionamento; questão federal: Súm. 282 e 356/STF; Súm. 320/STJ

- extraordinário; especial; não cabimento; simples reexame de prova: Súm. 279/STF; Súm. 7/STJ
- extraordinário; indicação de fundamentos; interposição: Súm. 292/STF
- extraordinário; ofensa a direito local; não cabimento: Súm. 280/STF
- fac-símile; prazo para apresentação dos originais: Súm. 387/TST
- matéria administrativa; prazo; órgão colegiado: OJ 11/TP-TST
- não juntada da ata ao processo em 48 horas; prazo; contagem: Súm. 30/TST
- ordinário, de decisão do TRT em ação rescisória: Súm. 158/TST
- ordinário; ação rescisória; depósito recursal; exigência: Súm. 99/TST
- ordinário; prazo: Súm. 319/STF
- prequestionamento: Súm. 320/STJ
- reclamação; inadmissibilidade: Súm. 734/STF
- tempestividade: Súm. 216/STJ

RECURSO ADESIVO
Súmulas
- compatibilidade com o processo do trabalho; hipóteses: Súm. 283/TST

RECURSO ADMINISTRATIVO
CLT
- contra imposição de multa: art. 636
Súmulas
- depósito prévio; multa; não cabimento: Súm. Vinculante 21/STF
- depósito prévio; multa; não cabimento: Súm. 424/TST

RECURSO DE EMBARGOS
- *vide* EMBARGOS

RECURSO DE REVISTA
CLT
- admissibilidade no processo do trabalho: art. 893, II, e 895
- aplicação subsidiária: art. 896-B
- cabimento: art. 896, *caput*
- caso de não cabimento e exceção: art. 896, § 2º
- decisão denegatória; agravo – 8 dias: art. 896, § 12
- declaração de efeito: art. 896, § 1º
- denegação de seguimento: arts. 896, § 14 e 896-A, § 2º
- denegação de seguimento; interposição de agravo: art. 896, § 12
- exame prévio da causa: art. 896-A
- multiplicidade de recursos de revista: art. 896-C
- multiplicidade, idêntica questão de direito: art. 896-C
- prazo de apresentação: art. 896, § 1º
Legislação
- autorização para decisão monocrática: Res. Administrativa 1.340/2009 do TST
- caso de admissibilidade parcial; cabimento de agravo de instrumento: IN 40/2016 do TST
- uniformização de interpretação: IN 17/1999, do TST
Súmulas
- agravo; traslado das razões: Súm. 315/STF
- cabimento; reexame de fatos e provas: Súm. 126/TST
- comprovação de divergência: Súm. 337, I e IV/TST
- conhecimento; determinado item do pedido; diversos fundamentos: Súm. 23/TST
- constitucionalidade da alínea *b* do art. 896: Súm. 312/TST
- contra acórdão em agravo de petição: admissibilidade: Súm. 266/TST
- divergência jurisprudencial; aresto oriundo do mesmo Tribunal Regional: OJ 111/SBDI-I-TST
- divergência jurisprudencial; especificidade: Súm. 296, I/TST
- fundamentação em Orientação Jurisprudencial do TST: OJ 219/SBDI-I-TST
- fundamentação; violação de lei; utilização do vocábulo "violação": OJ 257/SBDI-I-TST
- inadmissibilidade; acórdão regional proferido em agravo de instrumento: Súm. 218/TST
- inadmissibilidade; divergência jurisprudencial: OJ 147/SBDI-I-TST
- inaplicabilidade da Súm. 337 do TST: OJ 3/SBDI-I-Transitória-TST
- não conhecimento; decisões superadas; jurisprudência do TST: Súm. 333/TST
- preclusão; omissão; embargos declaratórios: Súm. 184/TST
- pressuposto de admissão: Súm. 221/TST
- recurso adesivo; pertinência no processo do trabalho: Súm. 283/TST

RECURSO DE TERCEIRO PREJUDICADO
CPC
- no procedimento ordinário: art. 996

Legislação
- julgamento; cabimento ao recurso de revista e ao recurso de embargos repetitivos: IN 38/2015 do TST

RECURSO EXTRAORDINÁRIO
CPC
- agravo interno: repercussão geral ou recursos repetitivos: art. 1.042
- arts. 1.029 a 1.041
- eficácia da decisão: art. 995
- incidente de resolução de demandas repetitivas: art. 928
- intempestividade; exclusão do sobrestamento; inadmissão: art. 1.035, §§ 6º e 7º
- multiplicidade de recursos; idêntico fundamento: arts. 1.036 a 1.038
- questão constitucional; repercussão geral; não conhecimento: art. 1.035
- recurso adesivo; admissibilidade: art. 997, §§ 1º e 2º
- repercussão geral; casos repetitivos; tese contrária: art. 1.035, § 3º, I
- repercussão geral; prazo para julgamento: art. 1.035, §§ 9º
- repercussão geral; publicidade: art. 979, § 1º
- repercussão geral; questionamento de decisão de inconstitucionalidade de tratado ou lei federal: art. 1.035, § 3º, III
- repercussão geral; requisitos: art. 1.035, §§ 1º a 11
- repetitivo; acórdão paradigma; publicação; aplicação da tese: art. 1.040, III
- repetitivo; acórdão paradigma; publicação; manutenção da tese; desistência ou superação: art. 1.040, § 1º, 2º
- repetitivo; acórdão paradigma; publicação; outras questões: art. 1.040, § 3º
- repetitivo; acórdão; instrução: art. 1.038, II
- repetitivo; afetação: art. 1.037
- repetitivo; distinção; prosseguimento: art. 1.037, §§ 9º a 13
- repetitivo; escolha; relator: art. 1.036, §§ 4º e 5º
- repetitivo; exclusão do sobrestamento; inadmissão: art. 1.036
- repetitivo; instrução; audiência pública: art. 1.038, II
- repetitivo; publicidade: art. 979, § 3º
- repetitivo; suspensão dos processos: art. 1.037, II, § 8º
- sobrestamento; múltiplos recursos; repercussão geral: arts. 1.036 a 1.038
Legislação
- julgamento; cabimento ao recurso de revista e ao recurso de embargos repetitivos: IN 38/2015 do TST
Súmulas
- dissídio jurisprudencial; comprovação: Súm. 291/STF
- inadmissibilidade; decisão impugnada sujeita a recurso ordinário na Justiça de origem: Súm. 281/STF
- inadmissibilidade; decisão recorrida assentada em mais de um fundamento não abrangido pelo apelo extremo: Súm. 283/STF
- inadmissibilidade; deficiência na fundamentação do recurso: Súm. 284/STF
- inadmissibilidade; questão federal não ventilada na decisão recorrida: Súm. 282/STF
- interposição por mais de um fundamento: Súm. 292/STF
- mandado de segurança; decisão denegatória: Súm. 272/STF
- não cabimento; ofensa a direito local: Súm. 280/STF
- não cabimento; reexame de prova: Súm. 279/STF
- não conhecimento; arguição de inconstitucionalidade não razoável: Súm. 285/STF
- não conhecimento; divergência jurisprudencial; plenário do STF: Súm. 286/STF
- prequestionamento; pressuposto de admissibilidade: OJ 62/SBDI-I-TST

RECURSO ORDINÁRIO
CLT
- disposições gerais: arts. 893, II, e 895
- procedimento sumaríssimo, cabimento: art. 896, § 9º
CPC
- interposição: art. 1.028, parágrafo único
- regras aplicáveis: art. 1.027, § 2º
Súmulas
- ação rescisória: Súm. 158/TST
- ação rescisória; decadência afastada; imediato julgamento: Súm. 100, VII/TST
- ação rescisória; depósito recursal: Súm. 99/TST
- ação rescisória; recebimento como tutela provisória; suspensão da execução: Súm. 405/TST
- apelo que não ataca os fundamentos da decisão recorrida: Súm. 422/TST
- efeito devolutivo; aplicação: Súm. 393/TST
- *habeas corpus* ou mandado de segurança; prazo: Súm. 319/STF
- mandado de segurança: Súm. 201/TST
- não cabimento; decisão em agravo regimental; reclamação correcional: OJ 5/TP-TST
- não cabimento; TST; decisão de TRT; agravo regimental; liminar em ação cautelar ou em mandado de segurança: OJ 100/SBDI-II-TST

- recurso adesivo; pertinência no processo do trabalho: Súm. 283/TST
- recurso; fundamento ausente ou deficiente; não conhecimento: Súm. 422/TST

RECUSA AO USO DE EQUIPAMENTO DE PROTEÇÃO
CLT
- disposições gerais: art. 158, parágrafo único, *b*

REDUÇÃO SALARIAL
CLT
- disposições gerais; nulidade: art. 124
- lícita; força maior: art. 503
CF
- garantia constitucional: art. 7º, VI
Súmulas
- diminuição de carga horária; inevitável supressão de aulas eventuais ou de turmas: PN 77/TST

REEXAME NECESSÁRIO
CPC
- art. 496

REFEITÓRIOS
CLT
- regulamentação pelo Ministério do Trabalho; previsão: art. 200, VII

REFORMA TRIBUTÁRIA
- disposição: EC 132/2023

REGIME GERAL DE PREVIDÊNCIA SOCIAL
CF
- aposentadoria; requisitos: arts. 15 a 21, EC 103/2019
Legislação
- administração; Ministério da Previdência e Assistência Social: art. 7º do Dec. 3.048/1999
- beneficiários; dependentes do segurado: art. 16 da Lei 8.213/1991e art. 16 do Dec. 3.048/1999
- beneficiários; perda da qualidade de dependente: art. 17 do Dec. 3.048/1999
- beneficiários; segurados e dependentes: art. 10 da Lei 8.213/1991 e art. 8º do Dec. 3.048/1999
- espécies de prestações: art. 18 da Lei 8.213/1991e art. 25 do Dec. 3.048/1999
- filiação; segurado facultativo: art. 11, § 1º, do Dec. 3.048/1999
- filiação; segurado facultativo; ato volitivo: art. 11, § 3º, do Dec. 3.048/1999
- inscrição de dependentes: arts. 22 a 24 do Dec. 3.048/1999
- inscrição de segurados e dependentes: art. 17 da Lei 8.213/1991
- inscrição de segurados: arts. 18 a 21 do Dec. 3.048/1999
- prestações; disposições diversas: arts. 152 a 181-C do Dec. 3.048/1999
- prestações; disposições transitórias: arts. 182 a 193 do Dec. 3.048/1999
- segurado facultativo; hipótese de filiação vedada: art. 11, § 2º, do Dec. 3.048/1999
- segurado obrigatório; contribuinte individual: art. 11, V, da Lei 8.213/1991
- segurado obrigatório; empregado doméstico: art. 11, II, da Lei 8.213/1991
- segurado obrigatório; empregado: art. 11, I, da Lei 8.213/1991
- segurado obrigatório; segurado especial: art. 11, VII, da Lei 8.213/1991
- segurado obrigatório; trabalhador avulso: art. 11, VI, da Lei 8.213/1991
- servidor público civil ou militar; hipóteses de exclusão do regime: art. 10 do Dec. 3.048/1999e art. 12 da Lei 8.213/1991

REGIME DE TEMPO PARCIAL
CLT
- abono pecuniário; conversão: art. 58-A, § 6º
- definição: art. 58-A
- horas suplementares à duração do trabalho semanal normal: art. 58-A, § 3º a 5º
- salários: art. 58-A, § 1º

REGIME DIFERENCIADO DE CONTRATAÇÕESPÚBLICAS (RDC)
Legislação
- Lei 12.462/2011

REGIÕES
CLT
- divisão do território nacional; jurisdição dos TRT: arts. 670 e 674
- divisão do território nacional; alteração pelo Presidente da República: art. 676
- jurisdição: arts. 670 e 674

REGISTRO DE EMPREGADOS

CLT
- horário de trabalho: art. 74, § 1º
- livros: arts. 41 a 48
- multa; falta de registro: art. 47
- nacionalidade: art. 359, parágrafo único

Legislação
- e anotações na CTPS: arts. 13 e ss. da Port. 671/2021 do MTP
- dados: art. 14 da Port. 671/2021 da MTP

REGISTRO DE PONTO

CLT
- obrigatoriedade: art. 74, § 2º

Legislação
- eletrônico; sistema: arts. 74 a 84 da Port. 671/2021 do MTP
- manual ou mecânico: arts. 93 a 95 da Port. 671/2021 do MTP

REGISTRO SINDICAL

CLT
- previsão: art. 558

Legislação
- disposições gerais: Portaria 186/2008, do MTE

Súmulas
- legitimidade *ad processum*: OJ 15/SDC-TST

REGULAMENTO(S)

CLT
- instrução dos responsáveis no cumprimento das leis; critério de dupla visita pela fiscalização: art. 627, *a*

Súmulas
- alteração ou revogação de vantagens: Súm. 51, I/TST
- complementação de aposentadoria: Súm. 288/TST
- complementação de aposentadoria; prescrição parcial e quinquenal; diferenças: Súm. 327/TST
- complementação de aposentadoria; prescrição total: Súm. 326/TST
- complementação de aposentadoria: Súm. 97/TST
- estabilidade contratual ou derivada: Súm. 98/TST
- opção pelo novo regulamento; empresa: Súm. 51, II/TST

REGULAMENTO DA PREVIDÊNCIA E SEGURIDADE SOCIAL

Legislação
- disposições gerais: arts. 336 a 382 do Dec. 3.048/1999
- transgressão às normas; restrições: arts. 279 e 280 do Dec. 3.048/1999

REINTEGRAÇÃO

CLT
- dirigente sindical afastado: art. 659, X
- empregado estável; falsa alegação de motivo de força maior: art. 504
- empregado integrante da CIPA: art. 165, parágrafo único
- empregador que deixar de efetuá-la; penalidades: art. 729

Súmulas
- cipeiro; suplente: Súm. 339, II/TST
- conversão em indenização dobrada; efeitos: Súm. 28/TST
- dispensa discriminatória; direito à: Súm. 443/TST
- estabilidade provisória; período estabilitário exaurido: Súm. 396, I/TST
- gestante; garantia de emprego; período de estabilidade: Súm. 244, II/TST
- pedido; estabilidade provisória: Súm. 396/TST

RELAÇÃO ANUAL DE EMPREGADOS

CLT
- disposições gerais: arts. 360 a 367

RELAÇÃO DE EMPREGO
- *vide* também EMPREGADO E EMPREGADOR

CLT
- caracterização independentemente do local de trabalho: art. 6º
- instituições equiparadas ao empregador: art. 2º, § 1º
- responsabilidade solidária de grupo industrial: art. 2º, § 2º, parte final

RELAÇÕES DE CONSUMO

CDC
- art. 2º, parágrafo único
- política nacional: art. 4º
- proteção contratual: arts. 46 e ss.

RELACIONAMENTO PESSOAL

CLT
- jornada de trabalho; período extraordinário; impossibilidade: art. 4º, § 2º, VI

RELAÇÕES DE TRABALHO
- *vide* VÍNCULO EMPREGATÍCIO

RELAÇÕES INDIVIDUAIS E COLETIVAS DE TRABALHO

CLT
- normas previstas na CLT: art. 1º

RELIGIÃO

CLT
- culto; jornada de trabalho; período extraordinário; impossibilidade: art. 4º, § 2º, I

RELÓGIO DE PONTO

CLT
- obrigatoriedade: art. 74, § 2º

REMESSA *EX OFFICIO*

Súmulas
- Fazenda Pública; duplo grau de jurisdição: Súm. 303, I/TST
- impetrante e terceiro interessado pessoa de direito privado: Súm. 303, IV/TST
- recurso de revista; inexistência de recurso ordinário voluntário de ente público: OJ 224/SBDI-I-TST

REMESSA NECESSÁRIA

CPC
- dispensa; fundamento da sentença; assunção de competência: art. 496, § 4º, III
- dispensa; fundamento da sentença; resolução de demandas repetitivas: art. 496, § 4º, III
- dispensa; fundamento da sentença; recursos repetitivos: art. 496, § 4º, II
- dispensa; fundamento da sentença; orientação vinculante em âmbito administrativo: art. 496, § 4º, IV

REMIÇÃO

CLT
- autos de; custas, responsabilidade do executado: art. 789-A, I
- carta de; emolumentos; responsabilidade do requerente: art. 789-B, IV

CPC
- falência ou insolvência; massa de credores: art. 877, § 4º

Súmulas
- executado no processo trabalhista: Súm. 458/STF

REMUNERAÇÃO
- *vide* também SALÁRIO

CLT
- abono de férias: arts. 142 a 145
- abono de férias; não integra a remuneração do empregado: art. 144
- disposições gerais: arts. 457 a 467
- férias; natureza salarial: art. 148
- férias; pagamento em dobro: art. 137
- férias; pagamento: art. 145
- férias; prescrição; contagem: art. 49
- gorjetas; inclusão na remuneração: art. 457
- percepção durante as férias: art. 142
- salário pago por hora, com jornadas variáveis: art. 142, § 1º
- salário pago por tarefa: art. 142, § 2º
- salário; importâncias que não o integram: art. 457, § 2º
- salário; importâncias que o integram: art. 457, § 1º
- serviço suplementar: Súm. 264/TST
- superior a duas vezes o limite; benefícios da Previdência Social; arbitragem: art. 507-A

CPC
- depositário ou administrador: art. 160

Legislação
- administração pública; disposições gerais: Lei 8.852/1994
- administrador da falência: arts. 24 e 25 da Lei 11.101/2005
- descanso semanal remunerado: art. 7º da Lei 605/1949
- em dobro; casos: arts. 9º e 10 da Lei 605/1949
- indevida; motivos justificadores: art. 6º da Lei 605/1949

Súmulas
- em dobro; dias de férias gozadas após o período legal de concessão: Súm. 81/TST

RENDA MENSAL

Legislação
- benefício previdenciário; valor mínimo permitido: arts. 33 a 40 da Lei 8.213/1991
- cálculo do valor: arts. 33 a 40 da Lei 8.213/1991
- conceito e cálculo do valor: arts. 35 a 39 do Dec. 3.048/1999

Súmulas
- aposentadoria por invalidez; auxílio-doença; períodos intercalados de afastamento: Súm. 557/STJ
- inicial; averbação; majoração do coeficiente de cálculo; aposentadoria por idade: Súm. 76/JEF
- inicial; benefício previdenciário; cálculo: Súm. 19/JEF

RENDA BÁSICA FAMILIAR

CF
- direito a: art. 6º, par. único

RENÚNCIA

CPC
- direito de recorrer: art. 999
- direito; extinção do processo com resolução de mérito: art. 487, III, *c*
- prazo: art. 225

REPERCUSSÃO GERAL
- *vide* também RECURSO EXTRAORDINÁRIO

CPC
- condição de existência: art. 1.035, § 1º
- decisão contrária à súmula/jurisprudência: art. 1.035, § 3º, I a III
- manifestação de terceiros; admissibilidade: art. 1.035, § 4º
- múltiplos recursos; fundamentação em idêntica controvérsia/questão de direito: arts. 1.036 a 1.040
- não conhecimento; recurso extraordinário: art. 1.035
- negada, processos de origem: art. 1.035, § 8º
- súmula da decisão; publicação oficial; acórdão: art. 1.035, § 11º

RÉPLICA

CPC
- alegação de matéria processual: arts. 351 e 352
- documentos juntados na contestação; manifestação: art. 437, *caput*
- falsidade; suscitação: art. 430
- oposição de fato impeditivo, modificativo ou extintivo: art. 350

REPOSITÓRIO AUTORIZADO DE JURISPRUDÊNCIA

Súmulas
- concessão; registro; publicação: Súm. 337, II/TST

REPOUSO REMUNERADO

CLT
- aborto: art.395

REPOUSO SEMANAL

CLT
- dominical da mulher; escala de revezamento quinzenal: art. 386
- entre duas jornadas: art. 66
- menor; após cada período de trabalho: art. 412

REPOUSO SEMANAL REMUNERADO
- *vide* também DESCANSO

CLT
- assegurado ao empregado; domingo: arts. 67 e 385
- descanso semanal da mulher: art. 385
- domingo; escala de revezamento: arts. 67, parágrafo único, e 386
- férias; antecedência; dia de repouso; impossibilidade: art. 134, § 3º
- fracionamento; motorista; hipóteses: art. 235-D, § 1º
- motorista profissional: 235-D
- serviço ferroviário; empregados de estações de interior: art. 243
- viagens; motorista profissional: art. 235-D

Legislação
- direito do trabalhador: arts. 1º a 5º da: Lei 605/1949
- pagamento em dobro: art. 9º da: Lei 605/1949
- regulamento: arts 151 a 162 do Decreto 10.854/2021

Súmulas
- atestado médico; justificação da ausência do empregado: Súm. 15/TST
- atraso do empregado; ingresso permitido pelo empregador; compensação no final da jornada ou da semana: PN 92/TST
- bancário; sábado; dia útil: Súm. 113/TST
- cálculo; gratificações de produtividade e por tempo de serviço: Súm. 225/TST
- comissionista: Súm. 27/TST
- gorjetas; natureza jurídica; repercussões: Súm. 354/TST
- integração das horas extras; cálculo de férias, décimo terceiro salário, aviso prévio e depósitos do FGTS: OJ 394/SBDI-I-TST
- professor: Súm. 351/TST
- trabalhador temporário; acréscimo salarial: PN 79/TST
- turnos ininterruptos de revezamento; intervalos intrajornada e semanal: Súm. 360/TST
- vendedor pracista; remuneração mediante comissão: Súm. 201/STF
- violação; concessão após o sétimo dia consecutivo de trabalho: OJ 410/SBDI-TST

REPRESENTAÇÃO

CC
- anulável; conflito de interesses: art. 119
- efeitos: art. 116
- obrigações do representante: art. 118
- poderes: art. 115

CPC
- judicial; decorrente da Constituição ou da lei; dispensa de procuração: art. 287, parágrafo único, III
- juízo; advogado: art. 103
- partes; contestação: art. 337, IX

- partes; irregularidade; grau recursal: art. 76, § 2º
- partes; irregularidade; suspensão do processo; prazo para saneamento: art. 76, § 1º
- partes; revogação do mandato: art. 111
- pessoa jurídica estrangeira: art. 75, X
- pessoas jurídicas: art. 75, VIII
- Prefeito Municipal: art. 75, III
- representante; citação pessoal: art. 242

Legislação
- sistema cooperativista: arts. 105 a 108 da Lei 5.764/1971

Súmulas
- pessoa jurídica; procuração; identificação do outorgante e de seu representante; regularização: Súm. 456/TST

REPRESENTAÇÃO DOS EMPREGADOS
CLT
- arts. 510-A a 510-D
- atribuições: art. 510-B
- comissão: art. 510-A
- eleição: art. 510-C
- em dissídio coletivo; conteúdo: arts. 858 e 859
- mandato: arts. 510-D

REPRESENTAÇÃO PROCESSUAL
Súmulas
- autarquia; legitimidade para recorrer: OJ 318 da SBDI-I/TST
- dispensa da juntada de mandato; Procurador da União, Estados, Municípios e Distrito Federal: Súm. 436/TST
- estagiário de direito; habilitação posterior: OJ 319/SBDI-I-TST
- fase recursal; ausência de procuração nos autos: Súm. 383, I/TST
- irregularidade de representação; substabelecimento anterior à procuração: Súm. 395, IV/TST
- irregularidade de representação; suspensão do processo: Súm. 395, V/TST
- irregularidade; fase recursal; procuração; outorga para ajuizamento de reclamação trabalhista; vício sanável: OJ 151/SBDI-II-TST
- mandato; cláusula com ressalva de vigência: Súm. 395, I/TST
- mandato; regularização: Súm. 383, II/TST
- mandato; termo fixando prazo para juntada: Súm. 395, II/TST
- mandato expresso: Súm. 395, III/TST

REPRESENTAÇÃO SINDICAL
CF
- direção ou representação sindical; garantias: art. 8º, VIII

Súmulas
- empregado; dispensa; exigibilidade de inquérito em que se apure falta grave: Súm. 197/STF

REQUISIÇÃO
CPC
- penhora: art. 845
- processos administrativos: art. 438, II
- testemunha; chefe da repartição ou ao comando; funcionário público ou militar: art. 455, III

REPRESENTANTE LEGAL
CLT
- associação sindical; comunicação de infração: art. 631
- de cooperativa; anotação da CTPS: art. 34
- em dissídio coletivo; conteúdo: arts. 858 e 859, *caput*
- representante de associação sindical; comunicação de infrações que verificar: art. 631

RESCISÃO DO CONTRATO DE TRABALHO
vide também DEMISSÃO/DISPENSA
CLT
- abandono de emprego; justa causa para rescisão contratual: art. 482, *i*
- arts. 477 a 486
- ato de improbidade do empregado; justa causa; rescisão contratual: art. 482, *a*
- ato de indisciplina ou de insubordinação; justa causa; rescisão contratual: art. 482, *h*
- atos atentatórios contra a segurança nacional praticados por empregado: art. 482, parágrafo único
- cessação das atividades da empresa: art. 485
- compensação no pagamento da indenização; limite: art. 477, § 5º
- compensação; horas extras: art. 59, § 3º
- culpa recíproca: art. 484
- desídia do empregado; justa causa para rescisão contratual: art. 482, *e*
- embriaguez habitual ou em serviço; justa causa; rescisão contratual: art. 482, *f*
- horas extras; compensação: art. 59, § 3º
- incontinência de conduta ou mau procedimento do empregado; justa causa; rescisão contratual: art. 482, *b*
- indenização; trabalho por tarefa ou serviço feito; cálculo: art. 478, § 5º
- indenização; rescisão de contrato; prazo indeterminado: art. 478

- indenização: art. 477
- jogos de azar; prática pelo empregado; justa causa: art. 482, *i*
- justa causa; hipóteses: art. 482
- morte do empregador: art. 485
- nulidade de contrato: art. 117
- ônus da prova; despedimento: Súm. 212/TST
- pagamento de indenização ao empregado; condições: art. 477, § 4º
- pelo empregado: art. 483
- pelo empregador; justa causa: art. 482, *i*
- recibo de quitação; conteúdo: art. 477, § 2º
- verbas rescisórias; pagamento com atraso: art. 467
- violação de segredo de empresa pelo empregado; justa causa: art. 482, *g*

Legislação
- contrato de trabalho; sem justa causa; gratificação; cálculo: art. 3º da Lei 4.090/1962

Súmulas
- aviso prévio; concessão na fluência da garantia de emprego: Súm. 348/TST
- aviso prévio; indenização compensatória: Súm. 182/TST
- cessação da atividade da empresa; direito ao aviso prévio: Súm. 44/TST
- cessação das atividades da empresa; salário: Súm. 173/TST
- contrato de experiência; aviso prévio: Súm. 163/TST
- contrato por tempo determinado; opção; FGTS: Súm. 125/TST
- culpa recíproca; aviso prévio; férias proporcionais; décimo terceiro salário: Súm. 14/TST
- desídia do empregado; justa causa; dispensa sem justa causa; professor; férias escolares: Súm. 10/TST
- empregado estável; acordo; indenização em dobro: Súm. 54/TST
- férias indenizadas; base de cálculo; remuneração do empregado: Súm. 7/TST
- férias proporcionais: Súm. 171/TST
- iniciativa do empregado; gratificação natalina: Súm. 157/TST
- justa causa; decurso do prazo do aviso prévio: Súm. 73/TST
- mora salarial; pagamento dos salários em audiência: Súm. 13/TST
- multa; art. 477 da CLT; pessoa jurídica de direito público: OJ 238/SBDI-I-TST
- pedido de demissão; férias proporcionais: Súm. 261/TST
- período antecedente à data base; direito à indenização adicional: Súm. 314/TST
- quitação passada pelo empregado; assistência de entidade sindical; validade: Súm. 330/TST
- revelia; confissão; verbas rescisórias; acréscimo de 50%: Súm. 69/TST

RESÍDUOS INDUSTRIAIS
CLT
- tratamento; disposições a respeito; competência: art. 200, VII

RESISTÊNCIA
CPC
- injustificada ao andamento do processo; litigância de má-fé: art. 80, IV

RESISTÊNCIA À FISCALIZAÇÃO
CLT
- art. 153, parágrafo único

RESPONSABILIDADE CIVIL
CC
- empregador ou comitente: art. 932, III
CPC
- administrador: art. 161
- advogado; atos não ratificados no prazo: art. 104, § 2º
- atentado; réu: art. 77, § 7º
- depositário: art. 161
- juiz: art. 143
- Ministério Público: art. 181
- requerente de tutela de urgência: art. 302, parágrafo único

Súmulas
- empregador ou comitente: Súm. 341/STF

RESPONSABILIDADE POR DANO PROCESSUAL
CLT
- arts. 793-A a 793-D
- litigante de má-fé; conceito: art. 793-B
- litigante de má-fé; pluralidade: art. 793-C, § 1º
- multa: art. 793-C
- multa; testemunha: art. 793-D
- partes: arts. 79 a 81
- perdas e danos: art. 793-A
- testemunha; alteração da verdade; multa: art. 793-D

RESPONSABILIDADE SOLIDÁRIA
CLT

- empresa principal e suas subordinadas; relação de emprego: art. 2º, § 2º
- sucessão empresarial: art. 448-A, parágrafo único
CC
- conceito: art. 264
- cumprimento da prestação por inteiro: art. 267 e 275
- não é presumida; lei; vontade: art. 265
- pagamento parcial: art. 275

Legislação
- contribuição social; hipóteses: arts. 220, 222, 223 e 224 do Dec. 3.048/1999
- exclusão; contribuição social: art. 221 do Dec. 3.048/1999

Súmulas
- associação de pais e mestres: OJ 185/SBDI-I-TST
- cisão parcial de empresa: OJ 30/SDBI-I-Transitória-TST
- sucessor; aquisição de empresa pertencente a grupo econômico: OJ 411/SBDI-I-TST

RESPONSABILIDADE SUBSIDIÁRIA
CLT
- sócio retirante: art. 10-A

RESPONSABILIDADE TRABALHISTA
Súmulas
- contrato de concessão de serviço público: OJ 225/SBDI-I-TST
- desmembramento de municípios: OJ 92/SBDI-I-TST

RESPOSTA DO RÉU
CPC
- contestação: arts. 336 a 342
- exceções: arts. 146 e 340
- forma: art. 336
- impedimento: art. 146
- prova documental: art. 404
- reconvenção: art. 343
- reinquirição de testemunhas: art. 715, § 1º
- revelia: art. 348
- suspeição: art. 146

RESTAURAÇÃO DE AUTOS
CPC
- arts. 712 a 718

RESTITUIÇÃO DE PRAZO
CPC
- interposição de recurso; hipóteses: art. 1.004

RETENÇÃO
CLT
- CTPS; indevida: art. 53
- salários; dolosa; crime: art. 611-B, VII
- subempreitada; de importâncias: art. 455, parágrafo único

RETORNO AO TRABALHO
CLT
- licença maternidade; vantagens adquiridas: art. 392, § 4º
- motorista profissional; à base: art. 235-D
- residência; jornada de trabalho; cômputo: art. 58, § 2º
- suspensão contratual: art. 476-A, § 5º
- transporte; não cômputo do salário: art. 458, § 2º, III
- viagem; motorista profissional; repouso semanal: art. 235-D, § 1º

REVELIA
CLT
- disposições gerais: art. 852
- efeitos; exceção: art. 844, § 4º
- inocorrência; ausência do reclamado; comparecimento do advogado: art. 844, § 5º
- notificação de decisão judicial; como será feita em caso de revelia: art. 852
CPC
- advertência; citação por edital; curador especial: art. 257, IV
- advertência; mandado de citação; curador especial: art. 253, § 4º
- alienação judicial; ciência; edital de leilão: art. 889, parágrafo único
- citação por edital ou com hora certa; nomeação de curador especial: art. 72, II
- efeitos; confissão: art. 344
- efeitos; não incidência: arts. 348 e 349
- intervenção no processo: art. 346, parágrafo único
- julgamento antecipado: art. 355, II
- prazos: art. 346
- representação irregular ou incapacidade processual: art. 76, § 1º, II
- verificação pelo juiz: art. 348

Súmulas
- ação rescisória; ausência de defesa; efeitos: Súm. 398/TST
- audiência; atraso: OJ 245/SBDI-I-TST
- ausência da reclamada; comparecimento de advogado munido de procuração: Súm. 122/TST

- veículo; indispensável para a realização do trabalho: Súm. 367, I/TST

SALÁRIO-MATERNIDADE
- *vide* também MATERNIDADE

CLT
- gravidez de risco: art. 394-A, § 3º
- percepção; requisitos: art. 131, II

Legislação
- adoção ou guarda judicial; cônjuges ou companheiros; RGPS; não pagamento do benefício a mais de um segurado: art. 71-A, § 2º, da Lei 8.213/1991
- adotante: art. 71-A da Lei 8.213/1991.
- afastamento do segurado do trabalho ou da atividade desempenhada: art. 71-C da Lei 8.213/1991
- afastamento do trabalho; condição para recebimento: art. 71-C da Lei 8.213/1991
- atividade rural; empregada: art. 39, parágrafo único, da Lei 8.213/1991
- carência: art. 25, III, da Lei 8.213/1991
- carência; inexistência; empregada, avulsa ou doméstica: art. 26, VI, da Lei 8.213/1991
- cumulação com auxílio-doença; inadmissibilidade, salvo direito adquirido: art. 167, IV, do Dec. 3.048/1999
- definição e condições para concessão do benefício: arts. 93 a 103 do Dec. 3.048/1999
- empregado doméstico; período de carência; inaplicabilidade: art. 26, V, da Lei 8.213/1991e art. 30, II, do Dec. 3.048/1999
- equiparado ao salário de contribuição: art. 28, § 2º, da Lei 8.212/1991
- espécie de prestação relativa a segurado: art. 18, I, *g*, da Lei 8.213/1991e art. 25, I, *g*, do Dec. 3.048/1999
- falecimento da segurada ou segurado: art. 71-B da Lei 8.213/1991
- falecimento do beneficiário; pagamento ao cônjuge ou companheiro sobrevivente: art. 71-B da Lei 8.213/1991
- início do pagamento e duração do benefício: art. 71 da Lei 8.213/1991
- pagamento de responsabilidade da empresa para empregada gestante: art. 72, § 1º, da Lei 8.213/1991
- período de carência; contribuinte individual e segurado especial; número de contribuições: art. 25, III, da Lei 8.213/1991
- período de carência; contribuinte individual, especial e facultativo; número de contribuições: art. 29, III, do Dec. 3.048/1999
- período de carência; parto antecipado; contribuinte individual e segurado especial: art. 25, parágrafo único da Lei 8.213/1991
- período de carência; parto antecipado; contribuinte individual, segurado especial e facultativo; redução proporcional do número de contribuições: art. 29, parágrafo único do Dec. 3.048/1999
- previsão legal: art. 71 da Lei 8.213/1991
- recebimento conjunto com auxílio-doença: art. 124, IV, da Lei 8.213/1991
- recebimento conjunto com auxílio-doença não permitido, salvo direito adquirido: art. 124, IV, da Lei 8.213/1991
- reembolso de pagamento: art. 255 do Dec. 3.048/1999
- regime geral de previdência; previsão: art. 18, *g*, da Lei 8.213/1991
- segurada empregada ou trabalhadora avulsa; renda mensal do benefício: art. 72 da Lei 8.213/1991
- segurada empregada; período de carência; inaplicabilidade: art. 26, V, da Lei 8.213/1991e art. 30, II, do Dec. 3.048/1999
- segurado ou segurada adotante ou em processo de guarda judicial para fins de adoção de criança: art. 71-A da Lei 8.213/1991
- segurado adotante ou em processo de guarda judicial; pagamento feito diretamente pela Previdência Social: art. 71-A, § 1º, da Lei 8.213/1991
- seguridade Social; consideração como salário-de-contribuição: art. 28, § 2º, da Lei 8.212/1991
- trabalhador avulso; período de carência; inaplicabilidade: art. 26, V, da Lei 8.213/1991e art. 30, II, do Dec. 3.048/1999
- trabalhadora avulsa ou microempreendedor individual; pagamento do benefício de responsabilidade da Previdência Social: art. 72, § 3º, da Lei 8.213/1991
- valor do benefício: art. 72 da Lei 8.213/1991
- valores devidos; pagamento do benefício feito diretamente pela Previdência Social: art. 73 da Lei 8.213/1991

Súmulas
- correção monetária; incidência desde a época do parto: Súm. 45/JEF

SALÁRIO MÍNIMO

CLT
- alimentos: art. 81, §§ 2º e 3º
- complementação: art. 118
- conceito: art. 76
- disposições gerais: arts. 76 a 126
- empreitada: art. 78, *caput*
- fiscalização do cumprimento das normas respectivas: art. 126
- fixação abaixo do estabelecido em lei; nulidade de convenção: art. 117
- fórmula determinante: art. 81
- garantia: Lei 8.716/1993
- *in natura*; pagamento: art. 82
- multa: art. 120
- nulidade de convenção; fixação abaixo do estabelecido em lei: art. 117
- pago em dinheiro; limite mínimo: art. 82, parágrafo único
- parcela correspondente à alimentação; valor mínimo: art. 81, § 1º
- prescrição da ação para reaver a diferença: art. 119
- reajustamento coletivo; cumprimento do aviso prévio: art. 487, § 6º
- redução e restabelecimento: art. 503, parágrafo único
- redução; inadmissibilidade: art. 124
- trabalhador em domicílio: art. 83

Legislação
- conceito: art. 6º da Lei 8.542/1992
- política de valorização: Lei 13.152/2015
- trabalhador rural: art. 11 da Lei 5.889/1973
- valor em 2025: Dec. 12.342/2024

Súmulas
- alçada recursal; vinculação: Súm. 356/TST
- indexador; base de cálculo; servidor público ou empregado; inadmissibilidade: Súm. Vinculante 4/STF
- novos valores; vacância de 60 dias; inaplicabilidade: Súm. 203/STF
- piso salarial proporcional à jornada reduzida; empregado; possibilidade: OJ 358, I/SBDI-I-TST
- piso salarial proporcional à jornada reduzida; servidor público; impossibilidade: OJ 358, II/SBDI-I-TST
- praças prestadoras de serviço militar inicial; remuneração inferior: Súm. Vinculante 6/STF
- profissional; médicos e dentistas: Súm. 143/TST
- profissional; radiologista; técnico: Súm. 358/TST
- salário-base inferior; diferenças indevidas: OJ 272/SBDI-I-TST
- salário profissional; fixação; múltiplo de salário mínimo: OJ 71/SBDI-II-TST
- servidor público; cálculo de gratificações e outras vantagens: Súm. Vinculante 15/STF

SALÁRIO NORMATIVO

Súmulas
- contrato de experiência; limitação; tempo de serviço; possibilidade: OJ 25/SDC-TST
- menor empregado; violação ao art. 7º, XXX, da CF: OJ 26/SDC-TST

SALÁRIO PROFISSIONAL
- *vide* PISO SALARIAL

SALÁRIO-UTILIDADE
- *vide* SALÁRIO *IN NATURA* OU UTILIDADE

SANEAMENTO DO PROCESSO

CPC
- alteração do pedido; admissibilidade: art. 329, II

SANITARISTA
- regulamentação: Lei 14.725/2023.

SAÚDE
- *vide* também SEGURANÇA E MEDICINA DO TRABALHO E SISTEMA NACIONAL DE SEGURIDADE SOCIAL

CF
- agentes comunitários de saúde e agentes de combate às endemias; vencimentos; valorização do trabalho: art. 198, §§ 7º a 11
- profissionais da enfermagem; piso salarial: art. 198, §§ 12 e 13

CLT
- dano extrapatrimonial: art. 223-C
- disposições gerais: arts. 154 e ss.
- filho; dilatação do período de amamentação: art. 396, § 1º

CDC
- proteção contra riscos, direito do consumidor: art. 6º, I

Legislação
- acesso universal e igualitário: art. 2º, parágrafo único, *a*, da Lei 8.212/1991 e art. 2º, parágrafo único, I, do Dec. 3.048/1999
- assistência; participação da iniciativa privada: art. 2º, parágrafo único, *f*, da Lei 8.212/1991 e art. 2º, parágrafo único, VI, do Dec. 3.048/1999
- atendimento integral: art. 2º, parágrafo único, *d*, da Lei 8.212/1991 e art. 2º, parágrafo único, IV, do Dec. 3.048/1999
- conceito: art. 2º da Lei 8.212/1991 e art. 2º do Dec. 3.048/1999
- descentralização: art. 2º, parágrafo único, *c*, da Lei 8.212/1991 e art. 2º, parágrafo único, III, do Dec. 3.048/1999
- direito fundamental e dever do Estado: Lei 8.212/1991
- enfermagem; regulamentação: Lei 7.498/1986
- gestão, fiscalização e acompanhamento; participação da comunidade: art. 2º, parágrafo único, *e*, da Lei 8.212/1991 e art. 2º, parágrafo único, V, do Dec. 3.048/1999
- normas de proteção à saúde e integridade do trabalhador: NR-4
- planos de assistência privados; diretrizes: Lei 9.656/1998
- princípios e diretrizes: art. 2º, parágrafo único da Lei 8.212/1991 e art. 2º, parágrafo único, do Dec. 3.048/1999
- relevância pública: art. 2º, parágrafo único, da Lei 8.212/1991 e art. 2º, parágrafo único, do Dec. 3.048/1999
- sistema único: art. 2º, parágrafo único, *b*, da Lei 8.212/1991 e art. 2º, parágrafo único, II, do Dec. 3.048/1999

SECRETARIA DAS VARAS DE TRABALHO

CLT
- competência: art. 711
- competência dos chefes de secretaria: art. 712
- competência dos diretores: art. 712
- descontos; serventuários; não realização de atos em prazos fixados: art. 712, parágrafo único

SECRETARIA DA RECEITA FEDERAL DO BRASIL

Legislação
- matrícula de contribuinte da Seguridade Social; empresa: art. 49 da Lei 8.212/1991

SECRETARIAS DOS TRIBUNAIS REGIONAIS DO TRABALHO

CLT
- competência: art. 719
- disposições gerais: arts. 718 a 720
- secretário: gratificação de função: art. 718

SEGREDO DE JUSTIÇA

CPC
- arbitragem; estipulação de confidencialidade: art. 189, IV
- direito constitucional à intimidade: art. 189, III
- disposições gerais: arts. 11 e 189

SEGURADO

Legislação
- acidente do trabalho; garantia mínima de manutenção do contrato de trabalho: art. 118 da Lei 8.213/1991
- definição da Previdência: art. 12 da Lei 8.212/1991
- individual e facultativo; contribuição: art. 21 da Lei 8.212/1991
- maior de quatorze anos; faculdade de filiação à Previdência: art. 14 da Lei 8.212/1991
- manutenção dessa qualidade: art. 15 da Lei 8.213/1991
- obrigatório; Previdência Social; exclusões; inscrição facultativa: arts. 11 a 13 da Lei 8.213/1991

Súmulas
- honorários de advogado; ação regressiva: Súm. 257/STF

SEGURADO EMPREGADO

Legislação
- salário-maternidade; período de carência; inaplicabilidade: art. 26, VI, da Lei 8.213/1991 e art. 30, II, do Dec. 3.048/1999

SEGURADO ESPECIAL

Legislação
- auxílio-acidente; direito ao benefício: art. 18, § 1º, da Lei 8.213/1991
- benefícios que independem de período de carência: art. 26, III, da Lei 8.213/1991
- contribuição do segurado; Seguridade Social: arts. 200 a 200-B do Dec. 3.048/1999

- matrícula; Secretaria da Receita Federal do Brasil; substituição ao CNPJ: art. 49, § 5º, da Lei 8.212/1991
- matrícula; Seguridade Social: art. 256-A do Dec. 3.048/1999
- período de carência: art. 26, § 1º, do Dec. 3.048/1999
- período de carência; inaplicabilidade; aposentadoria por idade; atividade rural: art. 30, IV, do Dec. 3.048/1999
- período de carência; inaplicabilidade; aposentadoria por invalidez; atividade rural: art. 30, IV, do Dec. 3.048/1999
- período de carência; inaplicabilidade; auxílio-doença; atividade rural: art. 30, IV, do Dec. 3.048/1999
- período de carência; inaplicabilidade; auxílio-reclusão; atividade rural: art. 30, IV, do Dec. 3.048/1999
- período de carência; inaplicabilidade; pensão por morte; atividade rural: art. 30, IV, do Dec. 3.048/1999
- salário-maternidade; parto antecipado; período de carência: art. 25, parágrafo único da Lei 8.213/1991 e art. 29, parágrafo único do Dec. 3.048/1999
- salário-maternidade; período de carência; número de contribuições: art. 25, III, da Lei 8.213/1991 e art. 29, III, do Dec. 3.048/1999
- segurado obrigatório; RGPS: art. 11, VII, da Lei 8.213/1991e art. 9º, VII, do Dec. 3.048/1999

SEGURADO FACULTATIVO
Legislação
- aposentadoria por tempo de contribuição; hipótese de benefício indevido: art. 18, § 3º, da Lei 8.213/1991
- definição: art. 11 do Dec. 3.048/1999
- definição: art. 13 da Lei 8.213/1991
- pessoa maior de 14 anos; filiação ao RGPS: art. 14 da Lei 8.212/1991
- RGPS; filiação: art. 11, § 1º, do Dec. 3.048/1999
- RGPS; filiação; ato volitivo: art. 11, § 3º, do Dec. 3.048/1999
- RGPS; hipótese de filiação vedada: art. 11, § 2º, do Dec. 3.048/1999
- salário de contribuição: art. 28, IV, da Lei 8.212/1991
- salário-maternidade; parto antecipado; período de carência: art. 29, parágrafo único do Dec. 3.048/1999
- salário-maternidade; período de carência; número de contribuições: art. 29, III, do Dec. 3.048/1999

SEGURADO OBRIGATÓRIO
Legislação
- pessoa física; contribuinte individual: art. 12, V, da Lei 8.212/1991
- pessoa física; empregado doméstico: art. 12, II, da Lei 8.212/1991
- pessoa física; empregado: art. 12, I, da Lei 8.212/1991
- pessoa física; segurado especial: art. 12, VII, da Lei 8.212/1991
- pessoa física; trabalhador avulso: art. 12, VI, da Lei 8.212/1991
- previdência social; contribuinte individual: art. 9º, V, do Dec. 3.048/1999
- previdência social; empregado doméstico: art. 9º, II, do Dec. 3.048/1999
- previdência social; empregado: art. 9º, I, do Dec. 3.048/1999
- previdência social; segurado especial: art. 9º, VII, do Dec. 3.048/1999
- previdência social; trabalhador avulso: art. 9º, VI, do Dec. 3.048/1999
- RGPS; contribuinte individual: art. 11, V, da Lei 8.213/1991
- RGPS; empregado doméstico: art. 11, II, da Lei 8.213/1991
- RGPS; empregado: art. 11, I, da Lei 8.213/1991
- RGPS; segurado especial: art. 11, VII, da Lei 8.213/1991
- RGPS; trabalhador avulso: art. 11, VI, da Lei 8.213/1991

SEGURANÇA E MEDICINA DO TRABALHO
- *vide* também CIPA e SAÚDE
CLT
- aberturas nos pisos e paredes: art. 173
- acidentados por choque elétrico: art. 181
- acidentes; prevenção: art. 200, I
- aprovação prévia das instalações do estabelecimento: art. 160, § 2º
- atividades insalubres; substâncias perigosas: arts. 189 a 197
- bebedouro; instalação: art. 200, VII
- caldeiras e fornos e recipientes sob pressão: arts. 187 e 188

- Campanha Nacional de Prevenção de Acidentes do Trabalho; competência: art. 155, II
- CIPA: arts. 163 a 165
- combustíveis; inflamáveis: art. 200, II
- conforto térmico: arts. 176 a 178
- delegação de atribuições; competência: art. 159
- Delegacias Regionais do Trabalho; competência: art. 156
- desobediência: art. 161, § 4º
- dimensões mínimas dos locais de trabalho: art. 171
- disposições esparsas: art. 154
- disposições gerais: arts.154 a 223
- disposições gerais:: arts. 154 a 201
- edificações: art. 170
- empregador; responsabilidades: art. 157
- empregados; incumbências: art. 158
- equipamentos de proteção; recusa do empregado: art. 158, parágrafo único
- equipamentos de proteção individual: arts. 166, e 167 e 179
- exame médico; obrigatoriedade: art. 168
- fadiga; prevenção: arts. 198 e 199
- fiscalização: arts. 156 a 159
- incêndio; combate: art. 200, IV
- insalubridade: art. 191
- inspeção prévia do estabelecimento: art. 160
- instalações de estabelecimento: art. 160, *caput*, e § 1º
- instalações elétricas: arts. 179 a 181
- interdição de estabelecimento e embargo de obra: art. 161
- interdição de estabelecimento; levantamento: art. 161, § 5º
- isolamento térmico: art. 177
- máquinas e equipamentos: arts. 184 a 186
- medicina do trabalho: arts. 168 e 169
- movimentação, armazenagem e manuseio de materiais: arts. 182 e 183
- normas de aplicação do capítulo respectivo; competência: art. 155
- normas paralelas às da CLT; obrigatoriedade de seu cumprimento: art. 154
- notificação de doenças profissionais: art. 169
- órgão de âmbito nacional: art. 155
- órgãos de segurança e de medicina do trabalho nas empresas: arts. 162 a 165
- outras medidas especiais de proteção: art. 200
- paralisação do trabalho em razão de interdição do estabelecimento: art. 161, § 6º
- penalidades: art. 201
- periculosidade: arts. 193 192 a 197
- peso máximo de remoção individual: art. 198
- pisos dos locais de trabalho: art. 172
- prazo para recurso em caso de interdição de estabelecimento: art. 161, § 3º
- prevenção da fadiga: arts. 198 e 199,CLT
- primeiros socorros: art. 168, § 4º
- recurso contra interdição: art. 161, § 3º, parte final
- recursos de decisões proferidas por delegados regionais do trabalho; competência para conhecê-los em última instância: art. 155, III
- reintegração de empregado membro de CIPA: art. 165, parágrafo único, parte final
- ruídos: art. 200, VI
- serviços especiliza dos em segurança e medicina do trabalho: art. 162
- trabalho noturno: art. 73, § 5º
- trabalho realizado de pé: art. 199, parágrafo único
- venda de equipamento de proteção: art. 167
- ventilação artificial: art. 176, parágrafo único
- ventilação natural: art. 176
- vestiários: art. 200, VII
- vestimenta adequada; isolamento térmico: art. 177
Legislação
- descumprimento por parte da empresa; contravenção penal: art. 19, § 2º, da Lei 8.213/1991

SEGURANÇA NACIONAL
CLT
- afastamento do empregado: art. 472, § 3º, CLT
- atos atentatórios contra a segurança nacional; justa causa para dispensa: art. 482, parágrafo único

SEGURIDADE SOCIAL
CLT
- objeto de lei especial: art. 12

CF
- arrecadação: ADCT, art. 56
- benefícios às populações urbanas e rurais; uniformidade e equivalência: art. 194, parágrafo único, II
- benefícios; fontes de custeio: art. 195, § 5º
- benefícios; irredutibilidade do valor: art. 194, parágrafo único, IV
- benefícios; seletividade e distributividade: art. 194, parágrafo único, III
- Congresso Nacional; aprovação de planos: art. 59, ADCT
- contribuição social: importador de bens ou serviços do exterior: art. 195, IV
- contribuições: art. 195, § 6º
- contribuições; alíquotas diferenciadas; atividade econômica: art. 195, § 9º
- custeio: art. 194, parágrafo único, V
- débito; pessoa jurídica; consequência: art. 195, § 3º
- definição e finalidade: art. 194, *caput*
- disposições gerais: arts. 194 a 204
- financiamento; contribuições sociais: art. 195, I, II e III
- financiamento; outras fontes: art. 195, § 4º
- financiamento; receitas dos Estados, Distrito Federal e Municípios: art. 195, § 1º
- financiamento; recursos da União, dos Estados, do Distrito Federal e dos Municípios: art. 195
- financiamento; ressalva: art. 240
- gestão administrativa e quadripartite; participação: art. 194, parágrafo único, VII
- isenção de contribuição: art. 195, § 7º
- legislação: art. 22, XXIII
- limites; benefícios: art. 248
- objetivos: art. 194, parágrafo único
- orçamento: art. 195, § 2º
- orçamento; recursos para a assistência social: art. 204, *caput*
- organização: art. 194, parágrafo único
- organização; regulamentação legal: art. 59, ADCT
- pessoa jurídica em débito; consequência: art. 195, § 3º
- planos de custeio e benefício; regulamentação legal: art. 59, ADCT
- recursos: arts. 249; 250
- serviços às populações urbanas e rurais; uniformidade e equivalência: art. 194, parágrafo único, II
- serviços; fontes de custeio: art. 195, § 5º
- serviços; seletividade e distributividade: art. 194, parágrafo único, III
- transferência de recursos: art. 195, § 10
- universalidade da cobertura e do atendimento: art. 194, parágrafo único, I
- vedação da utilização dos recursos provenientes para despesas distintas; pagamento de benefícios: art. 167, XI
- vedação de concessão de remissão ou anistia: art. 195, § 11
Legislação
- arrecadação, fiscalização e cobrança; competência: arts. 229 e 230 do Dec. 3.048/1999
- arrecadação, fiscalização e cobrança; exame de contabilidade: arts. 231 a 237 do Dec. 3.048/1999
- caráter democrático e descentralizado: art. 1º, parágrafo único, f, da Lei 8.212/1991 e art. 1º, parágrafo único, VII, do Dec. 3.048/1999
- certidão Negativa de Débito; hipóteses de exigibilidade: arts. 47 e 48 da Lei 8.212/1991
- compensação de contribuições e outras importâncias: arts. 247 a 254 do Dec. 3.048/1999
- conceito: art. 1º da Lei 8.212/1991e art. 1º do Dec. 3.048/1999
- contribuição da União: arts. 196 e 197 do Dec. 3.048/1999
- contribuição do segurado; contribuinte facultativo: arts. 199 e 199-A do Dec. 3.048/1999 e arts. 199 e 199-A do Dec. 3.048/1999
- contribuição do segurado; empregado doméstico: art. 198 do Dec. 3.048/1999
- contribuição do segurado; empregado: art. 198 do Dec. 3.048/1999
- contribuição do segurado; produtor rural pessoa física: arts. 200 a 200-B do Dec. 3.048/1999
- contribuição do segurado; segurado especial: arts. 200 a 200-B do Dec. 3.048/1999
- contribuição do segurado; trabalhador avulso: art. 198 do Dec. 3.048/1999

- empregos temporários; aposentadoria: art. 40, § 13
- equiparações e vinculações; vedação: art. 37, XIII
- escolas de governo; aperfeiçoamento: art. 39, § 2º
- estabilidade: art. 41, *caput*, ADCT, art. 19
- estabilidade; perda de cargo: art. 41, § 1º
- estabilidade; vedação para admissões sem concurso: art. 18, ADCT
- ex-Território Federal de Rondônia: art. 89, ADCT
- extinção de cargo: art. 41, § 3º
- extinção: art. 48, X
- federal; aposentadoria; requisitos: art. 10, EC 103/2019
- férias: art. 39, § 3º
- função de confiança; preenchimento: art. 37, V
- função pública; vedação de acumulação remunerada: art. 37, XVI e XVII
- investidura: art. 37, II
- jornada de trabalho: art. 32, § 2º
- mandato eletivo: art. 38
- médico; exercício cumulativo de cargo ou função: art. 37, XVI; ADCT, art. 17, § 1º
- nomeação sem concurso público; efeitos: art. 37, § 2º
- padrão de vencimentos: arts. 37, XII; 39, § 1º
- pensão por morte: art. 40, § 7º
- pensão; contribuição sobre proventos; incidência: art. 40, § 18
- pensionistas; atualização de pensões: art. 20, ADCT
- profissionais de saúde; exercício cumulativo de cargo ou função: art. 17, § 2º, ADCT
- programas de qualidade: art. 39, § 7º
- proventos da inatividade; revisão: art. 40, § 8º
- quadro de pessoal; compatibilização: art. 24, ADCT
- reajustamento de benefícios; preservação do valor real: art. 40, § 8º
- regime de previdência complementar: art. 40, § 15
- regime de previdência: art. 40
- regime previdenciário; contribuição instituída pelos Estados, Distrito Federal e Municípios: art. 149, § 1º
- regime próprio de previdência social; multiplicidade; vedação: art. 40, § 20
- reintegração: art. 41, § 2º
- remuneração percebida em desacordo com a Constituição; redução: art. 17, ADCT
- remuneração; publicação: art. 39, § 6º
- remuneração; subsídios; limites máximos e mínimos: arts. 37, XI; 39, § 4º
- remuneração; subsídios; revisão: art. 37, X
- remuneração; subsídios; vencimentos; irredutibilidade: arts. 37, XV; 39, § 4º
- repouso semanal remunerado: art. 39, § 3º
- responsabilidade civil: art. 37, § 6º
- riscos do trabalho; redução: art. 39, § 3º
- salário-família: art. 39, § 3º
- salário do trabalho noturno: art. 39, § 3º
- salário fixo: art. 39, § 3º
- salário mínimo: art. 39, § 3º
- seguro-desemprego: art. 239
- serviço extraordinário: art. 39, § 3º
- sociedade de economia mista; vedação de acumulação remunerada: art. 37, XVI e XVII
- vantagens e vencimentos percebidos em desacordo com a Constituição; redução: art. 17, ADCT
- vedação à diferenciação: art. 39, § 3º
- vedação de acumulação remunerada: art. 37, XVI e XVII

CPC
- desconto em folha: art. 912
- testemunha: art. 455, III

CP
- crimes praticados por funcionário público contra a administração em geral: arts. 312 a 327
- definição para efeitos penais: art. 327, *caput*
- definição para efeitos penais; equiparados: art. 327, § 1º
- definição para efeitos penais; ocupantes de cargos em comissão ou função de direção ou assessoramento: art. 327, § 2º

Legislação
- civil ou militar; exclusão da definição de segurado da Previdência: art. 13 da Lei 8.212/1991
- período de carência; tempo de contribuição; Plano de Seguridade Social do Servidor Público: art. 26, § 2º, do Dec. 3.048/1999
- previdência social; regimes próprios: Lei 9.717/1998
- regime jurídico: Lei 8.112/1990

Súmulas
- ação contra a Fazenda Pública; reajustes; juros: Súm. 39/JEF
- admissão por concurso público; demissão; processo administrativo: Súm. 20/STF
- aposentadoria: art. 40 e Súm. 37/STF
- aposentadoria; reclassificação: Súm. 38/STF
- atividade especial para comum; conversão: Súm. 66/JEF
- cargo interino substituto; demissibilidade: Súm. 24/STF
- celetista concursado; despedida imotivada; empresa pública ou sociedade de economia mista: OJ 247/SBDI-I-TST
- celetista; estabilidade: Súm. 390/TST
- celetista; fundação; estabilidade; art. 19 do ADCT: OJ 364/SBDI-I-TST
- contratação sem concurso; pagamento das horas trabalhadas: Súm. 363/TST
- disponibilidade; aproveitamento exigido judicialmente: Súm. 39/STF
- efetivação; equiparação de extranumerário; não compreensão dos vencimentos: Súm. 13/STF
- equiparação salarial; impossibilidade: OJ 297, SDI-I
- equiparação; concursado e terceirizado; isonomia: OJ 383, SDI-I
- estabilidade; administração direta, autárquica ou fundacional: Súm. 390, I/TST
- Estado de São Paulo; vereador; licenciatura por toda a duração do mandato: Súm. 34/STF
- estágio probatório; exoneração ou demissão; necessidade de inquérito e de formalidades legais: Súm. 21/STF
- estágio probatório; extinção do cargo: Súm. 22/STF
- ex-celetista; trabalho em condições especiais; migração para o regime estatutário: Súm. 66/JEF
- gratificação natalina; empresa cessionária: Súm. 50/TST
- inativo; direito ao auxílio alimentação: Súm. 680/STF
- instituto de aposentadoria e pensões dos industriários; adicional de tempo de serviço; não cumulação com gratificação bienal: Súm. 26/STF
- opção pelo regime trabalhista: Súm. 243/TST
- pedido de readaptação: Súm. 566/STF
- processo e julgamento; competência; vantagens trabalhistas; regime jurídico único: Súm. 97/STJ
- reajuste; militares; civis do poder executivo: Súm. Vinculante 51/STF
- reajustes salariais; "gatilhos"; aplicação: Súm. 319/TST
- regime jurídico único; contagem do tempo de serviço: Súm. 678/STF
- remuneração total: Súm. Vinculante 16/STF
- remuneração; reajuste; revisão devida aos militares: Súm. 13/JEF
- salário-mínimo; cálculo de gratificações e outras vantagens: Súm. Vinculante 15 /STF
- substituições; cargos ou funções de direção ou chefia; cargo de natureza especial; substituição inferior a 30 dias: Súm. 23/JEF
- terceirização; responsabilidade subsidiária: Súm. 331, V/TST
- vencimentos; fixação; convenção coletiva: Súm. 679/STF

SERVIÇO SOCIAL

Legislação
- competência: art. 88 da Lei 8.213/1991
- espécie de serviço relativo a segurado e dependentes: art. 18, III, *a*, da Lei 8.213/1991
- período de carência; inaplicabilidade: art. 26, IV, da Lei 8.213/1991

SERVIDORES DE AUTARQUIAS PARAESTATAIS

CLT
- inaplicabilidade da CLT; ressalva: art. 7º, *caput*, e *c*

SEXOS

CLT
- não distinção para trabalho de igual valor: art. 5º
- não distinção; função idêntica: art. 461, *caput*, e § 6º
- separação, instalações sanitárias: art. 200, VII

CF
- igualdade de direitos e obrigações: art. 5º, I

SEXUALIDADE

CLT
- dano extrapatrimonial: art. 223-C

SIGILO

CF
- correspondência; inviolabilidade: arts. 5º, XII; 136, § 1º, I, *b*
- imprensa; radiodifusão e televisão; liberdade; restrições: art. 139, III
- informações; direitos: art. 5º, XIV e XXVIII
- informações; fonte: art. 5º, XIV
- inviolabilidade e restrições; comunicação telegráfica, telefônica, de dados e correspondência: arts. 5º, XII; 136, § 1º, I, *b* e *c*
- restrições: art. 139, III

CPC
- profissional; parte, depoimento pessoal: art. 388, II
- profissional; recusa de exibição de documento ou coisa: art. 404, IV
- profissional; testemunha; dispensa de depor: art. 448, II

SIMULAÇÃO

CLT
- objetivo de fraude à lei: art. 153, parágrafo único

CPC
- processo: art. 142
- prova testemunhal: art. 446, I

SINALIZAÇÃO DE PERIGO

CLT
- emprego de cores nos locais de trabalho: art. 200, VIII

SINDICÂNCIA

Súmulas
- nulidade de punição aplicada ao empregado: Súm. 77/TST

SINDICATO

CLT
- acordo extrajudicial; advogado; representação: art. 855-B
- administração: arts. 522 a 528
- advogado; representação; acordo extrajudicial: art. 855-B, § 2º
- assembleia-geral; deliberações: art. 524
- assembleia-geral; ato lesivo: art. 542
- associações sindicais de grau superior: arts. 533 a 539
- atividades; custeio; contribuição sindical: art. 592, §§ 2º e 3º
- ausência; contribuição sindical; crédito: art. 590, § 3º
- bens imóveis alienação; autorização: art. 549, § 2º
- bens imóveis; alienação; locação; aquisição; avaliação prévia: art. 549, § 1º
- central sindical; contribuição: arts. 589, II, *b*, e § 2º, e 593
- central sindical; indicação: art. 589, § 1º
- composição: art. 522
- comprovação da sindicalização antes da posse: art. 547, parágrafo único
- contribuição sindical; aplicação: art. 592
- contribuição sindical; autorização prévia e expressa: art. 578
- contribuição sindical; desconto; requisitos: art. 579
- contribuição sindical; empregadores; trabalhadores: art. 589, I, *c*, e II, *d*, e §1º
- contribuições a eles devidas: arts. 545 e 579
- contribuições devidas; desconto em folha de pagamento: art. 545
- convenção coletiva; litisconsorte necessário: art. 611-A, § 5º
- custeio; atividades; contribuição sindical: art. 592, § 2º
- denominação privativa: arts. 561 e 562
- deveres: art. 514
- direitos dos exercentes de atividades ou profissões e dos sindicalizados: arts. 540 a 547
- eleições sindicais: arts. 529 a 532
- empregado sindicalizado: art. 544
- empregado sindicalizado; dispensa; falta grave: art. 543, § 3º
- empregado sindicalizado; igualdade de condições; preferência: art. 544
- empregado; reclamação trabalhista; representação: art. 843
- enquadramento sindical: arts. 570 a 577
- filiação daqueles que exercem atividade similar: art. 541
- gestão financeira: arts. 548 a 552
- litisconsorte necessário; hipótese: art. 611-A, § 5º
- livro de registro: art. 527

- operações de ordem financeira e patrimonial: art. 551
- patrimônio: art. 548
- penalidades: arts. 553 a 557
- penalidades; caráter e gravidade: art. 553
- prerrogativas do empregado eleito: art. 543
- prerrogativas: art. 513
- prestação de assistência judiciária gratuita: art. 514, *b*
- receitas: art. 549
- reclamação trabalhista; representação: art. 843
- reconhecimento e investidura sindical: arts. 515 a 521
- reconhecimento; mais de um sindicato representativo da mesma categoria: art. 516
- representação; advogado; acordo extrajudicial: art. 855-B
- representação; instauração de instância; requisitos: art. 859, *caput*
- transmissão de bens; desconsideração fiscal: art. 560
- vedação do exercício de atividade econômica: art. 564

CF
- aposentado: art. 8º, VII
- categoria econômica: art. 5º, II
- categoria profissional: art. 8º, II
- contribuição sindical: art. 8º, IV
- direção ou representação sindical; garantias: art. 8º, VIII
- direitos e interesses da categoria: art. 5º, III
- filiação: art. 8º, V
- fundação; autorização legal: art. 8º, I
- interferência ou intervenção: art. 5º, I
- limitações ao poder de tributar: art. 150, VI, *c* e § 4º
- negociação coletiva: art. 8º, VI
- rural; aplicação de princípios do sindicato urbano: art. 8º
- rural; contribuições: art. 10, § 2º, ADCT

Legislação
- Cadastro de Entidades Sindicais Especiais: arts. 285-A a 285-I da Port. 4.198/2022 do MTP
- central sindical; filiação: art. 2º da Lei 11.648/2008
- comissão de representantes de empregados: art. 39 da Portaria 671/2021 do MTP

Súmulas
- ação rescisória; substituição processual: Súm. 406/TST
- dirigente; despedida; fala grave: Súm. 379/TST
- dirigente; estabilidade provisória: Súm. 369/TST
- legitimidade *ad causam*: OJ 22/SDC-TST
- legitimidade *ad processum*: OJ 15/SDC-TST
- litisconsórcio; ação rescisória: Súm. 406/TST
- quadro de avisos; afixação na empresa: PN 104/TST
- registro; princípio da unicidade: Súm. 677/STF
- relação de empregados; obrigação da empresa: PN 111/TST
- réu; substituto processual: Súm. 406/TST
- substituição processual; convenção ou acordo coletivos: Súm. 286/TST
- substituição processual; diferença do adicional de insalubridade; legitimidade: OJ 121/SBDI-I-TST
- substituição processual; ilegitimidade; prescrição; interrupção: OJ 359/SBDI-I-TST

SISTEMA DE TRANSMISSÃO DE DADOS
Legislação
- prática de atos processuais: Lei 9.800/1999

SISTEMA FINANCEIRO DA HABITAÇÃO
Legislação
- desconto no salário; aquisição de unidade habitacional: Lei 5.725/1971

SISTEMA NACIONAL DE SEGURIDADE SOCIAL
Legislação
- organização: art. 294 do Dec. 3.048/1999
- organização; ações nas áreas de saúde, assistência social e Previdência Social: art. 5º da Lei 8.212/1991

SISTEMA ÚNICO DE SAÚDE
- *vide* SAÚDE

SOBREAVISO
CLT
- convenção coletiva; lei; prevalência: art. 611-A, VIII
- ferroviários: art. 244, § 2º

Súmulas
- adicional de periculosidade; integração: Súm. 132, II/TST
- eletricitários; remuneração: Súm. 229/TST

- marítimos; comprovação: Súm. 96/TST
- uso de instrumentos telemáticos ou informatizados: Súm. 428/TST

SOCIEDADE(S)
CLT
- sócio retirante; responsabilidade subsidiária: art. 10-A

CPC
- dissolução parcial: arts. 599 a 609
- execução; bens dos sócios: art. 795
- irregular; representação: art. 75, IX
- penhora de quotas ou ações: art. 861
- sem personalidade jurídica; irregularidade de constituição: art. 75, § 2º

SOCIEDADE ANÔNIMA DO FUTEBOL
Legislação
- atividade futebolística; normas de constituição, governança, controle e transparência, meios de financiamento: Lei 14.193/2021

SOCIEDADE CIVIL
Legislação
- prestação de serviços; exercício de profissões legalmente regulamentadas; contribuição social: art. 201, § 5º, do Dec. 3.048/1999

SOCIEDADE COOPERATIVA
- *vide* também COOPERATIVA
Legislação
- assembleia geral: arts. 38 a 46 da Lei 5.764/1971
- conselho fiscal; sociedades cooperativas: art. 56 da Lei 5.764/1971
- dissolução: arts. 63 a 78 da Lei 5.764/1971
- estatuto social: art. 21 da Lei 5.764/1971
- estímulos creditícios: arts. 109 e 110 da Lei 5.764/1971
- fundos de reserva; cooperativas; obrigatoriedade: art. 28 da Lei 5.764/1971
- objetivo e classificação; constituição; autorização e funcionamento: arts. 3º a 20 da Lei 5.764/1971
- órgãos de administração: arts. 47 a 55 da Lei 5.764/1971
- sistema operacional; atos; distribuição de despesas; operações: arts. 79 a 94 da Lei 5.764/1971

SOCIEDADE CORRETORA DISTRIBUIDORA DE TÍTULOS E VALORES MOBILIÁRIOS
Legislação
- empresa; contribuição social: art. 201, § 6º, do Dec. 3.048/1999

SOCIEDADE DE ADVOGADOS
CPC
- pagamento de honorários: art. 85, § 15
- procuração: art. 105, § 3º
- retirada de autos por preposto; credenciamento: art. 272, § 7º

Legislação
- disposições gerais: arts. 15 a 17 da Lei 8.906/1994
- sociedade unipessoal: art. 15 da Lei 8.906/1994

SOCIEDADE DE CRÉDITO IMOBILIÁRIO
Legislação
- empresa; contribuição social: art. 201, § 6º, do Dec. 3.048/1999

SOCIEDADE DE CRÉDITO, FINANCIAMENTO E INVESTIMENTO
Legislação
- empresa; contribuição social: art. 201, § 6º, do Dec. 3.048/1999

SOCIEDADE DE ECONOMIA MISTA
Súmulas
- estabilidade: Súm. 390, II/TST
- privilégios e isenções trabalhistas: Súm. 170/TST

SÓCIO
CLT
- identidade; grupo econômico: art. 2º, § 2º
- retirante; responsabilidade subsidiária: art. 10-A

SOCORROS MÉDICOS
CLT
- prestação pela empresa: art. 168, § 4º

SOLDO
CPC
- impenhorabilidade: art. 833, IV

SOLIDARIEDADE
CPC
- devedores, chamamento ao processo: art. 130, III

- litigantes de má-fé: art. 81, § 1º
- passiva; interposição do recurso: art. 1.005, parágrafo único

CDC
- ofensa com mais de um autor: art. 7º, parágrafo único

Súmulas
- condenação solidária; depósito recursal: Súm. 128, III/TST

SOLUÇÃO CONSENSUAL DOS CONFLITOS
CPC
- audiência de instrução e julgamento: art. 359
- câmaras de mediação e conciliação: art. 174
- centros judiciários: art. 165
- estímulo: art. 3º, § 3º
- promoção pelo Estado: art. 3º, § 2º

SOMMELIER
Legislação
- regulamentação da profissão: Lei 12.467/2011

STARTUPS
Legislação
- marco legal: LC 182/2021

SUBEMPREITADA
CLT
- empreiteiro principal; ação regressiva: art. 455, parágrafo único
- responsabilidade contratual: art. 455

SUBSOLO
CLT
- acontecimentos que possam comprometer a vida ou a saúde do empregado: art. 299
- alimentação adequada: art. 297
- duração normal do trabalho: art. 293
- elevação do horário de trabalho; acordo: art. 295
- hora prorrogada; remuneração: art. 296
- pausa obrigatória: art. 298
- tempo computado para o efeito de pagamento do salário: art. 294
- trabalho no; alimentação adequada: art. 297
- trabalho privativo do sexo masculino: art. 301
- transferência por motivo de saúde: art. 300

SUBSTABELECIMENTO
Súmulas
- anterior à procuração; irregularidade de representação: Súm. 395, IV/TST
- irregularidade de representação; suspensão do processo: Súm. 395, V/TST
- mandato; poderes expressos; validade dos atos: Súm. 395, III/TST

SUBSTITUIÇÃO DE EMPREGADO
Súmulas
- caráter não eventual: Súm. 159, I/TST

SUBSTITUIÇÃO PROCESSUAL
Súmulas
- réu sindicato; ação rescisória: Súm. 406/TST
- sindicato; convenção e acordos coletivos: Súm. 286/TST

SUCESSÃO EMPRESARIAL
CLT
- responsabilidade: art. 448-A

SUCESSÃO TRABALHISTA
Súmulas
- aquisição de empresa pertencente a grupo econômico; responsabilidade solidária do sucessor: OJ 411/SBDI-I-TST
- CDHU: OJ 28/SBDI-I-Transitória-TST

SUCUMBÊNCIA
CLT
- execução; suspensão: art. 791-A, § 4º
- justiça gratuita; beneficiário: art. 791-A, § 4º
- recíproca: art. 791-A, § 3º

CPC
- arbitramento; embargos à execução; rejeição ou improcedência: art. 85, § 13
- improcedência de parte mínima do pedido: art. 86, parágrafo único
- litisconsórcio ativo ou passivo; despesas e honorários: art. 87, §§ 1º e 2º
- recíproca; despesas processuais proporcionais: art. 86

Súmulas
- inversão do ônus; complementação de aposentadoria; Banco do Brasil: OJ 32/SBDI-I-Transitória-TST

Súmulas
- alteração; legitimados: art. 702, § 4º
- alteração; procedimento: art. 702, I, *f*
- alteração; requisitos: art. 702, § 4º
- alteração; sessão de julgamento: art. 702, § 3º
- criação de obrigações; impossibilidade: art. 8º, § 2º
- direitos; restrição; impossibilidade: art. 8º, § 2º
- requisitos para alteração: art. 702, § 4º
- restrição de direitos: art. 8º, § 2º

SÚMULA VINCULANTE
CF
- aplicação indevida ou contrariedade à sua aplicação: art. 103-A, § 3º
- edição; provocação; legitimados a propor ação direta de inconstitucionalidade: art. 103-A, § 2º
- edição; STF; requisitos: art. 103-A
- finalidade: art. 103-A, § 1º
Legislação
- edição, revisão e cancelamento pelo STF: Lei 11.417/2006

SUPERENDIVIDAMENTO
CDC
– conciliação: arts. 104-A a 104-C

SUPLEMENTO SALARIAL
Súmulas
- acréscimo da despesa de transporte: Súm. 29/TST

SUPLENTE
Súmulas
- CIPA; estabilidade; extinção do estabelecimento: Súm. 339, II/TST
- CIPA; garantia de emprego: Súm. 339, I/TST

SURDO OU SURDO-MUDO
CPC
- nomeação de intérprete: art. 162, III
Súmulas
- surdez unilateral; qualificação; pessoa com deficiência; concurso público: Súm. 552/STJ

SUSPEIÇÃO
CLT
- exceção de suspeição: arts. 799, 801 e 802
- juiz: art. 801
- julgamento: art. 802
CPC
- ilegitimidade da alegação: art. 145, § 2º
- juiz; embargos à execução; fundamentação em sentença: arts. 535, § 1º, 910, § 2º, e 917, V
- juiz; hipóteses: art. 145, I a IV
- juiz; motivo íntimo: art. 145, § 1º
- Ministério Público: art. 148, I
- perito: art. 148, II
- perito; verificação: art. 156, § 4º
- procedimento: art. 148, § 1º
- procedimento; testemunha; inaplicabilidade: art. 148, § 4º
- serventuário da justiça: art. 148, II
Súmulas
- testemunha; ação contra a mesma reclamada: Súm. 357/TST

SUSPENSÃO
CLT
- empregado; inquérito administrativo; impronúncia ou absolvição: art. 131, V
- empregado acusado de falta grave: art. 494
- processo; exceção de incompetência territorial: art. 800, § 1º

SUSPENSÃO E INTERRUPÇÃO DO CONTRATO DE TRABALHO
- vide também INTERRUPÇÃO e SUSPENSÃO DO CONTRATO DE TRABALHO
CLT
- aposentadoria por invalidez: art. 475
- auxílio-enfermidade; seguro doença: art. 476
- disposições gerais: arts. 471 a 476-A
- do empregado por mais de 30 dias consecutivos; rescisão injusta do contrato de trabalho: art. 474
- empregado; aposentadoria por invalidez; suspensão do contrato de trabalho: art. 475
- faltas do empregado sem prejuízo do salário; casos: art. 473
- seguro-doença ou auxílio-enfermidade; licença não remunerada; caracterização: art. 476
- serviço militar do empregado: art. 472
- vantagens atribuídas à categoria empregado: art. 471

SUSPENSÃO DO PROCESSO
CPC
- advogada; adoção ou parto; única patrona da causa: art. 313, IX
- advogado torna-se pai; único patrono da causa: art. 313, X
- arts. 313 a 315
- atos urgentes; prática: art. 314
- causa principal; atentado: art. 77, § 7º
- esgotamento do prazo; prosseguimento do processo: art. 313, § 5º
- habilitação: art. 689
- hipóteses: art. 313, I a VIII
- incidente de resolução de demandas repetitivas: arts. 313, IV, 981 e 982

- morte; ação de habilitação; não ajuizamento: art. 313, § 2º
- prazo; advogada; adoção ou parto: art. 313, § 6º
- prazo; advogado; adoção ou parto: art. 313, § 7º
- prazo; esgotamento; prosseguimento do processo: art. 313, § 5º

SUSTENTAÇÃO ORAL
CPC
- art. 937

T

TAREFA
CLT
- ajuste com base em salário mínimo art. 78, *caput*
- salário pago por; cálculo da remuneração de férias: art. 142, § 2º

TAREFEIRO
CLT
- indenização; cálculo: art. 478, § 5º
Súmulas
- remuneração de férias: Súm. 149/TST

TAXA REFERENCIAL
- atualização de créditos; condenação judicial art. 878-A, § 7º

TAXAS
Súmulas
- homologação de rescisão contratual; ilegalidade: OJ 16/SDC-TST

TEATRO DE REVISTA
CLT
- disposições gerais: arts. 405, § 3º, *a*, e 406

TÉCNICO EM BIBLIOTECONOMIA
Legislação
- regulamento da profissão: Lei 13.601/2018

TECNOLOGIA DA INFORMAÇÃO
Legislação
- prestação de serviços; contribuição social: art. 201-D do Dec. 3.048/1999

TELEFONISTA
Súmulas
- empresa; aplicação do disposto no art. 227 da CLT: Súm. 178/TST

TELEFONIA
- *vide* também OPERADORES
CLT
- disposições gerais: art. 227

TELETRABALHO
CLT
- arts. 75-A a 75-F
- acidentes de trabalho art. 75-E
- conceito: art. 75-B
- convenção coletiva; lei; prevalência: art. 611-A, VIII
- empregados com deficiência; empregados com filhos; prioridade: art. 75-F
- infraestrutura necessária; responsabilidade art. 75-D
- jornada de trabalho; não abrangência art. 62, III
- previsão: art. 75-C
- responsabilidade pelos equipamentos e pela infraestrutura: art. 75-D

TEMPO DE SERVIÇO
CLT
- aviso prévio art. 487, § 6º
- cômputo do período de férias como tempo de serviço: art. 130, § 2
- cômputo dos períodos de serviço militar e de acidente do trabalho: art. 4º, § 1º
- período de férias art. 130, § 2º
- trabalho de igual valor; diferença de art. 461, § 1º
Legislação
- contagem; excessos: arts. 94 a 99 da Lei 8.213/1991
Súmulas
- adicional (quinquênios): Súm. 52/TST
- cômputo do período anterior à readmissão: Súm. 138/TST
- contagem recíproca; atividade rural ou urbana; serviço público estatutário: Súm. 10/JEF
- contrato de trabalho suspenso; diretor: Súm. 269/TST
- função; trabalho igual; equiparação salarial: Súm. 6, II/TST
- prescrição; soma de períodos descontínuos de trabalho: Súm. 156/TST

- serviço militar obrigatório; indenização e estabilidade: Súm. 463/STF
- servidor público federal; prestação de serviço; empresa pública ou em sociedade de economia mista: Súm. 69/JEF

TEMPO DE SERVIÇO ESPECIAL
Súmulas
- conversão em comum: Súm. 50/JEF
- conversão em comum; aplicação do fator multiplicativo: Súm. 55/JEF

TEMPO DE SERVIÇO RURAL
- averbação; aposentadoria por idade; majoração do coeficiente de cálculo da renda mensal inicial: Súm. 76/JEF

TERCEIRIZAÇÃO
Súmulas
- contrato de prestação de serviços: Súm. 331/TST
- empregados da empresa prestadora de serviços e da tomadora; isonomia: OJ 383/SDBI-I-TST

TERMO DE AJUSTE DE CONDUTA
CLT
- execução: art. 876

TERMO DE CONCILIAÇÃO
CLT
- execução: art. 876
- previsão: art. 625
Súmulas
- ação rescisória: Súm. 259/TST

TERMO DE QUITAÇÃO ANUAL
CLT
- de obrigações trabalhistas; art. 507-B

TERMOS PROCESSUAIS
CLT
- arts. 770 a 782
- assinaturas a rogo: art. 772
- escritos a tinta, datilografados ou a carimbo: art. 771

TESTEMUNHAS
CLT
- alteração ou omissão da verdade; multa: art. 793-D
- comparecimento à audiência; notificação ou intimação: art. 825
- desconto por faltas ao serviço; comparecimento para depor; inadmissibilidade: art. 822
- despesas; necessidade de interpretação; justiça gratuita: art. 819, § 2º
- execução de multa; alteração ou omissão da verdade: art. 793-D, parágrafo único
- intérprete nomeado pelo juiz: art. 819
- multa; alteração ou omissão da verdade: art. 793-D
- multa; execução: art. 793-D, parágrafo único
- não comparecimento à audiência; efeitos: art. 825, parágrafo único
- nomeação de intérprete art. 819
- número máximo: art. 821
- parente, amigo íntimo ou inimigo; valor de seu depoimento: art. 829
- qualificação anterior à prestação de compromisso: art. 828
- que não falem a língua nacional; nomeação de intérprete: art. 819
- recusa em depor; sem motivo justificado: art. 730
- reinquirição: art. 820
CPC
- acareação: art. 461, II
- audiência; não comparecimento: art. 455, § 5º
- busca e apreensão: art. 536, § 2º
- cega e surda; incapacidade: art. 447, § 1º, IV
- compromisso da verdade: art. 458
- condução: art. 455, § 5º
- contradita; incapacidade; impedimento; suspeição: art. 457, § 1º
- depoimento: arts. 447, 448, 456 a 460
- desembargador; inquirição na residência ou onde exercem a função: art. 454, X e § 1º
- embargos de terceiro; oferecimento de rol com a petição: art. 677
- enfermidade: arts. 449, parágrafo único, e 451, II
- inquirição: arts. 361, III, 454, 458, 459 e 461, I
- intimação; inércia; desistência: art. 455, § 3º
- intimação; via judicial: art. 455, § 4º
- oitiva por videoconferência: art. 453, §§ 1º e 2º
- Presidente da República: art. 454, I

- serviço extraordinário: art. 7º, XVI
- trabalho manual, técnico e intelectual; proibição de distinção: art. 7º, XXXII
- vínculo permanente; igualdade com trabalhador avulso: art. 7º, XXXIV

TRABALHO
CLT
- a céu aberto; proteção: art. 200, V
- contínuo, com duração superior a 6 horas: art. 71
- discriminações; inadmissibilidade: art. 3º, parágrafo único
- do menor: arts. 402 a 410
- domiciliar; equiparação: art. 6º
- domiciliar; telemático; subordinação: art. 6º, parágrafo único
- domicílio; salário mínimo: art. 83
- domingos: art. 68
- duração e condições: arts. 224 a 351
- estabelecimento do empregador ou no domicílio do empregado: art. 6º
- extraordinário; insalubre; adicionais; cálculo da remuneração de férias: art. 142, § 5º
- igual valor; conceito: art. 461, § 1º
- igual valor; isonomia salarial: art. 5º
- intelectual, técnico e manual; indistinção: art. 3º, parágrafo único
- local; condições de segurança e limpeza: art. 174
- menor; reclamação trabalhista: art. 793
- menor; serviços perigosos ou insalubre; proibição: art. 405
- mulher; duração: arts. 373 e 373-A
- mulher; locais proibidos: arts. 372 a 390-E
- noturno; adicionais: art. 142, § 5º
- noturno; cômputo da obra trabalhada: art. 73, § 1º
- noturno; conceito: art. 73, § 2º
- noturno; horários mistos: art. 73, § 4º
- noturno; mulher; adicional: art. 381, § 1º
- noturno; remuneração superior à do diurno: art. 73, § 2º
- subsolo; privativo do sexo masculino: art. 301

CF
- direitos sociais: art. 6º
- forçado; crime; competência: art. 109, VI
- inspeção; organização, manutenção e execução: art. 21, XXIV
- valores sociais: art. 1º, IV

CP
- boicotagem violenta: art. 198
- coletivo; paralisação: art. 201
- condições análogas à de escravo: art. 149-A, II
- lei sobre nacionalização do trabalho; frustração: art. 204
- liberdade de; atentado contra: art. 197
- tráfico de pessoas: art. 149-A

Legislação
- apoderamento de documentos; conceito: art. 208, VII da Port. 671/2021 do MTP
- avulso; atividades de movimentação de mercadoria em geral: Lei 12.023/2009
- cerceamento uso de transporte; conceito: art. 208, V da Port. 671/2021 do MTP
- condição análoga à de escravo: arts. 207 e ss. da Port. 671/2021 do MTP
- cerceamento uso de transporte; conceito: art. 208, III da Port. 671/2021 do MTP
- domingos e feriados civis e religiosos; autorização transitória e permanente: arts. 56 a 63 da Port. 671/2021 do MTP
- jornada exaustiva; conceito: art. 208, II da Port. 671/2021 do MTP
- jornada exaustiva; conceito: art. 208, IV da Port. 671/2021 do MTP
- temporário; registro e atividades e empresas de: arts. 133 e ss da Port. 671/2021 do MTP
- trabalho forçado; conceito: art. 208, I da Port. 671/2021 do MTP
- tráfico de pessoas; conceito: art. 210 da Port. 671/2021 do MTP
- vigilância ostensiva; conceito: art. 208, VI da Port. 671/2021 do MTP

TRABALHO DA MULHER
- *vide* também MULHER

CLT
- duração: arts. 372 a 377
- proteção: arts. 372 e ss.

TRABALHO DE IGUAL VALOR
CLT
- conceito: art. 461, § 1º

TRABALHO DO MENOR
- *vide* também MENOR

CLT
- disposições gerais: arts. 402 a 441
- reclamação trabalhista: art. 793
- serviços perigosos ou insalubres: art. 405, I

TRABALHO EM REGIME DE TEMPO PARCIAL
CLT
- abono pecuniário; conversão: art. 58-A, § 6º
- disposições gerais: art. 58-A

TRABALHO EXTRAORDINÁRIO
CLT
- adicionais; cômputo no salário que servirá de base ao cálculo das férias: art. 142, § 5º

TRABALHO INSALUBRE
- *vide* ADICIONAL DE INSALUBRIDADE

TRABALHO INTELECTUAL, TÉCNICO E MANUAL
CLT
- espécies de trabalho que não admitem distinções: art. 3º, parágrafo único

Súmulas
- equiparação salarial: Súm. 6/TST

TRABALHO INTERMITENTE
CLT
- contrato de trabalho; requisitos: art. 452-A
- contribuição previdenciária; recolhimento; empregador: art. 452-A, § 8º
- disposições gerais: art. 443, *caput* e § 3º
- empregado; serviço de natureza intermitente: art. 243
- horário; tripulante de embarcação: art. 248
- recibo de pagamento: art. 452-A, § 67º

Legislação
- contrato de trabalho: arts. 29 a 39 da Port. 671/2021 do MTP
- verbas rescisórias e aviso prévio: art. 37 Port. 671/2021 do MTP

TRABALHO NOTURNO
- *vide* também ADICIONAL NOTURNO

CLT
- adicionais; cômputo no salário-base do cálculo das férias: art. 142, § 5º
- da mulher; adicional: art. 381, § 1º
- delimitações: art. 73, § 2º- horários mistos: art. 73, § 4º
- remuneração superior à do diurno; ressalva: art. 73

TRABALHO PERIGOSO
- *vide* também ADICIONAL DE PERICULOSIDADE

CLT
- adicionais; base para cálculo de remuneração de férias: art. 142, § 5º

TRABALHO POR PRAZO DETERMINADO
CLT
- art. 443, §§ 1º e 2º

Legislação
- disposições gerais: Lei 9.601/1998

TRABALHO PORTUÁRIO
- *vide* também PORTUÁRIOS

CLT
- avulso: art. 643
- contribuição sindical: arts. 583 e 586, § 3º

TRABALHO RURAL
- *vide* também TRABALHADOR RURAL

TRABALHO TEMPORÁRIO
Legislação
- contratada; impossibilidade: art. 5º-C da Lei 6.019/1974
- contratante; conceito: art. 5º-A da Lei 6.019/1974
- contrato de prestação de serviços; requisitos: art. 5º-B da Lei 6.019/1974
- contrato individual: art. 41, I do Dec. 10.854/2021
- definição: art. 2º da Lei 6.019/1974
- direitos: art. 4º-C da Lei 6.019/1974 e art. 60 do Dec. 10.854/2021
- empregado demitido; prazo; prestação de serviço: art. 5º-D da Lei 6.019/1974
- empresa de trabalho temporário: art. 4º da Lei 6.019/1974 e art. 43, I do Dec. 10.854/2021
- empresa de trabalho temporário; finalidade: art. 44 do Dec. 10.854/2021
- empresa tomadora de serviços: art. 5º da Lei 6.019/1974 e art. 43, II do Dec. 10.854/2021
- empresa; funcionamento e registro, requisitos: art. 6º da Lei 6.019/1974
- empresas de vigilância e transporte de valores; não aplicação da lei: art. 19-B da Lei 6.019/1974
- impossibilidade; prestação; empregado demitido: art. 5º-D da Lei 6.019/1974
- prestação de serviços a terceiros; conceito: art. 4º-A da Lei 6.019/1974
- prestadora de serviços a terceiros: art. 4º-A da Lei 6.019/1974

- prestadora de serviços a terceiros; requisitos para funcionamento: art. 4º-B da Lei 6.019/1974
- proibição; substituição em caso de greve: art. 2º, § 1º da Lei 6.019/1974
- empresas urbanas: Lei 6.019/1974
- registro e atividades de empresas de: arts. 133 e ss. da Port. 671/2021 do MTP
- regulamento: arts. 41 a 75 do Dec. 10.854/2021

Súmulas
- contrato de prestação de serviços; legalidade: Súm. 331, I/TST

TRABALHO VOLUNTÁRIO
Legislação
- conceito: art. 1º da Lei 9.608/1998
- termo de adesão: art. 2º da Lei 9.608/1998
- ressarcimento de despesas; prestador: art. 3º da Lei 9.608/1998
- previsão legal: Lei 9.608/1998

TRABALHOS FORÇADOS
CF
- direitos e deveres individuais e coletivos: art. 5º, XLVII, *c*

Legislação
- trabalho forçado; conceito: art. 208, I da Port. 671/2021 do MTP

TRADUTOR
CPC
- cobrança; título executivo extrajudicial: art. 515, V
- juramentado: art. 192, parágrafo único
- público: art. 162

Legislação
- e intérprete público: Lei 14.195/2021

TRANSAÇÃO
CC
- anulabilidade; causas: art. 849
- declaração e não transmissão de direitos: art. 843
- disposições gerais: arts. 840 a 850
- efeito entre as partes e terceiros: art. 844
- evicção da coisa renunciada: art. 845
- forma: art. 842
- interpretação restritiva: art. 843
- nulidade de cláusula; efeito: art. 848, *caput*
- nulidade; sentença passada em julgado: art. 850
- objeto da transação: art. 841
- obrigação resultante de delito: art. 846
- pena convencional; admissibilidade: art. 847
- por escritura pública ou por instrumento particular: art. 842
- por termo nos autos: art. 842, *caput*

CPC
- assistente: art. 122
- causa impeditiva da execução: art. 910, § 2º
- despesas: art. 90, § 2º
- despesas; dispensa: art. 90, § 3º
- extinção do processo; resolução de mérito: art. 487, III, *b*
- extingue a execução: art. 924, III
- por inventariante: art. 619

Súmulas
- homologação de acordo; faculdade do juiz: Súm. 418/TST

TRANSFERÊNCIA DE EMPREGADO
- adicional: art. 469, § 3º
- despesas de transferência; por conta do empregador: art. 470
- disposições gerais: arts. 469 e 470
- eleito para a administração sindical: art. 543, § 1º
- estabelecimento; extinção: art. 469, § 2º
- estável: Súm. 221/STF
- vedação: art. 469

Legislação
- para o exterior: arts. 2º a 11 da Lei 7.064/1982

Súmulas
- abusiva: Súm. 43/TST
- ato unilateral do empregador; local mais distante de sua residência; suplemento salarial: Súm. 29/TST
- cargo de confiança ou previsão contratual de transferência; adicional de transferência: OJ 113/SBDI-I-TST
- período diurno de trabalho; supressão do adicional noturno: Súm. 265/TST
- transferência para local mais distante da residência: Súm. 29/TST
- transferência para o período diurno: Súm. 265/TST

TRÂNSITO EM JULGADO
- protesto; prazo; inscrição em órgãos de proteção ao crédito ou no BNDT: art. 883-A

TRANSPORTADOR AUTÔNOMO DE CARGAS – TAC
Legislação
- inscrito como MEI; receita: art. 18-F da LC 123/2006
- Transporte Rodoviário de Cargas; atividade econômica; categoria; Lei 11.442/2007

VALE-TRANSPORTE

Legislação
- disposições: Lei 7.418/1985
- regulamento: arts 106 a 136 do Dec. 10.854/2021

Súmulas
- ônus da prova; empregador: Súm. 460/TST
- servidor público celetista: OJ 216/SBDI-I-TST

VALOR DA CAUSA

CPC
- arts. 291 a 293
- ações indenizatórias: art. 292, V
- competência pelo valor: art. 62
- correção de ofício: art. 292, § 3º
- especificação na inicial: art. 319, V
- tutela antecipada; urgência contemporânea à proposi-tura da ação: art. 303, § 4º

VANTAGENS

CLT
- adquiridas; licença-maternidade: art. 393
- asseguradas; afastamento de empregado; retorno ao trabalho: art. 471
- conciliação; esclarecimentos: art. 852-E

VAQUEIRO

Legislação
- atividade profissional: Lei 12.870/2013

VARA(S) DO TRABALHO

CLT
- homologação; acordo extrajudicial: art. 652, f
- jurisdição e competência: arts. 650 a 653
- presidente: arts. 654 a 659
- secretaria: art. 710
- vogais: arts. 660 a 667

Legislação
- criação; definição de jurisdições: Lei 10.770/2003

Súmulas
- competência funcional; conflito negativo: Súm. 420/TST

VEÍCULO

Súmulas
- utilização, pelo empregado, em atividades particulares: Súm. 367, I/TST

VENDEDOR

Súmulas
- comissão sobre cobranças: PN 15/TST
- comissões; desconto ou estorno; mercadorias devolvi-das pelo cliente: PN 97/TST

VENDEDOR PRACISTA

CLT
- exclusão do capítulo referente à duração do trabalho: art. 62

Legislação
- regulamentação: Lei 3.207/1957

Súmulas
- remuneração mediante comissão; repouso semanal não remunerado: Súm. 201/STF

VENTILAÇÃO DO LOCAL DE TRABALHO

CLT
- artificial: art. 176, parágrafo único
- natural: art. 176, caput,

VERBAS RESCISÓRIAS

CLT
- acordo; extinção do contrato de trabalho: art. 484-A
- atraso no pagamento: art. 467
- extinção do contrato de trabalho; acordo: art. 484-A
- multa: art. 477, § 8º
- pagamento: art. 477
- prazo para pagamento: art. 477, § 6º

Legislação
- trabalho intermitente: art. 37 da Port. 671/2021 do MTP

Súmulas
- aviso prévio; cumprimento em casa; prazo para paga-mento: OJ 14/SBDI-I-TST
- aviso prévio; falta grave; perda das verbas rescisórias: Súm. 73/TST
- aviso prévio; indenização adicional: Súm. 182/TST e OJ 268, SDI-I
- culpa recíproca; verbas indevidas: Súm. 14/TST
- multa do art. 477; submissão: OJ238, SDI-I
- pagamento; contagem: OJ 162, SDI-I
- perda; falta grave; aviso prévio: Súm. 73/TST
- posse de má-fé; verbas trabalhistas: Súm. 445/TST
- relação de emprego; reconhecimento em juízo: Súm. 462/TST
- revelia: Súm. 69/TST

VERDADE DOS FATOS

CPC
- coisa julgada; fundamento da sentença: art. 504, II
- dever processual: art. 77, I
- má-fé; alteração: art. 80, II

VESTIÁRIOS

CLT
- previsão: art. 200, VII

VESTIMENTA

CLT
- definição do empregador: art. 456-A
- uso obrigatório; conforto térmico: art. 177

VESTUÁRIO

CLT
- inclusão no salário: art. 458, caput
- inclusão no salário; ressalva: art. 458 e § 2º
- padrão; definição pelo empregador: art. 456-A
- ressalva: art. 458, § 2º, I
- utilidade; não se considera salário: art. 458, § 2º, I

VIAJANTES

CLT
- disposições gerais: art. 62, I
- dissídio: art. 651, § 1º
- regulamentação: Lei 3.207/1957

VICE-PRESIDENTE

CLT
- Tribunal Superior do Trabalho; atribuições: art. 708

VIDA

CDC
- proteção contra riscos, direito do consumidor: art. 6º, I

VÍCIO DE CONSENTIMENTO

Súmulas
- descontos; autorização no ato da admissão: OJ 160/SBDI-I-TST

VIGIA

CLT

- serviço ferroviário; pessoal: art. 237

Súmulas
- adicional noturno: Súm. 140/TST
- direito à hora reduzida: Súm. 65/TST
- direito a salário adicional: Súm. 402/STF
- equiparação; bancário: Súm. 257/TST
- portuário; terminal privativo; requisição; sindicato: Súm. 309/TST
- responsabilidade criminal. ato praticado no exercício da função; assistência judiciária: PN 102/TST

VÍNCULO EMPREGATÍCIO

CLT
- extinção; aposentadoria: art. 453, § 2º

Legislação
- campanha eleitoral; partido político; inexistência de vínculo: art. 100 da Lei 9.504/1997

Súmulas
- administração pública; período anterior à CF/1988: OJ 321/SBDI-I-TST
- contrato de prestação de serviços; legalidade: Súm. 331/TST
- dano moral; competência da Justiça do Trabalho: Súm. 392/TST
- diretor eleito; suspensão; contrato de trabalho: Súm. 269/TST
- inexistência; oficial de justiça ad hoc: OJ 164/SBDI-I-TST
- reconhecimento; policial militar: Súm. 386/TST

VIOLAÇÃO DE SEGREDO DA EMPRESA

- pelo empregado; justa causa para rescisão contratual: art. 482, g

VIOLÊNCIA

- vide AGRESSÃO

VISTA DE AUTOS

- em matéria recursal: art. 901

CPC
- advogado; direitos: arts. 107 e 189, § 1º
- Ministério Público: arts. 152, IV, b, e 179, I
- restrita às partes e a seus procuradores: art. 189, § 1º

VISTO

Legislação
- temporário; estudante estrangeiro: Res. Normati-va124/2016 do CNIG
- tipos: arts. 12 a 18 da Lei 13.445/2017

VIÚVA

Súmulas
- competência da Justiça do Trabalho; complementação de pensão: OJ 26/SBDI-I-TST

VOLTA AO TRABALHO

- vide RETORNO AO TRABALHO

VOTO

CLT
- desempate, presidente de Vara do Trabalho: art. 649
- eleições sindicais; requisitos e obrigatoriedade: art. 529

Z

ZELADOR

Legislação
- prédio residencial: Lei 2.757/1956